Droemer
Knaur®

50 000 Stichwörter

3000 Illustrationen

72 ein- und mehrfarbige Bildtafeln

55 Schaubilder

40 ein- und mehrfarbige geographische Karten

80 Übersichten

Völlig neu bearbeitete Auflage

KNAURS LEXIKON A-Z

Das Wissen
unserer Zeit immer auf dem
neuesten Stand

Droemer Knaur

Herausgeber: Franz N. Mehling

Herausgeber der ersten Auflage 1931: Dr. Richard Friedenthal (†)
Herausgeber 1955–1974: Fritz Bolle (†)

Datenverarbeitung und Lichtsatz: Satz-Rechen-Zentrum Berlin
Geographische Tafeln: Karl Wenschow GmbH, München
Einbandgestaltung: Graupner & Partner, München
Druck und Bindung: Ebner Ulm
Printed in Germany
ISBN 3-426-26564-8

5 4 3 2 1

Vorwort

Im Herbst 1931 erschien *Knaurs Konversationslexikon* in erster Auflage. „Das Buch, in dem kein einziges dummes Wort steht" - so begrüßte es ein Rezensent. Als „der Kleine *Knaur*" oder einfach „*Der Knaur*" eroberte sich dieses neuartige Lexikon sehr schnell einen gesicherten Platz in der Reihe vielbenutzter Nachschlagebücher. Vielen Millionen von Benutzern ist *Knaurs Lexikon* in mehr als einem halben Jahrhundert zum Ratgeber und unentbehrlichen Hilfsinstrument geworden.

Das Ziel, das sich Verleger und Herausgeber im Jahre 1931 gesteckt hatten, ist das gleiche geblieben: *Knaurs Lexikon* soll zuverlässige Auskunft geben, soll das Wesentliche aussagen und das Wissenswerte festhalten in einer Zeit, die auf so vielen Gebieten immer schneller ablaufende Entwicklungen, sich überstürzende Ereignisse und eine Überfülle neuer Erkenntnisse und Erscheinungen mit sich bringt. Über das Wesentliche und Wichtige zuverlässig berichten zu wollen - das verlangt Beschränkung, und in bewußter Beschränkung ist der *Knaur* ein Kleinlexikon, das neben den umfangreichen oder für einzelne Fachgebiete bestimmten Nachschlagewerken seine ganz eigene Bedeutung hat. Es hat nämlich zwei entscheidende Vorzüge: den der Handlichkeit und - wichtiger noch - den der Aktualität. Aktuell, immer auf dem neuesten Stand sein, das kann *Knaurs Lexikon* zum einen dank seiner schnell aufeinanderfolgenden Auflagen und zum anderen - seit dieser Ausgabe - dank des Einsatzes moderner EDV-Technik.

Diese Auflage beruht auf einer eingehenden Neubearbeitung durch die Lexikonredaktion. Viele grundlegende Artikel und Übersichten erhielten eine neue Fassung, zahlreiche Namen und Begriffe wurden neu aufgenommen. Tafeln und Abbildungen wurden erneuert oder verbessert. Die statistischen Zahlen im Text wurden aufgrund der maßgeblichen Veröffentlichungen sowie der Angaben von amtlichen Stellen und Wirtschaftsorganisationen auf den neuesten Stand gebracht. Um noch besser als bisher mit den neuesten Erkenntnissen und Ereignissen Schritt halten zu können, hat der Verlag sein Werk auf EDV umgestellt. Der gesamte Bestand an lexikalischen Informationen ist jetzt in codierter Form elektronisch gespeichert und erlaubt den sofortigen Zugriff für jedes Stichwort und für alle Teilgebiete, so daß der Text laufend aktualisiert werden kann. Die Qualität der zukünftigen Neubearbeitungen wird dadurch noch weiter verbessert. So darf *Knaurs Lexikon* wohl nicht zu Unrecht auch als Jahrbuch gelten. Den vielen alten und neuen Freunden unseres Lexikons verdanken wir zahlreiche Anregungen und Hinweise. Ihnen gilt unser aufrichtiger Dank für ihr reges Interesse und ihre Mitarbeit an dieser Stelle ebenso wie den Behörden und Organisationen, die uns jederzeit und in allen Fällen bereitwilligst mit Rat und Auskunft unterstützt haben.

Verlag und Redaktion

A

a. . . . . . . aus
Abb. . . . . . Abbildung
abgek. . . . . abgekürzt
Abk. . . . . . Abkürzung
Abt. . . . . . Abteilung
AG . . . . . . Amtsgericht,
Aktiengesell-
schaft
ahdt. . . . . . althochdeutsch
Akad. . . . . Akademie
allg. . . . . . . allgemein
am. . . . . . . amerikanisch
and. . . . . . ander | e | er | es | s
Art. . . . . . . Artikel
assoz. . . . . . assoziiert
at. . . . . . . Atmosphäre,
atmosphärisch
At.-Gew. . . . Atomgewicht
Atm. . . . . . Atmosphäre
(phys.)
Auß.min. . . . Außenminister

B

B. . . . . Bundes...
b. . . . . . . bei;
bis
Ba-Wü. . . . . Baden-Württem-
berg
Bay. . . . . . Bayern
bayr. . . . . . bay(e)risch
Bbg. . . . . . Brandenburg
BD . . . . . . Bundesbahn-
Direktion
bed. . . . . . bedeutend
Begr., begr. . Begründer,
begründet | e
ben. . . . . . benannt
Bes. . . . . . Besitz(er)
bes. . . . . . . besonder | s | e | er | es
best. . . . . . bestimmt | e
Bev. . . . . . Bevölkerung
Bev.-Zuw. . . Bevölkerungs-
Zuwachs
Bez. . . . . . Bezirk;
Bezeichnung
Biol., biol. . . Biologe,
biologisch
BR . . . . . . Bundesrepublik
br. . . . . . . breit

C

C . . . . Celsius
Chem., chem. Chemiker,
chemisch
chin. . . . . . chinesisch

D

d. . . . . . . der, die, das
DDR . . . . . Deutsche
Demokratische
Republik
demokr. . . . demokratisch
Dep. . . . . . Departement
dt. . . . . . . deutsch
Dtld . . . . . Deutschland

E

E . . . . Einwohner
e. . . . . ein | e | r | es

EG . . . . . Europäische
Gemeinschaft
ehem. . . . . ehemalig,
-mals
eigtl. . . . . . eigentlich
Eisenb. . . . Eisenbahn
El. . . . . . . Element
el. . . . . . . elektrisch
Eur., eur. . . Europa,
europäisch
ev. . . . . . . evangelisch
evtl. . . . . . eventuell
Ez. . . . . . . Einzahl

F

f. . . . . folgend; für
Fabr. . . . . Fabrik, -ation
Feldm. . . . . Feldmarschall
FHS . . . . . Fachhochschule
Fin. . . . . . Finanz | en
Fl. . . . . . . Fluß
Fp. . . . . . . Fließpunkt
(= Schmelzpunkt)
Frh. . . . . . Freiherr
Frkr. . . . . . Frankreich
frz. . . . . . . französisch
Fürstent. . . Fürstentum

G

gegr. . . . . . gegründet
Gem. . . . . Gemeinde;
Gemahl
Gen. . . . . . General
gen. . . . . . genannt
Ges., -ges. . . Gesetz;
Gesellschaft
Gesch. . . . . Geschichte
Geschl. . . . Geschlecht
Gew. . . . . Gewicht
Gf, Gfn . . . Graf, Gräfin
Gft . . . . . . Grafschaft
GG . . . . . . Grundgesetz
gg. . . . . . . gegen
Ggs. . . . . . Gegensatz
GO . . . . . . Gewerbeordnung
gr. . . . . . . groß;
griechisch in []
Gr.hzg | n . . Großherzog | in
Gr.hzgt. . . . Großherzogtum
griech. . . . . griechisch

H

h . . . . Stunde (hora)
h. . . . . hoch
hebr. . . . . . hebräisch
Hess. . . . . Hessen
Hg. . . . . . Herausgeber
hg. . . . . . . herausgegeben
Hist. . . . . . Historiker
hl . . . . Hektoliter
hl. . . . . . . heilig
Hlg., Hlge. . Heiliger,
Heilige
holl. . . . . . holländisch
Hpt- . . . . . Haupt-
hpts. . . . . . hauptsächlich
Hptst. . . . . Hauptstadt
HS . . . . . . Hochschule
HWK . . . . . Handwerkskammer
Hzg | n . . . . Herzog | in

Hzgt. . . . . Herzogtum

I

i. . . . . in, im
IHK . . . . . Industrie- und
Handelskammer
Ind., ind. . . Industrie,
industriell
Ing. . . . . . Ingenieur
Inst. . . . . . Institut
intern. . . . . international
isr. . . . . . . israel(it)isch
it. . . . . italienisch

J

J. . . . . Jahr
jap. . . . . . . japanisch
Jh. . . . . . . Jahrhundert
jidd. . . . . . jiddisch
Jtd. . . . . . Jahrtausend
Jur., jur. . . Jurist,
juristisch
Just.min. . . Justizminister

K

kath. . . . . katholisch
Kathedr. . . Kathedrale
KG . . . . . . Kommandit-
gesellschaft
Kg | n . . . . König | in
kgl. . . . . . . königlich
Kgr. . . . . . Königreich
Kl. . . . . . . Klasse
kl. . . . . . . klein
km/h . . . . . Kilometerstunde
Komp. . . . Komponist
Kons. . . . . Konsul | at
konstit. . . . konstitutionell
Kr. . . . . . . Kreis
KRG . . . . Kontrollrats-
gesetz
Krst. . . . . . Kreisstadt
Kurfst | n . . . Kurfürst | in
kW . . . . . Kilowatt
KWG . . . . Kreditwesen-
gesetz
KWh . . . . Kilowattstunde
KZ . . . . . . Konzentrations-
lager

L

l. . . . . link | s | e | er;
lang;
lateinisch in []
Landw. . . . Landwirtschaft
landw. . . . landwirtschaftlich
Ldkr. . . . . Landkreis
LG . . . . . . Landgericht
lib. . . . . . . liberal
lt. . . . . laut (gemäß)
luth. . . . . . lutherisch

M

m. . . . . . . mit
m. . . . . . . männlich
MA, ma. . . Mittelalter,
mittelalterlich
Masch. . . . Maschine | n
Math., math. Mathematiker,
mathematisch

Mckb.	Mecklenburg
MdB	Mitglied des Bundestages
MdR	Mitglied des Reichstages
Med., med. . .	Medizin | er, medizinisch
mehrf.	mehrfach
mhdt.	mittelhochdeutsch
Mil., mil. . . .	Militär, militärisch
Mill.	Million | en
Min.	Minister | ium
min. (Min.) .	Minute
Mitgl.	Mitglied | er
ml.	mittellateinisch in []
Moh., moh. .	Mohammedaner, mohammedanisch
MPG	Max-Planck-Gesellschaft
MPI	Max-Planck-Institut
Mrd.	Milliarde | n
müM (muM) .	Meter über (unter) dem Meeresspiegel
Mus., mus. . .	Museum; Musik, musikalisch
m. V.	mit Vororten
MW	Megawatt
Mz.	Mehrzahl
N	
N . . . . ,	Norden, Nord-
n.	nach; nördlich
nat.	national
Nbfl.	Nebenfluß
n. Br.	nördlicher Breite
Ndl., ndl. . . .	Niederlande, niederländisch
Nds.	Niedersachsen
nl.	neulateinisch in []
NO	Nordosten
nö.	nordöstlich
Nobelpr. . . .	Nobelpreis
NRW	Nordrhein-Westfalen
NS, ns.	Nationalsozialismus, nationalsozialistisch
NW, nw . . .	Nordwesen, nordwestlich
O	
O	Osten, Ost-
o.	ohne
ö.	östlich
od.	oder
öff.	öffentlich
ö. L.	östlicher Länge
OLG	Oberlandesgericht
OPD	Oberpostdirektion
Östr., östr. . .	Österreich | er, österreichisch
Oz.	Ordnungszahl

P	
Pfl.	Pflanze
PH	Pädagog. Hochschule
Phil., phil. . .	Philosoph | ie, philosophisch
Phys., phys. .	Physik | er, physikalisch
Pkt., -pkt. . .	Punkt, -punkt
-pl.	-Platz
Pol., pol. . .	Politik | er, politisch
Präs.	Präsident
Prof.	Professor
Prov.	Provinz
PS	Pferdestärke
Psych.	Psychologie,
psych. . . .	Psychologe, psychologisch
R	
R	Reichs-
r.	recht | s | e | er
RAO	Reichsabgabenordnung
Reg., reg. . .	Regierung | s-, regiert | e
Rel., rel. . . .	Religion, religiös
Rep.	Republik
Rgbz.	Regierungsbezirk
RP	Rheinland-Pfalz
S	
S	Süden, Süd-
S.	Seite
s.	seit; sein | e; südlich
s.	sächlich
s. Br.	südlicher Breite
Schausp. . . .	Schauspieler
Schl-Ho. . . .	Schleswig-Holstein
SchP.	Schmelzpunkt
Schriftst. . .	Schriftsteller
schweiz. . . .	schweizerisch
sec, sek, s (Sek.)	Sekunde
selbst.	selbständig
seem.	seemännisch
SO	Südosten
sö.	südöstlich
sog.	sogenannt | e
sowj.	sowjetisch
soz.	sozial
Sp.	Siedepunkt
spez. Gew. .	spezifisches Gewicht
St.	Staat, Stadt; Sankt
Stat.	Station
st (Std.) . . .	Stunde
Stkr.	Stadtkreis, kreisfreie Stadt (gewöhnlich mit Landkreis)
svw.	soviel wie
SW, sw . . .	Südwesten, südwestlich

T	
t.	tief
Tab.	Tabelle
Temp.	Temperatur
TH	Technische Hochschule
Theol., theol.	Theologe, Theologie, theologisch
Thür.	Thüringen
TU	Technische Universität
U	
u.	und; unter
u. a.	unter anderem
Übers. . . .	Übersetzung; Übersicht
übers.	übersetzt
UdSSR . . .	Sowjetunion
u. M.	unter dem Meeresspiegel
ugs.	umgangssprachlich
UN	United Nations (Vereinte Nationen)
Uni.	Universität
Untern. . . .	Unternehme | n | r
urspr.	ursprünglich
V	
v.	von; vor
Verf.	Verfassung; Verfasser
verf.	verfaßt | e
verh.	verheiratet
versch. . . .	verschieden
Vers.	Versammlung
Vers. Vertr. .	Versailler Vertrag
Vertr.	Vertrag; Vertreter
Verw.	Verwaltung | s-
VO	Verordnung
Vors.	Vorsitzender
Vorst.	Vorstadt
VR	Volksrepublik
Vwbz. . . .	Verwaltungsbezirk
W	
W	Westen, West-
w.	westlich
w.	weiblich
weidm. . . .	weidmännisch
Weltkr. . . .	Weltkrieg
Wirtsch. ⎫ -wirtsch. ⎬ wirtsch. ⎭	Wirtschaft, wirtschaftlich
Wiss., wiss. .	Wissenschaft | en, wissenschaftlich
w. L.	westlicher Länge
Z	
z.	zu | m, zur
zugl.	zugleich
zus.	zusammen
zw.	zwischen

8

Erläuterungen für den Gebrauch

Alphabetische Anordnung

Die alphabetische Anordnung berücksichtigt das gesamte Stichwort in der Reihenfolge der Buchstaben. Beispiel:

Air – Airedaleterrier – Air Force – Air France

Ä, ö, ü bzw. ae, oe, ue, wenn es sich um Umlaute handelt, werden wie a, o, u behandelt (z. B. **Abaelard** hinter **Abakus**). Hingegen gilt e als alphabetischer Ordnungsbuchstabe, wenn ae, oe, ue getrennt gesprochen werden: **Aëtius** steht demnach vor **Affäre**.

Die einfachen **Adelsprädikate** *von, de, la, du* sowie Namensbestandteile wie *van, zum, von der* sind normalerweise dem Stichwort nachgestellt und haben keinen Einfluß auf die alphabetische Anordnung. Dagegen werden die **Artikel** *la, le, les, los* vor Orts- und Personennamen mitalphabetisiert. Die Abkürzungen **St., S.** vor geographischen Namen stehen für *Sankt, Saint, San*; Stichwörter, die so beginnen, sind daher stets so zu lesen und entsprechend aufzusuchen, als wären sie ausgeschrieben.

Ortsnamen mit dem Zusatz *Bad* (wie z. B. **Bad Pyrmont**) sind stets unter **Bad** zu finden.

Namen

Mitglieder regierender Häuser, Fürstlichkeiten und Päpste sind in der Regel unter ihrem Vornamen aufgeführt (z. B. Rudolf von Habsburg unter **Rudolf**), falls sie nicht unter einem anderen Namen bekannter sind (z. B. Albrecht von Wallenstein, Herzog von Friedland, unter **Wallenstein**). Bedeutende Persönlichkeiten des Mittelalters, die hauptsächlich unter ihrem Vornamen bekannt geworden sind, findet man unter diesen. Beispiel: Walther von der Vogelweide unter **Walther**. Die Heiligen der katholischen Kirche aus der älteren Zeit sind unter dem Vornamen aufgeführt, der Neuzeit unter ihren Herkunfts- oder Familiennamen. Beispiel: Franz von Assisi (1182-1226) unter **Franz**, Karl Borromäus (1538-1584) unter **Borromäus**. Bei Autoren und Künstlern, die unter einem Pseudonym bekannt geworden sind, wurde dieses als Stichwort gebracht (z. B. Henri Beyle, Pseudonym Stendhal, findet man unter dem Stichwort **Stendhal**).

Warenzeichen, Gebrauchsmuster, Patente

Geschützte Namen und Wörter sind entweder durch das Zeichen® oder durch einen Hinweis im Text gekennzeichnet. Das Fehlen eines solchen Zeichens oder Hinweises kann nicht dahin ausgelegt werden, daß eine Ware, ein Warenname oder ein Verfahren frei ist.

Stichwortketten

Innerhalb eines Artikels wird das Stichwort meist nur mit dem Anfangsbuchstaben wiederholt. Der Anfangsbuchstabe des Hauptstichworts wird mit Punkt vor den neuen Begriff gestellt (z. B. **Abbau,** A.**gerechtigkeit,** bei Genitivendungen mit s: **Amortisation,** A.**sfonds**).

Hervorhebungen im Druck

Die Stichwörter sind **fett** gedruckt.

*Kursiv*schrift findet Anwendung:
1. zur Wiedergabe der Synonyma, z. B. **Ammoniten,** *Ammonshörner –* **Amortisation,** *Tilgung;*
2. zur Bezeichnung der Aussprache: **Amour** [*a'muːr*];
3. zur Angabe des Geschlechts: *m., w., s.;*
4. zur Hervorhebung wesentlicher Begriffe, die zugleich ein eigenes Stichwort haben, bzw. zur Unterscheidung von Unterbegriffen (z. B. **Anästhesie,** *Lokal-A., Leitungs-A., Lumbal-A.*);
5. in Länderartikeln zur Angabe der Hauptstädte: **Äthiopien,** Hpst. *Addis Abeba;*
6. um das Auffinden des gesuchten Begriffes bei Wörtern mit verschiedener Bedeutung zu erleichtern (z. B. *phil., psych., chem.*);
7. für Werke von Komponisten, Schriftstellern, Malern, Filmregisseuren, also für Buch-, Gemäldetitel, bei Schauspielern auch für ihre Hauptrollen: **Achtélik,** *Peterchens Mondfahrt.*

In **eckigen Klammern** [ ] stehen bei Fremdwörtern:
1. die Bezeichnung der Herkunft, gelegentlich auch die Übersetzung: **Abakus** [gr.], **abstrus** [l. „verborgen"], verworren;
2. die Aussprache: **Atout** [frz. *a'tuː* „für alles"], Trumpf.

Runde Klammern ( ) werden außer zur Bezeichnung von näheren Erläuterungen und zusätzlichen Angaben für die Lebensdaten verwendet: **Bizet** [*bi'zeː*], Georges (25.10.1838 – 3.6.75). Zahlen für die Regierungszeit geistl. od. weltl. Herrscher stehen **ohne Klammern.**

Verweisungen

Verweisungszeichen → im Text weisen auf Stichwörter hin, die ihrerseits im Lexikon definiert werden und deren Definitionen Zusätzliches oder Ergänzendes über die Gegenstände oder Begriffe aussagen, von denen aus verwiesen wird. Bei Begriffen und Gegenständen, für die es mehrere geläufige Schreibweisen oder Bezeichnungen gibt, wird der Leser auf die Schreibweise oder Definition verwiesen, unter der er die Definition findet. Hinweise auf Tafeln, Karten und Übersichten sind ebenfalls mit den Verweisungszeichen versehen.

Schreibung fremdsprachiger Wörter

Bei nicht feststehender Schreibweise sind Einzelverweisungen zum Teil durch Anmerkungen unten auf der Seite ersetzt, zum Beispiel:
Was unter **C** vermißt wird, siehe unter **K** und **Z**.
So steht Columbus unter **Kolumbus**, Cäsur unter **Zäsur**. Ebenso bei Ch und Sch, Ch, Cz und Tsch, J und Y, S und Z, V und W. Beispiele: Tschernowitz findet man unter **Czernowitz**; Yemen steht unter **Jemen**, Saragossa unter **Zaragoza**, Vesir unter **Wesir**. Bei japanischen, ostindischen und arabischen Ortsnamen wurde die überwiegend deutsche Umschrift vor der englischen bevorzugt (also z. B. **Dschidda**, nicht Jidda). Bei den meisten chinesischen Personen- und geographischen Namen wird die von der Volksrepublik China eingeführte Pinyin-Transkription benutzt, die der tatsächlichen Aussprache näher kommt als die bisherige Schreibweise. Bei erheblichen Abweichungen gegenüber den gewohnten Namen (z. B. **Beijing** statt **Peking**) erleichtern Verweise das Auffinden; frühere Bezeichnungen stehen kursiv hinter den jetzigen Namen (z. B. **Chang Jiang,** *Jangtse-kiang*).

Aussprache

Die abweichende Aussprache fremdsprachiger Wörter steht in Kursivschrift in eckiger Klammer (z. B. **Lamb** [*læm*]. Die verwendeten Zeichen entstammen der auch in den modernen Wörterbüchern benutzten *Internationalen Lautschrift* (IPA = International Phonetic Association). Die wichtigsten von der deutschen Aussprache abweichenden Zeichen sind:

a = helles a,
α = dunkles a,
Λ = abgeschwächtes dunkles a,
β = nicht geschlossenes b,
ς = ich-Laut,
δ = stimmhafter th-Laut (im Engl. u. Span.),
e = geschlossenes e,
ε = offenes e,
$æ$ = Laut zw. ε und a (im Engl.)
ϑ = dunkles, unbetontes e (sog. „Murmellaut"),
γ = geriebenes g,
i = geschlossenes i,
ι = offenes i,
$ł$ = dunkles l,
Λ = lj-Laut,
η = nj-Laut,
η = ng-Laut,
o = geschlossenes o,
$\mathfrak{O}$ = offenes o,
$\ddot{o}$ = geschlossenes $\ddot{o}$,
$œ$ = offenes $\ddot{o}$,
q = hinterer k-Laut,
s = stimmloses s,
$\int$ = stimmloses sch,
θ = stimmloser th-Laut (im Engl. u. Span.),
u = geschlossenes u,

ʊ = offenes *u*,
v = *w*-Laut,
w = *w*-Laut (im Engl.),
x = *ach*-Laut,
y = geschlossenes *ü*,
ʏ = offenes *ü*,
ɥ = konsonantisches *ü*,
z = stimmhaftes *s*,
ʒ = stimmhaftes *sch*.
b, d, f, g, h, j, k, l, m, n, p, r und *t* werden wie im Deutschen ausgesprochen.
Bei Wörtern, bei denen die Aussprache nur teilweise von der deutschen verschieden ist, wird nur der abweichend ausgesprochene Wortbestandteil in eckigen Klammern wiedergegeben: **Giordano** [*dschor-*].

Betonung
Die Betonung ist bei den fettgedruckten Stichwörtern durch einen Punkt unter dem Vokal der betonten Silbe angegeben (z. B. **Aristoteles**, bei Diphthongen wie ai, au, ei, eu steht der Punkt unter dem ersten der beiden Vokale: **Leuktra**, aber **Aleuten**). Der gedehnte I-Laut, ie, wird bei gesprochenen Wörtern nicht besonders gekennzeichnet: **Fieber**. Bei der fremdsprachigen Endung -ie bezeichnet ein Punkt unter dem i die gedehnte Aussprache: **Allergie**, aber **Fiesole**.

Allgemeines zu den Abkürzungen

Hauptwörter: Die Endungen -heit und -keit sind häufig abgekürzt (z. B. Vergangenh. = Vergangenheit).
Eigenschafts- und Umstandswörter: Die Endungen -ig, -ich, -isch sind oft weg-

gelassen (z. B. röm. = römisch |e |er |es; silberhalt.=silberhaltig |e | er | es).
Die übrigen im Lexikon verwendeten Abkürzungen werden auf S. 6 u. 7 erläutert.
Allgemein geläufige Abkürzungen, wie DM = Deutsche Mark, km² = Quadratkilometer u. z. B. = zum Beispiel sind nur z. T. aufgeführt.

Illustrationen
Abbildungen und Tafeln, mit Ausnahme der farbigen und geographischen Tafeln, stehen bei den dazugehörigen Stichwörtern. Bei Verweisungen auf die farbigen und geographischen Tafeln wird stets die Seitenzahl genannt, auch wenn die betreffende Seite selbst keine Seitenzahl enthält. Alle Tafeln, Karten und Übersichten sind auf der Seite 10 verzeichnet.

Zeichen
*	. . . . . .	geboren
†	. . . . . .	gestorben
→	. . . . . .	siehe (Verweisung)
µ [gr. = Mü]	.	$^1/_{1000}$ mm
%	. . . . .	Prozent, vom Hundert
‰	. . . . .	Promille, vom Tausend
°	. . . . . .	Grad
′	. . . . . .	Minute
″	. . . . . .	Sekunde
§(§§)	. . . .	Paragraph(en)
♦	. . . . . .	unter Naturschutz
®	. . . . . .	Warenzeichen, Patent, Gebrauchsmuster

Erläuterungen für den Gebrauch
$	. . . . . .	Dollar
£	. . . . . .	Pfund Sterling

Siehe auch das Stichwort mathematische Zeichen, S. 561.

Beispiele zweier Stichwörter
Cäsar[1], Gajus Julius[2] (13. 7. 100 – 15. 3. 44 v. Chr.[3]), röm. Feldherr u. Staatsmann; 60 erstes Triumvirat m. Pompejus und Crassus, unterwarf 58–51 Gallien, 55–54 Britannien, besiegte Pompejus 48 bei Pharsalus, hob als Alleinherrscher (seit 45 Imperator) die republikan. Verfassung Roms auf; von den Republikanern Brutus und Cassius im Senat ermordet; schrieb *Bürgerkrieg* und *Gall. Krieg*[4]; Einführung des Julianischen Kalenders, – *C.* wurde Kaiser, später Thronfolgertitel; abgeleitet: → *Kaiser*[5]. → *Zar*[5]).
Zenit[6], *m.*[7] [arab.]·[8]) *Scheitelpunkt*[9]), höchster Punkt d. Himmelsgewölbes, senkrecht über d. Beobachter; Gegenpunkt zum → [10]) Nadir.
[1]) Stichwort: **Cäsar**. – [2]) Vornamen: Gajus Julius. – [3]) In runder Klammer: geboren am 13. 7. 100 v. Chr., gestorben am 15. 3. 44. v. Chr.; dann fortlaufender Text: Bericht über Leben und Taten. – [4]) *Kursiv:* Titel der von Cäsar verfaßten Schriftwerke. – [5]) *Kursiv:* Hervorhebung der wichtigen Begriffe *Kaiser* und *Zar*. – [6]) Stichwort: **Zenit**, Punkt unter i: Betonung auf der 2. Silbe. – [7]) Angabe des Geschlechts, *m.* = männlich. – [8]) In eckiger Klammer: Wort arabischer Herkunft. – [9]) *Kursiv: Scheitelpunkt* als Synonym (Wort gleicher Bedeutung). – [10]): Verweisungszeichen = siehe Stichwort Nadir.

Karten und Tafeln

Übersichten

A, 1) der 1. Buchstabe des Alphabets; A u. O (Alpha u. Omega, Ω, erster u. letzter Buchstabe des griech. Alphabets): Anfang u. Ende; **2)** *phys.* Abk. f. → *Ampere.*
a, 1) Abk. für *anno* [l.], i. Jahr; **2)** *mus.* d. 6. Ton d. C-Dur-Tonleiter, *Kammerton;* s. 1939 intern. 440 Doppelschwingungen, Stimmgabel-a.
à [frz.], zu, für je ...
a- [gr.], verneinende Vorsilbe in Fremdwörtern (z. B. *apathisch*).
Å, *phys.* Abk. f. → Ångström.
Aa, auch *Ach, Ache,* häufiger Flußname od. Bestandteil davon.
āā [gr. „ana"], auf Arztrezepten: zu gleichen Teilen.

Aachen, *Dom*

Aachen (D-5100), Stkr. im Rgbz. Köln, NRW, Grenzst., 233 255 E; Dom m. reicher Schatzkammer u. dem Königsstuhl Karls d. Gr., Pfalzkapelle, Rathaus m. Krönungsfestsaal u. d. Karlsfresken Rethels; kath. Bistum, TH, Fach-HS, Bergschule, kath. Priesterseminar, AG, LG, IHK, HWK; Ind.: Tuch, Schokolade, *A.er Printen,* Glas, Glühlampen, Reifen, Schirme, Waggon- u. Maschinenbau; *Bad A.* (Rheuma) m. Schwefel- u. alkal.-muriat. Thermen (Anfänge 1. Jh. n. Chr.). - Röm. Ursprungs, Mittelpkt des Reiches Karls d. Gr., 936–1531 Krö-

nungsstadt dt. Könige. - **A.er Frieden,** 1668, beendete d. → Devolutionskrieg, 1748 Friede i. östr. Erbfolgekrieg. - **A.er Kongreß,** 1818 (Räumung Frkr.s nach d. → Freiheitskriegen). - **A.er Revier,** Steinkohlenbergbau-Gebiet.

Aalrutte

Aal-mutter, lebende Junge gebärender Fisch der N- u. O-See. - **A.rutte,** *Quappe, Trüsche,* schellfischähnl. Süßwasserfisch Mitteleuropas.
Aale, *Eur. Fluß-A.,* wandern zum Laichen zum Sargassomeer (bis 6000 m tief), kehren von dort nicht mehr zurück. Junge A. sind völlig anders (blattförmig, durchsichtig) gestaltet, nehmen erst allmählich d. spätere Gestalt an, finden dann zu den eur. Küsten hin u. steigen d. Flüsse hinauf. *Fluß-A.* anderer Herkunft laichen i. Ind. u. Stillen Ozean, *Meer-A.* in wärmeren Meeren.
Aalen (D-7080), Krst. im Ostalbkr., Ba-Wü., 62 812 E; kulturelles, schul. u. wirtsch. Zentrum in O-Wü.
Aalst, frz. *Alost,* St. in Flandern, Belgien, 76 700 E; Blumenhandel, Maschinenbau, Brauereien, Textilind.
Aalstrich, dunkler Rückenstreifen b. Säugetieren.
Aalto, Alvar (3. 2. 1898–11. 5. 1976), finn. Architekt; Wohnsiedlungen, öffentl. Bauten, Opernhaus i. Essen.
a.a.O., „am angeführten Ort" (im Buch).
Aar, *m.* [ahdt.], dichterisch für Adler.
Aare, schweiz. Nbfl. des Rheins, 296 km l., im **Aargletscher** (Berner Alpen) entspringend, durchfließt Brienzer, Thuner u. Bieler See, mündet bei Waldshut.
Aargau, schweiz. Kanton, 1405 km², 491 000 E; fruchtbares Terrassenland; Hptst. *Aarau* a. d. Aare, 15 800 E; div. Ind.; schöne Altstadt, Kraftwerk.
Aarö, *Arø,* dän. Insel im Kl. Belt; 6 km².
Aaron, Bruder d. → Moses.
Aasblumen, locken durch Aasgeruch Fliegen an, z. B. Stapelie (S-Afrika).

Abadan, St. auf Insel im Schatt el-Arab, 310 000 E; iran. Ölhafen; eine der größten Ölraffinerien.
Abaelard [*-lar*], Peter (1079–21. 4. 1142), frz. frühscholast. Phil., Theologe u. Hymnendichter; wegen s. rationalist. Auslegung christl. Lehren z. Ketzer erklärt; entmannt; Briefwechsel m. s. Geliebten *Héloïse.*
Abakus, *m.* [gr.], **1)** rechteckige Deckplatte d. → Kapitells; **2)** Rechentafel der Griechen u. Römer, heute noch i. Fernen Osten viel i. Gebrauch.
Abandon, *m.* [frz. *abā'dō̃*], Preisgabe eines Rechts zwecks Vermeidung der damit verbundenen Pflichten im Aktien- u. Gesellschaftsrecht (z. B. Rückgabe eines GmbH-Anteils z. Befreiung v. → Nachschuß).
Abba [aramäisch „Vater"], im N. T. Anrede Gottes; i. Orient kirchl. Titel.
Abbado, Claudio (* 26. 6. 1933), it. Dirigent, 1984–86 mus. Leiter d. Mailänder Scala, s. 1987 Musikdirektor d. Staatsoper Wien, s. 1990 mus. Leiter d. Berliner Philharmoniker.
Abbas, pers. Herrscher, **1)** A. I., d. Gr., 1587–1629; **2)** A. II., 1641–66; **3)** A. III., 1732–36.
Abbasiden, Kalifendynastie in Bagdad 749–1258.
Abbate [it.], Titel für Weltgeistl. (Italien).
Abbau, Zerlegung e. komplizierten chem. Verbindung (z. B. Eiweiß) zu einfacheren Verbindungen. - **A.barkeit,** Grad d. natürl. Zersetzung, bes. durch → Mikroorganismen. - **A.gerechtigkeit,** im Grundbuch eingetragene Befugnis, auf fremden Grundstücken Bodenschätze zu gewinnen.
Abbazia → Opatija.
Abbe, Ernst (23. 1. 1840–14. 1. 1905), dt. Phys.; Begr. d. modernen wiss. opt. Technik u. (mit Schott) Leiter d. opt. Werke Carl Zeiss, Jena; verbesserte Mikroskop, Spektrometer u. a. opt. Instrumente; vorbildl. Sozialwerk (Carl-Zeiss-Stiftung mit Gewinnbeteiligung d. Arbeitnehmer, Altersversorgung, Siedlungsbau); heute Sitz in Oberkochen/Württ.

Abbé [frz.], frz. Abt; Titel f. Weltgeistliche (Frankreich).

Abbeville [ab'vil], frz. Hafenst. a. d. Somme, 26 000 E.

Abbevillien, s. [-vi'liε̃], früher Abschnitt d. Altsteinzeit (Faustkeilkultur), nach Fundort *Abbeville* benannt.

Abbildung, 1) *optische:* eindeutig kollineare → Projektion zweier Räume (Objekte); phys. Realisierung durch → Brechung u. Spiegelung; 2) *math.:* → Funktion; 3) gedrucktes Bild.

Abbildungsfehler, optische → Aberration.

abbinden, 1) bei Blutungen → Erste Hilfe; 2) Zement: erhärten; 3) Holz- od. Eisenteile zusammenpassen.

Abbot ['æbət], Charles Greeley (31. 5. 1872–17. 12. 1973), am. Phys.; Mitbegr. der modernen Sonnenforschung (erste genaue Messung der → Solarkonstante [1909] m. → Pyrheliometer).

Abbreviatur, w. [l.], Abkürzung.

ABC ['eıbi'si], Abk. f. d. am. Rundfunkges. *American Broadcasting Company.*

Abchasien, autonome Sowjetrep. in Georgien, SW-Kaukasus, 8600 km², 537 000 E; Hptst. u. Hafen *Suchumi* (121 000 E).

ABC-Schutzmaske → Gasmaske.

ABC-Staaten, *Argentinien, Brasilien* u. *Chile.*

ABC-Waffen, *atomare, biol.* u. *chem.* Kampfmittel.

Abd [arab. „Knecht"], oft b. Namen.

Abdampf, nach Arbeitsleistung in d. Dampfmaschine oder Turbine mit → Abwärme ausströmender Dampf.

abdampfen, gelöste Stoffe durch Verdunsten d. Lösungsmittels ausscheiden.

Abdeckerei, Anlage z. Beseitigung v. Tierkadavern; Verwertung zu Leim, Knochenmehl, Viehfutter.

Abd el Asis Ibn Saud (24. 11. 1880–9. 11. 1953), Kg v. → Saudi-Arabien.

Abd el Kader (1808–26. 5. 83), Araberfürst; 1832–47 i. Algerien i. Kleinkrieg m. Franzosen.

Abd el Krim (um 1880–6. 2. 1963), bis 1926 Führer der aufständischen Rifkabylen in Marokko.

Abderhalden, Emil (9. 3. 1877–5. 8. 1950), schweiz. Physiologe u. Ernährungsforscher (Eiweißchemie).

Abderiten, Bewohner der thrakischen St. *Abdera;* d. Schildbürger d. Antike; Roman v. → Wieland.

Abdomen, s. [l.], Bauch; Hinterleib (Insekten).

Abd ul Hamid II. (21. 9. 1842–10. 2. 1918), türk. Sultan s. 1876.

Abel, Gestalt d. A.T., Sohn Adams u. Evas, v. s. Bruder Kain getötet.

Abencerragen, maur. Geschlecht i. → Granada, 15. Jh.

Abendgymnasium → Abendschulen.

Abendland, *Okzident* (im Ggs. z. *Orient, Morgenland),* Bez. für den durch d. Erbe der Antike u. des Christentums geprägten eur. Kulturkreis; urspr. d. westl. Teil der Alten Welt (Mittel- u. Westeuropa); seit → Karl d. Gr. Unterscheidung d. A. bes. vom → Byzantin. Reich, später als Ggs. zur Welt d. Islam.

Abendmahl, *Tisch des Herrn, Kommunion,* Sakrament der christl. Kirchen; v. Jesus eingesetzt: „Zu meinem Gedächtnis" (Luk. 22). – *A.selemente,* Brot u. Wein; nach kath. Lehre: Wandlung d. A.s *(Transsubstantiation);* n. Luther: Christus ist in, mit u. unter den A.s elementen da; Calvin lehrt geistige Gegenwart Christi.

Abendpunkt, svw. → Westpunkt.

Abendschulen, Lehranstalten f. Berufstätige zur Fortbildung (schulisch, auch beruflich) vom Hauptschulabschluß bis z. Hochschulreife.

Abendstern, *Morgenstern,* der Planet → Venus (hellster Stern am Himmel), sichtbar nach Sonnenuntergang am Westhimmel od. vor Sonnenaufgang am Osthimmel.

Abendweite, *astronom.* Abstand eines untergehenden Sterns v. Westpunkt; Ggs.: → Morgenweite.

Aberdeen [æbə'din], Gft i. ö. Schottland; St. *A.,* 190 000 E; Seehafen, Uni.; Textilind., Maschinenbau, Schiffswerften.

Aberglaube, Glaube an magische Zus.hänge im Widerspruch zu geltenden rel. u. wiss. Auffassungen.

Aberration [l. „Abirrung"], 1) *astronom.* Winkel zw. der geometr. u. der Lichtstrahlenrichtung nach e. Gestirn; Ursache ist d. endl. Verhältnis d. Erd- z. Lichtgeschwindigkeit; nach den 3 versch. Bewegungen der Erde: *tägl., jährl.* u. *säkulare A.;* 2) *optische:* Abbildungsfehler: v. einem Punkt ausgehende Strahlen vereinigen sich nicht wieder in einem Punkt; 3) *zoolog., botan.:* vom Normalen abweichende Form einer Art. – *A.skonstante,* Konstante der → Aberration 1), Betrag 20″ 47.

Abessinien, früherer Name v. → Äthiopien.

abessinischer Brunnen, *Rammbrunnen,* dessen Rohr ohne Vorbohrung bis zur wasserführenden Schicht eingerammt wird.

Abfahrt, skisportl. Wettkampfart. Schnelligkeitsprüfung über Strecken mit einem Höhenunterschied von 800–1000 m (Herren) u. 400–700 m (Damen).

Abfindung, Abgeltung wiederkehrender oder unüberschaubarer Ansprüche durch einmalige Entschädigung (meist in Geld).

Abführmittel, Arzneimittel, Tees, Mineralwässer zur Anregung der Darmtätigkeit; Gewöhnungsgefahr.

Abgaben, Pflichtzahlungen aufgrund öff.-rechtl. Anspruches, bes. an Gemeinden. – *A.ordnung, AO,* früher *Reichs-AO,* Grundgesetz d. dt. Steuerrechts; regelt Organisation u. Steuerbehörden u. Verfahren in Steuersachen.

Abgase, treten beim Verbrennungsvorgang bei Motoren auf (→ Umweltschutz, Übers.), mit d. Hauptursache v. Luftver-schmutzung u. möglicherweise → Waldsterben.

ABGB, Abk. f. *Allgemeines Bürgerliches Gesetzbuch* (f. Österreich).

Abgeordnetenhaus, Volksvertretung, Parlament; Gesamtheit d. Volksvertreter; Gebäude f. d. Sitzungen des Abgeordnetenhauses.

Abgeordneter, durch Wahl berufener Vertreter d. Volkes in gesetzgebender Körperschaft (z. B. Bundes-, Landtag); genießt Recht d. → Immunität.

Abhandenkommen, *jur.* unfreiwilliger Besitzverlust (z. B. durch Diebstahl od. Verlieren); bei A. v. Sachen kein gutgläubiger Eigentumserwerb möglich; Ausnahme: b. Geld u. Inhaberpapieren u. Erwerb in öff. Versteigerung (§ 935 BGB).

Abhörverbot, wer unbefugt d. nichtöffentl. Gespräch eines anderen abhört od. aufnimmt bzw. einem Dritten zugänglich macht, wird mit Freiheits- oder Geldstrafe belegt, wenn der Betroffene Strafantrag stellt (§ 201 StGB).

Abidjan [-'dʒaŋ], ehem. Hptst. u. -hafen d. Rep. Côte d'Ivoire (fr. Elfenbeinküste), 2,5 Mill. E; Uni.; Flughafen.

Abiturient [l.], Schüler, der die Reifeprüfung einer höheren Schule **(Abitur)** ablegt (1982 in d. BR 190 080, m. *Fachabitur* 285 153).

Abkömmling, jeder Verwandte absteigender Linie: Kinder, Enkel usw.

Ablagerungsgesteine, svw. → Sedimentgesteine.

Ablaß, nach kath. Lehre Nachlaß v. zeitl. Sündenstrafen vor Gott, keineswegs aber Vergebung d. Sünden. – *A.prediger,* nutzten d. Angst d. Menschen v. d. Fegefeuer aus, indem sie f. Geld *A.briefe* verkauften (16. Jh. → Tetzel); d. Geld wurde z. T. f. d. Neubau d. Peterskirche verwendet. Der A.streit wurde z. äußeren Anlaß d. Reformation (95 Thesen, → Luther). Vollmacht, einen A. zu gewähren, heute noch v. d. kath. Kirche anerkannt.

Ablativ, *m.,* lat. Kasus, antwortet auf die Fragen: *woher?, womit?, wo?, wann?*

Ablaut, *m.,* Vokalwechsel innerhalb nes Wortstammes (z. B. *finde, fand, Fund).*

Ableger, *Absenker,* Seitentriebe von Pflanzen, die mit Erde bedeckt werden u. dann Wurzeln schlagen, worauf Abtrennung erfolgen kann.

Ablehnung, Richter (Schöffen) u. Urkundsbeamte (Gerichtsschreiber) u. Sachverständige können im Zivil- und Strafprozeß z. B. wegen Beteiligtseins an der Sache oder Besorgnis der Befangenheit abgelehnt werden.

Ableitung, Bilden des → Differentialquotienten.

Ablenkung, 1) *el. u. magnet.* Strahlen bewegter el. geladener Teilchen werden durch ein el. od. magnet. Feld aus ihrer Richtung abgelenkt (z. B. i. d. → Braunschen Röhre, im → Zyklotron); **2)** *opti-sche:* → Prisma.

Ablösung, 1) Entschädigung z. Erlangung e. Rechts (z. B. Mietrechts); bei Zwangsvollstreckungen Recht eines Dritten, der Recht od. Besitz an einer Sache hat, d. Zwangsvollstreckung durch Befriedigung d. Gläubigers abzuwenden; **2)** *entwicklungspsych.* notwendiger Vorgang des Abbaus der Abhängigkeit v. Eltern u. Erziehern in d. → Pubertät.

ABM, Abk. f. *Anti Ballistic Missile* (Antirakete); **ABM-System** (Raketenabwehrsystem). – **ABM-Vertrag,** Vertrag zur Rüstungskontrolle, der im Rahmen der → SALT-I-Abkommen zwischen d. UdSSR u. den USA abgeschlossen wurde. Der ABM-V. verbietet die Entwicklung, Erprobung u. Installierung eines umfassenden Abwehrsystems gegen ballistische Raketen (Flugkörper mit elliptischer Flugbahn). Vertragsüberprüfung 1993 in Genf vorgesehen.

abmustern, den → Heuervertrag auflösen.

abnorm [l.], abweichend von der Norm, Regel.

Abnormität, Mißbildung.

Åbo, St. in Finnland, → Turku.

Abolitionismus [l. „Aufhebung"], urspr. am. Antisklavereibewegung, später Bewegung zur Abschaffung best. Mißstände (z. B. d. Prostitution).

A-Bombe, Abk. für Atombombe (→ Kernwaffen).

Abonnement [frz. -'*mã*], (zeitl. begrenztes) Anrecht auf gleichartige Leistungen nach Vorauszahlung (z. B. bei Zeitungen, Theaterkarten u. a.).

Aborigines [engl. -'*rɪdʒɪnɪs*], dunkelhäutige Ureinwohner Australiens, eine der Großrassen der Menschheit (Australien).

Abort, *m.* [l.], *Abortus,* die vorzeitige Ausstoßung der unreifen, nicht lebensfähigen Frucht bis zur 28. Schwangerschaftswoche. Der *Spontan-A.* kommt ohne äußere Einwirkung zustande; die Ursachen können bei der Frucht selbst (Fehlbildungen), bei der Mutter (Mißbildungen, Tumoren, Lageveränderung d. Gebärmutter, hormonelle Störungen, Infektionskrankheiten, mechan. Erschütterungen, seel. Belastungen, chron. Vergiftungen) oder beim Vater (Anomalien des → Spermas) liegen. Unter einem künstl. (artifiziellen) oder eingeleiteten A. versteht man die vorsätzl. Unterbrechung der Schwangerschaft; hierzu ist nur der Arzt berechtigt (→ Schwangerschaftsabbruch, Interruptio); → Abtreibung, → Indikation 2). Das Auftreten von mind. 3 aufeinanderfolgenden Spontan-A.en bezeichnet man als *habituellen A.*

abortiver Verlauf, b. Infektionskrankheiten: abgekürzter Verlauf ohne die typischen Krankheitszeichen, hinterläßt aber Immunität.

Abortivkur, Heilverfahren: abkürzende Frühbehandlung, bes. bei Geschlechtskrankheiten.

Abortseuche, ansteckende Krankheit der Rinder, → Verwerfen; Ansteckungsmöglichkeit für Menschen, → Bangsche Krankheit.

ab ovo [l. „vom Ei"], von Anfang an.

Abplattung, 1) *geophys.,* Abweichen der Gestalt eines Planeten von der Kugelform; **2)** *meßtechnisch:* unter → Kraft auftretende → Deformation bei der Berührung nach außen gewölbter Oberflächen von Körpern.

Abraham, Paul (2. 11. 1892–6. 5. 1960), ungar. Komp.; Operetten: *Viktoria u. ihr Husar.*

Abraham, im A.T. Stammvater d. Israeliten.

Abraham a Santa Clara, eigtl. *Ulrich Megerle* (2. 7. 1644–1. 12. 1709), schwäb. Augustinermönch in Wien, volkstüml. Kanzelredner, Schriftst.; *Judas der Erzschelm.*

Abrasio, *w.* [l.], → Auskratzung.

Abrasion, *w.* [l.], abtragende Wirkung d. Brandung an den Küsten.

Abraum, im bergmänn. Tagebau das über d. Lagerstätte liegende, abzuräumende taube Gestein.

Abraxas, koptisch-gnostisches Geheimwort f. Zahl od. Name Gottes, ähnl. wie *Abrakadabra.* – **A.gemmen,** Steinamulette m. myst. Schriftzeichen.

Abri, *m.* [frz. „Schutz"], Felsüberhang; Rast- od. Siedlungsplatz des Altsteinzeitmenschen.

Abruf, der Käufer bestimmt nachträglich den Zeitpunkt f. Lieferung d. Ware („auf A.").

abrupt [l. „abgebrochen"], zusammenhanglos, jäh.

Abrüstung, Maßnahmen zur Einstellung, Beschränkung, Reduzierung u. Kontrolle d. mil. Machtmittel. A.sbemühungen auf zahlreichen internationalen Konferenzen (→ Haager Friedenskonferenzen 1899, 1907, Völkerbundsakte 1919, → Genfer Abrüstungskonferenz 1932/33), namentlich im Rahmen des Völkerbundes, gescheitert. Rüstungsbegrenzungen wurden den besiegten Mächten nach dem 1. Weltkrieg auferlegt. – 1963 → Atomversuchsstop-Abkommen, 1970 → Atomsperrvertrag, 1971 Vertrag über Verbot d. Stationierung von Kernwaffen auf internationalen Meeresboden. Seit 1968 Gespräche über die Begrenzung der konventionellen Rüstung (→ MBFR/MURFAAMCE), seit 1969 über die Begrenzung der thermonuklearen Rüstung (→ SALT), seit 1982 über d. Reduzierung v. Gefechtskörpern b. strateg. Atomwaffen (→ START).

Abruzzen, 1) rauhes Gebirgsland, Mittelitalien, höchster Gebirgszug d. Apenninen (*Gran Sasso d'Italia* 2914 m); **2)** it. *Abruzzi.* Verw.gebiet, 10 794 km², 1,3 Mill. E.

Abs, Hermann (* 15. 10. 1901), dt. Bankier u. Finanzberater; Vors. d. Aufsichtsrates d. Dt. Bank 1967–76.

Absalom, *Abschalom,* bibl. Gestalt; aufrührerischer Sohn Davids.

Absam (A-6060), Wallfahrtsort in Tirol (Östr.), 5400 E.

Abschied, 1) Schlußprotokoll der Reichstage des → Heiligen Röm. Reiches Deutscher Nation; **2)** Entlassung aus Dienst als Beamter.

Abschirmung, schützende Materialien zur Verringerung od. Verhütung gegenseitiger Beeinflussung elektromagnet. Felder od. ionisierender Strahlung: **1)** *atomare A.:* das el. Feld der Kernladung eines Atoms wirkt infolge der inneren Elektronen nicht voll auf die äußeren Elektronen; **2)** *elektrische A.:* in der Elektrotechnik metall. Schutzumhüllung (z. B. von Leitungen od. Geräten) zur Verhütung gegenseitiger Beeinflussung durch elektromagnet. Felder; **3)** *magnetische A.:* kann nur durch ferromagnet. Werkstoffe erfolgen; **4)** *Strahlungs-A.:* Wärmeübergang u./od. Verminderung ionisierender Strahlung einer Strahlungsquelle nach außen.

Abschlags-dividende, in der BR nicht zulässige Vorauszahlung einer Kapitalges. auf Jahresdividende. – **A.verteilung,** Prozentsatz d. im Konkursverfahren an d. Gläubiger z. Verteilung kommenden Konkursmasse.

Abschluß, 1) rechtsverbindl. Vereinbarung zweier Parteien; **2)** *A. der Bücher* (Konten) in der Buchhaltung (→ Bilanz, Übers.). – **A.provision,** Vergütung an d. Vermittler e. Abschlusses im rechtl. Sinne. – **A.prüfung,** gesetzl. vorgeschriebene Prüfung d. Jahresabschlusses bei Aktiengesellschaften. – **A.zahlung,** Entrichtung der Steuerschuld unter Anrechnung d. Vorauszahlung.

Abschöpfung, zollrechtl. Belastung, die EG-Staaten bei Einfuhren zum vorübergehenden Schutz einheim. Erzeugnisse erheben.

Abschreibung, *wirtsch.,* **1)** Betrag der Wertminderung an Gegenständen des betriebl. Vermögens; **2)** Maßnahme in der Buchhaltung zur Berücksichtigung von 1), bes. in d. Bilanz; Arten: bilanziell, kalkulatorisch, steuerlich (Absetzung für Abnutzung: *Afa*); nach Abschreibungsmethode: *lineare* (gleichbleibender Abschreibungsbetrag je Nutzungsjahr), *degressive* (abnehmender A.betrag für jedes weitere Nutzungsjahr), *progressive A.* (ansteigender A.betrag für jedes weitere Nutzungsjahr).

Absehen von Strafe, durch d. Gericht unter best. Voraussetzungen wenn Folgen d. Tat f. d. Täter so schwer sind, daß Strafe verfehlt wäre.

Abseite, sww. Seitenschiff.

Abseits, Stellung eines angreifenden Fußballspielers, der im Augenblick des Ballabgabe näher an dem Ball am gegner. Tor ist u. nicht wenigstens 2 gegner. Spieler vor sich hat; nach A. Freistoß f. d. Gegner.

absent [l.], abwesend.

absentieren, sich wegbegeben.

Absinth, *m.,* starker, grünlicher Wermutschnaps; gesundheitsschädlich.

absolut [l. „losgelöst"], für sich; bedingungslos.

absolute Größe → Größe.

absolute Kunst, „gegenstandslose" *Malerei* u. *Plastik,* ohne Bindung an äußere Gegenstandsdarstellungen od. begriffl. Motive; in engerem Sinne auch → *konkrete Kunst,* in weiterem Sinne gewöhnlich → *abstrakte Kunst* gen.; Begr. d. a. Malerei Wassily *Kandinsky* (→ Tafel Malerei IV, S. 351) um 1910.

absolute Mehrheit → Mehrheit.

absolute Musik, reine Instrumentalmusik ohne gedankl. faßb. Inhalt; Ggs.: → Programmusik.

absoluter Betrag, *math.* d. Wert einer Zahl ohne Rücksicht auf d. Vorzeichen (Schreibweise z. B. |+3| = 3 oder |–3| = 3).

absoluter Film, *abstrakter F.,* experimentelle Filmform, meist musikalisch untermalte rhythm. Schnittfolgen v. gegenstandslosen od. gegenständl. fotograf., gemalten od. aus Lichtreflexen bestehenden Bildern; bes. in den 20er Jahren: *Lithographies vivantes* v. *Jean Cocteau, Man Ray, Moholy Nagy, Hans Richter.*

absoluter Nullpunkt, –273,15 °C, die natürliche, aber nur annähernd erreichbare unterste Grenze der Temperatur, → Wärmelehre; die *absolute Temperatur* beginnt beim a. N. (bei sonst gleicher Einteilung) und wird in K (nach Lord *Kelvin*) gemessen; 0 °C entspricht 273,15 K.

absolutes Gehör, Fähigkeit, die (absolute) Höhe e. Einzeltons od. Akkords sofort, ohne Hilfe e. Instruments, zu erkennen.

absolutes Maßsystem, → CGS-System, → Maßsystem.

Absolution [l.], Lossprechung v. Sünden durch d. bevollmächtigten Priester im Sakrament d. → Buße.

Absolutismus [l. „Alleinherrschaft"], *absolute Monarchie,* Staatsform, bei d. Monarch unbeschränkte Herrschaftsgewalt verkörpert (Ludwig XIV.: „L'Etat c'est moi!"); *Aufgeklärter A.* (Friedrich d. Gr.: „Der Fürst ist der erste Diener seines Staates!")

absolvieren [l.], lossprechen; bestehen; vollenden.

Absonderung, 1) → Sekretion; 2) → Konkurs.

absorbieren [l.], aufzehren, aufsaugen; *allg.:* völlig in Anspruch nehmen.

Absorption [l. „aufsaugen, in sich aufnehmen"], 1) Schwächung einer Wellenod. Korpuskularstrahlung beim Durchgang durch Materie; 2) Lösung eines Stoffes in e. anderen (Lösung v. Gasen in flüssigen u. festen Stoffen); 3) *biol.* auch im Sinne v. → Resorption; 4) *interstellare A.* im Raum zw. d. Sternen durch fein verteilte gas- u. staubförmige Materie, → Dunkelnebel.

Absorptionslinien, gasförmige Stoffe absorbieren oder emittieren nur Licht genau definierter od. → Wellenlänge aus dem kontinuierlichen → Spektrum einer

Strahlungsquelle; Beispiel für A. sind die → Fraunhoferschen Linien i. Sonnenspektrum.

ABS-System → Antiblockiereinrichtung.

Abstammungslehre, *Deszendenz-* od. *Evolutionstheorie,* die Wissenschaft v. d. Herkunft d. vielfältigen Lebensformen (z. B. des Menschen) aus Frühformen der erdgeschichtl. Entwicklung. Nach heutiger Vorstellung entstand das Leben durch stufenweise chem. Synthese aus einfachen Molekülen; bei Erreichung höher chem. Komplikation begann der Lebensprozeß anzulaufen *(Urzeugung)* u. ist seither nicht wieder abgerissen. Im Laufe der → Evolution, deren geschichtl. Wege d. *Paläontologie* (Versteinerungskunde) teilweise belegt (Lücken durch verbindende Zwischenformen geschlossen), erfolgte eine schrittweise Vervielfältigung d. Lebenstypen mit komplizierterem Bauplan u. eine fortschreitende Verbesserung der Anpassung. Die Ursachen dieser Höherentwicklung hat erstmals → Darwin (1859) aufgedeckt. In den Organismen werden ständig *Erbänderungen* (→ Mutationen) erzeugt; diese werden von d. Umwelt entweder gefördert (positiv ausgelesen) od. bleiben ohne Bedeutung (negativ ausgelesen od. ausgeschaltet). Diese *Selektionstheorie d. Evolution* ist durch d. moderne Evolutionsgenetik experimentell gestützt worden. Die → Auslese der besser geeigneten Mutanten *(Überleben des Geeignetsten)* im *Kampf ums Dasein* gilt nicht f. d. Einzelindividuum, sondern statistisch f. die Gruppe od. Population. Die Selektionstheorie ist d. einzige widerspruchsfreie Ursachentheorie d. Evolution; alle anderen Theorien sind widerlegt (z. B. *Lamarckismus,* der d. Vererbung umweltbedingter Eigenschaften vertritt) od. überschreiten d. Gebiet d. Naturwissenschaften (wie d. *Vitalismus,* der d. zielstrebige Eingreifen einer übernatürlichen Lebenskraft annimmt); → Mensch.

Abstimmung, 1) *pol.* → Volksabstimmung; 2) *parlamentar.* Methode der Beschlußfassung; geheim, durch Stimmzettel, → Ballotage, od. öffentl., durch Handaufheben, Aufstehen, Namensaufruf, Zuruf (Akklamation) od. → „Hammelsprung"; → Mehrheit; 3) *funktechn.* Einstellen eines Rundfunk-, Funk- od. Trägerfrequenzgerätes (Sender od. Empfänger) auf gewünschten Teil eines → Frequenzbandes *(Band-A.)*

Abstinenz, w. [l.], 1) *allg.* Enthaltung (z. B. v. Alkohol od. Geschlechtsverkehr); 2) *kath.:* Enthaltsamkeit vom Genuß v. Fleischspeisen an bestimmten A.tagen.

abstrahieren [l.], mittels Denkens aus d. konkreten Wirklichk. d. Verschiedenheit absondern, um das verbleibende Allgemeine festzustellen. In d. Kunst Verwandeln d. Naturform in Bildform durch Weglassen d. Zufälligen u. Unwesentli-

chen, Verselbständigung d. Linien u. Farben im Bildgefüge.

Juan Gris, Stilleben abstrahierende Kunst

abstrahierende Kunst, reduziert d. Gegenstand auf seine Grundform u. abstrahiert ihn als Element einer nichtillusionistischen Flächengestaltung (z. B. → *Kubismus,* → *Futurismus*).

abstrakt, rein begrifflich, nur gedacht; Ggs.: *konkret.*

abstrakte Kunst, umfassende Bez. für diejenigen Richtungen d. Kunst des 20. Jh., welche die dingl. Realität als Darstellungsgegenstand d. Kunst ablehnen; mit frei erfundenen Formen u. frei gewählten Farben werden Kompositionen m. versch. Zielen gestaltet (→ Kandinsky, → Mondrian, → Wols, → Pollock).

abstrakter Expressionismus, → Tachismus, → informelle Kunst, → Actionpainting.

Abstrich, *med.* Entnahme verdächtigen Materials zur Diagnose.

abstrus [l.], verworren.

Absud, das „Abgesottene" (Flüssigkeit), arzneiliche Abkochung, Kräutersaft, ausgekochter Saft.

absurd [l.], sinnwidrig, unsinnig.

absurdes Theater, moderne Dramenkunst, in der das Sinnlose in der scheinbar sinnvollen Existenz des Menschen dargestellt wird; Hptvertreter: *Camus, Beckett, Ionesco, Pinter.*

Abszeß, m. [l.], abgekapselte Eiteransammlung.

Abszisse [l.], waagerechte Achse im System der → Koordinaten.

Abt, Äbtissin, Leiter in einer *Abtei* (Kloster).

abteufen, einen Schacht graben; eine Bohrung niederbringen.

Abtragung, svw. → Erosion.

Abtreibung, vorsätzl. Unterbrechung d. Schwangerschaft; in vielen Ländern unter bestimmten Voraussetzungen legalisiert (→ Indikation 2).

Abtretung, *Zession,* Übertragung einer Forderung auf einen anderen, bewirkt Mitübergang der Pfandrechte, Bürgschaften usw., aber auch etwaiger Einwendungen (§§ 398 ff. BGB).

Abtrieb, 1) Abholzen einer Waldfläche (Kahlschlag); **2)** Heimkehr der Herde von der Sommerweide (z. B. Almabtrieb); **3)** Stelle am Ende eines Getriebes zur Energieabgabe; Ggs.: → Antrieb.

Abtrift, *w.,* 1) durch Strömung od. Wind verursachte Abweichung e. Schiffes od. Flugzeugs vom Sollkurs; auch i. d. → Ballistik; 2) svw. → Abtrieb 2).

Abu Bekr [arab. „Vater des Heilers"], Schwiegervater u. treuester Gefährte Mohammeds; 1. Kalif 632–634.

Abu Dhabi → Vereinigte Arabische Emirate.

Abukir, ägypt. Küstenort bei Alexandria, 13 000 E; Akad. d. Marine. – 1798 Vernichtung d. frz. Flotte durch d. engl. unter Nelson.

Abu Markub, *Schuhschnabel,* reiherähnl. Vogel der Sümpfe des Weißen Nil, mit schuhförm. Schnabel.

ab urbe condita [l.], „seit Gründung d. Stadt" Rom (753 v. Chr.), röm. Zeitrechnung.

Abu Simbel, *Felsentempel*

Abu Simbel, zwei v. → Ramses II. angelegte Felsentempel im 13. Jh. v. Chr. a. oberen Nil; wurden beim Bau d. neuen Staudamms bei → Assuan durch Zerlegen u. Wiederaufbau auf höher gelegenem Gelände v. drohender Überflutung gerettet.

Abusus [l.], Mißbrauch (z. B. von Alkohol).

Abwärme, nicht ausgenutzte, an die Umgebung abgeführte Wärme in Wärmekraftmaschinen, bes. Kraftwerken; belastet Umwelt (Erwärmung von Flüssen), soweit nicht f. Heizung u. ä. verwendet.

Abwässer, aus Ortschaften od. Fabriken durch Kanalisation abgeleitete verschmutzte Wässer; vor Abfluß in Flüsse Reinigung in → Kläranlagen.

Abwehr, A.mechanismen, unwillkürliche Schutzreaktion zur Schmerzabwehr, z. B. Verdrängung (→ Freud).

Abwertung, *Devalvation,* Herabsetzung d. Außenwertes d. Währung gegenüber Währungsgrundlage zur Anpassung d. Kaufkraft an ausländ. Währungen; b. freien Währungen d. einseitige Wechselkursänderung.

Abwesenheitsprotest, *Wand-* od. *Platzprotest,* im Wechselrecht die Feststellung, daß Bezogener nicht anzutreffen war.

abwickelbare Flächen, *math.* Flächen, die sich ohne Verbiegen in eine Ebene abwickeln lassen (z. B. Kegel).

Abwicklung → Liquidation.

Abydos, 1) hl. St. in Oberägypten; Osiristempel; 2) altgriech. St. in Kleinasien am Hellespont: Brückenbau d. Xerxes 480 v. Ch.; Sage v. Hero u. Leander.

abzählbar, eine Menge ist abzählbar, wenn ihre Elemente umkehrbar eindeutig den Zahlen 1, 2, 3 ... zugeordnet werden können.

Abzahlungsgeschäft → Teilzahlungskauf.

Abzahlungshypothek, *Ratenhypothek,* Tilgungshypothek m. gleichbleibenden Tilgungsbeträgen u. sinkenden Zinsbeträgen; gebräuchlicher: → Annuitätenhypothek.

Ac, *chem.* Zeichen f. → Actinium.

a. c., Abk. f. *anni currentis* [l.], laufenden Jahrs.

Académie française [akade'mi frã'sɛz], Akad. f. frz. Sprache u. Literatur im Rahmen d. Institut de France; 1635 von Richelieu gegr., *Dictionnaire de l'Académie* (s. 1694); Verleihung von Lit.preisen; 40 Mitglieder.

a cappella [it.], nur f. Singstimmen, ohne Instrumentalbegleitung.

Acapulco, mexikan. Naturhafen am Pazifik, 638 000 E; intern. Seebad; 1968 Segel-Olympiade.

accelerando [it. *atʃ-*], *mus.* beschleunigend.

Accessoires [frz. *aksɛ'sŏaʀ*], mod. Beiwerk wie Handschuhe, Schals, Gürtel, Modeschmuck, Handtaschen, Schirm.

Accompagnato, *s.* [it. *-'ɲato*], *mus.* → Rezitativ.

Accountant [ə'kauntənt], Bez. für e. Rechnungs- od. Wirtschaftsprüfer in d. USA u. in Großbritannien.

Accra, *Akkra,* Hptst. der Rep. Ghana, 1,144 Mill. E.

ACE-Hemmer, Abk. f. A*ngiotensin-Converting-Enzym-Hemmer.* Diese Mittel senken besonders stark d. Blutdruck u. werden b. → Hypertonie u. Herzinsuffizienz (→ Herz) gegeben.

Acetat, *chem.* Salz d. Essigsäure, → Acetylcellulose (→ Chemiefasern).

Aceton, *CH₃COCH₃,* flüssig, farblos, intensiv riechend, wichtig als Lösungsmittel f. Fette, in Celluloid-, Lack- u. Farbenind.; b. Zuckerkrankh. auch im Blut u. Urin (*Acetonurie).*

Acetyl-cellulose, durch Einwirkung v. Essigsäureanhydrid löslich gemachte Cellulose; Lösung in Aceton-Alkohol dient als wasserfester Klebstoff (Alleskleber) u. als Spinnlösung f. Acetat u. Acetatfaser (→ Chemiefasern). – **A.salicylsäure,** *med.* Schmerz- und Fiebermittel (Aspirin®).

Acetylcholin [gr.], chem. Stoff, der d. Reize d. parasympath. Nerven (Vagus) auf d. Erfolgsorgane überträgt; → Gewebshormone → Nervensystem.

Acetylen, *C₂H₂,* durch Einwirkung v. Wasser auf Calciumcarbid entstehendes Gas; einfachster Kohlenwasserstoff mit Dreifachbindung; brennt mit hell leuch-

tender Flamme (Karbidlampe), mit Luft explosives Gemisch, → Knallgasgebläse; Ausgangsstoff für großtechn. organ. Synthesen.

Achäer, einer der Hauptstämme des griech. Volkes, im N des Peloponnes (Landschaft Achaia); bei Homer Name für die Griechen.

Achämeniden, altpers. Dynastie; ca. 700–330 v. Chr.

Achard [a'ʃaʀ], 1) Franz Carl (28. 4. 1753–20. 4. 1821), dt. Chem.; begr. Zukkerrübenind.; 2) Marcel (5. 7. 1899–4. 9. 1974), frz. Bühnenschriftsteller; *Die aufrichtige Lügnerin.*

Achat, Schmuckstein, gebänderte Quarzvarietät; künstl. Einfärbung möglich, weil A. Farben einlagert.

Achensee, See in Nordtirol, 929 müM, 9 km l., 6,8 km², bis 133 m tief; entwässert seit Errichtung des A.wasserkraftwerks (125 Mill. kWh jährl.) südwärts z. Inn (400 m Gefälle).

Achern (D-7590), Krst. i. Ortenaukreis, Ba-Wü., 20 377 E; AG; Papier- u. Glasind., Masch.bau, Brennereien.

Achernar, hellster Stern 1. Größe im Eridanus; Sternbild südl. → Sternhimmel H.

Acheron, in der griech. Mythologie ein Fluß der Unterwelt.

Acheuléen, *s.* [aʃøle'ɛ̃], früher Abschnitt d. Altsteinzeit; ben. nach Fundort *Saint-Acheul* in Frkr.

Achilleion, Schloß auf Korfu (1890), urspr. Besitz d. Kaiserin Elisabeth, dann Wilhelms II., heute griech. Staatsbesitz.

Achilles, *Achilleus,* Held der → *Ilias,* Sohn des Peleus (daher: der *Pelide*) u. d. → Thetis; tötete Hektor; nur an der Ferse (**A.ferse**) verwundbar.

Achim (D-2807), St. i. Kr. Verden, sö. Bremen, Nds., 28 299 E; AG; div. Ind.

Achmatowa, Anna, eigtl. *Anna A. Gorenko* (23. 6. 1893–5. 3. 1966), russische Lyrikerin.

Achmed Zogu (1895–1961), 1923/24 Min.-Präs., 1925 Präs.; 1928 als Zogu I. König v. Albanien; 1939 v. Italien vertrieben.

a. Chr. (n.), Abk. f. *ante Christum (natum)* [l.], vor Christi Geburt.

achromatisch [gr. „farblos"] sind opt. Instrumente (Linsensysteme), die die Spektralfarben d. natürl. Lichtes in e. gleichen Bildpunkt vereinigen, d. h. ohne chromat. → Aberration (→ Tafel Optik): meist zus.gesetzt aus Flint- u. Kronglas.

Achse, die gedachte Mittellinie von Figuren, Körpern od. Systemen, zu der alle Teile symmetrisch angeordnet sind (Symmetrie-A.), od. die gedachte Gerade, um die sich e. Fläche od. e. Körper dreht (Rotations-A.); → Koordinaten.

Acht, im MA Ausschluß aus den Rechts- und Friedensgemeinschaft (der Geächtete wurde „vogelfrei", d. h. jedermann durfte ihn töten, niemand durfte ihn unterstützen); Reichs-A. wurde „nach Jahr und Tag" durch abermalige Ächtung zur *Aber-A. (strenge A.);* → Bann.

Achtender, *Achter,* → Geweih.

Achter, Ruderboot mit 8 Ruderern u. Steuermann: 17,5 m l., 70–85 cm br., mittlere Tiefe 32 cm.

achtern, *seem.* hinten; Achterdeck.

Achternbusch, Herbert (* 23. 11. 1938), dt. Schriftst., Schausp. u. Filmregisseur; *Die Alexanderschlacht;* Theaterstücke: *Susn;* Filme: *Das Andechser Gefühl* (1974); *Das Gespenst* (1983); *Der Wanderkrebs* (1984); *Wohin?* (1987).

Achtstundentag, s. 1918 in Dtld gesetzlich eingeführt; 1919 intern. Abkommen von Washington; heute i. vielen Industriestaaten 40- u. teilweise 35-Std.-Woche m. freiem Sonnabend.

Acidum, *s.* [l.], Säure.

Acireale [atʃi-], Hafen u. Badeort auf Sizilien, 46 800 E.

Ackermann, 1) Konrad Ernst (1. 2. 1712–13. 11. 71), dt. Schausp. u. Theaterdirektor; an seiner hamburg. Direktion wirkte Lessing mit; **2)** Max (5. 10. 1887–14. 11. 1975), dt. abstrakter Maler.

Ackermann aus Böhmen → Johannes von Saaz.

Aconcagua, höchster Berg Amerikas, in den argentin. Anden, 6959 m; erloschener Vulkan.

à condition [frz. *akõdi'sjõ* „bedingungsweise"], bedingte Warenübernahme, Rückgabevorbehalt.

Aconitum [l.], → Eisenhut.

a conto [it.], auf Rechnung.

Acontozahlung, Abschlagszahlung, Teilzahlung auf eine Schuld.

Acosta, Uriel (1585–1640), Religionsphil., christl. getauft, später wieder jüd.; Konflikt mit jüd. Orthodoxie: Selbstmord; Drama von Gutzkow.

Acqui Terme, it. Kurort, Schwefelquelle, nördlich der Ligur. Alpen, 21 600 E.

Acre [engl. *'eɪkə*], → Maße u. Gewichte, S. 1085.

Acroleïn, aus Glycerin durch Wasserabspaltung entstandener → Aldehyd; charakterist. Geruch b. Erhitzen v. Fetten u. Ausblasen v. Kerzen.

Acryl-Harze, durch → Polymerisation v. Abkömmlingen d. *Acrylsäure* u. *Methacrylsäure* gewonnene Kunststoffe; organ. Glas (*Acrylglas*) wie → Plexiglas u. Resartglas. – **A.**nitril, organ.-chem. Verbindung *CH₂=CH-CN*; als Mischpolymerisat im Perbunan u. a. Kunststoffen, als Poly-A.nitril zu → Chemiefasern wie → Dralon.

ACTH, Abk. für → a**dren**o**cortic**o**tropes** *Hormon.*

Actiniden, das → Actinium u. d. ihm im → period. System folgenden radioaktiven und chem. verwandten Elemente (Oz. 89–103).

Actinium, *Ac,* chem. El. (Oz. 89), radioaktiv.

Actionfilm [*'ækʃən-*], Sammelbegriff f. Filme mit extremen phys. Vorgängen (Kampf, Verfolgungsjagd usw.).

Action-painting [*'ækʃən 'peɪntɪŋ*], Aktionsmalerei, Richtung des abstrakten Expressionismus; Vertr.: *Motherwell, de Kooning, Pollock, Francis, Tobey.*

Actor's Studio [*'æktəz 'stjuːdiəʊ*], am. Schauspielschule, gegr. 1947 v. E. Kazan, Ch. Crawford u. Lee Strasberg; Stanislawski-Methode (Schüler: *Marlon Brando, James Dean*).

Acts of Navigation [*'ækts ov nævi'geɪʃən*], Navigationsakte, engl. Schiffahrtsakte v. 1651, zwangen d. Handel mit England zu fast ausschließl. Benutzung engl. Schiffe; Kampfmaßnahme gg. Vorherrschaft d. Niederlande z. See; 1849 bzw. 1854 aufgehoben.

A. D., Abk. f. *Anno Domini.*

a. D., *außer Dienst,* d. h. im Ruhestand.

a. d., *a dato,* auf Wechseln: v. Ausstellungstag an.

Ada, i. Auftrag des US-Verteidigungsministeriums entwickelte Programmiersprache; 1980 freigegeben, Einhaltung der festgelegten Sprachnorm wird streng überwacht, um → Kompatibilität zu gewährleisten; ben. n. Augusta Ada Byron („Lady Lovelace"), Assistentin v. → Charles Babbage.

ad absurdum [l.] **führen,** Widersprüchlichkeit e. Behauptung nachweisen.

ADAC, *Allgem.* D*t. Automobil-Club e.V.,* gegr. 1903. Mit 10,5 Mio. Mitgl. (1991) größter europäischer Automobilclub.

ad acta [l. „zu den Akten"] **legen,** beiseite legen, als erledigt betrachten.

Adagio, *s.* [it. *-dʒo*], langsamer Musiksatz.

Adalbert, 1) A. v. Prag, Vojtěch († 23. 4. 977 als Märtyrer), Bischof, Apostel der Preußen, Hlg.; **2)** A. v. Bremen (um 1000–16. 3. 1072), Erzbischof, als Vormund Heinrichs IV. Reichsregent 1063–66; **3)** A. v. Mainz (1111–37), Erzbischof, Kanzler Heinrichs V. 1106.

Adam [*a'dã*], Adolphe Charles (24. 7. 1803–3. 5. 56), frz. Opernkomp.; *Der Postillon v. Lonjumeau.*

Adam [hebr. „Mensch"], im A. T. Stammvater der Menschen.

Adam de la Hal(l)e [*a'dã dla 'al*] (um 1237–88 od. 1306), frz. Dichter u. Komp.; schrieb Liebesgedichte, die ersten weltl. frz. Dramen; Singspiel *Le jeu de Robin et Marion.*

Adamello-Presanella, stark vergletscherte Gebirgsgruppe d. Ostalpen nw. von Trient (*Monte A.* 3554 m).

Adams [*'ædəmz*], 1) John (30. 10. 1735–4. 7. 1826), 1797–1801 2. Präs. d. USA; **2)** John (* 1947), am. Komponist d. → Minimal Music; Opern: *Nixon in China* (1987), *The Death of Klinghoffer* (1991); **3)** John Couch (5. 6. 1819–21. 1. 92), engl. Astronom, errechnete aus Bahnstörungen d. Uranus 1845 den Planeten Neptun; **4)** John Quincy (11. 7. 1767–23. 2. 1848), Sohn v. 1); 6. Präs. d. USA 1825–29.

Adamsapfel, der bes. bei mageren Männern vorspringende Schildknorpel des Kehlkopfs.

Adam-Schwaetzer, s. 91 Schwaetzer, Irmgard (* 5. 4. 1942), FDP-Pol.in; 1982–84 Gen.sekretärin d. FDP, 1984–87 Bundesschatzmeister d. FDP, 1987–91 Staatsmin. im AA, s. 1991 B.min. f. Raumordnung, Bauwesen u. Städtebau.

Adaptation, Adaption [l.], → *Anpassung;* 1) *physiolog.* Arbeitspunkteinstellung v. Organen (z. B. d. Auges bei unterschiedlicher Beleuchtung); **2)** *biol.* erbliche od. umweltbedingte Veränderungen von Gestalt u. Reaktionen b. Tieren u. Pflanzen.

adäquat [l.], angemessen, entsprechend.

ADB, Abk. f. engl. *Asian Development Bank* (Asiat. Entwicklungsbank).

ad calendas Graecas [l. „an d. (nicht vorhandenen) griech. Kalenden"], svw. niemals.

Adcock-Antenne, nachteffektfreie → Antenne (→ Rahmenantenne) für → Funkpeiler (KW u. UKW).

Adda, l. Nbfl. des Po, 310 km l.

Addams [*'ædəmz*], Jane (6. 9. 1860–21. 5. 1935), am. Philanthropin; Friedensnobelpr. 1931.

Addis Abeba, Hptst. v. Äthiopien, 2420 müM, 1,618 Mill. E; Sitz der OAU, Uni.; TV-Station, Flughafen.

Addison [*'ædɪsn*], Joseph (1. 5. 1672–17. 6. 1719), engl. Essayist u. Journalist; Mitarbeiter u. Hg. der aufklärer. Zeitschriften *Tatler* u. *Spectator.*

Addisonsche Krankheit, *Bronzekrankheit,* v. engl. Arzt *Th. Addison* 1855 beschriebene schwere Krankheit d. Nebennieren; bes. Merkmale: bronzeartige Braunfärbung d. Haut, Abmagerung, Muskelschwäche, Stoffwechsel-, Magen-, Darm- und Keimdrüsenstörung.

Addition [l. „Hinzufügung"], 1) *math.* Zusammenzählen, eine Grundrechnungsart; z. B.: 2 + 3 = 5; die Zahlen 2 und 3 sind die *Summanden,* 5 ist die *Summe;* **2)** *chem.* Anfügen von Atomen od. Atomgruppen ohne Ersatz eines anderen Atoms bei ungesättigten Verbindungen (z. B. Addition von Wasser an Ethylen zu Alkohol).

Additive, Zusätze z. Veredelung von Kraftstoffen u. Schmierölen.

additive Farbenmischung, *optische F.,* die entstehende Mischfarbe ergibt sich durch Addition der einzelnen Farbreize; 2 od. mehrere Farbreize wirken gleichzeitig auf dieselbe Stelle der Netzhaut (z. B. Dreifarbenprojektion, aus den Grundfarben Rot, Grün, Blau); auch → Farbfotografie.

Adebar, *m.* [niederdt.], svw. → Storch.

Adel, personen-, vermögens-, steuerrechtl. bevorzugter Stand; Vorrechte in Dtld u. Östr. 1919 abgeschafft; Titel nur noch Namensbestandteil. – Ältester A. die Edelfreien im frühen MA, niederer A. durch Ritter-(Kriegs-)Dienst u. Belehnung. Seit 10. Jh. *Erbadel* (Uradel) vor 1350 urkundl. als adlig erscheinendes Geschlechter), dazu später *Briefadel* (verliehen durch Adelsbrief). *Hoher A.:*

Herzöge; Fürsten; (erlauchte) Grafen. *Niederer A.:* Grafen; Freiherrn (Barone); Ritter (nur Östr. und Bayern); Edle bzw. Adlige = „Herren von". Erhebung in den A.sstand als erbl. od. seltener (meist durch Ordensverleihung) als persönl. A. war Vorrecht der Landesfürsten. Manche A.stitel nur in der Erstgeburt erbl., bes. Hoher A.

Adelaide [ˈædəlɪd], Hptst. von S-Australien, am St.-Vincent-Golf, mit Hafen *Port A.,* 1,024 Mill. E; Uni.

Adelboden (CH-3715), Sommer- u. Winterkurort, Berner Alpen, 1353 müM, 3300 E; Heilquellen.

Adelheid (um 931–16. 12. 999), Gattin → Ottos I., Reichsregentin 991–994; Erzieherin ihres Enkels → Otto III.

Adelsberg, slowen. *Postojna,* St. in Slowenien (Jugoslawien), 8500 E; **A.er Grotten,** Tropfsteinhöhlen, entstanden durch Karstfluß Poik.

Aden

Aden [ˈeidn], 1) Hafenstadt an der S-Spitze Arabiens, früher brit. Kronkolonie, 367 000 E; seit d. Altertum wichtiger Handelsplatz für Getreide, Kaffee und Baumwolle; Raffinerien, Ölstation für Schiffe; war s. 1839 ein bed. brit. Stützpunkt; 2) ehemaliges brit. Protektorat, 1963 umbenannt in Protektorat Südarabien; seit 1967 zu → Jemen.

Aden, Golf v., Meeresbucht d. Arab. Meeres zw. SO-Küste Arabiens u. Afrika, durch Bab-el-Mandeb mit dem Roten Meer verbunden.

Konrad Adenauer

Adenauer, Konrad (5. 1. 1876–19. 4. 1967), dt. Pol.; 1917–33 Oberbürgermeister v. Köln, 1920–33 Präs. d. preuß. Staatsrats; 1945 Mitbegründer, Vorsitzender der CDU (1946 d. brit. Zone, 1950–66 d. BR); 1948/49 Präsident d. Parlamentar. Rats; 1949–63 Bundeskanzler der BR (1951–55 zugleich Außenmin.).

Adenom, *s.* [gr.], gutartige Drüsengeschwulst.

Adenosintriphosphorsäure, *ATP,* als → Koenzym im Kohlehydratstoffwechsel der Zellen wichtig, liefert für Muskelarbeit nötige Energie.

Adenoviren [gr. „Drüse" u. → „Virus"], Erreger akuter Erkrankungen d. Atmungsorgane u. d. Augenbindehaut.

Adept, *m.* [l.], (in d. Alchimie) Eingeweihter, Jünger.

Aderlaß, Blutentziehung aus Blutader (meist i. d. Ellenbeuge) durch Einführung e. Hohlnadel od. Schnitt, bes. b. → Lungenödem, → Herzasthma, Eisenspeicherkrankheit.

Adermin, Bezeichnung für Vitamin B_6 (→ Vitamine, Übers.).

Adern, *anatom.* (→ Tafel Mensch, S. 349), die Blutgefäße d. Körpers; 1) Schlagadern od. *Arterien* führen d. Blut v. Herzen z. Gewebe; 2) Blutadern od. *Venen* führen es zum Herzen zurück, im Klappen, die Blutrückfluß verhindern; 3) Haargefäße od. *Kapillaren* bilden d. Übergang zw. Arterien u. Venen.

ADF → Parteien, Übers.

ADH, *Adiuretin,* antidiuretisches Hormon des Hypophysenhinterlappens; hemmt die Wasserausscheidung u. wirkt blutdrucksteigernd.

Adhäsion [l. „Anhaften"], 1) Moleküle versch. (od. gleicher) Stoffe, die nicht miteinander in Reaktion treten können, haften durch d. Molekularkräfte aneinander (z. B. Kitten, Leimen, → Sintern, Reibung sich bewegender Flüssigkeiten); 2) *med.* krankhafte Verwachsung od. Verklebung.

ad hoc [l.], zu diesem Zweck; aus dem Augenblick heraus.

Adiabate [gr.], in der Thermodynamik Bez. f. e. Linie, bei der eine Zustandsänderung ohne Wärmeaustausch mit der Umgebung erfolgt *(adiabatische Zustandsänderung).*

adiabatisch, svw. „ohne Austausch".

Adiaphora [gr. „Gleichgültiges"], Begriff aus der stoischen Phil. für die sittl. gleichgültigen Dinge od. Handlungen wie Essen, Schlafen, Leben, Besitz.

Adil, Leiter der Stadt- u. Marktpolizei in der Zirkusspiele im alten Rom (urspr. 2, später 6).

ad infinitum [l.], unaufhörlich, ohne Ende.

Adipositas [l.], → Fettsucht.

à discrétion [frz. *adiskre'sjõ*], nach Belieben.

Adjektiv, *s.* [l.], Eigenschaftswort; im Dt. beugungs- u. steigerungsfähig (z. B. *schöneren Hund*).

Adjunkt, *m.* [l.], früher Amtsgehilfe (z. B. *Forst-A.*), heute häufig niederster akademischer Beamter (z. B. in Skandinavien).

adjustieren [l.], ordnen; anpassen; eichen.

Adjutant [l.], bei mil. Truppenverbänden v. Division aufwärts z. Unterstützung des

Kommandeurs in dienstl.-persönl. Angelegenheit eingesetzter Offizier.

Adjutor, *m.* [l.], Gehilfe.

Adjutum, *s.* [l.], veraltet f. Hilfe, Beihilfe.

Adlatus [l.], Gehilfe.

Adler, 1) Alfred (7. 2. 1870–28. 5. 1937), östr. Tiefenpsychologe; Freud-Schüler, Begr. der → Individualpsychologie; 2) Victor (24. 6. 1852–11. 11. 1918), langjähriger Führer der östr. Sozialdemokraten, Mitbegr. d. östr. Republik; f. Anschluß an d. Dt. Reich.

Steinadler

Adler, 1) Greifvögel mit starkem, gerade vorspringendem Hakenschnabel; in Eur. größte Arten: *Stein-, See-A.;* nur bussardgroß der *Zwerg-A.;* 2) Wappentier; bei d. Römern Feldzeichen d. Legionen; in Frkr. unter Napoleon I. u. III.; in Dtld Reichssymbol seit Karl d. Gr. (1400–1806 Doppel-A.; dann in Östr.); 3) → Sternbilder, Übers.

Adlergebirge, *Böhmischer Kamm,* sw. Gebirgszug der Sudeten, stark bewaldet, 1115 m hoch.

Adlerorden, *Schwarzer:* früher höchster preuß. Orden, gestiftet 1701, m. erbl. Adel verbunden; *Roter A.:* früher preuß. Orden mit 4 Klassen.

ad libitum [l.], nach Belieben.

Adliswil (CH-8134), Vorort v. Zürich, Schweiz, 16 500 E; div. Ind. u. Dienstleistungsbetriebe.

ad majorem Dei gloriam [l. „zur höheren Ehre Gottes"], Wahlspruch der Jesuiten.

Administration, *w.* [l.], Verwaltung.

administrativ, verwaltungsmäßig.

Administrator, *m.,* Verwalter fremder Güter.

Admiral, 1) höchste Teilstreitkraft der Seeoffiziere; in der dt. Marine: *Flottillen-A.* = Brigadegeneral; *Konter-A.* = Generalmajor; *Vize-A.* = Generalleutnant; *A.* = General; zusätzl. in der früheren dt. Kriegsmarine: *General-A.* = Generaloberst; *Groß-A.* = Generalfeldmarschall (Dienstgradabzeichen: → Tafel Bundeswehr); 2) Tagschmetterling, schwarze, rot gebänderte Flügel mit weißen Flecken; Raupe auf Brennesseln. – **Admiralarzt,** Sanitätsoffizier der Marine im Range eines Flottillenadmirals = Brigadegeneral.

Admiralitäts-Inseln, Teil des Bismarck-Archipels, zu Papua-Neuguinea, 2070 km², Urwald, Eingeborenenbev. (Melanesier), 30 500 E; 1885–1919 dt. Schutzgebiet; Hauptinsel: *Manus.*

Admont (A-8911), östr. Markt i. Ennstal, Steiermark, 3100 E; barocke Stiftsbibliothek.

ADN, Abk. f. *Allg. Deutscher Nachrichtendienst,* ehem. Nachrichtenagentur d. DDR.

Adnexitis [gr.], Entzündung der Anhänge *(Adnexe)* der Gebärmutter: der Eileiter und Eierstöcke.

ad notam [l.], zur Kenntnis (nehmen).

Adoleszenz, *w.,* Endphase d. Jugendalters zwischen 16 u. 20 Jahren.

Adolf Friedrich, Herzog zu Mecklenburg-Schwerin (10. 10. 1873–5. 8. 1969), dt. Forschungsreisender; *Ins innerste Afrika.*

Adonai [„mein Herr"], hebr. Name für Gott.

Adonis, urspr. semit. Vegetationsgott; in d. griech. Mythologie der schöne Geliebte d. → Aphrodite.

Adonisröschen, *Teufelsauge,* Hahnenfußgewächs, auch Zierpflanze; in Dtld ♦.

Adoption, svw. → Annahme an Kindes Statt.

Adoptivkaiser, röm. Kaiser (96–180 n. Chr.), die durch Adoption durch ihren Vorgänger zur Herrschaft gelangten.

Adoration, *w.* [l.], Anbetung, Verehrung.

Adorno, Theodor Wiesengrund (11. 9. 1903–6. 8. 69), dt. Phil., Soziologe u. Musikkritiker; dialekt. Kritik, an Hegel u. Marx geschult; zur gesellschaftl. Praxis kritisch gerichtetes Denken; *Philosophie d. neuen Musik; Minima Moralia; Negative Dialektik;* → Frankfurter Schule.

Adour [a'du:r], Fluß im sw. Frkr., 335 km l.

Adrenalin, *Suprarenin,* Hormon d. → Nebennierenmarks u. → Sympathikus; auch → Noradrenalin.

adrenocorticotropes Hormon, *ACTH,* Wirkstoff des Vorderlappens der → Hypophyse, reguliert Tätigkeit der → Nebennierenrinde.

Adressat, 1) Empfänger e. Postsendung; 2) der Bezogene beim → Wechsel.

Adresse [frz.], 1) Anschrift des Empfängers b. Postsendung; 2) *pol.* (Meinungs-)Kundgebung in schriftl. Form.

Adressiermaschine, Gerät z. Drucken v. Anschriften.

Adria, 1) *Adriatisches Meer,* Teil des Mittelländ. Meeres zw. Apennin- und Balkanhalbinsel, 132 000 km², mit steiler, reich gegliederter Ostküste, einförmiger, meist flacher Westküste, im N 50–200 m, im S bis 1260 m tief, von tiefblauer Farbe; wichtiger Verkehrsweg vom östl. Mittelmeer nach Norditalien und Mitteleuropa; Häfen: *Ancona, Brindisi, Durazzo, Fiume, Pola, Split, Triest, Venedig;* 2) it. Stadt i. Po-Delta, 43 000 E.

Adrian, Edgar Douglas, Baron of Cambridge (30. 11. 1889–4. 8. 1977), engl. Physiologe; Funktionen d. Neurons; Nobelpr. 1932.

Adrianopel, türk. → *Edirne;* gegr. v. Kaiser Hadrian; 1366–1453 Hptst. d. osman. Emirats mit Prachtbauten d. 14.–16. Jh.

Adscharien, autonome Sowjetrep. in Georgien, am südöstl. Schwarzen Meer, 3000 km², 393 000 E, Adscharen (mohammed. Georgier), Armenier, Russen u. a.; Hptst. *Batumi.*

Adschman → Vereinigte Arab. Emirate.

adsorbieren [l.], an d. Oberfläche aufnehmen.

Adsorption, Bindung von Gasen, Dämpfen, gelösten Stoffen an der Oberfläche fester Körper, wobei gewöhnlich keine chem. Änderungen eintreten. – **A.skohle** → Aktivkohle.

Adstringenzien [l.], *adstringierende Mittel,* Haut und Schleimhaut zusammenziehende Mittel, gegen Entzündungen und Blutungen (z. B. Alaun).

adult, erwachsen (bes. v. Tieren).

ad valorem [l.], nach d. Wert (z. B. **Ad-v.-Zoll,** Wertzoll).

Advent, *m.* [l. „Ankunft"], Zeit vom 4. Vorweihnachtssonntag bis Heiligabend *(Adventszeit).*

Adventisten, ev. Religionsgemeinschaft in USA; in Dtld besonders die *A. des Siebenten Tags,* die den Sonnabend als Sabbat streng heiligen. Verbot d. Genusses v. Alkohol, Kaffee, Tee, Tabak u. Schweinefleisch, Abendmahl m. Fußwaschung.

Adverb, *s.* [l.], im Dt. unveränderl. Umstandswort; bestimmt Tätigkeit od. Zustand (z. B. *schnell* gelaufen).

Advocatus diaboli [l. „Anwalt des Teufels"], hat bei Selig-(Heilig-)Sprechungsprozessen der kath. Kirche die Einwände vorzubringen.

Advokat [l.], svw. → Rechtsanwalt.

Adynamie [gr.], *med.* Kraftlosigkeit.

AE, Abk. f. → astronomische Einheit.

AE, früher Abk. f. → Angström-Einheit.

AEC, Abk. d. Atom-Energie-Kommission d. USA.

AEF, Abk. f. Ausschuß für Einheiten u. Formelgrößen.

AEG, Abk. f. *Allgemeine Elektricitäts-Gesellschaft,* AEG-Telefunken-Gruppe, Berlin u. Frankf./M.; dt. Unternehmen d. Stark- u. Schwachstromtechnik.

Aëro- [gr.], auf die Luft bezogen.

Aerobics, *Aerobic,* in d. 70er Jahren in d. USA entwickelte Tanzgymnastik z. rhythm. Musik; soll d. körperl. Gesundheit durch richtiges Atmen fördern, aber b. Ungeübten u. älteren Menschen Gefahr v. phys. Schäden; in d. 80er Jahren auch in d. BR weit verbreitet.

Aërobier, Lebewesen, die nur mit Sauerstoff leben können; Ggs.: → *Anaërobier.*

Aërodynamik, Erforschung der phys. Gesetze d. Luft zur Verwertung d. Ergebnisse durch Formen, die den Luftwiderstand v. (Land-, Wasser- u. Luft-)Fahrzeugen verringern.

Aërodynamische Versuchsanstalt, *AVA,* in Göttingen → DLR.

Aëroflot, Abk. AFL, 1932 gegr., staatl. Luftverkehrsges. d. UdSSR.

Aërologie, Wiss. von d. Erforschung der höheren Luftschichten.

Aëromedizin → Flugmedizin.

Aëronautik [gr.], ältere Bez. f. Luftfahrt.

Aëronomie, MPI f. A. in Lindau.

Aëroplan, veraltete Bez. f. Flugzeug, → Luftfahrt.

Aërosol, feinste Verteilung flüssiger (Nebel) od. fester (Rauch) Teilchen in Luft od. Gas. – **A.therapie,** Behandlung durch Einatmenlassen eines vernebelten Arzneimittels.

Aërosonde, meteorolog. Meßsonde, die aus diversen Meßgeräten besteht u. mit Hilfe eines Ballons i. d. Atmosphäre gestartet wird; sendet über Funk Meßwerte (z. B. Luftdruck, -feuchtigkeit, -temperatur) zur Bodenstation.

Aërostatik, Lehre v. d. phys. Gesetzmäßigkeit in ruhenden Gasen, auch d. atmosphärischen Luft.

Aëta, Urbevölkerung i. Innern d. Philippinen; → Negritos.

Aëtius, Flavius (um 390–454), letzter Verteidiger des weström. Reichs, besiegte 451 mit westgotischer Hilfe die → Hunnen auf den Katalaunischen Feldern.

Afar und Issa → Djibouti.

Affekt, *m.* [l.], *psych.* intensives Gefühlserlebnis m. körperl. Begleiterscheinungen.

affektiert, gekünstelt.

Affektion, *w.,* Ergriffensein, Wohlwollen, Zuneigung, Befallensein v. e. Krankheit.

Affen, *Herrentiere, Primaten,* höchstentwickelte Ordnung d. Säugetiere, heimisch i. Tropen u. Subtropen Afrikas, Europas (nur Gibraltar), Asiens u. S-Amerikas. Größenschwankungen zw. d. einer Maus (→ Zwergseidenäffchen) u. übermannstarken Tieren (→ Gorilla); stets behaart, vorwiegend Baumtiere, Arme häufig stärker u. länger als Beine; eine A. zum Aufrechtgehen befähigt; Unter-Ordnungen: **a)** Halbaffen u. **b)** echte A. (durch Schädelbildung u. Augenstellung stärkere Menschenähnlichkeit), zu diesen gehören die → Breitnasen, → Schmalnasen u. → Menschenaffen.

Affenbrotbaum, *Baobab,* in d. Steppen des trop. Afrika, Mark der Früchte eßbar; bis 9 m dicke Stämme.

afferent, zuführend; bes. bei Nervenfasern, die d. Erregung vom Sinnesorgan zum Zentralnervensystem leiten; Ggs.: → efferent.

affettuoso [it.], *mus.* gemütsbewegend; m. Affekt.

Affiche, *w.* [frz. a'fiʃə], Anschlag, Plakat.

Affidavit, *s.,* 1) eidliche Tatsachenerklärung anstelle mündl. Aussage vor Gericht; bes. im engl. Recht gebräuchlich; 2) beglaubigte Bürgschaft bei Auswandernden; 3) Beurkundung zum Nachweis der Herkunft, des Erwerbs od. Eigentums v. Wertpapieren.

Affinität [l.], 1) *chem.* Triebkraft, d. h. Neigung eines Stoffes, mit einem anderen e. Verbindung einzugehen; 2) *math.* einfache Zuordnung, durch die z. B. d.

Punkte einer Kurve in einer Ebene in eine andere Kurve einer anderen Ebene übergehen.

Affirmation, *w.,* Zustimmung, Bejahung.

Affix, *s.* [l.], angefügter Wortteil.

Affront, *m.* [frz. *a'frõ*], Beleidigung.

Afghanistan, amtl. *Jamhuriyat i Afghánistán,* Republik in Vorderasien, 652 090 km², ca. 15,51 Mill. E (24 je km²); Bev.-Zuw. 2,2%; Bev.: ca. 8 Mill. Afghanen, außerdem Turkmenen, Mongolen; 2,5 Mill. Nomaden; 2 Mill. Flüchtlinge in Pakistan u. Iran; Sprache: Paschtu; Währung: Afghani (Af); Staatsrel.: sunnit. Islam; Hptst.: *Kabul;* Flagge S. 340, Karte S. 748. **a)** *Geogr.:* Im N u. O Hochland (*Hindukusch* 7750 m), im S Flachland mit Wüsten; *Flüsse:* Kabul, Hilmend. **b)** *Landw.:* Acker- und Obstbau (im N), Karakulschaf- u. Ziegenzucht. **c)** *Bodenschätze:* Wenig genutzt, Kupfer-, Blei-, Eisenerze, Kohlen. **d)** *Verkehr:* Karawanenstraßen, Fluglinien, fortschreitende Motorisierung, keine Eisenbahn. **e)** *Verf.* v. 1987 (Verf.reform 1990). Revolutionsrat. **f)** *Verw.:* 29 Provinzen (Welayat). **g)** *Gesch.:* Nach Thronstreitigkeiten eingeborener Fürsten u. Kämpfen m. England u. Rußland im 19. Jh. 1919 als selbst. v. England anerkannt, Kg Aman-Ullah 1929 vertrieben; 1933–73 Mohammed Sahir Kg; 1973 Staatsstreich; 1978 Putsch u. Ausrufung d. „Demokr. Rep. A."; 1979 mil. Intervention d. Sowj.union u. Einsetzung einer kommunist. Reg.; s. 1979 blutiger Bürgerkrieg zw. aufständ. Moslems (Mudschahedin) u. kommunist. Reg., die bis 1989 v. sowj. Besatzungstruppen unterstützt wird (Truppenabzug mit Abkommen zw. A. u. Pakistan vom 14. 4. 1988); ca. 1 Mill. Opfer bisher im Bürgerkrieg, ca. 6 Mill. Flüchtlinge nach Pakistan. **h)** *Mitgl.:* UN.

AFL → Gewerkschaften, Übers.

Aflatoxine, von best. Schimmelpilzen produzierte Giftstoffe, die bei Genuß verschimmelter Lebensmittel (z. B. Erdnüssen) Erkrankungen hervorrufen.

AFN, Abk. f. *American Forces Network,* Rundfunksender für am. Truppen außerhalb d. USA, Sitz: Frankfurt am Main.

à fonds perdu [frz. *afõper'dy*], einen Betrag ohne Sicherheit für Rückerstattung od. Gewinn hergeben (z. B. einem Erfinder f. Versuche).

AFP, Abk. f. *Agence France Presse; frz.* Nachrichtenagentur.

Afra († 304 in Augsburg), kath. Heilige, Märtyrerin.

Afrika, Erdteil (Karte S. 750), 30,3 Mill. km², 628 Mill. E (21 je km²); v. Europa durch d. Mittelmeer (Straße v. Gibraltar, 14 km), v. Asien durch d. Suezkanal u. d. Rote Meer getrennt. **a)** *Aufbau u. Gliederung:* Drei Teile: 1. die *Atlasländer,* junge Faltengebirge (*Hoher Atlas* 4167 m); 2. *Niederafrika* (Wüste Sahara, Sudan, Kongobecken), Platte, meist unter 500 m, nur einzelne alte Gebirge über 2000 m; 3. *Hochafrika* (Abessinien, ostafrikan. Seenhochland, Südafrika), durchweg über 1000 m, hohe Randgebirge um flache, z. T. abflußlose Becken; d. abflußlosen Binnenseen, außer Tschadsee, salzhaltig; Hochflächen Ostafrikas z. T. von vulkan. Gesteinen überdeckt, durch Senken (Grabenbrüche) gegliedert. **b)** *Flüsse:* Im N der *Nil* (aus d. *Viktoriasee* in das Mittelmeer), an der O-Küste *Sambesi* u. *Limpopo* in den Ind. Ozean, an der W-Küste *Oranje, Kongo, Niger, Gambia* u. *Senegal* in d. Atlant. Ozean. **c)** *Klima:* Im Atlas- u. Kapgebiet subtropisch, im übrigen tropisch; Kongo u. Niederguinea regenreich, Sahara u. Kalahari fast regenlos; W-Atlas (bis 4167 m hoch) u. die höchsten Berge des O (*Kenia* 5199 m, *Kilimandscharo* 5895 m) tragen Gletscher. **d)** *Vegetation:* Am Kongo (auch Guinea): trop. Regenwald, nach N u. S übergehend i. d. Savanne (Parklandschaft) mit Gras u. Bäumen, Steppe u. Wüste. Mittelmeerflora im Atlas- u. Kapgebiet; e) *Tierwelt:* A. ist unter allen Kontinenten am reichsten an Großsäugetieren (meist Weidegänger, wie Gnus, Zebras); die Sahara im Norden ist die wichtigste tiergeographische Grenze, die eigentl. afrotropischen Arten kommen meist nur südl. dieser Barriere vor. Weitere A. typische Tiere: Afrikanischer Elefant, Rund- und Spitzmaulnashorn, Giraffe, Flußpferd. **f)** *Bevölkerung:* Bantuneger südl., Sudanneger nördl. des Kongo, im N Semiten (Araber, Beduinen) und Hamiten (Berber), im NO Kopten, Fellachen (Reste der Altägypter); Reste d. afrikan. Urbev. noch im S: Buschmänner u. Pygmäen; eingewanderte Inder im Kapland u. an der O-Küste; auf Madagaskar Malaien. **g)** *Wirtschaft:* Ökonom. Grundlage ist d. Plantagenwirtsch.; von steigender Bedeutung d. Bergbau; gr. Gebiete sind jedoch noch nicht erschlossen; im Sudan u. v. Ost- bis Süd-A. Viehzucht; Buschmänner Jäger u. Sammler. Wichtigste Ausfuhrgüter: Baum- u. Schafwolle, Kautschuk, Kopra, Palmöl, Kokosnüsse, Kakao, Erdnüsse, Datteln, Wein, Sisalhanf, Nutzhölzer, Gold, Diamanten, Zinn, Uran, Eisen, Chrom, Phosphate, Kupfer, Manganerz, Asbest. **h)** *Entdeckungsgeschichte:* Nordafrika war an Völkern des Altertums bekannt; Entdeckungsfahrten d. Phönizier: um 600 v. Chr. Umsegelung; um 500 Fahrt d. Hanno bis Kap Palmas; um 450 Reisen Herodots in Ägypten. Der Araber u. Ibn Batuta um 1350 n. Chr. in Ägypten u. Ostafrika; im 15. Jh. Azoren u. Madeira von Portugiesen entdeckt, die Küsten erforscht; d. Kapland umsegelt (Bartholomäus Diaz); d. Innere erst i. 19. Jh. erforscht (*Barth:* Sahara, Sudan,

Rohlfs: Guinea, *Nachtigal:* Sudan, *Schweinfurth:* Obernilgebiet, *Wissmann:* Äquatorial-, *Peters:* Ost-, *Livingstone:* Süd- u. Ostafrika, *Stanley:* Kongo). **i)** *Geschichte:* Im Altertum Eroberungszüge der Ägypter nach den Negerländern und dem heutigen Somaliland; 1100–950 v. Chr. phöniz. Kolonien an der Westküste Marokkos; *Herodot, Eratosthenes, Hipparch,* bes. *Ptolemäus* (150 n. Chr.) erweiterten Kenntnis über A. - 2 *Kolonisationsperioden:* zw. 1442 u. 1876 besetzten Portugiesen, Holländer, Engländer, Franzosen, Spanier, Dänen weite Küstengebiete. Staatsgründungen: Liberia 1847, Transvaal 1852, Oranjefreistaat 1854 (Buren). A. als Streitobjekt d. großen Mächte. 1899–1902 Burenkrieg. In Kolonisationsepoche s. 1876 Briten in Süd-, Franzosen in Nordafrika führend; Frankreich Stoßrichtung W–O; England S–N (Kap-Kairo); Zus.stoß b. → Faschoda 1899. Dt. Kolonien (1884–1919). Äthiopien (Abessinien) 3. d. Altertum selbst. Reich; 1935/36 Abessinienkrieg. Nach 2. Weltkrieg Abbau d. Kolonialherrschaft, bis 1977 51 neue selbst. Staaten aus den ehem. Kolonien gebildet; einige v. diesen unterhalten als Mitgl. d. → Commonwealth u. d. → Französischen Gemeinschaft noch lose Bindungen zu d. ehem. Mutterländern. Daneben Zusammenschluß i. eigenen überstaatl. Organisationen, davon die wichtigste die → Organisation für Afrikanische Einheit.

Afrikaans, *Kapholländisch,* Sprache d. Buren u. der **Afrikaander,** Abkömmlinge weißer Einwanderer; ursprünglich niederländische Mundart mit Worten dt., engl., afrikan. Ursprungs angereichert; neben Englisch Staatssprache in Südafrika, von 60% der weißen Bev. gesprochen.

Afrikanisch-Madagassische Union, *AMU, Union Africaine et Malgache, UAM,* 1961 geschlossenes Bündnis d. → Brazzaville-Staaten, 1965 in d. → OCAM aufgegangen.

Afro-Madagassische Union für Wirtschaftliche Zusammenarbeit → OCAM.

After, Mündung des Enddarms, durch Ringmuskel verschlossen. - **A.klaue,** letzte Klaue z.B. b. Ziegen.

Ag, chem. Zeichen f. → Silber (lat. *argentum*).

AG, Abk. f. → Aktiengesellschaft u. Amtsgericht.

Aga [türk. „Herr"], *Agha,* früher Titel f. Offiziere u. Beamte.

Agadir, marokkan. Hafenst., 291 000 E; 1960 durch Erdbeben zerstört.

ägäische Kunst → kretische u. → mykenische Kunst.

Ägäisches Meer, *Ägäis,* zw. Balkanhalbinsel und Kleinasien, 179 000 km², mit *Ägäischen Inseln* Lemnos, Lesbos, Chios, Sporaden u. Kykladen (S. von Kreta 2524 m tief).

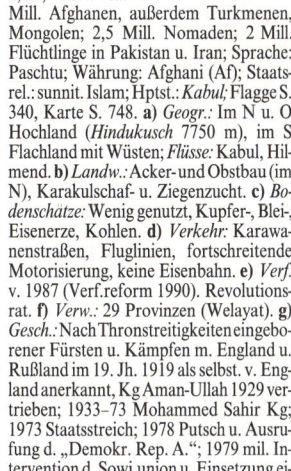

Ägäis

0 50 100 150 km

Aga Khan, erbl. Titel d. Oberhaupts d. Ismailiten, e. schiit. Sekte; 1) **A. K. III.** (2. 11. 1877–11. 7. 1957); 2) **A. K. IV.** (* 13. 12. 1937), Enkel von 1).

Agamemnon, sagenhafter König v. Mykene, griech. Oberfeldherr im Trojan. Krieg; v. s. Gattin Klytämnestra u. → Ägisth nach Heimkehr erschlagen.

Agamen, Echsenfamilie warmer Regionen d. Alten Welt u. Australiens.

Agammaglobulinämie, Antikörpermangelsyndrom; angeborenes, vererbtes Fehlen der → Gammaglobuline im Blutserum; hochgradige Anfälligkeit gegenüber Infekten als Folge.

Agamogonie, ungeschlechtl. Vermehrung; Ggs.: → Gamogonie.

Agape [gr. „Liebe"], Liebesmahl der Urchristen.

Agar-Agar, Polysaccharid aus Rotalgen, m. Wasser als Klebstoff für Appretur; als Nährboden für Bakterien; pflanzl. Gelatine (z. B. in Puddingpulver).

Agaven, Agavengewächse m. fleischigen, wasserspeichernden Blättern aus dem wärmeren Amerika; jetzt allg. in wärmeren, dürren Gegenden; blühen frei nach 8–10, in Gewächshäusern erst nach 50–100 Jahren, sterben dann; Blattfasern mancher Arten liefern → Sisalhanf.

AGB-Gesetz, v. 9. 12. 1976, regelt zwingend das Recht der allg. → Geschäftsbedingungen.

Agende, w. [l.], ev. (Buch für) Gottesdienstordnung.

Agens, s. [l.], 1) treibende Kraft; 2) chem. wirksamer Stoff.

Agent [l.], 1) Vermittler v. Geschäften, Vertreter; 2) Spion; 3) diplomat. A.: Beauftragter einer Reg., ohne diplomat. Rang. – **A. provocateur** [frz. a'ʒã provoka'tœr], Lockspitzel.

Agenzien, Mz. von → Agens.

Agfa, Abk. f. Aktiengesellschaft für Anilinfabrikation, gegr. 1873; fotograf. Erzeugnisse u. a.

Agglomeration, w. [l.], Ballung, z. B. v. Unternehmen od. Menschen auf engem Raum (Industriebezirk, Großstadt).

Agglutination [l.], Zusammenballung v. Krankheitserregern infolge der bei gewissen Krankheiten i. Blut entstehenden Agglutinine (→ Antikörper); dient z. Erkennung v. Typhus, Ruhr, Cholera u. a. – A. v. roten Blutkörperchen b. Bluttransfusion: tritt bei Verschiedenheit der Blutgruppen von Spender u. Empfänger ein u. kann z. Tode führen.

agglutinierende Sprachen [l. „anleimend"], bilden die grammat. Formen durch Verbindung einer selbst. Silbe mit d. Wurzelwort; z. B. → Sprachen (Übers., VI) des uralaltaischen Sprachstammes.

Aggregat, s. [l.], 1) math. mehrgliedrige Größe; 2) techn. Maschinensatz, aus mehreren Kraftmaschinen. – **A.zustand,** der feste, flüssige od. gasförmige Zustand eines Stoffes; ein vierter Zustand ist das → Plasma.

Aggression [l.], 1) n. UN-Charta (1974) ist A. Anwendung von Gewalt mit Waffen, u. a. Angriff gg. od. Invasion i. fremdes Staatsgebiet, mil. Besetzung, Blocka-

den, Bombenangriffe; A. ist durch den Sicherheitsrat d. UN mit intern. Strafen zu ahnden; 2) psych. Verhalten, das Verletzung od. Zerstörung zum Ziele hat; als Ursache wird ein **A.strieb,** → Frustration od. → Lernen durch Nachahmung, angenommen.

aggressiv, feindselig, angriffslustig.

Ägide, w. [gr.], v. Ägis, Schild d. Zeus; svw. Schutz, Obhut.

agieren [l.], tätig sein, Theater spielen.

Agilolfinger, bayr. Stammesherzöge im 6.–8. Jh.

Ägina, griech. Insel im Saronischen Meerbusen (Golf v. Ä.), 83 km², 11 000 E; Hptst. Ä. (5000 E).

Agio, s. [it. 'aʒịo], Aufgeld i. Verkehr m. Geldsorten u. Wertpapieren; Kurswert ist höher als der → Nennwert; Ggs.: → Disagio. – **A.papiere,** gg. Aufgeld zurückzahlbare festverzinsl. Wertpapiere.

Agiotage [frz. aʒịo'taʒə], Börsenspekulation, die aus Preis-(Kurs-)Schwankungen von Geldsorten, Wertpapieren u. Waren Nutzen zu ziehen u. die Kurse zu beeinflussen versucht.

AGIP [it. 'adʒip], Abk. f. Azienda Generale Italiana dei Petroli, it. Mineralölgesellschaft (Tochterges. d. → ENI).

Ägir, Meerriese der nordischen Mythologie.

Ägisth, Aigisthos, i. d. griech. Sage Geliebter der Klytämnestra, Mörder des Agamemnon; von Orest getötet.

Agitation [l.], propagandist. Bearbeitung der öffentl. Meinung.

Agitprop [russ. „agitacija-propaganda"], Filme, Theaterstücke, Dokumentationen u. andere Veranstaltungen für die pol. Propaganda (bes. sozialistischer Ausrichtung; in den 60er Jahren).

Aglaia [gr. „d. Glänzende"], e. der 3 griech. → Chariten (röm. Grazien).

Agnaten [l.], im röm. Recht alle im Mannesstamm miteinander verwandten Personen u. deren Ehefrauen (aber auch Adoptierte), die unter d. Gewalt d. gemeinsamen Stammvaters stehen.

Agnon, Samuel J., eigtl. Czaczkes (17. 7. 1888–17. 2. 1970), isr. Schriftst.; Romane u. Erzählungen; Nur als ein Gast bei Nacht; Nobelpr. 1966.

Agnostizismus [gr.], Denkrichtung, die bes. die Möglichkeit der → Metaphysik und damit die Erkennbarkeit Gottes u. aller Sinnzusammenhänge leugnet.

Agnus Dei [l. „Lamm Gottes"], 1) Bez. Jesu n. Johannes; 2) Messgebet vor der Kommunion; 3) symbol. Darstellung Jesu als Lamm.

Agogik, w. [gr.], Bez. f. feine, durch lebendigen mus. Vortrag bedingte Modifikationen d. Grundtempos.

Agon, m. [gr.], Wettkampf; **Agonist,** Wettkämpfer.

Agonie, w. [gr.], Todeskampf.

Agora, w. [gr.], urspr. Volksversammlung der altgriech. → Polis, dann Marktplatz.

Agra, Stadt im ind. Staate Uttar Pradesch, 770 000 E; → Tadsch Mahal.

Agraffe, *w.* [frz.], Hakenspange, Schnalle.

Agram, svw. → Zagreb.

Agrar-meteorologie, beschäftigt sich m. d. Auswirkung d. Wetters auf d. Entwicklung d. Kulturpflanzen; agrarmeteorolog. Forschungsstellen des Dt. Wetterdienstes in Ahrensburg, Bonn, Braunschweig, Geisenheim u. Weihenstephan. – **A.politik**, umfaßt alle Maßnahmen, die v. Staat, öff.-rechtl. Körperschaften u. landw. Organisationen durchgeführt werden, um die Landw. im Rahmen d. Gesamtvolkswirtschaft als wettbewerbsfähigen Wirtschaftszweig zu erhalten. Hauptaufgabengebiete: A.strukturverbesserung, Ausbildung u. Beratung, A.kredite, A.steuern, A.zölle, landw. Preis- u. Marktpolitik, ländl. Sozialpolitik. – **A.reform**, urspr. Wiederherstellung e. vormals besseren Form d. Agrarverfassung, als welche v. d. Sozialisten d. Gemeineigentum am Boden, vom Liberalismus das freie bäuerliche Eigentum angesehen wurde. A.reform d. 19. Jh. zunächst im Zeichen d. liberalen Gedankens (→ Bauernbefreiung, Beseitigung d. feudalen Obereigentums, Aufteilung d. Allmende u. → Flurbereinigung), mit d. allmähl. Verlagerung d. Schwerpunktes auf produktionspol. Maßnahmen allg. d. Verbesserung d. agrarrechtl., agrarwirtsch. u. agrarsoz. Verhältnisse: → Bodenreform (Übers.), → Siedlung. – **A.zölle**, Zölle auf landw. Produkte.

Agreement, *s.* [engl. *ə'gri:*], *Gentlemen's A.*, formloser, aber verbindliche Übereinkunft.

Agrément, *s.* [frz. *-'mā*], Einverständniserklärung eines Staates vor Ernennung eines bei ihm zu beglaubigenden diplomatischen Vertreters.

Agricola, 1) Georg, eigtl. *Bauer* (24. 3. 1494–21. 11. 1555), Begr. der Gesteins- u. Bergbaukunde; **2)** Gnaeus Julius (40–93), röm. Feldherr, Statthalter in Britannien; Titel e. Schrift des → Tacitus.

Agrigent|o [*-'dʒento*], bis 1927 *Girgenti*, **1)** it. Prov. in S-Sizilien, 3042 km², 493 000 E, Bergland; **2)** Hptst. v. 1), 56 400 E; Schwefelausfuhr. – Griech. Siedlung, Blüte im 6. u. 5. Jh. v. Chr. (Pindar, Äschylus), Tempelruinen.

Agrikultur, *w.* [l.], Ackerbau.

Agrippa, Marcus Vipsanius (um 64–12 v. Chr.), Feldherr u. Schwiegersohn des Kaisers Augustus, ließ die große Reichsvermessung vornehmen.

Agrippa v. Nettesheim (14. 9. 1486–18. 2. 1535), dt. Vertr. d. → Neuplatonismus; *Okkulte Philosophie*.

Agrippina d. Jüngere (15–59), Gattin des → Claudius, Mutter → Neros.

Agronom [gr.], wissenschaftl. gebildeter Landwirt.

Agronomie, Lehre v. Ackerbau.

Agrumen, *Mz.* [it. „Sauerfrüchte"], Sammelbez. f. → Citrusfrüchte.

Agulhas [*ɒ'γulɒʃ*], svw. → Nadelkap.

Agutis, südam. Nagetierfamilie (z. B. d. *Goldhase*).

Ägypten, amtl. *Dschumhurija Misr al-Arabija*, Arabische Republik Ägypten, 1 001 449 km², 51,90 Mill. E (52 je km²); Bev.-Zuw. 2,7%; Bev. besteht aus den Fellachen altägypt. Herkunft (80%), Kopten, Nubiern u. 100 000 Beduinen in d. Wüste; Sprache: Arab.; Währung: ägypt. Pfund (E£); Religion: Islam u. christl. kopt. Rel.; Hptst.: *Kairo;* Flagge S. 340, Karte S. 750. **a)** *Geogr.:* Anbaufähig sind nur das Niltal u. -delta (ca. 35 000 m²); 98% der Bevölkerung leben in diesem Gebiet; durch den Assuanstaudamm (1971) ist die Anbaufläche durch Bewässerung v. Wüstenland erweitert worden; westl. d. Nils die Libysche, östl. die Arab. Wüste; Sinaihalbinsel (Asien), Inseln im Golf v. Suez und Roten Meer. **b)** *Verkehr:* Eisenbahnen 5400 km; Straßennetz 32 000 km. **c)** *Wirtschaft:* Schwergewicht liegt auf d. Landw. mit Baumwolle als wichtigstem Produkt, daneben Zuckerrohr, Reis, Mais. Unter Staatspräs. Nasser Bodenreform u. weitgehende Verstaatlichung d. Wirtschaft; erhebl. Fortschritte i. d. Ind.entwicklung u. Erschließung d. Bodenschätze (bes. Erdöl, daneben Phosphate u. Eisenerz). **d)** *Außenhandel* (1988): Einfuhr 16,23 Mrd., Ausfuhr 5,849 Mrd. $. **e)** *Verf.* v. 1980: Präsidialsystem, Nat.vers., Schura-Rat. **f)** *Verw.:* 25 Provinzen u. Gouvernate, 8 Wirtsch.regionen. **g)** *Gesch.:* Um 3000 v. Chr. Einigung von Unter- u. Oberägypten (aus 40 Gaufürstentümern entstanden) unter Kg Menes, Hptst. *Memphis,* 2600–2190 v. Chr.: *Altes Reich* (Cheops, Pyramiden von Giseh), straffer Vasallenstaat mit Kanzler und Beamtenschaft, die als neuer Adel allmähl. die Macht der Krone schwächte, im *Mittleren Reich* 2040–1710 wieder ein starkes Königtum mit der Residenz *Theben* entstand; 1710–1580 Einfälle asiat. Nomadenvölker (Hyksos). 1580–1085 v. Chr.: *Neues Reich:* Weltmacht, starkes Kgtum stehendes Söldnerheer, Ausdehnung bis Vorderasien; vergebl. Kampf v. Amenhotep IV. Echnaton (1370–1352) gg. die Ammonpriester, Blütezeit unter Ramses II. (um 1250). – Seit 1085 v. Chr. Verfall d. Reiches, ca. v. Äthiopiern, Assyrern, Libyern, Persern u. Alexander d. Gr. (Alexandria) erobert wird. 30 v. Chr. röm. Prov.; 382–639 zu Byzanz; s. 16. Jh. osmanisch unter d. islam. Omaijaden (Türken); wirtschaftl. Verfall; 1798/99 Expedition Bonapartes; 1873 Loslösung v. d. Türkei, aber engl. u. frz. Fin.kontrolle; 1898 trennte d. engl. General Kitchener nach Sieg über die Derwische (Khartum) den Sudan von Ä. ab. 1904 engl. Protektorat; 1922 selbst., aber engl. Truppen weiterhin im Lande; 1936 Ablösung durch brit. Vorrechte durch Bündnisvertr.; 1947–56 v. engl. Truppen ge-

räumt. 1952 Staatsstreich u. Abdankung Kg Faruks; nach erneutem Umsturz s. 1954 autoritäres Regime unter → Nasser, → Sadat, → Mubarak; s. 1971 präsidiale Rep.; s. 1983 „Nilparlament" aus je 60 ägypt. u. sudanes. Abgeordneten z. wirtsch. Integration innerhalb v. 10 J.; 1956 Suezkonflikt durch Verstaatlichung d. Suezkanals. 1958–61 Zus.schluß m. Syrien u. Jemen *(Vereinigte Arab. Staaten).* Juni 1967 Krieg mit → Israel, nach einer Woche Waffenstillstand, Sinaihalbinsel v. Israel besetzt, Suezkanal gesperrt (bis 5. 6. 1975); 1973 abermals Krieg mit → Israel; 1974 Abzug der isr. Truppen; 1979 Friedensvertr. mit Israel unterzeichnet; bis 1982 schrittweise Rückgabe d. Sinaihalbinsel; bis Ende 1987 pol. Isolierung im arab. Lager. **h)** *Mitgl.:* UN, Arab. Liga (1979–89 suspendiert), Union Arabischer Republiken, OAU, OAPEC (1979–89 ausgeschlossen).

ägyptische Augenkrankheit, *Trachom,* schwere, höchst ansteckende Bindehautentzündung.

ägyptische Kunst, auf Totenkult u. Fruchtbarkeitsmythen e. großen, straff organisierten Bauernvolkes bezogen; verbindet math.-abstrahierende Regelstrenge m. organ. Einfühlung; bekannt s. 5. Jtd v. Chr. (prädynast.), Beginn d. geschichtl. Kunst ca. 2850 v. Chr. – *Altes Reich* (2635–2154 v. Chr.): → Pyramiden, Königsstatuen a. Totentempeln (Chefren); → Sphinx b. Giseh, Stein- u. Holzplastik aus Grabkammern (Ranofer, Dorfschulze). – *Mittleres Reich* (2040–1785 v. Chr.): Granit-Obelisk des Sesostris in Heliopolis, Wandmalereien in Gräbern. – *Neues Reich* (1554/51–1080 v. Chr.): Göttertempel v. Luxor u. Karnak, Felsentempel v. → Abu Simbel mit Kolossen d. Ramses II., Amarna-Kunst (Echnaton, → Nofretete), Tut-anch-amon-Grab. Verfeinerte Malerei b. Reliefplastik. – *Spätzeit* (713–332 v. Chr.): Tempel d. Isis zu Philä. – *Ägypt. Plastik* u. *Malerei* sind je nach Ideal vergröbert oder verfeinert, stets „gradansichtig-vorstellig"; Tempelanlagen streng axial ausgerichtet, m. dichtgestellten stadttümigen Säulensälen (Papyrusbündelsäule – auch Vorformen dorischer Säulen).

ägyptische Literatur, um 2500 v. Chr. Inschriften d. Pharaonen über ihre Siege: *Hieroglyphen;* Teile eines *Totenbuchs;* Weisheitsregeln d. Ptahotep. Nach 2000 v. Chr. *Arbeitslieder. Weisheitslehre* d. Pharao Amenemhêt. *Romane* v. beredten Bauern von Schiffbrüchigen, *Hymne an d. Sonnengott Râ* (im Totenbuch). Liebeslieder. *Isis-Osiris-Mythe* (durch Plutarch überliefert). *Sonnenhymnen* (an Aton) des Echnaton. *Ramseslied* (Heldenepos, Wettstreit vom *Schatz d. Rhampsinit* (später b. Herodot). Übergang d. ägypt. in griech. Lit.

Ägyptologie, d. wiss. Erforschung d. ägypt. Altertums in Gesch., Kunst, Rel. u. Sprache.

Ah, Abk. f. → *Amperestunde.*
Aha-Erlebnis, *psych.* ein einfallartiges Erlebnis, durch das schlagartig Einsicht in Zusammenhänge gewonnen wird.
Ahaggar, *Hoggar,* Gebirgsstock i. d. mittleren Sahara m. erloschenen Vulkanen, bis 3000 m.
Ahasver|us, 1) im A.T. Name für Xerxes; 2) Legendengestalt: *Ewiger Jude.*
Ahaus (D-4422), St. i. Kr. Borken, NRW, 30 180 E; Barockschloß; AG; Textil-, Holz-, Papierind.
Ahle, *Pfriem,* spitzes Stechwerkzeug.
Ahlen (D-4730), St. i. Kr. Warendorf, NRW, 52 836 E; Stanz- u. Emaillewerke, Kohlenzechen u. a. Ind.; AG.
Ahmedabad, St. im ind. Staat Gujarat, 2,548 Mill. E; Prachtbauten; div. Ind.
Ahnen-kult, *Ahnenverehrung,* rel. Verehrung d. Seelen der Vorfahren. – **A.probe,** Nachweis adliger (legitimer) Herkunft über 4 Generationen. – **A.tafel,** Darstellung aller Vorfahren eines Menschen; Gegenstück: *Nachfahrentafel;* Ausschnitt daraus: *Stammtafel,* die nur Nachkommen in d. jew. männl. Linie berücksichtigt.
Ähnlichkeit, in der *Geometrie:* Gleichheit der Winkel u. Seitenverhältnisse; math. Zeichen: ~.

Spitzahorn

Ahorn, Gruppe der Laubbäume mit oft gezackten Blättern; in Eur. u. a. *Berg-, Feld-, Spitz-A.;* der nordam. *Zucker-A.* liefert einen Sirup.
Ahr, l. Nbfl. d. Rheins aus der nördl. Eifel, 89 km lang.
Ahrensburg (D-2070), St. i. Kr. Stormarn, Schl-Ho., 27 174 E; Schloß; *A.er Kultur* (Vorgeschichtsforschung).
Ahriman [pers.], böses Prinzip, böser Geist; → Zoroaster.
Ahrweiler → Bad Neuenahr-Ahrweiler.
Ahura Mazda → Ormuzd.
Aï, *Dreifingerfaultier,* → Faultiere.
Aichach (D-8890), Krst. des Kr. Aichach-Friedberg, Bay., 16 352 E; Stammsitz d. Wittelsbacher im St.teil *Oberwittelsbach;* Textil- u. Metallind.; großes Frauengefängnis.
Aichinger, Ilse (* 1. 11. 1921), östr. Schriftstellerin; *Die größere Hoffnung; Der Gefesselte; Eliza, Eliza.*
Aide-mémoire [frz. *εdmeˈmwar* „Gedächtnisstütze"], Denkschrift, meist Zus.fassung im Anschluß an mündl. Verhandlungen (Diplomatie).
AIDS [eidz], (Abk. f. engl. *Acquired Immune Deficiency Syndrome = erworbenes Immundefekt-Syndrom).* Durch das Vi-

rus → HIV verursachte übertragbare Krankheit; Hauptübertragungswege sind Formen des Geschlechtsverkehrs, bei denen es zu unmerklichen Schleimhautverletzungen kommt, Spritzen v. Drogensüchtigen u. früher auch durch Blutkonserven. Anzeichen: Gewichtsverlust, Leistungsabfall, Fieberschübe, Nachtschweiß, Durchfälle, Lymphknotenschwellungen, Hauterscheinungen, Lungenentzündung. Es gibt bisher weder e. Impfung noch e. wirksame Therapie; sehr hohe → Letalität. 1981 erstmals in den USA beobachtetes Krankheitsbild.
Aigrette, w. [frz. εˈgrεtə], 1) Reiherfederschmuck; 2) büschelförmiger Kopfschmuck aus Federn od. Edelsteinen.
Aimara, *Kolla,* Indianervolk der Anden von Peru u. Bolivien; um den Titicacasee.
Ain [ɛ̃], 1) r. Nbfl. der Rhône, 190 km l.; 2) frz. Dép., 5762 km², 457 000 E; Hptst. *Bourg-en-Bresse.*
Ainu [japan.], Volk in Nordjapan mit urtüml. Riten (Bärenkult); ihre Sprache hat mit dem Japanischen nichts gemeinsam; als Unterrasse sind sie durch bes. starke Gesichts- und Körperbehaarung gekennzeichnet.
Air, *s.* [frz. ε:r, engl. εə], 1) Luft; Miene, Ansehen; Aussehen; 2) *mus.* Lied, Melodie, Arie.

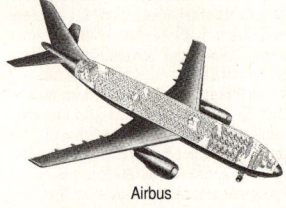

Airbus

Airbus [ˈεə-], *A. A 300,* zweistrahliges Mittelstrecken-Verkehrsflugzeug (maximal 336 bzw. 265 Passagiere); Erstflug 1972 (kleinere Version, *A. A 310,* 1982); Reichweite: 6000 (bzw. 5000) km; noch kleinere Version, *A. A 320,* z. Z. in Entwicklung (Erstflug 22. 2. 1987); von Dtld, Frkr., Ndl. u. Spanien gemeinsam gebaut.
Airconditioner, Airconditioning [engl. -,dɪʃə-], Klimaanlage, Klimatechnik.
Airedaleterrier [ˈεədeɪl-], engl. Hunderasse; als Polizeihund verwendet.
Air Force [-ˈfɔːs], engl. Bez. f. Luftwaffe, bes. *The Royal A. F.,* brit. Luftwaffe.
Air France [εr ˈfrãs], frz. Luftverkehrsges., gegr. 1933.
Air mail [engl. ˈεə meɪl], Luftpost.
Aïscha (613–678), Lieblingsfrau Mohammeds.
Aisne [ɛn], 1) nordfrz. Fluß, l. Nbfl. d. Oise, 280 km l.; wichtige Kanäle; *Aisne-Marne-Kanal* u. *Aisne-Seitenkanal;* 2) frz. Dép., 7369 km², 532 000 E; Hptst. *Laon.*
Aix [εks], 1) *A.-en-Provence,* frz. St. nördl. von Marseille i. Dép. Bouches-du-Rhône (altröm. *Aquae Sextiae),* 121 300

E; Uni.; 2) *A.-les-Bains,* St. im frz. Dép. *Savoie,* 23 500 E; Badeort.
Aja [it. u. span.], Erzieherin; im Volksbuch Mutter der Heymonskinder; *Frau A.,* Scherzname für Goethes Mutter.
Ajaccio [frz. aʒakˈsjo, it. aˈjatʃo], Hptst. → Korsikas, 54 000 E; Geburtsort *Napoleons I.*
Ajatollah, *Ayatollah,* höchster geistl. Führer d. → Schiiten (im Iran → Chomeini).
Ajax, griech. Helden vor Troja, 1) *der große (rasende) A.,* Sohn d. Telamon, daher Telamonier, Kg v. Salamis; 2) *der kleine A.,* Kg. von Lokris.
à jour [frz. aˈʒur „bis zum Tage"], 1) auf d. laufenden; durchsichtig; 2) b. *Edelsteinen:* nur am Rande gefaßt; 3) b. *Geweben: Ajourarbeit,* durchbrochene Arbeit.
Akaba, einziger jordan. Hafen, am Golf v. A., 37 400 E.
Akademgorodok, b. Nowosibirsk, UdSSR, 40 000 E; 1954 gegr., Ort d. Forschung, Uni., Institute.
Akademie, 1) urspr. von Plato gegr. Philosophenschule im Hain des Heros *Akademos;* Gelehrtenges.en im 15. u. 16. Jh. Accademia della Crusca, Florenz (1582), Vorbild f. alle Sprachges.en: berühmt d. → Académie française, 1635 gegr.; in d. 1949 Dt. A. f. Sprache u. Dichtung, Darmstadt. – A.n d. Wissenschaften: Berliner (bis 1946 Preuß.) A.; 1700 gegr. (v. Leibniz), A. der Wiss., Göttingen (1751), Bayerische A., München (1759), Sächsische A., Leipzig (1846), Heidelberger A. (1909), Württemberger A. (1917), A. d. Wiss. u. d. Literatur, Mainz (1949), Wiss. A. an der TH Braunschweig (1953); *Ausland:* Accademia Nazionale, Rom (1603), Päpstl. A. d. Naturwiss., Rom (1603), Royal Society, f. Naturwiss., London (1663), Moskau (1725), American Philosophical Society, Philadelphia (1727), Académie royale de Belgique, Brüssel (1772), American Academy of Arts and Sciences (1780), Academy of Sciences, New York (1817), A. d. Wiss., Wien (1847), The British Academy, f. Geisteswiss., London (1901), Naturf. Gesellsch. Basel (1931), A. d. Wiss., Leningrad (1931) u. a. – A.n d. Künste: Bayerische A., München (1948), Dt. A. in Ostberlin (1950), Freie A. in Hamburg (1949); 2) in Dtld: Fachhochschulen (z. B. *Kunst-, Musik-, Berg-, Forst-, Ingenieur-, Verw.-A.n, A. f. angew. Techn* etc.).
Akademiker, (ehem.) Mitgl. einer HS. Uni., Akad.
akademisch, zu einer HS gehörig; wiss. vorgebildet; auch svw. steif, weltfremd, ledern.
Akademischer Rat, beamteter Wissenschaftler an HS d. BR (mit Lehr- od. anderen Aufgaben); Voraussetzung abgeschlossenes HS-Studium.
akademisches Viertel → c. t.
Akanthus [gr.], 1) Rachenblütler, trop. Staudengewächs; 2) mit (urspr. d. Bären-

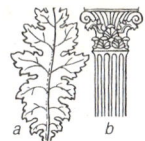

Akanthus
a Blatt, b griech.Ornament

klau nachgebildeten) Blättern verziertes korinth. Säulenkapitell.
Akazie, echte A., Mimosengewächs warmer Erdteile, bei uns Zimmerpflanze; liefert Gummiarabicum, Gerbstoffe, Nutzholz. → Robinie.
Akbar d. Große (1542–1605), s. 1556 bed. moh. Herrscher in Indien (Großmogul).
Akelei, Hahnenfußgewächs mit gespornten Blütenblättern; Wiesenpflanze; zahlr. Zierformen; in Dtld ◆ (Abb. S. 345).
Akiba ben Josef, bed. jüd. Gelehrter, Anführer d. Aufstandes v. → Bar Kochba; 135 n. Chr. hingerichtet.
Akihito, Tsugu No Miya (* 23. 12. 1933), s. 1989 Kaiser (125. Tenno) v. Japan.
Akita, jap. Hafen auf → Honshu, 296 000 E.
Akka, 1) Akkon, Acco, St. in Israel, 37 200 E; in Kreuzzügen umkämpft: „Kirchhof der Christenheit"; 1191–1291 Hptst. des Zwergfahrerstaates; **2)** Zwergnegervolk im zentralafrikan. Urwald, bis 1,50 m groß.
Akkad (e), um 2300 v. Chr. gegr. erste Hptst. v. Nordbabylon.
akkadisch, Bez. f. semit. Sprache des alten Babylon.
Akklamation, w. [l.], Abstimmung durch Zuruf.
Akklimatisierung, Anpassung an fremde Umwelt- u. Lebensbedingungen (Klima usw.).
Akkolade [frz. „Umhalsung"], im Buchdruck u. in d. Notenschrift größere Verbindungsklammer (⌢⌣).

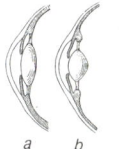

a   b
Akkommodation

Akkommodation [l.], Anpassung, z. B. der Augenlinse an d. Entfernung d. zu betrachtenden Gegenstände (Abb. a: Einstellung auf Ferne, b: auf Nähe); → Auge.
Akkon → Akka.
Akkord, m. [frz. „Übereinstimmung"], **1)** mus. Zusammenklang mehrerer (mindestens 3) verschieden hoher Töne; auch → Dreiklang; **2)** wirtsch. Vergleich d. Schuldners m. Gläubigern; **3)** svw. → Akkordlohn.

Akkordeon, chromat. Handharmonika m. Tastatur; Tonerzeugung durch schwingende Stahlzungen.
Akkordlohn, Stücklohn, i. Bergbau Gedinge, Arbeitsentgelt n. Arbeitsleistung; Ggs.: Zeitlohn (→ Lohn); Arten: Einzel- u. Gruppenakkord.
akkreditieren [frz.], **1)** → Akkreditiv 1); **2)** Kredit einräumen, verschaffen.
Akkreditiv, 1) lettre de créance, Beglaubigungsschreiben eines diplomat. Vertreters, das er b. Antritt seines Postens d. Staatsoberhaupt d. Empfangsstaates übergibt; damit ist er akkreditiert; **2)** im Auftrag d. Kunden v. dessen Bank ausgestellte Anweisung z. Leistung an d. Akkreditierten; wichtiges Zahlungsinstrument im intern. Waren- u. Reiseverkehr.
Akkretion, w. [l. „accretio = Zunahme"], Einfang v. Materie durch ein astronom. Objekt, Gegensatz zum Ausschleudern v. Materie (→ Jet).
Akkumulator [l.], **1)** Stromquelle (auch „Sekundärelement" genannt), elektrochem. Speicher für el. Energie, besteht aus e. Kombination von → Elektroden, kann wieder aufgeladen werden, im Gegensatz zu „Primärelementen" (→ Trokkenelemente, → Batterien). Blei-A. (Autobatterie), Elektrolyt: wäßrige Schwefelsäure; im geladenen Zustand: positive Elektrode Bleidioxid (PbO₂), negative Elektrode metall. Blei (Pb); NC-A. (Nikkel-Cadmium-A.), Elektrolyt-Lösung w. Kaliumhydroxid in carbonatfreiem Wasser; positive Elektrode Nickeloxid, negative Elektrode metall. Cadmium (oder Eisen); **2)** Datenverarbeitung: Speicherelement i. → Rechenwerk f. die vorübergehende Speicherung v. (Zwischen-)Ergebnissen u. Operanden.
akkurat [l.], sorgfältig, ganz genau.
Akkusativ, m. [l.], Wenfall, 4. Kasus; antwortet auf die Fragen wen? oder was? (z. B. er sah ihn).
Akme, w. [gr.], Höhepunkt (z. B. einer Krankheit).
Akne, w. [gr.], Hautausschlag, eitrige Pickel (bes. in der Pubertät).
AKP-Staaten → Lomé-Abkommen.
akquirieren [l.], erwerben, anwerben.
Akquisiteur [-'tør], Anzeigen- u. Kundenwerber.
Akquisition, Kunden-, Anzeigenwerbung.
Akribie, w. [gr.], äußerste Sorgfalt.
Akrobat [gr.], Turnkünstler in Zirkus u. Varieté.
Akromegalie, Vergrößerung der Körperspitzen infolge Geschwulst der → Hypophyse; → Riesenwuchs.
Akron ['ækrən], St. im US-Staat Ohio, 660 000 E; Kautschukind., Uni., Bahnknotenpunkt, Flugplatz.
Akropolis, hochgelegener Burgberg in alten griech. Städten; auf der A. von Athen berühmte Baudenkmäler: Parthenon, Propyläen, → Erechtheion am Fuße des Dionysostheaters u. das Herodes-Atticus-Theater.

Akrostichon, s. [gr.], Gedicht, bei dem d. Anfangsbuchstaben (-wörter) der Verse e. Wort od. e. Satz ergeben.
Akroterion, s. [gr.], Bekrönung v. Giebelfirst u. -ecken griech. u. röm. Tempel od. Grabstelen, oft als Pflanzenornament (Palmette).
Aksum, heilige St. i. Äthiopien; i. 1.–5. Jh. Hptst. d. aksumit. Reiches; 17 700 E.
Akt, m. [l.], **1)** Handlung; **2)** Hauptteil, Aufzug eines Dramas; **3)** nackte Gestalt in künstler. Darstellung.
Aktäon, griech. Sagenheld, belauscht Artemis im Bade, wird in einen Hirsch verwandelt und von seinen eigenen Hunden zerfleischt.
Akte, über einen wichtigen Vorgang aufgenommene Urkunde, insbesondere Staatsurkunde (z. B. Schlußakte des Wiener Kongresses; Bundesakte des dt. Bundes im 19. Jh.).
Akteur [frz. -'tør], Schauspieler.
Aktie, Wertpapier, das das Anteilsrecht eines Aktionärs am Grundkapital einer → Aktiengesellschaft verbrieft; Mindestnennbetrag DM 50; Arten: Inhaber- (formlose Übereignung) u. Namensaktie (Eintragung im Aktienbuch); meist an Börsen handelbar.
Aktiengesellschaft, AG, Handelsges., deren → Aktionäre mit Einlagen an dem in → Aktien zerlegten Grundkapital beteiligt sind; für Verbindlichkeiten haftet dem Gläubiger nur d. Gesellschaftsvermögen; typische Form d. Großunternehmung; Mindestgrundkapital DM 100 000; Aktienges. v. 1937, abgeändert durch Ges. v. 1965; Organe: Vorstand, Aufsichtsrat, Haupt-(Gen.-)Vers.
Aktienindex, auf durchschnittl. Kurswerten best. Aktien beruhender Index; dient i. d. BR auch als Konjunkturindikator; intern. ist der → Dow-Jones-Index von größter wirtsch. Bedeutung.
Aktinien, Seeanemonen, Seerosen, Ordnung der → Korallentiere, festsitzende, pflanzenähnl. Tiere mit zahlr. Fangarmen um den Mund.
Aktinometrie, astronom. u. phys. Strahlungsmessung v. Lichtquellen (z. B. v. Gestirnen).
Aktinomykose, w. [gr.], → Strahlenpilzkrankheit.
Aktion, w. [l.], Handlung, Tat.
Aktionäre, Eigentümer v. Aktien, Gesellschafter einer AG, mit Anspruch auf Dividende, Liquidationserlös u. Stimmrecht in d. Haupt-(Gen.-)Vers.; haften nur mit ihrer Einlage.

Akropolis von Athen

Aktion Demokratischer Fortschritt, *ADF,* → Parteien, Übers.
Aktionsgemeinschaft Unabhängiger Deutscher, *AUD,* → Parteien, Übers.
Aktionskunst, künstler. Denkprozesse werden m. theatral. Mitteln dargestellt (zeitgenöss. Kunstform).
Aktionsmalerei → Action-painting.
Aktionspotential, el. Potentialschwankung b. d. Erregung lebender Zellen; → Ruhepotential.
Aktionsradius, *m.* [l.], Wirkungskreis.
Aktium, Landzunge an d. griech. Westküste; 31 v. Chr. Seesieg d. Octavian (Augustus) über Antonius.
aktiv [l.], tätig.
Aktiv, *m.,* handelnde Form d. Zeitworts.
Aktiva und Passiva → Bilanz, Übers.
aktive Lautsprecherweichen, *elektron. L.,* führen d. einzelnen → Lautsprechern einer Kombination nur die f. deren Übertragungsbereich ausnutzbaren Frequenzen zu.
aktive Optik, eine Vorrichtung bei Teleskopen, die die optimale Spiegelform einstellen läßt; wenn die Einstellung mehrmals in der Sekunde stattfindet, kann auch der störende Einfluß der Atmosphäre ausgeschaltet werden *(adaptive Optik).*
Aktivist, in kommunist. Ländern Bez. f. Arbeiter, deren Leistungen die geplante Arbeitsnorm erheblich übersteigen: *A.enbrigaden.*
Aktivkohle, bes. poröse Kohle, aus Holz u. anderen organ. Stoffen hergestellt *(Holz- u. Tierkohle);* zur Entfärbung u. Reinigung v. Flüssigkeiten, z. B. med. Kohle im Magen-Darm-Trakt, zur Adsorption von Gasen u. Dämpfen, z. B. in Abgasfiltern, Gasmasken (Adsorptionskohle). → Holz u. → Holzkohle.
Aktivzinsen, *Sollzins,* für von d. Bank im A.-Geschäft gegebene Kredite; Ggs.: Passiv- od. Habenzinsen f. Kundeneinlagen.
Aktorik, Aktor, *Effektor* (→ Kybernetik); damit werden die in d. Informationsverarbeitung aufbereiteten Informationen in Aktionen umgewandelt; sehr unterschiedl. Aktoren; wesentl. Ausgangsgrößen: opt. Darstellung, akust. Signale, Drucker u. el. Schalter; Optoelektronik u. Leistungshalbleiter sind von Bedeutung. → Regelung, → Regelkreis, → Prozeßrechner.
Aktualität, *w.* [l.], Bedeutung für den Augenblick.
Aktuar [l.], Gerichtsschreiber.
aktuell, gegenwärtig wichtig.
Akupunktur, altchin., heute auch in Europa geübte Heilweise durch Einstiche v. Nadeln i. d. Haut z. reflektor. Einflußnahme auf Organkrankheiten.
Akustik [gr.], Lehre vom → Schall; Klangwirkung eines Raumes; phys. A. Teilgebiet der Mechanik.
akut [l.], scharf, heftig, unvermittelt auftretend.
Akut, *m.* [l.], Akzentzeichen (′), meist f. Betonung.
Akzeleration, *w.* [l.], → Beschleunigung.
Akzent [l.], Silbenbetonung im Wort; Kennzeichen zur Aussprache von Vokalen, z. B. ′ *(aigu),* ` *(grave),* ^ *(circonflexe)* i. Frz.; *allg.:* Aussprache, Tonfall; → diakritische Zeichen.
Akzept [l.], Annahmeerklärung auf einem → Wechsel durch den Bezogenen,
Akzeptanten (durch Namensunterschrift); auch der Wechsel selbst.
akzident(i)ell [l.], zufällig, unwesentlich; *phil.* nur die Eigenschaften betreffend; Ggs.: *substantiell.*
Akzidenz ... [l.], 1) Drucksache für bes. Gelegenheiten (z. B. Hochzeitsanzeige), *A.druck;* **2)** *phil.* unwesentliche Eigenschaft eines Seienden.
Akzise, svw. → Binnenzölle.
Al, *chem.* Zeichen f. → *Aluminium.*
à la ... [frz.], nach Art von ...
Alabama [*ælə'bæmə*], Abk. *Ala.,* Südstaat der USA, 133 667 km², 4,10 Mill. E (ca. 1 Mill. Farbige); Baumwoll-, Zukkerrohranbau; Kohlen- u. Eisenerzlager; Schwerind., Stauseen; Hptst. *Montgomery.*
Alabaster, feinkristallin durchscheinende Gipsart; Grundstoff f. wertv. Schnitzereien (Toskana).
à la bonne heure [*-bɔ'nœːr*], gut so!, ausgezeichnet!
à la carte [*-'kart*], nach Auswahl (essen).
ALADI, *Asociación Latinoamericana de Integración,* Lateinam. Integrationsvereinigung, gegr. 1980 in Nachfolge der → LAFTA; Mitgl.: Bolivien, Ecuador, Paraguay, Chile, Kolumbien, Peru, Uruguay, Venezuela, Argentinien, Brasilien, Mexiko; Ziele: Regulierung u. Förderung d. Handelsverkehrs, gemeinsamer Markt als Fernziel.
Alagoas, Küstenstaat Brasiliens, 27 731 km², 2,4 Mill. E; Hptst. *Maceió.*
Al Ahram [*-ax-*], 1875 gegr. Kairoer Zeitung, s. 1957 offiziöses Organ der Arab. Rep. Ägypten.
Alai-Gebirge, zum westl. Tian Shan gehörige Gebirgsketten in Zentralasien, 5539 m.
Alain [*a'lɛ̃*], eigtl. *Emile Chartier* (3. 3. 1868–2. 6. 1951), frz. Philosoph u. Essayist; Pazifist.
Alain-Fournier [*alɛ̃fur'nje*], Henri (3. 10. 1886–22. 9. 1914), frz. Dichter u. Kritiker; *Der große Kamerad.*
Alamein, *El Alamein,* ägypt. Küstenort westl. v. Alexandria; bei A. wurde 1942 d. Vorstoß Rommels von den Engländern aufgefangen; 5000 E.
Aland, *Orfe, Nerfling,* eur. Karpfenfisch; Abart: *Goldorfe.*
Ålandinseln, *Ahvenanmaa,* finn. Inselgruppe i. Bottn. Meerbusen, 1527 km², 24 045 meist schwed. E; ca. 10 000 Inseln u. Schären, *Åland,* größte Insel, 650 km²; Hptst. *Mariehamn* (9800 E).
Alanen, iran. Volk; 409 Zug nach Spanien, 418 von Westgoten besiegt; später z. T. mit den german. Wandalen vereinigt.
Alarcón y Ariza, Pedro Antonio de (10. 3. 1833–10. 7. 91), span. Erzähler; *Der Dreispitz; Der Skandal.*
Alarcón y Mendoza [*-θa*], Juan Ruiz de (1580–4. 8. 1639), span. Dramatiker; Komödien: *Wände haben Ohren; Die verdächtige Wahrheit.*
Alarich (370–410 n. Chr.), König der Westgoten; Heereszüge nach Ostrom, Griechenland, Italien; dort b. Cosenza im Fluß Busento bestattet.
Alaska, NW-Halbinsel N-Amerikas, größter B.staat d. USA, Abk. *Alas.,* 1 518 800 km², 546 000 E (ca. 1/6 Eskimos u. Indianer); südl. vom → *Yukon* (Hptfluß) *A.-Gebirge,* vergletschertes Kordillerenland (*McKinley* 6198 m), nördl. Hügelland, arkt. Klima m. sehr tiefen Wintertemperaturen; gr. Waldungen längs der Küste; Hptst. *Juneau.* – Gold, Silber, Kohle, Erdöl (Alaska-Pipeline 1262 km l.); an erster Stelle steht Fischerei (Lachs) mit (1985) 591 Mill. $; ferner Jagd (Pelze). *A.bahn,* von Fairbanks nach Seward, 375 km l.; *A.straße,* Autostraße, v. Fairbanks, 2451 km l., durch Kanada nach den USA; Luftverkehrsnetz; zu A. gehörig die Pribylow-Inseln; liefern 80% d. Weltbedarfs an Sealpelzen; entdeckt 1741 v. Bering; 1867 v. Rußland an die USA verkauft; s. 1959 der 49. Bundesstaat, vorher Territorium d. USA; Basis d. US-Verteidigung.
à la suite [*-'sɥit*], „im Gefolge", mil. Ehrenstellung b. e. Truppenteil m. Erlaubnis zum Tragen seiner Uniform.
Alaun, *Kaliumaluminiumsulfat,* zur Färberei, Gerberei, Medizin (→ Adstringenzien).
Alava, die südl. der 3 baskischen Provinzen Spaniens, 3037 km², 264 000 E; Hptst. *Vitoria.*
Alb, (Jura-)Gebirge in S.dtld (z. B. → *Schwäbische Alb*).
Alba, Fernando Alvarez, Hzg v. Toledo (29. 10. 1507–11. 12. 82), Oberfeldherr d. Heere → Karls V., führte im Schmalkaldischen Krieg (1546/47) die kaiserl. Truppen; 1567–73 Statthalter i. d. Ndl.
Alba Longa, Mutterstadt der latinischen Städte; vor Rom gegr., in d. röm. Königszeit zerstört.
Alba-Metall, weiße Edelmetall-Legierung aus Gold, Silber, Palladium; chem. beständiger Werkstoff f. Spinndüsen der Kunstseidenindustrie u. f. Zahnersatz.
Albanien, amtl. *Republika Popullore Socialiste e Shqipërisë,* sozialistische Volksrep., 28 748 km², 3,14 Mill. E (109 je km²); Bev.-Zuw. 3,1%; Sprache: Alban.; Währung: Lek; Rel.: Moh. u. Christen, Moscheen u. Kirchen geschlossen; Hptst.: *Tirana;* Flagge S. 340, Karte S. 744. **a)** *Geogr.:* Bergland a. d. Adria, Hptfluß: *Drin.* **b)** *Wirtsch.:* Wichtige Ausfuhrgüter d. Landw. sind Früchte u. Gemüse; Hptgewicht d.

W.planung liegt auf d. Schwer-, Textil- u. chem. Ind. **c)** *Bodenschätze:* Vor allem Erdöl u. Kupfererz. **d)** *Verkehr:* Eisenbahn 253 km. **e)** *Verf.* v. 1976: Parlament aus 1 Kammer (Volksvers.). **f)** *Verw.:* 26 Bezirke. **g)** *Gesch.:* 535–1204 zu Byzanz, im 14. Jh. serb., s. 1468 türk.; nach d. 1. Balkankrieg 1912 Unabhängigkeitserklärung, 1914 neuer Staat unter Fürst Wilhelm zu Wied; nach 1918 v. Italien u. Jugoslawien besetzt, 1925 Rep., 1928–39 Königr.; 1939 von Italien besetzt; s. 1946 Volksrep., 1961–78 Anlehnung an Volksrep. China in deren ideolog. Streit m. d. UdSSR; ab 1990 pol. u. wirtsch. Reformen nach Unruhen u. Fluchtwelle, 1991 erneute Unruhen u. Fluchtwelle; Ende März 1991 Mehrparteienwahlen m. Sieg der Kommunisten. **h)** *Mitgl.:* UN; 1968 aus Warschauer Pakt ausgetreten.
Albany [ˈɔːlbənɪ], **1)** Hptst. d. US-Staates New York, am Hudson, Holzmarkt, Leichtind., 101 700 E; Uni.; 1614 v. Holländern gegr.; **2)** Hafenst. an d. SW-Küste Australiens, 14 800 E.
Albatrosse, Familie d. Röhrennasen, bis schwanengroße, gut segelnde Meeresvögel d. südl. Erdhalbkugel; folgen tagelang Schiffen, nur zur Brutzeit auf einsamen Inseln; Flügelspannweite bis 3,5 m.
Albe [l.], liturg. Untergewand der kath. Priester.
Albedo, *w.* [l. „albus = weiß"], Verhältnisgröße (stets <1) f. d. Remissionsvermögen *(Rückstrahlvermögen)* von Körpern; A. ist die von einem Flächenelement, das von einem senkrechten Lichtstrom bestrahlt wird, reflektierte Lichtmenge; in der → Astrophysik ist die A. nichtselbstleuchtender Himmelskörper wichtig (z. B. Erdmond = 0,07, Saturn = 0,63); weitere Beispiele: weiße Wolken = 0,65, Schnee = 0,78.
Albee [ˈɔːlbɪ], Edward (* 12. 3. 1928), am. Bühnendichter; *Wer hat Angst vor Virginia Woolf?*
Albergo, *s.* [it.], Wirtshaus.
Alberich, Zwerg, Hüter des Nibelungenhorts, Besitzer der Tarnkappe; von Siegfried bezwungen.
Albers, Hans (22. 9. 1891–24. 7. 1960), dt. Filmschausp.; *Große Freiheit Nr. 7; Nachts auf d. Straßen.*
Albert [altdt.], andere Form für *Albrecht,* **1)** A. III., → Albrecht 3); **2)** A. Kasimir August, Hzg von Sachsen-Teschen (11. 7. 1738–10. 2. 1822), Schöpfer d. Kupferstich- u. Handzeichnungensammlung *Albertina* in Wien; **3)** A. (26. 8. 1819–14. 12. 61), Prinz von Sachsen-Coburg, Prinzgemahl d. Kgn Viktoria von Großbrit.; **4)** A., Kg (s. 1873) v. Sachsen (23. 4. 1828–19. 6. 1902); **5)** A. I., Kg d. Belgier (8. 4. 1875–17. 2. 1934).
Albert, 1) Eugen (Eugène) [-ˈbɛːr] d' (10. 4. 1864–3. 3. 1932), dt. Pianist u. Komp.; Opern verist. Stils: *Tiefland; Die toten Augen; Die Abreise;* **2)** Hans (* 8. 2. 1921), dt. Soziologe; im Positivismusstreit gg. Vertreter d. krit. Soziologie.

Alberta [ælˈbəːtə], westkanad. Prov., 661 190 km², 2,40 Mill. E; Forst- u. Landw.; *Bodenschätze:* Kohle, Erdöl, Erdgas; chem. u. a. Ind.; Hptst. *Edmonton.*
Alberti, Leon Battista (14. 2. 1404–19. od. 25. 4. 72), it. Arch., Maler, Kunsttheoretiker, Schriftsteller; *Fassaden* v. S. Maria Novella (Florenz) u. S. Francesco (Rimini); *S. Andrea* (Kuppel v. → Juvarra) u. *S. Sebastiano* (Mantua). *Zehn Bücher über die Baukunst.*
Albertinische Linie → Sachsen, Geschichte.
Albert-Kanal, zw. Lüttich u. Antwerpen, 122 km l.
Albertsee, in Zaïre u. Uganda, seit 1972 *Mobutusee,* im Zentralafrikan. Graben, 618 müM, ca. 150 km l., 40 km br., 5347 km², bis 48 m tief; Ausfluß Albertnil.
Albertus Magnus [l. „Albert d. Große"], eigtl. *Gf Albert v. Bollstädt* (1193–1280), Dominikaner, 1931 heiliggesprochen, scholast. Philosoph, wegen seines Wissens *Doctor universalis* gen.; führte d. Lehre d. Aristoteles in d. abendländ. Phil. ein.
Albertville [albɛrˈvil], St. im frz. Dép. *Savoie,* 18 000 E; XXV. Olymp. Winterspiele 1992.
Albertz, Heinrich (* 22. 1. 1915), dt. Theol. u. Pol. (SPD); 1966/67 Reg. Bürgerm. v. Berlin; nach Rücktritt wieder Pfarrer.
Albigenser, nach der südfrz. St. *Albi* benannte Sekte im MA; Lehre: unversöhnl. Dualismus zw. Leib u. Seele; in A.**kreuzzügen** (v. Innozenz III. veranlaßt) 1209–29 ausgerottet; → Katharer.
Albinismus, rezessiv vererbtes Fehlen des Farbstoffs in Haut, Haar u. Auge, diese daher fahlweiß, gelbweiß bzw. rötl., auch bei Negern; Mensch oder Tier mit A.: **Albino.**
Albinoni, Tommaso (8. 6. 1671–17. 1. 1750), it. Komp.
Albion, alter kelt. Name f. England.
Alborg [ˈɔlbɔˈr], dän. Hafenst. in Jütland am Nordsee u. Kattegat verbindenden Limfjord, 154 700 E.
Albrecht, 1) A. I., Sohn Rudolfs v. Habsburg, 1298 dt. Kg, 1308 von seinem Neffen Johann Parricida ermordet; **2)** A. I., der Bär (um 1100–18. 11. 70), Markgraf v. Brandenburg, das der um 1134 erhaltenen Nordmark (Altmark) begründete; **3)** A. III., *der Fromme* (1401–60), Hzg v. Bayern, Gemahl der Agnes → Bernauer; **4)** A. (28. 6. 1490–24. 9. 1545), Hohenzoller, Erzbischof v. Magdeburg, Kurfst v. Mainz, Förderer d. Humanismus, bestellte Tetzel zum Ablaßprediger (Anlaß zum Thesenanschlag Luthers); **5)** A. v. Hohenzollern (16. 5. 1490–20. 3. 1568), letzter Hochm. des dt. Ritterordens u. (1525) 1. Hzg v. Preußen, Gründer der Uni. Königsberg 1544; **6)** A. III., Hzg v. Sachsen (31. 7. 1443–12. 9. 1500), Erbauer v. *Albrechtsburg* in Meißen; **7)** A. V., *d. Großmütige* (1. 3. 1528–24. 10.

79), Hzg v. Bayern, machte München z. Kunststadt; **8)** A. (3. 8. 1817–18. 2. 95), östr. Erzhzg, Sieg b. Custozza 1866.
Albrecht, Ernst (* 29. 6. 1930), CDU-Pol.; 1976–90 Min.präs. v. Nds.
Albstadt (D-7470), St. im Zollernalbkreis, Ba-Wü., 1974 durch Gem.-zus.schluß u. a. v. Ebingen u. Tailfingen, 46 512 E; AG; Textil- u. Metallind.
Albula, f. Nbfl. d. Rheins, entspringt in Graubünden u. A.**paß** (2312 müM) A.**bahn** m. A.**tunnel** verbindet Hinterrheintal mit Engadin.
Albumin, in Wasser lösl. Eiweißstoff, in Milch u. Hühnerei. – A.**urie,** krankh. Eiweißausscheidung i. Urin.
Albuquerque [ˈælbəkəːkɪ], Affonso d' (1453–16. 12. 1515), begr. 1503–11 die portugies. Macht in Indien.
Albuquerque [ˈælbəkəːkɪ], St. am Rio Grande i. Neu-Mexiko, USA, 378 500 E; Uni., Atomforschungszentrum.
Albus, *m.* [l.], *Weißgroschen,* ab 1362 geprägte Silbermünze, bis 1842 in Kurhessen in Umlauf.
Alcalde, *m.,* span. Bürgermeister.
Alcázar, *m.* [arab. *-θar*], *Alkazar,* Burg, Schloß (z. B. A. v. Toledo).
Älchen, sehr kl. → Fadenwürmer; Schmarotzer bes. in Pflanzen (z. B. *Weizen-, Rüben-, Essigälchen).*
Alchimie, *Alchemie,* Übergang vom myth. Weltbild der Antike zur heutigen Erforschung der Stoffe, d. h. der modernen → Chemie; Wesen der Erde und des Menschen *(Mikrokosmos)* als Abbild des Weltganzen *(Makrokosmos)* empfunden und in Symbolen ausgedrückt; Destillationskunst zur Läuterung der Substanzen, Heilmittelbereitung, Gewinnung von Alkohol (spiritus vini) u. Mineralsäuren; im höheren Sinne erstrebte die A. d. Herausläuterung d. Göttlichen aus d. natürl. Menschen; angebl. Goldmacherei.
Aldan, r. u. größter Nbfl. der Lena, in SO-Sibirien, 2242 km l., 1200 km schiffbar; Goldfelder.
Aldebaran, rötl. Stern 1. Größe α im *Stier,* umgeben von den *Hyaden;* nördl. → Sternhimmel B.
Aldegrever, eigtl. *Heinrich Trippenmeker* (um 1502–n. 55), dt. Kupferstecher, Maler u. Goldschmied d. Renaiss.; Schüler Dürers.
Aldehyde, Name abgeleitet v. **Al**cohol*us* **dehyd**rogenatus, wichtige Gruppe organ. Verbindungen d. Atomgruppe *CHO,* durch Oxidation d. entsprechenden Alkohols u. Reduktion d. entsprechenden Säuren, → *Formaldehyd.*
Alder, Kurt (10. 7. 1902–20. 6. 58), dt. Chem.; Entwicklung d. Diensynthese; Nobelpr. 1950.
Alderman [ˈɔːldəmən], Titel f. angelsächs. Herzöge, Earls, Gouverneure; jetzt ältester Ratsherr (in brit. u. nordam. Gemeinden).
Aldosteron, Hormon d. → Nebennierenrinde; beeinflußt Mineralstoffwechsel und Nierenfunktion.

Aldrich [ˈɔːldrɪtʃ], Robert (9. 8. 1918–5. 12. 83), am. Filmregisseur; *The Dirty Dozen* (1967); *The Choirboys* (1978).

Aldrin [ˈɔːldrɪn], Edwin (* 20. 1. 1930), am. Astronaut; beteiligt an 1. Mondlandung (→ Mondsonden).

Ale, *s.* [eil], engl. Bier.

alea iacta est [l.], „der Würfel ist gefallen", die Entscheidung ist getroffen; angebl. Ausspruch Cäsars beim Überschreiten d. Rubikon 49 v. Chr.

aleatorische Musik [l. „alea = Würfel"], läßt d. Interpreten in vorgegebenem Rahmen spontan über Klangmischungen u. -formen entscheiden.

aleatorische Verträge, Wett- u. Spielverträge; rechtl. nicht durchsetzbar (§§ 762 ff. BGB).

Aleixandre, Vicente (26. 4. 1898–14. 12. 1984), span. Lyriker; romant.-visionär Surrealismus; *D. Zerstörung d. Liebe;* Nobelpr. 1977.

Alemán, Mateo (1547–1614), span. Dichter; Schelmenromane *Vida del pícaro; Guzmán de Alfarache.*

Alemannen, westgerman. Stamm in SW-Dtld; drangen im 3.–5. Jh. über den röm. Limes u. den Rhein vor; 496 von den Franken unterworfen; bildeten seit 9. Jh. das Hzgt. *Alemannien* od. → Schwaben; Stammesbegriff A. heute auf Südbaden, Elsaß u. Schweiz eingeschränkt.

Alembert [alɑ̃ˈbɛːr], Jean le Rond d' (16. 11. 1717–29. 10. 83), frz. Phil., Freidenker, Math., Physiker; gab mit Diderot die → *Enzyklopädie* heraus.

Alençon [alɑ̃ˈsõ], Hptst. des frz. Dép. *Orne,* 31 600 E; Mühlen, Lebensmittelind.; *A.-Spitzen.*

Aleotti, Giovan Battista (1546–9. 12. 1636), it. Baumeister u. Bühnenarchitekt, bes. in Ferrara u. Parma (Teatro Farnese).

Aleppo, arab. *Haleb,* St. im nördl. Syrien, am Schnittpunkt der Handelsstraßen von Euphrat u. Tigris u. d. Bagdadbahn, 1,216 Mill. E; Kreuzfahrerburg. Ausfuhr: Wolle, Häute, Früchte, Tabak.

Alès [aˈlɛs], südfrz. St. im Dép. *Gard,* 44 000 E; Industriezentrum, Eisen- u. Kohlenlager.

Alessandria, oberit. Textil-Industriest. am Tanaro, 93 900 E; 2 Messen; starke Festung.

Ålesund [ˈoːləsɵn], Hafenst. der atlant. Küste Norwegens, 35 500 E; wichtigster Fischereihafen.

Aletsch-gletscher, größter Alpengletscher, 24 km l. (1880: 26,8 km l.), 86 km², in d. Berner Alpen. – **A.horn,** Berg in den Berner Alpen (4195 m).

Aleuron, Reserveeiweiß d. Pflanzen; her. i. Samen.

Aleūten, vulkan. Inselkette, baumlos, sturm- u. nebelreich, 2500 km l., zw. Alaska u. Kamtschatka, 17 666 km²; 1867 mit Alaska an die USA.

Alexander, a) Päpste (insgesamt 8): **1)** A. II., 1061–73, Gegner Heinrichs IV., Beginn d. Investiturstreites; **2)** A. III.,

1159–81, Gegner Barbarossas, schaltete durch Papstwahlreform 1179 kaiserl. Einfluß aus; **3)** A. VI., Borgia, sittenloser Papst d. Renaissancezeit 1492–1503; Vater d. Cesare → Borgia. – b) *Fürsten v. Rußland:* **4)** A. Newskij (30. 5. 1220–14. 11. 63), Großfürst, russ. Heiliger u. Nationalheld, festigte d. orthodoxe Kirche; **5)** A. I. Pawlowitsch, Kaiser v. Rußland (23. 12. 1777–1. 12. 1825), reg. seit 1801, versuchte erfolglos liberale Reformen; Verbündeter Preußens u. Östr.s im Freiheitskrieg, Stifter der „Heiligen Allianz" (Beginn der Restaurationszeit); **6)** A. II. Nikolajewitsch (29. 4. 1818–13. 3. 81), russ. Kaiser, reg. 1855–81, Aufhebung d. Leibeigenschaft, Justizreform, Selbstverwaltung; nach poln. Aufstand 1863 Gegner des Panslawismus (Allslawentums) u. Nihilismus. 1872 m. Östr. u. Dtld Dreikaiserbündnis, 1877 geg. Türkei; durch Bombenattentat umgekommen; **7)** A. III. Alexandrowitsch (10. 3. 1845–1. 11. 94), regierte 1881–94, gg. Verfassung u. Selbstverwaltung, f. Panslawismus, russifizierte Finnland, neigte zu Frkr. – c) *Jugoslawien:* **8)** A. I. (1888–1934), vereinte als Regent 1918 Serben, Kroaten u. Slowenen z. Kgr. (s. 1929 Jugoslawien), 1921 Kg (ermordet).

Alexander, Peter (* 30. 6. 1926), östr. Filmschausp., Sänger u. Showmaster.

Alexander der Große

Alexander d. Große (356–13. 6. 323 v. Chr.), Sohn Kg Philipps, mazedon. Kg s. 336, drang s. 334 auf seinem Eroberungszug bis zum Indus vor; in d. Nachfolgestaaten s. Weltreichs (→ Diadochen) entstand einheitl. Kulturraum d. → Hellenismus; wesentlich f. spätere Ausbr. des Christentums (→ Tafel Kunst d. Altertums).

Alexandria, arab. *Al Iskandarija,* die alte Hptst. Ägyptens am nw. Rand d. Nildeltas, 2,893 Mill. E; Hptausfuhrhafen Ägyptens (Baumwolle); Uni., Flughafen. – Von Alexander d. Gr. 331 v. Chr. gegr., zweitgrößte Stadt d. Altertums (Leuchtturm u. → Pharos u. Bibliothek). 641 in Chr. arab., 1517 türk.

Alexandriner, *m.,* der klassische frz. Vers v. 12 od. 13 Silben; im Dt. 6heber m. Einschnitt nach der 3. Hebung: Ich weiß nicht, was ich bin // ich bin nicht, was ich weiß (Silesius).

Alexandrinische Bibliothek, größte des Altertums, v. Ptolemäus II. (285–246 v. Chr.) begr., bei der Belagerung durch Cäsar 47 v. Chr. abgebrannt.

Alexandrinische Schule, 1) Philosophengruppe zu Alexandria, 1. Jh. v. u. n.

Chr.; Hptvertr.: *Philo d. Jude,* Vermittler zw. Judentum u. Hellenismus; **2)** älteste christl. Theologenschule unter Klemens v. Alexandria und → Origenes.

Alexej Michailowitsch (19. 3. 1629–8. 2. 76), 2. Zar a. d. Hause Romanow, eroberte Sibirien u. Ukraine.

Alexis, Willibald, eigtl. *Wilhelm Häring* (29. 6. 1798–16. 12. 1871), dt. Schriftst.; brandenburg. Geschichtsromane.

Al Fatah [-ax], mit Partisanengruppe Al Asifa („der Sturm") bedeutendste palästinens. Widerstandsorganisation; s. 1965 tätig; v. → Arafat geführt.

Alfeld (Leine) (D-3220), St. i. Kr. Hildesheim, Nds., 21 986 E; AG; PH; Fachwerkb. (15.–18. Jh.), spätgot. Pfarrkirche, Rathaus (16. Jh.), Museum (Lateinschule 1610), Faguswerke (1911–18; W. Gropius; A. Meyer).

Alfieri, Vittorio Gf (16. 1. 1749–8. 10. 1803), it. klassizist. Dramatiker u. Lyriker.

Alfol-Isolierung, mehrfache Lagen aus (zerknitterter) Aluminiumfolie zur Temperaturisolierung i. d. Wärme- u. Kältetechnik.

Alfons, span., it. *Alfonso,* Name vieler Fürsten, bes. Spaniens, Neapels, Siziliens, Portugals, **1)** A. X., Kg v. Kastilien (1221–84), reg. 1252–82; 1257 dt. Scheinkg; **2)** A. XIII. (17. 5. 1886–28. 2. 1941), span. Kg, 1931 in frz. Exil.

Alfonsín, Raúl (* 12. 3. 1927), argent. Jurist u. Pol. (Radikale Bürgerunion); 1983–89 Staatspräs.

Alfred der Große (849–901), 871 Kg v. England, vertrieb die Dänen aus Wessex; Begr. der engl. Verwaltung, Rechtspflege und Seemacht.

al fresco [it.], Bezeichnung für d. Technik der Wandbemalung auf „frischem" (noch feuchtem) Putz; → Freskomalerei.

Alfter (D-5305), Gem. i. Rhein-Sieg-Kr., NRW, 16 861 E; Landw.

Alfvén, Hannes (* 30. 5. 1908), schwed. Phys.; Arbeiten a. d. Gebiet d. magnetohydrodynam. Wellen (→ Plasma); Nobelpr. 1970.

Algazel, *al Ghasali* (1058–1111), größter Theologe, Mystiker u. Denker d. Islam.

Algebra [arab.], Theorie d. algebraischen Strukturen (z. B.: *Gruppe, Ring, Körper, Vektorraum*); verwendet Buchstabenrechnung.

algebraische Funktion, eine math. Funktion, die nach d. Regeln der Algebra zusammengesetzt ist.

Algeciras [alxeˈθiras], Stadt in Südspanien, bei Gibraltar, Badeort, 96 900 E. 711 landeten hier d. ersten Araber auf eur. Boden. 1906 **A.konferenz:** regelte Stellung Frkr.s u. Spaniens i. Marokko.

Algen, Abteilung der niederen Pflanzen (Thallophyten) (→ Kryptogamen; ein- od. mehrzellig; oft fadenförmig; außer grünen auch (im Meer) bräunl. u. rötl. Formen; Fortpflanzung geschlechtl. u. ungeschlechtl. → *Meeres-A.* technisch genutzt (Iod; → Agar-Agar; Alginate als Eindick-

mittel, Appreturen, Zellglas, Textilfasern); *Süßwasser-A.* versuchsweise m. hohem Ertrag v. Eiweiß u. Fett gezüchtet.
Algenib, Name zweier Sterne: Hptstern χ im → Perseus; Stern 3. Größe χ im Pegasus.
Algerien, amtl. *Dschumhurija ad-Dschasarija ad-dimukratija asch-scha'abija,* Demokrat. Volksrep. A., Rep. in N-Afrika, im N Gebirgsld des Tell- u. Sahara-Atlas, im S bis weit in

d. Sahara, 2 381 741 km², 23,84 Mill. E (10 je km²); Bev.-Zuw. 3,1%; Bev.: Araber, Berber, ca. 60 000 Europäer; Sprache: Arab., Frz.; Währung: alger. Dinar (DA); Staatsrel.: Islam; Hptst.: *Algier;* Flagge S. 340, Karte S. 750. **a)** *Wirtsch.:* Weitgehend verstaatlicht, wichtigster Exportartikel ist d. Wein, daneben sind aus der Landw. Früchte u. Gemüse v. Bedeutung, an Bodenschätzen Eisenerz u. Phosphate; wirtschaftl. Basis die Erdölproduktion. **b)** *Außenhandel* (1987): Einfuhr 7,03 Mrd., Ausfuhr 8,19 Mrd. $. **c)** *Verf.* v. 1989: Präsidiale sozialist. Rep. m. Einkammerparlament. **d)** *Verw.:* 48 Bezirke (Wilayat). **e)** *Gesch.:* A. umfaßt das Numidien u. Mauretanien d. Altertums, Wandalen, Araber u. Berber herrschten wechselweise; s. 1515 unter Lehnshoheit v. *Beis* („Herrschern"); 1830 Vordringen d. Franzosen, 1857 bis z. Sahara; 1881 wurden die 3 nördl. Dep. gebildet u. zum Bestandteil Frkr.s erklärt; 1954–62 blutige Aufstände gg. die frz. Herrschaft; 1962 Waffenstillstand von Evian, A. unabhängig s. 3. 7. 1962; 1965 Staatsstreich; Sturz → Ben Bellas; Zus.stöße m. Marokko a. d. Grenze zum ehem. Spanisch-Sahara (wegen d. Unterstützung d. → FPOLISARIO durch A.); bis Mitte 1989 Einheitspartei (FLN); 1991 von islam. Fundamentalisten ausgelöste Unruhen. **f)** *Mitgl.:* UN, OAU, Arab. Liga, OPEC.
Algier [-ʒiʳ], frz. *Alger* [alʾʒe], arab. *Al Djazaïr,* Hptst. v. Algerien, am Mittelmeer, 2,164 Mill. E; Kriegs- u. Handelshafen; Uni.
Algol, Stern β (System von 3 Sternen) im Perseus, bedeckungsveränderlicher Fixstern (→ Sternbilder, Abb.).
ALGOL, v. engl. **alg**orithmic **l**anguage, problemorientierte → Programmiersprache, die im techn.-wiss. Bereich eingesetzt wird.
Algonkium, veralt. f. Proterozoikum; → geolog. Formationen, *Präkambrium.*
Algorithmus [arab.], *math.* Schema zur Ausführung gewisser Berechnungen.
Alhambra [arab. „die rote Burg"], maur. Schloß b. Granada; Hptwerk d. arab. Baukunst des MA, 13./14. Jh. (Löwenhof, Myrtenhof, Abencerragen-Halle).
Alhidade [arab.], bei Winkelmeßinstrumenten drehbarer Radius zur Bestimmung eines Winkels.

Ali, Muhammad, ehem. *Cassius Clay* (* 17. 1. 1942), am. Boxer; 1960 Olympiasieger, 1964–67 u. 1974–79 Weltmeister im Schwergewicht.
Ali, *ibn Abî-Tālib* aus Mekka, 4. Kalif. reg. 656–661, Schwiegersohn Mohammeds; ermordet; Nationalheiliger der strenggläubigen Schiiten (s. Grab in Kufa, Hauptwallfahrtsstätte).
alias [l. „anders"], sonst, auch; z. B. bei Decknamen: *Mai* alias (eigtl.) *Mayer.*
Alibi, *s.* [l. „anderswo"], Abwesenheit v. Tatort, anderweitiger Aufenthaltsort.
Alicante, Hafenst. u. Hptst. d. Prov. *A.* in SO-Spanien, 258 000 E; Ausfuhr v. Wein u. Südfrüchten; Fremdenverkehr.
Aligarh, St. in Uttar Pradesch, Indien, 320 900 E; Moslem-Uni.
Alimentationsprinzip, Unterhaltsleistung (z. B. im Beamtentum d. Sicherung d. standesgemäßen Lebensunterhalts durch d. Staat zur Gewährleistung d. Unabhängigkeit d. Beamten).
Alimente, Lebensunterhalt, Pflichtzahlungen eines Unterhaltsverpflichteten, insbes. d. nichtehel. Vaters f. sein Kind, d. Ehemanns an d. geschiedene Ehefrau; Höhe nach Gesetz d. Ermessen d. Richters, soweit nicht vertragl. vereinbart; Höhe d. Unterhalts f. d. nichtehel. Kind richtet sich nach Lebensstellung beider Elternteile.
Alinea [l. „von d. Zeile"], Absatz, neue Zeile.
aliphatische Verbindungen, Verbindungen mit Alkangruppen, *Alkane,* Paraffine: *Methan* = CH_4, *Ethan* = C_2H_6, *Propan* = C_3H_8 usw.; jedes Glied unterscheidet sich v. benachbarten durch eine CH_2-Gruppe; m. steigendem Kohlenstoffgehalt Übergang v. Gas über Flüssigkeiten zu festen Körpern.
Aliquottöne, *mus.* Obertöne, Teiltöne.
Alitalia, Abk. f. *Linee Aeree Italiane S.P.A.,* staatl. it. Luftverkehrsgesellschaft (1946 gegr.).
Alizarin, roter künstl. Teerfarbstoff, aus Anthracen hergestellt; entspricht dem aus der Krappwurzel gewonnenen *Krappprot.*
Alkalien, die Hydroxide u. Carbonate der **Alkalimetalle,** der Elemente d. 1. Hauptgruppe d. Periodensystems *(Lithium, Natrium, Kalium, Rubidium, Cäsium, Francium);* sehr leichte u. weiche Metalle.

alkalifrei, Bez. f. Seifen u. Haarwaschmittel, die keine alkalisch reagierenden Bestandteile enthalten.
alkalische Reaktion, bei Lösungen, in denen freie negativ geladene Hydroxidionen (OH⁻) gegenüber den positiv geladenen Wasserstoffionen (H⊕) im Überschuß vorhanden sind; → pH-Wert.
Alkalizellen → Fotozellen.
Alkaloide, v. a. in Pflanzen auftretende Naturstoffe m. e. od. mehreren Stickstoffatomen im Molekül, die häufig pharmakolog. Wirkung haben.
Alkalose, Basenüberschuß bzw. Säuredefizit im Blut.
Alkane, Kohlenwasserstoffe ohne Mehrfachbindungen zw. C-Atomen, → aliphatische Verbindungen.
Alkaptonurie, rezessiv vererbte Störung des Eiweißstoffwechsels, bei der Homogentisinsäure (Alkapton) im (dunkelbraunen) Harn ausgeschieden wird.
Alkäus, *Alkaios,* griech. Lyriker, ca. 620–ca. 580 v. Chr.; **alkäische Strophe:** 2 elfsilbige Verse, 1 neun- u. 1 zehnsilbiger; → Ode.

Tord-Alk

Alken, Tauchervögel d. nord. Meere; kleine Flügel, d. unter Wasser als Ruder dienen; brüten in gr. Mengen auf Felseninseln (Vogelfelsen); *Riesen-A.* ausgerottet; auch → Lummen (Abb.).
Alkene, Kohlenwasserstoffe m. einer od. mehreren Doppelbindungen zw. C-Atomen.
Alkestis, griech. Sagengestalt, stirbt f. ihren Gatten Admetos, von Herakles aus der Unterwelt zurückgeführt.
Alkibiades, athen. Staatsmann (um 450–404 v. Chr.), Schüler d. → Sokrates, erzogen v. Perikles, verleitete Athen zu d. unglückl. Expedition 415 gg. Syrakus, floh nach Sparta, stiftete dort Bündnis m. Persien gg. Athen, 408 erneut athen. Oberfeldherr, 407 verbannt, in Phrygien ermordet.
Alkine, Kohlenwasserstoffe m. einer od. mehreren Dreifachbindungen zw. C-Atomen.
Alkinoos, Kg d. Phäaken, Vater d. Nausikaa.
Alkmaar, ndl. St., 81 000 E; Käsemarkt.
Alkmäoniden, athen. Geschlecht, stürzte unter Kleisthenes die Pisistratiden (510 v. Chr.).
Alkmene, griech. Sagengestalt; Gattin des → Amphitryon, v. Zeus in Gestalt

Alhambra, *Löwenhof*

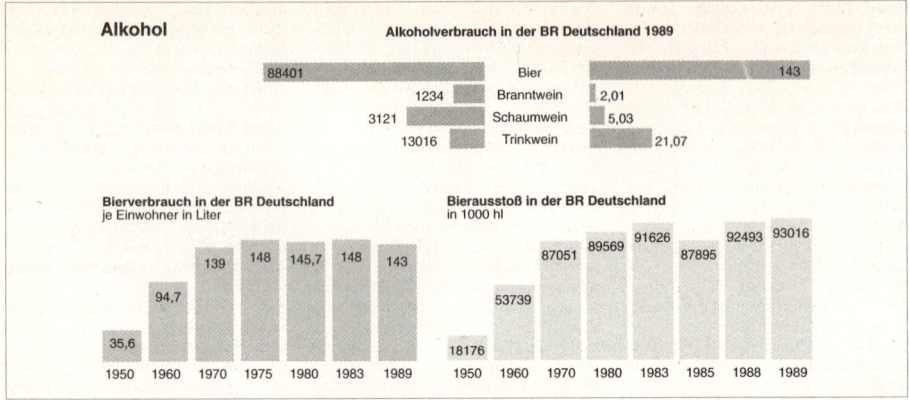

Alkohol

Alkoholverbrauch in der BR Deutschland 1989

88401	Bier	143
1234	Branntwein	2,01
3121	Schaumwein	5,03
13016	Trinkwein	21,07

Bierverbrauch in der BR Deutschland
je Einwohner in Liter

1950	1960	1970	1975	1980	1983	1989
35,6	94,7	139	148	145,7	148	143

Bierausstoß in der BR Deutschland
in 1000 hl

1950	1960	1970	1980	1983	1985	1988	1989
18176	53739	87051	89569	91626	87895	92493	93016

des Gatten verführt, Mutter d. → Herakles.

Alkohole [arab.], entstehen, wenn man bei Kohlenwasserstoffen ein od. mehrere H-Atome (an verschiedenen C-Atomen) durch OH-Gruppen ersetzt; der gewöhnl. A. ist *Ethyl*-A. *(C_2H_5OH)* od. Weingeist, Spiritus; Gewinnung durch Vergärung zuckerhaltiger Flüssigkeiten; techn. gewonnen durch Synthese od. Destillation vergorener Flüssigkeiten (→ Holz, Abb.); Dichte 0,79; Sp. 78,3 °C.

Alkoholismus, *Alkoholsucht,* führt zu körperlichen u. seelischen Störungen; **a)** *akuter Alkoholismus:* vorübergehender Rauschzustand, häufig körperliche u. psychische Belebung, aber verschlechterte Konzentrationsfähigkeit; Selbstbewußtsein bei verminderter Kritikfähigkeit gesteigert, narkoseähnliche Erscheinungen b. Alkoholvergiftung; **b)** *chronischer Alkoholismus:* führt zur Trunksucht, körperliche Dauerschäden häufig an Leber (Leberzirrhose), manchmal an Nieren, Herz u. Kreislauf; daneben Nervenerkrankungen (Polyneuritis), chronische Gastritis (morgendl. Erbrechen); *psychische Schäden:* Abnahme d. Konzentrations- u. Lernfähigkeit, Sinnestäuschungen, Reizbarkeit, Störungen d. Gefühlslebens u. Sozialverhaltens, Persönlichkeitsveränderungen. *Krankheitsformen:* Dipsomanie (periodische Trunksucht – Quartalsäufer), Korsakoff-Psychose, → Delirium tremens (Orientierungsstörungen, Halluzinationen, Zittern) oft nach plötzl. Alkoholentzug; *Heilungserfolge* durch Entziehungskuren, Medikamente, Psychotherapie, selten dauerhaft; Rauschtaten strafbar.

Alkoholprobe, Bestimmung d. Alkoholgehaltes im Blut (normal 0,03‰), kann b. Verdacht auf Trunkenh. am Steuer polizeilich angeordnet werden, neben Untersuchung d. Atemluft des Verdächtigen auch Blutuntersuchung.

Alkor [arab. „Reiterchen"], Stern 4. Größe über Mizar i. Großen → Bären 3).

Alkoven, *m.* [arab.], Bettnische.

Alkuin (um 732–804), Angelsachse, Lehrer und Ratgeber Karls d. Gr., 796 Abt von Tours.

Alkyone, *Halkyone,* **1)** weibl. Gestalt der gr. Sage (von Zeus in Eisvogel verwandelt); **2)** Hptstern der → Plejaden 2) im Stier.

alla breve [it.], Allabreve-Takt; rascher $2/2$(-Takt in Notenschrift); als Zählzeit gilt die halbe Note.

Allah [arab. „der Gott"], islam. einziger Gott.

Allahabad, Stadt in Uttar Pradesh, Indien, 620 000 E; Uni., Hindu-Wallfahrtsort.

Allais [-'lɛ], Maurice (* 31. 5. 1911), frz. Wirtschaftswiss. u. Ing. (math. Modell f. Gleichgewicht d. Marktes); Nobelpr. 1988.

Allantois, Harnsack, embryonales Organ b. Reptilien, Vögeln, Säugetieren u. Mensch.

Allasch, *m.* [russ.], Kümmelschnaps.

Allbeteiligungsklausel, *Solidaritätsklausel,* völkerrechtl. Bestimmung, wonach ein Vertrag nur verbindl. ist, wenn ihn alle Beteiligten ratifizieren; oft durch gewohnheitsrechtl. Allgemeinverbindlichkeit des Vertragsinhaltes gegenstandslos.

Alldeutscher Verband, 1894 gegr., 1939 aufgelöst; antisemit. u. expansionist.; alldt. Bewegung in Östr. → Schönerer.

Alleghenygebirge ['æligæni-], *Alleghenies,* Teil d. → Appalachen.

Allegorie [gr.], künstler. Versinnbildlichung e. Begriffs (z. B. d. Alter als Greis) od. Vorgangs (z. B. Kampf zw. Tugend u. Laster und d. Seele).

allegorisch, sinnbildlich, in sinnbildl. Darstellung; → Symbol.

allegretto [it.], *mus.* mäßig schnell.

allegro [it.], *mus.* heiter, bewegt, schnell.

Allele, einander entsprechende → Gene mit unterschiedl. Ausprägung in e. Lebewesen, die in homologen → Chromosomen an d. gleichen Stelle sitzen.

Allemande [frz. al'mãd], vor 1600 entwickelter geradtaktiger Schreittanz; auch Satz einer mus. Suite.

Allen ['æln], Woody (* 1. 12. 1935), am. Filmkomiker u. Regisseur; satirische Komödien: *Annie Hall* (1975), *Manhattan* (1979), *Zelig* (1983), *Hannah and Her Sisters* (1985).

Allende Gossens [a'ʎendə 'xɔ-], Salvador (26. 7. 1908–11. 9. 73), chilen. marxist. Pol.; 1970–73 Präs., durch Mil.putsch (→ Pinochet) gestürzt; ermordet.

Allensbach (D-7753), Erholungsort a. Bodensee, Ba-Wü., 5855 E; Institut f. Demoskopie *A.;* Fremdenverkehr.

Allenstein, *Olsztyn,* poln. St. im südl. Ostpreußen, a. d. Alle, 158 800 E; Hptst. d. Woiwodschaft *Olsztyn.*

Allentown ['ælntaun], St. im US-Staat Pennsylvania, 103 600 E; Textil-, Eisen- u. a. Ind.

Aller, größter Nbfl. d. Weser, 263 km lang; entspringt im nördl. Harzvorland, ab Celle schiffbar.

Allergie, *w.* [gr.], veränderte Reaktionsfähigkeit d. Organismus gegenüber einem Reizstoff, der in ähnl. Mengen bei anderen Personen ohne Folgen bleibt. Die A. läuft in der Form einer Antigen-Antikörper-Reaktion ab; sie hat allerg. Krankheiten *(Allergosen)* zur Folge: → Asthma, → Heuschnupfen, → Serumkrankheit, → Nesselsucht, → Ekzem, Dickdarmentzündung. Als Reizstoffe **(Allergene)** kommen in Betracht: *Inhalationsallergene* (Blütenstaub, Pilzsporen, Haare, Federn, Hausstaub), *Nahrungsallergene* (Fisch, Milch, Eier, Nüsse, Schokolade, Erdbeeren, Arzneimittel), *Kontaktallergene* (Pflanzen, Wolle, Leder, Kunststoffe, Chemikalien), *Injektionsallergene* (gruppenfremdes Blut, Impfstoffe), *Invasionsallergene* (Bakterien, Pilze, Würmer). Gleichbedeutend mit A. ist die *Hyperergie;* eine hochgradige angeborene Überempfindlichkeit wird als → *Idiosynkrasie* bezeichnet; wenn keine Reaktion auf Allergene erfolgt, liegt eine *Anergie* vor.

allergisch (genauer *hyperergisch*), überempfindlich, auch idiosynkratisch.

allergisieren, überempfindlich machen.
Allerheiligen, kath. Fest (1. 11.) z. Gedenken an alle Heiligen; s. d. 9. Jh.
Allerseelen, kath. Gedenkfest f. d. Verstorbenen (2. 11.).
Alles-oder-Nichts-Gesetz, 1) *biol.* Regel, wonach ein → Reiz entweder keine od. (nach Erreichen der Reizschwelle) die maximale Antwort des erregbaren Systems bewirkt; **2)** *psych.* Stiftung von → Assoziationen.
Allgäu, *s.,* sw. Teil v. Bayrisch-Schwaben (z. T. zu Württemberg) mit den **Allgäuer Alpen** (zw. Iller u. Lech); *Hohes Licht* 2652 m, *Mädelegabel* 2645 m, *Hochvogel* 2592 m; hochentwickelte Weide- u. Viehwirtschaft: *Kempten* (Butter- u. Käsebörse, Weberei), *Oberstdorf* (Sammelmarkt für Vieh u. Käse; Fremdenverkehr, Wintersport).
Allgemeinbildung, Grundbestand an Bildung, der für jeden Menschen gefordert wird.
allgemeine Geschäftsbedingungen → Geschäftsbedingungen, allgemeine.
Allgemeinmedizin, Arbeitsgebiet des Allgemeinpraktikers, Haus- od. Familienarztes: einerseits Früherkennung v. Krankheiten u. andererseits Langzeitbehandlung chronisch Kranker.
Allia, heute: *Fosso della Bettina,* Nbfl. des Tibers oberhalb Rom; Sieg der Gallier unter Brennus über d. Römer 387 v. Chr.
Alliance, *w.* [frz. a'ljãs], Bündnis.
Allianz, Staatenbündnis; *Heilige Allianz* 1815 zw. Preußen, Rußland u. Östr., sicherte Durchführung der → Restauration (→ Metternich).
Allier [a'lje], **1)** l. Nbfl. d. Loire, 375 km lang; **2)** frz. Dép., 7340 km², 362 000 E; Hptst. *Moulins.*

Alligator

Alligatoren, am. u. chin. Arten d. → Krokodile; bis 6 m lang (Abb.).
Alliierte (Rußland, Frankreich, England) **und Assoziierte Mächte,** die 27 im 1. Weltkrieg gg. Dtld verbündeten Staaten; im 2. Weltkrieg nannten sich die Gegner Dtlds nur Alliierte.
Alliierte Hohe Kommission, *AHK* (1949–55, Ablösevertrag), übte nach dem → *Besatzungsstatut* (revidiert am 6. 3. 1951) die höchsten Machtbefugnisse d. Alliierten i. d. BR aus.
Alliierter Kontrollrat, 1945–55 zur Ausübung d. obersten Reg.gewalt i. Dtld

eingesetzte Behörde der Besatzungsmächte Frkr., Gr.-Brit., UdSSR u. USA; s. 1948 untätig.
Alliteration, *w.,* Wiederkehr desselben Anlauts b. betonten Silben: „Herr und Hund", „Mann und Maus".
Allmende → Feldgemeinschaft.
allochthon [gr.], *Geologie:* aus urspr. Verband gelöst; ortsfremd.
Allod, *s., Allodium,* freies Grundeigentum im Ggs. zum Lehngut (*Feudum*).
allodial, lehnsfrei, frei vererblich.
Allodialgüter, die Privatbesitzungen eines regierenden Fürstenhauses.
Allonge, *w.* [frz. a'lõ3ə „Verlängerung", „Anhängsel"], einem → Wechsel angehängtes Blatt f. Indossamente. – **A.perücke,** künstl. Haartracht m. langen Locken (um 17. Jh.).
allons! [frz. a'lõ], vorwärts!
Allopathie, *w.* [gr.], übliche med. Behandlung m. Arzneimitteln, die d. Krankheit entgegenwirken; Ggs.: → Homöopathie.
Allotria, *s.* [gr.], Unfug.
Allotropie [gr.], das Auftreten desselben chem. Elements in mehreren Formen (allotrope Modifikationen), die phys. verschieden sind (z. B. Kohlenstoff als Diamant, Graphit u. Ruß).
Allphasensteuer, Bez. für eine Umsatzsteuer, d. auf jeder Stufe des wirtsch. Ablaufs erhoben wird.
allround [engl. ,o:l'raund], vielseitig.
Allschwil (CH-4123), Vorort v. Basel, 18 100 E; Fachwerkhäuser; Heimatmus.
Allstromgerät, el. Gerät, sowohl zum Betrieb mit Gleich- wie mit Wechselstrom.
Allüren, *w.* [frz. „Gangart"], auffallendes, exzentrisches Benehmen.
Alluvium [l.], *Holozän,* jüngste Sediment- u. Gesteinsbildungen seit d. Eiszeit; → geologische Formationen, Übers.
Alm, Weideflächen im Hochgebirge, nur im Sommer bewirtschaftet.
Alma-Ata, Hptst. d. Kasach. SSR, a. d. turkestan.-sibir. Eisenbahn, 1,128 Mill. E; Uni.; Hochgebirgseisstadion; Maschinenbau-, Textil- u. a. Ind.
Almaden, span. St. in der nördl. Sierra Morena, 13 000 E; reichste Quecksilbergruben der Welt.
Almagest [gr.], astronom. Lehrbuch d. → Ptolemäus.
Almagro, Diego de (1464-8. 7. 1538), span. Abenteurer; eroberte mit Pizarro 1524-34 Peru u. Chile.
Alma mater [l. „nährende Mutter"], Name für die Universität.
Almanach, *m.* [arab.], Kalender, urspr. m. astronom. Inhalt: jetzt *literar., pol.* u. *Mode-A.*
Almandin, Edelstein, rot mit violettem Stich, gehört zur Mineraliengruppe der → Granats.
Almansor, 1) Kalif aus Abbasidengeschlecht, reg. 754–75, Erbauer Bagdads; **2)** 992–1002 Reichsverweser d. span. Omaijadenkalifen.

Almería, span. Mittelmeerhafen u. Hptst. der span. Prov. *A.,* 154 900 E; Ausfuhr v. Südfrüchten, Metallen. Hafenbefestigung.
Almrausch, *Alpenrose,* → Rhododendron. ◆.
Almwirtschaft, sommerliche Sennwirtschaft auf den guten Viehweiden der Hochgebirge.
Aloë, Gattung afrikan. Liliengewächse; dicke, fleischige Blätter.
Alpaka, 1) Bez. für oberflächl. versilbertes → Neusilber; **2)** Haustierform d. südam. → Guanako u. Gewebe aus dessen Wolle.
al pari [it.], Wertpapierkurs, der gleich dem Nennwert ist.
Alpdrücken, Beklemmungs- od. Angstgefühl im (Halb-)Schlaf; körperl. u. seel. Ursachen.
Alpen, 1) höchstes Gebirge Europas, von der Riviera bis zum ungar. Tiefland, 1100 km l., 100 bis 250 km br.; gliedern sich in die schmäleren, höheren *Westalpen* (Montblanc 4807 m, Monte Rosa 4637 m, Finsteraarhorn 4274 m) u. die breiteren, niedrigeren *Ostalpen* (Piz Bernina 4049 m, Ortler 3899 m, Großglockner 3797 m); die Grenze bildet die Tiefenlinie Rheintal–Splügenpaß–Comer See. **a)** *Aufbau:* Die bogenförmigen *Westalpen:* α) äußere Kalkzone (frz.-schweiz. Kalkalpen); β) kristalline Zentralzone (Granit, Gneis, Glimmerschiefer); die flach W-O streichenden *Ostalpen:* α) nördl. Kalkalpen; β) kristalline Schiefer der Zentralalpen, γ) südl. Kalkalpen (in den Dolomiten besonders breit entwickelt). Die Auffaltung der Alpen in der Kreide- u. Tertiärzeit führte zu zahlreichen übereinandergeschobenen → allochthonen Gesteinsdecken. - Die Alpen sind eine wichtige *Klimascheide:* Nordrand mitteleur. Klima mit Regen zu allen Jahreszeiten; d. Südrand, bes. Riviera u. oberit. Seen, hat Anteil am wintermilden, sommertrockenen Mittelmeerklima; Hochwetterwarten: Sonnblick (3105 m), Zugspitze (2962 m), Hochobir (2139 m), Säntis (2502 m) u. a.; Temp.abnahme auf 170 m Anstieg 1 °C. Vegetationsgrenzen an d. feuchtkühlen Rändern tiefer als im sonnigen Innern (f. Getreide 1000–1500 m, Wald 1500–2300 m, Schnee 2500–3200 m). Höhepunkte in d. Westalpen (Berner, Walliser Alpen, Montblanc) am stärksten. **b)** *Bev.:* Mit Ausnahme der Westschweiz auf der ganzen Nordseite dt.sprachig, westl. d. Linie Freiburg–Siders–Val d'Anniviers frz.sprachig; die it. Bevölkerung reicht über die Wasserscheide im Etschgebiet (Südtirol) nach S bis Salurn bei Bozen, als südl. des Monte Rosa u. in einzelnen Volksinseln bis der Kärntner Grenze; Teile Graubündens u. Südtirols rätoromanisch; Südabdachung der Alpen von Italienern, äußerst SO v. Slowenen bewohnt. **c)** *Erwerbsquellen:* Vieh- u. Milchwirtschaft, Holzgewinn., Acker-,

Obst- u. Weinbau, Fremdenverkehr, in den Ostalpen Bergbau auf Salz (Salzkammergut), Eisenerze (Steiermark), Blei- u. Zinkerze, Magnesit (Kärnten), Quecksilber (Idria), Textilindustrie (Schweiz u. Vorarlberg), Eisen-, Papier- u. Zellstoffindustrie; Naturwerksteine; Ersatz für die Kohle bieten die Wasserkräfte (zahlreiche Großkraftwerke). **d)** *Verkehr:* Zahlr. Längs- u. Quertäler u. günstige Pässe (→ Brenner) machen d. A. zu einem der infrastrukturell besterschlossenen Gebirge d. Erde; mehrere Bahnen mit z. T. langen Tunnels; **2)** Gebirge a. d. Mond.

Alpen-dohle, rabenartiger Vogel d. Hochgebirge. – **A.rebe,** Kletterpflanze, d. Waldrebe nahestehend; auch Zierpflanze. – **A.rose** → Rhododendron (Abb. S. 345). – **A.veilchen,** Primelgewächs eur. u. asiat. Gebirgswälder; bekannte Topfpflanze; Knolle giftig (→ Saponine), jedoch als Heilmittel verwendet (Abb. S. 345).

Alpenvereine, fördern Hochtouristik *(Alpinismus),* durch Erforschung d. Hochgebirges, Herausgabe v. Karten, Wege- u. Hüttenbau, Bergsteigerlehrgänge, Ausbau d. Rettungswesens; *Östr. Alpenverein* gegr. 1862, Sitz Innsbruck; *Dt. A.,* 1869 in München (Zusammenschluß als *Dt. u. Östr. Alpenverein* 1873); 1950 wiedergegr.; in England *Alpine Club* (gegr. 1857), London; *Schweizer A.-Club* (1863); *Club Alpino Italiano* (1863), Mailand; *Club Alpin Français* (1874), Paris; s. 1932 *Union Intern. des Associations Alpines,* Genf. – 1952 intern. Alpenkommission f. Naturschutz, 1955 Intern. Kommission für Alpines Rettungswesen (IKAR).

Alpes [alp], frz. Alpendépartements i. d. Provence, **1)** *Alpes-de-Haute-Provence* (früher *Basses-Alpes*), 6925 km², 126 000 E; Hptst. *Digne;* **2)** *A.-Maritimes,* 4299 km², 913 000 E; Hptst. *Nizza;* in der Dauphiné: **3)** *Hautes-A.,* 5599 km², 109 000 E; Hptst. *Gap.*

Alpha, *s.,* A, α, erster Buchstabe des griech. Alphabets.

Alphabet, *s.,* die Buchstabenfolge, nach den griech. Buchstaben Alpha u. Beta benannt; dt. *ABC.* Auch → griechisches u. russisches Alphabet.

Alpha-Jet

Alpha-Jet, leichter, wendiger Jagdbomber (740–830 km/h, Aktionsradius 260–320 km) mit 27-mm-Bordkanone, Spreng- u. Streubomben sowie ungelenkten Raketen. Einsatz geg. gepanzerte

Kräfte, Artilleriestellungen, Truppenansammlungen etc.

alphanumerisch [gr.-l.], *alphamerisch,* insbes. in d. → EDV: Darstellung v. → Daten in Form v. Buchstaben, Ziffern u. Sonderzeichen.

Alphard, hellster Stern 2. Größe in der Wasserschlange (→ Sternbilder, Übers.).

Alphateilchen, α-*Teilchen,* Heliumkerne, d. von α-radioaktiven Atomkernen (z. B. Radium 226) ausgeschleudert werden (→ Radioaktivität, Übers.).

Alphatron [gr.], Meßgerät für niedrige Gasdrücke; Arbeitsprinzip: ein Alphastrahler ionisiert die Luft, der Ionensättigungsstrom ist e. Maß f. d. Druck (Meßbereich 10³ bis 10⁻³ hPa).

Alphorn, bis 4 m langes Holzblasinstrument (in der Schweiz).

alpidische Gebirgsbildung, Auffaltung der heutigen Hochgebirge der Erde, vortertiär und tertiär (→ geologische Formationen, Übers.).

alpine Kombination, im *Skisport* Gesamtwertung aus Abfahrt, Slalom u. evtl. auch Riesenslalom.

Alpini, it. Gebirgstruppe.

Alptraum, als Alp (drückende Last) empfundener Traum, Angsttraum.

Alraune, menschenähnlich gestaltete Wurzeln (→ Mandragora); Gegenstände d. Aberglaubens, Zaubermittel.

Alsdorf (D-5110), St. i. Kr. Aachen, NRW, 46 328 E; Steinkohlenbergbau.

Alse, *w., Maifisch,* eur. Heringsfisch.

Alsen, dän. *Als,* Insel im *Kleinen Belt,* 315 km², 53 000 E; durch Brücke mit Jütland verbunden; Hptort *Sønderborg.*

Alsfeld (D-6320), St. im Vogelsbergkr., Hess., 16 686 E; bed. Fachwerkbauten (14.–19. Jh.); Textil-, Holz-, Metallind.

Als-ob-Philosophie → Vaihinger.

Alster, r. Nbfl. d. Elbe, 52 km l., bei Hamburg seeartig erweitert zu *Außen-* u. *Binnen-A.*

Alt, 1) Otmar (* 17. 7. 1940), dt. Maler (ornamentale Malerei; Lithographien; Plastik, Keramik); **2)** Rudolf v. (28. 8. 1812–12. 3. 1905), östr. Vedutenmaler; **3)** Theodor (23. 1. 1846–8. 10. 1937), dt. Maler d. Realismus; Porträts, Genrebilder.

Alt, rumän. *Olt,* l. Nbfl. der Donau in Rumänien, v. d. O-Karpaten, 670 km l., durch Siebenbürgen.

Alt [it.], *mus.* tiefe Frauen- od. Knabenstimme; im 15./16. Jh. dagegen hohe Männerstimme.

Altai, russ.-mongol. Grenzgebirge; höchste Erhebung *Bjelucha,* 4506 m; sechs Gletscher; Bodenschätze: Gold, Silber, Edelsteine, Quecksilber.

altamerikanische Kunst, a) *Altmexiko,* Reich d. Azteken (bis 1521), vor ihnen *Tolteken* u. *Maya* (s. etwa 100 v. Chr.); Prachtpaläste, Tempel auf Stufenpyramiden, expressiv stilisierte Plastik im Dienste d. Schreckens- u. Opferreligion mächtiger Herrenschichten. Statue d. Erdgöttin aus d. aztek. Hptst. Tenochtitlán (n.

1400 n. Chr.); riesige Monolithskulpturen d. früheren *Maya-*Zeit (Quirigua in Guatemala, 4.–6. Jh. n. Chr.). Fresken, Federmosaiken, Keramik; **b)** *Altperu, Vor-Inka* u. *Inka-*Kulturen: in Baukunst u. Plastik weniger bed. als in Goldschmiedekunst, Keramik u. Weberei (Gräberfunde).

Altamira, Felshöhle in NW-Spanien mit berühmten altsteinzeitl. Deckenmalereien v. Tieren d. Eiszeit (Kopien im Dt. Museum München).

Altan, *m.* [it.], Söller, balkonartiger Vorbau auf Stützen. Dagegen → Balkon.

altchristliche Kunst → frühchristliche Kunst.

Altdorf (CH-6460), Hptort des schweiz. Kantons Uri, 8200 E; Tell-Denkmal, Tell-Festspiele; div. Ind.

Altdorfer, 1) Albrecht (um 1480–12. 2. 1538), dt. Maler u. Kupferstecher zw. Spätgotik u. Renaiss.; Stadtbaumeister in Regensburg; Hauptmeister d. → Donauschule: erste Landschaftsbilder ohne Figuren; *Alexanderschlacht;* → Tafel Holzschnitt; s. Bruder **2)** Erhard (um 1485–1562), Maler u. Holzschneider d. Frührenaiss.; *Lübecker Prachtbibel.*

Altena (D-5990), St. im Märk. Kr., NRW, 23 301 E; AG, Draht- u. Metallwarenind.; Burg, Schmiedemus.

Altenberg, Peter, eigtl. *Richard Engländer* (9. 3. 1859–8. 1. 1919), östr. impressionist. Essayist; *Wie ich es sehe.*

Altenberg, ehem. Zisterzienserabtei nö. von Köln mit got. *Bergischem Dom* (1255–1379 erb.), jetzt → Odenthal.

Altenburg (D-7400), Stadt im östl. Thüringen, 51 400 E; Schloß, FS, Theater, „Skatstadt m. Spielkartenmus., Skatbrunnen u. Skatgericht"; div. Ind.

Altenkirchen (Westerwald) (D-5230), Krst. u. Luftkurort, RP, 4772 E; AG; Holz- u. Kunststoffind.

Altenteil, *Ausgedinge, Auszug, Austrag, Altsitz,* Vereinbarung, durch die Lebensunterhalt u. Wohnung vom Erben od. Käufer eines Bauernhofes d. Vorbesitzer zu gewähren sind, → Leibgedinge.

Alteration, *w.* [l. „Veränderung"], **1)** Aufregung; **2)** *mus.* chromat. Veränderung eines od. mehrerer Akkordtöne.

Alter Mann, im Bergbau verlassene u. verschüttete Räume einer Grube.

Alternative, *w.* [frz.], Wahl, Entscheidung zw. zwei Möglichkeiten: entweder – oder.

Alternativenergien, Energien, die nicht durch Verbrennung v. Kohle, Gas, Öl u. ä. oder durch Kernkraft erzeugt werden; z. B. *Sonnenenergie* (Umwandlung v. Sonnenlicht durch → Solarzellen in Strom od. durch Solarkollektoren in Wärme), *Windenergie* (Stromerzeugung durch windgetriebene Rotoren), *geotherm. Energie* (Nutzung d. Erdwärme durch Wärmepumpen), *Gezeitenenergie* (Ausnutzung d. Wasserstandsunterschieds zw. Ebbe u. Flut), *Energie aus Biomasse* (Nutzung v. Biogas, gewonnen

Kunst des Altertums

Abbildungen von links nach rechts. *1. Reihe:* Tempel in Luxor – Westseite des Parthenon-Tempels in Athen – Porta Nigra in Trier. *2. Reihe:* Schreiber, ägyptisch, um 2450 v. Chr. – Tenti und Frau, ägyptisch, 2500 v. Chr. – Amenemhet III., ägyptisch, um 1840 v. Chr. – Echnaton, seine Tochter küssend, ägyptisch, um 1370 v. Chr. – Katze, ägyptisch, Spätzeit. *3. Reihe:* Göttin, archaisch-griechisch – Poseidon vom Kap Artemision – Aphrodite von Kyrene – Laokoon-Gruppe, hellenistisch. *4. Reihe:* Ausschnitte aus der „Chigikanne", Reiter, Wagen und Jagdszene, griechisch, um 630 v. Chr. – Wandbild, kretisch-mykenisch – Alexander der Große, Ausschnitt aus der „Alexanderschlacht", pompejanisches Mosaik, 4. Jh. v. Chr.

Aluminium

Hüttenproduktion in 1000 t

Hüttenproduktion 1988 in 1000 t

Jahr	USA	UdSSR	Welt
1938	130		590
1960	1827	700	4543
1970	3687	1500	10000
1980	4654	2420	16035
1982	3275	2400	13985
1985	3500	2300*	15576
1986	3037	2350*	15589
1987	3343	2370*	16328
1988	3943	2440	17480

* Schätzung

Land	1988
Venezuela	443
Brasilien	873
Australien	1141
VR China	713
Frankreich	327
Norwegen	826
BR Deutschland	744
Kanada	1534
Indien	334
Großbritannien	300

durch bakterielle Zersetzung organ. Abfälle, u. *Bioalkohol,* aus Pflanzen hergestellter Treibstoff); sollen teilweise die herkömmlichen Energieträger ersetzen, um die begrenzt vorhandenen Reserven länger zu erhalten und die Umwelt weniger mit Schadstoffen zu belasten.

alternieren [frz.], abwechseln, einander ablösen.

Altersbestimmung, radiometr. Ermittlung d. Alters v. Mineralien, Gesteinen u. histor. Gegenständen m. Hilfe d. Zerfallszeiten der in ihnen enthaltenen radioaktiven Elemente (→ Radioaktivität); bei organ. Stoffen → *Radiokarbonmethode,* bei anorgan. Stoffen z. B. *Rubidium-Strontium-Methode.* Aus d. Halbwertzeit u. d. Mengenverhältnis v. Mutter- u. Tochtersubstanz läßt sich das Entstehungsalter der Muttersubstanz errechnen; dadurch auch genaue Datierung der → geologischen Formationen möglich; → Geochronologie; → Biostratigraphie.

Altersgrenze, in d. BR f. Männer 65, f. Frauen 60 Jahre; mit Erreichen d. A., unter best. Voraussetzungen auch schon früher (b. Schwerbeschädigung, Berufsod. Erwerbsunfähigkeit od. freiwillig ab 63. Lebensjahr sowie b. Arbeitslose ab 60. Lebensjahr) Anspruch auf Altersversorgung: Beamtenpension bzw. Rente d. gesetzl. Versicherungen (→ Sozialversicherung, Übers.); 1984–88 Möglichkeit f. Arbeitnehmer über 58 Jahre, m. e. Vorruhestandsgeld (mindestens 65% d. letzten Bruttolohns) aus dem Berufsleben auszuscheiden, um damit Arbeitslosen e. Beschäftigung zu ermöglichen. Professoren u. Geistliche werden → *emeritiert.*

Altersheime → Fürsorge.

Altershilfe für Landwirte, der Rentenversicherung f. Arbeitnehmer angepaßte Altersversorgung d. selbst. Landwirte; Träger: die Alterskassen der landw. Berufsgenossenschaften.

Alterspräsident, ältestes Parlamentsmitgl., leitet b. z. Amtsantritt d. Präs. dessen Geschäfte.

Alterssichtigkeit, mit zunehmendem Alter auftretende Abnahme der Akkommodationsfähigkeit d. Auges; Korrektur durch Sammellinse (Nahbrille).

Altersteilzeitgesetz v. 20. 12. 1988, ermöglicht unter best. Voraussetzungen u.

in best. Grenzen Arbeitnehmern ab 58 Jahren d. gleitenden Übergang in d. Ruhestand (b. Teilzeitbeschäftigung von mind. 18 Wochenstunden) durch Zuschüsse d. Bundesanst. f. Arbeit.

Altersversicherung → Sozialversicherung, Übers.

Altertum, reicht vom Beginn der altorientalischen Kulturen bis zur Völkerwanderung; *klass. A.,* Zeitalter der griech., hellenist. u. römischen Kultur v. 5. Jh. v. Chr. bis 5. Jh. n. Chr. (Tafel S. 31; → ägyptische, → kretische, → mykenische, → griechische, → etruskische, → römische Kunst).

Altes Land, fruchtb. Marschlandschaft an der Unterelbe zw. Stade u. Hamburg; Obst u. Gemüse, Viehzucht.

Ältestenrat, aus d. ältesten Mitgliedern gewählter Parlamentsausschuß f. Geschäftsordnungsfragen.

Altes Testament, *A. T.,* → Bibel.

altfränkisch, altväterlich, unmodern.

Althochdeutsch, *s.,* Entwicklungsstadium der dt. Sprache (Dialekte) um 750–1050 in Oberdeutschland.

Altkatholizismus, christl. Religionsgemeinschaft, 1871 von kath. Kirche getrennt; Verwerfung der Unfehlbarkeit des Papstes, des Dogmas von der Unbefleckten Empfängnis, der Aufnahme Mariens in den Himmel, des Ablasses; → Utrechter Kirche.

Altlasten, Abfall und Produktionsrückstände aus der Zeit ungeregelter Beseitigung (etwa von 1970); z. T. in wilden Mülldeponien.

Altlünen, ehem. Gemeinde i. NRW, s. 1975 Stadtteil v. → Lünen.

Altlutheraner → lutherische Kirche.

Altman [*ɔltmən*], Robert (* 20. 2. 1925), am. Filmregisseur; *M.A.S.H.* (1970); *Mc Cabe and Mrs Miller* (1972); *Nashville* (1975).

Altmann, Sidney (* 8. 5. 1939), am. Biochemiker, Entdeckung der RNA-Katalyse und des Ribozyms (Nobelpr. 1989).

Altmark, Stammland der ehemaligen Mark Brandenburg; Hauptort *Stendal.*

Altmühl, l. Nbfl. d. Donau in Bayern, 222 km l.; Unterlauf Teil des Main-Donau-Kanals.

altnordische Literatur, ältere Literatur Norwegens u. Islands. 9.–12. Jh. → Sa-

gas, Sämund d. Weise. 13. Jh. Snorri Sturluson *(Snorra-Edda, Heimskringla),* Sturlunga- u. Thidrekssaga, d. endgültige Form der → Edda; vgl. auch → Skaldendichtung.

Alto Adige [*-dʒe*], (Ober-Etsch), it. Bezeichnung f. Südtirol.

Altona → Hamburg.

Altötting (D-8262), oberbayr. Krst., 10 806 E; bedeutendster Marien-Wallfahrtsort Bayerns; Masch.fabrik, Gießerei.

Altpreußische Union → Evangelische Union.

Altruismus, *m.* [l.], uneigennütziges Verhalten gegenüber Mitmenschen.

Altsteinzeit, *Paläolithikum,* älteste Menschheitsgeschichte (→ Vorgeschichte, Übers. u. Tafel).

Altun Shan, nördl. Gebirgskette des mittleren → Kunlun-Gebirgssystems, bis 5180 m.

Altvatergebirge, Teil d. Ostsudeten, stark bewaldet, im *Altvater* 1491 m.

Altweibersommer, im Herbst die Luft durchziehende Spinnfäden junger, kleiner Spinnen, die sich an ihnen weitertragen lassen; *meteorolog.* Wetterperiode, gekennzeichnet durch Wärmerückfall m. schönem u. beständigem Wetter in Mitteleur., 2. Septemberhälfte u. Okt., bedingt durch ein Hochdruckgebiet von den Azoren bis Südrußland; in d. USA „Indian Summer".

Aluminate, aus Aluminiumhydroxid mit Alkalien hergestellt; dienen als Farbbeize.

Aluminium, *Al,* chem. El., Oz. 13, At.-Gew. 26,98; Dichte 2,7, Leichtmetall; Ausgangsstoff → Bauxit; Absonderung d. Metalls durch Schmelzfluß-Elektrolyse; leichtes Konstruktionsmetall; zahlreiche, z. T. vergütbare Legierungen. 1827 von Wöhler hergestellt; 1854 erstmals v. St. Claire Deville techn. ausgewertet; Erzeugung 1982: BR 723 000 t, Welt 13,98 Mill. t.

Aluminothermit, Gemisch aus Aluminium und Eisenoxidpulver; entzündet gibt es starke Hitze, zum Schweißen von Schienen u. a.; v. *Goldschmidt* entwickelt.

Alumnat [l.], Lehranstalt mit Beköstigung und Beherbergung d. Zöglinge (**Alumnen**).

Alundum, künstl. → Korund, Schleifmittel.

Älv, w. [schwed.], Elf [norweg.], Fluß.

Alvarez [ælvɑrez], Luis Walter (13. 6. 1911–1. 9. 88), am. Kernphysiker; entdeckte 1961 Elementarteilchenresonanz; Nobelpr. 1968.

Alveole [l.], **1)** Zahnhöhle im Kieferrand; **2)** Lungenbläschen (→ Lunge).

Alwegbahn

Alwegbahn, n. ihrem Förderer, d. schwed. Industriellen Axel L. Wenner-Gren ben. → Einschienenbahn; rationelles, sicheres Massenverkehrsmittel m. hoher Geschwindigkeit; erste längere Strecke f. regulären Verkehr 1964 in Tokio in Betrieb genommen.

Alzenau i. Unterfranken (D-8755), St. i. Kr. Aschaffenburg, Bay., 16 120 E; Weinbau.

Alzey (D-6508), Krst. i. Kr. Alzey-Worms, RP, 15 204 E; AG; Textil- u. Maschinenind.

Alzheimer-Krankheit, vorzeitige Rückbildung d. Gehirns m. Verblödung.

Am, chem. Zeichen f. Americium.

Amadis, Held mittelalterl. Ritterromane.

Amado, Jorge (* 10. 8. 1912), brasilian. sozialkrit. Romanschriftsteller; Nächte in Bahia.

Amagasaki, jap. Ind.st. auf Honshu, 497 000 E.

Amalarich (502–31), Enkel Theoderichs d. Gr., Westgotenkönig.

Amalekiter, biblisches Nomadenvolk im Norden Sinais.

Amaler, ostgot. Herrschergeschlecht, dem → Theoderich d. Gr. entstammte; 536 erloschen.

Amalfi, ital. Hafenst. u. Seebad am Golf von Salerno, 6000 E.

Amalgam, s., Legierung v. Quecksilber mit anderen Metallen (z. B. mit Silber f. Zahnplomben).

amalgamieren [ml.], verschmelzen.

Amalrik, Andrej (1938–12. 11. 80), sowj. Schriftst. u. Systemkritiker; Unfreiwillige Reise nach Sibirien; Kann die Sowjetunion das Jahr 1984 erleben?

Amalthea, Gestalt d. griech. Sage (Ziege bzw. Nymphe); Nährmutter des → Zeus.

Amarantus, Fuchsschwanz, meist einjährige, hohe Kräuter; einige Arten Zierpflanzen mit prächtig gefärbten Blüten und Blättern.

Amarna → Tell el Amarna.

Amaryllis, Belladonnalilie, Schönlilie, rosa blühendes afrikan. Zwiebelgewächs;

Zierpflanze; verwandte Gattung d. Ritterstern.

Amasis II. (569–525 v. Chr.), ägypt. Kg, suchte vergebens, die Übermacht Persiens und Babyloniens zu brechen.

Amateur [frz. -tœr], übt e. Beschäftigung aus Liebhaberei aus; im Sport durch **A.statut** geregelt; Ggs.: → Professional. – **A.theater,** Theater mit nichtprofessionellen Darstellern: Schultheater, → Jesuitendrama, Laienspiel.

Amati, it. Geigenbauerfamilie zu Cremona: Andrea (1500/05–75/79), s. Söhne Antonio (um 1538–um 1595) u. Girolamo I. (1561–1630), dessen Sohn Nicola (1596–1684), Lehrer v. A. → Guarneri u. A. → Stradivari; Girolamo II. (1649–1740).

Amazonas, 1) Amazonenstrom, größter Strom Südamerikas, wasserreichster der Erde (6437 km, 4300 km schiffbar), von den Anden in den Atlant. Ozean, Einzugsbereich 7,18 Mill. km² (größter Fluß der Erde); durch tropisches Regenwaldgebiet (Selvas), 250 km breites Mündungsgebiet, Wasserführung 120 000 m³/s; über 200 Zuflüsse (wichtigste: r. Ucayali, Juruá, Purus, Madeira, Tapajós, Xingú; l. Putumayo, Japurá, Rio Negro, Jamundá, Trombetas, Parú, Jary); **2)** brasil. Staat, 1 564 445 km², 2,141 Mill. E; vorwiegend Urwald; Hptst. u. -hafen Manaus; Kautschuk, Nutzhölzer.

Amazonen, griech. Vasenbild

Amazonen [gr. „die Brustlosen"], **1)** sagenhaftes asiat. Frauenvolk; kämpfte unter seiner Kgn Penthesilea vor Troja; **2)** im Reitsport weibl. Springreiter; **3)** Gattung der Papageien.

Ambassadeur, m. [frz. ãbasa′dœr], svw. Botschafter.

Amberg (D-8450), ehem. Residenzstadt d. Oberpfalz, an d. Vils, 42 246 E; ma. Stadtbild; Elektro-, Masch.ind.

Amberger, Christoph (um 1505–1561 od. 62), dt. Maler d. Renaissance; Bildnisse: Kaiser Karl V. u. Sebastian Münster (Berlin).

Ambesser, Axel von (22. 6. 1910–6. 9. 88), dt. Schausp., Regisseur u. Schriftst.; Komödien.

Ambiente [it.], bes. i. d. Malerei, was e. Gestalt umgibt; Umgebung, Milieu, Atmosphäre.

Ambition, w. [l.], Ehrgeiz, Streben.

Ambivalenz [l.], wörtl. Doppelwertigkeit, Widerstreit der Gefühle (z. B. Haßliebe).

Ambo, m., Podium vor d. Chorschranken in altchristl. u. frühma. Kirchen (bis

13./14. Jh.), z. Absingen d. → Graduale u. zur Predigt.

Ambon, Amboina, Molukkeninsel (Indonesien), 813 km², 220 000 E (Malaien); Hptst. A., 208 900 E (mit Uni., Hafen u. Flughafen).

Ambonesen, Bewohner → Ambons (Melanesier); Exilambonesen i. d. Ndl.

Amboß, 1) Unterlage zum Schmieden; **2)** med. mittleres der 3 → Gehörknöchelchen.

Ambra, s., Ausscheidung d. Pottwals; graue, wachsähnl., aromatisch riechende Masse (Darmfett); in d. Parfümerie benutzt. – Gelbe A. → Bernstein.

Ambrabäume, platanenähnl.; i. Amerika u. Asien; balsam. Harz als Räucherwerk.

Ambrosia [gr.], Götterspeise bei Homer.

Ambrosianischer Lobgesang → Te Deum laudamus.

Ambrosius (um 340–397), Hlg., Kirchenvater, Bischof von Mailand, „Vater des Kirchenliedes".

ambulant [l.], im Umhergehen (z. B. a.e Krankenbehandlung = nichtstationär im Krankenhaus).

ambulantes Gewerbe, Reisegewerbe, Handel im Umherziehen; Reisegewerbekarte erforderl. (§§ 55–63 GO).

Ambulanz, 1) bewegl. Feldlazarett; **2)** Krankentransportwagen; **3)** Abteilung einer Klinik.

Ameisen Ameisenlöwe

Ameisen, Hautflüglerfamilie, leben in Staaten, die aus geflügelten Männchen u. (unbefruchteten) Weibchen, ungeflügelten Weibchen („Königinnen", befruchtet) und ungeflügelten Arbeiterinnen (oft noch verschiedene Unterformen) bestehen; teils Jäger, teils Vegetarier (z. B. Pilzzüchter, Körnersammler), teils von süßen Ausscheidungen (z. B. der Blattläuse) lebend; fast über die ganze Erde verbreitet. Lebensgewohnheiten u. Nestbauten sehr vielgestaltig; gewisse Arten halten „Sklaven", die sie aus geraubter Brut u. A.arten großziehen; d. einheim. Rote Wald-A. baut Haufennester u. ist als Insektenvertilger nützlich u. geschützt; Weiße A. → Termiten.

Ameisenbär

Ameisen-bär, A.fresser, Säugetier aus der Ordnung d. Zahnarmen; Südamerika; fängt mittels klebriger, langer, dünner Zunge A. u. Termiten, deren Bauten er aufgräbt. – **A.gäste,** teils gepflegte, teils geduldete Tiere (Käfer, Asseln) in A.nestern, wo sie z.T. die Brut fressen. – **A.igel,** stachelntragendes Kloakentier Australiens u. benachbarter Inseln; Ameisenfresser, wurmartige Zunge. – **A.jungfer,** Netzflügler, ihre Larve der **A.löwe;** dieser lauert in trichterförmigen Gruben auf Ameisen u. and. Insekten, die er mit seinen hohlen Zangen aussaugt (Abb.). – **A.pflanzen,** *indomalaiische Knollenepiphyten (Myrmecodia),* deren Hohlräume von Ameisen bewohnt werden. – **A.säure,** organ. Säure (z. B. im Gift einzelner A.arten, Bienen, Brennesseln); als **A.spiritus** zu Einreibungen gg. Rheuma.

Amendement, *s.* [frz. *amãdə'mã*], Abänderung v. Staatsverträgen od. Gesetzen; Abänderungs-, Verbesserungs-, Ergänzungsantrag; **amendieren,** Antrag stellen, der auf diesbezügl. Änderung zielt.

Amenophis, *Amenhotep,* 1) A. III., altägypt. Kg, 1413–1377 v. Chr., Erbauer der → Memnonssäulen in Luxor; 2) A. IV., reg. 1377–58 v. Chr., rel. Reformator, Verehrer des Sonnengottes Aton, daher *Echnaton* („dem Aton wohlgefällig").

Amenorrhoe, *w.* [gr.], Fehlen bzw. Aussetzen der → Menstruation.

Americium, *Am,* künstl. chem. El., Oz. 95 (→ Transurane).

Amerika, die *Neue Welt,* 42,6 Mill. km², 713 Mill. E (17 je km²); besteht aus → Nordamerika u. → Südamerika (Karte S. 746 u. 747); dazw. d. Einbruchsgebiet des am. Mittelmeers (Golf von Mexiko u. Karib. Meer) u. Festlandbrücke → Mittelamerika m. d. Landenge von Panamá (46 km br.); vom nördlichsten Punkt (Kap Murchison auf Boothia Felix) bis zum südl. (Kap Hoorn auf Feuerland) 15 000 km. **a)** *Gestalt* u. *Gliederung:* N- u. S-A. zeigen viel Übereinstimmung: am W-Rand tertiäre Faltengebirge bis fast 7000 m, im N Felsengebirge (*Mount McKinley* 6198 m), im S Anden (*Aconcagua* 6959 m) in mehreren Ketten; dazw. Seen, Steppen, Hochwüsten; westl. Außenketten vulkanreich; im O die alten Rumpfgebirge der Appalachen u. der Bergländer von Guayana u. Brasilien; in der Mitte weite Tiefländer (einstige Meeresbuchten) mit Aufschüttungsböden der Riesenströme, *Mississippi* im N, *Amazonas* u. *Paraná* im S; *N-A.* durch Halbinseln gegliedert u. inselreich: arkt. Inselwelt, Insel Neufundland im O, Halbinsel Kalifornien im W, Inselreihen an der S-Küste Alaskas u. W-Küste Kanadas; *S-A.* schwach gegliedert, mit Inselschwärmen nur im S. **b)** *Klima:* A. umfaßt alle Zonen, N-A. vom polaren über das gemäßigte bis z. subtrop., S-A. überwiegend trop. Klima, in der Südspitze über subtrop. bis zu kühl-gemäßigte reichend. **c)** *Pflanzen- u. Tierwelt:* A. gliedert sich in zwei tier- und pflanzengeograph. Reiche:

die *Nearktis* entspricht Nordamerika v. Ellesmere Island bis zum Rio Grande, sie ähnelt in vielem Europa, ist aber insgesamt artenreicher; die *Neotropis* reicht vom Rio Grande bis zur Südspitze Feuerlands – ihre Vogelfauna ist die reichhaltigste der Welt, für die Flora sind u. a. Kakteen typisch. **d)** *Bev.:* Die zahlenmäßig stärkste Gruppe (65%) ist eur. Herkunft, im N aus NW u. Mitteleuropa, im S aus Spanien u. Portugal; daneben im N Neger (10%); die Indianer (25% m. Mischlingen) als Urbev. im N fast ausgestorben, in Mittel- u. S-A. dagegen stark vertreten. **e)** *Wirtsch.:* In N- u. S-A. sehr unterschiedl. wirtsch. Struktur; der N hochindustrialisiert mit Kanada u. USA, der führenden Wirtschaftsmacht der Erde; im S mit dem Schwergewicht auf Landw. allmähliches Fortschreiten d. ind. Entwicklung (dabei auf ausländ. Kapital angewiesen). **f)** *Entdeckungsgesch.:* Um 1000 landeten → Normannen an der O-Küste N-A.; → Kolumbus entdeckte 1492 die Antillen, 1498–1500 N-Küste S-A., 1502–04 Mittel-A., d. Portugiese Caboto 1497 nordam. Festland; 1500 entdeckte der Portugiese Cabral Brasilien, den *Namen A.* gab dem neuen Erdteil der dt. Kosmograph Martin Waldseemüller 1507 nach dem Italiener Amerigo Vespucci; um 1520 erste Umfahrung S-A. durch Fernão Magalhães u. Unterwerfung Mexikos u. Perus durch die Spanier Cortez u. Pizarro. **g)** *Gesch.:* Fast 300 Jahre blieb A. unter Oberhoheit der Entdeckerländer; in N-A. frz. u. engl. Kolonien (Kanada), die selbständig wurden; 1776 entstanden die Vereinigten Staaten von A.; in Latein-A. südam. Rep. (Brasilien 1822–89 Kaiserreich); in eur. Besitz nur noch Grönland (dän.); Falklandinseln (brit.); Frz.-Guayana u. einige Kleine-Antillen-Inseln.

amerikanische Kunst, → altamerikanische Kunst, → Vereinigte Staaten von Amerika, Kunst der.

amerikanische Literatur, → Vereinigte Staaten von Amerika, Literatur der.

Amerikanisches Mittelmeer, Golf von Mexiko u. Karibisches Meer, vom Atlant. Ozean durch die Antillen getrennt.

Amerongen, Otto Wolff von (* 6. 8. 1918), 1969–88 Präs. d. Dt. Ind.- u. Handelstages.

a metà [it.], zur Hälfte; v. 2 Partnern durchgeführtes Geschäft *(Metageschäft);* Gewinn u. Verlust werden hälftig geteilt.

Amethyst, violetter Schmuckstein, Quarz (Abb. S. 343).

AMF, Abk. für *ACE Mobile Force* (ACE = Allied Command Europe). Bezeichnung für „Beweglichen multinationalen Eingreifverband der NATO, Kommandobereich Europa"; im Sprachgebrauch auch NATO-Feuerwehr genannt. Diese Eingreifverbände, gegründet im Mai 1960, sollten angesichts der starken mil. Truppenpräsenz des Warschauer Paktes als multinationaler Verband schnell in

die Flankenregionen Norwegen, Dänemark u. die Türkei verlegt werden können, um auszuschließen, daß das NATO-Gebiet von den Flanken her aufgerollt wird. Unterschieden wird nach AMF Land u. AMF Air. Letztere besteht aus 7 Staffeln mit Jagdbombern u. Aufklärern aus den Ndl., Großbritannien, den USA, Belgien, Italien u. Dtld. Dabei Aufteilung in die Nordoption u. die Südoption. Zu letzterer gehören die Staffeln von Belgien, Italien und Deutschland. Belgien stellt 18 Mirage, Italien 6 Starfighter u. die Bundeswehr 18 → Alpha-Jet. Die Gesamtpersonalstärke liegt bei 800 bis 1000 Mann. Am 17. 12. 1990 stellte die Türkei anläßlich der potentiellen Bedrohung durch den Irak (→ Golfkrieg 2) Antrag auf Aktivierung des AMF. Der Verteidigungsplanungsrat der NATO beschloß am 2. 1. 1991 die Entsendung der Einheit. Vom 6. bis 10. 1. 1991 verlegte die Deutsche Alpha-Jet-Staffel nach → Erhac in der Türkei.

Amfortas, siechender Kg des Grals, durch Parzivals Frage nach d. Grund seines Leidens erlöst.

Amhara, 1) Volksstamm in Äthiopien (ca. 3 Mill.); **2)** offizielle Sprache der Äthiopier (semit.); **3)** abessin. Hochland um den Tanasee.

Amicis [-*tʃis*], Edmondo de (21. 10. 1846–11. 3. 1908), it. Schriftst.; Jugendbuch: *Das Herz.*

Amiens [*a'mjɛ̃*], Hptst. d. nordfrz. Dép. *Somme,* an der Somme, 154 500 E; Bischofssitz, Kathedrale (13. Jh.), Uni. (→ Tafel Baukunst).

Amin Dada, Idi (* 1. 1. 1928), ugand. Gen.; 1971 durch Staatsstreich gegen → Obote Präs.; Terrorregime; 1979 gestürzt.

Aminoplaste, *Carbamidharze,* z. B. Harnstoff (Carbamid) u. Formalin hergestellte härtbare Kunstharze; dienen als Preßmassen von vorwiegend heller Farbe (z. B. Pollopas).

Aminosäuren, organische Säuren, bei denen Wasserstoff durch die Aminogruppe *NH₂* ersetzt ist; aus den A. sind d. Eiweißstoffe zus.gesetzt.

Amitose, Zellkernteilung als einfache Durchschnürung des Zellkerns; Ggs.: → Mitose.

Amman, Jost (13. 6. 1539–17. 3. 91), schweiz.-dt. Zeichner, Holzschnitte: Bibelillustration; auch kulturgesch. wertvolle Trachten- u. Spielkartensammlungen; Ständebuch.

Amman, Hptst. von Jordanien, 1,160 Mill. E.

Ammann, schweiz. Bezirks- und Gemeindevorsteher; *Land-A.,* Reg.-Vors. einiger Kantone.

Amme, Frau, die anstelle der Mutter ein Baby stillt.

Ammer, Fluß in Bayern, 170 km l., durchfließt den **A.see** (47 km², 83 m tief, 531 müM), verläßt diesen als *Amper* (l. Nbfl. d. Isar).

Ammern, Finkenfamilie; bei uns häufig *Gold-A.*

Ammian, *Ammianus Marcellinus* (ca. 330–395 n. Chr.), letzter bedeutender röm. Geschichtsschreiber; *Rerum gestarum libri.*

Ammon, *Amon, Amun,* ägypt. Schöpfergott; als *A. Rê,* „Götterkönig", Hauptgott d. Mittleren u. Neuen Reichs.

Ammoniak, NH_3, gasförmige chem. Verbindung, stechend riechend, aus 1 Atom Stickstoff u. 3 Atomen Wasserstoff; bei der Verkokung der Kohle als Nebenprodukt anfallend; nach Haber-Bosch durch katalyt. Hochdrucksynthese aus den Elementen gewonnen; *A.synthese* eine der Hauptgrundlagen der Kunstdüngerindustrie; auch f. Kälteerzeugung, Bleicherei, Herstellung v. Soda u. Salpetersäure; in Form von Salmiakgeist ein Reinigungsmittel.

Ammonit

Ammoniten, *Ammonshörner,* Kopffüßer mit z. T. gewaltigen Kalkschalen; bis Ende der Kreidezeit verbreitete Meeresbewohner.

Ammoniter, biblischer Nomadenstamm im Ostjordanland.

Ammonium, NH_4^+, Bestandteil wichtiger Stickstoffverbindungen; entsteht durch Anlagerung von Wasserstoffionen an Ammoniak; nur in Salzen (z. B. → Salmiak).

Ammonshörner, svw. → Ammoniten.

Amnesie [gr.], dauernder od. vorübergehender Erinnerungsverlust (z. B. bei Hypnose, Epilepsie od. nach Hirnverletzung); auch f.

Amnestie [gr.], *allg.* Begnadigung, Strafnachlaß, Straflosigkeit.

amnestieren, eine → Amnestie gewähren, auch → Begnadigung.

Amnesty International [ˈæmnıstı ıntəˈnæʃənəl], 1961 gegr. intern. Organisation zum Schutz d. Menschenrechte, hilft (aus weltanschaul. od. pol. Gründen) Inhaftierten; Friedensnobelpr. 1977.

Amnion, *s.* [gr.], *Schafhaut,* dünne Embryonalhülle mit Fruchtwasser gefüllt.

Amnioskopie, Betrachtung der Fruchtblase mittels eines durch d. Gebärmutterhals eingeführten Rohres mit Lichtquelle. Die Fruchtwasseruntersuchung dient der frühzeitigen Erkennung kindl. Gefahrzustände am Ende der Schwangerschaft u. während der Geburt.

Amöben [gr. „wechselnd, veränderlich"], *Wechseltierchen,* einzellige *Wurzelfüßer* in Wasser, Erde u. höheren Tieren; Schleimklümpchen, die sich durch Ausstrecken sofort wieder verschwindender Fortsätze (Scheinfüßchen) bewegen; Körpergestalt ständig wechselnd; einige

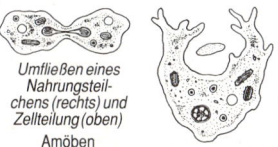

Umfließen eines
Nahrungsteil-
chens (rechts) und
Zellteilung (oben)

Amöben

A. Krankheitserreger (z. B. im Darm → Ruhr).

Amok, *m.* [malaiisch], Art Tollwut; **A. laufen,** in einem Anfall von Geistesgestörtheit mit e. Waffe umherlaufen und blindwütig jeden töten wollen.

Amor [l.], röm. Liebesgott, griech. → *Eros.*

Amorbach (D-8762), St. u. Luftkurort i. Kr. Mittenbg., Bay., 4230 E; ehem. Benediktinerabtei m. Rokokokirche; berühmte Orgel.

Amoretten, geflügelte Kinder, Begleiter Amors, griech. → Eroten.

Amoriter, vorisraelisches semitisches Volk im A. T.

amorph [gr.], ungeformt; strukturlos; Ggs.: *kristallin.*

Amortisation [l.], *Tilgung,* **1)** planmäßige Abzahlung einer Schuld, bes. bei Anleihen u. Hypotheken; **2)** Wiederverwirtschaftung der in e. Unternehmen investierten Kapitalien. – **A.sfonds,** für Schuldtilgung angesammelter Geldvorrat.

Amour, *w.* [frz. *aˈmur*], Liebe; **Amouren,** Liebschaften.

Amper, l. Nbfl. d. Isar, → Ammer.

Ampère [ãˈpɛr], André-Marie (20. 1. 1775–10. 6. 1836), frz. Phys. u. Math., untersuchte d. Einwirkung el. Ströme aufeinander u. erklärte d. Magnetismus durch atomare el. Kreisströme.

Ampere, Abk. *A,* nach → Ampère benannte Einheit der el. Stromstärke. – **A.meter,** Gerät zur Messung der el. Stromstärke. – **A.sekunde,** Abk. *As,* Einheit für el. Elektrizitätsmenge (s. 1881 dafür Coulomb, *C*). – **A.stunde,** Abk. *Ah,* Einheit f. d. el. Ladung bzw. Elektrizitätsmenge (1 Ah = 3600 As = 3600 C).

Ampex-Anlage, Studio-Gerät zur Speicherung u. Wiedergabe v. Fernsehbildern auf Magnetband, Querspurverfahren; 1957 v. d. Fa. *Ampex* in d. USA entwickelt; → MAZ; → Magnetbandgerät.

Ampfer, *Feld-A.* auf Sand; *Sauer-A.* auf Wiesen; *Garten-A.* (Engl. Spinat), dessen Blätter als Gemüse verwendet; früher häufig Volksheilmittel.

Amphetamine → Weckamine.

Amphibien, *Lurche,* Klasse der Wirbeltiere; welchwarm, im Unterschied zu den Reptilien mit glatter (nicht schuppiger), feuchter Haut; Larven kiemenatmend im Wasser, erwachsen lungenatmend i. Wasser u. auf dem Land: **a)** *Froschlurche:* Frösche, Kröten, Unken; **b)** *Schwanzlurche:* Salamander, Molche, Olme; **c)** *Blindwühlen,* wurmartig, in d.

Tropen. – **A.fahrzeug,** Auto, das auch als Wasserfahrzeug verwendbar ist.

Amphibole, *Bandsilicate,* Mineralgruppe d. → Silicate; in → Plutoniten, → Vulkaniten u. → Metamorphiten.

Amphibolie, *w.* [gr.], Zweideutigkeit, Vieldeutigkeit.

Amphitheater [gr.], ellipsenförmige → Arena mit ansteigenden Sitzreihen; z. B. → Kolosseum in Rom, Arena in Verona.

Amphitrite, griech. Meeresnymphe, → Poseidons Gattin, Tochter d. Nereus.

Amphitryon, sagenhafter Kg von Theben, Gemahl der Alkmene, die Zeus den Herakles gebiert; Lustspiele von Plautus, Molière, Kleist u. Giraudoux.

Amphora [gr.], **1)** → Vasen; **2)** altrömisches Flüssigkeitsmaß, ca. 26,2 l.

Amplitude [l. „Weite"], Schwingungsweite einer el. od. mechan. → Schwingung; wird von Null od. der Ruhelage aus gemessen.

Amplitudenmodulation → Modulation.

Ampulle, *w.* [l.], **1)** bauchiges Gefäß für kirchl. Zwecke; **2)** kl. Arzneibehälter aus Glas f. Injektionslösungen; **3)** *anatomisch:* unterster Teil des Mastdarms.

Amputation [l.], operative Entfernung e. Gliedes.

Amritsar, St. im ind. Staat *Pandschab,* 595 000 E; Handel mit Kaschmirschals, Teppichind.; Zentrum der → Sikhs (Haupttheiligtum: Goldener Tempel); 1984 blutig niedergeschlagener Aufstand.

Amrum, nordfries. Insel, Schl-Ho., 20,4 km², 2800 E; i. O Marschen, i. W Dünen; Badeorte.

Amsel → Drosseln.

Amselfeld, serb. *Kosovo Polje,* fruchtbare Beckenlandschaft in S-Serbien; Siege der Türken 1389 über Serben und 1448 über Ungarn.

Amsterdam, *Königliches Palais*

Amsterdam, größte St. (Hptst.) d. Ndl., z. T. auf Pfählen erbaut, 1,031 Mill. E; Altstadt mit Grachten (Kanälen), Kgspalast, Nieuwe Kerk (1408), im ehem. Judenviertel Portugies. Synagoge, Rembrandthaus, Uni., Akademien, Reichsmuseum, Diamantschleiferei; Ind.zentrum der Ndl., Intern. Börsenzentrum;

See- u. Rheinhafen (→ Nordseekanal u. A.-Rhein-Kanal), Flughafen *Schiphol.* – Im 14.–16. Jh. See- u. Handelsst. d. nördl. Ndl., i. 17. Jh. Welthafen; 1808 Residenz Kg Ludwig Bonapartes, 1814 ndl. – **A.-Rhein-Kanal,** Großschifffahrtsweg f. Binnenschiffe bis 4300 t; v. A. z. Waal (bei Tiel größte Binnenschleuse Europas); 72 km lang, 4,2 m tief.
Amstetten (A-3300), Bez.st. u. Eisenbahn- u. Straßenknotenpunkt im w. Niederöstr., 22 000 E; Holz-, Metall-, chem. Ind.
Amt, 1) ein mit öffentl. Autorität ausgestatteter Geschäftsbereich d. Staates od. einer sonstigen Körperschaft d. öff. Rechts; **2)** *kath. Kirche:* gesungene Messe; **3)** techn. Zentrale i. Fernmeldedienst (Fernsprech-Ortsamt, Fernamt, Verstärkeramt).
Amtmann, Beamter im gehobenen Dienst; weitere Stufen: *Amtsrat, O.amtsrat.*
Amts-anmaßung, „unbefugte Ausübung eines öff. Amtes“ od. Vornahme einer Handlung, die nur kraft eines öff. Amts vorgenommen werden darf (StGB § 132). – **A.anwalt,** Vertreter der Staatsanwaltschaft in best. Strafsachen bei Amtsgerichten. – **A.arzt,** Leiter eines Gesundheitsamtes, das auf regionaler Ebene (Kreise, kreisfreie Städte) Träger des öffentl. Gesundheitsdienstes ist; die Aufgaben umfassen gesundheitspolizeil. Funktionen, Schulgesundheitspflege, Mütter- u. Kinderberatung, Fürsorge für best. Kranke, Überwachung der Einrichtungen des Gesundheitswesens. – **A.delikt,** Verbrechen od. Vergehen im Amt (§§ 331 ff. StGB), z. B. Körperverletzung i. Amt, Aussageerpressung. – **A.eid,** promissorischer (d. h. gewissenhafte Erfüllung der A.pflichten gelobender) Eid des Beamten. – **A.geheimnis,** Schweigepflicht der Beamten, Angestellten, Arbeiter im öffentl. Dienst über das, was sie in seiner Ausübung erfahren; Verletzung unter Umständen strafbar. – **A.gericht,** Gericht erster Instanz, entscheidet durch Einzelrichter (→ Rechtspflege, Übers.). – **A.gewalt,** Inbegriff der Befugnisse, die einem Beamten kraft seiner Dienststellung zustehen; *Mißbrauch der A.gewalt* strafbar (z. B. §§ 340 ff. StGB). – **A.hilfe,** gegenseitige Unterstützung der Behörden in Ausübung ihrer Aufgaben; → Rechtshilfe. – **A.pflichtverletzung,** Verstoß eines Amtsträgers gg. seine dienstl. Obliegenheiten, kann zu disziplinar-, zivil- od. strafrechtl. Haftung führen u. Erstattungspflicht begründen.
Amtsrat → Amtmann.
Amu-darja, Amu, Fluß i. W-Turkestan, 2539 km l., teilw. schiffbar; vom Pamir in den Aralsee.
Amulett, *s.* [arab.], Gegenstand, d. Schutz gg. Unheil und Zauber geben soll.
Amundsen [-mʌnsən], Roald (16. 7. 1872–18. 6. 1928), norweg. Polarforscher; erzwang 1903–06 die NW-Passa-

Roald Amundsen

ge an d. nordam. Küste; erreichte auf Schneeschuhen als erster am 14. 12. 1911 den Südpol; überflog am 12. 5. 1926 m. Luftschiff „Norge“ d. Nordpol; verschollen b. d. Rettung Nobiles am Nordpol.
Amur, Hauptfluß Ostsibiriens, 4416 km, im Sommer schiffbar, mündet ins Ochotskische Meer; im Mittellauf Grenzfluß zw. Sowjetunion u. Mandschurei, Quellflüsse Schilka u. Argun, mehrere große Nebenflüsse *(Bureja, Ussuri).* – **A.bahn,** von Nertschinsk bis Chabarowsk mit 4 Nebenlinien.
AMVER, Abk. f. engl. *Automated Merchant Vessel Report System,* von d. USA unterhaltenes Netz v. automatisierten Meldezentralen f. intern. Seenothilfe; Schiffe u. Flugzeuge aller Nationen melden freiwillig regelmäßig Positionen, um rasch zu Rettungsaktionen beordert werden zu können.
Amygdalin, Stoff in bitteren Mandeln, anderen Obstkernen und Kirschlorbeerblättern; ergibt zerfallend die giftige Blausäure.
Amylacetat, aus Amylalkohol (Fuselöl) u. Essigsäure gewonnen; als Lösungsmittel f. Cellulose u. Naturharze; auch b. d. Parfümherstellung verwendet.
Amylum [gr.], *chem.* Stärke.
an- [gr.], verneinende Vorsilbe in Fremdwörtern (z. B. anorganisch).
Anabaptisten [gr.], svw. → Wiedertäufer.
Anabasis [gr. „Hinaufzug“], Geschichtswerke des Altertums; **1)** von Xenophon → Cyrus 2); **2)** von Arrianus: *Alexanderzug.*
Anabiose [gr.], Fähigkeit vorwiegend niederer Lebewesen und pflanzl. Fortpflanzungszellen, selbst extrem widrige Bedingungen in Scheintodzustand zu überstehen (z. B. → Bärtierchen).
Anabolika [gr.], svw. anabole → Hormone.
Anabolismus [gr.], Aufbaustoffwechsel; Ggs.: → Katabolismus.
Anachoret [gr.], frühchristl. Einsiedler.
Anachronismus, *m.* [gr.], Verlegung eines Ereignisses in e. falsche histor. Zeit; unzeitgemäßes Verhalten.
Anadyomene, „Auftauchende“ (aus dem Meer), Beiname der → *Aphrodite.*
Anaërobier, Lebewesen, die zeitweise od. dauernd o. Sauerstoff leben können (darm- u. schlammbewohnende Bakterien); Ggs.: → *Aërobier.*

Anaglyphen, Verfahren z. stereoskop. Betrachtung zweier Teilbilder, bei dem diese, in 2 versch. Farben (meist rot u. blau, ein wenig gegeneinander verschoben) gedruckt, durch Brillen betrachtet werden, deren Gläser von der jeweiligen Komplementärfarbe für jedes Auge nur das ihm raumanteilige Bild erfassen lassen.
Anagramm, *s.* [gr.], Umstellung aller Buchstaben eines Wortes oder Namens z. Bildung eines neuen: *Mehl – Helm; Marec – Ceram* (zur Schaffung eines Pseudonyms).
Anaheim [ˈænə-], St. in US-Staat Kalifornien, 220 000 E; Konserven- u. Elektroind.
Anakoluth, *s.* [gr.], Folgewidrigkeit im Satzbau.
Anakonda, größte → Riesenschlange, bis 11 m; Wasserbewohnerin, Amazonas; gebiert lebende Junge.
Anakreon, griech. Dichter des 6. Jh. v. Chr., besang Wein und Liebe.
Anakreontiker, Nachahmer Anakreons im 18. Jh.: *Gleim, Hagedorn* u. a.
anal [l.], auf den After bezogen.
Analeptika [gr.], sehr starke Anregungsmittel.
Analgesie, Aufhebung des Schmerzempfindens.
Analgetika, schmerzstillende Mittel.
analog [gr.], entsprechend.
analoges Signal, ein → Signal, das e. kontinuierl. Nachricht im Signalparameter kontinuierlich darstellt (z. B. Sprachsignal am Ausgang eines Mikrofons). Ggs.: → digitales Signal.
Analogie, Übereinstimmung in kennzeichnenden Merkmalen, **1)** *jur.* Anwendung eines Rechtssatzes auf e. im Gesetz nicht ausdrücklich genannten Tatbestand, der aber d. Grundgedanken e. gesetzl. geregelten Tatbestands entspricht; im Strafrecht nur zugunsten d. Angeklagten zulässig; **2)** *biol.* gleiche Funktion v. Organen mit entwicklungsgeschichtl. versch. Herkunft; → Konvergenz.
Analogrechner, → EDV-Anlagen, m. → analoger, interner Zeichendarstellung; Ggs.: → Digitalrechner, auch → Hybridrechner; Anwendung im math.-wiss. Bereich.
Analphabet, *m.* [gr.], des Lesens u. Schreibens Unkundiger.
Analysator, 1) Vorrichtung, die den Polarisationszustand des durch einen Meßkörper hindurchgegangenen Lichtes untersucht; **2)** Meßinstrument zur Bestimmung der Koëffizienten einer → Fourier-Zerlegung (z. B. Wechselstrom).
Analyse [gr.], **1)** *phil.* Zergliederung eines Sachverhaltes z. begriffl. Klärung; **2)** *psych.* → Psychoanalyse; **3)** *chem.* Feststellung d. chem. Zusammensetzung eines Stoffes; Ggs.: → Synthese.
Analysis [gr.], Infinitesimalrechnung, Rechnen m. Grenzwerten (z. B. Differential- u. Integralrechnung, Funktionstheorie).

analytische Geometrie, Teil d. Geometrie, in d. algebraische Methoden zur Lösung geometrischer Probleme benutzt werden, Darstellung von Kurven u. Flächen durch Gleichungen m. Hilfe v. Koordinaten.

analytisches Drama, Bühnenhandlung, d. von einem nicht dargestellten Ereignis ausgeht u. nachträglich dessen Vorgeschichte u. Auswirkungen enthüllt (z. B. Sophokles' *Ödipus*).

analytisches Urteil, sein Prädikat ist bereits im Satzsubjekt enthalten *(Erläuterungsurteil)*, z. B. alle Körper sind ausgedehnt (Kant); Ggs.: → synthetisches Urteil.

Anämie [gr.], Blutarmut, zahlreiche Ursachen u. Formen, z. B. durch Blutverlust, Mangel an Baustoff (Eisen = *Eisenmangel-A.*; Vitamin B_{12} = *perniziöse A.*; Hormon), Schädigung d. blutbildenden Gewebe od. Blutbestandteile (erbl. Mängel od. durch innere bzw. äußerl. Noxen); führt z. T. zur Auflösung d. Blutkörperchen *(hämolyt. A.)*.

Anamnese [gr.], Wiedererinnerung; *med.* Vorgeschichte e. Krankheit.

Anamorphot, fotograf. Linse f. → CinemaScope-Filme.

Ananas

Ananas, Staude, trop. Amerika, bei uns in Gewächshäusern; fleischige Fruchtstände; Blattfasern zu A.-Batist verarbeitet; → Bromeliazeen.

Anapäst, *m.* [gr.], Versfuß; Grundform: ◡ ◡ ´.

Anaphase, Stadium der → Mitose u. → Meiose.

Anapher, *w.* [gr.], bildlicher Ausdruck; Wortwiederholung am Anfang mehrerer Satzglieder.

Anaphylaxie [gr.], Überempfindlichkeit gg. injizierte Eiweißstoffe (→ Allergene, → Antigene), die bei Reaktion m. → Antikörpern e. schweres Krankheitsbild, sogar Tod herbeiführen können: **anaphylaktischer Schock;** beim Menschen am bekanntesten als → Serumkrankheit.

Anarchie [gr. „Herrschaftslosigkeit"], der **Anarchismus** erstrebt Beseitigung jeder staatl. u. rechtl. Ordnung, unbeschränkte Freiheit d. einzelnen, leugnet jede Autorität (→ Bakunin, → Proudhon, → Stirner).

Anarchist, Gewalttäter, der vorgibt, aus pol. Motiven zu handeln.

anastatischer Druck, altes Verfahren f. einen Neudruck ohne Neusatz; Übertragung auf Stein od. Zink, die chem. z. Aufnahme v. Farbe geeignet gemacht werden; heute fototechn. Verfahren.

Anästhesie, *w.* [gr.], *Empfindungslosigkeit,* 1) Unempfindlichkeit gegen Schmerz-, Temperatur- u. Berührungsreize als Folge von Krankheiten od. Verletzungen d. Nervensystems; 2) Ausschaltung d. Schmerzempfindung durch → Narkose oder *Lokal-A.;* Schmerzausschaltung wie *Oberflächen-A.* (Betäubung von Schleimhäuten), *Infiltrations-A.* (Umspritzung d. Operationsgebietes), *Leitungs-A.* (Betäubung einer Gliedmaße oder eines Gewebebezirkes durch Injektion in den Nerv bzw. in die Rückenmarksflüssigkeit → *Lumbal-A.*).

Anästhesist, Arzt f. Anästhesiologie; Weiterbildungszeit: 4 Jahre; verantwortl. f. Narkose, Blutersatz, Schockbehandlung u. Überwachung d. Frischoperierten.

Anastigmat, Linsenkombination, bes. für fotograf. Apparate, frei von → Astigmatismus.

Anastomose [gr.], natürliche oder künstliche Verbindung zw. Nerven, Blut- od. Lymphgefäßen; operative Verbindung v. Hohlorganen (z. B. Magen u. Darm).

Anathema, *s.* [gr.], urspr. das Gottgeweihte, dann das dem Untergang Geweihte, Verfluchte; kath. Kirchenbann: *„A. sit"* (er sei gebannt).

Anatolien [gr. „Morgenland"], → Kleinasien.

Anatomie [gr.], 1) Lehre vom Bau der Körperteile; 2) med. Institut, in dem zum Studium Leichen geöffnet und untersucht werden.

Anaxagoras (500–428 v. Chr.), griech. Phil.; deutete alles Geschehen als Verbindung u. Trennung v. Urelementen *(Homoiomerien),* d. v. Weltverstand *(Nus)* geordnet werden.

Anaximander (610–546 v. Chr.), ionischer Naturphil. aus Milet, lehrte die Entstehung der endlich begrenzten Dinge aus d. Unbegrenzten (Apeiron).

Anaximenes (um 588–524 v. Chr.), Schüler des Anaximander, sah als Ursache der Welt die unendliche, lebendige Luft an. Fortbildung der Urstofflehre des → Anaximander.

Anchises, Vater des → Äneas.

Anchorage ['æŋkərɪdʒ], St. in Alaska, USA, 231 000 E; bed. Fischereihafen, Verkehrsknoten, Flughafen, Wintersport.

Ancien régime, *s.* [frz. *ãsjɛ̃ reˈʒim*], „die alte (feudalist.) Herrschaft" → Feudalismus, bes. das absolutist. frz. Königtum bis 1789.

Ancona, it. Handels- u. Kriegshafen an d. Adria, 103 500 E; Kathedrale; Schiffbau, Zuckerind.

Ancyluszeit → Ostsee.

Anda [ˈɔn-], Géza (19. 11. 1921–13. 6. 76), Schweizer Pianist ungar. Herkunft.

zucht; Städte: *Sevilla, Granada, Málaga, Cádiz, Córdoba.*

Andamanen und Nikobaren, Inselgruppen im Golf v. Bengalen, z. Rep. Indien, A. 6296 km²; Ureinwohner Andamaner, primitives Zwergvolk; bis 1945 Strafkolonie; *N.* 1953 km²; A. u. N. 188 700 E; Hptst. *Port Blair* (49 600 E).

Andante [it. „gehend"], *mus.* Satz mit normal ruhigem Zeitmaß; kleines A.: **Andantino.**

Andechs (D-8138), Wallfahrtsort u. Benediktinerkl. (mit bekannter Brautstätte) östl. d. Ammersees i. Obb., 2700 E; got. Kirche m. Rokokoausstattung.

Anden → Kordilleren.

Anderkonto, Treuhandkonto v. Anwälten f. Rechnung ihrer Mandanten.

Andermatt (CH-6990), Sommer- u. Winterkurort im schweiz. Kanton Uri, 1444 müM, 1600 E; Verkehrsknotenpkt.

Andernach (D-5470), St. l. d. Rheins, im Kr. Mayen-Koblenz, RP, 27 171 E; Eisen-, Stein-, Malz-, Masch.bau- u. Nahrungsmittelind.; Rheinhafen.

Andersch, Alfred (4. 2. 1914–21. 2. 80), dt. Schriftst.; Romane, Hörspiele; *Sansibar od. der letzte Grund; Die Rote; Efraim; Winterspelt.*

Andersen [ˈanərsən], 1) Hans Christian (2. 4. 1805–4. 8. 75), dän. Dichter; Kindermärchen *(Des Kaisers neue Kleider!; Romane u. Reisebeschreibungen;* **2)** Martin A.-Nexø (26. 6. 1869–1. 6. 1954), dän. Schriftst.; realist. Romane *(Pelle der Eroberer; Ditte Menschenkind; Erinnerungen.*

Anderson [ˈændəsn], 1) Carl David (* 3. 9. 1905), am. Phys.; entdeckte Positron u. Meson; Nobelpr. 1936; 2) Laurie (* 1947), am. Performance-Künstlerin u. Musikerin; Multimedia-Shows: *United States Parts I–IV;* 3) Lindsay (* 17. 4. 1923), engl. Regisseur; sozialkrit. Filme; *If ...* (1968); 4) Maxwell (15. 12. 1888–28. 2. 1959), am. Dramatiker; verbindet Tradition m. Moderne; *Johanna aus Lothringen;* 5) Philip W. (* 13. 12. 1923), am. Phys.; arbeitete über die Theorie der Elektronenstruktur; Nobelpr. 1977; 6) Sherwood (13. 9. 1876–8. 3. 1941), am. Erzähler; *Winesburg, Ohio.*

AND-Gate [engl. *ˈændgeɪt*], UND-Gatter, → Boolesche Verknüpfungen; diese Torschaltung kann m. versch. Bauelementen realisiert werden (z. B. → Relais, → Diode, → Transistor, heute v. a. → integrierte Schaltungen).

Andhra Pradesch, Staat d. Ind. Union, 275 608 km², 53,6 Mill. E; mit eigener Sprache (dem Telugu; Hptst. *Haidarabad;* Anbau von Reis, Baumwolle, Zuckerrohr.

Andischan, Gebietshptst. in → Usbekistan, 293 000 E.

Andorra, amtl. *Principat d'A.,* Rep. in den östl. Pyrenäen, 453 km², 49 000 E (108 je km²); Bev.-Zuw. 4,7%; Sprache: Katalanisch; Währung: franz. Franc (FF) und Peseta (Pta); Rel.: röm.-kath.;

Hptst.: *A. la Vella;* Flagge S. 340, Karte S. 742. **a)** *Wirtsch.:* Hptgewicht a. d. Fremdenverkehr, daneben Viehzucht. **b)** *Gesch.:* Seit d. 13. Jh. unter d. gemeins. Schutzherrschaft von Frkr. u. dem span. Bischof v. Urgel.

Andorra la Vella, Hptst. von Andorra, 15 600 E; Rundfunkstationen.

Andreas, Name mehrerer ungar. Könige (Andreaskrone), aus d. Stamm d. Arpaden: **1)** A. I., Kg 1046–60, verfolgte die Christen, begünstigte sie später; **2)** A. II., Kg 1205–35, erließ 1224 d. *Privilegium Andreanum:* rechtl. u. pol. Sonderstellung d. Siebenbürger Sachsen.

Andreas [gr.], Hlg., Apostel (Tag: 30. November); Bruder d. Petrus. – **A.kreuz,** Kreuz m. schrägen Querbalken (z. B. i. Straßenverkehr an Bahnübergängen).

Andreas-Salomé, Lou (12. 2. 1861–5. 2. 1937), dt. Schriftst.in; Freundin Nietzsches u. Rilkes: *Ródinka.*

Andrejew, Leonid N. (9. 8. 1871–12. 9. 1919), russ. Dichter; *Die Geschichte v. d. sieben Gehenkten; Judas.*

Andreotti, Giulio (* 14. 1. 1919), it. Pol. (DC); 1972/73, 1976–79 u. s. 1989 Min.präs., 1983–89 Außenmin.

Andres, Stefan (26. 6. 1906–29. 6. 70), dt. Schriftst.; Gedichte, Novellen: *Wir sind Utopia;* Romane: *Die Sintflut; Der Knabe im Brunnen.*

Andrews [*ˈændruz*], Julie (* 1. 10. 1935), engl. Schausp.in; Bühne u. Film: *Mary Poppins; Victor/Victoria.*

Andrić [*-tɕ*], Ivo (10. 10. 1892–13. 3. 1975), kroat. Lyriker u. Erzähler; *Die Brücke über die Drina; Wesire u. Konsuln;* Nobelpr. 1961.

Androgene [gr.], Sammelbegriff für die männl. → Keimdrüsenhormone (Sexualhormone), die v. a. im männl. Hoden, in geringeren Mengen auch i. d. → Nebennierenrinde v. Mann u. Frau gebildet werden.

androgyn, *biol.* u. *med.,* männl. u. weibl. Geschlechtsmerkmale vereinigend; → Zwitter.

Androhung, wird b. (best.) Straftaten, wenn dadurch d. öffentliche Friede gestört werden kann, mit Freiheitsstrafe bis zu 3 Jahren oder mit Geldstrafe geahndet.

Andrologie, *w.* [gr.], Lehre von d. Zeugungsfähigkeit d. Mannes u. allen damit zus.hängenden Störungen.

Andromache, Hektors Gemahlin in der *Ilias.*

Andromeda, 1) sagenhafte äthiopische Königstocher; vielfach dargestellt: an eine Klippe geschmiedet, von Perseus befreit; **2)** → Sternbild am nördl. → Sternhimmel; **3)** Moorpflanze, mit der Heidelbeere verwandt.

Andromedanebel, große Galaxis im Sternbild → Andromeda 2).

Andropow, Jurij Wladimirowitsch (15. 6. 1914–9. 2. 84), sowj. Pol.; 1954–57 Botschafter in Ungarn, 1967–82 KGB-Leiter, s. Nov. 1982 Gen.sekr. d. KPdSU, s. Juni 1983 auch Staatspräs.

Andropow → Rybinsk.

Andros, 1) griech. Insel, nördlichste der Kykladen, 374 km², 13 000 E; Seidenraupenzucht; **2)** größte der Bahama-Inseln, 5957 km², 8300 E.

Androsteron, Ausscheidungsform des männlichen Sexualhormons → Testosteron.

Andrzejewski [*andʒɛˈjef-*], Jerzy (19. 8. 1909–19. 4. 83), poln. Schriftst.; *Asche u. Diamant; Finsternis bedeckt die Erde.*

Äneas, *Aineias,* trojan. Sagenheld der *Ilias,* Sohn des Anchises u. der Venus; wurde in Italien Ahnherr d. Romulus, des Gründers v. Rom.

Aneignung, Inbesitznahme herrenlosen Gutes mit dem Willen der Eigentumsergreifung.

Aneïs, Heldengedicht des → Vergil.

Anekdote, *w.* [gr.], kurze, oft heitere Erzählung zur Kennzeichnung bekannter Persönlichkeiten u. Begebenheiten; v. *Kleist* z. hoher Kunst entwickelt.

Anemometer [gr.], Instrument zur Messung von Strömungsgeschwindigkeiten (z. B. Windgeschwindigkeit).

Anemone, Gattung d. Hahnenfußgewächse (giftig); erste Frühlingsblumen (z. B. d. weiß bis rosa blühenden *Buschwindröschen* der Laubwälder); *Kuh-* od. *Küchenschelle* ♥; *Alpenanemone* (Abb. S. 345).

Anemonenfische, kleine Korallenfische, die geschützt zw. den Fangarmen der Seeanemonen (→ Aktinien) leben.

Anerbenrecht, Übergang v. Landbesitz an einen einzelnen Erben; Miterben werden durch Auszahlung bzw. hypothekar. Sicherstellung ihres Anteils abgefunden, der meist nach dem Ertragswert des Hofes berechnet wird u. dem Hoferben ein gewisses Voraus beläßt; Zweck: Verhinderung d. Aufteilung v. landw. Betrieben.

Anergie → Allergie

Anerkenntnis, Erklärung des Verpflichteten, daß ein Anspruch zu Recht besteht, auch → Schuldanerkenntnis.

Anerkennung, *völkerrechtl.* Aufnahme diplomat. Beziehungen zu neuentstandenem od. bisher in keinem Staatenverkehr gestandenem Staat, entweder stillschweigend *(de facto)* od. durch formelle Erklärung in diplomat. Note *(de jure).*

Aneroidbarometer, Relativinstrument zur flüssigkeitslosen Messung des Luftdrucks durch luftleere Metallkapseln, die sich durch die äußeren Druckschwankungen verformen; Stützung der Kapseln durch Federn; Druckanzeige über Zeigermechanismus.

Anet [*aˈnɛ*], Claude, eigtl. *Jean Schopfer* (28. 5. 1868–9. 1. 1931), frz.-schweiz. Schriftst.; *Ariane, e. russ. Mädchen.*

Aneto, Pico de, höchster Gipfel d. Pyrenäen, 3404 m.

Aneurin, Vitamin B_1 (→ Vitamine, Übers.).

Aneurysma, *s.* [gr.], krankhafte Erweiterung e. Schlagader, bes. d. Aorta.

Anfechtung, Willenserklärung, um (eigene oder fremde) Rechtsgeschäfte ganz oder teilweise unwirksam zu machen; zulässig nur bei bestimmten Voraussetzungen (z. B. Irrtum, Drohung, arglistiger Täuschung, Gläubigerbenachteiligung mit Konkurs; im Verw.recht Einlegung e. Rechtsmittels gegen einen (zwar fehlerhaften, aber bis z. Aufhebung gültigen) Verw.akt. – **A.sklage,** im Verw.recht Klage an d. Verw.gerichten auf Aufhebung eines Verwaltungsaktes, durch den d. Kläger in seinen Rechten verletzt wurde; grundsätzlich erst nach erfolglosem → Widerspruch zulässig; im Zivilrecht Klage auf Nichtigkeitserklärung eines Rechtsverhältnisses (z. B. der Ehelichkeit eines Kindes).

Anfinsen, Christian (* 26. 3. 1916), am. Biochemiker; 1972 Nobelpr. (Arbeiten über Ribonuklease).

Angara, r. Nbfl. d. Jenissei, entfließt dem Baikalsee, 1852 km l.; bed. Wasserkraftwerke.

Angehörige, *jur.* Verwandte u. Verschwägerte auf- u. absteigender Linie; Adoptiv- u. Pflegeeltern u. -kinder, Ehegatten u. deren Geschwister, Geschwister u. deren Ehegatten sowie Verlobte (§ 11 StGB).

Angeklagter, Bez. f. d. Straftatverdächtigen nach Eröffnung d. Hauptverfahrens (§ 157 StPO).

Angell [*ˈendʒəl*], Sir Norman Lane, eigtl. *Ralph N. A. Lane* (26. 12. 1874–7. 10. 1967), engl. pazifist. Schriftst.; Friedensnobelpr. 1933.

Angeln, Fischfang mit Rute, Schnur und Haken, der bei *Grundfischerei* durch Gewicht u. Floß in best. Wassertiefe gehalten, bei *Fliegenfischerei* auf d. Oberfläche d. Wassers geworfen wird; Köder: Wurm, Insekt, Fisch, auch *künstl. Fliege* od. *Blinker* (bes. bei Lachs u. Forelle).

Angeln, westgerman. Stamm in Schleswig (Landschaft *A.* südl. Flensburg), wanderten i. d. Völkerwanderung teils nach Thüringen, teils nach Britannien (→ Angelsachsen) ab.

Angelsachsen, 1) Gesamtname der westgerman. *Angeln, Sachsen* u. *Jüten,* die s. 449 d. kelt. Britannien eroberten u. hier 7 Kgr.e gründeten; s. 600 Christianisierung; 827 Vereinigung z. Kgr. England

Jurij W. Andropow

unter Egbert v. Wessex; ab 850 dän. Eroberung O-Englands; 926 Wiederherstellung der angelsächs. Einheit; im 8.–10. Jh. Blüte d. angelsächs. Kultur, reiches Schrifttum i. d. Volkssprache; Heldenepos *Beowulf;* Geschichtsschreiber Beda; angelsächs. Mission in das Frankenreich (Bonifatius); 1066 v. d. → Normannen (Wilhelm der Eroberer) unterworfen; **2)** moderne Gesamtbez. f. Engländer u. Nordamerikaner.

Angelus [l.], Bote, Engel. – **A. Domini** *(d. Engel d. Herrn), kath.,* dreimal täglich zu wiederholendes Gebet. – **A.-Läuten,** *Ave-Läuten,* das Glockengeläut zu A. Domini.

Angelus Silesius, eigtl. *Joh. Scheffler* (25. 12. 1624–9. 7. 77), schles. Barockdichter, Mystiker; ev., 1653 kath.; *Der Cherubinische Wandersmann.*

Angerapp, Fluß in Ostpreußen, aus dem Mauersee, 169 km lang, vereinigt sich mit der Inster zum Pregel.

Angerburg, *Węgorzewo,* poln. Krst. in Ostpreußen, nahe dem Mauersee, 10 500 E.

Angerman-älv [‚ɔŋər-], Fluß, 450 km l., vom norweg. Hochgebirge z. Bottn. Meerbusen; Hptfl. d. mittelschwed. Wald- u. Seenlandschaft **Å.land.**

Angermünde (D-1320), Krst. in der Uckermark, Bbg., 11 400 E; Marienkirche (13. Jh.).

Angers [ɑ̃'ʒe], Hptst. d. frz. Dép. *Maine-et-Loire,* 136 000 E; Kathedrale (13. Jh.), Bischofssitz, Uni.; Textilind.

Angeschuldigter, Bez. f. d. Straftatverdächtigten nach der Erhebung der Anklage (§ 157 StPO).

Angestellten-verbände → Gewerkschaften, Übers. – **A.versicherung** → Sozialversicherung.

Angestellter, Arbeitnehmer wie der Arbeiter, aber Gehalts-, nicht Lohnempfänger, mit and. gesetzl. Kündigungsvorschrift als dieser; d. Tätigkeit geht über d. körperl. Handarbeit hinaus od. ist rein geist. Art; Betriebsbeamte, Werkmeister, Techniker werden im Ges. oft als *techn. A.* bez., während d. HGB d. *kaufm. A.* als Handlungsgehilfen bez. *A. im öff. Dienst* steht im Ggs. z. Beamten i. e. privatrechtl. Arbeitsverhältnis zu s. Anstellungskörperschaft.

Angina, w. [l. „Enge"], Hals-, richtiger: Mandelentzündung. – **A. pectoris,** anfallsweiser, in d. linken Arm strahlender heftiger Schmerz hinter dem Brustbein, mit Todesangst u. Erblassen; organisch bei Verhärtung, funktionell b. Krämpfen der Herzkranzarterien.

Angiographie [gr.], röntgenolog. Abbildung der Adern nach Kontrastmitteleinspritzung.

Angiospermen [gr.], Bedecktsamige, Blütenpflanzen, deren Samen in geschlossenen Hohlräumen (Fruchtknoten) entstehen; Ggs.: → Gymnospermen.

Angiotensin, *s.* [gr.-l.], blutdrucksteigerndes Gewebshormon, das an d. Entste-

hung mancher Formen d. → Hypertonie beteiligt ist.

Angkor, im Urwald am See Tonlé Sap in Kampuchea; bis 1450 Hptst. des Khmer-Kaiserreichs (6.–15. Jh.); Ruinenstätte mit gewaltigen Tempeln: *A.Thom, A.-Vat, Bayon.*

anglikanische Kirche, Staatskirche Englands, v. Kg Heinrich VIII. gegr. (1534), d. Ritus nach kath., d. Glauben nach protestant.; → Hochkirche.

Anglistik, *w.,* Wiss. von der engl. Sprache u. Literatur; dazu **Anglist.**

Anglizismus, *m.,* engl. Ausdrucksweise in einer anderen Sprache.

Angloamerikaner, Amerikaner, der aus dem Teil Amerikas stammt, in dem Engl. gesprochen wird.

Angola, amtl. *República Popular de A.,* 1 246 700 km², 9,48 Mill. E (8 je km²); Bev.-Zuw. 2,5%; *Bev.:* Bantus, vor d. Abwanderung 400 000 Weiße; Sprache: Portugies.; Währung: Kwanza (Kz); Rel.: röm.-kath., Naturrel.; Hptst.: *Luanda;* Flagge S. 340, Karte S. 750. **a)** *Wirtsch.:* Hauptgewicht a. Kaffee, Eisenerz, Diamanten, Erdöl. Hpthafen: *Lobito.* **b)** *Verf.* v. 1975: Sozialist. Volksrep. auf marxist. Basis, Revolutionsrat, Volksvers. **c)** *Verw.:* 18 Provinzen. **d)** *Gesch.:* 1520 portugies. Küstensiedlung; im 19. Jh. Vordringen ins Innere; 1955 eigene Verfassung als Überseeprov.; nach Umsturz in Portugal Unabhängigk. 1975; nach Bürgerkrieg setzte sich 1976 die von d. UdSSR u. Cuba unterstützte marxist. MPLA durch; 1983 Invasion südafrikan. Truppen, 1984 Waffenstillstand m. Südafrika u. Abzug d. südafrikan. Einheiten aus S-A.; 1989 Waffenstillstand zw. Reg.truppen u. UNITA, Abzug d. cuban. Truppen bis Mitte 1991 vereinbart. **e)** *Mitgl.:* UN, OAU.

Angora, früherer Name v. → *Ankara.* – **A.katze,** Hauskatze mit langem, seidigem Haar; stammt aus Asien; heute als *Perserkatze* bezeichnet. – **A.ziege,** ursprünglich bei *Angora* (Ankara) gezüchtet, mit langen Seidenhaaren; d. **A.wolle** (Mohair), auch v. *Angorakaninchen.*

Angoulême [ɑ̃gu'lɛm], Hptst. d. frz. Dép. *Charente,* an der Charente und Bahn Paris-Bordeaux, 46 200 E; Weinhandel, Papierfabrik.

Angstklausel, Vermerk auf → Wechsel, der die Haftung des Indossanten gegenüber Nachmännern ausschließt; → Obligo.

Angström, Anders Jonas (13. 8. 1814–21. 6. 74), schwed. Astronom u. Phys.; Sonnenspektrum.

Ångström-Einheit, Abk. *Å,* bisher in der Spektroskopie häufig verwendete Maßeinheit für die Wellenlänge des Lichtes; (seit 1960) 1 Å = 10^{-10} m (soll nicht mehr verwendet werden, da Å keine → SI-Einheit ist).

Anguilla, Insel d. Kleinen Antillen, → Westindien.

Anhalt, früher Land d. Dt. Reiches, zu beiden Seiten der Elbe u. Saale u. am Ostrand des Harzes, Hptst. *Dessau;* ehem. Herzogtum A., in mehrere Linien (Köthen, Zerbst, Bernburg usw.) geteilt, 1863 wieder vereint, 1918 Freistaat, 1946–52 Teil d. Landes → Sachsen-Anhalt; s. 1952 größtenteils zum Bezirk Halle; 1990 Teil d. Bundeslandes → Sachsen-A. (20 445 km², 2,97 Mill. E, Hptst. *Magdeburg).*

Anhui, *Nganhuei,* Provinz im östl. Mittelchina, beiderseits des Chang Jiang, 139 900 km², 52 Mill. E; Hptst. *Hefei* (900 000 E).

Anhydride [gr.], chem. Verbindungen aus Säuren durch Wasserabspaltung; meist wieder leicht wasseraufnahmefähig unter Rückbildung der Säuren.

Anhydrit, *m.,* wasserfreies Calciumsulfat; → Gips.

Anilin, *Aminobenzol* $(C_6H_5NH_2)$, aus Benzol (→ Steinkohle); Grundstoff vieler Farben u. Arzneien.

animalisch [l.], tierisch.

Animationsfilm, Puppen-, Sach- od. Zeichentrickfilm; Bewegungsabläufe werden im Einzelbildverfahren aufgenommen (Phasentrick).

animieren [frz.], anregen, aufmuntern.

Animismus [l.], Vorstellung (der Naturvölker) v. der Beseeltheit der Natur und ihrer Kräfte.

Animosität, w. [l.], feindl. Gesinnung.

Anio ['anïo], heute: *Aniene,* auch *Teverone,* l. Nbfl. d. Tiber, 110 km l., aus Apenninbergen; bei Tivoli 96 m h. Wasserfälle

Anion, negativ geladenes Ion (z. B. Säurerest); wandert bei d. → Elektrolyse zur (positiven) Anode.

Anis, Frucht eines aus dem Orient stammenden Doldenblütlers; Gewürz, verarbeitet zu Tee u. Öl.

anisotrop → isotrop.

Anjou [ɑ̃'ʒu], westfrz. Landschaft an der unteren Loire, jetzt Dép. *Maine-et-Loire;* Obst- und Weinreichtum; Hptort *Angers* (Schieferindustrie); Grafschaft A. zeitweise engl., 1204 wieder frz., 1246–1480 wechselnd neapolitan. und frz. – Später: Titel für kgl. Prinzen. – Engl. Königsgeschlecht: *A.-Plantagenet* → Plantagenet.

Ankara, *Statue des Atatürk*

Ankara, früher *Ancyra,* ab 1073 *Angora,* s. 1923 Hptst. d. Türkei u. des Wilajets

A., 2,85 Mill. E; modernste St. d. Türkei, repräsentative Bauten (Parlament, Ministerien, Uni., TU); Handelszentrum. - Vorgeschichtl. Gründung, blühende phryg. Siedlung; 1073 durch Seldschuken erobert.

Anker, 1) Gerät zum Festhalten der Schiffe; **2)** den Polen des Magneten vorgelegtes weiches Eisen; **3)** Teil d. mechan. → Hemmung in der Uhr; **4)** der drahtgewickelte drehbare Teil bei → Dynamomaschine u. Elektromotor.

Anklage, *jur.* Antrag d. Staatsanwaltschaft auf Eröffnung des → Hauptverfahrens.

Anklam (D-2140), Krst. in M-V., an der Peene, 19 386 E; Marienkirche (13.–15. Jh.); Maschinenbau.

Ankogel, 3246 m, höchster Gipfel der A.-Gruppe in den östlichen Hohen Tauern (Ostalpen).

Ankylose [gr.], Gelenkversteifung.

Anlage-berater, kaufmänn. ausgebildete Person, die bei Geld-, Vermögensanlage berät. - **A.vermögen,** stehendes Vermögen e. Unternehmung (Grundstücke, Gebäude, Maschinen u. a., Einrichtungen usw.); wird im Ggs. zum Umlaufvermögen nicht unmittelbar umgesetzt. - **A.werte,** Wertpapiere, die zur Kapitalanlage u. nicht zu Spekulationen gekauft werden.

anlassen, → Vergüten v. Metallen (Stahl) durch Wärmebehandlung.

Anleihen, festverzinsl. langfristige Darlehensaufnahmen v. Staat (→ Staatsanleihen) u. größeren Unternehmungen, → Schuldverschreibungen.

anmustern, sich als Besatzungsmitglied eines Schiffes verpflichten.

Anna, 1) A. Amalia (24. 10. 1739–10. 4. 1807), Hzgn von Sachsen-Weimar, führte 1758–75 die Regentschaft für ihren Sohn Karl August, berief 1772 Wieland, begründete die geistige Bedeutung Weimars; **2)** A. Boleyn (1507–36), 2. Frau von Heinrich VIII. von England, hingerichtet; ihre Ehe, vom Papst nicht anerkannt, gab Anlaß zur Trennung der engl. Kirche; Mutter Elisabeths v. England; **3)** A. Iwanowna (7. 2. 1693–28. 10. 1740), 1730 russ. Kaiserin, stand unter dem Einfluß von → Biron; **4)** A. Stuart (6. 2. 1665–1. 8. 1714), Schwägerin Wilhelms III. v. Oranien, Kgn v. England, reg. s. 1702, vereinigte 1707 England m. Schottland.

Anna, kath. Heilige, nach d. Legende Mutter Mariens (Tag: 26. 7.). - **A. selbdritt,** Darstellung d. hl. Anna m. Maria u. Jesuskind.

Annaba, früher *Bône,* ostalger. Hafenst., 348 000 E; in d. Nähe Ruinen d. phöniz. St. *Hippo Regius.*

Annaberg-Buchholz (D-9300), Krst. i. Erzgeb., Sa., 25 404 E; Spitzenklöppelei, Posamentenind., Uranbergbau.

Annahme an Kindes Statt, *Adoption,* auf Antrag des Annehmenden durch Beschluß des Vormundschaftsgerichts be-

gründetes Rechtsverhältnis zw. d. Annehmenden (Mindestalter 25 bzw. 21 Jahre) u. dem Kind, das entweder selbst (wenn es über 14 Jahre alt ist) od. durch s. gesetzl. Vertreter in die Annahme einwilligen muß; Einwilligung auch der leibl. Eltern bzw. der nichtehel. Mutter erforderlich; das angenommene Kind erhält die rechtl. Stellung eines ehel. Kindes (§§ 1741 ff. BGB); Vermittlung d. A. ist nur d. Jugendämtern od. anerkannten Wohlfahrtsverbänden gestattet.

Annalen [l.], geschichtl. Jahrbücher; → Tacitus.

Annam, der mittlere Landesteil von → Vietnam, Hptst. *Hué.* - Bis 1428 von China abhängig; 1511 Eindringen der Portugiesen; 1787 Bündnis mit Frkr.; infolge Christenverfolgungen 1833–67 Eingreifen Frkr.s, 1884 frz. Protektorat, Angliederung an Frz.-Indochina, 1945 zu Vietnam.

Annapurna, Berg im Himalaja, 8091 m (1950 als erster Achttausender v. Maurice Herzog bestiegen).

Annaud, Jean-Jacques (* 1943), frz. Filmregisseur; *La guerre du feu* (1981); *Der Name der Rose* (1986).

annektieren [l.], sich (gewaltsam) aneignen, einverleiben (z. B. von Gebietsteilen).

Annex, *m.* [l.], Anhang, Zubehör.

Annexion, *w.* [l.], gewaltsame Einverleibung fremder Gebiete.

anno [l.], im Jahre; *A. Domini,* A.D., im Jahre des Herrn (n. Chr. Geb.).

Anno, *Hanno* (um 1010–75), Hlg., Erzbischof von Köln; Vormund u. Erzieher Kaiser Heinrichs IV. - **A.lied,** Legendendichtung um A. (um 1085).

Annonce [frz. *a'nōsə*], Anzeige in Druckwerken.

Annuitäten [l.], Jahreszahlungen f. Verzinsung *und* Tilgungsrate (Amortisation) einer Schuld, bes. bei öffentl. Anleihen, Hypotheken u. ä.

annullieren [l.], f. ungültig erklären.

Annunziaten, Nonnenorden v. d. Verkündigung Mariä. - **A.orden,** früher höchster it. Orden; seit 1362.

Annunzio, Gabriele d' (12. 3. 1863–1. 3. 1938), it. Novellist, Lyriker u. Dramatiker; Duse-Roman: *Feuer.*

Anode [gr. „Eingang"], die positive → Elektrode, in welche der als von Plus nach Minus fließend gedachte Strom eintritt.

Anökumene [gr.], d. unbewohnte Teil der Erde (z. B. Wüsten u. Polargebiete).

Anolis, Gattung d. → Leguane in M- u. S-Amerika.

anomal, regelwidrig.

Anomalie, *w.* [gr.], **1)** *allg.* Ausnahme, Abweichung v. d. Regel; **2)** *astronom.* Winkel zw. Perihel (→ Perigäum) u. dem Ort e. Planeten in seiner Bahn.

anomalistisches Jahr → Jahr.

Anone, *Annone,* Zimtapfel, Rahmapfel; Obstbaum aus Westindien u. Zentralamerika, auch i. Indien, China, Philippi-

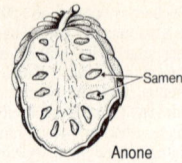

Anone — Samen

nen angebaut; Sammelfrüchte als *Cherimoya* im Handel.

anonym [gr.], ohne Namensnennung.

anonymes Werk, Schrift ohne Angabe des Verfassers.

Anopheles — Gewöhnliche Stechmücke

Anopheles, *Fiebermücken,* Stechmückengattung, Überträger des Malariaerregers.

Anorak [Eskimowort], wind- u. wasserdichte Bluse mit Kapuze.

Anorexie [gr.], Appetitlosigkeit.

anorganisch, zur unbelebten Natur gehörend; Ggs.: → organisch.

Jean Anouilh

Anouilh [*a'nuj*], Jean (23. 6. 1910–4. 10. 87), frz. Dramatiker v. existentialist. Grundhaltung; *Eurydike; Antigone; Romeo und Jeannette; Colombe; Die Lerche; Becket od. die Ehre Gottes.*

Anpassung, 1) Einstellung eines Lebewesens auf d. bestehende Umweltbedingungen durch Umbildung morpholog. Strukturen (Organe, Körpergestalt) u. Erwerb neuer Eigenschaften; **2)** zur Erreichung d. besten Wirkungsgrades soll der innere Widerstand zus.geschalteter el. Bauteile möglichst gleichwertig sein (z. B. Mikrophon u. Tonbandgerät); **3)** *psych.* Angleichung im soz. Bereich im Spannungsverhältnis zu berechtigten Ansprüchen an die Gesellschaft.

Anrainer, Anlieger, Nachbar.

Anregung, beim → Atom Überführung eines od. mehrerer Elektronen d. Hülle auf Quantenbahnen höherer Energie (→ Quantentheorie, Übers.); jedes Atom, d. sich nicht im Grundzustand befindet, heißt *angeregt;* zur Anregung Energiezufuhr notwendig (z. B. in Form v. Lichtquanten, Wärme, Elektronenstoß); das Entfernen eines od. mehrerer

Elektronen aus einem Atomverband nennt man *Ionisieren des Atoms* (→ Ionen).

ANSA, Abk. f. *Agenzia Nazionale Stampa Associata,* it. Nachrichtenagentur.

Ansbach (D-8800), kreisfr. St., Hptst. d. bayr. Rgbz. Mittelfranken, 36 912 E; a. d. Rezat a. Osthang d. Frankenhöhe; LG, AG; Lebensmittel-, Textil-, Kunststoff-, Elektroind., Brauereien. – 1456–1791 Residenz d. Markgrafen v. Brandenburg-A.; 1791–1806 an Preußen; ab 1806 bayr.

Anschlußbewegung, nat. pol. Strömung in Östr. (s. 1918) mit dem Ziel staatl. Verschmelzung mit Dtld; 1918 einstimmiger Beschluß der provisor. Nationalversammlung in Wien für Anschluß an Dtld (auch in d. → Weimarer Verfassung vorgesehen); in den Friedensverträgen v. → Versailles u. St-Germain sowie im Östr. Staatsvertrag (1955) verboten.

Anschlußpfändung, svw. → Nachpfändung.

Anschovis, *Anchovis,* kl. Heringsfisch, Mittelmeer, Schwarzes Meer, Atlant. Ozean; gesalzen als *Sardelle.*

Anselm von Canterbury [-kæntəbəri] (1033–1109), Erzbischof, Phil., Begriffsrealist, stellte den *ontologischen* → Gottesbeweis auf.

Ansermet [ɑ̃sɛr'mɛ], Ernest (11. 11. 1883–20. 2. 1969), schweiz. Dirigent, Komp. u. Musiktheoretiker.

Ansfelden (A-4052), Gem. i. Bez. Linz, Oberöstr., 14 000 E; Geburtsort A. *Bruckners.*

Ansgar († 865), Erzbischof von Hamburg-Bremen, Apostel des Nordens.

Anshan, chin. St. in d. Mandschurei, 1,3 Mill. E; Eisen- u. Stahlindustrie.

Ansitz, *m.,* Jagdplatz, von dem aus das Wild sitzend erwartet wird.

Anspruch, *jur.* Recht, von einem anderen ein Tun od. Unterlassen zu fordern.

Anspruchsniveau, *psych.* Ansprüche an d. eigene Leistung, abhängig v. Erfolgsu. Mißerfolgserleben.

Anstalt, im *Verw.recht: A. des öffentl. Rechts,* durch bes. öff. Zweck verbundene Personen- u. Sachgesamtheit, die der Allgemeinheit oder best. Teilen der Bevölkerung zur Benutzung zur Verfügung gestellt wird (z. B. Universitäten, Sparkassen; oft jurist. Person).

Anstand, *m.,* **1)** Jagdplatz, von dem aus das Wild stehend erwartet wird; **2)** gutes Benehmen.

Anstiftung, Verleitung zu einer Straftat; strafbar, wenn diese begangen wurde, nach d. Gesetz, das auf Straftat selbst Anwendung findet (§ 26 StGB); → Aufforderung zum Verbrechen.

Antagonismus, *m.* [gr.], Widerstreit.

Antagonisten, 1) Widersacher, Gegenspieler; **2)** entgg.gesetzt wirkende Nerven od. Muskeln (z. B. Beuger u. Strecker).

Antakya, *Antakie,* St. im S d. Türkei, Hptst. der Prov. Hatay, 109 000 E; früher → *Antiochia.*

Antananarivo, früher *Tananarive,* Hptstadt d. Rep. Madagaskar, 1,05 Mill. E.

Antapex [l.], *Antiapex,* Punkt am Himmel gegenüber d. → Apex.

Antares [„Gegenmars"], hellster Stern 1. Größe i. Skorpion, rötl. Licht, Doppelstern; südl. → Sternhimmel C.

Antarktis, *w.* [gr.], → Südpolargebiet.

Antarktische Halbinsel, früher *Grahamland,* Halbinsel im W des → Südpolargebietes.

Antarktis-Vertrag, 1958 geschlossener Vertrag zw. Argentinien, Australien, Belgien, Chile, Frkr., Großbrit., Japan, Neuseeland, Norwegen, Südafrika, UdSSR, USA, Polen (1977), BR (1981) über d. friedl. Nutzung d. Antarktis.

Antäus, *Antaios,* Riese der gr. Sage, empfing durch Berührung mit der Erde stets neue Kraft, von Herakles in der Luft erdrückt.

ante [l.], vor (auch als Vorsilbe).

Anteilswirtschaft, *Teilbau, Teilpacht, Halbscheidewirtschaft,* landw. Verpachtungsart; Pachtzins wird durch Anteil am Ertrag abgegolten.

Antenne, 1) *Fühler,* vorderstes Gliedmaßenpaar der Gliederfüßer, reich mit Sinnesorganen besetzt; **2)** *Radiotechnik,* Wellentypwandler, der elektromagnet. Energie abstrahlt od. aufnimmt; Bestimmungsgrößen: Antennengewinn, → Richtcharakteristik, Eingangswiderstand u. relative → Bandbreite.

Antependium [l.], Verkleidung d. Altarmensa.

Antes, Horst (* 28. 10. 1936), dt. Maler, Graphiker u. Bildhauer.

Anthere, *w.* [gr.], Staubbeutel der Blütenpflanzen.

Antheridium, männl. Organ v. → Kryptogamen.

Anthocyan, *s.,* blauroter Blütenfarbstoff.

Anthologie, *w.* [gr. „Blütenlese"], Auswahl v. Dichtungen, bes. Gedichten.

Anthracen, *s.,* Kohlenwasserstoff i. Teer; verarbeitet zu → Alizarin.

Anthrazit, *m., Kohlenblende,* Steinkohle des höchsten Kohlenstoffgehalts, hart u. glänzend, wenig flüchtige Bestandteile, gibt wenig Flamme, aber viel Hitze (35,5 kJ/g Heizwert).

Anthropoiden → Menschenaffen.

Anthropologie, 1) *vergleichende Biol.* des Menschengeschlechts; Hauptgebiete: menschl. Abstammungslehre, Typenkunde (einschließl. Rassenkunde), Bevölkerungsbiol.; **2)** *angewandte A.* svw. → Eugenik; **3)** *phil. A.:* die menschl. Selbstbeschreibung des Menschen.

Anthropometrie, wiss. Vermessung des menschlichen Körpers.

Anthropomorphismus, Vorstellung über- od. untermenschl. Wesen (Götter, Naturwesen) nach dem Bilde des Menschen.

Anthropos, *m.* [gr.], Mensch ...

Anthroposophie, Begr. R. → *Steiner:* Der Mensch soll Anschluß an das geistige Prinzip des Alls gewinnen.

anthropozentrisch, den Menschen im Mittelpunkt der Welt betrachtend.

Anthropozoonose, vom Tier auf den Menschen übertragbare Infektionskrankheit.

anti- [gr.], „gegen", „wider".

antiautoritär, autoritäre Macht, Normen, Behandlung ablehnend; **antiautoritäre Erziehung; antiautoritärer Kindergarten.**

Anti-Baby-Pillen → Kontrazeption.

Antibes [ã'tib], frz. Stadt und Mittelmeerhafen am *Golf v. A.,* 33 000 E; Badeorte *Juan-les-Pins u. Cap d'Antibes.*

Antibiotika [gr.], von Lebewesen (Schimmel- u. Strahlenpilzen, Bakterien, Algen, Flechten) gebildete Stoffwechselprodukte, die das Wachstum anderer Kleinlebewesen hemmen od. vernichten; das Hauptanwendungsgebiet sind Infektionskrankheiten. Die wichtigsten A. sind: → *Penicilline, Cephalosporine, Streptomycin, Tetracyclin, Chloramphenicol, Erythromycin, Kanamycin, Rifampicin, Tyrothricin.*

Antiblockiereinrichtung, *ABS-System,* verhindert (z. B. bei Autobremsen) d. gefährl. Blockieren der Räder, wenn d. Pedaldruck zu hoch u. d. Reibung zw. Rad u. Straße zu gering ist.

antichambrieren [frz. -ʃã-], im Vorzimmer warten (oft im Sinne von Kriecherei), katzbuckeln.

Antichlore, Chemikalien, die Chlor binden und Bleichschäden verhüten (z. B. Natrium-Thiosulfat).

Antichrist, Endzeitmythos: Feind des Messias, teufl. Verführer der Christen.

Antidepressiva, svw. → Thymoleptika.

Antidiabetika [gr.-l.], → Diabetes mellitus.

Antidot, *s.* [gr.], Gegenmittel (z. B. bei Vergiftung).

Antigene [gr.], belebte (Bakterien, Schimmelpilze) od. unbelebte (Staub, Nahrungs-, Arzneimittel) Stoffe, die nach Eindringen i. d. Körper eine Reaktion des Organismus hervorrufen, wobei körpereigene Abwehrstoffe (→ *Antikörper*) gebildet werden; bei gr. Menge v. A.n u. wiederholtem Eindringen: → Immunisierung od. → Allergie.

Antigone, Tochter d. Ödipus, auf Befehl Kreons getötet; Tragödien von Sophokles u. Anouilh.

Antigua und Barbuda, amtl. *State of A. and B.,* Inselstaat in der Karibik, 440 km², 85 000 E; parlamentar.-demokr. Monarchie, ehem. Teil d. brit. Kolonie Leeward-Inseln (s. 1632), s. 1981 unabhängig; Hptst.: *St. John's* (36 000 E); Mitgl. d. UN u. d. OAS, assoz. mit d. EG.

Antihistaminika, Arzneimittel gegen → Histamin(wirkung); b. → Allergien.

antik [l.], aus dem Altertum; alt, altertümlich.

Antikathode → Röntgenröhren.

Antillen

0   200   400   600 km

Antike, *w.,* griech. u. röm. Altertum (→ Tafel Kunst d. Altertums, → griechische, → etruskische u. → römische Kunst).

Antiklopfmittel, Bez. f. die den Ottomotor-Kraftstoffen in kleinsten Mengen zugesetzten Substanzen, um ihre → Octanzahl zu erhöhen u. das Klopfen des Motors zu verringern (z. B. → Bleitetraethyl).

Antikoagulanzien [gr.-l.], die → Blutgerinnung hemmende Substanzen (z. B. → Heparin, → Kumarin); z. Vorbeugung u. Behandung v. → Thrombose, → Embolie, → Infarkt.

antikonzeptionell → Kontrazeption.

Antikörper, körpereigene *Abwehrstoffe,* die körperfremde Stoffe (→ Antigene) bei Eindringen in den Organismus unschädlich zu machen versuchen *(Agglutinine, Alexine, Antitoxine, Bakteriolysine, Präzipitine, Hämolysine).*

Antilibanon, Parallelgebirge zum → Libanon; höchste Erhebung: *Talaat Musa,* 2629 m.

Antillen, *Westindien,* Inselwelt d. Am. Mittelmeeres (Golf v. Mexiko u. Karibisches Meer) mit Ausnahme d. Bahama-Inseln: *Große A.:* Cuba, Haïti, Jamaica, Puerto Rico (letztere zu USA); *Kleine A.* (teilweise m. GB, F, NL u. USA assoziert): *Inseln über dem Winde,* v. d. Jungferninseln bis nördl. Trinidad, u. *Inseln unter dem Winde,* vor d. Venezuela-Küste v. Trinidad bis Aruba; auf Haïti bis 3140 m hoch, trop. Klima, Wirbelstürme; Zuckerrohr, Tabak, Kaffee, Baumwolle; Bauxit.

Antilopen, meist in Herden lebende gehörnte Huftiere bes. Afrikas, auch Indiens *(Hirschziegen-A.);* Wiederkäuer; kleine A. werden als Gazellen bezeichnet.

Antilymphozytenserum, Serum gg. Abstoßungsreaktionen nach → Transplantation fremden Gewebes (bes. aus Pferdeblut hergestellt).

Antimaterie, nach phys. Theorie denkbare el. od. magnet. gegensätzl. → Elementarteilchen u. „Antiatome" (aus Antiprotonen, Antineutronen, Positronen), die für sich allein beständig wären, bei Kontakt mit „gewöhnlicher" Materie aber zerstrahlen würden; inzwischen fand man jedoch experimentell heraus, daß bei best. Resonanzenergien Teilchen u. Antiteilchen beim Zus.treffen stabil bleiben können.

Antimetabolite [gr.-l.], Hemmstoffe d. Nukleinsäurestoffwechsels, Mittel gg. → Leukämie u. a.

Antimon, *Sb,* chem. El., Oz. 51; At.-Gew. 121,75, Dichte 6,69; weißes, sprödes Metall, bildet m. Blei u. Zinn *Lettern-* und *Britanniametall.* - **A.salze,** dienen als Beize in der Färberei.

Antimykotika [gr.], Mittel gg. → Pilzkrankheiten.

Antineuralgika, schmerzstillende Mittel.

Antinomie [gr.], 1) Widerstreit zweier scheinbar gleich stichhaltiger Sätze (Kant); 2) *jur.* Gesetzwiderspruch; bei gleicher Frage geht jüngeres Gesetz dem älteren in der Regel vor.

Antinoos [-*no-os*], Liebling des röm. Kaisers Hadrian; Ideal der Jünglingsschönheit in d. spätrömischen Kunst.

Antiochia, antike Stadt, 300 v. Chr. von Seleukos erbaut, Blüte zur röm. Kaiserzeit; hier 1. große Christengemeinde außerh. Palästinas; i. MA arabisch, dann türkisch; heute → Antakya.

Antilope

Antiochus, *Antiochos,* Name von syrischen Kgen (Nachkommen des Seleukos): **1)** A. III., der Große (reg. 223-187 v. Chr.), 190 bei Magnesia von den Römern besiegt; sein Sohn **2)** A. IV., Epiphanes, Kg 175-164, trieb d. Makkabäer zum Aufstand (166).

ANTIOPE, Abk. f. *L'Acquisition Numérique et Télévisualisation d'Images Organisées en Pages d'Ecriture;* vom staatl. frz. Rundfunk TDF entwickeltes Textübertragungssystem, ähnlich dem dt. → Videotext.

Antioxidanzien, organ. Verbindungen v. sehr verschiedenartigem Bau, die unerwünschte, durch Sauerstoffeinwirkung bedingte Veränderungen in den zu schützenden Stoffen hemmen od. verhindern; in Kunststoffen, Fetten, Ölen, Benzin, Anstrichstoffen, Kosmetika, Lebensmitteln usw. benötigt.

Antiparteienaffekt, feindselige, ablehnende Haltung gegenüber pol. Parteien, bes. i. d. Weimarer Republik.

Antipassate, polwärts gerichtete Luftströmungen über d. → Passaten.

Antipathie [gr.], Widerwillen, Abneigung.

Antiphlogistika [gr.], entzündungshemmende Mittel.

Antiphon [gr.], Wechselgesang zwischen Priester u. Chor (od. Gemeinde) Gesang aus dem Stundengebet d. röm.-kath. Kirche, bei dem sich d. ganze Chor u. 2 Chorhälften abwechseln.

Antipoden, *w.* [gr. „Gegenfüßler"], leben auf entgegengesetzten Orten d. Erdkugel; im übertragenen Sinn: gegensätzl. Menschen.

Antiproton [gr.], 1955 experimentell nachgewiesenes → Elementarteilchen hoher Energie m. Masse d. → Protons, aber negativer Ladung.

Antipyretika [gr.], fiebersenkende Mittel.

Antiqua, lat. Druckschrift (→ Schriftarten).

Antiquar [l.], Verkäufer alter Bücher. **antiquiert,** veraltet.

Antiquitäten, alte Kunst- u. Gebrauchsgegenstände.

Antisana, erloschener Vulkan in Ecuador, 5704 m.

Antisemitismus, Bez. für Judenfeindlichkeit; als pol. Bewegung auf die Zurückdrängung, häufig sogar Ausschreibung der Juden aus dem Leben der „Wirtsvölker" gerichtet. Das Wort wurde in Dtld geprägt nach 1870, d. sich auf d. Begriff → Arier (ihn verfälschend) stützte. Der A. fand später weitere Nahrung durch d. Verherrlichung der „arischen" Rasse bei H. S. → Chamberlain. Extreme Auswüchse erlebte er im zarist. Rußland (Pogrom) u. in der Vernichtung der Juden durch den → Nationalsozialismus. Antisemit. Tendenzen auch heute noch vielerorts spürbar.

Antisepsis, *w.* [gr.], antiseptische (fäulniswidrige) Wundbehandlung durch bakterientötende Mittel *(Antiseptika)* wie Karbol-, Iodlösungen; → Asepsis.

Antiteilchen → Elementarteilchen, → Antimaterie.

Antithese [gr.], Gegenbehauptung; rednerische Gegenüberstellung zweier Gegensätze.

Antitoxine [gr.], Gegengifte, im Blut entstehend od. als Abwehrstoffe *(Impfung)* zugeführt, die die Wirkung tier., pflanzl. oder bakterieller Gifte *(Toxine; z. B. d. Diphtheriebakterien)* aufheben; → Antikörper.

Antivitamine, chem. Stoffe, die sich anstelle eines Vitamins setzen u. dieses unwirksam machen.

Antizipation, *w.* [l.], 1) Vorwegnahme; 2) *mus.* Vorausnahme e. od. mehrerer Töne d. folgenden Zusammenklangs od. Taktes.

antizyklische Finanzpolitik, Abschwächung bzw. Vermeidung von konjunkturellen Störungen im Wirtschaftsgeschehen mit Mitteln der Einnahmen-/Ausgaben-Dosierung durch die öffentl. Hand; dabei werden die Einnahmen/Ausgaben entgegenwirkend der jeweiligen Konjunkturphase eingesetzt. → Konjunktur.

Antofagasta, 1) chilen. Prov., 125 306 km², 376 000 E; Salpeterfelder, Silber, Kupfer, Guano; 2) *A.*, 175 500 E; chilen. Hafen, bergbaul. Ind., Silberschmelzen.

Antoninus Pius (86–161), röm. Kaiser 138–161.

Antonioni, Michelangelo (* 29. 9. 1912), it. Filmregisseur: *La notte* (1961); *Blow-up* (1967); *Zabriskie Point* (1970).

Antonius, 1) Marcus A. (82–30 v. Chr.), Anhänger Cäsars, schloß mit Octavianus u. Lepidus 43 das 2. → Triumvirat (Dreimännerbündnis) u. gg. die Mörder Cäsars; Sieg bei Philippi 42 über Brutus u. Cassius; verfiel d. ägypt. Kgn Kleopatra; von Octavian, s. Schwager, 31 bei Aktium besiegt; Selbstmord; 2) A. d. Gr. (um 251–356), „Vater d. Mönchtums“, gründete Einsiedlergemeinden in Ägypten; 3) A. v. Padua (1195 bis 1231), kath. Hlg., Franziskaner, n. ihm: **Sankt-A.-Brot,** Armengabe.

Antragsdelikte → Strafantrag.

Antrieb, 1) *techn.* die den A. liefernde Maschine *(→ Triebwerk); 2) phys.* der einem Körper zugeführte →Impuls; 3) *psych.* Maß für d. seel. Dynamik (z. B. Gefühl, Wille), die best. Verhaltensweisen bewirkt.

Antwerpen, frz. *Anvers,* 1) nordbelg. Prov. an d. unteren Schelde; 2) nordbelg. St., Hptst. d. Region Flandern, einer der größten Häfen Europas, an der Schelde, 88 km von der Nordsee entfernt, 483 000 E; kath. Bischofssitz; bed. Umschlaghafen u. Handelszentrum; div. Ind.; Lebensmittel, Tabak, Diamantenind., Werften, Schiffsreparaturwerkstätten, Erdölraffinerien, Fotoprodukte etc.; zahlr. histor. Bauten. – Schon im 7. Jh. genannt; drei Blüteperioden (13., 16. u. 19. Jh.), 1809 u. 1814 v. Engländern er-

folglos belagert; nach Erringung der Unabhängigk. Belgiens (1830) u. Aufhebung des Scheldezolls (1863) bed. Aufschwung der Stadt u. des Hafens.

Anubis, altägypt. Totengott mit Schakalskopf.

Anuradhapura, Ruinen auf Ceylon (450 v. Chr.–9. Jh. n. Chr.); Hauptkultstätte des Buddhismus.

Anurie [gr.], Aufhören der Harnabsonderung.

Anus, svw. → After.

Anzeigepflicht, 1) bei Kenntnis des Vorhabens gewisser schwerer Straftaten (Mord u. a.). Unterlassung strafbar; Absehen von Strafe möglich, wenn Straftat nicht versucht wurde (§§ 138, 139 StGB); 2) für Geburts- u. Sterbefälle, → Seuchen, → Infektionskrankheiten, → Tierseuchen.

Anzengruber, Ludwig (29. 11. 1839–10. 12. 89), östr. Dramatiker u. Schriftst.; *D. G'wissenswurm.*

ANZUS-Pakt, 1951 geschlossenes Bündnis zw. *Australien, Newzealand* (Neuseeland) u. d. *USA* z. Verteidigung des Pazifik; durch Ausschluß v. Neuseeland 1986 faktisch aufgelöst bzw. durch bilaterale Abkommen ersetzt.

AO, Abk. f. → *Abgabenordnung.*

a. o., *außerordentlicher* (→ Professor).

Äolier, einer der 4 Hauptstämme der Griechen.

Äolsharfe, Windharfe, b. Lufthauch tönend.

Äolus, *Aiolos,* der griech. Windgott.

Äon, *s.* [gr.], Zeitalter, Weltalter.

Aorist, *s.* [gr., „unbegrenzt“], *gramm.* indoeur. erzählende Zeitform f. Vergangenh., bes. i. Griech.

Aorta, *w.* [gr.], Hauptschlagader d. Körpers, versorgt alle übrigen Schlagadern außer d. Lungenschlagadern (Abb. → Herz).

Aosta, 1) Region in Nordwestital., umfaßt d. A.-Tal mit Nebentälern; 2) Hptst. d. Region *Valle d'A.,* an der Dora Baltea, 36 300 E, am Ausgangspunkt d. Straßen über den Großen u. Kleinen St. Bernhard; 3) Tal der Dora Baltea in Piemont.

AP [*'eı'pi*], Abk. f. → *Associated Press.*

APA, Abk. f. *Austria Presse-Agentur,* östr. Nachrichtenagentur.

Apachen, *Apatschen,* 1) Indianerstamm im S des Plains-Areals vor Nordamerika; 2) (Pariser) Unterweltler.

apagogischer Beweis, Beweisführung aus der Unrichtigkeit des Gegenteils.

Antwerpen, *Kathedrale*

Apanage, *w.* [frz. *-ʒə* „Leibgedinge“], v. Staat bezahlte Rente an Prinzen regierender Häuser.

apart [frz.], eigenartig, reizvoll.

Apartheid, *w.* [afrikaans. „Trennung“], die von der burischen Nationalpartei in Südafrika betriebene Pol. d. Rassentrennung.

Apathie [gr.], Unempfindlichkeit, Teilnahmslosigkeit.

Apatit, Mineral, *Calciumphosphat;* Düngemittel; Bestandteil v. Knochen u. Zähnen.

Apeiron, *s.* [gr.], das Unbegrenzte, Ungeformte.

Apel, Hans (* 25. 2. 1932), SPD-Pol.; 1972–74 Staatsmin. im AA, 1974–78 B.finanzmin., 1978–82 B.verteidigungsmin.

Apeldoorn, St. in der ndl. Prov. Geldern, 145 700 E; Nähe *Het Loo,* kgl. Sommerresidenz.

Apelles, griech. Maler, (4. Jh. v. Chr.); obwohl kein Werk erhalten ist, stand er bis zur Renaiss. im Ruf des größten Malers d. Antike; die Beschreibung (2. Jh. n. Chr.) s. Gemäldes *Die Verleumdung* inspirierte den it. Renaiss.maler Botticelli zu einer Nachschöpfung.

Apenninen, junges Faltengebirge Italiens **(A.halbinsel);** vom *Col d'Altare* westl. Genua bis zur Straße von Messina, 1200 km l.; *Gran Sasso d'Italia* (Abruzzen) 2914 m; teilt erst waldet.

Apenrade, dän. *Åbenrå,* Amtshptst. a. d. *A.r Förde* in Südjütland, 21 400 E; Fischräuchereien.

aper [l. „apertus = offen“], schneefrei.

Aperçu, *s.* [frz. *-'sy:*], geistreicher Einfall.

Apéritif, *m.* [frz.], appetitreizendes alkohol. Getränk (z. B. Bitterlikör).

Apertur, *w.* [l.], Öffnung; blendefreier Teil opt. Linsen, mit dessen Größe die Helligkeit u. feinste Wiedergabe von Einzelheiten wächst; *numerische A.,* Maß f. d. Auflösbarkeit feinster Einzelheiten, steigt b. Anwendung v. → Immersionsflüssigkeiten.

Apex, *m.* [l.], 1) scheinbarer Richtungspkt d. Bewegung der Sonne relativ zu den us umgebenden Sternen, im Sternbild Herkules; 2) *med.* Spitze (z. B. der Zahnwurzel, des Herzens).

Apfel, Kernobst; Europa; *Wild-A. (Holz-A.)* bedornt, wohl nicht Stammform der über 600 Kultursorten (wahrscheinlich asiat. Arten; bestimmte ausländ. Arten Zierbäume. In BR 1983: Ernte 1,31 Mill. t.

Apfelblütenstecher, graubrauner Rüsselkäfer, 4 mm, legt Eier in Blütenknospen; Larven fressen diese aus.

Apfelsine, *Orange, Citrus,* Südfrucht, urspr. aus Südostasien.

Aphasie [gr.], zentrale Sprechstörung.

Aphel, *s.* [gr.], → Apsiden, bei Planetenbahnen.

Aphorismus [gr.], kurzer, einprägsamer (Sinn-)Spruch, Gedankensplitter.

aphoristisch, knapp, prägnant, pointiert.

Aphrodisiaka, nach *Aphrodite,* Mittel zur Steigerung des Geschlechtstriebes.

Aphrodite
von Knidos

Aphrodite [griech. „dem Meerschaum entstiegen"], Göttin der Schönheit u. d. Liebe, die römische → *Venus;* Beiname: *Anadyomene. – A. von Knidos,* Statue des Praxiteles (→ Tafel Kunst d. Altertums).
Aphthen [gr.], einzeln oder zu mehreren auftretende Defekte der Mundschleimhaut mit einem gelbl. Belag, die meist nur linsengroß werden; sie können chronisch rezidivierend auftreten, sind nicht infektiös; manchmal in Begleitung v. Verdauungsstörungen u. während der → Menstruation.
API, Abk. f. *Association Phonétique Internationale.*
Apia, Hptst. u. Hafen der Rep. Westsamoa, 36 000 E.
Apis, ägypt. Fruchtbarkeitsgott in Stiergestalt.
Aplanat, fotograf. Objektiv (veraltet, weil → Astigmatismus u. Farbfehler vorhanden).
Aplomb, *m.* [frz. a'plõ], dreistes Auftreten.
APN → Presse, Übers. (Nachrichtenagentur).
APO, Abk. f. → *Außerparlamentarische Opposition.*
apodiktisch [gr.], unwiderleglich, beweiskräftig.
Apogäum [gr.], → Apsiden bei Mond- u. Erdsatellitenbahnen.
Apokalypse [gr. „Enthüllung"], im N.T. *A. des Johannes,* die in großen, oft dem A.T. u. außerjüd. Religionen entnommenen, mit neuem Inhalt erfüllten Bildern u. Visionen Gottes Herrschaft über die menschl. Geschichte darstellt. – **Apokalyptik,** Vorstellung u. Lehre von den endzeitl. Ereignissen (Eschatologie). – **Apokalyptische Reiter,** Pest, Hungersnot, Krieg, Tod. – **apokalyptische Zahl,** Offb. 13,18: 666, bezeichnet den → Antichrist.
Apokryphen [gr. „verborgen, unsicher"], rel. jüd. u. christl. Bücher, die vom gottesdienstl. Gebrauch ausgeschlossen blieben; für die Protestanten sind manche Bücher des A.T. apokryph,

die nach kath. Lehre nicht a. sind (z. B. u. a. 2 Bücher Makkabäer, Tobias, Judith, Weisheit, Jesus Sirach).
Apolda (D-5320), Krst. in Thür., 27 600 E; Textilind., Glockengießerei.
Apollinaire [-'nɛːr], Guillaume, eigtl. *Wilhelm Apollinaris v. Kostrowitski* (26. 8. 1880–9. 11. 1918), poln.-frz. Schriftst. zw. Symbolismus u. Surrealismus, Kunstkritiker; Gedichtsammlungen: *Alcools; Calligrammes.*
apollinisch, nach Nietzsche: das Maßvolle, heiter Ausgeglichene; Ggs.: → *dionysisch.*
Apollo, Programm der → NASA, das 1961 speziell mit d. Ziel eingeleitet wurde, Menschen auf d. Mond zu bringen; 1. Mondlandung durch Apollo 11 (→ Weltraumforschung).
Apollofalter, ◊, Schmetterling d. Hoch- u. Mittelgebirge (Europa, Asien); weiß mit schwarzen und roten Flecken.

Apollo v. Belvedere

Apollo|n [gr. „Apollo"], griech.-röm. Gott des Lichts u. der Künste *(Phöbus),* Sohn des Zeus und der Leto; – Statuen: *A. v. Tenea* (archaisch, 6. Jh.); *A. v. Olympia* (frühklass., 5. Jh.); *A. v. Belvedere* (erste röm. Kaiserzeit).
Apollonios, 1) A. v. Rhodos (3. Jh. v. Chr.), griech. Dichter (Alexandria), *Argonautensage;* **2)** A. v. Perge (ca. 262–190 v. Chr.), griech. Math., n. ihm *Apollonischer Kreis;* **3)** A. v. Tyana, Neupythagoräer, Prophet und Wundertäter des 1. Jh. n. Chr.
Apollo-Raumschiffe → Mondsonden.
Apologetik, *w.* [gr.], **1)** Verteidigung des Glaubens gg. feindliche Anschauungen; **2)** die Wissenschaft davon (Fundamentaltheologie); Anfänge im 2. Jh. bei den **Apologeten:** Justin, Origenes, Tertullian u. a.
Apologie [gr.], Verteidigung, Rechtfertigung.
Apomixis, bei Pflanzen Samenbildung ohne vorhergehende → Befruchtung; → Parthenogenesis.
apoplektisch, mit Schlaganfall zusammenhängend.
Apoplexie [gr.], *Schlaganfall, Hirnschlag,* Blutung, Gefäßverstopfung od. -verschluß im Gehirn; häufig mit Halbseiten-

lähmung, meist m. Sprachverlust u. Bewußtlosigkeit verbunden.
Apostasie [gr.], Abfall vom Glauben.
Apostel [gr. „Bote"], im N.T. die 12 A. Sendboten Jesu: *Petrus, Johannes, Jakobus Zebedäi, Andreas, Philippus, Thomas, Bartholomäus, Matthäus, Jakobus Alphäi, Simon, Thaddäus* od. *Judas Jakobi (Lebbäus);* statt *Judas Ischarioth* wurde *Matthias* gewählt; später zusätzlich *Paulus.* – A. auch Ehrenname großer Missionare. – **A.geschichte,** Schrift im N.T. von Lukas. – **A.lehre,** älteste christl. Kirchenordnung (um 100).
a posteriori [l. „vom Späteren"], nach *Kant:* Erkenntnis aus der Erfahrung; Ggs.: → a priori.
Apostolikum, ältestes christl. Glaubensbekenntnis in 12 Artikeln, Zus.fassung der Glaubenssätze aus den ersten vier nachchristl. Jh.en; als II. Hauptstück in Luthers Katechismus.
apostolisch, bes. was auf die Apostel zurückgeht; auch päpstlich. – **a.e Gemeinden,** von Aposteln gegründet.
Apostolische Konstitution, Kirchenordnung aus dem 4. Jh.
Apostolischer- Delegat, Geistlicher mit päpstl. Vollmacht. – **A. Segen,** der päpstl. Segen. – **A. Stuhl,** Bez. f. d. Papst u. die päpstl. Gewalt. – **A. Vikar,** Vorsteher eines Missionsbezirks.
Apostroph, *m.* [gr.], Auslassungszeichen (') für Wegfall eines Vokals *(sei's).*
Apostrophe, *w.,* Rede an Abwesende oder Dinge; jemanden *apostrophieren,* anreden.
Apotheke [gr.], staatl. zugelassene und amtlich kontrollierte Zubereitungs- und Verkaufsstelle für Heilmittel, besonders der stark wirkenden Arzneien, die ärztl. Verordnungszwang unterliegen.
Apotheker, staatl. approbierter Heilmittelbereiter und -händler. – **A.kammer,** öff.-rechtl. Berufsvertretung der A.
Apotheose [gr.], Vergöttlichung, Verherrlichung; auch: prunkvolles Schlußbild e. Bühnenwerks.
Appalachen, altes Gebirgssystem im O Nordamerikas, 2600 km l., 200–300 km br., stark bewaldet, *Süd-A.,* durch breites Längstal *(Great Valley)* geteilt in nö. *Alleghenygebirge (Alleghenies:* Mount Mitchell 2039 m) und sw. *Cumberlandplateau; Nord-A.,* aufgelöst i. einzelne Gebirgsstöcke; reich an Bodenschätzen, bes. Steinkohle.
Apparat, *m.* [l.], **1)** techn. Werkzeug, Gerät; **2)** bei wiss. Werken Erläuterungen. Anhängen, Fußnoten; Lit., die während der Arbeit bereitgehalten wird.
Apparatschik, *m.* [russ.], abwertende Bez. f. Funktionär d. kommunist. Bürokratie.
Appartement, *s.* [frz. -'mã], *Apartment* [engl. ə'pa:tmənt] Einzimmerwohnung, kleine Wohnung m. modernem Komfort; i. Hotels Zimmergruppe.
appassionato [it.], *mus.* leidenschaftlich, m. Hingabe.

Appeal, *m.* [engl. ə'pi:l], Anziehung, Zugkraft.

Appeasement, *s.* [engl. ə'pizmənt], Beschwichtigungspolitik; pol. Nachgiebigkeit.

Appel, Karel (* 25. 4. 1921), ndl. Maler, bed. Vertreter d. informellen Malerei.

Appell [frz. „Zusammenruf"], mil. Truppenversammlung z. Dienst.

Appellation [l.], Anrufen eines höheren Gerichts.

appellieren, sich wenden an.

Appendix, *m.* [l.], Anhängsel; *med.* Wurmfortsatz des → Blinddarms im rechten Unterbauch.

Appendizitis, Wurmfortsatzentzündung.

Appenzell, Kanton der nordöstl. Schweiz, 415 km², 64 400 E, zerfällt in d. bergumschlossene, vorwiegend kath. *Innerrhoden* und das in d. Reformationszeit 1597 abgetrennte, vorwiegend reformierte *Außerrhoden;* Hptorte *A.* (4800 E) und *Herisau* (14 600 E) im Gebirgsland d. Hohen Säntis; Textilind. u. Viehzucht.

Apperzeption, apperzipieren [l.], bewußte Verarbeitung v. neu aufgenommenen Wahrnehmungs- u. Vorstellungsinhalten.

Appian (um 100 n. Chr.), griech. Geschichtsschreiber; *Röm. Geschichte.*

Appius Claudius Caecus, röm. Zensor 312 v. Chr., baute Via Appia u. erste Wasserleitung in Rom.

applanieren [frz.], ausgleichen, einebnen.

Appleton ['æpltən], Sir Edward Victor (6. 9. 1892–21. 4. 1965), engl. Phys.; Phys. d. Atmosphäre; Nobelpr. 1947.

Applikation [l.], 1) Einverleibung (z. B. v. Medikamenten); 2) Aufnäharbeit.

Applikatur, *w.,* 1) zweckmäßiger Gebrauch; 2) *mus.* Fingersatz bzw. Pedalsatz f. Orgel.

apportieren [frz.], herbeibringen (vom Hund).

Apposition, *w.* [l.], Beifügung, erklärender Zusatz (z. B. Wilhelm, *ein mutiger Mann*).

Appretur, Schlußbehandlung v. Geweben (z. B. m. Stärke, Eiweiß, Leim od. Spezialpräparaten), um diesen Glanz, Wasser- od. Knitterfestigkeit z. verleihen.

Approbation [l.], 1) → Bestallung; 2) bischöfl. Genehmigung zum Druck religiöser Schriften.

approbiert, behördl. zugelassen.

Approximation [l.], (An-)Näherung.

Après-Ski [frz. apre'fi], Ausdruck f. gesellschaftl. Zusammensein nach d. Skilaufen in mod. Sportkleidung; auch entsprechende Kleidung.

Aprikose, *Marille,* Steinfruchtbaum aus Innerasien; Frucht mit glattem Kern.

April [l.], 4. Monat (30 Tage); altdt. *Ostermond.*

a priori [l. „vom Früheren"], von vornherein; nach *Kant:* Erkenntnis unabhängig von der Erfahrung, darum allgemeingültig; Ggs.: → a posteriori.

apropos! [frz. -'po:], übrigens.

Apscheron, erdölreiche Halbinsel am *Kaspischen Meer.* Hptort: *Baku;* Schlammvulkane.

Apsiden [gr.], Punkte d. größten bzw. kleinsten Abstandes e. Körpers, d. sich i. einer → Ellipse um einen Zentralkörper bewegt; bei Erde–Sonne *Perihel, Aphel;* bei Erde–Mond *Perigäum, Apogäum;* bei Doppelsternen *Periastron, Apastron.*

Apsis, *w.* [gr.], runder od. polygonaler nischenartiger, gewölbter Abschlußraum in e. Kirche.

Apulejus (125–180), röm. Schriftst., satir. Roman: *Der goldene Esel;* Märchen: *Amor u. Psyche.*

Apulien, it. *Puglia,* Halbinsel Süditaliens, it. Region, 19 348 km², 4,1 Mill. E; i. Innern Kalkboden, durch gewaltigen Aquädukt bewässert, an der Küste sehr fruchtbar (Wein, Öl) und dicht bevölkert; Hafenstädte: *Bari* (Hptst.), *Brindisi, Tarent.*

Aqua, *s.* [l.], Wasser. – **A. destillata,** *s.,* destilliertes (chem. reines) Wasser.

Aquädukt, Tarragona

Aquädukt, *m.* [l.], altröm. Wasserleitung, kunstvoll über Rundbogen geführt.

Aquamanile, *s.* [l.], (liturg.) Gießgefäß od. Becken z. Händewaschen (im Pontifikalamt noch heute); im MA meist in Form e. Tieres aus Bronze od. Messing.

Aquamarin, Edelstein, hellblau-grün, *Beryll* (Abb. S. 343).

Aquametrie, Lehre v. den chem. u. phys. Methoden zur quantitativen Bestimmung d. Wassergehalts.

Aquanaut [l. „aqua = Wasser" u. „Astronaut"], Unterwasserforscher.

Aquaplaning [l.-engl.], bei Kfz Verlust der Bodenhaftung bei hoher Geschwindigkeit auf nasser Straße; Kfz verhält sich ähnlich wie bei Glatteis („schwimmt auf").

Aquarell, *s.* [it.], Wasserfarben-Malerei; zartes Tusch-Verfahren ohne Untermalung; **A.farben.**

Aquarium [l.], Glasbehälter zur Haltung u. Züchtung v. Wassertieren u. -pflanzen.

Aquatinta, *w.* [it.], 18. Jh. Verfahren d. Kupferstichtechnik, um durch säurebedingte Aufrauhung d. Radierungsplatte im Abdruck tuschähnliche Wirkung d. Farbe zu erreichen; z. B. *Goya, Picasso.*

Äquator, *m.* [l. „Gleicher"], der zur Rotationsachse senkrechte Großkreis der Kugel, **1)** *Ä. der Erde,* Umfang 40 076 km, teilt die Erde in nördl. u. südl. Halb-

kugel; **2)** *Ä. des Himmels,* entsteht durch Schnitt d. verlängerten Ebene des Erdäquators mit d. scheinbaren Himmelskugel.

Äquatorialguinea, *Guinea Ecuatorial,* Rep., 1968 gebildet aus den ehem. span. Überseeprov. → Fernando Póo u. → Río Muni im W-Afrika; 28 051 km², 420 000 E (15 je km²); Bev.-Zuw. 1,9%; Bev.: Bantuneger, Bube, Fernandinos; Sprache: Span., Bantusprachen; Währung: Ekwele (Bipk.); Hptst.: *Malabo;* Flagge S. 740, Karte S. 750; Anbau: Kaffee, Kakao, Erdnüsse, Sisal, Edelhölzer; Mitgl. d. UN u. d. OAU; AKP-Staat.

Äquatorialplatte, Einordnung der → Chromosomen in die Medianebene der Teilungsspindel während der → Metaphase von → Mitose und → Meiose.

Aquavit, *m.* [l. „Lebenswasser"], Branntwein.

Aquileja, it. *Aquileia,* St. am Isonzo, 3500 E; bereits röm. Festung, 452 n. Chr. von Attila zerstört.

Äquilibrist [l.], Jongleur, Seiltänzer im Zirkus.

Aquino, Corazón („Cory") Cojuangco (* 25. 1. 1933), philippin. Pol.in; s. 1986 Staatspräs.in.

Äquinoktial-gegenden, Tropenländer. – **Ä.stürme,** im → Äquinoktium bes. häufige Stürme.

Äquinoktium [l. „Nachtgleiche"], *Tagundnachtgleiche,* die Tage, an welchen die Sonne i. Schnittpunkt von → Äquator u. Ekliptik steht (21. 3. Frühlings-, 23. 9. Herbstpkt); an beiden Tagen ist auf der ganzen Erde mit Ausnahme d. Pole Tag u. Nacht gleich lang.

Aquitanien, Landschaft in SW-Frankreich.

äquivalent [l.], gleichwertig.

Äquivalentgewicht, → Molekulargewicht eines Stoffes, das in einer chem. Reaktion dem eines anderen Stoffes gleichwertig ist.

Äquivalenz-klasse, Menge der Dinge, zw. denen e. Ä.relation besteht. – **Ä.relation,** verallgemeinerte Gleichheitsbeziehung.

äquivok [l.], zweideutig.

AR, Abk. für *Ascensio Recta* [l.], → Rektaszension.

Ar, 1) *chem.* Zeichen f. → *Argon;* **2)** Flächenmaß, → Maße u. Gewichte, Übers., S. 1085.

Ara, *Arara,* sehr gr. Keilschwanzsittiche, Mittel- u. S-Amerika; leuchtend bunte Papageien; Käfigvögel.

Ära, *w.* [l.], Zeitalter, → Zeitrechnung.

arabesk [frz.], phantast. verschlungen.

Arabeske, islam. Blatt- u. Rankenornament, ursprüngl. aus d. hellenist. Kunst; s. d. Renaissance in allen eur. Ländern aufgenommen.

Arabeske

Arabien, größte Halbinsel Asiens, zw. Rotem Meer u. Pers. Golf, etwa 3,2 Mill. km², ca. 50 Mill. E; Bev. meist moh., viele Nomaden. **a)** *Geogr.:* Wüstenhaftes Tafelland mit vulkan. Decken, nach W steil, nach O flacher abfallend; einzelne Oasen mit Dattelpalmenkulturen; wachsende weltwirtsch. Bedeutung durch gewaltige Erdöllager, bes. am Pers. Golf. **b)** *Pol.:* Saudi-Arabien, Jemen, Maskat u. Oman, Kuweit, Föderation der Arabischen Emirate am Pers. Golf (7 Fürstentümer), Katar u. Bahrein. **c)** *Gesch.:* Die durch d. Islam erweckten Stämme A.s eroberten um 700 n. Chr. in raschem Siegeszug Vorderasien, Afrika, Spanien u. Unteritalien; *Leo III.* v. Byzanz (717) u. *Karl Martell* (732) wehrten ihr weiteres Vordringen n. Eur. ab. Das Kalifat d. Araber zerfiel i. Teilreiche; Jemen u. Hedschas v. 16. Jh. bis 1918 i. wechselnder Abhängigk. v. osman. Sultan. Im 18. Jh. kam i. Inner-A. d. Sekte d. *Wahhabiten* z. Herrschaft, 1819 v. Mehmed Ali (Vizekg d. Ägypten) unterworfen. Seit 1840 in mehrere selbst. Teile zerfallen; Rivalität zw. arab. Herrscherhäusern u. auswärtigen Mächten (Türkei, Großbritann., Italien u. a.). Mit d. Zerfall d. türk. Reiches nach d. 1. Weltkrieg entstanden, zunächst meist als brit. Protektorate, d. inzwischen selbst. Staaten Arabiens; der größte, Saudi-Arabien, wurde 1926 v. Ibn Saud nach Eroberung des → Hedschas geschaffen.

Arabische Emirate, am Pers. Golf → Vereinigte Arabische Emirate.

arabische Kunst → islamische Kunst.

Arabische Liga, s. 1945 Zus.schluß v. Ägypten (Mitgliedschaft 1979–89 suspendiert), Syrien, Libanon, Jordanien, Irak, Saudi-Arabien, Jemen, Libyen (1953), Sudan (1956), Marokko (1958), Tunesien (1958), Kuweit (1961), Algerien (1962), Südjemen (1967), Bahrein, Oman, Katar, Föderation der arab. Emirate (1971), Mauretanien (1973), Somalia (1974), Djibouti (1977), PLO (1976). Gemeinsame außenpol. Vertretung; wirtsch. u. mil. Zus.arbeit gg. Israel (seit 1945) gerichtet; ständiger Rat (je ein Vertr. d. Länder) in Kairo (1979–90 in Tunis). 1950 Sicherheitspakt.

arabische Literatur, *vorislamisch:* Moallakat *(Preisgedichte);* Mohammed *(Koran,* nach des Proph. Aussage ein Diktat d. Erzengels Gabriel). – *11. Jh.:* Hariri *(Makamen),* novellist. Reimprosa, v. Rük-

kert übersetzt). *Tausendundeine Nacht:* Sammelwerk morgenländ. Erzählkunst (1000 n. Chr. bis etwa 1500; in Europa durch Galland auszugsweise bekannt geworden; vollständige dt. Übersetzung v. Enno Littmann).

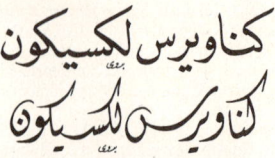

Arabische Schrift: KNAURS LEXIKON in 2 verschiedenen Schriftarten

arabische Schrift, eine Schriftform; nur die Konsonanten werden bez., sie verläuft v. rechts nach links; die a. S. dient v. a. zur Aufzeichn. des Arabischen und Persischen, früher auch der türk. Sprache.

Arabisches Meer, der NW-Teil d. Ind. Ozeans, zw. Vorderindien u. Arabien.

Arabische Sozialistische Union, *ASU,* 1962 gegr. Einheitspartei in Ägypten.

arabische Sprache, gehört zu d. semit. Sprachen.

arabische Ziffern, d. v. d. Arabern übernommenen (urspr. ind.) zehn Zahlenzeichen von 0–9.

Aracajú [-'ʒu], Hptst. d. brasilian. Bundesstaates Sergipe; 398 000 E; Erzbistum; bed. Hafen, Flugplatz.

Arad, rumän. St. a. d. Mureș, 184 500 E.

Arafat, Yasir (* 27. 8. 1929), s. 1967 Führer d. → Al Fatah, s. 1969 Vors. d. Zentralkomitees d. palästinens. Volksbefreiungsfront (→ PLO); s. 1989 nominell erster Präs. v. → Palästina.

Aragon [-'gõ], Louis (3. 10. 1897–23. 12. 1982), frz. surrealist. Schriftst.: *Elsa; Die Kommunisten.*

Aragonien, span. *Aragón,* histor. Provinz u. Landschaft in NO-Spanien am mittleren Ebro, 47 669 km², 1,2 Mill. E; trockenes Hügel- u. Steppenland, in Flußnähe Berieselungsoasen (Huertas). Hptst. *Zaragoza.*

Aragonit, *m.,* Mineral, *Calciumkarbonat,* Abart d. → Kalzits.

Aralie, Doldengewächs, aus d. gemäßigten Zonen Asiens u. Nordamerikas; häufige Zimmerpflanze.

Aralsee, viertgrößter See der Erde, 55 770 km², i. Tiefld. v. Turan; abflußlos, salzhaltig; durch Wassermangel stark verändert.

Aramäisch, *Chaldäisch,* Umgangssprache z. Z. Chr. in Palästina.

Aranjuez [araŋ'xu̯eθ], span. St. am Tajo, südl. von Madrid, 36 000 E; kgl. Schloß (16. u. 18. Jh.) m. großen Gärten.

Aräometer, Gerät, mißt die Einsinktiefe in Flüssigkeit deren spez. Gewicht an (z. B. Messung d. Alkoholgehalts).

Arapaima, größter Süßwasserfisch; bis 4,5 m l., wiegt 200 kg; trop. Amerika.

Ārar, *s.* [l.], Schatzkammer, Staatsschatz; im alten Östr. svw. Fiskus.

ararisch, fiskalisch.

Ararat, erloschener Vulkan im Armen. Hochland, mit 5137 m höchster Berg d. Türkei.

Aras, *Araks,* Hptfluß d. Armen. Hochlandes, 994 km l.; im Mittellauf Grenze zw. UdSSR u. Türkei bzw. Persien; im alten Lauf in die Kura, im neuen ins Kaspische Meer mündend.

Araukaner, *Araucos,* krieger. Indianerstamm in S-Chile u. Argentinien; aussterbend.

Araukarie, *Schuppentanne, Zimmertanne,* Nadelhölzer aus Australien, Südamerika u. Inseln d. Pazifiks; in milden Gebieten Gartenpflanze, sonst Zimmerpflanze.

Arbeit, 1) *volkswirtsch.* jede auf ein wirtsch. Ziel gerichtete menschl. Tätigkeit; neben Boden u. Kapital wichtigster elementarer Produktionsfaktor; nach den Merkmalen der A. unterscheidet man *freie* u. *unfreie, gelernte* u. *ungelernte, körperliche* u. *geistige, dispositive* (leitende) u. *exekutive* (ausführende) A.; die spezif. A. des Individuums bildet den Inhalt seines Berufes; **2)** *phys.* Produkt aus der Kraft u. dem i. Richtung der Krafteinwirkung von einem Körper zurückgelegten Weg; Einheit: Newtonmeter (Nm), → Joule, → Coulombvolt, → Elektronenvolt.

Arbeiter, jeder Werte schaffende Mensch, **1)** *volkswirtsch.* jeder, der ein Arbeitseinkommen bezieht (Ggs.: Einkommen aus Grundrente u. Kapital); **2)** *soziolog.* d. unselbständ. Erwerbstätige *(Arbeitnehmer),* der v. den Besitzern der sachl. Produktionsmittel (Kapital, Boden) abhängig ist; im engeren Sinne der *Lohn-A.;* Ggs.: *Gehaltsempfänger* (Angestellte, Beamte).

Arbeiterbewegung, Inbegriff aller Bestrebungen d. Lohnarbeiter seit d. 19. Jh., ihre Arbeits- u. Lebensbedingungen a. d. Wege d. Selbsthilfe durch freiwilligen Zusammenschluß zu verbessern. Wichtigste Erscheinungsformen: **a)** Arbeiterparteien, meist sozialist. Charakters; **b)** Gewerkschaften als Kampforganisationen u. monopolist. Vertragspartei en auf d. → Arbeitsmarkt; **c)** Arbeitergenossenschaften.

Arbeiterdichtung, *w.,* Dichtung, in der d. Leben des Lohnarbeiters dargestellt wird; *Arbeiterdichter* i. engeren Sinn: aus dem Arbeiterstand hervorgegangen Autoren, die sich auf diese Thematik beschränken (in Dtld z. B. H. Lersch, K. Bröger, M. Barthel, G. Engelke, M. von der Grün); Impulse durch d. Naturalismus (Gerhart Hauptmann, Arno Holz).

Arbeiter- und Soldatenräte, in Dtld nach russ. Muster 1918 anstelle der kaiserlichen Reg. getretene Gesamtheit der A.- u. S.; vorübergehend Träger der Staatsgewalt; → Räterepublik, → Rätesystem.

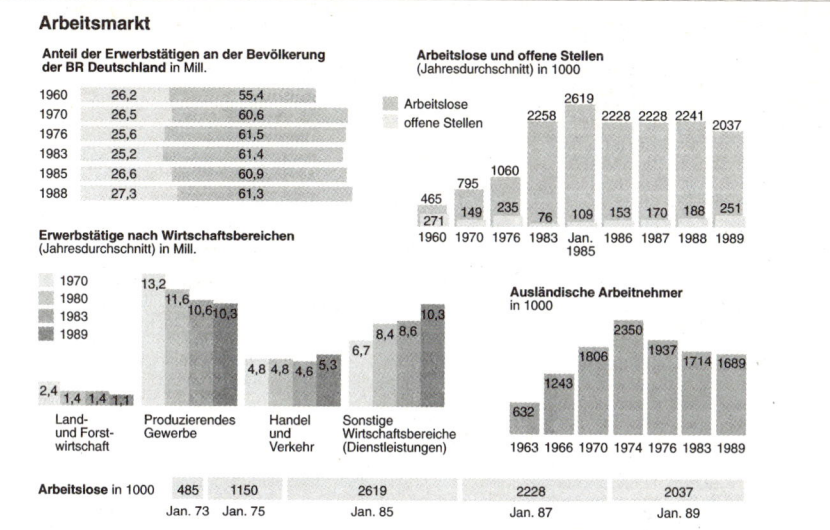

Arbeitsmarkt

Anteil der Erwerbstätigen an der Bevölkerung der BR Deutschland in Mill.

Jahr	Erwerbstätige	Bevölkerung
1960	26,2	55,4
1970	26,5	60,6
1976	25,6	61,5
1983	25,2	61,4
1985	26,6	60,9
1988	27,3	61,3

Arbeitslose und offene Stellen (Jahresdurchschnitt) in 1000

Arbeitslose / offene Stellen

2619 — 2258 — 2228 2228 2241 — 2037

465 271 / 795 / 1060 235 / 76 149 / 109 153 / 170 188 251

1960 1970 1976 1983 Jan. 1986 1987 1988 1989
1985

Erwerbstätige nach Wirtschaftsbereichen (Jahresdurchschnitt) in Mill.

1970 / 1980 / 1983 / 1989

	Land- und Forst-wirtschaft	Produzierendes Gewerbe	Handel und Verkehr	Sonstige Wirtschaftsbereiche (Dienstleistungen)
1970	2,4	13,2	4,8	6,7
1980	1,4	11,6	4,8	8,4
1983	1,4	10,6	4,6	8,6
1989	1,1	10,3	5,3	10,3

Ausländische Arbeitnehmer in 1000

632 — 1243 — 1806 — 2350 — 1937 — 1714 1689

1963 1966 1970 1974 1976 1983 1989

Arbeitslose in 1000

485	1150	2619	2228	2037
Jan. 73	Jan. 75	Jan. 85	Jan. 87	Jan. 89

Arbeiterwohlfahrt, anerkannter Spitzenverband der freien Wohlfahrtspflege, 1919 in Berlin gegr.; 1933 aufgelöst, 1945 Neuaufbau, Zentrale (Hauptausschuß) in Bonn; gliedert sich in Landes-, Bezirks-, Kreis- u. Ortsausschüsse; erstrebt die Mitwirkung breiter Bevölkerungsschichten i. d. Wohlfahrtspflege; betreut Notleidende aller Schichten; Schwerpunkt der Arbeit liegt in der offenen Fürsorge, im sozialpädagog. Wirken u. in d. Mitgestaltung eines neuen Systems soz. Sicherung; unterhält Heime, Kindergärten u. Beratungsstellen; Wohlfahrtsschulen z. Ausbildung v. Fürsorgern u. Fürsorgerinnen, ferner Schwesternschulen u. a.
Arbeitgeberanteil, gesetzl. festgelegte Leistung d. Arbeitgebers zum Sozialversicherungsbeitrag d. (pflichtversicherten) Arbeitnehmer; in Östr. *Dienstgeberanteil.*
Arbeitgeberverbände, freie Vereinigung der Unternehmer z. Vertretung gemeinsamer Interessen, hpts. auf dem Gebiet der Lohn- u. Tarifpolitik; urspr. entstanden als Abwehr- u. Kampforganisation gegenüber d. Gewerkschaften; Kampfmittel gg. Streiks: *Aussperrung (outlock);* gegenwärtig hat sich d. Gedanke d. Zusammenarbeit mit d. Gewerkschaften u. die Anerkennung ihres Anspruchs auf Mitbestimmung i. Wirtschaftsprozeß durchgesetzt.
Arbeitnehmerfreibetrag, Betrag, d. bei Ermittlung d. Einkünfte aus nichtselbständiger Arbeit v. d. Einkünften abgezogen wird.
Arbeitnehmerverbände → Gewerkschaften, Übers.
Arbeits-amt → Arbeitsverwaltung. –
A.beschaffungsmaßnahmen, allg., i. Sinne d. AFG, Gewährung von Zuschüs-

sen u. Darlehen aus Mitteln d. Bundesanst. f. Arbeit, in bes. Fällen auch aus Bundes- u. Landesmitteln, an öffentl. u. private Träger v. Arbeiten, die im öffentl. Interesse liegen u. sonst nicht, nicht in demselben Umfang od. erst zu e. späteren Zeitpunkt durchgeführt würden, zur Beschäftigung arbeitsloser Arbeitnehmer, bes. in Zeit. wirtschaft. Abschwächung. – **A.dienst,** freiwillige oder auf Grund von Gesetzen im Dienste d. Gemeinwohls geleistete körperl. Arbeit; 1932 in Dtld als Maßnahme gg. d. Verwahrlosung der arbeitslosen Jugend; NS führte 1935 sechsmonat. A.dienstpflicht ein: *Reichsarbeitsdienst* (RAD); 1945 v. Alliierten aufgehoben. – **A.direktor,** für Sozial- u. Personalangelegenheiten zuständig. Vorstandsmitglied bei jur. Personen. – **A.förderungsgesetz,** *AFG,* Ges. v. 25. 6. 1969, löst Ges. über Arbeitsvermittlung u. Arbeitslosenversicherung (1927) ab; trifft Maßnahmen z. Verhütung v. Arbeitslosigkeit, regelt d. → Arbeitsvermittlung u. → Arbeitslosenversicherung. – **A.gemeinschaft d. öffentlichrechtl. Rundfunkanstalten d. BRD,** Abk. *ARD;* s. 1984 auch *Erstes Deutsches Fernsehen.* – **A.gerichte** → Rechtspflege, Übers. – **A.haus,** früher Anstalt zur gerichtl. angeordneten Unterbringung wegen asozialen Lebenswandels (z. B. Landstreicherei) verurteilter Personen. – **A.lehre,** Unterrichtsfach d. Hauptschule, soll an Gegebenheiten d. Wirtschafts- u. Arbeitswelt heranführen, zu Arbeitshaltungen erziehen u. zu einer rationalen Berufswahl befähigen. – **A.losengeld,** Lohnersatzleistung a. d. A.losenversicherung; A.losengeld erhält auf Antrag, wer arbeitslos ist, der A.vermittlung zur Verfügung steht, sich beim A.amt persönlich

arbeitslos gemeldet und die Anwartschaftszeit (mindestens 360 Kalendertage beitragspflichtige Beschäftigung innerhalb v. 3 Jahren) erfüllt hat; d. Dauer beträgt mindestens 156 u. höchstens 832 Tage, die Höhe d. Leistung 63% (f. Verheiratete m. mind. 1 Kind 68%) des um die gesetzl. Abzüge, die bei Arbeitnehmern gewöhnl. anfallen, verminderten A.entgelts. – **A.losenhilfe,** des Bundes finanzierte Lohnersatzleistung für bedürftige A.lose, d. keinen Anspruch auf A.losengeld haben, aber 12 Monate A.losengeld bezogen haben od. mindestens 150 Kalendertage beitragspflichtig waren; d. Höhe d. A.losenhilfe beträgt 56% (f. Verheiratete m. mind. 1 Kind 58%) des um d. gesetzl. Abzüge, die bei Arbeitnehmern gewöhnlich anfallen, verminderten A.entgelts. – **A.losenversicherung,** bes. Zweig d. Sozialversicherung, deren Träger d. B.anstalt für Arbeit in Nürnberg ist; f. d. Durchführung ihrer Aufgaben erhebt sie Beiträge v. Arbeitnehmern u. Arbeitgebern zu gleichen Teilen; → Sozialpolitik, Übers. – **A.markt,** *statist.* Zus.fassung d. Verhältnisses von A.angebot u. -nachfrage; Anbieter *(Arbeitnehmer)* u. Nachfrager *(Arbeitgeber)* stehen sich heute meist als organisierte Marktparteien gegenüber: Gewerkschaften u. Arbeitgeberverbände (Kollektiver A.vertrag). – **A.medizin,** *A.hygiene,* Erforschung d. beruf. Schädlichkeiten, gewerbl. Gifte; auch med. Unfallschutz, Lärmbekämpfung u. a. – **A.papiere,** Nachweis über geleistete Sozialversicherungsbeiträge u. Lohnsteuerkarte; vom Arbeitgeber nach Beendigung des A.verhältnisses auszuhändigen. **A.physiologie,** wiss. Erforschung d. Beanspruchung d. körperlichen Organe, bes. d. Muskeln, durch den tägl. A.vollzug. – **A.platzwahl**, Freiheit d. Arbeit als Grundrecht in Art. 12 GG aufgenommen. – **A.psychologie**, Zweig d. angewandten Psych.; Untersuchungen über d. Arbeitsverhalten d. Menschen zur Verbesserung v. Arbeitsbedingungen od. -leistungen. – **A.recht**, Sonderrecht zur Regelung d. A.verhältnisse zw. Arbeitgeber u. Arbeitnehmer. – **A.schutz**, Rechtsbestimmungen z. Schutz d. Beschäftigten, insbes. als Unfall-, Vertrags-, Lohn-, Beschäftigungsschutz, u. erhöht bei Frauen, Müttern, Jugendlichen, Schwerbeschädigten; staatl. Behörde: Gewerbeaufsicht. – **A.sicherstellungsgesetz**, regelt Dienstverpflichtung im Fall des → Notstands. – **A.speicher**, *Hauptspeicher*, Teil der → Zentraleinheit einer → Datenverarbeitungsanlage, speichert → Programme, (Zwischen-)Ergebnisse u. → Daten zur Steuerung u. Verarbeitung der Programme. – **A.stättenverordnung** v. 20. 3. 75, enthält u. a. Vorschriften über Beschaffenheit v. A.räumen u. sonst. A.stellen hinsichtl. Belüftung, Temperatur, Beleuchtung, Abmessungen, Sicherheit, Ausstattung, sanitäre Anlagen usw. – **A.unterricht**, pädagog. Grundprinzip, d. auf d. Lehren v. *Fröbel* u. a. aufbaut; Hauptvertr.: G. *Kerschensteiner*, teils auch *Montessori* u. die freien Schulgemeinden G. *Wyneken*. – **A.vermittlung**, Tätigkeit d. A.amtes, die darauf gerichtet ist, A.suchenden mit Arbeitgebern zur Begründung von A.verhältnissen zus.zuführen. – **A.verpflichtung**, zwangsweise Einweisung von A.kräften in ein best. A.verhältnis, entsprechendes Verbot d. Arbeitsplatzwechsels; in d. BR nur unter best. Voraussetzungen im Verteidigungsfall möglich. – **A.vertrag**, die vereinbarten Bedingungen, zu denen ein Arbeitnehmer einem Arbeitgeber seine Arbeitskraft überläßt; BGB kennt nur den → Dienstvertrag; heute meist kollektiver A.vertrag → Tarifabkommen. – **A.verwaltung**, v. 1922 Reichsamt f. A.vermittlung u. (s. 1927) A.losenversicherung, Berlin; 1946 durch Kontrollratsbefehl neues Recht, Durchführung durch d. Länder, 1957 Bundesgesetz über A.vermittlung u. A.losenversicherung (AVAVG), 1969 Arbeitsförderungsgesetz (AFG), Bundesanstalt f. Arbeit (BA) Sitz Nürnberg, Selbstverwaltungskörperschaft. Der Hauptstelle unterstehen 9 Landes-A.ämter u. 146 A.ämter. Hptaufgaben: A.vermittlung, Berufsberatung, Förderung der beruflichen Bildung. A.losenversicherung (Zahlung von → Arbeitslosengeld, → Kurzarbeitergeld, → Schlechtwettergeld). 1970 3,9; 1974 über 10, 1979 fast 20, 1988 39,8 Milliarden DM Ausgaben. – **A.zeit**, seit 1918 → Achtstundentag; heutige Bestrebung der Gewerkschaften zur 35-Stunden-Woche. – **A.zeugnis**, Zeugnis über Art d. Dauer der Beschäftigung, auf Verlangen auch über Führung u. Leistungen.

vom Arbeitnehmer beim Abgang gefordert werden. – **A.zwang**, besteht für Strafgefangene im Rahmen d. Vollzugs v. Freiheitsstrafen u. b. Sicherungsverwahrung.
Arber, Werner (* 3. 6. 1929), schweizerischer Mikrobiologe; Teil-Nobelpr. 1978 (Entdeckung d. Restriktionsenzyme).
Arber, Großer, höchster Berg (1456 m) im Bayer. Wald.
Arbiter [l.], „Schiedsrichter“, 1) Zeuge; 2) der Schiedsrichter im röm. Zivilprozeß. – **A. elegantiarum**, „maßgebend in Geschmacksfragen“.
Arbitrage, *w.* [frz. -'traʒə], Ausnutzung gleichzeit. Kursunterschiede v. Devisen, Wertpapieren u. Edelmetallen an versch. Börsenplätzen z. Gewinnerzielung.
Arbitration [frz.], Schiedswesen an Börsen zum Ausgleich geschäftl. Streitigkeiten.
Arbon (CH-9320), Bez.hauptort im Kanton Thurgau am Bodensee, 13 400 E; Maschinenind.
Arboretum, *s.* [l.], Lehrgarten der Baumarten zu Studienzwecken (Baumschule).
ARBO-Viren [engl. „arthropod *borne* viruses* = im Gliederfüßern geborene → Viren“], Gruppe von über 100 Viren, d. durch Mücken, Milben od. Zecken v. Tieren auf Menschen übertragen werden u. → Meningitis u. → Enzephalitis hervorrufen.
Arcadius, Sohn v. → Theodosius d. Gr., nach der Teilung d. Röm. Reiches Kaiser v. Ostrom bis 408.
archaisch [gr.], aus früher Stilepoche einer Kunstentwicklung: *archaische Kunst* (z. B. ägypt.-assyr. Kunst, griech. Kunst d. 6. u. Anfang 5. Jh. v. Chr., frühma. Kunst bis Anfang 12. Jh.). Stilmerkmale: strenge Bindung an Material u. kulturellen, architekton.u, dekorativen Zus.hang: nicht sehbildmäßige, sondern „geradaufsichtige“ Darstellung.
Archaismus, *m.,* Benutzen v. altertüml. *(archaist.)* Kunst- od. Sprachformen.
Archangelsk, Hptst. des sowj. Gebietes *A.,* an der Mündung der *Dwina* in das *Weiße Meer,* ca. 6 Monate durch Eis blockiert, 416 000 E; großer Holzexporthafen d. UdSSR, Fischerei, Werften.
Archäologie [gr.], Altertumskunde, Ausgrabungen, Erforschung v. Kunstdenkmälern u. Funden; *klassische A.* umfaßt die griech. u. röm., *prähistorische A.* die vorgeschichtliche christl. u. die frühchristl. Zeit.
Archäopteryx, *w., m.* [gr.], *Urvogel*, eigtl. Bindeglied zw. Reptilien u. Vögeln, etwa taubengroß; 5 fossile Exemplare in Solnhofener Plattenkalken gefunden.
Arche, d. Schiff, in dem Noah d. Sintflut gerettet wurde (1. Mos. 6, 14 ff.).
Archegonium [gr.], weibl. Geschlechtsorgan d. Moose u. Farne.
Archetypen, Terminus C. G. → Jungs f. d. Inhalte d. „kollektiven Unbewußten“, d. sich z. B. i. Mythen u. Märchen manifestiert.

Archetypus, *m.* [gr.], Urform, -bild, Idee.
Archidiakon [gr.], Ehrentitel f. kath. Geistliche.
Archilochos, griech. Dichter im 7. Jh. v. Chr., Vater d. altgriech. Lyrik.
Archimandrit, Erzabt eines orthodoxen Klosters.
Archimedes (um 285-212 v. Chr.), bed. griech. Mathematiker d. Antike; lebte i. Syrakus; stellte über d. *Hebelgesetz* ein math. Axiomensystem auf u. bestimmte damit die → Schwerpunkte v. Flächen u. Körpern; leitete Flächeninhalte u. Volumina vieler Körper mit streng bewiesenen Formeln (Vorläufer der modernen *Integralrechnung*).
archimedische Schraube, Schneckenrad z. Wasserheben (i. antiken Bergwerken).
Archimedisches Prinzip → Auftrieb.
Archipel [gr.], urspr. das Meer der Inselgruppe im Ägäischen Meer *(Archipelagos);* heute allg. für Inselgruppe (z. B. *Malaiischer A.).*
Archipenko, Alexander (30. 5. 1887-25. 2. 1964), ukrain.-am. Bildhauer u. Maler d. Kubismus u. d. abstrakten Moderne.
Archipoeta [l. „Erzpoet“], dt. Dichter d. 12. Jh., Anhänger d. Staufer; *Confessio.*
Architekt [gr.], Baukünstler.
Architektur, Baukunst (→ Tafel Baukunst). – **A.malerei**, e. sich im 17. Jh. in den Ndl. entwickelnde Gattung d. Malerei, die Innen- od. Außenansichten v. Bauwerken darstellt (Saenredam, E. de Witte). – **A.zeichnung**, Entwurf f. e. Bauwerk (Grundriß, Aufriß, Detailformen), auch Idealentwurf od. Aufnahme e. Gebäudes f. Studienzwecke.
Architrav, *m.* [gr.-l.], Querbalken über Säulen od. Pfeilern.
Archiv, *s.* [l.], Urkundensammlung *(Staats-A.);* Titel wiss. Fachblätter u. Institute *(Buch-A.).*
Archivar, *m.,* der Archivbeamte.
Archivolte [it.], meist verzierter Rundod. Spitzbogenlauf bei Tor- od. Fenstereinfassungen.
Archon, Mz. *Archonten,* einer der 9 höchsten Beamten im alten Athen.
Arcus, der zu einem Winkel gehörige Kreisbogen.
ARD, Abk. f. *Arbeitsgemeinschaft der öffentlich-rechtlichen Rundfunkanstalten der BRD.*
Ardèche [-'dɛːʃ], 1) r. Nbfl. d. Rhône; 2) südfrz. Dép., 5529 km², 276 000 E; Hptst. *Privas.*
Ardenne, Manfred v. (* 20. 1. 1907), dt. Phys. u. Erfinder; Arbeiten auf d. Gebieten · Elektronenoptik, Funktechnik, Mehrschritt-Krebstherapie.
Ardennen, frz. *Les Ardennes,* der nordwestl. Teil des Rheinischen Schiefergebirges in Belgien, Luxemburg u. NO-Frkr.; *Hohes Venn* 692 m; dicht bewaldet, rauhes, feuchtes Klima, dünn bevölkert, reich an Steinkohle.
Ardennes [-'dɛn], nordostfrz. Dép., 5229 km², 296 000 E; Hptst. *Charleville-Mézières.*

Ardilan, ehem. Prov. in NW-Persien, Teil d. Landschaft Kurdistan, 1,1 Mill. E; Hptst. *Kermanschah, heute Bakhtaran.*

Areal, *s.* [l.], Fläche, Flächeninhalt.

Arena, *w.* [l.], sandbestreuter Kampfplatz im röm. Theater; Sportplatz; Zirkus; auch → Amphitheater.

Arendt, Hannah (14. 10. 1906–4. 12. 75), dt.-am. pol. Publizistin; *Elemente u. Ursprünge totaler Herrschaft; Eichmann in Jerusalem.*

Areopag, *m.,* Areshügel, urspr. Sitz d. athen. Blutgerichts; unabhängig entscheidendes, aus ehem. → Archonten zusammengesetztes Gericht; seit 462 v. Chr. ohne Einfluß.

Arequipa [-ˈki-], St. in Peru, 509 000 E; Hptst. d. Dep. *A.,* 2370 müM.

Ares, griech. Kriegsgott, röm. → *Mars; A. Ludovisi:* Statue in der Villa L. in Rom.

Aretino, Pietro (20. 4. 1492–21. 10. 1556), it. Dichter d. Renaissance; Lustspiele, erot. Dialoge; *L'Orazia.*

Arezzo, *Arretium,* Hauptstadt der italienischen Prov. A., alte Etruskerstadt südöstl. v. Florenz, 91 500 E; Geburtsort *Petrarcas.*

Argelander, Friedrich Wilhelm August (22. 3. 1799–17. 2. 1875), dt. Astronom; schuf die „Bonner Durchmusterung", Himmelskarte m. 324 198 Sternen.

Argenteuil [arʒ̃ãˈtœj], St. an der Seine, nw. v. Paris, 96 000 E; Uhren- u. Flugzeugind.

Argentinien, amtl. *República Argentina,* südam. Rep., 2 766 889 km², 32,43 Mill. E (12 je km²); Bev.-Zuw. 1,4%; über 95% Weiße, überwiegend span. u. it. Abstammung, daneben ca. 200 000 Dt.stämmige; Sprache: Span.; Währung: Austral (A); Rel.: überwiegend kath.; Hptst.: *Buenos Aires;* Flagge S. 340, Karte S. 747. **a)** *Geogr.:* Im O Flachland mit Getreidefeldern (Pampa), im N trop. Urwälder u. Parklandschaft (Gran Chaco), im W Felswüste der Anden; im S (Patagonien) Geröllebene; fast zwei Drittel der Bev. leben in Großstädten. **b)** *Landw.:* Weizen, Mais, Gerste, Roggen, Sonnenblumen, Baumwolle; wichtigster Zweig ist die Viehzucht (1988: 50,8 Mill. Rinder, 29,2 Mill. Schafe). **c)** *Bodenschätze:* Vor allem Eisenerz sowie Erdöl u. -gas. **d)** *Ind.:* Fleischverarbeitung, chem. Erzeugung, Textil- u. Stahlind., Metall- u. Erdölverarbeitung. **e)** *Außenhandel* (1988): Einfuhr 5,32 Mrd., Ausfuhr 9,13 Mrd. $. **f)** *Verkehr:* Eisenbahn 36 200 km; Handelsflotte 2,47 Mill. BRT (1983). **g)** *Verf.* v. 1956: Präsidiale Rep., Kongreß aus 2 Kammern, Min. v. Staatspräs. ernannt. **h)** *Verw.:* 5 Regionen, 22 Prov., 1 Bundesdistrikt, 1 Nat.-Territorium. **i)** *Gesch.:* La-Plata-

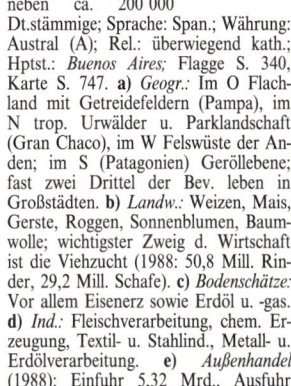

Fluß 1512 entdeckt, s. 1525 v. Spanien kolonisiert, 1776 span. Vize-Kgr. zus. m. Bolivien, Uruguay, Paraguay; 1810–16 Unabhängigkeitskampf; lange Bürgerkriege; 1946–55 Diktatur unter → Perón; 1966–73 Militärregime; 1973 Rückkehr von Perón; nach s. Tod am 1. 7. 1974 Isabel Perón Staatspräs., 24. 3. 1976 Sturz durch e. Militärjunta, 1976–81 Gen. Videla Staatspräs. 1981/82 Gen. Galtieri Staatspräs., 1983 freie Wahlen nach d. gescheiterten Invasion d. → Falklandinseln u. d. verlorenen Krieg gg. Großbrit.; Rückkehr z. Demokratie, 1983–89 Alfonsín, s. 1989 Menem Staatspräs. **j)** *Mitgl.:* UN, OAS, ALADI.

Argiver, die Bewohner v. Argos; bei Homer die Griechen überhaupt.

Arglist, *jur.* unlautere Beeinflussung des rechtsgeschäftl. Willens; arglistiges Geltendmachen e. Anspruches ist unzulässig, Gegner hat Einrede d. A.

arglistige Täuschung, durch Hervorrufen oder Aufrechterhalten eines Irrtums durch Vorspiegelung falscher oder Unterdrückung wahrer Tatsachen, um auf den rechtlichen Erklärungswillen eines anderen einzuwirken; gibt Recht zur → Anfechtung.

Argo, *m.* 1) Schiff d. → Argonauten; **2)** → Sternbild Schiff.

Argon, *Ar,* chem. El., Oz. 18, At.-Gew. 39,948, Edelgas, Dichte 1,66 g/l bei 1013 hPa; farb- und geruchlos, zur Füllung v. Glühlampen und als Schutzgas; 0,94% der atmosphär. Luft.

Argonauten, in d. griech. Sage Iason und seine Gefährten, die mit der *Argo* das → Goldene Vlies suchen.

Argonnen, Sandsteinrücken zw. Aisne und Maas (NO-Frkr.), 300–400 m hoch, dicht bewaldet.

Argos, St. im griech. Nomos *Argolis-Korinth,* 20 700 E; im Altertum Kultus der Göttin Hera.

Argot, *s.* [frz. -ˈgo], Gaunersprache, Gassenjargon; auch Sprache eines Berufs (*Maler-A.*).

Argument, *s.* [l.], **1)** *allg.* Beweis, Beweisgrund; **2)** *math.* unabhängige Veränderliche einer Funktion.

Argumentation, Beweisführung, Begründung, Schlußfolgerung.

Argus, *m.* in griech. Sage riesenhafter Wächter der Io. - **A.augen,** wachsame Augen.

Argus-Schmidt-Rohr → Schmidt-Rohr.

Århus [ˈɔrhuˀs], zweitgrößte St. Dänemarks, 258 000 E; Hafen a. Kattegat, Amtshptst. Ostjütlands; Ind.: Bischofssitz, Uni.

Ariadne, in d. griech. Sage Tochter des Minos, rettet Theseus durch den **A.faden** aus dem Labyrinth, später Gemahlin des Dionysos.

Ariane, dreistufige Flüssigkeitsrakete z. Transport v. Satelliten u. Raumsonden; westeur. Entwicklung unter d. Leitung d.

→ ESA; Erststart: 24. 12. 1979 (→ Tafel Weltraumforschung).

Arianer, Anhänger d. Lehre des *Arius* aus Alexandrien (um 260–336), daß Christus nicht selbst Gott, sondern Geschöpf sei; verworfen auf d. Konzil von Nicäa (325).

Arica, Hafenst. in Nordchile, 169 800 E; Erzausfuhr.

Arie [it.], Sologesang in meist dreiteil. Form m. Instrumentalbegleitung bes. in Opern, Kantaten u. Oratorien; als Einzelkomposition: *Konzert-A.; Bravour-A.* (Glanzstück f. Sänger).

Ariège [aˈrjɛʒ], **1)** r. Nbfl. d. Garonne, 163 km l.; **2)** südfrz. Dép., 4890 km², 135 800 E; Hptst. *Foix.*

Ariel [-ˈiɛl], **1)** Luftgeist in Shakespeares *Sturm; 2)* *astronom.* Name des 1. Uranusmondes.

Arier, *m.,* **1)** *wiss.* sprachl., nicht rassischer oder völk. Begriff f. die Urschicht der iran. u. ind. Mundarten, deren Träger sich selbst als A. bezeichneten u. die zur indogerman. od. indoeur. Sprachfamilie (→ Sprachen, Übers.) gehören; **2)** *pol.* (→ Antisemitismus): wiss. unhaltb. Begriff in Rassentheorien, darin f. d. NS, oder d. „nordischen" Europäer (→ Rasse) als A. bezeichnete.

Aries [l.], → Sternbilder, Übers.

Arion (7./6. Jh. v. Chr.), griech. Lyriker.

Arioso, *s.* [it.], *mus.* kurzer, meist lyrischer Sologesangsteil, oft Bindeglied zw. Rezitativ u. Arie.

Ariosto, Ludovico (8. 9. 1474–6. 7. 1533), it. Dichter; romant. Epos: *Der rasende Roland.*

Ariovist, german. Suebenfürst, von Cäsar 58 v. Chr. bei Belfort geschlagen.

Aristarch von Samos (3. Jh. v. Chr.), griech. Astronom; vertrat d. heliozentr. Lehre.

Aristides d. Gerechte (ca. 540–467 v. Chr.), athen. Staatsmann, 477 Begr. des Attischen Seebundes.

Aristipp|os (ca. 435–360 v. Chr.), griech. Phil., Schüler d. Sokrates, Begründer der → *Kyrenaiker;* → Hedonismus.

Aristokratie, *w.* [gr. „Herrschaft der Besten"], **1)** wiss. Adel; **2)** Herrschaft einer durch Geburt und Reichtum bevorzugten Minderheit.

Aristolochia, sww. → Osterluzei.

Aristophanes (um 445–um 385 v. Chr.), athen. Komödiendichter; Satiriker; *Lysistrata; Friede; Vögel; Frösche.*

Aristoteles (384–322 v. Chr.), griech. Phil. u. Naturforscher aus Stagira, Schüler d. Platon, Begr. der Denklehre (Logik); lehrer Alexanders d. Gr.; maßgebl. Nachwirkung auf arab. Phil. (→ Averroes, → Avicenna) u. Scholastik; Schriften: *Logik (Organon); Metaphysik* („erste Philosophie"); *Physik; Über die Seele; Nikomachische Ethik; Politik; Rhetorik; Poetik.*

Arithmetik, *w.* [gr.], Zahlenlehre; Teil der Mathematik, behandelt die Gesetze des Rechnens.

arithmetische Reihe → Reihe.
arithmetisches Mittel → Mittel.
Arius → Arianer.
Arizona [*æri'zouna*], Abk. *Ariz.,* Staat im SW d. USA, bis zum Rio Colorado, 295 022 km², 3,62 Mill. E; wüstenh. Klima; Hptst. *Phoenix;* wichtigstes Kupfererzgebiet d. USA; Gold-, Silber- und Bleibergwerke, Uranvorkommen. → Gran Cañon.
Arkade, *w.* [gr.], auf Stützen ruhende Bogenreihe (dagegen → Kolonnade), auch d. auf e. Seite offene u. v. A.n begrenzte Gang.
Arkadien, griech. Bergland im Peloponnes, Hptst. *Tripolis;* im Altertum Hirtenland, von der Dichtung zum Land d. friedl., glücklichen Lebens gemacht; daher **arkadisch,** idyllisch, einfach.
Arkansas, 1) [*a:'kænsas*], r. Nbfl. d. Mississippi, 2348 km l., entspringt im Felsengebirge, durchfließt d. Felsenschlucht Royal Gorge bei Cañon City und den US-Staat **2)** [*'a:kansɔ:*], Abk. *Ark.,* 137 538 km², 2,4 Mill. E; Landwirtschaft u. Bergbau, im N Mais, Kartoffeln, Weizen, im S Baumwolle, Tabak, Viehhaltung; Bodenschätze: Kohle, Manganerze, Bauxit, Erdöl; Hptst. *Little Rock.*
Arkanum, *s.* [l.], Geheimnis, Geh.lehre.

Arkebusier

Arkebuse, Hakenbüchse, 15. u. 16. Jh., mit langem Rohr, Luntenschloß u. Stützhaken; damit ausgerüstet: *Arkebusiere.*
Arkona, N-Kap der Insel Rügen.
Arktis, *w.* [gr.], → Nordpolargebiet.
Arktur [gr. „Bärenhüter"], hellster Stern 0. Größe α im Sternbild des Bootes; nördl. → Sternhimmel E.
Arlberg, Alpenpaß, 1793 m, zw. Tirol u. Vorarlberg, auf der Wasserscheide zw. Donau u. Rhein; berühmtes Wintersportgebiet (St. Anton a. A.). - **A.Straße,** von Landeck (Inntal) nach Bludenz (Illtal); **A.-Straßen-Tunnel,** von St. Anton nach Langen (14 km); **A.-Bahn** (s. 1884) unterfährt d. Paß in 1300 m Höhe mit 10,3 km l. Tunnel.
Arlecchino [it. -'*kino*], → Harlekin.
Arles [*arl*], St. i. SO-Frkr., am Rhônedelta, 50 000 E; Kathedrale St-Trophime (11. u. 12. Jh.); v. d. antiken *Arelate* ein Amphitheater erhalten.
Arlon [*-'lõ*], fläm. *Aarlen,* dt. *Arel,* Stadt in SO-Belgien, 22 000 E; Hptst. d. Prov. Luxemburg.

Armada, „bewaffnete Macht"; *span. A.,* Kriegsflotte Philipps II., die 1588, v. d. Engländ. Howard u. Drake zerstreut, im Nordseesturm unterging.
Arman [*-'mã*], eigtl. Armand Fernandez (* 17. 11. 1928), frz. Künstler, friert mit Materialkombinationen Bewegungen ein; Ansammlungen *(Accumulations)* gleicher Gegenstände in Plexiglaskästen; → Neuer Realismus.
Armatur, *w.* [l. „Rüstung"], Ausrüstung von Maschinen mit Zubehör. - **A.enbrett,** Anordnung von Kontrolleinrichtungen auf einer Tafel od. Leiste (z. B. im Kfz).
Armawir, russ. St. am Kuban-Fluß, 161 000 E; Eisenbahnknotenpunkt, Getreideplatz, Erdöl.

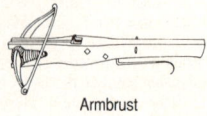

Armbrust

Armbrust [l. „arcuballista"], alte Schußwaffe; bestehend aus Bogen m. Sehne, Spann- u. Abzugsvorrichtung, Pfeilrinne u. Schaft.
Armee [frz. „Heer"], Landstreitmacht; großer Truppenkörper, bestehend aus mehreren **A.korps** (i. Frieden b. d. meisten Staaten größter Truppenverband: mehrere Divisionen u. Korpstruppen).
Ärmelkanal, engl. *English Channel,* frz. *La Manche,* verbindet d. Nordsee mit d. Atlantik; 550 km l., bis 200 km br., 172 m tief; Straße v. Dover, schmalste Stelle, 32 km br., 55 m tief; erst in geolog. junger Zeit (Quartär) entstanden; Untertunnelung mehrfach geplant. Frankr. u. Großbrit. vereinbaren 1986 den Bau eines Eisenbahntunnels (Eurotunnel), 50 km l., davon 38 km i. Meer; Fertigstellung Mitte 1993.
Armenanwalt, der den Armen aufgrund des → Armenrechtes beigeordnete Anwalt, erhält seine Gebühren vom Staat.
Armenien, a) *Geogr.:* Rauhes Gebirgsland zw. Kasp. u. Schwarzem Meer (im Grenzgebiet v. Türkei, Iran u. UdSSR); 800–2000 m (Ararat 5137 m), Quellgebiet von *Aras* u. *Kura, Euphrat* u. *Tigris,* große Seen *(Urmia-, Wan-, Goktschasee);* ca. 400 000 km², 5 Mill. E: Armenier (Bauern), nomad. Kurden u. Turkmenen. Kupferlager; Obst-, Wein- u. Ackerbau; Seidenraupen-, Viehzucht; Baumwolle. **b)** *Gesch.:* Urbevölkerung Chalder (Urartäer) m. eigenartiger Kultur, mit den s. d. 8./7. Jh. v. Chr. einwandernden Kimmeriern u. Armeniern z. T. verschmolzen. Nach der Herrschaft d. Meder u. Perser entstanden 189 v. Chr. zwei selbst. Reiche: im O des Euphrat *Groß-,* im W davon *Klein-A.* (Adana-Trapezunt); Groß-A. in röm., byzantin. u. pers. Abhängigkeit; 1514 fiel A. zum Hauptteil an die Türkei (Rest: pers.); Eroberung von *Eriwan* (1828), *Kars* u. *Batum* (1878)

durch Rußland; grausame Armenierverfolgungen durch die Türken (1895/96 und 1914/15) m. vielen Deportationen u. Toten. Das im Frieden v. Sèvres (1920) festgelegte freie A. kam nicht zustande; der größte Teil (SO) blieb b. d. Türkei *(Erzurum, Kars, Trapezunt),* aber darin kaum noch Armenier; der SW als *Aserbeidschan* b. Iran; der N kam z. UdSSR als **Armenische SSR,** südlichste u. kleinste der transkaukas. Sowjetrep., 29 800 km², 3,3 Mill. E, 70% Armenier; Hptst. *Eriwan.*
armenische Kirche, gegr. um 300; s. 5. Jh. Sonderkirche (→ Monophysiten), geleitet von einem *Katholikos;* kleinere Teile d. a. K. mit Rom vereinigt: *Unierte a. K.*
Armenrecht, Recht auf einstweilige Befreiung v. Gerichtskosten u. auf kostenlose Beistellung eines Anwalts; wird vom Gericht für Kläger od. Beklagten gewährt b. Unbemitteltheit und aussichtsreicher Sache; s. 1981 durch → Prozeßkostenhilfe ersetzt.
Armentières [*armã'tjɛ:r*], Textilindustriestadt in N-Frankreich, an der Lys, 27 000 E.
Armer Heinrich, Held eines Epos von *Hartmann v. Aue* (um 1200); Drama v. Gerhart Hauptmann; Oper v. H. Pfitzner.
Armer Konrad, *Armer Konz,* Bauernbund, der sich 1514 gegen Herzog Ulrich von Württemberg erhob.
Armfüßer, *Brachiopoden,* äußerlich muschelähnl., auf der Unterlage festhaftende Meerestiere.
armieren [l.], „bewaffnen", ausrüsten, befestigen.
Armierung, 1) äußerste bewehrte Umhüllung bei Starkstrom- od. Fernmeldekabeln; **2)** Ausrüstung v. Kriegsschiffen u. Flugzeugen mit Waffen; **3)** → Stahlbeton.
Arminius (irrig: Hermann) (19 v. Chr.-19 n. Chr.), Cheruskerfürst, besiegte die Römer unter Varus 9 n. Chr. i. Teutoburger Wald; ermordet.
Armleuchteralgen, grüne Algen, vorwiegend im Süßwasser, selten im Brackwasser.
Armstrong, 1) Louis (4. 7. 1900-6. 7. 71), am. Jazzmusiker (Trompeter u. Sänger); typ. f. Hot-Jazz; **2)** Neil (* 5. 8. 1930), am. Astronaut; betrat als erster Mensch den → Mond.
Arndt, Ernst Moritz (26. 12. 1769-29. 1. 1860), dt. Dichter (patriot. Gedichte, Kirchenlieder) u. pol. Schriftst. (gg. Napoleon, f. Einheit Dtlds); *Geist der Zeit; Lieder für Teutsche.*
Arnheim, ndl. *Arnhem,* Hptst. der ndl. Prov. Geldern, a. Niederrhein, 295 000 E; Speditionsverkehr, Reyon-, Metallind.
Arnika, *Bergwohlverleih,* Korbblütler, auf Bergwiesen; Heilmittel, bes. für Wunden. ♦
Arnim, 1) Achim v. (26. 1. 1781-21. 1. 1831), dt. Dichter der Romantik; Roman: *Die Kronenwächter;* (m. Brentano)

Volksliedersammlung: *Des Knaben Wunderhorn;* verheiratet m. Bettina v. A., geb. Brentano; **2)** Bettina v. (4. 4. 1785–20. 1. 1859), Schwester Brentanos; *Goethes Briefwechsel m. einem Kinde.*

Arno, Fluß der mittelit. Landschaft Toskana, 241 km lang, von Florenz ab (106 km) schiffbar.

Arnold, Karl (21. 3. 1901–29. 6. 58), dt. Pol.; führend in d. christl. Arbeiterbewegung, 1945 Mitbegr. d. CDU; 1947–56 Min.präs. v. NRW.

Arnold v. Brescia [-'brɛʃa] (um 1100– um 1155), it. Mönch; Volksprediger, gg. weltl. Besitz d. Geistlichkeit; als Ketzer hingerichtet.

Arnsberg (D-5760), St. im Hochsauerlandkreis, an d. Ruhr, Verw.-Sitz d. Reg-Bez. A., NRW, 73 912 E; AG, IHK; Heimatmus., div. Ind.

Arnsberger Wald, Höhenzug nördl. A., im nördl. Sauerland, bis 550 m s. 1961 Naturpark.

Arnstadt (D-5210), Krst. in Thür., a. d. Gera, 29 665 E; Liebfrauenkirche, Puppenmuseum; Elektrotechnik, Bekleidungs-, Holz-, Glasveredlungs-, Maschinenind.; nordwestl. a. *Drei Gleichen* (Burgruinen).

Arnulf, 1) A. (um 582–641), Hlg., Stammvater der **Arnulfinger,** später → Karolinger gen.; **2)** A. (um 850–899), Hzg v. Kärnten, 887 dt. Kg, 896 Kaiser; Kämpfe mit Swatopluk v. Mähren u. d. Normannen.

Arolsen (D-3548), St. im Ldkr. Waldeck-Frankenberg, Hess., 14 636 E; Heilbad, barockes St.bild u. Schloß; Masch.-, Elektro- u. Kunststoffind.

Aroma, s. [gr.], würziger Geruch oder Geschmack.

aromatische Verbindungen, im weitesten Sinn alle chem. Verbindungen, die sich v. → Benzol ableiten.

Aronstab, Arum, staudige Waldpflanze mit pfeilförmigen Blättern u. Blütenkolben; giftig.

Arosa (CH-7050), klimat. Kurort u. Wintersportplatz in Graubünden, 1750–1850 müM, 2800 E.

Arp, Hans, auch Jean (16. 9. 1887–7. 6. 1966), frz.-elsäss. Maler, Bildh., Dichter, dadaist.-surrealist.-abstrahierend; wollte in frei erfundenen Gebilden seel. Gehalte „konkretisieren" (→ konkrete Kunst).

Árpád, erster Herzog der Magyaren (907), Ahnherr der **Arpaden,** ungar. Großfürsten, später Kge.

Arpeggio, s. [it. -'pedʒo], harfenartiges, gebrochenes Anschlagen od. Streichen v. Akkordtönen.

Arrabal, Fernando (* 11. 8. 1932), span. Schriftst.; s. 1955 in Paris, schreibt span. (Gedichte) u. frz. (Romane u. Stücke); *Die Henker; Picknick i. Felde; Der Architekt u. d. Kaiser von Assyrien.*

Arrak, m. [arab.], ostindischer Reisbranntwein.

Arrangement, s. [frz. arãʒə'mã], **1)** Anordnung; Aufbau *(Blumen-A.);* **2)** außer-

gerichtl. Vergleich durch Vermittler; **3)** *mus.* Einrichtung einer Komposition f. e. andere als die urspr. Besetzung.

arrangieren, (an)ordnen.

Arras [a'raːs], Hptst. d. Dép. *Pas-de-Calais* in N-Frkr., 41 700 E; Textilind.

Arrau, Claudio (6. 2. 1903–9. 6. 91), chilen. Pianist.

Arrest, Haft, Gewahrsam. Jugendarrest, Strafe f. Jugendl. bei leichten Vergehen; *dingl. A.,* aufgrund eines A.befehls vorläufig schnell bewirkte Pfändung, über deren Rechtmäßigkeit erst später entschieden wird; kann erfolgen, wenn Gefahr besteht, daß Schuldner (z. B. durch Entfernen v. Vermögensstücken) d. Befriedigung d. Anspruches d. Gläubigers vereitelt od. erschwert; *persönl. A.,* Inhaftierung od. sonstige Freiheitsbeschränkung d. Schuldners wird v. Gericht angeordnet, wenn dingl. A. z. Sicherung d. Zwangsvollstreckung nicht ausreicht (§§ 916 ff. ZPO). – **A.bruch** → Verstrickungsbruch. – **A.hypothek,** eine aufgrund eines A.befehls eingetragene Sicherungshypothek (§ 932 ZPO).

arretieren [frz.], **1)** anhalten, verhaften; **2)** feststellen an techn. Geräten.

Arretium → Arezzo.

Arrhenius, Svante August (19. 2. 1859–2. 10. 1927), schwed. Chem. u. Phys.; Elektrochemie; Reaktionskinetik; erkannte Gesetze d. elektrolyt. Dissoziation; Nobelpr. 1903.

Arrhythmie [gr.], Rhythmusstörung (des Herzschlags).

Arrian|us (2. Jh. n. Chr.), griech. Schriftst., *Anabasis* (Beschreibung des Alexanderzugs).

arriviert [frz. „angelangt"], svw. beruflich, gesellschaftlich vorangekommen, anerkannt.

Arroganz, w. [l.], Anmaßung, Dünkel.

arrondieren [frz.], abrunden, zusammenlegen; → Flurbereinigung.

Arrondissement, s. [arɔ̃dis'mã], frz. unterster Selbstverwaltungsbezirk, svw. Kreis.

Arrosion [l. „arrodere = benagen"], *med.* Schädigung od. Zerstörung v. Geweben, Knochen.

Arrow [ˈærou], Kenneth J. (* 23. 8. 1921), am. Volkswirtschaftler u. Statistiker; (zus. m. J. R. Hicks) Nobelpr. 1972.

Arrowroot [engl. ˈærərut], Pfeilwurzmehl, Stärke aus Wurzeln trop. Pflanzen: Maranta, Kurkuma, Maniok (Tapioka).

Arrupe, Pedro (14. 11. 1907–5. 2. 91), span. Theologe, 1965–83 Ordensgeneral d. → Jesuiten.

Ars [l.], Kunst. – **A. amandi,** Liebeskunst, Titel e. erot. Lehrgedichts von Ovid. – **A. nova,** neue Tendenz in d. frz. u. it. Musik des 14. Jh.; Gegenbegriff: *Ars antiqua* für die Musik des 13. Jh. – **A. poetica,** Dichtkunst, Titel eines Gedichts von Horaz.

Arsen, *As,* chem. Element, Oz. 33, At.-Gew. 74,9216, Dichte 5,72; stahlgrau, spröde, Halbmetall; gediegen od. *Scherbenkobalt.*

Arsenal, s. [it.], „Zeughaus", Waffenlager.

Arsenik, s., *Arsentrioxid (As₂O₃)*, sehr giftige Arsen-Verb., gewonnen durch Rösten arsenhaltiger Erze, weißes *A.mehl;* natürl. vorkommend als *A.blüte* (giftig); *med.* früher i. kleinsten Dosen z. Kräftigung; ferner als Rattengift u. z. Konservieren v. Tierbälgen.

Arsine, organ. Arsenverbindungen.

Arsis, w. [gr. „Hebung"], Versbetonung.

Art, 1) *allg.* Begriff f. das best. Einzeldingen Gemeinsame; **2)** *Biologie:* systemat. Einheit oder Gruppe, *Spezies,* v. Lebewesen, d. unter sich ähnlich u. paarungsfähig sind; die Gattung, *Genus,* faßt mehrere Arten zusammen; Aufgliederung in Unterarten, → Rassen.

Artaud [-'to], **1)** Antonin (4. 9. 1896–4. 3. 1948), frz. Schriftst., Regisseur u. Schausp.; erhebl. Einfluß seiner Schriften *(Das Theater u. sein Double)* auf das moderne Theater.

Artaxerxes, Name pers. Kge: **1)** A. I., reg. 465–424 v. Chr., beendigte 448 d. Kriege m. Athen; **2)** A. II., reg. 404–359 v. Chr., gewann 386 Kleinasien zurück; **3)** A. *(Ardaschir),* Stifter d. neupers. Reiches, 224–241 n. Chr., Stammvater der → Sassaniden.

Art brut [frz. *ar 'bryt*], neue realist. Tendenz d. modernen Kunst, verwendet Stilelemente d. Wandkritzeleien, Kindermalerei u. Malerei v. Geisteskranken, aggressive Darstellung alltägl. Gegenstände; Vertr.: *J. Dubuffet, J. Dine.*

Art Déco [frz. *ar de'ko*], Kunststil d. 20er Jahre des 20. Jh.

Art Director [engl. *'aːt 'daɪrɛktə*], gestalterischer Leiter einer Werbeagentur, e. Ateliers oder e. Layout-Arbeitsgruppe.

Artefakt, s. [l. „Kunsterzeugnis"], **1)** von vorgeschichtlichen Menschen bearbeitetes Gerät; **2)** *med.* absichtliche Verletzung zwecks Täuschung.

Artemis [gr.], röm. → Diana, Göttin d. Jagd, der Keuschheit u. Fruchtbarkeit, Schwester → Apollons.

Artemisia, svw. → Beifuß.

Arte povera [it. „arme Kunst"], Kunstrichtung der Gegenwart, insbes. s. Mitte der 60er Jahre; gedankl. Prozesse werden m. einfachsten Mitteln materialisiert, d. Gegenstand wird d. Verwandlungsformen sinnlich erlebt.

Arterien [gr.], Schlagadern, → Adern. – **A.bank,** Stelle zur Aufbewahrung konservierter, f. chirurg. Operationen verwendbarer Schlagadern.

Arteriographie [gr.], → Angiographie der Arterien.

Arteriosklerose [gr.], „Verkalkung" → Arterien, durch Verfettung, Bindegewebswucherung, Gewebstod u. Kalkablagerung erfolgende Verhärtung, Verengung und zum Brüchigwerden der Arterien führende Blutgefäßkrankheit.

artesischer Brunnen, Brunnen, aus dem Wasser selbsttätig ausfließt, da es unter dem Druck höherer Wasserschichten im

Artesischer Brunnen

Boden steht; Prinzip d. → kommunizierenden Röhren.

Artes liberales [l.], → freie Künste.

Arthritis, w. [gr.], Gelenkentzündung (z. B. rheumatische A., tuberkulöse A.).

Arthropoden, svw. → Gliederfüßer.

Arthrose, w. [gr.], Gelenkleiden, meist degenerativ mit Verformungen (z. B. *Arthrosis deformans*).

Artikel, m. [l.], **1)** das bestimmte *(der, die, das)* od. unbestimmte *(ein, eine, ein)* Geschlechtswort; **2)** Abschnitt eines Gesetzes oder Vertrags; **3)** Zeitungsaufsatz; **4)** Warenart.

Artikulation, w., „gegliederte" Art der Aussprache.

Artillerie, Geschütztruppen bzw. Bestückung d. Kriegsschiffe; Feld- u. Panzer-A., ausgerüstet mit Haubitzen, Kanonen und Raketen.

Artischocke, Distelgewächs Südeuropas; geschlossene Blütenköpfe als Gemüse, ebenso die Blattstiele einer anderen Art *(Kardy).*

Artist, Zirkus- u. Varietékünstler.

Artmann, Hans Carl (* 12. 6. 1921), östr. Schriftst.; *„Ein lilienweißer Brief aus Lincolnshire"; How much, Schatzi?; Med ana schwoazzn dintn.*

Art nouveau [frz. ar nu'vo], „Neue Kunst", in außerdt. Ländern Bez. f. → Jugendstil. Auch → Modern Style; → Stile Liberty; → Sezessionsstil. Vertreten in Frankreich u. Belgien: Guimard, Horta *(Architektur,)* Charpentier *(Plastik);* → Gallé, Daum *(Glas);* Latique *(Schmuck).*

Artois [ar'twa], ehem. Grafschaft N-Frkr.s, Grenzgebiet gegen Flandern; Hptst. *Arras;* Getreide, Rüben.

Artothek, Vermittlungsstelle (z. B. in Berlin), die zeitgenöss. Kunstwerke an Interessierte f. best. Zeit ausleiht.

Arts and Crafts Society, nach den Ideen v. W. Morris u. J. Rustin 1888 v. C. R. Ashbee gegr. engl. Vereinigung zur Erneuerung d. Kunstgewerbes gegen d. ind. Produktion allg. Gebrauchsgegenstände. Auswirkungen auf → Jugendstil u. → Dt. Werkbund.

Artus, *Art(h)ur,* brit. Kg (6. Jh.); galt in der Sage als Gründer eines brit. Weltreichs, Fürstenideal des MA; an seiner Tafelrunde *(A.runde)* die Ritter Erek, Gawan, Iwein, Lancelot, Merlin, Parzival, Tristan. – **A.höfe,** Versammlungshallen v. Rittern, auch bürgerl. A.brüderschaften, *A.hof* in Danzig (1480).

Aruba, *Aroeba,* ndl. → Antilleninsel, 193 km², 60 000 E; Ölraffinerien, Phosphatlager.

Arunachal Pradesch, ind. B.staat (bis 1987 Unionsterritorium) in NO-Indien; Hptst. *Itanagar.*

Arve, *Zirbelkiefer,* Gebirgsbaum (Alpen, Karpaten, Ural, Sibirien); Samen *(Zirbelnüsse)* eßbar.

Arve [arv], l. Nbfl. der Rhône aus dem Tal von Chamonix (Montblanc), 100 km l.; Kraftwerke; mündet bei Genf.

Arvida [a:'vi:də], St. in d. kanad. Prov. Quebec, 18 500 E; Aluminium-Ind.

Arzneimittelgesetz v. 1. 1. 1978 (nebst zahlreichen Ergänzungen), regelt Zulassung, Herstellung, Verkauf u. Verschreibungspflicht v. Arzneimitteln.

Arzneipflanzen → Heilpflanzen.

Arzt, Aufgabenbereich: Feststellen u. Behandeln v. körperl. u. seel. Schäden des menschl. Organismus, ärztl. Geburtshilfe sowie Überwachen u. Schützen des Gesundheitszustandes v. Menschen durch vorbeugende u. behandelnde Maßnahmen. A. ist, wer n. d. vorgeschriebenen → Medizinstudium die entsprechende Hochschulabschlußprüfung bestanden hat u. durch → Approbation od. Bestallung berechtigt ist, die Bezeichnung A. zu führen und unter dieser Bezeichnung einen Heilberuf auszuüben (BR 1983: 152 158 berufstätige Ärzte).

Ärztekammer, öff.-rechtl. Berufsvertretung d. Ärzte.

As, s. [l.], **1)** röm. Gewicht (1 A. = 12 Unzen = 327,45 g) u. Kupfermünze (Wert zw. 40 u. 4 Pf); **2)** *chem.* Zeichen f. → *Arsen;* **3)** höchste Spielkarte; **4)** Eins od Würfeln; **5)** *mus.* erniedrigtes a; **6)** Abk. f. → *Ampere*sekunde.

Asahikawa, jap. St. auf Hokkaido, 363 600 E; div. Ind., Sternwarte, Eisenbahnknotenpunkt, Flughafen.

Asam
Weltenburg, Benediktinerkirche

Asam, Künstlerfamilie d. bayer. Spätbarock u. Rokoko; **1)** Hans Georg (12. 10. 1649–7. 3. 1711), bes. Freskomaler (u. a. in Tegernsee); s. Söhne **2)** Cosmas Damian (28. 9. 1686–10. 5. 1739), Baumeister

u. Maler, u. **3)** Egid Quirin (1. 9. 1692–29. 4. 1750), Bildhauer u. Stukkateur, schufen gemeinsam großartige Kirchenbauten (u. a. St. Johann Nepomuk, München; Benediktinerk. Weltenburg).

Asbest, m., faseriges, glänzendes, biegs. Mineral, Magnesiumsilicat der → Amphibolgruppe, f. unverbrennbare Gewebe; Asbestzement; wegen Gefahr durch Einatmen v. A.staub vielfach ersetzt.

Ascension [ə'senʃən], („Himmelfahrtsinsel", weil an Himmelfahrt 1502 v. Portugiesen entdeckt), Insel im Atlant. Ozean (zu St. Helena), s. 1815 brit.; 88 km², 1007 E; vulkan.; intern. Kabelstation; Hptsiedlung *Georgetown.*

Asch, Schalom (1. 1. 1880–10. 7. 1957), jüd. Schriftst.; histor. Romane: *Der Apostel; East River.*

Asch, tschech. *Aš,* St. am Fuß des Elstergebirges, Nordwestböhmen, 13 000 E.

Aschaffenburg (D-8750), kreisfreie St. am Main, Bay., 62 048 E; Renaissanceschloß, Stiftskirche; LG, AG, IHK, HWK; Umschlaghafen, div. Ind.

Aschanti, Sudanneger i. südl. Ghana, etwa 700 000; sprechen die Tschi-Sprache.

Aschchabad, Hptst. der Turkmen. Sowjetrep., 398 000 E; Textilind., Maschinenbau; Flughafen.

Asche, Rückstand verbrannter Stoffe.

Äsche, Süßwasserfisch aus der Gruppe der Lachsartigen; durch hohe Rückenflosse gekennzeichnet.

Aschenbahn, svw. → Laufbahn.

Aschendorf, ehem. Krst. a. d. Ems, s. 1973 zu → Papenburg.

Aschermittwoch, Mittwoch nach Fastnacht.

Aschersleben (D-4320), Krst. i. S-A., 33 891 E; Maschinenindustrie, Kaliwerke, Braunkohle.

aschgraues Mondlicht → Erdlicht.

Aschkenasim, Bez. für die mittel- u. osteur. („deutschen") Juden, im Ggs. zu den west- u. süderur. („span.") *Sephardim.*

Aschoka (ca. 268–ca. 233 v. Chr.), ind. König, förderte Ausbreitung d. → Buddhismus üb. ganz Indien; wertv. geschichtl. Quellen durch s. Säuleninschriften.

Äschylus

Äschylus, *Aischylos* (525/4–456/5 v. Chr.), griech. Dramatiker; bildete den dramat. Dialog aus u. begr. die antike Tragödie: *Orestie; Agamemnon; Prometheus; Die Perser.*

Ascọna (CH-6612), schweiz. Luftkurort a. n. *Lago Maggiore* i. Kanton Tessin, 205 müM, 4800 E.

ASEAN, *Association of South East Asian Nations,* Vereinigung südostasiat. Staaten (Thailand, Malaysia, Singapur, Indonesien, Philippinen); 1967 zur wirtsch. Zus.arbeit in Bangkok gegr.

Asen, das Göttergeschlecht der nord. Sage.

Asepsis, beugt der Wundinfektion und -eiterung *(Sepsis)* durch Fernhalten v. Keimen vor (→ Desinfektion); → Antisepsis.

Aserbeidschạn, 1) sowj. Unionsrep., Steppen- u. Gebirgsland am Kasp. Meer, 86 600 km², 7,0 Mill. E, z. T. Nomaden; künstl. Bewässerungsanlagen, Erdöl, Eisen, Kobalt, Bauxit; Landw.: Viehzucht, Baumwoll-, Tabak-, Obst-, Wein-, Gemüsebau, Seidenraupenzucht; Hptst. *Baku;* 2) iran. Prov., *O-A.* 67 102 km², 4,11 Mill. E, Hptst. *Täbris; W-A.* 38 850 km², 1,97 Mill. E, Hptst. *Orumiyeh;* Teppiche, Früchte; Gesch. → Armenien.

asiatische Kunst, *Vorderasien:* a) Verherrlichung d. Staatsmacht in Verbindung m. e. kosm. Gesetzes-Religion ohne ausgeprägten Totenkult; astronom. orientierte Terrassentempel, Rampentürme, wuchtige Stand- u. Sitzbilder v. Gestirngöttern u. Priesterkönigen; Tierdarstellungen. – b) *Sumerisch-altbabylon. Kunst* am ältesten d. Euphrat (4.–2. Jtd v. Chr.): Reliefstelen d. Könige: Eannatum (4. Jtd v. Chr.), Naramsin (2550 v. Chr.), Hammurapi (um 2000 v. Chr.); Weihfiguren, Gefäße aus Ton u. Metall, Rollsiegel, Einlegearbeiten. – c) *Assyr. Kunst,* urspr. entlang dem Tigris (2. Jtd – 7. Jh. v. Chr.): Tempelruinen in Assur (um 1900 v. Chr.), Statue u. Reliefsäule Assurnasirpals II. (9. Jh. v. Chr.), Alabasterreliefs Sanheribs u. Sardanapals aus Ninive (7. Jh. v. Chr.), Jagd- u. Kriegsszenen v. kraftvoller Wirklichkeitsnähe. – d) *Neubabylon. Kunst* (7. u. 6. Jh. v. Chr.): Prozessionsstraße u. Thronsaal Nebukadnezars II. aus Babylon (6. Jh. v. Chr.) im Pergamon-Museum, Berlin; emaillierte Ziegelreliefs. – e) *Mitann.-subaräische Kunst* im Quellgebiet des Euphrat schon s. dem 3. Jtd v. Chr.: z. B. Tell-Halaf, Karkemisch; monumentale Kultplastik babylon. Stils. – f) *Hethit. Kunst* im 2. Jh. v. Chr. zw. Syrien u. Kleinasien: Boğazköy, Löwentor. – g) *Persische Kunst:* Achämeniden (7.–4. Jh. v. Chr.): Paläste in Persepolis u. Pasargadä; Cyrus-Grabmal; 3. Jh. hellenist. Einfluß; Sassaniden (bis 7. Jh. n. Chr.): Palast Sapors I. in Ktesiphon, Großreliefs (Tak-i-Bostan); Spätzeit → islamische Kunst. – Auch → indische, → chinesische u. → japanische Kunst (Abb. → Tafel asiatische Kunst, S. 54).

Asien, größter Erdteil (Karte S. 348/349); Grenze gg. Europa: Ostfuß d. Urals u. Uralfluß, Kasp. Meer, Manytsch-Niederung; gg. Afrika: Suezkanal;

gg. Amerika: Beringstraße; gg. Australien: die Molukkenstraße; äußerste Punkte: N-Kap Tscheljuskin, S-Kap Buru, O-Kap Deschnew, W-Kap Baba; 44,385 Mill. km², 3128 Mill. E (70 je km²; mit asiat. Teilen d. UdSSR u. d. Türkei; 1/12 d. Erd- u. 1/3 d. Landoberfläche; 58% d. Erdbev.). a) *Gestaltung und Gliederung:* 2/3 Hoch-, 1/3 Flachland; mittlere Höhe 960 m. Tiefebene von Turan bis z. Eismeer, sö. davon das d. übrigen Erdteil ausfüllende Hochland m. den höchsten Gebirgen der Erde: Himalaja, Karakorum u. Pamir, deren Ketten mit dem Altai- u. Sajanischen u. dem Gr. Chingan-Gebirge die Wüsten Inner-A.s (z. B. Gobi) einschließen. Der Kunlun begrenzt Tibet im N gg. das Tarimbecken. Der Hindukusch verbindet das zentralasiat. Gebirgssystem mit den westl. Gebirgszügen (Iran, Armenien, Kaukasus) bis zu dem eur. Faltengebirgszug. Im S die Tafelländer Dekhan, Syrien u. Arabien. Flachländer: Nordchina, Hindostan, Mesopotamien, Turan u. Sibirien. b) *Flüsse:* Ob, von der Irtysch-Quelle gerechnet, wohl der längste (4016 km), ebenfalls nach N *Jenissei* u. *Lena,* nach S *Mekong, Irawadi, Ganges-Brahmaputra, Indus, Euphrat-Tigris,* nach O *Amur, Huang He, Chang Jiang,* nach W *Amu-darja, Syr-darja,* Kontinental- u. Zwillingsflüsse. *Seen:* Aral, Baikal, Balchasch, Kuku-nor; Kasp. u. Totes Meer. d) *Klima:* Größte Kälte (bis zu –78 °C) in Sibirien (Werchojansk → Kältepole) u. d. Mongolei; feuchtheißes Äquatorialklima im asiat. Inselwelt; heiße Sommer u. kalte Winter in Inner-A.; Indien u. Ostchina sind Monsungebiete; Mittel-A. ist regenarm; Klima u. Landschaft in Inner-A. geteilt. e) *Tier- und pflanzengeograph.* bildet der W und N v. A. mit Europa eine Einheit *(Paläarktis).* Die tropischen Gebiete *(Orientalis)* haben ein eigenes Gepräge; Grenze zum N hin ist der Himalaya. f) *Bev.:* 3/5 z. d. Mongoliden gehörend, d. SW z. d. Europiden (orientalid, armenid; vielfach o. Melaniden (→ Drawida); primitive Jäger- u. Fischer- u. nomad. Hirtenvölker in Nord- u. Zentral-A., z. T. hochentwickelte Kulturvölker im S u. O. g) *Wirtschaft:* Die wirtsch. Grundlage bilden neben der Landw. mit den in Monokulturen angebauten wichtigen Ausfuhrgütern (z. B. Tabak, Jute, Kautschuk, Reis u. Gewürze) die Rohstoffe, z. B. Erdöl (Vorderer Orient), Kohle u. Eisenerz (China, Indien, Sibirien) abgesehen von hochindustrialisierten Japan liegt d. Schwergewicht trotz fortschreitender Industrialisierung auf d. Landw.; wichtige Ind.- u. Bergbaugebiete in Nordchina, Korea, Sibirien u. Indien. h) *Entdeckungsgesch.:* Gelegentl. Besuche v. eur. Reisenden (Niccolò, Maffeo und Marco Polo) 1254–95. Die eigtl. Erschließung A.s beginnt mit Vasco da Gama (1497/98 Seeweg nach Ostindien); Magalhães (1520 Pazifik durchquert;

Philippinen), Barents (1594–97), C. Niebuhr (1761–67), Huc u. Gabet (1844–46 Tibetdurchquerung), Semenow (1857 zuerst im Tien Shan), v. Richthofen (1868–72 in China u. Turkestan), v. Nordenskjöld (1878/79 Polarfahrt), Nansen (1893–96 Polarfahrt), Sven Hedin (1894–97, 1899–1902, 1905–08, 1927/28 u. 1931/ 32 in Tibet u. Zentral-A.), Koslow (1899–1901), W. Filchner (1900 Pamir, 1904/05, 1926–28 u. 1936/37 Zentral-A.), Amundsen (1926 Nordpolflug), Trinkler (1927/28 Zentral-A.). i) *Gesch.:* A. besitzt die ältesten Hochkulturen u. Staatenbildungen in *O-* u. *S-A.:* China (s. 2200 v. Chr.), Japan u. Indien; in *W-A.,* wo im 4. Jtd die Sumerer saßen, lösten vom 3. Jtd v. Chr. an die Großreiche der Sumerer, Babylonier, Assyrer, Perser u. Meder einander ab; in *N-* u. *Inner-A.* Hirtennomaden mit urspr. Wirtschaftsform. Von hier große Völkerbewegungen nach O (als Abwehr Bau der Großen Chin. Mauer, 3. Jh. v. Chr.) u. W: um 300 v. Chr. → Hunnen u. im 4. u. 5. Jh. n. Chr. Tataren, im 6. Jh. n. Chr. von den → Türken unterworfen; neue Periode großer Nomadenreiche u. Eroberungszüge im 12. Jh. unter → Dschingis-Khan u. 1347–1405 unter → Timur. A. u. Europa sind geograph. u. geschichtl. vielfach voneinander getrennt, daher Begriff: *Eurasien.* Wechselseitige kulturelle Einflüsse seit der Antike (z. B. → Hellenismus, → Kreuzzüge). Abwehr u. Angriffe (Perserkriege, Zug Alexanders, Roms Kampf um Vorder-A., Araber, Hunnen, Mongolen; Kreuzzüge, Türkenkriege). Seit dem Zeitalter der Entdeckungen und Kolonialgründungen in den Randgebieten u. auf Inseln S-A.s; auf dem Landweg dringt Rußland in N-A. bis an den Pazifik u. in Mittel-A. vor. Im 19. Jh. eur. imperialist. Politik. Türkei, China, Japan müssen sich der eur. Wirtschaft öffnen; Japan wird durch seine Reformen Großmacht. Zunehmende Unabhängigkeitsbestrebungen nach dem 1. Weltkrieg; Aufbau eigener Wirtschaft. Nach dem 2. Weltkrieg wurden Indien, Pakistan (und Bangladesch, 1971), Birma (heute Myanmar), Ceylon (heute Sri Lanka), Indonesien, Vietnam, Laos, Kambodscha u. Malaysia unabhängig; 1946–54 Indochinakrieg, – 1975 Vietnamkrieg; 1976 Wiedervereinigung v. N- u. S-Vietnam (→ Vietnam); 1949 S. Kommunismus in China; 1950–53 Krieg in Korea; 1955 Asienkonferenz → Bandung; zw. 1948 u. 1973 4 Nahostkriege zw. → Israel u. arab. Nachbarstaaten; 1982/83 Krieg im → Libanon; 1980–88 Krieg zw. → Irak u. → Iran; 1990 Irak besetzt Kuwait.

Asịmov, Isaac (* 2. 1. 1920), am. Biochem. u. Schriftst. russ. Herkunft; populärwiss. Werke u. Science-fiction.

Asiụt, *Assiut, Asjut,* Prov.Hptst. in Oberägypten, am Nil (Stauschleusenwerk), 214 000 E; Töpferwaren,

Asiatische Kunst
Abbildungen von links nach rechts. *1. Reihe:* Rajarani-Tempel in Bhuvanesvara (Indien) – Tempeltor in Sanci (Indien) –
Kondo und Pagode des Tempels Horyuji bei Nara (Japan) – Ziegelpagode (China). *2. Reihe:* Steinernes Fabeltier am
Grabe des Kaisers Chi-Wu-ti bei Nanking (China) – Yaksi, Steinfigur am Stupa-Osttor in Sanci (Indien) – Tanzender Schiwa,
Bronze (Südindien) – Miroku Bosatsu, Kwannon aus Chuguji (Japan). *3. Reihe:* Loh-Han (Heiliger) Ling-yänsi (China) –
Buddha als Büßer, Steinfigur der Gandhara-Kunst (Indien) – Himmelsfeldherr, bemalte Tonplastik, Nara (Japan). *4. Reihe:*
Liang K'ai, Sakyamuni als Büßer (China) – Toshusai Sharaku, Bildnis eines Schauspielers – Ando Hiroshige, Biwa-See,
Farbholzschnitt.

Askanier, dt. Fürstengeschlecht; aus ihm im 12. Jh. *Albrecht der Bär;* reg. in Anhalt bis 1918.

Askari, eingeborene Soldaten Ostafrikas.

Askariden [gr.], Spulwürmer, Darmparasiten.

Askese, religiöse Übung zu körperlicher u. geistiger Selbstüberwindung *(Asketik).*

Asket, enthaltsam lebender Mensch.

Askorbinsäure, Bez. für Vitamin C (→ Vitamine, Übers.).

Äskulap, lat. *Aesculapius,* griech. *Asklepios,* Gott der Heilkunst. – **Ä.natter,** große, harmlose Schlange Mittel- u. S-Europas. – **Ä.stab,** Stab m. Schlange, Sinnbild der Medizin.

Askus, schlauchförmiger Sporenbehälter der → Schlauchpilze m. meist 4 od. 8 *Askosporen.*

Asmara, Hptst. d. äthiop. Prov. Eritrea, 275 000 E; äthiop. Erzbischof, Uni., Rundfunkstation, Eisenbahnknotenpunkt, Flughafen.

Äsop, *Aisopos* (6. Jh. v. Chr.), griech. Fabeldichter.

Asowsches Meer, nördl. Becken d. Schwarzen Meeres, 37 600 km²; 15 m tief; durch die Straße v. Kertsch Verbindung zum Schwarzen Meer; fischreich.

asozial, Personen, d. aus Unreife, infolge e. psych. Defekts od. aus Überzeugung außerhalb e. Gesellschaftsordnung leben; häufig als Verbrecher od. Geisteskranke isoliert; → Nonkonformismus.

Asparagus, svw. → Spargel.

Aspasia, geistvolle Gemahlin des → Perikles.

Aspekt, *m.* [l.], Ansicht, Gesichtspunkt.

Aspekte, in d. *Astronomie* u. *Astrologie* best. Stellungen von Sonne, Mond u. Planeten zueinander (von der Erde aus gesehen).

Aspern, Vorort von Wien; 1809 erste Niederlage Napoleons I. durch Erzherzog Karl.

Asphalt [gr.], *Erdpech, künstl.* Gemisch aus Bitumen u. Gestein, *natürl.* aus Bitumen und Mineralien; Vorkommen bes. am Toten Meer, in Albanien, auf Trinidad; zu Straßenbelag.

Asphyxie [gr.], drohende Erstickung mit Aufhören der Atmung; Scheintod Neugeborener.

Aspidistra, *Schildblume,* Liliengewächs aus O-Asien; schattenliebende Zimmerpflanze m. gr. Blättern.

Aspik, *m.* [frz.], Fleisch- oder Fischgelee u. damit bereitete Speisen.

Aspirant, *m.* [l.], „Bewerber", Anwärter.

Aspirata, *w.* [l.], Hauchlaut (z. B. *h*).

Aspiration [l.], Ansaugen v. Gasen, Flüssigkeiten od. festen Stoffen durch d. negativen Druck verdünnter Luft (z. B. von Schleim in die Lungen).

Aspirator, Luft-, Gasansauger (z. B. Wasserstrahlpumpe); auch zur Luftverbesserung.

Aspisviper, nördl. bis in den Südschwarzwald vorkommende Otter.

ASR, Abk. f. engl. *Airport Surveillance Radar,* Radaranlage bei Flughäfen, die alle Flugzeuge in etwa 100 km Umkreis erfaßt.

Assad, Hafis (* 6. 10. 1928), syr. Gen. u. Pol.; nach Mil.putsch 1970/71 Min.präs., s. 1971 Staatspräs. u. Führer d. Baath-Partei.

Assad-See → Euphrat-Staudamm.

assaï [it.], *mus.* sehr (das Zeitmaß verstärkend).

Assam), Staat in NO Indiens, 78 438 km², 20 Mill. E; Hptst. *Dispur;* Heimat d. Teestrauches (4/5 der ind. Tee-Ernte); Reis; Kohlenbergbau, Erdölgewinnung.

Assekuranz, *w.* [l.], Versicherung.

Mauerassel

Asseln, Krebstiere; Land und Wasser (z. B. *Mauer-, Kellerasseln*).

Assemblage [frz. asã'blaʒ „Zusammenfügung"], *Kunst:* scheinbar willkürliche Anordnung vorfabrizierter Objekte (z. B. Nägel, Tuben, Brillengestelle od. Pappbecher; die ursprüngl. nichts miteinander verbindet; Integration v. Wirklichkeitselementen im Kunstwerk; Vorväter Dadaisten, populär durch → Arman u. Spoerri.

Assemblée, *w.* [frz. asã'ble], Versammlung. – **A. nationale** [nasjɔ'nal], frz. → Nationalversammlung.

Assembler, in d. → *EDV* 1) → Übersetzungsprogramm; **2)** maschinenorientierte → Programmiersprache.

Asser, Tobias Michael Carel (28. 4. 1838–29. 7. 1913), ndl. Völkerrechtler; Friedensnobelpr. 1911.

Assessor [l.], unterste Stufe d. höheren Beamtenlaufbahn *(Gerichts-, Regierungs-, Forst-A.* usw.).

Assignaten

Assignaten [frz.], Papiergeld in Frkr. Ende 18. Jh.; Ursache der Inflation während d. Frz. Revolution.

Assimilation [l.], **1)** *biol.* Umwandlung der Nahrungsstoffe in körpereigene Substanz; bei *grünen* Pflanzen (z. B. Bildung v. Zucker u. Stärke aus Kohlendioxid u. Wasser unter Beihilfe d. Blattgrüns u. der Sonne als Energiespender); **2)** *sprachl.* gegenseit. Angleichung zweier benachbarter Mitlaute (z. B. *Ad*sessor: *Ass*essor); **3)** *pol.* Einschmelzung fremder Volksteile; Ggs.: → Integration.

Assise, Sitzung; öffentl. (Schwur-)Gerichtssitzung.

Assisi, it. St. nahe Perugia, 24 000 E; Geburtsort u. Grabstätte (Klosterkirche, 1228) v. *Franz v. A.;* Wallfahrtsort.

Assistent, *m.* [l.], Gehilfe, Amtsgehilfe, Hilfsarzt.

Assistenz, *w.,* Beistand, Unterstützung, Dabeisein.

Assmannshausen → Rüdesheim am Rhein.

Associated Press [ə'souſieitid-], größte Nachrichtenagentur der USA, Hptsitz New York, 1848 gegr.

Association Phonétique Internationale [frz. asɔsjɑ'sjõ fɔne'tik ɛtɛrnasjɔ'nal], internat. Ges., die d. Vereinheitlichung d. Lautschrift anstrebt, 1886 gegr.

Associé, *m.* [frz. aso'sje], Gesellschafter, Teilhaber.

Assonanz, *w.* [l.], Reimart, bei der nur die Vokale, nicht die Konsonanten beim Endreim übereinstimmen.

assortiert, nach Warengattungen geordnet.

Assoziation [l.], Vergesellschaftung, *psych.* Verknüpfung v. Gedanken, Vorstellungen u. Gefühlen; *freie A.* ohne Absicht gelenkter Ablauf v. A.en (Technik i. d. → *Psychoanalyse); gerichtete A.,* im Alltag das „Nachdenken" bezeichneter Suchvorgang beim Auffinden v. Lösungen. – **A.spsychologie,** Richtung d. Psych., die alle psych. Vorgänge auf den Mechanismus d. A. zurückführt.

ASSR, Abk. f. *Autonome Sowjetische Sozialistische Republik* i. d. UdSSR.

Assuan, *Aswân,* oberägypt. Prov.Hptst. am r. Nilufer bei d. Insel Philä, 182 700 E; Luftkurort; fast 2 km l. Staudamm durch d. Nil s. 1902; 1971 Einweihung d. 1960 begonnenen, 7 km südl. liegenden A.-Hochdamms *Sadd al-Ali* (111 m h., 165 Mrd. m³ Speicherraum, Stausee (Nassersee); 500 km lang, 10 km breit).

Assumptio, *w.* [l.], Himmelfahrt Mariä.

Assunta, *w.* [it.], Darstellung der Himmelfahrt Mariä.

Assur, um 1400–884 v. Chr. Hptst. Assyriens.

Assurbanipal, assyr. Kg, 668–631 v. Chr., eroberte 648 Babylon, legte große Bibliothek (von Tontafeln) in Hptst. Ninive an.

Assyrien, vorderasiat. Reich, aus sumerisch-babylon. Kultur um 2000 v. Chr. entstanden nach Vermischung mit Semiten; ben. nach Hptst. Assur; spätere Hptst. *Ninive;* 612 von Chaldäern und Medern unterworfen; letzter bedeutender Kg Assurbanipal.

Assyriologie, Erforschung des assyrisch-babylon. Altertums (Keilschriften).

assyrische Kunst → asiatische Kunst.

assyrische Literatur → babylonische Literatur.

Astaire [ə'stɛə], Fred, eigtl. *Frederick Austerlitz* (10. 5. 1899–22. 6. 1987), am. Tänzer, Sänger u. Schausp.; *The Band Wagon.*

Astarte, assyr. *Ischtar,* hebr. *Aschtoreth,* syro-phönik. Fruchtbarkeits- u. Muttergöttin.

Astat, *Astatin, Astatium, At,* chem. El. d. Halogengruppe, Oz. 85, radioaktiv.

Aster, staudiger Korbblütler; Gartenpflanze; blüht meist im Herbst.

Asteroiden, svw. → Planetoiden.

Asthenie [gr.], allgemeine Körperschwäche.

asthenisch, zart gebaut, schwächlich, → Körperbau.

Ästhet, Schöngeist.

Ästhetik [gr.], urspr. Lehre von der Sinneswahrnehmung; seit Baumgarten (1750) selbständige *Wissenschaft vom Schönen* in Kunst und Natur.

ästhetisch, nach Schönheitsgesetzen, (stilvoll) schön.

Ästhetizismus, *m.,* der absoluten u. zweckfreien Schönheit verpflichteter Literatur- u. Lebensstil des späten 19. Jh.; Vertr.: *Oscar Wilde, Stefan George.*

Asthma, *s.* [gr.], Luftmangel, Atemnot; *kardiales A.* b. Herzschwäche od. Erkrankung d. Herzgefäße, *bronchiales A.,* anfallsweiser Krampf der kleinen Bronchien sowie Schleimhautanschwellung mit starker Schleimabsonderung u. quälendem Husten; Ursache anatom., neuropath. u. allerg. Faktoren; → Allergie.

Astigmatismus [gr.], Unvermögen eines opt. Instruments, scharf punktuell abzubilden; beim Auge infolge zylindr. Verkrümmung d. sonst kugelig gewölbten Hornhaut. Ausgleich d. Fehlers bei Linsen u. Augen durch vorgeschaltete Zylinderlinsen.

ästimieren [l.], schätzen, würdigen.

Aston [ˈæstən], Francis William (1. 9. 1877–20. 11. 1945), engl. Chem.; Isotopie-Forschung; Nobelpr. 1922.

Astrachan, Fell der Lämmer des *A.-Schafes.*

Astrachan, russ. Gebietshptst. im Wolgadelta; Kanal, Fluß, See- u. Flughafen, 509 000 E; Fischind. u. -handel (Kaviar).

astral [l.], auf die Sterne bezogen.

Astralgeist, in der Astrologie Sterngeist oder Seele eines Verstorbenen.

Astralleib, übersinnl. Kräfteorganismus, Seelenglied der Empfindungen und Triebe (Paracelsus, R. Steiner).

Astrallicht, Himmelslicht.

Astralon, durchsichtiger Polyvinylchlorid- oder Polyvinylacetat-Kunststoff.

Astralreligion, Verehrung von Gestirnen (altmexikan., altarab., babylon.).

Astrobiologie [gr.], Lehre v. Leben auf anderen Himmelskörpern.

Astrograph, Fernrohr für Himmelsfotografie.

Astrolabium, histor. Gerät zur Zeit- u. Längenbestimmung.

Astrologie, Sterndeutung; Lehre vom geistig-seelischen Zusammenwirken zwischen Gestirnsstellungen u. Erde, versucht Charakterprägung u. Schicksalsgestaltung durch → Horoskop zu bestimmen.

Astrometeorologie, im MA Vorhersage d. Wetters aus Gestirnsstellungen; kein ursächl. Zusammenhang; neuerdings Lehre v. d. Beschaffenheit der Planetenatmosphären.

Astrometrie, Messung der Örter u. Bewegungen d. Gestirne.

Astronaut, am. Bez. f. *Weltraumfahrer,* vorwiegend auf westl. Raumfahrer angewendet.

Astronomie [gr.], Sammelbegriff für alle Wissensgebiete über d. Himmelskörper; → Himmelskunde.

astronomische Einheit, Abk. *AE,* mittlere Entfernung Erde–Sonne = 149,6 Mill. km.

astronomischer Ort, d. durch → Rektaszension u. → Deklination bestimmte Lage e. Gestirns am Himmel.

Astrophotometrie [gr.], Helligkeitsmessung d. Gestirne.

Astrophysik, Lehre v. d. chem. u. phys. Beschaffenheit d. Sterne; MPI f. A. in München.

Asturias, Miguel Angel (19. 10. 1899–9. 6. 1974), guatemaltek. Romanschriftst.; *Sturm; Legenden aus Guatemala; Die Maismänner;* Nobelpr. 1967.

Asturien, Landsch. i. NW-Spanien, am Nordhang des Kantabrischen Gebirges, heute d. Prov. Oviedo; Hptst. *Oviedo;* Steinkohle, Eisen, Kupfer.

Astyages, letzter medischer Kg, 550 v. Chr.; durch den Perser Cyrus gestürzt.

Asunción [-ˈθi̯ɔn], Hptst. v. Paraguay, am linken Ufer d. Paraguay, 729 300 E; Uni., Flughafen.

Asyl, *s.* [gr. „Freistätte"], Zufluchtsort; Freistätte; Anstalt f. Notleidende od. Schutzbedürftige; auch Alters- oder Siechenheim. – **A.recht,** pol. verfolgten Ausländern gewährtes Aufenthaltsrecht (→ Auslieferung), Art. 16 GG.

Asymmetrie [gr.], Ungleichh. v. Körperhälften; Ggs.: → Symmetrie.

asymmetrisch, unebenmäßig.

Asymptote, *w.* [gr. „nicht zusammenfallend"], in d. Geometrie eine Gerade, auf die eine Kurve zuläuft (wobei die Abstände zw. beiden immer kleiner werden), aber sie im Endlichen nie erreicht.

asynchron [gr.], nicht gleichzeitig, in unregelmäßigem Takt.

Asynchronmotor, Wechselstrommotor, dessen Anker (Kurzschluß-A.) sich nicht gleichzeitig mit dem magnet. Feld dreht; Drehzahl d. Ankers tiefer als die des magnet. Feldes.

Aszendent, *m.* [l.], **1)** Verwandter aufsteigender Linie; **2)** im horoskop. Gebrauch Schnittpunkt v. Ekliptik u. Horizont i. Ostpunkt; gilt als einflußreichste Stelle des → Horoskops.

Aszidien, → Seescheiden.

Aszites, *w.* [gr.], Bauchwassersucht.

At, *chem.* Zeichen f. → Astat.

at, Abk. f. *techn.* Atmosphäre, veraltete, nicht mehr zulässige Druckeinheit (→ Druck).

A. T., Abk. f. → *Altes Testament.*

Atacama, Salzwüste in Nordchile, größte Salpeterlager der Erde.

Ataïr, *Altair,* hellster Stern 1. Größe α im Sternbild d. Adlers; nördl. → Sternhimmel G.

Ataman, *Otaman,* früher Titel eines höheren Kosakenoffiziers oder ukrain. Gem.-Vorstehers.

Ataraktika [gr. „ataraxia = Seelenruhe"], *Tranquilizer,* Medikamente, die bei Angst- u. Spannungszuständen dämpfend wirken.

Kemal Atatürk

Atatürk („Vater der Türken"), *Kemâl A.,* bis 1934 *Mustafa Kemâl Pascha* (1881–1938), türk. Heerführer im 1. Weltkrieg, 1923 erster türk. Staatspräs.

Atatürk-Staudamm, am Euphrat i. d. Türkei, 184 m h., Stausee 1065 km²; Stauraum 48,7 Mrd. m³; zur Bewässerung u. Energiegewinnung; 1990 fertiggestellt.

Atavismus [l. „atavus = Urvater"], **1)** Rückschlag z. Ahnentypus; bes. d. gelegentl. Auftreten stammesgeschichtl. älterer Einzelmerkmale (Ggs.: die regelmäßig auftretenden Rudimente wie d. Wurmfortsatz beim Menschen); **2)** urtüml. Fähigkeiten od. Anschauungen.

Ataxie [gr.], Störung im geordneten Ablauf d. Bewegungen bei gewissen

Widder   Stier   Zwillinge

Krebs   Löwe   Jungfrau

Waage   Skorpion   Schütze

Steinbock   Wassermann   Fische

Astrologische Tierkreiszeichen

Krankheiten des Rückenmarks oder Gehirns.

Atbara, r. Nbfl. d. Nils aus Äthiopien, 1120 km l.; mündet bei der Stadt A. (73 000 E).

Atelier [frz. -'lĩe], (Künstler-)Werkstatt; *Film-A.,* für Innenaufnahmen.

Atemgymnastik, *Atemtherapie,* Atemübungen zur Erhaltung u. Wiederherstellung der Gesundheit; als → Heilatmung zu empfehlen: bei chron. Schleimhautveränderungen von Nase u. Nasennebenhöhlen, Stimmbandschäden, Herz-Kreislauf-Krankheiten, Atemwegserkrankungen, vor u. nach Operationen, Vorbeugung d. Lungenentzündung, bei Bettlägerigen.

a tempo [it.], *mus.* im urspr. Zeitmaß; *allg.* sofort, schnell.

Atemspende, Wiederbelebung durch Mund-zu-Mund- bzw. Mund-zu-Nase-Beatmung; → Erste Hilfe.

Atemwurzeln, aus dem Boden senkrecht in die Luft ragende Wurzelteile der → Mangrove-Bäume.

Atem-zentrum, im Hirnstamm u. i. oberen Abschnitt d. Rückenmarks gelegenes Steuerungsorgan der Atmung; seine Störung durch **A.gifte** od. Krankheiten führt zur **A.lähmung.**

Äthan → Ethan.

Athanasianisches Symbol, Glaubensbekenntnis: Dreieinigkeit u. Menschwerdung Christi (5./6. Jh.).

Athanasie, *w.* [gr.], Unsterblichkeit.

Athanasius (295–373), Heiliger, Kirchenvater; Bischof von Alexandrien; vertrat gg. Arius (→ Arianer) Wesensgleichheit des Gottessohns mit Gottvater; Konzil zu Nicäa 325.

Athaulf, Nachfolger Alarichs; 410–15 Kg der Westgoten, die er nach Südgallien führte.

Atheismus [gr. „Gottlosigkeit"], Leugnung Gottes bzw. s. Wirksamkeit.

Athen, griech. *Athēnai,* Hptst. d. Rep. Griechenland i. Nomos *Attika* u. *Böotien,* 3,02 Mill. E (m. Vororten); → *Akropolis* u. a. Denkmäler d. griech. Kunst, Uni., Museen, Festsp.; Flughafen, Ind.; Handel (Hafen → *Piräus*). – Urspr. v. Königen, dann v. d. Aristokratie regiert; 594 v. Chr. Verf. Solons; nach der Tyrannis d. Peisistratos 560–527 wurde 508 d. Demokratie gefestigt (Souveränität d. Volksversammlung). Blütezeit nach d. Perserkriegen (500–449 v. Chr.), ab 477 Haupt d. Attischen Seebundes; in d. → Peloponnesischen Kriegen von Sparta besiegt; 86 v. Chr. u. Rom (Sulla) erobert; im MA bedeutungslos; s. 1834 Hptst. d. Kgr. Griechenland.

Athenagoras I., *Aristoklis Spiru* (25. 3. 1886–7. 7. 1972), orthodoxer Theologe, ökumen. Patriarch v. Konstantinopel.

Athenäum, Tempel der **Athene,** *Pallas A.,* griech. Göttin der Weisheit u. Kunst, röm. *Minerva;* entsprang gerüstet dem Haupt d. Zeus; ihre Tiere: Eule u. Schlange. – *A. Parthenos* (→ Parthenon): d.

---

jungfräul. *A.*; *Pallas A.:* die Lanzenschwingerin.

Äther, 1) *chem.* → Ether; **2)** *Lichtäther,* ein angeblich den Weltraum erfüllender Stoff.

ätherisch, leicht verdunstend, auch zart, vergeistigt.

ätherische Öle, Duftstoffe der Pflanzen (z. B. Pfefferminzöl, Fichtennadelöl), durch Wasserdampfdestillation oder → Enfleurage gewonnen.

Ätherleib, okkultist. Bezeichnung für angebl. feinstoffliche Lebensträger.

Atherom, *s.* [gr.], Balggeschwulst, breiiger Grützbeutel, meist unter der Kopfhaut; gutartig.

äthiopider Rassentypus, irrtümlich *hamitische Rasse,* mit europiden Proportionen u. negrider Hautfarbe, Haar in lokkerkrauser Zwischenbildung; verbreitet bei Abessomaliern u. Sahariern (Abessinier, Somali, Galla, Massai, Tebu, Haussa, Ful); Sprache meist Hamitisch (→ Hamiten).

Äthiopien, amtl. *ye Ethiopia Hizebawi Demociyawi Republic,* NO-afrikan. Republik, 1 221 900 km², 48,5 Mill. E (39 je km²); Bev.-Zuw. 2,4%; Bev.: Amharen u. Tigre; Sprache: Amhara, Galla, Engl., It.; Währung: Birr (Br); Rel.: Christen, Moslems; Hptst.: Addis Abeba; Flagge S. 340, Karte S. 750. **a)** *Geogr.:* Landschaft vulkan. Hochland, ca. 2000 m hoch, überragt v. gewaltigen Vulkanen (*Ras Daschan* 4620 m); Hptfluß *Blauer Nil;* 3 Höhengürtel, nur mittlerer (1800–2500 m) gut besiedelt. **b)** *Wirtsch.:* Hptbeschäftigung in d. Landw.; Hptgüter: Kaffee, Getreide, Zuckerrohr, Baumwolle; s. Kriegsende rasche Ind.-entwicklung. **c)** *Außenhandel* (1987): Einfuhr 1,1 Mrd., Ausfuhr (Hptprodukt Kaffee) 358 Mill. \$. **d)** *Verkehr:* Eisenbahn 1084 km, Straßennetz 44 000 km. **e)** *Verf.* v. 1977: Demokr. Volksrepublik auf marxist.-leninist. Basis, Einheitspartei (WPE) u. Nat.vers. (shengo). **f)** *Verw.:* 28 Regionen (davon 4 autonom) u. Hauptstadtdistrikt. **g)** *Gesch.:* Tributstaat, später Beherrscher Ägyptens (840–650 v. Chr.); umfaßte das Gebiet des heutigen Äthiopien u. Nubien; v. 4. Jh. an christl. u. einheitl. Reich unter einem Kaiser (Negus Negesti); s. 640 n. Chr. mit Eindringen des Islams neue Kulturblüte im heutigen Dongola. 1868 im Krieg gg. England Verlust von Magdala; 1896 Sieg Kaiser Meneliks über die Italiener bei Adua; 1917–30 Kaiserin Zauditu, 1930–74 Haile Selassie I. (Ras Tafari). 1935/36 v. Italien erobert, bis 1941 als Kaiserreich Äthiopien d. it. „Röm. Imperium" einverleibt. 1952 wurde → Eritrea als autonom. Bundesstaat m. Äthiopien vereinigt u. ist s. 1962 Prov. 1974 Absetzung v. Kaiser Haile Selassie; seitdem sozialist. Volksrep. m. Militär-

---

reg. (s. 1987 formelle Zivilreg.). 1975 Bodenreform. 1977 Unabhängigkeitsbestrebungen in Eritrea; 1978 Grenzkrieg mit Somalia um die Prov. Ogaden; s. 1983 durch Dürre verursachte Hungerkatastrophe in N-Provinzen; 1989 gescheiterter Putschversuch; Ende Mai 1991 Sieg d. äthiop. Rebellen (EPRDF) über Reg.truppen. **h)** *Mitgl.:* UN, OAU; AKP-Staat.

Äthiopier, im Altertum alle dunklen Afrikaner, später auch die dunklen Nordostafrikaner verengt, heute besonders die Bewohner von Nubien, Abessinien u. Somaliland.

Athlet [gr.], muskelstarker Mann, Wettkämpfer.

Athletik, → Leichtathletik, Schwerathletik.

athletisch → Körperbau.

Athos, griech. *Hagion Oros,* Halbinsel i. Ägäischen Meer, 1500 E. – *Berg A.,* 2033 m, Sitz e. berühmten griech.-orthodoxen Mönchsgemeinschaft; 20 Klöster.

Äthyl → Ethyl.

Äthylen → Ethylen.

Ätiologie [gr.], Lehre v. d. (Krankheits-) Ursachen.

Atlant [gr.], männl. Figur als stützendes Bauelement. Dagegen → Karyatiden.

Atlanta, Hptst. d. US-Staats Georgia, 2,657 Mill. E; 3 Uni. E. Schwarze, Methodisten-Uni., Ind., Handels- u. Verkehrsmittelpunkt.

Atlantic City [ət'læntɪk 'sɪtɪ], Seebad in den USA, an der Küste von New Jersey, 40 200 E.

Atlantik, svw. → Atlantischer Ozean.

Atlantikcharta, *Atlantic Charter,* **1)** 1941 v. Roosevelt u. Churchill beschlossenes Grundsatzprogramm f. d. Nachkriegspolitik; **2)** Erklärung über die atlant. Beziehungen d. NATO-Staaten (26. 6. 1974), die u. a. gemeins. Verteidigung u. Bündnismitgl. als umrißhaft bezeichnet.

Atlantikpakt → Nordatlantikpakt.

Atlantis, von Plato beschriebene sagenhafte versunkene Insel im Atlant. Ozean.

Atlantischer Ozean, *Atlantik,* Teil d. Weltmeeres zw. Europa u. Afrika im O u. Amerika im W, von S-förm. Gestalt mit nahezu parallelen Küsten; 1., 3000–7000 km br.; Fläche 84,11, mit Nebenmeeren 106,57 Mill. km²; mittlere Tiefe 3926 m (m. Nebenm.) od. 3844 m (o. Nebenm.); größte Tiefe 9219 m im Puerto-Rico-Graben; wird d. Länge nach v. Mittelatlant. Rücken (1000–3000 m) durchzogen, beiderseits 5000–6000 m tiefe Becken; geringe Inselbildung. *Nebenmeere:* Eur., Am. u. Arkt. Mittelmeer; Nordsee, Ostsee, Engl. Kanal, Irische See, St.-Lorenz-Golf. *Strömungen:* 2 geschlossene Kreise: im Nordatlantik rechtsdrehend Nordäquatorialstrom, → Golfstrom, Kanarenstrom; im Südatlantik linksdrehend Südäquatorialstrom, Brasilienstrom, Westwinddrift, Benguelastrom, Nordatlantik wärmer u. salzreicher als Südatlantik.

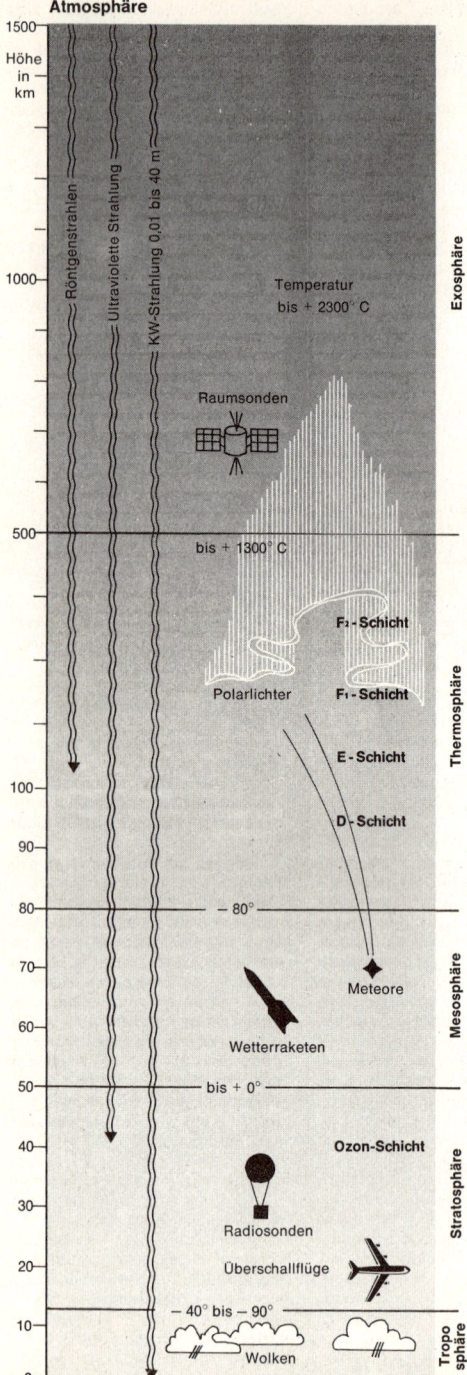

Atmosphäre

Höhe in km

1500

1000

500

Röntgenstrahlen

Ultraviolette Strahlung

KW-Strahlung 0,01 bis 40 m

Temperatur bis + 2300° C

Raumsonden

bis + 1300° C

Exosphäre

F₂ - Schicht

Polarlichter   **F₁ - Schicht**

E - Schicht

100

90

D - Schicht

80   — 80° —

70   Meteore

60   Wetterraketen

50   — bis + 0° —

Thermosphäre

Mesosphäre

40   **Ozon-Schicht**

30   Radiosonden

20   Überschallflüge

— 40° bis — 90° —

10

0   Wolken

Stratosphäre

Tropo sphäre

Atlas, 1) Riese der griech. Sage, trägt das Himmelsgewölbe; **2)** geograph. Kartenwerk; **3)** hochglänzende, schmalliegende Seide; **4)** oberster (l.) Halswirbel.

Atlasgebirge, Faltengebirgssystem in NW-Afrika, bis 4167 m (Dschebel Toubkal), in mehrere Ketten gegliedert: *Tell-, Mittlerer, Sahara-, Hoher* u. *Anti-A.;* zwischen Tell- u. Sahara-A. Hochland der Schotts (Salzsümpfe).

Atlasspinner, einer der größten Schmetterlinge, 25 cm Flügelspannweite; SO-Asien.

atm, Abk. f. *phys. Atmosphäre,* veraltete, nicht mehr zulässige Druckeinheit (→ Druck).

Atman [ind.], All- od. Einzelseele.

Atmosphäre [gr.], die Gashülle d. Erde (→ Tafel l.), Gemisch aus 21% Sauerstoff, 78% Stickstoff, 0,94% Argon u. a. Edelgasen u. 0,03% Kohlendioxid (seit der Industrialisierung ständig zunehmend, siehe → Treibhauseffekt). Nach Dichte, Zusammensetzung u. phys. Vorgängen gegliedert in: **a)** *Troposphäre:* an den Polen 10, am Äquator 17 km h.; Bereich fast aller meteorolog. Erscheinungen (Wind, Wolken u. a.); Temperaturabnahme v. 0,6° je 100 m Aufstieg; **b)** darüber d. *Stratosphäre,* etwa 50 km h., eine Übergangsschicht mit konstanter od. zunehmender Temperatur; ruhig, meist wolkenlos, ideale Flugbedingungen, im oberen Teil d. → Ozon(schicht); **c)** anschließend, bis ca. 80 km h., die *Mesosphäre* mit starker Temperaturabnahme; **d)** darüber d. *Thermosphäre,* Obergrenze unscharf von 500–1000 km, im unteren Teil beginnt d. als *Ionosphäre* bekannte el. Schicht; charakteristisch f. I.sphäre verschieden geladene Schichten, von denen d. *Heaviside-Schicht* (E-Schicht) d. wichtigste ist; an ihr werden d. Radiowellen reflektiert; **e)** oberhalb 500–1000 km schließt sich d. *Exosphäre* an, mit Temperaturen bis über +2000 °C; **f)** in etwa 6000 km Höhe geht d. Erdatmosphäre kontinuierlich in den Weltenraum über; es gibt keine (scharfe) Grenze d. Atmosphäre. Der Luftdruck a. d. Erdoberfläche beträgt im Mittel 1013 Hektopascal (hPa), in 50 km Höhe nur noch 1 hPa, und in 100 km Höhe etwa ein Tausendstel hPa; in der Troposphäre sind ¾ d. gesamten Masse d. Erdatmosphäre enthalten.

Atmung, 1) Vorgang der Sauerstoffaufnahme aus der Luft u. Kohlensäureabgabe aus d. Blut: *äußere A.;* Sauerstoffaufnahme aus dem Blut u. Kohlensäureabgabe aus d. Zellen ins Blut: *innere A. (Zell- oder Gewebs-A.);* **2)** bei Insekten geschieht die A. durch Tracheen, bei Fischen durch Kiemen, bei höheren Tieren u. beim Menschen durch Lungen; bei jedem Atemzug erweitert u. verengt sich abwechselnd der Brustraum mittels *A.smuskulatur,* bes. d. Zwerchfells; **3)** Pflanzen atmen m. ihrer Gesamtoberfläche.

Ätna, größter tätiger Vulkan Europas, auf Sizilien; Aufschüttungskegel 145 km Umfang; Höhe in den letzten 20 Jahren durch vulkanische Tätigkeit auf 3350 m angewachsen; steil nach innen abstürzender Krater v. 527 m Durchmesser; Lava bricht an den Flanken aus; am Fuße fruchtbare Landschaft m. Wein- u. Olivenpflanzungen.

Atoll, *s.,* niedrige, ringförmige *Korallen- insel* mit eingeschlossener Lagune; Kokospalmen u. andere trop. Vegetation; Südsee und Indischer Ozean.

Atom, *s.* [gr.], seit Demokrit Bez. f. d. kleinsten, unteilbaren Bausteine d. Materie, heute „unteilbar" nur mit d. Methoden d. klass. Chemie, teilbar aber durch → Kernphysik (Kernchemie). Nach dem Bild d. Rutherford-Bohr-Sommerfeldschen Atommodells besteht das Atom aus e. Hülle v. el. negativen *Elektronen* und einem winzigen *Atomkern* v. el. positiven *Protonen* u. el. neutralen *Neutronen;* im Atomkern ist (fast) die ganze Masse konzentriert, → Tafel Atom und Atomenergie. Die Anzahl d. Protonen (= Ordnungszahl OZ = Kernladungszahl) im Kern ist im (neutralen) Atom gleich der Zahl der Hüllenelektronen und bezeichnet die Art des Atoms: OZ = 1: Wasserstoff (H), OZ = 2: Helium (He); → Periodensystem. Atome mit gleicher OZ, aber verschiedener Neutronenzahl heißen *Isotope.* In der Kernphysik gibt man d. Gesamtzahl von Protonen u. Neutronen an (z. B. $^{235}_{92}$U bedeutet ein Uranatom mit 92 Protonen u. 143 Neutronen). Chem. Elemente sind aus Atomen mit gleicher Ordnungszahl zusammengesetzt, meist mehrere Isotope. Verschiedene Atome lagern sich um chem. Verbindungen zus., z. B. 2 Atome Wasserstoff (H) und 1 Atom Sauerstoff (O) in einem *Molekül* Wasser (H_2O). Nach der → Quantentheorie spricht man von Elektronenschalen; durch Energiezufuhr (z. B. Lichteinstrahlung) werden die Elektronen auf eine Bahn höherer Energie gehoben; von dort Rückkehr (~10^{-8} s) in Grundzustand *(Quantensprung);* dabei wird Röntgen- oder Lichtstrahlung ausgesandt *(Linienspektrum).*

Explosion einer Atombombe

Atom-bombe → Kernwaffen. - **A.energie,** → Kernenergie, auch → Kernphysik. - **A.gewicht,** Verhältnis d. Masse eines A.s z. Masse des Kohlenstoffisotops

12 (diese wurde 1962 m. $^{12}_6$C = 12 festgesetzt); vor 1962 galt das natürliche Isotopengemisch Sauerstoff O = 16,000 als Bezugsbasis. - **A.kern,** b. allen Elementen aus → *Protonen* (deren Zahl = Ordnungszahl) u. → *Neutronen* zus.gesetzt (Zahl beider = Massenzahl); → Elementarteilchen. - **A.kraftwerk,** → Elektrizitätswerk, → Kernreaktor. - **A.müll,** radioaktive Abfälle bei Gewinnung von Kernenergie. - **A.sperrvertrag,** intern. Vertrag, der eine Zunahme d. A.waffen bes. Staaten verhindern soll; v. d. meisten Staaten unterzeichnet (nicht v. Frkr. u. China), s. 1970 in Kraft. - **A.uhr,** *Mole- küluhr,* dient der genauesten Zeitmessung, Hochfrequenzgerät, dessen Frequenz durch Resonanz mit Atom- oder Molekülschwingungen gesteuert wird (z. B. mit der magnetischen Kernresonanzfrequenz des Cäsiumatoms = ca. 9,2 GHz); A.uhr ist unabhängig von äußeren Einflüssen u. hat keine Alterserscheinungen; dient auch zur Kontrolle oder Steuerung von → Quarzuhren → Zeit. - **A.umwandlung,** Verwandlung e. Atoms in e. anderes: **1)** *natürliche Umwandlung* sog. instabiler „radioaktiver Atome" durch Aussendung von Heliumkernen (α-Strahlen) od. Elektronen (β-Strahlen); **2)** *künstl. Umwandlung* (Rutherford) durch Beschießen mit energiereichen Teilchen; bes. günstig mit Neutronen, die wegen fehlender el. Ladung leicht in den Atomkern eindringen können. - **A.versuchsstopp-Abkommen,** Vertrag zw. d. USA, Großbritannien u. d. UdSSR über d. Einstellung v. Kernwaffenversuchen i. d. Atmosphäre, unter Wasser u. auf d. Erde, 1963 i. Moskau unterzeichnet. - **A.volumen,** der Rauminhalt eines → *Grammatoms* eines Elements in cm³. - **A.waffen** → Kernwaffen. - **A.wärme,** Bez. soll erstattet werden durch *atomare Wärmekapazität,* die spezif. Wärme auf → Grammatom bezogen; bei Metallen gilt das Dulong-Petitsche Gesetz: Atomwärme ~25 J/Grammatom · Grad. - **A.zeit** → Atomuhr. - **A.zerfall,** svw. radioaktiver Zerfall (→ Radioaktivität, Übers.). - **A.zertrümmerung,** nicht ganz zutreff. Bez. f. → Atomumwandlung.

atonale Musik, verzichtet melod. u. harmon. auf jede Beziehung zu einem tonalen Zentrum, damit auf Grunddreiklang u. Akkordverhältnisse im Sinne d. traditionellen Harmonik; entstand im 20. Jh. als Reaktion d. → Romantik; Hptvertr.: *Hauer, Schönberg, Webern, Berg, Hába* (→ Musik, Übers.).

Atonie [gr.], anlagemäßig od. durch Krankheit u. Bewegungsmangel erworbene Erschlaffung d. Muskulatur, der Bänder u. d. Bindegewebes, auch mangelhafte Zusammenziehung d. Gebärmutter nach d. Geburt.

Atopie, angeborene Überempfindlichkeit gg. Umweltsubstanzen, die zu → Allergien führt.

Atout, *s.* [frz. *a'tu:* „für alles"], Trumpf (im Kartenspiel).

à tout prix [frz. *atu'pri*], um jeden Preis.

ATP, svw. → Adenosintriphosphorsäure.

atramentieren [l.], Stahl mit einer Oxid- oder Phosphorschicht überziehen (gg. Rost u. Korrosion).

Atrato, *Río A.,* Fluß in NW-Kolumbien; aus den W-Kordilleren, mündet in den Golf v. Urabá; 750 km l. sumpfiges Delta.

Atreus, sagenhafter griech. Kg, Enkel des Tantalos, Vater d. **Atriden** → Agamemnon u. → Menelaos.

Atrium

Atrium [l.], **1)** offener Hauptraum d. altröm. Hauses (Abb.); **2)** Binnenhof e. Gebäudes; im Kirchenbau: große Vorhalle; **3)** Herzvorkammer.

Atrophie [gr.], Gewebsschwund, bes. d. Muskeln; meist durch Nichtgebrauch od. Nervenerkrankung.

Atropin, aus der Tollkirsche *(Atropa belladonna)* gewonnenes Alkaloid; Gift, d. den → Parasympathikus lähmt (z. B. Pupillenerweiterung) u. Wahnideen hervorruft; Arzneimittel.

Atropos, eine der 3 griech. → Moiren, röm. → Parzen.

ATS, Abk. f. **A**gence **T**élégraphique *Suisse;* schweiz. Depeschenagentur.

attacca [it.], *mus.* rasch anschließend, unmittelbar weiterspielen.

Attaché [frz. *-'ʃe:* „Beigegebener"], **1)** Anwärter des auswärtigen Dienstes; **2)** Beamte d. diplomat. Dienstes, die d. Auslandsvertretungen f. Sonderaufgaben beigeordnet sind (z. B. *Militär-A., Handels-A.*).

Attacke [frz.], Angriff, Reiterangriff.

Attalus, Name von Königen in *Pergamon:* **1)** A. I., *Soter* (269-197 v. Chr.), reg. s. 241, von Antiochus III. bedrängt, Bündnis mit Rom; **2)** A. III., hinterließ s. Reich d. Römern; s. 133 v. Chr. Prov. Asia.

Attenborough, Sir Richard (* 29. 8. 1923), brit. Regisseur u. Schauspieler. Filme: *Die Brücke von Arnheim, Gandhi, Schrei nach Freiheit.*

Attendorn (D-5952), St. im Kr. Olpe, NRW, 21 875 E; AG; Metallind.

Attentat, *s.* [l.], Mordanschlag, Überfall, bes. auf pol. Persönlichkeit.

Atom und Atomkernenergie

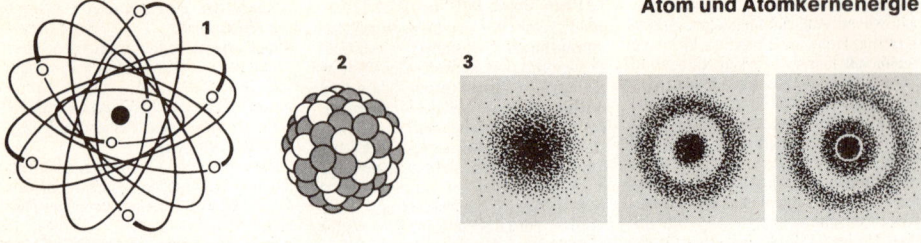

Atommodell von Rutherford und Bohr. Wie Planeten um die Sonne, rotieren die Elektronen auf Ellipsen- und Kreisbahnen um den Atomkern (Abb. 1). Der aus Protonen und Neutronen aufgebaute Atomkern (Abb. 2) enthält (fast) die ganze Masse des Atoms, ist aber winzig klein. Durchmesser des Atoms $\sim 10^{-8}$ cm, Durchmesser des Atomkerns $\sim 10^{-13}$ cm. Nach der Quantentheorie darf man sich die Elektronen im Atom nicht als punktförmig vorstellen, sondern in einer Art Dichteverteilung um das Atom verschmiert (Abb. 3)

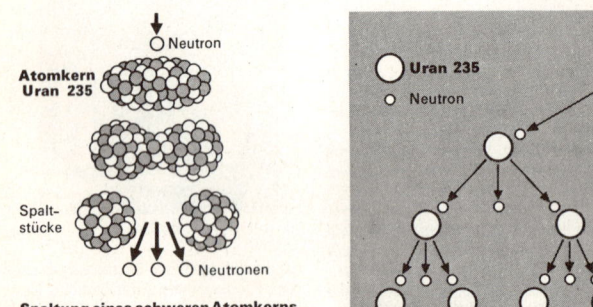

Spaltung eines schweren Atomkerns wie Uran 235 oder Plutonium 239. Das Neutron dringt in den Atomkern ein und bildet einen „Zwischenkern", der in zwei größere Spaltstücke und einige Neutronen auseinanderbricht. Die Spaltstücke wandeln sich weiter durch Atomzerfall um (radioaktive Verseuchung bei einer Atomexplosion)

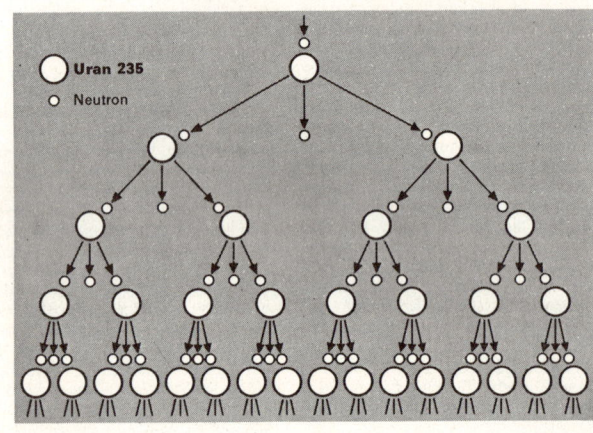

Kettenreaktion in Uran 235 oder Plutonium 239. Bei der (durch ein Neutron bewirkten) Spaltung des Atomkerns werden 2-3 Neutronen (und die beträchtliche Energie von 200 MeV) frei. Diese neuentstandenen Neutronen können ihrerseits weitere Spaltungen hervorrufen, lawinenartig setzt sich der Vorgang fort (Kernexplosion)

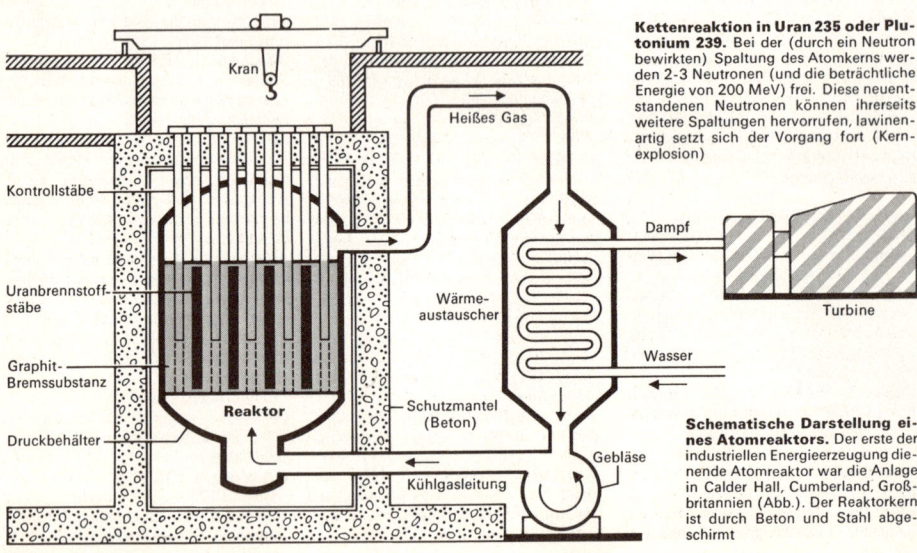

Schematische Darstellung eines Atomreaktors. Der erste der industriellen Energieerzeugung dienende Atomreaktor war die Anlage in Calder Hall, Cumberland, Großbritannien (Abb.). Der Reaktorkern ist durch Beton und Stahl abgeschirmt

Atterberg, Kurt (12. 12. 1887–15. 2. 1974), schwed. Komp.; Opern, Orchesterwerke.

Attersee, 1) See im Salzkammergut, 171 m t., 45,9 km² Fläche, 467 müM; **2)** (A-4864), Badeort am A.

Attest, *s.* [l.], Zeugnis, Bescheinigung; *ärztliches A.,* Bescheinigung einer Krankheit, Arbeitsunfähigkeit usw. **attestieren,** bestätigen.

Attich, *m.,* Zwergholunder, giftige Art d. → Holunders.

Attika [gr.], **1)** oft verzierter Aufbau über d. Hauptgesims e. Bauwerks als Sichtschutz vor d. Dach; **2)** die mittelgriech. Halbinsel A., jetzt **Attika u. Böotien,** Nomos in Griechenland; Hptst. *Athen.*

Attila, im Nibelungenlied: *Etzel,* „Gottesgeißel", Kg d. n. Europa eingebrochenen mongol. → Hunnen (434–53), herrschte vom Rhein bis zum Kasp. Meer; 451 v. → Aëtius auf d. Katalaun. Feldern besiegt; 453 auf seinem Zug nach Italien gestorben.

Attila, *w.* [ungar.], mit Schnüren besetzter kurzer Husarenrock.

Attitüde, *w.* [frz.], Haltung, Gebärde.

Attlee [*'ætli*], Clement Earl (3. 1. 1883–8. 10. 1967), engl. Pol.; 1935–55 Vors. d. Labour-Partei, 1945–51 Prem.min.

Attraktion, *w.* [l.], **1)** Anziehung (→ Kraft); **2)** Zugstück, -nummer.

Attrappe, *w.* [frz.], Nachbildung e. Gegenstandes (hohl).

Attribut, *s.* [l.], **1)** grammatikal. nähere Bestimmung eines Hauptworts; **2)** *phil.* Grundeigenschaft der Substanz; **3)** *allg.* beigegebenes Kennzeichen e. Person (z. B. Merkurstab).

atü, Abk. f. **At***mosphären-Überdruck,* veraltete, nicht mehr zulässige Druckeinheit; → Druck.

ätzen, durch chem. Mittel auf Metall, Glas Vertiefungen herstellen; → Klischee.

Au, *chem.* Zeichen f. → *Gold* (lat. *aurum*).

AUA, Abk. f. → **Au***strian Airlines.*

Aube [*ob*], **1)** r. Nbfl. der Seine vom Plateau v. Langres, 248 km l.; **2)** Dép. in NO-Frkr., 6004 km², 294 000 E; Hptst. *Troyes.*

Auber [*o'bɛr*], Daniel François Esprit (29. 1. 1782–12. 5. 1871), frz. Opernkomp.: *Die Stumme v. Portici; Fra Diavolo.*

Aubergine, *w.* [frz. *ober'ʒinə*], in warmen Ländern als Gemüsefrucht angebautes Nachtschattengewächs; rundlich-langgestreckt (gurkenähnlich) mit braunvioletter Schale.

Aubusson [*oby'sõ*], frz. Stadt in Dép. *Creuse,* 6200 E; Herstellung d. **A.teppiche,** gobelinart. Ripsteppiche.

a. u. c., Abk. f. → *ab urbe condita.*

Auckland [*'ɔːklənd*], Prov.Hptst. u. Hafen auf N-Neuseeland, 841 700 E (m. Vororten); Industrie, Handelszentrum, Ausfuhr v. Molkereiprod. u. Wolle; Uni.

AUD → Parteien, Übers.

Aude [*od*], **1)** frz. Fluß von den Pyrenäen ins Mittelmeer, 223 km l.; **2)** südfrz. Dép., 6139 km², 293 000 E; Hptst. *Carcassonne.*

Auden [*ɔdn*], Wystan Hugh (21. 2. 1907–28. 9. 73), engl. Lyriker; *Das Zeitalter der Angst; Hier und jetzt; The Rake's Progress* (Libretto z. Strawinski-Oper).

audiatur et altera pars [l.], „Man höre auch den anderen Teil" (Kläger *und* Beklagten)!

Audiberti [*odibɛr'ti*], Jacques (25. 3. 1899–10. 7. 1965), frz. Schriftst.; absurde Dramatik; *Quoat-Quoat.*

Audienz, *w.* [l.], Empfang bei hochgestellten Personen *(A. gewähren).*

Audio, Sammelbegriff f. den gesamten hörbaren Tonbereich (ca. 30–20 000 Hz); dient d. Kennzeichnung d. f. den Hörbereich bestimmten Geräte u. Anlagen.

Audiometer, *s.* [gr.], Instrument z. Gehörprüfung.

Audion, *s.,* Empfangsschaltungen mit → Elektronenröhren od. → Transistoren zur → Demodulation sehr kleiner Hochfrequenzspannung; durch → Rückkopplung große Verstärkung u. hohe Empfindlichkeit, daher früher b. Kleinempfängern verwendet, heute in der KW-Amateurtechnik verbreitet, in kommerziellen Rundfunkempfängern nicht mehr benutzt (Nachteil: überstaunt leicht, damit Verzerrungen); → Rundfunktechnik.

Audio-Video-System, versch. audiovisuelle Informationsträger (z. B. Film, Videocassette, Bildplatte u. a.) werden zu einem System gekoppelt.

Audit, Bez. für Rechnungsprüfung u. Revision; *Management-Audit* befaßt sich mit der wiss. Analyse u. Bewertung der Leistung des Middle- u. Top-Managements nach folgenden Beurteilungskriterien: Wirkung des gesamtwirtsch. Tätigkeit des Unternehmens auf die Umwelt (öffentl. Wertschätzung), Kapitalverwendung, Wachstum, Effektivität des betriebl. Forschungs- u. Entwicklungsbereichs, Finanzierungsmaßnahmen, Kapitalstruktur, Kostenentwicklung, Absatzstruktur, Mitarbeiterführung, Aufbau u. Funktion der Organisationsstruktur.

Auditorium, *s.* [l.], Hochschule, **1)** Hörsaal (größter: *A. maximum*); **2)** Zuhörerschaft.

Aue (D-9400), sächs. Krst. im Erzgebirge, 25 435 E; Eisen-, Möbelind., Weberei.

Auerbach, Berthold, eigtl. *Moses Baruch* (28. 2. 1812–8. 2. 82), dt. Schriftst.; Schilderungen d. Bauernlebens: *Barfüßele.*

Auerbachs Keller, Gaststätte in Leipzig; bekannt durch Trinkszene in Goethes Faust I.

Auerhuhn, größtes eur. Waldhuhn; Männchen *(Auerhahn)* dunkel metallisch gefärbt; Weibchen *(Auerhenne)* kleiner, tarnfarbig braun; Balz: März, April.

Auermetall, Mischmetall aus Eisen u. Cer-Legierung (z. B. f. Zündsteine im Feuerzeug).

Auerochse, *Ur,* ausgestorbenes eur. Wildrind (letzter A. 1627 erlegt); Stammform d. Hausrinds; 1932 versuchte Rückzüchtung (im Münchner Tierpark Hellabrunn).

Auerstedt (O-5321), Ort in Thüringen, 1806 preuß. Niederlage durch die Franzosen bei Jena u. A.

Auer von Welsbach (1. 9. 1858–4. 8. 1929), östr. Chem.; entdeckte → Lu, Nd und Pr; → Gasglühlicht.

Aufbauschulen, höhere Schulen, führen nach 6 Volksschuljahren zur mittleren Reife u. zur Hochschulreife.

Aufbereitung, Zubereiten der Rohprodukte des Bergbaus (insbes. Erze) zur Verwertung; auch allg. zur Wiederverwendung bearbeiten (z. B. alte Reaktor-Brennstäbe → Wiederaufarbeitung).

Auferstehung, nach N. T. Inbegriff christl. Hoffnung nach d. Tod; Kernstelle: 1. Kor. 15 (Paulus).

Auferstehungspflanze → *Jerichorose.*

Aufforderung zum Verbrechen, *mißlungene Anstiftung,* wird nach den f. d. Versuch des Verbrechens geltenden Vorschriften bestraft; straffrei, wenn Täter rechtzeitig d. Verbrechen verhindert.

Aufgebot, 1) behördl. Bekanntmachung eines Sachverhalts, Antrags usw. mit befristeter Aufforderung, etwaige Einwendungen od. Ansprüche geltend zu machen: standesamtl. A. vor Eheschließung; gerichtl. A. vor Todeserklärung Verschollener sowie bei zahlreichen, bes. vermögensrechtl. Tatbeständen; **2)** *mil.* svw. Einberufung.

Aufgeld → Agio.

Aufgußtierchen, svw. → Infusorien.

Aufkadung, Erhöhen eines Deiches durch Aufbringen von Erde, Sandsäcken oder dergleichen.

Aufklärung, 1) Abkehr v. Tradition u. Autorität, Hinwendung zum Subjekt und zu eigener vernünftiger Erkenntnis. Griech. A. (Sophistik); engl. A.: Locke, Hume, Newton, Adam Smith u. a.; frz. A.: Enzyklopädisten (d'Alembert, Diderot), Montesquieu, Voltaire, Saint-Simon; in Dtld: Leibniz, Wolff, Mendelssohn, Lichtenberg, Lessing, Nicolai, Kant; in der Politik: Friedrich d. Gr. u. Joseph II. („aufgeklärter Absolutismus"); **2)** *sexuelle A.,* planmäß. Belehrung der Jugend über biol. Zusammenhänge, bes. geschlechtl. Vorgänge.

Auflage, 1) alle Abzüge, die ein Verleger v. einem Werk herzustellen berechtigt ist. verpflichtet ist, mangels Vereinbarung 1000 (Verlags-Ges. 19. 6. 1901); **2)** privatrechtl. Vorschrift, meistens eine einer Schenkung hinzugefügte Verwendungsbestimmung; Pflicht: Verpflichtung d. testamentar. Erben zu e. Leistung od. Anspruch des Dritten u. Leistung; öff. Recht: Nebenbestimmung des begünstigenden Verw.-Akten.

Auflassung, die zur Grundstückübereignung erforderliche formelle Einigung v. Veräußerer u. Erwerber vor Grundbuchamt, Amtsgericht od. Notar b. gleichzeit. Anwesenheit beider Teile; Vertragsurkunde soll hierbei vorliegen (§§ 925, 925a BGB).

Auflauf, 1) Menschenansammlung; **2)** in einer Form gebackenes Gericht.

Auflaufkrankheiten, durch Pilze an Keimen u. Jungpflanzen hervorgerufen, äußern sich durch lückigen Aufgang, Kümmern, Vergilben od. Umfallen der Jungpflanzen; Vorbeugung durch Bodendesinfektion, Saatgutbeizung u. weite Pflanzabstände.

Auflösungsvermögen, *phys.* A. eines Mikroskops, kleinster Abstand zweier Punkte, die bei stärkster Vergrößerung noch getrennt sichtbar sind; Maß für d. Güte eines opt. Systems; bei gewöhnl. Mikroskopen bis 500 nm, bei Elektronen- u. Tunnelmikroskopen bis ca. 0,7 nm, bei Fernrohren auf der Erde bis 1 Bogensekunde möglich.

Auflösungszeichen, *mus.* → Versetzungszeichen.

au fond [frz. oˈfõ], im Grunde.

Aufrechnung, Tilgung einer Schuld durch die Erklärung, sie mit einer *fälligen* eigenen Gegenforderung zu verrechnen (§§ 387 ff. BGB).

Aufriß, zeichner. Darstellung e. (Bau-)Körpers durch senkrechte Parallelprojektion auf e. vertikale Ebene.

Aufschlag, Ins-Spiel-Bringen des Balls bei Badminton, Tennis, Tischtennis, Faustball, Volleyball.

aufschließen, 1) *chem.* schwerlösl. Stoffe in lösl. Form bringen; **2)** *Bergbau:* eine Lagerstätte im Tief- od. Tagebau abbaufähig machen.

Aufschluß, *Geologie:* Steinbruch, Grube, Felswand, Steilufer, wo anstehendes Gestein unmittelbar zu beobachten ist.

Aufsichts-pflicht, Teil d. elterl. Sorge über Minderjährige; bei Nichtgenügen d. A.pflicht Schadenersatzpflicht des A.pflichtigen (§ 832 BGB). – **A.rat,** v. Aktiengesetz vorgeschriebenes Organ einer AG mit mindestens drei Mitgliedern; überwacht Geschäftsführung, prüft Jahresabschluß und Geschäftsbericht; wird v. Hauptversammlung d. Gesellschafter gewählt. – **A.ratvergütungen,** Entgelte a. d. A.ratmitglieder; unterliegen der Einkommensteuer.

Aufsteigung, gerade A., → Rektaszension.

Auftakt, unbetonter, leichter Taktteil vor dem ersten vollständigen Takt einer mus. Phrase.

Auftrag, *Vertrag,* d. Beauftragte verpflichtet sich, ein ihm vom Auftraggeber übertragenes Geschäft *unentgeltlich* zu besorgen (§§ 662 ff. BGB).

Auftrieb, 1) *statisch:* der Schwerkraft entgegengesetzter Druck eines Mediums auf eingetauchte, freischwimmende Körper; scheinbarer Gewichtsverlust der

Körper um das Gewicht der verdrängten Mediumsmenge *(Archimedisches Prinzip);* **2)** *dynamisch:* an durch Gas oder Flüssigkeit bewegten Körpern entsteht senkrecht zur Bewegungsrichtung durch Erzeugung von Druckdifferenzen auf Ober- u. Unterseite Auftriebskraft (z. B. bei Flugzeugen); → Tragflügel; → Tragflächenboot.

Aufwand, *betriebswirtsch.* der zwecks Ertragserzielung entstehende Wertverzehr einer Periode; in Aufwands- u. Ertragskonten (Gewinn- u. Verlust-K.) zahlenmäßige Festlegung; kann *(kostengleicher A.),* muß aber nicht *(neutraler A.)* mit → Kosten identisch sein.

Aufwertung, 1) finanzieller Teilausgleich für d. bei einer Währungsumstellung eingetretenen Verluste; **2)** Heraufsetzung d. Außenwerts d. Währungseinheit gegenüber d. Währungsgrundlage z. Anpassung d. Kaufkraft an ausländ. Währungen.

Aufzug, 1) Einteilung eines Bühnenwerkes, meist svw. *Akt;* **2)** svw. → Fahrstuhl.

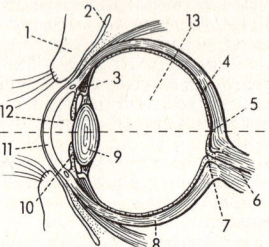

1 Lid, 2 Bindehautsack, 3 Ziliarmuskel, 4 Netzhaut, 5 Netzhautgrube, 6 Sehnerv, 7 Blinder Fleck, 8 Lederhaut, 9 Linse, 10 Iris, 11 Hornhaut, 12 Vord. Augenkammer, 13 Glaskörper

Menschliches Auge

Auge, paarig angelegtes Sehorgan: mehrhäutige Hohlkugel, mit Ausnahme d. durchsichtigen Hornhaut lichtundurchlässig. Die durchglasartig vorgewölbte *Hornhaut* schließt die mit Kammerwasser gefüllte vordere *A.nkammer* ab, deren Hinterwand von der farbigen *Regenbogenhaut (Iris)* gebildet wird. Diese wird in der Mitte von d. kreisförmigen *Sehloch (Pupille)* durchbohrt, das wegen d. Lichtundurchlässigkeit der Augenhüllen schwarz erscheint. Unmittelbar hinter der Iris befindet sich d. elast. *Augenlinse,* die d. einfallenden Lichtstrahlen so bricht, daß sie sich nach Durchgang durch d. gallertigen, klaren *Glaskörper,* der das Innere d. Augapfels ausfüllt, an d. Hinterwand d. A. zu scharfem Bild vereinigen. Die innerste Auskleidung d. Augenwandung heißt *Netzhaut,* weil sie d. netzart. Ausbreitung des *Sehnervs* aufnimmt, der, von Gehirn kommend, hinten im Augapfel eintritt *("Blinder Fleck").* Netzhautgrube (Stelle schärfsten Sehens) *"Gelber Fleck".* Die Krümmungsfähigkeit der elastischen *Linse* ge-

währleistet mit Hilfe des *Ziliarmuskels* Einstellung auf nah u. fern (Akkommodation); die Verengerungs- u. Erweiterungsfähigkeit d. Pupille (durch Irismuskulatur) gleicht die Lichtunterschiede (bei versch. Entfernung u. Helligkeit) aus. Räumliches Sehen nur durch d. Zusammenspiel beider Augen. Die Innenfläche d. Lider u. d. Vorderfläche d. A.n wird v. d. gemeinsamen *Bindehaut* überzogen.

äugeln, oculieren → Veredlung.

Augendiagnose, wissenschaftlich umstritten, will Krankheiten an den ihnen angeblich entsprechenden Stellen der → Iris feststellen.

Augenscheinseinnahme, svw. → Lokaltermin.

Augenspiegel, *Ophthalmoskop,* in d. Mitte durchbohrter Hohlspiegel, durch den man bei entsprechender Beleuchtung den Augenhintergrund sichtbar macht (v. Helmholtz 1851).

Augentripper, auf d. Auge übertragene → Tripper-Infektion; Schutz Neugeborener → Geburt.

Augentrost, Rachenblütler, Halbschmarotzer m. weißen, gelb u. blau gefleckten Blüten; Augenheilmittel.

Augias, sagenhafter Kg in Elis; der verwahrloste **A.stall** wurde (als eine der zwölf Arbeiten) von Herkules ausgemistet.

Augit, *m.,* Silicatmineral (→ Silicate) aus d. Gruppe d. → Pyroxene; in → Magmatiten u. → Metamorphiten.

Augmentation [l. „Vergrößerung"], *mus.* Verlängerung eines Tons od. Themas um das Doppelte, Drei- od. Vierfache; Ggs.: → Diminution.

Augsburg, *Rathaus*

Augsburg (D-8900), kreisfreie St. zw. Lech u. Wertach, Hptst. des Rgbz. Schwaben, Bay., 247 731 E; Rathaus (1615–20 v. E. Holl erb.) u. Fuggerei (16. Jh.), got. Dom; Bischofssitz d. 6. Jh.; Uni.; FHS; AG, LG, IHK, HWK; Masch.-, Textil- u. Elektroind. – Im MA bed. Handelsstadt; Reichstage 1518, 1530.

Augsburger Religionsfriede (1555), Anerkennung der Protestanten (nicht Calvinisten u. Zwinglianer) durch d. Reich: Konfession der Untertanen hat die des Landesherren zu sein *(„cuius regio, eius religio")*.

Augsburger Allianz, 1686 zw. dt. Kaiser, Schweden, Spanien u. Reichsständen gg. Frankreich.

Augsburgisches Bekenntnis, *Confessio Augustana,* erstes amtl. Bekenntnis der ev. Kirche; Verf. von Melanchthon, auf d. *Augsburger Reichstag* 25. 6. 1530 Kaiser Karl V. überreicht.

Augstein, Rudolf (* 5. 11. 1923), dt. Journalist; Hg. d. Nachrichtenmagazins *Der Spiegel.*

Auguren, römische Priester, deuteten Zukunft a. d. Vogelflug. – **A.**lächeln, Lächeln d. Eingeweihten.

August [l.], **1)** A. d. Jüngere (10. 4. 1579– 17. 9. 1666), Hzg v. Braunschw.-Wolfenbüttel: Begr. d. Wolfenbütteler Bibliothek; **2)** A. I. (31. 7. 1526–12. 2. 86), Kurfst v. Sachsen, körperstark u. Wirtschaft s. Landes *(„Vater A.");* **3)** A. II. Friedrich, der Starke (12. 5. 1670–1. 2. 1733), als *Friedrich August I.* 1694 Kurfst v. Sachsen, darauf Kg v. Polen, schloß sich 1700 d. Nord. Allianz gg. Schweden an; machte Dresden u. Warschau z. Kulturmittelpkten; **4)** A. III. (17. 10. 1696–5. 10. 1763), Kurfst v. Sachsen, s. 1733 Kg von Polen.

August, nach dem röm. Kaiser Augustus benannter 8. Monat; altdt.: *Ernting.*

Augusta, Name von Städten und Kolonien d. röm. Kaiserzeit (z. B. *A. Treverorum,* d. heutige Trier).

Auguste Viktoria (22. 10. 1858–11. 4. 1921), letzte dt. Kaiserin u. Königin, Gemahlin Wilhelms II.

Augustiner, Mönchsorden (mit schwarzer Kutte u. Kapuze); nach der *A.regel* **A.eremiten,** it. Mönchsorden 13. Jh. (aus ihm Luther).

Augustin|us, Aurelius (13. 11. 354–28. 8. 430), Hlg. u. Kirchenlehrer; Bischof von Hippo (Nordafrika); grundlegend für kath. und prot. Theologie, Ethik u. Gesellschaftslehre; *Vom Gottesstaat; Bekenntnisse* (um 400).

Augustus

Augustus, Gaius Julius Cäsar *Octavianus* (23. 9. 63 v. Chr.–19. 8. 14 n. Chr.), Adoptivsohn Cäsars, verband sich 43 mit Antonius u. Lepidus z. 2. → Triumvirat;

seit der Schlacht bei → Aktium (31) Alleinherrscher, erster röm. Kaiser: Titel „Caesar Augustus" (27); Begründer des Prinzipats; Förderer von Kunst, bes. Dichtung u. Wissenschaft: *Augustëisches (Goldenes) Zeitalter.*

Auktion, svw. → Versteigerung.

Aula [l.], Versammlungssaal in Universitäten, Schulen.

Aulis, böotischer Hafen; Sammelpunkt des griech. Heeres zum Kampf gegen Troja.

Aulos [gr.], altgriech. Blasinstrument ähnl. der Oboe, aber mit doppeltem Rohrblatt.

Aunjetitz, tschech. *Unětice,* b. Prag m. Bestattungsplatz der frühesten Bronzezeit; danach beh. **A.kultur,** im östl. Mitteleuropa; reiche „Fürstengräber".

au pair [frz. *o'pɛr*], Leistung gegen Leistung (z. B. Hausarbeit gegen Wohnung und Kost).

au porteur [frz. *opor'tør*], „auf den Inhaber" (bei Ausstellung von → Inhaberpapieren).

Aura, w. [gr.], Schein, Hauch, **1)** die den menschlichen Körper umhüllende Ausstrahlung, die v. Sensitiven wahrgenommen u. gedeutet werden kann (→ Okkultismus); **2)** *med.* mögl. Vorbote d. Krampfanfalls bei → Epilepsie.

Aurea mediocritas, w. [l.], goldenes Mittelmaß.

Aurelianus, Lucius Domitius (214– 275), röm. Kaiser s. 270, kämpfte gegen → Goten u. → Wandalen.

Aureole, w. [l.], **1)** Leuchterscheinung um einen Lichtbogen od. Glimmstrom; **2)** Leuchterscheinung um Sonne u. Mond *(Hof);* **3)** Heiligenschein.

Aurich (D-2960), Krst. im Rgbz. Weser-Ems, am Ems-Jade-Kanal, Nds., 36 063 E; AG, LG; Elektro-, Baustoffind.

Aurignac [ɔriˈɲak], Gem. in S-Frkr., Dép. *Haute-Garonne,* Fundort von menschl. Skeletten (60 000–30 000 v. Chr.) aus der Altsteinzeit; danach benannt **Aurignacien** [ɔriɲaˈsjɛ̃], Abschnitt d. Altsteinzeit.

Aurikel, Gebirgsprimel; zahlreiche Gartenspielarten (Abb. S. 345). ●.

Auriol [ɔˈrjɔl], Vincent (27. 8. 1884–1. 1. 1966), frz. Pol.; 1946 Präs. d. Nat.-Vers., 1947–54 Staatspräs.

Auripigment, goldfarbenes Arsensulfid.

Aurora, röm. Göttin d. Morgenröte, griech. → Eos.

ausbaldowern, auskundschaften.

Auschwitz, poln. *Oświęcim,* St. südl. von Kattowitz, 45 500 E; Bahnknotenpunkt. Auch → Konzentrationslager.

Ausdauer, Konditionskriterium, Ermüdungswiderstandsfähigkeit des Körpers.

ausdauernde Pflanzen, *perennierende Pflanzen,* leben mehrere Jahre; bei den *Stauden* sterben die oberird. Teile jährlich ab.

Ausdehnung, 1) *geometr.* Grundbegriff → Dimension; **2)** *phys.* Längen- od. Rauminhaltsvergrößerung der Gase, von

Flüssigkeiten u. Körper bei Erwärmung; Längen- od. lineare A. wird berechnet durch den für jeden Stoff genau bestimmten **A.skoëffizienten;** kubische A., vor allem von Gasen: bei Temperaturzunahme um 1 °C; Rauminhaltszunahme um $\frac{1}{273}$ des Raumes bei 0 °C u. 1 bar (10^5 Pa) Druck, also Raumverdoppelung bei Temperaturzunahme v. 0° auf 273 °C; entsprechend Rauminhaltsabnahme bei Abkühlung.

Ausdehnungsrohr, U-förmig gebogenes Stück einer Dampfleitung, gibt nach, wenn sich die Leitung bei Erhitzung ausdehnt; → Kompensator.

Ausfluß, krankhafte Absonderung aus dem *Ohr* bei Mittelohreiterung; aus der *Nase* bei Schnupfen; aus der *Harnröhre,* meist eitrig (z. B. b. Tripper); aus der *Scheide,* meist weißlich, daher *Weißfluß (Fluor albus),* zugl. oft Scheiden- od. Gebärmutterkatarrh am, kann verschieden, sogar rein seelisch bedingt sein.

Ausfuhr, *Export,* Absatz v. Waren u. Dienstleistungen in das Ausland. – **A.prämien,** Vergütungen zum Zweck der Förderung der A. durch Steuer-, Zoll-, Transportbegünstigung; wirken kostenmindernd u. stärken Konkurrenzfähigkeit (Export- → Bonus). – **A.wert,** der Preis der Ware bei freier Lieferung bis zur Grenze, ausschließl. des. ausländ. Einfuhrzolls. – **A.zölle** → Zölle.

Ausführungsbestimmungen, zur Durchführung v. Gesetzen erlassene Anweisungen: *Ausführungsgesetz* od. *AusführungsVO.*

Ausgabekurs → Emissionskurs.

Ausgewiesene → Flüchtlinge.

Ausgleichsamt, Behörde zur Durchführung des → Lastenausgleichs.

Ausgleichsforderungen, Schuldbuchforderungen d. Banken gegenüber Bund u. Ländern; dienen d. Deckung f. die anläßl. d. → Währungsreform ausgegebenen Geldmittel.

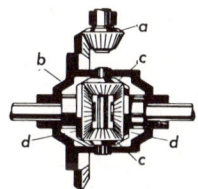
Ausgleichsgetriebe

Ausgleichsgetriebe, *Differential,* z. B. am Kraftwagen; beim Geradeausfahren kuppeln d. kleinen Räder *c* durch das Gehäuse *b* die Achsenwellenhälfte *d* mit d. Antriebsrad *a;* in Kurven erhält außerdem d. äußere Rad *d* durch *c* eine größere Geschwindigkeit als d. innere.

Ausgleichungspflicht, Verpflichtung der Abkömmlinge des Erblassers, sich bei d. Auseinandersetzung untereinander die Ausstattung u. best. andere Zuwendungen des Erblassers zu dessen Lebzeiten anrechnen zu lassen (§§ 2050 ff. BGB).

Ausglühen, Erhitzen von Metallen und langsames Erkalten, um Sprödigkeit zu beseitigen.

Ausguck, *seem.* Wache zur Beobachtung d. Seeraums.

Auskragung, Vorspringen e. Bauteils (Stockwerk, Erker).

Auskratzung, erfolgt b. eiternden Knochen mit scharfem Löffel; b. d. Gebärmutter (bei Fehlgeburt, Blutung), mit → Kürette.

Auskultation [l.], Abhorchen von Herztönen, Atmungs- und Darmgeräuschen mit Ohr, Hörrohr, *Stethoskop:* **auskultieren.**

Auskunftspflicht, Verpflichtung zur Auskunftserteilung; besteht z. B. in gewissem Umfang den Steuerbehörden gegenüber.

Auslandsbonds, dt. festverzinsl. Wertpapiere, die auf ausländ. Währung lauten.

Auslandshilfe, zuerst aufgrund d. → *Leih- und Pachtgesetze* der USA 1941 insbes. Großbrit. u. Frkr. gewährt; spätere Ausdehnungen u. a. durch GARIOA-Programm 1943 (*Government and Relief in Occupied Areas* f. lebenswichtige Einfuhren in besetzte Gebiete), → ERP 1948, gegenseitiges Verteidigungshilfsprogramm (Punkt IV) 1950 als **a)** mil. Hilfe, **b)** Nothilfe (z. B. bei Naturkatastrophen), **c)** Aufbau- u. Wirtschaftshilfe, **d)** techn. Unterstützung hpts. v. Krediten, Darlehen, Waren- u. Waffenlieferungen. Ziel: Förderung bedürftiger u. unterentwickelter Gebiete, Anregung z. Selbsthilfe u. Stärkung d. gegenseitigen Sicherheit. → Entwicklungshilfe.

Auslandsvermögen des Dt. Reiches, ca. 20 Mrd. DM (ohne Patente, ideelle Werte, Vermögen i. Vertriebenengebieten); 1945 durch KRG Nr. 5 beschlagnahmt. BR verzichtet in → Pariser Verträgen auf Einwände gg. vollzogene Beschlagnahme. UdSSR übertrug durch Verträge mit Bulgarien, Finnland, Ungarn, Polen u. Rumänien dort befindl. A.; dt. A. ganz od. teilweise freigegeben u. a. in d. Schweiz, Schweden, Östr., Portugal, Spanien u. einigen süd- u. mittelam. Staaten.

Auslandswechsel, in ausländ. Währung oder im Ausland zahlbare Wechsel.

Ausläufer, auf d. Erde kriechende Seitenzweige, bewurzeln sich an d. Knoten u. treiben neue Sprosse.

auslaugen, die lösl. Teile e. Stoffes herauslösen.

Auslegerboot, verbreitet in der Südsee; ein- od. beiderseit. Schwimmbalken verhindert d. Umschlagen; auch → Katamaran.

Auslese, 1) *natürl. A., Selektion* (Darwin), das Überleben d. gut u. Aussterben d. schlecht angepaßten Lebewesen im Daseinskampf; **2)** *kulturelle A.,* das bevorzugte Wirken zeitgeeigneter Ideen, Werke od. Erfindungen; **3)** *künstl. A., Zuchtwahl,* Auswählen wertvoller Tiere,

Pflanzen od. solcher mit Eigenschaften für die Fortpflanzung durch Tier- u. Pflanzenzüchter; **4)** *soziale A., Siebung,* z. B. durch → Tests, körperl. od. geist. Geeigneter.

Auslieferung, zwischenstaatl. Rechtshilfe in Strafsachen: Ein Staat kann nach Maßgabe konkreter A.sverträge od. völkerrechtl. Grundsätze v. Zufluchtsstaat eines Verbrechers dessen A. z. Strafverfolgung verlangen; dt. Staatsangehörige dürfen (Art. 16 GG) v. d. BR nicht ausgeliefert werden; ersuchender Staat muß Delikt bezeichnen u. darf nur hierüber aburteilen (*Spezialitätsprinzip);* ferner muß Delikt nach den Strafges.en beider Länder strafbar sein (*Gegenseitigkeitsklausel);* keine A. wegen pol. Delikte (→ Asylrecht).

Auslobung, öffentl. Aussetzung einer Belohnung für Vornahme einer Handlung, insbes. f. Herbeiführung e. Erfolges (§§ 656 ff. BGB).

Auslöser, *Schlüsselreiz,* durch den b. Lebewesen vermutl. aufgrund angeborener Auslösemechanismen ein best. Reaktionsmuster ausgelöst wird.

Auslosung, Verfahren der aufgrund der Wertpapier-Emissionsbedingungen zu tilgenden Stücke von Schuldverschreibungen.

Ausnahme-gericht, für besonderen Fall geschaffenes Gericht; durch Art. 101 GG verboten. – **A.zustand,** außerordentl. Maßnahmen d. Staates bei erhebl. Gefährdung d. öffentl. Sicherheit u. Ordnung.

Ausonius (4. Jh. n. Chr.), röm. Dichter; *Moselgedicht.*

Auspizien [l. „Vogelschau"], Aussichten für ein Vorhaben, nach dem Brauch der alten Römer, aus dem Vogelflug zu weissagen, → Auguren.

Auspuff, d. A.rohr leitet die Abgase eines Verbrennungsmotors zur Entspannung i. d. Schalldämpfer (*A.topf).*

Aussatz, *Lepra,* chron. Infektionskrankh. d. Haut, Nerven u. Knochen m. Knötchen- od. Fleckenbildung a. d. Haut u. Verdickungen, Verstümmelungen d. Glieder, schwer heilbar; deshalb im MA die Kranken abgesondert „ausgesetzt".

Ausschlag, Erkrankung der Haut (*Exanthem)* oder der Schleimhäute (*Enanthem);* meist Anzeichen von inneren bzw. Allgemeinkrankheiten.

Ausschließung, 1) der Öffentlichkeit b. e. Gerichtsverhandlung u. a. mögl. bei Gefährdung d. Staatssicherheit, Sittlichkeit od. wegen e. wichtigen Geschäftsod. Betriebsgeheimnisses, stets bei Verhandlungen in Ehesachen (§§ 169 ff. GVG); **2)** e. Richters od. Urkundsbeamten in best. Fällen (z. B. falls verwandt mit Partei od. an der Sache beteiligt).

Außenborder, auf d. Außenseite des Hecks kleinerer Boote befestigter Motor.

Außenhandel, Güteraustausch mit dem Ausland: Einfuhr, *Import,* Ausfuhr, *Ex-*

port (→ Schaubild, Außenhandel); auch → Welthandel; Ggs.: Binnenhandel.

Außenhandelsmonopol, ausschließliches Recht des Staates od. einzelner, die gesamte Ein- u. Ausfuhr zu organisieren bzw. selbst zu tätigen; Staatsmonopol u. a. in der Sowjetunion, Iran, Grönland.

Außenstände, im Geschäftsverkehr: Forderungen, die man anderen (Debitoren) gegenüber hat.

Außerparlamentarische Opposition, *APO,* Sammelbez. f. alle Gruppen, die ohne Mitwirkung v. Regierungs- u. Oppositionsparteien d. → Establishment in Staat u. Gesellschaft beseitigen wollen.

Aussig, tschech. *Ústí nad Labem,* a. d. Elbe, Nordböhmen, 105 000 E; Braunkohle, Binnenhafen.

Aussonderung → Konkurs.

Aussperrung, rechtl. legitime Gegenmaßnahme d. Arbeitgeber gg. Streik, bedarf keiner Kündigung der Verträge.

Ausstand, svw. → Streik.

Ausstattung, 1) *rechtl.* d. elterliche Zuwendung v. Vermögen an ein Kind anläßl. dessen eigener Existenzgründung (§ 1624 BGB); Ausgleichspflicht im Erbfall; **2)** *wirtschaftl.* prägnante werbewirksame äußere Gestaltung e. Ware od. ihrer Verpackung, die auf Herkunft aus best. Betrieb hinweist u. bei Verkehrsgeltung ähnl. einem → Warenzeichen Schutz genießt (§ 25 Warenzeichen-Ges.).

Ausstattungsfilm, Film mit Massenszenen u. gr. Aufwand f. Kostüme u. Dekorationen; auch *Monumentalfilm.*

Aussteuerung, Erlöschen des Anspruchs auf Leistungen der Arbeitslosenversicherung, Krankenkasse u. a.

Austauscharze → Ionenaustauscher.

Austen [ˈɔstɪn], Jane (16. 12. 1775–18. 7. 1817), engl. Romanautorin; *Emma.*

Austerity [engl. ɔsˈterɪtɪ „Härte"], Politik der Einschränkungen z. Stabilisierung d. Währung.

Austerlitz, tschech. *Slávkov ů Brna,* St. i. Südmähren u. v. Brünn, 6300 E; Sieg Napoleons I. am 2. 12. 1805 über Österreicher u. Russen („Dreikaiserschlacht").

Austern, Meermuscheln, gesellig am Boden steiniger Küsten *(A.bänke);* eßbar, schmackhaft. – **A.fischer,** taubengroßer Schnepfenvogel, schwarz-weiß gefärbt; stochert an Stränden nach Weichtieren, Würmern u. a.

Austin [ˈɔstɪn], Hptst. d. US-Staates Texas, am Colorado, 345 500 E; Kapitol, Universität.

Australien, 1) kleinster Erdteil (Karte S. 751); wenig gegliedert u. gering besiedelt; dazu d. Inselwelt *Ozeanien* (Melanesien mit Neuguinea, Mikronesien, Neuseeland u. Polynesien); insges. 8,509 Mill. km², 26 Mill. E. (3 je km²); **a)** *Aufbau:* Küstengebirge, bes. Ost-Kordillere, steigt in Austral. Alpen (*Mt. Kosciusko* 2230 m), Blaue Berge, Neu-England-Kette; flaches Binnenland, Steppen u. Wüsten, „Busch" (Akazien- u. Eukalyptusge-

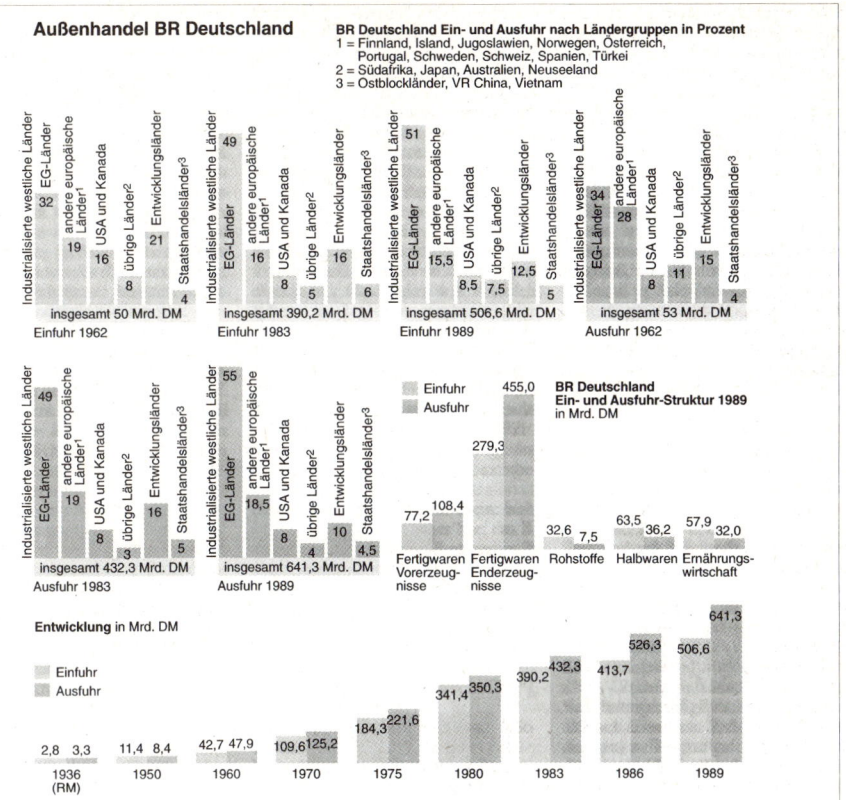

Außenhandel BR Deutschland

BR Deutschland Ein- und Ausfuhr nach Ländergruppen in Prozent
1 = Finnland, Island, Jugoslawien, Norwegen, Österreich, Portugal, Schweden, Schweiz, Spanien, Türkei
2 = Südafrika, Japan, Australien, Neuseeland
3 = Ostblockländer, VR China, Vietnam

strüpp). **b)** *Flüsse* u. *Seen:* Größere Flüsse nur i. SO, *Murray* m. *Darling,* auch größere Seen, davon d. größte d. stark salzige *Eyre* -See (16 muM), viele Salzsümpfe (Amadeus-See); im S die Insel Tasmanien. **c)** *Klima:* Im N trop., m. feuchter (Okt. bis April) u. trockener Jahreszeit; Inner-A. sehr regenarm, m. ausgedehnten Dürrezeiten. **d)** *Pflanzenwelt:* → Savanne, nur in Queensland trop. Wälder; Charakterbaum ganz A.s: → Eukalyptus; Frucht- u. Ölbäume, Zukkerrohr u. Baumwolle erst durch eur. Ansiedler gepflanzt. **e)** *Tierwelt:* Gekennzeichnet durch Beuteltiere, unter den höheren Säugetieren kommen urspr. nur der Dingo (ein Wildhund) und Fledermäuse vor; reiche Vogelwelt (Emu, Schwarzschwan, Wellensittich u. a.); **2)** Australischer Bund, amtl. *Commonwealth of Australia,* 7,68 Mill. km², 16,81 Mill. E (2 je km²); Bev.-Zuw. 1,4%; Bev.: über 90% brit. Ursprungs, auch heute noch viele Einwanderer; etwa 1,3% Aborigines (Ureinwohner); Sprache: Engl.; Währung: austral. Dollar ($A); Rel.: überwie-

gend protestant.; Hptst.: *Canberra;* Flagge S. 340, Karte S. 751. **a)** *Landw.:* Weizen-, Hafer-, Gersteanbau; Viehzucht: bes. Schafe (1982: 133 Mill.), Wolle 25% d. Weltproduktion. **b)** *Bodenschätze* (1988): Kohle (Steinkohle 136 Mill. t), Eisenerze (Roheisen 5,5 Mill. t, Rohstahl 6 Mill. t), Blei (466 000 t), Zink, Zinn, Kupfer, Gold, Silber, Uranerz (in N-A.). **c)** *Außenhandel* (1988): Einfuhr 33,34 Mrd., Ausfuhr 32,67 Mrd. $. **d)** *Verkehr:* Eisenbahnen ca. 54 700 km. **e)** *Verf.:* Generalgouv., v. engl. Kg ernannt (s. 1986 alle verf.mäßigen Bindungen an Großbrit. prakt. aufgehoben), Parlament (Senat u. Repräsentantenhaus). **f)** *Verw.:* 6 B.staaten (Neusüdwales, Victoria, Queensland, S-A., W-A. u. Tasmanien), 2 Territorien: N-Territorium u. Bundeshptst.; ferner v. A. verwaltet mehrere Inseln u. Inselgruppen. **g)** *Gesch.:* Entdeckungsfahrten 1605 („Neu-Holland") u. 1642 v. Abel Tasman (*Tasmanien,* anfangs Name f. A.); Umriß durch Cook 1770 bekannt; ab 1788 engl. Strafkolonie, 1829 freie Kolonisierung, 1901 Festland u. Tasmanien Dominion; 1966 Einführung d. Dezimalwährung; 1989 Vertrag m. Aborigines über eigenen

Landbesitz. **h)** *Mitgl.:* UN, Commonwealth, OECD.
Australopithecịnae [gr.], *(Prähominiden),* v. allem in S-Afrika geborgene Überreste v. → Primaten d. Tertiärs m. menschl. (aufrechter Gang) u. Menschenaffen-Merkmalen (Schädelbau); erste Werkzeuge.
Austrasien, *Ostreich,* östl. Teil des Franken-(Merowinger-)Reiches, zw. Maas-Ardennen-Vogesen.
Austria, neulat. Name f. Österreich.
Austrian Airlines, *AUA,* östr. Luftverkehrsges.
austroasiatisch, altertüml. Sprachast d. austrischen Sprachstamms (→ Sprachen, Übers., IX) in Indien, Australien, Indonesien.
Ausverkauf → Sonderverkäufe.
Auswanderung, freiwilliges Verlassen d. Heimatlandes zu dauernder Niederlassung in einem anderen, meist aus wirtsch. Gründen; dt. u. eur. A. hauptsächl. nach Übersee, bes. zw. 1815 u. 1914 im Zeitalter d. Industrialisierung u. großer Bevölkerungszunahme Europas. Die A. aus Dtld 1871–1937: 3,5 Mill., aus BR 1946–69: ca. 2,92 Mill. (1,26 Mill. Deutsche, 1,36 Mill. Ausländer);

1988: 421 950 (62 850 Deutsche, 359 100 Ausländer). – A. wird von den Einwanderungsländern aus wirtsch., z. T. pol. Gründen beschränkt; z. Lösung d. DP-Problems nach d. 2. Weltkr. großzüg. Organisation d. A.: → IRO. – Schutz d. Auswanderer durch A.sgesetze, A.sberatungsstellen, A.sbehörden und A.sorganisationen, z. B. Bundesverwaltungsamt – Amt f. A. (Vorbereitung d. A. u. Fürsorge f. Auswanderer. – Ges. v. 8. 5. 1952).

Auswärtiges Amt, *A. A.,* Bez. f. das Außenministerium im Deutschen Reich und in der BR.

Ausweisung, Entzug der Aufenthaltsgenehmigung m. dem Zwang zum Verlassen eines best. (des Staats-)Gebiets; A. einzelner (z. B. pol. unerwünschter Personen), großer Volksteile (z. B. v. Polen während der dt. Besetzung im 2. Weltkr. aus d. W- nach d. O-Gebieten) u. geschlossen siedelnder Bevölkerung (z. B. v. Deutschen; nach 1945 aufgrund d. Potsdamer Abkommens → Volksdeutsche, → Flüchtlinge); dt. Staatsangehörige können aus d. BR nicht ausgewiesen werden (Art. 11 GG).

Auswurf → Sputum.

Auszehrung, Abmagerung mit allg. Körperverfall (z. B. bei Lungentuberkulose, Krebs).

Auszubildende|r, i. d. BR s. 1969 offizielle Bez. f. Lehrling.

Autarkie [gr.], 1) *phil.* Selbstgenügsamkeit; 2) *wirtsch.* Unabhängigk. eines Staates, einer Wirtschaftseinheit v. Austausch v. Gütern u. Leistungen.

authentisch [gr.], 1) echt, glaubwürdig; 2) *mus.* Bez. v. Kirchentonarten; Ggs.: → plagal.

Autismus, *med.* krankhafter Kontaktverlust zur Umwelt, *psych.* übertriebene Selbstbezogenheit.

Auto (amtssprachl. *Kraftwagen,* früher: *Automobil*), Straßenfahrzeug mit Motorantrieb; nach Zweck u. Bauart in *Personen-* (Pkw) u. *Last-K.* (Lkw) unterscheiden. Das *Fahrgestell* (*Chassis*) besteht aus Rahmen mit Kühler, Motor, Getriebe, Federung, Vorder- u. Hinterachse mit Rädern (Rahmen heute nur noch bei Lkw vorhanden, Pkw besitzen selbsttragende Karosserie). – Pkw haben schnelllaufende 2-, 3-, 4-, 5-, 6- und 8-Zylinder-Motoren (bei größerer Zylinderzahl wird Drehmomentabgabe gleichmäßiger, d. Lauf des Motors ruhiger); üblicherweise Ottomotor mit Vergaser, heute auch vermehrt Kraftstoffeinspritzung und Dieselmotor. Zur Verminderung d. Schadstoffe in d. Abgasen Ersetzung d. verbleiten Benzins durch → bleifreies Benzin (→ Katalysatoren). Bei Lkw mit mehr als 2 t Nutzlast fast ausschließl. Dieselmotor. Zweitakt- od. Viertaktmotor (→ Verbrennungskraftmaschinen); Motor wasser- od. luftgekühlt. Kraftübertragung v. Motor über Kupplung, Wechsel-

getriebe (bei Pkw meist 4 bis 5 Vorwärtsgänge u. 1 Rückwärtsgang), Kardanwelle, Differential (→ Ausgleichsgetriebe), Räder. Front- od. Heckantrieb, f. Einsatz im Gelände auch Allradantrieb. Zwei voneinander unabhängig zu bedienende Bremsen durch Fuß- u. Handbetätigung gesetzl. vorgeschrieben; Pkw mit hydraul. Bremse, größere Lkw Druckluftbremse. El. Anlage 12 Volt, bei Lkw teilweise 24 Volt; bestehend aus Batterie, Lichtmaschine, Anlasser, Beleuchtungseinrichtungen, Fahrtrichtungsanzeiger, Scheibenwischer. Hauptkarosserieformen für Pkw: → Limousine, → Kabriolett, → Coupé, → Roadster, Lkw Pritschenaufbau evtl. mit Plane oder als Kippvorrichtung, Kastenaufbau, Kofferaufbau, Spezialaufbauten f. Müllabfuhr, Straßenreinigung, Feuerwehr usw. Lastkraftwagen (Lkw): Bestimmungen BR (1965) Höchstlänge 12 m; Achslast 10 t bzw. 16 t bei Doppelachse, Lastzüge höchstens 32 t, 18 m Länge, Sattelschlepper 15 m, Omnibus 12 m Länge, Gelenkomnibus 18 m Länge. – Für Stadtverkehr auch el. Antrieb mit Akkumulatoren od. Oberleitung wie bei Straßenbahn. – Erzeugung → Schaubild (→ Tafel Kraftfahrzeug).

Autoaggressionskrankheit [gr.], durch → Antikörper, d. gg. körpereigene → Antigene gerichtet sind, verursachte Erkrankung b. best. Blut-, Haut- und Gelenkkrankheiten.

Autobahnen, Schnellverkehrsstraßen bzw. Hochleistungsstraßen f. Kraftfahrzeuge; zwei- u. mehrstreifige Richtungsfahrbahnen (BR: Fahrstreifen 3,75 m, Grünstreifen 4 m, Standstreifen 2,5 m); keine niveaugleichen Kreuzungen mit anderen Verkehrswegen. Erste eur. A. 1932 von Köln nach Bonn; u. a. in USA (Highway), Italien (Autostrada). Autobahnnetz BR 10 828 km, davon 1869 km ehem. DDR (1. 1. 1991).

Autobiographie, *w.* [gr.], Beschreibung des eigenen Lebens.

Autochromfotografie, für kombiniertes Buntdruckverfahren, bei d. die Farben einzeln im Steindruck gedruckt werden.

autochthon, *Geologie:* an Ort u. Stelle entstanden.

Autochthone, *m.* [gr.], echter Sproß eines Landes, sein Zugewanderter.

Autocross, Querfeldein-Autorennen.

Autodafé, *s.* [portugies. „Handlung des Glaubens"], Urteilsverkündung u. -vollstreckung (durch Verbrennung usw.) der span. u. portugies. Ketzergerichte (auch übertragen gebraucht).

Autodidakt [gr.], durch Selbst-, nicht durch Schulunterricht Gebildeter.

autogen → schweißen.

autogenes Training, Selbstentspannung durch → Autosuggestion (n. J. H. Schultz), einzeln od. in Gruppen.

Autogiro [span. -'ʒiro], Drehflügelflugz. o. Tragflächen, dessen Rotor durch d. Vorwärtsbeweg. (Fahrtwind) in Umdre-

hung versetzt wird und den Auftrieb bewirkt.

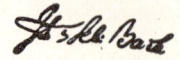

Autogramm, Joh. Seb. Bach

Autogramm, *s.* [gr.], eigenhändige Unterschrift.

Autograph, *s.,* Handschrift (berühmter Persönlichkeiten).

Autographie [gr.], Vervielfältigung von m. fetthaltiger Tinte (Tusche) hergestellten Zeichnungen u. Schriftsätzen durch Umdruck auf Stein-, Zink-, Aluminiumplatten, dann → Steindruck.

Autokephalie [gr. „Selbständigkeit"], morgenländische Kirchen mit eigenem Oberhaupt (z. B. armenen., bulgar., griech., serb., ukrain., russ. Kirche).

Autoklav, *m.* [gr.-l.], verschließbarer Kessel zur Erhitzung v. Stoffen unter Druck; → Desinfektion.

Autokrat [gr.], Alleinherrscher.

Autokratie, Staatsform, in der das Staatsoberhaupt die pol. Macht unumschränkt ausübt.

Automat [gr. „automatos = selbsttätig, aus eigenem Antrieb"], Maschine, Vorrichtung usw., die aufgrund ihrer Konstruktion auf best. Ereignisse od. Informationen m. best. Funktionen od. -folgen reagiert, ohne unmittelbares Eingreifen e. Menschen; Anwendung z. B. → Roboter in techn. Prozessen (Fertigung), → Mikroprozessoren übernehmen die → Steuerung; → Automation.

Automation [engl.], *Automatisation* [frz.], *Automatisierung,* Bez. f. e. Prozeß, in dessen Verlauf fortschreitend menschl. Arbeitskraft durch Einsatz v. Maschinen (→ Automaten) ersetzt wird; gewaltige Produktivitätssteigerung, bei Rationalisierung Arbeitslosigkeit; Anwendung z. B. in ind. Prozessen (Prozeßautomatisierung), Datenverarbeitung, Büro; wiss. Grundlage: → Kybernetik. – **A.stechnik,** Konstruktion u. Produktion v. Bauelementen, Geräten, Anlagen u. Systemen f. die → Automation; gekennzeichnet durch Standardisierung, Anwendung d. Baukastenprinzips, Miniaturisierung (Mikroelektronik).

autonomes Nervensystem → Nervensystem.

autonome Zölle, werden vom Staat nach eigenem Ermessen festgesetzt; Ggs.: *Vertragszölle* (Vereinbarungen mit anderen Ländern).

Autonomie [gr. „Selbstgesetzgebung"], 1) Fähigkeit zur Selbstbestimmung u. Selbstverw.; Voraussetzung u. Kennzeichen selbst. Staaten, auch von Staatsteilen innerhalb eines Staatsverbandes, v. Kommunalverbänden u. Kommunen; 2) A. d. Hochschulen, heute teilweise stark eingeschränkt; früher i. d. Verf. lediglich bestätigt, da oft älter als A. des Staates, also nicht v. Staate verliehen; 3) A. d. Religionsgesellschaften, Selbständigkeit der Kirchen u. der Religionsgesellschaften gegenüber d. Staate; **4)** Forderung v. → Minderheiten nach völliger od. beschränkter Selbstverw. (z. B. Kultur-A.); **5)** *phil.* sittliche Selbstgesetzgebung (Kant: kategor. → Imperativ).

Autopsie [gr.], Augenschein, Besichtigung; Leichenöffnung.

Autor [l.], Urheber, bes. schriftsteller. Arbeit.

Autoradiographie [gr.], Nachweis radioaktiver Objekte durch Auflegen auf fotograf. Schicht, auf der durch Strahlung ein Bild entsteht.

autorisieren, bevollmächtigen.

autoritär, auf *Autorität* fußend, aber auch svw. diktatorisch.

autoritäres Regime, System, in dem die Regierenden nur aufgrund ihrer Macht d. Staatsgewalt ausüben; Gesetzgebung u. Rechtsprechung stark in Abhängigkeit; parlamentar. Kontrolle d. Exekutive weitgehend ausgeschaltet; Grenzen z. → totalitärem Staat fließend.

Autorität, *w.* [l.], **1)** Ansehen, Geltung, Einfluß; **2)** Obrigkeit od. maßgebende Persönlichkeit eines Fachgebietes.

Autosomen, alle → Chromosomen mit Ausnahme d. → Geschlechtschromosomen *(Heterochromosomen).*

Autostrada [it.], it. Bez. für → Autobahn.

Autosuggestion [gr.], Selbstbeeinflussung (z. B. → autogenes Training, → Meditation).

Autotypie [gr.], fotomechan. Reproduktionsverfahren; → Klischee.

Autovakzine → Vakzine.

Autun [o'tœ̃], St. im frz. Dep. *Saône-et-Loire,* 20 600 E; Kathedrale (12. Jh.), Reste röm. Bauten.

Auvergne [o'vɛrɲ], waldarmes Hochland in S-Frkr. mit ca. 600 domförmigen erloschenen Vulkanbergen *(Mont Doré* 1886 m, *Puy-de-Dôme* 1465 m); fruchtb. Täler: Getreide, Wein, Obst; Erz u. Steinkohle.

Auwald, Pflanzengesellschaft der Überschwemmungsgebiete v. Flüssen; Laubwald (Weiden, Erlen) mit reichem Unterwuchs.

Auxin, *s.,* pflanzl. → Wuchsstoff.

AV, z. B. *AV-System,* Abk. f. → **A**udio-**V**ideo- System.

Aval, *m.* [frz.], → Bürgschaft, meist für Wechselverpflichtung.

Avancement, *s.* [frz. avãsə'mã:], Beförderung.

avancieren, vorrücken, befördert werden.

Avancini, Nikolaus (1. 12. 1611–6. 12. 86), östr. Dramatiker d. Jesuitentheaters.

Avantgarde [frz. avã'gard], **1)** früher mil. Bez. für Vorhut; **2)** Sammelbegriff für Vorkämpfer einer Idee; im übertragenen Sinn: extrem fortschrittl. Kunstrichtungen.

avanti [it.], vorwärts!, herein!

Ave Maria [l. „sei gegrüßt, Maria"], im N.T. Botschaft des Engels an Maria.

Avenarius, Richard (19. 11. 1843–18. 8. 96), dt. Phil.; schuf, v. d. reinen Sinneserfahrung ausgehend, den Empiriokritizismus; → Positivismus.

Aventin|us, einer der 7 Hügel Roms.

Aventure, *w.* [frz. avã'ty:r], Abenteuer.

Aventurier, *m.* [frz. *-ty'rje*], Abenteurer.

Avenue, *w.* [frz. avə'ny:, engl. 'ævɪnju:], breite Straße, Prachtstraße.

Averroes, *Ibn Roschd* (1126–98), arab. Philosoph u. Arzt aus Córdoba, kommentierte die Werke des Aristoteles; gr. Einfluß i. MA; lehrte d. „doppelte Wahrheit" v. Wissen u. Glauben.

Avers, *m.* [l.], Münzvorderseite; Ggs.: → Revers.

Aversion, *w.* [l.], Abneigung.

Avesta, → Zendavesta, heiliges Buch der Parsen (Altperser); enthält die Lehren d. → Zoroaster.

Aveyron [avɛ'rõ], **1)** r. Nbfl. d. Tarn, 250 km; **2)** südfrz. Dép., 8735 km², 275 600 E; Hptst. *Rodez.*

Aviatik, *w.* [l. „avis = Vogel"], veraltet f. → Luftfahrt.

Avicenna, *Ibn Sina,* arab. Phil. u. Arzt aus Buchara (980–1037 n. Chr.); seine Werke i. abendländ. MA viel benutzt: *Kanon der Medizin.*

Avignon, *Papstpalast*

Avignon [avi'ɲõ], Hptst. d. frz. Dép. *Vaucluse,* an Rhône u. Durance, 89 000 E; Hauptstapelplatz für Obst, Gemüse u. Wein des südöstl. Frkr. – 48 v. Chr. röm. Kolonie; röm. Kathedrale, Schloß u. Päpste (1309–77 „Babylon. Exil").

Avionik, *w.,* abgek. aus *Avi*atik u. *Elek-tronik,* Anwendung der Elektronik i. d. Luftfahrt.

Avis, *m.* [frz.], **1)** Nachricht, Anzeige; Mitteilung an den Empfänger über Ankunft einer Sendung; **2) b.** Wechsel Mitteilung d. Ausstellers an Bezogenen über Grund der Wechselziehung.

Aviso, *m.,* kleines, schnelles (Melde-) Kriegsschiff.

a vista [it.], auf (bei) Sicht, → Wechsel.

Avitaminose → Mangelkrankheiten; → Vitamine.

Avocado [span.], trop. Steinobstbaum mit birnenähnl. Früchten, deren cremiges, hellgrünes Inneres sehr nahrhaft ist.

Avogadrosche Regel, durch den it. Phys. *Avogadro* (1776–1856) aufgestelltes Gesetz, nach dem alle Gase bei gleicher Temperatur und gleichem Druck i. gleichen Raum gleiche Zahl v. Molekülen haben; → Loschmidtsche Zahl.

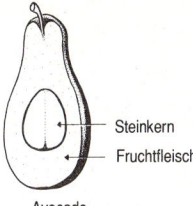

Steinkern
Fruchtfleisch

Avocado

Avon ['eɪvən], Nbfl. des Severn in England; 155 km l., schiffbar; an ihm *Stratford-on-Avon,* der Geburtsort Shakespeares, des „*Schwanes vom A.*".

Avus, Abk. f. **A**uto**m**obil-**V**erkehrs- und **U**ebungs-**S**traße, Funkturm Berlin-Wannsee; 9,8 km, früher Rennstrecke, heute Teil der Stadtautobahn.

AWACS

AWACS, Airborne **E**arly **W**arning and **C**ontrol **S**ystem, fliegendes Frühwarn- und Kontrollsystem der NATO mit modifizierten Maschinen des Typs Boeing 707; Erfassungsreichweite: ca. 400–450 km; dient auch den Land- und Seestreitkräften als Aufklärungsmittel.

Awami-Liga → Rahman.

Awaren, turktatar. Volksstamm; drang im 6. Jh. bis zur mittleren Donau vor, um 800 von Karl d. Gr. besiegt.

Axel, Sprungform im → Eiskunstlauf, benannt nach dem Norweger Axel Paulsen.

Axelrod, Julius (* 30. 5. 1912), am. Neurochem.; (zus. m. v. Euler-Chelpin u. B. Katz) Nobelpr. 1970.

Axen, Bergvorsprung mit Tellsplatte u. Tellskapelle am Vierwaldstätter See, am Seeufer die **Axenstraße** (von Brunnen nach Flüelen).

axial [l.], auf d. → *Achse* bezogen; in ihrer Richtung.

Axiom, *s.* [gr.], unmittelbar einleuchtender Grundsatz, der keiner Begründung bedarf; modern: Aussage, d. eine math. Struktur festlegt.

Axiomatik, axiomatische Methode, Darstellung einer Theorie in Form von Axiomen u. daraus abgeleiteten Lehrsätzen.

Axishirsch, weißgetüpfelter Hirsch aus Indien.

Axolotl, Wassermolch, wird keimentragend im Larvenzustand geschlechtsreif, verwandelt sich normal nicht i. d. lungenatmende Landform; Mexiko (meist Albino).

Axon, erregungsleitender Fortsatz d. Nervenzelle.

Ayacucho [aja'kutʃo], Hptst. peruan. Dep. *A.,* 83 000 E, 2745 müM, nahe d.

Quellen d. Río Mantaro; Quecksilbergruben; Uni.

Aye-Aye, svw. → Fingertier.

Aymé [ε'*me*], Marcel (28. 3. 1902–15. 10. 67), frz. Schriftst.; Romane, Bühnenstücke; *Die grüne Stute.*

Ayub Khan, Mohammed (14. 5. 1907–20. 4. 74), pakistan. Pol.; 1958–69 Staatspräs.

Azaleen, Ziersträucher aus Asien; zu den Rhododendren gehörend.

Azetylcholin, svw. → Acetylcholin.

Azide, Derivate d. Stickstoff-Wasserstoffsäure N_3H (z. B. d. Zündsprengstoff *Bleiazid* z. Initialzündung).

Azilien [*azi'liε*], Stufe der Mittelsteinzeit, nach Fundort *Mas d'Azil* in Frankreich.

Azimut, *s., m.* [arab.], der Winkel auf d. Horizontalkreis zw. Meridian u. Höhenkreis 1) eines Gestirns in der Astronomie, 2) eines Erdoberflächenpunktes in der Landvermessung (auch bei der Navigation).

Azofarbstoffe, wichtige Gruppe v. Teerfarbstoffen der allg. Formel *Q–N=N–R;* typisch ist d. Stickstoffgruppe *–N=N–* *(Azogruppe).*

Azoren [portugies. „Açores = Habichtsinseln"], zu Portugal gehörende Inselgruppe im Atlant. Ozean, s. 1976 Autonome Region; 9 größere Inseln, insges. 2247 km², vulkan. Ursprungs, bis 2320 m hoch, fruchtb., m. mildem ozean. Klima, 253 900 E; Telegraphen- u. Wetterstation; starker Durchgangsverkehr; Bananen, Apfelsinen, Frühgemüse; Hptst. *Ponta Delgada* (148 000 E); Hafen: *Horta.*

Azteken, Ureinwohner Mexikos; A.reich 1519–21 v. Spanier *Cortez* zerstört; hohe Kulter u. Kunst, Prachtbauten; straffe staatl. Ordnung; rel. Kult: Menschenopfer.

Azulejos [span. *aθu'lεxɔs*], bemalte, urspr. blaue Fayencefliesen auf d. Iber. Halbinsel.

Azulen, *s.* [span. „blau"], aromat. → Kohlenwasserstoff $(C_{10}H_8)$, violettblaue Kristalle; wird med. verwendet.

Azur, *m.* [pers.], 1) Himmelsblau; 2) erster i. d. BR entwickelter u. gebauter Meßsatellit; Start am 8. 11. 1969 i. d. USA mit einer „Scout"-Rakete.

B

B, 1) *chem.* Zeichen f. → *Bor;* **2)** *Börsensprache:* = Brief (Br.), svw. angeboten. **b,** *mus.* verminderte 7. Stufe der C-Dur-Tonleiter; auch Zeichen für Erniedrigung: ♭.
Ba, *chem.* Zeichen f. → *Barium.*
B. A., Abk. f. *Bachelor of Arts,* → Bakkalaureus.
Baade, Walter (24. 3. 1893–25. 6. 1960), dt. Astronom; Erforschung d. → Galaxien.
Baader, Franz Xaver v. (27. 3. 1765–23. 5. 1841), dt. kath. Phil., führend i. d. Münchner Romantik, romant.-konservative Gesellschaftslehre.
Baal [semit. „Herr"], syro-phönik. Fruchtbarkeitsgott.
Baalbek, griech. *Heliopolis,* Ruinenst. am → Antilibanon; Sonnentempel u. a. klass. Ruinen.
Baar, 1) Landscht zw. Schwäb. Alb u. Schwarzwald, 700 m mittlere Höhe, rauhes Klima, Getreidebau; Hptort *Donaueschingen;* im SO die **B.-Alb,** Teil der Schwäb. Alb, 976 m; **2)** (CH-6340), schweiz. Gem. i. Kanton Zug, 15 200 E; Apparatebau, Textil-, Möbel- u. andere Ind.
Baas [niederdt.], Meister, Vorgesetzter (vgl. → Boß).
Baath-Partei [arab. „Wiedergeburt"], 1943 gegr. sozialist. arab. Partei in Irak, Syrien, Libanon; tritt für arab. Einheit ein.
Babbage [*bæbidʒ*], Charles (26. 12. 1792–18. 10. 1871), Erfinder d. programmierbaren Rechenautomaten, der jedoch aufgrund seiner mechan. Komplexität nur teilw. realisiert werden konnte.
Bab-el-Mandeb [arab. „Tor der Tränen"], Meerenge zw. Rotem Meer u. Golf v. Aden.
Babelsberg, Villenvorort v. Potsdam; Schloß m. berühmtem Park; Sternwarte; Filmstadt.
Babenberger, altes fränk. Grafengeschlecht, nach Stammsitz Bamberg gen., Kolonisatoren d. Ostmark; bis 1156 Markgrafen, b. 1246 Hzge v. Östr.
Babenhausen (D-6113), St. in Hess., 14 265 E; Tachometerbau u. a. Ind.

Babington [*bæbɪŋtən*], Anthony (1561–86), versuchte durch Attentat a. Elisabeth v. England Maria Stuart zu befreien; hingerichtet.
BABS-Verfahren, Abk. f. *Beam Approach Beacon System,* engl. Verfahren der Blindlandung (→ Leitstrahl-Funkfeuer).
Baby-Bonds [*beɪbɪ-*], **1)** in d. BR 1951 begebene Lotterieanleihe über 50 Mill. DM, Stückelung zu 10 DM ohne Verzinsung; Rückzahlung zum Nennwert; **2)** in d. USA langfrist. Staatsanleihe m. kleiner Stückelung u. hoher Rendite.
Babylon, Hptst. d. oriental. babyl. Reichs, schon um 2650 v. Chr., v. Nebukadnezar II. neu aufgebaut im 6. Jh. v. Chr.; Mittelpunkt oriental. Kultur; das bibl. **Babel** war zu Christi Zeit fast verödet.
Babylonien, das bibl. *Babel* zw. unterem Euphrat u. Tigris, im S v. *Sumerern* bewohnt; Blütezeiten um 2000 u. 600 v. Chr.; ältester Kulturmittelpkt d. Vorderen Orients; hochentwickelte Naturwiss. u. Mathematik.
Babylonische Gefangenschaft, Zwangsexil d. jüd. Volkes 597–538 v. Chr. in Babylon nach der Niederlage gegen Nebukadnezar II. – **B. G. d. Kirche,** der erzwungene Aufenthalt der Päpste in Avignon (1309–77).
babylonische Keilschrift → Keilschrift.
babylonische Kunst → asiatische Kunst.
babylonische Literatur, um *3000 v. Chr.* (Einwanderung der Babylonier in Assyrien): Gilgamesch-Epos (darin Sintflutsage parallel zur Bibel; v. den Griechen übernommen); um *2000 v. Chr.:* Gesetze des Hammurabi (z. T. von Moses übernommen); Hymnen an den Sonnengott Schamasch; Götterlieder um Marduk. Paradiessage (Adagea u. Ea); Astartes Höllenfahrt. Klage um einen Frühlingsgott Tamuz (Adonis b. d. Griechen); um *1000 v. Chr.:* Sargon-Lied (Heldenepos); Roman v. Weisen Achikar (später jüd. Tobias-Legende).

Babylonischer Turm, 90 m hohes Heiligtum, Bau angebl. durch *babylonische Sprachverwirrung* gestört.
BAC, Abk. f. *British Aircraft Corporation,* brit. Flugzeugkonzern, 1960 gegründet.
Baccarat [frz. -*'ra*], Kartenglücksspiel.
Bacchanalien, ausschweifende Gelage, urspr. Bacchusfeier im alten Rom.
Bacchant(in), Begleiter(in) des Bacchus; im MA: fahrender Schüler.
Bacchelli [*bak'kɛ-*], Riccardo (19. 4. 1891–8. 10. 1985), it. Romancier: *Die Mühle am Po.*
Bacchus, lat. Name d. griech. Weingottes → *Dionysos.*

Johann Sebastian Bach

Bach, 1) Johann Sebastian (21. 3. 1685–28. 7. 1750), aus thür. Musikerfamilie stammend, d. bedeutendste Persönl. d. Barock u. d. protestant. Kirchenmusik; wurzelte in tiefer Religiosität; Kantor der Thomaskirche Leipzig; ev. Kirchenmus. (*Kantaten,* Messen, Fugen; *Das wohltemperierte Klavier; Matthäus-, Johannespassion; Brandenburg. Konzerte;* Kammermusik; von weitreichendem Einfluß auch auf die moderne Musik (linearer Stil). – Söhne: **2)** Wilhelm Friedemann (22. 11. 1710–1. 7. 84), berühmt als Organist; **3)** Carl Philipp Emanuel (8. 3. 1714–14. 12. 88), Kapellmeister Friedrichs d. Gr., später in Hamburg; *Klavierschule; Sonaten;* **4)** Johann Christoph Friedrich (21. 6. 1732–26. 1. 95), in Bückeburg; **5)** Johann Christian (5. 9. 1735–1. 1. 82), lebte in Mailand und London; *Sonaten.*

Bacharach (D-6533), Weinst. a. Rhein, RP, 2167 E; Weinbau u. -handel.

Bache, weibl. Wildschwein v. 3. Lebensjahr an.

Bachem, Bele, eigtl. *Renate Böhmer* (* 17. 5. 1916), dt. Malerin u. Bildhauerin; Buchillustrationen.

Ingeborg Bachmann

Bachmann, Ingeborg (25. 6. 1926–16. 10. 73), östr. Dichterin; *Anrufung d. großen Bären; Der gute Gott von Manhattan; Das dreißigste Jahr; Malina.*

Bachofen, Johann Jakob (22. 12. 1815–25. 11. 87), schweiz. Rel.historiker; Begr. d. vergleichenden Rechtswiss., Mythen- u. Symbolforscher; *Über d. Gräbersymbolik d. Alten; Das Mutterrecht.*

Bachstelzen, zierliche, gern am Wasser sich aufhaltende Singvögel mit langem Wippschwanz.

Back, *w.*, 1) Aufbau auf dem Vordeck des Schiffes; 2) Eßtisch auf Schiffen.

Backbord, in Fahrtrichtung linke Schiffsseite; rotes Farb- bzw. Lichtzeichen; Ggs.: → Steuerbord.

Backhand, *w.* od. *m.* [engl. ˈbækhænd], Tennis, svw. → Rückhandschlag.

Backhaus, Wilhelm (26. 3. 1884–5. 7. 1969), dt. Pianist (Beethoven-Interpret).

Backnang (D-7150), St. in Ba-Wü., 30 583 E; AG; Leder-, Masch.-, Fernmeldetechnik-, Textilind.

Backstein, durch Brennen v. Ton hergestellter Baustein: *Klinker, Hartbrandziegel, Mauersteine.* - **B.bau**, von alters her angewendet; im MA in N-Dtld **B.gotik** m. großformatigen, ungeputzten Steinen: Kirchen, Ordensburgen, Rathäuser; auch im 20. Jh. (z. B. Högers Chilehaus in Hamburg).

Bacon [ˈbeɪkən], 1) Francis, *B. v. Verulam* (22. 1. 1561–9. 4. 1626), engl. Staatsmann; Phil., Gegner d. Aristotelismus, Begr. d. → Empirismus; *Novum organum scientiarum;* gelegentl. als wirkl. Autor d. Werke Shakespeares angesehen; 2) Francis (* 28. 10. 1909), engl. realist. Maler; Hptthema: Mensch mit gespaltenem Bewußtsein; 3) Roger (1214–94), engl. Phil. u. Naturforscher, „doctor mirabilis" (bewundernswerter Lehrer), wandte als erster d. *Experiment* an; Franziskanermönch, Gegner d. Scholastik, Kritiker d. theol. Methoden seiner Zeit.

Bacon [ˈbeɪkən], engl. Frühstücksspeck.

Bad, 1) zu Reinigungs- oder Heilzwecken, in Wasser, Luft, Dampf (*russ. Bad* heiß und feucht, *irisch-röm. B.* heiß und

trocken), in Moor u. Sand; 2) mit natürl. Heilmitteln ausgestattete Badeorte; man unterscheidet: *See-* u. *Thermal-B.,* die Kochsalz enthalten; *Kohlensäure-B., Eisen-* u. *Arsen-B., Stahl-B., Schwefel-B., Iod-, Moor-* oder *Schlamm-B., Radium-B.;* 3) *galvanisches B.,* zum elektrolyt. Abscheiden v. Metallen; 4) *Härte-B.,* geschmolzene Salze zum Härten von Stahl.

Bad Aibling (D-8202), ältestes Moorbad Bayerns, 482 müM, 13 155 E; AG.

Badajoz [baðaˈxɔθ], Hptst. d. span. Provinz *B.,* 120 000 E; theol. HS; Fayencen u. a. Ind.

Badalona, span. Industriestadt b. Barcelona; 224 000 E.

Bad Aussee (A-8990), Sole- u. Quellenheilbad u. Wintersportpl. i. steier. Salzkammergut, 650–1000 müM; 5000 E.

Bad Bentheim (D-4444), St. i. Nds. a. d. ndl. Grenze, 13 713 E; Schloß (11./12. u. 15./16. Jh.); Thermalsole- und Schwefelbad (seit 1711); Museen; Freilichtbühne (seit 1925).

Bad Bergzabern (D-6748), St. i. RP, 6618 E; Kneippheilbad, heilklimat. Kurort u. Thermalbad 200–300 müM.

Bad Berka (D-5302), St. u. Heilbad a. d. Ilm, Kr. Weimar, Thür., 277 müM, 4500 E; Tbc- u. Lungenheilst.

Bad Berleburg (D-5920), Kneippheilbad, Kr. Siegen-Wittgenstein, NRW, 20 080 E; AG; gr. Waldflächen.

Bad Bertrich (D-5582), Heilbad in d. Eifel, RP, 1013 E; warme Glaubersalzquelle (gg. Stoffwechselkrankheiten).

Bad Birnbach (D-8345), Mkt. i. Kr. Rottal-Inn, Niederbay., 5079 E; Thermalheilbad.

Bad Blankenburg (Thüringer Wald) (D-6823), St. im Schwarzatal, Thür., 10 000 E; Luftkurort; div. Ind.

Bad Brambach (D-9932), Kurort im Vogtland, Kr. Oelsnitz, Sa., 2200 E; Radonquellen.

Bad Bramstedt (D-2357), St. in Schl-Ho., 9448 E; Sol- u. Moorbad, Rheumaheilbad.

Bad Brückenau (D-8788), St. i. d. Rhön, Bay., 6118 E; 5 Heilquellen, 2 Heilbäder (städt. Heilbad, Staatsbad).

Bad Cannstatt, St.teil v. → Stuttgart; Eisenquellen.

Bad Doberan (D-2560), St. u. Mineralbad, M-V., 12 303 E; Stahlquelle, Eisenmoorbäder; got. Backsteinkirche; ehem. Zisterzienserkloster.

Bad Driburg (D-3490), Heilbad im Naturpark Eggegebirge, südl. Teutoburger Wald, NRW, 16 698 E; glas- u. holzverarbeitende Ind.

Bad Dürkheim (D-6702), Krst. an d. Weinstraße, RP, 16 670 E; Kurzentrum u. Kurkliniken; Spielbank.

Bad Dürrenberg (D-4203), St. an der Saale, S-A., 12 785 E; Solbad, Gradierwerk.

Bad Dürrheim (D-7737), St. bei Villingen im Schwarzwald, Ba-Wü., 700–940 müM, 10 446 E; Heilbad u. heilklimat.

Kurort (27%ige Solquelle); dt. Fasnacht-Mus.

Bad Eilsen (D-3064), Gem. im Kr. Schaumburg, Nds., Schlamm- u. Schwefelbad, 2005 E.

Bad Elster (D-9933), Staatsbad a. d. Weißen Elster, Vogtland, Sa., 3200 E; Mineralquellen, Moorbäder.

Bad Ems (D-5427), Krst. d. Rhein-Lahn-Kr., 9267 E; Staatsbad v. RP; natürl. Kohlensäure-Thermen; *Emser Salz.*

Baden, bis 1945 Land d. Deutschen Reiches, reicht v. Bodensee im S bis z. Taubermündung i. N und umfaßt die Oberrheinische Tiefebene, Teile des Schwarzu. Odenwaldes; Hptst. *Karlsruhe. Gesch.:* Bis 1803 v. Zähringern als Markgrafen, später als Herzögen, beherrscht, durch Napoleon I. v. 33 auf 800 Quadratmeilen vergrößert, Großhzgt. 1806, Rheinbundmitgl., 1815 Dt. Bund, 1818–48 Verfassungskämpfe; 1849 Revolution; 1870 dt. Bundesstaat, 1918 Freistaat; 1945 auf Anordnung der Mil.-Reg. geteilt, N-Teil wurde mit Nordwürttemberg neues Land *Württemberg-B.,* S-Teil neues Land *B.* m. Hptst. *Freiburg;* nach Volksabstimmung 1951 s. 1952 Zus.schluß z. Land → Baden-Württemberg.

Baden, 1) (CH-5400), schweiz. St., Kanton Aargau, 13 700 E; intern. Thermalkurort, mineralreichste Thermalquellen der Schweiz (47 °C); 2) *B. bei Wien* (A-2500), am Wienerwald, 231 müM, Österreichs größtes Rheumaheilbad; 23 000 E; Thermalstrandbad; Theater, Museen, Spielbank.

Baden-Baden (D-7570), Stkr., Mineralbad (Kochsalzquellen 69 °C) im Schwarzwaldtal der Oos, Ba-Wü., 50 761 E; LG, AG, IHK; Spielkasino, Kongreßzentrum, Stadtmuseum; Weinbau.

Baden-Powell [ˈbeɪdnˈpoʊel], Robert Stephenson Smyth, Lord (22. 2. 1857–8. 1. 1941), engl. General; gründete 1907 Boy Scouts (→ Pfadfinder).

Badenweiler (D-7847), Heilbad in Ba-Wü., am Rande d. Südschwarzwaldes, 450 müM, 3330 E; Thermalquellen; ehemal. Römerbad.

Baden-Württemberg, Bundesland, südwestl. am 25. 4. 1952 gebildet, umfaßt das Gebiet von → Württemberg, → Baden und → Hohenzollern, 35 751,4 km², 9,62 Mill. E (269 je km²); Rel.: 45,8% ev., 47,4% kath.; Hptst. *Stuttgart;* Landesfarben: Schwarz-Gold; Bev. im S alemannisch-schwäb., im N fränkisch. **a)** *Geogr.:* Mit Schwarzwald, Schwäbischer Alb, Neckarbecken, Teilen des Odenwaldes, im S an den Bodensee, im N bis zum Main (Taubermündung) reichend; mit dem Rhein im S u. W als Grenze. **b)** *Wirtsch.:* Im S Land- u. Forstwirtsch. vorherrschend, Wein- u. Obstbau am Kaiserstuhl, i. Markgräfler Land, am Bodensee u. i. Neckar- u. Remstal,

Landtagswahlen (Stimmen in %)

Jahr	CDU	SPD	FDP	Grüne
1952	36,0	28,0	18,0	
1956	42,6	28,9	16,6	
1960	39,5	35,3	16,6	
1964	46,2	37,3	13,1	
1968	44,2	29,0	14,4	
1972	52,9	37,6	8,9	
1976	56,7	33,3	7,8	
1980	53,4	32,5	8,3	5,3
1984	51,9	32,4	7,2	8,0
1988	49,0	32,0	5,9	7,9

■ CDU ■ SPD ■ FDP ■ Grüne

Tabakanbau u. -verarbeitung i. d. Rhein-ebene; starke Industrialisierung, vorwiegend i. N; Fertigwarenind.: Textil-, Masch.bau-, elektrotechn. Ind., Fahrzeugbau, Eisen- u. Metallwarenind. (feinmechan., bes. Uhrenind. i. Schwarzwald), Holz-, Bekleidungs-, chem. Ind. u. a. **c)** → *Hochschulen.* **d)** *Verw.:* Rgbz. Stuttgart, Karlsruhe, Freiburg, Tübingen. **e)** *Regierung:* Ministerpräs., Minister, Landtag.
Bad Essen (D-4515), Gem. a. Wiehengebirge, Nds., 12 134 E; AG; Solebad.
Bad Frankenhausen (D-4732), St. u. Solbad in Thür. a. S-Hang d. Kyffhäuser, 9100 E; div. Ind.; 1525 Niederlage Th. Müntzers i. Bauernkrieg.
Bad Friedrichshall (D-7107), St. in Ba-Wü., a. Neckar, 12 100 E; Solefreibad.
Bad Gandersheim (D-3353), St. in Nds., 11 050 E; Mineral-Sole-Heilbad; frühroman. Stiftskirche; AG. – 852–1803 reichsfreies Kanonissenstift (→ Hrotsvitha); Domfestspiele.
Badgastein → Gastein.
Bad Gleichenberg (A-8344), bed. östr. Bade- u. Kurort d. Steiermark, 1900 E; Alkali-Säuerlinge, Mineralwasser.
Bad Godesberg, s. 1969 Ortsteil v. → Bonn.
Bad Goisern (A-4822), östr. Luftkurort u. Iodschwefelbad i. Salzkammergut, 6400 E.
Bad Griesbach i. Rottal (D-8394), St. i. Kr. Passau, Niederbay., 7074 E; Thermalbad u. Luftkurort; s. 1986 Bad.
Bad Grund (Harz), Bergstadt (D-3362), Moorheilbad im Oberharz, Nds., 3048 E; Silber- u. Bleierzbergbau.
Bad Hall (A-4540), Marktgemeinde in Oberöstr., 4200 E; stärkste Iod-Sole-Quellen Mitteleuropas.
Bad Harzburg (D-3388), St. u. Heilbad im Nordharz, Nds., 246–600 müM, 23 079 E; Thermalsolebad; Wintersport; Spielkasino.

Bad Herrenalb (D-7506), St. i. Kr. Calw, Heilbad u. heilklimat. Kurort i. Schwarzwald, Ba-Wü., 400–700 müM, 6419 E; Wintersport.
Bad Hersfeld (D-6430), Krst. a. d. Fulda, Hess., 29 214 E; Glaubersalz- u. Bittersalzquellen; AG; Kunstfaser- u. Masch.ind.; Kalibergbau; Festspiele. – Um 769 als Benediktinerabtei gegr. (Ruine).
Bad Hofgastein → Gastein.
Bad Homburg v. d. Höhe (D-6380), Heilbad u. Krst. am Taunus, Hess., 51 035 E; AG; Schloß; → Saalburg; 14 Heilquellen (u. a. Magen, Darm, Galle, Leber, Stoffwechsel); Spielkasino.
Bad Honnef (D-5340), St. am Rhein im Rgbz. Köln, NRW, 21 912 E; Heilbad f. Magen, Darm, Kreislauf, Herz u. Stoffwechsel; Sitz zahlr. Institutionen.
Badische Anilin- & Sodafabrik, *BASF,* 1865 in Ludwigshafen gegründet, großtechn. Synthese v. Düngemitteln, Chemikalien.
Bad Ischl (A-4820), Heilbad u. Kurort in Oberöstr., Salzkammergut, 13 000 E; Sole- u. Schwefelquellen.
Bad Kissingen (D-8730), Krst. an d. Fränk. Saale, Bay., 20 237 E; Mineral- u. Moorheilbad; AG.
Bad Königshofen i. Grabfeld (D-8742), St. an der Fränk. Saale, Bay., 5937 E.
Bad Kösen (D-4803), St. b. Naumburg a. d. Saale, S-A., 5500 E; Sol- u. Kochsalzquellen.
Bad Köstritz (D-6504), Solbad a. d. Weißen Elster in Thür., 4000 E; Gartenbau; Brauerei.
Bad Kreuznach (D-6550), an der Nahe, Krst. i. Rgbz. Koblenz, 39 400 E; Radon-Solbad; LG, AG; Land- u. Forschungsanstalt f. Wein-, Obstbau; chem., opt., Leder-, Masch.ind.
Bad Kudowa, *K. Zdrój,* poln. Stahl- u. Moorbad i. Glatzer Bergland, 400 müM, 9800 E.

Bad Landeck, *Ladek Zdrój,* poln. St. südl. Glatz, Schlesien, 6700 E; Radium; Schwefel- u. Moorbad.
Bad Langensalza (D-5820), Krst. an d. Salza in Thür., 17 186 E; Schwefelheilbad; Textilien, Leder- u. Möbelind.
Bad Lauchstädt (D-4204), St. südw. v. Halle, S-A., 5350 E; Modebad d. 18. Jh.; Goethe-Theater; Eisenquelle.
Bad Lauterberg im Harz (D-3422), St. im Rgbz. Braunschweig, Nds., 300–450 müM, 12 924 E; Kneipp-Heilbad u. Schrothkurort.
Bad Liebenstein (D-6202), Heilbad am SW-Hang des Thüringer Waldes, 8500 E; Eisen-, Arsen-, Mangan-, Kochsalzquellen; *Ruine L.* (13. Jh.).
Bad Liebenwerda (D-7950), Krst. an d. Schwarzen Elster, Bbg., 6700 E; Eisenmoorbad; Industrie.
Bad Lippspringe (D-4792), St. an d. Lippequelle am Teutoburger Wald, NRW, 12 056 E; Heilbad u. heilklimat. Kurort (Allergie, Atemwege, Magen, Darm), Asthma- u. Allergie-Forschungs-Inst., Balneolog. Inst. – 766 Sachsentaufe, 780/81 Reichstage m. Karl d. Gr.
Bad Meinberg → Horn-Bad Meinberg.

Bad Mergentheim, *Marktplatz*

Bad Mergentheim (D-6990), Gr.Krst. an d. Tauber, 210 müM, Ba-Wü., 19 801 E; AG; 4 Heilquellen (Magen, Darm, Galle, Leber, chron. Verstopfung, Diabetes, Übergewicht); Deutschordensschloß. – 1527–1809 Sitz d. Hochmeisters d. Dt. Ordens.
Badminton, s. [ˈbædmɪntən], dem Tennis ähnliches Spiel; Korkball mit Flugfedern wird m. leichtem Schläger über ein Netz ins gegner. Spielfeld geschlagen.
Bad Münder am Deister (D-3252), St. im Kr. Hameln-Pyrmont, Nds., 18 475 E; Schwefel-, Sole-, Bitterwasser-, Eisenquelle; Möbel- u. Glasind.
Bad Münster am Stein-Ebernburg (D-6552), St., Thermal-Sol-Radonbad an d. Nahe, RP, 117 müM, 3532 E; Mineral-Thermal-Freibad; Weinbau.
Bad Münstereifel (D-5358), St., Kneippheilbad in NRW, 15 232 E; ma. St.bild m. Stiftskirche (10. Jh.); eisenverarbeitende Ind.; i. Ortsteil *Effelsberg*

größtes schwenkbares Radioteleskop (100 m) d. Welt.
Bad Muskau (D-7582), St. a. d. Lausitzer Neiße, Sa., 4600 E; Eisen- u. Moorbad (stärkste vitriolhaltige Heilquelle v. Eur.); Schloß (Renaissance-Bau) m. Park d. Fürsten Pückler-M.
Bad Nauheim (D-6350), St., Heilbad für Herz u. Kreislauf, am O-Rand d. Taunus, Hess., 27 561 E; kohlensäurereiche Solquellen; Kerckhoff-Inst. f. Herzforschung, Balneolog. Inst. d. Uni. Gießen.
Bad Nenndorf (D-3052), am Deister, Rgbz. Hannover, Nds., 8905 E; Schwefel-, Schlamm-, Solebad.
Bad Neuenahr-Ahrweiler (D-5483), Krst. in RP, 24 610 E; Heilbad; Weinstadt (Rotwein).
Bad Neustadt a. d. Saale (D-8740), Krst. in Unterfranken, Bay., 14 414 E; AG; Sol- u. Moorbad (Verdauungsorgane, Stoffwechsel, Herz, Rheuma).
Bad Oeynhausen (D-4970), St. i. Rgbz. Detmold, NRW, 44 233 E; Heilbad (kohlensäurereiche Thermal- u. Solquellen, Kalziumquelle), Herzzentrum NRW; Spielkasino.
Bad Oldesloe [*loː*] (D-2060), Krst. d. Kreises Stormarn, Schl-Ho., an d. Trave, 20 473 E; AG.
Bad Orb (D-8353), St. u. Badeort am NW-Hang d. Spessart, Hess., 181–540 müM, 8490 E; Kohlensäurequellen, Saline, Moorbäder.
Bad Polzin, *Połczyn Zdrój*, poln. St. in O-Pommern, 8000 E; Moor- u. Stahlbad.
Bad Pyrmont (D-3280), St., Staatsbad in Nds., Rgbz. Hannover, 20 437 E; AG; 8 Mineralquellen (Eisen- u. Kochsalzsäuerlinge), Moorbäder. – Modebad d. 18. Jh. → Pyrmont.
Bad Ragaz (CH-7310), schweiz. Badeort i. Kanton St. Gallen, 521 müM, 4000 E; ertragreichste Akratotherme Europas (7500 l/min), Thermalbäder. Ausgangspunkt d. Pizolbahn.
Bad Rappenau (D-6927), St. in Ba-Wü., 14 851 E; Heilbad, Wasserschloß.
Bad Reichenhall (D-8230), Gr. Krst. u. Staatsbad in Oberbay., an d. Saalach, 476 müM, 16 365 E; 16 Solequellen (bis 24,5% Salzgehalt); Predigtstuhlbergbahn.
Bad Reinerz, *Duszniki Zdrój*, poln. St. sw. v. Glatz, Schlesien, 508 müM, 6000 E.
Bad Rippoldsau-Schapbach (D-7624), höchstgelegenes Mineral- u. Moorbad im Schwarzwald, Ba-Wü., Ldkr. Freudenstadt, 400–900 müM, 2402 E.
Bad Rothenfelde (D-4502), Solbad i. Teutoburger Wald, Nds., 5848 E.
Bad Sachsa (D-3423), St. u. heilklimat. Kurort am S-Rand des Harzes, Nds., 360–600 müM, 8002 E; Wintersport.
Bad Säckingen (D-7880), Heilbad am Hochrhein, Ba-Wü., 291–500 müM, 14 880 E; Stiftskirche, Schloß Schönau (Scheffels *Trompeter von S.*), längste überdachte Holzbrücke Europas.
Bad Salzbrunn, *Szczawno Zdrój*, poln. Kurort nördl. Waldenburg in Nieder-

schlesien, 7100 E; Mineralquellen; Geburtsort v. G. *Hauptmann.*
Bad Salzdetfurth (D-3202), St., Sol- u. Moorbad b. Hildesheim, Nds., 156 müM, 13 602 E; elektrotechn. Ind., Kaliwerke.
Bad Salzschlirf (D-6427), Gem. zw. Rhön u. Vogelsberg, Hess., 250–500 müM, 2643 E; Moor- u. Solbad (gg. Rheuma, Herz/Kreislauf, Frauenleiden u. Schuppenflechte).
Bad Salzuflen (D-4902), St. im Rgbz. Detmold, 50 875 E; Thermalsolbad (Herz, Luftwege, Rheuma, Nerven).
Bad Salzungen (D-6200), St. an der Werra, Thür., 21 689 E; Solbad; Kaliwerk.
Bad Schandau (D-8320), Luft- u. Kneippkurort i. d. Sächs. Schweiz, an der Elbe, 125 müM, 4200 E; Elbhafen; nahebei die Schrammsteine.
Bad Schussenried (D-7953), St. in Ba-Wü., a. d. *Schussen* (50 km l., in den Bodensee), 7297 E; Moorbad; Kloster mit berühmtem barockem Bibliothekssaal. Barockkirche v. D. *Zimmermann* (Steinhausen). – Fund eines eiszeitl. Rentierjägerlagers (Schussenquelle 1866, → Magdalénien). Jungsteinzeitliche Dörfer im nahen → Federseemoor.
Bad Schwalbach (D-6208), Krst. d. Rheingau-Taunus-Kr., Hess., 10 026 E; AG; Staatsbad (Herz, Frauenleiden, Rheuma).
Bad Schwartau (D-2407), Iodsol- u. Moorheilbad nahe Lübeck, Schl-Ho., 19 960 E.
Bad Segeberg (D-2360), Krst. in Schl-Ho., am *Segeberger Kalkberg* (91 m) u. *S.er See* (1,8 km²), 14 540 E; AG; Sol- u. Moorbad; Naturschutzgebiet am Ihlsee m. Freilichtbühne (Karl-May-Spiele).
Bad Soden am Taunus (D-6232), St. im Rgbz. Darmstadt, Hess., 135–340 müM, 18 346 E; Heilbad f. Katarrhe.
Bad Soden-Salmünster (D-6483), St. im Rgbz. Darmstadt, Hess., 157–450 müM, 11 254 E; Herz- u. Rheumaheilbad (Thermal-, Sole-, Stahl- u. Sprudelbäder).
Bad Sooden-Allendorf (D-3437), St. im Rgbz. Kassel, Hess., 8652 E; Sole-Hallen-Bewegungszentrum m. Wellenbad (Rheuma, Asthma, Katarrhe).
Bad Steben (D-8675), bayr. Staatsbad Frankenwald, 582 müM, 3615 E; Stahl-, Moor- u. Radiumbäder.
Bad Tölz (D-8170), St. an der Isar, Oberbayern, heilklimat. Kurort, 670 müM, 13 973 E; Iod- u. Moorbad.
Bad Urach (D-7432), St. in d. Schwäb. Alb, Ba-Wü., Luftkurort u. Heilbad, 463 müM, 11 549 E; AG; Fachwerkstadt mit Residenzschloß; nahebei Ruine *Hohenurach;* Kurzentr. m. Thermal-Mineralbad.
Bad Vilbel (D-6368), St. i. Wetteraukr., Hess., 24 567 E; Heilbad (Herz, Kreislauf, Rheuma), AG.
Bad Waldsee (D-7967), St. b. Ravensburg, Ba-Wü., 600 müM, 15 857 E; AG; Moorheilbad u. Kneippkurort.

Bad Warmbrunn, *Cieplice Śląskie Zdrój,* poln. Schwefelbad i. Niederschlesien, am Fuß d. Riesengebirges, 346 müM, 15 600 E.
Bad Wiessee (D-8182), Iod- u. Schwefelheilbad, am Tegernsee, Bay., 735 müM, 4266 E; Winter- u. Sommersport; Spielkasino.
Bad Wildungen (D-3590), St. im Rgbz. Kassel, Hess., 280 müM, 15 988 E; AG; Heilbad (gg. Nieren- u. Blasenleiden, Herz- u. Kreislaufstörungen, Stoffwechselerkrankungen); Spielcasino.
Bad Wimpfen (D-7107), St. in Ba-Wü., am Neckar, 5984 E; Solbad; Fachwerkbauten, ehem. Hohenstaufenpfalz (13. Jh.); Benediktinerabtei.
Bad Wörishofen (D-8939), St. im bayr. Rgbz. Schwaben, 12 312 E; Naturheilanstalten (gegr. v. → *Kneipp*).
Bad Zwischenahn (D-2903), Gem. im Rgbz. Weser-Ems, Nds., Moorheilbad am *Z.er Meer*, 23 348 E; Fleisch-, Textilindustrie, Kurbetrieb, Fremdenverkehr.
Baedeker, Karl, Verlag, in Leipzig, gegr. 1827; Reisehandbücher (s. 1949 i. BR).
Baffin [*ˈbæfin*], William (1584–1622), engl. Entdecker des arktischen Amerika; nach ihm **B.bai,** Teil des nördl. Eismeeres, westl. von Grönland, mit der zu Kanada gehörigen Insel **B.land,** 688 808 km², etwa 4000 Eskimos.
BAföG, *Bundesausbildungsförderungsgesetz,* staatliche finanzielle Schüler- u. Studentenförderung.
Bagatelle, *w.* [l.], geringfügige Sache.

Bagdad

Bagdad, *Baghdad,* Hptst. v. Irak, am Tigris, 3,84 Mill. E (m. Vororten); Verw.-, Wirtsch.- u. Kulturzentrum; intern. Flughafen; im MA Kalifenhptst. (Harun ar Raschid). – **B.bahn,** unter Führung der Dt. Bank (Konzession 1899) gebaut, 2500 km, fertiggestellt 1940; Verbindung zw. Istanbul u. Pers. Golf. – **B.pakt,** 1955 geschlossener Verteidigungspakt zw. Türkei, Irak (b. 1959), Großbrit., Pakistan, Iran, s. 1957 USA; → CENTO.
Bagger, *B.-Maschine,* hebt m. Schaufeln od. Eimern an laufender Kette Erdreich aus, z. B. *Löffelbagger* zum Abbau von Braunkohle usw., *Naßbagger* zum Vertiefen d. Fahrrinne (bei seichten Küsten, Häfen u. Flüssen); *Schaufelradbagger* (Abb. → Bergbau, Übers.).
Bagni [it. *ˈbaɲi*] (Mz. von *Bagno,* „Bad"), Bäder in Italien. – **B. di Lucca,**

it. Badeort, 11 000 E; eisenhaltige warme Quellen (30–54 °C).

Bahaismus, *Baha'i-Rel.,* nach Bahāu allāh (Glanz Gottes), dem Beinamen des Begründers *Mirza Hussam Ali Nura* (1817–92), pantheistische Bewegung; erstrebt rel.-soz. Weltbürgertum, ca. 2 Mill. Anhänger.

Bahamas, amtl. *Commonwealth of the B.,* Inselgruppe im Atlantik nördl. der Großen Antillen, ca. 700 flache Koralleninseln, davon 13 bewohnt (die größte Andros), 13 878 km², 244 000 E (87% Farbige); Bev.-Zuw. 2%; Hptst. *Nassau* (auf New Providence); Flagge S. 340, Karte S. 746; Schwämme, Sisalhanf, Südfrüchte, Rum, Fremdenverkehr; Außenhandel (1987): Einfuhr 3,23 Mrd., Ausfuhr 2,54 Mrd. $; 1492 durch Kolumbus entdeckt; ab 1648 brit. Siedlung; 1964 innere Autonomie; 1973 Unabhängigkeit; parlamentar. Monarchie m. 2 Kammern u. Gouverneur, Staatsoberhaupt engl. Kgn; Mitgl. d. UN u. d. Commonwealth; AKP-Staat.

Bahia [*ba'ia*], Staat Brasiliens, 566 979 km², 11,5 Mill. E; Zuckerrohr, Kaffee, Kakao, Tabak; Hptst. *São Salvador da B.* (1,5 Mill. E, Agglom. 2,4 Mill. E); bedeutender Ausfuhrhafen am Atlantischen Ozean.

Bahía Blanca, Hafenst. in d. argentin. Prov. Buenos Aires, 223 800 E; Ausfuhr landwirtsch. Produkte.

Bahiaholz, brasilian. Rotholz.

Bahnelemente, bei e. Himmelskörper 6 Daten, die Größe, Gestalt u. Lage seiner Bahn im Raum völlig bestimmen.

Bahnhofsmission, Organisation z. Betreuung hilfsbedürftiger Reisender; kath. B. 1895, ev. B. 1898.

Bahnpolizei, Bahnbeamte, die polizeil. Befugnisse zur Aufrechterhaltung von Ordnung und Sicherheit d. Bahnverkehrs haben *(Bahnschutz).*

Bahr, 1) Egon (* 18. 3. 1922), SPD-Pol.; 1969 Staatssekr. im B.kanzleramt (Ostpol.), 1972–74 B.min. f. bes. Aufgaben, 1974–76 B.min. f. wirtsch. Zus.arbeit, 1976–81 SPD-B.geschäftsführer; **2)** Georg (15. 3. 1666–16. 3. 1738), sächs. Barockbaumeister; *Frauenkirche* in Dresden; **3)** Hermann (19. 7. 1863–15. 1. 1934), östr. Schriftst.; Lustspiele: *D. Konzert;* Roman: *D. Rotte Korahs.*

Bahr [arab. *baxr*], Meer, Fluß. – **B. el Abiad,** Weißer → Nil. – **B. el Akaba,** Meerbusen i. nordöstl. Roten Meer. – **B. el Asrak,** Blauer → Nil. – **B. el Ghasal,** Gazellenfluß, linker Nbfl. des Nils im Sudan.

Bahrain, amtl. *Mashyaka al Bahrein,* Inselgruppe am Pers. Golf, Emirat; s. 1971 unabhängig (davor unter brit. Schutz); 678 km²; 481 000 E (709 je

km²); Bev.-Zuw. 2,8%; Sprache: Engl., Arab.; Währung: Bahrain-Dinar (BD); Hptst.: *Manama* (122 000 E); Flagge S. 340, Karte S. 748. Erdöl (1985): 15,3 Mill. Barrel; Außenhandel (1988): Einfuhr 2,68 Mrd., Ausfuhr 2,22 Mrd. $; Mitgl. d. UN, Arab. Liga u. OPEC.

Bai [ndl.], Meerbusen, Bucht.

Baia Mare, rumän. St. in N-Siebenbürgen, 127 000 E; Gold-, Silber-, Kupferbergbau.

Baiersbronn (D-7292), Luftkurort i. Schwarzwald, Ba-Wü., 14 628 E; Fremdenverkehr.

Baikal-See, sibir. Binnensee, 31 500 km², mit 1620 m tiefster See d. Erde, i. e. Grabenbruch liegend; 455 müM; 4 Monate zugefroren; Fischfang; NW-Umrandung: **B.gebirge.**

Baikonur, sowj. Raumfahrtzentrum im Gebiet Karaganda, Kasakstan.

Bainville [*bɛ̃'vil*], Jacques (9. 2. 1879–9. 2. 1936), frz. royalist. Historiker; *Gesch. zweier Völker.*

Bairam, zwei islam. Feste: *kleiner B.,* Ende der Fastenzeit → Ramadan; *großer B.,* Opferfest.

Baiser, *s.* [*bɛ'zeː* „Kuß"], süßes Schaumgebäck aus Eiweißschnee.

Baisse, *w.* [frz. *'bɛs*], Sinken der Preise u. Kurse, bes. an d. Börse; auch Abschwungphase d. Konjunktur; Ggs.: → Hausse.

Bajä, antiker Badeort bei Neapel; Ausgrabungen.

Bajadere, ind. Tempeltänzerin.

Bajazet I., *Bajezit, Bajasid* (1360–1403), türk. Sultan, 4. Emir d. Osmanen, eroberte Bulgarien, Mazedonien, Thessalien; von Timur 1402 geschlagen.

Bajazzo [it.], Possenreißer; Oper v. Leoncavallo.

Bajer, Fredrik (21. 4. 1837–22. 1. 1922), dän. Pol.; Gründer d. intern. Friedensbüros in Bern; Nobelpr. 1918.

Bajonett [v. „Bayonne" (St. in S-Frkr.)], auf Gewehre aufpflanzbare Stichwaffe.

Bajonettverschluß, rasch lösbare Verbindung zweier Geräteteile: Zapfen des einen wird bis zum Widerstand in e. Nut des anderen eingedreht u. eingeschoben; z. B. bei Teleobjektiven.

Bajuwaren, Völkergruppe d. Markomannen, urspr. in Böhmen, seit d. 6. Jh. im heutigen Bayern.

Bake, *w.,* **1)** *seem.* festes Seezeichen (rundstrahlendes Funkfeuer) am Ufer od. im Flachwasser zur Kennzeichnung v. Schiffahrtswegen, auch Rettungsbaken; **2)** Meßpfahl zur Vermessung.

Bakelit, *s.,* nach d. Erfinder L. H. *Baekeland* (1915) benanntes Kunstharz; → *Duroplaste.*

Baker [*'beɪkə*], James A. (* 28. 4. 1930), am. Pol. (Republikaner); 1981–85 Stabschef d. Weißen Hauses, 1985–88 Finanzmin., s. 1989 Außenmin.

Baker-Eddy [*'beɪkə-*], Mary, → Christian Science.

Baker-Nunn-Kamera [engl. *-'nʌn-*], um drei Achsen bewegl. Kamera mit Spezial-

optik u. Zeitangabe d. Aufnahmen (z. Beobachten v. Raumflugkörpern).

Bakkalaureus [l. *-'laurɛuz*], engl. *bachelor* [*'bætʃələ*], frz. *bachelier* [*baʃə'lje*], im MA niederster akad. Grad; heute noch in England, Frkr., USA.

Bakonywald [*'bɔkɔnj-*], ungar. Mittelgebirge nördl. vom Plattensee; Eichenwälder, Weinbau.

Bakschisch, *m.* [pers.], „Gabe", Trinkgeld, Bestechungsgeld.

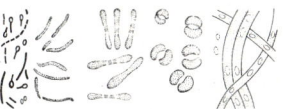

Starrkrampfbazillus, Tuberkelbazillus, Diphtheriebazillus, Tripperkokkus, Milzbrandbazillus (von links nach rechts)

Bakterien [gr.], Spaltpilze, einzellige, mikroskop. kleine Lebewesen, überall in Luft, Erde, Wasser; einige rufen übertragb. Infektionskrankh. hervor; nach Form unterschieden: **a)** Kugel-B. = *Kokken,* **b)** Stäbchen-B. = *Bazillen,* **c)** Spiral-B. = *Spirillen, Vibrionen* u. *Spirochäten;* ferner die *Faden-B.;* Vermehrung durch Teilung, Dauerform Endosporen; viele auch nützl. z. Abbau toter Stoffe u. Aufbau assimilierb. Verbindungen; in Mensch *(Darm-, Scheiden-B.),* Tier, Pflanze u. Boden Harmonie der Bakterienflora z. Gesundheit erforderlich. – **B.träger,** gesunde Menschen, die krankheitserregende B. im Körper (Darm, Rachen) beherbergen und ausscheiden *(B.dauerausscheider).*

Bakterienwelke, durch Bakterien hervorgerufene Tomatenkrankheit, in deren Verlauf d. Blätter, von unten her beginnend, welken u. später absterben.

Bakteriologie, Wiss. von den Bakterien.

bakteriologische Waffen → toxische Waffen.

Bakteriophagen [gr.], → Viren, d. Bakterien zerstören.

bakteriostatisch [gr.], Wachstum u. Vermehrung von Bakterien hemmend (z. B. → Antibiotika).

bakterizid, bakterientötend.

Baktrien, altpers. Landschaft am oberen Oxus; 545 v. Chr. pers. Prov., um 642 u. Chr. arab.; seit 7. Jh. islam., 1223 mongol., s. 1841 afghanisch.

Baku, Hptst. der Sowjetrepublik → *Aserbaidschan* u. d. Apscheron-Halbinsel, 1,8 Mill. E; Mittelpkt. d. sowj. Erdölförderung; Rohrleitung bis Batum; größter Hafen am Kasp. Meer.

Bakunin, Michael Alexandrowitsch (30. 5. 1814–1. 7. 76), russ. Revolutionär u. → Anarchist; Mitbegr. d. I. Internationale, 1872 ausgeschlossen.

BAL, Abk. f. *British Anti-Lewisit,* Dimerkaprol, urspr. Gegenmittel für den Kampfstoff Lewisit im 1. Weltkrieg; heute → Antidot bei Arsen-, Quecksilber- u. anderen Schwermetallvergiftungen.

Balakirew, Milij Alexejewitsch (2. 1. 1837–29. 5. 1910), russ. Komp.; Sinfonien, Konzerte, Klavierfantasie.

Balalaika, russ. Laute mit dreieckigem Schallkasten.

Balance, *w.* [frz. -'lãs], Gleichgewicht.

Balanchine ['bælɔntʃin], George (9. 1. 1904–30. 4. 83), am. Choreograph u. Tanzpädagoge russ. Herkunft.

Balancier [-lã'sje], Ausgleichshebel (z. B. bei Lokomotiven).

balancieren, im Gleichgewicht halten.

Balata, *w.*, Guttapercha-Ersatz aus Milchsaft tropischer Gewächse.

Balaton, svw. → Plattensee.

Balbianiring, Auflockerung an best. Chromosomenorten der → Riesenchromosomen; Stellen bes. Stoffwechselvorgänge.

Balboa, Vasco (1475–1517), span. Eroberer; entdeckte d. Pazifik a. d. S-Küste Panamás, nannte ihn „Südsee".

Balboa, 1) Hafenst. am Panamakanal, ben. nach V. → Balboa; Hptort d. → Panamakanalzone; 2) → Währungen, S. 1087.

Balch [bɔːltʃ], Emily Greene (8. 1. 1867–9. 1. 1961), am. Sozialwiss.in; Friedensnobelpr. 1946.

Balchaschsee, flacher Steppensee in Kasachstan (UdSSR), 18 428 km², ca. 605 km l., ohne Abfluß.

Baldachin, *m.* [it.], Traghimmel, Schirmdach (Altar, Thron, Bett).

Balder, *Baldur,* german. Lichtgott; von → Hödr getötet.

Baldower [hebr.], in der *Gaunersprache:* Auskundschafter v. Diebstahls-, Einbruchsmöglichkeiten; (aus)**baldowern**, auskundschaften.

Baldrian, *Katzenkraut,* auf feuchten Wiesen; Wurzelstock f. Tee u. Öl (beruhigend f. Herz u. Nerven).

Balduin, 1) B. I. (1058–1118), Kreuzfahrer, s. 1100 Kg v. Jerusalem; 2) B. I. (1171–1205), Gf von Flandern, begr. 1204 Lat. Kaisertum in Byzanz.

Baldung, Hans, gen. *Grien* (1484 od. 85–1545), Maler, Kupferstecher u. Entwerfer f. Holzschnitte an d. Wende zur Renaiss.; bes. in Straßburg; *Hochaltar* (Münster in Freiburg); Bildnisse.

Baldur → Balder.

Baldwin ['bɔːldwɪn], 1) James (2. 8. 1924–30. 11. 87), am. Schriftst.; Romane u. Essays zum Negerproblem in d. USA; *Schwarz und Weiß; Eine andere Welt; Giovannis Zimmer;* 2) Stanley (3. 8. 1867–14. 12. 1947), engl. konserv. Pol., Premier 1923/24, 1928/29 u. 1935–37.

Balearen, span. Provinz und Inselgruppe im Mittelmeer u. d. O-Küste Spaniens, 5014 km², 755 000 E; Hptinsel *Mallorca,* Insel *Menorca* m. Flottenstützpunkt Mahon, d. *Pityusen* m. Hptinseln *Ibiza* u. *Formentera;* Ausfuhr: Wein, Oliven, Südfrüchte; Fremdenverkehr; Teil-Autonomie.

Balfour ['bælfʋə], Arthur (25. 7. 1848–19. 3. 1930), 1902–05 engl. Prem.min. –

Balkanhalbinsel
0   100   200   300 km

B.-Deklaration, versprach 1917 Einrichtung „einer nat. Heimstätte für das jüd. Volk in Palästina".

Balg, *m.,* Fell vom Haarraubwild (außer Bär u. Dachs), Hasen, Kaninchen u. Murmeltier sowie d. samt Federn abgezogene Haut d. Vögel.

Balggeschwulst → Atherom.

Bali, Kl. Sunda-Insel, östl. Indonesien, 5501 km², 2,1 Mill. E; Hptst. *Denpasar,* Prov. *B.* mit *Penida* u. and. Kl. Inseln (5561 km², 2,8 Mill. E); alte brahman. Kultur; letzter Rest d. altindones. Hinduismus.

Balingen (D-7460), Gr.Krst. in Ba-Wü., 30 615 E; AG; Waagenfabrikation, Metall-, Trikot- u. Möbelind.

Balk, Hermann († 1239), erster Landmeister des Dt. Ordens, 1230 im Kulmer Land, gründete Thorn, Kulm, Marienwerder, Elbing.

Balkan, von W nach O streichendes Faltengebirge in Bulgarien, Fortsetzung der Karpaten, gipfelt i. *Botev* (2376 m), 600 km l., 20–60 km breit; zahlreiche Pässe (*Schipka-Paß* 1333 m); Klimascheide. –

B.halbinsel, v. d. unteren Donau u. Save begrenzt: Jugoslawien, Albanien, Bulgarien, Griechenland u. eur. Türkei (siehe Karte). a) *Gebirge:* Welebit, Dinarische Alpen, Pindus, Rhodope, Balkan; b) *Hptfl.:* Donau mit Save samt Drina, Drin, Morawa, Wardar, Maritza; c) *Geschichte:* staatspol. Gestaltung auf d. Römerzeit zurückgehend: Vereinigung d. Illyrer u. Thraker in der Prov. *Illyricum.*

Im MA Kämpfe zw. Byzanz, Venedig, Bulgaren u. Serben, bis 1389 die Türken eindrangen. Seit 1768 Vordringen Rußlands; 1821–29 Freiheitskampf der Griechen gg. die Türkei; im Frieden von S. Stefano 1878 Errichtung des russ. Vasallenstaates Bulgarien, das 1908 wie Montenegro selbständiges Kgr. wird; Österreich annektiert Bosnien u. Herzegowina. 1912 besiegte d. christl. *B.staaten* (*B.bund*) die Türkei im ersten **B.krieg;** der zweite (1913) geht um die Beute: Bulgarien vernichtend geschlagen. Nach d. 1. Weltkrieg entsteht Jugoslawien; weitgehende Grenzveränderungen auf dem B. Im 2. Weltkrieg, mit Ausnahme der Türkei, von Dtld besetzt; nach 1945 werden Rumänien, Bulgarien, Albanien (Volksdemokratien) Satellitenstaaten der UdSSR, während das kommunist. Jugoslawien unter Tito seine pol. Unabhängigkeit behauptet; Albanien schloß sich bis 1978 Rotchina an. – **B.pakt,** 1953 Freundschafts- u. s. 1954 militärischer Pakt zw. Griechenland, Jugoslawien u. Türkei (für 20 Jahre); heute praktisch bedeutungslos.

Balkon, offener, stützenloser Vorbau an Gebäuden. Dagegen → Altan.

Ball, Hugo (22. 2. 1886–14. 9. 1927), dt. Dichter; experimentierte als erster m. phonet. Lautgedichten; eröffnete 1916 in Zürich das *Cabaret Voltaire* (Ausgangspunkt des → Dadaismus).

Ballade [it. „ballata"], 1) lyr.-ep. Gedicht erzählend. Inhalts; 2) *mus.* im 14. u. 15.

Jh. in Frkr. weltl. Gesangstück mit instrumentaler Begleitung; im 19. Jh. B. mit Klavierbegleitung (Loewe); Orchesterballade (H. Wolf: *Feuerreiter*).

Ballast, [auch last], tote Last (Sand, Steine u. a.) bei Schiffen u. bei gasgefüllten Luftfahrzeugen.

Ballei [l.], Bezirk (Provinz) des Dt. u. Johanniterordens.

Ballempfang, Prinzip: Rundfunksender empf. Progr. e. anderen Senders u. strahlt es, verstärkt, auf anderer Frequenz wieder ab; beim Fernsehen → Fernsehumsetzer.

Ballen, 1) Warenstück in Sackleinwand, Bast usw. verpackt; 2) Zählmaß: *Papier* = 10 Neuries zu 100 Heften zu je 10 Bogen; *Leder* = 20 Rollen = 220 Juchten; *Tuch* = 10 oder 12 Stück; 3) Baumwollgewicht, USA: 216,8 kg (netto), 226,8 kg (brutto); Indien: 181,437 kg; 4) Teil d. Fußsohle unter d. Zehen.

Ballenstedt (D-4303), St. am Ostharz, S-A., 9400 E; Luftkurort u. Ind.st.; Schloß (1765–1863 Residenz d. Herzöge v. Anhalt-Bernburg).

Ballerina [it.], Tänzerin; *Prima-B.,* die erste Tänzerin.

Ballett

Ballett, s. [it.], Bühnentanz; Theatertanzgr., bes. in Opern; Erneuerung im *Russ. B.* (Begr. Diaghilew 1909). – *B.-Pantomime* → Pantomime.

Ballhaus, Halle für Ballspiele, im 15.–16. Jh., bes. in Frkr; im B. v. Versailles Tagung der Nat.vers. 1789.

Ballhausplatz, Sitz d. östr. B.kanzleramts in Wien.

Ballistik, w. [gr. „ballein = werfen"], Lehre v. d. Bewegung geworfener od. geschossener Körper.

ballistische Kurve

ballistische Kurve, von der Parabelform infolge Luftwiderstandes abweichende Flugbahn (z. B. v. Geschossen).

Ballistokardiographie [gr.], Aufzeichnung der durch Herzaktion und Blutströmung bedingten Körpererschütterungen zur Diagnostik.

Ballon, m. [frz.], 1) Luftfahrzeug nach dem Prinzip „leichter als Luft"; entweder

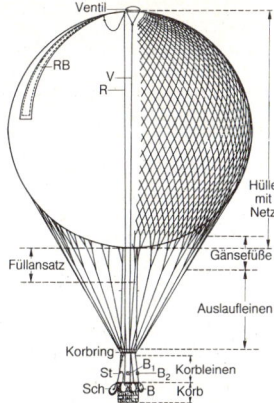

Ventil
RB
V
R
Hülle mit Netz
Gänsefüße
Füllansatz
Auslaufleinen
Korbring
St
B₁
B₂
Korbleinen
Sch
B
Korb

V = Ventilleine · B₂ = Barometer
R = Reißgurt · St = Statoskop
RB = Reißbahn · Sch = Schlepptau
B = Ballastsäcke · A = Füllansatz-Leinen
B₁ = Barograph

m. Gasfüllung (Wasserstoff) od. *Heißluft-B.* (Luft durch Brenneranlage i. d. Ballonhülle erwärmt); f. meteorolog. Zwecke unbemannt, als Sportgerät bemannt; 2) kugelförmiges Gefäß für Flüssigkeiten.

Ballotage, w. [frz. *-aʒə*], geheimes Abstimmungsverfahren durch Abgabe weißer (= Zustimmung) u. schwarzer (= Ablehnung) Kugeln (**ballotieren**).

Balmung, in der dt. Sage Siegfrieds Schwert.

Balneologie [gr.], Bäder(heil)kunde.

Bal paré, m. [frz.], Tanzabend in festl. Kleidung.

Balsa, s. [span. „Floß"], 1) Boot d. Indianer an d. südam. Westküste, aus Binsenbündeln od. Holz; 2) leichtes, gelbliches Holz (für Flugzeugmodelle u. ä.). – *B.holz,* leichtestes Nutzholz; Raumgewicht (trocken): 0,12–0,25 (Kork 0,20–0,35); zu Schwimmern, Modellflugzeugen, Isolierungen verarbeitet.

Balsam, m. [arab.], Mischung aus Harzen u. äther. Ölen; f. Parfüm u. als Heilmittel (*Peru-B.*).

Balsaminengewächse, in Deutschland → *Springkraut;* zahlr. Arten i. warmen Erdteilen, z. T. b. uns Zierpflanzen.

Balser, Ewald (15. 10. 1898–17. 4. 1978), dt. Bühnen- u. Filmschausp.; *Sauerbruch.*

Balten, *Balthen,* urspr. westgot. Königsgeschlecht 395–531; zus.fass. Bez. f. d. Bewohner d. → Baltikums; bes. f. d. **B.deutschen,** die als Adel u. Bürgertum d. Kultur d. Baltikums s. d. 13. Jh. bestimmten, n. d. 1. Weltkr. i. Estland u. Lettland enteignet, 1939 ca. 142 000 B., 1939 u. 1941 umgesiedelt (→ Volksdeutsche).

Balthasar, einer d. Hl. → Drei Könige.

Baltikum, ehem. russ. Ostseeprovinzen, aus denen 1918 → Litauen, → Lettland u. → Estland entstanden; 1940 von sowj. Truppen besetzt, Eingliederung als Bun-

desrep.en in die UdSSR, 1941, 1945 u. 1949 Massendeportation (über 500 000); ca. 250 000 Balten i. Exil, dav. 20 000 i. d. BR; seit Aug./Sept. 1991 Unabhängigkeit der drei balt. Staaten weltweit anerkannt.

Baltimore, David (* 7. 3. 1938), am. Mikrobiologe; Entdeckung des Tumorvirus; Nobelpr. für Medizin 1975.

Baltimore [ˈbɔːltɪmɔː], größte Stadt u. Hafen des US-Staates Maryland, 752 800 (mit Vororten 2,3 Mill.) E; Johns-Hopkins-Uni., Konservenindustrie, Kornmarkt.

Baltisches Meer, Bez. für → Ostsee.

Baltrum (D-2985), *Nordseebad B.,* kleinste der Ostfriesischen Inseln, Rgbz. Weser-Ems, Nds., 6,5 km², 487 E.

Baluba, → *Bantu*stamm im Gebiet des Kongo.

Balustrade, Brüstungsgeländer mit gedrehten, kleinen Säulen *(Balustern).*

Balz, Paarungsspiel d. Vögel u. einiger Fische.

Honoré de Balzac

Balzac [-ˈzak], Honoré de (20. 5. 1799–18. 8. 1850), frz. Schriftst.; Schilderer der nachnapoleon. frz. Gesellschaft; *Menschliche Komödie* (Romanzyklus); *Tolldreiste Geschichten.*

Balzan-Preise, verliehen v. d. *Fondation Internationale Balzan,* s. 1962 Stiftung aus Mitteln u. z. Erinnerung des it. Publizisten *Eugenio Balzan* (1874–1953); jährlich 3, höchstens 5 Preise für Verdienste um Frieden u. Humanität, Literatur, Philosophie, Kunst u. Wiss.; dotiert wie Nobelpreis oder höher.

Bamako, Hptst. v. Mali, 646 000 E; Handelszentrum.

Bamberg (D-8600), krfreie Stadt an der Regnitz, Rgbz. Oberfranken, Bay., 69 809 E; Dom von Heinrich II. 1004 begonnen, mit seinem Grabmal (v. → Riemenschneider) und Bildwerken des 13. Jh. (*Bamberger Reiter;* → Abb. S. 76); „Alte Hofhaltung" (histor. Museum), Neue Residenz, barocke Altstadt; s. 1007 Bistum, s. 1817 Erzbistum, Ges.-HS, AG, OLG, LG; B.er Symphoniker; Binnenhafen am Rhein-Main-Donau-Kanal (Europakanal); Bekleid.-, Lederwaren-, elektrotechn. Ind., Brauereien, Gärtnereien.

Bambino, m. [it. „kl. Kind"], in d. it. Kunst meist d. Jesuskind.

Bambus, baumförmiges, hohes Gras warmer Länder (ind. Dschungel bildend); verwendet zu Häuserbau, Geräten, Flechtwerk, Papier (China); junge Triebe als Gemüse. – **B.bär** → Kleinbären.

Bamm, Peter, eigtl. *Curt Emmrich* (20. 10. 1897–30. 3. 1975), dt. Schriftst. u. Chirurg; Feuilletons; *D. unsichtbare Flagge; Alexander od. D. Verwandlung d. Welt; Eines Menschen Zeit.*

banal [frz.], gewöhnlich, flach.

Banane, *Pisang,* hohe, breitblättrige Staude der altweltl. Tropen, jetzt auch in Mittelamerika u. auf d. Antillen; Früchte wichtiges Nahrungsmittel; Blattfasern v. Arten mit ungenießbaren Früchten liefern den *Manilahanf.*

Banat, urspr. Bez. für südungar. Grenzmark unter einem *Banus* (Kroatien, Slowenien, Dalmatien), später nur gebraucht für das *Temeser B.,* die fruchtbare Kulturlandschaft zw. unterer Theiß, Donau und Südkarpaten, 1920 aufgeteilt zw. Rumänien u. Jugoslawien; Hptst. *Timişoara* (Temesvár), kam zu Rumänien. – Seit 1722 (unter Karl VI.) mit dt. Kolonisten **(Banater Schwaben)** besiedelt; vor d. 2. Weltkrieg ca. 350 000 Dte im B., → Volksdeutsche. – Im O des B. das **Banater Gebirge,** 1447 m, waldreich, mit Erz- u. Kohlenlagern, → Rumänien.

Banause, *m.* [gr.], amusischer, ungehobelter, engstirniger Mensch.

Band [engl. *bænd*], Gruppe v. Musikern (bes. i. d. Jazz- u. Rockmusik).

Banda-inseln, kleine Inselgruppe im S der Molukken, 42 km², 15 000 E; Muskatnußbaumplantagen, Kokosnüsse, Sago u. Fischerei; 1599–1946 ndl., s. 1946 z. Rep. Indonesien. – **B.see,** Teil d. Pazifiks zw. Molukken, Celebes u. Timor; 742 000 km², im Kaigraben 7440 m tief (Webertiefe).

Band-Abstimmung → Abstimmung.

Bandage, *w.* [frz. -ʒə], Binde z. Schutz u. Festlegung gefährdeter Körperteile, Boxen u. Fechten.

Bandaranaike, Sirimavo (* 17. 4. 1916), ceylones. Pol.in; 1960–64 u. 1970–77 Min.präs. v. Sri Lanka.

Bandbreite, 1) i. d. Fernmeldetechnik

der v. einer best. Schaltanordnung übertragene bzw. durchgelassene Frequenzbereich; **2)** Bereich, i. d. sich d. Wechselkurse um d. festgelegte → Parität frei bewegen dürfen; werden durch → Interventionspunkte begrenzt.

Bandenspektrum, Emissions- → Spektrum mehratomiger Moleküle.

Bänder, 1) feste, bindegewebige Faserzüge um Gelenke u. an Muskeln, auch als Befestigung v. Eingeweiden; **2)** techn. Einrichtungen für stetige Förderung, auch bei Fließarbeit *(Transferstraßen).*

Banderilla, *w.* [span. -'rɪʎa], bewimpelter Pfeil mit Widerhaken; v. **Banderillero** beim Stierkampf geworfen.

Banderole, *w.* [span.], papierener Siegelstreifen f. gewisse steuerpfl. Gegenstände; *B.nsteuer* (z. B. → Tabaksteuer).

Bändertone, geolog. Ablagerungen aus Gletscherabflüssen; Wechsel von hellen Sommer- u. dunklen Winterschichten (Bändern); 2 Schichten = 1 Warve; daraus Datierung des Rückzugs der Gletscher.

Bandfilter, meist aus 2 gekoppelten → Schwingkreisen bestehendes → Netzwerk, durch d. hohe Trennschärfe erreichbar ist, Anwendung in Rundfunk- u. Fernsehtechnik.

Bandgenerator → Hochspannungsgenerator.

Bandkeramik, Tonware d. Jungsteinzeit, m. Band- u. Linienverzierung, Verbreitung v. Südrußland bis Westeuropa (ab 4500 v. Chr.).

Bandola, kl. span. lautenartiges Zupfinstrument, m. biegsamem Hornplättchen zu spielen.

Bandoneon, *s., Bandonion,* Musikinstrument, e. Art Ziehharmonika; ben. nach dem Erfinder H. Band.

Bandscheiben-schaden, *B.vorfall* u. andere krankh. Veränderungen d. knorpeligen Zwischenwirbelscheiben durch degenerative Be- bzw. Überlastungen, m. neuralgischen Schmerzen in Kopf, Armen, Beinen, Ischias usw.

Bandung, St. a. Java, 1,6 Mill. E; TH, Mittelpkt d. javan. Teebaus. 1955 erste Konferenz d. afroasiat. Staaten gg. Kolonialismus *(B.-Konferenz).*

Bandurria, *w.,* span. gitarreähnl. Saiteninstrument.

Bandwürmer, im Darm von Tieren und Menschen schmarotzende Plattwürmer; Kopf mit Saugnapf u. bisweilen Haken; bis zu mehreren tausend Gliedern (bis 15 m lang); Bandwurmeier in der Nahrung von Tieren lassen *Finnen, Blasenwürmer* entstehen, die, mit rohem (Schweine-, Rind-)Fleisch, auch Fischen verzehrt, sich im Darm zum Bandwurm entwickeln. *Hunde-Bandwurm* führt zur Finnenbildung (Echinokokkusblase) im Menschen.

Bandy, *s.* [engl. *'bændi*], mit einem Ball gespieltes → Eishockey auf größeren Eisflächen; in Skandinavien u. UdSSR noch gebräuchlich.

Bang, Herman (20. 4. 1857–29. 1. 1912),

Bamberger Reiter

dän. Schriftst.; *Hoffnungslose Geschlechter; Am Wege.*

Bangalore, *Bangalur,* Hptst. d. ind. Staates *Karnataka,* 2,9 Mill. E; naturwiss. Akad., Flugzeugfabrik.

Martin Bangemann

Bangemann, Martin (* 5. 11. 1934), FDP-Pol.; 1984–88 B.wirtschaftsmin.; 1985–88 Parteivors. d. FDP, seit 1988 EG-Kommissar in Brüssel.

Bangkok, *Sommerpalast*

Bangkok, thai *Krung Thep,* Hptst. v. Thailand, 5,7 Mill. E; am Menam, nahe der Mündung; Königspaläste, Tempel; Uni.; wichtigster Hafen d. Landes, bes. für Reis- u. Teakholzausfuhr.

Bangladesch, amtlich *Ghana Praja Tantri Bangla Desh,* Volksrep. im Tiefland des Brahmaputra- u. Gangesdelta, 143 998 km², 104,5 Mill. E (726 je km²); Bev.-Zuw. 2,8%; Bev.: überwiegend islam. Bengalen, daneb. Biharis, ca. 80% Analphabeten; Sprache: Bengali; Währung: Taka (Tk); Hptst.: *Dhaka (Dacca);* Flagge S. 340, Karte S. 748. **a)** *Wirtsch.:* Agrarland, Hptanbauprodukte Jute, Reis, Tee. **b)** *Außenhandel* (1988): Einfuhr 2,73 Mrd., Ausfuhr 1,35 Mrd. $. **c)** *Verf.* v. 1972: Präsidiale Volksrep., 1977 zugunsten e. Islamisierung d. Gesellschaft revidiert, starker Mil.einfluß. **d)** *Verw.:* 4 Regionen m. 21 Distrikten. **e)** *Gesch.:* Bis 1947 Teil von Britisch-Indien, 1947 als Prov. Ostpakistan Teil der unabh. Rep. Pakistan, 1971 Ausrufung der unabhängigen Volksrep. *Bangladesch* führt z. Bürgerkrieg, ca. 5 Mill. Flücht-

Banken

Kreditinstitute, die das Geldkredit- und Zahlungsverkehrsgeschäft betreiben. **a) Leistungen:** 1) *Aktivgeschäfte,* b. denen sie Geld ausleihen (Kontokorrentkredit, Diskont-, Akzept-, Lombard-, Hypothekenkredit) od. Risiken übernehmen (Avalkredit); **2)** *Passivgeschäfte,* b. denen sie Geld aufnehmen (Einlage od. Depositengeschäft, Kreditaufnahme–Rediskontierung, Aufnahme von Akzept- und Nostroverpflichtungen, Emission von Noten [Notenbanken], Schuldverschreibungen, Pfandbriefen); **3)** *Dienstleistungsgeschäfte* (Kommisionsgeschäfte im Effekten- u. Devisenverkehr, Inkasso-, Depot-, und Verwaltungsgeschäfte). **b) Entwicklung:** Im MA zuerst in Italien (Genua, Florenz), daher viele Fachausdrücke it. Herkunft: in Dtld s. d. 16. Jh. (Fugger), 1. Großbank → B. v. England; in Dtld Großbanken erst seit der zweiten Hälfte des 19. Jh., seit Anfang des 20. Jh. starke Konzentration durch Erwerbung kleinerer B. u. an deren Stelle Einrichtung v. Filialen (Depositenkassen), bes. durch „D-Banken" (Deutsche Bank, Disconto-Ges., Darmstädter u. Nationalbank, Dresdner Bank); Großbanken mit Filialen nach der Bankenkrise von 1931: Deutsche Bank u. Disconto-Ges.,

Dresdner Bank, Commerz- u. Privatbank; Großbanken ohne Filialen: Berliner Handelsgesellschaft, Reichskredit-Gesellschaft. Anstelle der Reichsbank entstanden nach 1945 in den Westzonen u. Berlin Landeszentralbanken m. → Bank deutscher Länder, BdL, die später in der → Deutschen Bundesbank aufgingen; in der sowj. Zone 1948–67 Deutsche Notenbank (die 1947 gebildeten Emissions- u. Girobanken seit 1950 dieser eingegliedert), 1967–90 Staatsbank der DDR. In der BRD heute wieder drei überregionale Filial-Großbanken: Deutsche Bank AG, Dresdner Bank AG, Commerzbank AG. **Arten der Banken:** 1) Nach ihrer Stellung im Bankensystem: α) Zentralbanken (Land, Bund); β) Nach dem Geschäftsbereich: α) Notenbanken; heute in der Regel zugleich Zentralbanken; β) Kreditbanken (Depositenbanken), in Dtld meist als Universalbanken ausgebildet; γ) Spezialbanken, die sich auf best. Geschäfte (z. B. Landwirtsch., Grundstücksmarkt, Gewerbe usw.) beschränken, private Hypothekenbanken.
Die Geschäftsführung d. Banken unterliegt d. Bankaufsicht, die s. 1962 vom Bundesaufsichtsamt f. das Kreditwesen wahrgenommen wird; → Sparkassen.

---

linge aus B. nach Indien, Krieg zw. Indien u. Pakistan, Rückkehr d. Flüchtlinge. 1974 gegenseitige Anerkennung m. Pakistan; 1975 Mil.putsch, Ermordung v. Präs. Mujibur → Rahman; 1982 unblutiger Mil.putsch; im Mai 1985 Sturmflutkatastrophe m. ca. 40 000 Toten; Ende 1990 Rücktritt v. Gen.leutnant Ershad (s. 1983 Staatspräs.). **f)** *Mitgl.:* UN, Commonwealth, Colombo-Plan.
Bangsche Krankheit, Fieberkrankheit, erworben durch Melken od. Milchgenuß von an Abortseuche erkrankten Kühen; v. Mensch zu Mensch nicht übertragbar.
Bangui, Hptst. d. Zentralafrikan. Republik, 597 000 E.
Banjarmasin [*bandʒ*-], indones. St. im S Borneos, nahe d. Java-See, 381 000 E.
Banjo, *s.* [-*dʒo*], am. Negergitarre m. langem Hals u. trommelartigem Resonanzkörper; versch. Abarten; 5–9 Saiten.
Banjul, früher *Bathurst,* Hptst. v. Gambia a. d. Gambia-Mündung, 45 000 E; Flughafen.
Bank, 1) Sand- oder Kiesablagerung durch Strömungen in Gewässern; 2) → Banken, Übers.; 3) *med.* z. B. →*Blut-, Arterien-, Knochenbank.*
Banka, *Bangka,* Insel östl. von Sumatra, Gebietsteil der Rep. Indonesien, 11 942 km², 400 000 E; Reisbau, Zinngruben; Hptort *Pangkalpinang.*
Bankakte, engl. Bankges., unter Robert Peel 1844 geschaffen; regelt *Banknotendeckung* (→ Currency-Theorie) u. Organisation d. → Bank von England.
Bankakzepte, von Banken akzeptierte Wechsel; werden, sofern von ersten Häusern, als → Privatdiskonten auf dem Geldmarkt gehandelt.
Bankausweis, periodisch zu veröffentlichende Übersicht der Notenbanken zur Beurteilung der Währungs- und Geldmarktlage.
Bank deutscher Länder, *BdL,* → Deutsche Bundesbank.

Bänkelsänger des 18. Jh.

Bänkelsänger, urspr. auf einer Bank stehender Sänger von Schauerballaden.
Banken → Bank.
Bankett, *s.,* 1) Festmahl; 2) Fußweg a. Rande e. Fahrbahn; 3) unterster Teil eines Fundaments; 4) Raum z. Aufstellen von Leiteinrichtungen u. Verkehrsschildern.
Bankfeiertage, engl. *bank holidays,* s. 1871 in Großbritannien Werktage, an denen die Banken geschlossen haben u. d. Geschäftsleben ruht.
Bank für Internationalen Zahlungsausgleich, *BIZ,* Aktienbank, 1930 in Basel gegr., diente d. Abrechnung d. → *Europäischen Zahlungsunion;* jetzt Verrechnungsstelle für → Europäisches Währungsabkommen.
Bankier [-*je*], Einzelkaufmann d. Bankgeschäft betreibt.
Banking-Theorie [engl. 'bæŋ-], im 19. Jh. in England ausgebildete Anschauung, die eine feste Begrenzung der Banknotenmenge mit Hilfe eines festen Deckungsverhältnisses verwirft; Umfang d. Banknotenausgabe hat nach d. Bedarf d. Verkehrs zu richten; Ggs.: → Currency-Theorie.
Bankivahuhn, Wildhuhn S-Asiens, Stammform des Haushuhns.
Banknoten, Papiergeld, in bes. Verfahren im Kupfer- oder Stahldruck auf Spe-

zialpapieren (m. Wasserzeichen, Rillungen, eingelegten farbigen Fasern usw.) gedruckt u. v. Notenbanken ausgegeben; f. beschädigt vorgelegte B. leistet i. BR DBB Ersatz. – **B.monopol,** *B.ausgaberecht, -privileg,* ist d. ausschließl. Recht d. → Notenbanken; in den meisten Ländern d. → Zentralnotenbank (Bank v. Engl., Frkr. usw.); in d. USA: → Federal Reserve System; in Dtld 1935–45 die → Reichsbank, früher auch Privatnotenbanken, s. 1948 i. d. W-Zonen → Bank deutscher Länder, s. 1957 → DBB.
Bankplatz, Ort mit Niederlassung e. → Landeszentralbanken.
Bankrate, der Zinssatz, zu dem die Notenbanken Wechsel diskontieren, → Diskontsatz.
Bankrott, *m.* [it. „banca rotta = zerbrochene Bank"], Zahlungsunfähigkeit und -einstellung eines Schuldners, → Konkurs.
Bank von England, *Bank of England,* gegr. 1694, in London; durch *Peelsche Bankakte* (1844) zwei Abteilungen: 1) *Bank-Abt. (Banking Department),* für Bankgeschäfte; 2) *Emissions-Abt. (Issue Department),* für Notenausgabe.
Bank von Frankreich, *Banque de France,* gegr. 1800, in Paris.
Bann, im MA Gebot od. Verbot, Geldbuße, insbes. Kirchenbann (Exkommunikation); Reichsacht (→ Acht) u. Kirchenbann folgten in der Regel einander. – **B.meile,** Umgebung e. Ortes i. Meilenentfernung; i. MA durfte innerhalb d. B. kein Fremder Handel treiben; heute Schutzbereich um Parlamentsgebäude (B.kreis). – **B.wald,** in Hochgebirgen geschonter Schutzwald gg. Lawinen, Steinschlag u. Erdrutsch. – **B.ware,** f. Kriegszwecke best., daher a. d. Transport beschlagnahmefähiges Gut *(Konterbande).*
Banner, *s.,* Fahne an einem Querholz.
Bannforst, im MA e. Wald- u. Jagdgebiet, das d. König zu seinem Sondereigentum erklärte (Königs-Wildbann).

Bantamgewicht, Gewichtsklasse, beim *Boxen* bis 54 kg, *Gewichtheben* bis 56 kg u. *Ringen* bis 57 kg.

Banting, Fredrick G. (14. 11. 1891–22. 2. 1941), kanadischer Arzt; entdeckte zus. m. → Macleod *Insulin;* Nobelpr. 1923.

Bantu [„Menschen"], Name für die im afrikan. Dreieck südl. des Sudans lebenden Negervölker (z. B. *Wanjamwesi, Herero, Zulus*), die die **Bantusprachen** sprechen; bilden die Wörter durch Vorsatzsilben aus den Stammwurzeln.

Banus → Banat.

Banz, ehem. Benediktinerabtei u. Schloß mit schöner Barockkirche (1710–13) von J. Dientzenhofer in Oberfranken am Main.

Baobab, *m.,* svw. → Affenbrotbaum.

Baotou, chin. St. am Huang He, 1,1 Mill. E; Handelszentrum, Atomreaktoren, Stahlwerke, Flughafen.

Baptisten [„Täufer"], Freikirche, entstanden in Engl. um 1650; in Dtld s. 1834 (Johann Gerhard Oncken) *Ev. Freikirchl. Gemeinde;* hpts. in Amerika; „Gläubigentaufe" (Jugendl. u. Erwachsene).

Baptisterium [gr.], Taufkapelle neben e. Kirche.

Baer, Karl E. v. (29. 2. 1792–28. 11. 1876), entdeckte d. Säugetierei; Begründer d. modernen Embryologie.

Bar, 1) *s.,* Maßeinheit des Drucks im absoluten Maßsystem, 1 bar = 10^5 N/m² = 10^5 Pa (→ Druck); **2)** *w.,* Ausschank für alkohol. Getränke.

Bär, 1) Raubtier aus d. Familie d. Bären: *Braunbär,* Europa (Pyrenäen, Alpen, Karpaten), Asien bis Kamtschatka, Nordamerika, zahlr. Unterarten, darunter d. kleine *Alpen-B.,* riesige *Kamtschatka-* u. *Kodiak-B.en,* der graue nordam. *Grisly; Baribal* od. *Schwarzbär,* N- und Mittelamerika; *Lippen-B., Kragen-B., Malaien-B.,* Südasien; *Brillen-B.,* Anden; *Eisbär,* nördl. Eismeer. – *Höhlen-B.,* ausgestorben, Zeitgenosse d. Eiszeitmenschen in Eur., sehr groß. Außerdem → Kleinbären; **2)** Schmetterling → *Bärenspinner;* **3)** *Großer* u. *Kleiner B.,* zwei → Sternbilder (Übers.) am nördl. Sternhimmel; **4)** *techn.* d. schwere Fallblock bei der Ramme.

Baracke, *w.* [span.], niedriger Holz- od. Wellblechbau.

Bárány, Robert (22. 4. 1876–8. 4. 1936), östr. Mediziner, Arbeiten über Ohrenheilkunde; Nobelpr. 1914.

Baranya [ˈbɔrɔɲɔ], südungar. Komitat zw. Drau und Donau, 4487 km², 434 000 E; Hptst. *Pécs* (Fünfkirchen); fruchtbar; Steinkohle, Bauxit; Südteil 1920 jugoslaw.

Baratterie [it.], *seem.* Betrug, Unterschleif, bes. d. Schiffer zum Nachteil d. Befrachter.

Barbados [baːˈbeɪdouz], östlichste Insel der Kl. Antillen, unabhängiger Staat, 430 km², 254 000 E (591 je km²); Bev.-Zuw. 0,3%; Bev.: 95% Farbige; Sprache: Engl., z. T. Frz.; Währung: Barbados Dollar

(BDS$); Rel.: Anglikaner; Hptst.: *Bridgetown;* Flagge S. 340, Karte S. 747. **a)** *Wirtsch.:* Hptausfuhr: Zucker u. Rum; Anstieg d. Tourismus. **b)** *Gesch.:* Seit 1627 brit., s. 1966 parlamentar. demokr. Monarchie (mit Senat u. Volkskammer). **c)** *Mitgl.:* Commonwealth, UN, OAS; AKP-Staat.

Barbar, *m.* [gr.], bei den alten Griechen urspr. svw. Nichtgrieche; ungebildeter, roher Mensch.

Barbara († 306), Märtyrerin, Schutzheilige d. Bergleute und der Artillerie (Tag: 4. 12.).

Barbarossa [it. „Rotbart"], Beiname Kaiser → Friedrichs I. – *B.höhle,* Gipshöhle im Kyffhäuser.

Barbecue [engl. ˈbaːbɪkjuː], **1)** Picknick, bei d. auf d. Rost Fleischstücke od. auch ganze Tiere gebraten werden; **2)** nach 1) bereitetes Fleisch, meist m. scharfer Soße.

Barben, Karpfenfische mit 4 Bartfäden; i. Dtld *Fluß-B.;* grätenreiches Fleisch, Rogen giftig.

Barber [ˈbaːbə], Samuel (9. 3. 1910–23. 1. 81), am. Komp.; Kammer- u. Orchestermusik.

Barberina Campanini (1721–99), Tänzerin zur Zeit Friedrichs d. Gr. an der Berliner Oper (Abb. → Tafel Tanz).

Barberini, Palazzo, Barock-Palast (1625–33) des Adelsgeschlechts B. in Rom; Gemäldegalerie.

Barbey d'Aurevilly [barbɛ dɔrviˈʒi], Jules (2. 11. 1808–23. 4. 89), frz. Novellist; *Die Teuflischen.*

Barbiturate, Abkömmlinge d. *Barbitursäure* (Malonylharnstoff), die als → Sedativum, → Schlafmittel u. Narkosemittel sowie z. Behandlung d. → Epilepsie verwendet werden.

Barbitursäure, chem. Produkt v. Harnstoff und Malonsäure; in Verbindung m. Ethylgruppen als Schlafmittel verwendet *(Barbiturate).*

Barbizon [-ˈzõ], frz. Dorf bei Fontainebleau im Dépt. Seine-et-Marne; *Schule von,* Gruppe frz. Maler um 1850: naturalist.-emotionale Landschaftsschilderungen *(paysage intime);* Vertr.: Rousseau, Millet, Daubigny u. a.

Barbusse [-ˈbys], Henri (17. 5. 1873–30. 8. 1935), frz. Schriftst.; begründete m. → Rolland d. Bund für völkerverbindende Gesinnung; pazifist. Roman: *Das Feuer.*

Barcelona [-θe-], größte span. Hafen-, Handels- u. Industriest., Hptst. d. Prov. B., (7728 km², 4,73 Mill. E) u. v. Katalonien; 1,7 Mill. E; Kathedrale, Uni. (1450 gegr.).

Barchent, *m.,* einseitig gerauhter baumwollener Stoff.

Barches, *m.,* Sabbatbrot der Juden.

Bardeen [baːˈdiːn], John (23. 5. 1908–30. 1. 91), am. Phys.; Arbeiten zur Theorie d. → Supraleitung u. Entwick-

lung des → Transistors; Nobelpr. 1956 u. 1972.

Barden, Sänger u. Dichter b. d. Kelten.

Bardepot, zinslose Hinterlegung eines Teils der im Ausland aufgenommenen Kredite b. d. Dt. B.bank (verteuert Kreditaufnahme im Ausland).

Bardiet, auf Klopstock zurückgehende Bez. seiner vaterländ.-pathetischen Gesänge in Odenform; gebildet in Anlehnung an d. lat. Bez. *barditus* v. Tacitus f. d. german. Schlachtgesang.

Bardot [-ˈdo], Brigitte (* 28. 9. 1934), frz. Filmschauspielerin; *Et Dieu créa la femme; Viva Maria!*

Bardowick (D-2123), Flecken in Nds., 4494 E; Dom (13. Jh.); Landw. – Im MA Handelszentrum Norddtlds, 1189 v. Heinrich d. Löwen zerstört.

Bareli, *Bareilly,* ind. St. östl. v. Delhi, 395 000 E.

Bärenfluß, Zufluß d. Großen Salzsees in Utah.

Bärenhüter, *Ochsentreiber,* → Bootes, nördl. → Sternhimmel E.

Bäreninsel, norweg., im N-Polarmeer südl. Spitzbergen, 178 km²; Kohlen- u. Phosphatlager; meteorolog. Station.

Bärenklau

Bärenklau, hochstaudige Doldenblütler, auf Wiesen.

Bärenlauch → Lauch.

Bärenschote → Tragant.

Bärensee, *Großer B.,* Binnensee in N-Kanada, 31 326 km², 446 m tief.

Barcelona, *La Sagrada Familia*

Bärenspinner, Schmetterlingsfamilie; mittelgr. bis groß; Raupen mit sehr dichten, langen Haaren.

Bärentraube, Heidekrautgewächs, preiselbeerartig.

Barents, Willem (1550–97), ndl. Seefahrer; erste Überwinterung in der Arktis; nach ihm benannt **B.insel,** südöstl. v. Spitzbergen, 1331 km², unbewohnt, u. **B.see,** Teil des Nordpolarmeers, 1,4 Mill. km².

Barett, *s.* [frz.], ma. Kopfbedeckung; Käppchen d. Geistl., Richter, s. 1970 b. d. B.wehr u. UN-Friedenstruppe (blau).

Barfüßer, Mitgl. v. einigen Orden, die wie Franz v. Assisi barfuß (oder in Sandalen) gehen.

Bargeld, in Umlauf befindl., auch kursfähiges (gültiges) Geld.

bargeldloser Zahlungsverkehr, Zahlungsausgleich durch Scheck oder Überweisung im Giroverkehr.

Bargello [-'dʒ-], Palast (13. Jh.) mit Nationalmuseum in Florenz.

Bari, Hafenst. der. it. Prov. *B.,* am Adriatischen Meer, 355 000 E; Erzbischofssitz, Uni.; Werft, Raffinerie.

Baribal, nordam. schwarzer Bär.

Bariton, *m.* [gr.], männl. Singstimme in d. Mittellage zw. Tenor u. Baß; Tonlagenbez. auch b. Blasinstrumenten.

Barium, Ba, chem. El., Oz. 56, At.-Gew. 137,34, Dichte 3,65, Erdalkalimetall, natürl. Vorkommen nur in Verbindungen, *B.carbonat,* Witherit (Rattengift) u. *B.sulfat, Baryt,* Schwerspat (Malerfarbe u. → Kontrastmittel beim Röntgen). – **B.verbindungen,** färben die Bunsenflamme fahlgrün; lösl., stark giftig; *Bariumchlorid,* Reagens auf Schwefelsäure u. Sulfate: *Bariumtetracyanoplatinat* fluoresziert beim Auftreffen v. Röntgenstrahlen grünlich (Röntgenschirme); *Bariumoxid:* Kathoden-Material f. Elektronenröhren, emittiert b. Glühtemperatur Elektronen.

Bark, *w.,* Segelschiff, meist Dreimaster (Abb. → Takelung); letzter Mast m. Gaffsegel, d. vorderen m. Rahsegeln.

Barkarole, *w.* [it.], Barkenlied (d. venezian. Schiffer).

Barkasse, meist durch Motor getriebenes gr. Boot; auf Kriegsschiffen das größte Beiboot.

Barkauf, sofortige Zahlung bei Lieferung der Ware.

Barke, Boot ohne Mast.

Barkhausen, Heinrich (2. 12. 1881–20. 2. 1956), dt. Phys.; bekannt durch Herstellung ultrakurzer elektromagnet. Schwingungen (→ Dezimeterwellen): **B.-Kurz-Methode.**

Barkla, Charles Glover (7. 6. 1877–23. 10. 1944), engl. Phys.; entdeckte die → Polarisation der → Röntgenstrahlen u. d. charakterist. Röntgenstrahlung der → Elemente; Nobelpr. 1917.

Bar Kochba, Simon, während 132–135 n. Chr. d. letzten jüd. Aufstand gg. d. Römer; als Messias gefeiert; hingerichtet.

Ernst Barlach
Selbstbildnis

Barlach, Ernst (2. 1. 1870–24. 10. 1938), dt. expressionist. Bildhauer, Graphiker und Dichter; Holz- u. Bronzebildwerke, Gefallenendenkmäler (Kiel, Magdeburg, Güstrow), rel. Plastik (Lübeck, Katharinenkirche); illustrierte Bücher: *Lied an die Freude; Der arme Vetter* (→ Tafeln Holzschnitt u. Bildhauerkunst).

Bärlapp

Bärlapp, *Lycopodium,* farnartiges Gewächs, am Boden kriechend, m. langen, dichtnadlig beblätterten Trieben, v. denen sich aufrechte Sporenähren erheben (z. B. *Schlangenmoos),* sehr feiner gelber Sporenstaub (Hexenmehl). ♦.

Bar-le-Duc [-lə'dyk], Hptst. d. frz. Dép. *Meuse,* am Rhein-Marne-Kanal, 18 000 E.

Bärme, *w.* [niederdt.], Bierhefe.

Barmen → Wuppertal.

Barmer Synode, wichtige Auseinandersetzung d. in Barmen tagenden → „Bekennenden Kirche" mit d. NS-Staat.

Barmherzige-Brüder, versch. männl. rel. Genossenschaften für Krankenpflege: *B. Br. d. Johann v. Gott* (1540); *v. Montabaur; v. Trier.* – **B. Schwestern,** kath. Kongregationen, bes. zur Krankenpflege: *Vinzentinerinnen, Borromäerinnen, Elisabethinerinnen, Graue Schwestern.*

Bar-Mizwa [aramäisch „Sohn d. Pflicht"], Feier d. rel. Mündigkeit des (13jährig.) Juden.

Barnard ['bɑːnəd], Christiaan N. (* 8. 11. 1922), südafrikanischer Chirurg; 1967 erste erfolgreiche Herztransplantation beim Menschen (Patient *Philip Blaiberg* überlebte die Operation um 594 Tage).

Barnards Stern, Doppelstern mit kleinstem bisher bekanntem Begleiter u. d. größten → Eigenbewegung.

Barnaul [-na'ul], sibir. Bez.st. im Altai, am *Ob,* 602 000 E; Masch.bau, Kohlenbergbau, Textilind.

Barnim, märk. Landschaft, im NO von Berlin.

Barnsley ['bɑːnzlɪ], engl. Fabrikst. in York, 74 000 E; Kohlengruben, Glas-, Masch.-, Papier- u. a. Ind.

Barocci [-tʃi], Federigo (um 1535–1612), it. Maler zw. Manierismus u. Barock; *Madonna del Popolo* (Florenz, Uffizien).

Barock: *Residenz in Würzburg*

Barock, *m.* od. *s.* [portugies. „barocco = unregelmäßig(e Perle)"], zunächst nur Spottname (m. d. Bedeutung „absonderlich"), Kunst- u. Kulturepoche d. 17. u. 18. Jh. (Zeitalter d. Absolutismus) i. Eur.: Erneuerung d. rel. Lebens (Gegenreformation), d. Staatsidee (Absolutismus) u. d. Wissenschaft (exakte Naturforschung, pantheist. Philosophie); in d. Kunst auf allen Gebieten Streben nach stark bewegter Teilverschmelzung sowie Einbeziehung d. einzelnen Werkes in seine Umgebung u. Ineinandergreifen d. versch. Künste zum Gesamtkunstwerk; „malerischer" Stil; Kunst dient d. Kirche (Sakralbauten bes. in Italien u. Dtld), dem Staat (bes. in Frkr.: Versailles) u. dem Naturerlebnis (Malerei). – **a)** *Baukunst* (Abb. → Tafel Baukunst): α) *Dtld:* Schlüter (Zeughaus, Berlin), Knobelsdorff (→ Sanssouci); Fischer v. Erlach (Karlskirche, Wien), Neumann (Vierzehnheiligen, Abb. → Würzburg), Dientzenhofer, Bähr (Sächs. Barock); β) *Italien:* Bernini (Peterskolonnaden, Rom), Vignola (Jesuitenkirche, Rom), Longhena (s. Maria della Salute, Venedig), Borromini (San Carlino, Rom); γ) *Frankreich:* L. Levau, Hardouin-Mansard (→ Versailles, Schloß), R. de Cotte; δ) *Spanien:* Herrera (→ Escorial), Churriguerra (Rathaus in Salamanca, seine Art wird für Mexiko vorbildlich, churriguerresker Stil); **b)** *Plastik:* α) *Dtld:* Günther, Schlüter, Permoser; β) *Italien:* Bernini; γ) *Frankreich:* P. Puget; **c)** *Malerei:* α) *Dtld:* Elsheimer; β) *Italien:* Caravaggio, Guercino, Guido Reni, → Tiepolo; γ) *Spanien:* El Greco, Ribera, → Velázquez, Murillo, Zurbarán; δ) *Niederlande:* Flämische

Schule: → Rubens, van Dyck, Jordaens, Teniers; *Holländ. Schule:* → Rembrandt, Hals, Brouwer, Vermeer van Delft, Ruisdael (Spezialisierung in Architektur-, Landschafts-, Porträtgruppen-, Genre-, Gruppen-, Stilleben-Maler, diese noch in sich gegliedert in Blumen-M., Früchte-M. usw.); ε) *Frankreich:* Claude Lorrain, Poussin. – **d)** *Musik:* α) *Dtld:* Bach, Händel, Telemann; β) *Italien:* Vivaldi, Scarlatti; γ) *Frankreich:* Couperin, Rameau; δ) *England:* Purcell.

Barograph [gr.], Barometer, das d. jeweiligen Luftdruck auf Papierband aufzeichnet: *Barogramm.*

Baroja y Nessi [-'rɔxa-], Pío (28. 12. 1872–30. 10. 1956), span. Romancier; *D. Baum d. Erkenntnis.*

Barometer, *s.* [gr. „Schweremesser"], Instrument z. Messen des Luftdrucks: *Quecksilber-B:* **a)** → *Torricellische* Röhre, oben geschlossen, quecksilbergefüllte Glasröhre, die in ein Quecksilberbecken taucht; Gewicht der Säule gleich dem äußeren Luftdruck auf dem Quecksilber in der Schale; die Säule steigt u. fällt mit dem Luftdruck; Normaldruck = 760 mm; **b)** *Heber-B.* für meteorolog. Beobachtung. → Aneroidbarometer.

Baron, Adelstitel (England, Japan, früher Baltikum), in Dtld Anrede f. → Freiherr.

Baronesse, Freiin.

Baronet [*'bærənıt*], engl. niederer Adelstitel.

Baronin, Freifrau.

Barquisimeto [-*ki*-], St. in NW-Venezuela, 523 000 E; Bischofssitz; Handels- u. Industriezentrum.

Barranquilla [-'*kiʎa*], Haupthafenst. Kolumbiens, a. d. Mündung des Magdalenenstroms, 921 000 E; Ind., intern. Flughafen.

Barras, Paul Jean, Gf (30. 6. 1755–29. 1. 1829), frz. Revolutionsführer; stürzte 1794 Robespierre, Mitglied d. Direktoriums, 1799 v. Napoleon gestürzt.

Barras, *m.,* i. d. Soldatenspr. f. Militär.

Barrault [-'ro], Jean-Louis (* 8. 9. 1910), frz. Schauspieler u. Regisseur; *Les enfants du paradis.*

Barre [*bar*], Raymond (* 12. 4. 1924), frz. Pol.; 1967–73 Vizepräs. d. EG-Kommission, 1976–81 Min.präs.

Barrel [*'bærəl*], → Maße und Gewichte, Übers., S. 1085.

Barren, 1) (gestempelte) Gold- od. Silberstangen; **2)** Turngerät; 2 in d. Höhe verstellbare, parallel laufende Holme auf 4 Stützen.

Barren Grounds [*'bærən ,graʊnds*], unwirtl., zumeist vereiste Landstriche in N-Kanada.

Barrès [-'*res*], Maurice (22. 9. 1862–4. 12. 1923), frz. Schriftst.; nach Dekadenzperiode Rückkehr zu Tradition u. Katholizismus; *Der Ich-Kult; D. Garten der Bérénice.*

Barrett-Browning [*'bærət'braʊnıŋ*], Elisabeth (6. 3. 1806–29.6. 61), engl. Dich-

terin; Gattin v. R. → Browning; *Portugies. Sonette* (übertragen v. *Rilke*).

Barrière, *w.* [frz. *-εrə* „Schranke"], Sperre.

Barrierereiff [*'bænə-*], *Großes B.,* Korallenriff vor der NO-Küste Australiens, ca. 1800 km lang.

Barrikade, *w.* [frz.], Sperrbau auf Straßen u. Brücken.

Barr-Körper, in → *Interphase*-Kernen von Gewebezellen der Frau häufig nachweisbares *Geschlechtschromatin;* kaum beim Mann; → Geschlechtsbestimmung 2).

Barrow [*'bærou*], **1)** *Kap B.,* nördlichster Pkt Alaskas; **2)** zweitgrößter Fluß Irlands, 191 km l. – **B.straße,** Sund im am.-arkt. Archipel, 500 km l.

Barsche, Fluß- u. Meerfische. In Dtld: *Fluß-B., Kaul-B., Hecht-B.* (*Zander*).

Barscheck, Scheck, d. bei Vorlage am Bankschalter bar ausgezahlt wird; Ggs.: → Verrechnungsscheck.

Barschel, Uwe (13. 5. 1944–11. 10. 87), CDU-Pol.; 1982–87 Min.präs. v. Schl-Ho.

Barsinghausen (D-3013), St. bei Hannover, Nds., 32 792 E; Textil-, Medizingeräteind.

Barsoi, der russische Windhund.

Barsortiment, Zwischenbuchhandel(sbetrieb) mit Lager d. gängigsten Verlagserzeugnisse, liefert an d. → Sortimentsbuchhandel.

Barteln, im Maulbereich vieler Fische angewachsene *Bartfäden* mit Sinnesorganen.

Barten, lange Hornplatten anstelle von Zähnen bei *B.walen* (→ Wale); dienen zum Fang kleiner und kleinster Meerestiere (Seihapparat).

Bartflechte, 1) Erkrankung d. behaarten Gesichtshaut durch Pilze od. Eitererreger; **2)** *Bartmoos,* → Flechten, als Fadenbüschel v. Zweigen hängend.

Bartgeier, *Lämmergeier,* größter eur. Raubvogel im Hochgebirge d. Mittelmeerländer u. Asiens.

Barth, 1) Emil (6. 7. 1900–14. 7. 58), dt. Lyriker: *Xantener Hymnen;* autobiograph. Romane; Essays; **2)** Heinrich (16. 2. 1821–25. 11. 65), dt. Afrikaforscher; 1849–55 Sudanexpedition; **3)** John S. (* 27. 5. 1930), am. Schriftst.; Parodierung traditioneller Erzählformen; Romane: *Der Tabakhändler;* **4)** Karl (10. 5. 1886–10. 12. 1968), schweiz. protestant. Theologe; begr. m. s. Hauptwerk *Der Römerbrief* die → dialektische Theologie.

Bartholdi, Frédéric-Auguste (2. 4. 1834–4. 10. 1904), frz. Bildhauer; u. a. *Freiheitsstatue,* New York; *Löwe,* Belfort.

Bartholomäus, einer der 12 christl. Apostel. – **B.nacht,** Nacht der Metzelung d. → Hugenotten in Paris in der Nacht zum 24. 8. 1572 bei der Hochzeit Heinrichs v. Navarra mit Margarete v. Valois (Pariser Bluthochzeit).

Bärtierchen, bis 1,2 mm lange Gliedertiere in Süßwasser, feuchter Erde, Moos;

bekrallte Beinstummel; überdauern Austrocknung, leben im Wasser wieder auf.

Bartning, Otto (12. 4. 1883–20. 2. 1959), dt. Architekt bes. i. Kirchenbau; 1947 neuer Bautyp mit in Serien angefertigten Konstruktionsteilen („Notkirchen"); *Sternkirche* (1922 Köln), *Auferstehungskirche* (1929 Essen), *Gustav-Adolf-Kirche* (1933 Berlin).

Béla Bartók

Bartók, Béla (25. 3. 1881–26. 9. 1945), ungar. Komp. u. Volksliedforscher; Opern, Kammermusik; Klavier- u. Orchesterwerke; Neue Musik.

Barton [*ba:tn*], Derek Harold Richard (* 8. 9. 1918), am. Chem.; (zus. m. → Hassel) Nobelpr. 1969 (Konformationsanalyse).

Baruch [hebr.], Gesegneter, Gefährte d. Propheten Jeremias; *Buch B.,* apokryphe bibl. Schrift.

Baryonen, Bez. f. → Elementarteilchen mit relativ großer Masse (→ Nukleonen, → Hyperonen) u. ihre → Antiteilchen. – **B.zahl,** eine allen → Elementarteilchen zugeordnete Größe (f. Baryonen + 1, f. Antibaryonen – 1, f. alle übrigen Teilchen 0); die Erhaltung der B. bei allen Wechselwirkungen zw. Elementarteilchen wird als Grund für die Stabilität d. Materie angesehen.

Baryt → Barium.

Baryzentrum [gr.], gemeins. Schwerpunkt eines Systems v. mehreren Körpern (z. B. bei Erde–Mond od. beim Planetensystem).

Barzahlung, Zahlung unmittelbar v. Hand zu Hand, bei Empfang d. Ware od. Leistung.

Barzel, Rainer (* 20. 6. 1924), CDU-Pol.; 1962/63 B.min. f. gesamtdt. Fragen, 1964–73 Fraktionsvors. d. CDU/CSU, 1971–73 CDU-Parteivors., 1982/83 B.min. f. innerdt. Beziehungen 1983/84 Präs. d. B.tages; *Es ist noch nicht zu spät; Auf dem Drahtseil.*

Basalkorn, *Blepharoplast,* Körperchen, in dem d. Achsenfaden der Geißel u. Wimpern d. Einzeller seinen Ursprung nimmt.

Basalt, weitverbreitetes Gestein d. → Vulkanite, baut d. Ozeanboden auf (→ Erdkruste); Landschaftsformen: Kuppen, Vulkanschilde u. riesige Decken; in Dtld: Vogelsberg; Bau- u. Straßenbaumaterial; → Magmatite, Übers.

Basaltemperatur, Aufwärmtemperatur, steigt 14 Tage v. d. → Menstruation um

ca. 1/2 °C an und fällt kurz v. d. Menstruation wieder ab; bei Schwangerschaft bleibt d. Temperatur erhöht.
Basar, m. [pers.], *Bazar,* 1) Warenmarkt, Geschäftsviertel (im Orient), Kaufhaus; 2) Wohltätigkeitsverkauf.
Baschkiren, turktatar. Stamm im Ural; sunnit. Mohammedaner (ca. 1,2 Mill.); z. T. Nomaden.
Baschkirien, autonome Sowjetrepublik, S-Ural, 143 600 km², 3,95 Mill. E, Baschkiren, Russen, uralfinn. Völker; O gebirgig, W Flachland m. Steppengebieten; Erdöl, Kohle u. Kupfer, Hüttenind., Ackerbau, Vieh- u. Bienenzucht; Hptst. *Ufa.*
Base, 1) svw. Kusine; 2) svw. → Basis.
Baseball, m. ['beisbɔ:l], am. Nationalspiel, ähnlich dem dt. Schlagball; 2 Mannschaften mit je 9 Spielern; der v. der Gegenpartei zugeworfene kl. Lederball wird möglichst weit mit einer Keule abgeschlagen, um während seiner Flugzeit einen zählenden Lauf um drei Male *(bases)* zu machen.
Basedowsche Krankheit, von dem Arzt Karl von *Basedow* (1799–1854) zuerst beschriebene Krankheit der Schilddrüse (Überfunktion) mit Kropf, Herzklopfen, „Glotzaugen", Grundumsatzsteigerung, Gewichtsabnahme und Übererregbarkeit.
Basel (CH-4000), Hptst. d. schweiz. Halbkantons *B.-Stadt* (37 km², 190 000 E), beiders. d. Rheins; Münster, Uni. (s. 1460); → Bank f. Intern. Zahlungsausgleich; Kunst- u. Musikst., Finanz- u. Handelsplatz; Sitz bed. chem.-pharmazeut. Unternehmen. – B. 374 n. Chr. bezeugt, im 7. Jh. Bischofssitz, 1501 zur Eidgenossenschaft, 1529 reformiert, Mittelpunkt des oberrhein. Humanismus. 1833 Trennung in zwei Halbkantone; *B.-Stadt* u. *-Land* (428 km², 229 000 E); Hptst.: Liestal.
Basen, chem. Verbindungen, die in wäßriger Lösung Hydroxid-Ionen bilden u. infolgedessen → alkalisch reagieren. – **B.paarung,** durch Wasserstoffbrücken bedingte *spezifische* Bindung der organ. Basen in → Nukleinsäuren bzw. *Adenin* u. *Thymin* (od. *Uracil*) bzw. zw. *Guanin* u. *Cytosin.*
Basensequenz → genetischer Kode.
BASF, Abk. f. → *B*adische *A*nilin- & *S*oda-*F*abrik.
Basic English [engl. 'beisik 'iŋliʃ], Kurzwort aus *British American Scientific International Commercial,* Versuch d. Vereinfachung d. Engl. (nur 850 Worte; vereinfachte Grammatik).
Basidie, *Hyphen*teil der *Ständer*pilze (Basidiomyzeten); je 4 B.n bilden d. Sporen.
basieren [gr.], auf etwas gründen.
Basile, Giovanni Battista (1575–23. 2. 1632), it. Dichter; literar. Märchensammlung *Pentamerone* (gr. Einfluß auf d. Gebrüder → Grimm u. C. → Brentano).
Basileus [gr. -'lyýs], König; auch Titel eines der 9 → Archonten in Athen.

Basilicata, it. Region zw. Apulien u. Kampanien, 9992 km², 623 000 E.
Basilienkraut, *Basilikum,* Würzkraut.

Basilika, *Trier*

Basilika [gr. „Königshalle"], 1) im Altertum öff. Gebäude für Rechtspflege u. Handel, durch Säulenreihen abgeteilt; dem frühchristl. Kirchenbau zugrunde gelegt: in d. antiken Säulenhalle sind d. Längsschiffe, im Richtersitz ist d. Altarnische vorgebildet; christl. Normalbasilika drei- u. mehrschiffiger Längsbau. m. überhöhtem Mittelschiff; 2) v. Papst verliehener Ehrentitel mancher Kirchen (z. B. Lateran-B., St. Peter in Rom, in Dtld u. a. Altötting u. Kevelaer, Mönchengladbach).
Basilisk, m., 1) trop.-am. (harmlose) Echse m. Kamm auf Kopf u. Rücken; 2) im Altertum Schlangenfabeltier mit tötendem **Basiliskenblick.**
Basilius, 1) B. I. (ca. 812–886), Begründer der mazedon. Dynastie; 2) B. II. (ca. 956–1023), unterwarf d. Bulgarenreich.
Basilius d. Große (330–79), Heiliger u. bed. Kirchenlehrer in Kappadokien.
Basis [gr.], 1) Grundlage, Ausgangspunkt; *arithmet.* Grundzahl v. Potenz od. Logarithmus; *geometr.* Grundfläche od. -linie eines Körpers od. e. Figur; *Kunst:* Säulenfuß; 2) Elektrode b. → Transistor.
Basken, eigene Bez. *Euscaldunac,* Volk beiderseits der westl. Pyrenäen; mit eigener Sprache, die keiner anderen Sprache der Welt verwandt zu sein scheint. Separatist. B.: → ETA.
Basketballspiel, am. Korbballspiel; Spielfeld 13–15 m breit u. 24–28 m lang, je 5 Feld- u. 5 Auswechselspieler; Hohlball 650 g schwer, Körbe in 3,05 m Höhe an Brett a. d. Schmalseite d. Feldes angebracht; nach Punkten (je 2 f. gelungenen Korbwurf) gespielt.
baskische Provinzen, in Spanien: Biscaya, Hptst. *Bilbao;* Guipúzcoa, *San Sebastián;* Alava, *Vitoria-Gasteiz;* 7261 km², 2,2 Mill. E; Viehzucht, Landwirtsch., Bergbau; Stahlind.; 1970 Teil-Autonomie, 1983 weitgehende Autonomie.
Baskül(e)verschluß [frz.], Drehschloß, treibt zwei Riegel in entgegengesetzte Richtungen, schließt Fenster u. Türen von der Mitte aus oben und unten.
Basler Frieden, 1795, zw. Frkr. u. Preußen: Pr. gibt Kampf gg. Frz. Revolution und linkes Rheinufer auf.

Basler Konzil, 1431–49, erstrebte Kirchenreformen.
Basotho-Qwaqwa, *Qwaqwa,* autonomes Bantu-Homeland in Südafrika, 655 km², 182 000 E; Hptort *Phuthaditjhaba.*
Basra, ehem. Hpthafen (seit 1967 in Umm Kasr) d. Rep. Irak am → Schatt el-Arab; 616 000 E (1985); Schiffahrt, Export v. Datteln, Baumwolle; Blütezeit unter d. Abbasiden; Hptst. d. irak. Provinz *B.* (19 070 km², 1,3 Mill. E; Erdöl).
Baß [it.], tiefste männl. Stimmlage; auch tiefster Teil e. Musikwerks u. d. Instrumente, die ihn ausführen: *Kontra-B.,* tiefstes Streichinstrument; *Baßtuba,* tiefe → Tuba (Abb. → Tafel Orchester); auch Bez. f. bes. (meist 4saitige) E-Gitarre: elektrisch verstärkte *Baßgitarre.*
Bassano, it. Malerfamilie d. Renaiss., bes. in Venedig; 1) Jacopo da Ponte, gen. *Il B.* (um 1515–92); s. Söhne u. a. 2) Francesco (1549–92) u. 3) Leandro (1557–1623), bes. Bildnisse.
Basselisse [frz. *bas'lis*], Webart (f. Gobelins) am Webstuhl m. waagerecht gelagerter Kette.
Bassermann, Albert (7. 9. 1867–15. 5. 1952), dt. Bühnenschauspieler.
Bassetthorn, Altklarinette in F.
Bassist, Baßsänger od. Baßspieler.
Basso continuo [it.], → Generalbaß. – **B. ostinato,** kurze Melodiefolge, oft absteigende Quart, als immer wiederkehrender Baß.
Bassow, Nikolai (* 14. 12. 1922), sowj. Phys.; Arbeiten z. Entwicklung d. Quantenelektronik, → Maser- u. → Lasertechnik; Nobelpr. 1964.
Baßschlüssel → F-Schlüssel.
Bassum (D-2830), St. südl. v. Bremen, Nds., 13 859 E.
Bast, 1) innere Rindenschicht v. Stämmen od. Stengeln; *B.fasern,* zum Binden, Flechten u. Spinnen; 2) Haut an weichsenden → Geweih, trocknet später aus u. wird abgerieben.
Bastard, 1) *biol.* svw. *Hybride,* ein → heterozygoter Nachkomme, der aus einer Kreuzung genetisch unterschiedl. Elternformen der gleichen od. versch. Arten hervorgegangen ist; 2) *Anthropologie:* → Mischling aus körperl. oder räuml. weit getrennten Rassentypen; 3) veraltet f.: natürl. Nachkomme aus nicht ebenbürt. Ehe; *Bankert;* heute abwertend f. unehel. Kind.
Bastarner, ostgerman. Stamm; seit 2. Jh. v. Chr. im westl. Balkan.
Bastei, w. [it.], 1) *Bastion,* Festungswerk, vorspringender Teil eines Befestigungsbaues; 2) Felsengruppe des Elbsandsteingebirges.
Bastia, Hafenst. im nördl. Korsika, 45 000 E.
Bastian, 1) Adolf (26. 6. 1826–2. 2. 1905), dt. Forschungsreisender; Begr. d. älteren Völkerkunde (Völker-, Elementargedanke); 2) Gert (* 26. 3. 1923), dt. Gen. u. Pol.; 1980 vorzeitig pensioniert; i. d. Friedensbewegung aktiv, 1983–87

MdB (f. d. Grünen, s. 1984 fraktionslos); *Frieden schaffen.*

Sturm auf die Bastille

Bastille, *w.* [frz. -'tij], svw. Schloß m. Wehrtürmen; Name der ehem. Burg zu Paris; als Staatsgefängnis unter Ludwig XVI. Symbol der Tyrannei; 14. 7. 1789 vom Volke gestürmt (frz. Nat.feiertag).

Bastion, *w.,* → Bastei.

Bastonnade, *w.* [frz.], Stockschläge auf Fußsohlen.

Bastseide, nicht entbastete Seide des *wilden* Seidenspinners; meist gelblich.

Basuto, Restvolk der Betschuanen (Bantuneger) im östl. Südafrika; Viehzüchter u. Ackerbauer.

Basutoland, svw. → Lesotho.

Baesweiler (D-5112), St. b. Aachen, NRW, 23 973 E; div. Ind.

Bataille, *w.* [frz. -'taj(ə)], Schlacht.

Bataillon, *s.* [-tal'jon], kleinster mil. Truppenverband, aus mehreren Kompanien bestehend.

Batak, *Batta, Battak,* altmalaiische Bevölkerung Nordsumatras.

Batate, *Ipomoea, Knollenwinde, Süßkartoffel,* in Tropen angebaut, da Wurzelknollen wie Kartoffeln genießbar; auch → Yamswurzel u. → Topinambur.

Bataver, german. Stämme i. 1. Jh. a. d. Rheinmündung; gingen in d. Franken auf; ihr Gebiet: **Batavia.**

Batavia, s. 1949 → Jakarta.

Bath [*baːθ*], St. u. Kurort in S-England am Avon, 80 000 E; warme Quellen.

Batholith, *m.,* großer, in der Tiefe erstarrter Gesteinskomplex (→ Pluton) v. stockartiger Ausprägung.

Báthory, altes ungarisches Adelsgeschlecht: Stephan IV. (1533–86), Fürst von Siebenbürgen 1571, Kg von Polen 1575.

Bathurst ['bæθəːst], **1)** jetzt → Banjul; **2)** austral. St. in Neu-Südwales, 25 600 E; Viehzuchtzentrum.

Bathy-scaph, *m.,* **B.sphäre,** *w.* [gr.], frei schwimmende Tiefsee-Tauchkugeln (Beebe; Barton; Piccard; Houot u. Willm); Tauchtiefe ca. 11 000 m.

Batik, indones. (malaiisches) Verfahren z. Mustern v. Stoffen; Zeichnung wird teilweise durch aufgegossenes (nach Beendigung entferntes) Wachs abgedeckt u. d. Stoff in Farbe gelegt, die nur die wachsfreien Teile annehmen.

Batist, *m.,* zartes Leinen-(Baumwoll-)Gewebe.

Baton Rouge ['bætən 'ruʒ], Hptst. des US-Staates Louisiana, am Mississippi, 242 000 E; Uni.

Batschka, ehem. ungar., 1920 jugoslaw. Gebiet zw. unterer Theiß u. Donau, sehr fruchtb. Teil d. Woiwodina; Städte: *Maria-Theresiopel, Neusatz.* – Bis 1945 überwiegend dt. besiedelt.

Battelle Memorial Institute [bə'tel mɪ'mɔːrɪəl 'ɪnstɪtjuːt], 1929 in USA f. ind. Zweckforschung gg. Erstattung d. Selbstkosten gegr.; 1953 B. M. I. in Frankfurt a. M.

Batterie [frz.], **1)** *mil.* Gefechtseinheit d. Artillerie; entspricht der → Kompanie anderer Waffengattungen; **2)** Zus.schaltung mehrerer galvan. Elemente (→ galvanischer Strom) oder → Akkumulatoren zur Erhöhung der Spannung; **3)** *mus.* Bez. f. d. Schlagzeug.

Batteux [-'tø], Charles (6. 5. 1713–14. 7. 80), frz. Literaturkritiker; Begr. der frz. Ästhetik.

Batthyány ['botjani], altes ungar. Adelsgeschlecht: B., Ludwig, Gf (1806–49, hingerichtet), 1848 Min.-Präs., f. Union zw. Östr. u. Ungarn.

Batumi, Hpt- u. Hafenst. von Adscharien (in Georgien), a. Schwarzen Meer, 136 000 E; Erdölleitung v. Baku; Exporthafen f. Erdöl u. Manganerz.

Batuti, negroides Zwergvolk (Männer 144, Frauen 137 cm) a. Ituri im afrikan. Urwald; überwiegend Jäger.

Batzen, im 15.–19. Jh. Silbermünze in Süddtld und Schweiz (= 4 Kreuzer).

Bau, unterird. Behausung versch. Säugetierarten (Fuchs, Dachs, Kaninchen).

Bauaufsichtsbehörde, s. 1945 Bez. f. *Baupolizei;* Verw.instanz für Baugenehmigungen, Überwachung des Bauens, Bausicherheit.

Bauch, die gg. den Brustraum durch das Zwerchfell abgeschlossene große Körperhöhle, durch die **B.decken** d. Haut u. Muskeln nach außen abgedeckt, allseitig m. dem feinen und empfindlichen **B.fell** (b. Geschwürsdurchbruch: *B.fellentzündung*) ausgekleidet. – **B.deckenreflex,** Zus.ziehen d. B.decke bei schneller Reizung d. B.haut; → Reflex. → **B.höhlenschwangerschaft,** Entwicklung d. Leibesfrucht außerhalb der Gebärmutter in Eierstock, Eileiter od. Bauchhöhle. – **B.mark,** Strickleiternervensystem; unter d. Darm verlaufendes Nervensystem b. → Ringelwürmern u. → Gliederfüßern.

Bauchpilze, Pilzordnung, bei der Sporenbildung im Innern v. bauchigen Fruchtkörpern vollzieht (z. B. Bofiste).

Bauchredner, Kunst, ohne Mundbewegung Töne zu erzeugen, die scheinbar aus dem Bauch kommen.

Bauchspeicheldrüse, *Pankreas,* hinter dem Magen, sondert → Fermente enthaltende Verdauungssäfte *(Bauchspeichel)* in den Zwölffingerdarm und aus den Inselzellen (→ Inselorgan) das für den Zuckerstoffwechsel unentbehrliche → Insulin u. d. entgegengesetzt wirken-

de → Glukagon ins Blut ab: → innere Sekretion.

Bauchwassersucht, *Aszites,* Wasseransammlung im Bauch, bes. bei Leber- und Herzkrankheiten.

Baucis, i. d. griech. Sage Gattin d. → Philemon; sprichwörtl. gute Ehefrau.

Baude, *w.,* bewirtschaftete Berghütte, bes. im Riesengebirge.

Charles Baudelaire

Baudelaire [bo'dlɛr], Charles (9. 4. 1821–31. 8. 67), frz. Lyriker u. Kritiker; Mitbegr. des Symbolismus; Gedichte: *Blumen des Bösen* (übertragen v. St. George); *Künstliche Paradiese.*

Baudissin, 1) Wolf Gf v. (30. 1. 1789–4. 4. 1878), dt. Shakespeare-Übersetzer mit Schlegel und Tieck; **2)** Wolf Stefan Traugott Gf v. (* 8. 5. 1907), Gen.leutnant a. D. d. B.wehr, hat Konzept d. „Inneren Führung" maßgeblich mitentwickelt.

Baudouin I. [bo'dwɛ̃] (* 7. 9. 1930), s. 1951 als *B. I.* König der Belgier; s. 1960 m. d. span. Gräfin *Fabiola* de Mora y Aragón verheiratet.

Bauer, 1) Gustav (6. 1. 1870–16. 9. 1944), dt. sozialdemokr. Pol.; 1919/20 Reichskanzler; **2)** Josef Martin (11. 3. 1901–16. 3. 70), dt. Erzähler; Romane: *So weit die Füße tragen; D. Kranich mit dem Stein;* Hörspiele; **3)** Wilhelm Sebastian Valentin (23. 3. 1822–18. 6. 75), dt. Ingenieur; Erfinder d. 1. Unterseebootes („Brandtaucher", 1851 im Kieler Hafen gesunken, 1877 gehoben); konstruierte auch Schiffshebevorrichtungen; **4)** Wolfgang (* 18. 3. 1941), östr. Bühnenautor; *Magic Afternoon; Silvester od. D. Massaker im Hotel Sacher; Gespenster.*

Bauern, Landwirte, die Eigen- oder Pachtland kleinen od. mittleren Umfanges selbst. unter persönl. Mitarbeit bewirtschaften. – **B.befreiung,** Aufhebung d. Leibeigenschaft u. Erbuntertänigkeit d. B., Regulierung d. Eigentumsverhältnisse, Ablösung d. Lasten u. Beschränkungen im Zuge d. → Agrarreform des 19. Jh. (Stein-Hardenbergsche Reformen v. 1807 u. 1810 in Preußen, v. Montgelas in Bayern, Reitzenstein u. Nebenius in Baden); Entschädigung d. Grund- u. Gutsherren durch feste Renten in Geld od. Naturalien od. durch Landabgabe, letztere vor allem in Ostdtld; B.befreiung hier führte zu Massierung des Großgrundbesitzes u. Auflösung von B.stellen. – **B.gericht,** bes. Gericht z. Entscheidung in bäuerl. u. landw. Angelegenheiten, zuständig insbes. auch f. Genehmigung v. Pacht- u. Kaufverträgen über land- u. forstwirtschaftl. Grundbesitz. – **B.haus,** allg. Unterscheidung n. Wandbau: Naturstein (Mittelmeer u. Westeur.), Blockbau aus liegenden Stämmen (Nordosteur., Karpaten bis dt. Alpen), Fachwerk (übriges Dtld), Lehmbau, heute Ziegelbau vorherrschend; nach Grundriß u. Beheizung Hpttypen: altes osteur. *Rauchstubenhaus* (einräumig m. Rauchofen), *niedersächs.* Hallenhaus (großer Einraum m. Mitteldiele, Wohnraum, seitl. Ställen, Erntebergung im Dachraum); dt. *Zweifeuerhäuser* (Herd in Küche, Kachelofen in Stube); darunter sehr mannigfache *oberdt.* Hausformen (Schwarzwälder, Schweizer, bayr. Einheitshaus, oberöstr. Vierkanter u. a.); *mitteldt. (fränk.)* Haus (Wohnung u. Stall unter e. Dach) m. Scheune u. Nebengebäuden zu regelmäßigem „Gehöft" geordnet. – **B.krieg,** Aufstand der mittel- u. süddt. Bauern (1524/25); schon 1476, 1492, 1502 Aufstände, am Rhein „Bundschuh", in Württemberg „Der arme Konrad" (1514), rel. u. pol. Forderungen in den *12 Artikeln;* Anführer: *Götz von Berlichingen, Florian Geyer, Georg Metzler, Thomas Münzer.* – **B.legen,** Einziehung eines Bauerngutes durch Gutsherrschaft; seit 17. Jh. oft verboten. – **B.regeln,** Wetterregeln d. B. aufgrund generationenlanger Beobachtung (→ Schafkälte); oft nur lokale Bedeutung. – **B.spiele,** 2 versch. Arten: **1)** *Volksschauspiel,* dörfl. Laienspiel; **2)** *Bauerntheater,* d. i. Bühnenspiel v. Berufsschauspielern vorwiegend dörfl. Herkunft, aber f. städt. Publikum (Exl-Bühne in Innsbruck, Thoma-Bühne in Tegernsee, d. Schlierseer, Konrad Dreher). – **B.verband** → landwirtschaftliche Organisationen.

Bauersfeld, Walter (23. 1. 1879–28. 10. 1959), dt. Phys.; Konstrukteur d. ersten → Planetariums; 1946 Neugründung d. → Zeisswerke in Oberkochen.

Baugenehmigung, v. Bauaufsichtsbehörde einzuholen.

Bauhaus, 1919 (von W. → Gropius) gegr. staatl., seit 1926 private „Hochschule für Bau und Gestaltung", bis 1925 in Weimar, bis 1932 in Dessau, dann (unter Leitung von → Mies van der Rohe) in Berlin; 1933 aufgelöst; Rückführung d. Kunst u. Kunsthandwerk auf einfachste Grundelemente; Lehrer: Itten, Moholy-Nagy, Kandinsky, Klee, Schlemmer u. a.; *B.stil* erstrebte d. Schönheit des Zweckmäßigen u. Beschränkung auf Wesensform in äußerster Ornamentlosigkeit („Wohnkiste", flaches Dach, B.-Tapeten, Stahlmöbel, abstrakte Malerei).

Bauherr, derjenige, in dessen (wirtsch. u. rechtl.) Verantwortung ein Bauvorhaben unternommen wird.

Bauhütte, Werkgemeinschaft d. Maurer u. Steinmetzen am Bauplatz d. Kirchenbauten des hohen u. späten MA

(z. B. Dom-B.), auch z. Ausbildung und z. Bewahrung geheimzuhaltender handwerklicher u. technischer Eigenleistungen. 1731 i. Dtld aufgelöst.

Baukunst, auch *Architektur,* gestaltet Bauwerke in best., sinnvoll gegliederten Formen; ihre Arten, v. Veranlagung, Kultur u. Klima, Bauzweck u. -stoff bedingt, heißen *Baustile* (→ Kunstgeschichte, → Tafel Baukunst).

Baum, 1) Gerhart (* 28. 10. 1932), FDP-Pol.; 1978–82 B.innenmin.; **2)** Vicki (24. 1. 1888–29. 8. 1960), östr. Schriftst.in; Romane: *Menschen i. Hotel; Es war alles anders; Hotel Shanghai.*

Baum, 1) holzige Pflanze m. einer starken Hauptachse; *Tag des Baumes* 25. April; **2)** *seem.* Rundholz, kurz für Ladebaum.

Baumbach, Rudolf (28. 9. 1840–21. 9. 1905), dt. Lyriker; Vertr. der sog. „Butzenscheibenlyrik".

Baumé-Grad, Skalierung auf → Aräometern zur Messung der → Dichte von Flüssigkeiten.

Baumeister, Willi (22. 1. 1889–31. 8. 1955), dt. abstrakter Maler; geometr. od. biol. „Urformen", kontrapunkt. Bildbau, dekorative Materialreize.

Bäumer, Gertrud (12. 9. 1873–25. 3. 1954), dt. Schriftst.in; führend in d. Frauenbewegung; Monographien zur Gesch. d. MA; sozialpol. Schriften.

Baumfarne, trop. Farne m. holzigem, baumartigem Stamm.

Baumgarten, Alexander Gottlieb (17. 7. 1714–26. 5. 62), dt. Phil., begr. d. Lehre v. Schönen; *Aesthetica.*

Baumläufer, spechtart., kletternder Sperlingsvogel, braun-weiß.

Baumsarg, Sarg aus längsgespaltenem u. ausgehöhltem Baum; vorgeschichtlich in Grabhügeln vorwiegend der Bronzezeit N-Europas.

Baumwoll-Pflückmaschine, s. 1948, „Picker" zupft d. Faser samt anhängendem Samenkorn aus den Kapseln, „Stripper" erntet ganze Kapseln; neuerdings nach vorausgehender Entlaubung d. Pflanzen durch Verstäuben v. Kalkstickstoff. – **B.spinnerei,** die 20–50 mm langen Samenhaare d. Baumwolle werden gereinigt, durch Kämmen u. „Krempeln" oder „Kratzen" zu Faserbändern m. parallel liegenden Fasern verarbeitet u. durch Drehen u. Strecken zu dünnen Fäden versponnen.

Baumwolle, Samenhaare einer Gattung krautiger bis strauchartiger Malvengewächse; Samen liefern Öl *(Cottonseed Oil),* die Rückstände Futtermittel; als Textilrohstoff wichtiges Welthandelsgut; Weltproduktion (entkernt) 1982: 14,7 Mill. t; Einfuhr v. Roh-B. in d. BR 213 000 t.

Baunatal (D-3507), St. in Hess., 23 642 E; Autoind.

Baunscheidtismus, nach *K.* Baunscheidt (1809–74) ausgeübtes Heilverfahren: örtliche Hautreizung durch Nadelinstru-

ment u. anschließendes Einreiben mit hautreizendem Öl.

Bauplan, *biol.* Anordnungsart von Organen, aus denen sich d. Körper v. Lebewesen aufbaut.

Baur, Erwin (16. 4. 1875–2. 12. 1933), dt. Botaniker u. Erbforscher; *Grundriß d. menschl. Rassenhygiene u. Erblichkeitslehre* (mit Fischer u. Lenz); Züchtung d. Süßlupine (m. Correns).

Bausch, Pina (* 27. 7. 1940), dt. Tänzerin u. Choreographin; Vertreter des *Modern Dance;* entwickelte zus. m. ihrem Ensemble (Tanztheater Wuppertal) eigenständige Darstellungsform zw. modernem Ballettanz u. Sprechtheater: *Kontaktho.*

Bauschule, höhere techn. Lehranstalt f. die Ausbildung v. ausgelernten Bauhandwerkern zu Bauingenieuren.

Bausparkassen, Zwecksparkassen z. Finanzierung v. Eigenheimen; gewähren Bausparer zusätzl. zu dem v. Raten angesparten Eigenkapital Hypothekendarlehen. Bausparverträge sind steuerl. begünstigt; Entwicklung d. B. in England u. USA schon i. 18./19. Jh.; in Dtld seit d. zwanziger Jahren v. größerer Bedeutung; B. unterliegen d. Ges. über B. v. 16. 11. 1972, d. Kreditwesenges., private B. außerdem d. Versicherungs-Aufsichts-Ges. (1931); öffentl.-rechtl. sind d. Sparkassen angeschlossen.

Bautasteine, frühgeschichtl. unbearbeitete Denk- od. Grabsteine, hpts. in Skandinavien; → Menhir.

Bautzen (D-8600), Krst. i. d. Oberlausitz, Sa., an d. Spree, 50 627 E; kath. Bischofssitz; kulturelles Zentrum d. sorb. Minderheit i. d. Lausitz.

Bauxit, *m.,* das Les Baux (frz. St. bei Arles) zuerst gefundenes Mineralgemenge aus Aluminium-, Eisen- und Siliziumhydroxiden (→ Hydroxide); Weltproduktion 1981: 88 Mill. t; bed. Rohstoff z. → Aluminium.

Bavaria [nl.], „Bayern".

Bavink, Bernhard (30. 6. 1879–27. 6. 1947), dt. Naturphil.; *Ergebnisse u. Probleme d. Naturwiss.*

Bayar, Mahmut Celâl (15. 5. 1883–24. 8. 1986), türk. Pol.; 1937–39 Min.präs.; 1950–60 Staatspräs.

Bayard [ba'jar], Pierre du Terrail (1476–1524), frz. Feldherr („Ritter ohne Furcht und Tadel").

Baeyer, Adolf v. (31. 10. 1835–20. 8. 1917), dt. Chem.; stellte synthet. Indigo her, entdeckte viele andere Farbstoffe (Eosin); Nobelpreis 1905.

Bayerischer Erbfolgekrieg → Bayern.

Bayerischer Rundfunk, *BR,* Sitz München, Rundfunkges. mit Sendern in München, Nürnberg, Hof u. a.

Bayerischer Wald, bewaldetes Mittelgebirge nördl. d. Donau zw. Regensburg u. Passau; *Einödriegel* 1121 m; auch Name für den bayr. Teil d. → Böhmerwaldes.

Bayern, süddt. Bundesland, Freistaat; 70 554 km², 11,2 Mill. E (159 je km²);

Baukunst, Mittelalter und Neuzeit
Abbildungen von links nach rechts. *1. Reihe:* Grabmal Theoderichs, Ravenna, 6. Jh. – Stiftskirche, Königslutter, 12 Jh., romanisch – Notre-Dame, Paris, gotisch – Tempietto (Bramante), Rom, Renaissance. *2. Reihe:* S. Vitale, Ravenna, byzantinisch – Stiftskirche, Gernrode, ottonisch – Kathedrale, Amiens, gotisch – Schloß Pommersfelden, Barock. *3. Reihe:* Sta. Maria della Salute, Venedig, Barock, 17. Jh. – Wallfahrtskirche Vierzehnheiligen, dt. Barock, 18. Jh. – Madelaine, Paris, klassizistisch. *4. Reihe:* Le Corbusier, Notre Dame du Haut, Ronchamp, 1950/54 – BMW-Haus, München, 1972 – J. Stirling, Neue Staatsgalerie, Stuttgart 1984.

Rel.: 69,9% röm.-kath., 25,7% ev.; Hptst. *München;* Landesfarben: Weiß-Blau. **a)** *Wirtschaft:* In Niederbayern fruchtbare Ackerböden, das Alpenvorland ein Hauptgebiet d. Milchwirtschaft, im Maintal Weinbau; bedeutendstes dt. Agrarland; in d. letzten Jahren schnelle ind. Entwicklung; Verarbeitungs- u. Veredelungsind. herrscht vor; in NO-B. bed. Produktionszentrum der Porzellan-, Textil-, Stein-, Glas- u. Holzind., durch Grenzabschnürungen nach d. 2. Weltkrieg in schwieriger Wirtschaftslage; SO-B. chem. u. Aluminiumind.; außerdem Elektrotechn., Textil-, Papierind., Maschinenbau; Mineralvorkommen: Pech- u. Braunkohle, Graphit; neuerdings auch Erdöl und -gas. Fremdenverkehr, Heilbäder. *Wasserkraftwerke:* Speicher Walchensee, Roßhaupten, Leitzachwerk; Pumpspeicher, Happburg, Reisach-Rabenleite, Tanzmühle u. Laufwasserwerke a. d. Donau, Isar, Iller, am Main, Inn, Lech und an anderen Nebenflüssen. **b)** → *Hochschulen.* **c)** *Regierung:* Ministerpräsident, Minister, Staatssekr.; Landtag, Senat. **d)** *Geschichte:* Um 500 n. Chr. Einwanderung d. westgerman. Bajuwaren in d. Alpenvorland, anschließend Besiedlung d. Ostalpentäler; s. 6. Jh. unter fränk. Oberhoheit; 788 d. letzte Hzg Tassilo von Karl d. Großen abgesetzt; im Dt. Reich Hzgt. B. 976 durch Abtrennung d. Ostmark u. Kärntens (mit Steiermark) verkleinert; ab 1180 unter Wittelsbachern (Kaiser Ludwig d. Bayer 1302–47); diese erwarben 1214 die Rheinpfalz, im 30jähr. Krieg 1623 Oberpfalz u. Kurwürde; Maximilian I. (1597–1651) Führer der Gegenreformation; Karl Albrecht (1726–45) 1742 dt. Kaiser als Karl VII.; ab 1777 pfälz. Linie; 1778/79 Bayer. Erbfolgekrieg: Östr. erhält das sog. Innviertel; bei 1801 abgetretenen linksrhein. Besitz bekommt B. 1803–09 Ansbach u. Bayreuth, 6 Bistümer u. Reichsstädte Augsburg, Nürnberg, Ulm. 1806 Königreich u. Mitglied des Rheinbundes; 1813 auf seiten der Alliierten, erhält auf Wiener Kongreß linksrhein. Pfalz zurück; 1818 Konstitution; Mitglied d. Dt. Bundes (1815–66) und des Dt. Zollvereins (1834) unter d. Kunstförderer Ludwig I.; Maximilian II.: Bündnis mit Hannover, Sachsen, Württemberg 1850, Ludwig II. mit Österreich. 1866 Krieg gg. Preußen, 1867 Schutz-und-Trutz-Bündnis mit Preußen; Nov. 1870 Beitritt z. Dt. Reich: Sonderrechte (Heer, Post, Eisenb. usw.); 1886 Prinzregent Luitpold, 1913 s. Sohn Kg Ludwig III. 7. 11. 1918 Revolution, Regierung Eisner; 7. 4. 1919 Räterep.; 12. 8. 1919 Freistaat; 1920 Einverleib. v. Sachsen-Coburg; linksrheinische Pfalz s. 1945 Teil v. Rheinland-Pfalz.

Landtagswahlen (Stimmen in %)

Jahr	CSU	SPD	FDP	Grüne	REP
1946	52,3	28,6	5,6		
1950	27,4	28,0	7,1		
1954	38,0	28,1	7,2		
1958	45,6	30,8	5,6		
1962	47,5	35,3	5,9		
1966	48,1	35,8	5,1		
1970	56,4	33,3	5,5		
1974	62,1	30,2	5,2		
1978	59,1	31,4	6,2		
1982	58,3	31,9			
1986	55,8	27,5	7,5		
1990	54,9	26,0	5,2	6,4	4,9

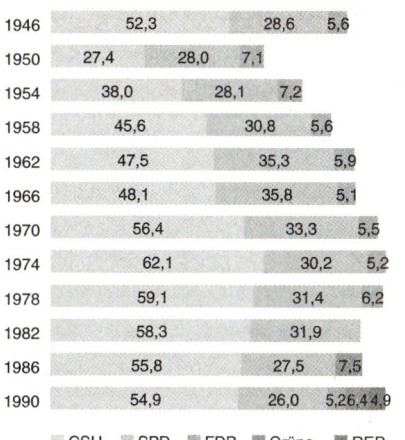

Bayeux [-'jø], Krst. i. d. westl. Normandie, Dép. *Calvados,* 14 400 E; got. Kathedrale; Museum mit **B.teppich,** *Tapisserie de B.,* mit gestickten Darstellungen der Eroberung Englands 1066.
Bayle [*bɛl*], Pierre (18. 11. 1647–28. 12. 1706), frz. Phil., Erkenntnisskeptiker.
Bayonne [*ba'jɔn*], südfrz. St. am Adour u. Golf von Biscaya, 45 000 E; Handelshafen.

Bayreuth, *Festspielhaus*

Bayreuth (D-8580), krfreie St., Hptst. d. Rgbz. Oberfranken, Bay., 70 933 E; IHK, HWK, LG, AG, Uni.; Textil-, Eisen-, Metall-, Porzellan-u. Zigarettenind.; Richard-Wagner-Festspielhaus u. Villa „Wahnfried" (mit Grab R. Wagners u. Museum). – 1603–1791 Residenz d. Markgrafen v. B., Markgräfl. Opernhaus, größte Barockbühne Europas, Schloß, Eremitage.
Bazaine [-'zɛn], Jean (* 21. 12. 1904), frz. abstrakter Maler; u. a. Wandbilder, Mosaiken, Glasfenster (z. B. im UNESCO-Gebäude, Paris).
Bazar → Basar.
Bazillen, stäbchenförmige Spaltpilze, → Bakterien.
BBC [*'bibi'si:*], Abk. f. **B**ritish **B**roadcasting **C**orporation, halbstaatl. brit. Rundfunk- u. Fernsehges.

BBesG, Abk. f. **B**undes**bes**oldungs**g**esetz.
BBG, Abk. f. **B**undes**b**eamten**g**esetz.
BCG-Impfung, Tuberkuloseschutzimpfung mit Bacillus-Calmette-Guérin-Impfstoff.
BdD, Abk. f. **B**und **d**er **D**t. → Parteien (Übers.).
BDI, Abk. f. **B**undes**v**erband **d**. **D**eutschen **I**ndustrie.
BDLI, Abk. f. **B**undesverband **d**. **D**eutschen **L**uft- u. **R**aumfahrt-**I**ndustrie; Sitz: Bad Godesberg.
BdV, Bund **d**er **V**ertriebenen, 1959 erfolgter Zus.schluß regionaler Vertriebenenverbände der BR u. der → Landsmannschaften, Sitz Bonn.
BDZV, Abk. f. **B**undesverband **D**t. **Z**eitungsverleger.
Be, *chem.* Zeichen f. → Beryllium.
Bea, Augustinus (28. 5. 1881–16. 11. 1968), kath. Kurienkardinal, Vors. d. Sekretariats d. Wiedervereinigung der Christen.
Beaconsfield ['bikənzfild], Earl of, → Disraeli.
Beadle [*bidl*], George Wells (22. 10. 1903–9. 6. 89), am. Genetiker; biochem. Genetik; Nobelpreis 1958.
Beagle [*bi:gl*], kl. engl. Laufhund.
Beamte, *Berufsbeamte* im staatsrechtl. Sinn stehen zum Dienstherrn (Bund, Land od. Gemeinde) in e. öff.-rechtl. Dienst- u. Treueverhältnis, dessen Ausdruck der Diensteid ist, der zu dienstl. Gehorsam, Überparteilichkeit u. Amtsverschwiegenheit verpflichtet; sie bekleiden ihr Amt aufgrund einer Ernennung (Berufung in d. B.nverhältnis), d. nicht willkürlich zurückgenommen werden kann; der Dienstherr verleiht ihnen dafür Rang u. Amtsbez., festes Gehalt u. Pension (zurückgehaltener Teil der Arbeitsvergütung), Versorgung der Hinterblie-

benen. Nach der Gesetzgebung in der BR dürfen B. Nebenämter u. -beschäftigungen, Aufsichtsratsposten, Belohnungen od. Geschenke in bezug auf ihr Amt nur mit Genehmigung vorgesetzter Behörden annehmen; sie sind f. die Gesetzmäßigkeit ihrer dienstl. Handlungen verantwortlich u. haften zivilrechtlich f. pflichtwidrige Handlungen. *Arten:* Berufs- u. Ehren-B., B. auf Lebenszeit, auf Zeit, auf Probe und auf Widerruf, aktive B. und B. im Wartestand. Vereinheitlichung d. B.nrechts durch B.nrechtsrahmengesetz d. Bundes. – In BR Dtld *Dt. Beamtenbund* als gewerkschaftl. Spitzenvereinigung der Landesverbände (→ Gewerkschaften, Übers.).

Beamtenhaftung, Haftung einer Körperschaft des öff. Rechts (z. B. Land) f. schadenverursachende Amtshandlung ihrer Beamten; bei einfacher Fahrlässigkeit Haftung nur, wenn Geschädigter nicht anderweitig Ersatz (z. B. v. einer Versicherung) erlangen kann; Rückgriffsrecht d. Körperschaft gg. den Beamten bei Vorsatz od. grober Fahrlässigkeit.

Beardsley [*'bɪədzlɪ*], Aubrey Vincent (24. 8. 1872–16. 3. 98), engl. Zeichner, Meister des Linienstils, Buchillustrator (Abb. → Jugendstil).

Beat, *m.* [engl. *bit* „Schlag"], harter, durchlaufender Schlag beim Jazz u. bei der danach benannten rhythmisch orientierten *Beat(musik).*

Beat generation [engl. *-dʒenə'reɪʃən* „geschlagene Generation"], literar. Bewegung i. Amerika, die alle bürgerl. Bindungen ablehnt; Hauptvertr.: *Ginsberg, Ferlinghetti, Kerouac;* abgeleitet davon die abfällige Bez. *Beatnik.*

Beatrice [*-tʃe*], die himml. Geliebte in Dantes Dichtungen.

Beatrix

Beatrix (* 31. 1. 1938), s. 1980 Kgn d. Ndl., vermählt m. Prinz Claus (v. Amsberg).

Beaufortskala [*'boufət-*], → Windstärke.

Beauharnais [*boar'nε*], **1)** Josephine (23. 6. 1763–29. 5. 1814), verh. mit Alexandre Vicomte de B., später 1. Gattin Napoleons I.; **2)** Eugène (3. 9. 1781–21. 2. 1824), ihr Sohn aus 1. Ehe, 1805 Vizekg v. Italien, 1807 von Napoleon adoptiert; s. 1817 Hzg von Leuchtenberg; **3)** Hortense (10. 4. 1783–5. 10. 1837), Tochter von 1), Gemahlin Louis Napoleons, Mutter Napoleons III.

Beaujolais [*boʒɔ'lε*], frz. Landschaft zw. Loire u. Saône, Weinbau.

Beaumarchais [*bomar'ʃε*], Caron de (24. 1. 1732–18. 5. 99), frz. Schriftst.; Lustspiele: *Der tolle Tag; Die Hochzeit des Figaro; Der Barbier von Sevilla.*

Beauvoir [*bo'vwar*], Simone de (9. 1. 1908–14. 4. 86), frz. existentialist. Schriftst.in; Lebensgefährtin von → Sartre; *Das andere Geschlecht; Die Mandarins;* Autobiographie.

Beaverbrook [*'bivəbrʊk*], William, Lord (25. 5. 1879–9. 6. 1964), engl. Pol. u. Zeitungsverleger.

Bebel, August (22. 2. 1840–13. 8. 1913), dt. Pol.; gründete (m. → *Liebknecht,* Wilhelm) 1869 die soz.demokr. Arbeiterpartei (seit 1890 SPD).

Bebop, *m.* [*'bibɔp*], um 1940 entstandener Jazzstil.

Bebra (D-6440), St. i. Rgbz. Kassel, Hess., an d. Fulda, 15 168 E; Eisenbahnknotenpunkt.

Becher, Johannes R. (22. 5. 1891–11. 10. 1958), dt. Schriftst.; expressionist. Jugendwerke, Lyrik, Bühnenwerke; nach 1945 i. d. DDR, dort Min. f. Kultur; *Verfall u. Triumph.*

Bechstein, 1) Carl (1. 6. 1826–6. 3. 1900), Gründer d. weltbekannten Klavierfabrik in Berlin (1853); **2)** Ludwig (24. 11. 1801–14. 5. 60), dt. Schriftst.; Märchen u. Sagen.

Beck, Ludwig (26. 6. 1880–20. 7. 1944), dt. Generaloberst; 1935–38 Chef d. dt. Gen.stabs; hauptbeteiligt am Staatsstreich vom 20. 7. 1944; Selbstmord.

Becken, 1) der knöcherne Ring, der den Rumpf abschließt (→ Tafel Mensch, S. 348); **2)** *Cinellen,* Schlaginstrument, 2 tellerförmige Metallscheiben, die aneinandergeschlagen werden (Abb. → Orchester); **3)** gegenüber seiner Umgebung abgesenkter Teil der → Erdkruste, oft m. dicken Sedimentserien angefüllt; z. B. *Mainzer B.*

Beckenbauer, Franz (* 11. 9. 1945), dt. Fußballspieler; 1972 Europameister, 1974 Weltmeister; 1984–90 Teamchef d. dt. Nat.mannschaft (1986 Vizeweltmeister, 1990 Weltm.).

Becker, 1) Boris (* 22. 11. 1967), dt. Tennisspieler; 1985, 1986 und 1989 Wimbledon-Sieger, 1991 Weltranglisten-Erster; **2)** Carl Heinrich (12. 4. 1876–10. 2. 1933), dt. Orientalist; 1925–30 preuß. Kultusminister; **3)** Jurek (* 30. 9. 1937), poln.-dt. Schriftst.; *Jakob der Lügner;* **4)** Jürgen (* 10. 7. 1932), dt. Schriftst. u. Kritiker; offene Prosatexte: *Ränder; Umgebungen.*

Beckett, Samuel (13. 4. 1906–22. 12. 89), irischer Schriftst.; schrieb engl. u. frz.; Dramen: *Warten auf Godot; Endspiel;* Romane: *Molloy; Watt;* Nobelpr. 1969.

Beckmann, Max (12. 2. 1884–27. 12. 1950), dt. Maler u. Graphiker; Vertreter des späten *Expressionismus* (→ Tafel Radierung u. Kupferstich).

Beckmesser, Sixtus, Nürnberger Meistersinger i. 16. Jh.; kom. Gestalt i. R. → Wagners → „Meistersinger"; übertragen: kleinl. Kritiker.

Beckum (D-4720), St. a. d. Werse, NRW, 35 806 E; AG; St.-Stephanus-Kirche m. spätroman. Prudentia-Schrein; Zement- und Masch.industrie.

Becquerel [*bε'krεl*], **1)** Edmond (24. 3. 1820–11. 5. 91), frz. Phys.; Entdecker photoel. Erscheinungen in → Elektrolyten *(B.-Effekt);* s. Sohn **2)** Henri (15. 12. 1852–25. 8. 1908), frz. Phys.; Entdecker d. → Radioaktivität; Nobelpr. 1903.

Becquerel, Abk. *Bq,* nach Henri → Becquerel ben. Einheit d. Aktivität einer radioaktiven Substanz, gibt d. Anzahl der radioaktiven Zerfälle pro Sekunde an; 1 Bq = 1/s; → Curie.

Beda, *B. Venerabilis* [„der Ehrwürdige"] (663–735), engl. Kirchenlehrer; *Angelsächs. Kirchengeschichte.*

Bedburg-Hau (D-4194), Großgem. bei Kleve, NRW, 12 411 E; Nervenheilanstalt.

Bedecktsamige, svw. → Angiospermen.

Bedeckung, *astronom.* Unsichtbarwerden eines Gestirns, weil ein anderes zw. dieses u. d. Erde tritt (Finsternis); das Licht **bedeckungsveränderlicher Fixsterne** wird durch d. umlaufenden Begleiter z. T. abgeblendet (Abb. → Tafel Himmelskunde II).

Bedford [*-fəd*], Hptst. d. mittelengl. Gft Bedfordshire, 74 000 E.

bedingte Entlassung → Strafaussetzung zur Bewährung.

bedingte Reaktion, bedingter Reflex, *psych.* gelernte Antwort auf einen Reiz, der vorher keinen Reflex auslöste; → Konditionierung.

Bednorz, Georg (* 16. 5. 1950), dt. Phys.; Forschungen auf dem Gebiet d. Elektrotechnik. Nobelpreis 1987 zus. mit K. A. Müller (Schweiz).

Bedrohung mit Verbrechen, wird mit Freiheitsstrafe bis zu 1 Jahr od. m. Geldstrafe geahndet.

Beduinen, freie arab. Nomadenvölker.

Beebe [*'bibɪ*], William (29. 7. 1877–4. 6. 1962), amer. Zoologe u. Tiefseeforscher; erreichte 1934 mit selbstkonstruierter Tauchkugel fast 1000 m Tiefe.

Beecham [*'bitʃəm*], Sir Thomas (29. 4. 1879–8. 3. 1961), engl. Dirigent; Gründer des „Royal Philharmonic Orchestra".

Samuel Beckett

Beecher-Stowe [ˈbitʃəˈstou], Harriet (14. 6. 1811–1. 7. 96), am. Schriftst.in; Roman gegen Negerssklaverei: *Onkel Toms Hütte.*

Beelzebub [aramäisch „Fliegengott"], Philistergott: im N.T.: oberster Teufel.

Beerbohm [ˈbɪəboum], Sir Max (24. 8. 1872–20. 5. 1956), engl. humorist. Schriftst. u. Karikaturist.

Beere, Frucht, in deren Innern Samen eingebettet (z. B. Wein- u. Stachelbeere, aber auch Tomate, Kürbis, Apfelsine, Banane u. a.); *Schein-B.,* Vereinigung mehrerer Früchte zur Sammelfrucht (Brom-, Erd-, Himbeere).

Beer-Hofmann, Richard (11. 7. 1866–26. 9. 1945), östr. Schriftst.; *Der Tod Georgs; Jaákobs Traum.*

Beernaert [-ˈnaːrt], Auguste M. (26. 7. 1829–6. 10. 1912), belg. Pol.; Mitglied der Haager Friedenskonferenzen; Friedensnobelpr. 1909.

Ludwig van Beethoven

Beethoven, Ludwig van (17. 12. 1770–26. 3. 1827), dt. Komponist v. weltweiter Bedeutung, lebte in Wien, 1787 Begegnung m. Mozart, später Unterricht bei Haydn, Salieri; d. Wiener Hochadel (Fürst Lichnowsky, Graf Waldstein) förderte das junge Genie; ein schweres Gehörleiden s. 1800 u. völlige Taubheit s. 1819 machten ihn z. Sonderling (Heiligenstädter Testament, 1802); seine Jugendwerke begannen unter d. Einfluß des Rokoko, durchbrachen frühzeitig d. überlieferte Form, um zum vollendeten Ausdruck f. starken Freiheitsdrang u. düstere Leidenschaft sowie, gelegentlich, tiefsinnige Heiterkeit zu werden; zu höchster Vollendung steigerte er bes. d. Sinfonie; Hauptwerke: 9 Sinfonien (*Eroica; Pastorale;* IX. Sinfonie m. d. Schlußchor „*An die Freude"* n. Schiller); Ouvertüren, Musik z. *Egmont* (Goethe), Märsche, Tänze, 1 Violin-, 5 Klavierkonzerte; 32 Klavier-, 10 Violin-, 5 Cellosonaten, 6 Klavier-, 4 Streichtrios, 16 Streichquartette, 2 Quintette, Sextett, Septett, Bläseroktett; Oper: *Fidelio;* C-Dur-Messe, *Missa solemnis;* Lieder u. a. – **B.-Archiv** in Bonn.

Befähigungsnachweis, Voraussetzung für selbst. Berufsausübung und -ausbildung gemäß → Handwerksordnung vom 17. 9. 1953.

Befeuerung, erleichtert Schiffen u. Luftfahrzeugen d. Orientierung bei Nacht (Leuchttürme, → Bake, → Boje, → Funkfeuer); feste Feuer leuchten ständig, Blinkfeuer in best. Zeitabständen.

Beffchen, weißer Laschenkragen, den Geistliche, Richter usw. über d. Amtskleid tragen.

beflocken, elektrostat. Auftragen v. kurzen Fäserchen auf beleimte Trägermaterialien z. Erzeugung v. samt- und wildlederart. Effekten.

Beförderungssteuer → Steuern, Übers.

Befrachter, Person od. Firma, für deren Rechnung der *Verfrachter* Waren auf das Schiff verlädt.

Befreiungskriege, *Freiheitskriege,* 1813–15, Erhebung fast ganz Europas gg. Napoleon I. nach dessen mißglücktem russ. Winterfeldzug; 30. 12. 1812 Konvention v. Tauroggen zw. Preußen u. Russen (Yorck u. Diebitsch), Volkserhebung in Ostpreußen, 10. 3. 1813 Aufruf d. Königs „An Mein Volk" und Stiftung des Eisernen Kreuzes; nach Siegen Napoleons bei Groß-Görschen u. Bautzen Anschluß v. Östr. u. Schweden gg. Napoleon, Preuß. Siege an d. Katzbach (Blücher) u. b. Kulm u. Nollendorf; 16.–19. 10. Entscheidungsschlacht b. Leipzig; 1. 1814 Blüchers Rheinüberquerung; 30. 3. 1814 Kapitulation v. Paris; erster Pariser Friede; → Wiener Kongreß; 1. 3. 1815 Napoleons Flucht v. Elba; 18. 6. Sieg Wellingtons u. Blüchers bei Waterloo (Belle-Alliance); 20. 11. zweiter Pariser Friede; Napoleon verbannt nach St. Helena.

Befreiungstheologie, wegen d. bes. pastoralen Engagements ihrer Priester u. Lateinamerika umstrittene Richtung innerhalb d. kath. Kirche; versteht sich als Seelsorge, die d. soz. Wirklichkeit aus d. Sicht d. Armen analysiert u. „Seite an Seite mit den Armen kämpft", weil sie in d. geduldeten Armut eine „strukturelle Sünde" sieht; vom Vatikan als politisierte Seelsorge angegr. u. angebl. od. wirkl. marxist. Einflüsse abgelehnt; Hptvertr.: *Leonardo Boff, Gustavo Gutiérrez.*

Befruchtung, 1) Vereinigung e. männlichen u. e. weiblichen Geschlechtszelle mit Verschmelzung der Zellkerne (→ Zelle); die entstehende → Zygote enthält neues Erbmaterial aus väterlicher u. mütterl. → Chromosomen (→ Meiose)

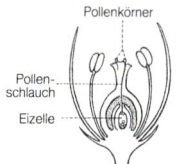

Pollenkörner

Pollenschlauch

Eizelle

Befruchtung einer Pflanze

se); **2)** *b. einer Pflanze* sind auf d. Blütennarbe Pollenkörner (Blütenstaub) ausgekeimt; ein Pollenschlauch ist im Griffel abwärts gewachsen u. dringt in d. Höhlung des Fruchtknotens ein, wo er auf die Eizelle trifft (Abb.); **3)** bei *Säugetieren* dringt der Samenfaden nach Begattung in die Geschlechtswege des Weibchens ein, wo die Besamung u. d. B. des vom Eierstock gelösten u. durch den Eileiter zur Gebärmutter wandernden Eies erfolgt. Durch → Furchung d. → Zygote entsteht der → Embryo. Künstliche B. (eigtl. künstl. → Besamung) → *Insemination.* – **B.smembran,** Eihaut, die sich sofort nach → Besamung bildet u. weiteres Eindringen von → Spermien verhindert.

Befund, Ergebnis einer Untersuchung, Feststellung.

Begattung, *Paarung,* Vereinigung von geschlechtsreifen Wesen zur → Besamung u. → Befruchtung.

Beghinen u. Begharden, ndl., später auch dt. kath. asket. Frauen- u. Männervereine ohne Gelübde; 12.–14. Jh. z. T. v. Inquisition verfolgt.

Begin, Menachem (* 16. 8. 1913), isr. Pol. (Likud); 1943–48 Führer d. Untergrundbewegung „Irgun", 1967–70 Min. o. Portefeuille, 1977–83 Min.präs.; 1978 Friedensnobelpreis (zus. m. → Sadat).

Beglaubigung, 1) öff. od. Unterschriften (§ 129 BGB), Bestätigung der Echtheit, nötig z. B. im Verkehr mit Registergericht; zuständig: Notar; **2)** v. Abschriften für Verwaltungsgebrauch Bescheinigung d. Übereinstimmung mit Original; zuständig: Polizei, Notar u. a. – **B.sschreiben,** svw. → Akkreditiv.

Begnadigung, gänzl. od. teilweise Nachsicht gerichtl. Strafen i. Einzelfall durch Staatsoberhaupt aufgrund des ihm verfassungsmäßig zustehenden B.srechtes; in d. BR steht B.srecht dem Bundespräs. bzw. den Min.präsidenten der Länder zu; z. T. auf andere Personen (z. B. Justizmin.) od. Behörden übertragbar. Auch → Amnestie, bedingte Entlassung, Bewährungsfrist, Strafaufschub.

Begonie, *Schiefblatt,* krautige bis strauchartige Pflanze d. Tropen; Zierpflanze.

Begriff, durch Denktätigkeit (Vernunft) gewonnene Allgemeinheit, in welcher Einzelnes, mit d. Sinnen Wahrgenommenes übereinkommt; auch Wesen e. Sache; *Stamm-B.e, Erfahrungs-B.e, Individual-B.e;* um d. → Universalien (Stamm-begriffe) i. d. Scholastik Streit zw. Realisten u. Nominalisten.

Begum [türk.], *Begam,* ind. Titel f. Fürstinnen u. fürstl. Witwen.

Begünstigung, nach einer Straftat dem Täter gewährte Hilfeleistung, um ihm d. Vorteile d. Tat zu sichern *(sachliche B.);* strafbar nach § 257 StGB m. Freiheitsstrafe bis zu 5 Jahren od. Geldstrafe; *persönl. B.* svw. → Strafvereitelung.

Behaim, Martin (1459–1507), dt. Seefahrer u. Geograph; ältest. erhalt. Erdglobus.

Beham, Bruder, 1) Barthel (1502–40) u. **2)** Hans Sebald (1500–50), Nürnberger Kupferstecher u. Maler d. Frührenaiss.

Beharrungsvermögen → Trägheit.

Behaviorismus [engl. „behaviour = Verhalten"], weit verbreitete psych. Forschungsrichtung, die sich auf meßbares u. beobachtbares Verhalten beschränkt u. insbes. Verhaltensweisen allein durch erlernte Reiz-Reaktions-Verbindungen erklären will (Begr. James B. *Watson*); → Konditionierung.

Behaviour Art [engl. *bɪˈheɪvjə ˈaːt*], Kunstrichtung der Gegenwart, entwikkelte sich aus der → Concept Art; macht den zeitlichen Ablauf direkt durch das Verhalten des menschl. Körpers sichtbar.

Behm, Alexander (11. 11. 1880–22. 1. 1952), dt. Techniker u. Physiker; erfand d. → Echolot.

Behörde, öff.-rechtl. Einrichtung zur Führung öff. Geschäfte (z. B. *Bundes-, Landes-, Gemeinde-B.*), nach ihrem Tätigkeitsgebiet unterscheidet man: Zentral-, Mittel- u. Unter-Behörden.

Behrens, Peter (14. 4. 1868–27. 2. 1940), dt. Architekt, wuchs aus d. Jugendstil heraus zu konstruktiver Einfachheit; *AEG-Bauten,* Berlin; *Verwaltungsgebäude d. Farbw. Hoechst.*

Behring, Emil v. (15. 3. 1854–31. 3. 1917), dt. Bakteriologe; Entdecker des Diphtherie-Heilserums u. des Tetanus-Antitoxins, Begr. d. B.-Werke Marburg; Nobelpr. 1901.

Beichte, reumütiges Bekenntnis der Sünden zur Wiederversöhnung mit Gott u. d. kirchl. Gemeinschaft, → *Absolution.* In der kath. und orthodox. Kirche Form des Bußsakraments, wird vom Beichtkind im Beichtstuhl vor dem bevollmächtigten Beichtvater abgelegt; bleibt als *Privat-(Ohren-)Beichte Beichtgeheimnis* vor Gericht; B. über größere Lebensabschnitte: *Generalbeichte; Beichtspiegel:* ausführl. Anleitung zur Selbstprüfung f. d. Gläubigen bei der Gewissenserforschung. In der ev. Kirche *Allg. B.:* das von Geistlichen gesprochene Sündenbekenntnis wird von der Gemeinde belegt; die freiwillige *Privat-B.* vor dem Seelsorger.

Beiderwand, nach der ind. St. *Bidar* benannter grober Stoff aus Leinen und Wolle.

Beifuß, *Artemisia; gemeiner B.* bei uns häufig an Wegen; andere Arten Heilmittel, Gewürze.

beige [frz. *beːʒ*], gelbgrau, sandfarben.

Beignet, *m.* [frz. *beˈɲeː*], dt. *Krapfen,* in Backteig eingetauchtes, in heißem Fett ausgebackenes Obst od. Gemüse.

Beihilfe, wissentl. Hilfeleistung durch Rat oder Tat bei Verbrechen od. Vergehen (§ 27 StGB).

Beijing, Peking, Hptst. der chin. Volksrep., in d. nordchin. Prov. Hebei, aber d. Zentralreg. direkt unterstellt, 6,7 Mill. E; am N-Rand der Tiefebene, unfern der Großen Mauer; in der *Chinesenstadt* d. Lamatempel (höchstes Heiligtum des tibet. Buddhismus, ein Teil jetzt Museum); Tempel d. Himmels u. d. Ackerbaus; Theater; *Mandschu-Stadt* mit d. ruhmreichen kaiserl. Palastviertel („Verbotene Stadt"), Uni., Ind. u. Handel. – Im 6. Jh.

Beijing, *Platz zum Tor des Himmlischen Friedens mit Mao-Mausoleum*

n. Chr. Tatarenhptst.; 1215 v. Dschingis-Khan erobert, bis 1912 Residenz des chin. Kaisers, bis 1928 Hptst. d. Rep. China, 1937–45 von Japan besetzt u. Sitz d. v. d. Japanern eingesetzten provisor. Regierung v. N-China, s. 1949 Hptst. der VR China.

Beilngries (D-8432), St. in Oberbay., 7152 E; Textil- u. Metallind.

Beinglas, durch Zusatz v. Knochenasche getrübtes Glas, Milchglas.

Beinwell, *Beinheil, Schwarzwurz,* borretschähnl. Pflanze, an feuchten Stellen; Volksheilmittel.

Beira [*ˈbɐjrɐ*], 1) Landschaft in Portugal; 2) Hafenst. in Moçambique, 350 000 E.

Beirut, Hptst. des Staates *Libanon;* bester Hafen der östl. Mittelmeerküste, 1,5 Mill. E; Uni.; intern. Flughafen in *Kaldé* nahe B.; infolge Kriegs z. T. schwer beschädigt.

Beischlaf zwischen Verwandten, *Blutschande, Inzest,* Geschlechtsverkehr zw. Verwandten auf- u. absteigender Linie od. Geschwistern; strafbar nach § 173 StGB.

Beisitzer, Mitglied eines Gerichts, eines Vorstandes; Assessor, Schöffe.

Beistrich, svw. → Komma.

Beitragsbemessungsgrenze, Grenze in d. gesetzl. Renten- u. Arbeitslosenvers. (1991: 6500 DM) u. Krankenvers. (1991: 4875 DM) (monatl.).

Beiwort, svw. → Eigenschaftswort, Adjektiv.

Beize, Beizjagd, Jagd, bes. auf Vögel, mit abgerichteten Greifvögeln (Adlern, Habichten, Sperbern, Falken usw.), → Falkenbeize.

Beizen, 1) Befestigen der Farbe in der Faser durch vorheriges Tränken d. Gewebes m. Alaun u. anderen Mitteln; 2) Schützen die Saatgüter vor Schädlingen durch Besprengung m. Chemikalien; 3) Färben v. Holz durch gelöste Teerfarbstoffe; danach Polieren od. Wachsen.

Béjart [*beˈʒaːr*], Maurice (* 1. 1. 1927), frz. Tänzer u. Choreograph.

Bekassine, *Sumpfschnepfe,* nordeurasiat. u. nordam. Schnepfenart, macht im Balzflug mit einer Schallfeder e. Fluggeräusch („Wummern").

Bekennende Kirche, entstand 1933 im Kampf der ev. Kirche gg. den NS unter Führung von → Niemöller, Asmussen,

Koch, Meiser, Wurm und unter Einfluß d. Theologie v. Karl → Barth; d. B. K. berief sich auf d. ev. Bekenntnisschriften: Barmer Erklärung 1934; stützte sich bes. auf Laienkreise, Bruderräte; 1949 als Reformbewegung in der Ev. Kirche i. Dtld neu organisiert; Sitz Darmstadt, in d. Kirche wirksam.

Bekenntnis, lat. *confessio,* 1) Bezeugung des Glaubens vor Gott u. Menschen; 2) Religionszugehörigkeit. – **B.freiheit** → Religionsfreiheit. – **B.schriften,** *allg.-christl.:* Apostolisches, Athanasianisches, Nicänisches Symbol; *protestant.:* Augsburger Konfession, Luthers Katechismen, Konkordienbuch, Schmalkaldische Artikel u. a. – **B.schule,** Schule, in welcher d. Unterricht v. d. Anschauungen e. Konfession geprägt ist; Ggs.: → Gemeinschaftsschule.

Békés [*-keʃ*], ungar. Komitat in d. fruchtbaren mittleren Theiß-Tiefebene, 5632 km², 413 000 E, mit Hptst. **Békéscsaba,** 71 000 E.

Bekesy [*-ʃi*], Georg von (3. 6. 1899–13. 6. 1972), am. Phys. u. Med. ungar. Herkunft; Forschungen über Selektionsvermögen des Ohrs; Nobelpr. 1961.

Bel, 1) → Baal; 2) nach A. → Bell benannte el. Maßeinh., dekad.-logarithm. Dämpfungs- bzw. Verstärkungsmaß in Fernmeldetechnik und Akustik; 1 Bel (abgek. B) = 10 Dezibel (dB) = Leistungsverhältnis v. 10; 2 Bel = Leistungsverhältnis v. 100.

Béla, Taufname ungar. Könige von 1060–1270.

Belag, 1) *med.* krankhafte Auflagerung auf der Schleimhaut von Zunge od. Gaumen; 2) *techn.* z. B. auf einer Autokupplungsscheibe, auch Bremsbelag.

Belagerung, Kriegshandlung mit dem Ziel, den belagerten Platz von jed. Verkehr abzuschneiden und schnellstens zur Übergabe zu zwingen. – **B.szustand,** Übertragung der vollziehenden Gewalt auf die Militärbehörde zur Aufrechterhaltung der Ordnung, bei Aufruhr usw.

belasten, *debitieren,* eintragen in die Schuldseite (Sollspalte) eines Kontos; → Buchführung und Buchhaltung; bei Grundstücken durch Hypotheken, Nießbrauch, Erbbaurechte u. a. Dienstbarkeiten.

Belästigung der Allgemeinheit, *grober Unfug,* ungehörige Handlungen, die geeignet sind, das Publikum zu belästigen, zu gefährden od. die öff. Ordnung zu beeinträchtigen; wird als Ordnungswidrigkeit mit Geldbuße geahndet (§ 118 OWiG).

Belau, amtl. *Republic of B.,* früher *Palauinseln,* Inselgruppe im W der Karolinen, 497 km², 14 100 E; von Korallenriffen umgeben, Tropenwald, vulkan.; größte Insel *Babeltoab:* Phosphatausfuhr; Hptst. *Koror* (7700 E); Flagge S. 340, Karte S. 751. – 1543 entdeckt; 1899 dt., 1919–45 jap.; s. 1947 USA-Treuhandgebiet; 1981 unabhängiger Staat (Präsidialrepu-

blik m. Zweikammerparlament); freie Assoziierung m. d. USA v. Bev. mehrmals abgelehnt.
Belcanto, *m.* [it.], der klangschöne Gesang (gebunden); Ggs.: deklamatorischer Gesang.
Belchen, 1) Berggipfel d. Schwarzwalds (1414 m) u. d. Vogesen (*Großer B.* 1424 m, *Elsässer B.* 1247 m); **2)** süddt. f. Bläßhuhn; → Wasserhühner.
Beleg, Nachweisunterlage (z. B. f. → Buchhaltung).
belegen, 1) *seem.* ein Tau an einem → Poller od. einer Klampe befestigen; **2)** sich als Student für Vorlesungen, Seminare eintragen.
Belegschaft, Arbeiterschaft eines Betriebs. – B.**saktien,** Aktien, die d. Belegschaft e. AG angeboten werden.
Beleidigung, strafbare Kundgebung v. Mißachtung durch Worte, Taten od. Gesten (§§ 185 ff. StGB); Strafverfolgung durch → Privatklage.
Beleihbarkeit, Grenze für Beleihung eines Grundstücks od. Gebäudes m. hypothekarisch. Darlehen, richtet sich nach Realisierungsmöglichkeit u. Ertrag d. Grundstücks; auch Grenze, bis zu der die Landeszentralbanken Wertpapiere lombardieren.
Belém [*bəl'ẽi*], Vorstadt v. Lissabon. – **B. do Pará,** Hptst. des brasilian. Staates Pará, Atlantikhafen am Rio Pará, 1,13 Mill. E; Hauptausfuhrhafen f. Amazonastiefland (Gummi, Kakao, Paranüsse).
Belemniten, ausgestorbene, tintenfischähnl. Kopffüßer, v. ihnen fossil erhalten Donnerkeile.
Beletage [frz. *-'taӡ(ə)*], der „schöne" 1. Stock.
Beleuchter, techn. Mitarbeiter bei Theater, Film u. Fernsehen.

Belfast, *Parlamentsgebäude*

Belfast, Hptst. Nordirlands, 303 800 E; Textilind., Flugzeugbau, Hafen; Bischofssitz, Uni.
Belfort [-*fɔr*], **1)** frz. St. zw. Vogesen u. Jura (Burgund. Pforte), 53 000 E; Textilind.; Festung; Hptst. v. **2)** ostfrz. Territorium, 609 km², 130 000 E.
Belfried, *m., Beffroi,* ma. Glockenturm e. Stadt, bes. i. Flandern; auch → Bergfried.
Belgard, *Białogard,* poln. St. i. d. Woiwodsch. Köslin (Koszalin), Pommern, 23 500 E.

Belgien, amtl. *Royaume de Belgique* (frz.), *Koninkrijk België* (fläm.), Kgr.

W-Europas, an d. Nordsee, 30 519 km², 9,93 Mill. E (325 je km²); Bev.-Zuw. 0,0%; Sprache: Wallonen, Flamen (→ flämische Bewegung) u. dt.sprachige Minderheit; Sprache: Frz., Fläm., Dt.; Währung: belg. Franc (bfr); Rel.: überwiegend röm.-kath.; Hptst.: Brüssel; Flagge S. 340, Karte S. 740. a) *Geogr.:* Hoch-*B.* im SO, waldreich (Ardennen) mit Kohlen- u. Eisenlagern im Sambre- u. Maastal, Hauptindustriegebiet v. Charleroi bis Lüttich; dicht besiedeltes *Mittel-B.,* fruchtb. Hügelland an der Schelde; *Nieder-B.,* im O sandige Geest, im W fruchtb. Marschland (intensive Landw., z. T. Gartenkultur), bis zur Dünenküste; Hpthafen *Antwerpen.* **b)** *Wirtschaft:* Ind.staat; wichtige Zweige: chem. u. vor allem Eisen- u. Stahlind., (1988): Roheisen 9,2 Mill. t, Rohstahl 11,2 Mill. t; Bedeutung d. Kohle zurückgehend. **c)** *Außenhandel* (1988): Einfuhr 91,88 Mrd., Ausfuhr 98,31 Mrd. $ (jeweils einschließl. Luxemburg). **d)** *Verf.* v. 1831: Erbl. konstitutives Kgr., Parlament (Senat u. Abgeordnetenkammer). **e)** *Verw.:* 9 Provinzen m. 43 Bezirken. **f)** *Gesch.:* Urspr. keltisch, 57 v. Chr. v. Cäsar erobert (Gallia belgica); Einströmen v. Niederfranken; später Teil d. Frankenreichs. 843 u. endgültig 879 zw. Ost- u. Westfranken geteilt. Zerfall in Territorien, die s. 1369 im burgund. Staate vereinigt wurden; 1477 habsburg., 1556 span. Der Unabhängigkeitskampf der nördl. Niederlande 1568–1648 beließ nur die südl. belg. Prov.en bei Spanien; 1659–78 Gebietsabtretung an Frkr., 1713 d. span. Niederlande an Östr.; 1797 frz., 1815 mit Holland: „Königreich der Vereinigten Niederlande"; 7. 10. 1830 unabhängig, Kgr. unter Leopold v. Sachsen-Coburg; Kongostaat Leopolds II. wird 1908 staatl. Kolonie Belg.-Kongo, aus der 1960 die unabhängige Kongorepublik → *Zaïre* hervorging. Im 1. Weltkrieg dt. Einmarsch 1914; 1920–36 Bündnis mit Frkr., 1940 Einmarsch dt. Truppen. 1945 wurde statt → Leopold III. sein Sohn → Baudouin I. Regent, s. 1951 König. 1948 Zollunion mit Luxemburg u. den Niederlanden *(Benelux)* u. s. 1960 Wirtschaftsunion. 1980–84 Regionalisierung (Autonomie d. Sprachgemeinschaften u. Regionen); 1989 Gleichstellung d. Hauptstadt gegenüber fläm. u. wallon. Region als eigene Region (Ziel: belg. B.staat). **g)** *Mitgl.:* UN, NATO, EG, EGKS, Euratom, OECD, WEU, GATT, Europarat.
Belgrad, serb. *Beograd,* Hptst. Jugoslawiens u. Serbiens (s. 1867), auf d. Landzunge zw. Donau (¾ km br.) u. Save (½ km br.) um Kalkfelsen m. alter Burg Kalimegdan, 1,6 Mill. E; Schloß (Konak), Sitz d. serb.-orthodoxen Patriar-

chen u. eines röm.-kath. Erzbischofs; Uni., Musik- u. Kunstakad., Theater, Bibliothek und Museen. – Im 9./10. Jh. bulgar., dann i. wechselndem Besitz v. Ungarn, d. Türkei (1740–89, 1791 u. 1813–67) u. Serbien.
Belial [hebr.], ökumen.: *Beliar,* „Verderber"; Teufel, Satan i. N. T.
Belisar (um 500–65), oström. Feldherr; besiegte 533/34 die Wandalen in Afrika (Karthago), eroberte 536 Unteritalien u. Rom, kämpfte 544–48 erfolglos gg. d. Ostgoten i. Italien.
Belize, früher *Britisch-Honduras,* parlamentar.-demokr. Monarchie im SO-Teil der Halbinsel Yucatán, 22 965 km², 179 800 E; Hptst. *Belmopan* (4000 E); Flagge S. 340, Karte S. 746; s. 1981 unabhängig; Ausfuhr: Edelhölzer, Bananen; Mitgl. d. UN u. d. Commonwealth; AKP-Staat.
Bell, 1) Alexander Graham (3. 3. 1847–1. 8. 1922), schott. Phys.; konstruierte 1876 das erste praktisch brauchb. Telefon; **2)** Currer, → *Brontë,* Charlotte.
Belladonna, svw. → Tollkirsche.
Bellarmin, Robert (4. 10. 1542–17. 9. 1621), it. Jesuit, Kardinal u. Kirchenlehrer; führend i. d. Gegenreformation.
Belle-Alliance [*bɛla'ljãs*], Wirtshaus bei → Waterloo.
Bellerophontes, griech. Sagenheld, erlegte mit Hilfe des → Pegasus die Chimäre.
Belletristik, *w.* [frz. „belles lettres" = schöne Wissenschaften"], schöngeistige dichter. od. unterhaltende (fiktionale) Literatur; Ggs.: Sach- u. Fachliteratur.
Bellevue [frz. *bɛl'vy*], „schöne Aussicht", vielfach Name v. Orten und Bauten.
Belling, Rudolf (26. 8. 1886–9. 6. 1972), dt. Bildhauer, Vertr. d. abstrakten Kunst; Porträts, Kompositionen in Metall.
Bellingshausen, Fabian Gottlieb v. (20. 9. 1778–25. 1. 1852), russ. Admiral; Südpolarexpedition 1819–21.
Bellini, it. Malerfamilie in Venedig; **1)** Jacopo (um 1400–um 71); s. Söhne **2)** Gentile (1429–23. 2. 1507), *Prozession auf d. Markusplatz;* **3)** Giovanni (um 1430–29. 11. 1516), prägte in Farbharmonie u. Komposition die venezian. Frührenaiss.; *Altarbilder z.* B. in den venezian. Kirchen SS. Giovanni e Paolo, S. Zaccaria; Maria Gloriosa dei Frari, S. Zaccaria; *Bildnisse* u. a.
Bellini, Vincenzo (3. 11. 1801–24. 9. 35), it. Opernkomp.; *Norma; I Puritani.*
Bellinzona (CH-6500), dt. *Bellenz,* Hptst. des schweiz. Kantons Tessin, 16 800 E.
Bellona, röm. Kriegsgöttin.
Bellow [*'belou*], Saul (* 10. 7. 1915), am. Romancier; *Das Geschäft d. Lebens; Der Regenkönig; Herzog; Humboldts Vermächtnis; Mr. Sammlers Planet;* Nobelpr. 1976.
Belluno, oberit. Prov.-Hptst. a. d. Piave, 35 900 E.

Belmondo, Jean-Paul (* 9. 4. 1933), frz. Filmschausp.; *A bout de souffle; Borsalino; Le Magnifique.*

Belo Horizonte [*'bæloȓ'zonti*], Hptst. d. brasilian. Staates Minas Gerais, 2,1 Mill. E; HS; Schwerindustrie.

Belotto, Bernardo, → Canaletto 2).

Belsazar († um 539 v. Chr.), letzter Herrscher von Babylon; Gedicht von Heine.

Belt, Meerengen der westl. Ostsee: *Gr. B.* zw. Seeland u. Fünen, 15–30 km breit, 25 m tief, Hptzufahrtsstraße für große Schiffe vom Kattegat in die Ostsee. *Kl. B.* zw. Fünen u. Jütland, verengt sich auf 700 m. *Fehmarn-B.* zw. Fehmarn u. Lolland, 18 km breit; → Vogelfluglinie.

Beluga, 1) Störart, Kaviarsorte → Hausen; 2) Weißwal, Zahnwalart des nördl. Eismeeres.

Belutschistan, engl. *Baluchistan,* Landschaft westl. des Indus, am Arab. Meer; der südöstl. Teil des Hochlandes von Iran; im O gebirgig, z. T. Wüste (Gedrosien); Teil von Pakistan (einschließl. der Belutsch-Staaten Kelat, Las Bela, Kharan, Mekran), 347 190 km², 4,6 Mill. E, moh. Sunniten, großenteils Nomaden; vorwiegend Viehzucht; Hptst. *Quetta.* – 1876 brit. Schutzgebiet, z. T. Prov. von Brit.-Indien; 1947 zu Pakistan.

Belvedere [it. „schöne Aussicht"], Name von Lustschlössern (in Wien, bei Weimar u. a.).

Benacerraf, Baruj (* 19. 10. 1920), am. Med.; (zus. m. G. → Snell u. J. → Dausset) Nobelpr. 1980 (Forschungen z. immunbiol. Reaktionen zellularer Oberflächenstrukturen).

Benares, *Verbrennungsstätte*

Benares, ind. *Varanasi,* St. am Ganges i. ind. Staat Uttar Pradesch, heilige St. u. Wallfahrtsort d. Hindus, 794 000 E; 1450 Tempel, 570 Moscheen, Brahminenschulen, Hindu-Uni.; Handelsplatz.

Benatzky, Ralph (5. 6. 1884–17. 10. 1957), östr. Operettenkomp.; *Im weißen Rößl.*

Benavente, Jacinto (12. 8. 1866–14. 7. 1954), span. Komödiendichter; 171 Bühnenwerke; Nobelpr. 1922.

Ben Bella, Mohammed (* 25. 12. 1916), alger. Pol.; Chef d. Nat. Befreiungsarmee, 1956–62 in frz. Gefangenschaft; 1962 Min.präs., 1963 Staatspräs., 1965 gestürzt u. bis 1980 unter Hausarrest.

Benda, 1) Ernst (* 15. 1. 1925), CDU-Pol.; 1968/69 B.innenmin., 1971–83 Präs. d. B.verf.gerichts; 2) Georg Anton (30. 6. 1722–6. 11. 95), dt.-böhm. Komp.; 1. dt. Melodrama: *Ariadne auf Naxos;* Singspiele.

Bender, Hans (* 1. 7. 1919), dt. Erzähler u. Lyriker; *Wölfe und Tauben; Wunschkost; Die Überfahrt.*

Bendorf (D-5413), St. b. Koblenz, RP, 15 337 E; histor. St.teil *Sayn* m. Burganlage, Prämonstratenserabtei; Mittelrheinhafen.

Benedictus [l. „gepriesen"], Teil der katholischen Messe und der lutherischen Abendmahlsordnung.

Benedikt, 1) B. v. Nursia (um 500), Hlg.; durch seine *Regula St. Benedicti* Mitbegründer d. abendländischen Mönchstums, gründete Monte Cassino; 2) B. von Aniane († 821), Hlg., Ratgeber Ludwigs des Frommen.

Benediktenkraut, 1) distelähnl.; stammt a. Mittelmeerländ., Volksheilmittel; 2) ein → Nelkenwurz.

Benediktiner, 1) Mönchsorden nach der Regel des → Benedikt von Nursia (Seßhaftigkeit, Armut/Keuschheit, Gehorsam); Stammkloster: *Monte Cassino,* gegr. um 529; viele Reformkongregationen (z. B. *Kluniazenser, Zisterzienser, Trappisten, Maurinér* u. a.); auch weibl. Zweig des Ordens: *Benediktinerinnen,* entsprechend *Zisterzienserinnen* usw; 2) frz. Kräuterlikör (anfangs v. B.mönchen hergestellt).

Benefiz|ium, s. [l.], Rechtsvergünstigung, Lehen, Pfründe. – **B.vorstellung,** Veranstaltung, deren Ertrag einem Mitwirkenden zugute kommt.

Benelux-Union, Zus.schluß v. *B*elgien, *N*iederlande (*N*ederlands) u. *Lux*emburg zur Zollunion 1947, s. 1948 wirksam; s. 1960 Wirtschaftsunion.

Beneš [-*ɛʃ*], Eduard (28. 5. 1884–3. 9. 1948), tschech. Staatsmann; Mitbegr. u. 1935–38, 1945–48 Präs. der ČSR (1942– 45 d. Exilreg. in London).

Benevent, it. *Benevento,* it. Prov.-Hptst., nördl. Neapel, 65 000 E; Erzbischofssitz. – 275 v. Chr. Römersieg über Pyrrhus; Trajansbogen.

Bengalen, das fruchtbare, dichtbevölkerte Ganges-Tiefland, 1) *Ost-B.,* pol. s. 1971 → Bangladesch; 2) *West-B.,* Staat der Rep. Indien, 87 852 km², 54,6 Mill. E; *Kalkutta;* Hauptreisgebiet Vorderindiens, Jute-Monopol. – **B.,** *Golf v.,* Teil d. Ind. Ozeans zw. Vorder- u. Hinterindien.

bengalisches Feuer, Salpeter-Schwefel-Antimon-Gemisch; ruhig brennend, durch Metallzusätze bunt.

bengalische Sprache, *Bengali,* neuere ind. Sprache, aus d. Sanskrit hervorge-

gangen, in Bengalen, a. Ganges u. Brahmaputra gesprochen; bengal. Literatur seit dem 15. Jh., Tagore dichtete in bengal. Sprache.

Bengasi, *Benghazi,* libysche Hafenstadt und Hptst. der Kyrenaika, 650 000 E; Uni.

Bengel, Johann Albrecht (24. 6. 1687–2. 11. 1752), dt. ev. Theol.; Hptvertr. d. schwäb. → Pietismus.

Bengsch, Alfred (10. 9. 1921–13. 12. 79), kath. Theologe, s. 1961 Bischof v. Berlin, s. 1967 Kardinal; s. 1976 Vors. d. Berliner Bischofskonferenz (Zus.schluß der Diözesen d. DDR u. Ost-Berlins).

Benguela, St. u. Hafen in Angola, a. Atlantik, 155 000 E; Ausfuhr v. Kupfer, Diamanten, Mais, Kaffee.

Ben Gurion, David (16. 10. 1886–1. 12. 1973), isr. Pol. (Arbeiterpartei); Zionist u. Gewerkschaftler; 1948–53 u. 1955– 63 Min.präs.

Beni Israel, jüd. Stamm in Vorderindien, v. brauner Hautfarbe; ca. 15 000, Zentrum Bombay.

Benin, 1) Landschaft in Nigeria, früher mächtiges Negerreich mit hoher Kultur, 1897 von Briten unterworfen; 2) amtl. *République du Bénin,* bis 1975 *Dahomey,* Staat in W-Afrika, 112 622 km², 4,5 Mill. E (39 je km²); Bev.-Zuw. 3,2%; Bev.: Sudan-Gruppen (50%), u. a. Ewe, Adja u. Fon, Joruba (13%); Sprache: Frz., Ewe, Fon, Joruba; Rel.: Animisten, Muslime, Katholiken; Währung: CFA-Franc (FCFA); Hptst.: *Porto Novo, Reg.sitz: Cotonou;* Flagge S. 340, Karte S. 750. **a)** *Wirtsch.:* Agrarland; Hptanbauprodukte: Palmkerne, Mais, Hirse, Maniok, Kakao, Baumwolle, Kaffee. **b)** *Außenhandel* (1986): Einfuhr 541 Mill., Ausfuhr 129 Mill. **c)** *Verf.* v. 1977 (Marxismus-Leninismus als Staatsdoktrin) suspendiert; 6 Provinzen. **d)** *Gesch.:* Nach 1625 Entstehung des Königreichs Dahomey; 1899–1958 Teil von Französisch-Westafrika; 1960 als Dahomey unabhängig; 1965, 1967, 1968, 1969, 1972 Staatsstreich; s. 1975 Volksrep. m. Einheitspartei; Mehrparteiensystem in Vorbereitung. **e)** *Mitgl.:* UN, OAU, OCAM; AKP-Staat.

Beni Suef, oberägypt. Prov.-Hptst., 118 000 E (m. Vororten); Zigarettenindustrie; Baumwollhandel.

Benn, Gottfried (2. 5. 1886–7. 7. 1956), dt. Arzt u. Dichter; Lyrik: *Morgue; Statische Gedichte;* Prosa: *Roman; Der Ptolemäer;* Essays: *Ausdruckswelt.*

Bennett [*'bɛnɪt*], 1) Arnold (27. 5. 1867– 27. 3. 1931), engl. Erzähler; *Eine volle Nummer; How to make the best of life;* 2) James Gordon (10. 5. 1841–14. 5. 1918), am. Zeitungsverleger; sandte Stanley auf die Suche nach Livingstone u. stiftete den *Gordon-Bennett-Preis* (intern. Preis f.

Automobilrennen, Freiballon- u. Flugzeugwettbewerbe).

Ben Nevis, höchster Berg Großbritanniens, 1343 m, im westl. Schottland.

Bennigsen, Rudolf v. (10. 7. 1824–7. 8. 1902), dt. Pol.; begr. 1866 (m. Lasker) d. Nationalliberale Partei.

Benno (1010–1106), Bischof von Meißen, Heiliger.

Benoni, südafrikan. Stadt am Witwatersrand (Transvaal), 206 000 E (56 000 Weiße); Goldminen.

Benrath, sö. Stadtteil v. Düsseldorf, Rheinhafen.

Bensberg, NRW, s. 1975 Stadtteil von → Bergisch Gladbach.

Bense, Max (7. 2. 1910–29. 4. 90), dt. Phil. u. Math.; Essays: *Plakatwelt; Literaturmetaphysik.*

Bensheim (D-6140), St. i. Rgbz. Darmstadt, Hess., a. d. Bergstr., 34 241 E; AG; Weinbau, Winzerfest.

Bentham *[-θəm],* Jeremias (15. 2. 1748–6. 6. 1832), engl. Philosoph, Begründer des → Utilitarismus.

Bentheim → Bad Bentheim.

Benuë, größter Nebenfluß des Niger in Westafrika, 1400 km lang, 800 km schiffbar.

Benutzungszwang, Verpflichtung zum Gebrauch einer öff. Einrichtung (z. B. Wasserleitung, Kanalisation, Schlachthof); Zwang gg. jedermann od. gg. best. Personenkreise (Hauseigentümer), je nach Erfordernissen des öff. Interesses.

Benxi, *Penki,* chin. St. östl. v. Shenyang in d. Prov. Liaoning, 826 000 E; chem. Ind., Hüttenwerke.

Gottfried Benn   Carl Friedrich Benz

Benz, Carl Friedrich (25. 11. 1844–4. 4. 1929), dt. Ing.; baute unabhängig von → *Daimler* 1885 den ersten Benzinkraftwagen.

Benzaldehyd, Zersetzungsprodukt v. → Bittermandelöl.

Benzin, Leichtöl, durch Destillation von Erdöl od. aus Kohle durch „Verflüssigung" *(→ Bergiusverfahren,* → *Fischer-Tropsch-Synthese)* hergestelltes Gemisch v. niederen → Kohlenwasserstoffen (Übers.), vorwiegend Hexan bis Oktan; Sp. 60–120 °C; Treibmittel (vergast od. eingespritzt) f. Motoren, auch zum Fettlösen u. Reinigen (feuergefährlich).

Benzoë-harz, Harz eines ostasiat. Baumes; med., kosmet. u. als Parfüm benutzt. – **B.säure,** farblose Kristalle, Carbonsäure des Benzols; dient zur Anilin-

farbenfabrikation u. als Konservierungsmittel.

Benzol, C_6H_6, aromat. Kohlenwasserstoff, früher durch Steinkohledestillation gewonnen, heute aus Erdöl; schmilzt bei +5,5 °C u. wird durch Ausfrieren rein erhalten; Sp. 80,2 °C; *B.dampf* giftig; Grundstoff vieler Verbindungen (z. B. der Teerfarben), wichtiger Treibstoff. – **B.ring,** 1865 v. A. *Kekulé v. Stradonitz* aufgestellte Sechseck-Strukturformel des Benzols (→ Kohlenwasserstoffe, Übers.).

Benzpyren, krebserregende Substanz in Steinkohlenteer; entsteht in kleinen Mengen bei verbrennendem Zigarettenpapier.

Beo, sprechbegabter asiat. Starenvogel.

Beowulf, altengl. Heldenepos (8. Jh. n. Chr.).

Beppu, jap. Badeort (Schwefelquellen) auf Kyushu, 135 000 E.

Béranger *[berãˈʒe],* Pierre Jean de (19. 8. 1780–16. 7. 1857), frz. Liederdichter; Napoleonmythos.

Beraun, 1) l. Nbfl. der Moldau, 247 km lang; 2) tschech. *Beroun,* St. sw. v. Prag, 18 000 E; Bergbau, Textilind.

Berber, Träger westhamitischer Sprachreste i. heute arabisch sprechenden Nordafrika; (Rif-)Kabylen, Tuareg; → Hamiten.

Berbera, Hafen in Somalia, am Golf von Aden, 65 000 E.

Berberei, *Barbareskenstaaten,* im MA: Marokko, Algerien, Tunis, Tripolis.

Berberitze

Berberitze, w., *Sauerdorn,* Dornstrauch m. gelben Traubenblüten; versch. Arten; Zwischenwirt des Getreiderostes.

Berceuse, w. [frz. -ˈsøzə], Wiegenlied.

Berchta, svw. Frau Holle.

Berchtesgaden (D-8240), Mkt., heilklimat. Kurort i. SO v. Oberbay., 568 müM, 7644 E; Stiftskirche (roman. Kreuzgang), Schloß; Salzbergwerk.

Berdjajew, Nicolai (6. 3. 1874–23. 3. 1948), russ. Religions- u. Kulturphilosoph, Emigrant.

Bereitschaftspolizei → Polizei.

Berengar, 1) B. I., 888–924 n. Chr. Kg v. Italien, seit 915 röm. Kaiser; ermordet; 2) B. von Tours (1000–1088), scholast. Theologe.

Berenike [gr.], 1) Gemahlin d. Ptolemäus III., um 250 v. Chr.; 2) *Haar d. B.;* → Sternhimmel E.

Beresina, 1) r. Nbfl. d. Dnjepr (613 km), Holzflößerei; Nov. 1812 b. Borissow (Studjanka) Übergang Napoleons; 2) r. Nbfl. d. Njemen.

Alban Berg

Berg, 1) Alban (9. 2. 1885–24. 12. 1935), östr. Komp.; Vertr. d. → Zwölftontechnik, Schüler Schönbergs; Opern: *Wozzeck* (nach Büchner); *Lulu* (nach Wedekind); Violinkonzert; 2) Paul (* 30. 6. 1926), am. Biochem.; entwickelte d. Technologie d. Genchirurgie; Nobelpr. f. Chemie 1980.

Berg, Teil von N-Westf., 1380–1806 Hzgtum, bis 1815 Großhzgtum.

Bergama, St. im türk. Wilajet Aydin, 29 000 E; das frühere → *Pergamon.*

Bergamo, oberit. Prov.-Hptst., am Fuße der *Bergamasker Alpen* (östl. v. Comer See u. d. Lago d'Iseo), 118 000 E; Kunst- u. Fremdenverkehrszentrum.

Bergamotte, 1) apfelsinenartige Südfrucht; 2) Sorten der → Birnen.

Bergbahnen, im Gebirge verwendete Verkehrsmittel; v. a. als → Zahnrad- u. Seilbahnen.

Bergbau, Förderung von Bodenschätzen, bes. Kohle, Erze, Salze; seit vorgeschichtl. Zeit betrieben. Lagerstätten durch Schürfen od. Tiefbohrung ermittelt. *Abbau* im „Tagebau" bei frei od. nicht zu tief liegenden Lagern (Braunkohle) oder „unter Tage" (Schachtbau). Man treibt Schächte senkrecht od. mit den Schichten laufend hinunter, teilt das Abbaugebiet in Stockwerke *(Sohlen)* ein (Ausrichtung) und dringt von hier aus seitlich durch Richtstrecken bzw. Querschläge in die Lager *(Flöze)* vor (Vorrichtung). An der Abbaustelle („vor Ort") wird durch Werkzeuge, Preßlufthämmer und Schrämmaschinen, durch Sprengungen (Schießarbeit), das „*Gut*" gewonnen. Das gehauene Gut wird in kl. Wagen *(Hunde)* verladen, die von Hand oder durch Grubenlokomotiven zum Förderschacht gebracht und dort in Fördergestellen am Drahtseil durch die Fördermaschine ans Tageslicht gehoben werden. Durch den Wetterschacht wird frische Luft zugeführt (Bewetterung). Der ausgehauene Raum wird durch Mauerung od. Zimmerung gesichert; große Hohlräume werden nach dem Abbau mit taubem Gestein usw. ausgefüllt (Bergversatz, Blasversatz, Spülversatz). Zur Beleuchtung dienen ortsfeste el. Lampen (im Erz-B. Acetylenlampen) oder tragbare Sicherheitslampen. Grundwasser wird durch Pumpen abgesaugt. *Hauptgefahren:* Schlagwetter; Kohlensäureeinbrüche, Kohlenstaubexplosionen (ausgelöst durch schlagende Wetter), bekämpft

Bergbau

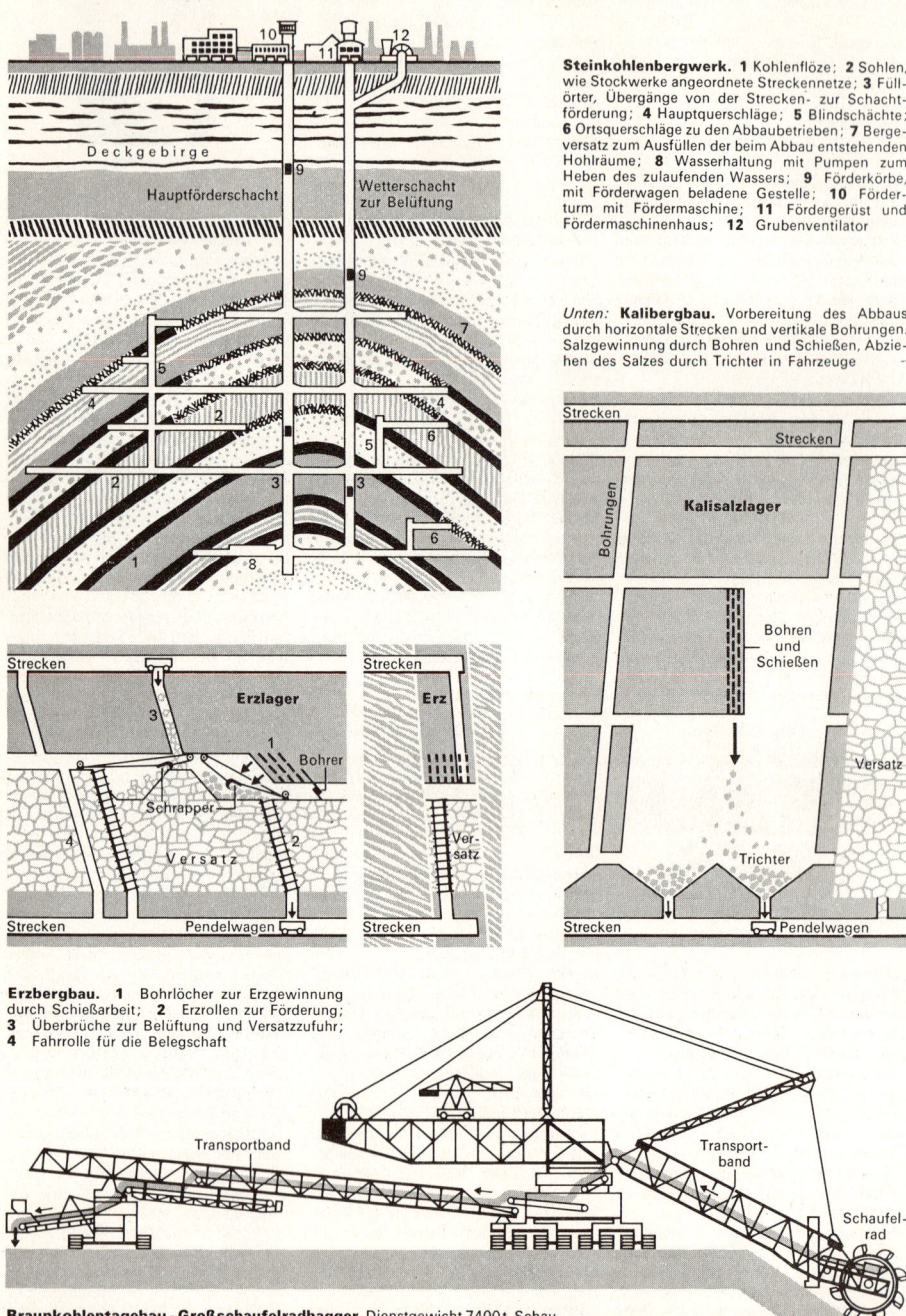

Steinkohlenbergwerk. 1 Kohlenflöze; **2** Sohlen, wie Stockwerke angeordnete Streckennetze; **3** Füllörter, Übergänge von der Strecken- zur Schachtförderung; **4** Hauptquerschläge; **5** Blindschächte; **6** Ortsquerschläge zu den Abbaubetrieben; **7** Bergeversatz zum Ausfüllen der beim Abbau entstehenden Hohlräume; **8** Wasserhaltung mit Pumpen zum Heben des zulaufenden Wassers; **9** Förderkörbe, mit Förderwagen beladene Gestelle; **10** Förderturm mit Fördermaschine; **11** Fördergerüst und Fördermaschinenhaus; **12** Grubenventilator

Unten: **Kalibergbau.** Vorbereitung des Abbaus durch horizontale Strecken und vertikale Bohrungen. Salzgewinnung durch Bohren und Schießen, Abziehen des Salzes durch Trichter in Fahrzeuge

Erzbergbau. 1 Bohrlöcher zur Erzgewinnung durch Schießarbeit; **2** Erzrollen zur Förderung; **3** Überbrüche zur Belüftung und Versatzzufuhr; **4** Fahrrolle für die Belegschaft

Braunkohlentagebau - Großschaufelradbagger. Dienstgewicht 7400 t, Schaufelraddurchmesser 17,5 m, Tagesförderleistung 112 000 cbm (Abbauhöhe 107 m)

Bergbau, BR Deutschland				Beschäftigte in Tsd.			
				im Bergbau insgesamt		im Kohlenbergbau	
	Förderung in Mill.t			644	1955		563
	Steinkohle	Braunkohle		419	1965	380	
135		1965	102	214	1973	193	
97		1973	119	238	1982	219	
82		1983	124	219	1985	197	
76		1987	108	216	1986	195	
73		1988	108	210	1987	190	
71		1989	110	200	1988	181	

durch Berieselungs- oder Gesteinstaubverfahren); Zu-Bruch-Gehen v. Strecken durch Bergdruck; Wassereinbrüche (→ Tafel S. 92).

Bergbehörden, Behörden z. Ausübung d. Berghoheit; *Oberbergämter, Bergämter,* überwachen Einhaltung d. Grubensicherungsbestimmungen, Sprengstoffvorschriften u. a.

Bergelohn, Vergütung f. Hilfe in Seenot u. Bergung v. besitzlos gewordenem Schiffsgut.

bergen, *seem.* Segel einholen, ein gestrandetes Schiff abschleppen od. dessen Ladung sicherstellen; → Bergelohn.

Bergen, 1) westnorweg. St. am *Byfjord,* 212 000 E; Hafen mit bed. Schiffsverkehr; Fisch- (Hering, Stockfisch) u. Holzhandel; seit 1940 Uni.; luth. Bischof. – Hptkontor d. Hanse: „Deutsche Brücke" bis 1630; **2)** *B. (Rügen)* (D-2330), Krst. auf Rügen, M-V., 19 540 E; **3)** (D-3103), St. i. Nds., 12 235 E; NATO-Truppenübungsplatz; Gedenkstätte Lager Bergen-Belsen.

Werner Bergengruen

Bergengruen, Werner (16. 9. 1892–4. 9. 1964), dt. Schriftst.; Gedichte: *Die Rose von Jericho; Dies irae;* Romane: *Der Großtyrann und das Gericht; Am Himmel wie auf Erden; Der letzte Rittmeister.*

Bergen op Zoom [ˈbɛrxə ɔp ˈsoːm], ndl. St. in d. Prov. N-Brabant, 46 300 E.

Berger, 1) Erna (19. 10. 1900–14. 6. 90), dt. Koloratursopranistin; **2)** Hans (21. 5. 1873–1. 6. 1941), dt. Psychiater; erste Messungen v. Gehirnströmen (→ EEG).

Bergfried, *Berchfrit, m.,* Haupt-, Wartturm einer Burg; → Belfried.

Bergheim (D-5010), St. im Erftkreis, NRW, 55 997 E; AG; Braunk.bergbau.

Bergisch Gladbach (D-5060), Ind.- u. Krst. d. Rhein.-Berg. Kreises, NRW, 101 983 E (nach Zus.schluß mit Bensberg); Barockschloß, roman. Kirchen,

Museum; Papierind., Kernenergie-Forschungszentr.

Bergius, Friedrich (11. 10. 1884–31. 3. 1949), dt. Chem.; erfand **B.verfahren** z. Gewinnung flüssiger Kohlenwasserstoffe (z. B. Benzin u. anderer Motortreibmittel) durch Bindung v. Wasserstoff an Kohle b. Anwendung v. 150 at Druck, 450 °C u. → Katalysatoren (Kohleverflüssigung), → Steinkohle (Abb.); Nobelpr. 1931.

Bergkamen (D-4709), St. im Kr. Unna, NRW, 48 489 E; Bergbau, chem. u. a. Ind.; Heimatmus.; Kunstgalerie.

Bergkarabach → Nagorno-Karabach.

Bergkrankheit, tritt auf in Höhen über 3500 m infolge geringen Luftdrucks und Sauerstoffmangels; Symptome: starke Ermüdung, Schwindel, Herzklopfen, Kopfschmerzen, Erbrechen, zuweilen Bewußtlosigkeit; Behandlung: Sauerstoffzufuhr.

Bergkristall, reinste *Quarz*-Art, Halbedelstein.

Bergman, 1) Ingmar (* 14. 7. 1918), schwed. Theater- u. Filmregisseur; *Das siebente Siegel* (1957); *D. Schweigen* (1963); *Szenen einer Ehe* (1974); *V. Angesicht zu Angesicht* (1975); *Das Schlangenei* (1977); *Fanny u. Alexander* (1983); **2)** Ingrid (29. 8. 1915–29. 8. 82), schwed. Filmschauspielerin; *Casablanca; For Whom the Bell Tolls; Cactus Flower.*

Bergmann, Ernst v. (16. 12. 1836–25. 3. 1907), dt. Chirurg; Einführung d. Asepsis.

Bergmann-Pohl, Sabine (* 20. 4. 1946), dt. Ärztin u. CDU-Pol.in, 1990 Präs. d. Volkskammer d. DDR, 1990 B.min. f. bes. Aufgaben; s. 1991 Parlamentar. Staatssekretärin in B.gesundheitsmin.

Bergner, Elisabeth (22. 8. 1897–12. 5. 1986), östr. Bühnen- u. Filmschauspielerin.

Bergneustadt (D-5275), St. i. NRW, Oberbergischer Kreis, 18 770 E.

Bergpredigt, Kern der Lehre Jesu: die neue Moral; in den Grundzügen authentisch (Matth. 5–7).

Bergrecht, Gesamtheit d. den Bergbau betreffenden rechtl. Sondervorschriften; Einzelheiten durch Landesgesetze geregelt.

Bergregal, früher d. Landesherren, dann den Ländern vorbehaltenes Recht zum Abbau best. Bodenschätze (Bergmonopol).

Bergschulen, zur Ausbildung von unteren u. mittleren Grubenbeamten: 2jähr. Kursus nach 3–4jähr. Grubenarbeit (z. B. in Clausthal 1775 gegr., Bochum 1816, Eisleben 1817, Siegen 1818).

Bergson, Henri (18. 10. 1859–4. 1. 1941), frz. Phil., lehrt d. „Schöpferische Entwicklung" alles Lebens durch den ihm innewohnenden Lebensdrang *(élan vital)* während der subjektiv erfahrb. Zeit *(durée);* Intuition gg. Verstandeserkenntnis; *Materie u. Gedächtnis;* Nobelpr. 1927.

Bergstraße, Landschaft am westl. Abhang des Odenwaldes zw. Darmstadt u. Heidelberg; mildes Klima, Obstanbau.

Bergsträsser, Arnold (14. 7. 1896–24. 2. 1964), dt. Soziologe u. Kulturhistoriker.

Bergström, Sune K. (* 10. 1. 1916), schwed. Biochem.; (zus. m. B. → Samuelsson u. J. R. → Vane) Nobelpr. f. Med. 1982 (Prostaglandin-Forschung).

Berg- und Talwind, die zweimal täglich die Richtung wechselnde Luftströmung an Gebirgsabhängen infolge des Temperaturwechsels: bis Sonnenuntergang relativ warmer *Talwind* aufwärts, nachts kühler *Bergwind* talabwärts.

Bergwacht, Vereinigung von Bergsteigern u. Naturfreunden (gegr. 1919, München); Zweck: Hilfe bei Unglücksfällen im Gebirge, Naturschutz.

Beriberi, *w.,* Avitaminose mit Lähmungen und Kräfteverfall oder als Herzkrankheit, durch Fehlen von Vitamin B_1 (→ Vitamine, Übers.).

Berija, Lawrentij P. (29. 3. 1899–23. 12. 1953), 1938–53 Chef d. sowj. Geheimpolizei; hingerichtet.

Bering, Vitus (1680–19. 12. 1741), dän. Seefahrer; gestorben auf d. **B.insel,** i. **B.meer,** nördl. Teil des Pazifiks zw. NO-Sibirien, Alaska u. Kammtschatka u. Aleuten-Inseln; 2,26 Mill. km².

Beringstraße, 85 km breit, Grenze zw. Asien u. Nordamerika; → Karte S. 746.

Berio, Luciano (* 24. 10. 1925), it. Komponist serieller u. elektron. Werke.

Berkeley [ˈbaːkli], George (12. 3. 1685–14. 1. 1753), engl. Phil. u. Bischof, leugnet Dasein der Körperwelt außerhalb unserer Vorstellungen, Spiritualist.

Berkeley [ˈbəːkli], St. an der San-Francisco-Bai, Kalifornien (USA), 103 000 E; Uni., Ind.

Berkẹlium, *Bk,* künstl. chem. El., Oz. 97 (→ Transurane).

Berkshire ['bɑːkʃɪə], Kurzform *Berks,* südengl. Gft, 1256 km², 747 000 E; Hptst. *Reading;* Atomenergiezentrum *Harwell.*

Götz von Berlichingen

Berlichingen, württemberg. Adelsgeschlecht; Sitz Burg B. bei Jagsthausen; *Götz v. B.* 1525 Anführer im Bauernkrieg; Drama v. Goethe.
Berlin ['bəːlɪn], Irving (11. 5. 1888–22. 9. 1989), am. Komp.; Musicals u. Filmmusik; *Annie get your gun.*
Berlin (D-1000), Stadt an Spree und Havel, bis 1945 Hptst. Preußens u. d. Dt. Reiches, s. Okt. 1990 Hptst. d. BR Deutschland, 883 km², 1990 (1939): 3,41 (4,34) Mill E; damit größte dt. Stadt. Seit Ende 1990 Bundesland (die 23 Bezirke bilden das Land B.). Nach Kriegsende v. den Besatzungsmächten in 4 Sektoren geteilt; 1948 Spaltung in *West-B.* (frz., brit., am. Sektor), 480 km², 2,07 Mill. E, u. *Ost-B.* (sowj. Sektor), 403 km², 1,28 Mill. E; beide Teile wurden völlig getrennt regiert. West-B. war nach dt. Recht ein Land d. BR, nach d. Viermächteabkommen (1972) aber kein konstitutiver Teil d. BR. (Sonderstellung aufgrund alliierter Abkommen; seine 22 Abgeordneten im Bundestag waren nicht stimmberechtigt; Bundesgesetze galten nach Auffassung der BR als unmittelbares Bundesrecht, nach Auffassung der Alliierten Kommandantur als Berliner Landesrecht.) Regierung: Senat (an d. Spitze d. Regierende Bürgermeister), Abgeordnetenhaus. Ost-B. war Regierungssitz der DDR (Berlin, Hptst. d. DDR); es wurde 1955 in d. DDR eingegliedert. a) *Wirtschaft:* B. war vor dem Kriege eine der bedeutendsten Industriestädte Europas u. ein wichtiges Großhandels- u. Finanzzentrum. Große Zerstörungen an Industrie- u. Versorgungsbetrieben und Wohnraum (32% des Wohnraums waren zerstört od. schwer beschädigt), Demontagen, erhebl. Bevölkerungsverlust, die Spaltung d. Stadt in zwei Teile m. versch. Währungen u. d. Abschnürung vom Hinterland erschwerten d. wirtsch. Situation v. West-B. nach d. Kriege erheblich. Daher wurden W-B. umfangr. → ERP-Hilfe u. Bundeszuschüsse sowie Steuer- u. Kreditvergünstigungen f. d. Wiederaufbau u.

Senatswahlen (Stimmen in %)

Jahr	CDU	SPD	FDP	Grüne/AL	B90/Grüne	REP	PDS
1948	19,4	64,5	16,1				
1950	24,6	44,7	23,0				
1954	30,4	44,6	12,8				
1958	37,7	52,6	3,8				
1963	28,8	61,9	7,9				
1967	32,9	56,9	7,1				
1971	38,2	50,4	8,5				
1975	43,9	42,6	7,1				
1979	44,4	42,6	8,1				
1981	47,9	38,4	5,6	7,2			
1985	46,4	32,4	8,4	10,6			
1989	37,8	37,3	3,9	11,8			
1990	40,3	30,5	7,1	5,0	4,3	3,1	9,2

z. Sicherung seiner Wettbewerbsfähigkeit gewährt. Wichtigste Ind.zweige: Metall-, Elektro-, Textil-, Maschinenbau-, chem., opt. u. Nahrungsmittelindustrie. Die gleichen Ind.zweige im Ostteil vorherrschend, meist staatl. Betriebe, voll in d. Wirtsch. d. ehem. DDR integriert. **b)** *Verkehr:* Seine einstige Rolle als größter Knotenpunkt des Bahn-, Straßen- u. Luftverkehrs in Dtld hatte Berlin infolge

Berlin, *Reichstag*

der Spaltung eingebüßt. Straßen-, Bahnu. Luftverkehr zw. W-B. u. d. BR war auf best. Strecken beschränkt (Visumzwang bis Ende 1989). Zivilflughafen im Westteil: *Tegel* („Otto Lilienthal"); im Ostteil: *Schönefeld.* Bis Ende 1989 war auch d. städt. Verkehrsnetz v. West- u. Ost-B. getrennt (Verkehr d. Bewohner v. B. zw. beiden Teilen d. Stadt nur m. „Berechtigungsschein" möglich, nur wenige Übergangsstellen). **c)** *Kultur:* Bischofssitz. HS im Westteil sind d. Freie Uni. (1948 gegr.), TH (1879 gegr.), Ev. Kirchl. HS, HS der Künste, Akad. d. Künste, PH, Verwaltungsakad., Dt. Forschungs-HS. Ferner → Max-Planck-Institute. HS im

Ostteil: die Humboldt-Uni. (ehem. Friedr.-Wilh.-Uni., gegr. 1810), Akad. d. Wiss., der Künste, Musik-HS, Ing.-HS, Bauakademie, HS für Ökonomie. Museen u. Theater in W-B. sind die Gemäldegalerie u. d. Völkerkunde-M. in Dahlem, Neue Nationalgalerie, Ägypt. Museum (Nofretete), Berlin-Museum, Dt. Oper, Schiller-, Schloßpark-Theater, Schaubühne. Alljährl. Festwochen u. intern. Filmfestspiele. Mus. u. Theat. in Ost-B. sind d. Staatl. Mus. (Museumsinsel), Märk. Museum, Mus. f. Naturkunde, Mus. f. Dt. Gesch., Staatsoper, Dt. Theater, Kom. Oper, Maxim-Gorki-Th., Th. am Schiffbauerdamm. Bauten i. Westteil: Schloß Charlottenburg, Schloß

Berlin, *Charlottenburg*

Bellevue, Kaiser-Wilh.-Gedächtnis-Kirche, Reichstagsgebäude, Hansaviertel, Kongreßhalle, Corbusier-Haus, Europa-Center. Bauten i. Ostteil: → Brandenburger Tor, Dom, Palast d. Republik (1976 eröffnet). Das i. Kriege stark zerstörte Schloß wurde 1950 gesprengt, um d. Lustgarten (Marx-Engels-Pl.) für Massenkundgebungen z. erweitern, unweit davon das ehem. Staatsratsgebäude. **d)**

Gesch.: Die Gemeinde Cölln zuerst 1237, Berlin 1244 urkundlich erwähnt. 1307 beide Städte vereint, 1359 Mitglied der Hanse. 1488 Residenz der Markgrafen v. Brandenburg. 1539 Reformation eingeführt. Nach 30jährigem Krieg Wiederaufbau durch d. Gr. Kurfürsten. Um 1800 mit 172 000 E führende Ind.-St. Preußens. 1806 Einzug Napoleons, 1810

Berlin, *Brandenburger Tor*

Gründung der Uni. 1848 Märzrevolution. 1861 über 500 000 E, 1880: 1,25 Mill., 1905: 2 Mill. 1902 Bau d. Hoch- u. Untergrundbahn. 1920 Schaffung v. Groß-Berlin. 2. 5. 1945 Eroberung durch die Rote Armee; Aufteilung der Stadt in vier Besatzungssektoren, Verwaltung durch Alliierte Kommandantur; 1948 Einführung der West-Mark in den West-Sektoren und der Ost-Mark im sowjetischen Sektor, Ausscheiden des sowj. Vertreters aus d. Kommandantur, Spaltung d. dt. Stadtverwaltung i. Ost- u. Westmagistrat u. damit Trennung i. West- u. Ost-Berlin. 24. 6. 1948–12. 5. 49 *Berliner Blockade,* Absperrung d. Zufahrtswege nach West-B. durch die Sowjets; wegen der Luftbrücke (Gegenmaßnahme der Westmächte) aufgegeben. 1949 gesondertes Besatzungsstatut f. West-B. 1952 Einbeziehung West-B.s in d. Rechts- u. Finanzstruktur d. BR. Am 17. 6. 1953 Arbeiteraufstand in West-B., mit sowj. Hilfe niedergeschlagen. 1958 kündigte UdSSR Berlin-Status u. forderte Schaffung einer „Freien Stadt West-B.". 1961 Bau der Mauer zwischen W- u. Ost-B. durch die DDR zur Unterbindung d. Flucht aus d. DDR (→ Republikflucht). Seit 1963 zeitweise Passierscheinabkommen f. Verwandtenbesuche v. Bewohnern West-B.s in Ost-B., s. 1968 für Besucher aus d. BR Visumzwang. 1971 alliiertes Berlin-Rahmenabkommen über Transitverkehr BR–B. (Bestätigung d. Bindung von West-B. an die BR, Einreisegenehmigung f. Bewohner v. West-B. nach Ost-B. u. i. DDR). 1972 Viermächte-Berlinabkommen in Kraft; Grundvertrag zw. BR u. DDR paraphiert; Gebietsaustausch zwischen W-B. u. DDR. 1973 Generalkonsulat d. UdSSR i. W-B. 1974 Umweltbundesamt m. Sitz in W-B. 9. 11. 1989 Öffnung der Grenzen und Abbau der Berliner Mauer. 2. 12. 1990 erste Gesamtberliner Wahl zum Abgeordnetenhaus.
Berliner Blau, ältester künstl. Farbstoff

(1704), aus Blutlaugen-Salz u. Eisen(III)-Salzen.
Berliner Blockade, Blockierung d. W-Sektoren Berlins durch sowj. Besatzungsmacht, Sperrung d. Zufahrtswege (24. 6. 1948–12. 5. 49).
Berliner Kongreß, Konferenz der meisten eur. Staaten u. d. Türkei unter Bismarcks Vorsitz (1878; „Ehrlicher Makler") mit dem Versuch, die Balkanfragen zu ordnen; Minderung des russ. und Stärkung des östr. Einflusses.
Berlinguer, Enrico (25. 5. 1922–11. 6. 84), it. Pol.; s. 1972 Gen.sekr. d. KPI, entschiedenster Vertreter e. → Eurokommunismus.
Berlioz [-'ljoz], Hector (11. 12. 1803–8. 3. 69), frz. Komp., Mitschöpfer der sinfon. Dichtung; Sinfonien: *Symphonie fantastique; Romeo und Julia;* Oratorien: *Fausts Verdammnis;* Opern: *Benvenuto Cellini; Die Trojaner;* Requiem.
Berlitzschulen, 1878 v. d. Amerikaner M. D. *Berlitz* (1852–1921) gegr. Schulen zur Erlernung fremder Sprachen in einsprachigem Unterricht.
Bermuda, brit. Inselgruppe (etwa 360 Inseln, davon 20 bewohnt) im westl. Atlantik, 1100 km von New York, 53 km², 58 600 E; Teil-Autonomie; Hptst. *Hamilton* (3000 E); Frühgemüse für USA; Winterkurorte; von USA 1941 als Flottenstützpunkt auf 99 Jahre gepachtet.
Bern, 1) Kanton der West-Schweiz, 6049 km², 933 000 E; Viehzucht (Simmental);

Bern, *Zeitglockenturm*

Uhren- u. Textilind.; 2) (CH-3000), Hptst. a. der Aare, zugleich schweiz. Bundeshauptstadt, 135 000 E; Uni., Sitz d. Weltpostvereins. – 1191 gegr., 1220 Freie Reichsstadt, 1353 eidgenössisch, 1528 Einführung d. Reformation.
Bernadette [-'det], eigtl. *Maria Bernarda Soubirous* (7. 1. 1844–16. 4. 79), begr. die

Bedeutung von → Lourdes; 1933 heiliggesprochen. – Roman v. → Werfel.
Bernadotte [-'dɔt], 1) Folke Gf (2. 1. 1895–17. 9. 1948), Präs. des Schwed. Roten Kreuzes; als UN-Sonderbeauftragter für Palästina in Jerusalem ermordet; 2) Jean Baptiste (26. 1. 1763–8. 3. 1844), frz. Marschall Napoleons I., seit 1818 Kg von Schweden und Norwegen als Karl XIV. Johann; Begr. der schwed. Dynastie B.
Bernanos, Georges (20. 2. 1888–5. 7. 1948), frz. Schriftst.; Verfechter rel. Erneuerung; *Tagebuch eines Landpfarrers.*
Bernardino, *Bernhardin, St. B.,* schweiz. Alpenpaß (Graubünden), 2063 müM, Übergang vom Hinterrhein zum Val Mesolcina u. nach Bellinzona; s. 1968 6,6 km l. Autotunnel; Tunnelscheitel 1644 m.
Bernau b. Berlin (D-1286), Krst. in Bbg., 19 574 E.
Bernauer, Agnes, der „Engel von Augsburg", Bürgermädchen; Hzg Albrecht III. v. Bayern heimlich angetraut, 1435 v. dessen Vater ertränkt.
Bernburg (D-4350), Krst. i. S-A., 41 019 E; HS f. Landw.; Renaissanceschloß; Kalibergwerke, Soda-, Zement-, Papier-, Landmasch.ind.
Berner Alpen, Teil der Schweizer Alpen zw. ob. Aare- u. Rhônetal (bis zum Genfer See) mit → *Finsteraarhorn* 4274 m, *Jungfrau* 4158 m, *Aletschgletscher* u. a.
Berner Klause, Engpaß im Etschtal nw. von Verona, stark befestigt.
Berner Konvention, 1) über Postfragen → Weltpostverein; 2) intern. Abkommen über → Urheberrecht an literarischen Werken.
Berneuchener Kreis, 1923 erfolgter Zus.schluß protestant. Geistl. und Laien für Erneuerung der gottesdienstl. Formen (Liturgie).
Bernhard, 1) B. v. Clairvaux (1090–1153), einer der ersten Äbte u. wichtigsten Erneuerer d. Zisterzienser, großer Kreuzzugsprediger, theol. d. Gegner → Abaelards, bed. Mystiker; 2) B. v. Sachsen-Weimar (16. 8. 1604–18. 7. 39), protestant. Heerführer im 30jähr. Krieg.
Bernhard, Thomas (10. 2. 1931–12. 2. 89), östr. Schriftst.; oft skurrile Sprachbesessenheit u. nihilist. Weltbild; Romane: *Frost; Verstörung; D. Italiener; Holzfällen - Eine Erregung;* Dramen: *D. Präsident; Jagdgesellschaft; Heldenplatz.*
Bernhardiner, 1) Name der → Zisterzienser (nach Bernhard v. Clairvaux); 2) gr. Hunderasse, braun-weiß gefleckt.
Bernhardt [-'nar], Sarah, eigtl. *Rosalie Bernard* (25. 9. 1844–26. 3. 1923), frz. Schauspielerin u. Theaterleiterin; *Memoiren.*
Bernina, *Piz B.,* 4049 m, höchster Gipfel der O-Alpen, an der it.-schweiz. Grenze in den **B.-Alpen** zw. Inn u. Adda. – **B.-Paß,** 2328 m, mit B.-Bahn St. Moritz–Tirano.
Bernini, Gian Lorenzo (7. 12. 1598–28. 11. 1680), it. Baumeister, Bildhauer u.

Zeichner d. Barock; *Bauwerke* u. a. in Rom: Säulenhallen vor d. Peterskirche u. S. Andrea al Quirinale, Brunnen; *Plastiken:* Grabmäler (St. Peter, Rom), Porträtbüsten u. a.

Bernkastel-Kues [-ˈkuːs], (D-5550), St. a. d. Mosel, RP, 6779 E; AG; histor. Marktpl., Geburtsort v. → Nikolaus von Kues; Weinbau *(„B.er Doktor")*; Fremdenverkehr.

Bernoulli [-ˈnuli], Math.familie in Basel, 1) Daniel (29. 1. 1700–17. 3. 82), Begr. d. Gasgesetze durch d. Atomistik; 2) Jakob (27. 12. 1654–16. 8. 1705), unendl. Reihen; 3) Johann (27. 7. 1667–1. 1. 1748), Differential- u. Integralrechnung.

Bernstein, 1) Eduard (6. 1. 1850–18. 12. 1932), dt. sozialist. Theoretiker, Begr. d. Revisionismus; 2) Leonard [ˈbaːnstain] (25. 8. 1918–14. 10. 90), am. Dirigent u. Komponist; Sinfonien, Musical: *West Side Story.*

Bernstein, *gelbe Ambra* [gr. elektron], fossiles Harz von Nadelbäumen d. Tertiärs; oft undurchsichtig. – **B.küste,** Küste d. → Samlandes, reicht von Pillau bis Cranz.

Berolina [nl.], „Berlin".

Beromünster (CH-6215), histor. Marktflecken im Kanton Luzern, 1800 E; 1000 J. altes Chorherrenstift; Rundfunksender.

Bersaglieri [-zalˈjeː], it. Jägertruppe.

Berserker [„Bärenhautträger"], in d. nord. Sage Männer, die sich in Bären verwandeln konnten; v. ungewöhnl. Stärke, bes. in Raserei: **B.wut.**

Berthier [-ˈtje], Alexandre (20. 2. 1753–1. 6. 1815), frz. Marschall; Freund Napoleons I., verriet ihn.

Berthollet [-ˈlɛ], Claude-Louis Graf von (9. 12. 1748–6. 11. 1822), frz. Chem.; entdeckte u. a. Knallsilber.

Bertillon [-tiˈjõ], Alphonse (23. 4. 1853–13. 2. 1914), frz. Anthropologe; v. ihm ein Körpermeßverfahrensystem: **Bertillonage** [-ʒə] (Verfahren zur Identifizierung v. Verbrechern).

Bertolucci [-ˈlutʃi], Bernardo (* 16. 3. 1941), it. Filmreg. u. Schriftst.; *L'Ultimo Tango a Parigi* (1972); *1900* (1974–76); *La Luna* (1979); *The Last Emperor* (1988).

Bertram, 1) Adolf (14. 3. 1859–6. 7. 1945), Kardinal, Fürstbischof von Breslau; 2) Ernst (27. 7. 1884–2. 5. 1957), dt. Dichter (Georgekreis) u. Literaturhistoriker.

Bertram → Meister Bertram v. Minden.

Berufs-aufbauschulen, *BAS,* Schulen zur Erlangung d. Fach(ober)schulreife (= mittlere Reife + Berufsausbildung) nach Hauptschulabschluß und Lehre; Teilzeitu./od. Vollzeitform. – **B.beratung,** Erteilung v. Rat u. Auskunft in Fragen d. B.wahl einschließl. d. B.wechsels; wird v. d. Bundesanstalt f. Arbeit (Arbeitsämter) in folgenden Funktionsbereichen durchgeführt: B.orientierung, Berufl. Einzelbe-

ratung, Vermittlung berufl. Ausbildungsstellen u. Förderung betriebl. Berufsausbildung. – **B.fachschulen,** *BFS,* berufl. Schulen, die eine B.grundbildung vermitteln bzw. eine betriebl. Lehre teilweise od. ganz ersetzen; Fachrichtungen: gewerbl.-techn. (z. B. Schriftsetzer, Chemotechniker), kaufmänn. (z. B. 3–4jähr. Handelsschulen), landwirtsch.-hauswirtsch.-pflegerisch (z. B. staatl. geprüfte Hauswirtschaftsleiterin). – **B.geheimnis,** Schweigepflicht v. Geistlichen, Ärzten, Rechtsanwälten, Hebammen, Apothekern usw. über ihnen aufgrund ihres B. anvertraute Tatsachen. – **B.genossenschaften,** Verbände v. Unternehmern einer Berufsart als Träger der berufl. Unfallversicherung (→ Genossenschaften, Übers.). – **B.gerichtsbarkeit,** *Ehrengerichtsbarkeit* eines B.standes, der eine soz. Machtstellung einnimmt (Rechtsanwälte, Ärzte); zur Reinhaltung des B.ethos. – **B.grundschuljahr,** führt Hauptschulabgänger zur Berufsschulreife; bereitet auf die Entscheidung für e. Berufsgruppe vor; Vollzeitschule. – **B.krankheiten,** Gesundheitsschädigung durch den Beruf, z. B. Staublunge (→ Silikose), Blei-, Quecksilber- u.a. Vergiftungen, Schädigungen durch radioaktive und Röntgenstrahlen, Infektionskrankheiten (Krankenhäuser), Taubheit (Lärmbetriebe); insgesamt 55 meldepflichtige, v. d. B.genossenschaft anerkannte u. versorgte B.krankheiten. – **B.oberschulen,** *BOS,* Schultyp f. Kandidaten m. abgeschlossener Berufsausbildung u. mittlerer Reife; führt nach 2 Jahren zur fachbundenen HS-Reife. – **B.schulen,** pflichtmäß. Fortbildungsschulen nach der Hauptschule, neben der B.arbeit, die e. Verbindung allgemeiner und fachlichtheoretischer Bildung vermitteln wollen.

Berufung, 1) Ernennung d. Hochschulprofessoren zum Inhaber eines Lehrstuhls; 2) Rechtsmittel gg. Urteil 1. Instanz; innerhalb **B.sfrist** (Zivilprozeß 1 Monat, Strafprozeß 1 Woche) einzulegen durch **B.sschrift** (eines Rechtsanwalts), im Zivilprozeß beim **B.sgericht** (nächsthöheres Gericht), i. Strafprozeß b. d. Gericht, das Urteil erstellt; die B. kann der B. auch mündl. zu Protokoll erklärt werden; das B.sgericht prüft d. Urteil in tatsächl. und rechtl. Hinsicht (→ Rechtspflege, Übers.).

Beryll, grünes → Silicatmineral, Rohstoff f. → Beryllium; Edelsteinvarietäten: Smaragd, Aquamarin.

Beryllium, *Be,* chem. El., Oz. 4, At.-Gew. 9,0122, Dichte 1,85; Erdalkalimetall. → B.bronze, Legierung von 2,5% Be m. Kupfer; korrosionsbeständig.

Berzelius, Jöns Jacob Frh. v. (20. 8. 1779–7. 8. 1848), schwed. Chem.; entdeckte d. Elemente Se, Si, Th und Zr, bestimmte Atomgewicht; Begr. d. modernen chem. Analyse.

Besamung, 1) Eintritt des Spermiums in das Ei zum Zwecke der → Befruchtung;

2) künstl. → Insemination; in d. Tierzucht (meist m. tiefgefrorenem Samen) weit verbreitet, ähnlich b. Menschen durch Einspritzen v. Sperma in d. Gebärmutter z. Zeitpunkt d. → Ovulation.

Besançon [bəzãˈsõ], Hptst. und Festung des frz. Dép. *Doubs,* 113 000 E; Uni., Uhrenind.; das alte *Vesontio;* im MA dt. Freie Reichsst.; 1679 frz.

Besanmast, hinterster Schiffsmast, bei Vollschiffen Kreuzmast (Abb. → Takelung).

Besatzungsstatut, 1949 von Frkr., Großbrit. u. d. USA erlassen, grenzte d. gesetzgebenden, exekutiven u. richterl. Vollmachten zw. d. drei westl. Besatzungsmächten u. BR ab; *kleines B.* für Berlin regelte Beziehungen d. drei westl. Stadtkommandanten mit der Reg. West-Berlins; beide 1951 revidiert, 1955 durch → Deutschlandvertrag aufgehoben.

beschälen, bei Pferden: begatten, decken.

Beschickung, Zuführung des Materials in Maschinen, Brennöfen usw.

Beschlagnahme, Entziehung od. Beschränkung des Verfügungsrechtes; **a)** i. d. *Zwangsvollstreckung* durch Pfändung; **b)** im *Strafverfahren* z. Sicherstellung v. Beweismitteln od. Gegenständen, die d. → Einziehung unterliegen, ferner im Verfahren aus gg. abwesende Angeschuldigte; **c)** im *Völkerrecht:* B. von Kriegs-Nachrichten- u. Transportmitteln durch Besatzungsmacht gemäß Art. 53 Haager Landkriegsordnung (auch Privateigentum); Rückgabe bzw. Entschädigung bei Friedensschluß; B. sonstiger Privatvermögens nur gg. Entschädigung; diese Grundsätze v. d. Kriegführenden häufig nicht beachtet.

Beschleuniger, *Teilchenbeschleuniger,* Anlage zur Beschleunigung geladener → Atomkerne u. → Elementarteilchen auf hohe Energien. Beschleunigte Teilchen lösen beim Zusammenprall mit Materie Kernreaktionen aus, die Aufschluß über Aufbau u. Struktur d. Materie geben. B. sind wichtige Forschungsmittel in d. → Kernphysik. Es gibt: **a)** Linearbeschleuniger, in denen d. Teilchen in einer geradlinigen Vakuumröhre e. Felder durchlaufen; **b)** *Zirkularbeschleuniger,* in denen d. Teilchen kreisförmig durch e. starkes Magnetfeld geführt werden. Bauart und Leistung wie *Zyklotron, Synchrozyklotron, Synchrotron, Betatron, Bevatron.* – Größter Linear-B.: Stanford (USA), 50 GeV; größter Zirkular-B.: Chicago (USA), 1,6 TeV; Genf (→ CERN): 315 GeV; Hamburg (→ DESY): 28 GeV; Texas (USA): 20 TeV (im Bau).

Beschleunigung, *Akzeleration,* 1) Geschwindigkeitszuwachs bewegter Körper in der Zeiteinheit; 2) B. der Entwicklung (z. B. der Jugend).

Beschmet [türk.], kaftanart. Leibrock d. Tataren.

Beschneidung, Entfernung *(Zirkumzi-*

sion) oder Einritzung *(Inzision)* d. Vorhaut an Neugeborenen oder mannbar gewordenen Knaben; rel. Brauch in großen Teilen Vorder-, S-Asiens u. Afrikas (bei den Juden Zirkumzision 8 Tage nach der Geburt).

Beschwerde, 1) Rechtsmittel gg. gerichtl. Beschlüsse u. Verfügungen im *Zivil- u. Strafprozeß* u. in d. *freiwilligen Gerichtsbarkeit;* einfache u. sofortige B.; Überprüfung durch B.gericht (nächsthöheres Gericht); **2)** im *Verw.-Recht* Rechtsbehelf i. Aufsichtsweg gg. Maßnahme e. Behörde; **3)** *Dienstaufsichts-B.* richtet sich gg. d. persönl. Verhalten e. Beamten; b. vorgesetzter Dienststelle einzureichen.

Besenginster, *Brahmbusch,* ginsterähnl. Strauch.

Besitz, *rechtl.* die Innehabung der tatsächl. Gewalt über eine Sache (§§ 854 ff. BGB); Ggs. zu → Eigentum. Arten: **a)** *unmittelbarer B.,* wird kraft eigenen B.rechts tatsächlich ausgeübt; Ggs.: **b)** *mittelbarer B.,* ausgeübt von demjenigen, der den Besitz einem anderen vermittelt (Eigentümer einer Sache ist mittelbarer, der Mieter unmittelbarer Besitzer); **c)** *Mitbesitz,* wird von mehreren Personen gemeinschaftlich ausgeübt; **d)** *B.diener* hat keinen B. (z. B. Arbeiter an den Arbeitsgerätschaften d. Unternehmers). – **B.titel,** der zum Erwerb d. Besitzes führende Erwerbsgrund.

Beskiden, waldreicher Gebirgszug d. → Karpaten.

Besoldung, Dienstgehalt der Beamten.

besprechen, altes Volksheilverfahren, bes. gg. Warzen; beruht wohl auf → Suggestion.

Bessarabien, Landschaft zw. Pruth, Dnjestr und unterer Donau, 33 700 km², 4,3 Mill. E, Rumänen, Ukrainer (100 000 B.-Dt. 1940 umgesiedelt, → Volksdeutsche); Flachlandschaft mit Hügeln; fruchtbarster Boden; Acker- u. Weinbau; Hptst. *Kischinew.* – Bis 1812 türk., dann russ.; nach Krimkrieg bis 1878 z. T., 1920 ganz rumänisch; s. 1940 Moldauische Sozialist. Sowj.rep.

Bessel, Friedrich Wilhelm (22. 7. 1784–17. 3. 1846), dt. Astronom; bestimmte Größe d. Erdellipsoides u. zuverlässig d. Entfernung e. Fixsterns (Stern 61 im Schwan).

Bessemer, Sir Henry (19. 1. 1813–15. 3. 98), engl. Chem.; erfand 1855 die **B.birne** (→ Tafel Eisen- u. Stahlgewinnung, S. 209).

Besserungsschein, Versprechen, erlassene Schulden b. verbesserter Vermögenslage zurückzuzahlen.

Bessmertnych, Alexander A. (* 10. 11. 1933), sowj. Diplomat; 1990 Botschafter in den USA; Jan.–Aug. 1991 (Putsch) Außenmin.

Bestallung, 1) Anstellungsurkunde f. e. Beamten; **2)** Urkunde über Bestellung z. Vormund od. Pfleger; **3)** *Approbation,* staatl. Zulassung (Arzt, Apotheker).

Bestäubung, erfolgt b. Blütenpflanzen durch Übertragung des männl. Blütenstaubes auf die weibl. Narbe, meist zw. versch. Blüten durch Wind, Wasser od. Tiere (vor allem Insekten): *Fremd-B.;* selten innerhalb derselben Blüte: *Selbst-Bestäubung.*

Bestechung, *aktive B.:* Anbieten, Versprechen od. Gewähren v. Geschenken o. a. Vorteilen an Beamte, Soldaten, Richter (auch Laien-R.), fremde Angestellte od. Beauftragte zwecks Verleitung zu einer Handlung, die e. Verletzung d. Amts- bzw. Dienstpflicht enthält; *passive B.:* Annahme, Fordern od. Sichversprechenlassen v. Geschenken o. a. Vorteilen seitens d. bez. Personenkreises für Pflichtverletzung, bei Beamten u. Offizieren, auch wenn keine eigtl. Dienstpflichtverletzt wird; aktive u. passive B. strafbar mit Geldstrafe od. Freiheitsstrafe; bei Soldaten Geldstrafe unzulässig, in leichteren Fällen Strafarrest mögl. (§§ 331–335 StGB, § 48 WStG, § 12 Ges. gg. unlauteren Wettbewerb, VO gg. B. nichtbeamteter Personen v. 3. 5. 1917).

Besteck, 1) durch Länge u. Breite best. Ort eines Schiffes auf hoher See; das B. aufnehmen, den Standort bestimmen; **2)** tragb. Sammlung ärztl. Instrumente (z. B. für Geburtshilfe); **3)** Eßbesteck.

bestens, *Bestensauftrag,* bei Börsenaufträgen Klausel f. Handlungsfreiheit z. günstigsten Ein- u. Verkauf; keine genaue Preisbindung; Ggs.: limitiert.

bestialisch [nl. „bestia = wildes Tier"], tierisch, viehisch.

Bestialität, *w.,* Roheit; auch svw. → Sodomie.

Bestrahlung → Strahlenbehandlung.

Bestseller, *m.* [engl.], Bez. für das nach B.listen „am besten verkaufte Buch".

Beta, β, zweiter Buchstabe d. → griechischen Alphabets.

Betablocker → Betarezeptorenblocker.

Beta-Cepheï-Sterne, veränderl. Sterne vom Typ Beta im Cepheus, Lichtwechsel wird durch → Pulsation erzeugt.

Beta-Lyrae-Sterne, veränderl. Sterne v. Typ Beta i. d. Leier; Lichtwechsel wird durch Bedeckung eines Begleiters erzeugt; → bedeckungsveränderliche Fixsterne.

Betarezeptorenblocker, Arzneimittel, die die Betarezeptoren des → Sympathikus blockieren, so daß ihre normalen Wirkungen ausbleiben; finden Verwendung bei → Hypertonie, → Angina pectoris, Streß.

Betastrahlen, Strahlen v. Elektronen (aus radioaktivem Zerfall). → Radioaktivität, Übers.

Betatron, *s., Elektronenschleuder,* → Beschleuniger.

Betäubung, 1) allg. B. → Narkose; **2)** örtl. B. → Anästhesie (Lokal-A.). – **B.smittel,** Drogen u. Arzneimittel betäubender oder berauschender Wirkung. Handel u. Abgabe durch Gesetz streng geregelt; → Rauschgift, → Rauschgifthandel.

Beteigeuze [arab.], *Betelgeuse,* zweithellster rötl. Stern 0. Größe an d. linken Schulter d. Orion; nördl. → Sternhimmel B.

Beteiligung, Anteilnahme am Risiko einer wirtsch. ausgerichteten Unternehmung (meist Gesellschaft) od. an e. einmaligen Geschäft, in d. Regel durch Einsatz v. Kapital, seltener durch sonst. Leistungen. Mit d. B. ist in der Regel die Anteilnahme am Gewinn u. Verlust verbunden, letzterer kann auf d. Höhe der B. beschränkt sein (z. B. bei AG).

Betelnuß, Frucht der *Betelpalme,* Genußmittel in Asien u. Afrika, wird zerkleinert, mit Kalk in Blätter des Betelpfeffers eingewickelt u. gekaut.

Bethe, Hans Albrecht (* 2. 7. 1906), am. Phys. dt. Herkunft; Nobelpr. 1967 (Arbeiten z. Theorie d. Kernreaktionen und Entdeckungen über d. Energieerzeugung i. d. Sternen).

Bethel, Anstalt → Bodelschwinghs mit theolog. HS.

Bethlehem, ökumen. *Betlehem,* **1)** St. i. jordan. Teil v. Palästina, s. 1967 unter isr. Verw., 30 000 E; Geburtsort Jesu mit ältester christl. Kirche; **2)** St. i. US-Staat Pennsylvania, 70 000 E; Uni.; Stahlind.; 1741 v. Herrnhutern gegr.

Bethmann Hollweg, Theobald v. (29. 11. 1856–2. 1. 1921), dt. Staatsmann u. Jurist; Reichskanzler 1909–17.

Beton [frz.], Baustoff aus Bindemittel, z. B. → Zement, mit Sand, Kies weich in Verschalungen eingebracht, wo er erhärtet; auch *Eisen-* bzw. *Stahlbeton* m. Stahleinlagen, zu Trägern geformt, als *Stahlseitenbeton;* durch Zuschlagstoffe auch *Leichtbeton* (Bimsbeton) od. (beim Reaktorbau) *Schwerbeton;* mit Preßluft aufgespritzt als *Spritzbeton;* durch Stampfen verdichtet als *Stampfbeton.*

Betrieb, wirtsch. Produktionseinheit eines Unternehmens; erstellt jene Sach- oder Dienstleistungen, für deren Erwerbszweck ein Unternehmen ausgerichtet ist; ein Unternehmen kann mehreren B.en bestehen.

betriebliche Altersversorgung, freiwill. Leistungen d. Arbeitgebers zur Verbesserung d. Versorgung im Rentenalter; gemäß Ges. v. 19. 12. 1974 bleibt Anwartschaft u. Versorgung auch nach Ausscheiden a. d. Betrieb erhalten.

Betriebs-geheimnis, Tatsache, deren Geheimhaltung im Interesse d. B.s liegt; Verletzung durch Arbeitnehmer strafbar. – **B.kapital,** Teile des B.vermögens, die unmittelbar umgesetzt werden (Umlaufvermögen); flüssige Mittel (Kasse, Bank, Postscheck usw.) u. Lagerbestände (Rohstoffe, Halb- u. Fertigfabrikate); Ggs.: Anlagekapital. – **B.ordnung,** *Fabrikordnung,* gesetzl. vorgeschriebene Regelung d. Arbeitsverhältnisse i. Fabrik durch d. Unternehmer im Einvernehmen m. B.rat. – **B.prüfung,** Prüfung d. Geschäftsbücher durch Beauftragten d. Finanzamtes zwecks Steuerkontrolle. –

B.rat → Betriebsverfassung. – **B.system,** Computerprogramm, d. den Umgang m. → Computern erleichtert; übernimmt die Ansteuerung od. Verwaltung v. Tastatur, Bildschirm, → Dateien, → Arbeitsspeicher, Drucker, Diskettenlaufwerken u. sonstigen angeschlossenen Geräten; ermöglicht quasi-gleichzeitiges Bearbeiten unterschiedl. Aufgaben (Mehrprogrammbetrieb, Multitasking) auf einer → Zentraleinheit durch d. abwechselnde Vergabe v. kurzen Zeitintervallen (Zeitscheibentechnik, Time-sharing) an konkurrierende Programme; erlaubt gleichzeitig Benutzung eines Computers durch mehrere Personen; überwacht Zugriffsbeschränkungen (Schreib-, Lese-, Ausführungsrechte) einzelner Benutzer zur Aufrechterhaltung der → Computersicherheit. – **B.unfall** → Sozialversicherung, Übers. – **B.unterbrechungsversicherung,** gewährt Entschädigung f. weiterlaufende Betriebskosten u. Gewinnverlust infolge e. eingetretenen Sachschadens (z. B. Feuerschaden). – **B.verfassung,** gesetzl. (15. 1. 1972) geregeltes Verhältnis zw. Arbeitgeber u. Arbeitnehmer; gibt u. a. Arbeitnehmern das Recht, bei Betrieben ab 5 ständig beschäftigten Arbeitnehmern einen *Betriebsrat,* bei mehr als 100 einen *Wirtschaftsausschuß,* bei AG u. KGaA *Vertreter der Arbeitnehmer* zu wählen. Deren allg. Aufgaben u. a.: im *Betriebsrat* Mitbestimmungs- u. Mitwirkungsrecht in soz. und personellen Angelegenheiten; im *Wirtschaftsausschuß:* Auskunftsrecht üb. Fabrikations-, Arbeitsmethoden u. Produktionsprogramm; als *Vertreter d. Arbeitnehmer:* Wahrung der Arbeitnehmerinteressen in den Aufsichtsräten. – Sonderbestimmungen für Tendenzbetriebe (mit z. B. pol. od. konfessioneller Bestimmung), öffentl. Betriebe u. Verwaltungen, Seeschiffahrt- u. Luftfahrtbetriebe. – **B.wirtschaftslehre,** Lehre vom wirtsch. Aufbau u. Leben d. B.: *Allg. B.wirtschaftslehre* (Organisation, Lebensraum, Rechnungswesen usw.) u. *Spezielle B.wirtschaftslehre* (Ind., Handel, Bankwesen usw.). – **B.wissenschaft,** Lehre v. techn. Aufbau u. von d. wiss. Führung d. Betriebes u. seiner Belegschaft. – **B.wohlfahrtspflege,** soz. Maßnahmen d. Werksleitungen f. B.angehörige u. deren Familien.

Betrug, Vermögensschädigung, verübt durch Vorspiegelung falscher od. Entstellung od. Unterdrückung wahrer Tatsachen zwecks Verschaffung e. Vermögensvorteils f. sich od. einen anderen (§§ 263 ff. StGB).

Betschuanaland, svw. → Botswana.

Betschuanen, → Bantuneger zw. Sambesi und Oranje in Afrika.

Bettelheim, Bruno (25. 8. 1903–13. 3. 90), östr.-am. Psychoanalytiker, Kinder- u. Sozialpsych.; *Liebe allein genügt nicht.*

Bettelmönche, seit Anfang 13. Jh.,

Mönchsorden, verpflichtet zur Besitzlosigkeit: *Dominikaner, Franziskaner, Kapuziner, Karmeliter* u. a.

Bettnässen, Einnässen nur nachts od. auch b. Tage v. Kindern über 3 Jahre; zumeist seelisch bedingt.

Bettwanze, bräunl., bis 5 mm langes, ungeflügeltes Insekt; nächtl. Blutsauger am Menschen; tagsüber in Ritzen u. hinter Tapeten, dort auch d. Eier.

Beuel, s. 1969 Stadtteil von → Bonn.

Beugehaft → Haft.

Beugung, w., 1) *grammat.* Flexion → flektieren; 2) *phys.* Diffraktion, bei Wasser-, Schall-, elektromagnet. (z. B. Licht-)Wellen d. Entstehung neuer Wellen an einem Hindernis, dadurch Ablenkung.

Beugungsgitter, Vorrichtung zur Erzeugung v. → Spektren; besteht aus einem feinen Muster v. parallelen Spalten od. Ritzen.

Beulenpest → Pest.

Beurkundung, Niederschrift e. Verhandlung oder Willenserklärung durch Notar od. zuständigen Beamten; *notarielle* B. v. wichtigen Rechtsgeschäften häufig vorgeschrieben.

Beuron (D-7792), Wallfahrtsort b. Sigmaringen, 897 E; Benediktinerabtei.

Beuroner Kunstschule, u. a. v. Peter Lenz *(Pater Desiderius)* 1868 gegr. im Benediktiner-Kloster Beuron zur Wiederbelebung d. kath. rel. Malerei; bes. letztes Drittel 19. Jh.

Beute, das zu Kriegszwecken geeignete bewegliche Eigentum eines besetzten Staates, das sich Besatzungsmacht entschädigungslos aneignen darf (Art. 53 Haager Landkriegsordnung). Auch → Prise.

Beutel-tiere, altertümliche Säugetierordnung; in Australien, Neuguinea, Tasmanien u. Amerika (dort nur *B.ratten* → Opossum); z. B. *Känguruh, Wombat, B.marder, B.wolf;* Weibchen meist Hauttasche (Beutel) am Bauch, in der d. Jungen, a. d. Zitzen festgesaugt, sich entwickeln.

Beuthen, *Bytom,* poln. St. in Oberschlesien, Zentrum d. Steinkohlen-, Zink- u. Bleierzbergbaus, 228 000 E.

Joseph Beuys

Beuys, Joseph (12. 5. 1921–24. 1. 86), dt. pol. engagierter Aktionskünstler, 1961–72 Prof. für Bildhauerei a. d. Kunstakad. Düsseldorf.

Bevatron, *s.,* → Beschleuniger f. Ener-

gien bis zu 1 Mrd. (angelsächs. Billion) Elektronenvolt.

Beveridge [-ɪdʒ], William Henry, s. 1946 Lord (5. 3. 1879–16. 3. 1963), engl. Sozialpol. – **B.plan,** 1942 veröffentlichter Plan zur Beseitigung der Arbeitslosigkeit und für umfassende Sozialversicherung mit freiem Gesundheitsdienst und staatlicher Altersversorgung; Grundlage der englischen Sozialreformen nach dem Ende des 2. Weltkriegs.

Beverungen (D-3472), St. i. Weserbergland, NRW, 14 703 E; Fremdverk.; Kernkraftwerk i. St.teil → Würgassen.

Bevin [ˈbevən], Ernest (9. 3. 1881–14. 4. 1951), engl. Pol.; Gewerkschaftler, 1940–45 Arbeitsmin., 1945–51 Außenmin.

Bevölkerung, B.sbewegung, B.sbiologie, B.spolitik, B.statistik → Bevölkerung, Übers., S. 99 u. 100.

bevorrechtigte Forderungen → Konkurs.

Bewährungsfrist, Erlaß einer Freiheitsstrafe (b. zu 1 Jahr, in bes. Fällen b. zu 2 Jahren) unter der Bedingung, daß sich Verurteilter während einer festgesetzten Probezeit (höchstens 5, mindestens 2 Jahre) gut führt.

Bewährungshilfe, Betreuung straffälliger Jugendlicher durch einen Bewährungshelfer.

Bewegungsenergie → Energie 2).

Bewegungskrankheiten, *Kinetosen,* je nach Umständen *See-, Auto-, Eisenbahn-, Luftkrankh.,* durch Übererregung d. Labyrinths (→ Ohr) u. dadurch Reizung vegetativer Nervenzentren.

Bewegungslehre, Lehre v. d. Bewegungsgesetzen: über d. Bahnen d. bewegten Körper *(→ Kinematik);* über die wirkenden Kräfte *(→ Dynamik).*

Bewegungssternhaufen, Sternstrom, Gruppe von Fixsternen m. fast gleicher → Eigenbewegung, die über d. ganzen Himmel verstreut stehen können.

Bewehrung, Stahleinlagen in Beton.

Beweis, math. od. log. Begründung e. Behauptung od. e. Urteils, 1) *jur.* Tatsachen, die im Prozeß d. Richtigkeit d. vorgetragenen Behauptungen ergeben; 2) *math.* B. eines math. Lehrsatzes stützt sich direkt auf Grundsätze od. schon bewiesene Lehrsätze. – **B.einrede,** im Zivilprozeß Angaben, die d. Glaubwürdigk., Zulässigk. od. Rechtswirksamk. d. Beweise d. Gegners in Zweifel ziehen. – **B.mittel,** richterl. Augenschein, Zeugen, Sachverständige, Urkunden, Parteien. – **B.sicherung,** Sicherung von B.mitteln, in Strafsachen durch Sicherstellung u. Beschlagnahme; im Zivilprozeß (nur möglich, falls Gefahr d. Verlustes d. B.mittel besteht, d. Gegner zustimmt od. gegenwärtiger Zustand e. Sache festgestellt werden soll) durch Antrag auf *sofortige* B.erhebung.

Bewetterung, Frischluftzufuhr; → Bergbau.

Bewußtlosigkeit, Verlust des Wachzustands u. der Fähigkeit, auf Reize zu rea-

Bevölkerung

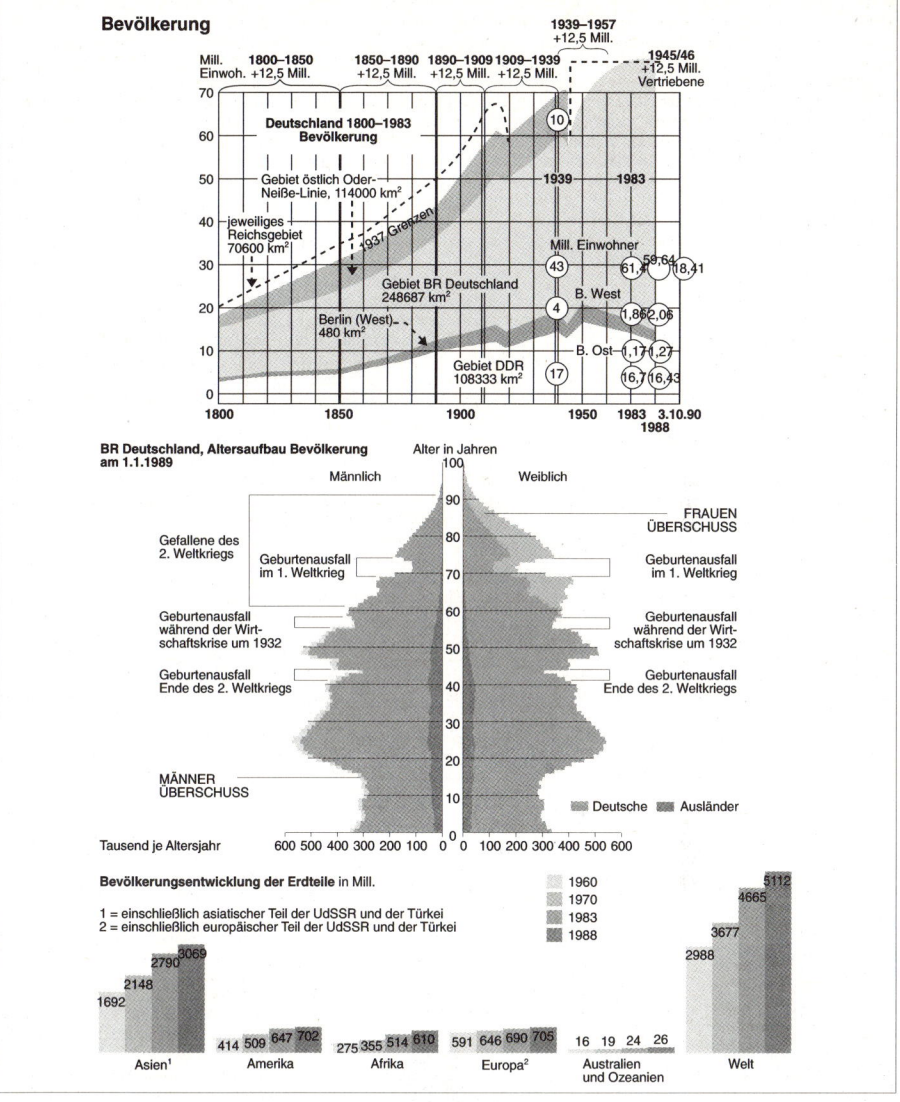

gieren, durch Blutleere im Gehirn, Vergiftung, Gehirnkrankheit, Gehirnerschütterüng, Schlaganfall u. ä.: → Koma.

Bewußtsein, Wissen eines Lebewesens um sich selbst, Erleben v. Gefühlen, Trieben u. Handlungen; befähigt dazu, den eigenen Zustand u. das Erlebte zu kontrollieren.

Bey, Bei, Beg, türk. Ehrentitel; heute als Anrede svw. Herr; auch Titel d. früheren Herrscher v. Tunis.

bezahlt, abgek. **bez.,** *Börse:* Angabe auf Kurszetteln, besagt, daß Umsätze zu an-

gegebenem Preis registriert wurden; *bez. G*(eld): Angebote kl. als Nachfrage; *bez. B*(rief): Angebot größer als Nachfrage.

Bezirk, 1) *allg.* Umkreis, Verwaltungsbereich e. Behörde; **2)** BR → Regierungsbezirk; **3)** ehem. DDR, s. 1952 bis 1990 Verwaltungseinheit: 15 Bezirke (einschließl. Ost-Berlin).

Bezogener, *Trassat,* → Wechsel.

Bezugsrecht, mit e. Aktie (seltener m. Obligation) verbundenes Anrecht, neue Aktien b. Kapitalerhöhung e. AG zum i. d. Hauptvers. festgelegten Preis z. beziehen.

BFBS, Abk. f. *British Forces Broadcasting Service,* Rundfunkanstalt f. engl. Streitkräfte; Sitz Köln.

bfn, Abk. f. → *brutto für netto.*

BGB, Abk. f. → *Bürgerliches Gesetzbuch.*

BGH, Abk. f. → *Bundesgerichtshof.*

Bhagavadgita [sanskr. „Gesang des Erhabenen"], religionsphil. Gesang d. Hinduismus; 5. Jh. v. Chr.–2. Jh. n. Chr., Teil des Epos *Mahabharata.*

Bhagwan [sanskr. „der Erleuchtete"], Rajneesh Chandra Mohan (11. 12. 1931–

Bevölkerung

Gesamtheit der in einem best. Gebiet wohnenden Menschen (Erde, Kontinent, Staat, Provinz, Stadt). Die Einwohnerzahl wird durch Volkszählungen erhoben (in Dtld regelmäßig seit 1816). Wegen der Bedeutung für Steuerertrag u. militärische Stärke zählten bereits die alten Kulturstaaten (Ägypten, China, Rom) ihre Bevölkerung. Seit der Industrialisierung kam zusätzlich die Berufszählung hinzu (in Dtld 1882, 1895 u. 1907). Seit 1925 in Dtld immer kombinierte Volks- und Berufszählung: 1925, 1933, 1939, 1946; 1950, 1961, 1970 u. 1987 im Rahmen der Weltzählung (Programm der Vereinten Nationen).
Volkszählung stellt Alter, Geschlecht, Familienstand, Religion, Staatsangehörigkeit u. a. fest. **Berufszählung** unterscheidet Erwerbspersonen, Rentner bzw. Pensionäre und *abhängige Familienangehörige (Ehefrauen,* Kinder) und innerhalb der Erwerbstätigen Selbständige, Arbeitnehmer u. mithelfende Familienangehörige, gegliedert nach Wirtschaftszweigen. Der Mikrozensus ist eine repräsentative Zählung von 1% der Bevölkerung, in der BR erstmalig 1957. Die Ergebnisse werden auf 100% „hochgerechnet".
Durch **Fortschreibung** wird das Volkszählungsergebnis bis zur nächsten Zählung ergänzt aufgrund der Standesamtsstatistik (Geburten, Sterbefälle u. a.) u. ferner aufgrund der polizeil. Anmeldungen (Wanderungsgewinn bzw. -verlust); kombiniert errechnet sich daraus eine Bevölkerungszu- oder -abnahme. In der Bevölkerungsstatistik nennt man Geburten, Todesfälle, Eheschließungen und -scheidungen **Bevölkerungsbewegung,** während die **Wanderungsstatistik** räumliche Veränderungen registriert (Zu-, Fortzug; Ein-, Auswanderung). **Bevölkerungsdichte**

wird in Einw. je km² ausgedrückt. Hohe Bevölkerungsdichte kann bei Vollbeschäftigung Wohlstand bedeuten; bei Unterbeschäftigung (zu geringer Ertrag der Arbeit) u. Strukturarbeitslosigkeit spricht man von **Übervölkerung,** selbst wenn die Bevölkerungsdichte relativ gering ist. **Altersaufbau** nennt man die Verteilung der Bevölkerung auf Jahrgänge u. Geschlecht. Der Altersaufbau der BR ist immer noch durch die schweren Kriegsverluste (Männerverlust) und durch die verringerte Geburtenzahl in Kriegs- u. Krisenjahren sowie vor allem infolge des Pillenknicks sehr gestört. Daraus resultiert **Überalterung,** d. h. ein ungünstiges Verhältnis zwischen Erwerbspersonen, Kindern u. Alten.
Bevölkerungsexplosion nennt man die progressiv ansteigende Zunahme der Erdbevölkerung (z. B. von 2,9 Mrd. im Jahre 1960 auf voraussichtlich 6,1 Mrd. im Jahr 2000). Die starke Bevölkerungszunahme in allen Industriestaaten während des 19. Jh., auch in Dtld, beruhte auf Verminderung der Kindersterblichkeit u. auf Erhöhung der Lebenserwartung. **Geburtenkontrolle** forderte als erster → Malthus. Geburtenbeschränkung gilt als einzige Möglichkeit, den unabsehbaren Folgen der Bevölkerungsexplosion, besonders in Asien, vorzubeugen.
Die **Bevölkerungssoziologie** beschäftigt sich m. d. Zusammensetzung d. Bevölkerung nach biologischen u. sozialen Merkmalen u. versucht d. Strukturen u. Veränderungen d. Bevölkerung aus gesellschaftlichen Bedingungen zu erklären. Zu ihren Aufgabenbereichen zählen deshalb d. Untersuchung von Familienstand, Geschlecht, Ausbildungsverhältnis, Erwerbsstruktur, Lebensstandard, Konfession, Größe d. Wohnorts d. Bevölkerung.

---

19. 1. 90), Gründer d. B.bewegung (Jugendsekte), früher in Poona (Indien), danach in Oregon (USA), zuletzt wieder in Poona; Jünger *Sannyasin* erkennbar an orangefarbener Kleidung.
Bhakradamm → Satledsch.
Bharat, Hindi-Name für Indien.
Bhaunagar, Hafenst. im NW Indiens, 307 000 E.
BHE, Abk. f. *Bund d. Heimatvertriebenen u. Entrechteten,* → Gesamtdeutsche Partei.
Bhopal, Hptst. d. ind. Staates *Madhja Pradesch,* 672 000 E; 1984 schweres Giftgasunglück m. über 2500 Toten u. 200 000 Geschädigten.
Bhutan, tibet. *Druk-Yul,* Gebirgsstaat im östl. Himalaja, 47 000 km², 1,45 Mill. E (31 je km²); Bev.-Zuw. 2%; Sprache: d. tibet. Dsongha u. Dialekte; Währung: Ngultrum (NU); Rel.: Buddhismus; Hptst.: *Thimbu;* Flagge S. 340, Karte S. 748; konstitutionelle Monarchie m. König (Maharadscha) u. Thronrat, Ständeparlament; 18 Distrikte; s. 1949 Wahrung außenpol. Interessen durch Indien; Mitgl. d. UN.

Bhutto, 1) Zulfikar Ali Khan (5. 1. 1928–4. 4. 79), westpakistan. Pol.; 1971–73 Staatspräs., 1973–77 Min.präs.; hingerichtet; s. Tochter **2)** Benazir (* 21. 6. 1953), pakistan. Pol.in, Min.präs.in 1988–90.
Bi, *chem.* Zeichen f. → *Wismut* (lat. *bismutum).*

bi- [l.], als Vorsilbe: zwei ..., doppel(t) ...
Biafra → Nigeria.
Białystok, Hptst. d. Woiwodschaft B. i. NO-Polen, 264 000 E; Textil- (Tuche), Lederind.
Biarritz, frz. Badeort im Dép. *Basses-Pyrénées,* am Golf v. Biscaya, 27 000 E.
Biathlon, *s.,* kombinierter Wintersportwettbewerb m. Skilanglauf und Schießen.
Bibel [gr. „Buch"], nach christl. Lehre *Wort Gottes, Hl. Schrift,* in der Gott seinen Willen den Menschen offenbart; gilt darum als *kanonisch* (anders die → Apokryphen) d. h. als Richtschnur für das rel. Leben. Zwei Teile: *Altes Testament* (mit Gesetz → Pentateuch), geschichtl. Schriften, 4 großen Propheten, 12 kleinen Propheten, Psalmen u. Lehrbüchern; *Neues Testament:* 4 Evangelien (Matthäus, Markus, Lukas, Johannes), Apostelgesch., 13 Briefe Pauli, Hebräerbrief, sog. kath. Briefe u. Offenbarung d. Johannes.
Bibelforscher → Zeugen Jehovas.
Bibelgesellschaften, Vereinigungen zur Verbreitung der Bibel in allen Sprachen.
Bibelübersetzungen, das hebr. A.T. ins Griech.: *Septuaginta;* das griech. geschriebene N.T. ins Syrische: *Peschita,* ins Lat.: *Vulgata,* von Hieronymus um 400, maßgebend für die kath. Kirche; 1521 und 1534 *Lutherübersetzung;* auch → Buber. Die B. ist ganz oder in Teilen in über 1400 Sprachen u. Dialekte übersetzt.
Biber, Nagetiergattung, gesellig an Gewässern; fällt Bäume durch Nagen, errichtet Bauten aus Holz und Schlamm,

Pelz wertv.; in Dtld nur noch an d. mittl. Elbe sowie an Isar u. Inn in geringer Zahl, neuerdings Einbürgerungsversuche (●); zahlreicher in N-Europa, N-Asien, N-Amerika.
Biberach an der Riß (D-7950), Gr.-Krst. in Ba-Wü., 28 319 E; Braith-Mali-Mus., Wieland-Schauraum; Holz-, Metall-, Textil-, Dental-, Lebensmittel- u. Pharmaind.; AG. – 13. Jh.–1802 Freie Reichsst.; 1802–06 bad., dann württ.
Bibergeil, stark nach Phenol riechendes Sekret der zwei Geilsäcke (Präputialdrüsen) des Bibers, früher als Medizin verwendet.
Bibernelle, *Pimpinelle,* aromat. Doldenpflanze auf trockenen Wiesen; Wurzel harntreibend.
Biberratte, svw. → Nutria.
Bibiena, *Galli da B.,* it. Baumeister- u. Bühnenmalerfamilie im 17. u. 18. Jh.; bes. Theaterbauten, z. B. Innenausbau d. Markgräflichen Theaters Bayreuth.
Bibliographie, *w.* [gr.], Bücherkunde, Aufzählung von Druckwerken u. Verfassern zu bestimmten Zwecken.
Bibliomane, *m.,* Büchernarr.
Bibliophile, *m.,* Sammler von seltenen und schön ausgestatteten Büchern.
Bibliophilie, *w.,* Bücherliebhaberei.
Bibliothek, *w.,* Bücherei.

Biber

Bibliothekar, *m.,* Verwalter einer Bibliothek.

Bibliotheks-abgabe, B.groschen → Urheberrecht.

Biblis (D-6843), Gem. im Ldkr. Bergstraße, Hess., 8020 E; Kernkraftwerk (2500 MW); Gurkenfest.

Bichsel, Peter (* 24. 3. 1935), schweiz. Schriftst.; *Eigentlich möchte Frau Blum den Milchmann kennenlernen; D. Jahreszeiten.*

Bickbeere, svw. → Heidelbeere.

Bidault [-'*do*], Georges (5. 10. 1899–27. 1. 1983), frz. Pol.; 1949/50 Ministerpräsident; Mitgl. d. → OAS 2), 1962–68 im Exil.

Bidermann, Jacob (1578–20. 8. 1639), neulat. Jesuitendramen beeinflußten Weiterentwicklung des Barockdramas; Tragödie: *Cenodoxus* (1602).

Bidet, *s.* [frz. -'*de*], Waschgefäß für Sitzbäder u. Scheidenspülungen.

Biedenkopf, Kurt H. (* 28. 1. 1930), dt. Wirtsch.jurist u. CDU-Pol.; 1973–77 Generalsekretär der CDU; s. 1987 MdB; s. 1990 Ministerpräsident v. Sachsen.

Biedenkopf (D-3560), St. an d. Lahn, Hess., 14 161 E; AG; Fachwerkbauten; div. Ind.; Luftkurort.

Biedermeier-stil, 1850 geprägte Bez. für den Lebens- u. Kunststil der Zeit des „Vormärz"; schildert in seiner → Genre-Malerei gemütvolle Behaglichkeit; Möbel u. Kunsthandwerk: zweckvolle Strenge, abgeleitet v. → Empire; Ablehnung alles Vortäuschenden; solide Verarbeitung, gutes Material. – B.zeit, nach einer treuherzig-spießbürgerl. Witzblattfigur benannt: 1816–48.

Biegemaschine, metallbearb. Maschine z. Formgebung f. Bleche u. Drähte durch entsprechend eingestellte Walzen.

Biel (CH-2500), frz. *Bienne,* schweiz. St. a. Osthang d. Jura, Kanton Bern, 51 200 E; Uhrenind., südwestl. der *B.er See* (42 km²) m. St.-Peters-Insel, Pfahlbauten.

Bielefeld (D-4800), krfreie St. i. Rgbz. Detmold, am Teutoburger Wald, NRW, 311 946 E; Kunsthalle, Bauernhausmus.; Uni., PH, Fachschulen, IHK, LG, AG; Ind.: Leinen, Wäsche, Nähmasch., Fahrrad, Nahrungsmittel.

Bielitz → Bielsko-Biała.

Bielsko-Biała [*'bjelskɔ'bjaŭa*], früher *Bielitz,* Doppelstadt i. poln. Schlesien, am Fuß d. Karpaten, 179 600 E; bis 1918 zu Österreich; Textilind.

Bielstein, 392 m hohe Erhebung i. Teutoburger Wald m. 102 m hohem Rundfunk- u. Fernseh-Sendeturm.

Bienek, Horst (7. 5. 1930–7. 12. 90), dt. Schriftst.; Lyrik u. Prosa aus dem Erlebnis d. Gefangenschaft: *Traumbuch eines Gefangenen; D. Zelle; Bakunin; D. erste Polka.*

Bienen, Hautflügler, einzeln oder in Gesellschaften *(Staaten)* lebend; Staaten unserer *Honigbiene* (mehrere Rassen) bestehen aus einer *Königin* (Weibchen), d. nur Eier legt, mehreren zehntausend *Arbeite-*

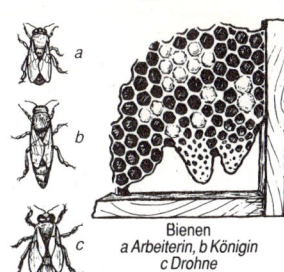

Bienen
a Arbeiterin, *b* Königin
c Drohne

rinnen (unausgebildete, sich nicht fortpflanzende Weibchen), die alle Arbeiten verrichten, u. einigen hundert *Drohnen* (Männchen, nur i. Sommer), d. nur d. jungen Königinnen begatten u. bald vertrieben od. getötet werden; die Königinnen entstehen bei bes. Ernährung in großen Zellen (Weiselzellen), die Arbeiterinnen in gewöhnl. Zellen, die Drohnen aus unbefruchteten Eiern. Vor dem Ausschlüpfen der jungen Königin verläßt die alte mit einem Teil des *Volkes* den Stock, um einen neuen zu gründen (Schwarmbildung); oft folgen in einem Schwarm mehrere Schwärme. Die Arbeiterinnen tragen Honig u. Blütenstaub als Vorrat ein; vermitteln dadurch die Bestäubung vieler Blüten; Giftstachel gg. Feinde; Richtung u. Entfernung einer neuen *Trachtquelle* werden im Stock durch *B.tänze* angezeigt; Orientierung nach Landmarken, Sonnenstand od. polarisiertem Himmelslicht. – **B.ameise,** Hautflügler; Larven leben als Schmarotzer in Hummelnestern. – **B.blume,** svw. Orchidee, an trockenen Berghängen. ♦ – **B.fliege,** bienenähnliche Schwebfliege; Larven leben unter Ameisen. – **B.fresser,** südeur. Rackenvogel. – **B.gift,** züchterisch gewonnen als Heilmittel gg. Rheuma. – **B.käfer,** *B.wolf,* Larve schmarotzt in Bienenstöcken, frißt Larven u. Puppen der Bienen. – **B.laus,** flügellose Fliege, 1 mm lang; schmarotzt auf d. Körper der Bienen. – **B.motte,** *Wachsmotte,* Kleinschmetterling; Raupe frißt Bienenbrut. – **B.saug,** svw. → Taubnessel. – **B.schwärmer,** Schmetterling mit glashellen Flügeln; hornissenähnlich. – **B.wolf,** 1) svw. → Bienenkäfer; 2) *Grabwespe,* greift Bienen im Flug an, lähmt sie durch Stich, trägt sie als Futter f. die Larven in den in Sand gegrabenen Bau.

Bienenzucht, *Imkerei,* früher *Zeidlerei,* dient der Gewinnung von Honig u. Wachs u. der Blütenbestäubung; versch. Zuchtmethoden: früher ausgehöhlte Baumstämme *(Waldbienenzucht),* heute Strohkörbe (Stülper) mit festgebauten Waben *(Stabilbauzucht)* od. Holzkästen (Beuten) m. Waben i. herausnehmbaren Rähmchen *(Mobilbauzucht), Wanderbienenzucht* z. Ausnutzung entfernt liegender guter B.weide; Königinnenzucht z. Reinhaltung wertvoller Rassen bzw. Stämme.

Biennale, *w.* [it.], alle zwei J. stattfindende (festl.) Veranstaltung (z. B. *B.* in *Venedig* für Filmkunst).

Biennium, *s.* [l.], Zeitraum v. zwei Jahren.

Bier, August (24. 11. 1861–12. 3. 1949), dt. Chirurg; Erfinder d. *Lumbal-* u. *Venen-* → Anästhesie, d. **B.schen Stauung** (→ Hyperämie) u. d. Reizkörperbehandlung.

Bier, aus Gerste, Hopfen, Hefe und Wasser gebrautes alkohol. Getränk; → Brauerei; → Alkohole.

Bierbaum, Otto Julius (28. 6. 1865–1. 2. 1910), dt. Schriftst.; *Irrgarten d. Liebe; Stilpe; Prinz Kuckuck.*

Biermann, Wolf (* 15. 11. 1936), dt. Dichter u. Sänger; zeit- u. gesellschaftskrit. Lieder u. Balladen: *Die Drahtharfe.*

Biese, *w.,* bunter Streifen an Uniformen; schmales Fältchen an Kleidern.

Biesfliegen → Dasselfliegen.

Bietigheim-Bissingen (D-7120), Gr.-Krst. in Ba-Wü., 37 573 E; ma. Stadtbild; div. Ind.

bifilar [l.], zweifädig, zweidrähtig.

bifilare Aufhängung, A. an 2 parallelen Fäden.

bifilare Wicklung, induktionsfreie W. in d. Elektrotechnik.

Bifokalgläser, mit im oberen Teil z. Sehen i. d. Ferne, im unteren z. Sehen i. d. Nähe.

biform, doppelgestaltig.

Biformität, *w.,* Doppelgestalt.

Bifurkation, *w.* [l.], Flußgabelung, bei der sich d. beiden Arme zwei versch. Stromsystemen zuwenden (in Dtld z. B. B. der *Hase: Hase* fließt z. Ems, die Abzweigung *Else* z. Weser.

Bigamie, *w.* [l.-gr.], Eingehen einer zweiten Ehe *(Doppelehe)* trotz Bestehens der ersten; zweite Ehe ist nichtig; strafbar nach § 171 StGB.

Big Band, *w.* [-'bænd], großes Jazz- oder Tanzorchester (Abb. → Jazz).

Big Ben, Glocke im Turm des Londoner Parlamentsgebäudes.

BIGFON, Abk. f. *B*reitbandiges *I*ntegriertes *G*lasfaser-*F*ernmeldeortsnetz; über eine einzige Anschlußleitung (→ Lichtwellenleiter) sind Fernmeldedienste (Telefon-, Daten- u. Textverkehr, auch Bildfernsprechen) sowie Fernseh- u. Stereo-Hörfunkprogramme zu empfangen; s. 1984 Aufbau dieser Netze in zahlr. Großstädten der BR.

bigott [frz.], frömmelnd.

Biguanide [gr.-span.], Mittel z. Tablettenbehandlung d. → Diabetes mellitus.

Bihar, Staat im NO d. Indischen Union, 174 000 km², 70 Mill. E; Hptst. *Patna;* Kohlenbergbau, Eisen- und Stahlind., Reisanbau.

Bihar-Gebirge, erzreiches Randgebirge im W Siebenbürgens, *Kurkubeta* 1848 m; Gold, Bauxitkunde.

Bijou, *s.* [frz. -'ʒu:], Kleinod.

Bijouterie, Schmucksachen, Geschmeide. – **B.industrie,** Herstellung von

Bilanz

[it. „bilancia = Waage"], abschließende Gegenüberstellung aller Vermögensteile einer Unternehmung nach der Form: **Aktiva,** *Anlagevermögen* (Gebäude, Grundstücke, Maschinen usw.), *Umlaufvermögen* (Kasse, Bank, Materiallager usw.) stehen auf der linken Seite der B. im „*Soll*", u. nach der *Quelle:* **Passiva,** Herkunft der Geldmittel: das ist das Eigen- u. Fremdkapital wie Darlehen, Lieferantenverbindlichkeiten, Akzepte usw., stehen auf d. rechten Seite im „*Haben*". Die B. wird aus dem B.konto entwickelt, das den Abschluß aller Konten u. die Inventur am gleichen Stichtag zeigt.

Arten: **1)** Nach dem *Anlaß* werden unterschieden: **a)** *Eröffnungs-B. od. Gründungs-B.* wird erstellt bei der Gründung eines Unternehmens; nach §§ 39–41 HGB sind dazu eine Bestandsaufnahme (Inventur) u. nach dieser ein Bestandsverzeichnis (Inventar) vorgeschrieben; **b)** *Jahres-B. od. Abschluß,* gibt regelmäßige Rechenschaft über die Veränderung der Kapitalverhältnisse des Unternehmens; nach ihr bestimmt sich in der Regel auch der Gewinn; *Monats- oder Tages-B.en,* mit *Aufwand- u. Ertragsrechnung,* die-

nen der Unternehmung zur *kurzfristigen Erfolgsrechnung;* **c)** *Liquidations-B.* bei der Auflösung (→ Liquidation) eines Unternehmens, stellt die Umkehrung z. Eröffnungs-B. dar. Weitere B.en f. bes. Anlässe: *Auseinandersetzungs-B., Konkurs-B., Umwandlungs-B., Fusions-B., Sanierungs-B.* **2)** Nach der *Rechtsgrundlage:* **a)** *Handels-B.,* die aufgrund des Handelsrechts (HGB, Aktien-Ges., Genossenschafts-Ges. usw.) erstellte B.; für best. Unternehmensformen u. Wirtschaftszweige (Banken, AGen, Genossenschaften, Versicherungen) gelten besondere *Bilanzierungsvorschriften,* vor allem bezüglich der B.gliederung, B.schema; **b)** *Steuer-B.,* die nach den steuerrechtlichen Vorschriften erstellte B., ist als Grundlage für die Besteuerung; **c)** *Einheits-B.,* will Handels- u. Steuer-B. in einer B. vereinigen.

Für die Bewertung der B.posten bestehen versch. Prinzipien: Bewertung zum Anschaffungs- od. Herstellungs-, Niederstwertprinzip, Tages- od. Teilwert; für gewisse Vermögensarten, besonders das Anlagevermögen, werden die B.werte durch Ansatz der → Abschreibungen ermittelt; dabei gelten für die Steuer-Bilanz bestimmte Sätze.

Schmucksachen a. Metall, oft m. Edelod. Halbedelsteinen, Korallen u. Email (Pforzheim u. Hanau).

Bikaner, St. im NW Indiens; 256 000 E.

Bikini, 1) Atoll in Mikronesien, 1946 Atombombenversuche der USA; **2)** zweiteil. Badeanzug.

bikonkav [l.], beiderseits hohlgeschliffene Linsen (*Zerstreuungs-,* Verkleinerungslinsen); → Optik.

bikonvex, beiderseits gewölbt (*Sammel-,* Vergrößerungslinsen); → Optik.

Bilanz → Übersicht. – **B.analyse,** Verfahren zur Informationsgewinnung über die Finanz- u. Ertragslage. – **B.änderung,** Ersetzung eines zulässigen B.wertes (in Handels- oder Steuer-B.) durch einen anderen zulässigen Wert, z. Unterschied v. d. **B.berichtigung,** Ersetzung e. unzulässigen durch e. zulässigen Wert. – **B.politik,** Maßnahmen d. inhaltl. Gestaltung d. B., insbes. d. Bewertung im Hinblick auf den Gewinn (Dividende bei AG). – **B.theorie,** die wiss. Lehre über d. B., bekannteste Auffassungen: *statische, dynamische, organische B.theorie.*

bilateral [l.], zweiseitig; *wirtschaftspol.* Beziehungen (z. B. bei Verrechnung) zw. zwei Partnern; Ggs.: → multilateral.

Bilbao, Hptst. d. span. Prov. Biscaya, 382 000 E.

Bilche → Schlafmäuse.

bildende Künste, Sammelbez. für Baukunst, Bildhauerei, Malerei u. graphische Künste.

Bilder-dienst, Verehrung der Gottheit im Bild; in der kath. Kirche gilt die Verehrung nicht dem Bild, sondern d. Dargestellten; die ev. Kirche erlaubt Bilder als Schmuck, die reformierte Kirche verbietet sie. – **B.schrift,** w., **1)** Mitteilung in Bildern ohne genaue Festlegung der Worte; **2)** Bildsymbole für best. Worte; → chinesische Schrift. – **B.stürmer,** zerstörten während d. Reformation Heiligenbilder.

Bildfunk, svw. → Bildtelegraphie.

Bildhauerkunst, *Skulptur, Plastik,* (→ Tafel S. 103); die Bildnerei in Stein (Marmor, Granit, Kalkstein u. a.), zuerst in Ägypten u. Mesopotamien s. 3. Jtd v. Chr.; schlägt mit Meißel u. Hammer volle Figuren heraus (*Rundplastik*) od. arbeitet halberhabene Figuren als *Relief;* für Unterschneidungen u. tiefere Stellen Anwendung des Bohrers; Glätten durch Raspeln u. Bearbeiten m. Bimsstein; als Vorlage dient meist Modell in Ton od. Gips; Übertragung in Stein durch Messen mit Zirkel usw. (*Punktieren;* auch *Punktiermaschinen*). - *Bildschnitzerei* arbeitet in Holz oder Elfenbein; *Bildgießerei* formt nach Wachsod. Tonmodell in Bronze, Eisen, Zink, Messing usw., auch Terrakotta, Porzellan usw.

Bildnisschutz, *Recht am eigenen Bild,* Veröffentlichung v. Bild einer Person grundsätzl. nur mit ihrer Zustimmung, bis 10 J. nach Tod nur mit Zustimmung der Angehörigen; Ausnahme bei Personen der Zeitgeschichte, wozu insbes. auch Schauspieler, Sportler usw. gehören, ferner wenn Bild nur Teil größerer Szene, Bilder, die nicht auf Bestellung angefertigt sind u. höheren Interessen d. Kunst dienen; Bildnisse, die im öff. Interesse (z. B. Steckbrief) verbreitet werden; Ausnahme versagt, wenn Abb. den Interesse verletzt od. der Reklame dient.

Bildröhre, eigtl. *Bildwiedergaberöhre,* Signal/Bild-Wandler, el. Signal wird in ein sichtbares Bild umgesetzt; wichtigste Bestandteile e. B. sind ein od. mehrere Elektronenstrahlsysteme (Farb-B.), ein Fokussier- u. Ablenksystem, ein Leuchtschirm u. bei Farbbildröhren d. Farbselektionssystem; nach d. Länge d. Bilddiagonalen eingeteilt (etwa 15–117 cm). → Fernsehen, Übers.; → Braunsche Röhre.

Bildschirmtext, *Btx,* auch *Viewdata,* Textkommunikationssystem d. DBP; Informationen (Texte, Graphiken) werden

aus e. B.-Zentrale od. e. angeschlossenen privaten Computer über d. öffentl. Fernsprechnetz abgerufen, auch Dialog möglich; erforderl. Einrichtungen beim Teilnehmer: Farbfernsehgerät m. integriertem od. zusätzl. → Decoder; Fernsprechanschluß, → Modem f. Datenübertragung, Eingabetastatur; erste Versuche 1978, ab 1980 angeb.; Feldversuche in Berlin u. Düsseldorf; seit Mitte 1984 bundesweiter Btx-Dienst.

Bildschirmzeitung, von Vertr. d. Druckmedien benutzte Bez. f. → Videotext.

Bildspeicherröhren, svw. *Bildaufnahmeröhre;* → Fernsehen, Übers. → Ikonoskop, → Orthikon.

Bildtelefon, Gesprächspartner können sich gegenseitig hören u. *sehen;* Versuchsnetze (BR: München u. Darmstadt; USA) 1971; Voraussetzung f. allg. Einführung → Breitbandkabel u. -netz.

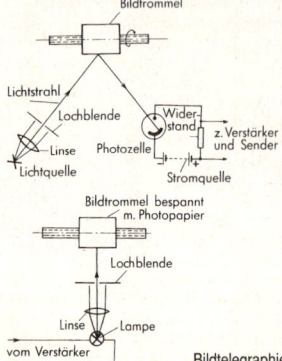

Bildtelegraphie

Bildtelegraphie, Übermittlung v. Bildern (Fotografien u. Zeichnungen) usw. über Drahtleitung od. Funkweg an entfernten Ort; Grundgedanke: Lichtstrahl tastet zu übermittelndes Bild zeilenför-

Bildhauerkunst, Mittelalter und Neuzeit
Abbildungen von links nach rechts. *1. Reihe:* Säulenfiguren, Chartres, um 1140 – Heimsuchung, Reims, Anfang 13. Jahrh.
– Ekkehard und Uta, Naumburg, um 1250 – Christus und Johannes, Anfang 14. Jahrh. – Christophorus, Nürnberg, 1442.
2. Reihe: Veit Stoß, Madonna – Tilman Riemenschneider, Adam – Donatello, Gattamelata – Michelangelo, Moses –
Giovanni da Bologna, Merkur. *3. Reihe:* Lorenzo Bernini, Die heilige Theresa – Joseph Anton Feichtmayr, Immaculata –
Andreas Schlüter, Sterbender Krieger – Johann Gottfried Schadow, Prinzessinnen Luise und Friederike – Konstantin
Meunier, Lastträger. *4. Reihe:* Auguste Rodin, Der Kuß – Ernst Barlach, Das Wiedersehen – Wilhelm Lehmbruck, Die
Kniende – Alexander Archipenko, Frauenakt – Rudolf Belling, Dreiklang.

mig ab. Der von den einzelnen Bildpunkten verschieden stark reflektierte Strahl wird auf eine → Fotozelle geleitet, wobei die einzelnen Helligkeitswerte der Bildpunkte in Strom- bzw. Spannungswerte umgewandelt werden. Beim Empfänger werden die übertragenen Spannungswerte wieder in Helligkeitswerte umgewandelt und zeilenförmig niedergeschrieben; 2 Möglichk.: **a)** Schreibstift färbt durch verschieden gefärbtes Papier; **b)** Lampe erzeugt verschieden starken Lichtstrahl, der Fotopapier entsprechend schwärzt. Praxis: Beim Sender (Abb.: oben) und Empfänger (Abb.: unten) je eine Trommel, beide drehen sich synchron u. führen schraubenförm. Bewegung aus; vom Sender zusätzl. Synchronisierimpuls. Breite einer Bildzeile = Steigung der Trommel bei 1 Umdrehung = ³⁄16 mm. Anwendung: Wetterdienst, Polizei u. a.; auch → Fernkopieren.

Bildung, Entfaltung d. geistig-seel. Werte u. Anlagen eines Menschen durch Entwicklung u. Erziehung u. ihr Ergebnis; auch Gesamtheit d. (erworbenen) Bildungsgüter.

Bildungs-forschung, interdisziplinäre Wiss. z. Erforschung d. Struktur d. B.wesens u. d. B.gehalte im Unterschied z. → Pädagogik. – **B.plan,** v. d. Ländern d. BR diskutierter Reformplan, der d. gesamte B.wesen den steigenden quantitativen u. qualitativen Erfordernissen d. voraussehbaren Zukunft anpassen soll. – **B.politik,** die aufgrund ihrer Kulturhoheit weitgehend v. den Ländern der BR bewirkte Gestaltung des B.wesens. – **B.rat,** 1965 in d. BR vom Bund u. den Ländern geschaffene Institution, die i. Zusammenarbeit mit d. → Wissenschaftsrat langfrist. Planungen f. d. Kultur- u. B.wesen in d. BR erarbeiten sollte, 1975 aufgelöst. – **B.roman,** *m.,* Sondergattung d. → Romans; schildert seel. Entwicklung e. Menschen.

Bildungsgewebe, *Teilungsgewebe;* Ggs.: → Dauergewebe.

Bildwandler, elektronenopt. Einrichtung; wandelt ein Bild aus dem einen Spektralbereich (z. B. Infrarot) in einen anderen um (sichtbares Licht); d. Vorgang kann mit e. Verstärkung verbunden sein; arbeitet mit d. äußeren → fotoelektrischen Effekt.

Bildwerfer, *veralt.* für Projektor zur Betrachtung v. Diapositiven.

Bildzerlegung → Fernsehen, Übers.

Bilge, *w.,* Raum unten im Schiff (über dem Schiffskiel), in dem sich Schwitz- u. Leckwasser sammelt, durch Pumpen (Lenzen) entleert.

Bilharziose, Krankheit, bei der d. trop. Saugwurm *Schistosomum haematobium* durch d. Haut eindringt u. verschiedene Organe befällt.

Bilirubin [l.], gelbbraunrötl. Gallenfarbstoff, Abbauprodukt des → Hämoglobins.

Bill, Max (* 22. 12. 1908), schweiz. Architekt, Maler, Bildhauer, Publizist, Vertreter → konkreter Kunst; Industrieformgestalter.

Bill, *w.* [engl.], Gesetz, Gesetzesentwurf. – **B.** of Lading [-ˈleidiŋ], Ladeschein od. Konnossement f. Seefrachtgeschäfte. – **B. of Rights,** engl. Staatsgrundgesetz v. 1689, das Rechte d. Parlaments u. die Bürgerrechte festlegte.

Billard, *s.* [-lj-, frz. biˈjaːr], m. Tuch bezogener Tisch (aus Schiefer) mit elast. Rand *(Bande)* zum **B.spiel,** bei dem 3 Kugeln m. einem Stab *(Queue)* aufeinandergestoßen *(Karambolage.)* od. 15 farbige Kugeln mittels einer weißen Spielkugel in 6 Löcher versenkt werden *(Pool-B.).*

Billbergia, eine → Bromeliazee.

Billetdoux, *s.* [bijeˈduː], Liebesbrief(chen).

Billett, *s.* [frz. -ˈjɛt], Fahr-, Eintrittskarte.

Billiarde, 1000 Billionen (1 mit 15 Nullen = 10¹⁵).

Billinger, Richard (20. 7. 1890–7. 6. 1965), östr. Schriftst.; Gedichte; Bauerndramen: *Rauhnacht.*

Billion [l.], 1000 Milliarden (1 mit 12 Nullen = 10¹²).

Billiton, *Belitung,* indones. Insel zw. Borneo und Sumatra, 4833 km², 163 000 E; Zinngewinnung.

Billroth, Theodor (26. 4. 1829–6. 2. 94), östr. Chirurg, Begr. der modernen Magenoperationstechnik.

Billunger, sächs. Herzogsgeschlecht, 950–1106.

Bilsenkraut

Bilsenkraut, giftiges Nachtschattengewächs, gelbviolette Blüten; Blätter a. Heilmittel.

Bilux®-Lampe, Glühlampe m. zwei getrennt schaltbaren Glühfäden, bes. in Autoscheinwerfern (Fern- und Abblendlicht).

Bimetall, Kombination zweier Metallbleche von unterschiedl. Wärmeausdehnung, biegt sich b. Erwärmen; als Thermometer u. Wärmeregler in Autokühlern, Bügeleisen usw.

Bimsstein, poröses Gestein vulkanischen Ursprungs, natürliches Glas; schwimmfähig.

binär [l.], zweiwertig; oft synonym zu → *dual* verwendet; → *Bit.*

binäres Zahlensystem, Zahlensystem auf der Basis 2.

Binärzeichen, Zeichen aus einem Zeichenvorrat von nur zwei Zeichen, → *Bit.*

Bindegewebe, z. d. Stützgeweben zählenden Zellgewebe d. Körpers, füllt Gewebs-

lücken aus u. verbindet u. umhüllt d. Organe.

Bindehaut, Schleimhaut d. → Auges.

Binder, 1) tragende Konstruktion bei Dachfachwerk; **2)** Mähbinder → Mähmaschine.

Binding, 1) Karl (4. 6. 1841–7. 4. 1920), dt. Strafrechtslehrer; s. Sohn **2)** Rudolf G. (13. 8. 1867–4. 8. 1938), dt. Dichter; Novellen, Legenden u. Erinnerungen; *Erlebtes Leben; D. Opfergang.*

Bindung, 1) in der → Weberei; *Struktur;* Verflechtung von Kett- und Schußfäden, verhindert das Flottieren; **2)** beim → Ski; **3)** in d. Chemie: Zusammenhalt d. Atome im Molekül od. Kristall.

Binet, Alfred (11. 7. 1857–18. 10. 1911), frz. Psych.; entwickelte zus. m. T. Simon Intelligenzskalen f. normalbegabte u. schwachsinnige Kinder.

Bing, Sir Rudolf (* 9. 1. 1902), engl. Intendant (östr. Herkunft), 1950–72 Gen.-Dir. d. Metropolitan Opera, New York; *Die Sir Rudolf Bing Memoiren.*

Bingen a. Rhein (D-6530), altes röm. Kastell; St. im Rgbz. Rheinhessen-Pfalz, RP, an Rhein u. Nahe (Drususbrücke), 23 141 E; Weinbau; Weinhandel, Weinbrennereien. St.teil *Bingerbrück* mit Weinbau; **Binger Loch,** 1832 durch Sprengung vertiefte Rheinstromenge; **Binger Mäuseturm,** alter Zollturm im Rhein.

Bingöl, Hptst. d. türk. Prov. *B.,* in Ostanatolien, 37 000 E; 1971 durch Erdbeben zu 80% zerstört.

Binnenreim, Reim innerhalb einer Verszeile: Eine *starke,* schwarze *Barke* / Segelt trauervoll dahin. / Die *vermummten* und *verstummten* / Leichenhüter sitzen drin (Heine).

Binnenschiffahrt, → Schiffahrt auf *Binnenwasserstraßen* (Flüssen, Kanälen), bes. für Güter.

Binnenzölle, von Städten u. Territorien bis ins 19. Jh. hinein erhobene Zölle, *Akzisen.*

Binnig, Gerd (* 1947), dt. Physiker; entwickelte das Raster-Tunnel-Mikroskop (Elektronen-Raster-Mikroskop); Nobelpreis 1986 (zus. m. H. → Rohrer u. E. → Ruska).

Binom, *s.* [l.-gr.], aus zwei Teilen gebildete math. Größe, z. B. (*a* + *b*).

Binomialkoeffizienten, die Koeffizienten der einzelnen Glieder der binomischen Reihe.

binomischer Lehrsatz, math. Satz über die Darstellung der Potenz eines Binoms durch e. Reihe.

Binsen, grasähnl. Pflanzen, an Seerändern und feuchten Orten.

Binz (D-2837), Ostseebad auf Rügen, M-V., 6000 E.

Bioakustik, Lehre von Erzeugung u. Wahrnehmung von Schallsignalen durch Lebewesen.

Biochemie [gr.], **1)** wiss. Lehre v. d. chem. Grundlagen d. Lebensvorgänge; MPI in München, Göttingen, Tübingen;

2) Heilverfahren, begr. von Wilhelm Heinrich *Schüßler* (1821–98).

Bioelektrizität, el. Erscheinungen in lebenden Substanzen.

Bioenergetik, Ansatz d. → Psychotherapie, die blockierte Gefühle durch Körperarbeit zu befreien sucht.

Biofeedback, → Rückkopplung in biolog. System; → Feedback.

Biogas, entsteht durch Vergärung v. → Biomasse (z. B. landw. Abfälle); als alternative Energie z. B. f. Heizung.

biogenetisches Grundgesetz, von → Haeckel aufgestelltes Gesetz, demzufolge die individuelle Entwicklung eines Lebewesens weitgehend mit seiner Stammesentwicklung übereinstimmt.

Biographie, *w.* [gr.], Lebensbeschreibung.

Bioingenieur, neuer Beruf auf dem Fachgebiet d. biomed. Technik, der Kenntnisse aus Technik, Med. u. Biologie voraussetzt.

Bioko, 1973–79 *Macías Nguema,* vorher *Fernando Póo,* vulkan. Insel im Golf v. Guinea; bildete mit der Insel *Annobón* (heute *Pagalu*) die span. Überseeprov. *Fernando Póo,* 2034 km², 59 000 E; Hptst. *Malabo* (31 000 E). → Äquatorialguinea.

Biologie [gr.], Lehre v. den Lebewesen u. Lebensvorgängen bei Pflanze (→ Botanik), Tier (→ Zoologie), Mensch (→ Anthropologie); *allg. B.:* Grundelemente d. lebenden Substanz, Statik u. Dynamik, Stoffwechsel, Formwechsel u. Reizerscheinungen; → Molekularbiologie, → Mikrobiologie, → Genetik, → Physiologie; MPI in Tübingen, MPI f. molekulare B. in Göttingen.

biologisch-dynamische Wirtschaftsweise, giftfreier Landbau mit Naturdüngung (Kompost u. a.), nach Regeln von R. → Steiner.

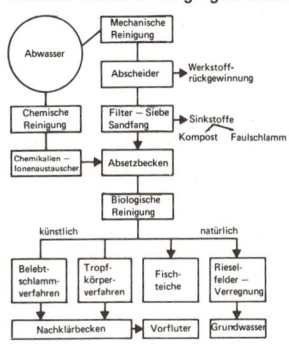

Abwasser und seine Reinigungsverfahren

biologische Abwasserreinigung, Abbau v. gelösten organischen Stoffen durch → Mikroorganismen, folgt der mechan. u. evtl. notwendigen chem. Reinigung. Nach Einblasen von Sauerstoff in Abwasser werden die organ. Stoffe v. Verunreinigun-

gen durch einen Belebtschlamm (→ Bakterien, → Hefen, → Pilze, → Protozoen u. a.) abgebaut; b. A. ist eine techn. Nutzung d. Selbstreinigung v. Gewässern auf kleinstem Raum.

biologische Schädlingsbekämpfung, Einsatz v. einheim. oder fremden Nützlingen gg. Schadorganismen, z. B. Raubmilben gg. Spinnmilben, pathogene Pilze gegen Kartoffelkäfer, Marienkäfer gegen Citrus-Schildlaus (Kaliforniern), Insektenfallen mit Sexuallockstoffen (→ Pheromone).

biologisches Gleichgewicht, Gleichgewicht d. Tier- u. Pflanzenarten in Artbestand u. Zahl; Störung durch Wasser- u. Luftverunreinigung, Einsatz v. Chemie i. d. Landwirtschaft; als Folgen: „Umkippen" v. Gewässern, Aussterben v. Tier- u. Pflanzenarten, Umweltkatastrophen.

biologische Waffen → toxische Waffen.

Biomasse, Gesamtheit biol. Substanz in Form lebender Organismen in einem festgelegten Gebiet.

Biometeorologie [gr.], Lehre v. d. Einflüssen d. Klimas u. Wettergeschehens auf die Lebensvorgänge v. Pflanze, Tier u. Mensch; medizinmeteorolog. Forschungsstelle d. Dt. Wetterdienstes i. Freiburg; Beratungsstellen an d. Wetterämtern Essen, Frankfurt u. München.

Biometrie, *biol. Statistik,* erfaßt Erscheinungsbild eines biol. Phänomens math. exakt durch Messung.

Bionik [engl.], *bionics* (aus *Bio*logie u. Tech*nik, Bio*logy u. Tech*nics), Biotechnik,* Prinzip der Entwicklung techn., bes. elektron. Anlagen, die biol. Arbeitsprinzipien, Systeme für ihre Zwecke nutzen.

Bionomie, erforscht Gesetzmäßigkeiten der Organismen d. Lebens.

Biophysik [gr.], Wiss. im Grenzgebiet v. Biologie u. Physik; arbeitet vorwiegend mit molekular-, quanten- u. strahlenphysikal. Methoden; MPI in Frankfurt/M.

Biopsie [gr.], Entnahme kleiner Gewebsod. Organstücke v. lebenden Organismus meist z. mikroskop. Untersuchung; auch *Saug-B.*

Biosphäre, Gesamtheit d. irdischen Lebensräume.

Biostratigraphie, → Altersbestimmung v. Gesteinen m. Hilfe v. Leitfossilien, z. B. des Jura (→ geologische Formationen) mit → Ammoniten.

Biosynthese, Aufbau einer chem. Verbindung durch die lebende Zelle.

Biot [*bjo*], Jean-Baptiste (21. 4. 1774–3. 2. 1862), frz. Phys.; Elektromagnetismus (*Biot-Savartsches Gesetz* ermöglicht die Beschreibung des Magnetfeldes eines stromdurchflossenen Leiters); Optik.

Biotechnik → Bionik.

Biotechnologie, erforscht Beeinflussung und Nutzung biolog. Reaktionen in techn. Systemen und industriellen Anlagen. Ziel: Herstellung neuer Produkte wie Arzneimittel, Biochemikalien, Nah-

rungs- u. Futtermittel in Bioreaktoren (Fermenter).

Biotelemetrie, Fernübertragung biol. u. med. Fakten; zur Überwachung d. Menschen am Arbeitsplatz, bei sportl. Höchstleistung (Raumfahrt, Verhaltensforschung, Sport-, Arbeitsmed.).

Biotin, Bez. f. Vitamin H (→ Vitamine, Übers.).

Biotit, → Silicatmineral, → Glimmer.

Biotop [gr.], Lebensraum (z. B. einer Pflanzenart).

Biozönose, Lebensgemeinschaft e. Biotops.

Biquadrat [l.], 4. Potenz einer Zahl.

Birett, *s.,* ältere Bezeichnung für Barett.

Birken, im N *Zwerg-B.;* der *Weiß-B.* und *Moor-B.,* im N *Zwerg-B.;* der im Frühjahr aus Bohrlöchern ausfließende zuckerhaltige *B.saft* liefert Haarwasser; *B.harz:* kosmet. Mittel.

Birkenfeld (Nahe) (D-6588), Krst. in RP, 5737 E; Erholungsort; Lederwaren-, Masch.- u. Holzind.; Garnison. 1817–1937 zu Oldenburg.

Birkenhead [*'bə:kənhɛd*], engl. Hafenst. am Mersey, 124 000 E; Schiffbau, Eisenind.; m. Liverpool durch Tunnel verbunden.

Birkenpilz, *Kapuzinerpilz,* Speisepilz.

Birkhuhn, Waldhuhn, kleiner als das Auerhuhn, in Mooren u. Gehölzen mit Unterholz, auch im Hochgebirge; Balz auf der Erde (März bis Mai).

Birma → Myanmar.

Birmingham, 1) [*'bə:miŋəm*], engl. St. in der Gft Warwick, 994 000 E (m. Vororten 2,6 Mill. E); 2) [*'bə:miŋhæm*], St. i. US-Staat Alabama, 284 000 E; Eisen- u. Stahlindustrie.

Birnen, Kernobst; wild die *Holz-B.;* die Kultur-B. stammen aus Asien; versch. Arten.

Birobidschan, 1) jüd. autonomes Gebiet am Amur i. Fernen Osten d. UdSSR, 36 000 km², 216 000 E (davon 5,4% Juden); Textil-, Holz-, Papierind.; 2) Hptst. des Jüd. Auton. Geb. i. d. Russ. SFSR, 80 000 E.

Biron, Ernst Johann Reichsgraf v. (23. 11. 1690–29. 12. 1772), Hzg v. Kurland; beherrschte als Günstling d. Zarin Anna Iwanowna zeitweise Rußland (1740 gestürzt).

Birsfelden (CH-4127), Vorort von Basel, 12 500 E; Rheinhafen.

Bisam, *svw.* → Moschus. – **B.ratte,** nordam. Wühlmaus (s. 1905 in Europa), Lebensweise am Wasser, ähnlich dem Biber (Unterwühlen v. Deichen), Moschusdrüse am Bauch; Pelz glänzend braun (Rücken) u. grau (Bauch): *Bisamfell;* → Nerzbisam, → Sealbisam.

Bischbek, bis 1926 *Pischpek,* von 1926–91 *Frunse;* Hptst. der Sowjetrep. Kirgisien; 616 000 E; Tabakfabriken.

Bischof [gr. „episcopos = Aufseher"], Inhaber d. höchsten kirchl. Amtes in einem Bistum; kath. Bischöfe gelten als Nachfolger der Apostel; vielfach auch in protestant. Kirchen u. in der anglikan. Kirche. – **B.skonferenz**, *Fuldaer B.k.*, Tagungen der dt. kath. Bischöfe in Fulda. – **B.smütze** → Mitra. – **B.sstab**, Krummstab, Würdezeichen d. kath. Bischofs (Anlehnung an Moses' Stab, *2. Mose 4*). – **B.ssynode**, 1965 v. Papst Paul VI. gegr. weltumfassende beratende Vertretung d. kath. Episkopats bei d. röm. Kurie, jeweils v. Papst einberufen (7. Synode 1983).

Bischofswerda (D-8500), Krst. in Sa., a. d. Wesenitz, 13 174 E; Glas-, Bekleidungs- u. keram. Ind.

Bise, schweiz. f. Nordostwind.

Biserta, Hafenstadt in Tunesien, 95 000 E; Ausfuhr von Eisenerz, Blei, landw. Produkten; Raffinerie.

Bisexualität [l.], *Doppelgeschlechtigkeit*, Auftreten zweier getrennter Geschlechtsformen, des weibl. u. des männl. Geschlechts; auch: Neigung zu beiden Geschlechtern.

Biskaya, span. *Vizcaya*, eine der 3 baskischen Prov. Spaniens, Hptst. *Bilbao*. – **B., Golf v.**, gr. Bucht d. Atlant. Ozeans zw. N-Spanien u. W-Frkr., größte Tiefe 5872 m, stürmisch.

Biskra, Oasenstadt u. Winterkurort i. Algerien am Nordrand d. Sahara, 130 000 E.

Biskuit, *s.* [frz.], eireiches leichtes Gebäck, Zwieback.

Bismarck, altmärk. Uradelsgeschlecht aus Nds. (1270 in Stendal), 1562 in

Otto v. Bismarck

Schönhausen: **1)** Otto Fürst v., Hzg v. Lauenburg (1. 4. 1815–30. 7. 98), Gründer des Dt. Reichs 1871; 1847 konservatives Mitglied des Vereinigten Landtages; vermählt mit Johanna v. Puttkamer; 1850 im Erfurter Unionsparlament; 1851–59 preuß. Bundestagsgesandter, als Gegenspieler Österreichs überwindet er d. preuß.-östr. Dualismus u. begründet d. preuß. Vorherrschaft in Dtld; Botschafter 1859 i. Petersburg; 1862 in Paris; 1862 preuß. Min.-Präs. u. Min. d. Auswärtigen; setzte Heeresform durch (Verfassungskonflikt); 1865 Gasteiner Vertr.; schloß 1866 m. d. Sieg über Östr. d. Prager Versöhnungsfrieden; 1867 Bundeskanzler des Norddeutschen Bundes; 1871 Kanzler des von ihm geschaffenen Dt. Reiches; 1872–79 → Kulturkampf gg. d. Zentrumspartei; 1878 Schutzzollpol. gg. Nationalliberale Partei; Errichtung d. preuß. Staatseisenbahnnetzes, Sozialpolitik, Sozialistengesetz; auf → Ber-

liner Kongreß Vermittler zw. Rußland u. Östr.; 1879 Bund m. Östr., 1882 mit Italien (Dreibund); 1884 Beginn d. Kolonialpolitik. 1887 Rückversicherungsvertrag m. Rußland; 18. 3. 1890 Entlassung durch Wilhelm II.; *Gedanken und Erinnerungen;* s. Sohn **2)** Herbert Fürst v. (28. 12. 1849–18. 9. 1904), Staatssekr. d. Auswärtigen (1886–90).

Bismarck-Archipel, 160 km langer Inselbogen nö. v. Neuguinea, umfaßt ca. 100 Inseln (→ *Neubritannien*, → *Neuirland*, → *Lavongai*, → *Admiralitätsinseln*), 53 000 km²; 320 000 E; Hptst. *Rabaul* (15 000 E); 1885 dt. Kolonie, 1919 austral. Mandat; 1973 zum unabhängigen Staat Papua-Neuguinea; Ausfuhr: Kopra, Kakao, Perlmutter.

Bismarckhütte, poln. *Hajduki Wielkie*, St.teil von *Königshütte*, poln. *Chorzów* in Oberschlesien.

Bison, nordam. „*Büffel*", einst in riesigen Herden, heute einige tausend in Naturschutzgebieten.

Bissau [-'saũ], Hptst. u. -hafen v. Guinea-Bissau, 125 000 E.

Bister, *m.* od. *s.*, braune Baumwoll-Manganfarbe; bräunl. Wasserfarbe aus Holzruß.

Bistritz, 1) rumän. *Bistriţa*, r. Nbfl. d. Sereth (290 km); **2)** *Bystrica*, r. Nbfl. d. Dnjestr; **3)** rumän. *Bistriţa*, St. in Siebenbürgen, 77 000 E; Obst- u. Weinbau, Lebensmittelind.

Bistum, Amtsbezirk eines Bischofs.

64-K-Speicherchip auf einem Pfennigstück

Bit [engl.], *s.* Abk. f. **b**inary d**i****g**it, Kurzbez. f. e. Binärzeichen, dem man d. Zeichen 0 u. l zuschr. kann; Einheit d. Nachrichtenmenge i. d. → Informationstheorie auch Einheit f. d. Anzahl d. Binärzeichen, d. übertragen od. gesp. werden („bit"). → Dual-Zahlensystem; → Informatik.

Bitburg (D-5520), Krst. i. RP, 10 758 E; AG; Bierbrauerei.

Bithynien, im Altertum Landschaft in Kleinasien, wichtigste St. war Nicäa.

Bitola, *Monastir*, St. im jugoslaw. Mazedonien, 80 000 E; Griechen, Serben, Bulgaren.

Bitonalität, *w., mus.* gleichzeitiges Erklingen zweier Tonarten.

Bitterfeld (D-4400), Krst. in S-A., 20 017 E; Ind.: bed. Braunkohlewerk, Rohrleitungsbau.

Bitterling, kleiner, bis 10 cm langer Süß-

wasserfisch; Weibchen legt Eier mit Legeröhre in Muscheln; Männchen buntes Hochzeitskleid.

Bittermandelöl, enthält etwa 90% *Benzaldehyd*, farblose, angenehm riechende Flüssigkeit; zur Kunstmarzipanherstellung.

Bittersalz, *Epsomit*, Magnesiumsulfat; mediz. als Abführmittel; i. d. Textilind. als Beizmittel; als Magnesiumzusatz zu Düngemitteln.

Bittersüß, Nachtschattengewächs, an feuchten Stellen schlingend, violette Blüten, rote Beeren; giftig.

Bitterwässer, abführende u. gallentreibende Mineralwässer mit mehr als 1 g gelöster fester Bestandteile pro Liter; enthalten als wesentl. Bestandteil → Bittersalz.

Bittner, Julius (9. 4. 1874–9. 1. 1939), östr. Komponist; Opern, Symphonien.

Bitumen, *s.* [l.], Rückstand der schonenden Erdölaufbereitung; zum Straßenbau u. in d. Industrie.

Biwak, *s.* [frz. „bivouac"], Truppenlager im Freien.

BIZ, Abk. f. → **B**ank **f**ür **I**nternationalen **Z**ahlungsausgleich.

bizarr [bask.], seltsam, verzerrt, verschroben.

Bizeps [l.], d. Beugemuskel d. Oberarms (Abb. S. 348).

Georges Bizet

Bizet [bi'ze], Georges (25. 10. 1838–3. 6. 75), frz. Komp.; Opern: *Carmen; Die Perlenfischer;* Suite: *L'Arlésienne*.

Bjelaja, l. Nbfl. d. Kama aus dem südl. Ural, 1430 km l.

Bjelorußland, svw. → Weißrußland.

Björkö, finn. *Koivisto*, Insel vor der NW-Küste Finnlands, 46 km².

Bjørnson, Bjørnstjerne (8. 12. 1832–26. 4. 1910), norweg. Dichter: Bauernnovellen; Dramen: *Über die Kraft; Wenn d. junge Wein blüht;* Nobelpr. 1903.

Bk, *chem.* Zeichen f. → Berkelium.

BKA, Abk. f. → **B**undes**kriminala**mt.

Blacher, Boris (6. 1. 1903–30. 1. 75), dt. Komp.; Kammeropern: *Die Flut; Die Nachtschwalbe;* Opernoratorium: *Der Großinquisitor*.

Black box [ˈblæk], **1)** Flugdatenaufzeichnungs-Gerät; **2)** Bez. für e. Prozeßablauf, der hinsichtl. seiner Bestimmbarkeit nach Wesen u. Form unbekannt ist; Beschreibung: anhand eines Blackbox-Modells werden mehrere bekannte variable Größen untereinander verbunden, ohne jedoch den Mechanismus dieser Verbindungen zunächst zu kennen; nur die Eingangs- u. Ausgangsgrößen

variable Größen – | Black box | unbekannt – variable Größen

sind bestimmbar, während der Prozeßablauf, der für diese Verbindung notwendig ist, innerhalb der „Black box" analysiert werden muß.

Blackburn [ˈblækbən], St. in d. engl. Gft Lancashire, 88 000 E; Maschinen-, Textilind.

Blackout [engl. ˈblækaut] „Verdunkelung"], 1) beim Fliegen plötzl. Auslöschen des Lichts als Effekt; 2) beim Fliegen Sehstörung (Schwarzsehen) infolge von Beschleunigung; 3) Funkausfall, Fading (→ Schwund).

Black Panther [ˈblæk ˈpænθə], radikale Negerorganisation i. d. USA, Gruppe der **Black-Power-Bewegung**.

Blackpool [ˈblækpuːl], St. in d. engl. Gft Lancashire, 148 000 E; Seebad.

Blake [bleɪk], 1) Robert (1599–1657), engl. Seeheld unter Cromwell; schlug Holländer u. Spanier; 2) William (28. 11. 1757–12. 8. 1827), engl. Dichter, Maler u. Kupferstecher; myst. visionärer Lyriker; Einfluß auf Romantik u. Symbolismus.

Blamage, w. [frz. -aʒə], Schande, Bloßstellung.

Blanchard [blɑˈʃaːr], Jean-Pierre (4. 7. 1750–7. 3. 1809), frz. Ballonfahrer; überflog 1785 (m. Jeffries) als erster d. Ärmelkanal.

Blank, Theodor (19. 9. 1905–14. 5. 72), CDU-Pol.; 1951 Sicherheitsbeauftragter d. BR, 1955/56 Verteidigungsmin., 1957–65 Arbeitsmin.

Blankenberghe, belg. Seebad nahe Brügge, 15 000 E.

Blankenburg (D-6823), St. am Harz i. S.-A., 19 075 E; Luftkurort.

blanko [it.], weiß, unausgefüllt.

Blanko-akzept, Akzept auf nicht ausgefüllten Wechsel; es entsteht Haftung in Höhe der Ausstellung durch Inhaber, auch wenn unberechtigt zu hoch ausgefüllt. – **B.giro** [-ʒi-], ein ohne Text, nur durch einfache Namensunterschrift vollzogenes → Indossament: **B.indossament. – B.kredit**, offener, nicht speziell gedeckter, lediglich aufgrund des Vertrauens gewährter Kredit. – **B.verkauf**, Leerverkauf, Verkauf von Werten (Termingeschäft), die man nicht besitzt u. erst später zu niedrigem Kurs erwerben will; → Baisse-Spekulation, Fixgeschäft. – **B.wechsel** → Wechsel.

Blankvers, fünffüßiger, reimloser 5takter (Jambus); Normalvers d. klass. Dramas seit Shakespeare; Gefährlich ist die Freiheit, die ich gebe (Goethe, Iphigenie).

Blantyre [blænˈtaɪə], größte St. von Malawi, 355 000 E; Verkehrsknotenpunkt, Handelszentrum.

Blase, med., 1) sackförmiges Hohlorgan zur Aufnahme v. Flüssigkeit (Harn-B., Samen-B. → Geschlechtsorgane, Abb., Gallen-B.) oder Luft (Schwimmblase); 2) krankh., m. Flüssigkeit gefülltes Gebilde; Brand-B.; B. als Neubildung → Zyste.

Blasenfüße, kleine, geflügelte Insekten; Füße m. Haftblasen.

Blasenkäfer → Kanthariden.

Blasenkammer, mit flüssigem Wasserstoff gefüllte Kammer, in der Kernreaktionen durch Teilchenspuren sichtbar und fotografierbar werden.

Blasenkirsche, svw. → Judenkirsche.

Blasenmole, Windei, Schwangerschaftsstörung; Zotten d. → Chorion wandeln sich in flüssigkeitsgefüllte Blasen um, der Embryo löst sich auf.

Blasensprung, Zerreißung d. Eihaut u. Entleerung d. Fruchtwassers am Anfang d. Geburtsvorganges.

Blasensteine → Nierensteine.

Blasenstrauch, Schmetterlingsblütler, gelb blühender Zierstrauch mit blasenart. Fruchthülsen.

Blasentang, braune Meeresalgen mit lufthaltigen Schwimmblasen.

blasiert [frz.], überheblich, eingebildet.

Blaskowitz, Johannes (1883–1948), Wehrmachtsgeneral, der den Angriffsplan gg. Polen ausarbeitete. 1939 Oberbefehlshaber Ost, ab Mai 1945 Führung der Heeresgruppe H; Selbstmord.

Blasphemie [gr.], Gotteslästerung.

Bläßhuhn → Wasserhühner.

Blastem, Verband embryonaler, undifferenzierter Zellen.

Blastom, s. [gr.], echte Geschwulst.

Blastomeren, durch → Furchung des Eis entstehende Zellen.

Blastula, Keimbläschen, Stadium der Entwicklung d. tier. u. menschl. → Embryos v. d. → Gastrula.

geflügelt   ungeflügelt
Blattläuse

Blatt, seitl. Sproßorgan der Pflanzen (m. Ausnahme der Algen u. Pilze): eigtl. Laubblätter, meist grün, mit → Chlorophyll; Hochblätter, und. Blüte gelagert; Blüten- u. Kelchblätter; Niederblätter, unterirdisch (Zwiebel) u. als Schuppen an jungen Trieben. Keimblätter bereits im Embryo angelegt; entwickeln sich oberirdisch als erste Blätter od. bleiben von d. Samenschale umschlossen. Das am Sproß seitl. angelegte Laubblatt ist v. → Assimilation dienende Laubblatt ist v. Gefäßbündeln („Adern", „Nerven") durchzogen (streifen- od. netznervig). Die Blätter sind einfach od. aus mehreren Blattlappen zusammengesetzt (gefingert od. gefiedert = zweizeilige v. verlängertem Stiel) u. verschieden geformt (z. B. lineal lanzettlich, eiförmig); der Blattrand ist gesägt, gezähnt, gekerbt

usw.; an der Pflanze sind sie wechsel-, gegen-, kreuzständig od. quirlig (B.wirtel) angeordnet. – **B.floh**, blattlausähnliches Insekt mit Springbeinen, saugt an Pflanzen. – **B.hornkäfer**, Käfer mit blattartig verbreiterten Fühlern (z. B. Mai-, Hirsch-, Mistkäfer, Pillendreher). – **B.läuse**, kleine, nur zuweilen geflügelte Insekten; saugen an jungen Pflanzentrieben, verursachen auch Gallenbildung. – **B.nasen**, Familie d. Fledermäuse. – **B.wespen**, Hautflügler; Larven raupenähnlich, oft schädlich. – **B.wickler**, Kleinschmetterlinge u. Rüsselkäfer, deren Larven zw. zusammengerollten Blättern leben; schädlich.

Blätterkohl, Gemüsekohl m. einer Rosette krauser Blätter, die auf langem Strunk (Kuh-Kohl, Kraus-K.) od. auf dem Boden sitzt (Grün-K., Braun-K.); frostbeständig, wächst daher auch an frostfreien Wintertagen.

Blättermagen, mit Hautfalten versehener Teil des Wiederkäuermagens, in den die Nahrung nach zweimaligem Kauen gelangt.

Blättern → Pocken.

Blätterpilze, Blätterschwämme, große Pilzgruppe, hutförmiger, gestielter Fruchtkörper, der a. d. Unterseite sporenerzeugende, blattartige Lamellen (Lamellen) trägt; eßbar z. B.: Champignon, Pfifferling, Moucheron, Reizker, Brätling; giftig: Fliegen-, Knollenblätterpilz u. a. (Abb. S. 344).

Blattgold, dünn geschlagenes Gold, zum Vergolden; unechtes B. svw. → Rauschgold.

Blattgrün, svw. → Chlorophyll.

Blattpflanzen, Zierpflanzen, die wegen ihrer eigenartig geformten od. gefärbten Blätter gezogen werden.

Blaualgen, Spaltpflanzen, keine echten Algen (→ botanisches System).

Blaubart, Ritter in der frz. Sage Mörder seiner Frauen; Märchen von → Perrault.

Blaubeere, svw. → Heidelbeere.

Blaubeuren (D-7902), St. i. Ba-Wü., am Blautopf, 10 839 E; ehem. Benediktinerkloster (11. Jh.); alte Fachwerkhäuser.

Blaue Berge, engl. Blue Mountains, 1) höchster Gebirgszug auf Jamaika, im Blue Mountain Peak 2256 m; 2) Gebirgszug im Columbia Plateau (Oregon, USA), bis 2775 m; 3) Gebirgsplateau westl. Sydney, b. 1300 m; Eukalyptuswälder.

blaue Blume, Sinnbild der Romantik; gestaltet im ersten Kapitel von Novalis' Roman Heinrich von Ofterdingen.

Blaue Grotte, Höhle auf Capri, in die Licht fast nur durch blaue (blaue) Wasser eindringt.

Blauer Reiter, 1911 v. → Kandinsky → Münter, → Kubin und → Marc begr. Künstlergemeinschaft in München (dann auch mit Macke, Klee, Campendonck u. a.); bestand bis 1914; wichtig f. moderne Malerei (Farbwerte, Abstraktion).

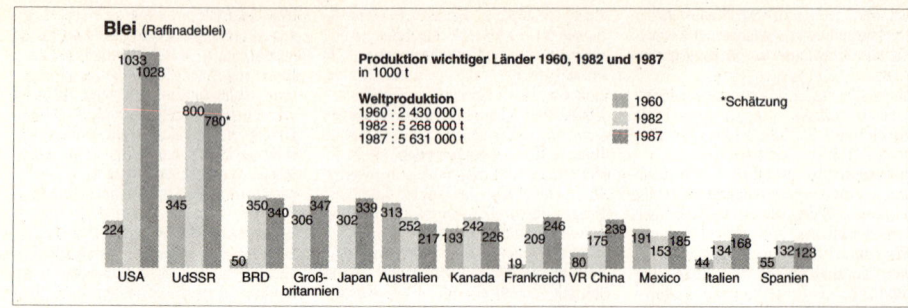

Blei (Raffinadeblei)

Produktion wichtiger Länder 1960, 1982 und 1987
in 1000 t

Weltproduktion
1960 : 2 430 000 t
1982 : 5 268 000 t
1987 : 5 631 000 t

■ 1960   *Schätzung
■ 1982
■ 1987

USA: 1033, 1028, 800
UdSSR: 780*, 224
BRD: 345, 350, 340, 306, 50
Großbritannien: 347, 302
Japan: 339, 313, 252, 217, 193
Australien: 242, 226, 209, 19
Kanada: 246, 175, 80
Frankreich: 239, 191, 185, 153
VR China: 168, 134, 44
Mexico: 132, 128, 55
Italien / Spanien

Blaues Band, 1) Bez. beim Pferdesport für Sieg im Derby; **2)** früher: *B. B. des Ozeans* f. d. schnellste Dampferfahrt über den Atlantik (1952 „United States", 3 Tage, 10 Std., 40 Min.).

blaues Blut, svw. adlige Abstammung.

Blaues Kreuz, ev. Abstinenzlervereinigung, gegr. 1877 gg. Trunksucht.

Blaufelchen → Renken.

Blaukehlchen, dem Rotkehlchen verwandt, lebt in Ufergebüschen; → Abb. Drosseln.

Bläulinge, kleine blaugefärbte Schmetterlinge.

Blausäure, *HCN,* Cyanwasserstoff; sehr giftig, in geringen Mengen in gebund. Form in bitteren Mandeln u. Obstkernen enthalten; → Cyanid.

Blaustrumpf, abschätzig f. intellektuelle Frau ohne weibl. Charme (nach engl. *bluestocking*).

Blausucht, *Cyanose,* Blaufärbung des ganzen Körpers, bes. bei angeborenen Herzfehlern.

Blazer, *s.* [engl. *'bleɪzə*], Klubjacke, meist zweireihig, marineblau, mit Metallknöpfen u. eingesticktem Klubabzeichen.

Blech, durch Walzen aus Metall hergestellte Platten; auch Panzerplatten bis 150 mm Dicke.

Blechen, Karl (29. 7. 1798–23. 7. 1840), dt. Maler d. Romantik u. Vorläufer d. impressionist. Freilichtmalerei; *Grotte m. zwei Mönchen am Golf v. Neapel; Im Park v. Terni.*

Blei, Franz (18. 1. 1871–14. 8. 1942), östr. Schriftst. u. Kritiker; *Die galante Zeit; D. große Bestiarium d. mod. Literatur.*

Blei, 1) *Pb,* chem. El., Oz. 82, At.-Gew. 207,19, Dichte 11,34; weiches, bläulichgraues Schwermetall, verarbeitet zu Leitungsröhren, Kabelmänteln, Schrot, Kugeln, Akkumulatoren; lösl. Verbindungen sind giftig, tägl. Aufnahme durch Trinkwasser aus Bleirohren, bes. gefährlich f. Kinder (Hyperaktivität od. geistiges Zurückbleiben); *Bleierz-Vorkommen:* USA, Mexiko, Australien, Kanada, Myanmar, Dtld (Harz, Aachener Revier), Polen, Jugoslawien, UdSSR (→ Schaubild); **2)** Fisch, → Brachsen.

Bleibtreu, 1) Hedwig (23. 12. 1868–24. 1. 1958), östr. Schausp.in; Ehrenmitglied

d. Wiener Burgtheaters; **2)** Karl (13. 1. 1859–30. 1. 1928), dt. Schriftst. d. Naturalismus; *Revolution der Literatur; Größenwahn; Weltbrand.*

bleichen, Entfernen der Farbe aus Stoffen; z. B. Chlorbleiche f. Baumwolle u. Papier, schweflige Säure f. Seide u. Wolle, Wasserstoffperoxid f. Federn u. Haare.

Bleicherde, feinkörn., tonähnl. Erdart mit hohem Adsorptionsvermögen, Entfärbungs- und Reinigungsmittel für Öle; → Podsol.

bleifreies Benzin, notwendig f. Otto-Motoren m. Dreiweg- → Katalysatoren, weil das (im Benzin als → Antiklopfmittel verwendete) Blei d. platinbeschichteten Waben d. Katalysators überdeckt u. d. Lambda-Sonde angreift; in d. USA u. Japan schon überwiegend verwendet, in d. BR s. 1984/85 flächendeckend angeboten; heute schwindender Anteil an verbleitem Benzin.

Bleiglanz, Bleisulfid (Abb. S. 343), wichtigstes Bleierz; in Dtld 30–60% Blei, 0,1% Silber.

Bleiglas, aus Kali-Bleisilikat.

Bleiglätte, *Bleioxid* für Kristallglas.

Bleikammern, 1) mit Blei ausgekleidete Hohlräume, früher zur Herstellung v. Schwefelsäure; **2)** berüchtigte Staatsgefängnisse im Dogenpalast zu Venedig; 1797 zerstört; Weg dorthin führte über d. *Seufzerbrücke (Ponte dei Sospiri).*

Bleistift, Schreibstift m. Graphitmine u. Holzhülse; s. 1350 bekannt.

Bleitetraëthyl, *s.,* farblose, leicht bewegl., giftige Flüssigkeit; wird als → Antiklopfmittel dem Benzin zugesetzt, wo es unerwünschte Radikalkettenreaktionen abfängt; in bleifreiem Benzin nicht verwendet.

Bleivergiftung → Erste Hilfe (Übers.).

Bleiweiß, *Bleicarbonat,* giftige, gut deckende Malerfarbe; an Luft durch Schwefelwasserstoff-Einwirkung braun werdend.

Blende, 1) in der Baukunst in der Mauer als Schmuck vorgesetzter Teil (z. B. als *Blendarkade* od. *Blendbogen*); **2)** Schwefelverbindungen mit Metallen u. Halbmetallen (Sulfiderze); **3)** Vorrichtung an opt. Geräten zur Begrenzung der wirksamen Öffnung des Objektivs.

Blendsteine, Baustoffe (Marmor, Granit, Klinker usw.) zur Verkleidung rohen Mauerwerks.

Blennorrhoe, *w.* [gr.], eitrige Entzündung der Augenbindehaut.

Blériot [-*'rjo*], Louis (1. 7. 1872–2. 8. 1936), frz. Ing.; überflog 1909 als erster den Ärmelkanal mit selbstgebautem Eindecker (Typ „Blériot XI").

Blesse, weißer Fleck (z. B. auf d. Pferdestirn).

blessieren [frz.], verwunden.

Blessing, Karl (5. 2. 1900–25. 4. 71), dt. Ind.- u. Bankfachmann; 1958–69 Präs. d. Dt. Bundesbank.

Blessur, *w.,* Verwundung, Wunde.

Blinddarm, lat. *Coecum,* der sackartig blind endende Anfangsteil d. Dickdarms i. d. rechten Unterbauchgegend; am untersten Ende d. Wurmfortsatz *(Appendix);* auch → Eingeweide. – **B.entzündung,** *Appendizitis,* eigtl. Entzündung d. Wurmfortsatzes; *akute B.entzündung* mit heftigen Leibschmerzen, Übelkeit, oft Erbrechen, Fieber u. Gefahr einer Bauchfellentzündung.

Blinden-abzeichen, Armbinde mit 3 schwarzen Punkten auf gelbem Grund u. weißer Gehstock. – **B.fürsorge,** durch staatl. und städt. Blindenanstalten, -werk-

K N A U R S   L E X I K O N

Blindenschrift

stätten, Heime und Asyle. – **B.schrift,** *w.,* erhabene, tastbare Schriftzeichen f. Blinde, Punktsystem von L. *Braille;* neuerdings macht Polyethylen-Papier die Verwendung normaler Schriftzeichen möglich.

blinder Fleck, Austrittsstelle des Sehnervs in der Netzhaut, lichtunempfindlich; → Auge.

Blindflug, Flug bei fehlender Sicht (Nebel) nach Bordinstrumenten (Kreiselgeräte) u. durch Funkpeilung.

Blindgänger, abgeschossenes od. abgeworfenes, nicht explodierendes Geschoß.

Blindheit, völliger Verlust d. Augenlichts: **a)** angeboren, oft vererblich; **b)** erworben durch Krankheit des Auges; **c)**

Seelen-B., bei gesunden Augen durch Krankheit des Sehzentrums im Gehirn.

Blindmaus, in Lebensweise ähnlich dem Maulwurf, SO-Europa, Asien.

Blindschleiche, beinlose, schlangenähnl. Eidechse; harmloses Reptil.

Blindwühlen, beinlose, wurmartige Lurche der Tropen; → Amphibien.

Blink-feuer, für Schiffahrt, → Befeuerung. – **B.komparator,** Gerät zum Vergleichen v. Himmelsaufnahmen d. gleichen Sternfeldes, um Helligkeits- od. Ortsveränderungen zu entdecken.

Blitz, Lichterscheinung bei Entladung von Luft- od. Erdelektrizität; Entladestrom ca. 10 000–20 000 A, Spannung einige 10^6 V, Geschwindigkeit des Entladungskopfes bei Linien- oder Funkenblitzen ca. 10^7 cm/s, beförderte Elektrizitätsmenge ca. 10–20 C; daneben gibt es Kugel-, Flächen-, Perlschnurblitze.

Blitzableiter, 1752 von B. → Franklin erfundene Anlage z. Ableitung v. Blitzen an Gebäuden: Metallstange mit Leitung bis ins Grundwasser.

Blitzlicht, urspr. ein Pulver aus Magnesium-Aluminium-Kaliumchlorat, das in offenen Behältern (!) gezündet wurde. Später in Form v. Blitzbirnchen; heute nur noch als Elektronenblitzgerät; entweder in Kameras eingebaut, als Zubehör aufsteckbar od. mit Schiene anschließbar. Fast durchwegs v. Elektronik der Kamera gesteuert, mit Blitzbelichtungsmessung in der Filmebene (= TTL-Blitzlichtmessung), extrem universell für Nahu. Makro-Blitzaufnahmen, für indirektes Blitzen gg. die Zimmerdecke od. zur Zündung beliebig vieler Blitzgeräte.

Blixen, Tania, eigtl. *Karen Baronin Blixen-Finecke* (17. 4. 1885–7. 9. 1962), dän. Schriftst.in; *Afrika, dunkel lockende Welt; Briefe aus Afrika; Phantast. Erzählungen.*

Blizzard [ˈblɪzəd], eisiger Schneesturm i. N-Amerika.

Bloch, 1) Ernest (24. 7. 1880–15. 7. 1959), am.-schweiz. Komp. moderner nat.-jüd. Musik; *Psalmen, Schelomo;* 2)

Ernst Bloch

Ernst (8. 7. 1885–4. 8. 1977), dt. marxist. Phil.; *Das Prinzip Hoffnung;* 1967 Friedenspr. d. Dt. Buchhandels; 3) Felix (23. 10. 1905–10. 9. 83), schweiz.-am. Atomphys.; Nobelpr. 1952 (Entwicklung neuer Präzisionsmethode des Kernmagnetismus); 4) Konrad (* 21. 1. 1912), am. Biochemiker; Nobelpr. 1964 (Forschung über Cholesterin- u. Fettstoffwechsel).

Block, 1) im *parlamentar. System* Vereinigung von Parteien u. Gruppen zu gemeins. takt. Vorgehen; 2) *seem.* svw. Flaschenzug.

Blockade, 1) Absperrung der Ein- u. Ausfuhr von Waren u. Personen in best. Gebieten; meist durch Seestreitkräfte; Friedens-B., wirtsch. Zwangsmittel; 2) im Schriftsatz Drucktypen, die fehlende Zeichen deutlich markieren (■).

Blockbuch, *m.* ganzseitigen Holzschnitttafeln (Bild u. Schrift) einseitig bedrucktes Buch (15. Jh., d. h. vor dem typograph. Textdruck).

Blockflöte, wichtigste, im 16. u. 17. Jh. in Kirchen- u. Kammermusik allein gebräuchl. Längsflöte; im 18. Jh. von Querflöte verdrängt.

blockfreie Staaten, Bez. f. neutrale Staaten, d. sich gg. Zugehörigkeit zu Militärblöcken wenden (1983: 101 Mitgl.).

blockieren [frz.], sperren, verhindern einer Bewegung.

Blockierschutz, → Antiblockiereinrichtung (z. B. bei Autos).

Blocksignalsystem, Signalsystem für Eisenbahnlinien; Zug kann in einen Streckenabschnitt (*Block*) erst einfahren, wenn vorhergehender Zug ihn verlassen hat.

Bloembergen, Nicolass (* 11. 3. 1920), am. Phys.; (zus. m. A. L. → Schawlow u. K. M. → Siegbahn) Nobelpr. 1981 (Laserspektroskopie).

Bloemfontein [ˈblum-], Hptst. d. Prov. Oranjefreistaat der Rep. Südafrika, 233 000 E (davon 90 000 Weiße); Sitz d. südafrikan. Obersten Gerichtshofes; Uni., Sternwarten.

Blok, Alexander (16. 11. 1880–7. 8. 1921), russ. Revolutionsdichter; *Die Zwölf; Rose u. Kreuz.*

Blomberg, Werner von (2. 9. 1878–14. 3. 1946), 1927–1929 Chef des Truppenamtes, 1935–1938 Reichskriegsminister u. Oberbefehlshaber der Wehrmacht, Generalfeldmarschall ab 1936.

Blomberg (D-4933), St. im Lippischen Bergland, NRW, 14 366 E; AG; holzverarbeitende u. Elektroindustrie; ma. Burg.

Blomdahl, Karl-Birger (19. 10. 1916–14. 6. 68), schwed. Komp.; Weltraum-Oper *Aniara.*

Blondel [blõˈdɛl], Maurice (2. 11. 1861–4. 6. 1949), frz. kath. Phil., lehrte eine Philosophie der Tat.

Bloy [blwa], Léon (11. 7. 1846–3. 11. 1917), frz. kath. Schriftst.; Tagebücher, Romane.

Blücher, 1) Franz (24. 3. 1896–26. 3. 1959), dt. Pol. (FDP, FVP, DP); 1949–57 Vizekanzler u. Min. f. wirtsch. Zus.arbeit, 1949–54 Vors. der FDP; 2) Gebhard Leberecht, Fürst B. v. Wahlstatt (16. 12. 1742–12. 9. 1819), preuß. Feldmarschall (*Marschall Vorwärts*); → Befreiungskriege, → Waterloo.

Bludenz (A-6700), Bez.st. in Vorarlberg, 13 000 E; Textil- u. Schokoladenfabrik, Fremdenverk., Seilbahn.

Blue jeans [ˈbluː ˈdʒiːnz], enganliegende, strapazierfähige indigoblaue Baumwollhose (urspr. Arbeitshose mit Nieten).

Blues [engl. *bluz*], Form des Jazz, urspr. traurige Gesänge nordam. Negersklaven, später instrumental; meist 12taktig; melodische Neuheit d. *blue notes:* tonartlich zweigeschlechtige Zwischentöne; auch starker Einfluß auf → Rock-Musik.

Bluff, *m.* [engl.], Irreführung, Täuschung.

Blum, 1) Léon (9. 4. 1872–30. 3. 1950), frz. sozialist. Pol.; mehrfach Min.präs.; 2) Robert (10. 11. 1807–9. 11. 48), pol. Schriftst.; Führer der demokr. Linken in der → Paulskirche; wegen Teilnahme an der Wiener Revolution erschossen; 3) Norbert (* 21. 7. 1935), CDU-Pol.; B.vors. d. Sozialausschüsse d. Christl.-Demokr. Arbeitnehmerschaft, s. 1982 B.min. f. Arbeit u. Soziales.

Blumberg, Baruch Samuel (* 28. 7. 1925), am. Virusforscher; Entdeckungen a. d. Gebiet d. Infektionskrankheiten; Nobelpr. 1976.

Blume, 1) Pflanze mit → Blüte; 2) Duft des Weins → Bukett; 3) Schaum auf dem Bier; 4) bei Bierherstellung die Oberhefe; 5) Schwanz d. Hasen u. Kaninchens; 6) *Chemie:* kristallisierter Niederschlag u. Dämpfen (z. B. *Schwefel-B.*).

Blumenbach, Johann Friedrich (11. 5. 1752–22. 1. 1840), dt. Naturforscher; Mitbegr. d. → Anthropologie.

Blumen-fliegen, auf Blüten, Larven in faulenden Pflanzenteilen. – **B.käfer,** leben von Blütenstaub, auch von faulenden Stoffen; metallglänzend. – **B.rohr** → Canna.

Blumenthal, Oskar (13. 3. 1852–24. 4. 1917), dt. Schriftst.; *Im weißen Rößl.*

Blumentiere → Korallentiere.

blümerant [frz. „blaßblau"], schwindlig, elend.

Blumhardt, Johann Christoph (16. 7. 1805–25. 2. 80), ev. Theol., Führer einer rel. Erweckung i. Bad Boll.

Blümlisalp, Massiv im Berner Alpen, 3671 m.

Blut, die den ganzen Körper durchströmende Ernährungsflüssigkeit, ca. 80% Wasser, enthält im *Blutplasma* Eiweißstoffe (Albumine, Globuline, Fibrinogen), Nahrungsstoffe, Salze, Hormone, Fermente, Abwehrstoffe u. a. gelöst; darin schwimmen ferner d. roten u. weißen *B.körperchen* sowie die Blutplättchen *(Thrombozyten).* Diese *Blutzellen* betragen 45% der *Gesamtblutmenge.* beim Menschen ca. 1/12 des Körpergewichts (5–6 Liter bei 70 kg) ausmacht. Blutplasma ohne Fibrinogen heißt *Blutserum.* Anzahl der roten Blutkörperchen *(Erythrozyten)* in 1 mm³ 4–5 Mill., der weißen *(Leukozyten)* ca. 6000–8000, der Thrombozyten 250 000–300 000. Die rote Farbe der Erythrozyten ist, verursacht durch Blutfarbstoff (→ Hämoglobin), hell im sauerstoffreichen B. der Schlagadern,

dunkel im kohlensäurereichen B. der Ve-
nen. Die Erythrozyten besorgen die
→ Atmung, die Leukozyten haben
Transport- u. Abwehrfunktion (Schutz
gg. Infektionen u. Bakterien).
Blutadern, *Venen,* → Adern.
Blutarmut → Anämie.
Blutbank, Sammelstelle f. → Blutkonserven.
Blutbild In einem gefärbten Blutaus-
strich werden unter dem Mikroskop die
versch. Arten v. Blutkörperchen gezählt.
Blutbrechen, bei Magenblutungen infolge Magengeschwürs oder -krebses.
Blutdruck, ergibt sich aus Strömungs-
kraft u. Gefäßwandspannung; meßbar
durch den Druck, der erforderlich ist, um
den Blutstrom in einer Schlagader (z. B.
des Oberarms) zu unterdrücken; weitgehend abhängig v. Alter, Kondition, körperl. u. seel. Ruhe, Tageszeit, Geschlecht
usw.; krankhaft gesteigert bei Adernverkalkung, chron. Nierenleiden, nervösen
Störungen usw.; → Hypertonie, → Hypotonie.
Blutdrüsen → innere Sekretion.

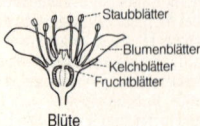

Staubblätter
Blumenblätter
Kelchblätter
Fruchtblätter

Blüte

Blüte, 1) Kurztrieb, an d. umgebildete
Blätter sitzen. Man unterscheidet zunächst eine Hülle, die aus *Kelch-* u. *Blütenblättern* besteht; sie umschließt d.
Staubgefäße u. *Fruchtblätter,* Organe der
geschlechtl. Fortpflanzung. Die typ. B.
ist strahlig u. zweigeschlechtig; im Laufe
d. Evolution entstandene Blütenformen
wie d. Schmetterlings-, Lippen-, Orchi-
deenblüte. Durch Ausbildung nur d.
Staub- bzw. Fruchtblätter ferner einge-
schlechtige B.n entstanden. Oft sind d.
B.n z. *B.nständen* vereinigt (z. B. zu Ähren, Kätzchen, Kolben, Trauben, Köpfchen, Dolden usw.); männl. u. weibl. B.n
auf versch. Individuen: *zweihäusig;* **2)**
Falschgeld.
Blutegel, im Wasser lebende Würmer
mit Saugnäpfen; *Med. B.,* jetzt selten, für
med. Zwecke; ähnl. *Pferdeegel;* andere in
warmen Zonen.
Bluterguß, durch Zerreißung v. Blutgefäßen Blutaustritt in das umgebende
Körpergewebe.
Bluterkrankheit, griech. *Hämophilie,*
schwer stillbare Blutungen ohne oder
nach kleinsten Verletzungen, infolge Störung d. Blutgerinnung; rezessiv ge-
schlechtsgebunden vererbt.
Blutersatz, Ergänzung verlorenen Blutes
durch Blutplasma, Vollblut, Salzlösungen
(z. B. → *Ringerlösung),* auch mit Zusatz
organ. kolloidaler Substanzen.
Blutfleckenkrankheit, lat. *Purpura,* verschieden verursachte fleckförm. Haut- u.
Schleimhautblut. (z. B. bei → Skorbut).

Blutgefäße → Adern.
Blutgeld, „*Mann-", Sühnegeld,* → Wergeld.
Blutgerinnung, gallertartiges Festwer-
den des Blutes (Blutkuchen) durch Ausfällung des im Blutplasma gelösten Ei-
weißstoffes *Fibrinogen,* wobei dieses i. d.
unlösl. Faserstoff *Fibrin* übergeht; erfolgt
(vereinfacht dargestellt) durch ein Gerinnungsenzym *(Thrombin),* das in Gegenwart von Kalzium durch das Zus.treffen
von *Thrombokinase* (aus Blutplättchen-
faktor + 3 Plasmafaktoren gebildet) u.
Prothrombin (aus dem Plasma) entsteht;
zuletzt schrumpft d. Fibrin zum festen
Blutpfropf; *Blutgerinnung nach Austritt
des Blutes* aus den Gefäßen: verhindert
durch Gefäß- u. Wundverschluß das Verbluten (Blutstillung). *B. in den Blutadern,*
svw. → Thrombose, durch krankhafte
Veränderung an den Gefäßinnenwänden
(z. B. bei Venenentzündung); → Antikoagulanzien.
Blutgruppe, die von K. *Landsteiner*
1901 entdeckte Tatsache, daß Blut
versch. Menschen nicht beliebig misch-
bar ist, sondern das Serum eines Menschen die roten Blutkörperchen anderer
zur Verklumpung *(Agglutination)* bringen
kann. Man unterscheidet neun B.n-Syste-
me, von denen d. A-B-AB-0-System mit
Untergruppen u. d. → Rhesusfaktor bes.
wichtig sind. Bei 1½% d. Menschen spielen auch M,N-, P,p-Systeme, S,s-Fakto-
ren u. andere Gruppen eine Rolle. Un-
verträglichkeit der B. führt zu ernsten
Zwischenfällen bei → Blutübertragun-
gen. → Blutprobe; → Vaterschaft.
Bluthochzeit, *Pariser,* → Bartholomäusnacht.
Bluthund, engl. Schweißhund.
Bluthusten, Aushusten v. Blut a. d. Luftwegen, bes. b. Lungentuberkulose u.
-krebs.
Blutkonserve, m. konservierenden u.
gerinnungshemmenden Mitteln versetztes, i. Kühlschrank aufbewahrtes Blut v.
→ Blutspendern z. jederzeitigen → Bluttransfusion.
Blutkreislauf, der ununterbrochene
Strom des Blutes innerhalb des geschlossenen Röhrensystems der Adern, von
dem engl. Arzt William *Harvey* 1628 entdeckt: Die aus der l. Herzkammer entspringende Aorta (Körperschlagader)
pumpt das Blut in die Hauptarterien, die
sich in immer kleinere Äste bis in feinste
Kapillaren (Haargefäße) gabeln; diese
gehen in die feinsten Venenzweige über,
die sich zu immer größeren Venenstäm-
men u. schließlich zu den beiden großen
Hohlvenen vereinen. Von hier wird das
Blut dem r. Vorhof des Herzens zugeführt, er ist durch die dreizipflige Herzklappe in d. r. Herzkammer weitertreibt,
von wo es durch d. Lungenarterie in die
Lungen u. weiter durch Lungenkapilla-
ren u. -venen in d. l. Vorhof transportiert
wird; von dort fließt es durch die zwei-
zipflige Herzklappe in d. l. Herzkam-

mer zurück (→ Tafel Mensch, S. 349,
→ Herz).
Blutlaugensalz, *Kaliumeisencyanid,* zur
Herstellung v. Cyankali u. Berliner Blau.

Blutlaus

Blutlaus, Blattlaus mit weißen Wachs-
ausscheidungen; an der Rinde von Apfel-
bäumen; schädlich.
Blutplasma → Blutersatz.
Blutplättchen → Blut.
Blutprobe, Blutentnahme zu Untersu-
chungszwecken, erzwingbar bei Verdacht von Alkoholeinfluß bei Straftaten
oder von Geschlechtskrankheiten; zur
Feststellung der Vaterschaft Vergleich
des Bluts von Mutter und fraglichem Vater mit dem des Kindes (nur Nicht-Vater-
schaft gewiß).
Blutrache, *Vendetta,* Sitte, den Mord
von Verwandten durch Tötung des Mör-
ders od. s. Angehörigen zu rächen (noch
bei Albanern u. auf Korsika).
Blutregen, massenhafte u. rasche Entwicklung von rotgefärbten, mikroskopisch kleinen Algen in Tümpeln.
Blutschande, svw. → Beischlaf zwischen
Verwandten.
Blutschnee, durch kleine Algen od. ver-
wehten Feinsand aus d. Sahara bewirkte
Rotfärbung des Schnees im Hochgebirge.
Blutschwamm, griech. *Hämangiom,* angeborene Erweiterung u. Neubildung
von Blutgefäßen, die blaurot durch die
Haut schimmern.
Blutsenkung, *Blutkörperchensenkungs-
reaktion,* Abk. *BSG* oder *BSR,* Bestim-
mung der Geschwindigkeit, mit der die
roten Blutkörperchen im B.sröhrchen zu
Boden sinken (z. B. bei Infektions-
krankh. rasche B.).
Blutserum, das bei d. Blutgerinnung frei
werdende Blutwasser, → Serum.
Blutspeien, Blut im Auswurf bei Blutung
im Mund-Rachen-Raum od. bei → Bluthusten, → Blutbrechen.
Blutspender, Person, die ihr Blut (100-
600 ml) für → Bluttransfusion oder
→ Blutkonserven zur Verfügung stellt.
Blutspiegel, d. Konzentration der im
Blut nachweisbaren Substanzen (z. B.
Medikamente).
Blutstauung, Behinderung des Blut-
rückflusses zum Herzen; **1)** natürliche B.
bei mangelhafter Saugkraft des Herzens
oder bei Abflußhindernis in den Venen;
2) künstl. B., *Biersche Stauung,* → Hyperämie.
Blutstein, *Hämatit,* schwarzroter glänzender Halbedelstein aus Eisenoxid.
Blutstillung → Erste Hilfe.
Blutsturz, starke Blutung (z. B. als Bluthusten).
Blut-transfusion, B.übertragung v. einem Menschen auf d. anderen, bes. bei

schweren B.verlusten u. B.armut, *direkt:* in d. B.ader (nur bei gleicher → Blutgruppe v. B.spender und -empfänger), *indirekt:* Übertragung konservierten Blutes od. durch → Trockenplasma.

Blutvergiftung, Überschwemmung des Blutes mit Bakterien, → Sepsis.

Blutwäsche → extrakorporale Dialyse.

Blutzeugen → Märtyrer.

Blutzucker, der im Blut gelöste Traubenzucker; nach kohlehydratreicher Mahlzeit vermehrt; krankhaft vermehrt bei → Diabetes.

BMZ, Abk. f. *Bundesministerium f. Wirtschaftl. Zus.arbeit,* gegr. 1961.

B'nai B'rith [hebr. „Söhne d. Bundes"], 1843 gegr. unabhängige jüd. Orden m. ethischer u. karitativer Zielsetzung; ca. 350 000 Mitglieder.

Boa → Riesenschlangen.

Boardinghouse [engl. *'bɔ:dɪŋhaus*], Logierhaus, (Familien-)Pension, Appartementhotel.

Board of Trade [*'bɔ:d ɔv 'treɪd*], engl. Außenhandelsministerium.

Bob, auch *Bobsleigh* [engl. *-sleɪ*], Sportschlitten m. Steuer u. Bremse; Wettbewerbe im Zweier- u. Viererbob.

Bobby, engl. Abk. f. *Robert;* Spitzname f. engl. Polizisten.

Bober, l. Nbfl. d. Oder, aus d. Riesengebirge, 272 km, mündet bei Crossen; B.talsperre b. Mauer.

Bobingen (D-8903), bayr. St. b. Augsburg, 13 844 E; chem., Textil-, Elektroind.

Böblingen (D-7030), Kr.- u. Ind.st. sw. v. Stuttgart, Ba-Wü., 43 400 E; AG; Textil-, Möbel-, Spielwaren-, Metall-, Masch.-, chem. Ind., Datenverarbeitung.

Bobsleigh, m., svw. → Bob.

Boccaccio [-*'katʃo*], Giovanni (1313–21. 12. 75), it. Dichter u. Humanist; Biograph Dantes; → *Dekameron.*

Boccherini [*bok(k)e-*], Luigi (19. 2. 1743–28. 5. 1805), it. Komp. u. Violoncellist; Kirchen-, Orchester- u. bes. Kammermusik.

Boccia, w. [*'botʃa*], it. Kugelspiel; Kugel muß mögl. nahe an Zielkugel (pallino) geworfen werden.

Boccioni [*bot'ʃɔ-*], Umberto (19. 10. 1882–16. 8. 1916), it. Maler; Mitbegr. u. Theoretiker d. → Futurismus.

Bocholt (D-4290), St. im Kr. Borken, Rgbz. Münster, NRW, 67 565 E; Rathaus (ndl. Backsteinrenaissance), got. Pfarrkirche, Schloß; Textil-, Eisen-, Fernmeldeindustrie.

Bochum (D-4630), krfreie St. im Ruhrgebiet, NRW, 389 087 E; IHK, 2 Bergämter, Bergbauberufsgenossenschaft; Sitz d. IG Bergbau, d. Bundesknappschaft, d. Dt. Shakespeare-Gesellschaft; Schauspielhaus, Mus., Bergbaumus., Eisenbahnmus.; Ruhr-Uni., Verwaltungsu. Wirtschaftsakad., FHS (f. Bergbau), Sternwarte, Inst. f. Umwelt- u. Zukunftsforschung; Dt. Inst. f. Puppenspiele; Schw.ind. (Eisen, Stahl), Auto-, Elektro-, Masch.-, Brau- u. chem. Ind.; LG, AG.

Bock, Männchen von Wiederkäuern (z. B. Reh, Ziege).

Bock, Turngerät, bes. f. Sprungübungen; 25–30 cm breit, 40–55 cm lang; gepolsterter Lederkasten auf vier verstellbaren Beinen.

Bockbier, urspr. *Einbecker Bier,* stark gebrautes und hopfenarmes (Märzen-) Bier.

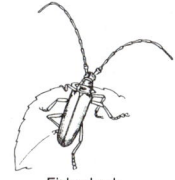

Eichenbock

Bockkäfer, Käfer mit langen Fühlern (z. B. *Eichenbock, Zimmermannsbock*); Larven nagen im Holz.

Böcklin, Arnold (16. 10. 1827–16. 1. 1901), schweiz. Maler; e. Meister d. dynamischen Ausdrucks u. intensiven Kolorits; *Toteninsel; Im Spiel d. Wellen;* Bildnisse.

Bocksbart, gelb blühende Wiesenpflanze m. milchigem Saft (Korbblütler).

Bocksbeutel, bauchige Weinflasche, i. d. BR nur f. Frankenwein.

Bockshornklee, Schmetterlingsblütler; blaßgelbe Blüten; Same Tierarznei.

Bockum-Hövel, s. 1975 zu → Hamm.

Bodden, *m.,* flache, tief ins Land eingreifende Buchten der Ostseeküste um Rügen (z. B. *Greifswalder B.*).

Bode, 1) Johann Elert (19. 1. 1747–23. 11. 1826), dt. Astronom; Direktor d. Berliner Sternwarte; verfaßte → Sternkarten u. populäre astronom. Schriften; 2) Wilhelm v. (10. 12. 1845–1. 3. 1929), dt. Kunsthistoriker; verschaffte staatl. Museen in Berlin Weltruf; *Die Meister d. holländ. u. flämischen Malerschulen.*

Bode, l. Nbfl. d. Saale, vom Brocken durchfließt das *Bodetal* im Harz; 169 km lang.

Bodega, *w.,* span. Weinstube, Schenke.

Bodelschwingh, 1) Friedrich v. (6. 3. 1831–2. 4. 1910), ev. Pastor, Begr. der Heilstätten für Epileptiker u. Geisteskranke in *Bethel* bei Bielefeld, von Arbeiterkolonien u. Wanderarbeitsstätten für d. Theol. Schule Bethel; sein jüngster Sohn u. Nachfolger 2) Friedrich (14. 8. 1877–4. 1. 1946) erweiterte das Werk des Vaters; 1933 Reichsbischof, aber verdrängt; verteidigte u. Schutzbefohlenen gg. die ns. „Euthanasie".

Boden, nordschwed. St. am Luleälv, 27 200 E; Eisenbahnknotenpunkt.

Boden, 1) Raum unter dem Dach, oberstes Stockwerk; 2) die oberste, landw. genutzte Schicht der Erdkruste; nutzbare Schicht der Erdkruste wenig. *B.arten:* Lehm-, Sand-, Ton-B. – **B.analyse** → Bodenuntersuchung. – **B.bonitierung,** *B.schätzung, B.klassifizierung, B.klassen,* Einteilung des B.s in Güteklassen, *B.klassen,*

nach B.art (Lehm, Sand, Sumpf), Entstehung (Alluvial-, Diluvial-, Lößböden), Feuchtigkeitsgrad u. a.; wichtig für die Ermittlung des Einheitswertes von landu. forstwirtsch. Vermögen (Steuer- u. Wertbemessung). – **B.erosion** → Erosion. – **B.ertragsgesetz,** *Ges. vom abnehmenden Bodenertragszuwachs,* Erfahrungsregel, wonach von einer best. Grenze an bei weiterer Vermehrung d. Aufwandes an Arbeit, Düngung usw. d. Ertragszuwachs je Aufwandseinheit immer kleiner wird. – **B.fräse,** motorisch betrieben, arbeitet den Boden mit schnell rotierenden Messern od. federnden Stahldrähten gründlich bis in d. Krümel *(Bodenkrümler)* durch. – **B.gare,** durch Bearbeitung hergestellter, auch durch Fruchtfolge, Art der angebauten Pflanzen, Düngung u. Klima beeinflußter Zustand d. B.s; hohe B.gare fördert Wachstum u. Ertrag d. Pflanzen infolge lockerer B.struktur (Krümelstruktur) bei regem Bakterienleben. – **B.klassen** → Bodenbonitierung. – **B.kultur,** Intensitätsgrad der Nutzung u. Zustand d. B.s. – **B.kunde,** *Pedologie,* Lehre v. d. Entstehung, d. Zustand, d. Veränderung u. d. Verbesserung d. B.s. – **B.nutzung,** *B.benutzung,* der Gebrauch sämtl. Grund u. B.s innerhalb eines Landes; in d. BR 1989 landw. 11 790 000 ha benutzt. – **B.profil,** Schnitt durch d. B. zur Unterscheidung der Bodenhorizonte. – **B.reform** → Übersicht. – **B.rente** → Grundrente. – **B.schätzung,** dient zur Ermittlung d. Einheitswertes → Bodenbonitierung. – **Boden-atmung,** Gasaustausch zw. Bodenluft u. freier Atmosphäre. – **B.bearbeitung,** in der Land- u. Forstwirtschaft Bearbeitung (Wenden, Lockern, Formen u. dgl.) des Bodens mit Bodenbearbeitungsgeräten, um für Pflanzen optimale Lebensbedingungen zu schaffen. – **B.entwässerung** → Dränierung. – **B.ertrag,** d. Rohertrag v. landwirtschaftlichem Boden ist v. d. Bodenart, dem Klima, d. Arbeit u. der Düngung abhängig. – **B.horizont,** d. überwiegend parallel zur Oberfläche verlaufenden Bodenschichten. – **B.schutz,** Schutz der Bodenfunktionen im Naturhaushalt vor Schadstoffen, Erosion u. dgl., z. B. durch Bodenschutzrecht. – **B.spekulation,** Grunderwerb zum Zweck der späteren, gewinnbringenden Veräußerung, besonders in d. Nähe v. Großstädten.

Bodensee, vom Rhein durchflossener See am N-Rand der Alpen, 538,5 km², 395 müM, zerfällt in den 252 m tiefen Obersee m. Überlinger See (475,5 km²) u. den flacheren Untersee (63 km²); Inseln: *Mainau, Reichenau, Lindau* (Dtld) u. *Lindau* (Dtld); eiszeitl. Rheingletschers; mildes Klima, üppige Vegetation. Wein- u. Obstbau; Fischfang; Fernwasserleitung bis Stuttgart; Häfen: *Konstanz, Friedrichshafen, Lindau* (Dtld) u. *Romanshorn, Rorschach* (Schweiz); *Bregenz* (Östr.).

Bodenreform

Urspr. Bestrebungen zur Einführung eines Bodenrechts, das der Unvermehrbarkeit des Bodens Rechnung trägt u. die aus dieser Eigenschaft entstehenden Bodenwertsteigerungen bzw. die damit verbundenen steigenden → Grundrenten als müheloses Einkommen den privaten Grundeigentümern entzieht (H. Spencer, H. George). Entsprechend fordern die einen Nationalisierung des Bodens, die anderen Wegsteuerung der Grundrente. *Bund Dt. Bodenreformer,* gegr. 1898 von Adolf → Damaschke, strebte ein Bodenrecht an, das den Gebrauch des Bodens als Werk- u. Wohnstätte fördert, jeden Mißbrauch mit ihm ausschließt u. die Wertsteigerungen, die er ohne die Arbeit des einzelnen erhält, möglichst dem Volksganzen nutzbar macht; bes. sollte die neu zuwachsende städtische Grundrente durch Besteuerung gedämmt, gleichzeitig durch die für die Landwirtschaft geforderte gestaffelte Einheitssteuer die Bewegung des Bodens zum besseren Wert erreicht werden; deshalb forderte der Bund neben der Schaffung von Eigenheimen auch Förderung der bäuerlichen Siedlung.
Zugleich verstärkten sich aus staats- u. sozialpol. Überlegungen die Bestrebungen zur Förderung des bäuerlichen *Siedlungswesens* in Gebieten massierten Großgrundbesitzes (→ Siedlung). Der Begriff B. gewann damit allmählich die Bedeutung einer Veränderung der landwirtschaftlichen Besitzgrößenstruktur. – Außerhalb Dtlds nach dem 1. Weltkrieg B. in den osteur. Staaten mit oft fast vollkommener Zerschlagung des Großgrundbesitzes, in der UdSSR entschädigungslose Enteignung u. Aufteilung mit nachfolgendem Zusammenschluß der entstandenen kleinbäuerlichen Betriebe zu → Kolchosen. Nach dem 2. Weltkrieg in Deutschland Bodenreform aufgrund des Potsdamer Abkommens. In d. Sowjetzone entschädigungslose Enteignung des privaten Grundbesitzes über 100 ha u. Aufteilung des Landes (fast 3 Mill. ha) auf etwa 200 000 bäuerliche Siedlerstellen von 5–10 ha, auf landarme Kleinbauern, Kleinstsiedlungen u. Staatsgüter. In der BR Deutschland unterschiedliche Bodenreform- und Siedlungsgesetze der einzelnen Länder auf Grundlage eines Entschädigungsprinzips, in der Regel nach dem Ertragswert; progressive Landabgabe für Siedlungszwecke mit zunehmender Besitzgröße.

Bodentyp, spezif. Stufe, auf der ein Boden im Laufe s. Entwicklung steht, → Podsol, → Gleyboden, → Sol lessivé.
Bodenuntersuchung, 1) Feststellung d. Gehaltes an Pflanzennährstoffen, vor allem Säuregrad, Phosphor u. Kali, auch Spurenelemente; **2)** Feststellung der → Bodengare mittels Spatendiagnose.
Bodin [*-dɛ̃*], Jean (1530–96), frz. Publizist u. Staatsrechtslehrer; Vorkämpfer der Toleranz.
Bodmer, Johann Jacob (19. 7. 1698–2. 1. 1783), schweiz. Schriftst. u. Literaturtheoretiker; Gegner Gottscheds; Hg. v. Minnesang u. Nibelungenlied; *Crit. Abhandlung v. dem Wunderbaren i. d. Poesie.*
Bodmerei, *w.,* Darlehen durch Verpfändung von Schiff u. Fracht, vom Schiffer unterwegs aufgenommen, um Weiterreise zu ermöglichen.
Bodoni, Giambattista (16. 2. 1740–29. 11. 1813), Buchdrucker in Parma, Klassikerausgaben; schuf berühmte lat. Lettern: **B.schrift.**
Bodybuilding [engl. *'bɔdibıldıŋ* „Körperbildung"], Kraftübungen m. Geräten nach dem Prinzip der planmäßigen Belastungssteigerung.
Bodycheck, *s.* [engl. *-tʃ-*], im *Eishockey* erlaubtes Rempeln des Gegners.
Böe, *Bö,* plötzl. heftiger Windstoß, tritt bes. i. Zus.hang m. Gewittern, Kaltfronten u. → Föhn auf.
Boeing [*'bouıŋ*], William Edward (1. 10. 1881–29. 9. 1956), am. Flugzeugkonstrukteur; gründete 1916 die „Pacific Aero Products Company", die spätere Boeing Company, das größte Luftfahrtunternehmen in d. USA (→ Luftfahrt).
Boenisch, Peter (* 4. 5. 1927), dt. Journalist; 1983–85 Reg.sprecher.
Boëthius (480–524), röm. Philosoph u. Staatsmann, übers. griech. Phil.; hingerichtet; verf. im Kerker die Trostschrift: *De consolatione philosophiae.*

Bofist, *m., Bovist, Stäubling,* versch. → Bauchpilze; jung eßbar; *Kartoffel-B.* gefährlich.
Bogart [*'bouga:t*], Humphrey (25. 12. 1899–14. 1. 1957), am. Filmschausp.; *The Maltese Falcon; Casablanca; The Big Sleep.*
Boğazköy, türk. Dorf 150 km östl. Ankara; Ausgrabungen der → Hethiter-Hptst. *Hattusas.*
Bogdanovich, Peter (* 30. 7. 1939), am. Regisseur; *Targets* (1967); *The Last Picture Show* (1971); *Paper Moon* (1972); *Mask* (1984).
Bogdo Ula, *Bogdo-ola,* „Heiliger Berg" im *Merzbachergebirge,* Gebirgszug im zentralasiat. Tian Shan, bis 5445 m.
Bogen (D-8443), St. an d. Donau, Bay., 8307 E; AG; darüber, auf dem *B.berg,* spätgot. Wallfahrtskirche.
Bogen, 1) in d. Baukunst ein gewölbtes Tragwerk; *Rund-B.* bei Halbkreisform (romanisch), *Spitz-B.* bei winkelig zusammenstoßenden Kreislinien (gotisch); *B.fries,* Reihung mehrerer gleichförmiger Einzel- oder sich kreuzender Bogen; **2)** uralte Pfeilschußwaffe; *B.schießen,* schon früher als Sport; **3)** ungefalztes Papierblatt; svw. Druckbogen, meist 16 Seiten; **4)** bei Streichinstrumenten: elast. Hartholz-B., über den durch Schraubenmechanik (Frosch) Roßhaare gespannt sind, z. Streichen d. Saiten.
Bogengänge, Gleichgewichtsorgan im inneren Ohr.
Bogenlampe, el. Lichtquelle, Stromübergang zw. 2 sich nicht berührenden Kohlestiften *(Elektroden),* durch Ionisation der Luftmoleküle entsteht Lichtbogen.
Bogenmaß, statt durch Winkelgrade mißt man Winkel auch durch Länge d. zugehörigen Bogens auf d. Einheitskreis (*r* = 1).
Bogenminute, *math.* 60. Teil (neuer Einteilung d. 100. Teil) eines → Grades; Bez.: ′ (z. B. 10′).
Bogensekunde, *math.* 60. Teil einer → Bogenminute; Bez.: ″ (z. B. 10″).

Bogomilen, manichäisch-asket. Sekte; im MA auf dem Balkan verbreitet.
Bogomoletz, Alexander (2. 8. 1881–19. 7. 1946), russ. Biologe; Serum zur Anregung bei allg. Leistungsabfall u. Funktionsschwäche einzelner Organe; Wirkung umstritten.
Bogor, früher *Buitenzorg,* indones. St. auf Java, 274 000 E; botan. Garten.
Bogotá, Hptst. v. Kolumbien, 2645 müM, 4,2 Mill. E; Uni. – *Akte v. B.,* 1960 v. → OAS 1) i. d. Beschlossene Entwicklungsprogramm f. lateinam. Staaten.
Boheme, *w.* [frz. *bɔ'εm*], Zigeunertum, ungebundenes Leben, gemeinschaftslose, überindividualist. Lebenshaltung; bes. Künstler d. ausgehenden 19. Jh.: *Bohemiens* [*-jɛ̃*], nach Roman *La vie de Bohème* v. Murger; danach Oper von Puccini.
Böhm, 1) Dominikus (23. 10. 1880–6. 8. 1955), dt. Kirchenbaumeister; Betonkirchen Neu-Ulm, Bischofsheim/Main; Zentralbau Engelbertkirche, Köln; s. Sohn 2) Gottfried (* 23. 1. 1920), dt. Baumeister, u. a. Bergisch-Gladbach: Bürgerhaus Bergischer Löwe, Rathaus (B.-G.-Bensberg), Herz-Jesu-Kirche (B.-G.-Schildgen), Mittelrisalit Schloß Saarbrücken.
Böhm, Karl (28. 8. 1894–14. 8. 1981), östr. Dirigent.
Böhme, Jakob (1575–1624), protestant. Mystiker, Schuster in Görlitz; bed. Einfluß auf d. dt. Romantik; *Mysterium magnum; Aurora.*
Böhmen, tschech. *Čechy,* größter Landesteil der Tschechoslowakei; **a)** *Geogr.:* Begrenzt von Erz-, Lausitzer Gebirge, Sudeten, Böhm.-Mähr. Höhen u. Böhmerwald; hügeliges Becken, entwässert von Elbe u. Moldau. **b)** *Wirtschaft:* Anbau von Weizen, Zuckerrüben, Obst, Hopfen; reich durch seine Bodenschätze: Steinkohle u. Eisenerze (Brdywald), ferner Zinn, Blei, Silber, Graphit, Schwefel, Alaun, Vitriol, Porzellanerde, Halbedelsteine; hochentwickelte Maschinen-, Me-

tall-, Textil- (Náchod), Brauerei- (Pilsen) Ind.; Rüstungsind.: Škodawerke i. Pilsen; dichtes Eisenbahnnetz. **c)** *Geschichte:* Der Name **B.** nach d. kelt. Bojern; 8 v. Chr. Besiedlung durch Markomannen; Einwanderung von Slawen im 6. Jh. n. Chr. Im 13. Jh. unter d. Przemysliden (bis 1306) Förderung dt. Kultur, Einwanderung dt. Siedler; 1310–1437 Luxemburger: (Kaiser) Karl IV. (1346–78) gründete 1348 Uni. Prag; 1419–36 Hussitenkriege; Ggs. zw. Tschechen u. Deutschen, rel. Parteibildungen; 1526 Habsburger: Erzhg (König) Ferdinand I. vereinigte B., Östr. u. Ungarn; der böhm. Aufstand (1618– 20) eröffnete den 30jähr. Krieg. Erstarken des tschech. Nationalbewußtseins im 19. Jh. führte neuen Ggs. zum Deutschtum herbei (Aufstand 1848); 1918 Teil der Tschechoslowakei; 1945 Vertreibung der Deutschen. **Böhmerwald,** bayr.-böhm. Grenzgebirge, bewaldet, zw. Fichtelgebirge u. Linz; im N Oberpfälzer Wald, im SW zw. Regen u. Donau Bayer. Wald, im S Mühlviertel, im NO *B.* im engeren Sinn mit *Gr. Arber,* 1456 m.
Böhmisches Mittelgebirge, nördl. der Eger, jungvulkanisch; *Milleschauer* 837 m; im Nordteil das *Nordböhmische Braunkohlengebiet.*
Böhmisch-Mährische Brüder, christliche Gemeinschaft, stammen von den Hussiten, durch den 30jähr. Krieg vernichtet; Reste in der → *Brüdergemeine.*
Bohne, Sammelname für versch. Schmetterlingsblütler m. Hülsenfrüchten; bei uns: **1)** *Acker-B. (Pferde-, Sau-, Puff-B.),* Wickenart, Gemüse u. Futterpflanze; **2)** *Garten-B.,* zahlreiche Kulturrassen, die entweder buschförmig wachsen od. an Stangen klettern; **3)** *Feuer-B.,* Zierpflanze m. roten Blüten; als Prunk-B. geschätztes Gemüse.
Bohnenkraut, *Pfefferkraut,* Gewürzkraut.
Bohr, 1) Åge (* 19. 6. 1922), dän. Phys. u. Atomforscher; Nobelpr. 1975 (Weiterentwicklung d. Theorie u. Struktur d.

Niels Bohr

Atomkerns); s. Vater **2)** Niels (7. 10. 1885–18. 11. 1962), dän. Phys.; schuf auf d. Grundlage d. Atommodells v. Rutherford erstes quantentheoret. Atommodell (1913); wirkte entscheidend am Aufbau d. modernen → Quantentheorie mit; Nobelpr. 1922; nach ihm **Nielsbohrium** (→ Hahnium).

Bohrer, Werkzeug z. Herstellen v. Löchern (Abb.), durch d. **Bohrkurbel** *(Brustleier, Bohrwinde),* Handbohrer mit Kurbel, wird die Drehwirkung verstärkt.
Bohrinsel, im Meer verankerte Stahlplattform f. Erdgas- u. Erdölbohrungen.
Bohrmuscheln, Muscheln, die sich in Meeresgestein *(Dattelmuschel)* oder Holzpfähle u. Schiffe *(Schiffswurm)* einbohren (dadurch sehr schädlich).
Bohrscher Radius, im → Bohr-Sommerfeldschen Atommodell Radius der innersten Elektronenbahn.
Bohr-Sommerfeldsches Atommodell, → Tafel Atom u. Atomkernenergie.
Boie, Heinrich Christian (19. 7. 1744–3. 3. 1806), dt. Dichter; Hg. d. „Musenalmanach".
Boieldieu [*bwal'djø*], François Adrien (16. 12. 1775–8. 10. 1834), frz. Opernkomp.; *Der Kalif v. Bagdad; Die weiße Dame.*
Boileau-Despréaux [*bwalodεpre'o*], Nicolas (1. 11. 1636–13. 3. 1711), frz. Schriftst. u. Kritiker; Theoretiker des Klassizismus.
Boiler [engl.], Behälter z. Bereitung u. Speicherung v. Warmwasser u. Niederdruckdampf b. Heizanlagen.
Boissereé [*bwasə're:*], Brüder, Sulpiz (2. 8. 1783–2. 5. 1854) und Melchior (23. 4. 1786–14. 5. 1851) aus Köln, Wiederentdecker u. Sammler altdt. u. altndl. Kunst.
Boito, Arrigo (24. 2. 1842–10. 6. 1918), it. Opernkomponist *(Mefistofele)* u. Dichter; Libretti zu Verdis *Otello* u. *Falstaff.*
Boizenburg (Elbe) (D-2830), St. in M-V., 11 950 E; Elbhafen.
Bojar, früher russ. hoher Würdenträger im Verw.rat der Fürsten; auch rumän. Adeliger (Großgrundbesitzer).

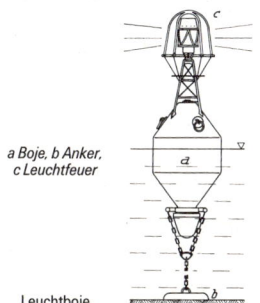

a Boje, b Anker,
c Leuchtfeuer

Leuchtboje

Boje [nieddt., fränk. bokan. „Zeichen"], auf Grund verankerter Schwimmkörper als Seezeichen od. zur Bootsbefestigung.
Bojer, kelt. Volk, um 400 v. Chr. in Böhmen.
Bokassa, Jean Bedel (* 22. 2. 1921), zentralafrikan. Offizier u. Pol.; nach Mil.putsch s. 1966 Präs. (ernannte sich 1976 selbst zum Kaiser), 1979 gestürzt, 1988 verurteilt zu lebenslanger Haft.
Bola [span. „Kugel"], südam. Wurf- u. Fanggerät: miteinander verknüpfte Rie-

men mit Metall- od. Steinkugeln an den Enden werden nach den Beinen eines Tieres oder Menschen geworfen und bringen das Opfer zu Fall.
Bolero, *m.,* **1)** kurze Jacke; **2)** span. Tanz; **3)** Name einer Ballettkomposition von → *Ravel.*
Bolesław, Name mehrerer Fürsten v. Polen, Böhmen u. Schlesien: **B. I.** Chrobry (966–1025), erster Kg von Polen, Gegner Heinrichs II.
Bolid, *m.* [gr.], helle Feuerkugel; → Meteore.
Boliden [*'bu-*], St. in N-Schwed., 4000 E; Bergbau: Schwefel, Kupfer, Arsen, Silber, Gold.
Bolingbroke [*-bruk*], Henry, Viscount (10. 10. 1678–12. 12. 1751), engl. Staatsmann; trat für die vertriebenen Stuarts ein.

Simon Bolívar

Bolívar, Simon (24. 7. 1783–17. 12. 1830), befreite Südamerika v. Spanien (1821); Schöpfer d. Staaten *Kolumbien* (1819) u. *Bolivien* (1825).
Boliviano → Währungen, S. 1087.
Bolivien, amtl. *República de Bolivia,* südam. Republik, 1 098 581 km², 6,99 Mill. E (6 je km²); Bev.-Zuw. 2,7%; Bev.: 53% Indianer, 32% Mestizen, 15% Weiße; Sprache: Span., Ketschua u. Aimará; Währung: Peso boliviano ($b); Rel.: röm.-kath.; Hptst.: *Sucre,* Reg.sitz: *La Paz;* Flagge S. 340, Karte S. 747. **a)** *Geogr.:* Im W zw. d. Ketten d. Anden das *Hochland* v. B., 4000 m hoch, mit Salzseen (Titicacasee) u. Mineralreichtum, im O Tiefland (Gran Chaco). **b)** *Landw.:* Für ca. ⅔ der Bev. Lebensgrundlage, Anbau vor allem von Zuckerrohr, Kartoffeln u. Reis. **c)** *Bergbau:* Bes. von Zinn (1988: 10 500 t) als Basis f. die Wirtschaft, daneben Silber, Blei, Zink, Antimon, Wolfram u. Kupfer.
d) *Außenhandel* (1988): Einfuhr 579 Mill., Ausfuhr 597 Mill. $. **e)** *Verkehr:* Eisenbahn ca. 3800 km. **f)** *Verf.* v. 1967: Präsidiale Rep., gr. Macht d. Mil. **g)** *Verw.:* 9 Departements u. 102 Provinzen. **h)** *Gesch.:* Bis 1539 Land der Inka, von Spanien erobert; 6. 8. 1825 unabhängige Rep. (→ *Bolívar);* 1879–84 Krieg mit Peru gg. Chile, Verlust der Prov. Antofagasta an Chile (Zugang zum Meer); 1933–35 Krieg mit Paraguay um den Gran → *Chaco;* Verlust von 153 000

km²; 1952 Verstaatlichung d. Zinnindustrie; 1953 Agrarreform; 1975 Vertr. m. Chile über Zugang z. Pazifik. Zahlreiche Mil.putsche; 1982 Ablösung d. Mil.herrschaft durch e. 1980 gewählte demokr. Reg. unter Präs. Zuazo; 1984 gescheiterter Mil.putsch. **i)** *Mitgl.:* UN, OAS, ALADI.

Heinrich Böll

Böll, Heinrich (21. 12. 1917–16. 7. 1985), dt. Schriftst.; 1970–72 Präs. d. PEN-Zentrums d. BR, 1971–74 d. Intern. PEN-Clubs; Zeitromane, Satiren, Hörspiele, Kurzgeschichten; *Und sagte kein einziges Wort; Billard um halb zehn; Ansichten e. Clowns; Ende e. Dienstfahrt; Gruppenbild m. Dame; D. verlorene Ehre d. Katharina Blum; Fürsorgliche Belagerung;* Nobelpr. 1972. – **Heinrich-Böll-Stiftung,** 1987 in Köln gegr. für ökologische u. soziale Umgestaltung der Gesellschaft.
Bollandisten, Jesuiten, Hg. d. *Acta sanctorum,* einer wiss. Sammlung v. Heiligenleben, nach Jean *Bolland* (1596–1665).
Böller, kleine Kanone für Freudenschüsse od. Signale.
Bölling, Klaus (* 29. 8. 1928), SPD-Pol.; 1974–80 u. 1982 Reg.sprecher, 1981/82 Leiter d. Ständ. Vertretung d. BRD i. d. DDR.
Bollwerk, 1) steile Uferbefestigung, auch Kai, Kaje, Pier genannt, ermöglicht Schiffen unmittelb. Anlegen an Land; **2)** Befestigungswerk.
Bologna [-ˈlɔɲɲa], Hptst. der oberit. Prov. *B.,* nahe dem Reno, 417 000 E; Uni. (1119 gegr.). – Etrusk. St., 191 v. Chr. röm.; 13.–16. Jh. Hauptsitz des jur. u. humanist. Studiums.
Bologneser Flasche, kleines dickwandiges Glasgefäß, wenig empfindlich gegen Schläge, zerspringt in kleinste Splitter beim Anritzen, → Sicherheitsglas.
Bolometer, phys. Instrument, Widerstandsthermometer zur Messung der Wärmestrahlung durch el. Strom, auch zur Messung von Sonnen- und Sternstrahlung.
Bölsche, Wilhelm (2. 1. 1861–31. 8. 1939), dt. naturwiss. Schriftst.; wirkte auf d. Naturalismus; *Liebesleben in der Natur.*
Bolschewismus [russ. „bolsche = mehr"], Theorie des radikalen Mehrheitsflügels der soz.demokr. Partei Rußlands, der sich 1903 als selbst. Partei abspaltete.

Die Bolschewiken *(Maximalisten),* von da an im Kampfe gg. die gemäßigte Minderheit (*„mensche* = weniger") der Menschewiken *(Minimalisten),* forderten die gewaltsame Beseitigung des Zarentums, Diktatur des Proletariats als Vorstufe zur Weltrevolution, die die klassenlose Gesellschaft verwirklichen soll. 1917 an die Macht gelangt, nannten sie sich Kommunisten. Seit dem Parteitag 1952 ist der Zusatz „bolschewistisch" aus dem Namen der KPdSU getilgt. → Leninismus, → Sowjetunion.
Bolton [ˈboʊltən], St. in der engl. Gft Lancashire, 263 000 E; Textilindustrie, Kohlengruben.
Boltzmann, Ludwig (20. 2. 1844–5. 9. 1906), östr. theoret. Phys.; mechan.-statist. Begründung d. Gesetze d. → Thermodynamik.
Bolzano, Bernhard (5. 10. 1781–18. 12. 1848), dt. Phil., Math. u. kath. Theologe; *Wissenschaftslehre.*
Bolzano, it. Name für → Bozen.
Bombardement, Beschuß oder Bombenwurf; B. auf unverteidigte Städte durch Haager Landkriegsordnung (Art. 25) untersagt.
Bombardierkäfer, Laufkäfer, sondern bei Verfolgung aus Analdrüsen Flüssigkeit ab, die bei Berührung mit Luft hörbar explodiert.
Bombardon, *s.* [frz.], → Tuba.
Bombast, *m.* [engl. „wattiert"], abwertend: Schwulst, Wortschwall.
bombastisch, hochtrabend, prahlerisch.
Bombay [-ˈbeɪ], Hptst. d. ind. Staates Maharaschtra, an d. W-Küste Indiens, 8,2 Mill. E; bed. Hafen, wichtiges Handelszentrum; Textilind.; Uni., TH, Kernreaktor; Hauptsitz d. parsischen Feueranbeter; im Vorort *Malabar Hill* „Türme des Schweigens".
Bombe, 1) Metallkörper, mit Sprengstoff gefüllt; auch Brand- u. Atom-B. (→ Kernwaffen); **2)** Stahlflasche zum Transport von verflüssigten Gasen.
Bomben-Kalorimeter, zur Bestimmung des Heizwertes v. festen od. flüssigen Brennstoffen.
bombieren, *Bombage,* **1)** Aufbeulen von Konservendosen durch Gase d. zersetzten Inhalts; **2)** Glas im Ofen biegen.
Bon, *m.* [frz. bõ], Gutschein.
bona fides, *guter Glaube,* → Glaube 3).
Bonaparte, *Buonaparte,* korsische Familie; seit 1529 in Ajaccio auf Korsika: **1)**

Bombay, *Gate of India*

→ Napoleon I.; **a)** *seine Mutter („Madame Mère"):* **2)** Letizia, geb. Ramolino (24. 8. 1750–2. 2. 1836); **b)** einziger *Sohn:* **3)** Napoleon II., Hzg v. → Reichstadt; **c)** *Brüder:* **4)** Joseph (7. 1. 1768–28. 7. 1844), 1806 Kg von Neapel, 1808 von Spanien; **5)** Lucien (21. 5. 1775–29. 6. 1840), 1799 Min. d. Innern, unterstützte Napoleon im Aufstieg zur Macht; **6)** Ludwig (2. 9. 1778–25. 7. 1846), Kg von Holland 1806–10, dankte freiwillig ab, da er die für Holland verderbliche Kontinentalsperre ablehnte (dessen Sohn → *Napoleon III.*); **7)** Jérôme (15. 11. 1784–24. 6. 1860), Kg v. Westfalen 1807–13, „Kg Lustig"; **d)** *Schwestern:* **8)** Elisa (3. 1. 1777–6. 8. 1820); Großhzgn von Toskana 1809; **9)** Pauline (20. 10. 1780–9. 6. 1825), Gattin des Gen.s Leclerc, 1803 des Fürsten Camillo Borghese; **10)** Karoline (25. 3. 1782–18. 5. 1839), 1800 Gattin v. Murat.
Bonatz, Paul (6. 12. 1877–20. 12. 1956), dt. Architekt; *Stuttgarter Bahnhof;* Bauten in Ankara *(Opernhaus).*
Bonaventura (1221–74), franziskan. Kirchenlehrer u. Mystiker; *Nachtwachen des B.,* 1805 anonym erschienene romant. Erzählung, früher F. G. *Wetzel* (1789–1840), heute meist E. A. F. *Klingemann* (1777–1831) zugeschrieben.
Bond, 1) Edward (* 18. 7. 1934), engl. Dramatiker; gesellschaftskritische Stücke u. Filmdrehbücher: *Gerettet; Die See;* **2)** James, Romanfigur *(Geheimagent 007)* v. I. → Fleming.
Bonds [engl.], auf jeweiligen *Inhaber* des Papiers lautende Schuldverschreibung (Obligation).
Bône [bon], früherer Name von → Annaba.
Bönen (D-4703), Gem. bei Unna, NRW, 17 955 E; Steinkohlenbergbau.
Bönhase, im MA Handwerker außerhalb d. Zunft.
Bonhoeffer, Dietrich (4. 2. 1906–9. 4. 45), ev. Theologe; nach 1933 Vorkämpfer in der Bekennenden Kirche, schloß sich d. Widerstand gg. Hitler an; im KZ hingerichtet.
Bonhomie, *w.* [frz. -noˈmi], Gutmütigkeit, Biederkeit.
Bonifatius, eigtl. *Winfried* (672–754), angelsächs. Bischof; Organisator d. ostfriesischen u. bayr. Kirche; „Apostel Dtlds"; von den Friesen bei Dokkum erschlagen; in Fulda beigesetzt.
Bonifatius, Name von 9 *Päpsten:* **B. VIII.,** 1294–1303, erließ die Bulle → Unam Sanctam.
Bonifikation [l.], Vergütung an d. im Wertpapiergeschäft mit d. Verkauf von Neuemissionen betrauten Banken.
Bonität [l.], **1)** Güte von Waren, Wechseln u. a. Wertpapieren; **2)** Ruf von Personen und Firmen hinsichtl. ihrer Zahlungsfähigkeit; **3)** Güte des landw. Bodens, *B.sklassen* → Bodenbonitierung.
Bonmot, *s.* [frz. bõˈmo], treffendes Witzwort.

Bonn, *Bundeshaus*

Bonn (D-5300), krfreie St. am Rhein, Hptst. d. BR von 1949–90; seit 1990 nur noch Regierungssitz; 282 190 E; Großstadt durch Zus.schluß mit Bad Godesberg, Beuel u. a. Gem.; Uni. (gegr. 1818); Sitz des dt. altkath. Bischofs; PH, IHK, MPI für Radioastronomie; LG, AG; Beethoven-Geburtshaus, Rhein. Landesmuseum, Zool. Mus. Koenig; Städt. Kunstmuseum, roman. Münster; Rheinhafen, Metall-, Papier-, Bürobedarfs-, keram. Ind., Orgelbau. – Keltensiedlung; römisch. Lager, 1600 Landeshptst. d. Churcölnischen Staates, 1794 frz., 1815 preuß.; 1948/49 Tagungsort d. → Parlamentar. Rates.

Bonnard [-ˈnaːr], Pierre (13. 10. 1867–23. 1. 1947), frz. Maler u. Illustrator, „der letzte Impressionist".

Bonner Konvention → Deutschlandvertrag.

Bonsels, Waldemar (21. 2. 1880–31. 7. 1952), dt. Schriftst.; *Die Biene Maja; Indienfahrt; Dositos.*

Bonus, 1) *allg.:* Sondervergütung, z. B. → Rabatt; 2) bei Aktienges.en u. im Versicherungsgewerbe: einmalige Sonderausschüttung, z. B. auf außerordentliche Gewinne; 3) *Schulwesen:* i. Bundesländern m. Abiturnoten unter d. Bundesdurchschnitt gewährter Abzug b. Notendurchschnitt z. Wahrung d. Chancengleichheit bei → Numerus clausus.

Bonvivant, m. [frz. *bõviˈvã*], Lebemann.

Bonze, m. [jap.], buddhist. Priester; abschätzig für Mächtige (z. B. *Parteibonze*).

Boogie-Woogie, m. [ˈbuːgɪˈwuːgɪ], urspr. pianist. Begleittechnik des → Blues, gekennzeichnet durch ostinate Baßfiguren d. linken Hand; infolge stark rhythm. Wirkung später als Tanz übernommen.

Boolesche Algebra [ˈbuːl-], auch Schaltalgebra, Rechenvorschrift für → binäre Systeme (→ Dual-Zahlensystem; Rechnen m. zwei Variablen bzw. Zuständen, üblicherweise mit 0 und 1 [oder L] bezeichnet), z. B. Strom *ein-* od. Strom *aus*geschaltet; math. Grundlage für die elektron. Datenverarbeitung; benannt nach dem engl. Mathematiker George Boole (1815–64).

Boolesche Verknüpfungen, funktionelle Verknüpfungen (u. a. → UND, ODER, NICHT) der → Booleschen Algebra, die

sich jeweils in entsprechenden el. od. elektron. Schaltungen realisieren lassen; miteinander kombiniert Grundelemente jeder → EDV-Anlage.

Boom, m. [engl. *buːm*], wirtschaftl. Aufschwung, Hochkonjunktur, erhöhte Umsätze u. meist Preissteigerung; a. d. Börse starke → Hausse; Ggs.: → Slump.

Boone [*buːn*], Daniel (2. 11. 1734–26. 9. 1820), am. Pionier; Vorbild v. Coopers „Lederstrumpf".

Bootes, Sternbild am nördl. → Sternhimmel E.

Booth [*buːð*], William (10. 4. 1829–20. 8. 1912), Begründer u. 1. General des Heilsarmee.

Boothia [ˈbuːθɪə], früher *B. Felix,* Halbinsel, nördlichste Spitze Amerikas, 50 000 km². Nordwestl. von B. der magnet. Südpol (→ Erdmagnetismus).

Böotien, alte Landschaft Mittelgriechenlands zw. Kanal von Euböa u. Straße von Korinth.

Bootsklassen, Einteilung der Segelboote in versch. Klassen, um einheitl. Voraussetzungen f. Regatten zu schaffen.

Bootstrapping, *s.* [„Anziehen der Stiefel; oft kurz: Booten"], Laden u. Starten des → Betriebssystems eines Computers.

Bophuthatswana, Bantu-Homeland, 40 330 km², 2,005 Mill. E (49 je km²); Bev.: Bantu, überwiegend Tswana d. Sotho-Gruppe; Sprache: Tswana, Engl. u. Afrikaans; Rel.: überwiegend Protestanten; Hptst.: *Mmabatho* (9100 E); Flagge S. 340, Karte S. 750; Viehzucht, Bergbau (u. a. Platin); s. 1977 unabhängig, aber intern. nicht anerkannt, faktisch weiterhin v. Südafrika abhängig.

Bor, *s., B,* chem. El., Oz. 5, At.-Gew. 10,811, Dichte 2,35 (α-B); Nichtmetall, in Verbindungen wie → Borax, Borsäure, Borcarbid (hartes Schleifmittel).

Bora, Katharina v. (29. 1. 1499–20. 12. 1552), Zisterzienserin; 1525 Gemahlin Luthers.

Bora, *w.,* Bez. für stürmischen kalten Fallwind an der dalmatischen Küste.

Borås [ˈbuːros], südschwed. St. am Viska-Fluß, 101 000 E; Eisenbahnknotenpunkt, Webereien.

Borax, *m.,* aus Borsäure u. Soda hergestellt; Wasch- und Desinfektionsmittel *(Dinatriumtetraborat).*

Borchardt, Rudolf (9. 6. 1877–10. 1. 1945), dt. Lyriker, Essayist u. Übersetzer; *Homeros; D. leidenschaftl. Gärtner.*

Borchert, Wolfgang (20. 5. 1921–20. 11. 47), dt. Dichter; Gedichte, Erzählungen; Drama: *Draußen vor d. Tür.*

Bord, *m.,* Schiffsrand; *an B.,* auf Schiff.

Börde, Bezeichnung für fruchtbare Ebene in Norddeutschland (z. B. *Magdeburger B.*).

Bordeaux [-ˈdoː], Hptst. des frz. Dép. *Gironde,* an d. Garonne, 211 000 E; Erzbischofssitz, Uni.; Seehandel, Ausfuhr von

B.-Weinen. – 1154–1451 engl.; in der Frz. Revolution Sitz d. Girondisten.

Bordelaiser Brühe [-ˈlɛ-], Kupfervitriol in Kalkmilch; gg. Pflanzenkrankheiten (Rebläuse).

Bordell, Haus für käufl. Geschlechtsverkehr.

Bordighera, it. Kurort an der Riviera, 12 000 E; Kakteen-, exot. Pflanzen-, Blumenzucht.

Bordüre, *w.* [frz.], Borte, Band, Besatz.

Bordzeit, auf Schiffen die der geograph. Länge entsprechend berechnete mittlere Ortszeit.

Bore, *w.* [ind.], Flutwelle, bes. in indisch. u. ostasiat. Flußmündungen.

Boreas, *m.* [gr.], 1) griech. Gottheit (d. Nordwindes); 2) Nordwind im Gebiet d. Ägäischen Meeres.

Jorge Luis Borges

Borges [-xes], Jorge Luis (24. 8. 1899–14. 6. 1986), argentin. Schriftst.; Lyrik, Erzählungen, Essays; *Labyrinthe; Der schwarze Spiegel; Borges und ich.*

Borghese, römisches Adelsgeschlecht; nach ihm Villa B. in Rom (17. Jh.) mit berühmten Kunstschätzen.

Borghesischer Fechter, griech. Skulptur v. *Agasias* (1. Jh. v. Chr.); jetzt im Louvre.

Borghorst, s. 1975 zu → Steinfurt.

Cesare Borgia

Borgia [it. -dʒa], span., nach Italien übergesiedeltes Adelsgeschlecht, 1) Cesare (1475–1507), Sohn v. 4), Typ des hochbegabten Gewaltmenschen d. Renaissance; 2) Franz (1501–72), Enkel v. 4), Gen. des Jesuitenordens, 1611 heiliggesprochen; 3) Lucrezia (18. 4. 1480–24. 6. 1519), Schwester v. 1), wiederholt verheiratet; 4) Rodrigo (1. 1. 1431–18. 8. 1503), als Alexander VI. Papst.

Borgis → Schriftgrade.

Borinage [-aʒ], südbelg. Landschaft in der Provinz Hennegau; Bergbau- u. Industriegebiet.

Boris, 1) B. I. (852–889), bulgar. Fürst, bekehrte 864 sein Volk zum Christentum; **2)** B. III. (30. 1. 1894–28. 8. 1943), s. 1918 Kg v. Bulgarien (Zar d. Bulgaren).
Borislaw, St. i. d. ukrainischen SSR am N-Rand d. Karpaten, 36 000 E; Erdöl- u. Erdgasförderung.
Borke, abgestorbene → Rinde (Baumrinde).
Borken (D-4280), Krst. in NRW, 33 000 E; AG; Textil-, Glas-, chem.-metallurg., Pharma-Ind.

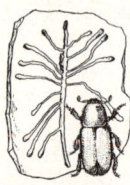

Zerfressene Borke
mit Borkenkäfer

Borkenkäfer, sehr schädlicher Rüsselkäfer; Weibchen nagt unter Baumrinde Gang, Larven in dazu senkrechten Seitengängen.
Borkum (D-2972), *Nordseeheilbad B.*, größte ostfries. Nordseeinsel, Rgbz. Weser-Ems, Nds., 5646 E.
Borlaug ['bɔːlɔg], Norman Ernest (* 25. 3. 1914), am. Agrarwiss.; 1970 Friedensnobelpr. (f. Entwicklung d. „mexikan. Wunderweizens"). Er gilt als Mitbegründer der „grünen Revolution".

Max Born

Born, 1) Max (11. 12. 1882–5. 1. 1970), dt. Phys.; arbeitete über Relativitätstheorie und Quantenphysik; Nobelpr. 1954; **2)** Nicolas (31. 12. 1937–7. 12. 79), dt. Schriftst.; realist. Erzählungen u. Gedichte; Romane: *D. erdabgewandte Seite d. Geschichte; D. Fälschung.*
Borna (D-7200), Krst. im nordwestsächs. Braunkohlengeb., Sa., 22 000 E; Zwiebelanbau.
Börne, Ludwig, eigtl. *Löb Baruch* (6. 5. 1786–12. 2. 1837), dt. pol. Schriftst. u. Kritiker; einer d. Hptvertr. des Jungen Deutschland; *Briefe aus Paris.*
Borneo, indones. *Kalimantan*, größte d. Großen Sundainseln, 754 770 km², 12 Mill. E, Dajak im Innern, Malaien an der Küste; sumpfiger Urwald u. Gebirge (*Kinabalu* 4101 m); trop. Monsunklima, das Innere kaum erschlossen. a. d. W-Küste

zunehmend Erdölförderung; größter (südl.) Teil zu Indonesien, 539 460 km², 8,6 Mill. E; NW bis auf → Brunei Teil v. → Malaysia.
Börner, Holger (* 7. 2. 1931), SPD-Pol.; 1972–76 B.geschäftsführer der SPD, 1976–87 Min.präs. v. Hessen.
Bornheim (D-5303), St. bei Bonn, NRW, 34 536 E; Ind.
Bornholm, dän. Ostseeinsel u. Amt, 588 km², 48 000 E; ertragr. Landw. u. Fischerei, Granitbrüche, Terrakottaind.; befestigte Rundkirchen aus d. MA; Hptort *Rønne.*
Bornholmer Krankheit, fieberhafte → Coxsackie-Virus-Infektionskrankh. m. heftigen Muskelschmerzen.
borniert [frz.], geistig beschränkt, engstirnig.
Boro-Bodor, Buddha-Heiligtum auf Java, riesige Tempelbauten (8./9. Jh. n. Chr.).
Borodin, Alexandr Porfirjewitsch (12. 11. 1833–27. 2. 87), russ. Komp.; Sinfonien; Kammermusik; Oper: *Fürst Igor.*
Borodino, Dorf westl. Moskau, bei dem Napoleon 1812 die Armee Kutusows schlug.
Borretsch, *m., Gurkenkraut*, Gewürzkraut.
Borromäische Inseln, 4 felsige Inseln im Lago Maggiore mit berühmten Parkanlagen.
Borromäus, Karl (2. 10. 1538–3. 11. 84), Hlg., Erzbischof von Mailand, Kardinal; Gegenreformator, hervorragende Gestalt d. Tridentiner Konzils. – **B.-Enzyklika**, 1910 (Papst Pius X.), verurteilte Modernismus u. Reformation. – **B.-Verein**, größter kath. Bücherverein, von A. *Reichensperger* 1844 gegr.
Borromini, Francesco (25. 9. 1599–2. 8. 1667), it. Barockbaumeister; *S. Carlo alle quattro Fontane* u. *S. Ivo* in Rom.
Borschtsch, *m.*, russ. saurer Suppeneintopf aus Rindfleisch u. Gemüsen, bes. Kohl u. Rote Rüben.
Börse [l. „bursa"], Markt mit regelmäßigen, organisierten Zusammenkünften zum Abschluß von Handelsgeschäften in vertretbaren (fungiblen) Waren u. Wertpapieren; auch Ort u. Gebäude d. Veranstaltung; Arten: **a)** *Effekten-B.* (Fonds-B.) f. Aktien, Obligationen (Kapitalmarkt), Wechsel, Leihgeld (Geldmarkt) u. Devisen; **b)** *Waren-B.* (allg. od. Spezial-B., Produkten-B.); in d. BR B.n in Berlin, Bremen, Düsseldorf, Frankfurt, Hamburg, Hannover, München, Stuttgart (*B.nplätze*).
Börsen-bericht, Veröffent. i. d. Medien über B.verlauf. – **B.geschäfte**, an Effekten-B. *Kassageschäfte*, an Waren-B. *Lokogeschäfte*, Lieferung und Zahlung sofort (im allg. binnen 3 Tagen); *Termingeschäft:* Einigung auf Kurs heute, Erfüllung (Lieferung und Zahlung) erst später, nach 1931 in Dtld verboten; *Arten:* **a)** *Fixgeschäft:* unbedingte Bindung an Abschluß; **b)** *Prämiengeschäfte* (Dontge-

schäfte): Käufer (Vorprämiengeschäft) bzw. Verkäufer (Rückprämiengeschäft) hat Recht, gg. Prämienzahlung zurückzutreten (abandonieren); **c)** *Stellagegeschäft:* beiderseitige Sicherung, Recht zu liefern oder zu beziehen; **d)** *Nochgeschäft:* Recht auf Wiederholung des Geschäfts. – **B.organisation**, in Dtld durch B.gesetz geregelt; in England u. USA dagegen Börse autonome Körperschaft; *B.ordnungen* regeln den *B.verkehr:* Festsetzung d. B.preise, Art d. Kursnotierungen, Zulassung d. Effekten, Maklerwesen, Durchführung der B.geschäfte. Regelung v. Streitigkeiten durch Einrichtung v. *B.schiedsgerichten; B.geschäfte* werden durch *B.makler* vermittelt. – **B.umsatzsteuer**, Kapitalverkehrssteuer → Steuern, Übers. – **B.usancen** [-*y'säs*-], rechtsverbindl. Handelsgebräuche an d. B.; vereidigte *Kursmakler* stellen d. amtl. *B.kurs*, d. jeweils d. Angebot (Brief) u. d. Nachfrage (Geld) entsprechenden Preis v. Wertpapieren, Waren usw. fest: *Kursnotierung* (→ Kurszettel).
Borsig, August (23. 6. 1804–6. 7. 54), dt. Industrieller; gründete 1837 Maschinenfabrik (Lokomotiven, Apparate) in Berlin.
Borsten, die steifen Haare der Schweine.
Borstengürteltier → Gürteltiere.
Borstenwürmer, Ringelwürmer d. Meeres, Süßwassers u. Landes; z.B. Regenwürmer.
Borussia [nl.], „Preußen", abgeleitet v. → Pruzzen.

Carl Bosch

Bosch, 1) Carl (27. 8. 1874–26. 4. 1940), dt. Chem.; schuf Verfahren der Luftstickstoffgewinnung (*Haber-Bosch-Verfahren*); Nobelpr. 1931; **2)** Hieronymus (um 1450–1516), ndl. Maler; phantast. Allegorien pol. u. rel. Inhalts: *D. Versuchung d. hl. Antonius; Garten d. Lüste; D. Weltgericht;* **3)** Robert (23. 9. 1861–12. 3. 1942), dt. Techniker u. Industrieller; erfand Hochspannungsmagnet f. Benzinmotoren.
Bosco, Don Giovanni (15. 8. 1815–31. 1. 88), it. kath. Geistl. u. Pädagoge; widmete sich ganz der Erziehung verwahrloster Jungen; Stifter der Salesianer u. d. Mariahilfschwestern; 1934 heiliggesprochen.
Bösendorfer, Ignaz (28. 7. 1796–14. 4. 1859), Gründer d. Wiener Pianofortefabrik (1828).
Bosnien, Landschaft im Zentrum v. Jugoslawien, Gebietsteil d. Bundesrep. B. u. Herzegowina; sehr gebirgig (Dinari-

sches Gebirge im W scheidet B. v. Dalmatien), Ebenen an d. Bosna, Drina u. Save, fruchtb. Täler; 50% Wald. Erz- u. Kohlenlager; Obst- (Pflaumen), Tabaku. Ackerbau (Mais, Weizen, Zuckerrüben); bed. Schafzucht; Hptst. *Sarajevo*. – Im Altertum Teil Illyriens, im MA kroat.-serb., s. 12. Jh. vorwiegend ungar.; 1376 Königr.; nach 1463 türk.; 1878 infolge v. Aufständen östr. Besetzung (m. Herzegowina), 1908 Annexion; 1918 zu Jugoslawien; 1946 → Bosnien und Herzegowina.

Bosnien und Herzegowina, jugoslaw. Bundesrep., 51 129 km², 4,4 Mill. E; Hptst. *Sarajevo;* 1946 gebildet aus → Bosnien u. → Herzegowina.

Bosporus, Meerenge zw. Europa u. Kleinasien, verbindet das Marmara- mit dem Schwarzen Meer, 30 km l., 660–3350 m breit; 2 Straßenbrücken (Karte → Balkan). – B.**brücke,** *Kemal-Atatürk-Brücke,* viertlängste Hängebrücke d. Welt (Spannweite 1074 m), 1973 fertiggestellt.

Bosse, *w.,* roh bearbeiteter Werkstein m. buckl. Vorderseite; Rohform einer Plastik.

Boßeln, *Eisboßeln,* volkstüml. Wurfspiel m. bleigefüllten Holzkugeln auf Eisflächen.

bossieren, in d. Bildnerei Gewinnung d. Rohform e. Skulptur aus d. Steinblock; → modellieren.

Bossuet [-'sɥɛ], Jacques-Bénigne (27. 9. 1627–12. 4. 1704), Bischof von Meaux; gr. Kanzelredner gg. d. → Jansenismus; Verf. d. *4 Artikel der Gallikan. Kirche.*

Boston, *State House*

Boston ['bɔstən], Hptst. v. Massachusetts (USA), 573 000 (m. Vororten 2,8 Mill.) E; 3 Uni.; Hafen- u. Industriest. (Baumwolle, Leder, Feinmechanik, Schiffbau), landw. u. ind. Ausfuhr; benachbart *Cambridge.* – 1630 gegr., 1773 „Teesturm" Anfang der am. Freiheitskriege.

Boston, *m.* ['bɔstən], **1)** langsamer Walzer; **2)** Kartenspiel; zu viert mit frz. → Whist(karte).

Boström, Christoffer (1. 1. 1797–22. 3. 1866), schwed. Phil., Vertreter des „rationellen Idealismus".

Botanik [gr.], *Pflanzenkunde;* Untergebiete: **a)** Systematik (Verwandtschaftsverhältnisse d. Pflanzen) → botanisches

System; **b)** Morphologie (äußere Gestalt d. Pflanzen); **c)** Anatomie (innerer Bau); **d)** Physiologie (Stoffwechsel, Reizerscheinungen); **e)** Ökologie (Anpassungen, Zusammenleben); **f)** Vererbungslehre (Genetik); **g)** Pflanzengeographie (Verbreitung); **h)** Pflanzenpathologie (Krankheiten); **i)** Paläo-B. (vorweltl. Pflanzen); **k)** angewandte Botanik (praxisgebundene Fragen, Züchtung, Übergang zur Landwirtschaft u. → Phytotherapie).

botanisches System, 1) *natürl. System* (nach Engler u. a.): 3 Hptstämme: I. Spaltpfl.: Blaualgen u. Bakterien; II. Thalluspfl.: Flagellaten, Schleimpilze, Kieselalgen, Jochalgen, Grünalgen, Schlauchalgen, Armleuchteralgen, Braunalgen, Rotalgen, Algenpilze und echte Pilze; III. Embryopfl.: A) Sporenpfl. (Moose, Farne, Schachtelhalme, Bärlapp-, Brachsenkrautgewächse); B) Blüten-(Samen-)Pfl.: a) Gymnospermen (Nacktsamige): Farnpalmen, Ginkgo, Nadelhölzer u. Gnetazeen, b) Angiospermen (Bedecktsamige) m. Monokotyledonen (Einblattkeimer) u. Dikotyledonen (Zweiblattkeimer) u. d. eigtl. Blütenpfl.; **2)** *künstl.* (veraltetes) *System* v. Linné, das der Pfl. nicht nach natürl. Verwandtsch., sondern nach prakt. Merkmalen (bes. Zahl der Staubgefäße) ordnete.

Boten-Ribonukleinsäure, svw. → Messenger-Ribonukleinsäure.

Botha, Pieter Willem (* 12. 1. 1916), südafrikan. Pol.; 1978–84 Min.präs., 1984–89 Staatspräs. m. Exekutivgewalt.

Bothe, Walther (8. 1. 1891–8. 2. 1957), dt. Phys.; Arbeiten über kosmische Strahlung u. Elektronenstreuung; Nobelpr. 1954 (mit M. Born).

Bothwell ['bɔθwəl], James, Gf v. (1536–78), dritter Gatte → Maria Stuarts, Mörder ihres zweiten Gatten Darnley.

Botokuden, ostbrasilian. Indianer m. Zierknöpfen in Lippe u. Ohren.

Botschaft, diplomat. Vertretung eines Staates i. Ausland; außer d. Botschafter dienen i. d. B. (je nach Größe): *Gesandter, Botschaftsrat,* → *Militärattaché, Kulturattaché, Wirtschaftsattaché, Erster, Zweiter* u. *Dritter Botschaftssekretär.*

Botschafter, höchster Rang diplomat. Vertr. im Ausland, hat d. Recht d. unmittelbaren Vortrags bei d. Staatsoberhaupt.

Botswana, früher *Betschuanaland,* Rep. in Südafrika, 581 730 km², 1,26 Mill. E (2 je km²); Bev.-Zuw. 3,4%; Bev.: vorwiegend Betschuanen (→ Bantu-Neger); Sprache: Bantu-Sprachen, Engl.; Währung: Pula (P); Rel.: Naturrel.; Hptst.: *Gaborone* (60 000 E); Flagge S. 340, Karte S. 750. **a)** *Geogr.:* Hochebene, Savannen, geht im W in die Kalahariwüste über. **b)** *Wirtsch.:* Viehzucht, Diamanten; Ausbeutung der Bodenschätze: Nickel, Kupfer, Kohle. **c)** *Verf.:* Präsidialrep., Parlament m. 2 Kammern. **d)** *Gesch.:* 1885–1966 brit. Protektorat, s. 1966 unabhängig. **e)** *Mitgl.:* UN, Commonwealth, Zollunion m. d. Rep. Südafrika; AKP-Staat.

Böttcher, Maximilian (20. 6. 1872–16. 5. 1950), dt. volkstüml. Schriftst.; Romane; Posse: *Krach im Hinterhaus.*

Böttcherei, Herstellung von Fässern, Eimern, Bottichen aus Holz.

Böttger (Böttiger), Johann Friedrich (4. 2. 1682–13. 3. 1719), dt. Apotheker; zus. m. d. Phys. E. v. *Tschirnhaus* Erfinder u. Mitbegr. d. eur. Verfahrens zur Herstellung des braunroten *Böttgersteinzeugs* u. später d. weißen Hartporzellans; Leiter d. Meißener Porzellanmanufaktur.

Botticelli [-'tʃɛlli], Sandro (1445–17. 5. 1510), florentin. Maler d. Renaissance; *Frühling; Geburt der Venus.*

Bottnischer Meerbusen, nördl. Teil der Ostsee zw. Schweden u. Finnland; 650 km l., bis 250 km br., unzähl. Inseln u. Schären; daher eine Salzgehalt.

Bottrop (D-4250), krfreie St. im Ruhrgebiet, 116 363 E; Steinkohlengruben, Ind., Hafen; AG.

Botulismus, Fleisch-, Wurst- u. Konservenvergiftung durch → Toxin d. Botulinus-Bazillen; anzeigepflichtig.

Boucher [bu'ʃe], François (29. 9. 1703–30. 5. 70), frz. Rokokomaler; galante Liebesszenen; *Triumph d. Venus; Ruhendes Mädchen.*

Bouches-du-Rhône [buʃdy'rɔn „Rhônemündungen"], frz. Dép. in der Provence, 5087 km², 1,77 Mill. E; Hptst. *Marseille.*

Bouclé, *s.* [frz. *bu'kle*], **1)** mit Schlingen durchsetztes, gekräuseltes u. gezwirntes Garn; **2)** Kleiderstoff aus 1); **3)** Teppich a. grobem Garn ohne Flor.

Botticelli, *Geburt der Venus*

Boudoir, s. [frz. *bu'dwar*], Damenzimmer.

Bougainville [*bugẽ'vil*], größte der → Salomoninseln (n. frz. Entdecker A. *de B.,* 1729–1811), 8800 km², 128 800 E; Hptort *Kieta;* zu Papua-Neuguinea.

Bougie, w. [frz. *bu'ʒi*], biegsamer Stab zur Erweiterung krankh. Verengungen (z. B. der Harnröhre).

Bouillabaisse, w. [frz. *buja'bɛs*], südfrz. suppenartiges Fischgericht mit Knoblauch u. Gewürzen.

Bouillon [*bu'jõ*], Gottfried v., Hzg v. Niederlothringen († 1100 in Jerusalem), Anführer d. 1. → Kreuzzuges.

Bouillon, w. [frz. *bu'jõ*], Fleischbrühe.

Boulanger [*bulã'ʒe*], Georges (29. 4. 1837–30. 9. 91), frz. Gen., Kriegsmin. 1886/87, für Revanchekrieg gg. Dtld.

Boule, w. [frz. *bul*], dem → Boccia verwandtes Kugelspiel.

Boulevard, m. [frz. *bul'var*], breite (Ring-)Straße.

Pierre Boulez

Boulez [*bu'lɛz*], Pierre (* 26. 3. 1925), frz. Komp. (serieller u. elektron. Musik) u. Dirigent.

Boulle-Arbeiten [*bul-*], n. d. frz. Kunsttischler André Charles *Boulle* (1642–1732) ben. Schildpatt-, Elfenbein-, Messing-, Holzeinlagen *(Intarsien):* Möbel im Stil Ludwigs XIV.

Boulogne-Billancourt [*bu'lɔɲ bijã'kur*], früher *B.-sur-Seine,* westl. Vorst. v. Paris, 102 600 E; Autoind. (Renault-Werke); nördl. berühmter Park *Bois de Boulogne.* – *B.*-sur-Mer [-*syr'mɛr*], frz. Seebad und Hafen im Dép. *Pas-de-Calais,* 48 000 E.

Boumedienne [*bumə'djɛn*], Houari (23. 8. 1927–27. 12. 78), alger. Offizier u. Pol.; s. 1962 Verteidigungsmin., s. 1965 Min.präs., s. 1976 Staatspräs.

Bouquet [frz. *bu'ke*], → Bukett.

Bourbon, Karl, Hzg v. (1490–1527), Connétable v. Frkr., Feldherr v. Franz I.; schlug Schweizer 1515 bei Marignano, ging 1523 zu Karl V. über.

Bourbon [*bur'bõ*], altes frz. Herrschergeschlecht, seit 1327 Hzge, seit 1589 Kge in Frkr.; älteste Linie 1527 erloschen, jüngere (Vendôme, Condé, Orléans) 1792 gestürzt, Rückkehr 1814, 1815; 1830 vertrieben; andere Linien in Spanien (bis 1931), Sizilien (bis 1860), Parma (bis 1859).

Bourgeois [*bur'ʒwa*], Léon (29. 5. 1851–29. 9. 1925), 1919 frz. Vors. des Völkerbundrats; Friedensnobelpr. 1920.

Bourgeois, m. [frz. *bur'ʒwa*], Bürger; Groß-(Besitz-)Bürger (oft im Sinne des Protzertums u. mangelnder Bildung); *Bourgeoisie,* Bürgertum.

Bourges [*burʒ*], Hptst. des frz. Dép. *Cher,* 79 000 E; Kathedrale (12./13. Jh.); Eisenind.

Bourget [*bur'ʒe*], Paul (2. 9. 1852–25. 12. 1935), frz. Schriftst.; *E. Liebestragödie; Des Todes Sinn.*

Bourgogne [*bur'gɔɲ*], svw. → Burgund.

Bournemouth [*'bɔnməθ*], engl. Seebad in SW-Hampshire, 145 000 E.

Bourrée [*bu're*], altfrz. Tanz (4/4-Takt).

Bourtanger Moor, z. T. trockengelegtes Hochmoor im Emsgebiet, 2300 km²; Erdölförderung.

Bouteille, w. [frz. *bu'tɛj*], Flasche.

Boutique, w. [frz. *bu'tik*], kl. Laden für (exklusive) modische Neuheiten.

Bouts [*bœts*], Dirk (1410/20–17. 4. 75), ndl. Maler d. ausklingenden Spätgotik.

Bouvines [*bu'vin*], frz. Ort in Flandern (sö. Lille); 1214 frz. Sieg (Philipp II. August, mit Kaiser Friedrich II. verbündet) über England (von Kaiser Otto IV. unterstützt).

Bovet [-*'ve*], Daniel (* 23. 3. 1907), schweiz. Med.; erforschte chem. Wirkung v. Stoffen auf d. vegetative Nervensystem; Nobelpr. 1957.

Boviden, svw. → Hornträger.

Bovine spongiforme Enzephalopathie, w., *BSE,* zuerst in Großbritannien b. Rindern aufgetretene Seuche („Rinderwahnsinn"), d. wahrscheinlich durch e. Virus verursacht wird; die in d. Gehirn eingedrungenen Erreger zerstören d. Nervenzellen; d. erkrankten Tiere nehmen stark ab, taumeln u. schwanken wie beim → Veitstanz. Die Erkrankung kann auch auf Schafe, Ziegen, Schweine u. andere Tiere übertragen werden; ob auch Menschen gefährdet sind, ist noch unklar.

Bovist, svw. → Bofist.

Bowie [*'bovi*], David (* 26. 5. 1948), engl. Rockmusiker u. Schausp.; in d. 70er Jahren Leitfigur d. *Glamour Rock* (m. extravaganten Kostümen) u. d. *Electronic Rock* (→ Rock-Musik); in d. 80er Jahren einfallsreiche Videoproduktionen seiner Schallplatten; Filme: *The Man Who Fell to Earth; Furyo.*

Bowiemesser [*'bo-i*-], am. dolchähnl. Jagdmesser.

Bowling, s. [engl. *'bou*-], am. Kegelspiel, ähnlich dem → Kegelsport.

Box, w. [engl.], Stallabteil, Kasten, Schachtel.

Boxcalf, s. [engl. -*kaf*], chromgegerbtes Kalbsleder.

Boxen, sportl. Faustkampf nach festen Regeln mit gepolsterten Lederhandschuhen in einem mindestens 4,90 u. höchstens 6,10 m großen, mit Seilen umgrenzten, quadrat. Kampfplatz *(Ring,)* in *Runden* von 3 Minuten (1 Min. Pause); nach Punkten entschieden, sofern kein Niederschlag (→ *Knockout*) erfolgt; erlaubt sind Schläge vom Scheitel bis zur Gürtellinie

Bourgeois, m. [frz. *bur'ʒwa*], Bürger; (verboten u. a. gegen Hinterkopf, Nieren); Schläge: *Gerade, Haken, Schwinger;* Abwehr: seitl. Ausweichen *(Sidestep),* *Blocken* (Schlag abfangen), *Clinchen* (Umklammern); Einteilung nach → Gewichtsklassen.

Boxer, 1) → Doggen, → Tafel Hunderassen; **2)** chin. Geheimorganisation; 1900 **B.aufstand** gg. d. Fremden in China.

Boxermotor, Verbrennungsmotor mit einander gegenüberliegenden Zylindern.

Boyd-Orr [*'bɔid'ɔ:*], John, Lord (23. 9. 1880–25. 6. 1971), engl. Arzt u. Ernährungswiss.; 1945/46 Gen.direktor d. FAO; Welternährungsplan; Friedensnobelpr. 1949.

Boyen, Hermann von (23. 7. 1771–15. 2. 1848), preuß. General; reorganisierte m. → Scharnhorst d. preuß. Heer.

Boykott, m. [*'bɔi*-], (nach dem 1880 von der irischen Landliga durch wirtsch. u. gesellschaftl. Isolierung z. Verlassen Irlands gezwungenen engl. Gutsverwalter Charles *Boycott*), Verrufserklärung bes. bei Arbeitskämpfen; Aufforderung, Waren v. best. Unternehmungen oder aus gewissen Ländern nicht zu kaufen oder bei ihnen nicht zu arbeiten.

Boyle [*bɔil*], Robert (25. 1. 1627–30. 12. 91), engl. Phys. u. Chem.; schuf den Begriff d. chem. Elements, fand mit → Mariotte das **B.-Mariottesche Gesetz** (d. Produkt aus Gasdruck u. -volumen ist b. konstanter Temperatur konstant).

Boy Scouts [engl. *'bɔi skauts*], → Pfadfinder.

Bozen, it. *Bolzano,* Hptst. der it. autonomen Region *B.,* a. d. Eisack (Südtirol) 100 700 E; Kurort, Weinbau, Ind.; Bischofssitz. – Röm. *Bauzanum,* 680 langobard., Sitz bayr. Grafen; 1363 habsburg., 1919 italienisch.

Bozetto, künstlerischer Entwurf für Plastiken aus Ton, Stuck, Stoff oder ähnlichem.

BP, *Bayern-Partei,* → Parteien, Übers.

Br, *chem.* Zeichen f. → Brom.

Brabant, fruchtb. Landschaft im ndl.-belg. Grenzgebiet; Prov. *N-B.,* s. 1648 ndl., 4943 km², 2 Mill. E; Hptst. *'s-Hertogenbosch;* *S-B.* s. 1830 belg. Prov., 3358 km², 2,2 Mill. E; Hptst. *Brüssel.* – 1180 selbst. Hzgt., kam 1430 zu Burgund, 1477 an Habsburg; im 15. Jh. Mittelpunkt d. ndl. Kultur.

Brač [*bratʃ*], it. *Brazza,* größte dalmat. Insel (jugoslaw.), 396 km², 22 000 E; Obst-, Weinbau.

Brache, *Brachfeld,* „umbrochenes", gepflügtes, aber nicht bestelltes Feld, das **brachliegt.**

brachial [l.], zum Arm gehörend.

Brachialgewalt, rohe Gewalt.

Brachiopoden, svw. → Armfüßer.

Brachsen, *Brassen, Blei,* karpfenartiger Fisch d. Süßwassers.

Brachvogel, Albert Emil (29. 4. 1824–27. 11. 78), dt. Schriftst.; *Friedemann Bach.*

Brachvogel

Brachvögel, auf Sumpfwiesen u. an d. Küste vorkommende Schnepfenvögel mit langem, dünnem, gebogenem Schnabel.
Bracke, Jagdhundrasse mittelgr., laut jagender Hunde mit Hängeohren, Stammform d. hängeohrigen Jagdhunde.
Brackwasser, schwach salzig, entsteht durch Mischung von Salz- und Süßwasser, bes. an Flußmündungen.
Brackwede, s. 1973 zu → Bielefeld.
Bradford ['brædfəd], St. in der engl. Gft Yorkshire, 281 000 E; Bischofssitz, Zentrum der Textilindustrie.
Bradley ['brædlɪ], James (1692–1762), engl. Astronom; entdeckte → Aberration und → Nutation.
Bradykardie [gr.], verlangsamte Herztätigkeit.
bradytrophes Gewebe, langsam ernährtes Organgewebe ohne → Kapillaren (z. B. Augenlinse).
Braga ['brayɒ], nordportugies. St., 64 000 E; Kathedrale.
Braganza, *Bragança*, portugies. Geschlecht, regierte in Portugal bis 1910, in Brasilien bis 1889.
Bragg [bræg], **1)** Sir William Henry (2. 7. 1862–12. 3. 1942), engl. Physiker; Nobelpr. 1915 zus. mit s. Sohn **2)** Sir William Lawrence (31. 3. 1890–1. 7. 1971), für Erforschung d. Kristallstruktur mittels Röntgenspektroskopie.
Brahe, Tycho (14. 12. 1546–24. 2. 1601), dän. Astronom; seine exakten Beobachtungen führten zur Entdeckung der Keplerschen Gesetze durch seinen Schüler → Kepler.
Brahma [sanskr. „Weltseele"], urspr. magisches Wort, dann d. allerhaltende Kraft, schließlich zus. mit → Schiwa u. → Wischnu die dreigestaltige Gottheit (Trimurti).
Brahmanen, *Brahminen*, Angehörige d. obersten Kaste d. Hindus, früher Kaste d. Priester; galten als heilig.
Brahmanismus, ind. Rel., a. d. vedischen Rel. entstanden, mit im wesentl. gleichen Gottheiten; oberste → Brahma; Lehre v. Seelenwanderung u. Erlösung von ihr durch Befreiung von Unwissenheit und Begierden; ausgebildeter Opferdienst u. Kastenwesen.
Brahmaputra, Strom in Südasien, 2896 km l., Quelle im Transhimalaja, Oberlauf *Yarlung Zangbo* in Tibet; trennt Transhimalaja v. Himalaja, umfließt östl. den Himalaja, tritt in die Tiefebene von Assam, bildet mit dem Ganges, in der er mündet, das größte Delta der Erde.

Johannes Brahms

Brahms, Johannes (7. 5. 1833–3. 4. 97), dt. Komp., verbindet Klassik u. Romantik; 4 Sinfonien; Violin- u. 2 Klavierkonzerte; Kammer- u. Klaviermusik; Chorwerke (u. a. *Ein Dt. Requiem*); 200 Lieder; *Ungar. Tänze*.
Brahul, ind. Volk d. → Drawida.
Bräila, rumän. St. und Donauhafen, 236 000 E; Dom; Masch.ind., Getreideausfuhr, Zellstoffindustrie, Lokomotivfabrik.
Braille [braj], Louis (4. 1. 1809–6. 1. 52), frz. Blindenlehrer; entwickelte → Blindenschrift.
Brainstorming [engl. 'brem-], Methode z. Auffindung v. Problemlösungen durch Festhalten v. spontanen Einfällen ohne vorherige Zensur.
Braintrust [engl. -trʌst], Team, das aufgrund bes. Kenntnisse u. Erfahrung in Wirtsch., Pol. u. Verw. zu Beratungen herangezogen wird.
Brake (Unterweser) (D-2880), Krst. d. Ldkr. Wesermarsch, Nds., 16 069 E; AG; Überseehafen; Schiffahrtsmus.
Brakteaten [l.], dt. dünne Silberblechmünzen, 12.–14. Jh.; einseitig geprägt *(Hohlpfennige)*.
Bramante, Donato (1444–11. 3. 1514), it. Baumeister u. Maler d. Hochrenaissance; Bauten in Mailand (S. Maria presso S. Satiro: Sakristei) u. Rom (S. Pietro in Montorio: Rundtempel; Entwürfe f. Peterskirche).
Bramarbas, *m.* [span.], Großmaul, Prahlhans.
Bramsche (D-4550), St. im Ldkr. Osnabrück, Rgbz. Weser-Ems, Nds., 24 653 E; Weberei, Antikglas, Tapeten-, Papierind.
Branche, *w.* [frz. 'brɑ̃ʃə], Geschäfts-, Wirtsch.zweig.
Brancusi [-kuʃ], Constantin (21. 2. 1876–16. 3. 1957), rumän. Bildhauer bes. in Paris, Vertr. d. → absoluten Kunst; *Endlose Säule; Der Kuß; Die schlafende Muse.*
Brand, 1) *med.* Vertrocknung od. Zersetzung abgestorbenen Gewebes; **2)** chem. Umwandlung v. Tonerzeugnissen z. keram. Erzeugnissen in Brennöfen; **3)** → Brandpilze.
Brandbinde, Mullbinde m. schmerzstillenden u. bakteriziden Zusätzen f. Brandwunden.
Brandenburg, 1) 1945 aus dem Gebiet d. früheren Prov. B. westl. d. Oder-Neiße-Linie gebildetes Land D. DDR; 1952 durch Aufteilung i. d. drei Bezirke Pots-

dam, Frankfurt/O. u. Cottbus wieder aufgelöst; 1946: 26 967 km², 2,5 Mill. E, davon 86% ev., 7% kath.; 1990 Bundesland *B.*, 29 059 km², 2,64 Mill. E; Hptst. *Potsdam.* **a)** *Geogr.:* Uckermark, Prignitz, Mittelmark, Niederlausitz; 1/3 Sandboden (Kiefernwälder), sonst Ackerboden u. Wiesen in den Urstromtälern; seenreich. **b)** *Wirtsch.:* Land- u. Forstwirtschaft, landw. u. Holzind., Braunkohlen- u. Textilind. (bes. Niederlausitz). **c)** *Gesch.:* Urspr. von german. Semnonen bewohnt, dann von Slawen besiedelt; Heinrich I. u. Otto I. gründeten Bistümer Havelberg u. B.; Altmark 1134 an den Askanier Albrecht d. Bären, dessen Linie d. Mittelmark (bis z. Oder) u. d. Neumark (östl. d. Oder) erwarb u. mit dt. Bauern u. Bürgern (Niederländer, Niedersachsen) besiedelte; 1323 an die Wittelsbacher (1356 Kurwürde); 1373–1411 Luxemburger; 1417 Burggraf Friedrich VI. v. Nürnberg aus dem Hause Zollern mit B. belehnt; der Gr. Kurfürst schuf den brandenburg.-preuß. Staat → Preußen. 1815–1945 *Mark B.*, preuß. Prov.; **2)** *B. (Havel)* (O-1800), Krst. a. d. Havel, Bbg., 93 441 E; Theater; Stahl-, Metall-, Schiff- u. Textilind. – Bis 928 Hptst. der slaw. *Heveller;* 948 Bistum.
Brandenburger Tor, ehem. Stadttor von Berlin (Abb. → Berlin), 1788–91 v. C. G. *Langhans* erbaut, erstes Werk d. dt. Klassizismus; → Quadriga v. G. *Schadow* (1789–94).
Brando, Marlon (* 3. 4. 1924), am. Filmschausp.; *A Street Named Desire; The Wild One; The Godfather; L'Ultimo Tango a Parigi; Apocalypse Now.*
Brandpilze, Erreger von Getreidekrankheiten, bei denen die Körner in schwarze, staubige Massen (Sporen) verwandelt werden *(Brand).*
Brandschatzung, Erpressen durch Androhen von Brandlegung.
Brandstiftung, strafbar nach §§ 306 ff. StGB, auch bei Fahrlässigkeit u. bei Allgemeingefährdung an eigenen Sachen.
Brändström, Elsa (26. 3. 1888–4. 3. 1948), schwed. Rote-Kreuz-Schwester; sorgte im 1. Weltkrieg für dt. u. östr.-ungar. Kriegsgefangene („Engel von Sibirien").
Brandt, Willy (* 18. 12. 1913), SPD-Pol.; 1957–66 Reg. Bürgermeister v. West-Berlin; 1964–87 Parteivors. d. SPD, 1966–69 B.außenmin. u. Vizekanzler, 1969–74 B.kanzler (nach Spionage-Affäre Guillaume zurückgetreten); s. 1976 Präs. d. Sozialist. Internationale; s. 1977 Vors. d. Nord-Süd-Kommission zur Vermittlung zw. armen u. reichen Staaten; Friedensnobelpr. 1971.
Brandung, Überschlagen d. Wellen i. flachen Wasser durch Hemmung der Wellentäler.
Branntwein, aus gegorenen Flüssigkeiten durch Destillation erhalten; ca. 30% Alkohol. – **B.monopol**, in Dtld s. 1922

Willy Brandt

→ Monopol auf Übernahme des erzeugten B.s, Einfuhr, Verwertung.

Brant, Sebastian (1458-10. 5. 1521), Straßburger Stadtschreiber u. Dichter; *Das Narrenschiff.*

Branting, Hjalmar (23. 11. 1860-24. 2. 1925), schwed. sozialist. Pol.; Friedensnobelpr. 1921.

Braque [brak], Georges (13. 5. 1882-31. 8. 1963), frz. Maler, Mitbegr. d. → Kubismus; Stilleben, Figurenbilder; auch Bildfenster, Deckengemälde (im Louvre v. Paris).

Brasília, *Regierungsgebäude*

Brasília, 1) s. 1960 Hptst. v. Bras., 1,6 Mill. E; Uni.; B. wurde innerh. weniger Jahre auf e. Hochplateau 1000 km nordwestl. v. Rio de Janeiro errichtet; Regierungsviertel v. O. → *Niemeyer* entworfen; **2)** Bundesdistrikt um *B.,* 5794 km².

Brasilien, amtl. *República Federativa do Brasil,* südam. Bundesrep., 8 511 966 km², 147,4 Mill. E (17 je km²); Bev.-Zuw. 2,2%; Bev.: 55% Weiße, 39% Mulatten u. andere Mischlinge, 6% Schwarze u. ca. 350 000 Indianer; ca. 800 000 Deutschstämmige leben vorwiegend i. S d. Landes; Sprache: Portugies.; Währung: Cruzado Novo (NCz$); Rel.: röm.-kath.; Hptst.: *Brasília;* Flagge S. 340, Karte S. 747. **a)** *Geogr.:* Im N Amazonastiefland (trop. Urwälder), im O- u. Mittelteil *Brasilian. Bergland* (dichtbewaldete Tafelberge), im NO u. äußersten S *Campos* (trockene Steppen). **b)** *Landw.:* Vorwiegend Plantagen, wichtigster Erwerbszweig: Kaffee (1. Stelle d. Weltprod.), 1988 1,35 Mill. t; Kakao, Baumwolle, Zuckerrohr, Kautschuk, Zitrusfrüchte, Tabak, Reis; Viehzucht. **c)** *Bodenschätze:* (Mangan, Eisen, Kohle, Edelsteine) wenig erschlossen. **d)** *Ind.:* Seit 2. Weltkrieg im Aufbau, bes. Lebensmittel- u. Textilind. **e)** *Außenhandel* (1988): Einfuhr 14,6, Ausfuhr 33,79 Mrd. $. **f)** *Verkehr:* Eisenbahn 32 000 km. **g)** *Verf.* v. 1988: Präsidiale Rep., Parlament m. 2 Kammern. **h)** *Verw.:* 23 Bundesstaaten, 3 Terr., 1 Bundesdistrikt. **i)** *Gesch.:* 1500 entdeckt von Cabral, portugies. Kolonie bis 1822, unabhängiges Kaiserreich unter Pedro I. und II., Rep. 1889; danach demokr. Verfassungen wiederholt durch Militärdikta-

turen außer Kraft gesetzt; Mißwirtschaft u. Inflation führten 1964 zum Sturz des Präsidenten João Goulart; Militärregime; 1974 E. Geisel Präsident; 1979–85 Gen. J. B. de Oliveira Figueiredo Staatsoberhaupt u. Reg.chef.; s. 1985 Zivilreg.; 1989 erste direkte Präs.wahlen (s. 1990 Collor de Melo Präs.). **j)** *Mitgl.:* UN, OAS und ALADI.

Braşov [bra'ʃov], → Kronstadt.

Brassen, *seem.* Taue zum Drehen einer → Rahe.

Bratianu, Jonel (20. 8. 1864-26. 11. 1927), rumän. Pol.; 1909-11, 1914-18, 1922-26, Min.präs., erzwang 1916 Eintritt Rumäniens i. d. Krieg gg. Dtld.

Bratislava → Preßburg.

Brätling, Speisepilz, → Milchlinge.

Bratsche [it. „viola da braccio = Armgeige"], größere Geige, vertritt Alt-Lage im → Orchester (Abb.).

Bratsk, sibir. Ind.st. an d. Mündung d. Oka in d. → Angara, 255 000 E; bed. Eisenerzlager; 5470 km² großer *Bratsker Stausee* u. Großkraftwerk m. 23 Mrd. kW jährl. Kapazität.

Brattain, Walter (10. 2. 1902-14. 10. 1987), am. Physiker; Halbleiter u. Transistoreneffekt; Nobelpr. 1956.

Brauchitsch, Walter v. (4. 10. 1881-18. 10. 1948), dt. Feldm., Oberbefehlshaber des dt. Heeres 1938-41.

Brauer, Arik, eigtl. *Erich B.* (* 4. 1. 1929), östr. Maler u. Liedermacher, gehört z. Wiener Schule des → Phantastischen Realismus.

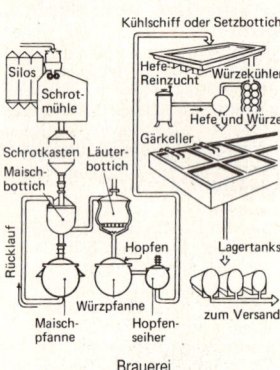

Brauerei

Brauerei, Betrieb z. gewerbsmäß. Bierherstellung; Bier ist alkohol., aus Gersten- oder Weizenmalz, Hopfen, Hefe und Wasser gebrautes Getränk. *Bierherstellung* (Abb.) beginnt mit d. Malzbereitung (*Mälzen*): ausgesuchte Sommergerste wird durch Feuchtigkeit zum Keimen gebracht, auf der Darre getrocknet (Malz), in der *Schrotmühle* zerquetscht u. mit Wasser im *Maischbottich* eingerührt, wobei hier u. in der geheizten *Maischpfanne* die beim Keimen gebildeten Enzyme wirken (z. B. die Stärke in Zucker verwandeln). Im *Läuterbottich* werden

die *Biertreber* (unlösliche Kornteile, zu Viehfutter) abgeschieden; in der *Braupfanne* wird unter Zusatz von *Hopfen* die Würze gekocht; nach Abschöpfung der Rückstände (Hopfentreber und Trub) wird die Würze abgekühlt und im Gärkeller mit Hefe versetzt. Nach der Hauptgärung (9–12 Tage) Nachgärung im Lagerfaß (4–20 Wochen). *Obergärig* (Bierhefe setzt sich nach oben ab) sind Malzbiere und Weißbiere, *untergärig* (Bierhefe setzt sich nach unten ab: kalte Gärung) alle Lagerbiere, Export- und Spezialbiere (Schaubild → Alkohol).

Braun, 1) Felix (4. 11. 1885-29. 11. 1973), östr. Schriftst.; *Der Schatten des Todes; Kaiser Karl V.;* **2)** Karl Ferdinand (6. 6. 1850-20. 4. 1918), dt. Phys.; Pionier d. Funktechnik, erfand → *Braunsche Röhre;* Nobelpr. 1909; **3)** Matthias (* 4. 1. 1933), dt. Dramatiker: *Die Perser;* **4)** Otto (28. 1. 1872-14. 12. 1955), SPD-Pol.; 1920-33 preuß. Min.präs.; **5)** Werner Frh. v. (23. 3. 1912-16. 6. 77), dt. Raketen-Konstrukteur (→ V 2); s. 1945 i. USA; Trägerraketen f. Weltraumforschung.

Braunau, 1) tschech. *Broumov,* St. bei Trautenau, Nordostböhmen; Benediktinerabtei, Leinenweberei und Wollspinnerei; **2)** *B. am Inn* (A-5280), St. in Oberöstr., 17 000 E; Aluminiumhütte u. -verarbeitung; Heimatmus.

Bräune, volkstüml. f. *Angina* u. *Diphtherie.*

Braunelle, 1) Singvogel, *Hecken-Braunelle:* ähnlich Haussperling, *Alpen-Braunelle:* in den Alpen oberhalb der Baumgrenze; **2)** Lippenblütengewächs, „Orchidee der Alpen": *Brändlein, Vanille-, Schokoladenblümlein.* ♦

Braunfels, Walter (19. 12. 1882-19. 3. 1954), dt. Komp.; Opern: *Die Vögel; Don Gil v. d. grünen Hosen.*

Braunfisch, *Schweinswal* (kein Fisch), häufig vor dt. Küsten.

Braunkohle, durch langsame Vermoderung von Waldungen d. Tertiärzeit unter Luftabschluß entstanden, erdgeschichtl. jünger, weniger heizkräftig, weicher und wasserhaltiger als Steinkohle, daher meist Pressung zu → *Briketts;* Vorkommen in mächtigen Flözen in geringer Tiefe: billige Förderung, meist im Tagebau (→ Tafel Bergbau). – *Roh-B.* Grundlage d. chem. Ind. Verschwelung ergibt neben Grudekoks **B.nteer;** daraus werden durch Destillieren Benzin, Heizöle und Paraffin erzeugt.

Braunlage (D-3389), heilklimat. Kurort im Oberharz, Nds., 5497 E; Wintersport.

Braunsberg, *Braniewo,* poln. Stadt a. d. Passarge, 16 000 E; 1241 Dt.-Ordensburg.

Braunsche Röhre, *Bildröhre,* evakuiertes längl. Glasgefäß mit mehreren Elektroden; v. der glühenden Kathode erzeugter Elektronenstrahl wird durch d. versch. Elektroden auf den schwach konkav gekrümmten gegenüberliegenden

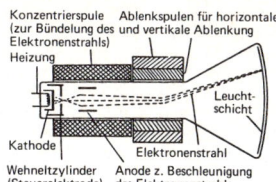

Braunsche Röhre *für Fernsehgeräte*

Bildschirm (Anode) geleitet, der durch → Fluoreszenz aufleuchtet; Elektronenstrahl wird durch elektromagnet. od. elektrostat. Felder trägheitslos abgelenkt u. durch e. Elektrode i. d. Stärke verändert, was verschieden starke Fluoreszenz z. Folge hat (Anwendung: → Fernsehen, → Oszillograph, → Radar).

Braunschweig, *Löwendenkmal*

Braunschweig, 1) Reg.-Bez. des Landes Nds., 8096 km², 1,59 Mill. E; bes. im Harz u. an seinen nördl. u. westl. Ausläufern Ackerbau, Salz-, Kali- u. Braunkohlebergbau; Eisen- u. Hüttenwerke. – *Gesch.:* Unter Heinrich d. Löwen zum Hzgt. Sachsen gehörend; unter dessen Nachkommen geteilt; südl. Teil Hzgt. B.-Wolfenbüttel, nördl. Teil (Residenz Celle) mit anderen niedersächs. Teilen später zum Kurfürstentum u. Kgr. Hannover erhoben, Hzg Julius († 1589) führte die Reformation ein, begr. Uni. Helmstedt; letzter Herzog (1913–18) Ernst August; **2)** (D-3300), krfreie St., Hptst. d. Rgbz. *B.,* Nds., a. d. Oker, 253 794 E; Fachwerkhäuser 15. bis 18. Jh.; Dom 12. Jh.; Staatstheater, TU, HS f. Bildende Künste, Fachakad., Forschungsanst. f. Landwirtsch., f. Luft- u. Raumfahrt, Bundesluftfahrtamt, Physikal.-Techn. u. Biol. Bundesanstalt, modernste Hochmagnetfeldanlage Europas; OPD, OLG, IHK, HWK; Metall-, opt. u. Elektronikind., Konservenfabr., Zuckermarkt, Wurstwaren. – Seit 1031 als *Brunesguik* urkundl. erwähnt, um 1066 Stadt, erweitert v. Heinrich d. Löwen (Grab i. Dom); Mitgl. d. Hanse.

Braunstein, Manganoxid, häufiges Manganerz, reich an Sauerstoff, für galvanische Elemente, gibt mit Salzsäure Chlor.

Brauweiler, s. 1975 zu → Pulheim.

Bravo, *m.* [it.], gedungener, berufsmäßig. Mörder.

bravo [it.], gut; *bravissimo,* sehr gut.

Bravour, *w.* [frz. -'vu:r], Schneid, Tapferkeit, Eleganz.

Brazza [*bra'za*], Pierre, Gf Savorgnan de (26. 1. 1852–14. 9. 1905), frz. Erforscher u. Organisator v. Frz.-Äquatorialafrika.

Brazzaville [*braza'vil*], Hptst. d. VR Kongo, 595 000 E; Textilind.; ben. nach → Brazza.

Brazzaville-Staaten, 1960 in Brazzaville gebildete Interessengemeinschaft mehrerer ehemaliger frz. Kolonialgebiete i. Afrika, betreiben Pol. d. Zus.arbeit m. d. ehem. Kolonialmacht; Vorläufer d. → OCAM.

BRD, Abk. für *Bundesrepublik* → *Deutschland.*

Break, *m.* [engl. brɛk], 1) offener, vierrädriger Jagd- u. Gesellschaftswagen; 2) Kombiwagen.

Break-Dance [engl. 'breɪkdæns „Unterbrechungs-, Wechsel-Tanz"], in d. Slums v. New York Anfang d. 80er Jahre entwickelter Tanzstil, der einerseits mechanisch-abgehackte Bewegungen *(Robot-Dance)* u. andererseits akrobat. Sprünge u. Drehungen verwendet; in kommerzialisierter Form meist zu → Rap-Musik getanzt.

Break-even-Point [-'i:vən 'pɔɪnt], Bez. f. Gewinn- bzw. Nutzenschwelle, *Toter Punkt;* Punkt auf der Beschäftigungsskala, bei dem der Erlös genau die Kosten deckt; bei Ansteigen d. Beschäftigung über diesen Punkt hinaus überwiegt der Erlös die Kosten, so daß ein Gewinn entsteht.

Brechdurchfall, 1) Durchfall m. Erbrechen; 2) svw. → Cholera; 3) ernste Säuglingskrankheit, meist nach Genuß schlechter Milch (Arzt notwendig).

Brechmittel, *Emetika,* bes. bei Vergiftung angewendet: lauwarmes Wasser mit 3–4% Salz, gegebenenfalls Kitzeln des Rachens; auf ärztliche Verschreibung, besonders Apomorphin.

Brechnuß, sehr giftige Samen versch. trop. Holzgewächse; aus ihnen auch → Strychnin.

Bertolt Brecht

Brecht, Bert(olt) (10. 2. 1898–14. 8. 1956), dt. sozialist. Dramatiker u. Lyriker; Vertr. eine epot. engagierten Dichtung; *Dreigroschenoper;* Dramen: *Mutter Courage; Der gute Mensch von Sezuan; Galileo Galilei; Der kaukasische Kreidekreis;* Gedichte: *Hauspostille.*

Brechung, *Refraktion,* 1) Richtungsänderung von Schall- u. elektromagnet. Wellen beim Durchgang durch ein

Lichtstrahlen-Brechung

→ Medium versch. Dichte; 2) *astronom.* *Refraktion* hebt alle Gestirne im Horizont um 36′ 6.

Brechungsindex, Brechungsverhältnis eines Stoffes gegenüber Vakuum.

Brechweinstein, *Kaliumantimonyltartrat,* als Brechmittel (veraltet) u. z. → Beizen f. Färberei.

Breda, ndl. St. in Nordbrabant, 119 000 E; kath. Bischof; Mil.akademie; Flußhafen.

Bredouille, *w.* [frz. -'duljə], Bedrängnis.

Bredow, Hans (26. 11. 1879–9. 1. 1959), dt. Elektroing.; Pionier d. Rundfunks u. Fernsehens in Dtld.

Breeches [engl. 'brɪtʃɪz], sportl. Kniehosen, oben weit, unten eng anschließend.

Bregenz (A-6900), Hptst. v. Vorarlberg, a. Bodensee, 24 600 E, a. Fuß d. *Pfänder* (1064 m); Festspiele.

Bregenzer Wald, Gebirgslandschaft d. Nördl. Kalkalpen zw. Alpenrhein u. Allgäuer Alpen (*Braunarlspitze* 2649 m, *Hoher Ifen* 2230 m) m. d. Tal d. *Bregenzer Ache.*

Bréguet Atlantic, ein U-Jagdflugzeug u. Seefernaufklärer der Marine mit 12 Mann Besatzung; U-Jagdtorpedos, Wasserbomben, Minen.

Alfred Brehm

Brehm, Alfred Edmund (2. 2. 1829–11. 11. 84), dt. Zoologe; *Tierleben.*

Breiapfelbaum, obstliefernder → Guttaperchabaum.

Breisach a. Rhein (D-7814), St. a. Rhein, Ba-Wü., 10 121 E; Stephansmünster m. Fresken v. → *Schongauer.*

Breisgau, südbad. Landschaft; Obstbau.

Breit, Ernst (* 20. 8. 1924), dt. Gewerkschaftsfunktionär; 1971–82 Vors. d. Dt. Postgewerkschaft; 1982–90 Vors. d. DGB.

Breitbach, Joseph (20. 9. 1903–9. 5. 80), dt.-frz. Schriftst.; *Bericht über Bruno.*

Breitbandkabel, → Koaxialkabel od. → Lichtwellenleiter-Kabel f. Übertragung sehr breiter → Frequenzbänder; Anwendung: Breitbandnetz f. verschiedene Nachrichtenarten (Fernsprechen u. -schreiben, Hörfunk- u. Fernseprogramme, Kabelfernsehen, Datenübertragung u. ä.).

Breitband-Kommunikation, Kommunikationsdienste, deren Nutzsignale mit mehr als 1 MHz od. 1 MBit/s „breitbandige" Übertragungseinrichtungen erfordern (z. B. Fernsehen, Bildfernsprechen, → BIGFON).

Breitbandstraße, Walzenpaare zur Herstellung v. Blechen versch. Dicke in Hüttenwerken.

Breite, 1) *geographische B.* eines Ortes ist sein i. Bogengraden gemessener Abstand v. → Äquator, gemessen längs s. Meridians; **2)** *astronom.* od. *ekliptikale B.,* Winkelabstand e. Gestirns v. d. → Ekliptik; **3)** *galakt. B.,* Winkelabstand v. d. mittleren Milchstraßenebene; **4)** *heliozentr. B.,* Winkelabstand e. Planeten od. Kometen v. d. Ebene der → Ekliptik, bezogen auf d. Sonnenmittelpkt.

Breitinger, Johann Jakob (1. 3. 1701–13. 12. 76), schweiz. Schriftst. u. Literaturtheoretiker; Gegner Gottscheds, Vorrang d. Phantasie; *Abhandlung v. Wunderbaren; Critische Dichtkunst.*

Breitnasen, *Neuweltaffen,* → Affen d. Tropen u. Subtropen S-Amerikas, breite Nasenscheidewand, langer, muskulöser Greifschwanz, vorwiegend tier. Ernährung.

Breitscheid, Rudolph (2. 11. 1874–24. 8. 1944), dt. Pol., Fraktionsvors. der SPD-Reichstagsfraktion, 1933 emigriert, 1940 in Frkr. verhaftet; im KZ Buchenwald umgekommen.

Breitseite, Seite des Schiffes, auch die Bestückung mit Geschützen und die Salve aus ihnen.

Breitspektrum-Antibiotika, *Breitband-A.,* → Antibiotika m. breitem Wirkungsspektrum, wirksam gg. → grampositive und → gramnegative → Bakterien, Rikkettsien, gr. → Viren, versch. → Protozoën.

Breitwandfilm, Verfahren z. Erzielung eines möglichst plast. Bild- u. Toneffekts mit stark verbreiterter, gewölbter Bildwand (→ CinemaScope, → Cinerama, → Vistavision).

Breiumschlag → Kataplasma.

Bremen (D-2800), *Freie Hansestadt B.,* St. u. Bundesland an d. Wesermündung in Nordwestdtld; das Land B. umfaßt St. Bremen (535 000 E) u. St. Bremerhaven (127 000 E), zus. 404 km², 662 000 E (1638 je km²); Rel.: 82% ev., 10% röm.-kath.; Landesfarben: Rot-Weiß; **a)** *Wirtschaft:* zweitgrößter Seehafen der BR u. führender Containerhafen, Importpl. bes. für Kaffee, Baumwolle, Wolle, Rohkupfer, Papier u. Pappe, Südfrüchte, Rohtabak u. a.; Seeschiffsankünfte 1988: 9813 Schiffe; Seegüterumschlag 1988: 28,8 Mill. t; drittgrößter dt. Binnenschiffahrtshafen; Umschlag 1988: 2,9 Mill. t; **b)** *Ind.:* Schiffs-, Maschinen-

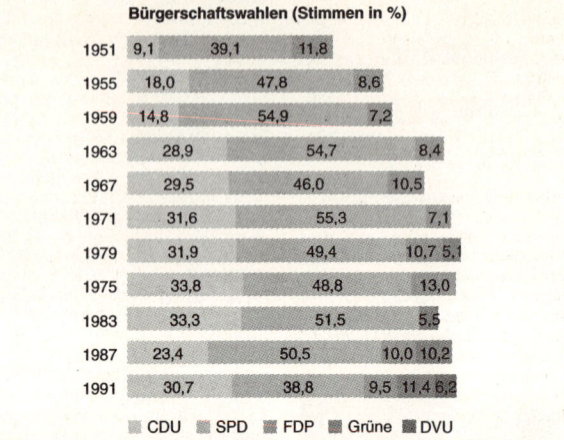

Bürgerschaftswahlen (Stimmen in %)

Jahr	CDU	SPD	FDP	Grüne	DVU
1951	9,1	39,1	11,8		
1955	18,0	47,8	8,6		
1959	14,8	54,9	7,2		
1963	28,9	54,7	8,4		
1967	29,5	46,0	10,5		
1971	31,6	55,3	7,1		
1979	31,9	49,4	10,7	5,1	
1975	33,8	48,8	13,0		
1983	33,3	51,5	5,5		
1987	23,4	50,5	10,0	10,2	
1991	30,7	38,8	9,5	11,4	6,2

■ CDU ■ SPD ■ FDP ■ Grüne ■ DVU

bau-, Luft- u. Raumfahrtind., Eisen-, Blech-, Metallind., Elektrotechnik, Nahrungs- u. Genußmittelverarbeitung; **c)** *Institutionen:* OPD, HWK, OLG, IHK, Baumwollbörse, Wasser- u. Schiffahrtsamt, Landeszentralbank, Ausschuß für Wirtschaftsforschung, Institut für Seeverkehrswirtschaft, div. HS, Uni.; **d)**

Bremen, Rathaus

Verf.: Landtag (Bürgerschaft) mit 100 Mitgl. (davon 80 St. B.) wählt Senat mit 12 Senatoren, davon 2 Bürgermeister, von denen einer Präsident des Senats ist; **e)** *Geschichte:* 787 Bischofssitz; 848 Erzbistum, 965 Marktrecht; 1358 Mitglied der Hanse; 1646 Freie Reichsstadt.

Bremerhaven (D-2850), Seehafen u. Ind.st. an d. Wesermündung, Bremen, 126 934 E; Seeamt, Inst. f. Meeresforschung, Schiffahrtsmus., Alfred-Wegener-Inst. f. Polarforschung, Verband d. Dt. Hochseefischereien; AG; IHK; Seehafen: Umschlag 1988: 12,9 Mill. t; größter Fischerei- u. Passagierhafen der BR; Fischind., Werften.

Bremervörde (D-2740), St. an d. Oste, Nds., 17 629 E; AG; IHK; Holzindustrie.

Bremse, Vorrichtung z. Verzögern od. Anhalten v. Fahrzeug., Winden, Trieb-

werken (z. B. *Backenbremse*) durch Andrücken v. Klötzen an Räder usw.; *Scheiben-, Trommel-, Druckluft-* (→ Knorr-, → Westinghouse-)*Bremse.*

Bremsen, Familie d. Fliegen; Weibchen blutsaugend, Larven i. d. Erde.

Bremsgitter, Elektrode bei → Elektronenröhren mit mehr als 4 Elektroden, zw. → Schirmgitter u. → Anode; verhindert Zurückfließen der → Sekundärelektronen zum Schirmgitter.

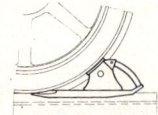

Bremsschuh

Bremsschuh, *Hemmschuh,* auf d. Schienen gelegt, bremst durch gleitende Reibung; beim Rangieren benutzt.

Bremsstrahlung, elektromagnet. Strahlung, die durch plötzliches, starkes Abbremsen sehr energiereicher, d. h. schnell bewegter → Elektronen beim Durchlaufen von Atomkernfeldern emittiert wird; Abbremsung bewirkt Aussendung von Lichtquanten (→ Quantentheorie) durch die Elektronen bei gleichzeitigem → kinetischen Energieverlust; auch → Röntgenstrahlen, → Radioaktivität, Übers.

Bremsweg, Weg, der v. Anziehen d. Bremsen bis zum Stillstand e. Fahrzeugs zurückgelegt wird; als Faustformel: Hälfte der Geschwindigkeit in km/h, also bei 100 km/h – 50 m.

Brenner, Otto (8. 11. 1907–15. 4. 72), Gewerkschaftsführer u. SPD-Pol.; 1952–72 Vors der IG Metall.

Brenner, it. *Brennero,* Paß d. Tiroler Zentralalpen, 1375 m, verbindet Sill- bzw. Inn- u. Eisacktal, niedrigster und wichtigster Ostalpen-Übergang und seit

1919 Grenze zwischen Österreich und Italien; **B.bahn** s. 1867; **B.-Autobahn,** verbindet B. m. d. Poebene. – **B.-Eisenbahn-Tunnel** zw. Steinach u. Sterzing geplant.
Brennerei, Anlage z. Herstellung v. Branntwein; Arbeitsgang: die Stärke v. Kartoffeln od. Getreide wird durch Malz (Enzyme) in Zucker umgewandelt, der durch Hefe in Kohlensäure u. Alkohol zerlegt wird; Konzentration d. Alkohols durch Destillation.
Brennessel → Nessel.
Brennpalme, in Ostindien, Früchte m. brennendem Geschmack; Zucker, Sago, Fasern als Produkte.
Brennpunkt, bei opt. Vorrichtungen (Linsen und Hohlspiegeln) d. Punkt, in dem sich parallel zur Achse einfallende Lichtstrahlen nach Brechung (Spiegelung) wirklich oder bei Rückwärtsverlängerung schneiden (→ Tafel Optik). → Kegelschnitte.
Brennspiritus, nur zu techn. Zwecken (Heizen, Leuchten); 96% Spiritus, durch Vergällungsmittel z. Trinken ungenießbar gemacht *(denaturiert).*
Brennweite, Entfernung v. Brennpunkt u. Linsenmittelpunkt.
Brenta, oberit. Fluß, 160 km l., zum Golf von Venedig. – **B.-Gruppe,** Gebirgszug der it. Dolomiten; *Cima Tosa* 3176 m.
Brentano, 1) Bernhard v. (15. 10. 1901–29. 12. 64), dt. Schriftst., Publizist u. Essayist; *Theodor Chindler;* **2)** Clemens (8. 9. 1778–28. 7. 1842), dt. romant. Dichter; Roman: *Godwi;* Dramen; Gedichte; Märchen, Erzählungen, Romanzen; *Des Knaben Wunderhorn* (Volksliedersammlung, zus. mit → Arnim); **3)** Franz (16. 1. 1838–17. 3. 1917), dt. Phil.; *Psychologie vom empir. Standpunkt;* **4)** Heinrich v. (20. 6. 1904–14. 11. 64), CDU-Pol.; 1955–61 Außenmin., 1961–64 Fraktionsvors. d. CDU/CSU; **5)** Lujo (18. 12. 1844–9. 9. 1931), dt. Volkswirt u. Sozialpol.; Verfechter d. Arbeiterrechte u. Gewerkschaftsbewegung.

Leonid Breschnew

Breschnew, Leonid Iljitsch (19. 12. 1906–10. 11. 82), sowj. Pol.; s. 1952 Mitglied des ZK d. KPdSU, 1960–64 Staatspräs., s. 1964 Erster Sekr. des ZK d. KPdSU, s. 1966 dt. nachf. d. KPdSU, s. 1977 gleichzeitig Staatspräs.
Brescia [*'breʃʃa*], Hptst. der nordit. Provinz *B.,* 197 000 E; Zentrum d. it. Strumpfind., Autoind.

Bresgen, Cesar (16. 10. 1913–7. 4. 88), östr. Komponist.

Breslau, *Rathaus*

Breslau, *Wrocław,* Hptst. d. poln. Woiwodschaft *W.,* frühere Hptst. v. N-Schlesien, a. d. Mündung d. Ohle i. d. Oder, 637 000 E; im 2. Weltkrieg zu 68% zerstört; spätgot. Rathaus, got. Kirchen, Uni., TH, Theater; Flughafen; bed. Ind.: Maschinen, Textilien, Chemie. – 1163–1335 Residenz d. Piastenherzöge, 1261 dt. Stadtgründung, 1294 Mitgl. d. Hanse, 1335 böhm., 1527 habsburg., 1742 preuß., s. 1945 poln.
Bressanone → Brixen.
Bresson [*-'sõ*], Robert (* 25. 9. 1907), frz. Filmregisseur; *Le journal d'un curé de campagne* (1950); *Pickpocket* (1959); *Quatre nuits d'un rêveur* (1971); *L'argent* (1983).
Brest, 1) gr. frz. Kriegs- u. Handelshafen a. d. breton. W-Küste, 156 000 E; Marineschule, Werften, Ind.; **2)** früher *Brest-Litowsk,* St. i. d. Weißruss. Sowjetrep. a. d. poln. Grenze, 258 000 E; Verkehrs- u. Handelszentrum; 1795 an Rußland, 1921 poln., 1939 an UdSSR; 1918 *Friede von B.-Litowsk* zw. Mittelmächten u. Rußland; Bestimmungen durch → Versailler Vertrag wieder aufgehoben.
Brest-Litowsk → Brest 2).
Bretagne [*brə'taɲ*], westfrz. Halbinsel mit hafenreicher Küste, im Innern Hochfläche (Heide, Moor, Wald); Obst-, Gemüseanbau an der klimabegünstigten Nordküste; vorwiegend kelt. Bev.: Bretonen; bes. Fischerei („Islandfischer"); Hpthafen *Brest,* Hptst. *Rennes.*
Breton [*brə'tõ*], André (18. 2. 1896–28. 9. 1966), frz. surrealist. Schriftst.; *Surrealist. Manifest* (1924).
Bretonen, seit 5. Jh. n. Chr. in der frz. Bretagne siedelnde Volksgruppe kelt. Abstammung.
Bretonisch, kelt. Spr.; wird i. d. Bretagne noch v. ca. 1 Mill. Menschen gesprochen.
Bretten (D-7518), St. in Ba-Wü., 23 894 E; Geburtsort → *Melanchthons;* AG; div. Ind.
Bretton Woods [*'bretən 'wudz*], Ort in New Hampshire (USA); *Konferenz v. B. W.* 1944: Gründung der → Weltbank u. d. → Internationalen Währungsfonds.

Breuel, Birgit (* 7. 9. 1937), dt. Wirtsch.pol.in (CDU); 1978–90 Landesmin.in in NS (f. Wirtschaft bzw. Finanzen), s. Mitte 1990 Vorstandsmitglied, s. April 1991 Präs.in d. Berliner → Treuhandanstalt.
Breughel → Bruegel.
Breve, *s.* [l. „kurz"], päpstl. Erlaß.
Brevier [l. „Auszug"], Buch der kirchlichen Stundengebete der kath. Priester (7 Tagzeiten: Mette, Laudes, Terz, Sext, Non, Vesper, Komplet); s. 1970 *Neues Brevier.*
Brewster [*'bruːstə*], Sir David (11. 12. 1781–10. 2. 1868), engl. Physiker; *B.sches Gesetz* → Polarisation des Lichts.

Aristide Briand

Briand [*bri'ã*], Aristide (28. 3. 1862–7. 3. 1932), franz. Pol.; mehrfach Min.präs., 1925–32 Außenmin.; strebte eine Verständigung mit Dtld (Locarnopolitik) u. die Schaffung der Vereinigten Staaten v. Europa an; (zus. mit Stresemann) Friedensnobelpr. 1926.
Bridge, *s.* [engl. *brɪdʒ*], Kartenspiel; 52 Karten.
Bridgeport [*'brɪdʒpɔːt*], Hafenst. im US-Staat Connecticut, 142 500 E; Maschinen-, Elektro-, Textilind., Verlage.
Bridgetown [*'brɪdʒtaun*], Hptst. v. Barbados, 7500 E, Hafen.
Bridgman [*'brɪdʒmən*], Percy Williams (21. 4. 1882–8. 2. 1961), am. Phys. (Hochdruckphysik) u. Phil.; Nobelpr. 1946.
Brie [*bri*], frz. Landschaft zw. Seine u. Marne; berühmter *Rahmkäse (B.käse).*
Brief → Börse.
Briefadel → Adel.
Brief-geheimnis, das durch Art. 10 GG u. § 202 StGB geschützte Recht der Unverletzlichkeit einer verschlossenen Nachricht (Schreiben, Tonträger, Abbildung); strafbar macht sich, wer als Unbefugter sich durch Öffnen des Verschlusses od. durch Anwendung techn. Mittel Kenntnis v. Inhalt einer solchen Nachricht verschafft. – **B.hypothek,** Form der → Hypothek; nach Eintragung im Grundbuch erworbt die Gläubiger erst mit der Übergabe des Hypothekenbriefes d. B.hypothek. – **B.kurs** → Kurszettel. – **B.marken** → Postwertzeichen, → Philatelie. – **B.steller,** Anleitung z. Briefschreiben. – **B.tauben,** Haustaubenrassen mit bes. hochentwickeltem Orientierungssinn u. Heimfindevermögen; da-

Briefverteilanlage

her z. Nachrichtenübermittlung verwendet. – **B.telegramm,** mit Briefpost zugestelltes Telegramm z. ermäßigter Gebühr. – **B.verteilanlage,** maschinelle Einrichtung zum automat. Sortieren von Briefsendungen; elektr. Schaltkreise steuern mechanische Fördereinrichtungen; Briefe werden automat. vereinzelt und codiert; die Codierung ist Grundlage für das anschließende automat. Sortieren; das Lesen und Auswerten der Anschrift erfolgt entweder automat. durch einen Prozeßrechner (bei maschinenlesbarer Anschrift) oder an einem Bildschirm durch eine Codierkraft, die dann auf einer Tastatur das Zielkennzeichen (in der Regel die Postleitzahl) eintastet (Videocodierung); auf Grund des Lesens der Anschrift ordnet der Rechner der Sendung das Zielkennzeichen zu; entsprechend dem Zielkennzeichen werden durch einen Tintenstrahldrucker fluoreszierende Balken auf die Sendung aufgesprüht (Aufbringen des Codes); durch optoelektr. Abtastung werden Steuerimpulse für das Sortieren in der Sortiermaschine erzeugt.

Brieg, *Brzeg,* St. i. d. poln. Woiwodschaft Opole (Schlesien), 37 000 E; Schloß, ehem. Residenz d. Hzgt. B. (u. Liegnitz), 1741 zu Preußen; s. 1945 poln.

Brienz (CH-3855), Luftkurort im schweiz. Kanton Bern, 2800 E, am **Brienzer See** (30 km²), 567 müM; südl. *B. Grat* mit *B. Rothorn* (2350 m), Zahnradbahn.

Bries, *s.,* svw. → Thymus, → Kalbsmilch.

Briey [bri'ɛ], frz. St. im Dép. *Meurthe-et-Moselle,* 4500 E; Eisenerzlager (Minette).

Brig (CH-3900), frz. *Brique,* Bez.-Hptort i. Kanton Wallis, 9600 E; Verkehrsknotenpkt a. Eingang d. Simplontunnels, Ausflugszentrum.

Brigach, nördl. Donauquellfluß.

Brigade, *w.* [frz.], 1) mehrere Regimenter umfassender mil. Truppenverband; neuerdings mehrere Bataillone u. Brigadetruppen versch. Waffengattungen; 2) in der ehem. DDR leistungsorientierte Arbeitsgruppe. – **B.general** → General.

Brigant, *m.* [it.], (Straßen-)Räuber.

Brigantine, *w.,* kleines zweimastiges Segelschiff.

Brigg, *w.,* zweimastiges Segelschiff m. Rahsegeln a. beiden Masten.

Briggs, Henry (1561–1630), engl. Mathematiker; von ihm **B.sche Logarithmen** mit der Basis 10.

Brighton [*'braιtn*], engl. St. u. Seebad a. Kanal; 149 000 E.

Brikett, *s.* [frz.], *Preßkohle,* zur Erzielung fester Stücke aus getrockneter Braunkohle, auch aus Steinkohlengrus und Grudekoks gepreßt.

Brillant, *m.* [frz.], Schliffform durchsichtiger Edelsteine, bes. der Diamanten, Schliffflächen (Facetten) meist Vielfaches von 8.

Brillat-Savarin [bri'ja sava'rɛ], Anthelme (1. 4. 1755–2. 2. 1826), frz. gastronom. Schriftsteller.

Brille, Augengläser zum Ausgleich von Kurzsichtigk. (Konkavlinse), Weitsichtigk. u. Alterssichtigk. (Konvexlinse) u. Astigmatism (zylindr. Gläser); Schutz-B. gg. Zug, Staub, grelles Licht; Auto-B., Schnee-B. u. a.; auch → Haftgläser.

Brillenschlange

Brillenschlange, gefährliche Giftschlange Asiens; kl. Kopf, Hals scheibenförmig ausbreitbar durch Auseinanderspreizen d. Rippen, m. brillenähnlicher Zeichnung.

brillieren [frz. *brιlj-*], glänzen, Aufsehen erregen.

Brilon (D-5790), Luftkurort i. Hochsauerlandkreis, NRW, 24 341 E; AG; Elektro-, Holz-, Stein- u. chem. Ind.

Brimborium, *s.* [nl.], Schwulst, wichtigtuerisches Gehabe.

Brindisi, südit. Kriegs- und Handelshafen am Adriat. Meer, 93 000 E.

Brinellhärte, Bestimmung der Härte von Werkstoffen durch Kugeldruckversuch nach dem schwed. Ing. J. A. *Brinell* (1849–1925), Zeichen *HB.*

Brioches, *w.* [frz. bri'oʃ], frz. Frühstücksgebäck aus fett- u. eireichem Hefeteig.

Brion, Friederike (19. 4. 1752–3. 4. 1813), Pfarrerstochter aus Sesenheim; Goethes Jugendliebe.

Brioni, jugoslaw. Insel bei Pula (Istrien), Seebad.

Brisanz, *w.* [frz.], Explosionsenergie e. Sprengstoffs. – **B.granate,** Sprenggranate.

Brisbane [-beιn], Hptst. v. Queensland,

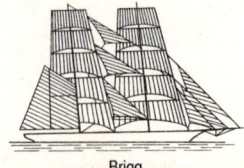

Brigg

an der O-Küste Australiens, 1,24 Mill. E; Uni.; Überseehandel (Viehzuchterzeugnisse, Rohrzucker).

Brise, *w.* [frz.], guter Segelwind.

Bristol [*brιstl*], südengl. Hafenst. a. Avon (Hängebrücke), 378 000 E; Uni.; Handels- u. Industriezentrum. – **B.kanal,** Mündungstrichter d. Severn.

Bristow [*'brιstou*], Gwen (16. 9. 1903–3. 10. 80), am. Schriftst.in; *Tiefer Süden; Die noble Straße; Bis ans Ende der Welt.*

Britanniametall, Zinn-Antimon-Legierung.

Britannicus, Tiberius (41–55 n. Chr.), letzter Claudier, auf Befehl Neros vergiftet.

Britannien, alter Name für England und Schottland (urspr. *Kassiteriden,* „Zinninseln", gen.); keltische Urbevölkerung; Feldzüge Cäsars 55 u. 54 v. Chr.; 43 n. Chr. röm. Prov.; s. 450 Eindringen d. Angelsachsen.

Britisch-Columbia → Columbia. – **B.-Guayana** → Guayana. – **B.-Honduras,** ehem. Kronkolonie im SO-Teil der Halbinsel Yucatán, → *Belize.* – **B.-Westindien,** die ehem. brit. verw. Inseln Jamaica, Trinidad, Tobago u. Barbados sowie die Assoziierten Staaten → Westindien. – **B.-Zentralafrika** → Zentralafrikanische Föderation.

Britisches Antarktis-Gebiet, umfaßt d. antarkt. Halbinsel d. S-Shetland-Inseln, d. S-Orkneys u. kleinere Antarktis-Inseln; 2399 km².

Britisches Museum, Bibliothek u. Museum in London, 1753 gegr.; griech., röm., orient. Altertümer, völker-, erd- u. naturkundl. Sammlungen; größtes Museum d. Welt.

Britisches Reich, *British Empire,* staatsrechtlich überholte Bez. f. → *Commonwealth of Nations.*

Benjamin Britten

Britten, Benjamin (22. 11. 1913–4. 12. 76), engl. Opernkomp.: *Peter Grimes; The Rape of Lucretia; Billy Budd; The Turn of the Screw;* Orchester- u. Chorwerke; *War Requiem;* Oratorien.

Britting, Georg (17. 2. 1891–27. 4. 1964), dt. Lyriker; Roman: *Lebenslauf e. dicken Mannes, der Hamlet hieß.*

Brixen, it. *Bressanone,* St. in der it. Region Bozen, an Eisack u. Brennerbahn, 17 000 E; Bischofssitz.

Brjansk, St. an d. Desna im Westen d. UdSSR (Russ. Föd. SSR), 430 000 E; Masch.-, Textil- u. Holzind.

broadcast [engl. 'brɔːdkaːst „breitwerfen"], engl. u. am. Bez. f. „senden" (Rundfunk).

Broadway ['brɔːdweɪ „breiter Weg"], eine der Hauptgeschäftsstraßen v. New York, über 30 km l.; am B. d. Theaterviertel v. N. Y.

Brocasches Zentrum, motor. Sprachzentrum (Abb. → Gehirn).

Broch, Hermann (1. 11. 1886–30. 5. 1951), östr. Dichter; *Die Schlafwandler* (Romantriologie); *D. Versucher; Der Tod des Vergil;* Essays u. Studien.

Brockdorff-Rantzau, Ulrich, Gf v. (29. 5. 1869–8. 9. 1928), 1919 dt. Außenmin.; Leiter d. Friedensdelegation in Versailles; 1922–28 Botschafter in Moskau.

Brocken, höchster Berg im Harz, 1142 m, kahler Gipfel, Granitblöcke; Wetterwarte.

Brockes, Barthold Heinrich (22. 9. 1680–16. 1. 1747), dt. Dichter zw. Barock u. Aufklärung; *Irdisches Vergnügen in Gott.*

Brockhaus, F. A., Verlag, gegr. 1805 in Amsterdam, s. 1817 in Leipzig, s. 1945 auch in Wiesbaden: Nachschlagewerke, Reiseführer, Naturwissenschaften.

Brod, Max (27. 5. 1884–20. 12. 1968), jüd. neuromant.-expressionist. Dichter; Gedichte, Essays, Romane: *Tycho Brahes Weg zu Gott; Der Meister;* Kafka-Biograph.

Brodsky, Joseph (* 24. 5. 1940), russ.-jüd. Lyriker u. Essayist; *Erinnerung an Leningrad;* Nobelpr. 1987.

Bröger, Karl (10. 3. 1886–4. 5. 1944), dt. Arbeiterdichter.

Broglie [brɔ'ʎi], 1) Louis Victor, Prinz de (15. 8. 1892–19. 3. 1987), frz. Phys.; Forschungen über Wellenmechanik; Nobelpr. 1929; 2) Maurice, Hzg von (27. 4. 1875–14. 7. 1960), frz. Phys.; Arbeiten zur Röntgenphysik.

Brokat, *m.* [it.], 1) bes. kostbare gemusterte Seide, früher vielf. m. Metallfäden; 2) Pulver für Bronzefarben aus einer Legierung von Kupfer u. Zinn od. Zink.

Brokdorf (D-2211), Gem. in Schl-Holst., an d. Unterelbe, 904 E; Kernkraftwerk.

Broken Hill → Kabwe.

Broker [engl., am.], Wertpapierhändler od. -berater a. d. Börse; → Makler.

Brom, *s., Br,* chem. El., Oz. 35, At-Gew. 79,904, Dichte 3,14; Halogen, braunrote, stechende riechende Flüssigkeit, erstarrt bei –7,3 °C; natürl. Vorkommen nur in Verbindungen, im Meerwasser; Gewinnung aus *Abraumsalzen;* Verwendung als **B.präparate** (Beruhigungsmittel) u. *Silberbromid* (lichtempfindlich, in d. Fotografie).

Bromatologie u. Bromatik [gr. „broma = Speise"], Lehre v. d. in wiss. Hinsicht zweckmäßigen Zubereitungsmethoden d. Nahrungs- u. Genußmittel.

Brombeere, stachl. Waldstrauch aus d. Familie d. Rosengewächse mit schwarzen Beeren; sehr arten- u. formenreich.

Bromberg, poln. *Bydgoszcz,* St. an der

Brahe (Nbfl. der Weichsel) u. dem *B.er Kanal* (zw. Brahe u. Netze, 10 km), Hptst. d. Woiwodschaft *B.,* 378 000 E; Maschinenind., Eisenbahn-Werkstätten u. Schiffahrt. – 1346 St. mit dt. Recht; 1772 preuß.; 1920 an Polen.

Bromeliazeen, Pflanzen des trop. Amerika, meist auf Bäumen wachsende Zierpflanzen; Bastfasern spinnbar; der → Ananas verwandt.

Bromfield, Louis (27. 12. 1896–18. 3. 1956), am. Schriftst.; *Früher Herbst; Der große Regen.*

Bronchialkatarrh, Bronchitis, Schleimhautentzündung d. feinen Luftröhrenäste, **Bronchien,** deren krankhafte Erweiterung: **Bronchiektasien.**

Bronchoskopie, direkte Betrachtung der Bronchien mit eingeführtem Instrument *(Bronchoskop).*

Bronnen, Arnolt (19. 8. 1895–12. 10. 1959), östr. Dramatiker; *Vatermord.*

Brontë, drei Schwestern, engl. Schriftst.innen, 1) Charlotte (21. 4. 1816–31. 3. 55), Roman: *Jan Eyre;* 2) Emily (20. 8. 1818–19. 12. 48), Roman: *Sturmhöhe;* 3) Anne (17. 1. 1820–28. 5. 49), *Wildfell Hall.*

Brontosaurus, fossile Riesenechse aus d. Jura N-Amerikas; größtes Landtier, über 20 m lang.

Bronx, Stadtteil New Yorks, 1,4 Mill. E.

Bronze, rotgelbe Kupfer-Zinn-Legierung, i. vorgeschichtl. Zeit u. im Altertum zu Gerät u. Waffen verarbeitet, heute als Lagermetall wichtig. – **B.guß,** v. d. te als Lagermetall wichtig. – **B.guß,** v. künstler. Plastik wird ein Gipsabguß hergestellt, der dann aus Formsand angeformt wird; beim *Sandformverfahren* bleibt d. aus einzelnen zusammenpassenden Stücken bestehende Formmantel bestehen u. kann mehrfach verwendet werden; bei d. *verlorenen Form* wird d. Formmantel n. dem Guß zerschlagen. –

B.krankheit, svw. → Addisonsche Krankheit. – **B.zeit** → Vorgeschichte, Übers.

Brook [bruk], Peter (* 21. 3. 1925), engl. Theaterregisseur u. -theoretiker; Marat-Inszenierung.

Brooklyn ['bruklɪn], Stadtteil New Yorks, 2,4 Mill. E.

broschieren [frz.], Druckwerke in Umschlag heften.

Brosio, Manlio (10. 7. 1897–14. 3. 1980), it. Dipl.; 1964–71 Gen.sekr. der NATO.

Brot, Nahrungsm. aus Mehl u. Wasser meist unter Verwendung v. Treibmitteln (Hefe, Sauerteig, Backpulver) gebacken.

Brotfruchtbaum, Tropenbaum mit sehr großen, stärkereichen Fruchtständen;

Brotfruchtbaum

wichtiges Nahrungsmittel im tropischen Asien, bes. in der Südsee.

Brotgetreide, Roggen, Weizen, Dinkel (Weizenart).

Brouillon, *s.* [frz. bru'jõ], erster schriftl. Entwurf, Kladde.

Brouwer ['brɔ̃ʊwər], 1) Adriaen (1605/ 06–Jan. 38), ndl. Maler d. Barock; Bauernszenen, Landschaften; 2) Luitzen Egbert (27. 2. 1881–2. 12. 1966), ndl. Math.; Begr. d. math. Intuitionismus: Einschränkung des Unendlichen in d. Mathematik.

Brown, 1) Ford Medox (16. 4. 1821–11. 10. 93), engl. Maler; Hinwendung an → Nazarener 2) u. → Präraffaëliten; histor. Themen (z. T. mit romantischer Hinwendung zum MA), dann auch Darstellungen d. Zeitgenossen *(Arbeit; Die Letzten v. England);* 2) Harold (* 19. 9. 1927), am. Nuklearphysiker u. Pol.; 1965–69 Luftwaffenmin., 1977–81 Verteidigungsmin.; 3) Herbert C. (* 22. 5. 1912), am. Chem.; Nobelpr. 1979 (Entwicklung v. Bor- u. Phosphorverbindungen).

Browning [braun-], Robert (7. 5. 1812–12. 12. 89), engl. Dichter, verheiratet mit E. → Barrett-Browning; *Pippa geht vorüber.*

Browning, *m.* [braun-], am. Selbstladepistole.

Brownisten, engl. kalvinist.-puritan. Kongregationalisten-Sekte; gegr. v. Robert *Browne* (1555–1636).

Brownsche Bewegung → Molekularbewegung.

BRT, Brutto- → Registertonne, Schiffsraummaß; umfaßt sämtliche Schiffsräume.

Bruce [bruːs], James (14. 12. 1730–27. 4. 94), schott. Afrikareisender; entdeckte d. Quellen d. Blauen Nils wieder.

Brucellosen, durch Brucella-Bakterien (nach Entdecker *Bruce,* 1855–1931) bedingte Infektionskrankh. bei Tieren (Abortseuchen) und Menschen (Maltafieber, Bangsche Krankheit).

Bruch, 1) Max (6. 1. 1838–2. 10. 1920), dt. Komp.; *Violinkonzert in g-Moll;* Chorwerke; 2) Walter (2. 3. 1908–5. 5. 90), dt. Ingenieur u. Fernsehpionier; entwickelte d. → PAL-Farbfernseh-System.

Bruch, 1) *med.* eines Knochens, *Fraktur,* od. Weichteilbruch, *Hernie,* vor allem Hervortreten v. Darmschlingen durch eine *Bruchpforte;* Unterleibsbruch; Leisten-B., Nabel-B.; Narben-B. nach Operationen; 2) *math.* Verhältnis zw. d. ganzen Zahlen; die Zahl über dem Bruchstrich heißt *Zähler,* die untere *Nenner;* 3) *techn.* Unbrauchbarwerden v. Maschinenteilen; 4) *jagdl.* bei jagdl. Handlungen in d. Vergangenheit zeremoniell verwendeter grüner Zweig; 5) niederdt. *Brook,* mit Buschwerk, Erlen, Birken bestandenes Niedermoor.

Bruchband, *med.* elast. Gürtel, schließt durch Druck mit federndem Kissen, der sog. *Pelotte,* d. Bruchpforte bei Unterleibsbrüchen ab.

Bruchfestigkeit, *techn.* Widerstandsfähigkeit von Maschinen usw. gegen Schäden.

Bruchsal (D-7520), St. b. Karlsruhe, Ba-Wü., 36 831 E; Barockschloß (Treppenhaus v. Balth. Neumann); AG; Elektro-, Holz-, Farben- u. Maschinenbauind.

Bruck, 1) *B. an d. Mur* (A-8601), Bezirksst. in d. Steiermark, 15 100 E; **2)** *B. bei Wien* (A-2460), St. an der Leitha, am Leithagebirge, 7200 E.

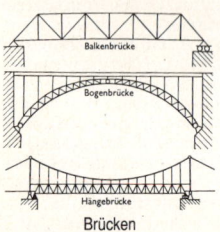

Brücken

Brücke, 1) Hauptformen: a) Balken-, b) Bogen-, c) Hängebrücke; unterscheiden sich in d. Druckrichtung auf d. Unterlage: a) senkrecht n. unten, b) schräg n. außen u. unten drückend, c) schräg n. innen ziehend; Baustoffe: Holz, Steine, Stahl (genietet u. geschweißt) u. Eisenbeton; Teile oft beweglich, um Schiffen freien Raum zu geben: Zug-, Klapp-, Hub-(gleichmäß. Heben u. Senken d. Verkehrsbahn) u. Drehbrücke; größte B.n der Welt (Spannweite), *USA:* Verrazano-Narrows-B., New York (1300 m), Golden-Gate-B., San Francisco (1280 m), Mackinac-B. (1158 m); *Europa:* Lissabon (1013 m), B. über den Firth of Forth, Schottland (1006 m); *BR:* Fehmarnsundbrücke (963 m), Rheinbrücke in Emmerich (500 m); **2)** *seem.* Kommandobrücke (Platz der Schiffsführung).

Brücke, Die, Vereinigung expressionist. Maler, gegr. 1905 in Dresden durch Kirchner, Bleyl, Heckel, Schmidt-Rottluff; später schlossen sich u. a. Pechstein, Mueller, eine Zeitlang auch Nolde, an; 1918 endgültig aufgelöst; bedeutend für d. Entwickl. d. mod. Kunst: Formvereinfachung, spontan-subjektiver Ausdruck.

Brückenberg, *Bierutowice,* St.teil v. *Krummhübel,* poln. *Karpacz,* poln. Luftkurort im Riesengebirge; Holzkirche Wang.

Brückenbildung, Zündstörung an Kfz-Motoren durch Bleirückstände d. Antiklopfmittel (→ Klopffestigkeit); Verhinderung durch → Additive.

Brückenechse, altertümliches, eidechsenähnliches Reptil; heute nur mehr eine Art auf Neuseeland.

Bruckner, 1) Anton (4. 9. 1824–11. 10. 96), östr. Komp.; verbindet klassische Tradition m. volksliedh. Melodik, wurzelt in tiefer Religiosität; Hofkapell-Organist in Wien; 9 Sinfonien, 3 Messen, Tedeum, Chorwerke a cappella, Streichquintett; **2)** Ferdinand (26. 8. 1891–5. 12.

1958), östr. Dramatiker; psychoanalyt. u. histor. Themen; *Elisabeth von England.*

Brüdergemeine, ev. *Brüder-Unität;* aus Resten der Böhm.-Mähr. Brüder, 1722 auf den Gütern von Gf Zinzendorf angesiedelt; gründeten Ort Herrnhut (daher *Herrnhuter*); seit 1946 Leitung der B.n in Bad Boll.

Brüderhäuser, bilden ev. Diakone aus (z. B. *Rauhes Haus* in Hamburg).

Bruderschaften, meist rel. Vereinigungen v. Laien.

Bruegel [ˈbrøːxəl], *Brueghel, Breughel,* ndl. Malerfamilie; **1)** Pieter B. *d. Ä., Bauern-B.* (zw. 1525 u. 30–5. 9. 69), → Tafel Radierung u. Kupferstich; → Schlaraffenland (Abb.); Söhne: **2)** P. B. *d. J., Höllen-B.* (um 1564–1638) u. 3) Jan B. *d. Ä., Samt-B., Blumen-B.* (1568–13. 1. 1625); dessen Sohn **4)** J. B. *d. J.* (1601–78).

Brügge, frz. *Bruges,* Hptst. der belg. Prov. Westflandern, am **B.-Kanal** (verbindet B. mit Zeebrügge, 12 km l.), 118 000 E; Alt-St. m. vielen Kanälen; Europa-Uni.; kath. Bischof. – Im 17. Jh. eur. Wollhandelszentrum.

Brühl, 1) Heidi (30. 1. 1941–8. 6. 91), dt. Schauspielerin und Sängerin; *Immenhof*-Filme; Musical *Annie, Get Your Gun;* **2)** Heinrich, Gf v. (13. 8. 1700–28. 10. 63), seit 1746 Premiermin. Augusts III. von Sachsen; nach ihm die **Brühlsche Terrasse** in Dresden.

Brühl, 1) (D-5040), St. bei Köln, 40 710 E; Barockschloß Augustusburg (Treppenhaus v. B. *Neumann,* Repräsentationssitz d. B.präs.); Schloßkonzerte; Geburtsort v. Max → *Ernst;* Schwer- u. Feinind.; **2)** (D-6835), Gem. b. Mannheim, im Rhein-Neckar-Kr., Ba-Wü., 13 581 E; m. Naturschutzgebiet; Ind.

Brukterer, german. Stamm westl. der Ems.

Brüllaffen, gesellig auf Bäumen lebende südam. Affen mit Greifschwanz; Stimme durch röhrenförmiges Zungenbein u. großen Kehlkopf verstärkt.

Brumaire [bryˈmɛːr] „Nebelmonat“], 2. Monat d. frz. Revolutionskalenders; am 18. B. des Jahres VIII (1799) Napoleon Erster Konsul.

Brunch [engl. *brantʃ*], aus engl. **br**eakfast (Frühstück) u. **l**unch (Mittagessen), spätes, als Mittagessen gedachtes Frühstück.

Brunei, Sultanat in NW-Borneo, ehem. brit. Protektorat, s. 1984 unabhängiges

Sultanat, 5765 km², 241 000 E (42 je km²); Bev.-Zuw. 3,4%; Hptst.: *Bandar Seri Begawan* (56 300 E); Flagge S. 340, Karte S. 751; Erdöl, Kautschuk; nach dem Pro-Kopf-Einkommen eines d. reichsten Länder der Erde; Mitgl. d. Commonwealth, ASEAN, UN.

Brunel [*branl*], Isambard (9. 4. 1806–15. 9. 59), engl. Ing.; erbaute 1838 den ersten Ozeandampfer, 1845 (ganz aus Eisen) den ersten Schraubendampfer, 1858 den ersten Riesendampfer „Great Eastern“.

Brunelleschi [-ski], Filippo (1377–15. 4. 1446), richtungweisender it. Baumeister u. Bildhauer d. → Renaissance; Entdecker der zentralperspektiv. Konstruktion; Florenz: Zweischalenkuppel des Doms; S. Lorenzo: Sakristei.

Brunft → Brunst.

Brunhilde, 1) im *Nibelungenlied* Kgn, Gattin Gunters, bewirkt Siegfrieds Tod; in d. nord. Sage u. b. Wagner Walküre: *Brynhild, Brünhild;* **2)** *geschichtl.* Kgn Ostfrankens 595–613 (hingerichtet).

brünieren, Metallgegenstände mit dünnem, braunem oder schwarzem Überzug (meist aus dem Oxid des Metalls) gegen Rost schützen.

Brünig-Paß, 1007 m, verbindet Brienz mit Sarnen.

Heinrich Brüning

Brüning, Heinrich (26. 11. 1885–30. 3. 1970), dt. Pol. (Zentrum); 1930–32 Reichskanzler (s. 1931 auch Außenmin.); 1934–51 u. s. 1955 in USA, 1951–55 Prof. in Köln.

Brünn, tschech. *Brno,* Hptst. Mährens, an der Schwarzawa, 390 000 E; kath. Bistum, Uni., TH; Tuch-, Woll-, Masch-u. Lederind.; s. 1959 Intern. Messe. – 1243 St. mit dt. Recht, 1350 Residenz der mährischen Markgrafen; Zitadelle (Spielberg) 1621–1885 östr. Staatsgefängnis.

Brünne, hemdartiger Ringpanzer mit *Halsschutz.*

Brunnen (CH-6440), Kurort a. Vierwaldstätter See, 6200 E.

Brunnen, 1) gemauerter Schacht bzw. in die Erde getriebenes Rohr zur Gewinnung von Trinkwasser, das durch Schöpfeimer bzw. Saugpumpe nach oben befördert wird; → *abessinischer Brunnen,* → *artesischer Brunnen;* **2)** natürliche Mineralwässer.

Brunnenkresse, Kreuzblütler, Kraut in Bächen; Blätter als Salat.

Anton Bruckner

Brunner, 1) Emil (23. 12. 1889–6. 4. 1966), schweiz. ev. Theologe; führend in der ökumen. Bewegung; *Der Mittler;* **2)** Heinrich (21. 6. 1840–11. 8. 1915), dt. Rechtshistoriker; *Dt. Rechtsgeschichte.* **Bruno, 1)** B. I., der Große (925–965), Hlg., Erzbischof von Köln, Bruder u. Ratgeber Ottos d. Gr.; **2)** B. v. Querfurt († 1909), Hlg., Apostel der Preußen; **3)** B. (1032–1101), Hlg., Stifter d. Kartäuserordens; **4)** Giordano B. (1548–1600), it. Philosoph; in Rom als Ketzer verbrannt; erweiterte Lehre d. Kopernikus z. Weltbild; negative Theologie u. Pantheismus. **Brunsbüttel** (D-2212), St. a. Elbmündung u. → Nord-Ostsee-Kanal, 1970 durch Gem.zus.schluß, u. a. v. *B.koog,* 13 048 E; Elbe-Tiefsee-Wasserhafen, Kernkraftwerk.
Brunst, bei Hirschen *Brunft,* der periodisch sich einstellende Begattungstrieb u. auch -zeit b. Säugetieren, bes. beim → Wild, oft gekennzeichnet durch spezielle Lautäußerung, Kampflust, Prachtkleider usw.
brüsk [frz.], barsch, schroff, rücksichtslos; *brüskieren,* schroff behandeln, herausfordern.
Brussa → Bursa.

Brüssel, *Rathaus*

Brüssel, frz. *Bruxelles,* Hpt- u. Residenzstadt v. Belgien, an d. Senne, durch den *Brüsseler Seekanal* (28 km) mit der Schelde verbunden, 970 000 E; ma., fläm. Unter- (Oper, Grand'Place) u. moderne, wallon. Ober-St.; Sitz d. Kommission der Europ. Gemeinschaften, Verwaltungssitz v. EG, Euratom und EUREKA, Sitz d. Rates des Generalsekretariats u. des Militärausschusses d. NATO; Basilika, Justizpalast; Uni., Tropenschule; intern. Institute; Masch.-, Textilfabriken. *Brüsseler Spitzen.* – Im 12. Jh. Residenz d. Brabanter Herzöge, Mittelpunkt d. Tuchindustrie i. MA; 1910 u. 1958 Weltausstellung.

Brüsseler Pakt → Westeuropäische Union.
Brust, vorderer oberer Teil des menschl. Rumpfes.
Brustbein, schwertförm. Knochen i. d. Mitte d. Brust (→ Tafel Mensch, S. 348).
Brustdrüse → Milchdrüse. – **B.nentzündung** → Mastitis.
Brustfell, *Rippenfell,* zarte Schleimhaut an der Innenfläche der Brusthöhle. – **B.eiterung,** mit Eiterbildung verbundene **B.entzündung,** → Empyem. – **B.entzündung,** *Pleuritis,* mit oder ohne *Brustwassersucht,* oft bei Lungentuberkulose.
Brustkorb, gebildet aus 12 Paar mit der Wirbelsäule verbundenen Rippen, von denen 10 vorn mit d. Brustbein zusammenhängen.
Brustkrampf → Angina pectoris.
Brustschwimmen, in Mitteleur. herkömml. Schwimmstil; auch als Wettkampfart betrieben.
Bruststimme, tiefes Stimmregister i. Ggs. zur → Kopfstimme.
Brusttee, schleimlösendes Drogengemisch, geg. Husten, Bronchialkatarrh.
Brustwarze, b. d. Frau mit Ausführungsgängen d. Milch-(Brust-)Drüse, durch Muskel aufrichtbar; bei Säugetieren *Zitze.*
Brutapparat, *Couveuse,* heizbarer Kasten m. regulierbarer Innentemperatur z. Ausbrüten v. Geflügeleiern od. z. Pflege v. menschl. Frühgeburten.
brüten, 1) Warmhalten der abgelegten Eier (bes. b. Vögeln) durch das Weibchen, seltener d. Männchen, bis z. Ausschlüpfen d. Jungen; **2)** umwandeln von nichtspaltbarem Material in spaltbares (z. B. U 238 in Pu 239) in einem Brutreaktor.
Brüter, *Brutreaktor,* Atomreaktor, der neben der Energiegewinnung zur Produktion neuer Spaltstoffe dient; auch als *Schneller Brüter.*
Brutknospen, Knospen bei Farnen, Liliengewächsen u. a., die sich ablösen u. zu selbständigen Pflanzen werden.
Brutschrank, z. Züchtung v. Bakterien u. Gewebekulturen u. Ausbrüten v. Eiern; luftdicht abschließb. Schrank, durch Heizung gleichmäßig erwärmt.
brutto [it.], roh, ohne Abzug; Ggs.: → netto. – **b. für netto,** *bfn,* der für eine Gewichtseinheit e. Ware vereinbarte Preis beicht sich auf d. Bruttogewicht; Preis für Verpackung also mitberechnet.
Brutto-bilanz, eine Bilanz mit Posten, die noch nicht gegeneinander aufgerechnet (saldiert) sind. – **B.einnahmen,** Gesamteinnahmen ohne Berücksichtigung d. Unkosten u. Abzüge. – **B.gewicht,** Gewicht e. Ware einschließl. Verpackung; Ggs.: → Nettogewicht. – **B.preis,** Preis ohne jeden Abzug. – **B.sozialprodukt** → Sozialprodukt.
Bruttoformel, *Summenformel, chem.* gibt Aufschluß über Art u. Anzahl, nicht aber über die Bindungsweise der Atome,

aus denen eine → Verbindung zusammengesetzt ist; → Strukturformel.
Bruttoregistertonne, abgek. *BRT,* → Registertonne.
Brutus, 1) Lucius Junius (um 500 v. Chr.), angebl. Befreier Roms v. d. Herrschaft d. Tarquinier; **2)** Marcus Junius (85–42 v. Chr.), Führer der Verschwörung gg. Cäsar; Selbstmord.
Brüx, tschech. *Most,* Bez.st. im Nordböhm. Kreis, Erzgebirge, 70 000 E; Braunkohlenbergbau u. Ind.
Bruyèreholz [frz. *bryˈjɛːr-*], Wurzelholz eines baumartigen Heidekrautgewächses der Mittelmeerländer; bes. zu Pfeifen.
Bryophyten, svw. → Moose.
Bryozoën, svw. → Moostierchen.
Brzezinski [*bʒɛˈzɪnskɪ*], Zbigniew (* 28. 3. 1928), am. Politikwiss.; 1976–81 Leiter d. Nat. Sicherheitsrates.
Brzeziny [*bʒɛz-*], poln. Krst. i. Ind.gebiet v. Lodz, 22 000 E.
BSG, BSR → Blutsenkung.
BSP, Abk. f. *Bruttosozialprodukt,* → Sozialprodukt.
Bto., Btto., Abk. für Brutto.
BTU [engl.], Abk. f. *British Thermal Unit,* Maßeinheit d. Wärmemenge im angelsächs. Maßsystem: d. Wärmemenge, d. 1 lb. Wasser um 1°F erwärmt; 1 BTU = 1055 J.
Btx, Abk. f. → *Bildschirmtext.*
Buback, Siegfried (3. 1. 1920–7. 4. 77), dt. Jur.; 1974–77 Gen.bundesanwalt; v. Terroristen ermordet.
Bubblegum [engl. *ˈbʌblgʌm*], aufblasbarer Kaugummi.
Bubenreuth (D-8521), Gem. in Bay., 4101 E; Streich- u. Zupfinstrumente.

Martin Buber

Buber, Martin (8. 2. 1878–13. 6. 1965), jüd. Rel.phil. u. Schriftst., Zionist; übersetzte A.T. u. vermittelte Kenntnis des → Chassidismus; *Königtum Gottes; Vom Geist des Judentums; Moses.*
Buber-Neumann, Margarethe (21. 10. 1902–6. 11. 39), dt. Publizistin u. Schriftst.in, *Als Gefangene bei Stalin u. Hitler.*
Bubo, *m.* [gr.], Leistendrüsenentzündung.
Bucaramanga, Hptst. d. Prov. Santander, Kolumbien, 364 000 E; Mittelpkt f. Kaffee- u. Tabakanbau.
Bucchero [it. *ˈbukero*], schwarze archäolog. Tonware, Funde bes. in Italien.
Bucer, *Butzer,* Martin (11. 11. 1491–28. 2. 1551), elsäss. Dominikaner, Humanist; Reformator;

Buch, Form d. bildl. u. schriftl. Mitteilung, in Eur. im MA aufgekommen (in Ostasien Blockbücher); zuerst geschrieben, seit Erfindung d. Buchdruckerkunst gedruckt; in d. Antike anstelle d. B.es Papyrusstreifen, d. aufgerollt wurden, u. Wachstäfelchen; → Buchherstellung; → Buchhandel, Übers.

Buchanan, 1) James (* 2. 10. 1919), am. Wissenschaftler; entwickelte Synthese d. Theorien ökonomischer u. pol. Entscheidungsbildung; Begründer der Schule d. „Neuen Pol. Ökonomie“; Nobelpr. 1986; **2)** James (23. 4. 1791–1. 6. 1868), 15. Präs. d. USA 1857–61; errang 1846 Kalifornien v. Mexiko.

Buchara, St. in d. Sowjetrep. Usbekistan, im Wüstengebiet östl. d. mittleren Amu-darja, 224 000 E; Zentrum d. Baumwollanbaus u. d. Karakulzucht; i. MA islam. Kulturzentrum: Hptst. d. ehem. Emirats (bis 1918) *B.,* 1924 in Usbekistan aufgegangen.

Bucharin, Nikolai (9. 10. 1888–15. 3. 1938), kommunist. Theoretiker, Mitarbeiter Lenins; hingerichtet.

Buchbinderei → Buchherstellung.

Buchdruck → Buchherstellung.

Buche, *Rot-B.,* europäischer Waldbaum, besonders Mitteleuropa; aus Samen *(Buchecker)* gutes Speiseöl; rotblättrig: *Blut-B.;* auch → *Weißbuche* u. *(Edel-)* → *Kastanie.*

Buchen (Odenwald) (D-6967), St. i. Neckar-Odenwald-Kr., Ba-Wü., 15 150 E; Erholungsort, hist. Altstadt; Eberstadter Tropfsteinhöhle.

Buchenland, svw. → Bukowina.

Buchenwald, NS-Konzentrationslager bei Weimar.

Bücher-laus, flügelloses, winziges Insekt; lebt in verstaubten Büchern, wurmstichigen Möbeln usw. - **B.skorpion,** Spinnentier, lebt zw. Büchern, Papierresten usw.; vertilgt kleine Tiere; unschädlich.

Buchführung und Buchhaltung, die schriftl. Festlegung u. Dokumentation aller Geschäftsvorfälle einer Unternehmung nach Wert u. Art (Vermögens- od. Kapitalveränderungen, Aufwendungen od. Erträge) zu dem Zweck, die Wertbewegungen zu verfolgen. Belegprinzip: keine *Buchung* ohne Beleg; ordnungsmäßige Buchführung ist handels- u. steuerrechtlich vorgeschrieben. - Die *Buchhaltung* umfaßt die Buchhaltungsorganisation, die Buchführung im eigtl. Sinne u. den Abschluß (→ Bilanz, Übers.); d. urspr. Bereich der B. war der ganze Geschäfts-(Finanz-)Buchhaltung; mit zunehmender Entwicklung d. Rechnungswesens Ausdehnung z. Betriebsbuchhaltung. *Arten:* nach Wirtschaftszweigen: *Fabrik-B., Bank-B.* usw.; nach Betriebsabteilungen: *Lohn-B., Lager-B.* usw. - *Systeme d. B.:* einfache, doppelte, kameralistische (öff. Institutionen). - *Buchführung.* Die *einfache* B. ist eine Einnahme- u. Ausgaberechnung; die Ermittlung des Geschäftsergebnisses erfolgt durch Vergleich der Eröffnungs- mit der Schlußbilanz. Bei der *doppelten B.* wird jeder Geschäftsvorfall auf zwei Konten, einmal im Soll (linke Spalte als Belastung) u. einmal im Haben (rechte Spalte als Gutschrift), verbucht; Entwicklung der Bilanz u. der Aufwand- u. Ertragsrechnung (Gewinn- u. Verlustrechnung) aus dem Kontensystem; dieses stellt den *Kontenplan* dar; Richtlinie für die Gestaltung des Kontenplanes ist der Kontenrahmen. Die *kameralistische B.* ist eine Soll-Ist-Rechnung, ein Vergleich mit den vorgegebenen (Etat) u. tatsächl. Werten. Nach der Methode der neben dem *Hauptbuch* geführten *Grundbücher* werden die *it., dt., frz.* u. *am.* B. unterschieden; Buchungsverfahren: manuelle (Hand) u. maschinelle, Durchschreibe-, Loseblatt- u. Lochkarten-Verfahren.

Buchgemeinschaften, auch *Buchklubs, Büchergilde, Lesering* u. ä., Unternehmen, d. e. begrenzte Auswahl v. Büchern zu wesentlich erniedrigten Preisen an e. Personenkreis (Mitglieder) abgeben, der sich zu fester Abnahme f. eine gewisse Anzahl Bücher jährlich oder zu laufendem Monatsbeitrag verpflichtet hat; infolge ihrer insgesamt mehrere Millionen betragenden Mitgliederzahl erhebl. Bedeutung f. den Buchabsatz.

Buchhaltung → Buchführung und Buchhaltung.

Buchheim, Lothar-Günther (* 6. 2. 1918), dt. Schriftst., Maler, Kunstverleger u. Sammler (Expressionismus); *Der Blaue Reiter; Das Boot; Staatsgala.*

Buchherstellung, vollzieht sich in folgenden Arbeitsgängen: **1)** Manuskriptvorbereitung u. Umfangberechnung; **2)** *Setzen,* Herstellung e. Satzform im Blei-, Fotosatz; → Linotype, → Monotype; **3)** Korrektur d. Satzes; **4)** *Drucken* → Druck, → Druckmaschine, → Farbdruck; **5)** *Falzen, Schneiden* u. *Zusammentragen* zum Buchblock; **6)** *Heften* mit Faden od. *Kleben;* **7)** *Beschneiden* des Buchblocks an 3 Seiten; **8)** Einhängen i. d. vorbereitete Einbanddecke m. anschließendem Pressen.

Buchholz i. d. Nordheide (D-2110), St. i. Rgbz. Lüneburg, Nds., 30 523 E; div. Ind.

Buchhypothek, → Hypothek, d. nur im Grundbuch ohne Erstellung eines Hypothekenbriefs eingetragen wird.

Buchmacher, Personen, die gewerbsmäßig Rennwetten vermitteln oder abschließen *(buchmachen).*

Buchman [ˈbʌkmən], Frank (4. 6. 1878–7. 8. 1961), Begr. d. Oxfordgruppe; → Moralische Aufrüstung.

Büchmann, Georg (4. 1. 1822–24. 2. 84), dt. Philologe; Zitatensammlung: *Geflügelte Worte* (1864).

Buch mit sieben Siegeln, sprichwörtlich f. Unverständliches *(Offb. 5,1).*

Buchner, Eduard (20. 5. 1860–13. 8. 1917), dt. Chem.; Gärungschemie; Nobelpr. 1907.

Georg Büchner

Büchner, 1) Georg (17. 10. 1813–19. 2. 37), dt. Dichter; Flugblätter: *Der hessische Landbote;* Erzählung: *Lenz;* Dramen: *Dantons Tod; Leonce und Lena; Woyzeck;* s. Bruder **2)** Ludwig (28. 3. 1824–1. 5. 99), dt. materialist. Phil.; *Kraft u. Stoff.*

Buchsbaum, immergrüner Strauch od. Baum aus d. Mittelmeergebiet; häufig z. Einfassung v. Gartenwegen benutzt; hartes Holz f. Drechslerwaren, Holzblasinstrumente.

Büchse, Gewehr mit gezogenem Lauf f. d. Kugelschuß.

Buchstabenrechnung, i. d. Arithmetik u. Algebra: Rechnen mit Symbolen (Buchstaben u. a.), die beliebige Größen bedeuten können.

Buchung, Eintragung zahlenmäßig ausdrückbarer Geschäftsvorgänge in den Geschäftsbüchern. - **B.smaschine,** kombinierte Schreib- u. Rechenmaschine f. sämtl. Buchhaltungsarbeiten; *Buchungsautomat* mit Symbolen für Buchungskurztexte, Saldier- u. Speicherwerken, verstellbarer Wagensteuerung u. a.

Buchweizen

Buchweizen, Knöterichgewächs mit dreikantigen Früchten, aus denen Mehl und Grütze bereitet wird; gute Bienenpflanze; angebaut bes. i. sandigen Gegenden *(Heidekorn)* u. im hohen Norden.

Pearl S. Buck

Buck [bʌk], Pearl S. (26. 6. 1892–6. 3. 1973), amerikan. Schriftstellerin; Chinaromane: *Die gute Erde;* Indienroman: *Und fänden die Liebe nicht;* Nobelpr. 1938.

Bückeberge, nördl. Kette des Weserberglandes, 367 m, Steinkohle.
Bückeburg (D-3062), St. in Nds., 19 758 E; Renaissance-Schloß; metallverarb., chem., Glas-, Textil-, Keramikind.; LG, AG.
Buckel, Wirbelsäulenverkrümmung od. -abknickung, bes. n. Tuberkulose od. rheumat. Entzündung d. Wirbelsäule.
Buckingham [ˈbʌkɪŋəm], engl. Herzogsgeschlecht: B., George Villiers (1592–1628), Günstling Jakobs I., Gegner d. Parlaments. – B.palast, seit 1837 Residenz d. engl. Kgs, am St.-James-Park in London, 1705 erbaut, mehrmals erweitert; Gemäldegalerie.
Bückling, 1) leicht gesalzener Räucherhering; 2) Verbeugung.
Buckram, m. [engl. ˈbʌkrəm], kräftiger Einbandstoff aus geglättetem Leinen.
Buckskin, m., tuchartiger Streichgarnstoff.

Buddha, Lehre von der Wiedergeburt, vom achtteiligen Weg zur Aufhebung des Leidens und vom Aufgehen in das *Nirwana;* gespalten in den nördl., zur Volksrel. gewordenen *Mahajana-B.* (Himalajaländer) u. den südl. orthodoxen *Hinajana-B.* (Ceylon, Hinterindien); etwa 150 Mill. Anhänger. – *Zen-B.,* buddh. Sekte in China u. Japan, mit strenger Lebensführung; pflegt die mystische Versenkung; beeinflußte die bildende Kunst *(Zen-Stil).*
Budget [frz. byˈdʒeː], svw. Haushaltsplan, → öffentlicher Haushalt.
Büdingen (D-6470), Luftkurort u. St. in Hess., südl. vom *Vogelsberg,* 17 013 E; AG.
Budweis, *Böhmisch-B.,* tschech. *České Budějovice,* St. in Südböhmen, an der Moldau, 97 000 E; kath. Bistum; Holzhandel, Ind., Schiffahrt.
Buenaventura, wichtigster Pazifikhafen Kolumbiens, 193 000 E; Kaffeeausfuhr.

Budapest

Budapest, Hptst. Ungarns u. d. Komitats Pest-Pilis-Solt-Kiskun: r. d. Donau d. hochgelegene *Buda,* l. im Flachland *Pest;* 2,12 Mill. E; im 2. Weltkrieg teilw. zerstört; *Buda (Ofen):* Burg m. Schloß u. St.-Matthias-Kirche, i. Alt-B. Mineral- u. Thermalquellen; *Pest:* Parlamentsgebäude, Akad. d. Wiss. u. Künste, Uni. (s. 1784), HS, Oper; Metall-, chem., Textilu. Elektroind. – Anfang d. 15. Jh. St., Residenz v. Matthias Corvinus; 1541–1686 türk.

Buddha

Buddha, der *Erwachte,* urspr. Ehrenname des *Gautama, Siddhârtha* [„der zum Ziel erreicht hat"] (um 560–um 480 v. Chr.), aus indischem Adelsgeschlecht, wurde mit 29 J. Asket, begr. später als Prediger seine Lehre; Lieblingsjünger *Ananda.*
Buddhismus, ind., über den größten Teil Asiens ausgebreitete Weltrel. nach

Buenos Aires
Kongreßgebäude

Buenos Aires, Hptst. Argentiniens (s. 1862), an d. Mündung des La Plata, 5,8 (Groß-B.A.: 12,5) Mill. E; Uni., kath. Erzbischof; bed. Handelshafen S-Amerikas; Ausfuhr: Weizen, Mais, Wolle, Gefrierfleisch. – 1535 gegr., 1537 von Indianern zerstört, 1580 neu erbaut.
Buff, Charlotte, verehel. Kestner (17. 1. 1753–16. 1. 1828), Goethes Wetzlarer Freundin; Vorbild f. die *Lotte* im *Werther.*
Buffalo [ˈbʌfəlou], nordam. Hafenst. i. US-Staat New York, am Eriesee, 357 000 E; Uni.; Großindustrie; Handel: Getreide (größte Mühlenstadt d. Erde), Vieh, Kohlen, Holz.
Buffalo Bill, eigtl. *William Frederick Cody* (26. 2. 1846–10. 1. 1917), am. Pionier (Büffeljäger); in Eur. mit Wildwestnummern auf Tournee.

Büffel, Gruppe der Rinder, meist mit langen, gebogenen Hörnern; in Südasien der nahezu haarlose Wasser-B., der bis in die Türkei und S-Europa als Haustier gehalten wird; in Afrika u. a. der Kaffern-B.; in Nordamerika → Bison.
Buffet [byˈfeː], Bernard (* 10. 7. 1928), frz. neorealist. Maler.
Buffo [it.], komische Figur in der Oper: *Tenor-, Baßbuffo.*
Buffon [byˈfõ], Georges Louis Leclerc, Comte de (7. 9. 1707–16. 4. 88), frz. Naturforscher; *Histoire Naturelle.*
Bug, m., 1) Schiffsvorderteil; Ggs.: *Heck;* 2) Schultergelenk (bei Schlachttieren).
Bug, 1) ukrain. Fluß m. *Ingul* 857 km lang, mündet ins Schwarze Meer; 2) r. Nbfl. der *Weichsel,* 772 km l., vereinigt mit dem *Narew.*
Bugenhagen, Johannes (24. 6. 1485–20. 4. 1558), niederdt. Reformator, Mitarbeiter Luthers.
Buggy, m. [ˈbʌgɪ], 1) am. u. engl. hochrädriger Einspänner; 2) geländegeeignetes Freizeitauto, offen, Kunststoffkarosserie; 3) zusammenlegbarer Kinderwagen.
bugsieren, Schiff durch Schlepperhilfe manövrieren.
Bugspriet, m. od. s., über den Bug schräg aufragender Mast.
Buhl, Hermann (21. 9. 1924–27. 6. 57), östr. Alpinist; erstieg 1953 *Nanga Parbat,* 1957 *Broad Peak.*
Bühl, 1) (D-7580), Gr.Krst. am Fuße d. Schwarzwalds, Ba-Wü., 23 470 E; AG; Wein- u. Obstbau; 2) *B.erhöhe,* 754 m, Kurhaus u. Sanatorium.
Bühler, 1) Charlotte (20. 12. 1893–3. 2. 1974), dt. Psych. u. Psychotherapeutin; Entwicklungspsychologie; *Psychologie i. Leben unserer Zeit;* 2) Karl (27. 5. 1879–24. 10. 1963), dt. Sprachtheoretiker u. Psych.; Organonmodell: Darstellungs-, Ausdrucks- und Appellfunktion des sprachl. Zeichens; *Die Krise d. Psychologie.*

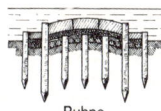
Buhne

Buhne, ins Flußbett oder Meer vorgetriebener Damm; verhindert Sandverdriftung durch küstenparallele Strömungen.
Buhurt, m., ritterl. Massenkampfspiel zu Pferde.
Buisson [bɥiˈsõ], Ferdinand (20. 12. 1841–16. 2. 1932), frz. Pädagoge in der Friedensbewegung; Nobelpr. 1927.
Buitenzorg [ˈbɔiʔtənzɔrx], → Bogor.
Bujumbura [buʒ-], Hptst. von Burundi, 273 000 E.
Bukanier, svw. → Flibustier.
Bukarest, rumän. *Bucureşti,* Hptst. v. Rumänien u. der Provinz Große Walachai, 2,29 Mill. E; viele orthodoxe Kirchen, orthodoxes Patriarchat, Akad.,

Uni., Athenäum; Lebensmittel-, Metall-, Textil- u. chem. Industrie; Getreidebörse.
Bukett, *s.* [frz.], Blumenstrauß; Weinduft; Mischung von Parfümessenzen.
Bukolik, *w.* [gr.], Poesie über das Hirten- und Schäferleben.
Bukoliker, Dichter ländlicher Idyllen: Theokrit, Vergil, Voß.
Bukowina, *Buchenland,* Landschaft am O-Hang der Waldkarpaten, Bevölkerung im N hauptsächlich Ukrainer, im S vorwiegend Rumänen; Ackerbau (Mais u. Hafer), Bienenzucht. *Politisch:* N-B. zur Sowjetukraine, S-B. rumänisch. – Bis 1775 türk., dann an Östr., 1918 an Rumänien; N-B. (einschl. Czernowitz) 1940–41 und wieder 1944 zur Sowjetunion; 1939 ca. 80 000 B.-Deutsche (→ Volksdeutsche).
Bukowski, Charles (* 16. 8. 1920), am. Schriftst.; drast.-obszöne Erzählungen u. Gedichte aus d. am. Underground; *D. Mann m. d. Ledertasche.*
Bülach (CH-8180), Bez.hauptort, Kanton Zürich, Schweiz, 13 000 E; Glas- u. Maschinenbauind.
Bulawayo, St. in Simbabwe; 429 000 E; Goldfelder, Kohlenlager.
Bülbüls, *m.,* finken- bis starengroßer Vogel d. Tropen u. Subtropen Afrikas u. Asiens.
Bulette, *w.* [frz.], flache gebratene Fleischklößchen (aus feingehacktem Fleisch, Semmeln u. Eiern).
Bulgakow, Michail (14. 5. 1891–10. 3. 1940), russ. Schriftst.; Dramen; Romane: *D. weiße Garde; Der Meister u. Margarita.*
Bulganin, Nikolai (11. 6. 1895–24. 2. 1975), sowj. Marschall; 1947–49 u. 1953–55 Verteid.min., 1955–58 Min.-präs.
Bulgarien, amtl. *Narodna Republika Bălgarija,* Rep. auf der östl. Balkanhalbinsel, 110 912 km², 8,995 Mill. E (81 je km²); Bev.-Zuw. 0,2%; Sprache: Bulgar.; Währung: Lew (Lw); Rel.: Glaubensfreiheit, orthodoxe Christen; Hptst.: *Sofia;* Flagge S. 340, Karte S. 744. **a)** *Geogr.:* Durchzogen v. Balkangebirge; als N-Grenze d. Donau, als S-Grenze d. Rhodopegebirge; Zugang z. Schwarzen Meer (Hafen *Warna*); Hptfl.: *Maritza.* **b)** *Landw.:* Anbau von Weizen, Mais, Tabak, Reis, Wein, Obst, Ölfrüchten bes. Sonnenblumen; Geflügel- und Seidenraupenzucht, Rosenölerzeugung. **c)** *Wirtsch.:* Bodenschätze: Kohle, Kupfer, Zink, Eisen, Mangan u. Blei; bemerkenswerter Aufschwung der Industrie; Hausgewerbe (Teppiche, Stickerei). **d)** *Außenhandel* (1988): Einfuhr 16,71 Mrd., Ausfuhr 17,3 Mrd. $. **e)** *Verkehr:* Eisenbahn 6400 km. **f)** *Verf.* v. 1971 (neue Verf. in Vorbereitung): Volksdemokratie, Nat.-vers. (Sobranje). **g)** *Verw.:* 9 Regionen.

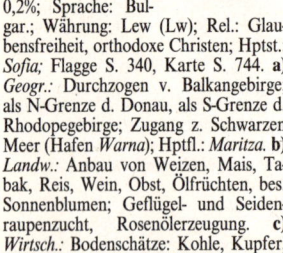

h) *Gesch.:* Das turkotatar. Volk d. Bulgaren eroberte im 7. Jh. Balkan, verschmolz mit d. unterworfenen Slawen; Staatsgründung 681; Boris I. (852–90) nahm d. orthodoxe Christentum an. 1018–1187 unter Byzanz, 1396 zur Türkei. 1878 Fürstentum (Battenberg); 1885 Sieg über Serbien, Ostrumelien zu B.; 1887 B. unter Prinz Ferdinand v. Coburg. 1908 Kgr.; 1915–18 auf seiten der Mittelmächte; im 2. Weltkr. auf seiten der Achsenmächte, doch neutral zur Sowjetunion; 1944 Kapitulation bei Kriegserklärung durch Sowjetunion. 1946 Volksrepublik unter → Dimitrow, 1947 Friedensvertrag v. Paris; kommunist. Planwirtschaft; 1989 Massenflucht v. türk.stämmigen Bulgaren in d. Türkei; Ende 1989 gibt kommunist. Partei Führungsanspruch auf; Mehrparteiensystem u. staatl. kontrollierte Marktwirtsch.; Mitte 1990 erste freie Wahlen; s. 1990 Schelew als erster nichtkommunist. Staatspräs. **i)** *Mitgl.:* UN.
bulgarische Literatur, Altbulgar. svw. Altkirchenslaw.: Kyrillos u. Methodios: Bibelübersetzung. *10. Jh.* (Goldenes Zeitalter): Kliment v. Ochrid, Joan Exarch, Literatur d. Bogomilensekte. *14. Jh.* Schule d. Patriarchen Ewtimi v. Tyrnowo; unter d. Türkenherrschaft Volksdichtung u. erbaul. Literatur *(Damaskinen);* P. v. Chilandar, S. v. Wratza. *19. Jh.:* Petko Slawejkow (Schöpfer der neubulgar. Schriftsprache), Kliment v. Ochrid; Otec Paissi (nat. Erwecker), Sawwa Rakowski (Epos *Bergwanderer);* Pentscho Slawejkow (Dichterphilosoph, Epos), Jaworow (Lyriker), Todorow Wojnikow (Begr. d. bulgar. Theaters): Wasow, Welitschko. *20. Jh.:* Pentscho Slawejkow (Dichterphil.); Lyriker: Debeljanow, Liliew, Daltschew, Jaworow; Erzähler: Elin Pelin, Todorow, Talew, Jowkow, Straschimirow, Dimow.
Bulimie, krankhafte Eßgier besonders junger Mädchen als Folge e. seelischen Fehlhaltung; tritt häufig im Verlauf e. nervösen Magersucht auf.
Bullauge, *seem.* dickverglastes rundes Schiffsfenster.
Bulldoggen, kurz- u. O-beinige Hunderassen mit Gesichtstyp d. Deutschen Boxers.
Bulldozer, *m.* [engl. *'buldouzə*], Raupenfahrzeug zum Wegschieben v. Erdmassen.
Bulle, *w.* [l.], feierl. Form päpstl. oder kaiserl. Erlasse; gen. nach d. Kapsel *(bulla),* d. deren Siegel umschließt.
Bulle, männl. Zuchtrind, Stier.
Bulletin, *s.* [frz. *byl'tɛ̃*], Bericht, Bekanntmachung, amtliche Veröffentlichung.
Bullinger, Heinrich (18. 7. 1504–17. 9. 75), Nachfolger Zwinglis; gliederte deutschschweiz. reformierte Kirche dem Calvinismus an.
Bullterrier [-*tɛriər*], engl. Zuchtrasse d. Terrier.

Bully, *s.* [engl. *'buli*], b. (Eis-)Hockey Anspiel, v. zwei Spielern ausgeführt.
Bülow, mecklenburg. Adelsgeschlecht: **1)** Friedrich Wilhelm Graf B. v. Dennewitz (16. 2. 1755–25. 2. 1816), preuß. General i. d. Kriegen gg. Napoleon; **2)** Hans v. (8. 1. 1830–12. 2. 94), dt. Komp., Pianist u. Dirigent, erster Gatte v. Liszts Tochter Cosima (C. → Wagner), förderte R. Wagner u. Brahms; **3)** Bernhard Fürst v. (3. 5. 1849–28. 10. 1929), konservativ-liberaler Reichskanzler 1900–09; *Denkwürdigkeiten.*
Bülow, Andreas v. (* 17. 7. 1937), SPD-Pol.; 1980–82 B.min. f. Forschung u. Technologie.
Bultmann, Rudolf (20. 8. 1884–30. 7. 1976), ev. Theologe; trat f. → *Entmythologisierung* d. N.T. ein.
Bulwer-Lytton, Edward George (25. 5. 1803–18. 1. 73), engl. Schriftst.; *Die letzten Tage von Pompeji.*
Bumerang, *m.* [engl.], *Kehrwiederkeule,* sichelförmige australische Wurfkeule; kehrt bei Fehlwurf in schraubenförmigem Flug zum Werfer zurück; heute Sportgerät.
Buna, abgeleitet v. **Bu**tadiën u. **Na**trium; Sammelbez. f. synthet. Kautschuk auf Basis v. → Butadiën.
Bunche [*'bʌntf*], Ralph Johns (7. 8. 1904–9. 12. 71), am. Diplomat; 1949 Befriedung Palästinas, 1955 Untersekr. d. UN f. pol. Angelegenh.; Friedensnobelpr. 1950.
B.U.N.D., Abk. f. *Bund für Umwelt u. Naturschutz Dtld e.V.*
Bünde (D-4980), St. i. Kr. Herford, NRW, 39 103 E; AG; Dt. Zigarrenmuseum; Zigarrenind.
Bundesämter, *Obere Bundesbehörden,* unterstehen jeweils einem B.ministerium; z. B. *B.ausgleichsamt* (→ Lastenausgleich, Übers.), *B.gesundheitsamt, B.kartellamt* (→ Kartell), *B.kriminalamt* (→ Polizei), *Statist. B.amt* (→ Volkszählungen), *B.versicherungsamt* (→ Sozialpolitik, Übers.).
Bundesamt für Verfassungsschutz, *BfV,* gegr. 1950, Sitz Köln; Aufgaben: Bekämpfung d. Terrorismus, Radikalismus, Geheimnisschutz, Spionageabwehr; → Nachrichtendienst, → MAD, → BKA.
Bundesanstalt für Arbeit → Arbeitsverwaltung.
Bundesanzeiger, amtl. Publikationsorgan d. Reg. d. BR f. deren Anordnungen u. Entschließungen.
Bundesarbeitsgericht → Rechtspflege, Übers.
Bundesarchiv, in Koblenz, s. 1950, verwaltet geschichtl. wertvolle Akten und Urkunden d. BR, einschl. d. nach W-Dtld verlagerten Bestände des früheren Reichsarchivs.
Bundesausbildungsförderungsgesetz (BAFöG) → Studentenförderung.
Bundesbahn → Eisenbahn.
Bundesbank → Deutsche Bundesbank.

Bund und Länder

Bundespräsident: Richard v. Weizsäcker

Bundesregierung:
Bundeskanzler: Helmut Kohl (CDU)
Bundesminister
des Auswärtigen: Hans-Dietrich Genscher (FDP)
(zugleich Vizekanzler)
des Innern: Wolfgang Schäuble (CDU), Nov. 1991 Rudolf
Seiters (CDU)
der Justiz: Klaus Kinkel (FDP)
der Finanzen: Theo Waigel (CSU)
für Wirtschaft: Jürgen Möllemann (FDP)
für Ernährung, Landwirtschaft u. Forsten: Ignaz Kiechle (CSU)
für Arbeit und Sozialordnung: Norbert Blüm (CDU)
der Verteidigung: Gerhard Stoltenberg (CDU)
für Gesundheit: Gerda Hasselfeldt (CSU)
für Frauen und Jugend: Angela Merkel (CDU)
für Familie und Senioren: Hannelore Rönsch (CDU)
für Verkehr: Günther Krause (CDU)
für Umwelt, Naturschutz u. Reaktorsicherheit:
Klaus Töpfer (CDU)
für das Post- und Fernmeldewesen:
Christian Schwarz-Schilling (CDU)
für Raumordnung, Bauwesen u. Städtebau:
Irmgard Adam-Schwaetzer (FDP)
für Forschung und Technologie: Heinz Riesenhuber (CDU)
für Bildung und Wissenschaft: Rainer Ortleb (FDP)
für wirtschaftliche Zusammenarbeit: Carl-Dieter Spranger (CSU)

für besondere Aufgaben und Chef des Bundeskanzleramtes:
Rudolf Seiters (CDU), Nov. 1991 Friedrich Bohl (CDU)
Chef des Presse- und Informationsamtes der Bundesregierung:
Dieter Vogel
Bundestag:
Präsidentin: Rita Süßmuth (CDU)
Vizepräsidenten:
Renate Schmidt (SPD), Hans Klein (CSU),
Helmut Becker (SPD), Dieter Cronenberg (FDP)
Landesregierungen:
*Ministerpräsidenten bzw. Erste oder Regierende Bürgermeister**
der Bundesländer:
Baden-Württemberg: Erwin Teufel (CDU)
Bayern: Max Streibl (CSU)
Berlin:* Eberhard Diepgen (CDU)
Brandenburg: Manfred Stolpe (SPD)
Bremen:* Klaus Wedemeier (SPD)
Hamburg:* Henning Voscherau (SPD)
Hessen: Hans Eichel (SPD)
Mecklenburg-Vorpommern: Alfred Gomolka (CDU)
Niedersachsen: Gerhard Schröder (SPD)
Nordrhein-Westfalen: Johannes Rau (SPD)
Rheinland-Pfalz: Rudolf Scharping (SPD)
Saarland: Oskar Lafontaine (SPD)
Sachsen: Kurt Biedenkopf (CDU)
Sachsen-Anhalt: Gerd Gies (CDU)
Schleswig-Holstein: Björn Engholm (SPD)
Thüringen: Josef Duchac (CDU)

Bundesfinanzhof → Rechtspflege, Übers.

Bundesfürsten, die Herrscher der dt. Bundesstaaten 1871–1918.

Bundesgenossenkriege, 3 Kriege d. Altertums: 357–355 v. Chr. zw. Athen u. den Inseln d. Attischen Seebunds; 220–217 v. Chr. zw. Philipp V. v. Makedonien u. Ätolien; 91–89 v. Chr. zw. Rom u. den it. Bundesgenossen um deren Bürgerrecht.

Bundesgerichtshof in Straf- und Zivilsachen → Rechtspflege, Übers.

Bundesgesetzblatt, amtl. Publikationsorgan f. die B.gesetzgebung der BR.

Bundesgesundheitsamt, *BGA,* selbst. Bundesbehörde i. Berlin; ihm obliegen u. a. Forschung auf d. Gebiet der öff. Gesundheitspflege, Aufgaben d. Medizinstatistik, d. Suchtbekämpfung u. bes. auch die Zulassung v. Arzneimitteln.

Bundesgrenzschutz → Polizei.

Bundesinstitut für Sportwissenschaft, 1970 in Köln errichtet.

Bundesjugendring, Spitzenorganisation d. Jugendverbände in d. BR, Sitz Köln-Deutz.

Bundeskanzler, Min.präs. des Norddt. Bundes 1867–71, der BR Dtld s. 1949 (→ Verfassung, Übers.), v. Östr. 1919–38 und wieder s. 1945; Regierungschef, bestimmt die Richtlinien d. Politik. Die B. d. BR: 1949–63 K. Adenauer (CDU), 1963–66 L. Erhard (CDU), 1966–69 K. G. Kiesinger (CDU), 1969–74 W. Brandt (SPD), 1974–82 H. Schmidt (SPD), s. 1982 H. Kohl (CDU).

Bundeskriminalamt, *BKA,* → Polizei.

Bundeslade, jüd. Heiligtum, goldene

Truhe zum Aufbewahren der zwei Gesetzestafeln.

Bundesliga, höchste Leistungsklasse einer Sportart i. d. BR.

Bundesluftschutzverband → Luftschutz.

Bundesnachrichtendienst, *BND,* untersteht dem Bundeskanzleramt, Nachrichtenbeschaffung u. Abwehr gegnerischer Geheimdienste.

Bundespräsident, Staatsoberhaupt, in der BR Dtld v. d. *Bundesversammlung* für 5 Jahre (→ Verfassung, Übers.), in Östr. v. Volk für 6 J.e, von den *Bundesversammlung* jährlich gewählt. Die B.en der BR: 1949–59 Th. Heuss (FDP), 1959–69 H. Lübke (CDU), 1969–74 G. Heinemann (SPD), 1974–79 W. Scheel (FDP), 1979–84 K. Carstens (CDU), s. 1984 R. v. Weizsäcker (CDU).

Bundesrat, Versammlung der 61 Vertreter der Bundesstaaten des Dt. Reichs 1871–1918, die der Vertreter der Länderregierungen der BR Dtld s. 1949 (→ Verfassung, Übers.).

Bundesrechnungshof → Rechnungshof.

Bundesrepublik → Deutschland.

Bundes-Reserve-Banken → Federal Reserve System.

Bundesseuchengesetz, i. d. Fassung v. 18. 12. 1979, in Kraft s. 1. 1. 1980 m. weiteren Änderungen; gesetzl. Regelung der Maßnahmen zur Verhütung u. Bekämpfung übertragbarer Krankheiten; Meldepflicht f. Ärzte u. Krankenhäuser b. Feststellung einer Reihe schwerer In-

fektionskrankheiten an d. Gesundheitsamt; regelt Schutzimpfungen, Tätigkeits- und Beschäftigungsverbote, Hygienebestimmungen, Wasserreinhaltung usw.

Bundessicherheitsrat, BSR, Kabinettsausschuß der B.regierung für Angelegenheiten der Sicherheitspolitik; ihm gehören unter Vors. d. B.kanzlers an: die B.minister d. Auswärtigen, d. Innern, d. Verteidigung, d. Finanzen, für Wirtschaft.

Bundessozialgericht → Rechtspflege, Übers.

Bundesstaat, Zus.schluß mehrerer Staaten zu einem Staatsgebilde mit gemeinsamen Bundesorganen, denen bedeutsame Teile der Souveränitätsrechte (z. B. Außenpolitik, Verkehrs-, Wehrhoheit u. a.) übertragen werden; in Europa: seit 1848 die Schweiz, 1871 Dt. Reich, 1949 BR Dtld, 1918 Östr., 1923 UdSSR. → Staatenbund, → Einheitsstaat.

Bundesstraßen, in der BR bevorzugte, mit Nummernschildern (gelb) gekennz. Straßen (31 063 km, 1. 1. 1990; ohne DDR), insbes. für d. Fernverkehr; bilden mit B.autobahn d. B.fernstraßennetz (39 885 km, 1. 1. 1990; ohne DDR).

Bundestag, d. Volksvertretung d. BR Dtld (→ Verfassung, Übers.).

Bundestreue, Treuepflicht d. Bundesländer gegenüber d. Bund u. untereinander auf Einhaltung d. verfassungsmäß. festgelegten Kompetenzen u. Beachtung der sich aus dem Nebeneinanderbestehen v. Bund u. Ländern ergebenden rechtl. und u. U. pol. Pflichten.

Bundesverfassungsgericht → Rechtspflege, Übers.

Bundeswehr

Mannschaften, Heer, Luftwaffe (Schulterklappen), Marine (Abzeichen auf beiden Armeln): *1* Gefreiter, *2* Obergefreiter, *3* Hauptgefreiter. *Unteroffiziere ohne Portepee,* Heer, Luftwaffe (Schulterklappen): *4* Unteroffizier, *5* Stabsunteroffizier. *Unteroffiziere mit Portepee,* Heer, Luftwaffe (Schulterklappen): *6* Feldwebel, *7* Ober-, *8* Haupt-, *9* Stabs-, *10* Oberstabsfeldwebel. *Offiziere,* Heer, Luftwaffe (Abzeichen silberfarben, für Generale goldfarben): *11* Leutnant, *12* Oberleutnant, *13* Hauptmann, *14* Major, *15* Oberstleutnant, *16* Oberst, *17* Brigadegeneral, *18* Generalmajor, *19* Generalleutnant, *20* General. *Unteroffiziere ohne Portepee,* Marine (Ärmel und Schulterklappen): *21* Maat, *22* Obermaat. *Unteroffiziere mit Portepee,* Marine (gleiche Abzeichen auf Schulterklappen und Ärmel): *23* Bootsmann, *24* Ober-, *25* Haupt-, *26* Stabs-, *27* Oberstabsbootsmann. *Offiziere,* Marine (Streifen und Seestern goldfarben): *28* Leutnant z. See, *29* Oberleutnant z. See, *30* Kapitänleutnant, *31* Korvettenkapitän, *32* Fregattenkapitän, *33* Kapitän z. See, *34* Flottillenadmiral, *35* Konteradmiral, *36* Vizeadmiral, *37* Admiral

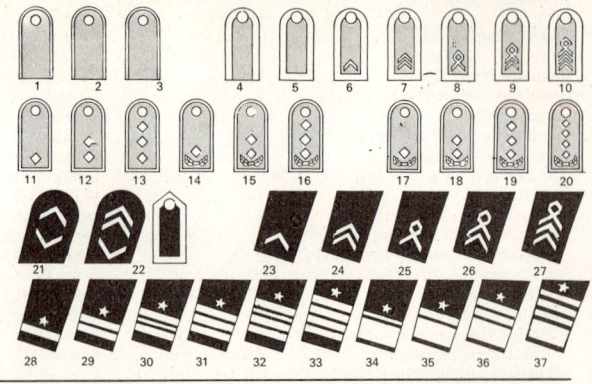

Bundesverkehrswacht, Spitzenorg. der Landesverkehrswachten i. d. BR, 1950 in Bonn gegr.; Aufgabe: Verkehrserziehung d. Bevölkerung.

Bundesversammlung, in d. BR Dtld z. Wahl d. B.präsidenten, besteht aus den Mitgliedern d. B.tages u. einer gleichen Zahl v. durch d. Volksvertretungen d. Länder gewählten Mitgliedern.

Bundesversicherungsanstalt für Angestellte, BfA, Berlin; → Sozialpolitik, Übers.

Bundesverteidigungsrat, Koordinierungsorgan d. dt. B.regierung für d. Verteidigung; gebildet aus d. B.kanzler, dem Generalinspekteur d. B.wehr u. d. Ministern f. Verteidigung, Äußeres, Inneres, Wirtsch. u. Finanzen.

Bundesverwaltungsgericht → Rechtspflege, Übers.

Bundeswehr, Streitkräfte der BR, ab 1. 1. 1956 m. zunächst 6000 Freiwilligen, teilweise i. Lehreinheiten zus.gefaßt, aufgestellt. *Allgemeine Wehrpflicht,* Gesetz vom 21. 7. 1956, ergänzt durch 1. bis 9. Novelle zum Wehrpflichtgesetz: wehrpflichtig alle Männer v. vollendeten 18. bis z. 45. Lebensjahr, b. Offizieren u. Unteroff. u. im Verteidigungsfall allg. bis z. 60. Lebensj.; Dauer d. Grundwehrdienstes 12, s. 1972 15 Monate; außerdem *Berufssoldaten u. Soldaten auf Zeit* (bis 15 Jahre); Frauen können nach Art. 12a Abs. 4 GG vom vollendeten 18. bis 55. Lebensjahr durch Gesatz zu Dienstleistungen in d. ortsfesten mil. Lazarettorganisation herangezogen werden, wenn Bedarf nicht auf freiwilliger Grundlage zu decken ist; sie dürfen auf keinen Fall Dienst mit d. Waffe leisten. – Der B.präs. hat das Recht zu Ernennungen, Entlassungen, Festsetzung d. Dienstgradbezeichnungen u. Bestimmungen über die Uniform. – *Befehls- und Kommandogewalt* hat im Frieden der B.verteidigungsmin. Im Verteidigungsfall (Feststellung d. Eintretens durch B.tag m. Zustimmung d. B.rats auf Antrag d. B.regierung; erfordert Lage sofortiges Handeln

u. stehen einem Zus.tritt d. B.tags unüberwindl. Hindernisse entgegen od. ist er nicht beschlußfähig, Feststellung durch gemeins. Ausschuß; Verkündigung durch B.präs.) Befehls- u. Kommandogewalt b. B.kanzler. Verteidigungshaushalt 1991: 52,6 Mrd. DM. – Gliederung d. *B.ministeriums d. Verteidigung* (Min. → Stoltenberg). Der Leitung (Min., parlamentar. Staatssekr., 2 beamtete Staatssekr.) unterstehen: der Gen.inspekteur m. d. Führungsstab der Streitkräfte u. die diesem ministeriell unterstellten Inspekteure des Heeres, der Luftwaffe, der Marine sowie des Sanitäts- u. Gesundheitswesens m. ihren Führungsstäben; für d. neuen Bundesländer d. Befehlshaber Bundeswehrkommando Ost (ab 1. 4. 1991 zusätzl. ein Heereskommando Ost); die Leiter der Abteilungen Personal u. Haushalt; d. Abteilungsleiter Rüstung; d. Leiter der administrativen Abteilungen Verwaltung u. Recht, Unterbringung, Liegenschaften u. Bauwesen sowie d. Leiter der Sozialabteilung; der Planungsstab, der Organisationsstab, der Informations- u. Pressestab, die Büros des Min. u. d. Staatssekr. sowie das Parlament- u. Kabinettreferat u. das Protokollreferat. Beim B.tag *Ausschuß f. Verteidigung* mit Recht eines Untersuchungsausschusses (Art. 45a, 2 GG); zum Schutz d. Grundrechte u. als Hilfsorgan d. B.tages bei d. parlamentar. Kontrolle *Wehrbeauftragter* (Art. 45b GG). – Berufssoldaten u. Soldaten auf Zeit *Fahneneid,* Wehrpflichtige *feierl. Treuegelöbnis.* – **1)** Die Stärke d. gesamtdt. Armee wird bis 1993 v. rd. 510 000 Mann (Stand Ende 1990) auf 370 000 Mann reduziert werden, ebenso d. Verteidigungsumfang von 1,34 Mill. Soldaten (einschl. Reservisten) auf 950 000 Mann bis Ende 1992. *Gliederung z. Z.:* Heer: in Feldheer, Territorialheer u. Heeresamt; Feldheer mit I.–III. Korps u. 12 Divisionen, Territorialheer m. Territorialkommando Nord, Süd und Schl.-Ho. (zugl. Wehrbereichskommando I); **2)** Territorialkommando Ost für

die neuen Bundesländer und Wehrbereichsk.s II–VIII. 6 Wehrbereichsk.s zur Durchführung militärischer territorialer Aufgaben m. Sicherungs-, Pionier-, Transp.-, Fernmelde-, Versorgungseinheiten. Depots u. Basisorganisation. Gliederung d. Wehrbereichsk.s I in Kiel (Länder Schl-Ho. u. Hamburg), II in Hannover (Nds. u. Bremen), III in Düsseldorf (NRW), IV in Mainz (Rh-Pf., Hess. u. Saarland), V in Stuttgart (Ba-Wü.), VI in München (Bay.); **3)** VII in Leipzig und VIII in Neubrandenburg. Den Wehrbereichsk.s untersteht auch der Heimatschutztruppe, *Luftwaffe:* in Luftflottenkommando mit 4 Divisionen, Luftwaffenunterstützungskommando m. 2 Luftwaffenunterstützungsgruppen u. Luftwaffenamt. *Marine:* in Flottenkommando, Marineunterstützungskommando und Marineamt. – Bei → *Kriegsdienstverweigerung* aus Gewissensgründen Pflicht zum *zivilen Ersatzdienst* (→ Zivildienst) von 15 Monaten Dauer (Art. 12, 2 GG).

Bündische Jugend → Jugendbewegung.

Bund-Länder-Kommission → Bildungspolitik.

Bundschuh, mit Riemen gebundener Bauernschuh im MA; Wahrzeichen im → Bauernkrieg.

Bungalow, *m.* [hindi-engl.], einstöck. Wohn- od. Sommerhaus.

Bunin, Iwan A. (22. 10. 1870–8. 11. 1953), russ. Dichter; Roman: *Das Dorf;* Nobelpr. 1933.

Bunker, 1) Kohlen- u. Treibölraum bei Schiffen, in Fabriken, Kohlenlager f. Lokomotiven; **2)** bomben- u. beschußsicherer Unterstand, meist aus Beton.

Bunsen, Robert Wilhelm (31. 3. 1811–16. 8. 99), deutscher Physiker und Chemiker; mit → *Kirchhoff* Entdeckung der *Spektralanalyse;* durch **Bunsenbrenner** (Gasbrenner mit regulierbarer Luftzufuhr für hohe Temperaturen) fand er spektralanalytisches Strontium, Cäsium, Rubidium; **B.element** (galvan. Element aus Zink u. Kohle in Schwefel- u. Salpetersäure).

Buntbücher → Farbbücher.

Buntdruck → Farbdruck.

Buntkupfererz, Kupferkies, Schwefelkupfereisenerz; Rohstoff f. Kupfergewinnung.

Buntmetalle → Metalle.

Buntsandstein → Sandstein; → geologische Formationen.

Buñuel [bu'ɲuel], Luis (22. 2. 1900–29. 7. 83), span. Filmregisseur; surrealist.-zeitkrit. Filme: *Un chien andalou* (1928), *L'âge d'or* (1930; beide zus. m. → Dalí); *Los Olivados* (1950); *Viridiana* (1961); *Belle de Jour* (1966).

Bunzlau, *Boleslawiec,* poln. St. i. d. Woiwodschaft Jelenia Góra am Bober, 42 000 E; *B.er Tongeschirr.*

Burbach (D-5909), Gem. i. Kr. Siegen-Wittgenstein, NRW, 13 516 E; Masch.bauind.

Burckhardt, 1) Carl Jakob (10. 9. 1891–3. 3. 1974), schweiz. Historiker u. Diplomat; 1937–39 Völkerbundskommissar in Danzig; *Gestalten u. Mächte, Richelieu; Friedenspreis d. dt. Buchhandels 1954;*

Jacob Burckhardt

2) Jacob (25. 5. 1818–8. 8. 97), schweiz. Kultur- u. Kunsthistoriker; *Cicerone; D. Kultur d. Renaissance in Italien; Weltgeschichtl. Betrachtungen; Griech. Kulturgeschichte.*

Buren, 1652–1806 in S-Afrika eingewanderte holländ., dt. u. hugenott. Kolonisten, gründeten *Oranje-Freistaat* u. *S-Afrikan. Rep.,* kämpften erfolglos gg. die Engländer im *Burenkrieg* (1899–1902); seit 1910 zur S-Afrikan. Union. Sprache: *Afrikaans.*

Büren (D-4793), St. im Kr. Paderborn, NRW, 17 720 E; AG; holzverarbeitende u. Masch.ind.; Fremdenverkehr.

Büretten [frz.], geeichte Glasröhren f. d. chem. Analyse.

Burg, befestigter Siedlungsplatz; im MA bes. Adelssitz.

Burgas, bulgar. Schwarzmeerhafen, 198 000 E.

Burg b. Magdeburg (D-3270), Krst. i. S-A., 27 464 E; roman. u. got. Kirche. Ind.

Burgdorf, 1) (D-3167), St. in Nds., 28 273 E; Ind. u. Landwirtsch.; alte Fachwerkhäuser; **2)** (CH-3400), frz. *Berthoud,* Bez.st. im schweizerischen Kanton Bern, 16 000 E; Ind.- u. Dienstleistungszentrum d. Emmentals; im Schloß

1799–1804 Erziehungsanstalt → *Pestalozzis.*

Burgenland, östl. Bundesland Östr.s, 3965 km², 267 300 E; Hptst. *Eisenstadt;* im S gebirgig, Braunkohle, im NO *(Neusiedler See)* Flachland (Obst, Wein, Zuckerrüben). – Bis 1921 ungar., 1922 bis auf *Ödenburg* (Sopron) an Östr.

Bürgenstock, Berg (Halbinsel) am Vierwaldstätter See, 1128 m; Kurort.

Bürger, Gottfried August (31. 12. 1747–8. 6. 94), dt. Dichter; Balladen: *Lenore;* Romane u. Erz.: *Münchhausens Abenteuer.*

Bürger, Mitglied eines Gemeinwesens (Staat, Land, Gemeinde) mit *B.rechte,* d. i. pol. das aktive u. passive Wahlrecht, verfassungsrechtl. Schutz best. Freiheiten durch Grundrechte.

Bürgerinitiativen, lockere, meist spontane Organisationen von Bürgern, die durch (spektakuläre) Aktionen u. Demonstrationen die pol., wirtsch., kulturellen u. ökolog. Zielsetzungen d. Staates beeinflussen u. gegebenenfalls verhindern wollen (z. B. Kernkraftgegner).

Bürgerliches Gesetzbuch, BGB, trat in Dtld am 1. 1. 1900 in Kraft; zerfällt in 5 Bücher (Teile) u. regelt in 2385 Paragraphen nach Aufstellung allg. Rechtsgrundsätze d. Recht der Schuldverhältnisse, das Sachen-, Familien- u. Erbrecht; ergänzt durch Einführungsgesetz u. durch Ausführungsges. d. Länder, Bestimmungen über Eingehung u. Auflösung d. Ehe jetzt im → Eherecht. Einführungsges. (v. 18. 8. 1896) regelt kpls. Verhältnis d. Vorschriften des BGB zu den Reichsges.en u. zu den Landesges.en, ferner das intern. Privatrecht.

Bürgerliches Recht, *Privatrecht, Zivilrecht,* die d. Privatrechtsverhältnisse regelnden Vorschriften; umfaßt außer d. Gebieten des BGB Handelsrecht, Teile d. Gewerbe- u. Arbeitsrechts u. a.; Ggs.: → öffentliches Recht; das B. R. war früher in Dtld, soweit nicht durch Reichs od. Landesges. abgeändert, sog. „gemeines Recht" (→ römisches Recht).

bürgerliches Trauerspiel, im 18. Jh. entstehende dramat. Gattung, die im Ggs. zur klass. hohen Tragödie eher private, „bürgerliche" Konflikte darstellt; bed. Vertr.: Lessing *(Miss Sara Sampson; Emilia Galotti),* Schiller *(Kabale und Liebe).*

Bürgermeister, *Schulze, Schultheiß, Gemeindevorsteher,* Vors. d. Gemeindevertretung, z. T. direkt gewählt, gleichzeitig Leiter d. Gemeindeverw.; bei mehreren B.n größerer Städte trägt d. Ersten B.s Oberbürgermeister.

Bürgerschaft, Volksvertretung d. Stadtstaaten Hamburg u. Bremen (Stadtlandtag).

Bürgertum, mit Entwicklung des Städtewesens seit Einsetzen der Geldwirtschaft schon im Hoch-MA (Italien, Flandern) u. weiterhin b. z. Reformation von entscheidender wirtsch., kulturellen u. pol. Bedeutung; eigener Stand neben Adel u. Geist-

---

lichkeit u. Bauerntum; in Dtld Niedergang nach d. 30jähr. Krieg. „Dritter Stand" in d. Frz. Revolution. Neuer Aufschwung im 19. Jh., dessen kapitalist., aber auch kulturelle u. pol. Entwicklung v. B. bestimmt wird trotz Verfallserscheinungen; neben traditionsgebundenem B. entstehen d. Bourgeoisie (Groß-B.) u. d. Massen des Klein-B.s. In der grundlegenden Umschichtung d. Gesellschaft nach den Weltkriegen vollzieht sich eine weitere Auflösung d. B.s.

Burgess ['bə:dʒɪs], Anthony, eigtl. *John Wilson* (* 25. 2. 1917), engl. Schriftst. u. Sprachwiss.; Romane: *Uhrwerk Orange; Napoleon-Symphonie; D. Fürst der Phantome; Essays; Drehbücher.*

Burgfriede, Freiheit u. Sicherheit in einer Burg; heute das Einstellen parteipol. Kämpfe.

Burggraf, im MA richterl. und militär. Vertreter des Königs in Städten, später als Titel.

Burghausen (D-8263), bayr. St. a. d. Salzach, ma. Stadt, 16 761 E; längste dt. Burg; 1504–1802 Sitz d. bayr. Regierung; AG; chem. Ind.

Burgiba, Habib (* 3. 8. 1903), tunes. Pol.; 1956 Min.präs., 1957–87 Staatspräs.

Burgkmair, d. *Ä.,* Hans (1473–1531), Maler und Holzschneider zw. Spätgotik u. Frührenaiss. in Augsburg; *Johannesaltar* (München).

Bürglen (CH-6463), schweiz. Dorf bei Altdorf, Kanton Uri, 3500 E; Tellskapelle, Tellmuseum.

Burglengenfeld (D-8412), St. a. d. Naab, Bay., 10 461 E; Festung (10. Jh.); AG; Zement, Hydraulik u. Feinmechanik.

Burgos, Hptst. d. span. Prov. *B.,* 159 000 E; berühmte got. Kathedrale (im 13.–16. Jh. erbaut).

Bürgschaft, 1) *jur.* Vertrag zw. *Bürge(n)* u. dem Gläubiger einer anderen Person (des Hauptschuldners); Bürge verpflichtet sich, für die Erfüllung d. Verbindlichkeit d. Hauptschuldners einzustehen (§§ 765 ff. BGB); bedarf der Schriftform (Ausnahme: Bürgschaft eines Vollkaufmanns formlos gültig § 350 HGB); **2)** *Die B.,* Ballade von Schiller.

Burgstädt (D-9112), St. im Kr. Chemnitz, Sa., 12 968 E; Textilind.

Burgtheater, staatl., früher kaiserl. Schauspielhaus in Wien, s. 1776.

Burgund, *Bourgogne,* frz. Landschaft im Gebiet der Saône, fruchtbar, Weinbau (Côte d'Or) u. Wein W Eisen u. Kohle. *Kanal v. B.,* verbindet Saône mit Yonne, 242 km l. – Der ostgerman. Stamm d. Burgunder schuf 413 ein Reich am Mittelrhein um Worms; wanderte nach dessen Zerstörung durch die Hunnen (Nibelungensage) 443 nach Savoyen u. dehnte sein Reich über d. Rhonegebiet aus; 553 v. d. Franken unterworfen. 843 geteilt: **a)** Ostteil 888 selbständig *(Kgr. B.,* später auch *Arelate),* nach vielen Teilungen

1034 zum Dt. Reich; in Territorien aufgelöst, die teils die heutige Westschweiz bilden, teils seit 1250 an Frkr. fielen, 1678 endgültig auch die *Freigrafschaft B.* (Hptst. *Besançon*); **b)** Westteil, *Hzgt. B.* um Dijon (Bourgogne), fiel 843 an das Westfrankenreich; 1363 als frz. Lehen an Philipp den Kühnen von Valois; Ausgangsgebiet des neuburgund. Großterritoriums, das sich im 14. u. 15. Jh. zw. Frkr. u. Dtld bis zur Nordsee ausdehnte; fiel 1477 an Frkr. zurück, der Großteil d. burgund. Staates an d. Habsburger: *Burgundischer Kreis* d. Dt. Reiches, v. Karl V. 1512 gebildet; 1556 an Spanien; Grundlage d. heutigen Ndl., Belgiens, Luxemburgs.

Burgunder, Weine aus der frz. Landschaft Bourgogne.

Buridan, Johannes (um 1300–58), frz. Scholastiker u. Aristotelesinterpret; → Buridans Esel.

Buridans Esel, Esel, der der Fabel nach zwischen zwei Heuballen verhungert, da er sich nicht entscheiden kann.

Burjatien, s. 1958 *Burjätische Autonome Sowjetrep.* i. O-Sibirien, 351 300 km², 1,04 Mill. E, davon 22% **Burjäten** (mongol. Volk), 73,5% Russen; überwiegend Buddhisten; Gold-, Kohlen-, Wolfram-, Molybdän-, Eisenerzlager; Hptst. *Ulan-Ude.*

Burkina Faso, früher *Obervolta,* amtl. *République démocratique populaire Bourkina Faso,* Republik in W-Afrika, nördl. von Ghana, im Quellgebiet des Weißen u. Schwarzen Volta, 274 200 km², 8,798 Mill. E (32 je km²); Bev.-Zuw. 2,6%; Bev.: Mossis, Fulbe u. Tuareg; Hptst.: *Ouagadougou;* Flagge S. 340, Karte S. 750. **a)** *Wirtsch.:* Hpts. Landw.; Ausfuhr v. Vieh, Erdnüsse, Baumwolle. **b)** *Außenhandel* (1986): Einfuhr 405 Mill., Ausfuhr 83 Mill. $. **c)** *Verf.* v. 1977: Präsidiale Ein-kammerparlament; 1980 aufgehoben; 30 Provinzen. **d)** *Gesch.:* Bis 1958 frz. Kolonie, dann autonome Rep., 1960 unabhängig; 1966 Militärputsch; Zollunion mit Ghana; 1978 Wiedereinführung demokr. Verhältnisse; 1980 u. 1983 erneuter Mil.putsch. **e)** *Mitgl.:* UN, OAU, OCAM; AKP-Staat.

burlesk [it.], spaßig.

Burleske, *w.,* Posse.

Burma, engl. Schreibung f. *Birma* (→ Myanmar).

Burnet [ˈbəːnɪt], Sir Frank Macfarlane (3. 9. 1899–31. 8. 1985), austral. Med.; Nobelpr. 1960 (Arbeiten über Immunisierungsvorgänge b. d. Transplantation).

Burns [bəːnz], Robert (25. 1. 1759–21. 7. 96), schott. Lyriker; Vorläufer der engl. Romantik.

Burnus, *m.,* arab. Mantel mit Kapuze.

Bürocomputer, → Mikrocomputer f.

vorwiegend dezentrale, kommerzielle Datenverarbeitung im Betrieb (z. B. Fakturierung, Lagerhaltung); früher als *mittlere Datentechnik* (MDT) bez.

Bürofernschreiben, *Teletex,* Textkommunikation; schnelle Textübertragung m. Schreibmaschinensatz in Korrespondenzqualität (1 DIN-A4-Seite etwa in 10 s); Kommunikation m. Telex-Teilnehmern möglich; 1981 eingeführt.

Bürokratie, Verwaltungsapparat; abwertend: Ämterherrschaft, ungesunde Aufblähung des Staatsapparates.

Bursa, türk. Provinzhptst. in Kleinasien, am Fuß des *Uludağ* (2493 m), 1,148 Mill. E; Schwefelthermen, Kur- u. Wintersportort; Weinbau.

Bursa, 1) *Burse,* im MA Unterkunftshaus für Studenten; **2)** *med.* Beutel; *Bursitis,* svw. Schleimbeutelentzündung.

Burscheid (D-5093), St. im Rhein.-Berg. Kr., NRW, 16 835 E; Metall-, Textil-, Feinleder-, Druck- u. Nahrungsmittelind.

Burschenschaften, Studentenvereinigungen in Jena 1815 zur Hebung der nat. Gesinnung u. zu wiss. Zwecken gegr.; 1817 Wartburgfest, nach Ermordung Kotzebues (1819) bis 1848 verboten; im ns. Dtld. aufgelöst; 1950 als *Dt. Burschenschaft* wiedererstanden.

Bürstadt (D-6842), St. im Kr. Bergstraße, Hess., 14 799 E; div. Ind.

Bürstenabzug, früher durch Abklopfen m. einer Bürste, heute m. Handpresse hergestellter Abzug eines Drucksatzes zum Korrekturlesen.

Burton [bəːtn], Richard, eigtl. *R. Jenkins* (10. 11. 1925–5. 8. 84), engl. Schausp.; *Look Back in Anger; Cleopatra; The Spy Who Came in From the Cold; 1984.*

Burundi, amtl. *Republika y'Uburundi,* sozialist. Rep. in Zentralafrika, am Tanganjikasee (südl. Teil d. früheren → Ruanda-Urundi), 27 834 km², 5,15 Mill. E (185 je km²); Bev.-Zuw. 2,8%; Bev.: hpts. → Bantu, 13% → Watussi als herrschende Schicht; Sprache: Kirundi, Kisuaheli, Frz.; Währung: Burundi-Franc (F.Bu.); Rel.: 68% Kath., 30% Animisten; Hptst.: *Bujumbura;* Flagge S. 340, Karte S. 750. **a)** *Wirtschaft:* Hochland m. Viehzucht u. Anbau v. Kaffee, Tabak u. Baumwolle. **b)** *Außenhandel* (1988): Einfuhr 204 Mill., Ausfuhr 129 Mill. $. **c)** *Verf.* v. 1981: Präsidialrepublik, Nationalvers.; 15 Provinzen. **d)** *Gesch.:* Vor 1. Weltkr. unter dt. Kontrolle; s. 1916 unter belg. Herrschaft; 1962 unabhängig; 1976 Staatsstreich; 1987 Mil.putsch, Auflösung d. Nat.vers.; 1988 neuerl. Stammeskrieg zw. herrschenden Tutsi u. Hutu. **e)** *Mitgl.:* UN, OAU; AKP-Staat.

Bürzel, Teil d. Vogelkörpers, d. die Schwanzfedern trägt; auf d. Oberseite die **B.drüse** mit Sekret zum Einfetten der Federn, bes. bei Wasservögeln.

Burzenland, SO-Teil Siebenbürgens, fruchtbar; Hptst. *Kronstadt* (rumän. *Braşov*). – 1919 zu Rumänien.

Bus, 1) → Omnibus; **2)** Daten- od. Steuerleitungen zw. Komponenten eines Computers.

Busan, *Pusan,* jap. *Fusan,* korean. Hafenst. (i. S-Korea, 3,52 Mill. E; Ind. u. Handel.

Busch, 1) Adolf (8. 8. 1891–9. 6. 1952), dt. Geiger emigrierte in die USA; s. Bruder **2)** Fritz (13. 3. 1890–14. 9. 1951), dt. Dirigent d. Staatsoper Dresden, in

Wilhelm Busch

Glyndebourne und USA; **3)** Wilhelm (15. 4. 1832–9. 1. 1908), dt. Zeichner u. Dichter; humorist. Bildgeschichten: *Max und Moritz; Die fromme Helene.*

Buschehr, *Abuschir,* südpers. Hafenst. am Pers. Meerbusen, 58 000 E; Erdölausfuhr.

Büschelkiemer, Fische m. Knochenplatten statt Schuppen; → Seepferdchen, → Seenadeln.

Buschido [„Ritterweg"], jap. Ehren- u. Anstandsregel.

Buschmänner, kleinwüchsiger u. hellfarb., urspr. Jägerstamm v. kindhafter Körperbildung (→ Hottentottenschürze); heute i. d. südafrikan. Kalaharisteppe abgedrängt, einst bis N-Afrika.

Buschor, Ernst (2. 6. 1886–11. 12. 1961), dt. Archäologe; Ausgrabungen auf Samos (etrusk., 8.–4. Jh.).

Busento, it. Fluß der Prov. Cosenza; angebliche Grabstätte des Westgotenkönigs → Alarich.

George Bush

Bush [buʃ], George (* 16. 6. 1924), am. republikan. Diplomat; 1970–72 Botschafter b. d. UN, 1974–76 Botschafter in Peking, 1976/77 CIA-Leiter, 1981–89 Vizepräs. d. USA, s. 1989 41. Präs. d. USA.

Bushel [ˈbuʃl], → Maße u. Gew., Übers. S. 1085.

Busoni, Ferruccio (1. 4. 1866–27. 7. 1924), dt.-it. Komp. u. Pianist; Opern: *Turandot; Doktor Faust; Arlecchino.*

Mäusebussard

Bussarde, Greifvögel, mittelgroß, ziemlich gedrungen; in Dtld.: *Mäuse-B.,* nützlich; *Rauhfuß-B.,* Wintergast aus dem N.

Buße [ahd. „buoza = Besserung"], 1) in der kath. Kirche Sakrament d. B., → Beichte; 2) nach Luther ist das ganze Leben eine B.; 3) → Geldbuße.

Büßerschnee, *Zackenfirn,* spitze Schneefigur, bes. in S-Amerika u. im innerasiat. Hochgebirge, bei starker Sonnenstrahlung u. gr. Trockenheit, bis 2,5 m hoch.

Bußgeld → Ordnungswidrigkeit.

Bussole, *w.,* Kompaß mit Zielvorrichtung (Visier, Diopter), → Tangentenbussole.

Buß- u. Bettag, ev. Feiertag (Mittwoch vor Totensonntag).

Büste, in der Kunst: Plastik des menschl. Kopfes bis zur Brust.

Bustelli, Franz Anton (12. 4. 1723–18. 4. 63), dt. Porzellanmodelleur (it.-schweiz. Herkunft) d. Rokoko; s. 1754 in Nymphenburg (Abb. → Porzellan).

Büsum (D-2242), Nordseeheilbad in Schl.-Ho., 4929 E; Fischerei.

Butadiën, Ausgangsmaterial f. synthet. Kautschuk; → Buna; → Diëne.

Butan, *s.,* C_4H_{10}, gasförmiger Kohlenwasserstoff; Nebenprodukt der Treibstoffgewinnung, verflüssigt in Stahlflaschen als Heiz- u. Treibgas.

Adolf Butenandt

Butenandt, Adolf Friedrich Johann (* 24. 3. 1903), dt. Chem.; Hormonforscher; 1960–72 Präs. d. → Max-Planck-Gesellschaft; Nobelpr. 1939.

Butjadingen, Marschlandschaft zwischen Jade u. Weser.

Butler [ˈbʌtlə], 1) Richard Austen, Viscount (9. 12. 1902–9. 3. 82), engl. konservativer Pol.; 1951–55 Schatzkanzler, 1957–62 Innenmin., 1963/64 Außenmin.; 2) Samuel (3. 2. 1612–25. 9. 80), engl. Satiriker; Heldensatire *Hudibras;* 3) Walter (1600–34), irischer Oberst; an Wallensteins Ermordung beteiligt.

Butler, *m.* [engl. ˈbʌtlə], aus frz. butuiller, engl. bottle; eigentl. Kellermeister, heute: Diener, Vorstand des Hauspersonals.

Butor [by-], Michel (* 14. 9. 1926), frz. Schriftst. d. → Nouveau roman; *Paris-Rom od. d. Modifikation;* Essays.

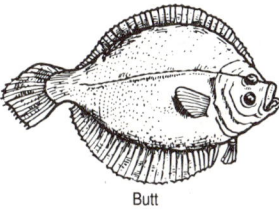

Butt

Butte, Gruppe d. → Plattfische.

Büttel, Gerichtsdiener, Häscher.

Butter, aus Fettkügelchen der Milch gewonnenes Speisefett; der durch Abschöpfen oder Ausschleudern (in der Zentrifuge) gewonnene Rahm wird im **B.faß** (oder *B.maschine)* durchgearbeitet, so sich das Milchfett *(Butter)* abscheidet; → Milchwirtschaft. – **B.blume,** volkstüml. Name für versch. gelb blühende Pflanzen, bes. *Löwenzahn, Hahnenfuß* u. *Sumpfdotterblume.* – **B.pilz,** Röhrling, schmackhafter Speisepilz. – **B.säure,** bildet sich i. Butter (ranziger Geruch u. Geschmack); organ. Säure, auch im Schweiß.

Butterfly [engl. ˈbʌtəflaɪ], i. *Schwimmsport* Schmetterlingsstil.

Buttons [engl. ˈbʌtənz], *Meinungsknöpfe, Sticker,* Abzeichen od. Ansteckplatten als Sympathiekundgebung f. etwas (z. B. f. Parteien).

Butylkautschuk → Polyisobutylen.

Butzbach (D-6308), Stadt im Wetterau-kr., Hess., 21 095 E; AG; ma. St.bild; div. Ind.

Butzenscheiben, kleine runde Glasscheiben mit Buckel in der Mitte, in Blei gefaßt; bes. im 15.–16. Jh.

Buxtehude, Dietrich (1637–9. 5. 1707), dt. Komp.; Kantaten u. Orgelwerke.

Buxtehude (D-2150), St. i. Nds., a. d. Este, 31 132 E; Nahrungsmittel-, chem., Baustoff- u. Kunststoffind.

Buys-Ballot [ˈbœɪzba ˈloɪ], Christoph Heinrich (10. 10. 1817–3. 2. 90), ndl. Meteorologe. – **B.-B.sche Regel,** Luft strömt von Orten höheren nach solchen niederen Drucks, unter Ablenkung durch N-(S-)Halbkugel der Erde.

Buzzati, Dino (16. 10. 1906–28. 1. 72), it. Schriftst.; *D. Festung; Des Schicksals roter Faden.*

Bypass, *m.* [engl. ˈbaɪpaːs], 1) *allg.* Umleitung, Umführung; 2) *techn.* Nebenleitung, Überbrückung; 3) *med.* operative

Überbrückung v. krankhaft veränderten Blutgefäßen.

Byrd [bəːd], 1) Richard Evelyn (25. 10. 1888–12. 3. 1957), am. Admiral u. Polarforscher; Forschungsflüge zum Nordpol (mit Floyd *Bennett)* 1926 und Südpol (s. 1928 5 Expeditionen); 2) William (1543–4. 7. 1623), engl. Komp. u. Virginalist; Madrigale, Messen, Klaviermusik.

Byron [ˈbaɪrən], Lord George Noël Gordon (22. 1. 1788–19. 4. 1824), engl. Dichter; starb in Missolunghi für d. griech. Freiheitskampf. Epen: *Ritter Haralds Pilgerfahrt; Don Juan;* Dramen: *Manfred; Kain.*

Byssus, *m.,* klebriges, schnell erhärtendes Drüsensekret v. Muscheln, mit d. sie am Boden anhaften *(B.fäden);* im Altertum: feines Gewebe.

Byte [engl. baɪt], i. d. Datenverarbeitung Bez. f. d. kleinste adressierbare, d. h. über einen Speicher im Computer abrufbare Informationseinheit; besteht aus jeweils 8 zus.gehörigen → bits, die f. 1 Zeichen stehen; 1 *Kilobyte* = 1024 Byte (= 8192 Bit), 1 *Megabyte* = 1 048 576 Byte.

byzantinische Kunst, Verbindung frühchristl. Ausdrucksstils m. Resten antiker Tradition u. vorderasiat. Einflüssen auf oström. Boden; beherrschte Stil des Abendlandes etwa 500–1200, in Rußland *(Ikonenmalerei)* bis ins 19. Jh. – *Baukunst:* Vielkuppelkirchen auf mehreck. od. kreuzförm. Grundriß (Zentralbau) m. großart. Mosaikenschmuck: Hagia Sophia, Konstantinopel (6. Jh.); S. Vitale, Ravenna (6. Jh.); Sophienkirche, Saloniki (8. Jh.); S. Marco, Venedig (9.–11. Jh.); Hosios Lukas (Klosterkirchen, 11. Jh.) in Phokis; Querschiff; Basiliken (Ravenna, S. Apollinare). – *Plastik:* Sarkophage, Kanzeln, Gedenkstelen, Elfenbeinschnitzerei. – *Malerei:* Mosaiken (Ravenna, Saloniki, Hosios Lukas) u. Fresken (Rom, SS. Cosma e Damiano, 6. Jh.); Kloster Nérez bei Skopje, 1164; Erlöserkirche bei Nowgorod 1199, Venedig, Torcello); dekorativer Flächencharakter, hierat. Vertikalrhythmus, streng stilisierte, schmale Figuren, lichte Farben (Gold, Blau); Bilderkult des Volkes u. d. Klöster zeitweise im Kampf m. kirchl. u. staatl. Bilderverboten; Buchmalerei (Wiener Genesis um 500, Menologium Basils II. um 1000).

byzantinische Literatur, Synesios v. Kyrene 4./5. Jh.: rel. Hymnen; unter Justinian 6. Jh.: Romanos Melodios (Hymniker), *Corpus iuris* (zusammengestellt v. Tribonian u. a.), Prokopios (Geschichtsschreibung, Geheimchronik), Legenden, Novellen u. Märchen. Geschichtsschreibung: Anna Komnena 11./12. Jh., Alexias.

Byzantinisches Reich, *Byzanz, Oström. Reich, Ostrom,* entstanden 395 n. Chr. bei Teilung d. Röm. Reichs durch Theodosius; Kaiserreich mit zentralisierter Bürokratie u. griech. Oberschicht; bis 1261 n. Chr. versuchten mehrere Dynastien eine Wiederherstellung der altröm. Weltherrschaft; Justinian (527–65) setzte staatl. Macht über Kirche durch; s. Feldherren Belisar u. Narses besiegten die Wandalen in N-Afrika u. Ostgoten in Italien; i. 6. u. 7. Jh. Eindringen slaw. Stämme in Thrazien, Mazedonien u. Thessalien; 565 Verlust von Ober- u. Mittelitalien an die Langobarden; 641–942 Kämpfe mit Arabern, 679 selbständiges Bulgarenreich, das erst 1014 ganz unterworfen wird; größte Ausdehnung d. B. R.s bis Euphrat u. Tigris, Tripolis; 1040 Vertreibung d. arab. Seeräuber, Herrschaft über d. Levantehandel; im 11. Jh.

Einbrüche d. Normannen im byzantin. Unteritalien u. Thessalien u. d. → Seldschuken in Kleinasien; 1186 Abfall u. neues Reich d. Bulgaren; Handelskriege m. Venedig; 1204 Gründung d. *Lateinischen Kaisertums* in Konstantinopel unter Venedigs Vormacht; Parteikämpfe; im 13. u. 14. Jh. Eindringen v. Osmanen im O u. Serben im W; 1453 Einnahme v. Konstantinopel.

Byzantinismus, kriechendes Benehmen nach byzantin. Hofsitte, Unterwürfigkeit.

Byzanz, griech. Kolonie um 660 v. Chr. gegr., 196 n. Chr. zerstört, allmählich

wieder aufgebaut, 330 durch Konstantin d. Gr. als *Konstantinopel* Hpst. des Römischen, 395 des Oström. → Byzantinischen Reichs.

B-2-Bomber → Stealth-Bomber.

B-52-Bomber, größter amerikan. Fernbomber älterer Bauart, auch „Himmelsfestung" gen. Kampfradius ohne Nachtanken: 8000 km, Geschwindigkeit: 0,9 Mach. Im 2. → Golfkrieg eingesetzt, für Flächenbombardements, kann zusätzlich mit den 6 m langen Marschflugkörpern des Typs Cruise-Missile ausgerüstet werden.

C, 1) röm. Zahlzeichen = 100; **2)** *Physik:* Abk. für → *Celsius* oder → *Coulomb;* **3)** *chem.* Zeichen für → *Kohlenstoff* (lat. *carboneum*).

c, Abk. f. *Cent, Centime* u. *Zenti* ...

Ca, *chem.* Zeichen f. → *Calcium.*

ca., Abk. f. *circa* [l.], ungefähr, rund, etwa.

CAAC, Abk. f. *Civil Aviation Administration of China,* Bez. d. 1955 gegr. Zivilluftfahrtges. d. VR China.

Caballero, *m.* [kaβa′ʎero], span. Ritter.

Cabet [ka′bɛ], Etienne (2. 1. 1788–8. 11. 1856), frz. Advokat; versuchte zwei kommunist. Gemeinwesen in Amerika zu gründen; Roman: *Reise nach Ikarien.*

Cabinda, Distrikt u. Exklave Angolas, 7107 km², 114 000 E; Hptst. *C.,* Hafen am Atlantik; Anbau von Kakao, zunehmende Bedeutung d. Ölexports.

Cabochon [frz. -′ʃõ], rund geschliffener Edelstein.

Cabora-Bassa-Staudamm, 1968–77 erbaut, 160 m h., staut den oberen Sambesi in Moçambique zu ca. 2700 km² großem See, größtes Wasserkraftwerk Afrikas.

Caboto, 1) Giovanni (1425–99), Genuese, entdeckte 1497 in engl. Diensten Labrador, s. Sohn **2)** Sebastiano (1472–1557), erforschte 1517 die Hudsonbai, 1526–30 die O-Küste S-Amerikas.

Cabral, Pedro Alvarez (1460–1526), portugies. Seefahrer; entdeckte Brasilien 1500.

Cabrini, Francisca Xaveria (15. 7. 1850–22. 12. 1917), it. Missionsschwester in New York; erste Hlge d. USA (1946).

Cachenez, *s.* [frz. kaʃ′ne], Halstuch.

Cachucha, *w.* [ka′tʃutʃa], span. Volkstanz.

Cäcilia, Schutzheilige der Musik (Tag: 22. 11.).

CAD, *Computer-Aided Design,* Unterstützung des Konstruktionsprozesses im Maschinenbau mit Hilfe von → DVA.

Caddie [engl. ′kædi], **1)** zweirädriger Golfwagen; **2)** Golfjunge.

Cádiz [′kaðiθ], **1)** span. Prov., 7385 km², 1,05 Mill. E; **2)** Prov.-Hptst. a. *Golf v. C.,* 156 000 E; Seehafen u. Festung; med.

Fakultät d. Uni. Sevilla; Ausfuhr v. Sherry-Wein u. Salz; Fischerei. – 1100 v. Chr. v. Phöniziern gegr.

Cadmium, *Cd,* chem. El., Oz. 48, At.-Gew. 112,4, Dichte 8,64; zinkähnl. Metall; umweltgefährlich, kommt durch Stäube u. Nahrung in d. Körper u. reichert sich dort an; Schäden an inneren Organen u. dem Skelett *(Itai-Itai-Krankheit);* Vorkommen in Zinkerzen, dient zu Elektroden in Batterien, als Zinnersatz in Loten u. bes. f. leicht schmelzbare **C.legierungen** → Woods-Metall. – **C.sulfid,** gelbe Malerfarbe.

Caen [kã], Hptst. d. nordfrz. Dép. *Calvados,* mit d. Meer durch d. *Kanal v. C.* (14 km l.) verbunden, 184 000 E; Uni. (s. 1432); Eisenverhüttung.

Caetano, Marcello José (17. 8. 1906–26. 10. 80), portugies. Jurist u. Pol.; 1968–74 Min.präs.

John Cage

Cage [keɪdʒ], John (* 5. 9. 1912), am. Komp. u. Schriftst.; experimentelle Musik.

Cagliari [′kaʎʎari], Hptst. von Sardinien am *Golf v. C.* a. d. S-Küste, 219 000 E; Hafen, Uni.

Cagliostro [kaʎ-], Alexander (8. 6. 1743–26. 8. 95), sizilian. Bauernsohn u. Abenteurer; Hochstapler, in Rom z. lebenslängl. Haft verurteilt.

Caisson, *m.* [frz. kɛ′sõ], svw. → Senkkasten. – **C.krankheit** → Taucherkrankheit.

Cajetanus, *Thomas de Vio* (20. 2. 1469–9. 8. 1534), it Kardinal; verhandelte in Augsburg mit Luther.

Cakewalk, *m.* [engl. ′keɪkwɔːk], urspr. Negertanz, seit 1900 Gesellschaftstanz.

cal, Abk. f. → *Kalorie.*

Caladium, ein trop. → Aronstab mit eßb. Knollen, Zierpflanze.

Calais [ka′lɛ], frz. Hafenst. u. Festung an d. schmalsten Stelle des Kanals; Überfahrt nach England (Dover) ca. 50 Min.; 77 000 E. – 1347–1558 engl.; 1639 versenkten d. Ndl. d. span. Silberflotte vor C.

Calamus, *m.,* **1)** im Altertum z. Beschreiben d. Papyrus benutztes Schreibrohr; **2)** svw. → Rotangpalme.

Calbe a. d. Saale (D-3310), St. i. Kr. Schönebeck, S-A., 14 253 E; Landw., Ind., Eisenhüttenwerk.

Calcium, *Ca,* chem. El., Oz. 20, At.-Gew. 40,08, Dichte 1,54; silberweißes Erdalkali-Leichtmetall, an Luft unbeständig, zersetzt Wasser; häufig, doch nur in Verbindungen (Kalk, Marmor, Gips) vorkommend. – **C.carbid** → Carbid.

Calciumantagonisten, Medikamente, die durch e. Abnahme d. Konzentration v. Calciumionen i. d. Zellen wirken. Anwendungsgebiete: Herzrhythmusstörungen, → Hypertonie, → Angina pectoris.

Caldarium, Warmbad in römischen Thermen.

Calder [′kɔːldə], Alexander (22. 7. 1898–11. 11. 1976), am. Ing., Maler u. Bildhauer; Erfinder d. *Mobiles* (bewegte Drahtkonstruktionen).

Caldera, *w.* [span.], durch Einsturz od. Explosion kesselförmig erweiterter Vulkantrichter.

Calderón de la Barca, Pedro (17. 1. 1600–25. 5. 81), span. Dramatiker; über 120 Dramen; *Das Leben ein Traum; Richter von Zalamea.*

Caldwell, 1) (Janet) Taylor, eigtl. *J. Miriam Reback* (7. 9. 1900–30. 8. 85), am. Schriftst.in; *Einst wird kommen der Tag; Melissa;* **2)** Erskine (17. 12. 1903–11. 4. 87), am. Schriftst., sozialkrit. Romane a. d. Leben der Südstaaten: *Tobacco Road.*

Calefactorium, Wärmeraum im ma. Kloster.

Was unter C vermißt wird, siehe unter K und Z

Calembourg, *m.* [frz. *kalã'buːr*], Witz durch verschiedene Bedeutung gleichlautender Wörter.

Calendae, 1. Monatstag bei den Römern (davon → *Kalender*).

Calgary [*'kælgən*], Haupthandelsplatz d. kanad. Prov. Alberta, 671 000 E; Ölgesellschaften, Mühlen; Olymp. Winterspiele 1988.

Cali, Hptst. d. Dep. Valle del Cauca (22 140 km², 2,96 Mill. E) in Kolumbien, 1,4 Mill. E; Handelsplatz.

Calicut → Kozhikode.

California, am. für → Kalifornien.

Californium, *Cf,* künstl. chem. El., Oz. 98 (→ Transurane).

Caligula [l. „Stiefelchen"], 3. röm. Kaiser 37–41 n. Chr., wegen s. Schreckensherrschaft ermordet.

Callaghan [*'kæləhən*], James (* 27. 3. 1912), engl. Labour-Pol.; 1964–67 Schatzkanzler, 1967–70 Innen-, 1974–76 Außenmin., 1976–79 Prem.min.

Callao [-*'ʎao*], befestigte Hafenst. Perus, a. d. Pazifikküste, 12 km v. Lima, 318 000 E; Seebäder.

Callas, Maria (3. 12. 1923–16. 9. 77), griech. Sopranistin.

Callgirl, *s.* [engl. *'kɔːlgəːl*], Prostituierte, die Kunden auf Telefonanruf hin besucht od. empfängt.

Callot [-*'lo*], Jacques (1592–24. 3. 1635), frz. Zeichner u. Kupferstecher; realist. bzw. phantast. Stil (→ Tafel 9.757).

Calmette [-*'mɛt*], Albert Léon (12. 7. 1863–29. 10. 1933), frz. Bakteriologe. – **C.-Verfahren,** Tuberkulose-Schutzimpfung von Kindern in den ersten 9 Tagen mit einem unschädl. Tuberkulosebazillenstamm (BCG).

Calumet, *s.* [frz. *kaly'mɛ*], indian. *Friedenspfeife;* bei Friedensschluß vom Häuptling angeraucht u. an die Beteiligten weitergegeben.

Calvados, 1) nordfrz. Dép., 5548 km², 611 800 E; Hptst. *Caen;* **2)** Apfelbranntwein aus C.

Johann Calvin

Calvin, 1) Johann (10. 7. 1509–27. 5. 64), Reformator i. Genf, schuf i. s. Hauptwerk *Institutio* (→ Prädestination, strenge Kirchenzucht, von Luther abweichende Abendmahlslehre) die Grundlagen f. d. → reformierten Kirchen; der **Calvinismus** prägte den Protestantismus i. d. Schweiz, Frankreich, d. Niederlanden u. angelsächsischen Ländern; **2)** Melvin (* 7. 4. 1911), am. Chemiker; For-

schungen über d. → Photosynthese; Nobelpr. 1961.

Calw (D-7260), Krst. a. d. Nagold, Ba-Wü., 21 140 E; ma. St.bild, Klosteranlage *Hirsau;* Geburtsort v. Hermann → *Hesse;* Regnerbau; Woll- u. Tuchfabriken, Haushaltsgeräteind.

Calypso, *m.,* westind. Volksliederart; Modetanz d. 60er Jahre.

Camara, Helder Pessôa, genannt *Dom C.* (* 7. 2. 1909), brasilian. kath. Theol.; 1964–85 Erzbischof v. Olinda u. Recife; soz. Engagement; v. Papst z. Rücktritt gedrängt.

Camargue [-*'marg*], südfrz. Landschaft um das Rhônedelta; berühmt für ihre halbwilden weißen Pferde; Stierzucht; vielfältige Tierwelt, z. B. Flamingos.

Cambrai [kã'brɛ], St. im frz. Dép. *Nord,* an der Schelde, 37 000 E; Batistfabrik u. a. Ind. – 1508 *Liga von C.* zw. Maximilian I. und Ludwig XII. von Frkr.; 1529 → Damenfriede; 1678 an Frkr.

Cambridge [*'keimbridʒ*], **1)** Hptst. der engl. Gft *C.,* 90 000 E; Uni. (s. Anfang 13. Jh.); größtes Radioteleskop d. Welt (1972); **2)** St. im US-Staat Massachusetts, Vorort v. Boston, 93 000 E; Industrie; → Harvard-Universität.

Camden [*'kæmdən*], St. im US-Staat New Jersey, 85 000 E; Schiffbau, Industrie u. Handel.

Camembert [kamã'bɛːr], Vollfett-Weichkäse m. Schimmelkruste, benannt nach *C.,* Ort in der Normandie (Frkr.).

Camera [l.], Kammer; *Kamera,* → Fotografie.

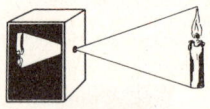

Camera obscura

Camera obscura, *Lochkamera,* lichtdichter Raum, z. B. Kasten, auf dessen Rückwand d. durch feine Öffnung od. Sammellinse in der Gegenwand einfallende Bild e. außen befindl. Gegenstandes in natürl. Farben verkehrt u. verkleinert erscheint; in d. Fotogr. Projektion auf Mattscheibe.

Camerlengo, päpstl. Finanzverwalter.

Camillus, Marcus Furius († 365 v. Chr.), röm. Staatsmann und Feldherr, mehrfach Diktator; legendärer Retter Roms v. d. Galliern.

Camões [kɐ'mõĩʃ], Luis de (um 1524–10. 6. 80), portugies. Dichter; *Die Lusiaden* (Nationalepos).

Camorra, pol. Geheimbund in Neapel; ähnlich der → *Mafia* auf Sizilien.

Camouflage, *w.* [frz. *-mu'flaʒə*], svw. Tarnung.

Campagna di Roma [-*'paɲɲa*-], Landschaft um Rom; zur Römerzeit fruchtbar, dann verödet; in jüngster Vergangenheit wieder kultiviert.

Campanella, Thomas (5. 9. 1568–21. 5. 1639), it. Renaissancephil.; *Sonnenstaat*

(Civitas solis); Utopie einer kath. Universalmonarchie.

Campanile

Campanile [it.], freistehender Glockenturm e. Kirche.

Campe, Joachim Heinrich (29. 6. 1746–22. 10. 1818), dt. Pädagoge; *Wörterbuch der dt. Sprache; Robinson.*

Campendonk, Heinrich (3. 11. 1889–9. 5. 1957), dt. abstrahierender Maler; Mitgl. d. → „Blauen Reiter"; u. a. (Hinter-)Glasmalerei.

Campigli [-*'íʎ*], Massimo (4. 7. 1895–1. 6. 1971), it. Maler; archaisierende wandbildhafte Figurenkomposition.

Campinas, brasilian. St. im Staat São Paulo, 946 000 E; Textil- u. Möbelind., Kaffeeanbaugebiet.

Camping, *s.* [*'kæmp*-], Übernachten u. Lagern in Zelt od. Wohnwagen; meist auf *C.plätzen.*

Campos, brasilian. St. i. Staat Rio de Janeiro, 367 000 E.

Campus, *m.* [engl. *'kæmpəs*], i. angelsächs. Ländern Bez. für d. gesamte Anlage einer Hochschule, einschließl. d. Studentenwohngebäude.

Albert Camus

Camus [-*'my*], **1)** Albert (7. 11. 1913–4. 1. 60), frz. existentialist. Schriftst.; Romane: *Die Fremde; Die Pest;* Dramen: *Caligula;* Essays: *D. Mythos v. Sisyphos;* Nobelpr. 1957; **2)** Marcel (21. 4. 1912–13. 1. 82), frz. Filmregisseur; *Orfeu Negro* (1958).

Canal de l'Est, frz. Schiffahrtsweg, verbindet Maas mit Mosel u. Saône: Nordarm zw. Givet u. Troussey (270 km), Südarm zw. Toul u. Corre; beide Arme verbunden durch Rhein-Marne-Kanal.

Canal du Midi, [-*dy*-], südfrz. Schiffahrtsweg v. d. Garonne z. Mittelmeer, 241 km l.; i. Verfall begriffen.

Canaletto, Beiname der venezian. Landschafts- u. → Vedutenmaler **1)** Antonio *Canale* (18. 10. 1697–20. 4. 1768), zeitweise auch in Rom u. London tätig; sowie seines Neffen **2)** Bernardo *Bellotto* (30. 1. 1720–17. 10. 80), u. a. in Dresden, Wien u. Warschau tätig.

Canaris, Wilhelm (1. 1. 1887–9. 4. 1945), Admiral u. Chef d. Abwehr im Oberkommando d. Wehrmacht. Hingerichtet im KZ Flossenbürg.

Canasta, *s.,* dem Rommé ähnl. Kartenspiel; beliebige Spielerzahl, 104 Karten, 4–6 Joker.

Canberra ['kænbərə], Bundeshptst. Australiens, 286 000 E; 1913 gegr., Parlament s. 1927.

Cancan [kã'kã], frz. aufreizender Tanz (Abb. → Tafel Tanz).

Candela, *cd,* SI-Basiseinheit f. Lichtstärke.

Candidiasis, durch Hefepilze hervorgerufene Erkrankung d. Haut, Schleimhäute u. auch inneren Organe; bes. b. sehr geschwächten Patienten od. nach Behandlung mit → Antibiotika.

Canetti, Elias (* 25. 7. 1905), Schriftst. bulgar. Herkunft; schreibt dt.; Roman: *Die Blendung;* Abhandlung: *Masse u. Macht;* Autobiographie: *Die gerettete Zunge;* Nobelpr. 1981.

Canisius, Peter (8. 5. 1521–21. 12. 97), erster dt. Jesuit; → Gegenreformation in Dtld, heilig 1925.

Canna, *Blumenrohr,* Zierstaude aus d. trop. Amerika.

Cannae, it. Ort in Apulien; Sieg Hannibals über die Römer, 216 v. Chr.

Cannes [kan], frz. St. an der Mittelmeerküste (Riviera), 73 000 E; Kurort, Seebad, Filmfestspiele.

Cañon [span. 'kanjɔn „Röhre"], schluchtart. Engtal, durch fließendes Wasser ausgefurcht (z. B. „*Grand C.*" d. Colorado i. Arizona, 2000 m t.).

Canopus [gr.], hellster Stern 0. Größe im Sternbild Carina, südl. → Sternhimmel F; Peilstern f. → Satelliten.

Canossa, Burgruine auf steilem Felsen in der it. Prov. Reggio nell'Emilia; Bußgang Kaiser → Heinrichs IV. zu Papst Gregor VII. (1077).

Canova, Antonio (1. 11. 1757–13. 10. 1822), bahnbrechender it. Bildhauer d. Klassizismus; *Amor u. Psyche; Napoleon; Paolina Borghese.*

Canstein, Carl Hildebrand Frh. v. (4. 8. 1667–19. 8. 1719), dt. Pietist; begr. 1710 d. C.sche Bibelanstalt in Halle.

Cant, *m.* [engl. kænt], gesellschaftliche Heuchelei.

cantabile [it.], *mus.* sangbar, innig singend.

Cantal [kã'tal], Dép. in Mittelfrkr. (Auvergne), 5726 km², 159 000 E; Hptst. *Aurillac.*

Canterbury ['kæntəbəri], engl. St. in der Gft Kent, 34 000 E; anglikan. Erzbischofssitz, got. Kathedrale.

Canton ['kæntən], **1)** Insel i. Pazifik; **2)** St. im US-Staat Ohio, 94 000 E; Stahlwaren.

Cantor, Georg (3. 3. 1845–6. 1. 1918), dt. Math., begr. d. Mengenlehre.

Cantus, *m.* [l.], Gesang; melodieführende Stimme; auch: **C. firmus.**

Caodai, Sekte in Indochina, seit 1926; vereinigt Elemente versch. Religionen, verehrt Buddha, Konfutse, Laotse, Christus.

Cape, *s.* [engl. keip], ärmelloser Umhang.

Cape Canaveral, 1963–73 *Cape Kennedy,* am. Raketenversuchsgelände in Florida am Atlantik.

Čapek ['tʃa-], Karel (9. 1. 1890–25. 12. 1938), tschech. Dichter; phil. Erzählungen; Dramen: *R.U.R.;* utop. Romane: *D. Krieg m. d. Molchen.*

Capella, hellster Stern 1. Größe im Sternbild Fuhrmann, nördl. → Sternhimmel B.

Capet, Hugo, frz. Kg 987–96, begr. Dynastie d. Kapetinger.

Capital Flow ['kæpitəl flou], Ausdruck für eine Kapitalfluktuation von einem Industriezweig od. Wirtschaftsgebiet zum anderen.

Capote [kə'pouti], Truman (30. 9. 1924– 25. 8. 84), am. Schriftst.; Kurzgeschichten u. Romane; *Grasharfe; Frühstück bei Tiffany; Kaltblütig; Musik für Chamäleons.*

Caprera, kahle it. Insel vor Sardinien, 16 km², Aufenthaltsort Garibaldis; Nationaldenkmal.

Capri, Kalkinsel i. Golf v. Neapel, 10 km², m. d. → *Blauen Grotte;* Monte Solaro, 589 m hoch, mit Sonnenobservatorium; Hptst. *C.* 12 000 E.

Capriccio [it. -itʃo], **1)** scherzhaftes, spritziges Tonstück; **2)** → Vedute.

Caprivi, Leo, Gf v. (24. 2. 1831–6. 2. 99), preuß. Gen.; 1890–94 Reichskanzler; Nachfolger Bismarcks; → Rückversicherungsvertrag.

Capsicum, *s.* [l.], Familie d. Nachtschattengewächse, kl. Halbsträucher od. einjährige Kräuter, i. warmen Ländern angebaut, liefern Paprika, roten, span. od. Cayennepfeffer u. a. Gewürz- u. Arzneimittel; in d. Samenanlage d. scharfe *Capsaicin.*

Capsien [ka'psjɛ̃], nach d. Fundort Gafsa, S-Tunesien, ben. Kultur d. Mittelsteinzeit i. N-Afrika.

Captatio benevolentiae [l.], „Bewerbung um die Gunst" („des Hörers od. Lesers); rhetor. Figur (urspr. röm. Gerichtssprache).

Capua, it. St. nördl. Neapel, a. Volturno, 18 000 E; südöstl. davon *Santa Maria C. Vetere* auf den Ruinen des alten C., der Hptst. Kampaniens.

Caput mortuum [l. „Totenkopf"], aus d. MA stammende Bez. f. Eisenoxid; Glührückstand v. Eisenvitriol, rote Malerfarbe u. Poliermittel.

Caracalla, Marcus Aurelius Antoninus, röm. Kaiser 211–217 n. Chr.; baute → *Thermen.*

Caracas, Hptst. v. Venezuela (v. Seehafen *La Guaira* 9,3 km), 3,24 Mill. E; Uni.

Caracas

(s. 1722), Ausfuhr von Erdöl, Kaffee, Kakao; chem. Ind.; 1567 gegründet, Erdbeben 1812 u. 1900.

Caravaggio [-'vaddʒo], Michelangelo da (28. 9. 1573–18. 7. 1610), it. Maler d. Barock; s. realist.-direkte Vergegenwärtigung d. Bildthemas, plastische Durchbildung d. Figuren u. dynamische Helldunkel-Malerei waren stilprägend für d. europ. Malerei d. 17. Jh.; *Ruhe auf der Flucht; Medusa; Bekehrung des Saulus.*

Carbamidharze, svw. → Aminoplaste.

Carbid, *s.,* chem. Verbindung von Kohlenstoff mit Metallen (z. B. Eisencarbid); *Calciumcarbid* (CaC_2) im el. Ofen aus gebranntem Kalk u. Koks hergestellt, ergibt mit Wasser d. → Acetylengas (Beleuchtung, Schweißen, Zwischenprodukt f. organ., synthet. Stoffe); *Siliciumcarbid* (SiC, Carborund), hartes Schleifmittel, aus Koks, Sand u. Kochsalz, im el. Ofen gewonnen, feuerfestes Ofenausmauerungsmaterial.

Carbolineum, *s.* [-'neum], schweres braunes Öl aus Steinkohlenteer zum Imprägnieren von Holz.

Carbonate, Salze der Kohlensäure (z. B. Soda, Pottasche, Kalk, Dolomit, Marmor, Kreide).

carbonisieren, Beseitigung v. Pflanzenfasern aus der Wolle mittels Schwefelsäure.

Carbonsäuren → Carboxyl.

Carborund, *s.,* Siliciumcarbid, → Carbid.

Carboxyl, *s.,* COOH, funktionelle Gruppe in organ. Carbonsäuren (*Benzoë-, Ameisen-, Essigsäure* u. a.).

Carcassonne [-'sɔn], Hptst. d. frz. Dép. *Aude,* am → Canal du Midi, 42 000 E; Festungsanlage (5.–13. Jh.).

Cardano, Geronimo (24. 9. 1501–21. 9. 76), it. Phil., Arzt u. Math.; → kardanische Aufhängung; *Selbstbiographie.*

Cardiff, Hptst. v. Wales, 274 000 E; größter Kohleausfuhrhafen d. Erde; Werften, Schwerind.

Cardin [-'dɛ̃], Pierre (* 7. 7. 1922), frz. Modeschöpfer.

Carducci [-'duttʃi], Giosuè (27. 7. 1835–16. 2. 1907), it. Lyriker (*Odi barbare*) u. Lit.historiker; Nobelpr. 1906.

CARE [kæə], Abk. f. *Cooperative for American Remittances to Everywhere,*

Vereinigung v. 26 am. Organisationen (nach 1945) z. Versand von Hilfspaketen in ausländ. Notstandsgebiete.

Carissimi, Giacomo (1605–12. 1. 74), it. Komponist; Oratorien u. Kantaten.

Caritas, *w.* [l.], Liebe, Nächstenliebe. – **C.verband, Dt.,** kath. Spitzenverband d. Freien Wohlfahrtspflege, gegr. 1897 von Prälat L. *Werthmann* (1858–1921), Zentrale Freiburg i. Br., gegliedert nach Diözesen, Kreisen, Pfarreien: Familien-, Kinder-, Jugend-, Alten-, Kranken-, Behinderten-, Gefährdeten-, Spätaussiedler-, Auswanderer-, Gastarbeiter-, Flüchtlings- u. Auslandshilfe; Betreuung u. Förderung der 28 000 kath. caritativen Einrichtungen mit 1,05 Mill. Plätzen, darunter 28 000 Ordénsangehörige.

Carlisle [*ka:'laɪl*], Hptst. d. engl. Gft Cumberland, 72 000 E; Textil- u. a. Ind.

Carlos, Don Carlos, 1) Infant von Spanien (8. 6. 1545–24. 7. 68), mit seinem Vater Philipp II. im Streit, starb wahnsinnig im Gefängnis (Drama v. Schiller); 2) C., *Maria J.* (29. 3. 1788–10. 3. 1855), Bourbone, Bruder Ferdinands VII. v. Spanien; erklärte sich 1833 als Karl V. z. Kg (Anhänger: Karlisten); Bürgerkrieg; Thronentsagung 1845.

Carl XVI. Gustaf (* 30. 4. 1946), König v. Schweden; s. 1973 verheiratet m. Kgn *Silvia* (geb. *Sommerlath*).

Carlyle [*-'laɪl*], Thomas (4. 12. 1795–5. 2. 1881), engl. Kulturphil. u. Historiker (dt. Idealismus).

Carmen, *s.* [l.], 1) Gedicht; 2) span. weibl. Vorname; Oper (nach Mérimée) von Bizet.

Carmen Sylva, Königin Elisabeth von Rumänien (29. 12. 1843–2. 3. 1916), Gattin Carols I.; auch Schriftstellerin.

Carmina Burana [l. „Lieder aus Benediktbeuern"], Lieder fahrender Schüler (13. Jh.); Bühnenwerk v. Orff.

Carnallit, *m.,* KCl·MgCl₂, ein Abraumsalz (Kalium-Magnesiumchlorid), als Dünger u. zur Kaligewinnung.

Carnap, Rudolf (18. 5. 1891–14. 9. 1970), dt. Phil. d. → Wiener Kreises; seit 1936 in Chicago, begr. d. logist.-positivist. *„Konstitutionstheorie"*, entwickelte e. log. Syntax u. Semantik d. Sprache; *Der log. Aufbau der Welt.*

Carné, Marcel (* 18. 8. 1909), frz. Filmregisseur; *Les enfants du paradis* (1945).

Carnegie [*'kanɛgɪ*], Andrew (25. 11. 1835–11. 8. 1919), am. „Stahlkönig"; C.-Stiftungen: *Friedenspalast* (Den Haag), *Wilson-Observatorium, C. Hall* (New York) u. a.

Carnet, *s.* [*-'nɛ*], intern. Grenzpassierschein für Kraftfahrzeuge.

Carnot [*-'no*], 1) Lazare, Gf (13. 5. 1753–2. 8. 1823), Organisator d. frz. Revolutionsheere; s. Sohn 2) Nicolas L. Sadi (1. 6. 1796–24. 8. 1832), frz. Phys. u. Ing., nach ihm *C.scher Kreisprozeß:* umkehrbarer Zustandsverlauf in der Wärmelehre zur günstigsten Wärmeausnutzung (z. B. bei → Wärmekraftmaschinen, → Wär-

mepumpen); **3)** M. François Sadi, Enkel v. 1) (11. 8. 1837–24. 6. 94), 1887 Präs. d. frz. Rep.

Carol, [*rumän.* „Karl"], Kge v. Rumänien: **1)** C. I. v. Hohenzollern-Sigmaringen (20. 4. 1839–10. 10. 1914), s. 1881 Kg; **2)** C. II. (15. 10. 1893–4. 4. 1953), Kg 1930–40, dankte ab.

Carolina, *Constitutio Criminalis Carolina* (C.C.C.), peinliche Gerichtsordnung Karls V. (1532).

Carossa, Hans (15. 12. 1878–12. 9. 1956), dt. Dichter u. Arzt; Lyrik u. Romane; *Der Arzt Gion; Das Jahr der schönen Täuschungen.*

C.A.R.P. → Vereinigungskirche.

Carpaccio [*-'pattʃo*], Vittore (um 1460–1525), venezian. Maler noch der ausklingenden Spätgotik; bes. die detailreichen Bildfolgen dokumentieren auch das Leben s. Zeit; *Ursula-Legende.*

carpe diem! [l.], „genieße den Tag!" (Horaz).

Carrà, Carlo (12. 2. 1881–13. 4. 1966), it. Maler, Entwicklung vom → Futurismus (Mitbegr.) über d. → Pittura metafisica zur → Neuklassik.

Carracci [*-'rattʃi*], it. Malerfamilie an der Wende zum Barock, Begr. d. Akad. in Bologna; **1)** Lodovico (get. 21. 4. 1555–13. 11. 1619); s. Vetter **2)** Agostino (15. 8. 1557–23. 2. 1602) u. **3)** Annibale (get. 3. 11. 1560–15. 7. 1609); Fresken in d. Galerie d. Palazzo → Farnese (Rom).

Carrara, *Massa-C.,* Hptst. d. it. Prov. M.-C. (Toskana), 69 000 E; Marmorbrüche; Kunstakademie.

Carrel, Alexis (28. 6. 1873–5. 11. 1944), frz. Arzt u. Biol.; Blutgefäßnaht, Organüberpflanzungen; Nobelpr. 1912.

Carreras, José (* 5. 12. 1946), span. Tenor.

Carriera, Rosalba (7. 10. 1675–15. 4. 1757), it. Malerin d. venezian. Rokoko, zeitweise auch in Paris u. Wien tätig; Meisterin des Pastellbildnisses.

Carrillo [*-'rriʃo*], Santiago (* 18. 1. 1915), span. Pol.; 1960–82 Gen.sekr. d. KP Spaniens; Vertr. e. → Eurokommunismus.

Carrington, Peter Alexander Lord (* 6. 1. 1919), engl. Pol.; 1970–74 Verteidigungsmin., 1974 Energiemin., 1979–82 Außenmin., 1984–88 Gen.sekr. d. NATO.

Carroll [*'kærəl*], Lewis, eigtl. *Charles Lutwidge Dodgson* (27. 1. 1832–14. 1. 98), engl. Dichter; *Alice im Wunderland; Alice hinter d. Spiegel.*

Cartagena [*-'xena*], **1)** span. Hafenst. am Mittelmeer, 169 000 E; **2)** Hafenst. in Kolumbien, 560 000 E; Erdöl.

Carte blanche, *w.* [frz. *kart(ə) 'blãʃ*], Blanko-, d. h. unbeschränkte Vollmacht.

Jimmy Carter

Carter [*katə*], James („Jimmy") Earl (* 1. 10. 1924), am. Pol. (Demokrat); 1970–74 Gouverneur v. Georgia, 1977–81 39. Präs. der USA.

Cartesische Koordinaten → Koordinaten.

Cartesius, latinisierter Name von → Descartes.

Cartoon, *m.* [engl. *ka'tun* „Karton"], in d. bild. Kunst s. 1843 gebr. Begriff f. e. parodist. Zeichnung (auch Zeichnungsfolge, → Comics), die Zeitgenossen, Ereignisse u. Zustände humorvoll beleuchtet.

Cartwright [*'katraɪt*], Edmund (24. 4. 1743–30. 10. 1823), engl. Prediger u. Techniker; erfand 1786 d. mechan. Webstuhl.

Carus, Carl Gustav (3. 1. 1789–28. 7. 1869), dt. Arzt und Phil.; Maler, Romantiker; Freund Goethes; nahm Psychologie (d. Unbewußten) vorweg; *Psyche.*

Caruso, Enrico (27. 2. 1873–2. 8. 1921), it. Tenor.

Carver [*'kavə*], George Washington (1864–5. 1. 1943), am. Biol.; Verwertung d. Erdnuß, Sojabohne, Süßkartoffel.

Casablanca, arab. *Dar-el-Beida,* Hpthandelsplatz u. Hafen v. Marokko, a. Atlant. Ozean, 2,51 Mill. E.

Casals, Pablo (29. 12. 1876–22. 10. 1973), span. Cellist u. Komponist.

Casanova, Giovanni Jacopo Chevalier de Seingalt (2. 4. 1725–4. 6. 98), it. Dichter; floh aus Venedigs Bleikammern, besuchte Friedrich II., Voltaire u. a., starb in Dux (Böhmen); *Memoiren; utop. Roman: Eduard u. Elisabeth od. D. Reise i. d. Innere d. Erdballs.*

Cäsar, Gajus Julius (13. 7. 100–15. 3. 44 v. Chr.), röm. Feldherr u. Staatsmann, 60 erstes Triumvirat m. Pompejus und Crassus, unterwarf 58–51 Gallien, 55/54 Britannien, besiegte Pompejus 48 bei Pharsalus, hob als Alleinherrscher (seit 45 Imperator) die republikan. Verfassung

Karl Carstens

Carstens, 1) Asmus Jakob (10. 5. 1754–25. 5. 98), dt. klassizist. Maler; allegor. u. mytholog. Themen; 2) Karl (* 14. 12. 1914), CDU-Pol.; 1973–76 Vors. d. CDU/CSU-Fraktion, 1976–79 Präs. d. B.tages, 1979–84 Bundespräs.

Julius Cäsar

Roms auf; v. d. Republikanern Brutus u. Cassius im Senat ermordet; schrieb *Bürgerkrieg* u. *Gall. Krieg;* Einführung des *Julianischen* → *Kalenders.* – Name *C.* wurde Kaiser-, später Thronfolgertitel; abgeleitet: → Kaiser u. → Zar.

Cäsarea, Name mehrerer Städte d. Altertums.

Cäsaropapismus, Staatsrechtsform, bei der d. höchste Staats- u. Kirchengewalt beim Herrscher liegt (z. B. in Byzanz).

Casein, *s.,* Käsestoff, Haupteiweißstoff d. Säugetiermilch, gerinnt beim Sauerwerden u. durch das → Labferment der Magenschleimhaut; verwendet z. Herstellung von Käsen, Kunststoffen, Klebstoffen.

Casella, Alfredo (25. 7. 1883–5. 3. 1947), it. Komp.; Sinfonien, Opern, Kammermusik, Lieder.

Caserta, it. St. in Kampanien, 68 000 E; Barockschloß.

Cash [engl. *kæʃ*], Bargeld, Barzahlung.

Cash and carry [*-ənd 'kæn*], 1) vertragl. Vereinbarung i. Handel, derzufolge d. Käufer bar bezahlen u. die Ware auf eigene Kosten befördern muß; 2) Bez. für → Discount-Geschäfte.

Cash Flow [*-flou*], Indikator der Ertragskraft, d. h. Nachweis über den Erfolg des eingesetzten Kapitals einer Unternehmung; errechnet sich grundsätzlich aus d. Gewinn vor Abzug der gewinnabhängigen Steuern zuzüglich den Abschreibungen je Periode; Modifikationen im Berechnungsmodus sind möglich; hoher C. F. beweist: große Innenfinanzierungs- u. Ertragskraft.

Cäsium, *Cs,* chem. El., Oz. 55, At.-Gew. 132,905, Dichte 1,9; seltenes Alkalimetall, benutzt als Kathode in fotoel. Zellen (weil C. bei Belichtung leicht Elektronen abspaltet).

Cassa, *w.* [it.], Bargeld.

Cassavetes, John (9. 12. 1929–3. 2. 89), am. Schausp. u. Filmregisseur; *Husbands* (1970); *A Woman Under the Influence* (1973); *Gloria* (1980); *Love Streams* (1984).

Cassettenrecorder, *m.* [engl.], best. Bauform e. → Magnetbandgerätes, gekennzeichnet durch Verwendung v. genormten Compact-Cassetten (CC), die Tonband mit Auf- u. Abwickelvorrichtungen enthalten; breites Marktangebot: von aufwendigen → Hi-Fi-Geräten bis zu einfachen, tragbaren C.n (→ Walkman).

Cassin [*-'sɛ̃*], René (5. 10. 1887–20. 2. 1976), frz. Jurist; Friedensnobelpr. 1968 (f. maßgebl. Mitarbeit an Menschenrechtserklärung d. UNO).

Cassiodorus, Magnus Aurelius (ca. 490–583), röm. Staatsbeamter unter → Theoderich d. Großen u. Gelehrter.

Cassiopeia [gr.], 1) Mutter der Andromeda; 2) Sternbild, 5 hellste Sterne bilden ein „W"; nördl. → Sternhimmel A.

Cassirer, Ernst (28. 7. 1874–13. 5. 1945), dt. → Neukantianer.

Cassius, Gaius Longinus, einer der Verschwörer gg. Cäsar; † 42 v. Chr. bei Philippi.

Castel Gandolfo, it. St. (exterritorial) am Albaner See, 6300 E; päpstl. Sommerresidenz; Sternwarte.

Castellammare di Stabia, it. St. am Golf von Neapel, 68 000 E; Hafen, Seebad.

Castellón de la Plana, Hptst. d. span. Prov. *C.,* 130 000 E; Apfelsinenhandel.

Castiglione [*-iʎ'ʎoʊ-*], Baldassare (6. 12. 1478–7. 2. 1529), it. Schriftst. u. Diplomat; *Il cortegiano* (Dialog über d. höf. Formideal d. Renaissance).

Castize → Mischlinge.

Castle, *s.* [engl. *kaːsl*], Schloß, Burg.

Castle-Ferment, *C.-Faktor,* engl. *intrinsic factor,* im Magen und Zwölffingerdarm gebildetes Enzym, bei dessen Fehlen perniziöse → Anämie entsteht.

Castlereagh [*'kaːslreɪ*], Robert (18. 6. 1769–12. 8. 1822), engl. Außenmin. (Wiener Kongreß).

Castor [l.], griech. *Kastor,* 1) einer der → Dioskuren, Bruder des Pollux; Rossebändiger; 2) Doppelstern im Bild der → Zwillinge, bildet mit schwächeren Begleitern 6faches Sternsystem; nördl. → Sternhimmel C.

Fidel Castro

Castro, Fidel (* 13. 8. 1927), kuban. Pol.; s. 1959 Min.präs., s. 1976 auch Vors. d. Staatsrates.

Castrop-Rauxel (D-4620), St. im Kr. Recklinghausen, NRW, 77 660 E; chem. Industrie; AG; Hafen.

Casus belli, *m.* [l.], „Kriegsfall", Grund z. Kriegserklärung.

Çatal Hüyük, jungsteinzeitl. Fundstätte in Anatolien; 8500 Jahre alte Siedlung.

Catania, it. Prov.-Hptst. auf Sizilien, am Fuß des → Ätna, 366 000 E; Uni.; Ausfuhrhafen.

Catboat [engl. *'kætbout*], Gattungsbegriff f. Segelboote m. nur 1 Segel.

Catch-as-catch-can, *s.* [engl. *'kætʃəz 'kætʃ'kæn* „Greife, wie du greifen kannst"], Freistilringen; m. wenigen Ausnahmen alle Griffe erlaubt.

Catcher [engl. *'kætʃə*], 1) Fänger beim Baseball; 2) berufsmäßiger Freistilringer.

Catchup, m. od. *s.* [engl. *'kætʃəp*], *Ketchup,* gewürzte Tomatensoße.

Cather [*'kæðə*], Willa S. (7. 12. 1873–24. 4. 1947), am. Schriftst.in; *Der Tod kommt zum Erzbischof.*

Catilina, Lucius Sergius (108–62 v. Chr.), verschuldeter röm. Adliger; Anstifter einer Verschwörung gg. die Republik, 63 v. → Cicero angeklagt (→ quo-usque tandem?).

Cato, 1) Marcus Porcius (234–149 v. Chr.), Vorbild altröm. Sittenstrenge, hartnäckiger Feind Karthagos (→ ceterum censeo ...); Lehrbuch: *Über den Ackerbau;* s. Urenkel 2) C. der Jüngere (95–46 v. Chr.), Gegner Cäsars, tötet sich aus Treue zur Republik in *Utika.*

catonisch, sittenstreng.

Cattaro → Kotor.

Cattleya, *w.,* trop. auf Bäumen wachsende Orchideengattung.

Catullus, Gaius Valerius (um 84–54 v. Chr.), röm. Lyriker (Liebesgedichte).

Caudillo, *m.* [span. *kaũ'ðiʎo*], „Anführer", pol. Machthaber; Bez. f. Gen. → *Franco-Bahamonde.*

Causeur, m. [frz. *ko'zœr*], Plauderer, Schwätzer.

Causticum [gr.], ätzender Stoff (z. B. Natriumhydroxid).

Caux [*ko*], (CH-1824), Kurort b. Montreux, Kanton Waadt; Tagungsort d. *Weltkonferenz f.* → *Moralische Aufrüstung.*

Cavalleria, *w.* [it.], Ritterlichkeit. – *C.* **rusticana,** Bauernehre; Oper v. Mascagni.

cave canem! [l.], „Hüte dich vor dem Hund!"

Cavendish [*'kævəndiʃ*], Henry (10. 10. 1731–24. 2. 1810), engl. Chem.; entdeckte Wasserstoff, Kohlendioxid.

Cavour [*ka'vur*], Camillo, Gf v. (10. 8. 1810–6. 6. 61), it. Staatsmann; verband sich 1858 mit → Napoleon III. gg. Östr., schuf 1861 den it. Nat.staat.

Cawnpore → Kanpur.

Cayatte [*ka'jat*], André (3. 2. 1909–6. 2. 89), frz. Rechtsanwalt u. Filmregisseur; *Nous sommes tous des assassins* (1952); *La vie conjugale* (1963).

Cayenne [*ka'jɛn*], Hptst. v. Frz.-Guayana, auf der Insel *C.,* 38 000 E; bis 1947 Strafkolonie.

Cayennepfeffer, als Schoten, gemahlen u. als Soße, in Südamerika, Afrika u. Indien angebaut; Früchte d. Paprikaschoten ähnlich, aber schärfer.

CB, Abk. f. *Citizen Band,* engl. Bez. f. den sog. Jedermann-Funk; ohne Lizenz mit CB-Funkgeräten im Kurzwellen-Bereich auf 27 MHz.

CBD, Abk. f. *cash before delivery,* Kasse (Zahlung) *vor* Lieferung.

cbm, ccm, früher Abk. f. *Kubikmeter, Kubikzentimeter,* heute *m³, cm³.*

CC, Corps consulaire, Kfz-Erkennungszeichen f. konsular. Vertretungen.

CD, Corps d*iplomatique,* Kfz-Erkennungszeichen f. diplomat. Vertretungen.

Cd, *chem.* Zeichen f. → *Cadmium.*

cd, Abk. f. → *Candela.*

CDU, C*hristlich-*Demokratische Union, → Parteien, Übers.

Ce, *chem.* Zeichen f. → *Cer* (lat. *cerium*).

Ceará [*sĩa'ra*], Küstenstaat i. NO-Brasilien, 145 694 km², 6,36 Mill. E; Hptst. *Fortaleza;* Baumwolle, Tabak, Zuckerrohr, Viehzucht.

Ceauşescu [*tʃau'ʃesku*], Nicolae (26. 1. 1918–25. 12. 89), rumän. Pol.; s. 1965 Gen.sekr. d. rumän. KP, s. 1967 Staatsratsvors., 1974–89 Staatspräs.; hingerichtet.

Cebú, Philippinen-Insel, 5088 km², 2 Mill. E; Hptst. *C.,* Seehafen.

Cech, Thomas R. (* 8. 12. 1947), am. Biochemiker, Entdeckung der RNA-Katalyse und der Ribozyme; Nobelpr. 1989.

Cedille, w. [*se'dij(ə)*], im Frz. Fußhäkchen am c (ç), wenn man es vor a, o, u wie *s* sprechen soll.

Ceefax [engl. „see facts"], Textübertragungsdienst d. BBC; in d. BR → Videotext.

Cela [*'θela*], Camilo José (* 11. 5. 1916), span. Schriftst.; Erzählungen, Gedichte; Nobelpr. d. Lit. 1989.

Celan, Paul, eigtl. *Paul Anczel* (23. 11. 1920–26. 4. 70), dt. Lyriker u. Übers.; *Todesfuge, Sprachgitter; Atemwende;* Nobelpr. 1989.

Celebes [*'se-*], amtl. *Sulawesi,* eine d. Großen Sunda-Inseln, Teil Indonesiens, 1819–1949 ndl., 189 216 km², 12 Mill. E, hpts. Malaien; gliedert sich in 4 gr. Halbinseln; gebirgig (*Lompobatang* 3071 m), im NO auch vulkanisch (Minahassa), trop. Klima; Ausfuhr: Kaffee, Kokosnüsse, Reis, Tabak, Zuckerrohr, Eisenerz; Hptst. u. -hafen *Makassar,* Seehafen *Menado. - C.-See,* zw. Sulu-Inseln, Mindanao, Borneo u. N-Celebes; 6220 m tiefes Einbruchsbecken.

Celęsta [it. *tʃe-* „himmlisch"], 1886 v. A. Mustel zuerst gebautes Stahlplattenklavier (Klaviaturglockenspiel) f. → Orchester.

Céline [*se'lin*], Louis-Ferdinand, eigtl. *Louis Destouches* (27. 5. 1894–2. 7. 1961), französischer Dichter und Arzt; lyr.-satir. Romane: *Reise ans Ende der Nacht.*

Cella, w. [l.], Hauptraum d. antiken Tempels f. d. Kultbild.

Celle (D-3100), St. im Rgbz. Lüneburg, am Rande der Lüneburger Heide, 71 050 E; OLG; Schloß, Renaissance-Rath., alte Fachwerkbauten; Tagungsort; dt. Erdölzentrum, elektrotechn. u. chem. Ind.; Landesgestüt.

Cellini [*tʃel-*], Benvenuto (3. 11. 1500–13. 2. 71), it. Goldschmied u. Bildhauer d.

Renaissance; *Perseus; Selbstbiographie* (übers. v. Goethe).

Cello → *Violoncello.*

Cellophan → Zellglas.

Celluloid, Nitrocellulose-Kunststoff; v. J. W. *Hyatt* 1880; hochplastisch, feuergefährlich, hpts. zur Herstellung v. Kämmen, Tischtennisbällen und Druck-Klischees; → Collodium.

Cellulose, w., Zellstoff, chem. ein Kohlenhydrat; Baumwolle ist reine C., Holz enthält 40–60% (→ Holz, Abb.); für Papier, Kunststoffe, Sprengstoffe u. Kunstspinnfasern. – C.acetat, z. Herstellung v. thermoplast. Produkten, bes. Sicherheitsfilmen, Acetatfasern, Spritzgußmassen. – C.ether, durch Umsetzung v. C. m. Alkoholen gewonnene hochmolekulare Produkte (z. B. *Ethylcellulose*).

Celsius, Anders (27. 11. 1701–25. 4. 44), schwed. Physiker und Astronom; → Thermometerskalen.

Celtis, Konrad, eigtl. *Pichel* (1. 2. 1459–4. 2. 1508), dt. Humanist u. Dichter; in lat. Sprache: *Amores.*

Cembalo, s. [it. *'tʃem-*], *Klavyzimbel, Kielflügel,* Klavierinstrument v. harfenart. Klang: Saiten nicht durch Hämmer angeschlagen, sondern m. Federkielen angerissen.

Cent, Centavo, Centesimo, Centime, Centimo → Währungen, S. 1087.

cental → Maße u. Gewichte, S. 1085.

Centaurea → Flockenblume und → Kornblume.

Centaurus → Kentaur; südl. → Sternhimmel D, E.

CENTO, Central Treaty Organization, seit 1959 Name für → Bagdadpakt; 1979 aufgelöst.

Centovalli [it. *tʃen-* „100 Täler"], schweiz. Teil (i. Tessin) d. Melezzatals, el. Bahn.

Centro Sinistra [*'tʃen-*], Mitte-Links-Koalitionsregierungen i. Italien nach 1960.

Centum [l.], Abk. C = 100.

Centurie, w. [l.], Hundertschaft, **1)** Abt. im röm. Heer, geführt v. *Centurio;* Hptmann; **2)** Stimmeinheit bei Volksversammlungen im alten Rom.

Cephalopoden [gr.], Kopffüßer, → Tintenfische.

Cepheiden, Sterne veränderl. Helligkeit, nach d. Stern δ (Delta) im → Cepheus benannt; hervorgerufen durch → Pulsation, hohe Leuchtkraft (Riesenstern), v. größter Bedeutung f. d. Entfernungsbestimmung d. Fixsterne u. → Galaxien.

Cepheus [gr.], **1)** Vater der Andromeda; **2)** Sternbild, nördl. → Sternhimmel H.

CEPT, Abk. f. *Conférence Européenne des Administrations des Postes et des Télécommunications;* 1959 Zus.schluß von 19 eur. Ländern zur Konferenz der Verw. f. Post u. Fernmeldewesen, heute: 26 Mitgliedsländer.

Cer, *s., Ce,* chem. El., Oz. 58, At.-Gew. 140,12, Dichte 6,77; seltenes Erdmetall, in Monazit vorkommend; als funkenge-

bendes Metall *(Cereisen)* z. B. für Feuerzeug verwendet.

Ceram, C. W., eigtl. *Kurt Wilhelm Marek* (20. 1. 1915–12. 4. 72), dt. Schriftst.; *Götter, Gräber und Gelehrte; Der erste Amerikaner.*

Cercle, m. [frz. *sɛrkl*], gesellschaftl. Kreis.

Ceres, 1) röm. Fruchtbarkeitsgöttin, griech. *Demeter;* **2)** Name d. 1801 als erster entdeckten → Planetoiden.

CERN, Abk. f. *Conseil Européen pour la Recherche Nucléaire* → Europäische Organisation für Kernforschung.

Černik [*'tʃe-*], Oldřich (* 27. 10. 1921), tschech. Pol.; 1968–70 Min.präs., 1970 Ausschluß aus d. KP.

Cerro de Pasco [*'θe-*], höchste Stadt d. Erde, Mittelperu, 4338 müM, 72 000 E.

Certosa, w. [it. *tʃer-*], Kartause, Kartäuserkloster; *C. di Pavia.*

Cervantes

Cervantes Saavedra [*θer'β-*], Miguel de (29. 9. 1547–23. 4. 1616), span. Dichter; *Don Quijote de la Mancha* (Satire auf d. Ritterromane, erster moderner Roman, 1605 u. 1612); Dramen u. dramat. Zwischenspiele.

Césaire [*se'zɛr*], Aimé (* 25. 6. 1913), afrokarib.-frz. Lyriker u. Dramatiker; zus. mit → Senghor Begr. d. *négritude.*

César [*se-*], eigtl. *C. Baldaccine* (* 1. 1. 1921), frz. Bildhauer, Vertr. d. Nouveau Réalisme, → Pop Art.

Cessna Aircraft Company, 1911 (1927 als Ges.) v. Clyde *Cessna* gegr.; Hersteller v. Schul- u. Reiseflugzeugen i. d. USA (Sitz: Wichita).

Cestius-Pyramide, Grabdenkmal i. Rom (um 15 v. Chr.); auf nahem Friedhof i. a. Goethes Sohn August, Shelley, H. v. Marées u. Keats.

Cetanzahl, Abk. *CaZ,* Maß für Zündwilligkeit v. Dieselkraftstoff.

ceterum censeo [l.], „Übrigens meine ich (daß Karthago zerstört werden muß)"; angebl. Ausspruch d. älteren → Cato; sprichwörtl. f. ständig wiederholte wichtige Forderungen.

CETS, Abk. f. *Conférence Européenne pour la Télécommunication par Satellites;* Eur. Reg.konferenz f. (Nachrichten-)Satellitenfragen.

Ceuta [*'θeuta*], span. Hafenst. in Marokko, gegenüber Gibraltar, 67 000 E.

Cevennen [*se'v-*], SO-Rand d. frz. Zentralmassivs, 1000–1700 m hoch; Steilabfall zur Rhône.

Ceylon, s. 1972 → *Sri Lanka.*

Paul Cézanne
Selbstbildnis

Cézanne [*se'zan*], Paul (19. 1. 1839–22. 10. 1906), frz. Maler; führte d. Malerei über den Impressionismus hinaus zur (abstrahierenden) Moderne, Vorläufer des Kubismus; Landschaft d. Provence (Aix, Estaque) u. Île de France (Paris, Auvers); Stillleben; Figurenkompositionen: *Die großen Badenden.*

Cf, *chem.* Zeichen f. → *Californium.*

cf., cfr., Abk. f. *confer!* [l.], „vergleiche!"

CGS-System, das ubliche *phys.* Maßsystem m. 3 Grundeinheiten: *Centimeter, Gramm, Sekunde.*

Chaban-Delmas [*ʃabãdɛl'maːs*], Jacques (* 7. 3. 1915), frz. Pol. (Gaullist); 1969–72 Min.präs., 1958–69, 1978–81 und s. 1987 Präsident der Nationalversammlung.

Chabarowsk, Stadt im russ. Fernen Osten am Zus.fluß von Amur u. Ussuri. Verkehrs-, Verwalt.- u. Wirtschaftszentrum des ges. Amurgebietes, Endpkt d. Amur- u. Ussuribahn, 601 000 E; bed. Erdöl- u. Schwerind., Werft.

Chablis, *m.* [frz. *ʃa'bli*], weißer Burgunderwein.

Cha-Cha-Cha, *m.,* urspr. lateinam. Gesellschaftstanz.

Chaco [*'tʃako*], 1) Teil d. → Gran Chaco; 2) argent. Provinz zw. Paraná u. Kordilleren (*Ch. Austral* u. *Ch. Central*), 99 633 km², 824 000 E; Wald- u. Grasebene; Viehzucht, Anbau v. Zuckerrohr, Baumwolle, Quebrachobaum (Gerbstoffgewinnung); Hptst. *Resistencia,* 218 000 E.

Chaconne, *w.* [frz. *ʃa'kɔn*], alter Tanz in langsamem 3/4- od. 3/2-Takt (Baßmotive).

Chadwick [*'tʃædwɪk*], Sir James (20. 10. 1891–24. 7. 1974), engl. Phys. u. Chem.; entdeckte d. → Neutron; Nobelpr. 1935.

Marc Chagall

Chagall [*ʃa-*], Marc (7. 7. 1887–28. 3. 1985), russ.-frz. Maler u. Graphiker; häu-

fig jüd. bzw. allg. religiöse Themen od. Einzelmotive; hauptsächl. inspiriert durch Stimmungen u. Phantasie; zunächst mit kubist. u. surrealist. Elementen; kräftiges Kolorit; auch Buchillustrationen, Bühnendekorationen, Bildfenster; Mosaiken.

Chagas-Krankheit [*'ʃa-*], nach Carlos Chagas (1879–1934), brasilian. Bakteriologe; durch Trypanosomen hervorgerufene Krankheit in Mittel- u. Südamerika mit Lymphknotenschwellungen, Fieber, Milz- u. Lebervergrößerung, Schilddrüsenstörung, Herzmuskelschädigung.

Chagrin, *s.* [frz. *ʃa'grɛ̃*], genarbtes Leder.

Chaise, *w.* [frz. *'ʃɛz(ə)*], Wagen m. Halbverdeck.

Chaiselongue, *w.* [-*'lõg*], Liege-, Ruhesofa.

Chakassien, autonomes Gebiet d. UdSSR, am Jenissei, 61 900 km², 569 000 E; reiche Bodenschätze (Kohle, Eisenerz, Gold); Hptst. *Abakan* (154 000 E).

Chaldäa, d. bibl. Babylonien.

Chaldäer, um 1000 v. Chr. in → Chaldäa eingewanderte Semiten; Sterngläubige.

Chaldäisch → Aramäisch.

Chalet, *s.* [frz. *ʃa'le*], Schweizerhaus, Landhaus.

Chalkidike, griech.-mazedon. (dreifingrige) Halbinsel und Prov. am Ägäischen Meer (*Berg Athos*), 2918 km², 79 036 E; Hptst. *Polygyros,* 5200 E.

Chalkogene, Sammelbegriff f. die chem. verwandten Elemente der 6. Hauptgruppe des → Periodensystems (*Sauerstoff, Schwefel, Selen, Tellur, Polonium*).

Chalkolithikum, Phase zw. Stein- u. Bronzezeit.

Challenger [*'tʃælɪndʒə*], (4. 4. 1983–28. 1. 86), am. Raumtransporter; → Space Shuttle.

Châlons-sur-Marne   [*ʃalõsyr'marn*], Hptst. des frz. Dép. *Marne,* 54 000 E; Champagnerhandel.

Chalon-sur-Saône [*ʃalõsyr'son*], frz. St. im Dép. *Saône-et-Loire,* 58 000 E; Weinhandel.

Chalzedon, Mineral (feinfaserig kristallisierte Kieselsäure) verschiedenster Färbung, oft gestreift; Hauptbestandteil vieler Halbedelsteine (z. B. *Achat, Onyx, Karneol*).

Cham (D-8490), Krst. im Bayr. Wald, Oberpfalz, 16 641 E; AG; Fremdenverkehr.

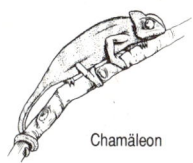

Chamäleon

Chamäleon [gr.], 1) baumbewohnende Echse mit Greifschwanz u. zangenarti-

gen Füßen; herausschnellbare Fangzunge; Hautfarbe der Umgebung angepaßt, zeigt bei Erregung plötzlichen Farbwechsel; zahlr. Arten in d. Tropen u. Subtropen d. Alten Welt; 2) → Sternbilder, Übers.

Chamberlain [*'tʃeɪmbəlɪn*], 1) Houston Stewart (9. 9. 1855–9. 1. 1927), engl.-dt. Kulturphil.; *D. Grundlagen d. 19. Jh.* (arische Rassengeschichtsauffassung); 2) John Angus (* 14. 4. 1927), am. Bildhauer; Konstruktionen aus gepreßten Autoteilen, → Nouveau Réalisme, → Décollage; 3) Joseph (8. 7. 1836–2. 7. 1914), engl. Pol.; bestimmte als Kolonialmin. die engl. Pol. im imperialist. Sinne; 4) Sir Joseph Austen (16. 10. 1863–16. 3. 1937), engl. Außenmin. (Locarnopakt 1925, Kelloggpakt 1928); (zus. m. Dawes) Friedensnobelpr. 1925; 5) Neville (18. 3. 1869–9. 11. 1940), engl. Min.präs. 1937–40; schloß 1938 → Münchener Abkommen; 6) Owen (* 10. 7. 1920), am. Phys.; gelang (mit E. *Segré*) Nachweis d. → Antiprotons (→ Antimaterie); Nobelpr. 1959.

Chambertin, *m.* [*ʃãbɛr'tɛ̃*], roter Burgunderwein.

Chambre, *w.* [frz. *ʃãbr(ə)*], Zimmer, 1) *Ch. garnie,* möbliertes Zimmer; 2) *Ch. séparée,* abgesondertes Zimmer; 3) *Ch. des Députés,* Abgeordnetenkammer in Frkr.

Chamisso [*ʃa-*], Adelbert v., eigtl. *Louis Charles Adélaïde C. de Boncourt* (30. 1. 1781–21. 8. 1838), dt. Dichter; Erzählungen u. Lyrik; *Peter Schlemihls wundersame Geschichte; Riesenspielzeug.*

Chamois [frz. *ʃa'mwa*], Gemsleder; **chamois,** rehfarbig.

Chamonix-Mont-Blanc [*ʃamɔnimõ'blã*], frz. Kurort, 1000–1200 m, westl. vom Montblanc, 9300 E.

Champagne [*ʃã'paɲ*], frz. Landschaft zw. Aisne u. mittl. Yonne; im W trocken, im O feucht und fruchtbar; Weinbau u. a. um Epernay u. Reims. – 943 frz. Gfschaft; 1361 Kroneigentum.

Champagner [*ʃã'paɲər*], frz. Schaumwein.

Champignon [*ʃãpi'nõ*], weißer Blätterpilz mit rosafarbenen Lamellen, z. B. *Schaf-Ch.,* ungenießbar der *Karbol-Ch.;* die braunhäutigen Sorten werden im Handel oft *Egerlinge* genannt; Ch.s lassen sich auf Pferdemist züchten.

Champion, *m.* [engl. *tʃæmpjən*], Träger eines Meistertitels i. Sport.

Champlain, Lake [*ʃæm'pleɪn*], 180 km l. u. 1270 km² gr. See im NO d. USA mit Abfluß zum St.-Lorenz-Strom u. **Ch.-Kanal** (104 km) zum Hudson.

Champollion [*ʃãpɔ'ljõ*], Jean François (23. 12. 1790–4. 3. 1832), frz. Ägyptologe; entzifferte 1821 Hieroglyphen.

Champs-Elysées [*ʃãzeli'ze*], Prachtstraße in Paris zw. *Place de la Concorde* u. *Place de l'Etoile (Charles-de-Gaulle).*

Chamsin, *m.* [arab.], heißer Wüstenwind.

Chan, *m.* [pers. „Haus"], 1) im Orient Gasthof; 2) asiatischer Fürstentitel.

Chance, w. [frz. 'ʃãs(ə)], günstige Gelegenheit.

Chancellor [engl. 'tʃɑːnsələ], Kanzler.

Chandigarh, s. 1953 Hptst. d. ind. Staates Pandschab, am Fuß des Himalaja, 421 000 E; nach Plänen von → *Le Corbusier* erbaut; Uni., Theater.

Chandler ['tʃɑːndlə], Raymond (23. 7. 1888–26. 3. 1959), am. Kriminalschriftst.; Schöpfer d. Detektivfigur Phil Marlowe; Drehbücher z. seinen Romanen; *D. tiefe Schlaf.*

Chandrasekhar, Subrahmanyan (* 19. 10. 1910), am. Physiker ind. Herkunft; Arbeiten zu Sternstruktur, Sternentwicklung, Strahlungstransport, Hydrodynamik; Nobelpr. 1983.

Changai-Gebirge, Gebirgszug in der nördl. Mongolei (*Otchon Tengri* 4031 m); Ruinenst. *Karakorum.*

Changchun, Hptst. d. chin. Prov. Jilin, 2 Mill. E; 1932–45 als *Hsin-king (Sinking)* Hptst. v. Mandschukuo; Uni.; Verkehrsu. Ind.zentrum, Kfz-Ind.

Change, w. [frz. ʃãʒ] bzw. m. [engl. tʃeindʒ], Wechsel, Tausch.

Changeant [frz. ʃã'ʒã], schillerndes Gewebe.

Chang Jiang [chin. „langer Strom"], *Jang-tse-kiang,* längster Strom Asiens, durchbricht die bis 6000 m hohen Gebirgsketten SW-Chinas, fließt durch Tiefebene zum Ostchin. Meer; gewaltige Sommerhochwasser; Einzugsgebiet 1,8 Mill. km²; Länge 5526 km; 2800 km schiffbar; sehr reger Handelsverkehr; größter Staudamm d. Welt (Sanxia-Projekt, 180 m hoher u. 2000 m langer Damm, 500 km großer Stausee) geplant.

Changsha, Hptst. d. südchin. Prov. Hunan, am Xiang Jiang, 1,2 Mill. E; Universität.

Chanoyu, *Tschanoju,* w. [jap. „das Teewasser"], Teezeremonie, feierliche Teegesellschaft d. Japaner.

Chanson, s. [frz. ʃã'sõː], einstimmige Gesangsmelodie, meist mit Kehrreim; in 14.–16. Jh. mehrst. weltl. frz. Vokalgattung.

Chansonette, Kabarettsängerin.

Chantilly [ʃãti'ji], frz. St. nördl. v. Paris, 10 200 E; Renaissanceschloß m. Musée Condé; Pferderennbahn.

Chanukka [hebr. „Weihe"], Lichterfest, 8tägiges jüd. Tempelfest (Mitte Dezember) zur Erinnerung a. d. Makkabäerkämpfe u. die Wiedereinweihung des Tempels in Jerusalem (165 v. Chr.).

Chaos, s. [gr.], wüstes Durcheinander (aus dem sich in d. griech. Mythologie die Welt zum Kosmos ordnet).

Chaoten, allg. abfällig f. Anarchisten.

Chapeau claque, m. [frz. ʃapo'klak], zusammenklappbarer Zylinderhut.

Chaplin ['tʃæp-], Sir Charles *(Charlie)* Spencer (16. 4. 1889–25. 12. 1977), engl. Filmschausp. u. Regisseur; *The Kid* (1920); *The Gold Rush* (1925); *City Lights* (1931); *Modern Times* (1936); *The Great Dictator* (1940).

Charakter, m. [gr.], 1) Gepräge, Eigenart, Merkmal; 2) *psych.* gesamte seelischgeistige Eigenart eines Menschen; zwar dem Wandel unterworfen, insgesamt aber beständig; schwierige Differenzierung gegenüber → Persönlichkeit.

charakterisieren, d. *charakteristischen,* d. h. kennzeichnenden Merkmale von etwas in einer **Charakteristik** (umfassenden Schilderung) angeben.

Charakterkunde, *Charakterologie,* Charakter-, Persönlichkeitsforschung.

Charakterstück, *mus.* Sammelbez. f. lyr. od. genrehafte Instrumentalkompositionen.

Chardin [ʃar'dɛ̃], Jean-Baptiste Siméon (2. 11. 1699–6. 12. 1779), frz. Genremaler u. Meister d. Stillebens; Porträts.

Chardonnet [ʃardɔ'ne], Hilaire, Comte (Gf) de (1. 5. 1839–12. 3. 1924), frz. Chemiker; erfand eine Kunstseide aus Nitrocellulose (1885): **Ch.seide.**

Charente [ʃa'rãt], 1) Fluß in W-Frankr., mündet b. Rochefort i. d. Atlant. Ozean; 360 km l; 2) westfrz. Dép., 5956 km², 344 000 E; Hptst. *Angoulême.* – **Ch.-Maritime,** westfrz. Dép., 6864 km², 525 000 E; Hptst. *La Rochelle.*

Charge, w. [frz. 'ʃarʒ(ə)], Dienstgrad; *Bühne:* kl. Charakterrolle: *Chargenspieler.*

chargé [frz. ʃar'ʒe], beauftragt.

Chargé d'affaires, m. [-da'fɛr], Geschäftsträger.

Charisma, s. [gr.], bes. Gnadengabe, Ausstrahlungskraft.

Chariten, Charitinnen [gr.], lat. *Grazien,* die Göttinnen der Anmut (griech. Charis): meist in der Dreizahl: *Aglaia, Euphrosyne, Thalia.*

Charkow, St. in d. Ukraine, 1,61 Mill. E; Zentrum d. Donez-Ind.reviers; Uni., HS, Museen.

Charlemagne [frz. ʃarl'maɲ], → Karl d. Große.

Charleroi [ʃarl'rwa], belg. Ind.st. im Hennegau, 209 000 E (als Agglomeration); Kohlengruben, Eisen-, Elektrou. a. Ind.

Charles, 1) Jacques César [ʃarl] (12. 11. 1746–7. 4. 1823), frz. Phys.; Erfinder des Wasserstoff-Freiballons **Charlière** (1783); 2) Philipp Arthur George [tʃaːlz] (* 14. 11. 1948), ältester Sohn v. Kgn Elisabeth II.; Prinz v. Wales (1958;

Prinz Charles

1969 gekrönt), Hzg v. Cornwall, brit. Thronfolger, vermählt m. Lady *Diana Frances Spencer* (* 1. 7. 1961).

Charleston ['tʃaːlstən], 1) Hafenst. in Südcarolina (USA), 69 000 E; Holz-, Zellstoff-, Papierind.; 2) Hptst. v. Westvirginia (USA), 64 000 E; Steinkohle, Glashütten, chem. Ind.; 3) nach dem 1. Weltkrieg i. d. USA aufgekommener Modetanz (synkopierter 4/4-Takt).

Charlotte [ʃaːlot], St. im US-Staat Nordcarolina, 314 000 E; Eisen- und Textilind.

Charlottenburg, Stadtbez. Berlins.

Charme, m. [frz. ʃarm], bezaubernde Anmut.

Charon, in der griech. Mythologie Fährmann, der die Toten in der Unterwelt gegen Entgelt *(Obolus)* über den Fluß Acheron setzt.

Chäronea, alte griech. St.; 338 v. Chr. Sieg der Makedonier über die Griechen.

Charpentier [ʃarpã'tje], 1) Gustave (25. 6. 1860–18. 2. 1956), frz. Komp.; Oper: *Louise;* Orchesterwerke; 2) Marc-Antoine (um 1634–24. 2. 1704), frz. Komp.; Oratorien, Messen, *Tedeum* (Eurovisionsmelodie) u. Opern; *Acis et Galathée, Medée.*

Charta, w. [l.], engl. **Charter** ['tʃaːtə], frz. **Charte** [ʃart], Urkunde, Verfassung, Grundgesetz, Satzung (z. B. die engl. → *Magna Charta,* die → *Atlantic Charta* u. die *Charta d.* → *Vereinten Nationen.*

chartern, ein Schiff oder Flugzeug mieten od. pachten; durch *Chartervertrag.*

Chartismus = Sozialismus, Geschichte (England).

Chartres [ʃartr], Hptst. des frz. Dép. *Eure-et-Loire,* a. d. Eure, 39 000 E; berühmteste got. Kathedrale v. Frkr. (12. u. 13. Jh.); → Tafel Bildhauerkunst.

Chartreuse [ʃar'trøz], 1) erstes, 1084 gestift. Kartäuserkloster, nö. v. Grenoble; 2) Kräuterlikör d. Kartäusermönche.

Charybdis, in Homers Odyssee ein Meerungeheuer; evtl. Meeresstrudel in der Straße von Messina; gegenüber das Ungeheuer → *Skylla.*

Chasaren, türk. Volk zw. Kasp. Meer u. Kaukasus; im 10. Jh. von den Russen unterworfen.

Chassé [frz. ʃa'se], Tanzschritt, → schassieren.

Charlie Chaplin

Was unter **C** vermißt wird, siehe unter **K** und **Z**

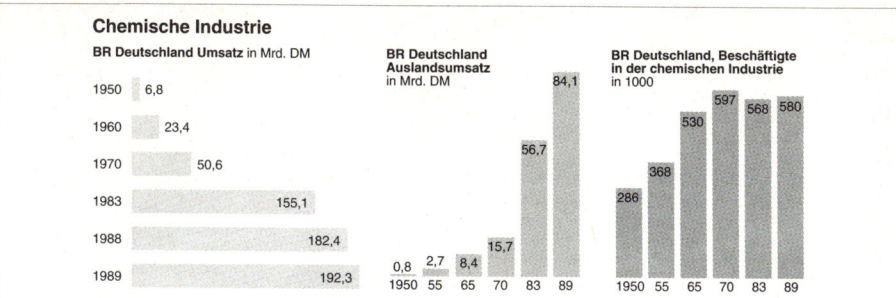

Chemische Industrie

BR Deutschland Umsatz in Mrd. DM

1950	6,8
1960	23,4
1970	50,6
1983	155,1
1988	182,4
1989	192,3

BR Deutschland Auslandsumsatz in Mrd. DM

1950	0,8
55	2,7
65	8,4
70	15,7
83	56,7
89	84,1

BR Deutschland, Beschäftigte in der chemischen Industrie in 1000

1950	286
55	368
65	530
70	597
83	568
89	580

Chassidismus, aus hebr. Chassidim, „die Frommen", im 18. Jh. in Osteuropa entstandene jüdische, Gefühl u. Gottesoffenbarung i. d. Natur betonende Religionsbewegung, → Buber.

Chassis, *s.* [frz. *ʃa'si*], **1)** Untergestell v. Fahrzeugen (einschließlich Motor); **2)** Gestell, das bei Rundfunk- u. Fernsehgeräten el. Schaltanordnung trägt.

Château, *s.* [frz. *ʃa'to*], Schloß, Landhaus.

Chateaubriand [*ʃatobri'ã*], François René de (4. 9. 1768–4. 7. 1848), frz. Schriftst. d. Romantik u. Staatsmann; *Geist des Christentums; Atala; René.*

Château-Lafitte [-'fit], **Ch.-Latour** [-'tuːr], roter, **Ch.-Yquem** [-i'kɛm], weißer Bordeauxwein.

Chatham [*'tʃætəm*], St. in d. engl. Gft Kent, 62 000 E; Flottenstation, Handelszentrum.

Chatschaturian, *Khatchaturian,* Aram (6. 6. 1903–1. 5. 78), sowj. Komponist; Sinfonien, Kammermusik, Ballette.

Chattanooga [*tʃætə'nuːgə*], St. im US-Staat Tennessee, 169 000 E; Metall- u. Textilind., Uni., Sitz d. → Tennessee Valley Authority.

Chatten, german. Volk, Hessen.

Chatterton [*'tʃætətn*], Thomas (20. 11. 1752–24. 8. 70), engl. Dichter, Vorläufer d. Romantik; *Rowley Poems* (Fälschung altengl. Dichtung).

Chaucer [*'tʃɔːsə*], Geoffrey (um 1340–25. 10. 1400), engl. Dichter; *Canterbury Tales.*

Chauken, german. Volk zw. Ems u. Elbe, Seefahrer.

Chaussee, *w.* [frz. *ʃo'se*], Landstraße.

Chauvinismus, *m.* [frz. *ʃovi*-], überspannter Nationalismus.

checken [*'tʃɛk-*], kontrollieren, prüfen.

Checkpoint Charlie [*'tʃɛkpɔint-*], bis zum Fall der Mauer 1989 Übergangspunkt f. Ausländer zw. W- u. Ostberlin.

Chef, *m.* [frz.], Oberhaupt, Leiter. – **Ch. des Protokolls,** höh. Beamter eines Außenministeriums; regelt Umgang u. Zeremoniell i. diplomat. Verkehr.

Chef d'œuvre [*ʃɛ'dœːvr*], Haupt-, Meisterwerk.

Cheltenham [*'tʃɛltnəm*], Badeort der engl. Gft Gloucester, 73 000 E; Stahlquellen.

Chemie, derjenige Teil d. Naturwiss., d. Vorkommen, Gewinnung u. Umwandlung der Stoffe untersucht; *organische Ch.* behandelt d. Verbindungen d. Kohlenstoffs, *anorganische Ch.* alle übrigen chem. → Elemente u. deren Verbindungen (→ Biochemie, → Elektrochemie).

Chemiefasern, auf chem. Wege hergestellte Fasern: **1)** auf der Grundlage von *Cellulose:* **a)** Chemiefäden (seidenartig endlos): *Reyon;* Herstellung: Auflösen von Cellulose z. Spinnlösung (Viskose), dann durch Spinndüsen in Fällbäder, Zus.drehen der erstarrten Fäden, Nachbehandlung u. Trocknung; *Cupra:* Lösen von Cellulose nach dem Kupferoxid-Ammoniak-Verfahren und Verspinnen in Fällbädern (Chemie-Kupfer-Seide); *Acetat* aus → Acetylcellulose im Trockenspinnverfahren gewonnen; **b)** Chemie*fasern* in woll- u. baumwollartigen Längen: *Zellwolle,* Herstellung wie Reyon, jedoch Vereinigung der erstarrten Fäden zu einem Gesamtkabel, Schneiden auf best. Länge *(Stapel),* Nachbehandlung, Trocknung; Cuprofaser u. Acetatfaser ähnl. zu Fasern (Flocken) verarbeitet; **2)** auf *Synthese*-Basis: **a)** Polyvinylgruppe: *Rhovyl*-Faser auf d. Grundlage v. PVC; **b)** Polyamidgruppe → *Perlon-,* → *Grilon*- und → *Nylon*-Seide u. -Faser; **c)** Polyacrylgruppe: Faserstoffe auf der Grundlage von Polyacrylnitril als Seide u. Faser *(PAN, Dralon, Redon, Dolan);* **d)** Polyestergruppe: Faserstoffe auf d. Grundlage v. Therephthalsäureglykolester *(Trevira, Terylen, Diolen).* – BR Produktion 1989: zellulosische Fasern u. Fäden 179 000 t, synthet. Fasern u. Fäden 837 000 t; Welt 1988: 2,9 u. 14,2 Mill. t.

Chemigraphie, Ätzverfahren zur Herstellung v. Druckstöcken (Klischees).

Chemikalien, Bezeichnung für durch chem. Verfahren hergestellte Stoffe.

Chemin-des-Dames [frz. *ʃ(ə)mẽde'dam* „Damenweg"], Weg auf Höhenzug nw. v. Reims; v. Ludwig XV. f. seine Töchter angelegt.

chemische Industrie, Gütererzeugung m. d. Mitteln der Chemie u. chem. Technik (*„Verfahrenstechnik");* Hauptgruppen: anorg. Chemikalien u. Schwerchemikalien, künstl. Düngemittel, Teerfarben u. Zwischenprodukte, Mineralfarben

u. Farbwaren, Sprengstoffe u. Zündwaren, Kunststoffe, Ferrolegierungen, Seifen u. Waschmittel, pharmazeut. Erzeugnisse, äther. Öle u. künstl. Riechstoffe, Körperpflegemittel, Leim u. Gelatine, Firnisse nebst Lacken, Kitten, photochem., Wachs-, Stearin- u. Fetterzeugnisse, Teerprodukte.

Chemischer Ofen, *Fornax,* → Sternbilder, Übers.

chemisches Element → Elemente.

chemische Triebkraft, svw. → Affinität.

chemische Waffen, *C-Waffen,* Waffen m. chemischen Substanzen, die bei Lebewesen Krankheit od. Tod hervorrufen u. für mil. Zwecke verwendet werden. 1990 wurde zw. der UdSSR u. den USA ein Produktionsstopp vereinbart: bis 1999 Halbierung d. Bestände, bis 2002 Reduzierung auf jeweils 5000 t. 1991 Abzug aller in d. BR Dtld gelagerten amerikanischen C-Waffen. Vermutlich 20–25 Staaten im Besitz v. C-Waffen, darunter auch Irak, nach Libyen d. größte Produzent in d. dritten Welt.

Chemnitz (D-9010), 1953–90 *Karl-Marx-Stadt,* Krst. in Sa., 301 918 E, Ing.schulen, TH, HS f. Maschinenbau; div. Ind.

Chemoplaste, svw. → Duroplaste.

Chemoresistenz, Widerstandsfähigkeit v. Bakterien, Schadinsekten u. a. gg. chem. Mittel.

Chemosynthese, bakterielle → Assimilation v. Kohlendioxid mit Hilfe von Energie aus Oxidationsvorgängen im Ggs. zu pflanzl. → Photosynthese, bei der die Strahlungsenergie des Sonnenlichtes ausgenutzt wird.

Chemotherapie, Krankheitsbehandlung mit chem. Mitteln (z. B. → Tuberkulostatika, auch → Antibiotika, → Sulfonamide).

Chemurgie, Bez. f. Gewinnung von Produkten aus organ. agrar. Substanzen.

Chengdu, früher *Tschengtu,* Hptst. der westchin. Prov. Sichuan, am Min-ho, 2,7 Mill. E; Uni.; Ind.

Chénier [ʃe'nje], **1)** André de (30. 10. 1762–25. 7. 94), frz. Lyriker, während der Revolution hingerichtet (Oper von Giordano); *Jamben; s.* Bruder **2)** Marie Joseph Blaise de (28. 4. 1764–10. 1. 1811), frz. Dichter; Revolutionsdramen.

Chenille [frz. *ʃə'niːj*], raupenartige Seidenschnur zu Stickereien.

Cheops, ägypt. Kg der 4. Dynastie, ca. 2500 v. Chr.; Grabmal: **Ch.pyramide** bei Gizeh, 146,6 m hoch.

Chephren, ägypt. Kg um 2500 v. Chr.; Grabmal zweitgrößte → Pyramide (Abb.), davor der → Sphinx.

Chequers [*'tʃekəz*], Landsitz des jeweiligen engl. Premiermin. in der engl. Gft Buckingham.

Cher [*ʃɛr*], **1)** l. Nbfl. der Loire, 320 km l; **2)** frz. Dép., 7235 km², 323 000 E; Hptst. *Bourges.*

Cherbourg [*ʃɛr'buːr*], frz. Kriegs-, Fischerei- u. Handelshafen an d. Kanalküste, 30 000 E; Seebad.

Chéreau [*ʃe'ro*], Patrice (* 2. 11. 1944), frz. Regisseur; 1976 Inszenierung d. *Ring des Nibelungen* (mus. Leitung: P. → Boulez).

Cherrapunji [*tʃɛra'pʌndʒi*], Ort in der ind. Provinz Assam, 1276 müM, regenreichster Platz der Erde (Jahresmittel 10 880 mm).

Cherry Brandy, m. [engl. *'tʃɛri 'brændi*], Kirschlikör.

Cherson, ukrain. Gebietshptst. a. Dnjepr, 355 000 E; Getreide- u. Wollhandel, Schiffbau.

Chersones, im Altertum Name verschiedener Halbinseln: **1)** *Thrazischer Ch.* → Gallipoli; **2)** *Skythischer* od. *Taurischer Ch.*, die → Krim-Halbinsel.

Cherub [hebr.], Mz. *Cherubim,* Erzengel. (Mais).

Cherubini [*ke-*], Luigi (14. 9. 1760–13. 3. 1842), it. Komp.; Opern: *Medea; Der Wasserträger;* Messen; Streichquartette.

Cherusker, german. Volk zw. Weser u. Elbe.

Chesapeakebai [*'tʃɛsəpiːk-*], Meeresbucht a. d. Atlantikküste der USA, über 300 km l.; Austernfischerei, Hafen *Baltimore;* über d. Mündung der Bucht führt eine über Brücken und künstl. Inseln verlaufende 30 km l. Autostraße.

Cheshire [*'tʃɛʃə*], Gft in W Englands.

Chester [*'tʃɛstə*] **1)** Hptst. v. Cheshire, 58 000 E; Kathedrale; Viehzucht; *Ch.käse* (vollfetter Hartkäse); **2)** älteste St. Pennsylvanias, 50 000 E; Industrie-Vorort v. Philadelphia.

Chesterfield, St. in Mittelengland, 70 000 E; Metall- und Textilind.

Chesterton [*'tʃɛstətən*], Gilbert Keith (29. 5. 1874–14. 6. 1936), engl. Schriftst.; hintergründige Kriminalgeschichten: *Pater Brown;* Romane; Gedichte.

Chevalier [*ʃəva'lje*], Maurice (12. 9. 1888–1. 1. 1972), frz. Sänger, Tänzer u. Filmschausp.; *Gigi.*

Chevalier, m. [frz. *ʃəva'lje*], Ritter.

Cheviot, m. [engl. *'tʃ-*], glatter Wollstoff.

Chevreau [frz. *ʃə'vro*], feines Ziegenleder.

Chianti [*'kiː-*], it. Landschaft in Toskana; Weinbau.

Chiasmus, m. [gr.], Stilfigur, spiegelbildl. Gegenüberstellung oft antithetischer Wortpaare; a + b : b + a (z. B. Kunst der Fälscher, Fälscher der Kunst).

Chiasso [*'kiː-*], (CH-6830), schweiz. St. (Tessin) an der Gotthardbahn, schweiz.-it. Grenzstation, 9000 E.

Chiavenna [*kiː-*], it. St. im Ch.tal, an d. Splügen- u. Malojastraße, 8000 E.

Chibcha [*'tʃiːβtʃa*], indianisches Kulturvolk Kolumbiens.

Chicago

Chicago [*ʃɪ'kaːgou*], St. im US-Staat Illinois, a. Michigansee, 3 (m. Vororten 8,08) Mill. E; bed. Viehhandelsplatz; div. Industrie, größter Stahlproduzent der Erde, erster Getreide- u. Holzmarkt, größter Verkehrsknotenpunkt der USA; 5 Uni., TH. – 1803 gegr. als Fort gegen Indianer; 1893 u. 1933 Weltausstellungen.

Chicha [*'tʃiːtʃa*], südam. berauschendes Getränk aus gegorenen Pflanzensäften (Mais).

Chichen-Itza [*'tʃiːtʃen-*], bed. Ruinenstadt auf Yucatán (Mexiko), im 6. Jh. n. Chr. gegr., Mayakultur.

Chicorée, w. [frz. *ʃiko're*], Zichorienart, Gemüse.

Chiemsee, größter See Bayerns, 518 müM, 82 km², 73 m t.; 3 Inseln: *Herren-Ch.* (mit Schloß), *Frauen-Ch.* (Benediktinerinnenabtei) u. *Krautinsel.*

Chiffon, m. [frz. *ʃi'fõ*], schleierähnl. Seiden- oder Baumwollgewebe.

Chiffre, w. [frz. *ʃifr(ə)*], Ziffer, Geheimzeichen. – **Ch.schrift**, Geheimschrift.

chiffrieren, Buchstaben od. Zahlen in einem *Schlüssel* (Regel) anordnen, wonach sie wieder entziffert *(dechiffriert)* werden können.

Chiffriermaschine, verwandelt ursprünglichen Text in **chiffrierten**.

Chigi [*'kiːdʒi*], röm. Adelsfamilie; *Palazzo Ch.* (1594–1630) in Rom, Sitz des it. Ministerpräsidenten. *Villa Farnesina* in Rom 1508–11 erbaut f. Agostino Ch. (Fresken v. Raffael); Sitz d. it. Außenministers.

Chignon, m. [frz. *ʃi'põ*], im Nacken od. am Hinterkopf getragener Haarwulst.

Chihuahua [*tʃi'uaːa*], **1)** Hptst. d. mex. Staates Ch. (244 938 km², 2,25 Mill. E; z. T. wüstenh. Gebirgsland), 407 000 E; Silber, Baumwolle; **2)** mexikan. Zwergterrier, kleinste Hunderasse.

Childerichgrab → Tournai.

Chile, amtl. *República de Chile*, Rep. a. d. W-Küste Südamerikas, 756 945 km²,

12,91 Mill. E (17 je km²); Bev.-Zuw. 1,7%; Sprache: Span.; Währung: chilenischer Peso (chil$); Rel.: röm.-kath.; Hptst.: *Santiago de Chile;* Flagge S. 340, Karte S. 747. **a)** *Geogr.:* Ganz v. den bis 6800 m ansteigenden Anden eingenommen, erstreckt sich über 38 Breitengrade, 4230 km l., bei durchschnittl. Breite von 177 km, von der Atacamawüste im N bis zu d. Gletscherbergen von Feuerland v. subtrop. b. zum polarnahen Klima. **b)** *Landw.:* Im mittleren Teil (mittelchilen. Längstal) auf Haziendan Anbau bes. v. Hülsenfrüchten, Obst, Wein. **c)** *Bergbau:* Bes. Salpeter, Iod, Borax, Kupfer (1988: 1,45 Mill t), ferner Schwefel, Blei-, Mangan-, Eisenerze, Silber, Gold, Kohle, s. 1949 auch Erdöl. **d)** *Ind.:* Eine der fortgeschrittensten v. Lateinam., bes. Nahrungs- u. Genußmittel, Metall-, Zement-, Textilind. **e)** *Außenhandel* (1988): Einfuhr 4,92 Mrd., Ausfuhr 7,05 Mrd. $. **f)** *Verkehr:* Eisenbahn ca. 9200 km, Hpthandelshafen *Valparaíso.* **g)** *Verf.* v. 1981: Präsidiale Republik; Parlament m. 2 Kammern (durch Verf.reform 1989 gestärkt). **h)** *Verw.:* 13 Regionen. **i)** *Gesch.:* Teil d. Inkareiches; 1534–41 v. den Spaniern erobert; Loslösung v. Spanien 1810–18; Verf. 1833; 1879–83 „Salpeterkrieg"; 1891 Bürgerkrieg; nach 1920 teilweise Verdrängung des *Ch.salpeters* (Stickstoffdüngemittel) durch Kunstdünger. 1970 Allende erster freigewählter sozialist. Präs. eines südam. Staates; 1973 Militärputsch durch → Pinochet (bis 1990 Staatspräs.); Ende 1989 erste demokr. Präs.wahlen, Sieg d. Oppositionsbündnisses (s. 1990 Aylwin Präs.), Rückkehr z. parlamentar. Demokratie. **j)** *Mitgl.:* UN, OAS u. ALADI.

Chiliasmus [gr.], Glaube an 1000jähr. paradiesisches Reich auf Erden nach Christi Wiederkunft.

Chimäre, w., **1)** Ungeheuer der griech. Sage (Löwe, Ziege u. Schlange); svw. *Hirngespinst;* **2)** eine durch Pfropfung od. → Mutation aus Zellen od. Geweben versch. Erbguts entstandene Pflanze.

Chimborazo [*tʃ-*], erloschener Vulkan in den Anden von Ecuador, 6310 m, mit Gletschern.

China, amtl. *Zhonghua Renmin Gongheguo,* ostasiat. Volksrep., bestehend aus dem eigtl. Ch. (südl. der Großen Mauer), der Mandschurei, der Inneren Mongolei, Sinkiang, Tibet sowie Inseln vor d. Küste; erstreckt sich v. Innerasien bis zur Küste des Gelben, Ost- und Südchin. Meeres, 9,561 Mill. km², 1110 Mill. E

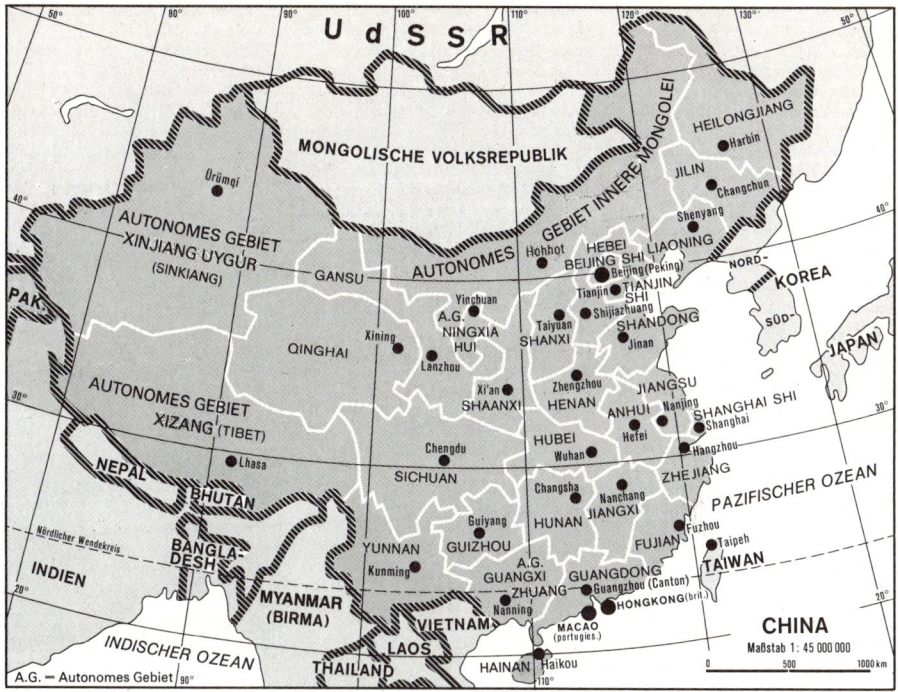

A.G. = Autonomes Gebiet

CHINA
Maßstab 1 : 45 000 000
0   500   1000 km

(116 je km²); Bev.-Zuw. 1,2% (geschätzt); Bev.: 94% Chinesen (Han), 55 weitere Nationalitäten, darunter eine geringe Zahl v. Ureinwohnern: Man u. Miao, 1,7 Mill. Auslandschinesen (in Indonesien, Malaysia, Thailand); Sprache: Chin.; Währung: Renminbi Yuan (RMB. ¥); Rel.: konfuzianische Lehre, Buddhismus, Taoismus; Hptst.: *Beijing (Peking)*; Flagge S. 340, Karte S. 748/749. a) *Geogr.*: Sehr gebirgig mit Ausnahme d. Nordchin. Tieflandes am unteren Huang He (fruchtb. Löß) u. Chang Jiang; Klima in N kontinental, im S subtrop. mit regenbringenden Monsunwinden, an d. O-Küste manchmal Taifune. b) *Landw.*: Lebensgrundlage für ca. 70% der Bev., Landbevölkerung ist in Produktionsgenossenschaften organisiert; das radikale Experiment der sog. „Volkskommunen" wurde jedoch als Fehlschlag aufgegeben; angebaut werden vor allem: Weizen, Hirse, Mais, Gerste, Hafer, Sojabohnen im N; Reis, Tee, Baumwolle, Maulbeerbaum, Zukkerrohr, Mohn, Bambus im S. c) *Ind.*: Im Aufbau seit etwa 1950, anfangs mit sowj. Hilfe rasche Fortschritte, Fehlschlag beim Aufbau d. Schwerind.; wichtige Hafen- u. Ind.städte: *Nanjing, Shanghai, Tianjin, Guangzhou, Fushun, Fuzhou, Hangzhou, Lüda. Bergbau:* gr. Kohlevorkommen, Eisenförderung (1988: 52,5 Mill. t), Erdöl (136,8 Mill.

t), Wolfram, Antimon, Rohstahl (59 Mill. t). d) *Außenhandel* (1988): Einfuhr 55,27 Mrd., Ausfuhr 47,52 Mrd. $. e) *Verkehr:* Gutes Verkehrsnetz, Eisenbahn 52 600 km u. ca. 230 000 km Fernverkehrsstraßen. Lkw-Bestand: 1 436 000 Stück; Handelsflotte 8,67 Mill. BRT (1983). f) *Verw.:* 22 Provinzen, 5 autonome Gebiete, 3 provinzfreie Städte (Beijing, Shanghai, Tianjin), 111 autonome Kreise. g) *Verf.:* Seit 1982 neue Verf. (4 Grundprinzipien: Sozialismus, demokr. Diktatur d. Volkes, Marxismus-Leninismus-Maoismus); Einkammerparlament. h) *Gesch.:* Von 2200 v. Chr. an erkennbarer Mittelpunkt der ostasiat. Kultur, → chinesische Schrift; Ausdehnung unter den Dynastien Xia, Shang u. Zhou; s. 400 v. Chr. kulturelle Beziehungen zu Indien u. Westasien. Einigung aller Teilstaaten 221 v. Chr.; Beginn des Baues der *Großen Mauer* 214 v. Chr. Dynastie Han 206 v. Chr. – 220 n. Chr., gewaltige Ausdehnung des Reiches. Verfall durch Einfälle von Hunnen, Awaren, Tataren u. die Mißwirtschaft versch. Dynastien. 1279 Wiedervereinigung unter Mongolenkhan Khublai. 1368–1644 Dynastie Ming: erster Verkehr m. Europa; Eindringen des Christentums (Jesuiten) 1582. Eroberung von Formosa u. Tibet unter Mandschu-Dynastie im 17. Jh.; Verbot d. Opiumeinfuhr führte 1840–42

zum Krieg m. England, das im Frieden von Nanking Hongkong erhielt; 5 Häfen mußten f. den eur. Handel geöffnet werden. 1851–64 Aufstand der kommunist.-christl. Taipingsekte. 1858–60 besetzte Rußland d. Amurland, gewann Einfluß i. d. Mandschurei. Seit 1875 Verwicklungen mit Japan, 1882–85 m. Frankreich (Verlust v. Annam u. Tongking). 1886 Birma an England. 1894/95 Chin.-Jap. Krieg, endete mit Abtretung Formosas u. Unabhängigkeit Koreas. 1900 Aufstand der Boxer (nationaler Geheimbund), mil. Eingreifen d. eur. Mächte, erzwangen Handelskonzessionen; innenpol. Reformen folgten. 1911 Südchina unabhängige Rep. unter Präs. Sun Yat-sen, Revolution, Abdankung der Mandschudynastie; 1912 China Rep. Nat. Regierungsbestrebungen der → Guomindang. Kämpfe zw. Nord- u. Südchina. Tibet, Sinkiang, Mongolei lösten sich weitgehend von China, → Tschiang Kai-schek (Jang Jieshi) stellte 1928 die Einheit wieder her. 1932 Kämpfe m. Japan (Shanghai u. an der chin. Mauer); Verlust der Mandschurei u. der Provinz Jehol. 1937 Krieg m. Japan; Besetzung großer Teile des Landes und Bildung einer Gegenregierung in Nanjing. Verlegung d. Reg. (Tschiang Kai-schek) nach Chongqing. 1941 Kriegseintritt auf seiten d. Alliierten.

Was unter C vermißt wird, siehe unter K und Z

1945 durch Kapitulation der Japaner Mandschurei u. Jehol sowie Formosa wieder zu China. Bürgerkrieg, 1949/50 erobern d. Kommunisten ganz Festlandchina: Volksrep., → Mao Zedong. → Zhou Enlai, → Liu Shaogi, Dong Biwu. Agrarreform u. Plan z. Umwandlung in soz. Ind.staat. Unterstützung N-Koreas im Koreakrieg; 1959 Einverleibung v. Tibet, 1962 Grenzkrieg mit Indien i. Himalaja. Zunächst enge Zusammenarbeit d. Volksrep. China m. der UdSSR, s. 1962 scharfe ideolog. u. pol. Auseinandersetzungen. 1966–68 *proletar. Kulturrevolution* gg. bürgerl. Traditionen, getragen v. d. revolutionären Kampforganisation d. *Roten Garden.* 1969/70 Grenzstreitigkeiten m. der UdSSR am Ussuri. 1975 neue Verfassung. 1976 Tod Mao Zedongs, innenpol. Krise. 1982 12. Parteitag m. neuem Parteistatut u. kollektiver Führung; einflußreichster chin. Pol. u. Chefideologe d. KPC: → Deng Xiaoping; Reformkurs v. a. in d. Wirtsch., Liberalisierung unter Zhao Ziyang (1987–89 Gen.sekr. d. KPCh); Mitte 1989 blutige Niederschlagung v. Protestdemonstrationen chin. Studenten f. mehr demokr. Freiheiten, Verhängung d. Kriegsrechts (bis Anfang 1990) über Beijing. **i)** *Mitgl.:* UN (s. 1971). – Nationalchina → Taiwan.

Chinagras, svw. → Ramie.

Chinakohl, Sammelbegriff f. in Ostasien u. Eur. angebaute Blattgemüsearten der Gattung *Brassica.*

Chinarinde, *Fieberrinde,* Rinde mehrerer südam. Bäume, jetzt bes. in Indonesien angepflanzt; liefert → *Chinin.*

Chinchilla   Chinarinde

Chinchilla [*tʃin'tʃiʎa*], *Hasenmaus,* südamerikanisches Nagetier; einer der wertvollsten Pelzträger.

chinesische Kunst, a) *Frühzeit* (2000 v. Chr.–220 n. Chr.): Zusammenhang m. Ahnenkult: Tierplastik v. Grabanlagen (Shang-Zeit), Porträt- u. Historienmalerei (Han-Zeit); **b)** *Mittelalter* (bis 1368 n. Chr.): buddhist. *Plastik* (Felsentempel) unter ind. Einfluß. – *Malerei* entwickelt sich technisch aus d. → chinesischen Schrift, geistig aus Verbindung buddhist. Innerlichkeit m. taoist. All-Einheits-Lehre; andeutende Zartheit „Kunst des Verschweigens" in Landschaftsaquarellen auf Seide u. Papier, schließlich schwarzgraue Tuschen unter Ausschluß d. Farbe (Tang-Zeit, 7.–10. Jh., Song-Zeit 10.–13. Jh.). – *Baukunst:* Ziegelpagoden d. Tang-

u. Song-Zeit; **c)** *Spätzeit:* barockvirtuoser Stil d. → Ming-Zeit: Kaiserpaläste (Peking), Tierplastik, literar. Malerei; seit 17. Jh. Farbdruck. – *Angewandte Kunst:* hochentwickelte Bronzegefäße (Shang- u. Han-Zeit), Keramik (Song-Zeit), Jadeschnitzerei, Lackarbeit, Textilkunst; Anregungen f. eur. Wohnkultur d. Rokoko → Chinoiserie.

chinesische Literatur, klass. Literatur (seit Zhou-Dynastie, 11. Jh. v. Chr.) geprägt durch konfuzian. Schriften belehrenden Charakters, daneben daoist. u. buddhist. Schriften; i. d. Periode d. Streitenden Reiche (5.–3. Jh. v. Chr.) Entwicklung d. *Chu*-Ballade (Qu Yuan: *Li Sao*); i. d. Han-Dynastie (2. Jh. v. Chr.–2. Jh. n. Chr.) Prosa (Sima Qian: *Histor. Aufzeichnungen*) u. *Yuefu*-Balladen; idyll. Gedichte u. Volkslieder während Wei- u. Jin-Dynastie (3.–5. Jh. n. Chr.); Blütezeit d. Lyrik i. d. Tang-Dynastie (7. bis Anfang 10. Jh.), Entwicklung d. *ci* (Poesie in Versen versch. Länge, beeinflußt v. exot. Musik: Liu Yong, Zhou Bangyan; Xin Qiji); i. d. Song-Dynastie (12.–13. Jh.) Entstehung d. *Huaben* (kurze Erzählungen i. Umgangssprache), aus denen heraus sich d. Roman entwickelt; während d. Yuan-Dynastie (12./13. Jh.) Entwicklung d. *Zaju*- Dramen (Guan Hanqing: *Schnee im Hochsommer*); i. d. Ming-Dynastie (14.–17. Jh.) langer Roman (Shi Nai'an: *D. Helden v. Liangshan-Moor,* Wu Cheng'en: *D. Pilgerfahrt nach d. Westen*); i. d. Qing-Dynastie satir. Roman *D. Gelehrten* v. Wu Jingzi u. realist. Roman *Traum d. Roten Kammer* v. Cao Xueqin; moderne chin. Literatur seit d. Opiumkrieg v. 1840 (bes. Romane u. Gedichte), s. 1921 zunehmend marxistisch geprägt u. m. pol.-kulturrevolutionären Tendenzen (bes. Stellenwert u. Einfluß d. Gedichte u. Schriften v. → Mao Zedong).

chinesische Mauer, auch *Große Mauer,* 2500 km lang, 4–16 m hoch, 6–8 m dick, m. Toren u. Türmen i. N-China, i. 3. Jh. v. Chr. erbaut als Schutz gg. Einfälle; jetzt in Verfall.

chinesische Musik, fünftoniges System (pentatonisch); Tonleiter f-g-a-c-d.

chinesische Schrift, bed. f. d. Verständnis d. ostasiat. Kultur, schöne u. geistreiche, aber komplizierte Sinnbildschrift: Anfänge im 2. Jtd v. Chr., etwa 50 000 Symbole, v. denen ca. 4000 f. d. Alltagsgebrauch genügen; die meisten Symbole sind sinngebende Schriftzeichen (Begriffe), daneben auch lautgebende Schriftzeichen, werden v. oben n. unten geschrieben; d. chin. Schrift wurde v. Japanern übernommen; in d. chin. Volksrep. wurden 600 d. gebräuchlichsten Symbole s. 1956 vereinfacht.

Chinesisches Meer, aus 2 Randmeeren des westl. Pazifik bestehend: *Ostchin. Meer* mit → Gelbem Meer zw. chinesischem Festland, Kyushu, Ryukyu-Inseln und Taiwan; *Südchin. Meer* zw. S-Chi-

na, Hinterindien, Borneo und Philippinen.

chinesische Sprache → Sprachen, Übers., VII.

Chingan, *Gr. Ch.,* Geb.zug am O-Rand d. Wüste Gobi (2100 m), fällt steil nach O zur Mandschurei ab; *Kl. Ch.,* Gebirge östlich des Gr. Ch., längs des S-Ufers d. mittl. Amur.

Chinin, Alkaloid der Chinarinde, Arzneimittel, bes. gegen Malaria, Fieber versch. Ursachen u. a.

Chinoiserie, *w.* [frz. *ʃinwa'sri*], Nachahmung chin. Zierformen u. Darstellungen aus d. Leben d. Chinesen im höf. Rokoko (18. Jh.).

Chintz, *m.* [engl. *tʃints*], buntbedrucktes Baumwollgewebe, glatte glänzende Oberfläche durch wachsgriffige Appretur.

Chios, griech. Insel im Ägäischen Meer, 842 km², 50 000 E; Hptst. u. Seehafen *Ch.,* 24 000 E.

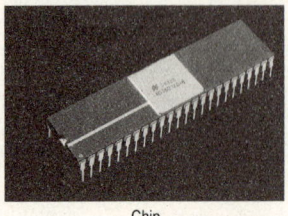

Chip

Chip [engl. *tʃip* „Scheibchen"], Siliciumplättchen m. chem. aufgetragenen→ integrierten Schaltungen; dient als Informationsspeicher und Funktionselement (→ Mikroprozessor) in der Mikroelektronik.

Chippendale [*'tʃipəndeıl*], Thomas (5. 6. 1718–13. 11. 79), engl. Kunsttischler.

Chippendalestil, engl. Möbelstil; Rokoko m. ostasiat. Motiven.

Chi-Quadrat-Test, *Statistik,* Verfahren, m. dem e. beobachtete m. einer hypothet. Verteilung geprüft wird.

Chirac [*ʃi'rak*], Jacques René (* 29. 11. 1932, frz. Pol.; 1974–76 u. s. 1986

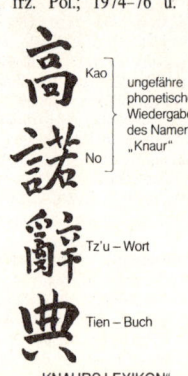

高 Kao ⎫
諾 No ⎬ ungefähre phonetische Wiedergabe des Namens „Knaur"
辭 Tz'u – Wort
典 Tien – Buch

„KNAURS LEXIKON" in chinesischer Schrift

Min.präs., 1976–86 Vors. d. RPR, 1977–80 Bürgerm. v. Paris.

Chirico [*'kiriko*], Giorgio de (10. 7. 1888–19. 11. 1978), it. Maler; als Vorläufer d. → Surrealismus u. Mitbegr. d. → pittura metafisica einflußreich f. die Entwicklung d. modernen Kunst; später Vertr. d. → Neuklassik; *Melancholie.*

Chiro-logie [gr.], Handlesekunst. – **Ch.mantie,** Wahrsagerei aus Handdeutung.

Chiron, *Cheiron,* in der griech. Sage heilkundiger Kentaur, Lehrer des Asklepios und Achill.

Chiropraktik, urspr. laienärztl., neuerdings auch med. anerkanntes Verfahren, bestimmte Krankheiten durch Zurechtrücken von Wirbeln zu heilen.

Chiroterium, *Handtier,* handförmige Saurierfährten i. d. jüngeren Ablagerungen des Buntsandsteins.

Chirurg, *m.* [gr.], *Wundarzt,* Arzt für **Chirurgie,** Weiterbildungszeit 6 Jahre; die Chirurgie umfaßt d. Erkennung, operative Behandlung v. chirurg. Erkrankungen, Verletzungen und Fehlbildungen sowie d. entsprechenden Voruntersuchungen, konservative Behandlungsverfahren und ihre Nachsorge; Teilgebiete: *Gefäßchirurgie, Kinderchirurgie, Plastische Chirurgie, Thorax-* u. *kardiovaskuläre Chirurgie, Unfallchirurgie.*

Chitin, *s.,* stickstoffhaltiger Hptbestandteil d. Körperhülle d. Gliedertiere (Krebstiere, Insekten).

Chiton, *m.,* altgriech. ärmelloses Gewand.

Chittagong [*'tʃɪ-*], Hptexporthafen v. Bangladesh, am Brahmaputra, s. 1950 in raschem Ausbau (Jute-, Tee-, Tabakexport), 1,8 Mill. E.

Chladni, Ernst (30. 11. 1756–4. 4. 1827), dt. Phys.; *Chladnische* → *Klangfiguren.*

Chlamys, *w.,* griech. weiter Mantel.

Chlodwig [später: *Ludwig*], Name fränk. Kge: **Ch. I.** (466–511), begr. 486 das fränk. Reich; wurde um 496 Christ.

Chloë [gr. „die Grünende"], Beiname der Göttin Demeter; i. 18. Jh. Name in d. Schäferlyrik.

Chlor [gr. „chloros = gelbgrün"], *Cl,* chem. El., Oz. 17. At.-Gew. 35,457; schweres, gelbgrünes, giftiges Gas, Dichte 2,95 g/l bei 1013 hPa, greift die Atmungsorgane an; natürl. nur in Verbindungen vorkommend; Verwendung als Bleichmittel und zur Desinfektion.

Chloral, Chloracetaldehyd, farblose, ätzende Flüssigkeit, bildet mit Wasser **Ch.hydrat,** farblose Kristalle, früher als Schlaf- und Beruhigungsmittel verwendet.

Chloramphenicol, *Chloromycetin,* aus *Streptomyces venezuelae* isoliertes → Antibiotikum, gg. → grampositive u. → gramnegative → Bakterien, Rickettsien, gr. → Viren u. → Spirochäten.

Chlorat, Bez. für Salze der Chlorsäure *HClO₃.*

$HClO_3.$

Chlorfluorkohlenstoffe, Sammelbez. für

Kohlenwasserstoffe, in denen Wasserstoff- durch Chlor- od. Fluoratome ersetzt sind; Aerosoltreibmittel, Feuerlösch-, Kältemittel; schädigen d. → Ozonschicht.

Chloride, Salze d. Salzsäure *(HCl).*

Chlorit, 1) grünes → Silicatmineral, sekundäre Ch.e durch Verwitterung als → Tonmineral; 2) *chem.* Bez. f. Salze der chlorigen Säure *HClO₂.*

$HClO_2.$

Chlorkalk, *Calciumhypochlorit,* aus Chlor mit gelöschtem Kalk gebildet; dient zum Desinfizieren und zum Bleichen; → Hypochlorite.

Chloroform, *s., Trichlormethan,* Lösungsmittel, veraltetes Mittel z. Inhalations- → Narkose.

Chlorophyll, *s.* [gr. „Blattgrün"], grüner Farbstoff in den grünen Chromatophoren *(Chloroplasten)* der Pflanzen, mit deren Hilfe sie bei Licht die → Assimilation der Kohlensäure ausführen (→ Photosynthese); zum Grünfärben v. Seifen u. als Mittel gg. Mund- u. Körpergeruch.

Chodowiecki [*kodo'vĭɛtski*], Daniel (16. 10. 1726–7. 2. 1801), dt.-poln. Maler u. bes. Kupferstecher; Hauptvertr. d. → Zopfstils; s. Gesamtwerk dokumentiert d. zeitgenöss. Lebensstil, bes. im bürgerl. Alltag Berlins.

Choke [engl. *tʃouk* „würgen"], Luftklappe insbes. bei Kfz-Motoren; wird bei kaltem Motor durch **Choker** (Knopf) geschlossen; dadurch wird kraftstoffreicheres Gemisch erzielt.

Cholangitis [gr.], Entzündung der Gallengänge.

Cholelithiasis [gr.], Gallensteinkrankheit.

Cholera [gr.], schwere Infektionskrankheit durch Kommabazillus, durch heftige Durchfälle u. dauerndes Erbrechen lebensgefährl. Austrocknung d. Körpers.

Choleretika, Gallesekretion fördernde Mittel.

Choleriker [gr.], **cholerischer** Mensch v. reizbarem, heftigem → Temperament.

Cholesterin, *s.,* ein lebensnotwendiger Fettkörper, der zus. mit den Triglyzeriden u. and. Fetten die Blutfette (→ Lipide) bildet; wird teils i. d. Leber gebildet, teils m. tier. Fetten der Nahrung aufgenommen. Muttersubstanz der Gallensäuren u. vieler Hormone; beim Transport im Blut an Eiweißkörper gebunden (Lipoproteine); man unterscheidet zwei für die unterschiedl. wichtige Dichteklassen: **a)** die Lipoproteine niedriger Dichte (low density lipoproteins = LDL), die zur Entwicklung d. Arteriosklerose beitragen; **b)** die Lipoproteine hoher Dichte (high density lipoproteins = HDL), als d. Schutzfaktor gg. Arteriosklerose angesehen werden.

Cholezystitis [gr.], Gallenblasenentzündung.

Cholin, *s.,* ein → Gewebshormon, organ. Base, Spaltprodukt d. Lezithins, in Pflan-

zen u. Tieren weit verbreitet, bes. i. d. Darmschleimhaut; Anreger der Peristaltik (→ Darm) u. wichtig im Fettstoffwechsel.

Cholo [*'tʃ-*], Nachfahre von Weißen und Indios.

Cholon → *Ho-Tschi-Minh-Stadt.*

Choltitz, Dietrich v. (1894–1966), Generalleutnant u. ab 7. 8. 1944 Wehrmachtsbefehlshaber v. Groß-Paris.

Chômageversicherung [frz. *ʃo'maʒ-*], Betriebsunterbrechungsversicherung.

Chomeini, Ruhollah, auch *Khomeini* (17. 5. 1900 od. 24. 9. 1902–3. 6. 1989), geistl. Führer d. Schiiten (Ayatollah) im Iran; 1963–79 im Exil, 1979 Rückkehr in den Iran nach von ihm erzwungener Ausreise des Schahs; Gründung einer „Islam. Republik Iran"; bestimmte seitdem die Politik als Revolutionsführer u. geistl. Oberhaupt.

Chomsky [*'tʃɔmski*], Noam (* 7. 12. 1928), am. Sprachwiss.; Vertr. d. Generativen Transformationsgrammatik; *Syntactic Structures;* pol. Schriften.

Chongqing, früher *Chungking,* chin. St. u. Endpkt der Schiffahrt auf dem Chang Jiang, 2,89 Mill. E; Textil- u. Eisenind. – 1939–45 Sitz d. chin. National-(Guomindang-)Regierung.

Frédéric Chopin

Chopin [*ʃɔ'pɛ̃*], Frédéric (1. 3. 1810–17. 10. 49), poln. Komp. u. Pianist; fortschrittl. Harmoniker u. kühner Modulator; überwiegend Klavierwerke: Nocturnes, Préludes, Scherzi, Walzer, Mazurken, Balladen, Polonaisen, Etüden, Sonaten; *Klavierkonzerte e-Moll, f-Moll.*

Chor, *m.* [gr.], 1) urspr. Tanzchor; 2) in d. griech. Tragödie Sprecher (Sänger), die in d. Handlung meist die Stimme d. Volks vertreten, geführt vom Chorführer *(Chorege);* 3) *mus.* Vereinigung v. Singstimmen; gbt in d. *Kirche:* Platz f. d. Geistlichen im Altarraum, m. **Ch.gestühl,** d. Laienraum abgeschlossen durch **Ch.schranke.**

Choral, Gemeindegesang, meist mehrstimmig; gregorian. Ch. (lat.) einstimmig, ältester erhaltener Kunstgesang. Aufzeichnung in Ch.notation, gibt im Ggs. zu den → Neumen nicht nur Tonschritte, sondern auch d. Rhythmus an. – **Ch.vorspiel,** Orgelkomposition über Melodien von Kirchenliedern, bes. v. → Bach.

Chorassan, Prov. im NO Irans, 313 337 km², 5,3 Mill. E; Randgebirge, im Innern

Wüsten mit Oasen; Teppichweberei, Türkise (Nischapur); Hptst. *Meschhed.*

Chorda, w. [gr.], knorpl. Wirbelsäulenanlage d. Embryos d. Wirbeltiere; wird später v. Knochen umwachsen; lebenslängl. b. → Lanzettfischen u. → Rundmäulern.

Chordaten, *Chordatiere,* Stamm d. Tierreichs; umfaßt alle Tiere m. e. Chorda, bes. d. Wirbeltiere.

Chorea [gr.], svw. → Veitstanz.

Choreograph [gr.], Schöpfer künstler. Tänze.

Choreographie, *Tanzschrift,* s. d. 18. Jh. z. Aufzeichnung eines Ballettanzes, seiner Figuren u. Schritte; notenähnl. Zeichen.

Chorhemd, liturg. Gewand kath. Priester.

Chorherren, svw. → Kanoniker.

Chorin, 1272–1543 Zisterzienserabtei nahe Eberswalde; obwohl jetzt Ruine, ist d. Kirche (1273–1344) e. ausgezeichnetes Beispiel d. Backsteingotik.

Chorion [gr.], *Zottenhaut,* mittlere Eihaut d. Säugetierkeims; aus ihr entwickelt sich → Mutterkuchen.

Chorzów [ˈxɔʃuf], → Königshütte.

Chotjewitz, Peter O. (* 14. 6. 1934), dt. Schriftst.; Erzählungen u. Romane; *D. Insel. Erzählungen auf dem Bärenauge; D. dreißigjähr. Friede.*

Chow-Chow [ˈtʃaʊ-], chin., spitzähnl. Haushund (→ Tafel Hunderassen).

Chrétien de Troyes [kreˈtjɛ̃ə ˈtrwa] (vor 1150–vor 1190), altfrz. Dichter; Artus-Romane: *Erec, Iwein, Cliges, Lancelot, Perceval.*

Chrisam, s. [gr.], *Chrisma,* geweihtes Salböl in d. kath. u. orthodoxen Kirche.

Christ, Lena (30. 10. 1881–30. 6. 1920), bayr. Volksschriftst.in; *Mathias Bichler; Die Rumplhanni; Madame Bäurin.*

Christchurch [ˈkraɪstʃəːtʃ], St. m. Hafenvorort *Lyttelton* i. S Neuseeland, 302 000 E; anglikan. u. röm.-kath. Bistum; Uni.

Christen, Anhänger christlicher Bekenntnisse, auf der Erde ca. 1 Mrd.

Christengemeinschaft, eine 1922 von R. → *Steiner* u. F. *Rittelmeyer* gegr., das Christentum anthroposoph. verstehende Gemeinschaft; Mittelpunkt in Stuttgart; der kath. Formen nachgebildete Kult heißt *Menschenweihehandlung.*

Christentum, nach *Jesus Christus* benannte Offenbarungsrel. (→ Bibel); fordert *Glauben* an d. gekreuzigten u. auferstandenen Herrn, *Liebe* zu Gott u. d. Menschen (Nachfolge Christi) u. *Hoffnung* auf Vollendung der Welt in der Wiederkunft Christi (Eschatologie); älteste Form im → *Urchristentum* (Quellen: Apostelgeschichte u. -briefe); seit Pfingsterlebnis → *Kirche;* Ausbreitung durch → *Mission.*

Christenverfolgungen, im Altertum bes. unter Nero, Diokletian u. (letzte) Julian Apostata.

Christian [gr.], **1)** Ch. I. (1426–81), Kg

von Dänemark u. Schweden, 1460 Hzg von Schleswig, Gf von Holstein (Personalunion Schl-Ho.s mit Dänemark); **2)** Ch. II. (1481–1559), verlor Schweden (Stockholmer Blutbad 1520); **3)** Ch. III. (1503–59), führte 1536 d. Reformation ein; **4)** Ch. VIII. (18. 9. 1786–20. 1. 1848), erstrebte dän. Erbfolge in Schl-Ho. (Offener Brief 1846); **5)** Ch. IX. (8. 4. 1818–29. 1. 1906), trat n. Dt.-Dän. Krieg 1864 Schl-Ho., Lauenburg ab; **6)** Ch. II. von *Braunschweig* (1599–1626), Heerführer d. protestant. → Union; **7)** Ch. von *Buch,* Erzbischof von Mainz 1165–83, Kanzler Friedrich Barbarossas; Mitkämpfer → Rainalds von Dassel.

Christian Science [ˈkrɪstjən ˈsaɪəns], *Christliche Wissenschaft,* christl. Religionsgemeinschaft, lehrt das urchristl. Heilen; Bewegung 1866 von *Mary Baker-Eddy* (1821–1910) in Amerika, Mutterkirche 1892 in Boston gegr.; ca. 3300 offizielle Gemeinden in der Welt, in Dtld seit etwa 1900.

Christie, Agatha (15. 9. 1890–12. 1. 1976), engl. Kriminalschriftstellerin; schuf Gestalten Miss Marple u. Hercule Poirot. *Zeugin der Anklage, Alibi, Der Mord im Pfarrhaus.*

Christine, schwed. *Kristina* (18. 12. 1626–19. 4. 89), Tochter Gustavs II. Adolf, 1644 Kgn von Schweden, dankte 1654 ab, 1655 kath., in Rom begraben.

Christlicher Verein junger Männer, CVJM → YMCA.

Christmas-Insel [ˈkrɪsməs-], austral. Insel im Ind. Ozean, 135 km², 2000 E; Kalkphosphatlager.

Christo, eigtl. Ch. *Javacheff* (* 13. 6. 1935), am. Künstler bulgar. Herkunft; Verpackungsaktionen.

Christologie, theol. Lehre v. d. Person u. v. Wesen Jesu.

Christoph|orus [gr.], „Christusträger“, trug nach der Legende Christuskind durch einen Fluß (Tag: 25. Juli).

Christrose, *Schneerose, schwarze Nieswurz,* Hahnenfußgewächs m. weißen Blüten oft schon vom Weihnachten.

Christus [gr. „der Gesalbte“], *Messias,* nach hebr. *Maschiach;* Ehrenname für → Jesus.

Christusmonogramm

Christusmonogramm, aus den großen griech. Anfangsbuchstaben des Namens Christus *(XP);* → griechisches Alphabet.

Chrom, s. [gr. „chroma = Farbe“], *Cr,* chem. El., Oz. 24, At.-Gew. 51,996, Dichte 7,14; sehr hartes Metall, stark farbige Verbindungen, Chromlegierungen *(Chromstahl* u. *-nickel)* sehr hart, beständig u. rostfrei; Verwendung auch

für haltbare, hochglänzende galvan. Überzüge.

Chromatin, anfärbbare Gerüstsubstanz des Zellkerns, am Aufbau der → Chromosomen beteiligt.

chromatisch, 1) in der Malerei: farbig, abgestufte Farbtöne; **2)** *mus.* in Halbtonschritten.

Chromatographie [gr.], Verfahren zur Stofftrennung und -reinigung. Eine mobile Phase (flüssige Lösung oder Gasgemisch) wird an einer stationären festen Phase vorbeigeleitet. Durch unterschiedliche → Adsorption oder Verteilung in den beiden Phasen kommt es zu unterschiedlichen Wanderungsgeschwindigkeiten. → Papierchromatographie.

Chromatophoren [gr.], Farbstoffträger, bei Tieren besondere Zellen, bei Pflanzen teilungsfähige Zellorgane (→ Plastiden), die grüne, rote und gelbrote Farben hervorrufen.

Chromgelatine, mit Chromsalzen getränkte Gelatine, wird nach Belichtung unlöslich in Wasser; verwendet für fotograf. Pigmentdruck u. Lichtdruckplatten.

Chromgelb, Malerfarbe aus Bleichromat.

Chromit, Mineral, Chromeisenoxid; wichtigstes Chromerz.

Chromleder, mit Chromsalzen gegerbtes Leder; geschmeidig, haltbar, blasse Färbung; f. Maschinen-, Näh- u. Schuhoberleder.

Chromosomensatz des Menschen. – Rechts Feinbau eines einzelnen Chromosoms. – xy → Vererbung, Übersicht

Chromosomen, Kernschleifen, (stark färbbare) Bestandteile d. Zellkerns (beim Menschen in den Körperzellen 46; → Meiose), bestehen u. a. aus → Desoxyribonukleinsäure; Träger der Erbanlagen; bei Kernteilung (Zellverdopplung): Längsspaltung (→ Vererbung, Übers.).

Chromosomenaberration [gr.-l.], **1)** → Chromosomenmutation; **2)** Abweichungen v. d. normalen Chromosomenzahl, durch Störung d. → Meiose bedingt; → Mongolismus, Klinefelter-Syndrom, Ullrich-Turner-Syndrom; → Vererbung.

Chromosomenmutation, Strukturumbauten innerhalb eines od. zw. mehreren Chromosomen eines Zellkerns durch Verlust oder Austausch v. Chromosomenstücken.

Chromosphäre, Teil der Sonnenatmosphäre.

Chromrot, Malerfarbe aus basischem Bleichromat.

Chronik, w. [gr. „Zeitbuch“], Geschichtswerk, stellt Ereignisse nur nach ihrer zeitl. Folge dar, ohne Stellungnahme des Verfassers: **Chronist**

chronisch [gr.], über längere Zeit hin; Ggs.: akut.
chronische Krankheiten, langwierige Krankheiten.
Chronograph, *m.* [gr.], registrierende Uhr.
Chronologie [gr.], Wiss. von der Zeitrechnung u. Zeiteinteilung.
chronologisch, zeitlich geordnet.
Chronometer [gr.], Präzisionsuhr f. Schiffahrt, Astronomie.
Chronos, *m.* [gr.], die Zeit.

N. Chruschtschow

Chruschtschow, Nikita (17. 4. 1894–11. 9. 1971), sowj. Pol.; 1953–64 Erster Sekretär d. ZK der KPdSU, 1958–64 gleichzeitig Min.präs. (1964 aller Ämter enthoben).

Chrysantheme

Chrysanthemum, Korbblütler (z. B. die *Margaretenblume*), ostasiat. Arten in zahllosen Formen als Zierpflanze. – **Ch.orden,** höchster jap. Orden *(Goldblumenorden)*.
Chrysippos (280–207 v. Chr.), griech. Phil., Systematiker d. stoischen Phil.
Chrysler [ˈkraɪzlə], Walther Percy (2. 4. 1875–18. 8. 1940), am. Autoindustrieller; Gründer d. *Chrysler Corporation* in Detroit (1925).
Chrysopras, grüner Halbedelstein.
Chrysostomos (um 350–407), griech. Kirchenvater, Patriarch von Konstantinopel; berühmter Prediger.
chthonisch [gr.], irdisch, mit der Erde zusammenhängend.
Chur (CH-7000), Hptst. des schweiz. Kantons Graubünden, an Rhein u. Plessur, 30 000 E; s. 452 Bistum.
Churchill [ˈtʃəːtʃil] (aus dem Haus der Hzge von Marlborough), **1)** Randolph, Lord (13. 2. 1849–24. 1. 95), britischer konservativer Staatsmann; s. Sohn **2)** Sir Winston S. (30. 11. 1874–24. 1. 1965), liberaler, s. 1924 konservativer Pol.; 1940–45 u. 1951–55 Premiermin.; Gegner der Politik des Nachgebens gegenüber Hitlerdtld, führte England trotz sei-

Winston Churchill

ner gefährlichen Lage und Isolierung (1940/41) zum Sieg; *Die Weltkrise 1911–1918; Memoiren* (2. Weltkr.); 1953 Nobelpr. f. Lit.
Churfirsten, 2306 m, schroffe Bergkette, 13 Gipfel (Firste) nördlich vom Walensee, Kanton St. Gallen.
Chuzpe, *w.* [jidd.], Frechheit.
Chylus [gr.], Darmlymphe, Saft aus im Darm verdauten Nahrungsbestandteilen, v. **Ch.gefäßen** d. Darmschleimhaut aufgesogen.
Chyius [gr.], durch Magenverdauung entstehender Brei aus Nahrungsbestandteilen.
CIA, *w.* [ˈsiːaɪˈeɪ], Abk. f. *Central Intelligence Agency,* Geheimdienst der USA, 1947 gegründet.
Ciano [ˈtʃaːno], di Cortellazzo, Gf Galeazzo (18. 3. 1903–11. 1. 44), Schwiegersohn Mussolinis, seit 1936 Außenmin.; von Mussolini hingerichtet.
Ciborium [l.], Kelch zur Aufbewahrung der konsekr. Hostien; auch → Baldachin.
CIC [ˈsiːaɪˈsiː], **1)** Abk. f. *Counter Intelligence Corps,* Nachrichten- und Abwehrdienst der US-Armee; **2)** Abk. f. *Conseil International de la Chasse* (Internationaler Jagdrat), gegr. 1930.
Cicero, Marcus Tullius (3. 1. 106–7. 12. 43 v. Chr.), röm. Pol. (63 Konsul gg. Catilina; nach Cäsars Tod Führer im Senat; dann geächtet u. ermordet), Redner u. Schriftst.; Hauptvertr. d. goldenen *Latinität;* Vermittler d. griech. Phil. in Rom; Reden *(In Catilinam),* phil. Schriften *(De re publica),* Briefe *(Ad Atticum).*
Cicero → Schriftgrade.
Cicerone, *m.* [it. tʃitʃ-], Fremdenführer.
Cicisbeo, *m.* [it. tʃitʃis-], vom Ehemann tolerierter Hausfreund, Galan der Ehefrau.
Cid Campeador [θið-] († 1099), span. Nationalheld in den Cid-Romanzen im 12.–16. Jh.; dt. von Herder, Schauspiel von Corneille.
Cie → Co 2).
Cienfuegos [θi-], Hafenst. a. d. S-Küste v. Cuba, 109 000 E; Zucker- u. Tabakausfuhr.
Cierva [ˈθi̯erβa], Juan de la (21. 9. 1895–9. 12. 1936), span. Erfinder d. Autogiro-→ Drehflügelflugzeugs.
cif, Abk. f. engl. *cost insurance freight,* Vertragsklausel im Überseehandel, daß der Verkäufer d. Transportkosten einschließl. d. (See-)Versicherung bis zum

Bestimmungsort (bzw. -hafen) zu tragen hat: z. B. cif Bremen; Ggs.: → fob.
CIM, *Computer-Integrated Manufacturing,* Unterstützung u. Verbindung des Entwurfs- u. Herstellungsprozesses in Fabriken m. Hilfe v. → DVA.
Cimabue [tʃi-], eigtl. *Cenni di Pepo* (um 1240–1302?), florentin. Maler an d. Wende z. Gotik; noch mit byzantin. Elementen; Hauptwerk: Freskenzyklen in S. Francesco zu Assisi.
Cimarosa [tʃi-], Domenico (17. 12. 1749–11. 1. 1801), it. Opernkomp.; *Die heimliche Ehe.*
Cimino, Michael (* 1943), am. Filmregisseur; *Deer Hunter* (1978); *Heaven's Gate* (1980); *Year of the Dragon* (1985); *The Sicilian* (1987).
Cincinnati [sɪnsɪˈnæti], St. im US-Staat Ohio, 385 000 E; Uni., Opernfreilichtbühne; Masch.-, Textil-, Seifen-, chem. Ind.
Cincinnatus, L. Quinctius, röm. Staatsmann, besiegte als Diktator 458 v. Chr. d. Äquer.
CinemaScope [sinemaˈskoːp], 1953 in der Filmtechnik eingeführtes Verfahren z. Erzielung eines möglichst räuml. Effektes auf gekrümmter Panoramabildwand gleicher Höhe, aber mehr als doppelter Breite d. normalen Filmbildes mit Hilfe von anamorphot. Objektiven, unterstützt durch stereophon. Tonwiedergabe.
Cinematismus, Verfahren d. futurist. Malerei, bei dem mehrere Phasen einer Bewegung übereinanderliegend dargestellt werden; → Futurismus.
Cinéma vérité [frz. si- „Film-Wahrheit"], Stilrichtung i. Dokumentarfilm; *Chronique d'un été* (1961) v. *Rouch* u. E. *Morin.*
Cinerama [si-], Film-Panorama-Verfahren, das mit 3 Kameras, 6 Tonaufzeichnungen u. stark gewölbter u. verbreiterter Bildwand arbeitet; Blickwinkel fast so groß wie der beider Augen (140°), dadurch räuml. Eindruck.

Cineraria

Cineraria, *Aschenkraut,* südafrikan. Korbblütler; beliebte Topfpflanze.
Cinna, L. Cornelius, röm. Patrizier, Gegner Sullas, Populare, 84 v. Chr. ermordet.
Cinquecento [tʃi-], it. „fünfhundert (näml. 1000 + 500) beginnende (= 16. Jh.) Blütezeit der it. *Renaissance.*
CIO, *Congress of Industrial Organizations,* → Gewerkschaften, Übers.
CIOS, Abk. f. *Conseil International pour l'Organisation Scientifique,* Intern. Rat f. wiss. Unternehmensführung.
Circe, Zauberin in Homers *Odyssee,* ver-

Was unter C vermißt wird, siehe unter K und Z

wandelte ihre Gäste in Tiere; verführerisches Weib.

Circuittraining [engl. 'səːkɪt-], Trainingsmethode zur Verbesserung der Muskelu. Organkraft; Folge v. Stationen m. verschiedenen Übungen.

Circulus vitiosus [l. „fehlerhafter Kreis"], **1)** Beweis, bei dem die Beweisgründe bereits voraussetzen, was erst zu beweisen ist; im übertragenen Sinne svw. „Teufelskreis"; **2)** med. gleichzeitiges Vorhandensein zweier od. mehrerer krankhafter Zustände, die sich gegenseitig ungünstig beeinflussen.

circumlunar [l. „um den Mond herum"], Bahnen, in denen Satelliten u. Raumsonden um d. Mond kreisen. → Wolken.

Cirrus [l.], Federwolke, → Wolken.

Ciskei, Bantustaat in Südafrika, 12 075 km², 946 000 E; Bev.: Xhosa; Sprache: isiXhosa, Engl.; Hptort: Bisho; v. 1981 Selbstreg., s. 1981 nominell unabhängig, aber intern. nicht anerkannt u. fakt. weiterhin v. Südafrika abhängig; Karte S. 350.

Cistron, Abschnitt der DNS im Genom, der aufgrund der Basensequenz für die → Biosynthese eines best. Produkts verantwortlich ist.

CIT [tfɪt], Abk. f. Compagnia Italiana del Turismo, it. Reisebüro, 1927 gegr.

CITES, Abk. f. Convention on International Trade in Endangered Species of Wild Fauna and Flora, Konvention zum Internationalen Handel gefährdeter Arten der freilebenden Fauna u. Flora, auch Washingtoner Artenschutzübereinkommen genannt.

citius, altius, fortius [l.], „schneller, höher, stärker", Wahlspruch der modernen Olymp. Spiele.

Citoyen, m. [frz. sitwa'jē], (Staats-)Bürger; übliche Anrede z. Z. der Französischen Revolution.

Citroën [sitrɔ'en], André (1878–1935), frz. Ing. u. Industrieller; begr. 1919 d. Citroënwerke, bed. frz. Unternehmen d. Automobilind.

Citrus [gr.-l.], Agrume, immergrüne Strauch- u. Baumgattung (z. B. Apfelsine, Mandarine, Pomeranze, Bergamotte, Zitrone, Pampelmuse).

Città del Vaticano [tʃit'ta-], → Vatikanstadt.

City, w. ['sɪtɪ], Altstadt, bes. in London; allg. Geschäftsviertel einer Großstadt, Innenstadt.

Ciudad Trujillo [θ̃iu'ðað tru'xiʎo], → Santo Domingo.

Civitas, w. [l. „Bürgerschaft"], Staatswesen. – **C. Dei** [-'de-i], „Gottesstaat", geschichtsphil. Werk v. Augustinus.

Civitavecchia [tʃivita'vekkia], Hafenst. nw. v. Rom, 51 000 E; Kriegshafen u. Festung; Seebad mit Thermal- u. Mineralquellen. – Von Trajan gegr.; 5. Jh. Hafenst. Roms u. d. Vatikanstaates, im 2. Weltkrieg zerstört, s. 1952 wiederaufgebaut.

Cl, chem. Zeichen f. → Chlor.

cl, Abk. f. Zentiliter = 1/100 Liter.

Claim, s. [engl. kleɪm], Rechtsanspruch, Besitztitel; auch Anteil an e. Goldgräberunternehmung.

Clair [klɛːr], René (11. 11. 1898–14. 3. 1981), frz. Filmregisseur; Sous les toits de Paris (1930); Le silence est d'or (1947); Les grandes manœuvres (1955).

Clairet, m. [klɛ'rɛ], frz. blaßroter Wein.

Clair-obscur [frz. -'kyr], → Helldunkel.

Clairvaux [klɛr'vo], ehem. Zisterzienserkloster im Dép. Aube i. Frkr., 1115 gegr. v. Bernhard v. C.

Clairvoyance, w. [frz. klɛrvwa'jãs], Hellsehen.

Clan, m. [klæn], **1)** schott. Stammverband; Sippe; eigene Stammesfarben (Schottenmuster); **2)** d. soziolog. Völkerkunde: Sippenverband m. Rechtshoheit und oft eigenem → Totem.

Claque, w. [frz. klak], Gruppe bezahlter Beifallsklatscher: **Claqueurs** [-'kœːr].

Claß, Helmut (* 1. 7. 1913), dt. ev. Theol.; s. 1969 Landesbischof d. EK Württ., 1973–79 Ratsvors. d. EKD.

Claude [klod], Albert (23. 8. 1899–23. 5. 1983), belg. Biochem.; Nobelpr. f. Med. 1974 (Struktur u. Funktion der Zelle).

Paul Claudel

Claudel [klo'dɛl], Paul (6. 8. 1868–23. 2. 1955), frz. kath. Dichter; Gedichte u. Dramen: Mittagswende; Verkündigung; Der seidene Schuh.

Claude Lorrain [klod lɔ'rɛ̃], eigtl. C. Gelée (1600–23. 11. 82), frz. Maler u. Radierer; stimmungsvolle klass. Landschaften, oft auch m. Hafenanlagen.

Claudius, Matthias (15. 8. 1740–21. 1. 1815), dt. Dichter; Hg. der Wochenschrift Wandsbeker Bote; Gedichte: Der Mond ist aufgegangen.

Claudius, röm. Kaiser (41–54 n. Chr.) u. Gelehrter; von seiner Gattin Agrippina vergiftet.

Clausewitz, Karl v. (1. 6. 1780–16. 11. 1831), preuß. General, Theoretiker d. Kriegsführung; Buch: Vom Kriege.

Clausius, Rudolf Julius Emanuel (2. 1. 1822–24. 8. 88), dt. Phys.; entdeckte d. 2. Hauptsatz d. Wärmetheorie, wiss. Begr. d. kinetischen Gastheorie.

Clausthal-Zellerfeld, Bergstadt (D-3392), heilklimat. Kurort im Oberharz, Rgbz. Braunschweig, Nds., 16 069 E; größte Holzkirche Dtlds (17. Jh.), TU, AG, Oberbergamt, Garnison.

clausula rebus sic stantibus, stillschweigend bei langfristigen Verträgen geltende

Klausel, gemäß welcher d. Vertrag nicht einzuhalten ist, wenn die v. den Parteien vorgesehenen Umstände eine außergewöhnl. Änderung (z. B. Inflation) erfahren.

Clavell, James (* 10. 10. 1924), am. Schriftst.; Romane: Rattenkönig; Tai-Pan; Shogun; Noble House, Hongkong; Wirbelsturm.

Clavigo, richtig: Clavijo y Fajardo, José (1730–1806), span. Schriftst. – Drama v. Goethe.

Clay [kleɪ], **1)** Cassius, → Ali, Muhammad; **2)** Lucius D. (24. 7. 1897–16. 4. 1978), am. General; 1947–49 Militärgouverneur in Dtld; Organisator der Luftbrücke bei d. Blockade Berlins.

clear air turbulence [engl. 'kliə 'εə 'tɜːbjuləns], intern. gebrauchte Bez. f. heftige Auf- u. Abwinde in wolkenfreier Luft, bes. i. d. oberen → Troposphäre i. Zus.hang m. d. → Jet stream.

Clearance [engl. 'kliərəns „Klärung"], Entharnungsvermögen; bei Nierenfunktionsprüfungen d. Blutplasmamenge, d. beim Durchfluß durch die Niere in einer Minute vollständig v. einer best. Substanz befreit wird.

Clearing ['kliərɪŋ], Abrechnungsverfahren zw. Banken, bei dem nach Aufrechnung gegenseitiger Forderungen die Salden zum Ausgleich verbleiben; im intern. Zahlungsverkehr (C.-Abkommen), Abrechnung meist über Zentralbanken.

Cleaver ['kliːvə], Eldrige (* 31. 8. 1935), Führer d. Black-Power-Bewegung; Mitglied d. Black Panther; Soul on Fire.

Clematis [gr.], svw. → Waldrebe.

Clemenceau [kləmã'so], Georges (28. 9. 1841–24. 11. 1929), frz. Staatsmann; 1906–09 u. 1917–20 Min.präs. (zugleich Kriegsmin.); Vorsitz bei Versailler Friedenskonferenz.

Clementi, Muzio (23. od. 24. 1. 1752–10. 3. 1832), it. Komp., Klaviervirtuose; Sonaten, Etüden.

Clementine, Kreuzung v. Mandarine m. Orange.

Clerc, m. [frz. klɛr], Geistlicher; in Frkr. Advokatengehilfe.

Clerk, m. [engl. klaːk], Schreiber, Handlungsgehilfe; geistl. Beamter.

Clermont-Ferrand [klɛrmõfe'rã], Hptst. des südfrz. Dép. Puy-de-Dôme, 151 000 E; Bischofssitz; Uni.; Mineralquellen, Gummi-Ind.

Cleveland ['kliːvlənd], Grover (18. 3. 1837–24. 6. 1908), 22. u. 24. Präs. d. USA 1885–89 u. 1893–97.

Cleveland ['kliːvlənd], St. i. US-Staat Ohio, am Eriesee, 574 000 E; Hafen, Getreide, Holzmarkt, Stahlind., Erdölraffinerie; Uni.

clever [engl.], geschickt, klug, listig.

Clinch, m. [engl. klɪntʃ], Umklammerung des Gegners beim Boxen, um ihn am Schlagen zu hindern; wird vom Ringrichter getrennt.

Clique, w. [frz. klik], Sippschaft, Bande.

Clive [klaɪv], Robert, Lord (29. 9. 1725–

22. 11. 74), Begr. d. brit. Macht in Ostindien.

Clivia, *Riemenblatt,* Zwiebelpflanze aus dem Kapland m. roten Blüten.

Clochard, *m.* [frz. *klɔ'ʃar*], Landstreicher, „Penner"; bes. Stadtstreicher in Paris.

Cloisonné [frz. *klwasɔ'ne*], Art → Emailmalerei.

Cloning, genet.-experimentelle Erzeugung eines → Klons; Kerne v. Eizellen werden unmittelbar nach d. Befruchtung gegen Kerne v. Körperzellen ausgetauscht.

Cloppenburg (D-4590), Krst. südl. v. Oldenburg, Nds., 22 536 E; AG; bed. Viehmarkt; Freilichtmuseum.

Clos, *s.* [frz. *klo*], umfriedetes Grundstück in Frkr., hpts. in Weinbaugebieten, mit eigener Namensbez. C. und folgender Namensangabe auf Weinetiketten, eine meist bes. edle Weinsorte.

Closed (Union) Shop [engl.], Begriff d. *am. Arbeitsrechts,* nach dem nur Gewerkschaftsmitgl. eingestellt werden.

Clou, *m.* [frz. *klu* „Nagel"], Glanzpunkt.

Clouet [*klu'e*], fläm.-frz. Maler d. Renaiss.; **1)** Jean (um 1480–um 1540), Hofmaler Franz' I.; bes. Bildnisse, wie auch s. Sohn **2)** François (um 1510–22. 9. 72), Hofmaler Franz' I., Heinrichs II., Franz' II., Karls IX.

Clouzot [*klu'zo*], Henri-Georges (20. 11. 1907-12. 1. 77), frz. Filmregisseur; *Le salaire de la peur* (1953); *Les diaboliques* (1954); *La vérité* (1960).

Clown [engl. *klaun,* zirkussprachl. *klo:n*], Spaßmacher im Zirkus.

Club of Rome [*klʌb ov 'roum*], Zus.-schluß (1968 i. Rom) v. 85 Wissenschaftlern, Industriellen u. Wirtschaftlern a. aller Welt, d. sich m. Problemen d. Ind.ges. u. d. Umwelt befassen; 1972: *D. Grenzen d. Wachstums;* 1974: *Menschheit am Wendepunkt;* 1976: *RIO-Bericht.*

Cluj [*kluʒ*], rumän. Name von → Klausenburg.

Cluny [*kly'ni*], *Clugny,* frz. St. im Dép. Saône-et-Loire, 4700 E; ehem. berühmte Benediktinerabtei (910), Ruine d. Abteikirche. → Kluniazenser.

Clusius, Klaus (19. 3. 1903-23. 5. 63), dt. Phys. u. Chem.; Erfinder d. Clusius-Trennrohrs z. Isotopentrennung.

Cluster [engl. *'klʌstə*], *mus.* Tontraube aus gleichzeitig gespielten gr. u. kl. Sekunden od. noch engeren Intervallen.

Clustermodell, von → Pauling entwikkeltes Atommodell zur Beschreibung des Kernaufbaus.

Clyde [*klaid*], Fluß in Schottland, mündet in den Firth of Clyde, 170 km l., ab Glasgow schiffbar. - **C.Kanal** verbindet Glasgow mit d. Nordsee.

Cm, *chem.* Zeichen f. → *Curium.*

cm, *chem.* Zeichen f. → *Curium.*

cm, cm², cm³, Abk. f. *Zentimeter, Quadratzentimeter, Kubikzentimeter.*

CN, *chem.* Formel für → Cyanid.

CNC, Abk. f. engl. *Computerized Numerical Control,* → numerische Steuerung.

CNES, Abk. f. *Centre National d'Études Spatiales,* frz. Raumfahrtagentur; erste Satellitenstarts 1965, ab 1975 Mitwirkung am → Ariane-Projekt.

CNN, *Cable News Network,* am. Fernsehgesellschaft mit Satellitentechnologie, gegr. 1980. Einziger westl. Sender, der nach Beginn des 2. → Golfkriegs mit Reporter Peter Arnett aus Bagdad über die Kriegshandlungen berichtete; dient aber inzwischen zwangsläufig auch der irak. Führung der eigenen Propaganda. CNN versorgt etwa 90 Länder mit Informationen.

Co, 1) *chem.* Zeichen f. → *Cobalt;* **2)** bei Firmennamen Abk. f. Kompanie: *Co* od. *Cie,* auch *Comp.*

c/o, *care of,* auf engl. Briefen: per Adresse.

Cobalamine, d. cobalthalt. Vitamin-B_{12}-Stoffe (→ Vitamine, Übers.).

Cobalt, *Kobalt, s., Co, chem.* El., Oz. 27, At.-Gew. 58,9332, Dichte 8,89; nickelähnl., rötlichweißes, magnet., sehr festes Metall; gediegen nur in Meteoreisen; mit Nickel u. Eisen zus. an Schwefel od. Arsen gebunden in vielen Mineralien: **C.blüte, C.glanz, C.kies;** Gewinnung aus den Erzen, Hauptverwendung als Stahlzusatz zur Festigkeitserhöhung; künstl. in Kernreaktoren gewonnenes radioakt. Isotop *Co* 60 z. Strahlentherapie bei Krebs. - **C.bombe** → Kernwaffen. - **C.kanone,** Gerät f. d. Tiefentherapie von → Krebs m. d. Gammastrahlung d. Isotops Cobalt 60. - **C.verbindungen,** lebhaft farbig; C.silicat m. Kaliumsilicat → Smalte; m. Tonerde: *Ultramarin-* u. *Kobaltblau;* in d. Keramik u. Glasindustrie **C.oxid** zum Blaufärben.

Cobbler, *m.,* Bargetränk: Wein, Früchte, Eis u. a.

Cobden, Richard (3. 6. 1804-2. 4. 65), engl. Vorkämpfer des → Manchestertums.

COBOL, Abk. f. engl. *common business oriented language,* i. d. → Datenverarbeitung verwendete → Programmiersprache; insbes. f. Handel u. Geschäftsleben.

Cobra, Zus.schluß belg., dän., holländ. Maler (1948–51); benannt n. d. Anfangsbuchstaben d. Städte Copenhagen, Brüssel, Amsterdam; Figurationen aus d. informellen Malerei (→ *Tachismus);* Vertr.: *Appel, Corneille, Jorn.*

Coburg (D-8630), krfreie St. in Bay., am Thüringer Wald, 43 233 E; IHK, LG, AG; Landesbibliothek, Landestheater, Schloß Ehrenburg; oberhalb die *Veste C.* (465 müM, um 1000 errichtet, m. Kunstsammlungen); Naturmuseum; Metall-, Holz-, Textil- u. Spielwarenind.

Cochabamba [*kotʃa'β-*], Hptst. d. bolivian. Prov. C., 317 000 E, 2558 müM; Bischofssitz, Uni.

Cochem (D-5590), Krst. d. Kr. C.-Zell, an d. Mosel, RP; 5094 E; AG; Weinbau, Fremdenverkehr.

Cockcroft [*koukrɔft*], Sir John Douglas

(27. 5. 1897-18. 9. 1967), engl. Kernphys.; erste künstl. Atomkernumwandlung (mit E. Th. S. Walton); Nobelpr. 1951.

Cockney [*'kɔkni*], Bewohner der City v. London; auch Sprache d. unteren Schichten in London.

Cockpit [engl.], Pilotenkanzel bei Flugzeugen, vertiefter Sitzraum auf Booten, Fahrerplatz i. Rennwagen.

Cocktail, *m.* [engl. *-teil*], Mischgetränk aus Spirituosen, Südweinen, Fruchtsäften u. a.

CoCom, Coordination Committee for East-West Trade Policy, Koordinationskomitee O-W-Handel, 1949 gegr.; Mitgl.: NATO-Staaten (ohne Island) u. Japan; Ziele: Koordination, Kontrolle u. Steuerung d. Lieferung strateg. relevanter Spezialgüter i. d. Ostblockstaaten.

Jean Cocteau

Cocteau [*kɔk'to*], Jean (5. 7. 1889-11. 10. 1963), frz. surrealist. Dichter, Schriftst., Regisseur u. Maler; *Le sang d'un poète* (1930); *Orphée* (1950); *Le testament d'Orphée* (1960). Mitgl. d. Académie française.

Cocytus, *Kokytos,* Fluß der griech. Unterwelt.

Cod., Abk. f. *Codex.*

Coda → Koda.

Code, *m.* [*koud, kɔd*], **1)** frz. „Gesetzbuch"; Schlüssel zum Entziffern chiffrierter Schriften (→ Chiffre); **2)** in der Informationstheorie (→ Informatik) e. eindeutige Zuordnungsvorschrift, durch die Informationen in geeigneter Form f. den Übertragungskanal umgewandelt werden, z. B. → Binär-Code (mit den Zeichen 0 u. 1) bei → EDV; **3)** → genetischer Kode. - **C. civil** [frz. *kɔd si'vil*], *Napoléon* [-*o*], eines d. unter Napoleon I. 1804 erlassenen 5 Gesetzbücher; enthält bürgerl. Recht, gilt in Frkr., Belgien und Luxemburg; Grundlage d. Zivilgesetze zahlreicher Länder.

Codeïn, Hustenmittel, chem. m. Morphium verwandt, nimmt Hustenreiz.

Codex, *m.* [l.], röm. Buch aus Wachsschreibtafeln; Teil der Pandekten → Corpus iuris civilis; jetzt svw. alte Handschrift. - **C. argenteus,** Handschrift des 6. Jh. mit der got. Bibelübersetzung Wulfilas (in silbernen Lettern) in Uppsala (Bruchstücke davon 1970 i. St. Alva a. Speyerer Dom gefunden). - **C. aureus,** Name v. Prachthandschriften m. goldenen Buchstaben od. Einbanddeckeln, insbes. der aus dem Kloster St. Emmeram

in Regensburg. – **C. iuris canonici**, s. 1918 gültiges Gesetzbuch d. kath. Kirche, s. 27. 11. 1983 Neufassung.
Coelestin, *m.*, *Zölestin*, Strontiumsulfat (SrSO₄), Mineral.
Coesfeld [ˈkøːs-], (D-4420), Krst. in W-Münsterland, NRW, 31 979 E; ehem. Hansestadt; div. Ind.
Cœur, *s.* [frz. *kœːr*], Herz (i. Kartenspiel).
cogito, ergo sum [l.], „Ich denke, also bin ich", Grundaxiom der Philosophie v. → Descartes.
Cognac [kɔˈɲak], St. im südwestfrz. Dép. *Charente*, an der Charente, 21 000 E; Sitz der frz. Kognakerzeugung (→ Klemens VII.).
Cohen, 1) Herman (4. 7. 1842–4. 4. 1918), dt. Phil., Begr. der „Marburger Schule" der → Neukantianer; 2) Stanley (* 17. 11. 1922), am. Biochemiker; Entdeckung d. Substanzen d. Nervenwachstumsfaktors; Nobelpr. für Medizin 1986.
Coiffeur, *m.* [frz. *kwaˈfœːr*], Friseur.
Coimbra [ˈkuˈɪmbrɐ], Hptst. d. portugies. Prov. Beira, 75 000 E; Uni. (1307 gegr.).
Coincidentia oppositorum [l.], *das Zusammenfallen der Gegensätze* in der göttl. Einheit (Nikolaus v. Kues, dt. Mystik, Hegel).
Colbert [kɔlˈbɛːr], Jean Baptiste (29. 8. 1619–6. 9. 83), frz. Finanzmin. Ludwigs XIV., Vertr. d. → Merkantilismus; begünstigte Ind. u. Handel, baute d. Zollsystem aus; Gründer d. frz. Akad. d. Wiss. (1666).
Colchicum, svw. → Herbstzeitlose.
Colle di Tenda, Paß (1873 m) in den Meeralpen; Durchgangsverkehr Riviera–Piemont geht durch d. Tenda-Tunnel (1316 müM).
Cole [koʊl], Thomas (1. 2. 1801–11. 2. 48), Hptvertr. d. am. Malerei d. Romantik; *Der Traum d. Architekten; Der letzte Mohikaner; Die Aquädukte d. Campagna.*
Coleopteren, svw. → Käfer.
Coleridge [ˈkoʊlrɪdʒ], Samuel Taylor (21. 10. 1772–25. 7. 1834), engl. Lyriker d. Romantik; *Der alte Seemann.*
Colette [-ˈlɛt], Sidonie Gabrielle (28. 1. 1873–3. 8. 1954), frz. Schriftst.in; *Mitsou; Chéri; Gigi.*
Coleus, bunte Blattpflanze wärmerer Länder.
Coligny [-liˈɲi], Gaspard v. Châtillon, Gf v. (16. 2. 1519–24. 8. 72), Hugenottenführer; ermordet i. d. → *Bartholomäusnacht.*
Collage, *w.* [frz. -ˈlaʒə], d. durch Aufkleben versch. Materialien u. Übermalen hergestellte Bild (zuerst v. Picasso u. Braque).
College, *s.* [ˈkɔlɪdʒ], in England 1) höhere Schule mit Internat, bereitet junge Leute für Uni. vor (z. B. *Eton-C.*); 2) Uni.institut, in dem Studenten u. Dozenten zus. wohnen u. Unterricht erteilt wird (z. B. in Oxford u. Cambridge); auch in d. USA: → Schulwesen.
Collegium musicum, *s.* [l.], ehem. Stu-

denten-, heute meist Liebhaberorchester.

Colleoni, *Verrocchio*

Colleoni (1400–75), it. Söldnerführer. Standbild v. Verrocchio in Venedig.
Collie, *m.*, schottischer, langhaariger Schäferhund.
Collodium, dicke, klare Lösung von Cellulosenitrat in Ether-Alkohol-Gemisch; *techn.* 2–3 Teile C. m. 1 Teil Kampfer ergeben *Celluloid.*
Colmar, *Kolmar*, St. im Oberelsaß, Hptst. des frz. Dép. *Haut-Rhin*, an der Lauch, 63 700 E; Textilind.; Martinsmünster; *Maria im Rosenhag* v. → Schongauer; *Isenheimer Altar* (Unterlinden-Museum, → Grünewald).
Colocasia, aronstabähnl. Pflanze Ostindiens; → Taro.
Colombina → Kolombine.
Colombo, Emilio (* 11. 4. 1920), it. Pol. (DC); 1970/71 Min.präs., 1977–79 Präs. d. Eur. Parlaments.
Colombo, Hptst. von Sri Lanka, 664 000 E; Hindutempel; Welthandelshafen u. Kohlenstation. – **C.-Plan**, 1950 geschlossenes Abkommen für wirtsch. u. techn. Hilfe für S- und SO-Asien, vor allem durch d. British Commonwealth u. die USA.
Colón, 1) Hafenst. in Panamá, am atlant. Ausgang d. Panamakanals, 60 000 E; 2) Währungseinheit in Costa Rica u. El Salvador; → Währungen, S. 1087.
Colorado, 1) Fluß in Texas, 1450 km l., mündet in den Golf von Mexiko; 1/3 schiffbar; 2) Fluß im SW der USA, durchbricht in gewaltigen Cañons das wüstenhafte *C.plateau*, mündet i. d. Kaliforn. Golf, 2333 km l., z. T. schiffb.; nach ihm ben. 3) *C.*, Abk. *Col.*, Staat d. USA; Hochland m. Felsengebirgsketten u. Prärie, 269 998 km², 3,27 Mill. E; Bodenschätze: Silber, Gold, Blei, Kupfer, Eisen, Uran, Molybdän; Getreide-, Obstanbau, künstl. Bewässerung; Hptst. *Denver*; 4) Fluß i. Argentinien, a. d. Grenze Patagoniens, 1953 km l., i. d. Atlantik.
Color-field painting, *Farbfeldmalerei*, zeitgenöss. Kunstrichtung, in den 50er Jahren in USA begr. abstrakte Malerei; chromat. Farbbahnen führen z. Besetzen des Farbensehens zu opt. Überlagerungen; Vertr.: *Newman, Noland, Reinhardt, Stella.*
Colt → Revolver.

Columban († 615), irischer Missionar Burgunds.
Columbia, Raumtransporter; → Space Shuttle.
Columbia, 1) Fluß im westl. N-Amerika, a. d. Felsengebirge i. d. Pazifik, 1953 km l.; 2) Hptst. des US-Staates Südcarolina, 95 000 E; Uni., Baumwollind. u. -handel; 3) *Britisch-C.*, kanad. Prov., 947 800 km², 2,89 Mill. E; waldreich, im O Mineralien (Kupfer, Kohle), bei Kitimat großes Wasserkraftwerk u. eines d. größten Aluminiumwerke d. Erde; Hptst. *Victoria* (Hafen, 66 000 E); 4) *District of C.*, Abk. *D.C.*, Bundesdistrikt d. USA, 163 km², d. Gebiet der Bundeshauptst. → Washington.
Columbus [kəˈlʌmbəs], Hptst. des US-Staates Ohio, 565 000 E; 3 Uni., Kohlen- u. Eisenbergwerke, Stahlind.
Combine-painting, Verbundmalerei, Objekte werden in d. gemalte Bild montiert; Vertr.: z. B. *Schwitters.*
Combo, *w.* [v. engl. „combination"], kleine Gruppe v. Jazzmusikern, die hpts. improvisierte Musik spielen; Besetzung: 3–6 Instrumente; Ggs.: → Big Band.
Comeback, *s.* [engl. ˈkʌmbæk], Wiedererlangung d. öffentl. Interesses nach vorübergehendem Schwinden aus dem Gesichtskreis d. Öffentlichkeit.
COMECON → Rat für gegenseitige Wirtschaftshilfe.
Comédie Française [kɔmeˈdi frãˈsɛːz], das klassische frz. Staatstheater in Paris; gegr. 1680.
Comenius, Johann Amos (28. 3. 1592–15. 11. 1670), Pädagoge, letzter Bischof d. Böhm.-Mähr. Brüder.
Comer See, it. *Lago di Como*, Oberitalien, v. d. Adda durchflossen; 199 müM, 146 km², 410 m tief, 51 km l.
Comics, *Comic strips*, seit ca. 1900 in den USA; waagerecht aneinandergefügte Zeichnungen, die in ihrer Abfolge eine Geschichte darstellen; Texte aller Art in Sprechblasen od. an den Rändern, aber den Bildern untergeordnet; als Massenmedium in Zeitungen, Heften und Büchern.
COMISCO → Internationale.
Commedia, i. Italien früher jedes Gedicht mit günstigem Ausgang (→ Dante Alighieri: *Divina C.*), heute Drama, bes. Lustspiel. – **C. dell'arte**, s. d. 16. Jh. Stegreifkomödie m. feststehenden Figuren: *Arlecchino, Pantalone, Pulcinello, Colombina* (→ Tafel Schauspielkunst).
comme il faut [frz. kɔmilˈfo], wie es sich gehört.
Commis [frz. -ˈmi], Handlungsgehilfe. – **C. voyageur** [-vwajaˈʒœːr], Handlungsreisender.
Common Prayer Book [engl. ˈkɔmən ˈprɛə buk], liturg. Buch d. anglikan. Kirche.
Commons [ˈkɔmənz], Mitgl. d. brit. → Unterhauses.
Common sense, *m.* [engl. ˈkɔmən ˈsɛns], der gesunde Menschenverstand.

Commonwealth, s. [engl. 'kɔmənwɛlθ], „Gemeinwesen" (Staat im Sinne der lat. Bedeutung von „res publica"); im **C.** of **Australia** [-ɔs'treɪljə] (1900 gegr.) bundesstaatl. Charakter, → Australien; **C.** of **Nations** [-'neɪʃənz], Staatengemeinschaft, trat an die Stelle d. ehem. *British Empire;* dem C. o. N. gehören 50 Staaten (sowie 24 abhängige Territorien) an: Großbritannien, Nordirland, Antigua, Australien, Bahamas, Bangladesch, Barbados, Belize, Botswana, Brunei, Dominica, Gambia, Ghana, Grenada, Guyana, Indien, Jamaica, Kanada, Kenia, Kiribati, Lesotho, Malawi, Malaysia, Malediven, Malta, Mauritius, Namibia, Nauru, Neuseeland, Nigeria, Pakistan, Papua-Neuguinea, St. Kitts-Nevis, St. Lucia, St. Vincent, Salomonen, Swasiland, Sri Lanka, Sambia, Samoa, Seychellen, Sierra Leone, Simbabwe, Singapur, Tansania, Tonga, Trinidad und Tobago, Tuvalu, Uganda, Vanuatu, Zypern. Oberhaupt ist d. brit. Kg bzw. Kgn.

Communauté [kɔmyno'te], *Gemeinschaft,* Staatengemeinschaft. → Französische Union.

Communiqué, s. [frz. kɔmyni'ke], amtliche Mitteilung an die Öffentlichkeit.

Community Relations [kə'mjuːnɪtɪ rɪ'leɪʃnz], Darstellung der Beziehungen von Unternehmen u. anderen Institutionen zu ihrer engeren Umwelt (z. B. innerhalb einer Stadt); wiss. Teilbereich der Public Relations.

Como, it. Prov.-Hptst., am Comer See, 90 000 E; Seidenind., Marmordom; Drahtseilbahn nach Brunate (Villenkolonie, 750 müM).

Compact Disc [engl.], *CD,* → Schallplatte (Metallfolie; ⌀ 12 cm), deren (als mikroskopisch kleine Vertiefungen gespeicherte) → digitale Signale m. einem Laserstrahl abgetastet u. mittels → Decoder in → analoge Signale umgewandelt werden; Vorteile gegenüber d. herkömml. Rillenplatte aus Kunststoff: bessere Klangqualität bei gleichzeitig größerer Spieldauer (bis 60 Min. pro Seite), kein Verschleiß, da berührungsfreie Abtastung, größerer Schutz gegen mechan. Beschädigungen u. Verschmutzung.

Compiègne [kõ'pjɛn], frz. St. an d. Oise, 43 000 E. - 1430 Gefangennahme der Jungfrau v. Orléans; im *Wald v. C.* Waffenstillstandsvertr.: 11. 11. 1918 zw. Dtld u. Entente, 22. 6. 1940 zw. Frkr. (Pétain) und Dtld.

Compiler [engl. kɔm'paɪlə „Sammler"], → Übersetzungsprogramm i. e. Datenverarbeitungsanlage, das e. in einer anwendungsorientierten → Programmiersprache geschriebenes Programm als Ganzes i. e. best. → Maschinensprache od. → Assemblersprache übersetzt u. auf syntaktische Fehler überprüft.

Composer, Schreibsatzmaschine m. 7 Buchstabenbreiten u. Randausgleich, möglich f. Direktsatz.

Compoundmaschine [engl. 'kɔmpaʊnd-],

1) Verbund- → Dampfmaschine; 2) Gleichstrommotor od. Generator m. Haupt- u. Nebenschlußfeldwicklung.

Compton ['kʌmptən], Arthur Holly C. (10. 9. 1892–15. 3. 1962), am. Phys.; entdeckte 1923 den *C.-Effekt* d. Röntgenstrahlen; Nobelpr. 1927. - **C.-Effekt,** Streuung elektromagnet. Strahlung (Röntgen-, Gammastrahlung) an Elektronen als quantenmechan. Effekt; das Photon überträgt einen Teil seiner Energie auf das Elektron, so daß sich die Wellenlänge des gestreuten Photons erhöht.

Compur-Verschluß, einst weit verbreitet; Zentralverschluß; heute nur noch selten; kürzeste Verschlußzeit 1/500 s. Vorteil: Jede Verschlußzeit vollsynchronisiert mit Elektronen- u. Studioblitzgeräten.

Computer, m. [engl. kɔm'pjuːtə], Rechenanlage, → Datenverarbeitungsanlage (→ Informatik, Übers.). – **C.maus,** auf e. waagerechten Unterlage bewegtes, m. einem → Computer elektron. verbundenes Zeigeinstrument, m. dem ed. Position auf einem Computerbildschirm angegeben wird. – **C.netz** durch Datenaustausch über Kabel od. Funkstrecken hergest. Computerverbund; → elektronische Nachrichten; → elektronische Post. - **C.sicherheit,** Funktionsfähigkeit u. Integrität v. → Software, → Hardware u. Daten in → DVA; wird durch verschiedene Vorbeugungs- u. Abwehrmaßnahmen (Zugangskontrollen, Verschlüsselung etc.) aufrechtzuerhalten versucht. - **C.virus,** s., Computerprogramm, das e. beliebige (oft schädliche od. zumindest störende) Aufgabe ausführen. Verbreitung durch die Weitergabe v. → Software. Schutz (Nachweis und Beseitigung) vor bekannten C. durch spez. Antivirenprogramme. → Computersicherheit. - **C.wurm,** Programm, d. (evtl. miteinander kommunizierende) Kopien seiner selbst auf verschied. Rechnern e. → Computernetzes startet.

Computerkunst, zeitgenöss. Kunstrichtung, m. Hilfe von → elektronischen Datenverarbeitungsanlagen entstehen aus gegebenen Daten durch log. u. math. Programm-Umsetzungen ästhet. Strukturen (z. B. Graphiken, Filme, Skulpturen, Gedichte, Musik).

Comsat, Abk. f. **Com**munications **Sat**ellite Corporation, intern. Organisation zum Betrieb v. Nachrichtensatelliten, 63 Mitgl.staaten.

Comte [kõt], Auguste (19. 1. 1798–5. 9. 1857), frz. Phil., Begr. d. Positivismus u. d. Soziologie; Lehre v. d. 3 Stadien der Menschheitsentwicklung: dem theolog., metaphys. u. positivist.-wiss. Stadium.

Comte, m. [frz. kõt], Graf.

con brio [it.], mus. mit Feuer, Schwung.

Concepción [kɔnθep'θjɔn], St. in Chile, 294 000 E; Uni., Handels- u. Ind.stadt; Flughafen.

Concept Art, *Project Art, Denk-Kunst, Ideen-Kunst, Prozeß-Kunst,* zeitgenöss. Kunstrichtung; Pläne, Konzepte u. Dokumentationen v. Aktionen, Prozessen u. Objekten stehen im Mittelpunkt, um das Denken des Künstlers zu artikulieren („imaginäre Kunstobjekte"), nur d. Entwurf eines Kunstwerkes od. e. Aktion ist wichtig, nicht die Ausführung; Vertr.: *Atkinson, Gilbert & George, Kosuth, LeWitt.*

Conceptio immaculata [l.], Mariä Empfängnis durch ihre Mutter Anna ohne Erbsünde; seit 1854 kath. Dogma.

Concerto grosso [it. kɔn'tʃɛrto-], barokkes Orchesterkonzert, Ges.orchester *(Tutti),* wird mehreren Soloinstrumenten *(Concertino)* gegenübergestellt.

Concierge [kõ'sjɛrʒ], frz. Bez. für Pförtner(in).

Concorde

Concorde [kõ'kɔrd], brit.-frz. Überschall-Verkehrsflugzeug; Erstflug 2. 3. 1969; ca. 130 Passagiere: maximale Reisegeschwindigkeit 2300 km/h i. 16 600 m Höhe; 1979 Produktion eingestellt.

Concordia [l.], röm. Göttin d. Eintracht.

Condé [kõ'de], Zweig des Hauses Bourbon: **1)** Ludwig I., Prinz v. C. (1530–69), als Führer der Hugenotten erschossen; **2)** Ludwig II., „der große C." (1621–86), Feldherr, Gegner d Mazarins.

Condillac [kõdi'jak], Étienne de (30. 9. 1715–3. 8. 80), frz. Phil.; Begr. eines radikalen Sensualismus.

Conditio sine qua non [l.], „Bedingung, ohne die nicht"; unerläßliche Voraussetzung.

Condorcet [kõdɔr'se], Antoine (17. 9. 1743–29. 3. 94), frz. Mathematiker u. Geschichtsphilosoph.

Condottiere, m. [it. -dɔ'tjeːrə], Söldnerführer.

Conférencier [frz. kõferã'sje(ː)], Ansager im Kabarett.

Confessio, w. [l.], rel. Bekenntnis.

Confrater [l.], Mit-, Amtsbruder.

Connaught [engl. -nɔːt], irisch *Connacht,* Provinz im NW d. Rep. Irland, 17 122 km², 431 000 E; Hptort *Galway.*

Connecticut [kə'netɪkət], Abk. *Conn.,* US-Staat, 12 973 km², 3,2 Mill. E; waldreich; Mais- u. Haferanbau; Textilind.; Hptst. *Hartford.*

Connery, Sean (* 25. 8. 1930), engl. Schausp.; *Goldfinger; The Hell; Never Say Never Again; Der Name der Rose; The Untouchables.*

Conrad, Joseph, eigtl. *Józef Konrad Kor-*

zeniowski (3. 12. 1857–3. 8. 1924), poln.-engl. Schriftst.; *Lord Jim; D. Geheimagent.*

Consensus, *m.* [l.], Einverständnis, Übereinstimmung.

Consilium, *s.* [l.], Rat, Versammlung. – **C. abeundi** [„der Rat, abzugehen"], svw. Ausschluß v. (Hoch-)Schulunterricht.

Constable [*'kʌnstəbl*], John (11. 6. 1776–31. 3. 1837), engl. realist. Landschaftsmaler.

Constable [*'kʌnstəbl*], brit. Polizist.

Constanţa [*-tsa*], rumän. Name v. → Konstanza.

Constantine [*kôstã'tin*], Eddi (* 29. 10. 1917), am. Filmschausp. i. Frkr.; Kriminalfilme (als *Lemmy Caution*); *Alphaville.*

Constantine [*kôstã'tin*], Ksantina, Hptst. des Dep. C. in Algerien, 449 000 E; Textilgewerbe.

Contadora-Gruppe, Gruppe d. 4 mittelam. Staaten Kolumbien, Mexiko, Panamá, Venezuela, gegr. 1983; Ziel: Bemühungen um Beilegung d. Spannungen in Zentralam.; s. Mai 1983 unter UN-Mandat.

Container [engl. *kən'teɪnə*], genormte Großbehälter f. Frachtverkehr, in denen d. Ware v. Produzenten z. Verbraucher gelangt; f. Transport bes. *C.*-Terminals (Bahnhofsanlagen), C.-Fahrzeuge u. C.-Schiffe; beschleunigen u. verbilligen d. Transport.

Conte [it.], 1) Graf; 2) [frz. *kõːt*], Erzählung.

Contergan®, svw. → Thalidomid.

Conti, Fürsten von, Zweig d. Hauses → Condé.

contra [l.], gegen.

Contradictio, *w.* [l.], Widerspruch. – **C. in adjecto,** „Widerspruch i. d. Beifügung"; komplexer Ausdruck, d. einen Widerspruch in sich birgt, z. B. *eckiger Kreis.*

Contrat social, *m.* [frz. *kõ'tra sɔ'sial*], Gesellschaftsvertrag, nach → *Rousseau* staatsbegründender Vertrag, bei dem der Staat seine Rechte aus der Summe des von den Individuen ihm übertragenen Willens herleitet.

Controller [*kən'troʊlə*], *Comptroller,* Bez. f. d. Leiter des Managements Accounting in Unternehmen, die nach am. Muster organisiert sind; generelle Aufgabe ist die Beschaffung vielseitiger Informationen aus allen Bereichen des Unternehmens, nach denen die Geschäftsleitung Entscheidungen, Ziele u. Pläne gewinnorientiert ausrichten kann; der C. ist auf den Gebieten der Planung, Wirtschaftlichkeits- u. Investitionsrechnung, Budgetierung, Beratung aller Instanzen u. Finanzierung tätig u. mit der damit verbundenen Überwachung u. Koordinierung beauftragt.

Convertible Bonds [engl. *kən'vəːtɪbl-*], → Wandelschuldverschreibungen, bes. priv. Unternehmungen, die in Aktien umgetauscht *(konvertiert)* werden können.

Convoi, *m.* [engl.], Schutzgeleit von Handelsschiffen im Seekrieg; auch Geleitzug v. Autos.

James Cook

Cook [*kʊk*], 1) James (27. 10. 1728–14. 2. 79), engl. Weltumsegler, auf Hawaii erschlagen, förderte auf 3 Fahrten d. Erforschung d. Pazifik; 2) Thomas (1808–92), Begr. d. 1. Reisebüros (in Leicester).

Cook-Inseln, zu Neuseeland gehörende Inselgruppe, 293 km², 21 000 E. – **C.-straße,** zwischen N- u. S-Neuseeland.

Cool Jazz [*'kuːl 'dʒæz*], → Jazz.

Cooper [*'kuːpə*], 1) Gary (7. 5. 1901–13. 5. 61), am. Filmschausp.; *Sergeant York; For Whom the Bell Tolls; High Noon;* 2) James Fenimore (15. 9. 1789–14. 9. 1851), am. Schriftst.; *Lederstrumpf; Der letzte Mohikaner;* 3) Leon N. (* 28. 2. 1930), am. Phys.; Nobelpr. 1972 (Supraleitfähigkeit).

Copán, Ruinenstadt d. Maya in W-Honduras, bis 600 n. Chr. bewohnt: Tempelpyramiden.

Copernicus

Copernicus, *Kopernikus, Koppernigk,* Nikolaus (19. 2. 1473–24. 5. 1543), dt.sprachiger Astronom in Polen; seine Lehre, daß sich die Planeten um die Sonne bewegen (kopernikan. od. heliozentr. Weltsystem), ersetzte → Ptolemäisches System.

Copland, Aaron (14. 11. 1900–2. 12. 90), nordam. Komponist. *Rodeo.*

Copley [*'kɔplɪ*], John Singleton (3. 7. 1738–9. 9. 1815), am. Maler; größter am. Porträtist d. 18. Jh. (auch in England tätig); außerdem Darstellungen histor. u. relig. Themen.

Coppola, Francis Ford (* 7. 4. 1939), am. Filmregisseur; *The Godfather* (1971); *Apocalypse Now* (1976–79); *Cotton Club* (1984).

Copyright, *s.* [engl. *'kɔpraɪt*], Schutz des → Urheberrechts in USA durch Anmeldung und Eintragung der Neuerscheinung in das **C.-Register** der *C.*-Abt. bei

d. Kongreßbibliothek in Washington u. durch Eindruck „Copyright (od. ©) by . . . 19 . . ." i. Titel od. Impressum d. Veröffentlichung.

Coquille, *w.* [frz. *kɔ'kij*], Muschelschale, darin angerichtetes Ragout.

coram publico [l.], vor aller Welt; öffentl.

Cord, *m.,* 1) längsgerippter Stoff aus Kammgarn, Halbwolle od. Baumwolle; 2) Textileinlage f. Autoreifen (Mehrfachzwirn).

Corday [*kɔr'dɛ*], Charlotte (1768–93), frz. Royalistin; ermordete Marat, guillotiniert.

Córdoba, *Moschee Mihrab Abd er-Rahmans I.*

Córdoba [*-ðoβa*], 1) Hptst. der span. Prov. C. (13 771 km², 764 000 E), am Guadalquivir, 298 000 E; Moschee der maurischen Emire u. Kalifen (Kalifat 756–1031); 1236 kastilisch; 2) Hptst. der argentin. Provinz C. (168 766 km², 2,7 Mill. E), 969 000 E.

Corelli, Arcangelo (17. 2. 1653–8. 1. 1713), it. Geiger u. Komp. d. Hochbarock, Hptmeister des → Concerto grosso.

Corey, E. J. (* 12. 7. 1928), am. Chemiker, Totalsynthese von äußerst komplizierten Naturstoffen; Nobelpr. 1990.

Corfam®, *s.,* lederähnl. Kunststoffmaterial.

Cori, 1) Carl F. (* 5. 12. 1896) u. s. Frau 2) Gerty (15. 8. 1896–26. 10. 1957), am. Mediziner (Pharmakologen und Biochemiker); Forschungen auf dem Gebiet d. Glykogen-Stoffwechsels; beide Nobelpr. 1947 (zus. mit Houssay).

L. Corinth

Corinth, Lovis (21. 7. 1858–17. 7. 1925),

Maler u. Graphiker d. dt. Impressionismus, m. expressionist. Zügen; Landschaften, Porträts, Akte, Buchillustrationen.
Coriolanus, Gnaeus Marcius, sagenhafter röm. Patrizier im 5. Jh. v. Chr.; Drama von Shakespeare.
Coriolis [*-jɔ'lis*], Gaspard Gustave (1792–1843), frz.; entdeckte *C.-Beschleunigung,* wichtig bes. bei d. Bewegung der Luftteilchen in der mit der Erde rotierenden Atmosphäre *(C.-Effekt);* bestimmt die Hauptwindrichtungen u. die Drehrichtung v. Wirbelstürmen.
Cork [*kɔːk*], irisch *Corcaigh,* Hptst. der ir. Gft *C.* (413 000 E), a. Lee, m.V. 173 000 E; Uni., Hafen: *C.-Harbour.*
Corned beef, s. ['*kɔːnd 'biːf*], gepökeltes Rindfleisch (Konserve).

Pierre Corneille

Corneille [*kɔr'nɛj*], Pierre (6. 6. 1606–1. 10. 84), frz. Dramatiker; begr. d. klass. frz. Tragödie: *Cid; Horace; Polyeucte; Cinna.*
Cornelius, 1) Peter v. (23. 9. 1783–6. 3. 1867), dt. Maler d. Romantik u. d. Klassizismus; gehörte zu den → Nazarenern **2)** bes. Fresken (z. B. in München: in d. Glyptothek, Alten Pinakothek, Ludwigskirche); s. Neffe **2)** Peter (24. 12. 1824–26. 10. 74), dt. Komp.; *Weihnachtslieder;* Oper: *Barbier von Bagdad.*
Cornelius Nepos (1. Jh. v. Chr.), röm. Historiker; *Berühmte Männer.*
Corner, m. [engl. „Ecke"], *Schwänze,* Kauf-Vereinigung v. Großhändlern an der Effekten- od. Waren-→ Börse im → Termingeschäft, deren spekulative Aufkäufe am Erfüllungstag Materialmangel verursachen, so daß die Fixer (→ fixen) alle Preisforderungen bewilligen müssen.
Cornforth ['*kɔːnfɔːθ*], John Warcup (* 7. 9. 1917), austral. Chem.; Nobelpr. 1975 (Forschungen auf d. Gebiet d. Stereochemie).
Cornichon, s. [frz. *-'ʃõ*], kl. Pfeffergurke.
Cornwall ['*kɔːnwəl*], gebirgige Halbinsel u. Gft in SW-England, mit Scilly-In. 3546 km², 461 000 E; Heidehochflächen u. in d. Tälern üppige Vegetation; Zinn-, Kupfer-, Blei-, Kaolinbergbau; Hptst. *Truro.*
Corot [*kɔ'ro*], Camille (16. 7. 1796–22. 2. 1875), frz. Maler u. Graphiker zw. Romantik u. Realismus; entdeckte in s. Landschaftsbildern die atmosphärische Nuance.
Corpus, s. [l. „Körper"], Sammlung. –

C. Christi, 1) → Fronleichnam; **2)** St. im US-Staat Texas, a. d. *C.-Ch.-Bai* (Golf von Mexiko), 232 000 E; Erdöl-, Baumwollind., Hafen. – **C. delicti,** Beweisgegenstand einer strafb. Handlung. – **C. iuris canonici,** mittelalterl. Sammlung kirchl. Rechtsquellen, bis 1918 in Kraft, jetzt: → Codex iuris canonici. – **C. iuris civilis,** umfassendes Gesetzwerk d. → Justinian I.; enthält *Institutionen, Pandekten (Digesten), Codex Iustinianeus* u. *Novellen.* → römisches Recht.
Correggio [*-'reddʒo*], Antonio, eigtl. *A. Allegri da C.* (um 1489–5. 3. 1534), it. Maler d. Renaissance; Meister d. Helldunkels und d. Gestaltverkürzung durch starke Untersicht; Kuppelfresken in Parma (S. Giovanni Ev. und Dom); *Danaë; Leda.*
Corrèze [*kɔ'rɛz*], frz. Dép., 5857 km², 238 000 E; Hptst. *Tulle.*
Corrigan, Mairead (* 27. 1. 1944), irische Friedenskämpferin, Mitbegr. d. nordir. Friedensbewegung „Frauen f. d. Frieden"; Friedensnobelpr. 1976.
corriger la fortune [frz. *kɔri'ʒe la fɔr'tyn*], das Glück verbessern; Euphemismus für falschspielen.
Cortaillod [*-ta'jo*], Dorf am Neuenburger See (W-Schweiz); Jungsteinzeitsiedlung; danach **C.kultur.**
Cortázar, Julio (26. 8. 1914–12. 2. 84), argentin.-frz. Schriftst.; Romane: *Rayuela Himmel u. Hölle; Album f. Manuel.*
Cortes, Volksvertretung i. Spanien, früher auch in Portugal.
Cortex, m. [l.], **1)** Rinde, Schale; **2)** *C. cerebri,* Großhirnrinde.

Hernando Cortez

Cortez [*kɔr'tɛs*], Hernando (1485–1547), span. Konquistador; eroberte → Mexiko 1519–21.
Corticosteroide [l.], svw. → Kortikoide.
Cortina d'Ampezzo, it. Höhenkurort (1224 müM) im *Ampezzotal,* → Dolomiten, 8500 E; VII. Winterolympiade 1956.
Cortison, s., *11-Dehydro-17-Hydroxycorticosteron,* Hormon d. Nebennierenrinde; Mittel u. a. geg. Gelenkrheumatismus, Allergien, Schock.
Cortot [*kɔr'to*], Alfred (26. 9. 1877–15. 6. 1962), frz. Pianist.
Coruña, La [*-ɲa*], Hptst. d. nordwestspan. Prov. *C.,* 242 000 E; Hafen, Tabakverarbeitung.
Corvey, ehem. Benediktinerabtei b. Höxter, 815–1803, im MA Reichsabtei, heute Schloß.

cos, Abk. f. → *Cosinus.*
Cosenza, Hptst. der it. Prov. *C.,* am Busento, 105 000 E.
Cosinus [nl.], Abk. *cos,* Winkelfunktion, im rechtwinkligen Dreieck Verhältnis der anliegenden Kathete zur Hypotenuse (→ Trigonometrie).
Cossiga, Francesco (* 26. 7. 1928), it. Pol. (DC); 1978–80 Min.präs., s. 1985 Staatspräs.
Costa Brava [span. „wilde Küste"], span. Felsküste am Mittelmeer nördl. von Barcelona.
Costa del Sol [span. „Sonnenküste"], Südküste Spaniens östl. u. westl. v. Málaga.
Costa Rica, amtl. *República de Costa Rica,* Rep. in Mittelamerika, 51 100 km², 2,89 Mill. E (56 je km²); Bev.-Zuw. 2,3%; Sprache: Span.; Währung: Costa-Rica-Colón (₡); Rel.: röm.-kath.; Hptst.: *San José;* Flagge S. 340, Karte S. 746. **a)** *Geogr.:* Hochplateau, im N Urwälder, im W Savannen. **b)** *Landw.:* Einziger bed. Wirtschaftszweig; Erzeugnisse: Kaffee (1988: 145 000 t), Bananen, Kakao, Zucker, Reis; daneben Gold- u. Silberbergwerke. **c)** *Verkehr:* Häfen: *Limón, Puntarenas;* Eisenbahn ca. 1000 km. **d)** *Außenhandel* (1988): Einfuhr 1,41 Mrd., Ausfuhr 1,18 Mrd. $. **e)** *Verf.* v. 1949: Präs. u. Minister bilden Min.rat, Parlament; Sprache; 7 Provinzen. **f)** *Gesch.:* 1502 v. Kolumbus entdeckt, 1821 unabhängig. **g)** *Mitgl.:* UN, OAS.

Coster, Charles de (20. 8. 1827–7. 5. 79), frz. schreibender Dichter der Flamen; *Till Ulenspiegel u. Lamme Goedzak.*
Coswig, 1) (D-8252), St. im Kr. Meißen, Sa., 26 968 E; div. Ind.; **2)** *C. Anhalt* (D-4522), Ind.st. a. d. Elbe, S-A., 10 072 E; Kirche (12. Jh.), Schloß, Rathaus (15. Jh.).
Cotangens, Abk. *cot* od. auch *cotg,* Winkelfunktion, im rechtwinkligen Dreieck das Verhältnis der anliegenden Kathete zur gegenüberliegenden Kathete (→ Trigonometrie).
Côte d'Azur [*kot da'zyːr*], die frz. → Riviera.
Côte d'Ivoire, früher *Elfenbeinküste,* amtl. *République de la Côte d'Ivoire,* Rep. am Golf v. Guinea; im S Urwald, im N Grasland, 322 463 km², 11,63 Mill. E (36 je km²); Bev.-Zuw. 4,2%; Sprache: Frz., Sudanes.; Währung: Franc CFA (FCFA); Hptst.: *Yamoussoukro;* Flagge S. 340, Karte S. 750. **a)** *Wirtsch.:* Kaffee, Ananas, Kakao. **b)** *Außenhandel* (1987): Einfuhr 2,24 Mrd., Ausfuhr 3,11 Mrd. $. **c)** *Verf.:* Präsidialrep. m. Einkammerparlament, s. 1990 Mehrparteiensystem.

d) *Verw.:* 49 Départements. e) *Gesch.:*
Bis 1958 frz. Kolonie, dann Rep. in der
Frz. Gemeinschaft, 1960 unabhängig. f)
Mitgl.: UN, OCAM; AKP-Staat.
Côte d'Or, 1) nördl. Fortsetzung d. Ce-
vennen i. Frkr.; 2) ostfrz. Dép., 8763
km², 487 000 E; Hptst. *Dijon.*
Côtes-du-Nord [*kotdy'nɔːr*], westfrz.
Dép., 6877 km², 541 000 E; Hptst. *Saint-
Brieuc.*
Cotopaxi, 1) tätiger Vulkan in der Zen-
tralkordillere v. Ecuador, 5897 m; 2) An-
denprovinz im nördl. Ecuador.
Cotta, Joh. Friedr. (1764–1832), Verle-
ger; Freund Goethes u. Schillers; Verlag *J.
G. Cottasche Buchhandlung Nachf.,* Stutt-
gart; Klassiker, Wiss., Musikgeschichte;
Allgemeine Zeitung (1798–1912).
Cottage [*-tdʒ*], engl. Landhaus.
Cottbus (D-7500), Krst. in Bbg.,
128 943 E; Ing.-HS; Textilind.
Cottische Alpen, Teil d. Westalpen, i.
Monte Viso 3841 m hoch.
Cotton [engl. *'kɔtn*], Bez. f. Baumwolle.
- **C.maschine,** mechan. Flachwirkma-
schine für Damenstrümpfe, ben. n. d.
engl. Erfinder W. *Cotton.*
Coubertin [*kubɛr'tɛ̃*], Pierre, Baron de
(1. 1. 1863–2. 9. 1937), frz. Historiker u.
Pädagoge; Begr. der neuen → Olympi-
schen Spiele.
Coudenhove-Kalergi [*ku–*], Richard Ni-
kolaus Graf v. (16. 11. 1894–27. 7. 1972),
Begr. d. paneur. Bewegung; → Europäische Parlamentarierunion; *Eine Idee erobert Europa.*
Coué [*kwe*], Emile (26. 2. 1857–2. 7.
1926), frz. Apotheker, wendete d. Autosuggestion als Heilverfahren an.
Couleur, w. [frz. *ku'lœr*], Farbe. – **C.stu-
dent,** Mitglied einer farbentragenden
Verbindung.
Couloir, m. [frz. *ku'lwar*], Verbindungs-
gang; steile Rinne im Gebirge.
Coulomb [*ku'lõ*], Charles Augustin de
(14. 6. 1736–23. 8. 1806), frz. Phys.
und Ing.; fand das **C.sche Gesetz** (gleiche elektr. Ladungen u. Magnetpole
stoßen sich ab, ungleiche ziehen sich
an, wobei die Kraft proportional den
Polstärken bzw. Ladungen u. umgekehrt proportional dem Quadrat der
Entfernung ist).
Coulomb, Abk. *C,* Maß der Elektrizitätsmenge, 1 C = 6,2423·10¹⁸ Elektronen
oder ein Strom von 1 Ampere in 1 Sekunde (1 As).
Coulombvolt, Arbeitseinheit, 1 Coulombvolt = 1 Amperesekundenvolt = 1
Wattsekunde = 1 Joule.
Count [*kaunt*], Titel d. nichtengl. Grafen
in Engld.
Count-down [engl. *-daun*], der nach ei-
nem Plan festgelegte zeitl. Ablauf der
Vorbereitungen f. d. Start einer Rakete
(Rückwärtszählen).
Countertenor [engl. *'kauntə-*], *mus.* Bez.
f. falsettierende Männeraltisten.
County, w. [*kaunti*], engl. Grafschaft,
Verw.-Bezirk.

Coup, m. [frz. *ku*], Schlag, überraschende Tat. – **C. d'état** [*-de'ta*], Staatsstreich,
→ Putsch.
Coupé, s. [frz. *ku'pe*], 1) früher: Eisen-
bahn-Wagenabteil; 2) geschlossener zweisitziger (Kraft-)Wagen.
Couperin [*ku'p(ə)rɛ̃*], François (10. 11.
1668–11. 9. 1733), frz. Komp., u. a. 240
Cembalostücke.
Couplet, s. [frz. *ku'ple*], witziges Büh-
nenlied m. in allen Strophen sich wieder-
holendem Kehrreim.
Cour, w. [frz. *kur*], Hof, feierl. Empfang
(Gratulationscour). – **C. d'honneur** [frz.
-dɔ'nœr], → Ehrenhof. – **C.schneiden,**
den Hof machen.
Courante, w. [frz. *ku'rãt*], Tanz aus d.
16. Jh., ¾-Takt; oft 2. Satz der → Suite.
Courbet [*kur'bɛ*], Gustave (10. 6. 1819–
31. 12. 77), frz. Maler d. Realismus; *Begräbnis zu Ornans; Die Steinklopfer.*
Cournand [*kur'nã*], André Frédéric
(* 24. 9. 1895), frz. Mediziner; Physiol.
u. Physiopathologie der Atmung; Herz-
kreislauf; Nobelpr. 1956.
Courtage, w. [frz. *kur'taʒ(ə)*], Vermittler-
provision d. Makler b. Börsengeschäften.
Courths-Mahler [*'kur-*], Hedwig (18. 2.
1867–26. 11. 1950), dt. Unterhaltungs-
schriftst.in; über 200 Romane.
Courtoisie, w. [*kurtwa'zi*], Höflichkeit.
Cousin [frz. *ku'zɛ̃*], Vetter; **Cousine**
[*-'zinə*], *Kusine,* Base.
Cousteau [*kus'to*], Jacques-Yves (* 11. 6.
1910), frz. Tiefseeforscher u. Schriftst.;
*Die schweigende Welt; Das lebende Meer;
Geheimnisse u. Rätsel d. Meeres;* Fernseh-
filme.
Couvade, w. [frz. *ku'vad(ə)*], → Männer-
kindbett.
Couve de Murville [*kuv də myr'vil*],
Maurice (* 24. 1. 1907), frz. Diplomat u.
Pol.; 1958–68 Auß.min., 1968 Finanzmi-
nister, 1968/69 Min.präs.
Couveuse, w. [frz. *ku'vœːz*], → Brutappa-
rat.
Covent Garden [*'kɔvənt 'gaːdn*], Markt-
platz in London W, dort Oper: **C.-G.-
Theater.**
Coventry [*-tri*], engl. Industriest. östl. v.
Birmingham, 314 000 E; Auto- u. Flug-
zeugind.; im 2. Weltkrieg stark zerstört.
Covercoat, m. [engl. *'kavəkout*], Mantel-,
Jackenstoff, meist modefarben.
Coward [*'kawəd*], Sir Noel (16. 12.
1899–26. 3. 1973), engl. Schriftst.; Dra-
men: *Geisterkomödie; Cavalcade; Private
Lives.*
Cowboy, m. [*'kaubɔɪ*], berittener nord-
am. Rinderhirt.
Cowper [*'kaupə*], 1) Edward Alfred (10.
12. 1819–9. 5. 93), engl. Ingenieur; Erfin-
der des **C.schen Winderhitzers;** 2) William
(26. 11. 1731–25. 4. 1800), engl. Dichter
der Vorromantik; 3) William (1666–
1709), engl. Anatom; nach ihm benannt
C.-Drüsen (Anhangdrüsen des männl.
Geschlechtsapparats).
Coxsackie-Virus, Erreger d. → Born-

holmer Krankheit, mit Kinderlähmungs-
Virus verwandt.
Cr, *chem.* Zeichen f. → *Chrom.*
cr., Abk. f. *currentis* [l.], laufenden (Mo-
nats, Jahres).
Crack, m. [engl. *kræk*], Sportgröße; best.
Rennpferd.
cracken, Umwandlung von Schwerölen
in Leichtöle durch starke Erhitzung
(450 °C) u. Destillation.
Cracker [*'krækə*], Person, die s. unberechtigt über Datenleitungen Zugang zu
Computern verschafft, um dort Daten
od. Programme zu verändern od. zu zerstören; vgl. → Hacker.
Crack-Verfahren → cracken.
Crailsheim (D-7180), St. i. Kr. Schwäb.
Hall, Jagst-Wü., 26 678 E.
Craiova, *Crajowa,* rumän. Regionshptst.
i. d. Walachai, 275 000 E; chem. u. Konservenind.
Cram, Donald J. (* 22. 4. 1919), am.
Chemiker, große Ringmoleküle zur Einlagerung von kleineren Molekülen; No-
belpr. 1987.

L. Cranach d. Ä.

Cranach, 1) Lucas, d. *Ältere* (1472–16.
10. 1553), dt. Maler u. Holzschnitzer;
Meister d. → Donauschule u. „Maler d.
Reformation"; in d. Reife Entwicklung e.
anmutig-zierlichen u. erzählenden Stils
als Hofmaler des sächs. Kurfürsten: Altäre, weltl. Themen, Allegorien (weibl.
Akte), zahlr. Bildnisse, z. B. v. → Luther
(Abb.); auch → Tafel Holzschnitte; Sohn
2) Lucas, d. *Jüngere* (4. 10. 1515–
25. 1. 86), dt. Maler d. Renaissance; dt.
Bürgermeister von Wittenberg; bedeutend bes. als Porträtist.
Crane [*krein*], 1) Hart (21. 7. 1899–27.
4. 1932), am. Lyriker; *The Bridge;* 2) Stephen (1. 11. 1871–5. 6. 1900), am. naturalist. Schriftst.; Novellen; Romane: *D.
Blutmal.*
Cranko [*'kræŋkou*], John (15. 8. 1927–
26. 6. 73), engl. Choreograph, 1961–73
Leiter des Stuttgarter Balletts.
Cranmer [*'kræn-*], Thomas (2. 7. 1489–
21. 3. 1556), Erzbischof v. Canterbury,
Berater Heinrichs VIII. bei seinem Abfall von Rom; hingerichtet.
Craquelée [frz. *kra'kle*], zufällige od. beabsichtigte feine Risse an Glas u. in d.
Porzellanglasur.
Crassus, M. Licinius, *„der Reiche"* (um
114–53 v. Chr.), besiegte 72 → Sparta-
cus, schloß mit Pompejus und Cäsar 60
v. Chr. das 1. Triumvirat.

Craxi, Bettino (* 24. 2. 1934), it. Pol. (PSI); s. 1976 Gen.sekretär d. Sozialist. Partei, 1983–87 Min.präs.

Crébillon [krebi'jõ], 1) Prosper Jolyot, C. d. Ä. (13. 2. 1674–17. 6. 1762), frz. Dramatiker; sein Sohn 2) Claude Prosper, C. d. J. (fils) (14. 2. 1707–12. 4. 77), frz. Schriftst.; exot. u. galante Romane: *Das Sofa.*

Credé, Karl (1819–92), dt. Frauenarzt.

Credésches Schutzverfahren → Geburt.

Creek, m. [engl. *krik*], Bach; in Australien: nur in der Regenzeit Wasser führender Fluß. → Wadi.

Crème, w. [frz. krɛːm], 1) Rahm; 2) schaumige Süßspeise, dicker Likör; 3) Hautsalbe; 4) sog. feinste Gesellschaft.

cremefarben, mattgelb.

Cremer, Fritz (* 22. 10. 1909), dt. Bildhauer, s. 1950 Prof. in Ost-Berlin; Monumentaldenkmäler im Stil d. → sozialist. Realismus für die Opfer des NS in Auschwitz u. a.

Cremona, it. Prov.-Hptst. a. Po, 76 000 E; Seidenind., *Cremoneser Geigenbau* im 17. u. 18. Jh. (Amati, Stradivari usw.).

Crêpe [frz. krɛp], → Krepp. – **C. de chine** [-'ʃin], weichfließende Seide od. Kunstseide; gg. Licht gehalten: krepper tige Musterbilder. – **C. georgette** [-ʒɔr'ʒɛt], mit körnigem Griff (starke Kreppung beider Fäden). – **C. marocain** [-kɛ̃], Kreppseide m. leicht welligem → Schuß.

crescendo [it. -'ʃen-], *mus.* stärker, lauter werdend.

Crespi, 1) Giovanni Battista, gen. *Cerano* (um 1575–1633), it. Baumeister, Bildhauer u. Maler d. Manierismus, bes. in Mailand; s. Gemälde kennzeichnen spannungsvoller Ausdruck u. kräftige Farben; *Die Taufe d. hl. Augustinus;* s. Schüler 2) Daniele (um 1600–30); 3) Giuseppe Maria, gen. *Lo Spagnuolo* (16. 3. 1665–16. 7. 1747), it. Maler u. Radierer d. Spätbarock, bes. in Bologna; volkstüml. gehaltene Darstellungen relig. (Altarbilder) u. mytholog. Themen sowie Genreszenen in effektvollem Helldunkel und ausdrucksstarken Bildkompositionen; *Der Jahrmarkt v. Poggio a Caiano; Die Sieben Sakramente; Die Beichte.*

Cretonne, w. [frz. krə'tɔn], (bedrucktes) Baumwollgewebe.

Creuse [krøz], 1) r. Nbfl. der Vienne, 255 km l.; 2) mittelfrz. Dép., 5565 km², 135 000 E; Hptst. *Guéret.*

Creusot, Le [krø'zo], frz. Industriest. im Dép. *Saône-et-Loire*, 32 000 E; bed. Eisenindustrie (Geschütze, *Schneider-C.*), Kohlengruben.

Crick, Francis H. C. (* 8. 6. 1916), engl. Biochem.; Nobelpr. 1962 (f. d. sog. *Watson-C.-Modell* d. → Desoxyribonukleinsäure).

Crimmitschau (D-9630), Ind.st. in Sa., a. d. Pleiße, 23 455 E; Theater; Textilind.

Crinoiden, *Seelilien, Haarsterne,* Stachelhäuter, meist a. Meeresboden verwurzelt.

Crispi, Francesco (4. 10. 1818–11. 8. 1901), it. Pol.; mehrfach Min.präs., förderte → Dreibund.

Cristóbal, Hafen am atlant. Eingang d. Panamakanals; US-Flottenstützpunkt.

Croce ['krotʃe], Benedetto (25. 2. 1866–20. 11. 1952), it. Kultur- u. Geschichtsphil., von Hegel beeinflußt; *Ästhetik; Phil. d. Praxis.*

Croissants, s. [frz. krwa'sã], frz. Frühstücksgebäck aus Plunderteig in Hörnchenform.

Cro-Magnon [-ma'ɲõ], Fundstelle im frz. Dép. Dordogne; vorgeschichtliche Artefakte u. Gebeine (altsteinzeitlich, 30 000–25 000 v. Chr.): **C.-M.-Rasse,** Typus des Homo sapiens, der Rasse von Brünn u. → Grimaldi verwandt.

Oliver Cromwell

Cromwell, Oliver (25. 4. 1599–3. 9. 1658), drängte s. 1640 z. Bruch zw. Königtum u. Parlament, besiegte Karl I. mehrmals, ließ ihn 1649 hinrichten; 1653 Lordprotektor von England, Schottland, Irland, Wegbereiter d. engl. Seemacht; Puritaner, Haupt der → Independenten.

Cronin ['krounin], 1) Archibald Joseph (19. 7. 1896–6. 1. 1981), engl. sozialkrit. Schriftst.; *Die Zitadelle; Die grünen Jahre; D. Sterne blicken herab;* 2) James W. (* 29. 9. 1931), am. Phys.; (zus. m. V. L. → Fitch) Nobelpr. 1980 (Symmetrie zw. Materie u. Antimaterie).

Crookes [kruks], Sir William (17. 6. 1832–4. 4. 1919), engl. Phys. u. Chem.; erfand d. **C.sche Röhre,** fast gasleere el. Entladungsröhre (Kathodenstrahlen fluoreszieren an Glaswand).

Croquet [engl. 'krɔkɛt], → Krocketspiel.

Croquettes [frz. -'kɛt], gebackene Klößchen.

Crosby, Bing (2. 5. 1904–14. 10. 77), am. Sänger u. Filmschauspieler.

Crosland, Anthony (29. 8. 1918–19. 2. 77), engl. Pol. (Labour); 1976/77 Außenmin.

Cross-Country, Pferdehindernisrennen, teilweise außerhalb der Rennbahn.

Crossing-over → Faktorenaustausch.

Crossopterygier, svw. → Quastenflosser.

Croupier [frz. kru'pje:], Gehilfe des Spielbankhalters.

Crowfoot-Hodgkin ['kroufut 'hɔdʒkin], Dorothy (* 2. 5. 1910), engl. Biochemikerin; Strukturanalysen biochem. Stoffe m. Röntgenmethode; Nobelpr. 1964.

Croydon [krɔidn], Stadtbez. i. S Londons, 321 000 E; Flughafen.

Cruikshank [kr'ukʃæŋk], George (27. 9. 1792–1. 2. 1878), engl. Radierer u. Holzschneider; bissige Karikaturen; Buchillustrationen (bes. d. Werke v. Dickens).

Cruise-Missile ['kruːz 'misail], CM, unbemannter, atomarer Marschflugkörper, fliegt m. Schallgeschwindigkeit i. Bodenhöhe, automat. Korrektur d. Flugwegs, Reichweite ca. 2500 km. → NATO-Nachrüstung (→ NATO-Doppelbeschluß).

Crush-Syndrom [engl. krʌʃ-], akutes Nierenversagen nach ausgedehnter Zerstörung v. Muskelgewebe.

Crux, w. [l.], Kreuz (Christi); svw. Qual, Schwierigkeit.

Cruzeiro [-'zeiru], Währungseinheit in Brasilien, → Währungen, S. 1087.

Cs, *chem.* Zeichen f. → Cäsium.

Csárdás ['tʃardaʃ], ung. Nationaltanz, ²∕₄-, ⁴∕₄-Takt.

Sopran- Alt- Tenor-
Schlüssel

C-Schlüssel, gibt d. Lage d. C-Tons auf Notenlinie an.

Csokor ['tʃɔ-], Franz Theodor (6. 9. 1885–5. 1. 1969), östr. expressionist. Schrifst.; Balladen, Dramen, Novellen; *3. November 1918.*

ČSR, 1948–90 **ČSSR**, s. 1990 **ČSFR**, → Tschechoslowakei.

CSU, *Christlich-Soziale Union,* → Parteien, Übers.

c.t., Abk. f. *cum tempore* [l. „mit Zeit"], ¹∕₄ Std. später; m. dem sog. *akadem. Viertel.*

ČTK, Abk. f. *Československá tisková Kancelár,* 1948 gegr. staatl. Nachrichtenagentur d. ČSFR, Prag.

Cu, *chem.* Zeichen f. → Kupfer (lat. *cuprum*).

Cuba, Kuba, amtl. *República de C.,* größte Insel d. Großen Antillen, m. über 1000 Nebeninseln, 114 525 km², 10,49 Mill. E (91 je km²); Bev.-Zuw. 0,9%; Bev.: 70% Weiße; Mulatten, Neger; Sprache: Span.; Währung: kuban. Peso (kub$); Rel.: röm.-kath.; Hptst.: *La Habana;* Flagge S. 340, Karte S. 747. **a)** *Geogr.:* Meist Hügelland (im SO Sierra Moestra, 2560 m hoch), trop. Klima. **b)** *Wirtsch.:* Verstaatlicht, Hptausfuhrprodukte: Rohrzucker (Erzeugung 1988: 8,1 Mill. t), Tabak u. v. d. Bodenschätzen Mangan, Kupfer, Nickel, daneben Eisen, Chrom u. Asphalt. **c)** *Außenhandel* (1988): Einfuhr 7,58 Mrd., Ausfuhr 5,52 Mrd. $. **d)** *Verf.* v. 1976: Staatsrat u. Nat.vers. **e)** *Verw.:* 14 Prov., 168 Muni-

cipios; v. d. USA gepachtet: Marinestützpunkt *Guantánamo.* **f)** *Gesch.:* 1492 v. Kolumbus entdeckt, bis 1898 span.; s. 1901 Rep.; 1958 Umsturz, s. 1959 Fidel Castro Min.präs. (s. 1976 auch Staatschef). Fehlschlag mehrerer exilkuban. Invasionsversuche; Spannungen m. d. USA, die sich 1962 nach Errichtung sowj. Raketenbasen auf C. gefährlich zuspitzten *(C.krise);* nach angedrohter Blokkade Abbau d. Raketenbasen durch d. Sowjetunion. Revolutionäres Engagement in mehreren afrikan. Staaten, aber bis Ende d. 80er Jahre Abzug d. meisten Truppen („Militärberater"). **g)** *Mitgl.:* UN.

Cúcuta, Hptst. der Prov. Norte de Santander in Kolumbien, 407 000 E; Mittelpunkt d. Kaffeeanbaus.

Çudra [*'Ju-*], vierte (unterste) dunkelhäutige Kaste in Ostindien.

cuius regio, eius religio [l.], „Wes Land, des Glaube", d. h. Landesherr bestimmt d. Konfession i. s. Land; Grundsatz d. Augsburger Religionsfriedens 1555.

Cul de Paris, *m.* [frz. *kyldpa'ri*], im 18./19. Jh. unter dem Frauenrock getragenes Hinterpolster.

Cullinan [*'kʌl-*], größter bisher gefundener Diamant (3106 Karat), Fundort *C.* in Südafrika.

culpa [l.], „Schuld"], zivil- und strafrechtl. schuldhafte Fahrlässigkeit; Ggs. → Dolus (Vorsatz). – **c. in contrahendo,** Verschulden bei Vertragsschluß (z. B. wegen mangelhafter Aufklärung).

Cultivar [engl. *'kʌltɪvɑ:*], Kurzwort aus **culti**vated **var**iety, agrarwiss. Bez. der Kulturpflanzensorten.

Cumae, alte griech. Kolonie in Italien, nördl. v. Neapel; 334 v. Chr. röm.; Sitz der *Sibylle v. C.*

Cumberland [*'kʌmbələnd*], Herzöge v., **1)** Ernst August (1771–1851), 1837 Kg von Hannover, hob Verfassung auf; → *Göttinger Sieben;* **2)** Ernst August (21. 9. 1845–14. 11. 1923), wegen Ablehnung des Verzichts auf Hannover 1885 von Thronfolge in Braunschweig ausgeschlossen.

Cumberland [*'kʌmbələnd*], ehem. Gft i. NW-England; gebirgig, seenreich; Eisenbergbau, Kohlengruben; s. 1974 Teil d. Gft Cumbria.

Cumberlandplateau → Appalachen.

cum grano salis [l.], „mit einem Körnchen Salz"], mit sachgemäßer kritischer Einschränkung.

cum laude [l.], „mit Lob", gut; *magna c. l.,* „mit großem Lob", sehr gut; *summa c. l.,* „mit höchstem Lob", vortrefflich (Prädikate bei akademischer Prüfung).

Cumulonimbus [l.], *Kumulonimbus,* → Wolken.

Cumulus [l. „Haufe", *Kumulus,* → Wolken.

Cunard [*'kjunɑd*], Sir Samuel (21. 11. 1787–28. 4. 1865), Begr. des engl. transatlant. Dampfschiffahrtsunternehmens (1840), s. 1878 *C. Steam Ship Co.*

Cunnilingus, *m.* [l.], Mundverkehr m. Lecken d. weibl. Geschlechtsteile.

Cuno, Wilhelm (2. 7. 1876–3. 1. 1933), Generaldirektor d. Hapag; 1922/23 Reichskanzler, betrieb Pol. d. „passiven Widerstandes" nach d. frz. Ruhrbesetzung.

Cup, *m.* [engl. *kʌp*], Pokal als Sportpreis.

Cupido [l.], Liebesgott, → Eros.

Cupro → Chemiefasern.

Curaçao [*kyra:'so:*], ndl. Antilleninsel vor der Venezuelaküste, trocken-heißes Klima, 444 km²; 148 600 E; Hptst. *Willemstad* (Freihafen); Erdölraffinerien. – **C.likör,** aus Pomeranzenschalen.

Curé [frz. *ky're*], frz. Titel für Pfarrer.

Marie Curie

Curie [*ky'ri*], **1)** Pierre (15. 5. 1859–19. 4. 1906), frz. Physiker, u. s. Frau **2)** Marie, geb. *Sklodowska* (7. 11. 1867–4. 7. 1934), entdeckten d. Radium (1898) u. Polonium; Nobelpr. 1903 f. Physik (M. C. allein auch 1911 f. Chemie); die älteste Tochter **3)** Irène → *Joliot-Curie.*

Curie, Abk. *Ci,* veraltete, nicht mehr zulässige Maßeinheit f. d. Aktivität einer radioaktiven Substanz; ersetzt durch → Becquerel (Bq); 1 Ci = 3,7·10¹⁰ Bq.

Curitiba, Hptst. des brasilian. Staates Paraná, 1,39 Mill. E.

Curium, *Cm,* künstl. chem. El., Oz. 96 (→ Transurane).

Curling [engl. *'kə:lɪŋ*], schott. *Eisschießen* zw. 2 Parteien zu je 4 Mann; Stoßen von Steinscheiben auf der Eisfläche nach einem Ziel.

Currency-Theorie [engl. *'kʌrənsɪ-*], Grundsatz, daß der Umfang der Banknotenausgabe durch die in der Notenbank verfügbare Golddeckung begrenzt sein soll; Ggs.: → Banking-Theorie.

Curriculum, *Pädagogik:* Gesamtsystem von Unterrichtsinhalten, -zielen u. -methoden, der Unterrichtsmaterialien zu deren Aneignung u. Einübung sowie Kontrolltests.

Curry [engl. *'kœri*], Mischung mehrerer scharfer Gewürze, urspr. aus Indien; bes. für Reisgerichte.

Cursor [engl. *'kə:sə* „Zeiger"], elektron. Leuchtpunkt z. Markierung v. Positionen auf d. Bildschirm eines Datensichtgeräts (b. Neueingabe v. Informationen od. b. Korrekturen) od. z. Darstellung kontinuierl. Bewegungen (m. einem → Joystick gesteuert).

Curtiss [*'kə:tɪs*], Glenn Hammond (1878–23. 7. 1930), am. Flugpionier.

Curtius, 1) Ernst (2. 9. 1814–11. 7. 96), dt. Archäologe; leitete die erste Ausgrabung von Olympia; *Griech. Geschichte;* **2)** Ernst Robert (14. 4. 1886–19. 4. 1956), dt. Romanist; *Eur. Literatur u. lat. Mittelalter;* **3)** Ludwig (13. 12. 1874–10. 4. 1954), dt. Archäologe u. Historiker; *Dt. u. antike Welt.*

Curzon [*kə:zn*], George Nathaniel, Marquess (11. 1. 1859–20. 3. 1925), engl. Staatsmann, 1898–1905 Vizekönig von Indien; schlug 1919 poln.-sowjetruss. Grenze vor: **Curzon-Linie** (1945 Grundlage der poln.-sowj. Grenze).

Cusanus → Nikolaus von Kues.

Cushing [*'kuʃ-*], Harvey (8. 4. 1869–7. 10. 1939), am. Chirurg, begr. moderne Hirnchirurgie. – **C.sche Krankheit,** Stammfettsucht, Vollblütigk., Blutungen, Blutdrucksteigerung infolge Krankh. d. → Hypophyse od. Geschwulst d. → Nebennieren.

Custozza, it. Dorf südwestl. v. Verona; östr. Siege über die Italiener 1848 u. 1866.

Cutaway, *m.* [engl. *'kʌtəwei*], *Cut,* Gehrock mit abgerundeten Vorderschößen.

Cutter [engl. *'kʌtə*], Schnittmeister b. Film, Rundfunk u. Fernsehen; schneidet Filmstreifen bzw. Tonbänder zur endgültigen Fassung zusammen.

Cuvier [*ky'vje*], Georges, Baron v. (23. 8. 1769–13. 5. 1832), frz. Zoologe u. Paläontologe; Begründer d. → Katastrophentheorie.

Cuvilliés [*kyvi'lje*], François de, *d. Ä.* (23. 10. 1695–14. 4. 1768), frz.-dt. Baumeister, Stukkator u. Ornamentstecher in München, *Amalienburg, C.theater* (→ Theaterbau).

Cuxhaven (D-2190), Krst. i. Rgbz. Lüneburg, Nds., 55 249 E; Hafen m. Übersee-Bahnhof an der Elbmündung, bed. Hochsee- und Küstenfischerei; Nordseeheilbad (s. 1816).

Cuzco [*'kuθko*], Hptst. d. Dep. *C.,* im SO v. Peru, 3416 müM, 255 000 E; alte Hptst. (bis 1533) des Inkareiches; Ruinen aus d. Inkazeit; Uni.

CV, Cartellverband d. kath., farbentragenden (nicht Mensuren schlagenden) student. Verbindungen an dt. u. östr. Hochschulen.

C 14-Datierung → Radiocarbonmethode.

CVJM → YMCA.

Cyan-, im dt. Sprachgebrauch anstelle des systemat. *Cyano-* weithin noch benutzter Vorsilbe f. d. Atomgruppierung *-CN.* → *Cyanid.*

Cyanid, *s.,* Salz d. Blausäure *HCN;* enthält das giftige Anion *HCN⊖; Kaliumcyanid (KCN)* u. *Natriumcyanid (NaCN)* f. Goldgewinnung, Galvanostegie; *Kaliumeisencyanid* (Blutlaugensalz); *Cyanwasserstoff* u. die Cyanide sind äußerst giftig.

Cyanose → Blausucht.

Cycas, *Palmfarne,* „Palmenwedel"; ostasiat. Arten liefern → Sago.

Cyklamat, synthetischer Süßstoff f. d. menschlichen Verzehr, der 30–35mal süßer als natürl. Zucker ist; ist bei → Fettsucht u. → Zuckerkrankheit angezeigt.

Cyligon → Anamorphot.

Cymbalum [gr.], Musikinstrument, i. Altertum aus kl. Metallbecken (it. Cinelli), heute *Klavicymbal* d. Zigeunerkapelle (Hackbrett); in d. Orgel kleine hohe Pfeife (Zimbel).

Cypern → Zypern.

Cyprianus († 258), Kirchenvater, als Märtyrer gestorben.

Cyrankiewicz [*tsıran'kjɛvitʃ*], Josef (23. 4. 1911–20. 1. 89), poln. Pol.; 1947–52 u. 1954–70 Min.präs., 70–72 Staatspräs.

Cyrano de Bergerac [*si- -ʒə-*] (6. 3. 1619–28. 7. 55), frz. Satiriker. – Dramenheld v. → Rostand.

Cyrenaika → Kyrenaika.

Cyrillus → Kyrillos.

Cyrus, *Kyros,* **1)** C. d. Große (559–529 v. Chr.), begr. das Perserreich, eroberte Medien, Lydien, Kleinasien, Babylon (Befreiung der Juden 537); **2)** C. d. Jüngere, empörte sich gg. älteren Bruder Artaxerxes, fiel 401 v. Chr. bei Kunaxa (Xenophons *Anabasis*).

Cystein, schwefelhaltige, lebensnotwendige → Aminosäure.

Cytisin, *s.,* gift. Alkaloid; Vorkommen in Schmetterlingsblütlern, bes. im Goldregen.

Czaja, Herbert (* 5. 11. 1914), CDU-Pol., s. 1970 Präs. d. → BdV.

Czernowitz [*'tʃ-*], ukrain. *Tschernowzy,* ehemalige Hptst. d. Bukowina, am Pruth, 257 000 E; Uni.; Getreide- u. Viehhandel. – 1775 östr.; 1918 rumän.; 1940/41 u. s. 1944 zur Sowjetunion (Ukraine).

Czerny [*'tʃ-*], **1)** Adalbert (25. 3. 1863–3. 10. 1941), dt. Kinderarzt; Mitbegr. d. modernen Kinderheilkunde; **2)** Carl (20. 2. 1791–15. 7. 1857), östr. Pianist u. Komponist; Schüler Beethovens, Lehrer Liszts.

Czibulka [*'tʃ-*], Alfons von (28. 6. 1888–22. 10. 1969), östr. Schriftst.; *Der Kerzlmacher v. St. Stephan.*

D, 1) röm. Zahlzeichen = 500; **2)** auf Telegrammen: *dringend;* **3)** an Zügen: Durchgangszug; **4)** *chem.* Zeichen f. → *Deuterium;* **5)** als Titel: theol. Doktor (verliehen).

d, 1) *mus.* 2. Stufe d. C-Dur-Tonleiter; **2)** (denarius) = Penny.

d/a, Abk. f. engl. d*ocuments against acceptance,* Dokumente gegen Akzept, → Wechsel.

DAB, D*t.* A*rznei-Buch* → Pharmakopöe.

da capo [it.], *mus.* noch einmal von vorne; *d. c. al fine,* bis zum Schluß.

d'accord [frz. -'kɔɪr], einig, einverstanden.

Dach, Simon (29. 7. 1605–15. 4. 59), dt. Kirchenlieddichter; *Anke von Tharau.*

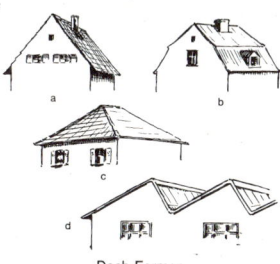

Dach-Formen

Dach, Überdeckung v. Gebäuden, besteht aus D.deckung, z. B. Ziegeln, u. D.stuhl od. D.gerüst; D.formen (Abb.): *a* Sattel-, *b* Mansard-, *c* Walm-, *d* Shed-(Säge-)D.; Pultdach mit einseitiger Neigung; Flachdach, bei → Bungalows u. meist bei Hochhäusern.

Dachau (D-8060), oberbayr. Gr.Krst. a. d. Amper, 34 183 E; Schloß; AG; Papier-, Autozubehör-, Textilind., Brauerei; im 19. u. 20. Jh. Malerkolonie. KZ-Gedenkstätte. – **D.er Moos,** s. 1800 kultiviertes Niedermoor (1933–45 Standort d. *Konzentrationslagers Dachau*).

Dachgarten → Gartenkunst.

Dachgaupe, hervorstehendes Dachfenster.

Dachgesellschaft, Ges., in der Beteiligungen an anderen Unternehmen zur Kontrolle u. Beherrschung zusammengefaßt sind (→ Holdinggesellschaften, → Konzern).

Dachreiter, Türmchen auf dem First des Daches.

Dachs

Dachse, Unterfamilie d. Marder; *Eur. Dachs,* in Eur., N-Asien; Baubewohner, Allesfresser; Jagd meist mit **Dachshund,** *Teckel, Dackel,* Hund m. langem Leib, niedrigen Beinen (Vorderbeine krumm), Hängeohren.

Dachstein, 2995 m, vergletschertes Kalkmassiv im S des Salzkammerguts; fällt steil im N zum Hallstätter See, im S z. Ennstal ab, *Dachsteinhöhlen.*

Dackel, kurzbeinige Hunderasse mit Hängeohren und langem Körper; in drei Schlägen gezüchtet *Langhaar-, Kurzhaar-* und *Rauhhaar-D.* Bes. die rauhhaarige Form wird noch zur Dachs- u. Fuchsjagd verwendet (*Dachshund, Teckel).*

Dadaismus, *m.,* Kunstströmung 1914–um 20, dann Übergang in d. Surrealismus; zuerst in Zürich, ergänzt in drei Zentren, u. d. USA (New York); Bezeichnung durch zufällige Wahl e. Lexikonworts (frz. dada „Steckenpferd“); ironisiert aus nihilistischem Kulturpessimismus (Protest gegen d. Krieg) die Tradition durch Un-Sinn; Vertr.: *Tzara, Huelsenbeck, Arp, Schwitters, Ball, Ernst, Duchamp, Grosz.*

Dädalus, *Daidalos,* in der griech. Sage Erbauer des Labyrinths zu Kreta; fertigte für sich und seinen Sohn → Ikarus Flügel aus Wachs, um aus der Gefangenschaft des Minos zu fliehen.

Daegu, früher *Taegu,* St. in S-Korea, 2 Mill. E; Seidenind.

Daffinger, Moritz Michael (25. 1. 1790–22. 8. 1849), östr. Miniaturporträtist d. Biedermeierzeit.

DAG, *Deutsche Angestellten-Gewerkschaft,* → Gewerkschaften, Übers.

Dagestan, autonome Sowjetrep. a. Kasp. Meer, 50 300 km², 1,8 Mill. E, kaukas. Stammesvölker u. Türken; im N Bergland: Schafzucht; i. S Weizenanbau, Baumwolle, Reis (künstl. Bewässerung), Erdölförderung; Hptst. *Machatschkala* (315 000 E).

Dagö, estn. *Hiiumaa,* Ostseeinsel vor der Rigaer Bucht, 965 km², 17 000 E.

Dagobert I., fränk. König (Merowinger), einigte 628 das Frankenreich.

Daguerreotypie [*dagɛ-*], von d. frz. Maler L. J. M. *Daguerre* (18. 11. 1787–11. 7. 1851), 1838/39 erfundene Vorläuferin d. Fotografie; versilberte Kupferplatten, durch Ioddämpfe lichtempfindlich gemacht, i. d. → Camera obscura belichtet, mit Quecksilberdämpfen entwickelt; positives Bild auf Platte.

Dahl, I.) Johan Christian Claussen (24. 2. 1788–14. 10. 1857), norweg. Landschaftsmaler d. Romantik, m. realist. u. frühimpressionist. Elementen; tätig in Dresden; *Birke im Sturm; Lyshornet bei Bergen; Dresden bei Mondschein;* **2)** Roald (13. 9. 1916–23. 11. 90), brit. Schriftsteller; *Küßchen, Küßchen* (1960).

Dahlbusch-Rettungsbombe, rohrförmiger Behälter z. Bergung eingeschlossener Bergleute durch e. z. Rettungsstelle niedergebrachtes Rettungsbohrloch.

Dahlem, südw. Stadtteil v. Berlin.

Dahlie

Dahlie, *Georgine,* Korbblütler, im Sommer blühende Staude m. Wurzelknollen; zahlr. Spielarten.

Dahlmann, Friedrich Christoph (13. 5. 1785–5. 12. 1860), dt. Historiker; Wortführer d. Schlesw.-Holsteiner gg. Dänemark; 1837 einer d. → Göttinger Sieben;

entwarf 1848 im Frankf. Parlament d. Reichsverfassung, Anhänger der kleindt. Lösung; *Quellenkunde der dt. Geschichte.*
Dahme, 1) l. Nbfl. d. Spree (Wendische Spree), 95 km lang; an ihr die St. D.; **2)** (D-2435), Ostseeheilbad an der Lübecker Bucht, 1108 E.
Dahn, Felix (9. 2. 1834–3. 1. 1912), dt. Historiker u. Schriftst.; histor. Romane: *Ein Kampf um Rom.*
Dahomey → Benin 2).
Dahrendorf, Ralf (*1. 5. 1929), dt. Soziologe u. FDP-Pol.; 1970–74 Mitgl. d. EG-Kommission, 1974–84 Leiter der London School of Economics; *Gesellschaft u. Demokratie i. Dtld.*

Gottlieb Daimler

Daimler, Gottlieb (17. 3. 1834–6. 3. 1900), dt. Ing.; neben Benz Erfinder d. Automobilmotors; begr. Daimlermotoren-Ges., später aufgegangen i. *Daimler-Benz AG,* Untertürkheim; unter d. Marke *Mercedes* führende dt. Kraftwagen- u. Motorenwerke.
Dairen → Lüda.
Dajak, altmalaiische Volksstämme auf Borneo, früher Kopfjäger.
DAK, Abk. f. *Deutsche Angestellten-Krankenkasse.*
Dakar, Hptst. d. Rep. Senegal, am Atlant. Ozean, 1,38 Mill. E; Uni.; Hpthandelsplatz, Großhafen, wichtigster Flugplatz f. Südamerikastrecke.
Daker, indoeur. Volk in Rumänien; **Dakien,** *Dazien,* 107–275 röm. Provinz.
Dakka, *Dhaka,* Hptst. von Bangladesch, im Gangesdelta, 4,8 Mill. E; Uni.; Hafen, Textilind.
Dakota, 1) Hptstamm der → *Sioux-Indianer;* **2)** Staaten → Norddakota und → Süddakota.
Daktylo|graph(in), i. d. Schweiz Bez. f. Maschinenschreiber(in).
Daktyloskopie [gr.], Fingerabdruckverfahren, des Hautmusters an d. Innenseite d. Fingerspitzen als (polizeil.) Erkennungsmerkmal.
Daktylus, *m.,* griechischer Versfuß: auf eine lange (betonte) folgen zwei kurze (unbetonte) Silben: ⌣ ∪ ∪ (z. B. *Wanderer).*
Daladier [-'dje], Edouard (18. 6. 1884–10. 10. 1970), frz. Pol., 1933, 1934 u. 1938–40 Min.präs., Münchener Abkommen.
Dalai-Lama, geistl. Oberhaupt des → Lamaismus und früher zugl. Staatsoberhaupt v. → Tibet; der 14. D.-L.,

Tändzin Gyamtsho (* 1935), s. 1959 im ind. Exil.
Dalälv, mittelschwed. Fluß, 520 km lang, v. norweg. Grenzgebirge zum Bottnischen Meerbusen.
Dalarna, mittelschwed. Landsch. am Dalälv; altes Brauchtum.
Dalberg, dt. reichsfreiherrl. Geschlecht, **1)** Karl Theodor) (8. 2. 1744–10. 2. 1817), Kurfürst v. Mainz, letzter geistl. Reichsfürst (bis 1803); später Haupt des Rheinbunds; s. Bruder **2)** Wolfgang Heribert (13. 11. 1750–27. 9. 1806), Intendant in Mannheim; ließ Schillers erste Dramen aufführen.
Dale [*detl*], Sir Henry Hallet (5. 6. 1875–22. 7. 1968), engl. Physiologe; Nobelpr. 1936.
d'Alembert → Alembert.
Dalén, Gustaf (30. 11. 1869–9. 12. 1937), schwed. Phys.; erfand *D.-Blinklicht* f. Leuchttürme u. -bojen; Nobelpr. 1912.

Salvador Dalí

Dalí, Salvador (11. 5. 1904–23. 1. 89), span. Maler, Surrealist; bekannt durch seine von der Psychoanalyse beeinflußten „Traumbilder"; *Zerrinnende Zeit; Brennende Giraffe;* Buchillustrationen.
Dalila, *Delila,* Geliebte d. → Simson.
dalische Rasse → Rasse, Übers.
Dallapiccola, Luigi (3. 2. 1904–19. 2. 75), it. Komp. u. Humanist; Oper: *Il prigioniero.*
Dallas [*dæləs*], St. i. US-Staat Texas, 904 000 E; Uni.; Baumwollmarkt, Maschinen-, Luftfahrtind., Erdöl.
Dalmatien, jugoslaw. (kroat.) Küstenlandschaft an d. Adria, durch d. Dinarische Gebirge v. Hinterland getrennt, hafenreich, viele Inseln; Seeschiffahrt u. -fischerei, Wein- u. Olivenbau, Fremdenverkehr, Bergbau (Bauxit), Zementind. - 33 v. Chr. röm., im 7. Jh. v. Kroaten u. Serben besetzt, s. d. 11. Jh. venezianisch u. zeitw. türkisch, 1797 östr. (unter Napoleon it.), 1920 zu Jugoslawien.
Dalmatiner, Hunderasse, mittelgroß, weiß mit dichter (meist) schwarzer Fleckung.
dal segno [it. -'zeɲo], *mus.* Anweisung z. Wiederholung eines Stückes vom Zeichen an.
Dalton [*dɔːltən*], John (6. 9. 1766–27. 7. 1844), engl. Phys. u. Chem.; begründete d. moderne Atomtheorie u. fand das *D.sche Gesetz* über den Gesamtdruck von Gasgemischen und das Gesetz der *multiplen* → *Proportionen.*

Dam, Henrik (21. 2. 1895–17. 4. 1976), dän. Biologe; Entdecker des Vitamin K; (zus. m. Doisy) Nobelpr. 1943.
Damanhur, ägypt. St. i. westl. Nildelta, 226 000 E; Baumwollumschlagplatz.
Damara → Herero. - **D.land,** von den Hereros bewohntes Gebiet im N v. Namibia.
Damaschke, Adolf (24. 11. 1865–30. 7. 1935), dt. Sozialreformer; Gründer des Bundes Dt. Bodenreformer, → Bodenreform, Übers.
Damaskus, arab. *Dimaschk,* Hptst. u. Wirtschaftszentrum Syriens, 1,3 Mill. E; Sitz des griech.-orthodox. Patriarchen v. Antiochien, armen.-kath. Erzbistum; Uni.; Zement-, Baumwoll- u. Schuhind. - Bereits im Altertum bedeutend; schon 15. Jh. v. Chr. erwähnt.
Damast, Leinen-, Baumwoll- od. Seidenstoff mit eingewebten Mustern f. Tisch-, Bettwäsche, Möbel.
Damaszener Stahl, Verschweißung kl. Stahlstückchen zu *D. Klingen,* Gewehrläufen usw., sehr hart u. elast.; Oberfläche nach Ätzung m. Wellenlinien überzogen.
Dame [frz.], **1)** im Schach-, Kartenspiel: die Königin; **2)** Brettspiel, m. 12 weißen u. 12 schwarzen *D.steinen.*
Damenfriede, Friedensschluß zw. Frkr. u. Spanien (1529 in Cambrai) durch d. Erzhgzin Margarete (Ndl.) u. Luise (Mutter d. Kgs Franz I. v. Frkr.).
Damenweg → Chemin-des-Dames.
Damhirsch, Hirschart m. Schaufelgeweih (a. Vorderasien); i. Parks; i. Dtld jagdbares Hochwild.
Damiani, Petrus (1007–72), it. Mönch u. Kirchenlehrer, Kardinalbischof v. Ostia; bed. Verfechter einer Ordens- u. Kirchenreform.
Damiette [-'mjɛt], ägypt. Handelsst. i. östl. Nildelta, 100 000 E; Seiden- u. Wollweberei.
Damm, 1) Erdaufschüttung als Bahn für Räderfahrzeuge od. zum Stauen (Eindämmen) von Wasser; → Deich; **2)** befahrbarer Teil der Straße; **3)** *med.* Muskulatur u. Bindegewebe zw. After u. Geschlechtsteilen; kann bei der Niederkunft einreißen; *Dammriß.*
Dammarharz, Harz ostind. Bäume, hart, glänzend, f. Lacke verwendet.
Damme (D-2845), St. im Kr. Vechta, Nds., 13 139 E; AG; Luftkurort; div. Ind.
Dämmerung, Halblicht, d. Helligkeit d. Himmels vor Sonnenaufgang u. nach Sonnenuntergang, entsteht durch Streuung d. Sonnenlichtes i. d. → Atmosphäre bis 60 km Höhe; i. d. Tropen am kürzesten u. wachsend mit d. geograph. Breite, etwas veränderl. mit d. Jahreszeit. *Bürgerl. D.:* Sonne 6° unter Horizont; *nautische D.:* Sonne 12° unter Horizont; *astronom. D.:* Sonne 18° unter Horizont.
Dämmerzustand, Bewußtseinstrübung, so daß es z. unbeabsichtigten, nicht erinnerbaren Handlungen kommt; bes. b.

Dampfmaschine

1 Dampf strömt links in den Zylinder, Kolben wird nach rechts gedrückt. **2** Schieber gesperrt, Dampf wirkt durch Ausdehnung. **3** Dampf strömt rechts in den Zylinder, Kolben wird nach links gedrückt. **4** Schieber gesperrt.

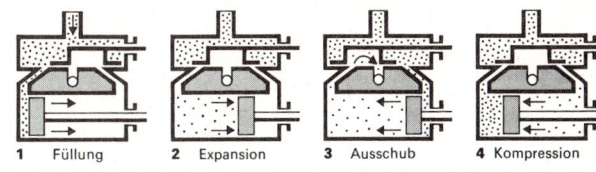

1 Füllung   **2** Expansion   **3** Ausschub   **4** Kompression

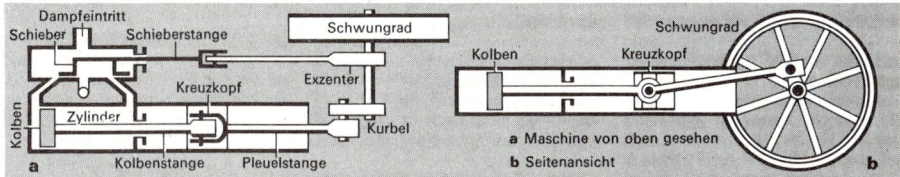

a Maschine von oben gesehen
b Seitenansicht

Kolbendampfmaschine

Dampfturbine

Leitrad Leitrad Leitrad

Laufrad Laufrad Laufrad

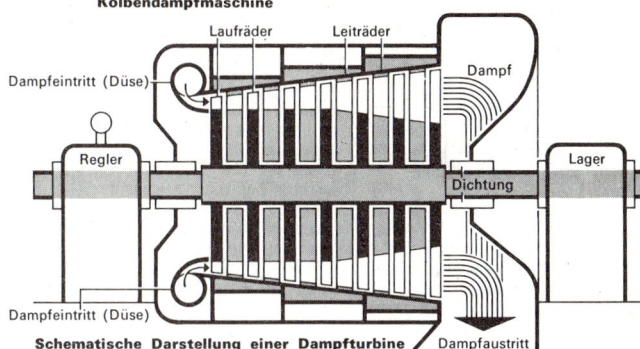

Schematische Darstellung einer Dampfturbine

Epilepsie, (Alkohol-)Rausch u. Nachtwandeln.

Dämmstoffe, i. Bauwesen verwendete Stoffe z. Schall- u. Temperaturisolation.

Damokles, Günstling des Dionysius v. Syrakus, der über ihm ein Schwert an e. Pferdehaar aufhängen ließ u. ihn dabei fürstlich bewirtete. – **D.schwert,** Zeichen drohender Gefahr im Glück.

Dämon [gr. „Gottheit"], übermenschl. Wesen, Teufel.

dämonisch, teuflisch, vom Dämon besessen.

Dämonismus, Glaube an Dämonen.

Dampf, gasförmiger Zustand, in den flüssige Stoffe durch Sieden übergeführt werden; bei steigendem Druck oder fallender Temperatur tritt wieder Verflüssigung ein. 1 l Wasser gibt 1675 l Dampf von 100 °C (1,033 at). Im Kessel, also bei steter Flüssigkeitszufuhr, bildet sich *gesättigter* Dampf; wird er für sich allein weiter erwärmt, *überhitzter* Dampf.

Dampfbad, Anwendung von Wasserdampf (38–56 °C) zu Heilzwecken (z. B. bei rheumat. Krankheiten).

Dämpfer, it. *sordino,* Vorrichtung od. Hilfsmittel z. Abschwächung d. Tonstärke od. Veränderung d. Klangfarbe von Musikinstrumenten.

Dampfhammer, Schmiedemaschine, b. der ein Fallblock *(Bär)* durch im Dampfzylinder auf und ab bewegten Kolben

gehoben und heruntergeschlagen wird (1838).

Dampfkessel, besteht aus Feuerung, Wasserraum und Dampfraum, wobei Wasser und Dampf sich berühren; zur Feuerung dienen feste, flüssige und gasförmige Stoffe. *Röhrenkessel* sind von Röhren durchzogen, durch die entweder Heizgase schlagen, während das Wasser sich im Kessel befindet *(Flammrohr-/Rauchrohrkessel);* oder die Flammen schlagen von außen an die Rohre, in denen das Wasser strömt *(Wasserrohrkessel);* neuere Kesselarten mit Dampfüberhitzern und Hochdruck; dadurch höherer Wirkungsgrad.

Dampfmaschine, 1) *Kolbendampfmaschine:* Der aus dem Kessel in den Zylinder geführte Dampf dehnt sich dort aus u. schiebt dabei den Kolben hin u. her *(Doppelwirkung);* erste Maschine nach diesem Prinzip von James Watt (1778). Später erzeugte man Dampf von höherem Druck, der nacheinander in 2 Zylindern sich ausdehnt: Zweifachexpansionsmaschine. Bei der *Verbundmaschine (Compound)* sind d. Kurbeln um 90° versetzt; der Dampf tritt vom 1. Zylinder erst in einen Zwischenbehälter *(Receiver),* bis ein 2. Zylinder für ihn geöffnet ist. Nach der Arbeitsleistung tritt Dampf entweder ins Freie *(Auspuffmaschine)* oder wird in einem Kondensator nieder-

geschlagen; dadurch bessere Ausnutzung; **2)** *Dampfturbine* → Turbine.

Dampfschiff, schon 1707 von Papin vorgeschlagen, das erste brauchbare, von → Fulton konstruiert, fuhr 1807 auf dem Hudson.

Dampfspeicher, dienen dazu, erzeugten, aber nicht verwendeten Dampf vorrätig zu halten.

Dampfüberhitzer, gebogene, gebündelte Rohre, in denen der aus d. Kessel kommende Dampf in Heißdampf bis 450 °C verwandelt wird, hohe Kohleersparnis.

Dämpfung, Herabminderung mechan. oder el. → Schwingungen durch Kräfte, die diesen entgegenwirken u. sie evtl. unterbinden (z. B. im Schiffbau durch → Schiffskreisel oder → Schlingertank); el. Schwingungen der ohmschen Verluste u. Schaltanordnungen oder Leitungen, bei letzteren gemessen in → Neper oder → Bel.

Danaë, in der griech. Sage v. Zeus verführt, der ihr als Goldregen nahte; Mutter des Perseus.

Danaer, bei Homer Name für d. Griechen. – **D.geschenk,** Unglücksgeschenk, ben. n. d. hölzernen Pferd, das die Griechen bei einer vorgetäuschten Abfahrt von Troja zurückließen und in dem die Zerstörer Trojas verborgen waren.

Danaiden, in d. griech. Sage Töchter des *Danaos,* die in der Brautnacht ihre Gatten ermordeten und zur Strafe in d. Unterwelt Wasser in ein löchriges Faß schöpfen müssen: **D.arbeit, D.faß.**

Danckelmann, Eberhard Frh. v. (23. 11. 1643–31. 3. 1722), Erzieher u. Min. d. Kurfürsten Friedrich III., gründete Uni. Halle u. Akad. d. Künste Berlin.

Dandolo, venezian. Geschlecht: *Enrico D.* (um 1110–1205), Doge, begr. Venedigs Macht im Mittelmeer; eroberte 1204 Konstantinopel.

Dandong, früher *Tantung,* südmandschur. Hafen am *Yalu,* 550 000 E; Schiffsverkehr, Industrie, Sojabohnen.

Dandy, m. [engl. *'dændi*], Stutzer, Modenarr.

Danebrog, m. [-brɔ:'y], dän. Handels- u. Kriegsflagge.

Dänemark, amtl. *Kongeriget Danmark,* Kgr. zw. Nord- u. Ostsee: Nordschleswig u. Jütland, die Inseln Fünen, Möen, Langeland, Lolland, Seeland, Bornholm, 43 077 km²; 5,13 Mill. E (119 je km²); Bev.-Zuw. 0%; Bev.: 84 000 Dt.e in Nordschleswig, dazu Färöer (1399 km², 50 000 E) u. Grönland (2 175 600 km², 55 000 E); Sprache: Dän.; Währung: dän. Krone (dkr); Rel.: ev.-luth.; Hptst.: *Kopenhagen,* Flagge S. 340, Karte S. 743. **a)** *Geogr.:* Die dän. Inseln u. Ostjütland flachhügelige, fruchtbare Moränenlandschaft, Buchenwälder, Westjütland Heide, neuerdings z. T. angebaut. **b)** *Landw.:* Getreide, Zuckerrüben; hochentwickelte, intensive *Vieh- u. Milchwirtsch.* (Erzeugung 1988: Butter 91 000 t, Käse 260 000 t, Fleisch 1,5 Mill. t). **c)** *Ind.:* Schiffbau; Handelsschiffahrt. **d)** *Außenhandel* (1988): Einfuhr 26,18 Mrd., Ausfuhr 26,78 Mrd. $. **e)** *Verkehr:* Handelsflotte 4,96 Mill. BRT (1989); Eisenbahn ca. 3000 km. **f)** *Verf.* v. 1953: Konstitutives erbl. Kgr., Einkammerparlament (Folketing). **g)** *Verw.:* 14 Amtsbezirke. **h)** *Gesch.:* Nach Wegzug v. Kimbern, Teutonen, Angeln u. Sachsen Eindringen d. Dänen (Wikinger). Vereinigung d. dän. Gaukönige im 10. Jh.; Knut d. Gr. († 1035) unterwarf Norwegen u. England; 1182–1214 Eroberung der östl. u. südl. Ostseeküste, 1227 wieder verloren; 1397 Kalmarer Union: Vereinigung v. Dänemark, Norwegen u. Schweden. Unter Christian II. (1513–23) Loslösung Schwedens; 1536 Einführung der Reformation; im 16. u. 17. Jh. Kriege m. Schweden u. Dtld; 1700–21 Nordischer Krieg. Christian VII. (1766–1808): aufgeklärter Absolutismus, Bauernbefreiung, 1807 Bombardement Kopenhagens durch engl. Flotte, Abtretung Helgolands an England, Norwegens an Schweden, D. erhielt Lauenburg. Versuche Friedrichs VII. u. Christians IX., Schleswig-Holstein D. einzuverleiben, führten zu dt.-dän. Kriegen 1848–50 u. 1864; im

Frieden v. Wien 1864 Verzicht auf Schleswig-Holstein u. Lauenburg. Im 1. Weltkr. neutral, erhielt D. durch den → Versailler Vertrag 1920 Nordschleswig. 1940–45 von dt. Truppen besetzt. 1960 Mitbegr. d. EFTA; 1973 Beitritt z. EG (1984 Austritt v. → Grönland). **i)** *Mitgl.:* UN, NATO, EG, OECD, Nordischer Rat, Europarat. – Auch → Island, *Geschichte.*

Dänen-Insel, NW-Insel der Spitzbergengruppe.

Danewerk, Grenzwall in Schleswig zw. Eider und Schlei, aus dem 9. Jh.

Dan-Grad, Graduierung im Karate u. Judo nach Leistungsstufen; ausgedrückt durch Gürtelfarben.

Daniel, einer d. 4 gr. Propheten i. A. T.; von ihm berichtet d. Buch *D.* d. A. T.; gr. Einfluß auf jüd. u. christl. Apokalyptik.

Daniell [*'dænjəl*], John Frederic (12. 3. 1790–13. 3. 1845), engl. Chem.; entwickelte **D.schen Hahn** f. Knallgasgebläse (mischt Wasserstoff u. Sauerstoff erst unmittelbar vor d. Entzündung).

Daniellsches Element, galvan. Element von etwa 1,1 Volt; Zink in Zinksulfat u. Kupfer in Kupfersulfatlösung.

dänische Literatur, *12./13. Jh.:* Saxo Gramaticus (*Gesta Danorum* m. altnordisch. Volks- u. Heldensagen); *18. Jh.:* der gebürtige Norweger Ludwig Holberg (satir. Lustspiel), Jens Baggesen (Lyrik); *19. Jh.:* Adam Oehlenschläger (Märchenspiel *Aladdin*), Hans Christian Andersen (Märchen), Johann Ludwig Heiberg (vielseit. Realist), Søren Kierkegaard (Philosoph), Jens Peter Jacobsen (Erzählung *Mogens,* Romane: *Frau Marie Grubbe; Niels Lyhne*); *20. Jh.:* H. Bang (Roman: *Hoffnungslose Geschlechter*), H. Pontoppidan (Roman: *Hans im Glück*), G. Wied (Komödien), J. v. Jensen (Mythen), M. Andersen-Nexø (Roman: *Pelle*), K. Gjellerup, H. Drachmann u. N. Petersen (Lyrik), S. Fleuron u. A. Madelung (Tierbücher), J. Anker-Larsen (rel. Epik: *Der Stein des Weisen*), K. Abell u. K. Munk (Dramatiker), T. Blixen (*Afrika*), M. A. Hansen u. H. C. Branner (Erzähler).

Dannecker, Johann Heinrich v. (15. 10. 1758–8. 12. 1841), dt. Bildhauer des Klassizismus; *Schillerbüste.*

Dannenberg (Elbe) (D-3138), St. in Nds., 7596 E; AG.

Dante

Dante Alighieri (1265–14. 9. 1321), it.

Dichter; Hauptwerk: *Divina Commedia* („Göttliche Komödie"), Epos in Terzinen, in dem sich d. Weltbild seiner Zeit spiegelt; D. wandert, v. Vergil geführt, durch Hölle (Inferno) u. Fegefeuer (Purgatorio); die Jugendgeliebte Beatrice geleitet ihn ins Paradies (Paradiso); dort führt ihn St. Bernhard zur Anschauung Gottes; Liebessonette: *Vita nuova* („Das neue Leben").

Danton [*dã'tõ*], Georges (28. 10. 1759–5. 4. 94), frz. Advokat u. Revolutionär; stürzte das Königtum, veranlaßte 1792 als Justizminister die Septembermorde; auf Robespierres Betreiben guillotiniert.

Danzig, *Marienkirche*

Danzig, *Gdańsk,* poln. St. u. Ostseehafen an der D.er Bucht, beiderseits der Mottlau u. Radaune, südlich der D.er Weichsel, 467 000 E (1938 mit 260 000 fast ausschl. dt. E); mit → Gdingen zu einem Großhafen zus.gefaßt; Altstadt u. bed. Baudenkmäler wie die got. Marienkirche, Artushof, Krantor, Zeughaus in 2. Weltkr. zerstört, Wiederaufbau im alten Stil; TH, Uni.; kath. Bistum; bed. Industrie, Schiffbau. – Zuerst 997 erwähnt. 1178 Gründung des Klosters Oliva, N. 1308–1454 mit d. Dt. Ritterorden verbundenes Mitgl. d. dt. Hanse. Nach d. Niedergang des Ritterordens Personalunion mit dem Kg v. Polen. 1793 wieder unter dt. (preuß.) Herrschaft. 1807 von Napoleon z. Freien Stadt erklärt (unter frz. Besatzung); 1814 wieder preuß. 1920 durch Versailler Vertrag als „Freie Stadt D." selbst. Staat (1893 km², 408 000 E, 97% der Bev. dt.) m. einem Hohen Kommissar des Völkerbundes: Polen erhielt außenpol. Vertretung u. bes. wirtsch. Vorrechte (u. a. Zölle); 1. 9. 1939 Proklamation der Wiedervereinigung mit Dt. Reich; s. 1945 poln.

Danziger Goldwasser, *Lachs,* Kümmellikör, mit Blattgoldflittern durchsetzt.

Dao, *s.* [chin. „Weg"], *Tao,* das All-Eine, d. Ursprung d. Alls bei → *Laodse (Laotse).*

Daoismus, *Taoismus,* daraus entstandene Phil. u. Religion, als chin. Staatsreligion anerkannt, mystisch, buddhist. Einfluß, Naturverehrung u. Geisterglauben; Hptbuch: **Dao De Jing** (Tao-te-king), göttl. Offenbarungs- und Tugendlehre.

Daphne [gr. „Lorbeer"], **1)** griech. Nymphe, zum Schutz vor Apolls Liebe in Lorbeer verwandelt; **2)** → Seidelbast. **Daphnis,** in der griech. Sage Hirt auf Sizilien, Sohn des Hermes, Geliebter der Nymphe Echenais.

Da Ponte, Lorenzo (10. 3. 1749-17. 8. 1838), it. Dichter; verfaßte Libretto zu Mozarts *Figaro, Don Giovanni* u. *Così fan tutte.*

Dardanellen (Karte → Balkan), Meeresstraße zw. Ägäischem u. Marmara-Meer, 65 km lang, 2-6 km breit. – Im Altertum *Hellespont;* Vertrag von 1841 verbot Durchfahrt von nichttürk. Kriegsschiffen; 1923 D.abkommen von *Lausanne:* in Krieg und Frieden für See- u. Luftverkehr frei; 1936 Wiederbefestigung durch Türkei, geregelt durch Konvention v. *Montreux.*

Dardschiling, *Darjeeling,* ind. St. in d. Himalaja-Vorbergen, nahe der Grenze von Nepal, 2184 müM, 57 000 E; Teehandel; Uni.; Luftkurort.

Dar-es-Salam, faktisch noch Hptst. von Tansania, am Ind. Ozean, 1,4 Mill. E; Handel, Hafen.

Darfur, Hochebene (Steppenlandschaft) mit Gebirge (*Dschebel Marra* 3088 m) u. Prov. i. d. Rep. Sudan (3,1 Mill. E), fruchtbare Täler, reich an Mineralien (Kupfer, Eisen); Hptst. *El Fascher.*

Darius, *pers. Kge:* **1)** D. I. Hystaspes, reg. 522–486 v. Chr., zog 492 u. 490 gg. Griechenland, geschlagen bei → Marathon 490; **2)** D. III. Kodomannos, 333 v. Chr. bei Issos, 331 bei Gaugamela von Alexander d. Gr. besiegt.

Darlehen, Hingabe v. Geld od. and. → vertretbaren Sachen gg. die Verpflichtung, das Empfangene in Sachen v. gleicher Art, Güte u. Menge (§ 607 BGB) zurückzuerstatten. – **D.sversprechen,** Versprechen einer D.shingabe; ist bindend, aber b. wesentl. Vermögensverschlechterung d. D.nehmers widerrufl. – **D.szins,** ist nur bei Vereinbarung zu zahlen; Höhe kann vertragl. festgelegt werden, wenn kein Wucher vorliegt.

Darling [engl.], Liebling. **Darling,** r. Nbfl. d. Murray in Australien, 2740 km l., teilw. schiffbar. – **D.-Kette,** Küstengebirge in W-Australien (*Mount William* 484 m).

Darm, der an den Magen anschließende Verdauungsschlauch in der Bauchhöhle (→ Eingeweide, Abb.). Beim Menschen: **1)** *Dünndarm,* 6–7 m l., Anfangsteil: *Duodenum* = *Zwölffinger-D.* (seine Länge 12 Finger breit); **2)** *Dickdarm* (Kolon), 1½ m l.; **3)** *Mastdarm,* 12 cm l., endet am After. Im D. wird die im Magen begonnene Verdauung fortgesetzt; unverdaul. Nahrungsteile werden als *Kot* durch den Stuhlgang ausgeschieden. Rhythmische Bewegungen d. Darmmuskulatur (*Peristaltik*) treiben den Darminhalt weiter. – **D.blutung,** blutige Stuhlentleerung, bei Hämorrhoiden, Typhus, Ruhr, Duodenalgeschwür, Darmkrebs, Darmtuberku-

lose. – **D.flora,** normale Bakterienbesiedlung des Darms, insbes. mit → Kolibakterien. – **D.geschwür,** Geschwür d. Darmschleimhaut, bes. am Zwölffingerdarm *(Duodenalgeschwür),* bei Typhus und Darmtuberkulose im Dünndarm, b. Ruhr im Dickdarm. – **D.katarrh,** Entzündung d. Darmschleimhaut. – **D.kolik,** sehr schmerzhafte, krampfhafte Zusammenziehung des Darms. – **D.lähmung,** Versagen der Darmbewegung, bes. bei Bauchfellentzündung. – **D.verschlingung, D.verschluß,** lat. *Ileus,* völliges Aufhören d. Kottransports bei Verschlingung u. Abknickung des Dünndarmes od. bei Geschwülsten od. infektiöser bzw. toxischer D.lähmung. – **D.zotten,** kleine blatt- od. zäpfchenartige Vorstülpungen der Dünndarmschleimhaut.

Darmstadt (D-6100), Hptst. d. hess. Rgbz. *D.* (7444 km², 3,4 Mill. E), 136 067 E; TH, IHK, LG, AG; Dt. Akad. für Sprache u. Dichtung, PEN-Zentr. (BR), post- u. fernmeldetechn. Zentralamt; Masch.-, chem., Elektroind., Verlage, Dt. Rechenzentrum; Eur. Operationszentrum f. Weltraumforschung; Eu-Met-Sat (Wetterforschung); Museen; s. 1330 Stadt.

Darre, Vorrichtung z. Trocknen v. Getreide, Malz, Obst, Baumsamen usw. bei mäßiger Wärme.

Darß, Halbinsel, 77 km², an d. mecklenburg. Ostseeküste; Seebäder: *Zingst, Prerow, Ahrenshoop.* – **D.er Ort,** N-Spitze d. Halbinsel D.; Leuchtturm.

darstellende Geometrie, Abbildung geometrischer Körper durch → Projektion 2).

darstellende Kunst, Sammelbez. f. → bildende Künste, Schauspielkunst, Gesang u. Tanz.

Charles Darwin

Darwin, Charles (12. 2. 1809–19. 4. 82), engl. Biol.; *Entstehung der Arten; Abstammung d. Menschen.*

Darwin, Hptst. d. Northern Territory, Australien, 76 000 E, Hafen.

Darwinismus → Abstammungslehre.

Dasselfliege

Dasselfliegen, *Biesfliegen,* Schmarotzerfliegen, die ihre Eier auf die Haut bes. v.

Rindern u. Pferden (Pferdebremsen) legen; Larven dringen in d. Tier ein, erzeugen schmerzhafte *D.beulen.*

DAT, *Digital Audio Tape,* Tonträger mit digitaler Aufzeichnungstechnik.

Datei, Sammlung v. Daten, die z. Zweck des einfacheren Zugriffs zusammengefaßt werden.

Daten, durch Zeichen od. Funktionen dargestellte → Informationen; bestehen aus einer Folge v. Ziffern, Buchstaben od. Sonderzeichen; sind an einen Datenträger (phys. Trägersubstanzen wie Papier, Karton, magnetisierbare Schichten, Filmschichten u. ä.) gebunden; lassen sich maschinell verarbeiten (→ Datenverarbeitung) u. in → analoger od. → digitaler Form übertragen. → Nachrichtentechnik, → Informatik. – **D.bank,** *D.system,* elektron. gespeicherte u. abfragbare Daten i. gr. Mengen; besteht aus Datenbasis (Primärdaten) u. einer Gruppe v. Systemprogrammen, die d. Zugriff darauf ermöglichen; Vorteile: Mehrfachauswertung, Datenverwaltung, einf. Programmentwicklung. – **D.schutz,** Maßnahmen u. Bestimmungen gg. unbefugten Gebrauch od. Verwertung v. Daten (Personalien, Zahlen od. Fakten) aus Dateien (→ Datenbanken); D.-Gesetz v. 27. 1. 1977 enthält Schutzvorschriften hinsichtl. personenbezogener Daten. – **D.verarbeitung,** *DV,* Erfassen, Übermitteln, Ordnen u. Umformen v. → Daten z. Gewinnung v. → Informationen; heute mittels Maschinen automatisiert → Datenverarbeitungsanlagen. – **D.verarbeitungsanlage,** *DVA,* Computer, elektron. Anlage, die durch gespeicherte Programme gesteuert wird u. eingegebene Daten verarbeitet; besteht aus die Grundeinheiten: Eingabe, → Rechenwerk, → Steuerwerk, → Arbeitsspeicher, Ausgabe; erst als DV-System (= DVA u. die gesamten Programme, → Software) f. d. praktischen Einsatz verwendbar.

Datex-Netz, Netz der DBP für Datenfernübertragung; zwei Nutzungsmöglichkeiten: Wählverbindungen (*DatexL-Dienst* = leitungsvermittelt; *DatexP-Dienst* = paketvermittelte Übertragung) u. Standverbindungen im sog. Direktrufnetz.

Dativ, *m.* [l.], 3. Kasus (Gebefall) auf d. Frage *wem?* (z. B. er folgte *ihm*).

Datowechsel → Wechsel.

Datscha, *w.* [russ.], russ. Landhaus, Sommerhaus.

Dattel-palme, *Phoenix,* Palmenart in N-Afrika bis O-Indien (Oasenbaum); angepflanzt auch in anderen subtrop. Ländern m. Trockenklima; Früchte *(Datteln)* wichtiges Nahrungsmittel. – **D.pflaume,** Frucht eines Ebenholzbaumes i. Mittelmeergebiet.

Datteln (D-4354), Ind.st. am Schnittpkt v. Dortmund-Ems-, Rhein-Herne-Wesel-D.- u. D.-Hamm-Kanal, NRW, 36 310 E; Ind.: Steinkohle, Zink.

Dattelpalme

Datumsgrenze, beim Passieren d. 180. Längengrades zählen Seeleute, die nach O fahren, denselben Tag 2mal, die nach W reisen, überschlagen einen Tag (→ Zeitzonenkarte).

Dau, w. [arab.], kleineres Segelschiff m. Dreiecksegel (Arabien, Ostafrika).

Dauben, Wandteile der Fässer.

Däubler, Theodor (17. 8. 1876–13. 6. 1934), dt. expressionist. Dichter; Epos: *Das Nordlicht; Attische Sonette.*

Däubler-Gmelin, Herta (* 12. 8. 1943), SPD-Pol.in, Rechtswissenschaftlerin; s. 1983 stellv. Vors. d. SPD-Bundestagsfraktion u. s. 1988 stellv. Partei-Vors. der SPD.

Daudet [do'dɛ], 1) Alphonse (13. 5. 1840–16. 12. 97), frz. Dichter; *Tartarin von Tarascon; Briefe aus meiner Mühle;* s. Sohn 2) Léon (16. 11. 1867–2. 7. 1942), frz. nationalist. Schriftst.; leitete mit Maurras die „Action française".

Dauerauftrag, Weisung eines Kunden an seine Bank, f. seine Rechnung period. Zahlungen zu leisten.

Dauergewebe, Pflanzengew. aus *differenzierten Zellen;* Ggs.: → Bildungsgew.

Dauermagnete, Werkstoffe auf metall. od. nichtmetall. Grundlage *(Oxidmagnete),* die günstige magnet. Eigenschaften dauernd beibehalten.

Dauermodifikation, durch Umweltbedingungen induzierte Veränderung an Pflanzen u. Tieren, die mehrere Generationen erhalten bleiben kann.

Dauerwellen, künstl. Wellung des Haars durch thermoplast. Verformung („heiße Dauerwellen") od. chem. Behandlung („Kaltwelle")

Daume, Willi (* 24. 5. 1913), dt. Industrieller, 1950–70 Präs. d. Dt. Sportbundes, s. 1961 Präs. d. NOK, 1972–76 Vizepräs. d. IOK.

Daumier [do'mje], Honoré (26. 2. 1808–10. 2. 79), frz. Karikaturist; Chronist in d. frz. Wochenblättern „La Caricature" u. „Charivari" (Abb. → Don Quixote).

Däumling, *Daumerling,* Märchengestalt v. daumenlanger Größe.

Daun, Leopold, Gf v. (24. 9. 1705–5. 2. 66), östr. Feldherr; siegte im 7jähr. Krieg bei Kolin u. Hochkirch.

Daun (D-5568), Krst. u. Luftkurort in der Eifel, RP, 7428 E; 450 müM.

Daunen, *Dunen,* Flaumfedern der Vögel.

Dauphin [do'fɛ̃], seit 1140 Titel der Herren der Dauphiné, 1349–1830 des frz. Kronprinzen.

Dauphiné, Le [dofi'ne], frz. Landschaft im Rhône- u. Isèregebiet; O Hochgebirge, 4102 m **(D.-Alpen),** W fruchtb. Hügelland; bedeutendste St. *Grenoble.*

Daus, 1) *s.,* 2 Augen im Würfel-, As im Kartenspiel; **2)** *m.,* svw. Teufel (z. B. *Ei der Daus!).*

Dausset [do'sɛ], Jean (* 19. 10. 1916), frz. Med.; (zus. m. B. → Benacerraf u. G. → Snell) Nobelpr. 1980 (Forschungen z. immunbiol. Reaktionen zellular Oberflächenstrukturen).

Dauthendey, Max (25. 7. 1867–29. 8. 1918), dt. impressionist. Lyriker u. Erzähler; *Die acht Gesichter am Biwasee; Raubmenschen.*

David, 1) Gérard (1460–1523), ndl. Maler; **2)** Jacques-Louis (30. 8. 1748–29. 12. 1825), klassizist. frz. Revolutions- dann Hofmaler Napoleons I.; Historienbilder, Porträts; *Der ermordete Marat, Madame* → *Récamier* (Abb.); **3)** Johann Nepomuk (30. 11. 1895–22. 12. 1977), östr. Komp. linear-polyphonen Stils; Sinfonien, Partiten, ev. Kirchenmusik.

David, Kg über Israel und Juda im 10. Jh. v. Chr.; Psalmendichter.

Davidsbündler, Kreis v. Musikern um Robert → Schumann.

Davidstern, Schild Davids, → Hexagramm.

Davis ['deɪvɪs], **1)** Bette (5. 4. 1908–6. 10. 89), am. Filmschausp.in; *The Little Foxes; All about Eve;* **2)** Jefferson (3. 6. 1808–6. 12. 89), am. Staatsmann; Haupt d. S-Staaten im Sezessionskrieg 1861–64; **3)** John (1550–1605), engl. Seefahrer, entdeckte 1585 *D.-Straße* an Grönland u. Baffinland, 1592 Falklandinseln; **4)** Miles (25. 5. 1926–28. 9. 91), am. Jazzmusiker (Trompete u. Flügelhorn); Vertr. u. Schöpfer wichtiger Stilrichtungen: Bebop, Cool-Jazz, Hardbop, Jazz-Rock; m. *Bitches Brew* Durchbruch z. elektr. Jazz.

Davis-Cup [-'kʌp], Wanderpokal f. Nationalmannschaften i. Tennis; 1906 v. d. Amerikaner *D. F. Davis* gestiftet.

Davis jr., Sammy (8. 12. 1925–16. 5. 90), am. Sänger, Entertainer u. Filmschauspieler; Autobiographie: *Yes, I can* (1965).

Davit [engl. 'dævɪt], Kran auf Schiffen, um Boote herabzulassen, aufzuheißen (= hochzuziehen) u. aufzuhängen.

Davos, 1) Landschaft u. Alpental i. schweiz. Kanton Graubünden; Zentrum: **2)** *D.-Platz* (CH-7270), 1560 müM; dabei *D.-Dorf,* 1575 müM, bed. Wintersportplatz, Sommerferien- u. Kongreßort; 10 500 E.

Davy ['deɪvɪ], Sir Humphry (17. 12. 1778–29. 5. 1829), engl. Chem.; entdeckte Alkalimetalle u. Elektrolyse, erfand Sicherheitslampe f. Bergleute.

Dawes [dɔz], Charles Gates (27. 8. 1865–23. 4. 1951), am. Bankier, General, Pol.;

1924 Vorsitzender d. Sachverständigenausschusses der Reparationskommission; (zus. mit J. A. Chamberlain) Friedensnobelpr. 1925. – **D.-Abkommen** → Reparationen.

Dax, südfrz. Winterkurort, 20 000 E; bis 64° heiße Quellen; Bischofssitz; Konserven- u. a. Industrie.

Day [deɪ], Doris (* 3. 4. 1924), am. Filmschausp.in; *The Man Who Knew Too Much; Pillow Talk.*

Dayan, Moshe (20. 5. 1915–16. 10. 81), isr. Gen. u. Pol.; 1967–74 Verteid.min., 1977–79 Außenmin.

Dayton [deɪtn], Ind.st. in US-Staat Ohio, am Miamifluß, 193 000 E; Fahrzeug- u. Maschinenbau.

Dazien → Dakien.

DB, Abk. f. *Deutsche Bundesbahn,* → Eisenbahn.

DBB → *Deutsche Bundesbank.*

DBGM, Abk. für *Dt. Bundes-Gebrauchsmuster.*

DBP, Abk. f. *Dt. Bundespatent.*

ddd, Abk. f. *Deutsche Depeschen Dienst* GmbH, 1971 gegr. Nachrichtenagentur i. d. BR.

DDR, Abk. f. → *Deutsche Demokratische Republik.*

DDT → Kontaktgifte.

Deadweight [engl. *'dɛdweɪt*], Gesamttragfähigkeit eines Schiffes; → *tdw.*

Dealer, *m.* [engl. *dilə*], Rauschgifthändler.

Dean [din], James (8. 2. 1931–30. 9. 55), am. Filmschausp.; *East of Eden; Rebel without a Cause; Giant.*

Death Valley [dɛθ 'væli „Todestal"], Grabensenke i. Kalifornien; tiefste (bis 85 müM) u. heißeste Gegend (bis 56 °C) d. USA; Salzwüste.

Deauville [do'vil], frz. Seebad a. d. Seinebucht, 4800 E.

Debakel, *s.* [frz.], Zusammenbruch.

Debatte, *w.* [frz.], mündl., bes. parlamentar., Meinungsaustausch.

Debattenschrift → Kurzschrift.

Debet, *s.* [l., „er schuldet"], das Soll, Verbuchung auf der linken Seite des → Kontos; D.saldo.

debil [l.], schwachsinnig.

Debilität, leichte Form v. Schwachsinn, IQ (Intelligenzquotient) zw. 50 u. 70, Hilfsschulfähigkeit.

debitieren, belasten.

Debitor, Schuldner; Ggs.: *Kreditor.*

Debitorenkonto, das Konto für den Schuldner (eigene Forderungen, Außenstände).

Debora, Richterin u. Prophetin i. A. T. *(Richter 4 f.).*

Debré, Michel (* 15. 1. 1912), frz. Jurist u. Pol.; 1959–62 Min.präs., 1966–73 versch. Min.ressorts.

Debrecen, *Debreczin,* Hptst. des ungar. Komitats Hajdú-Bihar, 220 000 E; Uni., Handelszentrum.

Debreziner Heide, *Hortobágy,* Pußtalandschaft a. d. oberen Theiß.

Debreu, Gerard (* 4. 7. 1921), am. Ökonom; Nobelpr. 1983 (math. Modell e. Marktwirtschaft).

Claude Debussy

Debussy [dəby'si], Claude (22. 8. 1862–25. 3. 1918), frz. Komp., Begr. d. frz. Impressionismus (Klangfarbe v. großer Feinheit u. nuancenreichem Stimmungsreiz); Klavierwerke: *Préludes; Images;* Oper: *Pelléas et Mélisande;* Orchesterwerke: *La mer;* Lieder; Ballett: *Jeux.*

Debüt, s. [frz. -'byː], erstes Auftreten, besonders v. Künstlern.

Debütant, m., Anfänger.

Decca-Navigation, Funknavigationssystem für Flugzeuge (auch Schiffe); Standortbestimmung aus d. Ausstrahlungen einer Langwellensender-Kette, bestehend aus e. Hauptsender u. 3 sternförmig in je 200 km Entfernung um diesen angeordneten Nebensendern.

Dechant, svw. → Dekan 2).

dechiffrieren, entziffern; → Chiffre.

Decius, 1) Publius D. Mus, Vater, Sohn u. Enkel, die als röm. Konsuln durch Selbstopfer d. Sieg f. ihre Heere errungen haben sollen (4./3. Jh. v. Chr.); **2)** Messius Quintus Traianus D., röm. Kaiser 249-251 n. Chr., Christenverfolgung.

Deck, (Stockwerks-)Decke bzw. Boden aus eisernen Platten od. hölzernen Planken auf Schiffen.

decken, *belegen, beschälen,* Begattung b. Haustieren.

Deckentheorie, Erklärung d. Gebirgsaufbaus durch Gesteinsüberschiebung; durch teilweise Abtrag entsteht tektonisches Fenster (→ Tektonik), so daß tieferliegende Gesteinsschichten im Fensterinnern zutage treten.

Deckfarben, undurchsichtige Farben.

Deckung, 1) Sicherstellung d. Darlehensgebers; **2)** *Finanzwesen:* Mittel, mit denen d. Ausgaben gedeckt, d. h. bezahlt werden können; **3)** *Versicherungswesen:* **a)** svw. Versicherungsschutz; **b)** Betrag, bis zu d. die Versicherung d. Schaden deckt; **4)** *Währungswesen:* Bestände einer Notenbank an Gold u. Devisen, mit denen umlaufende Banknoten eingelöst werden können.

Deckungs-geschäft, 1) Börsengeschäft z. Ausgleich v. Verpflichtungen aus früheren Geschäften; **2)** der b. Nichterfüllung eines Handelsgeschäfts v. Gläubiger anderweitig vorgenommene D.verkauf bzw. D.ankauf durch öff. Versteigerung od. autorisierten Handelsmakler. –

D.wechsel, Depotwechsel; → Wechsel.

Decoder, *m.,* elektron. Bauteil in Fernseh- u. Hörfunkempfängern, das aus d. Summen-Differenz-Signal best. für d. Funkübertragung durch Modulation *codierte* Informationen entschlüsseln *(decodieren)* soll (z. B. Rechts- u. Linkssignal in d. Stereophonie).

Décollage [frz. -'laʒ(ə)], in d. zeitgenöss. Kunst Verfremdung v. Materialien des alltägl. Gebrauchs, um neue ästhet. Wirkungen zu erzielen, z. B. d. Übermalen u. Verwischen v. Bildern u. Fotografien (Rauschenberg, Vostell, Rainer), Abreißen d. Schichten v. Klebebildern (Plakate), Verbrennen, Pressen v. Metallgegenständen (César); auch → Dadaismus.

decrescendo [it. -'ʃɛn-], *mus.* leiser werdend.

Dedikation, *w.* [l.], Zueignung; *dedizieren,* zueignen.

Deduktion [l.], logisches Erkenntnisverfahren, schließt *(deduziert)* von Allgemeingültigem auf Besonderes, das in ihm einbegriffen ist; Ggs.: → Induktion.

Deeping ['diːp-], Warwick (28. 5. 1877–20. 4. 1950), engl. Schriftst.; sozialkrit. Romane: *Hauptmann Sorrell u. sein Sohn.*

DEFA, Abk. f. *De*utsche *F*ilm *A*ktiengesellschaft, ehem. staatl. Filmproduktion der DDR.

de facto [l.], „der Tat nach"; → Anerkennung.

Defätismus, *m.,* mangelnder Glaube an Erfolg; Miesmacherei (meist pol.).

Defekt, *m.,* Schaden.

defekt [l.], schadhaft.

Defensive, *w.* [l.], *mil.* Verteidigung.

defensives Fahren, gefahrbewußtes, rücksichtsvolles Fahren im Straßenverkehr.

Defibrillator [l.], el. Gerät zur Beseitigung d. → Herzkammerflimmerns durch kurzen Stromstoß.

Deficit spending, s. [engl. -fɪsɪt-], Finanzierung öffentl. Ausgaben od. Subventionen d. Konsums durch → Defizit im Staatshaushalt; konjunkturpol. Instrument z. Ankurbelung d. Wirtschaft mit Ziel d. → Vollbeschäftigung.

Defilee, s. [frz.], Hohlweg; Vorbeimarsch.

defilieren, an jemand vorüberziehen.

definieren [l.], begrifflich festlegen.

Definition, Begriffsbestimmung, Abgrenzung.

definitiv, endgültig.

Defizit, s. [l.], Fehlbetrag in der Finanzwirtschaft v. Staat u. Gemeinden *(Haushalts-D.)* od. in d. Ertragsrechnung e. Unternehmens.

Deflation [l.], Ggs.: → Inflation; Ursachen: entweder **a)** durch fortschreitende Verminderung der aktiv umlaufenden Geldmenge (z. B. durch d. Restriktionspolitik der Notenbank) ohne od. mit langsamer gleichzeitiger Verringerung der Gütermenge, u./od. **b)** durch die Verlangsamung der Umlaufgeschwindigkeit des Geldes; Folge: die deflator. Erhö-

hung des Geldwertes führt zur Preisniveausenkung und letztlich zur Wirtschaftskrise.

Deflektor [l.], saugender Aufsatz auf Schornstein; stellt sich selbsttätig auf Windrichtung ein.

Defloration [l.], Entjungferung (**deflorieren**).

Defoe [də'fou], Daniel (1660–26. 4. 1731), engl. Schriftst. u. Satiriker; *Robinson Crusoe; Moll Flanders.*

Deformation [l.], Verunstaltung, Mißbildung.

Defraudation, *w.* [l.], → Unterschlagung; der **Defraudant defraudiert,** veruntreut.

Defregger, Franz v. (30. 4. 1835–2. 1. 1921), Tiroler Maler; Bauern- u. Geschichtsbilder.

Degagement, *s.* [frz. dəgaʒ'mã], Zwanglosigkeit, Befreiung von einer Verbindlichkeit.

E. Degas

Degas [də'ga], Edgar (19. 6. 1834–26. 9. 1917), frz. Maler, Impressionist; *Ballett.*

Degen, *m.,* **1)** mhdt. für *Gefolgsmann;* **2)** Stich-, auch Hieb- u. Stichwaffe, schmaler ein- od. zweischneidiger Klinge.

Degeneration, *w.* [l.], → Entartung.

Degenhardt, 1) Franz Josef (* 3. 12. 1931), dt. Protestsänger u. Schriftst.; *Zündschnüre;* **2)** Johannes Joachim (* 31. 1. 1926), dt. kath. Theol.; s. 1974 Erzbischof v. Paderborn.

Deggendorf (D-8360), Kreisstadt in Niederbay., 28 680 E; AG, LG; barocke Kirche; Eisen-, Textil-, Holzind.; Freihafen.

Degout, *m.* [frz. -'gu], Ekel.

degoutant [frz.], ekelhaft.

degoutieren [frz.], anwidern.

degradieren, herabwürdigen, i. Dienstgrad herabsetzen.

Degradierung [l.], strafweise Entziehung der (mil.) Rangstufe.

Degrelle [də'grɛl], Léon, → Rexisten.

Degression, *w.* [l.], Steuerwesen: Staffelung d. Steuersatzes (v. oben nach unten fallend).

degressiv, sinkend, absteigend.

de gustibus non est disputandum [l.], „Über den Geschmack ist nicht zu streiten".

Dehio, 1) Georg (22. 11. 1850–19. 3. 1932), dt. Kunsthistoriker; *Geschichte d. dt. Kunst; Handbuch der dt. Kunstdenkmäler;* **2)** Ludwig (25. 8. 1888–24. 11. 1963), dt. Historiker u. Archivar.

Dehler, Thomas (14. 12. 1897–21. 7. 1967), FDP-Pol.; 1949–53 B.justizmin., 1954–57 Parteivors. d. FDP.

Dehmel, Richard (18. 11. 1863–8. 2. 1920), dt. impressionist. Lyriker; *Aber die Liebe;* Roman: *Zwei Menschen.*

Dehmelt, Hans-Georg (* 9. 9. 1922), dt.-am. Physiker; Nobelpreis 1989; „Radiofrequency Spectroscopy of Stored Ions".

Dehnbarkeit, Eigenschaft eines Körpers, der einer Formänderung durch Zug od. Druck nachgibt, jedoch Zusammenhang der Teilchen behält.

Deianeira, i. d. griech. Sage die Gattin des → Herakles.

→ Fakultät; **2)** in der kath. Kirche Leiter von Kirchensprengel; **3)** in süddt. ev. Kirchen svw. Superintendent.

dekantieren, e. Flüssigkeit klar v. Bodensatz abgießen.

dekatieren [frz.], Dämpfen v. appretierter Seide u. Wolle; verhütet Einlaufen u. Wasserflecken.

Dekhan, *Dekkan, Deccan,* das Hochland von Vorderindien, eine schräge Scholle, nach Westen steil abfallend *(W-Ghats),* nach O allmählich sich abdachend *(O-Ghats).*

Deklamation, w. [l.], kunstvoller Vortrag.

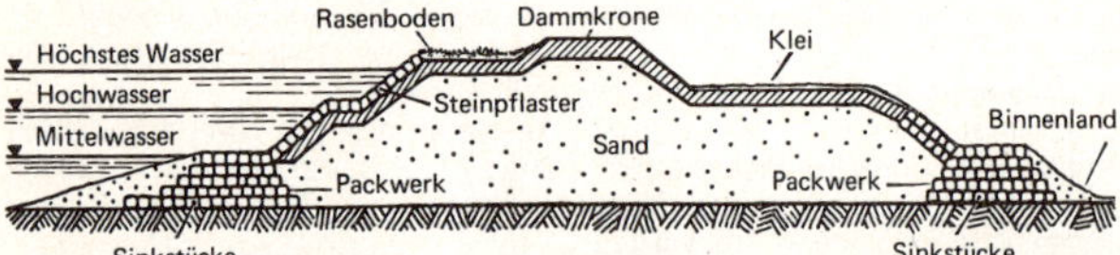

Deklaration [l.], (Steuer-, Zoll-)Erklärung.

deklarieren, 1) Angaben über Steuer- u. Zollpflichtiges machen; **2)** Waren (mit Preisen) auszeichnen.

Deklination [l.], *Abweichung,* Abbeugung, **1)** *astronomisch* Winkelabstand eines Gestirns vom Himmelsäquator; **2)** *physikalische Mißweisung,* → Erdmagnetismus; **3)** *grammat.* Beugung der Haupt-, Für- u. Eigenschaftswörter und des Artikels.

Dekokt, *s.* [l.], Abkochung von Pflanzenteilen zu Arzneizwecken.

Dekolleté, *s.* [frz. *-kɔl'teː*], großer Kleidausschnitt.

dekolletiert, tief ausgeschnitten.

Dekompensation [l.], Unausgeglichensein (z. B. bei Herzkrankheiten); Ggs.: → Kompensation.

Dekomposition, w. [l.], Auflösung, Zersetzung.

Dekontamination, Verminderung radioaktiver Verseuchung auf phys. u. chem. Wege.

De Kooning, Willem (* 24. 4. 1904), am. Maler ndl. Herkunft, wichtiger Vertr. d. Abstrakten Expressionismus.

Dekor, *m.* od. *s.* [frz.], Verzierung.

Dekorateur [-'tœr], berufsmäßiger Ausschmücker von Innenräumen, Schaufenstern.

Dekoration, Ausschmückung, (Bühnen-) Ausstattung; Orden.

Dekort, *m.* [frz. „décourt"], Abzug v. Rechnungsbetrag bei sofortiger Zahlung oder wegen mangelhafter Beschaffenheit d. gelieferten Waren.

Dekorum, *s.* [l.], Schicklichkeit; äußerer Rahmen.

Dekret, *s.* [l.], obrigkeitl. Verfügung, Anordnung.

Dekretalen, päpstl. Rechtsentscheidungen.

dekretieren, bestimmen, verordnen.

Dekubitus, *m.* [l.], svw. → Wundliegen; führt oft zu Hautgeschwüren.

del. [l.], Abk. f. **1)** *deleatur,* man streiche (i. Buchdruck), Zeichen: ϑ; **2)** *delineavit,* hat gezeichnet (Zusatz zur Signatur auf Kunstblättern).

Delacroix [*dəlaˈkrwa*], Eugène (26. 4. 1798–13. 8. 1863), Hptvertr. d. romant. Malerei in Frankreich; u. a. histor. u. relig. Themen, Bildnisse, Landschaften; *Die Freiheit führt das Volk an; Die Frauen v. Algier;* Deckengemälde (z. B. in d. Kirche St-Sulpice, Paris); Lithographien zu *Faust* u. *Hamlet.*

Delagoabai [-'goːβɔɪ], Meeresbucht an d. Küste v. S-Moçambique m. Hafen Maputo.

Delaunay [dəloˈnɛ], Robert (12. 4. 1885–25. 10. 1941), frz. Maler d. Kubismus, dann abstrakter Kolorist.

Delaware ['dɛləwɛə], **1)** Fluß N-Amerikas, 451 km lang, mündet in die **D. Bay** d. Atlant. Ozeans; **2)** Staat d. USA, Abk. *Del.,* zw. D.- u. Chesapeakebai, 5295 km², 658 000 E; Hptst. *Dover,* 24 000 E.

Delbrück, 1) Hans (11. 11. 1848–14. 7. 1929), dt. Historiker; *Geschichte d. Kriegskunst;* **2)** Max (4. 9. 1906–9. 3. 81), dt.-am. Biologe; (zus. mit A. Hershey u. S. E. Luria) Nobelpr. f. Med. 1969 (f. Forschungen an Virenkrankheiten).

Deledda, Grazia (28. 9. 1871–15. 8. 1936), it. Romanschriftstellerin der Verismus; *Flucht nach Ägypten;* Nobelpr. 1926.

Delegation [l.], Abordnung; Ermächtigung an eine Behörde, anstelle des Gesetzgebers Rechtssätze aufzustellen.

Delegatur, päpstl. Gesandtschaft f. geistl. Aufseher.

delegieren, in leitender Position (Aushilfs-)Arbeiten verteilen.

Delegierter, Abgeordneter.

delektieren [l.], ergötzen, belustigen.

Delft, St. in S-Holland, m. vielen Kanälen u. alten Bauten, 88 000 E; TH, Penicillinfabrik, Fayenceind., blau bemalte Steingutgefäße m. weißer Lasur (Blütezeit: 17./18. Jh.).

Neu-Delhi, *Parlamentsgebäude*

Delhi, 1) ind. Unionsterritorium an der Jumna, 1483 km², 6,2 Mill. E; darin **2)** Hptst. d. Ind. Union, 5,7 Mill. E; Reg. u. Parlament im Stadtteil *Neu-D.,* Uni., bed. Handels- und Industriezentrum (Kunstgewerbe, Textilind.); Prachtbauten: Jumna-Moschee, ehem. Residenz des Groß-

---

Deich, Damm zum Schutz gg. Überschwemmung, meist flache Außen-, steile Innenböschung.

Deidesheim (D-6705), St. im Rgbz. Rheinhessen-Pfalz, RP, an der Weinstraße, 3577 E; Weinbau.

Deimos, Name des 2. Marsmondes.

Deisenhofer, Johann (* 30. 9. 1943), am. Biophysiker, Strukturanalyse von Photosynthese-Rezeptoren; Nobelpreis. 1988.

Deismus [l. „deus = Gott"], „natürliche", d. h. bereits in der Schöpfung und im Menschen selbst gründende Religionsauffassung; Ende des 17., Anfang des 18. Jh. insbesondere in England durch H. V. Cherbury populär geworden. Vertreter: *Toland, Tindal, Voltaire, Reimarus.*

Deist, Anhänger des → Deismus.

Deister, stark bewaldeter, steinkohlenreicher Bergrücken bei Hannover, 405 m hoch, Salzwerke.

Déjeuner, s. [frz. *dejœ'neː*], Frühstück.

de jure [l.], dem Rechte nach, → Anerkennung.

deka [gr.], zehn; oft als Vorsilbe: *Deka.*

Dekabristen, „Dezemberleute", Revolutionäre des russ. Aufstandes im Dezember 1825.

Dekade, *w.,* Zahl- od. Zeiteinheit aus 10 Gliedern.

Dekadenz, *w.* [frz. „décadence"], (kultureller bzw. moralischer) Verfall; Überfeinerung; künstlerische Richtung 2. Hälfte 19. Jh. *(Baudelaire, Verlaine, Beardsley, Wilde, Barrès).*

Dekalin, Lösungsmittel anstelle von Terpentin; aus Naphthalin durch Hydrierung gewonnen.

Dekalog, *m.* [gr.], die 10 Gebote i. A.T., → Moses.

Dekameron, *s.* [gr. „10 Tage"], *Decamerone,* Boccaccios Liebesnovellenbuch, an 10 Tagen erzählt.

Dekan [l.], **1)** Vorsitzender einer Uni.

Diagram labels:

Höchstes Wasser
Hochwasser
Mittelwasser
Rasenboden — Dammkrone
Klei
Steinpflaster
Binnenland
Sand
Packwerk — Packwerk
Sinkstücke
Deich (Querschnitt)
Sinkstücke

Demokratie

D. ist eine pol. Ordnung, die, von unten nach oben hin aufgebaut, von allen Stufen (Gemeinde, Land, Staat) durch das Volk selbst in Funktion gesetzt wird: unmittelbar durch Volksversammlungen, Volksabstimmungen, oder mittelbar durch gewählte, im Auftrage des Volkes handelnde, ihm zur Rechenschaft verpflichtete Organe. Grundsatz der Volkssouveränität („Alle Staatsgewalt geht vom Volke aus") soll durch allgemeines, gleiches und geheimes, direktes oder indirektes Wahlrecht verwirklicht werden. Voraussetzung der D. ist das Bestehen mindestens zweier Parteien, von denen die stärkere als Regierungspartei die Richtung der Politik bestimmt, dabei jedoch stets von der → Opposition kontrolliert und kritisiert wird. Ein Einparteisystem bedeutet Scheindemokratie. D. ist nicht nur demokratische Regierungsform, sie ist zugleich Lebensform, die vom einzelnen und von der Gesamtheit die Anerkennung der Gleichberechtigung und Freiheit der Einzelpersönlichkeit (→ Menschenrechte) fordert und in Verbindung damit der Verantwortung des einzelnen der Gesamtheit gegenüber. Daraus wird die Notwendigkeit einer sozialen Ordnung der Gesellschaft (gleiches Recht auf Arbeit, Unterricht und Ausbildung) und der Wirtschaft (Betriebs- und Wirtschaftsdemokratie) abgeleitet. In der modernen Massendemokratie ist die praktische Mitentscheidung des Volkes vielfach durch Zentralismus, Bürokratie, Parteienherrschaft gefährdet; Abhilfe bieten Dezentralisation, Persönlichkeitswahl (→ Wahlsysteme), staatsbürgerliche Erziehung, unabhängige Presse und anderes. Moderne Staatsdenker (Thoma, Schumpeter, Grewe) verstehen unter D. nicht mehr Herrschaft des Volkswillens (Volonté générale), sondern ein pol. System, das die staatliche Entscheidungsgewalt demjenigen zuspricht, der im Wettbewerb um die Zustimmung und das Vertrauen des Volkes den Sieg davonträgt.

Geschichte: Die griech. Stadtstaaten des Altertums und die römische Republik (seit 336 v. Chr.) waren D.n. Im MA können die Verfassungen mancher Orden, vieler Städte und Zünfte demokratisch genannt werden. In England hatten sich seit dem MA demokratische Formen des Königtums eigenem Gesetz herausgebildet. In der Neuzeit setzten die Aufklärung und die Revolution den Menschen in ein freies Verhältnis zum Staate („Freiheit, Gleichheit und Brüderlichkeit"). Erster staatsrechtlicher Niederschlag: Unabhängigkeitserklärung und Verfassung der USA, 1776 und 1789. Im Zeichen der Parolen der Aufklärung kämpften dann im 19. Jh. die Völker Europas um die Beschränkung der Herrschaft der Monarchen durch Verfassungen, Revolutionen 1830 und 1848. Nach dem Ersten Weltkrieg mit der Beseitigung oder Machtbeschränkung der Monarchien starke Demokratisierung Europas, vor allem auch als Auswirkung der sozialen Umwälzung im 19. Jh., jedoch bald von totalitären Regimen (Italien, Deutschland) abgelöst, nachdem in Rußland auf das Zarentum 1917 eine kommunistische Diktatur gefolgt war. Im Zweiten Weltkrieg standen sich ursprünglich Gegner u. Verteidiger der Demokratien gegenüber. Das durch d. Frontwechsel Hitlers herbeigeführte Bündnis der Demokratien mit der UdSSR verschob die Front, die jedoch nach dem Zweiten Weltkrieg in den pol. Spannungen zw. dem demokrat. Westen u. kommunist. Osten (→ Volksdemokratie) wieder deutlich wurde.

---

moguls m. d. Pfauenthron. – 1857 Mittelpunkt d. Sepoyaufstandes.

Delibes [dǝ'lib], Léo (21. 2. 1836–16. 1. 91), frz. Komp.; Operetten; Ballette: *Coppélia;* Oper *Lakmé.*

delikat [l.], lecker; zartfühlend; heikel.

Delikatesse, w., Leckerbissen; (veraltend) Behutsamkeit im Vorgehen.

Delikt, s. [l.], **1)** svw. Straftat; **2)** *zivilrechtlich:* unerlaubte, z. Schadenersatz verpflichtende Handlung (§§ 823 ff. BGB). – **D.sfähigkeit,** Fähigkeit, sich der Begehung eines D.s verantwortlich zu machen; Mindestalter: im allg. 18 J.; D. v. Jugendlichen (als Jugendl. gelten *strafrechtlich* 14–18jähr., *zivilrechtlich* 7–18jähr.) beschränkt: sie sind nur verantwortl. b. entsprechender sittl. u. geistiger Entwicklung (Jugendgerichtsgesetz u. § 828 BGB).

Delila → Dalila.

Delinquent, m. [l.], Missetäter, Verbrecher.

Delirium [l.], Bewußtseinstrübung mit Verwirrtheit, Halluzinationen, ängstl. Erregung. – **D. tremens,** Säuferwahn.

Delitzsch (D-7270), Krst. in Sa., 27 900 E; Zucker-, Zigarren-, Schokolade- u. Metallind.

deliziös [frz.], köstlich.

Delkredere, s. [it.], **1)** *Handelsverkehr:* **a)** Haftung des Kommissionärs f. d. Erfüllung der Verbindlichk. d. Dritten, mit dem er d. Geschäft für Rechnung des Kommittenten abschließt; **b)** Haftung d. Handelsvertreters f. d. Erfüllung d. Verbindlichk. aus e. Geschäft; **2)** *Buchhaltung:* Wertberichtigung f. vorhersehbare

o. geschätzte Ausfälle an Außenständen. – **D.fonds,** *Buchhaltung* die diesem Risiko entsprechende Rücklage (**D.konto**). – **D.provision,** Vergütung d. Kommissionärs od. Handelsvertreters dafür, daß er d. Haftung übernimmt. – **D.versicherung,** *Buchhaltung* Warenkreditversicherung.

Delmenhorst (D-2870), krfreie St. an d. Delme, Rgbz. Weser-Ems, Nds., 72 901 E; Jute-, Linoleum-, chem., Bekleidungs- u. Maschinenind.

Delon [dǝ'lõ], Alain (* 8. 11. 1935), frz. Filmschausp.; *Rocco e i suoi fratelli; Le samourai; L'assassinat de Trotsky.*

Delors [dǝ'lɔr], Jacques (* 20. 7. 1925), frz. Pol. (P. S.), 1981–84 Wirtschafts- u. Finanzmin.; s. 1985 Präs. d. EG-Kommission.

Delos, heute *Mikra D.,* griech. Kykladeninsel, 4 km²; Apollo- u. Artemistempel, Orakel; i. Altertum Hptsitz d. Sklavenhandels.

Delp, Alfred (15. 9. 1907–2. 2. 45), dt. Jesuit; stand dem → Kreisauer Kreis nahe; hingerichtet.

Delphi, altgriech. Tempelstadt in Phokis, am Parnaß, als Sitz e. Apollo-Heiligtums (Priesterin dort: die *Pythia; Delphisches Orakel*) u. der Pythischen Spiele, rel.-pol. Mittelpunkt.

Delphin, 1) → Sternbilder, Übers.; **2)** Schwimmstil in Brustlage mit Schmetterlingszug u. Auf- u. Abwärtsbewegung d. geschlossenen Beine.

Delphine, Gruppe v. Zahnwale; fischähnl., intelligente Wassersäugetiere, meist im Meer, aber auch *Fluß-D.* Neben

d. eigtl. *Delphin* (Mittelmeer) viele Arten in aller Welt, z. B. *Großer Tümmler* (häufig in **Delphinarien**), *Schweinswal, Grindwal, Schwertwal.*

Delta, s., **1)** Δ, δ, im griech. Alphabet Buchstabe D; **2)** Flußmündung in der Form des griech. Großbuchstabens Δ, mit fächerartiger Gabelung des Flusses durch Ablagerung von mitgeführtem Material.

Delta-Cepheï-Sterne → Cepheiden.

Deltaflugzeug, Flugzeug m. Tragflügel v. d. Form d. griech. Buchstabens Delta (Δ); ohne selbst. Höhenleitwerk.

Deltametall, aus 60% Kupfer, 38% Zink, 2% Eisen; goldfarben, schmied- u. gießbar, wird von Seewasser nicht angegriffen.

Deltamuskel, dreieckiger Muskel am Schultergürtel, hebt den Arm (→ Tafel Mensch, S. 348).

Deltaplan, 1957 begonnenes ndl. Dammbauprojekt mit Schutz gg. Sturmfluten; Absperrung der Mündungsarme im südl. Teil des Rhein-Maas-Deltas u. deren

Delphi, *Tholos (Rundtempel)*

Umwandlung in Süßwasserseen; 1986 Delta-Werke in Betrieb genommen.

Demagoge [gr.], Volks(ver)führer, Aufwiegler.

Demagogenverfolgung, Unterdrückung nat. u. freiheitl. Regungen in der Restaurationszeit (→ Karlsbader Beschlüsse).

Demarche, w. [frz. dǝ'marʃ(ǝ)], diplomat. Schritt zur Wahrung bedrohter Interessen.

Demarkation, w. [frz.], **1)** (vorläuf.) Abgrenzung (eines Gebietes); **2)** med. Abgrenzung kranken Gewebes gg. das gesunde.

Demawend → Elburs.

Dementi, s. [frz.], Widerruf.

Dementia, w. [l.], Geistesschwäche, erworbene dauernde Intelligenzminderung. – **D. paralytica,** bei syphilit. → Gehirnerweichung. – **D. praecox** → Jugendirresein. – **D. senilis,** Altersblödsinn.

Demeter [gr. „Mutter Erde"], → Ceres.

Demetrios, Königsname d. mazedon. u. syr. Diadochen: **D.,** Poliorketes, „der Städteeroberer" (337–283 v. Chr.), 306 Kg von Mazedonien.

Demetrios I., eigtl. Dimitrio Papadopulos (* 8. 9. 1914), orthodoxer Theol.; s. 1972 ökumen. Patriarch von Konstantinopel.

Demetrius, 1) russ. Großfürst (1350–89), Erbauer d. Moskauer Kremls, gab durch Siege über Tataren 1378 u. 1380 Anstoß z. Einigung Rußlands; **2)** jüngster Sohn Iwans d. Schrecklichen (* 1582); nach s. Ermordung 1591 mehrere falsche D., 1603–13, alle ermordet. – Unvollendete Dramen Schillers u. Hebbels.

demi [frz. d(ǝ)'mi], halb (bes. als Vorsilbe).

DeMille [-mɪl], Cecil B. (12. 8. 1881–21. 1. 1959), am. Regisseur v. Monumentalfilmen; The Ten Commandments (1923 u. 1956); Samson and Delilah (1949).

Demimonde, s. [frz. dǝmi'mõd], weibl. Halbwelt, d. h. Welt der gesellschaftlich Entwurzelten.

Demirel, Süleyman (* 6. 10. 1924), türk. Pol.; 1965–71, 1975–77 u. 1979/80 Min.präs.

Demission, w. [frz.], Amtsniederlegung.

Demiurg [gr. „Handwerker"], der göttl. Weltbaumeister (bei Plato).

Demmin (D-2030), Krst. a. d. Peene, M-V., 16 429 E; got. Backsteinkirche; Zuckerfabrik.

Demobilisierung, Demobilmachung, Rückführung des Kriegsheeres auf Friedensstand bzw. Auflösung e. wehrüben den Reservisteneinheit.

Democrazia Cristiana, Abk. DC, im 2. Weltkrieg gegr. it. kath. Volkspartei.

Demodulation [l.], Trennung der → Modulationsschwingungen v. den Trägerschwingungen (z. B. Rundfunkempfänger, Fernsprechkabel, Richtfunk).

Demographie [gr. „Volksbeschreibung"], textl. Darstellung der Bevölkerungsstatistik.

Demokraten, Democratic Party, eine der beiden großen Parteien in den USA.

Demokratie → Übersicht.

Demokratische Fortschrittliche Partei, DFP, → Parteien, Übers.

Demokratische Partei, 1941 gegr. linksstehende schweiz. Mittelstandspartei.

Demokritlos (etwa 460–370 v. Chr.), griech. Philosoph aus Abdera, Atomismus, Eudämonismus; früher Systematiker u. Forscher.

demolieren [l.], einreißen, zerstören.

Demonstration, w. [l.], **1)** anschaul. Darstellung, Vorführung; **2)** öffentl. Massenkundgebung.

Demonstrationsrecht, d. Recht z. friedl. Demonstrationen; in freiheitl.-demokr. Staaten durch Grundrechte gesichert.

Demontage → Reparationen.

Demoralisation, w. [frz.], Lockerung, Verderbnis der Sitten.

demoralisieren, sittlich verderben.

de mortuis nil nisi bene [l.], röm. Sprichwort: „Über Tote rede nur gut."

Demos, m. [gr.], Volk; in Griechenland kleinster Verwaltungs-Bez.

Demoskopie [gr.], „Beobachtung des Volkes", d. h. Erforschung der → öffentlichen Meinung u. des Marktes.

Demosthenes (384–322 v. Chr.), griech. Redner; verteidigte vergebl. die athen. Freiheit gg. Philipp v. Mazedonien (Philippika).

den, Abk. f. → Denier.

Denar, m., altröm. und ma. Münze.

denaturieren, vergällen, durch Zusatz für Genuß unbrauchbar machen (z. B. den Alkohol durch Holzgeist u. Pyridin, da er als Branntwein hoher Steuer unterliegt, als Brennstoff nicht).

Denaturierung, Zerstörung d. biol. Wirksamkeit v. → Enzymen durch Behandlung mit Säuren, Basen, Salzen, Hitze u. a.

Dendrit, 1) feinverzweigter Fortsatz der Nervenzelle; **2)** zartverästelte Eisen- u. Manganoxide auf Kluftflächen v. Gesteinen, aus dem → Grundwasser ausgefällt.

Dendro-chronologie, Altersbestimmung der Hölzer m. Hilfe d. → Jahresringe. – **D.logie** [gr.], Gehölzkunde.

Deneb, Stern α 1. Größe im Schwan am nördl. → Sternhimmel G.

Deng Xiaoping

Deng Xiaoping, Teng Hsiao-ping (* 22. 8. 1904), chines. Politiker; 1954–67 Generalsekretär der KP Chinas, 1966–73 während der Zeit der Kulturrevolution ausgeschaltet, 1952–67, 1973–76 und 1977–80 stellvertretender Ministerpräsi-

dent, 1981–89 Vorsitzender der Militärkommission.

Den Haag → Haag, Den.

Den Helder → Helder.

Denier [dǝ'nje:], abgek. den, Maßeinheit f. Seide, Reyon, Zellwolle u. a. Chemiefasern: 9000 m Fadengewicht in Gramm.

De Niro, Robert (* 17. 8. 1943), am. Filmschausp.; Taxi Driver; Raging Bull; The King of Comedy; Once Upon a Time in America.

Denis [dǝ'ni], Maurice (25. 11. 1870–3. 11. 1943), frz. Maler u. Kunsttheoretiker, Mitglied d. → „Nabis"-Gruppe; bes. religiöse Themen; auch Bildfenster u. Wanddekorationen (z. B. im Palais de Chaillot, Paris; im Völkerbundspalast, Genf).

denitrifizierende Bakterien, Bodenbakterien, die Stickstoffverbindungen abbauen u. Stickstoff freisetzen; wichtig für Stoffkreislauf.

Denktasch, Rauf (* 27. 1. 1924), zypriot. Pol.; s. 1973 Vizepräs., s. 1976 Präs. des türk. Teils v. Zypern.

Dentin, Zahnbein, Hauptmasse des Zahnes, wird ernährt durch Blutplasma, → Zähne, Abb.

Dentist, Zahnheilkundiger m. staatl. Prüfung (ohne akad. Studium); kann n. Teilnahme an e. Kursus Bestallung als Zahnarzt erhalten; heute keine D.enausbildung mehr (Ges. vom 31. 3. 1952).

Dentition, w., Zahndurchbruch.

Dentologie, Zahnheilkunde.

denunzieren [l.], anzeigen (Denunziation durch Denunziant) aus niederen Beweggründen.

Denver [ˈdɛnvǝ], Hptst. des US-Staates Colorado, 503 000 E; Uni., Eisen- u. Baumwollind., Wintersportplatz.

Depardieu, Gérard (* 13. 7. 1942), frz. Schauspieler; Le retour de Martin Guerre; Danton; Sous le soleil de satan; Cyrano de Bergerac.

Departement, s. [frz. -part'mã], Abteilung, **1)** frz. Verwaltungsbezirk unter einem Präfekten; **2)** Geschäftskreis d. schweiz. Bundesratsmitglieder.

Department [engl. dɪpaːtmǝnt], in d. USA Minesterium. → Ministerium.

Dependance, w. [frz. -pã'dãs], Nebengebäude; Niederlassung.

Deplacement, s. [frz. -plas'mã], b. einem Schiff svw. → Wasserverdrängung.

deplaciert, unangebracht.

Deponie, w. [l.], Ablagerplatz, geordnete Lagerung von Abfallstoffen (Boden, Müll u. a.); unkontroll. D.n führen zu hygien. Mißständen (Grundwasserverseuchung u. ä.).

Deport → Report.

Deportation, w. [l.], Verschickung, Verbannung.

Depositen [l. „deposita", urspr. die b. einer Bank od. amtl. Stelle hinterlegten Wertgegenstände (Edelmetalle, Geld, Wertpapiere); heute die b. Banken angelegten Gelder. – **D.banken,** betreiben hpts. d. kurzfrist. Kreditgeschäft u. d.

Zahlungsverkehr (unbar; Scheck, Überweisung, Clearing); am reinsten u. zuerst in England; Ggs.: *Hypotheken-Banken* (→ Banken, Übers.). – **D.kassen,** Filialen der Großbanken.
Depot, s. [frz. -'*po*], Aufbewahrung v. Wertpapieren, seltener auch von Sachen, meist bei einer Bank aufgrund eines D.vertrages gg. eine D.gebühr; Arten: *offenes D.,* die Bank hat Zutritt; *geschlossenes D.,* die Bank hat keinen Zutritt zum D.; *Einzel-D.* und *Sammel-D.* (vor allem b. Effektengiro); bei regelmäßigen D.geschäften bleibt das Stück im Eigentum des Deponenten, bei unregelmäßigen geht es in das d. Bank über. – **D.behandlung,** *med.* Behandlung mit langfristig wirksamen Medikamenten. – **D.stimmrecht,** der Bank übertragenes Recht, das Stimmrecht für die bei ihr im D. befindlichen Aktien in d. Hauptversammlung auszuüben; führt z. Stimmenkonzentration, möglicherweise z. Aktienmehrheit. – **D.wechsel,** *Kautionswechsel,* einem Gläubiger zur Sicherstellung einer Forderung übergeben; Wechsel mit Berechtigung z. Gebrauch, falls Forderung nicht erfüllt wird.
Depression, *w.* [l.], **1)** *psych.* Störung m. pessimist. trauriger Stimmungslage, negativer Selbstbewertung, Antriebsverlust sowie körperl. u. soz. Störungen: a) *endogene D.,* psych. nicht erklärbares Krankheitsbild, Ursache unklar; b) *organische D.,* Hirnschädigung (z. B. bei Tumoren od. Zerebralsklerose); c) *reaktive D.,* Reaktion auf belastende Erlebnisse b. unverhältnismäßig starker Auswirkung; d) *neurotische D.,* auf verdrängte Konflikte zurückzuführen; **2)** *meteorolog.* Stelle niedrigen Luftdrucks (Tiefdruckgebiet, Zyklone; **3)** *geogr.* Gebiet d. Erdoberfl., d. tiefer liegt als d. Meeresspiegel (z. B. *Totes Meer* –394 m, *Death Valley* in Kalifornien –85 m; **4)** *wirtsch.* Phase im → Konjunkturverlauf.
de profundis [l. „aus der Tiefe"], Beginn des 129. (130.) Psalms.
Deputat, *s.* [l. „das Zustehende"], bes. i. d. Landwirtschaft erhalten die Arbeiter neben od. anstatt Geldlohn Naturalien (Sachbezüge) als **D.lohn** (Getreide, Holz, Wohnung usw.), auch **D.land** z. Nutzung.
Deputation, *w.* [l.], Abordnung mehrerer Personen im Auftrage einer größeren Körperschaft.
Deputierter, Abgeordneter, bes. in Frkr. bis 1940 der *Deputiertenkammer,* der Zweiten Kammer.
Derain [*də'rɛ̃*], André (10. 6. 1880–8. 9. 1954), frz. Maler, Entwicklung vom Fauvismus z. Neuklassik.
derangieren [frz. -*rã'ʒi-*], stören, verwirren, in Unordnung bringen.
Derbent, sowj. Hafenst. am Kasp. Meer, 78 000 E; jahrhundertelang das „Eiserne Tor", durch das die Völker Asiens nach Europa zogen.
Derby [*'daːbɪ*], Edward Geoffrey Earl of (29. 3. 1799–23. 10. 1869), engl. Pol.;

Gegner d. Iren, schaffte 1833 Negerskla-verei ab, setzte als Premiermin. 1867 Parlamentsreform durch.
Derby [*'daːbɪ*], Hptst. der engl. Gft *D.,* am Fluß Derwent, 215 000 E; Porzellan-, Textilind.; Flugzeug-, Eisenbahnwagen-, Automobilbau.
Derby, *s.,* **1)** [*'daːbɪ*], klassisches Zuchtrennen für 3jähr. Pferde, 2400 m, v. Gf *Derby* 1780 (in Epsom) begr., später auch in anderen Ländern; z. 1869 in Dtld in Hamburg-Horn; **2)** [*'derbɪ*], aufsehenerregendes (Fußball-)Spiel, bes. zwischen zwei Mannschaften aus d. gleichen Stadt.
Dereliktion, *w.* [l.], rechtl. Preisgabe des → Eigentums (z. B. durch Wegwerfen); § 959 BGB.
Derfflinger, Frh. v. (10. 3. 1606–4. 2. 95), Feldherr d. Großen Kurfürsten; Sieg von Fehrbellin 1675.
Derivat, *s.* [l. „Abkömmling"], chem. Verbindung, aus einer einfacheren durch Substitution (Ersetzung) oder Addition (Hinzufügung) von Atomen abgeleitet.
Derivation, Seitenabweichung e. → Drall.
Dermatitis, *w.* [gr. „derma = Haut"], Hautentzündung.
Dermatologe, Arzt f. Hautkrankheiten.
Dermatosen, svw. Hautkrankheiten.
Dermoplastik, *w.* [gr.], moderne, an die Stelle des alten „Ausstopfens" getretene Methode, m. künstler. Mitteln Tierbälge für Anschauungszwecke (Museum, Schulen) naturgetreu aufzustellen.
Dernier cri, *m.* [frz. *der'nje 'kri*], „letzter Schrei", bes. in d. *Mode;* svw. das Allerneueste.
Derry [*'derɪ*], früher *Londonderry,* Hptst. d. nordirischen Gft *D.* (99 000 E), Hafen, am Mündungstrichter des Foyle, 51 000 E; kath. u. angl.kan. Bischofssitz; Eisen- u. Textilind.
Derwisch [pers.], moh. Bettelmönch, trotz Verbot bei. rel. Einfluß; ekstat. Tänze.
Dery, Tibor (18. 10. 1894–18. 8. 1977), ungar. Schriftst.; Roman: *Der unvollendete Satz.*
De|s- [l.], in Zus.setzungen: Nicht..., Ent...
Desaster, *s.* [frz.], Unstern, Mißgeschick.
desavouieren [frz. -*vu-*], verleugnen, jemanden bloßstellen; etw. in Abrede stellen.

René Descartes

Descartes [*de'kart*], René, lat. *Cartesius* (31. 3. 1596–11. 2. 1650), frz. Phil. u.

Math.; erster rationaler Versuch über die *Grundlagen der Philosophie* (1641) mit d. Selbstbegründung des Denkens im absoluten Zweifel, der selbst nicht bezweifelt werden kann (→ cogito, ergo sum); entwarf ein dualistisches (Geist vs. Körper) Weltbild mit dem Ziel einer streng mechanist. Naturdeutung; Begr. der → analytischen Geometrie.
desensibilisieren [l.], **1)** *med.* unempfindlich machen, z. B. Behandlung einer → Allergie durch steigende Gaben des verantwortlichen Allergens; **2)** *psych.* systematische Desensibilisierung, Behandlung von Ängsten *(Phobien)* durch langsame Gewöhnung im Entspannungszustand.
Deserteur [frz. -'*tøːr*], fahnenflüchtiger Soldat.
Desertion, Fahnenflucht, unberechtigte, vorsätzl. Entfernung v. der Truppe.
De Sica, Vittorio (7. 7. 1901–13. 11. 74), it. Schausp. u. Filmregisseur; Vertr. d. → Neorealismus; *Ladri di bicicletti* (1948); *Miracolo a Milano* (1951), *Il giardino dei Finzi Contini* (1970).
Desiderat, *s.* [l.], Erwünschtes, Vermißtes.
Desiderius, 757–774, letzter Langobardenkönig.
Design, *m.* [engl. *dɪ'zaɪn*], Entwurf z. zweckmäßigen und ansprechenden Gestaltung eines Industrieproduktes; auch in d. Modeschöpfung – **Designer** [*dɪ'zaɪnə*], Gestalter eines Designs.
Designation, *w.* [l.], Bezeichnung, vorläufige Ernennung.
Designer-Enzyme [*dɪ'zaɪnər-*], gentechnolog. veränderte Aminosäure in einem Protein, z. B. um Bakterien biochemisch nutzbar zu machen.
designieren, für ein Amt bestimmen.
Desinfektion [frz.], *Entseuchung* mit Krankheitserregern behafteten Materials durch: **1)** *Sterilisation, Sterilisierung,* Entkeimung durch Abtöten aller Krankheitserreger meist mit siedendem Wasser, ungespannten (100 °C) u. gespannten (144 °C, 4 atm Überdruck) Dampf b. Arzneien, Verbandstoffen, Wäsche, Instrumenten; **2)** → *Pasteurisieren;* **3)** *Desinfektionsmittel:* chem. Stoffe, die Krankheitserreger unschädlich machen (Alkohol, Formalin, Sublimat, Iodtinktur, Kalkmilch, Karbolsäure, Wasserstoffperoxid u. a.); **4)** intensives Waschen u. Säubern, Lüftung, Besonnung u. Austrocknung; nur beschränkte Herabsetzung der Infektionsgefahr. – D.svorfahren nach übertragb. Infektionskrankheiten gesetzlich geregelt mit Formalindämpfen in d. Scheuerentseuchung (Schlußentseuchung) – *Trinkwasser-D.* durch Chlorierung u. Seuchenbekämpfung: bes. bei Typhus.
Desinfiziens, Mz. *Desinfizienzien,* Desinfektionsmittel.
desinfizieren, entseuchen.
Desinsektion, Vernichtung v. Schadeninsekten.

Destillieranlagen

1 Einfache periodische Destillation.
2 Periodische Destillation mit Rückflußkühler.
3 Periodische Destillation mit Verstärkungssäule
4 Ununterbrochen arbeitende Destillation

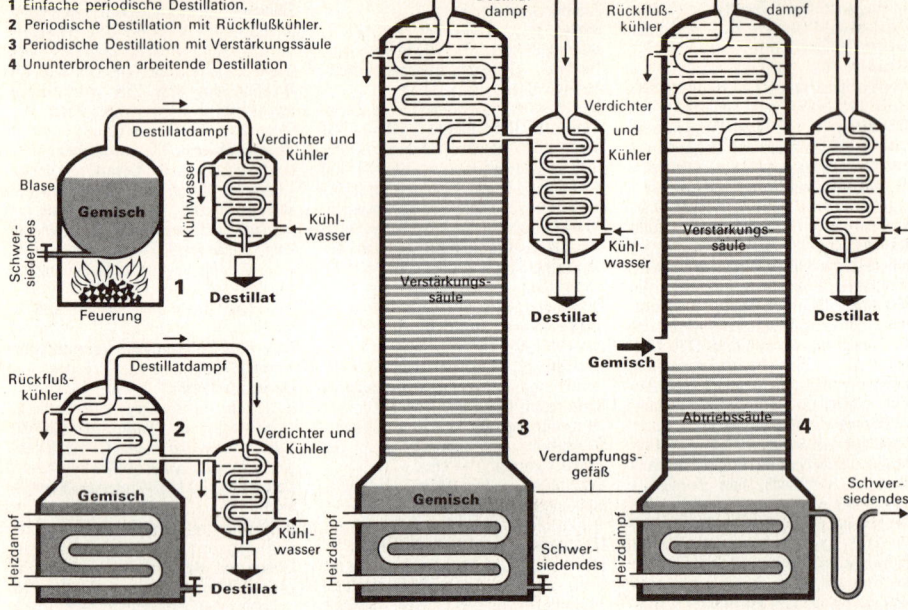

Desinteressement, *s.* [frz. *dezẽtǝrɛs(ǝ)-* *mã*], Uninteressiertsein; Nichteinmischung.

Desjatine, russ. Feldmaß, → Maße u. Gewichte, S. 1085.

Deskription, *w.* [l.], Beschreibung.

Desktop-Publishing, *s.,* anspruchsvolle Form d. → Textverarbeitung, m. der Dokumente v. Druckqualität m. Hilfe v. → Personal Computern erstellt werden können.

Des Moines [*di 'mɔɪn(z)*], Hauptstadt des US-Staates Iowa, 191 000 E; Uni., Bischofssitz; starke Ind. (Landwirtschaftsmasch., Reifen, Nahrungsmittel); am Flusse **D. M.,** r. Nbfl. des Mississippi, 525 km lang.

Desmoulins [*demu'lɛ̃*], Camille (2. 3. 1760–5. 4. 94), frz. Revolutionär, 1789 Anführer des Bastillesturms, m. Danton von Robespierre hingerichtet.

Desna, l. Nbfl. d. Dnjepr, 1123 km l., schiffbar.

Desodorierung, Beseitigung v. Gerüchen durch **Desodoranzien.**

desolat [l.], trostlos, ungeordnet.

Desoxyribonukleinsäure, *DNS,* engl. *Desoxyribonucleic Acid, Abk. DNA,* eine Nukleinsäure mit d. Fähigkeit, sich durch Aufnahme sie umgebender Stoffe zu vermehren *(ident. Reduplikation);* in ihrer jeweiligen Molekularstruktur liegen alle genet. Informationen; sie besteht aus 2 spiralig verwundenen Ketten *(Doppelhelix)* von 4 Basen, deren Aufeinanderfolge den → genetischen Kode bestimmt; beim Eiweißaufbau wirkt die DNA als *Matrize.*

despektierlich [l.], verächtlich.

Desperado, *m.* [span. „Verzweifelter"], pol. Heißsporn, Radikaler.

desperat, verzweifelt.

Despiau [*dɛs'pjo*], Charles (4. 11. 1874–28. 10. 1946), frz. Bildhauer; feinfühlige Physiognomien.

Desportes [*dep'ɔrt*], François (24. 2. 1661–20. 4. 1743), frz. Maler d. Barock; Hofmaler Ludwigs XIV.; bes. Tier- u. Jagdbilder, Stilleben; Selbstbildnis *Der Maler als Jäger.*

Despot, *m.* [gr.], unumschränkter Gewaltherrscher.

Despotie, *w., Despotismus,* Gewaltherrschaft.

Dessau (D-4500), Stadt an Elbe und Mulde, S-A., 101 262 E; Masch.bau-, Waggonbau-, Wärmegeräte-, Nahrungsmittel- u. chem. Ind. – 1603–1918 Residenz d. Hzge v. Anhalt-D. – 1925–32 Staatliches Bauhaus *(W. Gropius),* Hochschule für Bildende Kunst und Industriedesign.

Dessauer, Friedrich (19. 7. 1881–16. 2. 1963), dt. Phys. u. Phil.; arbeitete über d. Einfluß v. Röntgenstrahlung auf Organismen; *Leben, Natur, Religion; Seele im Bannkreis d. Technik.*

Dessauer, *der Alte D.,* → Leopold von Dessau.

Dessert, *s.* [-'sɛːr], Nachtisch.

Dessin, *s.* [frz. *dɛ'sɛ̃*], Plan, Entwurf; im Textil- u. Dekorationsbereich: Muster.

Dessous, *s.* [frz. *dɛ'su*], Mz., hübsche, reizvolle Damen(unter)wäsche.

Destillation [l.], aus d. alchimist. „Kunst der herabfallenden Tropfen" hervorgegangenes Verfahren z. Trennung leichter flüchtiger von schwerer flüchtiger Stoffen durch Verdampfen u. Wiederabkühlen des Dampfes. Bei *fraktionierter D.* trennt man mehrere *Fraktionen* od. *Schnitte* v. versch. Siedebereichen od. einem Gemisch ab (z. B. leichte u. schwere Fraktionen wie Benzin u. Heizöl aus Erdöl). Hilfsmittel d. Laboratoriums meist einfache Glasapparate mit Verdampfungsgefäß, Kühler u. Sammelgefäß für d. Destillat; in d. Technik metallene Geräte f. einfache, period. Destillation. Die Trennwirkung wird durch mehrfache Destillation i. einem Arbeitsgang *(Rektifikation)* verstärkt; hierzu dienen Rückflußkühler und Verstärkungssäulen, die m. Füllkörpern od. Siebböden versehen sind u. die schwerer siedenden Anteile aus d. Dampf d. Destillats ausscheiden. Ununterbrochen arbeitende Destillier-Rektifizier-Anlagen zerlegen zuströmendes Vielstoffgemisch in mehrere Fraktionen, unter Nachregulierung d. Gemisch-, Dampf- u. Kühlwasseranlagen.

destruktiv [l.], zerstörend, zersetzend.

DESY, Abk. f. → *Deutsches Elektronen-Synchrotron.*

Deszendent, *m.* [l.], Verwandter absteigender Linie, Abkömmling·(Kind, Enkel, Urenkel usw.); Ggs.: Aszendent.

Deszendenz, *w.,* Nachkommenschaft. – **D.theorie,** Abstammungslehre.
Detail, *s.* [frz. -'taj], Einzelheit. – **D.handel,** svw. Einzelhandel.
Detaillist, Kleinhändler.
Detektiv, *m.* [l.-engl.], spürt Vergehen u. Verbrechen auf, stellt Ermittlungen an, amtl. oder privat.
Detektor, *m.* [l.], *Funktechnik,* Bauelement z. → Demodulation in einfachsten Rundfunkgeräten *(Kristall-D., elektrolyt. D.);* heute werden meist Halbleiter-Dioden od. → Röhren verwendet.
Detergenzien, Wasch- u. Reinigungsmittel einschl. der Seifen; wirken durch Herabsetzen der Oberflächenspannung des Wassers.
Determinante, *math.* bestimmte Verbindung von → Koeffizienten, die z. B. bei der Auflösung von Gleichungen auftreten.
Determination [l.], Bestimmung; *biol.* Realisierung best. genet. Möglichkeiten einer Zelle; → Differenzierung.
Determinismus [l.], Lehre v. d. Unfreiheit des Willens u. (naturphil.) von der streng kausalen Gebundenheit aller Vorgänge; Ggs.: → Indeterminismus.
Detmold (D-4930), Hptst. d. Rgbz. D. (6516 km², 1,82 Mill. E), NRW, am Osthang d. Teutoburger Waldes (→ Hermannsdenkmal); 66 809 E; Schloß, Landestheater, LG, Musikakad., Freilichtmuseum; Adlerwarte, Vogel- u. Blumenpark; IHK; Landesbibl., Landesmus.; Möbelind. – 1501–1946 Hptst. v. Lippe.
Detonation [l.], plötzliche, mit Knall auftretende chem. Zersetzung, Explosion bes. von Granaten, Bomben.
Detritus [l.], zerfallende organ. Gewebeteile, vor allem verwesende u. Pflanzen- u. Tierreste im Wasser.

Detroit

Detroit [dɪ'trɔɪt], Hafen- u. Industriest. am *D. River* in Michigan (USA), 1,2 Mill. E; Mittelpkt d. am. Automobilind. *(Ford, General Motors, Chrysler),* Maschinenbau, Flugzeugind.
Deukalion, in der griech. Sage Sohn des Prometheus, der sich vor Zeus' Sintflut rettet.
Deus ex machina [l. „Gott aus der Maschine"], von oben kommend, streitschlichtende Göttererscheinung im griech. und Barocktheater; Zufallslösung.

Deut, kleine niederl. Kupfermünze geringen Werts, daher: *keinen D. wert* = wertlos.
Deuterium, *schwerer Wasserstoff,* Isotop d. Wasserstoffs ₁²H, Bez. auch *D;* sein Kern, *das Deuteron,* hat ein → Proton und ein → Neutron.
Deuteronomium [gr.], d. 5. Buch Mose.
Deutsch, 1) Ernst (16. 9. 1890–22. 3. 1969), dt. Schausp.; Mitgl. der Reinhardt-Bühnen; **2)** Julius (2. 2. 1884–17. 1. 1968), östr. sozialist. Pol.; leitete 1934 Aufstand gg. Dollfuß.
Deutsch → *Manuel,* Nikolaus.
Deutsche Akademie für Sprache und Dichtung, 1949 gegr. Vereinigung v. Gelehrten u. Schriftstellern z. Pflege d. dt. Sprache, Sitz Darmstadt; verleiht den *Georg-Büchner-Preis.*
Deutsche Arbeitsfront, *DAF,* 1933–45 NSDAP-Pflichtorganisation f. Arbeitnehmer u. Arbeitgeber.
Deutsche Bank → Banken, Übers.
Deutsche Bibliothek, 1947 i. Frankfurt/ M. gegr.; gleiche Aufgaben in d. BR wie die → Deutsche Bücherei; sammelt u. erfaßt bibliographisch sämtl. Druckerzeugnisse dt. Sprache s. 1945.
Deutsche Bücherei, in Leipzig, als *Dt. Nationalbibliothek* v. Börsenverein Dt. Buchhändler 1912 gegr.; sammelt s. 1. 1. 1913 d. gesamte in Dtld erscheinende Schrifttum einschließl. Hochschulschriften, Musikalien, Kunstblätter, kartograph. Erzeugnisse, Patentschriften u. literar. Schallplatten sowie auf Dtld bezügl. Druckschriften d. Auslands.
Deutsche Bucht, der südöstl. Teil der Nordsee zw. Esbjerg u. Emsmündung.
Deutsche Bundesbahn → Eisenbahn.
Deutsche Bundesbank, *DBB,* jur. Person des öffentl. Rechts, Sitz Frankfurt/M., zentrale Notenbank d. BR, errichtet n. Art. 88 GG am 1. 8. 1957 durch Verschmelzung d. Landeszentralbanken mit Bank dt. Länder; *Organe der* DBB: Zentralbankrat, Direktorium u. Vorstände der Landeszentralbanken; *Aufgabe:* Regelung des Geldumlaufs u. d. Kreditversorgung d. Wirtsch. zur Sicherung d. Währung, Überwachung d. Zahlungsverkehrs mit d. Ausland; vorzügl. Recht: Notenausgabemonopol; währungspol. Instrumente: Diskont-, Offenmarkt- u. Mindestreservenpolitik; DBB ist in ihren Entschlüssen unabhängig (→ Banken, Übers.).
Deutsche Bundespost → Post.
Deutsche Christen, *DC,* Teil d. ev. Kirche, der m. Hitler sympathisierte; Ggs.: → Bekennende Kirche.
Deutsche Demokratische Republik, *DDR,* s. 3. 10. 1990 Teil der Bundesrepublik → Deutschland (ehem. Gebiet d. DDR 108 333 km², 16,4 Mill. E; Hptst.: Ost-Berlin). Geographie u. Klima → Deutschland. Am 7. 10. 1949 auf dem Gebiet d. sowj. Besatzungszone (SBZ) durch Beschluß d. provisor. Volkskammer gegründet; s. 26. 3. 1954 offiziell

souverän. Enge Bindung an die Sowjetunion und die übrigen kommunistischen Staaten (1955 Beitritt zum → Warschauer Pakt, Mitgliedschaft im → COMECON). 1952 Umwandlung der fünf Länder (→ FNL) in Bezirke (bis 1990). Ausschaltung jeglicher Opposition und Unterdrückung von freier Meinungsäußerung; am 17. 6. 1953 Aufstand in zahlreichen Städten (blutig niedergeschlagen). 1956 Gründung der Nationalen Volksarmee. Zunehmende Abschirmung gegenüber der Bundesrepublik und West-Berlin durch Errichtung verminter Grenzsperren und einer Mauer in Berlin (s. 13. 8. 1961). 1967 Einführung einer eigenen Staatsbürgerschaft; Rahmenabkommen mit der Bundesrepublik über Berlin, Transitverkehr und Grundvertrag, 1974 Einrichtung gegenseitiger ständiger Vertretungen, 1976 Post- und Fernmeldeabkommen. Die pol. Macht lag 40 Jahre lang bei der kommunist. SED, der die übrigen zugelassenen Parteien (CDU, LDPD, NDPD, DBD) als Blockparteien gleichgeschaltet waren. Höchstes Organ der Staatsgewalt war offiziell die Volkskammer (Abgeordnete auf Einheitsliste nach festem Schlüssel der Sitzverteilung gewählt); oberstes Führungsgremium war s. 1960 der Staatsrat. Kultur und Bildung waren weitgehend staatlich gelenkt. In der Wirtschaft war die sozialist. Planwirtschaft bestimmend; Industrie u. Handel waren größtenteils verstaatlicht: Volkseigene Betriebe (VEB), Handelsorganisationen (HO), Zusammenfassung in Kombinaten. Die Landwirtschaft wurde bis 1961 kollektiviert: Bildung von Landwirtsch. Produktionsgenossenschaften (LPG). 1989 nach Verschlechterung d. wirtsch. Lage und Verweigerung v. pol. Reformen durch die SED und d. Regierung Fluchtwelle von DDR-Bürgern in den Westen (über Ungarn und Tschechoslowakei). Ab Herbst 1989 Massendemonstrationen. 18. 10. Rücktritt v. → Honecker als Staatsratsvors. und Gen.sekretär der SED. Liberalisierung unter → Krenz; Aufnahme von Reformpolitikern in d. Politbüro u. d. Regierung → Modrow Min.Präsident. 9. 11. 1989 Öffnung d. Grenzübergänge nach West-Berlin u. zur Bundesrepublik. Am 1. 12. wird der Führungsanspruch der SED aus der Verf. gestrichen. 3. 12. Rücktritt d. Politbüros u. d. ZK der SED, 6. 12. Rücktritt v. Krenz als Staatsratsvors. (Nachfolger wird der LDPD-Vors. Gerlach). Ab Dez. 1989 Gespräche m. Oppositionsgruppen am „Runden Tisch"; Gründung v. neuen Parteien; im Febr. 1990 Beteiligung v. Oppositionsparteien und -gruppen an der Regierung. 18. 3. 1990 Volkskammerwahlen m. Sieg des konservativen Bündnisses Allianz f. Deutschland (CDU, DSU, DA); 12. 4. Bildung einer Koalitionsregierung zusammen mit Liberalen und SPD unter

Min.präsident de → Maizière. Als Staatsoberhaupt amtiert s. 10. 4. die Präsidentin d. Volkskammer Bergmann-Pohl. 18. 5. 1990 Staatsvertrag m. der Bundesrepublik über gemeinsame Währungs-, Wirtschafts- und Sozialunion (ab 1. 7. 1990). Juli 1990 Einführung der DM als Währung in der DDR. 24. 7. Austritt der Liberalen u. 19. 8. der SPD aus Koalitionsregierung. 3. 10. 1990 Beitritt der DDR zur Bundesrepublik. 14. 10. erste Landtagswahlen in den fünf neuen Bundesländern.

deutsche Farben, *Schwarz-Rot-Gold* der dt. Burschenschaft, 1848 zu Farben des Dt. Bundes erhoben; 1919–33 Farben der Weimarer Republik; s. 1949 der BR u. der DDR (→ Flaggen, S. 340). – *Schwarz-Weiß-Rot,* 1867 Norddt. Bund, 1871–1919 Dt. Reich, 1933 erneut eingeführt, 1935–45 in der Hakenkreuzflagge.

Deutsche Forschungsgemeinschaft, *DFG,* Selbstverwaltungskörperschaft als Repräsentant der dt. Wissenschaft; 1951 gegründet durch den Zus.schluß von → Notgemeinschaft der deutschen Wissenschaft u. Deutschem Forschungsrat. Sitz: Bonn-Bad Godesberg; zur Förderung des wiss. Nachwuchses, von Forschungsprojekten und der Zus.arbeit unter den Forschern.

Deutsche Gesellschaft zur Rettung Schiffbrüchiger, private, 1865 i. Bremen gegr. Organisation m. Seenotrettungsfahrzeugen u. Seenotfunkmeldesystem.

Deutsche Lebensrettungs-Gesellschaft, *DLRG,* zur Bekämpfung d. Ertrinkungstodes, gegr. 1913, Sitz Köln-Klettenberg; Ausbildung von Rettungsschwimmern; Einrichtung v. Rettungswachstationen.

Deutsche Mark, *DM,* → Mark.

deutsche Mundarten, Umgangssprachen der dt. Landschaften; gegenüber der einheitl. festgelegten Hochsprache (allg.verbindl. ist die Aussprache des → „Siebs") v. hoher räuml. u. zeitl. Variabilität, Grundeinteilung nach dem Durchführungsgrad der 2. → Lautverschiebung: *niederdt.* (plattdt.): niederfränk., niedersächs., märkisch, pommerisch, ostpreuß.; *mitteldt.:* mittelfränk. (ripuarisch, moselfränk., rheinfränk.-hessisch), thüring., obersächs., lausitzischschlesisch und siebenbürg.-sächsisch; *oberdt.:* oberfränkisch (mainfränk.), schwäb.-alemann. (schweizerdt., elsäss., badisch, schwäb.) u. bayr.-östr.

Deutsche Notenbank → Banken, Übers.

Deutscher Aëro-Club, *DAeC,* Dachorganisation des dt. Luftsports in der BR und Berlin, 1950 gegr.

Deutscher Bund, der auf dem Wiener Kongreß 8. 6. 1815 (Dt. Bundesakte) gegr. Bund der dt. Einzelstaaten (35 Staaten u. 4 freie Städte); Bundestag in Frankfurt a. M. (Gesandtenkongreß u. Vorsitz v. Östr.); bestand bis 1866.

Deutsche Reichsbahn → Eisenbahn.

Deutsche Reichspartei, *DRP,* nationalkonservativ, 1946 gegr., 1964 in NPD aufgegangen.

Deutscher Entwicklungsdienst, *DED,* 1963 v. B.min. f. wirtsch. Zusammenarbeit und von nichtstaatl. Organisationen gegr. gemeinnützige Ges.; Helfer in ca. 25 asiat., afrikan. u. lateinam. Entwicklungsländern.

Deutscher Fußball-Bund, *DFB,* 1900 gegr., Spitzenorganisation d. dt. Fußballsports, Sitz Frankfurt/M.

Deutscher Gewerkschaftsbund, *DGB,* → Gewerkschaften, Übers.

Deutscher Kaiser, 1871–1918 Titel d. Kgs v. Preußen; besaß i. Dt. Reich Rechte eines Bundespräs.

Deutscher König, Herrscher d. → Dt. Reiches bis 1806.

Deutscher Landkreistag → Kommunale Spitzenverbände.

Deutscher Orden, *Deutschritter, Deutschherren,* christl. Ritterorden (weißer Mantel mit schwarzem Kreuz), 1190 vor Akkon (Palästina) gegr.; 1211–25 im Burzenland; 1226 (Hermann von Salza) v. Konrad von Masowien nach Preußen berufen; 1230–83 Kämpfe gg. → Pruzzen, dann gg. Litauer; 1237 mit dem Schwertbrüderorden in Livland vereinigt; 1309 Ordenssitz → Marienburg; Errichtung d. geistl. u. weltl. Ordensstaates; Blüte 1351–82 (Winrich v. Kniprode). 1410 Niederlage bei Tannenberg; durch 2. Thorner Frieden 1466 unter poln. Lehnshoheit; Residenz n. Königsberg verlegt; 1525 Umwandlung in ein weltl. Hzgt.; ein Teil des Ordens blieb kath. *(Sitz Mergentheim);* 1805 im Gebiet d. Rheinbundes säkularisiert; seit 1929 wieder rel. Orden; nach 1933 in Dtld u. Östr. verboten; nach 1945 Sitz in Wien u. Frankfurt/M.

Deutscher Sportbund, *DSB,* Dachorganisation des dt. Sports, 1950 in Hannover gegr., Sitz Frankfurt/M.

Deutscher Städtetag → Kommunale Spitzenverbände.

Deutscher Turnerbund, *DTB,* in der BR 1950 neu gegr. Spitzenorganisation der Turnvereine.

Deutscher Werkbund, 1907–34; neu gegr. 1947; Vereinigung v. Architekten, Handwerkern, Industriellen u. a. zur ideellen Verbesserung d. gewerblichen Arbeit. Vertr.: Behrens, Poelzig, Gropius, Muthesius, Mies van der Rohe, Eiermann u. a. Auch → Arts and Crafts Society.

Deutscher Zollverein, urspr. *Deutscher Handelsverein,* 1834–71, als Vorstufe dt. Einheit unter preuß. Führung zw. den meisten nord- u. mitteldt. Staaten u. dem süddt. Zollverein.

Deutsches Eck, Landspitze zw. Moselmündung und Rhein in Koblenz.

Deutsches Elektronen-Synchrotron, *DESY,* → Beschleuniger f. Elektronen i. Hamburg, 1964 fertiggestellt; Endenergie 7 GeV (Abk. f. Gigaelektronenvolt);

Zentrum d. experimentellen Elementarteilchenforschung in Dtld.

Deutsches Museum, *München*

Deutsches Museum, *München,* 1903 v. O. v. Miller gegr., Neubau 1925; Darstellung d. Geschichte von Naturwiss. u. Technik in Originalen, Nachbildungen, Versuchsanordnungen u. Modellen; Fachbibliothek f. Naturwiss. u. Technik (700 000 Bde).

deutsche Sprache, → Sprachen, Übers., I A, german. → Lautverschiebung; 750–1050 althochdt. Periode (*Hildebrandslied, Heliand, Muspilli*), 1050–1350 mittelhochdt. (*Nibelungenlied, D. arme Heinrich, Iwein, Parzival, Tristan u. Isolde,* Minnesang, Walther v. d. Vogelweide). Heutige Schriftsprache beruht auf Sprache der kaiserl. Kanzlei (um 1400), setzte sich durch Luthers Bibelübersetzung (1522–34) durch: frühneuhochdt. Periode bis 17. Jh.; gegenwärtig ist die d. Sp. Muttersprache von ca. 90 Mill. Menschen. → deutsche Mundarten.

Deutsche Sprachgesellschaft, *Ges. für die dt. Sprache,* Sitz Lüneburg, 1947 gegr. anstelle des *Dt. Sprachvereins* (1887 gegr.), zur Pflege des Verständnisses für d. dt. Muttersprache u. die Erhaltung ihrer Reinheit.

Deutsches Rechenzentrum, 1962 von d. Dt. Forschungsgem. u. Land Hessen in Darmstadt eingerichtete Großrechenanlage f. HS u. wiss. Institute.

Deutsches Reich → Deutschland.

Deutsches Rotes Kreuz, *DRK,* nach Bildung von RK-Organisation in Dtld auf Länderbasis s. 1864, 1921 Zus.fassung der versch. RK-Gesellschaften Dtlds; s. 1945 auf Länderbasis lizenziert, 1950 in der BR erneuter Zus.schluß der Landesverbände zu DRK (Generalsekretariat in Bonn); föderative Organisation der DRK-Landesverbände u. d. Verbandes Dt. Schwesternschaften v. Roten Kreuz. Territoriale Gliederung in Landes-, Bezirks- u. Kreisverbände; die aktiven Mitglieder zusammengefaßt in RK-Gemeinschaft.: männl. u. weibl. Bereitschaften, Wasserwacht, Bergwacht, Jugend-RK. Durchführung d. d. → Roten Kreuz obliegenden Aufgaben (auch → Suchdienst), bes. Aktivität im freiwilligen Sa-

nitätsdienst, in der Seuchenbekämpfung, Flüchtlingsbetreuung; hierfür Unterhalt zahlreicher Krankenhäuser, Versehrten-, Kinder-, Altersheime, Gemeindepflegestationen aus freiwilligen Spendenmitteln; allg. Wohlfahrtsarbeit als Spitzenverband der freien Wohlfahrtspflege. Grundsätze: freiwillige Mitarbeit, unbedingte Hilfe für notleidende Mitmenschen, Wahrung der Neutralität u. pol. Unabhängigkeit.
Deutsche Turnerschaft, gegr. 1860, überparteilicher Verband; veranstaltete die Dt. Turnerfeste; 1936 aufgelöst; → Deutscher Turnerbund.
Deutsche Volkspartei, *DVP,* → Parteien, Übers.
Deutsche Welle, Kurzwellen-Funksendedienst der ARD für die Deutschen im Ausland u. in Übersee, gegr. 1953.
Deutsch-Eylau, *Ilawa,* poln. St. im westl. ehem. Ostpreußen, am *Geserichsee* (32 km²), 19 000 E.
Deutsch-Französischer Krieg 1870/71, Anlaß: frz. Protest gg. span. Thronkandidatur des Erbprinzen v. Hohenzollern u. Bismarcks Emser Depesche; 2. 9. 1870: Napoleon III. kapituliert bei Sedan, Frkr. wird Republik; Belagerung v. Paris (bis 28. 1. 1871); 18. 1. 1871 Gründung des Dt. Reiches, Kaiserproklamation in Versailles; 26. 2. Vorfriede in Versailles, 10. 5. Friede zu Frankfurt a. M.: Frkr. tritt Elsaß-Lothringen ohne Belfort ab, zahlt 5 Mrd. Francs Kriegsentschädigung.
Deutschherren → Deutscher Orden.
Deutschkatholiken, kirchenreformer. Bewegung um 1845; Ziele wie → Altkatholizismus.
Deutschland, Kernland Mitteleuropas, zw. d. Alpen im S u. d. Nord- u. Ostsee im N, im W u. O ohne natürl. Begrenzung; *Dt. Reich* (Gebietsstand 1937) 470 543 km², 1939: 69,4 Mill. E (147 je km²), heute: *Westdeutschland,* → Bundesrepublik Deutschland, *Mitteldeutschland* (bis Okt. 1990 → Deutsche Demokratische Republik), *Ostdeutschland,* ehem. dt. → Ostgebiete östl. der Oder-Neiße-Linie, die 1945 an Polen oder Sowjetunion fielen, 114 300 km² (1939: 9,6 Mill. E); Grenzverlauf im Gewaltverzichtsabkommen der BR mit Polen u. d. Sowjetunion bestätigt; endgültig 1990/91 geregelt. **a)** *Geographie:* Oberflächenformen zeigen Abdachung von den Alpen (*Zugspitze* 2962 m) bis zu den Mittelgebirgen (*Schneekoppe* 1603 m) u. weiter bis zum norddt. Tiefland mit angrenzender Nord- u. Ostsee; Mittelgebirge stellt die stark abgetragenen u. wieder gehobenen Überreste des variskischen Faltengebirges aus d. Ende des Erdaltertums dar; d. junge Faltengebirge der Alpen, dann der Einbruch des Oberrheingrabens u. die vulkanischen Erhebungen in Vogelsberg, Rhön entstanden im Tertiär, d. norddt. Flachland u. der S des Alpenvorlandes wurden während des Pleistozäns

(Eiszeit) geformt. **b)** *Flüsse:* Wichtige Wasserstraßen der BR: *Rhein* als d. verkehrsreichste Strom mit dem größten Binnenhafen Europas Duisburg-Ruhrort, *Main, Weser, Elbe* u. *Oder.* **c)** *Klima:* Entscheidend ist 1) Lage in der gemäßigen Zone; 2) dadurch bedingte Lage innerhalb d. W-Wind-Zone der Erde (feuchte Meereswinde); 3) Lage zw. dem Atlant. Ozean im W u. den großen Landmassen O-Europas u. Asiens im O; 4) Lage des norddt. Tieflandes in Meereshöhe u. S-Dtlds in absolut größeren Höhen; durch Ozean- u. Golfstromeinfluß wird das norddt. Klima gemildert; am wärmsten ist die Oberrhein. Ebene; S-Dtld ist durch seine Höhenlage vielfach kühl u. feucht; mittlere Jahrestemperatur 8–9 °C, mittlere jährl. Niederschlagshöhe 650–700 mm; W-Seite der Mittelgebirge u. N-Seite der Alpen größte Niederschlagsmenge (Allgäu bis 125 cm). Schaubilder → Industrie, Sozialprodukt → Bundesrep. → Deutschland, Übers. → Bevölkerung, → deutsche Literatur, → Landwirtschaft, → Parteien.
Deutschland,
Bundesrepublik
Deutschland, *BRD,* 356 945 (altes Bundesgebiet 248 621) km², 79,07 (62,64) Mill. E (222 bzw. 252 je km²); Bev.-Zuw. -0,1%; Rel. (alte BR): 43% ev., 43,3% röm.-kath., 6,4% sonstige Rel.gemeinschaften; Hptst.: *Berlin,* Reg.sitz: *Bonn;* Flagge S. 340, Karte S. 738/39. Am 7. 9. 1949 nach Wahl d. 1. Bundestages (14. 8. 1949) aus d. drei westl. Besatzungszonen Dtlds konstituierter demokr. u. soz. → Bundesstaat. Gründung erfolgte auf d. Grundlage des v. → Parlamentarischen Rat f. d. Zeit bis zur Wiedervereinigung Dtlds beschlossenen und von den drei westlichen Besatzungsmächten genehmigten Grundgesetzes (→ Verfassung, Übers.); ursprüngl. 10 Bundesländer: Baden-Württemberg, Bayern, Bremen, Hamburg, Hessen, Niedersachsen, Nordrhein-Westfalen, Rheinland-Pfalz, Saarland, Schleswig-Holstein sowie das selbständig regierte West-Berlin (Rahmenabkommen d. Alliierten → Berlin d.), das m. d. BR eng verbunden u. in ihr außenpol. vertreten wird; seit d. Beitritt d. → DDR 16 Bundesländer: zusätzlich zu den alten Ländern die → FNL (Fünf Neuen Bundesländer) sowie Berlin (u. West-Berlin) **a)** *Pol. Entwicklung:* Souveränität d. BR zunächst noch eingeschränkt durch d. → Besatzungsstatut, das d. Hoheitsrechte zw. d. Besatzungsmächten (vertreten durch d. Alliierte Hohe Kommission) u. d. BR abgrenzte. Unter d. Regierung v. → Adenauer Orientierung d. BR zum Westen; Einstellung d. Reparationen u. allmähl. Lockerung d. Besatzungsbestimmungen: 1951 Revision d. Bestimmungen über Industrieverbote u. -beschrän-

gen u. Wirtschaftskontrollen u. Ermächtigung d. BR zur Einrichtung diplomat. Vertretungen im Ausland bei gleichzeitiger Anerkennung d. dt. Vorkriegsschulden (→ Londoner Schuldenabkommen). Am 9. 7. 1951 Beendigung d. Kriegszustandes m. d. Westmächten, 1955 m. d. UdSSR. 1952 Unterzeichnung des → Deutschlandvertrages, der urspr. zus. m. d. Verteidigungsgemeinschaft (EVG) das Besatzungsstatut ablösen sollte. Da d. EVG scheiterte, trat d. Deutschlandvertrag erst am 5. 5. 1955 als Bestandteil d. → Pariser Verträge in Kraft. Die BR erhielt damit die zuvor nur durch wenige Vorbehalte eingeschränkte Souveränität u. wurde gleichzeitig Mitgl. d. → NATO u. d. → WEU. Im Rahmen d. NATO 1956 Aufstellung eigener Truppen u. Einführung d. allg. Wehrpflicht (→ Bundeswehr). Fortschreitende Einbeziehung d. BR in d. Integration W-Europas: 1949 Mitgl. d. OEEC, 1951 d. Europarates, 1952 Beitritt z. Montanunion, 1957 z. EWG (s. 1973 EG) u. Euratom. 1957 Rückgliederung d. → Saarlandes; 1961 Errichtung e. Sperrmauer in Berlin zw. W- u. O-Berlin durch d. DDR z. Verhinderung d. Republikflucht. 1963 pol.-militärkulturelles Abkommen mit Frkr.; 1965 Aufnahme diplomat. Beziehungen m. Israel; danach Abbruch d. Beziehungen zu 9 arab. Staaten. 1967 diplomat. Beziehungen zu Rumänien. Ende 1966 Rücktritt d. Reg. → Erhard nach Ausscheiden d. FDP aus d. Koalition. Neue Regierung aus CDU/CSU u. SPD (*große Koalition) unter* → Kiesinger leitet Maßnahmen z. Neubelebung d. Wirtschaft u. z. Normalisierung d. Beziehungen zu kommunist. Staaten ein; 1969 SPD-FDP-Regierung unter W. → Brandt, 1974 unter H. → Schmidt. Gewaltverzichtabkommen u. a. mit d. DDR (→ Grundvertrag), d. UdSSR (1972), Polen (1972) u. Tschechoslowakei (1973). 1974 Austausch ständiger Vertretungen m. DDR. Eskalation des → Terrorismus. Seit Okt. 1982 (nach Ausscheiden d. FDP aus d. sozial-liberalen Koalition) CDU/CSU-FDP-Regierung unter → Kohl; Ende 1989 Vertragsgemeinschaft m. → DDR beschlossen; 1990 2+4-Gespräche m. USA, Sowjetunion, Großbrit. u. Frkr. über Wiederherstellung d. Einheit; ab 1. 7. 1990 Wirtsch.-, Währungs- u. Sozialunion m. DDR; 12. Sept. 1990 Deutschland-Vertrag (zw. vier Siegermächten u. d. beiden dt. Staaten) über Wiedervereinigung; 1. Okt. 1990 offizielle Rückgabe d. Souveränität an vereinigtes Deutschland; 3. 10. 1990 Beitritt d. DDR zur BR; 2. 12. 1990 erste gesamtdt. Wahlen. **b)** *Wirtschaft u. Verkehr:* Die BR entwickelte sich nach d. Währungsreform u. nach Wiederaufbau d. kriegszerstörten Industrien in einer integrierten u. Wirtschaft zu den führenden Industriestaaten; Ind.gebiete: Ruhrgebiet u. Saar-

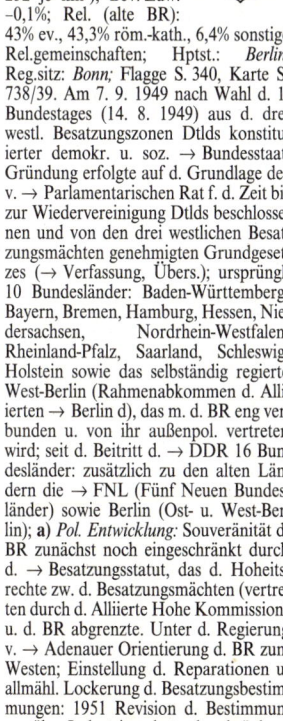

Deutsche Geschichte

Germanische Frühzeit (seit etwa 800 v. Chr.). 9 n. Chr. Abwehr d. röm. Kolonisation (→ Limes) durch → Arminius. Germanische Reichsgründungen in der Völkerwanderungszeit. Verstärkter Zusammenhalt im Frankenreich (486 durch Chlodwig gegr.), Christianisierung. Erneuerer des Kaisertums Karl d. Gr. (768–814). Durch die Reichsteilungen unter s. Nachfolgern (843 Vertr. v. Verdun; 870 Vertr. v. Mersen) östl. Hälfte des Karolingerreiches unter Ludwig d. Deutschen, 843–876, selbständig. Nach Aussterben der Karolinger Konrad I. erster Wahlkönig. **Sächsische Herrscher,** 919–1024, Heinrich I.: Festigung d. Reiches durch Unterwerfung der Stammesherzöge. Unter Otto I., d. Gr., straffer innerer Aufbau des Reiches, Romzüge, 962 Otto I. Kaiser des (Hl.) Röm. Reiches Deutscher Nation. **Salische Kaiser,** 1024–1125. Höhepunkt unter Konrad II. u. Heinrich III.: Oberhoheit über Polen 1031, Burgund zum Reich 1033, Beherrschung des Papsttums (Synode von → Sutri 1046), geistl. u. weltl. Gewalten in Abhängigkeit vom Königtum. → Investiturstreit unter Heinrich IV. u. Heinrich V. erschüttert die Machtstellung des Kaisers (→ Canossa, → Gregor VII.). Unter den **staufischen Herrschern,** 1138–1254, universale Reichspolitik. Friedr. Barbarossa u. Heinrich VI. drängen Papsttum in Verteidigung u. behaupten sich gg. Heinrich d. Löwen; Kulturblüte (Rittertum,

Kaiserkrone
Heiliges Römisches Reich
Deutscher Nation

Minnesang, höfische Epik, Baukunst); Ostkolonisation. Höhepunkt des Kampfes mit dem Papsttum unter Friedrich II., endet mit Untergang der Staufer (→ Konradin) u. Ohnmacht des Reiches im **Interregnum** (1254–73). Landesfürsten erringen nahezu völlige Unabhängigkeit. Wahl Rudolfs von Habsburg durch 7 Kurfürsten. Von nun an Hausmachtpolitik der Herrscher. Zunehmender Einfluß der → Kurfürsten, die im Kurverein von Rense 1338 päpstl. Einmischung in der Königswahl zurückweisen.

Haus Luxemburg, 1346–1437, Karl IV. bestätigt den Kurfürsten in der → Goldenen Bulle 1356 das Recht der Kgswahl. Aufblühen der Städtebünde (→ Hanse), Entfaltung u. Machthöhe des → Dt. Ordens. Im 15. Jh. fortschreitende Auflösung des Reichsgefüges, Zunahme des → Fehdewesens, Kämpfe der Ritterbünde gg. die aufstrebenden Städte, kirchl. Reformbewegungen (→ Hus; Konzile von Konstanz 1414–18 u. Basel 1431–49). Das Reich zerfällt in rund 400 unabhängige Territorien, von denen Östr., Bayern mit Kurpfalz, Sachsen, Braunschweig-Hannover, Brandenburg u. d. Erzbistümer Mainz, Köln u. Trier die bedeutendsten sind. Entfremdung großer Gebiete: Rhônetal, Schweiz, Niederlande (mit Luxemburg u. Belgien), Holstein, Gebiet des Dt. Ordens.

Haus Habsburg, 1438–1806. Vergebliche Reichsreformversuche unter Maximilian I., Ewiger Landfriede 1495. Aufstieg des Bürgertums, bed. wirtsch. u. kulturelle Leistungen (Handelshäuser der Welser und Fugger – Malerei u. Plastik, got. Baukunst). Unter Karl V., 1519–56, Dtld als Teil des habsburg.-span. Weltreiches in d. Machtkampf zw. Habsburg u. Frkr. verwickelt.

Übersicht der deutschen Könige und Kaiser 843–1806

Karolinger

Ludwig der Deutsche	843– 876
Karl der Dicke	876– 887
Arnulf von Kärnten	887– 899
Ludwig das Kind	900– 911
Konrad I. von Franken	911– 918

Sächsisches Haus

Heinrich I.	919– 936
Otto der Große (I.)	936– 973
Otto II.	973– 983
Otto III.	983–1002
Heinrich II.	1002–1024

Fränkisches (salisches) Haus

Konrad II.	1024–1039
Heinrich III.	1039–1056
Heinrich IV.	1056–1106
Heinrich V.	1106–1125
Lothar von Supplinburg (Sachsen)	1125–1137

Staufer

Konrad III.	1138–1152
Friedrich I. Barbarossa	1152–1190
Heinrich VI.	1190–1197
Philipp von Schwaben	1198–1208
Otto IV. von Braunschweig (Gegenkg)	1198–1218
Friedrich II.	1212–1250
Konrad IV.	1250–1254
sein Gegenkg Wilhelm v. Holland	1247–1256
Richard v. Cornwallis (Interregnum)	1257–1272
Alfons von Kastilien (Interregnum)	1257–1273

Könige aus verschiedenen Häusern

Rudolf I. von Habsburg	1273–1291
Adolf von Nassau	1292–1298
Albrecht I. von Habsburg	1298–1308
Heinrich VII. von Luxemburg	1308–1313
Ludwig der Bayer (Wittelsbach)	1314–1347
Friedrich d. Schöne v. Habsburg (Gegenkg)	1314–1330
Karl IV. (Luxemburg)	1346–1378
Wenzel (Luxemburg)	1378–1400
Ruprecht von der Pfalz	1400–1410
Siegmund (Luxemburg)	1410–1437

Habsburger

Albrecht II.	1438–1439
Friedrich III.	1440–1493
Maximilian I.	1493–1519
Karl V.	1519–1556
Ferdinand I.	1556–1564
Maximilian II.	1564–1576
Rudolf II.	1576–1612
Matthias	1612–1619
Ferdinand II.	1619–1637
Ferdinand III.	1637–1657
Leopold I.	1657–1705
Joseph I.	1705–1711
Karl VI.	1711–1740
Karl VII. von Bayern	1742–1745
Franz I. (Gemahl Maria Theresias)	1745–1765
Joseph II.	1765–1790
Leopold II.	1790–1792
Franz II.	1792–1806

Deutsche Geschichte (Fortsetzung)

Reformation Martin → Luthers; → Bauernkriege; Versuche pol. Reformen scheitern (→ Hutten, → Sickingen). Ausgleich u. Gleichberechtigung des Protestantismus im → Augsburger Religionsfrieden 1555; Landesfürsten bestimmen die Konfession in ihren Territorien. Einsetzen der → Gegenreformation nach d. → Tridentiner Konzil. **Dreißigjähriger Krieg** (1618–48). Dtld Schauplatz eur. Machtkämpfe. Westfälischer Friede besiegelt Ohnmacht Dtlds, pol. Zersplitterung unter Garantie d. eur. Mächte. Habsburg verlagert Schwerpunkt seiner Macht nach Östr., Emporkommen **Brandenburg- Preußens.** Großer Kurfürst Friedrich Wilhelm I. (1640–88) bereitet den Ggs. zu Östr. (Dualismus) vor, das im Kampf mit Frkr. u. in den Türkenkriegen zur Großmacht wird. Aufbau des preuß. Staates unter → Friedrich Wilhelm I. (1713–40) u. Friedrich II., d. Gr. (1740–86). Erwerb Schlesiens in den → Schlesischen Kriegen gg. Maria Theresia. → Fürstenbund vereitelt Versuch Östr.s, Bayern zu erwerben. – In den Koalitionskriegen gg. die Frz. Revolution u. Napoleon Auflösung des Reiches. Reichsdeputationshauptschluß 1803 leitet Säkularisation u. Mediatisierung ein; dt. Fürsten gründen → Rheinbund, Franz II. legt 1806 Kaiserkrone des „Röm. Reiches Dt. Nation" nieder. Aufschwung dt. Geisteslebens in Philosophie, Dichtung u. Musik. Zeitalter der Klassik u. Romantik. – Dtld nach Zusammenbruch Preußens (Schlacht bei Jena u. Auerstedt, Friede v. → Tilsit 1807) v. Napoleon beherrscht. In Preußen Reformen von → Stein, → Hardenberg u. → Scharnhorst: Bauernbefreiung, Städteordnung, Reorganisation des Heeres, allg. Wehrpflicht, → **Befreiungskriege** 1813–15. Wiener Kongreß schafft → Dt. Bund unter Preußens u. Östr.s Führung (→ Metternich); 1834 Dt. Zollverein unter preuß. Führung. Liberale u. nationale Strömungen („Vormärz"). Bürgertum sucht gg. Restauration in der Revolution von 1848 Reichseinheit und Verfassung durchzusetzen. Nationalversammlung der Paulskirche Frankfurt/M.; kleindt. Richtung siegt, Friedrich Wilhelm IV. lehnt Kaiserkrone ab. 1862 Bismarck preuß. Min.präs.; 1864 Dt.-Dän. Krieg; Krieg 1866 zw. Östr. u. Preußen schaltet Östr. aus. Norddt. Bund 1866–70. Im Dt.-Frz. Krieg 1870/71 **Gründung des Dt. Reiches.** Bundesstaat mit preuß. Kg als dt. Kaiser, Bundesrat u. Reichstag. Industrialisierung, Gründerzeit. Pol. Erstarkung der Arbeiterbewegung, Kampf Bismarcks gg. Sozialismus (Sozialistenges. 1878, Sozialversicherungsgesetzgebung 1881). → Kulturkampf. Bündnissystem zur Sicherung des Reiches; Dreibund mit Östr. u. Italien 1879 u. 1882. Rückversicherungsvertrag mit Rußland 1887. Koloniale Erwerbungen seit 1884. 1890 Entlassung Bismarcks; selbst. Pol. Wilhelms II. (1888–1918). Eingreifen in die Weltpolitik (Flottenpolitik, Rüstungen) führt zur Isolierung Dtlds. 1. → Weltkrieg (Übers.) 1914–18 endet m. Zusammenbruch Dtlds, Abdankung d. Kaisers u. Revolution. 9. 11. 1918 Proklamation d. Rep. in Berlin. Regierung des „Rates der Volksbeauftragten".

Nationalversammlung in Weimar schafft demokr. Verf. (11. 8. 1919), Ebert Reichspräs. Kommunist. „Spartakus"-Aufstand in Berlin, Räterepublik in München Jan. bis April 1919. 28. 6. 1919 → Versailler Vertrag. Regierungen der Weimarer Koalition (SPD, Demokraten, Zentrum) u. (mit Dt. Volkspartei 1923–32) d. Großen Koalition. Inflation, Ruhrbesetzung, kommunist. Aufstände in Mitteldtld, Hitlerputsch in München, 1923. Währungsstabilisierung u. Dawesplan 1924. 1925 Hindenburg Reichspräs. Stresemanns → Locarnopolitik (-pakt); Aufnahme Dtlds in den Völkerbund 1926. Endgültige Festsetzung der → Reparationen im Youngplan 1929. Räumung des Rheinlandes 1930. Weltwirtschaftskrise, Arbeitslosigkeit u. Anwachsen

radikaler pol. Bewegungen; → Brüning Reichskanzler. 1932 Lösung d. Reparationsfrage in Lausanne. Nach dem Sturz Brünings u. den folgenden Kabinetten von Papen u. General von Schleicher wird am 30. 1. 1933 → **Hitler Reichskanzler.** Auflösung aller Parteien, Diktatur der NSDAP. 2. 8. 1934 Tod Hindenburgs. Hitler „Führer u. Reichskanzler". 1933 Austritt aus dem Völkerbund; Konkordat mit d. Vatikan. Abschluß zweiseitiger Verträge mit Polen (1934) u. England (Flottenabkommen 1935). 1935 Erlaß d. → Nürnberger Gesetze, mit denen die Politik eingeleitet wurde, die schließlich zur planmäß. Ausrottung d. → Juden in Dtld u. großen Teilen Europas führte. 1935 Saargebiet nach Abstimmung wieder an Dtld angegliedert; Wehrpflicht eingeführt, 1936 Wiederbesetzung der entmilitarisierten Zone (Rheinland); Antikominternpakt mit Japan u. (1937) Italien. 1938 Anschluß Österreichs u. durch → Münchener Abkommen Anschluß des sudetendt. Gebiete an Dtld. 1939 Bruch dieses Abkommens u. Einmarsch in d. Tschechoslowakei, dann Eingliederung v. Böhmen u. Mähren als Protektorat in das Reich; Kündigung d. Nichtangriffspaktes mit Polen u. des Flottenabkommens m. England; Militärbündnis m. Italien, Nichtangriffsu. Konsultativpakt m. UdSSR. 1. 9. 1939 Einmarsch i. Polen, 2. 9. Kriegserklärung Englands u. Frankreichs. Beginn d. 2. → Weltkriegs (Übers.), der mit d. völligen Niederlage u. d. bedingungslosen **Kapitulation Dtlds** am 8. 5. 1945 endete. – Nach der Kapitulation Besetzung Dtlds durch d. Siegermächte; Aufteilung in vier Besatzungszonen (am., brit., frz., sowj.); Regierungsgewalt v. Alliierten Kontrollrat i. Berlin übernommen; → Berlin v. d. vier Alliierten gemeinsam besetzt u. in vier Sektoren geteilt; → Saarland in frz. Verwaltung übernommen. Gebiete östl. d. Oder u. d. Görlitzer Neiße wurden bis zur endgült. Regelung i. einem Friedensvertrag polnischer, der N-Teil Ostpreußens einschließl. Königsberg sowj. Verwaltung unterstellt. Die dt. Bevölkerung dieser Gebiete wurde nach Mittelu. Westdtld vertrieben (→ Potsdamer Abkommen; auch → Volksdeutsche). Die Alliierten beschlossen d. Dezentralisierung d. dt. Wirtsch., Reparationen, Demontagen u. → Entnazifizierung. Es folgten d. Neubildung u. d. → Parteien (Übers.), die Einsetzung v. Länderregierungen u. d. → Nürnberger Prozesse. Meinungsunterschiede zw. d. westl. Alliierten u. d. Sowjetunion u. d. Ausführung d. Beschlüsse d. Potsdamer Abkommens führten s. 1947 zunehmend zu getrennten Entwicklungen in d. 3 Westzonen u. d. Sowjetzone. Im Zeichen dieser Entwicklung wurden 1947 i. Westen d. → Vereinigte Wirtschaftsgebiet gebildet u. ein Wirtschaftsrat u. e. → Parlamentarischer Rat eingesetzt; die USA gewährten Wirtschaftshilfe i. Rahmen d. Marshallplans (→ ERP). Gesonderte → Währungsreformen 1948 i. d. Westzone u. d. Sowjetzone führten d. wirtsch. Trennung herbei, auf die d. pol. Spaltung folgte: In den Westzonen nahm der parlamentarische Rat am 23. 5. 1949 das GG an, das als Verfassung für die Bundesrepublik → Deutschland, deren Entstehen am 7. 9. 1949 gegründet wurde. Am 1. 1. 1957 wurde das Saarland als 10. Bundesland in die Bundesrepublik eingegliedert. In der sowjet. Besatzungszone arbeitete der 1948 gebildete Volksrat eine Verfassung für die → Deutsche Demokratische Republik aus, die 1967 durch die Sozialistische Verfassung ersetzt wurde. Am 7. 10. 1949 wurde die Deutsche Demokratische Republik m. W. Pieck als Staatspräsident und O. Grotewohl als Ministerpräsident ausgerufen. In der Bundesrepublik Deutschland wurde Th. Heuss 1. Bundespräsident und K. Adenauer 1. Bundeskanzler. Am 3. 10. 1990 wurde die deutsche Wiedervereinigung durch den Beitritt der → FNL (Fünf Neue Länder auf dem Boden der ehemaligen DDR) zur Bundesrepublik vollzogen.

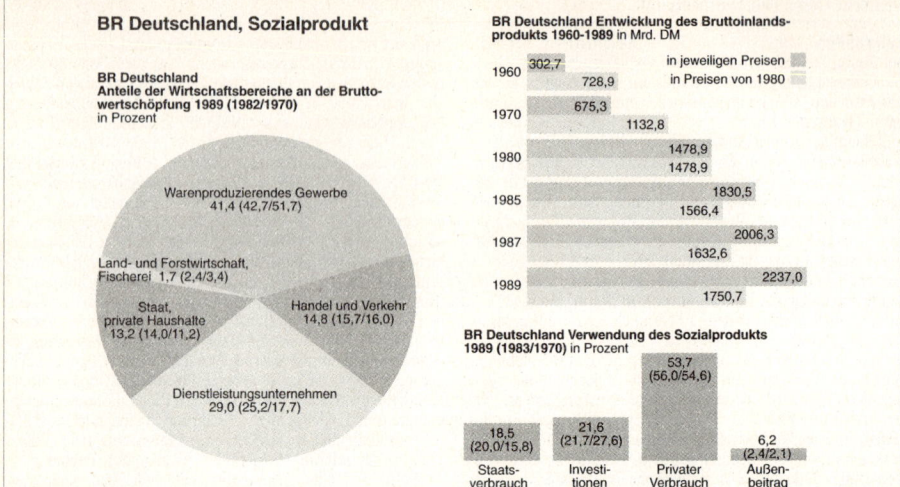

BR Deutschland, Sozialprodukt

BR Deutschland
Anteile der Wirtschaftsbereiche an der Brutto-
wertschöpfung 1989 (1982/1970)
in Prozent

- Warenproduzierendes Gewerbe 41,4 (42,7/51,7)
- Land- und Forstwirtschaft, Fischerei 1,7 (2,4/3,4)
- Staat, private Haushalte 13,2 (14,0/11,2)
- Handel und Verkehr 14,8 (15,7/16,0)
- Dienstleistungsunternehmen 29,0 (25,2/17,7)

BR Deutschland Entwicklung des Bruttoinlandsprodukts 1960-1989 in Mrd. DM

in jeweiligen Preisen
in Preisen von 1980

Jahr	in jeweiligen Preisen	in Preisen von 1980
1960	302,7	728,9
1970	675,3	1132,8
1980	1478,9	1478,9
1985	1830,5	1566,4
1987	2006,3	1632,6
1989	2237,0	1750,7

BR Deutschland Verwendung des Sozialprodukts
1989 (1983/1970) in Prozent

Staats-verbrauch	Investi-tionen	Privater Verbrauch	Außen-beitrag
18,5 (20,0/15,8)	21,6 (21,7/27,6)	53,7 (56,0/54,6)	6,2 (2,4/2,1)

Ruhrgebiet u. Saarland; von bes. Bedeutung ist die Produktion von Steinkohle (1988 mit 73 Mill. t an 8. Stelle d. Weltprod.) u. Rohstahl (m. 41 Mill. t an 5. Stelle). Schaubilder → Außenhandel, → Chemiewirtschaft, → Eisenbahn, → Eisen u. Stahl, → Elektroindustrie, → Industrie, → Energie-, → Forstwirtschaft, → Kohle, → Kraftfahrzeuge, → Maschinenbau, → Schiffahrt; auch → Interzonenhandel; ferner Übersichten → deutsche Geschichte, → deutsche Literatur. c) *Mitgl.:* UN (s. 1973), NATO, WEU, Europarat, EG.

Deutschlandlied, *Deutschland, Deutschland über alles,* 1841 von Hoffmann v. Fallersleben verfaßt, Melodie von Haydn; Nationalhymne von 1922–45; 3. Strophe s. 1952 Nationalhymne d. BR Deutschland.

Deutschlandvertrag, auch *Bonner Konvention* od. *Generalvertrag,* v. d. BR, Frkr., Großbrit. u. USA am 26. 5. 1952 unterzeichnet, am 5. 5. 1955 (in revidierter Fassung → Pariser Verträge) in Kraft getreten, hob das → Besatzungsstatut auf und gab die BR d. durch einige Vorbehalte eingeschränkte Souveränität; zu Vorbehalten zählen Rechte und Pflichten d. Westmächte, wie Stationierung v. Truppen, Schutz Dtlds, Sorge f. Wiedervereinigung.

Deutz, rechtsrhein. Stadtteil v. Köln; Römerkastell; Messehallen; Industrie.

Deux-Sèvres [*do'sɛ:vr*], frz. Dép., Westfrkr., 5999 km², 348 000 E; Hptst. *Niort.*

Devalvation [l.], → Abwertung.

Devas, Götter d. vedischen Religion (→ Veda).

Deventer, St. in d. Ndl., 66 000 E; Textil- u. Blechemballage-Ind., Schiffahrt; Hansestadt.

Deviation [frz.], *seem.* Abweichung der Kompaßnadel infolge der Eisenmassen des Schiffes.

Devise, *w.* [frz.], Wahl-, Wappenspruch, Losung.

Devisen [l.], **1)** *allg.* auch gesetzl., alle ausländ. Zahlungsmittel, z. B. Münz- u. Papiergeld (Banknoten), Schecks, Wechsel u. Forderungen in ausländ. Währung. **2)** im engeren Sinne Wechsel, Schecks, Auszahlungen in ausländ. Währung u. auf einen ausländ. Platz ausgestellt (im Ggs. zu → Sorten = ausländ. Bargeld). – **D.bewirtschaftung,** *D.zwangswirtschaft,* den freien D.verkehr einschränkende oder ausschließende gesetzliche Vorschriften; erfolgt in sonst freier Wirtschaft bei D.knappheit u. Schwierigkeiten im internationalen Zahlungsausgleich; ist bei Planwirtsch. im Prinzip einbezogen; führte zur Bildung besonderer Verfahren (z. B. bilateraler Zahlungsverkehr, Clearing- u. Verrechnungsabkommen). – **D.kurse,** *Wechselkurse,* der Wert einer Währung im Verhältnis zu einer anderen ausländ.; bei intern. Goldwährung (Goldautomatismus) schwanken die D.kurse nur in engen Grenzen, dem oberen Goldausfuhr- u. unteren Goldeinfuhrpkt; können sich frei nach Angebot u. Nachfrage bilden od. amtl. festgesetzt sein (z. B. Verrechnungskurse bei D.bewirtschaftung).

Devolution [l.], Abwälzung; kraft des Gesetzes eintretende Übertragung eines Rechtes auf andere.

Devolutionskrieg, 1667/68 zw. Frkr. (Ludwig XIV.) u. Spanien sowie den Tripelallianz v. England, Schweden, Niederlande; → Aachener Frieden.

Devon → geologische Formationen.

Devonport, Stadtteil von Plymouth.

Devonshire [*'dɛvnʃɪə*], *Devon,* Gft in Süd-

westengl., hafenreiche Küsten, 6715 km², 1,02 Mill. E; Hptst. *Exeter.*

devot [l.], ehrfurchtsvoll, frömmelnd, unterwürfig.

Devotionalien, Andachtsgegenstände.

Devrient [*-'frint*], Ludwig (15. 12. 1784–30. 12. 1832), dt. Schausp. am Berliner Hoftheater; Freund E. T. A. → Hoffmanns.

Dewar [*'djuə*], Sir James (20. 9. 1842–27. 3. 1923), engl. Phys. u. Chem.; Verflüssigung d. Wasserstoffs.

Dewarsche Flasche, hat doppelte, verspiegelte Wände mit luftleerem Zwischenraum, verhindert Ein- u. Ausstrahlen von Wärme; Urform d. Thermosflasche.

Dewey [*'djuɪ*], **1)** John (20. 10. 1859–1. 6. 1952), am. Phil. m. stark soz.-prakt. Tendenz („Instrumentalismus"); **2)** Melvil (10. 12. 1851–26. 12. 1931), am. Bibliothekar; 1876 Schöpfer d. → Dezimalklassifikation u. 1887 Begründer der ersten Büchereischule.

Dextrin, *s.,* Kohlenhydrat, Abbauprod. der Stärke; als Klebstoff u. zur Appretur verwendet.

Dextrose, svw. → Traubenzucker.

Dezem, *m.* [l. „decem = zehn"], der (Pacht-) → Zehnt.

Dezember [l.], im altröm. Kalender 10. [l. „decem = zehn"], heute 12. Monat (31 Tage); altdt. *Jul.*

Dezennium, *s.* [l.], Jahrzehnt.

dezent [l.], sittsam, anständig, zurückhaltend.

Dezentralisation [nl.], Auseinanderlegung; in der Staatsverwaltung Verlegung des Schwergewichts in die örtlichen und provinziellen Behörden.

Dezernat, *s.* [l.], behördl. Unterabteilung für ein Arbeitsgebiet.

Dezernent, Fachbearbeiter.

Dezi- [l. „decem = 10"], ein Zehntel einer Maß- oder Gewichtseinheit (z. B. *Dezigramm* = 1/10 g).

Dezibel [l.], *s.,* Abk. *dB,* logarithm. Verhältnis zweier Leistungen (z. B. bei Schalldrücken, Spannungen); 10 dB = 1 Bel (→ Bel 2).

dezidiert [l.], entschieden, bestimmt.

Dezimal-bruch, *math.* Bruch, dessen Nenner Potenz von 10 ist. - **D.klassifikation,** im Bibliothekswesen intern. einheitl., auf d. Grundlage d. Zehnerung aufgebautes System für Ordnung d. Sachkatalogs; 1876 v. M. → Dewey ausgearbeitet, teils gesamtes Wissen in 10 Hauptgebiete; diese wieder in 10 Gruppen usw. (z. B. 5 Mathematik u. Naturwiss., 53 Physik, 531 Allg. Mechanik usw.). - **D.system,** auf d. Grundzahl 10 aufgebautes Zahlensystem, bes. f. Währung, Maß, Gewicht. - **D.waage** → Waage.

Dezime [l.], Intervall d. 10. Stufe über Grundton, Oktave d. Terz (z. B. c¹-e²).

Dezimeterwellen, Bez. *UHF* (*u* ltra *h* igh *f* requencies), Wellenlängenbereich 0,1 m – 1 m, Frequenzbereich 3·10⁸ Hz – 3·10⁹ Hz, elektromagnet. Wellen (→ Wellenlängen, Übers.).

dezimieren [l.], jeden 10. Mann töten; stark vermindern.

DFG, Abk. f. *Deutsche Forschungsgemeinschaft.*

DFP, *Demokr. Fortschrittl. Partei,* → Parteien, Übers.

DFU, *Deutsche Friedensunion,* → Parteien, Übers.

DGB, Abk. für *Dt. Gewerkschaftsbund,* → Gewerkschaften, Übers.

DGLR, Abk. f. *Dt. Gesellschaft f. Luft- u. Raumfahrt,* 1967 gegr. Fachvereinigung f. Flugtechnik u. Weltraumforschung.

Dharan, *Daran,* Erdölzentr. im östl. Saudi-Arabien, 45 000 E; im 2. → Golfkrieg wichtiger Stützpunkt der alli. Truppen.

Dhaulagiri, Himalajagipfel, in Nepal, 8167 m; 1960 Erstbesteigung.

d'Hondtsches System, Verfahren zur Sitzverteilung im Verhältniswahlsystem, → Wahlsysteme. Es besteht darin, d. Stimmenzahl d. einzelnen an d. Wahl beteiligten Parteien jeweils durch 1, 2, 3, 4 usw. zu teilen u. die Sitze nach d. Höhe d. anfallenden Teilzahlen d. Reihe nach zu vergeben, wobei nur solche Parteien in d. BR nicht zum Zug kommen, die weniger als 5% der abgegebenen Stimmen erhalten haben (auch Höchstzahlverfahren genannt). Bsp.: Partei A hat 600 Stimmen, geteilt durch 1 = 600; Partei B hat 330 Stimmen, geteilt durch 1 = 330; Partei C hat 270 Stimmen, geteilt durch 1 = 270; Partei D hat 120 Stimmen, geteilt durch 1 = 120; die gleichen Zahlen geteilt durch 2 = 300 bzw. 165, 135, 60; geteilt durch 3 = 200, 110, 90, 40. - Da die jeweils höchsten Zahlen die Reihenfolge der Sitze bestimmen, erhalten nach d. Reihe 600, 330, 300, 270, 200, 165,

150, 135 usw. - Also Partei A Sitze 1, 3, 5, 7; Partei B Sitze 2, 6, 10; Partei C Sitze 4, 8, 11; Partei D Sitze 9, usw.

di- [gr.], Vorsilbe: zwei-, doppel-.

dia- [gr.], Vorsilbe: zer-, durch-, ent-, über-.

Dia [span., portugies.], 1) Tag; 2) Abk. f. → Diapositiv.

Diabas, *m.* [gr.], vulkan. Gestein; → Magmatite, Übers.

Diabetes [gr.], *Harnruhr: D. insipidus, Durstkrankheit,* Harnruhr ohne Zuckerausscheidung durch Störung d. Zwischenhirns od. d. → Hypophyse; *D. mellitus, Zuckerkrankheit, Zuckerharnruhr,* Stoffwechsel-Regulationskrankheit, Folge v. Funktionsstörungen d. Inselorgans (*Pankreas-D.),* d. → Hypophyse, d. → Nebennierenrinde (*extrainsulärer D.),* Störung d. Zucker- u. Fettverbrennung; Behandlung durch → Insulin u. (od.) Tabletten (orale Antidiabetika), bes. Sulfonylharnstoff u. Biguanidverbindungen.

Diabetiker, Zuckerkranker.

diabolisch [gr.], teuflisch.

Diabolus, *m.,* Teufel.

Diadem, *s.* [gr.], Stirnband, -reif, Krone.

Diadochen [gr. „Nachfolger"], Feldherren Alexanders d. Gr.; teilten nach dessen Tod 323 v. Chr. sein Reich: *Antipater* (Mazedonien u. Griechenland), *Lysimachos* (Thrakien), *Antigonos* (Lykien, Pamphylien, Phrygien), *Ptolemaios* (Ägypten), *Seleukos* (Babylonien).

Diagenese [gr.], Umwandlung lockerer Ablagerungen in feste Gesteine durch Druck, Verkittung; → Sedimentgesteine (z. B. *Sand* zu → *Sandstein).*

Diagnose, *w.* [gr.], Feststellung v. Krankheiten durch *Diagnostik, w.,* Wissenschaft, sie zu erkennen.

Diagonale, *w.* [gr.], *geometr.* Verbindungslinie zweier nicht benachbarter Ecken eines Vielecks.

Diagonalreifen → Gürtelreifen.

Diagramm [gr.], 1) zeichner. Darstellung von Zahlenwerten u. ihrer zahlenmäß. Beziehungen; bes. in d. Statistik benutzt; 2) *botan.* Grundriß v. Blüten.

Diakon [gr. „Diener"], 1) Armenpfl. der urchristl. Kirche; 2) *kath. Kirche:* letzte Weihestufe v. d. Priestertum; 3) *ev. Kirche:* geistl. Amt eigener Prägung; seminarist. Ausb. in d. einhäusern u. a. FachHS.

Diakonat, *s.,* gr. u. kath. Kirche: Amt d. geweihten Diakons; i. d. ev. Kirche: die tätige Dienst als notwendige Entsprechung d. Predigt u. Verkündigung.

Diakonin, i. d. ev. Kirche s. 1983 neues Amt f. Frauen, die heiraten dürfen, im Ggs. zu **Diakonissen,** ev. Kranken- u. Gemeindeschwestern, mehrjähr. Ausbildung in **D.-Mutterhäusern** (z. B. Kaiserswerth, Bethel).

Diakonisches Werk der EKD, Zus.fassung des Sozial- u. Jugendhilfe, der Kranken- u. Behindertenpflege, der Vorschul- u. der Heimerziehung sowie des Entwicklungshilfe, von der v. Kirchengemein-

den sowie freien Anstalten, Vereinigungen u. Aktionen durchgeführt wird. Bez. f. inländ. Arbeit *Diakonie,* für ausländ. *Ökumenische D.* Gegr. 1848 durch J. H. Wichern als Central-Ausschuß f. d. Innere Mission, 1957 vereinigt mit dem Hilfswerk der EKD, sind ihm (1984) 17 Landes- u. 100 Fachverbände mit 3250 Krankenhäusern u. Heimen (281 000 Betten), über 7000 Tagesstätten für Kinder (400 000 Plätze) sowie rund 6000 weitere Krankenpflege-, Fürsorge- u. Beratungsstellen angeschlossen. Entwicklungshilfe leistet die Aktion „Brot für die Welt"; Katastrophenhilfe. 246 000 hptberufl. Mitarb., darunter Diakonissen u. Diakone; 515 Ausbildungsstätten für soziale Berufe. Hauptgeschäftsstelle in Stuttgart. Der „Inneren Mission u. Hilfswerk der Ev. Kirchen in den neuen Bundesländern" sind 546 Krankenhäuser u. Heime, 425 Gemeindepflegestationen sowie 279 Tagesstätten f. Kinder angeschlossen.

diakritisch [gr.], unterscheidend; *d.e (Schrift-)Zeichen,* z. B. ā, é, ę, ã, ő etc.

Dialekt, *m.* [gr.], sww. → Mundart.

Dialektik, *w.* [gr.], Kunst d. wiss. Unterredung. – Denken in (gegensätzl.) Begriffen von Thesis u. Antithesis zur aus dem entwickelten höheren Stufe d. Synthesis. In Hegels Idealismus ist die D. nicht bloß Methode, sondern die Struktur d. sich entwickelnden Wirklichkeit; wurde von Marx und Engels in der materialist. Auffassung von Natur und Geschichte übernommen.

dialektisch, sich in gegensätzlichen Begriffen od. Entwicklungsformen bewegend.

dialektischer Materialismus → Philosophie, Übers.

dialektische Theologie, eine v. Karl Barth, Fr. Gogarten u. a. vertretene Richtung der protestant. Theologie.

Dialog, *m.* [gr.], Zwiegespräch.

Dialyse, *w.* [gr.], → Diffusion; → extrakorporale Dialyse.

Diamagnetismus, die Fähigkeit vieler Substanzen, einem äußeren Magnetfeld schwach entgegenzuwirken.

Diamant, *m.* [v. gr. „adamas = unbezwingbar"], härtestes, wertvollstes Mineral; reiner kristallisierter Kohlenstoff. Hauptvork. S- u. SW-Afrika, Sibirien.

DIAMAT, dialektischer Materialismus, Karl → Marx u. → Sozialismus.

Diameter, *m.* [gr.], → Durchmesser.

diametral [gr.], *letzte Endpunkte des Kreisdurchmessers;* d. *entgegengesetzt,* von größtmögl. Ggs.

Diamine, organ. Verbindungen, enthalten zweimal die Aminogruppe NH_2.

Diana [l.], röm. Jagdgöttin, griech. → *Artemis.*

Diapause, Ruhezustand in der Entwicklung bei wirbellosen Tieren.

diaphan [gr.], durchscheinend.

Diaphanbilder, durchscheinende Bilder auf Glas (Fensterverzierung).

Deutsche Literatur

Älteste germanische Dichtung verloren. Nachklänge und Reste in der altnord. Literatur (Edda). Übers. d. Bibel ins Gotische durch Bischof Ulfilas (4. Jh.). German. Heldenlieder unter Karl d. Gr. gesammelt; von Ludwig dem Frommen als Heidenwerk möglicherweise vernichtet.

8. Jh.: *Hildebrandslied,* einziges schriftlich erhaltenes Bruchstück der umfangreichen Überlieferung an Heldenliedern; Sprache althochdeutsch; Form Stabreim.

9. Jh., geistliche Dichtung: *Heliand,* niederdeutsch (Christus als german. Heerkönig). Evangelienbuch des Elsässers *Otfried v. Weißenburg,* gereimt. Letzte heidnische Reste im Weltuntergangsgedicht *Muspilli; Wessobrunner Gebet; Merseburger Zaubersprüche;* doch auch starke christl. Einflüsse in alten schriftlichen Überlieferungen. Anfänge dt. Geschichtsschreibung (*Einhart,* Leben Karls d. Gr. in latein. Sprache).

10. u. 11. Jh., Geistliche Dichtung und Spielmannsdichtung: *Waltharilied* des Ekkehart, Buchdramen d. *Hrotwith v. Gandersheim,* Roman *Ruodlieb;* Anfänge d. Tierepos; Vagantenpoesie d. fahrenden Kleriker: *Carmina burana.* Sämtlich in lat. Sprache; gehen vereinzelt vielleicht auf german. Überlieferung zurück; Spielmannsdichtung: *König Rother, Orendel, Salman* u. *Morolf.*

12. Jh., höfische Dichtung: die Ritter *Der von Kürenberg, Reinmar der Alte* (Minnesänger); Epen: *Hartmann v. Aue* (Der arme Heinrich), *Heinrich v. Veldeke* (Eneide).

13. Jh., Blüte des Minnesangs: *Walther v. d. Vogelweide.* Epen: *Wolfram v. Eschenbachs* Parzifal, *Gottfried v. Straßburgs* Tristan; endgültige Formung der großen Heldendichtung *Nibelungen* durch unbekannte Verfasser. *Neidhart v. Reuenthal; Wernher d. Gärtner,* zeitkrit. Bauernnovelle Meier Helmbrecht. Ausklang des Minnesangs (bis Mitte 15. Jh.): *Oswald v. Wolkenstein;* breite der Artusdichtung und vielschichtige lehrhafte Dichtung.

14. Jh., deutsche Mystik: schon im 13. Jh. *Mechthild v. Magdeburg; Meister Eckehart, Seuse, Tauler.*
Gelehrtendichtung, Theologie und Parodie: *Johannes v. Tepl:* Streitgespräch zw. dem Ackermann u. dem Tod (enthält ma. und neuzeitl. Elemente; verwendet Kanzleisprache, die wichtig für das Neuhochdeutsche wird; *Theologia deutsch des Frankforder.*

15. Jh., bürgerliche Kunst: die *Meistersinger* Folz (Barbier) u. Rosenplüt (Schnepperer); *Sebastian Brant* verfaßt die Narrenschiff. Erste Übersetzungen (Niklas v. Wyle: Translatzen). – Ausgestaltung der *Passionsspiele. Weltliche Spiele.*

16. Jh., Reformationszeit: *Reuchlin, Hutten,* Literatur der Humanisten (meist lat.). Sprachlich einflußreiche Anregung für das dt. Schrifttum durch *Luthers* Bibelübersetzung (1522). Volkslied, Volksbücher *(Faust, Eulenspiegel, Schildbürger, Genovefa).* Fastnachtsspiele des *Hans Sachs.* Drama: biblische Stoffe *(Susanna, Verlorener Sohn);* allegorische Themen *(Jedermann), Frischlin, Herzog Heinrich Julius von Braunschweig* (erste Wirkung Shakespeares, durch engl. Komödianten). *Fischarts* sprachgewaltige Umdichtung des Gargantua.

17. Jh., Barockzeitalter: Aufblühen der dt. Lyrik (Kirchenlied u. Liebesgedicht): *Paul Fleming, Simon Dach, Gryphius, Friedrich Spee, Angelus Silesius, Paul Gerhardt, Hofmannswaldau.* Formgehend Grundlegung d. dichterischen Formen durch *M. Opitz* (Buch v. d. teutschen Poeterey, 1624). *Logaus* Epigramme. Erste Zeitschrift *(Harsdörffers Gesprächsspiele).* Barockdramen *(Gryphius, Lohenstein),* sog. schles. Dichterschulen. Prosa: *Grimmelshausens* Simplizissimus (Buch des 30jähr. Krieges); bibl. Romane *Phil. v. Zesen;* Staatsromane *(Anton Ulrich v. Braunschweig); Abraham a Santa Clara* volkstüml. Romane (Adam d. Erzschelm) und Reden. *Moscheroschs* Zeitsatiren. *Christian Reuters* Schelmuffsky, Studentendichtung.

18. Jh., letzte Barocklyrik: *Günther;* **Aufklärung:** Gelehrtenschrifttum; Gottsched (1737 Austreibung des Hanswurst), die Schweizer *Bodmer* u. *Breitinger,* Anakreontische Lyrik: *Hagedorn, Ewald v. Kleist, Gleim;* Naturpoesie: *Brockes' Irdisches Vergnügen in Gott, Hallers* Alpen, *Geßners* Idyllen. Neubegründung d. Dichtung. **Empfindsamkeit:** *Klopstocks* Messias

(1748) und seine Oden geben ihr den ersten großen Gehalt. Nachfolge i. Göttinger Hainbund *(Hölty, Voß, Stolberg);* Wendung ins Bürgerl. bei *Bürger* (Balladen) u. *Claudius* (Wandsbeker Bote). Schmiegsamkeit u. Anmut d. Prosa durch *Wielands* Romane. *Lessings* ästhetische Streitschriften (Hamburg. Dramaturgie, Laokoon) schaffen die Grundlagen der neuen Kunstanschauung, s. Dramen (Miss Sara Sampson, Emilia Galotti, Minna v. Barnhelm, Nathan der Weise) sind richtungweisend f. d. neue Auffassung v. Komödie u. Tragödie. *Herders* Schriften vermitteln d. Begriff e. Weltliteratur. Im **Sturm und Drang** *(Klinger, Lenz, Wagner, Leisewitz, Heinse, Maler, Müller, Schubart)* äußert sich leidenschaftlich d. Kraftgefühl einer neuen Jugend. *Goethe* (Götz, Werther, Urfaust) und *Schiller* (Die Räuber, 1781) bringen die Erfüllung u. Vollendung in der **Weimarer Klassik.** Einfluß *Winckelmanns* (Gesch. d. Kunst). Der Musenhof in Weimar. *Goethes* Lyrik, Iphigenie, Tasso, Wilhelm Meister, Wahlverwandtschaften, Faust; *Schillers* Gedankengedichte, Wallenstein, Jungfrau v. Orleans, Braut v. Messina. – Entstehung d. modernen literar. Lebens: Zeitschriften (Wielands *Teutscher Merkur,* Schillers *Horen,* Goethes *Propyläen);* Übersetzungen: *Voß* (Homer), *Schlegel* (Shakespeare), *Wieland* (Horaz). *Aufblühen des Theaters:* Goethes Versuch in Weimar e. Nationaltheater zu bilden; Unterhaltungsstücke (Kotzebue, Iffland) u. -romane *(Vulpius,* Ritter- u. Räubergeschichten); Einfluß großer Verlage (Cotta, Göschen).
19. Jh., *Jean Paul,* idyllisch-humoristisch, visionär; lyrischer Barock in Prosa, *Hölderlin:* Lyrik, Dichtungen von mythisch-abendländischen Schau, rhythmische Prosa (Hyperion). Empedokles (Dramenfragment). – **Romantik:** *Fr. Schlegel* u. *A. W. Schlegel, Wackenroder, Tieck, Novalis* (christl.-mystische Lyrik u. Prosa, Fragmente). *E. T. A. Hoffmann* (Erzählungen, starke eur. Wirkung). *Kleist* (Dramen, Novellen). *Brentano, Arnim, Chamisso, Eichendorff.* – Rezeption der ma. Literatur, Begründung der Volkskunde, des Volksliedes *(Des Knaben Wunderhorn,* gesammelt von Arnim u. Brentano; Märchen u. Sagen der *Brüder Grimm).* Politische Tendenzen: *Arndt, Görres.* Übersetzungen der Weltliteratur, bes. der romanischen *(Dante, Boccaccio, Cervantes* u. a.). Wirkung auf die Wissenschaften: Philosophie *(Fichte, Schelling, Hegel),* Theologie *(Schleiermacher),* Germanistik *(Gervinus, J. u. W. Grimm),* Kunstgeschichte *(Brüder Boisserée),* Orientalistik *(A. W. Schlegel, Rückert),* Naturwissenschaften *(A. v. Humboldt, Carus),* Idee der Bildung *(W. v. Humboldt).* Formkunst: *Rückert, Platen, Lenau* (Beziehung zur eur. Romantik, Byronismus). Der Beitrag Österreichs: *Raimund* (volkstüml. Zauberdrama), *Nestroy* (Wiener Possen); *Grillparzer* (Dramen, klassizist. u. span. Einflüsse). Schwäbische Spätromantik: *Kerner, Uhland, Hauff; Mörike* (Lyrik u. Erzählungen). Früher Realismus: *Immermann* (Zeitromane), *Droste-Hülshoff, Sealsfield* (Amerika-Deutscher, eigtl. K. Postl) *Gotthelf, Alexis, Grabbe* (Dramen). **Vormärz u. Junges Deutschland:** Neue zeitpolitische Tendenzen: *Heine* (Lyrik, feuilletonistische Prosa), *Laube, Gutzkow, Freiligrath, Herwegh, Büchner, Hebbel,* ideenhafte Dramatik, realistische und klassizistische Formen, Lyrik, *Richard Wagners* Musikdramen. *Stifter:* Romane und Erzählungen (an der Wirklichkeit und Wirkungen der verschiedenen Naturkräfte zu zeigen. – Poetischer **Realismus:** *Otto Ludwig, Freytag* (Bilder aus der dt. Vergangenheit), *Storm* (Lyrik, Novellen), *Gottfried Keller* (Erzählungen, der Grüne Heinrich), *C. F. Meyer* (kunsthafte Novellistik, Lyrik), *Fontane, Heyse, Ebner-Eschenbach, W. Raabe, Ferd. v. Saar; Wilhelm Busch* (Doppelbegabung). Mundartliche Dichtung: *J. P. Hebel, Klaus Groth, Fritz Reuter, K. Stieler, L. Anzengruber.* Wiss. Prosa: *Ranke, Bachofen, Mommsen, J. Burckhardt, Gregorovius.* Philosophie eines neuen Lebensgefühls: *Schopenhauer,* weitergeführt und z. T. gewaltsam umgedeutet durch *Nietzsche.* Anregungen durch die naturalistischen Strömungen in Frkr., Skandinavien und Rußland. – Um 1890 **Naturalismus:** *Arno Holz, Johannes Schlaf; Gerhart Hauptmann* (Vor Sonnenaufgang, Die Weber); *Max Halbe* (Jugend); *Hermann Sudermann.*

Deutsche Literatur (Fortsetzung)

20. Jh. Jahrhundertwende: *Eduard v. Keyserling* (impressionistische Romane), *Carl Hauptmann* (Suche neuer Formen), *Hermann Stehr* (mystischer Realismus), *Emil Strauß* (Novellistik), *Ludwig Thoma* (Magdalena). Neue Lyrik: *Detlev v. Liliencron, Richard Dehmel, Max Dauthendey, Rudolf G. Binding, Christian Morgenstern.* Neuromantische u. neuklassische Strömungen: *Arthur Schnitzler* (Erzählungen, Dramen), *Frank Wedekind* (Dramen), *Beer-Hofmann, Paul Ernst* (Dramen, Novellen, theoretische Schriften), *Herbert Eulenberg* (ausdrucksstarke frühe Dramen), *R. A. Schröder* (Lyrik, Übertragungen; Mitbegründer der „Insel"). – Moderne Klassik: *Gerhart Hauptmann* (Vertiefung des Naturalismus ins Elementar-Mythische: spätere Dramen, Erzählungen). *Stefan George* (Erneuerung der Lyrik, Formzucht, Bildung eines exklusiven „Kreises" von starken geisteswiss. Anregungen: Gundolf). *Hugo v. Hofmannsthal* (Lyrik, Dramen, Essays). *Rainer Maria Rilke* (Lyrik, Duineser Elegien, Briefe). *Thomas Mann* (Epik v. Weltwirkung: Buddenbrooks, Zauberberg, Joseph-Roman, Lotte in Weimar, Dr. Faustus, Tod in Venedig). *Hermann Hesse* (Ausweitung d. romant. Erzählung zu eur.-psychologischer Bedeutung: Steppenwolf, Narziß und Goldmund, Das Glasperlenspiel). – Realistische Epik: *Isolde Kurz, Ricarda Huch* (Erzählungen, Geschichtliches), *Jakob Wassermann* (Zeitromane: Fall Maurizius), *Ina Seidel, Wilhelm v. Scholz* (Romane, Novellen), *Hans Carossa.* Industrie-Arbeit: *Gerrit Engelke, Heinrich Lersch, Karl Bröger.* Vom Expressionismus zu ideenhaften Formen: vorwiegend lyrisch bei *Theodor Däubler, Alfred Mombert, Gottfried Benn* (einflußreich), *Loerke, Trakl, Heym, Miegel, Weinheber, Britting, Wilhelm Lehmann* (Naturlyrik), *Usinger, E. Barth;* vorwiegend episch bei *Döblin* (Berlin,

Alexanderplatz), *Musil* (Der Mann ohne Eigenschaften), *Broch* (Die Schlafwandler, Trilogie; Der Tod des Vergil), *Franz Kafka* (neue epische Formen v. weltliterarischem Einfluß), *H. H. Jahnn* (Perrudja, Fluß ohne Ufer), *Stefan Zweig* (Novellen), *Schaeffer* (Helianth), *Ernst Wiechert* (Romane, Erzählungen), *Werfel* (Verdi, Abituriententag, Jakobowski und der Oberst u. a.), *Bergengruen* (Großtyrann und das Gericht), *Kluge* (Herr Kortüm), *Lernet-Holenia, Thieß* (liter. Unterhaltungsroman), *A. Neumann* (Teufel). 1. Weltkrieg: *Remarque, Renn, A. Zweig, Fritz v. Unruh, Ernst* u. Friedrich G. Jünger, Arp und *Huelsenbeck* (Dada). 20er Jahre: neue Dramatik: *Brecht* (Lehrstücke u. episches Theater), *Zuckmayer* (Der fröhliche Weinberg), *Kaiser, Hasenclever.* Lyrik: *J. R. Becher,* Epik: *A. Seghers, Reinh. Schneider.* 2. Weltkrieg: *Plivier* (Stalingrad), *Goes, Hagelstange* (Lyrik). Einflüsse der modernen Lebensphilosophie *(Spengler, Frobenius, Meinekke),* Deutung u. Erlebnis *(Dilthey, Kassner, Pannwitz, Picard),* Soziologie *(M. Weber, W. Eucken),* Literaturkunde *(Walzel, Bertram, Lukács, Curtius, Muschg),* Theaterwissenschaft *(A. Kutscher, Knudsen),* Literaturkritik *(Rychner, Süskind, Blöcker, Holthusen, Hohoff),* religiöse Strömungen *(Th. Haecker, K. Barth, M. Buber).* Neue Dichtungsformen, vorwiegend episch: *Kasack, H. v. Doderer, Nossack, Kreuder, Aichinger, Böll, Grass, Johnson, A. Schmidt, Andersch, M. Walser, S. Lenz, Wellershoff, Christa Wolf, Th. Bernhard;* vorwiegend lyrisch: *Huchel, Kaschnitz, Nelly Sachs, Eich* (auch Hörspiel), *Krolow, Celan, Bachmann, Piontek, Enzensberger, Heißenbüttel, Jandl, G. Kunert, Sarah Kirsch, Fried, Ulla Hahn;* vorwiegend dramatisch: *Dürrenmatt, Frisch* (auch Romane), *Hochwälder, Hildesheimer, P. Weiß, P. Handke, Hochhuth, Kipphardt, H. Müller, B. Strauß, Kroetz, Achternbusch.*

Diaphrạgma, *s.* [gr.], 1) Scheidewand (Tonzelle, Pergament, Schweinsblase) zur Trennung v. Gasen u. Flüssigkeiten; → Diffusion; 2) *med.* Zwerchfell; 3) *astronom.* in Fernrohren geschwärzte Scheibe m. zentraler Öffnung z. Abblendung d. Randstrahlen.

Diapositiv, *s.* [gr.], Abk. Dia, durchsichtiges transparentes fotograf. Bild, meist in Farbe (Farbdia, Colordia), seltener in SW.

Diaprojektor, zur Betrachtung von Diapositiven. Projektion auf eine Leinwand bei Tageslicht und Raumdunkelheit od. Betrachtung auf Monitor am Projektor selbst.

Diarium, *s.* [l.], Tagebuch.

Diarrhöe, *w.* [gr.], → Durchfall.

Diạspora, *w.* [gr.], „Zerstreuung", Minderheit v. Religionsgenossen unter Andersgläubigen.

Diastase, *w.* [gr.], Amylase, Enzym in keimenden Samen (bes. Getreidekörnern) u. i. d. Bauchspeicheldrüse, bewirkt die Umwandlung v. Stärke in gärungsfähigen Zucker.

Diastole, *w.* [gr.], rhythmische Erweiterung des Herzens; Ggs.: Systole (→ Herz).

Diät, *w.* [gr.], Krankenkost; → Rohkost.

Diäten, Tagegelder, Aufwandsentschädigungen, Bezüge der Abgeordneten.

Diätetik, *w.* [gr.], Lehre v. d. vernünftigen Lebensweise, -kunst.

Diathermie, *w.* [gr.], → Elektrotherapie.

Diathẹse, *w.* [gr.], Veranlagung, gesteigerte Empfänglichkeit für bestimmte Or-

gan- und Allgemeinkrankheiten (z. B. hämorrhag., exsudative D.).

Diatomeen, sww. → Kieselalgen.

Diatomit®, *m.,* aus → Kieselgur hergestellte hochporöse Masse, als Filterstein u. zur Wärmedämmung.

Diatonik, *w.* [gr.], stufige Tonfortschreitung, die Oktavraum in 5 Ganz- und 2 Halbtöne gliedert; Ggs.: Chromatik.

Diaz, 1) Bartholomẽu [′diʃ] (um 1450–1500), portugies. Seefahrer; umsegelte 1487 Kap der Guten Hoffnung; 2) Porfirio [′diaθ] (15. 9. 1830–2. 7. 1915), mexikan. Gen.; Gegner Kaiser → Maximilians, 1877–80 u. 1884–1911 Präs. d. Rep.; gestürzt u. verbannt.

Diazostoffe, organ.-chem. Verbindung mit Diazo-Gruppe; bildet mit aromat. Aminen → Azofarbstoffe.

Otto Dibelius

Dibelius, Otto (15. 5. 1880–31. 1. 1967), dt. ev. Theol.; 1925 Gen.superintendent d. Kurmark, v. NS-Regime entlassen, 1945–66 Bischof v. Berlin u. Brandenburg; s. 1945 Mitgl., 1949–61 Vors. d.

Rates der ev. Kirchen in Dtld, 1954–61 einer d. 6 Präs. d. Weltkirchenrates.

Dichotomie, *w.* [gr.], Zweiteilung, Gabelung; einem Begriff sind zwei andere untergeordnet.

Dichroismus [gr.], Erscheinung bei doppelbrechenden Kristallen, daß sie nach 2 versch. Richtungen mit versch. Farbe durchsichtig sind; Licht wird polarisiert; → Polarisationsfilter.

Dichte, 1) Materiedichte, auch *spez. Masse* genannt. Masse pro Raumeinheit eines Stoffes; Einheit Masse/Volumen, z. B. g/cm³. Die früher verwendete *relative D.* od. das *spez. Gewicht* ist dimensionslos u. bezog s. auf Wasser bei 4 °C mit dem Wert 1000. Die D. beschreibt z. B. das Schwimmverhalten von Stoffen od. den Anteil v. Einzelstoffen i. Gemischen/Alkoholgehaltsbestimmung mit → Aräometer. Zur D. von Metallen u. anderen Elementen → Periodensystem; **2)** *el. D.,* Feldliniendichte, Zahl der Feldlinien, die durch eine senkrecht zu ihnen stehende Flächeneinheit gehen; *Ladungsdichte,* die in einer Volumeneinheit enthaltene Ladung; **3)** *opt. D.* → Opazität.

Dichtung, Sprachkunstwerk (Dramatik, Epik, Lyrik, Vers, Prosa).

Dickblatt, kapländ. Fettkräuter; Zierpflanzen.

Dickens, Charles (7. 2. 1812–9. 6. 70), engl. humorist.-satir. Dichter; *Die Pickwickier; Oliver Twist; David Copperfield.*

Dickhäuter, veraltete Zus.fassung d. Elefanten, Nashörner, Tapire, Flußpferde u. Schweine.

Dienstvertrag *(Arbeitsvertrag)*

Allgemeines: D. ist gerichtet auf Leistung von Diensten gg. Entgelt; regelt sich – soweit nicht Sondervorschriften gelten – nach §§ 611 ff. BGB. D. ist gegenseitiger Vertrag im Sinne des § 320 BGB; der Arbeits-, Gehorsams- u. Treuepflicht des Arbeitnehmers steht die Pflicht des Arbeitgebers zur Lohnzahlung, Fürsorge u. Urlaubsgewährung gegenüber. – Im allg. bestehen für den Abschluß eines Dienstvertrages keine Formvorschriften. **Kündigung,** soweit nicht bes. Vereinbarungen bestehen, bei täglicher Lohnzahlung: täglich, bei Wochenlohn: spätestens am ersten Wochentage zum Wochenende; bei Monatslohn: spätestens am 15. zum darauffolgenden Monatsschluß. Bei Bemessung des Entgelts nach längeren Zeitabschnitten (weil im höheren Dienst): sechswöchige Kündigungsfrist zum Quartalsende. Abweichende Vereinbarungen zulässig, soweit nicht gesetzliche Bestimmungen bzw. solche der Tarifordnung oder Betriebsordnung entgegenstehen. Trotz oft ins einzelne gehender tarifver-

tragl. Bestimmungen ist der Einzelvertrag noch unentbehrlich; er begründet das Arbeitsverhältnis. Bei Vorliegen eines triftigen Grundes fristlose Kündigung jederzeit möglich. **Kündigungsschutz,** bes. für Schwerbeschädigte, für werdende u. stillende Mütter (→ Mutterschutz), allg. aufgrund v. Tarifabkommen sowie durch Gesetz v. 10. 8. 1951: Kündigung ist als *sozial ungerechtfertigt* unwirksam, wenn sie nicht durch Gründe in der Person od. dem Verhalten d. Arbeitnehmers od. durch dringende betriebl. Erfordernisse bedingt ist u. der Arbeitnehmer länger als 6 Monate im Betrieb beschäftigt ist; Einleitung d. Kündigungsschutzes durch *Einspruch beim Betriebsrat,* der mit Arbeitgeber Verständigung herbeiführen soll, oder (und) durch *Klage beim Arbeitsgericht* auf Feststellung, daß Arbeitsverhältnis durch Kündigung nicht aufgelöst ist; Frist auf Einreichung der Klage: 3 Wochen ab Kündigung; f. Massenentlassungen Sonderbestimmungen.

Diels, Otto Paul Hermann (23. 1. 1876–7. 3. 1954), dt. Chem.; Entwicklung der *Diënsynthese;* Nobelpr. 1950 (zus. m. Alder).

Dieme, svw. → Miete 2).

Diemel, l. Nbfl. der Weser, 80 km lang; Talsperre-Kraftwerk im Oberlauf bei Helminghausen.

Diëne, chem. Kohlenstoffverbindungen mit 2 Doppelbindungen (z. B. Butadiën $H_2C=CH-CH=CH_2$); ermöglichen Anlagerung weiterer Verbindungen durch *Diënsynthese.*

Dienstag, 2. Tag d. Woche, *Dingesdag,* nach dem Beinamen *Thingsus* des german. Kriegsgottes Tyr.

Dienstaufsichtsbeschwerde, formloser Rechtsbehelf z. übergeordneten Behörde mit d. Ziel, daß diese Maßnahmen oder Verhalten der untergeordneten Behörde überprüft.

Dienstbarkeit, lat. *servitus,* Belastung e. Grundstücks mit Benutzungsrecht od. anderen Vorteilen entweder zugunsten des Eigentümers eines anderen Grundstückes *(Grunddienstbarkeit)* od. einer best. Person *(beschränkte persönliche D.* u. Nießbrauch);* Grundbucheintragung erforderlich.

Dienste, i. d. ma. Baukunst dünne Säulen od. Rundstäbe, die einer Wand oder einem Pfeiler vorgelegt sind, meist z. Unterstützung d. Gewölbes.

Diensteid, eidl. Verpflichtung des Beamten zur gewissenh. Erfüllung d. Dienstpflichten.

Diensteinkommen, gesetzl. festgelegte Einkünfte d. Beamten; svw. Besoldung.

Dienststrafen, gg. Beamte zur Ahndung v. *D.vergehen* in förml. *Disziplinarverfahren* (z. B. Aberkennung des Ruhegehalts, Entfernung aus dem Dienst, Gehaltskürzung) od. durch *Disziplinarverfügung* (Geldbuße, Verweis, Warnung).

Dienstvertrag → Übers. s. oben.

Dientzenhofer, Baumeisterfamilie d. Barockzeit, aus Aibling, Bay., **1)** Christoph (7. 7. 1655–20. 6. 1722), *St. Nikolaus,* Prag; **2)** Georg, (1643–2. 2. 89); **3)** Jo-

hann (25. 5. 1663–20. 7. 1726), *Dom in* → *Fulda* (Abb.); **4)** Johann Leonhard (20. 2. 1660–26. 11. 1707), Bauten in Bamberg: *Residenz, St. Martin, St. Michael;* **5)** Kilian Ignaz (1. 9. 1689–18. 12. 1751), Hptmeister d. Prager Barockbaukunst.

Diepgen, Eberhard (* 13. 11. 1941), CDU-Pol.; 1984–89 Reg. Bürgerm. v. Berlin, s. 1991 Regierender Bürgermeister von Berlin.

Diepholz (D-2840), Krst. i. Nds., 14 447 E; Schloß; Garnison.

Dieppe [*djɛp*], frz. Hafen und Seebad am Kanal, Dép. *Seine-Maritime,* 35 000 E; Schloß (14. Jahrh.); Werften, Austernzucht.

Diës, *m.* [l.], Tag. – **D.** academicus, vorlesungsfreier Tag a. d. Universität. – **D. ater,** Unglückstag. – **D. irae,** Tag des Zornes, Jüngstes Gericht.

Charles Dickens

Didaktik, *w.* [gr.], Unterrichtslehre, Methodik der Fächer.

didaktisch, lehrhaft; die → Didaktik betreffend.

Diderot [-'*dro*], Denis (5. 10. 1713–31. 7. 84), frz. Schriftst. d. Aufklärung; *Rameaus Neffe;* Hg. d. → *Enzyklopädie.*

Dido, der Sage nach Gründerin v. Karthago, tötet sich, als Aeneas sie verläßt.

Didot [-'*do*], frz. Buchdruckerfamilie, seit 1713; aus ihren Klassikerausgaben die **D.-Antiqua.**

Diebstahl, rechtswidrige Fortnahme einer fremden bewegl. Sache zwecks *Aneignung* (§§ 242 f. StGB); bes. schwere Fälle v. D. (z. B. Einbruch-D., Kirchen-D., Banden-D.) werden nach § 243 StGB mit Freiheitsstrafe bis zu 10 Jahren bedroht.

Dieburg (D-6110), St. östl. v. Darmstadt, Hess., 13 605 E; AG; Wallfahrtskapelle.

Dieckmann, Johannes (19. 1. 1893–22. 2. 1969), dt. Pol.; Mitarbeiter Stresemanns, 1949–69 Präs. d. Volkskammer, 1960–69 stellv. Vors. d. Staatsrats d. DDR.

Diedenhofen, frz. *Thionville,* lothring. St. an der Mosel, 41 000 E; div. Industrie, Bergbau, Eisenverhüttung. – Ab 1683 frz., 1871–1918 dt.

Diederichs, Eugen (22. 6. 1867–10. 9. 1930), dt. Verleger in Jena; 1896 Verlag f. Buchkultur, Jugendbewegung, rel. Verinnerlichung, Ausdruckskultur; s. 1948 in Düsseldorf.

diëlektrisch, elektr. nichtleitend. **Dielektrika** können aber einen Teil eines elektr. Feldes abschirmen.

Rudolf Diesel

Diesel, Rudolf (18. 3. 1858–29. 9. 1913), dt. Ing.; schuf **D.motor** (Patent 1892): Schwerölmotor, in dessen Zylinder der flüssige Brennstoff *(D.öl)* fein zerstäubt eingespritzt wird u. sich infolge hohen Drucks u. hoher Temperatur selbst entzündet; Einspritzdruck wird entweder durch Preßluft erzeugt, im Kompressor od. kompressorlos, durch *Brennstoffpumpe,* die das Öl durch enge Düsen preßt; häufig Verbrennung e. Teiles d. Brennstoffs in einer *Vorkammer;* arbeitet im Zwei- od. Viertaktverfahren; Vorzüge: hoher Wirkungsgrad (über 35%), Brennstoff billig u. nicht explosibel; Abgase mit weniger Schadstoffen als b. Ottomotoren, aber höherem Rußanteil (krebsver-

dächtig); Nachteile: geringere Leistung u. größerer Lärm als bei Ottomotoren; angewendet f. standfeste Kraftanlagen, Schiffahrt, Kraftfahrzeuge, Lokomotiven, Flugzeuge usw.
Diesterweg, Adolf (29. 10. 1790–7. 7. 1866), dt. Pädagoge; Befürworter für konfessionslosen Religionsunterricht u. für eine liberale Erziehung.
Diethylenglykol, $HO\text{-}C_2H_4\text{-}O\text{-}C_2H_4\text{-}OH$, Lösungsmittel, als Frostschutzmittel im Autokühler gebraucht; wurde trotz seiner Giftigkeit östr. Exportweinen zugesetzt, um durch Erhöhung der Süße bessere Qualität vorzutäuschen.
Dietikon (CH-8953), Vorort v. Zürich (Schweiz), 21 800 E; Maschinenbau, Holzind.
Dietl, Eduard (21. 7. 1890–23. 6. 1944), Generaloberst u. Oberbefehlshaber d. deutschen Truppen in Lappland; einer der populärsten deutschen Generale; starb durch Flugzeugabsturz.
Dietmar v. Aist (um 1140–70), östr. Minnesänger.
Dietrich, Marlene, eigtl. *Maria Magdalene v. Losch* (* 27. 12. 1901), dt. Filmschausp.in u. Sängerin; *Der blaue Engel; Shanghai Express; Witness for the Prosecution.*
Dietrich, hakenförmiger Draht zum Öffnen von Schlössern.
Dietrich von Bern, eigentl. v. *Verona*, in der deutschen Heldensage Ostgotenkönig → *Theoderich d. Große.*
Dietzenbach (D-6057), hess. St. b. Offenbach, 28 598 E; Metall-, Bau-, Elektroind.
Dietzfelbinger, Hermann (14. 7. 1908–15. 11. 84), dt. ev. Theologe; 1955–75 Landesbischof von Bayern, 1967–73 Ratsvors. d. EKD.
Dievenow, rechter Mündungsarm der Oder.
Diez, Friedrich (15. 3. 1794–29. 5. 1876), Begr. d. roman. Philologie; *Altroman. Sprachdenkmale.*
Diez (D-6252), St. i. RP, 8974 E; Felke- u. Luftkurort; Schlösser.
Diffamierung [l.], Verleumdung, Herabsetzung des Ansehens, der Ehre einer Person; strafbar.
Differential, svw. → Ausgleichsgetriebe.
– **D.geometrie,** Anwendung der D.-rechnung auf d. Geometrie. – **D.gleichung,** math. Beziehung zw. unbekannter Funktion und ihren → Differentialquotienten in Form einer Gleichung. – **D.quotient,** Grenzwert des Quotienten $\frac{f(x+\Delta x)-f(x)}{\Delta x}$, wenn Δx beliebig klein wird. – **D.rechnung,** Rechnung mit d. D.quotienten, Umkehrung: → Integralrechnung. Von Leibniz (1675/1684) u. Newton (1666/1687) unabhängig voneinander erfunden (→ Infinitesimalrechnung). – **D.rente** → Grundrente.
Differenz, w. [l.], 1) *allg.* Zwist; 2) *math.* Unterschied zw. zwei Zahlen. – **D.geschäft,** Börsentermingeschäft, bei dem

nur die Zahlung der D. zw. d. Vertragskurs u. d. Börsenkurs d. Erfüllungsvertrags vereinbart wird, ohne daß d. effektive Lieferung d. Wertpapiere erfolgt; seit Einstellung d. Terminhandels an d. dt. Börse (1931) nicht mehr möglich.
differenzieren [nl.], unterscheiden; *math.* Bildung des → Differentialquotienten.
Differenzierung, w., 1) *allg.* Herausbildung von Verschiedenheiten aus einem gleichartigen Ganzen; 2) *biol.* Entwicklung von Zellen od. Zellgruppen in unterschiedlicher Richtung nach vorausgegangener → Determination.
differieren [l.], abweichen, versch. sein.
diffizil [l.], schwierig, heikel.
Diffraktion → Beugung 2).
diffus [l.], zerstreut, verschwommen.
Diffusion [l. „Ausbreitung"], in der Chemie die selbsttätige gegenseitige Durchdringung zweier oder mehrerer Gase, Flüssigkeiten oder Lösungen, auch entgegen dem Gesetz der Schwere; durch Membranen svw. → Osmose; Verfahren zur Trennung von gelösten (kristalloiden) Stoffen u. Kolloiden mittels D. durch Membranen (z. B. Pergament, Schweinsblasen, die nur Ionen und kleine Moleküle durchlassen, nicht dagegen Kolloide) = *Dialyse.* – **D.sluftpumpe** → Luftpumpe.
Digest, *m.* [engl. *'daɪdʒest*], Sammlung v. Auszügen aus Veröffentlichungen (*Reader's Digest* u. a.).
Digesten → Pandekten.
Digestion, *w.* [l.], Verdauung.
digital [engl. „digit = Ziffer, Stelle"], meist mit → binär gleichgesetzt; numerische Darstellung stetig veränderlicher Größen.
Digitalanzeige, soviel wie Ziffernanzeige.
digitales Signal, ein → Signal, dessen Signalparameter eine Nachricht darstellt, die nur aus Zeichen eines Zeichenvorrats (z. B. Ziffern) besteht; es ist wert- u. zeitdiskret; → analoges Signal.
Digitalis, *w.* [l.], → Fingerhut.
Digitalrechner → EDV-Anlagen mit → digitaler, interner Zeichendarstellung (z. B. → binäres Zahlensystem); Ggs.: → Analogrechner. Auch → Hybridrechner. → Informatik.
Digression, *w.* [l.], Abschweifung; *astronom.* Abweichung vom Meridian.
DIHT, Abk. f. *Dt. Industrie- u. Handelstag.*
Dijon [di*'ʒõ*], Hptst. d. frz. Dép. Côte-d'Or, 146 000 E; Uni., Weinhandel. – Im 11. Jh. Residenzstadt d. Hzge v. Burgund, s. 1477 frz.
Dike, in der griech. Sage eine der drei Horen, Göttin der Jahreszeiten und der Gerechtigkeit.
Dikotyledonen, *Dikotyle* [gr.], Blütenpflanzen m. 2 Keimblättern.
Diktat, *s.* [l.], Ansage f. wörtl. Mitschrift; aufgezwungene Verpflichtung.
Diktator, unumschränkt reg. Gewalthaber.
Diktatur, verfassungsmäßig befristete (6 Monate im alten Rom) Übertragung der alleinigen Staatsgewalt auf eine Person

bes. in Krisenzeiten; Willkürherrschaft eines einzelnen (in totalitären Staaten); theor. auch d. Forderung d. Alleinherrschaft einer soz. Gruppe: *D. des Proletariats.* → Sozialismus (Übers.).
diktieren, z. Aufschreiben vorsagen; befehlen, auferlegen.
Diktiergerät, z. Aufnahme u. Wiedergabe von Gesprochenem; früher magnetisierbare Platten, heute → Magnetbandgeräte m. Mikrokassetten.
Diktion, *w.* [l.], Ausdrucksweise.
Dilatation, *phys. u. med.* Ausdehn., Ausw.
dilatorisch [l.], aufschiebend, hinhaltend.
Dilemma, *s.* [gr.], Wahl zwischen zwei (gleich unangenehmen) Möglichkeiten; logischer Rückschluß.
Dilettant, *m.* [it.], befaßt sich mit etwas aus Liebhaberei; daher auch verächtlich: Halbwisser, Pfuscher.
dilettantisch, unzulänglich.
Dilettantismus, *m.,* Halbwissen; Unzulänglichkeit.

Dill

Dill, Doldengewächs aus dem Mittelmeergebiet, Gewürzpflanze.
Dillenburg (D-6340), hess. St. im Lahn-Dill-Kr., Rgbz. Gießen, 23 672 E; AG, IHK; metall- u. holzverarbeitende Ind.; Stammschloß v. Wilhelm v. Oranien.
Dillingen, 1) *D. a. d. Donau* (D-8880), Krst. in Bay., 15 827 E; AG; Schloß (13. Jh.), Akad. f. Lehrerfortbildung; div. Ind.; 2) *D./Saar* (D-6638), St. im Saarld., 21 358 E; Ind.; Altes Schloß.
Dilthey, Wilhelm (19. 11. 1833–1. 10. 1910), dt. Gesch.- u. Kulturphil., Systematiker d. Geisteswiss.; *Einleitung in die Geisteswiss.*
Diluvium, *s.* [l.], *Pleistozän, Eiszeit,* → Mensch; → geologische Formationen.
Dime, *m.* [daɪm], 10-Cent-Stück i. d. USA u. Kanada.
Dimension [l.], 1) Ausdehnung(srichtung); gewöhnlich Punkt 0, Gerade 1, Fläche 2, Raum 3 Dimensionen (Länge, Breite, Höhe); 2) svw. Größenordnung.
diminuendo [it.], *mus.* an Tonstärke abnehmend.
Diminution, *w.* [l.], 1) *mus.* Verkürzung eines Themas od. Motivs, meist auf d. Hälfte d. urspr. Notenwerte; Ggs.: → Augmentation; 2) Verzierung einer Melodie.
Diminutiv, *s.* [l.], Verkleinerungswort (z. B. Student, *Studentlein;* Kind, *Kindchen*).
Dimitrow, Georgi (18. 6. 1882–2. 7. 1949), bulgar. Kommunist; 1933 im Ber-

Dinosaurier

liner Reichstagsbrandprozeß freigesprochen; 1946–49 bulgar. Min.präs.
Dimitrowo → Pernik.
Dimorphismus [gr.], Zweigestaltigkeit bei derselben Tierart; *Geschlechts-D.,* Unterschied zw. Männchen und Weibchen; *Saison-D.,* verschiedene Färbung usw. in den verschiedenen Jahreszeiten; ähnlich auch bei Pflanzen.
DIN, Abk. f. *Deutsches Institut für Normung e. V.* (Verbandszeichen: ⌀); DIN ist die nat. Normenorganisation, vertritt Dtld in der intern. Normenorganisation ISO; DIN-Normen (zur Zeit rund 17 000) erscheinen unter dem Verbandszeichen ⌀ und gelten als Regeln der Technik.
Dinar → Währungen, S. 1085.
Dinarische Alpen, im weiteren Sinn die Gebirgszüge im W der Balkanhalbinsel südlich der Alpen bis Griechenland; im engeren Sinn: *Dinarisches Gebirge,* verkarstetes Kalkgebirge zwischen Bosnien und Dalmatien (Jugoslawien), im *Durmitor* 2522 m.
dinarische Rasse → Rasse, Übers.
Dine [dain], Jim (* 16. 6. 1935), am. Maler; → Art brut.
Diner, *s.* [frz. di'ne:], Hauptmahlzeit, Festmahl.
Diners Club [engl. *'dainəz 'klʌb*], internationale Kreditkartenorganisation (New York; Sitz in der BR in Frankfurt/M.).
Dinggeld, *Dingpfennig,* Handgeld bei Abschluß eines Dienstvertrages, bes. in der Landwirtschaft.
Dingi, *s.,* kleinstes, von einem Mann bedienbares Beiboot eines Schiffes; auch kleines Freizeitboot.
dingliches Recht, Recht an einer Sache im Ggs. zum *persönl.* od. *Forderungsrecht;* d. Gesamtheit der Rechte (Besitz, Eigentum, Erbbaurecht, Dienstbarkeiten, Reallasten, Hypotheken, Grundschuld, Rentenschuld, Pfandrecht an bewegl. Sachen u. an Rechten) bildet das *Sachenrecht* (3. Buch des BGB).
Dingo, verwilderter austral. Haushund.
Dingolfing (D-8312), Krst. a. d. Isar, Bay., 14 133 E; Autoind.
dinieren, svw. speisen.
Dinkel, *Spelz,* Weizenrasse mit fester Spelzenumhüllung; liefert *Grünkern.*
Dinkelsbühl (D-8804), St. an d. Wörnitz, Mittelfranken, 10 668 E; ma. Stadtbild, -mauern, 15. Jh.; St.-Georgs-Kirche; Volksfest; div. Ind.

Dinosaurier [gr.], Riesenreptilien der Trias bis Kreidezeit; größte Wirbeltiere des Festlandes.
Dinslaken (D-4220), Kr. Wesel, NRW, 63 246 E; Burgtheater, Steinkohle-, Stahl-, Eisen-, Lederind.; AG.
Dio Cassius, *Cassius Dio* (um 155–229 n. Chr.), griech. Historiker; *Geschichte Roms* (b. 229 n. Chr.).
Diode, *w.,* el. Ventil zur Gleichrichtung v. Wechselströmen, Bauelement m. 2 Elektroden (2polig): **a)** → Elektronenröhre mit Anode u. Kathode, **b)** Halbleiter-D., besteht im wesentl. aus zwei Halbleiter-Kristallschichten mit e. p-n-Übergang; nach Grundwerkst. unterscheidet man *Silicium-, Germanium-, GaAs-*Dioden, nach Aufbau *Flächen-* u. *Spitzen-* D., nach Eigenschaften *Kapazitäts-, Zener-,* → *Foto-* D. u. a. → Halbleitertechnik.
Diodorus (1. Jh. v. Chr.), griech.-sizilian. Geschichtsschreiber in Rom; *„Historische Bibliothek".*
Diogenes *v. Sinope* (412–323 v. Chr.), griech. Philosoph, Zyniker und Sonderling; Bedürfnislosigkeit als höchstes Gut (lebte angebl. i. einer Tonne).
Diokletian|us, Gaius Aurelius Valerius (um 240–316 n. Chr.), 284–305 röm. Kaiser, 286 Reichsteilung; O-Rom–W-Rom; absolutist. Monarchie n. oriental. Vorbild.
Diomedes, griech. Held vor Troja; Kg v. Argos.
dionysisch, → Dionysos, das rauschhaft Schöpferische, nach Nietzsches *Geburt der Tragödie;* Ggs.: → *apollinisch.*
Dionysius, 1) D. Areopagita, erster Bischof Athens, Märtyrer; **2)** D. d. Ältere (430–367 v. Chr.), s. 405 Tyrann von Syrakus, Gegner der Karthager.
Dionysos, griech. Gott d. Weins (lat. *Bacchus*), Theaters u. d. Fruchtbarkeit, Sohn v. Zeus u. Semele.
Diophantos (250 n. Chr.), griech. Mathematiker; nach ihm benannt: *diophantische Gleichungen* mit mehreren Unbekannten u. unendl. vielen Lösungen.
Diopter, *s.* [gr.], Vorrichtung mit 2 Marken zum Visieren *(Visierlinie)* auf einen Punkt.
Dioptrie [gr.], Abk. *dpt.,* Brechkraft einer Linse von 1 m Brennweite; Maß zur Bestimmung von Augengläsern und Augen-(Brechungs-)Fehlern.
Dior, Christian (21. 1. 1905–24. 10. 57), frz. Modeschöpfer.
Diorama, *s.* [gr.], durchsichtiges Bild f. Schaustellungen mit Farbwirkungen durch Lichtwechsel; auch plastisches Schaubild in Museen.
Diorit, *m.,* schwarzgrüner → Plutonit; → Magmatite, Übers.
Dioskuren [gr. „Söhne des Zeus"], i. d. griech. Sage d. unzertrennl. Zwillinge d. Leda: *Castor* u. *Pollux.*
Diotima, in Platons „Gastmahl" und Hölderlins „Hyperion" die erlösende Herrin d. Liebe; „Briefe der D." (→ Gontard, Susette).

Dioxine, systemat. Bez. f. e. zweifach ungesättigtes sechsgliedriges Ringsystem m. 2 Sauerstoffatomen im Ring (z. B. das bei der sog. Sevesokatastrophe 1976 freigesetzte *TCDD,* äußerst giftige, karzinogene, Chlorakne verursachende Verbindung, die auch bei Müll- u. a. Verbrennungsprozessen gebildet wird).
Diözese, *w.* [gr.], Sprengel eines Bischofs oder Superintendenten.
Diphenylamin, Ausgangsstoff f. viele Farbstoffe.
Diphtherie [gr.], *Rachenbräune,* durch das von *Löffler* 1884 entdeckte **D.bakterium** hervorgerufene u. übertragbare Halsentzündung mit flächenhaften Belägen auf Mandeln u. Gaumenbögen bzw. Kehlkopf *(Krupp)* u. Luftröhre; Schluckbeschwerden u. Erstickungszustände, d. e. operative Öffnung d. Luftröhre (→ Tracheotomie) erfordern können; bei Säuglingen oft *Nasen-D.* m. blutigem Schnupfen; häufig Nervenlähmungen infolge D.- → Toxin. - **D.heilserum,** v. Behring 1893 entdecktes → Serum.
Diphthong, *m.* [gr.], Doppellaut (z. B. *au, ei, eu*).
Dipl.- → Diplom-Prüfungen.
diploid, Zellen od. Organismen m. zwei vollständigen Sätzen homologer → Chromosomen, einem mütterl. u. einem väterl.; Ggs.: → haploid.
Diplom, *s.* [gr.], Ehren-, Prüfungsurkunde, die in Verbindung m. der jeweiligen Wissenschaft zur Führung des erworbenen Titels berechtigt.
Diplomaten, mit best. Privilegien (→ Exterritorialität) ausgestattete Vertreter souveräner Staaten: **1)** → *Botschafter* (päpstl. Legaten u. Nuntien); **2)** *Gesandte* oder bevollmächtigte Min. (päpstl. Internuntien); **3)** *Min.residenten;* **4)** *Geschäftsträger;* ferner *diplomat. Agenten* u. mit diplomat. Charakter ausgestattete *Konsuln* im Orient.
Diplomatie, amtl. Verkehr zw. d. Staaten nach best. Regeln d. Völkerrechts u. d. → Courtoisie; staatsmännische Verhandlungstechnik.
Diplomatik, svw. Urkundenlehre.
diplomatisch, 1) urkundlich; **2)** die Diplomatie betr.; **3)** geschickt u. vorsicht. im Unterhandeln.
diplomatisches Korps, Gesamtheit der b. e. Regierung beglaubigten fremden Vertretungen; Wortführer: → *Doyen.*
Diplom-Prüfungen, akad. Abschlußprüfungen, mit deren Bestehen d. Grad *Dipl.-Biologe* (Dipl.-Biol.), *D.-Handelslehrer* (Dipl.-Hdl.), *D.-Ingenieur* (Dipl.-Ing.), *D.-Kaufmann* (Dipl.-Betriebswirt; Dipl.-Kfm.), *D.-Landwirt* (Dipl. agr.), *D.-Meteorologe* (Dipl.-Met.), *D.-Volkswirt* (Dipl. rer. pol.).
Dipol, *m.* [gr.], *D.antenne* f. KW-, UKW- u. Dezimeterwellen, allg. halbe Länge d. abzustrahlenden oder zu empfangenden Wellenlänge; Speisepunkt in d. Mitte d. Antenne.

dippen, 1) mehrmal. Senken d. Schiffsflagge z. Gruß; **2)** etw. (z. B. Lauchstangen) in Würzsoße (den Dip) tauchen.

Diptam, *Brennender Busch,* Rautengewächs, reich an äther. Ölen. ♦.

Diptychon, *s.* [gr.], zusammenklappb. zweiteilige (antike) Schreib-, Altar- und Gedenktafel.

Dirac [-´ræk], Paul Adrien Maurice (8. 8. 1902–21. 10. 84), engl. Phys.; Quantentheorie, Kosmogonie; Nobelpr. 1933.

Direct Costing [engl.], aus den USA stammender Begriff f. e. Rechenverfahren, das alle direkt leistungsabhängigen Kosten einem Produkt bzw. einer Dienstleistung zuordnet.

Directoire, *s.* [frz. -´twa:r], klassizist. Kunst- und Modestil z. Z. des → Direktoriums (1795–99).

direkt [l.], geradezu, unmittelbar.

direkte Steuern → Steuern, Übers.

Direktion, *w.,* Leitung; Richtung.

Direktive, *w.,* Richtlinie.

Direktor, *m.,* Leiter einer Behörde.

Direktorium [l.], Leitung einer Ges. oder Organisation; in der Frz. Revolution höchste (5 Mitgl.) Regierungsbehörde (1795–99).

Direktrice, *w.* [frz. -is(ə)], leitende Handelsangestellte.

Dirigent [l.], mus. Leiter e. Ensembles (Orchester, Chor, Oper).

Dirigismus, Bez. f. lenkende Eingriffe d. Staates i. d. Marktwirtschaft.

Dirschau, *Tczew,* poln. St. a. d. Weichsel, 58 000 E; Bahnknotenpunkt, Hafen, Zuckerind. – 1772–1920 z. Westpreußen.

Dirt Track [engl. ´dət træk], Sandbahnrennen f. Krafträder.

Disaccharide → Zucker.

Disagio, *s.* [it. -adʒo], Abschlag, Spanne, um die ein Kurs hinter d. Nominalwert od. d. Parität eines Wertpapiers bzw. v. Devisen zurückbleibt.

Discount-Geschäfte [engl. -´kaunt], Einzelhandelsgeschäfte, d. unter Verzicht auf Komfort u. Kundendienst Waren mit erhebl. Rabatten anbieten.

Discoverer [engl. -´kʌvərə „Entdecker"], am. Satellitentypenreihe (1959: D. 1 bis 1962: D. 2); → Satellit, → Weltraumforschung).

Discovery [-´kʌvəri], am. Raumtransporter; → Space Shuttle.

Disengagement, *s.* [engl. -ɪn´geɪdʒmənt], das Auseinanderrücken gegnerischer Machtblöcke.

Diseuse [frz. -´zœ:zə], Vortragskünstlerin, bes. i. Kabarett.

Disjunktion [l.], begriffl. Verhältnis von einander ausschließenden Sachverhalten, ausgedrückt durch ein (ausschließendes) Oder.

disjunktiv [l.], trennend, gegensätzl. ausschließend.

Diskant, *m.* [l.], hohe Frauen- oder Knabenstimme, heute *Sopran;* früher oberste Stimme e. mehrstimm. Vokalsatzes.

Diskette, scheibenförmiger, magnetisierbarer Datenspeicher vorzugsweise f.

→ Mikrocomputer; Ausführungen m. starrer od. biegsamer (→ Floppy Disc) Schutzhülle; Informationsspeicherung durch Magnetisierung m. kombiniertem Schreib- u. Lesekopf im *Diskettenlaufwerk;* standardisierte Größen: 8, 5¼ u. 3½ inches; Speicherkapazität z. Z. ca. 2 Megabytes (→ Byte).

Diskjockey [-´dʒɔki], *Discjockey,* Ansager in Diskothek; Moderator einer Schallplattensendung (i. Rundfunk).

Diskographie [gr.], Verzeichnis v. Schallplatten nach best. Gesichtspunkten (z. B. D. des Jazz).

Diskont, *m.* [it.], Abzug v. Zinsen bei noch nicht fälligen Zahlungsverpflichtungen bzw. b. Ankauf **(Diskontierung)** v. Wechseln **(D.geschäft);** *Rediskontierung* erfolgt durch Ankauf der durch d. Geschäftsbanken bereits diskontierten Papiere bei d. Zentralbank; für d. *D.rechnung* (die Ermittlung der abzuziehenden Zinsen) gilt der v. d. Zentralbank festgesetzte **D.satz** *(Bankrate);* an d. sich i. d. BR auch d. Bankenvollzinssätze orientieren.

diskontinuierlich [l.], mit Unterbrechung.

Diskordanz, *w.* [l.], Uneinigkeit, **1)** *geologisch:* Richtungsverschiedenheit v. Gesteinsschichten, z. B. obere (jüngere) Schicht waagrecht, untere gefaltet; **2)** *biol.* unterschiedl. Verhalten von Zwillingen bei Prüfung best. Eigenschaften; schließt Eineiigkeit aus; Ggs.: → Konkordanza.

diskreditieren [frz.], in Mißkredit bringen.

Diskrepanz, *w.* [l.], Auseinanderklaffen, Zwist.

diskret [l.], verschwiegen, taktvoll.

Diskretion, *w.,* Takt, Verschwiegenheit.

Diskriminator [l. „Unterscheider, Trenner"], **1)** elektronische Schaltung, die zwischen mehreren ihr zugeleiteten el. Impulsen bzw. Signalen eine Auswahl trifft; **2)** Einrichtung z. → Demodulation von frequenzmodulierten Trägerschwingungen (z. B. bei UKW-Rundfunkempfängern).

diskriminieren [l.], aussondern, herabsetzen, unterschiedlich behandeln.

Diskurs, *m.,* Gespräch, Erörterung.

diskursiv, d. begriffl., schlußfolgernde Erkenntnisart; Ggs.: intuitiv.

Diskus [gr.], scheibenförm. Wurfgerät, schon in der Antike; 1880 wiedereingeführt; für Männer 2, für Frauen 1, männl. Jugendliche 1,5 bzw. 1,75 kg.

Diskussion, *w.* [l.], Erörterung.

diskutabel, erörternswert.

diskutieren, besprechen.

Dislokation, 1) jegliche Art der Veränderung der normalen Lagerung von Gestein durch Faltung, Überschiebung od. Versetzung von Atomen in Kristallen.

Disney [-´ni], Walt (5. 12. 1901–15. 12. 66), am. Filmproduzent u. Regisseur;

Zeichentrickfilme; Schöpfer d. komischgrotesken Figuren *Micky-Maus* u. *Donald Duck; Fantasia* (1940); *Cinderella* (1950); *Peter Pan* (1953).

Dispache, *w.* [frz. -´paʃ(ə)], Schadensverteilung bei Fällen der großen → Havarie (§§ 727 ff. HGB).

Disparität, *w.* [l.], Ungleichheit; *wirtsch.:* Beim Vergleich von Aufwand u. Kosten sind nicht die effektiven, sondern kalkulatorische Kosten, die eigtl. entstehen müßten, zugrunde gelegt.

Dispatcher, *m.* [engl. -´pætʃə], überwacht den Produktionsablauf in gr. Betrieben.

Dispens, *m.* [l.], Entbindung, Befreiung von einer Verpflichtung, Urlaub. – **D.ehe,** die aufgrund behördl. Befreiung v. Eheverboten *(Ehedispens)* geschlossene Ehe; Befreiung mögl. bei Schwägerschaft, Wartezeit d. Frau nach früherer Ehe, fehlendem Ehefähigkeitszeugnis f. Ausländer.

Dispensation, Aufhebung d. Wirksamkeit eines Gesetzes für d. Einzelfall (Härteparagraphen).

Dispersion, [l. „Streuung"], *optisch:* die unterschiedl. Brechung von Licht verschiedener Farbe durch einen Körper; erzeugt z. B. → Spektrum.

Displaced Persons [-´pleɪst ´pəːsənz], *DPs,* verschleppte Personen. 1945 i. Dtld über 9 Mill. DPs (,,Fremdarbeiter", darunter 1,9 Mill. Kriegsgefangene).

Display, *s.* [engl. -´pleɪ], **1)** dekorativ aufgemachtes, in d. Blick fallendes Ausstellungsstück i. d. Schaufensterwerbung, das f. ein Produkt wirbt; **2)** Sichtgerät in d. Datenverarbeitung.

Disponent, *m.* [l.], mit bes. Vollmachten ausgestattete Person, d. f. best. Geschäftsbereiche eigenverantwortlich handeln kann (z. B. Leiter e. Geschäftsabteilung).

disponibel [frz.], verfügbar.

disponieren, verfügen, (an)ordnen.

disponiert, gestimmt; aufgelegt.

Disposition, *w.* [l.], **1)** Anordnung, Plan; **2)** *med.* (Krankheits-)Veranlagung; **3)** *sportl.* gute D. = gute Form; **4)** *wirtsch.* rechtsgeschäftl. Verfügung.

Disput, *m.* [l.], Wortwechsel.

Disputation, gelehrtes Streitgespräch; *Doktor-D.*

Disqualifizierung [frz.], Ausschluß eines Sportlers v. Wettkämpfen od. Aberkennung eines Sieges wegen Regelverstoßes.

Benjamin Disraeli

Disraeli, Benjamin, Earl of *Beaconsfield* (21. 12. 1804–19. 4. 81), engl. konserva-

tiver Schriftst. u. Pol.; Premiermin. 1868 u. 1874–80; Vertreter des englischen Imperialismus; Romane: *Coningsby; Sybil; Tancred.*
Dissens, *m.* [l.], *jur.* (bei Abschluß eines Vertrages), voneinander abweichende Meinung der Vertragspartner über den Inhalt d. Vertrages od. einzelner Punkte; wenn erkennbar: *offener D.,* wenn auf falscher Vorstellung oder Auslegung beruhend: *versteckter D.*
Dissenters, engl. Protestanten außerhalb d. anglikan. Staatskirche; z. B. Quäker, Methodisten.
Dissertation [l.], schriftl. wissenschaftliche Arbeit zur Erlangung der Doktorwürde; *Inaugural-D.*
Dissimilation [l.], Abbau v. Nahrungsstoffen beim Stoffwechsel.
Dissimulation [l.], Verhehlen eines Leidens.
Dissonanz, *w.* [l. „Spaltklang"], *mus.* im Ggs. zur → Konsonanz, nach Auflösung strebender Spannungsklang.
Dissoziation [l.], Zerfall chem. Verbindungen in → Ionen, d. h. positiv u. negativ geladene Atome od. Atomgruppen in Lösung *(elektrolyt. D.)* od. Zerfall in ungeladene Atome od. Atomgruppen bei hoher Temperatur *(therm. D.);* → Elektrolyse.
distal, von der Körpermitte entfernt.
distance, par [frz. *-ās*], aus der Ferne.
Distanz, *w.* [l.], Entfernung, Abstand, Strecke.

Distel

Distel, mehrere stachl. Korbblütlergattungen; z. T. Unkräuter.
Distelfink, svw. → Stieglitz.
Distichon, *s.,* griech. Verspaar aus → Hexameter u. → Pentameter.
distinguieren [l.], unterscheiden.
distinguiert, vornehm.
Distinktion, *w.,* Ansehen, Auszeichnung.
Distorsion [l.], Gelenkverstauchung.
Distribution, Verteilung; *volkswirtsch.* Einkommensverteilung; die unterschiedl. Verteilung d. Volkseinkommens innerhalb der Bevölkerung; Untersuchungsgesichtspunkte der Verteilung: funktional, personell, sektoral, primär, sekundär.
distributiv [l.], v. Begriffen: sich auf einzelnes beziehend.
Distrikt, *m.* [l.], Bezirk, Abteilung.
Disziplin, *w.* [l.], **1)** (Selbst-)Beherrschung in Verhalten, Denken u. Empfinden; **2)** Zucht; wiss. Einzelgebiet, Fach.
Disziplinargewalt, Zwangs- u. Strafgewalt d. Staates oder eines ihm nachgeordneten öffentl.-rechtl. Verbandes (Rgbz.e, Kreise, Gemeinden) über seine Beamten.

D. üben ferner die Leiter öffentlicher Unterrichtsanstalten gegenüber den Schülern u. Studenten, Kammern gegenüber deren Angehörigen aus sowie militärische Vorgesetzte gegenüber Untergebenen.
Disziplinar-strafen, D.verfahren → Dienststrafen.
Ditfurth, Hoimar v. (15. 10. 1921–1. 11. 89), dt. Psych. u. Journalist; Fernsehserien; *Kinder d. Weltalls; D. Geist fiel nicht v. Himmel.*
Dithmarschen, Landschaft W-Holsteins, zw. Elbe u. Eider, fruchtbare Marschen im W (Viehzucht), Geest i. O; Hptorte: *Meldorf* u. *Heide* (bis 1559 selbständige Bauernrepublik).
Dithyrambos, *m.,* urspr. griech. Festlied f. Dionysos, begeistertes lyr. Gedicht.
dito [it.], abgek.: *do.,* dasselbe, desgleichen.
Ditters v. Dittersdorf, Carl (2. 11. 1739–24. 10. 99), österreichischer Opernkomp.; *Doktor u. Apotheker,* Orchesterwerke.
Diurese, *w.* [gr.], Harnausscheidung.
Diuretika, die Diurese fördernde Medikamente.
Diva, *w.* [l. „Göttliche"], urspr. Bezeichnung röm. Kaiserinnen nach dem Tode; gefeierte Sängerin oder Schauspielerin.
Divergenz, *w.* [l.], Auseinanderlaufen; Meinungsverschiedenheit.
divergieren, abweichen, eine andere Meinung vertreten.
Diverses [l.], Verschiedenes, Allerlei.
Diversifikation, Vergrößerung des Leistungsprogramms einer Unternehmung durch Aufnahme neuer Produkte für neue Märkte; *horizontale D.:* Erweiterung des bisherigen Leistungsprogramms durch Aufnahme neuartiger Produkte/Dienstleistungen f. andere Verwendungszwecke; *vertikale D.:* Eingliederung von P/D, die den derzeitigen entweder vor- od. nachgelagert sind; *laterale D.:* Hinzunahme von P/D, die in keinem sachlichen Zusammenhang zueinander stehen.
Divertikel, *s.* [l.], Ausbuchtung (z. B. des Darms).
Divertimento, *s.* [it.], **Divertissement** [frz. *-tis(ə)'mä*], Bez. f. mehrsätziges Instrumentalwerk unterhaltenden Charakters.
divide et impera [l.], „teile und herrsche", d. h. säe Zwietracht, um zu herrschen.
Dividende [l. „das zu Verteilende"], der auf eine Aktie ausgeschüttete Gewinn, zumeist in Prozenten auf d. Nominalwert ausgedrückt; muß von d. Hptversammlung genehmigt werden.
Dividenden-papiere, Wertpapiere mit Anrecht auf Gewinnbeteiligung in Form von → Dividenden, meist Aktien. – **D.scheine** → Kupons.
Divina Commedia [it.], „Göttliche Komödie", Hauptwerk → Dantes.
Divination, *w.* [l.], Ahnung, Voraussage.

divinatorisch, erratend, seherisch.
Divis, *s.* [frz.], Trennungs- oder Bindestrich.
Division [l.], **1)** *math.* Teilung, 4. Grundrechenart: Ermittlung, wie oft eine Zahl *(Divisor)* in einer anderen *(Dividend)* enthalten ist; gefundene Zahl: *Quotient;* **2)** *mil.* Großverband m. mehreren → Brigaden u. Divisions-Truppen.
Divisionalisierung, Form der dezentralen Lenkung einer Unternehmung bzw. eines Konzerns; eine *Division* beinhaltet jeweils einen Aufgabenbereich, der *Divisionsmanager* legt seine Ziele, z. T. auch in Abstimmung mit der Zentrale, selbständig fest.
Diwan, *m.* [pers.], **1)** türk. Staatsrat; **2)** Bettsofa; **3)** Gedichtsammlung (z. B. Goethe: *Westöstl. D.*).

Otto Dix
Selbstbildnis

Dix, Otto (2. 12. 1891–25. 7. 1969), dt. Maler, Entwicklung vom Expressionismus z. Neuen Sachlichkeit u. Neuromantik.

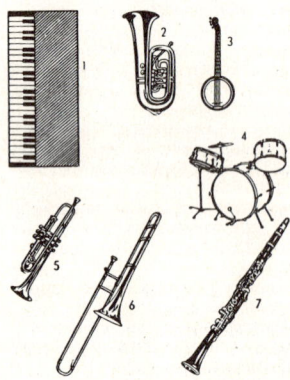

1 Klavier, 2 Tuba, 3 Banjo, 4 Schlagzeug, 5 Trompete, 6 Posaune, 7 Klarinette

Dixieland-Band

Dixieland [*-lænd*], **1)** die nähere Umgebung von New Orleans, auch allg. die Südstaaten der USA *(Dixiestaaten);* **2)** die „weiße" Spielart des → New-Orleans-Jazz, v. fröhlichem, vitalem Charakter; kollektive Improvisation dreier Blasinstrumente v. gleichbleibender rhythm. Begleitung.

Diyarbakır, Hptst. d. osttürk. Prov. *D.,* am Tigris, 305 000 E; Handelszentrum.

Djibouti, *Dschibuti,* amtl. *République de Djibouti, Dschumhuriya D.,* früher *Frz. Afar- u. Issa-Territorium (Frz. Somaliküste),* s. 1977 unabhängig; am Golf von  Aden, an der Bab-el-Mandeb-Straße gelegen, 23 200 km², 484 000 E (20 je km²); Bev.: 47% Issa, 37% Afar, 8% Europäer; Sprache: Frz. u. Arab.; Währung: Dschibuti-Franc (FD). Hptst. *Djibouti* (65 000 E); Flagge S. 340, Karte S. 750; wichtiger Transithafen f. äthiop. Ausfuhrgüter; Mitgl. d. UN, d. OAU u. d. Arab. Liga; AKP-Staat.

Djilas [ˈdʒi-], Milovan (* 12. 6. 1911), jugoslaw. Schriftst. u. Pol.; 1945–54 Gen.sekr. d. KP; *Die neue Klasse; Gespräche mit Stalin; Die unvollkommene Gesellschaft.*

DJV, 1) Abk. f. *Deutscher Journalistenverband;* 2) Abk. f. *Deutscher Jagdschutzverband* e.V.

DKP, Abk. f. *Dt. Kommunist. Partei* (→ Parteien, Übers.).

DLR, Abk. f. *Deutsche Forschungsanstalt f. Luft- u. Raumfahrt,* bis 1989 DFVLR, 1969 gegr. durch Zus.schluß v. *Aerodynam. Versuchsanstalt* Göttingen (AVA), *Dt. Forschungsanstalt f. Luft- u. Raumfahrt* (DFL) u. *Dt. Versuchsanstalt f. Luft- u. Raumfahrt* (DVL); Sitz: Köln.

DM, Abk. für *Deutsche* → *Mark.*

dm, dm², dm³, Abk. f. *Dezimeter, Quadratdezimeter, Kubikdezimeter.*

DNA, engl. Abk. f. → Desoxyribonukleinsäure.

Dnjepr, zweitgrößter Strom des eur. Rußland, 2201 km l., von den Waldaihöhen ins Schwarze Meer bei Cherson; Kanal- oder Flußverbindung mit Düna, Memel, Weichsel u. Ostsee. Nbfl.: l. Sosch, *Desna;* r. *Beresina, Pripet;* zahlr. Stauseen u. Kraftwerke; auf 1990 km schiffbar.

Dnjeprodserschinsk, früher *Kamenskoje,* ukrain. St. am Dnjepr, 282 000 E; Aluminium-, Eisenind.

Dnjepropetrowsk, ukrain. Gebietshptst. am Dnjepr, 1,18 Mill. E; Stahl- u. Aluminiumerzeugung, Maschinenbau.

Dnjestr, Strom im SW d. UdSSR, aus d. Waldkarpaten ins Schwarze Meer, 1352 km l., auf 500 km schiffbar.

DNR, Abk. f. *Deutscher Naturschutzring* e.V., Bundesverband f. Umweltschutz, gegr. 1951.

DNS, veraltete Abk. f. → *Desoxyribonukleinsäure.*

Döbel, karpfenartiger Süßwasserfisch.

Döbeln (D-7300), Krst. in Sa., an der Freiberger Mulde, 27 777 E; div. Ind.

Dobermannpinscher, Polizei- u. Wachhund.

Döblin, Alfred (10. 8. 1878–26. 6. 1957), dt. expressionist. Schriftst. u. Arzt; *D.*

drei Sprünge d. Wang-lun; Berlin Alexanderplatz; Hamlet od. D. lange Nacht nimmt ein Ende; November 1918 (Tetralogie).

Dobrudscha, rumän. *Dobrogea,* Landschaft zw. unterer Donau u. Schwarzem Meer, Landesteil in NO-Bulgarien u. SO-Rumänien. – Bis 1878 türk., dann Nord-D. bulgar.; letztere 1913 rumän., 1940 wieder bulgar.; ca. 20 000 Deutsche der D. 1940–42 nach Dtld umgesiedelt (→ Volksdeutsche).

Dock, Anlage zum Trockenstellen von Schiffen, meist zwecks Ausbesserung; *Schwimmdocks* haben doppelten Boden und Seitenwände, durch Auspumpen schwimmfähig (Abb. → Tafel Schiffahrt); *Trockendocks* sind gemauerte Becken, die ganz leer gepumpt werden.

Docke, *w.,* Getreidebündel; Garnsträhne; gedrehte Säule an Geländern.

documenta [l.], Ausstellung intern. moderner Kunst in Kassel, bisher in den Jahren 1955, 1959, 1964, 1968, 1972, 1977, 1982, 1987, 1992 „d 9" geplant.

Dodekaeder, *s.* [gr. „Zwölfflächner"], Polyeder, begrenzt v. 12 Flächen; *regelmäß. D.,* begrenzt von 12 regelmäß. Fünfecken.

Dodekanes, 12 größere u. 40 kleinere Inseln im südöstl. Ägäischen Meer (Rhodos, Patmos usw.), 2714 km², 145 300 E; Hptst. *Rhodos* (41 000 E); Ölbäume, Wein, Tabak. – Früher türk., 1912 bzw. 1923 it., 1946 griech.

Dodekaphonie → Zwölftontechnik.

Doderer, Heimito v. (5. 9. 1896–23. 12. 1966), östr. Schriftst.; *Ein Mord, d. jeder begeht; D. Dämonen; D. Strudlhofstiege; D. Merowinger.*

Dodoma, s. 1973 offiz. Hptst. v. Tansania, 159 000 E.

Dodona, altgriech. Orakelstätte des Zeus in der Landschaft Epirus.

Doepfner, Julius (26. 8. 1913–24. 7. 1976), deutscher Kardinal (s. 1958); 1948 Bischof von Würzburg, 1957–61 Bischof von Berlin, seit 1961 Erzbischof von München-Freising, 1965–1976 Vors. d. Fuldaer Bischofs-Konferenz.

Dogcart, *m.* [engl.], offener zweirädrig. Einspänner, Jagdwagen.

Doge [ˈdoːʒe], b. 1797 Titel f. d. Staatsoberhaupt in d. Rep. Genua (s. 1339) u. Venedig (s. 697).

Doggen, meist große Hunderassen (→ Tafel Hunderassen).

Dogger, *brauner Jura,* → geologische Formationen.

Doggerbank, Sandbank (13–35 m tief) i. d. mittleren Nordsee; Kabeljaufang; 24. 1. 1915 Seeschlacht.

Dogma, *s.* [gr.], nicht bewiesener, autoritativ begründeter (rel.) Lehrsatz; *kath.:* von Gott geoffenbarte, unfehlbare Wahrheit; *ev.:* Lehr-, Glaubenssatz. Glaubensverpflichtung.

Dogmatik, systemat. Durchdringung u. Darstellung v. → Dogmen.

Dogmatiker, 1) Lehrer d. Dogmatik; 2) nach *Kant:* Denker, d. s. System ohne Prüfung d. Erkenntnisgrundlagen errichtet.

Dogmatismus, Bestehen auf e. vorgegebenen System ohne kritische Prüfung, ohne Rücksicht auf die Umstände.

Dohle, kleiner Rabenvogel, Höhlenbrüter (in Wäldern, Stadtmauern).

Dohnányi, 1) Ernő v. (27. 7. 1877–9. 2. 1960), ungar. Komponist; Bühnen-, Kammermusik- u. Konzertwerke; 2) Klaus v. (* 23. 6. 1928), SPD-Pol.; 1972–74 Min. f. Bildung u. Wiss., 1976–81 Staatsmin. i. AA, 1981–88 Erster Bürgerm. v. Hamburg.

Dohne, *w.,* Zweig m. Schlingen z. Vogelfang.

Dohrn, Anton (29. 12. 1840–26. 9. 1909), dt. Zoologe; gründete 1870 d. *Zoolog. Station* in Neapel.

Doisy, Edward (13. 11. 1893–25. 10. 1986), am. Biochem.; entdeckte chem. Natur v. Vitamin K; Nobelpr. 1943.

Doktor [l. „Lehrer"], akad. Titel, durch *Promotion* an Uni. erworben od. ehrenhalber (h. c.) verliehen; abgekürzt: → Dr.

Doktrin, *w.* [l.], Lehre, Standpunkt.

doktrinär, theoriebesessen, ohne Rücksicht auf Erfahrung.

Dokument, *s.* [l.], Urkunde, Unterlage f. Studium u. Beweisführung (Bücher, Zeitschriften, Zeitungen, Akten, Briefe, Bilder, Filme, Schallplatten, Tonbänder, Modelle, Muster).

Dokumentation, Sammlung, Ordnung u. Bereitstellung v. → Dokumenten.

Dokumententratte → Wechsel.

Dolby-System, entwickelt von R. M. Dolby (US); Unterdrückung von Rauschgeräuschen (bei Hi-Fi-Anlagen).

dolce [it. *ˈdoltʃe*], *mus.* süß, zart, lieblich.

dolce far niente [it. *-niˈɛnte*], süßes Nichtstun.

Dolchstoßlegende, nach d. 1. Weltkr. von d. pol. Rechten aufgebracht: Niederlage nicht mil., sondern durch Verrat, d. Reg. verursacht.

Dolde, schirm- od. büschelast. Blütenstandsform am Stengelende.

Doldengewächse, zweikeimblättrige Pflanzen mit → Dolden als Blütenstand; sehr viele Heil- u. Gewürzpflanzen wegen des Gehalts an → ätherischen Ölen (z. B. Sellerie, Pastinak, Petersilie, Fenchel, Kümmel, aber auch der giftige gefleckte Schierling).

Doline, Eintiefung i. Kalk- u. Salzgestein, entstanden durch Auslaugung u. Einsturz von Höhlen (Einsturzdolinen) bzw. durch Sickerwässer (Trichterdolinen).

Dollar, Zeichen: $, → Währungen S. 1085.

Dollart, Bucht im Emsmündung, im 13. u. 14. Jh. entstanden.

Dolle, Lager f. Riemen (Ruder) eines Ruderbootes.

Dollfuß, Engelbert (4. 10. 1892–25. 7. 1934), östr. christl.-soz. Pol.; 1932–34

Bundeskanzler; errichtete christl. Ständestaat (1934) auf autoritärer Grundlage gg. Sozialdemokratie u. Nat.-Sozialisten; v. diesen erschossen.
Döllinger, 1) Ignaz v. (28. 2. 1799–10. 1. 1890), dt. kath. Theologe; lehnte Dogma d. päpstl. Unfehlbarkeit ab, Mitbegr. d. → Altkatholizismus; **2)** Werner (* 10. 10. 1918), CSU-Pol.; 1962–66 B.schatzmin., 1966–69 B.postmin.; 1982–87 B.min. f. Verkehr.
Dolman, *m.* [türk.], verschnürte Husarenjacke.

Dolmen

Dolmen, vorgeschichtliche Grabbauten m. (meist einem) Deckstein auf senkrechten Seitensteinen.
Dolmetsch|er, *m.* [türk.-ungar.], berufsmäß. Übersetzer mit *D.examen;* Ausbildung in *D.schulen.*
Dolomit, *m., Mineral u. Gestein, → Carbonate, Calcium-Magnesiumcarbonat,* CaMg(CO$_3$)$_2$; Vorkommen in Gebirgen (Dolomiten), wird als Futter in der Thomasbirne verwendet; → Eisen- und Stahlgewinnung.

Dolomiten
bei Cortina d'Ampezzo

Dolomiten, Bergmassive i. S-Tirol, i. d. Marmoladagruppe 3343 m. – **D.straße,** v. Bozen über Karerpaß, Pordoijoch, Cortina d'Ampezzo nach Toblach.
Dolus [l.], im Strafrecht der *jur.* Vorsatz zu widerrechtl. Handlungen. – **D. eventualis,** vorhanden, wenn Täter den widerrechtl. Erfolg zwar nicht direkt beabsichtigt, aber in Kauf nimmt.
Dom [l. „Haus"], bischöfl. Hptkirche; auch andere große Kirchen, Kathedralen, Münster.
Domagk, Gerhard (30. 10. 1895–24. 4. 1964), dt. Med., entdeckte d. med. Bedeutung d. Sulfonamide sowie d. Wirkung neuer Tuberkulosemittel; Nobelpr. 1939.
Domänen, Verwaltungseinheiten staatl. Grundbesitzes.

Dombrowa, *Dąbrowa Górnicza,* poln. Ind.st. im poln.-oberschles. Kohlengebiet, 133 000 E.
Domenico Veneziano (um 1410–Mai 61), it. Maler; Meister d. florentin. Frührenaiss.; Fresken (u. a. in S. Croce, Florenz); Altarbilder; *Bildnis e. Dame.*
Domestikation [l.], Haustierwerdung, Umwandlung v. Wildtieren in Haustiere; Stammformen der meisten Haustiere bereits in vorgeschichtlicher Zeit **domestiziert.**
Domestike, *m.* [frz.], Dienstbote.
Domin, Hilde (* 27. 7. 1912), dt. Schriftst.in; Lyrik, Essays; autobiograph. Roman: *D. zweite Paradies.*
Domina [l. „Herrin"], Stiftsvorsteherin.
dominant, vorherrschend; *dominierende Anlagen* → Vererbung.
Dominante [it.], *mus.* 5. Ton (Quinte) einer Tonart; **Dominant-Akkord,** Akkord auf dieser Tonstufe, bes. der Dreiklang u. Septakkord.
Domingo, Placido (* 21. 1. 1941), span. Opernsänger; Verdi- u. Puccini-Tenor.
Dominica, amtl. *Commonwealth of D.,* Insel d. Kleinen Antillen, 751 km², 81 200 E; Bev.: 98% Schwarze u. Mischlinge; Sprache: Engl. Währung: Ostkarib. Dollar (EC$); Hptst. *Roseau* (11 000 E); Flagge S. 340, Karte S. 747; s. 1978 unabhängige parlamentar. Republik. Mitgl. d. Commonwealth, d. UN u. d. OAS; AKP-Staat.

dominieren [l.], beherrschen, überragen.
Dominik, Hans (15. 11. 1872–9. 12. 1945), dt. Ing. u. Schriftst.; techn. Zukunftsromane; *Atlantis; Atomgewicht 500.*
Dominikaner, *Ordo fratrum praedicatorum,* abgek. *O. P.,* Bettelmönchorden zur Verbreitung d. kath. Lehre durch Predigt; über 10 000 Mitgl.; Tracht: weißer Rock mit schwarzem Mantel u. Kapuze; von → *Dominikus* 1216 gestiftet, später Hauptträger d. Inquisition; aus ihren Reihen bed. Scholastiker (Albertus Magnus, Thomas v. Aquino), Kreuzzugsprediger, Wissenschaftler.
Dominikanische Republik, amtl. *República Dominicana,* d. größere, östl. Teil d. Insel *Haiti,* 48 734 km², 6,87 Mill. E (141 je km²); Bev.-Zuw. 2,4%; Bev.: 73% Mulatten, 10% Schwarze, 16% Weiße; Sprache: Span., Ketschua; Währung: dominikan. Peso (dom$); Rel.: röm.-kath.; Hptst.: *Santo Domingo;* Flagge S. 340, Karte S. 747. **a)** *Landw.:* Anbau bes. von Zucker, Kaffee, Tabak, Kakao. **b)** *Außenhandel* (1988): Einfuhr 1,85 Mrd., Ausfuhr 892 Mill. $. **c)** *Verf.* v. 1966: Staatspräs., Kongreß (2 Kam-

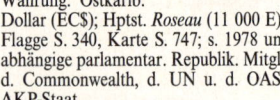

mern). **d)** *Verw.:* 28 Prov. u. 1 Hptstadtdistrikt. **e)** *Gesch.:* Bis 1795 span., 1844 Loslösung von Haïti als Rep.; 1961 Diktator Trujillo ermordet; 1956–66 Revolution, Eingreifen d. USA, Schlichtung durch OAS. **f)** *Mitgl.:* UN u. OAS.
Dominikus (1170–1221), span. Theol. u. Hlg.; Stifter des Dominikanerordens.
Dominions [-*jənz*], bis 1947 Bez. für Länder des brit. Staatsverbandes mit eigenem Parlament, eigener Regierung u. Treuepflicht gegenüber d. engl. Krone (Generalgouverneure als Vertr. d. Krone), Gliedstaaten d. → Commonwealth of Nations.
Domino, *m.* [it.], **1)** weiter Maskenmantel; **2)** Spiel, 28 Steine mit 0–6 Punkten in je 2 Feldern.
Dominus, *m.* [l.], Herr; *D. vobiscum:* Der Herr sei mit euch!
Domitian|us, Titus Flavius, röm. (tyrannischer) Kaiser 81–96 n. Chr.
Domizil, *s.* [l.], **1)** Zahlungsort b. Wechseln; **2)** Wohnsitz.
Domkapitel, *Domstift,* Kollegium v. Geistlichen *(Kanonikern, Domherren)* an bischöfl. Kirchen.
Domleschg, unteres Hinterrheintal, Schweiz, Kanton Graubünden, klimat. begünstigt, obstreich.
Domodossola, it. St. am südl. Endpunkt d. Simplonstraße u. der Bern-Lötschberg-Simplon-Bahn, 20 000 E.
Dompfaff, svw. → Gimpel.
Dompteur [frz. *dõ'tœr*], **Dompteuse** [-*tœz(ə)*], Tierbändiger(in).
Domrémy-la-Pucelle [*dõremilapy'sɛl*], frz. Ort an der Maas, Geburtsort der → *Jeanne d'Arc.*
Don, 1) fischreicher Strom, v. Mittelruss. Plateau ins Asowsche Meer, 1870 km l., 1355 km schiffbar, e. Drittel des Jahres eisbedeckt; Nbfl.: l. *Woronesch, Choper;* r. *Donez;* im Unterlauf seit 1952 durch Leninkanal mit Wolga verbunden; Zimljanskajer Stausee (einer der größten Europas); **2)** Fluß in W-Schottland.
Don [it., span.], Herr (mit Vornamen).
Doña [span. *'doɲa*], **Donna** [it.], Frau.
Donar, *Thor,* german. Gott des Donners.
Donatello, eigtl. *Donato di Niccolò di Betto Bardi* (um 1386–13. 12. 1466), bahnbrechender florentin. Bildhauer d. Frührenaissance; Reiterstandbild des *Gattamelata* (Padua), *David, Judith* (Florenz).
Donatisten, christl. Sekte in Afrika, 4.–7. Jh.; benannt nach d. Bischof *Donatus* von Karthago.
Donatus, Aelius, röm. Grammatiker des 4. Jh. n. Chr.; seine *Ars grammatica* war im MA ein wichtiges Schulbuch (erster Holzdruck).
Donau, Europas zweitgrößter Strom, 2858 km l., a. d. Schwarzwaldbächen *Brigach* u. *Breg* bei Donaueschingen, versickert bei Immendingen durchschnittl. 77 Tage im Jahr vollständig (12 km unterird. Abfluß in Radolfzeller Aach u. Rhein); durchbricht d. Schwäb. Alb, fließt v. Regensburg a. Rande d. Bayr.-

Böhm. Waldes, durch d. Wachau, d. ungar. Tiefland, durchbricht d. Banater Gebirge im → *Eisernen Tor,* durchfließt d. rumän.-bulg. Niederung u. mündet m. 3 Hptarmen ins Schwarze Meer; von Kelheim ab schiffbar. Wichtigste Nbfl.: l. *Altmühl, Naab, Regen, March, Waag, Neutra, Gran, Eipel, Theiß, Temes, Jiu, Alt, Jalomitza, Sereth, Pruth;* r. *Iller, Lech, Isar, Inn, Traun, Enns, Traisen, Raab, Drau, Save, Morava, Isker.* – Zur Überwachung d. D.schiffahrt 1856–1914 *Eur. D.kommission,* s. 1919 *Intern. D.kommission;* 1948 i. *Vertrag von Belgrad* v. kommunist. Anliegerstaaten durch neue *D.kommission* ersetzt (v. Westmächten nicht anerkannt); dt. D.-schiffahrt s. 1957 bis zur Mündung möglich.

Donaueschingen (D-7710), südbad. St. im Schwarzwald, am Zus.fluß d. Donauquellflüsse Brigach u. Breg, BaWü., 680–900 müM, 18 296 E; s. 1921 *D.er Musiktage* (f. zeitgenöss. Musik).

Donaumoos, trockengelegtes Niedermoor r. d. Donau zw. Lech u. Paar.

Donauried, ehem. Niedermoor an d. Donau zw. Mindel u. Lech.

Donau-Schule, *D.-Stil,* Kunstrichtung 1. Drittel 16. Jh. im Donau- u. bayr.-östr.-schweiz. Alpenraum; neuartiges Naturgefühl (Landschaft wird selbständiges Bildthema), Abkehr v. der ma. Werkstatt-Tradition; Hptvertr.: Altdorfer, Cranach d. Ä., Huber, Manuel, Leu.

Donau-Schwarzmeer-Kanal, zweigt bei Cernavodă z. Schwarzen Meer ab; 64 km; eröffnet 1984.

Donauwörth (D-8850), Krst. im bayr. Rgbz. Schwaben, 17 420 E; Metall-, Textil- u. Lebensmittelind. – 1301–1607 Freie Reichsst.

Doncaster [*'dɔŋkəstə*], St. in der engl. Gft Yorkshire, 82 000 E; Textil- u. Eisenind., Kohlenbergbau; Pferderennen.

Donez, r. Nbfl. d. Don, 1055 km l.; am Unterlauf d. **Donezbecken,** ukrain. *Donbass,* sowj. Ind.zentrum mit Steinkohlen-, Quecksilber-, Eisen-, Manganerz- u. Salzvorkommen; Gruben-, Hütten- u. Metallind.

Donezk, bis 1961 *Stalino,* früher *Jusowka,* ukrain. Gebietshptst. im Donezbecken, 1,11 Mill. E; Stahl-, Gußeisen- u. Walzeisenind., Steinkohlenbergbau.

Dönhoff, Marion H. J. Gräfin (* 2. 12. 1909), dt. Journalistin; 1968–72 Chefredakteurin s. 1973 Hg. von *„Die Zeit";* 1971 Friedenspreis d. Dt. Buchhandels.

Dönitz, Karl (16. 9. 1891–24. 12. 1980), dt. Großadmiral; 1943 Oberbefehlshaber d. Kriegsmarine; kapitulierte 1945 als Nachfolger Hitlers.

Donizetti, Gaëtano (29. 11. 1797–8. 4. 1848), it. Opernkomponist: *Der Liebestrank; Die Regimentstochter; Don Pasquale; Lucia di Lammermoor.*

Don Juan [*dɔn'xŭan*], roman. Sagengestalt; Verführer (Mozart: *Don Giovanni*).

Donne [*dʌn*], John (22. 1. 1572–31. 3. 1631), engl. Lyriker; rel.-metaphys. Lehrgedichte, Predigten.

Donner, Georg Raphaël (24. 5. 1693–15. 2. 1741), östr. Bildhauer d. Barock; *Pietà* (Gurk).

Donner, durch starke Erhitzung im Blitzkanal dehnt sich die Luft explosionsartig aus und erzeugt Schallwellen. – **D.grollen,** durch Reflexion d. Schallwellen an d. Erdoberfläche, an Wolken od. an → Inversionen.

Donnerbüchsen, erste Pulvergeschütze (14./15. Jh.).

Donnersberg, 1) Berggruppe des Pfälzer Berglandes, im Königstuhl 686 m; Rundfunksender; 2) *Milleschauer,* höchster Berg d. Böhm. Mittelgebirges, 835 m.

Donnerstag, 5. Tag d. Woche, n. d. Gott → Donar.

Don Quixote
Gemälde v. Daumier

Don Quixote, *Quijote* [span. *dɔŋ ki'xote*], *Don Quichotte* [frz. *dõ ki'ʃɔt*], „Ritter von der traurigen Gestalt", Romanheld d. Cervantes, weltfremder Idealist, „kämpft gegen Windmühlen". *Donquichotterie:* Phantasterei.

Doorn, ndl. Gem., 11 000 E; m. Schloß, 1920–41 Aufenthaltsort Wilhelms II., heute Mus.

Doping, *s.* [engl.], Zuführung v. körperfremden Stoffen zur Erhöhung der (sportl.) Leistungsfähigkeit; verboten.

Doppelbesteuerungs-Abkommen, zwischenstaatl. Vereinbarung, durch die eine doppelte Besteuerung des gleichen Einkommens od. Vermögens (einmal im Inland u. einmal im Ausland) vermieden wird.

Gaëtano Donizetti

Doppelbrechung des Lichts, Brechung d. Lichtstrahlen in zwei Strahlen verschiedener Richtung beim Durchgang durch Kristalle (mit Ausnahme des regulären Systems), bes. deutlich beim → Kalkspat.

Doppelendball, Trainingsgerät f. Boxer, hängt zw. 2 Gummiseilen.

Doppelfuge, Fuge m. zwei Themen.

Doppelkopf, *Doppelschafkopf,* dt. Kartenspiel mit 2 Spielen (4 Spieler).

c-Doppelschlag

Doppelschlag, mus. Verzierung; Umkreisung einer Melodienote mit Ober- u. Untersekunde.

Doppelsterne, eng benachbarte Sterne, 4 Arten: **1)** *optische D.,* stehen nur scheinbar dicht beieinander, liegen aber räumlich weit hintereinander; **2)** *visuelle D.,* im Fernrohr getrennt sichtbar, ihre Bahnbewegung umeinander kann direkt beobachtet werden (z. B. → Castor); **3)** *spektroskop. D.,* im Fernrohr nicht trennbar, aber an der period. Linienverschiebung (→ Doppler-Effekt) im Spektrum erkennbar (z. B. → Capella); **4)** *photometr. D.,* durch Bedeckung erfolgt period. Lichtwechsel, → bedeckungsveränderliche Fixsterne (→ Tafel Himmelskunde II).

doppelte Buchführung → Buchführung und Buchhaltung.

doppeltkohlensaures Natron, älter für → Natriumhydrogencarbonat.

Doppik [Kunstwort], *w.,* doppelte → Buchführung.

Doppler, Christian (29. 11. 1803–17. 3. 53), östr. Phys. u. Math.; **D.-Effekt,** *D.sches Prinzip,* in d. Wellenlehre Gesetz über d. Erhöhung (Erniedrigung) d. beobachteten Schwingungszahl v. Licht- od. Schallwellen b. Annäherung (Entfernung) d. Licht-(Schall-)Quelle.

Dora- Baltea, l. Nbfl. des Po, vom Montblanc, 160 km. – **D. Riparia,** l. Nbfl. d. Po, aus den Kottischen Alpen, mündet bei Turin, 125 km l.

Dorado, *s.* [span. „el dorado = das Goldene"], sagenhaftes Goldland im nördl. Südamerika; übertragen: üppiges Land, glückliche Gegend.

Dordogne [*-'dɔɲ*], **1)** r. Nbfl. d. Garonne, 490 km l; **2)** Dép. in S-Frkr., 9060 km², 379 000 E; Hptst. *Périgueux;* altsteinzeitl. Wohnhöhlen m. Wandmalereien.

Dordrecht, St. in d. ndl. Prov. Südholland, im Rheindelta, 108 500 E; Holz-, Nahrungsmittel-, Eisenind., Motorenbau, Schiffswerften.

Doré, Gustave (6. 1. 1832–23. 1. 83), frz. Maler u. Zeichner; Illustrationen: z. Bibel u. zu Werken Dantes, Cervantes' u. a. (→ Tafel Tanz).

Dorf → Siedlung.

Dörfler, Peter (29. 4. 1878–10. 11.

Doria 192 **Dr.**

1955), dt. kath. Volksschriftst.; histor., heimatgebundene Romane: *Die Wessobrunner.*

Doria, Andrea (30. 11. 1468–25. 11. 1560), genues. Seeheld, gg. Spanier, Franzosen, Türken, eroberte 1535 Tunis; 1547 Verschwörung d. → Fiesco.

Dorier, *Dorer,* einer d. altgriech. Hptstämme, s. 1104 v. Chr. im Peloponnes *(dorische Wanderung).*

dorische Säule → Säule.

Dormagen (D-4047), St. am Niederrhein, Kr. Neuß, NRW, 55 935 E; Zukker- u. chem. Ind.

Dornach (CH-4143), Ort b. Basel, 5300 E, → Goetheanum.

Dornbirn (A-6850), östr. St. im vorarlberg. Rheintal, 39 000 E; Textil-, Maschinenind.; Bundestextilschule u. jährl. Textilmesse.

Dornier [-′*nĭe*], Claude (14. 5. 1884–5. 12. 1969), dt. Flugzeugkonstrukteur; baute 1922 ersten Dornier-Wal, 1929 d. Do X (Großflugboot), schuf Do 31, ersten Senkrechtstart-Transporter (Erstflug 16. 12. 1967).

Dorpat, estn. *Tartu,* Stadt am Embach, Estland, 110 000 E; Uni. (v. Gustav Adolf 1632 gegr.). – 1030 gegr., 1224 von den Schwertbrüdern erobert, 1225 Bischofssitz, Mitglied der Hanse, zu Livland. 1558 russ., 1582 poln., 1629 schwed., 1704–1918 russ.; seit 1940 zur Estn. Sowjetrepublik; seit Sept. 1991 zu Estland.

Dörpfeld, 1) Friedrich Wilhelm (8. 3. 1824–27. 10. 1893), dt. Pädagoge; *Die freie Schulgemeinde;* **2)** Wilhelm (26. 12. 1853–25. 4. 1940), dt. Archäologe; Ausgrabungen in Olympia, Ithaka, Troja, Pergamon, Korfu.

dorsal [l.], rückenwärts gelegen.

Dorsch, Speisefisch, Bez. f. d. jungen → Kabeljau.

Dorset [′*dɔːsɪt*], engl. Gft am Kanal, 2654 km², 656 000 E; Hptst. *Dorchester* (14 000 E).

Dorst, Tankred (* 19. 12. 1925), dt. Dramatiker; *Toller; Auf dem Chimborasso; Dorothea Merz; Klaras Mutter; Merlin.*

Dorsten (D-4270), St. an d. Lippe, NRW, 75 518 E; Steinkohlenbergbau, div. Industrie.

Dortmund (D-4600), krfreie St. am *D.-Ems-Kanal,* 587 328 E; Oberbergamt, OPD, IHK, MPI f. Ernährungsphysiologie, B.anstalt f. Arbeitsschutz u. Unfallforschung, PH, Uni., Sozialakad., Inst. f. Spektrochemie u. angewandte Spektroskopie, Westfalenhalle; Ind.zentrum: Kohle, Eisen, Stahl.

Dortmund-Ems-Kanal, 272 km lang, f. 1350-t-Schiffe; zweigt v. Mittellandkanal ab, verbindet rhein.-westfälisches Industriegebiet mit Nordsee.

DOS, *Disk Operating System,* auf → Personal Computern weitverbreitetes → Betriebssystem.

Dosimeter, *s.,* Gerät zur Messung d. Strahlenbelastung v. Personen.

Dosis, *w.* [gr.], Gabe; nach Vorschrift abgemessene Menge eines Arzneimittels.

Dos Passos, John (14. 1. 1896–28. 9. 1970), am. sozialkrit. Schriftst.; *Manhattan Transfer; USA* (Trilogie).

Dossier, *m.* od. *s.* [frz. *dɔ′sje*], Aktendeckel; Aktenbündel; alle Akten für einen Vorgang.

Dostal, Nico (27. 11. 1895–27. 10. 1981), östr. Operettenkomp.; *Clivia; Manina; Monika.*

Dostojewskij
Radierung von
Max Beckmann

Dostojewskij, Fjodor Michailowitsch (11. 11. 1821–9. 2. 81), russ. Dichter; Grundthema seiner psych. Romane: christl. Erlösung des Menschen durch Leiden u. Glaube; *Schuld u. Sühne; Die Dämonen; Die Brüder Karamasow; Der Idiot.*

Dotation, *w.* [l.], Schenkung; Zuweisung von Geldmitteln.

dotieren, ausstatten.

Dotierung, Einbauen v. Fremdatomen in reine → Halbleiterkristalle; dadurch wird die n. Natur aus geringe Leitfähigkeit bzw. Lumineszenz in Halbleitern gezielt verändert.

Dotter, Reservestoff der tier. Eizelle zur Bildung u. Ernährung d. → Embryos.

Dotterblume, svw. → Sumpfdotterblume.

Dottersack, ein mit Dottermasse gefülltes embryonales Organ zur Ernährung des Embryos.

Dou [*dóu*], Gerard (7. 4. 1613–19. 2. 75), ndl. Maler; Schüler Rembrandts; detailreich erzählende Genrebilder.

Douai [*dwɛ*], frz. Ind.st. i. Dép. *Nord,* 44 500 E.

Douane, *w.* [frz. *dwan*], Zoll, Zollamt, Lagerhaus.

Double [frz. *dubl* „doppelt"], **1)** Ersatzdarsteller für gefährliche Szenen einer Filmrolle; **2)** *mus.* Bez. f. verzierte Wiederholung e. Suitensatzes.

Doublé [frz. *du′ble*], → plattieren.

Doubs [*du*], **1)** l. Nbfl. d. Saône, aus d. Schweizer Jura, speist den Rhein-Rhône-Kanal, 430 km l; **2)** ostfrz. Dép., 5234 km², 479 900 E; Hptst. *Besançon.*

Douglas, schott. Adelsgeschlecht, **1)** Archibald († 1514), nahm an Verschwörung gg. Jakob III. teil; *A. D.,* Ballade v. Fontane, komp. v. Loewe; **2)** James, Gf v. Morton, 1581 beteiligt an der Ermordung Darnleys durch → Bothwell; enthauptet.

Douglas [′*dʌgləs*], Kirk (* 9. 12. 1916), am. Filmschausp.; *Ace in the Hole; Paths of Glory; Spartacus.*

Douglas [′*dʌgləs*], Hptst. u. Hafen der brit. Insel Man, 20 400 E; Seebad.

Douglas Aircraft Company Inc., gegr. 1920, Flugzeugbaufirma in USA, baute u. a. die DC-3 „Dacota" (1936); 1967 Fusion m. der McDonnell Co. zur → McDonnell-Douglas Corporation.

Douglasfichte, *Douglastanne,* hochwüchs. Nadelholz des Felsengebirges Nordamerikas, findet zunehmend Verbreitung in Europa.

Douglas-Home [′*dʌgləs′hjum*], Alexander Frederick, Lord (* 2. 7. 1903), engl. konservativer Pol.; 1960–63 u. 1970–74 Außenmin.; 1963/64 Premierm.

Dover [′*douvə*], engl. Hafen, Seebad am Kanal *(Strait of D.),* 33 000 E; Kanalstation, Kohlengruben, Hptüberfahrtshafen nach dem Festland (Calais u. Ostende; *Straße von D.* 33 km breit).

Dovifat, Emil (27. 12. 1890–8. 10. 1969), dt. Zeitungswissenschaftler; Mitbegr. d. CDU u. FU in Berlin.

Dow-Jones-Index [′*dau′dʒəunz*-], s. 1885 New Yorker Börsenindex; errechnet aus 30 Industrie-, 20 Eisenbahn-, 15 Versorgungswerten u. 65 Aktien.

Dowlas, *s.* [′*daulɘs*], *Daulas,* engl. Baumwollstoff für Bettleinen, leicht glänzend u. steif appretiert.

down [engl. *daun*], nieder, unten; bedrückt sein.

Downing Street [′*daunɪŋ ′striːt*], Straße in London m. Sitz d. Außenmin. u. d. Prem.min.; auch Bez. für d. engl. Außenministerium.

Down-Syndrom [′*daun*-], → Mongolismus.

Doxographen [gr.], antike Schriftst., die die Lehren d. Philosophen sammelten.

Doxologie [gr.], Lobpreisung Gottes (Gloria, Tedeum, Schluß d. Vaterunsers: „Denn Dein ist das Reich ...").

Doyen [frz. *dwa′jɛ̃*], Dienstältester, Wortführer d. diplomat. Korps; im Westen meist der päpstl. Nuntius.

Doyle [*dɔɪl*], Sir Arthur Conan (22. 5. 1859–7. 7. 1930), schott. Schriftst.; Schöpfer v. *Sherlock Holmes.*

Dozent [l.], Lehrer (an Hochschulen).

dozieren, unterrichten, vortragen.

DP, [frz. *Deutsche Partei* = → Parteien, Übers.; **2)** Abk. für → *Displaced Persons.*

D/P [engl.], Abk. f. *documents against payment* (Dokumente gegen Zahlung), Käufer erhält Verfügung über Ware durch Überreichung der Frachtbriefe usw. gegen Zahlung.

dpa, Abk. f. *Deutsche Presseagentur,* → Presse, Übersicht (Nachrichtenagenturen).

d. R., „*der Reserve*", früher Offiziere, Beamte d. Beurlaubtenstandes; Reservisten d. Bundeswehr.

Dr., Abk. f. → Doktor. - **Dr. h. c.,** *honoris causa,* ehrenhalber, auch **Dr. E. h.** – **Dr. (rer.) agr.,** *rerum agrarium,* Dr.

d. Landwirtschaft. – **Dr. arch.,** Dr. d. Architektur (nur in ehem. DDR). – **Dr.-Ing.,** Dr.-Ingenieur. – **Dr. jur.,** *juris,* der Rechtswiss. – **Dr. med.,** *medicinae,* d. Medizin. – **Dr. med. dent.,** *medicinae dentariae,* d. Zahnheilkunde. – **Dr. med. vet.,** *veterinariae,* der Tierheilkunde. – **Dr. (rer.) merc.,** *rerum mercatorum,* d. Handelswiss. – **Dr. oec. publ.,** *oeconomiae publicae,* d. Staatswiss. – **Dr. phil.,** *philosophiae,* d. Philosophie. – **Dr. rer. nat.,** *rerum naturalium,* d. Naturwiss. – **Dr. rer. oecon.,** *rerum oeconomicarum,* d. Wirtschaftswiss. – **Dr. rer. pol.,** *rerum politicarum,* d. Staatswiss. – **Dr. rer. techn.,** *rerum technicarum,* der techn. Wiss. – **Dr. sc. nat.,** *scientiae naturalis,* der Naturwiss. – **Dr. theol.,** *theologiae,* der Theologie **(D.,** Doktor d. Theol., der v. protestant. Fakultäten ehrenhalber verliehen wird). – **Dr. habil.,** Doktor, der *habilitiert* ist (Dtld 1936–45).
Drache, 1) sagenhaftes geflügeltes Untier; der chin. D. ist Symbol d. Fruchtbarkeit (in Ostasien allg. Symbol d. Kraft u. Güte) u. früher Wappentier; 2) → Sternbilder, Übers.

Drachenbaum

Drachen, 1) einfacher, leichter Flugapparat, als Kinderspielzeug und Sportgerät (Drachenfliegen); 2) Dreimann-Kielboot im Segelsport; olymp. Bootsklasse. – **D.baum,** *Dracaena,* baumartiges Agavengewächs auf Teneriffa; erreicht gr. Umfang, hohes Alter; sein rotes Harz, das sog. **D.blut,** als Farbstoff benutzt.
Drachenfels, Vulkangipfel des Siebengebirges am Rhein bei Königswinter (Zahnradbahn), 324 m; mit Schloß *Drachenburg.*
Drachenpunkte, *astronom.* d. auf- u. absteigenden → Knoten d. Bahnen von Mond, Planeten, Erdsatelliten u. Doppelsternen.
Drachensaat, Saat der Zwietracht nach griech. Kadmos-Sage, wo aus gesäten Drachenzähnen Männer wachsen, die sich gegenseitig töten.
Drachme, *w.,* altgriech. Gewicht (= 4,36 g) und Geldstück (→ Währungen, Übers., S. 1085).
Dragées, *s.,* Mz. [frz. -'ʒes], zuckerüberzogene Pillen, Früchte, Gewürze.
Dragoman [arab.], Dolmetsch im Orient; Gesandtschaftsdolmetsch bei eur. Vertretungen.
Dragonaden, Zwangsbekehrung d. frz. Protestanten durch Dragoner Ludwigs XIV.

Dragoner, leichte Reitertruppe, eigtl. berittene Infanterie.
Draht, aus versch. Metallen durch Walzen (→ Walzwerk) od. auf der Ziehbank hergestellt; durch Nachziehen gehärtet, durch Glühen weich gemacht.
Drahtfunk, trägerfrequente Übertragung von Rundfunkprogrammen über gleichzeitig z. Fernsprechen benutzte Leitungen (ohne gegenseit. Beeinflussung) od. über bes. D.leitungen; Wiedergabe durch jeden Rundfunkempfänger m. Langwellenbereich.
Drahtglas, dickes Tafelglas m. eingelegtem Draht, fest u. feuersicher.
drahtlose Telegraphie, Telefonie → Funkwesen.
Drahtseil, aus Stahldrähten zusammengedrehtes Seil. – **D.bahn,** *Schwebebahn,* Fahrzeuge laufen auf Tragseil od. hängen an gemeinsamen Trag- u. Zugseil; Antrieb durch Zugseil.
Drahtwurm, Larve der Schnellkäfer; Wurzelschädling.
Drain [engl. *drein* „Abfluß"], einer von drei Anschlüssen beim → Feldeffekttransistor.
Drainage, *w.* [frz. *drɛ'naʒə*], Ableitung v. Flüssigkeitsansammlungen aus Körperhöhlen od. v. Wundsekret aus Operationswunden m. einem *Drain,* Abflußröhrchen aus Gummi od. Glas.

Draisine
älteres Fahrrad von v. Drais

Draisine, *Dräsine,* v. Karl v. *Drais* (1785–1851), 1817 erfundenes Laufrad; im Eisenbahnbetr. kl. Schienenwagen.
Drake [dreɪk], Sir Francis (um 1540–28. 1. 96), engl. Seeheld; 1577–80 Weltumseglung.
Drakensberge, *Kathlambaberge,* d. östl. Randgebirge Südafrikas (bis 3482 m).
Drakon, athen. Gesetzgeber um 620 v. Chr.
drakonische Gesetze, wegen ihrer Strenge sprichwörtliche Gesetze.
Drall, 1) *phys.* Drehimpuls eines rotierenden Körpers (innewohnender Schwung); 2) bei Schußwaffen: Schrägführung der eingeschnittenen Züge gg. die Achse des Laufes (Rohres), verursacht Drehung des Geschosses in der Luft (zur Verhinderung der Überschlagens); 3) Drehung v. Fäden um ihre Längsachse durch Zwirnmaschine erzeugt.
Dralon®, Handelsbezeichnung f. eine vollsynthet. → Chemiefaser d. Polyacrylgruppe.
Drama, *s.* [gr. „Geschehen"], Bühnenstück, entstand aus Mimus u. Tanz; in

Griechenland aus Dionysos-Kult, im MA aus Passions- u. Mysterienspielen; Darstellung v. Gegensätzlichkeiten des menschl. Wollens im Gespräch (Dialog) od. Selbstgespräch (Monolog) u. in Handlungen; traditionelle Gattungen: *Tragödie* (Trauerspiel), Schauspiel, *Komödie* (Lustspiel, mit den derberen Abarten Schwank u. Posse), Tragikomödie; nach der Art der Handlung unterscheidet man *Charakter-, Milieu-* u. *Schicksals-D.;* Einteilung in *Akte* (Aufzüge) u. *Szenen* (Auftritte).
Dramaturg, urspr. Verf. von Dramen *(Dramatiker),* jetzt künstler. Beirat eines Theaterdirektors.
Dramaturgie, *w.,* Lehre vom Drama; Lessings *Hamburgische D.*
Drammen, südnorweg. Hafenstadt am Oslofjord, 52 000 E; Ind.; Papier-, Cellulose-, Holzausfuhr.
Dränierung, *Dränage, Dränung,* planmäßige Entwässerung staunasser Böden durch unterird. Abflußröhren; Tonröhren mit Fugen, durch die das Wasser eintritt, oder v. Faschinen, auch mit dem *Dränpflug* gezogene Hohlfurchen, Ableitung d. überschüssigen Wassers, Durchlüftung u. Lockerung des Bodens; heute auch *Rohrpflug,* d. vorgefertigte PVC-Rohre unterirdisch verlegt.
Draperie, *w.* [frz.], maler. Faltenwurf, künstl. Anordnung v. Stoffen; **drapieren.**
Draper-Katalog ['dreɪpə-], ein v. dem am. Astronomen Henry *Draper* hergestellter Katalog d. Spektren von mehreren hunderttausend Fixsternen, gewonnen nach d. Objektivprismenmethode; → Objektivprisma.
Drau, serb. *Drave,* r. Nbfl. der Donau, aus d. oberen Pustertal durch Kärnten u. Steiermark, Unterlauf ist jugoslaw.-ungar. Grenze; 719 km l., größtenteils (ab Villach) schiffbar.
Drawida, die nichtarischen Sprachen und Völker des S-Dekkan und Südens von Indien. – **D.rasse,** irreführender Name, meist für die dunkelfarbigen drawidischsprechenden S-Inder (tamilmelanide → Rasse) gebraucht; aber D. wird auch von zahlreichen hellfarbigen Völkern (Kanaresen, Malajali, Telugu von indider Rasse) und von den primitiven zentralindischen hellbraunen Dschungelstämmen (Gond und Kondh von weddider Rasse) gesprochen; abgelegener Rest bei den *Brahui* in Belutschistan.
Drawing-room, *m.* [engl. *'drɔːɪŋrum*], Salon.
Dreadnought [engl. *'drednɔt* „Fürchtenichts"], früher ein (zuerst brit. 1906) Großkampfschifftyp; Name d. ersten Atom-U-Bootes d. brit. Marine.
Dregger, Alfred (* 10. 12. 1920), CDU-Pol.; 1972–82 Vors. d. hess. CDU, 1982–91 Fraktionsvors. d. CDU/CSU.
Drehbank, Metallbearbeitungsmaschine, bei der das Werkstück in schnelle Umdrehung versetzt u. das bearbeitende

Werkzeug, Bohrer, Fräser, Gewindeschneider usw., dagegen vorbewegt wird.
Drehbuch, Textvorlage, nach der ein Film gestaltet wird.
Drehbühne, drehbarer Bühnenboden f. schnellen Szenenwechsel.

Drehflügelflugzeuge, *Hubschrauber*

Drehflügelflugzeuge, anstelle d. Tragflächen um senkrechte Achse rotierende Flügel (Hubschrauber); 3 Arten: **1)** *Hubschrauber* (Helikopter), durch Motor angetriebene Rotoren (Drehflügel) erzeugen Auf- u. Vortrieb, kann in d. Luft stillstehen, senkrecht starten u. landen; **2)** *Tragschrauber* (Autogiro), nur v. Fahrtwind bewegte Hubschraube u. bes. motorisch angetriebener Zugpropeller, kurze Start- und Landestrecke; **3)** *Flugschrauber,* ähnlich d. Tragschrauber, doch auch Hubschraube durch Motor angetrieben.
Drehkolbenmotor → Wankelmotor.
Drehkondensator, in d. → Rundfunktechnik ein → Kondensator m. e. festen u. e. drehb. Plattensatz; Kapazitätswert kann zw. größtem u. kleinstem Wert durch Drehen verändert werden.
Drehmoment, → Moment.

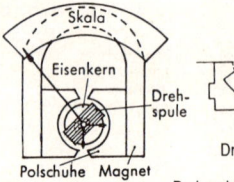

Drehspulmeßwerk

Drehkondensator

Drehspulmeßwerk, Volt- oder Amperemeter zur Messung v. Gleichstrom, in Verbindung mit Gleichrichter auch für Wechselstrom; *Arbeitsweise:* Drahtspule im Kraftfeld e. starken Magneten dreht sich bei Stromfluß gegen die Rückstellkraft einer Feder; Ausschlag wird auf Meßwerk übertragen.

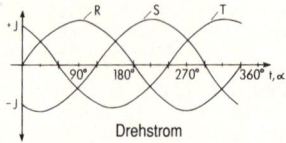

Drehstrom

Drehstrom, Bez. für 3 miteinander verkettete, zeitl. gegeneinander verschobene

→ Wechselströme; Phasenverschiebung jeweils um 120° (*1/3* Periode).
Drehwaage, *Torsionswaage,* an langem Faden drehbar aufgehängter Körper zur Messung kleinster Anziehungs- bzw. abstoßender Kräfte, z. B. der Elektrizität (nach Coulomb), der Gravitation (Cavendish, Eötvös).
Drehwurmkrankheit, Bewegungsstörung b. Lämmern u. Kälbern durch im Gehirn lebende Bandwurmfinne.
Drehzahl, Anzahl der Umdrehungen einer Maschinenwelle pro Minute; Maßeinheit U/min (1 min⁻¹).
Dreibund, Verteidigungsbündnis v. 1882 zw. Dtld, Italien, Östr.-Ungarn, mehrfach erneuert, 1915 von Italien gekündigt.
3 D, Abk. f. **drei**dimensional, räumlich; auch → Stereofilm.

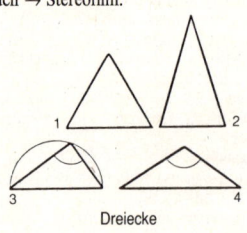

Dreiecke

Dreieck, 1) von drei Geraden begrenzte geometr. Figur. *Spitzwinkl. D.:* jeder Winkel kleiner als 90° (Abb. 2); *stumpfwinkl. D.:* ein Winkel größer als 90° (Abb. 4); *rechtwinkl. D.:* ein Winkel = 90°, die anliegenden Seiten Katheten, die gegenüberliegende Hypotenuse (Abb. 3); *gleichseit. D.:* mit 3 gleichen Seiten und Winkeln (Abb. 1); *gleichschenkl. D.:* mit 2 gleichen Seiten und anliegenden Winkeln (Abb. 2). *Inhalt des D.* gleich Höhe mal Grundseite, geteilt durch 2, Winkelsumme des D. = 180°. *Sphärisches D.,* D. auf einer Kugeloberfläche, das von „größten Kugelkreisen" begrenzt wird. – Berechnung durch → Trigonometrie; **2)** *süd.* u. *nördl. D.,* → Sternbilder, Übers.
Dreieich (D-6072), St. i. Kr. Offenbach, Hess., 38 474 E; histor. St.kern; div. Ind.
Dreieinigkeit, Dreifaltigkeit → Trinität.
Dreifarbendruck → Farbdruck.
Dreifarbenphotometrie, i. d. Astronomie Messung d. scheinb. Helligkeit v. Gestirnen i. drei engen Bereichen d. → Spektrums, meist ultraviolett, blau u.

gelb, woraus → Spektralklasse u. → Leuchtkraftklasse ableitbar sind.
Dreifelderwirtschaft, alte Form des Fruchtwechsels: *Winter-, Sommergetreide,* → Brache.
Dreifuß, dreifüßiges Gestell, in der Antike viel verwendet als Untersatz für Gefäße; berühmt d. dreifüß. Sitz d. Wahrsagerin Pythia in → Delphi.
Dreiherrnspitze, Gipfel d. Hohen Tauern, 3499 m.
Dreikaiserschlacht → Austerlitz.

Dreiklang

Dreiklang, Akkord aus Grundton, Terz u. Quinte: 1) Dur-D.: große, kleine Terz; 2) Moll-D.: kleine, große Terz; 3) verminderter D.: 2 kleine Terzen; 4) übermäßiger D.: 2 große Terzen.
Dreiklassenwahlrecht, 1849–1918 indirektes Wahlsystem in Preußen: Dritteilung der Wähler jedes Wahlbezirkes nach Steueraufkommen; jedes Drittel (= Klasse) wählte d. gleiche Anzahl Wahlmänner, u. diese wiederum wählten d. Abgeordneten; Bevorzugung d. Hochbesteuerten.
Drei Könige, *Hl. Drei Könige,* die drei Magier od. „Weisen aus dem Morgenlande" (N.T.); die Legende nennt sie seit 5. Jh. Könige: *Kaspar, Melchior* u. *Balthasar.*
Dreikörperproblem, Problem d. Bewegung dreier Körper bekannter Massen unter dem Einfluß der Gravitation; in math. Strenge nicht lösbar, im Falle des Sonnensystems mit einer stark überwiegenden Masse (Sonne) genähert lösbar (Clairaut, Euler, Lagrange, Laplace).
Dreileiterkabel, 3 voneinander getrennte Leitungen; durch Stahlband, Bleimantel u. isolierende Umhüllungen aus Jute, Hanf, Papier od. Kunststoff geschützt.
Dreimächtepakt, 1940 zw. Dtld, Italien u. Japan geschlossenes Bündnis.
Dreimaster, 1) svw. → Bark; **2)** svw. → Dreispitz.
Dreimeilenzone, Hoheitsgebiet auf See, erstreckt sich 3 Seemeilen v. d. Küste seewärts, durch intern. Verträge geregelt; häufig 12, 50, 70 bzw. 200 Meilen beansprucht. → Festlandsockel, → Fischereischutzzone.
Dreipaß, 1) gotische → Maßwerkfigur, aus 3 Kreissegmenten zusammengesetzt; **2)** kleeblattförmige Grundrißform.
Dreiperiodensystem, in d. *Vorgeschichte:* Stein-, Bronze-, Eisenzeit, aufgestellt um 1835 durch d. dän. Archäologen Christian *Juergensen-Thomsen.*
Dreiphasenstrom, el. Wechselstrom mit 3 Phasen, → Drehstrom.
Dreischenkel, myst. Zierfigur, s. vorgeschichtliche Zeit: 3 verschlungene Kreissegmente in einem Kreis.

Dreiseitprisma, Prisma mit Spiegelflächen zum Messen rechter Winkel.

Dreiser, Theodore (27. 8. 1871–28. 12. 1945), am. gesellschaftskrit. Schriftst.; *Eine am. Tragödie.*

Dreispitz, dreiseitig hochgekrempelter Hut, urspr. 18. Jh., auch *Dreimaster.*

Dreisprung, leichtathlet. Übung, bei der d. Springer vom Absprung ab zwei Schreitsprünge vor dem letzten großen Sprung macht.

Dreißigjähriger Krieg, 1618–48, Ursache: religiös-pol. Ggs. zw. Katholiken u. Protestanten u. Streben d. Landesfürsten nach Ausbau ihrer Gebiete. – Anlaß: Wiedererstarken d. Utraquisten in Böhmen u. Widerstand der Stände gegen den Absolutismus Ferdinands v. Östr. – Verlauf: *Böhmisch-Pfälzischer Krieg* (1618–23): Prager Fenstersturz 1618; Friedrich V. von d. Pfalz „Winterkönig" v. Böhmen, 1620 am Weißen Berg bei Prag besiegt. – *Niedersächs.-Dän. Krieg* (1625–30): Christian IV. v. Dänemark greift zugunsten d. Protestanten ein, von → Tilly bei Lutter am Barenberge (1626) geschlagen; Wallenstein u. Tilly erobern f. Habsburg N-Dtld; Restitutionsedikt 1629 bestimmt Rückgabe d. v. Protestanten eingezogenen Kirchengüter. – *Schwed. Krieg* (1630–35): Zerstörung Magdeburgs durch Tilly 1631; Eingreifen → Gustav Adolfs von Schweden; Niederlage Tillys bei Breitenfeld 1631, schwed.-protestant. Siegeszug durch Dtld, Gustav Adolf † 1632 bei Lützen; Wallensteins pol. Pläne u. seine Ermordung 1634; Prager Sonderfriede 1635 zw. Sachsen, Brandenburg u. Habsburg. – *Schwed.-Frz. Krieg* (1635–48): Schweden u. Franzosen gg. Habsburg u. Maximilian v. Bayern; Frkr.s Streben nach dem Elsaß. – Friedensschluß 1648 → *Westfälischer Friede.* – Unter den Folgen des D. K.s hatte das verwüstete u. um e. Drittel seiner Bevölkerung dezimierte Dtld Jahrzehnte zu leiden.

Dreißigster → Erbrecht.

Dreitagefieber, 1) als Sommergrippe e. Form d. → Bornholmer Krankheit; **2)** svw. → Pappatacifieber.

Dreizehngemeinden, it. *Tredici Comuni,* 13 dt. oberit. Gemeinden (Prov. Verona), zus. 30 000 E; bis 1797 Freistaat; bis Anfang 20. Jh. in Sprache und Sitte dt.; seitdem italienisiert.

Drei Zinnen, Dolomitengruppe, Südtirol, 3003 m.

Drell, *Drillich,* appretiert. Baumwollstoff f. Inlett u. Matratzen: starkfäd. steifes Leinen f. Kleider.

Drente, *Drenthe,* ndl. Prov. an der dt. Grenze, 2655 km², 439 000 E; Heide u. Moor; Hptst. *Assen.*

Dreschmaschine, landw. Maschine (rotierende Trommel m. Stiften od. axialen Schlagleisten), durch die d. Korn aus d. Ähren geschlagen wird; heute → Mähdrescher.

Dresden, *Zwinger-Pavillon*

Dresden (D-8000), Hptst. d. Landes Sachsen (18 337 km², 4,9 Mill E), Elbe trennt Altstadt u. Neustadt; führende Kunst- und Theaterstadt m. bed. Baudenkmälern (Zwinger, Schloß, Semperoper, Sempergalerie u. a.), 501 417 E (1945: 668 000 E, durch Luftangriffe z. 80% zerstört); Fernsehturm, TU, HS f. Verkehrsw., Pädagogik, bild. Künste u. f. Mus.; Med. Akad., Fachschule f. künstler. Tanz (Palucca); Mikroelektronik, Feinmech.-Optik, Trafo- u. Röntgenbau, Nahrungs- u. Genußmittel. – 1206 St., 1485–1918 Residenz d. Wettiner, durch August den Starken barocke Kunststadt; 1813 Sieg Napoleons.

Dresdner Bank, gegr. 1872, → Banken, Übers.

Dreß, *m.* [engl.], Anzug; *Sport-D.; Full-D.* Gesellschaftsanzug.

dressieren [frz.], durch *Dressur* abrichten.

Dressman [engl.], dem → *Mannequin* entsprechende männl. Person.

Dressur, Abrichtung von Tieren zu bestimmten Verhaltensweisen.

Drewenz, r. Nbfl. d. Weichsel, 207 km l.

Dreyer, Carl Theodor (3. 2. 1889–20. 3. 1968), dän. Filmregisseur; *Johanna v. Orleans* (1927); *Vampir* (1932); *Gertrud* (1964).

Dreyfus, Alfred (9. 10. 1859–11. 7. 1935), jüd. Offizier im frz. Gen.stab; 1894 wegen angeblichen Landesverrats unschuldig verurteilt, erst 1906 rehabilitiert aufgrund des Einspruchs freisinniger Kreise.

Dreyse, Johann Nikolaus v. (20. 11. 1787–9. 1. 1867), dt. Waffentechniker, erfand 1829 d. Zündnadelsystem, 1836 den Hinterlader.

DRGM, Abk. f. *Deutsches Reichs-Gebrauchs-Muster;* heute → DBGM.

Dribbeln, den Regeln gemäße Ballführung i. Basketball u. Handball; auch b. Fußball.

Driesch, Hans (28. 10. 1867–16. 4. 1941), dt. Zoologe u. Philosoph; Vertr. d. Neovitalismus, *Phil. des Organischen.*

Drift [v. „treiben"], durch ständig wehende Winde (Passate) verursachte Meeresströmung.

Drillbohrer, Bohrer mit Spindel, wird durch Hinundherschieben einer „Mutter" in schnelle Umdrehung versetzt.

Drillich, Stoffart → Drell.

Drilling

Drilling, Jagdgewehr mit 3 Läufen: *a* glatte Schrotläufe, *b* gezogener Kugellauf.

Drillmaschine, sät das Korn in Reihen aus, spart Saatgut; zum Eindrücken der Saat dienen Druckrollen.

Drin, Fluß in Albanien zum Adriat. Meer, aus *Weißem* u. *Schwarzem D.,* 300 km l.

Drina, r. Nbfl. der Save, von den montenegrinischen Bergen durch Bosnien, 346 km lang.

Drittelparität, *Mitbestimmung* an HS: 3 Gruppen (Professoren; Mittelbau, insbes. Dozenten u. Assistenten; Studenten); sollen gleichberechtigt abstimmen.

Dritter Orden, *Terziaren,* **1)** Vereinigung v. Katholiken, die einem ersten (männlichen) oder zweiten (weiblichen) Orden angeschlossen sind und unter Leitung des betreffenden Ordens in d. Welt ein Leben christl. Vollkommenheit erstreben; **2)** auch ordensähnl., meist weibl. Gemeinschaften.

Dritter Stand, Bez. des zu Adel u. Geistlichkeit in die frz. Nationalversammlung kurz vor der Frz. Revolution aufgenommenen Bürgerstandes; → Sieyès.

Drittes Reich, 1923 von *Moeller van den Bruck* als pol. Begriff geprägt, von den Nat.-Sozialisten für die Herrschaft Hitlers übernommen.

Dritte Welt, Bez. für die neutrale Stellung d. blockfreien asiat., afrikan., eur. u. südam. Staaten gegenüber d. westl. u. kommunist. Staatenwelt.

Drittschuldner, im Zwangsvollstreckungsverfahren kann Gläubiger die Forderung seines Schuldners gegen einen anderen („Drittschuldner") pfänden lassen (§§ 828 ff. ZPO) u. dann vom D. unmittelbar Leistung verlangen.

Drive-in [engl. *drai'v-*], Einrichtungen (Burger-Imbisse, Ladengeschäfte, Banken, Kinos usw.), die man benutzen kann, ohne das Auto zu verlassen.

DRK, Abk. f. → *Deutsches Rotes Kreuz.*

Droemersche Verlagsanstalt Th. Knaur Nachf., München–Zürich, früher *Th. Knaur Nachf. Verlag,* Berlin, gegr. 1901; Nachschlagewerke (insbes. *Knaurs Lexikon, Knaurs Jugendlexikon* u.

Knaurs Kulturführer i. Farbe), Sachbücher, Kunstbände, Klassiker, moderne Weltliteratur, Knaur-Taschenbücher.
Drogen, Produkte aus Tier- und Pflanzenreich, für techn. u. therapeut. Zwekke, auch als Rauschmittel mißbraucht, sog. harte D. gefährl.
Drogerie, (behördlich überwachte) Verkaufsstelle f. nicht apothekenpflichtige Heilmittel, Chemikalien u. Kosmetikartikel.
Drohnen, die männlichen Bienen.
Drohung, zivilrechtlich Anfechtungsgrund; strafrechtl. strafbar, wenn best. Tatbestände (z. B. Nötigung, Erpressung) erfüllt sind.
Drôme [*drom*], südostfrz. Dép., 6530 km², 406 000 E; Hptst. *Valence.*
Dromedar, das einhöckrige → Kamel.
Dronte, putengr., flugunfähige Taube, ausgerottet.
Drops [engl. „Tropfen"], Fruchtbonbon.
Drosophila, Gattung der → Taufliegen.
Drosselklappe, verstellbare Scheibe, in Rohrleitungen eingebaut, verstellbar von außen; zur Regulierung des Zustroms v. Gasen od. Dampf (Verbrennungskraft-, Dampfmaschinen): *abdrosseln.*

Schwarzdrossel

Drosseln, große Singvögel; Waldbewohner, auch in Gärten u. Großstadtanlagen; in Mitteleuropa: *Sing-D., Schwarz-D. (Amsel), Mistel-D., Wacholder-D. (Krammetsvogel), Rot-Drossel* u. a.
Drosselspule, Spule m. isoliertem Draht umwickelt, mit od. ohne Eisenkern; besitzt f. Gleichstrom geringen, f. Wechselstrom großen Widerstand; Anwendung: Herabsetzung (Drosselung) v. Wechselströmen, Siebung v. Gleichstrom m. Wechselstromanteilen u. ä.

A. v. Droste-Hülshoff

Droste-Hülshoff, Annette Freiin v. (10. 1. 1797–24. 5. 1848), dt. Dichterin; Balladen, Novellen: *Judenbuche;* Naturlyrik, rel. Lyrik: *Das Geistl. Jahr.*
Droste zu Vischering, Klemens August, Frh. v. (21. 1. 1773–19. 10. 1845), Erzbischof v. Köln; Kölner Kirchenstreit

(kath. Kindererziehung in gemischten Ehen).
Droysen, Johann Gustav (6. 7. 1808–19. 6. 84), dt. Historiker; 1848 kleindt. Mitgl. d. Frankfurter Nat.vers.; *Geschichte d. preuß. Politik.*
DRP, Abk. f. *Deutsche Reichspartei,* → Parteien, Übers.

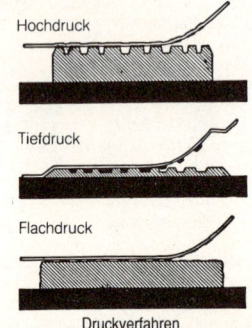

Hochdruck

Tiefdruck

Flachdruck

Druckverfahren

Druck, 1) *phys.* auf eine Fläche in Quadratmetern (m²) wirkende Kraft in *Newton* (N); zulässige Einheiten: → *Pascal* (Pa) u. → *Bar* (bar), 1 bar = 10⁵ N/m² = 10⁵ Pa; nicht mehr zugelassen sind: *techn. Atmosphäre* (at), 1 at = 98 066,5 Pa, *physikal. Atmosphäre* (atm), 1 atm = 101 325 Pa, *Meter Wassersäule* (mWS), 1 mWS = 9806,65 Pa, *Millimeter Quecksilbersäule* (mmHg), 1 mmHg = 133,3224 Pa, u. *Torr,* 1 Torr = 133,3224 Pa; **2)** *D.verfahren:* **a)** *Hochdruck* (Buchdruck): d. nichtdruckenden Teile d. Druckform sind vertieft, d. druckenden, höher liegenden, werden eingefärbt und geben Farbe an das Papier ab; das Setzen erfolgt v. Hand od. maschinell; Bildformen fotomechan. als Autotypie od. Strichätzung oder als Holzschnitt; **b)** b. *Tiefdruck* sind druckende Teile vertieft, die nichtdruckenden erhaben; beim Einfärben füllen sich d. Vertiefungen m. Farbe, v. der Plattenoberfläche wird d. Farbe m. e. Rakel entfernt; Herstellung fotomechan. durch Heliogravüre (→ Heliographie) oder von Hand als Kupfer- od. Stahlstich, Radierung; **c)** der *Flachdruck* beruht auf Abstoßung von Fett u. Wasser; druckende u. nichtdruckende Teile bilden eine Ebene: erstere nehmen die Fettfarbe an, letztere stoßen sie ab; Verfahren: Stein-, Offset-, Lichtdruck; → Buchherstellung, → Druckmaschine, → Farbdruck. - **D.guß** → Spritzguß. - **D.kabine,** Raum f. Flugzeugbesatzung u. -passagiere, in der Temperatur u. Luftdruck unabhängig v. d. Flughöhe in normalen Grenzen gehalten werden. -
D.luft, verdichtet in → Kompressoren Antriebsmittel f. Hammer, Bremsen, Lokomotiven (Grubenlokomotiven) usw.
Druckmaschine, von Friedrich *Koenig* um 1810 erfunden, bei der das Auftragen der Farben auf d. Druckform durch

Farbwalzen u. der Druck vom Satz auf das Papier maschinell erfolgt; Druck auf einzelne Bogen oder von der Rolle (endlose Bahn); Hochdruck, Tiefdruck oder Flachdruck (Offset) → Druckverfahren; einseit. od. → Schön- u. Widerdruck, mehrfarbige Drucke in einem od. mehreren Arbeitsgängen; → Farbdruck; Druck vom flachen Satz, *Tiegel-, Stoppzylinder-* u. *Zweitouren-Schnellpresse* oder bei hohen Auflagen von halbrunden, auf Formzylinder aufgespannten Stereotypieplatten (→ Stereotypie), *Rotationsmaschinen* (Rotationsdruck auf „endlose", schnell hindurchlaufende Papierrolle); bei letzterem Schneiden u. Falzen mit Maschine vereinigt.
Druckmessung, ihre Einheiten → Druck 1). - **D.sinstrumente,** *Manometer,* besitzen entweder Quecksilbersäule, die durch Druck gehoben wird, oder Röhrenfeder, die sich durch Druck biegt u. einen Zeiger betätigt.
Druden, in der dt. Volkssage urspr. gute, später böse (Plage-)Geister.
Drudenfuß → Pentagramm.
Drugstore, *m.* [engl. *'drʌgstɔ:*], in den USA urspr. Drogerie, heute Verkaufsgeschäft f. Bedarfsartikel, häufig mit Imbißecke.
Druiden, keltische Priesterkaste Galliens und Britanniens. - **D.steine,** Opfersteine der → Druiden.
Drumlins [kelt. *'drʌm-*], Schildberge, Rückenberge, durch die Gletscherarbeit entstandene längliche Hügel mit deutl. Asymmetrie; in größerer Zahl: Drumlinlandschaften in ehemals vergletscherten Gebieten (z. B. Ammersee).
Drumsticks [engl. *'drʌm-*], b. Frauen (geschlechtsspezif.) in best. Prozentsatz an d. Kernen d. → Leukozyten u. an Zellen vorhandene *trommelschlegelförmige* Anhänge z. → Geschlechtsbestimmung; → Barr-Körper.

Druse

Druse, 1) *geolog.* Gesteinshohlraum mit kristallbedeckten Wänden; **2)** *med.* entzündl. Schwellung bei → Strahlenpilzkrankheit, Aktinomykose; **3)** bei Pferden gefürchtete ansteckende Krankheit (fieberhafte Entzündung d. Nasenschleimhaut u. d. Kehlgangslymphknoten).
Drusen, islam. Sekte (Mischung aus christl., jüd., moh. Lehren), u. a. in Syrien u. Südlibanon.
Drüsen, Organe, die einen Saft *(Sekret)* bilden u. absondern: D. mit *äußerer Sekretion* Absonderung nach außen (z. B. Tränen-D., Talg-D. d. Haut) od. im Verdauungskanal (z. B. Speichel-D., Bauchspeichel-D., Leber) usw.; D. mit

→ *innerer Sekretion, inkretorische, endokrine* oder *Blut-D.,* Absonderung des Sekrets *(Hormon)* ohne Ausführungsgang direkt ins Blut (z. B. Schild-D.).

Drusus, 1) Marcus Livius, 91 v. Chr. als röm. Volkstribun ermordet; Anlaß zum → Bundesgenossenkrieg 91 v. Chr; **2)** Nero Claudius (38–9 v. Chr.), Stiefsohn des Augustus, drang bis zur Elbe vor.

dry [engl. *draɪ*], trocken, herb (z. B. bei Sekt).

Dryaden, Baumnymphen der griech. Sage.

Dryden [*draɪdn*], John (9. 8. 1631–1. 5. 1700), engl. Dramatiker; Tragödien, Komödien, Essays.

Drygalski, Erich v. (9. 2. 1865–10. 1. 1949), dt. Geograph; Leiter der dt. Südpolarexpedition 1901–03.

Dsaudschikau → *Ordschonikidse.*

Dschabalpur → Jabalpur.

Dschaina, svw. → Jaina.

Dschaipur → Jaipur.

Dschakarta → Jakarta.

Dschalandar → Jullundur.

Dschambi → Jambi.

Dschamna → Jumna.

Dschamnagar → Jamnagar.

Dschamschedpur → Jamshedpur.

Dschansi → Jhansi.

Dschebel, m. [arab. „Berg"], *Djebel,* häufig vor arab. Namen von Bergen. – **D. Drus** → Drusen.

Dschelal ed-din Rumi (1207–73), pers. Dichter u. Mystiker; Ordensstifter der Mewlewije-Derwische; *Diwan, Mesnewi.*

Dschemal ed-din al-Afghani (1838–9. 3. 97), Vorkämpfer des → Panislamismus.

Dschidda, *Jidda, Djidda,* wichtigste Hafenst. Saudi-Arabiens am Roten Meer, 1,5 Mill. E; Ausfuhr von Gewürzen, Perlmutter, Henna, Gummi; Raffinerie; Flughafen.

Dschihad, *m.* [arab. „heiliger Krieg"], Kampf der Moslems gg. Ungläubige. Wer im D. getötet wird, gilt als Märtyrer u. kommt nach islamischer Lehre direkt ins Paradies.

Dschingis-Chan

Dschingis-Khan, *Temudschin* (1155–18. 8. 1227), eroberte als Herrscher der nomad. Mongolen 1215–23 ein asiat. Riesenreich (Zentral- u. Vorderasien, Teile

Chinas u. d. eur. Rußland), das nach s. Tod zerfiel.

Dschodpur → Jodhpur.

Dschohor → Johor.

Dschuangdse, *Zhuangzi* (4. Jh. v. Chr.), chin. Phil., Daoist; → Daoismus.

Dschuba → Juba.

Dschungel, engl. *Jungle,* trop. Regenwald (bes. in Südasien).

Dschunke, chin. Segelschiff, Segel durch Latten versteift.

Dsungarei, *Junggar Pendi,* zentralasiat. Flach- u. Wüstenlandschaft zw. Tian Shan u. Altay; Bewohner Chinesen u. Dsungaren; zu Xinjiang; in der Völkerwanderung Durchgangsland d. Mongolen.

Dsungaren, westmongol. Volksstamm.

Duala, frz. *Douala,* **1)** Hpthafen v. *Kamerun* a. Wuri, 1,1 Mill. E; Ausgangspunkt d. Mittelland- u. d. Nordbahn; Flughafen; **2)** Bantunegerstamm.

Duallis, *m.* [l. „duo = zwei"], grammat. Form zahlr. Sprachen; drückt *Zweizahl* bei Personen od. Dingen aus.

Dualismus, 1) phil. Lehre von einer gegensätzl., nicht aufeinander zurückführbaren Zweiheit d. Welt- od. Erkenntnisprinzipien (gutes u. böses, geistiges u. körperl. Prinzip; Ggs.: → Monismus; **2)** Nebeneinander (Konkurrenz) zweier (pol.) Mächte (z. B. Kaisertum-Papsttum im MA, Preußen-Östr. im 19. Jh.).

Dualität, *math.* wechselseitige Zuordnung.

Dual-Zahlensystem, beruht auf d. Potenzen v. 2, nur die Ziffern 0 u. 1 benötigt; von G. W. → Leibniz 1703 veröffentlicht; in Rechenautomaten; z. B. die Zahl 23

im Dezimal-	im Dualsystem
$2 \cdot 10^1 = 20$	$1 \cdot 2^4 = 10\,000$ (16)
$+\,3 \cdot 10^0 = \underline{3}$	$+\,0 \cdot 2^3 = 0\,000$ (0)
23	$+\,1 \cdot 2^2 = 100$ (4)
	$+\,1 \cdot 2^1 = 10$ (2)
	$+\,1 \cdot 2^0 = \underline{1}$ (1)
	$10\,111$ (23)

Dubai, 1) → Vereinigte Arabische Emirate; **2)** Hafenst. am Pers. Golf, 243 000 E.

Dubarry [*dyba'rɪ*], Marie Jeanne, Gfn (19. 8. 1743–8. 12. 93), Geliebte Ludwigs XV.; hingerichtet.

Dubček [*'duptʃɛk*], Alexander (* 27. 11. 1921), tschech. Pol.; 1968/69 Erster Sekr. d. ZK d. KPČ („Prager Frühling"), s. Ende 1990 Parlamentspräs.

Du Bellay [*dybɛ'lɛ*], Joachim (1522–1. 1. 60), frz. Lyriker: Sonette; → Plejade.

Dübendorf (CH-8600), schweiz. St. b. Zürich, 20 500 E; chem. Ind.

dubios [l.], **dubiös,** zweifelhaft.

dubiose Forderung, eine kaum eintreibbare Forderung.

Dublette, *w.* [frz.], Doppelstück.

dublieren, svw. verdoppeln, b. Weben Einzelfäden nebeneinanderlegen u. durch Drehung verzwirnen.

Dublin [*'dʌblɪn*], amtl. *Baile A'tha Cliath,* Hptst. der Rep. Irland, an d. O-Küste der Insel Irland, 528 000 E; Schloß, 2 Uni., kath. u. anglikan. Erzbisch.; Handel, Ind.; Seehafen *Dun Laoghaire.*

Dublone, ehem. span. Geldstück; → Pistole.

Dubna, sowj. Kernforschungszentrum b. Moskau.

Dubnium, andere Bez. f. → *Kurtschatovium.*

Du Bois-Reymond [*dybwarɛ'mõ*], Emil (7. 11. 1818–26. 12. 96), dt. Physiologe; *Über die Grenzen des Naturerkennens.*

Dubrovnik, it. *Ragusa,* jugoslaw. Hafenst. in Süddalmatien, 44 000 E; Kunstakademie; Fisch, Wein, Öl, Likör- u. Farbenind.; Winterkurort, Seebad.

Dubuffet [*dyby'fɛ*], Jean (31. 7. 1901–12. 5. 85), frz. Maler; Vertr. d. → Art brut.

Duc [frz. *dyk*], **Duca** [it.], Herzog.

Duccio di Buoninsegna [*'duttʃo-'seηpa*] (um 1255–1319), it. Maler d. Gotik, zunächst noch m. byzantin. Elementen; *Maestà* für d. Dom v. Siena.

Duce, *m.* [it. *'dutʃe*], v. lat. dux = „Führer"; Mussolini führte diese Bezeichnung.

Duchač, Josef (* 19. 2. 1938), dt. Chemieing. u. CDU-Pol., s. 1990 Min.präs. v. Thüringen.

Duchamp [*dy'ʃã*], Marcel (28. 7. 1887–2. 10. 1968), vielseitiger frz. Künstler; zuerst Maler (bis 1923): Vorläufer d. → Dadaismus, dann Surrealist; Erfinder der → ready-mades; wirkte anregend auf d. mod. Kunstbewegung durch s. Programm d. ironischen „Gegenkunst".

Duchesse [frz. *dy'ʃɛs*], **1)** Herzogin; **2)** reinseidenes Atlasgewebe mit starkem Hochglanz.

Ducht, *w.,* Querbank bei Booten; Strangenden e. Taus.

Duckdalben, Pfahlgruppen in Häfen zum Festmachen der Schiffe.

Dudelsackpfeifer

Dudelsack, schott. Nationalinstrument; *Sackpfeife* m. 6 Grifflöchern; bes. auch im Mittelmeerraum verbreitet.

Duden, Konrad (3. 1. 1829–1. 8. 1911), dt. Philologe; *Orthograph. Wörterbuch (Rechtschreibung)* d. dt. *Sprache* (s. 1880).

Duderstadt (D-3408), St. am N-Rand des Eichsfeldes, Nds., 22 265 E; ma.

St.bild (Rathaus 13. Jh., Fachwerkhäuser); div. Ind.

Dudley ['dʌdlɪ], westengl. St. am *D.-Kanal,* 187 000 E; Masch.-, Textil-, Eisenind., früher Kohlengruben.

Dudweiler, s. 1974 zu → Saarbrücken.

Duell, *s.,* svw. → Zweikampf.

Dueña [span. *'dŭeɲa*], Anstandsdame.

Duero, portugies. *Douro,* Fluß d. Pyrenäenhalbinsel, z. T. Grenze zw. Spanien u. Portugal, 895 km l.

Duett, *s.* [it.], Musikstück für 2 Stimmen.

Dufay [dy'fɛ], Guillaume (um 1400–74), ndl. Komp.; führender Tonsetzer des 15. Jh.; Messen, mehrstimm. weltl. Gesangstücke.

Dufflecoat, *m.* ['dʌfəlkout], kurzer Mantel aus rauher Wolle; urspr. Winterkleidung d. brit. Marine.

Duft-drüsen, *Duftstoffe* absondernde Drüsen; bei *Tieren* zur gegenseitigen Anlockung (Schmetterlinge) od. Verständigung unter Artgenossen (Bienen); bei *Pflanzen* zur Anlockung von Insekten. – **D.organe,** svw. → Duftdrüsen.

Du Fu, *Tu Fu* (712–770 n. Chr.), chin. Lyriker.

Dufy [dy'fi], Raoul (3. 6. 1877–23. 3. 1953), frz. nachimpressionist. Maler, Mitbegr. d. Fauvismus.

Dugong → Seekühe.

Duhamel [dya'mɛl], Georges (30. 6. 1884–13. 4. 1966), frz. Romanschriftst. u. Kulturphil.; *Civilisation; Salavatin*-Romane; *D. Chronik d. Pasquier* (10 Bde).

Duisberg, Carl (29. 9. 1861–19. 3. 1935), dt. Chem.; Mitbegr. d. → IG Farbenindustrie AG.

Duisburg (D-4100), krfreie St. an Rhein u. Ruhr, Ind.- u. Verkehrszentrum d. Ruhrgebiets, 527 447 E; Schwerpunkt d. eur. Montanindustrie; höchste eur. Roheisen- u. Stahlproduktion; IHK, LG; Lehmbruck-Museum, Dt. Oper am Rhein, Uni., Zoo. *D.-Ruhrort,* größter Binnenhafen Dtlds, Freihafen.

Dukas [dy'ka], Paul (1. 10. 1865–17. 5. 1935), frz. Komp.; Orchesterwerke: *Der Zauberlehrling;* Oper: *Ariane u. Blaubart.*

Dukaten, *m.* [it.], frühere Goldmünze (13.–19. Jh.), galt bis 1857 im Bereich des Dt. Zollvereins (9,6 Mk.). → Zechine. – *D.gold,* Gold v. mindestens 23,5 Karat.

Dukduk, Geheimbund m. Maskentänzen u. Femerecht bei den Eingeborenen im Bismarckarchipel.

Duke [djuk], engl. Adelstitel; → Peer.

Düker [ndl.], Rohrleitung zur Unterführung einer Wasserleitung oder eines Wasserlaufs unter einer Straße, einem Kanal oder ähnl.

Duklapaß, in den O-Beskiden, verbindet Slowakei und Westgalizien, 502 müM.

Duktus, *m.* [l.], charakteristische Form einer Schrift, Linienführung.

Dulbecco, Renato (* 22. 2. 1914), am. Virusforscher; Nobelpr. f. Medizin 1975 (Arbeiten über d. Interaktion des Tumorvirus m. d. Erbmasse der Zelle).

Dulcinea, bei Cervantes: Geliebte des span. Ritters → Don Quixote; scherzhaft f. Geliebte.

Dülken, s. 1970 zu → Viersen.

Dulles ['dʌlɪs], John Foster (25. 2. 1888–24. 5. 1959), am. republikan. Pol.; 1953–59 Außenmin.

Dülmen (D-4408), St. im Rgbz. Münster, NRW, 39 344 E; Textil-, Eisen-, Möbelind., Wildpferdegehege.

Dulong [dy'lõ], Pierre Louis (12. 2. 1785–19. 7. 1838), frz. Phys. u. Chemiker; zus. m. Alexis Petit (1791–1820) *D.-Petitsches Gesetz* (→ Atomwärme).

Dult, Münchner Jahrmarkt.

Duluth [djuˈluːθ], Hafenst. am Oberen See i. US-Staat Minnesota, 93 000 E; Eisenbahnknotenpunkt, einer d. ersten Binnenhäfen d. Welt (Getreide-, Mehl-, Holz-, Eisenerzausfuhr, Kohleneinfuhr).

Dulzin, ein künstl. → Süßstoff.

Duma, 1905–17 russ. Parlament.

Dumas père

Dumas [dy'ma], **1)** Alexandre, *D. père* (Vater) (24. 7. 1802–5. 12. 70), frz. Schriftst.; *Die drei Musketiere; Graf von Monte Christo;* **2)** Alexandre, *D. fils* (Sohn) (27. 7. 1824–27. 11. 95), frz. Theaterschriftst., *Kameliendame; Demimonde.*

du Maurier [dju'mɔrɪə], Daphne, eigtl. *Lady Browning* (13. 5. 1907–19. 4. 89), engl. Schriftst.in; *Karriere; Rebecca; Meine Cousine Rachel.*

Dumbarton Oaks [dʌmˈbaːtn 'ouks], Landhaus bei Washington, i. d. 1944 Entwurf e. Weltsicherheitsorganisation durch USA, Großbrit., Sowjetunion, China ausgearbeitet wurde; war Grundlage f. Bildung d. UN.

Dumbier, höchste Erhebung in der Niederen Tatra (slowak. Karpaten), 2043 m.

Dumdumgeschoß, Gewehrgeschoß mit vorn freigelegtem Bleikern, beim Aufschlagen platzend; verursacht schwere Wunden; nach Haager Abkommen f. Kriegszwecke verboten.

Dummy, *s.* [engl. 'dʌmɪ], Attrappe, Puppe; Strohmann; Versuchsperson.

Dumping, *s.* [engl. 'dʌmpɪŋ], Export einer Ware unter ihrem Inlandspreis, um einen ausländ. Markt zu erobern.

Düna, russ. *Sapadnaja Dwina,* lett. *Daugava,* Strom von d. Waldaihöhen durch Rußland u. Lettland in d. Rigaer Meerbusen, 1020 km l., bis Riga schiffbar.

Dünaburg, lett. *Daugavpils,* an der Dü-na, St. in der lett. Landschaft Lettgallen, 127 000 E.

Dunajec, r. Nbfl. der Weichsel, 247 km l., aus der Hohen Tatra durch Galizien.

Dünamünde, lett. *Daugavgriva,* Vorhafen v. Riga.

Dunant [dy'nã], Henri (8. 5. 1828–30. 10. 1910), schweiz. Philanthrop u. Schriftst., Urheber der → *Genfer Konvention* (1864) u. des → *Roten Kreuzes;* (zus. mit Passy) Friedensnobelpr. 1901.

Dunaújváros, früher *Sztálinváros,* ung. Ind.st. a. d. Donau, 62 000 E; Schwerind.kombinat.

Dunbar [dʌn'baː], Nordseehafenst. in Schottland, 5800 E. – 1296 Sieg Eduards I. über die Schotten, 1650 Cromwells über die presbyterian. Schotten.

Duncan ['dʌŋkən], Isadora (27. 5. 1878–13. 9. 1927), am. Tänzerin; Begründerin der *D.schulen,* für Tanz u. Körperkultur, in Europa (z. B. München, Stuttgart) u. USA.

Duncan ['dʌŋkən], Kg von Schottland 1034–40; von seinem Vetter → Macbeth ermordet.

Duncker, 1) Franz (4. 6. 1822–18. 6. 88), Mitbegr. der Hirsch-D.schen Gewerkvereine (→ Gewerkschaften, Übers.); **2)** Max (15. 10. 1811–21. 7. 86), dt. Historiker, Mitgl. des Frankfurter Parlaments 1848.

Dundee [dʌn'diː], schott. Hafen- u. Fabrikst. (Flachs- u. Juteverarbeitung), a. Firth of Tay, 195 000 E; Uni.

Düne, vom Wind angehäufte Sandhügel am Meer und in Wüsten, bis 180 m hoch.

Dunedin [dʌ'niːdn], Hafenst. S-Neuseelands, 110 000 E; Uni.; Ind.

Düngemittel, *Dünger,* Ersatz f. Nährstoffe, die durch das Pflanzenwachstum verzehrt werden u. durch Ausschwemmung verlorengehen; organischer D. heißt *Wirtschaftsdünger,* anorganischer D. (Mineral-D.) *Handelsdünger;* früher nur Stalldung, Kompost, Jauche, seit der Wende d. 19. Jh. in steigendem Maß Mineraldünger; Hptnährstoffe: Stickstoff, Phosphorsäure, Kali, Kalk u. Magnesium. Durch seine Anwendung größerer Erträge, aber auch Wasserbelastung, Nitratgehalt v. Pflanzen u. negative Veränderung d. Bodenlebens gefördert.

Dunkeladaption → Sehpurpur.

Dunkelfeldmikroskopie, Verfahren, bei d. durch Verwendung eines Dunkelfeldkondensors nur d. Randstrahlen zur Beleuchtung verwendet werden; je nach Objekten vor dunklem Hintergrund.

Dunkelkammer, Labor zum Entwickeln u. Vergrößern v. Filmen aller Art. Je nach Filmtyp u. Vergrößerungsverfahren f. Farbe od. SW muß Dunkelheit herrschen od. Raum nur notdürftig beleuchtet (z. B. Rot, Grün, Gelbgrün etc.).

Dunkelmännerbriefe → Epistolae obscurorum virorum.

Dunkelnebel *(Pferdekopf im Orion)*

Dunkelnebel, *Dunkelwolken,* Wolken im Milchstraßensystem, versperren den Blick i. d. Tiefe, täuschen so sternarme od. sternlose Gebiete vor (z. B. sog. „Kohlensack" beim Kreuz des Südens; Pferdekopf im Orion; Abb.).

Dünkirchen, frz. *Dunkerque,* frz. Hafenst. u. Festung im Dép. *Nord,* am Kanal, 73 000 E; Seebad, Hochseefischerei. - 1658 engl., s. 1662 frz.; Mai 1940 Schlacht bei D. u. Rückzug der brit. u. der Reste der belg. Armee vom Festland nach England. - **D.vertrag,** 1947 zw. England u. Frkr. für 50 Jahre geschlossenes Bündnis gg. dt. Angriff.

Dunkle Materie, Materie, die nicht durch Emission v. elektromagn. Strahlung direkt beobachtbar ist, aber gravitative Einflüsse ausübt, z. B. elektr. ungeladene Elementarteilchen, Planeten, „braune Zwerge" (Gasbälle, deren Massen nicht ausreichen, um Kernverschmelzungsprozesse im Innern zu zünden u. als Sterne sichtbar zu werden), → Schwarzes Loch.

Dunlop [′dʌn-], John Boyd (5. 2. 1840–23. 10. 1921), schott. Erfinder; entwickelte Luftreifen (1888).

Duns Scotus, Johannes (um 1266–1308), schott. Franziskanermönch, Scholastiker; lehrte im Gegens. zu Thomas v. Aquino den Vorrang d. Willens vor dem Verstand; seine Anhänger: *Skotisten.*

Dünung, lange, gleichmäßige Meereswellen, mit abgerundetem Kamm, nach Aufhören eines Sturmes.

Duo [it.], allg. ein Musikstück f. 2 Instrumente, im Ggs. zum → Duett.

Duodenalgeschwür, Geschwür am **Duodenum,** [l.], Zwölffinger- → Darm.

Duodez [l. „duodecim = zwölf"], Buchformat, bei dem der Bogen in 12 Blätter geteilt ist. - **D.fürst,** iron. Bez. für Herrscher eines sehr kleinen Landes (**D.staat**).

Duopol, Marktform, bei der nur 2 Wettbewerber, die in Konkurrenz zueinander stehen, auf der Nachfrage- od. Angebotsseite das Marktgeschehen bestimmen.

düpieren [frz.], foppen, betrügen, nasführen.

Duplik, *w.* [l.], Gegenerklärung d. Beklagten auf Entgegnung *(Replik)* des Klägers.

Duplikat, *s.,* Abschrift, zweite Ausfertigung e. Urkunde.

Duplizität, *w.,* Zweiheit; *D. der Ereignisse,* auffälliges zeitl. Zusammentreffen gleichart. Vorgänge.

Du Pont de Nemours & Co. [′djupɔnt dənə′mʊə], größter Chemiekonzern der USA.

Düppel, dän. Dorf nahe dem Alsensund; 1864 Erstürmung d. **Düppeler Schanzen** im dt.-dän. Krieg durch preuß. Truppen.

Dur, *s.* [l. „durus = hart"], Tonart m. großer Terz; Haupttongeschlecht des jetzigen Tonsystems neben Moll. - **D.akkord,** Dreiklang aus Grundton, großer Terz u. Quinte; → Dreiklang (Abb.).

Dural, *Duraluminium,* harte Legierung aus Aluminium, Kupfer u. geringsten Mengen anderer Metalle; Dichte 2,7; dient zum Leichtbau.

Durance [dy′rãs], l. Nbfl. der Rhône, Mündung b. Avignon, vom Mont Genèvre, 304 km lang.

Durango, mex. Staat, 123 181 km², 1,40 Mill. E; reiche Bodenschätze; Hptst. *D.* (321 000 E).

Duras [dy′ras], Marguerite (* 4. 4. 1914), frz. Schriftst.in; Romane; Drehbuch zu *Hiroshima mon amour.*

Durazzo, alban. *Durrës,* bedeutendster Ausfuhrhafen Albaniens, 79 000 E; das alte *Epidamnos,* 625 v. Chr. gegründet.

Durban [′də:bən], *Port Natal,* St. u. Hafen d. Rep. Südafrika (Prov. Natal) am Ind. Ozean, 982 000 E (308 000 Weiße); Haupthandelsplatz.

Durchfall, *Diarrhoe,* beschleunigte u. vermehrte Entleerung dünnflüssigen Stuhls bei Darmkrankheit, Erkältung, Vergiftungen usw.; oft seelisch bedingt. Heilung durch Wärme, Diät, Tierkohle, evtl. Klistiere, Abführmittel.

Durchführung, *mus.* in der → Fuge: Übertragung des Themas auf andere Stimmen; freie Verarbeitung des Hauptthemas; motivische Durcharbeitung i. d. → Sonatenform.

Durchgang, b. einem Stern Weg durch Gesichtsfeld des Fernrohrs; D. durch Meridian auch → Kulmination; auch Bez. für gelegentl. Vorübergang der Planeten Merkur und Venus vor der Sonne. - **D.sinstrument** → Meridiankreis.

Durchgangsarzt, Beratungsarzt der Unfallversicherungsträger b. Arbeitsunfällen; ein speziell zugelassener Unfallchirurg od. Orthopäde, bei d. Verletzte n. Arbeitsunfällen vorgestellt werden müssen.

Durchlaucht, Titel des Chefs fürstl. Häuser.

Durchmesser, *Diameter,* bei Körpern und Flächen jede durch den Mittelpunkt gehende Gerade (Sehne).

Durchschnitt, bei zwei Mengen die Menge der Elemente, die in beiden Mengen enthalten sind.

Durchschnittsbeschaffenheit, die (im Börsenhandel) festgelegte Güte v. gewissen, ohne Muster od. Probe verkäufl. Waren.

Durchschuß, im *Buchdruck:* Abstand (Leerraum) zw. d. Druckzeilen.

Durchsuchung, v. Personen u. Sachen, wird auf Anordnung des Richters z. Aufklärung v. Straftaten oder z. Ergreifung von Tätern angeordnet; Anordnung bei Gefahr i. Verzug auch durch Staatsanwalt od. Polizei möglich; Haussuchung bei Nacht nur bei Verfolgung auf frischer Tat, bei Gefahr i. Verzug od. Wiederergreifung v. Gefangenen.

Düren (D-5160), Krst. i. NRW, 83 120 E; Papier-, Glas-, Metall- u. Autobauind.

Albrecht Dürer
Selbstbildnis

Dürer, Albrecht (21. 5. 1471–6. 4. 1528), dt. Maler u. Graphiker an d. Wende zur Renaiss. aus Nürnberg (D.haus); bereiste Elsaß, Schweiz, Tirol, Italien u. Ndl.; Lehrbücher über Perspektive u. Proportionen; Gemälde: *Madonnen, Selbstbildnisse, Apostel;* Zeichnungen z. *Gebetbuch Kaiser Maximilians;* Holzschnitte: *Apokalypse, Marienleben;* Kupferstiche: *Kleine Passion; Ritter, Tod und Teufel; Melancholia I; Hieronymus im Gehäus;* Aquarelle, → Maximilian I.

Durham [′dʌrəm], **1)** Hptst. d. nordengl. Gft *D.,* 38 000 E; anglikan. Bischofssitz, röm.-got. Kathedrale, Uni.; Eisen- u. Textilind., Kohlenlager; **2)** St. im US-Staat N-Carolina, 101 000 E; Tabakind.

Durieux [dy′rjø], Tilla, eigtl. *Ottilie Godeffroy* (18. 8. 1880–21. 2. 1971), dt. Schauspielerin.

Durlach, s. 1938 St.teil von Karlsruhe; 1565–1715 Residenz der Markgrafen von Baden-D.

Duroplaste, Kunststoffe, d. in einen harten, nicht mehr formbaren Zustand übergehen (wie Bakelite), also chem. „härtbar" sind; Ggs.: → Thermoplaste.

Durrell [′dʌrəl], Lawrence (* 27. 2. 1912), irischer Lyriker u. Schriftst.; *Alexandria Quartett* (Tetralogie).

Friedrich Dürrenmatt

Dürrenmatt, Friedrich (5. 1. 1921–14. 12. 90), schweiz. zeitkrit. Dramatiker u.

Erzähler; *Die Ehe des Herrn Mississippi; Der Besuch der alten Dame; Die Physiker; D. Panne; D. Richter u. sein Henker.*

Duschanbe, 1929–61 *Stalinabad,* Hptst. der Sowjetrep. Tadschikistan, 595 000 E; Flughafen, Industrie, Uni.

Duse, Eleonora (3. 10. 1859–21. 4. 1924), it. Schauspielerin.

Düse, Ansatzstück an Flüssigkeits- od. Gasleitungen; zum Umsetzen von Druck in Geschwindigkeit u. umgekehrt; → Vergaser.

Phantomjäger

Düsenflugzeug, intern. *Jet,* hat in Militärfliegerei, Luftverkehr u. allg. Luftfahrt das Propellerflugzeug durch Verwendung des Strahltriebwerks (→ Tafel Luftfahrt) weitgehend abgelöst; während Mil.-Flugzeuge bereits Geschwindigkeiten über Mach 3 (M 1 = ca. 1200 km/h) erreichen, stieg die Reisegeschwindigkeit im Luftverkehr von 550 auf 900 km/h (1959 Boeing 707), die Zahl der Fluggastsitze auf 150; die ab 1970 verwendeten Jumbo-Jets (Boeing 747) befördern im Atlantikverkehr ca. 500 Fluggäste; die für ca. 130 Passagiere ausgelegte brit.-franz. „Concorde", 1973 in Dienst gestellt, ist neben der sowj. TU 144 mit einer Reisegeschwindigkeit von ca. 2 Mach das erste Überschallverkehrsflugzeug.

Düsseldorf (D-4000), Hptst. d. Landes NRW, 569 641 E; wirtsch. Mittelpunkt rhein.-westfäl. Industriegeb.; intern. Handelszentrum; Uni., Staatl. Kunstakademie, FS, Konservatorium; Landeszentralbank, Rheinwestfäl. Börse; OPD; OLG, LG, AG, Landesarbeits- u. Finanzgericht, IHK, MPI f. Eisenforschung; Maschinenbau, chem. Ind., Stahl- u. Walzwerke, Fahrzeugbau, Elektro-, Glas-, Textil- u. Papierind.; Flughafen; Rheinhafen. – Seit 1288 Stadt; 1511 Residenz d. Herzöge v. Jülich-Kleve-Berg; 1806–13 Hptst. d. Großhzgt. Berg; 1815 (20 000 E) an Preußen.

Duttweiler, Gottlieb (15. 8. 1888–8. 6. 1962), schweiz. Unternehmer u. Sozialpol.; Begr. des *Migros*-Vertriebssystems z. Verbilligung d. Lebenshaltung; *Klubschulen* f. Erwachsenenbildung.

Duty-free-Shop, *m.* [engl. *'dju:ti 'fri: 'ʃɔp*],

(auf Flughäfen u. ä.) Laden, der zollfreie Waren anbietet.

Duve [*dy:v*], Christian de (* 2. 10. 1917), belg. Biochem.; Nobelpr. f. Med. 1974 (Arbeiten über Struktur u. Funktion d. Zelle).

Dux, tschech. *Duchcov,* St. im nordböhm. Erzgebirge, 11 000 E.

DVA, Abk. f. elektron. → Datenverarbeitungsanlage.

Antonín Dvořák

Dvořák [*'dvɔrʒak*], 1) Antonín (8. 9. 1841–1. 5. 1904), tschech. Komp.; Tänze (böhmische Volksmusik); Lieder; Sinfonien: *Aus der Neuen Welt;* Opern: *Rusalka;* 2) Max (24. 6. 1874–8. 2. 1921), östr. Kunsthistoriker; *Kunstgeschichte als Geistesgeschichte.*

DVP, Deutsche Volkspartei, → Parteien, Übers.

dwars, *seem.* quer.

Dwarslinie, Schiffsformation (Nebeneinanderfahren v. Kriegsschiffen).

Dwina, Strom i. N d. UdSSR, aus Jugsuchona, 1302 km l., mündet ins Weiße Meer.

Dy, *chem.* Zeichen f. → Dysprosium.

Dyck [*deik*], Antonis van (22. 3. 1599–9. 12. 1641), fläm. Maler d. Barock; Rubensschüler; tätig auch in Italien; ab 1632 meist in England (Hofporträtist); relig. u. weltl. Themen; bes. Bildnisse.

Dylan [*'dɪlən*], Bob (eigtl. Robert Zimmermann; * 24. 5. 1941), am. Protestsänger, Rockmusiker.

Dyn, phys. Einheit der Kraft, erteilt der Masse von 1 g die Beschleunigung von 1 cm/s^2.

Dynamik, *w.* [gr.], 1) Teil d. *Mechanik,* handelt v. der Änderung des Bewegungszustandes v. Körpern durch einwirkende Kräfte; Ggs.: Statik, → Kinematik; D. flüssiger Körper: *Hydrodynamik,* D. gasförmiger Körper: *Aerodynamik;* 2) in d. *Musik:* Lehre v. d. Lautstärkegraden; 3) auf Fortentwicklung gerichtete Kraft, Schwung (bes. in d. Wirtsch.).

dynamische Renten, z. B. Altersrenten, deren Leistungen von wechselnden Sozialprodukt periodisch angeglichen werden.

Dynamit, *s.* [gr.], Sprengstoff nach

→ *Nobel;* Nitroglyzerin in Kieselgur, unempfindl. gg. Stoß; Detonation durch → Initialzündung.

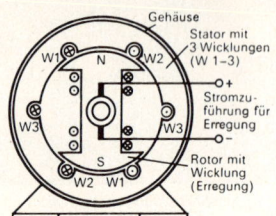

Dynamo, *Prinzip eines Drehstromgenerators*

Dynamo-maschine, *Generator,* el. Energie erzeugende Maschine, 1866 von W. Siemens; besteht aus feststehendem Teil, dem *Stator* mit Feldmagneten, in dessen Kraftfeld d. *Rotor* od. Anker, durch Dampfturbine, Dieselmotor od. Wasserturbine angetrieben, umläuft. In den Wicklungen des Ankers entsteht dadurch elektromotor. Kraft, so daß bei Schließen des Stromkreises Strom fließt. – **D.meter,** Kraftmesser zur Ermittlung von Kräften u. Leistungen; *Brems-D.meter* od. Pronyscher Zaum z. Leistungsmessung, z. B. an Motoren durch Ermittlung d. Dreh- → Moments.

Dynastie, *w.* [gr.], erbl. Herrschergeschlecht, -haus.

dys- [gr.], als Vorsilbe: miß-, übel-.

Dysbakterie, abnorme Lokalisation u. Zus.setzung d. Darmbakterien, Ursache v. Darmstörungen.

Dysenterie, svw. → Ruhr.

Dyskrasie, fehlerhafte Zus.setzung d. Körpersäfte.

Dysmelie [gr.], angeborene Fehlentwicklung v. → Extremitäten.

Dysmenorrhoe, Monatsblutung mit krampfartigen Schmerzen.

Dyspepsie, Verdauungsstörungen.

Dysphagie, Schlingbeschwerden.

Dyspnoe, *w.,* Atemstörung, bes. Kurzatmigkeit.

Dysprosium, *Dy,* chem. El., Oz. 66, At.-Gew. 162,50; Dichte 8,56; Seltenerdmetall.

Dysproteinämie [gr.], krankhaft veränderte Zus.setzung d. Blutplasma-Eiweißkörper.

Dystonie [gr.], krankhafter Spannungszustand der Muskeln und Adern. – *Vegetative D.,* Schwankung, Gleichgewichtsstörung i. autonomen → Nervensystem.

Dystrophie, Ernährungsstörung (Unterernährung), auch einzelner Organe.

E, 1) in d. *Wetterkunde:* intern. Abk. f. Osten [engl. „East", frz. „Est"]; **2)** *phys.* Elektrizität (+E positive, –E negative), insbes.: Spannung (Volt).

e, 1) *mus.* d. 3. Ton d. C-Dur-Tonleiter; **2)** *math.* Grundzahl (Basis) des natürl. → Logarithmus = 2,71828... **3)** *phys.* Zeichen f. → *Elektron.*

Eagle [engl. *igl* „Adler"], frühere Goldmünze in USA.

Eanes [*'iɐnɨʃ*], Antonio dos Santos Ramalho (* 25. 1. 1935), portugies. Gen.; 1976–85 Staatspräs.

Earl [*əl*], engl. Adelstitel = Graf, → Peer.

East [engl. *i:st*], Ost(en).

Eastbourne [*'i:stbɔn*], engl. Seebad am Kanal, 87 000 E.

East London [-*'lʌndən*], Hafenst. an d. südostafrikan. Küste der Rep. Südafrika, 194 000 E; Wollausfuhr.

Eastman [*'i:stmən*], George (12. 7. 1854–14. 3. 1932), am. Industrieller; erfand 1884 den Rollfilm, die Box-Kamera, den Kinofilm u. viele andere fotograf. Verfahren u. Geräte. Bedeutender Demokrat, Schöngeist, Mäzen; lebte immer soziale Verpflichtungen vor. Erst durch E. war es möglich, beliebig viele Aufnahmen in einer einzigen Kamera zur Verfügung zu haben.

East River [*'i:st-*], Wasserstraße zw. den New Yorker Stadtteilen Manhattan/ Bronx u. Brooklyn/Queens auf Long Island.

Eau, *s.* [frz. *o*], Wasser. – **E. de Cologne** [frz. *odkɔ'lɔɲ*], Kölnisch Wasser. – **E. de Javelle** [*odʒa'vɛl*], wäßrige Lösung v. Kaliumhypochlorit (*KOCl*). → Hypochlorite. – **E. de vie** [*od'vi*], Branntwein.

Eban, Abba Salomon (* 2. 2. 1915), isr. Pol.; 1966–74 stellvertr. Min.präs. u. Außenmin.; *Dies ist mein Volk; Mein Land.*

Ebbe → Gezeiten.

Ebbe, Höhenzug im westlichen Sauerland, 663 m; Naturpark.

Ebbinghaus, Hermann (24. 1. 1850–26. 2. 1909), dt. Psych.; Pionier der Gedächtnisforschung, Ermittlung der Vergessenskurve.

Ebenholz, dauerhafte Hölzer von trop. Bäumen m. dunklem Kernholz, z. B. *schwarzes* E. aus Ostindien u. Afrika, *rotes* E. *(Grenadill)* aus Westindien u. Afrika, *schwarzbraunes* E. aus Ostindien, *deutsches* E. v. d. Eibe; zahlr. Nachahmungen.

Ebensee (A-4802), oberöstr. Marktgem. i. Salzkammergut, 9400 E; Kraftwerke, Saline, Holz-, chem., Textilind.

Eber, männl. Schwein.

Eberbach (D-6930), St. u. Kurort im Neckartal, Ba-Wü., 14 996 E; AG; chem. Ind., Bootsbau.

Eberesche, schlanker Laubbaum mit gelblichroten Beeren *(Vogelbeeren).*

Eberhard, *württemberg. Fürsten:* **1)** E. II., *der Greiner* (Zänker) (1315–92), besiegte den Schwäb. Städtebund; **2)** E. V. *im Bart* (1445–96), Begr. der Uni. Tübingens; 1495 Hzg (E. I.).

Eberraute, gelb blühender Beifuß aus SO-Europa mit zitronenartigem Geruch, vielfach in Gärten.

Ebersbach, **1)** (D-8901), sächs. Ind.st. im Kr. Löbau, in der Lausitz, 13 210 E; Textil- u. Holzind.; **2)** *E. a. d. Fils* (D-7333), St. i. Kr. Göppingen, Ba-Wü., 15 077 E; Textil-, Masch.- u. Nahrungsmittelind.

Eberswalde-Finow (D-1300), bis 1974 *Eberswalde,* Zus.schluß m. *Finow,* Krst. nordöstl. v. Berlin, Bbg., am Finowkanal, 54 332 E; Akad. der Landw.wiss., forstwirtsch. Fakultät der Humboldt-Uni. Berlin (m. Forstmuseum); Eisenind., Schwermasch.bau.

Friedrich Ebert

Ebert, 1) Friedrich (4. 2. 1871–28. 2. 1925), dt. Pol.; s. 1913 Vors. d. SPD,

1918 Reichskanzler; 1919 durch Weimarer Nationalversammlung Reichspräsident; **2)** Friedrich (12. 9. 1894–4. 12. 1979), 1948–67 Oberbürgerm. v. Ost-Berlin, 1960 Mitgl., 1971 stellvertr. Vors. d. Staatsrats d. DDR.

Eberwurz, distelähnl. Kräuter; langstengl. *gemeiner* E.: *Golddistel;* stengellose *Silberdistel: Wetterwurz.*

Ebingen, s. 1975 z. → Albstadt.

Ebioniten, Judenchristen, Nachfolger der Urgemeinde von Jerusalem bis 5. Jh.; v. Christen u. Juden verfolgt.

Ebn [arab.], *Ibn,* Sohn.

Ebner-Eschenbach, Marie von (13. 9. 1830–12. 3. 1916), östr. Schriftst.in; *Das Gemeindekind; Boẑena; Aphorismen.*

Ebonit, svw. → Hartgummi.

Ebrach (D-8612), Markt im Steigerwald, Bay., 1812 E; ehem. Zisterzienserkloster (Barock); s. 1851 Justizvollzugsanstalt.

Ebro, span. Fluß a. d. Kantabr. Gebirge ins Mittelmeer, 910 km l.

Eça de Queiroz [*'ɛsɐ ðɐ keĭ'rɔʃ*], José Maria (25. 11. 1846–16. 8. 1900), portugies. Romanschriftst.; *Der Mandarin; Das Verbrechen des Paters Amaro.*

Ecce homo [l.], „Siehe, welch ein Mensch", Ausspruch des Pilatus; in der bildenden Kunst Bezeichnung für Jesus als duldenden Heiland.

Eccles, Sir John Carew (* 27. 1. 1903), austral. Nervenphysiologe; Nobelpr. 1963.

Ecclesia [l.], Volksversammlung, Kirche. – **E. und Synagoge,** sinnbildl. Bez. f. N.T. u. A.T.; als Figurenpaar (Frauengestalten) an Kirchenportalen dargestellt (z. B. Straßburg, Bamberg, Reims).

Ecevit [*'ɛt∫et-*], Bülent (* 28. 5. 1925), türk. Pol.; 1961–65 Arbeitsmin., 1974 u. 1978/79 Min.präs.

echappieren [frz. *e∫a'p-*], entwischen.

echauffieren [frz. *e∫ɔ'f-*], erhitzen, ereifern.

Echegaray u. Eizaguirre [*ɛt∫e- -eĭθa'gi-*], José (19. 4. 1832–14. 9. 1916), span. Dramatiker; *Der Kuppler Galeotto;* Nobelpr. 1904.

Echinokokkus, Jugendform (Finne) des Hunde- → Bandwurms.

Echinus, *m.* [gr. „Igel"], **1)** *zoolog.* Seeigel; **2)** Wulst unter der Deckplatte der dorischen → Säule.

Echnaton → Amenophis IV.

Echo, 1) griech. Nymphe, in sprechenden Fels verwandelt; daher allgemein: Widerhall; **2)** Ballonsatellit d. USA (Start 12. 8. 1960).

Echoenzephalogramm, Darstellung v. best. Hirnstrukturen mittels → Ultraschall durch d. Schädel hindurch; dient v. a. zur Diagnostik von Schädel-Hirn-Verletzungen.

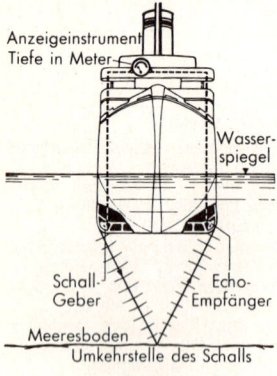

Anzeigeinstrument Tiefe in Meter

Wasserspiegel

Schall-Geber

Echo-Empfänger

Meeresboden

Umkehrstelle des Schalls

Echolot

Echolot, nach *Behm,* Gerät der Schifffahrt z. Tiefenmessung durch Beobachtung der Zeit für Hin- u. Rückweg von am Meeres- bzw. Erdboden reflektierten Schallsignalen.

Echsen, Eidechsen u. ihre Verwandten; Unterordnung d. Reptilien.

Echternach, luxemburg. St. a. d. Sauer, 4200 E; Benediktinerabtei (7. Jh.), Rathaus.

Echter von Mespelbrunn, Julius (18. 3. 1545–13. 9. 1617), Fürstbischof v. Würzburg; Gegenreformator; begr. Uni. Würzburg (1582).

Eck, Johann (13. 11. 1486–10. 2. 1543), kath. Theologe; Gegner Luthers auf der *Leipziger Disputation* 1519.

Eckart, in der dt. Heldensage *getreuer E.,* der treue Warner.

Eckball, bei Ballspielen Auswurf, -schuß, -schlag eines Balles über d. Außenlinie beim eigenen Tor, bewirkt Anspielen aus der Ecke durch den Gegner.

Eckblatt, Schmuck a. d. Basis byzantin., roman. u. frühgot. Säulen.

Eckener, Hugo (10. 8. 1868–14. 8. 1954), dt. Luftschiffer; 1924 Vors. d. Luftschiffbaus Zeppelin; 1. Zeppelinfahrt nach den USA 1924; Weltfahrt 1929, Arktisfahrt 1931.

Eckermann, Johann Peter (21. 9. 1792–3. 12. 1854), Privatsekr. d. späten Goethe; *Gespräche mit Goethe.*

Eckernförde (D-2330), St. in Schl-Ho., Ostseebad, 22 197 E; AG; Fischind.

Eckhart, *Eckart, Meister E.* (um 1260–1327), Dominikaner in Köln; dt. Mystiker; schrieb z. T. in dt. Sprache; *Religiosität d. Innerlichkeit.*

Ecklohn, der durch Tarifvertrag zw. Gewerkschaften u. Arbeitgebern vereinbarte Stundenlohn je Tarifbereich bzw. Lohngruppe f. Arbeitnehmer.

Economiser [engl. *ı'kɔnəmaızə*], → Vorwärmer.

ECOSOC, Wirtschafts- und Sozialrat der → Vereinten Nationen.

ECU [ɛ'ky], Abk. f. *European Currency Unit,* 1979 geschaffene eur. Währungseinheit i. Rahmen d. → EWS; sein Wert bestimmt sich mittels e. eur. Währungskorbes, bei dem d. Gewichte d. einzelnen Währungen alle 5 Jahre od. auf Antrag überprüft und gegebenenfalls neu festgesetzt werden (→ Währungen, S. 1087).

Ecuador, amtl. *República del Ecuador,* südam. Republik, m. Galápagosinseln 283 561 km², 10,2 Mill. E (36 je km²); Bev.-Zuw. 2,9%; Bev.: ca. 45% Mischlinge, 40% Indianer, 5% Schwarze, 10% Weiße; Sprache: Span., Ketschua; Währung: Sucre (s/.); Rel.: 90% röm.-kath.; Hptst.: *Quito;* Flagge S. 340, Karte S. 747. **a)** *Geogr.:* Hinter einer Küstensteppe regenreiches Hügelland, im Innern die Doppelkette der Anden (*Chimborazo* 6310 m) mit Hochflächen, im O das trop. Amazonastiefland. **b)** *Landw.:* Bananen, Kaffee, Kakao, Zuckerrohr. **c)** *Bodenschätze:* Erdöl zunehmend v. Bedeutung. **d)** *Außenhandel* (1988): Einfuhr 1,71 Mrd., Ausfuhr 2,16 Mrd. $. **e)** *Verkehr:* Eisenbahn 791 km; 36 000 km Straßen. **f)** *Verf.* v. 1978: Einkammerparlament m. vom Volk gewähltem Präs. **g)** *Verw.:* 20 Prov. **h)** *Gesch.:* 1533 span. Kolonie; 1822 Befreiung durch Bolívar, z. Kolumbien gehörig; s. 1830 selbst.; 1878 Revolution. 1963 Staatsstreich; 1963–79 Mil.reg.; s. 1979 Zivilreg. **i)** *Mitgl.:* UN, OAS, ALADI.

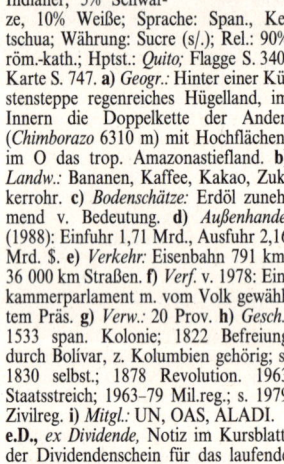

e.D., *ex Dividende,* Notiz im Kursblatt: der Dividendenschein für das laufende Geschäftsjahr ist bereits abgetrennt.

Ed., Abk. f. *editio* [l.], Ausgabe eines Buches.

ed., Abk. f. *edidit* [l.], hat herausgegeben, Herausgeber ...

Edam-Volendam, nordndl. St., 25 000 E; Käsehandel; **Edamer Käse.**

Edda, *w.* [„Dichtkunst"], Hauptwerk der german. Literatur: Die sog. *jüngere E.* (13. Jh.) in Prosa, von dem Isländer Snorri Sturluson verfaßt literar. Lehranweisungen u. Gedichtproben a. d. nord. Göttersage; *Edda-Lieder* gehören zur *älteren E.* (z. T. aus d. 9. Jh.); sie enthält Götterlieder, Heldengesänge (Schmied Wieland, Sigurd und Brunhild) u. Sprüche, 8- od. 6zeilige Strophen in Stabreim.

Eddington, Sir Arthur (18. 12. 1882–22. 11. 1944), engl. Astronom; *Philosophie d. Naturwiss.*

Edeka, 1907 gegr. Verband der *Einkaufsgenossenschaften* dt. *Kolonialwaren- und Lebensmittel-Einzelhändler,* Hauptgeschäftsstelle Hamburg.

Edelfäule, Zersetzung d. Weinbeeren durch **Edelpilz;** bewirkt den hohen Zuckergehalt (bis 45%) u. d. bes. Bukett oder Auslesweine.

Edelfolie, Blattgold oder Blattsilber in Dicke bis zu ¹⁄10000 mm.

Edelgase, die chem. Elemente *Helium, Neon, Argon, Krypton, Xenon, Radon;* Luft enthält etwa 1% *Argon;* bilden in der Regel keine chem. Verbindungen; Anwendung: Füllung f. Glühlampen u. Leuchtröhren (Krypton); Ballonfüllung (Helium).

Edelhirsch → Hirsche.

Edelman [ˈeɪdlmæn], Gerald Maurice (* 1. 7. 1929), am. Biochem.; Nobelpr. 1972 (Struktur d. Antikörper).

Edelmetall, z. B. *Gold, Silber, Platin, Osmium, Iridium;* oxidieren schwach, bleiben blank u. glänzend, → Periodensystem.

Edelraute, weißfilzige Alpenpflanze.

Edelsteine, Mineralien, die durch Glanz, Farbe, Lichtbrechung, Härte hervorragen; *Ganz-E.:* Aquamarin, Diamant, Rubin, Saphir, Smaragd, Türkis usw.; *Halb-E.:* Achat, Amethyst, Bergkrist., Jaspis, Rauchtopas u. a.; *künstl. E.:* aus Tonerde in Knallgasflamme zusammengeschmolzen, als *synthetische E.* (z. B. Rubin, Saphir, Korund); Abb. S. 343. – *E.imitationen,* wertlose Glasflüsse.

Edeltanne → Tanne.

Edelweiß, Korbblütler, seltene Alpenpflanze in 1700–2300 m Höhe, weiß-wollig (Abb. S. 345). ♦

Eden [ˈiːdn], Sir Anthony, Earl of Avon (12. 6. 1897–14. 1. 1977), engl. konservativer Pol.; 1935–38, 1940–45, 1951–55 Außen-, 1940 Kriegsmin., 1955–57 Premiermin.

Eden, *Garten E.,* nach der A. T. das Paradies.

Eder, l. Nbfl. d. Fulda, aus dem Rothaargebirge (**E.kopf** 676 m), 177 km l. – **E.talsperre,** bei Hemfurth (Waldeck), faßt 202 Mill. m³; Wasserkraftwerk.

Edessa, seit 3. Jh. Mittelpunkt d. christl. Kirche i. O; 1108–44 Fürstent. der Kreuzfahrer (im 1. Kreuzzug v. Gf Balduin gegr.) → Urfa.

Edewecht (D-2905), Gem. im Kr. Ammerland, Nds., 14 669 E; Ernährungswirtsch., Ton- u. Kunststoffind.

Edinburgh, Prinz Philip, Hzg v. (Duke of) (* 10. 6. 1921), Prinz v. Griechenland (s. Mutter Alice v. Battenberg, Schwester v. Louis → Mountbatten); 1947 unter d. Namen *Mountbatten* in England naturalisiert. Gemahl d. engl. Kgn → Elisabeth II.

Edinburgh [ˈedɪnbərə], Hptst. von Schottland, nahe des Firth of Forth,

Edinburgh
Walter-Scott-Denkmal

433 000 E; normann. Felsenschloß d. ehem. schott. Kge (15. Jh.), Uni., Museen, Kunstsammlung, Banken, Buchhandel; Intern. Musik- u. Theaterfestspiele; Hafen: *Leith.*

Edirne, ehemals → *Adrianopel,* Hptst. d. Prov. *E.* i. d. eur. Türkei, Thrazien, 87 000 E.

Thomas Alva Edison

Edison [*'edɪsn*], Thomas Alva (11. 2. 1847–18. 10. 1931), am. Erfinder; über 2000 angemeldete Patente (Kohlemikrofon, Phonograph, Kohlefadenlampe, Film, Projektionsapparat); erbaute erstes Elektrizitätswerk (1882).

Edition, *w.* [l.], (Her-)Ausgabe (eines Buches).

Editio princeps, *w.* [l.], Erstausgabe eines Buches.

Edmonton [*-mɔntən*], Hptst. d. kanad. Prov. Alberta, 584 000 E; Uni.; Getreide-, Pelzhandel, petrochem. Ind., Kohlengruben.

Edom [hebr. „rötlich"], Beiname d. → Esau; Hochland i. O u. SO d. Toten Meeres, Siedlungsgebiet d. *Edomiter,* 126 v. Chr. d. jüd. Staat eingegliedert.

Edschmid, Kasimir, eigtl. *Eduard Schmid* (5. 10. 1890–31. 8. 1966), dt. expressionist. Schriftst.; Erzählungen: *Lord Byron;* Reisebücher: *Italien.*

Eduard, *Edward,* 1) E. der Bekenner (nach 1002–66), letzter angelsächs. Kg; 1161 heiliggesprochen; 2) E. I. (1239–1307), engl. Kg s. 1272, förderte die Vereinigung des Inselgebiets; s. Enkel 3) E. III. (1312–77), Kg s. 1327, unterwarf Schottland, beanspruchte 1340 frz. Thron, eroberte Teile NW-Frankreichs *(→ Hundertjähriger Krieg);* 4) E. IV. (1442–83), Sohn des Hzgs v. York, Kg s. 1461, rottete Haus Lancaster 1483 aus *(→ Rosenkriege);* 5) E. VI. (1537–53), unter ihm Förderung des Protestantismus; 6) E. VII. (9. 9. 1841–6. 5. 1910), s. 1901 Kg von Großbritannien; schuf die Entente cordiale; s. Enkel 7) E. VIII. (23. 6. 1894–28. 5. 1972), 1936 Kg, s. 1936 *Hzg von Windsor;* dankte wegen seiner Heirat mit Mrs. Wallis Simpson ab.

EDV, Abk. f. e*lektronische* → D*atenverarbeitung.*

EEC, Abk. f. *European Economic Community,* → Europäische Wirtschaftsgemeinschaft.

EEG, Abk. f. E*lektroenzephalogramm,* Messung von Hirnströmen in Mikrovolt zur neurolog. Diagnostik: Epilepsieherde, Hirntumoren, Funktionszustände des Gehirns (wie z. B. Wachheit, Schlafstadien, Narkosetiefe).

Efendi [türk. „Herr"], früher Ehrentitel.

Efeu, eur.-asiat. kriechender od. kletternder Strauch m. Haftwurzeln.

Effekt, *m.* [l.], 1) *allg.* Wirkung, Erfolg; 2) *phys.* Leistung.

Effekten [frz.], 1) bewegliche Habe; 2) an der Börse: Wertpapiere. – **E.börse** → Börse. – **E.emission,** Neuausgabe von Wertpapieren, meist durch Banken, die für Unterbringung (Verkauf) sorgen.

effektiv, wirklich.

Effektivgeschäft, Börsengeschäft m. Waren (od. Wertpapierstücken), über die d. Käufer tatsächlich verfügt; Ggs.: → Termingeschäft.

Effektivwert, 1) *techn.* bei Wechselstrom d. konstant angenommener Strom- bzw. Spannungswert, der d. gleiche Leistung vollbringt wie der entsprechende Gleichstrom, der sich dauernd zw. 0 u. Scheitelwert ändert; 2) *wirtsch.* d. tatsächl. Wert; Ggs.: Nennwert.

efferent, herausführend; bes. bei Nervenfasern aus dem Zentralnervensystem; Ggs.: → afferent.

Effizienz, *w.,* Wirksamkeit.

EFP, Abk. f. → E*uropäische Föderalistische Partei,* → Parteien, Übers.

EFTA → Europäische Freihandelszone.

EG, Abk. f. → E*uropäische Gemeinschaft(en).*

e.G., Abk. f. e*ingetragene Genossenschaft.*

Egalité, *w.* [frz.], Gleichheit, eines d. drei Losungsworte der Frz. Revolution, Beiname des Herzogs Louis Philippe von → Orléans.

Egel → Blutegel und → Leberegel.

Egelschnecken, Nacktschnecken, Schnecken mit hautüberwachsenem, rückgebildetem Gehäuse (z. B. *Ackerschnecke).*

Eger, 1) l. Nbfl. der Elbe in W-Böhmen, 316 km lang, vom Fichtelgebirge, bei Leitmeritz in die Elbe; 2) St., tschech. *Cheb,* 31 000 E (1939: 35 500 dt. E); Kaiserburg Barbarossas; Bahnknotenpunkt, Textilind. – Im 12. Jh. Reichsst.; 1634 Ermordung Wallensteins; 3) St. in Ungarn, → Erlau.

Egge, E*.gebirge,* südl. Fortsetzung d. Teutoburger Waldes, 468 m.

Eggeling, Viking (12. 10. 1880–19. 5. 1925), schwed. Maler u. experimenteller Filmregisseur; Mitbegr. der Züricher *Dada-*Gruppe (→ Dadaismus).

Egger-Lienz, Albin (29. 1. 1868–4. 11. 1926), Tiroler Maler; *D. Totentanz von Anno Neun.*

Eggheads [engl. *-hɛdz* „Eierköpfe"], am. spött. Bez. f. Intellektuelle.

Werner Egk

Egk, Werner (17. 5. 1901–10. 7. 83), Komp.; Opern: *Die Zaubergeige; Peer Gynt; Columbus; Circe; Der Revisor; Irische Legende;* Ballett: *Abraxas;* Chor- u. Orchesterwerke.

EGKS, Abk. f. → E*uropäische Gemeinschaft für Kohle und Stahl.*

Egmont, Lamoral Gf v. (18. 11. 1522–5. 6. 68), Statthalter v. Artois u. Flandern, als Führer d. ndl. Aufstands gg. Spanien enthauptet; Drama Goethes.

Ego [l. „ich"], in → Freuds Theorie zwischen → Es und → Über-Ich die zwischen libidinösem Trieb u. sittlich-gesellschaftlichen Normen vermittelnde Instanz.

Egoismus [l. „ego = ich"], Selbstsucht; Ggs.: → Altruismus.

egozentrisch [l.], ichbezogene Lebenseinstellung, die eigene Person als Mittelpunkt betrachtend.

Ehe, gesetzl. anerkannte, vollständige Lebensgemeinschaft zweier Personen versch. Geschlechts zur Familiengründung. – **E.beratung,** in unentgeltlich, öff., ärztl. geleitete E*heberatungsstellen* über alle Fragen der Fortpflanzungshygiene, des Nachwuchses, der Ehetauglichkeit usw.

Ehebruch, außerehel. Beischlaf eines Ehegatten.

Ehefähigkeit → Eherecht.

Eheformen, aus ähnl. wirtsch.-psych. Konstellationen entstanden, bei versch.

Stämmen der Vorgeschichte ähnl. Grundtypen der E.; **1)** *Monogamie,* Dauerverbindung zweier verschiedengeschlechtiger Menschen, vorwiegend auf niedrigen u. höchsten Kulturstufen (aber vielfach brauchtumsmäßig gelockert); **2)** *Polygamie,* Dauerverbindung mehrerer verschiedengeschlecht. Menschen, zerfällt in: **a)** *Polygynie,* Vielweiberei (z. B. gelegentl. bei reichen Mohammedanern u. Primitivvölkern; → Harem) u. **b)** *Polyandrie,* Vielmännerei (Tibet, Toda, Sakal); **3)** *Gruppenehe,* geregelte Geschlechtsbeziehungen zw. mehreren Personen (sog. Levirat, Sorarat, Panulua, Endogamie); zahlr. Übergänge; mutterrechtl. Gesellschaften neigen zu 2b) u. 3), vaterrechtl. zu 1) u. 2a); daneben seltener Neben-, Zeit- u. Probeehen sowie geregelter Frauenaustausch, Gästefrauen u. Mädchenverkauf, der z. Prostitution überleitet; Raubehe u. Kaufehe sind seltene, nicht urtüml. Sonderformen. In Urkulturen zumeist Monogamie; *Promiskuität,* regellose Vermischung innerhalb ganzer Gruppen, findet sich nie b. sehr primitiven Stämmen (ausgenommen vorehel. Jugend vorwiegend i. Mutterrecht).

Ehehindernisse, eheliches Güterrecht → Eherecht.

Ehename, gemeinsamer Familienname d. Ehegatten u. ihrer ehel. Kinder; bei d. Eheschließung ist dem Standesbeamten gegenüber zu erklären, ob d. Geburtsname d. Mannes od. der Frau als Ehename d. Mannes od. der Frau als Ehename bestimmt wird; erfolgt keine Bestimmung, gilt d. Geburtsname d. Mannes als Ehename. Ein Ehegatte kann seinen Geburtsnamen od. seinen bisherigen Namen dem E. voranstellen, wenn er vor dem Standesbeamten eine entsprechende öffentl. beglaubigte Erklärung abgibt.

Eherecht, Gesamtheit d. Rechtsnormen bezügl. d. Ehe: **1)** Ehegesetz (KRG Nr. 16 v. 20. 2. 1946): **a)** Ehemündigkeit: m. Beginn d. → Volljährigkeit; Befreiung durch Vormundschaftsgericht möglich, wenn Antragsteller 16 Jahre alt u. künftiger Ehegatte bereits volljährig ist; **b)** Ehehindernisse (nahe Verwandt- od. Schwägerschaft, noch bestehende Ehe, Adoptivverhältnis) dürfen nicht bestehen; **c)** Eheschließung erfolgt nach Aufgebot vor d. → Standesbeamten, d. in Anwesenheit von 2 Zeugen u. der Verlobten diese nach Befragung über die von ihnen erwählten → Ehenamen u. d. Feststellung ihres Willens z. Eheschließung für Eheleute erklärt; kirchl. Trauung hat keine Rechtswirkungen u. darf grundsätzl. nicht der standesamtl. vorausgehen. Aufgrund Klage kann Ehe durch Gerichtsurteil f. nichtig erklärt od. aufgehoben werden: Nichtigkeitsgründe: Formmangel d. Eheschließung, Geschäftsunfähigkeit z. Z. d. Eheschließung, Doppelehe, Ehe zw. nahen Verwandten od. Verschwägerten; Aufhebungsgründe: Mangel d. Einwilligung d. gesetzl. Vertreters d. Eheschließung, Irr-

tum über d. Eheschließung, od. über d. Person d. anderen Ehegatten od. über dessen persönl. Eigenschaften, arglist. Täuschung, Drohung; **2)** Familienrecht d. BGB i. d. ab 1. 7. 1977 geltenden Fassung (§§ 1353 ff. BGB): **a)** allg. Wirkungen d. Ehe: d. Ehegatten sind einander z. ehel. Lebensgemeinschaft verpflichtet; sie führen einen gemeinsamen Familiennamen (→ Ehenamen); sie regeln d. Haushaltsführung im gegenseit. Einvernehmen; jeder ist berechtigt, einer Erwerbstätig. nachzugehen, soweit d. Rücksichtnahme auf d. Belange d. anderen bzw. d. Familie dies zuläßt; d. Ehegatten sind einander z. Unterhalt verpflichtet; jeder zum Geschäfte zur Deckung d. ehel. Lebensbedarfs auch im. Wirkung f. d. anderen Ehegatten abschließen; **b)** ehel. Güterrecht: die Ehegatten leben im gesetzl. Güterstand d. Zugewinngemeinschaft, wenn sie nicht durch Ehevertrag einen and. Güterstand vereinbaren. Vermögen d. Mannes u. d. Frau werden nicht gemeinschaftl. Verm.; dies gilt auch f. Vermögen, d. ein Ehegatte nach der Eheschließung erwirbt. Jeder Ehegatte verwaltet grundsätzl. sein Vermögen selbständig; Verfügungen eines Ehegatten über sein Vermögen im ganzen u. über ihm gehörende Haushaltsgegenstände bedürfen d. Einwilligung d. anderen. Bei Ausschluß od. Aufhebung d. gesetzl. Güterstandes tritt Gütertrennung (jeder Kann frei über sein Vermögen verfügen) ein, sofern nicht anderer Güterstand vereinbart wird. Bei vereinbarter Gütergemeinschaft wird d. Vermögen d. Ehegatten gemeinschaftl. Vermögen (Gesamtgut) (vom Gesamtgut ausgeschlossen sind das Sondergut u. d. Vorbehaltsgut; **c)** Scheidung der Ehe: Auflösung einer gültigen Ehe durch Urteil des → Familiengerichts aufgrund Scheidungsklage; Scheidungsgrund: Zerrüttung der Ehe; Zerrüttung wird vermutet, wenn Ehegatten seit 1 Jahr getrennt leben u. beide Scheidung begehren od. wenn d. Getrenntleben 3 Jahre dauert u. einer d. Ehegatten Scheidung beantragt. Eine Ehe soll im bes. Härtefällen nicht geschieden werden. Ein Härtefall ist kein Hinderungsgrund, wenn d. Ehegatten länger als 5 Jahre getrennt leben. Ein geschiedener Ehegatte kann vom anderen Unterhalt beanspruchen, soweit er aus best. Gründen (z. B. Alter, Krankheit) selbst keine angemessene Erwerbstätigkeit ausüben kann; d. Unterhalt bestimmt sich nach d. ehel. Lebensverhältnissen u. umfaßt auch d. Vorsorge f. Krankheit u. Alter; d. Unterhaltsanspruch besteht nicht, soweit d. Inanspruchnahme d. Verpflichteten grob unbillig wäre (z. B. bei kurzer Dauer d. Ehe). Zwischen den geschiedenen Ehegatten findet ein Ausgleich ihrer erworbenen Pensions-, Renten- u. sonstigen d. Altersversorgung dienenden Ansprüche statt (Versorgungsausgleich); **d)** rechtl.

Stellung d. ehel. Kinder: Kind erhält Ehenamen d. Eltern; bis zu seiner Volljährigkeit untersteht es d. elterl. Sorge beider Elternteile. Können sich d. Eltern bezügl. d. Ausübung d. elterl. Sorge nicht einigen, muß erforderlichenfalls Entscheidung d. Vormundschaftsgerichts herbeigeführt werden. Die gesetzl. Vertretung d. Kindes obliegt beiden Eltern gemeinsam. Nutznießung an d. Kindesvermögen durch d. Eltern ist nur unter best. Voraussetzungen möglich. Nach Ehescheidung bestimmt Familiengericht, wem d. elterl. Sorge über d. Kind zusteht.

ehernes Lohngesetz → Lohn.

Ehescheidung → Eherecht.

Eheschließung → Eherecht.

Ehevertrag → Eherecht.

Ehingen (Donau) (D-7930), St. am Südrand d. Schwäb. Alb, Ba-Wü., 22 580 E; AG; Zellstoffind.

Ehmke, Horst (* 4. 2. 1927), SPD-Pol.; 1969 B.justizmin., 1969–72 Min. i. B.kanzleramt, 1972–74 B.min. f. Technologie u. Kommunikation.

Ehrenamt, öffentliches Amt in Staat, Gemeindeverwaltung usw., für das kein Gehalt gezahlt wird.

ehrenamtliche Richter, die → Laienrichter in d. Zivil-, Arbeits-, Soz.- u. Verw.gerichtsbarkeit, s. a. Schöffen, Handelsrichter.

Ehrenberg, Herbert (* 21. 12. 1926), SPD-Pol.; 1976–82 B.min. f. Arbeit u. Sozialordnung.

Ehrenberger Klause, Paß in N-Tirol, 946 m.

Ehrenbreitstein, rechtsrhein. Vorstadt v. Koblenz mit der ehem. *Festung E.*

Ehrenburg, Ilja (27. 1. 1891–31. 8. 1967), sowj. Schriftst.; *Tauwetter; Menschen, Jahre, Leben.*

Ehrenbürger, von Gemeinden verliehener Titel, ohne bes. Rechte.

Ehrengerichtsbarkeit → Berufsgerichtsbarkeit.

Ehrenhof, der an d. Frontseite e. Barockschlosses zwischen vorspringenden Flügelbauten gelegene Empfangshof.

Ehrenlegion, *Légion d'honneur,* höchster frz. Orden; 1802 von Napoleon gestiftet; 5 Klassen.

Ehrenpreis, *Veronica,* Unkräuter u. Zierpflanze.

Ehrenrechte, *bürgerliche,* staatsbürgerl. Befugnisse u. Rechteigenschaften (z. B. aktives u. passives Wahlrecht, Bekleidung öffentl. Ämter usw.); können unter best. Voraussetzungen im Strafurteil f. d. Dauer v. 2–5 Jahren aberkannt werden.

Ehrenschutz, durch die Bestimmungen d. StGB über Beleidigung (§§ 185 ff.).

Ehrenstrafe, Nebenstrafe; Verlust sämtl. od. einzelner bürgerl. E.rechte.

Ehrlich, Paul (14. 3. 1854–20. 8. 1915), dt. Med., durch Entdeckung d. Salvarsans Begr. d. mod. *Chemotherapie;* bahnbrechend i. d. Serumforschung; Nobelpr. 1908.

Ei, weibl. Fortpflanzungszelle; besteht aus Eikern (Keimbläschen), Nahrungsdotter (Eiweißstoffe) u. Schutzhüllen (z.B. Vogelei m. Kalkhülle); b. Menschen 0,12–0,2 mm groß. – **E. des Kolumbus,** überraschend einfache Lösung einer schwierigen Aufgabe (angeblich stellte Kolumbus durch Eindrücken d. Spitze ein Ei aufrecht).

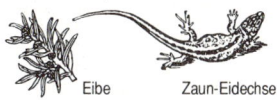

Eibe   Zaun-Eidechse

Eibe, *Taxus,* Nadelholz mit roten Scheinbeeren, m. Ausnahme d. Samenmantels alle Teile giftig. ◆.
Eibisch, *Ibisch,* Zierpflanze; wegen ihres Schleimgehalts Heilmittel gegen Husten.
Eibl-Eibesfeldt, Irenäus (*15. 6. 1928), östr. Verhaltensforscher, Schüler v. K. → Lorenz.
Eibsee, abflußloser Alpensee, am N-Fuß der Zugspitze, 973 müM, 1,8 km², 32 m tief.
Eich, Günter (1. 2. 1907–20. 12. 72), dt. Schriftst.; Kurzprosa: *Maulwürfe;* Lyrik: *Abgelegene Gehöfte;* Hörspiele: *Träume.*
Eichamt, staatl. Behörde, wacht über Einhaltung des gesetzl. Maß- u. Gewichtssystems im Handel.
Eiche, Laubholz; in Dtld. die *Winter-E. (Trauben-, Stein-E.)* mit langgestielten und die *Sommer-E. (Stiel-E.)* mit sitzenden Fruchtständen *(Eicheln);* wertvolles Nutzholz; auch ausländ. Arten i. Dtld.
Eichel, Hans (*24. 12. 1941), SPD-Pol., 1975–91 Oberbürgerm. v. Kassel, s. 1991 Min.präs. v. Hessen.
Eichel, 1) Frucht der Eiche; **2)** Spielkarte, svw. Treff; **3)** *glans penis,* vorderer Teil des männl. Gliedes; *E.tripper,* Entzündung der Eichel.
Eichelhäher → Häher.

Frh. v. Eichendorff

Eichendorff, Joseph Frh. v. (10. 3. 1788–26. 11. 1857), dt. Dichter d. Romantik; Romane u. Erz.: *Aus d. Leben eines Taugenichts;* volkstüml. Lieder (Zyklus v. Hugo Wolf).
Eichhörnchen, baumbewohnende Nagetiere; Europa, Asien, Amerika; *Gemeines E.,* Nahrung: Eicheln, Nüsse, Samen, Vogeleier; baut Kugelnester, hält keinen eigtl. Winterschlaf, sammelt Wintervorrat; Pelz (sibir. „Feh") geschätzt.

Eichmann, Adolf (19. 3. 1906–1. 6. 62), dt. SS-Obersturmbannführer; organisierte ab 1941 Deportation u. Ermordung der Juden i. dt. Machtbereich; in Israel hingerichtet.
Eichsfeld, Muschelkalkhochfläche im oberen Leine- u. Wippertal, mit Kalilagern; N-Teil (mit Hptort *Duderstadt)* zu Nds., S-Teil (mit *Heiligenstadt)* zu Thür.
Eichstätt (D-8078), Gr.Krst. an d. Altmühl, Bay., 12 118 E; kath. Bistum, Kath. Uni.; AG; ehem. fürstbischöfl. Residenz, barockes Stadtbild.
Eichung, Kontrolle an Meßgeräten auf ihre Übereinstimmung mit dem Maß- u. Gewichtsgesetz; Prüfzeichen: *Eichstempel, Eichstrich.*
Eid, feierl. Beteuerung e. Aussage od. Erklärung v. Gericht m. od. ohne Anrufung Gottes; wissentl. falscher E. *(Meineid)* strafbar m. Freiheitsstrafe nicht u. 1 Jahr, fahrlässiger *Falscheid* m. Freiheitsstrafe bis zu 1 Jahr (§§ 153, 154, 163 StGB).
Eidam, Schwiegersohn.
Eidechse → Sternbilder, Übers.
Eidechsen, Reptilien; vorwiegend Insektenfresser; in Dtld. *Zaun-E.* und die (lebendig gebärende) *Berg-E.,* in Bergwäldern u. Mooren; in wärmeren Gegenden ferner: *Smaragd-E.* u. *Mauer-E.;* alle heimischen E. ◆.
Eider, einstiger Grenzfluß zw. Schleswig u. Holstein, entspringt südl. v. Kiel, vereinigt sich im Mittellauf bei Rendsburg mit d. → Nord-Ostsee-Kanal; mündet b. Tönning in d. Nordsee; 188 km l. – **E.damm,** 4,8 km l., als Küstenschutzwerk 1967–73 zw. E.stedt u. Dithmarschen erbaut. – **E.dänen,** dän. nationalist. Partei im 19. Jh., forderte E.grenze. – **E.stedt,** Halbinsel an der W-Küste v. Schl-Ho.; Hptort *Tönning* (4804 E).
Eiderente, Meeres-Tauchente des hohen Nordens; Flaumfedern *(Eiderdaunen)* Polstermaterial.
Eides-helfer, im alten dt. Recht zur Unterstützung d. Glaubwürdigkeit eines vor Gericht Schwörenden beigezogene Personen, mußten ebenfalls Eid leisten. – **E.mündigkeit,** die Fähigkeit, einen Eid vor Gericht abzulegen; tritt in Dtld m. vollendetem 16. Lebensj. ein.
eidesstattliche Versicherung, Mittel z. Glaubhaftmachung e. Behauptung i. Zivilprozeß u. Verfahren d. freiwill. Gerichtsbarkeit; falsche e. V. strafbar, wenn einer *zuständigen* Behörde gegenüber abgegeben (§§ 156, 163 StGB).
Eidetik, w. [gr.], **1)** *phil.* Wiss. v. d. Wesensanschauung (Ggs.: Tatsachenwiss.); → Phänomenologie; **2)** *psych.* Fähigkeit, früher Wahrgenommenes anschaulich zu vergegenwärtigen.
Eidetiker, Menschen mit ausgeprägt bildhafter Erinnerung.
Eidgenossenschaft, histor. Bez. der → Schweiz.
Eiermann, Egon (29. 9. 1904–19. 7. 70), dt. Architekt; neue Kaiser-Wilhelm-Ge-

dächtniskirche (Berlin), Dt. Botschaft in Washington, Abgeordnetenhochhaus (Bonn).
Eierpflanze, Nachtschattengewächs aus dem Orient; in S-Europa angebaut wegen der eiförmigen od. langgestreckten Früchte *(Aubergine).*
Eierschwamm, svw. → Pfifferling.
Eierstab, leistenförmig angeordnete Eiornamente an Baugliedern (z. B. am → Architrav od. → Kapitell).
Eierstock, lat. *Ovarium,* Teil der weibl. Geschlechtsorgane, rechts u. links der Gebärmutter i. Unterleib, bildet die Eizellen; nach d. → Menarche alle 4 Wochen eine z. Befruchtung reife Eizelle (→ Ovulation), d. bei Nichtbefruchtung unter Blutverlust ausgestoßen wird; → Menstruation; zugleich Drüse mit → innerer Sekretion; → Keimdrüsen (→ Geschlechtsorgane, Abb.).
Eifel, Teil d. Rhein. Schiefergebirges, nördl. d. Mosel; rauhe, wenig fruchtb. Hochfläche mit tiefen Tälern, erloschenen Vulkanen u. Kraterseen (sog. *Maare,* „Laacher See" b. Andernach); *Hohe Acht,* 747 m (Basaltkuppe). → Nürburgring.

Paris, *Eiffelturm*

Eiffel [ɛ'fɛl], Alexandre Gustave (15. 12. 1832–28. 12. 1923), frz. Ing.; erbaute für Pariser Weltausstellung 1889 d. eisernen

Eiffelturm, 300,5 (mit Antenne 320,8) m h., heute Aussichts-, Funk- u. Fernsehturm; Douro-Brücke in Porto u. a.

M. Eigen

Eigen, Manfred (* 9. 5. 1927), dt. Physikochem.; Modell d. Lebensentstehung; Nobelpr. 1967 (Untersuchungen extrem schneller chem. Umwandlungen); Buch: *Das Spiel.*
Eigenbetriebe, öff. wirtsch. Einrichtungen ohne eigene Rechtspersönlichkeit, aber mit selbst. Führung durch eigene Werkleitung; meist Verkehrs- od. Versorgungsbetriebe; ähnl. die *Regiebetriebe,* diese aber nur unselbst. Zweige der Verwaltung.

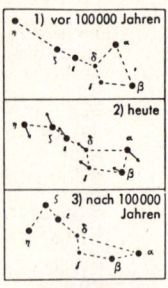

Eigenbewegung
(Großer Wagen)

1) vor 100000 Jahren
2) heute
3) nach 100000 Jahren

Eigenbewegung, *EB,* geringe scheinbare Bewegung der Fixsterne an d. Sphäre als Folge ihrer räuml. Bewegung u. d. Bewegung d. Sonnensystems im Raum.
Eigenblutbehandlung durch Einspritzung eigenen Blutes in die Muskulatur zur Anregung d. Heilkräfte des Organismus.
Eigenhandel, Handel f. eigene Rechnung; Ggs.: → Kommissionshandel.
Eigenkirche, Kirchenverfassung, nach der die Kirche ihrem weltlichen Stifter u. Grundherrn u. seinen Nachkommen als Lehen unterstand; im Machtkampf zw. Kaiser u. Papst Aufhebung des dt. Eigenkirchenrechts mit Hilfe des Verbots der → Simonie u. Unterstellung der dt. Kirche unter päpstl. Hierarchie.
Eigenschaftswort, svw. → Adjektiv.
Eigentum, Recht der ausschließl. u. vollständigen Herrschaft über eine bewegl. od. eine unbewegl. Sache (kein E. ist daher möglich an Rechten od. anderen unkörperl. Gegenständen; über Erzeugnisse

geistiger Arbeit → Urheberrecht); als Grundrecht im Artikel 14 Bonner GG geschützt. – **E.svorbehalt,** eine dem Kauf bewegl. Sachen hinzugefügte Abrede, daß Verkäufer bis z. Kaufpreiszahlung Eigentümer bleibt u. b. Verzug Rücktrittsrecht hat (§ 455 BGB); vielfach bei → Teilzahlungskauf.
Eigentumswohnung → Wohnungseigentum.
Eigenwechsel → Wechsel.
Eiger, Kalkgipfel d. Berner Alpen, Finsteraarhorngruppe, 3970 m hoch.
Eignungsprüfung, testpsych. Feststellung von spezif. Fähigkeiten (z. B. Berufseignung, Fahrtauglichkeit, Schulreife).
Eihäute, *Embryonalhüllen,* die d. Embryo u. das Fruchtwasser umgeben, → Fruchtblase.
Eijkman [ˈɛĭk-], Christiaan (11. 8. 1858–5. 11. 1930), ndl. Physiologe u. Vitaminforscher; Nobelpr. 1929.
Eike v. Repgow → *Sachsenspiegel.*
Eilath, *Elat, Eylath,* Hafen am Golf v. Akaba, 23 000 E; israel. Zugang z. Roten Meer.
Eileiter, lat. *Tuba uterina, Muttertrompete, Tube,* rechts und links d. Gebärmutter anhängende Röhrchen, leiten d. gereifte Ei v. Eierstock z. Gebärmutter.
Eilenburg (D-7280), Ind.st. a. d. Mulde, Sa., 21 388 E; div. Ind.
Eilendorf, s. 1972 zu → Aachen.
Eilhart v. Oberge, mittelhochdt. Dichter; übertrug um 1170 d. Geschichte *Tristrant und Isalde* aus dem Frz. ins Dt.
Eilsen → Bad Eilsen.
Einaudi, Luigi (24. 3. 1874–31. 10. 1961), it. Finanzwiss. u. Pol.; 1947 Fin.min., 1948–55 Staatspräs.
einbalsamieren, Haltbarmachen v. Leichen, gegen Verwesen; schon bei den Ägyptern, Indianern, Assyrern, Persern; → *Mumie;* heute durch Füllen d. Blutgefäße m. chem. Mitteln.
Einbaum, Boot aus ausgehöhltem Baumstamm.
Einbeck (D-3352), früher *Eimbeck,* St. in Nds., a. d. Ilme, 28 513 E; AG; ma. Kirchen, Fachwerkbauten; Teppichind., Brauereien.
Einbeere, kl. giftiges Kraut d. Laubwälder m. schwarzer Beere; vierblättrig.
Einbruchdiebstahl, Diebstahl aus einem Gebäude od. umschlossenen Raum od. mittels Erbrechen v. Behältnissen; gilt als bes. schwerer Fall des → Diebstahls.
Einbürgerung, svw. → Naturalisation.
Eindhoven, ndl. St. i. d. Prov. N-Brabant, 191 000 E; elektrotechn. Industrie (Philips); TH.
Einem, Gottfried von (* 24. 1. 1918), östr. Komp.; Opern: *Dantons Tod; D. Prozeß;* Ballett: *Turandot.*
Einer, Sportruderboot (Skiff), von einem Mann gerudert u. gesteuert.
einfache Buchführung → Buchführung und Buchhaltung.
einfache Mehrheit → Mehrheit.

Einfallswinkel, i. d. Optik b. Reflexion u. Brechung d. Winkel zw. einfallendem Strahl u. Einfallslot.
Einfuhr, *Import,* Eingang v. Gütern aus dem Ausland zwecks Weiterverarbeitung, Verkauf od. Verbrauch. – **E.beschränkung,** *Importrestriktion,* meist durch Kontingentierung erzwungene Drosselung d. E. – **E.monopol,** alleiniges Recht zur Einfuhr allg. od. auf best. Waren beschränkt, besteht grundsätzlich bei Planwirtschaften; Staatsmonopole heute in d. UdSSR u. a. Oststaaten; Ggs.: → Freihandel. – **E.prämien,** Begünstigungen f. d. Einfuhr best. Waren (z. B. aus eigenen Kolonien). – **E.zölle,** Zölle auf d. Einfuhr v. Waren ins inländ. Zollgebiet.
Einführungsgesetz, *EG,* bei größeren Gesetzen, enthält Übergangsrecht, Organisations- u. Anpassungsbestimmungen an andere Gesetze.
eingestrichen, *mus.* Oktave von c′ bis h′, die den Kammerton a′ umschließt.
eingetragener Verein, *e.V.,* → Vereinsrecht.

1 Schilddrüse, 2 Luftröhre, 3 rechte Unterschlüsselbeingefäße, 4 obere Hohlvene, 5 Halsschlagader, 6 Halsvene, 7 linke Unterschlüsselbein-Schlagader, 8 Bogen der Körperschlagader, 9 Lungenschlagader, 10 Herz im Herzbeutel, 11 rechte Lunge, 12 Zwerchfell, 13 rechter und linker Leberlappen, 14 Gallenblase, 15 linke Lunge, 16 Milz, 17 Magen, 18 Dickdarm, 19 Dünndarm, 20 Dickdarm, 21 Blinddarm, 22 Wurmfortsatz, 23 Mastdarm

Eingeweide

Eingeweide, die in den Körperhöhlen eingeschlossenen inneren Organe. – **E.würmer,** in Menschen u. Tieren schmarotzend: Band-, Spul-, Madenwürmer, Leberegel.
Einhandboot, Boot, das nur von einer Person gesegelt wird.
Einhard (770–14. 3. 840), Baumeister u. Biograph → Karls des Großen; *Vita Caroli Magni.*
einhäusig, *monözisch,* sind Pflanzen, deren männl. u. weibl. Blüten getrennt auf derselben Pflanze stehen.
Einheit, *phys.* konstante spezielle Größe, die durch intern. Vereinbarung reprodu-

zierbar festgelegt wird; z. B. Meter *m,* Volt *V,* Sekunde *s;* auch → Maßsystem.
Einheits-bewertung → Einheitswert. – **E.kurs** → Kassakurs. – **E.kurzschrift** → Kurzschrift.
Einheitsschule, weitgehende Vereinheitlichung u. Sozialisierung d. Bildungswesens vom Kindergarten bis zur Hochschule: möglichst lange schul. Vereinigung d. Kinder aller Schichten, in BR bisher nur z. T. verwirklicht (weitgehend in der ehem. DDR); gefordert: 6jähr. gemeinsamer Unterbau, 6jähr. differenzierter Oberbau; Schaffung eines einheitl. Lehrerstandes; Ablehnung konfessioneller Rücksichten; Schulgeld- u. Lehrmittelfreiheit.
Einheitsstaat, zentralist. pol. Staatsorganisation mehrerer Länder oder Landesteile, in der diesen zwar selbstverwaltende, aber keine eigenstaatliche Funktionen zustehen; Ggs.: → Bundesstaat.
Einheitswert, steuerl. Wert z. B. von Grund- und Betriebsvermögen, der nach dem Bewertungsgesetz ermittelt wird: bei land- u. forstwirtsch. Vermögen → Bodenbonitierung.
Einherier [-'*heriǝr*], in der nord. Göttersage die unsterblich gewordenen Helden in Walhalla.
Einhorn, 1) Fabeltier mit langem Stirnhorn, Sinnbild d. Keuschheit; **2)** → Sternbilder, Übers.
Einhufer, Huftiere, b. denen Zehen bis auf eine verkümmert (z. B. Pferde).
Einigung, *rechtl.* Abgabe einander entsprechender Willenserklärungen durch zwei oder mehrere Parteien; erforderl. z. Zustandekommen e. Vertrags.
Einigungs-Ges. v. 23. 9. 1990. – **E.vertrag** v. 31. 8. 1990 zwischen d. BR u. d. DDR über Anpassungsmaßnahmen, d. sich aus dem Anschluß d. DDR an d. BR ergeben.
Einkammersystem, konstitutionelle Staatsform mit gesetzgebender Volksvertretung aus nur *einer* Kammer; Ggs.: → *Zweikammersystem.*
Einkeimblättrige → Monokotyledonen.
Einkommen, Gesamtheit d. in Geld ausdrückbaren Werte der *Einkünfte,* die einer Person od. einem Unternehmen in best. Zeitabschnitten zufließen; *Volkseinkommen* → Sozialprodukt; *freies E.,* der nach Abzug der Kosten d. normalen Lebensunterhaltes übrigbleibende Teil des Einkommens. – **E.steuer** → Steuern, Übers.
Einlassung, Erklärung d. Beklagten i. Zivilprozeß od. d. Angeklagten im Strafprozeß auf die gegen ihn erhobene Klage bzw. Anklage.
Einlauf → Klistier, → Infusion.
Einpeitscher, engl. *whipper-in* od. *whip,* in Parlamenten angelsächs. Länder, sorgt f. d. Anwesenheit der Fraktionsmitgl. b. Abstimmung.
Einrede, Verteidigungsmittel i. Zivilprozeß, stützt sich auf Gründe außerhalb d. → Anspruchs (z. B. Verjährung).

Einschienenbahn, Bahn m. nur einer Fahrschiene; entweder unter d. Schiene hängend (→ *Schwebebahn)* od. darauf reitend (→ *Alwegbahn).*
Einschreiben, *eingeschriebene* Postsendungen; b. Verlust im Inland Haftung bis z. e. Höchstsumme.
Einsegnung, svw. → Konfirmation.
einseitige Rechtsgeschäfte, erfordern zur Herbeiführung ihrer rechtl. Wirkung die Willenserklärung nur einer Person (z. B. Kündigung).
Einsiedeln (CH-8840), Wallfahrts- u. Ferienort i. schweiz. Kanton Schwyz, 9600 E; Bez.hauptort, Benediktinerkloster (934 gegr.) m. berühmter Stiftsbibliothek.
Einsiedler, svw. → Eremit.

Einsiedlerkrebs

Einsiedlerkrebse, Meereskrebse, die ihren weichen Hinterleib in leeren Schnekkengehäusen verbergen; auf der Gehäuse oft eine Seeanemone, d. bei Gehäusewechsel mitgenommen wird.
Einspritzung → Injektion.
Einspruch, *Protest,* **1)** *völkerrechtl.:* gewohnheitsrechl. Erklärung eines Staates zur Wahrung seiner Rechte; oft geboten, da im Staatenverkehr Schweigen stets als Zustimmung ausgelegt wird; **2)** *verfassungsrechtl.* Einspruchsrecht des Bundesrates gegen ein vom Bundestag beschlossenes Gesetz (Art. 77 GG); **3)** förml. Rechtsbehelf gegen a) Versäumnisurteile d. Zivilgerichte, b) Vollstrekkungsbescheide im Mahnverfahren, c) Strafbefehle des Amtsrichters, d) Bescheide der Finanzbehörden; stets einzulegen bei d. Stelle, die Entscheidung erließ.

Albert Einstein

Einstein, Albert (14. 3. 1879–18. 4. 1955), dt.-am. Physiker; begründete d. *Spezielle* (1905) u. d. *Allgemeine* → *Relativitätstheorie* (1916); legte in seiner Lichtquantenhypothese (1905) u. in d. Theorie d. spezifischen Wärme beim absoluten Nullpunkt (1907) die Grundlage z. → Quantentheorie; Nobelpr. 1921.

Einsteinium, *Es,* künstl. chem. El., Oz. 99; durch Kernumwandlung aus Plutonium gewonnen (1953); radioaktiv (→ Transurane).
einstweilige Verfügung, vorläufige Anordnung d. Gerichts zur einstweiligen Sicherung eines Anspruches oder Regelung eines Zustandes, wenn d. zu sichernden Rechte durch das Verhalten des Gegners als gefährdet erscheinen; Erlaß aufgrund einseitigen Antrages möglich; Rechtsbehelf dagegen *Widerspruch.*
Eintagsfliegen, *Ephemeriden,* kurzlebige Insekten; Larven im Wasser.
Einthoven ['*εĭnt*-], Willem (21. 5. 1860–29. 9. 1927), ndl. Physiologe; Erfinder der Elektrokardiographie; Nobelpr. 1924.
Einverleibung, svw. → Annexion.
Einwanderung, durch Fremdengesetzgebung u. internationale Vereinbarungen geregelte Aufnahme v. Ausländern zum Zweck d. Ansiedlung u. Einbürgerung.
Einwegflasche, standardisierte Flasche f. Getränke u. a.; wird nach Entleerung weggeworfen; f. Recycling getrennt gesammelt in besonderen Altglascontainern.
Einwendung, Verteidigungsmittel im Zivilprozeß, das s. gg. d. Anspruch selbst richtet, z. B. Nichtigkeit d. Rechtsgeschäfts.
Einzelhandel, Verkauf von gebrauchsbzw. verbrauchsfertigen Waren an den letzten Verbraucher, meist als Ladenhandel, auch als ambulantes Gewerbe u. als Versandgeschäft.
Einzeller, aus einer Zelle bestehende Lebewesen (z. B. → Bakterien, Protisten, Algen).
Einziehung, *jur.* Wegnahme v. Gegenständen, die z. Begehung einer vorsätzl. Straftat benutzt od. dabei hervorgebracht wurden.
Eire ['*εǝrǝ*], irischer Name für Irland.
Eirene, lat. *Irene,* in der griechischen Sage eine der drei Horen, Friedensgöttin, Tochter des Zeus und der Themis.
Eis, am Gefrierpunkt (0 °C bei 760 mm Luftdruck) erstarrtes Wasser; leichter als Wasser → Dichte; *künstl. E.* → Kühlapparate.
Eisack, it. *Isarco,* l. Nbfl. der Etsch, vom Brenner, 96 km lang; in seinem Tal die Brennerstraße.
Eisbär, Großbär des Nordpolargebiets; weißes Fell; bis 400 kg schwer; guter Schwimmer.
Eisberg, im Meer schwimmende, weitgehend untergetauchte Eismassen, entstanden durch Auftürmung v. → Packeis od. durch Abbrechen von Endstücken („Kalben“) von Polargletschern.
Eisbrecher, 1) Schiff mit starkem vorgewölbtem Bug, schiebt sich auf das Eis und bricht es durch sein Gewicht,

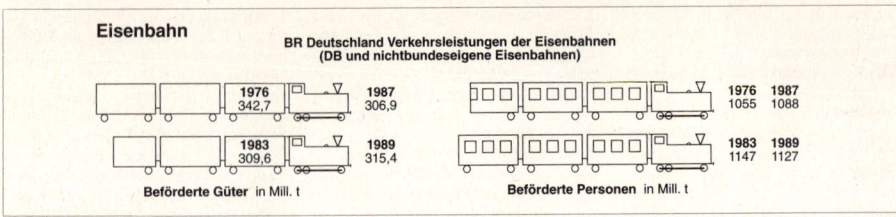

Eisenbahn

BR Deutschland Verkehrsleistungen der Eisenbahnen (DB und nichtbundeseigene Eisenbahnen)

	1976 342,7		1987 306,9				1976 1055	1987 1088
	1983 309,6		1989 315,4				1983 1147	1989 1127

Beförderte Güter in Mill. t　　　　　　　　　**Beförderte Personen** in Mill. t

hält Fahrrinne offen; **2)** Gerüst vor Brük-
kenpfeilern zum Schutz gegen Eisgang.

Sowjet. Eisbrecher mit Atomantrieb

Eisen, *Fe,* chem. El., Oz. 26, At.-Gew.
55,847, Dichte 7,87; in reinem Zustand
ein silberweißes, relativ weiches u. dehnbares Metall, oxidiert (rostet) in feuchter
Luft u. in Wasser; bis zu einer Temperatur von 768 °C magnetisierbar; seit vorgeschichtl. Zeiten einer der wichtigsten
Werkstoffe; Vorkommen selten i. reiner
Form, vorwiegend als Magnet-, Rot- u.
Spateisenstein u. Eisenkies; techn. Verwendung als Gußeisen, als Stahl u. in Legierungen als Edelstahl (→ Eisen- u.
Stahlgewinnung, S. 210); v. lebenswichti-
ger Bedeutung für menschl. u. tier. Organismus.
Eisenach (D-5900), Krst. a. NW-Hang d.
Thüringer Waldes, Thür., 47 027 E; Autoind.; Luther-, Bach- u. Reuterhaus; Museen; im SW die → *Wartburg.*
Eisenbahn, Schienenbahn m. el., Dampf-
od. Dieselbetrieb (→ Tafel, S. 211); Voll-
bahn mit Normalspur (1435 mm), hervorgegangen aus Holzspurbahnen d.
Bergwerke. Erste E. f. Personenverkehr
baute → *Stephenson* 1825 in England, es
folgten u. a. Nürnberg–Fürth 1835, Paris
1836, Berlin u. Wien 1838. – Die E.
machte durch die Förderung des Güter-
austausches versch. Gebiete u. Länder
Herstellungsort u. Verbrauch voneinander unabhängig u. war von umwälzender
Bedeutung für die wirtsch. (u. kulturelle)
Entwicklung des 19. Jh. – In Dtld bis
1949 *Dt. Reichsbahn* (s. 1937 anstelle der
1924 gegr. Dt. Reichsbahngesellschaft),
nach 1945 mit getrennten zonalen Verwaltungen; s. 1949 i. d. BR *Dt. Bundesbahn,* Zentrale Hptverw. in Frank-
furt/Main, mit Bundesbahndirektionen
(BD). 1989 insges. 1) 8081 Triebfahrzeu-
ge, 2) davon 2530 el. Lokomotiven,
11 830 Personen-, 209 353 Güterwagen,

20 451 Bahnübergänge, darunter 10 199
m. techn. Sicherung, 27 045 km Strek-
kenlänge. Tendenz zur Stillegung unren-
tabler Nebenstrecken; 1977 wurde der
Dampfbetrieb bei d. DB endgültig eingestellt. In den neuen Bundesländern weiterhin Deutsche Reichsbahn als zweites
Bahnsondervermögen des Bundes, Zentrale Hauptverwaltung in Berlin, eingeteilt in fünf Reichsbahndirektionen
(Rbd.). Leistungen → Schaubild. Daneben einzelne Privatbahnen. – E.betrieb,
umfaßt Zugzusammenstellung, Zugbe-
förderung mit Meldedienst, Signalwesen,
Rangier- u. Stellwerksdienst; die Linien
sind zur Sicherung in Blockstrecken eingeteilt. – **E.fahrordnung,** bestimmt f. jede Strecke Fahrstraße u. Gleis; Abweichungen müssen Zugführer schriftlich
mitgeteilt werden. – **E.frachtrecht,** *Intern. E.frachtrecht,* hervorgegangen aus
d. 1890 abgeschlossenen Berner Übereinkommen; regelt Inhalt des Frachtvertra-
ges, die daraus entspringende Haftung
der E., Feststellung der Beförderungs-
pflicht, Beförderungsgemeinschaft der
Bahnen u. prozessuale Vorschriften;
sieht bes. auch für Streitigkeiten aus dem
Frachtgeschäft schiedsrichterl. Tätigkeit
des Zentralamtes in Bern vor; 1928, 1933
u. 1952 *Intern. Übereinkommen über den
E.frachtverkehr.* – **E.haftung,** besteht f.
Personen- u. Sachschäden, die beim Betrieb d. Bahn entstehen; Höchsthaftung
f. Personenschäden bis zu einer Jahresrente von 30 000 DM, für Sachschäden
bis zu 100 000 DM (Haftpflichtges.);
weitergehende Haftung nicht ausgeschlossen; keine Haftung bei höherer Gewalt, verminderte Haftung bei Mitverschulden d. Geschädigten. – **E.recht,** Gesamtheit der für das E.wesen erlassenen
Rechtsbestimmungen. Neuregelung in
BR durch Allg. E.gesetz vom 29. 3. 1951;
f. d. *intern. E.recht* durch versch. Übereinkommen einheitliche Grundlage geschaffen, sowohl für Regelung des Perso-
nen- als auch des Frachtverkehrs. –
E.straßenroller, Straßenfahrzeug für
den Transport von Güterwagen vom
Bahnanschluß zum Empfänger. – **E.ver-
kehrsordnung,** regelt mit Gesetzeskraft
die Beförderung von Personen und Sachen mit der Eisenbahn (rechtliche Beziehungen zu den Fahrgästen, Haftung
für Verlust oder Beschädigung beförder-
ter Güter; daneben gelten §§ 453 ff.
HGB).

Eisenbakterien, decken durch → Chemosynthese ihren Energiebedarf, oxidieren Eisen od. Mangan; können durch Bildung langer Zellfäden u. Schleimhüllen
Leitungsrohre verstopfen.
Eisenbart, *Doktor E.,* nach Johann Andreas E. (1663–1727), marktschreieri-
scher dt. Wanderarzt.
Eisenberg (D-6520), Krst. in Thür.,
12 840 E; alte Kirchen, Schloß; Porzellan, Klaviere.
Eisenbeton → Beton.
Eisenburg, ungar. *Vas,* 3337 km²,
276 000 E; Grenzkomitat in W-Ungarn,
Hptst. *Steinamanger* (Szombathely).
Eisenchlorid, $FeCl_3$, gelbe Kristalle;
blutstillend, auch zum Ätzen.
Eisenerz (A-8790), östr. St. in der Steier-
mark, 750 müM; 9000 E; Wehrkirche,
Erzbergbau.
Eisenerze, eisenhaltige Mineralien: *Mag-
net-, Rot- (Hämatit), Brauneisenstein* (Ei-
sen in Verb. m. Sauerstoff), *Eisenspat* mit
→ Carbonat, *Eisenkies* mit Schwefel.
Eisengarn, bes. für geglättetes, bes. fe-
stes Baumwollgarn.
Eisengewinnung, → Übers., S. 210 u.
Schaubild.
Eisengießerei, in Tiegeln od. Kupolöfen
(→ Gießen).
Eisenglanz, svw. → Hämatit.
Eisenholz, sehr harte Hölzer versch. afri-
kan., südam. u. austral. Bäume (→ Ka-
suarine).

Dwight D.
Eisenhower

Eisenhower [-*hauə*], Dwight D. (14. 10.
1890–28. 3. 1969), am. Gen. u. Pol.; Befehlshaber der alliierten Landungstruppen, 1942–45, 1945 Befehlsh. d. US-Be-
satzungstruppen in Dtld, bis 1947 Generalstabschef des Heeres, 1950–52 Oberbefehlsh. der NATO-Streitkräfte; 1953–
61 34. (republikan.) Präs. d. USA.
Eisenhut, *Sturmhut, Aconitum,* Gift-
pflanzen mit helmartigen Blüten.

LD-Verfahren

Thomasverfahren

Bessemerverfahren

Elektrostahlverfahren

Siemens-Martin-Verfahren

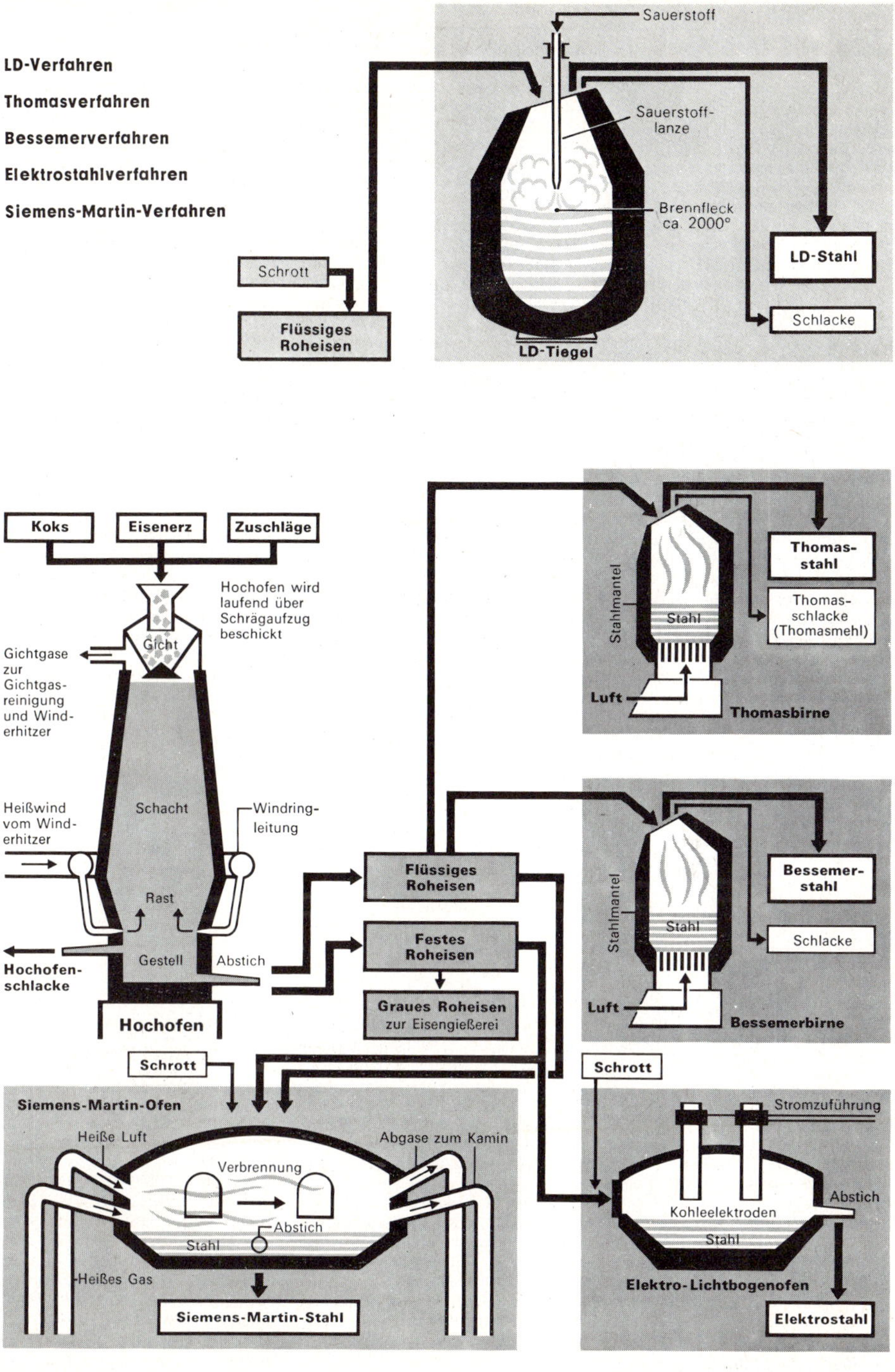

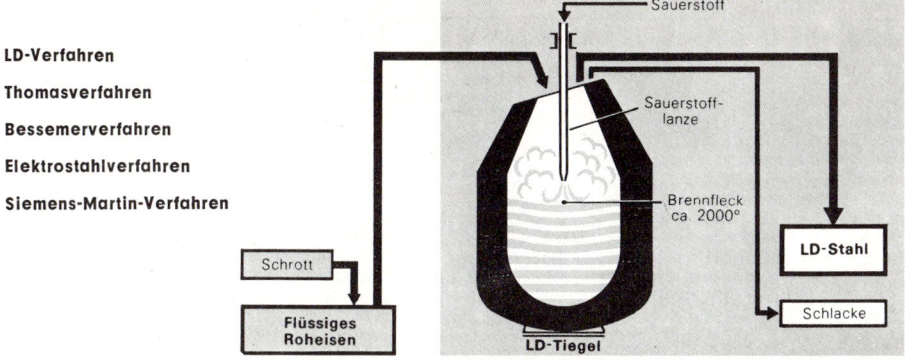

Sauerstoff

Sauerstoff-lanze

Brennfleck
ca. 2000°

LD-Stahl

Schlacke

Schrott

**Flüssiges
Roheisen**

LD-Tiegel

Koks	Eisenerz	Zuschläge

Hochofen wird
laufend über
Schrägaufzug
beschickt

Gicht

Gichtgase
zur
Gichtgas-
reinigung
und Wind-
erhitzer

Stahlmantel

**Thomas-
stahl**

Thomas-
schlacke
(Thomasmehl)

Stahl

Luft

Thomasbirne

Heißwind
vom Wind-
erhitzer

Schacht

Windring-
leitung

Rast

**Hochofen-
schlacke**

Gestell   Abstich

Hochofen

**Flüssiges
Roheisen**

**Festes
Roheisen**

Graues Roheisen
zur Eisengießerei

Stahlmantel

**Bessemer-
stahl**

Schlacke

Stahl

Luft

Bessemerbirne

Schrott

Schrott

Siemens-Martin-Ofen

Heiße Luft

Verbrennung

Abgase zum Kamin

Abstich

Stahl

Heißes Gas

Siemens-Martin-Stahl

Stromzuführung

Abstich

Kohleelektroden

Stahl

Elektro-Lichtbogenofen

Elektrostahl

Eisen- und Stahlgewinnung

Eisengewinnung: Die Erzeugung von Roheisen erfolgt durch Reduktion von Eisenerzen m. Kohlenstoff (Verhüttung) im *Hochofen,* einem etwa 30 m hohen Schachtofen aus feuerfesten Steinen m. gekühltem Stahlblechmantel. Der Hochofen wird mit abwechselnden Schichten von Koks, Eisenerz u. Zuschlägen gefüllt (beschickt). Die Zuschläge (meist Kalkstein) dienen der Umwandlung der im Erz enthaltenen Quarz- u. Tonerdebestandteile in schmelzbare Schlacke. Durch Einblasen von auf 500–900 °C erhitzter Luft verbrennt der Koks zu Kohlenoxid. Dieses verbindet sich mit dem Sauerstoff des Erzes, aus dem dabei das Eisenmetall frei wird u. sich in der auf etwa 2000 °C erhitzten Schmelzzone sammelt. Nach dem Abstich läßt man das flüssige Roheisen entweder in Sandformen zu Masseln für späteres Umschmelzen im *Gußeisen* (→ Gießen) erstarren oder befördert es in flüssigem Zustand zum Stahlwerk. Roheisen enthält mehr als 1,7% Kohlenstoff, es ist spröde u. nicht schmiedbar u. läßt sich nur für Gußeisen oder durch → Puddeln zur Erzeugung von Schweißeisen verwenden. Stahl dagegen ist elastisch u. wesentlich belastungsfähiger. Man kann ihn in Glühhitze *(Warmverformung)* schmieden, pressen und walzen und auch kalt *(Kaltverformung)* walzen und ziehen.
Stahlgewinnung: Stahl wird aus Roheisen gewonnen, indem dessen hoher Kohlenstoffgehalt auf das für die jeweilige Stahlsorte erforderliche Maß herabgesetzt wird. Dies geschieht in folgenden Verfahren: **1)** im *Bessemerverfahren* (→ Bessemer) wird phosphorarmes flüssiges Roheisen in eine mit tonhaltigem Quarzsand ausgefütterte (saurer Zuschlag) 4–5 m hohe Retorte aus dickem Eisenblech (Bessemerbirne) gefüllt u. mit Preßluft durchblasen (Windfrischen). Dabei verbrennen die unerwünschten Beimengungen an Kohlenstoff, Silicium, Schwefel u. Mangan zu Oxiden. Ähnlich, aber abgewandelt für Roheisen mit hohem Phosphorgehalt ist das **2)** *Thomasverfahren* (nach d. Erfinder

Sidney G. Thomas), das sich vom Bessemer-Verfahren dadurch unterscheidet, daß die Retorte *(Thomasbirne)* nicht sauer, sondern basisch mit Dolomit ausgefüttert ist. Die hierbei anfallenden Rückstände (Kalk-Silicium-Phosphat) bilden ein wertvolles Düngemittel (Thomasmehl). **3)** Im *Siemens-Martin-Verfahren* werden Roheisen u. Schrott in einem entweder basisch od. sauer ausgefütterten flachen Herdofen *(Siemens-Martin-Ofen)* mit Gasregenerativfeuerung eingeschmolzen *(Herdfrischen)* u. durch langsame Verbrennung der Nebenbestandteile in Stahl umgewandelt. Dieses Verfahren ermöglicht die Herstellung von Stahlsorten mit genau bemessenem Kohlenstoff- u. Legierungsbestandteilen. **4)** Das *Elektrostahlverfahren* dient zur Herstellung besonders hochwertiger Stahlsorten; dafür werden entweder *Induktionsöfen* oder *Lichtbogenöfen* verwendet. Im Induktionsofen werden in dem zu schmelzenden Metall starke Ströme induziert. Im Lichtbogenverfahren wird über dem Metall ein starker el. Lichtbogen entzündet. Durch Legieren, d. h. Beimischen von anderen Metallen wie Chrom, Nickel, Wolfram, Molybdän, gewinnt man veredelte Stahlsorten, wie → Schnellstahl, rostfreien Stahl u. a. **5)** Das *LD-Verfahren* arbeitet mit Aufblasen von technisch reinem Sauerstoff, der so hergestellte Stahl wird daher auch *Blasstahl* genannt (LD nach den östr. Orten Linz u. Donawitz, in deren Hüttenwerken das Verfahren 1945–52 entwickelt wurde). Der Sauerstoff wird mit hohem Überdruck bis zu 15 bar durch eine im Abstand verstellbare Düse auf das flüssige, mit etwa 10% Kalkzuschlag versehene Roheisen (davon 20% Schrott) aufgeblasen, das sich in einem birnenförmigen, kippbaren Tiegel (Konverter) befindet. Dabei findet sehr schnell (20 Min. für 100 t Füllung) in dem Schaum von Gas, sich bildenden eisenoxydulreichen Kalkschlacke u. dem Metall eine wirksame Entphosphorung u. Entkohlung des Eisens statt. Es lassen sich bei diesem Verfahren hohe Stahlqualitäten erzielen.

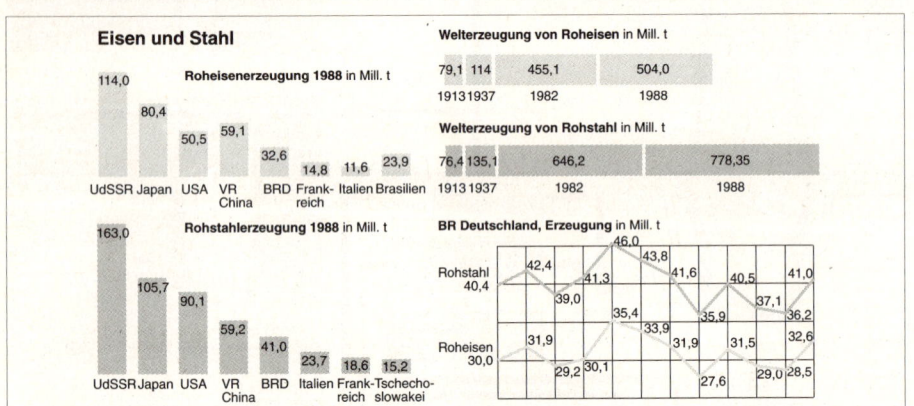

Eisen und Stahl

Roheisenerzeugung 1988 in Mill. t

UdSSR	Japan	USA	VR China	BRD	Frankreich	Italien	Brasilien
114,0	80,4	50,5	59,1	32,6	14,8	11,6	23,9

Rohstahlerzeugung 1988 in Mill. t

UdSSR	Japan	USA	VR China	BRD	Italien	Frankreich	Tschechoslowakei
163,0	105,7	90,1	59,2	41,0	23,7	18,6	15,2

Welterzeugung von Roheisen in Mill. t

1913	1937	1982	1988
79,1	114	455,1	504,0

Welterzeugung von Rohstahl in Mill. t

1913	1937	1982	1988
76,4	135,1	646,2	778,35

BR Deutschland, Erzeugung in Mill. t

Rohstahl	40,4	42,4	39,0	46,0	43,8	41,3	35,4	41,6	40,5	41,0
							33,9	35,9	37,1	36,2
Roheisen	30,0	31,9	29,2	30,1	31,9	27,6	31,5	29,0	32,6	28,5

Eisenhüttenstadt (D-1220), 1961 durch Zus.legung v. *Stalinstadt* u. *Fürstenberg/Oder* gebildet, Krst. in Bbg., 52 393 E; Eisenhüttenkombinat mit 6 Hochöfen.
Eisenkernspule, i. d. Elektro- u. Fernmeldetechnik, besitzt bei gleicher Abmessung wesentlich höhere → Induktivität als eine Spule ohne Eisenkern (z. B. → Drosselspule); Kernmaterial: magnetisches weiches Eisen in isolierten Lamellen oder Drähten, b. Hochfrequenz in Körnern od. gesinterten Eisenoxiden.

Eisenkies, *Schwefelkies, Pyrit* (Abb. S. 343), mineralisches Schwefeleisen, metallisch glänzende, goldgelbe Kristalle; zur → Schwefelsäure-Herstellung.
Eisenkraut → Verbenen.
Eisenoxalat, *s.,* gelbes Kristallpulver; als fotograf. Entwickler.
Eisenoxid, *s.,* → *Caput mortuum,* Bestandteil vieler Mineralien.
Eisenspat, *Siderit,* braunschwarzes Mineral, Eisenkarbonat ($FeCO_3$).
Eisenstadt (A-7000), Hptst. des österreichischen Bundeslandes Burgenland,

10 000 E; Esterházyschloß, Wirkungsstätte von Haydn; Dom, Bergkirche (Haydn-Mausoleum); katholischer Bischofssitz.
Eisenstein, Sergej (23. 1. 1898–11. 2. 1948), russ. Filmregisseur u. -theoretiker; *Panzerkreuzer Potemkin* (1925); *Iwan der Schreckliche* (1940–46).
Eisenvitriol, *Eisensulfat,* blaßgrüne Kristalle, wasserlösl., f. Färberei, Gerberei, Desinfekt., Tinte.
Eisenzeit, Periode der → Vorgeschichte.
Eiserfeld, s. 1975 zu → Siegen.

1 Führerstände
2 Stromabnehmer
3 Transformator
4 Fahrmotoren
5 Ölkühler mit Lüfter
6 Fahrmotor-Lüfter
7 Bremswiderstand mit Lüfter

Elektrische Bo′Bo′-Lokomotive der DB, Baureihe E 10. Länge 16,44 m, Dienstgewicht 85 t, Einphasen-Wechselstrom 15 000 Volt, 16⅔ Hz, Leistung rund 5000 PS, Höchstgeschwindigkeit 150 km/h

1 Führerstände
2 Dieselmotoren
3 Kühlergruppen
4 Dieselkraftstoffbehälter
5 Hydromechan. Getriebe
6 Achstriebe
7 Bremsluftkompressoren
8 Heizdampfkessel
9 Speisewassertanks
10 Heizöl für Kessel

Dieselhydraulische B′B′-Lokomotive V 200[1] der DB. Achsfolge B′B′, Länge 18,44 m, Dienstgewicht 78 t, Leistung 2700 PS, Höchstgeschwindigkeit 140 km/h, Dieselkraftstoff 3 cbm, Heizöl 1 cbm, Kesselspeisewasser 4 cbm

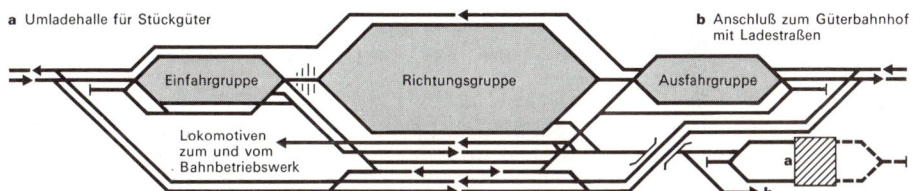

Schnellzugdampflokomotive der DB, Baureihe 01. Achsfolge 2′C1′, Länge 24,13 m, Dienstgewicht 111 t, Leistung 2100 PS, Kesseldruck 16 at, Höchstgeschwindigkeit 140 km/h, Wasservorrat 34 cbm, Kohlenvorrat 10 t. **1** Führerstand, **2** Feuerung, **3** Rauchrohrkessel, **4** Dampfdom, **5** Schieberkasten, **6** Zylinder m. Kolben, **7** Treibstange, **8** Treib-, **9** Laufräder, **10** Rauchkammer, **11** Schornstein

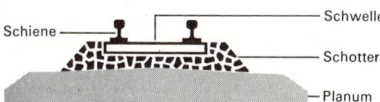

Schema eines Rangierbahnhofs. Die Wagen der in den Bahnhof (Einfahrgruppe) eingelaufenen Güterzüge werden in der Richtungsgruppe nach den verschiedenen Zielbahnhöfen geordnet und in der Ausfahrgruppe zu Zügen neu zusammengestellt

Gleisoberbau im Querschnitt

Rechts: **Gleisbild-Zentralstellwerk.** Die Fahrstraßen werden auf einem, dem Gleisnetz des Bahnhofs entsprechenden Gleisbildstelltisch durch elektrische Fernsteuerung mit Druckknöpfen eingestellt. Die Weichen haben elektrischen Antrieb, die Signale sind Lichtsignale

eiserne Hochzeit, Hochzeitsjubiläum; landschaftl. verschieden nach 65- oder 70jähriger Ehe gefeiert.
eiserne Jungfrau, Schandmaske in Form einer Frauenfigur (angebl. Folterwerkzeug d. MA; einziges erhaltenes Exemplar in Nürnberg Fälschung aus d. 19. Jh.).
Eiserne Krone, Langobardenkrone, in Monza (Oberitalien) aufbewahrt; mit ihr wurden → Karl der Gr., die dt. Kge und → Napoleon I. gekrönt.

eiserne Lunge

eiserne Lunge, medikophysikalisches el. betriebenes Gerät, das bei Lähmung der Atem-(Zwerchfell-, Zwischenrippen- u. Atemhilfs-)Muskulatur durch d. Wechsel v. Über- u. Unterdruck z. Durchführung künstl. Atmung über längere Zeit dient; bes. b. spinaler → Kinderlähmung.
Eiserne Maske, *Mann m. d. e. M.,* († 1703), unbekannter Staatsgefangener, s. 1698 in Pariser Bastille.
eiserner Vorhang, 1) Feuerschutzwand aus Wellblech, schließt Zuschauerraum feuersicher gg. Bühne ab; erstmals 1782 in Lyon, seit 1889 vorgeschrieben in Dtld; **2)** *pol.* Bez. f. d. frühere weitgehende Abschließung d. Sowjetunion u. d. Ostblockstaaten, insbes. f. d. einschneidende pol. Trennungslinie zw. BR u. DDR.
Eisernes Kreuz, versch. Klassen, als preuß. Orden gestiftet 1813, erneuert 1870, 1914, als deutscher Orden 1939, f. Auszeichnungen im Krieg; in der Bundeswehr nationales Erkennungszeichen für gepanzerte Fahrzeuge u. Flugzeuge.
Eisernes Tor, Donaudurchbruch durch d. Banater Gebirge zw. Orşova u. Turnu-Severin, letzte (östl.) Enge; 1972 in jugoslaw.-rumän. Zus.arbeit Staudamm m. Kraftwerk (11,4 Mrd. kWh) u. Schleuse.
Eisessig → Essigsäure.
Eisfjord, tiefe u. zerklüftete Bucht der W-Küste Spitzbergens; bed. Kohlenlager im Süden.
Eisglätte, am Boden bzw. auf Straßen durch Gefrieren von Schmelzwasser, Pfützen; in d. Straßenwetterberichten auch „gefrierende“ oder „überfrierende Nässe“ genannt.
Eisheilige, *Eismänner, Gestrenge Herren,* volkstüml. für die vier Tage v. 11.–14.

Mai: *Mamertus, Pankratius, Servatius, Bonifatius* (am 15. Mai die „kalte Sophie“); oft Nachtfröste.
Eishockey, Eisspiel von 2 Parteien zu je 6 Eisläufern u. 13 Auswechselspielern auf einer 56–61×26–30 m gr. Eisfläche; Ziel: den *Puck* (Hartgummischeibe, 7,62 cm Durchmesser) mit e. geknickten Stock in das 1,83 m breite und 1,22 m hohe Tor des Gegners zu befördern.
Eis-lauf, Gleiten mit Schlittschuhen auf e. Eisfläche; **E.kunstlauf** u. **E.schnellauf** als sportl. Formen.
Eisleben *Lutherstadt E.,* (D-3220), Krst. in S-A., 28 477 E; Kupfer- u. Silberbergbau; Bergbauschule; Geburts- u. Sterbehaus *Luthers.*
Eisler, Hanns (6. 7. 1898–6. 9. 1962), dt. Komp. u. Musiktheoretiker; über 80 Film- u. Bühnenmusiken.
Eislingen/Fils (D-7332), St. im Kr. Göppingen, Ba-Wü., 17 275 E; chem., Maschinen-, Papier- u. Textilind.
Eismeer, Teile des Weltmeeres i. d. Polargebieten; das v. Eurasien u. N-Amerika umschlossene *Nördl. E.* (Nordpolarmeer; bis 5449 m t., ca. 12,26 Mill. km²), nur durch Beringstraße mit Pazifik verbunden, steht mit dem Atlantik in breiter, tiefer Verbindung u. kräftigem Wasseraustausch (Golfstromdrift, Ostgrönlandstrom); das *Südl. E.,* Bez. f. d. Randmeere d. antarkt. Kontinents.
Eismeerstraße, wichtige Autostraße i. Finnisch-Lappland; v. Rovaniemi zum Inarisee, 531 km l.
Eisnadeln, kleine Eiskristalle, fallen bei strenger Kälte und heiterem ruhigem Wetter; glitzern in der Sonne, daher *Diamantenstaub* genannt.
Eisner, Kurt (14. 5. 1867–21. 2. 1919), dt. sozialist. Pol.; Führer der Revolution in München 1918, dann bayr. Min.präs.; ermordet.
Eispflanze → Mittagsblume.
Eispickel, Spitzhaue zum Stufenschlagen u. Sichern im Gletschereis.
Eisprung, svw. → Ovulation.
Eisschießen, *Eisstockschießen,* Eisspiel, ähnlich → Curling.
Eissegeln, Eissport mit → Segelschlitten.
Eistage, meteorolog. Bez. f. Tage, an denen die Temp. auch i. d. Mittagsstunden unter 0 °C bleibt.
Eistanz, Wettbewerb auf d. Eis, bestehend aus 3 Pflichttänzen, 1 Spurenbildtanz, 1 Kürtanz.
Eisvogel, 1) grünblau schillernder Rakkenvogel; an Bächen; Fischfresser, Erdlochbrüter; **2)** Tagfalter, braunschwarz, weiß gefleckt.
Eiswein, süßer Wein aus hochreifen gefrorenen Trauben.
Eiszeitalter, *Diluvium, Pleistozän,* Abschnitt der Quartärzeit (→ geologische Formationen, Übers.), begann v. ca. 1,8–1,5 Mill. Jahren, in 4 *Eiszeiten* od. *Glaziale* (Günz-, Mindel-, Riß- u. Würmeiszeit) u. 3 Wärmezwischenzeiten *(Interglaziale)* gegliedert. Ende d. letzten Eis-

zeit in Dtld vor ca. 10 000 Jahren (gegenwärtig → Interglazialzeit); starke Vergletscherung des nordöstl. N-Amerika u. Europas, hier ausgehend v. Skandinavien u. den Hochgebirgen; Vorrücken der bis zu 1000 m mächtigen Eismassen über ganz N-Dtld; im S von den Alpen bis halbwegs zur Donau. Norddt. Flachland u. Alpenvorland dadurch grundlegend gestaltet; Gletscherschutt (bis 300 m mächtig): Geschiebelehm, Findlinge, Grundmoränenfelder, Endmoränenzüge, Zungenbecken der Gletscher (= Seen in S-Dtld), Schotterfelder, Drumlins, Urstromtäler durch abströmendes Schmelzwasser der Gletscher gebildet.
Eiszeitkunst, Kunst der Altsteinzeit (→ Vorgeschichte, Übers.).
Eiter, gelbe, oft grün oder blau gefärbte Absonderung; bildet sich aus Serum, verflüssigtem Gewebe, E.erregern, → Bakterien (z. B. Strepto- u. Staphylokokken) und weißen Blutkörperchen, die in Massen z. Vernichtung d. E.erreger zu den durch diese entzündeten Stellen hinströmen; ansteckend.
Eitorf (D-5208), Gem. i. Rhein-Sieg-Kr., NRW, 15 680 E; Textil- u. chem. Ind.
Eiweiß, wichtige Gruppe organ. Verbindungen (Proteine) mit hohem Molekulargewicht; aus ca. 50% Kohlenstoff, 22% Sauerstoff, 16–17% Stickstoff, 7% Wasserstoff, oft Schwefel u. Phosphor; jeder E.körper ist aus → *Aminosäuren* zusammengesetzt; Entstehung d. E. nur durch die lebende Zelle; → Desoxyribonukleinsäure (DNA) d. Zellkerns als Information der Aufeinanderfolge der etwa 20 *Aminosäuren* enthält; Übertragung d. Information v. d. DNA durch *Boten-Ribonukleinsäure* u. Aufbau d. Eiweißkörper i. d. → Ribosomen unter Mitwirkung v. *Transfer-Ribonukleinsäuren.*
Ejakulation [l.], → Samenerguß.
Ekarté, *s.,* frz. Kartenspiel (32 Bl.).
Ekbatana, Hptst. des alten Medien, → Hamadan.
EKD, Abk. f. → *Evangelische Kirche in Deutschland.*
Ekdyson, *Häutungshormon* aus der Prothoraxdrüse der Insekten.

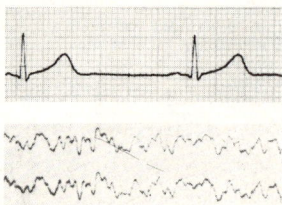

EKG (oben) und EEG

EKG, Abk. für *Elektrokardiogramm.*
Ekistik [gr.], Wissenschaft von menschl. Siedlungen (Stadtplanung, Siedlungswesen).

Ekkehard I. (909–14. 1. 73), Mönch v. St. Gallen, geistl. Dichter; ihm zugeschrieben d. *Waltharius.*

Ekklesia [gr.], → Ecclesia.

Eklampsie [gr.], infolge innerer Vergiftung während Schwangerschaft, Geburt od. Wochenbett lebensbedrohliche Krampfanfälle m. Bewußtlosigkeit, Zyanose u. Atemstillstand, erfordert meist sofortige operative Beendigung d. Schwangerschaft.

Eklat, *m.* [frz. *e'kla*], Glanz; Aufsehen, Skandal.

eklatant, offenkundig, auffallend, schlagend.

Eklektiker [gr.], Denker od. Künstler, der nicht aus Eigenem schafft, sondern nur Überliefertes auswählt u. verbindet; seine Haltung ist **Eklektizismus.**

eklektisch, zusammengelesen, unoriginell.

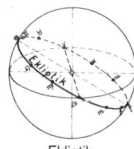

Ekliptik

Ekliptik, *w.* [gr.], scheinbare Bahn d. Sonne am Himmelsgewölbe *(→ Tierkreis)* in einem Jahr; entsprechend auch Ebene der Erdbahn.

Ekloge, *w.* [gr. „ausgewählt"], kl. Hirtengedicht.

Ekrasit, *m.,* Sprengstoff (Pikrinsäure).

ekrü [frz.], roh, ungebleicht; naturfarben.

Ekstase, *w.* [gr. „Außer-sich-Sein"], rauschartiger Gefühlszustand, Verzükkung.

ekstatisch, begeistert, verzückt.

Ektag Altai, *Gobi-A.,* asiat. Gebirgszug, 1700 km lang, östl. Ausläufer des S-Altai, üb. 4000 m hoch.

Ektasie [gr.], *med.* Erweiterung v. Hohlorganen.

Ektoderm [gr.], → Gastrula.

Ektoparasit, Außenschmarotzer (an d. Körperoberfläche).

Ekzem, *s.* [gr.], juckende Hautentzündung, oft nässend, häufig durch → Allergie.

El (stammverwandt Allah), Gottesbez. bei vielen semit. Völkern; im A.T. oft Mz. *Elohim* für → *Jahwe.*

Elaborat, *s.* [l.], Ausarbeitung; Machwerk.

Elagabal, syr. Sonnengott, auch → Heliogabalus.

El Al, isr. Luftverkehrsgesellschaft.

Elam, das Reich der **Elamiten** in Mesopotamien, 3. Jtd–7. Jh. v. Chr.; Kämpfe mit d. benachbarten Babylonien; Hptst. *Susa;* später persisch.

Elan, *m.* [frz. *e'lã*], Schwung(kraft). – **E. vital,** Lebensdrang (→ Bergson).

El Asnam, früher *Orléansville,* Hptst. d. alger. Bez. Chéliff, 119 000 E; Getreide,

Baumwolle; 1954 durch Erdbeben stark zerstört.

Elastizität, das Bestreben, bei durch Druck, Zug, Biegung, Verdrehung u. anderweitig bewirkter Formänderung die urspr. Form wieder anzunehmen.

Elba, *it.* Insel im Mittelmeer, 223 km², 29 000 E; gebirgig, eisenerzreich; Hauptort *Portoferraio.* – Aufenthalt Napoleons I. 1814/15.

Elbe, einer der dt. Hptströme, vom S-Hang des Riesengebirges, durchfließt N-Böhmen bis z. Elbsandsteingebirge, das norddt. Flachland u. mündet, 15 km breit, bei Cuxhaven in die Nordsee, 1165 km lang, davon 793 km in Dtld; Seeschiffe bis Hamburg, 940 km schiffbar; Nbfl.: l. *Moldau, Eger, Mulde, Saale, Ohre, Jeetze, Ilmenau;* r. *Iser, Schwarze Elster, Havel, Elde.* Mit Weser, Ruhr, Rhein durch Mittellandkanal, mit d. Oder u. a. durch Oder-Havel-Kanal verbunden, mit d. Ostsee durch *Nord-Ostsee-* u. **Elbe-Lübeck-Kanal,** zw. Lauenburg u. Lübeck (62 km l.).

Elberfeld → Wuppertal.

Elbing, *Elbląg,* poln. Seehafen im ehem. Westpreußen, am Fluß E. (zum Frischen Haff); Verbindung zu den ostpreuß. Seen durch *Oberländischen Kanal,* 125 000 E; Masch.ind., Werft. – 1237 Deutschordensburg, Hansestadt, seit Niedergang d. Dt. Ordens, 1466 autonomer Stadtstaat, 1772 preuß., 1945 poln.

Elbingerode (D-3703), St. im Unterharz, S-A., 5000 E; Schwefelkies, Erzbergbau.

Elbrus, höchster Gipfel des Kaukasus, 5642 m; erloschener Vulkan, vergletschert; Erstbesteigung 1868.

Elbsandsteingebirge

Elbsandsteingebirge, Tafelland zw. Lausitzer Gebirge u. Erzgebirge, von d. Elbe in tiefem Engtal durchschnitten, durch Schluchten i. zahlr. Tafelberge u. Fels-

gruppen aufgelöst: *Lilienstein* (412 m), Schrammsteine, *Großer Zschirnstein* (560 m); *Hoher Schneeberg* (721 m); schönster Teil d. E.: Sächsische Schweiz.

Elbtunnel, 1) Untertunnelung der Elbe in Hamburg zw. St. Pauli u. Steinwerder (1911), 448 m lang; **2)** 1967–74 gebauter Autobahntunnel (N-S) unter d. Elbe i. Hamburg zw. Othmarschen u. Waltershof.

Elburs, Gebirgszug am Kasp. Meer in Persien: höchster Berg: Vulkan *Demawend,* 5604 m.

Elch

Elch, Elen, großer Hirsch mit Schaufelgeweih; feuchte Wälder N-Europas, N-Asiens, N-Amerikas; Ostpreußen.

Elche [*'eltſe*], St. i. d. span. Prov. Alicante, 178 000 E; *Dattelpalmenwald v. E.:* nördlichste Oase; *Dame v. E.:* Frauenbüste (iberisch, 3. od. 4. Jh. v. Chr.).

El Dorado → Dorado.

Elea, altgriech. St. in Unteritalien, z. T. ausgegraben; nach ihr d. **eleatische Schule** d. griech. Philosophen Xenophanes, Parmenides, Zenon u. a. im 6. und 5. Jh. v. Chr., lehrte d. unveränderte Einheit d. Seins u. verwarf d. (nichtbegriffl.) Sinneserkenntnis.

Elefanten, letzte lebende Vertreter d. einst artenreichen Rüsseltiere; leben in Herden; *Afrikan. E.,* großohrig, bis 3½ m hoch; *Indische E.,* kleinere Ohren, bis 3 m hoch. Ausgestorbene E.: *Mammut, Mastodon.*

Elegie, *w.,* im griech. u. röm. Altertum Gedicht in → Distichen, Verspaaren aus → Hexameter u. → Pentameter: *elegisches Versmaß;* heute allg. f. wehmütiges *(elegisches)* lyr. Gedicht, bes. seit Goethes *Marienbader E.*

elegisch, wehmutsvoll, klagend.

Elektorat [l. „Wahlrecht"], → Kurfürstenwürde.

Elektra, in d. griech. Sage Tochter des Agamemnon u. der Klytämnestra; Schwester des Orest, Miträcherin d. Vatermordes; Tragödien v. Sophokles u. H. v. Hofmannsthal (danach Oper v. R. Strauss).

elektrifizieren, mit el. Antriebsanlagen versehen.

elektrische Bahnen, urspr. Straßenbahn, dann auch im Bergbahn- u. Eisenbahnbetrieb (→ Tafel Eisenbahn); Stromerzeugung in Zentralen durch Dynamos, Übertragung durch Hochspannungsleitung z. den auf der Strecke verteilten Umformerstationen (Speisepunkte), Umformung auf Betriebsspannung und Stromart; b. Straßenbahn meist Gleichstrom, bei Eisenbahn i. allg. Wechselstrom; Zuführung durch Oberleitung oder Stromschiene.

elektrische Beleuchtung, Umwandlung von el. in Licht-Energie und Ausnutzung in → Glüh-, → Bogen-, → Gasentladungslampen.

elektrische Entladung, Ausgleich d. Spannungsunterschiedes zweier Körper über Leiter (Metalle etc., z. B. Kondensator, Batterie) oder über Nichtleiter (Isolierstoffe, Gase etc.; hier Umwandlung der frei gewordenen Energie in Licht: Blitz, Lichtbogen, Funken usw.). – **e. Feldstärke,** Abk. E, abhängig von d. Spannung u. d. Abstand zweier durch einen → diëlektrischen Stoff getrennten Leiter; Einheit: Volt pro cm. – **e. Maßeinheiten, 1)** *Ampere,* Abk. *A,* Einheit der Stromstärke: 1 A = 1 Coulomb pro Sek. (C/s); **2)** *Ohm,* Abk. Ω, Einheit des el. Widerstandes; **3)** *Volt,* Abk. *V,* Einheit der → elektromotorischen Kraft u. der Spannung, 1 V = Spannung, die benötigt wird, um Strom v. 1 A durch Widerstand von 1 griechZ zu „drücken"; **4)** *Watt,* Abk. *W,* Einheit d. el. Leistung, Produkt aus Strom mal Spannung, 1 W = 1 V·A. – **e.r Widerstand,** Kräfte, die dem Fließen des el. Stromes entgegenwirken: **a)** *reelle Widerstände,* el. Energie meist in Wärme umgewandelt, aus Metalldraht, Kohlenstoff, Graphit; z. Regeln v. Strömen *veränderl. W.;* **b)** *Blind-W.: induktiver* (Drosselspule) u. *kapazitiver* (Kondensator) *W.,* setzen dem Wechselstrom Gegenspannung entgegen; kein Eigenverbrauch von Energie; Maßeinheit: → Ohm 2). – **e. Ströme,** bewegte („strömende") Elektronen in einem Leiter od. frei im Raum (z. B. in Elektronenröhre); Stromarten: → Gleich-, → Wechsel-, → Dreh-, → Mischstrom. – **e. Stromstärke,** die in e. Stromkreis in 1 Sek. fließende Elektrizitätsmenge, gemessen in Ampere.

elektrische Fische, Fischgruppe mit el. Organen, die Stromstöße zur Verteidigung, zum Beutefang od. zur Orientierung erzeugen (→ Zitteraal u. a.

elektrische Heizung, Strom durchfließt u. erhitzt Widerstände, z. B. Chromnikkeldraht als Schraubenfeder gewickelt u. spiral- od. schraubenförmig auf Widerstandsträger (Säule od. Platten) aufgelegt; Wärmestrahlung bei Öfen, Wärmeleitung bei Herden u. Kochplatten, Gebläse bei Speicheröfen.

elektrische Öfen, 1) → elektrische Heizung; **2)** el. Schmelzöfen für Herstellung hochwertiger Metalle; Temperaturen bis über 3000 °C, **a)** *Induktionsöfen:* im zu schmelzenden Metall werden starke Ströme induziert; **b)** *Lichtbogenöfen,* über d. Material wird ein starker el. Lichtbogen entzündet (→ Eisen- u. Stahlgewinnung, Tafel u. Übersicht).

elektrische Raumflugtriebwerke, Schub wird statt durch Verbrennung relativ energiearmer Treibstoffe (wie z. B. chemothermische Triebwerke) durch Energiezufuhr an das Arbeitsgas auf el. Wege erzeugt.

elektrischer Stuhl, z. T. in d. USA zur Hinrichtung von Verbrechern durch regelbare Ströme zw. 0,1 u. 1 Ampere; Tod durch → Herzkammerflimmern.

elektrische Sicherung, Vorrichtung zur selbsttätigen Unterbrechung des el. Stroms bei Überlastung der el. Leitungen; → Schmelzsicherung.

elektrisches Lichtbad, Apparat zur Bestrahlung des Körpers mit el. Licht, meist kastenförmig.

elektrische Zündung, durch el. Strom bewirkte Entzündung explosiver Stoffe (z. B. Sprengladung); → Zündkerze.

elektrisieren → Elektrotherapie.

Elektrisiermaschine, Apparat zur Erzeugung v. Reibungselektrizität.

Elektrizität [gr.], Grundeigenschaft aller Materie; Träger E. sind die → Elektronen *(negative Ladung)* u. die → Protonen *(positive Ladung)* des → Atoms, die sich gegenseitig in ihrer Wirkung aufheben. Im Normalzustand sind beide gleichmäßig vorhanden, so daß die Materie ungeladen (neutral) erscheint. Sind d. Ladungen gleichnamig (gleiche Vorzeichen), so stoßen sie sich ab, sind sie ungleichnamig (ungleiche Vorzeichen), so ziehen sie sich an. Jede el. Ladung ist von einem el. Feld *(elektrisches Feld* → Kraftfeld). Das Auftreten wahrnehmbarer el. Erscheinungen wird erst durch einen Überschuß getrennter positiver oder negativer Ladungen hervorgerufen. Es entsteht dann eine el. Ladung, die sich in Leitern stets von dem Pol überschüssiger Ladung zu dem Pol geringerer Ladung hin bewegt. Bei dieser Bewegung entstehen el. Ströme u. ein magnet. Feld (→ Kraftfeld), das die Bewegungsrichtung el. Ladung ringförmig umgibt. Ladungsbewegungen vollziehen sich auch i. → Halbleitern, im Vakuum u. in Gasen (→ Elektronik). Elektrizitätserzeugung u. Auftreten el. Ladungen: **a)** als *Reibungs-E.* beim Aneinanderreiben v. → Isolatoren; schon i. Altertum von d. Griechen beim Reiben v. Bernstein [gr. „elektron"] beobachtet; Anwendung z. B. in d. → Influenzmaschine; **b)** als *atmosphärische E.* bei Gewittern; Spannungen bis zu mehreren Mill. Volt, Entladung als Blitz; **c)** als *galvanische E.* (→ galvanischer Strom) durch Umwandlung von chem. in el. Energie; Anwendung als Stromquelle f. kleine Geräte (Taschenlampen u. a.; **d)** als → *Thermoelektrizität;* **e)** als → *Piezo-Elektrizität;* **f)** als *dynamische E.* zur Erzeugung großer Energiemengen i. **E.swerk** *(Kraftwerk)* durch Umwandlung von mechan. i. el. Energie in → Dynamomaschinen (Generatoren). Diese werden je nach Kraftquelle v. Wasserturbinen (Speicher-, Fluß-, Gezeiten-Kraftwerken) oder v. Dampfturbinen (Kohle, Erdgas, Erdöl, Atomenergie) angetrieben. Je nach Leistung u. Art d. Generatoren wird meist → Drehstrom als Nieder- od. Mittelspannung (Frequenz 50 Hz) erzeugt u. mit → Transformatoren an d. Spannung d. Übertragungsleitung angepaßt. Großkraftwerke sind über Hoch- od. Höchstspannungsnetze miteinander verbunden (sog. Verbundnetz); dadurch werden jahreszeitl. Schwankungen d. Energiedarbietung sowie örtl. u. zeitl. veränderter Lastbedarf ausgeglichen. Je nach Länge u. Leistung d. zu übertragenden Energie wird Niederspannung 220/380 V, Mittelspannung 10, 20, 30 kV (Kilovolt), Hoch- od. Höchstspannung 60, 110, 220, 380 kV gewählt (→ Hochspannung). → Gleichstrom od. Stromarten anderer Frequenz als 50 Hz werden heute meist durch Umformung mit → Gleichrichtern bzw. umlaufenden Maschinen (Frequenzumformer) erzeugt (→ Tafel Elektrizität); **E.szähler** mißt selbsttätig den Stromverbrauch, d. h. das Produkt aus Spannung (Volt), Stromstärke (Ampere) u. Zeit (Sek.); im Gebrauch Motor-, Induktions- und Stia-(Quecksilber-Elektrolyt-)Zähler.

Elektroakustik, *Ela,* el. Aufnahme, Verstärkung, Speicherung u. Wiedergabe v. Schall (→ Akustik); Anwendung: Tontechnik bei Hörfunk u. Fernsehen, zu Hause (→ Schallplatten, → Magnetbandgerät, → Hi-Fi), in Diskotheken etc.

elektroakustische Wandler, Vorrichtungen, die akust. Schwingungen in el. umgekehrt in akust. Schwingungen umwandeln (z. B. → Mikrofon, → Kopfhörer, → Lautsprecher, Tonabnehmer u. ä.).

Elektroauto, batteriegetriebenes Fahrzeug, das bereits um 1900 verbreitet war, wurde v. Benzinmotor-Auto verdrängt, heute (wegen → Luftverunreinigung) als abgasfreies Stadtfahrzeug wieder neu entwickelt; Nachteile: hohes Gewicht, geringe Reichweite; Einsatz vor allem in Lagerhallen.

Elektrochemie, Lehre vom Zusammenhang chemischer und elektrischer Vorgänge.

Elektrochirurgie, chirurg. Operationen mittels el. Geräte (z. B. Kauterisieren, Koagulieren).

Elektroden, 1) die i. d. Elektrolyten eintauchenden, oft plattförm. Leitungsstücke, → Elektrolyse; **2)** Leiter, zw. denen Elektronenströme, Lichtbogen etc. Funken übergehen od. gesteuert werden.

Elektrodynamik, Theorie d. Elektrizität, Lehre v. d. zeitl. veränderlichen elektromagnet. Feldern u. ihren Wechselwirkungen mit reibenden u. beweglichen el. Ladungen.

Elektrodynamometer, *Dynamometer,* el. Instrument z. Messung el. Ströme, meist eine leicht drehbare Spule ist innerhalb einer festen Spule aufgehängt; wenn beide stromdurchflossen, dreht sich erstere u.

Stromerzeugung   **Elektrizität**

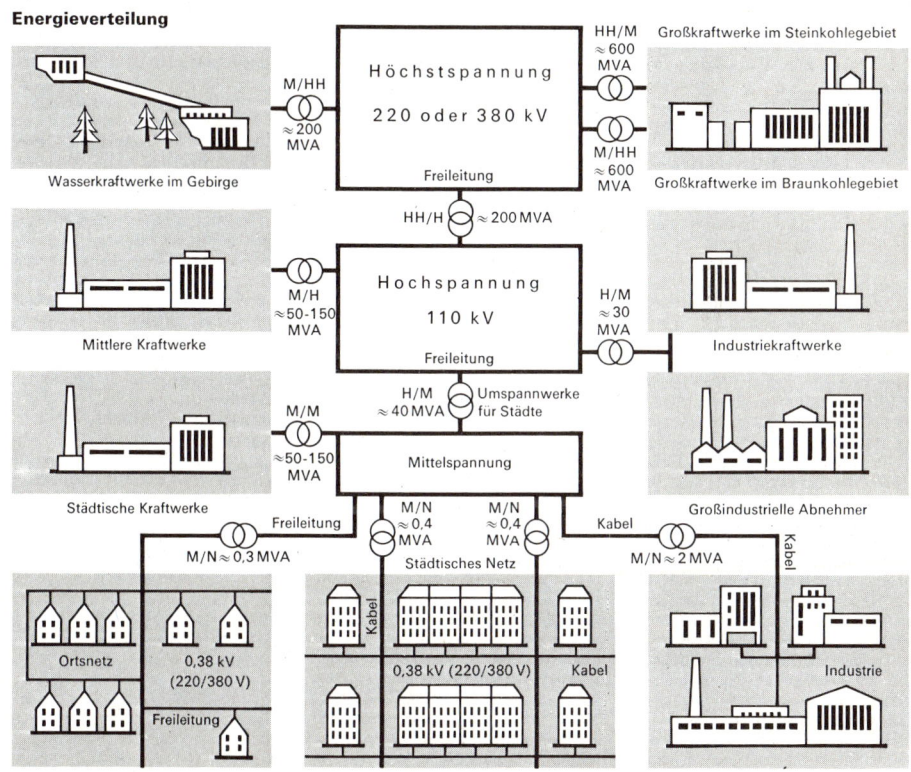

Wasserkraftwerke
Speicher-, Fluß- u.
Gezeitenkraftwerke

Wasser-
turbine

Wärmekraftwerke
Kohle, Erdgas,
Erdöl, Atomenergie

Dampf-
turbine

Gleich-
strom

Wechsel-
strom
16²/₃ Hz

Umformer
(Gleichrichter)

Masch.
Umformer

Dreh-
strom

50 Hz

Elektrochemie z. B.
Kupfererzeugung

Elektr. Bahnen
Straßen-, U-Bahn

Elektr. Bahnen
Eisenbahn

Hüttenindustrie
(Induktionsöfen)

Drehstrommotoren

Wärme

Licht

Kleine Geräte
und Motoren

G Generator (Dynamo), ——— Gleichstrom ━━━ Wechselstrom ●●●●● Drehstrom

Energieverteilung

Wasserkraftwerke im Gebirge

M/HH
≈200
MVA

Höchstspannung

220 oder 380 kV

Freileitung

HH/M
≈600
MVA

M/HH
≈600
MVA

Großkraftwerke im Steinkohlegebiet

Großkraftwerke im Braunkohlegebiet

HH/H ≈200 MVA

Mittlere Kraftwerke

M/H
≈50-150
MVA

Hochspannung

110 kV

Freileitung

H/M
≈30
MVA

Industriekraftwerke

H/M
≈40 MVA

Umspannwerke
für Städte

Städtische Kraftwerke

M/M
≈50-150
MVA

Mittelspannung

Großindustrielle Abnehmer

Freileitung

M/N
≈0,4
MVA

M/N
≈0,4
MVA

Kabel

M/N≈0,3 MVA

Städtisches Netz

M/N≈2 MVA

Kabel

Ortsnetz

0,38 kV
(220/380 V)

Freileitung

0,38 kV (220/380 V)   Kabel

Industrie

HH Höchstspannung   H Hochspannung   M Mittelspannung   N Niederspannung   kV Kilo-Volt   MVA Mega-Volt-Ampere
1 MVA 1000 kVA   —ⓄⓄ—Transformatorenstation

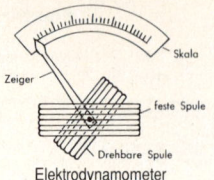

Zeiger   Skala

feste Spule

Drehbare Spule

Elektrodynamometer

zeigt Stromstärke an; meist als Wattmeter.

Elektro-enzephalographie, E.enzephalogramm, Abk. *EEG* (Abb. *EKG*), Hirnstrombild; Kurvendarstellung von el. Ableitungen der Kopfhaut, bedeutsam für psych. Grundlagenforschung u. Diagnose z. B. von Epilepsie.

Elektroindustrie, dient der Herstellung von Maschinen u. Geräten der → Elektrotechnik (→ Übers., S. 218).

Elektro-kardiographie, Kurvenaufzeichnung **E.kardiogramm,** *EKG* (Abb.), auf Filmstreifen, Braunscher Röhre durch **E.kardiographen,** verursacht durch Ausschläge eines Galvanometers bei den durch Herzbewegungen entstehenden el. Spannungen der *Herzaktionsströme* (um 1,2 Millivolt); dient zum Erkennen v. Herzkrankheiten.

Elektrolunge, el. Reizung d. Zwerchfells od. Zwerchfellnervs z. Atmungsanregung.

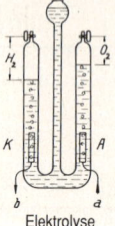

Elektrolyse

Elektrolyse, die Zerlegung gelöster oder geschmolzener chem. Verbindungen **(Elektrolyten)** durch den el. Strom. Erklärung durch die Theorie d. elektrolyt. → Dissoziation: Die positiv geladenen → Ionen wandern z. negativen Elektrode *(Kathode),* d. negativen Ionen z. positiven Elektrode *(Anode),* wo ihre Ladungen neutralisiert u. die d. Ionen bildenden Atome od. Atomgruppen abgeschieden werden. – Die Abb. zeigt Elektrolyse v. angesäuertem Wasser, wobei a. d. Kathode *(K)* Wasserstoff (H_2), an der Anode *(A)* Sauerstoff (O_2) abgeschieden wird.

Elektrolytkondensator, dünne Metallfolie in flüss. od. breiform. Elektrolyt als Anode, Metallgehäuse od. 2. Folie als Kathode; bei Anlegen v. Spannung auf der Anode Bildung u. Oxidschicht als Diëlektrikum (→ diëlektrisch); Kapazität b. kleinen Abmessungen sehr groß.

Elektrolytkupfer, durch Elektrolyse abgeschieden; sehr rein.

Elektromagnet → Magnetismus.

elektromagnetische Lichttheorie, von *Maxwell,* erklärt Licht für transversale elektromagnet. → Wellen.

elektromagnetisches Feld, ein el. Feld ist mit einem magnet. Feld derart wechselseitig verknüpft, daß die Änderung des el. Feldes eine entsprechende Änderung des magnet. Feldes bewirkt.

elektromagnetische Wellenstrahlung, Gesamtheit aller Wellenstrahlungen, deren Energieträger periodische elektromagnet. Felder sind u. die sich im Vakuum mit → Lichtgeschwindigkeit ausbreiten.

Elektromagnetismus, durch el. Ströme erzeugter → Magnetismus.

Elektromotor, Maschine, durch el. Strom in Umdrehung versetzt, verwandelt el. Energie in mechan. (Elektro- → *Magnetismus*).

elektromotorische Kraft, Abk. *EMK,* Kraft (Spannungsunterschied), d. im Innern einer Stromquelle frei wird, notwendig zur Bewegung der Elektronen in einem Stromkreis.

Elektron, *s.* [gr. „Bernstein"], **1)** el. negativ geladenes Elementarteilchen mit der kleinsten elektrost. Ladungseinheit ($1{,}602 \cdot 10^{-19}$ As); in Atomen durch el. Anziehungskräfte gebunden, freie Elektronen (Emission aus einer Kathode oder β-Zerfall eines Atomkerns) lassen sich durch el. u. magnet. Felder ablenken; **2)** sehr leichte Magnesiumlegierung (90% Magnesium; Rest Aluminium u. Spuren von Mangan, Kupfer, Zink), Dichte 1,8, für Flugzeug- u. Motorenbau.

Elektronegativität, *chem.* Bez. f. d. Fähigkeit von Atomen, die Elektronen e. chem. Bindung an sich zu ziehen. Metalle haben kleine, Wasserstoff und Kohlenstoff eine mittlere, Sauerstoff u. Fluor eine große E.; E. bestimmt die Polarität v. Bindungen.; E. nimmt im → Periodensystem nach rechts und nach oben zu.

Elektronenblitzgerät, *Elektronenblitz,* im Ggs. zu früherem Blitzlicht völlig betriebssicher, extrem hell u. hochpräzise Dosierung des Blitzlichts, in Kameras eingebaut od. extern anschließbar. Heute fast nur noch gemeinsame elektron. Steuerung, Berechnung, Dosierung des abzugebenden Blitzlichts durch das elektron. System der Kamera plus dem elektron. System des Blitzgerätes. Standard inzw.: Blitzlichtmessung vollautomatisch in der Filmebene der Kamera.

Elektronenlinse, analog einer Linse für Lichtstrahlen wirkt ein rotationssymmetr. el. oder magnet. Feld auf Elektronenstrahlen (Verwendung z. B. im → Elektronenmikroskop).

Elektronenmikroskop, el. Mikroskop, d. Elektronen statt Lichtstrahlen verwendet (→ Tafel Elektronik, S. 218); Sichtbarmachung durch Fluoreszenzschirm od. photographische Platte; Auflösung bis ~ 0,2 nm (gg. 500 nm bei optischem Mikroskop); Elektronenmikroskop → Feldelektronenmikroskop; MPI f. E.mikroskopie in Berlin-Dahlem.

Elektronenmyogramm, kurvenmäßige Aufzeichnung d. Aktionsströme, d. b. jeder Muskeltätigkeit entstehen; z. Diagnostik v. Muskelerkrankungen unerläßlich.

Elektronenoptik, 1) Teilgebiet der Physik, das die Bewegung von Elektronen u. Ionen in el. u. magnet. Feldern werden in Analogie zur Lichtoptik beschrieben; **2)** Bez. f. → Elektronenlinsensystem.

Elektronenrastermikroskop, spezielle Form des → Elektronenmikroskops, bei dem d. Oberfläche des Objekts m. e. Elektronenstrahl zeilenweise (wie b. → Auflösungsvermögen (bis ca. 0,2 nm).

Elektronenrechenmaschinen → Informatik.

Elektronenröhre, *Röhre,* hochevakuiertes Glas-, Stahl- od. Keramikgefäß mit 2 od. mehr Elektroden (Polen). *Arbeitsweise:* Glühkathode sendet (emittiert) Elektronen aus, d. v. gegenüberliegender od. d. Kathode umschließender Anode durch deren positive Spannung angezogen werden (Elektronenstrom); Gitterelektroden steuern den Elektronenstrom; darauf beruht die Funktion d. E.röhre als → Verstärker, → Oszillator, Modulator (→ Modulation 2) usw. *Kathode:* direkt auf Heizfaden oder auf Nickelröhrchen (mit isoliertem Heizfaden innen) aufgetragene Oxidschicht eines Alkalimetalls (z. B. Barium) = direkt bzw. indirekt geheizte Kathode. Oxidschicht wird durch Heizfaden z. Glühen gebracht. *Anode:* Blech oder engmaschiges Drahtgeflecht aus Eisen-Nickel-Legierung. Beeinflussung des Anodenstroms ohne Änderung der Anodenspannung (u. Heizung) durch ein oder mehrere *Gitter* (z. B. schraubenförmig gewickelter Molybdändraht) zw. Anode u. Kathode, die Anodenstrom je nach ihrer positiven od. negativen Ladung verstärken bzw. schwächen. Nach *Elektrodenzahl* unterscheidet man Zwei-, Drei- usw. b. Neunpolröhren; oft mehrere Systeme in e. Glaskolben (Verbund- u. Mehrfachröhren). Nach *Anwendung* unterscheidet man Empfängerröhren, → Senderöhren, Mikrowellenröhren, Elektronenstrahlröhren (z. B. → Bildröhre), Abstimmanzeigeröhre → magisches Auge, Endröhre, Gleichrichterröhre, Oszillatorröhre u. ä. Heute sind nur noch Senderöhren (= auch Mikrowellen-

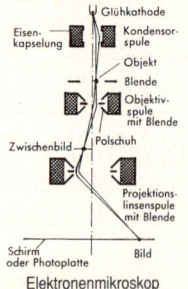

Glühkathode

Eisen-kapselung   Kondensor-spule

Objekt

Blende

Objektiv-spule mit Blende

Zwischenbild   Polschuh

Projektions-linsenspule mit Blende

Schirm oder Photoplatte   Bild

Elektronenmikroskop

Elektronik

Wissenschaft vom Verhalten u. der phys. Beeinflußbarkeit von geladenen Teilchen (Elektronen, Ionen, „Löcher") im Vakuum, in Gasen u. in → Halbleitern sowie deren technische Anwendung. Die E. war urspr. ein Teilgebiet d. Elektrotechnik, entwikkelte sich aber selbständig weiter; der wesentliche Unterschied der E. zur *reinen Elektrotechnik* besteht darin, daß letztere sich mit Elektronen in festen Leitern u. Flüssigkeiten beschäftigt. Der Begriff der E. umfaßte urspr. im engeren Sinne nur das Gebiet der freien Elektronen u. in der Anwendung die Bauelemente, deren Wirkung auf der Bewegung freier Elektronen als Ladungsträger im Vakuum u. in Gasen beruht. Die wichtigsten dieser Bauelemente sind heute v. a. → Senderöhren u. Spezialröhren wie → Bildröhre, → Bildspeicherröhren u. ä. Mit der Entwicklung der Halbleitertechnik wurde auch dieses Gebiet in den Begriff der E. mit einbezogen. Es umfaßt Bauelemente, deren el. Leitfähigkeit durch Störungen (Verunreinigungen) im Gitteraufbau des Materials bestimmt wird. Wichtige Halbleiter-Bauelemente sind diskrete Bauelemente wie → Transistor, → Feldeffekt-Transistor, → Dioden, optoelektron. Elemente (Laserdiode, LED) u. ä. sowie als wichtigste Bauelemente d. E. integrierte Schaltkreise (IC, Chips) in monolithischer od. Hybrid-Technik m. analoger od. digitaler Signalverarbeitung. Elektronische Bauteile übernehmen in d. modernen Technik immer mehr Aufgaben, die früher von mechan. od. elektromechan. Bauelementen ausgeführt wurden oder aus technischen oder wirtsch. Gründen überhaupt nicht gelöst werden konnten. Die wesentlichen Vorteile elektronischer Bauelemente u. Einrichtungen bestehen in relativ niedrigen Kosten, geringem Raumbedarf, großer Operationsgeschwindigkeit, geringem Leistungsbedarf, langer Lebensdauer, Anpassungsfähigkeit an unterschiedl. Aufgaben, Realisierbarkeit sehr komplexer Systeme u. einfacher Informations-Fernübertragung. Ihre Hauptanwendungsgebiete sind: Militärtechnik, Konsumgüter-E. (Unterhaltungs- und Haushalts-E.), Nachrichtentechnik (Übertragungs- u. Vermittlungstechnik), Daten- u. Informationsverarbeitung (Informa-

tionselektronik), industrielle E. (Meß-, Prüf- u. Automatisierungstechnik), Leistungs-E., Raumfahrttechnik, Medizintechnik.
Entwicklung: *1. Phase* (ab etwa 1906): Entwicklung d. → *Elektronenröhren*, dreidimensionaler Verbindungsaufbau (Verdrahtung) diskreter Bauelemente, Chassisbauweise, noch geringe Pakkungsdichte; *2. Phase* (ab etwa 1948): d. Erfindung d. → Transistors leitet Zeitalter d. Halbleiter-Bauelemente ein; zweidimensionaler Verbindungsaufbau (Leiterkartentechnik, gedruckte Schaltungen) diskreter Bauelemente, Modul- u. Mikromodultechnik, bessere Packungsdichte. Innerhalb von ein bis zwei Jahrzehnten wird Elektronenröhre durch Transistor fast völlig verdrängt (bis auf einige Spezialröhren); Entwicklung einer Vielzahl von neuen, speziellen Bauelementen. *3. Phase* (ab etwa 1960): Entwicklung d. → *integrierten Schaltungen* (Mikroelektronik), Monolith-, Schicht- und Hybrid-Technik; kleiner bis mittlerer Integrationsgrad auf einem Chip; enorme Steigerung d. Zuverlässigkeit elektron. Schaltungen (insbes. wegen Wegfalls vieler Lötstellen). *4. Phase* (ab etwa 1970): *Groß- und Größtintegration*, hochintegrierte system- u. funktionsorientierte Geräteteilsysteme, v. a. in Monolith-Technik, große bis sehr große Packungsdichte (dadurch Problem d. Verlustwärme).
Zur Zeit ist ein Integrationsgrad von mehr als 10 Mill. (die vierfache Dichte davon in Aussicht) Elementen pro Chip erreicht (z. B. Halbleiterspeicher). Diskrete Bauelemente haben als Ergänzung zu den integrierten Schaltkreisen weiter Bedeutung. Durch die Entwicklung der IC nahm die Bedeutung digitaler Schaltungen stark zu, jedoch werden analoge Schaltungen auch in Zukunft nicht völlig verdrängt. Charakteristisch für d. E. ist eine ungewöhnlich schnelle Entwicklung, deren Dynamik noch anhalten wird: weiter steigende Integration (phys. Grenzen sind noch nicht erreicht), verstärkter Einsatz von Mikroprozessoren, Erschließen von Grenzgebieten (optische, akustische u. magnetische Effekte), Datenspeicherung und -zugriff mittels Laserstrahlen, neue Halbleiter-Werkstoffe u. a.

---

röhren) u. Spezialröhren (→ Bildaufnahmeröhren, → Bildwandler u. ä.) im Einsatz; aus d. anderen Anwendungsbereichen wurde in der E.röhre fast völlig v. d. Halbleiterbauelementen verdrängt. Gasgefüllte E.n sind Gasentladungsröhren (z. B. → Glimmlampe).
Elektronenschleuder → Beschleuniger.
Elektronenstoß, Stoß e. schnellbewegten → Elektrons auf Atome od. Moleküle, die d. Bewegungsenergie d. Elektrons aufnehmen.
Elektronenvervielfacher, in d. Elektronik u. Fernmeldetechnik Einrichtung, die schwachen Strom freier E. durch mehrfaches Aufprallen auf entspr. angeordnete u. geladene Elektroden u. dadurch Erzeugung v. → Sekundärelektronen verstärkt.
Elektronenvolt, Abk. *eV,* Einheit der

Energie i. d. Physik d. elementaren Gebilde: Energiezuwachs, den ein Elektron beim Durchlaufen d. Spannung 1 Volt erhält: 1 eV = $1,60219 \cdot 10^{-19}$ J; 1 MeV = 1 Mill. eV; 1 GeV = 1 Mrd. eV.
Elektronik → Übers., S. 218.
elektronische Datenverarbeitung, *EDV,* → Informatik. – **e. Musik,** Klangerzeugung mit Hilfe von el. Schwingungsschaltungen (→ Oszillatoren) erl. Schwingungen werden durch Lautsprecher i. akust. umgewandelt; ermöglicht größeren Bereich v. Klangfarben gegenüber herkömml. Musikinstrumenten, heute hauptsächlich v. → Synthesizern erzeugt. – **e. Nachrichten,** auch: elektronisches schwarzes Brett; Verbreitung v. Daten über e. Computernetz; in themat. Gruppen unterteilt; zugängl. für alle

Teilnehmer im Computernetz. – **e. Post,** Austausch von Daten über ein → Computernetz zwischen Sender und Empfänger.
elektronisches Auge, *Fernauge,* Fernsehkamera zur Überwachung (i. d. Industrie, Straßenverkehr). → Videosignal wird über Kabel z. Überwachungsstelle geleitet u. auf einem → Monitor wiedergegeben.
Elektrooptik, Begriff f. d. Wechselwirkung zw. el. u. opt. Erscheinungen, z. B. → Photoeffekt *(fotoelektrischer Effekt),* → Kerr- u. → Stark-Effekt.
Elektrophor, *m.* [gr.], Elektrizitätsträger, Vorrichtung zur Erzeugung v. Reibungselektrizität durch → Influenz.
Elektrophorese → Kataphorese.
Elektrophysiologie, Arbeitsrichtung zur Erforschung d. el. Vorgänge i. Lebewesen.
Elektroschock → Schockbehandlung.
Elektroskop, *s.* [gr.], *Blättchenelektroskop,* Gerät z. Nachweis geringer el. Ladungen; Arbeitsweise beruht darauf, daß sich gleichnamige Ladungen abstoßen.
Elektrostatik, Lehre v. d. ruhenden Elektrizität u. ihren Kräften; Ggs.: *Elektrodynamik.*
Elektrotechnik, die prakt. Verwertung d. Elektrizität bei Erzeuger u. Verbraucher sowie Herstellung el. Geräte u. Ma-

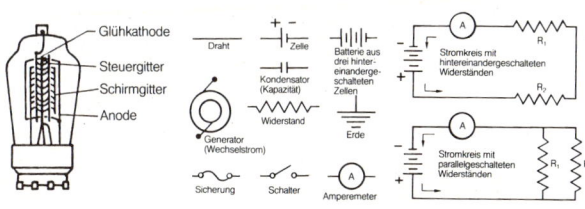

Elektronenröhre Verwendung el. Symbole in der E.technik

Elektronik
Stammbaum

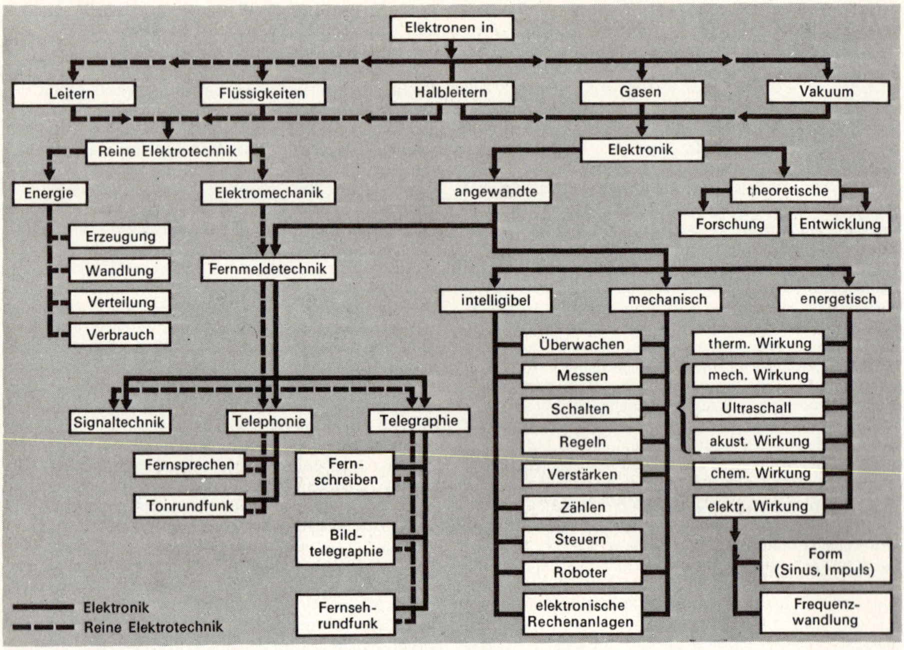

Elektronen in

Leitern · Flüssigkeiten · Halbleitern · Gasen · Vakuum

Reine Elektrotechnik · Elektronik

Energie · Elektromechanik · angewandte · theoretische

Forschung · Entwicklung

Erzeugung

Wandlung · Fernmeldetechnik

Verteilung · intelligibel · mechanisch · energetisch

Verbrauch

Überwachen · therm. Wirkung

Messen · mech. Wirkung

Signaltechnik · Telephonie · Telegraphie · Schalten · Ultraschall

Regeln · akust. Wirkung

Fernsprechen · Fernschreiben · Verstärken · chem. Wirkung

Tonrundfunk · Zählen · elektr. Wirkung

Bildtelegraphie · Steuern · Form (Sinus, Impuls)

Roboter

— Elektronik

- - - Reine Elektrotechnik · Fernsehrundfunk · elektronische Rechenanlagen · Frequenzwandlung

schinen durch die Industrie (Abb. s. unten; → Energiewirtschaft, Schaubild). Als *reine E.* die Wiss., die sich mit d. Verhalten v. Elektronen in festen → Leitern u. Flüssigkeiten befaßt (→ Tafel Elektronik, s. oben).

Elektrotherapie, Heilbehandlung m. versch. Arten u. Anwendungsformen des el. Stroms, wie *Faradisation, Galvanisation, Galvanokaustik, Lichtbehandlung, Kurzwellen-, Reizstrom-, Mikrowellen-, el. Überwärmungsbehandlung, Iontophorese, Diathermie* u. a.

Element, Ding, das in einer Menge (→ Mengenlehre) enthalten ist.

elementar [l.], urstofflich; grundlegend.

Elementaranalyse, Verfahren zur Ermittlung d. → Bruttoformel v. organ. chem. Verbindungen.

Elementargeister, bewohnen in d. Sage d. 4 Elemente: Feuer *(Salamander),* Wasser *(Undinen),* Luft *(Sylphen),* Erde *(Gnomen).*

Elementarladung, *el. E.* (Abk. *e)* = $1,602 \cdot 10^{-19}$ Coulomb (elektrostat. Ladungseinheiten), ist d. kleinste Einheit d. elektrischen Ladung von freien Teilchen (z. B. → Elektron, → Positron, → Proton). Die Quarks tragen $1/3$ oder $2/3$ von einer Elementarladung, sind aber nur im gebundenen Zustand von je 2 od. 3 Quarks mit ganzzahliger Ladung zu beobachten.

Elementarteilchen, die „letzten" grundlegenden Bausteine der Materie und Energie, können sich wechselseitig ineinander umwandeln (durch Aufeinanderprallen hochenergetischer Teilchen);

z. B. „zerfällt" ein → Neutron in ein → Proton, ein → Elektron und ein Antineutrino.

Elemente [l.], **1)** chemisch nicht weiter zerlegbare Grundstoffe, aus denen alle übrigen Stoffe (→ Verbindung) zusammengesetzt sind; bekannt sind 109 Elemente, geordnet im → Periodensystem; **2)** Bezeichnung für galvan. Stromquelle (→ galvanischer Strom); **3)** Grundbausteine des Stofflichen wie (bei Empedokles) des Seelischen; 4 Elemente der Griechen: *Erde, Wasser, Luft, Feuer;* diesen entsprechen die 4 → Temperamente und die 4 „Säfte" der Alten; **4)** *astronom.* 6 Bestimmungsstücke zur Bestimmung der Bahn und des jeweiligen Orts eines Himmelskörpers in der Bahn.

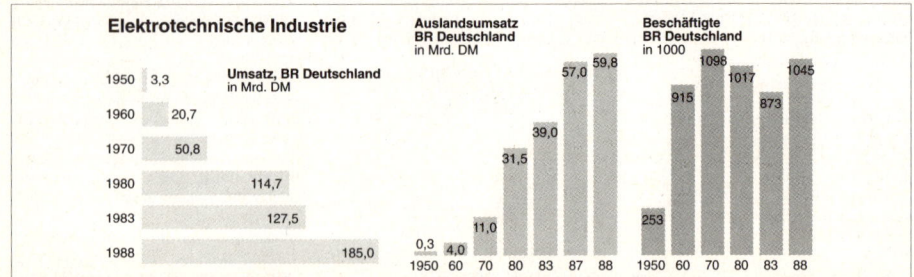

Elektrotechnische Industrie	Umsatz, BR Deutschland in Mrd. DM	Auslandsumsatz BR Deutschland in Mrd. DM	Beschäftigte BR Deutschland in 1000
1950	3,3	0,3	253
1960	20,7	4,0	915
1970	50,8	11,0	1098
1980	114,7	31,5	1017
1983	127,5	39,0	873
1988	185,0	57,0 / 59,8	1045

Elenantilope

Elenantilope, rinderähnliche Antilope S- und O-Afrikas.

Elend (D-3701), Luftkurort u. Wintersportpl. i. Oberharz, am Fuß des Brokkens, 520 müM, 550 E.

Elephantiasis [gr.], (elefantenartige) Anschwellung der Füße und Beine, seltener der Arme, infolge Lymphstauung. – *Tropische E.* durch Eindringen v. Rundwürmern in die Lymphwege.

Eleusinische Mysterien, altgriech. Geheimkult d. Demeter u. Proserpina in **Eleusis,** einer Stadt bei Athen.

Elevation [l.], Emporhebung, **1)** *astronom.* Winkelhöhe d. Gestirne; **2)** *kath.* Erhebung v. Hostie u. Kelch i. d. Messe.

Elevator, *m.* [l.], Aufzug f. Getreide: Becherwerk; Saug- u. Druckluft, Förderspirale u. a.

Eleve, *m.* [frz.], Zögling; i. prakt. Ausbildung Begriffener: Forst-, Landwirtschafts-E.

Elfen, Elben, geisterhafte Gestalten der german. Sage; *Licht-E.,* freundlich, *Schwarz-E.,* böse.

Elfenbein, Stoßzähne der Elefanten u. Walrosse.

Elfenbeinküste → Côte d'Ivoire.

Elfenbeinnüsse, *vegetabilisches Elfenbein,* Nüsse d. Steinnußpalme.

Elgar [-gə], Sir Edward (2. 6. 1857–23. 2. 1934), engl. spätromant. Komponist; Oratorien: *The Dream of Gerontius;* sinfon. Werke u. Kammermusik.

El Greco → Greco, El.

Elias, Norbert (22. 6. 1897–1. 8. 1990), dt.-brit. Soziologe u. Kulturphilosoph; *Über den Prozeß der Zivilisation* (1939), *Die höfische Gesellschaft* (1969), *Über die Zeit* (1984).

Elias, Prophet im A.T.

Elimination [l. „Tilgung"], *math.* Entfernen *(eliminieren)* einer Größe aus Gleichungen.

Eliot [ˈeljət], **1)** George, eigtl. *Mary-Ann Evans* (22. 1. 1819–22. 12. 80), engl. Schriftst.in; *Adam Bede; Die Mühle am Floß;* **2)** Thomas Stearns (26. 9. 1888–4. 1. 1965), engl. Dichter u. Essayist; vereinigt Traditionelles u. Modernes; anfangs Nihilist: Versdichtung *Das wüste Land,* später christl. Weltdeuter: *Aschermittwoch;* Mysterienspiele: *Mord im Dom;* Lyrik: *Vier Quartette;* Essay: *Dichter u. Dichtung;* Nobelpr. 1948.

Elisa, Elisäus, Prophet im A.T., Nachfolger d. *Elias.*

Elisabeth, 1) E. I. (7. 9. 1533–24. 3. 1603), Kgn v. England 1558–1603, Toch-

ter Heinrichs VIII. u. Anna Boleyns; Gegnerin → Maria Stuarts; führte anglikanische Staatskirche ein, begr. Englands Großmachtstellung (Vernichtung der span. Armada); Blüte d. Geisteslebens *(Elisabethanisches Zeitalter);* **2)** E. II.

Elisabeth II.

(* 21. 4. 1926), Kgn von Gr.-Britannien u. Haupt des Commonwealth seit 1952, verheiratet m. Philip Hzg v. → Edinburgh; **3)** E. Charlotte, *Liselotte,* pfälz. Prinzessin (1652–1722), Gattin Hzg Philipps v. Orléans, d. Bruders v. Ludwig XIV.; urwüchsige Briefe; **4)** E., gen. *Sissy,* Gattin Kaiser Franz Josephs von Östr. (24. 12. 1837–10. 9. 98), in Genf ermordet; **5)** Petrowna (29. 12. 1709–5. 1. 62), Tochter Peters d. Gr.; 1741 Kaiserin v. Rußland, im östr. Erbfolge- u. 7jähr. Krieg auf Seite Maria Theresias; **6)** E., Kgn v. Spanien 1545–68, 1559 Gattin Philipps II. (vorher mit dessen Sohn Don Carlos verlobt); **7)** E., Gattin d. Landgf Ludwig k. Thür. (1207–31); lebte nach dessen Tod i. Marburg ganz d. Nächstenliebe; 1235 heiliggesprochen.

Elisabeth, Mutter Johannes' des Täufers.

Elisabethinerinnen, kath. Orden; Krankenpflege.

Elisabethville → Lubumbashi.

Elision, *w.* [l.], Auslassung e. (unbetonten) Vokals; z. B. Wand[e]rung.

elitär, auserlesen, e. Elite angehörend.

Elite, *w.* [frz.], das Auserlesene, Beste; Minderheit, die höchste Leistungen vollbringt; *soziolog. pol.* oder geistig führende Schicht.

Elixier, *s.* [arab.], Stein der Weisen; Lebenssaft.

Elizabeth [ɪˈlɪzəbəθ], **1)** engl. Schreibung v. → Elisabeth (1 u. 2); **2)** St. im US-Staat New Jersey, nahe bei New York, 106 000 E.

Elle, 1) Unterarmknochen an d. Kleinfingerseite; **2)** von d. Länge d. Unterarms

T. S. Eliot

abgeleitetes Naturmaß; bis ins 19. Jh. allein in Dtld über 100 versch. Ellenmaße, so z. B. die *Hamburger* (kurze) *Elle* 57,31 cm, die *Bayerische Elle* 58,372 cm.

Ellesmereland [ˈɛlzmɪə-], kanad. Insel i. NW v. Grönland, 212 687 km²; Gletscher und Grasflächen.

Ellington, Duke (29. 4. 1899–24. 5. 1974), am. Jazzmusiker.

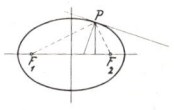

Ellipse

Ellipse, *w.* [gr.], **1)** *geometr.* eine geschlossene Kurve, bei der d. Summe d. Abstände jedes ihrer Punkte (z. B. *P*) von 2 gegebenen Brennpunkten (*F*₁, *F*₂) gleich ist; die E. ist ein → *Kegelschnitt;* **2)** *astronom.* Bahn eines Himmelskörpers, d. sich im Anziehungsbereich eines anderen befindet; **3)** *grammat.* Weglassen eines leicht zu ergänzenden Wortes (z. B. „[ich] komme gleich!").

Ellipsoid, *s.,* Körper, der an jeder Stelle ellipt. Querschnitt hat; *Rotations-E.* durch Rotation einer Ellipse um eine ihrer Achsen entstehend.

Ellis Island [-ˈaɪlənd], kleine Insel vor New York; bis 1943 Kontrollstelle der eur. Einwanderer.

Ellwangen (Jagst) (D-7090), St. i. Ba-Wü., 21 857 E; bed. Wallfahrtsort, roman., got., barocke Kirchen; LG, AG.

Elm, Höhenzug sö. v. Braunschweig; Muschelkalk, b. 322 m h.; Braunkohle, Salzquellen, Buchenwälder.

Elmsfeuer, Glimmentladung der Erdelektrizität an Mastspitzen, Dachkanten usw.

Elmshorn (D-2200), St. i. Kr. Pinnebg., Schl-Ho., 42 784 E; AG; Nahrungsmittel-, Masch.- u. Lederindustrie.

Eloge, *w.* [frz. -ʒ(ə)], Lob(rede).

Elongation, 1) *astronom.* größter Winkelabstand d. inneren Planeten v. der Sonne; bei Merkur bis 28½°, bei Venus bis 48°; **2)** *phys.* bei einer Schwingung Entfernung von der Ruhelage.

eloquent [l.], beredt.

Eloquenz, *w.,* Beredsamkeit.

eloxieren, durch *Eloxal-Verfahren* (el. Oxidation v. Aluminium) Oberfläche v. Aluminiumgegenständen veredeln u. färben.

El Paso, Grenzst. i. Texas a. Rio Grande, USA, 425 000 E; Textil-, Kupfer-, Erdölind., Handelszentrum.

Elritze, kleiner Weißfisch des Süßwassers.

El Salvador, amtl. *República de El Salvador,* Rep. in Mittelamerika, am Pazifik; vulkan. Gebirgsland (b. 2385 m); 21 041 km², 5,1 Mill. E (243 je km²);

Bev.-Zuw. 1,2%; Bev.: 70% Mestizen, 15% Indianer; Sprache: Span.; Währung: Colón (¢); Rel.: röm.-kath.; Hptst.: *San Salvador,* Flagge S. 340, Karte S. 746. **a)** *Wirtsch.:* Basiert auf der Landw.; Hpt.produkt: Kaffee (1988: 120 000 t), daneben Mais, Baumwolle; von zunehmender Bed. Nahrungs- u. Textilind.; Bergbau rückläufig. **b)** *Außenhandel* (1988): Einfuhr 1,05 Mrd., Ausfuhr 566 Mill. $. **c)** *Verf.* v. 1983: Präsidiale Rep. m. Einkammerparlament. **d)** *Verw.:* 14 Departamentos. **e)** *Gesch.:* 1524 span. Kolonie, 1821 unabhängig; bis 1931 Herrschaft einheim. Familienclans u. v. Kaffeebourgeoisie; 1931 Bauernrebellion, Mil.putsch; 1969 Krieg m. Honduras; s. 1970 bewaffneter Kampf d. Opposition, 1979 Bürgerkrieg, Putsch einer zivil-mil. Reformjunta; Verschärfung d. innenpol. Konflikte; 1982 Wahlen (unter Boykott d. Opposition), Sieg rechtsextremer Gruppen; s. 1983 Verschärfung d. Bürgerkriegs; 1989 Wahlsieg d. rechtsextremen ARENA-Partei; 1990 Aufnahme v. Verhandlungen zw. Reg. u. Guerillaorg. FMLN. **f)** *Mitgl.:* UN, OAS, Zentralam. Verteidigungsrat.
Elsaß, frz. *Alsace,* Fl.z. Grenzland, linksrhein. Teil d. Oberrhein. Tiefebene u. Ostabfall d. Vogesen, umfaßt die Dép. *Haut-Rhin* (Ober-) u. *Bas-Rhin* (Unterelsaß), 8280 km², 1,61 Mill. (meist dt.sprechende) E; fruchtb. Gartenland (Lößboden), Getreide, Wein, Tabak, Hopfen, Gemüse, Zuckerrüben; Kali- u. Erdöllager, Textilind. (Mülhausen, Colmar). – Bev. urspr. keltisch; um 400–496 alemann., dann unter fränk. Herrschaft; 843 Teil Lotharingiens, 870 d. Dt. Reichs (Hzgt. Schwaben); im MA zahlr. Klöster u. Herrschaften, bed. Kunstwerke. Anfang 16. Jh. Reformation, hohe Geistesblüte; 1648 im Westfäl. Frieden de östr. Besitzungen (Ober- u. Unter-E.) u. Reichsvogtei über 10 Reichsstädte a. Frkr.; 1680 → Réunionskammern; 1681 Straßburg an Frkr.; in Frz. Revolution völlig m. Frkr. vereint, 1871 m. Lothringen als Reichsland an Dtld, 1918 frz.; 1940–44 v. dt. Truppen besetzt.
Elsheimer, Adam (18. 3. 1578–11. 12. 1610), dt. Maler d. Frühbarock; Landschaften m. Bibelszenen in kl. Formaten.
Elster, 1) *Schwarze E.,* Fluß v. Lausitzer Bergland, 188 km l., mündet östl. Wittenberg in die Elbe; **2)** *Weiße E.,* r. Nbfl. d. Saale, 247 km l., vom **E.gebirge,** zw. Erz- u. Fichtelgebirge (758 m h.).
Elster, Rabenvogel, schwarz-weiß, langer Schwanz; sammelt glänzende Gegenstände („diebische Elster").

Elster

Elsterwerda (D-7904), Ind.st. i. Bbg., 10 487 E.
elterliche Gewalt, früher Bez. f. → elterliche Sorge.
elterliche Sorge, Eltern haben das Recht u. die Pflicht, gemeinsam f. das minderjährige Kind zu sorgen; e. S. umfaßt die Sorge f. die Person *(Personensorge)* u. das Vermögen *(Vermögenssorge)* des Kindes; bei Ehescheidung od. dauerndem Getrenntleben der Eltern bestimmt das Familiengericht den Inhaber des Sorgerechts; e. S. beinhaltet auch die gesetzl. Vertretung des Kindes.
Elternbeirat, *Elternvertretung, Schulpflegschaft,* Vertretung der Erziehungsberechtigten bei öff. Schulen.
Elternrecht, Recht d. Eltern, Erziehung ihrer Kinder selbst zu bestimmen (Art. 6, Abs. 2 GG); gilt nicht, wo die Gesetze selbst d. Erziehung *aller* Kinder regeln (z. B. allg. Schulpflicht).
Eltville a. Rhein (D-6228), St. im Rheingau-Taunus-Kr., Hess., 15 333 E; AG; Weinbau, Sekt-, elektrotechn. Fabr.
Éluard [*e'lɥaːr*], Paul, eigtl. *Eugène Grindel* (14. 12. 1895–18. 11. 1952), frz. Lyriker; Mitbegr. d. Surrealismus, Widerstandskämpfer; *Liberté; Le Phénix.*
Elysée, Palast in Paris, 1718 erb., seit 1873 Amtssitz des frz. Staatspräsidenten; daneben → *Champs-Elysées.* – **E.-Vertrag,** Bez. f. d. 1963 zw. d. BR und Frkr. geschlossene pol., mil. u. kulturelle Abkommen.
Elysium, *Elysion, s.,* das Paradies der griech. Sage.
Elytis, Odysseas, eigtl. *O. Alepoudelis* (* 2. 11. 1911), griech. Dichter; Vertr. d. Surrealismus; Lyrik u. Übersetzungen; *Gepriesen sei;* Nobelpr. 1979.
Elytren, Deckflügel d. Insekten.
Elz, 1) *Elzbach,* l. Nbfl. der Mosel, 50 km l., an ihm *Burg Elz;* **2)** r. Nbfl. d. Rheins aus dem Schwarzwald; 90 km l.
em., Abk. f. *emeritus;* → emeritiert.
Emai|le [frz. *e'maj(ə)],* Schmelz, leichtflüssige Glasmasse, **1)** zum Überzug von Metallgeräten, aufgebrannt; für Eß-, Koch- u. Trinkgeschirre aus Eisen bleifreier Glasfluß vorgeschrieben; **2)** aus dem Orient überlieferten E.malerei wird zur Herstellung malerischer Wirkung gefärbtes pulverisiertes Glas mit Bindemitteln (Harz, Honig u. a.) auf Metall aufgetragen u. zu einer glasigen Fläche verschmolzen; *E. cloisonné,* Zellenschmelz, Glasmasse zw. aufgelöteten Metallstreifen; *E. champlevé,* Grubenschmelz, in vertiefte Gruben d. Metalloberfläche eingetragen; im 12.–17. Jh. in Europa (z. B. Limoges); heute viel i. Japan ausgeübt.
Emanation [l. „Ausfluß"], **1)** nach der Lehre des → Neuplatonismus und der Gnostiker (→ Gnosis) das (stufenweise) Hervorgehen des Unvollkommenen (Welt) aus dem Vollkommenen (Gott); **2)** *Radium-E.,* früherer Bez. für das chem. Element → *Radon.*

Emanuel, Kge v. Portugal, → *Manuel.*
Emanzipation [l.], Freigabe, Gleichstellung; auch Gleichberechtigung sozial, politisch, rechtl. Benachteiligter (z. B. *Frauen-E.*).
Emba, 1) Fluß aus d. südl. Ural, ins Kasp. Meer, 647 km l., nur periodisch fließend; **2)** russ. Ort am Kasp. Meer; nahebei große Erdölvorkommen.
Emballage, *w.* [frz. *āba'laʒ(ə)],* Verpakkung.
Embargo, *s.* [span.], **1)** Beschlagnahme eines Schiffes nebst Ladung, um Ausfahrt zu verhindern; **2)** Verbot der Ausbzw. Einfuhr best. Waren sowie Sperre der Aufnahme ausländ. Anleihen.
Emblem, *s.* [gr.], Sinnbild, Abzeichen.
Embolie [gr.], Verstopfung einer Schlagader, durch verschlepptes Gerinnsel von einer → Thrombose, durch Luft, Fett u. a.; → Infarkt, → Antikoagulanzien.
Embonpoint, *s.* [frz. *ābõ'pwɛ̃],* Wohlbeleibtheit.

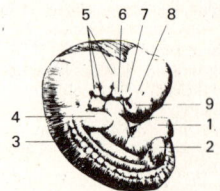

1 Nabelstrang, 2 unt. Gliedmaße, 3 Urwirbel, 4 ob. Gliedmaße, 5 Kieferknochen, 6 Unterkieferfortsatz d. 1. Kiemenbogens, 7 Oberkieferfortsatz d. 1. Kiemenbogens, 8 Auge, 9 Riechgrube
Menschlicher Embryo

Embryo, *m.* [gr.], Keim, beim Menschen: Leibesfrucht bis zum 3. Monat, dann → *Fetus* gen., braucht 40 Wochen zur Entwicklung *(Ontogenese).* Von den Eihäuten *(Embryonalhüllen)* umgeben, schwimmt i. Fruchtwasser, durch Nabelschnur mittels Mutterkuchen mit Blutkreislauf des mütterl. Körpers verbunden. – **E.logie** [gr.], Lehre von der Entwicklung d. Embryos. – **E.pathie,** in d. Embryoentwicklung entstandene Mißbildungen, z. T. durch Virusinfektionen od. Medikamenteneinnahme während der Schwangerschaft. – **E.transfer,** wenn b. d. künstlichen Befruchtung e. zweite Frau dazwischengeschaltet wird; das geschieht, wenn d. Ehefrau keine reifen Eizellen produziert, aber höchstwahrscheinlich d. Schwangerschaft austragen kann. Die zweite Frau wird m. d. Samen d. Ehemannes künstlich befruchtet; nach 5 Tagen wird d. Embryo aus d. Gebärmutter herausgespült u. in d. Gebärmutter d. Ehefrau eingepflanzt.
Emden (D-2970), kfreie St. in Nds., Seehafen an d. Emsmündung (Dollart), 49 803 E; FHS, Ostfriesisches Landesmuseum; Autoverladehafen, Autoind.; Schiffbau, Erzumschlag, Erdgasanlandestation.

Emendation, w. [l.], Berichtigung eines falsch oder lückenhaft überlieferten Textes.

emendieren, verbessern, bereinigen.

emeritiert, *emeritus* [l.], in den Ruhestand versetzt (fast ausschließlich mit Bezug zur Hochschule).

Emerson, Ralph Waldo (25. 5. 1803–27. 4. 82), am. Denker, Dichter, Essayist; Persönlichkeitsidealismus, z. B. *Gesellschaft und Einsamkeit.*

Emetika [gr.-l.], sww. → Brechmittel.

Emigrant [l.], Auswanderer; im engeren Sinn einer, der aus rel., pol. oder rassischen Gründen die Heimat verläßt; E.en während d. Frz. Revolution nach 1789, nach Ausbruch d. Revolution 1917, während des Hitlerregimes.

Emigration, Auswanderung (aus pol., soz. od. rel. Gründen).

Emilia Romagna [-'maɲɲa], Region in Oberitalien zw. Adria, Po u. Apennin, 22 123 km², 3,9 Mill. E.

eminent [l.], hervorragend; bedeutend.

Eminenz, Erhabenheit: Titel für Kardinäle.

Eminescu, Mihail (15. 1. 1850–15. 6. 89), bedeutendster rumän. Nationaldichter; *Der Abendstern.*

Emin Pascha, eigtl. *Eduard Schnitzer* (28. 3. 1840–23. 10. 92), dt. Forschungsreisender im oberen Nilgebiet; kämpfte gg. den Sklavenhandel; in Kanena ermordet.

Emir, arab. Titel, sww. Fürst.

Emission, *emittieren,* 1) *phys.* allg. die Aussendung einer Strahlung; *„Sendung"* (v. Darbietungen auf drahtlosem Wege); 2) *techn.* Abgabe luftverunreinigender Stoffe an d. Umwelt; **E.s-Grenzwerte** setzen gesetzl. erlaubte Höchstmengen (z. B. f. Autoabgase) fest; 3) *wirtsch.* Ausgabe von Wertpapieren u. Unterbringung im Publikum, in der Regel durch Banken zu festgesetztem Wert; **E.skurs.** – **E.slinien** → Spektrum. – **E.snebel** *astronom.* leuchtende Gasnebel od. reflektierende Staubwolke zw. d. Sternen d. Milchstraßensystems; Ggs.: → Dunkelnebel.

Emissionsschutz → Umweltschutz.

Emitter, *m.,* Elektrode bei → Transistor.

Emmen (CH-6032), Vorort von Luzern, Schweiz, 22 600 E; Stahl- u. Textilind.

Emmendingen (D-7830), Gr.Krst. bei Freiburg, 22 959 E; Psychiatr. Landeskrankenhaus; AG; div. Ind.

Emmental, schweiz. Landschaft im Kanton Bern; Almenwirtschaft, **Emmentaler Käse.**

Emmer, Weizenart, verwandt dem → Dinkel.

Emmeram, fränk. Missionsbischof; um 715 ermordet, in Regensburg bestattet; Hlg. (22. 9.).

Emmerich (D-4240), St. a. Rhein a. d. ndl. Grenze, 27 906 E; AG; Ind.hafen, größte dt. Hängebrücke; histor. Kirchen.

Emminger, Otmar (2. 3. 1911–3. 8. 86), dt. Wirtschaftspol.; 1958–76 Vizepräs. d.

Währungsausschusses d. EWG, 1977–79 Präs. der Bundesbank.

Emnid, Institut f. Markt- u. Meinungsforschung, Sitz Bielefeld; → öffentliche Meinung.

Emotion [l.], Gefühl, Gemütsbewegung; **emotional,** gefühlsmäßig.

Empathie, w. [engl.], Einfühlung.

Empedokles (490–430 v. Chr.), griech. Philosoph, Arzt u. Dichter aus Agrigent; Liebe u. Haß (Mischung u. Trennung) Urkräfte d. Kosmos; Seelenwanderung

Empfängnis, die der Begattung folgende → Befruchtung, die zur Entwicklung der Leibesfrucht führt. – **E.verhütung** → Kontrazeption. - **E.zeit,** nach BGB (§ 1717 u. § 1592) vom 302. bis 181. Tag vor der Geburt des Kindes.

Empfindsamkeit, gefühlsbetonte literar. Strömung im 18. Jh. m. piëtist. Zügen; Reaktion auf Aufklärung; Vertr.: *Klopstock, Hölty, Jacobi, Mathisson, Miller,* d. junge *Goethe* (→ Werther).

Emphase, w. [gr.], nachdrückl. Betonung in d. Rede.

Emphysem, *s.* [gr.], 1) *Lungen-E.:* Erweiterung der Lungenbläschen, Atembeschwerden; 2) *Haut-E.:* Luftansammlung unter der Haut.

Empire, *s.,* 1) [engl. 'empatə], British E. → britisches Reich; *E. day,* engl. Nationalfeiertag, 24. Mai, der Geburtstag der Kgn Viktoria; 2) [frz. ã'piːr], Kaiserreich unter Napoleon I. und Napoleon III. – **E.stil,** klassizist. Kunst- und Moderichtung im Frkr. d. Zeit Napoleons I. u. d. folgenden Jahre (1800–30) n. griech.-röm. Vorbildern.

Empire [gr.], Erfahrung; der **Empiriker** gewinnt sein Wissen nicht aus der Theorie, sondern ausschließlich aus Erfahrungstatsachen (Experiment).

Empiriokritizismus, v. R. → Avenarius (1843–96) begr. positivist. Philosophie.

empirische Wissenschaften, bauen auf d. Experiment auf.

Empirismus, *phil.* Lehre von der ausschließl. Erkenntnis über die Sinneserfahrung; *psych.* Lehre, daß Raum- u. Zeitvorstellung Produkt der Erfahrung ist. → Rationalismus.

Empore, w., seitl. Galerie, bes. in Kirchen.

Empyem, *s.* [gr.], Vereiterung e. Körperhöhle.

Ems, 1) Fluß NW-Dtlds, aus d. Senne bei Paderborn, 371 km l., 238 km schiffbar, Mittellauf, 120 km, vom *Dortmund-E.-Kanal* begleitet; mündet in den Dollart (Nordsee); r. Nbfl.: *Hase, Leda;* westl. des Mittellaufes Erdölgebiet *Emsland* (Bentheimer Revier); 2) → Bad Ems.

Emscher, r. Nbfl. des Rheins, 98 km lang, durchfließt, größtenteils kanalisiert, d. Ruhrgebiet (→ Ruhrgebiet, Karte).

Emsdetten (D-4407), St. i. NRW, a. d. Ems, 31 063 E; Jutezentrum der BR, Plastik-, Masch.-, Textilind.

Emser Depesche, das von Bismarck verkürzt veröffentlichte Telegramm Wilhelms I. von Preußen aus Bad Ems vom

13. 7. 1870 über die Ablehnung der frz. Forderung zur span. Thronkandidatur; Frkr. erklärte daraufhin den Krieg.

Emu, straußenähnl., flugunfähiger Vogel Australiens.

Emulsion [l.], → *kolloidale* Verteilung eines unlösl. Stoffes (Öl, Fett usw.) in Wasser, oft stabilisiert mit Hilfe eines Schutzkolloids, d. h. einer dickflüssigen Substanz (z. B. Gummi, Gelatine); Herstellen einer E.: *emulgieren.*

Enakssöhne, *Enakiter,* kanaanitische Riesen i. A. T.

Enanthem, *s.* [gr.], Ausschlag an Schleimhäuten.

en bloc [frz. ã'blɔk], „im ganzen", „in Bausch u. Bogen".

Encke, Johann Franz (23. 9. 1791–26. 8. 1865), dt. Astronom; berechnete d. Bahn d. E.schen Kometen.

Endablagerung → Kernreaktor.

Ende, Michael (* 12. 11. 1929), dt. Schriftst.; Kinderbücher: *Jim Knopf u. Lukas der Lokomotivführer;* märchenhafte Romane u. Erzählungen: *Momo; D. unendl. Geschichte; Der Spiegel im Spiegel;* Libretto z. Oper *Der Goggolori* (Musik v. W. Hiller).

Endemie [gr.], im Ggs. zur Epidemie auf umgrenztem Gebiet ständig vorkommende Krankheit (z. B. Malaria in Sumpfgegenden).

Enden, in d. Jägersprache die Verzweigungen am → Geweih.

Enders, John F. (10. 2. 1897–8. 9. 1985), am. Bakteriologe; Virus der → spinalen Kinderlähmung; Nobelpr. 1954.

en détail [frz. ãde'taj], in kleinen Mengen, im einzelnen.

Endivie, zwei Salatpflanzen: 1) *Winter-E.,* Verwandte d. → Zichorie; 2) *Sommer-E.,* e. → Lattich.

Endogamie [gr.], Heirat innerhalb einer soz. Gruppe; Ggs.: → Exogamie; auch → Inzucht.

endogen [gr. „von innen her stammend"], 1) *allg.* aus inneren Ursachen entstehend; 2) *biol.* aus ererbter Anlage entstanden; Ggs.: → exogen.

Endokard [gr.], Herzinnenhaut, bildet Herzklappensegel. - **E.itis,** Entzündung des E.s z. B. durch bakterielle Infektion, führt zu Herzklappenfehlern.

endokrine Drüsen, Drüsen mit → innerer Sekretion.

endoplasmatisches Retikulum [gr.], schlauchförm., z. T. verzweigte Membranstrukturen i. Zellplasma, die Kern- u. Zellmembran verbinden; bedeutsam f. Stoffaustauschvorgänge zw. Kern u. Zellplasma.

Endoskop, *s.* [gr.], Instrument zur Besichtigung einer Körperhöhle (z. B. Blasenspiegel).

Endosmose → Osmose.

Endothel, *s.* [gr.], feines, die Innenflächen der Körperhöhlen, Blut- u. Lymphgefäße auskleidendes u. die Wand der Kapillaren, Lymphspalten bildendes Häutchen; Ggs.: → Epithel.

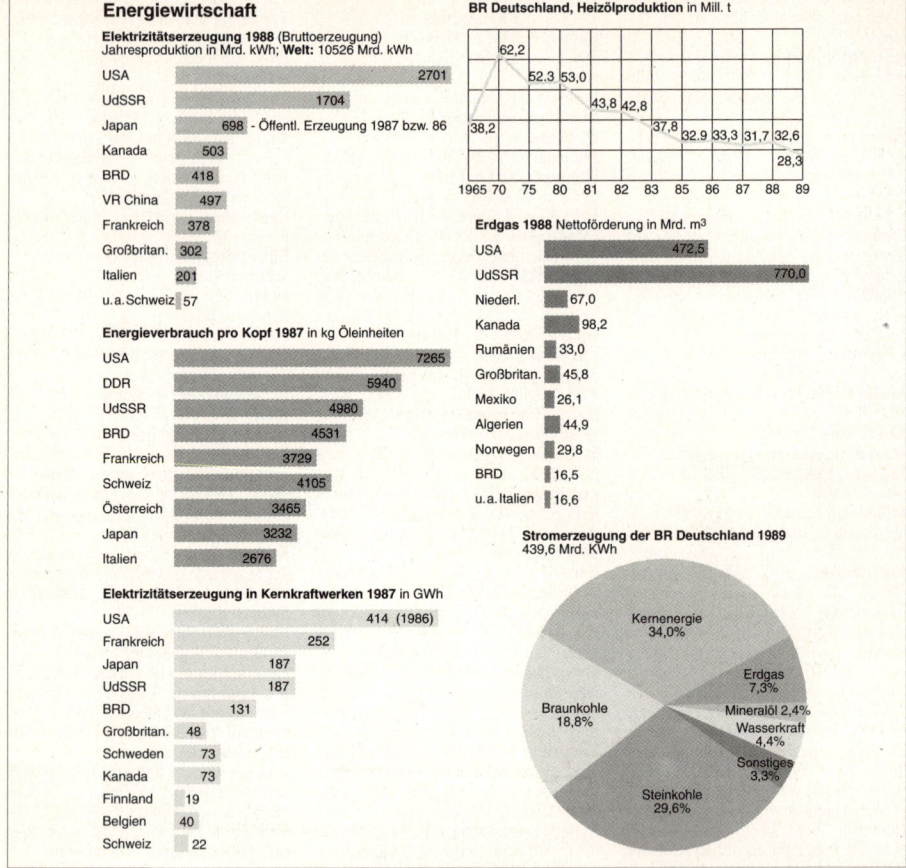

endotherm [gr.], chem. Vorgang, der unter Aufnahme von Wärme aus der Umgebung abläuft. Ggs.: → exotherm.
Endotrachealnarkose, Intubationsnarkose, durch in d. Luftröhre (Trachea) eingeführten Tubus (biegsame Röhre) wird Narkosegemisch zugeführt.
Endymion, Geliebter der Selene, dem Zeus ewigen Schlummer in Jugendschönheit verlieh.
Energetik, w. [gr.], Lehre von der *Energie* als Grundlage allen Seins u. Werdens (R. Mayer, W. Ostwald).
Energie, w. [gr.], **1)** Willensstärke, Kraft; **2)** *phys.* Fähigkeit, Arbeit zu leisten; 2 Arten: **a)** *potentielle E.* (Lagen-E., mögliche E.), z. B. gestautes Wasser, **b)** *kinetische E.* (Bewegungs-E.), z. B. stürzendes Wasser; Maßeinheit: *Joule* (J); weitere zugelassene Einheiten: *Kilowattstunde* (kWh) u. → *Elektronenvolt* (eV); 1 J = 1 Nm = 1 Ws, 1 kWh = $3,6 \cdot 10^6$ J, 1 eV = $1,60219 \cdot 10^{-19}$ J; nicht mehr zulässig: *Kalorie* (cal), 1 cal = 4,1868 J, *Erg* (erg), 1

erg = 10^{-7} J, u. *Kilopondmeter* (kpm), 1 kpm = 9,80665 J. – Gesetz von der *Erhaltung der E.* (R. Mayer, 1842): E. kann weder aus nichts geschaffen (Unmöglichkeit eines *Perpetuum mobile*) noch vernichtet, sondern nur in andere Form (Licht, Wärme usw.) umgewandelt werden. Nach der Relativitätstheorie ist Masse eine bes. Form der Energie; durch Experimente bestätigt. – **E.sicherungsgesetz,** v. 9. 11. 1973, soll durch Ermächtigung z. Erlaß v. Vorschriften über Produktion, Transport, Lagerung, Verteilung, Abgabe, Bezug, Verwendung u. Höchstpreise die Energieversorgung bei Gefährdung oder Störung der Einfuhr von Mineralöl oder Erdgas sicherstellen. – **E.wirtschaft** alle Unternehmen, die zur Erzeugung, Fortleitung oder Abgabe von Energie dienen (z. B. Elektrizität, Kohle, Gas, Öl, Atomenergie); → Übers. s. o.
enervieren [frz.], entnerven, entkräften.
Enescu, George (19. 8. 1881–4. 5. 1955), rumän. Komp. u. Geiger; Oper: *Oedipus.*

en face [frz. *ã'fas*], von vorn.
en famille [frz. *ãfa'mij*], im Familienkreis.
Enfant terrible [frz. *ãfã*-], „schreckliches Kind", stellt durch ahnungslose Offenheit andere bloß oder schockiert sie durch sein Verhalten.
Enfleurage, w. [frz. *ãflø'raʒ(ə)*], Vorgang bei der Parfümherstellung, bei der man den Duftstoff der Blüten in Fett einziehen läßt, aus dem er dann herausdestilliert wird.
Engadin, vom Inn durchflossen, 90 km l., Hochtal im schweiz. Kanton Graubünden, 1000–1800 m hoch: **a)** *Ober-E.,* vom Maloja-Paß zur Puntota; trockenes Höhenklima, Heilquellen. u. Kurorte: *St. Moritz, Silvaplana, Pontresina, Sils, Samaden;* **b)** *Unter-E.,* von Puntota bis Finstermünz; waldreich; Bevölkerung zu 75% rätoromanisch.
Engagement, s. [frz. *ãgaʒ'mã*], **1)** Anstellung bes. bei Künstlern (immer zeitl. befristet); **2)** *Börse:* Verbindlichkeit, die zu

einem best. Termin erfüllt werden muß;
3) innere Anteilnahme.
engagieren, anstellen; *sich e., sich* (pol., soz. etc.) *einsetzen.*
Engel, Erich (14. 2. 1891–10. 5. 1966), dt. Theater- u. Filmregisseur; antifaschist. Filme: *Der Maulkorb* (1938); *Die Affaire Blum* (1948).
Engel [gr. angelos = „Bote"], nach der Bibel zunächst Bote Gottes, später unkörperl. Geistwesen.
Engelberg (CH-6390), schweiz. Luftkurort u. Wintersportpl. i. Obwalden, 1020 müM, 3000 E; Benediktinerabtei.
Engelhard, Hans Arnold (* 16. 9. 1934), dt. Jurist u. FDP-Pol.; 1982–91 B.justizmin.
Engelke, Gerrit (21. 10. 1890–13. 10. 1918), dt. expressionist. Arbeiterdichter; Lyrik: *Rhythmus d. neuen Europa.*
Engelmacherin, (Pflege-)Frau, die (Pflege-)Kinder verbrecherisch beseitigt; Abtreiberin.

Friedrich Engels

Engels, Friedrich (28. 11. 1820–5. 8. 95), dt. Sozialist u. Schriftst.; mit Marx Schöpfer d. dialektischen Materialismus u. Verfasser d. *Kommunistischen Manifests,* Mitbegr. u. 1. Sekretär d. 1. Internationale; *Die Lage der arbeitenden Klasse in England* (1845); *Ursprung der Familie, des Privateigentums u. des Staates* (1884).
Engels, bis 1932 *Pokrowsk,* russ. St. l. d. Wolga, 182 000 E; Getreide- u. Holzhandel; früher Wolgadeutsche.

Engelsburg in Rom

Engelsburg in Rom, 135–139 n. Chr. als Mausoleum für Hadrian errichtet (*Moles Hadriani*), seit dem 3. Jh. Festung; s. 1406 päpstl. Besitz; jetzt Museum.
Engelwurz, *Angelika,* Heilpflanze; auch z. Likörfabrikation.

Enger (D-4904), St. i. Kr. Herford, NRW, 16 571 E; roman. Stiftskirche mit Grab Wittekinds, Widukind-Mus.
Engerling, unterirdisch lebende Larve des Maikäfers; Wurzelschädling; lebt 4 Jahre.
Engführung, *mus.* Kunstmittel der polyphonen Satzweise: jede folgende Stimme bringt ihren Einsatz, ehe d. vorhergehende d. Thema beendet hat.
Enghien [*ãˈgi̅ε̅*], Ludwig, Hzg von Bourbon (2. 8. 1772–21. 3. 1804), v. Napoleon I. im Frieden aus dt. Exil entführt; in Vincennes erschossen.
Enghien-les-Bains [*ã͜gi̅ε̅le̅ˈbε̅*], frz. Kurort n. v. Paris, 10 000 E; intern. Pferderennen.
Engholm, Björn (* 9. 11. 1939), SPD-Pol.; 1981/82 Bundesmin. f. Bildung u. Wiss., s. 1988 Min.präs. v. Schl-Ho.; s. 1991 Parteivors. d. SPD.
England, der S-Teil der Insel → Großbritannien, von Schottland getrennt durch den Solway Firth u. die Cheviot Hills; im W gebirgig, im O fruchtbares Tiefland; feuchtes, ozean. Klima; reiche Bodenschätze; Eisen u. Steinkohlen im Penninischen Gebirge, Zinn u. Blei in Cornwall; Baumwollind. (Liverpool ist Weltmarkt, Manchester bedeutendste Ind.stadt f. Baumwolle) u. Eisen (Birmingham); geringe Landw., nur 4,9% Wald, dafür Parklandschaften; 130 357 km², 47,5 Mill. E, überwiegend protestant.; 4 Mill. Katholiken; Hptst. *London.* Auch → Wales.
Englische Fräulein, 1609 von Mary Ward in St. Omer gegr. kath. Frauenkongregation für Jugenderziehung, v. a. i. Bay., Östr., Italien selbständige Häuser.
englische Krankheit, svw. → Rachitis.
englische Literatur, *8. Jh.:* Beowulf (german. Heldenepos); *14. Jh.:* Geoffrey Chaucer (satir. *Canterbury Tales*). Dramen (Mysterien, Moralitäten); *15. Jh.:* Malory (Artus-Romane in Prosa); *16. Jh.:* Thomas Moore (Staatsroman: *Utopia*), Philip Sidney (Schäferroman: *Arcadia*), Edmund Spenser (*Die Feenkönigin*), John Lily (Roman: *Euphues*). Dramatiker: Christopher Marlowe (*Faust*), Shakespeare, Ben Jonson (satir. Sittenkomödie); *17. Jh.:* John Milton (Epos: *Das verlorene Paradies*), Samuel Butler (antipuritanisch-satir. Gedicht *Hudibras*), „metaphysische" Lyriker: John Donne; *18. Jh.:* Alexander Pope (Satire), Addison/Steele (Wochenschrift *Spectator*), John Gay (satir. Bettleroper), Jonathan Swift (satir. Roman *Gullivers Reisen*), Daniel Defoe *(Robinson Crusoe),* Samuel Richardson (empfindsame Familienromane: *Pamela; Clarissa*), Lawrence Sterne (humorvolle Romane: *Tristram Shandy*), Henry Fielding *(Joseph Andrews, The History of Tom Jones, A Foundling),* Tobias Smollet (Abenteuer- u. Schelmenromane), Oliver Goldsmith (empfindsame Romane: *Der Landprediger von Wakefield),* William Blake (myst.

Lyrik, Prosa u. Graphik), James Thomson (Naturdichtung), Edward Young (eleg. Lyrik: *Nachtgedanken*), Robert Burns (Lyrik), Richard Brinsley Sheridan (Lustspiele: *Die Lästerschule*), Schotte James Macpherson veröffentlicht seine schwärmerische Naturlyrik unter dem Namen Ossian und gibt sie fälschlich für altgälisch aus; *19. Jh.:* Walter Scott (histor. Romane: *Ivanhoe*), Lord Byron (Versepen), Percy Bysshe Shelley, John Keats (Lyrik), William Wordsworth (idyll. Naturdichtung), Samuel Taylor Coleridge (Balladen), Thomas de Quincey *(Opiumesser),* Charles Dickens (bürgerl. Romane: *David Copperfield*), George Eliot (Romane), William Thackeray (satir. Romane), Jane Austen, die Schwestern Brontë, Thomas Carlyle (Geschichtsschreibung). L y r i k : Alfred Tennyson, Robert Browning, Elizabeth Barrett-Browning, Dante Gabriel Rossetti, Charles Algernon Swinburne; George Meredith (Romane), John Ruskin (Ästhetik), Oscar Wilde, Robert Louis Stevenson (Südsee- u. Abenteuerromane); *20. Jh.:* Rudyard Kipling *(Das Dschungelbuch),* Joseph Conrad (Seeromane), John Galsworthy, H. G. Wells (utop. Zukunftsromane), Thomas Hardy (westengl. Romane), G. K. Chesterton, D. H. Lawrence; irische Dichter: William Butler Yeats, G. B. Shaw, James Joyce, Sean O'Casey, Liam O'Flaherty. Lyriker: J. Masefield, F. Thompson, W. de la Mare; Edith, Osbert u. Sacheverell Sitwell, T. S. Eliot (auch Dramen: *Mord im Dom;* Essays), S. Spender, W. H. Auden *(Das Zeitalter der Angst),* Dylan Thomas, K. Mansfield *(Short Stories),* T. E. Lawrence *(Aufstand in d. Wüste),* S. Maugham, E. M. Forster, W. Woolf, Ch. Morgan, Sachville-West, A. Huxley, J. B. Priestley, R. Graves, G. Orwell, G. Greene, E. Waugh, Chr. Fry (Versdramen), A. Koestler, T. Rattigan (Dramen), A. Wilson, S. Beckett, J. Osborne, H. Pinter. – Außerdem engl. Lit. eigener Prägung in Kanada, Australien (H. Handel Richardson), Neuseeland, Südafrika.
Englischer Gruß, → Ave Maria; Bildschnitzerei (z. B. v. Veit Stoß i. d. Nürnberger Lorenzkirche).
Englischhorn, Holzblasinstrument, eine Quinte tiefer als die → Oboe.
Engobe, *w.* [*ãˈgɔb*], farb. Beguß aus Ton, d. auf Ziegel u. Töpferware aufgebracht u. gebrannt wird.
Engramm, *s.* [gr.], Gedächtnisspur, Informationsspeicherung i. Nervenzellen.
en gros [frz. *ãˈgro*], in großen Mengen.
enharmonisch [gr.], *mus.* Töne gleicher Stufe m. verschiedener Tonbez. (z. B. *cis* u. *des*).
ENI, Abk. f. *Ente Nazionale Idrocarburi,* 1953 gegr. it. Staatskonzern d. Erdöl- u. petrochem. Ind.
ENIAC, *Electronic Numerical Intergrator and Computer,* erster Großrechner aus elektron. Bauteilen.

Eniwetok, Atollgruppe der Marshall-Inseln, seit 1947 USA-Atombombenversuche; Hauptatoll durch erste H-Bombe 1. 11. 1952 vernichtet.

Enjambement, s. [frz. *ãӡãb'mã*], Übergreifen eines Satzes in d. folgenden Vers bzw. Strophe: Gar freundliche Gesellschaft leistet uns / Ein ferner Freund, wenn wir ihn glücklich wissen (Goethe).

Enkaustik, w. [gr.], Maltechnik, durch Hitze Wachsfarben auf Holz oder Marmor anbringen.

Enklave, w. [nl.], v. eigenem Staatsgebiet umschlossenes Gebietsteil e. fremden Staates; Ggs.: → Exklave.

en masse [frz. *ã'mas*], in Masse, gehäuft.

en miniature [frz. *ãminja'tyr*], in kleinem Maßstab.

Ennepe, l. Nbfl. d. Volme (Nbfl. d. Ruhr) im Sauerland, *E.talsperre* am Oberlauf. – **E.tal** (D-5828), St. an der E., NRW, 33 472 E; Kluterthöhle (größte Naturhöhle Dtlds, Asthma- u. Naturheilstätte); Kleineisenind.

Ennigerloh (D-4722), St. i. Rgbz. Münster, NRW, 19 203 E; Erholungsort; div. Ind.

Ennius, Quintus (239–169 v. Chr.), röm. Dichter; Hexameter-Epos: *Annales.* Tragödien.

Enns, 1) r. Nbfl. d. Donau, 254 km l., Grenzfluß zw. Nieder- u. Oberöstr.; Großkraftwerk Rosenau; **2)** (A-4470), oberöstr. St. a. d. E., 9700 E; älteste St. von Östr. (1212 St.recht), ma. Stadtanlage, Basilika (13. Jh.).

ennuyant, ennuyieren [frz. *ãny'j-*], langweilig, langweilen.

en passant [frz. *ãpa'sã*], beiläufig.

Enquete, w. [frz. *ã'kɛt(ə)*], Untersuchung zur Gewinnung tatsächl. Unterlagen (z. B. zur Beurteilung pol. od. wirtsch. Verhältnisse); Umfrage.

enragiert [frz. *ãra'ӡ-*], wütend, leidenschaftlich.

Ens [l.], Seiendes.

Enschede [*'ensx-*], St. i. d. ndl. Prov. Overijssel, 144 000 E; Baumwollind.

Ensemble, s. [frz. *ã'sãbl*], 1) fest engagierte Schauspielertruppe; 2) gemeinsamer Gesang d. Solo- u. Chorsänger m. Orchester; früher allg. e. Gruppe zusammenspielender Musiker; in d. Oper (Finale) gleichzeitiges Agieren mehrerer Personen (z. Unterschied v. Solonummern); höchste Entfaltung d. Ensemblekunst bei Mozart u. Verdi.

Ensinger, Ulrich (um 1359–10. 2. 1419), dt. Baumeister; u. a. wesentlich beteiligt an d. Münsterbauten in Ulm u. Straßburg.

Ensor, James, Baron (13. 4. 1860–19. 11. 1949), belg. Maler u. Graphiker; wirkte anregend auf Surrealismus u. Expressionismus; phantast. Visionen, satir. u. makabre Themen.

Entartung, *Degeneration,* 1) *biol.* anormale Rückbildung; 2) *Pathologie:* schädl. Gewebeveränderung; 3) *Eugenik:* Auftreten u. Häufung v. krankh. od. Minderwertigkeit bedingenden Erbanlagen.

Entbindung → Geburt.

Entdeckungsreisen, zur Erweiterung von Handelsbeziehungen, aus Abenteuer- u. Forschungstrieb schon im Altertum (Phönizier) u. MA (→ Wikinger, → Marco Polo, Araber → Ibn Batuta); E. des 16. Jh. leiteten eine neue Epoche der Geschichte der Menschheit ein.

Ente, Falschmeldung, Zeitungslüge.

Entebbe, St. i. Uganda, 20 000 E.

Enteignung, *Expropriation,* Entziehung od. Beschränkung des Eigentumsrechts durch die Staatsgewalt; nach Art. 14 GG nur z. Wohl d. Allgemeinheit u. nur durch Gesetz oder aufgrund eines Gesetzes, das Art u. Ausmaß der Entschädigung regelt, zulässig.

Entelechie [gr.], bei Aristoteles d. zielstrebige Kraft i. d. Dingen; bei → Driesch das d. Zielgerichtetheit d. Lebewesen bewirkende Prinzip.

Enten, Unterfamilie der Entenvögel; *Schwimm-E.:* Stock-E. (Stammform der Haus-E.), Knäck-, Krick-E.; *Tauch-E.:* Tafel-, Reiher-, Kolben-, Eider-E.

Entenflott, svw. → Wasserlinse.

Entenmuscheln, schalentragende, festsitzende Meereskrebse.

Entente, w. [frz. *ã'tãt* „Einverständnis"], bündnisähnliche Politik zw. Staaten. – **E. cordiale,** „herzliches Einverständnis", erstmals 1840 zw. England u. Frkr., dann 1904 als Frontstellung gg. Dtld, s. 1906 mit Rußland *Tripel-E.* Im 1. Weltkr. E. Bez. der Gegner Dtlds. *Kleine E.* (1921–38) zw. ČSR, Rumänien u. Jugoslawien zwecks Aufrechterhaltung d. Status quo.

Enterbung → Erbrecht.

Enteritis, Entzündung des Dünndarms.

entern, 1) Erstürmung e. Schiffes m. *Enterhaken;* 2) Erklettern d. Schiffsmasten m. Hilfe d. → Wanten.

Entertainer, m. [engl. *-teɪnə*], (Allein-)Unterhalter.

Entfernungsmesser, Doppelfernrohr, mißt Entfernungen ähnlich wie das Augenpaar beim räuml. Sehen, d. h. durch Verwertung der Unterschiede zweier v. versch. Standpunkt (Augen-, Objektivabstand) gesehener Bilder; Entfernungsmessung auch mittels → Schallmeßverfahren u. → Radar.

Entflechtung, Wiederherstellung d. Selbständigkeit v. Unternehmungen, die einem → Konzern angehören.

Entführung, rechtswidrige Wegführung 1) einer weibl. Person wider ihren Willen zum Zwecke sexueller Handlungen; 2) einer Minderjährigen mit ihrem Willen, aber gg. den der Aufsichtspersonen (Eltern, Vormund usw.); ist nur auf Antrag strafbar (Freiheitsstrafe bis zu 5 Jahren od. Geldstrafe).

Enthusiasmus, m. [gr.], Begeisterung.

Entität, w. *phil.* Seiendheit, Dasein; (gegebene) Größe.

Entladungsröhren, mit verdünnten Gasen gefüllte Glasröhren mit Elektroden, zw. denen b. Stromdurchgang Leuchter-scheinungen (Glimmlicht) auftreten; Leuchtröhre.

entlasten, 1) in der *Buchhaltung:* auf einem Konto einen Betrag gutschreiben; 2) vor *Gericht:* der Anklage zugunsten des Angeklagten widersprechende Aussagen od. Umstände vorbringen.

Entmannung → Kastration.

Entmündigung, durch Gerichtsbeschluß, kann (§ 6 BGB) erfolgen wegen Geisteskrankheit (Folge: Geschäftsunfähigkeit, § 104 BGB) od. wegen Geistesschwäche, Verschwendung, Trunk- od. Rauschgiftsucht (Folge: Beschränkung d. Geschäftsfähigk., § 114 BGB).

Entmythologisierung, in der ev. Kirche vieldiskutierter, von → Bultmann 1941 vorgeschlagener Weg, den modernen Menschen zum Neuverständnis des Heilserlebnisses durch Befreiung v. d. Bindung an das mytholog. Weltbild d. biblischen Zeit zu führen.

Entnazifizierung, 1945 durch Kontrollrat eingeleitete „Befreiung d. dt. Volkes v. Nationalsozialismus u. Militarismus" durch Bestrafung d. Betroffenen (5 Kategorien: Hauptschuldige, Belastete, Minderbelastete, Mitläufer, Entlastete) u. Entfernung aus verantwortl. Stellungen; Aburteilung durch *Spruchkammern;* s. 1949 *E.sschlußgesetze.*

Entoderm → Gastrula.

Entomologie [gr.], Insektenkunde.

Entoparasit, Innenschmarotzer (im Körperinnern).

Entr'acte [frz. *ã'trakt*], Zwischenaktmusik in Oper u. Schauspiel.

Entrecôte, s. [frz. *ãtrə'kot*], Rippenstück (Hochrippe) b. Rind.

Entree, s. [frz. *ã'tre*], Eintritt(sgeld); Eingang; Vorzimmer, Vorspeise; Vorspiel.

Entropie [gr.], Grundbegriff der Physik; in der → Wärmelehre: Zustandsgröße eines Körpers od. abgeschlossenen Körpersystems, wird bei jedem natürl. Vorgang größer.

Entsorgung → Kernreaktor; auch E. von Batterien, Hausmüll, alten Medikamenten usw.

Entspannungspolitik, langfristig angelegte Pol. z. Verminderung u. Beherrschung d. Konfliktmöglichkeiten zw. d. u. W, b. Respektierung d. → Status quo; Nutzung v. Formen nichtmil. Konfliktregelung.

Entwässerung, → Kanalisation. → Dränierung.

Entweichgeschwindigkeit → Fluchtgeschwindigkeit.

Entwesung → Desinsektion.

Entwickler, alkalische Lösungen v. Pyrogallol, Hydrochinon, Metol usw., die das Bild auf einer belichteten fotograf. Platte durch Reduktion des belichteten Silberbromids zu Silber sichtbar machen.

Entwicklung, (zielbestimmtes) Hervorgehen eines Zustands aus einem anderen.

Entwicklungs-farben → Färberei. – **E.helfer,** in Entwicklungsländern als Helfer u. Berater eingesetzte Fachleute.

→ Friedenskorps, → Deutscher Entwicklungsdienst. – **E.roman,** *m.,* schildert d. inneren u. äußeren Werdegang e. Menschen v. d. Anfängen bis z. Reifung d. Persönlichkeit (Goethe: *Wilhelm Meister;* Keller: *Der grüne Heinrich;* Hesse: *Peter Camenzind*).

Entwicklungshilfe, finanz. u. materielle Hilfeleistung d. hochentwickelten Ind.-länder für unterentwickelte Länder. Leistungen d. BR 1988: 8,3 Mrd. DM.

Entwicklungsjahre → Pubertät.

Entwicklungsmechanik → Entwicklungsphysiologie.

Entwicklungsphysiologie, Erforschung der Keimesentwicklung der Lebewesen im Wechselspiel v. Anlage u. Umwelt.

Entwicklungspsychologie, beschreibt das Zus.wirken v. Anlage, Umwelt u. Eigenaktivität des Individuums im Verlauf d. menschl. Lebens, insbes. die Entwicklungsphasen v. Kindheit u. Jugend u. d. hohen Alters.

Entziehungskur für sog. Rauschgifte: Opium, Morphium, Kokain, Alkohol, nur unter ärztl. Aufsicht in geschlossenen Heilanstalten; meist unter Mithilfe v. → Psychotherapie.

Enugu, Hptst. des Bundesst. *Anambra,* Nigeria, 228 000 E; Getreide-, Maniok-, Palmölhandel; Kohlenbergbau.

Enver Pascha (9. 3. 1881–4. 8. 1922, gefallen), türk. Staatsmann u. Gen., Führer der Jungtürken; im 1. Weltkr. türk. Oberbefehlshaber.

Environment [engl. *ɪn'vaɪərən*- „Umgebung"], zeitgenöss. Kunstrichtung, die Bild u. Skulptur so zusammenstellt, daß d. umgebende Raum als Ausdrucksmittel m. anderen Medien einbezogen wird; der Betrachter soll assoziieren und/oder mithandeln; Vertr.: *Segal, Kienholz, Vostell.*

Environtologie, Teilgebiet d. Futurologie, stellt Veränderungen fest, die wiss. u. techn. Fortschritt bewirkt, u. Rückwirkung (z. B. Luftverschmutzung, Abwasser, Nahrungsgifte) auf den Menschen.

en vogue [frz. *ã'vɔg*], in Mode, beliebt.

Enz, l. Nbfl. des Neckars, in Ba-Wü., entspringt im nördl. Schwarzwald, 112 km lang.

Enzensberger, Hans Magnus (* 11. 11. 1929), dt. Schriftst.; Essays, Lyrik, Stükke; *Verteidigung der Wölfe; D. Verhör v. Habana; D. kurze Sommer d. Anarchie; D. Untergang d. Titanic; D. Menschenfreund.*

Enzephalitis → Gehirnentzündung.

Enzian, 300 Arten, meist Blüten blau, violett, selten gelb u. weiß; *Gefranster E., Stengelloser E., Frühlings-Feld-E.;* aus dem Wurzelstock einiger Hochgebirgsarten *E.schnaps.* .

Enzio [it. „Heinz"], um 1220–72, Kg von Sardinien, Sohn Kaiser → Friedrichs II., von 1249 an in Bologna gefangen.

Enzyklika, *w.* [gr.], päpst. Rundschreiben an alle od. mehrere Bischöfe.

Enzyklopädie, *w.* [gr.], übersichtl. Darstellung des gesamten prakt. u. theoreti-

schen Wissens, früher meist nach Gebieten geordnet, jetzt alphabetisch (Konversations- → Lexikon); aus d. Altertum nur die *Naturalis historia* des Plinius erhalten; im MA das *Speculum maius* von Vincenz v. Beauvais; Neuzeit das *Novum organum* (1620) v. F. Bacon; 1751–80 gaben die **Enzyklopädisten** (Diderot und d'Alembert) die große frz. *Encyclopédie* [*āsi-*] in 35 Bänden heraus; seit 1768 *Encyclopaedia Britannica;* seit 1926 *Große Sowjetenzyklopädie* (65 Bde) und (1929/49) d. *Enciclopedia Italiana* (36 Bde).

Enzyklopädisten, Hgg. u. Mitarbeiter d. frz. Enzyklopädie; gemeinsam ist ihnen d. Denken d. frz. Aufklärung: d'Alembert, Diderot, Rousseau, Montesquieu, Holbach u. a.

Enzym-Diagnostik, Krankheitserkennung durch Messung v. E.aktivitäten in Geweben oder Körperflüssigkeiten, bes. Blut.

Enzyme [gr.], svw. → Fermente; in lebenden Zellen gebildete Stoffe, die den Ablauf zahlreicher biochem. Reaktionen i. Organismus katalysieren; bestehen aus einem niedermolekularen → Koenzym; Kennzeichnung durch Endsilbe *-ase* (Lipase: Fettspaltung, Amylase: Stärkespaltung u. a.); Bildung im Zellinneren, werden z. T. als Exo-E. ausgeschieden (z. B. Celluloseabbau durch Cellulasen holzzerstörender Pilze).

Enzymopathien, durch Mangel od. Nichtfunktionieren e. Enzyms od. Enzymsystems bedingte Krankheiten.

eo ipso [l.], von selbst, selbstverständlich.

Eolithen, Feuersteine, die durch ihre Form altsteinzeitl. Geräte vortäuschen.

Eos [gr.], lat. *Aurora,* die personifizierte (Göttin d.) Morgenröte.

Eosander, Johann Friedrich v., gen. *von Göthe* (1669–22. 5. 1728), dt. Hofbaumeister Friedrichs I. v. Preußen.

Eosin, roter Teerfarbstoff; f. Wolle, Seide, rote Tinte.

Eozän, *s.* [gr.], zweitältester Abschnitt d. Tertiärzeit, vor ca. 55–40 Mill. Jahren; → geologische Formationen, Übers.

Epakte, *w.* [gr.], astronom. Zahl; gibt das Alter d. Mondes am 1. Jan., d. h. die Zahl der Tage seit dem letzten Neumond, an.

Epaminondas, theban. Feldherr, 371 v. Chr. Sieg über Spartaner bei Leuktra, fiel 362 bei Mantinea.

Epaulette [frz. *epo'l-*], Schulterstück für Offiziere.

Épernay [-*'nɛ*], frz. St. i. Dép. *Marne,* 29 000 E; Zentrum d. frz. Champagner-Erzeugung, Weinmuseum.

Epheben [gr.], die „Mannbaren", i. alten Griechenland d. Jünglinge von 18–20 Jahren.

ephemer(isch) [gr.], eintägig, vergänglich.

Ephemeriden, *w.* [gr.], 1) Tagebücher; 2) Tabelle vorausberechneter Zeiten und Örter v. Himmelskörpern; 3) svw.

→ Eintagsfliegen. – **E.zeit,** astronom. Zeitmaß (sehr nahe gleich der Weltzeit), bei dem die Unregelmäßigkeiten der Rotationsdauer d. Erde eliminiert sind.

Epheserbrief, i. N. T.; v. Paulus, Echtheit bezweifelt.

Ephesos [gr.], lat. *Ephesus,* griech. Staatsgründung an der W-Küste Kleinasiens; im Altertum bed. Handelsst. mit Artemis-Tempel, einem der Sieben Weltwunder, 356 v. Chr. von → Herostratos in Brand gesteckt; Ruinenstätte.

Ephialtes, 1) Verräter, vereitelt 480 v. Chr. die Verteidigung der → Thermopylen; **2)** athen. Parteiführer, bricht mit *Perikles* die Macht des → Areopags; 457 v. Chr. ermordet.

Ephor|os, Mitglied der 5köpfigen Obermagistrats im alten Sparta.

ep|i-, griech. Vorsilbe: bei-, auf-, über-.

Epidauros, Hafenst. an der O-Küste von Argolis; Blütezeit 600 v. Chr.; Tempel d. Asklepios; Theater.

Epidemie [gr.], zeitlich und gebietsmäßig begrenztes, plötzliches Auftreten einer → Infektionskrankheit in einer großen Zahl von Fällen.

Epidermis, *w.* [gr.], Oberhaut (oberste Hautschicht).

Epidiaskop [gr.], → Projektionsapparat, umschaltbar, als *Episkop* für undurchsichtige Bildvorlagen (z. B. aus Büchern) durch Spiegelung, als *Diaskop* für durchsichtige (Diapositive).

Epiglottis [gr.], → Kehlkopf.

Epigonen [gr. „die Nachgeborenen"], Söhne der Sieben gegen Theben; geistige Erben schöpferischer Epochen, die nur noch nachahmend wirken.

Epigramm, *s.* [gr.], urspr. Aufschrift, meist an Gräbern u. in Distichen (→ Distichon) verfaßt; kurzes Sinn- od. Spottgedicht.

Epigraph, *s.* [gr.], Auf-, Inschrift.

Epigraphik, *Altertumswiss.* Inschriftenkunde an antiken Denkmälern.

Epik, *w.* [gr.], *epische* od. *erzählende Dichtung;* neben der Grundform → *Epos* kleinere Versformen: *Ballade, Idylle, Legende, Romanze;* in Prosa: *Roman, Kunstmärchen, Skizze, Erzählung, Kurzgeschichte.*

Epiktet|os (1. Jh. n. Chr.), griech. Philosoph, Stoiker; sein Leitsatz: „Ertrage und entsage!"

Epikureer, (bes. der verfeinerte) Genußmensch.

Epikur|os (341–270 v. Chr.), griech. Philosoph; Glücksseligkeit: weises Abwägen zwischen Lust u. sittl. Verhalten, keine Furcht v. Göttern u. Tod.

Epilation [l.], Entfernung v. Haaren m. Haarwurzeln.

Epilepsie [gr.], Fallsucht, mit plötzlichen *(epileptischen)* Anfällen, Bewußtlosigkeit, Zuckungen u. Folgen (der Kranke: **Epileptiker**); ererbt *(echte E.)* od. erworben *(symptomatische E.)*.

Epilog, *m.* [gr.], abschließ. Nachwort, bei Theaterstücken; Ggs.: → Prolog.

Epimenides, sagenhafter Seher i. 7. Jh. v. Chr. aus Kreta; angebl. 57jähr. Schlaf; *Des E. Erwachen,* Festsp. v. Goethe.

Epimetheus [gr. „Nachherdenker"], griech. Sagengestalt, öffnet trotz Warnung seines Bruders Prometheus die Büchse der → Pandora.

Épinal, Hptst. d. frz. Dép. *Vosges,* an der Mosel, 41 000 E; Festung; Museum; Eisen- und Textilind.

Epiphanie [gr.], „Erscheinung", Schau; (Selbst-)Offenbarung (bes. Christi); auch svw. **Epiphanias,** kirchl. Fest, *Hl. Drei Könige* (6. 1.).

Epiphyse [gr.], **1)** *Zirbeldrüse,* etwa erbsengroß, an der hinteren Gehirnbasis, Drüse mit fraglicher → innerer Sekretion, hemmt Wirkung der gonadotropen Hormone d. → Hypophyse; Überfunktion = Frühreife; **2)** Gelenkende eines Röhrenknochens.

Epiphyten [gr.], Pflanzen, die auf anderen Pflanzen leben, meist mit selbständiger Ernährung (z. B. viele Orchideen).

Epirogenese [gr.], *geolog.* d. langsame Heben u. Senken größerer Erdkrustenteile.

Epirus [l.], griech. *Epeirōs,* Prov. am Ionischen Meer, 9203 km², 325 000 E; Hptst. *Janina,* 45 000 E.

episch, (ausführlich) erzählend; → Epik.

episches Theater, v. B. → Brecht entwickelte dramat. Darbietungsform, bei dem Zuschauer den Inhalt des Stückes im voraus mitteilt. Damit richtet sich d. Interesse nicht auf das Was, sondern auf das Wie. Der Zuschauer wird so intellektuell aktiviert; gg. kulinar. Illusionstheater gerichtet.

Episkop → Epidiaskop.

episkopal [l.], bischöflich.

Episkopal-kirche, die → anglikanische Kirche. - **E.verfassung,** Kirchenregiment liegt in den Händen des Bischofs, Leitung d. Gesamtkirche in d. Händen d. Bischofskonferenz; in verhältnismäßig reiner Form in d. anglikan. Kirche (Lambeth-Konferenzen), gemischte Formen vor allem in luther. Kirchen, die im allg. stärker vom Amt als v. d. Gemeinde her bestimmt sind.

Episkopalismus, Überordnung des bischöfl. Konzils (Konziliarismus) über päpstl. Hoheit (Papalismus), bes. im MA; im vatikan. Konzil verworfen.

Episkopat [m. oder s.], Bischofsamt; Gesamtheit d. Bischöfe.

Episkopus [„Aufseher"], Bischof.

Episode, w. [gr.], Einschiebsel, kurze Nebenhandlung in Theaterstück od. Erzählung; vorübergehendes Ereignis.

episodisch, gelegentlich.

Episomen, aus → DNS bestehende, nicht lebensnotwendige *genet. Elemente d. Bakterien.*

Epistel [w. gr.], Brief; Bez. der Apostelbriefe im N.T.; auch literar. Form (Horaz).

Epistolae obscurorum virorum, *Dunkelmännerbriefe,* Sammlung satir. Briefe

gg. d. Anhänger → Pfefferkorns, in dessen Streit m. Reuchlin; Verf.: Ulrich v. → Hutten, Crotus Rubianus u. a. Humanisten (1515).

Epitaph, *s.* [gr.], Grabschrift, -mal.

Epithel, *s.* [gr.], ein- od. mehrschichtige Zellenlage d. Oberfläche tierischer od. menschl. Körper sowie d. Hohlorgane (z. B. Verdauungs-, Atemwege) mit Ausnahme d. Blut- u. Lymphbahnen; Ggs.: → Endothel. - **E.körperchen** → Nebenschilddrüsen.

Epitheton, *s.* [gr.] *(ornans)* [l.], (schmückendes) Beiwort.

Epitome, *w.* [gr.], Auszug aus einem Werk.

Epizentrum [gr.-l.], das unmittelbar über dem Erdbenherd liegende Gebiet.

Epizykel, *m.* [gr. „Nebenkreis"], Kurvenart, die entsteht, wenn ein Punkt sich mit gleichbleibender Geschwindigkeit auf einem Kreis bewegt, dessen Mittelpunkt gleichzeitig auf einem anderen Kreis abrollt; bes. in der Planetentheorie des Ptolemäus.

epochal, bedeutend, denkwürdig.

Epoche, *w.,* [gr. epochē = „das Anhalten"] **1)** geschichtl. Abschnitt, z. B. i. Geschichte od. Literatur; **2)** astronomisch bestimmter Zeitpunkt; **3)** [-'xe] Terminus i. d. griech. Philosophie (Skepsis: fällt keine Urteile) u. i. d. Philos. E. → Husserls.

Epos, *s.* [gr. „Wort"], *Epopöe,* aus Totenklagen, Heldenliedern entstandene Dichtungen, die myth. Gestalten u. Helden im Bewußtsein d. Volkes festhielten; in Versform; aus mehreren Heroenliedern od. Ausschmückung von Einzelgesängen: *Volksepos* gestaltet alte Überlieferungen durch anonyme Autoren (Ilias, Odyssee, Nibelungen); später Schöpfung einzelner Dichter: *Kunstepen* (z. B. Aneis, höf. Epen, *Göttl. Komödie, Messias;* bürgerl Epos: Goethes *Hermann u. Dorothea*); abgelöst durch → Roman.

Epoxidharze, durch → Polyaddition erhaltene → Duroplaste; bes. als Gießharze (Elektrotechnik) u. z. Verkleben v. Metallen.

Eppelheim (D-6904), Gem. im Rhein-Neckar-Kr., Ba-Wü., 13 121 E.

Eppelsheimer, Hanns Wilhelm (17. 10. 1890-24. 8. 1972), dt. Lit.historiker u. Bibliothekar, 1963-72 Präs. d. → Deutschen Akademie für Sprache und Dichtung; *Handbuch d. Weltliteratur; Bibliographie d. dt. Literaturwiss.*

Eppingen (D-7519), St. im Kr. Heilbronn, Ba-Wü., 15 744 E; Fachwerkhäuser, Heimatmus. „Alte Universität".

Eppler, Erhard (* 9. 12. 1926), SPD-Pol.; 1968-74 B.min. f. wirtsch. Zus.arbeit, 1974-80 Landesvors. d. SPD v. Ba-Wü.

Epsom and Ewell [ˈɛpsəm ænd ˈjuəl], engl. St. in d. Gft Surrey, 69 000 E; Bittersalzquellen (*E.er Salz,* Englisches Salz); Pferderennen → Derby.

EPU → Europäische Zahlungsunion.

Equilibrist, svw. → Äquilibrist.

Equipage, *w.* [frz. ekiˈpaʒ(ə)], feiner Pferdewagen; vgl. Wasserf.

Equipe, *w.* [frz. eˈkip], Reitermannschaft.

equipieren, ausstatten.

Equisetum, svw. → Schachtelhalm.

Er, *chem.* Zeichen f. → Erbium.

Erasmus v. Rotterdam, Desiderius (28. 10. 1466-12. 7. 1536), Humanist, bed. Philologe; 1. Hg. d. griech. N.T.; *Encomium moriae (Lob der Narrheit);* für innerkirchl. Reform, gg. Luthers Kirchengründung.

Erato, griech. Muse der Liebespoesie.

Eratosthenes, griech. Mathematiker; erste Bestimmung d. Erdumfanges (um 240 v. Chr.).

Erbach, 1) (D-6120), Krst. im Odenwaldkr., Hess., 10 853 E; Luftkurort, Schloß, Natur- und Wildpark; Dt. Elfenbeinmus.; **2)** St.teil v. → Eltville a. Rhein.

Erbanlagen → Vererbung, Übers.

Erbbaurecht, veräußerl. u. vererbl. Recht, auf od. unter d. Oberfläche e. fremden Grundstücks ein Bauwerk zu haben. Grundbucheintragung erforderl.

Erbenhaftung → Erbrecht.

Erbersatzanspruch, Anspruch nichtehel. Kinder beim Tod d. Vaters od. d. väterl. Verwandten sowie des Vaters u. seiner Abkömmlinge beim Tod des nichtehel. Kindes; Höhe des E. entspricht dem gesetzl. Erbteil (§ 1934 a BGB).

Erbfolge, 1) *privatrechtl. E.* → Erbrecht, auch → Anerbenrecht; **2)** *dynast. E.,* nach salischem Recht in Dtld nur im Mannesstamm; **3)** *kognatische E.,* bei Fehlen männl. Nachkommen d. Hauptlinie fällt Thronrecht an nächsten männl. Verwandten; **4)** *gemischte* (kastilische) *E.,* Erbberechtigung f. männl. wie f. weibl. Nachkommen unter. Vorrang d. männl.

Erbfolgekrieg, 1) *Span. E.* 1701-14; **2)** *Östr. E.* 1741-48; **3)** *Bayr. E.* 1778/79.

Erbgerichte → Patrimonialgerichtsbarkeit.

Erbgrind, *Favus,* durch Pilze hervorgerufene Hauterkrankung.

Erbium, *Er, chem. El.,* Oz. 68, At.-Gew. 167,27; Dichte 9,05; Seltenerdmetall.

Erblasser, Bez. d. Verstorbenen im → Erbrecht.

Erbmasse, 1) *biol.* die Summe der Erbanlagen; → Vererbung, Übers.; **2)** *jur.* svw. Nachlaß.

Erbpacht, früher erbliches veräußerl. Nutzungsrecht an Grundstück, bes. Bauerngut, mit jährl. Abgaben an Grundeigentümer.

Erbrecht, nach den §§ 1922 ff. BGB geht Vermögen *(Erbschaft, Nachlaß)* eines Verstorbenen *(Erblassers)* auf einen *(Allein-)* od. mehrere *(Mit-)Erben* über, die durch Testament, Erbvertrag oder durch Gesetz bestimmt sind: **1)** *gesetzl. Erben:* Abkömmlinge (Erben 1. Ordnung), Eltern und deren Abkömmlinge

Fläche und Bevölkerung* der Erde 1988
*geschätzt, vorläufiges Ergebnis

Fläche in Mill. km²		Einwohner in Mill.		Einwohner je km²	
Asien[1]	44,385	Asien[1]	3069	Europa[3]	67
Amerika[2]	42,082	Europa[3]	705	Asien[1]	69
Afrika	30,307	Amerika[2]	702	Afrika	20
Europa[3]	10,532	Afrika	610	Amerika[2]	17
Australien u. Ozeanien	8,509	Australien u. Ozeanien	26	Australien u. Ozeanien	3

1 = einschließlich UdSSR, asiatischer Teil und Türkei, asiatischer Teil
2 = einschließlich Grönland
3 = einschließlich UdSSR, europäischer Teil und Türkei, europäischer Teil
Erdteile nach geographischen Gesichtspunkten

Erde insgesamt
Fläche: 135,793 Mill km²
Einwohner: 5112 Mill.
Einwohner je km²: 38

(2. Ordnung), Großeltern und deren Abkömmlinge (3. Ordnung) usw. Außerdem erbt Ehegatte neben Erben 1. Ordnung ein Viertel, neben Erben 2. Ordnung od. Großeltern d. Hälfte, sonst das Ganze; zudem erhält er neben Erben 2. Ordnung od. neben Großeltern als *Voraus* die z. ehel. Haushalt gehörenden Gegenstände u. d. Hochzeitsgeschenke; neben Erben 1. Ordnung jedoch nur die Gegenstände, die er z. Führung e. angemessenen Haushalts benötigt. Bei Fehlen v. Erben erbt d. Fiskus. Erbe haftet für Nachlaßschulden, trägt Beerdigungskosten, hat häusl. Familienangehörigen des Erblassers 30 Tage Unterhalt (den *Dreißigsten*) zu gewähren. Er kann Haftung durch Nachlaßpflegschaft (-verw.), -konkurs auf den Nachlaß beschränken. Bei Auseinandersetzung mehrerer Erben → Ausgleichungspflicht; **2)** *Testamentserrichtung:* **a)** zu Protokoll vor Notar od. **b)** eigenhändig ge- und unterschriebene Erklärung. Erben können ein gemeinschaftl. Testament errichten; **c)** in Notfällen vor Bürgermeister des Aufenthaltsorts unter Zuziehung v. 2 Zeugen od. bei Absperrung v. d. Umwelt (z. B. b. Hochwasser), b. naher Todesgefahr oder bei Seereise auf dt. Schiff mündl. vor 3 Zeugen; dieses *Nottestament* wird 3 Monate nach Beendigung d. Notfalls ungültig, wenn Erblasser noch lebt; **3)** *Erbvertrag:* vor Notar bei gleichzeit. Anwesenheit d. Parteien u. v. Erblasser persönl. zu schließen; **4)** *Pflichtteil* steht Abkömmlingen, Ehegatten u. Eltern b. *Enterbung* durch d. Erblasser zu, kann nur wegen schwerer Verfehlung gg. den Erblasser entzogen werden, besteht in d. Hälfte des Wertes d. gesetzl. Anteils. Der Erbschaftserwerb kann angefochten werden, wenn Erbe wegen schwerer Verfehlung gg. den Erblasser *erbunwürdig* ist. – *Vorerbe* muß Erbschaft nach Ablauf best. Zeit od. nach seinem Tode an *Nacherben* abgeben.
Erbschafts-kauf, Vertrag, durch den d. Erbe (Miterbe) die ihm angefallene Erbschaft verkauft; bedarf d. notariellen Beurkundung. – **E.steuer,** → Steuern, Übers.

Erbschein, auf Antrag d. Erben v. Nachlaßgericht ausgestelltes Zeugnis über d. Erbrecht.
Erbschleicherei, sitten- oder rechtswidrige Beeinflussung eines Erblassers.
Erbse, kletternde Schmetterlingsblütler; Gartenerbse und Ackererbse (*Peluschke,* Viehfutter).
Erbsenstrauch, dorn. gelb blüh. Schmetterlingsblütler; Zierstrauch aus Asien.
Erbsünde, nach christl. Lehre Sündhaftigkeit bzw. Verderbtheit der menschl. Natur, infolge Adams Sündenfall; Tilgung durch die Taufe.
Erbunwürdigkeit, Erbvertrag → Erbrecht.
Erdachse → Erde, → Präzession.
Erdalkalimetalle, die chem. Elemente *Magnesium, Beryllium, Calcium, Barium, Strontium, Radium.*
Erdaltertum, *Paläozoikum,* → geologische Formationen.
Erdapfel, svw. → Kartoffel.
Erdbeben, Erdkrustenerschütterungen von Sekunden- bis Minutendauer durch Verschiebungen der → Erdkruste (*tektonische E.,* 90% aller E.) oder Einsturz unterird. Hohlräume (*Einsturz- E.*) od. Vulkanausbruch (*vulkanische E.*). Ausgangspunkt: **E.herd** (*Hypozentrum);* Ausbreitung v. E.herd in Form wellenförmiger Stöße durch wenige Minuten (5 cm wirken bereits zerstörend); falls Herd unter dem Meeresboden: *Seebeben,* meist mit verheerender Flutwelle (→ Tsunami). – E.forschung in *E.warten,* dt. Hptwarte Jena; Messung der Erschütterungen durch **E.messer,** → *Seismometer,* bzw. durch *Seismograph,* das 0,016 mm Bodenbewegung als Beben registriert. Die E.messer registrieren jährlich ca. 10 000 E., von denen nur etwa die Hälfte bemerkt wird und nur 100 zerstörend wirken. Große E.: Lissabon 1755; San Francisco 1906; Messina 1908; Japan 1923, 1933, 1948, Formosa 1935; Türkei 1939, 1971; Assam 1950; Griechenld 1953; Chile 1960; Peru 1970; Nicaragua 1972. – 1974: Mexiko, Pakistan; 1976: Guatemala, Friaul, Nordostchina, Philippinen, Osttürkei; 1978: Iran; 1980: Algerien, Süditalien; 1981: Iran; 1982: Nordjemen; 1988: Armenien.

Erdbeerbaum, dem Heidekraut verwandte Bäume u. Sträucher Südeuropas.
Erdbeere, Rosengewächs; *Wald-E.; Kultur-E.,* viele Sorten.
Erde, dritter Planet der Sonne, Zeichen ⊕; an den Polen abgeplattet, angenähert ein Rotationsellipsoid (→ Geoid). Äquatordurchmesser 12 756,776 km, Poldurchmesser 12 713,824 km. Abplattung 1:297,0. Äquatorumfang 40 076,6 km, Meridianumfang 40 009,1 km. Erdvolumen 1083 Mrd. km³; mittlere Dichte 5,517 g/cm³. Tiefstes Bohrloch z. Z. auf d. Halbinsel Kola (UdSSR) m. über 13 000 m. Temperaturzunahme in der Nähe der Oberfläche rund 30 °C pro km Tiefe, in größeren Tiefen geringere Zunahme. Temperatur im Zentrum ca. 4500° C. Druck im Zentrum der Erde ca. 3000 kbar od. 300 MPa. Aufbau des Erdinnern: *Erdkruste,* baut sich aus → Kontinenten und → Ozeanboden auf. Kontinente aus → Magmatiten, → Metamorphiten u. → Sedimentgesteinen; Ozeanböden zumeist aus → Basalten; Erdkruste unter den Ozeanen nur 5–10 km, unter den Kontinenten zw. 20 u. 80 km dick. Die Grenze Kruste/Mantel heißt Mohorovičić-Diskontinuität. *Erdmantel* aus ultrabasische Silicaten bis ca. 2900 km, zumeist fest; oberer Mantel durch → Konvektion in plastischer Strömungsbewegung. *Erdkern* aus Nickeleisen, bis 5100 km flüssig, darunter fest. Kenntnisse über den Aufbau aus seismischen Beobachtungen (Erdbebenwellen, Aggregatzustand) und durch Vergleich mit Eisen- und Steinmeteoriten, die als Bruchstücke der Urplaneten angesehen werden. Der Energieverlust d. Erde durch Abstrahlung v. Wärme in den Weltraum beträgt jährlich $8 \cdot 10^{20}$ J. Dieser Wärmestrom stammt zum größten Teil aus dem Zerfall radioaktiver Atomkerne der Erdkruste und d. oberen Erdmantels. Mittlerer Abstand d. Erde von d. Sonne 149,6 Mill. km. Rotation d. Erde um die Polarachse in 23 Std. 56 Min. 4,09 Sek. (= 1 Sterntag); Umlauf um die Sonne (Tafel → Himmelskunde II) in 365 Tagen 5 Std. 48 Min. 46,42 Sek. (= tropisches Jahr). Oberfläche d. Erde 510,1 Mill. km², davon 29,2% Land und

Aufbau der Erde

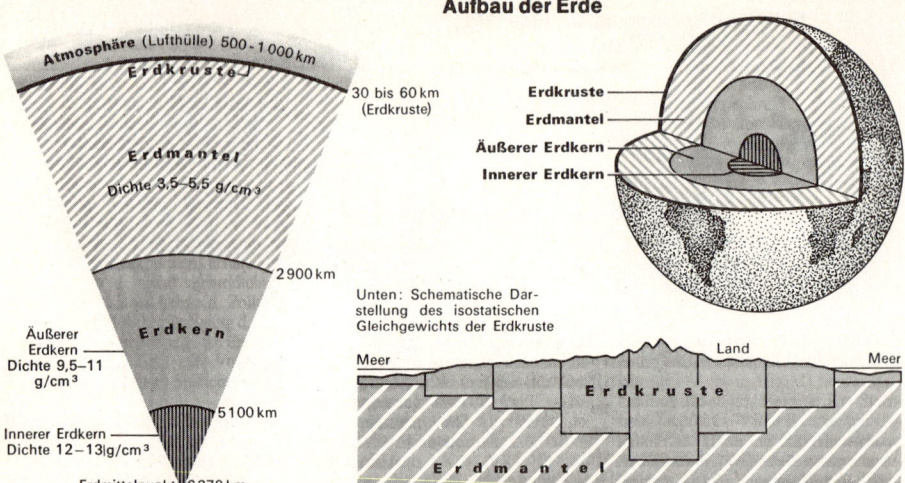

30 bis 60 km
(Erdkruste)

Erdkruste
Erdmantel
Äußerer Erdkern
Innerer Erdkern

Unten: Schematische Dar-
stellung des isostatischen
Gleichgewichts der Erdkruste

70,8% Wasser. Von d. gesamten Landfläche sind 18,1% kultiviert, 29,3% Wald, 20,8% Steppe und 31,8% Ödland. Alter d. Erde etwa 4,6 Mrd. Jahre. Gesamtbevölkerung (Schätzung 1991) 5,3 Mrd. Menschen (34 pro km²), jährl. Zuwachs ca. 1,7%. Schätzung f. das Jahr 2000: ca. 6,1 Mrd., für 2025: 8,3 Mrd. Ellipt. Bahn um die Sonne mit max. Abstand v. 152,1 Mill. km, min. Abstand v. 147,1 Mill. km; mittl. Sonnenabstand 149,6 Mill. km (entspr. 1 → astron. Einheit); Umlauf um die Sonne in 1 → Jahr; mittl. Bahngeschwindigkeit 29,79 km/s; Neigung des Äquators gg. die Ebene der Erdbahn 23,44°, Folge: → Jahreszeiten; Erdkörper ellipsoidal geformt: Poldurchmesser 12 714 km, Äquatordurchmesser 12 756 km; siderische Rotationsdauer 23,934 Std.; Rotationsdauer der Erde ändert period. ihre Lage (Präzession, Nutation, Schwankungen durch Massenverlagerungen in u. auf der Erde); Gezeitenreibung durch den Einfluß des Mondes bewirkt Vergrößerung der Tageslänge im Laufe der Zeit; mittl. Dichte 5,52 g/cm³; Aufbau aus innerem festem Kern (bis 5150 km Tiefe), äußerem flüssigem Kern (bis 2800 km), Mantel (bis 33 km) u. Erdkruste; Erdoberfläche zu 71% von Wasser bedeckt („blauer Planet"); Kruste u. oberer Mantel bestehen aus Mosaik v. festen Platten versch. Größe, die sich gegeneinander bewegen (Kontinentaldrift); entlang der Plattengrenzen sind Zonen seismischer Aktivität (Vulkanismus, Erdbeben); Erdatmosphäre gliedert sich in Troposphäre (bis 10 km Höhe), Stratosphäre (bis 80 km), Ionosphäre (bis 350 km), Supraosphäre (bis 1000 km) u. Exosphäre; niedere Atmosphäre besteht aus Stickstoff (75,53 Gewichtsprozent), Sauerstoff (23,14%) u. 1,33% Spurengasen, v. denen Kohlendioxid (ca.

0,045%) bedeutsam für die Erwärmung unter Sonneneinstrahlung (→ Treibhauseffekt) u. Ozon für die Abschirmung solarer Ultraviolettstrahlung sind; Schutz vor letzterer ist unverzichtbar für die Existenz v. Leben auf der Erdoberfläche; Wasserdampfgehalt um 1%, Energieeinstrahlung v. der Sonne treibt Wetterabläufe; Erdmagnetfeld hat Stärke v. etwa 0,5 Gauß; magn. u. geogr. (Rotations-) Pole sind nicht ident.; das Magnetfeld ist langfristigen Änderungen unterworfen u. umgibt die Erde mit der sog. Magnetosphäre; in ihr werden geladene Teilchen des → Sonnenwindes eingefangen u. bilden den Van-Allen-Gürtel; an den magn. Polen in die Erdatmosphäre eindringende Teilchen verursachen Nord- u. Südlichter.

Erdferkel

Erdferkel, einzige Art d. Säugetier-Ordnung Röhrenzähner; Afrika, grabender Termiten- und Ameisenfresser.
Erdferne → Apogäum.
Erdflöhe, hüpfende kleine Blattkäfer, fressen keimende Nutzpflanzen.
Erdgas, Naturgas, jährl. über 500 Mrd. m³, meist i. Erdöl- u. Kohlegebieten, Methan (CH₄) u. a. Kohlenwasserstoffe, Verwendung als Heiz- und Leuchtgas sowie für Synthese i. d. chem. Industrie. – BR, Erzeugung 1982: 16,8 Mrd. m³, größte Produzenten USA (1982: 513 Mrd. m³) und UdSSR (1982: 502 Mrd. m³) Naturgas.
Erdgeschichte → Geologie, → geologische Formationen.

Erding (D-8058), Krst. n. v. München, Bay., 24 270 E; Hallenkirche, alte Bürgerhäuser; AG; Brauereien.
Erdkruste → Erde.
Erdkunde, svw. → Geographie.
Erdleitung, Drahtleitung zw. Erdanschluß eines el. Gerätes und der Erde.
Erdlicht, vom Mond reflektiertes Licht der Erde.
Erdmagnetismus, magnetische Kräfte d. Erde, wirken richtend auf die Magnetnadel des Kompasses; Erzeugung vermutl. im Erdkern (→ Erde) durch Reibung der Kernschalen. Stärke u. Richtung d. magnet. Kräfte an e. Ort wird angegeben durch: Totalintensität, Deklination (Mißweisung, östl. od. westl. Abweichung d. Magnetnadel von der Erdachse) u. Inklination (Neigung der frei bewegl. Magnetnadel gg. die Waagerechte). Die Erde, als Magnet aufgefaßt, besitzt magnetische Pole, die i. d. Nähe d. geograph. Pole liegen, und zwar d. magnet. Nordpol i. S und d. magnet. Südpol im N. Die magnet. Pole sind ständigen langsamen Veränderungen (Säkularvariationen) unterworfen. Der magnet. S-Pol liegt gegenwärtig etwa auf 76° nördl. Breite und 101° westl. Länge in d. Arktis, und d. magnet. N-Pol etwa auf 66° südl. Breite u. 139° östl. Länge in d. Antarktis. Neben den Säkularvariationen treten auch kurzperiodische Schwankungen d. E. auf, die von → Sonnenflecken u. d. Gezeiten d. Atmosphäre hervorgerufen werden. Starke kurzperiod. Schwankungen d. E. werden **erdmagnetische Stürme** genannt.
Erdmannsdorff, Friedrich Wilhelm v. (18. 5. 1736–9. 3. 1800), dt. klassizist. Architekt; Schloß Wörlitz.
Erdmittelalter, Mesozoikum, → geologische Formationen, Übers.

Erdöl

Förderung wichtiger Länder 1989 in Mill. t (Rohöl)

Land	Mill. t
UdSSR	608,0
USA	427,0
Saudi-Arabien	255,0
Iran	145,0
Mexiko	144,5
VR China	138,0
Irak	138,0
Venezuela	96,0
Kanada	93,0
Großbritannien	92,0
VAE*	91,1
Kuwait	91,0
Nigeria	81,0
Norwegen	75,0
Indonesien	66,0
Libyen	53,0
Algerien	52,0
Ägypten	45,0
Argentinien	23,0

* Vereinigte Arabische Emirate

Welterdölreserven 1989 (bestätigt) in Mrd. t

89,73	Naher Osten
17,24	Mittel- und Südamerika
8,25	RGW-Länder (u. a. UdSSR)
7,86	Afrika
6,23	Süd- u. Ostasien u. Australien
4,31	Nordamerika
2,47	Westeuropa

Weltförderung in Mill. t

1938	1948	1982	1985	1986	1987	1988	1989
273	470	2625	2655	2800	2776	3029	3112

BR Deutschland Erdölförderung in Mill. t

7,88 / 7,53 / 5,53 / 5,7 / 4,63 / 4,12 / 4,15 / 4,01 / 3,15 / 3,79 / 3,9 / 3,8 / 1,05 / 1,12

1940 45 50 55 60 65 70 75 80 83 85 86 87 88 89

Erdnähe → *Perigäum.*

Erdneuzeit, *Känozoikum,* → geologische Formationen, Übers.

Erdnuß, trop. Kulturpflanze, Hülsenfrüchte bohren sich z. Reife i. d. Boden; Samen: Öl u. Kraftfutter; Weltproduktion 1982: 18,6 Mill. t.

Erdöl, *Petroleum,* entstanden aus von Luft abgeschlossenen pflanzlichen u. tierischen Resten; aus versch. geologischen Schichten durch Bohrung gewonnen; jede Bohrung liefert im Weltdurchschnitt tägl. 3 t (in Persien u. Saudi-Arabien je ca. 1000 t). Tiefste Bohrung der Welt in Oklahoma: 9600 m, BR: 7000 m. Die größten Ölfelder der Erde liegen im Nahen Osten. Transport zur Verladestelle häufig durch Rohrleitung *(Pipeline).* Reinigung in Raffinerien. Chem. ein Gemisch von Kohlenwasserstoffen. Durch stufenweise Destillation u. Raffinierung werden gewonnen: bis 150 °C Benzin, bis 250 °C Leuchtöle (als Rückstände Vaseline), bis 380 °C Gas- u. Solar-Öle (Treibstoffe f. Dieselmotoren), bis 500 °C Heiz-, Schmieröle u. Paraffine (als Rückstände Erdteer u. Asphalt). Heizwert des E.s über 40 000 J. (Anthrazitkohle bis 37 000 J.), → Kohlenwasserstoffe, Übersicht; Schaubild u. Tafel → Erdöl, S. 229 u. 230.

Erdpech → *Asphalt.*

Erdrauch, Ackerunkraut mit purpurfarbigen Blüten.

Erdsterne, → *Bauchpilze,* deren Fruchtkörperhaut sternförmig zerreißt.

Erdstrahlen, im Sprachgebrauch d. → *Rutengänger* Sammelbegriff f. ortsgebundene phys. oder chem. Einflüsse, die d. Rutengänger zu Ausschlägen mit d. → Wünschelrute reizen; teils umstrittene, teils meßbare Faktoren d. ortsgebundenen Mikroklimas als Reizursachen: Änderungen bzw. Unterschiede der el. Boden- u. Luftleitfähigkeit des el. Luftpotentials, des Ionenspektrums, der Intensität der Gammastrahlung, ultrakurzer u. ultralanger elektromagnet. Wellen, der Konzentration radioaktiver Emanationen flüchtiger Metallwasserstoffverbindungen u. Kohlenwasserstoffe sowie Phosphorwasserstoffe, d. magnet. Deklination bzw. Inklination, Feldstärke u. d. mikroseism. Bodenunruhe.

Erdströme, im Erdboden fließende natürliche el. Ströme; Spannung pro km etwa ¼ Volt.

Erdteile → *Kontinent.*

Erdwachs, *Ozokerit,* braunes mineralisches Wachs, Vorkommen hpts. in Galizien, Baku und Utah; verarbeitet zu → Zeresin.

Erdwärme, Temperatur d. Erdkruste, nur bis zu geringer Tiefe v. Außentemperatur abhängig, dann für dauernd schnittl. 30–35 m um 1 °C steigend: Tiefenzunahme, *geothermische Tiefenstufe.*

Erebus, 1) griech. Gott d. Totenreichs; **2)** tätiger antarkt. Vulkan auf d. **Ross-Insel,** 3794 m hoch; 1908 von Shackleton erstiegen.

Erechtheion, ionisches Heiligtum (5. Jh. v. Chr.) a. d. Akropolis in Athen; berühmte Korenhalle mit Gebälkträgerinnen.

Erek, Ritter der Artusrunde; Epos v. Hartmann von Aue.

Erektion [l.], Straffung v. Geschlechtsorganen durch → Schwellkörper.

Eremit [gr.], Einsiedler. – **E.enorden,** Einsiedlerorden (z. B. Kartäuser, Augustiner-E.en).

Eremitage [frz. -'taʒ(ə) „Einsiedelei"], Name von Schlössern; in St. Petersburg Gemäldegalerie u. Kunstmuseum.

Eresburg, sächs. Grenzfeste gegen die Franken, an der Diemel, 772 von Karl d. Gr. erobert.

Erfahrung, durch Wahrnehmung u. Lernen erworbene Kenntnisse u. Verhaltensweisen; Grundbegriff des → *Empirismus.*

Erfinderrecht, svw. → *Patentrecht.*

Erfrierung, 1) örtl. Erfrierungen bes. an Zehen, Fingern, Nase, Ohren u. Kinn durch d. Wärmeentzug; d. Haut wird zuerst weiß u. kalt, später blaurot u. gefühllos. Erste Hilfe: örtliche Erfrierungen, d. weniger als 3 Std. zurückliegen, können rasch aufgewärmt werden; länger zurückliegende Erfrierungen müssen durch kalte Umschläge kalt gehalten werden; sie dürfen erst nach Erwärmung d. übrigen Körpers langsam wiedererwärmt werden; verboten sind: Reiben m. Schnee, Rauchen, Laufen m. erfrorenen Füßen;

Erechtheion, *Korenhalle*

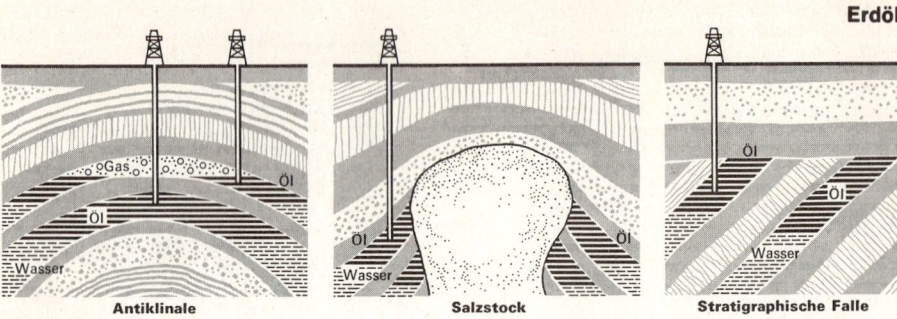

Antiklinale   **Salzstock**   **Stratigraphische Falle**

Lagerstätten. Aus pflanzlichen und tierischen Stoffen in Meeres- und Süßwasserbecken unter Gesteinsablagerungen durch Bakterien gebildete Kohlenwasserstoffgemische wandern und sammeln sich in bestimmten Schichtanordnungen, Strukturen, an

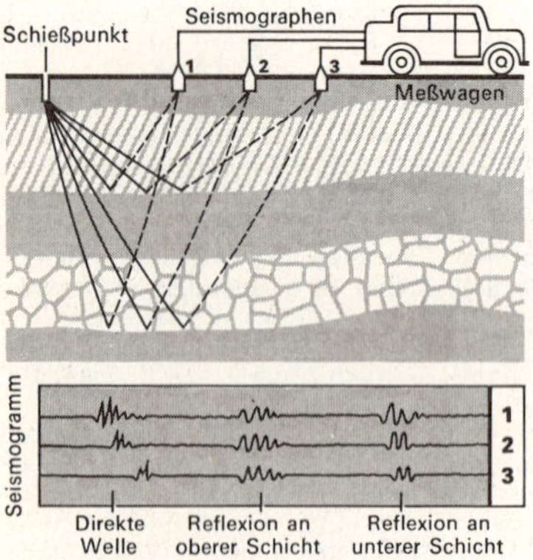

Schießpunkt Seismographen Meßwagen

Direkte Welle Reflexion an oberer Schicht Reflexion an unterer Schicht

Seismogramm 1 2 3

Seismisches Reflexionsverfahren zur Strukturenermittlung. Künstlich erzeugte Erdbebenwellen werden reflektiert und aufgezeichnet

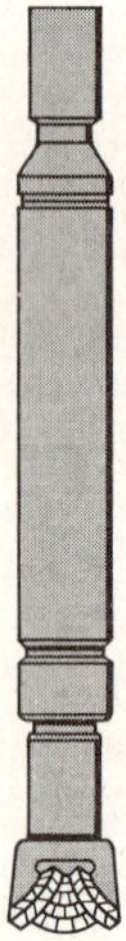

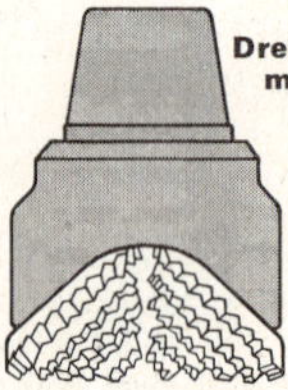

Dreirollenmeißel

Rechts: **Fahrbare Bohranlage** mit Bohrgestänge zur Übertragung des Antriebs

*Links:***Bohrturbine,** vom Strom der Bohrlochspülung getrieben, sitzt über dem Bohrmeißel, das Gestänge steht still

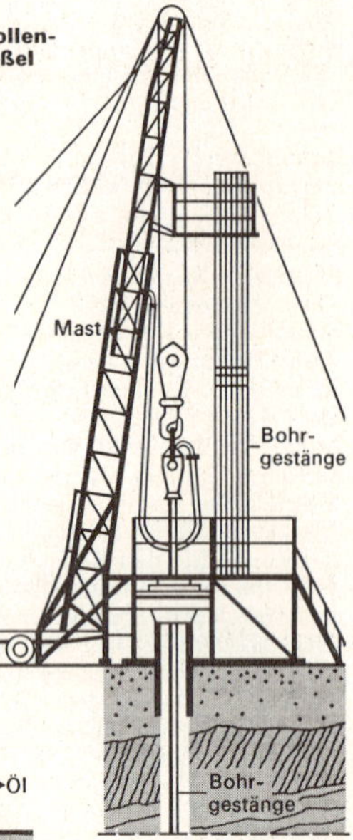

Mast

Bohrgestänge

Hebewerk

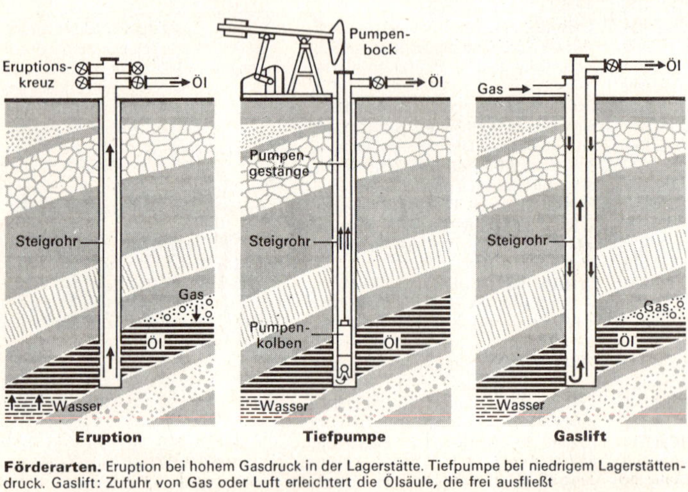

Bohrgestänge

Eruptionskreuz   Öl

Pumpenbock
Pumpengestänge
Pumpenkolben

Gas   Öl

Steigrohr

Gas

Öl

Wasser

Eruption

Steigrohr

Öl

Wasser

Tiefpumpe

Steigrohr

Gas

Öl

Wasser

Gaslift

Bohrturbine

Bohrmeißel

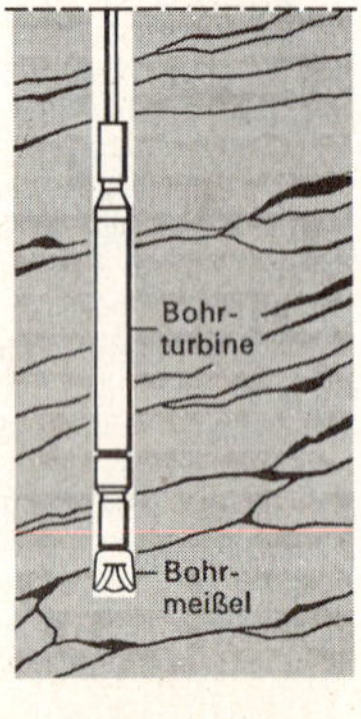

Förderarten. Eruption bei hohem Gasdruck in der Lagerstätte. Tiefpumpe bei niedrigem Lagerstättendruck. Gaslift: Zufuhr von Gas oder Luft erleichtert die Ölsäule, die frei ausfließt

2) Unterkühlung des ganzen Körpers; Erste Hilfe: rasche Wiedererwärmung (Vollbad von 42 °C).
Erftstadt (D-5042), St. w. v. Köln, 1969 durch kommunale Neugliederung entstanden, 44 206 E; AG.
Erfüllungsort, *Leistungsort,* Ort, wo ein Schuldner seine Verpflichtung zu erfüllen hat; maßgebend (in nachstehender Reihenfolge): Vertrag, Umstände, Wohnsitz (evtl. Geschäftslokal) d. Schuldners z. Z. der Schuldentstehung (§ 269 BGB).

Erfurt, *Dom und Severinskirche*

Erfurt (D-5010), Hptst. d. Landes Thüringen (16 251 km², 2,68 Mill. E), 217 035 E; PH, Med. Akad., Ing.schulen, Fachschule f. Gartenbau; Gärtnereien, Schuhfabr., Textil-, Elektro-, Metallind. – 742–55 Bischofssitz; 1392–1816 Uni. (Lutherstätten), 1802 preuß. (Prov. Sachsen); 1945 z. Thüringen, v. 1952–1990 eigener DDR-Bez., ab 1990 Bundesland. – **E.er Programm,** 1891 aufgestelltes Parteiprogramm der SPD (→ Sozialismus, Übers.).
erg, ungebräuchl. Maßeinheit d. → Arbeit i. physikalischen Maßsystem: 1 erg = 1 dyn · 1 cm, d. h. die Arbeit, die die Kraft von 1 dyn längs des Weges von 1 cm leistet.
Ergastoplạsma [gr.], i. Zellplasma eingeschlossener Komplex membranöser Schläuche, an deren Außenfläche → Ribosomen angelagert sind; bedeutsam als Zentrum für Eiweißsynthesen, ferner als Ort f. d. Bindung u. Speicherung v. → Adenosintriphosphorsäure, Phosphaten u. Aminosäuren.
ergo [l.], folglich, also daher.
Ergograph, *m.* [gr.], Vorrichtung z. Messung d. Muskelleistung.
Ergometrie, *w.* [gr.], Messung d. Arbeitsleistung unter standardisierter Belastung mittels Fahrradergometer od. Laufband; bes. Prüfung d. Herz- und Kreislauffunktion im Belastungs- → EKG.
Ergonomie, *w.,* Wissenschaft von d. Arbeit d. Menschen.
Ergosterin, mit → Cholesterin vorkommend, diesem chem. nahe verwandt, bildet bei Ultraviolettbestrahlung Vitamin D₂ (→ Vitamine, Übers.).
Ergotamin, Mutterkornalkaloide, physiologisch hochwirksam, verursachen Uteruskontraktion u. Gefäßverengung.
Erguß, krankh. Flüssigkeitsansammlung, bes. in Körperhöhlen; häufig bei

Entzündung (Rippenfell-E.), Verletzung (Gelenk-E.) od. Herzkrankheit.
Erhac, kleiner türk. Ort (Ostanatolien), ca. 300 km von der türkisch-irakischen Grenze. NATO-Basis (Luftwaffenstützpunkt) mit einer deutschen → Alpha-Jet-Staffel als → AMF.
Erhaltungssätze, grundlegende Prinzipe der Physik, Sätze v. Erhaltung der Energie, Materie, des Impulses, Drehimpulses u. der Elektrizität.

Ludwig Erhard

Erhard, Ludwig (4. 2. 1897–5. 5. 1977), CDU-Pol.; 1949–63 B.wirtsch.min., 1957–63 Vizekanzler; 1963–66 B.kanzler, 1966/67 Parteivors. d. CDU.
Erich, schwed. Könige: **1)** E. der Heilige († um 1160), christianisierte SW-Finnland; Schutzheiliger Schwedens; **2)** E. XIV. (1533–77), Begr. der Ostseeherrschaft.
Ericsson, John (31. 7. 1803–8. 3. 89), schwed.-am. Ingenieur; erfand Heißluftmaschine (1833).
Eridanus → Sternbilder, Übers.
Erie ['ɪərɪ], St. im US-Staat Pennsylvania, am *E.see,* 119 000 E; Hafen, Fischerei. – *E.see,* 170 müM, 25 667 km², 64 m t., der südl. der fünf „Großen Seen", mit dem Ontariosee z. Umgehung der Niagara-Fälle durch das *Welland-Kanal* verbunden, durch **E.kanal** (*Barge-K.,* 588 km l.) mit d. Hudson.
Erika → Heidekraut.
Erinnyen [gr.], lat. *Furien,* Rachegöttinnen mit Flügeln, Schlangenhaar und Fackeln.
Eris, griech. Göttin der Zwietracht, warf unter d. Gäste bei der Hochzeit des Peleus goldenen **E.-Apfel** (Streitapfel) mit d. Inschrift „Der Schönsten"; den darüber ausbrechenden Streit entschied → Paris.
Eritrea, *Erythräa,* ehem. it. Kolonie a. d. SW-Küste d. Roten Meeres, 117 600 km², 3,04 Mill. E; 306 km Eisenbahn; Hptst. *Asmara* (275 000 E), Hpthäfen *Massaua* u. *Assab.* – 1952 mit → Äthiopien vereinigt; 1974 Sezessionsbestrebungen d. „Eritr. Befreiungsfront".
Eriwan, *Yerevan,* Hptst. der Sowjetrep. Armenien, in Gebirgskessel 1042 müM, 1,2 Mill. E; Uni., TH; chem. Ind., Fernsehzentrale.
Erkältung, tritt ein, wenn es durch Einwirkung von Kälte u. Nässe zu örtl. Störungen d. wärmeregulierend. Blutverteilung kommt u. dadurch e. günstiger Bo-

den f. d. Eindringen v. Krankheitserregern geschaffen wird (Bakterien u. Virusarten); wichtiger als d. Behandlung ist Vorbeugung, d. h. Abhärtung.
Erkelenz (D-5140), St. in NRW, 36 525 E; AG; div. Ind.
Erkenntnis, 1) *w., phil.* Einsicht, geistige Erfassung bestehender Sachverhalte (Zusammenwirken v. Wahrnehmung u. Begriff) durch unmittelbare Anschauung (Intuition) oder begriffl. durch Schluß; **2)** *s., jur.* veraltet f. richterl. Entscheidung.
– **E.theorie,** Lehre von Gültigkeit u. Bedingungen der E.
Erkennungsmarke, um den Hals zu tragende Metallkette, dient der schnellen u. sicheren Identifizierung d. Soldaten.
Erker, geschlossener Vorbau an d. Fassade od. Ecke e. Gebäudes.
Erkrath (D-4006), St. im Kr. Mettmann, 46 368 E; div. Ind.
Erlander, Tage (13. 6. 1901–21. 6. 85), schwed. Pol. (Sozialist); 1946–69 Min.präs.
Erlang, Abk. *Erl,* Einheit f. Verkehrswert auf Fernsprechleitungen; intern. eingeführt 1946 zu Ehren des dän. Mathematikers A. K. *Erlang* (1878–1929); Verkehrsdichte als Quotient aus der Summe aller Zeitabschnitte, während deren eine Leitung od. ein Bündel v. Leitungen benutzt (belegt) ist, u. der Zeit, während deren dieser Benutzungen (Belegungen) festgestellt wurden: 1 Erl = 1 Benutzungsstunde / 1 Beobachtungsstunde.
Erlangen (D-8520), krfreie St. a. d. Regnitz, Bay., 100 583 E; barocke Stadtanlage, Schloß, Barocktheather, AG, Uni. (gegr. 1743); elektron., chem. u. a. Ind., Hafen.
Erlau, ungar. *Eger,* Hptst. des Komitats Heves, 67 000 E; Erzbistum; Weinbau, Mineralquellen.
Erlaucht, Titel des Chefs ehem. regierender gräfl. Häuser.

Erle

Erle, Laubbaum m. holzigen weibl. Zapfen. In Dtld.: *Schwarz-E.,* an Flußufern; *Grau-E.,* im Gebirge.
Erler, Fritz (14. 7. 1913–22. 2. 67), SPD-Pol.; s. 1964 Fraktionsvors.
Erlkönig [dän.], Elfenkönig; Ballade v. *Goethe* (Vertonungen v. *Schubert* u. *Loewe*).
Erlösung, Befreiung von Sünde und Schuld (Christentum), Befreiung von Leid (Buddhismus).
Ermächtigungsgesetz, übertrug das Ges.gebungsrecht d. verfassungsmäßigen Organe (i. früheren Dt. Reich der Reichstag) in best. zeitlicher od. sachlicher Beschränkung auf die Regierung; aufgrund des E.es v. 23. 3. 1933 erhielt

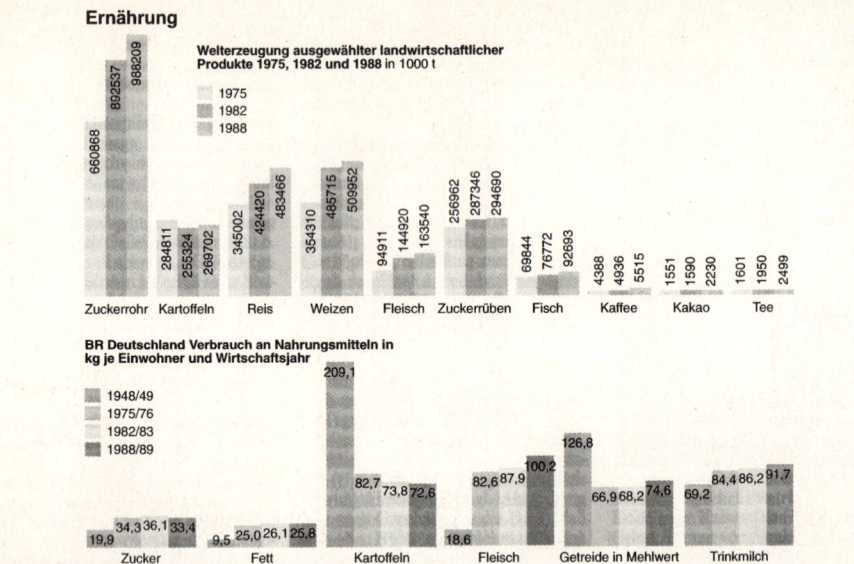

Ernährung

Welterzeugung ausgewählter landwirtschaftlicher
Produkte 1975, 1982 und 1988 in 1000 t

- 1975
- 1982
- 1988

	1975	1982	1988
Zuckerrohr	660868	892537	988209
Kartoffeln	284811	255324	269702
Reis	345002	424420	483466
Weizen	354310	485715	509952
Fleisch	94911	144920	163540
Zuckerrüben	256962	287346	294690
Fisch	69844	76772	92693
Kaffee	4388	4936	5515
Kakao	1551	1590	2230
Tee	1601	1950	2499

BR Deutschland Verbrauch an Nahrungsmitteln in
kg je Einwohner und Wirtschaftsjahr

- 1948/49
- 1975/76
- 1982/83
- 1988/89

	1948/49	1975/76	1982/83	1988/89
Zucker	19,9	34,3	36,1	33,4
Fett	9,5	25,0	26,1	25,8
Kartoffeln	209,1	82,7	73,8	72,6
Fleisch	18,6	82,6	87,9	100,2
Getreide in Mehlwert	126,8	66,9	68,2	74,6
Trinkmilch	69,2	84,4	86,2	91,7

Hitler Vollmachten, durch deren Mißbrauch er s. Ziele durchsetzen konnte.

Ermanrich, *Hermanarich,* Ostgotenkg, 375 von Hunnen besiegt; i. d. Sage: Gegner → Dietrichs von Bern.

Ermessen, 1) *freies E.,* Zweckmäßigkeitserwägungen d. Verw.behörden b. d. Gesetzanwendung dort, wo d. Gesetze E.sspielraum lassen; best. E.sfehler (z. B. E.süberschreitung, E.smißbrauch) geben Grund z. Anfechtungsklage; **2)** *gebundenes E.,* svw. Gesetzauslegung.

Ermittlungsverfahren, Erforschung d. Sachverhalts durch Staatsanwaltschaft bei Verdacht einer strafb. Handlung; durch Finanzbehörden z. Feststellung v. Steueransprüchen od. im Steuerverfahren.

Ermland, *Warmja,* ehem. ostpreuß. Landschaft, östl. d. Passarge u. d. Frischen Haffs, Bistum, s. 1466 poln., 1772 preuß., s. 1945 poln.

Ermüdung, Abnahme d. Leistungsfähigkeit einzelner Organe od. d. Gesamtorganismus als Folge v. Überbeanspruchung; wahrscheinl. Ursache: Anhäufung v. Zerfallprodukten aus d. Stoffwechsel.

Ernährung, die Zufuhr d. z. Lebensunterhalt notwendigen Stoffe in fester u. flüssiger Form. Die pflanzl. od. tier. Nahrungsmittel enthalten: Wasser, Eiweiß, Fett, Kohlenhydrate, Mineralsalze, Ergänzungsstoffe (Vitamine) u. unverdaul. Bestandteile (Cellulose, Knorpel usw.). Ihr Nährwert (seit 1978 in → Joule gemessen) richtet sich nach d. bei Verbrennung d. i. Stoffwechsel umsetzbaren Eiweiß-, Fett- u. Kohlenhydratmengen frei werdenden → Kalorien. Kalorienmindestmenge z. B. für junge Männer bei

leichter körperl. Arbeit ca. 2400 Kalorien od. kcal (= 10 000 J) tägl. Kalorisch (quantitativ) ausreichende E. ist oft wegen qualitativ falscher Zusammensetzung ungenügend. – *Künstl. E.* durch Sonde (Schlundrohr), Magenfistel od. Nährklistier mit Traubenzucker, Milch, Eigelb, Alkohol; MPI f. E.sphysiologie in Dortmund (→ Schaubild).

Ernestinische Linie → Sachsen, Geschichte.

Ernst, a) *Hannover:* **1)** E. August II. (5. 6. 1771–18. 11. 1851), Kg des von England losgelösten Landes, beseitigte 1837 das Verfassungs-(Staatsgrund-)Gesetz; Vertreibung der 7 Göttinger Professoren; **2)** E. v. Mansfeld, Gf (1580–1626), Feldherr, 1626 v. Wallenstein bei Dessau geschlagen. – **b)** *Sachsen:* **3)** E. (1441–86), Kurfst s. 1464, Stifter d. Ernestin. Linie. – **c)** *Schwaben:* **4)** E. II. (um 1010–30), Hzg s. 1015, empörte sich 1025 u. 1027 gg. Stiefvater Konrad II. u. fiel.

Ernst, 1) Max (2. 4. 1891–1. 4. 1976), dt. surrealist. Maler u. Plastiker; nach 1921 i. Frkr. u. USA lebend, Darstellung d. Unbewußten; Collage-Romane; **2)** Paul (7. 3. 1866–13. 5. 1933), dt. neuklassizist. Dichter; Dramen, Romane: *Der Schatz im Morgenbrotstal; Das Kaiserbuch* (Versepos).

Erntedankfest, kirchl. Feiertag an einem Sonntag Ende Sept. od. Anfang Okt.

Erntemonat, Ernting, alte Bezeichnung f. Monat August.

Eröffnungsbeschluß, Gericht verfügt im Strafprozeß die Eröffnung des → Hauptverfahrens gg. einen hinreichend Verdächtigen (§ 203 StPO).

Eröffnungsbilanz → Bilanz, Übers.

erogene Zone, Hautgebiet, dessen Berührung sexuelle Erregung auslöst bzw. verstärkt.

Eroica [it. „die Heldische"], Beethovens 3. Sinfonie; die urspr. an Napoleon I. gerichtete Widmung nahm B. zurück, als N. Kaiser wurde.

Eros, 1) d. griech. Liebesgott, lat. *Amor* (auch *Cupido*); Sohn der Aphrodite u. des Ares, liebt → Psyche; als nackter Knabe, mit Pfeil u. Bogen, oft beflügelt, dargestellt; **2)** Planetoid, entdeckt 1898 von *Witt.*

Erosion [l.], **1)** geolog. Auswaschung u. Abtragung der Erdoberflächenformen durch Wasser, Wind, Eis; führt durch strömendes Wasser bes. z. Talbildung. *Boden-E.:* E.serscheinungen bes. stark i. versch. Gebieten d. USA u. Asiens, hervorgerufen durch rücksichtslose Abholzung d. Waldungen, damit Fehlen d. Windschutzes u. Störung des Wasserhaushaltes d. Bodens; *E.sschutz:* Anlegen v. Gehölz- u. Waldstreifen, Konturpflügen, Terrassierung; **2)** *med.* umschriebener oberflächlicher Gewebsdefekt.

Eroten [gr.], in d. *Kunst:* Darstellung nackter Kinder als Begleitung des Liebesgottes Eros. Auch → Putten.

Erotik, *w.* [gr.], umfassender Begriff für sexuelle Reize, Reaktionen u. Vorstellungen.

Erotiker, Person m. großer erot. Neigung.

ERP, Abk. für *European Recovery Program* [engl. *juərə'piən ri'kʌvəri 'prougræm*], *Eur. Wiederaufbauprogramm,* auch *Marshallplan* genannt; 1947 von US-Außenmin. Marshall angeregtes,

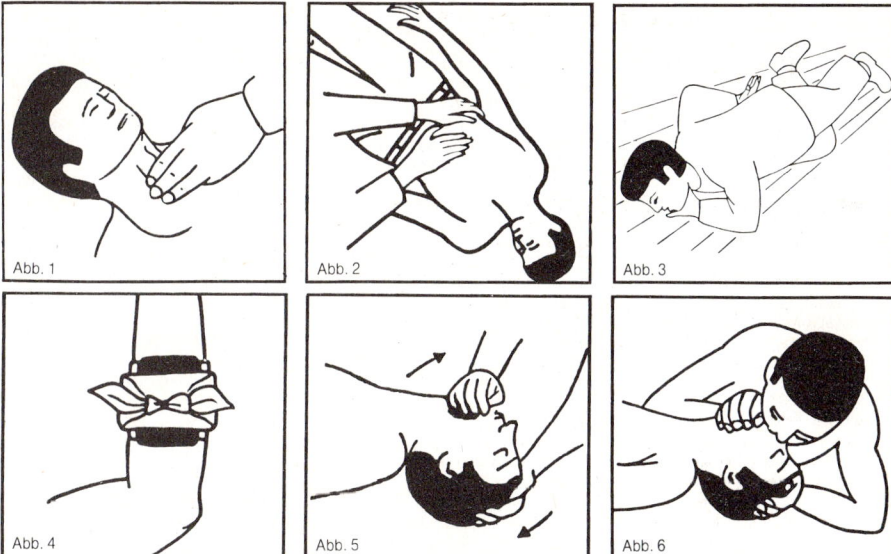

Abb. 1   Abb. 2   Abb. 3

Abb. 4   Abb. 5   Abb. 6

Atemspende: beginnt immer m. Überstrecken d. Halses (Abb. 5); ist keine Atmung feststellbar, eigenen Mund weit öffnen, einatmen u. weit geöffnet um Nase herum fest a. d. Gesicht d. Verletzten aufsetzen (Abb. 6), beatmen, Kopf abheben u. zur Seite drehen, dabei Brustkorb/Oberbauch (Atembewegungen) des Verletzten beobachten, evtl. auf entweichende Luft horchen u. wieder einatmen; weiter beatmen nach eigenem Rhythmus. – **Bewußtlosigkeit** (versch. Ursachen): Feststellen **der Atmung** (2) u. **des Pulsschlags** (1); bei Atemstillstand Atemspende (s. o.); bei vorhandener Atmung stabile Seitenlage (3); ständig Bewußtsein, Atmung, Kreislauf kontrollieren, Notruf/Meldung. – **Bedrohliche Blutungen:** Jede Blutung aus einer Wunde läßt sich durch genügend starken Druck v. außen a. d. Blutungsstelle stillen. Am *Arm:* Hochhalten, Abdrücken, Druckverband (4), am *Bein:* Druckverband. An *Kopf od. Rumpf:* Erstbestes, möglichst keimfreies Material a. d. Blutungsstelle aufpressen bis zur ärztl. Versorgung od. Anlegen eines Druckverbandes. – *In Körperhöhlen,* z. B. Bauchraum: Knierolle zur Bauchmuskelentspannung; z. B. Brustraum: halb sitzend wegen Atemnot. – Bei allen Blutungen Schockbekämpfung, Notruf/Meldung. – **Elektrische Verletzungen:** Bei Haushalts- u. Gewerbestrom *(bis 1000 Volt):* Selbstschutz, Strom ausschalten o. ä. – sonst Verunglückten m. nichtleitendem Gegenstand v. unter Spannung stehenden Teilen trennen od. wegziehen, Notruf. Bei höher gespannten Strömen *(über 1000 Volt):* Notruf: Elektrounfall, nach Betätigung der Stromabschaltung den Verunglückten retten, sofortige Ruhelage, ständige Kontrolle von Bewußtsein, Atmung, Kreislauf, ggf. Brandwunden keimfrei bedecken. – **Knochenbrüche:** Arm od. Bein i. vorgefundener Lage z. B. durch vorsichtiges Umlagern m. Decken, Kissen, Steinen od. m. Dreiecktüchern od. Jacke ruhigstellen. Bei allen Brüchen Bewegung vermeiden, Meldung. – Bei

Gelenkverletzungen wie bei Knochenbrüchen verfahren. – Bei Schädelbruch ständig Bewußtsein, Atmung, Kreislauf kontrollieren. – Bei Beckenbrüchen u. Wirbelbrüchen Lage des Verletzten *nicht verändern, bis Arzt eintrifft* (Dringender Notruf). – **Meldung/Notruf:** Nur schnelle, vollständige Meldung hat erwünschten Erfolg. Bestandteile einer Meldung: Wo geschah es? Möglichst genaue Angabe des Unfallortes; Was geschah? Kurze Beschreibung der Situation; Wieviel Verletzte? Welche Verletzungen? Lebensbedrohliche Verletzungen bes. schildern; Warten auf Rückfragen! Das Gespräch wird immer von der Leitstelle beendet. – **Verbrennungen:** Lokale Kaltwasseranwendung zur Schmerzlinderung (mindestens 10–15 Min.), Brandwunden m. Verbandtuch bedecken (b. Gesichtsverbrennung keine Bedeckung), Blasen *nicht* öffnen, Notruf, Schockbekämpfung. – **Vergiftungen:** Über *Magen-Darm-Kanal:* Notruf. – *Über die Atemwege* durch Einatmen v. *Kohlenmonoxid:* Selbstschutzverhalten, kein offenes Licht, keine Klingel, zur Rettung Zweithelfer zur Sicherung erforderl., Vergifteten i. Nebenraum an frische Luft retten, bei Bewußtlosigkeit wie oben, sonst ebenfalls Seitenlagerung (Brechneigung), Notruf. Erstickung durch *Kohlendioxid:* Lebensgefahr f. ungeschützten Helfer (Atemschutz), Notruf, Rettung nur durch Fachpersonal, Erste Hilfe nach der Rettung je nach Zustand. Durch Einatmen v. *Reizstoffen:* Aus d. Gefahrenbereich retten, absolute Ruhe, benetzte Oberbekleidung entfernen, Notruf.

Die Beherrschung d. Erste-Hilfe-Maßnahmen ist nur nach Besuch eines Erste-Hilfe-Lehrganges mit prakt. Ausbildung in 8 Doppelstunden möglich. Auskünfte erteilt z. B. d. Kreisverband d. Deutschen Roten Kreuzes (Abb. u. Text m. Genehmigung d. DRK).

1948 verabschiedetes 4jähr. Hilfsprogramm d. USA z. Überwindung wirtsch. Nachkriegsschwierigkeiten in urspr. 16 eur. Ländern u. den 3 westl. Besatzungszonen Dtlds. Bis 30. 6. 1952 erhielten die eur. Länder insges. 16,3 Mrd. $ (BR davon 4,2 Mrd. $) an Zuwendungen. Auch → OECD.

Erpel, männl. Ente.

Erpressung, rechtswidrige Nötigung durch Gewalt od. Drohung m. e. empfindl. Übel zu einer Handlung, Duldung oder Unterlassung, verbunden m. Vermögensschädigung d. Genötigten od. e. anderen, um sich od. e. Dritten zu Unrecht zu bereichern; auch Versuch strafbar (§§ 253 ff. StGB).

errare humanum est [l.], „irren ist menschlich" (nach Seneca).

erratische Blöcke, *Findlinge,* ortsfremde Felsblöcke; während d. Eiszeit durch Gletscher transportiert u. geformt, in N-Dtld meist aus Skandinavien.

Ersatzdienst, ziviler → Zivildienst.

Ersatzkasse, Übers. → Sozialpolitik und → Sozialversicherung.

Erserum → Erzurum.

Ersitzung, Eigentumserwerb an bewegl. Sachen aufgrund gutgläub. Besitzes während der Dauer von 10 Jahren (§§ 937 ff. BGB).

Erskine [ˈəskın], John (5. 10. 1879–2. 6. 1951), am. Schriftst., Literarhistoriker u. Kritiker.

Erstattungsanspruch, 1) Forderung d. Steuerpflichtigen gg. öff. Hand auf Rückgewähr zuviel gezahlter Steuern; **2)** des Dienstherrn gg. Beamte, Angestellte od. Arbeiter im öff. Dienst b. Fehlbestand am öff. Vermögen infolge schuldh. Verhaltens d. Bediensteten.

Erste Hilfe → Übersicht, S. 233.

Erstschlagsfähigkeit, engl. *First Strike Capability,* Fähigkeit, i. e. Konflikt zuerst mil. Gewalt anwenden zu können u. damit das Kräfteverhältnis entscheidend z. seinen eigenen Gunsten zu verändern. → Zweitschlagsfähigkeit.

ersuchter Richter → Rechtshilfe.

Ertebølle, Ort bei Ålborg (Dänemark), mittelsteinzeitl. Fundplatz od. Køkkenmöddinger (→ Muschelhaufen); erste Keramik.

Ertl, Josef (* 7. 3. 1925), FDP-Pol.; 1969–83 B.landw.min., 1971–83 Landesvors. d. FDP i. Bay., s. 1984 Präs. d. DLG.

Ertrags-hoheit, Befugnis d. Staates, Erträge einer Steuer zu vereinnahmen, wichtig in Bundesstaaten wegen Verteilung der Steuern auf Länder oder Bund. – **E.rechnung,** Ermittlung des Ertrags eines Unternehmens. – **E.steuern,** Besteuerung einzelner Einkommensteile (Grund-, Gebäude-, Gewerbesteuer).

eruieren [l.], ergründen, ermitteln.

Eruption [l.], **1)** *geolog.* Ausbruch eines → Vulkans; **2)** *astronom.* E. in der → Chromosphäre der Sonne, Ausbruch v. Strahlung u. Materie.

Eruptivgesteine → Magmatite.

Erwachsenenbildung, Weiterbildung Erwachsener, meist berufsbegleitend; Bereiche: Kultur, Politik, Kreativität, Gesundheit, Sprachen, Naturwiss.; Schule u. Beruf u. ä. Der E. dienen bes. die → Volkshochschulen.

Erwin v. Steinbach, *Meister E.* (um 1244–17. 1. 1318), dt. Baumeister am Münster in → Straßburg (Abb.).

Erysipel, *s.* [gr.], → Rose (Wundrose); Rotlauf.

Erythem, *s.* [gr.], Hautrötung; → Hyperämie.

Erythroblastose, *w.* [gr.], → Rhesusfaktor.

Erythromycin, *s.* [gr.], aus Streptomyces erythreus isoliertes Breitband- → Antibiotikum.

Erythrozyten [gr.], rote Blutkörperchen (→ Blut).

Erz, Mineral, das Metall(e) in nutzbarer Menge enthält; auch Bezeichnung für Bronze.

Erzämter, im Dt. Reich des MA Staats- u. Zeremonialämter der → Kurfürsten.

Erzberger, Matthias (20. 9. 1875–26. 8. 1921), dt. Zentrumspol.; unterzeichnete am 11. 11. 1918 Waffenstillstand, 1919/20 Finanzmin.; ermordet.

Erzbischof [l.], kath. Bischof über mehrere bischöfl. Sprengel (**Erzbistum**); als Titel auch i. d. Ostkirche, anglikan. Kirche und nord. Luthertum.

Erzengel, 4, später 7 Engel hoher Stufe: *Michael, Gabriel, Raphael, Uriel.*

Erzgebirge, sächs.-böhm. Grenzgebirge m. sanfter N-Abdachung (Sachsen) u. steilem S-Abfall (Böhmen), bewaldet, 150 km l., 40 km br.; *Keilberg* 1244 m (auf tschechoslow. Seite), *Fichtelberg* 1214 m (auf dt. Seite); stark besiedelt, früher Erzreichtum (Silber, Blei, Zinn, Nickel, Kobalt, Kupfer-, Eisenerze); div. Ind. (Stickereien, Holz- u. Metallwaren); Fremdenverkehr.

Erzherzog, Prinzentitel des Hauses Habsburg.

Erziehung, jede planmäß. geist. u. körperl. Einwirkung auf d. Entwicklung bes. d. Kindes u. Jugendlichen durch Gewöhnung, Vorbild u. Lehre v. Eltern, Gesellschaft u. Erziehern; → Pädagogik. – **E.sbeistandschaft,** f. Minderjährige angeordnet v. Vormundschaftsgericht, wenn Verwahrlosung droht, aber → Fürsorgeerziehung noch nicht erforderl. erscheint. – **E.smaßnahme,** bei Verfehlung Jugendlicher durch Jugendgericht: Erteilung v. Weisungen, Erziehungsbeistandschaft od. Fürsorgeerziehung. – **E.sstil,** bezeichnet die vorherrschende Form des Erzieherverhaltens: *autoritärer, antiautoritärer* od. *demokr.* E.stil.

Erzurum, *Erserum,* Hptst. des Wilajets E. in der östl. Türkei, 2038 müM, 253 000 E; Teppichweberei, Lederind.; in der Umgebung Erdöl.

Erzväter → Patriarchen.

Es, *chem.* Zeichen f. → *Einsteinium.*

ESA, Abk. f. *European Space Agency,* Eur. Weltraumorganisation, gegr. 1975, Sitz: Paris, 14 Mitgl.staaten; → Ariane.

Esaki, Leo (* 12. 3. 1925), jap. Phys. i. USA; Nobelpr. 1973 (Tunneleffekte i. Festkörpern).

Esau [hebr. „der Behaarte"], Sohn Isaaks, verlor an seinen Zwillingsbruder → Jakob d. Erstgeburtsrecht (1. Mos. 25 ff.); Stammvater d. → Edomiter.

Esbjerg, dän. Nordseehafenst. in SW-Jütland, 81 500 E; Export: Butter, Fleisch, Fische.

Esch, *E.-sur-Alzette,* St. in Luxemburg, 23 700 E.

Eschatologie [gr. εσχα-], Lehre v. d. Letzten Dingen (Tod, Jüngstes Gericht), svw. Apokalyptik.

Eschborn (D-6236), hess. St. im Main-Taunus-Kreis, n. Frankfurt, 18 044 E; div. Ind.

Esche
a sich öffnende Blüte
b reife Frucht

Esche, Ölbaumgewächs Mitteleuropas; Holz zäh, hart; f. Möbel u. Sportgeräte.

Eschwege (D-3440), Krst. i. Kassel, 21 527 E; AG; Maschinenbau, Nahrungsmittel-, chem. Ind.

Eschweiler (D-5180), St. nö. v. Aachen, 53 516 E; Braunkohlenbergbau; AG.

Der Escorial bei Madrid

Escorial, El, Schloß u. Kloster bei Madrid, 1563–86 erbaut v. J. Bautista de Toledo u. J. de Herrera f. Philipp II., Begräbnisstätte d. span. Kge; Gemäldegalerie.

Escudo [tʃˈkuðu], → Währungen, S. 1087.

E 605, organ. Phosphorverbindung; hochwirksames, sehr giftiges Mittel zur Schädlingsbekämpfung.

Esel, Untergattung d. Pferde; *Haus-E.* stammt v. *Wild-E.* (Asien, Afrika) ab.

Eselsbrücke, Gedächtnisstütze (Merkvers usw.).

Esenshamm, eingemeindet in → Nordenham.

Eskadron, w. [frz.], → Schwadron.
Eskalation, w. [l.], Steigerung: *mil.* stufenweise Steigerung pol. u. mil. Konfrontation u. Konflikte.
Eskapade, w. [frz.], Seitensprung; seitl. Ausbrechen e. Schulpferdes; Abenteuer.
Eskilstuna, schwed. Stadt im Län Södermanland, 89 000 E; Stahlind., das „schwedische Solingen".
Eskimo, *Yuk, Yupik, Inupiak, Inuk, Inuit etc.,* arkt. Volk v. halbmongoloidem Typus im nördlichsten Ostsibirien, N-Amerika und Grönland (ca. 100 000); Seehund-, Walroß-, Robben-, Karibujäger u. Fischer.
Eskişehir, *Eskischehir,* türk. Wilajet u. St. in W-Anatolien, 367 000 E; Knotenpkt d. Anatol. Eisenbahn; Meerschaumgruben, Meerschaumpfeifen-Ind.
Eskompte, *m.* [frz. *ɛs'kõ:t*], 1) Rabatt, Preisminderung beim Barverkauf; **2)** auch älterer Ausdruck für → Diskont.
eskomptieren, 1) vermutl. Einfluß e. Ereignisses auf die Börsenkurse vorwegnehmen, ausnutzen; **2)** auch f. „diskontieren".
Eskorte, w. [frz.], Geleit, Ehrengeleit.
ESLAB, Abk. f. *Europäisches Laboratorium f. Weltraumforschung,* Sitz: Niederlande.
Esmarch, Friedrich v. (1823–1908), dt. Chirurg. – **E.sche Blutleere,** durch Abbinden der Schlagader, ermöglicht blutloses Operieren an Gliedmaßen.
ESOC, Abk. f. *European Space Operations Center,* Eur. Operationszentrum f. Weltraumforschung d. → ESA.
esoterisch [gr.], nur für Eingeweihte bestimmt u. verständlich; Ggs.: → exoterisch.
Espada, *m.* [span.], Degen; Stierkämpfer m. Degen; Schwertfisch.
Esparsette [frz.], Schmetterlingsblütler, Futterpflanze.
Espe, *Zitterpappel,* Art der → Pappel.
Espelkamp (D-4992), St. im Rgbz. Detmold, NRW, 23 868 E; elektron., holzu. kunststoffverarbeitende Ind.
Esperanto, „Welthilfssprache", aus den gebräuchlichsten Kultursprachen gebildet; benannt nach dem Pseudonym des Erfinders *Zamenhof* (1887).
Espírito Santo [portugies. *ıs'piritu 'sõntu* „Heiliger Geist"], brasilian. Küstenstadt, 45 733 km², 2,5 Mill. E; Kaffee, Zuckerrohr, Baumw.; Hptst. *Vitória* (278 000 E).
Esplanade, w. [frz.], freier Platz vor Gebäuden.
espressivo [it.], *mus.* ausdrucksvoll.

Esel

Espresso, 1) it. Art der Kaffeezubereitung durch Dampf od. Wasserdruck; **2)** entsprechend zubereiteter Kaffee; **3)** Kaffee-Bar.
Esprit, *m.* [frz. *ɛs'pri*], Geist, „Witz".
Esquilin, einer der 7 Hügel Roms.
Esquire [engl. *ıs'kwaıə*], *Esq.,* engl. Höflichkeitstitel auf Briefen (hinter Männernamen), statt des dem Namen vorgesetzten „Mister".
Esquivel [-'βel], Adolfo Pérez (* 26. 11. 1931), argentin. Bürgerrechtler; Mitbegr. v. *Servicio Paz y Justicia;* Friedensnobelpr. 1980.
Esra, ab 458 v. Chr. in Jerusalem Priester u. Schriftgelehrter; zus. m. Nehemia Organisator d. jüd. Lebens n. d. babylon. Exil; Begr. d. heutigen Judentums.
Essay, *m.* [frz. *ɛ'sɛı*], „Versuch", kürzere Abhandlung über einen wiss. Gegenstand aus subjektiver Sicht in leicht zugängl. literar. Darstellungsweise; seit dem späten 16. Jh. (Montaigne) als literar. Kunstform.
Esseg, kroat. *Osijek,* jugoslaw. Festungsst. an der Drau, 159 000 E; Getreidehandel, Seidenind.
Essen, 1) (D-4300), krfreie St. in NRW, 620 594 E; Abteikirche Werden (um 800), Münster (852) m. Münsterschatz; Villa Hügel m. Hügelpark; Museum Folkwang; Folkwang-HS f. Musik, Theater u. Tanz, Uni.; Bischofssitz; Grugapark m. Botan. Garten; LG, AG, SG, IHK, BD, Sitz gr. Ind.organisationen u. Wirtsch.unternehmen; Kommunalverband Ruhrgebiet, Stifterverband d. Wiss.; RWE, Ruhr-Kohle AG, Krupp, Ruhrgas, Karstadt, Raab Karcher u. a.; **2)** *Bad E.* (D-4515), Gem. a. Wiehengebirge, Nds., 12 134 E; AG; Solebad, div. Ind.; Fremdenverkehr.
Essener, *Essäer,* jüdische Religionsgruppe z. Z. Christi, verzichteten auf Besitz u. Ehe (Radikalisierung d. Pharisäerprinzipien); Zentrum → Qumrân.
Essentia, w. [l.], *Essenz,* Wesen, Wesenheit.
essentiell, 1) wesentlich; **2)** *med.* ohne erkennbare Ursache; **3)** *biol.* e. sind lebensnotwendige Stoffe, die d. Organismus aufbauen kann (z. B. e. → Aminosäuren, → Spurenelemente, → Vitamine).
Essenz, w. [l.], konzentrierter Auszug der wirksamen Bestandteile v. Naturprodukten, um Nahrungs- und Genußmitteln bes. Eigenschaften (Geruch, Geschmack, Farbe) zu geben; künstl. E. aus chem. dargestellten Stoffen.
Essex, Robert Devereux, Gf v. E. (1567–1601), Günstling der Kgn Elisabeth v. England, als Hochverräter hingerichtet.
Essex, 1) engl. Gft, urspr. Kgr., Hptst. *Chelmsford;* **2)** alter engl. Grafentitel.
Essig, *Gärungsessig,* gewonnen durch d. biol. Verfahren der Vergärung alkohol. Flüssigkeiten (Trauben-, Obst-, verdünnte Branntweine) mit Hilfe von *Essigbakterien (Weinessig);* moderne Verfahren: submerse → Gärung, Großraumgenera-

toren; in BR auch auf 5–15% verdünnte → E.säure als *Speise-E.* - **E.älchen,** Art der → Fadenwürmer. – **E.essenz** → E.säure. - **E.ester,** aus E.säure m. Alkohol; Fruchtester v. obstartigem Geruch, f. Parfüms, Bonbons. – **E.fliege** → Taufliegen. – **E.säure,** *Eisessig (CH₃COOH),* organ. Säure; früher durch trockene Destillation v. Holz *(Holzessig),* jetzt aus Kalk u. Kohle über Carbid, Acetylen, Acetaldehyd oder aus Erdöl gewonnen; Verwendung als chem. Lösungsmittel; verdünnt als Speisesäure verwendet: → Essig.
Esslingen am Neckar (D-7300), Gr.-Krst., Ba-Wü., 90 537 E; ma. Kirchen u. Profanbauten; FHS, BPH, FHT; IHK; Masch.-, Metall-, Automobilind. – Ehem. Freie Reichsst.
Establishment, *s.* [engl. *ıs'tæblıʃmənt* „Einrichtung"], bestehende festgefügte Ordnung, die sich gegenüber Neuerungen wenig aufgeschlossen zeigt.
Estancia [span. -'ðïa], südam. Viehzuchtfarm.
Este, altes dt.blütiges Fürstengeschlecht in Italien, 1097 geteilt in dt. (Welf IV., Stammvater des Hauses Braunschweig-Lüneburg) u. it. Linie: **1)** Alfons I. (1476–1534), Hzg v. Ferrara, Gatte der Lucrezia Borgia, Freund Ariosts; **2)** Alfons II. (1533–97), Freund des Dichters Tasso; **3)** Franz Ferdinand von Östr.-Este, → Franz 7).
Esten, *Esthen,* finnisch-ugrisches Volk, ca. 1 Mill.
Ester, aus Säuren u. Alkoholen; oft obstart. Geruch; Fruchtaromen f. Genußmittel.
Esterházy v. *Galántha,* ungar. Adelsgeschlecht.
Esther, nach A.T. *(„Buch E.")* jüd. Frau des pers. Kgs Ahasverus (Xerxes); rettete ihr Volk.
Estland, estn. *Eesti,* am Finn. Meerbusen im nördl. → Baltikum; umfaßt die früh. russ. Gouv.s E., N-Livland u. d. Inseln Vormsi, Dagö u. Ösel, 45 100 km², 1,6 Mill. E (35,5 je km²); Bev.: 64,7% Esten, 27,4% Russen; Sprache: Estnisch; Rel.: überwiegend v. Hpst. *Reval* (Tallinn); Flagge 745. – Wälder, Seen (2327 km²); Wirtschaft: Ackerbau, Viehzucht, Fischerei; Ölschiefer-, Papier-, Celluloseind. – Im 13. Jh. v. Dt. Dänen unterworfen; 1346 vom Dt. Orden erworben, 1561 an Schweden; 1721 an Rußland; 1918 Rep.; nach dem Hitler-Stalin-Pakt 1940 in die UdSSR eingegliedert; bis 1991 sowj. Unionsrep. (Estnische SSR), s. Aug./Sept. 1991 unabhängiger Staat. - *Mitgl.:* UN.
Estomihi [l.], 7. Sonntag vor Ostern.
Estournelles [*estur'nɛl*], Paul Baron d' (22. 11. 1852–15. 5. 1924), frz. Pol.; Mitgl. d. Haager Friedenskonferenzen; Friedensnobelpr. 1909.
Estrade, w. [frz.], Fußbodenerhöhung.
Estragon, *m.,* Würzpflanze der Gattung Beifuß; z. Herstellung v. **E.essig.**

Estremadura, 1) span. Landschaft zw. Portugal, Kastil. Scheidegebirge u. Sierra Morena; Steppenland, Schafzucht; **2)** Landschaft i. SW-Portugal.

Estrich, *m.,* fugenloser Fußboden, weich aufgebracht, dann erhärtend: Terrazzo, Zement.

Esztergom ['ɛst-], ungar. Name v. → Gran.

ETA, 1) Abk. f. *Estimated Time of Arrival,* voraussichtl. Ankunftszeit eines Flugzeuges od. Schiffes; **2)** Abk. f. *Euskadi ta askatasuna* („D. Baskenland u. s. Freiheit"), militante Untergrundorganisation, die d. Selbständigkeit d. 4 span. u. 3 südfrz. Baskenprovinzen anstrebt.

etablieren [frz.], begründen, niederlassen.

Etablissement, *s.* [-blis'mã], Anlage, Einrichtung; auch Bez. f. kleineres Restaurant u. f. Bordell.

Etage, *w.* [frz. *e'taʒǝ*], Stockwerk.

Etalon, *m.* [frz. -'lõ], Eichmaß, Mustergewicht.

Etappe, *w.* [frz.], Stufe, Abschnitt; veraltete Bez. f. Versorgungsgebiet hinter der Front.

Etat, *m.* [frz. *e'ta*], → Staatshaushalt, → öffentlicher Haushalt.

etc., et cetera [l.], und so weiter.

ETD, Abk. f. *Estimated Time of Departure,* voraussichtl. Startzeit eines Flugzeuges.

Eternit®, *s.,* Asbestzement-Erzeugnisse in Form von ebenen und gewellten Platten, Rohren und Formstücken für Hoch- u. Tiefbau.

Ethan, *s., C₂H₆,* gasförmiger aliphat. Kohlenwasserstoff.

Ether, *m.* [gr.], mittels Schwefelsäure aus Alkohol unter Wasserabspaltung entstandene chem., leicht flüchtige Flüssigkeit; fettlösend, z. Narkose verwendet.

Ethik, *w.* [gr.], Lehre von den sittlichen Werten (Wertlehre) und Forderungen (Morallehre, prakt. Philosophie).

ethisch, sittlich.

ethnisch [gr.], volksmäßig.

Ethnographie, beschreibende Völkerkunde.

Ethnologie, deutende Kulturforschung der → Völkerkunde.

Ethologie, svw. (vergleichende) → Verhaltensforschung.

Ethos, *s.* [gr.], „Sitte", sittlich-geistiges Wollen, innerer Wertmaßstab.

Ethoxylinharze → Epoxidharze.

Ethyl, *s.,* funktionelle Gruppe -C₂H₅ im Ether, Alkohol usw.

Ethylen, *s., C₂H₄,* ungesättigter Kohlenwasserstoff; leuchtende Flamme.

Ethylether, *C₂H₅-O-C₂H₅,* Herstellung aus Alkohol durch Wasserentziehung m. Schwefelsäure; farblos, leicht entzündlich, Dämpfe betäubend; Sp. 35 °C; Lösungsmittel für Öle, Fette, Harze, Iod, Schwefel, Schießbaumwolle; *med.* zur Narkose u. in Hoffmannstropfen.

Etikette, *w.* [frz.], Hof-, gesellschaftl. Sitte (Umgangsform).

Etmal, *s., seem.* die Zeit von Mittag zu Mittag; auch d. Schiffsweg in dieser Zeit.

Eton [*iːtn*], engl. St. in der Umgebung von London, gegenüber Windsor, 3500 E; hier d. **E. College** [-'coldʒ], 1440 v. Heinrich VI. gegr., berühmte → Public School (Gymnasium); → College.

Etrich, Igo (25. 12. 1879–4. 2. 1967), östr. Flugzeugkonstrukteur, schuf 1907 die E.-Taube, einen verspannten Schulterdecker; → Rumpler u. a. bauten d. → Taube 1910 in Dtld nach.

Etrurien, altit. Landsch. zw. Tiber, Arno u. Apennin; später *Tuscia,* heute etwa *Toscana;* Bewohner: **Etrusker;** nach langen Kämpfen 280 v. Chr. v. d. Römern unterworfen; eigene Sprache u. (griech. beeinflußte) Kunst, die auf vorderasiat. Ursprung hindeuten; Blüte 8.–6. Jh. v. Chr.

Etrusker, kulturgeschichtlich bedeutendes Volk d. Altertums noch ungeklärter Herkunft s. d. 8. Jh. v. Chr. bis z. Unterwerfung durch die Römer i. 3. Jh. v. Chr. i. w. Mittelitalien (etwa jetzige Toscana). *Sprache* i. Gegensatz z. *Schrift* erst unvollständig erforscht; noch stärker als Lebensform u. Religion wirkte d. etrusk. *Kunst* auf d. röm. Kultur: Architektur, Kunsthandwerk, Wandmalerei.

etruskische Kunst
Sarkophag mit Ehepaar

etruskische Kunst, 8.–1. Jh. v. Chr. in Italien: selbständig, wenn auch griech. beeinflußt, archaisch bis hellenistisch; Tempel, Grabbauten, Sarkophage, Malereien in Grabkammern (Corneto) *Apoll v. Veji.*

ETS, Abk. f. *Estimated Time of Sailing,* voraussichtl. Abgangszeit eines Schiffes.

Etsch, it. *Adige,* Fluß in Norditalien, vom Reschenscheideck durch den Vintschgau, die Veroneser Klause u. die Poebene in die Adria b. Porto Fossone; 415 km lang; l. Nebenfluß: *Eisack.*

Ettal (D-8107), obbay. Luftkurort u. Benediktinerabt. (1330 gegr.), nördl. v. Garmisch, 955 E.

Ettlingen (D-7505), St. im Kr. Karlsruhe, Ba-Wü., 37 269 E; AG; Textil-, Papier- u. Metallind.

Etüde [frz.], **1)** techn. Studie; **2)** *mus.* Übungsstück.

Etymologie, *w.* [gr.], Lehre von der Herkunft der Wörter und Wortfamilien.

Etzel, im Nibelungenlied der Hunnenkönig → Attila.

Eu, *chem.* Zeichen f. → Europium.

eu- [gr.], als Vorsilbe: gut-, wohl-.

Euböa, gr. *Euboia,* zweitgrößte Insel Griechenlands, i. Ägäischen Meer, durch Brücke m. d. Festland verbunden, 3654 km²; Gebirge u. Wälder, fruchtb. Ebenen; Hptst. *Chalkis,* 45 000 E; Seehafen.

Eucharistie [gr. „Danksagung"], Altarsakrament (Leib u. Blut Christi in den Gestalten von Brot u. Wein). *Eucharistische Weltkongresse* (alle 2 Jahre) durch d. kath. Kirche.

Eucken, 1) Rudolf (5. 1. 1846–14. 9. 1926), dt. neuidealist. Phil.; *D. Lebensanschauungen der großen Denker;* Nobelpr. 1908; s. Sohn **2)** Walter (17. 1. 1891–20. 3. 1950), dt. Nationalökonom, Begr. d. „Freiberger Schule"; *Methodik u. Ordnungsprinzip.*

Eudämonie [gr.], Glückseligkeit, wird vom **Eudämonismus** als das Gute u. Ziel allen Strebens betrachtet.

Eudoxos (408–355 v. Chr.), griech. Philosoph u. Astronom (Krümmung u. Kugelgestalt d. Erde).

Eugen, a) *Fürsten:* **1)** Franz E., *Prinz v. Savoyen,* der „edle Ritter" (18. 10. 1663–21. 4. 1736), eigtl. Begr. d. östr.-ungar. Doppelmonarchie, kämpfte 1683–99 gg. die Türken (Sieg b. Zenta 1697); im Span. Erbfolgekrieg Siege b. Höchstädt, Oudenaarde, Malplaquet; besiegte die Türken 1716 bei Peterwardein, 1717 bei Belgrad; Förderer v. Kunst u. Wiss. (Schloß Belvedere i. Wien); **2)** E. Beauharnais (3. 9. 1781–21. 2. 1824), Sohn v. Josephine B. (1. Gattin Napoleons), 1805 Vizekg v. Italien. - **b)** *Päpste:* **3)** E. III. (1145–53), verließ 1143 Rom während d. Aufstandes Arnolds v. Brescia; **4)** E. IV. (1431–47), löste Baseler Konzil auf, das ihn 1439 absetzte.

Eugénie de Montijo [øʒe'ni, -'tixo], (5. 5. 1826–11. 7. 1920), 1853 Gattin Napoleons III.

Eugenik, *w.* [gr.], Erbgesundheitslehre, Teil der Bevölkerungsbiologie, dient d. Förderung leistungsfähiger u. Zurückdrängung untüchtiger Erblinien (Eheberatung u. Verhütung v. Geburtenrückgang, Geburtenregulierung, Keimschädigungen, in manchen Ländern auch Sterilisation); → Rassenhygiene, Sozial- od. angewandte → Anthropologie.

Eukalyptus

Eukalyptus, Myrtengewächse, hohe Bäume Australiens; äther. Öle; schnell wachsend, zur Trockenlegung von Sumpfgebieten (Malaria) angebaut (Fieberbäume); Arten in Trockengebieten z. Aufforstung (z. B. in d. Sahelzone). - **E.öl,** ätherisches Öl, gg. Schleimhautentzündung der Luftwege eingeatmet.

Euklid|es (um 300 v. Chr.), griech.

Math.; „*Stoicheia*" (Elemente), Lehrbuch der ges. Mathematik.

euklidische Geometrie → Raum.

Eulan®, *s.,* Sulfonamid-Verbindg., überzieht die Wollfaser u. schützt sie gegen Mottenfraß.

Schleiereule

Eulen, 1) Ordnung der Vögel; meist nachtaktiv; tagsüber versteckt; gr. Augen, Hakenschnabel; in Dtld. u. a.: *Schleier-E.,* Federschleier um die Augen; *Steinkauz (Käuzchen, Totenvogel); Waldkauz; Uhu,* größte Art, selten; *Waldohru. Sumpfohr-E.;* **2)** Fam. d. Nachtschmetterlinge; sehr artenreich.

Eulenberg, Herbert (25. 1. 1876–4. 9. 1949), dt. neuromant. Schriftst.; *Ritter Blaubart; Münchhausen.*

Eulenburg, Philipp, Fürst, s. 1900 zu E. u. Hertefeld (12. 2. 1847–17. 9. 1921), dt. Diplomat, Vertrauter Wilhelms II.

Eulengebirge, nördl. Teil d. mittleren Sudeten; *Hohe Eule,* 1015 m; Bergbau.

Eulenspiegel, Till (um 1300–50), niederdt. „Erzschelm"; urspr. Satire um kath. Kirche auf vorreform. Wortgläubigkeit, wurde in Volksbüchern (s. 1515) u. in vielen Schelmenstückchen Träger zahlreicher Schalkstreiche (**Eulenspiegeleien).** → Coster; sinfon. Dichtung v. R. Strauss. Grabstein in → Mölln (Abb.).

Euler, Leonhard (15. 4. 1707–18. 9. 83), schweiz. Math., Phys. u. Phil.; Begr. d. → Variationsrechnung.

Euler-Chelpin, 1) Hans Karl August Simon v. (15. 2. 1873– 7. 11. 1964), dt. Chem.; Forschungen über Enzyme; Nobelpr. 1929; s. Sohn **2)** Ulf Swante (7. 2. 1905–10. 3. 83), schwed. Physiologe; Nobelpr. 1970.

Eumenes II., 197–159 v. Chr. Kg von → Pergamon, erbaute Altar v. Pergamon (Museum i. Berlin).

Eumeniden [gr. „die Wohlwollenden"], besänftigender Name f. d. Rachegöttinnen, die → Erinnyen.

Eunomia, eine d. drei Horen, Göttin d. Gesetzlichkeit.

Eunuch, *m.* [gr. „Betthüter"], Kastrat, Entmannter, früher im Orient Haremswächter.

Eunuchoidismus, Hochwuchs m. Langgliedrigkeit, geschlechtl. Inaktivität, unvollkommener Geschlechtsentwickl. u. hoher „Kastratenstimme" als Folge v. Kastration od. Keimdrüsen-Unterfunktion.

Eupatoria, *Jewpatorija,* Hafenst. a. d. W-Küste d. Krim, 94 000 E; Kunstdenkmäler aus tatar. Zeit.

Eupatriden [gr.], Adel im alten Athen.

Eupen, belg. St. am Hohen Venn; 17 000 E; Textil- u. Kabelind., 1920 m. → Malmédy zu Belgien.

Euphemismus, *m.* [gr.], beschönigendes Wort f. etwas Unangenehmes, z. B. „heimgehen" für sterben.

euphemistisch, beschönigend.

Euphonie [gr.], Wohlklang. Ggs.: → *Kakophonie.*

Euphorbia, svw. → Wolfsmilch.

Euphorie [gr.], grundlos heitere Stimmung, charakteristisch f. Rauschzustände u. manische Gemütskrankheiten (→ Psychose).

Euphorion, i. d. griech. Sage Sohn v. Helena u. Achill, erwidert nicht d. Liebe v. Zeus u. wird v. diesem durch Blitz getötet; bei Goethe Sohn v. Helena u. Faust.

Euphrat, größter Strom Vorderasiens; 2736 km lang; kommt mit 2 Quellflüssen aus d. Hochland v. O-Anatolien, durchfließt Syrien u. d. Irak, vereinigt sich mit Tigris zum Schatt el-Arab, mündet unterhalb Abadan i. d. Pers. Golf; umschließt mit Tigris Mesopotamien. – E.-**Staudamm,** 150 km östl. v. Aleppo, Syrien, 4,5 km l., 60 m h., 512 m (Basis), 19 m (Krone) br.; 1968–73 erbaut; d. Stausee, *Assad-See,* 810 km², 11,9 Mrd. m³ Stauraum; 640 000 ha Steppen- u. Wüstenland werden urbar gemacht; Kraftwerk.

Euphrosyne [gr. „Frohsinn"], eine der drei Chariten oder Grazien.

Eurasien, der Festlandsblock → *Europa* und → *Asien;* Europa ist geographisch eine Halbinsel Asiens.

Eurasier → Mischlinge.

Euratom, Abk. f. → *Europäische* Atom*gemeinschaft.*

Eure [œr], **1)** Nbfl. der Seine, 225 km l; **2)** nordfrz. Dép., 6039 km², 499 000 E; Hptst. *Évreux.*

Eure-et-Loir, nordfrz. Dép., 5880 km², 382 000 E; Hptst. *Chartres.*

Eureka, Abk. f. E*uropean Re*search *Co-ordination Agency* (Europäische Behörde zur Koordinierung der Forschung), eur. Alternative zum am. → SDI-Programm f. eine eur. Zus.arbeit auf dem Gebiet der Spitzentechnologie.

Eurhythmie, *med.* Pulsregelmäßigkeit.

Eurich, 466–84 Westgotenkönig; eroberte Südgallien und Spanien; Gesetzgeber.

Euripides (484–406 v. Chr.), griech. Tragödiendichter, stellte d. Ideen d. griech. Aufklärung i. Drama dar; *Medea; Iphigenie; Bacchantinnen; Troerinnen.*

Eurocontrol, Eur. Organisation z. Sicherung d. Luftfahrt, 1960 gegr.; Mitgl.: Belgien, BR, Frkr., Großbrit., Irland, Luxemburg, Ndl.; Zus.arbeit m. Dänemark, Italien, Norwegen, Portugal, Schweden, Schweiz, USA. Zentrale i. Maastricht (Ndl.); Benelux-Staaten u. NDtld.

Eurodollar, auf US-Dollar lautende Bankenguthaben, die v. (eur.) Kreditinstit. f. unterschiedl. Laufzeiten gehandelt werden.

Eurogroup, eur. Gruppe innerhalb der NATO, betreibt die Stärkung der Sicherheit der Allianz durch einen größeren eur. Beitrag zur Verteidigung.

Eurokommunismus, tatsächlich bzw. demonstrierte unabhängige Haltung der KP Westeuropas gegenüber d. KPdSU, wobei das Bekenntnis zu Demokratie, Parteipluralismus u. Grundfreiheiten unterstrichen wird; bes. hervorgetreten sind die KP Frankreichs (→ Marchais), Italiens (A. Natta) u. Spaniens (G. Iglesas).

EUROP, Kennzeichnung an Güterwagen der 1953 gegr. Eur. Güterwagengemeinschaft.

Europa, in d. griech. Sage Kgstochter, von Zeus in Stiergestalt von Phönizien nach Kreta entführt.

Europa, der zweitkleinste Erdteil, eigtl. eine Halbinsel Asiens, aber wegen seiner reichen Gliederung u. bes. aus kulturgeschichtl. Gründen als bes. Erdteil angesehen (Karte S. 745); Gesamtfläche 10,532 Mill. km², 707 Mill. E. (67 je km²; mit europ. Teile d. UdSSR u. d. Türkei); als Grenze zw. E. u. Asien werden Ural, Kasp. u. Schwarzes Meer angesehen. **a)** *Aufbau u. Gliederung:* O-Europa größtenteils Flachland; N-, W- u. Mitteleuropa Schollengebirgsland mit reichen Bodenschätzen; S-Europa Faltengebirgsland mit großen Höhenunterschieden; die Meere im N vorwiegend Flachsee, als Laichgebiete der Fische von gr. wirtsch. Bedeutung; im S zw. die höchsten Tiefseen. **b)** *Klima:* Größtenteils gemäßigt; das westl. E. hat Seeklima, der O Landklima; im Mittelmeerklima der südeur. Halbinseln heiße, dürre Sommer, milde Regenwinter; mittlere Jahrestemperatur: 9 °C (höchstes Jahresmittel Málaga m. 19,4 °C, niedrigste Temperatur NO-Rußland, am Petschoramündung, im Winter bis –50 °C). **c)** *Pflanzenwelt:* Gruppierung von N nach S am deutlichsten in O-E.: Tundra, Nadel-u. Birkenwälder, Zone d. gemischten Wälder (hier sind durch Rodungen die reichen Ackerbaugebiete, „Kultursteppen", entstanden), Steppengürtel. **d)** *Tierwelt:* Großenteils wie in Asien. **e)** *Bevölkerung:* 14,8% der Erdbev. (hpts. Germanen, Romanen und Slawen).

Europabrücke, 1963 fertiggestellte höchste Brücke Europas (190 m hoch, 785 m l.), Teil d. Brennerautobahn; führt südl. v. Innsbruck über die Silltal.

Europa-Hymne, s. 1972 *Ode an die Freude* v. Beethoven.

Europäische Atomgemeinschaft, *Euratom,* 1957 z. gemeinsamen Kernforschung u. friedl. Nutzung v. Atomenergie gebildete Organisation; Mitgl. sind die EG-Staaten. Sitz Brüssel; gemeinsame Organe f. Euratom, EWG und EGKS sind d. Kommission, der Ministerrat, das Eur. Parlament u. d. Gerichtshof.

Europäische Bewegung, 1948 gegr. Dachorganisation der 6 führenden Europaverbände. Organe: *Intern. Rat, Intern. Exekutivkomitee,* in 14 Ländern Europas

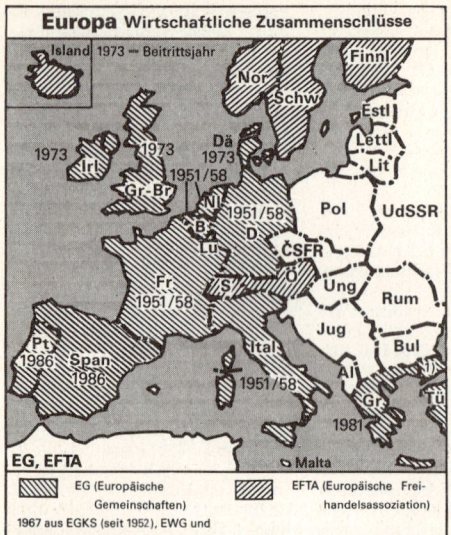

Europa Wirtschaftliche Zusammenschlüsse

Island 1973 = Beitrittsjahr

EG, EFTA

EG (Europäische Gemeinschaften)
1967 aus EGKS (seit 1952), EWG und EAG/EURATOM (seit 1958) entstanden.

EFTA (Europäische Freihandelsassoziation)
1) Türkei: assoziiertes EG-Mitglied

OECD (Organisation für Wirtschaftliche Zusammenarbeit und Entwicklung)
1961 nach Auflösung des OEEC (Europ. Wirtschaftsrat) gegründet.
1) Jugoslawien: assoziiertes OECD-Mitglied
Mitglieder der OECD sind ferner Australien, Japan, Kanada, Neuseeland, USA.

Länder in Europa

Land	km²	E i. 1000	E/km²	Mitglied
Albanien	28 748	3 143	109	
Andorra	453	49	108	
Belgien	30 519	9 925	325	EG, OECD
Bulgarien	110 912	8 995	81	
Dänemark	43 077	5 129	119	EG, OECD
Deutschland	356 945	79 070	222	EG, OECD
Estland	45 100	1573	35	
Finnland	338 145	4 951	15	EG, OECD
Frankreich	551 500	56 160	102	EFTA, OECD
Griechenland	131 990	10 013	76	EG, OECD
Großbrit. u. N-Irld	244 100	57 065	234	EG, OECD
Irland	70 284	3 538	50	EG, OECD
Island	103 000	249	2	EFTA; OECD
Italien	301 268	57 065	191	EG, OECD
Jugoslawien	255 804	23 559	92	OECD (assoz. Mitgl.)
Lettland	63 700	2681	42	
Liechtenstein	160	28	175	EFTA
Litauen	65 200	3690	57	
Luxemburg	2 586	375	145	EG, OECD
Malta	316	348	1 101	
Monaco	1,49	30	18 121	
Niederlande	40 844	14 835	363	EG, OECD
Norwegen	323 895	4 221	13	EFTA; OECD
Österreich	83 853	7 618	91	EFTA; OECD
Polen	312 677	37 862	121	
Portugal	92 389	10 408	113	EG, OECD
Rumänien	237 500	23 048	97	
San Marino	61	23	377	
Schweden	440 945	8 498	19	EFTA; OECD
Schweiz	41 293	6 509	159	EFTA; OECD
Spanien	504 782	39 053	77	EG, OECD
Tschechoslowakei	127 876	15 620	122	
Ungarn	93 032	10 568	114	
Vatikanstadt	0,44	1	2 273	
Zypern	9 251	687	74	
Sowjetunion	22 402 200	283 682	13	
dav. in Europa	5 571 000	191 241	34	
Türkei	779 452	52 422	67	EG (assoz.
dav. in Europa	23 623	4 325	183	Mitgl.), OECD

EG-Mitgliedschaft beantragt: Malta, Österreich, Ungarn, Zypern

Nationale Räte. BR: Europaverbände i. Dt. Rat zus.gefaßt. Ziel: Schaffung der Vereinigten Staaten v. Europa. → *Paneuropäische Bewegung.*

Europäische Föderalistische Partei, *EFP,* → Parteien, Übers.

Europäische Freihandelszone, *European Free Trade Association, EFTA,* Gründung durch engl. Initiative n. Inkrafttreten d. EWG-Vertr. z. Schutz d. Handelsinteressen westeur. St.en, d. nicht in die EWG eingebunden waren; Gründungsmitgl.: Dänemark (1960–72), Irland (1960–72), Norwegen (s. 1960), Schweiz (s. 1960), Finnland (s. 1965), Island (s. 1960), Östr. (s. 1960), Schweden (s. 1960), Großbrit. (1960–72); Sitz Genf; Ziele: Ausbau d. gegenseitigen Handels u. stufenweiser Zollabbau (ausgenommen Agrarprodukte), 1975 Erweiterung auf Rohstoffe, Währungspol. etc. → EWG.

Europäische Gemeinschaft(en), *EG,* wurde 1967 gegr. durch Zus.schluß der → Europäischen Gemeinschaft für Kohle und Stahl (EGKS), der → Europäischen Wirtschaftsgemeinschaft (EWG) u. der → Europäischen Atomgemeinschaft (EURATOM); die EG besteht u. a. aus dem → Europäischen Parlament, dem Eur. Gerichtshof, der Kommission, dem Ministerrat, dem Wirtschafts- u. Sozialausschuß u. s. Dez. 1974 als sechstes Gremium dem Europäischen Rat.

Europäische Gemeinschaft für Kohle und Stahl, *EGKS, Montanunion,* 1951 von Belgien, Frkr., Italien, Luxemburg, d. Ndl. u. d. BR gebildet übernat. Organisation (s. 1952 in Kraft) zur Schaffung e. gemeins. Marktes f. Kohle, Stahl, Eisenerz u. Schrott ohne Zölle u. Subventionen. Gründung 1950 v. R. → Schuman vorgeschlagen *(Schuman-Plan).* Sitz Luxemburg; gemeins. Organe von EGKS, EWG u. Euratom sind d. Ministerrat, die Kommission, d. Eur. Parlament u. d. Gerichtshof.

Europäische Investitionsbank, *EIB,* gegr. 1958, Sitz i. Brüssel, gemeinsames Kreditinstitut der EWG zur Förderung unterentwickelter Gebiete d. Gemeinschaft, Finanzierung von Modernisierungsprojekten u. Großvorhaben; Kapital: 28,8 Mrd. → ECU (davon 1,9 Mrd. ECU eingezahlt).

Europäische Organisation für Kernforschung, *Conseil Européen pour la Recherche Nucléaire, CERN,* von 12 eur. Staaten, darunter d. BR, gebildete Organisation für d. Zus.arbeit auf d. Gebiet d. Strahlen- u. Kernforschung f. friedliche Zwecke; intern. Forschungslabor in Genf.

Europäische Parlamentarierunion, 1947 gegr., Zus.schluß von eur. Parlamentariern; tritt für eur. Staatenbund ein, deutsche Gruppe u. 1950.

Europäische Politische Zusammenarbeit, *EPZ,* Zusammenarbeit der Außenmin. d. EG-St.en in Fragen der Außen-, Sicherheits- und Entwicklungspol.; Präs. wechselt halbjährlich; Gen.sekretariat in Brüssel, 1985 umbenannt in Europäische Zusammenarbeit in der Außenpolitik.

Europäischer Gewerkschaftsbund, *EGB,* 1973 i. Brüssel gegr. Organ v. 17 Gewerkschaften aus 15 Staaten; d. 1969 gegr. *Eur. Bund Freier Gewerkschaften* ist darin aufgegangen.

Europäisches Parlament, 1958 gegr. gemeinsame parlamentarische Versammlung der → Europäischen Wirtschaftsgemeinschaft, der → Europäischen Gemeinschaft für Kohle u. Stahl u. d. → Europäischen Atomgemeinschaft; Sitz Luxemburg; äußert sich zu Kommissionsvorschlägen v. d. Rat; Haushaltsbefugnisse, ansonsten kaum Rechtssetzung; direkte Wahl d. Abgeordneten alle 5 Jahre s. 1979.

Europäisches Währungsabkommen, *EWA,* seit 1958 anstelle der → Europäischen Zahlungsunion; Hauptaufgaben: Koordinierung der Währungspolitik u. Gewährung von Krediten. 1973 durch → Komitee für Währungs- und Devisenangelegenheiten ersetzt.

Europäische Verteidigungsgemeinschaft, *EVG,* 1952 unterzeichneter, aber nicht in Kraft getretener Vertrag zw. Belgien, Frkr., Italien, Luxemburg, den Niederlanden u. der BR zur Bildung einer gemeins., „integrierten" Streitmacht; abgelöst durch Beitritt der BR zur → Westeuropäischen Union und zum → Nordatlantikpakt.

Europäische Volkspartei, *EVP,* s. 1976 Zus.schluß der christl.-demokrat. Parteien in der EG.

Europäische Wirtschaftsgemeinschaft, *EWG, frz. Communauté Economique Européenne, CEE,* engl. *European Economic Community, EEC,* 1957 gebildeter wirtsch. Zusammenschluß v. Belgien, Luxemburg, Ndl., d. BR, Frkr. u. Italien; Ziel: Schaffung eines einheitl. wirtsch. Großraumes der Mitgliedstaaten durch stufenweisen Abbau u. schließlich Beseitigung der Zölle untereinander u. Bildung einer gemeins. Zollgrenze nach außen (s. 1. 7. 1968 verwirklicht); Angleichung der Agrarpolitik (s. 1970 gemeins. Finanzierungsordnung), d. Konjunktur-, Sozialpolitik, Ausbau z. Wirtschafts- u. Währungsunion (→ EWS), Herstellung voller Freizügigkeit im Personen- (seit 1968), Kapital- u. Dienstleistungsverkehr; Erweiterung in eine pol. Union od. Föderation angestrebt, bisher jedoch ohne Erfolg. 1973 Vollmitgliedschaft v. Irland, Dänemark (1984 Austritt v. Grönland) u. Großbritannien; 1983 v. Griechenland; 1986 v. Spanien u. Portugal. Mit d. EWG assoziiert sind Türkei, Malta sowie 66 AKP-Staaten; Freihandelsabkommen m. Östr., Schweiz, Finnland und Island. Sitz der EWG ist Brüssel; gemeinsame Organe für EWG, EGKS u. Euratom: d. Ministerrat, d. Kommission (i. Brüssel), d. Eur. Parlament u. der Gerichtshof (beide in Luxemburg).

Europäische Zahlungsunion, *EZU,* engl. *European Payment Union, EPU,* ehem. Clearingstelle der OEEC für d. Zahlungsverkehr d. Mitgliedstaaten; durch → Europ. Währungsabkommen abgelöst.

Europajäger → Jäger 90.

Europarat, Abkommen von 1949 über Zus.arbeit der Partnerstaaten (Benelux, Dänemark, Frkr., Großbritannien, Irland, Italien, Norwegen, Schweden, Griechenland (1969–74 ausgetreten), Türkei, Island, BR (s. 1951), Östr. (1956), Zypern (1961), Schweiz (1963), Malta (1965), Portugal (1976), Spanien (1977), Liechtenstein (1978), San Marino (1988), Finnland (1989), zur Wahrung und Förderung der gemeinsamen Ideale und Prinzipien, des gemeinsamen eur. Erbes und des wirtschaftl. u. sozialen Fortschritts; hat nur beratende Funktion. Organe: *Min.ausschuß* der Außenmin. d. beteiligten Staaten u. *Beratende (Konsultativ-)Versammlung,* s. 1950 *Gemischte Kommission,* Mitgl. beider Organe. Sitz *Straßburg.*

Europastraßen, 1949 von 19 eur. Staaten geplante Fernstraßen (z. B. *E 45:* von Norwegen über Hamburg, München, Rom bis Sizilien).

Europatag, Gründungstag des Europarats (5. 5. 1949).

Europa-Union Deutschland, 1948 gegr.; Organe: 11 Landesverbände; Sitz Bonn; Mitgl. der Dt. Rates der → Europäischen Bewegung.

Europa-Universität, s. 1976 ein von der EG getragenes Bildungsinstitut; baut auf eine Uni.studium auf.

Europ. Gerichtshof für Menschenrechte, s. 1959 Organ des Europarats.

Europide → Rasse, Übers.

Europium, *Eu,* chem. El., Oz. 63, At.-Gew. 152,0; Dichte 5,25; Seltenerdmetall.

Europoort, Seehafen v. Rotterdam an d. Mündung des *Nieuwe Waterweg.*

Euroscheck, bes. Barschecks, gg. den Geldinstitut i. 37 Ländern (nach Vorweisen e. bes. Euroscheckkarte) Betr. b. 400 DM auszahlen.

Eurostrategische Waffen, Waffensysteme, d. i. ihrer Reichweite so begrenzt sind, daß sie nicht geg. Ziele in USA od. Kanada, jedoch gg. Ziele in Europa und angrenzenden Regionen eingesetzt werden können u. i. ihrer Wirkung für die bedrohten Nationen strategische Bedeutung haben können (z. B. Mittelstreckenwaffen).

Eurotunnel → Tunnel.

Eurovision, eur. Organisation z. Kettenübertragung v. Fernsehsendungen (Sitz Genf u. Brüssel).

Eurydike, in der griech. Sage Gattin des Orpheus, der sie nach ihrem Tod aus der Unterwelt zurückholte und wieder verlor, als er sich entgegen dem Verbot nach ihr umsah.

Eurythmie [gr. „guter Rhythmus"], von dem Anthroposophen R. → *Steiner* 1912 begründet: Bewegungskunst, die Sprachlaute u. Töne in Gebärden ausdrückt.

Eusebius († um 340), Bischof v. Cäsarea; erster christl. Kirchenhistoriker.

Euskirchen (D-5350), Krst. i. Rgbz. Köln, 47 756 E; AG; Ind.

Eustachische Röhre, Ohrtrompete, offene Verbindung v. Rachen zur Paukenhöhle des Mittelohres, dient dem Luftdruckausgleich (Abb. → Ohr).

Eustachius, ehem. röm. Feldherr, Schutzpatron d. Jäger; im german. Raum v. → Hubertus verdrängt.

Eutektikum, best. konstantes Mischungs- od. Legierungsverhältnis zweier reiner Stoffe. Der Schmelzpunkt eines E. liegt tiefer als der beider Komponenten.

Euter → Milchdrüse.

Euterpe [gr. „die Ergötzende"], Muse d. Gesangs.

Euthanasie [gr. „schöner Tod"], Herbeiführen eines raschen u. leichten Todes b. unheilbaren, qualvollen Leiden (theol. abgelehnt u. umstritten): gesetzl. verboten (§ 216 StGB); v. Getöteten nicht begehrte ist Totschlag od. Mord (§§ 211 ff. StGB). Die Massentötung Geisteskranker u. sonst. Unerwünschter während d. NS-Regimes wurde mißbräuchlich E. genannt.

Eutin (D-2420), Kreisstadt in der Holstein. Schweiz, zw. gr. u. kl. *Eutiner See,* b. 1804 Residenz d. Fürstbischofe v. Lübeck; 16 567 E; Schloß; AG; Elektro- u. Metallwarenind.; Geburtsst. Carl Maria v. *Webers.*

eutroph [gr.], nährstoffreich (z. B. Seen).

**Die Gliedkirchen der
Evangelischen Kirche in Deutschland (EKD)**

1 Nordelbische Evangelisch-Lutherische Kirche,
   Kiel
2 Evangelisch-Lutherische Landeskirche
   Mecklenburg, Schwerin
3 Pommersche Evangelische Kirche,
   Greifswald
4 Evangelisch-Lutherische Kirche in Oldenburg,
   Oldenburg
5 Bremische Evangelische Kirche,
   Bremen
6 Evangelisch-lutherische Landeskirche Hannovers,
   Hannover
7 Evangelische Kirche der Kirchenprovinz Sachsen,
   Magdeburg
8 Evangelische Kirche in Berlin-Brandenburg,
   Berlin
9 Evangelisch-Lutherische Landeskirche
   Schaumburg-Lippe, Bückeburg
10 Lippische Landeskirche,
   Detmold
11 Evangelisch-lutherische Landeskirche
   in Braunschweig, Wolfenbüttel
12 Evangelische Landeskirche Anhalts,
   Dessau
13 Evangelische Kirche von Westfalen, Bielefeld

14 Evangelische Kirche von Kurhessen-Waldeck,
   Kassel
15 Evangelisch-Lutherische Kirche
   in Thüringen, Eisenach
16 Evangelisch-Lutherische Landeskirche Sachsens,
   Dresden
17 Evangelische Kirche des
   Görlitzer Kirchengebietes, Görlitz
18 Evangelische Kirche im Rheinland,
   Düsseldorf
19 Evangelische Kirche in Hessen und Nassau,
   Darmstadt
20 Evangelische Kirche der Pfalz
   (Protestantische Landeskirche), Speyer
21 Evangelische Landeskirche in Baden,
   Karlsruhe
22 Evangelische Landeskirche in Württemberg,
   Stuttgart
23 Evangelisch-Lutherische Kirche in Bayern,
   München
24 Evangelisch-reformierte Kirche
   (Synode ev.-ref. Kirchen in Bayern und
   Nordwestdeutschland), Leer
○ Außerhalb des Gebietes der früheren
   Provinz Hannover gelegene Gemeinden der
   Evangelisch-reformierten Kirche
   (Synode ev.-ref. Kirchen in Bayern und
   Nordwestdeutschland)
▭ Sitz der Kirchenleitung
— Landesgrenzen

Eutrophierung, mit Abwässern einge-
schwemmte Nährstoffe führen i. Gewässern zu Sauerstoffverzehrung durch über-
mäßiges Pflanzenwachstum; Folgen: Bildung v. Faulschlamm.
e.V., Abk. f. *eingetragener Verein;*
→ Vereinsrecht.
eV, Abk. f. → *Elektronenvolt.*
Ev., Abk. f. → *Evangelium.*
ev., Abk. f. *evangelisch.*
evakuieren [l.], **1)** räumen; **2)** *phys.* ein
Vakuum, d. h. einen gasleeren Raum
herstellen.
Evakuierte, Personen, die b. Räumung

v. Kampfgebieten (durch behördl. Maßnahmen od. freiwillig) Wohnsitz aufge-
ben müssen. In Dtld 1945 einschließl.
Luftkriegsflüchtlingen 4–5 Mill.; i. BR
1953 *E.ngesetz* zur Förderung der „rück-
kehrwilligen" E.n.
Evangeliar, Buch, d. Evangelien enthält.
Evangelienharmonie, aus den 4 Evangelien zus.gefaßte Geschichte Jesu, älteste
170 n. Chr. von Tatian: *Diatessaron;* dt.
E.n. v. d. elsäss. Mönch *Otfried v. Weißenburg* im 9. Jh. u. niederdt. *Heliand.*
Evangelisation, christl. Verkündigung
außerhalb der üblichen Gottesdienste.

Evangelische Akademien, nach 1945
gegr. Tagungsstätten d. ev. Kirchen z.
Besinnung über d. rel., berufl. u. soz.
Probleme d. Menschen: *Berlin, Bad Boll,
Iserlohn, Loccum, Tutzing, Meißen* u. a. –
Studiengemeinschaft d. E. A. zur wiss.
Vertiefung der Probleme.
Evangelische Brüder-Unität, Direktion
Bad Boll, ca. 8000 Personen, → Brüder-
gemeine.
evangelische Kirche, in d. Tradition v.
Luther, Zwingli oder Calvin stehend,
rückt d. rechte Predigt des Evangeliums
u. d. rechte Verwaltung d. Sakramente
(Taufe u. Abendmahl) in d. Mittelpunkt;
trotz Mannigfaltigkeit im gottesdienstl.
Leben ist zentral d. Berufung auf die Hl.
Schrift allein und eine der reformatorischen → Bekenntnisschriften; allg. Priestertum der Gläubigen. In der Welt ca.
350 Mill. Anhänger.
Evangelische Kirche in Deutschland,
EKD, Zus.schluß der seit d. Reformation
entstandenen Landeskirchen, bis 1918
enge Bindung an den Staat; 1922 Dt. E.
Kirchenbund; 1933–45 Dt. E. K. (Kir-
chenkampf); 1948 Gründung der EKD
(→ Übersicht) auf der Eisenacher Kir-
chenkonferenz. EKD ist ein Bund be-
kenntnisbestimmter Kirchen: *lutherische,
reformierte, unierte;* s. 1969 Verselbständigung d. Gliedkirchen d. DDR als
„Bund d. ev. Kirchen i. d. DDR" v. d.
EKD; s. 1969 Wirkungsbereich d. EKD
auf BR u. W-Berlin beschränkt; s. 1991
wiedervereinigt. Ges.mitgl.zahl d. EKD:
29,1 Mill., davon luther. Kirchen 13,6
Mill., unierte 15,1 Mill., reformierte 460 000
(Flagge S. 341). Seit 1945 enger Anschluß an ökumen. Bewegung (→ Ökumene). → Kirche, → lutherische Kirche,
→ reformierte Kirchen, → Evangelische
Union, auch → Freikirchen.
Evangelisches Hilfswerk → Diakonisches Werk.
Evangelische Union, Altpreuß. Union,
Vereinigung der Lutheraner u. Reformierten in Preußen 1817; seit 1954 Ev.
Kirche d. Union (EKU).
Evangelium [gr.], „die frohe Botschaft"
von Jesus Christus; die ersten 4 Bücher
im N.T. (über Leben u. Lehre Christi);
synoptische Evangelien (Matthäus, Markus, Lukas) und Johannes-E.; ihre Ver-
fasser: **Evangelisten.**
Evans ['εvənz], Sir Arthur John (8.. 7.
1851–11. 7. 1941), engl. Archäologe; Erforscher d. kret.-minoischen Kultur
(Knossos).
Evansville ['εvənzvil], St. i. US-Staat Indiana, Binnenhafen am Ohio, 128 000
E; Möbelfabriken, Eisengießereien.
evaporieren [l.], verdampfen.
Evaporimeter, Verdunstungsmesser für
Zwecke der Wetterkunde.
Evektion, größte period. Störung in der
Mondbewegung, verursacht durch Ein-
wirkung der Sonne.
Eventualantrag, *jur.* Antrag, der nur für
den Fall gestellt ist, daß einem anderen

Antrag (Prinzipalantrag) nicht stattgegeben wird.

Eventualhaushalt, zusätzl. Staatsausgaben, sollen nur bei Bedarf konjunkturgerecht eingesetzt werden.

Eventualverbindlichkeit, Bilanzposition unter dem Strich, meist Bürgschaften.

Evergreen [engl. *'evəgrin*], für längere Zeit beliebtes („immergrünes") Musikstück.

evident [l.], einleuchtend, als wahr zu erkennen.

Evidenz, Gewißheit der Gültigkeit e. Aussage.

Evolute [l.], → geometrischer Ort der Krümmungsmittelpunkte einer ebenen Kurve.

Evolution [l.], Entwicklung; *naturwiss.* und *biol.* E.stheorie; → Abstammungslehre.

Evzonen, ehem. königl.-griech. Leibgarde (mit Fez und Fustanella).

Ew., *Euer,* bei Titeln.

EWA, Abk. f. → *Europäisches Währungsabkommen.*

Ewe, Sudannegerstamm i. Togo u. Benin; auch Sprache.

Ewer, *m.,* Fluß- u. Küstenfischerfahrzeug.

Ewers, Hanns Heinz (3. 11. 1871–12. 6. ¹1943), dt. Schriftsteller; groteske u. grau-ige Erzählungen; *Alraune.*

EWG, Abk. f. → *Europäische Wirtschaftsgemeinschaft.*

Ewiger Jude → Ahasverus.

Ewiger Landfriede, die Abschaffung des Fehderechts durch Reichsges. Maximilians I. (1495).

EWS, Abk. f. *Europäisches Währungssystem,* 1979 von d. EG eingeführt (bis Okt. 1990 ohne Großbrit.), Recheneinheit ist d. → ECU, dient als Leitkurs, Rechengröße u. Investitionsinstrument, begrenzt d. Kursschwankungen der eur. Währungen untereinander.

ex [l.], aus; ehemalig (z. B. Exminister).

exakt [l.], genau.

exakte Wissenschaften, formulieren i. Aussagen in math. Begriffen u. überprüfen in Theorien a. d. Erfahrung (z. B. Mathematik, Physik, Chemie).

Exaltation, *w.* [l.], Überspannung des Gefühls, Willens.

exaltiert, überspannt.

Examen [l.], Prüfung.

examinieren, prüfen.

Exanthem, *s.* [gr.], Haut-E., → Ausschlag.

Exarch [gr.], **1)** in der griech.-orthodoxen Kirche Vertreter des Patriarchen; **2)** byzantin. Statthalter, sein Gebiet: **Exarchat** (z. B. 568–751 E. v. Ravenna in Italien).

Exaudi [l. „höre"], der 6. Sonntag nach Ostern.

exc., excud., Abk. f. *excudit* [l. „hat verfertigt"], steht auf Kupferstichen vor Namen des Stechers.

ex cathedra (Petri) [l. „vom Lehrstuhl Petri"], Bez. für endgültige Entscheidun-

gen des Papstes in Glaubens- und Sittenlehren; nach kath. Dogma unfehlbar.

Exceptio, *w.* [l.], im röm. Recht „Einrede" (z. B. E. *doli:* Arglist-Einrede). – **E. plurium,** Rechtssatz, wonach trotz Beiwohnung innerhalb der → Empfängniszeit e. Unterhaltsverpflichtung des Beischläfers nicht entsteht, falls in dieser Zeit auch Dritte mit der unehel. Mutter geschlechtlich verkehrt haben.

Exchange, *w.* [engl. *ıks'tʃeindʒ*], Tausch, Einwechseln von Geld in eine andere Währung; Börse.

Exchequer, *s.* [*ıks'tʃekə*], engl. Schatzkammergericht, *Chancellor of the E.* [*tʃɑːnsələ*], engl. Finanzmin. – **E. Bills,** engl. Schatzkammerscheine.

Exegese, *w.* [gr.], Text-, insbes. Bibelauslegung.

exekutieren [l.], vollstrecken, ausführen.

Exekution, *w.* [l.], **1)** *allg.* Ausführung, Vollstreckung; **2)** im Zivilprozeß bes. d. Zwangsvollstreckung eines Urteils, im Strafprozeß d. Vollzug d. erkannten Strafe (auch Hinrichtung); **3)** an d. Börse svw. *Zwangsregulierung:* kann ein Leerverkäufer (→ fixen) nicht liefern, so werden den d. Stücke zu seinen Lasten gekauft; nimmt Käufer nicht ab, so werden die Stücke für seine Rechnung verkauft.

Exekutive, *w.* [l.], staatliche Vollziehungsgewalt (i. Unterschied z. Gesetzgebung u. Rechtsprechung), etwa: Regierung; → Gewaltenteilung.

Exekutor, *m.,* Ausführer, Vollstrecker (z. B. eines Urteils, Testaments).

Exempel, *s.* [l.], Beispiel; Rechenaufgabe. – **E. statuieren,** warnendes Beispiel geben.

Exemplar, *s.* [l.], Einzelstück; Muster.

exemplarisch, vorbildlich; abschreckend (Strafe).

exemplifizieren [l.], mit Beispielen erklären.

Exemtion, *w.* [l.], Ausnahme, Befreiung von einer sonst allg. Last; *kirchenrechtl.* Befreiung eines Untergebenen von der Jurisdiktionsgewalt des nächsten kirchl. Vorgesetzten und unmittelbare Unterordnung unter einen höheren Vorgesetzten.

Exequatur, *s.* [l. „Er vollziehe!"], *Placet,* Zulassung e. Konsuls durch Empfangsstaat z. Ausübung s. Amtes.

Exequien [l.], *Exsequien,* liturgische Gebete in der kath. Kirche bei Beerdigungen.

exerzieren [l.], mil. üben.

Exerzitien, mehrtäg. geistl. Übungen z. Verinnerlichung u. Vertiefung d. rel. Lebens; bes. ausgebildet v. → Loyola.

Exeter, Hptst. der engl. Gft Devon, 96 000 E.

Exhaustor, *m.* [l.], **1)** Gebläse zum Absaugen v. Luft, Staub usw. f. Bergwerke, Mühlen, Trockenanlagen, Schiffe; → Strahlapparat; **2)** kleines Ansauggerät (z. B. beim Insektensammeln).

Exhibition, *w.* [l.], **1)** *allg.* öff. Ausstellg.; Darlegung; **2)** *jur.* d. Vorlegen, Vorzeigen v. Sachen; Zugänglichmachen e. Sache.

Exhibitionismus, krankhafter Trieb zur Selbstentblößung.

Exhumierung [l.], Leichenausgrabung, d. zuweilen zur Aufklärung von Verbrechen erforderlich ist.

Exil, *s.* [l.], Verbannung(sort).

Existentialismus [l.], phil. Richtung, die d. menschliche Existenz i. d. Mittelpunkt stellt u. alle Fragen nach Sein u. Sinn der Welt hierauf bezieht; Vorläufer: *Kierkegaard;* Hauptvertr. in Dtld: *Jaspers, Heidegger;* in Frkr.: Gabriel *Marcel* (christl. E.), Jean-Paul *Sartre* (atheist. E.).

existentiell, in Beziehung zum Dasein stehend, das persönl. Dasein erhellend; → Existentialismus.

Existenz, *phil.* d. Dasein, meist i. Unterschied z. → Essentia.

Existenzminimum, Einkommen, das zum bloßen **Existieren** (= Vorhandensein, Leben) gerade ausreicht; → Lebenshaltungskosten; → Lohnpfändung.

Exitus [l.], Ausgang; Abgang; Tod.

ex jure, von Rechts wegen.

Exklamation, *w.* [l.], Ausruf.

Exklave, *w.,* v. fremdem Staatsgebiet umschlossener Teil des eigenen Staates.

exklusiv, ausschließend (vornehm); f. sich abgeschlossen.

Exkremente, Ausscheidungen, Kot.

Exkrete, Ausscheidungen des tierischen, auch pflanzl. Organismus.

Exkurs, *m.* [l.], Abschweifung; gelehrte Abhandlung.

Exkursion, *w.* [l.], Ausflug; Streifzug; Lehrwanderung.

DANIEL CHODOWIECKI

Exlibris

Exlibris, *s.* [l. „aus den Büchern"], Bücherzeichen, meist künstler. gestaltet; s. d. 15. Jh. dem Buch eingefügter Zettel m. Namen (Wappen) d. Eigentümers.

Exmatrikulation [l.], Streichung aus dem Studentenverzeichnis (Matrikel) d. Uni. bei Abgang, Wechsel der Hochschule u. Abschluß des Studiums.

Exmission [l.], Verurteilung z. Räumung einer Wohnung oder eines Grundstücks.

Exodos, *m.* [gr.], Schlußgesang im griech. Drama.

Exodus [gr.], 2. Buch Mose im A. T. (Auszug aus Ägypten).

ex officio [l.], **ex offo,** von Amts wegen.

Exogamie, brauchtumsmäßige Heirat außerhalb e. soz. Gruppe; Ggs.: → Endogamie.

exogen [gr.], „von außen her stammend"; *biol.* u. *med.:* durch äußere Umstände bedingt; Ggs.: → endogen.

exorbitant [l.], außergewöhnlich.

Exorzismus [l.], die Austreibung böser Geister.

Exosmose → Osmose.

Exosphäre [gr.], äußerste Begrenzung d. → Atmosphäre.

Exoten [gr.], Pflanzen, Tiere, Menschen aus fernen Ländern.

exoterisch, für Nichteingeweihte allgemeinverständlich; Ggs.: esoterisch.

exotherm, chem. Vorgang, bei dem Wärme frei wird; Ggs.: → endotherm.

exotisch, fremdländisch, fremdartig, insbes. tropisch.

Expander, *m.* [l.], Trainingsgerät (Zugapparat) z. Stärkung d. Muskeln.

Expansion [l.], **1)** Ausdehnung (z. B. v. Gasen); **2)** E. d. Universums → Weltall.

expatriieren [nl.], die Staatsbürgerschaft entziehen; verbannen.

Expedient [l.], Abfertigungsbeamter, -angestellter.

expedieren, abfertigen; befördern.

Expedition, *w.* [l.], Beförderung; Versandabteilung; Forschungsreise.

Expektoration [l.], *med.* Auswurf.

Experiment, planmäßig ausgeführter u. kontrollierter Versuch zur Beantwortung von Fragen, zur Entscheidung einer Hypothese, z. Bestätigung e. Theorie.

experimentell, auf Experimenten beruhend: MPI f. *e.e Medizin* in Göttingen, f. *e.e Pathologie* in Köln.

Experte, *m., Sachverständiger.*

Expertensystem, *Wissensbasiertes System,* Computerprogramm, d. in einem eng begrenztem Spezialgebiet (z. B. medizinische od. techn. Diagnose, Konfigurierung v. Maschinen) Aufgaben ähnl. korrekt wie ein menschl. Experte löst u. fähig ist, seinen Schlußfolgerungsprozeß anzuzeigen („Erklärungskomponente"). Die Probleme müssen allerdings zunächst in e. computernahen Weise formuliert werden. – **E.Shell** [engl. „Schale"], Schlußfolgerungsmechanismus e. → Expertensystems; kann m. problemabhängigen Daten u. Regeln z. Expertensystem ergänzt werden.

Expertise, *allg.* sachverständige Begutachtung; *bei Kunstwerken:* Gutachten eines Experten über Echtheit; Zuschreibung, Datierung u. a.

explizieren, erklären.

explizite, ausdrücklich, Ggs.: implizite.

explodieren, (mit einem Knall) platzen.

exploitieren [frz.], ausbeuten.

Exploration, *w.* [l.], **1)** *allg.* Erforschung, Prüfung, Untersuchung; **2)** *geolog.* Suche v. Rohstoffen.

Explorer [engl. „Forscher"], umfangreiche am. Satellitenreihe, *E. 1* (1958) bis *E. 41* (1969), → Satellit, → Weltraumforschung.

Explosion, plötzl. Umsetzung chem. Verbindungen od. Gemenge d. **Explosivstoffe;** Zündung durch Schlag oder Erwärmung; starke Ausdehnung durch plötzliche Erwärmung (z. B. Nitroglyzerin, -cellulose, Trinitrotoluol).

Exponent, *m.* [l.], **1)** *math.* der erhöht geschriebene Grad einer → *Potenz* oder → *Wurzel;* **2)** *allg.* hervorstechender Vertreter einer Partei oder Richtung.

Exponential-funktion, math. Funktion von der Form $y = e^x$. – **E.gleichung,** Gleichung, deren Unbekannte i. Exponenten steht (z. B. $a^x = b$).

Exponential Smoothing [engl. *-pou-'nænʃl smuˇðɪŋ*], stochast. Verfahren zur Bedarfsvorhersage; dabei wird als neuer Vorhersagewert der zuletzt errechnete genommen u. ergänzt mit dem Glättungsfaktor α , der die Abweichung des zuletzt errechneten Vorhersagewerts vom tatsächl. Bedarfswert mit zum Ansatz bringt.

exponieren [l.], *allg.* aussetzen; hervorheben.

exponiert, gefährdet; freiliegend; hervorgehoben.

Export, *m.* [l.], die → Ausfuhr. – **E.tratten,** Finanzierungsmittel im Ausfuhrgeschäft.

Exposé, *s.* [frz.], Denkschrift; Entwurf.

Exposition, *w.* [l.], **1)** im Drama d. in Handlung u. Charaktere einführend. Szenen; **2)** *biol., med.:* einer natürl. (Umwelt-) oder künstl. (Versuchs-)Bedingung ausgesetzt sein.

Expreß- [l.], in Zus.setzungen: Eil ... *(E.zug, -bote).* – **E.gut,** wird mit der schnellsten Transportgelegenheit befördert.

Expressionismus, *m.* [frz. „expression = Ausdruck"], vorwiegend dt. Richtung in Kunst u. Literatur seit Anfang des 20. Jh., sucht statt äußerlich getreuer Wirklichkeitswiedergabe d. gesteigerten Ausdruck inneren, vom Zeitschicksal aufgewühlten Erlebens; Naturformen bzw. Satzgefüge werden „deformiert" (vereinfacht, abgekürzt, verzerrt), um ihre Erregungswerte zu betonen. *Malerei* warme Farben, harte, meist eckige Umrisse, Zweidimensionalität): Schmidt-Rottluff, Kirchner, Heckel, Nolde (1905 Künstlergem. „Die Brücke"), Kokoschka, → Beckmann (Abb.), → Hofer (Abb.) (→ Tafel Malerei IV, S. 351); *Plastik:* Barlach, Lehmbruck (→ Tafel Bildhauerkunst; Belling, Abb.); *Architektur:* Poelzig, Behrens, Höger, Mendelsohn; *Literatur:* Heym, Stramm, Kaiser, Sorge; *Musik:* Schönberg, Berg, Webern, Bartók, Strawinski, Hindemith.

expressis verbis [l.], ausdrücklich.

Expropriation [l.], svw. → Enteignung.

exquisit, auserlesen; vorzüglich.

Exsikkator, *m.,* Austrockner, Laboratoriumsgerät, enthält als Trockenmittel Calciumchlorid, konzentrierte Schwefelsäure, Silicagel.

Exspiration [l.], Ausatmung; Ggs.: Inspiration.

Exstirpation, radikale operative Entfernung v. Geschwülsten u. erkrankten Organen.

Exsudat, *s.,* entzündl. Ausschwitzung; Ggs.: Transsudat.

Extemporale, *s.* [l.], kurze, unangesagte schriftliche Prüfung in der Schule.

extemporieren, aus dem Stegreif *(ex tempore)* reden.

Extension, *w.* [l.], Ausdehnung. – **E.sverband,** Streckverband, bei Knochenbrüchen.

Extensität, *w.* [l.], Umfang.

extensiv, ausgedehnt.

extensive Wirtschaft, landw. Betriebsweise mit geringem Einsatz v. Kapital u. Arbeitskräften; Kosten u. Erträge sind niedrig; Voraussetzung: ausgedehnte Grundfläche; hpts. in kapitalarmen Staaten; Ggs.: *intensive Wirtschaft.*

Extensoren [l.], Streckmuskeln (→ Tafel Mensch, S. 348).

Exterieur, *s.* [frz.], das Äußere.

extern [l.], auswärtig, äußerlich.

externe Prüfung, Abschlußprüfung als Privatschüler an öff. Schule.

Externer, Schüler einer Heimschule, der nur den Unterricht besucht, aber außerhalb wohnt.

Externsteine

Externsteine, Sandsteinfelsen a. Teutoburger Wald, vor Karl dem Gr. angebl. Heiligtum der Sachsen; um 1115 christlich umgestaltet (Reliefs).

Exterritorialität [l.], nach dem Völkerrecht die Unabhängigkeit von der (Gerichts- und Steuer-)Hoheit des Aufenthaltsstaates. *Exterritorial* sind ausländ. Diplomaten m. Gefolge (auch deren Amts- u. Privaträume sowie Autos), Staatsoberhäupter, Truppen b. Durchmarscherlaubnis, Kriegsschiffe in fremden Gewässern, Mitgl. d. intern. Gerichtshöfe in Den Haag, beschränkt Konsuln.

Extertal (D-4923), Gem. i. Kr. Lippe, NRW, 11 988 E; div. Ind., Fremdenverkehr.

Extinktion [l.], **1)** Auslöschung (Schwächung) des Lichts durch Absorption in der Atmosphäre; **2)** *psych.* Schwund, Hemmung od. Löschung eines Gedächtnisinhalts bei mangelnder Verstärkung (z. B. Wiederholung, Belohnung, Belobigung); **3)** Ausrottung bzw. Aussterben v. Lebewesen.

extra [l.], außer; außergewöhnlich.

extragalaktisch, Bez. f. Himmelskörper außerhalb der Milchstraße.

extrahieren [l.], entfernen, ausziehen, -laugen.

extrakorporale Dialyse [l.-gr.], *künstliche Niere,* Blutentschlackung in Cellophankammer- od. Schlauchsystem b. → Urämie u. a. Koma-Zuständen sowie Vergiftungen.

Extrakte [l.], erhält man durch Behandlung *(Extrahieren)* v. pflanzl. u. tier. Rohstoffen m. Lösungsmitteln u. Eindampfen der Lösung.

Extraordinarius [l.], außerordentl. Professor.

Extrasystole, *w.* [l.-gr.], außerhalb d. normalen Herzrhythmus erfolgende Herzkontraktion (→ Herz).

extraterrestrische Forschung, phys. u. astronom. Beobachtungen aus Raketen od. Ballons in gr. Höhen, Vermeidung störender Einflüsse der Erdatmosphäre; MPI f. extraterrestrische Physik in München.

Extravaganz, *w.,* Übertreibung; aus dem Rahmen fallendes Verhalten.

extravertiert, *extrovertiert,* weltoffen, der Umwelt zugewandt; Persönlichkeitstyp bei C. G. → Jung u. H. J. → Eysenck; Ggs.: → introvertiert.

extrem [l.], äußerst, übertrieben.

Extremitäten, Gliedmaßen: Arme, Beine (Flügel, Flossen).

Extruder, *m.* [l.], Vorrichtung, die Kunststoffmasse zu Strängen od. Schläuchen preßt.

exzellent [l.], hervorragend, vorzüglich.

Exzellenz, Exz., Titel für hohe Beamte, Generale (Verleihung in Dtld bis 1919), kath. Bischöfe; Anrede im diplomat. Verkehr.

Exzenter, *m.,* Scheibe, d. sich um e. nicht in ihrem Mittelpunkt befindl. Achse

dreht; verwandelt Drehbewegung in Hinundherbewegung.

Exzentrik, *s.* [l.], komische Varietédarbietung.

exzentrisch, 1) *math.* mit verschobenem Mittelpkt; **2)** absonderlich, verstiegen.

Exzentrizität einer Ellipse od. Hyperbel, Maß für d. Abweichung v. d. Kreisform.

exzeptionell [frz.], außergewöhnl., ausnahmsweise.

exzerpieren [l.], einen Auszug, ein **Exzerpt,** machen.

Exzeß, *m.* [l.], Ausschreitung.

Exzision [l.], Ausschneidung.

Exzitanzien [l.], erregende (Reiz-)Mittel (z. B. Kaffee).

Eyck, die Brüder **1)** Hubert (um 1370–18. 9. 1426) u. **2)** Jan (um 1390–1441) *van E.,* Begr. d. altndl. (Öl-)Malerei; *Genter Altar* (→ Tafel Malerei I, S. 854); Jan auch Bildnismaler; Doppelporträt *Arnolfini-Hochzeit.*

Eylau → Deutsch-Eylau, → Preußisch-Eylau.

Eyre-See, größter Salzsee in S-Australien, sehr flach, von Salzwüsten u. Dünen umgeben, 16 muM; 9323 km² (trocknet zeitweise stark aus); 1840 entdeckt von *Edward John Eyre* (1815–1901), engl. Forschungsreisender.

Eysenck, Hans Jürgen (* 4. 3. 1916), brit. Psych. dt. Herkunft; Kritiker d. Psychoanalyse, Mitbegr. d. Verhaltenstherapie, Betonung d. → Vererbung v. Fähigkeiten (z. B. Intelligenz), Erforschung d. Persönlichkeitstypologie (Extraversion-

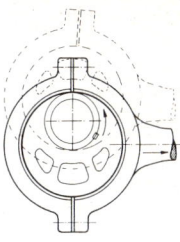

Exzenter

Neurotizismus); *Wege und Abwege der Psychologie.*

Eyskens, Gaston (1. 4. 1905–3. 1. 1988), belg. Wirtsch.wiss. u. Pol.; 1949, 1958–61 u. 1968–72 Min.präs.

Eyth, Max v. (6. 5. 1836–25. 8. 1906), dt. Ingenieur und Schriftsteller; Vorkämpfer der Landwirtschaftstechnik; entwickelte mit John *Fowler* den Dampfpflug; Begründer der Dt. Landwirtschafts-Gesellschaft.

Eyzies, Les [leze'si], Höhle in der Dordogne mit altsteinzeitl. Wandmalereien.

EZU, Abk. f. → *Europäische Zahlungsunion.*

Ezzelino da Romano (1194–1259), Schwiegersohn Friedrichs II., Haupt d. → Ghibellinen in N-Italien.

Ezzolied, *Gesang von den Wundern Christi;* frühmhd. Dichtung. In späterer Fassung von dem Bamberger Scholasten Ezzo (1063).

F, 1) *phys.* Abk. f. → *Farad* od. → *Fahrenheit;* **2)** *chem.* Zeichen f. → *Fluor.*
f, 1) *mus.* d. 4. Ton d. C-Dur-Tonleiter; **2)** *grammat.* hinter Hptwort = femininum [l.], weiblich; **3)** Abk. für → *forte.*
Fabbri, Diego (2. 7. 1911–14. 8. 80), it. Dramatiker; *Prozeß Jesu.*
Fabel, *w.* [l.], kurze, gleichnishaft belehrende Erzählung, oft in Gedichtform *(Tierfabel);* auch svw. der in einer Dichtung behandelte Stoff.
Fabian Society [engl. *'feɪbjən sə'saɪətɪ],* „Fabier", 1883 gegr. engl. Vereinigung mit sozialreformerischem Programm; Führer: Sidney u. Beatrice *Webb, Shaw,* H. G. *Wells.*
Fabier, altröm. Patrizierfamilie: **Quintus Fabius Maximus Cunctator** *(der Zauderer),* 217 v. Chr. Diktator, wich jeder Schlacht gegen Hannibal aus.
Fabius [*fa'bĭys*], Laurent (* 20. 8. 1946), frz. sozialist. Pol.; 1984–86 Min.präs.
Fabre [*fabr*], Jean Henri (23. 12. 1823–11. 10. 1915), frz. Entomologe.
Fabrik [l.], Produktionsstätte, in der Rohstoffe zu Halb- od. Fertigprodukten weiterverarbeitet werden. Hauptmerkmale: kapital- u. maschinenintensive Ausstattung, größere Anzahl von Arbeitern, fortgeschrittene innerbetriebl. Arbeitsteilung; überwiegende Fertigungsverfahren sind Werkstatt- u. Fließfertigung; die Massen- u. Serienfertigung von Produkten. – **F.marke,** *F.zeichen,* → *Warenzeichen.*
fabulieren [l.], Geschichten erfinden; lügen.
FACE, Abk. f. *Fédération des Associations des Chasseurs de la EEC* (Zusammenschluß der Jagdschutzverbände in der EG).
Face lifting [engl. *'feɪs-*], operative Beseitigung v. Hautfalten im Gesicht; → liften.
Facette [frz.], **1)** geschliffene Schräge an Diamanten, Spiegelflächen usw., erzeugt durch Brechung des Lichts ein Farbenspiel; **2)** der schräge Halterand f. Buchdruckplatten.

Facettenaugen, *Komplexaugen, Netzaugen,* die zusammengesetzten Augen d. Insekten.
Fächer-flügler, Insektenordnung; schmarotzen in u. an Bienen, Wespen, auch Wanzen, Zikaden u. Heuschrecken. – **F.palme,** Bez. für Palmen mit gefächerten, handförmig geteilten Blättern.
Fachingen, Dorf an der Lahn mit Mineralquelle: *Fachinger Wasser,* gg. Blasen- u. Harnleiden.
Fachschulen, Ausbildungsschulen f. best. Beruf mit mindestens einjähriger Dauer bei tägl. Unterricht.

Fachwerkbau

Fachwerkbau, leichtere Holzbauart, Rahmengerüst, d. m. Mauerwerk ausgefüllt wird: oft mit Schnitzereien.
Fackel, Leuchtkörper aus Holz, mit Werg umwickelt und zur Erhöhung d. Leuchtkraft mit Pech, Harz (Kien) getränkt; auch m. Magnesiumband umwickelt.
Fact-finding-Gespräche [*'fækt,faɪndɪŋ-*], Sachfragen klärende Informationsgespräche zur Einleitung von Verhandlungen.
Factoring [engl. *'fæktərɪŋ*], Ankauf von Forderungen durch *Factor* (Bank od. Factoring-Gesellschaft); eine Unternehmung z. B. verkauft ihre Außenstände unter Abzug der jeweiligen Factorgebühren an den F., um die finanziellen Mittel,

die in diesen Außenständen gebunden sind, kurzfristig zur Verfügung zu haben. *Offenes F.:* F.-Nehmer teilt seinen Kunden die Abtretung der Forderungen an den F. mit; *stilles F.:* keine Abtretungsbekanntgabe an die Kunden.
Facultas docendi [l.], Befähigung, Berechtigung zum Unterrichten in einem Schulfach.
Fadejew, Alexander (24. 12. 1901–13. 5. 56), sowj. Schriftst.; *Die Neunzehn; Die junge Garde.*
Faden, 1) früheres dt. Raummaß für Holz; **2)** *seem.* Längen-(Tiefen-)Maß: 1,852 m.
Fadenkreuz, zwei sich kreuzende „Spinnfäden" z. genauen Visieren in Zielfernrohren, astronom. u. mikroskop. Instrumenten.
Fadenwürmer, *Nematoden,* meist kleine, ungegliederte Rundwürmer; zahlreiche schmarotzende Arten; → Älchen, → Grubenwurm, → Madenwürmer, → Spulwürmer u. → Trichinen.
Fadingausgleich, bes. Schaltanordnung, gleicht → Schwund *(Fading)* automatisch durch Ändern d. Verstärkung (regelbare Elektronenröhre od. Transistor) aus.
Fado [*foðu*], portugies. Volksliedart, schwermütiger Sologesang.
Faënza, oberit. St., Prov. Ravenna, 54 500 E: Majolika- u. Steingutfabriken. → Fayence.
Fafnir, *Fafner,* in der nord. Sage Riese in Drachengestalt, der den Nibelungenhort bewacht; v. Sigurd (Siegfried) erschlagen.
Fagott, *s.* [it.], tiefes Holzblasinstrument v. näselndem, oft eigenwilligem Klang (Abb. → Orchester).
Fahd [*faxd*], Ibn Abdul-Aziz (* 1920), Kg v. Saudi-Arabien s. 1982 (als Kronprinz Reg.chef s. 1975).
Fähe, *Fehe,* das Weibchen der Haarraubwildes (Fuchs u. alle Marderarten).
Fahlerz, grauschwarzes Erz, Antimon, Kupfer, Silber, Zink, Quecksilber, Arsen, Schwefel, Eisen enthaltend.
Fahndung, amtl. Maßnahmen zur Ergreifung eines unbekannten oder flüchtigen Täters.

Fahne, 1) mil. Feldzeichen, besteht aus Fahnentuch, Stange u. Fahnenspitze. *Weiße F.:* Parlamentär- od. Kapitulationszeichen. *F. des Propheten:* grüne F. Mohammeds, in Istanbul aufbewahrte Reliquie. Truppen-F. der Bundeswehr, gestiftet 1964 vom Bundespräsidenten für alle Bataillone; **2)** Druckabzug von (un)korrigiertem Buchdrucksatz; **3)** svw. → Flagge.

Fahnen-eid, von Soldaten auf die Fahne geleisteter Treueid. – **F.flucht** → Desertion. – **F.junker,** Bez. f. Offizieranwärter im Rang e. Unteroffiziers; nächster Rang → Fähnrich.

Fähnlein, ältere Bez. für Truppenteil von 300–1000 Mann im 16. u. 17. Jh.

Fähnrich, im MA der Fahnenträger, heute Bez. f. Offizieranwärter i. Range e. → Feldwebels; *Ober-F.* Oberfeldwebel.

Fähre, Schiffsfahrzeug z. Übersetzen, freifahrend od. an Ketten u. Seilen (Rollfähre an Flüssen), die v. Ufer zu Ufer laufen, beweglich, wobei die F., schräg gg. die Strömung stehend, von ihr geschoben wird (→ Trajekt).

fahrendes Volk, im MA rechtlos umherziehende Gaukler u. Spielleute; auch „fahrende Schüler".

Fahrenheit, Gabriel Daniel (24. 5. 1686–16. 9. 1736), dt. Phys.; erfand → *Thermometer* mit der nach ihm benannten, noch teilweise in angelsächs. Ländern gebräuchl. F-Skala von 180°; Gefrierpunkt +32°, Siedepunkt 212 °F.

Fahrerflucht, svw. → Unfallflucht.

Fahrerlaubnis, svw. → Führerschein.

Fahrlässigkeit, *jur.* liegt vor, wenn Täter ungewollt, aber durch pflichtwidrige Unaufmerksamkeit eine Rechtsverletzung begeht (→ Verschulden); verpflichtet zum Schadenersatz, strafbar nur, wenn im Gesetz ausdrücklich bestimmt, u. bei Übertretungen.

Personen; Fahrkorb *(Kabine)* wird, an einem Drahtseil hängend, v. einem Elektromotor entlang einer Gleitschiene auf- u. abwärts bewegt; Eigengewicht des Fahrkorbs wird durch gegenläufig bewegtes Gewicht am anderen Seilende annähernd ausgeglichen; → Paternosteraufzug; **2)** Krankentransportmittel.

Fahrte, *w.,* Leiter (Bergmannssprache).

Fährte, Abdrücke d. Tritte d. Schalenwildes u. d. Auerhahns i. Boden; auch → Spur.

Fahrtenschreiber, in Kfz eingebauter kombinierter Apparat zum Registrieren der Fahrtgeschwindigkeit, der gefahrenen Kilometer u. der Haltezeiten unter genauer Angabe der Uhrzeit; in der BR für best. Kfz-Typen (Lkw ab 7,5 t, Omnibusse u. a.) gesetzl. vorgeschrieben; Beweismittel bei Unfällen; *F.-Kontrollen,* um zu verhindern, daß LKWs zu lange Strecken zurücklegen.

Fahrverbot, gerichtl. Maßregel, die bei Delikten im Zus.hang mit d. Führen e. Kfz für 1–3 Monate neben der Strafe verhängt werden kann; Führerschein bleibt f. d. Dauer des F.s in amtl. Verwahrung (§ 44 StGB); → Führerscheinentzug.

FAI, Abk. f. *Fédération Aéronautique Internationale,* Intern. Organisation f. Luftfahrt u. Flugwesen, 1905 gegr., Sitz: Paris.

Faible, *s.* [frz. *fε:bl*], Vorliebe für etwas.

Faijum, El, Oase (Prov.) in Oberägypten, fruchtb. Beckenlandschaft am Rand d. Libyschen Wüste; 1,14 Mill. E; Hptst. *Medinet el-F.,* 227 000 E.

fair [engl. *fεə*], fein, schön, redlich.

Fairbanks [*'fεəbæŋks*], St. in Alaska, Endpunkt d. Alaskabahn u. -straße, 73 000 E; Gold u. Kohle.

Fair Deal [*'fεə 'di:l*], Versuch → Trumans, 1949, in den USA das → New

Kgs Hussein v. Hedschas (1916–25), seit 1921 Kg von Irak; s. Enkel **2)** F. II. (2. 5. 1935–14. 7. 58), Sohn v. Ghasi I., seit 1939 Kg v. Irak; ermordet.

Faisal, Ibn Abdul Asis (1906–25. 3. 75), Bruder v. → Saud, 1964 dessen Nachfolger als Kg von Saudi-Arabien.

Fait accompli [frz. *fεtakõ'pli*], vollendete Tatsache; i. diplomat. Sprachgebrauch ein Tatbestand, der d. außenpol. Lage verändert u. v. anderen Staaten (widerwillig) anerkannt wird.

Fajans, Kasimir (* 27. 5. 1887), am. Physikochem. poln. Herkunft; *Soddy-Fajanssche Verschiebungsregel* i. d. Radioaktivität.

Fäkalien [l.], Kot.

Fakir [arab. „arm"], in Indien urspr. asketische Ordensbrüder (→ Jogi); heute meist vagabundierende religiöse Bettler u. Gaukler, etwa 3 Mill.

Faksimile, *s.* [l. „mache ähnlich"], genaue Nachbildung e. Zeichnung, Unterschrift usw. im Druck.

faktisch [l.], tatsächlich.

Faktor, *m.* [l.], **1)** *allg.* svw. Umstand, „das, was mitspricht"; **2)** *math.* Zahl, die mit einer anderen multipliziert wird; **3)** *beruflich:* **a)** Abt.-Leiter in Druckereien; **b)** *Zwischenmeister,* in d. → Heimarbeit Vermittler zw. Arbeiter und Unternehmer *(Feinsystem);* **c)** Leiter einer eur. Handelsniederlassung **(Faktorei)** in Kolonien.

Faktorenanalyse, statist. Verfahren zur Ermittlung v. grundlegenden Faktoren, die einer Vielzahl v. psych. od. soziolog. Meßwerten zugrunde liegen (z. B. Intelligenzfaktoren).

Faktorenaustausch, *Crossing-over,* wechselseitiger Austausch v. *Chromosomen* segmenten i. d. *Prophase* der 1. Teilung der → Meiose; durch F. können gekoppelte *Gene* getrennt werden.

Faktotum, *s.* [l. „mache alles"], für alles brauchbarer Mensch.

Faktum, *s.* [l.], Tatsache.

Faktur, *w.,* Aufbau eines Tonstücks.

Faktur|a, Rechnung.

Fakturenbuch, das Buch für die Rechnungen.

Fakultät [l.], **1)** Einteilung d. Hauptwissenschaften an Uni. (z. B. Theol., Phil., Jura, Medizin, Naturwiss.) u. ihr Lehrkörper; die Geschäfte e. F. führt d. → Dekan; gleiche Einrichtung an TH bzw. TU (z. B. Bau-, Maschinenwesen, Elektrotechnik); **2)** kirchenrechtl. Vollmacht; **3)** *math.* n Fakultät: *n* ! = 1·2·3·4·...·n.

fakultativ [nl.], nach freiem Ermessen, Belieben; Ggs: obligatorisch.

Falange [-*'laŋxe*], *Española Tradicionalista,* 1933 gegr., s. 1937 von → Franco geleitete faschist., national-syndikalist. Staatspartei in Spanien.

Falaschas, jüd. Volksstamm in Abessinien, ca. 80 000; stammen wahrscheinl. v. Juden aus der Zeit der ägypt. Gefangenschaft ab; 1984/85 nach Israel evakuiert.

Original-Drais-Laufrad (1817)

Erstes hölzernes Tretkurbel-Fahrrad von Fischer (1851)

Hochrad (1880)

Fahrrad, zweirädriges Straßenfahrzeug mit den Beinen über Pedale angetrieben; Vorläufer: → Draisine; wichtigste Teile: *Rahmen* aus nahtlos gezogenen od. gegossenen Stahlrohren, bewegl. *Vorderradgabel* mit *Lenkstange,* luftbereifte *Laufräder, Tretkurbel* mit *Kettenrad* u. *Pedalen* (Kraftübertragung auf das Hinterrad).

Fahrstuhl, 1) *Aufzug, Lift,* Vorrichtung z. senkrechten Beförderung v. Lasten od.

Deal zu erneuern. – Auch Bez. für das von Truman (als *Punkt-Vier-Programm*) 1949 aufgestellte Programm zur Hebung des Lebensstandards in rückständigen (kolonialen) Gebieten der Welt, von den Vereinten Nationen als UN-Programm *(World Fair Deal)* angenommen.

Fairneß, *w.,* **F.play,** *s.* [*-'plei*], ehrliches Spiel, ehrenhaftes Verhalten.

Faisal *(Feisal),* **1)** F. I. Ibn Hussein (20. 5. 1883–8. 9. 1933), Sohn d. späteren

falb, graugelb.
Falbe, falbes Pferd.
Falbel [frz.], gekrauster od. gefältelter Besatz.
Falconet [-kɔ'nɛ], Étienne-Maurice (1. 12. 1716–24. 1. 91), frz. Bildhauer d. → Louis-XVI-Stils; Reiterstatue *Peters des Großen.*
Falerner, altröm. Wein aus → Kampanien.
Falin, Valentin Michailowitsch (* 3. 4. 1926), sowj. Diplomat, 1971–78 Botschafter in Bonn, s. 1988 Leiter d. Intern. Abt. d. ZK.
fälische Rasse → Rasse, Übers.
Falk, 1) Adalbert (10. 8. 1827–7. 7. 1900), preuß. Kult.min.; führte den Bismarck den → Kulturkampf; **2)** Johannes (28. 10. 1768–14. 2. 1826), dt. Schriftst.; Goethe-Anekdoten; Lied: *O du fröhliche.*

Wanderfalke

Falken, 1) Greifvögel mit zahnförm. Haken am Oberschnabel; heimisch: *Turm-F., Baum-F., Wander-F.,* fangen ihre Beute entweder im Flug od. stoßen nach „Rütteln“ auf sie herab; **2)** Name d. Sozialist. Jugend, BR.
Falkenau, tschech. *Sokolov,* St. in NW-Böhmen, an der Eger, 29 000 E; Textil- u. Glasind., Braunkohle.
Falkenbeize, Jagd m. Falken (auch Habichten u. Sperbern) auf Federwild, bes. im MA beliebter Sport; der gezähmte Jagdfalke wird auf d. Faust getragen, v. d. aufgestülpten Lederkappe befreit u. an das aufgestöberte Wild geworfen; → Beize.
Falkenhorst, Nikolaus von (1885–1968), Generaloberst, 1940–1944 Oberbefehlshaber der dt. Wehrmacht in Norwegen.
Falkenstein (D-9704), St. i. Vogtland, Sa., 10 335 E; Textilind.
Falklandinseln ['fɔklənd-], *Malwinen,* brit. Kolonie, Gruppe v. über 100 Inseln im S-Atlantik, 12 173 km², 2000 E; Hptort *Port Stanley* (1200 E); Schafzucht, Ausfuhr von Tran, Wolle, Häuten, Fellen. – 1833 brit.; 1914 engl. Sieg über dt. Kreuzer unter Graf von Spee; 1982 v. Argentinien besetzt, mil. Konflikt m. Großbritannien.
Falkner, *Falkenier, Falkonier,* e. die → Falkenbeize Ausübender.
Falkonett, *s.,* leichtes Geschütz des 15. u. 16. Jh.
Fall, Leo (2. 2. 1873–16. 9. 1925), östr. Operettenkomp.; *D. fidele Bauer; D. Dollarprinzessin; D. Rose v. Stambul.*
Fall, *freier Fall,* phys. nach dem Erdmittelpkt gerichtete, gleichmäßig beschleu-

nigte Bewegung fallender Körper; Folge der *Schwerkraft.* – **F.gesetze**, 1609 v. → Galilei aufgestellt: Die Fallstrecke *s* ist in *t* Sekunden: $\frac{1}{2} g \cdot t^2$. Die Beschleunigung *g* beträgt etwa 9,81 m/s². F.geschwindigkeit *v* nach *t* Sekunden ist $g \cdot t$. Im luftleeren Raum fallen alle Körper gleich schnell.
Falla ['faʎa], Manuel de (23. 11. 1876–14. 11. 1946), span. Komp., vereinigt impressionist. Einflüsse u. span. Volksmusik; Ballett: *Der Dreispitz;* Opern.
Fallada, Hans, eigtl. *Rudolf Ditzen* (21. 7. 1893–5. 2. 1947), dt. Schriftst.; sozialkrit. Romane d. Neuen Sachlichkeit; *Kleiner Mann, was nun?; D. eiserne Gustav; Bauern, Bonzen u. Bomben; D. Trinker.*
Fälldin, Thorbjörn (* 24. 4. 1926), schwed. Pol.; s. 1971 Vors. d. Zentrumspartei, 1976–78 u. 1979–82 Min.präs.
Fallersleben, s. 1972 Stadtteil von → Wolfsburg.
fallieren [it.], zahlungsunfähig werden.
Falliment, *Fallissement,* → Konkurs.
Fallingbostel (D-3032), Krst. i. Rgbz. Lüneburg, Nds., 10 604 E; Kneipp-Heilbad, Leb.mittelind.
Fallout, *m.* [engl. 'fɔːlaʊt], 1) radioaktiver Niederschlag aus d. Explosionswolken v. Atombomben; 2) Ausdruck für ein Nebenprodukt, das durch d. Herstellung d. urspr. Hauptprodukts zufällig entsteht.
Fallreep, *s.,* mittels Auslegerkrans bewegl. Schiffstreppe zum An- u. Von-Bord-Gehen.
Fall River ['fɔːl 'rɪvə], St. im US-Staat Massachusetts, Hafen an der Mündung des Taunton, 92 000 E; Zentrum der Baumwollindustrie.
Fallschirm, aus Stoffbahnen z. Niederlassen von Personen od. Gegenständen aus Luftfahrzeugen; entfaltet sich selbsttätig od. durch Handbedienung; verlangsamt Fall auf 5 m/s; auch als *Bremsschirm* bei d. Landung schneller Flugzeuge od. Raumschiffe, automat. aus dem Heck entfaltet. – **F.jäger**, zu Luftlandeoperationen mit Luftlandungen u. zum Sprungeinsatz ausgerüstete u. ausgebildete Soldaten.
Fallstreifen, dünne faserige Wolkenfetzen, bes. häufig unter Kumulonimbus; → Wolken; aus d. Wolke fallender, die Erde nicht erreichender Niederschlag.
Fallsucht, svw. → Epilepsie.
Fallwild, auf natürlichem Wege verendetes Wild.
Falscheid → Eid.
Falschmünzerei, svw. → Münzverbrechen.
Falsett, *s.* [it.], durch bes. Kehlkopfstellung u. Atemführung aus der Brustresonanz isolierte → Kopfstimme.
Falsifikat, *s.* [l.], gefälschtes Stück; Fälschung.
falsifizieren, 1) (ver)fälschen in wiss. Theorie „als falsch erweisen“, Falsifikat; 2) eine Hypothese widerlegen; dazu: *Falsifikation;* Ggs.: verifizieren, Verifikation.

Falstaff, Sir John, lebenslustiger Ritter (Säufer u. Prahler) in Shakespeares *Heinrich IV.* u. d. Opern *Die lustigen Weiber v. Windsor* (Nicolai) u. *Falstaff* (Verdi).
Falster, dänische Ostseeinsel, 514 km², 46 000 E; „Obstgarten Dänemarks“; Hptst. *Nykøbing.*
Faltboot, Paddelboot mit faltbarer Haut über zerlegb. Bootsrippen; z. B. Klepperboot.
Faltengebirge → Gebirge.
Falter, svw. → Schmetterlinge.
Faltung, geolog. die durch seitl. Druck entstehende Zus.stauchung von Gesteinen, bes. in → Sedimentgesteinen u. → kristallinen Schiefern.
Falun, Hptst. d. schwed. Läns Kopparberg, 52 500 E; Eisenbahnwaggonfabrik, Kupferbergwerk (s. 13. Jh.).
Falz, ausgeschnittener Rand an Ziegeln, Steinen u. Brettern; umgebogener Rand b. Metallstücken, damit sie übereinandergreifen u. dicht zus.schließen.
falzen, *Buchwesen:* Zusammenlegen od. Brechen der Druckbogen.
Fama, *w.* [l.], Gerücht, Ruf, Gerede.
Famagusta, türk. *Gazi Mağusa,* Hafenst. i. türk. Nordzypern, 40 000 E; Fremdenverkehr; bes. St.-Nikolaus-Kathedrale (Moschee), Zitadelle.
Familie, 1) Gemeinschaft aufgrund gemeinsamer Abstammung (Verwandtschaft, Sippschaft) oder Ehe; 2) *Zoologie* u. *Botanik:* Zusammenfassung einer natürl. Gruppe nächstverwandter Gattungen.
Familien-buch, nach Eheschließung v. Standesamt angelegtes Buch, i. d. alle bedeutenden Angaben u. Änderungen d. Personenstandes eingetragen werden. – **F.diebstahl**, Diebstahl gegenüber Angehörigen, dem Vormund od. Personen, die m. d. Dieb in häusl. Gemeinschaft leben; wird nur auf Antrag verfolgt (§ 247 StGB). – **F.gericht**, Abteilung des Amtsgerichts, zuständig für Ehe- u. Familiensachen; die Parteien müssen bes. best. Streitigkeiten (z. B. das d. Ehescheidung u. die damit verbundenen Auseinandersetzungen) durch Anwälte vertreten sein. – **F.ministerium**, 1953 i. d. BR erricht. Min. z. Förderung d. F.; heute Min. f. Jugend, F. u. Gesundheit. – **F.namen**, i. Dtld im 12. Jh. zuerst beim Adel durch Wohnsitzbezeichnung mit von entstanden; auch gebildet durch Berufsbez. (*Müller*), körperl. u. geist. Eigensch. (*Faux, Fröhlich*), lokale Gegebenheiten (*Bach*); in Skandinavien u. Friesland Vornamen des Vaters mit Zusatz -son, -sen (*Hansson, Jenssen*); auch Latinisierung (*Schönschläger - Olearius*). – **F.recht**, umfaßt Eherecht, Rechte d. ehel. u. nichtehel. Kind., Annahme an Kindes Statt, Vormundschaft und Pflegschaft (§§ 1297 ff. BGB). – **F.therapie**, Form d. → Psychotherapie, bei der seel. Probleme als Folge v. gestörten Beziehungen zu Familienmitgliedern behandelt werden, wobei möglichst d. ganze

Familie an d. therapeut. Sitzungen teilnimmt.

Famulus, *m.* [l.], Gehilfe eines Gelehrten; auch → Medizinstudium.

Fan, *m.* [fæn], v. engl. *fanatic,* begeisterter Anhänger (z. B. Pop-F.).

Fanal, *s.* [it.], Feuer-, Leuchtzeichen.

Fanatiker [frz., v. l. „fanum = Heiligtum"], Schwärmer, intolerante Eiferer. **fanatisch,** blindwütig.

Fanck, Arnold (6. 3. 1889–28. 9. 1974), dt. Regisseur; Bergfilme; *Die weiße Hölle vom Piz Palü* (1929); *Der weiße Rausch* (1931).

Fandango, *m.,* span. Tanzlied mit Gitarren- u. Kastagnettenbegleitung im 3/4- od. 3/8-Takt.

Fanfani, Amintore (* 6. 2. 1908), it. Pol. (DC); 1958/59, 1960–63, 1982/83 u. 1987 Min.präs., 1968–73 u. 1976–82 Senatspräs.

Fanfare [it.], **1)** Trompetentusch (z. B. beim → Zapfenstreich), auch Hornsignal (bei der Jagd); **2)** irrtüml. für ventillose Trompete.

Fang, Fänge; *Jägersprache:* Krallen d. Greifvögel; Rachen, Eckzähne v. Hunden u. Raubtieren.

Fangheuschrecken, meist tropische Geradflügler; Vorderbeine sind Fangarme zum Packen der Beute; zu ihnen die → Gottesanbeterin.

Fango [it.], radioaktiver Heilschlamm z. Bädern u. **F.packungen,** bes. bei Rheuma u. Entzündungen.

Fangschnur, Abzeichen (Uniformkordel) f. Attachés, Protokolloffiziere, Fahnenbegleiter u. für alle Offiziere zum Gesellschaftsanzug.

Fangvorrichtung am Fahrstuhl, Schutzeinrichtung bei Seilbruch; auf Flugzeugträgern quer über das Flugdeck gespannte Bremskabel für d. Fanghaken des Flugzeugs.

Fanø, dän. Nordseebad auf der Insel *F.* (56 km², 3100 E) an der W-Küste Jütlands.

Fantasie, Tonstück in freier Form.

Fantin-Latour [fāt'ēlat'ur], Henri (14. 1. 1836–25. 8. 1904), frz. Maler d. Realismus; Porträts; allegor. Darstellungen bes. nach Motiven aus dem George Wagners; Genreszenen; *Atelier des Batignolles; Am Klavier.*

FAO, *Food and Agriculture Organization,* Sonderorganisation d. → Vereinten Nationen (Übers.) f. Ernährung u. Landwirtsch.; Sitz Rom, gegr. 1945.

Farad, *s.,* Einheit der el. Kapazität, abgek. *F,* Kapazität eines Kondensators, der bei Ladung mit 1 Coulomb seine Spannung um 1 V ändert; ben. nach → Faraday.

Faraday ['færədɪ], Michael (22. 9. 1791–25. 8. 1867), engl. Phys. u. Chem.; entdeckte die el. *Induktion,* die *Elektrolyse,* den *Diamagnetismus* u. den Zus.hang v. Licht u. Elektrizität; *Faradayscher Käfig,* käfigförm. Metalldrahtgitter, schirmt das Innere des *F. K.s* gg. Eindringen elektromagnet. Schwingungen ab.

Faradisation, Behandlung mit **faradischem Strom,** einem schwachen unterbrochenen Gleich- od. niederfrequenten Wechselstrom, bes. bei Lähmungen.

Farah Diba (* 14. 10. 1938), Witwe v. Schah Mohammed Reza → Pahlewi, 1967 z. Kaiserin von Iran *(Schahbanu)* gekrönt.

Farbbücher, *Buntbücher,* (urspr. engl. Brauch), Veröffentlichung diplomat. Akten in farbigem Umschlag (z. B. *Weißbuch* i. Dtld s. 1879, *Blaubuch* i. England, *Rotbuch* i. Dtld, i. den USA, *Gelbbuch* i. Frkr., *Grünbuch* i. Italien).

Farbdruck, *Buntdruck,* Herstellung farbiger Bilder durch Zus.druck v. Farbplatten; die dazu nötigen Druckvorlagen (Litho) werden durch Scanner hergestellt, die nur Komplementärfarben durchlassen; Druckplatten rot, blau, gelb eingefärbt: *Dreifarben-,* kommt schwarz hinzu: *Vierfarbendruck.*

Farbe, Empfindung, die durch Lichtreize spezif. *Frequenz* bzw. *Wellenlänge* bestimmt ist; „weißes" Licht (z. B. Sonnenlicht) läßt sich mit einem Prisma in Licht versch. Wellenlänge bzw. Frequenz zerlegen (Farbspektrum); Lichtempfindung beim Menschen von etwa 390–690 millionstel mm Wellenlänge; v. violetten Ende über Indigo, Blaugrün, Grün, Gelb, Orange bis z. roten Ende des Spektrums (→ Tafel Farben, S. 338).

Farbenblindheit, meist angeborene (rezessiv vererbt) Unfähigkeit, gewisse Farbunterschiede wahrzunehmen; meist *Rot-Grün*-Blindheit, selten Blau-Gelb- und totale F.

Farben-Helligkeits-Diagramm, → Russell-Diagramm.

Farbenindex, astronom. Bez. f. d. Differenz der i. zwei Farben gemessenen Helligkeit e. Sterns (z. B. Blau-Gelb-Helligkeitsdifferenz); → Dreifarbenphotometrie.

Farbenpsychologie, Erforschung v. Farbwirkungen auf d. Menschen (Anwendung z. B. bei der Raumgestaltung u. bei Persönlichkeitstests).

Färberei, Färbung v. Stoffen, Garnen u. Geweben durch Farbbäder, wobei die Farbstoffe entweder in die Faser einziehen *(→ Beizen)* od. erst durch Oxidation an d. Luft auf der Faser entwickelt u. fixiert werden *(Küpen-F.).*

Färberöte, Farbpflanze (Färberwurzeln, Krapp); früher zur Gewinnung von → Alizarin angebaut.

Farbfernsehen → Schaubild → Fernsehen (Übers. S. 254).

Farbfilm, lichtempfindl. fotograf. Film z. Aufnahme und Wiedergabe in natürl. Farben; farbige Projektionsbilder u. Schmalfilme, für Kino (Spielfilm) u. Papierbilder; Negativ-Positiv-Verfahren. → Farbfotografie; erste F.e waren handkolorierte Schwarzweißfilme. Auch → Film.

Farbfotografie (→ Tafel S. 338), Fotografie m. Farbfilmen zur Herstellung v.

Diapositiven u. Negativen (für Papierabzüge). Praktisch alle Farben sind durch *additive Mischung* der Grundfarben Blau, Grün u. Rot od. besser *subtraktiv* durch die Farben Gelb, Purpur u. Blaugrün reproduzierbar; die f. jede Einzelfarbe benötigten Emulsionsschichten wurden früher getrennt auf 3 Filmen belichtet (Herstellung von Farbauszügen durch 3 Aufnahmen mit Filtern nacheinander oder in Strahlenteilungs-Kamera). Heute fast ausschließlich *Dreischichtenfarbfilme,* die in jeder Kamera nur 1 Belichtung erfordern u. bei der Entwicklung in den 3 Schichten die 3 Farbteilbilder ergeben. Bei Umkehrentwicklung entsteht ein Farbpositiv mit richtigen Farbwerten u. Farben *(Farbdia),* b. Negativentwicklung ein Farbnegativ mit umgekehrten Farbwerten u. komplementären Farben. Vom Farbdia können farbige Duplikate u. Papierbilder, vom Farbnegativ farbige Durchsichts- u. Papierbilder, auch vergrößert od. verkleinert, hergestellt werden. Verfahren: additive Spreizverfahren, Kornraster- u. Linienrasterverfahren (veraltet); subtraktive Verfahren mit Farbstoffaufbau *(Kodachrome, Ektachrome, Agfacolor* usw.), mit Farbstoffablaß *(Gaspacolor, Cibacolor)* od. mit Einfärbung durch fertige Farbstoffe *(Technicolor).*

Farbstich, *Farbenkupferstich,* Abdruck von Farbdruckplatten versch. übereinander; dagg. *kolorierter Kupferstich,* nachträgl. m. Aquarellfarben ausgemalter einfarbiger Druck.

Farbstoffe, lösliche Farbmittel, geben anderen Körpern Farbe durch Beimischung (pflanzl., tier., mineral. u. künstl. F.); aus Steinkohlenteer gewonnene F.: *Teerfarben;* unlösliche Farbmittel → Pigment.

Farbtemperatur, Charakterisierung der Lichtzus.setzung einer Lichtquelle in → *Kelvin* (K); je höher die F., desto größer der Anteil blauer und violetter bzw. ultravioletter Strahlung; je niedriger die F., desto mehr Gelb und Rot. Tageslicht u. Elektronenblitz 5500–6000 K, Glühlampen 2000–2500 K; dementsprechend Tages- u. Kunstlichtfilme und -blitze.

Farbwechsel, Änderung der Körperfärbung bei manchen Tieren, die a) Veränderung des *Pigmentstoffwechsels* langsam, b) durch *Verteilungs* veränderung vorhandenen *Pigments* sehr schnell erfolgen kann; beim Paarungsspiel, als Schreckmittel u. zur Anpassung an Untergrund.

Farce, *w.* [frz. *fars(ə)*], **1)** burleskes Zwischenspiel in Tragödie, Posse, Schwank, Scheinhandlung (seit ca. 1420); **2)** gehackte (Fleisch-)Füllung.

Farm, landw. Betrieb, Landgut.

Farmer, Landwirt, bes. in Amerika.

Farne, *Farnkräuter,* Hauptgruppe d. Gefäßkryptogamen, staudig, seltener baumartig; ungeschlechtl. Vermehrung durch „Sporen", die sich an Blattunterseiten

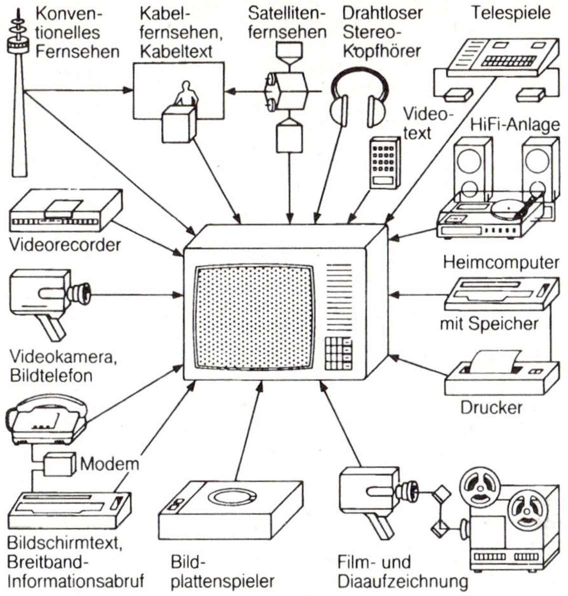

```
Konven-        Kabel-        Satelliten-   Drahtloser    Telespiele
tionelles      fernsehen,    fernsehen     Stereo-
Fernsehen      Kabeltext                   Kopfhörer
                                           Video-
                                           text        HiFi-Anlage

Videorecorder
                                                        Heimcomputer

                                                        mit Speicher
Videokamera,
Bildtelefon

                                                        Drucker
         Modem

Bildschirmtext,
Breitband-                   Bild-         Film- und
Informationsabruf           plattenspieler Diaaufzeichnung
```
Vielfältige Nutzungsmöglichkeiten des Farbfernsehers

oder an bes. Blättern bilden; aus ihnen entstehen unscheinbare Pflänzchen (Vorkeim), die Geschlechtsorgane tragen; aus befruchteter Eizelle wieder eigtl. Farnpflanze (→ Generationswechsel).
Farnese, it. Adelsgeschlecht: **1)** Alessandro, als Papst Paul III. 1534–49, leitete den Ausbau der Peterskirche; s. Enkel **2)** Alessandro (27. 8. 1545–3. 12. 92), 1578 span. Statthalter der Niederlande. – **Palazzo F.,** Renaissancepalast (16. Jh.) i. Rom f. Papst Paul III. v. Michelangelo u. a. – **F.-Sammlungen,** jetzt i. Neapel, m. bed. Skulpturen aus d. Antike. – *Farnesina* → Chigi.
Farnesina, Villa in Rom (1508–11) mit Raffaelfresken.
Färöer, *Færøer, Schafinseln,* dän. Inseln im Atlant. Ozean, 1399 km², 47 700 E; Landessprache: Neu-Färisch; Rel.: ev.-luth.; Fischerei, Wal-, Vogelfang; Schafzucht; Braunkohle; Hptst. *Thorshavn* (14 000 E). – Seit 1380 dän., 1948 Teilautonomie (nicht Mitgl. d. EG).
Farre, *Farren,* zuchtreifer Stier.
Fars, *Farsistan,* iran. Prov. am Pers. Meerbusen, 133 298 km², 3,2 Mill. E; heißer Küstenstrich, dahinter Hochebene mit Kontinentalklima; Hptst. *Schiras.*
Färse, junge Kuh, die noch nicht gekalbt hat.
Farthing [ˈfaːðɪŋ], (jetzt ungültige) kleinste engl. Münze, ¼ Penny.
Faruk I. (11. 2. 1920–18. 3. 65), 1936–52 Kg v. Ägypten.
Fas, *s.* [l.], altrömisches Sakralrecht.

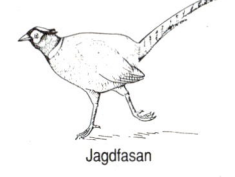
Jagdfasan

Fasanen, asiat. Hühnervögel mit langem Schwanz, Männchen mit buntem Gefieder; seit langem in Europa; *Edel-* od. *Jagd-F.,* urspr. vom Schwarzen Meer bis Japan, in Fasanerien für Jagdzwecke gezüchtet; China: *Gold-, Silber-* u. *Amherst-F.; Glanz-F.* im Himalaja.
Fasces [l. „Ruten"], den → Konsuln u. Kaisern im alten Rom von d. *Liktoren* vorangetragene Rutenbündel mit e. Beil in d. Mitte als Zeichen d. Macht über Leben u. Tod; Hoheitsabz. d. it. Faschismus.
Faschinen [it.], aus Reisigbündeln (Weidenruten) hergestellt, zur Uferbefestigung und Dränierung.
Fasching, *Karneval,* Zeit der Ausgelassenheit v. Dreikönigstag bis Aschermittwoch; Maskentreiben; wird erstmals 1823 in Köln gefeiert, dann ab 1838 in Mainz, später noch in Düsseldorf, München u. anderen Städten.
Faschismus, 1) *it. pol. Bewegung,* aus 1919 v. → Mussolini gegr. „Fascio di Combattimento" hervorgegangen, urspr. Kampfbund gg. linksradikale Parteien; nach Marsch auf Rom Mussolini 1922

Min.präs.; 1925 nach Staatsstreich Diktator mit d. Bez. *Duce;* anstelle d. Parlaments d. v. ihm ernannte „Große Faschistenrat"; rücksichtslose Unterdrückung d. Opposition; nationalist.-imperialistische Politik („Achse Berlin–Rom", Abessinienkrieg, 2. Weltkrieg), Ende d. F. durch Staatsstreich v. Marschall Badoglio 1943 nach Landung d. Alliierten i. Italien; **2)** *allg.* Bez. f. totalitäre nationalist. Bewegung u. Reg.systeme; → Neofaschismus.
Faschoda, seit 1905 *Kodok,* Ort im Sudan am Weißen Nil; *F.-Vertrag* (1899) zw. England u. Frkr., das auf d. ganze obere Niltal verzichtet.
Fasern, *Textilfasern,* textile Rohstoffe, entweder v. begrenzter Länge (F., Haare) od. prakt. endlos lang (Seiden). *Natur-F.* sind pflanzl. (Baumwolle, Hanf u. a.), tier. (Wollen, Seiden) od. mineral. (Asbest, Glas) Herkunft. → Chemiefasern.
Faseroptik, Verwendung von Glasfastränngen zur Leitung von Lichtstrahlen; weites Anwendungsgebiet in Medizin u. Technik, da Glasfaserstränge Lichtstrahlen ohne Spiegel- od. Umlenkprismen durch beliebige Kurven und um Ecken leiten.
Faserstofftechnik, Verfahren z. Gewinnung natürl. od. künstlicher → Fasern od. z. Verarbeitung zu Flächengebilden (→ Papier, → Weberei).
fashionable [engl. ˈfæʃnəbl], vornehm.
Fasold, Riese der dt. Heldensage, von Dietrich von Bern bezwungen.

Fassade [frz.], die (geschmückte) Schauseite von Gebäuden; daher svw. das Äußere.

Fassbaender, Brigitte (* 3. 7. 1939), dt. Altistin.

Faßbinder, Rainer Werner (31. 5. 1945–10. 6. 82), dt. Regisseur u. Schriftst.; *Katzelmacher* (1969); *Der Händler d. vier Jahreszeiten* (1971); *Angst essen Seele auf* (1973); *E. Jahr m. 13 Monden* (1978); *D. Ehe d. Maria Braun* (1979); *Berlin Alexanderplatz* (1979/80, Fernsehserie); *Querelle* (1982).

Fasson, w. [frz. -'sõ], Form; Art u. Weise; Muster; Schnitt und Ausführung eines Kleidungsstückes.

Fassung, 1) Befestigung; z. B. von Linsen im Fernrohr, Glühlampen im Sockel, Edelsteinen im Schmuckstück; 2) Bemalung an Plastiken; 3) Textformulierung, bes. bei Gesetzen, Dichtungen; 4) *psych.* (gefaßtes) Verhalten.

Fasten, freiwill. Nahrungsentzug als rel. Mittel in fast allen Religionen: bei Juden (Versöhnungstag), Mohammedanern (Ramadan), Christen (ursprüngl. 40 Tage Fastenzeit, heute 2 Tage vor Ostern). – **F.kuren,** Nahrungsentzug f. best. Zeit; entlastet d. Verdauungs- u. Harnapparat sowie Herz- u. Kreislauf.

Fastnacht, südwestdt. Bez. für → Fasching. – **F.sspiele,** kleine Schwänke, bes. von *Hans Sachs.*

Faszie, w. [l.], bindegewebige Hülle der Muskeln und deren sehnenartige Fortsetzung.

Faszikel, m. [l.], (Akten-)Bündel.

faszinieren [l.], bezaubern, fesseln.

Fatalismus, Glaube, der Wille sei ohnmächtig, da das Schicksal *(Fatum)* vorherbestimmt sei.

Fata Morgana [it.], → Luftspiegelung.

Fatima, jüngste Tochter Mohammeds (um 610–632), Gemahlin des Kalifen Ali; deren Nachkommen die **Fatimiden,** arab. Dynastie 909–1171 in Ägypten (Kairo), Nordafrika und Syrien.

Fatima, Wallfahrtsort in Portugal, 7200 E, Muttergottesvisionen dreier Hirtenkinder im Jahre 1917.

Fatum, s. [l.], (unabänderlich bestimmtes) Schicksal.

Faubourg, m. [frz. fo'bur], Vorstadt, -ort.

Faulbaum → Rhamnaceae.

Faulhaber, Michael v. (5. 3. 1869–12. 6. 1952), 1917 Erzbischof v. München, 1921 Kardinal.

Faulkner ['fɔːknə], 1) Arthur Brian Deane, Lord (18. 2. 1921–3. 3. 77), nordir. Pol.; 1971/72 Premiermin., 1973/74 Chef d. Exekutive N-Irlands; 2) William (25. 9. 1897–6. 7. 1962), am. Prosadichter; behandelt soz. (bes. Rassen-)Probleme der S-Staaten; *Schall u. Wahn; Licht im August; Absalom; Eine Legende; Requiem für eine Nonne;* Nobelpr. 1949.

Fäulnis, Zersetzung organ. stickstoffhaltiger Stoffe durch Bakterien ohne Sauerstoffzutritt.

Faulschlamm, unter Sauerstoffmangel sich zersetzende Pflanzenreste am Grunde nährstoffreicher Gewässer (→ Eutrophierung); fauliger Geruch durch Schwefelwasserstoff.

Faultiere, Säuger; → Zahnarme; hängen mittels Krallen an Baumästen; Pflanzenfresser; sehr langsam; Süd- und Mittelamerika. *Dreifinger-F. (Aï)* u. *Zweifinger-F. (Unau); Riesen-F.* ausgestorben.

Fauna [l.], die Tierwelt.

Fauré [fo're], Gabriel (12. 5. 1845–4. 11. 1924), frz. Komp.; Musikdrama *Pénélope;* Chorwerke (u. a. *Requiem*), Orchester- u. Kammermusik, Lieder.

Faust, Dr. Johannes, sagenhafter Zauberer des 16. Jh.; verschrieb d. Teufel seine Seele; Held des dt. Volksbuchs (1587), ins Englische übersetzt, danach Marlowes Drama; im 17. u. 18. Jh. Puppenspiel, Quelle für Lessing u. Goethe, bei dem Faust zum Sinnbild menschl. Erkenntnis- u. Unendlichkeitsdranges wird; neuere Bearbeitungen v. Lenau, Valéry u. Th. Mann.

Faustball, heute kaum noch übliche Variante des → Volleyball.

Fäustel, Hammer d. Bergleute.

Faustkeil, meist aus Feuerstein od. Quarzit, altsteinzeitl. Gerät (Abb. → Tafel Vorgeschichte).

Faustpfand → Pfandrecht.

Faustrecht, im MA Recht der Selbsthilfe bei Versagen der gültigen Rechtshilfe.

Fauteuil, m. [frz. fo'tœj], Arm- u. Lehnsessel.

Fauvismus [frz. fo'v-], Richtung der nachimpressionist. frz. Malerei, ähnlich dem dt. Expressionismus; Gruppe „Les Fauves" (die Wilden), bes. 1905–07, setzt anstelle d. Tupfengewebes der Impressionisten ungebrochene Farbflächen u. kräftige dunkle Konturen; Vertr. u. a. *Matisse, Derain, Vlaminck.*

Fauxpas, m. [frz. fo'pa], Verstoß gegen die Sitten.

Favoris [frz.], Backenbart.

favorisieren [frz.], begünstigen.

Favorit, m. [it.], Günstling; voraussichtl. Sieger eines Wettkampfes.

Favoritin, Geliebte eines Fürsten.

Favre [favr], 1) Jules (21. 3. 1809–19. 1. 80), frz. Staatsmann; stürzte → Napoleon III., unterzeichnete 1871 Frieden mit Dtld; 2) Louis (26. 1. 1826–19. 7. 79), schweiz. Ingenieur; Erbauer des St.-Gotthard-Tunnels.

William Faulkner

Fawkes [fɔːks], Guy, Haupt d. → Pulververschwörung; 1606 hingerichtet.

Fayence

Fayence, w. [frz. fa'jãs], s. 15. Jh. nach d. it. St. *Faënza* benannte Töpferwaren, undurchsichtig, naturfarben, oft bemalte Blei- od. Zinnglasur. Auch → Majolika.

Fäzes [l.], Stuhl, Kot.

Fazetien [l. „Scherze"], Schwänke, Schnurren.

fazial [l.], zum Gesicht gehörig.

Fazialis, Gesichtsnerv, vermittelt d. Bewegung d. mimischen Muskulatur. – **F.lähmung,** Gesichtslähmung.

Fazies [-ïəs], *geolog.* Gesamtheit d. verschiedenen Faktoren (phys., chem. u. biol.) bei d. Gesteinsbildung.

Fazit, s. [l.], Ergebnis; Endsumme.

FBI, Abk. f. *Federal Bureau of Investigation,* Bundeskriminalamt d. USA, 1908 gegr.

FCKW → Fluorchlorkohlenwasserstoffe.

FDGB → Gewerkschaften, Übers.

FDJ → Jugendverbände.

F.D.P., *Freie Demokratische Partei,* → Parteien, Übers.

Fe, *chem.* Zeichen f. → *Eisen* (lat. *ferrum*).

Feature, s. [engl. 'fïtʃə], i. Funk u. Fernsehen: Gestaltung eines an sich undramatischen Stoffes durch akustische u. filmische Mittel (mehrere Sprecher, Musik, Geräusche).

febril [l.], fieberhaft.

Februar, nach dem röm. Reinigungsfest *Februa* ben.; 2. Monat (28, im Schaltjahr 29 Tage); altdt. *Hornung.* – **F.aufstand,** 1934 durch d. östr. Sozialisten gegen die Regierung → Dollfuß. – **F.revolution, 1)** 24. 2. 1848, Sturz Ludwig Philipps und Errichtung der 2. frz. Republik; **2)** 23. 2. (8. 3.) 1917 in Petrograd; Rußland wurde de facto Republik.

fec., Abk. f. *fecit* [l. „hat (es) gemacht"], auf Kunstwerken, hinter d. Namen des Künstlers.

Fechner, Gustav Theodor (19. 4. 1801–18. 11. 87), dt. Phil., Vertr. d. induktiven

Metaphysik; lehrt, daß jedem körperl. Vorgang ein geistiger parallel geht (psychophys. Parallelismus, → *Weber-Fechnersches Gesetz*).

fechten, mit Fechtwaffen *(Florett, Säbel, Degen)* im Zweikampf einander (sportlich) bekämpfen; Ziel im Fechtsport: durch Hieb od. Stoß den Gegner zu treffen bzw. Angriffe m. eigener Waffe abzuwehren; Fechter ist geschützt durch Maske, wattierte Fechtjacke, Polsterhandschuh, Ellbogenschutz; Treffer werden gewertet v. oberen Kragenrand bis z. Leistenfurche (f. Florett), oberhalb d. Hüfte einschließl. Kopf u. (für Säbel), ganzer Körper (für Degen). Auch → Mensur.

Fechter, Paul (14. 9. 1880–9. 1. 1958), dt. Schriftst. u. Kritiker; *D. Zauberer Gottes.*

Fedaijin [arab. „die Opferbereiten"], s. 1965 arab. Sammelbez. f. die antiisrael. Guerillaorganisation → PLO.

Feder, 1) hornartiges Oberhautgebilde der Vögel, besteht aus Kiel, Schaft u. Fahne; man unterscheidet: *Deck-, Daunen-, Schwung-* u. *Steuerfedern;* **2)** Tech-

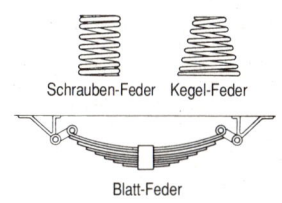

Schrauben-Feder   Kegel-Feder

Blatt-Feder

nik: elast. Metallstreifen od. Draht; gebogen, spiralig od. schraubenförmig aufgewickelt, um Zug od. Druck auszuüben od. aufzufangen; meist a. Stahl.

Federal Reserve System [*'fedərəl n'zəv 'sıstm*], 1913 gebildete Bankenorganisation d. USA, gegliedert in 12 Gebiete mit je einer Bundes-Reserve-Bank *(Federal Reserve Bank)* als bankmäßiger Spitze d. dezentralisierten Banksystems d. USA; d. Bundes-Reserve-Banken sind zugleich die Notenbanken d. USA.

Federgewicht, Gewichtsklasse, beim Boxen bis 57 kg, Ringen bis 63 kg, Gewichtheben bis 60 kg, Judo bis 57,5 kg, Rasenkraftsport bis 65 kg.

Federgras, in Trockengebieten Europas, Asiens u. Afrikas. ◆

Federlinge, lausähnliche Insekten, schmarotzen auf Vögeln u. Säugetieren.

Federmotten, Kleinschmetterling, Puppen meist im Gespinst am Baum.

Federnelke, *Pfingstnelke,* rosa Blüte, auch Zierpflanze. ◆

Federsee, i. F.moor, SW-Wü. (Oberschwaben), m. vorgeschichtl. i. Torf erhaltenen Siedlungsresten; Naturschutzgebiet.

Federspiel, Flugwildattrappe (Lockvogel) zum Zurückholen des jagenden Beizvogels (Falken).

Federstahl, Stahl mit besonders hoher Elastizität.

Federvieh, landw. Nutztiere, zahmes Geflügel (Hühner, Enten, Gänse usw.).

Federwaage, d. Last drückt eine Feder zusammen od. spannt sie und bringt so e. Zeiger zum Ausschlag.

Federweißer, gärender Most (in Östr. *Sturm*).

Federzüge, schriftartige Druckornamente.

Fee, guter od. böser weibl. Geist in oriental., roman. u. kelt. Sagen; vom dt. Märchen übernommen.

Feedback, *s.* [engl. *'fi:dbæk* „Rückfütterung"], **1)** Regelung techn. u. biol. Vorgänge; Prinzip: steuerndes Organ durch Rückmeldung über den tatsächl. Zustand d. zu regelnden Vorgangs zu informieren. → Rückkopplung, → Regelkreis, → Kybernetik; **2)** *psych.* Rückmeldung eigener Gefühlsreaktionen auf d. Verhalten eines anderen; → Gruppentherapie.

Feerie [*fea'ri*], prächtiges Ausstattungsstück m. märchenhafter Handlung (bes. b. → Raimund).

Fegefeuer, lat. *purgatorium,* nach kath. Lehre Zustand, an dem sich d. Seelen zw. Tod u. Auferstehung zum Zweck d. Läuterung befinden.

Feh, Winterpelz des sibir. Eichhörnchens.

Fehde [mhdt.], im MA kriegerische Selbsthilfe, durch **F.brief** entweder schriftlich, sonst durch symbol. Hinwerfen des **F.handschuhs** eröffnet; d. allmählich entstandene **F.recht** regelte Kriegsverfahren; unter Maximilian I. durch Verkündung des allg. Landfriedens abgeschafft.

Fehldruck, fehlerhafter Druck von Wertpapieren u. Briefmarken; bedeutend für Sammler.

Fehlgeburt → Abort.

Fehling, Hermann Ch. von (9. 6. 1811–1. 7. 85), dt. Chem.; nach ihm *F.sche Lösung* (z. Nachweis v. Traubenzucker).

Fehmarn, kornreiche Ostseeinsel, Schl-Ho., waldlos und flach, 185 km², 12 000 E; Hptort *Burg* (5608 E). – F.-Belt → Belt.

Fehmarnsund-Brücke, s. Mai 1963 Verbindungsstrecke (Straße, Schiene, Fähre) zw. Fehmarn u. dem dt. Festland. → Vogelfluglinie.

Fehn [holl.], *Fenn, Venn, Veen,* Sumpf, Moor, bes. in Ostfriesland u. Ndl.; → Hohes Venn. – **F.kultur** → Moorkultur 2a).

Fehrbellin (D-1953), St. im Kr. Neuruppin, Bbg., 3000 E. – Sieg d. Großen Kurfürsten hier über d. Schweden 1675.

Fehrenbach, Konstantin (11. 1. 1852–26. 3. 1926), dt. Zentrumspol.; 1919 Präs. d. Nat.vers., 1920/21 Reichskanzler.

Feichtmayr, *Feuchtmayer,* süddt. Künstlerfamilie d. Spätbarock u. Rokoko: Bildhauer u. Stukkateure; u. a. Johann Michael (um 1709–4. 6. 72), Stukkaturen

z. B. der Kirchen in *Zwiefalten, Ottobeuren, Vierzehnheiligen.*

Feiertage, a) *religiöse F.:* **1)** gesetzliche F. in *Dtld:* Neujahr, Karfreitag, Ostern, Christi Himmelfahrt, Pfingsten, Weihnachten; außerdem länderweise verschieden u. z. T. jeweils nur f. überwiegend kath. bzw. ev. Gemeinden: Epiphanias, Fronleichnam, Mariä Himmelfahrt (15. 8.), Allerheiligen (1. 11.), Reformationsfest, Buß- u. Bettag u. a.; **2)** *isr. F.:* Passah (Ostern), Wochen-, Laubhüttenfest, Neujahr, Versöhnungstag; **3)** *mosl. F.:* großer u. kleiner Bairam; **b)** *Gedenktage* für berühmte Personen und geschichtl. bedeutsame Ereignisse; → Nationalfeiertage.

Feige

Feigenbaum, Baum m. süßen Früchten aus d. Mittelmeerländern; weitere Arten in d. Tropen; verwandt dem → Gummibaum.

Feigenkaktus, svw. → Opuntie.

Feigwarzen, *Kondylome,* warzenähnl. Erhebungen der Haut in der Umgebung der Geschlechtsteile.

Feile, Werkzeug aus Stahl mit eingehauenen schräggestellten Schneidkanten („Hieb") z. Metall-, Holzbearbeitung usw. durch Abhebung von Spänen.

Feim, *m.,* Feime, *w.,* Feimen, *m.,* → Miete.

Feindstaatenklausel, aus Art. 53 u. 107 d. UN-Charta v. d. UdSSR nach Ende des 2. Weltkr. abgeleitetes Recht z. Intervention i. d. BR, auf d. sie erst im dt.-sowj. Vertr. v. 1970 verzichtete.

Feingehalt, Verhältnis des Edelmetalls zum Gesamt-Metallgewicht in Legierungen; bei Gold in Tausendteilen oder Karat ($^{1000}/_{1000}$ = 24 Karat), bei Silber auch in Lot ($^{1000}/_{1000}$ = 16 Lot); dt. Goldmünzen erhielten $^{900}/_{1000}$ F.

Feininger, Lyonel (17. 7. 1871–13. 1. 1956), dt.-am. Maler, 1919–33 am Bauhaus in Weimar u. Dessau, s. 1937 wieder in New York, Hptvertr. d. dt. Kubismus: verbindet geometr. Formen m. Licht- u. Raumwirkungen: Landschaften u. Städtebilder.

Feinkeramik, Herstellung von Irdengut (Töpferware, Steingut), Sinterzeug (Steinzeug, Porzellan), sanitärer u. techn. Keramik, Isolatoren u. Isolierteile. Umsatz d. feinkeram. Ind. in der BR 1983: 3,44 Mrd. DM.

Feinstrukturkonstante, v. → *Sommerfeld* eingeführte dimensionslose → Konstante d. theoret. Physik, gebildet aus elektr. Elementarladung, (Planckschem Wirkungsquantum (→ Quantentheorie) u. → Lichtgeschwindigkeit; reziproker Wert mit ca. 137 nahezu ganzzahlig.

Feinzink, meist elektrolytisch hergestelltes Zink mit über 99% Gehalt reinen Zinks.

Feisal → Faisal.

Feist, *s.,* das Fett bei Schalenwild (außer Schwarzwild).

Feiung, svw. → Immunität.

Felbel, *m.* [it.], langhaar. pelzähnl. Samt f. Hüte.

Felchen, *m.,* lachsart. Fisch, → Renken.

Feld, *phys.* Zustand des Raumes, wird als (reelle oder komplexe) → Funktion der Raumkoordinaten (→ Koordinaten) beschrieben; die math. Funktion kann ein → Skalar, → Tensor, → Vektor od. dgl. sein; z. B. *Gravitations-, el., magnet. Feld.*

Feldbahn, Schmalspurbahn (f. Gütertransport).

Feldberg, 1) höchster Schwarzwaldgipfel, 1493 m; 2) *Gr. F.,* höchster Berg i. Taunus, 879 m (UKW- u. Fernsehsender), u. *Kl. F.,* 827 m.

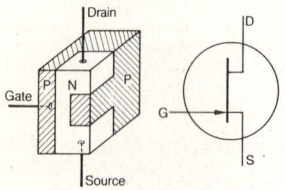

Sperrschicht-FET mit N-Kanal
(Aufbau vereinfacht)

Feldeffekttransistor, *FET,* unipolarer → Transistor m. hohem Eingangswiderstand u. fast leistungsloser Steuerung; drei Anschlüsse: Drain *(Abfluß),* Gate *(Tor,* Steueranschluß), Source *(Quelle* der Ladungsträger): man unterscheidet zw. Sperrschicht- u. Isolierschicht-FET (→ MOS-Transistor). → Halbleitertechnik.

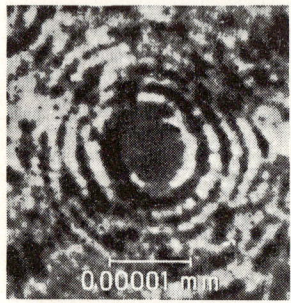

Feldionenmikroskop-Aufnahme der
Oberfläche eines Wolfram-Einkristalles.
Helle Punkte: Emissionsbilder der Atome

Feldelektronenmikroskop, *Feldionenmikroskop,* phys. Apparatur, bestehend aus gut evakuiertem Glaskolben, in dem eine höchst feine, Elektronen emittierende Kathodenspitze auf einem Leuchtschirm

sehr stark vergrößert (bis 1mill.fach) abgebildet wird; benutzt z. Kristallerforschung.

Feldfieber, *Schlamm-, Erntefieber,* grippeähnl. epidem. Infektion, oft m. Hirnhautreizung durch → Leptospiren; Mäuse als Überträger.

Feldgeistliche, Geistliche bei mil. Verbänden.

Feldgemeinschaft, altdt.-rechtl.: *Allmende;* russisch-rechtl.: *Mir,* d. gemeinschaftl. Grundbesitz d. Dorfbewohner.

Feldgendarmerie, früher mil. Polizeitruppe zur Aufrechterhaltung der Ordnung hinter der Front.

Feldheer → Heer.

Feldhühner, artenreiche Unterfamilie d. Fasanartigen (z. B. → Rebhuhn, → Wachtel, → Frankoline).

Feldjäger, Soldat d. Feldjägertruppe der Bundeswehr. - *F.truppe,* mil. Ordnungsbzw. Verkehrsdienst der Bundeswehr.

Feldkirch (A-6800), Bez.hptst. in Vorarlberg, an der Ill, 23 800 E; Textil- u. and. Ind., Verkehrsknotenpkt, Fremdenverkehr; ma. Stadtbild.

Feldlazarett, i. Kriege erstes, meist mobiles Lazarett hinter d. Front.

Feldlinien, b. e. magnet. Feld, geben an jeder Stelle d. Richtung d. Kraftwirkung auf e. magnet. Pol an.

Feldmarschall → Marschall.

Feldsalat, svw. → Rapunzel.

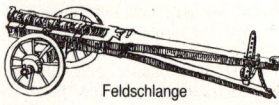

Feldschlange

Feldschlange, ma. Geschütz.

Feldspat, wichtige Mineralgruppe der → Silicate; oft Hauptminerale der → Magmatite u. → Metamorphite, daher Hptmineral d. Erdkruste (→ Erde); Hauptgruppen: *Orthoklas* (Kali-F.) u. *Plagioklas* (Natron-Kalk-F.); F. verwittert zu Kaolin, Ton und kalihaltigem, tonigem Boden.

Feldstärke, Feldvektor eines Kraftfeldes (Vektorfeld), zur Darstellung d. Richtung u. des Betrags der Kraft, die in e. betrachteten Raumpunkt auf e. Körper wirkt.

Feldstecher, *Krimstecher,* Doppelfernrohr f. Handgebrauch (bis 18fache Vergrößerung).

Feldwebel, alte Form *Feldweibel,* erster Dienstgrad der Unteroffiziere m. P. *(F., Ober-F., Haupt-F., Stabs-F., Oberstabs-F.),* in einigen Waffengattungen früher Wachtmeister; Marine: *Bootsmann.*

Feldzeugmeister, im ehemaligen dt. Heer General, Leiter der *Feldzeugmeisterei* (Beschaffung der Kampfmittel usw.); im kaiserl. Östr. Generalstitel bei der Artillerie u. techn. Waffen (Rang = Gen. d. Infanterie).

Felge, 1) gebogener Radkranz (der die Bereifung trägt); 2) eine Turnübung am Reck (Felgenumschwung).

Feliden, svw. → Katzen.

Fellachen, die Ackerbau treibende mosl. Bev. Ägyptens u. Arabiens.

Fellatio, *w.* [l.], Mundverkehr m. Einführen d. männl. Gliedes in d. Mund d. Partnerin bzw. des homosexuellen Partners.

Fellbach (D-7012), St. i. Rems-Murr-Kr., Ba-Wü., 39 612 E; Wein- u. Kongreßst., div. Ind.

Felleisen, Ranzen (der Handwerksburschen).

Fellini, Federico (* 20. 1. 1920), it. Filmregisseur; *La strada* (1954); *La dolce vita* (1960); *Satyricon* (1969); *Roma* (1972); *Amarcord* (1974); *Casanova* (1974/75); *la nave va* (1984).

Fellow [engl. *'felou*], Bursche; Mitglied einer engl. wiss. Gesellschaft oder eines → College; als letzterer oft Inhaber eines Stipendiums.

Felonie [frz.], im Lehnsrecht Treulosigkeit des Vasallen gegenüber Lehnsherrn wie auch umgekehrt; heute svw. Treubruch, Verrat.

Felsengebirge, engl. *Rocky Mountains,* östl. Ketten der nordam. Kordilleren, Wasserscheide zw. Pazifik und Atlant. Ozean, von Alaska, nördl. des Yukon-Tales, durch Kanada (*Mt. Robson* 3954 m), die USA (*Mt. Elbert* 4402 m) bis zur N-Grenze Mexikos, 4500 km l.; tiefe Felsschluchten (Cañons), innerhalb der Ketten, Hochländer (Parks) u. Hochebenen (künstl. Bewässerung); mineralreich (Gold, Silber, Kupfer, Uran, Erdöl, Blei, Zink, Wolfram).

Felsenstein, Walter (30. 5. 1901–8. 10. 75), dt. Regisseur; Intendant d. Kom. Oper in Berlin.

Felsentaube, altweltl. Taubenart, Stammform d. Haustaube.

Feluke, *w.* [it.], kl. Küstensegelschiff.

Femegerichte [„veme = Strafe"], urspr. Volksgerichte, bes. in Westfalen, unter freigesessenen Bauern, später im ganzen Reich. Wer der Ladung zum F. nicht folgte, wurde *verfemt* (geächtet) u. konnte ohne weiteres hingerichtet werden.

femin [l.], weiblich; weibisch.

Femininum, *s.,* Wort weiblichen Geschlechts.

Fenchel, Doldenpflanze d. Mittelmeerländer; liefert äther. Öle u. **F.tee;** auch Gemüse.

Fender, *m.,* Schutzkissen, schützt Schiff b. Anlegen vor Aufprall, Scheuern an der Kaimauer.

Fénelon [*fen'lô*], François de (6. 8. 1651–7. 1. 1715), frz. Schriftst.; *D. Abenteuer Telemachs.*

Fenestrelle, Festungsanlage (5 km Länge, 600 m Höhenunterschied) in Italien (Prov. Turin), 17.–18. Jh.

Fenier, irisch-republikan. Geheimbund, seit 1858 für Selbständigkeit Irlands.

Fenn → Fehn.

Fennek, *Fenek,* Wüstenfuchs N-Afrikas, sandgelb.

Fennoskandischer Schild, *Baltischer Schild,* Bez. für die geolog. Einheit Skandinavien, Finnland, O-Karelien, Halbinsel Kola; vereinzelt horizontale paläozoische Schichten über kristallinem, gefaltetem, präkambrischem Gestein.

Fenriswolf, Ungeheuer der altnord. Sage; verschlingt in der Götterdämmerung Odin.

Fensterrose, gr. Rundfenster i. ma. Kirchen, ausgefüllt m. Maßwerk u. Glasmalerei, → Rosette 2).

Fenstertechnik, Programmierverfahren, bei dem d. Anzeige am Computerbildschirm in verschiedene unabhängige Bereiche („Fenster") unterteilt wird, die sich überlappen können; erleichtert d. abwechselnde Benutzung verschiedener Programme.

Fensterung → Otosklerose.

Feodosia, ukrain. St., Haupthandelshafen an der SO-Küste der Krimhalbinsel, 81 000 E; Kurort. - Im Altertum *Theodosia,* griech., im 6. Jh. v. Chr. von Siedlern aus Milet gegr., im MA Kaffa, genues. Kolonie.

Ferdinand, a) *röm.-dt. Kaiser:* **1)** F. I. v. Habsburg (10. 3. 1503-25. 7. 64), 1526 *Kg v. Böhmen u. Ungarn,* 1556 Nachfolger Karls V., Stifter d. Augsburger Religionsfriedens; **2)** F. II. (9. 7. 1578-15. 2. 1637), reg. s. 1619, Hptgegner der Protestanten im 30jährigen Krieg u. Träger d. Gegenreformation; **3)** F. III. (13. 7. 1608-2. 4. 57), schloß 1648 den Westfäl. Frieden. - **b)** *Aragonien:* **4)** F. II. (10. 3. 1452-23. 1. 1516), Kg, vereinte durch Heirat mit Isabella von Kastilien beide Königreiche. - **c)** *Braunschweig:* **5)** F., Hzg (12. 1. 1721-3. 7. 92), preuß. Feldmarschall im 7jähr. Krieg. - **d)** *Bulgarien:* **6)** F. (26. 2. 1861-10. 9. 1948), 1887 Fürst, 1908 Kg, Coburger, dankte 1918 ab. - **e)** *Östr.:* **7)** F. I. (19. 4. 1793-29. 6. 1875), Kaiser 1835, dankte 1848 zugunsten s. Neffen Franz Joseph ab. - **f)** *Rumänien:* **8)** F. I. v. Hohenzollern-Sigmaringen (24. 8. 1865-20. 7. 1927), Kg s. 1914. - **g)** *Spanien:* **9)** F. VII. (14. 10. 1784-29. 9. 1833), 1808 Kg, von Napoleon I. abgesetzt, 1814 wieder eingesetzt, 1823 Kampf mit d. Karlisten, Anhängern seines Bruders Don → Carlos.

Ferghana, *Fergana,* **1)** Beckenlandschaft in der Sowjetrep. Usbekistan, durch Staudämme u. Kanäle in fruchtbare Kulturoase verwandelt, v. Naryn (Syr-darja) durchflossen; Erdöl, Kohle, Uranerz; **2)** St. in *F.,* 200 000 E.

Ferien [l. „feriae = Feiertage"], Erholungsfreizeit: Schul-F. usw.; Urlaubszeit. - **F.kolonien,** Unterbringung städt. Schulkinder in Landheimen od. Seeaufenthalt. - **F.sachen,** bes. dringl. Zivilsachen u. alle Strafsachen, die trotz bestehender Gerichtsferien von d. ordentl. Gerichten behandelt werden.

Ferkel, Schwein von der Geburt bis zum Absetzen vom Muttertier (etwa 15 Wochen).

Ferkelkraut, Gattung der Korbblütler mit etwa 70 Arten in Eurasien, im Mit-

telmeergebiet und S-Amerika; Rosettenpflanzen mit gabelig verzweigten Stengeln, gelben Zungenblüten und langgestreckten Früchten mit federigem Haarkelch; in Mitteleuropa vier Arten.

Ferman, *m.* [türk.], Erlaß (Urkunde) d. Landesherrn in moh. Ländern.

Fermat [-'ma], Pierre de (17. 8. 1601-12. 1. 65), frz. Math.; Infinitesimal- u. Wahrscheinlichkeitsrechnung.

Fermate, *w.* [it.], Halte-, Verlängerungszeichen über ⌒ od. unter ⌣ einer Note od. Pause.

Fermentation [l. „fermentum = Sauerteig"], **1)** Aufbereitung pflanzl. Produkte (Tabak, Tee, Kakao u. a.) m. Entwicklung charakterist. Geruchs-, Geschmacks- u. Farbstoffe; **2)** Bildung chem. Substanzen durch Mikroorganismen: u. a. Milchsäure b. d. Joghurtherstellung, Sauerkrautbereitung, Sauerteig (→ Gärung); Penicillinherstellung.

Fermente [l.], veraltet f. → Enzyme, noch gebräuchl. f. Verdauungs-F.: eiweißspaltend *Pepsin* (Magen), *Trypsin* (Darm); stärkespaltend *Ptyalin* im Speichel.

Fermi, Enrico (29. 9. 1901-28. 11. 54), it. Atomphys.; entdeckte Kernumwandlung durch Bestrahlung mit Neutronen; setzte 1942 in Chicago d. ersten Kernreaktor in Betrieb; Nobelpr. 1938.

Fermium, *Fm,* künstl. chem. El., Oz. 100, durch Kernumwandlung aus Plutonium gewonnen; radioaktiv (→ Transurane).

Fernandel, eigtl. Fernand Joseph Désiré *Contandin* (8. 5. 1903-26. 2. 71), frz. Filmkomiker; *Don Camillo u. Peppone.*

Fernando Póo → Bioko.

Ferner, Tiroler Name f. Gletscher.

Ferner Osten, 1) svw. → Ostasien; Ggs.: Naher Osten; **2)** russ. *Dalnyi Wostok,* Bez. für d. ostsibir. Küstengebiete (einschließl. d. Amurbeckens).

Ferngasversorgung, Zuleitung d. in gr. Kokereien erzeugten Leuchtgases od. v. Erdgas durch Rohrleitungen in entfernte Versorgungsgebiete.

Fernglas, kurzes Doppelfernrohr, → Feldstecher.

Fernkabel, aus symmetr. u./od. koaxialen Leitungen aufgebaute → Kabel f. Übertragung auf große Entfernungen; ihre Leitungen werden durch → Frequenz-u. → Zeitmultiplexeinrichtungen oft mehrfach ausgenutzt; früher durch → Pupinspulen → Dämpfung d. Ströme gering gehalten, heute Verstärker u. Regeneratoren (f. digitale Signale).

Fernkopieren, *Telefax,* Textkommunikation; Senden u. Empfangen v. Text-u. Bildvorlagen (Manuskripte, techn. Zeichnungen, u. a.) über d. öffentl. Fernsprechnetz; Geräte sind international genormt, z. B. Übertragungszeit für DIN-A4-Seite bei Gruppe 2 betragt 3 bzw. 2 Minuten; s. 1. 1. 1979 öffentl. Dienst d. DBP.

Fernlenkung (Fahrzeug, Schiff, Flugzeug, Rakete u. ä.) über e. Funkverbin-

dung; dabei werden Steuerungsapparate (Relais, Servomotoren usw.) durch Impulsfolgen elektron. betätigt.

Fernmelde-Satelliten, künstliche → Satelliten f. interkontinentalen Fernmeldeverkehr, dienen als → Richtfunk-Relaisstelle zw. 2 Bodenstationen, f. Fernsprechen (bis 12 000 Kanäle) od./u. Fernsehen. Anstelle v. transatlantischen Kabeln geostationäre Satelliten: Bei e. Höhe v. 36 000 km hat d. Satellit d. gleiche Winkelgeschwindigk. wie d. Erde, bleibt also über einem Punkt stehen, dadurch dauernde Verbindung möglich. F.-S. s. 1962 in Betrieb, für kommerzielle Zwecke s. 1965. Auch → Tafel Weltraumforschung, → Telstar (Abb.), → Intelsat (Abb.).

Fernmeldetechnik, Teilgebiet der Elektrotechnik u. Elektronik, Übertragung von Nachrichten ohne Beförderung von Materie, z. B. Fernsprechen, Fernschreiben, Datenübertragung, Signalanlagen, Ton- und Fernsehfunk usw.

Fern-Paß, *Fern,* Nordtirol, breiter, seenreicher Übergang v. Loisach- u. Lechzum Inntal, 1209 m.

Das 200zöllige Hale-Teleskop auf dem Mt. Palomar in Kalifornien

Fernrohr, *Teleskop,* opt. Instrument, durch das man entfernte Gegenstände unter größerem Gesichtswinkel sieht als mit freiem Auge, wodurch sie näher gerückt erscheinen; allg. besteht das F. aus dem *Objektiv,* einer Sammellinse, die ein verkleinertes, umgekehrtes Bild des Gegenstandes entwirft, das durch das *Okular,* eine zweite als Lupe wirkende Sammellinse, vergrößert wird (*Kepler* 1609); beim *Galileischen F.* (1610) ist d. Okular e. bikonkave Zerstreuungslinse, die das Bild vergrößert u. aufrecht stellt; b. terrestrischen, *Erd-F.,* zw. Okular u. Objektiv eine Sammel-l(Umkehr-)linse, die das Bild vor der Vergrößerung aufrecht stellt; b. *Prismen-F.* statt der Umkehrlinse Prismenflächen verwendet. Beim *Spiegelteleskop (Newton* 1671) wird das Bild nicht durch ein Objektiv, sondern durch einen Hohlspiegel hervorgebracht. Bei *astronom. F.en* unterscheidet man danach auch: *Refraktor,* mit Linsen, *Reflektor,* m. Spiegeln, *Medial,* Mittelding zw. diesen beiden. Derzeit größtes Teleskop in

Fernsehen

Grundgedanke: Das zu übertragende Bild wird in Punkte (Bildelemente) eingeteilt, deren Helligkeitswerte nacheinander durch opt.-el. Wandler (Bildaufnahmeröhren) zeilenförmig abgetastet u. in entsprechende Strom- bzw. Spannungsschwankungen (Bildsignal) umgewandelt werden. Über Kabel od. Funkverbindung wird das Bildsignal in seiner eigtl. Frequenzlage od. auf e. Träger moduliert einem Wiedergabegerät zugeführt. Nach entsprechender Aufbereitung wird d. el. Signal dem el.-opt. Wandler (→ Bildröhre) zugeführt u. als ein Abbild der Helligkeitsverteilung der Bildvorlage wiedergegeben (Schwarzweiß-F.). Eine Synchronisiereinrichtung (Taktzentrale) sorgt dafür, daß Abtasten beim Aufnahmegerät (Fernsehkamera) u. Niederschreiben beim Wiedergabegerät (Fernsehempfänger) gleichzeitig erfolgen. F. unterscheidet sich im Prinzip von → Bildtelegraphie nur durch die raschere Abtastung.

Praxis: Da beim F. ruhende u. bewegte Bilder übertragen werden, ist eine rasche Bildfolge erforderlich, um bei bewegten Bildern kontinuierliche Bewegungen wiederzugeben. Allg. werden 25, in Amerika 30 Bilder pro Sek. übertragen, Bildkantenverhältnis 4 : 3. Da die Bildzahl aber pro Sek. größer als 25 sein muß, weil sonst das Auge Flimmern wahrnimmt, werden 50 halbe Bilder pro Sek. übertragen. Dabei wird zuerst die 1., 3., 5. usw. u. dann die 2., 4., 6. usw. Zeile übertragen (ähnlich wie beim Kino,

wo aus gleichem Grund 24 Bilder pro Sek. je 2mal vorgeführt werden). Zeilenzahl: dt. (eur.) Norm 625, am. Norm 525. Je größer Zeilenzahl, um so schärfer ist Auflösung des Bildes und um so größer die zur Übertragung benötigte Kanalbreite. Videobandbreite (→ Video-Signal) 5 MHz. Fernsehen m. hoher Bildauflösung (Kinoqualität d. Bilder) dank neuer Fernsehnormen (HDTV = High Definition Television). Diagonale bei Rechteckbildschirm bis 82 cm; Spezialröhren mit großer Bildschirmhelligkeit ermöglichen Großprojektion wie im Kino. Außerdem gibt es 3 Verfahren f. flache Bildschirme (LCD- oder Flüssigkristall-, Plasma- u. elektrolumineszierende Bildschirme), die vor allem f. kleine Geräte (Taschenfernseher s. 1984) verwendet werden. Bei **Farbfernsehen** wird Bildinhalt im opt. Strahlengang der Fernsehkamera durch dichroitische (→ Dichroismus) Prismen od. Spiegel in die drei Grundfarben Rot, Grün u. Blau zerlegt. 3 Bildaufnahmeröhren erzeugen je ein Bildsignal, die wiederum zu einem Signal zusammengefaßt werden. Somit besteht das zu übertragende Video-Signal aus einem amplitudenmodulierten Leuchtdichte-Signal u. einem phasenmodulierten Farbart-Signal (= Farbton u. -sättigung) mit Bezugsimpuls. Beim Empfänger wird das Video-Signal wieder zerlegt u. einer Farbbildröhre zugeführt (mehrere Verfahren: → NTSC, → PAL, → SECAM). → Kompatibilität zw. Schwarzweiß- u. Farbfernsehsystemen.

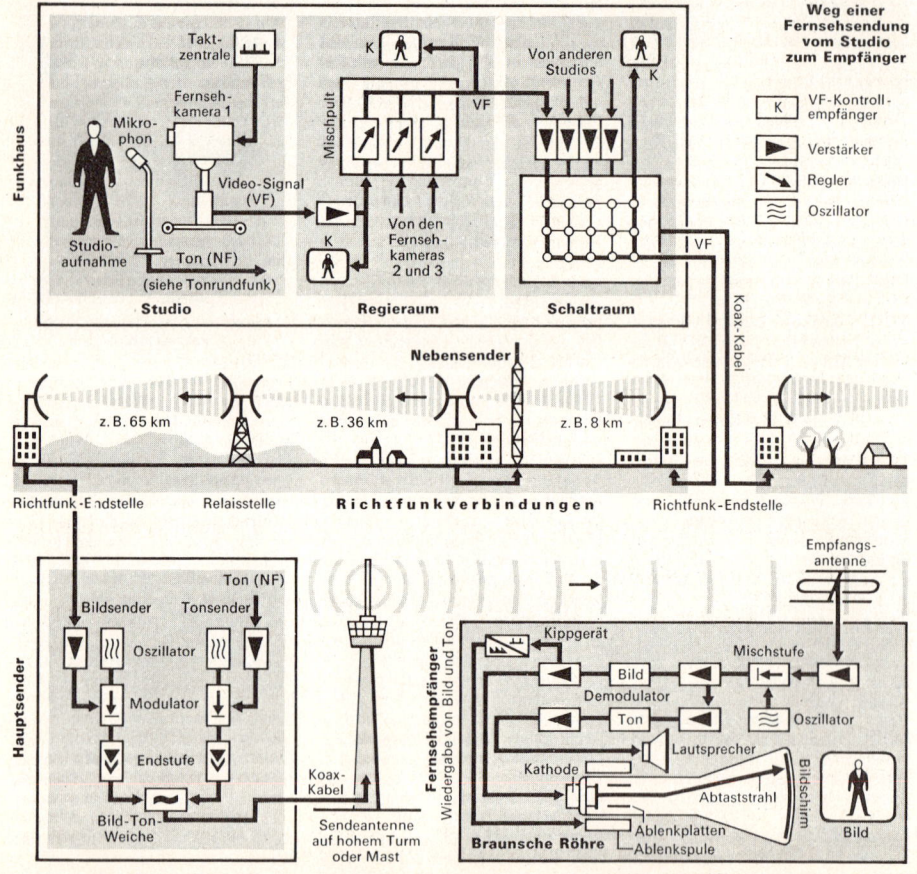

Fernsehen (Fortsetzung)

Betriebsablauf: Mit Fernsehkamera wird die v. Studio produzierte Sendung aufgenommen u. als Video-Signal (VF) unmittelbar od. nach Speicherung über Richtfunkverbindungen (dm-Wellen) od. auch über Koax-Kabel zu d. Sendern übertragen. Die Fernsehstationen bestehen aus 2 getrennten Sendern (Bildsender u. Tonsender), jedoch mit gemeinsamer Antenne. Bildsender wird mit VF, Tonsender mit NF (→ Rundfunktechnik) moduliert. Nach eur. Norm beträgt der Abstand zw. Bild- u. Tonträger 5,5 MHz; der Bildträger ist amplitudenmoduliert, d. Tonträger frequenzmoduliert. Breite eines Fernsehkanals (Bild u. Ton) 7 MHz bei Band I u. III, 8 MHz bei Band IV u. V (→ Rundfunkwellen). Wegen d. hohen Frequenzen d. Fernsehsender herrschen fast optische Ausbreitungsverhältnisse; für einwandfreien Empfang ist daher optische Sicht anzustreben. Deshalb ist auch eine relativ große Zahl von Sendern u. → Fernsehumsetzern notwendig. Die über die Sendeantenne abgestrahlte modulierte Hochfrequenz (VHF bzw. UHF) wird beim Empfänger verstärkt u. demoduliert, die VF der Braunschen Röhre u. die NF dem Lautsprecher zugeführt. Fernsehgeräte i. d. BR (1989) 26,6 Mill. Daneben wird F. über Kabel (Koaxial- oder Glasfiberkabel) übertragen. Kabelfernsehen, ursprünglich zur Überwindung von sog. Schattenzonen entwickelt, ermöglicht bessere Bildqualität und Ausnutzung von mehr Kanälen (Einspeisen von Programmen, deren Sender sich außerhalb der Reichweite terrestr. Frequenzen befinden) sowie lokale Programme. Direktstrahlende Satelliten, die eine erheblich größere Reichweite als terrestr. Frequenzen besitzen, erlauben einen besseren Empfang von mehr Programmen mittels spezieller Parabolantennen. F. wird unter anderem auch zur Überwachung von Produktionsanlagen in der Industrie, zur Überwachung des Verkehrs in Großstädten und für Sicherungszwecke verwendet.

Geschichte: 3 Phasen d. Entwicklung (1860–1920 Fernseherfindungen; 1920–50 experimentelle Entwicklung, ab 1950 techn. Verwertung). 1924 beweist A. Karolus techn. Realisierbarkeit, 1932 demonstrieren V. Ardenne u. Loewe erstmals elektron. Fernsehen; 1935 erste Programmausstrahlung (Dt. Reich). 2. Weltkrieg verzögert die Einführung d. F., ab 1950 Schwarzweiß-F. in d. BR, s. 1967 Farbfernsehen; s. Mitte d. achtziger Jahre Kabelfernsehen, s. 1989 Satellitenfernsehen. Moderne, hochwertige Fernsehempfänger (→ Hi-Fi u. Stereophonie, teilweise bereits digitale Schaltungstechnik, hochintegrierte Bausteine, eingebaute Decoder u. ä.) bieten heute eine Vielfalt an Nutzungsmöglichkeiten (Abb.).

Hawaii: Spiegelteleskop, dessen Spiegel, 10 m Durchmesser, mehr als 10millionenmal stärker ist als das Auge; im Bau, VLT **V**ery **L**arge **T**elescope) in Chile, besteht aus 4 Spiegeln m. jeweils 8 m Durchmesser. Auch → Hubble Space Telescope, → Schmidtspiegel.
Fernschreiber, 1) jede Art von schreibenden Telegraphenapparaten; **2)** Telegraphenapparat m. Schreibmaschinentastatur u. -typen (→ Springschreiber). Jeder F. gleichzeitig od. abwechselnd Sender od. Empfänger. *Fernschreibnetz* (→ Telexnetz) für privaten FS-Teilnehmerverkehr u. FS-Verkehr d. Post; BR: f. Inland Selbstwähl-, f. Ausland 90% Selbstwähl-, d. Rest Handvermittlung. 1989: in BR über 134 390 Teilnehmer.
Fernsehen, engl. *Television,* drahtlose od. -gebundene Übermittlung v. Bildern, Filmen, unmittelb. Vorgängen, schwarzweiß od. farbig (→ Übersicht S. 254/255, Tafel S. 339).
Fernsehumsetzer, kleine, meist unbemannte Station, arbeitet nach Prinzip des → Ballempfangs; zur Fernsehversorgung v. Gebieten, die Sender nicht direkt empfangen können (z. B. in Tälern).
Fernsprecher → Telefon.
Fernsprech-geheimnis → Post- und Fernmeldegeheimnis. – **F.vermittlung,** Einrichtung, die die F.apparate der F.teilnehmer miteinander el. verbindet. *Wählvermittlung:* Teilnehmer wählt mit Nummernscheibe od. Wählscheibe Nummer d. gewünschten Teilnehmers. Durch Wählscheibe werden Stromimpulse zur F.vermittlung gesendet, die dort über Relais u. Magnete einen od. mehrere Wähler so steuern, daß er d. F.leitungen d. rufenden u. d. gewünschten Teilnehmers miteinander verbindet. Früher nur f. Ortsdienst, jetzt auch f. Ferndienst als *Selbstwählferndienst;* s. 1982 werden in d. BR die elektromechan. Vermittlungssysteme durch digitale ergänzt u. auch abgelöst.
Fernsteuerung, fernbetätigte Schaltung, Lenkung und Regulierung (el. od. mechan.); bes. bei automat. Produktionsvorgängen, Eisenbahn u. a.

Fernthermometer, gibt die Temperatur eines Raumes od. eines Kessels usw. durch el. oder hydraul. Übertragung selbsttätig an Zentrale; verwendet f. Feuerschutz usw.
Fernwirkanlagen, Anlagen zum Überwachen und Steuern unbemannter Stationen v. bemannter Station (z. B. Richtfunk- u. Fernsehstationen, Kraftwerke u. a.).
Ferrara, it. Prov. u. Prov.hptst. am Po, 141 000 E; Erzbischofssitz, Uni.; Seiden-, Glas-, Lederind. – 15. u. 16. Jh. kulturelle Hochblüte (Ariost, Tasso).
Ferrit, chem. Verbindung von Eisenoxid m. anderen Metalloxiden; *Eisen-F.,* Magneteisenstein. – **F.antenne,** stabförmige Antenne zum Einbau in Rundfunkgeräten (Mittelwelle) m. starker Richtwirkung; elektromagnet. Welle erzeugt im F.stab hochfrequenzmagnet. Feld, das in der auf d. Stab angebrachten Drahtspule Hochfrequenzstrom erzeugt.
Ferro, span. *Hierro,* eine d. Kanar. Inseln, 277 km², 10 000 E; s. 1634 Ort e.

Fernsprechvermittlung

Nullmeridians (s. 1883 durch Greenwich ersetzt); Hptort *Valverde.*

Ferrol, El, span. St. u. befestigter Kriegshafen a. Atlantik, 88 000 E; Marinearsenal, Dock- und Werftanlagen.

Ferromagnetismus, Eigenschaft einiger Metalle (Eisen, Cobalt, Nickel), in einem Magnetfeld selbst magnetisch zu werden.

Fertigbauweise, Erstellung von Wohnhäusern, Fabriken, Brücken usw. unter weitgehender Verwendung industriell vorfabrizierter Bauelemente (Wände, Decken).

Fertilität [l.], Fruchtbarkeit.

Ferula, *w.* [l.], Kreuzstab des Papstes.

Fes, Fez, 1) St. in Marokko, am *Wad el-F.,* arab. Uni., Mittelpunkt d. rel. u. gewerbl. Lebens (Seiden- u. Lederind.), 590 000 E; **2)** *m.,* nach St. *F.* ben. rotwollene zylindr. Mütze mit Troddel: bis 1926 türk. nat. Kopfbedeckung.

Fessan, Fezzan, 400–500 m h. Hochfläche in d. Sahara; überwiegend Fels- u. Sandwüste, i. d. Oasen Dattelanbau, Berieselungsflächen in d. Wadis; libysche Provinz; größte Siedlungen: *Murzuk, Sabha.*

Fessel, b. Huftieren Gelenkverbindung zw. Mittelfuß und Huf.

Fesselballon, an e. Seil festgehaltener Luftballon, früher f. mil. Beobachtung, dann als Luftsperren.

Fest, Joachim C. (* 8. 12. 1926), dt. Publizist; s. 1973 Mithg. d. *Frankf. Allg. Zeitung; Das Gesicht des Dritten Reiches; Hitler.*

Festgeld, Termineinlage v. Geldbeträgen bei Kreditinstitut m. fester Laufzeit v. mindestens 1 Monat u. höherer Verzinsung als bei tägl. fälligen Geldern auf Giro- od. Kontokorrentkonten.

Festigkeit, der Widerstand, den feste Körper einer Trennung ihrer Teile entgegensetzen, unterschieden nach *Zug-, Druck-, Knickungs-, Biegungs-, Abscherungs-, Verdrehungs-* u. *Schwingungs-F.*

Festival, *s.* [frz., engl.], Festspiel, Musikfestspiele.

Festlandsockel, *Schelf,* der dem Festland unmittelbar vorgelagerte, noch zu d. → Kontinenten gehörige Meeresboden; Ausbeutung d. in ihm lagernden Bodenschätze nach den in d. Konvention v. 1958 (s. 1964 in Kraft) vereinbarten Richtlinien f. d. Abgrenzung der Interessenzonen.

Festmeter, bei Langholz 1 m³ fester Holzmasse (Ggs.: Raummeter bei geschichtetem Holz).

Festnahme, *vorläufige,* Freiheitsentzug ohne richterl. Haftbefehl; bei Fluchtverdacht od. z. Feststellung d. Person e. auf frischer Tat betroffenen od. verfolgten Täters jedermann gestattet.

Feston, *s.* [frz. *-'tõ*], Blumen-, Laubgirlande.

Festplatte, magnet. Speichermedium v. Computern (vgl. → Diskette). Speicherkapazität bis zu mehreren hundert Megabyte.

Feststellungsklage, bei rechtl. Interesse an alsbaldiger gerichtl. Feststellung des Bestehens od. Nichtbestehens eines Rechtsverhältnisses, auf Anerkennung einer Urkunde.

Festung, stark bewaffneter, zur Sperrung best. Kampfabschnitte dienender Platz. Im Altertum u. MA vielfach an Engpässen als Burg, später kunstvoll ausgebaut mit Bastionen und Gräben. Im 19. Jh. *Fort-F.:* weit vorgeschobener Befestigungsgürtel von Forts und Zwischenwerken; bis z. 2. Weltkrieg ausgebaut (Betonwerk u. Sperren).

Festungshaft, früher: nicht ehrenrührige Freiheitsstrafe f. Zweikampf u. ä.

Fetisch, *m.* [portugies.], lebloser Gegenstand, der magisch verehrt wird. – **F.ismus,** *m.,* Verehrung von Idolen, Geräten, Steinen in primitiven Kulturen; auch anomales sexuelles Verlangen nach Ersatzobjekten.

Fetopathie, vorgeburtl. Erkrankung d. Kindes nach 3. Schwangerschaftsmonat; es kommt nicht mehr zu Mißbildungen wie bei den → Embryopathien, sondern zu charakterist. Krankheitsbildern. Ursachen: Infektionen der Mutter, Blutgruppenunverträglichkeit, Hormon- u. Stoffwechselstörungen.

Fette, von Tieren u. Pflanzen stammende stickstofffreie, organ. Stoffe; Glycerinester der *Fettsäuren:* z. B. Palmitin-, Stearin-, Oleinsäure, die durch enzymat. Spaltung oder Verseifung der Fette (Kochen mit Alkalien) rein gewonnen werden; wertvolles Nebenprodukt: Glycerin; Gewinnung durch Auspressen, Ausschmelzen, Auslösen mit Benzin, Aceton usw. → Öle.

Fetthärtung, Anlagerung von Wasserstoff an flüssige Fette (Trane, Öle); Fettverwendung f. Nahrung, Beleuchtung, Seifen, Kerzen, Schmiermittel.

Fetthenne, *fette Henne,* svw. → Mauerpfeffer.

Fettherz, Fettauflagerung u. Fettdurchwachsung der Herzmuskulatur.

Fettkraut, *Pinguicula,* insektenfressende Pflanze, klebrige Ausscheidungen der Blätter.

Fettpflanzen, *Sukkulenten,* dickblättrige Gewächse trockener Standorte.

Fettsäuren → Fette.

Fettschrift, durch Verstärkung hervorgehobener Druck (z. B. hier d. Stichwörter).

Fettschwanzschafe, Schafrassen der Steppengebiete, die im Schwanz Nährstoffe als Fett speichern.

Fettstoffwechselstörungen, *Hyperlipoproteinämien,* Zunahme d. Blutfette (→ Cholesterin, → Triglyceride), führt zur → Arteriosklerose u. ihren Folgeerkrankungen.

Fettsucht, durch Veranlagung u. b. mangelh. Tätigkeit d. Drüsen mit → inneren Sekretion, häufiger infolge zu vielen Essens u. Trinkens (Bier) u. ungenügender Bewegung, auch seelische Entstehungsbedingungen.

Fettvogel, *Fettschwalm, Guacharo,* höhlenbewohnende Nachtschwalbe S-Amerikas.

Fetus, *m.* [l.], Embryo i. fortgeschrittener Entwicklung; beim Menschen ab 3. Monat bis Geburt.

Feucht (D-8501), Markt i. Kr. Nürnbg. Ld, Bay., 12 296 E.

Feuchtigkeitsmesser → Hygrometer.

Feuchtmayer → Feichtmayr.

Feuchtwangen (D-8805), St. i. Kr. Ansbach, Bay., an d. Romant. Straße, 10 679 E; Erholungsort; diverse Ind.; ehem. Benediktinerkloster.

Feuchtwanger, Lion (7. 7. 1884–21. 12. 1958), dt. Schriftst.; histor. Romane: *Jud Süß; D. Wartesaal* (Trilogie); Dramen.

feudal [l. „feudum = Lehen"], lehnbar, dann adlig, junkerlich.

Feudal-herrschaft, Lehns-, Adelsherrschaft. – **F.ismus,** Feudalwesen, Lehnswesen. – **F.recht,** svw. Lehnsrecht. – **F.system,** Lehnsverfassung → Lehen.

Feuer, Verbrennung unter Licht-, Wärme- u. Flammenentwicklung.

Anselm Feuerbach
Iphigenie

Feuerbach, 1) Anselm v. (14. 11. 1775–29. 5. 1833), dt. Strafrechtslehrer; s. Sohn **2)** Ludwig (28. 7. 1804–13. 9. 72), dt. materialist. Phil.; Wirkung auf Marx; *D. Wesen d. Religion;* s. Neffe **3)** Anselm (12. 9. 1829–4. 1. 80), dt. Maler d. Klassizismus u. tektal. Elementen; *Iphigenie; D. Gastmahl des Plato.*

Feuerbestattung, s. d. Altertum Leichenverbrennung auf Scheiterhaufen; s. 19. Jh. als *Einäscherung* (→ Krematorium).

Feuerbohne → Bohne.

Feuerfalter, Tagfalter; oft feurig rot.

feuerfeste Steine, aus feuerfestem Ton, in Weißglut gebrannt, Verwendung f. Kesselmauerungen, Hochöfen usw.

Feuerkugel, heller Meteor (→ Meteore).

Feuerkultus, göttl. Verehrung d. Feuers bei Natur- u. Kulturvölkern (Indern, Persern), auch *Feuerdienst* der Parsen.

Feuerland, Inselgruppe südl. der Magellanstraße (S-Amerika), endet am Kap Hoorn; subpolares Klima; im W gebirgig, stark vergletschert (*Monte Sarmiento* 2300 m), 73 746 km²; s. 1949 Erdölförderung; W mit 10 000 E zu Chile, O (21 263 km², 27 400 E) zu Argentinien.

Feuerlilie

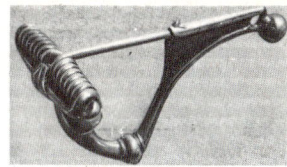

römische Fibel

Feuerlilie, Zwiebelgewächs; gelbrote Blüten; auf Gebirgswiesen und als Zierpflanze. ♦.
Feuerlöscher, Apparate, aus denen Wasser od. trockene **Feuerlöschmittel** geschleudert werden; trockene (Schaum od. Kohlensäureschnee) bei brennenden Flüssigkeiten, die leichter als Wasser sind (Benzin).
Feuerlöschwesen, organisiert in *Berufs-, Freiwilligen-, Pflicht-* und *Werksfeuerwehren;* Geräte: Kraftfahrspritzen, tragbare Kraftspritzen, Kraftfahrdrehleitern, Unfall- u. Katastrophenhilfsdienst-Fahrzeuge, Löschboote; → Sprinkleranlage.
Feuermal, *Naevus flammeus,* angeborene blaurote Hautfleckung durch Erweiterung u. Neubildung von Blutgefäßen.
Feuermelder, eine Sendescheibe, durch Kurbel od. Druckknopf ausgelöst, sendet Stromstöße in Leitung zur Feuerwehrzentrale, wo sie als Morsezeichen Ort des betätigten Melders anzeigen.
Feuersalamander → Salamander.
Feuerschiff, mit Leuchtfeuer ausgerüstetes verankertes Schiff, meist vor Flußmündungen.
Feuerstein, *Flint* od. *Silex,* Mineral, Quarzvarietät, in d. Steinzeit zu Waffen u. Geräten verarbeitet.
Feuerversicherung, *Brandversicherung, Brandassekuranz,* Vertrag mit einer öff. Anstalt (z. B. Landesbrandvers.-Anstalt) od. Privatversicherungsges. über Ersatz v. Brandschäden. Arten: *Immobiliar-*(Gebäude-) und *Mobiliarversicherung.*
Feuerwalze → Seescheiden.
Feuerwanze, rote Wanze; am Fuß v. Bäumen.
Feuerwehr → Feuerlöschwesen.
Feuerwerk, Abbrennen leicht entzündl. Chemikalien; Licht-, Funken- u. Knalleffekte (*Raketen, Frösche* u. a.).
Feuerwerker, 1) Verfertiger von *Feuerwerkskörpern;* **2)** Sprengmeister.
Feuilleton, *s.* [frz. *'fœjətõ* „Blättchen"], literar. Unterhaltungsteil einer Zeitung u. Artikel darin.
feuilletonistisch, im Plauderstil.
Feynman [*'fainmən*], Richard (11. 5. 1918–15. 2. 88), am. Physiker; Arbeiten zur Quantenelektrodynamik; Nobelpr. 1965.
Fez, svw. → Fes.
ff., in *Büchern* Abk. f. folgende (Seiten).
F-F-F-Bombe → Atomwaffen.
Ffm., Abk. f. *Frankfurt a. M.*
Fiale, *w., got.* türmchenartige Bekrönung z. B. e. Strebepfeilers.
Fiasko, *s.* [it.], (starker) Mißerfolg.
fiat [l.], „es geschehe".

Fibel, 1) erstes Lesebuch der Abc-Schützen; **2)** [l. „fibula"], Gewandspange, seit d. Bronzezeit.
Fiber, *w.* [l.], svw. Faser, → Vulkanfiber. - **F.glas,** svw. *Glasseide,* → Glasspinnerei.
Fibiger, Johannes (23. 4. 1867–30. 1. 1928), dän. Krebsforscher; Nobelpr. 1926.
Fibrin, Fibrinogen → Blutgerinnung.
Fibrom, *w.,* gutartige Bindegewebsschwulst.
Fibrositis, Sammelbegriff für die versch. Formen des → Rheumatismus d. Weichteile (Binde-, Muskel-, Fett- u. Nervengewebe).
Fibula, *w.* [l. „Spange"], **1)** Wadenbeinknochen (→ Tafel Mensch, S. 348); **2)** → Fibel 2).
Fichte, 1) Hubert (21. 3. 1935–8. 3. 86), dt. Schriftst.; dokumentar.-analyt. Erzählungen über gesellschaftl. Außenseiter u. fremde Kulturen; *Die Palette; Xango;* **2)** Johann Gottlieb (19. 5. 1762–29. 1. 1814), Phil. d. dt. Idealismus, entwickelt Kant weiter; Prof. i. Jena u. Berlin; Mittelpunkt seiner Phil. ist das tätige, schöpferische „Ich" (Urathandlung); *Wissenschaftslehre* (1794); *Bestimmung des Menschen* (1800); *Reden an die dt. Nation* (1808).

Fichte

Fichte, Nadelhölzer, spitze, vierkantige Nadeln, hängende Zapfen; hpts. *Gemeine F. (Rottanne).*
Fichtel-berg, höchster Berg Sachsens; im Erzgebirge, 1214 m, Schwebebahn von Oberwiesenthal; Wintersport. - **F.gebirge,** bewaldetes Mittelgebirge in NO-Bayern; *Schneeberg* 1051 m, *Ochsenkopf* 1024 m; Waldwirtschaft; Steinbrüche, Viehzucht, Porzellan- u. Glasind., Uranerzförderung.
Fichten-eule, *Forl., Kieferneule,* Eulenschmetterling, Nadelwaldschädling. - **F.spargel,** chlorophyllose, schuppenbesetzte Humuspflanze. - **F.spinner** → Nonne.
Fichu [frz. -*'ſy:*], dreizipfeliges Schultertuch.

Fiction, *w.* [engl. *'fikʃən*], (erzählende) Dichtung, Roman.
Fideïkommiß, Familiengut, dessen Unveräußerlichkeit u. Vererbung (gewöhnlich nur im Mannesstamm) normiert sind; in Dtld erloschen.
fidel [l. „fidelis = treu"], lustig, vergnügt.
Fidibus, *m.,* mehrfach gefalteter Papierstreifen zum Anzünden von Tabakspfeifen.
Fidschi-Inseln, amtl. *Republic of Fiji, Matanitu Ko Viti,* Inselgruppe im Pazifik östl. v.

Australien, unabhängiger Staat, 322 meist vulkan. Inseln, 106 davon bewohnt, 18 333 km², 727 100 E (39 je km²); Bev.: 45% Melanesier, 51% Inder; Hptst.: *Suva* (auf Viti Levu); Flagge S. 340, Karte S. 751. a) *Wirtsch.:* Bes. Landw.; wichtigster Exportartikel: Gold. b) *Verf.* v. 1990: Parlamentar. Republik m. 2 Kammern; pol. Vorherrschaft f. melanes. Bev. garantiert. c) *Gesch.:* Seit 1874 brit., s. 1970 unabhängig; 1987 Mil.putsch zugunsten d. melanes. Bev.minderheit, Ausrufung d. Republik. d) *Mitgl.:* UN, Colombo-Plan, assoz. m. EG.
fiduziarisch, treuhänderisch.
Fieber, Erhöhung der Körperwärme, meist bei Infektionskrankheiten; Abwehrerscheinung, bei vielen Krankheiten in charakteristischer Weise verlaufend. Daher wird F. bei chron., bes. Nervenkrankheiten durch Einspritzung fiebererregender chem. Mittel od. phys. (Überwärmung durch Bäder od. Kurzwellen) oft künstlich als *Heilfieber* erregt: *F.behandlung.* F. wird mit dem *F.thermometer* gemessen; im After u. in der Temperatur (5 Min.) 0,5 °C höher als in der Achsel (10 Min.). Die Messungen werden in eine Tabelle eingetragen u. zeigen d. *F.kurve* an. Der *F.verlauf* hat eine allmähl. od. plötzl. Anstieg, Höhepkt *(Akme),* u. fällt allmählich (lytisch) od. plötzlich (kritisch) ab. Nach dem Verlauf unterscheidet man: a) *kontinuierliches F.:* hält sich tagelang auf der Höhe; b) *remittierendes F.:* abends hoch, gegen morgens weit zurück; c) *intermittierendes F.:* wechselnd hochfieberhafte u. fieberfreie Tage. - **F.baum** → Eukalyptus.
F.klee, Sumpfpflanze, Enziangewächs mit kleeähnl. Blättern, med. zu Tee.
Field [*fi:ld*], John (26. 7. 1782–11. 1. 1837), ir. Komp.; Schöpfer des Notturnos (für Klavier).
Fielding [*'fi:-*], Henry (22. 4. 1707–8. 10. 54), engl. Schriftst.; mit S. Richardson Begr. d. engl. humorist. Romans: *Tom Jones.*
Fields, W. C., eigtl. *William Claude Dunkinfield* (29. 1. 1880–25. 12. 1946), am. Filmkomiker; *Alice in Wonderland; The Bank Dick; My Little Chickadee.*
Fiesco [*'fiɛsko*], Giovanni Luigi de', Gf v. Lavagna (1524–47), Verschwörer gg.

die Doria in Genua 1547; Verschwörung scheiterte; Drama von Schiller.

Fieseler, Gerhard (15. 4. 1896–1. 9. 87), dt. Kunstflugmeister; begr. Fieseler-Flugzeug-GmbH., Kassel; entwickelte Kurzstartflugzeug *("Fieseler Storch")*.

Fiesole, Mino da, → Mino da Fiesole.

FIFA, Abk. f. *Fédération Internationale de Football A*ssociation, Intern. Fußballverband. Sitz Zürich.

Figaro, Barbier nach → Beaumarchais' Dramen, Opern v. Mozart u. Rossini: kluger Diener u. Helfer.

Fighter, *m.* [engl. *'faıt-*], Draufgänger, bes. i. Boxen.

Figl, Leopold (2. 10. 1902–9. 5. 65), östr. Pol.; 1945–53 Bundeskanzler, 1953–59 Außenmin., 1959–62 Präs. d. Nationalrats, 1962–65 Landeshptmann v. Niederöstr.

Figur, *w.* [l.], Gestalt; *math.* äußerer Umriß von Flächen und Körpern.

Figuralmusik, im Ggs. z. gregorian. Choral mehrstimmiger, verzierter Satz.

Figurant [l.], stumme Person auf der Bühne, Statist; auch svw. Lückenbüßer.

figurieren, als etwas in Erscheinung treten.

Figurine, kleine Statue; Modell für Theaterkostüme.

Fiktion, *w.* [l.], 1) Erdichtetes, frei Erfundenes. Vgl. → Fiction; 2) *jur.* die gesetzliche Vorschrift, einen nicht existierenden Sachverhalt als gegeben (od. umgekehrt) anzunehmen.

fiktiv, vorgeblich, erdichtet.

Filamente [l.], 1) *botan.* Staubfäden (→ Staubgefäße); 2) *astronom.* → Protuberanzen.

Filarien [l.], lange, dünne, auch in Körpersäften schmarotzende → Fadenwürmer; → Elephantiasis.

Filatow-Gewebetherapie, nach dem russ. Augenarzt W. P. *Filatow,* der die ersten Augenhornhaut-Überpflanzungen vornahm (→ Zellulartherapie).

Filbinger, Hans (* 15. 9. 1913), CDU-Pol.; 1960–66 Innenmin., 1966–78 Min.präs. v. Ba-Wü.

Filchner, Wilhelm (13. 9. 1877–7. 5. 1957), dt. Forschungsreisender; 1900 Pamir, 1903–05 NO-Tibet u. China, 1911/12 Antarktis, 1926–28, 1934–38 Zentralasien.

Filder, fruchtbare Landschaft b. Stuttgart; bekannt von **F.kraut,** weißem Spitzkohl (Sauerkraut).

Filderstadt, (D-7024), St. i. Kr. Esslingen, Ba-Wü., 37 324 E; Nahrungsmittelind.

Filet, *s.* [frz. *fi'le*], Lendenteile, → Fleisch, Übers.; b. Geflügel: Bruststück; b. Fischen: Rückenfleisch. – **F.arbeit,** Knüpfen e. Fadennetzes durch bes. Knoten, wird in Mustern mit Fäden durchstopft.

Fileten, Ornamentformen f. Bucheinbände.

Filia [l.], Tochter.

Filiale, Zweigniederlassung.

Filibuster, 1) → Flibustier; 2) Abgeordneter, d. durch Dauerreden e. Abstimmung zu verhindern sucht; auch d. dahin zielende Verschleppungstaktik.

Filigranarbeit

Filigran [l. filum „Faden" u. granum „Korn"], Zierarbeit bes. in d. Schmuckkunst; Auflöten eines z. B. aus Körnchen zus.gesetzten (→ Granulation) od. gezwirnten (Edel-)Metalldrahts auf e. Metallfläche; auch als Feingeflecht in durchbrochener Arbeit.

Filipinos, d. Bewohner der → Philippinen.

Filius [l.], Sohn.

Film [engl. „Häutchen"], 1) dünner Überzug (z. B. Öl-F.); 2) besteht aus dem Schichtträger (aus hochpräzisen Kunststoffsubstanzen) und der fotograf. lichtempfindl. Schicht. Auf diesem Schichtträger ist die fotografische Schicht, auch Emulsion genannt; SW-Emulsionen, Farb-Emulsionen, Infrarot-Emulsionen sowie Emulsionen für grafische Abbildungen üblich. In der Fotografie Film für diverse Aufnahmeformate (z. B. Kleinbild, Mittelformat, Großformat, Pocket, Kleinstbild, Disc) konfektioniert. Heute nur noch als aufgerolltes Filmband für x-beliebig viele Aufnahmen oder als einzelner Film für eine Aufnahme/Großformat (= Planfilm). In der SW-u. Farbnegativfotografie zeigt der nach der Belichtung entwickelte Film ein negatives Bild, das durch Vergrößerung erst zum Abbild der Wirklichkeit wird. Im Gs. dazu zeigt entwickeltes Diapositiv sofort das Motiv wirklichkeitsgetreu; 3) Lichtspiel, → Film, Übers., → Tafel Tonfilm. – **F.bewertungsstelle,** *FBW,* Institution zur wirtsch. u. kulturpol. Förderung des Films; Sitz Wiesbaden. – **F.industrie,** die Filme herstellt, kopiert sie; dazu gehört d. *F.verleih.* - **F.othek,** Filmarchiv. – **F.preise,** zur Förderung des künstler. Films, jährlich vergeben: Preis d. Berliner Filmfestspiele *(Goldener Bär),* Dt. Filmpreis *(Goldene Schale),* Bayr. Filmpreis *(Pierrot),* Intern. Filmfestsp. in Cannes *(Goldene Palme),* Intern. Filmfestsp. Locarno *(Goldener Leopard),* Eur. Filmpreis *(Felix),* Motion Picture Academy Awards *(Oscar).* – **F.selbstkontrolle,** *Freiwillige Selbstkontrolle der Filmwirtschaft,* zur Verhinderung negativer Einflüsse d. F.s: Parität. Gremium aus Vertretern der F.ind. u. der öffentlichen Hand; 3 Instanzen; 1949 in der BR gegründet.

Filou, *m.* [frz. -*'lu*], gerissener Spitzbube.

Filter, *m.* od. *s.,* 1) f. Flüssigkeiten u. Gase durchlässige Stoffe z. Aussondern fester Bestandteile, die beim Durchgießen v. Flüssigkeiten od. Durchleiten von Gasen festgehalten werden (z. B. Sand, Kies, Kohle, ungeleimtes Papier); 2) i. der *Elektro- u. Fernmeldetechnik:* Schaltanordnung zum Unterdrücken, Durchlassen od. Hervorheben eines best. Frequenzbandes aus einem Frequenzgemisch (z. B. Abstimmeinrichtung an Rundfunkempfängern); 3) fotografisch-optischer Lichtfilter; besteht aus hochwertigem optischen Glas, wird dem Objektiv vorgesetzt, um bestimmte Strahlungsanteile des Lichts zu absorbieren. Filter gibt es für SW- und/oder Farbfotografie und dienen letztlich zur besonderen Gestaltung des Bildes, schaffen z. B. mehr Kontrast, erhöhen die Fernsicht, unterdrücken Grün usw. Sehr verbreitet: Gelb-, Orange-, Grün- und Rotfilter für SW sowie Polarisationsfilter und Effektfilter für Farbaufnahmen.

Filz, Woll- oder Haarmaterial, das durch Walken unter Wärme, Druck, Feuchtigkeit verfilzt.

final [l.], zielbestimmt.

Finale, *s.* [it.], 1) *mus.* Schlußsatz v. Sinfonie, Sonate, Konzert od. Oper (Operette), meist → Ensemble; 2) im *Sport* letzter Ausscheidungskampf.

Finalsatz, *m., grammat.* Nebensatz, der eine Absicht ausdrückt.

Finanz-amt, unterste Behörde d. F.verwaltung. – **F.ausgleich,** Ausgleich der Einnahmen (bes. an Steuern) u. Ausgaben (öff. Lasten) zw. einzelnen Gebietskörperschaften (Bund, Länder, Gemeinden); bezweckt möglichst gleichmäß. belastung.

Finanzen, allg. d. Vermögen in Geld; im engeren Sinne d. Mittel (Einnahmen u. Ausgaben) d. Gebietskörperschaften (Staat, Gemeinde usw.).

Finanzgerichte → Rechtspflege, Übers.

Finanzhoheit, Recht einer Gebietskörperschaft (Bund, Land usw.), über ihre Finanzen zu bestimmen.

Finanzierung, allg. die Beschaffung von Kapital (z. B. zur Gründung, Erhaltung oder Erweiterung einer Unternehmung); Arten: nach dem Kapitalgeber: Eigen-F. (Beteiligungsverhältnis) u. Fremd-F. (Gläubigerverhältnis); Selbst-F., wenn Gewinne nicht ausgeschüttet, sondern dem Unternehmungskapital zugeschlagen werden; nach d. Beziehung zum finanzierten Objekt: Vor-, Zwischen-, Rest-F.; Rest-F. ist auch d. Inanspruchnahme d. Zentralbank durch andere Banken f. deren Finanzgeschäfte.

Finanz-konsortium, Zus.schluß v. Banken zur gemeins. Durchführung v. Finanzierungen. – **F.kontrolle,** Prüfung aller mit F.wesen zus.hängenden Fragen, mit verwaltungsmäßig (gegenüber untergeordneten Behörden), rechnungsmäßig (durch eine bes. Behörde), pol. (durch d. Parlament). – **F.statistik,** statist. Bearbei-

Film

Ein durch Projektion auf Leinwand vorgeführtes, aus bewegten Fotobildern bestehendes Lichtspiel; auch Bez. für Aufnahmematerial u. das gesamte Lichtspielwesen. *Filmarten:* Spielfilme, Dokumentarfilme, Kulturfilme, Lehrfilme, Wochenschau, Werbefilme. Die Entwicklung führte vom Stumm- über den Ton- zum Farb- u. Breitwand-Film. **Geschichte:** Erfinder Edison (USA), Lumière (Frankreich), Skladanowsky-Meßter (Dtld). *Patente:* Edison 1891, Gebrüder Lumière 1895, Skladanowsky 1896. Erster Kurzfilm Lumières *Arbeiter verlassen die Fabrik.* 1896 drehte Meßter in Berlin Straßenszenen. Erste Filmvorführungen als Schaubudennummern: Einzeleffekte m. starker Bewegung („heranbrausende Eisenbahn"). Wanderkinos (1899–1904). Darsteller meist Artisten. Ladenkinos meist mit Ansager u. Klavier od. Harmonium (1903–05). Anfänge d. Filmindustrie; Beschäftigung von Bühnenschauspielern. Erstes großes Kinotheater 1902 in Los Angeles; in Dtld 1910 in Berlin; kleinere Kinos in München seit 1895, in Berlin seit 1896. Seit 1907 *Starfilme:* Asta Nielsen (Dänemark), Mary Pickford (USA), Henny Porten (Dtld), Max Linder (Frkr.). **Deutschland: a)** erster künstlerischer Film: *Der Student von Prag* (1913, Paul Wegener). **b)** Erste dt. Filmkritik 1913. Beginn des eigengesetzl. Films im Ggs. zum Theater. Entwicklung zum **c)** Regie-Film: Regisseur als Filmgestalter, mit Hilfe von Kameramann u. Cutter, aufgrund des Drehbuches. **d)** Bed. Regisseure des Stummfilms: Fanck, *Der heilige Berg;* Kortner, *Karamasoff;* Lang, *Metropolis;* Lubitsch, *Mumie Ma;* Murnau, *Tabu;* Pabst, *Geheimnisse einer Seele;* Wegener, *Golem;* Wiene, *Das Kabinett des Doktor Caligari* u. a. **e)** Bed. Stummfilmstars: Albers, Bassermann, Jannings, Kortner, Krauss, Pallenberg, Veidt, Wegener, Brigitte Helm, Pola Negri, Adele Sandrock u. a. **f)** 1928 Tonfilm (dt. Erfinder: Vogl, Engl, Massolle). Bed. dt. Tonfilmregisseure (außer den bereits erwähnten): Baky, *Münchhausen;* Harald Braun, *Nachtwache;* Engel, *Affaire Blum;* Forst, *Mazurka;* Froelich, *Mädchen in Uniform;* Hochbaum, *Ewige Maske;* Jugert, *Film ohne Titel;* Käutner, *Die letzte Brücke;* Liebeneiner, *Ivette;* May, *Duell mit dem Tode;* Meisel, *Münchhausen (Dtld), Das Höllentor* (Japan). An Bedeutung gewinnt d. **Fernsehfilm,** daneben (zunächst als Aufnahmeverfahren und als Verbreitungsmedium) der **Video-film. – Breitwand- und dreidimensionalen (3-D-)Film:** Versch. Verfahren, u. a. Todd AO, Cinerama (Aufnahmen mittels 3 Kameras, Projektion durch 3 Projektoren auf konkav gewölbte Leinwand), CinemaScope (Aufnahmen mit Spezial-Weitwinkelobjektiv, Vorführung mit Ausgleichslinse auf überdimensionale Leinwand), ferner d. ältere Stereoskop-System (nur mit Polarisationsbrille). Erster Spielfilm nach dem Stereoskop-System: *Bwana, der Teufel.* **Wesen des künstlerischen Films:** Eigengesetzl. künstlerische Form, d. h. weder dramatisch (Theater) noch episch (Roman), sondern „filmisch"; optische Kunstform des rhythmisch bewegten Bildes, Vorrang des Visuellen, Bildkomposition.

USA: Filmzentrum Hollywood. Bedeutende Regisseure: Allen, Altman, Bogdanovich, Capra, Carpenter, Chaplin, Cimino, Coppola, Dieterle, Fleming, Ford, Griffith, Hathaway, Hawks, Hitchcock, Huston, Kazan, King, Koster, Kubrick, Litvak, Lucas, Lumet, Lynch, Negulesco, Scorsese, Siodmak, Spielberg, Stone, Welles, Wilder, Whyler, Wood. *Zeichentrickfilm* (Walt Disney). *Weltbekannte Stars:* Ingrid Bergman, Claudette Colbert, Marlene Dietrich, Greta Garbo, Gloria Swanson, Elizabeth Taylor, Wallace Berry, Humphrey Bogart, Marlon Brando, Gary Cooper, James Dean, Robert De Niro, Harrison Ford, Clark Gable, Dustin Hoffman, Jack Nicholson, James Stewart, Spencer Tracy, Rudolf Valentino u. a. Groteskdarsteller wie Harold Lloyd, Buster Keaton, Charlie Chaplin, Laurel & Hardy, W.C. Fields, Marx Brothers. **Frankreich:** Wichtige Regisseure: Allégret, Annaud, Becker, Bresson, Carné, Cayatte, Chabrol, Christian-Jaque, Clair, Clouzot, Cocteau, Delannoy, Duvivier, Eustache, Feyder, Godard, Greville, Malle, Ophuls, Renoir, Resnais, Rivette, Rohmer, Tati, Truffaut; bekannte Dichter als Drehbuchautoren; lange Zeit künstlerische Vormachtstellung. – **Italien:** Nach 1945 filmkünstlerischer Aufstieg. Neoverismus. Antonioni, Bertolucci, Blasetti, Cavani, Fellini *(La strada),* Germi, Leone, Olmi, Pasolini, Rossellini, de Sica *(Fahrraddiebe),* de Santis, Brüder Taviani, Visconti, Wertmüller, Zampa. – **UdSSR:** verstaatl. Filmindustrie, berühmte Stummfilme mit revolutionären Mitteln: *Panzerkreuzer Potemkin.* Eisenstein, Pudowkin, Protosanoff, Turin, Ekk, Tarkowski u. a. – **Großbritannien:** Attenborough, Frears, Greenaway, Lean, Lester, Losey, Reed *(Der dritte Mann),* Russell. – **Polen:** Kieslowski, Polanski, Wajda, Zanussi. – **Schweden:** Bergman *(Das Schweigen),* Sjöberg, Widerberg. – **Schweiz:** Goretta, Gloor, Imhoof, Lindtberg, Lyssy, Tanner, Yersin. – **Spanien:** Bardem *(Tod eines Radfahrers),* Buñuel *(Viridiana),* Saura. – **Türkei:** Gören, Güney *(Yol),* Ökten. – **Japan:** Hani, Ichikawa, Kurosawa *(Rashomon),* Mizoguchi, Oshima. **Farbfilm:** erster Farbfilm 1935 USA; in Dtld 1936 *(Schönheitsfleckchen;* Kurzfilm) bzw. 1941 *(Frauen sind doch bessere Diplomaten;* Spielfilm); bed.: *Vom Winde verweht* (USA), *Die roten Schuhe* (Engl.), *Münchhausen* (Dtld), *Das Höllentor* (Japan).

---

tungen des die Finanzierung der Unternehmungen od. die F.wirtsch. d. Gebietskörperschaften betreffenden Zahlenmaterials. – **F.vermögen,** Vermögen der öff. Hand, das durch seine Erträgnisse der Finanzierung d. Verw. dient (Domänen, Forsten). – **F.verwaltung,** für BR durch das F.-V.s-Ges. u. d. F.anpassungs-Ges. v. 30. 8. 1971 eingesetzt: *Bundes-F.behörden* (Bundes-F.ministerium, Ober-F.direktionen, Hauptzollämter); *Landes-F.behörden* (Länder-F.min., Ober-F.direktionen, F.ämter). – **F.wechsel,** Wechsel, die nicht dem Warenverkehr, son-

dern ausschließl. d. Finanzierung dienen. – **F.wirtschaft,** d. bes. Bereich der Wirtschaft. der öff. Körperschaften mit ihren Maßnahmen, die für gemeinschaftl. od. öff. Bedürfnisse erfordel. Mittel zu beschaffen (Einnahmen) u. dafür zu verwenden (Ausgaben). **Finck,** Werner (2. 5. 1902–31. 7. 78), dt. Kabarettist, Schausp. u. Schriftst.; *Alter Narr, was nun?* **Findelkinder,** ausgesetzte Kinder m. Herkunft nicht zu ermitteln ist. **Finderlohn,** gesetzl. Anspruch auf Belohnung für Auffindung (→ Fund) und

Ablieferung verlorener Sachen (§ 971 BGB), vom Sachwert bis 1000 DM 5%, vom Mehrwert oder bei Tieren 3%. **Fin de siècle,** *s.* [frz. *f̃ɛ d'sjɛkl* „Jahrhundertende"], Bez. für d. Kunst u. Literatur Ende d. 19. Jh. **Findlinge,** verw. → erratische Blöcke. **Fine,** *s.* [it.], *mus.* Ende v. Musikstücks, Schlußzeichen u. w. wiederholten Tonsatz. **Fines herbes** [frz. *fin'zɛrb*], versch. feingehackte Küchenkräuter. **Fingal,** irisch-schott. Sagenheld; Gestalt i. d. Liedern → Ossians. – **F.shöhle,** v. d.

Brandung i. Säulenbasalt ausgewaschene Höhle an der SW-Küste der schott. Hebrideninsel *Staffa,* 69 m l., 20–35 m hoch.
Finger-abdruck → Daktyloskopie. – **F.beerenmuster,** *Hautleistenmuster,* an der Innenseite der Fingerspitzen auftretende Hautleisten mit charakterist. Muster; bei jedem Menschen verschieden, deshalb zur Identifizierung v. Personen benutzt; → Daktyloskopie.
Fingerentzündung, *Umlauf, Panaritium,* schmerzhafte eitrige Entzündung meist an Fingerkuppe oder Nagelbett.

Fingerhut

Fingerhut, *Digitalis,* Waldkräuter, stark giftig, auch Herzmittel; rote od. gelbe glockig-bauchige Blüten.
Fingerkraut, Rosengewächs; Unkräuter *(Gänsegarbe).*
Fingersatz, *Applikatur, mus.* Bez. d. Fingerstellung b. Instrumentalspiel.

Fingertier

Fingertier, *Aye-Aye,* Halbaffe Madagaskars, sehr selten; mit langfingr. Pfoten zum Hervorholen d. Nahrung (Bambusmark od. Insektenlarven).
fingieren [l.], erdichten, vortäuschen.
fingierter Wechsel → Wechsel.
Finis [l.], Ende.
Finish, *s.* [engl. *´finiʃ,* sportlicher Endkampf.
Finistère [-´tɛːr], westfrz. Dép., 6733 km², 833 000 E; Hptst. *Quimper.*
Finisterre, nordwestl. Kap Spaniens, St., 5000 E; Hafen, Leuchtturm.
Finken, körnerfressende Singvögel m. kegelförm. Schnabel: *Buch-, Grünfink, Stieglitz, Zeisig, Hänfling.*
Finkenwerder, fruchtbare Elbinsel, südw. Hamburg, größter Fischerort der Niederelbe; Werften; Obst-, Gemüsebau; zu Hamburg.
Finn-Dingi, *s.,* Einmannjolle im Segelsport; olymp. Bootsklasse.
Finne → Akne, → Bandwürmer.
Finne, bewald. Höhenzug in Thüringen, zw. Unstrut und Saale; *Schmücke,* 378 m.

Finnentrop (D-5950), Gem. im Kreis Olpe, NRW, 16 692 E; Fremdenverkehr.
finnische Literatur, *Kalevala*-Epos (vorliterar. Ursprungs), aus Einzelliedern zus.gefügt v. Elias Lönnrot (19. Jh.); Aleksis Kivi (*Sieben Brüder,* 1870, erster finn. Roman), Pietari Päivärinta, Minna Canth, Juhani Aho (kulturhistor. Romane), Joh. Linnankoski (*Flüchtlinge,* Roman). Koskenniemi (Lyrik), Maila Talvio, Aino Kallas, Unto Seppänen, F. E. Sillanpää, Mika Waltari, Väinö Linna.
Finnischer Meerbusen, östl. Bucht der Ostsee, an ihr Finnland, Estland und Rußland; 400 km l., 50–120 km breit; 4–5 Monate zugefroren; wichtige Häfen: *Helsinki, Reval* (Tallinn), *Leningrad.*
finnisch-ugrisch → Sprachen, Übers.
Finnland, amtl. *Suomen Tasavalta,* Republik, 338 145 km², davon 32 670 km² Wasserflächen (ca. 55 000 Seen), 4,95 Mill. E (15 je km²), 6,3% Schweden; Bev.-Zuw. 0,5%; Währung: Finnmark (Fmk); Rel.: 90,5% Lutheran.; Hptst.: *Helsinki;* Flagge S. 340, Karte S. 743. **a)** *Geogr.:* 77% Wald, 9% Acker- u. Weideland; gliedert sich zum einen d. Finn. Seenplatte im S zum Bottn. u. Finn. Meerbusen u. vorgelagerten Schären u. zum anderen in Finnisch-Lappland. **b)** *Wirtsch.:* Hauptrohprodukt: Holz; bed. holzverarb. u. Metallind. **c)** *Bodenschätze:* Eisen- u. Kupfererz. **d)** *Außenhandel* (1988): Einfuhr 22,02, Ausfuhr 22,24 Mrd. $. **e)** *Verkehr:* 6600 km Binnenwasserstraße; 8900 km Eisenbahnen; Handelsflotte: 0,9 Mill. BRT (1989). **f)** *Verf.* v. 1919: Staatspräs. (s. 1988 direkt gewählt), Staatsrat u. Reichstag (Eduskunta). **g)** *Verw.:* 12 Provinzen, davon → Ålandinseln weitgehend autonom. **h)** *Gesch.:* Von Lappen, dann von osteuropäiden Finnen aus d. Uralgebiet besiedelt; im 12./13. Jh. v. den Schweden erobert, christianisiert. Seit 1809 Autonomie unter russ. Herrschaft, doch mit immer stärker eingeengter Selbstverw.; 1917 Unabhängigkeitserklärung; 1918 Kämpfe unter Mannerheim gegen d. Bolschewisten. 1939/40 sowj.-finn. Krieg u. 1941–44 Krieg gg. die Sowjetunion auf dt. Seite. Abtretung des Bez. Porkkala als temp. Flottenbasis (Jan. 1956 zurückgegeben); des Gebiets von Petsamo (Zugang zum Eismeer), der karel. Landenge u. des W-Ufers des Ladogasees an die Sowjetunion (durch Pariser Friedensvertrag von 1947 bestätigt). Umsiedlung v. 450 000 Kareliern. 1948 Beistandspakt m. Sowjetunion. 1961 Assoziierung m. EFTA (s. 1985 Vollmitgl.), 1974 Handelsvertrag m. EWG. **i)** *Mitgl.:* UN, Nord. Rat, OECD, Europarat, EFTA.
Finnmark, nördl. Prov. Norwegens, 48 637 km², 74 000 E (dav. 12 000 Lappen); Hptst. *Vadsø,* 6000 E.

Finsen, Niels (15. 12. 1860–24. 9. 1904), dän. Arzt, Begr. der modernen → Lichtbehandlung u. Erfinder d. **Finsenlampe,** el. Bogenlicht zur Behandlung der Hauttuberkulose.
Finsteraarhorn, höchster Berg der Berner Alpen, 4274 m, stark vergletschert.
Finstermünz, Engpaß des Inntals zw. Schweiz (Engadin) und Tirol, 995 müM.
Finsterwalde (D-7980), Krst. in Bbg., w. Niederlausitz, 23 892 E; Tuch- u. Maschinenfabrik.
Finte, *w.* [it.], Täuschungsversuch; Scheinhieb, -schlag im Fechten, Boxen usw., um eine Blöße des Gegners herbeizuführen und auszunutzen.
Firdusi, *Ferdausi* (939–1020 n. Chr.), pers. Dichter: *Schâhnâme* („Königsbuch"; pers. Gesch. bis 7. Jh. n. Chr.).
Firlefanz, *m.,* ma. Tanz; Albernheit.
firm [l.], fest in etwas, sicher, beschlagen.
Firma [it.], Name, unter dem der Vollkaufmann im Handel seine Geschäfte betreibt, Unterschrift abgibt, klagt u. verklagt wird. Jeder Kaufmann ist verpflichtet, seine Firma zum *Handelsregister* des Niederlassungsortes anzumelden; *Personal-F.* auf den Namen des Inhabers, *Sach-F.* auf den Gegenstand des Geschäftsbetriebes. Das Firmenrecht fordert *Firmenwahrheit und -klarheit,* d. h. die F. muß über die Rechtsform und die Verhältnisse Auskunft geben. Zusätze, die geeignet sind, Täuschungen herbeizuführen, sind verboten. Ausnahme → Firmenbeständigkeit.
Firmament, *s.* [l.], das Himmelsgewölbe.
Firmen-ausschließlichkeit, jede neue einzutragende → Firma muß sich von den am selben Ort bereits bestehenden deutlich unterscheiden (§ 30 HGB). – **F.beständigkeit,** die bisherige → Firma darf bei Übergang eines Handelsgeschäftes vom Erwerber fortgeführt werden, falls bisheriger Inhaber oder dessen Erben zustimmen; evtl. Nachfolgerzusatz; ebenso kann Firma unverändert bleiben, wenn ein Gesellschafter ein- oder austritt (§§ 22, 24 HGB). – **F.schutz,** Firma wird gg. unbefugten Gebrauch od. gg. Verwechslungsgefahr geschützt (§§ 30, 37 HGB, §§ 12, 823 BGB, § 16 UWG u. § 24 WZG); Erzwingung von Ordnungsstrafen und Löschung durch → Registergericht, Unterlassungs- u. Schadenersatzklage möglich.
Firmung, kath. u. orthodoxes Sakrament, Handauflegung u. Salbung mit Chrisam durch d. (Weih-)Bischof od. einen bevollmächtigten Priester f. Jugendliche von 7–12 Jahren; prägt d. Christen ein unauslöschl. Siegel ein.
Firn, alter körniger Hochgebirgsschnee, Übergang zwischen Schnee u. Gletschereis.
Firnewein, alter abgelagerter Wein mit Dunkelfärbung.
Firnis, Leinöl, Bez. für Anstrichstoffe ohne → Pigment, die trocknende Öle enthalten und einen durchsichtigen

Überzug bilden; *Lack-F.,* Lösung von Schellack oder Harz in Spiritus u. ä.
First, die waagerechte Oberkante des Daches.
Firste, die Decke einer Strecke im Bergwerk.
Firth, *m.* [fəːθ], die Fjorde Schottlands; z. B. **F. of → Forth,** in der Nähe v. Edinburgh; berühmte Eisenbahnbrücke (1883–90 erbaut), 2466 m lang, mit Öffnungen von 521 m Stützweite.
FIS, Abk. f., **1)** *Fédération Internationale de Ski,* intern. Skiverband; **2)** *Flight Information Service,* Fluginformationsdienst.
Fischadler → Adler.
Fischart, Johann, eigtl. J. Fischer, gen. Mentzer (um 1546–90), elsäss. Satiriker; Prosa: *Geschichtsklitterung;* Verswerke: *Flöhhatz; Das glückhaft Schiff v. Zürich.*
Fischband, Tür- u. Fensterbeschlag, enthält die Angel, um die sich Tür u. Fenster drehen.
Fischbein, Horn aus den Barten d. Bartenwale; auch versch. Ersatzmittel werden F. genannt.
Fischblase, 1) → Schwimmblase; **2)** Verzierung im got. → Maßwerk, bes. d. → Flamboyant-Stils.

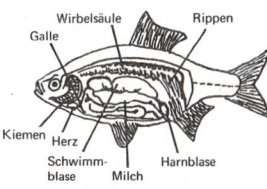

Wirbelsäule Rippen
Galle
Kiemen
Herz
Schwimm- Harnblase
blase Milch

Fisch, *Längsschnitt*

Fische, 1) niederste Gruppe (Überklasse) der Wirbeltiere, durch Kiemen atmende Wasserbewohner; 3 Klassen: *Rundmäuler* (Neunaugen), *Knorpelfische* (Haie, Rochen), *Knochenfische* (d. meisten Arten). → Tafel Fische, S. 346; **2)** *nördliche* u. *südliche F.* → Tierkreis, Übers.; **3)** *Zeichen* (12.) des → Tierkreises (Abb.).
Fischegel, egelähnl. Würmer, saugen an Fischen.
Fischer, 1) Bobby (* 9. 3. 1943), am. Schachspieler; Weltmeister 1972–75; **2)** Edwin (6. 10. 1886–24. 1. 1960), schweiz. Pianist u. Dirigent; **3)** Emil (9. 10. 1852–15. 7. 1919), dt. Chem.; entdeckte Schlafmittel Veronal u. Synthese v. Traubenzucker u. → Polypeptiden; Nobelpr. 1902; **4)** Ernst Otto (* 10. 11. 1918), dt. Chem.; Arbeiten aus d. metallorgan. Chemie; Nobelpr. 1973 (zus. mit Wilkinson); **5)** Eugen (5. 6. 1874–9. 7. 1967), dt. Anthropologe; Gründer d. Kaiser-Wilhelm-Inst. für Anthropologie; **6)** Hans (9. 7. 1881–31. 3. 1945), dt. Chem.; Synthese des Blutfarbstoffs; Nobelpreis 1930; **7)** Johann Bernhard Frh. v. Erlach (20. 7. 1656–5. 4. 1723),

Barockbaumeister; *Kollegienkirche* in Salzburg, Hofbibliothek u. *Karl-Borromäus-Kirche* in Wien; **8)** Johann Michael (18. 2. 1692–6. 5. 1766), dt. Baumeister d. Spätbarock; Benediktiner-Klosterkirchen Zwiefalten, → Ottobeuren, Rott a. Inn; **9)** Joschka (* 12. 4. 1948), dt. Pol. (Grüne), 1983–85 MdB, 1985/86 hess. Umweltmin.; 1991 stellv. Min.präs., Ressort f. Umwelt, Energie u. Bundesangelegenheiten; **10)** Karl (21. 3. 1881–13. 6. 1941), Begr. des Wandervogels (→ Jugendbewegung); **11)** Kuno (23. 7. 1824–5. 7. 1907), dt. Phil.; *Gesch. d. neueren Philosophie;* **12)** O(tto) W(ilhelm) (* 1. 4. 1915), dt.-östr. Schausp.; *Ludwig II.; Helden;* **13)** Oskar (* 19. 3. 1923), dt. Pol. (SED); 1975–90 Außenmin. d. DDR.
Fischer, 1) Verlag *Gustav F.,* f. Med. u. Naturwiss., gegr. Jena 1878, 1953 enteignet; jetzt in Stuttgart; **2)** S. F. Verlag, gegr. 1886 in Berlin; moderne Literatur; s. 1933 in Stockholm; in Dtld als Suhrkamp-Verlag; s. 1950 wieder S. F. Verlag in Frankfurt a. M., Amsterdam, Wien.
Fischer-Dieskau, Dietrich (* 28. 5. 1925), dt. Bariton.

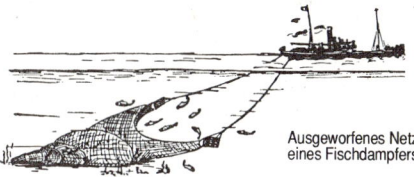

Ausgeworfenes Netz eines Fischdampfers

Fischerei, Hege u. Fang nutzbarer Wassertiere, zerfällt in Hochsee- u. Küsten-F. (Hering, Sprotte, Sardine, Kabeljau, Schellfisch, Scholle, Aal, Hummer, Auster) u. Binnen-(Süßwasser-)*F.;* Hochsee-F. meist durch Gesellschaften mit Fangschiffen bes. Baus (Fabrikschiffen): Fahrten bis Island u. Nordafrika; Küsten-F. durch Kutter, Heringslogger u. a. Kleinfahrzeuge; Fang mit Grund-, Schlepp- u. Treibnetzen, im Wattenmeer auch m. Reusen (Aalfang): Binnen-F. (Fluß-, See- u. Teich-F.) als Sport mit der Angel (→ Angeln), sonst mit Zugnetzen *(Teichwirtschaft);* Beaufsichtigung der F. durch F.polizei, d. Schonzeiten u. Laichschonreviere festsetzt, für Fabrikabwässerbeseitigung sorgt usw.: 1952 BR Fischwirtsch.ges.; 1955 F.forschungsschiff *Anton Dohrn,* 999 BRT; 1970 Fischmarktordnung i. d. EG; 1976 Diskussion um Ausweitung d. nat. Fanggebiete von 12 auf 200 Seemeilen. – *Fischfang* 1988: 88 400 t große Hochsee-F., 95 100 t kleine Hochsee- u. Küsten-F., 23 000 t Binnen-F. – F.schutzzone, Meeresstreifen der Küstenstaaten, der über d. Hoheitsgewässer (3 Meilen) hinausreicht u. 12, 50, 70 u. oft 200 (EG s. 1977) Seemeilen beträgt; sie dient dem Schutz vor unkontrolliertem Fischfang durch ausländ. Fischereiflotten.

Fischer-Inseln → Pescadores.
Fischerring, päpstlicher Siegelring mit d. Bild d. fischenden Petrus.
Fischer-Tropsch-Synthese, 1925 v. F. Fischer u. H. *Tropsch* geschaffene großtechn. Gewinnung v. Treibstoffen u. Paraffinen aus Kohle, die zunächst zu Kohlenoxid vergast und m. Wasserstoff über Katalysatoren hydriert wird.
Fischlupe, auf d. Prinzip des → Echolots beruhendes Ultraschall-Ortungsgerät f. Fischereifahrzeuge, gibt Tiefe u. Größe eines Schwarms an.
Fischmehl, eiweißintensives Futtermittel aus Fischabfällen.
Fischotter → Ottern.
Fischreiher → Reiher.
Fischschuppenkrankheit, *Ichthyosis,* krankhafte Schuppenbildungen der Haut.
Fischsilber, vorbehandelte Weißfischschuppen, die einem Lack perlmutterartigen Glanz verleihen.
Fischvergiftung → Erste Hilfe, Übers.
Fisher [ˈfiʃə], **1)** Geoffrey Francis, Lord (5. 5. 1887–14. 9. 1972), anglikan. Theol.; 1945–61 Erzbischof v. Canterbury; führend i. d. Ökumene; **2)** Irving (27. 2. 1867–29. 4. 1947), am. Nationalökonom; vertrat die math. Wirtschaftstheorie; *Index-Währung; Die Kaufkraft des Geldes.*
Fisimatenten, Flausen; unnötiges Getue.
Fiskaljahr → öffentlicher Haushalt.
Fiskus, *m.* [l. „Geldkorb"], urspr. kaiserliche Privatkasse (im Rom); heute Bez. des Staates in privatrechtl., insbes. vermögensrechtl. Funktion.
fissil [l.], spaltbar.
Fission, *w.* [engl. ˈfiʃn], Spaltung; bes. f. Atomkernspaltung; Ggs.: Fusion (→ Tafel Atom u. Atomkernenergie).
Fissur, *w.* [l.], Einriß (Haut-, Knochen-F.).
Fistel, *w.* [l. „fistula"], künstl. od. durch Krankheit entstandener Kanal, der ein tiefer liegendes Organ mit der Körperoberfläche od. anderen Organen verbindet.
Fistelstimme → Falsett.
fit [engl.], physisch, sportl. leistungsfähig, in Form.
Fitch [fitʃ], Val. L. (* 10. 3. 1923), am. Phys.; (zus. m. J. W. → Cronin) Nobelpr. 1980 (Symmetrie zw. Materie u. Antimaterie).
Fitis → Laubsänger.
Fittings [engl.], verbindende Zwischenstücke (Muffen, Hähne) bei Rohrleitun-

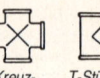

Bogen Winkel Kreuz- T-Stück
stück
Fittings

gen (z. B. zw. Gasrohrleitung u. Bren-
ner).
Fitzgerald [-'dʒerəld], **1)** Ella (* 25. 4.
1918), am. Jazzsängerin; **2)** Francis Scott
(24. 9. 1896–21. 12. 1940), am. Schrift.;
D. große Gatsby; Der letzte Taikun.
Fitzroy, Fluß in W-Australien, aus d.
Kimberley-Plateau, 520 km l., in den
King-Sund; schiffbar.
Fiumare, *w.* [it.], im Sommer trockener
Flußlauf.
Fiume → *Rijeka.*
Five o'clock tea [engl. *faıv ə'klɔk ti*], 5-
Uhr-Tee, Nachmittags-, Tanztee.
fix [l.], fest(stehend); flink.
Fixativ, *s.,* Lösung v. Schellack od. Ko-
lophonium *(→ Harze)* in Alkohol mit
Firniszusatz; macht, auf Kreide-, Kohle-,
Pastellzeichnungen aufgetragen, diese
unverwischbar.
fixe Idee → Wahnidee.
fixen [l.], **1)** an der *Börse:* Verkauf von
Waren, → Wertpapieren, ohne sie zu besitzen *(Leerverkäufe);* Erwerb erfolgt erst
später zu erhofft niedrigem → Kurs
(Baisse-Spekulation); Lieferung erfolgt
zu einem bestimmt. (fixen) Tag, meist Ultimo *(Fixgeschäft);* **2)** Rauschgift spritzen.
Fixer, 1) svw. Börsenspekulant, der m.
→ Baisse rechnet; **2)** Süchtiger, der
Heroin spritzt.
Fixgeschäft, bürgerlich-rechtl. Vertrag,
der zu einem festgelegten Zeitpunkt erfüllt werden muß; andernfalls kann der
andere Teil zurücktreten (§ 361 BGB).
fixieren, 1) festsetzen: **a)** Zeichnung mit
→ Fixativ vor dem Verwischen schützen;
b) fotograf. Platten u. Papiere mit → Fixiersalz lichtunempfindlich machen; **2)**
jemanden anstarren.
Fixiersalz, *Natriumthiosulfat,* löst das
nach Belichtung u. Entwicklung fotograf.
Platten, Filme u. Papiere auf ihnen unverändert gebliebene Silberbromid
(-chlorid); Wiederaufbereitung in verbrauchten Fixierbädern enthaltenen Silbersalze wichtig.
Fixsterne, selbstleuchtende Himmelskörper aus heißen Gasen, die i. Ggs. zu
d. Wandelsternen (→ Planeten) ihre
scheinbare Stellung am Himmel kurzzeitig nicht ändern, nach vielen Jahren
aber geringe Ortsveränderung (→ Eigenbewegung) aufweisen: → Sterne,
→ Milchstraße.
Fixum [l.], das Feste (Einkommen), bes.
als Ggs. z. → Provision.
Fizeau [fi'zo], Armand (23. 9. 1819–18.
9. 96), frz. Phys.; Verfahren zur Messung
der Lichtgeschwindigkeit.
Fjord, *m.* [skandinav.], lange, schmale,
meist stark verzweigte Meeresbuchten;

Fjord in Norwegen

durch eiszeitl. Gletscher stark übertiefte,
versunkene Flußtäler.
FKK, Abk. f. *Freikörperkultur,*
→ Nacktkultur.
Fl., *fl.,* Abk. f. *florin* [frz.], weil urspr. aus
Florenz stammend, svw. → Gulden.
Flab, östr. für → Flak.
Flach, Karl-Hermann (17. 10. 1929–25.
8. 73), dt. Journalist u. FDP-Pol.; 1971–
73 Gen.sekr. d. FDP.
Fläche, in der *Geometrie:* räuml. Gebilde
mit zwei Ausdehnungen: Länge und
Breite.
Flächenmaße → Maße u. Gewichte,
Übers., S. 1085.
Flachmoor → Moor.
Flachrennen, Pferderennen auf ebener
Bahn; Ggs.: → Hindernisrennen.

Blüte Frucht
Flachs

Flachs, *Lein,* uralte *Faserpflanze;* Samen
liefern *Öl;* Hptanbaugebiete: USA, Indien, Argentinien u. Rußland; *Indischer
F.* → Jute. – **F.seide** → Seide. – **F.spin-
nerei,** Herstellung v. haltbarem Garn aus
d. Bast der Leinenpflanze: die Pflanze
wird *geriffelt,* d. h. durch eine Kämme
v. Blättern u. Samen gereinigt, *geröstet* u.
vom Pflanzenleim befreit, gewaschen, gebrochen u. *gehechelt,* d. h. d. Bast wird
durch Kämmen in Fasern zerlegt; lange
Fasern versponnen, kurze zu Werg verarbeitet.
Flagellanten [l.], *Geißelbrüder,* sich gei-
ßelnde christl. Bußscharen, bes. bei Epidemien im MA.
Flagellaten → Geißeltierchen.
Flagelle, Flagellum, svw. → Geißel 2).
Flageolett, *s.* [frz.], hohes Flötenregister
d. Orgel; flötenähnl. Töne bei Saiteninstrumenten; kl. Schnabelflöte.
Flagge, 1) Hoheitszeichen von Staaten u.
Ländern, die sich nach intern. Regeln
deutlich v. denen anderer Staaten unterscheiden müssen (→ Tafel Flaggen, S.
340/341); **2)** Schiffe müssen F. an Gaffel
od. Heck als Zeichen d. Staatszugehörigkeit führen; Reedereien führen meist da-

neben *Hausflagge;* Sonderflaggen: Post-,
Zoll-, Lotsen-, Quarantäne-F.
Flaggen-alphabet, dient z. Verständi-
gung zw. Schiffen auf See; *Winkerflagge,*
Fähnchen z. Signalgeben. – **F.gruß** tau-
schen Handelsschiffe m. Kriegsschiffen
gegenseitig aus.
Flaggoffiziere, oberste Rangklasse d.
Marineoffiziere (Admirale).
Flaggschiff, Führerschiff e. großen Verbandes.
flagrant [l. „brennend"], offenkundig;
→ in flagranti.
Flaherty [*'flεəti*], Robert J. (16. 2. 1884–
23. 7. 1951), am. Filmregisseur, Pionier
d. Dokumentarfilms; *Nanook of the
North* (1922); *Louisiana Story* (1948).
Flak, Abk. f. Flugabwehrkanone, auch
Flab od. **Fla,** Bez. f. **Flugabwehrartille-
rie,** Waffengattung zur Flugabwehr,
hpts. bewaffnet m. schweren u. leichten,
vollautomat., optisch od. durch Radar
gerichteten Kanonen u. Fernlenkrake-
ten; Flak 20 mm, *Zwillings-F.:* 1000
Schuß je Min./Rohr; max. Schußentf.:
7000 m.
Flake, Otto (29. 10. 1880–10. 11. 1963),
dt. zeitkrit. Schriftst.; Entwicklungs- u.
Liebesromane; *Fortunat.*
Flakon, *s.* od. *m.* [frz. -'kõ], (Riech-)
Fläschchen.
Flambeau, *m.* [frz. *flã'bo*], Fackel, hoher
Kerzenständer.
Flamberg, zweihändiges Schwert d.
Landsknechte.
flambieren [frz.], Speisen zur Ge-
schmacksverfeinerung mit Alkohol übergießen und abflammen.
Flamboyant-Stil [frz. *flãbwa'jã-*], Stil d.
frz. u. engl. Spätgotik (15. u. 16. Jh.),
flammenart. Zierornamente.
Flamen, Vlamen, german. Volksteil Bel-
giens; etwa die Hälfte d. belg. Bev.
Flamenco, Bez. f. span. (andalus.) Volkstänze u. -gesänge mit od. ohne Gitarren-
begleitung.
Fläming, sandiger, wasserarmer, kiefern-
bewald. Höhenzug (*Hagelberg,* 201 m),
bei Wittenberg.

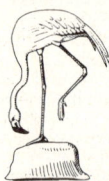
Flamingo

Flamingo, *m.,* Wasservogel m. hohen
Beinen, geknicktem Schnabel u. rosenro-
tem bis karminrotem Gefieder. Europa:
Rhône- u. Guadalquivirdelta; Afrika,
Asien, Amerika.
Flamínius, Gaius, röm. Staatsmann; fiel
217 v. Chr. gegen Hannibal; erbaute
Via Flaminia v. Rom n. Ariminum (Ri-
mini).

Flecke

Möglichst frisch zu entfernen. Saubere, jeweils geeignete, richtig temperierte Lösungsmittel sollen an unsichtbarer Stelle des Stoffes ausprobiert, dann in Fadenrichtung verrieben werden unter sorgsamster Beobachtung etwaiger Feuergefährlichkeit. – **Bierflecke** werden m. lauwarmem Wasser u. Spiritus, zu gleichen Teilen gemischt, herausgerieben u. von links feucht geplättet. – **Blutflecke**, frische, mit kaltem bis lauwarmem Wasser auswaschen (bei Wäsche vor dem Kochen); bei alten Blutflecken Soda, beim Waschen Salz, bei Seide etwas Seife zusetzen; in Matratzen: Reisstärke mit Wasser angerührt auftragen, nach Trocknen ausbürsten; in dunklen Wollstoffen: ohne Wasser trocknen u. ausbürsten. – **Brandflecke:** Mischung aus 8 g Walkerde, 2 g aufgeweichte Seife und 60 g Essig. Einreiben und ausspülen. **Broschen** geben oft Stichflecke, die durch Abreiben d. Nadel mit Eau de Cologne vermieden od. durch Abtupfen damit beseitigt werden. – **Druckflecke** in haarigen Stoffen dämpfen od. m. angefeuchteter Rückseite über heißes Bügeleisen ziehen. – **Eierflecke** beseitigt warmes Wasser. – **Essigflecke** auf Bestecken mit Spiritus, Putzsand od. Petroleum abreiben. – **Farbflecke** mit Benzin, in Seide m. Mischung aus Terpentin u. Ether behandeln, auf Fensterscheiben m. Salmiakgeist. – **Fettflecke:** Benzin (nie bei offenem Feuer od. heißem Ofen), ähnl. Fleckwässer; Quillajarinde; Salmiaklösung (bei Anzugstoffen); Stoff zw. Löschpapier heiß bügeln (bei Seide u. zarten Stoffen vorher Salz od. Mehl aufstreuen); Leder: m. geschlagenem Eiweiß abreiben; Parkett: m. Schmierseife einreiben, am folgenden Tag m. heißem Wasser wischen. – **Fliegenflecke:** Stoffe m. lauwarmem Essigwasser, Möbel m. Zwiebelscheiben abreiben. – **Grasflecke:** Zitronensaft; Spiritus; kochendes Wasser u. Seife. – **Harzflecke:** Terpentinöl; Terpentin-

spiritus; Spiritus; Seide u. farbenempfindl. Stoffe: Ether, m. Seifenwasser nachreiben. – **Iodflecke:** Spiritus, Salmiaklösung, Chlorkalkwasser, Natriumbicarbonat aufstreuen. – **Kaffeeflecke:** Glycerin einreiben, m. lauwarmem Wasser auswaschen. – **Kakaoflecke:** Wasser ohne Seife; auch Glycerin u. dann Spiritus anwenden. – **Kopierstiftflecke:** Spiritus, Eau de Cologne. – **Kugelschreiberflecke:** vor d. Waschen m. Essig od. Alkohol entfernen. – **Likörflecke:** Spiritus, dann evtl. noch Mischung von 9 Teilen Wasser, 1 Teil Wasserstoffsuperoxid, wenige Tropfen Salmiakgeist. – **Milchflecke:** stark verdünnter Salmiakgeist, m. etwas Kochsalz gemischt, m. klarem Wasser nachgespült. – **Nagellackflecke:** mit Aceton. – **Obstflecke** in Wäsche: frisch m. lauwarmem Wasser u. Seife waschen, über Nacht in Milch liegenlassen; in Seide: Lösung v. lauwarmem Wasser u. etwas Borax. – **Ölflecke:** warmes Wasser u. Seife; Benzin. – **Ölfarbenflecke:** Terpentin, auch m. Spiritus u. Benzin gemischt. – **Parfümflecke** mit Abkochung v. Quillajarinde (lauwarm) ausreiben. – **Rostflecke:** Roststift, gut nachspülen. – **Rotweinflecke:** tagsüber in warme Milch legen. – **Schmutzflecke:** Quillajarindeabkochung. – **Schweißflecke:** Salmiakgeist; Essig; Lösung von Marseiller Seife in Regenwasser; Quillajalauge. – **Stockflecke:** 1 Teelöffel pulverisierter Salmiak, 1 Eßlöffel feines Kochsalz, 2 Eßlöffel Wasser mischen, aufstreichen, trocknen, auswaschen. – **Teeflecke:** in kochendem Wasser ausziehen lassen. – **Teerflecke:** mit unverdünntem Seifenspiritus, dann mit Benzin ausreiben. – **Tintenflecke:** in Milch od. Zitronensaft ausziehen lassen; m. Fleckstift betupfen u. über heißen Wasserkessel ziehen; Wolle: reines Glycerin, m. warmem Seifenwasser nachspülen; Marmor: Salmiakgeist. – **Zuckerflecke:** lauwarmes Wasser.

---

flämische Bewegung, in Belgien, forderte zuerst Gleichberechtigung der fläm. mit der frz. Sprache, später pol. Gleichberechtigung; 1873 fläm. Gerichtssprache, 1930 Uni. Gent flämisch, völlige Gleichberechtigung der fläm. Sprache 1932.

flämische Literatur, *19. Jh.:* Jan Frans Willems, Hendrik Conscience *(Der Löwe von Flandern);* Guido Gezelle u. Albrecht Rodenbach (Lyrik), August Vermeylen (Lyrik u. Kulturpolitik). Charles de Coster *(Ulenspiegel u. Lamme Goedzak,* in frz. Sprache); René de Clerq (pol. Lyrik); *20. Jh.:* C. Verschaeve, S. Streuvels, F. Timmermans, H. Tierlinck, E. Claes, A. Coolen, G. Walschap, K. v. d. Woestijne, M. Roelants, F. de Pillecijn, A. Demedts, J. Daisne, M. Gilliams.

Flamme, Verbrennungserscheinung b. Dämpfen u. Gasen (Entstehung auch durch Hitzezersetzung fester Stoffe); *Oxidations-F.* m. viel, *Reduktions-F.* m. wenig Sauerstoff; F.nfärbung durch Metallsalze: Natrium gelb, Kalium violett, Kupfer blaugrün, Barium grün, Lithium und Strontium rot.

Flammendes Herz, Zierpflanze aus O-Asien mit herzförmigen rosa Blüten; dem Mohn verwandt.

Flammenspritzen, Verfahren zur Herstellung von Oberflächenschutzschichten aus thermopl. → Kunststoffen.

Flammenwerfer, Kampfgerät, trag- od. fahrb. Behälter, aus dem durch Preßluft Flammenöl bis zu 70 m weit geschleudert wird.

Flammeri, Süßspeise aus erkaltetem Brei mit Fruchtsaft u. ä.

Flammpunkt, bei einem Stoff die Temperatur, bei der er an der Oberfläche entflammbare Gase entwickelt. Die F. bestimmt die Einteilung in Gefahrenklassen. Feststellung mit dem **F.prüfer.**

Flandern, fläm. *Vlanderen,* Nordseelandschaft; ndl. Prov. *Seeland* (356 000 E), belg. Prov. *Ostflandern* (1,33 Mill. E) u. W-F. (1,04 Mill. E) u. frz. Dép. *Nord* u. *Pas-de-Calais;* im N dünnerreiche Flachküste, fruchtbares Marschland, im S flachwelliges Hügelland. – Im 3. Jh. n. Chr. Besiedlung durch Niederfranken und Friesen; im 11./12. Jh. Aufblühen städt. Kultur; 1814/15 niederländisch, 1830 belg.; im 1. Weltkrieg Hauptkampfgebiet.

Flandin [*flā'dæ̃*], Pierre-Etienne (12. 4. 1889–13. 6. 1958), frz. Min.präs. 1934/35, schloß frz.-sowj. Militärbündnis; 1936 u. 1940/41 Außenmin. unter Pétain.

Flanell, *m.* [engl.], Woll- oder Baumwoll-, auch Mischgewebe, ein-, auch doppelseitig gerauht.

Flaneur, *m.* [frz. *-ør*], Müßiggänger, Bummler.

flanieren, umherschlendern.

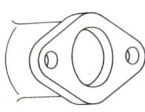

Flansch

Flansch, *m.,* verbreiterter scheibenförmiger Rand an Rohrenden f. luftdichten

Verschluß; auch als *Blindflansch* f. Rohrverschluß.

Flare, *m.* od. *s.* [engl. *flɛə*], → Eruption auf der Sonne.

Flaschenzug

Flaschen, Hohlgefäße zum Aufbewahren u. Versenden v. Flüssigkeiten u. komprimierten Gasen, meist aus Glas u. Eisengut; aus Eisen für Quecksilber, aus Stahl („Bomben") für Gase, aus Blei, Guttapercha u. Wachs für Flußsäure; Hauptabnehmer von F. ist d. Gärungsgewerbe u. d. Mineralwasserind.; Reinigung, Füllung, Verschluß u. Etikettierung mit automat. Maschinen; Herstellung von Glas-F. früher durch Handarbeit, heute maschinell. – **F.post,** Nachrichtenbeförderung b. Unglücksfällen zur See; versiegelte Flasche mit inliegendem Zettel. – **F.zug,** Gerät z. Heben von größeren Lasten mit kleinem Kraftaufwand unter Benutzung von *Flaschen,* d. h. v. Rollen, d. in einem Gehäuse vereinigt sind; keine Arbeitsersparnis, da die kl. Kraft einen großen Weg zurücklegen muß.

Fleisch

allg. die tierischen Weichteile, eigtl. nur das Muskelgewebe. Nährwert beruht auf Eiweiß u. Mineralsalzgehalt und schwankt zwischen 892 (100 g mageres Rindfleisch) u. 1654 (100 g mageres Schweinefleisch) kJ (→ Nahrungsmittel, Tabelle). F. enthält durchschnittlich ¾ Wasser u. ¼ Trockensubstanz, hiervon etwa 80% Eiweiß und 3–7½% Mineralsalze (Natriumchlorid, Kalium-, Calcium- u. Magnesiumphosphat). Nährwert auch abhängig von der Zubereitung; bei kaltem Aufsetzen von F. Auslaugung der Salze und eines Teils des Eiweißes; beim Einlegen in heißes Wasser oder Braten und Schmoren gerinnt die äußere Eiweißschicht und verhindert Austreten der Nährstoffe.

Unterweiche (Suppen-F.). 10 Brust (Suppen-F.). 11 Blatt oder Bug (Suppen-, auch Braten-F.). 12 Spitzbrust oder Wamme (Suppen-F.). 13 Beine mit Hachse oder Wade (Gulasch- und Suppen-F.) und b) **Kalb:** 1 Kopf mit Brägen (Hirn), Zunge und Hals. 1a Kalbsmilch. 2 Kamm. 3 Rippenstück (Kotelett). 4 Nierenstück, innen Nieren u. Filet. 5 Keule (Schlegel), mit Schnitzel: Innenseite Frikadeau (Nuß). 6 Beine. 7 Füße mit Hachse (Sprunggelenk). 8–9 Bruststück mit (innen) Geschlinge (Lunge, Herz, Leber usw.). 9 Schulter und Brustspitze. 10 Brust. – **c) Schwein:** 1 Kopf mit Ohren und Schnauze. 2 Kamm. 3 Rippenstück (Karbonaden, Karree, Kotelett). 4 Hinteres Rippenstück

  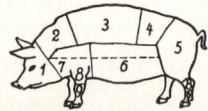 

Fleischteile: a) Rind: 1 Kopf und Hals. 2 Schulterblatt (Gulasch- u. Suppen-F.). 3 Fehlrippen (außen: Roastbeef; innen: Lendenbraten; Filet, auch 4 u. 5). 4 Mittelrippe (Beefsteak). 5–8 Schlegel mit Schwanzstück: oberes Hüftstück (Braten, Rumpsteak), 6 langes Hüftstück (Braten, Rouladen), 7 Tafelspitz (Suppen-, Braten-Fleisch), 8 Mittelschwanzstück (Braten-F.). 9 Ober- u.

mit Lende. 5 Schinken (Keule). 6 Bauch (magerer Speck). Oberhalb der punktierten Linie außen fetter Speck. 7 Vorderschinken (Bug, Schulterblatt). 8 Dickbein (Eisbein). 9 Spitzbein (Füße). – **d) Hammel:** 1 Kopf und Hals. 2 Bug. 3 Dicke Rippe. 4 Nierenstück. 5 Rippenstück (Kotelett). 6 Keule. 7 Bauchstück. 8 Schulter (Blatt). 9 Beine.

Flaschner, südwestdt. Bezeichnung für Klempner.

Flash [engl. *flæʃ* „Blitz"], im *Film:* kurze Einblendung in eine Bildfolge; Rückblende.

Flatterie, *w.* [frz.], Schmeichelei.

Flatulenz, *w.* [l.], Blähsucht infolge übermäß. Gasbildung im Darm.

Flatus, Blähung.

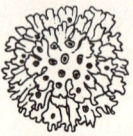

Gustave Flaubert

Flaubert [*flo'bɛːr*], Gustave (12. 12. 1821–8. 5. 80), frz. Schriftst. des Realismus; erstmals innerer Monolog in: *Madame Bovary; Salammbô; Lehrjahre d. Gefühls; D. Versuchung d. hl. Antonius.*

Flausch, zottiges, grobes, weiches Woll- oder Baumwollgewebe; wollener Männerrock.

Flaute, 1) Windstille; **2)** *wirtsch.* (vorübergehende) schlechte Konjunktur i. Geschäftsleben.

Flauto, *m.* [it.], svw. → Flöte.

Flavier [-*viɐ*], röm. Geschlecht; aus ihm 69–96 n. Chr. die Kaiser Vespasian, Titus u. Domitian.

Flavine [l. „flavus = gelb"], Sammelbez. f. gelbe Naturfarbstoffe, biol. bedeutsam

Laktoflavin u. a. Vertreter der Vitamin-B₂-Gruppe.

Flaxman [*'flæksmən*], John (6. 7. 1755–7. 12. 1826), engl. Zeichner u. Bildhauer des Klassizismus; Illustrationen u. a. zu Werken Dantes u. Homers; Plastiken: Grabmäler (in St Paul's Cathedral, London).

Flechse, (b. Tier) svw. → Sehne.

Flechte, Hautausschlag, → Bartflechte, → Schuppenflechte.

Wandflechte

Flechten, niedere Pflanzen, an Bäumen, Steinen usw. haftend; → Symbiose v. Pilzen u. Algen.

Fleckenreinigung → Flecke, Übers.

Fleckfieber, *Flecktyphus,* durch Kleiderläuse übertragene, sehr gefährliche Infektionskrankheit mit Fleckenbildung d. Haut; anzeigepflichtig; Erreger *Rickettsia prowazeki* (→ Rickettsien); Schutzimpfung.

Fledermäuse, *Fleder-, Flattertiere,* Säugetiere mit Flughäuten; Nachttiere; orientieren sich b. Flug im Dunkeln nach reflektiertem Schall (aus dem Kehlkopf ausgesandt; Ultraschallwellen; Fruchtfresser: *Fliegende Hunde,* Ostindien bis Australien; Insektenfresser: die *eigtliche F.,* nur diese in versch.

Fledermaus

Arten bei uns; nützlich; auch → Vampyr.

Fleet, schiffbarer Kanal in Hamburg, auch Entwässerungsgraben innerhalb der Deiche. – **F. Street** [*flit strit*], Londoner Straße, Sitz großer Zeitungsverlage u. Nachrichtenagenturen.

Flegel, Georg (1566–März 1638), dt. Maler d. Barock; Mahlzeitenbilder u. Stilleben.

Fleisch → Übers., S. 264. – **F.beschau,** staatl. tierärztl. Untersuchung d. Fleisches b. Schlachtungen; bes. des Schweinefleisches auf *Trichinen.* – **F.extrakt,** von dem Chemiker Justus v. *Liebig* zuerst angegebene Speisewürze, eingedickte Fleischbrühe; Rückstand wird als Futtermittel verwendet.

fleischfressende Pflanzen → insektenfressende Pflanzen.

Fleischmehl, gemahlenes Dörrfleisch; Viehfutter, Düngemittel, Abfallprod. d. Fleischextrakterzeugung u. d. Abdeckereien.

Fleischvergiftung → Erste Hilfe, Übers.

flektieren [l.], *grammat.* beugen, abwandeln; *Flexion,* die Abwandlung d. Haupt- (Eigenschafts-, Für-, Geschlechts-) u. Zeitwörter; Deklination, Konjugation (Haus, Haus|es; reit|e, reit|est).

Flémalle [-'mal], *Meister v. F.*, ndl. Maler d. ausklingenden Gotik u. Mitbegr. d. ndl. Tafelmalerei; wahrscheinl. identisch mit Robert *Campin* (um 1379–26. 4. 1444), dem Lehrer v. → Rogier van der Weyden.

Alexander Fleming

Fleming, 1) Sir Alexander (6. 8. 1881–11. 3. 1955), schott. Mikrobiol.; entdeckte d. Penicillin; Nobelpr. 1945; **2)** Ian (28. 5. 1908–12. 8. 64), engl. Kriminalschriftst.; Erfinder d. Geheimagenten 007: James Bond; *Casino Royale; Goldfinger;* **3)** Paul (5. 10. 1609–2. 4. 40), dt. Lyriker d. Opitzschule; Liebesgedichte, Kirchenlieder.
Flensburg (D-2390), kreisfreie St. in Schl-Ho., an der **F.er Förde** (Ostsee), 85 830 E; IHK, Kraftfahrtbundesamt (m. Verkehrszentralregister); LG, AG; PH, FHS f. Technik; Werften, Elektronik, Spirituosenind.
Flett, im niedersächs. Bauernhaus Teil d. Diele m. Feuerstelle.
Flettner, Anton (1. 11. 1885–29. 12. 1961), dt. Ing.; erfand Rotorschiff (→ Magnus-Effekt).
Flex, Walter (6. 7. 1887–16. 10. 1917), dt. Schriftst.; *Der Wanderer zw. beiden Welten.*
flexibel [l.], biegsam.
Flexible response [engl. „anpassungsfähige Antwort"], *mil.* offizielle NATO-Strategie (seit Ende der 50er Jahre): angemessene Erwiderung auf Aggressionen (Einsatz konventioneller Kampfmittel bis Einsatz v. taktischen u. strategischen Atomwaffen).
Flexion → flektieren.
Flibustier, *Bukanier,* westind. Seeräuber im 17. Jh.
Flic-Flac, Handstandüberschlag rückwärts i. Turnen.
Flick, Friedrich (10. 7. 1883–20. 7. 1972), dt. Großindustrieller; *F. Flick KG,* Konzern insbes. im Stahl- u. Chemiebereich.
Flickenschildt, Elisabeth (16. 3. 1905–26. 10. 77), dt. Bühnen- und Filmschausp.in; *Faust;* Autobiographie: *Kind m. roten Haaren.*
Flieder, Sträucher mit duftenden violetten, roten od. weißen Blütentrauben; der türk., pers. u. chin. Flieder als Zierstrauch; im MA schwarzer → Holunder als F. bezeichnet.
Fliedertee, aus den Blüten des Schwarzen Holunders, wirkt schweißtreibend.

Fliedner, Theodor (21. 1. 1800–4. 10. 64), dt. ev. Pfarrer; begr. Kaiserswerther Diakonissenwerk.
Fliege, 1) b. Angeln: das über, auf od. im Wasser befindliche natürl. od. künstl. Köder-Insekt (Fliege, Larve, Käfer), gefertigt aus Federn m. glänzenden Blechstückchen, zum Fang v. Salmoniden wie Lachs u. Forellen sowie Hechten; **2)** → Sternbilder, Übers.
Fliegen, Insekten (Zweiflügler); viele Gruppen mit versch. Lebensweise, z. T. Räuber u. Blutsauger; Larven in Kot, Aas, Abfällen u. als Schmarotzer; können Krankheiten übertragen.
Fliegenblumen → Aasblumen.
Fliegende Fische, Meeresfische, deren große Brustflossen den aus dem Wasser aufschnellenden Fisch zum Gleitflug befähigen (→ Tafel Fische, S. 346).
Fliegende Hunde → Fledermäuse.
Fliegender Fisch → Sternbilder, Übers.
Fliegender Holländer, nach d. Sage holländ. Seefahrer, der ruhelos auf d. Meer umherirrt; Oper v. R. *Wagner.*
fliegende Untertassen, *Ufos,* angebl. beobachtete scheibenförmige Flugkörper unbekannter Herkunft (bes. s. 1947), wahrscheinlich opt. Täuschungen (Wetterballone, Kugelblitze, Lichtreflexe in Wolken).
Fliegengewicht, Gewichtsklasse, beim Boxen bis 51 kg, Ringen 52 kg.
Fliegenkopf, *im Buchdruck:* verkehrt, auf den Kopf gesetzter Buchstabe.
Fliegenpilz, giftiger Blätterpilz m. rotem Hut, enthält d. Rauschgift → Muscarin (→ Tafel Pilze, S. 344).
Fliegenschnäpper, kleine Singvögel; fangen fliegende Insekten; in Mitteleuropa: *Grauer F.; Trauer-* u. *Halsband-F.* (schwarzweiß gezeichnet); *Zwerg-F.* (selten, Männchen rotkehlig).
Flieger, 1) Flugzeugführer, Pilot.; **2)** Kurzstrecken-Rennfahrer (z. B. Radfahrer); auch Rennpferd für kurze Strecken; Ggs.: → Steher.
Fliegerhorst, Bez. für mil. Flugplatz.
Fliegerkrankheit, Höhenkrankheit, bei Höhen über 5000 m, svw. → Bergkrankheit.
Fliehkraft → Zentrifugalkraft.
Fliesen, Marmor-, Zement- oder gebrannte Tonplatten als Wand- oder Bodenbelag.
Fließbandfabrikation, örtlich fortschreitende, zeitlich bestimmte, lückenlose Folge v. möglichst vielen Arbeitsvorgängen, hpts. bei Massenarbeit von Werkstücken; das Arbeitsgut wandert (auf *laufendem Band*) in ununterbrochenem Fluß v. Arbeitsplatz zu Arbeitsplatz, wobei jeder Arbeiter in festgelegter Zeit e. best. gleichbleibende Verrichtung auszuführen hat; durch H. → Ford eingeführt.
Flimmerzellen, an Schleimhäuten v. Luftwegen, Uterus u. Eileiter, tragen Flimmerhärchen zur Fortbewegung von Schleim, Eizellen.

Flims (CH-7017), schweiz. Luftkurort u. Wintersportplatz in Graubünden, 1150 müM, 2140 E.
Flinders, Fluß in Queensland (N-Australien); 832 km l. – **F.-Bucht,** an der SW-Spitze Australiens. – **F.Gebirge,** Gebirgskette in S-Australien, b. 1127 m. – **F.-Insel,** nordöstl. von Tasmanien; 2089 km². Alle benannt nach d. engl. Forschungsreisenden Matthew *Flinders* (1774–1814).
Flint, St. im US-Staat Michigan, am *F. River,* 159 000 E; Automobilfabriken.
Flint → Feuerstein.
Flinte, Jagdgewehr m. glattem Lauf, Schrotschuß.
Flintglas, aus Bleioxid, Kali u. Kieselsäure hergestellt, stark lichtbrechend, → achromatisch.
Flip, *m.* [engl.], alkohol. Mischgetränk mit Ei u. Fruchtsirup.
Flip-Flop-Schaltung [engl. „hin u. her"], in der Elektronik: Schaltung zweier rückgekoppelter → Verstärkerelemente zu einem bistabilen → Multivibrator.
Flirt, *m.* [engl. *flət*], Andeutung der Bereitschaft zu einer Liebelei.
flirten, den Hof machen, um Liebelei
Flittergold → Rauschgold.
Flitterwochen (von mitteldt. *flittern,* „kosen, flüstern"), die Zeit nach der Hochzeit.
FLN, Abk. f. *Front de la Libération Nationale,* 1) alger. nat. Unabhängigkeitsbewegung, s. 1962 alger. Staatspartei; **2)** bis 1975 auch Nat. Befreiungsfront Südvietnams; → Vietkong.
Floating [*flou-*], Bez. f. das Auf u. Ab beim Preisbildungsvorgang aufgrund d. Freigabe des Wechselkurses.
Flobertgewehr, Flobertpistole, Kleinkaliberhandfeuerwaffe, benannt nach *Flobert,* Erfinder (1845) der Randfeuerpatrone.
F-Löcher, wegen ihrer *f*-Form so genannte Schallöcher der Streichinstrumente.
Flockenblume, *Centaurea,* Korbblütler.
Flöhe, blutsaugende, flügellose Insekten; schmarotzen an Menschen, Säugetieren, Vögeln.
Flohkrebse, Krebstierchen in Süßwasser und Meeren, wichtige Fischnahrung.
Floppy-Disc [engl. „biegsame Platte"], *Floppy,* → Diskette.

Fließbandfabrikation
in einem Kraftfahrzeugwerk

Flor, *m.* [l. „flos = Blüte"], **1)** der Zustand des Blühens; **2)** schleierartiges Gewebe; **3)** aufrechtstehende Fäden in Teppichen, Plüsch u. Samt.

Flora, altit. Frühlingsgöttin; Pflanzenwelt.

Florentiner Hut, it. feingeflochtener Strohhut mit flachem Kopf und breiter, biegsamer Krempe.

Florenz, *Palazzo Vecchio*

Florenz, it. *Firenze,* mittelit. Hptst. der Prov. *F.,* am Arno, 413 000 E; zahlr. Baudenkmäler der Gotik u. Renaissance: Paläste, Dom, Baptisterium, Santa Croce, San Lorenzo, Palazzo Vecchio, Bargello (Nat.mus.), Uffizien u. Palazzo Pitti (Gemäldegalerie), Nat.-Bibliothek, Uni., Kunstakad.; Eur. Uni. in Fiesole; Ind.: Marmor, Porzellan. – Das alte röm. *Florentia,* 1293 selbst. Republik; im 15. Jh. kulturelle u. wirtsch. Blüte unter d. Medicern; 1531 Herzogtum; 1865–71 it. Hauptstadt.

Flores, kleine Sunda-Insel, im O von Indonesien, 15 175 km², 1,2 Mill. E.; Hptst. *Endeh.*

Florett, *s.,* Fechtsportgerät mit dünner Klinge von viereckigem Querschnitt. – **F.seide,** Abfallseide.

Florey [*-ri*], Sir Howard Walter (24. 9. 1898–21. 2. 1968), engl. Pathologe und Antibiotikaforscher; Nobelpr. 1945.

Florfliegen, Netzflügler; Larven, bes. des *Goldauges,* sind Blattlausjäger.

Florian, Schutzhlg. gg. Feuersnot (Tag: 4. 5.).

Florianopolis, früher *Desterro,* Hptst. des brasilian. Staates Santa Catarina auf der Insel *S. C.* (Brücke zum Festland), 236 000 E.

Florida, Abk. *Fla.,* südöstl. Staat der USA, vorwiegend auf der *Halbinsel F.,* 151 670 km², 12,7 Mill. E (ca. 25% Farbige); Flachland m. subtrop. Vegetation; Anbau von Baumwolle, Zuckerrohr. Reis, Orangen, Tabak, Gemüse;

Phosphatgewinnung; Hptst. *Tallahassee* (82 000 E); vielbesuchte Seebäder (Miami u. a.), → Cape Canaveral.

florieren [l.], in Blüte stehen; gedeihen.

Florin, *m.* [frz. -'*rē̄*, engl. *'fbrɪn*], Bez. f. engl. Silbermünze (2 Shilling); auch älteste engl. Goldmünze; frz. Name des → Guldens.

Flörsheim a. Main (D-6093), St. i. Main-Taunus-Kr., Hess., 16 544 E.

Flory, Paul John (19. 6. 1910–85), am. Chem.; Forschung z. synthet.-polymer. Chemie; Nobelpr. 1974.

Floskel, *w.* [l.], Redeblüte, leere Redensart.

Flossen, häutige, von Knochenstrahlen durchzogene Bewegungsorgane der Fische: paarige Brust- u. Bauch-F., unpaare Rücken-, Schwanz- u. After-F. sowie bei Lachsartigen (Lachse, Forellen, Saiblinge) Fett-F.; flossenartige Gebilde auch bei anderen Wassertieren.

Flößerei, Beförderung von Holz, meist der (zu einem Floß) zusammengekoppelten Baumstämme, stromabwärts; Ggs.: *Triften* einzelner Stämme; → Trift.

Flotation, *Schwimmaufbereitung,* Verfahren zur Aufbereitung von Erzen usw. aufgrund der versch. Benetzbarkeit der beteiligten Mineralien.

Flöte, hohes Holzblasinstrument m. innigem, weichem Ton; e. d. ältesten Musikinstrumente, ältere Flöten m. Blasloch am oberen Ende: *Block-F.; Quer-F.* m. seitl. am oberen Kopfende eingeschnittenem Blasloch; Grifflöcher durch Klappenmechanik verschließbar b. d. *Böhm-F.; Piccolo-F.,* kleine F., e. Oktave höher (Abb. → Orchester).

Flötner, Peter (um 1490–23. 10. 1546), Nürnberger Bildschnitzer u. Zeichner schweiz. Herkunft in Nürnberg; Wegbereiter d. Renaissance in Dtld; Entwürfe f. (Kunst-)Handwerk u. Inneneinrichtung.

Flotow [*-to*], Friedrich v. (27. 4. 1812–24. 1. 83), dt. Opernkomp.; *Martha; Alessandro Stradella.*

Flotte, Gesamtheit der Kriegs- oder Handelsschiffe eines Staates (Schaubild → Handelsflotte). – *Flottille,* Verband kleinerer Kriegsfahrzeuge.

flottierende Schuld, svw. → schwebende Schuld.

Flöz, abbauwürdige Gesteinsschicht mit nutzbaren Mineralien (z. B. Kohlen-, Kupfer-, Salz-F.).

Fluate, Fluorosilikate, farblose Anstrichmittel, machen verwitternde Steine fest und widerstandsfähig.

Fluchtbewegung, *astronom.* svw. Ausdehnung d. Weltalls; das Anwachsen der → Rotverschiebung i. d. Spektren d. → Galaxien mit zunehmender Entfernung legt d. Deutung nahe, daß sich das → Weltall ausdehnt.

Fluchtgeschwindigkeit, *Entweichgeschwindigkeit,* i. d. Raketentechnik u. Weltraumfahrt die Geschwindigkeit, d. notwendig ist, um d. Schwerkraft zu überwinden; für d. Erde ca. 11,2 km/s.

Flüchtlinge, alle, die aufgrund kriegerischer Auseinandersetzungen od. pol., rassisch., rel. Zwangsmaßnahmen i. Heimat verlassen mußten. Die Behörde des Hochkommissars f. F. d. UN (UNHCR), Sitz Genf (→ Asylrecht, → IRO, → Nansenpaß), betreut alle F., die infolge v. Kriegen od. anderen Konflikten heimatlos geworden sind, u. überwacht d. Einhaltung d. intern. Flüchtlingskonvention 1951, die d. Rechte der F. garantiert. Flüchtlinge (Vertriebene) in Dtld: ca. 12 Mill. Deutsche flüchteten gg. Ende d. 2. Weltkrieges aus den dt. Ostgebieten u. südosteur. Ländern in die BR und ehem. DDR (dort offiziell Umsiedler genannt). Zur Stellung d. Flüchtlinge in d. BR s. GG Art. 74, 6, 116–119. Außerdem verließen bis 1989 etwa 3,3 Mill. Menschen die DDR aus pol. od. wirtsch. Gründen, um in d. BR zu leben. → Displaced Persons.

Fluchtlinie, die zu e. Punkt **(Fluchtpunkt)** hinstrebenden Linien e. perspektivischen Konstruktion.

Flüelapaß, Schweizer Paß in Graubünden, 2383 m, verbindet Davos mit dem Unterengadin.

Flugbahn → ballistische Kurve.

Flugbeutler, baumbewohnende Beuteltiere Australiens m. Fallschirmhäuten; Gleitflieger.

Flugblatt, Einblattdruck zur Verbreitung von Nachrichten, bes. Propagandamaterial.

Flugboot → Luftfahrt.

Flugdrachen, asiat. Echsen m. flügelähnl. Hautlappen, Gleitflüge v. Baum z. Baum.

Flügel, 1) *architekton.* Seitenteil eines Gebäudes; **2)** *botan.* die zwei seitl. Blumenblätter der Schmetterlingsblüte; auch Anhänge v. Frucht u. Samen; **3)** *mus.* Tasteninstrument mit liegenden Saiten. → Piano, → Cembalo.

Flügelaltar → Flügelretabel.

Flügelrad, Spindel mit Flügeln, die eine zu schnelle Umdrehung durch den entstehenden Luftwiderstand bremsen (Lufthemmung); an Schlagwerk von Uhren.

Flügelretabel, Altaraufsatz m. seitl. Flügeln, Schrein m. bemalten Tafeln od. geschnitzten Figuren (in d. → Gotik).

Flugfrosch, mit Schwimmhäuten als „Fallschirm"; Indonesien.

Flughafen, Anlage f. Luftverkehr mit motorierten Start-, Lande- u. Rollbahnen, Abfertigungsgebäuden f. Passagiere u. Fracht, Hallen, Werkstätten, Tankanlagen u. Flugsicherungseinrichtungen (→ Tafel Luftfahrt).

Flughörnchen, Nagetiere mit fallschirmartiger Flughaut; N-Asien; Amerika.

Flughunde → Fliegende Hunde.

Flugmedizin, *Luftfahrtmedizin, Aeromedizin,* befaßt sich mit d. Wirkungen des Fliegens auf den gesunden und kranken Menschen.

Wichtige Flughäfen

Passagiere in Mill. bzw. Tausend

		Deutschland, Österreich, Schweiz (1990)	
New York (Kennedy, La Guardia, Newark)	78,32		
Chicago (O'Hara)	58,86		
London (Heathrow, Gatwick)	58,29	Frankfurt (Rhein-Main)	14,31
Atlanta	45,9	Zürich (Kloten)	11,3
Los Angeles	44,4	Düsseldorf (Lohausen)	5,75
Dallas-Fort Worth	44,27	München (Riem)	5,60
Paris (Orly, Charles de Gaulle)	40,09	Genf (Cointrin)	4,79
Tokio (Haneda)	32,18	Berlin (Tegel)	3,38
Denver	31,8	Hamburg (Fuhlsbüttel)	3,34
San Francisco	30,02	Wien (Schwechat)	3,26
Miami	24,52	Stuttgart (Echterdingen)	2,13
Boston	23,73	Köln/Bonn (Wahn)	1,49
Honolulu	21,58	Hannover (Langenhagen)	1,32
St. Louis	20,17	Basel	976 000
Toronto	19.33	Berlin-Schönefeld	943 000
Osaka	17,625	Nürnberg	722 000
Amsterdam (Schiphol)	14,58	Bremen	548 000
Rom (Leonardo da Vinci)	14,14	Salzburg	290 000
Stockholm	13,31	Linz	146 000
Sydney	13,3	Leipzig	132 000
Madrid	13,24	Graz	128 000
Palma de Mallorca (Son San Juan)	11,71	Innsbruck	126 000
Singapur	11,38	Saarbrücken (Ensheim)	118 000
Kopenhagen	11,26	Dresden	100 000
Seoul	10,41	Klagenfurt	84 000
Athen	10,25		
Mexico City	9,67		
Manchester	9,51		

Flugmodell, 1) kl., aus Holz, Draht u. Stoff gebastelte, frei, an Führungsschnur *(Fessel)* fliegende od. motorgetriebene u. funkgesteuerte Segel- u. Motorflugzeuge f. Spiel u. Sport (F.wettbewerbe); **2)** maßstäbl. verkleinerte Ausführung v. Versuchstypen für wiss.-techn. Untersuchungen od. v. Mil.flugzeugen f. d. Lufterkennungsdienst.

Flugmotoren → Tafel Luftfahrt.

Flugsicherung, Maßnahmen u. Einrichtungen, um bei jedem Wetter größtmögl. Sicherheit des Flugbetriebs zu erreichen (z. B. → Flugwetterdienst, Sprechfunk zw. Flugzeug u. Kontrollturm, → Funknavigation, Pisten- u. Flughafenbefeuerung, Blindflugeinrichtungen); *Bundesanstalt für Flugsicherung (BFS),* Zentralstelle in Frankfurt am Main, sechs Regionalkontrollstellen, Außenstellen an allen dt. Verkehrsflughäfen.

Flugsimulator, Übungsbodengerät m. Flugzeugsteuerung, Instrumenten u. Funkgeräten u. opt. Simulierung d. Wetters, der Strecke u. d. Anflugs auf Verkehrsflughäfen zur Flugzeugführerausbildung (am bekanntesten *Link-Trainer*).

Flugtechnik → Luftfahrt.

Flugtriebwerke, 1) Verbrennungs-(Otto-)Motoren, Zwei- od. Viertakter, Zylinder in Reihen od. Sternanordnung; **2)** Triebwerke m. → Propellerturbine; **3)** → Strahltriebwerke; → Luftfahrt.

Flugwetterdienst, Teil d. angewandten Meteorologie; übt Beratungs- u. Auskunftstätigkeit für zivilen Luftverkehr u. Flugsport aus (Streckenvorhersage und Flughafenvorhersage); *Flugwetterwarten* des Dt. Wetterdienstes in Berlin, Bremen, Düsseldorf, Frankfurt/Rhein-Main, Hamburg-Fuhlsbüttel, Köln-Bonn, Hannover, Nürnberg, München, Stuttgart.

Flugzeugschlepp, Schleppen v. an Motorflugzeuge angehängten Segelflugzeugen, um sie auf Höhe zu bringen, od. v. Lastenseglern; nach dem Starten wird Verbindung zw. beiden Flugzeugen durch Lösen d. Seils (Ausklinken) unterbrochen.

Flugzeugträger, Kriegsschiffe, führen unter Deck Flugzeuge mit sich; Eigenstart oder Katapultstart der Flugzeuge; Landung über das Heck, evtl. mit Bremsung durch elast. Querseile.

Fluh, *w.,* jäh abstürzende Felswand.

fluid [l.], flüssig, fließend.

Fluid, Einreibeflüssigkeit, bes. in der Tierheilkunde.

Fluidics [engl.], → Strömungsregler.

Fluidum, *s.,* die unwägbare, von einer Person od. Sache ausströmende Wirkung.

Fluktuation [l.], svw. Wogen, Schwanken, Wechsel.

fluktuieren, schwanken.

Flunder → Schollen.

Fluor, *F,* chem. El., Oz. 9, At.-Gew. 19, Dichte 1,58 g/l bei 1013 hPa; ein Halo-

Flugzeugträger *Nimitz*

gen, schwach gelbgrünes, stechend riechendes, sehr ätzendes, sehr giftiges Gas; bildet m. Wasserstoff *F.wasserstoff HF,* dieser heißt in Wasser gelöst *Flußsäure,* die Glas angreift, z. Glasätzen benutzt; F. kommt in d. Natur nur gebunden vor, z. B. als Calciumfluorid *(Flußspat)* u. als Natrium-Aluminium-Fluorid *(Kryolith),* das z. Aluminiumgewinnung dient.
Fluor albus [l.], Weißfluß, → Ausfluß.
Fluorchlorkohlenwasserstoffe, FCKW, Sammelbez. f. Kohlenwasserstoffe, in denen Wasserstoff- durch Fluor- u. Chloratome ersetzt sind; verwendet als Treibgase f. Aerosole, Schmier-, Feuerlösch-, Imprägniermittel.
Fluorescein, Teerfarbstoff, in Alkalien m. rotbrauner Farbe löslich; Lösung besitzt grüne → Fluoreszenz, F. gibt mit Brom → *Eosin.*
Fluoreszenz [nl.], → Lumineszenz eines Stoffes, die während der Bestrahlung anhält u. kurz danach (10^{-5}–10^{-1} Sek.) verschwindet. – **F.mikroskop,** zur Beobachtung am toten u. lebenden Zellgewebe od. v. Mikroben durch Erregung der natürl. primären (Eigen-)F. od. der sekundären F. (nach Färbung mit *Fluorochrom*) mittels ultravioletter Strahlen. – **F.schirme,** leuchten, v. unsichtbaren Röntgen-, Kathoden-, ultravioletten Strahlen getroffen, auf; mit chem. Stoffen bestrichen, wandeln sie d. einfallende unsichtbare, kurzwellige Strahlung um u. reflektieren sie als langwellige, sichtbare (z. B. Bariumplatincyanid u. a. Leuchtstoffe).
Fluorierung, Prophylaxe der → Zahnfäule (Karies) durch Zusatz v. Fluorpräparaten z. Trinkwasser.
Fluorkunststoffe, fluorierte Olefine lassen sich zu F. polymerisieren (→ *Teflon, Hostaflon,* → *Polytetrafluorethylen).*
Fluorokieselsäure, verwendet in Färberei, Zeugdruck als Fixiermittel.
Flur-bereinigung, umfassende Neuordnung von Gemarkungsteilen durch wirtsch. Zus.legung zersplitterten Grundbesitzes, verbunden mit der Anlage eines neuen, wirtsch. zweckmäßigen Wege- u. Grabennetzes, Durchführung aller erforderl. Bodenverbesserungen u. Auflockerung zu enger Ortsanlagen durch Herauslegung eingeengter Betriebe in die freie Feldflur; bezweckt Vereinfachung der Bewirtschaftung landw. Betriebe, Ermöglichung rationalen Einsatzes landw. Maschinen, Gewinnung neuer Nutzfläche durch Rodem von Waldflächen, Kultivierung v. Ödland u. Durchführung kulturtechn. Maßnahmen, Erhöhung der landw. Produktion; F.bereinigungsgesetz von 1953 i. d. Fassung v. 1976 bildet die gesetzl. Grundlage für die Durchführung d. F.bereinigung; 1985 Bodenschutz-Gesetz; von 1984–88 wurden in d. BR 710 712 ha flurbereinigt. – **F.schaden,** Schaden auf landw. genutzten Flächen durch Wild → Wildschaden, mil. Übungen, Naturereignisse. – **F.schutz,** Schutz

der Land- u. Forstwirtschaft gg. Beschädigungen usw.; landesrechtl. geregelt. –
F.zwang, (meist bei → Gemeng(e)lage) Bindung des einzelnen an die Notwendigkeit gleichzeitiger Bestellung u. Ernte e. größeren landwirtsch. Fläche (Sommer-, Winterfeld, Hackfrucht), innerhalb derer seine Streuparzelle liegt (Fehlen v. Zufahrtswegen); früher in Markgenossenschaft gebräuchlich.

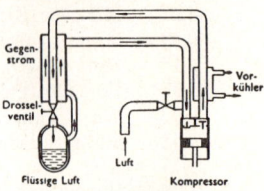

Luftverflüssigung

flüssige Luft, Luft verflüssigt sich bei krit. Temperatur von –140 °C u. krit. Druck von 39 atm; Herstellung (nach Linde → Abb.): Luft wird im Kompressor auf 200 atm zusammengedrückt u. wiederholt im Gegenstrom auf wenige atm ausgedehnt, wodurch sie sich abkühlt u. verflüssigt. Aufbewahrung nur in offenen Gefäßen mit luftleeren Doppelwandungen, → Dewarsche Flaschen. Siedepkt –194,4 °C, wobei sich Stickstoff verflüchtigt, Sauerstoff zurückbleibt; flüssiger Sauerstoff als Sprengmittel u. f. Groß- → Raketenantriebe.
Flüssiggas, Butan-Propan-Gemisch, bei normaler Temperatur u. 6–20 atü flüssig; Verwendung als gasf. Brennstoff und als Treibgas in Spraydosen.
Flüssigkeitsgetriebe, stufenloses Getriebe, in dem Flüssigk. d. mechan. Arbeit durch Druck überträgt.
Flüssigkristalle, die F. haben neben der Beweglichkeit von Flüssigkeiten auch teilweise die regelmäßige Molekül-Ordnung von Kristallen; je nach Lage verändern die F. durchfallende Licht; Verwendung in F.-Anzeigen. Da die F.-Eigenschaft von der Temperatur abhängig ist, können auch kleine Temperaturänderungen sichtbar gemacht werden (Medizin).
Flußkrebs, *Edelkrebs,* durch Krebspest z. T. ausgerottet, Zehnfüßer; als Speisekrebs geschätzt.
Flußmittel, Stoffe, die d. Schmelzen anderer Stoffe fördern od. leichtflüssige Schlacke bilden (z. B. *Borax, Kalk, Soda);* angewendet beim Erschmelzen v. Metallen aus Eisen, b. Löten u. a.
Flußpferd [l. „hippopotamus“], *Nilpferd,* Paarzeher d. afrikan. Fluß- u. Seengebiete; bis 2500 kg schwer; aus Eckzähnen: Elfenbein, aus Haut: Riemen; *Zwerg-F.,* bes. i. Liberia.
Flußsäure → Fluor.
Flußspat, *Fluorit,* mineral. Calciumfluorid (→ Fluor), Abb. S. 343.
Flußstahl, i. flüssigem Zustand i. Thomasprozeß od. Siemens-Martin-Verfah-

ren, i. d. Bessemer-Birne, im el. Ofen od. durch Umschmelzen i. Tiegel (Gußstahl) erzeugter Stahl; Ggs.: in teigigem Zustand durchgearbeiteter Schweißstahl (→ Schweißeisen); → Eisen- u. Stahlgewinnung, Tafel u. Übers.
Flut → Gezeiten. – **F.kraftwerk** → Gezeitenkraftwerk.
Fluxus, zeitgenöss. Kunstrichtung, die aus verschiedenen Medien gemischte Aktionsformen ohne jede planende Absicht einsetzt (auch → Happening); Vertr.: *Maciunas, Beuys, Moormann, Vostell.*
Flying Dutchman [′flaiŋ ′dʌtʃmən], Zweimannjolle i. Segelsport; olymp. Bootsklasse.
Flysch, *m.,* ehem., fossilarme Tiefseeablagerungen in Alpen und Karpaten, verfestigt zu Mergel- und Tonschiefer mit Sandsteineinlagerungen.
Fm, *chem.* Zeichen f. → *Fermium.*
fm, Abk. für → *Festmeter.*
FNL, Abk. f. *Fünf Neue Länder,* Bez. f. die 5 Bundesländer, die auf dem Gebiet d. ehem. → DDR (wieder)entstanden sind.
fob [engl.], Abk. f. „*free on board* " [′fri: on ′bɔːd], Verkäufer trägt Transport- und Verladungskosten bis zum Schiff; üblich im Überseehandel; Ggs.: cif.
FOBS, Abk. f. *Fractional Orbital Bomb System,* Atomwaffe, die nach teilweisem Durchlaufen einer Erdumlaufbahn ins Ziel gelenkt wird.
Fock, 1) Gorch, eigtl. *Hans Kinau* (22. 8. 1880–31. 5. 1916), dt. Dichter; *Seefahrt ist not;* 2) Jenő (* 17. 5. 1916), ungar. Pol.; 1962–75 Min.präs.
Fock, Vorsegel; *F.mast* svw. → Mast (Abb. → Takelung).
Focke, 1) Heinrich (8. 10. 1890–25. 2. 1979), dt. Flugzeugkonstrukteur; baute 1937 den ersten Tragschrauber Fw 61; 2) Katharina (* 8. 10. 1922), SPD-Pol.in; 1972–76 B.min. f. Jugend, Familie u. Gesundheit.
Focusing, Form d. → Psychotherapie, bei der durch Konzentration auf d. körperl. Befindlichkeit versucht wird, best. Vorstellungen, Gedanken u. Empfindungen miteinander in Einklang zu bringen.
Föderalismus [l. „foedus = Bund"], Staatsauffassung, d. Einzelstaaten z. e. Staatenbund od. Bundesstaat verbinden möchte b. größtmögl. Selbständigkeit der Einzelstaaten; Ggs.: → Unitarismus, → Zentralismus.
Föderation, svw. Staatenbund.
Föderation der arabischen Emirate, → Vereinigte Arabische Emirate.
Foerster, Friedrich Wilhelm (2. 6. 1869–9. 1. 1966), dt. Phil., Sozialpädagoge u. -ethiker, Pazifist; lebte i. USA u. in Schweiz; *Erlebte Weltgeschichte.*
Foerster-Nietzsche, Elisabeth (10. 7. 1846–8. 11. 1935), Schwester von F. W. → Nietzsche; begr. *Nietzsche-Archiv.*
Foggia [-dʒa], Hptst. d. ital. Prov. *F.,* in Apulien, 159 000 E; Kathedrale (12. Jh.); im 13. Jh. Residenz d. Staufer.

Fohlen, junges Pferd.
Föhn, warmer, trockener Fallwind in Gebirgen, bes. i. N-Alpen u. d. Vorland. – **F.krankheit,** durch F. verursachte körperl. u. psych. Beschwerden bei Labilität des vegetativen → Nervensystems.
Fohnsdorf (A-8753), Gem. in d. Steiermark, Östr., 10 354 E; Bergbau-Mus.
Fohr, Carl Philipp (26. 11. 1795–29. 6. 1818), dt. Maler u. Zeichner d. Romantik; → Nazarener 2).
Föhr, nordfries. Nordseeinsel, zu Schl-Ho., 82,8 km², 9800 E; Seebäder, Fischerei; Hptort *Wyk.*
Fokalinfektion, meist von Eiterherden in Zähnen od. Mandeln ausgehende Krankheit anderer Organe (z. B. Rheumatismus, Nierenentzündung).

Fokker

Fokker, Antony (6. 4. 1890–23. 12. 1939), ndl. Flugzeugkonstrukteur; gründete 1913 die „F. Aeroplanbau", die Jagdflugzeuge f. Dtld herstellte; 1919 d. „Koninklijke Nederlandse Vliegtuigenfabriek F." in Amsterdam.
Fokus [l.], **1)** Brennpunkt bei Linsen u. Spiegeln; **2)** *med.* meist chron. Entzündungs- od. Eiterherd.
fol., Abk. für → *Folio.*
Foliant, *m.,* Buch in → Folio-Format.
Folie, *w.* [l. „folium = Blatt"], Metalle u. Kunststoffe in blattdünner Form; → Edelfolie; *Aluminiumfolie* = Silberpapier, *Viskosefolie* = Cellophan.
folienblasen → Kunststoffverarbeitung, Übers.
Folio, *s.* [it. „Bogen"], abgek. *fol.,* größtes Buchformat, Bez. 2°, dessen Höhe 35–45 cm beträgt.
Folketing, *s.* ['fɔlgədseŋ'], dän. Abgeordnetenhaus.
Folklore, *w.* [engl.], Kunde von Volksglauben, -kunst u. -bräuchen; Teil der Volkskunde.
Folkwang, Wohnsitz der Göttin → Freyja. – **F.-Museum,** bed. Kunstsammlung in Essen.
Follikel, *m.* [l.], *anatom.* Drüsenknötchen; in d. Haut Haar-F. u. Talgdrüsen-F. (Entzündung = *Folliculitis*), auch → Graafscher Follikel. – **F.hormone,** *FH, Östrogene,* i. d. F.n d. Eierstocks gebildete Hormone; → Keimdrüsen, → innere Sekretion. – **F.sprung,** svw. → Ovulation.
Folsäuren, z. Vitamin-B-Gruppe gehörende Stoffe (→ Vitamine, Übers.); u. a. f. Blutbildung nötig. → Anämie.

Folter, Erpressung v. Geständnissen Gefangener durch körperl. od. seel. Mißhandlung; im MA verbreitet, in d. Aufklärung abgeschafft, im 20. Jh. in vielen (insbes. totalitären) Staaten geduldet.
Folz, Hans (1450–1515), Nürnberger Meistersinger u. Barbier; Fastnachtsspiele.
Fomalhaut [arab.], hellster Stern 1. Größe im Bild des Südlichen Fisches, südl. → Sternhimmel A.
Fond, *m.* [frz. *fõ*], **1)** Grundlage, Hintergrund; **2)** hinterer (Hpt-)Sitz eines Wagens.
Fondant, *m.* od. *s.* [frz. *fõ'dã*], weiches Zuckerwerk.
Fonds, *m.* [frz. *fõ*], **1)** Vorrat (Rücklage) in Geld, Gütern oder anderen Werten; **2)** fundierte (langfristige) Staatsanleihen. – **F.börse,** svw. Effekten- od. Wertpapier- → Börse; Ggs.: → Warenbörsen.
Fondue, *w.* [frz. *fõ'dy*], schweiz. Gericht aus geschmolzenem Käse, Wein u. Gewürzen; auch Fleischfondue.
Fontainebleau [fõtɛn'blo], frz. St. s. v. Paris, 19 000 E; Schloß (1814 Abdankung Napoleons I.), Sommersitz der Staatspräs.; gr. Wald; Pferderennen.
Fontana, Lucio (19. 2. 1899–7. 9. 1968), it. Maler u. Bildhauer, in seinen Bildern verbinden sich Elemente d. konstruktivist. Abstraktion m. Verfahren des → Dadaismus.

Theodor Fontane

Fontane, Theodor (30. 12. 1819–20. 9. 98), dt. Schriftst. u. Kritiker; *Irrungen, Wirrungen; Effi Briest; Der Stechlin; Wanderungen durch die Mark Brandenburg; Vor d. Sturm; Gedichte; Balladen.*
Fontanellen, Knochenlücken der Schädeldecke bei Säuglingen, verwachsen gewöhnlich im 2. Jahr; *große* viereckige *F.* vorn zwischen Scheitel- und Stirnbeinen, *kleine* dreieck. hinten; b. zw. Hinterhaupts- und Scheitelbeinen; dazu *Seiten-Fontanellen.*
Foot [engl. *fut*], → Maße und Gewichte, S. 1085.
Football [*futbɔl*], Ballspiel, bes. in den USA; 2 Mannschaften aus je 11 Spielern u. beliebig vielen Auswechselspielern. Schutzbekleidung versuchen den eiförmigen Ball i. d. gegner. Torraum zu tragen od. mit Fuß über die Querlatte d. Tores zu schlagen; Spielfeld: 109,75×48,80 m.
Foraminiferen, Gehäuse tragende → Wurzelfüßer der Meere.
Force, *w.* [frz. *fɔrs*], Stärke; starke Seite. – **F. de frappe** [-'frap], Bez. für d. frz.

Atomstreitmacht. – **F. majeure** [-'ʒœr], höhere Gewalt.
Forchheim (D-8550), Gr.Krst. a. d. Regnitz, Rgbz. Oberfranken, Bay., 28 784 E; Fachwerkhäuser; ehem. fürstbischöfl. Schloß.
forcieren, erzwingen; vorantreiben.

Gerald Ford

Ford [fɔːd], **1)** Gerald Rudolph (* 14. 7. 1913), am. republikan. Pol.; 1973 Vizepräs. d. USA, 1974–77 38. Präs. d. USA; **2)** Harrison (* 13. 7. 1942), am. Filmschausp.; *Blade Runner; Witness; Star-Wars-* u. *Indiana-Jones*-Filme; **3)** Henry (30. 7. 1863–7. 4. 1947), am. Automobilfabrikant; sein „model T" war jahrzehntelang das meistgefahrene Auto; Begr. d. Fließarbeit; Sozialreformer; *Mein Leben u. Werk;* begr. 1936 d. **F. Foundation,** d. größte private Stiftung zur Förderung v. Erziehung, Wissenschaft u. Wohlfahrt; **4)** John (1. 2. 1895–31. 8. 1973), am. Filmregisseur; Westernfilme; *She Wore a Yellow Ribbon* (1949); *The Man Who Shot Liberty Valance* (1962).
Förde, tiefeingreif. Bucht (überflutetes eiszeitl. Tal); bes. an d. O-Küste v. Schl-Ho.
Förder-anlagen, Einrichtungen z. Gütertransport (z. B. F.bänder, Rutschen). – **F.korb,** durch d. **F.maschine** i. Schacht auf u. ab bewegt, z. Heben der Kohle usw., z. Ein- u. Ausfahren d. Bergleute (Seilfahrt); → Bergbau.
Förderstufe → Schulwesen (Übers.) u. → Gesamtschule.
Forderung, 1) auf Schuldverhältnis gegründeter *Anspruch,* von e. anderen e. Tun od. Unterlassen zu verlangen (§ 241 BGB); F.en svw. Außenstände (→ Debitorenkonto); **2)** Herausforderung z. Zweikampf.
Forderungspfändung → Zwangsvollstreckung.
Foreign Office, *s.* ['fɔrɪn 'ɔfɪs], d. engl. Auswärtige Amt.
Forel, August (1. 9. 1848–27. 7. 1931), schweiz. Psychiater; *Die sexuelle Frage.*
Forellen, Raubfische aus der Familie der Lachse; bes. schmackhaft; *Bach-F.,* in klaren Gebirgsbächen; *See-F.,* größer, in Alpenseen, bis 1 m l.; *Abart Mai-F.,* *Meer-F.,* Nord- u. Ostsee; *Regenbogen-F.,* aus Amerika, Zuchtfisch.
forensisch [v. l. „forum"], gerichtlich.
Forester, Cecil Scott (27. 8. 1899–2. 4. 1966), engl. Schriftst.; *Ein General; Kapitän Hornblower.*
Forfaitierung [fɔrfɛ-], Finanzierung v. Exportgeschäften durch eine Bank bei

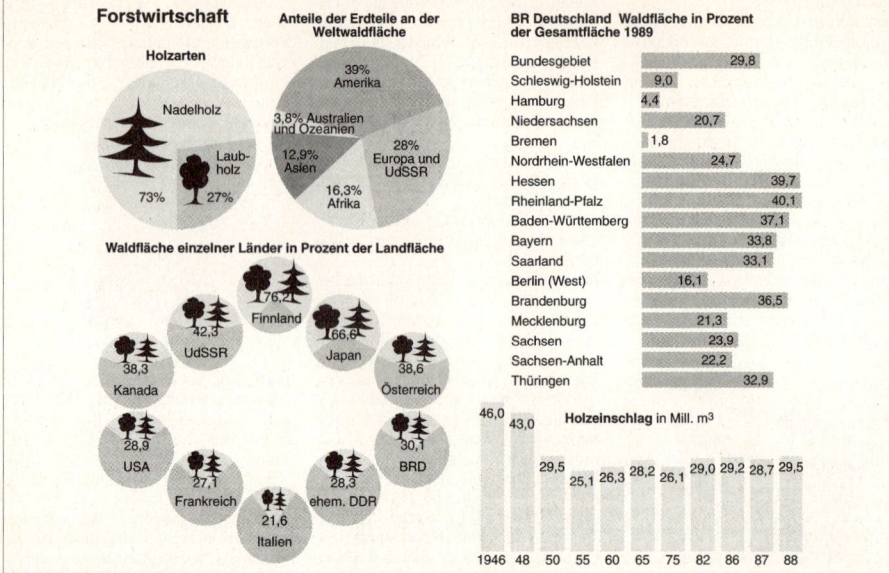

Forstwirtschaft

Holzarten

Nadelholz

Laub-holz

73% 27%

Anteile der Erdteile an der Weltwaldfläche

39% Amerika

3,8% Australien und Ozeanien

12,9% Asien

28% Europa und UdSSR

16,3% Afrika

Waldfläche einzelner Länder in Prozent der Landfläche

76,2 Finnland

42,3 UdSSR

66,6 Japan

38,3 Kanada

38,6 Österreich

28,9 USA

30,1 BRD

27,1 Frankreich

28,3 ehem. DDR

21,6 Italien

BR Deutschland Waldfläche in Prozent der Gesamtfläche 1989	
Bundesgebiet	29,8
Schleswig-Holstein	9,0
Hamburg	4,4
Niedersachsen	20,7
Bremen	1,8
Nordrhein-Westfalen	24,7
Hessen	39,7
Rheinland-Pfalz	40,1
Baden-Württemberg	37,1
Bayern	33,8
Saarland	33,1
Berlin (West)	16,1
Brandenburg	36,5
Mecklenburg	21,3
Sachsen	23,9
Sachsen-Anhalt	22,2
Thüringen	32,9

Holzeinschlag in Mill. m³

46,0 43,0 29,5 25,1 26,3 28,2 26,1 29,0 29,2 28,7 29,5

1946 48 50 55 60 65 75 82 86 87 88

Übernahme des pol. od. wirtsch. Risikos.

Forint → Währungen, S. 1087.
Forlani, Arnaldo (* 8. 12. 1925), it. Pol. (DC); 1980/81 Min.präs.
Forleule, *Fichteneule, Kieferneule,* Schmetterling, Nadelwaldschädling.
Forlì, Hptst. der nordit. Prov. *F.,* 110 000 E.
Form [l. „forma"], **1)** äußere Gestalt; Ggs.: Inhalt; **2)** *phil.* svw. geist. Prinzip, Idee; Ggs.: Stoff; **3)** Gußform → Formerei; **4)** beim Buchdruck der im Rahmen eingeschlossene druckfertige Satz.
formal [l.], auf die bloße Form, nicht auf Inhalt bezogen (z. B. formale Logik); auch svw. *formell,* äußerliche Formen beobachtend.
Formaldehyd, *m.,* einfachster d. → Aldehyde, *HCHO;* farbloses, stechend riechendes, giftiges Gas, reduzierend, keimtötend, konservierend; reizt d. Schleimhäute u. steht unter Krebsverdacht; gibt mit → *Phenolen* Kunstharz *(Bakelite).*
Formalin®, *s.,* 35%ige → *Formaldehyd*-Lösung; Desinfektionsmittel, zur Raumdesinfektion und zum Konservieren v. anatomischen Präparaten.
Formalismus, einseit. Beachten von Äußerlichkeiten; *phil.* Ableitung logisch widerspruchsloser Formeln aus Grundformeln (Logistik).
Formalitäten, Förmlichkeiten, bes. i. Rechtswesen.
formaliter [l.], der Form nach.
Forman, Miloš (* 18. 2. 1932), tschech.-am. Filmregisseur; *One Flew Over the Cukoo's Nest* (1975); *Hair* (1978); *Ragtime* (1981); *Amadeus* (1984).
Format, *s.* [l.], Ausmaß; Größenverhältn.

Formation, *w.* [l.], **1)** Aufstellung, Form; **2)** *botan.* Pflanzen v. gleicher Wuchsform bilden eine F. (Wiese, Wald usw.); **3)** *geolog.* stratigraphischer Zeitabschnitt (→ geologische Formationen); **4)** *mil.* Gefüge einer Truppe (z. B. Marsch-, Gefechts-, Friedens-, Kriegs-F.).
Formel [l.], **1)** feststehende, in kürzeste Form gebrachte Begriffsbestimmung; **2)** Folge v. Symbolen z. (verkürzten) Bezeichnung e. log., math. od. naturwiss. Sachverhalts.
formell → formal.
Formenlehre, *w., grammat.* Lehre von Stammbildung u. Abwandlung d. Wörter.
Formerei, Herstellung v. Formen f. den Guß zu einmaliger od. dauernder Benutzung: **a)** in Formsand, Lehm, Wachs *(verlorene Form)* m. Modell od. Schablone eingedrückt; **b)** in feuerbeständigem Material (z. B. Metall) auf Formplatte, auch zur maschinellen Herstellung von Formen; Höhlungen durch in die Form eingesetzte Kerne ausgespart.
Formgebung, zweck- u. stoffgerechte Gestaltung v. Gebrauchsgegenständen u. Maschinen; s. 1907 Ziel d. Dt. Werkbundes; 1951 *Rat f. Formgebung,* Darmstadt; → Design.
Formosa, chin. *Taiwan,* chin. Insel im Ostchin. Meer, → Taiwan.
Formular, Vordruck oder Schema für bestimmte Schriftstücke (z. B. Wechsel-F.).
Forschungsschiff, z. Erforsch. d. Ozeans.
Forßmann, Werner (9. 8. 1904–1. 6. 79), dt. Med., Entdecker d. → Herzkatheterismus; Nobelpr. 1956.
Forst, Willi (7. 4. 1903–11. 8. 80), östr. Filmschausp. u. -regisseur; *Bel ami* (1939); *Die Sünderin* (1950).

Forst, planmäßig bewirtschafteter Wald.
Forst-schutz, Schutz d. Wälder u. Forsterzeugnisse vor menschl. Übergriffen; auch Waldschutz vor Tieren, Pflanzen, witterungsbedingten Schäden, Katastrophenschäden u. → Emissionen.
Forst (Lausitz) (D-7570), Krst. a. d. Lausitzer Neiße; auf linkem Ufer, Bbg., 26 313 E; Textil-, Metallind.; poln. St.teil rechts d. Neiße *Zasieki.*
Forstberechtigung, *Forstservitute,* zu anderem Grundstück gehöriges Recht d. Nutzung eines Forstgrundstückes (Holz-, Laub-, Waldstreunutzung).
Forster, 1) Edward Morgan (1. 1. 1879–8. 6. 1970), engl. Schriftst.; Roman: *Indien,* Essay: *Ansichten des Romans;* **2)** Friedrich, eigtl. *Waldfried Burggraf* (11. 8. 1895–1. 3. 1958), dt. Dramatiker; *Robinson soll nicht sterben;* **3)** Georg (26. 11. 1754–12. 1. 94), dt. Naturforscher u. Schriftst.; *Ansichten vom Niederrhein;* s. Vater **4)** Johann Reinhold (22. 10. 1729–9. 12. 98), dt. Naturforscher; 1772–75 zus. m. s. Sohn u. m. *Cook* Weltreise.
Forst-frevel, Zuwiderhandlungen gg. forstrechtl. u. forstpolizeil. Vorschriften. – **F.regal,** staatl. Hoheitsrechte über fiskal. Waldgebiet. – **F.revier,** Försterbezirk. – **F.schulen,** Anstalten zur Aus- u. Fortbildung von F.betriebsbeamten. – **F.verwaltung,** F.abteilungen bei den Landw.sministerien der Länder; unterstellt Reg.-F.ämter (Oberforstdirektionen) in den Rgbz.en, unter diesen F.amtsbezirke (F.ämter) m. Dienstbez.en (F.revieren). – **F.wirtschaft,** pflegt, nutzt u. erhält d. Waldbestand (→ Schaubild).
Forsythia, i. Vorfrühling gelb blüh. Ziersträuch; a. Ostasien, d. Flieder verwandt.

Fort, s. [frz. *fort*], Festungswerk, → Festung.

Fortaleza, F. do Ceará, Hptst. d. brasilian. Küstenstaates Ceará, 1,76 Mill. E.

Fortbildungsschule, ältere, i. d. Schweiz noch gebräuchl. Bez. für Berufsschule.

forte [it.], *mus.* Abk. *f*, stark, laut.

Forth [*fɔːθ*], schott. Fluß, mündet durch den 82 km l. Mündungstrichter d. *Firth of F.* in d. Nordsee.

Fortifikation [l.], Befestigungs-, Festungswerk.

fortissimo [it.], *mus.* Abk. *ff*, sehr laut.

Fort Knox [*fɔːt 'nɔks*], stark bewachtes Hauptdepot des Goldschatzes der USA im Staat Kentucky.

Fortner, Wolfgang (12. 10. 1907–5. 9. 87), dt. Komp., Ausgangspunkt Hindemith-Schule, später Reihentechnik; Orchesterwerke, Kammermusik, geistl. Chorwerke, Opern, Ballette.

Fortpflanzung, 1) *ungeschlechtl. F.* bei niederen Lebewesen: Abschnürung, Knospung usw.; **2)** *geschlechtl. F.* bei höheren Lebewesen durch Befruchtung d. weibl. Eizelle durch eine männl. Samenzelle; **3)** Entwicklung aus unbefruchteter Eizelle; → Parthenogenesis.

FORTRAN, Abk. aus engl. For*mula* Trans*lator*, problemorientierte → Programmiersprache f. d. techn.-wiss. Bereich; → Informatik.

Fortschreibung, Verfahren z. Neubestimmung v. Beständen u. Werten nach Veränderungen (z. B. Eigentumswechsel); steuerrechtl. darauf *F.*sveranlagung, Neuveranlagung des Steuermeßbetrages.

Fortuna [l. „Glück"], Schicksalsgöttin (griech. *Tyche*) m. Füllhorn; auf Kugel schwebend.

Fortunatus, Held eines dt. Volksbuches (16. Jh.), m. Wunschhut u. Glückssäckel.

Fortuny, Mariano (11. 6. 1838–21. 11. 74), span. Maler; s. Verbindung realist. Milieuschilderung m. barocker Dynamik in brillanter Farbigkeit brachte ihm großen Ruhm; bes. exotische Themen u. (galante) Genrezenen n. Motiven d. 18. Jh.

Fort Wayne [-*wein*], St. i. US-Staat Indiana, a. Maumee River, 172 000 E; Eisenind.

Fort Worth [-*wəːθ*], St. im US-Staat Texas, 385 000 E; Uni.; Erdöl, Luftfahrtind.

Forum [l. „Außenplatz"], Markt; jetzt Bez. f. Gerichtshof, allg. Öffentlichk. – **F. Romanum**, Verkehrs- und pol. Zentr. d. alten Rom; unterh. d. Kapitols; ber. Bauten: *Kastor-und-Pollux-Tempel: Titus-*

und Severusbogen; Konstantins-Basilika.

Fosbury-Flop [*'fɔsbən-*], Sprungtech. im *Hochsprung:* Absprung rückwärts, Kopf und Schulter überqueren die Latte zuerst.

Foscolo, Ugo (6. 2. 1778–10. 9. 1827), it. Romantiker u. Patriot.

fossil [l.], erdgeschichtl., versteinert; auch Erscheinungen d. geolog. Vergangenheit (z. B. *f.es Grundwasser*).

Fossilien, Versteinerungen und sonstige Tier- u. Pflanzenreste vergangener erdgeschichtl. Zeitalter; *Leit-F.* kennzeichnen best. → *geologische Formationen* (Übers.); Lehre v. den *F.: Paläontologie.*

Foto-diode, lichtel. → Halbleiter-Bauelement, in → Sperrichtung betriebene → Diode, deren temperaturabhängiger → Sperrstrom (Dunkelstrom) unter Lichteinwirkung ansteigt (→ fotoelektrischer Effekt a); Anwendung: → Lichtschranken, Dämmerungsschalter, Abtastschaltungen, Meßtechnik u. a.

fotoelektrischer Effekt, *Fotoeffekt*, Freisetzen v. el. Ladungsträgern in best. Körpern durch Lichteinstrahlung, **a)** *innerer f. E.:* → Halbleiter verändern beim Auftreffen v. Licht ihren el. Widerstand; Anwendung: z. B. b. → Fotodioden, → Fototransistor, → Fotowiderstand; **b)** *Sperrschicht-Fotoeffekt:* die b. Lichteinfall auf die Übergangszone e. Sperrschicht-Gleichrichters an d. → Sperrschicht auftretende Spannung (→ Fotoelement); **c)** *äußerer f. E.* (Fotoemission): durch Lichteinwirkung treten an e. Körper Elektronen aus (z. B. bei Alkalimetallen), Anwendung: z. B. bei → Fotozellen.

Fotoelement, lichtel. → Halbleiter-Bauelement, → Sperrschichtzelle, die b. Belichtung Spannung abgibt (m. Beleuchtungsstärke zunehmend), beruht auf → fotoelektrischem Effekt b), Anwendung: in Steuer- u. Regelgeräten, Abtastung v. Lichtimpulsen, quantitative Lichtmessungen (z. B. Belichtungsmesser f. Fotografie) u. a.

Fotografie, die Erzeugung v. Bildern mittels Licht auf einer lichtempfindl. Schicht, dem Film, der sich in der fotograf. Kamera befindet; das Objektiv überträgt auf diesen Film das Abbild der Wirklichkeit; → Camera obscura; → Objektiv. – *Verschlüsse*, Zentralverschlüsse sitzen im Objektiv selbst, bieten keine ultrakurzen Verschlußzeiten. Bei Schlitzverschlüssen (aus Metallfolien; Tuch; kein Rollo mehr), vorwiegend in Spiegelreflexkameras, ergeben sich auch ultrakurze Verschlußzeiten, heute bis 1/8000 s. Der Schlitzverschluß besteht aus 2 beweglichen Vorhängen, deren Schlitzbreite variierbar ist, so daß mehr oder weniger Licht zum Film gelangt. – → *Film.* Heute grundsätzlich als SW-Film, als Farbnegativfilm (Colornegativfilm), als Farbdiafilm (Colordiafilm), als Infrarotfilm, als grafischer Film. Die heutigen Filme sind Wunderwerke der Chemie, erzeugen – je nach Typ – ein kornloses, silberfreies Bild in Farbe od. SW.

Das negative Filmbild in Farbe oder SW muß vergrößert werden, um ein natürliches Bild zu erhalten, das außerdem groß genug ist. Demgegenüber ist das Diapositiv identisch zur Wirklichkeit, wird mittels Projektion zur Betrachtung entsprechend vergrößert. Ein lichtempfindlicher Film wird nicht nur in fotografischen Kameras eingesetzt, um einzelne Bilder („Stehbilder") zu erhalten, sondern auch in Filmkameras für Schmalfilm (8 mm und 16 mm) sowie für 35-mm-Kinofilm. Man spricht von Filmaufnahmen und meint damit die bewegten, „laufenden" Bilder des Amateur- oder Kinofilms. 8-mm-Schmalfilm spielt heute nur noch eine geringe Rolle, während 16-mm-Schmalfilm noch häufiger eingesetzt wird (während TV- und Video-Aufnahmen immer mehr dominieren). – *Gesch.:* Erste brauchbare Verfahren von Daguerre (1839: → Daguerreotypie) u. Talbot (1839). Archer (1851) Kollodiumplatte; Maddox (1871) Trockenplatte; Vogel (1873) farbempfindliche Platten; Eastman (1884) Rollfilme.

Fotolithografie [gr.], → Druck (Flachdruck), Bildübertragung auf Stein durch fotograf. Kopierprozeß.

Foto-montage, Übereinanderkopieren versch. Bilder od. Bildausschnitte; in der Kunst: → Collage aus geschnittenen u./od. gerissenen Fotos u./od. Druckerzeugnissen; Vertr.: z. B. → *Heartfield*. – **F.satz**, Herstellung v. Satz a. fotograf. Wege m. Hilfe d. el.mechan. od. Elektronentechnik; Satz wird durch nacheinanderfolgendes Belichten v. Buchstaben u. Zeichen v. e. Negativ auf Film u. Papier hergestellt. – **F.transistor**, lichtel. → Halbleiter-Bauelement, dt. lichtempfindliche Teil ist d. in → Sperrichtung betriebene → p-n-Übergang zw. → Basis u. → Kollektor; durch d. Verstärkungswirkung d. → Transistors größere Empfindlichkeit als → Fotodiode. – **F.widerstand**, lichtel. → Halbleiter-Bauelement mit innerem → fotoelektrischen Effekt, dessen Widerstand bei Lichteinwirkung kleiner wird; auch → Fotodiode, → Fototransistor.

Fotorealismus, auch *Hyperrealismus*, 1970 in den USA vertretene Richtung der Malerei mit der Wirklichkeitsebene von Fotografie (Weitwinkelverzerrung, Tiefenschärfe etc.) zugrunde liegt. Vertr.: u. a. C. Close, F. Köthe, R. Gertsch.

Fototypie, Strichätzung, → Klischee.

Fotozellen, lichtel. Zellen, beruhen auf äußerem → fotoelektrischen Effekt c); auf der Innenwand eines evakuierten Glasgefäßes Alkalimetallbelag (Kathode), gegenüber eine positiv geladene Elektrode (Anode). Emissionsstrom direkt proportional der einfallenden Lichtmenge; arbeitet trägheitslos, Anwendung: Kino-, Fernseh-, Meßtechnik, Elektronik (z. B. als Dämmerungsschalter z. automat. Einschalten v. Lampen u. als → Lichtschranke).

Forum Romanum

Fotografie

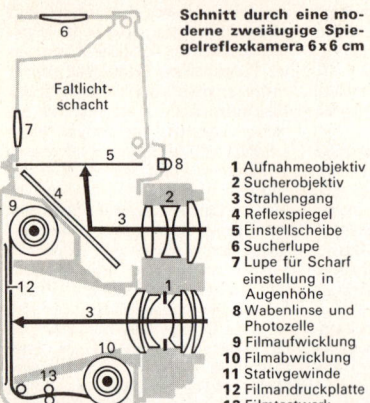

Schnitt durch eine moderne zweiäugige Spiegelreflexkamera 6 x 6 cm

1 Aufnahmeobjektiv
2 Sucherobjektiv
3 Strahlengang
4 Reflexspiegel
5 Einstellscheibe
6 Sucherlupe
7 Lupe für Scharfeinstellung in Augenhöhe
8 Wabenlinse und Photozelle
9 Filmaufwicklung
10 Filmabwicklung
11 Stativgewinde
12 Filmandruckplatte
13 Filmtastwerk

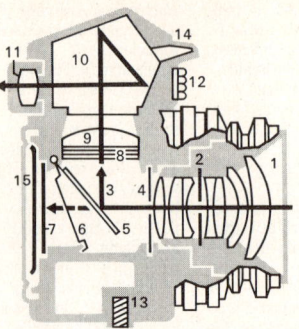

1 Wechselobjektiv
2 Objektivblende
3 Strahlengang
4 Verschluß
5 Rapidspiegel
6 Lichtschutzklappe
7 Film
8 Fresnel-Linse
9 Sammellinse
10 Dachkantprisma
11 Sucheinblick
12 Wabenlinse u. Photozelle
13 Stativgewinde
14 Umlenkprisma
15 Filmandruckplatte

Längsschnitt durch eine moderne einäugige Spiegelreflexkamera 24 x 36 mm

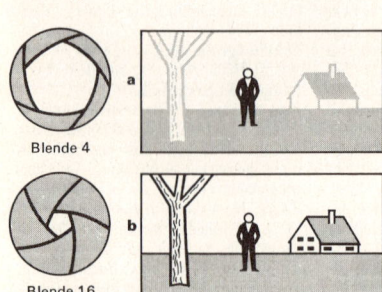

Blende 4

Blende 16

Schärfentiefe (Tiefenschärfe). Bei der photographischen Aufnahme umfaßt der Bereich der Schärfentiefe den Teil vom Bildraum, der vor und hinter dem eingestellten Entfernungspunkt mit ausreichender Abbildungsschärfe wiedergegeben wird. Der Bereich ist abhängig von der jeweiligen Blende (Objektivöffnung). Beispiel (schematisch): **a** Kleine Blendenzahl (z. B. 2,8 oder 4) ergibt geringere, **b** große Blendenzahl (z. B. 11 oder 16) ergibt größere Schärfentiefe

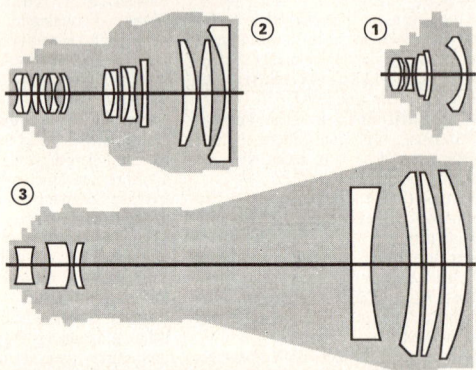

Schnitt durch drei Wechselobjektive
1 Weitwinkelobjektiv Skoparex 1 : 3,4/35 mm, Sechslinser mit 63° Bildwinkel. **2** Vario-Objektiv Voigtländer-Zoomar 1 : 2,8 mit stufenlos veränderlicher Brennweite von 36 bis 82 mm, Vierzehnlinser, Bildwinkel in der Weitwinkel-Position 62°, in der Tele-Position 30°. **3** Teleobjektiv Super-Dynarex 1 : 5,6/350 mm, Siebenlinser mit 7° Bildwinkel

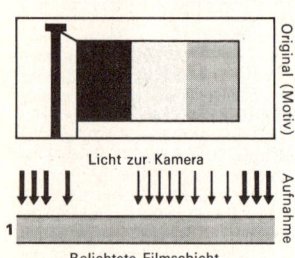

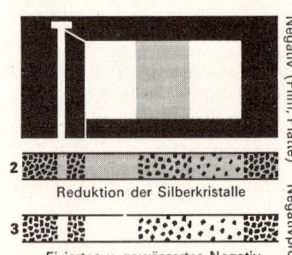

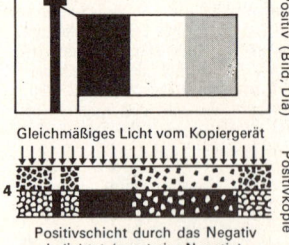

Entstehung des photographischen Bildes. 1 Belichten. Einfallendes Licht erzeugt ein unsichtbares (latentes) Bild in der Halogensilberschicht des Films. **2 Entwickeln.** Durch Einwirkung geeigneter chemischer Verbindungen wird das vom Licht getroffene Halogensilber zu metallischem Silber reduziert. **3 Fixieren und Wässern.** Das Fixiersalz löst das unveränderte Halogensilber aus der Schicht. Durch Wässern werden das Salz und andere Reaktionsprodukte ausgewaschen. **4 Positivprozeß.** Das Negativbild wird auf eine Halogensilberschicht projiziert, photochem. Veränderungen werden nur in den vom Licht betroffenen Teilen der Schicht ausgelöst

Fötus, svw. → Fetus.

Foucault [fuˈko], Léon (18. 9. 1819–11. 2. 68), frz. Phys.; *Pendelversuch* 1851 zur Feststellung d. Achsendrehung der Erde (mit freischwingendem Pendel); *Messung der Lichtgeschwindigkeit* mit einem Drehspiegel – **F.sche Wirbelströme** → Wirbelströme.

Fouché [fuˈʃe], Joseph (21. 5. 1759–25. 12. 1820), frz. Polizeiminister u. heiml. Gegner Napoleons; *Memoiren.*

Foul, s. [engl. *faul*], regelwidriges Verhalten im Sport.

Foulard, m. [frz. fuˈlaʀ], weiche, bedruckte Seide.

Fouqué [fuˈke], Friedrich de la Motte (12. 2. 1777–23. 1. 1843), dt. Dichter d. Romantik; *Undine* (Oper v. Lortzing); *Der Zauberring.*

Fouquet [fukˈɛ], Jean (um 1420–um 79), bahnbrechender Maler d. frz. Renaiss.; Miniaturen, Tafelbilder; Bildnisse.

Fourier [fuˈrje], 1) Charles (7. 4. 1772–10. 10. 1837), frz. utop. Sozialist; 2) Jean Baptiste Joseph, Baron (21. 3. 1768–16. 5. 1830), frz. Math.; *Wärmetheorie; F.sche* (trigonometr.) *Reihen.*

Fourier-Zerlegung, period. oder nichtperiod. Vorgänge (z. B. Wechselstrom) werden in sinusförmige Schwingungen zerlegt.

fow [engl.], Abk. f. „*free on waggon*" [fri: ɔn ˈwegən], frei bis zum Eisenbahnwagen, d. h. Verkäufer trägt die Anfahrts- und Verladungskosten.

Fowler [ˈfaulɐ], 1) Sir John (15. 7. 1817–20. 11. 98), engl. Ing.; erbaute Londoner Untergrundbahn (1860–63) u. die Firth-of-Forth-Eisenbahnbrücke (1883–90); 2) William A. (* 9. 8. 1911), am. Phys.; (zus. m. S. → Chandrasekhar) Nobelpr. 1983 (Arbeiten z. Urknalltheorie).

Fox, George (1627–13. 1. 91), engl. Schuster; begr. die → Quäker.

Foxterrier, engl., kleinere, flinke Hunderasse, weiß mit schwarzen, auch gelben Flecken, glatt- u. rauhhaarig: ursprünglich für Fuchsjagd (→ Tafel Hunderassen).

Foxtrott, m., um 1910 in d. USA entstandener Gesellschaftstanz in mäßig schnellem ⁴⁄₄-Takt.

Foyer, s. [frz. fwaˈje], Wandelgang, Vorraum (mit Restaurationsbetrieb), bes. im Theater.

FPÖ, Abk. f. **F**reiheitliche **P**artei **Ö**sterreichs, → Parteien, Übers.

FPOLISARIO, Frente **P**opular para **Li**beración de **Sa**guía el Hamra y **R**ío de **Oro,** 1973 gegr. Befreiungsbewegung, tritt für die Unabhängigkeit der 1976 von Marokko u. Mauretanien besetzten West-Sahara (→ Sahara I) ein; 1979 Friedensvertr. m. Mauretanien; ehem. mauretan. Besatzungsgebiet danach v. Marokko besetzt; s. 1982 Verschärfung d. Kämpfe, 1989 erste Verhandlungen m. Marokko.

Fr, chem. Zeichen f. → *Francium.*

Fra, m., it. Abk. für → *Frater.*

Fra Angelico [-ˈdʒe-], auch *Beato Angelico,* eigentlich *Guido di Piero* (um 1395–18. 2. 1455), it. Maler d. Frührenaiss., bes. in Florenz; Dominikanermönch.

Fra Bartolommeo, eigtl. *Baccio della Porta* (28. 3. 1472–6. 10. 1517), florentin. Maler d. Renaiss.; Dominikanermönch; *Savonarola; Verlobung der hl. Katharina.*

Fracht, 1) Ladung eines Transportmittels; **2)** Entgelt für den Transport (aufgrund der *F.raten* od. *F.sätze*). – **F.geschäft,** das v. *F.führer* zu Lande u. auf Binnengewässern betriebene Beförderungsgewerbe. *F.führer* kann v. Absender Ausstellung e. *F.briefes* verlangen; er haftet diesem f. Transportschäden u. hat gesetzl. Pfandrecht am F.gut wegen seiner Forderungen aus d. *F.vertrag. F.führer* kann Absender *Ladeschein* ausstellen (i. Flußfrachtgeschäft ist er auf Verlangen des Absenders dazu verpflichtet), der diesen zum Empfang d. Gutes legitimiert (meist Orderpapiere). Übergabe d. indossierten Ladescheins verschafft Eigentum an d. beim F.führer befindl. Gut. – **F.parität,** Fracht wird v. Verkäufer aufgrund bes. Vereinbarung bis zu einer i. vorauszufest. *Paritätsstation* bezahlt (z. B. *F.parität München*).

Fra Diavolo, Bruder Teufel, eigtl. *Michele Pezza* (7. 4. 1771–11. 11. 1806), it. Räuber; Oper v. Auber.

fragil [l.], zerbrechlich.

Fragment, s. [l.], Bruchstück.

Fragonard [-ˈnaʀ], Jean-Honoré (5. 4. 1732–22. 8. 1806), frz. Maler u. Stecher des Rokoko; bes. galante Themen *(Die Schaukel);* Bildnisse.

fraise [frz. frɛz „Erdbeere"], erdbeerfarbig.

fraktale Dimension beschreibt bestimmte math. Eigenschaften v. Strukturen; analog zu räuml. → Dimension, muß aber nicht ganzzahlig sein; z. B. eine Küstenlinie od. der Umriß eines Farnblatts hat Eigenschaften zw. denen v. geraden Linien u. Flächen.

Fraktion [l.], **1)** Gesamtheit d. Abgeordneten einer pol. Partei i. Parlament; *F.szwang,* Pflicht der Abgeordneten, auf F.sbeschluß ihre Stimme einheitl. abzugeben; **2)** chem. Teil des Destillates bei d. Destillation von Gemischen, der bei einem definierten Siedebereich übergeht.

Fraktur [l.], **1)** (Knochen-)Bruch; **2)** („gebrochene") dt. Druckschrift, **z. B.** 𝔎𝔫𝔞𝔲𝔯𝔰 𝔏𝔢𝔵𝔦𝔨𝔬𝔫; **3)** *F. reden,* sich deutl. (grob) m. jmd. auseinandersetzen.

Frambösie, *Himbeerseuche,* trop. Hautkrankheit mit himbeerähnl. Ausschlag; Erreger: → Spirochäten.

Franc [frã], → Währungen, S. 1087.

Française [frãˈsɛːz(ə)], frz. → Kontertanz, ⁶⁄₈-Takt.

Françaix [frãˈsɛ], Jean (* 23. 5. 1912), frz. Komp.; sinfon. Musik, Konzerte, Oratorien, Opern.

France [frãs], Anatole (16. 4. 1844–12. 10. 1924), frz. Schriftst.; *Die Götter dürsten;* Nobelpr. 1921.

Francesca → Piero della Francesca.

Francesca da Rimini [-ˈtʃeska], it. Adlige, betrog den ihr aufgezwungenen häßl. Gatten Malatesta mit s. Stiefbruder Paolo; 1284 ermordet.

Franche-Comté [frãʃkõˈte], frz. Landschaft u. Region an der schweiz. Grenze, ehem. Freigrafschaft Burgund (Hochburgund); Hptst. *Besançon.*

Franchise [frãˈʃiz(ə)], Selbstbeteiligung des Versicherten in d. Sachversicherung.

Franchising [ˈfræntʃaɪz], Übertragung von Verkaufsrechten; der F.-Geber überträgt dem F.-Nehmer das Nutzungsrecht an einem von ihm entwickelten System oder Produkt: zum Verkauf dieser Produkte, Produzieren od. zur Anbietung solcher Dienstleistungen.

Francia [-tʃa], Francesco (1450–5. 1. 1517), it. Maler, Goldschmied u. Bildhauer d. Renaissance in Bologna.

Francium, Fr, chem. El., Oz. 87; radioaktiv.

Franck, 1) César [frãk] (10. 12. 1822–8. 11. 90), frz. Komp. belg.-dt. Herkunft; Orchester- u. Kammermusik; Orgelwerke; Oratorium: *Les béatitudes;* **2)** James [ˈfræŋk] (20. 8. 1882–21. 5. 1964), dt.-am. Physiker; Arbeiten über Atom- u. Quantentheorie; Nobelpr. 1925; **3)** Sebastian (1499–1542), dt. Geschichts- u. Kulturphil. der Reformationszeit.

Francke, August Hermann (22. 3. 1663–8. 6. 1727), ev. Theologe u. Pädagoge, Pietist; begr. d. *F.schen Stiftungen* i. Halle 1695; Schulen, Waisenhaus, Verlag.

Francke, *Meister F.* (um 1380–n. 1430), dt. Maler d. Gotik; *Thomasaltar* (Hamburg).

Francisco Franco

Franco-Bahamonde, Francisco (4. 12. 1892–20. 11. 1975), span. Staatschef; Führer d. Nationalisten im spanischen Bürgerkrieg 1936–39; führte bis zu seinem Tod ein faschistisches Regime; wandelte 1947 Spanien i. Monarchie um, behielt sich Einsetzung d. Königs, d. Zeit u. Person nach, vor (→ Juan Carlos I.).

François-Poncet [frãswapõˈsɛ], André (13. 6. 1887–8. 1. 1978), frz. Polit.; 1931–38 Botschafter i. Berlin, 1949–53 frz. Hoher Kommissar für Dtld, 1953–55 Botsch. in Bonn, s. 1955 Präs. d. Kommission des IRK.

Frankreich, Wirtschaft

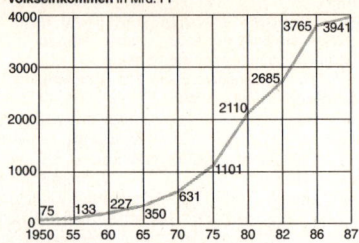

Ausfuhr		Einfuhr
10782	1950	10738
17191	1955	16587
33868	1960	30978
49609	1965	51029
99640	1970	106190 FF
128440	1975	133434
201775	1980	244477
232560	1983	267568
286552	1985	316309
257491	1987	283556
294624	1988	304339 DM

Außenhandel in Mill. FF DM

Volkseinkommen in Mrd. FF

4000 | 3765 | 3941
3000 | 2685
2685
2110
2000
1101
1000
631
75 | 133 | 227 | 350
0
1950 55 60 65 70 75 80 82 86 87

Gold- und Devisenbestand 1988
Gold: 82 Mill. troy oz (1 Troy ounce = 31,1 Gramm)
Devisen: 16615 Mill. SZR (Sonderziehungsrechte.
1 SZR am 28.2.1989 = 1,3215 US $ bzw. 2,14178 DM)

Frank, 1) Adolph (20. 1. 1834–30. 5. 1916), dt. Chem.; → Kalkstickstoff: begr. Kalisalzind.; **2)** Anne (12. 6. 1929–März 45), jüd. Mädchen, schrieb im Versteck in Amsterdam: *Das Tagebuch d. Anne Frank;* im KZ Bergen-Belsen umgekommen; **3)** Bruno (13. 6. 1887–20. 6. 1945), dt. Schriftst.; *Cervantes; Sturm i. Wasserglas;* **4)** Ilja (23. 10. 1908–22. 6. 90), sowj. Phys.; theoret. Deutung d. → Tscherenkow-Effekts b. Kernprozessen; Nobelpr. 1958; **5)** Leonhard (4. 9. 1882–18. 8. 1961), dt. pazifist. Schriftst.; *Die Räuberbande; Links, wo das Herz ist; D. Mensch ist gut.*

Franke, 1) Egon (* 11. 4. 1913), SPD-Pol.; 1969–82 B.minister f. innerdeutsche Beziehungen; **2)** Heinrich (* 26. 1. 1928), CDU-Pol.; s. 1984 Präs. d. B.anstalt f. Arbeit.

Franken → Währungen, S. 1087.

Franken, 1) westgerman. Volksstamm, im 3. Jh. am Nieder- u. Mittelrhein; drangen im 5. Jh. nach Gallien bis zur Loire vor u. unterwarfen Romanen und Westgoten; → Fränk. Reich; **2)** seit 9. Jh. Name des Gebiets am Rhein, Main, Nekkar; Stammesherzogtum bis 939; 1024–1125 fränk. Geschlecht der Salier, dt. Kge; jetzt das nördl. Bayern (→ Oberfranken; → Mittelfranken; → Unterfranken).

Frankenberg (Eder) (D-3558), St. i. Ederbergland, Hess., 16 283 E; AG; ma. Fachwerkbauten.

Frankenhöhe, in Mittelfranken, aus Gips- und Sandsteinkeuper, m. steilem bewaldetem W-Abfall gg. Rothenburg; im *Hornberg* 579 m.

Frankenthal (Pfalz) (D-6710), krfr. St. i. Rgbz. Rheinhess.-Pfalz, RP, 45 408 E; LG, AG; Masch.-, Kunstst.- u. chem. Ind. – 1755–1800 berühmte Porzellanmanufaktur.

Frankenwald, flächiger Höhenzug zw. Fichtelgebirge u. Thüringer Wald; meist → Karbon; *Döbraberg* 795 m.

Frankfurt a. M. (D-6000), krfreie St. im Rgbz. Darmstadt, Hess., am unteren Main, 625 258 E; bed. Wirtschafts-, Verkehrs- u. Kulturzentrum d. BR; altes Rat-

Frankfurt a. M., *Römer*

haus „Römer" m. Kaisersaal (s. 1562 Krönungsstätte d. dt. Kaiser), Paulskirche, Goethehaus, Dom; Städelsches Kunstinstitut; Zoo m. Exotarium; Palmengarten; Senckenberg-Naturhistor. Mus., Dt. Postmus., jüd. Mus. u. a.; Messeturm (höchstes Bürohs. Europas, 254 m); Uni., PH, HS (Phil.-Theol., Kunst, Musik); B.anstalt für Flugsicherung, B.rechnungshof, Dt. B.bank, Kreditanstalt für Wiederaufbau, Börse, Hptverw. d. Dt. B.bahn, BD, OPD, AG, LG, IHK, mehrere MPI; div. Ind.; Weltflughafen (Rhein-Main); Frühjahrs-, Herbst- u. a. Messen. – 794 erste Erwähnung, 1245 Freie Reichsst., s. 1356 Ort d. dt. Kgswahl, 1815–66 Freie St.; 1848/49 Ort der Dt. → Nationalversammlung (→ Paulskirche); 1866 preußisch, 1945 hess.

Frankfurter, Philipp, Wiener Schwankdichter des 15. Jh.; seine gereimte, iron.-satir. Schwanksammlung vom *Pfarrer vom Kalenberg* wurde um 1473 in Augsburg erstmals gedruckt.

Frankfurter Friede, Friedensvertrag vom 10. Mai 1871, beendete nach dem Versailler Vorfrieden (26. Februar 1871) den Dt.-Frz. Krieg 1870/71.

Frankfurter Nationalversammlung, das 1848 i. d. Frankfurter Paulskirche zusammengetretene Parlament, erstrebte d. dt. Nationalstaat; keine Einigung, daher 1849 aufgelöst.

Frankfurter Schule, soziolog.-phil. Schule; Vertr.: *Adorno, Horkheimer, Habermas* u. a.

Frankfurt (Oder) (D-1200), Krst. im östl. Brandenburg, ehem. Reg.-Hptst. d. preuß. Prov. Brandenburg, Verkehrszentrum („Tor zum Osten"); 81 009 E; poln. St.teil östl. d. Oder, *Słubice.* – 1368–1450 Mitglied der Hanse; Uni. 1506 gegr., 1811 nach Breslau verlegt.

Fränkische Alb, *Fränkischer Jura,* Höhenzug zw. Wörnitz, Donau u. Main, im *Hesselberg* 689 m; der N-Teil is **Fränkische Schweiz,** im Gebiet der Wiesent; malerische Felsbildungen in Jurakalk u. Frankendolomit, starke Karstquellen, Höhlen, Burgen; → Jura.

Fränkisches Reich, im 5. Jh. n. Chr. von d. Merowinger Chlodwig I. durch Sieg über Syagrius begr.; s. 751 unter Herrschaft d. Karolinger; unter → Karl d. Gr. größte Ausdehnung; 843 Teilung in W-, Mittel- u. O-Frankenreich (Ludwig d. Deutsche).

Benjamin Franklin

Franklin [*'fræŋklın*], **1)** Benjamin (17. 1. 1706–17. 4. 90), am. Pol.; urspr. Seifensieder, dann Buchdrucker, Schriftst.; trat 1775 f. d. Unabhängigkeit der engl. Kolonien in N-Amerika ein; 1778–85 Gesandter in Paris; erfand die Blitzableiter; **2)** Sir John (16. 4. 1786–11. 6. 1847), engl. Nordpolarforscher; nach ihm ben. die *F.-Straße* im kanad.-arkt. Archipel.

Frankoline, rebhuhnähnl. Feldhühner in Afrika u. Asien.

Frankreich, amtl. *La République Française,* Rep. zw. Kanal, Atlant. Ozean u. Mittelmeer, dazu die Insel Korsika, 551 500 km², 56,16 Mill. E (102 je km²); Bev.-Zuw. 0,5%; Währung: franz. Franc (FF); Rel.: vorwiegend röm.-kath.;

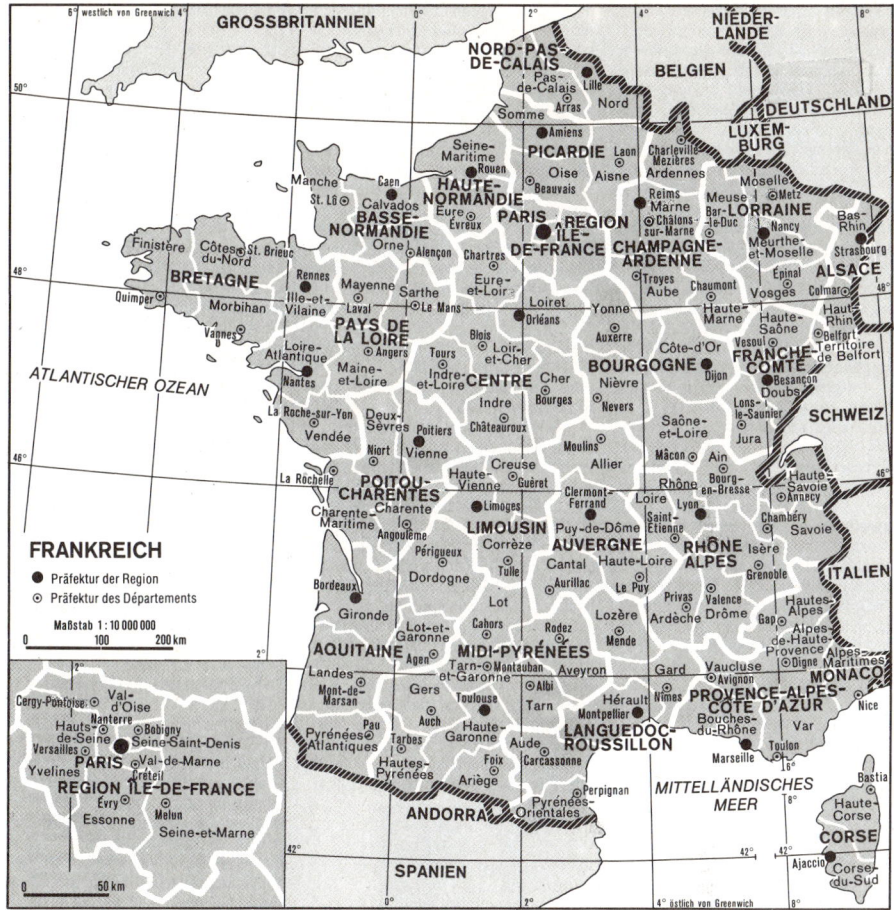

FRANKREICH

● Präfektur der Region
⊙ Präfektur des Départements

Maßstab 1 : 10 000 000
0   100   200 km

REGION ÎLE-DE-FRANCE

Hptst.: *Paris;* Flagge S. 340, Karte S. 742. **a)** *Geogr.:* Im Süden Pyrenäen, i. SO Alpen (*Montblanc* 4807 m); *Rhône-Saône-, Garonne-* u. *Seine*-(Pariser) Becken umgeben das frz. Zentralplateau; im NO reichen die pol. Grenzen in die Landschaft Flandern, die Ardennen u. mit Elsaß u. Lothringen in den Oberrhein. Tiefebene u. das Stufenland an der mittleren Mosel. **b)** *Landw.:* Überwiegend Klein- u. Mittelbetriebe; deckt nahezu Eigenbedarf; erstes Weinbauland d. Welt (1988: 59,3 Mill. hl); ca. 10% d. Erwerbstätigen arbeiten im Agrarbereich. **c)** *Ind.:* Überwiegt im gesamten Sozialprodukt: Berg- u. Hüttenbau, ferner (→ Schaubilder) bed. Eisen- u. Stahlindustrie, Aluminium, Bauxit, Kalisalze, Textil-, Kraftfahrzeug-, Masch.- u. chem.

Ind. **d)** *Außenhandel* (1988): Einfuhr 176,74 Mrd., Ausfuhr 161,7 Mrd. $. → Schaubild. **e)** *Verkehr:* Eisenbahn 34 700 km; weitverzweigtes Kanal- u. dichtestes Straßennetz der Welt, Handelsflotte (→ Abb. S. 355). **f)** *Verf.* v. 1958 (1962 erweitert): Staatspräs. auf 7 Jahre gewählt, ernennt Min. u. Premiermin.; Parlament besteht aus direkt gewählter Nat.vers. (Assemblée nationale) u. Senat; Verfassungsrat überwacht Einhaltung der Verf.; Premiermin. u. Min. sind der Nat.-Vers. verantwortlich; Staatspräs. ist Oberbefehlshaber d. Streitkräfte. **g)** *Verw.:* 95 Départements innerhalb v. 22 Regionen u. 5 Übersee-Départements; Sonderstatus f. Korsika; Unterbezirke: 322 Arrondissements. **h)** *Außereur. Gebiete:* 1. *Überseeische Départements (DOMs):* Réunion, Guadeloupe, Martinique, Frz.-Guayana, Saint-Pierre u. Miquelon; 2. Sonderstatus f. Mayotte; 3. *Überseeische Territorien (TOMs):* Frz.-

Polynesien, Neukaledonien, Wallis u. Futuna, Südl. u. Antarkt. Gebiete (Neu-Amsterdam, Crozet-Archipel, Kerguelen-Archipel u. Adélie-Land). Auch → Communauté. **i)** *Gesch.:* Seit etwa 1000 v. Chr. von Kelten bewohnt; mehrfache Einwanderungen: 58 v. Chr.-486 n. Chr. röm. Prov.; Sueben unter → Ariovist 1. Jh. v. Chr.; Westgoten, Burgunder u. Franken im 5. Jh. n. Chr. Gründung des → Fränkischen Reichs. 843 Spaltung: Vertrag von → Verdun. Bis 987 Normanneneinfälle, Lothringen dt., Teil von Burgund selbständig. *Kapetinger* (987–1328), Kämpfe m. den nach Nordfrkr. eingedrungenen Engländern u. d. Papsttum. Machthöhe unter → Philipp d. Schönen. Unter Haus *Valois* (1328–1589) Erbfolgekriege mit England (100jähr. Krieg); F. verliert Aquitanien u. Calais (1360); Siege der Jeanne d'Arc gg. Engländer. Im 15. Jh. Streben nach kirchl. Freiheit (→ gallikanische Freiheiten). Unter Franz I. erfolglose Kämpfe um Italien u. gg. Karl V. Blutige Bürgerkriege (Hugenotten: Bartholomäusnacht 1572), beendet durch das Edikt v. → Nantes (1598) unter Heinrich IV., dem ersten *Bourbonen.* Zeitalter d. Absolutismus, durch Richelieu (1624) begr. unter Ludwig XIII. Im Westfäl. Frieden erhält F. das östr. Elsaß. Glanzzeit des Absolutismus unter Ludwig XIV. (Min. Colbert); Erweiterung des frz. Kolonialreichs (Louisiana, Senegambien, Westindien). Réunionskriege (→ *Réunionskammern*) und Pfälzer Krieg (1667–97). 1685 Vertreibung der Hugenotten. Übersteigerung der auswärt. Eroberungspolitik (Krieg gegen Spanien, Holland usw.) führte im 18. Jh. zur wirtsch. Erschöpfung; Niederlage durch England; Verlust der meisten Kolonien (1763), Staatsbankrott unter Ludwig XVI. 1789 *Revolution,* 1792 Verkündung der *Republik,* 1793 Hinrichtung des Königspaares, Schreckensherrschaft. 1795 Direktorium, 1799 gestürzt, Aufstieg Napoleons zum 1. Konsul, 1804 zum *Kaiser,* Eroberungskriege gg. Preußen, Österreich, Spanien, Italien, Kontinentalsperre gg. England. Ausdehnung über Holland bis zur Elbe. Zerstückelung Dtlds (Rheinbund); 1812 Napoleons erfolgloser Feldzug gg. Rußland, Ende d. „Großen Armee"; 1813 → Befreiungskriege; 1814 Internierung Napoleons auf Elba, Rückkehr, „100 Tage"-Herrschaft; Niederlage bei Belle-Alliance (Waterloo); Verbannung nach St. Helena. – Ludwig XVIII. *(Restauration)* gab neue Verfassung, von Karl X. wieder aufgehoben. 1830 Julirevolution; der „Bürgerkönig" Ludwig Philipp 1848 durch Februarrevolution gestürzt: 24. 2. *Zweite Republik;* Ludwig Napoleon Präs. u. 1852 Kaiser (Napoleon III.); siegreicher Krimkrieg 1854–56, Sieg über Österreich 1859 in Oberitalien (Nizza u. Savoyen fallen an Frankreich). Pol. Spannungen mit dem aufstrebenden Preußen führten zum → Dt.-Frz. Krieg 1870/71. Nach Einnahme v. Sedan: 4. 9. 1870 *Dritte Republik,* 1871 Aufstand der Kommune; Thiers Präsident; 1891 Bündnis mit Rußland, 1905 Trennung von Staat u. Kirche. 1905–11 Marokkokonflikt mit Dtld, 1912 größter Teil von Marokko unter frz. Schutzherrschaft. 1914–18. 1. → Weltkrieg (Übersicht). 1917 Clemenceau Min.präs. mit diktator. Befugnis; 1919 Versailler Vertrag, 1922 Ruhrbesetzung; 1935 Kabinett Laval, Militärbündnis mit der Sowjetunion. 1936 Volksfrontkabinett Blum, 1938 Kabinett Daladier, → Münchener Abkommen. 1939–45 2. → Weltkrieg (Übersicht). Nach d. frz. Zusammenbruch 1940 u. Übernahme d. Reg. durch Marschall Pétain Waffenstillstand mit Dtld; Sitz der Reg. Pétain: Vichy. 1944 nach Rückzug der dt. Truppen Gen. de Gaulle Reg.chef (bis 1946), der 1945 die *Vierte Republik* ausrief. Seit 1958 *Fünfte Rep.* u.

neue Verfassung mit größeren Vollmachten für d. Präsidenten; 1963 pol.-milit.-kulturelles Abkommen m. d. BR; 1964 China aufgenommen. – Der große frz. Kolonialbesitz löste sich nach d. 2. Weltkr. größtenteils auf; die meisten Kolonien wurden erst autonome Mitgl. d. → Französischen Union u. später unabhängige Republiken. So wurde Indochina nach langjähr. Krieg 1954 i. selbst. Staaten aufgeteilt, 1956 wurden Tunesien u. Marokko unabhängig, s. 1958 folgten d. meisten afrikan. Kolonien, 1962 wurde Algerien nach ca. 8jähr. Kämpfen unabhängig. 1959–69 → de Gaulle Staatspräs. 1963 dt.-frz. Vertrag. 1969–74 → Pompidou, 1974–81 → Giscard, s. 1981 → Mitterrand Staatspräs. **j)** *Mitgl.:* UN, NATO (beschränkt), EG, Europarat, SEATO, OECD, WEU.

Franktireur [frz. *frãti´rœr*], Freischärler; bewaffneter, nicht zur regulären Truppe gehöriger Zivilist. Auch → Partisan.

Frantz, Constantin (12. 9. 1817–2. 5. 91), dt. Pol. u. staatsphil. Schriftst.; Gegner Bismarcks; Vorkämpfer d. Föderalismus als Lösung d. dt. Frage.

Franz, a) *röm.-dt. Kaiser:* **1)** F. I., Stephan (8. 12. 1708–18. 8. 65), Hzg v. Lothringen u. später Großhzg v. Toskana, s. 1736 Gatte Maria Theresias, 1745 dt. Kaiser; **2)** F. II. (12. 2. 1768–2. 3. 1835), 1792 dt. Kaiser, legte 1806 dt. Kaiserkrone nieder u. nahm Titel „Kaiser v. Östr." (F. I.) an. – **b)** *Frkr.:* **3)** F. I. (12. 9. 1494–31. 3. 1547), Kg seit 1515, 4 Kriege um Italien u. zur Vorherrschaft gg. Karl V.; **4)** F. II. (19. 1. 1544–5. 12. 60), 1558 Gatte Maria Stuarts. – **c)** *Östr.:*

Franz Joseph I.

5) F. I. → Franz 2); **6)** F. Joseph I. (18. 8. 1830–21. 11. 1916), Kaiser s. 1848, verlor Lombardei i. Kriege gg. Frkr.-Sardinien (1859), Venetien i. Kriege gg. Preußen–Italien (1866); Zerfall der Monarchie nach s. Tode; **7)** F. Ferdinand (18. 12. 1863–28. 6. 1914), Erzhzg von Östr.-Este, Thronfolger; strebte Dreigliederung Österreichs *(Trialismus)* an; in Sarajevo ermordet.

Franz, Robert (28. 6. 1815–24. 10. 92), dt. Komp. romant. Lieder.

Franzband, ganz in Leder gebund. Buch.

Franzbranntwein, *Spiritus vini gallici,* bes. i. Frkr. hergestelltes Destillat aus Wein oder Weintrester; für Einreibungen mit aromat. Zusätzen.

Franzensbad, tschech. *Františkovy Lázně,* St. u. Kurort, Mineral- und Moorbad (für Herz- und Frauenleiden) in NW-Böhmen, 4800 E.

Franzensfeste, it. *Fortezza,* Festung (1833–38) nw. v. Brixen; beherrscht Brennerstraße u. Pustertal.

Franziskaner, *Minoriten,* lat. *Ordo fratrum minorum,* abgek. *O. F. M.,* nach *Franz v. Assisi,* Barfüßer- u. Bettelmönchsorden; Kleidung: braune Kutte m. weißem Strick; später strengere Richtung der *Observanten* (Kapuziner) u. freiere d. *Konventualen;* Predigt, Mission, Laien-*(Tertiarier-)* Mitarbeit. Franziskanerinnen, Dritter Orden.

Franz-Joseph-Fjord, an der O-Küste Grönlands, etwa 200 km lang, 6–7 km breit, zw. bis 1500 m hohen Steilwänden mit Wasserfällen.

Franz-Joseph-Land → Lomonossowland.

Französisch-Äquatorialafrika, frühere frz. Territorien zw. d. westafrikan. Niederguineaküste u. Sudan, 2,5 Mill. km²; bis 1946 frz. Kolonie, zw. 1958 u. 1960 in die autonome, dann unabhängigen Republiken Gabun, Kongo *(Brazzaville),* Tschad u. Zentralafrikan. Rep. aufgegliedert; diese verbleiben als Gliedstaaten in der → Communauté. - **F.-Guayana** → Guayana. - **F.-Guinea** → Guinea. - **F.-Indien,** ehemaliger frz. Besitz i. Vorderindien → Pondicherry. - **F.-Indochina** → Indochina. - **F.-Marokko** → Marokko. - **F.-Sudan** → Mali. - **F.-Westafrika,** früher frz. Besitz i. Westafrika, 4,47 Mill. km², umfaßte 8 Teilgebiete; daraus entstanden zw. 1958 u. 1960 d. unabhängigen Rep.en Niger, Dahomé, Obervolta, Elfenbeinküste, Mali, Guinea, Senegal u. Mauretanien; Senegal gehört d. → Communauté an.

Französische Gemeinschaft, *Communauté Française,* → Französische Union.

französische Literatur, a) *9.–13. Jh.:* Chansons de geste (Heldensagen): Rolandslied. Höfische Romane: Chrétien de Troyes *(Erec; Yvain; Percevall);* ritterl. *(Lais Aucassin* u. *Nicolette)* u. bürgerl. *(Fabliaux)* Reimerzählungen. Rosenroman. Troubadours: Bertran de Born. Geistl. (Oster- u. a.) Spiele; erste weltl. Singspiele v. Adam de la Halle. **b)** *14.–15. Jh.:* Meistersang: François Villon (Lyriker). Jean Froissart (Chronik). Farcen *(Maître Pierre Pathelin).* **c)** *Renaissance* (15. u. 16. Jh.): Clément Marot (Epigramme, Lieder); Margarete v. Navarra *(Heptameron);* Rabelais *(Gargantua u. Pantagruel);* Humanist. Dichterschule „Pléiade": Ronsard u. a.; Montaigne (Essays). **d)** *Klassik* (17. Jh.): Gesellschaftsromane *(Mlle Scudéry);* Scarron *(Le roman comique),* Pascal *(Lettres; Pensées);* Cyrano de Bergerac. - Boileau *(L'art poétique);* Tragödie: Corneille *(Cid)* und Racine; Lustspieldichter: Molière; Lafontaine (Fabeln). **e)** *Aufklärung* (18. Jh.): Sittenromane: Lesage *(Gil Blas)* u. Prévost *(Manon Lescaut);* Montesquieu *(Persische Briefe; L'esprit des lois);* Voltaire (Geschichtsschreibung u. -phil.); Enzyklopädisten: Diderot *(Jacques le fataliste),* d'Alembert; J. J. Rousseau *(Emile, La nouvelle Héloïse),* B. de Saint-Pierre *(Paul u. Virginie);* Beaumarchais *(Barbier v. Sevilla; Figaros Hochzeit).* f) *Romantik u. Realismus* (19. Jh.): Chateaubriand, Frau v. Staël *(Über Dtld),* Stendhal *(Rot u. Schwarz),* Béranger, Balzac (Romane d. *Comédie Humaine),* Musset, Mérimée, Lamartine, Alfred de Vigny, Victor Hugo *(Der Glöckner von Notre-Dame),* George Sand, Scribe (Bühnenstücke), Dumas, Flaubert *(Madame Bovary);* Baudelaire (Lyrik: *Les fleurs du mal),* Brüder Goncourt, Zola (naturalist. u. soziale Romane), Maupassant, Daudet, Huysmans, Renan, Taine (Geschichtsphil.), Gautier, Verlaine, Rimbaud, Mallarmé (Lyrik), France (Romane). g) *20. Jh.:* Belg. Dichter: Maeterlinck *(Leben d. Bienen),* Verhaeren und Michaux (Lyriker), Ghelderode (Dramen); Plisnier. Claudel (Lyrik, Dramen: *Der seidene Schuh),* Jammes *(Hasenroman),* Gide, Proust *(Auf der Suche nach der verlorenen Zeit),* Apollinaire, Valéry (Lyrik, Essays), Martin du Gard, Thyde Monnier, Giono (Romane a. d. Provence), Jules Romains, Duhamel, Ramuz, Rolland *(Johann Christoph,* Biographien), Maurois, Bernanos, Giraudoux, Mauriac, Cocteau, Colette, S.-J. Perse (Lyrik), Céline, Cendrars, J. Green, Montherlant, Char, Césaire (Negerlyrik), de Saint-Exupéry *(Wind, Sand und Sterne),* Aragon, Breton (Surrealismus), Anouilh (Bühnenstücke), Sartre (Existentialismus), Vercors, Camus. Avantgardist. Theater: Audiberti, Tardieu, Schéhadé, Adamov, Genêt, Ionesco *(Die Nashörner),* Vian, Arrabal. Nouveau Roman: Robbe-Grillet, Sarraute, Butor, Queneau, Sagan.

Französische Revolution, → Frankreich, *Geschichte.*

Französische Somaliküste, → Djibouti.

Französische Union, *Union Française,* durch die frz. Verf. von 1946 geschaffene Zus.fassung d. Rep. Frkr. in überseeische Départements u. Territorien u. d. mit Frkr. assoziierten Staaten, 1958 umgewandelt in Frz. Gemeinschaft *(Communauté franç.,* später *Communauté,* Staatengemeinschaft); umfaßt heute neb. Frkr. u. seinen überseeisch. Départements u. Territorien d Staaten Gabun, Kongo, Madagaskar, Senegal, Tschad, Zentralafrika. Seit der Unabhängigkeit der frz. Kolonien (1960) e. völkerrechtl. Gemeinschaft mit engen wirtschl. (Entwicklungshilfe) u. kulturellen Beziehungen.

Französisch-Polynesien, *Polynésie Française,* frz. Überseegebiet mit Gesellschaftsinseln (Tahiti u. a.), Tuamotu-Gruppe, Marquesas-, Gambier- u. Tubuai-Inseln u. a., 3265 km², 189 000 E; Hptst. *Papéete* (79 000 E); Ausfuhr v.

Kopra, Vanille u. Perlmutt; Fremdenverkehr.

Franz v. Assisi, *Franziskus* (1182–1226), Hlg. (Tag: 4. 10.); Wanderprediger; zur *apostolischen Armut* bekehrt (Weltflucht u. Askese), gründete d. ersten Bettelorden: → *Franziskaner* (Minoriten).

frappant [frz.], überraschend, befremdend.

frappieren, stutzig machen; in Eis kühlen.

Frascati, St. in der it. Prov. Rom, am Albaner Gebirge, 20 000 E; Weinbau.

Frasch, Hermann (25. 12. 1851–1. 5. 1914), dt.-am. Erdölchemiker; Erfinder des *Frasch-Verfahrens* z. Fördern unterirdischer Schwefellagerstätten durch Heißdampf.

Fräse [frz.], 1) Halskrause; Wangen u. Kinn umrahmender Bart; 2) → Bodenfräse.

Fraser [´freɪzə], gr. Fluß der kanad. Prov. British Columbia aus dem Felsengebirge, 1368 km l., durch das 1000 m hohe F.plateau i. d. Pazifik.

Fräser, umlaufende Schneidwerkzeuge m. scharfen Zähnen od. eingesetzten Messern z. Abheben kommaförmiger Materialspäne; in *Fräsmaschinen* eingesetzt; bes. zur Metall- u. Holzbearbeitung.

Frater [l. „Bruder"], Kloster-, Ordensbruder; *fratres* (Mz.) *minores,* Minderbrüder, die Franziskaner.

fraternisieren, sich verbrüdern.

Frauen-bewegung, Forderung d. F. nach gleicher Bildungsmöglichkeit, voller wirtsch. u. staatsbürgerl. Gleichberechtigung, um 1800 in allen Kulturländern. *F.stimmrecht* in Dtld 1918, USA 1920, Großbrit. 1928, Frankr. 1944. F.bewegung wurde aktuell durch d. ind. u. techn. Entwicklung im 19. Jh. Führend in Dtld u. a.: Luise Otto-Peters, Amalie Sieveking, Helene Lange, Gertrud Bäumer, Anita Augspurg u. Lida G. Heymann. Organisat.: i. Dtld 1894 *Bund Dt. F.vereine,* Dachorganisation m. 2 Mill. Mitgl., dem Intern. *Council of Women (ICW),* F.weltrat, angeschlossen 1903 a. d. engl. F.bewegung u. → *Suffragetten* u. *Women's Social and Political Union* (WSPU). Der dt. Bund 1933 (wie d. meisten F.verbände unter d. Nationalsozialisten) aufgelöst, wird 1949 i. d. BR als *Dt. F.ring* neu gegr.; außerdem: Ev. *Frauenarbeit* u. *Arbeitsgem. d. kath. dt. Frauen;* in d. DDR *Demokrat. F.bund Dtlds* s. 1947. Östr.: *Bund östr. Frauenvereine;* Schweiz: *Bund Schweiz. Frauenvereine BSF.* Intern. Organisat. (als erste *Weltmäßigkeitsbund christl. F.,* 1873) *Intern. F.liga f. Frieden u. Freiheit,* 1915 v. Jane Addams gegr., 1948, gleichfalls pazifistisch, *WOMAN, World's Organization of Mothers of all Nations,* nach Anregung v. Dorothy Thompson. Für d. Gleichh. d. Geschlechter, s. 1949 gesetzl. garantiert, doch ohne spürbare Verände-

rung in d. Realität, entsteht i. d. sechziger Jahren e. neue F., die an d. weltweite Studentenbewegung angelehnt, v. Amerika ausgehend (→ *Women's Lib;* NOW, *National Organization for Woman,* 1966 v. Betty Fridan gegr.) zu d. Feministinnen führt, d. 1971 nach e. gr. öffentl. Aktion – initiiert d. Alice Schwarzer – d. Streichung d. § 218 fordern. Im Zuge e. neuen Bewußtseins d. F. sollen d. patriarchalische System aufgehoben u. neue Formen d. Zusammenlebens entwickelt werden.

Frauenfeld (CH-8500), Hptst. des schweiz. Kantons Thurgau, an der Murg, 19 000 E; Maschinenind.

Frauen für den Frieden, Friedensbewegung i. Nordirland, die d. Gewalt u. d. Spaltung des Landes e. Ende setzen will; 1976 v. B. → *Williams* u. M. → *Corrigan* gegr.

Frauenhaar, 1) *Adiantum,* Gattung zierl. Farne wärmerer Länder; z. Blumenbinden; **2)** *Goldenes F.,* Moos; **3)** grasähnl. Pfl. O-Indiens; als Zimmerschmuck i. Ampeln usw.

Frauenkrankheiten, Krankheiten der weiblichen Geschlechtsorgane.

Frauenlob, eigtl. *Heinrich v. Meißen* (um 1250–1318), mhdt. Lyriker; Vorbild z. Meistersinger; Spruchgedichte.

Frauenmantel, Wiesen- od. Gartenpflanze, Rosengewächs; auf Wiesen. Kraut als Tee-Ersatz; Volksmedizin.

Frauenschuh, auch in Dtld vorkommende Orchidee mit schuhähnl. Lippe; auf Kalkboden (Abb. S. 345). ◆.

Frauenschulen, → Berufsfachschulen, landw.- u. hauswirtsch.- pflegerisch; v. 1933 Pestalozzi-Fröbel-Häuser, d. Lette-Haus in Berlin, d. Reifensteiner F. auf d. Lande.

Frauenstudium, in Dtld seit 1908 an allen Hochschulen.

Frauenüberschuß, zahlenmäß. Überwiegen d. Frauen, tritt insbes. in Ländern westl. Zivilisation auf; Hauptursachen sind höhere Lebenserwartung der Frauen u. Kriegsverluste; in der BR kamen 1988 1078 Frauen auf 1000 Männer.

Fraunhofer, Joseph v. (6. 3. 1787–7. 6. 1826), dt. Optiker u. Phys.; entdeckte d. dunklen *F.schen* Linien im Sonnenspektrum (Abb. → Spektrum), erfand u. verbesserte opt. Instrumente; schuf Grundlage f. d. opt. Ind.

Fraunhofer-Gesellschaft, zur Förderung der angewandten Forschung e. V., größte Trägerorganisation für Einrichtungen der angewandten Forschung u. Entwicklung in Dtld. Die F.-G. übernimmt Forschungsaufträge von der Industrie u. der öffentl. Hand; derzeit 38 Fraunhofer-Institute in 9 alten Bundesländern. Weitere Institute auf dem Gebiet der neuen Technik sind geplant. DDR sollen demnächst eingegliedert werden; beschäftigt: rund 6000 Mitarbeiter, davon ein Drittel Wissenschaftler u. Ingenieure; Sitz der F.-G.: München.

Frechen (D-5020), St. i. Erftkr. westl. Köln, NRW, 42 515 E; div. Ind.; Museen (Keramik).

Fredericia, dän. Hafenst. am nördl. Kleinen Belt, 46 000 E; Bahnknotenpunkt.

Frederiksborg, dän. Rgbz. auf Seeland; Hptst. *Hillerød*, 34 000 E; nahebei Schloß F.

Fredrikstad, norweg. Hafen- u. Ind.st. a. Oslofjord, 26 500 E.

Freetown [*'fritaun*], befestigte Hpt.- u. Hafenst. v. Sierra Leone, 497 000 E.

Freezing [engl. *'friziŋ* „Einfrieren"], Methode z. kooperativen Rüstungssteuerung, bei d. vorhandene Streitkräfte personell u./od. materiell festgeschrieben werden.

Fregatte, w. [frz.], früher schnelles Segelkriegsschiff m. drei Masten, d. heutigen Kreuzer entspr.; heute Kriegsfahrzeug f. d. Geleitdienst. – **F.nkapitän**, Offizierdienstgrad der Marine, svw. Oberstleutnant.

Fregattvogel, tropischer Seevogel, Ruderfüßer.

Frege, Gottlob (8. 11. 1848–26. 7. 1925), dt. Math. u. Phil., begr. formale Logik (→ Logistik), Vorläufer d. modernen Semantik u. Sprachphil.

Freia, svw. → Freya.

Freiballon → Ballon.

Freibank, Verkaufsstelle v. verbilligtem, durch → Fleischbeschau als nur bedingt taugl. bez. Fleisch (Schlachtvieh- u. Fleischbeschauges. 1900).

Freiberg (D-9200), Krst. in Sa., am Nordfuß d. Erzgebirges, unweit d. **F.er Mulde**, 49 840 E; got. Dom („Goldene Pforte", 13. Jh., Silbermann-Orgel); Bergakad.

freibleibend, handelsübl. Vermerk, bedeutet, daß e. Angebot nicht bindend sein soll, Zwischenverkauf u. Preisänderung vorbehalten.

Freibord, Höhe d. Bordwand eines Schiffes über d. Wasserlinie; *F.marke*, Markierung an d. Bordwand, bis zu der d. beladene Schiff eintauchen darf.

Freiburg im Breisgau

Freiburg, 1) *F. im Breisgau* (D-7800), Stkr. u. Sitz d. Rgbz. F. (Ba-Wü.), am W-Hang d. Schwarzwaldes, 183 979 E; kath. Erzbischof, Sitz d. Dt. Caritasverb.; Bundes-Militärarchiv; Uni. (gegr. 1457),

PH, HS f. Musik, Akad. d. bild. Künste. Got. Münster (älteste Teile roman., s. 1240 got. ausgebaut, 1513 beend.) m. 116 m h. Turm; OPD, AG, LG, IHK; MPI f. Strafrecht u. f. Immunbiologie. Masch.-, Elektro-, pharm., feinmech. Ind. – 1120 als Stadt von den Zähringern gegr., 1368 an Haus Östr., 1806 an Baden; 2) (CH-1700), frz. *Fribourg*, Hptst. d. schweiz. Kantons *F.* (1670 km², 204 000 E), an der Saane, im Üchtland, 34 000 E; St.-Nikolaus-Kirche (12. Jh.). Uni., Technikum. – 1157 v. Zähringern gegr., 1481 eidgenöss.

Freidank († 1233), dt. Dichter; verfaßte die mhdt. Spruchsammlung *Bescheidenheit* (= Bescheidwissen).

Freidenker, lehnen Offenbarung u. Dogmen ab u. berufen sich auf d. Vernunft (Freidenkerbünde); svw. Freigeist.

Freideutsche Jugend → Jugendbewegung.

freie Berufe, Berufe, deren Angehörige selbständig sind u. dem Gewerbetreibende zu sein (z. B. Ärzte, Anwälte, Künstler, Schriftsteller u. a.).

Freie Bühne, 1889 i. Berlin gegr. Verein (Otto Brahm u. a.), der f. Mitglieder naturalist. Dramen aufführte, die von d. Zensur verboten waren; ging später i. d. *Volksbühne* auf.

Freie Deutsche Jugend, *FDJ*, → Jugendverbände.

freie Künste, *Artes liberales*, i. späten Altertum des freien Mannes würdige Beschäftigungen; im MA 7 Gebiete: Grammatik, Rhetorik u. Dialektik *(Trivium)*, Arithmetik, Geometrie, Musik u. Astronomie *(Quadrivium)*.

Freies Deutsches Hochstift, Ges. z. Pflege von Kunst u. Bildung, bes. zur Erforschung der Goethe-Zeit; gegr. 1859 in Frankfurt/M. (Goethehaus).

Freie Städte, im alten Dt. Reich nicht unter kgl. oder kaiserl. Herrschaft stehende Städte (Freie Reichsstädte). Nach 1815 selbständige Mitgl. des Dt. Bundes (Hamburg, Bremen, Lübeck, Frankfurt a. M.); heute nur noch Hamburg u. Bremen.

Freigeldbewegung → Währungssysteme.

Freigerichte, *Freistühle*, im MA Grafengerichte in Westfalen; Richter: Freigrafen u. Freischöffen (Beisitzer); Ursprung der → Femegerichte.

Freihafen, Hafenbereich, in den Waren zollfrei ein- u. ausgeführt werden dürfen: Zollausland; *Freibezirke*, Gebiete mit gleichem Vorrecht auch auf Verkehrsflughäfen; wichtig im Import, Export u. Transitverkehr; Freihäfen i. d. BR: *Bremen, Bremerhaven, Cuxhaven, Deggendorf, Duisburg, Emden, Hamburg, Kiel.*

Freihandel, 1) Handelspolitik, lehnt Zölle, auch Schutzzölle, u. zwingt beteiligte Staaten, sich auf solche Produktionszweige zu spezialisieren, in denen sie die vergleichsweise günstigsten Produktionsbedingungen besitzen; i. 19. Jh.

von großer Bedeutung; erneut starke Freihandelsbestrebungen nach 1945 bes. i. Rahmen d. → EWG; 2) *an der Börse:* Handel im → Freiverkehr.

Freiheitsberaubung, widerrechtl. Einsperrung od. sonst. Entziehung d. persönl. Freiheit (§ 239 StGB); bei erpresserischer Absicht hohe, u. U. lebenslange Freiheitsstrafe (§ 239a StGB); → Geiselnahme.

Freiheitsglocke, Glocke im Schöneberger Rathaus (Berlin), symbol. Geschenk d. USA, 1950.

Freiheitskriege → Befreiungskriege.

Freiheitsstatue

Freiheitsstatue, Standbild (fackeltragende Frauengestalt) an d. Einfahrt zum New Yorker Hafen; frz. Geschenk an d. USA (1886).

Freiheitsstrafe, d. vom Gericht verhängte zeitige (mindestens 1 Monat, höchstens 15 J.) od. lebenslange Freiheitsentzug für → Verbrechen od. → Vergehen.

Freiherr, seit 12. Jh. *Reichs-F.* teils reichsunmittelbar (bis 1803); später nur Titel, → Adel.

Freikirchen, unabhängige Gemeinschaftsbildungen innerh. d. ev. Landeskirchen (landeskirchl. Gemeinschaften) sowie solche außerhalb dieser: → Adventisten, → Baptisten, → Methodisten.

Freikörperkultur → Nacktkultur.

Freikorps, aus Freiwilligen gebildete Truppen; polit. Bedeutung erhielten die F. in den Befreiungskriegen.

Freilager, stehen mit wichtigeren Seehäfen in Verbindung, gelten zollgesetzl. als Ausland u. werden zollsicher abgeschlossen; → Freihafen.

Freilassing (D-8228), St. i. Kr. Berchtesgadener Ld., Bay., 13 569 E; Bahnknotenpkt, Holzind., Masch.bau.

Freilichtbühne

Freilicht-bühne, *Freilichttheater, Naturtheater,* Theaterspiel im Freien; Oberammergauer Passionsspiele, Salzburg (v. d. Dom), Heidelberg (Schloßhof), Augsburg, Nymphenburg, Bad Hersfeld; älteste in Dtld bzw. Östr.: Steintheater Hellbrunn bei Salzburg u. Felsenbühne Luisenburg b. Wunsiedel. – **F.**malerei, *Pleinairmalerei,* Malen in d. freien Natur unter Berücksichtigung d. natürl. Lichts (statt der traditionellen Ausführung d. Gemäldes im Atelier nach Vorstudien im Freien); seit 1. Hälfte 19. Jh. (u. a. Constable; Schule v. → Barbizon); Voraussetzung für d. Entwicklung d. Impressionismus.

Freiligrath, Ferdinand (17. 6. 1810–18. 3. 76), dt. Schriftst. d. Vormärz; pol. u. patriot. Gedichte; *D. Löwenritt; E. Glaubensbekenntnis.*

Freimaurer, engl. *Free-Masons,* frz. *Franc-Maçons,* Angehörige der F.-Bruderschaft, die vermutlich als der letzte echte Mysterienbund Europas aus d. ma. Dombauhütten entstand, sich deren Formen bediente u. 1717 in London, 1737 in Dtld. d. ersten F.logen bildete. Sie vereinigt ohne Ansehen der Religion, Rasse, des Standes u. der Staatszugehörigkeit Männer, die sich Brüder nennen u. durch ehrwürdige rituelle Handlungen geistige Vertiefung, sittl. Veredlung u. Pflege echter Menschlichkeit anstreben (f. Katholiken Mitgliedschaft verboten); Gliederung in Logen u. Großlogen, letztere innerhalb der staatl. Grenzen. Gesamtmitgliederzahl ca. 6 Mill., davon USA über 4 Mill. Die Freimaurerei ist keine geheime Verbindung; im NS-Reich verboten; BR: *Vereinigte Großlogen von Dtld,* Sitz Berlin, 170 Logen, 20 000 Mitgl.

Freischärler, Angehöriger einer eigenmächtig gebildeten u. bewaffneten Freiwilligentruppe, der das völkerrechtl. Kriegsrecht Rechte einräumt u. Pflichten

auferlegt; daher zu unterscheiden v. Terroristen (→ Terrorismus); → Partisanen.

Freischütz, im Volksglauben Schütze, der durch Teufelspakt unfehlbare Kugeln (Freikugeln) gewinnt (Oper v. K. M. v. *Weber*).

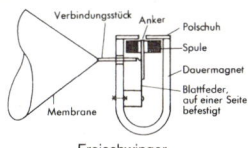

Freischwinger

Freischwinger, Abart d. elektromagnet. → Lautsprechers f. Rundfunkempfänger, b. dem der Anker, der die Membrane in Schwingung versetzt, so angeordnet ist, daß er bei Erregung an den Polen des Dauermagneten vorbei- (frei) schwingt; durch dynam. Lautsprecher verdrängt.

Freising (D-8050), Krst. in Oberbay., 35 201 E; Dom (12. Jh.); AG; Fakultäten f. Landwirte u. Brauerei d. TU München, Lehr- u. Forschungsanstalt f. Gartenbau in ehem. Benediktinerabtei *Weihenstephan.* – 724 Bistum.

Freispruch, richterl., das Strafverfahren abschließendes Urteil, wenn vorliegendes Material Unschuld des Angeklagten erweist od. z. Nachweis d. Schuld nicht ausreicht *(F. mangels Beweisen).*

Freistaat, svw. → Republik.

Freistempel, Abstempelung von Postsendungen anstatt Briefmarkenverwendung; maschinell durch *Frankierungsmaschinen* (Freistempler).

Freistil, beim *Schwimmen:* freie Wahl d. Schwimmtechnik, heute meist Kraulstil benutzt; beim *Ringkampf:* Griffe auch unter d. Gürtellinie, i. Profiringen → Catch-as-catch-can.

Freitag, 6. Wochentag; ben. nach → Frigga.

Freital (D-8210), Krst. i. Weißeritztal b. Dresden, Sa., 41 358 E; Bergbau, Eisenindustrie.

Freiverkehr, Handel m. zur amtlichen Notiz nicht zugelassenen Wertpapieren; auch mit zugelassenen außerhalb d. amtl. Verkehrs.

freiwillige Gerichtsbarkeit, Teil der Zivilgerichtsbarkeit mit nicht-streitigem Verfahren (Ges. v. 17. 5. 1898), → Rechtspflege, Übers.

Freiwillige Selbstkontrolle der Filmwirtschaft, *FSK,* 1949 als Nachfolgerin d. Kontrollorgane der westl. Besatzungsmächte gegr. Institution, die Filme auf ihre Konformität mit den Gesetzen prüft, bes. im Hinblick auf d. Jugendschutz; s. 1972 auch für freiwillig vorgelegten Filmen.

Freizeichen, infolge Allgemeinbauchs nicht als → Warenzeichen zu schützende Bezeichnung einer Ware.

Freizügigkeit, Recht freier Wahl u. fr. Wechsels des Aufenthaltsortes u. d. Nie-

derlassung, eines der demokr. Grundrechte; → Menschenrechte; in d. BR Art. 11 GG, eingeschränkt durch Wehrpflichtgesetz, Beschränkung auch im Fall d. → Notstandes.

Frelimo, Abk. f. portugies. *Frente de Libertação de Moçambique,* ehem. Befreiungsfront f. → Moçambique.

Fremdenlegion, *Légion Étrangère,* frz. Kolonialtruppe, gegr. 1831, ergänzt sich durch Anwerbung v. Ausländern; heute ca. 8000 Mann (35% Deutsche), Anwerbung Deutscher strafbar (§ 109 h StGB).

Fremdenrecht, regelt d. Rechtsstellung d. Ausländer.

Fremdenverkehr, der gesamte Reiseverkehr: Erholungs-, Urlaubs-, Geschäftsreisen, Tagungen, Pilgerfahrten, Touristik u. a.; wird durch d. Fremdenind. (Gaststättengewerbe, Reisebüros u. a.) sowie durch die versch. Fachverbände für F., mit d. *Dt. Zentrale f. F.* (dt. Reisewerbung im Ausland) u. d. *Bund Dt. Verkehrsverbände* (Bundesgebiet), Frankfurt/M., gefördert.

Fremdversicherung, Versicherung, die in eigenem Namen f. fremdes Interesse (Rechnung) abgeschlossen wird (z. B. eine Hausratversicherung, soweit sie auch Sachen der Familienmitglieder umfaßt, od. eine Unfallversicherung gg. Unfall eines anderen).

frenetisch [gr.], rasend.

Freon, *s., Chlorfluorkohlenstoff,* nichtbrennbares, ungiftiges Kältemittel f. Kühlmaschinen.

frequentieren [l.], oft besuchen, benutzen.

Frequenz, w. [l.], **1)** Häufigkeit, Besucherzahl; Verkehrsdichte; **2)** *Physik* u. *Technik.* Zahl v. Schwingungen (elektromagnet., mechan. oder akustisch) in 1 Sek. Einheit der F.: 1 Hertz = 1 Schwingung je Sekunde, Formelzeichen der F.: f. od. v. – **F.band,** best. Ausschnitt aus einem Frequenzspektrum, z. B. d. Rundfunkfrequenzband von 500–1500 kHz (600–200 m). – **F.modulation,** *FM,* → Modulation, d. h. Beeinflussen bzw. Verändern der Trägerf. z. B. eines UKW-Senders im Rhythmus der zu übertragenden Tonfrequenz (Darbietung); F.änderung proportional der Lautstärke, Anzahl der F.änderungen proportional der Tonhöhe.

Frequenzmultiplextechnik, früher: *Trägerfrequenztechnik,* Verfahren zur Mehrfachnutzung eines Übertragungsweges durch die unterschiedl. Umsetzung der Frequenzen analoger Signale (z. B. System V 10 800 kann auf *einem* → Koaxialkabel gleichzeitig 10 800 Ferngespräche übertragen).

Frescobaldi, Girolamo (12. 9. 1583–1. 3. 1643), it. Komp. u. Orgelspieler; Toccaten, Ricercari.

Freskomalerei, → *al fresco* ausgeführte Wand-, Decken-, Kuppelgemälde *(Fresken).*

Fresnel [frɛ'nɛl], Augustin Jean (10. 5. 1788–14. 7. 1827), frz. Phys.; **F.scher**

Spiegelversuch z. experimentellen Darstellung d. Erscheinungen d. opt. *Interferenz* z. Nachweis der Wellennatur des Lichtes.

Freßzellen, svw. → Phagozyten.

Frettchen, Albinoform d. Iltis, z. Kaninchenjagd verwendet.

Freud, Sigmund (6. 5. 1856–23. 9. 1939), östr. Med. u. Psych.; Begr. d. → Psychoanalyse; Behandlung seel. Störungen durch Bewußtmachung u. Befreien v. ins Unterbewußte verdrängten Vorstellungen, Ängsten u. Wünschen; Theorie des Unbewußten.

Freudenberg (D-5905), St. u. Luftkurort i. Kr. Siegen-Wittgenstein, NRW, 16 495 E; Masch.-, Apparatebau.

Freudenstadt (D-7290), Krst. in Ba-Wü., im nördl. Schwarzwald. Heilklimat. Kurort, Wintersportplatz, 740–1000 müM, 21 355 E; AG; div. Ind.

Freundschaftsinseln → Tongainseln.

Frevel, leichtere Straftaten (z. B. Feld-od. Forst-F.).

Freyer, Hans (31. 7. 1887–18. 1. 1969), dt. Phil. u. Soziologe; *Theorie des gegenwärtigen Zeitalters.*

Freyja, Freia, „Herrin", Göttin der Schönheit u. Liebe in der german. Mythologie.

Freyr, Herr, nord. Gott d. Fruchtbarkeit u. des Lichts, Bruder d. → Freyja.

Freytag, Gustav (13. 7. 1816–30. 4. 95), dt. Schriftst. d. Realismus; *Soll u. Haben; Die Ahnen; Die Journalisten.*

Freyung (D-8393), Krst. in Niederbayern, 7158 E; Luftkurort, Wintersport.

Friaul, it. *Friuli,* Landschaft im nordöstl. Venetien. it. Region F. Julisch-Venetien; Bev. meist rätoroman. *Friauler;* 1947 größerer östl. Teil jugoslaw.; Erdbebengebiet (1976 gr. Erdbeben).

Frick, Wilhelm (12. 3. 1877–16. 10. 1946), dt. Pol.; 1933–43 Reichsinnenmin., dann Reichsprotektor v. Böhmen u. Mähren; hingerichtet.

Fricsay [*fritʃɔɪ*], Ferenc (9. 8. 1914–20. 2. 63), ungar. Dirigent, Generalmusikdirektor in Berlin u. München.

Friderichs, Hans (* 16. 10. 1931), FDP-Pol.; 1972–77 B.wirtschaftsmin.; 1974–77 stellvertr. FDP-Vors., 1977–85 Vorstandsvors. d. Dresdner Bank.

Fried, 1) Alfred Hermann (11. 11. 1864–4. 5. 1921), östr. Pazifist; gründete 1892 Dt. Friedensges.; Friedensnobelpr. 1911; **2)** Erich (6. 5. 1921–22. 11. 88), östr. Schriftst., 1938 emigriert; Gedichte: *100 Gedichte ohne Vaterland;* Hörspiel: *Unter Nebenfeinden.*

Friedberg, 1) *F. (Hessen)* (D-6360), Krst. i. Wetterau., 24 279 E; Liebfrauenkirche (13. Jh.), Judenbad (13. Jh.), ma. Burganlage m. Adolfsturm; IHK, AG, div. Ind.; **2)** (D-8904), St. i. Kr. Aichach-F., Bay., 25 668 E; Wallfahrtskirche.

Friedell, Egon (21. 1. 1878–16. 3. 1938), östr. Essayist u. Kulturhistoriker; *Kulturgeschichte der Neuzeit;* Roman: *D. Reise m. d. Zeitmaschine.*

Friedens-bewegung, Bestrebungen einzelner Persönlichkeiten u. Vereinigungen, für den Gedanken eines intern. Rechtssystems zu werben, das die Erhaltung des Friedens durch Verzicht auf Gewaltanwendung garantiert. In d. BR Massenbewegung, die sich m. Protestaktionen gg. Rüstung in Ost u. West wendet; gr. Resonanz in fast allen gesellschaftl. Gruppen; s. 1981 Großdemonstrationen gg. → NATO-Nachrüstung, s. 1983 auch Blockaden v. Atomwaffenlagern u. Raketenstützpunkten, Mahnwachen u. Menschenketten. *F.forschung:* Aufgabe: Probleme zu erforschen, die d. Frieden i. d. Welt bedrohen, Ermittlung d. Bedingungen f. d. Schaffung d. Friedens; Dt. Gesellschaft f. Friedens- u. Konfliktforschung. *F.gesellschaften:* Peace Society (England 1806), American Peace Society (1828), Östr. F.ges. (1891, gegr. v. Bertha v. Suttner); Dt. F.ges. (1892, gegr. v. A. H. Fried, i. d. DDR 1949 aufgelöst), F.bund Dt. Katholiken (1919); Intern. F.büro (1891 gegr. in Bern, s. 1919 in Genf) als Zentrale aller F.gesellschaften der Welt. *Internationale F.kongresse:* Brüssel 1843, Paris 1848, Weltfriedenskongreß Paris 1889. - Erste völkerrechtliche Abmachungen → *Haager Friedenskonferenzen.*

Friedensgerichte, in England Laiengerichte zur Bestrafung geringfügiger Straftaten; in Frkr. die untersten Zivil- u. Strafgerichte.

Friedenskorps, i. d. USA *(Peace Corps)* 1961 gegr., Techniker, Pädagogen, Landwirte usw., die in Entwicklungsstaaten eingesetzt werden. Sowjet. F. 1967 als *Intern. Solidaritäts- u. Freundschaftsdienst* gegr.

Friedenspreis, 1) → Nobelpreis; **2)** von Carnegie 1910 gestifteter Preis von 10 Mill. $ f. Studien z. Verständigung der Völker; **3)** d. Dt. Buchhandels, 1951 gestiftet, 10 000 DM; 1951 Schweitzer; 1952 Guardini; 1953 Buber, 1954 Burckhardt; 1955 Hesse; 1956 R. Schneider; 1957 Wilder; 1958 Jaspers; 1959 Heuss; 1960 Gollancz; 1961 Radhakrishnan; 1962 Tillich; 1963 C. F. v. Weizsäcker; 1964 Marcel; 1965 Sachs; 1966 Kardinal Bea u. Visser 't Hooft; 1967 Bloch; 1968 Senghor; 1969 Mitscherlich; 1970 A. u. G. Myrdal; 1971 Dönhoff; 1972 Korczak; 1973 Club of Rome; 1974 Schutz; 1975 Grosser; 1976 Frisch; 1977 Kolakowski; 1978 Lindgren; 1979 Menuhin; 1980 Cardenal; 1981 Kopelew; 1982 Kennan; 1983 Sperber; 1984 Paz; 1985 Kollek; 1986 Bartoszewski; 1987 Jonas; 1988 Lenz; 1989 Havel; 1990 Dedecius; 1991 György Konrád.

Friedenthal, Richard (9. 6. 1896–19. 10. 1979), dt. Schriftst.; Biographien: *Leonardo da Vinci; Goethe; Luther; Jan Hus.*

Friedland, 1) (D-3403), Gem. i. Kr. Göttingen, Nds., 5354 E; Grenzdurchgangslager; **2)** *Hzg v.,* Beiname → Wallensteins n. Stadt u. Schloß F. i. Böhmen.

Friedländer, Max (5. 6. 1867–11. 10. 1958), dt. Kunsthistoriker; *Geschichte d. altndl. Malerei.*

Friedman, Milton (* 31. 7. 1912), am. Wirtschaftswiss.; 1976 Nobelpr. (Arbeiten z. Konsumanalyse u. Geldtheorie).

Barbarossa (1180)
mit seinen Söhnen

Friedrich, a) *dt. Kge, röm.-dt. Kaiser:* **1)** F. I. Barbarossa, *Rotbart* (um 1121–10. 6. 90), 1152 König, 1155 Kaiser, auf d. 3. Kreuzzug im Saleph ertrunken (Kyffhäusersage), 5 Römerzüge gg. Papst und oberit. Städte, Wiederherstellung d. alten Reichsmacht; Heinrich d. Löwe versagte ihm beim Römerzug 1176 die Unterstützung; **2)** F. II. (26. 12. 1194–13. 12. 1250), Sohn Kaiser Heinrichs VI., 1208 Kg v. Sizilien, 1212 dt. Kg, 1220 Kaiser, schuf in s. Erblanden d. erste Beispiel eines straff organisierten, modernen Staates; Kampf gg. Papsttum; trotz Bann Kreuzzug 1228, 1229 Kg von Jerusalem, 1237 Sieg über die Lombarden bei Cortenuova, sein Hof Mittelpunkt des Geisteslebens; **3)** F. III. (21. 9. 1415–19. 8. 93), 1440 König, 1452 Kaiser; Verfall des Reichs. - **b)** *Dt. Kaiser:* **4)** F. (18. 10. 1831–15. 6. 88), als ehemal. Kg. *F. III.;* reg. 9. 3.–15. 6. 1888, pol. liberal. Gattin → Viktoria 2). - **c)** *Brandenburg:* **5)** F. I. (26. 11. 1371–20. 9. 1440), 1397 Burggraf v. Nürnberg, Kurfst seit 1417, unterwarf den märk. Adel; **6)** F. Wilhelm (16. 2. 1620–9. 5. 88), reg. seit 1640, der *Gr. Kurfürst,* erlangte 1648 Hinterpommern, 1660 Loslösung Preußens v. Polen, kämpfte 1674 gg. Frkr., besiegte 1675 Schweden bei Fehrbellin, nahm d. frz. Reformierten auf; Koloniegründung. - **d)** *Braunschweig:* **7)** F. Wilhelm (9. 10. 1771–16. 6. 1815), Hzg seit 1813, 1809 Aufstand gg. Napoleon, schlug sich nach England durch; fiel bei Quatrebras. - **e)** *Dänemark:* **8)** F. VI. (28. 1. 1768–3. 12. 1839), Kg 1808, nach Bündnis m. Napoleon 1814 Verlust Norwegens; **9)** F. IX. (11. 3. 1899–14. 1. 1972), Kg seit 1947. – **f)** *Hessen-Kassel:* **10)** F. II. (14. 8. 1720–31. 10. 85), Landgraf 1760, vermietete 12 000 hess. Soldaten an d. engl. Heer in N-Amerika; **11)** F. Wilhelm (20. 8. 1802–6. 1. 75), Kfst 1847; 1866 von Preußen abgesetzt. – **g)** *Hessen-Homburg:* **12)** F. II. (30. 3. 1633–24. 1. 1708), „Prinz v. Homburg", brandenburg. Gen., Sieger von Fehrbellin. – **h)** *Pfalz:* **13)** F. V. (26. 8. 1596–29. 11. 1632), Kurfst v. 1610–20, 1619/20 böhm. Kg („Winterkönig"), geächtet. – **i)** *Preußen:* **14)** F. I. (11. 7. 1657–25. 2. 1713), 1688 Kurfst v. Brandenburg (als Kurfst F. III.), 1701 Kg in Preußen; **15)** F. Wilhelm I. (14. 8. 1688–31. 5. 1740), Kg 1713; der „Soldatenkönig" („lange Kerls"), organisierte Heer u. Beamtentum; patriarchal. Leben („Tabakskollegi-

Friedrich der Große

um"; **16)** F. II., *d. Große* (24. 1. 1712–17. 8. 86), schwere Jugend, Neigung zur frz. Kultur, Fluchtversuch 1730; schöngeist. Freundeskreis Rheinsberg, erste Schriften (*Antimachiavell* 1739). Kg 1740; 1. u. 2. → Schlesischer Krieg; Preußen Großmacht; Tafelrunde Sanssouci (Voltaire). behauptete seine Eroberungen im → Siebenjährigen Krieg gg. Östr., Rußland und Frkr., erwarb bei Teilung Polens 1772 Westpreußen u. Netzegebiet; wieder gg. Östr. im Bayer. Erbfolgekrieg u. Fürstenbund 1785; vertrat aufgeklärten Absolutismus; rel. Toleranz; Siedlungspolitik in s. Ostprovinzen, Kanalbau; förderte Handel, Industrie u. Kunst; schuf d. Landrecht; sein Neffe **17)** F. Wilhelm II. (25. 9. 1744–16. 11. 97), Kg 1786; 1793 u. 1795 die 2. u. 3. Teilung Polens (Posen mit Warschau); **18)** F. Wilhelm III. (3. 8. 1770–7. 6. 1840), Kg 1797; unter ihm 1806/07 Preußens Niederlage, Verlust der Hälfte des Landes. Stein-Hardenbergsche Reformen, Befreiungskriege 1813–15; Stifter d. Uni. Berlin; später Reaktion im Innern; **19)** F. Wilhelm IV. (15. 10. 1795–2. 1. 1861), Kg seit 1840, lehnte 1849 dt. Kaiserkrone ab; oktroyierte Verfassung 1850; seit 1858 regierte für ihn sein Bruder Wilhelm (I.); **20)** F. III. → F. 4). – **j)** *Sachsen:* **21)** F. I., *der Streitbare* (11. 4. 1370–4. 1. 1428), Markgraf 1381, Kurfst 1423, Gründer der Uni. Leipzig 1409; **22)** F. III., *der Weise* (17. 1. 1463–5. 5. 1525), Kurfst 1486, Beschützer Lu-

thers; **23)** F. August I. (23. 12. 1750–31. 5. 1827), 1806 Rheinbundmitgl., dadurch Kg; 1813 bei Leipzig gefangen; verlor Hälfte s. Landes an Preußen.

Caspar David Friedrich
Selbstbildnis

Friedrich, Caspar David (5. 9. 1774–7. 5. 1840), dt. Maler d. Romantik; bes. Landschaften (z. B. Ostsee, Riesengebirge); *Die gescheiterte Hoffnung; Das Kreuz im Gebirge.*

Friedrich-Ebert-Stiftung, der SPD nahestehende Institution f. Sozialwiss., Forschung, pol. Bildung u. Entwicklungspolitik; 1925 u. 1947 gegr.

Friedrich-Naumann-Stiftung, 1958 v. Th. Heuss gegr. Stiftung z. Förderung d. pol. Erwachsenenbildung.

Friedrichroda (D-5804), St. u. Luftkurort i. Kr. Gotha, Thür., 450 müM, 6200 E; Wintersportplatz.

Friedrichsd'or, alte preuß. Goldmünze (= 5 Taler).

Friedrichsdorf (D-6382), St. i. Hochtaunuskr., Hess., 22 775 E.

Friedrichshafen (D-7990), Krst. des Bodenseekr., a. N-Ufer d. Bodensees, Ba-Wü., 52 295 E; Fremdenverkehr, div. Ind., Forschungsstätte Dornier, Bodensee-Mus. m. Zeppelin-Abt.

Friedrichsruh, Besitz → Bismarcks i. *Sachsenwald* b. Hamburg; Mausoleum.

Friedrichsthal (D-6605), St. im St.verband Saarbrücken, Saarland, 12 017 E; roman. Kirche; div. Ind.

Fries, Jakob Friedrich (23. 8. 1773–10. 8. 1843), dt. Phil. (Naturrechtslehre), formte Kants Phil. psych. um; *Neue od. anthropolog. Kritik der Vernunft.*

Fries, *m.,* **1)** bandart. Wandverzierung e. Bauwerks; **2)** flauschiges Wollgewebe.

Friesel, harml. Bläschenhautausschlag.

Friesen, westgerman. Volksstamm an der dt. u. ndl. Nordseeküste, 47 n. Chr. unter röm. Oberhoheit, 735 von Franken unterworfen im 8. Jh. christianisiert. – Im 13. Jh. Westfriesland (westl. d. Zuidersee) mit Holland vereinigt; Bund d. 7 fries. Seelande, im 16. Jh. Mittelfriesland (östl. d. Zuidersee), heute weitl. Westfriesland den, z. d. Niederlanden, → Friesland; → Ostfriesland.

Friesische Inseln, vor d. ndl. u. dt. Nordseeküste, durch Sturmfluten abgetrennte Festlandsreste; dt. von Borkum bis Sylt; bis Emsmündung *westfries.,* bis Wesermündung *ostfries.,* nördl. der Elbmündung *nordfries. Inseln.*

friesische Sprache, dem Niederdt. u. Englischen verwandte westgerm. Sprache; Verbreitungsgeb.: ndl., dt. u. dän. Nordseeküste.

Friesland, ndl. Prov. Marschlandschaft, Wälder, Seen, 3359 km², 599 000 E; Hptst. *Leeuwarden.*

Friesoythe (D-2908), St. i. Kr. Cloppenburg, Nds., 16 710 E.

Frigg|a, *Fria,* in der nord. Sage Gattin Odins; Göttin d. Fruchtbarkeit, wacht üb. Gesetz u. Ehe.

frigid [l.], kühl; gefühlskalt.

Frigidität, geschlechtl. Empfindungslosigkeit (v. Frauen); Gefühlskälte (meist psychisch bedingt).

Frikandeau, *s.* [frz. *-kã'do*], zarter Teil der (Kalbs-)Keule, Nuß (Abb. → Fleisch).

Frikassee, *s.* [frz.], gedämpftes, kleingeschnittenes Weißfleisch in heller, säuerl. Soße.

Friktion, *w.* [l.], Reibung (z. b. bei der Massage).

Friktionsräder, Reibräder zur Kraftübertragung.

Frings, Joseph (6. 2. 1887–17. 12. 1978), 1942–69 Erzbischof v. Köln; 1946–69 Kardinal.

Frisch, 1) Karl von (20. 11. 1886–12. 6. 1982), östr. Zoologe u. Biol.; tierpsycholog. Forschungen über d. Bienensprache; (zus. m. K. → Lorenz u. N. → Tinber-

Max Frisch

gen) Nobelpr. f. Med. 1973; **2)** Max (15. 5. 1911–4. 4. 91), schweiz. Dramatiker u. Prosaschriftst.; Dramen: *Graf Oederland; Andorra; Biografie;* Prosa: *Stiller; Homo faber; Tagebuch 1946–1949;* u. *1966–1971; Mein Name sei Gantenbein; Montauk; D. Mensch erscheint im Holozän;* **3)** Ragnar (3. 3. 1895–31. 1. 1973), norweg. Wirtschaftswiss.; Nobelpr. 1969.

frisch, fromm, froh (fröhlich), frei, Studentenspruch, seit Jahn Turnerwahlspruch, Turnerzeichen: 4 F.

frischen, Umwandlung von Roheisen in Stahl durch Oxidieren der Begleitstoffe durch Lufteinblasen (→ Windfrischen) oder durch Zufügung von Oxiden (→ puddeln, veraltet) oder im Martinofen; → Eisen- u. Stahlgewinnung, Übers.

Frisches Haff, flacher Strandsee zw. Nogat- u. Pregelmündung, 840 km², 3–5 m tief; von der Ostsee durch die *Frische Nehrung* getrennt u. mit ihr durch das *Pil-*

lauer Tief verbunden, seit Schließung der Nogat 1916 brackig.

Frischling, Wildschwein im 1. Lebensjahr.

Frischzellentherapie → Zellulartherapie.

Frist, gesetzlich, behördlich oder rechtsgeschäftlich bestimmter Zeitraum zur Vornahme einer Handlung (§§ 186 ff. BGB); → Verjährung, → Termin.

Fristenlösung, legale Abtreibung innerh. e. best. Frist (i. d. R. 12 Wochen) ohne Vorliegen bes. Gründe; → Schwangerschaftsabbruch.

Friteuse, *w.* [frz. -'tøːzə], el. Gerät z. Bakken i. Öl od. Fett **(fritieren).**

Frithjofsage, isländ. Heldensage (14. Jh.).

Fritsch, Werner Frh. v. (4. 8. 1880–22. 9. 1939), dt. Gen.oberst; 1935–38 Oberbefehlshaber des Heeres; wegen anti-ns. Einstellung entlassen.

fritten, Zusammenbacken pulverförm. Bestandteile beim Erhitzen.

Fritzlar (D-3580), St. im Schwalm-Eder-Kr., Hess., 13 703 E; Dom, Museum, alte St.mauer; AG; Nahrungsmittel-, Textilind.

frivol [l.], leichtfertig; schlüpfrig.

Frivolitäten, 1) schlüpfrige Frechheiten; **2)** *Schiffchenarbeit,* mit Garnschiffchen hergestellte Spitzen aus Ringen u. Bogen.

Fröbe, Gert (25. 2. 1913–5. 9. 88), dt. Schauspieler; *Berliner Ballade; Goldfinger.*

Fröbel, Friedrich (21. 4. 1782–21. 6. 1852), dt. Pädagoge; Kleinkindererziehung durch belehrendes Spiel u. prakt. Tätigkeit; gründete ersten Kindergarten.

Frobenius, Leo (29. 6. 1873–9. 8. 1938), dt. Ethnologe; erforschte afrikan. Kulturen; *Erlebte Erdteile.*

Fröding, Gustaf (22. 8. 1860–8. 2. 1911), schwed. Lyriker.

Fronde [frõd], frz. Adelspartei, bekämpfte 1648–53 die absolutist. Regierung Mazarins; allgem.: Oppositionsgruppe.

Fröndenberg/Ruhr (D-5758), St. i. Kr. Unna, NRW, 20 679 E; ma. Kirchen, Metallind.

Frondeur [frõ'dœːr], pol. Unzufriedener.

Frondienst [ahdt. „fro = Herr"], Spannod. Handdienste (meist ohne Entschädigung) d. Bauern.

fronen, *frönen, fronden,* Frondienst leisten.

Fronleichnam [ahdt. „Leib des Herrn"], kath. Feiertag, 11 Tage nach Pfingsten zur Verehrung des Altarsakraments, s. 1264 (Juliane v. Lüttich).

Front, *w.* [l. „frons = Stirn"], **1)** Stirn-, Vorderseite (eines Gebäudes); **2)** *mil.* vorderste Gefechtslinie, Kampfzone; **3)** *meteorolog.* → Wetter: *F.gewitter* → Gewitter.

Frontispiz [l. „Stirnansicht"], **1)** Giebeldreieck über dem Mittelteil e. Gebäudes; auch über Türen u. Fenstern; **2)** verziertes Buchtitelblatt.

Frosch, *mus.* Griffende d. Bogens d. Streichinstruments.

Froschbiß, im Wasser frei schwimmende Pflanze mit weißen Blüten.

Frösche, zungentragende → Froschlurche; z. B. d. grüne *Teich-Frosch* u. d. braune *Gras-F.;* größte Art d. *Ochsen-F.* N-Amerikas, ca. 20 cm l.; auch → *Flugfrosch.*

Froschlöffelgewächse, Wasserpflanze; weiße od. rötl. Blüten.

Froschlurche, Ordnung der Amphibien (Lurche): geschwänzte Larve *(Kaulquappe)* im Wasser durch Kiemen atmend, verwandelt sich allmähl. z. fertigen Tier unter Rückbildung von Schwanz u. Kiemen u. Ausbildung v. Gliedmaßen u. Lunge.

Froschmensch → Tauchsport.

Frost, Robert (26. 3. 1874–29. 1. 1963), am. Lyriker d. einfachen Lebens i. Neuengland; Naturgedichte; *A Boy's Will.*

Frost, Temperatur unter Gefrierpunkt; auch sww. → Erfrierung. – **F.beulen,** Bez. an Händen u. Füßen durch Kälte- u. Feuchtigkeitseinwirkung entstehende Hautrötungen u. -schwellungen; Durchblutungsstörungen.

Frostspanner, Schmetterling, → Spanner.

Frottage [frz. -'taʃə], Abreibung e. strukturierten Unterlage (z. B. Holzmaserung) m. z. B. Bleistift auf Papier, Leinwand u. a.; v. Max → *Ernst* entwickelt.

Frottee, *s.* [frz.], *Kräuselstoff* aus Frotteezwirn (als Kette) u. Baumwollgarn od. Kunstseide.

frottieren [frz.], die Haut mit rauhen *Frottiertüchern* od. weichen Bürsten reiben.

Froufrou, *m.* od. *s.* [frz. fru'fru], Knistern, Rauschen (bes. seidener Unterröcke).

Frucht, 1) b. Pflanzen, dient z. Aufbewahrung der reifenden Samen, entstanden aus befruchtetem → Fruchtknoten; man unterscheidet u. a. mehrsamige Früchte; *Sammel-F.,* wenn an ihrer Bildung mehrere Einzelfrüchte beteiligt sind; *falsche F.,* auch *Schein-F.,* wenn außer Fruchtknoten andere Blütenteile zu ihrer Entstehung mitwirken; **2)** Leibesfrucht → Embryo, → Fetus; **3)** *jur. Früchte,* Erzeugnisse od. sonst. Ausbeute sowie Erträge (z. B. b. Vermietung) einer Sache, ferner die Erträge eines Rechts (§ 99 BGB).

Fruchtblase, mit *Fruchtwasser* (beim Menschen vor der Geburt 200–1000 cm³) angefüllte Umhüllung d. Leibesfrucht; → Eihäute.

Fruchtbringende Gesellschaft, nach dem Palmbaum im Wappen *Palmenorden* gen., Verein für Reinheit der dt. Sprache (1616–80 in Weimar).

Fruchtknoten, das weibl. Geschlechtsorgan d. Pflanzen, Teil d. Blüte, Hülle f. Samenanlagen; → Stempel.

Fructidor [fryk-], 12. Monat des frz. Revolutionskalenders.

frugal [l.], mäßig; einfach (v. Speisen); ugs. fälschl. für üppig.

frühchristliche Kunst, seit etwa 3. Jh., in d. Katakombenmalerei schon früher, Abwendung v. der Natur (auch theoretisch von Kirchenvätern gefordert) u. Wille z. geistigen Ausdruck in großem, vereinfachendem Stil, der das ganze erste Jtd beherrscht; Kunst dient dem hl. Wort. *Architektur:* Rom, S. Sabina u. S. Maria Maggiore; *Malerei:* Buchmalerei, Fresken (Katakomben in Rom), Mosaiken (Grabmal d. Galla Placidia); *Plastik:* Sarkophage (Mailand, S. Ambrosio); Türflügel.

Frühdruck, sww. → Wiegendrucke.

Frühgeburt, Geburt eines lebensfähigen, aber noch nicht ausgetragenen Kindes, etwa vom 7. Monat an; zu unterscheiden v. Fehlgeburt (→ Abort).

Frühjahrsmüdigkeit, Arbeitsunlust u. rasche Ermüdung infolge Mangels an Vitamin C.

Frühling, auf der nördl. Halbkugel vom F.s-Äquinoktium (Tagundnachtgleiche) am 21. März bis zur Sommersonnenwende, 21. Juni; auf der südl. Halbkugel vom 23. September bis 21. Dezember. *Meteorolog. F.* im N vom 1. März bis 31. Mai. – *F.spunkt* → Äquinoktium.

Fruktose, *w.,* Fruchtzucker im Honig u. im Saft süßer Früchte.

Frundsberg, Georg von (24. 9. 1473–20. 8. 1528), Feldhauptmann in Dtld u. Italien; „Vater der Landsknechte".

Frunse, Michael (2. 2. 1885–31. 10. 1925), sowj. Heerführer; 1920–24 Kommandeur d. Roten Armee.

Frunse → Bischkek.

Frustration, *w.* [l.], Versagung von Wünschen od. Unterbrechung motivierter Handlungen; kann zu → Aggression od. → Regression führen.

Frutti di mare [it.], eigtl. Meeresfrüchte; Sammelbegriff f. Meerestiere (z. B. *Austern, Garnelen, Hummer, Muscheln, Seeschnecken*).

Fry [fraɪ], Christopher, eigtl. *C. Harris* (* 18. 12. 1907), engl. Dramatiker; Verskomödien: *Die Dame ist nicht fürs Feuer; Das Dunkel ist Licht genug; Venus i. Licht.*

F-Schlüssel, *mus.* Baßschlüssel, gibt die Lage der Baßnote *f* an.

FSLN, *Frente Sandinista de Liberación Nacional,* nach d. nicaraguan. Freiheitskämpfer Augusto César *Sandino* (1895–1934) benannte revolutionäre Bewegung i. → Nicaragua.

FU, Abk. f. *Freie Universität,* → Berlin.

Fuad I. (26. 3. 1868–28. 4. 1936), 1917 Sultan, 1922 Kg von Ägypten.

Fuchs, 1) Anke (* 5. 7. 1937), SPD-Pol.in; 1982 B.min. f. Jugend, Familie u. Gesundh., 1987–91 B.geschäftsführerin d. SPD; **2)** Ernst (* 13. 2. 1930), östr. Maler u. Graphiker, Vertr. d. „Wiener Schule des → Phantastischen Realismus"; **3)** Sir Vivian Ernest (* 11. 2. 1908), engl. Geologe; 1957/58 erste Landüberquerung d. Antarktis.

Fuchs, 1) hundeart. Raubtier; *Rot-F.,* Europa, nördl. Asien, Nordamerika; Abarten: Silber-, Schwarz-, Brand-, Kreuz-F. (Pelztiere). Auch → Polarfuchs; → Reineke Fuchs; **2)** *Tagschmetterlinge,* rostrot mit schwarzen Flecken; *Großer F.* u. *Kleiner F. (Nesselfalter);* **3)** Rauchkanal zw. Feuerung u. Schornstein; **4)** *Fux,* Verbindungsstudent im 1. *(krasser F.)* u. 2. Semester *(Brander);* ihnen präsidiert auf der Kneipe der *F.major.*

Fuchsie, südam.-neuseeländ. Nachtkerzengewächs; zahlreiche Zierpflanzen.

Fuchsin, *s.,* Anilinrot, Teerfarbstoff; zur Färbung mikroskop. Präparate.

Füchslein → Sternbilder, Übers.

Fuchsschwanz, 1) Handsäge mit breitem Blatt; **2)** Gartenpflanze (→ Amarantus). – **F.gras,** Wiesengras mit fuchsschwanzartigem Blütenstand.

Fuder, *s.,* früher benutztes Hohlmaß; jetzt noch Weinmaß, etwa 800–1800 l, auch Wagenladung, z. B. ein F. (= eine Fuhre voll) Heu.

Fudscheira → Vereinigte Arabische Emirate.

Fudschijama

Fudschijama, *Fudschisan,* höchster Berg Japans, 3776 m; Vulkan, letzter Ausbruch 1707; in der Ebene v. Tokio, Nationalheiligtum.

Fuentes, Carlos (* 11. 11. 1928), mexikan. Schriftst.; Romane: *Hautwechsel; Terra Nostra.*

fugato [it.], *mus.* fugiert, fugenmäßig.

Fuge [it.], kunstvolle kontrapunkt. Form, zwei- od. mehrstimmig; ihr Thema wird nacheinander durch alle Stimmen geführt, die 1., 3., evtl. 5. bringen es notengetreu, die 2., 4., evtl. 6. in d. → Dominante; dieser ersten folgen weitere → Durchführungen, v. freien Zwischenspielen unterbrochen, evtl. m. → Engführung.

Füger, Heinrich Friedrich (8. 12. 1751–5. 11. 1818), dt. Maler; bes. Historienbilder u. (Miniatur-)Porträts m. barocken od. klassizist. Elementen; prägte als Direktor d. Wiener Akad. das Kunstleben der Stadt.

Fugger, altes Kaufherrengeschlecht in Augsburg; geadelt u. gefürstet; erlangte i. 16. Jh. großen Reichtum; Bankiers von Kaiser u. Papst; Kunstförderer. – **Fuggerei,** 1519 in Augsburg von Jakob Fugger II. angelegt, älteste dt. Reihensiedlung (noch erhalten).

Fühler, Kopfgliedmaßen (Antennen) der Gliedertiere (bes. Krebstiere u. Insek-

ten); Sitz versch. Sinnesorgane (z. B. Geruch); F. auch bei Schnecken u. best. Würmern.

Führerschein, d. v. der Verwaltungsbehörde nach Fahrschulunterricht u. Fahrprüfung erteilte Ausweis über d. Erlaubnis z. Führen v. Kraftfahrzeugen (zunächst für e. Probezeit v. 2 Jahren) (Erteilung v. Fahrerlaubnis i. d. BR 1983: 1,93 Mill.). Die Fahrerlaubnis wird in d. BR für folgende Klassen erteilt: I = Krafträder über 50 cm³ Hubraum oder mehr als 50 km/h; Ia = Krafträder der Kl. 1 bis 20 kW; Ib = Leichtkrafträder; II = Kraftfahrzeuge m. einem zulässigen Gesamtgewicht über 7,5 t u. f. Züge mit mehr als 3 Achsen (v. best. Ausnahmen abgesehen); III = alle Kraftfahrzeuge, die nicht unter I, II, IV oder V fallen; IV = Kleinkrafträder, Fahrräder mit Hilfsmotor; V = Krankenfahrstühle und Zug- oder Arbeitsmaschinen bis 25 km/h; Führerscheine d. Klasse I, Ia, Ib, II u. III gelten auch f. Kl. IV u. V, die Kl. I gilt auch f. Kl. Ia u. Ib, die Kl. Ia gilt auch für Kl. Ib, die Kl. II gilt auch f. Kl. III, Kl. IV u. V. Mindestalter f. Kl. I u. III 18 Jahre, f. Kl. II 21 u. f. Kl. IV od. V 16 Jahre (Ausnahmen in bes. Fällen zulässig). – **F.entzug,** gerichtl. Maßregel, die bei Delikten i. Zus.hang m. Führen e. Kfz f. 6 Monate bis 5 Jahre od. für immer verhängt werden kann; u. a. bei Delikten wie Unfallflucht, Trunkenheit am Steuer u. Gefährdung d. Straßenverkehrs.

Fuhrmann → Sternbilder, Übers.

Führungs-aufsicht, kann d. Gericht neben d. Strafe als Maßregel anordnen bei Rückfallstraftaten od. best. and. Straftaten; Täter hat best. Weisungen (z. B. hinsichtl. Aufenthalt, Meldepflicht, Berufsausübung) zu folgen; Mindestdauer 2, Höchstdauer 5 Jahre (§§ 63 ff. StGB). – **F.zeugnis,** v. Polizeibehörde aufgrund d. Strafregisters erstellte Bescheinigung über Straflosigkeit od. Vorstrafen; → Leumundszeugnis.

Führungsakademie der Bundeswehr, *FüAkBw,* in Hamburg bereitet Hauptleute/Kapitänleutnante auf den Major/Korvettenkapitän vor u. bildet Stabsoffiziere für Verwendungen im Generalstabs-/Ad-

miralstabsdienst sowie für andere mil. Stabsarbeit u. f. Spezialfunktionen aus.

Fujian, früher *Fukien,* Küstenprov. in Südchina, 123 100 km², 28 Mill. E; Anbau von Reis, Zuckerrohr, Baumwolle, Tabak, Tee, Orangen; Ausfuhr v. Seide, Leinwand, Holz, Eisenwaren; Hptst. *Fuzhou.*

Fukuda, Takeo (* 14. 1. 1905), jap. Pol. (LDP); 1971/72 Außenmin., 1976–78 Min.präs.

Fukui, Kenichi (* 4. 10. 1918), jap. Chem.; (zus. m. R. → Hoffmann) Nobelpr. 1981 (Frontorbitaltheorie).

Fukuoka, Hafenst. auf der jap. Insel Kyushu, an der Korea-Straße, 1,2 Mill. E; Handelsplatz.

Fulbe, hellhäut. Volk im Westsudan mit hamit. Sprache u. von äthiop. Rassentypus; Moslems.

Fulbright-Kommission [*'fulbrait*], am. Einrichtung f. Austausch v. Forschern u. Studenten m. anderen Ländern, v. Senator *James W. F.* (* 9. 4. 1905) initiiert.

Fulda, 1) Fluß des hess. Berglandes, von der Wasserkuppe, bei Münden Vereinigung mit der Werra zur Weser; 218 km

Fulda, Dom

l., 109 km schiffbar; **2)** (D-6400), Krst. an der F. zw. Rhön u. Vogelsberg, Hess., 54 320 E; Michaelskirche (820), Barockviertel mit Dom u. Bonifatiusgrab, Schloß; dt. Bischofskonferenz, Bischofssitz, Sitz des Dt. Ev. Kirchentags; Phil.-Theol. HS, IHK, LG, AG; Textil-, Wachs-, Gummi- u. Masch.ind. – 744 als Kloster gegr., 1114 Stadtrecht; Fuldaer Fürstäbte, 1752 Fürstbischöfe.

Fulgurit, *m.,* **1)** durch Blitzeinschlag im Sand gebildete Röhre aus geschmolzenem Gestein; **2)** ®, witterungsbeständiger Leichtbaustoff aus Asbestzement.

Füllen, 1) junges Pferd; **2)** *Pferdchen* → Sternbilder, Übers.

Fuller, Sam (* 12. 8. 1911), amerikanischer Filmregisseur u. Schriftsteller: *Forty Guns* (1957); *Merrill's Marauder* (1961); *Shock Corridor* (1963); *White Dog* (1981).

Füllort, Raum um e. Bergwerksschacht, von d. aus die gewonnenen Mineralien ausgefördert werden.

Fuggerei, *Augsburg*

Füllschrift, Aufnahmeverfahren bei → Schallplatten; jede Rille schmiegt sich dem Verlauf d. vorangehenden (d. h. d. größeren u. kleineren Auslenkungen) an; damit Verlängerung d. Spieldauer.

fulminant [l.], blitzend; zündend.

Dampfschiff „Clermont" von Fulton, 1807 (Modell)

Fulton [*'fʌltən*], Robert (14. 11. 1765–24. 2. 1815), am. Ing.; Erbauer d. ersten brauchbaren Dampfschiffs (1807 f. d. Hudson).

Fumage [frz. *fy'maʒ(ə)*], in d. modernen Kunst: m. Hilfe e. Flamme erzeugte Sengspuren, die ästhetisch z. B. auf Papier eingesetzt werden (1938 z. erstenmal v. W. Paalen verwendet).

Fumarolen [it.], Wasserdampf- u. Gasausstoßungen i. d. Umgebung e. → Vulkans; bei Schwefelwasserstoff: *Solfataren,* b. Kohlensäure: *Mofetten.*

Funchal [*fŷ'ʃal*], befestigte Hptst. der portugies. Insel Madeira, kath. Bischofssitz; Verwaltungs- u. Handelszentrum; 44 000 E; Winterkurort.

Funcke, Liselotte (* 20. 7. 1918), dt. FDP-Pol.in; 1969–79 Vizepräs. d. B.tages, 1980–91 Beauftragte d. Bundesreg. f. Ausländerfragen.

Fund, Inbesitznahme einer verlorenen Sache, verpflichtet zur Anzeige an Verlierer, Eigentümer, sonstigen Empfangsberechtigten od. Polizei *(F.büro)* und zur U. F.unterschlagung (Freiheitsstrafe bis 3 Jahre – § 246 StGB); → Finderlohn.

Fundament, *s.* [l. „Grund"], Grundlage; *techn.* aus d. in die Erde gemauerte Grundbau für Häuser usw.

fundamental, grundlegend, schwerwiegend.

Fundamentalismus, am. protestant. Bewegung; gg. den theol. Liberalismus und Modernismus; Glaube an Verbalinspiration d. Bibel.

Fundamental-sterne, größere Anzahl v. meist helleren → Fixsternen, deren Orte am Himmel so genau wie möglich beobachtet werden; zus.gefaßt in **F.katalog.**

fundierte Schuld, langfrist. Schulden d. Staates od. d. Gemeinden; Ggs.: → schwebende Schuld.

Fundus [l. „Boden, Grundstück"], Gesamtbestand z. B. e. Theaters an Kostümen und Dekorationen.

Fünen, dän. *Fyn,* Insel zw. dem Gr. u. Kl. Belt, 2976 km², mit Nebeninseln 3486 km², 454 000 E; fruchtbar; Hptort *Odense.*

Funeralien [l.], Leichenfeierlichkeiten.

Fünfkampf, Moderner, seit Olymp. Spielen 1912: 5-km-Geländeritt, Degen-

fechten, Pistolenschießen, 300-m-Freistilschwimmen, 4-km-Geländelauf.

Fünfkirchen, ungar. *Pécs,* Hptst. des Komitats Baranya, 183 000 E; Bischofssitz, Uni.

Fünfpaß, got. Maßwerkverzierung, aus 5 Kreissegmenten zusammengesetzt.

Fünfprozentklausel → Wahlsysteme 2).

Fünfstromland → Pandschab.

Fünftagefieber, *wolhynisches Fieber,* Infektionskrankheit, Erreger → Rickettsien.

Fünfte Kolonne, urspr. die 5. Armee, die Trotzki 1918 während des russ. Bürgerkrieges als „Eliteeinheit" schuf; dann die in Madrid im Untergrund tätigen Anhänger Gen. Francos während seines Vormarsches (in 4 Kolonnen) auf Madrid.

Fünfunddreißig-Stunden-Woche, s. 1977 Forderung d. IG Metall, s. 1982 d. DGB (→ Gewerkschaften) nach wöchentl. Höchstarbeitszeit v. 35 Std. (bisher 40 Std. als Regelarbeitszeit) b. vollem Lohn- u. Gehaltsausgleich; i. d. BR ansatzweise verwirklicht s. 1984.

fungibel [l.], → vertretbare Sachen (Werte).

Fungistatika [gr.-nlat.], gg. → Pilzkrankheiten wirksame Mittel.

fungistatisch, das Wachstum von Pilzen hemmend.

fungizid, pilztötend.

Fungus [l. „Pilz"], Bez. für Blutschwamm oder tuberkulöse Gelenkschwellung.

Funk, Walther (18. 8. 1890–31. 5. 1960), 1938–45 Reichswirtschaftsmin., 1939 auch Reichsbankpräs., 1946 zu lebenslängl. Gefängnis verurteilt, 1957 entlassen.

Funk Art [engl. *'fʌŋk 'aːt* „Horrorkunst"], zeitgenöss. Kunstrichtung, satir. Darstellung (→ Environment) alltägl. Situationen in bizarren, schockierenden Horror-Räumen (Neo-Dadaismus); Vertr.: *Kienholz, Conner.*

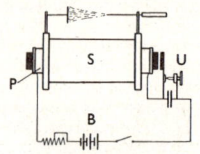

Funkeninduktor

Funkeninduktor, n. *Rühmkorff,* besteht aus Primärspule *P* (dicker Draht mit Eisenkern) und der Sekundärspule *S* (dünner Draht mit vielen Windungen). Der v. d. Batterie *B* durch *P* geschickte Strom wird mit hin u. her schwingendem Unterbrecher *U* immer wieder unterbrochen: durch Induktion entsteht in *S* ein hochgespannter Wechselstrom, der die starke Funkenentladung erzeugt.

Funkfernsprecher, Verbindung d. öff. Fernsprechnetzes über UKW-Sender m.

bewegl. Fernsprechstellen (Fluß-, Landstraßenfunk), auch b. Polizei (Funkstreifenwagen), Bahn (Rangierdienst); Dienst d. DBP; z. Z. Netz B (37 Kanäle, Frequenzbereich um 150 MHz) mit automat. Verbindungsaufbau; Netz C in Vorbereitung.

Funkfeuer, automat. drahtlos ihr Kennzeichen ausstrahlende Sender m. bekanntem Standort, zur → Peilung.

Funkmeßtechnik → Radar.

Funkmutung, geophys. Untersuchung von geolog. Strukturen u. Lagerstätten durch Messung der Fortpflanzungsgeschwindigkeit von Hochfrequenz-Impulsen.

Funknavigation, Navigation m. Funkhilfen, d. h. Führung e. Fahrzeugs m. funktechn. Mitteln auf vorbestimmtem Weg, → Funkortung, → Funkpeiler.

Funkortung, *Funknavigation,* Verfahren der Orts- u. Richtungsbestimmung in See- und Luftfahrt mit Hilfe der Funktechnik (→ Decca, GEE, Hyperbelverfahren, Loran, Peilung, Teleran).

Funkpeiler, durch die nichtkreisförmige → Richtcharakteristik einer → Antenne ist die Bestimmung der Einfallsrichtung elektromagnet. → Wellen möglich; für Ortung u. Navigation v. Luft-, See- und Landfahrzeugen, zur Funküberwachung u. Flugsicherung eingesetzt.

Funktechnik → Funkwesen.

Funktelegrafie, Funktelefonie, drahtlos übertragene Fernsprech- bzw. Fernschreibströme; Anwendung: Nachrichtenübermittlung → Rundfunk, Amateurfunk, Polizeifunk u. ä.; auch mit → Fernmelde-Satelliten.

Funktion, *math.* Vorschrift, die jedem Element einer gegebenen Menge eindeutig ein Element einer Wertemenge zuordnet.

Funktionär, Beauftragter e. Partei oder Organisation.

funktionelle Gruppen, charakterist. Atomanordnungen i. e. Molekül, die dessen Verhalten b. Reaktionen bestimmen.

funktionelle Musik, in Kaufhallen, Fabriken, Büros u. a., zur Verschönerung d. (Arbeits-)Situation sowie z. Steigerung des Kaufanreizes u. d. Leistung.

Funktionentheorie, *math.* Lehre v. d. Eigenschaften d. → Funktionen i. Gebiet der → komplexen Zahlen; → Differential-, → Integralrechnung.

Funkwesen, Grundgedanke: Der Sender erzeugt el. Schwingungen hoher → Frequenz, die, als elektromagnet. Wellen v. der Antenne in den Raum ausgestrahlt, in Empfangsantenne u. damit im Empfangsapparat gleichartige, aber viel schwächere Schwingungen hervorrufen. Beim Sender werden die ausgestrahlten Hochfrequenz-Schwingungen moduliert (→ Modulation), der Empfänger demoduliert (→ Demodulation) die HF-Schwingungen von den aufmodulierten Strömen u. wandelt letztere wieder in Zeichen, Töne usw. um. Elektromagnet.

Wellen entdeckt v. *Hertz* 1888, erste prakt. Ausführung v. *Marconi* 1896 (= Knallfunken); weitere Entwicklung: Löschfunkensender ("Tonfunken"), Maschinensender (Generatoren für LW) u. → Lichtbogensender. Erster dt. Nachrichten-Röhrensender (→ Senderöhre, → Oszillator) 1915. Entwicklung d. Demodulatorschaltungen empfangsseitig: Fritter, → Detektor, → Elektronenröhre; auch → Rundfunktechnik, → Richtfunk.

Furchung, erster Abschnitt der tierischen u. menschl. Entwicklung; gesetzmäßige Folge *mitotischer* Zellteilungen des befruchteten Eies *(Zygote)* in → Blastomeren bis zum Entwicklungsstadium der → Blastula.

Furiant, feuriger böhm. Volkstanz m. charakterist. Taktwechseln (2/4 u. 3/4).

Furien [l.], Rachegöttinnen, → Erinnyen.

furioso [it.], *mus.* wild, stürmisch.

Furka, schweiz. Alpenpaß und Straße (2431 m) von Uri (Reuß) nach dem Wallis (Rhône).

Furnier [frz.], dünnes Edelholzblatt als Überzug auf gewöhnl. Holz, dem *Blindholz.*

Furor, *m.,* Wut. – **F. teutonicus,** dt. Ungestüm.

Furore, *w.* od. *s.* [it.], rasender Beifall, Begeisterung. – **F. machen,** Aufsehen erregen.

Fürsorge, Unterhaltspflicht gegenüber armen u. hilfsbedürft., meist arbeitsunfähigen Personen; → Jugendfürsorge, → Sozialhilfe, → Wohlfahrtspflege. – **F.erziehung,** früher auch *Zwangserziehung,* behördlich geregelte Erziehung unbeaufsichtigter od. verwahrloster Minderjähriger (bis z. Vollendung d. 17. Lebensj.) in öff. od. privater Erziehungsanstalt od. geeigneter Familie; Anordnung durch Vormundschafts- oder Jugendgericht. → Jugendfürsorge. – **F.pflichtverletzung,** Verletzung d. Fürsorge- od. Erziehungspflicht gegenüber einer noch nicht 18jähr. Person strafbar, wenn Schutzbefohlener der Gefahr einer Schädigung seiner Entwicklung, eines kriminellen Lebenswandels od. d. Prostitution ausgesetzt wird.

Fürstbischof, weltl. Titel best. Bischöfe; ab 18. Jh. nur noch in Östr. u. Breslau (da 1527–1740 habsburgisch), 1951 v. Vatikan abgeschafft.

Fürstenberg, 1) *F. a. d. Oder* → Eisenhüttenstadt; **2)** *F. (Weser)* (D-3476), Gem. i. Kr. Holzminden, Nds., 1240 E; dort **Fürstenberger Porzellan,** s. 1747 → Porzellanmarken; **3)** schwäbisches, ehemals reichsunmittelbares Fürstengeschlecht.

Fürstenbund, von Friedrich d. Gr. mit dt. Fürsten gg. Österreichs Reichspläne (Erwerb Bayerns) 1785 geschlossen.

Fürstenfeldbruck (D-8080), oberbayr. Krst. an der Amper, 30 313 E; AG; Bayr. Polizeischule; Mil.flughafen.

Fürstenspiegel, Bücher zur Erziehung v. Herrschern: v. Machiavelli, Fénelon, Friedrich II. u. a.

Fürstenwalde/Spree (D-1240), brandenburg. Krst., 35 658 E; Maschinen-, Gummiind.

Furt, seichter, durchwatbarer Flußübergang.

Fürth (D-8510), kreisfreie St. i. Mfrk., 98 832 E; AG; Spielwaren, feinmechan. u. elektron. Ind.; Flughafen Nürnberg-F.

Furth i. Wald (D-8492), oberpfälz. St. im Kr. Cham, 9396 E; AG; Straßen- u. Schienenübergang z. ČSFR, div. Ind.; Volksschauspiel "Drachenstich".

Furtwangen (D-7743), St. u. Luftkurort i. Schwarzwald-Baar-Kr., Ba-Wü., 9396 E; FHS; Dt. Uhrenmus.; Feinmechanik- u. Relaisind.; Donauquelle.

Furtwängler, 1) Adolf (30. 6. 1853–11. 10. 1907), dt. Archäologe; *Griech. Plastik;* s. Sohn **2)** Wilhelm (25. 1. 1886–30. 11. 1954), dt. Dirigent u. Komponist.

Wilh. Furtwängler

Furunkel, *m.* [l.], Vereiterung e. Haarbalges und seiner Talgdrüse; *Furunkulose,* Auftreten zahlreicher F.

Fusan, jap. f. → Busan.

Fuselöle, Nebenprodukte d. alkohol. Gärung, Amylalkohole, schwerflüchtige Flüssigkeiten v. eigentüml. Geruch, bedingen den Branntweins, bedingen seinen Geruch und Geschmack; ihre Ester dienen zur Herstellung von Fruchtaromen.

Fushun, *Fuschun,* St. i. d. nordchin. Prov. Liaoning, 1,3 Mill. E; Ind.zentrum, Steinkohle (größter Tagebau der Welt).

Füsilier, in Frkr. 1640 aufgekommene Bez. für den mit Gewehr (frz. *fusil*) bewaffneten Soldaten; Infanterist.

füsilieren, standrechtlich erschießen.

Fusion [l.], **1)** Zus.schluß von Unternehmungen, von denen entweder nur eine ihre rechtl. Selbständigkeit behält u. beide ihre Rechtspersönlichkeit zugunsten einer dritten neugegründeten vereinen od. beide ihre Rechtspersönlichkeit zugunsten einer neugegründeten vereinen. **2)** *Kernphysik:* Freisetzen von Atomenergie durch Verschmelzen leichter Atomkerne (Wasserstoff, Lithium) zu Heliumkernen; Energiequelle der Sonne, Prinzip der Wasserstoffbombe, theoret. auch z. kontinuierl. Energiegewinnung; Ggs.: → Fission. – **F.sbilanz,** *Sonderbilanz,* aus Anlaß d. Fusion.

Fuß, im Tierreich nach Zweck und Leistung verschieden ausgebildet: beim Affen als Greifhand, beim Menschen ein

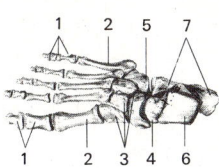

1 2 5 7
1 2 3 4 6
Fußskelett von oben gesehen

Stützgewölbe aus 7 Fußwurzelknochen: Sprungbein (6), Fersenbein (7), Kahnbein (4), Würfelbein (5) u. Keilbeinen (3); Mittelfuß mit 5 Mittelfußknochen (2) u. d. 5 fingerartig ausgebildeten Zehen (1) bestehend. – *Fehlformen des Fußes:* Senk- od. Platt-F., Fußgewölbe durchgedrückt, meist infolge Bindegewebsschwäche; *Hohl-F.,* übermäßig hohes Längsgewölbe d. F.; *Klump-F.,* völlige Verkrümmung und Verkrüppelung des Fußgerüstes, Sohle nach innen, äußerer F.rand nach unten; *Spreiz-F.,* durchgesunkenes Quergewölbe im Bereich der vorderen Mittelfußgelenkköpfe; *Knick-F.,* Abknickung des F. im Sprunggelenk nach außen; *Spitz-(Pferde-)F.,* Auftreten mit Ballen u. Zehen; *Hacken-F.,* nur mit d. Ferse auftretend.

Fuß, altes dt. Längenmaß; 1 F. (′) = 12 Zoll (″); 1 Zoll = 12 Linien (‴); 1 F. preußisch = 31,385 cm. Als engl. Längenmaß: *foot* (Mz. *feet*) ⊙ Maße u. Gewichte, Übers., S. 1085.

Fußball, volkstümlichstes Ballspiel i. Dtld. von zwei Mannschaften zu je 11 Mann auf einem 90–120×45–90 m gr. Feld gespielt; Ziel: den Ball, der nicht mit Händen u. Armen berührt werden darf, in das gegner. Tor (7,32 m breit, 2,44 m hoch) zu spielen; nur d. Torwart darf auch m. den Händen in seinem "Strafraum" den Ball berühren; Spieldauer: je 2×45 Minuten (Halbzeit) mit 10 Minuten Pause; bei Entscheidungsspielen auch 2×15 Minuten Verlängerung (bei Unentschieden) u. gegebenenfalls Elfmeterschießen; d. Zahl der erzielten Tore entscheidet das Spiel. → Dt. Fußball-Bund. – **F.-Toto,** *m.* od. *s.,* staatl. konzessionierte, in BR in 2 Blocks zusammengeschlossene Gesellschaften für allwöchentl. Wetten auf F.spiele; Gewinn, wenn Ausgang der ausgeschriebenen (11) Spiele i. d. überwiegenden Mehrzahl (11–9) richtig vorausgesagt wird (1.–3. "Rang").

Füssen (D-8958), St. i. Kr. Ostallgäu, Bay., Höhenluftkurort, Mineral- u. Moorbad a. Lech, 803 müM, 13 173 E; AG; ehem. Benediktinerkloster. – Friede 1748 beendete d. östr. Erbfolgekrieg mit Bayern.

Füßli, *Füssli, Füessli,* schweiz. Malerfamilie, seit 1707; *Johann Heinrich F.* (6. 2. 1741–16. 4. 1825), Maler, Graphiker u. Dichter d. Romantik (bes. in London tätig); *Der Nachtmahr;* Buchillustrationen.

Fustanella, weißes Hemd der griech. u. alban. Nationaltracht.

dt. Weltmeisterelf von 1990

Futtermauer, Stütz- od. Verkleidungsmauer vor Erdreich od. Fels.

Futtermittel, den Haustieren gereichte Nahrungsmittel (z. B. Heu, Stroh, Spreu, Knollen, Wurzeln, Körner, Grünfutter, Sauerfutter); *Kraftfutter* (z. B. Kleie, Malz, Sojabohnenschrot, Öl- u. Palmkernkuchen); neben **F.pflanzen** (Anbau in wiesen- u. weidearmen Gegenden) werden auch Wintergerste, Hafer, Kartoffeln u. **F.rüben** (Runkel-, Kohlrüben usw.) verfüttert.

Futurismus, it. Kunstrichtung, teils m. pol. Engagement, etwa 1909–14; gg. jede kulturelle u. intellektuelle Tradition, fortschrittsgläubig u. technikorientiert; strebte nach Darstellung zeitl. u. psychischer Abläufe; Mittel: Zerlegen v. Bewegung i. Einzelphasen u. deren Komposition auf d. Fläche; gegenständl. u. ungegenständl. Motive. *Malerei:* Boccioni, Severini, Carrà; *Literatur:* Marinetti *(futurist. Manifest); Musik:* Luigi Russolo (Geräuschorchester).

Futurologie, interdisziplinäre, systematische und kritische Behandlung von Zukunftsfragen unter Berücksichtigung der Erfahrungen in Vergangenheit und Gegenwart.

Futurum, *s.* [l. „Zukunft"], Zukunftsform des Zeitworts (z. B. Ich *werde tun*). – **F. exactum,** *Futur II,* Form der in der Zukunft vollendeten Handlung (z. B.: Ich *werde getan haben*).

Fux, Johann Joseph (1660–13. 2. 1741), östr. Komp. u. Musiktheoretiker; bedeutender Meister des süddt.-östr. Barocks; klass. Kontrapunktlehre: *Gradus ad parnassum.*

Fuzhou, früher *Futschou,* Hptst. der chin. Prov. Fujian, 1,2 Mill. E; Papier-, Textilind., Uni.; Hafen, Teehandel.

FVP → Parteien, Übers.

Fylke, *s.* (Mz. *Fylker*), norweg. Bez. für Provinz, Verwaltungsbezirk.

G, g, Aussprache in roman. Sprachen nur vor a, o, u und Konsonanten wie *g* bzw. *γ*; vor e, i, y im Frz., Portugies. wie *ʒ* (z. B. „Garage"), im Span., Ndl. wie *x*, im It., Rumän. u. engl. Wörtern roman. Herkunft wie *dʒ* (z. B. „Gentleman"); im Schwed. u. Norweg. vor e, i, y, ä, ö, æ, ø wie *j*, sonst wie *g*.
G, 1) auf *Kurszettel:* Geld, svw. → gefragt; **2)** Abk. f. → *Giga.*
g, 1) Abk. für *Gramm;* **2)** *techn.-phys.* Formelzeichen f. Fallbeschleunigung (9,81 m/s²); **3)** *mus.* d. 5. Ton d. C-Dur-Tonleiter.
Ga, *chem.* Zeichen f. → *Gallium.*
Gäa [gr. „Erde"], Göttin der Erde.
Gabardine, *m.* od. *w.* [frz. *-din*], diagonalgeripptes Gewebe.
Gabbro, *m.,* grobkörniger dunkler → Plutonit.
Gabel-antilope, Gabelbock, Horntier mit kleinem Männchen gegabeltem Gehörn; westliches N-Amerika. – **G.hirsch, 1)** große Hirschart der Anden; **2)** svw. → Gabler.
Gabelsberger, Franz Xaver (9. 2. 1789–4. 1. 1849), dt. Stenograph; Begr. e. dt. Kurzschrift.
Gabelstapler, *Hubstapler,* Transportkarren m. senkrecht geführtem, hydraulisch betriebenem Lastträger (Hubgabel) zum Stapeln v. schwerem Gegenständen auf → Paletten (z. B. die sog. Ameise, mechanische → Hublader werden Hund genannt).
Gabin [*ga'bɛ̃*], Jean (17. 5. 1904–15. 11. 76), frz. Filmschauspieler; *La grande illusion; Quai des brumes.*
Gabirol, Ibn Salomon, gen. *Avicebron* (um 1020–69), jüd. Philosoph u. Dichter in Spanien; gr. Einfluß auf Scholastik.
Gable [*geɪbl*], Clark (1. 2. 1901–17. 11. 60), am. Filmschauspieler; *Gone with the Wind; Misfits.*
Gabler, Rehbock od. Hirsch mit nur 2 Enden an jeder Gehörn-(→ Geweih-)Stange.
Gablonz, tschech. *Jablonec,* böhm. St. a. d. Neiße, 46 000 E. – **G.er Glasindustrie,** Schmuckwaren-Exportind.; v. Su-

detendeutschen in der BR neu aufgebaut (bes. *Neu-G.,* Stadtteil von → Kaufbeuren).
Gabor [*'geɪbə*], Dennis (5. 6. 1900–10. 2. 79), engl. Phys.; Nobelpr. 1971 (f. Erfindung d. Holographie).
Gaborone, Hptst. v. Botswana, 111 000 E.
Gabriel, Erzengel (Tag: 29. 9.); Schutzpatron d. Postwesens.
Gabrieli, 1) Andrea (um 1510–1586), it. Komp.; Messen, Motetten, Orgelwerke; s. Neffe **2)** Giovanni (um 1554/ 57–12. 8. 1612 od. 13), it. Organist u. Komp.; mehrchörige geistl. Konzerte; Lehrer v. H. Schütz.
Gabrowo, bulg. St., 82 000 E; Leder-, Textilind.
Gabun, amtl. *République Gabonaise,* Republik, waldreiches Gebirgsland am Golf von Guinea, 267 667 km², 1,23 Mill. E, davon ca. 3% Europäer (4 je km²); Bev.-Zuw. 4,3%; Währung: CFA-Franc (FCFA); Hptst.: *Libreville;* Flagge S. 340, Karte S. 750. **a)** *Wirtsch.:* Export v. Holz; Bodenschätze (Eisenerz, Mangan, Erdöl). **b)** *Außenhandel* (1986): Einfuhr 866 Mill., Ausfuhr 1,27 Mrd. $. **c)** *Verf.* v. 1961: Präsidialregime, Einkammerparlament. **d)** *Verw.:* 9 Regionen. **e)** *Gesch.:* Ehem. frz. Kolonie (Teil Frz.-Äquatorialafrikas); 1958 autonome Rep., s. 1960 volle Unabhängigkeit. **f)** *Mitgl.:* UN, OAU, OPEC, OCAM, UDEAC; AKP-Staat.

Gaddafi, *Khadhafi,* Muammar el (* Sept. 1942), libyscher Pol.; s. 1970 fakt. Staatsoberhaupt, 1970–72 auch Min.präs., 1979 Rückzug v. d. offiziellen pol. Ämtern.
Gade, Niels Wilhelm (22. 2. 1817–21. 12. 90), dän. Nationalkomp.; Verwendung heimatl. Volksmusik.
Gadolinium, *Gd,* chem. El., Oz. 64, At.-Gew. 157,25; Dichte 7,89; Seltenerdmetall.

Gaëta, it. Hafenst. i. d. Prov. Latina, am *Golf v. G.* (Tyrrhen. Meer), 24 000 E.
Gaffel, *w.,* schräge Segelstange; → Takelung.
Gag, *m.* [engl. *gæg*], witziger Einfall.
Gagarin, Juri (9. 3. 1934–27. 3. 68), sowj. Kosmonaut; 1961 erste Erdumkreisung (Wostok 1).
Gagat, svw. → Jett.
Gage, *w.* [frz. *'gaːʒə*], Gehalt der Schauspieler.
Gagel, *m., Wachsbeere, Wachsmyrte,* Strauch der Torfmoore; Mottenmittel, Kleidermotten lassen sich v. Pflanzenteilen nicht vernichten. **♦**
Gagern, 1) Friedrich Frh. v. (26. 6. 1882–14. 11. 1947), östr. Schriftst.; *Das Grenzerbuch;* **2)** Heinrich Frh. v. (20. 8. 1799–22. 5. 1880), Präs. d. Nat.vers. in Frankf./M. 1848.
Gaggenau (D-7560), St. i. Kr. Rastatt, Ba-Wü., 28 182 E; Kfz- u. Metallind., Heilquelle, Fremdenverkehr.
Gainsborough [*'geɪnzbərə*], Thomas (14. 5. 1727–2. 8. 88), engl. Bildnis- u. Landschaftsmaler d. Rokoko.
Gaiser, Gerd (15. 9. 1908–9. 6. 76), dt. Schriftst.; *Die sterbende Jagd; Eine Stimme hebt an; Das Schiff im Berg; Schlußball.*
Gaius, röm. Jurist i. 2. Jh.; verfaßte privatrechtl. Lehrbuch *Institutiones.*
Gajdusek, Carleton (* 23. 9. 1923), am. Kinderarzt u. Virologe; Nobelpr. 1976 (Arbeiten über die Entstehung u. Verbreitung v. Infektionskrankheiten).
Gala, *w.* [span.], Hoftracht, festl. Schmuck.
Galagos, *„Bush-Babies",* kleine Halbaffen in Afrika.
galaktisch, auf → Galaxis bezogen.
Galaktometer, *s.* [gr.], Instrument zur Beurteilung der Güte der Milch.
Galaktosämie [gr.], erhöhtes Vorkommen v. → Galaktose im Blut als Folge e. vererbten Enzymmangels; Schädigung v. Leber, Niere, Gehirn u. Augenlinse, Behandlung durch milchfreie Diät.
Galaktose, *w.,* Zuckerart, aus Milchzucker durch Spaltung entstanden.

Galalith®, *s.* [gr. „Milchstein"], Handelsname für Kunststoff aus Milcheiweiß (Casein) und Formaldehyd; Kunsthorn.

Galan, *m.* [span.], Liebhaber.

galant [frz.], ritterlich.

Galanterie, *w.,* Höflichkeit (gg. Damen). - **G.waren,** Putz- und Schmuckwaren.

Galápagosinseln, *Schildkröteninseln,* Pazifik, zu Ecuador (13 Inseln, davon 3 besiedelt), 7845 km², 8000 E; Riesenschildkröten u. a. seltene Tier- u. Pflanzenarten; s. 1959 Nat.park.

Galata, St.teil v. → Istanbul.

Galatea, *Galateia,* Meernymphe der griech. Sage.

Galater, kelt. Stamm; seit dem 4. Jh. v. Chr. in Kleinasien. - **G.brief,** Paulusbrief im N.T.

Galatz, rumän. *Galaţi,* bedeutendste (Donau-)Hafenst. Rumäniens, 295 000 E; gr. Stahlwerke.l

Galaxien [gr.], extragalakt. Nebel od. Sternsysteme, früher als *Spiralnebel* bezeichnete Sternsysteme außerhalb d. Milchstraßensystems (z. B. Andromedanebel, 2,3 Mill. Lichtjahre Entfernung, mit bloßem Auge sichtbar); G. oft zu Gruppen u. Tausenden vereinigt (Abb. → Himmelskunde I).

Galaxis, *w.* [gr.], → Milchstraßensystem.

Galba, Servius Sulpicius, röm. Kaiser 68/69 n. Chr.

Galbraith [ˈgælbreiθ], J. Kenneth (* 15. 10. 1908), am. Nationalökonom u. Diplomat; *Gesellschaft im Überfluß; Die mod. Industriegesellschaft; Wirtsch. f. Staat und Gesellschaft.*

Galeere

Galeere, *w.,* langes antikes, ma. Kriegsschiff, m. 25 bis 50 Ruderbänken, auf denen je 3-5 **G.nsklaven** saßen.

Galen, Clemens August, Gf von (16. 3. 1878-22. 3. 1946), 1933 Bischof v. Münster (Gegner d. NS), 1946 Kardinal.

Galeone, *w.* [ml.], span. u. portugies. Segelschiff im 16.-18. Jh.; 3-5 Masten.

Galerie, *w.* [frz.], schmaler gedeckter Gang (*bergbaulich:* Stollen); auch erhöht um e. Saal umlaufend (oberster Theaterrang) od. f. Bildwerke, daher auch svw. Gemäldesammlung.

Galerius, Gaius Valerius Maximianus, röm. Kaiser 305-311 n. Chr., Nachfolger u. Schwiegersohn Diokletians.

Galicien, span. *Galicia,* Landschaft in NW-Spanien mit den Prov. La Coruña, Lugo, Orense, Pontevedra; gebirgig; Bev.

(2,75 Mill. E) mit eigener Sprache: *Galicisch;* Fischfang, Viehzucht, wenig Ind.; Hptst. *Santiago de Compostela.*

Galiläa, nördlichste Landschaft Israels.

Galileo Galilei

Galilei [-ˈleï], Galileo (15. 2. 1564-8. 1. 1642), it. Physiker; Grundlagen der Mechanik, Gesetze des freien Falls, d. Pendels, des Wurfs; konstruierte 1609 das **„G.sche Fernrohr";** entdeckte die Zusammensetzung der Milchstraße, Jupitermonde, Sonnenflecke, Saturnring; Anhänger d. Kopernikus (Sonne Mittelpunkt der Erdbahn; 1633 erzwungener Widerruf vor Inquisitionsgericht in Rom).

Galinski, Heinz (* 28. 11. 1912), Vors. d. Zentralrates d. Juden i. Dtld; Leiter d. jüd. Gemeinde Berlin; seit 1987 H.-Galinski-Stiftung.

Galion, *s.* [span.], Schiffsvorbau zur Stütze des → Bugspriets, oft durch **G.sfigur** verziert.

Gälisch, kelt. Sprache in Irland, im schott. Hochland u. auf d. Insel Man.

Galizien, osteur. Landschaft am nördl. Abhang der Karpaten u. deren Vorland; Flüsse: Weichsel mit San, Dnjestr mit Sereth; westl. d. San von Polen, östl. davon v. Ukrainern besiedelt; Ackerbau, im S Forstwirtschaft; Erdöl, Salz, Kohlen. 1772-1919 östr. Kronland, dann zu Polen; Ost-G. 1939 zur Sowjetukraine (Westukraine).

Gall, Franz Joseph (9. 3. 1758-22. 8. 1828), dt. Arzt; Begr. der Schädellehre (bes. Fähigkeiten u. Anlagen an der Vorwölbung d. Schädels kenntlich).

Galla, *Oromo,* Volk i. S-Äthiopien; hamit. Sprache (→ Hamiten); ca. 8 Mill.; Moh. u. Christen, meist Ackerbauern.

Galläpfel → Gallen.

Gallas, Matthias, Graf v. Campo (1584-1647), kaiserl. General i. → Dreißigjähr. Krieg; Gegner Wallensteins.

Gallé, 1) Émile (4. 5. 1846-23. 9. 1904), frz. Designer u. Kunsthandwerker d. → Jugendstils; ber. berühmt f. seine Glaswaren; **2)** Johann Gottfried (9. 6. 1812-10. 7. 1910), dt. Astronom; Direktor der Sternwarte i. Breslau; entdeckte 1846 den Planeten → Neptun.

Galle, von der Leber abgesonderter grüner Saft; fließt entweder direkt in d. Zwölffinger- → Darm oder wird zuerst in d. *Gallenblase* gesammelt u. eingedickt, dient der Fettverdauung. *Gallenkolik,* schmerzhafter Krampfzustand der

---

Gallenblase, oft infolge Festklemmung eines *Gallensteines,* eines krankh. kristallischen Niederschlages der Galle.

Gallen, Wucherungen an Pflanzenteilen (Blättern, Knospen, Wurzeln usw.), hervorgerufen durch Tiere (Wespen, Mükken, Pflanzenläuse, Würmer u.a.) oder Schmarotzerpilze; bes. bekannt die *Galläpfel* an Eichen, erzeugt durch → Gallwespen; bei Tieren: Wucherungen am Sprung- oder Fesselgelenk. - **G.pilz,** steinpilzähnl., sehr bitter.

Gallertle, *s.* bzw. *w.,* steif elast. Masse aus eingedickten pflanzl. od. tier. Säften.

Gallien, seit etwa 1000 v. Chr. Land der *Kelten* (röm. **Gallier**), heute Frkr., Belgien u. die Lombardei; *Gallia cisalpina* (zw. Alpen u. Apenninen) 222 v. Chr. v. Römern unterworfen; *Gallia transalpina* 58-51 v. Chr. v. Cäsar f. Rom gewonnen; 3.-5. Jh. v. german. Stämmen durchzogen; 451 n. Chr. Hunneneinfall Attilas; Eindringen d. Alemannen (Oberrhein) u. Franken (Niederrhein), d. 486 unter Chlodwig das Frankenreich errichteten.

gallikanische Freiheiten, angestrebt v. frz. kirchl. Kreisen; v. Papst unabhängige Nationalkirche, endgültig beseitigt durch Vatikan. Konzil 1870.

Gallipoli, jetzt **Gelibolu,** *Thrazischer Chersones,* türk. Halbinsel, NW-Seite der Dardanellen, 85 km l., bis 20 km br., Hafenst. *G.,* 14 700 E.

Gallium, *Ga,* chem. El., Oz. 31, At.-Gew. 69,72, Dichte 5,91; seltenes, zinkähnliches Metall, in Zinkblende vorkommend.

Gällivare [ˈjèlivarə], Gem. im schwed. Lappland, 26 000 E; nördl. d. Eisenberg *Malmberget* (70% Eisengehalt d. Erzes).

Gallizismus, *m.,* aus dem Frz. entlehnter Ausdruck.

Gallmücken, kl. Mücken; Larven erzeugen → Gallen.

Gallonle → Maße u. Gewichte, S. 1085.

Gallup [ˈgæləp], Georg H. (18. 11. 1901-27. 7. 84), am. Begr. d. Meinungsforschung u. d. **Gallup-Instituts** (1935); → Meinungsforschung.

Gallus, ir. Missionar in Alemannien u. Schweiz; gründete Kloster St. Gallen (um 615).

Gallussäure, *Trihydroxybenzoësäure,* in Galläpfeln, in Tee; gerbend, hautzusammenziehend; für Medizin, fotograf. Entwickler, Eisengalustinte.

Gallwespen, meist. kl. → Hautflügler; legen Eier in Pflanzengewebe, regen diese zu Wucherungen (*Galläpfel*) an; bes. an Eichen, Weiden, *Rosen-G.*

Galmei, *m.,* Zinkerze, Zinksilicate u. -karbonate.

Galopp, *m.* [frz.], **1)** schnelle, springende Gangart d. Pferdes; **2)** schneller Gesellschaftstanz, 2/4-Takt.

Galopprennen, Pferderennen, → Flachod. → Hindernisrennen, im Gegensatz zu → Trabrennen.

Galosch, sowj. Raketenabwehrsystem.

Galosche, *w.* [frz.], Über-, Gummischuh.

John Galsworthy

Galsworthy [ˈɡɔːlzwəːði], John (14. 8. 1867–31. 1. 1933), engl. Schriftst.; *Jenseits; D. Forsyte Saga;* Dramen; Nobelpr. 1932.
Galt, *gelber G.,* ansteckende Eutererkrankung b. Rind, Ziege.
Galton [ˈɡɔːltn], Francis (16. 2. 1822–17. 1. 1911), engl. Naturforscher, Vetter Darwins; Begr. d. Eugenik u. d. menschl. Erblehre.
Galvani, Luigi (9. 9. 1737–4. 12. 98), it. Anatom; entdeckte galvanische Elektrizität („tierischer Magnetismus").
Galvanisation, Anwdg. des galvan. Gleichstroms zu Heilzw. *(Galvanotherapie).*
galvanischer Strom, el. Strom überhaupt; im engeren Sinn Strom aus *galvan. Elementen:* zwei Metalle (z. B. Kupfer u. Zink), in verdünnte Säure eingetaucht, ergeben el. Spannung, die sich über Drahtleitung als el. Strom entlädt (bis Zink völlig aufgelöst ist). *Volta-Element:* Zink u. Kupfer in Schwefelsäure; *Bunsen-Element:* Zink in Schwefelsäure, Kohle in Salpetersäure (Trennung durch Diaphragma); *Leclanché-Element:* Zink u. Kohle mit Braunstein in Salmiaklösung; → *Trockenelement, Daniellsches Element* u. *Weston-Element.*
galvanisieren, schickt man el. Gleichstrom durch Metallsalzlösung *(Elektrolyten),* so scheidet sich d. Metall als dünner Überzug an d. negativen, leitend gemachten Elektrode (Kathode) ab u. schmiegt sich genau an ihre Formen an.

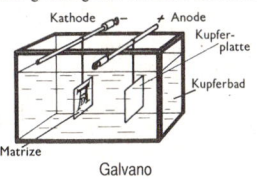

Galvano

Galvano, *s.* [it.], Abformung eines Drucksstocks od. Schriftsatzes durch *Galvanisieren;* Original wird dazu unter Druck in Wachstafel geprägt, die durch Graphitüberzug leitend gemacht ist; statt Wachs auch an sich schon leitendes Weichblei; auf diese *Matrize* wird Kupferüberzug galvanisch niedergeschlagen, nach Abschmelzen des Wachses mit Blei hintergossen, zum Druck auf Holz befestigt (Klischee). – *G.kaustik,* Chirurgie mit durch galvan. Strom erzeugter Glühhitze (Platindrähte, Messer usw.: *G.kau-*

ter). – **G.meter,** hochempfindliche el. Strom- oder Spannungsmesser. – **G.plastik,** Anfertigung von Kopien von Münzen, Plastiken usw. durch Bildung *dicker* galvan. Niederschläge auf leitend gemachten Gipsabdrücken. – **G.stegie,** Elektroplattierung, Herstellen *dünner* galvan. Überzüge, bes. aus Edelmetall, auf Löffeln, Gabeln usw.; auch aus Chrom u. Nickel zum Rostschutz. –

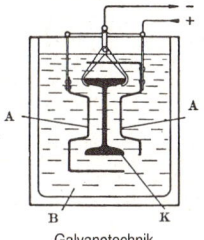

Galvanotechnik

G.technik, Herstellung metall. Überzüge auf galvan. Wege (z. B. Verzinkung v. eisern. Trägern); Abb.: *A* Anode Zink, *K* Kathode Eisenteil, *B* Zinkbad (Lösung e. Zinksalzes in Wasser).
Galveston [ˈɡælvɪstən], Hafenst. i. Texas am Golf v. Mexiko (USA), 62 000 E; Getreide-, Baumwoll-, Erdöl- u. Schwefelhafen.
Galvin, John R. (* 13. 5. 1929), US-General, seit 1987 Oberbefehlshaber d. NATO-Streitkräfte in Europa u. Oberkommandierender d. in Europa stationierten US-Truppen.
Gama, Vasco da (1469–24. 12. 1524), portugies. Entdecker; fand 1497 den Seeweg nach Indien um das Kap der Guten Hoffnung.
Gamander, *m.,* krautförmiger Lippenblütler.
Gambe, *w.* [it.], Viola da gamba, sechsod. siebensaitige Kniegeige; beliebtes Instrument d. 16. bis 18. Jh.
Gambetta [gã–], Léon (3. 4. 1838–31. 12. 82), frz. republikan. Pol.; organisierte nach dem Sturz → Napoleons III. (1870) d. Volkskrieg; Min.präs. 1881/82.
Gambia, 1) schiffb. Strom W-Afrikas, mündet in d. Atlantik, 1100 km l.; 2) amtl. *Republic of the Gambia,* westafrikan. Rep. am Unterlauf des G., 11 295 km², 812 000 E (72 je km²); Bev.-Zuw. 3,3%; Währung: Dalasi (D); Hptst.: Banjul; Flagge S. 340, Karte S. 750. **a)** *Wirtsch.:* Export v. Erdnüssen, Palmkernen. **b)** *Außenhandel* (1986): Einfuhr 100 Mill., Ausfuhr 35 Mill. $. **c)** *Verf.:* Präsidialrepublik, Einkammerparlament. **d)** *Verw.:* Hauptstadt und 6 Divisionen. **e)** *Gesch.:* Bis 1965 brit. Protektorat, Vertrag mit Senegal über gemeinsame Verteidigung, diplomat. Vertretung und Zusammenarbeit bei der Entwicklung des Gambia-Flußbeckens, seit 1970 Rep.; seit 1982 Zus.schluß mit → Senegal zur Konföderation Sene-

gambia; 1989 Auflösung der Konföderation. **f)** *Mitgl.:* UN, Commonwealth, OAU; AKP-Staat.
Gambit, *s.,* Eröffnungsart im Schachspiel, die zwecks Angriffs Bauern od. Figur preisgibt.
Gambrinus, sagenhafter König aus karolingischer Zeit; Erfinder des Biers u. Schutzherr der Brauer.
Gamelan [malaiisch], fernöstl. Instrumentalensemble, überwiegend aus Idiophonen (Gongs, Becken) bestehende.
Gametangium, Organ, in dem die pflanzl. → Gameten entstehen; männl. Gameten im → Antheridium, weibl. → Archegonium.
Gameten [gr.], Geschlechtszellen, Keimzellen, zusammenfassend f. Ei- u. Samenzellen.
Gametophyt, d. geschlechtl. haploide Generation der Pflanzen, in der die → Gameten gebildet werden; → Generationswechsel.
Gamin, *m.* [frz. -ˈmɛ̃], (Pariser) Gassenjunge.
Gamma, *s.,* 1) dritter Buchstabe d. griech. Alphabets: Γ, γ; 2) Maßeinheit: 1 γ = ¹⁄₁₀₀₀₀₀₀ g, svw. Mikrogramm (μg).
Gammaglobulin, im Blutplasma od. -serum enthaltenes Eiweiß mit Antikörperfunktion, deshalb z. Vorbeugung u. Behandlung bes. v. Viruskrankheiten.
Gammagraphie, Werkstoff-, Materialprüfung mit Hilfe v. Gammastrahlung eines radioaktiven Präparats.
Gammaskop, brillenähnl. Gerät z. Feststellung radioaktiver Strahlung auf opt. Wege.
Gammastrahlen, γ-*Strahlen,* kurzwellige Röntgenstrahlen (→ Radioaktivität, Übers.).
gammeln [dän. „gammel = alt"], verderben, verrotten; davon abgeleitet: **Gammler,** Bez. f. Personen, die durch bewußte Ungepflegtheit u. Untätigkeit gg. d. herrschende Gesellschaftsordnung protestieren.
GAMO → OCAM.
Gamogonie, geschlechtl. Fortpflanzung; Ggs.: → Agamogonie.
Gamone, von den → Gameten gebildete Wirkstoffe zur Förderung des Befruchtungsvorgangs; männl. *Andro-G.,* weibl. *Gyno-G.*
Gams, svw. → Gemse.
Ganderkesee (2875), Gem. im Kr. Oldenburg, Nds. 26 313 E; Metallind., Kalksandsteinwerke.
Gandhi, 1) Indira (19. 11. 1917–31. 10. 84), ind. Pol.in, Tochter Nehrus; 1966–77 u. s. 1980 Min.präs.; ermordet; 2) Mohandâs Karamchand (2. 10. 1869–30. 1. 1948), Hpt d. ind. Unabhängigkeitsbewegung (*Mahatma* = Große Seele). Propagierte → Non-cooperation; wiederholt in engl. Haft, lange Fastenzeiten; strebte Erneuerung v. Mohammedanern u. Hindus, Milderung des Kastenwesens an; durch Attentat umgekommen; *Mein Leben;* 3) Rajiv (20. 8. 1944–21. 5. 91), ind. Pol.

Indira Gandhi   Mahatma Gandhi

(Kongreß-Partei); Sohn v. 1); nach d. Attentat auf s. Mutter Min.präs. 1984–89; ermordet.

Gandsha → Kirowabad.

Gangart, mineral. Beimischung bei Erzen (Kalk, Tonerde etc.).

Ganges, ind. *Ganga,* heilig gehaltener Strom in Vorderindien, vom mittleren Himalaja durch die G.-Ebene zum Golf von Bengalen, 2511 km l.; Delta (mit Brahmaputra) 44 000 km². – **G.-Kanal** zwischen Kanpar und Hardwar, über 1000 km.

Gangfisch → Renken.

Ludwig Ganghofer

Ganghofer, Ludwig (7. 7. 1855–24. 7. 1920), bayr. Volksschriftst.; *Edelweißkönig; Der Klosterjäger; Martinsklause; Schloß Hubertus.*

Ganglienblocker, *Ganglioplegika,* Ammoniumverbindungen, die eine Weiterleitung nervöser Reize auf Muskeln u. an Schaltstellen *(Ganglien)* des vegetativen → Nervensystems hemmen od. unterbrechen; bewirken Ruhigstellung d. glatten Muskulatur u. Blutdrucksenkung, verwendet z. „künstl. Winterschlaf"; → Narkose.

Ganglion, *s.* [gr.], **1)** Nervenknoten, Anhäufung von Nervenzellen; **2)** Überbein, Ausstülpung d. Gelenkkapsel oder Sehnenscheide.

Gangrän|e, *s. bzw. w.* [gr.], → Brand 1).

Gangway, *w.* [ˈgæŋwei], bewegl. Laufbrücke zw. Schiff od. Flugzeug u. Landeplatz.

Gan Jiang, *Kan-kiang,* r. Nbfl. des Chang Jiang, 864 km l.

Ganove, *m., Ganeff* [jidd.], Dieb, Gauner.

Gänse, Schwimmvögel; *Grau-* od. *Wild-Gans,* Stammform der *Haus-G.;* als Ziervogel ohn. *Höcker-G.*

Gänse-blümchen, Korbblütler mit weißen Blüten; gefüllte Zierform; das *Tausendschönchen.* – **G.blume,** (große)

→ Wucherblumen. – **G.distel,** *Saudistel,* milchsaftführende Ackerunkräuter; gelbe Blüten. – **G.fuß,** Familie der *G.fußgewächse,* dazu auch Melde, Runkelrübe, Spinat; meist Unkräuter. – **G.geier** → Geier. – **G.säger** → Säger. – **G.vögel,** Ordnung d. Vögel, m. etwa 150 Arten weltweit verbreitet; 2 Familien: *Wehrvögel,* → *Entenvögel.*

Gansu, früher *Kansu,* Prov. in NW-China, 530 000 km², 21 Mill. E; teils gebirgig, teils Lößhochflächen; Erzbergbau, Ackerbau; Erdölfunde; Hptst. *Lanzhou.*

Ganymed|es, 1) in der griech. Sage Liebling und Mundschenk des Zeus, der ihn durch einen Adler in den Olymp entführen läßt; **2)** (junger) Kellner; **3)** Name für wichtigen → Planetoiden u. für den 3. der 4 hellen Jupitermonde.

Ganz, Bruno (* 22. 3. 1941), schweiz. Schausp.; *D. am. Freund; D. Fälschung; In d. weißen Stadt; Der Himmel über Berlin.*

Ganzheit, das die einzelnen Teile als Ganzes Umfassende, „ein geordnetes Etwas, in dem jeder Teil seinen bestimmten Beziehungsort hat" (Driesch).

Ganzwortmethode, Form des Leseunterrichts, bei d. man nicht v. Buchstaben, sondern v. Wort(bild) ausgeht.

Garage [frz. -ˈraʒə], Unterstellraum für Kfz.

Garantie, *w.* [frz.], Verbürgung, Sicherstellung, Gewähr; *Garant,* wer sich für etwas verbürgt. – **G.gesetz,** in Italien 1871, sicherte die Unabhängigkeit des Papstes. – **G.versicherung,** *Kautionsversicherung,* Gewährung von Kautionen f. d. bei e. Lebensversicherungsges. Versicherten, auch Leistungen solcher Ges.en bei Unterschlagung durch Angestellte d. Versicherungsnehmers. – **G.vertrag,** verpflichtet „Garanten", für e. best. Erfolg einzustehen; *völkerrechtl.* Vertrag z. Sicherung völkerrechtl. Pflichten od. Rechte, notfalls m. Waffengewalt.

Garbo, Greta, eigtl. *Gustafsson* (18. 9. 1905–15. 4. 90), schwed. Filmschauspielerin; *Mata Hari; Queen Christina; Ninotchka.*

Garbsen (D-3008), St. i. Kr. Hannover, Nds., 59 225 E.

García Lorca [-ˈθia-], Federico (5. 6. 1898–19. 8. 1936), span. Dichter; *Bluthochzeit; Yerma.*

Garçon, *m.* [frz. -ˈsõ], Junge; Kellner.

Gard [gaʀ], **1)** r. Nbfl. der Rhône, von den Cevennen, 133 km l.; bei Remoulins überquert von *Pont du G.,* röm. Aquädukt (um Chr. Geburt); **2)** frz. Dép., im Languedoc, 5853 km², 573 000 E; Hptst. *Nîmes.*

Gardasee, it. *Lago di Garda,* größter oberit. See am S-Fuß d. Alpen, 52 km l.; im N 3–5 km, im S bis 17 km breit; 370 km², 65 müM; bis 346 m tief; tiefblaues Wasser, fischreich; subtrop. Vegetation; Kurorte: *Salò, Gardone, Riva.*

Garde, *w.* [frz. „Wache"], fürstl. Leibtruppe; Elitetruppe. – **G. Républicaine** [gard repybliˈkɛn], Pariser Polizei.

Gardelegen (D-3570), Krst. i. S-A., 13 414 E; roman. Marienkirche, got. Rathaus; Baumaterialien-, holzverarbeitende, Landw.- u. Nahrungsmittelind.

gardez! [frz. -ˈde], Achtung!. – **g. la reine!** [-ˈʀɛn], (veraltete) Warnung im *Schachspiel* bei bedrohter gegner. Königin.

Gardine, Fenster-G., Bettvorhang. – **G.npredigt,** Strafrede (hinter der Bett-G.) der Gattin.

Gardone-Riviera, it. Kurort am W-Ufer des Gardasees, 65 müM, 2500 E.

Gargantua, kelt. Sagengestalt, gewaltiger Fresser und Säufer in Rabelais' Roman *Gargantua,* 1534.

Giuseppe Garibaldi

Garibaldi, Giuseppe (4. 7. 1807–2. 6. 82), it. Freischarenführer, kämpfte s. 1856 für Einigung Italiens; 1860 *Zug der Tausend,* Eroberung Siziliens u. Neapels; 1870 auf der Seite v. Frkr.

Garmisch-Partenkirchen

Garmisch-Partenkirchen (D-8100), Markt, heilklimatischer Kurort und Wintersportplatz am Fuß des Wettersteingebirges (Zugspitze), 720 müM, 25 908 E; AG; Spielbank; Zahnradbahn zur Zugspitze; Seilbahnen zur Wank, Eckbauer, Graseck, Kreuzeck, Hausberg, zu den Osterfeldern, vom Eibsee zur Zugspitze; IV. Olympischen Winterspiele 1936, Alpine Skiweltmeisterschaften 1978.

Garn, das durch Spinnen hergestellte Faden. – **G. spinnen,** (Matrosenausdruck) Lügengeschichten erzählen.

Garnelen, kl. Krebse der Meere.

Garnison, *w.* [frz.], Truppenstandort.

Garnnummer, Numerierung v. Garnen z. Bez. ihrer Dicke; f. Seide, Kunstseide u. Chemiefasern Angabe nach → Denier, sonst Berechnung in Metern od. Yards pro Gramm Garn (Einheit: *N*); je höher *N,* desto feiner das Garn.

Garonne [-'rɔn], **1)** bedeutendster Fluß SW-Frkr., 650 km l., aus d. Pyrenäen, m. breiter Trichtermündung (Gironde, 75 km l.), in d. Atlantik; bis Bordeaux Seeschiffe; Nbfl.: r. *Salat, Ariège, Tarn, Lot, Dordogne;* l. *Gers, Baïse;* **2)** *Haute-G.,* Dép., 6309 km², 866 000 E; Hauptstadt *Toulouse.* – **G.-Kanal,** Toulouse bis Castets (Fortsetzung des Canal du Midi), 193 km l.

Gartenammer, svw. → Ortolan.

Gartenbau, Anbau von Obst, Gemüse, Blumen; → Gartenkunst.

Gartengrasmücke → Grasmücken.

Gartenkunst, künstlerische Gestaltung v. Gärten, schon im Altertum gepflegt: **a)** *Röm. G.* streng architekton. bestimmt in Anlehnung an Haus u. Palast; **b)** in O-Asien uralte G.kultur; *jap. G.* liebt miniaturartige Verkleinerung natürl. Landschaftsbilder (Bonsais: Zwergbäume); **c)** in Eur. s. 17. Jh. *frz. G.* vorherrschend; geometrisch gebundene Form, scharf beschnittene Hecken u. Baumreihen (Versailles; Architekt Le Nôtre); **d)** gleichzeitig im 18. Jh. durch *engl. G.,* die Anlehnung an die natürl. Landschaft sucht (Engl. Garten, München; Wörlitz: Muskau); **e)** *moderne G.* bevorzugt urspr. Vegetationsbilder: *Steingarten* mit Alpenflora; *Staudengarten,* oft kombiniert m. Wasserlandschaft; in Großstädten *öffentliche G.* unter sozialhygien. Gesichtspunkten: *Volkspark* m. Sportplätzen, Planschbekken; in äußerster Raumausnutzung *Dachgärten.*

Gartenlaube, Die, 1853 v. E. *Keil* gegr. Familienzeitschrift (bis 1943); d. anfängl. aufklärer. Tendenz verflachte später zum sprichwörtlichen *G.*nstil.

Gartensänger, *Gartenspötter,* kleiner Singvogel.

Gartenschläfer → Schlafmäuse.

Gärung, Spaltung organ. Verbindungen unter Einwirkung v. Mikroorganismen u. Ausschluß v. Sauerstoff; *alkohol. G.* von Zucker in Alkohol u. Kohlensäure durch Hefe; *Milchsäure-G.* durch Bakterien; bei der Erzeugung von Sauerkraut u. Gärfutter. G. zur Aufbereitung pflanzl. Produkte (Tabak, Tee, Kakao) → Fermentation.

Gary ['gɛrn], St. im US-Staat Indiana, am Michigansee, 152 000 E; Stahlwerk, Kokerei, el. Automobil-, Metall- u. Werkzeugfabriken.

Gas, Stoff im 3. Aggregatzustand der Materie, in dem sich die Moleküle od. Atome frei im Raum bewegen können. Gase besitzen demnach keine Gestalt u. füllen den zur Verfügung stehenden Raum völlig aus. Verhalten der Gase: → Gay-Lussacsches Gesetz, → Boyle-Mariottsches Gesetz, → Avogadrosche Regel. Verflüssigung aller Gase möglich durch starken äußeren Druck u. Abkühlung unter d. → kritische Temperatur; *interstellares G.:* äußerst fein verteilte Gase zw. den Sternen. – **G.öle,** bei 300 °C aus Erdöl destilliert; Treiböle f. Dieselmotoren, zum *Karburieren* v. Wassergas, geben diesem leuchtende Flamme.

Gasanstalt → Leuchtgas.

Gasautomat, Gasmesser, gibt nach Geldeinwurf abgemessene Gasmenge ab.

Gasbehälter, zum Ausgleich von Gaserzeugung u. -abgabe, entweder durch Wasser abgedichtet (d. mehrteil., teleskopartig ineinanderschiebbare Gasglocke taucht in Wasserbecken od. wasserlos durch Teerabdichtung.

Gasbeton, durch Gasentwicklung beim Erhärten porös gemachter Beton f. Leichtbausteine.

Gasbrand, *Gasödem,* gefährl. Infektionskrankh. durch Gasbazillus, führt z. Gasbildung im Gewebe; sofortiger chirurg. Eingriff nötig.

Gascogne [gas'kɔn], südwestfrz. Landschaft im südl. Garonnebecken; Bewohner *Gascogner,* Nachkommen der alten Basken.

Gasel, svw. → Ghasel.

Gasentladung, Durchgang eines el. Stroms durch ein Gas.

Gaserzeugung → Energiewirtschaft, Schaubild.

Gasfernzündung, Ingangsetzung der Straßenbeleuchtung v. Gasanstalt aus mittels Druck-Erhöhung, die eine Membran verschiebt u. so dem Gas den Durchgang freigibt; Zündung el. od. durch kleine Dauerflammen.

Gasflasche, starke Stahlflasche zur Aufbewahrung verdichteter Gase (z. B. Kohlensäure).

Gasgewinnung, 1) aus Erdgasquellen **2)** durch *Entgasung* von Brennstoffen mit flüchtigen Bestandteilen; **3)** durch *Vergasung* von Brennstoffen.

Gasglühlicht, Auerlicht, Bunsenbrenner mit Glühkörper (Strumpf) aus Thor- u. Ceroxid.

Gaskochapparat, zum Erhitzen von Speisen auf der Gasflamme, techn. → *Bunsenbrenner;* meist 2 bis 3 Flammen zu *Gasherd* vereinigt.

Gaskohle, Steinkohle für die Leuchtgasherstellung.

Gaskoks, Rückstand bei Gewinnung des Leuchtgases aus Steinkohle.

Gaslampen, svw. → Glimmlampen u. → Leuchtröhren.

Gasmaske, *ABC-Schutzmaske,* schützt durch versch. Einsätze, die die giftigen Gase binden.

Gasmesser, Gasuhr, gibt Verbrauch an; *Wasser-G.* u. *Trocken-G.*

Gasmotor → Verbrennungskraftmaschinen.

Gasnebel, galakt. → Nebel.

Gasolin, am. Bez. für Benzin.

Gasometer, 1) Behälter (aus Metall oder Glas) zum Ansammeln von Gasen; **2)** fälschlich für → Gasbehälter.

Gasperi, Alcide de (3. 4. 1881–19. 8. 1954), it. Pol., Begr. d. christl.-demokr. Partei; 1945–53 Min.präs.

Gasquellen → Erdgas.

Gasreinigung, el. Gasreinigung: durch hochgespannten Gleichstrom werden die mitgerissenen Staubteilchen gg. Wand von Flugstaubkammern geschleudert (elektrostat. Filter); bes. f. Reinigung v. Hüttengasen u. bei Klima- bzw. Lüftungsanlagen.

Gassendi [-sã-], Pierre (22. 1. 1592-24. 10. 1655), frz. mechanist. Phil. u. Physiker (Atomistik).

Gasser ['gæ-], Herbert Spencer (5. 7. 1888–11. 5. 1963), am. Med.; Arbeiten über Funktionen d. Nervenfaser; (zus. mit Erlanger) Nobelpr. 1944.

Gast, Mz. *Gasten,* Matrose mit best. Obliegenheiten (z. B. *Boots-G.*).

Gastarbeiter, Arbeitskräfte, die vorübergehend in einem anderen Land arbeiten; in der BR 1989 insges. 1,7 Mill., davon 561 000 Türken, 301 000 Jugoslawen, 179 000 Italiener, 102 000 Griechen, 61 500 Spanier, 89 000 Österreicher.

Gastein, Nebental der Salzach, in den Hohen Tauern; mit Kurort *Badgastein* (A-5640), Bahnlinie Salzburg–Villach; Heilbad u. Wintersportplatz, 1012 müM, 5600 E; radonhalt. Thermen (b. 47°); *Bad Hofgastein* (A-5630), Thermalbad, 870 m, 6000 E.

gastrisch, *Gastro-* [gr.], mit dem Magen zusammenhängend.

Gastritis, Magenkatarrh, Entzündung der Magenschleimhaut.

Gastroenteritis [gr.], Magen-Darm-Entzündung.

Gastronomie, Eßkultur, Feinschmeckerei.

Gastroskopie [gr.], *Magenspiegelung,* direkte Betrachtung d. Mageninneren mittels *Gastroskops.*

Gastrula, w., frühe Stufe der Embryonalentwicklung bei vielzelligen Tieren; durch Einstülpung aus dem Keimbläschen *(Blastula)* entstanden, daher mit zwei Zellschichten: dem äußeren Keimblatt *(Ektoderm)* u. dem inneren *(Entoderm).*

Gasturbine, Antrieb durch heiße Verbrennungsgase m. hohem Wärmeinhalt; Triebwerk m. geringem Leistungsgewicht, Raumbedarf u. Schadstoffausstoß, aber recht hohem Treibstoffbedarf (→ Turbinenmotor).

Gastwirtshaftung, Gefährdungshaftung (bis z. best. Höhe) des Gastwirts, Hoteliers usw. im Rahmen eines Beherbergungsvertrages f. eingebrachte Sachen des Gastes; dagegen grundsätzlich keine Haftung f. Garderobe v. Verzehrgästen eines Lokals.

Gasvergiftung → Erste Hilfe, Übers.

Gaswirtschaft → Energiewirtschaft, Schaubild.

Gaszentrifuge, Apparat, die durch Zentrifugalkraft Isotopentrennung herbeiführt.

Gate [engl. *geit* „Tor"], **1)** einer v. drei Anschlüssen beim → Feldeffekttransistor; **2)** Torschaltung (auch *Gatter*), elektron. Schaltanordnung, die mittels Steuerung über Eingangsimpulse e. od. mehrere Signalwege freigeben od. sperren kann; eine d. wichtigsten Schaltungen in der Computertechnik (z. B. → AND-Gate).

Gateshead ['geitshɛd], Stadt in der englischen Gft Durham, a. Tyne, 81 000 E; Kohle; Glas-, Eisenind.

Gat|t, 1) Meerenge, enge Durchfahrt *(Kattegat);* 2) Schiffshinterteil; 3) Öffnung (Speigatt).

GATT, engl. *General Agreement on Tariffs and Trade, Allgem. Zoll- und Handelsabkommen,* 1947 abgeschlossenes intern. Wirtschaftsabkommen, erfüllt Teil der Aufgaben d. nicht verwirklichten → ITO; Grundsätze: Abbau d. Zolltarife, unbedingte Meistbegünstigung d. Vertragspartner, Abschaffung d. Einfuhrkontingente; Sitz Genf; 96 Vollmitgl. (BR s. 1951), 30 weitere Staaten m. Sonderstatus.

Gatti, Armand (* 26. 1. 1924), frz. Theater- u. Filmschriftst.; *Das imaginäre Leben d. Straßenkehrers Auguste G.; General Francos Leidenswege.*

Gattung, in der biol. Systematik Zus.fassung mehrerer nahe verwandter → Arten; den G.en übergeordnet d. → Familie.

Gatún, Ort a. → Panamakanal mit d. atlant. Schleusentreppe.

GAU, *m.,* Abk. f. *Größtmöglicher anzunehmender Unfall* eines Reaktors.

Gau, urspr. landschaftl. geschlossener Teil einer Völkerschaft, dann auch regionales Gliederungsprinzip versch. Organisationen.

Gauch, *m., mundartl.* für „armer Tropf", ursprünglich Kuckuck, uneheliches Kind.

Gaucho, *m.* [span. 'gaũtʃo], Viehhirt in S-Amerika.

Gaudeamus igitur [l.], „Drum laßt uns fröhlich sein" (Beginn eines alten Studentenliedes).

Gaudium, *s.* [l.], *Gaudi,* Freude; Ausgelassenheit; Spaß.

Gaudí y Cornet, Antoni (25. 6. 1852–1. 6. 1926), span. Architekt d. Jugendstils; i. → Barcelona: u. a. *La Sagrada Familia, Palacio Güell, Casa Milá, Parque Güell.*

gaufrieren [frz. *go-*], Einpressen v. Mustern in Papier od. Gewebe mit gravierter Stahlwalze (Wertpapiere).

Gaugamela, Ort im alten Assyrien; 331 v. Chr. Sieg → Alexanders d. Gr. über Perserkönig Darius III.

Gauge, *s.* [geidʒ], abgek. *gg.,* bezeichnet d. Maschenzahl von Strümpfen u. a. gewirkten Stoffen; z. B. 51 Gauge = 51 Wirknadeln auf 1½ engl. Zoll (= 38,1 mm).

Gauguin [go'gɛ̃], Paul (7. 6. 1848–8. 5. 1903), französischer Maler zunächst d. Impressionismus; durch Aufenthalte in der Südsee Entwicklung eines Flächenstils mit intensivem Auftrag leuchtender Farben; beeinflußte stark den Expressionismus.

Gauklerblume, am. Rachenblütler; Zierpflanze m. gelben Blüten.

Charles de Gaulle

Gaulle [dəˈgol], Charles de (22. 11. 1890–9. 11. 1970), französischer General und Politiker.; organisierte 1940 aus England Widerstand gegen deutsche Besatzung; bildete 1943 in Algier provisorische Regierung; 1944–46 französischer Regierungschef; 1947–53 Führer der RPF, 1958 Ministerpräsident, 1958–69 Staatspräsident.

Gaumen, das Dach der Mundhöhle. Vorn d. knöcherne *harte G.,* geht nach hinten in den muskulösen *weichen G.* über, bildet mittels einer Schleimhautfalte die beiden Gaumenbögen, zw. diesen beiderseits die G.mandel. Der weiche G. mit dem beweglichen G.segel schließt b. Sprechen u. Schlucken die Mundhöhle nach oben gg. den Nasen-Rachen-Raum ab. – G.spalte → Wolfsrachen, G. endet hinten mit dem G.zäpfchen.

Gauner, Dieb, Betrüger. – G.sprache, *w., Rotwelsch, s.,* hat jiddische Worte, Ausdrücke der Zigeunersprache, humorist. Umschreibungen. *G.zinken,* geheime Verständigungszeichen, an Wänden u. Zäunen; auch als Fingersprache.

Gaur, *m.,* indisches Wildrind.

Gaurisankar, Schneegipfel des Himalaja, 60 km westl. vom Mount Everest, 7145 m hoch.

Gaus, Günter (* 23. 11. 1929), dt. Publizist u. Pol.; 1974–80 Leiter d. Ständigen Vertretung d. BR i. d. DDR.

Gauß, Carl Friedrich (30. 4. 1777–23. 2. 1855), dt. Math., Astronom, Phys.; erster wirklich benutzter el. Nadeltelegraph 1831 m. W. → Weber; Zahlentheorie, Ausgleichsrechnung, Bahnbestimmung, Flächentheorie, Algebra (Fundamental-

Gauguin, Contes barbares

Carl Friedrich Gauß

satz). Nichteuklid. Geometrie; Erdmagnetismus, Geodäsie. Nach ihm benannt: G = Einheit der → magnetischen Induktion (magnetische Feldliniendichte).

Gautier [go'tje], Théophile (30. 8. 1811–23. 10. 72), frz. Schriftst.; Begr. des L'art pour l'art; als Lyriker Einfluß auf Baudelaire.

Gauting (D-8035), Gem. i. Kr. Starnberg, Oberbay., 17 750 E.

gautschen, 1) bei der Papierherstellung Aus- u. Zusammenpressen nasser Papierbahnen; 2) Lehrlinge nach altem Buchdruckerbrauch unter die Gehilfen aufnehmen.

Gavarni, Paul, eigtl. *Sulpice Guillaume Chevalier* (13. 1. 1804–24. 11. 66), frz. Graphiker; *Pariser Leben.*

Gavial, dem Krokodil ähnl., sehr langschnäuzige Panzerechse Indiens, bis 7 m lang.

Gävle ['jɛːvlə], schwed. Hafenst. am Bottn. Meerbusen, Hptst. d. Län Gävleborg, 88 000 E; Ind.

Gavotte, *w.* [-'vɔt], frz. Tanz i. geradem Takt, Suitensatz d. 18. Jh.

Gawan, *Gawein,* Neffe des Königs → Artus.

Gay [gei], John (16. 9. 1685–4. 12. 1732), engl. Dichter; Librettist v. The Beggar's Opera (Vorlage f. → Brechts Dreigroschenoper).

Gayal, *m.,* Haustierform des → Gaurs.

Gay-Lussac [gɛly'sak], Louis-Joseph (6. 12. 1778–9. 5. 1850), frz. Phys. u. Chem.; fand 1802 b. gemeins. Versuchen mit A. v. → Humboldt **G.-L.sches Gesetz:** bei gleichbleibendem Druck ist Volumenänderung, b. gleichbleibendem Volumen Druckänderung e. Gasmasse der Temperaturänderung proportional.

Gaza, St. in S-Palästina, mit Flüchtlingsansiedlungen, über 200 000 E; s. 1972 Hafen; 1963 er., G.streifens (363 km², 589 000 E), 1949–67 v. Ägypten besetzt; 1957–67 unter UNO-Kontrolle; seit 1967 v. Israel besetzt.

Gazankulu, ehem. *Machangana,* Bantu-Staat in Südafrika, 6565 km², 497 000 E; Hptst. *Giyani.*

Gaze, *w.* [ˈgaːzə], gitterartig gewebter Stoff, Baumwolle, Seide; feines Drahtgeflecht.

Gazellen, zierliche → Antilopen.

Gazellenfluß, *Bahr el Ghasal,* Fluß i. S d. Rep. Sudan, l. Nbfl. des Weißen Nil.

Gazette, *w.* [frz. ga'zɛt], Zeitung.

Gaziantep, Hptst. d. türk. Prov. G., i.

Vorland d. östl. Taurus, 466 000 E; Weizen- u. Mandelanbau.

GCA, Abk. f. *Ground Controlled Approach,* im Luftverkehr Verfahren, mit dem Bodenstation trotz schlechter Sicht Landung möglich macht.

Gd, *chem.* Zeichen f. → *Gadolinium.*

Gdańsk → Danzig.

GDF, *Gesamtdt. Partei,* → Parteien, Übers.

Gdingen, *Gdynia,* poln. Kriegs- u. Handelshafen a. d. Danziger Bucht, 250 000 E.

Ge, *chem.* Zeichen f. → *Germanium.*

Gebärmutter, *lat. Uterus,* Hohlorgan zur Entwicklung der Leibesfrucht bei weibl. Säugetieren u. der Frau; aus glatter Muskulatur, innen v. einer Schleimhaut, außen vom Bauchfell überzogen (→ Geschlechtsorgane, Abb.). – **G.hals** mündet mit dem Muttermund in die Scheide, der **G.körper** nimmt beiderseits die Eileiter auf. – **G.knickung,** scharfwinkliger Rückfall des G.körpers, kann zu Störungen der Menstruation und der Schwangerschaft führen. – **G.senkung,** durch Schwäche, Überdehnung od. Zerreißen der die G. haltenden Bänder u. d. Bekkenbodenmuskulatur, kann zum Vorfall (Prolaps) der G. vor die Scheide führen.

Gebetsmühlen, zum Drehen v. Gebettexten, gilt als Beten; bei den nördl. Buddhisten.

Gebetsriemen, von d. männl. Juden beim Morgengebet um linken Arm u. Stirn gelegte Riemen mit Lederkapseln, in denen Pergamentröllchen m. Bibeltexten sind.

Gebirge, Einteilung nach d. Form: *Grat-, Kamm-, Ketten-* od. *Kuppengebirge;* nach d. Höhe: *Mittel-* u. *Hochgebirge* (über 1500 m); nach d. Entstehung: *vulkanische G.* u. *tektonische Gebirge:* **a)** *Falten-G.,* durch seitlich eingengten Druck entstanden; bei bes. starker Einengung *Decken-G.;* **b)** *Bruchfalten-G.* entstehe durch Einengungs- u. Dehnungsvorgänge (Faltung u. Bruchbildung); **c)** *Block-G.* hpts. durch Dehnungsprozesse (Bruchbildung) entstanden; → Graben; → Horst 3).

Gebiß, b. Menschen die Gesamtheit der Zähne. Im Kinde Milchgebiß aus 20 Zähnen (→ Säuglingspflege, Übers.), mit 2½ Jahren normalerweise vollständig durchgebrochen; bei engl. Krankheit verzögert. Zwischen 6. u. 12. Lebensjahr nach Ausfall des Milchgebisses das *dauernde* G. mit 32 Zähnen; d. hintersten Backenzähne (Weisheitszähne) erst im 18.–20. J. Das G. dient außer zum Abbeißen u. Kauen z. Lautbildung beim Sprechen. → Zähne, → Prothese.

Gebläse, 1) *techn.* Vorrichtung, um Luft einzupressen od. anzusaugen (z. B. die Frontscheibenheizung im Auto); → Kompressoren; **2)** Lüftung („Bewetterung") bei Bergwerken.

Gebrauchsanmaßung, widerrechtl. Wegnahme e. fremden bewegl. Sache;

nicht, wie beim Diebstahl, zwecks Aneignung, sondern nur zwecks Gebrauchs; straflos, b. Kfz u. Fahrrädern strafbar.

Gebrauchsgraphik, dient kunstgewerbl. (Buch-)Ausstattung u. Reklamezwecken.

Gebrauchsmuster → Musterrecht.

Gebühr, 1) öff.-rechtl. Entgelt f. Benutzung e. öff. Einrichtung od. d. Tätigkeit v. Behörden, Gerichten u. a.; **2)** Entgelt f. Dienstleistungen, *Honorar* (z. B. bei Rechtsanwälten).

gebundene Rede, dichter., an einen best. Vers gebundene Ausdrucksweise im Ggs. zur ungebundenen Prosarede.

Geburt, *Entbindung,* Ausstoßung der reifen Leibesfrucht am Ende der Schwangerschaft, beim Menschen etwa 40 Wochen nach Beginn der letzten Menstruation; setzt ein mit Wehen (schmerzhafte Zusammenziehung d. Gebärmutter) u. mit d. Blasensprung, bei dem sich d. Fruchtwasser aus d. Innern d. Eihäute entleert. Nach Erweiterung der Geburtswege (Muttermund, Scheide) tritt d. Kind ans Tageslicht, meist mit d. Hinterkopf voran. Kurz danach stößt das Kind den ersten Schrei aus u. beginnt mit selbständigen Atembewegungen. Bleiben diese aus, muß künstl. Atmung vorgenommen werden. Die Nabelschnur wird unmittelbar nach der G. abgebunden u. durchtrennt. Das Kind wird gebadet u. erhält einen sterilen Nabelverband. Etwa eine halbe Stunde nach Abschluß der G. setzen erneute Wehen ein; die Nachgeburt, d. i. der Mutterkuchen *(Plazenta),* wird herausbefördert. Erschwerungen d. G. können bei Gesichts-, Steiß-, Querlage od. engem Becken eintreten, machen ärztl. Eingreifen notwendig. Nach gesetzl. Bestimmung Einträufelung v. 1%iger Silbernitratlösung in d. Bindehautsack, um etwaiger Erblindung durch Augentripper vorzubeugen *(Credésches Schutz-*

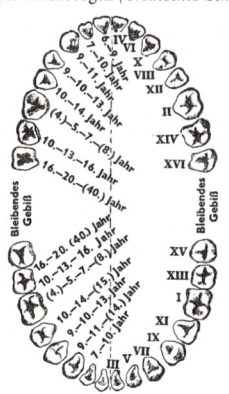

Unterkiefer
Zeit Reihenfolge
des Durchbruchs

Gebiß

verfahren); auch → Antibiotika geeignet. Normalgewicht d. gesunden Neugeborenen 3,5–3,7 kg; Körperlänge etwa 50 cm.

Geburten, *statist.* → Bevölkerung, Übers. - **G.buch,** eines der standesamtl. Personenstandsregister; Auszug hieraus: *Geburtsurkunde.*

Geburtenregelung, Regulierung der Kinderzahl durch Geburtenbeschränkung oder -förderung; auch → *Knaus-Ogino-Methode* und → Kontrazeption.

Geburtshelferkröte

Geburtshelferkröte, Froschlurchart; Männchen trägt Eischnüre bis z. Ausschlüpfen der Larven an den Hinterbeinen.

Geburtshilfe, der Kreißenden b. der Entbindung geleisteter Beistand durch Hebamme oder Arzt.

Geburtszange, aus 2 löffelartigen Teilen bestehende Zange z. Fassen des kindl. Schädels bei d. künstlichen Entbindung: *Zangengeburt;* auch Faß- oder Krallenzange und → Vakuumextraktor.

Geckos, Echsen wärmerer Länder, klettern mittels Haftzehen an glatten Wänden empor.

Gedächtnis, an d. Nervensystem gebundene Fähigkeit zur Speicherung u. Abrufbarkeit vergangener Erfahrungen; *Kurzzeit-* (bis 30 Sek.) u. *Langzeit-G.;* Grundlage: neurochem. Veränderung an Nervenzellen.

Gedankenlesen, Gedankenübertragung, ohne Vermittlung der bekannten Sinne.

Gedankenvorbehalt → geheimer Vorbehalt.

gediegen, *chem.* Bez. für ein Element (vor allem Metall), das in reiner Form in der Natur vorkommt; Ggs.: nur in Verbindungen vorkommend.

Gedinge, *s.,* Akkordlohn i. Bergbau, meist Gruppen-G.; Ggs.: → Schichtlohn.

gedruckte Schaltung, miniaturisierte el. Schaltanordnung; Leiterbahnen werden auf Isolierplatte aufgedruckt.

Gedser [*'ɡeˈsər*], dän. Hafen a. d. Südspitze der Insel Falster, 1200 E; Autofähre Travemünde, Eisenbahnfähre Warnemünde.

GEE, Funkortungssystem nach d. → Hyperbelverfahren.

Geest, vorwiegend sandiger Boden mit eingelagerten Moor- u. Heideflächen im nwdt. Tiefland, höher gelegen u. weniger fruchtbar als d. → Marsch.

Geesthacht (D-2054), St. i. Kr. Hzgtum Lauenburg, Schl-Ho., a. d. Elbe, 25 054 E; Elbe-Staustufe, Pumpspeicherwerk, Ind., Kernkraftwerk *Krümmel,* Versuchsreaktoren des GKSS-Forschungszentrums.

Geez, die äthiopische (abessinische Kirchen-)Sprache.

Gefährdungshaftung, Haftung f. Schaden ohne Verschulden (z. B. → Kraftfahrzeughaftung od. → Gastwirtshaftung).

Gefälle, 1) Höhen- od. Druckunterschied versch. Niveaupunkte (z. B. bei Temperatur, Wasser-, Luftdruck usw.); bei Straßen, Eisenbahnen durch bes. *Gefällezeichen* kenntlich gemacht; **2)** el. G. → *Potentialdifferenz.*

Gefangenen-befreiung, strafbar mit bis zu 3 J., bei Amtsträgern bis 5 J. Freiheitsstrafe. – **G.fürsorge,** *Straffälligen- u. Strafentlassenenfürsorge,* im 19. Jh. sehr gefördert; befaßt sich mit d. Gesundheitswesen d. Gefängnisse, d. geist. u. seel. Beeinflussung d. G.; kümmert sich um Angehörige der G. u. bemüht sich um Wiedereingliederung der Strafentlassenen in die Gesellschaft.

Gefängnisstrafe, früher im dt. Strafrecht mittelschwere Freiheitsstrafe f. Vergehen u. (bei mildernden Umständen) auch f. Verbrechen.

Gefäßbündel, *Leitbündel,* z. Leitung v. Wasser u. gelösten Stoffen dienende Gewebestränge i. Innern höherer Pflanzen (Gefäßpflanzen); z. B. bei d. Nerven (Adern) d. Blätter sichtbar.

Gefäße, 1) *Blutgefäße,* → Adern; **2)** *Lymphgefäße,* die die Gewebsflüssigkeit sammeln u. als *Lymphe* über d. Milchbrustgang dem Blutstrom zuführen.

Gefäßkrampf, sehr schmerzhafte Zusammenziehungen v. → Arterien (z. B. der Kranzschlagadern des Herzens), → Angina pectoris.

Gefäßkryptogamen, die höheren → Kryptogamen (Farne, Schachtelhalme).

Geflügel, Nutzvögel (Hühner, Gänse, Enten, Truthühner); Geflügelfleischerzeugung BR: 425 000 t (Schlachtgewicht). – **G.krankheiten,** bes. G.cholera, -diphtherie, -pocken u. -tuberkulose.

geflügelte Worte, volkstümlich gewordene Redewendungen aus Dichtungen, Reden usw.; v. → *Büchmann* (1864) gesammelt.

gefragt, Börsenausdruck: Nachfrage *(Geld)* überwiegt Angebot *(Brief).*

Gefreiter, erster militärischer Mannschaftsdienstgrad; Stufen: *Ober-G., Haupt-G., Stabs-G.*

Gefrierfleisch, 1) z. Überseetransport durch Tiefkühlung haltbar gemachtes Fleisch; **2)** Bevorratung in gewerblichen Lagerhäusern u. Haushalten.

Gefriergründung, Tiefbohrung in wasserhalt. Boden nach *Pötsch:* mehrere enge Rohre werden m. Chlormagnesiumlauge u. –20 °C gefüllt in d. Boden getrieben, damit er im Umkreis v. 3 m gefriert; dann erst eigtl. Bohrung.

Gefriersalz, z. Herstellung v. Kältemischungen: Ammoniumnitrat u. a.

Gefrierschnitt, sehr feiner Schnitt z. Zweck mikroskop. Untersuchung an e. künstl. gefrorenen organ. Gewebe.

Gefrierschutzmittel, f. Autokühler u. Zentralheizungen; frostsichere Mischungen v. Wasser m. Alkohol; Glycerin, meist Glykol (Glysantin).

Gefriertrocknung bes. wärmeempfindl. Stoffe, wobei d. Wasser gefriert u. das Eis i. Vakuum verdampft.

Gefrier-verfahren, Konservieren v. Nahrungsmitteln durch Tiefkühlung (z. B. G.fisch, G.fleisch, G.obst); auch → Kühlapparate.

Gefüge, kristalline Struktur bei Metallen u. Gesteinen, mikroskopisch sichtbar, bes. an Schliffstellen.

Gefühl, 1) feinabgestuftes Empfinden (bes. durch den Tastsinn); **2)** Stimmungszustand als innere Reaktion auf ein Erlebnis, meist mit Lust od. Unlust verbunden.

Gegenfüßler, svw. → Antipoden.

Gegengift, *Antidot,* Stoff, der den Körper vor Giften schützt bzw. Giftwirkungen aufhebt.

Gegenreformation, Kampf des Katholizismus gegen d. Protestantismus im 16. u. 17. Jh.; kath. Fürsten unterdrückten die neue Lehre; daneben auch Läuterung der überkommenen Kirchenformen: Jesuiten; → Tridentiner Konzil.

Gegenschein, Aufhellung d. nächtl. Himmels am Gegenpunkt der Sonne; gehört zum → Zodiakallicht.

Gegenwertmittel, *Counterpart Funds,* bei d. DBB hinterlegte bare DM-Gegenwerte für → ERP-Gelder; wurden größtenteils f. Wiederaufbau u. Förderung d. innereur. Handels verwendet.

Gehalt, 1) *m.,* d. wesentl. Inhalt; **2)** *s.,* das Arbeitsentgelt der Angestellten u. Beamten, in der Regel monatl. bezahlt; rechtlich ohne Unterschied zum Lohn. – **G.spfändung** → Lohnpfändung.

Geheck, *weidm.* die Jungen d. Haarraubwildes während d. Aufzuchtzeit.

Geheeb, Paul (10. 10. 1870–1. 5. 1961), dt. Pädagoge; Gründer der „Odenwaldschule" (1910), einer Vorform d. Gesamtschule.

Geheimbünde, Gemeinschaften, d. ihre Ziele vor d. Staat geheimhalten u. unbedingten Gehorsam fordern; Teilnahme n. § 128 StGB mit Gefängnis strafbar.

Geheimdienst, besonderer staatl. Nachrichtendienst, beschafft Information über Ausland; in der BR → *Bundesnachrichtendienst,* → *Verfassungsschutz,* → *Militärischer Abschirmdienst;* in der DDR früher: *Stasi (Staatssicherheitsdienst);* in Großbrit.: *Secret Service;* in USA: *CIA, CIC;* in Frkr.: *Sûreté;* u d. Sowjetunion: *KGB.*

geheime Offenbarung, svw. → Apokalypse.

geheimer Vorbehalt, stillschweigend gefaßte Absicht, das Erklärte nicht zu wollen; rechtl. unerheblich (§ 116 BGB).

Geheime Staatspolizei, *Gestapo,* pol. Polizei im ns. Dtld.

Geheimnisschutz, Strafvorschriften zur Verhinderung der Preisgabe od. Verwertung v. Privat- od. Geschäftsgeheimnissen durch best. Personen (z. B. Anwälte, Ärzte, Steuerberater) od. Träger eines öffentl. Amtes (z. B. Beamte, öffentl. bestellte Sachverständige); Strafverfolgung auf Antrag (§§ 203 ff. StGB).

Geheimschrift → Chiffreschrift.

Geheimwissenschaften, sogenannte, u. a. → Spiritismus, → Okkultismus.

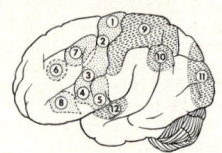

seitliche Außenansicht

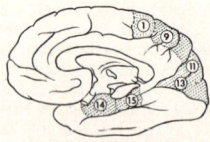

Mittelschnittansicht

Bewegungszentren: 1) für das Bein, 2) für den Arm, 3) für den Mund, 4) für die Zunge, 5) für den Kehlkopf, Schlund und das Kauen, 6) für die Augen- und Kopfdrehung, 7) Geruchszentrum, 8) motorisches Sprachzentrum; Sinneszentren, 9) Körperfühlsphäre, 10) optisches Sprachzentrum, 11) Zentrum für optische Erinnerungsbilder, 12) akustisches Sprachzentrum, 13) Sehzentrum, 14) Riechzentrum, 15) Geschmackszentrum

Gehirn

Gehirn, *Hirn,* die Zentralstelle aller Nervenregulationen (→ Nerven), besteht aus den Großhirnhalbkugeln u. dem Kleinhirn. Bei den niederen Tieren noch wenig entwickelt, nimmt mit zunehmend Entwicklung der Tierreihe an Größe u. Gewicht sowie an Oberfläche zu; beim Menschen relativ am größten u. reichsten an Windungen der Rinde. – **G.blutung,** *Schlaganfall,* → Apoplexie. – **G.entzündung,** *Enzephalitis,* versch. Formen, meist durch bakterielle oder Virusinfektion (z. B. Abszeß, G.grippe, Kinderlähmung, Tollwut usw.). – **G.erschütterung,** nach Fall auf oder Schlag gg. Kopf mit Bewußtseinsstörung, Erinnerungslücken, Erbrechen, Kopfschmerzen. – **G.erweichung, 1)** durch Ernährungsstörung infolge mangelhafter Durchblutung (Arterienverkalkung, Thrombose, Embolie) bedingte Erweichungsherde im G.; **2)** philitische Erkrankung der Hirnrinde, die zu Geisteskrankheit *(Paralyse)* u. fortschreitendem Verfall führt. – **G.häute,** harte, weiche und Spinnwebenhaut, umgeben das Gehirn. – **G.hautentzündung,** *Meningitis,* mit sehr heftigen Kopfschmerzen und Nackensteifigkeit, darum *Genickstarre* genannt; epidemisch, tuberkulös, nach Verletzung oder anderen Infektionen. – **G.rinde,** graue, aus Nervenzellen bestehende Außenschicht,

d. sich zu stark gefurchten *G.windungen* faltet. – **G.schlag** → Apoplexie. – **G.wäsche,** Bez. für Methoden d. Meinungsformung durch psych. Druck u. Suggestion; seelische Folterung, die Selbstbezichtigung auch ohne realen Sachverhalt z. Folge hat, oft durch Drogen unterstützt.

Gehlen, 1) Arnold (29. 1. 1904–30. 1. 76), dt. Phil. u. Soziologe; *Der Mensch; Urmensch u. Spätkultur;* **2)** Reinhard (3. 4. 1902–8. 6. 79), dt. General; 1942–45 Chef der „Abteilung Fremde Heere Ost", s. 1948 des privaten, von den USA finanzierten „Nachrichtendienstes G." (1955 d. B.kanzler unterstellt); 1957–68 Präs. d. B.nachrichtendienstes; *Der Dienst; Zeichen d. Zeit.*

Gehör, Gesamtheit d. Empfindungen, die durch Schallwellen im Innenohr Reize im Gehirn auslösen. – **G.knöchelchen,** bestehend aus *Hammer, Amboß* u. *Steigbügel,* leiten d. Schall v. Trommelfell z. inneren → Ohr (Abb.).

Gehörn → Geweih.

Gehrden (D-3007), St. i. Kr. Hannover, Nds., 12 666 E; div. Ind.

Gehrung, Zusammenstoß v. Leistenenden i. versch. Winkeln bei Schreinerarbeiten, Bilderrahmen.

Geibel, Emanuel (17. 10. 1815–6. 4. 84), dt. Dichter; formal virtuose, aber inhaltlich epigonale Lyrik; Dramen, Übersetzungen.

geien, die unteren Segelenden bis unter die Rahe emporziehen und zusammenbinden.

Gänsegeier

Geier, Greifvögel; Aasvertilger, bes. *Aas-G.* des Orients, z. B. *Gänse-G.,* Afrika, Asien, S-Europa; *Königs-G.,* in den Ebenen S-Amerikas und Mexikos, und → *Kondor* sind **Kamm-G.**

Geierhaube, Kopfputz der Königinnen im alten Ägypten.

Geige, dt. Bez. f. → Violine.

Geiger, 1) Hans (30. 9. 1882–24. 9. 1945), dt. Phys.; Forschung über Radioaktivität; von ihm **G.-Müller-** → **Zählrohr,** für Kernphysik unentbehrliches Gerät zum Nachweis energiereicher Korpuskeln (→ Elektronen, → Alphateilchen, → Protonen, → Gamma-Strahlen, → Neutronen); äußerst empfindlich, kann selbst einzelne Teilchen anzeigen; **2)** Theodor (9. 11. 1891–16. 6. 1952), dt. Soziologe; Arbeiten zur Ideologiekritik; *Demokratie ohne Dogma;* **3)** Willi (27. 8. 1878–1. 2. 1971), dt. Graphiker und Maler; Buchillustrationen (Goethe, Kleist, Dostojewski u. a.); s. Sohn **4)** Rupprecht (26. 1. 1908), Maler; Kompositionen geometrische Großformen.

Geilenkirchen (D-5130), St. im Kr.

Heinsberg, NRW, 21 625 E; AG; div. Ind.

Geisel, Ernesto (* 3. 8. 1908), brasilian. Gen.; 1974–79 Staatspräs.

Geisel, l. Nbfl. der Saale bei Merseburg; durchfließt das **G.tal,** bedeutendes mitteldt. Braunkohlenrevier, Fundstätte tertiärer Fossilien.

Geisel, (meist besonders achtbare) Person, die mit Leib und Leben für Erfüllung von Zusagen bürgt; im Krieg als Repressalie; → Geiselnahme, → Terrorismus.

Geiselgasteig, Vorort v. München mit Filmproduktionsstätten.

Geiselnahme, Menschenraub, mit schwerer Bedrohung des Opfers zum Zwecke einer Nötigung od. Erpressung Dritter; wird mit hoher, u. U. lebenslanger Freiheitsstrafe bestraft (§ 239b StGB).

Geisenheim (D-6222), hess. St. im Rheingau-Taunus-Kr., 10 730 E; Fach-HS f. Wein-, Obst- u. Gartenbau; Weinbau (St.teile *Johannisberg, Stephanshausen, Marienthal*).

Geiser, *Geysir,* periodisch auftretender heißer Springquell vulkan. Ursprungs (Island, Neuseeland, Yellowstone-Nationalpark); → Quelle.

Geiserich, *Genserich* (um 390–477), Gründer d. Vandalenreiches in N-Afrika, Eroberer Roms (455 n. Chr.).

Geisha

Geisha, w. [ˈgeːʃa], jap. Tänzerin (im Teehaus und bei Festlichkeiten).

Geislingen a. d. Steige (D-7340), St. i. Kr. Göppingen, Ba-Wü., 26 176 E; AG; Metallwarenfabrik (WMF), Maschinenfabrik (MAG).

Geißbart, *Aruncus,* Rosengewächse, hohe Stauden m. dichten weißen Blütenrispen, im Wald u. auf Wiesen; auch südeur. u. am. Ziersträucher. ♦

Geißblatt, Schlingpflanzen, Sträucher; Zierpflanzen, bes. *Jelängerjelieber, Schneeball, Schwarzer Holunder.*

Geißel, *Flagellum,* **1)** fadenförmige Organelle b. Bakterien, Geißeltierchen, Spermien u. höheren Organismen; **2)** der aus vielen Einzelgliedern bestehende Endteil der Gliedmaßen der → Gliedertiere.

Geißelbrüder, svw. → Flagellanten.

Geißeltierchen, *Flagellaten,* einzellige grüne od. farblose Kleinlebewesen m. Schwimmgeißeln, teils zum Tier-, teils

zum Pflanzenreich gerechnet; einige sind Krankheitserreger (Schlafkrankheit), → Trypanosomen.

Geißfuß, 1) hebelart. Werkzeug z. Ausziehen v. Nägeln, unten klauenartig.

Geißklee, *Geißraute, Besenginster,* Schmetterlingsblütler.

Geißler, 1) Heinrich (* 3. 3. 1930), CDU-Pol.; 1967–77 Sozialmin. v. RP, s. 1977 Gen.sekr. d. CDU; 1982–85 B.min. f. Jugend, Familie u. Gesundheit; **2)** Horst Wolfram (30. 6. 1893–19. 4. 1983), dt. Schriftst.; Rokoko- u. Biedermeierromane; *D. liebe Augustin.*

Geißlersche Röhren, Hochspannungsentladungsgefäße; Färbung je nach Gas im Rohr u. Glassorte; ben. n. Heinrich *Geißler* (1815–79).

Geistchen, Kleinschmetterling, Puppen im Gespinst od. nur am Hinterende befestigt.

Geisteskrankheiten, führen zu Veränderungen der Persönlichkeit (Gemüt, Wille), zu Einschränkung oder Verlust geistiger Fähigkeiten, bes. der Urteilskraft und der Möglichkeit, den Anforderungen d. Lebens gerecht zu werden; wenn sie für den Kranken bzw. seine Umgebung gefährlich sind, führen sie zu → Entmündigung od. Bewachung in besonderen Anstalten. G. bilden Strafausschließungsgrund und beeinflussen Geschäftsfähigkeit.

Geisteswissenschaften, erforschen nach → Dilthey das geistige Sein des Menschen, der Menschengruppen und ihrer Werke in ihrem sinnhaften Zusammenhang; Ggs.: → Naturwissenschaften.

geistiges Eigentum, jurist. ungenaue Bez. für → Urheberrecht und → gewerblichen Rechtsschutz.

geistliches Drama, Darstellung d. Heilsgeschichte, zunächst durch Geistliche aus d. liturg. Tradition, später Verweltlichung; → Passionsspiel.

Gekröse, 1) *Mesenterium,* Bauchfellfalte, Aufhängeband des Dünndarms; **2)** *in der Küche:* → Kaldaunen.

Gel, *s.* [gr.], das s. Lösung ausgefällte Kolloid, fest-flüssig verformbar.

Gelatine [ʒe-], Eiweißstoff, reine Form des → Leims; farb- u. geschmacklos, zur Herstellung von Gelees, fotograf. Filmen, Platten usw.

Geläuf, 1) Spur v. Federwild; **2)** Boden d. Pferderennbahn.

Gelbbleierz, *Wulfenit,* Bleimolybdat (Mineral).

Gelbbuch → Farbbücher.

gelber Fleck, Stelle des schärfsten Sehens der Netzhaut.

Gelber Fluß, svw. → Huang He.

Gelbes Meer, chin. *Huang Hai,* Randmeer zwischen China und Korea, durch den Huang He gelb gefärbt (Löß); Häfen: *Dairen, Tsingtau.*

Gelbfieber, anzeigepflichtige, akutfieberhafte trop. Virusinfektion mit Gelbsucht u. Erbrechen, durch *Aëdes*-Mücken übertragen.

Gelbguß, Messing mit etwa 33% Zinkgehalt, in Sandform gegossen.
Gelbkörper, lat. *Corpus luteum,* entsteht im Eierstock aus → Graafschem Follikel nach der → Ovulation, bildet **G.hormon,** Progesteron.
Gelblinge, Blätterpilze; z. T. genießbar (z. B. → Pfifferling).
Gelbrand → Schwimmkäfer.
Gelbrost, Streifenrost, Pilzschädling auf Weizen u. Gerste.
Gelbsucht, gelbgrünliche Verfärbung der Haut durch Galleübertritt ins Blut b. verschiedenen Leber- u. Gallenwegskrankheiten od. durch Zerfall roter Blutkörperchen bei hämolyt. → Anämie u. → Weilscher Krankheit; harmlos d. G. d. Neugeborenen; auch als ansteckende Krankheit auftretend.
Geld, 1) Metallgeld, Münzen, *Hartgeld,* im Ggs. z. stoffwertlosen Papiergeld; *wirtsch.* Recheneinheit (Wertmesser von Gütern u. Dienstleistungen) u. Tauschmittel in einer Wirtschaftseinheit; in früheren Entwicklungsstufen in Form von Stoffwert *(Natural-G.); z. B.* Vieh, Felle, Salz, Perlen, Muscheln (→ Kauri), Edelmetall; mit Intensivierung d. Zahlungsverkehrs stoffwertloses G.: z. B. → *Papiergeld* (bar), → *Giralgeld* (unbar); Geldarten: Währungsgeld (Kurantgeld), uneingeschränkte Annahmepflicht; Scheidemünzen, nur begrenzter Annahmezwang; **2)** *rechtl.* bestimmte Zahlungsmittel, d. kraft Gesetzes von jedermann anzunehmen sind; u. Währungssysteme. – **G.buße,** Mittel zur Ahndung v. → Ordnungswidrigkeiten.
Geldern, 1) *Gelderland,* ndl. Prov., zw. Zuidersee u. Maas, 5015 km², 1,79 Mill. E; im N sandige Geest mit Heide *(Veluwe),* im S zw. Rhein und Maas fruchtbare Marschlandschaft *(Betuwe)* m. Viehzucht; Hptst. *Arnheim;* **2)** (D-4170), St. i. Kr. Kleve, NRW; 28 465 E; Metallindustrie.
Geldfälschung → Münzverbrechen.
Geld-kapital, Geld, das zu Erwerbszwecken (Produktion) dient (Kapital in

G.form), im Ggs. zu Geld, das für Verbrauchszwecke (Konsum) verwendet wird. – **G.kurs** → Kurszettel. – **G.lehre,** *G.theorie,* Teil **a)** der Nationalökonomie, die sich mit dem Wesen, den Arten, dem Wert u. der Bedeutung des Geldes befaßt; **b)** des Wirtschaftsrechts, d. das **G.recht** (Ausgabe, Deckung, Annahmezwang usw.) darstellt. – **G.markt,** Angebot und Nachfrage nach kurzfristigen Darlehen; wird durch Diskontpolitik beeinflußt; hpts. Bankkredit (kurzfristiger Kredit); Ggs.: → Kapitalmarkt. – **G.schöpfung,** Schaffung zusätzl. Geldes durch den Staat u. d. B.bank (Ausgabe neuer Münzen, Banknoten, Schatzanweisungen); auch durch Geschäftsbanken (Kreditschöpfung, Buchgeld). – **G.strafe,** bei best. Delikten u. geringer Schuld verhängte Strafe; bei manchen Delikten auch neben Freiheitsstrafe; wird i. sog. → Tagessätzen verhängt. – **G.surrogate,** Geldersatzmittel, die volkswirtschaftl. Funktion des Bargelds übernehmen können (z. B. Scheck, Wechsel). – **G.wertsicherungsklausel,** vertragl. Abmachung (nur nach Genehmigung der DBB), daß sich die Höhe e. zurückzuzahlenden Schuldbetrags nach d. Kaufkraft des Geldes richtet. – **G.wirtschaft,** theoret. Stufe d. wirtsch. Entwicklung, auf der Geld das kennzeichnende Mittel darstellt; liegt zw. den Stufen Natural- u. Kreditwirtschaft.
Gelee, *s.* [frz. *ʒəˈleː*], mit Zucker eingedickter Fruchtsaft; steifgewordener Fleischsaft.
Geleit, im MA schützende Begleitung von Reisenden gegen Entgelt; → *Sicheres Geleit.* – **G.zug,** *Convoi* [engl.], Transport an Land od. auf See unter mil. Schutz.
Gelenk, 1) die bewegl. Verbindung zweier od. mehrerer Knochen; das G. ist von einer durch starke Bindegewebszüge u. Bänder verstärkten Kapsel umgeben u. innen mit der Gelenkschmiere *(Synovia)* gefüllt; je nach dem Umfang der Bewegungen unterscheidet man ein- und mehrachsige Gelenke; **2)** Ausdruck i. d.

Technik, z. B. *G.bogen, G.träger.* – **G.kette,** Rollkette bzw. Zahnkette zur Kraftübertragung (z. B. Fahrradkette). – **G.maus,** durch Verletzung od. Knorpelkrankheit abgelöste Knochen- oder Knorpelkörper i. Gelenk, können sich einklemmen, dann sehr schmerzhaft. – **G.rheumatismus,** akut oder chron. (→ Rheumafaktor), sehr schmerzhafte, m. Schwellung u. Bewegungsbehinderung auftretende Krankheit d. G.s; → Fokalinfektion.
Gelimer, letzter Vandalenkg in Afrika, 534 n. Chr. durch Belisar entthront.
Gellert, Christian Fürchtegott (4. 7. 1715–13. 12. 69), dt. Dichter d. Aufklärung; *Fabeln; Geistl. Lieder;* Drama: *D. Betschwester.* Erster bürgerl. Roman in Dtld *Das Leben der schwedischen Gräfin von G. …*
Gell-Mann, Murray (* 15. 9. 1929), amerikanischer Physiker; Nobelpreis 1969 (für Arbeiten zur Klassifizierung d. Elementarpartikeln).
Gelnhausen (D-6460), Barbarossast. i. Main-Kinzig-Kr., Hess., 18 866 E; AG; Ruine einer Kaiserpfalz (12. Jh.).
Gelon, Tyrann von Syrakus, 491–478 v. Chr., erst d. Karthager 480 v. Chr. aus Ostsizilien.
Gelsenkirchen (D-4650), kreisfreie St. i. Rgbz. Münster, NRW, 287 255 E; AG; bed. Ind.: Kohle, Eisen- u. Stahlverarbeitung, Glas, Textil- u. Petrochemie; 6 Häfen am Rhein-Herne-Kanal; Ruhr-Zoo, Schloß Berge, Schloß Horst, Städt. Mus., Fußball-Mus., Musiktheater im Revier.
GEMA, Abk. f. *Gesellschaft für musikalische Aufführungs- u. mechan. Vervielfältigungsrechte* (früher Stagma), verwaltet mus. Urheberrechte, verteilt Aufführungstantiemen.
Gemara, *w.,* Teil des → Talmud, 3.–5. Jh. n. Chr.
Gemarkung, (umgrenzter) Gemeindegrundbesitz.
Gemayel [ʒamaˈjel], Amin (* 1942), libanes. Pol. (Falange); Sohn d. Falange-Parteichefs *Pierre G.* (1905–84); nach dem

Geldmarkt Bargeldumlauf in Mrd. der Landeswährung

		1938	1950	1960	1982	1986	1987
BR Deutschl.	RM/DM	11,80	7,70	20,80	89	112	124
Frankreich	FF	112,00	1590,00	40,50	177	216	227
Großbritannien	£	0,46	1,29	2,20	11	13	14
Indien	iR	1,70	12,70	18,90	157	268	316
Italien	Lit	19,30	1122,00	2386,00	33061	49863	53789
Japan	Y	2,90	408,70	1097,00	19775	26198	28583
Niederlande	hfl	1,04	2,97	5,09	26	30	33
Schweden	skr	1,04	3,57	6,62	38	54	–
Schweiz	str	1,98	4,99	7,35	24	29	29
USA	$	5,80	25,00	29,60	135	186	199

Deutschland (Deutsches Reich, BR Deutschland) in Mrd. RM. DM

□ Bankeinlagen
▨ Bargeldumlauf

1913	1932	1938	1948	1970	1982	1986	1987	1988
36,8 6,6	28,0 5,6	46,0 10,4	11,4 6,4	39,4	89 / 172	112 / 205,	124 / 231	142 / 267 / 245

Attentat auf s. Bruder *Beschir G.* (1947–82) Staatspräs. bis 1988.

Gemeinde, 1) *Pol. G.,* öffentliche (Gebiets-)Körperschaft, d. i. ihrem Gebiet unter eigener Verantwortung (Selbstverwaltung) alle öff. Aufgaben zu erfüllen hat, d. nicht gesetzl. einer anderen Stelle übertragen sind. G. ist unterste kommunale Verw.einheit. G.angehörigkeit durch Wohnsitz bestimmt (Einwohner-G.); **2)** *christl. G.* ist Lebensgemeinschaft der Gläubigen, organisatorisch (nach ev. Kirchenverfahren) die kleinste Einheit der Kirche mit Eigenrechten (Wahl der Geistlichen, Kirchenvorstand) u. Pflichten zur G.arbeit. – **G.kirchenrat,** in der ev. Kirche Vertretung (Pfarrer, gewählte Mitgl., Patrone) der G.mitgl. zur Verw. des gemeindl. Kirchenvermögens. – **G.verbände** → Kommunalverbände. – **G.verfassung,** das System der Vertretung u. Verwaltung einer G. In d. Ländern der BR nach 1945 versch. Systeme, die in *G.ordnungen* festgelegt sind. *Allg.* ein von d. G.bevölkerung gewähltes Beschlußorgan, das zugleich verwaltendes Organ sein kann *(Ratsverfassung)* oder neben dem als verwaltendes Organ der Bürgermeister allein *(Bürgermeisterverf.)* od. als Vorsitzender d. Magistrats (dem Mitbeschlußrecht eingeräumt sein kann) zus. mit diesem *(echte* od. *unechte Magistratsverfassung)* fungiert.

gemeiner Pfennig, letzter größerer Versuch direkter Reichssteuern im Dt. Reich (15. Jh.).

gemeiner Wert, steuerrechtl. festgelegt in § 9 Bewertungsgesetz als der Wert, der im Geschäftsverkehr nach der Beschaffenheit des Wirtschaftsgutes bei einer Veräußerung zu erzielen wäre; → Einheitswert.

gemeines Recht, im Dt. Reich bis zum Inkrafttreten des BGB geltendes Privatrecht, das sich seit d. MA aus d. röm. u. kanon. Recht durch Gerichtspraxis entwickelt hatte u. gegenüber den Partikularrechten nur subsidiär galt.

gemeinfrei, d. Allgemeinheit zugängl., → Urheberrecht; im MA: v. → Frondienst u. Abgaben freie Bauern.

gemeingefährliche Krankheiten, Bez. f. schwere Infektions- u. Geisteskrankheiten, die d. Umgebung durch Ansteckung gefährden (→ Quarantäne) bzw. unter deren Wirkung die Kranken Gewalttätigkeiten begehen.

gemeingefährliche Verbrechen und Vergehen, Straftaten, d. sich geg. Leben, Gesundheit od. Vermögen einer unbestimmten Personenzahl richten, wie Brandstiftung, Gefährdung des Bahn-, Schiffs-, Luft- u. Straßenverkehrs, des Telegraphen- u. Fernsprechbetriebes, Trunkenheit i. Verkehr, Brunnenvergiftung u. a. (§§ 306 ff. StGB).

gemeinnützig, Zwecke, deren Erfüllung ausschließl. u. unmittelbar die Allgemeinheit fördert; von Bedeutung bei d. Besteuerung kirchl., soz., kultureller Kör-perschaften, Anstalten, Stiftungen und allg. bei der Einkommensteuer.

Gemeinsame Afrikanisch-Mauritianische Organisation, *GAMO,* → OCAM.

Gemeinsamer Markt → Europäische Wirtschaftsgemeinschaft.

Gemeinschaftsschule, Schule für Schüler versch. Bekenntnisse; Ggs.: → Bekenntnisschule.

Gemeinschuldner, Schuldner im Konkurs.

Gemeinwirtschaft, *allg.* Form der Wirtschaft, deren Prinzip auf die gemeinsam angestrebte Bedarfsdeckung ausgerichtet ist u. somit nicht dem privaten Gewinnstreben dient; *speziell:* der vom Kommunismus angestrebte soz. Wirtschaftsprozeß (Produktion und Konsum) wird nach einheitl., gemeinschaftl. Plänen gestaltet: *ökonomischer Kommunismus. Planwirtschaft mit demokr. Zentralismus.* Ggs.: Individualwirtschaft, freie Wirtschaft.

Gemeng(e)lage, Ackergrundbesitz e. Besitzers, dessen Parzellen zerstreut liegen; → Flurbereinigung.

Gemini [engl. „Zwillinge"], bemannte Raumflugkörper (USA), mit denen jeweils 2 Raumfahrer in e. erdnahe Umlaufbahn gebracht wurden; Vorbereitungsprogramm für das Apollo-Projekt.

gemischte Ehe, Ehe zw. Angehörigen versch. Religionsgemeinschaften; *kanon.* Ehehindernis bei Religionsverschiedenheit (*impedimentum disparitatis cultus*); in Dtld zivilrechtl. zulässig.

gemischtwirtschaftliche Unternehmungen (GwU): private u. öff.-rechtl. Personen (Staat, Gemeinde usw.) gemeinsam beteiligt.

Gemma, hellster Stern i. Sternbild d. nördl. Krone.

Gemme [l.], Edel-, Halbedelstein mit vertieft od. erhaben geschnittenen Figuren.

Gemmi, schweiz. Paß in den westl. Berner Alpen, 2316 m; verbindet Kandertal und Wallis.

Gemse, *Gams,* ziegenart. Huftier der eur. Hochgebirge (Alpen, auch Schwarzwald); *Gamsbart,* die Rückenhaare im Bock; Hörner heißen *Krickeln.*

Gemünden a. Main (D-8780), St. im Ldkr. Main-Spessart an d. Mündung v. Fränk. Saale u. Sinn in d. Main, 10 133 E; AG; div. Ind.

Gemüt, Basis des Gefühlslebens, bestimmt d. Ansprechbarkeit u. Qualität der Gefühlsreaktion. – **G.skrankheiten,** bei ihnen ist Gleichgewicht d. Gefühlslebens verschoben (z. B. Melancholie).

Gen, Erbeinheit; Gene sind Regionen des genet. Materials, die in ihrer → DNA (bei einigen Viren auch → RNA) die Erbinformation enthalten; sie stellen spezif. Abschnitte (*Loci*) auf d. Chromosomen dar. Durch Wechselwirkung zw. Genen u. ihrer Umgebung wird die Entwicklung u. Organisation eines Organismus bestimmt; → Cistron. Erste G.synthese 1970 durch → Khorana; erste G.transduktion 1971, → Genetic engineering; 1976 künstlich geschaffenes Gen in lebende Zelle eingepflanzt (Khorana).

genant [frz. *ʒe-*], peinlich; gehemmt.

Gendarm, *m.* [frz. *ʒã-*], (berittener) Landjäger, Polizist (östr.).

Gendarmerie [*ʒã-*], die östr. Bundespolizei.

Gêne, *w.* [frz. *ʒɛːn(ə)*], Befangenheit, Zwang.

Genealogie [gr.], Familienforschung, untersucht Abstammung u. Verwandtschaft von Familien.

General, 1) höchste Rangklasse d. Offiziere (Heer, Luftwaffe): bis 1945 G.major, G.leutnant, G. d. Infanterie (Artillerie, Flieger usw.), G.oberst, G.feldmarschall; Bundeswehr: Brigade-G., G.major, G.leutnant, General; **2)** in versch. kath. Orden Bez. f. d. höchsten Oberen.

Generalbaß, it. *basso continuo,* instrumentale Baßstimme, deren „Bezifferung" die zugehörigen Akkorde angibt: Kompositionstechnik v. 1600–1750, identisch m. Barockmusik.

Generalbundesanwalt, Leiter d. Staatsanwaltschaft b. B.gerichtshof.

Generaldirektor, oberster Leiter einer erwerbswirtsch. Körperschaft (meistens einer AG).

General Dynamics Corporation [ˈdʒenərəl daiˈnæmiks kɔːpəˈreɪʃən], am. Firma f. d. Produktion v. Mil.flugzeugen (z. B. Kampfflugzeug „F 16"), Flugkörpern u. Unterseebooten.

Generalinspekteur d. Bundeswehr, Leiter d. Hptabteilung für mil. Angelegenheiten; s. 1991 Klaus Naumann.

Generalintendant, Titel für Leiter großer Bühnen oder Bühnengemeinschaften.

generalisieren [l.], verallgemeinern.

Generalissimus, Oberbefehlshaber m. besonderen Machtvollkommenheiten.

Generalität, Gesamtheit der Generale.

Generalklausel, verallgemeinernde gesetzl. Rahmenvorschrift.

Generalkommando, bis 1945 Kommandostab e. Armeekorps.

Generalkonsul, höchster Rang unter den Konsuln.

General Motors Corporation [ˈdʒenərəl ˈmoutəz kɔːpəˈreɪʃən], bedeutendster Automobilproduzent, Detroit 1916 (1908) gegr.

Generalmusikdirektor, Titel für Orchesterleiter.

Generalnenner, Hauptnenner mehrerer Brüche.

Generalpause, gleichzeitige Pause für alle Stimmen und Instrumente; abgek.: *G.P.*

Generalstaaten, Versammlung der ndl. Provinzialstaaten (1579–1795); heute → Niederlande, Verfassung.

Generalstaatsanwalt, höchster Staatsanwalt im Bez. eines OLG.

Generalstab, Offizierkorps aus für die höhere Truppenführung besonders ausgebildeter Offizieren. In Dtld bis 1945 gegliedert in *Großer G.* u. *Truppen-G.e;* bei d. Bundeswehr: Offiziere im **G.sdienst.**

Generalstände, *Etats généraux,* bis 1789 d. gewählten Abgeordneten des Adels, d. Geistlichkeit, d. Städte in Frkr.; aus ihnen ging d. Nat.vers. hervor.

Generalstreik, gleichzeitige Arbeitseinstellung in allen Betrieben eines Gebietes; meist mit Ausnahme d. → lebenswichtigen Betriebe.

Generalsuperintendent, höchster ev. Geistlicher eines Landes (Prov.), jetzt meist *Landesbischof.*

Generalsynode → Synode.

Generalversammlung, *Hauptversammlung,* → Aktiengesellschaft.

Generalvertrag → Deutschlandvertrag.

Generalvikar, Regierungs- u. Verwaltungsstellvertreter e. kath. Bischofs.

Generation, *w.* [l.], Gesamtheit der Zeitgenossen; Menschenalter-Abschnitt (ca. 25 Jahre). - **G.swechsel,** regelmäßiger Wechsel v. geschlechtl. u. ungeschlechtl. Fortpflanzung b. manchen Tieren u. vielen Pflanzen, oft verbunden mit versch. Lebensweise u. Organisation.

Generator [l.], **1)** Stromerzeuger, → Dynamomaschine; **2)** Ofen zur Erzeugung von brennbarem *G.gas* (als Stadtgas) durch unvollständige Verbrennung (Vergasung) von Holz, Kohlen od. Koks.

generell [frz.], allgemein; Ggs.: speziell.

generös [frz. *ʒe-*], großmütig, freigebig.

Genese, *w.* [gr.], Entstehung (z. B. einer Krankheit).

Genesis, *w.* [gr.], Ursprung, Schöpfung; 1. Buch Mose.

Jean Genet

Genet, Jean (19. 12. 1910–15. 4. 86), frz. Schriftst.; Dramen: *Die Zofen; Der Balkon; Unter Aufsicht;* Romane: *Notre-Dame-des-fleurs; Tagebuch eines Diebes.*

Genetic engineering [engl. *dʒɪˈnɛtɪk endʒɪˈnɪərɪŋ*], Gen-Chirurgie, experimentelle Veränderung der Erbinformation einer Zelle mit Hilfe der → Transduktion; 1971 v. d. am. Forschern Merril, Geier u. Petricciani an menschl. Bindegewebskulturen (→ Gewebekultur) mit → Galaktosämie-Defekt durchgeführt; Gefahr der Bildung neuer, bisher nicht aufgetretener Bakterien (Seuchengefahr); Versuche, durch Übertragung menschl. Gene auf Tiere Übergrößen zu erzeugen, umstritten.

Genetik, *w.* [gr.], Lehre v. der Vererbung.

genetische Information, Baupläne f. d. biochem. Produktion einer Zelle.

genetischer Kode, das Prinzip, nach dem die genet. Information i. d. → DNA der → Chromosomen (bei manchen Viren auch → RNA) verschlüsselt ist, durch die spezif. Aufeinanderfolge, die Basensequenz, der Purin- und Pyrimidinbasen Adenin, Guanin, Cytosin u. Thymin (in RNA Uracil) wird die spezif. Folge der → Aminosäuren in den Enzym- u. Struktureiweißkörpern festgelegt; dabei kodieren je drei aufeinanderfolgende Basen (Triplett) der Nukleinsäure eine Aminosäure des Proteins.

Genetten, svw. → Ginsterkatzen.

Genever, *m.* [ndl. *ʒe-*], Wacholderschnaps.

Genezareth, See, *Galiläisches Meer,* bibl. Bez. für den *Tiberiassee,* arab. *Bahr el Tabarije,* v. Jordan durchflossen, N-Palästina, 200 km², 209 müM.

Genf, *Völkerbundpalast*

Genf (CH-1200), frz. *Genève,* Hptst. des schweiz. Kantons *G.* (282 km², 373 000 E), am Rhôneausfluß aus d. Genfer See, 162 000 E, Agglom. 389 000 E; Uni., Kathedrale, Rhônebrücken, Rousseau-Insel; Sitz des Intern. Roten Kreuzes, des Intern. Arbeitsamtes, 1920–46 d. Völkerbundes, d. Intern. Union für das Fernmeldewesen, der → CERN; Uhreind., Fremdenverkehr. - Seit 5. Jh. Bischofssitz; 1536–64 Wirkungsstätte Calvins; 1798 frz., 1814 eidgenöss. Kanton.

Genfer Abrüstungskonferenz, tagt s. 1962 m. USA u. Sowjetunion als Hauptteilnehmer; auch → SALT, → START u. → MBFR/MURFAAMCE. Die 1962 gegr. G. A. ist ein ständiges Verhandlungsgremium der → UNO über Abrüstung u. Rüstungskontrolle. Teilnehmer sind je 7 Staaten der → NATO u. des Warschauer Paktes sowie die Atommächte USA, UdSSR, Frankreich, Großbritannien u. China. Beschlüsse müssen einstimmig gefaßt werden.

Genfer Konvention, Bez. für 4 intern. Abkommen: **1. G. K.** zur Verbesserung des Loses der Verwundeten u. Kranken der Heere im Felde, Schutzzeichen: → *Rotes Kreuz,* in der Türkei u. den arab. Ländern *Roter Halbmond,* 1864, → Dunant; 1929 u. 1949 verbessert; 1925 Protokoll über Bakterien- u. Gaskrieg; **2. G. K.** zur Verbesserung des Loses der Verwundeten, Kranken u. Schiffbrüchigen der Seestreitkräfte, 1949, Verbesserung der Haager Kon-

vention von 1907 → Haager Friedenskonferenzen; **3. G. K.** über die Behandlung der Kriegsgefangenen, 1929, verbessert 1949; **4. G. K.** über den Schutz der Zivilbevölkerung im Kriege, 1949. 1952 Konvention z. Schutz kultureller Werte i. Krieg.

Château de Chillon am Genfer See

Genfer See, frz. *Lac Léman,* größter See im Alpengebiet, zwischen Schweiz und Frankreich, 372 müM, 581 km², 72 km lang, bis 14 km breit, bis 310 m tief, von der Rhône durchflossen; mildes Klima, bes. am N-Ufer Weinbau; Kurorte: *Montreux, Vevey, Ouchy, Thonon-* u. *Evian-les-Bains, Château de Chillon.*

genial [l.], v. Genie zeugend, schöpferisch begabt.

Genickstarre → Gehirnhautentzündung.

Genie, *s.* [frz. *ʒeˈniː*], höchste schöpferische Begabung. - **G.zeit,** *Sturm und Drang,* → deutsche Literatur, Übers.

Génissiat [*ʒeniˈsja*], französisches elektrisches Kraftwerk an der Rhône bei Bellegarde, Jahresleistung 2 Mrd. kWh; Stausee ca. 50 Mill. m³.

Genitalien [l.], → Geschlechtsorgane.

Genitiv, *m.,* 2. Beugefall, auf die Frage *wessen?* (z. B. *Vaters* Hut).

Genius, *m.* [l.], (Schutz-)Geist.

Genom, der einfache (haploide) Chromosomensatz einer Zelle u. d. in ihm kalisierten *Gene;* auch d. Gesamtheit der Gene eines Individuums.

Genossenschaften → Übers., S. 299.

Genotypus [gr.], **1)** die Gesamtheit aller in den *Chromosomen* lokalisierten → *Gene* eines Organismus; **2)** Erbbild = samtheit aller Erbfaktoren) im Gegensatz zum Erscheinungsbild (→ *Phänotypus).*

Genova [*ˈdʒeɛ-*], it. Name von → Genua.

Genoveva (um 750), legendäre Herzogin von Brabant; zu Unrecht des Ehebruchs bezichtigt; Drama v. Hebbel.

Genozid [gr.-l.], soviel wie → Völkermord.

Genre [frz. *ʒãr(ə)*], „Art u. Weise"; die *G.bild,* die *G.malerei* beschreibt wirklichkeitsgetreu einen typischen Ausschnitt aus dem Alltagsleben; seit der Antike, be-

Genossenschaften

Zusammenschlüsse natürl. u. jurist. Personen. Mindestens 7 Mitgl., nach oben keine Begrenzung. **Organe:** Vorstand (mindestens 2 Mitgl.), Aufsichtsrat (mindestens 3 Mitgl.), Gen.- bzw. Vertreter-Versammlung. Eigenkapital: die Geschäftsguthaben d. Mitglieder u. Rücklagen. Bei beschränkter Haftung haftet der einzelne bis zur Haftsumme, auch unbeschränkte Haftung mögl. od. Verzicht auf Nachschußpflicht, gesetzl. Regelung durch Ges. v. 1. 5. 1889 (Novellierung ab 1. 1. 1974). **Geschichte:** Ländliche Genossensch.: Erste genossensch. Gründung durch Raiffeisen in Weyerbusch 1848, hieraus entstanden die ländl. G.; gewerbl. G. 1849 durch Schulze-Delitzsch gegr.; Konsum-G. nach d. „Pionieren" von Rochdale (England) seit 1844. – Dtld 1937: ca. 40 000 landw., 5500 gewerbl., 3200 Bau- und 120 Konsum-G.; BR 1976 ca. 5004 Kredit-G. (davon 3242 Kredit-G. mit Warenverkehr), 9340 Raiffeisen-Waren- u. Dienstleistungs-G. (davon 3242 Kredit-G. mit Warenverkehr), ca. 1050 gewerbl. Waren- u. Dienstleistungs-G., 1263 Bau- u. 136 Konsum-G. **Arten: 1)** Kredit-G. für alle Bankgeschäfte (einschließl. Versicherungen) u. a. Einlagen u. Kreditgewährung, Teilzahlungsfinanzierung; **2)** Absatz-G. zum gemeinschaftl. Bezug u. Absatz landw. od. gewerbl. Erzeugnisse; **3)** Einkaufs-, Magazin- u. Dienstleistungs-G. zur Beschaffung u. Benutzung v. Gegenständen landw. od. gewerbl. Betriebes auf gemeinschaftl. Rechnung; **4)** Produktiv-G. zur Herstellung u. zum Verkauf v. Gegenständen auf gemeinschaftl. Rechnung; **5)** Einkaufs- u. Magazin-G. zur Beschaffung u. Benutzung von Gegenständen des landw. od. gewerbl. Betriebes auf gemeinschaftl. Rechnung; **6)** Wohnungsbau-G. bauen, finanzieren u. verwalten günstige Wohnungen f. ihre Mitglieder. **Organisation: 1)** Dt. Genossenschafts- u. Raiffeisenverband e. V., Bonn, 1972 aus Dt. Genossenschaftsverband (Schulze-Delitzsch) Dt. Raiffeisenverband entstanden; ist Spitzenverband; weiterhin sind auf Bundesebene tätig die drei Bundesverbände: **a)** Bundesverband d. Dt. Volksbanken u. Raiffeisenbanken e.V. mit 3037 Volks- und Raiffeisenbanken (einschl. 1474 Kredit-G. mit Warengeschäft) und 8 Zentralbanken. Bilanzsumme 745 Mrd. DM, 11,4 Mill. Mitgl. **b)** Dt. Raiffeisenverband e. V., Bonn, 5199 Raiffeisen-Waren- u. Dienstleistungs-G. (davon 1474 Kredit-G. mit Warengeschäft), Warenumsatz 75,4 Mrd. DM, 4,5 Mill. Mitgl. (davon 3,2 Mill. Mitgl. b. Kredit-G. m. Warengeschäft). **c)** Zentralverband d. genossenschaftlichen Großhandels- u. Dienstleistungsunternehmen e. V. m. 822 G., Warenumsatz 108 Mrd. DM, 250 000 Mitgl. **2)** Gesamtverband gemeinnütziger Wohnungsunternehmen e.V., Köln, 1199 G., 1,64 Mill. Mitgl.; 997 110 (ertragbringende) Wohnungen (1982). **DDR:** In den staatlich gelenkten Genossenschaften der ehem. DDR waren die charakteristischen Merkmale der Freiwilligkeit durchbrochen. Die G., u. unter diesen besonders die *Produktions-G.,* dienten dort vor allem als gesellschaftspol. Mittel zur Kollektivierung der Wirtschaft (Übertragung der Unternehmerfunktionen auf das Kollektiv).

---

sonders aber im 17.–19. Jh. (z. B. höfisches, bäuerliches, bürgerliches G.) Art, Gattung.

Hans-Dietrich Genscher

Genscher, Hans-Dietrich (* 21. 3. 1927), FDP-Pol.; 1969–74 B.innenmin.; s. 1974 B.außenmin., 1974–85 Parteivors. d. FDP.

Gent [*dʒɛnt*], Geck; iron. für → Gentleman.

Gent, frz. *Gand*, belg. Hafenst., Hptst. v. Ostflandern, zahlr. Kanäle, 232 600 E; Baumwolind., Blumenzucht; Altar der Brüder van Eyck (→ Malerei I). – Berühmte Tuchindustrie im MA; s. 1830 belg.

Gentechnik, Ges. v. 20. 6. 1990, bildet d. Rahmen f. Erforschung, Entwicklung, Nutzung u. Förderung d. G.

Genthin (D-3280), Krst. i. S-A., 16 905 E; Waschmittel- u. Zuckerindustrie.

Gentile [*dʒ-*], Giovanni (30. 5. 1875–15. 4. 1944), it. Phil.; it. (Neu-)Idealismus.

Gentilhomme [frz. *ʒãti'jɔm*], Edel-, Ehrenmann.

Gentleman [engl. *'dʒɛntlmən*], Ehrenmann: Mann von Lebensart.

gentlemanlike [-*laik*], wie ein → Gentleman.

Gentlemen's agreement [*-ə'griːmənt*], → Agreement.

Gentry, w. [*'dʒɛntrɪ*], niederer engl. Landadel u. Großbürgertum.

Gentz, Friedrich von (2. 5. 1764–9. 6. 1832), Mitarbeiter → Metternichs.

Genua, italienisch *Genova,* Provinzhauptstadt u. Hafen a. *Golf v. G.,* 707 000 E; wichtiger it. Handelsplatz; Uni.; Eisen-, Nahrungsmittel-, chem. Ind.; Messen. – Urspr. ligur. Siedlung, bis 6. Jh. röm., seit 10. Jh. selbst. Rep. u. führende Handelsmacht d. Mittelmeeres u. Kolonien im griech. Archipel, am Schwarzen Meer, Korsika u. Sardinien; Kriege mit Venedig; aristokrat. Verf. 1528 durch Doria (Verschwörung Fiescos); 1797–1805 Ligur. Rep.; 1815 zu Sardinien.

genuin [l.], angeboren, echt; selbstschöpferisch.

Genus, *s.* [l.], Gattung; grammatisches Geschlecht.

Genußschein, bei Kapital-Ges.en, bes. AG, mit e. anderen Wertpapier verbundenes od. selbständig bestehendes Recht auf Anteil am Gewinn, am Liquidationserlös od. ähnl.; verleiht kein Stimmrecht.

Geo- [gr.], als Vorsilbe: Erd ...

Geochemie, Teil der Geowissenschaft, der sich mit der chemischen Zus.setzung der Erde beschäftigt.

Geochronologie, Lehre über die → Altersbestimmung der Erde.

Geodäsie, Lehre v. d. Erdmessung; *höhere G.:* Figur u. Größe d. Erde u. Vermessung von Ländern (Landesvermessung); *niedere G.:* Feldmessung.

Geodät, Feldmesser.

geodätische Kuppel
als Eisenbahnwaggon-Schuppen

geodätische Kuppel, sphärisch gekrümmte Kuppeln, Flächentragwerke anstelle v. Rippen; z. B. Planetariumskuppeln aus Stahlbeton m. netzförm. Bewehrung (Dreiecksnetz) o. Konstruktion d. am. Architekten R. B. *Fuller* als selbsttragendes Sechsecknetz (Abb.); meist mit lichtdurchlässiger Kunststoffolie abgedeckt.

geodätische Linie, kürzeste Verbindung zweier Punkte auf der gewölbten Erdoberfläche.

Geoffroy Saint-Hilaire [*ʒɔ'frwa sɛ̃ti'lɛːr*], Etienne (15. 4. 1772–19. 6. 1844), frz. Zoologe; Anhänger d. → Abstammungslehre.

Geographie [gr. „Erdbeschreibung"], *Erdkunde,* hat als Forschungsgegenstand d. Erde nach ihren phys., organ. u. mechan. Erdoberfläche; ihr Ziel ist die länderkundl. Darstellung als Ergebnis des Zus.wirkens u. d. Wechselbeziehungen d. versch. geograph. Faktoren; Syn-

Geographische Daten

Höhen wichtiger Berge

in Metern

8.848	Mt. Everest (Nepal/Tibet)	5.642	Elbrus (Sowjetunion)
8.611	K2 *(Godwin Austen;* Kaschmir/Sinkiang)	5.452	Popocatépetl (Mexiko)
8.598	Kangchenjunga (Nepal/Sikkim)	5.200	Kirinyaga *(Mt. Kenia;* Kenia)
8.481	Makalu (Nepal/Tibet)	5.165	Ararat (Türkei)
8.167	Dhaulagiri (Nepal)	5.140	Vinson-Massiv (Antarktis)
8.156	Manaslu (Nepal)	5.110	Stanley *(Margherita;* Zaïre/Uganda)
8.153	Cho Oyu (Nepal/Tibet)	5.030	Jaya *(Carstenszspitze;* Neuguinea)
8.126	Nanga Parbat (Kaschmir)	4.807	Montblanc (Frankreich/Italien)
8.091	Annapurna (Nepal)	4.750	Kljutschew (Sowjetunion)
8.068	Gasherbrum (Kaschmir)	4.634	Monte Rosa (Italien/Schweiz)
8.012	Xixabangma *(Gosainthan;* Tibet)	4.620	Ras Dashan (Äthiopien)
7.989	Distaghil Sar (Kaschmir)	4.565	Meru (Tansania)
7.821	Masherbrum (Kaschmir)	4.545	Dom (Schweiz)
7.816	Nanda Devi (Indien)	4.528	Mt. Kirkpatrick (Antarktis)
7.788	Rakaposhi (Kaschmir)	4.507	Karisimbi (Ruanda/Zaïre)
7.756	Kamet (Indien/Tibet)	4.477	Matterhorn (Schweiz/Italien)
7.756	Namcha Barwa (Tibet)	4.418	Mt. Whitney (USA)
7.728	Gurla Mandhata (Tibet)	4.398	Mt. Elbert (USA)
7.723	Muztag *(Ulugh Muztagh;* Sinkiang/Tibet)	4.392	Mt. Rainier (USA)
7.719	Kongur *(Kungur;* Sinkiang)	4.351	Mt. Markham (Antarktis)
7.690	Tirich Mir (Pakistan)	4.321	Elgon (Kenia/Uganda)
7.556	Gongga Shan *(Minya Konka;* China)	4.307	Batu (Äthiopien)
7.546	Muztagata (Sinkiang)	4.205	Mauna Kea (Hawaii)
7.495	Pik Kommunismus (Sowjetunion)	4.171	Mauna Loa (Hawaii)
7.439	Pik Pobedy (Sowjetunion/Sinkiang)	4.165	Dj. Toubbkal (Marokko)
7.134	Pik Lenin (Sowjetunion)	4.095	Kamerunberg (Kamerun)
6.960	Aconcagua (Argentinien)	4.094	Kinabalu (Sabah)
6.880	Ojos del Salado (Argentinien/Chile)	3.899	Ortler (Italien)
6.872	Bonete (Argentinien)	3.797	Großglockner (Österreich)
6.768	Huascarán (Peru)	3.794	Mt. Erebus (Antarktis)
6.542	Sajama (Bolivien)	3.776	Fuji (Japan)
6.485	Illampu (Bolivien)	3.764	Mt. Cook (Neuseeland)
6.310	Chimborazo (Ecuador)	3.718	Pico de Teide (Kanarische Inseln)
6.190	Mt. McKinley (USA)	3.482	Mulhacén (Spanien)
6.050	Logan (Kanada)	3.482	Thabana Ntlenyana (Lesotho)
5.896	Cotopaxi (Ecuador)	3.415	Emi Koussi (Tschad)
5.895	Kilimanjaro *(Kibo;* Tansania)	3.323	Ätna (Italien)
5.775	Bolívar (Kolumbien)	2.963	Zugspitze (Deutschland)
5.699	Citlaltépetl (Mexiko)	1.894	Narodnaja (Sowjetunion)
5.670	Demawend (Iran)	1.277	Vesuv (Italien)

Flußlängen

in Kilometern

6.695	Nil (Afrika)	4.250	Mackenzie (Nordamerika)
6.516	Amazonas (Südamerika)	4.090	Jenissei (Asien)
6.380	Yangtze *(Chang Jiang;* Asien)	4.030	Niger (Afrika)
6.019	Mississippi-Missouri (Nordamerika)	3.969	Missouri (Nordamerika)
5.570	Ob-Irtysch (Asien)	3.779	Mississippi (Nordamerika)
5.550	Jenissei-Angara (Asien)	3.750	Murray-Darling (Australien)
5.464	Huang He *(Gelber Fluß;* Asien)	3.688	Wolga (Europa)
4.667	Zaïre *(Kongo;* Afrika)	3.200	Madeira (Südamerika)
4.500	Paraná (Südamerika)	3.185	Yukon (Nordamerika)
4.440	Irtysch (Asien)	3.180	Indus (Asien)
4.425	Mekong (Asien)	3.078	Syrdarja (Asien)
4.416	Amur (Asien)	3.060	Salween (Asien)
4.400	Lena (Asien)	3.058	St.-Lorenz-Strom (Nordamerika)

Geographische Daten (Fortsetzung)

2.900	São Francisco (Südamerika)		2.150	Irrawaddy (Asien)
2.870	Rio Grande (Nordamerika)		2.129	Xi Jiang (Asien)
2.850	Donau (Europa)		1.870	Don (Europa)
2.840	Brahmaputra (Asien)		1.860	Oranje (Afrika)
2.815	Euphrat (Asien)		1.809	Petschora (Europa)
2.750	Pará-Tocantins (Südamerika)		1.609	Marañón (Südamerika)
2.650	Sambesi (Afrika)		1.550	Magdalena (Südamerika)
2.620	Amudarja (Asien)		1.320	Rhein (Europa)
2.600	Paraguay (Südamerika)		1.183	Donez (Europa)
2.570	Nelson-Saskatchewan (Nordamerika)		1.159	Elbe (Europa)
2.534	Ural (Asien)		1.094	Gambia (Afrika)
2.513	Kolyma (Asien)		1.080	Yellowstone (Nordamerika)
2.510	Ganges (Asien)		1.014	Weichsel (Europa)
2.500	Orinoco (Südamerika)		1.012	Loire (Europa)
2.490	Shabeelle (Afrika)		1.006	Tejo/Tajo (Europa)
2.348	Arkansas (Nordamerika)		925	Maas (Europa)
2.333	Colorado (Nordamerika)		909	Oder (Europa)
2.285	Dnjepr (Europa)		761	Seine (Europa)
2.250	Columbia (Nordamerika)		336	Themse (Europa)

Seen

Schätzwerte;
einige Seen verändern jahreszeitlich ihre Fläche

in Quadratkilometern (km²)

371.000	Kaspisches Meer (Sowjetunion-Iran; *Salzsee*)	18.390	Ladogasee (Sowjetunion)
		17.400	Balchaschsee (Sowjetunion)
82.900	Oberer See (USA-Kanada)	16.300	Maracaibosee (Venezuela)
68.800	Victoriasee (Kenia-Uganda-Tansania)	10.000-	Tschadsee (Nigeria-Niger-Tschad-
65.500	Aralsee (Sowjetunion, *Salzsee*)	26.000	Kamerun)
59.580	Huronsee (USA-Kanada)	9.600	Onegasee (Sowjetunion)
58.020	Michigansee (USA)	0-8.900	Eyresee (Australien)
32.900	Tanganjikasee (Tansania-Sambia-Zaire-Burundi)	8.340	Titicacasee (Peru-Bolivien)
		8.270	Nicaraguasee (Nicaragua)
31.330	Großer Bärensee (Kanada)	6.410	Turkansee (Rudolfsee, Kenia-Äthiopien)
30.500	Baikalsee (Sowjetunion)	5.780	Torrenssee (Australien; *Salzsee*)
28.570	Großer Sklavensee (Kanada)	5.580	Vänersee (Schweden)
25.680	Eriesee (USA-Kanada)	4.710	Manitobasee (Kanada)
24.390	Winnipegsee (Kanada)	539	Bodensee (Deutschland-Österreich-Schweiz)
22.490	Njassasee (Malawisee/Malawi- Moçambique)		
19.400	Ontariosee (USA-Kanada)	370	Gardasee (Italien)

Meerestiefen

Größte Tiefe in Metern

Pazifischer Ozean	11.022	Marianengraben	Atlantischer Ozean	9.920	Puerto-Rico-Graben
	10.882	Tongagraben		8.264	Süd-Sandwich-Graben
	10.542	Kurilengraben			
	10.497	Philippinengraben		7.856	Romanchetiefe
	10.047	Kermadecgraben		7.500	Caymangraben
	9.810	Izu-Bonin-Graben	Indischer Ozean	7.450	Javagraben
	9.165	Neue-Hebriden-Graben		7.440	Weberbecken
	9.140	Süd-Salomonen-Graben		7.102	Diamantinagraben
	8.412	Japangraben	Nordpolarmeer	5.570	Nansen-Verwerfungszone
	8.066	Peru-Chile-Graben			
	7.822	Aleutengraben			
	6.662	Guatemalagraben			

these aus natur- u. geisteswiss. Disziplinen, die z. T. als heute selbständige Wissenszweige aus ihr hervorgegangen sind u. ihr jetzt als Grund- und Hilfswiss. dienen. Heutige Forschungsgebiete der G.: *Geomorphologie* (Oberflächenformen der Erde), *Hydrographie* (Gewässerkunde), *Ozeanographie* (Meereskunde), *Klimatologie* (Klimakunde), *Bio-G.* (Pflanzen- u. Tierwelt in ihrer Abhängigkeit v. Stein-, Wasser- u. Lufthülle u. v. menschl. Beeinflussung) u. *Anthropo-G.* (Siedlung, Kultur, Wirtsch., Technik u. Verkehr). Wesentlich ist dabei die vergleichende u. ganzheitliche Betrachtungsweise; über d. Synthese aus Natur- u. Geisteswiss. wird d. G. zur Raum- od. Strukturwissenschaft.

geographische Breite, Länge → Breite, → Länge.

geographische Meile = 7,500 km.

geographische Ortsbestimmung, astronom. Methoden z. Bestimmung v. *geograph. Breite* u. *Länge.*

Geoid, *s.* [gr.], Gestalt der Erde (unregelmäßige Sphäroidform); die G.oberfläche ist überall konvex, schneidet die Richtung der Schwerkraft senkrecht u. weicht nirgends um mehr als 100 m von der Fläche des Sphäroids ab.

Geologie [gr.], Lehre v. d. stoffl. (bes. der mineral.) Beschaffenheit, vom Bau u. v. d. Geschichte d. Erde. Die *allg. G.* befaßt sich mit d. Erforschung der an der Erdveränderung arbeitenden Vorgänge u. Kräfte *(dynamische G.)* sowie m. d. Aufbau d. Erdkruste *(Gesteinskunde, Petrographie).* Die *historische G.* sucht aus Zus.setzung u. Aufbau der Gesteine d. Werdegang des Erdkörpers, vor allem der Erdkruste, zu erfassen u. die Gesteine nach ihrem Alter in geologische Zeitabschnitte zu gliedern *(Stratigraphie* = Formations- u. Schichtenkunde); hierzu dienen v. a. die in d. Ablagerungen enthaltenen versteinerten Organismenreste (→ Fossilien); Bestimmung des absoluten Alters der Formationen aus radioaktive Elemente enthaltenden Mineralen (→ Altersbestimmung).

geologische Formationen → Übersicht.

Geometer [gr.], Feldmesser.

Geometrie [gr.], Teil d. Mathematik, lehrt d. Gesetzmäßigkeiten d. Linien u. Flächen *(Planimetrie)* u. d. Körper *(Stereometrie).*

geometrische Reihen → Reihe.

geometrischer Ort, Menge geometr. Objekte mit einer gemeinsamen Eigenschaft.

geometrisches Mittel → Mittel.

Geophysik [gr.], Physik d. Erde u. ihrer Luft- u. Wasserhülle; befaßt sich m. → Schwerkraft, → Erdwärme, → Erdmagnetismus u. → Seismologie.

Geophysikalisches Jahr → Internationales Geophysikalisches Jahr.

Geopolitik, Betrachtung politischer Zustände, Kräfte und Vorgänge unter geograph. Gesichtspunkten; Begr.: R. *Kjellén;* dt. Schule unter K. *Haushofer* entwickelt.

Geopsychologie, Lehre von d. Einflüssen der natürl. Umgebung (Wetter, Klima, Boden, Landschaft usw.) auf psych. Verhalten u. Erleben.

Georg, a) *Fürsten v. Bayern-* Landshut: **1)** G. d. Reiche (15. 8. 1455–1. 12. 1503), Hzg s. 1479, vererbte sein Land Ruprecht v. d. Pfalz. – **b)** *Kge von Griechenland:* **2)** G. I. (24. 12. 1845–18. 3. 1913), reg. seit 1863; 1912/13 Balkankrieg; **3)** G. II. (19. 7. 1890–1. 4. 1947), reg. 1922–24; erneut v. 1935. – **c)** *Kge v. Großbritannien:* **4)** G. II. (10. 11. 1683–25. 10. 1760), Kg s. 1727, zugl. Kurfst v. Hannover; Krieg gg. Frkr., Bundesgenosse Preußens im 7jährigen Krieg; **5)** G. III. (4. 6. 1738–29. 1. 1820), Kg s. 1760, zugleich Kurfst u. (s. 1814) Kg v. Hannover; **6)** G. V. (3. 6. 1865–20. 1. 1936), Kg s. 1910; **7)** G. VI. (14. 12. 1895–6. 2. 1952), Kg s. 1936. – **d)** *Kge v. Hannover:* **8)** G. V. (27. 5. 1819–12. 6. 78), reg. 1851–66 (abgesetzt), Gegner Preußens.

Georg, *Ritter St. G.,* meist als Drachentöter dargestellt (Tag: 23. 4.).

George, 1) Heinrich (9. 10. 1893–25. 9. 1946), dt. Bühnen- u. Filmschausp.; *D. Postmeister; Jud Süß,* 1940; **2)** Henry [*dʒɔːdʒ*] (2. 9. 1839–29. 10. 97), am. Nationalökonom, Bodenreformer; *Fort-*

Stefan George

schritt u. Armut; **3)** Stefan (12. 7. 1868–4. 12. 1933), deutscher Lyriker; Herausgeber d. *Blätter für die Kunst;* Gedichte: *Algabal; Das Jahr der Seele; Der siebente Ring.*

Georgekreis, Kreis v. Schriftstellern, Philosophen u. Literaturhistorikern um Stefan → George; u. a. *Klages, Gundolf, Wolfskehl, Kommerell.*

Georgetown [*ˈdʒɔːdʒtaʊn*], **1)** Hptst. u. wichtigster Hafen v. Guayana, 200 000 E; **2)** Haupt- u. Hafenst. der Insel → Penang, 251 000 E.

Georgia [*ˈdʒɔːdʒə*], Abk. *Ga.,* SO-Staat der USA am Atlant. Ozean, 152 488 km², 6,38 Mill. E (etwa 1/3 Schwarze); Tiefland, nur im NW Bergland (Appalachen); Hauptausfuhr: Baumwolle u. Holz; Hptst. *Atlanta.*

Georgien, russ. *Grusinien,* sowj. Unionsrep. am O-Ufer d. Schwarzen Meeres, 69 700 km², 5,4 Mill. E, hpts. Georgier; im regenreichen Bergland (Getreide, Wein, Obst, Tee); Mangan, Eisen, Steinkohle, Erdöl; im O Steppe (Landw.); Hptst. *Tiflis.* – 1801 russ., 1918 unabhängige Rep.; 1921 zur Sowjetunion.

Georgier, russ. *Grusinier,* altes hellhäutiges Kulturvolk im Kaukasus; 3,2 Mill. meist Christen; eigene Sprache und Schrift.

Georgine, svw. → Dahlie.

Georgsmarienhütte (D-4504), St. i. Kr. Osnabrück, Nds., 30 880 E; Stahl-, Bau- u. Möbelind.

Geos, am. → Satellit f. Erdvermessungen.

Geotektonik [gr.], Wissenschaft vom Aufbau der Erdkruste.

geothermische Tiefenstufe → Erdwärme.

geozentrisch, auf d. Erdmittelpunkt bezogen; auf d. Erde als Mittelpunkt bezogen.

geozentrisches Weltsystem, erstes, v. → Ptolemäus begründetes Weltsystem, beruhte auf d. These, daß d. Erde Mittelpunkt d. Welt sei.

Gepard

Gepard, *Jagdleopard,* katzenartiges Raubtier Asiens u. Afrikas; wurde früher zur Jagd abgerichtet.

Gepiden, Stamm der Goten, im 4. Jh. in Siebenbürgen und der Walachei; 567 Untergang des G.reichs.

Ger, german. Wurfspieß.

Gera (D-6500), Krst. im ö. Thür., a. d. Weißen Elster, 132 257 E; Textil- u. Metallind., elektrotechn. u. Elektronikind.; Otto-Dix-Mus. – 1806–1918 Hptst. des ehem. Fürstent. Reuß jüngerer Linie.

Gerade, 1) *math.* geometr. Grundgebilde wird durch zwei versch. Punkte eindeutig bestimmt; **2)** im *Boxen:* mit gestrecktem Arm auftreffender Schlag.

gerade Aufsteigung → Rektaszension.

Geradeausempfänger, Empfangsgrundschaltung, bei d. alle selektiven Bauteile auf d. zu empfangende Frequenz abgestimmt werden; müssen d. Schwingkreise über einen größeren Frequenzbereich kontinuierlich abstimmbar sein, ist der Gleichlauf der Resonanzabstimmung aller Kreise nicht mehr gewährleistet, →Überlagerungsempfänger.

Geradflügler, Orthopteren, Insekten mit beißenden Mundteilen, Larven m. unvollkommener Verwandlung (→ Heterometabolie): *Schaben, Termiten, Heuschrecken, Ohrwürmer.*

Geraniaceae, Storchschnabelgewächse, dazu → Pelargonie, Reiherschnabel, Storchschnabel.

Geranie, ungenaue Bez. f. → Pelargonie.

Gérard [ʒeˈraːr], François (4. 5. 1770–11. 1. 1837), frz. Hofmaler Napoleons I. u.

Geologische Formationen

Zeitalter		Formation	Dauer (in Mill. Jahren)	Alter (in Mill. Jahren)	Lebensentwicklung	Geol. Vorgänge, insbes. in Mitteleuropa	Nutzbare Gesteine
Känozoikum (Erdneuzeit)	Quartär	Holozän (Alluvium, Gegenwart)	i. Dtschld 0,0015		Pflanzen u. Tiere der Gegenwart	Dünen, Marschen, Moore	Torf, Kies, Sand, Lehm, Ton
	Quartär	Pleistozän (Diluvium, Eiszeit)	1-2	1-2	Arkt. Flora u. Fauna. Mammut. Höhlenbär. Auftr. d. Menschen	Vereisung N-Dtschlds u. d. Alpen. Urstromtäler 3 Wärmezwischenz.	Mergel, Kies, Sand, Torf
	Tertiär	Jungtertiär: Pliozän, Miozän	60		Herrschaft der Blütenpflanz.; schnelle und reiche Entfaltung der Säugetiere	Alpen- und Karpaten-Auffaltg., Vulkanismus in S- u. Mitteldtschld. Bruchfaltg. d. mitteldtsch. Schollengebirge. Rheintalgraben	Braunkohlen, Stein- u. Kalisalze, Bernstein, Kaolin, Erdöl, Basalt, Kies, Sand, Ton
	Tertiär	Alttertiär: Oligozän, Eozän, Paleozän		60			
Mesozoikum (Erdmittelalter)	Kreide	Obere Kreide	65		Ende d. Großsaurier und Ammoniten. Laubhölzer	Größte Meeresausdehnung Beginn d. Alpenauffaltg.	Quadersandstein Schreibkreide,
	Kreide	Untere Kreide		125			Plattenkalk, Deisterkohle, Erdöl
	Jura	Malm (weißer Jura)	45		Urvogel, Riesensaurier, Flugsaurier, Ammoniten, erste Knochenfische	Meeresbedeckung in N- u. S-Dtschld, Hebung in Mitteldtschld	Solnhofener Schiefer
	Jura	Dogger (braun. Jura)					Eisenerze (Minette)
	Jura	Lias (schwarz. Jura)		170			Erdöl (NW-Dtschld) Schiefertone
	Trias	Keuper	45		Reiche Entfaltung der Saurier: Ichthyo- und Dinosaurier. Erste Säugetiere	Alpen: Meer Dachsteinkalk	Salz, Gipsmergel
	Trias	Muschelkalk				Alpen: Meer Wettersteinkalk	Kalkstein, Salz, Gips
	Trias	Buntsandstein		215		Wüstenbildungen	Feinkörniger roter Sandstein, Uran
Paläozoikum (Erdaltertum)	Perm (Dyas)	Zechstein	45		Erste Nadelhölzer. Letzte Trilobiten	N- u. Mitteldtschld überflutet	Kupferschiefer, Kalisalze, Salz
	Perm (Dyas)	Rotliegendes		260		Wüstenhaftes Klima	Sandstein, Erdgas
	Karbon	Oberkarbon	80		Sumpfwälder mit Farnen, Schachtelhalmen, Siegel- u. Schuppenbäumen. Erste Reptilien	Variszische Gebirgsbildung (jetzige Mittelgebirge)	Steinkohle
	Karbon	Unterkarbon		340			Erze im Harz u. Erzgebirge
	Devon	Ober-, Mittel-, Unterdevon	50	390	Trilobiten. Erste Panzerlurche u. Fische	Meeresbedeckung	Rhein. Dachschiefer, Eisenerze, Erdöl
	Silur	Gotlandium Ordovizium	100	490	Erste Landpfl. und -tiere. Panzerfische	Meeresbedeckung. Kaledon. Gebirgsbildung	Thüring. Dachschiefer, Uran
	Kambrium	Ober-, Mittel-, Unterkambrium	100	590	Alle Stämme wirbelloser Tiere	Meeresbedeckung	Alaunschiefer Erdöl
Frühzeit	Präkambrium	Algonkium	100	690	Blaualgen, Weichtiere, Schwämme	Algonkische Revolution, assynt. Gebirgsbildung	Granit, Erze, Schiefer
		Archaikum	ca. 300	ca. 1000	Bakterienartige Organismen	Laurentische Gebirgsbildung	Granit, Syenit, Erze
	Erdurzeit(Steinzeitalter)		ca. 1500	ca. 2500	Entstehung der Erde, Bildung der festen Erdkruste		

Namenerklärungen: Algonkium, nach d. indian. Stämmen d. Algonkin, Kanada; Alluvium (lat.), Anschwemmland; Archaikum (griech.), „alt", d. h. ältestes Zeitalter; Devon, von der engl. Gfschft Devonshire; Diluvium (lat.), von anderem Ort hergeschwemmtes Land; Dyas (griech.), Zweiheit; Jura, nach dem Jura-Gebirge; Kambrium, nach Cambria, keltisch für Wales; Karbon (lat.), Steinkohle; Perm, nach der russischen Stadt Perm; Silur, nach dem Volksstamm der Siluren in Wales; Trias (lat.), „Dreiheit", weil drei Hauptgesteine.

Ludwigs XVIII.; klassizist. Historienbilder u. bes. Porträts.

Gerätetturnen, an *Geräten* wie Pferd, Bock, Barren, Reck, Ringen u. Schwebebalken.

Gerberei, Verfahren (seit vorgeschichtl. Zeit geübt), um Tierhäute geschmeidig u. widerstandsfähig gg. Fäulnis zu machen. **Gerb-säure,** *Tannin,* in d. pflanzl. **G.stoffen** (Eichen-, Fichten-, Weidenrinde, Eichen- u. Quebrachoholz usw.) enthalten; *mineral. G.stoffe:* Kalialaun, Chromverbindungen, Aluminiumsulfat. **Gerbverfahren,** die Häute werden geschält, nur d. mittlere Schicht, die Lederhaut, verwendet; *Lohgerben* mit Eichenlohe i. Gruben (Sohlenleder), 2 Jahre lang wiederholt, Zeitverkürzung bis auf Wochen durch Behandlung mit Gerbstoffauszügen; *Chromgerbung* mit Chromsalzen für feineres Leder; *Weißgerberei* für Schaf- u. Ziegenfelle mit Kochsalz u. Alaunlösung; ähnlich Glacé = Lammfelleder für Handschuhe, Kidleder aus Kalb- u. Ziegenfell; *Sämischgerben* mit Tranen.

Geretsried (D-8192), St. i. Kr. Bad Tölz-Wolfratshsn., Oberbay., 21 081 E; div. Ind.

Gerhardt, Paul (12. 3. 1607–27. 5. 76), dt. protestant. Kirchenliederdichter; *Befiehl du deine Wege.*

Geriatrie [gr.], *Altersheilkunde,* Lehre v. den Krankheiten alternder u. alter Menschen.

Géricault [ʒeri'ko], Théodore (21. 9. 1791–26. 1. 1824), frz. Maler u. Lithograph m. bereits z. T. realist. Ausdrucksmitteln; *Das Floß der Medusa.*

Gericht, zur Ausübung der → Rechtspflege (Übers.) bestimmte Behörde.

gerichtliche Chemie, Anwendung chem. Analysemethoden zur Spurensicherung und Beweisführung (z. B. Vergiftungen, Blutspuren).

gerichtliche Medizin, Verwertung med. Kenntnisse zur Aufklärung von Tötungsdelikten, Vergiftungen usw., ferner zur Untersuchung des Geisteszustandes *(gerichtl. Psychiatrie).*

Gerichts-bezirk, der örtl. Bereich der Zuständigkeit eines Gerichts (→ Gerichtsstand). – **G.ferien,** v. 15. 7. bis 15. 9. (§§ 199 ff. GVG), Tätigkeit der ordentl. Gerichte beschränkt sich auf → Feriensachen. – **G.kosten** → Rechtspflege, Übers.

gerichtsnotorisch, svw. bei Gericht offenkundige Tatsachen, bedürfen im Prozeß keines Beweises (§ 291 ZPO).

Gerichts-stand, der Ort, an dem eine Klage gg. e. Person anhängig gemacht werden kann; beruht auf Vereinbarung od. Ges. (§§ 12 ff. ZPO). – **G.verfassung,** Organisation der Rechtspflege u. Zuständigkeit der Gerichte. – **G.vollzieher,** staatl. Beamter, bes. zur Durchführung der Zwangsvollstreckung. – **G.wesen** → Rechtspflege, Übers.; b. d. ordentl. Gerichten geregelt durch *G.verfassungsgesetz* (GVG).

gerieren [l.], (sich) aufführen, gebärden.

Gerlach, 1) Hellmut v. (2. 2. 1886–1. 8. 1935), dt. Publizist u. Pol.; begr. 1896 mit Naumann den „Nationalsozialen Verein", 1908 „Demokr. Vereinigung"; **2)** Leopold v. (17. 9. 1790–10. 1. 1861), preuß. General, Haupt der Reaktion unter Friedrich Wilhelm IV.; s. Bruder **3)** Ludwig v. (7. 3. 1795–18. 2. 1877), Mitbegr. d. konservative Kreuzzeitung 1848, Gegner Bismarcks.

Gerlingen (D-7016), St. i. Kr. Ludwigsburg, Ba-Wü., 17 811 E; Masch.bau, Optik, Elektrotechnik.

Gerlsdorfer Spitze, *Gerlachovský Štít,* höchster Gipfel d. Hohen Tatra, 2654 m; Granit.

Germanen, Sammelname indoeur. Völker zw. Rhein, Donau u. Weichsel (Tacitus, *Germania*); später 3 Gruppen: *Nord-G.* (Isländer, Norweger, Dänen, Schweden), *West-G.* (Sachsen, Franken, Alemannen, Bayern, Thüringer, versch. kleinere Stämme), *Ost-G.* (Wandalen, Burgunder, Goten). – Seit 2. Jh. v. Chr. (Kimbern u. Teutonen) erst vereinzelte, dann ständig krieger. Berührung mit d. Röm. Reich; im 3. Jh. n. Chr. Beginn d. großen Völkerwanderung; G. in allg. Bewegung; Eindringen i. d. Röm. Reich, dort Staatengründungen: O-Goten i. Italien; W-Goten i. Spanien u. Gallien, Wandalen i. N-Afrika, Langobarden i. N-Italien, Franken i. Gallien.

Germania [l.], **1)** röm. Bez. für Dtld; **2)** Titel e. geograph.-ethnograph. Schrift (98 n. Chr.) d. → Tacitus.

Germania Judaica, 1958 in Köln gegr. Bibliothek z. Gesch. d. dt. Judentums.

Germanicus, Sohn d. → Drusus 2), erhielt d. Beinamen G. für s. Siege über d. Germanen, 13–16 n. Chr.

Germanischer Lloyd, *G. L.,* gegr. 1867, Sitz Hamburg, Gesellschaft z. Klassifika-

tion v. Schiffen u. Förderung d. Schiffssicherheit: Überwachung des Neubaues von Handelsschiffen u. Schiffen im Betrieb.

Germanisches Nationalmuseum, in Nürnberg, größte Sammlung für deutsches Kunst- u. Kulturgeschehen, 1852 gegründet.

Germanismus, *m., v.* anderen Sprachen aus d. Dt. entlehnter Ausdruck.

Germanistik, *w.,* Wiss. v. d. dt. Sprache u. Literatur.

Germanium, *Ge,* chem. El., Oz. 32, At.-Gew. 72,59, Dichte 5,32; → Halbmetalle.

Germering (D-8034), oberbayr. Gem. i. Kr. Fürstenfeldbruck, 35 238 E; div. Ind.

Germersheim (D-6728), Krst. i. Rgbz. Rheinhess.-Pfalz, RP, 14 240 E; AG; div. Ind.

Germinal, *m.* [ʒɛr-], „Keimmonat"; 7. Monat des frz. Revolutionskalenders; Roman von Zola.

Germiston [ˈdʒəːmɪstən], St. in Transvaal (Rep. Südafrika), 155 000 E (117 000 eur.); größte Goldraffinerie der Welt; Technikum, Flughafen.

Gernot, in der Nibelungensage Gunthers Bruder.

Gernrode (D-4305), St. u. Luftkurort i. Kr. Quedlinburg, S-A., 5000 E; Nonnenstiftskirche (10. Jh.), → Tafel Baukunst.

Gero († 965), Markgraf d. Ostmark unter Otto d. Gr.

Gerolstein (D-5530), St. u. Luftkurort in der Eifel; 6417 E; Mittelpunkt d. Eifeler Mineralwasserind.; Fremdenverkehr.

Gerolzhofen (D-8723), St. in Unterfranken, Bay., 6446 E; AG; Brauerei.

Gerona [xe-], nordspan. Prov., 5886 km², 478 000 E, u. Provinzhptst. in Katalonien (68 000 E).

Geronten [gr.], im alten Sparta Mitgl. des 28köpf. Ältestenrates *(Gerusia).*

Gerontologie, Lehre v. d. Erscheinungen d. Alterns u. den versch. Krankheitsverläufen in den einzelnen Lebensabschnitten.

Gers [ʒɛr], **1)** l. Nbfl. der Garonne, 178 km l.; **2)** südfrz. Dép., 6257 km², 175 000 E; Hptst. *Auch.*

Gersfeld i. d. Rhön (D-6412), hess. St. i. Kr. Fulda, Kneipp- u. Luftkurort, Wintersportplatz 500–950 müM, 5400 E.

Gershwin [ˈgəʃwɪn], George (26. 9. 1898–11. 7. 1937), am. Komp.; Oper: *Porgy and Bess;* Versuch e. sinfon. Jazz: *Rhapsody in Blue.*

Gerstäcker, Friedrich (10. 5. 1816–31. 5. 72), dt. Reise- u. Abenteuerschriftst.; *Die Flußpiraten des Mississippi.*

Gerste, langgrannige, aus Vorderasien stammende Getreideart, wohl älteste landw. Kulturpflanze, gedeiht in allen Klimazonen bis zum 70. Breitengrad; in Dtld reps. *Sommer-G.;* 2-, 4- und 6zeilig, als Futter u. z. Bierbereitung angebaut; z. menschl. Ernährung in Form von Graupen u. Grütze, Kaffee-Ersatz, auch G.nbrot (→ Getreide, Schaubild).

Gerstenkorn, eitrige Entzündung einer Talgdrüse am Lidrand des Auges.

Gerstenmaier, Eugen (25. 8. 1906–13. 3. 86), ev. Theologe u. CDU-Pol.; 1954–69 B.tagspräs.

Gersthofen (D-8906), St. i. Kr. Augsburg, Bay., 17 079 E; div. Ind.

Gerundium, *s.* [l.], Beugungsfall der Nennform (z. B. die Art *des Gehens*).

Gerundivum, *s.,* als Eigenschaftswort gebrauchtes Mittelwort der Zukunft, drückt Notwendigkeit aus (z. B. ein *zu schlichtender* Fall).

Gervinus, Georg Gottfried (20. 5. 1805–18. 3. 71), dt. Historiker u. Pol.; einer der → „Göttinger Sieben".

Gesamtdeutsche Partei → Parteien, Übers.

Gesamtgut → Eherecht.

Gesamthandsgemeinschaft, jeder Beteiligte hat ideellen Anteil am Gesamthandseigentum; es besteht nur gemeinschaftl. Verfügungsrecht (z. B. Güter-, Erbengemeinschaft, Gesellschaft).

Gesamthochschule, Verbindung von Fach-HS, HS u. Uni. zur Differenzierung u. Entwicklung durchlässiger Bildungsgänge (Empfehlung d. B.regierung 1970); einige G.-HS in Hess. und NRW.

Gesamthypothek → Hypothek.

Gesamtprokura → Prokura.

Gesamtschuld, liegt vor, wenn mehrere eine Leistung in der Weise schulden, daß jeder d. ganze Leistung z. bewirken verpflichtet, d. Gläubiger aber d. Leistung nur einmal zu fordern berechtigt ist; Gläubiger kann von jedem Schuldner Leistung ganz od. teilweise fordern; bis zur Bewirkung der ganzen Leistung bleiben sämtl. Schuldner verpflichtet; unter den Gesamtschuldnern besteht Ausgleichungspflicht (§§ 421 ff. BGB).

Gesamtschule, -integrierte, d. Vereinigung d. herkömmlichen Schulformen (Volks-, Realschule, Gymnasium) zu neuem Bildungssystem; gekennzeichnet durch eine horizontale Gliederung nach Stufen (Grundstufe, 1.-4. Schuljahr; Förder- od. Orientierungsstufe, 5.-6. Schulj.; Sekundarstufe I, 7.-10. Schulj., u. Sekundarstufe II, 11.-13. Schulj.); ab Sekundarstufe I beginnt d. Gliederung nach Grund- u. Leistungsklassen; Ziel: größere Chancengleichheit u. e. individuellere Begabungsförderung. – **G., kooperative,** Zus.fassung d. bisherigen Schultypen in ein Schulgebäude.

Gesamtverteidigung, umfaßt NATO-Verteidigung (Mil. Verteidigung NATO u. Zivile Vert. NATO) u. die Landesver-

Gerste

teidigung (Mil. Vert. national u. Zivile Vert. national).

Gesandte → Diplomaten.

Geschäfts-aufsicht, früher v. Gericht über ein Unternehmen angeordnet, um Konkurs zu vermeiden; jetzt gerichtl. Vergleich z. Abwendung des Konkurses gemäß d. Vergleichsordnung. – **G.bedingungen, allgemeine,** für eine Vielzahl von Verträgen vorformulierte Vertragsbedingungen, nach Gesetz v. 9. 12. 1976 erlangen sie als Vertragsbestandteil nur Gültigkeit, wenn auf sie ausdrücklich hingewiesen u. dem Vertragspartner d. Möglichkeit gegeben wird, von ihrem Inhalt Kenntnis zu nehmen, u. wenn der Vertragspartner m. ihnen einverstanden ist; best. Klauseln, die die Rechtsstellung des Vertragspartners schmälern, sind unwirksam. – **G.fähigkeit,** rechtl. Fähigkeit z. verbindl. Abschluß v. Rechtsgeschäften; Voraussetzung: Volljährigkeit, Vollbesitz d. geistigen Kräfte (§§ 104 ff. BGB). *Beschränkt G.fähige* (Minderjährige v. 7–18 Jahren, wegen Geistesschwäche, Verschwendung od. Trunksucht Entmündigte) können Rechtsgeschäfte nur mit Zustimmung d. gesetzl. Vertreters vornehmen, es sei denn, daß d. Rechtsgeschäft dem beschränkt G.fähigen lediglich einen rechtl. Vorteil bringt; *G.unfähige* (Kinder bis 7 Jahre, Geistesgestörte u. wegen Geisteskrankheit Entmündigte) sind z. Abschluß von Rechtsgeschäften unfähig. – **G.geheimnis,** *Betriebsgeheimnis,* Geheimhaltung v. Bezugsquellen, Produktionsarten u. ä. geschäftlich wichtigen Vorkommnissen; Preisgabe wird bestraft. – **G.ordnung,** Bestimmungen, nach denen bei Zus.künften von Körperschaften zu verfahren ist.

Gescher (D-4423), St. i. Kr. Borken, NRW, 14 747 E; div. Ind.

Geschichte, das Geschehene oder seine (wiss.) Darstellung u. Erforschung. *Alte* (bis 476 n. Chr., Untergang Westroms), *Mittlere* (bis zur Entdeckung Amerikas 1492), *Neuere* (bis zur Frz. Revolution 1789) u. *Neueste G.* (bis zur Gegenwart), ferner *Zeitgeschichte* seit 1917 als Sonderbegriff; MPI f. G. in Göttingen.

Geschichtsklitterung, fehlerhafte, fälschende Geschichtsschreibung (n. e. Buchtitel v. Fischart).

Geschichtsphilosophie, befaßt sich mit Sinn u. Gesetzlichkeit d. geschichtl. Vorgänge u. m. allg. Grundlagen der Geschichtswissenschaft (Richtungen: Idealismus, Materialismus, Historismus, Pragmatismus).

Geschiebe, Gesteine, die durch Eis, bes. durch eiszeitl. Gletscher, bewegt und abgeschliffen sind: **G.mergel** d. eiszeitl. Grundmoränen kalkhaltig, **G.lehm** entkalkt, entbraunt.

Geschlecht, Grunderscheinung d. Lebewesen, schon bei → Protisten: physiolog., gestaltl. u. psych. Trennung zw. männl. u. weibl. Angehörigen derselben

Art; im Ggs. zu G.szellen sind Körperzellen fähig, Merkmale beider G.er auszubilden *(bisexuelle Potenz).*

Geschlechts-anomalien durch Entwicklungsstörung d. → Keimdrüsen (versch. Ursachen: → Hermaphroditismus, Pseudo-H.) od. Störungen in der ersten Phase der embryonalen Geschlechtsdifferenzierung (chromosomale G.: Ullrich-Turner-, Klinefelter-, Triplo-X-Syndrom m. abnormen Chromosomenzahlen). Klärung durch *Kerngeschlechtsbestimmung,* bei der die Kerne

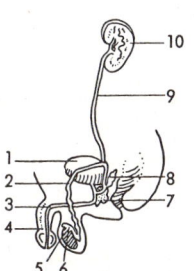

1 Harnblase, 2 Samenleiter, 3 Harnröhre, 4 Penis, 5 Hoden, 6 Nebenhoden, 7 Vorsteherdrüse, 8 Samenbläschen, 9 Harnleiter, 10 Niere

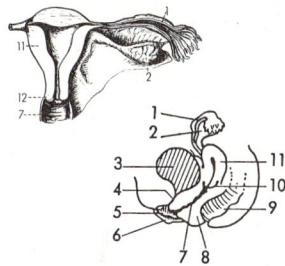

1 Eileiter, 2 Eierstock, 3 Harnblase, 4 Harnröhre, 5 kleine, 6 große Schamlippen, 7 Scheide, 8 Damm, 9 Mastdarm, 10 hinteres Scheidengewölbe, 11 Gebärmutter, 12 Portio mit Gebärmuttermund

Geschlechtsorgane, l. männlich, r. weiblich

v. → Leukozyten, Haut- oder Schleimhautzellen auf Chromatinverdichtungen u. Anhänge (z. B. Drumsticks) untersucht werden, u. durch *Chromosomendifferenzierung* u. *-zählung* (normal: 44 Autosomen, 2 Geschlechtschromosomen); → Chromosomenaberration. – **G.bestimmung, 1)** Ausprägung d. G. durch äußere (Umwelt-)Faktoren *(phänotypische G.b.,* z. B. bei → Protisten, Moosen, Farnen, Würmern) od. durch innere Erbfaktoren *(genotypische G.b.* b. höheren Pflanzen, Insekten, Wirbeltieren; → Vererbung, Übers.); **2)** Feststellung d. G. vor d. Geburt u. nach d. Geburt bei → Hermaphrodit; → Barr-Körper; → Drumsticks. – **G.chromosomen,** *Heterochromosomen,* von den übrigen *(Autosomen)* in Struktur u. Funktion abweichende Chromosomen, die in direkter Beziehung zur → G.bestimmung stehen. – **G.drüsen,** svw. → Keimdrüsen. – **G.hormone** → Keimdrüsen. – **G.krankheiten,** im engeren Sinn durch d. G.verkehr erworbene Krankh. d. G.organe: → Tripper, weicher → Schanker) u. → Syphilis, auch → Lymphogranuloma inguinale; im weiteren Sinn: deren Folgeerscheinungen an anderen Organen (Haut, Aorta usw.) od. durch anderweitige Übertragung bedingte Krankh. gleicher Ursache. Wegen ihrer Gemeingefährlichkeit: *Gesetz z. Bekämpfung d. G.krankheiten,* schreibt sofortige ärztl.

Behandlung b. z. Heilung vor; im Unterlassungsfall kann Behandlung zwangsweise durchgeführt werden. – **G.organe,** *Genitalien, G.teile,* siehe Abb. – **G.umwandlung,** b. Transsexuellen, das sind Frauen u. Männer m. e. starken Mißverhältnis zw. ihrem biol. Geschlecht u. ihrem Geschlechtszugehörigkeitsempfinden, kann eine Geschlechtsumwandlung vorgenommen werden; durch Hormontherapie sowie operative u. kosmet. Eingriffe kann diesen Menschen geholfen werden.

Geschlossene Zeit, die Zeit (Advent, Fastenzeit), innerhalb der in der kathol. Kirche feierliche Hochzeiten und öffentliche Lustbarkeiten verboten sind.

Geschmacks-knospen, Endorgane d. G.nerven an Zungenoberfläche u. weichem Gaumen mit Sinneszellen für die 4 Qualitäten *süß, sauer, bitter, salzig.*

Geschmacksmuster → Musterrecht.

Geschoß, Körper, d. aus Schußwaffe verschossen wird (z. B. Kugel, Granate).

Geschütz, Sammelbez. f. Kanone, Haubitze, Mörser.

geschützte Betriebe, Betriebe, deren Planung und Produktion gewissen Geheimhaltungsvorschriften des Bundeswirtschaftsministeriums unterliegen.

Geschwader, 1) *Marine:* Gefechtseinheit aus mehreren Kampfschiffen u. -fahrzeugen; **2)** *Luftwaffe:* aus mehreren Gruppen (jede Gruppe umfaßt mehrere Staffeln) bestehender, fliegender Verband.

Geschwindigkeit, *phys.* Verhältnis des zurückgelegten Weges zu der dazu gebrauchten Zeit (d. Einheit der G. hat e. Körper, der 1 cm (in d. Technik meist 1 m) in 1 Sek. zurücklegt ($v = s \cdot t^{-1}$); → Tabelle nächste Seite.

Geschworene, bis 1972 Bez. → Schöffen an Schwurgerichten.

Geschwulst, lat. *Tumor,* a) *gutartig:* z. B. Fett-G., *Lipom,* Muskel-G., *Myom* (an der Gebärmutter), Bindegewebs-G., *Fi-*

Geschwindigkeiten

Fußgänger	1,5 m/s	
Rennpferd	55 km/h	
Motorboot	85 km/h	
Rennwagen	1000 km/h	
Flugzeug		7000 km/h
Rakete		40000 km/h
Erde um Sonne		107136 km/h
Schallgeschw.		1192,7 km/h
Lichtgeschw.		299792,5 km/s

brom, Blasen-G., *Kystom* u. a.; **b)** bösartig: *Krebs, Karzinom*, Fleisch-G., *Sarkom* u. a.

Geschwür, lat. *Ulcus*, Zerstörung der obersten Zellschichten der Haut oder Schleimhaut, bei tieferem Eindringen kraterförmig. Tiefgreifende Magen- oder Darm-G.e können durch die Wand in Nachbarorgane oder in die Bauchhöhle durchbrechen (Lebensgefahr).

Geseke (D-4787), St. i. Kr. Soest, NRW, 16 929 E; Zement- u. Möbelind.

Gesell, 1) Arnold (21. 6. 1880–29. 5. 1961), am. Psych.; Begr. d. Kinderpsychologie; **2)** Silvio (17. 3. 1862–11. 3. 1930), dt. Finanztheoretiker; Begr. einer Lehre v. *Schwundgeld*; → Währungssysteme.

Gesell|e, Bez. für ausgelernten Lehrling (Auszubildenden) im Handwerk. *G.enprüfung* und *G.enbrief* am Abschluß der Lehrzeit. – Gesellenvereine → Kolping.

Gesellschaft, 1) Verbindung von Menschen, durch Rechtssätze u. Konventionen (Sitte, Brauch, Geburt usw.) geordnet; **2)** auf einem Vertrag (sog. *G.svertrag*, formlos gültig) beruhend. Zus.schluß mehrerer Personen zur Erreichung eines gemeinsamen Zweckes; wenn wirtsch. Gewinn erstrebt: *Erwerbs-G.*

Gesellschaft, bürgerliche, Vereinigung mehrerer Personen zur Erreichung eines gemeinsamen Zwecks (§ 705 BGB); jeder G.er haftet persönlich für G.sschulden.

Gesellschaft Jesu → Jesuiten.

Gesellschaft mit beschränkter Haftung, *GmbH*, jurist. Person, Handels-G., Sach- oder Personenfirma, Haftung nur auf G.svermögen beschränkt; Gesamtkapital mindestens 50 000 DM, Einlage e. G.ers mindestens 500 DM; zwei Organe: Geschäftsführer, Gesamtheit der Gesellschafter.

Gesellschaftsanteil, Anteil d. einzelnen Gesellschafter am Gesellschaftsvermögen; bestimmt sich meist nach Höhe der Einlage.

Gesellschaftsinseln, frz. *Archipel de la Société*, zu → Französisch-Polynesien gehörende Inselgruppe in Ozeanien, 1647 km², 142 000 E; vulkan. Bergland, bis 2237 m hoch; Hptinsel Tahiti (1042 km², 116 000 E) m. Hptst. *Papeéte* (79 000 E);

Ausfuhr: Apfelsinen, Vanille, Kopra, Phosphat, Schildpatt.

Gesellschaftsrechnung, *Repartitionsrechnung*, Teilung von Gewinn u. Verlust entsprechend d. Geschäftseinlagen von Teilhabern.

Gesellschaftssteuer, bei Gründung von Kapitalgesellschaften bzw. Kapitalzuführung, 1% des Wertes der Leistung; Steuerschuldner ist die Kapitalgesellschaft.

Gesenk, Stahldauerform, in die ein fast auf Weißglut erhitztes Rohstück aus Eisen gelegt u. durch Hämmern od. Druck gepreßt wird.

Gesetzesvorbehalt → Vorbehalt (des Gesetzes).

gesetzlicher Vertreter, Person, deren Vertretungsmacht unmittelbar auf Gesetz beruht (z. B. d. Inhaber d. → elterlichen Sorge).

Gesicht, 1) Vorderseite des menschlichen Kopfes, Antlitz; 2) Vermögen, zu sehen, *G.ssinn.*

Gesichtsfeld, d. Raum, den das unbewegte Auge übersieht.

Gesichtskreis → Horizont.

Gesichtsneuralgie → Trigeminusneuralgie.

Gesichtsrose, meist v. kleiner Wunde an Nase od. Oberlippe ausgehend, fieberhafte Infektion; → Rose 1).

Gesichtsurnen, Tongefäße u. a. d. ostdt. Früheisenzeit m. plast. Gesichtsdarstellungen.

Gesichtswinkel, 1) nicht einheitl. Begriff der anthropolog. Schädelmessung; **2)** svw. → Sehwinkel.

Gesinde, früher svw. Bezeichnung für Personal zur Verrichtung häuslicher Arbeiten (Dienerschaft), auch landwirtschaftliches Personal.

Gesira, El, *Al Gasira*, sudanes. Gebiet zw. Weißem u. Blauem Nil, durch künstl. Bewässerung (Sennor-Damm s. 1925) kultiviert, ca. 420 000 ha; Baumwollanbau.

Gesner, Conrad (23. 3. 1516–13. 12. 65), schweiz. Polyhistor. u. Naturforscher; *Tierbuch.*

Gespan, ungar. *Ispán*, svw. Landrat, oberster Beamter eines Komitats.

Gespenstheuschrecken → Stabheuschrecken und → Wandelndes Blatt.

Geßler, habsburg. Landvogt von Uri; der Sage nach um 1300 von Tell erschossen.

Geßner, Salomon (1. 4. 1730–2. 3. 88), schweiz. Idyllendichter u. Maler; *Daphnis; Der Tod Abels.*

Gestagene [l.-gr.], *progestative Hormone*, schwangerschaftserhaltende Hormone; vor allem das → Gelbkörperhormon *Progesteron*; in Tabletten zur Empfängnisverhütung (→ Kontrazeption).

Gestalt-psychologie, d. Psych., die Erlebnis- u. Verhaltensprozesse als Ganzheiten untersucht. – *G.therapie*, Form d. → Psychotherapie, bei der Patient mit Hilfe v.

Übungen lernt, seine unterdrückten sinnl. Wahrnehmungen u. Körpergefühle zu verstärken, um damit d. Ganzheit seines leibl.-seel. Erlebens wiederherzustellen.

Gestapo → Geheime Staatspolizei.

Gestehungskosten, Teil der Gesamtkosten eines Gegenstandes, wobei d. Vertriebskosten u. ä. noch nicht berücksichtigt sind; → Kosten.

Gesteine, Gesteinskunde → Petrographie.

Gesteinsbohrmaschinen, zum Bohren u. Brechen v. Gestein; Antrieb el. durch → Preßluft od. Wasserdruck, drehend od. geradlinig stoßend.

Gestell, svw. → Schneise.

Gestikulation, w. [l.], Gebärdensprache, Mienenspiel.

gestikulieren, Reden m. eindringl. Bewegungen begleiten.

Gestirn, Sammelbegriff f. *Fixsterne, Sonne, Planeten u. Monde.*

Gestosen [l.], alle durch Schwangerschaft verursachten Krankheiten (z. B. Erbrechen, Ausschläge).

gestrichen, *Börsenbericht:* Papiere, v. denen kein Umsatz verzeichnet wurde, werden g.; i. Kurszettel (–).

Gestüt, staatl. od. private Anstalt f. Pferdezucht; für Rennzwecke.

Gesundbeten, Heilung durch Gebete, v. Sekten angewandt; Erfolge beruhen auf Suggestion.

Gesundheitspflege, svw. → Hygiene.

Gesundheits-wesen, Zweig der staatl. Verw. für die Durchführung öffentl. med. u. hygien. Aufgaben. Beaufsichtigung aller im Heilgewerbe tätigen Personen u. Betriebe einschl. Apotheken. *G.ämter* in Kreisinstanz, *Landes-G.amt, Bundes-G.amt* für Forschung auf dem Gebiet der öffentl. G.pflege, med. Statistik u. Beaufsichtigung der Herstellung u. Verteilung von Betäubungsmitteln (Ges. vom 27. 2. 1952).

Gethsemane, Garten am Fuß des Ölbergs bei Jerusalem, Ort der Gefangennahme Jesu.

Getränkesteuer, Gemeindesteuer (mindestens 5%) auf Kleinhandelspreis d. meisten Getränke (nicht Bier).

Getreide, Körnerfrüchte (Gerste, Hafer, Mais, Roggen, Weizen u. a.); bedeutendes landwirtschaftliches Erzeugnis (→ Schaubild). – **G.kümmel**, Kornbranntwein mit Kümmel. – **G.laufkäfer**, Ährenschädling. – **G.motte** → Kornwurm. – **G.rost**, durch → Rostpilze bewirkte Krankheit. – **G.zölle**, als Schutzzölle (→ Zölle).

Getriebe, Vorrichtung zur Übertragung von Bewegungen mittels Zahnrädern, Wellen, Riemen u. a. Maschinenelementen; → Kraftfahrzeug.

getriebene Arbeit, Metallgegenstände mit herausragenden Figuren oder Verzierungen; in Treibarbeit (d. h. durch Heraustreiben von innen her) gefertigt.

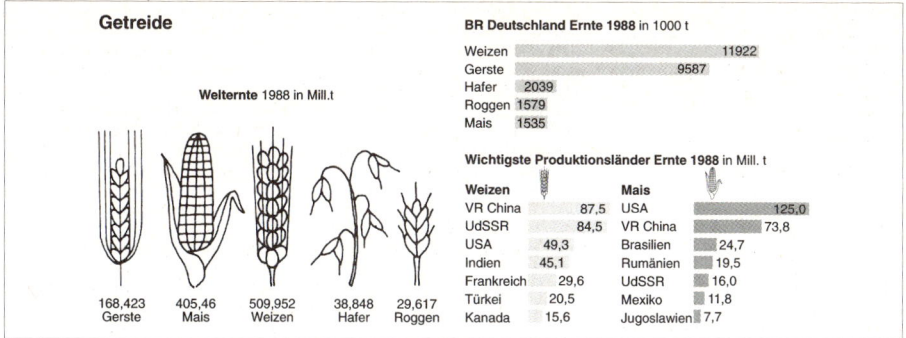

Getreide

Welternte 1988 in Mill.t

BR Deutschland Ernte 1988 in 1000 t

Weizen	11922
Gerste	9587
Hafer	2039
Roggen	1579
Mais	1535

Wichtigste Produktionsländer Ernte 1988 in Mill. t

Weizen		Mais	
VR China	87,5	USA	125,0
UdSSR	84,5	VR China	73,8
USA	49,3	Brasilien	24,7
Indien	45,1	Rumänien	19,5
Frankreich	29,6	UdSSR	16,0
Türkei	20,5	Mexiko	11,8
Kanada	15,6	Jugoslawien	7,7

168,423	405,46	509,952	38,848	29,617
Gerste	Mais	Weizen	Hafer	Roggen

Getto, *Ghetto, s.* [it.], abgeschlossene Judenquartiere vom 16. Jh. bis zur Emanzipation (→ Juden) und unter Hitler.

Gettysburg [ˈgetɪzbəːg], Stadt i. Pennsylvania (USA), 7500 E. – Schlacht bei G. (1863) brachte d. Wendepunkt im → Sezessionskrieg; Sieg der Nordstaaten über die Südstaaten *(Konföderierte)*.

Geulincx [ˈxœlɪŋks], Arnold (31. 1. 1624–Nov. 69), ndl. Philosoph, Begr. des → Okkasionalismus.

Geusen [ˈxøː- „Bettler"], Vereinigung ndl. Freiheitskämpfer gg. Unterdrückung der Niederlande durch d. Spanier (1565–72).

GeV → Elektronenvolt.

Gevelsberg (D-5820), Ind.st. i. Ennepe-Ruhr-Kr., NRW, 32 492 E.

Gewächshaus, Glashaus, mittels Heizrohren erwärmt, zur Zucht trop. Pflanzen oder Frühzucht v. Gemüse, Blumen; Temperatur 20 °C u. mehr.

Gewährleistung, *Mängelhaftung,* die Pflicht des Verkäufers innerhalb einer bestimmten **G.sfrist,** für Vorhandensein best. Eigenschaften u. Fehlen von Sachmängeln einzustehen; bes. Vorschriften b. Viehhandel *(G.smängel);* §§ 459 ff. BGB, 377 HGB.

Gewahrsam, gewollte tatsächl. Sachherrschaft.

Gewaltenteilung, demokr. Staatsauffassung (v. Montesquieu) d. verfassungsmäßigen Aufteilung d. Staatsgewalt in *gesetzgebende, richterliche* u. *vollziehende.*

Gewalttätigkeit gegen Menschen, ihre Verherrlichung od. Verharmlosung strafbar (§ 131 StGB).

Gewände, *s.,* schräger Mauereinschnitt (oft verziert) f. Türen u. Fenster; dagegen → Leibung.

Gewandhauskonzerte, Sinfoniekonzerte d. Gewandhaus-Orchesters, urspr. (s. 1781) im Innungshaus d. Leipziger Tuchmacher.

Gewannflur, Einteilung der Feldflur e. Dorfes in größere Schläge *(Gewanne);* diese unterteilt in schmale Parzellenstreifen.

Gewässergüte, *biol.* Einteilung in 4 Klassen, je nach Belastung eines Gewässers mit fäulniserregenden organischen Substanzen; v. *Güteklasse 1* (nicht od. nur

sehr gering belastet) bis *4* (übermäßig verschmutzt); z. B. *Starnberger See* Gewässergüte 1–2.

Gewebe, 1) d. den höheren tier. u. pflanzl. Organismus zusammensetzenden Zellverbände; **2)** → Weberei. – **G.kultur,** Züchtung isolierter pflanzl., tier. oder menschl. Gewebe auf Nährmedien; d. dabei entstehende Zellhaufen *(Kallus)* zeigt nicht mehr d. Strukturmerkmale d. Herkunftsgewebes; durch Lösen v. Einzelzellen aus d. Kallus gelangt man zur Zellsuspensionskultur, in der einzelne, in Nährlösung schwimmende Zellen sich durch Teilung vermehren (Anwendung i. d. Pflanzenvermehrung u. -züchtung, zur Gewinnung v. Arzneimitteln u. i. d. med. Forschung). – **G.therapie** → Zellulartherapie.

Gewebshormone, in nichtdrüsigen Organgeweben gebildete Wirkstoffe zur Feinregulation zahlreicher Körperfunktionen; Wirkung meist am Ort d. Entstehung. *Gastrin* u. *Sekretin* (Magen- u. Darmschleimhaut); *Renin* (Niere, steigert Blutdruck); *Cholin* (Darmbewegung); *Histamin, Angiotensin, Serotonin, Prostaglandine* u. a.

Gewehr, Handfeuerwaffe mit gezogenem Lauf; auch mit Patronenmagazin (→ Tafel Schußwaffen).

Geweih, bei hirschart. männl. Tieren (auch b. weibl. Rentier) die verästelten Knochenauswüchse des Stirnbeins; wird jährlich abgeworfen und meist mit mehr Ästen *(Sprossen, Enden)* erneuert; Hirsch danach Spießer, Gabler (an jeder Geweihstange 2 Enden), Sechsender (an jeder Geweihstange 3, zus. 6 Enden), Achtender, Zehnender, Zwölfender usw. genannt; Rehbock entsprechend nach s. *Gehörn:* Spießer, Gabler, Sechser, selten: Achter u. Zehner.

Gewerbe, 1) *wirtschaftstheoret.* die Wirtschaftszweige, die sich mit der Stoffveredelung einschließl. der Erhaltung u. Ausbesserung von Sachgütern befassen (Ggs. zu Urproduktion, Handel, Verkehr usw.); **2)** *rechtl.:* jede berufsmäßige mit Erwerbsabsicht auf längere Sicht ausgeübte selbst. Tätigkeit; neuerl. z. T. auch sog. freie Berufe, jedoch nicht persönl. Dienstleistungen höherer Art. – **G.aufsicht,** aus-

schließl. od. neben den Polizeibehörden v. bes. von den Landesregierungen ernannten Beamten ausgeführt, um Einhaltung der Bestimmungen der G.ordnung u. andere gesetzl. Vorschriften bes. soz. Art (→ Arbeitsschutz, Sicherungsvorschriften usw.) zu beaufsichtigen. – **G.freiheit,** wurde gewährleistet durch → Gewerbeordnung 1869; Beschränkungen urspr. bei wenigen konzessionspflichtigen Betrieben; die sog. „schrankenlose" G. in den Ländern eingeschränkt (G.zulassungsgesetze); schließlich Einführung des „kleinen" u. „großen" → Befähigungsnachweises. 1949 nur im US-Zone Wiedereinführung der G.freiheit (Lizenzierungspflicht nur für best. Personengruppen u. Berufsarten, z. B. Gesundheitswesen; Berufe, die ein „öffentl. Interesse" berühren). In d. BR aber neue Handwerksordnung mit Aufhebung der absoluten G.freiheit u. Wiedereinführung des *Befähigungsnachweises* s. 1953. – **G.hygiene** verringert u. beseitigt gesundheitliche Schäden der gewerbl. Arbeit, bes. wichtig im Nahrungsmittelgewerbe. – **G.ordnung,** GO, grundlegendes Ges. für den N-Dt. Bund vom 21. 6. 1869 (1871/72 auf Reich ausgedehnt), verkündet die Zuständigkeit des Reiches (Bundes) in **G.sachen,** regelt als das G.betreffenden rechtl. Verhältnisse. – **G.statistik,** Erfassung u. Auswertung statist. Zahlenmaterials (z. B. Umfang d. G.betriebe, Zahl der beschäftigten Personen nach ihrer Stellung im Betrieb, getätigte Umsätze usw.); Träger d. G.statistik: G.ämter, IHK, HWK, gewerbl. Organisationen, statist. Ämter. – **G.steuer** → Steuern. – **G.union,** übernationale, freie u. unabhängige Arbeitsgemeinschaft, der die nat. Organisationen des Handwerks, der Einzelhandels, der Klein- u. Mittelbetriebe sowie einschlägige Forschungsinstitute in Belgien, Dtld, Frkr., Italien, den Niederlanden, Östr. u. d. Schweiz angehören.

gewerblicher Rechtsschutz, gg. Mißbrauch, Nachahmung, Ausbeutung usw. gewerbl. Güter u. Rechte; Schutz des geistig-techn. Schaffens (Unterschied zum Urheberrecht, das geistig-künstler. Schaffen schützt) u. d. ehrb. Kaufmanns; umfaßt → Patentrecht, → Musterrecht, → Warenzeichenrecht u. → Wettbewerbsrecht; 1946 durch Beschlüsse d. Alliierten alle im Ausland bestehenden dt. gewerbl. Schutzrechte enteignet, v. einzelnen Staaten z. T. den früheren Inhabern zurückgegeben; nach 1946 entstandene Rechte genießen in der Regel wieder intern. Schutz.

Gewerkschaft, bergrechtl. Unternehmungsform im Bergbau: Mitbeteiligte *(Gewerken)* e. Bergwerks bilden e. G.; *gewerkschaftl. Anteile* heißen → Kuxe; ihre Eigentümer müssen i. *Gewerkenbuch* eingetragen sein; Organe d. G.: *Gewerkenversammlung* u. *Aufsichtsrat.*

Gewerkschaften → Übers., S. 309.

Gewicht, b. einem Körper d. Kraft, mit der seine Masse von der Erde angezogen wird; Maßeinheit: 1 → *Newton* (N). - **G.sregler** → Regler.

Gewichte → Tabelle Maße und Gewichte, S. 1085.

Gewichtheben, Zweig der Schwerathletik, Zur-Hochstrecke-Bringen von Gewichten (→ Hantel) durch *Reißen, Stoßen* (m. Schwung) od. *Drücken* (Stemmen ohne Schwung).

Gewichtsklassen, beim Boxen, Ringen, Gewichtheben, Rasenkraftsport und Judo nach dem Gewicht geordnete Klassen: *Fliegen-, Bantam-, Feder-, Leicht-, Welter(Halbwelter-), Mittel-(Halbmittel-), Halbschwer-, Schwer-(Superschwer-)*Gewicht.

Gewinde, die gewundenen Rillen der Schraube; geometr. Form entsteht durch schraubenförmiges Umfahren eines zylindr. (auch konischen) Schaftes mit der Basis eines 3- oder 4seitigen Prismas; Herstellung für Außen-G. durch Aufschneiden des G.s auf dem Werkstück mittels der G.backen einer (Schneid-)Kluppe, für Innen-G. durch G.bohrer; DNA-Normung.

Gewinn, der in Geldwert ausgedrückte Überschuß d. Erträge über d. Aufwendungen. - **G.beteiligung,** v. Arbeitgeber ohne Rechtsanspruch f. Arbeitnehmer allg. durch tarifl. od. einzelvertragl. Regelung (auf Tantieme od. Gratifikation), gewährt als Einzel- od. Kollektivbeteiligung am Gewinn neben Lohn od. Gehalt.

Gewitter, Entladung zw. meist negativer Erd- u. positiver → Luftelektrizität unter Blitz u. Donner.

Gewohnheits-recht, ungeschriebene, durch lange Anwendung wie Gesetze anerkannte Rechtssätze. - **G.verbrecher, gefährlicher,** → Hangtäter.

Gewölle, von bestimmten Vogelarten (bes. Krähen, Greifvögeln) ausgespiener Knäuel unverdaulicher Nahrungsrückstände.

Gewürzinseln, im Pazifik, → Molukken.

Gewürznelken, Blütenknospen eines myrtenähnl. Baumes d. Tropen; als Gewürz u. Parfümerieöl.

Geyer, Florian (um 1490–1525), fränki-

scher Ritter und Anführer im Bauernkrieg; trat für eine Reichsreform ein.

Geysir, svw. → Geiser.

Gezähe, Bergmannsausdruck für Werkzeug.

Gezeiten, *Tiden,* durch d. Anziehungskraft v. Mond u. Sonne hervorgerufenes period. Steigen *(Flut)* u. Fallen *(Ebbe)* d. Meeresspiegels, tägl. zweimal; → Nippflut, → Springflut. - **G.kraftwerk,** *Flutkraftwerk,* Wasserkraftwerk, dessen Turbinen durch d. v. Wechsel zw. Ebbe u. Flut hervorgerufene Strömung angetrieben werden. Erstes Kraftwerk dieser Art in der Bretagne an der Mündung des Rance-Flusses bei Dinan (s. 1967 in Betrieb).

GG, Abk. f. → Grundgesetz (d. BR).

gg, Abk. f. → Gauge.

Ghana, amtl. *Republic of G.,* Rep. am Golf v. Guinea, 238 537 km², 15,54 Mill. E, meist Sudanneger (65 je km²); Bev.-Zuw. 3,4%; Währung: Cedi (¢); Hptst.: *Accra;* Flagge S. 340, Karte S. 750. **a)** *Wirtsch.:* Drittgrößter Kakaoproduzent der Welt (1988: 289 000 t); bed. Bodenschätze: Gold, Manganerz, Diamanten, Bauxit. **b)** *Außenhandel* (1988): Einfuhr 907 Mill., Ausfuhr 1014 Mill. $. **c)** *Verf.* v. 1979: Seit 1981 außer Kraft. **d)** *Verw.:* 10 Regionen. **e)** *Gesch.:* Seit 1957 unabhängig, gebildet aus d. ehem. brit. Goldküste u. Togo; 1966 Regime Nkrumahs durch Militärputsch gestürzt; seitdem Nat. Befreiungsrat; 1969 Zivilregierung; 1972 Mil.reg.; 1979 u. 1981 Mil.putsch, Revolutionsrat. **f)** *Mitgl.:* UN, Commonwealth, OAU, ECOWAS; AKP-Staat.

Ghasel, *s.* [arab. „Gespinst"], oriental. Form v. (urspr. Liebes-)Gedichten mit *einem* durchgehenden Reim des ersten Verspaars in den geraden Zeilen, die ungeraden reimlos (aa ba ca ... xa).

Ghasi [arab. „der Siegreiche"], Titel türk. Feldherren und Herrscher.

Ghats, treppenartiges Randgebirge an den Küsten Vorderindiens, → Dekhan.

Ghetto, svw. → Getto.

Ghibellinen, im MA kaisertreue (Hohenstaufen-)Partei in Italien; Gegner: die → Guelfen.

Ghiberti, Lorenzo (1378–1. 12. 1455), florentin. Bildhauer u. Kunstschriftsteller d. Renaissance; *Bronzetür* am Baptisterium in Florenz; *Denkwürdigkeiten* (bedeutendes Quellenwerk f. d. it. Kunstgeschichte).

Ghirlandaio, Domenico (1449–11. 1. 94), it. Maler d. Renaissance; *Chorfresken* v. S. Maria Novella (Florenz).

Ghor, *El Ghor,* Tal zwischen Libanon und Antilibanon, bis zum Golf von Akaba, darin Totes Meer und Jordanlauf, bis 400 m unter dem Meeresspiegel.

Ghostwriter, *m.* [engl. *'goʊstraɪtə*], Verfasser v. Reden u. Büchern (bes. Memoiren), die unter dem Namen von Auftraggebern erscheinen.

GHS, Abk. f. → Gesamthochschule.

GI [*'dʒi'aɪ*], Abk. f. *government issue* [„Kommißausrüstung"], ugs. Bez. des US-Soldaten.

Giacometti [*dʒako-*], schweiz. Künstlerfamilie; *Giovanni* (1868–1933) u. *Augusto* (1877–1947), Maler; *Alberto* (10. 10. 1901–11. 1. 66), Bildhauer; symbol. Abstraktionen, langgestreckte menschl. Figuren.

Giaever [*'jeːvər*], Ivar (* 5. 4. 1929), am. Phys.; Nobelpr. 1973 (Entdeckungen über Tunneleffekte in Festkörpern).

Giauque [*dʒi'oʊk*], William Francis (12. 5. 1895–28. 3. 1982), am. Chemiker; Arbeiten über Sauerstoff-Isotope, adiabat. Demagnetisierung; Nobelpr. 1949.

Giaur, türk. Schimpfname, „Ungläubiger".

Gibberelline, pflanzl. Streckungswuchsstoffe m. Wirkungen auf Blüte, Samen u. Knospen.

Gibbon [*-bən*], Edward (8. 5. 1737–16. 1. 94), engl. Geschichtsschreiber d. Aufklärung; *Geschichte v. Niedergang u. Fall d. Römischen Reiches.*

Gibbons, sehr langarmige Affen SO-Asiens.

Gibli, gefürchteter Sandsturm, weht mit hohen Temperaturen v. d. Sahara zur Libyschen Wüste.

Gibraltar, arab. *Dschebel at Ta'rik,* Vorgebirge an der S-Spitze Spaniens, 425 m hoch u. 14,6 km breit; *Straße von G.,* m. brit. Festung u. Kriegshafen *G.* (6,5 km², 30 000 meist span. E), Kronkolonie, durch Verf. v. 1964 weitgehend innere Autonomie. - 711 durch → Tarik befestigt; 1704 englisch.

Gicht, 1) Harnsäureablagerung, bes. in d. Gelenken, mit Schmerzanfällen und Gelenkentzündungen, *G.knoten;* **2)** oberste Öffnung des → Hochofens.

Gichtgas → Hochofengas.

André Gide

Gide [*ʒid*], André (22. 11. 1869–19. 2. 1951), frz. Schriftst.; Bekenntnisprosa: *Uns nährt die Erde;* Dialoge: *Die Rückkehr des verlorenen Sohnes; Corydon;* Romane: *Die Falschmünzer; Die Verliese des Vatikan;* Selbstbiographie: *Stirb und Werde;* Drama: *König Ödipus;* Nobelpr. 1947.

Gideon, einer der großen Richter Israels.

Gewerkschaften

Nach Industrie- u. Wirtschaftsgruppen bzw. berufsständ. gegliederte Vereinigungen von Arbeitnehmern zur ständigen Verbesserung ihrer sozialen u. wirtsch. Lebensbedingungen.

DEUTSCHLAND: Die ersten G. entstanden im 19. Jh. (um 1848), wurden aber wieder unterdrückt. Erneutes Aufleben der Bestrebungen zur Gründung von G. in den 60er Jahren (sozialist. Arbeiterbewegung), denen Lassalles Agitation Anregungen gab (Gründung des Allg. Dt. Arbeitervereins 1863). Nach dessen Tod (1864) gründete J. B. v. Schweitzer „Arbeiterschaften" mit gewerkschaftl. Zweckbestimmung. 1868 rief Bebel, im Widerstreit mit Schweitzer, zur Gründung von „Intern. Gewerkschaftsgenossenschaften" auf. 1875 Vereinigung beider Zweige: *freie G.* Daneben gründete Dr. Max Hirsch die freiheitlich-nationalen *Hirsch-Dunckerschen Gewerkvereine.* 1878 Unterdrückung der G. (Sozialistengesetz), seit 1890 Neuaufbau; Spitzenorganisation d. freien G. durch die 1891 gegr. „Generalkommission". In den 90er Jahren entstanden die christl. G. als weiterer Zweig der Bewegung. Zum Erreichen der Gewerkschaftsziele teils Abreden mit den Arbeitgebern zur Verbesserung der Löhne u. sonstigen Arbeitsbedingungen, teils Einflußnahme auf die sozialpol. Gesetzgebung (Sozialversicherung, Arbeitsschutz, Arbeitsrecht). Die Arbeitsverweigerung (Streik) schärfstes Kampfmittel. Durch die G. wurde als kollektive Form der Arbeitsvertragsrede der Tarifvertrag entwickelt, der für die Dauer s. Geltung Arbeitsfriede gewährleistet. Zur Beilegung von Arbeitskonflikten Inanspruchnahme der Einigungsämter der Gewerbegerichte u. tarifliche Vereinbarung durch Schiedsverfahren. Mitgliederzahl der freien G. 1891 ca. 280 000, 1904: 1 Mill., 1913: 2,6 Millionen.

Nach dem 1. Weltkrieg starker Aufschwung der gesamten Bewegung. Umwandlung zahlreicher Berufsverbände der Angestellten u. Beamten in G. Neuzusammenschluß von den der Generalkommission angeschlossenen freien G. der Arbeiter im *Allg. Dt. Gewerkschaftsbund (ADGB),* Zusammenschluß der freigewerkschaftlich orientierten Angestellten im *Allg. freien Angestellten-Bund (AfA-Bund)* und der Beamten-G. dieser Richtung im *Allg. Dt. Beamtenbund.* Der Gesamtverband der christl. G. vereinigte sich mit dem Gesamtverband d. Angestelltenverbände u. einigen Beamtenvereinen zum *Dt. Gewerkschaftsbund.* Die Hirsch-Dunckersche Richtung (HD) bildete den *Gewerkschaftsring dt. Arbeiter-, Angestellten- und Beamtenverbände (GDA).* – 1933 zwangsweise Auflösung der G. und Überführung ihrer Mitglieder in das sog. „Deutsche Arbeitsfront". Nach 1945 Neuaufbau. In der sowj. Zone und Ostberlin Zusammenschluß der Industrie-G. im *Freien Deutschen Gewerkschaftsbund (FDGB).* 1989: 9,60 Mill. Mitgl., im Mai 1990 aufgelöst, weitgehend Fusionen mit den G. der alten BR; in den Westzonen Zonen- bzw. Ländergewerkschaftsbünde. Seit Okt. 1949 in BR **Deutscher Gewerkschaftsbund (DGB),** unabhängig von pol. Parteien u. Konfessionen, mit Sitz in Düsseldorf, als Dachorganisation v. 16 Gewerkschaften u. Ind.gewerkschaften. Diese erfassen 1989 7,861 Mill. Mitgl. (5,22 Mill. Arbeiter, 1,833 Mill. Angestellte u. 807 000 Beamte). Organe: Bundeskongreß, B.-Ausschuß, B.-Vorstand, Revisionskommission. B.-Vors.: Heinz-Werner Meyer. 5 Bundesschulen und ein eigenes Wirtschaftswiss. Institut in Düsseldorf. Im Verlag des DGB (Bund-Verlag GmbH, Köln-Deutz) erscheinen u. a. *Welt der Arbeit, Die Quelle, Gewerkschaftliche Monatshefte.* – Ziele: Vertretung d. wirtsch., soz. u. kulturellen Interessen d. Mitglieder sowie Koordination d. Aktivitäten d. Einzelgewerkschaften; in d. 80er Jahren insbes.: Abbau d. Arbeitslosigkeit u. Wiederherstellung d. Vollbeschäftigung, Sicherung d. Arbeitsplätze, vor allem auch durch Arbeitszeitverkürzung (Forderung d. 35-Stunden-Woche bei vollem Lohnausgleich), Ausbau d. betriebl. (parität.) Mitbestimmung, Vermeidung sinkender Realeinkommen bzw. Steigerung d. Einkommen, Huma-

nisierung d. Arbeitswelt (1981 neues Grundsatzprogramm). 1988/89 Diskussion zur Wochenendarbeit sowie Gründung von Schwesterorganisationen in der ehem. DDR. – Andere, nicht dem DGB angeschlossene G. u. Gewerkschaftsverbände in der BR sind: **Christlicher Gewerkschaftsbund Deutschlands (CGB),** gegr. Juni 1959, Sitz Bonn, Spitzenorganisation von 23 Christlichen G. in der BR, 304 741 Mitgl. (1989); **Deutsche Angestellten-Gewerkschaft (DAG),** April 1949 mit Sitz in Hamburg gegr., 503 528 Mitgl. (1989); **Deutscher Beamtenbund (DBB),** 1949 als Nachfolgeorganisation des früheren DBB (1918–33) mit 46 Mitgliedsverbänden gegr., Sitz Bonn, 793 607 Mitgl. (1989).

ÖSTERREICH: Überparteil. Spitzenverband aus versch. pol. Fraktionen, **Österreichischer Gewerkschaftsbund (ÖGB),** 1945 gegr., ca. 1,7 Mill. Mitgl., gegliedert in 15 Fachgewerkschaften, die jeweils in Berufssektionen, Fach- u. Unterfachgruppen unterteilt sind.

SCHWEIZ: Drei Spitzenorganisationen, **Schweizerischer Gewerkschaftsbund (SGB),** 1880 gegr., 460 000 Mitgl., **Vereinigung Schweizerischer Angestelltenverbände (VSA),** 1918 gegr., 150 000 Mitgl., **Christlich-nationaler Gewerkschaftsbund (CNG),** 1907 gegr., 110 000 Mitgl.

INTERNATIONALE ORGANISATIONEN: Die Ausbreitung der Gewerkschaftsbewegung ging von England aus; die Anregung für die Herstellung intern. Beziehungen kam jedoch aus Dtld. 1903 entstand die **Intern. gewerkschaftliche Zentralstelle;** sie hatte ihren Sitz in Berlin, und Carl Legien, der Vorsitzende der Generalkommission, war ihr Sekretär; 1904 waren ihr 14 gewerkschaftliche Landeszentralen mit 2,4 Mill. Mitgliedern angeschlossen; 1913 neue Bezeichnung: **Internationaler Gewerkschaftsbund (IGB),** mit 19 Landeszentralen und 7,4 Mill. Mitgliedern (Dtld 2,6 Mill., USA 2 Mill., England 874 000, Östr. 428 000, Frkr. 387 000, Italien 321 000, Belgien 116 000, Ungarn 112 000, Dänemark 107 000, Spanien 100 000 u. in den übrigen Ländern weniger als 100 000 Mitgl.). Die Industrieverbände und Berufs-G. der beteiligten Länder in Intern. Berufs-Sekretariaten einzelstaatlich vereinigt. 1919 Verlegung des Sitzes des IGB nach Amsterdam; 1924: 24 Landeszentralen mit 13,1 Mill. Mitgl. und 26 Berufsekretariaten (12,9 Mill. Mitgl.). Die russ. G. gehörten dem IGB nicht an. – **Weltverband der Arbeitnehmer (WVA),** *World Confederation of Labour (WCL),* früher *Intern. Bund christl. G.,* als Zusammenschluß christl. G., 14 Mill. Mitgl. in 90 Ländern. – 1945 in Paris gegr. der **Weltgewerkschaftsbund (WGB),** *World Federation of Trade Unions (WFTU):* ca. 180 Mill. Mitgl. in 71 Ländern, dem auch (im Gegensatz zum IGB) die G. der Sowjetunion (ca. 107 Mill. Mitgl.) u. Chinas angehören, sowie d. frz. G. *Confédération Général du Travail,* 1895 gegr., 2 Mill. Mitgl.

In der Sowjetunion sind praktisch alle Arbeitnehmer gewerkschaftl. vereinigt. Der ideologische Gegensatz zwischen Ost und West führte seit 1949 zum Austritt zahlreicher G. westlicher Länder aus dem kommunistisch beherrschten WGB und zur Gründung bzw. laufenden Stärkung des **Intern. Bundes Freier G. (IBFG),** *International Confederation of Free Trade Unions (ICFTU):* ca. 85 Mill. Mitglieder, 136 Organisationen in 96 Ländern, darunter der DGB, die Landesvereinigung der britischen G., **Trades Union Congress, TUC,** (ca. 10,5 Mill. Mitgl., u. die US-Gewerkschaftsvereinigung **American Federation of Labor and Congress of Industrial Organizations, AFL-CIO** (1881 bzw. 1935 gegr., 1955 vereinigt, 13,6 Mill. Mitgl.). – 1969 **Europäischer Bund Freier Gewerkschaften der Gemeinschaft** (der EG) gegr., s. 1973 **Europäischer Gewerkschaftsbund.**

Giebel, meist dreieckige Abschlußfläche des Daches; als **G.schmuck** Plastiken u. Schnitzwerk (Pferdeköpfe usw.) auf *G.balken* altdt. Häuser.

Giehse, Therese (6. 3. 1898–3. 3. 1975), dt. Schauspiel.in in München u. Zürich.

Giengen a. d. Brenz (D-7928), St. i. Kr. Heidenheim, Ba-Wü., 18 369 E; Charlottenhöhle; Spielwaren, div. Ind.

Gierek, Edward (* 6. 1. 1913), poln. Pol.; 1970–80 Erster Sekr. des ZK der KP.

gieren, Hin- u. Herpendeln e. Schiffes od. Flugzeugs, e. Satelliten od. e. Rakete um die Hochachse senkrecht zur Bewegung u. a. infolge v. Wind od. Seegang (Abweichen vom Kurs).

Gierke, Otto v. (11. 1. 1841–10. 10. 1921), dt. Rechtsgelehrter; *Das deutsche Genossenschaftsrecht.*

Giersch, *Zipperleinskraut,* Doldengewächs, Unkraut an Hecken.

Gies, Gerd (* 24. 5. 1943), dt. Tierarzt u. CDU-Pol., 1990/91 Min.präs. v. Sachsen-Anhalt.

Gieseking, Walter (5. 11. 1895–26. 10. 1956), dt. Pianist u. Komp.; *Quintett für Bläser und Klavier.*

gießen, Formgebung für Metalle durch Gießen des geschmolzenen Metalls in Formen aus Sand, Lehm, Metall; → Formerei.

Gießen (D-6300), Uni.st. a. d. Lahn, Hess., 71 751 E; Krst. u. Sitz des Rgbz. *G.;* Justus-Liebig-Uni. (1607 gegr.), FHS, Stadttheater; Museen; IHK, AG, LG; Keramik-, Masch.-, Pharma- u. a. Ind.

Gießharze, durch Vergießen in Formen verarbeitete Kunststoffe, insbes. auf Polyester-Basis (→ Kunststoffverarbeitung, Übers.).

Gifhorn (D-3170), Krst. im Rgbz. Braunschweig, Nds., 35 697 E; Fachwerkhäuser (16./17. Jh.); Welfenschloß; Wind- u. Wassermühlen-Mus.

Gift, Stoff, der unter best. Voraussetzungen (Menge, Zeit, körperl. Zustand) d. gesunden Körper wesentl. schädigt od. d. Tod herbeiführt (chem., tier-, pflanzl., Bakterien-G.); Gegenmittel gg. Vergiftungen (→ Erste Hilfe, Übers.). – **G.mehl,** Hüttenrauch, → *Arsenik* (As₂O₃). – **G.pflanzen,** Pflanzen, die in allen od. einzelnen Teilen Gifte enthalten; in manchen Familien (Nachtschattengewächse) häufig; z. T. als Arzneipflanzen wichtig. – **G.schlangen,** Schlangen mit Giftdrüsen, d. mit zwei Oberkieferzähnen in Verbindung stehen; in Dtld hpts. die *Kreuzotter;* bei Biß möglichst bald Schlangenserum-Einspritzung.

Gifu, jap. Ind.st. a. Honshu, 412 000 E.

Gig, *s.* [engl.], **1)** offener zweirädr. Einspänner m. Gabeldeichsel; **2)** Übungsod. Fahrtenboot i. Rudersport, i. Ggs. zu Rennboot.

Giga-, Abk. *G,* Vorsilbe bei Maßeinheiten: eine Milliarde (10⁹).

Giganten, in der griech. Sage sterbl. Riesen, suchen vergebens, die Götter vom Olymp zu vertreiben; ihr Kampf *(Gigantomachie)* auf **G.fries** des → Pergamonaltars; auch in (Spät-)Renaiss. u. Barock: z. B. Fresko v. G. Romano *(Sturz der G.,* im Palazzo del Tè zu Mantua).

Gigerl, *s.* [wienerisch], Modenarr.

Gigli [*'dʒiʎʎi*], Beniamino (20. 3. 1890–30. 11. 1957), it. Tenor.

Gigolo, *m.* [frz. *'ʒi-*], Eintänzer; (junger) Mann, der sich v. Frauen aushalten läßt.

Gigue, *w.* [ʒig], bewegter Springtanz irischer Provenienz im 4/4-, später im 6/8-Takt.

Gijon [*xi'xɔn*], Hafen u. Ind.st. i. d. nordspan. Prov. Asturien, 259 000 E; integriertes Hüttenwerk.

Gilan, iran. Prov. am Kasp. Meer, 14 709 km², 2,08 Mill. E; Hptst. *Rascht.*

Gilbert, 1) Jean [*ʒil'bɛ:r*], eigtl. *Max Winterfeld* (11. 2. 1879–20. 12. 1942), dt. Operettenkomp.; *Die keusche Susanne;* sein Sohn **2)** Robert (29. 9. 1899–26. 3. 1978), dt. Operettenkomp.; *Das gibt's nur einmal; Gigi;* **3)** Walter [*'dʒilbət*] (* 21. 3. 1932), am. Molekularbiol.; (zus. m. P. → Berg u. F. → Sanger) Nobelpr. 1980 (Arbeiten z. Genchirurgie).

Gilbert-Inseln, 16 Koralleninseln d. südl. Mikronesiens, 295 km², 61 000 E; früher Teil d. brit. Kolonie *G.-* u. *Ellice Islands* (→ Tuvalu), s. 1979 → Kiribati.

Gilde → Zunft.

Gilels, Emil (19. 10. 1916–14. 10. 85), russ. Pianist; Interpret klass. u. romant. Musik.

Gilgamesch, babylon. Epos (um 2000 v. Chr.); darin Sintflutsage.

Gilles, Werner (29. 8. 1894–22. 6. 1961), dt. Maler; abstrakte u. surrealist. Elemente.

Gilly, Friedrich (16. 2. 1772–3. 8. 1800), dt. Baumeister d. Klassizismus; Lehrer Schinkels.

Gilson [ʒil'sõ], Etienne (13. 6. 1884–19. 9. 1978), frz. Phil.; führend in der neuscholast. Bewegung.

Gimpel, *Dompfaff, Blutfink,* Finkenvogel.

Gin, *m.* [dʒɪn], engl. Wacholderbranntwein.

Gingham, *m.* [malai.-engl. *'gɪŋəm*], glänzender Baumwollstoff aus bunten Fäden m. leinenähnl. Griff.

Gingivitis, *w.,* Entzündung d. Zahnfleisches *(Gingiva).*

Ginkgo

Ginkgo, *m.* [jap.], ostasiat., bis 30 m hoher Baum; fächerförm. Blätter; d. Koniferen nahesteh.

Ginsberg, Allen (* 3. 6. 1926), am. Lyriker; Zentralfigur d. → Beat generation, beeinflußt durch fernöstl. Denken; *Planet News.*

Ginseng, *m.* [chin.], ostasiat. Kultur- u. Heilpflanze, Araliengewächs, Wurzel rübenähnlich; gilt als Allheilmittel.

Ginster, meist gelb blühend, strauchig; → Besenginster, Stechginster.

Ginsterkatzen, *Genetten,* i. Urwäldern u. Steppen Afrikas heimische Schleichkatzen; gefleckte G. auch i. S-Frkr. u. Spanien; jagen Kleinwild u. Ratten.

Giono [ʒjo-], Jean (30. 3. 1895–9. 10. 1970), frz. Schriftst.; Romane aus d. Provence; *Der Husar auf dem Dach.*

Giordano [dʒor-], Umberto (27. 8. 1867–12. 11. 1948), it. Opernkomp.; *Andrea Chenier; Fedora.*

Giorgione [dʒor'dʒo-], eigtl. *Giorgio Barbarelli da Castelfranco* (1477/8–vor 25. 10. 1510), it. Maler, Lehrer Tizians; bahnbrechend für d. Entwicklung d. venezian. Renaiss.malerei; *Ruhende Venus; Ländl. Konzert.*

Giotto [*'dʒotto*] *di Bondone* (um 1266–1337), it. Maler u. Architekt d. Gotik; löste sich als Wegbereiter d. Malerei in Italien v. den byzantin. Traditionen; bei Fresken in Florenz, Assisi, Padua.

Giovanni da Bologna [dʒo-   -'lɔɲɲa] (1529–13. 8. 1608), fläm.-it. Bildhauer d. Manierismus; *Neptunbrunnen,* Bologna; *Merkur,* Florenz.

Gips, *m.,* Mineral, *Calciumsulfat* (CaSO₄); kristallisiert: Marienglas; verliert b. Erhitzen (Brennen) Teil d. Kristallwassers, den er b. Anrühren mit Wasser unter Erwärmung wieder bindet, worauf er steinhart wird; Verwendung u. a.: *Rohgips* (Zement- und Düngemittelind.), *gebrannt* als G.putz, -bauplatten, Formengips, zu G.abgüssen.

Gipskraut, sww. → Schleierkraut.

Gipsverband, z. Ruhigstellung e. verletzten Körperteils, d. fest in d. anliegenden Gipshülle ruht; auch *Gips-Kunstharz-Verbände.*

Gipsy [engl. *'dʒɪpsɪ*], Zigeuner, zigeunerhaft.

Giraffe

Giraffe, 1) Paarzeher Afrikas; Gesamthöhe b. 6 m; Hals 2-3 m lang; lebt in Herden; auch → Okapi; **2)** *astronom.* → Sternbilder, Übers.

Giralda [*xi-*], 100 m hoher Glockenturm d. Kathedrale v. Sevilla; Denkmal d. arab. Kunst (12. Jh.), Glockengeschoß 1569.

Giraldi [*dʒi-*], Giambattista (1504–30. 12. 73), it. Novellist; *Gli Hekatommithi* (Quelle f. Shakespeares Othello).

Giralgeld [*ʒi-*], *Buchgeld*, bargeldlose Form v. Geld, Guthaben auf → Girokonten.

Girant [*ʒi-*], Indossant.

Girardi [*ʒi-*], Alexander (5. 12. 1850–20. 4. 1918), östr. volkstüml. Schauspieler.

Girardon [*ʒirard'ö*], François (17. 3. 1628–1. 9. 1715), frz. Bildhauer d. Klassik; *Richelieu-Grabmal* (in d. Kirche d. Sorbonne, Paris); Gartenplastiken in Versailles.

Jean Giraudoux

Giraudoux [*ʒiro'du*], Jean (29. 10. 1882–31. 1. 1944), frz. Schriftst.; zw. Mythos u. Gegenwart vermittelnde Bühnenstücke: *Undine; Sodom u. Gomorrha; D. trojan. Krieg findet nicht statt; Die Irre von Chaillot;* Roman: *Bella.*

girieren [*ʒi-*], mit Giro (→ Indossament) versehen.

Girl, *s.* [engl. *gəl*], Mädchen.

Girlande, *w.* [it.-frz.], hängende Gebinde aus Blumen, Laub od. Buntpapier.

Girlitz, Finkenvogel, gelbgrün, verwandt dem Kanarienvogel.

Giro, *s.* [it. *'ʒiro*], andere Bez. f. → Indossament. – **G.verkehr**, bargeldloser Zahlungsverkehr über **G.konten**; die f. diese Zwecke zus.geschlossenen Banken bilden e. *G.kreis, G.netz, G.system,* darin die öff.-rechtl. Sparkassen in *G.verbänden* organisiert, Spitze die *G.zentrale.*

Giro d'Italia [*'dʒi-*], Straßenradrennen in Italien.

Gironde [*ʒi'rõd*], **1)** Mündungstrichter der Garonne, frz. W-Küste; **2)** südwestfrz. Dép., 10 000 km², 1,17 Mill. E; Hptst. *Bordeaux.*

Girondisten [*ʒirõ-*], gemäßigte Republikaner d. Frz. Revolution (aus dem Dép. Gironde); nach erfolglosem Machtkampf mit den → Jakobinern 1793/94 blutig verfolgt.

Gironella [*xiro'neʎa*], José María (* 31. 12. 1917), span. Dichter; Romane: *Der Mann Miguel Serra; Reif auf Olivenbäumen.*

Giscard d'Estaing [*ʒis,kar des'tɛ̃*], Valéry (* 2. 2. 1926), frz. Pol.; 1962–66 Finanzmin., 1967–74 Wirtsch.- u. Fin.min., 1974–81 Staatspräs.

Gischt, Sprühwasser bei Windstärken über 6 durch Wegblasen d. Schaums der Wellenköpfe.

Giseh, *Gizeh, Gisa, Gise,* St. in Unterägypten, links d. Nils, gegenüber Kairo, 1,9 Mill. E; die *Pyramiden v. G.* (m. Sphinx u. Friedhof).

Gisevius, Hans Bernd (14. 6. 1904–23. 2. 74), dt. Historiker; *Bis zum bitteren Ende; Adolf Hitler, Versuch einer Deutung; Der Anfang vom Ende.*

Gitarre, Zupfinstrument m. flachem Boden, 6 Saiten.

Gitter, *funktechnisch* → Elektronenröhre.

Gittermast, Mast für Hochspannungsleitungen.

Giurgiu [*'dʒurdʒu*], Dschurdschewo, rumän. Donauhafenst. der Großen Walachei, 68 000 E.

Gjellerup [*'gɛlərob*], Karl (2. 6. 1857–11. 10. 1919), dän. Romanschriftst.; *Pilger Kamanita;* Nobelpr. 1917.

Glacé, *m.* [frz. *-'se*], glänzender Stoff. – **G.leder**, feingegerbtes Lamm- od. Ziegenleder.

Glacis, *s.* [frz. *gla'si*], deckungsloses Festungsvorgelände.

Gladbach → Mönchengladbach.

Gladbeck (D-4390), St. i. Kr. Recklinghsn., NRW, 79 187 E; AG; Metall-, Elektro-, feinmechan., Textil- u. chem. Ind.

Gladiatoren, i. alten Rom Schaukämpfer (Kriegsgefangene, Verbrecher, Sklaven).

Gladiole, schwertlilienartige Knollenpflanze, zahlr. Zierformen aus Afrika.

Gladstone [*'glædstən*], William (29. 12. 1809–19. 5. 98), engl. Pol.; 1868–94 mehrfach Premiermin.; Gegner Disraelis; trat für Freihandel u. autonomes Irland ein.

Glaeser, Ernst (29. 7. 1902–8. 2. 63), dt. Schriftst.; *Jahrgang 1902; Der letzte Zivilist.*

Glanzpappe, starke, glatte Pappe, Zwischenschicht beim Pressen von Tuch oder Papier.

Glarner Alpen, Teil d. Schweiz. Kalkalpen nördl. d. Vorderrheins; im *Tödi* 3614 m hoch.

Glarus, **1)** Kanton der östl. Schweiz, im Flußgebiet der Linth, 684 km², 37 300 E; Alpenwirtschaft, Masch.-, Metall-, Textilind.; Hptst. **2)** (CH-8750) an d. Linth, a. Fuße d. Vorderglärnisch, 6000 E; Verw.-, Schul- u. Einkaufszentrum.

Giscard d'Estaing

Glas, **1)** amorph, d. h. ohne Kristallisation, erstarrte Schmelze; Hauptrohstoff f. Gebrauchsglas ist Siliziumdioxid (Quarzsand); zus. mit Soda od. Pottasche u. Kalkstein bei Weißglut erschmolzen u. geläutert. Versch. Glassorten je nach Zusammensetzung: Kali-Blei-Gläser f. *Kristallglas,* Bor-Tonerde-Gläser f. *Jenaer Geräteglas;* Färbung d. Zusätze: blaues *Kobaltglas,* blutrotes *Goldrubinglas, Milchglas* durch eingelagerte Trübungsmittel. *Glasherstellung* schon im alten Ägypten bekannt, Glasmacher-Pfeife etwa s. Chr. Geburt; Formung in heißem, weichem Zustand nach Entnahme aus Hafenöfen; s. 1867 aus gr. Wannenöfen; *Flaschenblasmaschine* (1903) erzeugt etwa 80 000 Flaschen pro Tag; Ziehmaschine (s. 1917) zieht Fensterglas als unendl. Band aus d. Schmelze. Im modernen Continu-Verfahren wird e. Glasband v. etwa 500 m Länge autom. gewalzt, gekühlt, geschliffen u. z. *Spiegelglas* poliert. Nachbearbeitung: Biegen u. Wölben v. *Flachglas* zu Auto- u. Schaufensterscheiben nach Wiedererwärmen. Plötzliche Auskühlung härtet zu Einscheiben-*Sicherheitsglas* (krümelförmige Scherben); Ornamente durch Gravieren, Schleifen, Polieren. Doppelscheiben, a. d. Rändern luftdicht verbunden, z. Schall- u. Wärmeschutz, durch Klebefolie verbunden z. Splitterschutz; im Bauwesen Glas auch als Baustein. → Glasfaserkunststoffe. – *Organisches G.* z. B. → Plexiglas, **2)** *seem.* d. halbstündl. m. der Schiffsglocke (früher nach d. gläsernen Sanduhr) gegebene Zeitzeichen; bei 8 Glasen Wachwechsel. – **G.aale**, die jungen Aale.

Glaser [*'glɛzə*], Donald A. (* 21. 9. 1926), am. Phys.; erfand die *Blasenkammer* z. Nachweis f. Elementarteilchen; Nobelpr. 1960.

Glasfaser, Glasprodukte (Wolle, Watte), die hpts. zur Wärme- u. Schallisolierung gebraucht werden; Glasgespinste u. -gewebe *(Glasseide)* f. Kunstharz-Schichtplatten, säurefeste Filtertüten, Feuerwehranzüge u. a.; seit Ende der 70er Jahre bedeutsam als → Lichtwellenleiter f. d. Nachrichtenübertragung (→ Breitband-Kommunikation). – **G.kunststoffe**, unter Verwendung v. Glasgeweben u. -streifen als Füllstoff geformte Polyester- → Kunststoffe, insbes. für Großformteile (Boote, Autokarosserien). – **G.optik** → Faseroptik.

Glasflügler, Schmetterlingsfamilie mit durchsichtigen Flügeln.

Glasfluß, *Kaliglas,* bleireich, z. Edelsteinimitation; auch → Straß.

Glasgow [*'glɑːsgou*], größte schott. St., Gft Lanark, am Clyde, 762 000 E; Hafen, Eisen- u. Stahlind., Schiffbau; TH, Uni. (1450 gegr.); kath. Erzbischof u. anglikan. Bischof.

Glasharmonika, Musikinstrument von

hauchzartem Klang; betätigt durch Fingerdruck auf angefeuchteten, rotierenden Glasglocken.

Glashow [*glæfou*], Sheldon L. (* 5. 12. 1932), am. Phys.; (zus. m. S. → Weinberg u. A. → Salam) Nobelpr. 1979 (Erkenntnisse z. schwachen u. elektromagnet. Wechselwirkung).

Glashütte (D-8245), St. i. östl. Erzgebirge, Sa., 3000 E; Ing.schule f. Feinwerktechnik; Uhren- u. feinmechan. Ind.

Glaskörper → Auge.

Glasmalerei, die Kunst, auf Glas zu malen od. aus farbigen Glasstücken (verbunden durch Bleisprossen, die zugleich Konturen des Bildes betonen) Bilder zusammenzufügen; bes. i. d. Gotik f. Kirchenfenster angewendet.

Glasnost [russ.], Offenheit i. allen öff. Angelegenheiten u. i. allen Bereichen d. Lebens.

Glass, Philip (* 31. 1. 1937), am. Komp. u. Musiker; Vertr. d. → Minimal Music, beeinflußt v. d. ind. → Raga-Musik; Leiter d. *P.-G.-Ensemble* (elektron. Instrumente, Blasinstrumente u. Gesang); Filmmusik z. *Koyaanisqatsi;* Opern: *Einstein on the Beach; Satyagraha; Akhnaton.*

Glaßbrenner, Adolf, eigtl. *A. Brennglas* (27. 3. 1810–25. 9. 76), Berliner Lokalhumorist u. Journalist d. Vorwärts, *Eckensteher Nante.*

Glasspinnerei, Ziehen dünner Glasfäden, bis 0,012 mm, aus geschmolzenem Glas.

Glasunow, Alexandr Konstantinowitsch (10. 8. 1865–21. 3. 1936), russ. Komp.; Sinfonien, Kammermusik, Kantaten.

Glasur, glasartig aufgebrannter Überzug über Tonwaren, dichtet Oberfläche, auch z. Schmuck, aus Kieselsäure m. Flußmitteln wie Bleioxid, Kalk, Magnesia; durch Metalloxide gefärbt.

Glatteis, ein verbreitet auftretender Eisüberzug am Boden; entsteht, wenn unterkühlter Regen beim Auftreffen sofort gefriert oder nicht unterkühlter Regen beim Auftreffen am Boden, der unter 0 °C abgekühlt ist, anfriert.

Glatz, 1) ehem. *Gft G.,* 1534 böhm., 1742 preuß.; **2)** *Kłodzko,* poln. St. a. d. G.er Neiße, 30 000 E; südöstl. **G.er Bergland,** Teil der Sudeten, mit *Großem*

Glasgow, Rathaus

Schneeberg im *G.er Schneegebirge* (1425 m).

Glaube [l. „fides“], **1)** Vertrauen u. Fürwahrhalten aufgrund innerer Erfahrung od. fremder Bezeugung *(Autoritäts-G.);* Begründung kann nur indirekt erfolgen; Ggs.: Wissen; **2)** das ganze Leben bestimmende Überzeugung: Ggs.: vorübergehende Meinung; **3)** *rechtl.* das Wissen um die Ordnungsmäßigkeit od. Widerrechtlichkeit eines Rechtsgeschäfts; **a)** *Guter G.* (lat. *bona fides*) an die Berechtigung d. Partners macht ein an sich mangelhaftes Rechtsgeschäft wirksam (Käufer e. Sache wird Eigentümer, obwohl Veräußerer nur Mieter od. Verwahrer ist); **b)** *Böser G.* (lat. *mala fides*) verhindert d. Zustandekommen e. solchen Rechtsgeschäfts (Käufer weiß od. muß wissen, daß Verkäufer nicht Eigentümer d. Sache ist), § 932 BGB.

Glaubensfreiheit, eines d. → Menschenrechte.

Glaubersalz, nach Johann R. *Glauber* (1604–68), dt. Arzt u. Chemiker, Natriumsulfat, Hptbestandteil vieler Heilquellen; abführend.

Glaubhaftmachung, schwächere Form d. Beweisführung b. best. Verfahrensarten d. Zivilprozeßrechts.

Gläubiger, derjenige, der von einem anderen (Schuldner) etwas (meist Geld) zu fordern hat. – **G.anfechtung,** Gläubiger kann auch außerhalb des Konkursverfahrens best. Rechtshandlungen d. Schuldners anfechten, wenn durch diese Schuldnervermögen benachteiligt wurde (Anfechtungsges. v. 21. 7. 1879). – **G.ausschuß, G.versammlung** → Konkurs. – **G.verzug,** Nichtannahme geschuldeter, vertrags- od. gesetzgemäß angebotener Leistungen (§§ 293 ff. BGB).

Glauchau (D-9610), Krst. westl. von Chemnitz, an d. Zwickauer Mulde, Sa., 26 566 E; Textilind., chem. u. metallverarbeitende Ind.

Glaukom, *s.* [gr.], *grüner Star,* sehr schmerzhaft; führt durch Zunahme des Druckes im Augeninnern zur Schädigung d. Sehnervs u. d. Netzhaut.

glazial [l.], zum → Eiszeitalter gehörig.

Glaziologie, *Gletscherkunde,* Teilwiss. d. Geographie; Erforschung u. Rekonstruktion von Glazialstrukturen.

Gledjtschie, akazienähnl. Bäume mit starken Dornbüscheln am Stamm; bes. die nordam. *Christusakazie,* Parkbaum.

Gleichberechtigung, pol. u. rechtl. Gleichstellung von Mann u. Frau; BR: GG, Art. 3, Abs. 2 G.s-Ges. v. 18. 6. 1957 regelt G. der Frau auf dem Gebiet des bürgerl. Rechts.

Gleichen, Grafen von, thür. Adelsgeschlecht (um 1100–1631), bekannt durch Sage von d. Kreuzfahrer *Graf v. G.* mit den 2 Frauen.

Gleichflügler, Insekten, → Schnabelkerfe.

Gleichgewicht, Ruhelage eines Körpers; 3 Arten: *stabiles G.,* wenn der Schwer-

punkt unter dem Dreh- oder Stützpunkt liegt; *labiles G.,* wenn er senkrecht darüber liegt; *indifferentes G.,* wenn der Schwerpunkt bei Bewegung seine Höhe nicht ändert. – **G.sorgane,** Bogengänge u. Otolithenapparat i. Innern d. → Ohres; b. deren Erkrankung Schwindel und Gleichgewichtsstörungen.

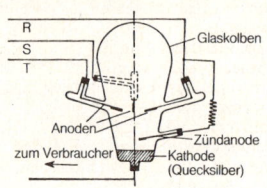
Quecksilberdampf-Gleichrichter

Gleichrichter, alle el. Schaltelemente, die Ströme nur in einer Richtung durchlassen (Umwandlung v. Wechsel- in Gleichstrom, Ventilwirkung). Nach Anwendung unterscheidet man *HF-G.* (→ Demodulator), *NF-G.* (Netzgleichrichter, Leistungsgleichrichter) u. *Meß-G.;* nach Schaltungsart *Einweg-G., Zweiweg-G.* u. *quadrat. G.* (Effektivwert-G.). Früher G.röhren (z. B. → Glühkathoden-G. → Quecksilberdampf-G.), heute weitgehend v. Halbleiter-G. (z. B. → Diode) abgelöst.

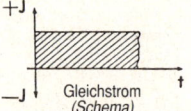
Gleichstrom (Schema)

Gleichstrom, el. Strom mit gleichbleibender Richtung; *reiner G.:* in Größe u. Richtung konstant, *pulsierender G.:* nur in Richtung konstant, m. Wechselstrom überlagert (→ Mischstrom). Erzeugung in galvan. Elementen od. Dynamos, Umrichtung des Wechselstroms in G. an Kollektor, → Gleichrichter; durch Umwandlung in chem. Energie in Akkumulatoren speicherbar. Spannungsumformung nur durch umlaufende Maschinen. Anwendung: Galvanotechnik, Beleuchtung, el. Motoren, Verstärkerröhren usw.

Gleichung, *math.* Aussage über d. Gleichheit math. Objekte: **1)** ident. Gleichung: Zahlengleichung (z. B. $2 \cdot 6 = 3 \cdot 4$) od. allg.gültige Gleichung (z. B. $a + b = b + a$); **2)** Bestimmungsgleichung (z. B. $x + 7 = 12$), enthält Unbekannte, deren Wert ermittelt werden soll; nach der höchsten Potenz d. Unbekannten unterscheidet man *algebraische G.en* ersten, zweiten, dritten, ..., n-ten Grades (auch lineare, quadrat., kub. G.en gen.), wobei e. G. n-ten Grades n Lösungen hat.

Gleim, Johann Wilhelm Ludwig (2. 4. 1719–18. 2. 1803), dt. anakreont. Dichter; *Preuß. Kriegslieder von einem Grenadier; Fabeln.*

Gleis, Schienenweg für Eisen- u. Straßenbahnen, Krane, Schiebebühnen u. a. – **G.dreieck,** Dreiecksform der G.e zum Wenden von Fahrzeugen (statt Drehscheibe).

Gleitbombe, Präzisionswaffensystem (intelligente Bombe) für die Bekämpfung bunkergeschützter Ziele. Die „Glide Bomb Unit 15" (GBU) wurde im → Golfkrieg zur Zerstörung der kuwaitischen Pumpstation im El-Ahmadi-Ölfeld eingesetzt. Die 3,49 m lange G. mit einem Durchmesser von 0,46 cm u. einem Gewicht von 1140 kg wird durch ein kreuzförmiges Leitwerk an Bug u. Heck gesteuert u. kann mit einem Fernseh- od. einem Infrarotsuchkopf ausgestattet werden. Die Ansteuerung an ein Ziel kann über eine Entfernung bis zu 80 km erfolgen; sog. Abstandswaffe.

gleitende Skala, Löhne, Tarife, Gebühren, Zölle, Preise werden nicht genau festgesetzt, sondern richten sich nach der Höhe anderer Preise, z. B. der Lebenshaltungskosten (besonders in der Inflation).

Gleitflug, Flug m. abgestelltem Motor od. motorlos (→ Segelflug), unter dem unveränderl. *G.winkel,* dessen Größe Maßstab für aerodynam. Güte des Flugzeugs ist.

Gleiwitz, *Gliwice,* poln. St. a. d. Klodnitz in Oberschlesien, 223 000 E; Hüttenwerke, Steinkohle.

Jozef Glemp

Glemp, Jozef (* 18. 12. 1929), poln. kath. Theol.; s. 1981 Erzbischof v. Gnesen-Warschau u. Primas v. Polen; Kardinal.

Glendale [ˈglɛndeɪl], St. b. Los Angeles in Kalifornien (USA), 139 000 E; Flugzeugfabrik.

Glenn, John H. (* 18. 7. 1921), am. Astronaut, umkreiste 1962 als erster US-Raumfahrer dreimal d. Erde.

Gletscher, langsam fließender Eisstrom i. Hochgebirgen oder Polargebieten, entst. aus Firnschnee. Die *Firnlinie* od. *Schneegrenze* trennt d. *Nährgebiet* mit überwiegend Schneezufuhr vom *Zehrgebiet* mit überwiegend Abschmelzung. Der G. führt am Grunde, im Innern u. an d. Oberfläche Schutt mit *(Grund-, Innen-* u. *Obermoräne);* beim Abtauen werden die Sand- und Gesteinsmassen frei *(Endmoräne).* Es gibt Tal-, Kar-, Gehänge- u. Plateau-G.; Tal-G. in d. Alpen bis 24 km lang (Aletsch-G., Pasterze); in Zentralasien bis über 70 km. Bewegung am schnellsten in der Mitte; am Rhône-G. 98 m im Jahr, 0,27 m am Tage. – Seit Mitte d. 19. Jh. bis etwa 1940 starker *G.rückgang;* z. Z. ca. 15 Mill. km² d. Erdoberfläche vergletschert, davon 12,6 Mill. i. d. Antarktis, 2,2 Mill. i. d. Arktis, 3600 km² i. d. Alpen, Tendenz eher rückläufig. - **G.brand** → Sonnenbrand. - **G.floh,** flügelloses, 2 mm l. Urinsekt (Springschwanz), auf Alpengletschern. – **G.garten,** in ehem. G.gebieten durch die ausschürfende u. schleifende Tätigkeit der Schmelzwasser u. Gesteinsbrocken entstanden. - **G.mühlen, G.töpfe,** Strudellöcher im Gestein aus der Eiszeit, z. T. auch im norddt. Flachland.

Gleyboden, *m.,* grauer, graublauer od. blauschwarzer → Bodentyp im Grundwasserbereich.

Glied, *math.* Teil einer → Summe.

Glieder-füßer, *Arthropoden,* Stamm der → Gliedertiere, umfaßt Krebstiere, Spinnentiere u. Antennaten (Tausendfüßer u. Insekten); Hautpanzer Chitin. - **G.tiere,** *Artikulaten,* Stammgruppe d. wirbellosen Tiere, umfaßt Ringelwürmer, Hakenfüßer (→ Bärtierchen u. → Gliederfüßer); Gliederung des Körpers in Segmente.

Glima, *w.,* isländ. Ringkampf, bei dem sich die Gegner am Gürtel fassen u. gegenseitig zu Fall zu bringen versuchen.

Glimmer, Mineralgruppe der → Silicate (Schichtsilicate); Bestandteil vieler Gesteinsarten; wichtige Vertreter sind → Biotit u. → Muskovit; Zwischenlager f. el. Heizwiderstände; Grundstoff f. el. Isoliermaterial. – **G.schiefer,** häufiges schieferartiges Gestein a. Quarz u. Glimmer. → Metamorphite.

Glimmlampe, Gasentladungsröhre (meist Neon) m. zwei Elektroden; Elektronen erzeugen eine → Stoßionisation; dadurch Glimmlichterscheinung; meist geringe Leistungen, dienen zur Signalisierung od. Anzeige v. Betriebszuständen (z. B. Spannungsprüfer).

Glimmlicht, Lichterscheinung, bei el. Stromdurchgang durch verdünnte Gase, infolge Ionisation d. Moleküle, u. dabei erfolgendem Spannungsausgleich auf u. zw. den Elektroden.

Glinka, Michail Iwanowitsch (1. 6. 1804-15. 2. 57), russ. Opernkomp.; *Iwan Sussanin; Ruslan u. Ludmila.*

Gliom, *s.,* Geschwulst i. Gehirn u. Rückenmark.

glissando [it.], *mus.* von einem Ton zum anderen gleitend.

global, auf d. Erdoberfläche bezogen; gesamt, roh geschätzt.

Globe-Theater [gloub-], Londoner Theater im 17. Jh.; spielte erstmals Shakespeare.

Globetrotter, *m.* [engl.], Weltenbummler.

Globigerinen, → Foraminiferen mit in Kammern gegliedertem Kalkgehäuse. - **G.schlamm,** vorwiegend aus G.-Kalk bestehende Meeresablagerungen.

Globule [l. „Kügelchen"], kleiner, naher, kreisförmiger → Dunkelnebel aus → interstellarer Materie.

Globuline, in der Natur weitverbreitete *Eiweißkörper,* als Serum-G. (→ Gammaglobulin) u. Fibrinogen im Blut, als Lakto-G. i. d. Milch, als Myosin i. Muskel.

Globus [l. „Kugel"], das verkleinerte kugelförmige Abbild der Erde; gibt Flächen, Strecken u. Winkel ohne Verzerrung wieder.

Glocken, in Lehmformen aus Gußstahl oder aus *G.metall* (80% Kupfer, 20% Zinn) gegossen; i. d. *G.stube* (Raum i. Kirchturm) im Gerüst (*G.stuhl*) aufgehängt, frei schwingend, meist bewegt. – *G.becherkultur,* nach vorherrschender Gefäßform benannte, von NW-Afrika über d. Pyrenäenhalbinsel u. Mitteleuropa bis Ungarn verbreitete Kultur des ausgehenden Jungsteinzeit. - *G.blume, Campanula,* Wald- u. Wiesenstauden m. glockenförmigen, meist blauen Blüten; Zierpflanzen. - *G.spiel,* Orchesterinstrument aus Metallglocken, -platten od. -röhren, die m. Hämmern geschlagen werden (Abb. → Orchester). - *G.tierchen, Vortizellen,* auf einrollbarem Stiel festsitzende einzellige Tiere.

Glogau, *Głogów,* poln. St. an der Oder in Niederschlesien, 66 000 E. – Bis 1506 Hzgt., 1741 preuß., s. 1945 poln.

Gloggnitz (A-2640), St. in Niederöstr., 6300 E; Alpenbad; Dr.-Karl-Renner-Mus.; Plastik- u. Textilind.

Glommen, *Glomma,* größter norweg. Fluß, 598 km l., vom Aursunden-See zum Skagerrak.

Gloria, *w.* [l.], Ehre, Ruhm, Herrlichkeit; Lobgesang; *Gloria in excelsis Deo,* Teil der christlichen Liturgie.

glorifizieren [l.], verherrlichen.

Gloriole, *w.* [l.], Heiligenschein.

Glossar, *s.* [gr.], Wörterverzeichnis m. Erklärungen.

Glossatoren, im MA Juristenschule in Bologna.

Glosse, *w.* [gr.], urspr. erläuternde Randbemerkung, heute meistens spött. Kommentar.

Glottis, *w.* [gr.], Stimmritze, Spalt zwischen den Stimmbändern.

Glotz, Peter (* 6. 3. 1939), SPD-Pol.; 1981–87 B.geschäftsführer d. SPD.

Gloucester [ˈglɒstə], Hptst. der westengl. Gft. *G., G.shire,* am Severn, 92 000 E; Hafen, Maschinenbau (Abb. S. 314).

Gloxinie

Gloxinie, Zierpflanze des trop. Amerika m. großen, samtigen Glockenblüten; Topfgewächse.

Christoph Willibald Gluck

Gluck, Christoph Willibald, Ritter v. (2. 7. 1714–15. 11. 87), Hauptbegründer der deutschen Oper; Schöpfer des musikdramatischen Stils; *Orpheus u. Eurydike; Alceste; Iphigenie in Aulis; Iphigenie auf Tauris; Armida.*

Glucke, 1) brütende Henne; **2)** Pilz → Ziegenbart.

Glucken, dickleibige braune Nachtfalter *(Kiefern-, Ringelspinner, Wollafter).*

Glücksburg (Ostsee) (D-2392), St. u. Heilbad i. Kr. Schlesw.-Flensburg, Schl-Ho., Flensburger Förde, 6390 E; Wasserschloß (1582–87 erb.), ehem. Residenz d. Hzge von Ho.-Sonderburg-G. u. bis 1864 Sommerresidenz d. dän. Kge.

Glücksklee, Klee mit ausnahmsweise vierteiligem statt dreiteiligem Blatt, Zierpflanze.

Glücksspiel, *Hasardspiel,* Spiel, bei dem Entscheidung über Gewinn od. Verlust überwiegend vom Zufall abhängig ist; nach StGB §§ 284 ff. strafbar: öff. Veranstaltung v. G. ohne behördl. Erlaubnis, Beteiligung an solchen.

Glückstadt (D-2208), St. i. Kr. Steinburg, a. d. Elbe, Schl-Ho., 11 329 E; Jachtenbau, div. Ind.; AG; Autofähre; Hafen. – 1616–1814 dänische Festung.

glühen, Leuchten d. Körper bei starker Erhitzung (z. B. bei 500 °C Rot-, 1200 °C Gelb-, 1600 °C Weißglut).

glühfrischen, Umwandlung von Roheisen in schmiedbares Eisen durch Glühen (→ tempern).

Glühkathoden-Gleichrichter, z. Gleichrichtung von Wechselspannung dienende

Gloucester, *Kathedrale*

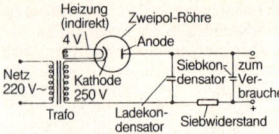

Glühkathoden-Gleichrichter (Einweg)

Zweipolröhre m. Glühkathode; die Elektronen fließen nur v. heißer Kathode zu kalter Anode; *Gleichrichter* wirkung, insbes. früher in Rundfunkgeräten.

Glühkerze, bei Dieselmotoren durch elektrischen Strom zum Glühen gebrachte Widerstandsdrahtschleife, ähnlich der → Zündkerze.

Glühkopf, dient zur Entz. des Brennstoffs in Dieselmot. (ohne Vergaser).

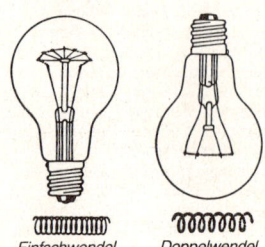

Einfachwendel   Doppelwendel

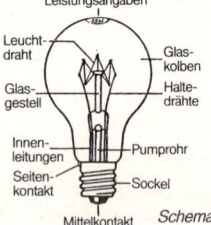

Glühlampen

Glühlampe, el. Beleuchtungskörper; durch el. Strom zum Glühen gebrachter Draht strahlt Lichtwellen ab; Glühdraht in luftleerem od. mit indifferentem Gas (z. B. Stickstoff = *D-Lampe,* Krypton = *K-Lampe*) gefülltem Glaskolben (umgangssprachl. = Glühbirne). Lichtspektrum abhängig von Glühtemp.; früher Kohlenfaden aus verkohlter Cellulose, später schraubenförm. Wolframdraht als Wendel od. Doppelwendel. Hohe Lichtausbeute: 1 Hefnerkerze aus 0,5 bis 1 W; erste G. erfunden 1854 durch H. *Göbel,* 25 Jahre später durch → *Edison* verbessert.

Glühlichtbad, svw. → elektrisches Lichtbad.

Glühstrumpf → Gasglühlicht.

Glühwein, heißer Rotwein mit Gewürzen.

Glühwurm, *Johanniswürmchen,* Weichkäfer mit Leuchtorganen; Männchen flie-

gen ab Juni an warmen Abenden, flugunfähige Weibchen u. Larven im Grase ebenfalls leuchtend; → Leuchtorganismen.

Glukagon, *s.* [gr.], im → Inselorgan gebildetes Hormon; mobilisiert → Glykogen u. steigert den Blutzucker (1967 erstmals synthet. hergestellt).

Glukokortikoide, *Glukosteroide,* Hormone der → Nebennierenrinde, z. B. Cortison, Hydrocortison, Wirkung bes. auf Kohlenhydrat- u. Eiweißstoffwechsel sowie z. Abwehr v. Entzündungen, bes. rheumat. Prozessen, Anpassungssyndrom, → innere Sekretion.

Glukose, *w.* [gr.], svw. → Traubenzucker.

Glutaminsäure, → Aminosäure m. z. T. umstrittener fördernder Wirkung auf Nervensystem, Konzentrationsfähigkeit u. psych. Leistung; Natriumsalz als Glutamat als Geschmacksverstärker.

Gluten → Kleber.

Glycerin, $C_3H_5(OH)_3$, dreiwertiger Alkohol; süßliche, dickliche Flüssigkeit, Dichte 1,26, Sp. 290 °C; fast in allen Fetten, bei Seifenfabrikation durch Verseifung mit Alkalien und auch synthet. gewonnen, dient zur Herstellung von Nitroglycerin, als Gasabsperrflüssigkeit, für Druckerschwärze und als Kosmetikgrundstoff.

Glykogen, *s.,* aus Traubenzucker aufgebautes Kohlenhydrat im tier. Körper, Polysaccharid, d. Kohlenhydrate in Leber u. Muskulatur speichert; entspricht der pflanzl. Stärke.

Glykosid, chem. Pflanzen- oder Tierstoffe, in denen ein Zuckermolekül mit einem anderen Molekül, dem *Aglykon,* verbunden ist; → Amygdalin.

Glyptik, *w.* [gr.], Steinschneidekunst; bearbeitet (Halb-)Edelsteine.

Glyptothek, Sammlung v. geschnittenen Steinen od. antiker Skulpturen (z. B. in München, Kopenhagen).

Glyzine, svw. → Wistaria.

GmbH, Abk. f. *Gesellschaft* **m**it be*schränkter Haftung.*

GmbH-Gesetz, v. 20. 4. 1892 regelt Rechtsverhältnis d. GmbH; ergänzend gilt: Aktienges. v. 30. 1. 1937.

Gmeiner, Hermann (23. 6. 1919–26. A. 86), öst. Sozialpädagoge; Gründer der → SOS-Kinderdörfer.

Gmünd, 1) → *Schwäbisch Gmünd;* **2)** *G./Waldviertel* (A-3950), St. in Niederöstr., 6450 E; div. Ind.

Gmunden (A-4810), östr. Luftkurort, am Traunsee, 12 700 E.

Gnade, Grundbegriff der christl. Lehre, wird den Menschen ohne jedes Verdienst, aus freiem Wohlwollen Gottes geschenkt; nach kath. Lehre verwandelt die G. den Menschen in eine neue Schöpfung *(heiligmachende G.).*

Gnaden-monat, G.quartal, das für d. Zeit eines Monats oder eines Quartals den Hinterbliebenen eines Beamten oder Angestellten gezahlte volle Gehalt. –

G.stuhl, ma. Darstellung d. Dreieinigkeit m. d. Gekreuzigten i. Schoß Gottvaters unter d. Taube d. Hl. Geistes.

Gnadenkraut, staudiger Rachenblütler, weiße Blüten; auf feuchten Wiesen, giftig, auch Heilmittel.

Gneis, verbreiteter → Metamorphit aus Feldspat, Quarz u. Glimmer; viele Abarten: *Glimmer-G., Granat-G., Hornblende-G.*

Gneisenau

Gneisenau, August Gf Neithardt v. (27. 10. 1760–23. 8. 1831), preuß. Gen.-feldm.; 1807 Verteidiger Kolbergs, Blüchers Generalstabschef, bed. strateg. Gegner Napoleons; Mitarbeiter an Scharnhorsts Reformen.

Gnesen, *Gniezno,* poln. St. bei Posen, 68 000 E; röm.-kath. Erzbistum (1000 n. Chr. v. Otto III. gegr.): *Gnesen-Posen* s. 1821; Dom; Metallfabr. – Bis 1320 Krönungsst. der poln. Kge; 1793 preuß.; 1920 poln.

Gnitzen, kleine, blutsaugende Mücken.

Gnom, zwerghafter Erd-, Berggeist.

Gnome, *w.* [gr.], Sinnspruch.

Gnomon, *m.* [gr.], senkrechter schattenwerfender Stab z. Bestimmung der Mittagslinie; **Gnomonik,** die Kunst, Sonnenuhren zu bauen.

Gnoseologie [gr.], svw. Erkenntnistheorie.

Gnosis, *w.* [gr. „Erkenntnis"], intellektueller Heilsweg durch Erkenntnis d. göttl. Weltgeheimnisse.

Gnostizismus, geistige Bewegung des 2. u. 3. Jh. mit bes. Erlösungsmysterien und Kultpraktiken, die zu einer Gefahr für Kirche und Synagoge wurde und z. T. in diese eindrang; gnostische Schulhäupter: *Basilides, Valentin, Karpokrates, Marcion.*

gnothi seauton [gr.], „Erkenne dich selbst!", Inschrift des Apollotempels in → Delphi.

Gnotobiotik, Wiss. von der Züchtung u. Untersuchung keimfreier Tiere.

Gnus, *s.,* afrikan. Kuhantilopen.

Go, *s.,* japanisches Brettspiel für zwei Spieler.

Goa, ehem. portugies. Besitzung (s. 1505) an der Westküste Vorderindiens, 3702 km², dazu *Daman,* 72 km², u. *Diu,* 40 km², zus. 1 Mill. E; Kopra-, Fischaus-

fuhr, Manganerze; Hptst. *Panaji (Panjim),* 43 000 E; 1961 von Indien besetzt u. annektiert (Unionsterritorium); Goa seit 1987 ind. Bundesstaat.

Gobat, Albert (21. 5. 1834–16. 3. 1914), schweiz. Pol.; s. 1906 Leiter d. Intern. Friedensbüros in Bern; (zus. mit Ducommun) Friedensnobelpr. 1902.

Göbel, Heinrich (20. 4. 1818–16. 12. 93), dt. Optiker u. Mechaniker; erfand 1854 die erste Glühlampe.

Gobelin

Gobelin, *m.* [frz. gɔ'blɛ̃], gewirkter Wandteppich, n. künstler. Vorlagen, benannt n. d. Pariser Färberfamilie G. (15. Jh.); auch → Basselisse.

Gobi, Sand- u. Steppenwüste in der Mongolei, etwa 2 Mill. km² groß; im W Sanddünen bis 100 m hoch, im O bergige Steppen.

Gobineau, [-'no], Joseph Arthur Gf (14. 7. 1816–13. 10. 82), frz. Schriftst.; Auffassung v. d. Rasse als Hauptfaktor d. Gesch.; *Die Renaissance; Versuch über die Ungleichheit der Menschenrassen.*

Go-kart, *m.* [engl.], Kleinstrennwagen ohne Karosserie und Getriebe, bis 200 cm³.

Goch (D-4180), St. i. Kr. Kleve, am linken Niederrhein, NRW, 29 592 E; AG; Ind.: Textil, Leder, Masch.- u. Fahrzeugbau.

Godard [-'daːr], Jean-Luc (* 3. 12. 1930), französischer Filmregisseur; *A bout de souffle* (1960); *Week-End* (1968); *Numéro deux* (1976); *Prénom Carmen* (1983); *Je vous salue, Marie* (1984); *Détective* (1985).

Gnu

Godavari, ind. Fluß von den nördl. W-Ghats zum Golf v. Bengalen, 1445 km lang, Mündungsdelta.

Goddard [-dəd], Robert (5. 10. 1882–10. 8. 1945), am. Phys. u. Raketenpionier; erste Flüssigkeitsrakete.

Godesberger Programm, löste 1959 bei d. SPD d. marxist. Programme von Erfurt 1891 u. Heidelberg 1925 ab; bejaht soziale Marktwirtsch. u. anerkennt Privateigentum an Produktionsmitteln neben dem Gemeineigentum der öffentl. Hand; fordert Überwachung der Großunternehmen als Machtzentren; auch der Staat soll wirtsch. Macht nicht im Übermaß an sich ziehen.

Godhavn ['gɔ'ðhaŭ'n], → Qeqertarsuaq.

Godin [-'dɛ̃], Jean-Baptiste-André (26. 1. 1817–14. 1. 88), frz. Industrieller u. Sozialreformer; beteiligte Arbeiter am Gewinn.

God save the King [-'seɪŋ-], bzw. **Queen** ['kwɪn], „Gott erhalte d. König(in)"; engl. Nationalhymne.

Godthåb ['gɔðhɔː'b], → Nuuk.

Godunow, Boris (um 1550/51–13. 4. 1605), s. 1598 russ. Zar, ließ Demetrius (letzten Sproß des Hauses Rurik) ermorden; löste russ. Kirche durch Einsetzung e. Patriarchats Moskau v. Konstantinopel. – Oper von Mussorgskij.

Godwin, William (3. 3. 1756–7. 4. 1836), engl. Schriftst.; Anreger u. Theoretiker d. engl. Romantik.

Goebbels, Paul Joseph (29. 10. 1897–1. 5. 45), NS-Pol., 1929 Reichspropagandaleiter der NSDAP, 1933 Reichspropagandamin., 1938 Präs. d. Reichskulturkammer; als engster Mitarbeiter Hitlers Organisator des totalen Krieges; Selbstmord.

Goedeke, Karl (15. 4. 1814–27. 10. 87), dt. Literarhistoriker.

Goeppert-Mayer, Maria (28. 6. 1906–20. 2. 72), dt.-am. Kernphysikerin; Nobelpr. 1963.

Goerdeler, Carl Friedrich (31. 7. 1884–2. 2. 1945), Oberbürgermeister in Leipzig bis 1937; einer d. Hauptträger d. dt. → Widerstandsbewegung gg. Hitler; hingerichtet.

Goering, Reinhard (23. 6. 1887–14. 11. 1936), dt. expressionist. Dramatiker; *Seeschlacht.*

Goethe, Johann Wolfgang v. (28. 8. 1749, Frankf./M.–22. 3. 1832, Weimar), dt. Dichter d. Klassik; studiert in Leipzig 1765–68 (Rokokospiel: *Die Laune des Verliebten*) u. Straßburg 1770/71; Liebe zu Friederike Brion, Freundschaft m. Herder, Sturm-und-Drang-Kreis (Lenz, Klinger), Begeisterung f. Shakespeare, Volkslieder, dt. Baukunst; 1772 am Kammergericht Wetzlar, Liebe zu Charlotte Buff; 1773: Drama *Götz von Berlichingen;* 1774: Roman *Die Leiden des jungen Werthers;* von Hzg Karl August nach Weimar eingeladen, Staatsdienst, Freundschaft mit Frau von Stein; Italienreisen 1786–88 u. 1790: Dramen *Eg-*

J. W. v. Goethe

mont, Faust. E. Fragment, Iphigenie; Tasso; 1788 Liaison (1806 getraut) m. Christiane Vulpius (1765–1816); *Römische Elegien* (1788); 1789 Sohn August geboren († 1830); 1791–1817 Direktor d. Weimarer Theaters; 1794–1805 Freundschaft mit Schiller; *Balladen; Wilhelm Meisters Lehrjahre* (1796); *Hermann u. Dorothea* (1797); Vollendung des ersten Teils von *Faust* (vor 1790 begonnen, zweiter Teil 1831 abgeschlossen); *Wahlverwandtschaften* (1809); Selbstbiographie *Dichtung u. Wahrheit* (1811–14), 1814/15 Liebeserlebnis mit Marianne v. Willemer (1784–1860): *Westöstl. Diwan* (1819); *Wilhelm Meisters Wanderjahre* (1821); 1823: Werbung um die junge Ulrike von Levetzov (1804–99), *Marienbader Elegie;* außer seinen Dichtungen: Altertumswiss. (Zeitschr. *Kunst u. Altertum* 1816–32) u. Naturwiss.: *Farbenlehre, Urpflanze, Zwischenkiefer-(Intermaxillar-) Knochen.*
Goethe-archiv, Sammlung von G.s Nachlaß in Weimar; s. 1896 mit *Schiller-Archiv* u. a. Dokumenten der G.zeit vereint; heute: Forschungs- u. Gedenkstätten der klass. dt. Literatur. – **G.-Gesellschaft,** Verein zur Förderung der Goethe-Forschung (1885). – **G.haus,** G.s Geburtshaus in Frankfurt a. Main, Großer Hirschgraben, 1944 zerstört, v. → *Freien Deutschen Hochstift* wieder aufgebaut. – **G.-Institut,** zur Pflege deutscher Sprache und Kultur im Ausland, gegr. 1932, Neugründung 1952; in d. BR 18 Unterrichtsstätten; G.-Institute im Ausland: 114.
Goetheanum, anthroposoph. Freie HS in Dornach (Schweiz).
Goetz, 1) Curt (17. 11. 1888–12. 9.

1960), deutscher Schauspieler, Autor und Regisseur; Komödien: *Napoleon ist an allem schuld* (1938); *D. Haus in Montevideo* (1951); **2)** Wolfgang (10. 11. 1885–3. 11. 1955), deutscher Schriftsteller; Novellen u. Biographien; Drama: *Gneisenau.*
Gogarten, Friedrich (13. 1. 1887–16. 10. 1967), evangelischer Theologe; mit K. *Barth* Begründer der → dialektischen Theologie.

Vincent van Gogh
Selbstbildnis

Gogh [ˈxɔx], Vincent van (30. 3. 1853–29. 7. 90), ndl. Maler; Wegbereiter des Expressionismus; *Sonnenblumen; Die Brücke in Arles.*
Go-go-Girl, *s.* [engl. -,ɡəl], Vortänzerin bei (Soul-)Beatveranstaltungen.

Nikolai Gogol

Gogol, Nikolai (1. 4. 1809–4. 3. 52), russischer Dichter; Komödie: *Der Revisor;* Roman: *Die toten Seelen;* Novellen: *Der Mantel.*
Gog und Magog, barbarisches Volk bei *Ezechiel 38* u. in *Offenbarung 20.*
Goi [hebr. „Volk“, Mz. *Gojim*], im A.T. u. im Neuhebr. Bez. f. Nichtjuden.

Goiás, früher *Goyaz,* brasilian. Binnenstaat, 340 166 km², 3,92 Mill. E; Hochland, n. N abgedacht; Viehzucht, Kaffee, Weizen; Nickel, Diamanten, Gold; Hptst. *Goiânia,* am Rio Vermelho, 1,04 Mill. E; Erzbischofssitz.
Go-in [engl. *gou-*], Happening-artige demonstrative Form des passiven Widerstands; praktiziert in der student. Protestbewegung.
Gök-su nehir, Fluß in der südl. Türkei, im Altertum *Kakykadnus,* im MA *Saleph* genannt: 1190 ertrank Kaiser Friedrich Barbarossa in s. Fluten.
Golanhöhen, Plateau im SW Syriens an d. syr.-israel. Grenze mit 500–800 m hoher Steilstufe üb. d. Jordangraben; syr. Befestigungen s. 1967 von Israel besetzt.
Gold, Käthe (* 11. 2. 1907), östr. Schausp.in am Wiener Burgtheater; *Egmont.*
Gold, *Au,* chem. El., Oz. 79, At.-Gew. 196,967, Dichte 19,32; Edelmetall, gelbglänzend, in dünnen Blättchen (Blattgold) grün, durchscheinend, sehr dehnbar, lösbar in Cyankali, Königswasser u. Quecksilber. Sehr selten, Vorkommen in Nordam., Australien, Südafrika, UdSSR. Gewinnung durch Auswaschen aus goldhalt. Gestein, durch *Amalgamierung* oder Auslaugung m. Cyankali; aus Meerwasser (0,01 mg/m³ Gold enthalten) noch nicht rentabel. Verwendung als Schmuck u. Münzen, Zahnfüllungen. Legierungen mit anderen Metallen zur Erzielung größerer Härte, versch. Farbtöne u. z. Verbilligung, z. B. *Weiß-G.* mit Silber u. Kupfer. Bis 1914 Grundlage für die meisten Währungen, regelte Devisenkurs (Goldautomatismus); → *Währungssysteme* u. Schaubild. – **G.amalgam,** Legierung aus Gold, Silber und Quecksilber.
Goldafter, weißer Schmetterling (Spinner); Raupen Obst-, Rosenschädlinge.
Goldammer → Ammern.
Goldamsel, svw. → Pirol.
Goldap, poln. St. in Ostpreußen, am Abfluß d. **G.er Sees,** 11 300 E.
Goldene Aue, fruchtbare Ebene im Helmetal, zw. Harz u. Kyffhäuser.
Goldene Bulle, Reichsgesetz Karls IV.

Gold

Gewinnung wichtiger Länder 1987 in t

Südafrika	598,0
UdSSR*	275,2
USA	154,4
Kanada	117,8
Australien	108,0
VR China*	71,5
Brasilien*	71,5
Philippinen	33,3
Papua-Neuguinea	33,2
Chile	16,5
Simbabwe	15,1

Weltgewinnung	
1937:	1118 t
1941:	1265 t
1982:	1316 t
1985:	1529 t
1986:	1605 t
1987:	1632 t

* Schätzung

Goldbestände der Zentralnotenbanken Ende 1988
in Mill. troy oz (1 troy ounce = 31,1 Gramm)

Land	Mill. troy oz
USA	262
BR Deutschland	95
Schweiz	83
Frankreich	82
Italien	67
Niederlande	44
Belgien-Luxemb.	34
Japan	24
Österreich	21
Großbritannien	19
Kanada	17
Portugal	16
Spanien	14

1356, regelte die Königswahl durch die 7 Kurfürsten (Einführung des Mehrheitsprinzips zur Verhütung von Doppelwahlen).

Goldene Horde, Bez. für das vom 13.–15. Jh. bestehende russ.-sibir. Mongolenreich.

Goldene Regel der Mechanik → Hebel.

Goldene Rose, *Tugendrose,* kath. Auszeichnung.

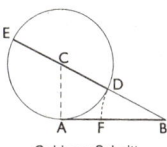

Goldener Schnitt

Goldener Schnitt, lat. *Sectio aurea,* Teilung einer Strecke, so daß sich der kleinere Teil z. größeren verhält wie der größere zur ganzen Strecke, also AF:FB = FB:AB (zur Konstruktion AC = ½ AB, BF = BD) bekanntestes Gliederungsprinzip d. bild. Künste s. der Antike: Bei einerin2ungleicheAbschnittegeteiltenStrecke verhält sich d. kürzere Teil zum längeren wie d. längere zur Gesamtstrecke; bes. in d. Renaiss. weiterentwickelte Anwendung in Architektur, Proportionslehre (auch d. menschl. Körpers) u. Perspektive.

Goldenes Horn, 1) Bosporusbucht vor Istanbul, 6 km lang; 2) Bucht von Wladiwostok.

Goldenes Kalb, götzenhaftes Stierbild.

Goldene Stadt, Beiname der Stadt Prag.

Goldenes Vlies, 1) in der griech. Sage von einem Drachen bewachtes Widderfell, von → Iason mit Hilfe Medeas aus Kolchis nach Griechenland zurückgebracht; dramatische Trilogie von Grillparzer; 2) einer der ältesten eur. Orden, 1429 v. Philipp dem Guten gestiftet; nur an kath. Standesherren u. Souveräne (s. 18. Jh. v. östr. u. span. Herrschern) verliehen.

Goldenes Zeitalter, sagenhafte paradiesische Zeit des ältesten Menschengeschlechts; dann auch das Zeitalter des Augustus.

Goldene Zahl, gibt an, das wievielte ein best. Jahr im Mondzyklus ist; wird erhalten als Rest b. Division d. um 1 vermehrten Jahreszahl durch 19.

Golden Gate [engl. *'gouldən 'geit*], „Goldenes Tor", Einfahrt in die Bucht von San Francisco, mit G.-G.-Brücke, 2,15 km lang, Spannweite 1,3 km.

Goldfisch, aus Ostasien stammende Abart der Karausche (Zuchtform); goldrot, gefleckt u. weiß; versch. Formen (Teleskopaugen, Schleierschwänze).

Goldhähnchen, kleinster dt. Singvogel; *Sommer-G.* (Zug-) u. *Winter-G.* (Standvogel); vertilgt Insekteneier.

Goldhamster, kl. syr. Hamsterart, beliebtes Heimtier.

Golding [*'gouldıŋ*], William (* 19. 9. 1911), engl. Schriftst.; *Herr der Fliegen; Der Felsen d. zweiten Todes;* Nobelpr. 1983.

Goldkernwährung → Währungssysteme.

Goldklausel, bestimmt in Verträgen, daß Beträge entweder in Gold od. d. *Wert des Goldes* entsprechend geleistet werden sollen (Schutz d. Gläubigers vor Geldentwertung); in Dtld genehmigungspflichtig.

Goldküste, ehem. brit. Kolonie am Golf v. Guinea; seit 1957 → Ghana.

Goldlack, *Lack,* Gartenpflanze, aus S-Europa.

Goldmann, Nahum (10. 7. 1894–28. 8. 1982), am. Schriftst. u. zionist. Pol.; 1956–68 Präs. d. Zionist. Weltorganisation, 1949–78 Präs. d. jüd. Weltkongresses.

Goldmark, durch Münzges. v. 1924 festgesetzte Rechnungseinheit = ½790 kg Feingold.

Goldoni, Carlo (25. 2. 1707–6. 2. 93), it. Komödiendichter, *Der Diener zweier Herren; Memoiren.*

Goldorange, *Aucuba,* beliebte Dekorationspflanze; gefleckte Blätter, korallenrote Beeren; aus Japan.

Goldorfe, goldfarbene Spielart des → Aland.

Goldregen, Zierstrauch mit hängenden gelben Blütentrauben; aus S-Europa; giftig.

Goldröschen, *Kerria,* ostasiat. Rosengewächs, goldgelbe Blüten; Zierstrauch.

Goldrute, *Solidago,* im Spätsommer blühender Korbblütler.

Goldschmidt, 1) Adolph (15. 1. 1863–5. 1. 1944), dt. Kunsthistoriker, Erforscher ma. Kunst; *Dt. Buchmalerei, Elfenbeinskulpturen;* 2) Richard (12. 4. 1878–25. 4. 1958), dt.-am. Biologe (Theorie der Vererbung u. Geschlechtsbestimmung); 3) Victor Moritz (27. 1. 1888–20. 3. 1944), dt. Mineraloge u. Geologe; Begr. d. mod. Geochemie.

Goldschmiedekunst, Verarbeitung v. Gold u. Silber zu Schmuck, Gerät, Kleinplastiken, künstler. Tafelgeschirr, oft m. Verzierungen aus Draht (*Filigran*) od. dünnem Goldblech (*getriebene Arbeit*).

Goldschnitt, mit Blattgold vergoldete Schnittfläche d. Buches.

Goldseifen, durch Erosion v. goldhalt. Gestein entstandene Goldlagerstätten in Flußablagerungen.

Goldsmith [*'gouldsmɪθ*], Oliver (10. 11. 1728–4. 4. 74), ir. Schriftst.; satir. Roman: *Landprediger v. Wakefield.*

Goldwährung → Währungssysteme.

Golem, *m.* [hebr.], i. d. jüd. Mystik menschl. Tonfigur; nach der Sage v. Prager Rabbi *Löw ben Bezalel* 1580 durch Zauberspruch belebt.

Golf, *s.,* urspr. Nationalspiel der Schotten, bei dem m. einem f. jede Schlagart passend zu wählenden Schläger ein klei-

ner Ball auf Entfernungen von je 100–400 m in 9 od. 18 Löcher von 10 cm Durchmesser geschlagen wird; geringste Schlagzahl zur Erreichung des Zieles entscheidet.

Golf, *m.,* Meeresbucht. – **G.strom,** relativ warme Meeresströmung, kommt aus dem Golf von Mexiko, zieht entlang der nordam. O-Küste bis S-Neuschottland; dort Abbiegen unter Einfluß westl. Winde nach O, fächerförmige Ausbreitung vor d. eur. Küsten mit Ausläufern b. z. Nördl. Eismeer; unter seinem Einfluß ist d. Klima NW-Europas ozeanisch mild, d. Küsten eisfrei bis Murmansk („Warmwasserheizung Europas"); hoher Salzgehalt u. tiefblaue Farbe heben das Golfstrom-Wasser scharf ab von den kalten, grünen Strömungen aus Norden.

Golfkrieg, 1) G. (1980–1988): Auseinandersetzung zw. Iran u. Irak um die pol., wirtschaftl. u. religiös-kulturelle Vormachtstellung am Persischen Golf. Der Konflikt hat nach Schätzungen zw. 800 000 und 1 000 000 Tote gefordert; Irak hielt 1989/90 weiterhin iran. Territorium entlang des Mündungsflusses Schatt-el-Arab besetzt. Am 15. 8. 1990 kündigte Saddam → Hussein überraschend die Anerkennung der Grenze zum Iran an, wie sie im Vertrag von Algier 1975 festgelegt worden war; die Grenze verläuft demnach in der Mitte der Fahrrinne des Schatt-el-Arab.; 2) 2. G. In einer Blitzaktion marschierte der Irak am 2. 8. 1990 um 2 Uhr Ortszeit in Kuwait ein. Hintergründe der Invasion waren der Vorwurf illegaler kuwaitischer Ölförderung auf irakischem Territorium u. histor. bedingte Gebietsansprüche. - a. aber die Sicherung eines strategisch wichtigen Zugangs zum Persischen Golf. Am 6. 8. 90 beschloß der UN-Sicherheitsrat ein Handelsembargo gegen Irak, am 10./11. 8. 90 einigten sich 12 arabische Staaten auf eine gesamtarabische Truppe zum Schutz Saudi-Arabiens. Ägyptische Truppen u. britische Flugzeuge stehen in der Golfregion. 16. 8.: Hussein ließ westl. Ausländer als Schutz gegen mögliche Angriffe an strategische Punkte verschleppen. 28. 8.: Hussein erklärt Kuwait zur 19. irakischen Provinz u. ließ alle als Geiseln festgehaltenen Frauen u. Kinder frei. 9. 9.: Treffen der Präsidenten Bush u. Gorbatschow in Helsinki. Sie forderten Irak zum Rückzug aus Kuwait auf. 13. 9.: Frankreich stationierte Soldaten in Saudi-Arabien. 18. 11.: Irak bot die schwere, über 3 Monate verteilte Freilassung westl. u. japan. Geiseln an. 29. 11.: Der UN-Sicherheitsrat stimmte in einer neuen Resolution dem Einsatz mil. Mittel zu, wenn Irak nicht bis zum 15. 1. 91 Kuwait geräumt hat. 6. 12.: Irak ließ alle restlichen Geiseln frei. 3./4. 1. 91: US-Präsident Bush forderte Irak zu Gesprächen innerhalb einer Woche in Genf auf. Ab 6. 1.: Die Bundesluftwaffe verlegte als

→ AMF mit 18 Alpha-Jet nach → Erhac. 9. 1.: Das Genfer Gespräch über den Golfkonflikt scheiterte nach sechseinhalb Stunden, weil Irak zu keinerlei Zugeständnissen bereit war. 12. 1.: Die Friedensmission von Javier Pérez de Cuéllar in Bagdad scheiterte. 16. 1.: Um 6 Uhr MEZ lief das Ultimatum ab. Irak riegelte seine Grenze zur Türkei ab u. verminte den Grenzstreifen. 17. 1.: Gegen 1.00 Uhr (3 Uhr in Bagdad) MEZ begannen die Luftangriffe der Alliierten (Operation „Desert Storm" = Wüstensturm) gegen mil. Ziele im Irak, in der Folge weitgehende Zerstörung der chemischen und nuklearen Einrichtungen. Die v. den USA angeführte internat. Streitmacht, an der sich insgesamt 28 Staaten beteiligten, umfaßte rd. 690 000 Mann. Der Irak verfügte über 545 000 Soldaten u. zusätzlich über 480 000 Reservisten. 6. 2.: Irak brach formell alle diplomatischen Beziehungen zu seinen Kriegsgegnern ab. Bis 10. Februar flogen die Alliierten rd. 40 000 Einsätze. Nach Abschluß der Luftoffensive war Einsatz der Bodentruppen zur Befreiung Kuwaits vorgesehen. Irak reagierte v. a. mit Raketenangriffen (→ Scud-B-Raketen) auf Ziele (Wohngebiete) in Saudi-Arabien und Israel, die jedoch mit dem Flugabwehrsystem → Patriot weitgehend abgewehrt wurden. Nach 43 Tagen Krieg am Golf begann am 28. 2. 91 – 90 Stunden nach Beginn der Landoffensive – die Feuerpause, nachdem Bagdad bereit erklärt hatte, alle UN-Resolutionen zum Golfkrieg zu akzeptieren. Die schnelle Kriegsentscheidung zugunsten der Alliierten wurde durch den Einsatz des militärischen High-Tech-Arsenals der Amerikaner herbeigeführt (z.B. F-111-Kampfflugzeuge). Von ehemals 42 irakischen Divisionen wurden 41 vernichtet bzw. kampfunfähig gemacht. Vor ihrem Rückzug aus Kuwait wurden von den Irakern über 600 Ölquellen gesprengt, deren Brände unter Mithilfe zahlr. Staaten bereits Anfang Nov. 91 gelöscht werden konnten. Vorläufige Bilanz des Krieges: Auf seiten der Koalitionstruppen fielen 126 Mann, darunter 79 Amerikaner; 56 Soldaten werden vermißt. Beim Gegner sind nach Schätzungen saudischer Militärs 80 000–100 000 Iraker getötet worden. Die Kosten für die Beseitigung der Kriegsschäden allein in Kuwait werden auf 55 Mrd. $ geschätzt. 175 000 Iraker wurden nach brit. Schätzungen gefangengenommen. Von 4280 Kampfpanzern und 2750 gepanzerten Fahrzeugen der Iraker wurden 4000 bzw. 1856 zerstört oder erbeutet. Die Artillerie der Iraker verlor von 3110 Waffeneinheiten 2140. Von 650 Flugzeugen wurden 97 zerstört; 138 wurden von den Irakern ab dem 17. Kriegstag in den Iran verbracht.

Golgatha, Kreuzigungsstätte Jesu.
Golgi [-dʒi], Camillo (7. 7. 1844–21. 1. 1926), italienische Histologe; Arbeiten

über das Zentralnervensystem; Nobelpreis 1906.
Golgi-Apparat, aus Doppelmembranen u. Vakuolen bestehender Komplex im Zellplasma; dem G.-A. werden u. a. sekretor. Funktionen bei Pflanzen u. Tieren zugeordnet.
Goliarden, fahrende Schüler im frz. MA.
Goliath, im A.T. Riese, von David getötet.
Goliathkäfer, Blumenkäfer des trop. Afrika, bis 10 cm.
Gollancz [gɔ'lænts], Sir Victor (9. 4. 1893–8. 2. 1967), engl. sozialist. Verleger u. Schriftst.; dt. Kollektivschuld auf u. leitete Hilfswerk f. Dtld; 1962 Friedenspr. d. Dt. Buchhandels.
Goller, weibl. Umhang (16. Jh.).
Gollwitzer, Helmut (* 29. 12. 1908), dt. ev. Theologe; Kriegsgefangenenbuch: *... und führen wohin du nicht willst.*
Goltz, 1) Colmar Frh. v. d., G.-Pascha (12. 8. 1843–19. 4. 1916), preuß. Generalfeldmarschall; vor u. im 1. Weltkrieg Organisator des türk. Heeres; **2)** Rüdiger Gf v. d. (8. 12. 1865–4. 11. 1946), preuß. General; befreite 1918 Finnland, 1919 Baltikum von den Bolschewiken.
Goltzius, Hendrick (1558–1. 1. 1617), holländischer Maler und Kupferstecher der Spätrenaissance; Gemälde allegorischen Inhalts; Stichfolge *Szenen aus d. Marienleben.*
Goma, Paul (* 2. 10. 1935), rumän. Schriftst.; *Ostinato; Die Tür.*
Gombrowicz [-vitʃ], Witold (4. 8. 1904–25. 7. 69), poln. Schriftst.; *Das Tagebuch d. W. G.; Die Trauung; Trailer; Berliner Notizen.*
Gomel, Homel, Gebietshptst. in Weißrußland, am Fluß Sosch, 500 000 E; Masch.-, Holz- u. Glasind.
Gomes [-ʃ], Francisco da Costa (* 30. 6. 1914), portugies. Gen.; 1974–76 Staatspräs.
Gomolka, Alfred (* 21. 7. 1942), dt. Geograph u. CDU-Pol., s. 1990 Min.präs. v. Mecklenburg-Vorpommern.
Gomorrha → Sodom und Gomorrha.
Gompers, Samuel (27. 1. 1850–13. 12. 1924), am. Arbeiterführer; Mitbegr. u. Präs. der AFL, → Gewerkschaften.
Gomułka [-'muŭka], Władysław (6. 2. 1905–1. 9. 82), poln. Pol.; 1956–70 Erster Sekretär d. ZK d. KP.
Gon [gr. „Winkel"], bes. i. d. Geodäsie verwendete Winkeleinheit, 100. Teil d. rechten Winkels; 1 *gon* = 0,9°; Unterteilung: 1 *gon* = 10 *dgon* (Dezigon) = 100 *cgon* (Zentigon) = 1000 *mgon* (Milligon); ersetzt seit 1975 Bez. *Neugrad* (→ Neugradeinteilung).
Gonaden [gr.], → Keimdrüsen.
gonadotrope Hormone, Gonadotropine, vorwiegend auf d. Keimdrüsen wirkende Hormone der → Hypophyse u. a. Gewebe; *follikelstimulierendes Hormon* (FSH) bewirkt Reifung der → Follikel u. Keimdrüsenentwicklung, *interstitielle Zellen*

stimulierendes Hormon (ICSH), regt Bildung d. → Gelbkörpers, Ei-Ausstoßung u. Hormonbildung i. d. Zwischenzellen d. Hoden an; → Laktationshormon; → Kontrazeption.
Gonçalves [gõ'salvɪʃ], Vasco (* 3. 5. 1921), portugies. Offizier u. Pol.; 1974/75 Reg.chef.
Goncourt [gõ'kur], Brüder 1) Edmond (26. 5. 1822–16. 7. 96) u. 2) Jules de (17. 12. 1830–20. 6. 70), frz. kulturhistor. u. naturalist. Schriftst.; schrieben meist gemeinsam; *Tagebuch* (1851–96). – **G.akademie,** 1867 gegr., verleiht jährl. **G.preis** für Literatur.
Gondel, 1) offener Korb od. geschloss. Raum für Personen an Luftballons u. Luftschiffen; **2)** venezian. Boot, v. *Gondelführer* (**Gondoliere**) stehend m. nur e. Ruder fortbewegt u. gesteuert.
Gondwana, 1) zentralind. Landschaft; **2)** einer der Urkontinente, der große Teile S-Amerikas, Afrikas, Vorderindiens, Australiens u. d. Antarktis umfaßte; m. Beginn des → Mesozoikums zerfallen.
Gonfaloniere, *m., it.* Bannerträger; Schutzherr.
Gong, *m.,* urspr. indones. Schlagbecken aus Bronze.
Góngora y Argote, Luis de (11. 7. 1561–23. 5. 1627), span. Dichter; Sonette; *Polifemo;* Schwulststil **Gongorismus.**
Goniometer, *s.* [gr.], Apparat zum Messen d. Neigungswinkels zweier Flächen, bes. v. Kristallen in d. Mineralogie.
Goniometrie, Lehre v. d. Berechnung d. Winkel u. ihrer Funktionen.
Gonitis, *w.* [gr.], Kniegelenkzündung.
Gonokokken, von Neißer 1879 entdeckte Erreger der **Gonorrhoe,** *w.* [gr.], → Tripper.
Gontard, 1) Karl v. (13. 1. 1731–23. 9. 91), dt. Baumeister Friedrichs d. Gr.; **2)** Susette (9. 2. 1769–22. 6. 1802), Gattin des Bankiers J. Fr. *G.* in Frankfurt a. M., wo Hölderlin Hauslehrer war; *Briefe an Diotima.*
Gontscharow, Iwan A. (18. 6. 1812–27. 9. 91), russ. Schriftst.; Roman: *Oblomow.*
Gonzaga, it. Hzge in Mantua, 1328–1707.
González Marquez [-'θa- -'keθ], Felipe (* 5. 3. 1942), span. Jurist u. Pol. (PSOE); s. 1974 Gen.sekretär d. Sozialist. Partei; seit Dez. 1982 Min.präs.
good-bye [engl. *'gud 'baɪ*], leb wohl!
Goodman [*'gudmən*], Benny (30. 5. 1909–13. 6. 86), amerikanischer Jazzklarinettist u. Orchesterleiter, Vertreter des Swing.
Goodpaster, Andrew (* 1915), am. Gen.; 1969–74 Oberbefehlshaber d. NATO-Streitkräfte u. am. Streitkräfte in Europa.
Goodwill, *m.* [engl. *'gud,wɪl*], idieeller Wert eines Unternehmens, svw. Firmenwert; *allg.* Wohlwollen.
Goodyear [*'gudjɑ*], Charles (29. 12. 1800–1. 7. 60), am. Chem.; Erfinder d. Kautschukvulkanisation (1839).

Göpel, *m.*, *Roßwerk, Wellbaum,* wird durch im Kreise gehende Tiere gedreht; z. Antrieb v. landw. Masch. u. im Bergbau; noch in Ländern der Dritten Welt.
Goppel, Alfons (* 1. 10. 1905), CSU-Pol.; 1962–78 Min.präs. v. Bayern.
Göppingen (D-7320), Krst. in Ba-Wü., 52 873 E; AG; Werkzeug-, Maschinen-, Spielwaren-, Textil- u. a. Ind.
Goralen, poln. Volksstamm in den Beskiden.
Gorbach, Alfons (3. 9. 1898–31. 7. 1972), östr. Jurist; 1961–64 Bundeskanzler.

Michail Gorbatschow

Gorbatschow, Michail Sergejewitsch (* 2. 3. 1931), sowj. Pol.; s. 1971 Mitgl. d. ZK, s. 1980 Mitgl. d. Politbüros; März 1985–24. 8. 91 Gen.sekretär d. ZK d. KPdSU; s. 1988 Staatsoberhaupt (s. März 1990 als erster Präs. d. SU); 1990 Friedensnobelpr.; sollte am 19. Aug. 1991 durch Rechtsputsch entmachtet werden; nach Niederschlagung d. Staatsstreichs nur noch beschränkte Machtbefugnisse (→ Sowjetunion); *Perestrojka.*
Gordimer, Nadine (* 20. 11. 1923), südafrikan. Schriftst.in; *Entzauberung; Julys Leute;* Nobelpr. 1991.
Gordischer Knoten, in d. griech. Sage zw. Deichsel u. Joch des Wagens d. phryg. Kgs Gordios geknüpft; wer ihn löse, würde Weltherrscher; → Alexander d. Gr. zerhieb ihn mit dem Schwert.
Gordon [*go:dn*], **1)** Charles (28. 1. 1833–26. 1. 85), 1877 brit. Gouverneur d. Sudan, beim Mahdiaufstand ermordet; **2)** John, 1634 Kommandant von Eger, ließ → Wallensteins Vertraute ermorden.
Goretta, Claude (* 23. 6. 1929), schweiz. Filmregisseur; *Le fou* (1970); *La dentellière* (1977); *La provinciale* (1980); *D. Tod d. Mario Ricci* (1983).
Görgey, Arthur v. (30. 1. 1818–21. 5. 1916), 1849 nach Kossuth Diktator im aufständ. Ungarn.
Gorgias (um 480–370 v. Chr.), griech. Philosoph, skeptischer Sophist; leugnete Möglichkeit v. Sein, Erkennen u. Mitteilen.
Gorgonen, 3 weibliche Ungeheuer der griech. Sage, Schlangen als Haare; wer sie anblickte, wurde zu Stein.
Gorgonzola, italienische Gemeinde in der Provinz Mailand, 10 000 E. - **G.-Käse,** blauschimmeldurchsetzter, fetter Weichkäse.

Gorilla, größter Menschenaffe; Äquatorialafrika; Pflanzenfresser.
Göring, Hermann (12. 1. 1893–15. 10. 1946), NS-Pol., 1933 preuß. Min.präs.; 1935 Oberbefehlshaber d. Luftwaffe; 1940 Reichsmarschall; in Nürnberg zum Tode verurteilt; Selbstmord.

Maxim Gorkij

Gorkij, Maxim, eigtl. *Pjeschkow* (28. 3. 1868–18. 6. 1936), russ. Dichter d. Naturalismus; Erzählungen: *Makar Tschudra; Foma Gordejew;* Drama: *Nachtasyl;* Roman: *Die Mutter;* Lebenserinnerungen.
Gorkij → Nischnij-Nowgorod.
Gorleben (D-3131), Gem. im Kr. Lüchow-Dannenberg, Nds., 601 E; in der Nähe Atommüll-Endlager geplant.
Gorlice [-*tse*], poln. St. am N-Abhang d. O-Beskiden in Westgalizien, 19 000 E; Petroleumind.
Görlitz (D-8900), Krst. in der Oberlausitz, Sa., 74 766 E; Renaissance-Bauten, Tuch-, Masch.-, elektrotechn., opt. Ind.; St.gebiet östl. d. Görlitzer Neiße, seit 1945 poln. *Zgorzelec,* 30 000 E.
Gorlowka, sowj. Ind.st. im Donezbecken (Ukraine), 337 000 E; Steinkohle, Maschinenind.
Gorm d. Alte († um 940), erster Kg Dänemarks.
Gornergletscher, 14 km l. Gletscher am W-Abhang d. Monte Rosa, mit **G.grat,** 3135 m h.; Bergbahn von Zermatt.
Görres, Josef v. (25. 1. 1776–29. 1. 1848), dt. Publizist d. Spätromantik (→ Rheinischer Merkur) u. Orientalist. - **G.Gesellschaft,** 1896 zur Förderung wiss. Forschung u. wiss. Nachwuchses gegr.; ca. 2000 Mitgl., 17 Sektionen u. 4 Institute im Ausland.
Gortschakow, russ. Fürstenfamilie: *Alexander G.* (15. 6. 1798–11. 3. 1883), 1856–82 Außenmin., s. 1867 Reichskanzler; Gegner Östr.s u. s. 1870 Bismarcks; für Koalition m. Frkr., Förderer des Panslawismus.
Görz, it. *Gorizia,* St. in NO-Italien (Venetien), am Isonzo, 39 000 E; Winterkurort, Wein- u. Obsthandel, Baumwoll- u. Papierind. - Bis 1918 z. Östr.
Gösch, *w.,* kleine Flagge am Bug von Kriegsschiffen; auch Obereck in anderen Flaggen.
Göschen, Georg Joachim (22. 4. 1752–5. 4. 1828), dt. Buchhändler in Jena; verlegte u. a. Goethe.
Göschenen (CH-6487), schweiz. Gem.,

Kanton Uri, 1111 müM, 750 E; am N-Eingang d. Gotthardtunnels.
Gose, *w.,* kohlensäurereiches Weißbier.
Goslar (D-3380), Krst. am N-Rand d. O-Harzes, Nds., 45 614 E; 1972 Eingemeindung d. Kurortes *Hahnenklee-Bockswiese;* ma. Profanbauten, Kaiserpfalz; AG, IHK; Bergbau, div. Ind.
Go-slow [engl. *'gou'slou* „geh langsam"], svw. Bummelstreik.
Gospodar, *m.* [slaw.], *Hospodar,* Herr; Fürstentitel.
Gossaert [*'xosa:rt*], Jan, gen. *Mabuse* (um 1478–1533/6), ndl. Maler zw. Spätgotik u. Renaissance.
Gossau (CH-9202), Bez.st. im Kanton St. Gallen, Schweiz, 14 600 E; Gewerbe u. Ind.
Göta-älv [*'jøta-*], Fluß in SW-Schweden, Abfluß des Vänersees in das Kattegat, 93 km l.; bildet → Trollhätta-Fälle. - **G.kanal,** umgeht Trollhätta-Fälle u. verbindet die mittelschwed. Seenkette m. dem Skagerrak u. der Ostsee. – **G.land,** der alle südschwed. Landschaften umfassende Teil Schwedens.
Gotama, *Gautama,* Eigenname Buddhas.
Gote, *Gode,* Pate, Patin.
Göteborg [*jæte'borj*], Hptst. d. Län *G. u. Bohus* (5141 km², 730 000 E), an der Mündung des Götaälv ins Kattegat, 431 000 E; ev. Bistum; Uni., TH; Frei- u. Kriegshafen, wichtigster Ausfuhrplatz Schwedens; Schiffbau-, Textil-, Maschinenind.
Goten, gr. ostgerman. Volk, bis um Chr. Geburt in S-Schweden, *Gauten* dann an der unteren Weichsel, wanderten im 2. Jh. ans Schwarze Meer; Teilung in *Ost-G.* (von Hunnen besiegt, siedeln im 4. Jh. im heutigen Kroatien, ziehen unter → Theoderich d. Großen nach Italien, gründen Reich, 555 von Narses vernichtet) u. *West-G.:* im 4. Jh. → Arianer (Bibelübersetzung v. Ulfilas), weichen vor d. Hunnen 375, ziehen unter Alarich nach Italien, gründen nördl. u. südl. d. Pyrenäen e. Reich, 507 v. Chlodwig besiegt, 711 v. Arabern unterworfen.
Gotha (D-5800), Krst. a. Fuß d. Thür. Waldes, Thür., 56 715 E; Schloß, Ing.schule; Kartographie; Masch.- u. Waggonbau. – Seit 1640 Residenz d. ehem. Hzgt. Sachen-G.
Gothaer Programm, 1875, → Sozialismus, Übers.
Gotik, Mitte 12.–15. Jh., erster Laienstil des MA, ebenso höfisch wie kirchl. bestimmt; deutsche Meistersinger, Bauhütten, berufsmäß. Architekten u. Steinmetzen: **a)** *Baukunst:* Mitte 12. Jh., Entstehung des got. Stils in Nordfrkr.; Übernahme im ganzen Abendland; Kreuzrippengewölbe, Strebesystem, Spitzbogen, Maßwerk; Kathedralen von St-Denis, Paris, Amiens, Reims. Dome von Magdeburg, → Köln → Straßburg, Freiburg, Ulm; spätgot. Hallenkirchen: Nürnberg, Schwäb.-Gmünd; niederdt. → Backstein-

gotik: → Lübeck, Rostock, Prenzlau, → Marienburg. **b)** *Plastik:* Portalplastik von Chartres, Reims, Bamberg. Lebensnähe d. ritterl. Stils im 13. Jh. (→ Bamberger Reiter, → Naumburger Stifterfiguren); myst. Entkörperlichung im 14. Jh. (Christus- u. Johannes-Gruppe); spätgot. Holzfigur; Bürgerkunst im 15. Jh.; Regionalstile; Schnitzaltar (V. → Stoß). **c)** *Malerei:* Glasmalerei (Kathedralen; größte Bildfenster: Dome v. Prag u. Mailand); Beginn des Tafelbildes (Meister Bertram, Böhmische Meister, 14. Jh.); Stefan Lochner, Konrad Witz (Dtld 15. Jh.); Cimabue, Duccio, Giotto (Italien 13. u. 14. Jh.); Graphik: Holzschnitt; → Tafeln Baukunst, Bildhauerkunst, Malerei.

gotische Schrift, v. Ulfilas aus griech. Buchstaben und Runen geschaffen.

gotische Sprache, Sprache des ältesten german. Sprachdenkmals: Ulfilas' Bibel (4. Jh. n. Chr.); → Sprachen, Übers.

Gotland, schwed. Ostseeinsel, Kalkplateau mit schroffen Felswänden, 3140 km², 56 000 E; Landw., Kalkbrennerei, Marmorabbau; Hpst. *Visby.*

Gotovac, Jakov (* 11. 10. 1895), kroat. Komp.; Oper: *Ero der Schelm.*

Gott, höchstes Wesen, Weltschöpfer; i. d. histor. Offenbarung od. i. rel. Grunderlebnis dem Gläubigen erfaßbar.

Götterbaum, *Ailanthus,* chin. Zierbaum m. großen Fiederblättern.

Götterdämmerung, Weltuntergang der nord. Mythologie; nach Titel d. letzten Teils in Wagners *Ring des Nibelungen.*

Gottesanbeterin, Fangheuschrecke des südlichen Europa; auch am Kaiserstuhl vorkommend.

Gottesbeweis, umstrittener Versuch, Dasein Gottes zu beweisen: **a)** *ontolog. G.:* aus dem Begriff Gottes; **b)** *kosmolog. G.:* aus dem Dasein der erschaffenen Welt; **c)** *teleolog. G.:* aus der Zweckmäßigkeit der Welt; **d)** *moral. G.:* aus unserem sittl. Bewußtsein.

Gottes-frieden, lat. *treuga dei,* Verbot d. Fehden i. MA; Dauer anfängl. v. Mittwoch abend bis Montag früh (außer im Kriegsfall). - **G. Gnaden, von G. G.,** lat. *Dei Gratia,* urspr. Demutsformel im Titel der Bischöfe, später Bestandteil des Titel weltlicher Fürsten z. Kennzeichnung d.

G.gnadentums, nach konservativer Staatslehre Grundlage d. Monarchie. – **G.lästerung,** *Blasphemie* [gr.], Beschimpfung Gottes; war früher, wenn sie i. d. Öffentlichkeit erfolgte, ein sog. → Religionsvergehen. – **G.urteil,** Mittel der Rechtsfindung im MA u. bei Primitivvölkern; Ausgang von Zufall oder Geschicklichkeit abhängig (Zweikampf, Feuerprobe).

Gottfried von Bouillon → Bouillon.

Gottfried von Straßburg (um 1210), dt. Dichter; formte nach frz. Vorlage in formbewußter Sprache seinen Roman *Tristan u. Isolde* (unvollendet).

Gotthard → Sankt Gotthard.

Jeremias Gotthelf

Gotthelf, Jeremias, eigtl. *Albert Bitzius* (4. 10. 1797–22. 10. 1854), schweiz. Erzähler; realist.-didakt. Bauernromane u. Novellen: *Uli, der Knecht; Geld und Geist;* Erzählung: *Die schwarze Spinne.*

Göttingen (D-3400), Krst. an d. Leine, Nds., 118 073 E; Uni. (1734 eröffnet), PH, mehrere MPI; Kongresse; LG, AG, IHK; Dt. Theater; graph. Gewerbe, feinmechan., opt., chem. u. a. Ind.

Göttinger Hain, Dichtervereinigung (1772), gg. frz. Richtung in der dt. Literatur (Vorbild: Klopstock): Boje, Hölty, Voß u. a.; Organ: *Göttinger Musenalmanach.*

Göttinger Sieben, 7 G. Professoren, die 1837 gg. den Verfassungsbruch der hannoverschen Kgs protestierten u. abgesetzt wurden.

Gottsched, Johann Christoph (2. 2. 1700–12. 12. 66), dt. Literaturtheoretiker; stellte literarische Regeln, bes. f. das Drama, nach frz. Mustern auf; *Versuch einer crit. Dichtkunst vor d. Deutschen.*

Gottschee, *Gottscheer Land,* slowen. *Kočevje,* im 14. Jh. v. Bayern besiedeltes Gebiet in d. Krain (860 km²), Hptst. *G.* - Seit 1918 jugoslaw.; 25 000 Dt.e 1941 nach Untersteiermark umgesiedelt, 1945 vertrieben.

Gottwaldov, bis 1949 *Zlín,* St. in Mähren, 87 000 E; Schuhind.

Götz, Hermann (7. 12. 1840–3. 12. 76), dt. Komp.; Oper: *Der Widerspenstigen Zähmung.*

Götz, *G. von* → Berlichingen.

Götze, als höheres Wesen verehrter Gegenstand in primitiven Kulten.

Götzis (A-6840), östr. Marktgem. in Vorarlberg, 8600 E; Pfarrkirche St. Ulrich (1340); div. Ind.

Gouachemalerei, *Guasch* [it. „guazzo"], Malerei m. deckenden Wasserfarben, die m. Weiß u. e. Bindemittel (Gummiarabikum od. Dextrin) versetzt u. aufgetragen werden.

Gouda [ˈxɔuda], St. in S-Holland, an der Ijssel, 61 000 E; Viehmarkt; **G.käse,** feinlöcher. Hartkäse.

Gounod [guˈno], Charles-François (17. 6. 1818–18. 10. 93), frz. Komp.; Oper: *Margarethe (Faust);* Kirchenmusik.

Gourmand, *m.* [frz. gurˈmã], Leckermaul, Vielfraß.

Gourmet, *m.* [gurˈmɛ], Feinschmecker; Weinkenner.

goutieren [gu-], an etwas Wohlgefallen finden.

Gouvernement, *s.* [frz. guvɛrnˈmã], „Regierung", Prov., Verw.-Bez.; Leiter: **Gouverneur** [-ˈnœr], oberster Beamter einer Provinz, einer Kolonie, Kommandeur einer Festung.

Francisco Goya
Selbstbildnis

Goya y Lucientes [-ˈθi̯en-], Francisco (30. 3. 1746–16. 4. 1828), span. (Hof-)Maler u. Graphiker; *Maja; D. Erschießung d. Aufständischen am 3. 5. 1808 in Madrid;* phantast.-realist. Kupferstiche: *Greuel des Krieges; Caprichos* (→ Tafel Radierung u. Kupferstich); Porträts.

Goyaz → Goiás.

Goyen [ˈxɔjə], Jan van (13. 1. 1596–27. 4. 1656), als ndl. Landschaftsmaler u. Zeichner d. größten d. 17. Jh.; *Das Haarlemer Meer.*

Gozinto-Graph, Teilebedarfsrechnung in Montagebetrieben; Beschreibung: graph. Darstellung v. Zus.hängen; ein Graph besteht aus einem Netzwerk von Knoten u. verbindenden Strecken; es können die kürzesten/längsten Wege durch das Netz errechnet werden.

Gozzi, Carlo Gf (13. 12. 1720–4. 4. 1806), it. Komödienautor; Märchen *Turandot* (v. Schiller bearbeitet).

Gozzoli, Benozzo (1420–4. 10. 97), florentin. Maler der Frührenaissance; Fresken d. Kapelle im Palazzo Medici.

GPU → MWD.

Graafscher Follikel, im Eierstock, enthält das reifende Ei, platzt etwa am 15. Tag des → Menstruations-Zyklus *(F.-sprung),* bildet *F.hormon;* → Ovulation, → Hormon.

Grabbe, Christian Dietrich (11. 12. 1801–12. 9. 36), dt. Dramatiker; *Napoleon od. die hundert Tage; Hannibal; Don Juan und Faust; Scherz, Satire, Ironie u. tiefere Bedeutung.*

Graben, *Grabenbruch, Grabensenkung,* Zone der Erdkruste, die aufgrund v. Dehnung entlang parallel laufender Verwerfungen abgesunken ist (z. B. *Oberrheintalgraben);* bei weiterem Aufweiten entsteht später neuer Ozean (z. B. *Rotes Meer).*

Grabstichel → Sternbilder, Übers.

Grabwespen, einzeln lebende Wespen; Weibchen baut Erdhöhle u. trägt durch Stich gelähmte Insekten als Nahrung für die Larven herbei.

Gracchus, Tiberius u. Gaius Sempronius, Brüder, röm. Volkstribunen; soziale Reformversuche 133 und 123 v. Chr.

Prinsen-Gracht, *Amsterdam*

Gracht, *w.* [ndl.], Kanal innerhalb e. St.; Straßenname in d. Ndl.

Gracian y Morales [*gra'θjan*], Balthasar (8. 1. 1601–6. 12. 58), span. Schriftst. u. Jesuit; Lebensregeln: *Handorakel* (v. Schopenhauer übersetzt).

Gracioso [*gras-*], Narr der span. Komödie.

Grad, *m.* [l.], **1)** 360. Teil des Kreisumfangs, 90. Teil des rechten Winkels, 1 Grad (°) = 60 Min. ('), 1 Min. = 60 Sekunden ("); *Neugrad,* 100. Teil des rechten Winkels, 1 Neugrad (g) = 100 Neuminuten (m), 1 Neuminute = 100 Neusekunden (s), s. 1975 ersetzt durch → *Gon;* **2)** Einheit der → Thermometerskalen.

Gradation, *w.,* Steigerung, Stufenfolge.

Gradbogen, 1) Grubeninstrument zur Neigungsmessung; **2)** *Transporteur,* in Grade geteilter Voll- od. Halbkreis z. Winkelmessung u. -auftragung.

Gradient, *m.,* Gefälle e. Größe, bezogen auf d. Längen- od. e. andere Einheit; *Meteorologie:* Luftdruckgefälle auf 111,3 km (1 Äquatorgrad); analog Temperaturgefälle je 100 m senkrechter Erhebung.

gradieren, Herabtropfenlassen v. in Bohrlöchern gewonnener Salzsole über Reisigwände **(Gradierwerke)** zum Konzentrieren d. Sole durch Verdunstung d. Wassergehalts.

Graditz bei Torgau, Hauptgestüt d. ehem. DDR (ehem. preuß., gegr. 1686).

Gradmessung, klass. Methode z. Bestimmung d. Größe d. Erde durch Längen- u. Winkelmessungen auf der Erdoberfläche (→ Triangulation) u. durch astronom. Ortsbestimmung; erste Gradmessung durch → Eratosthenes.

Gradnetz, auf Landkarte u. Globus das Netz von Längen- und Breitenkreisen.

Graduale, *s.* [nl.], Teil der kath. Messe, zw. den Schriftlesungen gesungen, zugleich Bez. für das Buch, das die lat. Meßgesänge enthält.

Gradualismus, Strategie d. schrittweisen Abrüstung.

graduell [frz.], stufenweise, nach und nach.

graduieren, eine akadem. Würde erteilen.

Graefe, Albrecht v. (22. 5. 1828–20. 7.

70), dt. Arzt; Begr. der neueren Augenheilkunde.

Graf, 1) Oskar Maria (22. 7. 1894–28. 6. 1967), deutscher Schriftsteller; sozialkrit. Romane: *D. Revolutionäre; Bolwieser; Wir sind Gefangene;* **2)** Steffi (* 14. 6. 1969), dt. Tennisprofi, Wimbledon-Siegerin 1988, 1989 u. 1991. Weltranglisten-Erste Mitte 1987–Anfang 1991; **3)** Urs (um 1485–1527), schweizer Graphiker u. Goldschmied d. Frührenaissance.

Graf, im MA mil. u. richterl. Herr eines Gaues, an der Grenze *Markgraf,* in Kaiserpfalz *Pfalzgraf* (kgl. Richter), als Befehlshaber einer Burg *Burggraf; Freigraf* als Vorsitzender eines Femegerichts; seit 12. Jh. *Reichsgraf,* teils reichsunmittelbar; seit 1803 nur noch Titel (→ Adel).

Gräfelfing (D-8032), Gem. i. Kr. München, 12 853 E.

Grafenau (D-8352), St. im Kr. Freyung-G. im Bayer. Wald, 8163 E; Fremdenverkehr.

Grafenwöhr (D-8484), St. i. Kr. Neustadt a. d. W., Oberpfalz, 5800 E; größter NATO-Truppenübungsplatz in Europa.

Graff, Anton (18. 11. 1736–22. 6. 1813), schweiz. Bildnismaler; *Herder; Chodowiecki.*

Graham [*'grei∂m*], Thomas (21. 12. 1805–16. 9. 69), engl. Chem.; Kolloidchemie; Dialyseverfahren (→ Diffusion).

Grahambrot, nach am. Arzt *Sylvester G.* (1794–1891) benanntes Brot aus Weizenvollkornschrot.

Grahamland → Antarktische Halbinsel.

Grajische Alpen, vergletscherte Gebirgsgruppe d. W.-Alpen, zw. Dora Baltea u. Dora Riparia; Gneise u. Granite (*Gran Paradiso,* 4061 m; *Grande Casse,* 3852 m); Steinböcke.

Gral, wundertätige Schale, in der Joseph v. Arimathia Christi Blut auffing, v. *G.srittern* auf Burg Monsalvatsch bewahrt. – *G.ssage,* kam aus dem Arab. über Frkr. (Chrétien de Troyes) nach Dtld: Wolfram v. Eschenbachs *Parzival;* Bühnenweihfestspiel v. R. Wagner.

Gramfärbung → gramnegativ.

Gramm, Abk. *g,* Masseneinheit im → CGS-System (→ Tabelle Maße u. Gewichte, S. 1085).

Grammatik, *w.* [gr.], Sprachlehre; umfaßt Laut-, Stammbildungs-, Formen- u. Satzlehre.

Grammatom, veraltete Bez. für die Menge eines Elements, dessen → Masse so viel Gramm ausmacht, wie d. Atomgewicht angibt; vgl. → Molekulargewicht.

gramnegativ, Bez. f. Mikroben, d. sich bei *Gramfärbung* (nach dem dän. Pathologen *H. Chr. Gram,* 1853–1938) rot färben (Salmonellen, Vibrionen, Spirochäten), **grampositiv** bei Blaufärbung (Mikrokokken, Bazillen, Aktinomyzeten).

Grampians [*'græmpjənz*], mittelschott. Bergland mit Gras u. Heide (*Ben Nevis* 1343 m).

Gran, 1) l. Nbfl. d. Donau, aus der Niederen Tatra, 289 km l; **2)** ungar. *Esztergom,* St. im Komitat *Komorn,* a. d. Donau, 33 000 E; Erzbistum, Sitz des Primas v. Ungarn, Basilika (größte Kirche Ungarns), Mus.; Mineralquellen, Weinbau.

Gran, *s.,* altes Apotheker- u. Juweliergewicht; nach Ländern verschieden, zw. 50 u. 72,9 mg.

Granada, 1) ehem. Kgr., umfaßt das Gebiet der heutigen span. Prov. G., Málaga u. Almería; Blütezeit 13. Jh. unter maur. Herrschaft; **2)** Hptst. d. Prov. G., an d. Sierra Nevada, inmitten d. fruchtb. Vega von G., am Fuße der → Alhambra, 281 000 E; Uni. (s. 1531).

Granat, *m.,* Mineralgruppe d. → Silicate (Inselsilicate); meist dunkelrot; Varietäten ergeben sich durch unterschiedl. Metallkomponenten (wie Eisen, Mangan, Chrom, Calcium od. Magnesium); Halbedelstein (Abb. S. 343).

Granatbaum, Myrtengewächs S-Europas und Kleinasiens; Frucht: *Granatapfel.*

Granate [it.], Artilleriegeschoß mit Sprengladung.

Gran Chaco [*-'tʃako* „Großer Jagdgrund"], Wald- u. Grasebene (Sümpfe) in Paraguay u. N-Argentinien, junges Flußschwemmland, ca. 800 000 km²; bestehend aus *Chaco Boreal, Chaco Central* u. *Chaco Austral;* Viehwirtsch.; Gewinnung des → Quebracho-Holzes, im Süden Baumwollanbau.

Grand Cañon [*-'kaɲɔn*], Schlucht d. Coloradoflusses bei seinem Durchbruch durch das Coloradoplateau, etwa 350 km l.; 1800 m tiefe Steilabstürze.

Grand Coulee Dam [*'grænd 'ku:lɪ 'dæm*], Staudamm am Columbia River (USA), 1480 m l., 168 m hoch, Stausee 240 km l., bed. Kraftwerk.

Grande Dixence [*grã dik'sãs*], größtes Schweizer Wasserkraftwerk in Wallis, am Dix, Jahresleistung 2,2 Mrd. kWh; Staumauer 278 m h., 750 m l., Stausee 650 Mill. m³. 1951–61 erbaut.

Grandeln, die oberen Eckzähne d. Rot- u. Sikawildes.

Granden [„Große"], seit 13. Jh. Titel des span. Hochadels.

Grand Cañon, *Arizona*

Grande Nation [grãd na'sjõ], *La G. N.,* „die große Nation"; Bez. für Frkr. seit d. Revolution 1789.

Grandezza, *w.* [it.], hoheitsvolles Benehmen.

Grand mal, *s.* [frz. grã-], großer Anfall bei → Epilepsie.

Grand Prix, *m.* [frz. ˌgrã 'pri], Hauptpreis.

Grand Rapids [ˈgrænd ˈræpidz], St. im US-Staat Michigan, an d. 50 m hohen Fällen d. Grand River, 182 000 E.

Grandseigneur [frz. grãsɛ'nœr], vornehmer Herr.

Granikos, heute *Kocabaş Çayi,* kleinasiat. Fluß; 334 v. Chr. Sieg Alexanders d. Gr. über die Perser.

Granit, Ragnar (* 30. 10. 1900), schwed. Physiologe; Nobelpr. 1967 (Entdeckungen über d. primären chem. u. physiolog. retinalen Prozesse des Sehens).

Granit → Magmatite, Übers.

Grannen, 1) borstenart. Spitzen a. Getreide- usw. Ähren; **2)** Oberhaar bei Pelzen.

Gran Sasso d'Italia, höchste Bergkette der Apenninen, in den Abruzzen, im *Corno Grande* 2914 m.

Grant [grant], **1)** Cary (18. 1. 1904–30. 11. 86), anglo-am. Filmschausp.; *Bringing up Baby; Suspicion; North by Northwest;* **2)** Ulysses Simpson (27. 4. 1822–23. 7. 85), Befehlshaber d. Unionstruppen (N-Staaten) im am. → Sezessionskrieg, 18. Präs. der USA 1869–77.

Granulation [nl. „Körnchenbildung"], **1)** *med.* in *Wunden:* feinkörnige Gewebsneubildung; **Granulome,** infolge Fremdkörper- od. Infektionserregerreizen entstehende G.sgeschwülste (z. B. Zahn-G.); **2)** Bez. für körnig aussehendes Gold an Schmuckstücken; **3)** *astronom.* Bez. für Feinstruktur d. Sonnenoberfläche.

granulieren, techn. Prozeß, auf Korngröße zerkleinern (z. B. Kohle).

Grapefruit, *w.* [engl. ˈgreipfruːt], svw. → Pampelmuse.

Graphik, *w.* [gr. „Schreibkunst"], **1)** Einzelblatt d. z. Vervielfältigung bestimmten Kunstwerke (Original, Abzug usw.), auch d. Handzeichnung; **2)** *Graphische Künste,* Sammelname f. Vervielfältigungsverfahren: → Holzschnitt, Kupferstich, Steindruck, Radierung u. die künstler. Herstellung d. Originale.

Graphiker, Hersteller d. (künstler.) Originale.

graphische Darstellung, Veranschaulichung von Zahlen, Funktionen u. Vorgängen durch Punkte, Linien, Kurven, Zeichnung *(Schaubild, Diagramm).*

Graphit, *m.,* Modifikation des Kohlenstoffs, Dichte 2,2; grauschwarz, schwer entzündbar; Vorkommen i. → Metamorphiten; hpts. für Bleistifte, Schmelztiegel; *Elektro-G.,* Herstellung hpts. in USA u. Dtld, wegen guter el. u. thermischer Leitfähigkeit Verwendung vorwiegend für ind. Zwecke (Apparatebau).

Graphologie [gr.], *psych.* Deutung der Handschrift.

Graphometrie, erforscht Objektivität, Zuverlässigkeit u. Gültigkeit v. Einzelaspekten grapholog. Deutungen.

Grappa, ital. Tresterbranntwein.

Grasbäume, austral. hochstämmige Liliengewächse; liefern Akaroidharze.

Gräser, einkeimblättrige Pflanzen mit meist hohlen, knotigen Halmen, schmalen Blättern u. einfachen, von Spelzen eingehüllten Blüten, die zu Ähren oder Rispen vereinigt sind; meist Stauden (Bambusgewächse z. T. baumartig); wichtigste Futter- und Getreidepflanzen.

Grashof, Franz (11. 7. 1826–26. 10. 93), dt. Ing.; Mitbegr. u. Leiter d. → VDI. – **G.-Gedenkmünze,** höchste Auszeichnung d. VDI für Verdienste um Technik.

Graslitz, tschech. *Kraslice,* St. in NW-Böhmen, 7000 E; Musikinstrumente, Klöppelei, Spielwaren.

Grasmücken, kl. Singvögel (z. B. *Garten-, Mönchs-, Dorn-* u. *Zaun-G.*).

Grasnelke, Sandpflanze m. grasartigen Blättern u. rötl. Blütenköpfchen.

Günter Grass

Grass, Günter (* 16. 10. 1927), dt. Schriftst.; *Die Blechtrommel; Katz u. Maus; Hundejahre; Örtlich betäubt; Aus d. Tagebuch einer Schnecke; Der Butt;* Lyrik, Dramen, Essays.

Grasser, Erasmus (um 1450–zw. 8. 4. u. 1. 6. 1518), dt. spätgot. Bildhauer.

Grassi, Giovanni Battista (27. 5. 1854–10. 5. 1925), it. Zoologe; Malariabekämpfung.

grassieren, sich ausbreiten (z. B. Seuchen).

Gratianus, 1) Kaiser in W-Rom 375–383; **2)** Mönch und Rechtsgelehrter um 1150, Sammler des kanonischen Rechts.

Gratifikation, *w.* [l.], zusätzl. Entgelt, richtet sich meist nach Beschäftigungsdauer u. Gehaltshöhe d. Arbeitnehmers; b. langjähr. ununterbrochener Üblichkeit einklagbar.

Gräting, *w., seem.* Gitterfußboden aus Holz od. Eisen.

Gratisaktien, Aktien, die an d. Aktionäre in best. Verhältnis z. Aktienbesitz kostenlos abgegeben werden.

Graubünden, schweiz. Kanton, hpts. im Gebiet des Vorder-, Hinterrheins u. des Inns (Engadin); 7106 km², 168 000 E; Bev. spricht zu mehr als 50% dt., die übrige rätoromanisch u. it.; Höhenkurorte: *St. Moritz, Pontresina, Davos, Arosa;* Hptst. *Chur;* Almwirtschaft, Viehzucht, Ackerbau, in den warmen Tälern Wein-

bau. - 843 zu Dtld; im Kampf gg. Habsburg schlossen sich im 14. u. 15. Jh. 3 Bünde, darunter der *Graue Bund,* zusammen; im 30jähr. Krieg 1637 durch *Jürg Jenatsch* von den Franzosen befreit; 1803 Mitgl. d. Schweizerischen Eidgenossenschaft.

Graudenz, *Grudziądz,* poln. St. an der Weichsel, 100 000 E. - Deutschordensgründung; 1466 poln., 1772 preuß., 1920 zu Polen.

graue Eminenz, Bez. für einen einflußreichen Politiker, der hinter den Kulissen wirkt (u. a. für F. v. → Holstein).

Grauerde → Podsol.

grauer Markt, Bez. für den Handel mit preisgebundenen Waren (→ Preisbindung) z. niedrigeren als den festgesetzten Preisen.

grauer Star → Star 1).

Grauguß, Eisenguß mit grauer Bruchfläche durch 2–4% Kohlenstoffgehalt.

Graun, 1) Carl Heinrich (zw. 9. 8. 1703 u. 8. 8. 1704–8. 8. 59), dt. Opernkomp.; Oratorium: *Der Tod Jesu;* **2)** Johann Gottlieb (zw. 28. 10. 1702 u. 27. 10. 1703–27. 10. 71), dt. Konzertmeister Friedrichs d. Gr.; *Kammermusik.*

Graupeln, atmosphärischer Niederschlag, der entsteht, wenn unterkühlte Regentropfen mit Schnee- od. Eiskristallen zusammenstoßen, festfrieren u. als kleine, schneeballähnl. Gebilde niederfallen; in Mitteleuropa bes. im Frühjahr u. Herbst.

Graupen, enthülste, un- od. grob zerkleinerte Gersten-, Weizen-, Dinkelkörner.

Grauwacke, dunkelgraues sandsteinartiges, tonhaltiges Sedimentgestein.

Grauwerk, Pelz vom → Feh.

grave [it.], *mus.* schwer, gemessen.

Gravenstein, dän. *Gråsten,* Ort in S-Jütland, 7000 E; Obstbau: **G.er Äpfel.**

Graves [greivz], Robert v. Ranke-G. (26. 7. 1895–7. 12. 1985), engl. Schriftst.; *Ich, Claudius, Kaiser und Gott.*

Gravidität, *w.* [l.], svw. → Schwangerschaft.

gravieren [frz.], Handwerk des *Graveurs,* Zeichnungen oder Schrift in Holz, Stein, Metall einschneiden oder erhaben herstellen durch Stichel, Meißel oder maschinell durch *Graviermaschine.*

gravierend, erschwerend, belastend.

Gravimetrie, chem. Methode d. Gewichtsbestimmung v. Stoffen durch Ausfällung u. Wägung eines Niederschlags aus einer Probelösung.

Gravis, *m.* [l.], griech. Zeichen (`) f. fallende Betonung.

Gravitation, die Kraft der gegenseitigen Anziehung von Massen; nach dem *G.sgesetz* v. *Newton* direkt proportional dem Produkt beider Massen u. umgekehrt proportional dem Quadrat ihrer Entfernung; nach der aus der allg. Relativitätstheorie von Einstein folgenden *G.stheorie* Eigenschaft des Raum-Zeit-Kontinuums; theoret. Elementarteilchen des *G.sfeldes: Gravitonen.* - **G.slinse,** Ansammlung v.

Materie, die durch ihre gravitative Anziehung Licht weiter entfernter Objekte ablenkt u. ähnlich einer optischen Linse Bilder erzeugen kann. – **G.swellen,** wellenförmige Ausbreitung veränderlicher Gravitationsfelder, die nach d. → Relativitätstheorie mit Lichtgeschwindigkeit vor sich gehen sollte (empirische Beobachtung umstritten; bisher nur indirekte Hinweise durch Änderung d. Umkreisungsperioden v. Doppelsternsystemen).

gravitätisch, würdevoll, gemessen.

Gravüre, *w.* [frz.], Kupfer- od. Stahlstich.

Graz (A-8020), Hptst. d. Steiermark, 243 000 E; Burg, Dom (15. Jh.), Uni. (s. 1585), TU, Musik-HS, Bischofssitz; Masch.-, Papier-, Auto-, Fahrrad-, Glasu. Lederind. – 1379–1493 u. 1564–1619 Residenz d. steirischen Habsburger.

Grazie, *w.,* Anmut, Liebreiz.

Grazien [l.], → Chariten.

grazil, schlank, geschmeidig.

graziös [frz.], anmutig.

Gräzismus, *m.* [l.], Ausdrucksentlehnung a. d. Griech.

Great Britain [′greit ′britn], → Großbritannien und Nordirland.

Greater London [′greitə ′lʌndən], s. 1963 Vwbz. in S-England m. 1579 km² u. ca. 6,8 Mill. E; umfaßt City of London u. 32 Stadtbezirke.

El Greco, *Die hl. Familie*

Greco, El [span. „der Grieche"], Beiname des griech.-span. Malers *Domenico Theotokópulos* (um 1541–6. od. 7. 4. 1614), Vertr. d. Manierismus: überlängte Figuren, ausdrucksstarkes Kolorit; relig. Themen, Bildnisse (z. B. *Kardinalinquisitor Don Fernando Niño de Guevara*).

Green [griːn], Julien (* 6. 9. 1900), frz. Schriftst. am. Herkunft; Romane: *Leviathan; Mitternacht; L'Autre.*

Greenaway, Peter (* 1942), brit. Filmregisseur, Autor u. Maler; *The Draughtman's Contract* (1982); *Z.O.O.* (1985); *The Belly of an Architect* (1986); *Drowning By Numbers* (1988); *The Cook,*

the Thief, His Wife, and Her Lover (1989).

Greene [griːn], Graham (2. 10. 1904–3. 4. 91), engl. Schriftst.; *Die Kraft u. d. Herrlichkeit; Der dritte Mann; Orientexpress; Der Honorarkonsul; E. Art Leben.*

Greenhorn [′griːnhɔːn], „Grünschnabel"; in Nordamerika Bez. f. einen frisch Eingewanderten; Anfänger.

Greenock [′griːnək], schott. Hafenst. am Clyde, 57 000 E; Vorhafen v. Glasgow; Metallind., Werften.

Greenpeace [′griːnpiːs], internat. Umweltschutzorganis., 1971 i. Kanada gegr.

Greensboro [′griːnzbərə], St. im US-Staat Nordcarolina, 156 000 E; Frauenuni.; Textilind.

Greenwich [′grinidʒ], östl. Vorort v. London, 218 000 E; Sternwarte, deren → Meridian s. 1883 allg. als Nullmeridian gilt (1953 nach Herstmonceux bei Hailsham, 20′ 25″ östl. G., verlegt).

Grège [frz. grɛʒ], Rohseidenfaden, aus 3–16 Kokonfäden gebildet.

Gregor, a) Name v. 16 *Päpsten:* **1)** G. I., der Große (um 540–604), Hlg., regierte s. 590, Kirchenvater, ließ die Angelsachsen bekehren; **2)** G. VII., *Hildebrand* (um 1023–85), reg. s. 1073, Gegner der Priesterehe (Einführung des Zölibats) u. der Simonie; bed. Vertr. der Machtansprüche der Kirche gegenüber dem Kaisertum (Heinrich IV., → Canossa) u. d. strengen Hierarchie; **3)** G. IX. (um 1160–1241), Papst 1227–41, Gegner Friedrichs II.; Förderer der Bettelorden; **4)** G. XIII. (1. 1. 1502–10. 4. 85), reg. s. 1572, förderte die Jesuiten; führte d. *Gregorianischen Kalender* ein. – **b)** *Kirchenlehrer, Bischöfe:* **5)** G. v. Nazianz (um 329–90), griech. Kirchenvater, Hlg.; **6)** G. v. Nyssa (331–94), griech. Kirchenvater; **7)** G. v. Tours (538 od. 539–94), Bischof; schrieb *Fränkische Geschichte.*

Gregorianischer Gesang, *G. Choral,* einstimmiger Kirchengesang, Sammlung u. Ordnung Papst Gregor I. zugeschr.; noch heute im kath. Gottesdienst.

Gregorianischer Kalender, v. Papst Gregor XIII. 1582 eingeführte, heute gültige Zeitrechnung; → Kalender.

Gregorovius, Ferdinand (19. 1. 1821–1. 5. 91), dt. Kulturhistoriker; *Wanderjahre in Italien, Geschichte der Stadt Rom im Mittelalter.*

Greif

Greif, sagenhaftes Tier; aus Stier od. Löwe u. Raubvogel.

Greife, *Greifvögel,* Tagraubvögel; Abb. → Bussarde; Habichtartige (mit Adlern), Geier, Falkenartige, Fischadler, Neu-

weltgeier, Sekretär; kräftige Tiere mit scharfem Hakenschnabel u. Wachshaut, Füße mit großen, gebogenen Krallen; Nesthocker; erbeuten Säugetiere, Vögel, auch Fische u. Schlangen; meist Vorverdauung i. Kropf; speien → Gewölle aus.

Greifer, Greifgerät an Kränen zum Aufheben von Schüttgut; klappt beim Anheben zusammen, wird durch Auslösung geöffnet.

Greifswald (D-2200), Krst. in M.-V., nahe des **G.er Bodden** (Ostseebucht), 68 270 E; Uni. (s. 1456).

Greisenhaupt, Kakteen m. langen weißen Haaren.

Greiz (D-6600), Kreisstadt a. d. Weißen Elster, Thüringen, 33 441 E; Oberes u. Unteres Schloß, Textil- u. andere Ind.

Gremium, *s.* [l.], Ausschuß, Körperschaft.

Grenada [grə′neidə], amtl. *State of G.,* unabhängiger Inselstaat im brit. Commonwealth;

Hptinsel m. Nebeninseln 345 km², 99 200 E (287 je km²); südlichste der *Inseln über dem Winde* → Antillen; Hptst. *Saint George's* (30 000 E); Flagge S. 340, Karte S. 747; Ausfuhr v. Bananen, Kakao, Zitrusfrüchten, Muskatnüssen; s. 1763 brit.; 1967 einer der m. Großbritannien assoziierten Staaten → Westindien; 1974 unabhängig, parlamentar. Mon.; 1979 Putsch, sozialist. Entw.; 1983 mil. Intervention d. USA; Mitgl. d. UN, d. Commonwealth u. d. CARICOM; AKP-Staat.

Grenadier [frz. „grenade = Granate"], urspr. Handgranatenwerfer, i. 18. Jh. Infanterie-Elitetruppen; heute *Panzer-G.*

Grenadille, eßbare Früchte von Passionsblumen.

Grenadillholz, versch. Ebenholzsorten; bes. für Blasinstrumente.

Grenchen (CH-2540), frz. *Granges,* St. im Kanton Solothurn, Schweiz, 16 800 E; Uhrenind., Flughafen; Intern. Triennale f. Druckgraphik.

Grenoble [grə′nɔbl], Hptst. d. frz. Dép. *Isère,* 160 000 E; Textil-, Metall-, Papier-, Zement-, Elektroind.; Uni. (1339 gegr.); dt.-frz. Forschungsreaktor (57 Megawatt); Olymp. Winterspiele 1968.

Grenzgröße, Helligkeit der schwächsten, m. d. Auge od. Fernrohr noch erkennbaren Fixsterne.

Grenzlehre, Meßwerkzeug; dient im Maschinenbau zur Kontrolle von Werkstücken.

Grenzmark Posen-Westpreußen, 1922 aus der Abtrennung Posens und Westpreußens Dtld verbliebenen Teilen gebildete preuß. Prov. 1938 auf Pommern, Brandenburg u. Schlesien aufgeteilt; s. 1945 unter poln. Verw.

Grenznutzenlehre, Richtung in d. Nationalökonomie, die im Grenznutzen (der subjektiv empfundene Nutzen der letzten verfügbaren Teilquantität eines Gutes bestimmt dessen Wert) das die

Wirtschaft bestimmende Prinzip erkennt (Begr.: *Menger, Walras, Pareto;* Vertr.: *Schumpeter).*

Grenzschutz → Polizei.

Grenzstrahlen, von d. Berliner Arzt *Bukky* dargestellte, besonders weiche Röntgenstrahlen, zu Heilzwecken (Strahlenbehandlung).

Grenzstrang, Teil. d. Nervus sympathicus, z. vegetativen → Nervensystem gehörend.

Grenzwert → Limes 2).

Gretna Green [-*'grin*], schott. Ort, bekannt wegen Eheschließungen Minderjähriger ohne elterl. Erlaubnis durch d. Dorfschmied (Friedensrichter).

Grétry, André-Ernest-Modeste (11. 2. 1741–24. 9. 1813), belg. Komp.; Begr. der frz. kom. Oper.

Gretschko, Andrej Antonowitsch (17. 10. 1903–26. 4. 76), sowj. Marschall; s. 1967 Verteidigungsmin., s. 1973 Mitgl. d. Politbüros d. ZK d. KPdSU.

Greuze [*groz*], Jean-Baptiste (21. 8. 1725–21. 3. 1805), frz. Maler; (sentimentale) bürgerl. Genrebilder (→ Genre).

Greven a. d. Ems (D-4402), St. i. Kr. Steinfurt, NRW, 26 671 E; Textil- u. and. Ind.; Regionalflughafen.

Grevenbroich [-*'brox*], (D-4048), St. i. Kr. Neuss, NRW, 59 204 E; AG; Konserven- u. a. Ind.

Grey [*grei*], Edward (25. 4. 1862–7. 9. 1933), engl. Außenmin. 1905–16, Entente mit Frkr. u. Rußland.

Greyhound → Windhunde.

Griechenland, amtl. *Elleniki Dimokratia,* Rep. auf der südl. Balkanhalbinsel; Festland (sw. Teil in Thrazien, S-Mazedonien, Thessalien, Epirus, Sterea Ellas, Peloponnes) u. Inseln in d. angrenzenden Meeren (Euböa, Tharsos, Lemnos, Lesbos, Chios, Kreta, Zakynthos, Leukas, Kephallenia, Korfu, der Dodekanes, die Kykladen): 131 990 km², davon 25 484 km² Inseln, 10 Mill. E (76 je km²); Bev.-Zuw. 0,5%; Währung: Drachme (Dr.); Rel.: griech.-orthodox; Hptst.: *Athen;* Flagge S. 340, Karte S. 744. **a)** *Geogr.:* Sehr gebirgig (Olymp, Pindos, Othrys, Parnaß, Taygetos), Gebirge in geolog. junger Zeit in Horste u. Becken zerbrochen, dadurch Kleinkammerung u. reiche Küstengliederung insbes. i. O, Tiefebenen i. Thessalien u. v. geringem Umfang in Epirus u. N-Peloponnes. **b)** *Landw.:* 35% d. Beschäftigten, Hptausfuhrprodukte: Obst, Gemüse, Baumwolle, Tabak (Ernte 1988: 142 000 t). **c)** *Bergbau:* Aluminium, Rohstahl, Bauxit (1988: 2,53 Mill. t). **d)** *Außenhandel* (1988): Einfuhr 12,28 Mrd., Ausfuhr 5,44 Mrd. $. **e)** *Verkehr:* Handelsflotte 21,3 Mill. BRT (1989); Eisenbahn 2580 km. **f)** *Verf.* v. 1975 (geändert 1985/86), parlamentar.-demokr. Rep. **g)** *Verw.:* 10

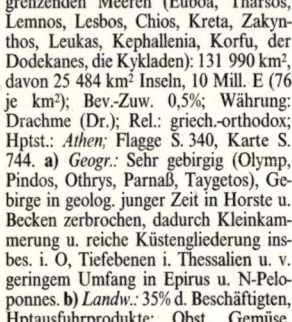

Regionen m. 52 Nomói (Verw.-Bez.) u. Mönchsfreistaat Athos. **h)** *Gesch.:* Stein- u. bronzezeitl. Kulturen in Kreta, Troja, Mykene. Um 1100 v. Chr. dorische Wanderung, d. h. Vordringen nördl. Stämme bis z. Peloponnes. Bis etwa 500 v. Chr. Bildung v. Stadtstaaten (Athen, Sparta) u. Verfassungskämpfe. 431–404 v. Chr. Peloponnes. Krieg um Vorherrschaft zw. Athen u. Sparta; 5. Jh. siegr. Abwehrkriege gg. die Perser u. kulturelle Blütezeit, dann Zerfall u. Unterwerfung unter Mazedonien. Seit Mitte 2. Jh. v. Chr. unter röm. Herrschaft, 395 n. Chr. an O-Rom (Byzanz). 4.–8. Jh. Eindringen german. u. slaw. Völker. 1456 türk.; 1821–29 Freiheitskampf, 1832 Kgr., Kg Prinz Otto von Bayern. 1912/13 Balkankriege. Erhebl. Gebietszuwachs bes. in Thrazien u. Kleinasien; Ostthrazien u. Kleinasien wieder an Türkei (griech.-türk. Bevölkerungsaustausch, 2 Mill.; → Umsiedlung). 1924–35 Rep., 1940 v. Italien angegriffen, 1941–44 v. dt. Truppen besetzt; 1946–49 Bürgerkr. gg. Kommunisten; 1947 d. Dodekanes zu G., 1967 Regierung durch Militär gestürzt, Kg im Exil; 1973 Staatsstreich, Kg Konstantin für abgesetzt erklärt; 1974 Zypernkonflikt m. Türkei; als Folge Rückkehr zur Demokratie unter → Karamanlis; Volksabstimmung f. Rep. u. gg. Monarchie; Auseinandersetzung um die Ägäis m. d. Türkei; 1981–89 → Papandreou (PASOK), s. 1990 Mitsotakis (ND) Reg.chef. **i)** *Mitgl.:* UN, NATO, OECD, EG, Europarat.

griechische Kunst, Mythenbildung, Entstehung d. Zeusrel., dann Dichtung u. Philosophie; 9./8. Jh. v. Chr. monumentale Grabgefäße u. kleinplast. Arbeiten aus Ton, Metall od. Elfenbein geometr. Stils; 7. u. 6. Jh. archaische Zeit: sakrale Gemeinschaftskultur; 5. u. 4. Jh. klass. Zeit: bürgerl. Kultur freier Stadtstaaten. **a)** *Archaische Zeit: Baukunst:* seit 7. Jh. dorische Tempel (→ Pästum), seit 6. Jh. ionische seit 5. Jh. korinth. Tempel, 7./6. Jh.: wie ägypt. gradansichtig, monumental u. materialgebunden; Apoll v. Tenea; Anfang 5. Jh. Giebelskulpturen v. Olympia. - *Malerei,* 6. Jh.: schwarzfigurige, seit Ende 6. Jh. rotfigur. Vasenmalerei. **b)** *Klassische Zeit:* → Akropolis, 5./4. Jh. - *Plastik:* Lockerung d. Haltung durch Bewegungsmotive (Standbein, Spielbein u. lebensnahe Vermenschlichung; Material häufig Bronze; 5. Jh.: Polyklet, Speerträger („Kanon" d. Proportionslehre); Myron (→ Diskuswerfer); Phidias, Parthenon- → Frieße (Giebel u. Friese; Paionios, Nike. 4. Jh.: „Schöner Stil": Praxiteles (Hermes), Skopas (Mänade), Lysipp (Kopf Alexanders d. Gr.). - *Malerei* (fast nichts erhalten): Perspektive, Schatten, Überschneidungen; Apelles (röm. Kopien in Pompeji). **c)** *Hellenismus,* eine der Grundlagen der röm. Kunst: um 300 v. Chr. bis um Christi Geburt, starkes Pathos, gesteigerter

Realismus (Borghesischer Fechter), Neigung zu Eleganz (→ Apoll v. Belvedere). Gruppen (Laokoon); Genrekunst: Trunkene Alte (in d. Malerei: Aldobrandin. Hochzeit); größtes erhaltenes Denkmal: → Pergamonaltar; Kleinkunst: Terrakotten, → Tanagrafigürchen; durch Ausbreitung des Hellenismus weitgehender Einfluß (bis Indien u. China); griech. Kunst bringt z. erstenmal in d. Geschichte „sehbildhafte" Natürlichkeit d. Darstellung, dient d. Verherrlichung des vorbildl. Menschen (→ Tafel Kunst des Altertums).

griechische Literatur, a) *um 1000–700 v. Chr.:* Homer. Epen *(Ilias, Odyssee);* f. zwei Jahrtausende Vorbild u. Quelle des Altertums; Götterhymnen; Hesiod (Werke u. Tage); **b)** *7.–5. Jh. v. Chr.:* Älteste Lyrik: Tyrtaios (spartan. vaterländ. *Kriegsgesänge);* Alkaios, polit. Verse; Pindar (feiert Heroen u. Wettkämpfer); Anakreon (besingt Wein u. Liebe); Sappho *(Ode an Aphrodite);* kom. Epos *Froschmäusekrieg; Fabeln,* später unter dem Namen des *Äsop;* Herodot („Vater der Geschichte"), Berichterzählung mit eingestreuten Novellen *(Krösus; Gyges);* Dramen; *Thespis* Wanderbühne *(Thespiskarren);* enge Bindung an den Dionysos-Kult; daneben volkstümliche *Mimus*-Spiele; Äschylus begr. die Tragödie *(Orestie),* streng rel. Schicksalsauffassung; Sophokles *(Ödipus; Antigone)* führt die Entwicklung zu ihrem Höhepunkt, Euripides beendet sie mit psych. Auflösung der Mythen; Übergang zum Schauspiel *(Medea);* daneben Blüte der pol. Komödie: Aristophanes *(Vögel; Lysistrata);* Thukydides: Gesch. als Erlebnis *(Peloponnes. Krieg)* in kunstvoll geprägter Prosa *(Rede des Perikles über die Gefallenen);* Xenophon beschreibt seine Teilnahme am Zug d. Zehntausend *(Anabasis);* Rhetorik als eigene, hohe Kunstform betrachtet: Lysias, Isokrates, Demosthenes *(Philippika);* Äschines; auch der phil. Dialog als Dichtung: Platon *(Gastmahl);* **c)** *4. Jh. v. Chr.:* Menander, Komödie (zugleich bürgerl. Schauspiel; Typenkomödie); **d)** *3./2. Jh. v. Chr.:* Theokrits *Idyllen (Schäfergedichte),* Alexandrin. Kunst: Überleitung zur Provinzial- u. Großstadtkunst: Apollonios' schulmäßige Bearbeitung d. alten Sagen *(Argonautenzug)* u. Kallimachos (epigrammat. Kleinkunst, höfisch, großstädt.); Übersetzung des A.T. *(Septuaginta);* **e)** *1. Jh. v. Chr.:* hellenistische. Roman. Wissenschaftl. Gebrauchsliteratur: *Erdbeschreibungen* (Strabo), ethnographisches u. annalistisches Geschichtswerk Diodors; **f)** *1. Jh. n. Chr.:* Plutarch *(Lebensbeschreibungen; Moralia:* populäre Abhandlungen über geschichtliche, literarische, rel., rel. u. moralische Fragen); **g)** *2. Jh. n. Chr.:* Lukian *(Satiren,* bes. gg. Aberglauben u. Inkongruenz v. Lehre u. Leben); **h)** *3. Jh. n. Chr.:* Longos (Hirtenroman *Daphnis u. Chloë);* **i)** *4. Jh. n. Chr.:* Nonnos: letztes Aufleben der alten Sagenwelt *(Dionysoszug); christl. Literatur; in griech. Sprache* (Evangelien, Briefe d. Paulus); Kirchenväter (anfangs im Kampf mit Neupythagoreern u. Neuplatonikern): Athanasius, Gregor v. Nazianz; Aufgelhen bzw. Weiterleben in d. *Byzantinischen Literatur.* → neugriechische Literatur.

griechische Philosophie → Philosophie, Übers.

griechisches Alphabet

Alpha	Beta	Gamma	Delta
A	B	Γ	Δ
α	β	γ	δ
a	b	g	d
Epsilon	Zeta	Eta	Theta
E	Z	H	Θ
ε	ζ	η	ϑ
e	ds, z	ē	th
Jota	Kappa	Lambda	My
I	K	Λ	M
ι	κ	λ	μ
i	k	l	m
Ny	Xi	Omikron	Pi
N	Ξ	O	Π
ν	ξ	o	π
n	ks, x	o	p
Rho	Sigma	Tau	Ypsilon
P	Σ	T	Y
ρ	σ, ς	τ	υ
r	s	t	y
Phi	Chi	Psi	Omega
Φ	X	Ψ	Ω
φ	χ	ψ	ω
ph	ch	ps	o

griechische Schrift, gg. Ende des 11. Jh. v. Chr. aus dem rein konsonant. Alphabet d. Phöniker abgeleitete u. durch Vokalbuchstaben ergänzte Schrift; kleine Buchstaben erst seit d. 9. Jh. n. Chr. allgemein gebräuchlich (→ Tabelle griech. Alphabet).

Griechisches Feuer, Seekampfmittel aus Schwefel, Werg, Kienspänen, Erdöl, auch auf Wasser brennend; von Griechen erfunden, 300 v. Chr.

griechische Sprache → Sprachen, Übers.

griechisch-orthodoxe Kirche, *griech.-oriental. K.,* → morgenländische Kirche.

griechisch-unierte Kirche, *griech.-kath. K.,* → unierte morgenländische Christen.

Grieg, Edvard (15. 6. 1843–4. 9. 1907), norweg. Komp.; Meister der musikal. Folklore; Musik zu Ibsens *Peer Gynt (Solveigs Lied),* Klavierkonzert, Orchestersuiten.

Griesel, atmosphär. Niederschlag v. graupelähnl., zieml. kugelförm. Körpern; kleiner als .1 mm.

Grieshaber, Helmut Andreas Paul, *HAP* (15. 2. 1909–12. 5. 81), dt. Graphiker und Maler; abstrahierende Farbholzschnitte.

Griesheim (D-6103), hess. Ind.st. i. Kr. Darmstadt-Dieburg, 20 531 E.

Grieß, 1) körniges Getreidemahlgut; **2)** zu Körnern zerkleinertes Erz.

Griffel, *botan.* am Fruchtknoten sitzendes Tragorgan der Narbe, das der Leitung der Pollenschläuche z. d. Eizellen dient.

Griffith [-ιθ], **1)** David Wark (22. 1. 1875–23. 7. 1948), am. Filmregiss.; erste Großaufnahmen u. mehraktige Spielfilme; *The Birth of a Nation* (1915); *Intolerance* (1916); **2)** John, → London, Jack.

Griffon [-fō], rauhhaariger frz. Vorstehhund.

Grill, *m.,* Bratrost, auf dem Speisen (Fleisch, Fisch usw.) bei starker Hitze *gegrillt* werden.

Grille

Grillen, *Grabheuschrecken;* Zirpen der Männchen durch Reiben d. Flügeldecken; *Feld-G., Maulwurfs-G. (Werre,* größte dt. Art, Schädling, frißt junge Wurzeln); *Heimchen.*

Franz Grillparzer

Grillparzer, Franz (15. 1. 1791–21. 1. 1872), östr. Biedermeierdichter u. Realist; Dramen: *Die Ahnfrau; Sappho; Das goldene Vlies* (Trilogie); *Des Meeres u. der Liebe Wellen; Die Jüdin von Toledo;* Dramen aus der östr. Geschichte: *König Ottokars Glück u. Ende; Ein Bruderzwist in Habsburg; Libussa;* Lustspiel: *Weh dem, der lügt!* Novelle: *Der arme Spielmann;* Gedichte, Epigramme.

Grimaldi, Fürstenhaus von Monaco. – **G.-Rasse,** negroider Altsteinzeittypus, nach Skelettfunden in der Nähe von Mentone in der Grimaldi-Grotte benannt.

Grimm, 1) Hans (22. 3. 1875–27. 9. 1959), dt. völkischer Schriftst.; pol. Roman: *Volk ohne Raum;* **2)** Hermann (6. 1. 1828–16. 6. 1901), Sohn von 4), dt. Kunsthistoriker; *Michelangelo; Raffael; Goethe;* **3)** Jacob (4. 1. 1785–20. 9. 1863), Begr. der german. Sprach- u. Altertumswiss.: *Dt. Grammatik; Dt. Mythologie;* zus. m. s. Bruder **4)** Wilhelm (24. 2. 1786–16. 12. 1859), dt. Gelehrter u. Dichter, *Dt. Sagen; Kinder- u. Hausmärchen; Dt. Wörterbuch.*

Grimma (D-7240), Krst. a. d. Mulde, Sa., 18 427 E.

Grimme, Adolf (* 31. 12. 1889–27. 8. 1963), deutscher Pädagoge u. Politiker;

1948–56 Generaldirektor des Nordwestdeutschen Rundfunks. – *A.-G.-Preis* für besondere Fernsehproduktionen (jährlich vom Deutschen VHS-Verband seit 1961 verliehen).

Grimmelshausen, Hans Jakob Christoffel v. (um 1622–17. 8. 76), dt. Dichter; *Der Abentheuerliche Simplicissimus, Teutsch* (Roman d. 30jähr. Krieges); *Trutz Simplex* (mit d. Figur d. Mutter Courage).

Grimsby [-bɪ], *Great G.,* engl. St. u. Fischereihafen, 92 000 E; Schiffbau.

Grimsel, schweiz. Paß, 2165 m hoch, in den Berner Alpen, verbindet Aare- mit Rhônetal.

Grind, *m.,* volkstüml. Bez. für Hautausschläge mit Krusten- u. Schorfbildung.

Grindelwald (CH-3818), schweiz. Gem. i. Berner Oberland, Sommer- u. Winterkurort, 1040 müM, 3600 E.

Gringo [span.], geringschätzige Bez. f. Nichtromanen im span. Südamerika.

Grinzing, Stadtteil von Wien; zahlr. Heurigenlokale.

Grippe, *Influenza,* fieberhafte Virus-Allgemeininfektion, auch seuchenartig (epidemisch).

Gris, Juan (13. 3. 1887–11. 5. 1927), spanischer Maler in Paris, Kubist; *Still leben.*

Grisaille [frz. -'zaj], Grau-in-Grau-Malerei.

Griseldis, Frauengestalt i. Boccaccios Decamerone; Verkörperung von Demut u. Treue.

Griseofulvin, gg. Hautpilze wirkendes Antibiotikum (→ Antibiotika).

Grisette [frz. -'zɛt(ə)], Putz-, Näharbeiterin; Dirne.

Grislybär, *Grizzly,* grauer nordam. Bär.

grober Unfug, svw. → Belästigung der Allgemeinheit.

Grock, eigtl. *Adrian Wettach* (10. 1. 1880–14. 7. 1959), schweiz. Musicalclown; bis 1954 Zirkusinhaber.

Grodno, weißruss. St. a. Njemen, 270 000 E; Holz-, Leder-, Textilind.; 3 HS. – 1918–39 poln.

Groener, Wilhelm (22. 11. 1867–3. 5. 1939), dt. Gen. u. Pol.; Gegner des Nationalsozialismus, 1928–32 Reichswehrmin., 1931/32 auch Reichsinnenmin.

Groer, Hans (* 13. 10. 1919), östr. Theologe, Benediktiner aus Stift Göttweig, s. 1986 Erzbischof von Wien.

Grog, *m.* [engl.], Getränk: Rum oder Arrak mit heißem Wasser od. Tee u. Zukker.

Wilhelm u. Jacob Grimm

Grohmann, Will (4. 12. 1887–6. 5.
1968), dt. Kunsthistoriker; Monographien: *Klee; Kandinsky.*
Gromaire [-'mɛʀ], Marcel (24. 7. 1892–
12. 4. 1971), frz. expressionist. Maler u.
Graphiker.

Andrej Gromyko

Gromyko, Andrej (6. 7. 1909–2. 7. 89),
sowjetischer Politiker; 1943–46 Botschafter in den USA, 1946–48 Vertreter der
UdSSR im Sicherheitsrat, 1957–85 Außenminister, seit 1973–80 Mitglied des
Politbüros des ZK der KPdSU; 1985–88
Staatspräsident.
Gronau, Wolfgang von (25. 2. 1893–17.
3. 1977), deutscher Flugpionier; 1930
und 1931 Atlantik-Etappenflüge, 1932
Weltflug.
Gronau (Westfalen) (D-4432), St. i. Kr.
Borken, NRW, a. d. ndl. Grenze, 39 397
E; AG; div. Ind.
Groningen ['xroː-], ndl. Provinz, 2346
km², 555 000 E; Hauptstadt *G.,* Zentrum
eines Kanalnetzes, 168 000 E; Uni. (s.
1614), Bischofssitz; Handel u. Ind.
Grönland, amtlich *Kalaallit Nunaat,* dänische N-Polarinsel (Karte S. 752), größte Insel d. Erde, 2 175 600 km² (nur
341 700 km² eisfrei), 55 000 E, meist
grönländ. Eskimos; Hptst.: *Nuuk (Godthåb).* **a)** *Geogr.:* Tiefe Fjorde, i. d. Gletscher münden; an der W-Küste (warme
Meeresströmung) mildes, sonst arkt. Klima. **b)** *Wirtsch.:* Fischerei und Schafzucht, einziger Weltlieferant f. Kryolit
(wichtig f. Aluminiumherstellung); gr.
Eisenerzlager. **c)** *Außenhandel* (1986):
Einfuhr 2,9 Mrd., Ausfuhr 2,08 Mrd.
dkr. **d)** *Gesch.:* 900 n. Chr. von Isländern
entdeckt; 1261 Nebenland Norwegens,
1721 dän. Kolonie. Erforschung des Innern s. 1883 durch Alfred Nordenskiöld,
Nansen, Peary, A. → Wegener, Knud
Rasmussen u. a. – Seit dem 2. Weltkrieg
Stützpunkte d. NATO; 1953 dän. Prov.
m. Selbstverw., EG (1985 Austritt, Sonderstatus eines überseeischen Territoriums).
Groom, *m.* [engl. *grum*], Diener; Reitknecht.
Gropius, Walter (18. 5. 1883–5. 7.
1969), dt.-am. Architekt, 1919–28 Leiter
des → Bauhauses; seit 1937 in USA;
u. a. Bauhaus in Dessau; Wohnhaus im
Hansaviertel, Berlin. 1945 Mitbegr. d.
Architektengruppe TAC: u. a. Harvard
Graduate Center, Cambridge, Mass.;
US-Botschaft in Athen.

Groppen, Bodenfische i. Süßwasser u.
Meer.
Gros [gro], Antoine-Jean (16. 3. 1771–
26. 6. 1835), frz. Maler d. Klassizismus
u. d. Romantik; zeitgeschichtl. Themen
der Epoche Napoleons (z. B. *Bonaparte
auf der Brücke v. Arcole*), Porträts (u. a.
des Kaiserhofs); Kuppelausmalung im
Panthéon (Paris).
Gros, *s.,* **1)** [frz. *gro*], Hauptmasse; **2)**
[ndl.], 12 Dutzend.
Groschen, alte dt. Silbermünze; → Pfennig; in Dtld heute volkstüml. f. Zehnpfennigstück; auch österr. Münze.
Grosnij, Hptst. d. Tschetscheno-Inguschischen auton. Sowj.rep. nö. d. Kaukasus, 401 000 E; Erdöl, Erdgas.
Groß, Michael (* 17. 6. 1964), dt.
Schwimmer; dreimaliger Olympiasieger,
viermaliger Weltmeister.
**Großbritannien und
Nordirland,** amtl.
*United Kingdom of
Great Britain and
Northern Ireland,* nw.
eur. Kgr. auf den
Brit. Inseln, Kernstaat des Commonwealth of Nations: England u. Wales,
Schottland, Nordirland, einschließl. Insel
Man u. Kanalinseln, 244 128 km²,
57,065 Mill. E (233 je km²); Bev.-Zuw.
0,1%; Währung: Pfund Sterling (£); Rel.:
überwiegend ev.; anglikan. Kirche, zahlr.
Sekten; Hptst.: *London;* Flagge S. 340,

Karte S. 742. In der *Wirtschaft* überwiegen Bergbau, Industrie u. Handel. **a)**
Landw.: Produkte werden in erhebl. Maß
eingeführt; Bodennutzung: ca. 30% d.
Gesamtfläche Acker, 50% Weide-, 5%
Waldland; bed. Viehzucht (1988: 11,9
Mill. Rinder; Fischerei (1988: 0,95 Mill.
t). **b)** *Ind.:* Bergbau- u. Hüttenind. (1988:
101,4 Mill. t Steinkohle, Roheisen 13,2
Mill. t, Rohstahl 19,1 Mill. t); bed. Textil-, Flugzeug-, Kraftfahrzeug- (1988:
1,54 Mill. Pkw u. Lkw), Masch.- u. chem.
Ind., Schiffbau (91 000 BRT Stapelläufe). **c)** *Verkehr:* Eisenbahn 20 730 km;
Handelsflotte 7,6 Mill. BRT (1989). **d)**
Außenhandel (1988): Einfuhr 189,29
Mrd., Ausfuhr 144,93 Mill. $. → Schaubild. **e)** *Verf.:* Vereinigtes Kgr. von G. u.
N-Irland: erbl. Monarchie m. gemischter
Thronfolge; Söhne haben Vorzug vor
Töchtern (Kgshaus Sachsen-Coburg-Gotha, s. 1917: Haus Windsor); Kg hat
Einspruchsrecht (traditionell nicht ausgeübt) gg. Parlamentsgesetze, VOen nur m.
Gegenzeichnung; Parlament: → Oberhaus, → Unterhaus; Premiermin. vom
Kg ernannt, schlägt Min. vor; alle bedürfen des Vertrauens d. Unterhauses; das
→ *Commonwealth of Nations* ist die
übergeordnete Staatsform. **f)** *Verw.:* England: 39 Counties (Grafschaften) u. 7
Metropolitan Counties, Wales: 8 Counties, Schottland: 12 Regionen, Nordirland: 26 Distrikte, Sonderregelung f.
Großlondon. **g)** *Gesch.:* Urspr. keltische

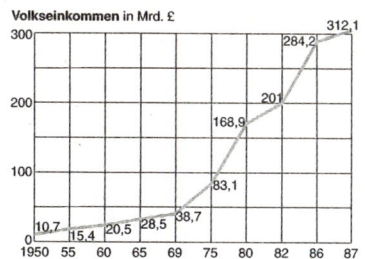

Großbritannien, Wirtschaft

Ausfuhr		Einfuhr
2256	1950	2609
2876	1955	3860
3555	1960	4541
4728	1965	5751
8063	1970	9051 £
107641	1975 131001	
208173	1980	214582
234151	1983	255112
297222	1985	320782
236030	1987	277898
234911	1988	333109 DM

Außenhandel in Mill.   £   DM

Volkseinkommen in Mrd. £

Gold- und Devisenbestand 1988
Gold: 19 Mill. troy oz (1 Troy ounce = 31,1 Gramm)
Devisen: 30554 Mill. SZR (Sonderziehungsrechte,
1 SZR am 28.2.1989 = 1,3215 US $ bzw. 2,14178 DM)

Bev.; s. 55 v. Chr.–410 n. Chr. unter röm. Herrschaft (Britannien). Ab 449 wandern german. Angeln (*Eng* land) u. Sachsen ein; 1066 Eroberung durch frz.sprechende Normannen (Wilhelm d. Eroberer). Seit 1154 Haus *Anjou-Plantagenet;* 1215 Magna Charta (Grundlage der engl. Verfassung, Beschränkung d. kgl. u. Festlegung der ständischen Rechte); 1350 Kampf um Trennung des Parlaments in Ober- u. Unterhaus. 1339–1453 *Hundertjähriger Krieg* gg. Frkr. (um festländ. Besitz). Thronstreitigkeiten: 1459–85 Kampf um die *Roten Rose* (Haus Lancaster) u. der *Weißen Rose* (Haus York). Ab 1485 Haus *Tudor;* unter Elisabeth I. (1558–1603) Gründung d. *anglikan. Kirche,* Vollendung der Reformation; Ansiedlung in Nordamerika; Gründung d. Ostind. Kompanie; Hinrichtung der Maria Stuart; 1588 Vernichtung d. span. Armada. Ab 1603 Haus *Stuart* (Personalunion m. Schottland), → Pulververschwörung, Bürgerkrieg, Hinrichtung Karls I. 1649; England Rep. (Commonwealth unter Oliver Cromwell); 1651 → Acts of Navigation (England weltbeherrschende Seemacht); 1660 Königtum wiederhergestellt, 1673 Testakte (Ausschluß der Katholiken v. Staatsämtern); 1679 → Habeas-Corpus-Akte, Entstehung d. Parteien *Whigs* (Liberale) u. *Tories* (Konservative); 1688 „glorreiche" Revolution. Wilhelm v. Oranien; 1689 Bill of Rights (Sicherung verf.mäßiger Freiheiten); 1707 Vereinigung von England u. Schottland zum Kgr. G. Seit 1714 Haus *Hannover;* im Krieg gg. Frkr. 1755–63 erweiterte England seinen Kolonialbesitz; im nordam. Freiheitskrieg 1775–83 werden die am. Besitzungen selbständig. Um 1800 Kampf gg. Napoleon; im 19. Jh. Industrialisierung, Übergang zum Freihandel, G. der Gläubiger der Welt. Unter Kgn Viktoria (1837–1901) Reform des Wahlrechts, Aufstieg der sozialist. Labour Party, Ausbau d. Kolonialreichs. Nach 1900, Eduard VII., wird d. *Splendid isolation* aufgegeben (Bündnis m. Japan 1902, Entente

m. Frkr. 1904 u. Rußland 1907). Im 1. Weltkrieg wird Kapitalreserve verbraucht, Gläubigerrolle G.s in der Welt nun an USA abgetreten. 1921 Anerkennung Irlands als Freistaat (Dominion). 1922 Washingtoner Abrüstungskonferenz (Engl. nur noch gleich starke Seemacht neben USA). 1931 Statut von Westminster (völlige Gleichberechtigung der Dominions). Unter *Georg VI.* 1937 Kab. Chamberlain. 1938 → Münchener Abkommen, 1939 2. Weltkrieg; Churchill Premiermin. 1940–45; 1947 gestand G. Indien, Pakistan u. 1948 auch Ceylon die volle Unabhängigkeit zu. Sie wurden Mitglieder d. → Commonwealth. 1949 Irlands Austritt a. d. Commonwealth. In den folgenden eineinhalb Jahrzehnten wurde d. brit. Kolonialreich weitgehend aufgelöst, u. d. meisten früheren Kolonien u. Protektorate wurden unabhängige Staaten, verblieben aber im Commonwealth. Innenpol. Verstaatlichung d. Bergbaus u. d. Stahlind. unter der Regierung d. Labour Party (1945–51), von den Konservativen (1951–64) wieder rückgängig gemacht. 1952 Elisabeth II. Königin; 1955/56 Räumung d. Suezkanalzone. 1958 Kabeljaukrieg mit Island, → Dreimeilenzone. 1960 Gründungsmitgl. d. → EFTA. S. 1969 Unruhen i. Nordirland, Einsatz brit. Truppen. 1972 Aufhebung d. Selbstverwaltung. 1973 EWG-Beitritt m. Übergangsfrist v. 5 Jahren. 1971 Umstellung d. Währung auf das Dezimalsystem. 1982 mil. Konflikt m. Argentinien um d. → Falklandinseln. 1984/85 Bergarbeiterstreik. 1979–90 → Thatcher, s. Ende 1990 Major Premiermin. h) *Mitgl.:* UN, Commonwealth, NATO, CENTO, WEU, EG, OECD, Europarat, Colombo-Plan.

großdeutsche Idee, Streben nach Einigung Dtlds mit Einschluß Östr.s in gemeinsamem Staat; in der Paulskirche 1848/49 Auseinandersetzung zwischen Großdt.en u. Kleindt.en; nach Scheitern einer großdt. Lösung der dt. Frage 1871 programmatische Forderung d. meisten dt. Parteien; nach 1945 großdt. Idee hin-

ter *gesamtdt.* Bestrebungen (→ Wiedervereinigung) zurückgetreten.
Größe, astronom.: *absolute G.* eines Sterns ist seine scheinbare Helligkeit, die er in der Einheitsentfernung von 10 → Parsec haben würde; Vergleich v. wahren Sternhelligkeiten od. Leuchtkräften nur mögl., wenn man sie auf gleiche Entfernung reduziert denkt; *scheinbare G. (Helligkeit):* die unmittelbar am Himmel beobachtete Helligkeit.
Großenbrode (D-2443), Ostseebad i. Kr. Ostholstein, Schl-Ho., 1789 E.
Großenhain (D-8281), Krst., Sa., 19 332 E; div. Ind.
Größenklasse, Helligkeitsskala für Sterne; Intensitätsverhältnis von 2 aufeinanderfolgenden Größenklassen ist stets 1:2,512.
Großenkneten (D-2907), Gemeinde im Kreis Oldenburg, 10 790 E; Erdgasfelder.
Größenwahn, Geistesstörung: Selbstüberhebung, Früherscheinung u. a. bei → Gehirnerweichung.
Grosser, Alfred (* 1. 2. 1925), frz. Publizist, Historiker u. Pol.-wiss. dt. Herkunft; *Deutschlandbilanz.*
Großer Bär → Sternbilder, Übers.
Großer Hund → Sternbilder, Übers.
Großer Kurfürst → *Friedrich Wilhelm* 6).
Großer Rat, in der Schweiz vom Volk gewählte gesetzgebende Körperschaft, in Kantonen, in denen keine → Landsgemeinde besteht.
Große Seen, *Kanadische Seen,* die 5 nordam. Seen zw. den USA u. Kanada: Oberer, Michigan-, Huron-, Erie- u. Ontario-See, zus. 245 000 km²; mit dem Atlant. Ozean durch den → St.-Lorenz-Seeweg verbunden u. für Ozeanschiffe erreichbar.
Großfürst, Titel i. f. d. Prinzen des russ. Kaiserhauses.
Groß-Gerau (D-6080), Krst. in Hess., 21 584 E; AG; versch. Ind. – Röm. Gründung.
Großglockner, höchster Gipfel der Hohen Tauern, zugleich höchster Berg

Großhandel Östr.s, 3797 m; erhebt sich 1300 m über d. → Pasterze. - **G.-Hochalpenstraße,** 48 km l., wichtigste Straßenverbindung zw. Salzburg u. Kärnten; von Bruck (757 m) durch Fuschertal u. Hochtortunnel (2505 m) nach Heiligenblut (1301 m); eindrucksvolles Bergpanorama (über 30 Dreitausender).

Großhandel, Verkauf von Waren an Unternehmer zum Weiterverkauf od. zur Weiterverarbeitung. *Aufkaufhandel,* sammelt Produkte bei den Erzeugern; *Produktionszwischenhandel,* leitet die Ware an d. Einzelhandel weiter. *Hilfspersonen:* → Makler; → Kommissionäre. *G.sfunktionen* können auch v. den Erzeugern oder den Konsumenten übernommen werden; → Genossenschaften.

Großherzog, bis 1918 Titel d. Herrscher folgender dt. Bundesstaaten **(G.tümer):** Baden, Hessen, beide Mecklenburg, Sachsen-Weimar, Oldenb.; meist b. Gründung des → Rheinbundes v. Napoleon I. verliehen; jetzt nur noch in Luxemburg Herrschertitel.

Grossist, *Großhändler,* der Waren en gros (zum Wiederverkauf) umsetzt.

Großjährigkeit, svw. → Volljährigkeit.

Großkophta, Titel, den sich → Cagliostro als Haupt des von ihm gegründeten Freimaurerbundes gab.

Großkreis, math. kürzeste Verbindung zweier Punkte auf der Kugel.

Großkreuz, *Großkordon,* höchste Klasse der meisten Orden; am breiten Band meist als Schärpe getragen.

Großmast, *seem.* zweiter Mast vorn (Abb. → Takelung).

Großmeister, Titel d. Oberen eines → Ritterordens.

Großmogul, eur. Bezeichnung der tatar. Herrscher Indiens 1526–1858, eigentlicher Titel „Schah".

Großorient, frz. Freimaurer-Großloge.

Großrußland, russ. *Welikorossija,* das Hauptsiedlungsgebiet der → Russen (Großrussen).

Großsiegelbewahrer, Titel des engl. → Lordkanzlers; Titel des frz. u. it. Justizministers.

Großvenediger, Gipfel in d. westl. Hohen Tauern, 3674 m, m. *Kleinvenediger,* 3477 m; vergletschert.

Großwardein, rumän. *Oradea,* rumän. St. am W-Rand des Bihar-Gebirges, 214 000 E; kath. u. orthodoxes Bistum; Obst- u. Weinbau.

Großwelzheim, Ortsteil v. → Karlstein a. Main.

Großwesir, früher d. höchste Beamte i. islam. Länd.

Grosz, George (26. 7. 1893–6. 7. 1959), dt. Maler u. Graphiker; satir., gesellschaftskrit. Werke; Mitgl. d. Berliner *Dada*-Gruppe; 1933–59 in USA.

Grotefend, Georg Friedrich (9. 6. 1775–15. 12. 1853), dt. Sprachforscher; → Keilschrift.

Grotenburg, Berg im Teutoburger Wald (386 m), mit Hermannsdenkmal.

grotesk [it.], seltsam, komisch und verzerrt.

Groteske [it.], Ornamenttyp der Renaissance (z. B. Raffael, Loggien des Vatikans in Rom) zur Flächendekoration, mit pflanzlichen oder Tiermotiven u. ä.; nach Vorbildern d. römischen Antike besonders in unterirdischen Räumen („Grotten").

Groteskschriften, seit Anfang 19. Jh., bestehen a. gleichmäßig starken Antiquabuchstaben, z. B.: Magere Univers.

Grotewohl, Otto (11. 3. 1894–21. 9. 1964), dt. Pol.; 1945 Vors. d. SPD d. Sowjetzone, 1946 Mitvors. d. SED, 1949–64 Min.präs. der DDR.

Groth, Klaus (24. 4. 1819–1. 6. 99), dt. Dichter plattdt. Mundart; Gedichte: *Quickborn.*

Grothe, Franz (17. 9. 1908–12. 9. 82), dt. Filmkomponist.

Grotius, *de Groot,* Hugo (10. 4. 1583–28. 8. 1645), ndl. Humanist, Rechtsphil., Begr. des Völkerrechts.

Grotte, natürlich od. künstlich entstandene Felsenhöhle.

Grottenolm, Schwanzlurch, → Olme.

Groult, Benoîte (* 31. 1. 1920), frz. Schriftstellerin. *Salz auf unserer Haut* (89), *Tagebuch vierhändig* (63), *Leben will ich.*

Grubber, *m.* [engl. *ˈgrʌbə*], Kultivator, landwirtschaftl. Gerät zur Bodenlockerung.

Grube, svw. Bergwerk.

Gruben-gas, → Methan, ergibt, mit Luft gemischt, das Schlagwetter; zu ihrer Feststellung dient **G.lampe** nach Davy (Flamme von engmaschigem Drahtnetz umgeben, das ein explosionsfähiges Gemisch durch Abkühlung nicht zur Explosion kommen läßt; nur schwache Verpuffung, Flamme erlischt; heute elektrische Glühlampen). - **G.ottern,** Giftschlangen m. grubenför. Sinnesorganen, die auf die Körperwärme v. Beutetieren ansprechen. - **G.wehr,** bes. ausgebildete und ausgerüstete Bergleute f. Einsatz b. G.unglücken; *G.wehr-Ehrenzeichen,* 1953 gestiftet. (→ Orden, Abb.). - **G.wurm,** *Hakenwurm,* zu den → Fadenwürmern gehörend; gefährl. Schmarotzer, dringt durch Haut über Blutwege u. Lunge bis in d. Dünndarm, bes. bei Bergleuten u. Erdarbeitern der Tropen u. Subtropen; bewirkt schwerste Blutarmut; *G.krankheit.*

Grüber, Heinrich (24. 9. 1891–29. 11. 1975), dt. ev. Theol.; gründete nach 1933 Hilfsdienst f. rass. Verfolgte; 1940–43 KZ-Haft, 1946 Propst in Berlin.

Grude, *w.,* Koks, Rückstand b. Verschwelung der Braunkohle, billiger, langsam glimmender Brennstoff für **Grudeherde.**

Grumman Corporation, am. Luft- u. Raumfahrtkonzern, 1929 gegr., produziert vorwiegend Marineflugzeuge.

Grummet, *s., Grumt,* getrockneter zweiter Wiesenschnitt.

Grün, 1) Anastasius, eigtl. *Anton Alexander Gf v. Auersperg* (11. 4. 1806–12. 9. 76), östr. Dichter u. Pol.; Gedichte: *Spaziergänge eines Wiener Poeten;* epische Versdichtungen: *Robin Hood;* **2)** Max von der (* 25. 5. 1926), dt. Arbeiterschriftst.; *Irrlicht und Feuer; Stellenweise Glatteis; Vorstadtkrokodile.*

Grünberg, 1) (D-6310), hess. St. i. Kr. Gießen, 11 951 E; div. Ind.; **2)** *Zielona Góra,* poln. St. in Schlesien, 112 000 E; Braunkohle, Textilind., Weinbau.

Grünbuch → Farbbücher.

Grundbuch, beim *G.amt* geführt; enthält Eintrag.üb.Rechtsverhältnis an Grundstücken; jedes Grundstück erhält e. **G.blatt** m. versch. Abteilungen, d. Lage, Bez., Eigentümer, Belastung angeben; Einsicht b. berechtigtem Interesse gestattet; Eintragung i. G. hat oft rechtserzeugende Bedeutung (z. B. b. Eigentumsübertragung, Hypothekenbestellung).

Grundbücher, i. d. doppelten → Buchführung die nach vorgeschaltelen, nach gleichart. Geschäftsvorfällen (Kasse, Bank, Waren usw.) gegliederte Buchungsbücher.

Grunddienstbarkeit → Dienstbarkeit.

Grundeln, breitköpf. Knochen- (meist See-)Fische; auch Bez. für Gründling, Schmerle und Groppe.

Grunderwerbsteuer → Steuern, Übers.

Gründerzeit, d. Jahre 1871–73, in denen aufgrund d. v. Frkr. gezahlten Kriegsentschädigung viele (oft unsolide) geschäftl. Unternehmen *gegründet* wurden; Ende: „Gründerkrach", zahlr. Zusammenbrüche; kulturelle Haltungslosigkeit, stillose Protzerei, bes. in Bauten u. Möbeln.

Gründgens, Gustaf (22. 12. 1899–7. 10. 1963), dt. Regisseur u. Schausp.; *Faust; D. Glas Wasser.*

Grundgesetz, *GG,* Bez. für die 1949 geschaffene provisorische Verfassung d. BR (→ Verfassung, Übers.).

grundieren, untermalen, Grundfarbe auftragen.

Grundkapital, in der Satzung beschlossenes Geschäftskapital einer AG; mindestens 100 000, bei GmbH („Stammkapital") mindestens 50 000 DM.

Grundlagenforschung, Erforschung der Grundlagen der Mathematik, Philosophie usw.

Gründling, karpfenartiger Fisch.

Gründonnerstag, Donnerstag v. Ostern.

Grundrechte → Menschenrechte.

Grundrente, *Bodenrente,* Differenz zw. den Kosten der landw. Bearbeitung u. dem für d. Produktion erzielten Preis *(Differentialrente);* Boden u. Grundstücke werfen je nach Güte u. Lage verschieden hohe G. ab.

Grundriß, Plan eines Baus oder einer Maschine in Draufsicht (von oben).

Grundschuld, Belastung e. Grundstücks in d. Weise, daß an den Berechtigten eine Geldsumme *aus d. Grundstück* zu zahlen ist; Bestehen e. persönl. Forderung nicht erforderlich (Ggs.: Hypothek), § 1191 BGB.

Grundschule, der einheitlich strukturierte schulische Unterbau der gesamten Bildungsarbeit (→ Schulwesen, Übers.).

Grundsteuer → Steuern, Übers.

Grundstoffe → Elemente.

Grundton, *mus.* Anfangston e. Tonleiter, tiefster Ton e. Ausgangsakkords.

Grundtvig, Nicolai Frederik Severin (8. 9. 1783–2. 9. 1872), dän. Theol., Historiker u. Dichter, Volkserzieher, Gründer der Volkshochschulbewegung.

Grundumsatz, Energieumsatz (Sauerstoffverbrauch) in Ruhe; b. Menschen ca. 4 J je Std. u. kg d. Körpergewichts; *G.erhöhung* z. B. b. Schilddrüsenüberfunktion.

Gründung, 1) *rechtl.* v. Genossenschaften, Vereinen, Gesellschaften (z. B. AG), Firmen usw.; **2)** *betriebswirtsch.* von Unternehmungen; **3)** *bautechn.* Schaffung haltbarer Unterlagen für Gebäude durch Stein- oder Betonschüttung, Pfahlroste.

Gründüngung, Anbau von hpts. stickstoffhalt. Pflanzen (→ Stickstoffbakterien), meist als Zwischenfrucht.

Grundvertrag, *Grundlagenvertrag,* behandelte Beziehung zw. BR u. DDR; Gleichberechtigung, Gewaltverzicht, Unverletzlichkeit d. Grenzen, Beschränkung d. Hoheitsgewalt auf das eigene Staatsgebiet; 1972 unterzeichnet.

Grundwasser, sammelt sich unterirdisch über undurchlässiger Schicht; wichtigste Trinkwasserressource; Reinheit durch Müll-Altlasten, Mineralöl, aber auch durch Überdüngung (Nitratbildung) gefährdet; schwankt nach Jahreszeit. **- G.spiegel** schwankt nach Jahreszeit. **- G.strom,** unterirdisch fließendes G., fließt Flüssen od. Seen zu od. tritt in → Quellen aus.

Grünen, Die → Parteien, Übers.

Grüne Parteien, pol. ambitionierte Gruppen, d. sich f. stärkere Berücksichtigung d. Umweltschutzes einsetzen (→ Parteien, Übers.).

Grüner Bericht, Bez. für agrarpol. Reg.erklärung in der BR.

grüner Star → Glaukom.

Matthias Grünewald
Selbstbildnis

Grünewald, Matthias, eigtl. *Mathis Gothardt N(e)ithardt* (um 1470/5–1528), dt. Maler d. Spätgotik; Hptwerk: *Isenheimer Altar* (Colmar).

grüne Welle, Folge von Verkehrsampeln, die zentral so geschaltet werden, daß Fahrzeuge bei best. Geschwindigkeit stets grünes Licht antreffen.

Grünkern, Korn von → Dinkel, zu Suppen verwendet.

Grünkohl → Blätterkohl.

Grünling, 1) *Grünfink,* in Eur. häufig vorkommender Singvogel; **2)** *Grünreizker,* eßbarer Blätterpilz.

Grünspan, basisches Kupfer(II)-Acetat zur Darstellung v. Kupferfarben; giftig.

Grünspecht, Abb. → Spechte.

Grünstadt (D-6718), St. i. Kr. B. Dürkheim, RP, 12 139 E; Weinbau.

Gruppe, *math.* algebraische Struktur, bestehend aus einer Menge u. einer zweistelligen Verknüpfung, für die vier bestimmte Gesetze gelten.

Gruppe der 77, 1963 auf d. 18. Sitzung der UNO-Vollversammlung gebildeter loser Zus.schluß d. Entwicklungsländer; fordert u. a. neue Weltwirtschaftsordnung (*Charta von Manila,* 1976).

Gruppendynamik, 1) Begriff d. sozialpsych. Forschung, die Entstehung u. Struktur v. sozialen Gruppen untersucht (Begr.: K. *Lewin*); **2)** Methode z. psychotherapeut. Analyse v. Gruppenprozessen.

Gruppentheorie, *math.* 2 Elemente, n. bestimmten Gesetzen verbunden, geben wieder e. Element d. gleichen Art, Gruppe paarant; Rechnung m. ihnen ist die G.

Gruppentherapie, besondere Form der → Psychotherapie, bei d. mehrere Patienten beiderlei Geschlechts unter d. Leitung e. Psychotherapeuten veranlaßt werden, ihre Probleme zu diskutieren, neue Verhaltensweisen zu erproben u. Zugang zur Gemeinschaft zu finden.

Gruppe 47, 1947 am Bannwaldsee bei Füssen gegr. lose Vereinigung dt. Schriftst.; Ziel: eine neue dt. Literatur mit zeitkrit. Inhalten u. demokr. Engagement; Gründer: H. W. *Richter, Andersch, Schnurre* u. a.; jährl. *Literaturpreis der Gruppe 47* (Preisträger u. a. Böll, Grass, Walser); 1977 aufgelöst.

Grus, *m.,* Verwitterungsprodukt grobkörniger Gesteine; auch Kohlenabfall.

Grusinien → Georgien.

Grusinier → Georgier.

Grusinische Heerstraße, *Georgische H.,* Paßstraße im Kaukasus, von Ordschonikidse bis Tiflis, 214 km l., bis 2345 m ansteigend.

Grüssau, *Krzeszów,* poln. Gem. bei Landeshut, Niederschlesien; Barockkloster m. Plastiken v. F. Procof u. M. Braun.

Grützbeutel → Atherom.

Grütze, grob gemahlenes Getreide (Gerste, Hafer, Buchweizen).

Bernhard Grzimek

Gryphius, Andreas (2. 10. 1616–16. 7. 64), schles. Dichter; Sonette. Tragödien: *Catharina von Georgien;* Lustspiele: *Horribilicribifax; Peter Squentz.*

Grzimek [ˈɡʒɪmɛk], Bernhard (24. 4. 1909–13. 3. 87), deutscher Zoodir., Schriftst., 1969–73 Bundesbeauftragter f. Naturschutz; *Serengeti darf nicht sterben; G.s Tierleben; Auf d. Mensch gekommen.*

Gscheidle, Kurt (* 16. 12. 1924), SPD-Pol.; 1974–79 B.min. f. Post u. Verkehr, 1980–82 B.min. f. Post u. Fernmeldew.

G-Schlüssel, *Violinschlüssel,* er gibt die Lage der Note g' an.

GSG 9, *Bundesgrenzschutz-Sondergruppe,* 1972 gegr. Antiterrortruppe.

Gstaad (CH-3780), Kurort im Berner Oberland, Gem. *Saanen,* 1100 müM, 2500 E.

GTZ, *Dt. Gesellschaft f. Techn. Zus.arbeit,* bundeseigene GmbH am 1. 1. 1975 aus d. Bundesstelle f. Entwicklungshilfe (BfE) u. d. Dt. Förderungsges. f. Entwickl.länder (GAWI) hervorgegangen. Führt Maßnahmen z. techn. Entwicklungshilfe i. Auftrag d. B.reg. durch.

Guadalajara [-ˈxara], Hptst. d. mexikan. Staates Jalisco, 3,3 Mill. E.

Guadalquivir [-kiˈβir], südspan. Fluß, mündet i. d. Golf v. Cádiz, 557 km l., bis Sevilla schiffbar; im Mündungsgebiet *Las Marismas,* gr. Naturschutzgebiet.

Guadeloupe [gwaˈdlup], größte (Doppel-) Insel der Kl. Antillen, frz. Übersee-Dép. (bis 1946 Kolonie); 1705 km², 328 000 E (5% Weiße, 25% Neger, 70% Mischlinge); Ausfuhr: Zucker, Bananen, Rum; Reg.-Sitz: *Basse-Terre* (14 000 E); wichtigster Handelsplatz: *Pointe-à-Pitre* (25 000 E); s. 1635 frz.

Guadiana, Fluß in SW-Spanien, Mittelu. Unterlauf z. T. portugies., mündet in den Golf v. Cádiz, 778 km l., bis Mértola schiffbar.

Guam, Hpatinsel der Marianen, Terr. der USA, 541 km², 119 000 E, davon 1300 Weiße; Hptst. *Agaña,* 5000 E; Flottenstation.

Guanajuato [-ˈxuato], mexikan. Staat, 30 491 km², 3,6 Mill. E; Hptst. *G.* (44 000 E); Uni; Silbergruben.

Guanako, kamelartiges Gebirgstier S-Amerikas.

Guanchen [-tʃən], berberide Urbevölkerung der Kanar. Inseln; groß, der fälischen Rasse verwandt, v. d. Spaniern ausgerottet; Steingeräte.

Guangdong, früher *Kuangtung,* südchin. Küstenprov. mit der Insel Hainan, 231 400 km², 64 Mill. E; Reis-, Tee- u. Zuckerrohranbau, Seidenraupenzucht, Textilind., Lack- u. Silberwaren; Hptst. *Guangzhou.*

Guangxi-Zhuang, südchin. autonomes Gebiet, 220 400 km², 39 Mill. E; Reis, Zuckerrohr, Teeanbau, Textilind.; Hptst. *Nanning.*

Guangzhou, früher *Kanton,* Hptst. der chin. Küstenprov. Guangdong, am Ende der Mündungsbucht des Xi Jiang, 3,4 Mill. E; S-Chinas bedeutendster Ind.- u. Handelsplatz; Stahlverarbeitung, Kunsthandwerk.

Guano, *m.* [span.], verwitterter Seevogelkot auf Inseln u. an Küsten, bes. des Pazifik; stickstoff- und phosphorhaltig; Düngemittel.

Guantánamo, US-Marinestützpunkt in Cuba seit dem Pachtvertrag v. 22. 5. 1903 (für 99 Jahre).

Guarani → Währungen, S. 1087.

Guardi, it. Maler d. Rokoko, **1)** Francesco (5. 10. 1712–1. 1. 93); stimmungsvolle Ansichten u. Feste v. Venedig; → Vedute; s. Bruder **2)** Giovanni Antonio (1699–22. 1. 1760): Darstellungen relig. u. mytholog. Themen; Bildnisse.

Guardian [it.], Wächter; Klostervorsteher b. Franziskan. u. Kapuzin.

Guardini, Romano (17. 2. 1885–1. 10. 1968), dt. kath. Theologe u. Religionsphil. it. Herkunft; *Der Herr; Welt und Person; Freiheit, Gnade und Schicksal.*

Guareschi [-*ski*], Giovannino (1. 5. 1908–22. 7. 68), it. Schriftst.; Romane: *Don Camillo und Peppone.*

Guarini, Guarino (17. 1. 1624–6. 3. 83), ital. Baumeister d. Hochbarock in Turin.

Guarneri, *Guarnerius, Guarnieri,* berühmte Cremoneser Geigenbauerfamilie: Andrea (vor 1626–7. 12. 98); s. Söhne Pietro I Giovanni (18. 2. 1655–26. 3. 1720), Giuseppe I Gian Battista (25. 11. 1666–1739/40); dessen Söhne Pietro II (14. 4. 1695–7. 4. 1762), Giuseppe II, gen. del Gesù (21. 8. 1698–17. 10. 1744).

Guatemala, *República de G.,* mittelam. Rep., vulkan. Gebirgsland, ⅔ davon Wald, reiche Mahagoni-Bestände, 108 889 km², 9 Mill. E (81 je km²); Bev.-Zuw. 2,9%; 43% Indianer; Sprache: Span. u. Indianisch; Währung: Quetzal (Q); Hptst.: *Ciudad de G.* (1,3 Mill. E); Flagge S. 340, Karte S. 746. **a)** *Wirtsch.:* Ausfuhr v. landw. Produkten (Kaffee: 174 000 t 1988, Baumwolle, Bananen, Zucker). **b)** *Außenhandel* (1987): Einfuhr 592 Mill., Ausfuhr 419 Mill. $ (Kaffee m. ca. 40% d. Ausfuhren, Baumwolle, Bananen, Zucker). **c)** *Verkehr:* Eisenbahn 820 km. **d)** *Verf.* v. 1986: Präsidialrepublik, Kongreß (1 Kammer), Staatsrat. **e)** *Verw.:* 22 Dep. unter Gouverneuren. **f)** *Gesch.:* Ureinwohner (Mayas) 1525 v. Spaniern unterworfen; 1839 selbst. Rep.; s. 1960 latenter Bürgerkrieg; 1982 u. 1983 Mil.putsch; 1984 Rückkehr zur Demokratie. **g)** *Mitgl.:* UN, OAS, SELA, MCCA.

Guayana, 1) Landschaft im N Südamerikas; zw. Orinoco u. Amazonas, an der atlantischen Küste fruchtb. Tiefland, im Inneren *Hochland v. G.,* 2000–3000 m h.,

Klima u. Vegetation tropisch; große Teile (i. NO u. S) zu Venezuela u. Brasilien. Der N gliedert sich in: **2)** *Französisch-G.,* französisch Übersee-Dép. (bis 1946 Kolonie), m. 3 Salutinseln (dabei Teufelsinsel), 83 533 km², 94 000 E; bis 1946 Deportationsort f. Sträflinge; Hauptstadt *Cayenne;* Bodenschätze werden planmäßig erforscht (Gold, Bauxit, Mangan); **3)** *Niederländ.-G.* → Surinam; **4)** *Guayana,* unabhängiger Staat → Guyana.

Guayaquil [-*kil*], Hpthafenst. von Ecuador, am *Golf v. G.,* 1,6 Mill. E; wachs. Industrie; Uni.

Guben (D-7560), *Wilhelm-Pieck-Stadt G.* (1961–90), Krst. i. Bbg., 33 170 E; Textilind.; poln. St.teil östl. d. Lausitzer Neiße *Gubin.*

Guckkastenbühne, bis heute i. wesentl. erhaltene Bühnenform d. it. Renaissance; v. Zuschauerraum durch Rahmen u. Vorhang abgeteilt.

Guderian, Heinz (17. 6. 1888–14. 5. 1954), Gen.oberst, ab Febr. 1943 Gen.inspekteur d. Panzertruppen. Erfolgreichster dt. Panzerkommandeur d. 2. Weltkr.

Gudrun, i. d. Edda Name f. Kriemhild.

Gudrunlied, *Kudrun,* mittelhochdt. Heldenepos (um 1240); Königstochter Gudrun, v. Hartmut geraubt, muß dessen Mutter Gerlinde Magddienste tun; von Herwig befreit.

Guelfen, *Welfen,* im MA in Italien päpstl. Partei, Gegner d. → Ghibellinen.

Guercino [*guer'tʃino*], eigtl. *Giovanni Francesco Barbieri* (1591–22. 1. 1666), it. Maler d. Barock (bes. in Bologna); Darstellungen relig. u. mytholog. Themen.

Guerezas → Schlankaffen.

Otto v. Guericke

Guericke, *Gericke,* Otto v. (20. 11. 1602–11. 5. 86), dt. Phys., Bürgermeister v. Magdeburg; erfand Luftpumpe, Elektrisiermaschine und Zentrifuge.

Guerilla [*ge'rɪʎa*], Kleinkrieg, genannt nach den **Guerillas,** span. Banden, zuerst gegen Napoleon 1808.

Guernica [*ger'nika*], kl. bask. Stadt nordw. Bilbao, 1937 v. dt. Bombern zerstört; Gemälde u. → *Picasso.*

Guernsey [*'gənzi*], westlichste der brit. Kanalinseln, 63 km², 55 400 E; Hptort *St. Peter Port.*

Guevara, Ernesto („Che") (14. 6. 1928–9. 10. 67), lateinam. Revolutionär; Mitorganisator des kuban. Guerillakriegs; 1961 kuban. Industriemin., in Bolivien als Guerilla erschossen.

Guggenheim, Salomon R. (2. 2. 1861–3. 11. 1949), am. Industrieller; Philanthrop u. Mäzen: *G.-Stiftung* 1937 z. Förderung d. modernen Kunst.

Guide, *m.,* [frz. *gid,* engl. *gaid*] **1)** Begleiter, Führer; **2)** Reisehandbuch.

Guido v. Arezzo (um 992–17. 5. 1050), it. Musiktheoretiker, Erfinder des mehrlinigen Notensystems.

Guildhall [*'gɪldhɔːl*], „Gildenhalle", 1411–39 erb. Londoner Rathaus (City).

Guillaume-Affäre [*gi'jom-*], die Verhaftung d. DDR-Spions *Guillaume,* Mitarbeiter im B.kanzleramt, führte zum Rücktritt d. B.kanzler → Brandt.

Guillemin [*gi'ɪmɛ̃*], Roger (* 11. 1. 1924), am. Med.; Nobelpr. 1977 (Forschungen i. Bereich der Peptidhormone).

Guilloche, *w.* [frz. *gi'jɔʃ*], Linienzeichnungen, f. Wertpapierdruck, schwer nachzuahmen.

Guillotine [frz. *gijo'tin*], Fallbeil, Maschine z. Hinrichten, nach frz. Arzt J. I. *Guillotin* benannt, der sie in der Frz. Revolution befürwortete.

Guinea [*'gini*], engl. Goldmünze, 1663–1816 im Umlauf, heute nur noch Rechnungseinheit = 21 Shilling.

Guinea [*gi-*], **1)** Küstenlandschaft in W-Afrika, gegliedert in *Ober-G.* im N u. *Nieder-G.* im S, umrandet d. *Golf von G.* mit den **G.inseln:** Bioko, Pagalu (zu Äquatorial-G.), São Tomé u. Príncipe; an *Nieder-G.* haben Anteil: Angola, Kongo, Gabun, Äquatorial-Guinea u. Kamerun; an *Ober-G.:* Guinea, Sierra Leone, Liberia, Elfenbeinküste, Ghana, Togo, Benin u. Nigeria; **2)** amtl. *République populaire et révolutionnaire de Guinée,* s. 1958 selbst. Rep. a. Atlant. Ozean, NW-Afrika, 245 857 km², 6,71 Mill. E (27 je km²); Bev.-Zuw. 2,4%; Bev.: hpts. Sudanneger; Währung: Syli (SY); Hptst.: *Conakry;* Flagge S. 340, Karte S. 750. **a)** *Wirtsch.:* Hauptausfuhr: Kakao, Palmöl, Kaffee, Erdnüsse, Edel- u. Farbhölzer, Bauxit, Diamanten. **b)** *Außenhandel* (1986): Einfuhr 352 Mill., Ausfuhr 448 Mill. $. **c)** *Verf.* v. 1958: Präsidialsyst., Nat.vers.; s. 1984 Mil.rat. **d)** *Gesch.:* Bis 1958 frz. Kolonie; seitdem → Touré Staatspräs.; nach s. Tode 1984 Machtübernahme durch Mil. **e)** *Mitgl.:* UN, OAU, CEDEAO; AKP-Staat.

Guinea-Bissau, amtl. *República da Guiné-Bissau,* Rep. in NW-Afrika, mit Bissagosinseln insges. 36 125 km², 945 000 E (26 je km²); Hptst. u. Hpthafen: *Bissau;* Flagge S. 340, Karte S. 750; Ausfuhr v. Erdnüssen, Kokosnüssen. – 1446 entdeckt; 1879 Kolonie *Portugiesisch-Guinea;* 1951 portugies. Überseeprov.; 1973 Proklamation z. unabhängigen Staat; 1974 Abkommen zw. G.-B. u. Portugal über Unabhängigkeit, s. 1984 neue Verf. (Präsidialrep.). Mitgl. d. UN, d. OAU u. d. CEDEAO; AKP-Staat.

Guinness [*ginis*], Sir Alec (* 2. 4. 1914), engl. Schausp.; *Kind Hearts and Coronets; Ladykillers; The Bridge on the River Kwai.*

Guiringaud [*girē′go*], Louis Marie de (12. 10. 1911–15. 4. 82), frz. Diplomat; 1949–52 Hoher Kommissar i. Dtld; 1976–78 Außenmin.

Guiscard [*gis′kar*], Robert (1016–85), Normannenhzg, eroberte als Vasall des Papstes ganz Unteritalien, besiegte 1081 d. Byzantiner bei Durazzo, befreite 1084 Gregor VII. aus der Engelsburg.

Guise, lothring. Herzogsgeschlecht, Feinde des Protestantismus in Frkr.: 1) Franz, 1562 Blutbad zu Vassy, entfachte Hugenottenkriege; s. Sohn 2) Heinrich, leitete die → Bartholomäusnacht; Haupt der kath. Liga in Frkr.

Guizhou, früher *Kueitschou,* südwestchin. Binnenprov., 174 000 km², 30 Mill. E; nur ¼ Chinesen, vorwiegend Miao; Hochebenen, Wald; Kupfer- u. Quecksilberbergbau; Hptst. *Guiyang* (1,4 Mill. E).

Guizot [*gi′zo*], François (4. 10. 1787–12. 9. 1874), frz. Pol. u. Historiker; Hptvertreter d. bürgerl.-konserv.-liber. Richtung d. → Juste-milieu, 1840–48 Außenmin.

Gujarat, *Gudscherat,* Staat d. Indischen Union, 195 000 km², 34 Mill. E; Hptst. *Gandhinagar.*

Gujarati, *s., Gudscharati,* ind. Mundart.

GULag, *Glawnoje Uprawlenie Lagerej,* Verwaltung der 1. u. 20er Jahren errichteten Straflager i. d. UdSSR.

Gulbranssen, Trygve (15. 6. 1894–10. 10. 1962), norweg. Erzähler; *Und ewig singen die Wälder; Das Erbe von Björndal.*

Gulbransson, Olaf (26. 5. 1873–18. 9. 1958), norweg. Zeichner u. Maler in München; Karikaturen u. a. für d. polit.-satir. Wochenschrift „Simplicissimus"; Buchillustrationen; Bildnisse.

Gulden, um 1350 dem Florentiner Goldflorin nachgeprägt, später m. selbst. Münzbild (Dukaten) u. in Silber (Guldengroschen); → Florin.

Guldin(i), Paul (12. 6. 1577–3. 11. 1643), schweiz. Mathem., stellte **Guldinische Regel** auf, die den Inhalt v. Rotationsflächen u. -körpern bestimmt.

Gulliver, Held in Swifts Roman *G.s Reisen.*

Gully, *m. od. s.* [engl.], Einlaufkasten der → Kanalisation als Schlammfang.

Gumbinnen, *Gussew,* sowj. St. an der Pissa im nördl. Teil d. ehem. Ostpreußens; 22 000 E. – 1722 St., 1732 Ansiedlung protestant. Salzburger.

Gumma → Syphilis.

Gummersbach (D-5270), Krst. d. Oberberg. Kreises, 49 017 E; AG; Metall-, Leder-, Papier- u. Kunststoffind.

Gummi, *m. od. s.,* 1) unkristallisierbarer Stoff in Pflanzensäften, in Wasser quellend; 2) *Kautschuk,* aus trop. Pflanzen, bester Parakautschuk aus *Hevea brasiliensis,* auch in Ostindien angebaut; technisch verwendbar durch Zusammenkneten mit 10% Schwefel u. Erwärmung auf 140° (*Vulkanisieren,* nach Goodyear, 1839); bei 30% Schwefelzusatz entsteht Hartgummi, hornartig. – **G.akazie,** liefert das **G.arabikum,** *arab. G.,* durchsichtig, gelblich, guter Klebstoff für Zeugdruck, ersetzt durch billiges *Stärke-G.* (svw. → Dextrin). – **G.baum,** riesiger ostind. Feigenbaum m. Luftwurzeln; liefert → Kautschuk; auch als Topfpflanze beliebt. – **G.druck,** 1) Hochdruckverfahren mit aus Kautschuk bestehenden Druckformen für Anilinfarben; 2) Bezeichnung für Offsetdruck.

Gundermann, *Gundelrebe,* krautiger Lippenblütler; blaue Blüten.

Günderode, Karoline v. (11. 2. 1780–26. 7. 1806), dt. Dichterin d. Romantik.

Gundolf, Friedrich, eigtl. *F. Leopold Gundelfinger* (20. 6. 1880–12. 7. 1931), dt. Literarhistoriker, → Georgekreis; *Shakespeare, Goethe.*

Gundremmingen (D-8871), Gem. im Ldkr. Günzburg/Donau, 1151 E; erstes dt. Großkernkraftwerk (Leistung 250 MW Block A), 1977 nach Störfall stillgelegt; Erweiterungsbau v. Block B u. C (Leistung je Block 1310 MW, s. 1984 i. Betrieb).

Güney, Yilmaz (1937–9. 9. 84), türk. Filmregisseur, Schausp. u. Autor; *Yol* (1981); *D. Mauer* (1983).

Gunnarsson [*′gy-*], Gunnar (18. 5. 1889–21. 11. 1975), isländ. Schriftst.; *Die Leute auf Borg; Die Eindalssaga.*

Günther, 1) Egon (* 30. 3. 1927), dt. Regisseur u. Schriftst.; *Abschied* (1968); *Lotte in Weimar* (1975); *Die Leiden d. jungen Werthers* (1976); *Morenga* (1985); **2)** Franz Ignaz (22. 11. 1725–28. 6. 75), bayr. Bildhauer d. Rokoko; tätig u. a. in den Klosterkirchen Rott am Inn u. Weyarn; **3)** Johann Christian (8. 4. 1695–15. 3. 1723), schles. Lyriker; Vorläufer d. Sturm u. Drang; *Studentenlieder.*

Gunther, *Gundahar* († 436 n. Chr.), burgund. Kg; gefallen geg. Hunnen (der G. des Nibelungenliedes).

Günz, *w.,* r. Nbfl. d. Donau im bayr. Schwaben; danach **Günzeiszeit,** → Eiszeitalter.

Günzburg (D-8870), Gr.Krst. a. d. Donau, Bay., 18 303 E; Rokoko-Kirche; AG; div. Ind.

Gunzenhausen (D-8820), mittelfränk. St. i. Kr. Weißenburg-G., a. d. Altmühl, Bay., 15 332 E; ma. St.bild; Altmühlsee.

Guomindang [chin. „Nat. Volkspartei"], *Kuo-min-tang,* chin. Partei, als Geheimgesellschaft 1912 von Sun Yat-sen gegr., bildete 1918 eine Regierung in S-China (Hptst. *Kanton*); nach urspr. Anlehnung an die UdSSR 1923 drängte Parteiführer *Jiang Jieshi* (Tschiang Kai-schek) 1927

kommunist. Einfluß zurück. 1929 Kontrolle über ganz China (Hptst. *Nanking*), Einparteireg.; im Bürgerkrieg ab 1945 K.reg. (Nat.reg.) v. den Kommunisten 1949 vom Festland verdrängt, beherrscht s. 1950 nur noch → Taiwan.

Gurde, Kürbisflasche, Pilgerflasche.

Gurke, Gemüsepflanze aus Ostindien, zahlreiche Sorten.

Gurkha, Volksstamm aus Nepal, orthodoxe Hindu; stellten Ersatz für brit. Kolonialtruppen.

Gurlitt, Cornelius (1. 1. 1850–25. 3. 1938), dt. Architekt u. Kunsthistoriker; *Barock.*

Gurnemanz, Rittergestalt d. Parzivalsage.

Gürtelreifen, Fahrzeug-, → Luftreifen, deren Unterbau (*Karkasse*) unter der Laufsohle bes. verstärkt ist. Verstärkt wird durch Drahtgeflecht od. Kordgewebelagen (Textil-G.), dadurch geringere Reifenabnutzung bei hohen Fahrgeschwindigkeiten aber geringeres Schluckvermögen v. Fahrbahnstößen.

Gürtelrose, schmerzh. Nervenentzündung m. halbseit. gürtelförm. Bläschenausschlag; Virusinfektion.

Gürteltiere, Säugetiere (Zahnarme) S-Amerikas mit hornüberzogenem, knochigem Schuppenpanzer aus mehreren „Gürteln"; manche rollen sich bei Gefahr kugelförmig zus.; 13 cm bis über 1 m lang.

Gurtförderer, *Bandförderer,* zu waagerechter Fortbewegung v. Schüttgütern (z. B. Erzen).

Guru [hindi], rel. Lehrer im Hinduismus.

Gürzenich, Festsaalbau i. Köln, in d. die *G.konzerte* stattfinden; 1437–47 als Tanzhaus erb., im 2. Weltkr. zerstört, 1952–55 wiederaufgebaut.

Gußeisen, graues Roheisen z. Herstellung v. Gußwaren.

Gußstahl → Stahl.

güst [niederdeutsch], unfruchtbar (bei Stuten).

Gustav, schwed. *Gustaf,* Kgsname, 1) G. I. Wasa (12. 5. 1496–29. 9. 1560), befreite 1521–23 Schweden von dän. Herrschaft, führte Reformation ein; sein En-

Gustav II. Adolf

kel 2) G. II. Adolf (19. 12. 1594–16. 11. 1632), Kg s. 1611, eroberte für Schweden die dt. SO-Küste d. Ostsee, landete 1630 in Dtld u. rettete d. Sache d. Protestantismus, fiel 1632 bei Lützen; 3) G. V. (16. 6. 1858–29. 10. 1950), Kg 1907–

50; **4)** G. VI. Adolf (11. 11. 1882–15. 9. 1973), Kg 1950–73.

Gustav-Adolf-Verein, ev. Zentralverein z. Unterstützung der Diaspora, gegr. 1832; Sitz Leipzig.

Gusto, *m.* [it.], Geschmack.

Güstrow (D-2600), Krst. i. M-V., 38 527 E; Schloß (16. Jh.); Maschinenbau.

Gutenberg-Druckerei

Gutenberg, Johannes, eigentlich *J. Gensfleisch zur Laden* (vor 1400–3. 2. 1468), deutscher Erfinder des Buchdrucks mit gegossenen beweglichen Lettern; 42zeilige **G.bibel** (etwa 1452–56 gedruckt).

Gütergemeinschaft, Güterrecht → Eherecht.

Gütersloh (D-4830), Krst. in NRW, 83 407 E; AG; Druck- u. Tonträgerind., Webereien, Nahrungsmittel-, metallverarbeitende, Möbelind.

gute Sitten, *rechtl.* Durchschnittsmaß dessen, was der Verkehr aufgrund d. Gefühls aller billig u. gerecht Denkenden an Wahrung v. Redlichk. u. Anstand verlangt. Verstoß gegen g. S. bewirkt Nichtigkeit (§ 138 BGB), schließt Rückforderungsansprüche aus (§ 817 BGB) und führt evtl. zu Schadenersatz (§ 826 BGB).

Güteverfahren, soviel wie → *Sühneverfahren.*

Guthrie-Test, Nachweis d. → Phenylketonurie b. Neugeborenen.

gutschreiben, *entlasten,* e. Leistung zugunsten jmds verbuchen; in der → Buchführung die Eintrag.

Gutschrift, ins Haben, in die rechte Seite.

Guts-Muths, Johann Christoph (9. 8. 1759–21. 5. 1839), dt. Erzieher in Schnepfenthal; Vorkämpfer der Leibeserziehung.

Guttapercha, *w.* oder *s.* [malaiisch], kautschukähnliche, plastische, aber unelastische Masse, aus Saft der tropischen **G.bäume;** dient zum Isolieren von Kabeln, zu Schläuchen, Verbandstoffen.

Guttation, aktive Ausscheidung von Wasser aus speziellen Wasserspalten d. Pflanzen.

Guttempler-Orden, Verein zu strengster Enthaltsamkeit von Alkohol; 1851 in N-Amerika gegr.

Guttenbrunner, Michael (* 7. 9. 1919), östr. Lyriker u. Erzähler: *Opferholz; Die lange Zeit.*

Guttural, *m.* [l.], Kehl-, Gaumenlaut.

Guttuso, Renato (2. 1. 1912–18. 1. 87), it. Maler u. Graphiker; Einfluß v. Picasso, dann Vertreter d. → Sozialistischen Realismus.

Gutzkow, Karl (17. 3. 1811–16. 12. 78), deutscher Schriftsteller des Jungen Deutschland; *Uriel Acosta; Die Ritter vom Geist.*

Guyana, amtl. *Cooperative Republic of G.,* früher *British Guiana,* Rep. im N v. S-Amerika, 214 969 km², 1,01 Mill. E (5 je km²); Inder, 32% Afrikaner; Währung: Guyana-Dollar (G$); Hptst.: *Georgetown;* Flagge S. 340, Karte S. 747. **a)** *Wirtsch.:* Wenig erschlossen; Ausfuhr: Bauxit (Förderung 1988: 1,77 Mill. t), Aluminiumoxid, Manganerz, Zucker. **b)** *Außenhandel* (1985): Einfuhr 255 Mill., Ausfuhr 207 Mill. $. **c)** *Verf.* v. 1980: Präsidialsystem m. Einkammerparlament. **d)** *Verw.:* 10 Distrikte. **e)** *Gesch.:* Seit 1796 brit., 1814–1966 brit. Kronkolonie. 1966 unabh. Staat. 1970 Rep. **f)** *Mitgl.:* UN, Commonwealth, CARICOM; AKP-Staat.

Guyenne [gɥi'jen], Landschaft in SW-Frkr., im Gebiet der Garonne; Teil d. alten *Aquitanien.*

Guyot [gɥi'jo], unterseeischer Tafelberg, Plattform bei 1000–1700 m Tiefe, vor allem im N-Pazifik.

Gwalior, 1) ehem. ind. Fürstenstaat, Teil d. ind. Unionsstaates Madhja Pradesch; **2)** ind. St. in Madhja Pradesch, 539 000 E; Burg m. Palast *Man Suigh* (vormogul. Radschputenkunst).

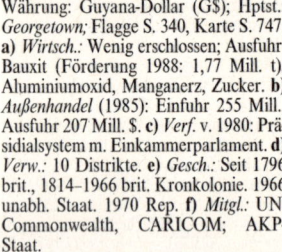

Gyges (um 686–um 652 v. Chr.), Kg v. Lydien, d. Sage nach Besitzer e. unsichtbar machenden Ringes (→ Hebbel, Friedrich).

Gymkhana, *s.* [angloind.], Geschicklichkeitsübungen scherzhaften Charakters.

Gymnasium [gr. „gymnós = nackt"], im Altertum öffentl. Anstalten zur Pflege des Körpers u. des Geistes; seit d. 16. Jh. Lateinschule, jetzt höherer Schultyp (→ Schulwesen, Übers.).

Gymnastik [gr.], i. Altertum u. i. d. Aufklärung (→ Philanthropen) Begriff f. d. Gesamth. d. Leibesübungen; heute: allg. körper- u. bewegungsbildende Übungen unter biol. od. ästhet. Gesichtspunkten; auch als Sportart.

Gymnospermen [gr.], *Nacktsamige,* Gruppe der Pflanzen, deren Samen nicht in geschlossenen Früchten sitzen; besonders Nadelhölz; Ggs.: → Angiospermen.

Gynäkologie [gr. „gyne = Frau"], Frauenheilkunde.

Gynäkomastie, *w.* [gr.], gutartige Vergrößerung der männl. Brustdrüse; zumeist verursacht durch Behandlung mit weibl. Hormonen (b. Krebs d. → Prostata); in der → Pubertät findet sich bei männl. Jugendl. in etwa 50% e. harmlose Brustdrüsenschwellung, die sich spontan zurückbildet.

Gyrasehemmer, neue Gruppe v. → Antibiotika, die das Enzym Gyrase in den Bakterien blockieren, so daß die Bakterien absterben.

Gyrobus [gr. „gyro = Kreisel"], Elektroomnibus ohne Oberleitung mit Schwungrad als Energiesp.; Fahrstrecke von einer Aufladung bis zur nächsten 5–10 km.

Gyrorektor [gr.-l.], flugtechnisches Meßinstrument, Kreiselgerät; zeigt Abweichung von der Waagerechten an (Verwendung für künstlichen Horizont).

Gyroskop, Kreisel, der in drei freien Achsen (kardanisch) aufgehängt ist u. schnell rotiert; wird u. a. zur automatischen Steuerung von Raketen verwendet.

Gysi, Gregor (* 16. 1. 1948), dt. Jurist, PDS-Pol.; 1989 Vors. d. SED (umbenannt in SED-PDS, s. 1990 PDS), s. 1990 MdB.

Gyttja, *Halbfaulschlamm,* organ.-mineral. Ablagerung am Boden von Seen u. Meeresteilen.

H, 1) *phys.* Zeichen f. el. Maßeinheit (Henry) → Induktivität; **2)** ♄, *phys.* Zeichen für magnet. Feldstärke (→ magnetisches Feld); **3)** *chem.* Zeichen f. → *Wasserstoff* (griech. *hydrogenium*).
h, 1) *hora* [l.], Stunde; **2)** *phys.* Zeichen für das Plancksche Wirkungsquantum (→ Quantentheorie).
IIa, *chem.* Zeichen f. → *Hahnium.*
Haack, Dieter (* 9. 6. 1934), SPD-Pol.; 1978–82 Min. für Raumordnung, Bauwesen u. Städtebau.
Haag, Den [*hax*], amtl. *'s-Gravenhage,* frz. *La Haye,* Residenzst. d. Ndl., Hptst. d. Prov. S-Holland, 444 000 E; Intern. Gerichtshof der UN, Haager Schiedshof, Völkerrechtsakad., Friedenspalast, Gemäldegalerie Mauritshuis.
Haager Gerichtshof → Internationaler Gerichtshof (d. UN). – **H. Landkriegsordnung,** Abmachungen über d. Landkriegsrecht. – **H. Schiedshof,** *Ständiger Schiedshof,* 1899 begr. Büro, führt intern. Schiedsstreitlerliste, aus der bei zwischenstaatl. Streitigkeiten Schiedsgericht gebildet werden kann.
Haager Friedenskonferenzen, erste auf Veranlassung der russ. Zaren 1899, zweite 1907; Zweck: Verhütung von Kriegen u. Milderung der Kriegführung, Empfehlungen der Schiedsgerichtsbarkeit zur Schlichtung intern. Streitigkeiten, obligatorisches Schiedsgericht abgelehnt; Einsetzung des → Haager Schiedshofs, Abmachungen über Landkriegsrecht, Anwendung der → Genfer Konvention v. 1864 auf d. Seekrieg.
Haakon → Håkon.
Haan (D-5657), Gartenst. im Kr. Mettmann, NRW, 28 984 E; div. Ind.
Haar (D-8013), oberbayr. Gem. i. Kr. München, 16 553 E; psychiatr. Klinik.
Haarausfall, 1) an der Kopfhaut als Glatzenbildung; **2)** durch Erkrankung des Haarbodens, oft nach Infektionen wie Typhus u. Grippe sowie nach Thalliumvergiftung.
Haar der Berenice → Sternbilder, Übersicht.

Haardt, östl. Teil d. Pfälzer Waldes, an der Dt. Weinstr.; *Kalmit* 674 m.
Haare, 1) bei Pflanzen: **a)** tote, mit Luft gefüllte H. als Verdunstungsschutz (Wollhaare d. Königskerze); **b)** lebende H. (z. B. Brennhaar d. Brennessel); **2)** bei den Säugetieren (u. Menschen): Anhangsgebilde der → Haut (Abb.). Schaft u. Querschnitt sind bei d. menschl. Rassen sehr verschieden: gerade u. rund beim Straffhaar d. Mongoliden, gebogen u. oval b. schlichtwelligen Haar d. Europiden, gekrümmt u. bohnenförmig beim Kraushaar der Negriden.
Haargarn, Fäden aus Kuh- und Ziegenwollen.
Haargefäße, *Kapillaren,* die haarfeinen Ausläufer von Blut- u. Lymphgefäßen; Übergangsäderchen zw. Arterien u. Venen.
Haarlem, Hptst. d. ndl. Prov. N-Holland, 149 000 E; Blumenzwiebelzucht; kath. Bisch.
Haarlemmermeer, Gem. b. Haarlem, 89 000 E; auf dem **Haarlemer Polder** (Acker- u. Weideland), entstanden aus d. trockengelegten See (**H. Meer**).
Haarlinge, kl., lausähnl. Insekten, Außenschmarotzer an Säugetieren.
Haarmoos, *Haarmützenmoos, Widerton, Polytrichum,* ansehnl. Laubmoos; in Wäldern und Mooren dichte Polster bildend.
Haarmücken, schwarze, fliegenähnl. Mücken; Larven i. d. Erde.
Haarsterne, Tiergruppe → Seelilien.
Haas, 1) Joseph (19. 3. 1879–30. 3. 1960), dt. Komp. u. Reger-Schule; Chorwerke; Oratorien; Kammermusik; Oper: *Tobias Wunderlich;* **2)** Willy (7. 6. 1891– 3. 9. 1973), dt. Kritiker; Hg. d. *Literar. Welt* 1925–33.
Haavelmo, Trygve (* 13. 12. 1911), norweg. Wirtschaftswiss.; Nobelpr. 1989 (Investitions- u. ökonom. Entwicklungstheorie).
Hába, Alois (21. 6. 1893–18. 11. 1973), tschech. Komp.; Vierteltonsystem.
Habana, La [*a'βana*], Havana, Havanna, eigtl. *San Cristóbal de la H.,* Hptst. d. Rep. Cuba, a. d. N-Küste, 2,04 Mill. E;

größter Hafen d. Antillen; Ausfuhr: Zucker, Tabak.
Habanera, span.-kuban. Tanz mäßigen Tempos mit punktiertem Rhythmus i. ²⁄₄-Takt.
Habe, Hans, eigtl. János Békessy (12. 2. 1911–29. 9. 77), östr. Journalist u. Schriftst.; Romane: *Die Tarnowska; Der Tod in Texas; D. Netz; Palazzo;* Autobiographie: *Ich stelle mich.*
Habeas-Corpus-Akte, engl. Gesetz v. 1679, wonach kein engl. Untertan ohne gerichtl. Untersuchung in Haft gehalten werden darf; zeitweise Aufhebung nur bei öffentl. Notstand u. auf Parlamentsbeschluß.
Haben, Begriff i. d. → Buchführung.
Haber, 1) Fritz (9. 12. 1868–29. 1. 1934), dt. Chemiker; Ammoniaksynthese aus Wasserstoff u. Luftstickstoff m. C. Bosch (*H.-Bosch-Verfahren;*) Nobelpreis 1918; **2)** Heinz (15. 5. 1913–13. 2. 90), dt. Phys. u. Schriftst.; Autor u. Produzent populärwiss. Fernsehreihen.
Häberlin, Paul (17. 2. 1878–29. 9. 1960), schweiz. Philosoph, Mitbegr. der Charakterkunde.
Habermas, Jürgen (* 18. 6. 1929), dt. Phil. u. Soziologe, krit. Sozialtheorie; führender Vertr. der → Frankfurter Schule; Einfluß auf Studentenbewegung; 1971–80 Dir. am MPI in Starnberg; *Strukturwandel der Öffentlichkeit; Erkenntnis u. Interesse.*
Habichte, Greifvögel, Geflügelräuber, bes. der *Hühner-H.;* vorwiegend im Wald.
Habichtskraut, sehr zahlreiche, überall verbreitete Arten gelb blühender Korbblütler.
Habichtspilz, Stachelpilz mit federartigen Hutschuppen.
Habichtswald, Waldgebirge westl. v. Kassel, im *Hohen Gras* 615 m.
Habilitation, Erwerbung des Rechts zu wiss. Lehrbefugnis an der Hochschule durch **H.sschrift,** Antrittsvorlesung und Kolloquium.
Habit, *s.* od. *m.* [frz. *a'bi*], (Amts-)Kleidung.

Habitat, Lebensraum einer Tier- od. Pflanzenart.

habituell [l.], gewohnheitsmäßig, geläufig.

Habitus [l.], svw. → Körperbau (z. B. *H. asthenicus*, schwächl. Körperbau); Geisteshaltung, Gebaren.

Habsburg, dt. Herrschergeschlecht, nach Schloß an der Aare (Schweiz) Grafen von H. genannt; dt. Kge seit Rudolf I. (1273–1308, 1438–1740). 1519–56 Höhepunkt der Habsburg. Macht; durch Verträge von Worms (1521) u. Brüssel (1522) Spaltung in östr. u. span. Linie; 1740 Erlöschen der dt. H.er im Mannesstamm; seitdem H.-Lothringen (bis 1918); → Österreich, *Geschichte.*

Hacha, Emil (12. 7. 1872–Juni 1945), 1938 Staatspräs. d. ČSR, 1939–45 Präs. d. Protektorats Böhmen und Mähren.

Hachse, *Haxe, Hesse* → Fleisch, Übers.

Hacienda, svw. → Hazienda.

Hackbau, einfache Form der Bodenbestellung mit Hacke od. Grabstock (ohne Pflug und Düngung); bei Naturvölkern üblich.

Hackbrett, als *Cymbal* in Zigeunerkapellen beliebtes, trapezförmiges Holzinstrument m. Metallsaiten, d. m. Klöppeln aus Holz od. Filz geschlagen werden.

Ernst Haeckel

Haeckel, Ernst (16. 2. 1834–9. 8. 1919), dt. Zoologe u. Naturphil.; „biogenet. Grundgesetz" (→ Abstammungslehre); *Generelle Morphologie;* durch seinen materialist. Monismus in starkem Ggs. z. Kirche; *Die Welträtsel.*

Hacker [engl. *'hækə* „hack = hacken"], Computerbenutzer, der über die Kommunikationsverbindungen eines → Computernetzes od. über e. Telefon- od. Modem unberechtigt in Computer eindringt, indem er das dazu erforderl. Code-Wort herausfindet u. fremde Daten abruft bzw. Programme v. Großrechnern kostenlos ausnutzt; oft ungenau auch als Überbegriff f. → Cracker.

Hacker, Friedrich (19. 1. 1914–23. 6. 89), östr.-am. Psychiater u. Schriftst.; *Aggression; D. Brutalisierung d. modernen Welt.*

Haecker, Theodor (4. 6. 1879–9. 4. 1945), dt. kath. Schriftst. u. Phil.; *Christentum und Kultur.*

Hackert, Jacob Philipp (15. 9. 1737–28. 4. 1807), dt. Maler d. Klassizismus; bes. it. Landschaften u. → Veduten.

Hackethal, Julius (* 6. 11. 1921), dt. Chirurg u. Sachbuchautor; *Auf Messers Schneide; Nachoperation.*

Hackfrüchte, Kulturpflanzen, deren Boden während Wachstumszeit behackt (gelockert) werden muß; in Dtld bes. Kartoffeln u. Rüben.

Hacks, Peter (* 21. 3. 1928), dt. Dramatiker; *Der Schuh u. die fliegende Prinzessin; D. Schlacht v. Lobositz; Adam u. Eva; E. Gespräch im Hause Stein über d. abwesenden Herrn v. Goethe.*

Häcksel, *s.* od. *m.,* kurzgeschnittenes Heu, Stroh od. Holz.

Hacksilberfunde aus zerhackten Münzen und Schmuck des 9.–12. Jh., häufig in Ostdtld.

Hadamar (D-6253), St. i. Kr. Limburg-Weilburg, Hess., 10 482 E; Bundesfachschule d. Glaserhandwerks; Renaissanceschloß; AG.

Had|d|schi, Ehrenname eines *Mekkapilgers.*

Hadern, **1)** Lumpen, große Gewebstücke; **2)** *gebrauchte* Gewebstücke aller Art; wichtiges Rohmaterial der *Papierfabrikation* (für feine Sorten).

Hadersleben, dän. *Haderslev,* St. in S-Jütland, an d. *H.er Förde,* 30 000 E; Viehzucht, Fischerei. – Bis 1920 preuß.

Hades, *m.,* griech. Gott der Unterwelt (bei d. Römern *Orcus*); als Herrscher über die Bodenschätze *Pluto* („der Reiche"); auch die Unterwelt selbst.

Hadlaub, Johannes (um 1300–40), schweiz. Minnesänger; Novelle v. *G. Keller.*

Hadramaut, südostarab. Küstenlandschaft, Teil d. Jemen, umfaßt d. ehem. Sultanate *Kathiri, Waditt* u. *Schilar u. Makalla;* wasserreich u. fruchtbar; Hptort u. Hafen *Mukalla* (154 000 E). – Bis 1916 türk.

Hadrian, Name von 6 *Päpsten:* **1)** H. I. (772–95), ließ sich v. Karl d. Gr. die 754 von Pippin gemachte Schenkung (später Kirchenstaat) erneuern; **2)** H. IV. (1154–59), einziger engl. Papst; Gegner Barbarossas; **3)** H. VI. (1522–1523), gebürtiger Niederländer, erzog Karl V.

Hadrian, Publius Aelius (24. 1. 76–10. 7. 138), röm. Kaiser 117–138 n. Chr., baute den H.swall an der Nordgrenze Britanniens; fried- u. kunstliebend; sorgsame Verwaltung d. Reichs, das er mehrfach bereiste; erbaute H.s-Mausoleum (jetzt → Engelsburg) in Rom.

Hafen, Anlegeplatz für Schiffe mit Umschlagseinrichtungen zum Be- und Entladen zwischen Land und Wasser mit Lagerplätzen, Speichern, Silos (Abb. → Tafel Schiffahrt); Benutzung gegen **H.gebühren;** den Verkehr regelt **H.polizei**. – **H.zeit**, Zwischenzeit zw. d. Kulmination d. Mondes u. der nächsten Flut.

Hafer, Gräser, darunter Getreidearten (Rispen- u. Fahnenhafer); hpts. Pferdefutter, auch zu *Grütze* und *H.flocken.*

Haferkamp, Wilhelm (* 1. 7. 1923),

SPD-Pol.; 1967–84 EG-Kommissar, 1970–84 Vizepräs. d. EG-Kommission.

Haff → Lagune.

Hafis, Beiname des pers. Dichters *Schemseddin Muhammed* (14. Jh.); Wein- und Liebeslyrik; Vorbild f. Goethes Sammlung *Westöstl. Diwan.*

Hafiz, gläubiger Moslem, der den Koran auswendig kennt.

Haflinger, kleines, warmblütiges fuchsfarbenes Pferd der Alpenländer.

Hafner, *Häfner*, oberdt. f. Töpfer, Ofensetzer.

Hafnium, *Hf*, chem. El., Oz. 72, At.-Gew. 178,49, Dichte 13,31; Schwermet.

Haft, kürzere Freiheitsentziehung zur Erzwingung von Geldbuße im Bußgeldverfahren, bei *Zwangsvollstreckung* zur Erzwingung von Handlungen, zu denen der Schuldner verurteilt ist, auch d. eidesstattl. Versicherung; sog. *Beugehaft* gg. Zeugen, d. unberechtigt Aussage verweigert; → Untersuchungshaft. – **H.befehl**, schriftl. richterl. Anordnung der Verhaftung einer Person 1) zur → Untersuchungshaft, 2) zur Erzwingung von Handlungen u. d. eidesstattl. Versicherung, 3) (auch durch Staatsanwalt) zur Verbüßung einer erkannten Strafe, falls nicht termingemäß angetreten.

Hafte, Insektenordnung d. Netzflügler (z. B. → *Ameisenjungfer, Bachhaft*).

Haftgläser, *Kontaktschalen,* anstelle e. Brille direkt auf d. Hornhaut des Auges aufgepaßte Korrekturgläser (auch aus Kunststoff).

Haftpflicht → Haftung. – **H.-Konvention**, intern. Abkommen über H. bei Personen- u. Sachschaden (z. B. im Luftverkehr). – **H.versicherung**, trägt bis zu best. Beträgen (Deckungssummen) den Personen- u. Sachschaden, den d. Versicherungsnehmer od. ein Mitversicherter einem anderen fahrlässig zugefügt hat, z. B. bei Körperverletzung (auch → Kraftfahrzeughaftung), Sachschäden (Wasserschaden), verletzter Berufs- od. Amtspflicht (ärztlicher Kunstfehler).

Haftprüfungsverfahren → Untersuchungshaft.

Haftung, Pflicht, für d. Folgen eines best. Ereignisses einzustehen; vertragl. H.: für Verzug, Nichterfüllung od. → positive Vertragsverletzung; gesetzl. H.: f. Schadenszufügung durch unerlaubte Handlung (z. B. auch aus Aufsichtspflichtverletzung, aus Amtspflichtsverletzung); H. auch ohne Verschulden: als Kfz-Halter, Gastwirt, Tierhalter, Betrei-

Hafer

ber einer Schienenbahn, eines Elektrizitäts- od. Gaswerkes. → Bürgschaft, → Haftpflichtversicherung.

Haganah, *w.,* Miliz der jüd. Siedler in Palästina, 1948 zur legalen israelischen Armee proklamiert.

Hagebuche, svw. → Weißbuche.

Hagebutte, Frucht d. wilden Rose.

Hagedorn, Friedrich v. (23. 4. 1708–28. 10. 54), dt. Schriftst.; anakreont. Gedichte, Fabeln.

Hagedorn, svw. → Weißdorn.

Hagel, atmosphär. Niederschlag in Eisform von Korn- bis Hühnereigröße; Begleiterscheinung: bes. heftige Gewitter bei gr. Temperaturgegensätzen zw. d. überhitzten unteren u. d. kalten oberen Luftschichten.

Hagelstange, Rudolf (14. 1. 1912–5. 8. 84), dt. Lyriker u. Erzähler; *Venezian. Credo; Spielball der Götter; Altherrensommer; E. Gespräch über Bäume.*

Hagen (D-5800), krfreie St. i. Sauerland, NRW, 210 640 E; 1. dt. Fernuni.; LG, AG; IHK; Stahl- u. Metallind.; Freilichtmus. f. techn. Kulturdenkmäler, K.-E.-Osthaus-Mus., Jugendstilbauten.

Hagen *von Tronje,* Gestalt des Nibelungenlieds; tötet Siegfried; v. Kriemhild getötet.

Hagenau, frz. *Haguenau,* St. i. Unterelsaß, 27 000 E; ehem. Kaiserpfalz; Hopfenbau, Brauereien.

Hagenbeck, Carl (10. 6. 1844–14. 4. 1913), dt. Tierhändler, Begr. des Tierparks Stellingen b. Hamburg.

Hagestolz, urspr. Bez. f. jüngeren Bauernsohn, der wegen zu kleinen Besitzes (Gehege) nicht heiraten konnte; heute f. alten Junggesellen.

Haggada, *w.,* Sammelbegriff für den nicht religionsgesetzl., erzählenden Teil des Talmud.

Hagia Sophia, Sophienkirche in Istanbul, 537 erbaut v. Justinian I.; s. 1453 Moschee, s. 1934 Museum.

Hagiographie, *w.,* Beschreibung von Heiligenleben.

Häher, Rabenvögel; *Eichel-H.,* häufiger einheim. Waldvogel mit buntem Gefieder; *Tannen-H.,* dunkelbraun, im Mittelgebirge und i. d. Alpen.

Otto Hahn

Hahn, Otto (8. 3. 1879–28. 7. 1968), dt. Chem.; entdeckte radioaktive Elemente (Radiothorium, Mesothorium, Protaktinium m. L. Meitner); 1938 (m. Straßmann) Nachweis der Spaltung v. Uran u.

Thorium in mittlere Elemente; 1948–59 Präsident der Max-Planck-Ges.; Nobelpr. 1944.

Hahn, 1) männl. Vogel (vor allem Hühnervogel); **2)** Verschluß- od. Umschaltorgan in Leitungen für Flüssigkeiten od. Gase; bestehend aus Hahngehäuse u. Drehstück (*Hahnkonus* und Küken) mit entsprechenden Bohrungen (z. B. Durchgangs-, Dreiweg-, Misch-H.); **3)** am Gewehr bzw. an Faustfeuerwaffen Auslösevorrichtung für die Zündung.

Hahnemann, Samuel (10. 4. 1755–2. 7. 1843), dt. Arzt, Begr. der → Homöopathie; *Organon der rationellen Heilkunde.*

Hahnenfuß, svw. → Ranunkel.

Hahnenkamm, 1) Zierpflanze aus Ostindien m. hahnenkammartig ausgebreitetem Blütenstand; **2)** Keulenpilz → Ziegenbart; **3)** Berggipfel (1655 m) in d. Kitzbüheler Alpen, Tirol; intern. Skirennen.

Hahnenklee-Bockswiese, heilklimat. Kurort u. Wintersportplatz; s. 1972 zu → Goslar.

Hahnentritt, fehlerhafte Gangart d. Pferdes (zuckende Bewegung).

Hahnium, Ha, auch *Nielsbohrium* (Ns), chem. El., Oz. 105; 1970 künstl. hergestellt.

Hahnrei, betrogener Ehemann.

Haiducken, *Heiducken,* urspr. ungarische Söldnerhaufen (16. Jh.), später ungar. Inf., dann uniformierte Bediente. – **H.komitat,** ungar. *Hajdú-Bihar,* im Theiß-Tiefebene, 6211 km², 55 000 E; Viehzucht, Ackerbau; Hptst. *Debrecen.*

Haifa, Hafenst. i. nördl. Israel, a. Mittelmeer, 223 000 E; TH; Erdölleitung v. Eilath; Erdölraffinerie.

Haifische, *Selachier,* Raubfische (Knorpelfische); bes. gefährlich: *Blau-(Menschen-)Hai; Hammerhai,* Kopf hammerförmig; ferner u. a. *Walhai,* bis 18 m, warme Meere; *Heringshai* (N-See), Dorn-, Katzenhai (kl.). Einige Arten lebend gebärend (→ Tafel Fische, S. 346).

Haig, Alexander (* 2. 12. 1924), am. General; 1974–79 Oberkommandierender d. alliierten Streitkräfte in Eur., 1981/82 Außenmin.

Haile Selassie I. (23. 7. 1892–27. 8. 1975), 1928 König, 1930 Kaiser v. Äthiopien; 1974 gestürzt (1936–41 in England im Exil).

Haimonskinder, d. 4 Söhne des Grafen Haimon v. Dordogne, Helden e. frz. Dichtung (12. Jh.); Volksbuch.

Hainan, Insel an d. Südküste Chinas (*H.straße* 28 km br.), 34 000 km², 6 Mill. E; Hptort *Haikou.*

Hainbuche, svw. → Weißbuche.

Hainbund, svw. Göttinger Dichterbund (→ Göttinger Hain).

Haiphong, Seehafenst. in N-Vietnam, im Delta d. Roten Flusses, 1,4 Mill. E; Textilind., Werften.

Haithabu, ausgegrabene Wikingerstadt b. Schleswig.

Haiti, 1) Insel d. Großen Antillen,

76 484 km², 12 Mill. E; Klima, Fauna, Flora tropisch; im O → Dominikanische Republik; **2)** amtl. *République d'Haïti,* Rep. im W. d. Insel H., 27 750 km², 5,7 Mill. E (203 je km²), Bev.-Zuw. 1,8%; Bev.: 80% Neger, 20% Mulatten; Sprache: Frz.; Währung: Gourde (Gde.); Hptst.: *Port-au-Prince;* Flagge S. 340, Karte S. 747. **a)** *Wirtsch.:* Hptprodukte: Kaffee (Erzeugung 1988: 31 000 t), Kakao, Zucker, Bauxit. **b)** *Verkehr:* Eisenbahn 354 km. **c)** *Außenhandel* (1988): Einfuhr 344 Mill., Ausfuhr 200 Mill. $. **d)** *Gesch.:* 1987: Präsidialrepublik m. Einkammerparlament. **e)** *Verw.:* 9 Dep. **f)** *Gesch.:* Insel 1492 v. Kolumbus entdeckt; im 16. Jh. Mittelpunkt d. span.-am. Kolonien; 1697 frz. Kolonie; 1804 Unabhängigkeitserklärung. 1915–34 v. USA besetzt; 1986 Beendigung d. 30jährigen Duvalier-Diktatur durch Mil.putsch; Anfang 1991 gewählte Zivilreg., Sept. 1991 Mil.putsch. **g)** *Mitgl.:* UN u. OAS.

Hajek, Otto Herbert (* 27. 6. 1927), böhm.-dt. Bildhauer.

Hakenkreuz, *Swastika,* uraltes Symbol, Sonnen- u. Lebenszeichen; seit der Steinzeit in Europa, Asien, Amerika nachgewiesen; willkürlich als allein den Indoeuropäern zugehörig angesehen, wurde es Zeichen antisemit. Bewegungen u. als solches Hoheitszeichen des NS.

Hakenwurm, svw. → Grubenwurm.

Hakodate, jap. Hafen auf S-Hokkaido, 320 000 E.

Håkon [*'hɔ:*], norweg. Kge, **1)** H. der Alte, Kg 1217–63, gewann Grönland u. Island f. Norwegen; **2)** H. VII. (3. 8. 1872–21. 9. 1957), dän. Prinz (Karl), 1905 z. Kg gewählt.

Halacha, *w.* [hebr.], Hptbestandteil des Talmud; gesetzl. Teil d. „mündl. Lehre".

Halali, *s.,* bei Hetzjagd Hörnersignal zur Bez. des Ortes, wo Wild gestellt ist.

Halbaffen, i. d. Tropen, bes. Madagaskar, heimische Unterordnung d. Affen; Nachttiere m. gr. Augen u. behaartem Gesicht; *Maki, Katta, Lori, Galagos, Vari, Indri, Fingertier, Lemuren.*

Halbe, Max (4. 10. 1865–30. 11. 1944), dt. naturalist. Dramatiker: *Jugend; Der Strom;* Autobiogr.: *Jahrhundertwende.*

Halbedelsteine → Edelsteine.

Halberstadt, Krst. i. S-A., 46 851 E; Dom (13.–15. Jh.), Museum, Gleimhaus, Vogelsammlung. – 820 Bistum, 1648 an Brandenburg.

Halbfabrikate, *Halbzeug, im allg.* durch Vorverarbeitungsmethoden hergestellte, zw. Rohstoff u. Fertigware stehende Erzeugnisse (z. B. Garne, Bleche, Bretter); *betriebswirtsch.* Bestände des Betriebes, die sich in der Produktion befinden u. nicht mehr Rohstoff, aber auch noch nicht absatzreifes Endprodukt sind.

halbfett, drucktechn. Bez. für mittelstarke Buchstaben oder Linien.

Halbfranzband, Büchereinband m. Lederrücken u. -ecken.

Halbleinen, Gewebe aus Baumwolle u. Leinen.

Halbleiter, chem. Elemente (z. B. Selen, Germanium, Silicium) od. Verbindungen, meist in Kristallform, deren el. Leitfähigkeit zw. der von Metallen u. der von Isolatoren liegt, abhängig von Temperatur u. Reinheit d. Materials; grundlegend f. d. moderne Nachrichtentechnik; Anwendung z. B. im → Transistor, in d. → Diode u. i. → integrierten Schaltungen.

halbmast flaggen, Flagge auf halbe Höhe des Flaggenmastes ziehen; Zeichen der Trauer.

Halbmesser, Radius, Abstand d. Punkte d. Kreises bzw. d. Kugeloberfläche v. Mittelpkt.

Halbmetalle, die Elemente, die im → Periodensystem an der Grenze zwischen Metallen und Nichtmetallen stehen: B, Si, Ge, As, Se, Sb, Te, Bi und Po. Im Ggs. zu Metallen zeigen H. Volumkontraktion beim Schmelzen, und die Leitfähigkeit nimmt dabei zu; einige H. sind → Halbleiter.

Halbmond, 1) → Mond; **2)** islam. Symbol; *eiserner H.,* türk. Kriegsauszeichnung des 1. Weltkriegs; *roter H.,* türk. Rotes Kreuz.

Halbscheidwirtschaft → Anteilswirtschaft.

Halbschwergewicht, Gewichtsklasse, beim Boxen bis 81 kg, Ringen bis 90 kg, Gewichtheben: *Leichtschwer* bis 82,5 kg, *Mittelschwer* bis 90 kg, Judo bis 93 kg.

Halbwertzeit, Zeitraum, in dem die Hälfte strahlender → Atomkerne zerfallen ist; → Radioaktivität.

Halbzeug, 1) *Papierfabrikation:* zerkleinerte gewalzte Masse; **2)** *Eisen- u. Stahlherstellung:* vorgewalzte Blöcke, Knüppel usw.

Haldane [ˈhɔːldeɪn], Richard (30. 7. 1876–19. 8. 1928), engl. Politiker; reformierte Hochschulen und Heer; 1912 ergebnislose Verhandlungen mit Deutschland über Flottenabrüstung *(Haldane-Mission).*

Halde, 1) im Gebirge mäßig steiler Abhang aus Gesteinsschutt; **2)** Lagerhaufen v. Kohlen, Erzen, Schlacke u. Schutt.

Haldensleben (D-3240), Krst. i. S.-A., 20 636 E.

Halder, Franz (30. 6. 1884–2. 4. 1972), dt. Gen.oberst; 1938 Chef des Gen.stabes d. Heeres; 1942 abgesetzt; stand d. Widerstandsbewegung nahe; 1944/45 i. KZ.

Hale [heɪl], George E. (29. 6. 1868–21. 2. 1938), am. Astronom; erfand Spektroheliographen; Erbauer großer Teleskope d. Sternwarten Yerkes, Mt. Wilson, Mt. Palomar.

Haleb, St. in Syrien, → Aleppo.

Halévy [aleˈvi], Jacques François Fromental Élie (27. 5. 1799–17. 3. 1862), frz. Opernkomp.; *Die Jüdin.*

Halfa, w., *Alfa-Esparto,* Grasart i. N-Afrika u. Spanien; Faser, wichtiger Rohstoff f. Papierfabrikation und das Seilergewerbe.

Halfcast → Mischlinge.

Halffter Jiménez [alfˈter xiˈmeneθ], Cristóbal (* 24. 3. 1930), span. Komp. u. Dirigent.

Halfter

Halfter, Zaum ohne Gebiß, mit **H.kette,** zum Anbinden der Tiere.

Halifax [ˈhælɪfæks], Edward Frederick Earl of (16. 4. 1881–23. 12. 1959), engl. Staatsmann, 1925–31 Vizekg v. Indien, 1935 Kriegs-, 1938–40 Außenmin.

Halifax [ˈhælɪfæks], **1)** engl. Fabrikst. in Yorkshire, 87 000 E; Textil-, Maschinen-, Teppich- u. a. Ind.; **2)** Hptst. d. kanad. Prov. Neuschottland, 114 000 E; eisfreier, größter Seehafen Kanadas (Getreideausfuhr); Uni.

Halikarnassos, antike kleinasiat. St. (heute *Bodrum),* Mausoleum, Grabmal d. Kgs Mausolos, 353 v. Chr. v. s. Gattin erbaut, eines d. → Sieben Weltwunder. Geburtsst. Herodots.

Hall, 1) → *Schwäbisch Hall;* **2)** *H. in Tirol* (A-6060), St. östl. von Innsbruck, 12 600 E; histor. Altstadt; Ind., Fremdenverkehr.

Halle (Westfalen) (D-4802), St. im Kr. Gütersloh, 18 251 E; AG; Schokoladen- u. Metallind.

Hallein (A-5400), östr. St. an der Salzach, 15 500 E; prähistor. Keltenfunde; div. Ind., Saline.

halleluja [hebr.], „lobet Jahwe!". *H.psalmen.*

Halle-Neustadt (D-4090), krfreie St. in S-A., 90 956 E.

Hallenkirche, Kirche, deren Schiffe (ungefähr) gleiche Höhe haben, Einbeziehung d. Seitenschiffe zu e. Gesamtraum, bes. in d. Spätgotik; z. B. St. Martin, Landshut.

Haller, 1) Albrecht v. (16. 10. 1708–12. 12. 77), schweiz. Arzt, Naturforscher u. Dichter; beschreibendes Naturgedicht: *Die Alpen;* Staatsromane; **2)** Hermann (24. 12. 1880–23. 11. 1950), schweiz. Bildhauer; **3)** Johannes (16. 10. 1865–24. 12. 1947), dt. Historiker; *Epochen dt. Geschichte; Gesch. des Papsttums.*

Halle/Saale (D-4000), Krst. in S-A., 230 728 E; Martin-Luther-Uni., HS für Mus. u. Chemie, Pädagog. Inst., Sitz d. Leopoldina, Moritzburg-Museum, Händelhaus; Masch.- und Zuckerind., Braunkohlenbergbau, Salzwerk. - 806 Grenz-

burg gg. Slawen, s. 961 Stadt; ab 12. Jh. mitteldt. Handelszentrum u. Verkehrsknotenpunkt.

Halley [ˈhælɪ], Edmund (8. 11. 1656–25. 1. 1742), engl. Astronom; erkannte am **H.schen Kometen** (bisher letzte Erscheinung 1985/86, Umlaufzeit 76 Jahre) dessen regelmäßige Wiederkehr (→ Tafel Himmelskunde I); wies d. Eigenbewegung der Fixsterne nach.

Halligen, uneingedeichte Inseln als Reste des von Fluten zerstörten Marschlandes im Wattenmeer an d. W-Küste von Schl-Ho.; bei Sturmfluten häufig überschwemmt; Einzelsiedlungen auf künstl. aufgeschütteten *Warften;* einige H. durch Fangdämme z. Neulandgewinnung m. d. Festland verbunden.

Hallimasch, eßbarer Blätterpilz (roh od. halbgar giftig); befällt wie Wurzeln von Nadelbäumen, bes. Kiefern *(Harzsticken).*

Hallingdalen, Landschaft in Mittelnorwegen am *Hallingdalelv,* d. als Dramselv in d. Oslo-Fjord mündet; Holzindustrie.

Halloren, Angehörige d. Salzsiederzunft in Halle a. d. Saale, mit alter Festtracht und Fachsprache.

Tongefäß der Hallstattzeit

Hallstatt (A-4830), Markt am **Hallstätter See** (v. der Traun durchflossen, 508 müM), 1100 E; Gräberfunde aus d. frühen Eisenzeit **(Hallstattzeit).**

Hallstein, Walter (27. 11. 1901–30. 3. 82), dt. Jurist; 1958–67 Präs. d. Kommission d. EWG; nach ihm **H.-Doktrin:** dt. Bundesreg. als alleinige legitime Vertretung d. dt. Volkes, daher keine dipl. Beziehungen der BR zu Staaten, die dipl. Bezieh. zur DDR hatten; 1967 gegenüber Ostblock, 1969 generell aufgegeben.

Halluzination [l.], Sinnestäuschung, Trugwahrnehmung b. Übermüdung, Fieber, → Psychosen u. Hirnschädigungen.

Halluzinogene [l.-gr.], Halluzinationen erzeugende Substanzen wie → Meskalin, → LSD.

Halmfliegen, *Frittfliegen, Kornfliegen,* Fliegen, deren Larven in Getreidehalmen leben; Schädlinge.

Halmfrüchte, svw. → Getreide.

Halmstad, südschwed. Hafen- u. Hptst. des Län Halland, am Kattegat, 77 000 E; Werft; Seebad.

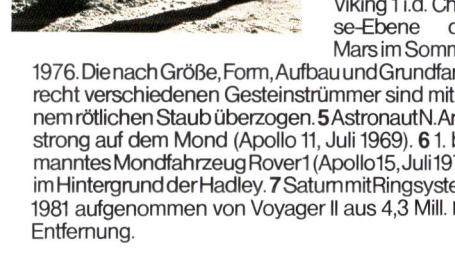

Weltraumfahrt

1 Astronaut D. Scott im Weltraum, in der geöffneten Luke der Kommandokapsel v. Apollo 9 stehend (März 1969). **2** Erde (Afrika, Europa u. Asien), aufgenommen v. Apollo 11 (Juli 1969) aus einer Entfernung von mehr als 170 000 km. **3** Jupiter m. Nordpol u. „Rotem Fleck", 1974 v. Pionier 11 in 41 000 km Entfernung aufgenommen. **4** Landestelle von Viking 1 i.d. Chryse-Ebene des Mars im Sommer 1976. Die nach Größe, Form, Aufbau und Grundfarbe recht verschiedenen Gesteinstrümmer sind mit einem rötlichen Staub überzogen. **5** Astronaut N. Armstrong auf dem Mond (Apollo 11, Juli 1969). **6** 1. bemanntes Mondfahrzeug Rover 1 (Apollo 15, Juli 1971), im Hintergrund der Hadley. **7** Saturn mit Ringsystem, 1981 aufgenommen von Voyager II aus 4,3 Mill. km Entfernung.

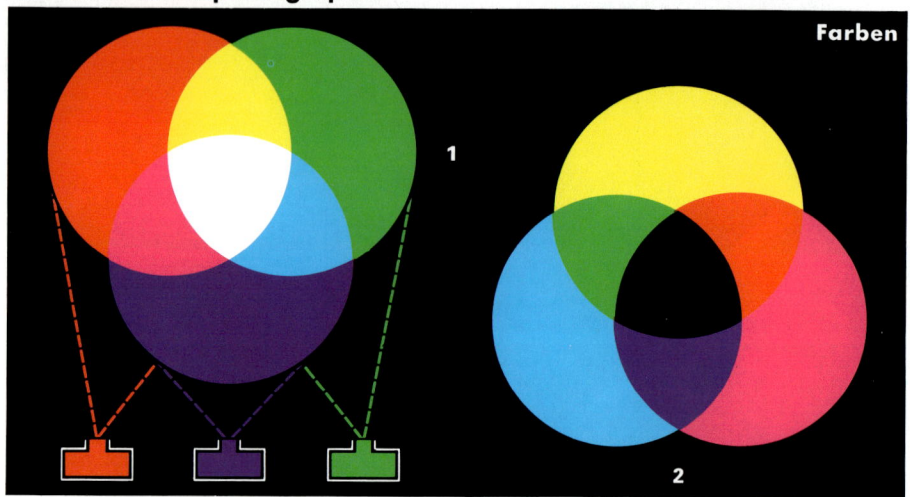

Farben

1 Additive Farbmischung. Projektion von farbigem Licht auf eine Leinwand. Die Farben ergeben zusammen weiß. **2 Subtraktive Farbmischung.** Gemalte oder gedruckte Farben. Die Farben ergeben zusammen schwarz

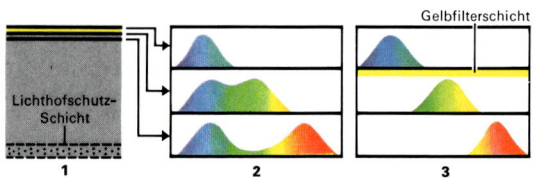

Farbphotographie

Aufbau des Farbfilms. 1 Querschnitt durch den Kodachrome Film, etwa 100 fach vergrößert. **2** Farbsensibilisierung der 3 lichtempfindlichen Emulsionsschichten. **3** Auswirkung der Gelbfilterschicht, die die Einwirkung von blauem Licht auf mittlere und untere Emulsionsschicht verhindert

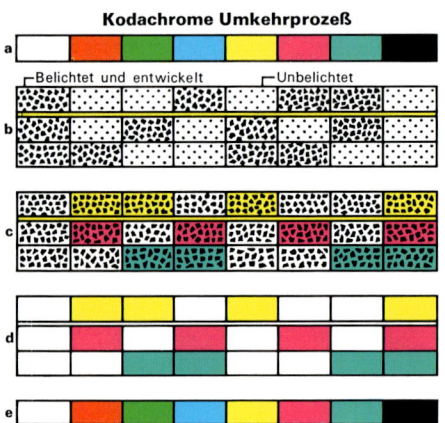

Kodachrome Umkehrprozeß

Kodacolor Negativ-Positiv-Prozeß

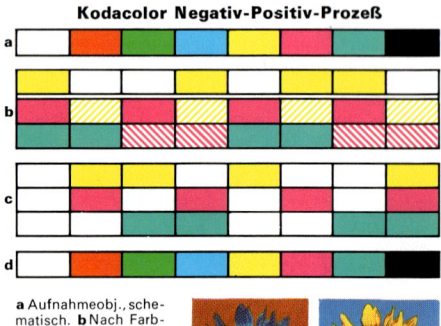

Negatives Farbbild   Positives Farbbild

a Aufnahmeobjekt, schematisch. **b** Film nach Belichtung und Erstentwicklung, bei der ein negatives Schwarzweißbild entsteht. **c** Nach Zweitbelichtung und Farbentwicklung ist aus dem Restsilber ein positives Silberbild und ein Farbstoffbild entstanden. **d** Nach Ausbleichen des Silberbildes bleibt das Farbstoffbild im Film zurück. **e** Farbdia (Positiv)

a Aufnahmeobj., schematisch. **b** Nach Farbentwicklung und Ausbleichen des Silberbildes entsteht ein komplementärfarbiges Negativ mit Gelb- u. Rotmaske für Korrektur der Farbwiedergabe. **c** Das Negativ wird mit weißem Licht auf Farbpapier od. Farbpositivfilm kopiert. Nach Farbentwicklung und Ausbleichen des Silberbildes bleibt ein positives Farbbild zurück. **d** Wiedergabe des Aufnahmeobjekts durch subtraktive Farbmischung des Positivs

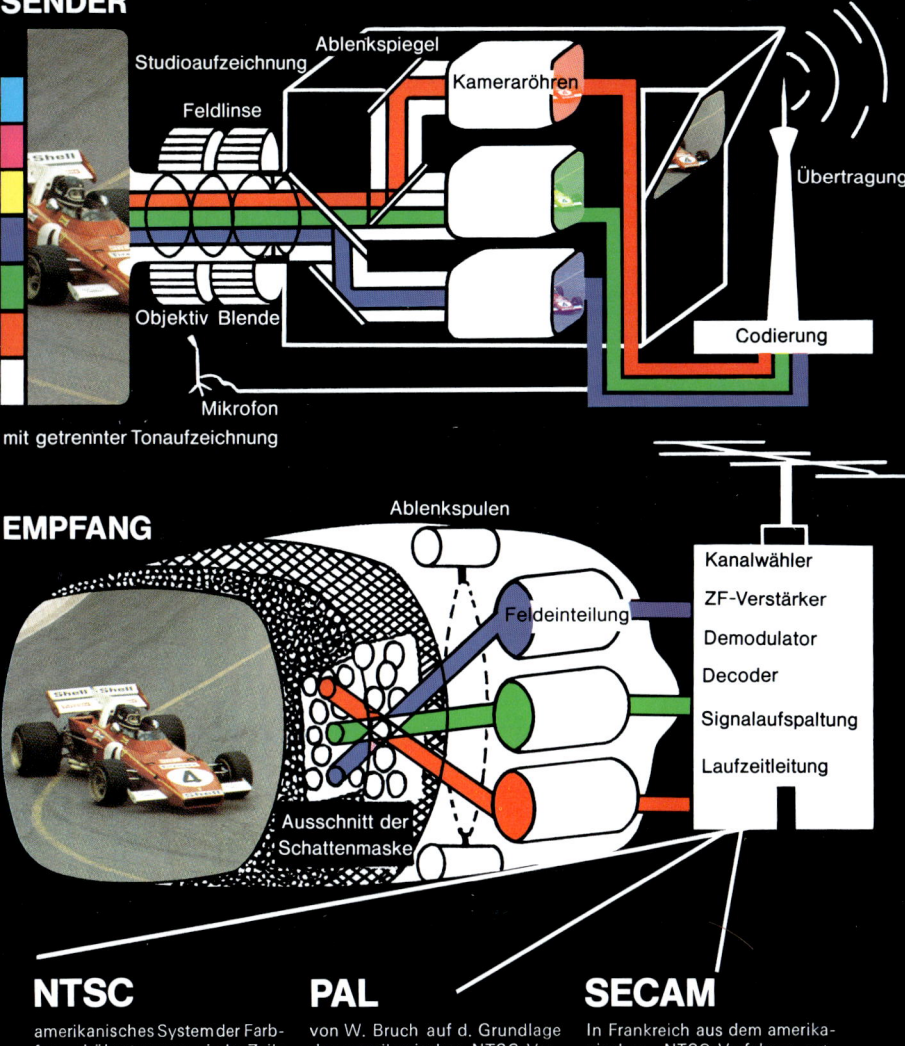

SENDER

Studioaufzeichnung

Ablenkspiegel

Feldlinse

Kameraröhren

Übertragung

Objektiv Blende

Codierung

Mikrofon

mit getrennter Tonaufzeichnung

EMPFANG

Ablenkspulen

Feldeinteilung

Kanalwähler

ZF-Verstärker

Demodulator

Decoder

Signalaufspaltung

Laufzeitleitung

Ausschnitt der Schattenmaske

NTSC

amerikanisches System der Farbfernsehübertragung; jede Zeile hat gleiche Codierung; bei Störungen auf der Sendestrecke können nen durch Phasenverschiebung des Farbartsignals Farbfehler auftreten; in den Vereinigten Staaten, danach in Japan und in Kanada eingeführt.

PAL

von W. Bruch auf d. Grundlage des amerikanischen NTSC-Verfahrens entwickelt; zeilenweiser Phasenwechsel gleicht die dch Phasenverschiebung auftretenden Farbfehler aus; eingeführt in der BR und den meisten europäischen Ländern (außer Frankreich und den Ostblockstaaten).

SECAM

In Frankreich aus dem amerikanischen NTSC-Verfahren entwickelt (jedoch keine direkte Weiterentwicklg); durch Phasenverschiebung auftretende Farbfehler können auch in diesem System behoben werden; eingeführt in Frankreich und Ostblockländern.

Farbige SECAM-Sendungen kann man m. PAL-Empfängern nicht farbig, sondern nur in Schwarzweiß empfangen, PAL-Sendungen nicht m. SECAM-Empfänger. Transcoder, die PAL-Signale in SECAM-Signale umwandeln, ermöglichen den Austausch v. Farbfernseh-Sendungen im PAL-u. SECAM-Bereich.

Afghanistan	Ägypten	Albanien	Algerien	Andorra	Angola	Antigua
Äquator. guinea	Argentinien	Äthiopien	Australien	Bahamas	Bahrain	Bangla Desh
Barbados	Rep. Belau	Belgien	Belize	Benin	Bhutan	Birma
Bolivien	Bophuthatswana	Botswana	Brasilien	Brunei	Bulgarien	BRD N u. H
Burkina Faso	Burundi	Chile	China	Costa Rica	Cuba	Dänemark
Dahomey	Djibouti	Dominik. Rep.	Ecuador	Elfenbeinküste	El Salvador	Fidschi
Finnland	Frankreich	Gabun	Gambia	Ghana	Grenada	Griechenland
Großbrit. N	Guatemala	N. Guinea	Guinea-Bissau	Guyana	Haiti	Honduras
Indien	Indonesien	Irak	Iran	Irland	Island	Israel N
Italien	Jamaica	Japan	Jemen, Arab. Rep.	Jemen, Volksrep.	Jordanien	Jugoslawien
Kamerun	Kampuchea	Kanada	Kap Verde	Katar	Kenia	Kiribati
Kolumbien	Komoren	Kongo	Korea (Nord)	Korea (Süd)	Kuwait	Laos
Lesotho	Libanon	Liberia	Libyen	Liechtenstein	Luxemburg	Madagaskar

Malawi	Malaysia	Malediven	Mali	Malta	Marokko	Marshall-Inseln
Mauretanien	Mauritius	Mexiko	Mikronesien	Mozambique	Monaco	Mongolei
Namibia	Nepal	Neuseeland	Nicaragua	Niederlande	Ndl. Antillen	Niger
Nigeria	Norwegen	Oman	Österreich	Pakistan	Panama	Papua - N.
Paraguay	Peru	Philippinen	Polen	Portugal	Rumänien	Ruwanda
S. Christopher Nevis	St. Lucia	S. Vincent	Salomonen	Sambia	West-Samoa	San Marino
São Tomé	Saudi-Arabien	Schweden	Schweiz	Senegal	Seychellen	Sierra Leone
Simbabwe	Singapur	Somalia	Sowjetunion	Spanien	Sri Lanka	Südafrika
Sudan	Surinam	Swasiland	Syrien	Taiwan	Tansania	Thailand
Togo	Tonga	Trinidad/Tobago	Tschad	Tschechoslowakei	Tunesien	Türkei
Tuvalu	Uganda	Ungarn	Uruguay	Vannatu	Vatikanstadt	Venezuela
Ver. Ar. Emirate	Vereinigte Staaten	Vietnam	Zaire	Zentralafrik. Rep.	Zypern	
NATO	Europa-Rat	Europa-Union	Evang. Kirche	Kath. Kirche	Olympia	Vereinte Nationen

Verkehrszeichen

Gefahrzeichen: 1 Gefahrstelle; **2** Kurve rechts; **3** Doppelkurve; **4** Steigung; **5** Unbeschrankter Bahnübergang; **6** Beschrankter Bahnübergang; **7** Baken für beschrankten Bahnübergang, **a** 240 m vorher, **b** 160 m vorher, **c** 80 m vorher; **8** Steinschlag; **9** Seitenwind; **10** Verengte Fahrbahn; **11** Baustelle; **12** Gegenverkehr; **13** Lichtzeichenanlage; **14** Fußgängerübergang; **15** Radfahrer kreuzen; **16** Tiere; **17** Unebene Fahrbahn; **18** Schleudergefahr; *Zusatzzeichen:* **19** Schlechter Fahrbahnrand; **20** Wintersport; **21** Glatteisgefahr.

Vorschriftzeichen: 1 Warnkreuz für Bahnübergänge; **2** Halt! Vorfahrt gewähren! **3** Vorfahrt gewähren! **4** Dem Gegenverkehr Vorrang gewähren! **5** Rechts vorbeifahren; **6** Vorgeschriebene Fahrtrichtung: Rechts oder geradeaus; **7** Sonderwege für Radfahrer; **8** Fußgänger; **9** Verbot für Fahrzeuge aller Art; **10** Verbot für Kraftwagen; **11** Verbot für Fahrzeuge über eine bestimmte Länge; **12** Verbot für Fahrzeuge über eine bestimmte Höhe; **12a** Verbot für Fahrzeuge über ein bestimmtes Gewicht; **13** Verbot der Einfahrt; **14** Schneeketten sind vorgeschrieben; **15** Verbot für Fahrzeuge mit einer Ladung von mehr als 3000 l wassergefährdender Stoffe; **16** Zulässige Höchstgeschwindigkeit; **17** Ende der Geschwindigkeitsbeschränkung; **18** Vorgeschriebene Mindestgeschwindigkeit; **19** Ende der Mindestgeschwindigkeit; **20** Überholverbot für Kfz über 2,8 t; **21** für Kraftfahrzeuge aller Art; **22** Ende des Überholverbots; **23** Ende sämtlicher Streckenverbote; **24** Haltverbot; **25** Eingeschränktes Haltverbot; **24a, b** Einbahnstraße; **27** Parkscheibe; **28** Durchgehende Linie auf der Fahrbahn (darf weder mit den Rädern berührt, noch überfahren werden); **29** Durchgehende und unterbrochene Linie nebeneinander (die durchgehende Linie darf nur von der Seite überfahren werden, auf der sich die unterbrochene Linie befindet); *Zusatzzeichen:* **30** Kennzeichnung eines bevorrechtigten Straßenzuges; **31** Spielstraße; **32** Ankündigung für Haltgebot.

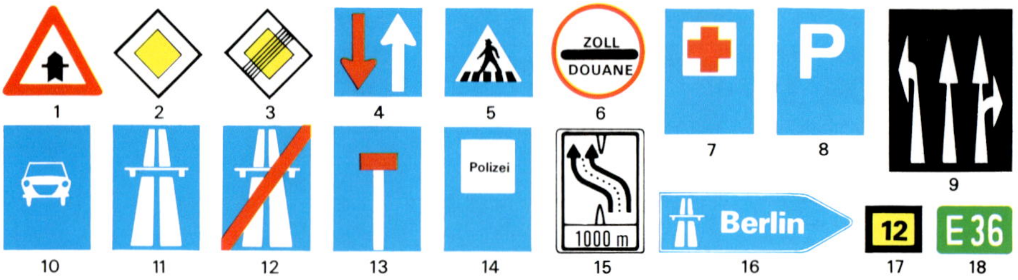

Richtzeichen: 1 Vorfahrt; **2** Vorfahrtstraße; **3** Ende der Vorfahrtstraße; **4** Vorrang vor dem Gegenverkehr; **5** Fußgängerüberweg; **6** Zoll; **7** Erste Hilfe; **8** Parkplatz; **9** Markierung der Fahrtrichtung auf der Fahrbahn; **10** Kraftfahrstraße; **11** Autobahn; **12** Ende der Autobahn; **13** Sackgasse; **14** Polizei; **15** Überleitung des Verkehrs auf die Gegenfahrbahn; **16** Wegweiser zur Autobahn; **17** Nummernschild für Bundesstraße; **18** Nummernschild für Europastraße

Mineralien und Edelsteine

Schwerspat

Kupferkies

(Pyrit) Eisenkies

Flußspat (grün)

Bleiglanz

Malachit

Zinkblende

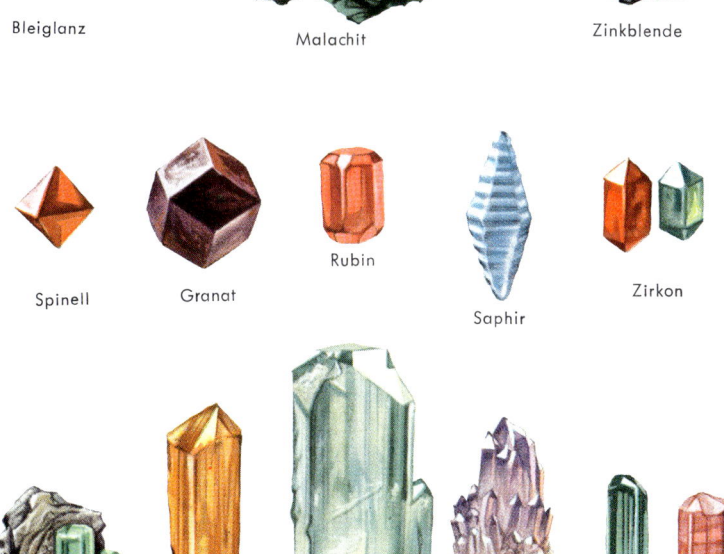

Spinell

Granat

Rubin

Saphir

Zirkon

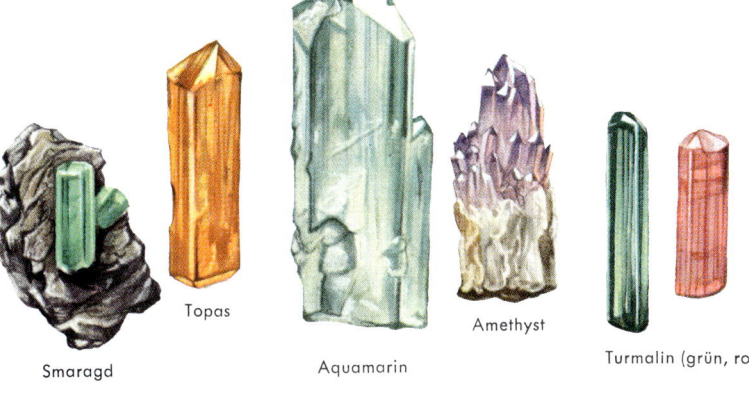

Smaragd

Topas

Aquamarin

Amethyst

Turmalin (grün, rosa)

Weißer und Grüner
Knollenblätterpilz ††

Perlpilz
gekocht eßbar

Fliegenpilz ††

Ziegelroter Rißpilz ††

Schaf-Champignon, eßbar

Speitäubling †

Pfifferling, eßbar

Pantherpilz ††

Gedrungener
Wulstling,
eßbar

Steinpilz
eßbar

Satanspilz ††

Marone
eßbar

1 Alpenanemone. 2 Frauenschuh. 3 Edelweiß. 4 Rostblättrige Alpenrose. 5 Alpenveilchen. 6 Türkenbund. 7 Christrose.
8 Stengelloser Enzian. 9 Aurikel. 10 Kohlröschen. 11 Seerose. 12 Akelei. 13 Seidelbast.

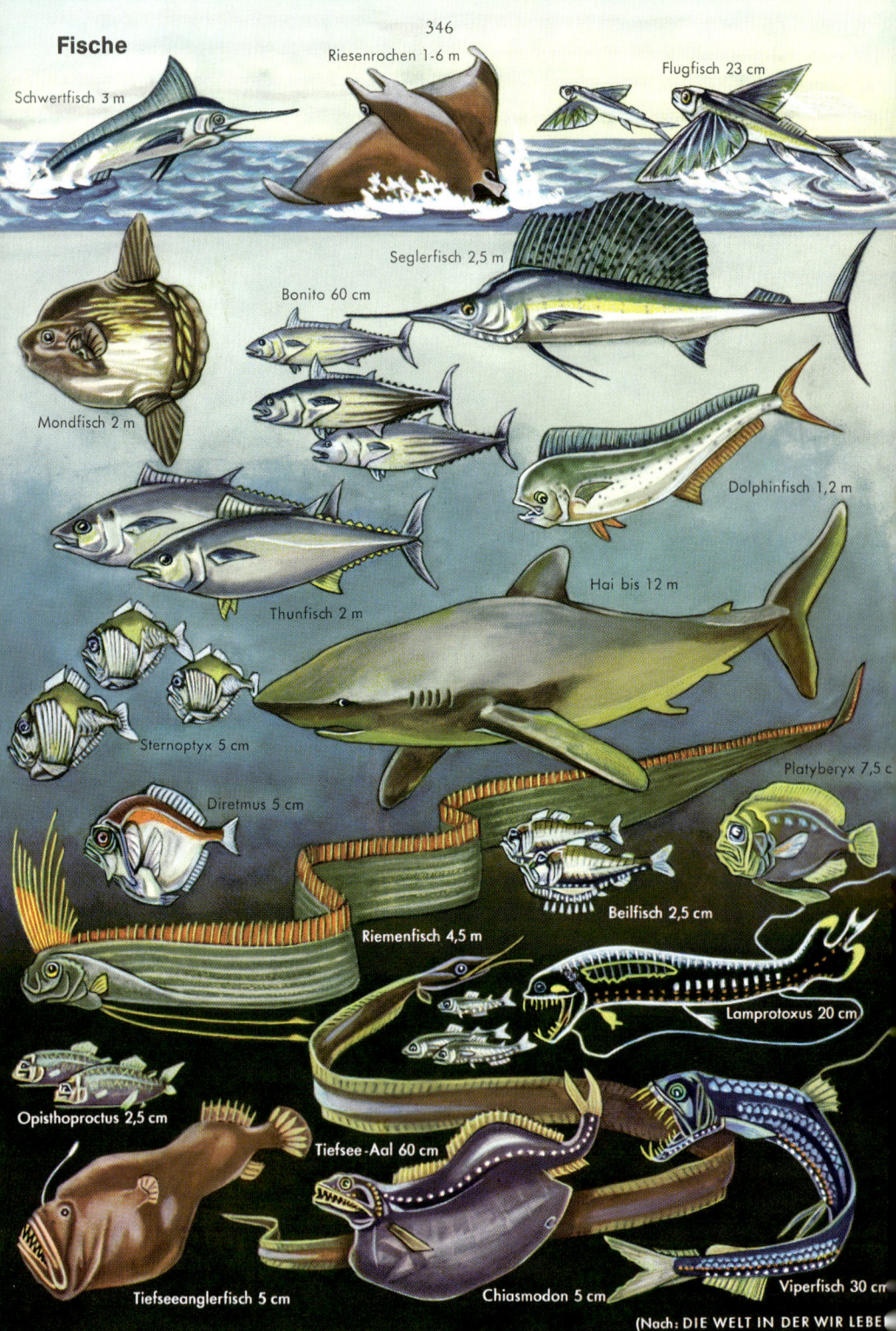

Fische

346

Schwertfisch 3 m

Riesenrochen 1-6 m

Flugfisch 23 cm

Seglerfisch 2,5 m

Bonito 60 cm

Mondfisch 2 m

Dolphinfisch 1,2 m

Thunfisch 2 m

Hai bis 12 m

Sternoptyx 5 cm

Platyberyx 7,5 c

Diretmus 5 cm

Beilfisch 2,5 cm

Riemenfisch 4,5 m

Lamprotoxus 20 cm

Opisthoproctus 2,5 cm

Tiefsee-Aal 60 cm

Tiefseeanglerfisch 5 cm

Chiasmodon 5 cm

Viperfisch 30 cm

(Nach: DIE WELT IN DER WIR LEBE

Waldsterben Die typischen Stufen der Schädigung bei drei Baumarten (von links nach rechts): Stufe 1=*normal*, Stufe 2=*schwach geschädigt* (kränkelnd), Stufe 3=*geschädigt* (krank), Stufe 4=*stark geschädigt* (sehr krank).
1. Reihe: *Fichte* – fast undurchsichtige Krone (1); mittlerer Kronenteil verlichtet, bis 25 % entnadelt (2); „lärchenartige" Krone mit Gelbfärbung, zu 25–50 % entnadelt (3); mehr Kronengerippe als Nadelmasse sichtbar, zu über 50 % entnadelt (4). 2. Reihe: *Tanne* – undurchsichtige Krone mit erkennbarem Höhentrieb (1); Verlichtung von unten und innen heraus beginnend, Krone bis 25 % entnadelt (2); „Storchennest-Krone", zu 25–50 % entnadelt (3); nur oberes „Storchennest" und Wasserreiser benadelt, Krone insgesamt mehr als 50 % entnadelt (4). 3. Reihe: *Buche* – gesunder Laubbaum (1); schütterer Randbereich, z.T. verfrühte Herbstverfärbung (2); obere Kronenteile dürr werdend, vorzeitiger Abwurf lederartiger Blätter (3); sehr schütter, starker, vorzeitiger Laubabwurf, teilweise lösen sich Rindenteile ab (4). 4. Reihe: *Borkenkäferbefall* (1); *Landschaft im Nordschwarzwald* (Katzenkopf b. Mummelsee) mit abgestorbenen Bäumen (2).

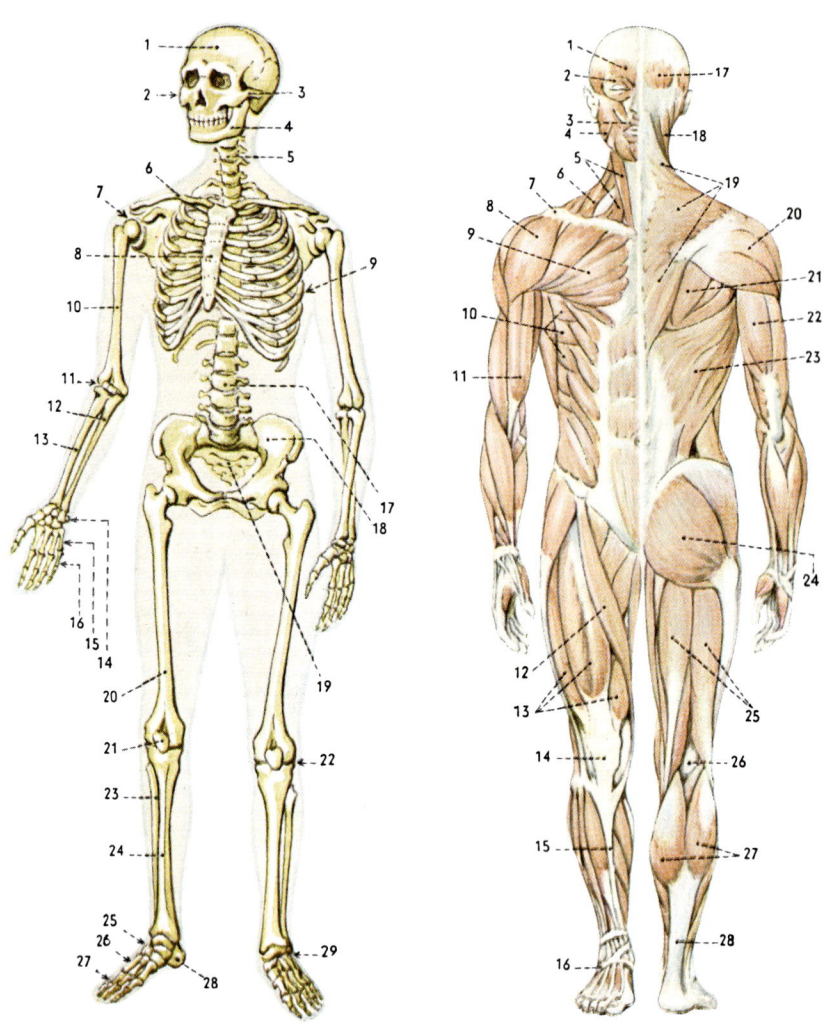

Skelett des Menschen

1 Gehirnschädel, 2 Gesichtsschädel, 3 Jochbein, 4 Unterkiefer, 5 Halswirbel, 6 Schlüsselbein, 7 Schultergelenk, 8 Brustbein, 9 Brustkorb, 10 Oberarm, 11 Ellenbogengelenk, 12 Elle, 13 Speiche, 14 Handwurzelknochen, 15 Mittelhandknochen, 16 Fingerglieder, 17 Lendenwirbelsäule, 18 Becken, 19 Kreuzbein, 20 Oberschenkel, 21 Kniescheibe, 22 Kniegelenk, 23 Wadenbein, 24 Schienbein, 25 Fußwurzelknochen, 26 Mittelfußknochen, 27 Zehenglieder, 28 Fersenbein, 29 Fußgelenk

Oberflächenmuskulatur

Links vorn: 1 Stirnmuskel, 2 Augenringmuskel, 3 Lippenmuskel, 4 Kaumuskel, 5 Kopfwender, 6 Kapuzenmuskel, 7 Schlüsselbeinmuskel, 8 Deltamuskel, 9 großer Brustmuskel, 10 Sägemuskel, 11 Bizeps (Armbeuger), 12 Schneidermuskel, 13 Schenkelstrecker, 14 Kniescheibenmuskel, 15 Schienbeinmuskel, 16 Kreuzbandmuskel, 17 Hinterhauptmuskel, 18 Kopfwender, 19 Kapuzenmuskel, 20 Deltamuskel, 21 Schulterblattmuskel, 22 Armstrecker, 23 breiter Rückenmuskel, 24 großer Gesäßmuskel, 25 Schenkelmuskel, 26 Kniekehle, 27 Zwillingswadenmuskel, 28 Achillessehne

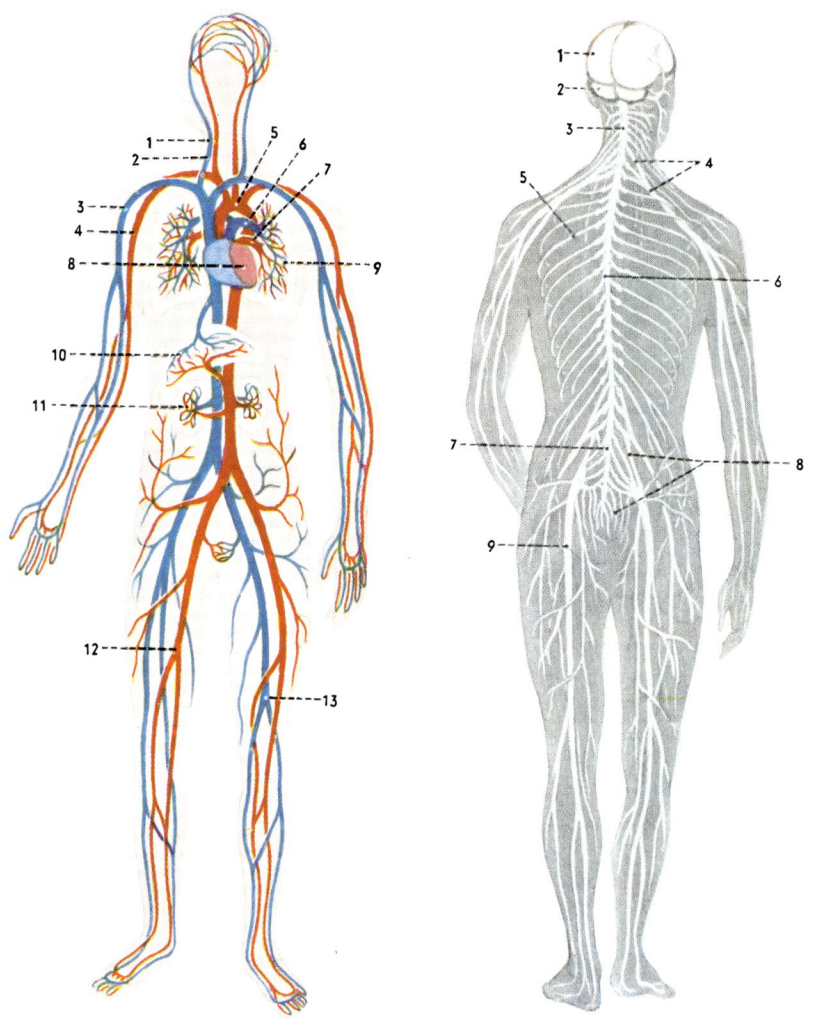

Das Blutgefäßsystem

1 Halsschlagader, 2 Halsvene, 3 Armvene, 4 Armschlagader, 5 großer Bogen der Körperschlagader (Aorta), 6 Lungenschlagader, 7 Lungenblutader, 8 linkes und rechtes Herz, 9 Lunge mit Haargefäßen, 10 Leber mit Haargefäßen, 11 Niere mit Haargefäßen, 12 Beinschlagader, 13 Beinvene

Das Nervensystem

1 Großhirn, 2 Kleinhirn, 3 Halsmark, 4 Armgeflecht, 5 Zwischenrippennerven, 6 Brustmark, 7 Lendenmark, 8 Kreuzbeingeflecht, 9 Hüftnerv (Ischias). – 3, 6, 7, Halsmark, Brustmark, Lendenmark sind Teile des Rückenmarks, das vom Gehirn ausgeht und von dem die übrigen Nervenbahnen des Körpers abzweigen

Malerei III Abbildungen von links nach rechts. *1. Reihe:* Raffael, Madonna Tempi – Rubens, Helene Fourment und Söhnchen. *2. Reihe:* C. D. Friedrich, Morgen im Riesengebirge – Monet, Felder im Frühling.

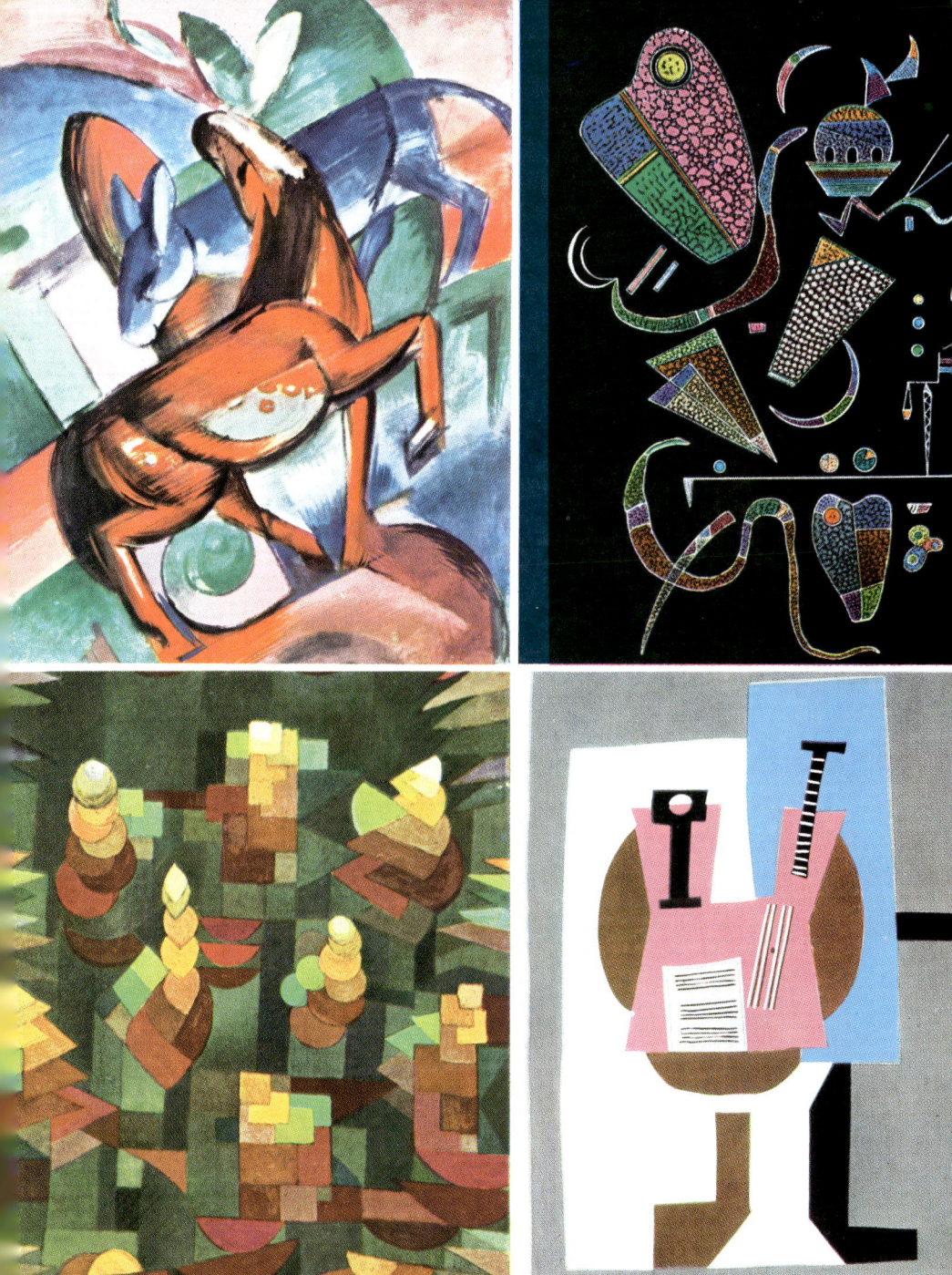

Malerei IV Abbildungen von links nach rechts. *1. Reihe:* Marc, Pferd und Esel (1913/14) – Kandinsky, Blatt Nr. 709 (1941). *2. Reihe:* Klee, Das Wachstum einer Pflanze (1937) – Picasso, Komposition mit Gitarre (1920)

Malerei V *Pop art und psychedelische Kunst:* Abbildungen von links nach rechts. *1. Reihe:* Andy Warhol, Campbell's Soup, 1965, Öl u. Siebdruck auf Leinwand (Museum of Modern Art, New York) – Ernst Fuchs, Moses vor dem Engel des Herrn im brennenden Dornbusch, 1956, Öl und Tempera auf Holz. *2. Reihe:* Robert Rauschenberg, Black market (Schwarzmarkt), 1961, *Combine painting,* Leinwand, Holz, Metall und Ölfarbe (Wallraf-Richartz-Museum, Köln) – Roy Lichtenstein, M-Maybe (A Girl's Picture), (M-Möglicherweise; Bild eines Mädchens), 1965, Öl auf Leinwand (Wallraf-Richartz-Museum, Köln, Stiftung Ludwig).

Halo, *m.* [gr. „Hof"], durch Lichtbrechung u. Spiegelung an Eiskristallen i. d. → Atmosphäre erzeugter weißer oder farbiger Ring um Sonne oder Mond.

Halogene [gr.], *Salzbildner,* die chem. Elemente *Fluor, Chlor, Brom, Iod,* die m. Metallen Salze bilden.

Frans Hals

Hals, Frans (um 1581/85–26. 8. 1666), ndl. Bildnismaler d. Barock: Einzelfiguren u. Gruppenbildnisse; *Willem Croes; Malle Babbe.*

Halseisen, eisernes Halsband, in das im MA Verurteilte eingeschlossen u. öffentl. an Pfahl od. Gebäude angeschlossen wurden.

halsen, Wechseln der Segelstellung eines „beim Winde" segelnden Schiffes.

Halsgericht, Gericht über Leib und Leben; → Carolina.

Hälsingborg → Helsingborg.

Haltern (D-4358), St. i. Kr. Recklinghausen, NRW, 33 033 E; AG; röm.-german. Mus.; div. Ind.; Stausee.

Halver (D-5884), St. im Märkischen Kreis, NRW, 15 399 E; Ind.; Fremdenverkehr.

Halys, im Altertum Name des Flusses → Kizil-Irmak; 547 v. Chr. Sieg des Cyrus über Krösus.

Ham, im A. T. Sohn Noahs; nach ihm ben.: *Hamiten.*

Hama, im Altertum *Epiphania,* St. in Syrien, 177 000 E; Handelsplatz: Wolle, Tiere; Lederverarbeitung.

Hamadan, i. Altertum *Ekbatana,* St. i. w. Iran, am N-Fuß des Elwend (3270 m), 273 000 E; 1914 müM.

Hamamatsu, jap. Stadt auf Honshu, 522 000 E; Musikinstrumente.

Hamann, 1) Johann Georg (27. 8. 1730–21. 6. 88), „Magus d. Nordens", phil. Schriftst. aus Königsberg, Gegner d. Aufklärung, v. gr. Einfluß auf d. → Sturm und Drang; *Sokrat. Denkwürdigkeiten;* **2)** Richard (29. 5. 1879–9. 1. 1961), dt. Kunsthistoriker; *D. Impressionismus in Leben u. Kunst; Gesch. d. Kunst.*

Hamasa, *w.* [„Tapferkeit"], altarab. Volksliedersammlung (bekannteste v. *Abu Tammam*); dt. v. *Rückert.*

Hämatin, *s.* [gr.], *Chlorhämin,* durch Einwirkung v. Salzsäure aus → Hämoglobin entstanden; kann nach Blutungen im Erbrochenen gefunden werden; wichtig für den gerichtsmedizinischen Nachweis von Blut.

Hämatit [gr.], *Eisenglanz, Roteisenstein,* Mineral, Eisenoxid (Fe_2O_3), verhüttet, auch zu Farben.

Hämatokrit, dieser Wert gibt an, welches Volumen die roten Blutkörperchen in 100 ml Blut einnehmen; Normwerte: Männer 47–54 Vol.-%, Frauen 42–47 Vol.-%.

Hämatologie [gr.], Lehre vom Blut u. s. Krankheiten.

Hämatom [gr.], Bluterguß.

Hämatopoese, svw. Blutbildung.

Hämaturie [gr.], Blutharnen, bes. b. Blasen- u. Nierenkrankheiten.

Hambacher Fest 27.–30. Mai 1832, Kundgebung (30 000 Teilnehmer) südwestdt. Demokraten für Volkssouveränität, Brüderlichkeit u. Einheit auf Schloß Hambach (Pfalz).

Hamborn, s. 1929 zu → Duisburg.

Hamburg (D-2000), *Freie u. Hansestadt,* Land u. St. in N-Dtld; an der Elbe; 755,3 km², 1,63 Mill E (2154 je km²), Landesfarbe: *Weiß-Rot;* 105 km von d. Nordsee entfernt, gr. Handels- u. Freihafen (See- u. Binnenschiffsverkehr; Abb. → Tafel Schiffahrt); Reedereien, rd. 300 Liniendienste nach Europa u. Übersee; *Seeverkehr:* 1988 liefen 13 419 Schiffe mit insges. 55,4 Mill. NRT d. H.er Hafen an; Gesamtumschlag 1988: 55,9 Mill t; Hydrograph. Inst., Bundesanst. d. dt. Wetterdienst, Sternwarte, Tropeninst., Inst. f. Seerecht u. Seehandelsrecht, Uni., HS f. Musik, f. bild. Künste, f. Wirtsch. u. Pol., Bundes-

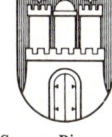

wehr-HS, Dt. Elektron. → Synchrotron, MPI, IHK; OLG, LG, AG; BD, OPD, Börse, HWK, Oberseeamt, Schiffsbauversuchsanstalt; NDR; Congress Centrum H.; Spielbank; Alter Elbtunnel 450 m l.; Neuer Elbtunnel (BAB) 3,1 km l.; Köhlbrand-Hochbrücke (3940 m lang, 130 m hoch); Flughafen Fuhlsbüttel; U-, S-Bahn; *Ind.:* Werften, Raffinerien, Masch.-, Fisch-, Lebensmittel-, Zigaretten-, elektrotechnische und chemische Industrie – *Verf.:* Bürgerschaft (120 Sitze) wählt den Senat (10–15 Senatoren), an der Spitze der Erste Bürgermeister. – Ursprüngl. Burg Hammaburg. 832 Bistum, 834 Erzbistum, 1189 Freihafen, 1241 Schutzvertrag mit Lübeck, Grundlage der deutschen Hanse, 1358 Beitritt zur Hanse; 1815 Freie Stadt, 1888 Freihafen; 1937 durch Eingemeindung *Groß-Hamburg.*

Hameln (D-3250), Kreisstadt des Kreises Hameln-Pyrmont, an der Weser, Niedersachsen, 57 642 E; mittelalterliches Gepräge; AG; Elektro-, Textil-, Metallindustrie.

Hamburg, *Binnenalster mit Blick auf Jungfernstieg*

Bürgerschaftswahlen (Stimmen in %)

Jahr	CDU	SPD	FDP	Grüne (GAL)
1946	26,7	43,1	18,2	
1949	34,5*	42,8		
1953	50,0**	45,2		
1957	32,2	53,9	8,6	
1961	29,1	57,4	9,6	
1966	30,0	59,0	6,8	
1970	37,1	55,3	2,7	
1974	40,6	44,9	10,9	
1978	37,6	51,5	4,8	
1982 I	43,2	42,7	7,7	
1982 II	38,6	51,3	6,8	
1986	41,9	41,8	4,8	10,4
1987	40,5	45,0	6,5	7,0
1991	35,1	48,0	5,4	7,2

* Vaterst. Bund Hamburg: CDU, FDP, Dt. Konserv. Partei

** Hamburger Block (CDU, FDP, BHE)

CDU SPD FDP Grüne (GAL)

Hameln, *Rattenfängerhaus*

Hamilkar, karthag. Heerführer, Vater Hannibals, unterwarf 236–229 v. Chr. Spanien.

Hamilton [*'hæmıltən*], **1)** Alexander (11. 1. 1757–12. 7. 1804), am. Pol., Gegenspieler Jeffersons; verdient um Verfassung u. Wirtschaftsaufbau der USA; **2)** Lady H. (1765–15. 1. 1815), schöne Tochter eines Schmiedes, Gattin v. William H., Geliebte Nelsons; **3)** Richard (* 24. 2. 1922), engl. Maler, Vertr. d. → Pop Art, deren Beginn in England mit d. 1956 v. ihm organisierten Ausstellung „This is Tomorrow" angesetzt werden kann; **4)** Sir William (8. 3. 1788–6. 5. 1856), Phil. der → schottischen Schule; verband ihre Commonsense-Philosophie mit Kants Kritizismus; **5)** William Rowan (4. 8. 1805–2. 9. 65), ir. Math.; Grundgleichungen d. Dynamik, Optik.

Hamilton [*'hæmıltən*], **1)** kanad. St. am Ontariosee, 567 000 E; Hafen; **2)** St. in Schottland, 52 000 E; Textilgewerbe, Obst- u. Gemüsebau.

Hamiten [ben. nach → Ham], nordafrikan. Sprachgruppe (→ Sprachen, Übers.); *West-H.* (Berber, Tuareg u.a.) v. europidem, *Ost-H.* (Nubier, Somali, Galla) v. → äthiopidem Rassentypus; hamit. Sprachen wanderten v. Nordafrika m. Hirtenkulturen bis Südafrika (→ Hottentotten).

Hamlet, Dänenprinz (kaum historisch), Held eines Trauerspiels v. Shakespeare.

Hamm (D-4700), kreisfreie St. in NRW, 173 611 E; bed. Rangierbahnhof; Drahtverarbeitung, chem. Ind., Steinkohle; OLG, AG. - Gegr. 1226.

Hammada, Bez. f. Steinwüste in der Sahara.

Hammarskjöld [*-fæld*], Dag (29. 7. 1905–17. 8. 61), schwed. Politiker; 1953–61 Generalsekretär der UN; *Zeichen am Weg;* Friedensnobelpreis 1961 (posthum).

Hamm-Brücher, Hildegard (* 11. 5. 1921), FDP-Pol.in; 1976–82 Staatsmin. i. AA.

Hammel, *Schöps,* kastriertes männliches Schaf.

Hammelburg (D-8783), St. i. Kr. Bad Kissingen, an der Fränk. Saale, Bay., 11 465 E; AG; ma. Gepräge; Weinbau; Truppenübungsplatz.

Hammelsprung, parlamentar. Abstimmungsform: Abgeordnete werden bei Eintritt durch „Ja"-Tür, „Nein"-Tür oder Tür für Stimmenthaltung gezählt.

Hammer, 1) Werkzeug, schwerer H.: *Schmiede-H., Vorschlag-H.,* leichter: *Tischler-, Schlosser-H.; Bohr-H.,* mit Preßluft betrieben, für Bergwerksarbeiten; auch → Dampfhammer; **2)** eins der → Gehörknöchelchen; **3)** *Sport:* →Hammerwerfen.

Hammerfest, nördlichste St. Europas in norweg. Finnmarken, 7000 E; Handelshafen, Fischerei.

Hammerklavier, Tasteninstrument, bei dem die Saiten mit Hämmerchen angeschlagen werden; auch → Piano; Ggs. → Cembalo; Sonate op. 106 von Beethoven.

Hammerschlag, ein beim Schmieden des Eisens in Blättern abfallendes Eisenoxid.

Hammerwerfen, leichtathlet. Übung, beidarmiges Schleudern einer Eisenkugel (7,25 kg) an 1,22 m l. Drahtseil; Abwurfkreis 2,13 m Durchmesser.

Hammett, Dashiell (27. 5. 1894–10. 1. 1961), am. Kriminalschriftst.; realist. Romane u. Kurzgeschichten (mehrfach verfilmt); *D. Malteser Falke; D. dünne Mann.*

Hammond-Orgel [*'hæmənd-*], elektroakust. Musikinstrument in Klavierform m. 2 Manualen; benannt nach dem Erfinder L. Hammond.

Hammurabi, *Hammurapi* (um 1728–1686), Kg von Babylon; Gesetzgeber; Briefwechsel und Gesetzbuch in Keilschrift erhalten.

Hämoblastose [gr.], bösart. Erkrankung d. blutbildenden Organe (z. B. → Leukämie).

Hämodialyse, svw. → extrakorporale Dialyse.

Hämoglobin [gr.], Abk.: *Hb,* Farbstoff d. roten Blutkörperchen, besteht aus Eiweiß (Globin) und eisenhaltigem Farbstoff *(Häm),* dient der Sauerstoffbindung, -transport u. -abgabe; normalerweise in 100 cm³ Blut 16 g beim Mann, 14,7 g b. d. Frau.

Hämolyse, Beschädigung oder Auflösung der roten Blutkörperchen mit Austritt d. Hämoglobins.

Hämophilie → Bluterkrankheit.

Hämoptoe, *Hämoptyse,* Blutspucken, -husten (z. B. bei Lungenblutung).

Hämorrhagie, Blutung.

Hämorrhoiden, Blutaderknoten d. Darmschleimhaut am After, sehr schmerzhaft; können bluten.

Hämostyptika, *Hämostatika,* blutstillende Mittel.

Hampton [*'hæmptən*], Lionel (* 12. 4. 1909), am. Jazzmusiker, Vibraphonist.
Hampton Court [*-'kɔːt*], → Twickenham.

Hamster

Hamster, Nagetiergattung, trägt in Bakkentaschen Getreide in Erdbau; speichert Wintervorräte (bis zu 50 kg); *Feld-H.,* oben braungelb, unten schwarz, 30 cm; → *Goldhamster.*

hamstern, bei Knappheit Vorräte zusammenkaufen.

Knut Hamsun

Hamsun, Knut, eigtl. *Pedersen* (4. 8. 1859–19. 2. 1952), norweg. Romanschriftst.; *Hunger; Pan; Landstreicher; Segen der Erde; Viktoria; Auf überwachsenen Pfaden;* Nobelpr. 1920.

Hanau (D-6450), Krst. d. Main-Kinzig-Kr., 84 300 E; Mainhafen; LG, AG; IHK; Gummi-, Metall-, Platin-, Gold-, Silberwarenind., Nuklearind., Höhensonnen. - Geburtsort d. Brüder *Grimm* u. v. Paul *Hindemith.*

Hanauer Land, bad. Landschaft b. Kehl u. Bühl; fruchtb.; Tabak-, Obstanbau.

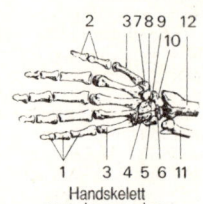

Handskelett
von oben gesehen

Hand, Greif- u. Tastorgan d. Menschen; besteht aus 12 Fingerknochen *(1),* 2 Daumen- *(2),* 5 Mittelhand- *(3),* 8 Handwurzelknochen *(4–10);* vor allem an d. Fingerspitzen zahlreiche Tastkörperchen. H. der Wirbeltiere ist Endstück der vorderen Gliedmaße, meist als Lauforgan ausgebildet.

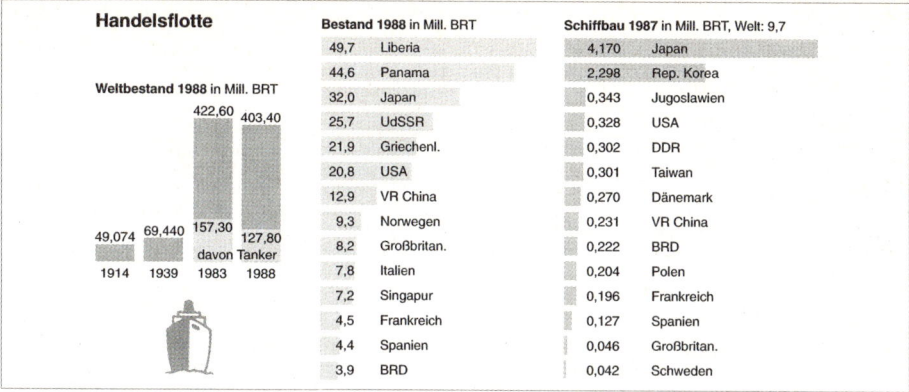

Handelsflotte

Weltbestand 1988 in Mill. BRT

422,60 403,40

49,074 69,440 157,30 127,80
davon Tanker
1914 1939 1983 1988

Bestand 1988 in Mill. BRT		Schiffbau 1987 in Mill. BRT, Welt: 9,7	
49,7	Liberia	4,170	Japan
44,6	Panama	2,298	Rep. Korea
32,0	Japan	0,343	Jugoslawien
25,7	UdSSR	0,328	USA
21,9	Griechenl.	0,302	DDR
20,8	USA	0,301	Taiwan
12,9	VR China	0,270	Dänemark
9,3	Norwegen	0,231	VR China
8,2	Großbritan.	0,222	BRD
7,8	Italien	0,204	Polen
7,2	Singapur	0,196	Frankreich
4,5	Frankreich	0,127	Spanien
4,4	Spanien	0,046	Großbritan.
3,9	BRD	0,042	Schweden

Handa, jap. Küstenstadt auf Honshu, 90 000 E; Nahrungsmittel- u. Textilind.

Handball, um 1900 entstandenes Ballspiel; 2 Mannschaften versuchen, d. Ball i. d. gegner. Tor zu werfen; d. Ball darf nur m. d. Hand gespielt werden; 2 Formen: *Feld-H.* (11 Spieler; Spielfeld: 90–110×55–65 m), *Hallen-H.* (7 Spieler u. 4 Auswechselsp.; Spielfeld: 38–49×18–22 m).

Handbohrmaschine, Drehbohrmaschine (m. Preßluft od. el. angetrieben); wird mit der Hand geführt.

Georg Friedrich Händel

Händel, Georg Friedrich (23. 2. 1685–14. 4. 1759), dt. Komp. u. Opernleiter d. Barock, s. 1712 in London; 39 Opern: *Rodelinda; Xerxes* (m. bekanntem Largo); *Julius Cäsar;* Oratorien: *Israel in Ägypten; Samson; Messias; Judas Makkabäus;* Concerti grossi; *Wassermusik; Feuerwerksmusik;* Orgelkonzerte; Kammer- u. Klaviermusik.

Handel, 1) *allg.:* Vermittlung u. Verteilung d. Güter zw. Produzenten u. Verbrauchern n. Ort, Zeit, Menge u. Qualität; Handelsstufen: *Groß-* u. *Zwischen-H.* (Verkauf zw. Kaufleuten), *Einzel-H.* (v. Kaufmann od. Erzeuger zum Verbraucher); ferner Binnen- u. Außen-H., *ambulanter H.;* auch nach Handelsobjekten: *Lebensmittel-, Rohstoff-, Kohlen-, Buch-, Effekten-, Immobilien-H.* u. a.; **2)** im übertragenen Sinn: Gesamtheit d. H.sbetriebe u. ihre **3)** Berufsstand; dabei auch Dienstleistungsbetriebe (Banken, Versicherungen, Gaststätten u. Hotels, Vermittlungsbetriebe u. a.).

Handel-Mazzetti, Enrica v. (10. 1. 1871–8. 4. 1955), östr. kath. Dichterin; Romane: *Jesse und Maria;* Trilogie: *Karl Sand.*

Handels-bilanz, 1) *volkswirtsch.* Gegenüberstellung der Ein- u. Ausfuhr (an Waren) einer Volkswirtsch.; ist aktiv, wenn Ausfuhr, passiv, wenn Einfuhr größer; Teil d. Leistungsbilanz in d. Zahlungsbilanz e. Volkswirtschaft; **2)** *betriebswirtsch.* die nach allg. u. handelsrechtl. Grundsätzen aufgestellte → Bilanz (Übers.) im Ggs. z. Steuerbilanz. – **H.dünger** → Düngemittel. – **H.flotte** → Schaubild. – **H.gebräuche,** *Handelsbrauch,* im H.verkehr geltende Gewohnheiten u. Gepflogenheiten; allg. üblich od. f. eine gewisse Branche bzw. f. einen best. Ort, bei Rechtsstreitigkeiten v. Gericht berücksichtigt; gelten auch, wenn d. Parteien nicht bekannt; die strittigen Fragen Gutachten, bes. der IHK. – **H.gesellschaft,** Personenvereinigung zum Betrieb eines Handelsgewerbes unter *einer* Firma: *offene Handelsges.* (oHG), – *Kommanditges.* (KG), AG, GmbH. – **H.gesetzbuch,** HGB, v. 10. 5. 1897, enthält Sonderrecht d. Kaufleute; in H.sachen gehen seine Vorschriften denen d. BGB vor. – **H.gewächse,** *H.pflanzen,* bes. als Rohstoffe zur ind. Verwertung: *Raps, Hopfen, Flachs, Hanf, Tabak, Jute, Sisal, Ölfrüchte, Mohn, Senf, Zichorien* u. a. – **H.gewerbe, 1)** *rechtl.* jeder kaufmänn. Betrieb; **2)** *allg.* auch Bez. f. d. Gesamtheit d. H.betriebe. – **H.hochschulen,** jetzt *Wirtschaftshochschulen,* selbständige, d. HS gleichgestellte Einrichtungen, die sich der H.wiss. u. H.betriebslehre und bes. der Betriebswirtschaftslehre widmen (erste 1898 in Leipzig); im Verlauf der Entwicklung vielfach als betriebswirtsch. Abteilung der Uni. u. a. HS. – **H.kammern** → Industrie- und Handelskammern. – **H.kompanien,** große Gesellschaften, die sich bes. im 16. u. 17. Jh. im Überseehandel betätigten; bes. Entwicklung durch das Aktiensystem; erhielten vielfach umfassende Vollmachten (eigenes Militär) z. Förderung d. Kolonialwirtsch.; → Ostindische Kompanie. – **H.makler** → Makler. – **H.politik,** Teil d. Volkswirtschaftspol.; Maßnahmen z. Regelung u. Förderung d. Handels; die Außen-H.politik umfaßt bes. d. Errichtung v. Auslandsvertretungen (Konsulaten), Verträge, Zoll- u. Tarifpolitik. – **H.recht,** Recht d. kaufm. Verkehrs; → Handelsgesetzbuch. – **H.register,** bei Amtsgerichten geführtes öffentl. Register zur Darlegung der rechtl. Verhältnisse der Handelsbetriebe: Firma, Sitz, Inhaber, Prokuraerteilungen usw. zur Einsicht für jedermann. – **H.richter,** Laienbeisitzer i. d. Kammer f. **H.sachen** (Gegenstände kaufmänn. Prozesse) d. Landgerichte. – **H.schulen, 1)** *niedere:* kaufmänn. Fortbildungsschulen; **2)** *höhere:* Ausbildung in Teilen d. Rechtswissenschaft, in Sprachen, Geographie usw.; **3)** → Wirtschaftshochschule. – **H.spanne, 1)** *allg.* Unterschied zw. Erzeuger- u. Verbraucherpreis; **2)** im *Groß-* bzw. *Einzelhandel:* Unterschied zw. Einkaufs- u. Verkaufspreis d. Groß- bzw. Einzelhandels; H.spanne stellt Bruttogewinn, nicht Reingewinn d. Handels dar, enthält auch Lager-, Transport- sowie Bearbeitungskosten u. Verluste durch Schwund usw. – **H.statistik,** zahlenmäßige Erfassung u. Darstellung d. Binnen-, Interzonen- u. Außenhandels, d. Wertangaben beruhen teilweise auf Schätzung eines H.beirates; unterscheidet die Handelspolitik; die Rubrik Generalhandel d. H.s umfaßt im Ggs. zum Gesamteigenhandel auch den Durchfuhrhandel. – **H.verträge,** Abkommen zwischen Staaten zur Regelung des Handelsverkehrs, Festsetzung der Warenkontingente, der Zollsätze, des Schiffahrts- und Güterverkehrs und Niederlassungsrechtes; werden zumeist für einen bestimmten Zeitraum mit vereinbarter Kündigungsfrist abgeschlossen. – **H.vertreter,** selbst. Gewerbetreibender, der für anderen Unternehmer gegen Provision Geschäfte vermittelt oder in dessen Namen ab-

Handwerk

Selbständige Erwerbstätigkeit auf d. Gebiet der Be- u. Verarbeitung von Stoffen; Herstellung, Instandsetzung u. Montage von Gütern, Dienstleistungen sowie Handel mit selbsthergestellten u. fremden Waren. Grenze zu Industrie u. Handel einerseits, zu Heimarbeit andererseits fließend. Arbeiten im H. beruhen auf Zusammenwirken d. persönl. Kräfte u. sachl. Mittel des Handwerkers u. seiner umfassenden berufl. Ausbildung. Selbständige Berufsausübung grundsätzl. von Ablegung d. → Meisterprüfung abhängig. Handwerkserzeugnisse meist auf Befriedigung individueller Bedürfnisse abgestellt; früher Produktion vorwiegend gg. Auftrag, heute auch f. d. unbekannten Markt u. für Export. Die volkswirtsch. Bedeutung des H.s liegt in der Krisenfestigkeit sowie Anpassungsfähigkeit an die jeweilige Wirtschaftslage. In Deutschland ca. 4,6 Mio. Beschäftigte, Jahresumsatz rd. 571 Mrd. DM (geschätzte Zahlen).

Handwerks-betrieb, organisator. Einheit, in der ein selbständiger Meister seine Berufstätigkeit auf Dauer erwerbswirtsch. ausübt. Klein- u. Mittelbetriebe überwiegen; ca. 18% aller Betriebe sind Alleinmeisterbetriebe, ca. 64% haben 2–9 Beschäftigte. Durch große Streuung der Betriebe über den ganzen Wirtschaftsraum gleichzeitig Verteilerfunktion. – **Internationale H.messe:** seit 1949 in München; jährlich wiederkehrende Leistungsschau dt. u. ausländischer Handwerkserzeugnisse. – **H.ordnung** *(HO),* vom 17. 9. 1953; stellt einheitliche Rechtsgrundlage für Gesamt-H. dar und regelt insbes. Wiedereinführung des → Befähigungsnachweises, rechtl. Stellung der Handwerksorganisationen, Berufsausübung u. -ausbildung; 1965 Abänderung u. Neufassung. – **H.organisation,** Interessenvertretung zur Förderung des H.s u. Schaffung günstiger Lebensbedingungen; fachlich u. regionalgesamthandwerkl. Spitzenorganisation: Zentralverband des Dt. H.s (ZDH), Bonn; umfaßt die Handwerkskammern sowie zentrale Fachverbände u. dient der einheitl. Willensbildung u. Vertretung d. H.s in allen handwerkspol. Fragen; seit

1950 Mitglied der Internationalen Gewerbeunion und der Internationalen Föderation des H.s, sowie der Union des H.s und der Klein- und Mittelbetriebe in der EG. – **H.innung,** örtl. Zusammenschluß v. Handwerkern gleicher oder verwandter Berufe auf freiwill. Basis; öff.-rechtl. Körperschaft. Aufgaben: Förderung der gemeins. gewerbl. Interessen, Regelung u. Überwachung der Lehrlingsausbildung, Abnahme der Gesellenprüfung entsprechend den Vorschriften der Handwerkskammer u. a. Organe: Vorstand (Obermeister), Innungsversammlung. – Ausschuß für Lehrlingswesen, Gesellenausschuß, Gesellenprüfungsausschuß, Rechnungsausschuß. Zusammengeschlossen zu *Landesinnungsverbänden* (LIV), f. BR *Zentralverbände* (Hpt.verbände, Bundesinnungsverbände). *Vereinigung der Zentralfachverbände,* Koordinierungsstelle aller fachl. Fragen. Innungen versch. Handwerkszweige im Kreis zusammengeschlossen zu *Kreishandwerkerschaften* (öff. Körperschaften). – **H.kammer** *(HWK),* seit 1900, Interessenvertretung u. Organ d. handwerkl. Selbstverwaltung, öff.-rechtl. Körperschaft. Aufgaben: Aufsicht über Innungen u. Kreishandwerkerschaften, Regelung des Ausbildungs- u. Prüfungswesens, Abnahme der Meisterprüfung, Bestellung von Sachverständigen, Erstellung v. Gutachten, Gewerbeförderung, Führung der *Handwerksrolle,* Ausstellung von *Handwerkskarten* und andere Organe; Vorstand (Präsident, 2 Vizepräsidenten), Mitgliederversammlung, ständige Ausschüsse. Zusammenschluß der Handwerkskammern in den Ländern zu *Handwerkstagen;* die oberste Koordinierungsstelle für gemeinsame Fragen des H.s in der BR ist der *Deutsche Handwerkskammertag.* – **H.rolle,** 1929 durch Novelle zur → Gewerbeordnung eingeführt; Verzeichnis bei den Kammern, in das selbständige Handwerker mit dem von ihnen betriebenen Handwerk eingetragen sein müssen; Eintragung hat konstitutive Wirkung und stellt alleinige Voraussetzung für den selbständigen Betrieb eines Handwerks dar.

---

schließt (z. B. Versicherungsvertr.); §§ 84 ff. HGB.

Handelswissenschaften, ältere Bez. f. diejenigen Wirtschaftsbereiche, die für Kaufmann von Bedeutung sind (Buchhaltung, Wirtschaftsrecht usw.).

Handfeuerlöscher → Feuerlöscher.

Handfeuerwaffen, tragbare Schußwaffen: Gewehr, Karabiner, Maschinenpistole, Pistole, Revolver (→ Tafel Schußwaffen).

Handgeld, gilt als Zeichen des Vertragsabschlusses; ist anzurechnen oder zurückzugeben.

Handgranate, explosibles Wurfgeschoß, in Kugel-, Ei- oder Keulenform.

Handicap, *s.* [engl. *'hændikæp* „Benachteiligung"], Ausgleich d. Siegesaussichten im sportl. Wettkampf durch Gewichts-, Distanz-, Zeit- od. Punktvorgaben.

Handke, Peter (* 6. 12. 1942), östr. Schriftst., Prosa u. Stücke; *Die Angst des Tormanns beim Elfmeter; Publikumsbeschimpfung; Kaspar; D. kurze Brief z. langen Abschied; D. linkshändige Frau; Langsame Heimkehr.*

Handlungs-bevollmächtigter, in kaufmänn. Firmen zum Betrieb des ganzen Handelsgewerbes (Gen.vollmacht), zu einer best. Art von Geschäften (Artvollmacht) od. nur zu einzelnen Geschäften (Spezialvollmacht) bevollmächtigter Vertreter ohne → Prokura (§ 54 HGB). –

H.fähigkeit, 1) *völkerrechtl.* Fähigkeit, völkerrechtl. Rechtswirkungen durch eigene Handlungen zu erzeugen (völkerrechtl. Geschäfts- u. Deliktsfähigkeit); **2)** *zivilrechtl.* Geschäfts- u. Deliktsfähigkeit. – **H.gehilfe,** in einem Handelsgewerbe zur Leistung v. kaufmänn. Diensten entgeltl. angestellte Person; kaufmänn. Angestellter (§ 59 HGB). – **H.reisender,** frz. *Commis voyageur,* Geschäftsreisender, H.bevollmächtigter eines Kaufmanns, der außerhalb des Geschäftsortes auftragsgemäß Ver- oder Einkäufe tätigt; zur Vertragsänderung, Stundung od. Entgegennahme v. Zahlungen ohne bes. Vollmacht nicht berechtigt. – **H.vollmacht,** die von einem Kaufmann einem anderen für d. Betrieb eines Handelsgewerbes od. für Vertretung in bestimmten Geschäften erteilte Befugnis (§ 54 HGB), → Handlungsbevollmächtigter, → Handlungsreisender; auch → Prokura.

Handwerk → Übersicht.

Han-Dynastie, in China, 206 v. Chr.– 220 n. Chr.; nach ihr genannt die *Han-Zeit,* Epoche der chinesischen Kunst.

Handzeichen, meist 3 Kreuze anstelle der Namensunterschrift von Analphabeten; bedarf zur rechtl. Wirksamkeit der gerichtl. od. notariellen Beglaubigung.

Hanf, 1–4 m hohes Kraut aus S-Asien, in Europa angebaut: Bastfasern zu Gespinsten, Rohmaterial für Garne u. Seile; Samen als Vogelfutter u. zur Ölgewinnung; aus den harzigen Ausscheidungen einer ind. Abart → Haschisch gewonnen; größte H.produktion in China vor Indien u. Sowjetunion.

Hänfling, Finkenvogel; braun, im Sommer Männchen auf Brust u. Stirn rot; Sänger, beliebter Zimmervogel.

Hangar, *m.* [frz. *ã'gar*], offener Schuppen, Flugzeughalle.

Hängebank, im Bergbau oberster Teil, Mündung eines Förderschachtes.

Hängegleiter, einfaches u. leichtes Gleitflugzeug ohne Fahrwerk (Fußstart und -landung); motorisierte Weiterentwicklung: → UL-Flugzeug.

Hängematte, netzart. freihängende Schlafstelle (bes. auf Schiffen); nach d. „Hamaca" südam. Indianer.

Hängende Gärten, Terrassengärten d. Kgn Semiramis in → Babylon, eines der → Sieben Weltwunder.

Hanf

Hangendes, im *Bergbau:* die Schicht über dem abzubauenden Material; Ggs.: → *Liegendes.*

Hängewerk, Konstruktion in Dreiecks- oder Trapezform, an der waagerechte Tragebalken aufgehängt sind; zur Erreichung größerer Spannweiten bei Dekken-, Dach- u. Brückenkonstruktionen.

Hangtäter → Sicherungsverwahrung.

Hangwind, *Aufwind,* durch natürl. Hindernisse (Bergabhang, Hügel, Düne) senkrecht od. schräg aufwärts gelenkter Wind; wichtig für den Segelflug; bis zu mehreren 1000 m Höhe.

Hangzhou, *Hangtschou,* Hptst. der chin. Prov. Zhejiang, 1,3 Mill. E; Erzbischofssitz; Seiden- und Baumwollind.

Hanko, schwed. *Hangö,* Hafenst. i. SW-Finnland, 12 000 E; 1940 als Marinestützpunkt an die UdSSR verpachtet, 1944 gg. *Porkkala* ausgetauscht.

Hankou → Wuhan.

Hanna, fruchtbare Tiefebene in Mähren, südl. von Olmütz; Getreide-, Obstbau, Pferdezucht; Bewohner **Hannaken** genannt.

Hannibal (246–183 v. Chr.), karthag. Feldherr im 2. → Punischen Krieg (218–201 v. Chr.), überschritt Alpen, besiegte Römer bei Cannä 216, eroberte fast ganz Italien; 202 von Scipio bei Zama besiegt. – **H. ante (ad) portas!** [l. „H. vor den Toren!"], zum Sprichwort gewordener Alarmruf in Rom, als H. auf Rom marschierte.

Hanno, karthag. Seefahrer; um 500 v. Chr. Westafrikafahrt.

Hannover, 1) 1692 Kurfürstentum, 1714–1837 Personalunion m. Großbritannien, 1814–66 Kgr., 1866 preuß. Prov.; 1946 in → Niedersachsen aufge-

Hannover, *Neues Rathaus*

gangen; **2)** (D-3000), krfreie St. u. Hptst. d. Landes Nds. u. d. Rgbz. *H.* an d. Leine, 498 495 E; Uni., Med. Tierärztl. HS, HS f. Musik u. Theater, FHS; LG, AG, BD, OPD; IHK; Masch.bau-, Kraftfahrz.-, Nahrungsmittel-, chem., Gummiind.; Theater, histor. Königsgärten Herrenhausen, Eilenriede, zahlr. Museen (Wilhelm-Busch-Mus.); Maschsee, Zoo; Industrie-Messe, U-Bahn. – 1241 Stadtrecht, s. 1636 Residenz (Abb.).

Hannoversch Münden → Münden.

Hanns-Seidel-Stiftung, 1967 gegr., nach dem früheren CSU-Vors. u. bayer. Min.präs. ben.; CSU-nahe Bildungseinrichtung; Sitz: Wildbad Kreuth.

Hanoi, *Ho-Tschi-Minh-Mausoleum*

Hanoi, Hptst. von Vietnam, am Songkoi, 2,9 Mill. E, Uni.; Flughafen; Handelszentrum; Ind.

Hanse, *Hansa,* „Genossenschaft", Kaufmanns-, dann Städtebund meist dt. Küsten- und Binnenstädte vom 13. bis 17. Jh.; zeitweise bis 90 Mitglieder. Berühmteste Gruppe d. sog. „wendischen Städte" Lübeck (mächtigste Stadt), Wismar, Rostock, Stralsund, Hamburg, Lüneburg, ferner Danzig, Riga u. zahlreiche Binnenstädte. Namentl. im 14. Jh. große pol. Macht; die H. beherrschte zeitw. die ganze nordische Welt. Auslandsniederlassungen *(Hansekontore):* Stalhof in London (s. 16. Jh. bedeutungslos) bis 1853, Dt. Brücke in Bergen, ferner Brügge, Nowgorod. Mit Aufsteigen d. → Territorialstaaten (15. Jh.) Niedergang.

Hanseaten, Bürger einer Hansestadt.

Hanselmann, Johannes (* 9. 3. 1927), dt. ev. Theologe; seit 1975 Landesbischof von Bayern.

Hanslick, Eduard (11. 9. 1825–6. 8. 1904), östr. Musikkritiker; Förderer v. Brahms, Gegner R. Wagners u. Bruckners.

Hansom, *m.* ['hænsəm], zweirädriger Wagen mit hohem Kutschbock hinter den zwei Sitzen.

Hanswurst, derbkomische Narrengestalt der dt. Bühne in *Hanswurstiaden,* seit 16. Jh. (Abb. → Tafel Schauspielkunst).

Hantel, zwei gleich große, durch eine Stange verbundene Gewichte (Scheiben od. Kugeln) zum Krafttraining od. Gewichtheben.

Hanyang → Wuhan.

Hapag-Lloyd, dt. Schiffahrtsges., s. 1970 durch Fusion der Hamburg-Amerika-Linie (*Hamburg-Amerikanische Paketfahrt Actien-Gesellschaft* = Hapag, 1847 gegr.) u. des *Norddt. Lloyd.*

Haparanda, schwed.-finn. Grenzst. an der Mündung des Torneälv in den Bottnischen Meerbusen, 9200 E; meteorolog. Station; Werften.

haploid, Zellen (z. B. Keimzellen) od. Organismen mit einem einfachen *Chromosomensatz;* Ggs.: → diploid.

Happening, *s.* [engl. 'hæpə- „Geschehnis"], zeitgenöss. Kunstrichtung, vom Künstler szenisch gestaltete Darstellung, an der auch d. Zuschauer improvisiert und aktiv teilnehmen soll (seit etwa 1962); Vertreter: *Kaprow, Oldenburg, Vostell, Beuys.*

haptisch [gr.], den Tastsinn betreffend.

Harakiri, *s., Seppuku,* jap. (ritterlicher) Selbstmord durch Bauchaufschlitzen.

Harald, häufiger Name altnord. Fürsten, **1)** H. I. Harfågre (Schönhaar), vereinigte 872 die norweg. Reiche; **2)** H. II., letzter angelsächs. Kg, fiel 1066 bei Hastings; **3)** H. V. (* 21. 2. 1937), s. 1991 norweg. König.

Harare, früher *Salisbury,* Hptst. von Simbabwe, 681 000 E; Ind.- u. Handelszentrum, Landw., Bergbau.

Harbin, *Charbin,* Hptst. d. Prov. Heilongjiang, in der Mandschurei, am Sungari, 2,7 Mill. E; bed. Wirtsch.- u. Kulturzentrum des Fernen Ostens, Flußhafen, Verkehrsknotenpunkt.

Harburg-Wilhelmsburg, chem. St., s. 1937 St.teil v. Hamburg.

Hard (A-6971), östr. Markt-Gem. bei Bregenz am Bodensee, Vorarlberg, 10 200 E; Fremdenverkehr, Ind.

Hardanger, südwestnorw. Landschaft a. Hardangerfjord. – **H.arbeit,** norweg. Leinendurchbruch. – **H.-Fjord,** über 125 km lange, 3–6 km breite, bis 800 m tiefe, weitverzweigte Meeresbucht. – **H.-Vidda,** norw. Gebirgsplateau, bis 1862 m.

Hard edge [engl. 'haːd 'edʒ „harte Kante"], in d. zeitgenöss. Malerei konstruktivist. Richtung, klar definierte geometr. Farbfelder od. Figurationen werden durch hartkant. Umrisse streng gliedert; Vertr.: *Kelly, Noland, Stella.*

Harden, 1) Sir Arthur (12. 10. 1865–17. 6. 1940), engl. Chemiker; Forschungen über Zuckergärung, Nobelpreis 1929; **2)** Maximilian, eigtl. *Felix Ernst Witkowski* (20. 10. 1861–30. 10. 1927), dt. pol. Schriftst., Kritiker d. Zeitalters Wilhelms II.; *Köpfe;* Zeitschrift *D. Zukunft* (1892–1923).

Hardenberg, 1) Friedrich Freiherr v., → Novalis; **2)** Karl August Fürst v. (31. 5. 1750–26. 11. 1822), 1810 preuß. Staatskanzler, führte Steins Reformen (Freiheit d. Gewerbes u. der Religion, Beschränkung der Adelsrechte) fort.

Harding, Warren G. (2. 11. 1865–2. 8. 1923), am. republikan. Pol.; 29. Präs. der USA (1921–23).

Hardouin-Mansart → Mansart.

Hardt, Ernst (9. 5. 1876–3. 1. 1947), dt. Dichter d. Neuromantik; Versdramen: *Tantris der Narr;* Novellen.

Hardware [engl. 'haːdweə], *Datenverarbeitung,* maschinentechn. Ausstattung einer → Datenverarbeitungsanlage, im Ggs. zur → Software.

Hardy ['haːdi], Thomas (2. 6. 1840–11. 1. 1928), engl. pessimist. Romanschriftst.; *Tess of the D'Urbervilles.*

Hare-Krishna-Bewegung, 1966 in New

York von Guru *Swami Prabhupada* gegr. Jugendsekte; im Mittelpunkt steht das häufige wiederholte Singen d. heiligen Namen Gottes.

Harem, *m.* [arab. „unzugänglich"], streng abgeschlossenes Frauengemach i. Wohnhäusern d. Moslems.

Häresie [gr. „Auswahl"], Leugnung einer relig. Lehre zugunsten einer anderen, Irrlehre; **Häretiker,** Anhänger einer H.

Harfe, sehr altes Saiteninstrument b. allen Kulturvölkern; s. 1720 als Pedal-H. im → Orchester (Abb.).

Harich, Wolfgang (* 9. 12. 1923), dt. Publizist u. marx. Phil.; trat f. Demokratisierung d. DDR ein (1956–65 inhaftiert).

Haricots [frz. *ari'ko*], Bohnen; *Haricots verts* [-*vɛːr*], grüne *B.*

Harjana → Haryana.

Harlan, Veit (22. 9. 1899–12. 4. 1964), dt. Schausp. u. Filmregisseur; NS-Propagandafilme: *Jud Süß* (1940), *Kolberg* (1945).

Harlekin [it.], *Arlecchino,* urspr. Teufel im frz. Mysterienspiel des MA, dann Narrengestalt der dt. u. it. Bühne.

Harlem, Stadtteil von New York.

Harmattan, *m., Haramata,* sehr trockener, staubiger Wind aus N bis O in NW-Afrika.

Harmonie [gr.], **1)** *mus.* Einklang; Zusammenklang mehrerer Töne; **2)** *phil.* prästabilierte H., die (von Gott vorweg geordnete) Einstimmung aller Dinge im All (Leibniz). – **H.lehre,** Lehre v. Zus.klingen d. Töne u. den Gesetzen d. Fortschreitung im mehrstimm. Satz.

harmonische Teilung, Teilung e. Strecke in best. Verhältnis durch ihren inneren u. äußeren Teilpunkt.

Harmonium, klaviergr., orgelähnl. Tasteninstrument m. frei schwingenden Zungen z. Tonerzeugung; Füße d. Spielers treten gewöhnl. d. Blasebälge.

Harms, 1) Bernhard (30. 3. 1876–21. 9. 1939), dt. Volkswirtschaftler; begr. 1911 d. *Inst. für Weltwirtschaft* in Kiel; s. 1964 „Bernhard-Harms-Preis"; **2)** Claus (25. 5. 1778–1. 2. 1855), dt. ev. Theol.; 95 Thesen gg. den Rationalismus.

Harn, *Urin,* von den Nieren ausgeschiedene Flüssigkeit, enthält gelöste Stoffe: Salze, Stoffwechselprodukte (bei → Diabetes Zucker); bei Krankheiten der Niere u. a. Organen auch Eiweiß, Blut- und Nierenzellen usw.; sammelt sich in der **H.blase,** die durch Muskeldruck entleert wird. **H.leiter** führt H. vom Nierenbecken zur Blase.

Harnack, Adolf v. (7. 5. 1851–10. 6. 1930), dt. ev. liberaler Kirchenhistoriker u. Kulturpol.; Gründer d. Kaiser-Wilhelm-Ges. u. d. Notgemeinschaft d. dt. Wiss.; *Wesen des Christentums.*

Harngrieß, grießkornart., kristall. Niederschlag im Harn.

Harnisch, 1) Panzer, der den Oberleib bedeckt; auch die ganze Ritterrüstung; aus Platten, Kettenwerk; **2)** *in H. bringen,* wütend machen.

Härnösand, Hptst. des schwed. Län Västernorrland, a. **Härnösund,** 28 000 E; bed. Handelsplatz f. N-Schweden, Seehafen, Masch.-, Holz-, Tabakind.; ev. Bistum; 1885 als erste eur. St. el. Beleuchtung.

Harnröhre, leitet den Harn von der Harnblase nach außen, wenn sich der Blasenschließmuskel öffnet.

Harnruhr → Diabetes.

Harn-säure, Stoffwechselprodukt des Eiweißes (tägl. ca. 1 g), normal im Blut u. Harn gelöst, bildet krankhafterweise kristall. Niederschlag in Gelenken u. Weichteilen (Gicht) oder in den Harnwegen als *H.grieß* oder **H.stein** (Nierenstein od. Blasenstein).

Harnstoff, *Karbamid,* $CO(NH_2)_2$, farblose Kristalle; im Harn von Mensch u. Säugetier als Endprodukt der Eiweißspaltung (bei Versagen d. Nierentätigkeit im Blut zurückgehalten: *Harnvergiftung, Urämie*). Erstes künstl. hergestelltes Produkt eines Lebensvorganges (Wöhler 1828); techn. aus Kohlensäure u. Ammoniak nach *Bosch-Meißer* (1916); wertvoller 45%iger Stickstoffdünger; Ausgangsstoff f. Schlafmittel u. Kunststoffe. – **H.harze,** aus H. u. → Formaldehyd erhaltene Kunstharze; als Preßmassen- u. Schichtpreßstoffe, zur Holzverleimung u. als Lackharze verwendet.

harntreibende Mittel, *Diuretika,* Arzneien, die Vermehrung der Harnabsonderung *(Diurese)* bewirken; vor allem: Koffein, Theobromin u. die synthet. Xanthinderivate; Hausmittel: Wacholderbeeren, Liebstöckelwurzel.

Harnverhaltung, u. Blase b. Blasenlähmung, Blasenschließmuskel-Krampf u. Abflußbehinderung.

Harnzwang, sehr schmerzhafter Drang z. Harnlassen (z. B. bei Blasenkatarrh).

Harnzylinder, Eiweiß-Ausgüsse der Nierenkanälchen bei Nierenentzündung.

Harold → Harald.

Harpune, Wurfspieß mit Widerhaken u. langer Leine, auch bei Primitivvölkern (Eskimo, Andamanen), früher von Hand geworfen vom **Harpunier,** jetzt aus kl. Geschütz abgeschossen, zum → Walfang.

Harpyie, *w.,* **1)** Ungeheuer der griech. Sage, Sturmdämon; Vogel mit Mädchenkopf; **2)** größter Greifvogel S-Amerikas.

Harrer, Heinrich (* 6. 7. 1912), östr. Naturforscher u. Schriftst.; 1939 Himalaja-

Harnisch

expedition, 1944–51 in Tibet; *Sieben Jahre in Tibet; Geister u. Dämonen.*

Harrisburg [ˈhærɪsbəg], Hptst. des US-Staates Pennsylvania, 53 000 E; Eisen, Stahl, Kohle.

Harsányi [ˈhɔrʃɒnji], Zolt v. (27. 1. 1887–29. 11. 1943), ungar. Schriftst.; *Ungarische Rhapsodie; Ecce Homo.*

Harsch, vereiste Schneedecke.

Harsdörffer, Georg Philipp (1. 11. 1607–17. 9. 58), dt. Gelehrter u. Dichter, Gründer d. Pegnitzschäfer; Poetik: *Nürnberger Trichter.*

Harsewinkel (D-4834), St. i. Kr. Gütersloh, a. d. Ems, NRW, 19 118 E; Landmasch.- u. Fleischind.

Hart, Brüder, **1)** Heinrich (30. 12. 1855–11. 6. 1906) u. **2)** Julius (9. 4. 1859–7. 7. 1930), dt. Schriftst.; förderten m. ihren *Kritischen Waffengängen* d. Naturalismus.

härtbare Kunststoffe, Harnstoff-, Phenol- u. Polyesterharze; werden bei Erwärmen od. Zusatz v. Katalysatoren *(Härter)* unlöslich u. unschmelzbar; verwendet bei Preßmassen, Lacken u. Bindemitteln.

Härte, 1) Widerstand, den ein Körper dem Eindringen eines anderen bietet; **2)** *techn.* bei Werkstoffen → Brinellhärte. – **H. der Mineralien,** gemessen nach der *H.skala* von Mohs mit 10 H.graden: 1 Talk, 2 Gips, 3 Kalkspat, 4 Flußspat, 5 Apatit, 6 Feldspat, 7 Quarz, 8 Topas, 9 Korund, 10 Diamant. – **H. des Wassers,** durch Calcium-Magnesium-Verbindungen bedingt, u. a. Hydrogencarbonate; beim Erhitzen durch Entweichen der → Kohlensäure Kesselstein-Bildung; 1 dt. Härtegrad entspricht 10 mg CaO in 1 Liter Wasser; Wasserenthärtung durch Destillieren (dest. Wasser) od. mit Ionenaustauschern (Permutite, demineralisiertes W.).

Hartebeest, hirschgroße Kuhantilope m. langem Kopf u. leierförmigen Hörnern; S-Afrika.

Härten von Fetten → Fetthärtung. – **H. von Stahl,** durch rasche Abkühlung; zu großer Härte *(Glashärte* d. Stahls) durch → Anlassen herabgesetzt.

harte Währung, → Valuta, die im intervalutarischen Verkehr frei konvertiert werden kann.

Hartford [ˈhɑːtfəd], Hptst. d. US-Staates Connecticut, 136 000 E; Metall- u. Waffenind.

Hartgeld → Metallgeld.

Hartgewebe, Platten aus → härtbaren Kunststoffen mit Gewebebahnen als Einlage.

Hartglas, durch schnelle Abkühlung des glühenden Glases hergestellt, widerstandsfähig.

Hartgummi, *Ebonit,* vulkanisierter Gummi m. hohem Schwefelgehalt (bis 30%), hart u. polierbar; zu Kämmen, med. Geräten, d. Elektroind. als Isoliermittel verwendet.

Hartguß, Stahl mit harter Oberfläche, durch Gießen in Metallformen od. Kokillen erzielt; für Walzen, Eisenbahnräder usw.

Harth, Philipp (9. 7. 1885–25. 12. 1968), dt. Bildhauer; Tierplastiken.

Hartleben, Otto Erich (3. 6. 1864–11. 2. 1905), dt. naturalist. Schriftst.; *Rosenmontag; Vom gastfreien Pastor.*

Hartley [*'ha:tli*], Marsden (4. 1. 1877–2. 9. 1943), am. Maler; Wegbereiter d. mod. am. Malerei; bes. expressionist. Landschaften u. abstrakte Kompositionen.

Hartline [*'ha:tlaɪn*], Haldan Keffer (* 22. 12. 1903), am. Biophys.; Nobelpr. 1967 (Entdeckungen über d. primären chem. u. physiolog. retinalen Prozesse des Sehens).

Härtling, Peter (* 13. 11. 1933), dt. Schriftst.; *Janek; Niembsch od. d. Stillstand; Hölderlin; Nachgetragene Liebe; Waiblingers Augen; Kinderbücher,* Essays, Lyrik.

Hartmann, 1) Eduard v. (23. 2. 1842–5. 6. 1906), dt. Phil., nach s. Lehre bildet d. Unbewußte als Synthese der logischen Idee u. des alogischen Willens Grundlage d. Welt; *Philosophie des Unbewußten; Kategorienlehre;* **2)** Karl Amadeus (2. 8. 1905–5. 12. 63), dt. Komp.; 8 Sinfonien; Oper: *Des Simplicius Simplicissimus Jugend;* Begr. d. *Musica viva* (Konzerte) in München; **3)** Max (7. 7. 1876–11. 10. 1962), dt. Biologe u. Nat.phys.; *Allg. Biol.; D. Sexualität;* **4)** Nicolai (20. 2. 1882–9. 10. 1950), dt. Phil.; nach ihm gibt es echte Erkenntnis einer realen Welt in 4 Schichten: der anorganischen, d. organischen, d. seel. u. der geistigen.

Hartmannsweilerkopf, Ausläufer d. S-Vogesen i. Oberelsaß, 957 m.

Hartmann von Aue (um 1200), mittelhochdt. Dichter; Legenden: *Gregorius; D. arme Heinrich;* Epen aus dem Artus-Sagenkreis: *Erek; Iwein;* Minnelieder.

Hartmetalle, Schwermetallverbindungen v. diamantähnl. Härte; Herstellung: Carbide des Wolframs u. a. Schwermetalle, durch Sintern zu Plättchen geformt, bilden die harte Schneide v. Hochleistungs-Werkzeugen z. Bearbeitung v. Metallen, Glas: *Widia®, Titanit®* u. a.

Hartpapier, Platten aus → härtbaren Kunststoffen mit Papierbahnen als Einlage.

Hartriegel, svw. → Kornelkirsche.

Hartschier, *Hatschier,* berittener Bogenschütze; auch bayr. Leibgardist.

Hartung, 1) Fritz (12. 1. 1883–24. 11. 1967), dt. Historiker; *Dt. Geschichte 1871–1919;* **2)** Hans (* 21. 9. 1904), frz.-dt. Maler; gegenstandslose u. informelle Malerei, Vertr. d. École de Paris; **3)** Hugo (17. 9. 1902–2. 5. 72), dt. Schriftst.; *Ich denke oft an Piroschka; Wir Wunderkinder;* **4)** Karl (2. 5. 1908–19. 7. 67), dt. Bildhauer; absolute Plastik; Porträts.

Hartung, *Hartmonat,* alter dt. Name f. Januar.

Harun ar Raschid, Kalif von Bagdad 786–809.

Harunobu, Suzuki (um 1725–29. 6. 70), jap. Holzschnittmeister (→ Tafel Holzschnitt).

Haruspex [l.], etrusk. u. röm. Priester; weissagte aus den Eingeweiden von Opfertieren.

Harvard-Universität [*'ha:vəd-*], i. Cambridge (Mass.); 1636 gegr., älteste Hochschule der USA.

Harvey [*'ha:vi*], **1)** Lilian (19. 1. 1907–27. 7. 68), engl.-dt. Filmschausp.in; *Der Kongreß tanzt; E. blonder Traum;* **2)** William (1. 4. 1578–3. 6. 1657), engl. Anatom, entdeckte den Blutkreislauf.

Harwell [*'ha:wəl*], südengl. Gem. bei Oxford; brit. Kernforschungszentrum.

Harwich [*'hærɪdʒ*], engl. St. in der Gft Essex, 15 000 E; Hafen, Seebad.

Haryana, *Harjana,* ind. B.staat, 44 212 km², 13 Mill. E; Hptst. *Chandigarh.*

Harz, horstartiges, reichbewaldetes Mittelgebirge mit Steilabfall nach N und W, zw. der Goldenen Aue u. dem Norddt. Flachland; besteht aus paläozoischen Gesteinen, darüber d. Granitmassiv des *Brockens* (1142 m), dicht am N-Rand; d. westl. Teil: *Oberharz,* Mittelhöhe 600 m, nebel- u. regenreich; Bodenschätze: Silber, Eisen, Blei, Kupfer (Bergbau stark zurückgegangen); im O: *Unterharz,* Mittelhöhe 400 m, Täler: Bode, Selke, Oker, Ilse, oft m. bed. Talsperren; Kurorte: *Wernigerode, Thale, Braunlage, Schierke;* Tropfsteinhöhlen bei Rübeland.

Harzburger Front, 1931/32 Zus.schluß v. NSDAP, Stahlhelm u. Deutschnationalen gg. d. Kabinett Brüning.

Harze, die aus angeschnittenen Bäumen fließende amorphe, brennbare Masse *(Terpentin);* z. B. *Fichtenharz* (Kolophonium), trocken destilliert: *Harzöle* u. Pech; Verwendung der H. zu Harzseifen *(Resinate),* Firnis, Papierleim, Lacken; *Weich-H.* (Balsam), Peru-, Kopaivabalsam zu med. Zwecken, *Gummi-H.* (Mastix, Gummiarabikum) zu Klebstoffen.

Hasard, *s.* [frz. *a'za:r*], Hazard, „Zufall", Glücksspiel.

Haschisch, *s.* [arab.], Rauschgift aus d. Harz d. ind. Hanfs, meist (mit Tabak vermischt) geraucht od. in Tee getrunken, Hauptwirkstoff Tetrahydrocannabinol (THC); keine körperl., aber psych. Abhängigk.; auch Einstiegsdroge zu stärkeren Suchtmitteln.

Hasdrubal, karthag. Feldherren: **1)** kämpfte 237–221 v. Chr. in Spanien, † 221; **2)** Bruder Hannibals, nach dessen Abzug Oberbefehlshaber in Spanien; zog später nach Italien, um Hannibal zu Hilfe zu kommen, wurde fiel 207.

Hase, *astronom.* → Sternbilder, Übers.

Hašek [*-ʃek*], Jaroslav (24. 4. 1883–3. 1. 1923), tschech. Schriftst.; satir. Roman: *Die Abenteuer des braven Soldaten Schwejk.*

Hasel-huhn, kleines Waldhuhn; Europa u. Asien in Gebirgswäldern. – **H.maus,** nesterbauende Schlafmaus, gelbbraun. – **H.nußstrauch,** Waldstrauch, den Birken

verwandt; eßb. Nüsse, bes. groß die *Lambertnüsse* (Baumhaselnüsse aus Südosteur.). – **H.wurz,** Osterluzeigewächs, dunkelgrüne, ledrige Blätter, braunrote Blüten; in Laubwäldern; Brechmittel.

Hasen, nagetierähnl. Säugetierordnung: → *Pfeifhasen, Echte H.,* → *Kaninchen;* z. B. *Feldhase,* braungrau, Männchen „Rammler", Weibchen „Satz-H.", setzt 2–4mal jährl. 2–5 Junge.

Hasenclever, Walter (8. 7. 1890–21. 6. 1940), dt. expressionist. Dramatiker; symbol. Bühnenstil; *Der Sohn; Antigone;* Komödie: *Napoleon greift ein.*

Hasenhacke, Geschwulst am Sprunggelenk der Pferde.

Hasenmäuse, kaninchenähnl. Nagetiere S-Amerikas (z.B. → Chinchilla; wertvolle Pelze).

Hasenscharte, angeborene Spaltung d. Oberlippe; auch → Wolfsrachen.

Haskil, Clara (7. 1. 1895–7. 12. 1960), schweiz. Pianistin rumän. Herkunft (Mozartinterpretin).

Hasli, das obere Aaretal, 40 km l., zw. *Grimsel* (2165 m) u. Brienzer See (564 müM); Hptort *Meiringen,* 4100 E; gr. Kraftwerk Oberhasli.

Hasmonäer, svw. → Makkabäer.

Haspel, Welle od. Seilscheibe im Bergbau (Haspelrad), auf der sich das Zugseil aufwickelt; zur Kraftübertragung, insbes. zum Heben von Lasten; auch *Garn-H.,* achteckiges Gestell zum Aufspulen beim Messen von Garnen.

Haspinger, Johann (28. 10. 1776–12. 1. 1858), als Ordensgeistlicher *Pater Joachim,* mit Andreas Hofer Tiroler Freiheitskämpfer (1809).

Hass, Hans (* 23. 1. 1919), östr. Zoologe u. Verhaltensforscher; Unterwasserexpeditionen in trop. Meere; (Fernseh-)Filme; Bücher.

Hassan II. (* 9. 7. 1929), s. 1961 Kg von Marokko.

Hasse, Johann Adolf (1699–16. 12. 1783), dt. Komp., Hptvertr. d. Opera seria in Italien, wirkte in Dresden.

Hassel, 1) Kai-Uwe v. (* 21. 4. 1913), CDU-Pol.; 1954–62 Min.präs. v. Schl-Ho., 1962–66 Verteid.min., 1966–69 Vertriebenenmin.; 1969–72 B.tagspräs.; **2)** Odd (17. 5. 1897–11. 5. 1981), norweg. Chemiker, Nobelpr. 1969 (Entwicklung d. Konformationsbegriffs).

Hasselfeldt, Gerda (* 7. 7. 1950), CDU-Pol.in; 1989–91 B.min.in f. Raumordnung, Bauwesen u. Städtebau, s. 1991 B.gesundheitsmin.in.

Hassell, Ulrich v. (12. 11. 1881–8. 9. 1944), dt. Diplomat, 1932–38 Botsch. in

Haselnuß

Wilhelm Hauff

Rom; Widerstandskämpfer; hingerichtet; *Vom anderen Dtld.*
Haßfurt (D-8728), Krst. des Kr. Haßberge, Bay., 11 208 E; AG; ma. Gepräge; div. Ind.
Hassi Messaud, St. in Algerien, in der N-Sahara, 6000 E; Erdölzentr.; Ölleitung z. Mittelmeerküste.
Haßler, Hans Leo (1564–8. 6. 1612), dt. Komp., Schüler v. A. Gabrieli; geistl. u. weltl. Lieder, Messen, Madrigale; Orgelwerke.
Haßloch (Pfalz) (D-6733), Gem. im Ldkr. Bad Dürkheim, RP, 18 646 E; div. Ind.; Fremdenverkehr.
Hastings [ˈheɪstɪŋz], Warren (6. 12. 1732–22. 8. 1818), engl. Staatsmann; festigte die brit. Herrschaft in Indien. 1774–85 ind. Gen.-Gouverneur.
Hastings [ˈheɪstɪŋz], St. in der engl Gft Sussex, a. Kanal, 75 000 E; Seebad. – 1066 Sieg Wilhelms des Eroberers über die Angelsachsen.
Hatay → Iskenderun.
Hathor, ägypt. Göttin d. Himmels u. der Freude, auch Totengöttin.
Hatikwa [hebr. „die Hoffnung"], Nationalhymne Israels.
Hattersheim a. Main (D-6234), St. im Main-Taunus-Kreis, Hess., 23 348 E; Schokoladenfabrik.
Hattingen (D-4320), St. im Ennepe-Ruhr-Kr., NRW, 56 242 E; AG; Stahl- u. Hüttenwerk.
Hatto I., 891–913 Erzbischof von Mainz, regierte für Ludwig das Kind; Sage vom Binger Mäuseturm.
Hauben-lerche → Lerchen. – **H.taucher,** Steißfüße, häufige Wasservögel auf Seen, vorzügliche Taucher; auf d. Scheitel Federbusch, Kopfkragen.
Haubitze, Feldgeschütz, Mittelstellung zw. Kanone und Mörser.
Hauck, Albert (9. 12. 1845–7. 4. 1918), dt. ev. Theol.; *Realenzyklopädie f. protestant. Theologie u. Kirche.*
Hauenstein, zwei Pässe über den Schweizer Jura zw. Basel und Solothurn, *Oberer H.* von Waldenburg, *Unterer H.* von Liestal aus nach Olten; Tunnel, 8134 m lang.
Hauer, Joseph Matthias (19. 3. 1883–22. 9. 1959), östr. Komp.; Erfinder e. Zwölftonsystems (Tropen).
Hauer, 1) Bergmann m. abgeschl. Ausbildung; **2)** in Östr. svw. Weinhauer, Winzer; **3)** die gekrümmten Eckzähne d. Unterkiefers beim männl. Wildschwein; i. Oberkiefer als *Haderer* bez.

Hauff, 1) Volker (* 9. 8. 1940), SPD-Pol.; 1978–80 B.min. für Forschung u. Technologie, 1980–82 B.min. für Verkehrswesen; **2)** Wilhelm (29. 11. 1802–19. 11. 27), dt. Schriftst.; histor. Roman: *Lichtenstein;* Märchen; Novellen: *Jud Süß.*
Haugesund, norweg. Hafenst. an d. atlant. Küste, 27 300 E; Schiffahrt, Fischausfuhr.
Hauptbuch, faßt bei doppelter → Buchführung d. Einzelergebnisse d. Sachkonten zusammen; in d. einfachen Buchführung: Kunden- u. Lieferantenbuch.
Hauptmann, 1) Carl (11. 5. 1858–4. 2. 1921), dt. expressionist. Dichter; Romane: *Mathilde; Einhart der Lächler;* Drama: *Die armseligen Besenbinder;* Lust-

Gerhart Hauptmann

spiel: *Tobias Buntschuh;* s. Bruder **2)** Gerhart (15. 11. 1862–6. 6. 1946), dt. Dichter; Wegbereiter d. modernen Theaters durch Ausprägung eines naturalist. soz. Dramas; *Vor Sonnenaufgang; Die Weber; Fuhrmann Henschel; Rose Bernd;* histor. Dramen: *Florian Geyer;* Märchenspiele: *Hanneles Himmelfahrt; Und Pipa tanzt;* Tragödie: *Atriden-*Tetralogie; Romane: *Der Narr in Christo Emanuel Quint;* Nobelpr. 1912.
Hauptmann, Offiziersdienstgrad zw. Oberleutnant u. Major; Marine: *Kapitänleutnant* (Rittmeister d. Kavallerie b. 2. Weltkr.).
Hauptreihe, astronom. die Linie d. Sterne normalen phys. Zustandes im → Russell-Diagramm.
Hauptspant, *s.,* Schiffsrippe an d. breitesten Stelle, meist Mitte d. Schiffs.
Hauptstrom, bei Verzweigung elektrischen Stroms die dem Weg geringsten Widerstandes folgende größere Strommenge; Ggs.: Nebenstrom. – **H.maschine,** Gleichstrommaschine, bei der Anker und Magnetfeld in Serienschaltung vom gesamten Strom durchflossen werden.
Haupt- und Staatsaktionen, Geschichtsdramen des 17. u. 18. Jh.; von starkem Pathos.
Hauptverfahren, die Vorbereitung u. Durchführung d. Hauptverhandlung im Strafprozeß; wird vom Gericht durch Eröffnungsbeschluß eingeleitet (§§ 203–275 StPO).
Hauptversammlung → Aktiengesellschaft.
Hauptwort, *s.,* lat. *Substantiv,* bezeichnet

Ding, Wesen od. Begriff, oft v. Geschlechtswort begleitet.
Haura, *Howrah,* ind. St. in W-Bengalen, 744 000 E; Ind.vorort v. Kalkutta (Hängebrücke 655 m l.).
Hausbuchmeister (um 1445–n. 1505), wohl mittelrhein. Kupferstecher u. Maler d. Spätgotik (*Passionsaltar,* Freiburg i. Br.); n. dem v. ihm illustr. Hausbuch auf Schloß Wolfegg benannt.
Hausdurchsuchung → Durchsuchung.
Hausen, *m.,* russ. *Beluga,* Störfisch d. Schwarzen u. Kaspischen Meeres, liefert Kaviar; aus d. inneren Schicht d. Schwimmblase (**H.blase**) Leim, Appretur.
Hausenstein, Wilhelm (17. 6. 1882–3. 6. 1957), dt. Kunsthistoriker u. Schriftst.; 1953–55 Botsch. in Paris.
Hauser, Kaspar (30. 4. 1812–17. 12. 33), Findling in Nürnberg, vermutl. badischer, aus Erbfolgegründen beseitigter Prinz; ermordet.
Hausfriedensbruch, widerrechtl. Eindringen oder Verweilen in fremden Räumen od. umfriedeten Grundstücken; nur auf Antrag verfolgt (§ 123 StGB).
Haushalt, 1) Wirtschaftsgemeinschaft von meist verwandten Personen (auch mehrerer Familien). Arten: Einzel-H., Familien-H., Anstalts-H. Ständige Verringerung der Durchschnittsgröße eines H.s: 1871 = 4,7 Personen, 1910 = 4,5, 1925 = 4,0, 1933 = 3,7, 1972 (BR) = 2,67, 1989 (BR) = 2,24; **2)** *H. von Körperschaften* → öffentl. Haushalt.
Haushofer, 1) Albrecht (7. 1. 1903–23. 4. 45, hingerichtet), dt. Geograph; *Moabiter Sonette;* sein Vater **2)** Karl (27. 8. 1869–13. 3. 1946, Selbstmord), dt. General u. Geograph; seine → Geopolitik von Hitler mißbraucht.
Hausierhandel → ambulantes Gewerbe.
Häusler, Landbewohner, der nur Gartenland u. Haus besitzt, kein Feld; Tagelöhner.
Hausmann, 1) Manfred (10. 9. 1898–6. 8. 1986), dt. Dichter; lyrisch-romant. Erzählungen; Romane: *Salut gen Himmel; Abel mit der Mundharmonika,* Gedichte; **2)** Raoul (12. 7. 1886–1. 2. 1971), östr. Künstler u. Schriftst., neben J. → Heartfield Miterfinder der → Fotomontage, optophonet. Gedichte; Mitbegr. d. Berliner → Dada-Gruppe.

Alte deutsche Hausmarken

Hausmarke, Eigentums- und Herstellerzeichen in Runenform: Bild-, Schriftzeichen an Haus oder Gegenständen; auch eigenes Erzeugnis einer Handelsfirma.
Hausmeier [l. maior domus], oberster Hofbeamter und Stellvertreter der merowing. Könige.

Hausner, Rudolf (* 4. 12. 1914), östr. Maler, gehört z. „Wiener Schule des → Phantastischen Realismus".

Haussa, kunstsinniges, in Westafrika weit verbreitetes Händlervolk westhamit. Sprache u. äthiopo-sudanider Rassenmischung.

Hausschwamm, *Holzschwamm,* Pilz, dessen weiße Fadengeflechte in totem Holz wuchern u. es zerstören; gefährlich für Gebäude, sofern sie feuchte Stellen enthalten, breitet sich von hier weithin aus und durchdringt selbst Mauerwerk, daher schwer zu bekämpfen. Vorbeugung: Verwendung trockenen Bauholzes; Bekämpfung: Ersatz des befallenen Holzes, Durchlüftung und Austrocknung, Karbolineum, Imprägnieren; → Holzschutz.

Hausse [frz. *'hos(ə)*], Börsenausdruck: Ansteigen, Anziehen der Preise (Kurse); Ggs.: → Baisse.

Haussmann, 1) Georges Eugène [*os'man*], Baron (27. 3. 1809–12. 1. 91), frz. Stadtplaner; unter Napoleon III. Gestalter d. modernen Paris, legte breite Boulevards und Kanalisation an; **2)** Helmut (* 18. 5. 1943), dt. Diplomkaufmann u. FDP-Pol.; 1984–88 Gen.sekretär d. FDP, 1988–91 B.wirtschaftsmin.

Hausurnen, vorgeschichtl. Aschenurnen in Hausform, viereckig oder rund.

Hauswirtschaft, 1) svw. → Haushalt; **2)** Stufe i. d. volkswirtsch. Entwicklung, in der d. Gütererzeugung einer Hausgemeinschaft sich nur nach dem Eigenbedarf (Verbrauch) richtet u. ihn ohne Inanspruchnahme d. Marktes deckt (geschlossene H.).

hauswirtschaftliche Lehre, zweijähr. Grundausbildung f. hauswirtsch. Berufe (Hausangestellte, Wirtschaftsleiterin).

Hauswurz, svw. → Sempervivum.

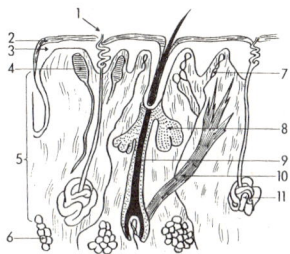

1 Ausführungsgang der Schweißdrüse, 2 Hornschicht der Oberhaut, 3 Keimschicht der Oberhaut, 4 Tastkörperchen, 5 Bindegewebe der Haut, 6 Fett im Unterhautgewebe, 7 Kapillaren (feinste Blutgefäße), 8 Talgdrüsen am Haarbalg, 9 Haarschaft, 10 Haarbalgmuskeln, 11 Schweißdrüse

Haut mit Haar

Haut, lat. *Cutis,* Decke des Körpers, schützt gg. Eindringen v. Fremdkörpern u. gg. Wärmeverlust, dient der Sinneswahrnehmung sowie als Abwehrorgan gg. Infektionen. *Menschliche H.:* Ober-

haut, Lederhaut, Unterhautgewebe usw. (Abb.). - **H.atmung,** Sauerstoffaufnahme u. Kohlensäureabgabe durch die H., bei vielen Tieren von großer Bedeutung, beim Menschen nur 1% der Lungenatmung.

Hautausschlag, oft Zeichen e. inneren Krankheit oder Allgemeinstörung.

Haute Couture, *w.* [frz. *ot ku'tyr*], Hohe Schneiderkunst der für die intern. Mode richtungweisenden Modeschöpfer.

Hautevolee, *w.* [frz. *otvo'le*], vornehme Gesellschaft.

Hautflügler, Insektenordnung m. 2 Paar dünnhäutigen Flügeln; oft m. Giftstachel; hierin die staatenbildenden Bienen, Hummeln, Wespen u. Ameisen (nicht die Termiten).

Hautgoût, *m.* [frz. *o'gu*], Geschmack nicht frischen Fleisches, bes. Wildes; „Stich" (v. Feinschmeckern geschätzt).

Hautpilze, *Dermatophyten,* Erreger von Hautpilzerkrankungen (Dermatomykosen).

Hautsinn, Berührungs-, Tast-, Temperatur-, Feuchtigkeits-, Schmerz-, Druck-, Kitzelempfindung.

Häutung, *Ekchlysis,* period. Wechsel der zu klein gewordenen, nicht mitwachsenden → Chitinhülle bei Insekten u. Krebsen, d. Haut (Hornschicht) bei Reptilien; hormonale Steuerung der H. durch → Ekdyson.

Hautwassersucht → Ödem.

Havana → Habana, La.

Havana Charter → ITO.

Havarie [arab. „beschädigte Ware"], **1)** Beschädigung an Schiff od. Ladung od. Seereise; *große H.* (Beschädigung erfolgt wegen Notstandes absichtlich); *besondere H.* (Schäden durch Unfall od. Verschulden); *kleine H.* (Unkosten d. Schiffahrt); **2)** östr. Sachschaden bei einem Autounfall, Unfallwagen.

Havel, Václav (* 5. 10. 1936), tschechoslow. Dramatiker und Bürgerrechtler; s. 1989 Staatspräs.

Havel, r. Nbfl. der Elbe, entfließt dem Dambecker See bei Neustrelitz, 343 m l., schiffbar; mit vielen abzweigenden Kanälen (Finow-Kanal, Berlin-Stettin-K., Ruppiner K., Teltow-K., Plauer K.) u. seenartigen Erweiterungen; durchfließt zw. Spandau u. Rathenow (H.bogen) d. **H.land.**

Havelberg (D-3530), Krst. an d. unteren Havel, S-A., 7100 E; roman. u. got. Dom.

Havelock, *m.,* Herrenmantel mit kragenart. Überwurf, nach engl. General *H.* (1795–1857) benannt.

Havemann, Robert (11. 3. 1910–10. 4. 82), dt. Physikochem. u. Altkommunist i. d. DDR; Systemkritiker; *Aus d. Biographie eines dt. Marxisten.*

Havre, Le [*lə'avr*], zweitgrößter frz. Handelshafen, a. d. Seinemündung, 199 000 E; Schiffbau, Ölraffinerie; div. Ind.

Hawaii, südlichste u. größte Insel der

H.inselgruppe, 10 414 km², 117 500 E; erloschene u. tätige Vulkane (*Mauna Kea* 4208 m, *Mauna Loa* 4170 m, mit dem Krater Kilauea u. Lavasee Halemaumauru); Hptort *Hilo* (37 000 E); Seehafen.

Hawaii-Inseln, *Sandwichinseln,* Inselgruppe im Pazifik, am Wendekreis des Krebses, Staat d. USA, 8 größere Inseln: *Hawaii, Maui, Oahu, Kauai, Niihau, Molokai* (Insel der Leprakranken), *Lanai, Kahulaui* u. kleinere; 16 705 km², 1,09 Mill. E, bes. Japaner (38%), Weiße, Kanaken (Hawaiier) u. Mischlinge, Philippiner, Chinesen; Hptprodukte: Rohrzukker, Kaffee, Ananas, Bananen; Hptst. *Honolulu.* – 1527 v. Spaniern entdeckt; 1900 zu USA, s. 1959 Staat d. USA.

Hawk [engl. *hɔːk* „Falke"], Flugabwehrraketensystem; mobiles, allwetterfähiges, rechnergestütztes Lenkflugkörpersystem; Bedienung: 39 Mann; Geschwindigkeit: ca. 3 Mach; Reichweite: ca. 40 km.

Hawks [*hɔːks*], Howard (30. 5. 1896–27. 12. 1977), am. Filmregisseur; *Bringing up Baby* (1938); *The Big Sleep* (1946); *Red River* (1948); *Hatari* (1961).

Haworth [*'hɔːəθ*], Sir Walter Norman (19. 3. 1883–19. 3. 1950), engl. Chem.; Zucker- u. Vitaminforschung, Nobelpr. 1937.

Hawthorne [*hɔːθɔːn*], Nathaniel (4. 7. 1804–19. 5. 64), am. pessimist. Erzähler; *D. scharlachrote Buchstabe.*

Haydée [*ai'dei*], Marcia (* 18. 4. 1939), brasilian. Ballettänzerin; s. 1976 Leiterin d. Stuttgarter Balletts.

Joseph Haydn

Haydn, 1) Franz Joseph (31. 3. 1732– 31. 5. 1809), östr. Komp. d. Wiener Klassik; 1761–90 Kapellmeister u. Dirigent beim Fürsten Esterházy in Eisenstadt; 1790–92 u. 1794/95 Reisen nach London; gültige Form d. mehrsätzigen Sinfonie u. Sonate u. sonate wie Färbung d. Instrumentation; 107 Sinfonien, 24 Opern; Oratorien: *Die Schöpfung; Die Jahreszeiten;* Messen, Motetten; 83 Streichquartette; 163 Klaviersonaten; Melodie „Gott erhalte Franz, den Kaiser" später Nationalhymne (Deutschlandlied); s. Bruder **2)** Michael (14. 9. 1737–10. 8. 1806), östr. Komp., Kirchenmusiker.

Hayek, Friedrich August v. (* 8. 5. 1899), am. Volkswirtschaftler östr. Herkunft; Arbeiten zur Geld- u. Konjunkturtheorie; *Der Weg zur Knechtschaft;* (zus. m. K. G. → Myrdal) Nobelpr. 1974.

Haym, Rudolf (5. 10. 1821–27. 8. 1901),

dt. Literarhistoriker; Begr. d. *Preuß. Jahrbücher; Romantische Schule.*
Hazienda, w. [span. a'θĭ-], Farm, Landgut.
Hb, Abk. f. → Hämoglobin.
H-Bombe → Kernwaffen.
h. c. → Dr. h. c.
He, chem. Zeichen f. → Helium.
Headline [engl. *'hedlain*], Schlagzeile (insbes. in d. Zeitung), Überschrift-, Kopfzeile.
Healey [*'hili*], Denis (* 30. 8. 1917), engl. Labour-Pol.; 1964–70 Verteid.min., 1974–79 Schatzkanzler.
Hearing, s. [engl. *'hɪər-*], Anhörverfahren, Befragung von Sachverständigen oder Zeugen, z. B. im Rahmen einer parlamentar. Untersuchung.
Hearst [*həst*], William Randolph (29. 4. 1863–14. 8. 1951), am. Zeitungsverleger: **H.presse.**
Heartfield [*'ha:t-*], John, eigtl. *Helmut Herzfeld* (19. 6. 1891–26. 4. 1968), dt. Künstler; 1938–50 in England; entwickelte gesellschaftskrit. → Fotomontage als Kunstform; Mitbegr. der Berliner *Dada*-Gruppe.

Edward Heath

Heath [*hiθ*], (seit 1986) Sir Edward (* 9. 7. 1916), engl. konservat. Pol.; 1965–75 Parteivors., 1970–74 Premiermin.
Heavisideschicht [*'hɛvɪsaɪd-*], → Stratosphäre.
Hebamme, behördl. geprüfte u. anerkannte Geburtshelferin; 2 Jahre Ausbildung in H.n-Lehranstalten (1982 i. d. BR 5741 H.n tätig).

Friedrich Hebbel

Hebbel, 1) Friedrich (18. 3. 1813–13. 12. 63), dt. Dramatiker d. Realismus; *Judith; Maria Magdalene; Herodes u. Mariamne; Gyges u. s. Ring; Die Nibelungen; Agnes Bernauer;* Fragment: *Demetrius;* Gedichte; *Tagebücher;* s. Gattin **2)** Christine, geb. Enghaus (1817–1910), östr. Schausp.in (Heroine) am Wiener Burgtheater.

Hebe, in d. griech. Sage Göttin d. Jugendschönheit; als Mundschenkin d. Götter m. Kanne dargestellt.
Hebei, früher *Hopei,* bis 1928 *Tschili,* nordchin. Küstenprov., 202 700 km², 56 Mill. E; umfaßt Großteil d. Nordchin. Ebene (Getreideanbau) u. deren Gebirgsumrandung im W u. N (Steinkohle, Eisenerz); Hptst. *Shijiazhuang.*
Hebel, Johann Peter (10. 5. 1760–22. 9. 1826), alemann. volkstüml. Dichter; *Schatzkästlein des rhein. Hausfreunds; Kalendergeschichten.*

Zweiarmiger Hebel

Hebel, fester, um eine Achse drehbarer Körper, an d. zwei Kräfte, nämlich die bewegende (Kraft) u. die bewegte (Last), angreifen (z. B. *Hebebaum,* mittels dessen Lasten gehoben werden). H.gesetz: Die aufzuwendende Kraft steht zur Last im umgekehrten Verhältnis der *Hebel* arme (Goldene Regel d. Mechanik). Der H. ist einarmig, wenn Kraft u. Last auf derselben Seite, zweiarmig, wenn sie auf verschiedenen Seiten v. Drehpunkt aus angreifen.
Hebemaschinen, zum Heben v. Lasten: Aufzüge (→ Fahrstuhl, → Paternosteraufzug), → Flaschenzug, → Kran, → Winde; Antrieb b. leichten Anlagen von Hand; früher hydraulisch, heute elektrisch.

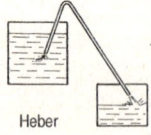
Heber

Heber, Apparat zur Flüssigkeitsentnahme mit Hilfe des Luftdrucks: einschenklig: *Stechheber,* auch die → Pipette, oder zweischenklig, durch Saugen: *Saugheber* (Abb.).
Hebräer [hebr. „ibrim"], semitischer Volksstamm; i. A.T. H. die Israeliten. –
H.brief, Schrift des N.T., Verfasser unbekannt.
hebräische Literatur, a) *vorchristlich:* Schriften d. A.T.; *Thora Mosis* (5 Teile), *Chroniken u. Novellen* (Epik); *Psalmen, d. Hohelied;* Propheten: Jesaja, Jeremia, Ezechiel (Lyrik); Sprüche und Weisheit: *Sprüche u. Prediger Salomo, Buch Hiob, Jesus Sirach;* **b)** *nachchristlich:* Dogmatisches u. Episches in d. (babylonischen) Rezension d. *Talmud* (um 500 abgeschlossen); unter s. späteren Bearbeitungen (Kürzungen) bes. der *Gedeckte Tisch* d. Joseph Karo; rel. Lyrik: Jehuda ben Halevi (12. Jh.); Philosophie in Aristoteles-Tradition: Moses Meimonides; späte

jüdische Mystik in d. *Chassidischen Schriften* um den Baalschem (18. Jh.).
hebräische Schrift, wahrscheinlich aus phöniz. entwickelt, alphabet. Lautschrift, von rechts nach links laufend; versch. Schriftarten: **1)** *althebräische,* erhalten auf Mesa-Stein u. Münzen, **2)** *Quadratschrift,* urspr. ohne Vokale, 5.–8. Jh. m. Vokal- u. Akzentzeichen (Punktierung) versehen in bibl. u. Mischnah-Text; **3)** *Raschischrift* im Talmud u. Kommentatoren; **4)** *Kursivschrift* (geschriebene Schrift).
hebräische Sprache   → Sprachen, Übers.
Hebriden, engl. *Hebrides* od. *Western Islands,* 2 Gruppen von mehr als 500 westschott. Inseln (etwa 100 bewohnt); *Außen-H.* (Lewis, Harris, N- u. S-Uist u. a.); *Innen-H.* (Skye, Tiree u. a.); stürmisches, aber mildes Klima, 7285 km², etwa 32 000 E; Fischerei, Viehzucht, Weberei (Harris-Tweed); Hptort *Stornoway* (5000 E) auf Lewis; *Druidensteine;* auf kl. Insel *Staffa* die *Fingalshöhle* (Säulenbasalt).
Hebron, *Al Khalil,* St. in Jordanien; s. 1967 unter isr. Verw., 80 000 E.
hecheln, gebrochenen Flachs maschinell auskämmen, wobei lange Fasern v. Werg befreit werden.
Hechingen (D-7450), St. i. Zollernalbkr., Ba-Wü., 16 029 E; LG, AG; Textil-, Metall- u. Holzind.; ehem. Residenz der Fürsten v. Hohenzollern-H.
Hecht, größter Raubfisch d. Süßwassers, mit entenschnabelähnl. Schnauze, große Fangzähne; wird sehr alt, bis 1,5 m lang, 35 kg schwer; wertvoller Speisefisch.
Heck, 1) Bruno (10. 1. 1917–16. 1. 89), CDU-Pol.; 1962–68 B.min. f. Familienu. Jugendfragen; 1967–71 Gen.sekr. d. CDU; **2)** Ludwig (11. 8. 1860–7. 7. 1951), dt. Zoologe; Direktor d. Berliner Zoolog. Gartens; *Heiter-ernste Lebensbeichte.*
Heck, s., hinterer Teil eines Schiffes, Wagens.
Heckantrieb beim Kfz: Motor, Kupplung, Getriebe u. Achsenantrieb sind im Heck d. Wagens (gutes Anfahr- u. Steigvermögen, u. U. verringerte Fahrstabilität).
Heckel, Erich (31. 7. 1883–27. 1. 1970), dt. expressionist. Maler u. Graphiker, Mitbegr. d. → Brücke; Landschaften; *Ostender Madonna* (→ Tafel Holzschnitt).
Heckenbraunelle → Braunelle.
Heckenkirsche, Arten d. Geißblatt; Ziersträucher.
Hecker, Friedrich (28. 9. 1811–24. 3. 81), 1848 badischer republikan. Freischarenführer, später Farmer in d. USA; Oberst im Sezessionskrieg.
Hede, w., Werg, kurze Abfallfasern der Flachs- oder Hanfgewinnung, für grobe Gespinste, zum Verpacken, Ausstopfen, Putzen.
Hederich, Ackerunkräuter, → Rettich, → Senf.

Sven Hedin

Hedin, Sven v. (19. 2. 1865–26. 11. 1952), schwed. Forschungsreisender; löste → Lop-Nur-Problem, stellte Quellen des Zangbo u. Verlauf d. Fluß- u. Gebirgssystems Tibets fest, entdeckte d. Transhimalaja (Hedin-Gebirge); *Durch Asiens Wüsten; Transhimalaja.*

Hedonismus [gr.], durch → Aristipp um 400 v. Chr. begründete Lehre der griech. Philosophie, derzufolge die lustvolle Freude oberstes Ziel des menschlichen Strebens ist; Anhänger des H. sind die → Kyrenaiker.

Hedschas, *Hidschas,* arab. Küstengebiet am Roten Meer, Saudi-Arabien, sunnit. Araber; heißes Wüstenklima; Hptst. *Mekka.* – **H.bahn,** Schmalspurbahn Damaskus–Medina (1302 km); Zerstörung im 1. Weltkr., nur Strecke Damaskus–Ma'an in Betrieb.

Hedschra, w. [arab.], *Hidschra, Heğra,* die „Auswanderung" Mohammeds von Mekka nach Medina 622 n. Chr.; Jahr 1 des moh. Kalenders.

Hedwig, 1) († 994), *Hadwig,* Enkelin Heinrichs I., Hzgn v. Schwaben; in Scheffels *Ekkehard;* **2)** Gattin Heinrichs I. v. Schlesien (1174–1243), Hlge, Schutzpatronin Schlesiens; **3)** *Jadwiga,* Kgn v. Polen (1374–99), 1386 Heirat mit → Jagiello.

Heer, Friedrich (10. 4. 1916–18. 9. 83), östr. Publizist u. Historiker.

Heer, bewaffnete Landmacht eines Staates. – *Milizheer,* nur im Kriege einberufen, Ausbildung im Frieden durch periodische Übungen; *stehendes Heer,* auch im Frieden ständig im Dienst. Bundeswehr: Das H. besteht aus d. Feld-H., das im Verteidigungsfall der → NATO untersteht, u. d. Territorial-H., das unter nationaler Führung bleibt. – **H.bann,** im frühen MA Aufgebot aller waffenfähigen Freien zur *Heerfahrt* (Volkskrieg), seit Ende des 10. Jh. durch Vasallengefolge verdrängt.

Heerlen, St. der ndl. Prov. Limburg an d. **Heerler Heide,** 99 000 E; Kohlenbergbau.

Heerschild, Rangordnung des dt. Lehnsstaats, 7 Schilde (Kaiser, geistl., weltl. Fürsten, freie u. Bannerherren, Ritter, nichtritterl. Freie).

Heerwurm, Wanderzug der Larven der Trauermücke; früher Omen für Krieg und Mißernten.

Heesters, Johannes (* 5. 12. 1902), ndl. Schausp. u. Sänger.

Hefe, einzellige Pilze, spalten Zucker in Alkohol u. Kohlensäure (Gärung); daher wichtig im Gärungsgewerbe (z. B. *Wein-H.);* H. bewirkt auch Auflockerung des Teiges *(Back-H.); Trocken-H.* zu Viehfutter u. Nährpräparaten; *Med. H.* reich an Vitamin B; *Nähr-H., Futter-H.,* eiweißreich, gezüchtet auf Ablaugen von Cellulosefabrikation.

Hegau, Landschaft nw. des Bodensees mit zahlr. Bergkegeln aus vulkan. Gestein (Phonolith, Basalt): Hohentwiel, Hohenstoffeln u. a. Hauptort: *Singen.*

G. W. F. Hegel

Hegel, Georg Wilhelm Friedrich (27. 8. 1770–14. 11. 1831), d. bedeutendste Phil. d. dt. Idealismus. Lehre: Die Welt als dialekt. Prozeß, d. sich v. Nichts zum Sein, v. Geist über d. Natur zum Bewußtsein entfaltet; These, Antithese u. Synthese; Geschichte als Fortschritt im Bewußtsein d. Freiheit; *Phänomenologie des Geistes* (1807); *Enzyklopädie d. phil. Wissenschaften* (1817); *Grundlinien der Philosophie des Rechts* (1821).

Hegemonie [gr.], pol. Vorherrschaft.

Hegenbarth, Josef (15. 6. 1884–27. 7. 1962), dt. Maler u. Graphiker; bes. Buchillustrationen, u. a. zu Cervantes, Homer, Gogol, Shakespeare; Altes u. Neues Testament.

Hehlerei, gewinnsüchtiges Ansichbringen od. Absetzen v. Sachen, d. aus e. Diebstahl od. anderen Straftaten stammen; strafbar m. Freiheitsstrafe bis zu 5 J. od. m. Geldstrafe, bei Gewerbsmäßigkeit Freiheitsstrafe bis zu 10 J.; Versuch ebenfalls strafbar (§§ 259, 260 StGB).

Heide, 1) Landschaft, → Lüneburger Heide; **2)** (D-2240), Krst. d. Kr. → Dithmarschen, Schl-Ho., 19 909 E; Erdöl; elektron. Erzeugnisse.

Blüte

Heidekraut

Heide(kraut), *Calluna,* kleine Sträucher, auf moorigem u. sandigem Boden; am häufigsten *Besenheide* od. *Erika,* wichtige Bienenpflanze; seltener *Glockenheide (Sumpf-* u. *Schneeheide),* mit glockigen

Blüten; *Baumheide,* weiß blühende Bäume i. Mittelmeergebiet, deren Holz (Bruyèreholz) f. Pfeifenköpfe; z. T. Zierpflanzen.

Martin Heidegger

Heidegger, Martin (26. 9. 1889–26. 5. 1976), dt. Phil. d. → Existentialismus; Sorge u. Angst vor dem „Nichts" als Grunderlebnisse d. Menschen; in späteren Schriften Anspruch, das Sein selbst gg. alle bisherige Metaphysik zur Sprache zu bringen; *Vom Wesen d. Grundes; Was ist Metaphysik?; Sein u. Zeit; Holzwege; Was heißt Denken?; Identität u. Differenz.*

Heidelbeere, *Blau-, Bickbeere,* kleine Waldsträucher mit eßb. Beeren; verwandt d. Preiselbeere; am. Arten großfruchtig.

Heidelberg, *Stadt und Schloß*

Heidelberg (D-6900), Stkr. u. Sitz d. Rhein-Neckar-Kr. in Ba-Wü., am Austritt des Neckars in die Oberrhein. Tiefebene, 131 429 E; Barockst.; Uni. (s. 1386), wiss. Inst., Eur. Labor f. Molekularbiologie, Dt. Krebsforschungszentrum, MPI; HS f. Mus., PH, Dolmetsch-S.; IHK; AG, LG; elektron., Textil-, Masch.- u. chem. Ind.; Großhandelsplatz f. Obst, Gemüse; über d. Stadt das *H.er Schloß* (14.–17. Jh.), Ott-Heinrich-Bau, Hauptdenkmal dt. Renaissancebaukunst; 1689/93 von d. Franzosen zerstört; Dt. Apothekenmus., Kurpfälz. Mus., Zoolog. Mus. – Hptst. der Kurpfalz, i. 16. Jh. Calvinstenhochburg. Anfang des 19. Jh. Romantikerst. – **H.er Katechismus,** Katechismus d. reformierten Kirche (1563). – **H.er Kultur,** einfache, noch umstrittene Steinwerkzeuge aus d. frühesten Altsteinzeit; → H.er Urmensch. – **H.er Urmensch,** *Homo heidelbergensis,* gefunden in Mauer bei Heidelberg, 1907.

Heidelberger Liederhandschrift → Manessische Handschrift.

Heidenheim an der Brenz (D-7920), Krst. in Ba-Wü., 48 497 E; IHK; AG; Masch.-, Textil-, Elektroind., Schloß Hellenstein m. Mus.

Heidschnucke, kleine Schafrasse; da genügsam, in nordwestdt. Heidelandschaften gezüchtet; *Graue H.,* beide Geschlechter hörnertragend; *weiße H.,* weibliche Tiere hornlos.

Heifetz, Jascha (2. 2. 1901–10. 12. 87), am. Geigenvirtuose russ. Herkunft.

Heiland, *der Heilende,* der Retter, Erlöser.

Heilatmung, zur unterstützenden Behandlung v. Krankheiten, die Ursache oder Folge verminderten Gasaustauschs in der Lunge sind; auch → Atemgymnastik.

Heilbronn (D-7100), Stkr. u. Sitz d. Ldkr. H., am Neckar, Ba-Wü., 112 279 E; IHK; LG, AG; HWK, FHS f. Wirtsch. u. Technik, Salzwerk; Hafenanlagen. – Ehem. Reichsstadt.

Heilbutt → Schollen.

Heiler, Friedrich (30. 1. 1892–27. 4. 1967), dt. Religionsphil.; arbeitete führend in d. durch → Söderblom geprägten ökumen. Bewegung (→ Ökumene) mit.

Heilerziehung, *Heilpädagogik,* Erziehung d. körperl. od. geistig behinderten u. schwererziehbaren Kinder, bes. in Sonderschulen.

Heilfieber → Fieber.

Heilgymnastik → Gymnastik.

Heilige, die Märtyrer, später auch Bekenner, die in der kath. Kirche vom Papst feierlich heiliggesprochen (→ Heiligsprechung); nach festen Regeln verehrt u. als Fürbitter angerufen werden.

Heilige Allianz → Allianz.

Heilige der Letzten Tage → Mormonen.

Heilige Drei Könige → Drei Könige.

Heiligendamm, ältestes dt. Seebad an der Ostsee (s. 1793); heute St.teil v. → Bad Doberan, M-V.

Heiligenhafen (D-2447), St. i. Kr. Ostholstein, Schl-Ho., 8885 E; Ostseeheilbad an der Vogelfluglinie.

Heiligenhaus (D-5628), St. i. Kr. Mettmann, NRW, 29 275 E; Schloß-, Beschläge-, Elektroind., Gießereien.

Heiligenschein, *Glorie,* in der Kunst Lichtkreis um heilige Personen: → *Nimbus* (um das bzw. hinter dem Haupt); *Aureole,* → *Mandorla, Strahlenkranz* (um den ganzen Körper).

Heiligenstadt (D-5630), thür. Krst., 16 106 E; Heilbad; Kirchen, ehem. kurmainz. Schloß (1737).

Heiliger, Bernhard (* 11. 11. 1915), dt. Bildhauer; *Denkmal d. unbekannten pol. Gefangenen;* Porträtbüsten.

Heiliger Geist, dritte göttl. Person in der hl. → Dreifaltigkeit; geht wesensgleich aus dem Vater u. Sohn hervor, wohnt im Getauften.

Heiliger Krieg → Dschihad.

heiliger Krieger → Mudschaheddin.

Heiliger Rock, der ungenähte Leibrock Christi, um den d. Kriegsknechte bei d. Kreuzigung würfelten; berühmte Reliquie in Trier.

Heiliger Stuhl → Apostolischer Stuhl.

Heiliger Vater, der Papst.

Heilige Schrift, die → Bibel.

Heiliges Grab, Jesu Grab in Jerusalem.

Heiliges Jahr → Jubeljahr.

Heiliges Römisches Reich Deutscher Nation, seit dem 15. Jh. Bezeichnung des von Otto d. Gr. 962 gegr. ersten Dt. Reichs, bestand bis 1806.

Heiligkeit, Gottes Erhabenheit; Eigenschaft gottgeweihter Personen; Prädikat des Papstes sowie des ökumen. Patriarchen in Konstantinopel.

Heiligsprechung, *Kanonisation,* feierl. Aufnahme in die Liste der Heiligen in der kath. Kirche; vorhergehen muß die Seligsprechung.

Heilkunde → Medizin, → Naturheilkunde.

Heilmagnetismus, Lehre von der Einwirkung magnetischer Kräfte *(tierischer* → *Magnetismus),* → Mesmer.

Heilongjiang, Prov. i. NO-China (Mandschurei), 463 600 km², 33 Mill. E; Hptst. *Harbin.*

Heilpflanzen, Arzneipflanzen werden zu med. Zwecken verwendet; Hauptwirkstoffe der H. sind → Alkaloide, → Gerbstoffe, → Glykoside, → ätherische Öle, Schleim- u. Bitterstoffe.

Heilpraktiker, Heilkundiger, d. keine Bestallung als Arzt besitzt, aber nach bestandener Prüfung vor Gesundheitsamt mit Erlaubnis d. Behörden (Heilpraktiker-Ges.) d. Heilkunde, bes. Naturheilkunde, Homöopathie, Biochemie u. ä., ausüben darf.

Heilquellen → *Mineralwässer.*

Heilsarmee, engl. *The Salvation Army,* überkonfessionelle, methodist. beeinflußte Gemeinschaft, mit mil.-autokrat. Aufbau, zu Bekehrung und Armenpflege; 1878 von W. *Booth* in London gegründet; über die ganze Welt verbreitet.

Heilsberg, *Lidzbark Warmiński,* poln. St. a. d. Alle, Ostpreußen (Ermland), 16 000 E; bischöfl. Schloß (Burg, 13. Jh.).

Heimarbeit, die in selbstgewählter Arbeitsstätte (eigene Wohnung) im Auftrag e. Unternehmers od. Zwischenmeisters gewerbl. ausgeübte Tätigkeit, deren Verwertung d. Auftraggeber überlassen wird; → Verlagssystem (Rechtsschutz durch Ges. v. 14. 3. 1951, geändert 1974).

Heimatkunst, auf Volkstum und heimatl. Landschaft bedachtes Kunst- u. Handwerksschaffen, gestützt auf altüberlieferte Form und bodenständiges Material.

Heimatschutztruppe, Reserveverbände der → Bundeswehr, deren Angehörige

im Abstand von etwa 1½ Jahren für 12 Tage zu Übungen einberufen werden. Die H. ist d. Kampftruppe d. Territorialheeres u. soll im Verteidigungsfall den aktiven Verbänden d. NATO d. Rücken decken; → Bundeswehr, → Territorialreserve.

Heimatvertriebene, Sammelbegriff f. → Flüchtlinge u. Ausgewiesene.

Heimchen → Grillen.

Heimcomputer

Heimcomputer, engl. *Home Computer;* meist technisch weniger aufwendiger u. leistungsfähiger → Personal Computer; u. a. für den privaten Gebrauch (z. B. Spiel, Haushaltsführung).

Heimdall, einer der Asen i. d. nord. Göttersage; Wächter des Himmels, an der Brücke Bifröst.

Heimkehle, größte Tropfsteinhöhle Dtlds i. Südharz bei Stolberg.

Heimstätten, Wohn- und Wirtschaftsheimstätten auf eigener Scholle unter besonderem Recht (Reichsheimstättengesetz vom 10. 5. 1920); *Wohn-H.,* Familienhaus mit Nutzgarten in Vorstädten; *Wirtschafts-H.* für Familienbetrieb von Landwirtschaft oder Gärtnerei; grundbuchliche Eintragung, Beschränkung von Verkauf und Zwangsvollstreckung.

Heimwehr, freiwillige mil. Verbände in Östr. (1918 gegr.); antimarxist. Kampfverbände nach d. Wiener Aufstand 1927, 1936 aufgelöst.

Hein, Freund H., durch Matthias Claudius volkstüml. gewordene Bez. für den Tod.

Heinrich Heine

Heine, 1) Heinrich (13. 12. 1797–17. 2. 1856), dt. Dichter u. Journalist; 1831 emigriert; *(Pariser Berichte);* Lyrik: *Buch der Lieder;* politische Satiren: *Deutschland, ein Wintermärchen; Harzreise;* Reiseberichte und theoretische Schriften; **2)** Thomas Theodor (28. 2. 1867–26. 1. 1948), dt. satirischer Zeichner; Mitbegr. des Münchener → Simplicissimus; Plakate.

Heilkräuter im Garten

Deutscher Name (bot. Bezeichng.)	Pflanzenart	verwendbare Pflanzenteile	Anwendung gegen	Bemerkungen
Abendländischer Lebensbaum (Thuja occidentalis)	Baum	Zweige	Rheuma; Gicht; Schnupfen; Nieren-, Blasenleiden; Würmer	giftig!
Ackergauchheil (Anagallis arvensis)	einjährige Pflanze	Kraut	Hauterkrankungen; Lebererkrankungen	häufiges Unkraut
Ackerschachtelhalm, Zinnkraut (Equisetum arvense)	Staude	Kraut	Mund- und Rachenerkrankungen; Gicht; Nasen-, Lungen-, Magen-, Blasenblutungen	häufiges Unkraut
Adonisröschen (Adonis vernalis)	Staude	Kraut	Herzschwäche; Herzstörungen; Nierenentzündung	giftig! Anwendung nur durch den Arzt!
Akelei (Aquilegia vulgaris)	Staude	Kraut; Samen	Leber- und Gallenerkrankungen; Hauterkrankungen; Schlaflosigkeit	giftig!
Alpenveilchen (Cyclamen purpurascens)	Staude	Knolle	Rheuma; Gicht; Koliken; Hämorrhoiden; Migräne	giftig!
Anis (Pimpinella anisum)	einjährige Pflanze	Früchte	Parasiten; Verdauungsschwierigkeiten; Appetitlosigkeit	Küchengewürz
Bärentraube (Arctostaphylos)	Strauch	Blätter	Nierenbecken-, Harnröhren-, Blasenentzündung	
Baldrian (Valeriana officinalis)	Staude	Wurzel	Nervosität; Hysterie; Schlaflosigkeit; Koliken; Magenkrämpfe	
Becherprimel (Primula obconica)	Staude	Kraut	Ekzeme; Nesselausschläge; Leber-, Milzschwellung	giftig! Berührung führt zu Hautreizungen
Beifuß (Artemisia vulgaris)	Staude	Kraut	Würmer; Epilepsie	Küchengewürz
Beinwell (Symphytum officinale)	Staude	Blätter; Wurzel	Entzündungen; Geschwüre; Bronchitis; Brustfellentzündung	häufige Wildpflanze
Berberitze (Berberis vulgaris)	Strauch	Früchte; Rinde; Wurzeln	Gallensteinleiden; Leberleiden; Gicht; Ischias	eßbare Früchte
Besenginster (Cytisus scoparius)	Strauch	Blüten; Kraut	Herzerkrankungen; Haut-, Nierenkrankheiten	
Birke (Betula pendula)	Baum	Blätter; Rinde	Gicht; Rheuma; Hautkrankheiten	
Bitterklee (Menyanthes trifoliata)	Staude	Blätter	Rheuma; Gallen-, Leber-, Hautleiden; Tuberkulose	Sumpfpflanze
Bohnenkraut (Satureja hortensis)	einjährige Pflanze	blühendes Kraut	Blähungen; Durchfall; Koliken	Küchengewürz
Brennessel (Urtica dioica)	Staude	Kraut; Samen; Wurzel	Hautleiden; Bronchitis; Rheuma; Blutarmut	Kleine Brennessel ebenso wirksam
Brunnenkresse (Nasturtium officinale)	Staude	Kraut	Skorbut; Rheuma; Akne; Ekzeme	Gemüsepflanze
Buchsbaum (Buxus sempervirens)	Strauch	Blätter; Holz	Hautleiden; Gicht; Rheuma	bei Überdosierung Vergiftungen!
Buschwindröschen (Anemone nemorosa)	Staude	Kraut	Rheuma; Kopfflechten; Gelenkleiden	giftig!
Christrose (Helleborus niger)	Staude	Rhizom	Herzkrankheiten	giftig! Anwendung nur durch den Arzt!
Diptam (Dictamnus albus)	Staude	Blätter; Wurzel	Würmer; Blähsucht; Verstopfung	
Duftveilchen (Viola odorata)	Staude	blühendes Kraut	Rheuma; Ohrenschmerzen; Augenleiden; Husten; Angina	
Eberesche (Sorbus aucuparia)	Baum	Früchte	Skorbut; Lungenleiden; Durchfall	nordmährische Varietät
Efeu (Hedera helix)	Strauch	Blätter	Gicht; Rheuma; Rachitis; Schnupfen; Grauer Star	Beeren sind giftig!
Eibe (Taxus baccata)	Baum	alle Pflanzenteile	Würmer; Parasiten; Gicht; Rheuma; Nieren-, Blasenerkrankungen	alle Pflanzenteile außer der roten Fruchthülle giftig!
Eibisch (Althaea officinalis)	Staude	Blätter; Blüten	Lebensmittelvergiftung; Husten; Heiserkeit; Geschwüre; Ruhr	
Eiche (Quercus petraea und Quercus robur)	Baum	Rinde; Eichel	Rachitis; Skrofulose; Durchfall	
Eisenhut (Aconitum napellus)	Staude	Wurzeln	Herzkrankheiten; Ischias; Rheuma; Gicht	giftig! Anwendung nur durch den Arzt!
Erdrauch (Fumaria officinalis)	einjährige Pflanze	Blätter	Haut-, Leber-, Gallenkrankheiten	häufiges Unkraut
Esche (Fraxinus excelsior)	Baum	Blätter; Rinde	Gicht; Rheuma; Würmer	
Faulbaum (Rhamnus frangula)	Strauch	Rinde	Verstopfung	giftig!
Feldthymian, Quendel (Thymus serpyllum)	Staude	blühendes Kraut	Verdauungsstörungen; Magenkrämpfe; Asthma	
Fenchel (Foeniculum vulgare)	zweijährige Pflanze oder Staude	Kraut; Samen	Blähungen; Bauchschmerzen; Husten; Asthma; Bronchitis	Küchengewürz

Deutscher Name (bot. Bezeichng.)	Pflanzenart	verwendbare Pflanzenteile	Anwendung gegen	Bemerkungen
Fichte (Picea abies)	Baum	Sprosse	Husten; Asthma; Bronchitis	
Fingerhut (Digitalis purpurea)	Staude	Blätter	Herzerkrankungen; Kreislauf- störungen; Gelbsucht	giftig! Anwendung nur durch den Arzt!
Gänseblümchen (Bellis perennis)	Staude	Blüten; Kraut	Haut-, Lebererkrankungen; Brustdrüsenentzündung; Gelbsucht	
Gänsefingerkraut (Potentilla anserina)	Staude	Kraut; Wurzeln	Asthma; Keuchhusten; Koliken	ziemlich häufiges Unkraut
Gartensalbei (Salvia officinalis)	Halb- strauch	Blätter	Mundkrankheiten; Nachtschweiß; Bronchitis; Husten; Geschwüre	Küchengewürz
Gartenthymian (Thymus vulgaris)	Halb- strauch	blühendes Kraut	Bronchitis; Husten; Leber-, Gallen-, Magenleiden	Küchengewürz
Goldlack (Cheiranthus cheiri)	zweijährige Pflanze	Blüten; Samen	Lebererkrankungen; Verstopfung	
Goldregen (Laburnum anagyroides)	Strauch	Blätter; Früchte	Depressionen; Gesichtsmuskel- zuckungen; Krämpfe	giftig! Anwendung nur durch den Arzt!
Gundelrebe (Glechoma hederacea)	Strauch	blühendes Kraut	Blasenentzündung; Hämorrhoiden	häufiges Unkraut
Haselwurz (Asarum europaeum)	Staude	Wurzeln	Koliken; Rheuma; Gelbsucht; Leberleiden; Lebensmittelvergiftung	
Hauswurz (Sempervivum tectorum)	Staude	Blätter	Augenentzündungen; Hühner- augen; Warzen; Fieber; Würmer	
Heidekraut (Calluna vulgaris)	Strauch	Kraut; Blüten	Gicht; Rheuma; Nieren-, Blasenleiden	
Herbstzeitlose (Colchicum autumnale)	Staude	Samen	Gicht; Rheuma; Nieren- leiden; Asthma	giftig! Anwendung nur durch den Arzt!
Hirschzunge (Phyllitis scolopendrium)	Staude	Blätter	Lungentuberkulose; Bronchitis; Milz-, Lebererkrankungen	
Hirtentäschel (Capsella bursapastoris)	einjährige Pflanze	Kraut	Blutungen innerer Organe; Nasenbluten; Blasenentzündung	häufiges Unkraut
Holunder (Sambucus nigra)	Strauch	Blüten; Blätter; Früchte; Rinde	Erkältungskrankheiten; Fieber; Rheuma; Luftröhrenentzündung	
Huflattich (Tussilago farfara)	Staude	Blüten; Blätter	Bronchitis; Erkältungs- krankheiten; Rheuma	blüht im Frühjahr vor dem Erscheinen der Blätter
Hundsrose (Rosa canina)	Strauch	Früchte	Vitaminmangel; Durchfall; Wassersucht; Würmer	sehr vitaminreich auch Weinrose, Kartoffelrose u.a.
Kalmus (Acorus calamus)	Staude	Wurzeln	Rachitis; Appetitlosigkeit; Magen- entzündung; Leber-, Milzleiden	
Kamille (Chamomilla recutita)	einjährige Pflanze	Blüten	Schleimhautentzündungen; Wunden; Blähungen; Erkältungen	häufiges Unkraut
Kirschlorbeer (Prunus laurocerasus)	Strauch	Blätter; Früchte	Husten; Heiserkeit; Herz- schwäche u.- irregularität	giftig!
Klatschmohn (Papaver rhoeas)	einjährige Pflanze	Blüten; Samenkapseln	Husten	giftig!
Klebkraut, Klettenlabkraut (Galium aparine)	einjährige Pflanze	Kraut	Geschwüre; schlecht heilende Wunden	häufiges Unkraut
Knoblauch (Allium sativum)	Staude	Zwiebel	Infektionen; Darmkatarrh; Bron- chitis; Asthma: Lungentuberkulose	Gewürz- und Gemüsepflanze
Koriander (Coriandrum sativum)	einjährige Pflanze	Früchte	Rheuma; Gelenkleiden; Geschwüre	Küchengewürz
Kreuzdorn (Rhamnus catharticus)	Strauch	Früchte	Gicht; Hautaus- schläge	giftig!
Küchenschelle (Pulsatilla vulgaris)	Staude	blühendes Kraut	Bronchitis; Asthma; Gicht; Rheuma; Grippe; Hautkrankheiten	giftig! Anwendung nur durch den Arzt!
Kümmel (Carum carvi)	zweijährige Pflanze	Früchte	Parasiten; Blähungen; Magenkrämpfe	Küchengewürz
Kürbis (Cucurbita pepo)	einjährige Pflanze	Samen	Würmer; Seekrankheit; Schwangerschaftserbrechen	
Lampionblume (Physalis alkekengi)	Staude	Früchte	Rheuma; Gicht; Nieren-, Blasenleiden	
Lavendel (Lavandula angustifolia)	Halb- strauch	Blüten	Migräne; nervöses Herzklopfen; Schwellungen; Parasiten	Küchengewürz
Leberblümchen (Hepatica nobilis)	Staude	Kraut	Leber-, Gallenkrankheiten; Bronchitis, Steinleiden	
Lerchensporn (Corydalis cava)	Staude	Knolle	Würmer; Schüttelzustände bei Parkinson-Krankheit; Nerven- krankheit	giftig!
Linde (Tilia cordata und T. platyphyllos)	Baum	Blüten	Sommersprossen; Geschwüre; Blutungen; Rheuma	
Löwenzahn (Taraxacum officinale)	Staude	Blätter; Wurzeln	Leberzirrhose; Rheuma; Kopf- schmerzen	Vergiftungen vor allem bei Kindern möglich
Mahonie (Mahonia aquifolium)	Strauch	Rinde	Hautkrankheiten	
Maiglöckchen (Convallaria majalis)	Staude	Blüten; Blüten- stengel	Herzschwäche; Herzstörungen	giftig! Anwendung nur durch den Arzt!
Majoran (Origanum majorana)	Staude	Kraut	Rheuma; Gelenkleiden	Küchengewürz

Deutscher Name (bot. Bezeichng.)	Pflanzenart	verwendbare Pflanzenteile	Anwendung gegen	Bemerkungen
Meerrettich (Armoracia rusticana)	Staude	Wurzeln	Ischias; Rheuma; Krämpfe	Gewürzpflanze
Möhre (Daucus carota)	zweijährige Pflanze	Wurzel	Würmer; Blähungen; Magen-, Darmstörungen	Gemüsepflanze
Oleander (Nerium oleander)	Strauch	Blätter	Parasiten	giftig!
Paprika (Capsicum annuum)	einjährige Pflanze	Früchte	Rheuma; Brustfellentzündung; Angina; Koliken; Hämorrhoiden	Gemüse-, Gewürzpflanze
Petersilie (Petroselinum crispum)	zweijährige Pflanze	Kraut; Wurzeln	Harnröhrenentzündung; Blasen-, Nierensteine; Parasiten	Gemüse-, Gewürzpflanze
Pfaffenhütchen (Euonymus europaeus)	Strauch	Früchte	Parasiten	giftig!
Pfefferminze (Mentha piperita)	Staude	Kraut	Koliken; Magenkatarrh; Neuralgien; Kopfschmerzen	
Pfingstrose (Paeonia officinalis)	Staude	Wurzeln	Hämorrhoiden; Rheuma; Gicht; Asthma	giftig!
Quecke (Agropyron repens)	Staude	Wurzeln	Gicht; Leberkrankheiten; Blasen-, Harnröhrenentzündung	häufiges Unkraut
Rettich (Raphanus sativus)	einjährige Pflanze	Wurzel	Bronchitis; Husten; Leber-, Gallenleiden	Gemüsepflanze
Ringelblume (Calendula officinalis)	einjährige Pflanze	Blüten	schlecht heilende Wunden; Leberleiden; Typhus; Skrofulose; Würmer	
Rosmarin (Rosmarinus officinalis)	Strauch	Blätter	Rheuma; Wunden; Ekzeme; Parasiten; Würmer	Küchengewürz
Roßkastanie (Aesculus hippocastanum)	Baum	Blüten; Früchte	Hämorrhoiden; Leberschwellung; Geschwüre; Bronchitis; Darmkatarrh	
Sadebaum (Juniperus sabina)	Strauch	Sprosse	Rheuma; Gicht; Blasen-, Nierenleiden; Koliken	giftig!
Sanddorn (Hippophaë rhamnoides)	Strauch	Früchte	Skorbut; Zahnfleischblutungen; Erkältung	
Schafgarbe (Achillea millefolium)	Staude	blühendes Kraut	Bronchitis; Lungentuberkulose; Geschwüre; Blasenentzündung; innere Blutungen	
Schlafmohn (Papaver somniferum)	einjährige Pflanze	Fruchtkapsel	Darmblutungen; Koliken; Depressionen; starke Schmerzen; Husten	giftig! Anwendung nur durch den Arzt!
Schlehdorn (Prunus spinosa)	Strauch	Blüten; Früchte	Koliken; Nieren-, Blasen-, Menstruationsbeschwerden	
Schlüsselblume (Primula veris)	Staude	Blüten	Schwindel; Neuralgien; Rheuma; Erkältungskrankheiten	
Schöllkraut (Chelidonium majus)	einjährige Pflanze	ganze Pflanze	Warzen; Magenkrebs; Gicht; Rheuma; Hauterkrankungen	giftig! Vorsichtige Verwendung
Schwarze Johannisbeere (Ribes nigrum)	Strauch	Früchte	Gicht; Rheuma; Husten; Angina; Entzündungen der Mundhöhle	
Schwarzpappel (Populus nigra)	Baum	Blätter; Knospen	Rheuma; Gicht; Ischias; Bronchitis; Hämorrhoiden	
Schwertlilie, Iris (Iris germanica)	Staude	Wurzeln	Koliken; Ischias; Migräne; Milz-, Gallenleiden	
Seidelbast (Daphne mezereum)	Strauch	Rinde	Rheuma; Gicht; Grippe; Hauterkrankungen	giftig! Anwendung nur durch den Arzt!
Silberweide (Salix alba)	Baum	Blätter; Rinde	Rheuma; Gicht; Magendarmkatarrh	
Sonnenblume (Helianthus annuus)	einjährige Pflanze	Früchte	Halsschmerzen; Nesselausschläge; Verstopfung	Öl reich an essentiellen Fettsäuren
Spargel (Asparagus officinalis)	Staude	Sprosse	Rheuma; Herzkrankheiten; Harnbeschwerden	Gemüsepflanze
Spinat (Spinacia oleracea)	einjährige Pflanze	Kraut	Blutarmut; Anämie	Gemüsepflanze
Stechapfel (Datura stramonium)	einjährige Pflanze	Kraut; Samen	Asthma; Krämpfe; Wahnvorstellungen	giftig! Anwendung nur durch den Arzt!
Stechpalme (Ilex aquifolium)	Strauch	Blätter	Rheuma; Gicht; Bronchitis	giftig!
Stiefmütterchen (Viola tricolor)	einjährige Pflanze	blühendes Kraut	Rheuma; Gicht; Hautausschläge; Durchfall	häufiges Unkraut
Sumpfdotterblume (Caltha palustris)	Staude	blühendes Kraut	Bronchitis; Gelbsucht; Hautausschläge	giftig!
Tomate (Lycopersicon lycopersicum)	Staude	Früchte; Kraut	Augenleiden; Kopfschmerzen; Rheuma	Gemüsepflanze
Traubenkirsche (Prunus padus)	Baum	Rinde	Herzleiden; Kopfschmerzen	
Trompetennarzisse (Narcissus oseudonarcissus)	Staude	Zwiebel	Bronchitis; Schnupfen; Keuchhusten	
Vogelknöterich (Polygonum aviculare)	einjährige Pflanze	Kraut	schlecht heilende Wunden; Lungentuberkulose; Bronchitis; Blasen-, Nierenleiden	häufiges Unkraut
Vogelmiere (Stellaria media)	einjährige Pflanze	blühendes Kraut	Gicht; Rheuma; Gelenkleiden	häufiges Unkraut
Wacholder (Juniperus communis)	Strauch	Früchte	Rheuma; Gicht; Leber-, Nieren-, Blasenleiden; Parasiten	Küchengewürz

Gustav Heinemann

Heinemann, Gustav (23. 7. 1899–7. 7. 1976), dt. Jurist u. Pol. (bis 1952 CDU, dann GVP, s. 1957 SPD); 1949–55 Präses d. Gen.synode d. EKD; 1949/50 B.innenmin., 1966–69 B.justizmin., 1969–74 B.präsident.

Heinkel, Ernst (24. 1. 1888–30. 1. 1958), dt. Flugzeugkonstrukteur; Begr. der E.-H.-Flugzeugwerke.

Heinrich, a) *Dt. Könige u. Kaiser:* **1)** H. I. (ca. 875–936), Herzog v. Sachsen, 919 Kg; schuf Ringwälle zur Landesverteidigung (fälschl. „Städtegründer"); s. Urenkel **2)** H. II. (6. 5. 973–13. 7. 1024), Hzg v. Bayern, 1002 Kg, 1014 Kaiser, Gründer d. Bistums Bamberg; 1146 v. Papst heiliggesprochen; **3)** H. III. (28. 10. 1017–5. 10. 56), 1028 Kg, 1046 Kaiser, setzte 1046 drei Päpste i. Sutri ab, Höhepunkt kaiserl. Macht, begünstigte Kirchenreformen v. Cluny; Böhmen u. Ungarn zum Reich; s. Sohn **4)** H. IV. (11. 11. 1050–7. 8. 1106), 1056 Kg, 1084 Kaiser, kämpfte gg. das Papsttum, ließ 1076 Papst Gregor VII. absetzen; gebannt, 1077 in Canossa vom Bann gelöst; unglückliche Machtkämpfe in Dtld gg. die erstarkten Fürsten u. s. Sohn **5)** H. V. (1086–23. 5. 1125), 1098 Kg, 1111 Kaiser, beendete 1122 Investiturstreit durch Wormser Konkordat (Verzicht auf Staatskirchentum); **6)** H. VI. (1165–28. 9. 97), Hohenstaufe, 1169 Kg, 1191 Kaiser, vereinigte das Dt. Reich u. Sizilien; **7)** H. VII. (um 1275–24. 8. 1313), Gf von Luxemburg, 1308 Kg, 1312 Kaiser, gab Böhmen an s. Sohn Johann. – **b)** *Herzöge von Bayern:* **8)** H. I. (um 920–Okt. 955), Aufstand gg. s. Bruder Otto d. Gr. 938; 948 m. Bayern belehnt; **9)** H. d. Stolze, Welfe (1108–20. 10. 39), erwarb 1137 Sachsen; s. Sohn **10)** H. d. Löwe (1129–6. 8. 95), Hzg v. Bayern und Sachsen, Gründer v. Lübeck u. München; Siedlungspolitik in Holstein u. Mecklenburg, versagte 1176 Friedrich Barbarossa Hilfe in Italien, 1180 geächtet; behielt, 1181 begnadigt, nur Braunschweig u. Lüneburg. – **c)** *Kge v. England:* **11)** H. I. (1068–1. 12. 1135), Sohn Wilhelms d. Eroberers, versöhnte Angelsachsen u. Normannen; **12)** H. II. (5. 3. 1133–6. 7. 89), Herr gr. Teile Frkr.s, 1154 Kg, machte Irland abhängig, beschränkte die Rechte d. Geistlichkeit, Konstitution von Clarendon 1164; **13)** H. V. (29. 8. 1387–1. 9. 1422), 1413 Kg; 1420 Regentschaft über Frkr; unter s. Sohn **14)** H. VI. (6. 12. 1421–21. 5. 71, ermordet), Kämpfe der

Heinrich d. Löwe
Braunschweiger Dom

Roten u. *Weißen Rose;* **15)** H. VII. (28. 1. 1457–21. 4. 1509), Kg 1485 durch Sieg über Richard III. erster Tudor; s. Sohn

Heinrich VIII.

16) H. VIII. (28. 6. 1491–28. 1. 1547), Kg 1509, 6mal verheiratet; m. Katharina v. Aragon, → Anna Boleyn, Johanna Seymour, Anna v. Cleve, Katharina Howard (hingerichtet) u. Katharina Parr. Verweigerung der Scheidung von Katharina von Aragon durch den Papst führte z. Bruch H.s VIII. m. Rom; durch Verteilung von Kirchengut entstand ein neuer Adel. – **d)**

Kge v. Frkr.: **17)** H. II. (31. 3. 1519–10. 7. 59), 1547 Kg, Gatte Katharinas v. Medici, entriß 1550 Boulogne, 1558 Calais den Engländern, gewann 1552 durch Bündnis mit Moritz v. Sachsen gg. Karl V. Metz, Toul, Verdun; s. Sohn **18)** H. III. (19. 9. 1551–2. 8. 89), Kg seit 1574, verbannte 1585 Hugenotten aus Frkr., letzter Valois; **19)** H. IV. (13. 12. 1553–14. 5. 1610), wurde kath. („Paris ist eine Messe wert"), blieb aber hugenottenfreundlich; 1598 Religionsfreiheit im Edikt von Nantes; 1608 Gründung der ersten frz. Kolonie in Kanada. – **e)** *Östr.:* **20)** H. II. Jasomirgott (1114–13. 1. 77), Markgf u. seit Rückgabe Bayerns an Heinrich den Löwen 1156 Hzg v. Östr. – **f)** *Portugal:* **21)** H. d. Seefahrer (4. 3. 1394–13. 11. 1460), Infant, unter ihm entdeckt 1419 Madeira, 1441 Kap Blanco, 1447 Azoren, 1455 Kapverdische Inseln, dann Senegambien. – **g)** *Preußen:* **22)** H., Prinz v. Preußen (18. 1. 1726–3. 8. 1802), Bruder Friedrichs d. Gr., oft im Ggs. zu ihm. – **h)** *Schlesien:* **23)** H. II. (um 1190–9. 4. 1241), 1238 Hzg, fiel bei Liegnitz gg. d. Mongolen. – **i)** *Thüringen:* **24)** H. Raspe (ca. 1204–47), Landgraf, als „Pfaffenkönig" Gegner Friedrichs II. – **j)** *Dt. Orden:* **25)** H. v. Plauen (vor 1370–1429), Deutschordenshochmeister, 1414 abgesetzt.

Heinrich, mittelhochdt. Dichter, **1)** *H. der Glichezaere* (d. Gleisner), fahrender Dichter aus dem Elsaß, verfaßte um 1180 *Reinhart Fuchs,* älteste dt. Tierdichtung; **2)** *H. v. Meißen* → *Frauenlob;* **3)** *H. v. Melk* (um 1160), weltabgewandt, *Priesterleben;* **4)** *H. v. Morungen* († um 1220), Minnesänger; **5)** *H. v. Ofterdingen,* d. Sage nach Gegner Wolframs v. Eschenbach beim Sängerkrieg auf d. Wartburg (1207); **6)** *H. v. Veldeke* (um 1140–um 1210), niederrhein. Minnesänger; Epos *Eneid.*

Heinsberg (D-5138), Krst. in NRW, 36 526 E; Propsteikirche (15. Jh.); AG; Textil-, Metallind.

Heinse, Wilhelm (16. 2. 1746–22. 6. 1803), dt. Schriftst. d. Sturm u. Drang; Renaissanceroman: *Ardinghello.*

Heirat, svw. Eheschließung (→ Eherecht).

Heiseler, 1) Bernt v. (14. 6. 1907–24. 8. 69), dt. rel. Erzähler: *Versöhnung;* Dramen: *Caesar;* s. Vater **2)** Henry v. (23. 12. 1876–25. 11. 1928), dt. Schriftst. aus d. Georgekreis; Lyrik, Dramen.

Heisenberg, Werner (5. 12. 1901–1. 2. 76), dt. Atomphys.; Begr. d. modernen

Werner Heisenberg

→ Quantentheorie (1925) und m. Bohr ihrer *Kopenhagener Deutung (H.sche* → *Unschärferelation);* arbeitete an einer einheitlichen Theorie der Materie *(H.sche Weltformel),* die alle Elementarteilchen umfassen sollte; Nobelpreis 1932.

Heißdampfmaschine, Kolbenmaschine, arbeitet m. überhitztem Dampf; wärmetechn. Vorzüge.

Heissenbüttel, Helmut (* 21. 6. 1921), dt. Schriftst.; experimentelle u. konkrete Lyrik; *Kombinationen; Textbücher;* Hörspiele; Roman: *D'Alemberts Ende; Eichendorffs Untergang.*

heißer Draht, Bez. für eine 1963 eingerichtete direkte Fernschreibverbindung zwischen dem Weißen Haus in Washington und dem Kreml in Moskau; dient der unverzüglichen Klärung von Mißverständnissen bei intern. Krisen und der Verhütung eines Kriegsausbruchs durch Irrtum.

Heißläufer-Ortungsgerät, Registrierung v. heißgelaufenen Achsen u. festen Bremsen an Eisenbahnwagen durch Infrarotfühler.

Heißleiter, *elektron.* Bauelement (→ Thermistor), auch *NTC-Widerstand* (engl. *Negative Temperature Coefficient),* mit negativem Temperaturkoeffizienten, d. h. mit steigender Temperatur nimmt der Widerstand ab (im Ggs. zu Metallen); Ggs.: → Kaltleiter.

Heißluftbehandlung, Behandlung rheumatischer u. a. Erkrankungen durch gut abgedichtete Heißluftapparate.

Heizung, b. Wohn- u. anderen Räumen durch → Ofen, → Kachelofen, → Zentral-, Luft-, → Ölheizung, el. Heizgeräte (→ elektrische Heizung), Gas.

Heizwert in Wärmeeinheiten (→ Joule) pro g v. Heizstoffen: Holz 20,9, Torf 20,9, Braunkohle 29,3, Steinkohle bis 37,6, Heizöle über 41,8 kJ/g.

Hekate, griech. Göttin d. Unterwelt.

Hekatombe, *w.* [gr.], gewaltiges Opfer (100 Tiere).

Hekla, *w.,* tätiger Vulkan im S v. Island, 1447 m.

Hektar, *s.,* Abk. *ha,* → Maße u. Gewichte, S. 1085.

hektisch [gr.], übererregt, fieberhaft.

Hekto|o- [gr.], bei Maßen u. Gewichten = 100; z. B. *H.liter* (hl) = 100 l.

Hektographie [gr. „Hundertschrift"], Vervielfältigungsverfahren sowie dessen Produkt; Druck von einer Ton-Glyzerin-Gelatine-Platte, auf die m. Anilintinte Schrift od. Zeichnungen aufgetragen sind.

Hektopascal, Abk. *hPa,* s. 1984 Maßeinheit f. d. → Luftdruck; 1 hPa = 100 → Pascal.

Hektor, Trojanerheld bei Homer, Sohn der *Hekuba, Hekabe,* u. des Priamus von Troja.

Hel, nord. Göttin des Totenreichs Niflheim.

Held, Martin (* 11. 11. 1908), dt. Büh-

nen- u. Filmschausp.; *Canaris; Rosen f. d. Staatsanwalt.*

Helder, *Den H.,* ndl. Hafenst., 62 000 E; Marinestation; Nordholländ. Kanal v. Amsterdam.

Helena, griech. Sagengestalt, schönste Frau des Altertums; Tochter der Leda und des Zeus, Gattin d. Menelaos von Sparta, v. Paris entführt; Ursache des Trojan. Krieges (→ Ilias).

Helfferich, Karl (22. 7. 1872–23. 4. 1924), dt.nat. Pol.; mehrmals Min.; Finanz- u. Geldtheoretiker.

Helgoland, *Nordspitze mit Langer Anna*

Helgoland, Nordseeinsel in d. Dt. Bucht, 45 km vor d. Küste, 2,1 km² (mit Düne), Buntsandsteinmassiv mit Steilküste, 30–60 m hoch; Seebad, Fischereischutzhafen, Erdbebenwarte, Vogelwarte, Biol. Forschungsinst. m. Aquarium, 1723 E. – Alter Besitz d. Herzöge von Schl-Ho., 1807 engl.; 1890 an Dtld (→ Sansibar); im 2. Weltkrieg zerstört, nach 1952 wiederaufgebaut.

heliakischer Aufgang, *Frühaufgang,* erstmal. Sichtbarwerden e. Sterns a. Morgenhimmel, nachdem er vorher einige Wochen i. Strahlenbereich d. Sonne unsichtbar war; entsprechend **h. Untergang,** letztmaliges Sichtbarsein am Abendhimmel.

Heliand, *m.,* altsächs. Epos über Christus in Stabreimen (um 830).

Helikon, 1) Gebirge an der NO-Küste des Korinth. Golfs, in Böotien, 1748 m; galt als Musenberg; **2)** bei den Griechen Musikinstrument mit vier Saiten; heute Kontrabaßtuba bei Militärmusik.

Helikopter → Drehflügelflugzeuge.

Helio- [gr.], in Zusammensetzungen: Sonnen ...

Heliodor, *m.,* Halbedelstein (Südwestafrika), grüngelb, Abart des Beryll.

Heliodor|us von Emesa, griech. Schriftsteller des 3. Jh. n. Chr.; erotischer Ro-

man: *Äthiopische Geschichten;* Vorbild f. Tasso u. Cervantes.

Heliogabalus, *Elagabal,* röm. Kaiser 218–222.

Heliograph [gr.], Fernrohr zum Fotografieren der Sonne.

Helio-graphie, Reproduktionsverfahren, bei dem Tiefdruckplatten mittels Fotografie u. Ätzung hergestellt werden. – **H.gravüre,** von heliographisch hergestellten Platten.

Heliometer, astronom. Instrument z. Messung kleiner Winkel.

Helion → Alphateilchen.

Heliopolis, altägypt. St. m. Tempel d. Sonnengottes.

Helios, 1) Sonnengott der griech. Sage; **2)** dt. Raumfluggerät, Sonnensonde mit heliozentr. Umlaufbahn, gemeinsam v. BR u. USA entwickelt; 3 Exemplare gebaut, 2 gestartet (*H. A* am 10. 12. 1974, *H. B* am 15. 1. 1976).

Helioskop [gr.], Fernrohr zur Beobachtung der Sonne.

Heliostat, Spiegelsystem z. Projektion der Sonnenstrahlen i. eine vorgegebene Richtung.

Heliotherapie, Heilbehandlung m. Sonnenwärme u. -licht sowie künstl. Infrarot- u. Ultraviolettstrahlen.

Heliotrop

Heliotrop, *s.,* **1)** Zierpflanze mit blauen, vanilleduftenden Blüten; Heimat Peru; **2)** Halbedelstein, Abart des → Chalzedon, grün mit blutroten Flecken; **3)** Blinkgerät; benutzt zur Zeichengebung das auf einen drehbaren Spiegel fallende, zum Gegenstand zurückgeworfene Sonnenlicht.

Heliotropismus, *Sonnenwendigkeit,* → Tropismus.

heliozentrisch, auf d. Sonnenmittelpunkt bezogene Koordinaten v. Planeten u. Kometen. – **h.es Weltsystem,** die v. → Copernicus entdeckte Stellung d. Sonne als Zentralkörper i. Planetensystem.

Heliport, *m.,* Start- und Landeplatz für Hubschrauber im Stadtbereich.

Helium, *He,* chem. El., Oz. 2, At.-Gew. 4,0026, Dichte 0,17 g/L bei 1013 mbar; Edelgas, 1865 im Sonnenspektrum entdeckt, Vorkommen in am. Erdgas; leicht und nicht brennbar, als Ballon-Füllgas verwendet.

Heliummethode, Methode zur → Altersbestimmung von Gesteinen.

Helix-Struktur, schraubenförmige Anordnung v. *Aminosäure* ketten in *Proteinen* u. der Einzelstränge d. → DNA als Doppelhelix *(Watson-Crick-Modell).*

Hellas, klass. Name für → Griechenland; seit 1833 wieder amtl. Bez.

Helldunkel, frz. *clair-obscur,* Malerei, die Licht u. Schatten als umrißbestimmend für Malobjekte zeigt; bes. im Barock (u. a. *Caravaggio, Rembrandt*).

Hellebarde, Stoß- u. Hiebwaffe d. Fußtruppen i. 14.–16. Jh.; 2 m l. Holzschaft, Stoßklinge, Beil und Spitze.

Hellenismus, Bez. f. d. spätgriech.-oriental. Kulturepoche vom 3. Jh. v. Chr. bis Christi Geburt, bes. in den s. Alexander d. Gr. v. griech. Kultur beeinflußten Gebieten.

Heller, 1) André (* 22. 3. 1947), östr. Künstler u. Sänger; *Zirkus Roncalli;* Varieté *Flic Flac;* Feuertheater *Sturz durch Träume;* **2)** Joseph (* 1. 5. 1923), am. Schriftst.; *Catch 22; Was geschah mit Slocum?; Weiß Gott.*

Heller, nach Prägeort *Schwäb. Hall* ben. Silbermünze (13. Jh.), s. d. 17. Jh. kleinste Kupfermünze.

Hellerau, Vorort v. Dresden; erste dt. Gartenstadt.

Helleristninger [norweg.], Felsritzungen, Darstellungen auf Felsplatten und -blöcken d. jüngeren Bronze- u. d. älteren Eisenzeit in Mittelschweden u. S-Norwegen; arktische H. in N-Skandinavien u. N-Asien, Jungsteinzeit.

Hellespont, altgriech. f. Dardanellen.

Helligkeit, astronom. → Größe.

Helling, w., Schiffsbauplatz (zum Wasser geneigte Ebene) m. Krananlagen; *Längsod. Quer-H.*

Hellschreiber, nach d. Erfinder Rudolf *Hell* benannte Fernschreibmaschine, bei der jedes zu übertragende Zeichen in 7×7 = 49 Bildelemente zerlegt u. beim Empfänger wieder zum ursprüngl. Zeichen zusammengesetzt erscheint; frühere Anwendung: mil. Zwecke, Zugmeldedienst u. ä.

Helm, militär. Kopfbedeckung, Kopfschutz aus Leder od. (meist) Metall; → Sturmhaube, → Topfhelm, → Kesselhaube. – **H.brünne,** mittelalterliche Leder-, Ringel- od. Kettenkapuze z. Schutze d. Kopfes als Ergänzung d. → Brünne. – **H.kleinod, H.zier** → Heraldik.

Helmbrecht, *Meier H.,* Verserz. über d. Verfall d. ma. Ständeordnung v. *Wernher d. Gärtner* (1250–80).

Helmholtz, Hermann v. (31. 8. 1821–8. 9. 94), dt. Naturforscher; Beiträge zur theoret. Physik (exakte Begründung d. Gesetzes von d. Erhaltung d. Energie), zur Physiologie (Messung d. Geschwindigkeit v. Nervenimpulsen) u. Wahrnehmungspsych. (z. B. Theorie des Farbensehens); Erfinder d. → Augenspiegels.

Helmstedt (D-3330), Krst. im Rgbz. Braunschweig, Nds., 26 554 E; staatl. anerkannter Erholungsort Bad H.; Großsteingräber (ca. 2000 v. Chr.), ma. Bauwerke; Bergbau, Spinnerei, Maschinenfabr.

Héloïse (1098–15. 5. 1164), → Abaelards Geliebte.

Heloten, spartanische Staatssklaven.

Helsingborg [*helsiŋ'borj*], früher *Hälsingborg,* südschwed. Hafenst. am Öresund, 107 000 E; Seeschiffahrt, Industrie.

Helsingfors, schwed. Name für → Helsinki.

Helsingør, dän. Hafenst. am Sund (N-Seeland), 57 000 E; i. NO Schloß *Kronborg* (Hamlets Grab); Fähre, Werften.

Helsinki, *Kathedrale*

Helsinki, schwed. *Helsingfors,* Hptst. v. Finnland, a. Finn. Meerbusen, 490 000 (m. Vororten 978 000) E; Reichstag, Uni., HS, Athenäum, Nationalmuseum u. -theater, schwed. Theater, Stadion (15. Olymp. Spiele 1952); größte finn. Handels- u. Hafenst. – 1550 v. Gustav Wasa erbaut, 1812 Hptst. des damaligen Großfürstentums Finnland.

Heluan, *Hilwan,* klimat. Winterkurort in Ägypten, südl. Kairo; Kochsalz-, Schwefelquellen; Sternwarte.

Helvetia [nl.], die Schweiz, nach den urspr. kelt. Bewohnern, d. **Helvetiern,** die Cäsar bezwang.

helvetische Konfessionen, die Bekenntnisschriften d. reformierten Kirchen, bes. die „Confessio Helvetica Prior" (1536), die 39 Artikel d. anglikan. Kirche (1562) u. d. Heidelberger Katechismus (1563).

Helvetische Republik → Schweiz *(Geschichte).*

Helvétius, Claude Adrien (26. 1. 1715–26. 12. 71), frz. sensualist. Phil., → Enzyklopädist; *De l'esprit.*

Hemer (D-5870), St. im Märk. Kr., NRW, 33 344 E; Eisen-, Maschinen-, Papierind.; Garnison.

Hemi- [gr.], Vorsilbe: Halb-.

Ernest Hemingway

Hemingway [*-wei*], Ernest (21. 7. 1899–2. 7. 1961), am. Schriftst.; Kurzgeschichten, Romane: *In einem anderen Land; Fiesta; Wem d. Stunde schlägt; Der alte Mann und das Meer;* Nobelpr. 1954.

Hemiplegie [gr.], Lähmung einer Körperseite, meist durch Schlaganfall, → Apoplexie.

Hemisphären, 1) nördl. u. südl. Hälfte der Erd- oder Himmelskugel; **2)** die Hälften des Großhirns.

Hemlockstanne, Nadelbaum aus Nordamerika.

Hemmstoffe, 1) experimentell zur Blokkierung von → Enzymen eingesetzte Substanzen; **2)** → Antibiotika, med. zur Wachstumshemmung von Krankheitserregern verabreicht.

Hemmung, 1) in → Uhren, zwingt mechanisch oder magnetisch das gleichmäßig angetriebene Uhrwerk unter Benutzung v. Schwingungen (Pendel, Unruh) zu ruckweisem Ablauf m. sich stets wiederholender Schaltbewegung; **2)** *psych.* Störung d. Gedächtnisfunktionen (z. B. durch Ähnlichkeit v. Lernstoffen wird d. Einprägung behindert, ebenso durch Gefühlserregung nach d. Lernen); auch als Persönlichkeitsmerkmal, das sich im Verhalten zeigt *(Gehemmtheit).*

Hemsbach (D-6944), St. i. Rhein-Nekkar-Kr., a. d. Bergstr., Ba-Wü., 12 497 E.

Henan, früher *Honan,* nordchin. Prov., weite Schwemmlandebene am Huang He, 167 000 km², 78 Mill. E; fruchtb. Lößboden (Weizen, Baumwolle); Hptst. *Zhengzhou.*

Hench [*-tʃ*], Philip S. (28. 2. 1896–30. 3. 1965), am. Physiologe; Hormonforschung; Nobelpr. 1950.

Henderson [*-dərsn*], Arthur (13. 9. 1863–20. 10. 1935), engl. Pol.; 1929–31 Außenmin., Vors. der Abrüstungskonferenz; Friedensnobelpr. 1934.

Hengsbach, Franz (10. 9. 1910–24. 6. 91), kath. Bischof von Essen.

Henlein, Peter (1480–1542), dt. Feinmechaniker; angebl. Erfinder d. Taschenuhr.

Henna, w. [arab.], dorniger Strauch, in Afrika, Südasien, Australien; rot u. gelb färbender Farbstoff; d. Stengel z. Haar- u. Nägelfärben verwandt.

Hennecke-System, 1948 i. d. DDR eingeführtes leistungssteigerndes System der Gruppenarbeit, ben. nach d. Bergarbeiter Adolf Hennecke (25. 3. 1905–22. 2. 75); → Stachanow-System; → Aktivist.

Hennef (Sieg) (D-5202), St. i. Rhein-Sieg-Kr., 30 516 E; div. Ind.

Hennegau, frz. *Hainaut,* fläm. *Henegouven,* belg. Landschaft u. Prov., 3787 km², 1,27 Mill. E; a. d. oberen Schelde u. Sambre; fruchtbares Hügelland, reiche Kohlenlager im Becken v. Borinage u. bei Charleroi; Anbau v. Zuckerrüben u. Hafer; Eisen-, Glas- u. chem. Ind.; Hptst. *Mons.* – Ehem. Gft H. 1051 flandrisch, 1345 bayr., 1433–77 burgund., dann habsburg., 1794 frz., 1815–30 ndl., seitdem belg. Provinz.

Henoch, im A. T. einer der Urväter d. Menschheit.

Henriquatre [*ãri'katr*], kurzer Spitz- u. Schnurrbart; nach frz. Kg Heinrich IV. benannt.

Henry, 1) Joseph (17. 12. 1797–13. 5. 1878), am. Phys.; Wetterkarten; el. Selbstinduktionskoeffizient oder → Induktivität, deren Einheit nach ihm ben. ist (Abk. *H*); **2)** O., → Porter.

Henscheid, Eckhard (* 14. 9. 1941), dt. Schriftst.; zeitsatir., häufig autobiograph. Erzählungen u. Romane; *Trilogie d. fortlaufenden Schwachsinns; Roßmann, Roßmann ...; Dolce Madonna Bionda.*

Henze, Hans-Werner (* 1. 7. 1926), dt. Komp.; *König Hirsch; Der Prinz v. Homburg;* Ballette; Sinfonien.

HEOS, Abk. f. **H**ighly **E**xcentric **O**rbital *Satellite,* eur. Meßsatellit (1968).

Heparin, aus d. Leber gewonnene, blutgerinnungsverzögernde Substanz zur Vorbeugung u. Behandlung von Thrombosen u. Embolien; → Infarkt, → Antikoagulanzien.

Hepatitis, *w.* [gr.], durch Virusinfektion verurs. Leberentzündung; 2 Arten: *epidemische* od. *infektiöse H.* (Erreger v. a. in verunreinigten Nahrungsmitteln), *serogene* od. *hämatogene H.* (Übertragung durch Bluttransfusion u. Einspritzungen).

Hepburn, [ʹhebən], **1)** Audrey (* 4. 5. 1929), am. Filmschauspielerin; *Breakfast at Tiffany's; My Fair Lady;* **2)** Katharine (* 8. 11. 1909), am. Schausp.in; *Bringing Up Baby; The African Queen; On Golden Pond.*

Hephästos, *Hephaistos,* griech. Gott des Feuers; Gemahl d. Aphrodite; lahm, als Schmied tätig.

Heppenheim (D-6148), Krst. des Kr. Bergstraße, Hess., 23 315 E; Luftkurort; histor. Marktplatz; Weinbau, Ind.

Heptameron, *s.* [gr. „7 Tage"], Novellenbuch der *Margarete von Navarra* (1492–1549).

Hepworth [-wəθ], Barbara (10. 1. 1903–20. 5. 75), engl. Bildhauerin; abstrahierende Holz- u. Metallarbeiten..

Hera [gr.], lat. *Juno,* Gattin u. Schwester von Zeus, Hüterin der Ehe.

Herakles

Heraldik

Tinkturen (Farben)

Gold	Silber	Rot	Blau	Schwarz	Grün	Purpur

Pelzwerk

Hermelin	Wolken-feh	Eisenhutfeh

Heroldstücke

Gespalten	Pfahl	Geteilt	Balken	zweim. geteilt	dreim. geteilt	Schräggeteilt	Geviert	Geständert

Geschacht	Gerautet	Geweckt	Schildfuß	Rechte Flanke	Sparren	Deichsel	Spitze	Zinnenschnitt

Tiere und Ungeheuer

Löwe	Greif	Panther	Adler	Doppeladler	Meerjungfrau

Gemeine Figuren

Baum (Linde)	Rose	Lilie	Sonne auf Dreiberg	Steighaken	Triangel

Vollständige Wappen

Adelswappen gotisch Topfhelm (Markgraf von Baden)	Adelswappen spätgotisch Bügelhelm (Freiherr vom Stein)	Bürgerliches Wappen Renaissance Stechhelm (Mörike)	Stadtwappen mit Mauerkrone (Bielefeld)	Staatswappen mit Königskrone (Königreich Norwegen)

Herakles, *Herkules,* griech. Sagenheld, Sohn d. Zeus u. d. Alkmene, muß *Zwölf Arbeiten* vollbringen (darunter Reinigung d. Augias-Stalls, Kampf mit der Hydra u. d. Riesen Antäus), um Unsterblichkeit zu gewinnen; tötet den Kentauren Nessus u. stirbt durch dessen giftiges Gewand; wird z. d. Göttern erhoben, Gemahl der Hebe.

Herakliden, Nachkommen d. Herakles.

Heraklion, *Iraklion, Kandia,* Hafen- u. Hptst. v. Kreta, 102 000 E; Olivenhandel, Fischerei.

Heraklit, *Herakleitos* (um 500 v. Chr.), griech. Phil. aus Ephesos; lehrt das ewige Werden u. Vergehen aller Dinge (*panta rhei* = alles fließt), deren Wechsel u. Widerstreit („Der Krieg ist d. Vater aller Dinge"), v. der Weltvernunft (Logos) beherrscht, die „widerspenstige Harmonie" des Seins ermögliche.

Heraldik, *w., Heroldskunde,* Lehre v. Wappenwesen (Wappenkunde, -kunst, -recht); Wappen sind urspr. nach best. (herald.) Regeln gebildete, grundsätzl. erbliche Abzeichen f. Personengemeinschaften u. gehen in ihren äußeren Formen auf die eur. Bewaffnung im MA zurück; z. Beschreibung dient bes. Kunstsprache (Abb.). Der *Schild,* Hptträger d. herald. Sinnbildes, kann farbig-flächig bemalt sein, *Heroldsstücke* od. *gemeine Figuren,* z. T. in typ. Weise stilisiert, enthalten; zu einem vollständ. Familienwappen gehört außerdem der *Helm* mit s. (auf dem Helmdach angebrachten) *Helmzier* (Helmkleinod) und den davon ausgehenden *Helmdecken;* d. Schild kann auch allein geführt werden. Bei fürstl. Wappen vielfach Prunkstücke (z. B. Wappenmäntel), Schildhalter und Rangkronen auch bei mittleren u. unteren Adelsstufen; bei nichtfarbiger Darstellung seit 17. Jh. Verwendung best. Schraffierungen (Abb.). Bei der Beschreibung *(Blasonierung)* wird „rechts" und „links" vom Wappenträger, nicht v. Beschauer aus verstanden.

Herat, Hptst. d. Prov. H. in NW-Afghanistan, am Heri-Rud, 160 000 E; Ausgangspunkt d. Karawanenstraße H.-Kandahar-Kabul-Peschawar; Flugplatz.

Hérault [e'ro], **1)** Fluß in Südfrkr., von den Cevennen bis zum Mittelmeer, 197 km l; **2)** südfrz. Dép., 6101 km², 777 600 E; Hptst. *Montpellier.*

Herbarium [l.], Sammlung getrockneter Pflanzen.

Herbart, Johann Friedrich (4. 5. 1776–14. 8. 1841), dt. Phil. u. Erzieher, begr. eine mechanist. Seelenlehre.

Herbede, s. 1975 zu → Witten.

Herberger, Josef (Sepp) (28. 3. 1897–28. 4. 1977), 1949–64 Bundestrainer d. dt. Fußballnationalmannschaft (1954 Weltmeister).

Herbicide, *Herbizide* [l.], chem. Mittel z. Bekämpfung v. Unkräutern.

Herbivoren, pflanzenfressende Tiere.

Herborn (D-6348), St. i. Lahn-Dill-Kr. Hess., 20 409 E; ma. Gepräge; div. Ind.

Herbst, auf der nördl. Halbkugel v. *H.-Äquinoktium,* am 23. 9., bis z. Wintersonnenwende (21. 12.); auf der südl. Halbkugel vom 21. 3.–21. 6. – **H.punkt** → Äquinoktium.

Herbstzeitlose, *Colchicum, Liliengewächs,* auf Wiesen, blüht im Herbst; giftig.

Herburger, Günter (* 6. 4. 1932), dt. Schriftst.; Gedichte, Romane, Erzählungen, Hörspiele; *D. Eroberung d. Zitadelle; Flug ins Herz; D. Augen d. Kämpfer.*

Herculaneum, it. Küstenst. bei Neapel, 79 n. Chr. durch Vesuvausbruch verschüttet; z.T. ausgegraben.

Herdbuch, Zuchtstammbuch; verzeichnet Stammbaum, Gestalt, Leistung von Zuchttieren; meist von Zuchtverbänden geführt.

Herdecke (D-5804), St. im Ennepe-Ruhr-Kreis, NRW, 25 596 E; Textilind.

Herder, 1) Bartholomä (1774–1839), gründete 1801 das kath. Verlagshaus H. & Co., Freiburg; kath. Theol., Phil. u. a.;

Johann Gottfried v. Herder

2) Johann Gottfried v. (25. 8. 1744–18. 12. 1803), dt. Theologe u. Geschichtsphil. (dt. Idealismus); 1776 Gen.superintendent in Weimar; beeinflußte den jungen Goethe, begründete durch Übersetzung u. Kritik das Verständnis aller Nationalkulturen; *Ideen zur Phil. d. Geschichte d. Menschheit; Volkslieder; Der Cid.*

Herdfrischen, Umwandlung v. sprödem Roheisen in Schmiede- u. Schweißeisen (mittels Holzkohle auf kastenartigen Herden).

hereditär [l.], erblich.

Heredität, *w.,* Erblichkeit.

Herero, früher fälschlich *Damara,* Bantuvolk in SW-Afrika; im H.-Aufstand 1904–06 gg. dt. Kolonialherrschaft von 100 000 auf ca. 25 000 dezimiert.

Herford (D-4900), Krst. an der Werre, NRW, 61 700 E; AG; div. Ind.

Hering, Fisch der nördl. Meere; wandert zur Laichzeit in riesigen Schwärmen zu best. Sandbänken der Hochsee u. sandigen, steinigen Gründen der Küsten, wird dort gefangen; frisch: *Grüner H.;* geräuchert: *Bückling;* gesalzen: *Pökel-H.,* in Essig mariniert: *Bismarck-H.* u. *Rollmops;* 2jähr., noch nicht geschlechtsreifer H.: *Matjes-H.,* geschlechtsreifer H. vor bzw. nach dem Laichen: *Voll-* bzw. *Hohl-H.* Fang in BR 1983: 16 500 t; Verwandte: Sprotte, Sardine, Tarpon (bis 2 m).

Hering, *Häring,* Zeltpflock.

Heringskönig, *Petersfisch,* bis 70 cm langer Stachelflosser; folgt den Heringsschwärmen.

Herisau (CH-9100), Hptort des schweiz. Halbkantons Appenzell-Außerrhoden, 15 000 E; div. Ind., Sportzentrum.

Herkules, 1) → Herakles; **2)** → Sternbilder, Übers.; Zielpunkt (→ Apex) d. Raumbewegung d. Sonnensystems; gr. kugelförm. Sternhaufen.

Herkulesbad, rumän. *Baile Herculane,* Badeort nördl. d. Eisernen Tores, 1106 müM; warme Mineralquellen.

Herkuleskäfer, südam. Nashornkäfer; Männchen bis 15 cm lang.

herkulisch, riesenstark wie Herkules, → Herakles.

Hermandad, *w.,* Bruderschaft, s. 1476 pol.-mil. Organisation span. Städte; **Hlge H.** = Polizei.

Hermann, 1) H. I. († 1217), Landgf v. Thüringen, förderte den Minnesang (Sängerkrieg auf d. Wartburg 1207); **2)** H. → Balk; **3)** H. Billung († 973), sächs. Hzg, Markgraf an der unteren Elbe (→ Billunger); **4)** H. der Cherusker → Arminius; **5)** H. von Salza (ca. 1170–1239), Deutschordenshochmeister, Gründer des preuß. Ordensstaates.

Hermannsburg (D-3102), Gem. in Nds., Kr. Celle, 7850 E; Ev.-luth. Missionswerk m. Ausbildungsseminar.

Hermannsdenkmal, 57 m hohes Denkmal v. Ernst v. *Bandel* (1875) b. Detmold i. Teutoburger Wald; → Arminius.

Hermannshöhle, Tropfsteinhöhle im Unterharz, 413 m l., 38 m h.

Hermannsschlacht → Arminius.

Hermannstadt, rumän. *Sibiu,* St. im südl. Siebenbürgen, 178 000 E; ev. Bistum, orthodoxes Erzbistum, Volksuni., Maschinen- u. Textilind. – 13.–18. Jh. Hptst. u. Mittelpunkt d. Dt. in Siebenbürgen.

Hermaphrodit, *Zwitter,* Organismus m. normalen männl. u. weibl. Geschlechts-organen u. Keimzellen; bei Pflanzen u. niederen Tieren häufig; *(Pseudo-)H.:* äußere Geschlechtsmerkmale beider Geschlechter od. Keimdrüse des einen u. Merkmale des anderen Geschlechts; durch Entwicklungsstörungen der → Keimdrüsen, zur Klärung Geschlechtsbestimmung, → Geschlechtsanomalien.

Hermaphroditos, Sohn des Hermes und der Aphrodite; auf Bitte einer Quellnymphe mit ihr zu einem doppelgeschlechtlichen Wesen vereinigt; daher svw. Zwitter.

Herme, *w.* [gr.], eckiger Pfeiler mit bärtigem Kopf (urspr. d. Hermes, an Wegen aufgestellt); in d. Antike u. Renaissance.

Hermelin

Hermelin, *Großes Wiesel,* ein Marder; Pelz im Sommer braun, im Winter weiß mit schwarzer Schwanzspitze (sehr wertvoll, früher Besatz für Krönungsmäntel); Mitteleuropa u. Asien; andere Formen in Nordamerika.

Hermeneutik, *w.* [gr.], die Kunst, e. Schrift- od. Kunstwerk sinnvoll auszulegen.

Hermes

Hermes, 1) griech. Gott des Handels, Götterbote, Sohn d. Zeus u. d. Maia, Begleiter der Toten in den Hades; röm. → *Merkurius;* **2)** Planetoid (d. Erde mit 600 000 km am nächsten kommen kann.

hermetisch, (luftdicht) verschlossen; in Literatur: schwer verständlich.

Herminonen, svw. → Irminonen.

Hermlin, Stephan, eigtl. *Rudolf Leder* (* 13. 4. 1915), dt. Schriftst.; Balladen, Lyrik, Erzählung, Übers.

Hermon, *Dschebel esch Schech,* höchster Gipfel des Antilibanon, 2814 m.

Hermunduren, german. Suebenstamm zw. mittl. Elbe u. Main, gingen in den Thüringern auf.

Herne (D-4690), krfreie St. am Rhein.-H.- und Dortmund-Ems-Kanal, NRW, 174 664 E; „Bücherei d. dt. Ostens"; Eisen- u. Elektroind.; i. Ortsteil *Wanne-Eickel* Steinkohle, chem. Ind., Sol- u. Thermalbad.

Hernie, w. [l. -nje], → Bruch.

Herodes, Name jüdischer Kge: **1)** H. der Große (73–4 v. Chr.), unter ihm Geburt Jesu; dessen Tod unter **2)** H. Antipas (20 v. Chr.–nach 39 n. Chr.), Sohn von 1); **3)** H. Agrippa I., Kg von Judäa, setzte 44 Jakobus u. Petrus gefangen.

Herodias, 2. Gattin d. Herodes Antipas, Mutter d. → Salome.

Herodot, griech. Geschichtsschreiber, 5. Jh. v. Chr.; beschrieb Perserkriege.

Heroin, *s.,* starkes Rauschgift, morphinähnlich.

Heroine [frz.], Darstellerin v. Theaterheldinnen.

heroisch [gr.], heldenhaft.

Heroismus, *m.,* Heldenmut.

Herold, 16. Jh.

Herold [„Heeresbeamter"], i. MA Bote, Verkünder.

Heron v. Alexandria (1. Jh. n. Chr.), griech. Mathematiker und Physiker; Mechanik, Hydrostatik, heronische Formel für Dreiecksfläche; beschrieb **H.sball,** Gefäß (Windkessel), aus dem mittels eingepreßter Druckluft Flüssigkeiten herausgetrieben werden können (z. B. Pumpe); auch **H.sbrunnen,** Springbrunnen.

Heros, *m.* [gr.], Halbgott; Held. Mz.: *Heroen.*

Herostratos, äscherte 356 v. Chr. aus Ruhmsucht den Artemis-(Diana-)Tempel in Ephesos ein (→ Sieben Weltwunder).

Hero v. Sestos, Aphrodite-Priesterin, Geliebte des *Leander,* der ihretwegen allnächtlich den Hellespont durchschwamm; Grillparzers Drama: *Des Meeres und der Liebe Wellen.*

Herpes, *w.* [gr.], *Bläschenflechte,* Gruppen v. Bläschen (z. B. im Gesicht, an Genitalien bei fieberh. Krankheiten); Virusinfektion; auch → Gürtelrose.

Herpetologie, Amphibien- u. Reptilienkunde.

Herrenberg (D-7033), St. i. Kr. Böblin-

gen, Ba-Wü., 26 390 E; ma. Gepräge: got. Stiftskirche, Fremdenverkehr.

Herrenchiemsee, Insel i. → Chiemsee m. Prunkschloß Ludwigs II. nach d. Vorbild v. Versailles; Kg.-Ludwig-II.-Museum.

Herrenhaus, bis 1918 in Preußen und Österreich erste Kammer (ernannte Standesvertretung).

herrenlos, bewegl. Sachen, deren Eigentümer auf das Eigentum verzichtet hat; auch wilde Tiere in Freiheit; Aneignung gestattet, wenn dadurch nicht fremde Rechte verletzt werden (§§ 958 ff. BGB); *nicht* herrenlos sind verlorene Sachen.

Herrenmoral, nach Nietzsche *(Wille zur Macht)* Persönlichkeitsmoral des Starken im Ggs. zu „*Sklavenmoral*" (Christentum u. Sozialismus) der Schwachen.

Herrentiere, svw. → Primaten.

Herrera [ε*'rr-*], Juan de (um 1530–15. 1. 1597), span. Renaissance-Baumeister; vollendete den → Escorial.

Herriot [ε*'rjo*], Edouard (5. 7. 1872–26. 3. 1957), frz. Pol. (Radikalsozialist); 1947–54 Präs. d. Nat.vers., 1924/25, 1932 Min.präs., 1944/45 in dt. Haft; *Vereinigte Staaten v. Europa.*

Herrnhut (D-8709), St. i. d. sächs. Oberlausitz, 1800 E; Textil- u. Holzind.

Herrnhuter → Brüdergemeine.

Hersbruck (D-8562), St. an d. Pegnitz, i. Kr. Nürnberger Ld., Bay., 11 447 E; AG; Ind.

Herschbach, Dudley Robert (* 18. 6. 1932), am. Chemiker, chem. Elementarreaktionen in Molekularstrahlen; Nobelpr. 1986.

F. W. Herschel

Herschel, 1) Sir Friedrich Wilhelm (15. 11. 1738–25. 8. 1822), engl. Astronom dt. Herkunft; entdeckte mit selbstgefertigten Instrumenten den Uranus, d. Uranusmonde, zwei Saturnmonde, die Eigenbewegung d. Sonnensystems u. viele kosmische Nebel; s. Sohn **2)** Sir John Frederick (7. 3. 1792–11. 5. 1871), engl. Phys. u. Naturphil.; Erforscher des südl. Sternhimmels.

Hershey [*'haːʃi*], Alfred D. (* 4. 12. 1908), am. Biol.; (zus. m. Delbrück u. Luria) Nobelpr. f. Medizin 1969 (Untersuchung an Bakteriophagen).

Herten (D-4352), Ind.-St. im Kr. Recklinghausen, NRW, 68 111 E; Steinkohle; Masch.-, Fleischwaren- u. Konservenind.; i. St.teil *Westerholt* Steinkohlenbergbau.

Hertling, Georg, Frh., s. 1914 Gf v. (31. 8. 1843–4. 1. 1919), dt. Pol. (Zentrum); 1917/18 Reichskanzler.

Hertz, 1) Gustav (22. 7. 1887–30. 10. 1975), dt. Phys.; stellte Wasserstoffisotope her; Nobelpr. 1925; 1955 Vors. d. Rates f. Atomenergie in der DDR; **2)** Heinrich (22. 2. 1857–1. 1. 94), dt. Phys., entdeckte die el. *H.schen* Wellen, Grundlage d. Funktelegraphie; nach ihm benannt d. phys. Maßeinheit → Hertz.

Hertz, Abk. *Hz, phys.* Maßeinheit f. Zahl d. Schwingungen in 1 Sek. („Frequenz"); 1000 Hz = 1 kHz *(Kilohertz),* 1 Mill. Hz = 1 MHz *(Megahertz),* 1 Mrd. Hz = 1 GHz *(Gigahertz).*

Hertzsprung, Ejnar (8. 10. 1873–21. 10. 1967), dän. Astronom; Mitentdecker d. Hertzsprung- → Russell-Diagramms.

Herwegh, Georg (31. 5. 1817–7. 4. 75), dt. Dichter d. Vormärz; 1848 führend in d. bad. Revolution; *Gedichte e. Lebendigen; Der Freiheit eine Gasse.*

Herz, Henriette (5. 9. 1764–22. 10. 1847), vereinte in ihrem Salon das geistige Berlin, bes. d. Frühromantiker.

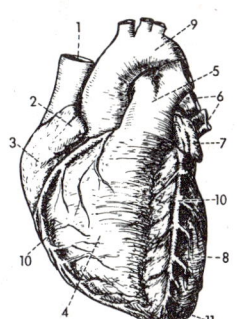

1 obere Hohlvene, 2 rechtes Herzohr, 3 rechter Vorhof (-kammer), 4 rechte Kammer, 5 Lungenschlagader vor der Gabelung, 6 linke Lungenvenen, 7 linkes Herzohr, 8 linke Kammer, 9 Aorta, 10 Koronargefäße, 11 Herzspitze

Menschliches Herz (von vorn)

Herz, muskulöses Hohlorgan, treibt das Blut durch die Gefäße, erhält den → Blutkreislauf aufrecht. In der Mitte durch Scheidewand in r. und l. H. getrennt. Jede Hälfte besteht aus Vorhof u. Kammer, d. durch eine Klappe miteinander verbunden sind (→ Tafel Mensch, S. 349). In der Minute ca. 70–80 rhythm. Zusammenziehungen (Systolen) u. Erweiterungen (Diastolen) der H.höhlen. Von der l. H.kammer geht die Hauptkörperschlagader (Aorta), von der r. die Lungenschlagader ab; in den r. Vorhof münden die beiden Hohlvenen, die das Blut nach Durchströmung d. Körperkreislaufs zum H. zurückführen. *El. H.aufnahme* → Elektrokardiographie. - Das Herz ist eingehüllt in den *H.beutel,* seine Entzündung kann zur *H.beutelwassersucht* führen. Krampf od. Verkalkung

der das Herz ernährenden Kranzarterien *(Koronarien)* führt zur *H.bräune* (→ Angina pectoris). *H.fehler,* der auf die Dauer zur *H.erweiterung* und schließlich zum Nachlassen der *H.kraft,* zur *H.insuffizienz* führt, angeboren oder durch Entzündung u. Undichtigkeit der *H.klappen.* - **H.asthma,** *Asthma cardiale,* Anfälle von Atemnot bei Herzkranken. - **H.fäule,** Trockenfäule, bei Rüben auftretende Bormangelerkrankung, wobei der Rübenkörper nach Absterben der jungen Blätter in Fäulnis übergeht. - **H.kammerflimmern,** Wogen d. H.muskeln durch ungeordnete u. nicht gleichzeitige Zusammenziehung, z. B. wenn Körper vom Wechselstrom (bei Menschen 0,1-1 Amp.) durchflossen wird; meist tödlich. → elektrischer Stuhl. - **H.katheterismus,** zwecks Untersuchung des H.innendrucks u. d. Sauerstoffsättigung wird v. d. H.hälfte ein biegsames Röhrchen vorgeschoben. - Verstärktes u. beschleunigtes H.schlagen wird als **H.klopfen** empfunden. - **H.krampf** bei Angina pectoris. Durch Verstopfung eines **H.kranzgefäßes,** z. B. durch Gerinnsel, kommt es z. **H.infarkt;** der blutleer gewordene Gewebsbezirk stirbt ab u. vernarbt *(H.schwiele).* - **H.-Lungen-Maschine,** Apparatur, die bei Operationen bes. am Herzen dessen Funktion sowie d. Sauerstoff-Kohlensäure-Austausch im Blut übernimmt. - **H.massage,** bei H.stillstand: indirekt durch Schlagen auf d. Brustkorb in der H.gegend, direkt durch rhythm. Zus.drücken des Herzens mit d. Hand. - Bei **H.muskelentzündung** leicht Schädigung der an der Scheidewand verlaufenden **H.nerven** *(Hissches Bündel),* die d. regelmäßigen Ablauf d. H.schläge gewährleisten. Hierbei sowie bei **H.neurose** (nervös bedingter Funktionsstörung ohne krankh. Veränderung) häufig Störungen d. **H.rhythmus.** Die in Höhe d. 5. Zwischenrippenraumes in Gegend d. l. Brustwarze gelegene **H.spitze** schlägt bei jeder Zus.ziehung des H. gg. die Brustwand: **H.spitzenstoß.** Bei jeder Zus.ziehung *(Systole)* u. Ausdehnung *(Diastole)* d. H. entstehen d. m. angelegtem Ohr, besser mit d. Hörrohr wahrnehmb. H.töne, deren Unreinheit bei H.fehlern *H.geräusche* ergibt. - **H.schrittmacher,** elektr. Gerät, das den gestörten Herzschlag reguliert. - **H.transplantation** → Transplantation. - **H.verfettung,** b. erhebl. allg. Fettsucht entstehen leicht Fettauflagerung u. Fettdurchwachsung d. Herzmuskels.
Herzberg, Gerhard (* 25. 12. 1904), kanad. Phys. u. Chem.; Nobelpr. f. Chemie 1971 (f. Forschungen zur exakten Molekularspektroskopie).
Herzberg am Harz (D-3420), St. i. Kr. Osterode a. H., Nds., Kurort, 233 müM, 15 190 E; Stammschloß d. Welfen: *Juesse;* Eisenind.; AG.
Herzebrock-Clarholz (D-4836), Gem.

im Kr. Gütersloh, NRW, 12 609 E; div. Ind.
Herzegowina, jugoslaw. Landschaft, → Bosnien und Herzegowina; verkarstetes Gebirgsland, nur in den Niederungen bevölkert; Anbau von Tabak, Mais, Wein; Hptort *Mostar;* 111 000 E. - Im Altertum Teil der röm. Prov. Dalmatien; s. 1382 Vasallenstaat von Bosnien; 1878 an Östr., 1908 jugoslaw.
Herzen, Alexander Iwanowitsch (6. 4. 1812-21. 1. 70), russ. Schriftst. u. Revolutionär; Roman: *Wer ist schuld?*
Herzfelde, Wieland, eigtl. *Herzfeld* (* 11. 4. 1896), dt. Künstler; gründete mit s. Bruder John → Heartfield 1917 den Malik-Verlag; Mitbegr. der Berliner *Dada*-Gruppe.
Herz-Jesu-Verehrung, bes. i. d. dt. Mystik des MA; im Barock gg. überstrengen → Jansenismus moderne *H.-J.-V.,* Ursprung Frkr.; Marguerite Marie *Alacoque* († 1690); kath. *H.-J.-Fest.*
Herzl, Theodor (2. 5. 1860-3. 7. 1904), jüd. Journalist; Begr. d. Zionismus; *Der Judenstaat* (1896).
Herzlieb, Minna (1789-1865), Urbild der Ottilie in Goethes *Wahlverwandtschaften.*
Herzmuschel, eßbare Muschel der eur. Meere.
Herzog, 1) Roman (* 5. 4. 1934), dt. Jurist u. CDU-Pol.; s. 1987 Präs. d. B.verf.gerichts; **2)** Werner (* 5. 9. 1942), dt. Filmregisseur; *Lebenszeichen* (1967); *Aguirre, der Zorn Gottes* (1972); *Herz aus Glas* (1976); *Woyzeck* (1978/79); *Fitzcarraldo* (1981); *Wo die grünen Ameisen träumen* (1984); *Cobra Verde* (1987).
Herzog, urspr. Heerführer, später erbl. Würde, von Karolingern beseitigt, dann wieder seit 9. Jh. oberste Reichsfürstenwürde. Die alten Stammeshzgtümer (Sachsen, Franken, Bayern, Schwaben, Lothringen) ab 12. Jh. Territorialhzgtümer (Österreich, Kärnten, Steiermark, dann Braunschweig, Anhalt, thüring. Hzgtümer u. a.); schließlich auch als Titel an Nichtherrscher verliehen.
Herzogenaurach (D-8522), St. i. Kr. Erlangen-Höchstadt, Bay., 19 196 E; ma. Gepräge, got. Kirche; div. Ind.
Herzogenbusch, ndl. *'s-Hertogenbosch,* Hptst. der ndl. Prov. N-Brabant, 91 000 E; alte Festung; spätgot. Kathedrale; div. Ind.; kath. Bischof.
Herzogenrath (D-5120), St. i. Kr. Aachen, NRW, 43 397 E; Glas- u. Textilind., Steinkohlenbergbau; *Burg Rode.*
Heseķiel, *Ezechiel,* im A.T. jüd. Prophet.
Hesioḍ|os, griech. Dichter, 8. Jh. v. Chr.; Götterlehre; Lehrgedicht über den Landbau.
Hesperiden, in der griech. Sage Töchter d. Nacht, Hüterinnen der goldenen Äpfel der Hera.
Heß, 1) Rudolf (26. 4. 1894-17. 8. 1987), NS-Pol.; 1933 „Stellvertreter d. Führers", flog 1941 z. Friedensanbahnung nach Schottland; bis Kriegsende inter-

niert u. 1946 zu lebenslängl. Gefängnis verurteilt; **2)** Victor (24. 6. 1883-17. 12. 1964), östr. Phys.; erforschte kosm. Strahlungen; Nobelpr. 1936; **3)** Walter Rudolf (17. 3. 1881-12. 8. 1973), schweiz. Physiologe; Kreislauf und Nervensystem (Hirnreizversuche); Nobelpr. 1949.

Hermann Hesse

Hesse, Hermann (2. 7. 1877-9. 8. 1962), dt. Dichter u. Essayist; zeigt i. s. Werken d. Ausbruch a. d. gewohnten Formen d. Zivilisation u. Möglichkeiten d. Selbstverwirklichung: *Steppenwolf;* Alterswerke geprägt v. Lebensweisheit im epigonal. Sinne Goethes; Lyrik; Romane: *Peter Camenzind; Demian; Narziß u. Goldmund; D. Glasperlenspiel;* Erzählungen: *Knulp; Klingsors letzter Sommer; Siddharta;* Essays: *Wanderung; Bilderbuch; Betrachtungen;* Nobelpr. 1946.
Hessen, *Land H.,* Land, 1945 auf Anordnung d. US-Mil.-Reg. gebildet aus d. rechtsrheinischen Teil von H.-Darmstadt u. den ehem. preuß.

Prov. Kurhessen u. Nassau ohne die zus. mit d. heutigen Rgbz. Montabaur zu RP gekommenen linksrhein. Gebiete; 21 114 km², 5,66 Mill. E (268 je km²); Rel.: 60,4% ev., 32,8% kath.; Hptst. *Wiesbaden;* Landesfarben: Rot-Weiß. **a)** *Geogr.:* Bergiges Land, gebildet vom Odenwald mit Bergstraße und Gebiet westlich bis zum Rhein, unterem Maintal, Taunus und Westerwald, Hessische Senke mit Vogelsberg, Rhön und Bergland zwischen Werra, Fulda, Eder und Diemel; Durchgangsland, besonders die Hess. Senke verkehrswichtig. **b)** *Wirtsch.:* Feinmech., opt., chem., Lederwaren-, Masch.bau-, Elektro-, Automobilind.; Ackerbau, Wein-, Obstbau, Viehzucht, Forstwirtsch.; → Frankfurt wichtiges Bank- und Behördenzentrum. **c)** *Bildungsstätten:* → Hochschulen. **d)** *Verw.:* Rgbz. Darmstadt, Kassel, Gießen. **e)** *Regierung:* Min.präs. und Min.; Landtag. **f)** *Gesch.:* Land der Chatten; 1292 Reichsfürstentum (Landgft); nach umfangr. Erwerbungen (Ziegenhain, Katzenelnbogen) 1567 und 1604 geteilt: H.-*Kassel* (1803 Kurfürstentum, 1866 preuß.) und **H.-Darmstadt** (1806 Gr.hzgt., seit 1945 wieder vereinigt).

Landtagswahlen (Stimmen in %)

Jahr	CDU	SPD	FDP	Grüne
1946	30,9	42,7	15,7	
1950	18,8	44,4	31,8	
1954	24,1	42,6	20,5	
1958	32,0	46,9	9,5	
1962	28,8	50,8	11,5	
1966	26,4	51,0	10,4	
1970	39,7	45,9	10,1	
1974	47,0	43,2	7,7	
1978	46,1	44,1	6,8	
1982	45,6	42,8	8,0	
1983	39,4	46,2	7,6	5,9
1987	42,1	40,2	7,8	9,4
1991	40,2	40,8	7,4	8,8

■ CDU ■ SPD ■ FDP ■ Grüne

Hessen-Homburg, ehem. Landgft (Seitenlinie von H.-Darmstadt), s. 1622; 1866 preuß.
Hessen-Kassel od. **Kurhessen,** ehem. dt. Kurfürstentum; im Dreißigjähr. Krieg auf schwed. Seite; Friedrich I. 1720 durch Heirat schwed. Kg, auf engl. Seite im Siebenjähr. Krieg. 1807–13 zum Kgr. Westfalen. 1831 liberale Verf.reform (1850 mit östr. Hilfe wieder aufgehoben); 1866 Preußen einverleibt; bis 1944 Rgbz. Kassel der Prov. H.-Nassau, bis 1945 Prov. Kurhessen, auch → Hessen.
Hessen-Nassau, ehem. preuß. Prov., 1868 aus Kurfürstentum H., Hzgt. Nassau u. d. Freien Stadt Frankfurt a. M. gebildet, 1929 durch d. ehem. Fürstentum Waldeck, 1932 durch Kreis Wetzlar vermehrt, 1944 aufgeteilt; Prov. Kurhessen (H.-Kassel u. Prov. Nassau).
Hessische Stiftung für Friedens- u. Konfliktforschung, *HSFK,* 1970 gegr. wiss. Institut in Frankfurt a. M. zur Erforschung d. Ursachen, Lösung u. Regelung v. Konflikten.
Hestia, griech. Herdgöttin; lat. *Vesta.*
Hetären, „Gefährtinnen"; im alten Griechenl. (oft geistvolle) Buhlerinnen.
hetero- [gr.], als Vorsilbe: anders ...
Heterochromosomen, svw. → Geschlechtschromosomen. Ggs.: Euchromosomen oder Autosomen.
heterogen, aus anderem Ursprung, artverschieden; Ggs.: → homogen.
Heterometabolie, unvollkommene Verwandlung, Insektenentwicklung, bei d. sich d. einzelnen Entwicklungsstadien weitgehend gleichen; dagegen: → Holometabolie; → Metamorphose.
Heteronomie, *w.,* Abhängigkeit v. fremden Gesetzen; Ggs.: *Autonomie.*

Heteroplastik, Einpflanzung v. Gewebe in einen Organismus anderer Art (z. B. v. Tier auf d. Menschen); Ggs.: → Homoioplastik.
Heterosis, liegt vor, wenn die Nachkommen einer Kreuzung in best. Merkmalen den (leistungs)stärkeren Elternteil übertreffen (→ luxurieren); charakteristisch f. H.effekte ist, daß sie in d. 1. Generation maximal ausgeprägt sind.
heterozygot [gr.], *mischerbig,* Zellen *diploider* Organismen, bei denen einzelne od. alle *Gene* in ungleichen → Allelen vorhanden sind; Ggs.: → homozygot.
Hethiter, altorient. Volk; im 2. Jtd v. Chr. Großreich m. hoher Kultur i. Vorderasien; um 1200 v. Chr. untergegangen; Hptst. war *Hattusa;* Funde im Archäolog. Museum Ankara.
Hetman, im ehem. Kgr. Polen Heeresbefehlshaber, in der → Ukraine Bez. der Landesfürsten (Mazeppa u. a.); H. der Donkosaken hieß *Ataman.*
Hettstedt (D-4270), Krst. i. S-A., 21 405 E; Kupferhütte, Walzw.
Heuberg, höchste Erhebung d. Schwäb. Alb, Kalkhochfläche bis 1015 m.
Heuberger, Richard (18. 6. 1850–28. 10. 1914), östr. Komp.; *Der Opernball.*
Heuer, *w.,* Lohn d. Schiffsmannschaft; **heuern,** *anheuern,* anwerben, bes. v. Matrosen; früher durch **H.baas** (gewerbsmäßiger Vermittler); dabei wird **H.geld** (Handgeld) gegeben, durch dessen Annahme Dienstvertrag zustande kommt. – **H.vertrag,** zw. Reeder u. Schiffsmann geschlossen u. durch d. → Seemannsamt überwacht, wo auch d. → *Anmusterung* (Feststellung der H.) erfolgt.
Heuert, *m.,* altdt. für Juli, *Heumonat.*

heureka [gr. „ich hab's gefunden"], angebl. Ausruf des Archimedes bei Entdeckung des Gesetzes vom Auftrieb.
Heuriger [„heuer = dieses Jahr"], Wein oder Most des letzten Jahrgangs.
Heuristik [gr.], die Kunst, durch hypothetische Voraussetzungen wiss. Erkenntnisse aufzufinden.
Heuscheuergebirge, Teil des Glatzer Berglandes; → Schlesien; höchste Erhebung: *Große Heuscheuer,* 919 m.
Heuschnupfen, Heufieber, eine → allergische Krankheit; Überempfindlichkeit gegen Pollen von Gräsern und windblüt. Bäumen; heftige Reizzustände der Nasenschleimhäute und Augenbindehäute, in schweren Fällen mit *Heuasthma.*

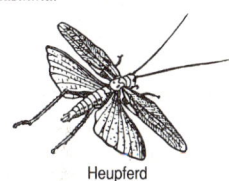

Heupferd

Heuschrecken, Geradflügler mit Sprungbeinen; *Feld-H.,* z. B. der harmlose *Grashüpfer,* aber auch *Wander-H.,* SO-Europa, Asien, Afrika, in riesigen Schwärmen Pflanzenwuchs zerstörend; *Laub-H.,* das grüne, langfühlerige Heupferd; *Grab-H.,* → Grillen; → Wandelndes Blatt.
Heusenstamm (D-6056), St. i. Kr. Offenbach, Hess., 18 155 E; Barockkirche.
Heusinger, Adolf (4. 8. 1897–30. 11. 1982), dt. General; 1957–61 Gen.inspekteur d. Bundeswehr, 1960–64 Vors. d. Ständigen Mil.ausschusses d. NATO.

Theodor Heuss

Heuss, Theodor (31. 1. 1884–12. 12. 1963), dt. Pol.; 1924–28 u. 1930–33 MdR, erster Präs. (1949–59) d. BR, 1949 Vors. d. FDP; pol. u. histor. Schriftst.: *Friedrich Naumann; Robert Bosch; Dt. Gestalten.*
Hevea → Kautschuk.
Hevesy [-*ʃi*], Georg v. (1. 8. 1885–5. 7. 1966), ungar. Phys.; Forschungen zur Radioaktivität; Nobelpr. 1943.
Hewish [*'hjuɪʃ*], Antony (* 11. 5. 1924), engl. Phys.; Radio-Astrophysik; Nobelpr. 1974.
hexa- [gr.], als Vorsilbe: sechs ...
hexadekadisch, Zählsystem mit Basis

16. Die Zahlen 11 bis 15 werden m. A bis F bezeichnet.

hexadezimal, ugs.: Bez. für (korrekter) hexadekadisch.

Hexaeder ["Sechsflächner"], regelmäß. Polyeder, → Würfel.

Hexagon, regelmäß. Sechseck.

hexagonales System → Kristalle.

Hexagramm, Sechsstern, aus 2 gleichseit. Dreiecken, Abzeichen d. Pythagoräer u. d. Judentums: Davidstern.

Hexameter, *m.* [gr.], sechsfüßiger griech. Vers; von Homer benutzt; von Goethe *(Hermann u. Dorothea)* im Dt. nachgestaltet.

Hexapräparate → Kontaktgifte.

Hexen, nach alter abergläub. Vorstellung Frauen, die im Bunde mit d. Teufel über gefährl. Zauberkräfte verfügen.

Hexenbesen, krankhafte, buschartige Wucherungen an Bäumen, verursacht durch einen Schmarotzerpilz.

Hexenei, die junge → Stinkmorchel.

Hexen-glaube, bes. im MA verbreitet; erste *H.verbrennung* 1275 in Toulouse, *H.prozesse* bis ins 18. Jh. (noch 1782 in Glarus).

Hexenhammer, 1489 v. Sprenger u. Institoris, Gerichtsbuch der H.prozesse.

Hexenmilch, milchähnl. Absonderung der Brustdrüsen neugeborener Kinder.

Hexenpilz, ein dunkelfarbener Röhrling (leicht zu verwechseln m. → Satanspilz).

Hexenringe, aus Hutpilzen gebildete Ringe, entstehen dadurch, daß d. Pilzmyzelien v. einem Punkt nach allen Seiten fortwachsen.

Hexenschuß, lat. *Lumbago*, plötzl. auftretender heftiger Muskelschmerz im Kreuz, oft durch Nervenquetschung od. Muskelrheumatismus.

Hexentanzplatz, bei Thale, Sachsen-Anhalt, Felsen üb. d. Bodetal, 451 müM, Bergtheater.

Hexode, *Sechspol*, → Elektronenröhre mit 6 → Elektroden (4 Gitter).

Hexosen → Kohlenhydrate.

Heydrich, Reinhard (7. 3. 1904–4. 6. 42), NS-Pol.; 1936–42 Leiter des Staatssicherheitsdienstes, seit 1941 stellv. Reichsprotektor von Böhmen u. Mähren; b. Attentat in Prag umgekommen; daraufhin Zerstörung von → Lidice.

Heyerdahl, Thor (* 6. 10. 1914), norweg. Forschungsreisender; mehrere Versuche, seine Theorie von d. Besiedlung d. Südsee u. S-Amerikas zu belegen durch Pazifik-Floßfahrt: *Kon-Tiki* (1947) u. Atlantik-Überfahrt im Papyrusboot: *Ra* (1970).

Heym, 1) Georg (30. 10. 1887–16. 1. 1912), dt. frühexpressionist. Lyriker; *D. Dämonen d. Städte; D. Krieg;* Novellen; 2) Stefan (eig. Helmut Flieg) (* 10. 4. 1913), dt. Schriftsteller; war mit H. Habe Mitgründer u. Mitarb. einiger Nachkriegszeitungen. *Of Smiling Peace* (45), *The Crusaders* (48), *Der König David Bericht* (72), *Nachruf 88.*

Heyrovský, Jaroslav (20. 12. 1890–27. 3. 1967), tschech. Chemiker (Polarographie); Nobelpr. 1959.

Heyse, Paul von (15. 3. 1830–2. 4. 1914), dt. Schriftst.; „Falken"-Theorie d. Novelle; *L'Arrabiata;* Nobelpr. 1910.

Heyward ["heiwəd], Du Bose (31. 8. 1885–16. 6. 1940), am. Schriftst.; Negerromane: *Porgy* (als Oper v. Gershwin: *Porgy and Bess).*

Hf, *chem.* Zeichen f. → *Hafnium.*

Hg, *chem.* Zeichen f. → *Quecksilber* (griech. *hydrargyrum).*

HGB, Abk. f. *Handels gesetz buch.*

Hiatus, *m.* [l.], **1)** Zus.treffen zweier Selbstlaute in aufeinanderfolgenden Silben (z. B. *sage ich);* **2)** *med.* Spalt; **3)** *geolog.* Schichtlücke.

Hibernation, svw. „Winterschlaf"-Therapie; durch künstl. Unterkühlung u. Medikamente; auch → Narkose.

Hibernia, lat. Name für Irland.

Hickory, nordam. Nußbaum m. hartem Holz.

Hicks, Sir John Richard (* 8. 4. 1904), engl. Nat.ökonom; (zus. m. K. J. Arrow) Nobelpr. 1974 (allg. Theorie d. ökonom. Gleichgewichts u. Wohlfahrtstheorie).

Hidalgo, *m.* [span. *i'ðalyo* „Edler"], portugies. *Fidalgo,* Titel des iberischen niederen Adels.

Hiddenhausen (D-4901), Gem. i. Kr. Herford, NRW, 19 305 E; div. Ind.

Hiddensee, *Hiddensoe,* Insel westl. v. Rügen, 18,6 km², Seebad; Grabstätte Gerhart Hauptmanns.

Hierarchie [gr. „heilige Herrschaft"], bei Dionysius Areopagita: die Spitzen der Geistlichkeit, auch übertragen im weltl. Bereich gebraucht.

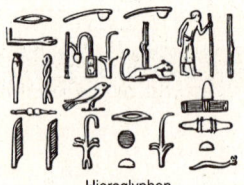

Hieroglyphen

Hieroglyphen [gr. „heilige Inschriften"], altägypt. Bilderschrift auf Denkmälern und Papyrusrollen, bis 3. Jh. n. Chr. üblich; erst 1822 z. T. entziffert durch Champollion (Stein von Rosette); auch d. Bilderschriften der Mexikaner u. Inder heißen H.

Hierokratie [gr.], Priesterherrschaft.

Hieron, 1) H. I., griech. Tyrann von Syrakus 478–467 v. Chr.; 2) H. II., Kg von Syrakus 269–215 v. Chr., unterstützte die Römer gg. Karthago.

Hieronymus (um 347–420), Hlg. (Tag: 30. 9.), Kirchenvater; schrieb u. bearbeitete lat. Bibelübersetzung: *Vulgata.*

hieven, *seem.* Lasten (Anker) aufwinden.

Hi-Fi ['hai'fi], abgek. v. engl. *high fidelity,* möglichst naturgetreue Tonwiedergabe i. d. → Elektroakustik; Hi-Fi-

Geräte (→ Tuner, → Verstärker, → Plattenspieler, → CD-Player, → Magnetbandgeräte, → elektroakust. Wandler) müssen nach DIN 45 500 best. Werte (z. B. Übertragungsbereich, Verzerrungen usw.) einhalten.

Hifthorn, *Hief(t)horn,* Jagdhorn.

High Church, *w.* ['hai 'tʃətʃ], → Hochkirche.

Highlands, *s.* [engl. 'hailəndz], Hochland, bes. das schottische Hochland.

Highlife, *s.* [engl. 'hailaif], vornehme Welt.

High-School, *w.* [engl. 'haisku:l], weiterführende allgemeinbildende Schule in d. USA, nach 8. Elementarschulklasse 4jährig bzw. nach 6. E.klasse 6jährig; führt zum → College.

Highsmith ['haismiθ], Patricia (* 19. 1. 1921), am. Schriftst.in; psych. Kriminalromane (mehrfach verfilmt); Kurzgeschichten u. Kinderbücher; *Nur d. Sonne war Zeuge; Ripley Underground; Ediths Tagebuch.*

Highway, *m.* ['haiwei], engl. Bez. f. Landstraße; i. d. USA: Autobahn.

Hilbert, David (23. 1. 1862–14. 2. 1943), dt. Math.; Grundlagen d. Geometrie, math. Logik u. Grundlagenforschung, math. Methoden der Physik.

Hilchenbach (D-5912), St. i. Kr. Siegen-W., NRW, 15 411 E; reizklimat. Ferienort.

Hildburghausen (D-6110), Krst. südl. d. Thür. Waldes, 11 650 E; Schloß; 1684–1826 Residenz d. Hzge von Sachsen-H.

Hildebrand, Adolf v. (6. 10. 1847–18. 1. 1921), dt. neuklass. Bildhauer; *Wittelsbacher Brunnen* (München); Porträts.

Hildebrandslied, ältestes Bruchstück einer dt. Heldensage (8. Jh.); in Stabreimversen.

Hildebrandt, 1) Dieter (* 23. 5. 1927), dt. Kabarettist, Schriftst. u. Schausp.; Mitbegr. d. „Münchener Lach- u. Schießgesellschaft" (1956–72 Mitgl.); satir. Fernsehserien (1972–79 *Notizen aus d. Provinz,* s. 1980 *Scheibenwischer);* 2) Johann Lukas v. (14. 11. 1668–16. 11. 1745), östr. Baumeister des Barock; *Belvedere* (Wien).

Hildegard v. Bingen (um 1100–79), dt. Heilige; verfaßte Gedichte u. myst. Lieder nach ihren Visionen.

Hilden (D-4010), St. i. Kr. Mettmann, NRW, 53 725 E; div. Ind.

Hildesheim, *St. Michael*

Hildesheim (D-3200), Krst. i. Rgbz. Hannover, Nds., 103 512 E; roman. Kirche St. Michael, Dom m. 1000jähr. Rosenstock u. Bernwardin. Bronzetüren; Fachwerkhäuser; kath. Bischofssitz, LG; IHK; Wiss. HS; Metallverarbeitung, Gummi-, Textil-, chem., feinmechan. Ind. (Bosch, Blaupunkt). – Gründung 815 (Bistum; Blüte unter Bernward, 993–1022); 1868 Fund röm. Tafelsilbers.

Hildesheimer, Wolfgang (9. 12. 1916–21. 8. 91), dt. Dichter; Romane: *Tynset; Biographie: Mozart; Marbot.* Hörspiele, Dramen.

Hilfskreuzer, f. Kriegszwecke bewaffnetes Fracht- od. Passagierschiff.

Hilfsschulen, früher Schulen f. Lernbehinderte; heute → Sonderschulen.

Hilfswerk der EKD → Evangelisches Hilfswerk.

Hillary [ˈhɪlərɪ], Sir Edmund (* 20. 7. 1919), neuseel. Offizier u. Bergsteiger; bezwang 1953 d. Mt. Everest; erreichte 1958 d. Südpol auf Landweg.

Hille, Peter (11. 9. 1854–7. 5. 1904), dt. Boheme-Schriftsteller.

Hilleh, *Hilla,* Prov.hptst. im Irak, am Euphrat, 215 000 E; Wolle- u. Gewebehandel; in d. Nähe Ruinen Babylons.

Hiller, Johann Adam (25. 12. 1728–16. 6. 1804), dt. Singspielkomp. u. Musikschriftsteller.

Hillery [ˈhɪlərɪ], John Patrick (* 2. 5. 1923), ir. Pol.; 1969–72 Außenmin., 1973–76 Vizepräs. der EG-Kommission, s. 1976 Staatspräs.

Hilmend, *Helmand,* Hptstrom in Afghanistan, 1100 km lang, fließt vom Kuh-i-Baba in den Hamun-i-Hilmend.

Hilpert, Heinz (1. 3. 1890–25. 11. 1967), dt. Theaterregisseur.

Hilpoltstein (D-8543), St. i. Kr. Roth, in Mittelfranken, Bay., 10 273 E; AG; div. Ind.

Hils, waldreicher Höhenzug des Weserberglandes, nw. v. Einbeck, 477 m hoch.

Hiltrup, s. 1975 zu → Münster.

Hilus [l.], Ein- u. Austrittsstelle der Gefäße z. B. an d. Leber, Milz, Nieren u. Lunge: *Lungenwurzel,* die gr. Stämme d. Luftröhre, Lungenarterien u. -venen, dazw. die Lymphknoten, **H.drüsen.**

Hilversum, ndl. St. in der Prov. N-Holland, 85 000 E.

Himachal Pradesh, Staat in N der Rep. Indien; 1948 gebildet aus 24 Staaten m. reiner Hindubev., 55 673 km², 4,3 Mill. E; Hptst. *Simla.*

Himalaja [sanskrit. „Stätte d. Schnees"], höchst. Gebirge d. Erde, tertiäres Falten- u. Kettengebirge zw. Tibet u. Indien u. zw. d. Indus u. Brahmaputra, 2500 km l. u. 220 km breit; Kammhöhe 5500 m; Gipfel über 8000 m, u. a. *Mount Everest (Qomolangma)* 8872 m, *Kangchenjunga* 8586 m, *Makalu* 8463 m, *Dhaulagiri* 8167 m, *Nanga Parbat* 8126 m, *Annapurna* 8091 m; Schneegrenze i. S 4500–4900 m, im N 5400–5800 m; Pässe über 5000 m. Erstbesteigungen: → Mount Everest, → Nanga

Parbat. Klimascheide zw. d. trockenen, vegetationsarmen N u. d. regenreichen S m. trop. Vegetation (bis 1300 m), Nadelwäldern (b. 3500 m), Alpenmatten (b. 5000 m); W-H. wesentl. trockener als O-H.; Bevölkerung mongoliden (Tibeter) u. europiden (indiden) Ursprungs.

Himation, *s.,* altgriech. Mantel, über dem → Chiton getragen.

Frucht

Himbeere

Himbeere, Rosengewächs, Beerenstrauch der Wälder; rote u. seltener gelbe Früchte, Gartenobst.

Himera, altgriech. sizilian. St.; 480 v. Chr. Sieg Gelons über die Karthager, 408 v. Chr. zerstört.

Himmel, d. scheinbar hohle Halbkugel ü. d. Erde m. d. Beschauer als Mittelpunkt.

Himmelfahrt Christi, im N.T.; wird 40 Tage nach Ostern gefeiert.

Himmelsäquator, *Himmelsgleicher,* derjenige Großkreis der Himmelskugel, der von d. beiden Polen überall 90° absteht.

Himmelsfestung, → B-52-Bomber.

Himmelskunde, *Astronomie, Sternkunde,* Wissenschaft v. Wesen d. Himmelskörper u. vom Bau des Weltalls: *Klass. Astronomie* (Himmelsmechanik, Bahnbestimmung, Sphärische Astronomie) erklärt mechanisch u. geometrisch die Bewegung d. Gestirne. *Astrophysik* beschäftigt sich theoretisch u. praktisch mit Aufbau, Entstehung u. Entwicklung d. Sterne; wichtiger Zweig die *Sonnenphysik. Praktische Astronomie* mißt Sternörter, Eigenbewegungen, Parallaxen od. bestimmt Helligkeiten (Photometrie), Spektren, Temperaturen, Dichten d. Sterne. *Radioastronomie* beobachtet die radiofrequente Strahlung aus dem Weltall u. deutet sie physikalisch. Hauptinstrumente: Linsenfernrohre (Refraktoren), Spiegelfernrohre (Reflektoren), Meridian- u. Vertikalkreise (Zeit- u. Ortsbestimmung), Astrographen (Himmelsphotographie), Photometer (Helligkeitsmessung), Radioteleskope (parabol. u. Stabantennen u. deren Kombination zu Radiointerferometern). Wichtige Beobachtungsmethoden: Astrometrie, Photometrie, Spektralphotometrie, Photographie. Der Forschung dienen: Sternwarten, astrophys. Observatorien, Sonnenobservatorien, Radiostationen, Raumsonden, Recheninstitute. Beste Beobachtungsbedingungen: weit abseits großer Städte, auf Bergen u. in Erdgegenden mit langanhaltenden Klimaschwankungen (Südafrika, Kalifornien, Australien). H. v. großer Bedeutung f. d. Navigation auf See u. in d. Luft. – H. ist eine d. ältesten Wiss.; Chinesen, Assyrer,

Babylonier, Ägypter sollen schon 2000 v. Chr. Sonnen- u. Mondfinsternisse berechnet haben; → Saroszyklus. Alte Kultbauten versch. Völker deuten auf sehr frühe astronom. Kenntnisse hin. Die Griechen kannten um 400 v. Chr. die verschlungene Bahn d. Planeten u. ihre Umlaufzeiten. Eratosthenes bestimmte um 200 v. Chr. als erster d. ungefähren Umfang d. Erde; auch → Hipparch. Hohe Blüte bei d. Arabern im 9. u. 10. Jh. n. Chr.: viele astronom. Bez.en aus d. Arabischen (z. B. Azimut, Alhidade, Nadir, Zenit). Im Abendland H. erst wieder ab 1200 n. Chr.; neue Blütezeit ab 15. Jh.: Copernicus; Tycho Brahe; Kepler; Newton; Erfindung d. Fernrohrs. 19. Jh. Erfolge in d. Himmelsmechanik, im 20. Jh. Erforschung d. Milchstraßensystems u. d. Welt d. Spiralnebel; weitere Fortschritte durch enge Verbindung m. d. Atomphysik. → Radioastronomie, Raumsonden (→ Weltraumforschung, → Satellit). → Tafeln Himmelskunde u. Sternhimmel; → Sterne.

Himmelsschlüssel, → Primel.

Himmelsziege, svw. → Bekassine.

Himmler, Heinrich (7. 10. 1900–23. 5. 45), NS-Pol., 1929 Reichsführer d. SS, 1936 Chef d. gesamten Polizei, 1943 Reichsinnenminister; Organisator der Judenvernichtung; Selbstmord.

Hinayana [sanskr. „Kleines Fahrzeug"], strenge Richtung d. Buddhismus (Sri Lanka u. a.).

Paul Hindemith

Hindemith, Paul (16. 11. 1895–28. 12. 1963), dt. Komp.; schuf in Abkehr v. herkömml. Harmoniegesetzen Werke v. gr. Einfallsreichtum; Klavierstücke; Kammermusik; Lieder; Ballette; Orchesterwerke; Opern: *Cardillac; Mathis der Maler;* Tanz-Legende: *Nobilissima Visione;* Lehrbuch: *Unterweisung im Tonsatz.*

Paul von Hindenburg

Hindenburg, Paul von Beneckendorff u. von (2. 10. 1847–2. 8. 1934), dt. Gen.-

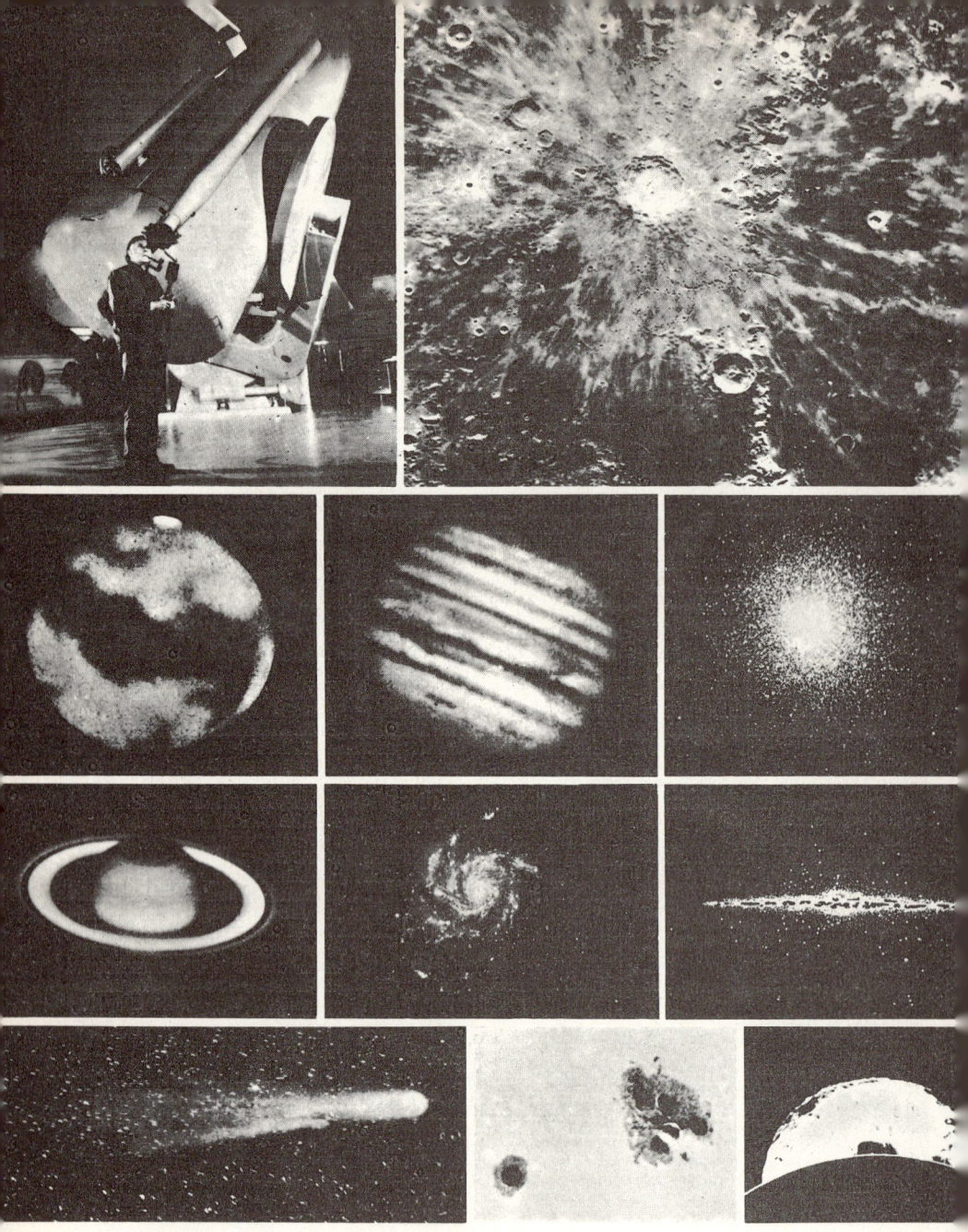

Himmelskunde I

Abbildungen von links nach rechts. *1. Reihe:* Schmidtspiegel, 122 cm Durchmesser, Mt. Palomar-Observatorium – Mondkrater „Kopernikus". *2. Reihe:* Mars – Jupiter – Kugelförmiger Sternhaufen. *3. Reihe:* Saturn – Galaxie M 101 im Gr. Bären – Milchstraße. *4. Reihe:* Komet Halley, 1910 – Sonnenflecke – Eruptive Sonnenprotuberanzen.

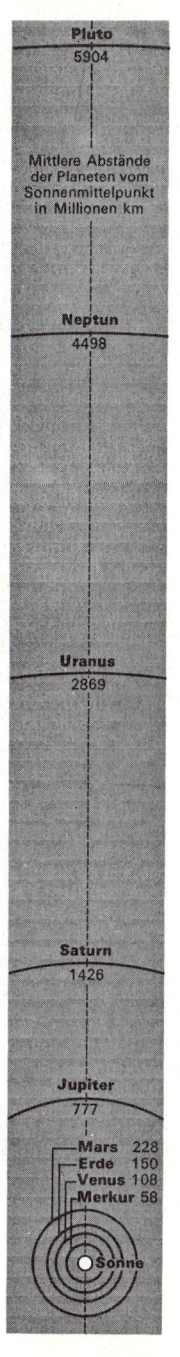

Pluto
5904

Mittlere Abstände
der Planeten vom
Sonnenmittelpunkt
in Millionen km

Neptun
4498

Uranus
2869

Saturn
1426

Jupiter
777

Mars 228
Erde 150
Venus 108
Merkur 58

Sonne

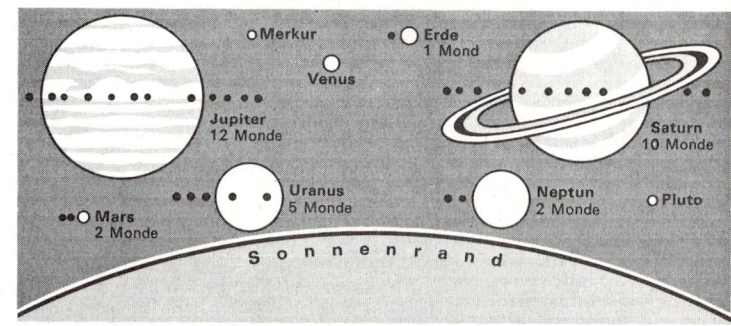

Das Größenverhältnis der Planeten zur Sonne

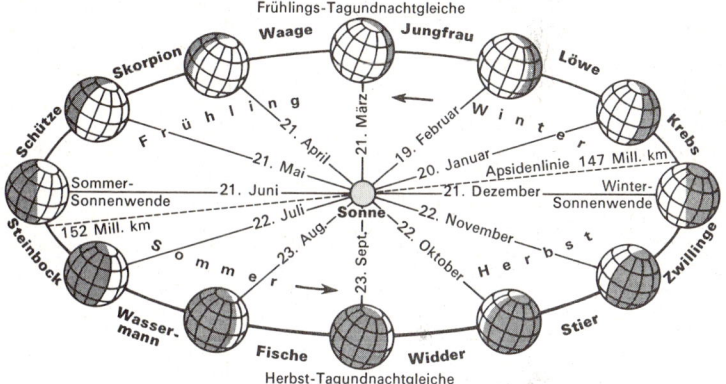

Lauf der Erde um die Sonne

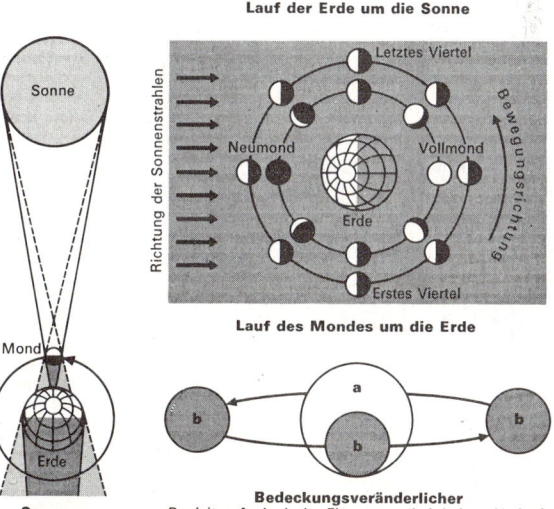

Lauf des Mondes um die Erde

Sonnen-
Finsternis

Bedeckungsveränderlicher
Begleiter **b** bedeckt Fixstern **a** bei jedem Umlauf,
wobei Unterschiede der Helligkeit auftreten

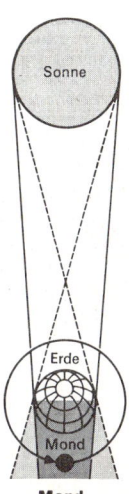

Mond-
Finsternis

Feldm.; 1914 Oberbefehlshaber d. 8. Armee in Ostpr.; Siege bei Tannenberg, an d. Masurischen Seen. 1915 Oberbefehlshaber Ost; 1916–19 Chef d. Generalstabs d. Feldheeres; 1925–34 Reichspräsident.

Hindenburg, *Zabrze,* poln. St. in Oberschlesien, 199 000 E; Steinkohlengruben, Eisenhütte, chem. Ind.; bis 1945 dt.

Hindenburgdamm, Bahndamm durch das Wattenmeer zw. W-Küste von Schleswig-Holstein und Nordseeinsel Sylt, 11 km lang, eingleisig; erbaut 1923–27.

Hindernis-lauf, Wettlauf über künstl. Hindernisse (je Runde 3 Hürden u. 1 Hürde m. Wassergraben) auf der Bahn, 3000 m. – **H.rennen,** engl. *steeple chase,* Pferderennen, *Hürdenrennen, Jagdrennen* über Hürden, Hecken, Wälle u. Gräben, bis zu 7500 m l.; Ggs.: → Flachrennen.

Hindi, *s.,* ind. Sprache (→ Sprachen, Übers.); in Indien offizielle Landessprache.

Hindin, *Hinde,* Hirschkuh.

Hindostan, *Hindustan,* nordind. Tiefebene zw. Indus, Ganges u. Brahmaputra, 2,1 Mill. km².

Hindostani, *s.,* indische Sprache (→ Sprachen, Übers.).

Hinduismus, ind. Religion, → Brahmanismus; Hptgötter: *Wischnu* (Vishnu) u. *Schiwa* (Shiva), mit *Brahma* in Dreieinigkeit verbunden; keine allg. verbindl. Dogmatik, verbindl. nur Zugehörigkeit zu e. best. Kaste, Seelenwanderung, → Karma als Weltgrundgesetz; reiche Tempelarchitektur; ca. 460 Mill. Anhänger, Hindus (→ Tafel asiatische Kunst).

Hindukusch, Kettengebirge sw. d. Pamir, teilw. vergletschert; *Tiritsch-Mir* 7699 m.

Hinshelwood [*'hinʃlwud*], Sir Cyril Norman (19. 6. 1897–9. 10. 1967), engl. Chem.; Thermodynamik u. Kinetik der Moleküle; Nobelpr. 1956.

Hintergrundstrahlung → kosmische Hintergrundstrahlung.

Hinterhand, Hinterkörper u. -beine des Pferdes.

Hinterindien, südasiat. Halbinsel zw. d. Golf v. Bengalen u. Golf v. Siam u. d. Südchin. Meer mit dem Golf von Tongking; 2 Mill. km²; in N–S-Richtung verlaufende Gebirgszüge, dicht bewaldet: Teakholz; Hptströme: *Irawadi, Saluen, Menam, Mekong;* trop. Monsunklima, Stromtäler u. Küstengebiete sehr fruchtbar; wichtigstes Reisausfuhrgeb. d. Erde, Kautschuk, Tee, Baumwolle; Zinn, Wolfram, Erdöl. – *Pol.:* Thailand, Birma, Malaysia, Singapur, Laos, Kambodscha, Vietnam.

Hinterlegung von Geld, Wertpapieren, Urkunden od. Kostbarkeiten durch Schuldner b. H.sstellen des Amtsgerichts im Falle v. Ungewißheit über Person d. Gläubigers od. d. → Gläubigerverzugs; Rücknahmeverzicht tilgt die Schuld (§§ 372 ff. BGB).

Hintersassen, Ansiedler ohne Recht an die → Allmende; auch v. Grundherren abhängige Bauern.

Hiob, *Job, Job,* ökumen. *Ijob;* **Buch Hiob:** Schrift im A.T.

Hipparch|os, 1) griech. Astronom (um 190–125 v. Chr.), versuchte Mondentfernung zu bestimmen u. Mondfinsternisse z. geograph. Längenbestimmung zu verwenden; legte ersten Fixsternkatalog an; gilt als Entdecker d. → Präzession; **2)** Tyrann von Athen, 514 v. Chr. v. d. „Tyrannenmördern" Harmodios u. Aristogeiton getötet, sein Bruder **Hippias** vertrieben.

Hippodrom, *m.* od. *s.* [gr.], Bahn f. Pferde- u. Wagenrennen; Turnierreitbahn.

Hippokrates (460–377 v. Chr.), griech. Arzt, Begr. der klass. Medizin; *Eid des H.,* noch heute gültiges sittl. Grundgesetz des Arztberufes.

hippokratisches Gesicht, Antlitz des Sterbenden.

Hirn → Gehirn. – **H.anhang** → Hypophyse. – **H.forschung,** MPI f. in Frankfurt/M. – **H.schlag** → Apoplexie.

Kaiser Hirohito

Hirohito, Michi no Miya (29. 4. 1901–7. 1. 89), s. 1921 Regent, 1926 Kaiser (Tenno) von Japan.

Hiroshige [-'ʃi-], Andō (1797–12. 10. 1858), jap. Maler u. Holzschneider (→ Tafel asiatische Kunst); Landschaften.

Hiroshima, jap. Hafenst. auf S-Honshu, 1,07 Mill. E; 6. 8. 1945 Abwurf der ersten Atombombe durch US-Luftstreitkräfte (St. zu 60% zerstört, über 200 000 Tote; 63 000 Verletzte von 344 000 E); Weltfriedenskirche.

Hirsau, ehem. Gem., s. 1975 → Calw, Luftkurort im nördl. Schwarzwald, Ba-Wü., Klosterruine (11. Jh.). Zerstörung 1692 durch d. Franzosen. – **H.er Reform,** von H. ausgehende kirchl. Reformbewegung d. 11. Jh. nach d. Vorbild v. Cluny.

Hirschberg (Riesengebirge), *Jelenia Góra,* poln. St. am Zus.fluß v. Zacken u. Bober, 92 000 E.

Hirsche, wiederkäuende Paarzeher, Männchen fast stets mit → Geweih: **a)** *Edel-H. (Rotwild)* Europa u. Asien; Weibchen: Schmaltier, später Alttier, Tier, Hindin, Hirschkuh; Junges: Kalb; Brunft September, Okt., erbitterte Kämpfe d. männl. H.; **b)** *Kanadischer H. (Wapiti)* größer; **c)** *Axis-H.,* O-Indien u. **d)** *Virgin-*

H., N-Amerika; auch → Damhirsch, Elch, Moschustier, Reh, Rentier, Sika.

Hirscheber, Wildschwein d. Molukken; hochbeinig mit krummem Rücken; obere gekrümmte Eckzähne durchbohren Oberlippe; fast nackt.

Hirschfänger, Seitenwaffe d. Jäger.

Hirschhornsalz, *Ammoniumhydrogencarbonat,* als Treibmittel beim Backen von Lebkuchen.

Hirschkäfer

Hirschkäfer, ◆, eur. Blatthornkäfer, bis 8 cm lang, Männchen mit geweihähnl. Oberkiefer; lebt an Eichen, leckt ausfließenden Baumsaft; Larve in deren Holz.

Hirschschwamm, zwei genießbare Pilze: **1)** *Hirschzunge, Habichtsschwamm,* ein → *Stachelpilz;* **2)** → *Ziegenbart.*

Hirschtrüffel, Schlauchpilz auf Kiefernwurzeln, ungenießbar.

Hirschvogel, dt. Künstlerfamilie d. Spätgotik u. Renaiss. in Nürnberg; **1)** Veit (1461–1525), Glasmaler; **2)** Augustin (1503–53), (Glas-)Maler u. Kupferstecher.

Hirse, versch. Gräser; darunter Getreide: **a)** *Rispen-H.,* O-Asien, auch in Europa angebaut, meist als Brei genossen; **b)** *Kolben-H.,* in S-Eur.; **c)** in S-Eur., Australien u. Afrika die sehr hohe *Mohren-H.* (od. *Sorgho-H., Dara, Durrha*); **d)** *Neger-H.* in Afrika.

Hirsutismus, hormonelle Störungen als Ursache männlicher Behaarung b. Frauen.

Hirtenbrief, Sendschreiben kath. Bischöfe an Klerus oder Gemeinden.

Hirtentäschelkraut, Kreuzblütler; Unkraut m. taschenähnl. Schötchen, blutstillend.

Hirth, 1) Hellmuth (24. 4. 1886–1. 7. 1938), dt. Flugpionier u. Flugmotorenkonstrukteur; gründete 1931 d. H.-Motoren GmbH in Stuttgart; s. Bruder **2)** Kurt Eberhard Wolfram (28. 2. 1900–25. 7. 59), dt. Segelflieger; entdeckte d. Ausnutzbarkeit d. → Thermik f. d. Segelflug.

Hirudin, im Blutegel vorkommender Eiweißstoff, der die Blutgerinnung hemmt.

Hissarlik, Hügel über dem alten Troja.

Histamin, ein → Gewebshormon, bewirkt Erweiterung d. Blutgefäße, Kopfschmerz, Jucken u. a.

Histochemie, Chemie d. Gewebsstrukturen v. Organismen.

Histologie [gr.], Gewebelehre, Wissenschaft vom mikroskop. Bau d. Körpergewebe.

Histomat, svw. Historischer → Materialismus (→ Marx und → Sozialismus, Übers.).

Historie [l.], Geschichte.

Historiker, Geschichtsforscher.

Historiograph, Geschichtsschreiber.

historisch, geschichtlich.

Historismus, Betrachtung der Ereignisse vom Standpunkt der geschichtl. Entwicklung aus, unter Verzicht auf Werturteile.

Histrionen, Schauspieler (im alten Rom).

Hit, *m.* [engl. „Schlag"], Treffer, Erfolg, bes. bei Schlagern.

Hitchcock [ˈhɪtʃkɔk], Alfred (13. 8. 1899–29. 4. 1980), engl. Filmregisseur; Psychothrillers: *Rebecca* (1940); *Notorious* (1946); *Vertigo* (1958); *Psycho* (1960); *The Birds* (1963).

hitchhiken [engl. ˈhɪtʃhaɪk-], als Anhalter fahren.

Adolf Hitler

Hitler, Adolf (20. 4. 1889–30. 4. 1945), NS-Diktator, s. 1921 Führer der NSDAP; 1923 Putschversuch in München; 30. 1. 1933 Reichskanzler; Auflösung der Parteien (→ Ermächtigungsgesetz); 1934 Unterdrückung der → „Röhm-Revolte"; 1934 „Führer und Reichskanzler"; Gleichschaltung des gesamten pol., wirtsch. u. kulturellen Lebens im „totalitären Führerstaat", rücksichtsloser Terror, → Konzentrationslager; Rassengesetze (→ Nürnberger Gesetze), Juden- u. Kirchenverfolgung. 1935 „Oberster Befehlshaber d. Wehrmacht"; nationalist. u. imperialist. Außenpol.; nach dem Rückschlag im Angriffskrieg gg. d. UdSSR im Winter 1941 „Oberbefehlshaber des Heeres". Die wachsende Opposition gg. ihn führte zum Staatsstreich v. → zwanzigsten Juli 1944; sinnloses Weiterkämpfen b. z. Zus.bruch aller Fronten. – H. trägt d. Hptverantwortung f. Vernichtung d. Juden, Zwangsverschleppung u. Mißhandlungen fremder Völker i. d. besetzten Gebieten, Ausblutung d. dt. Volkes u. d. Untergang des Reiches; Selbstmord. – H.-Jugend, HJ, 1926 gegr. NS-Jugendorganisation, s. 1939 Pflichtorganisation zur totalen „Ausrichtung" der Jugend bis zum bewaffneten Einsatz im Krieg s. 1944.

Hittorf, Johann Wilhelm (27. 3. 1824–28. 11. 1914), dt. Physiker; Forschungen über Elektrochemie u. Kathodenstrahlen. – **H.sche Röhre,** svw. → Crookessche Röhre.

Hitzebarriere, *Hitzemauer,* beim Hochgeschwindigkeitsflug infolge Reibung d. Luftmoleküle gefährl. stark ansteigende Erwärmung der Außenhaut des Flug-

zeugs (bei 3facher Schallgeschwindigkeit ca. 300 °C); Gegenmaßnahmen: Kühlung u. ideal glatte, hitzebeständige, isolierende Werkstoffe; Grenze je nach Luftdichte u. Flughöhe stark schwankend.

Hitzeschild, Schutzschicht aus Keramikstoffen (z. B. Teflon) od. Kunstharz (z. B. Nylon u. Phenolharze), die in Atmosphäre wiedereintretende Raumfahrzeuge durch Ablationskühlung vor Verglühen schützt.

Hitzschlag, bewußtloses Zus.fallen, Krämpfe u. a. bei erhöhter Körpertemperatur infolge Wärmestauung.

HIV, Abk. f. **H**uman **I**mmunodeficiency **V**irus, d. Erreger v. → AIDS; befällt d. Abwehrsystem d. Körpers u. macht ihn schutzlos gegenüber Infektionen u. bestimmten Tumorarten.

Hlasko, Marek (14. 1. 1934–14. 6. 69), poln. Schriftsteller; *D. achte Tag d. Woche.*

H. M., engl. Abk. f. **H**is (**H**er) **M**ajesty, Seine (Ihre) Majestät.

Ho, chem. Zeichen f. → Holmium.

Hoatzin → Schopfhuhn.

Hobart [ˈhoʊbaɹt], Hptst. von Tasmanien, 180 000 E; Uni.; Ind.; Seehafen.

Hobbema, Meindert (1638–7. 12. 1709), ndl. Maler; Vorbild für d. engl. Landschaftsmalerei d. 18. u. 19. Jh.

Hobbes [hɔbz], Thomas (5. 4. 1588–4. 12. 1679), engl. Phil., math.-mechanist. Naturauffassung; wirkte bes. durch seine Staatstheorie; *Leviathan.*

Hobby, *s.* [engl.], Steckenpferd, Liebhaberei.

Hobel, Werkzeug des Tischlers mit auswechselbarer Stahlschneide zum Glätten von Holz durch Abnahme von Spänen. – **H.maschinen,** zur Holzbearbeitung mit rotierenden Schneiden; zur Metallbearbeitung mit hinundhergehenden Hobelstählen.

Hoboe, svw. → Oboe.

Hoboist, Militärmusiker, Bläser → Oboe.

Hoboken, 1) St. in der belg. Prov. Antwerpen, 34 000 E; **2)** St. im US-Staat New Jersey, am Hudson, gegenüber New York, 42 000 E.

Höch, Hannah (1. 11. 1889–31. 5. 1978), dt. Künstlerin; → Collagen u. → Fotomontagen; Mitgl. d. Berliner *Dada*-Gruppe.

Hochamt, feierl. Form der kath. → Messe.

Hochätzung, Ätzung v. Hochdruckplatten, so daß Zeichnung erhaben erscheint.

Hochbahn, Stadtschnellbahn, die auf brückenähnl. Bauten ü. d. Straßenniveau fährt.

Hochdahl, s. 1976 zu → Erkrath.

Hochdeutsch → deutsche Mundarten.

Hochdruckdampfmaschine, arbeitet mit hohem Druck über 100 bar, bei Dampfüberhitzung über 300 °C.

Hochdruckgebiet, *meteorolog.* ein Gebiet, das ein barometr. Maximum um-

gibt, geschlossene → Isobaren, Luftströmung auf d. nördl. Halbkugel im Uhrzeigersinn; Gebiet m. höchstem Luftdruck heißt *Kern* d. H.es; Wetter in sommerl. H. heiter u. warm, in winterl. H. in Niederungen neblig-kalt, auf d. Höhen mild u. sonnig; bisher höchster auf d. Erde gemessener Luftdruck 1083,8 mb am 31. 12. 1968 am Agatasee in Sibirien.

Höcherl, Hermann (31. 3. 1912–18. 5. 89), CSU-Pol.; 1957–61 Fraktionsvors. d. CSU, 1961–65 B.innenmin., 1965–69 B.ernährungsmin.

Hochfinanz, frz. *haute finance,* die ersten Bankhäuser, die auf Geld u. Kapitalangelegenheiten entscheidenden Einfluß ausüben.

Hochfrequenz, i. allg. Sprachgebrauch alle → Frequenzen über 20 kHz; → Höchstfrequenz. – **H.behandlung,** von dem frz. Arzt *d'Arsonval* 1892 eingeführte Behandlung mit → Teslaströmen. – **H.feld,** entsteht um jeden v. H.strömen durchflossenen Leiter (z. B. Strahlungsfeld e. Antenne). – **H.heizung,** *induktiv:* große Spule, v. starkem, hochfrequentem Wechselstrom durchflossen, erzeugt starkes H.-Magnetwechselfeld; in diesem Feld werden in Metallkörpern starke → Wirbelströme induziert (→ Transformator), hpts. unter der Oberfläche, somit Erhitzung; Anwendung: bei Härtemaschinen f. Werkstücke zur Oberflächenhärtung (z. B. Kurbelwellen). *Kapazitiv:* hochfrequenter kurzwelliger Wechselstrom wird an zwei isolierte Metallplatten (Elektroden) angelegt; Kondensatorwirkung zw. den Platten hochfrequentes el. Wechselfeld; nicht- od. schlechtleitende Körper werden zw. den Elektroden durch Strahlungswirkung u. d. entstehenden diëlektr. Verluste d. el. Feldes erhitzt; Anwendung: Holzind. (Leimmaschinen), Elektromedizin. – **H.maschine,** Dynamo zur Erzeugung von H.strömen, früher in der Funktechnik verwendet, jetzt durch → Elektronenröhren ersetzt. – **H.strom,** Wechselstrom über 20 kHz. – **H.telegraphie** → Wechselstromtelegraphie. – → Trägerfrequenztechnik.

Hochgericht, svw. → Halsgericht, auch Richtstätte.

Hochhaus, Haus m. mehr als 6 Geschossen zu Wohn- od. anderen Zwecken; Errichtung in Stahl- oder Stahlbetonbau u. m. umfangreichen techn. Installationen.

Hochheim am Main (D-6203), hess. St. im Main-Taunus-Kr., 15 857 E; AG; Weinbau (Anbaugebiet Rheingau).

Hochhuth, Rolf (* 1. 4. 1931), dt. Schriftst.; Dramen: *Der Stellvertreter; Soldaten; Guerillas; Die Hebamme; Tod e. Jägers; Juristen; Judith;* Prosa: *E. Liebe in Dtld.*

Hochkirche, engl. *High Church,* Richtung in der → anglikanischen Kirche, die im Ggs. zur *Low Church* (ev. Richtung) zum kath. Ritus neigt; bes. in Adels- u. Universitätskreisen vertreten.

Studenten an Hochschulen WS 90/91		
Universitäten	**1 166 693**	
Baden-Württemberg	148 709	
Bayern	191 009	
Berlin	119 413	
Brandenburg	2 742	
Bremen	13 900	
Hamburg	48 200	
Hessen	88 919	
Mecklenburg-Vorpommern . . .	11 804	
Niedersachsen	115 581	
Nordrhein-Westfalen	260 066	
Rheinland-Pfalz	49 933	
Saarland	19 801	
Sachsen	48 016	
Sachsen-Anhalt	17 259	
Schleswig-Holstein	20 304	
Thüringen	11 037	
Gesamthochschulen	**120 056**	
Hessen	14 523	
Nordrhein-Westfalen	105 533	
Pädagogische Hochschulen . .	**27 666**	
Theologische Hochschulen . . .	**3 132**	
Römisch-katholisch	1 445	
Bayern	483	
Hessen	352	
Nordrhein-Westfalen	341	
Rheinland-Pfalz	269	
Evangelisch	1 616	
Bayern	321	
Berlin	530	
Hessen	51	
Nordrhein-Westfalen	714	
Jüdisch	71	
Baden-Württemberg	71	
Kunsthochschulen	**28 623**	
Baden-Württemberg	4 028	
Bayern	2 511	

Berlin	6 117	
Brandenburg	151	
Bremen	732	
Hamburg	1 735	
Hessen	1 342	
Niedersachsen	2 279	
Nordrhein-Westfalen	5 780	
Saarland	500	
Sachsen	1 668	
Sachsen-Anhalt	677	
Schleswig-Holstein	404	
Thüringen	699	
Fachhochschulen	**333 024**	
Baden-Württemberg	43 813	
Bayern	57 573	
Berlin	11 262	
Bremen	6 926	
Hamburg	14 150	
Hessen	39 114	
Niedersachsen	26 072	
Nordrhein-Westfalen	95 682	
Rheinland-Pfalz	19 443	
Saarland	3 589	
Schleswig-Holstein	15 400	
Verwaltungsfachhochschulen .	**39 575**	
Baden-Württemberg	6 770	
Bayern	6 501	
Berlin	2 868	
Bremen	256	
Hamburg	950	
Hessen	5 287	
Niedersachsen	2 418	
Nordrhein-Westfalen	10 695	
Rheinland-Pfalz	2 758	
Saarland	142	
Schleswig-Holstein	930	
insgesamt	**1 718 769**	

Hochkommissare, engl. *High Commissioner,* **1)** Nach dem 2. Weltkrieg die diplomat. Vertreter der Siegermächte in Dtld und Östr.; sie bildeten seit 1949 in der BR die → Alliierte Hohe Kommission; **2)** *H. für Flüchtlinge* der UNO (seit 1951), Friedensnobelpreis 1954 und 1981.

Hochmeister, Oberhaupt eines geistl. → Ritterordens (z. B. Deutscher Orden).

Hochmoor → Moor.

Hochnebel, tiefhängende Wolken- bzw. Nebelschicht v. wenigen 100 m Dicke, d. schon kleinere Erhebungen einhüllt, ohne i. Flachland aufzuliegen; entsteht bes. in winterl. Hochdruckgebieten an → Inversionen.

Hochofen, Schachtofen, wandelt Eisenerz in Roheisen durch Reduktion um, auch zur Kupfergewinnung (→ Eisen- und Stahlgewinnung, Tafel u. Übers.).

Hochofengas, *Gichtgas,* brennbar, bei Roheisenerzeugung gewonnen; Heizwert 3560–4600 kJ je m³.

Hochpolymere, natürl. oder synthet. hochmolekulare Stoffe, in denen ein Grundbaustein (→ Monomeres) sehr häufig wiederkehrt.

hochrechnen, Voraussschätzen eines Endergebnisses aufgrund vorliegender Teilergebnisse.

Hochsauerlandkreis, Ldkr. in NRW, 1975 aus den aufgelösten Kreisen Brilon,

Meschede u. Arnsberg gebildet; Verw.sitz: *Meschede.*

Hochschule, Voraussetzung f. Besuch in d. Regel Reifezeugnis einer höheren Schule (vgl. → Numerus clausus); in der BR WS 1983/84: 1 273 000 Studierende an 57 Uni., 9 Gesamt-HS, 13 Päd. HS, 26 Kunst- u. Musik-HS, 15 Kirchl. u. Phil.-Theol. HS, 94 Fach-HS u. 24 Verw.-FHS; → Schulwesen.

Hochschulen der Bundeswehr, in Hamburg u. München für Studium in geistes- u. sozialwiss. sowie techn. Fächern; Voraussetzungen f. Zulassung: Hochschulreife, Dienstzeitverpflichtung von mindestens 12 Jahren u. bestandene Offiziersprüfung.

Hochschulrahmengesetz, v. 26. 1. 1976, enthält bundeseinheitl. Bestimmungen über Aufgaben, Organisation u. Verwaltung der HS sowie über d. Zulassung z. Studium.

Hochspannung, i. allg. Sprachgebrauch Spannungen über 500 Volt, nicht streng abgegrenzt; H.en (bis ca. 380 000 V) benutzt f. Übertragung el. Energie über große Entfernungen (geringe Energieverluste, kleiner Leitungsquerschnitt). – **H.sgenerator,** *Bandgenerator,* nach *Van de Graaff* mit großer (bis 2 m Durchmesser) Metallhohlkugel (Konduktor) auf hoher (4 bis 6 m) Säule aus Isolierstoff; durch 2 Schlitze der Kugel läuft von Mo-

tor angetriebenes endloses Band mit isolierendem Stoff (z. B. Seide), das über Spitzenkamm (→ Spitzenentladung) auf 10 Mill. V geladen wird; d. Ladung saugt z. Spitzenkamm im Innern d. Kugel ab u. befördert sie auf deren Oberfläche. – **H.s-Gleichstromübertragung,** gewährleistet eine wirtsch. Stromversorgung, wenn gr. el. Leistungen bei hohen Spannungen auf gr. Entfernungen zu übertragen sind; ab 600 km bei Freileitungen.

Höchstadt a. d. Aisch (D-8552), St. im Kr. Erlangen-H., Bay., 11 220 E; Schloß (14. Jh.); div. Ind.

Höchst am Main, 1928 Frankfurt a. M. eingemeindet; Farbwerke; *Höchster Porzellanmanufaktur* 1746–98 (Rokokofiguren).

Höchstfrequenz, alle Frequenzen über 300 MHz (Dezimeter- b. Millimeterwellen); → Hochfrequenz.

Hochtonlautsprecher, *Hochtöner,* → Lautsprecher mit besonderen konstruktiven Merkmalen z. Wiedergabe d. Frequenzbereiches zw. 2000 u. 20 000 Hz.

Hochverrat, gewaltsame Änderung des Bestandes od. der verfassungsmäßigen Ordnung d. BR od. eines Bundeslandes; strafbar mit Freiheitsstrafe von mind. 10 Jahren oder lebenslänglich, bei Hochverrat gg. ein Land von 1 bis 10 Jahren, in minder schweren Fällen bis zu 10 bzw. 5 Jahren (§§ 81 ff. StGB).

Hochwald, entsteht durch Naturverjüngung, Saat od. Pflanzung u. dient der Nutzholzproduktion. Die Bäume werden erst nach mehreren Jahrzehnten genutzt.

Hochwälder, Fritz (28. 5. 1911–20. 10. 86), östr. Bühnenautor; *Das heilige Experiment; Der öffentl. Ankläger.*

Hochwasser, durch außergewöhnliche Wetterverhältnisse bedingter überhoher Stand v. Gewässern, auch Flut (→ Gezeiten).

Hochwild, z. *hohen Jagd* gehörendes Wild: Elch-, Rot-, Dam-, Sika-, Stein-, Muffel-, Gams-, Schwarz-, Auerwild, Stein- u. Seeadler.

Hochwuchs, ungewöhnl. Längenwachstum durch Funktionsstörungen d. → Hypophyse, → Keimdrüsen od. → Nebennierenrinde; → Riesenwuchs.

Hochwürden, Anrede aller kath. Priester.

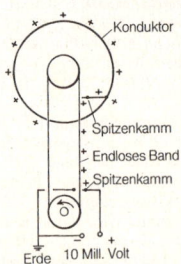

Hochspannungsgenerator

Hochzeit, im MA svw. hohes Fest; heute Fest der Eheschließung: grüne H.; als Erinnerungsfeste: nach 10 J. *Rosen-H.,* nach 25 J. *silberne H.,* nach 50 J. *goldene H.,* nach 60 J. *diamantene H.,* nach 65 (oder 70) J. *eiserne H.*

Hochzeitsflug, Paarungsflug d. staatenbildenden Insekten (z. B. Bienen u. Ameisen).

Hockenheim (D-6832), St., i. Rhein-Neckar-Kr., Ba-Wü., 16 423 E; div. Ind.; Rennstrecke Motodrom, Freizeitbad Aquadrom.

Hockergrab, vorgeschichtl. Grab mit Skelett in Hockstellung; in Europa bes. in d. jüngeren Steinzeit (Abb. → Tafel Vorgeschichte).

Hockey [engl. *'hɔki*], Stockball, 2 Mannschaften m. je 11 Spielern; Kampfspiel m. einem Ball (voll, ca. 160 g, ca. 23 cm Umfang), der mit dem **H.schläger** getrieben wird; Spielfeld 91,40×55 m, Spieldauer 2×35 Min.; Torzahl entscheidet den Sieg.

Hockney [*'hɔkni*], David (* 9. 7. 1937), engl. Maler, Graphiker u. Fotograf; Vertr. d. → Pop Art; Illustrationen, mosaikartig montierte Fotografien.

Hodeida, *Al Hudeida,* Hafenst. in d. Rep. Jemen, am südl. Roten Meer, 155 000 E.

Hoden, die im H.sack liegenden 2 → Keimdrüsen d. männl. Geschlechts, bilden d. Samen (→ Spermien) u. männl. Geschlechtshormon *Testosteron* (→ innere Sekretion). Abb. → Geschlechtsorgane.

Hodenhagen (D-3035), Gem. i. Kr. Soltau-Fallingbostel, Nds., 2000 E; Serengeti-Großwildreservat u. Freizeitpark.

Hodgkin [*'hɔdʒ-*], **1)** Alan Lloyd (* 5. 11. 1914), engl. Nervenphysiologe; Nobelpr. 1963; **2)** Dorothy → Crowfoot-Hodgkin; **3)** Thomas (17. 8. 1798–4. 4. 1866), engl. Arzt; nach ihm ben. **H.sche Krankheit,** bösartige Erkrankung der Lymphknoten (Lymphogranulomatose).

Hodler, Ferdinand (14. 3. 1853–19. 5. 1918), schweiz. Maler; Vertr. d. Symbolismus u. Jugendstils; monumentale Wandgemälde; Bildnisse, Landschaften.

Hódmezővásárhely [*-ʃarhɛj*], ungar. Stadt an der unteren Theiß, 54 000 E; Landw., Schweinezucht.

Hödr, *Hödur,* german. blinder Gott; tötet seinen Bruder Balder auf Anstiftung Lokis u. einem Mistelzweig.

Hodscha, *Hoxha,* Enver (16. 10. 1908–11. 4. 85), alban. Pol.; 1944–54 Min.präs., s. 1954 Erster Sekretär d. ZK d. alban. KP.

Hoegner, Wilhelm (23. 9. 1887–5. 3. 1980), SPD-Pol.; 1930 MdR; 1933–45 emigriert; 1945/46 u. 1954–57 bayr. Min.präs., 1950–54 bayr. Innenmin.

Hoek van Holland [*huk-*], ndl. Hafen, Exklave v. Rotterdam, 8000 E; Überfahrt n. Harwich (England); Seebad.

Hoelzel, Adolf (13. 5. 1853–17. 10. 1934), dt. Maler; zuerst Impressionist (Dachauer Schule); Mitbegr. u. Theoretiker d. absoluten Malerei.

Hof, *astronom.* → Halo.

Hof (D-8670), krfreie St. an d. Saale, Bay., 50 938 E; LG, AG; div. Ind.; Brauereien.

Hofbauer, Klemens Maria (26. 12. 1751–15. 3. 1820), Redemptorist, beeinflußte Wiener Romantiker; 1909 heiliggesprochen.

Hofburg, Burg, d. frühere kaiserl. Schloß in Wien; Sitz d. östr. B.präs.

Andreas Hofer

Hofer, 1) Andreas (22. 11. 1767–20. 2. 1810), „Sandwirt" im Passeiertal, 1809 und 1810 Anführer des Tiroler Aufstandes gg. d. Franzosen, in Mantua erschossen; **2)** Carl (11. 10. 1878–3. 4. 1955), dt. Maler; Entwicklung v. Spätexpressionismus z. Neuklassik; Figurenbilder; Landschaften; *Die schwarzen Zimmer.*

Hoff, Jacobus Hendrikus van 't (30. 8. 1852–1. 3. 1911), ndl. Chem.; Begr. der Stereochemie; Nobelpr. 1901 (Chem. Dynamik u. osmot. Druck).

Hoffman, Dustin (* 8. 8. 1937), am. Filmschausp.; *The Graduate; Midnight Cowboy; Kramer vs. Kramer; Tootsie; Rain Man.*

E. T. A. Hoffmann

Hoffmann, 1) E(rnst) T(heodor) A(madeus) (24. 1. 1776–25. 6. 1822), dt. phantast. Dichter, Musiker u. Zeichner der Romantik; Kammergerichtsrat; *Phantasiestücke in Callots Manier;* Märchen: *Der goldene Topf;* Romane: *Elixiere d. Teufels, Kater Murr;* Oper: *Undine;* **2)** Heinrich (13. 6. 1809–20. 9. 94), dt. Arzt; Kinderbuch: *Der Struwwelpeter;* **3)** Josef (15.

12. 1870–7. 5. 1956), östr. Baumeister u. Förderer d. Kunsthandwerks; Vertr. d. rationalist. Richtung d. Jugendstils; *Palais Stoclet,* Brüssel; **4)** Kurt (* 12. 11. 1910), dt. Filmregisseur; *Das Wirtshaus im Spessart* (1958); *Wir Wunderkinder* (1958); **5)** Roald (* 18. 7. 1937), am. Chem.; (zus. m. K. → Fukui) Nobelpr. 1981 (Frontorbitaltheorie).

Hoffmann von Fallersleben, August Heinrich (2. 4. 1798–19. 1. 1874), dt. Schriftst. u. Germanist; Dichter des *Deutschlandliedes.*

Josef Höffner   Hugo v. Hofmannsthal

Höffner, Josef (24. 12. 1906–16. 10. 87), dt. Theol.; 1969–87 Kardinal u. Erzbischof u. Köln, 1976–87 Vors. d. Dt. Bischofskonferenz.

Hofgänger → Instleute.

Hofgeismar (D-3520), St. i. Kr. Kassel, Hess., 14 500 E; AG, ev. Akademie; div. Ind.

Hofheim am Taunus (D-6238), Kreisstadt des Main-Taunus-Kr., Hess., 34 597 E.

Hofheim in Unterfranken (D-8729), bayr. St. i. Ldkr. Haßberge, 4954 E; ma. Gepräge.

Hofmann, 1) August Wilhelm von (8. 4. 1818–5. 5. 92), dt. Chem.; wiss. Begr. der Teerfarbenerzeugung; **2)** Fritz Carl Albert (2. 11. 1866–29. 10. 1956), dt. Chem.; Erfinder (1909) des ersten künstl. Kautschuks (Methylkautschuk); **3)** Peter (* 22. 8. 1944), dt. Opern- u. Musicalsänger; Wagner-Tenor.

Hofmannsthal, Hugo v. (1. 2. 1874–15. 7. 1929), östr. Dichter d. Jahrhundertwende; fin de siècle; Gedichte; Mitarbeiter v. Max Reinhardt *(Ödipus; Jedermann)* u. Richard Strauss *(Ariadne auf Naxos; Der Rosenkavalier);* Dramen: *Der Tor u. der Tod; Elektra; Der Turm;* Komödie: *Der Schwierige.*

Hofmann von Hofmannswaldau, Christian (25. 12. 1617–18. 4. 79), schles. Dichter d. Hochbarock.

Hofnarr, bis ins 18. Jh. Possenreißer oder Ratgeber an Fürstenhöfen.

Hofrat, seit 16. Jh. hohe Reichs- und Landesregierungsbehörde; Amts- und Ehrentitel i. Österreich.

Hofrecht, Dienstrecht (lat. *ius curiae*), im MA d. besonderen Rechtsgrundsätze für die Gerichtsbarkeit des Grundherrn über seine Hörigen.

Hofstadter, Robert (5. 2. 1915–17. 11. 90), am. Phys.; Untersuchungen über d.

Elektronenverteilung im Atomkern u. d. Struktur v. Nukleonen; Nobelpr. 1961.

Hofstätter, Peter R. (* 20. 10. 1913), dt. Psychologe; *Sozialpsychologie; Lexikon d. Psych.*

Hogarth [*'hougaːθ*], William (10. 11. 1697–25. 10. 1764), engl. Maler u. Kupferstecher d. Rokoko; Begr. d. engl. Genremalerei (→ Genre) u. → Karikatur.

Höger, Fritz (12. 6. 1877–21. 6. 1949), dt. Architekt; *Chile-Haus* (Hamburg).

Höhe, 1) *astronom.* Winkel zw. Horizont u. Gestirn, senkrecht zum Horizont gemessen; **2)** *geometr.* Lotlinie v. einem Punkt auf eine Gerade od. auf eine Körperfläche.

Hohe Acht, höchster Eifelgipfel (Basaltkuppe), 747 m.

Hoheit, 1) → Staatshoheit; **2)** Titel fürstl. Personen: *Kaiserliche, Königliche H.*

Hoheits-akt, Handlung d. Staats, aufgrund seiner rechtl. Herrschergewalt vorgenommen. – **H.rechte** → Staatshoheit. – **H.zeichen, H.symbole,** d. sichtb. Zeichen d. Staatsgewalt: *Wappen, Flaggen, Grenzpfähle.*

hohe Jagd → Hochwild.

Hohenasperg, ehem. Bergfeste in Ba-Wü. b. Asperg; i. 18. u. 19. Jh. württ. Staatsgefängnis; Landesstrafanstalt.

Hohenems (A-6845), Marktgem. in Vorarlberg, Östr., 13 300 E; Textil- u. Stickereiind.; Renaissancepalast (Fundort v. Handschrift d. Nibelungenliedes); Schubertiade.

Hohenfriedeberg, poln. *Dabromierz,* i. Niederschlesien, 1745 Sieg Friedrichs d. Großen über die Österreicher.

Höhenkrankheit, svw. → Bergkrankheit.

Höhenkreis, *Scheitel-, Vertikalkreis, astronom.* jeder größte Kreis durch *Zenit* und *Nadir.*

Hohenlimburg, s. 1975 St.teil v. → Hagen.

Hohenlohe, fränk. edelfreies (ehem. reichsunmittelbares) Geschlecht: **1)** Chlodwig (31. 3. 1819–6. 7. 1901), Fürst zu H.-Schillingsfürst, 1885–94 Statthalter v. Elsaß-Lothringen, 1894–1900 Reichskanzler u. preuß. Ministerpräs.; **2)** Friedrich Ludwig (31. 1. 1746–15. 2. 1818), Fürst zu H.-Ingelfingen, 1806 als preuß. Heerführer bei Jena besiegt.

Höhenmessung, Ermittlung des Höhenunterschiedes zweier Erdpunkte aus: **1)** dem Luftdruckunterschied, *barometr. H.;* **2)** der Entfernung beider Punkte u. Neigung d. Verbindungslinie, *trigonometr. H.;* **3)** durch → Nivellieren.

Hohensalza, *Inowrocław,* poln. St. b. Bromberg, 75 000 E; Saline, Solbad. – 1772 preuß., 1919 zu Polen.

Höhensatz, das Quadrat über d. Höhe eines rechtwinkligen Dreiecks ist gleich dem Rechteck aus den Hypotenusenabschnitten.

Hohenschwangau, Schloß d. Wittelsbacher b. Füssen (1833–37), gegenüber → Neuschwanstein.

Höhensonne, die bes. intensive Sonnenbestrahlung im Hochgebirge, reich an chem. wirksamen Ultraviolettstrahlen. – *Künstliche H.,* el. Quecksilberdampf-Quarzlampe, kaltes, reines Ultraviolettlicht; bes. zur Bestrahlung bei Tuberkulose, Drüsenkrankheiten, Blutarmut, Rachitis; → Heliotherapie.

Hohenstaufen, schwäb. Fürstengeschlecht, von 1138–1254 auf dt. Thron; Ahnherr *Friedrich v. Staufen,* 1079 Hzg von Schwaben; Stammburg H. (Ruine) in der Schwäb. Alb (684 m).

Hohenstein-Ernstthal (D-9270), sächs. Krst. am Fuß des Erzgebirges, 16 707 E; Textil- u. Metallind.

Höhenstrahlung → kosmische Strahlung.

Hohentwiel, vulkan. Bergkegel im Hegau, 686 m, mit Burgruine (Festung, 1800 v. Franzosen zerstört).

Hohenzollern, 1) Berg der Schwäb. Alb südl. Hechingen, 855 m, mit der *Burg H.;* **2)** *H.sche Lande,* Gebietsteil v. Ba-Wü., schmaler Landstreifen vom oberen Nekkar über die Schwäb. Alb bis zur Donau; Hptort: *Sigmaringen.* – 1849 aus den Fürstentümern *H.-Hechingen* u. *H.-Sigmaringen* gebildete preuß. Prov., bildete 1945 mit Südwürttemberg d. Land Württemberg-H., s. 1951 Teil d. Landes

Burg Hohenzollern

→ Baden-Württemberg; **3)** dt. Fürstenhaus, um 1214 Teilung in *fränk. Linie* (aus ihr seit 1415 die Kurfürsten v. Brandenburg, Kge v. Preußen u. 1871–1918 dt. Kaiser) u. *schwäb. Linie* (später *H.-Sigmaringen*).

Hohe Pforte, bis 1918 Bez. für die Residenz des Sultans, dann übertragen für türkische Regierung und Außenministerium.

höhere Gewalt, lat. *vis maior,* auch nicht durch äußerste Sorgfalt abwendbares elementares Ereignis, befreit von der Haftung für Schadenersatz.

höhere Schulen → Schulwesen, Übers.

Hoher Meißner, Basalt-Tafelberg südöstl. Kassel, 754 m; s. 1962 Naturpark Meißner-Kaufunger Wald. → Jugendbewegung.

Hoherpriester, höchster jüd. Priester aus der Familie Aarons; bis 70 n. Chr.

Hohe Schule, Pferdedressur in kunstvollen Gangarten (z. B. → Pirouette).

Hohes Venn, Hochfläche m. ausgedehnten Mooren nw. d. Rheinischen Schiefergebirges, im dt.-belg. Grenzgebiet *Botrange,* 692 m.

Hohkönigsburg, in den Vogesen, um 1140, um 1900 wiederhergestellt, 1918 frz. Nationaldenkmal.

Tropfsteinhöhle *im südfranzösichen Kalkplateau*

Höhle, Hohlraum im Gestein; Entstehung primär bei d. Bildung d. Gesteins (Lava, Korallen, Kalktuff) od. sekundär durch Einwirkung d. Wassers, entweder Erosion (durch Brandung oder unterirdisch fließendes Wasser) od. Auslaugung v. Gips, Steinsalz, Kalk- u. Dolomitgestein; durch Sickerwasser bilden sich Kalkabsätze *(Tropfstein)* in Form von herabhängenden *Stalaktiten* u. nach oben wachsenden *Stalagmiten;* bes. verbreitet im → Karst.

Höhlenbär, ausgestorbener Bär.

Höhlenmalerei

Höhlenmalerei, steinzeitliche Darstellungen in Höhlen, besonders frankokantabrische H. seit 30 000 v. Chr. in N-Spanien (→ Altamira) und Frankreich (Dordogne); naturnahe farbige Tierdarstellungen (vermutlich Jagdzauber); seit etwa 10 000 v. Chr. so.-span. Felsmalerei (Valltorta), stilisierte Menschen- und Tierdarstellungen, Jagd- und Kampfszenen, in Felsnischen; 5.–2. Jahrtausend farbige Malereien im ostalger. Bergland Tassili n'Ajjer in d. Sahara (neolith. Rinderperiode und Streitwagenperiode).

Hohlfuß, Mißbildung, → Fuß.

Hohlladung, Verfahren zum Erzielen hoher Materiegeschwindigkeiten bei Sprengkörper und Geschosse; ein Sprengstoff-Hohlraum ist m. e. meist kegelig oder zylindrisch geformten, inneren Metallverkleidung versehen, bei der De-

Friedrich Hölderlin

tonation wird die Sprengkörperenergie in Bewegungsenergie d. Metallverkleidung übertragen.

Hohlleiter, in der Hochfrequenztechnik, insbes. f. dm- u. cm-Wellen benutzter Übertragungsweg; Rohr mit leitenden Innenwänden (z. B. als Zuleitung v. Sender zur Antenne anstelle e. Koax-Kabels); Vorteil: geringere Energieverluste.

Hohlsaum, Randverzierung durch Ausziehen v. Fäden, wobei übrigbleibende Fäden m. Schlingstich zusammengefaßt werden.

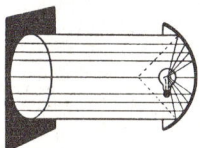

Hohlspiegelscheinwerfer

Hohlspiegel, meist Glasspiegel mit Paraboloid als spiegelnder Fläche; für Fernrohre (Spiegelteleskope) ist die Oberfläche, für Scheinwerfer d. Rückfläche versilbert (aluminisiert). Im Brennpunkt werden parallel zur Achse einfallende Strahlen gesammelt (Teleskop); vom Brennpunkt ausgehende Strahlen werden achsenparallel gespiegelt (Scheinwerfer).

Hohlsteine, Bausteine mit eingearbeiteten Hohlräumen (Gewichtsersparnis).

Hohltiere, svw. → Zölenteraten.

Hohlvene, obere u. untere: die großen Blutadern, die d. zum Herzen fließende Blut sammeln.

Hokkaido, Jesso, Yezo, nördl. Hptinsel Japans, 83 520 (m. 68 Nachbarinseln 88 741) km², ca. 5,7 Mill. E; bewaldete Gebirgsland; Kohlenbergbau, Holzind., Fischerei; Hptst. Sapporo; größte St.: Hakodate.

Hokusai (21. 10. 1760–10. 5. 1849), jap. Farbholzschneider u. Maler; Landschaftsbilder (→ Tafel Holzschnitt).

Hokuspokus, Zauber(formel) der Gaukler.

Holbach, Paul Heinrich Dietrich Baron v. (* Dez. 1723–21. 6. 89), dt. Phil. in Paris; Le Système de la nature (atheistisch); → Enzyklopädisten.

Holbein, 1) Hans, d. Ä. (um 1465–1524), dt. Maler d. Spätgotik; s. Sohn **2)** Hans, d. J. (1497–Nov. 1543), Hofmaler Hein-

richs VIII.; Madonna des Bürgermeisters Jakob Meyer zum Hasen; Holzschnittfolge: Totentanz; engl. Hofbildnisse: Heinrich VIII.

Holberg, Ludwig (3. 12. 1684–28. 1. 1754), dän. Lustspieldichter; D. pol. Kannegießer.

Hölderlin, Friedrich (20. 3. 1770–7. 6. 1843), dt. Dichter; Theologiestudium in Tübingen, Freundschaft m. Hegel u. Schelling; Begeisterung f. d. Frz. Revolution; Hauslehrerstelle bei Charlotte v. → Kalb und in Frankfurt bei Bankier Gontard; dessen Gattin Susette (Diotima) die große Liebe seines Lebens; Bibliothekarstelle in Homburg 1802; 1806 völlige Umnachtung, lebte bis zu seinem Tod in e. Turm in Tübingen; Gedichte vereinigen in ihrer Harmonie v. Klang, Wort u. Seele griech. Schönheitsstreben u. phil. Idealismus; Drama: Der Tod des Empedokles; Briefroman: Hyperion.

Holdinggesellschaften [engl. „holding = in Besitz habend"], Kapitalanlage- u. Kontrollges.en; gewinnen durch ineinandergreifende Aktienmehrheiten bzw. Geschäftsanteile Einfluß od. Kontrolle auf e. System verbundener Unternehmungen (→ Konzern).

Holguín, St. auf Cuba, 216 000 E; Hafen: Gabira.

Holismus [gr. „holos = ganz"], Ganzheitslehre, begr. v. Jan Smuts, in Dtld v. A. Meyer-Abich; aus einem metabiol. Weltganzen läßt sich d. Psychische, daraus das Biologische u. daraus das Physikalische ableiten.

Holl, Elias (28. 2. 1573–6. 1. 1646), dt. Renaissance-Baumeister; Rathaus in → Augsburg.

Hollabrunn (A-2020), Bez.hptst. in Niederöstr., 10 140 E; Holz-, Textilind.

Hollaender, Friedrich (18. 10. 1896–18. 1. 1976), dt. Komp. u. Kabarettist.

Holland, 1) allg. d. Kgr. der → Niederlande; **2)** im bes. die westl. Prov.en N-H., 2663 km², 2,4 Mill. E, u. S-H., 2877 km², 3,2 Mill. E; weite Ebenen zw. Rheinmündung u. Ijsselmeer; Hptst.e Haarlem (N-Holland) u. Den Haag (S-Holland).

Holländer, Maschine zur Halbstoffaufbereitung (Auflösung) bei der → Papierherstellung.

Holländerei, Meierei, → Milchwirtschaft.

Hollar, Wenzel (13. 6. 1607–28. 3. 1677), dt. Radierer u. Zeichner, bes. in London; kunst- u. kulturgeschichtl. wertvolle Stadtansichten u. Trachtendarstellungen.

Hölle, Totenwelt, volkstüml. f. ewige Verdammnis.

Hollein, Hans (* 30. 3. 1934), östr. Baumeister; Städt. Museum Abteiberg, Mönchengladbach; Museum für Gegenwartskunst, Frankfurt/M.

Höllenmaschine, Sprengladung mit Uhrwerk für Explosion.

Höllenstein, Silbernitrat, Ätzmittel.

Höllental, 1) Hochtal im Wettersteinge-

birge mit H.klamm; **2)** Talschlucht im Schwarzwald, südöstl. v. Freiburg.

Höllerer, Walter (* 19. 12. 1922), dt. Schriftst. u. Literaturkritiker; experimentelle Lyrik; Roman: D. Elephantenuhr.

Hollerithmaschine, v. Herman Hollerith (1860–1929) erfundene elektromechan. Sortiermaschine f. statist. Zwecke; → Lochkarten werden nach best. Kriterien (z. B. Alter, Geschlecht, Beruf usw.) automatisch sortiert (bis zu 30 000 Karten je Std.); mit Tabelliereinrichtung u. Rechenlocher auch f. math. Zwecke. Aus d. v. Hollerith gegr. Ges. entstand später → IBM.

Holley [ˈhɒlɪ], Robert William (* 28. 1. 1922), am. Biochem.; 1968 Nobelpr. f. Med. (Arbeiten zur Biosynthese d. Proteine u. Nukleinsäuren).

Hollywood [-wʊd], „Filmstadt"teil v. Los Angeles.

Holm, Tragbalken, durchlaufender Träger (z. B. beim Barren, bei Flugzeugtragflächen).

Holmenkollen, Berghöhe (317 m) nordwestlich v. Oslo; Wintersportplatz, Winterolympiade 1952.

Holmes [ˈhoʊmz], Sherlock, Romanfigur (scharfsinniger Detektiv) v. C. → Doyle.

Holmium, Ho, chem. El., Oz. 67, At.-Gew. 164,930; Dichte 8,78; Seltenerdmetall.

Holocaust [engl.], Brandopfer, Massenvernichtung, bes. die Judenvernichtung im NS-Staat.

Holofernes, Feldherr → Nebukadnezars.

Hologramm [gr.], opt. Aufzeichnung (z. B. auf Photoplatte) der Intensitätsverteilung einer Interferenzstruktur; entsteht bei der Aufnahme mit nur kohärentem Licht (z. B. Laser) durch Überlagerung der Objektwelle (d. h. der vom Objekt reflektierten u. damit veränderten Welle) mit einer Referenzwelle (fällt direkt auf d. H.platte) meist konstanter Intensität; zur originalgetreuen, also auch dreidimensionalen Rekonstruktion des Objektes wird das H. nur mit der Referenzwelle, d. auch im Ggs. zur Aufnahme des H.s aus inkohärentem oder weißem Licht bestehen kann, beleuchtet; techn. Anwendung des H.s erst seit Erfindung des → Lasers möglich; → Holographie.

Holographie [gr.], fotograf. Fixierung eines Strahlungsfeldes, 1948 v. D. Gabor erfunden; die H. ermöglicht die Aufnahme dreidimensionaler Wellenfelder auf zweidimensionalen Speichern (z. B. H.platten) sowie deren getreue Rekonstruktion; → Hologramm; Anwendung: z. B. opt. Datenspeicherung, Interferometrie.

Holometabolie, vollkommene Verwandlung, Insektenentwicklung m. Auftreten eines Puppen-(Ruhe-)Stadiums zw. Larvenstadien (z.B. → Made, → Raupe) u. Vollinsekt; dagegen: → Heterometabolie; → Metamorphose.

Holozän → Alluvium, → geologische Formationen.

Holstein, Friedrich August v. (24. 4. 1837–8. 5. 1909), dt. Diplomat („die graue Eminenz"); inoffizieller Leiter der dt. Außenpol. nach Bismarck, 1906 entlassen.

Holstein, S-Teil des Landes Schl-Ho.; im O die **H.sche Seenplatte,** Hügelland (jungeiszeitl. Moränenlandschaft) mit zahlreichen Seen u. Buchenwäldern bei Eutin, Plön u. Malente; Bungsberg 164 müM *(H.sche Schweiz).* – H. gehört zum alten Stammesgebiet der Sachsen, von Karl d. Gr. unterworfen, 1110–1459 im Besitz der Schauenburger; 1386 Vereinigung mit Schleswig; 1460 Gf Christian v. Oldenburg (1448 Kg v. Dänemark) Landesherr; 1474–1806 reichsunmittelb. Hzgt.; 1806 dän., 1815 im Dt. Bund. → Schleswig-Holstein.

Holsten, Bewohner Holsteins.

Holthusen, Hans Egon (* 15. 4. 1913), dt. Lyriker u. Essayist; *Der unbehauste Mensch.*

Hölty, Ludwig (21. 12. 1748–1. 9. 76), dt. Lyriker d. → Göttinger Hains.

Holtzbrinck, Georg v. (11. 5. 1909–27. 4. 83), dt. Verleger; Verlagsgruppe *G. v. H. GmbH,* Stuttgart, umfaßt mehr als 40 Firmen; Umsatz 1983/84: 1,4 Mrd. DM.

Holunder, meist baum- od. strauchartige Geißblattgewächse; *Schwarzer H.,* weiße Blütendolden u. schwarze Beeren; Blüten zu schweißtreibendem Tee *(Fliedertee); Trauben-(Berg-)H.,* rote Beeren; *Zwerg-H., Attich,* Staude mit rosa Blüten, schwarze Beeren.

Holz, Arno (26. 4. 1863–26. 10. 1929), dt. Dichter u. Theoretiker d. Naturalismus (zus. m. → Schlaf); Lyrik: *Phantasus;* Drama: *Familie Selicke.*

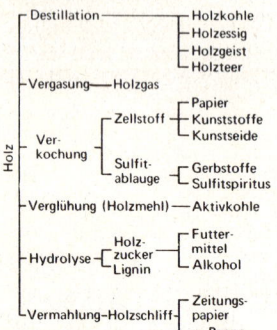

Holz, der von der Rinde umgebene derbfaserige Zylinder, der bei Bäumen u. Sträuchern jährlich durch neue Schichten verstärkt wird *(Jahresringe);* dient als Skelett sowie in den äußersten, in allen Lagen z. Wasserleitung, z. T. auch zur Stoffspeicherung. Das junge H. wird als *Splint* von dem älteren *Kern-H.* unterschieden. Als Baustoff f. Häuser, Schiffe, Brücken, teilweise durch Eisen und Beton verdrängt; Arten: *Weichholz* (Nadelhölzer), *Hartholz* (z. B. Birnbaum, Eiche,

Buche, Teakholz), *Edelholz* (Mahagoni, Ebenholz usw.). Verarbeitung in Chemie und Technik (Abb.). – **H.bau,** naturgegebene Bauart vor allem in holzreichen Gebieten. Versch. Arten wie Pfosten-, Block-, Fachwerk-, Bohlenbau. – **H.bearbeitungsmaschinen,** Sägen, Hobel-, Fräs- u. Schleifmaschinen u. Drehbänke. – **H.bock,** Art d. → Zecken; Weibchen auf warmblüt. Tieren u. Menschen schmarotzend. – **H.destillation,** unter Luftabschluß in geschlossenen Retorten erhitztes → Holz (Abb.) liefert → Holzgas, → Holzgeist, **Holzessig** (Hauptbestandteil → Essigsäure) und *Holzteer.* Rückstand: → Holzkohle. – **H.einschlag,** Abholzen nach jährl. Nutzungsplan; → Forstwirtschaft.

Holzgas, Produkt unvollkommener Verbrennung von → Holz (Abb.) im Schwelgenerator; Ersatzbetriebsstoff für Kraftwagen.

Holzgeist, *Methylalkohol, Methanol (CH₃OH),* zur Herstellung von Formaldehyd, Lösungsmittel f. Lacke; als Trinkbranntwein unbrauchbar und verboten, da giftig; → Holz (Abb.).

Holzgewebe, Gewebe aus Holzstäbchen mit Baumwollzwirn oder Leinen für Rolläden u. a.

Holzkohle, früher durch Holzverkohlung (in Kohlenmeilern), heute als Rückstand bei → Holzdestillation; z. Desinfektion, z. chem. Filtration (z. B. Gasmaske), z. Entfärbung, für Schießpulver.

Holzmeister, Clemens (27. 3. 1886–12. 6. 1983), östr. Architekt; Krematorium (Wien), Umbau des Festspielhauses in Salzburg.

Holzminden (D-3450), Krst. i. Rgbz. Hann., an d. Weser, Nds., 20 877 E; AG; Hafen; Glas-, chem. u. elektrotechn. Industrie.

Holzschneidekunst, *Xylographie,* Vervielfältigungsverfahren: n. e. Vorzeichnung wird in e. Holzplatte (Holzstock) ein Bild od. Muster geschnitten; die im Abdruck schwarz beabsichtigten Stellen bleiben erhaben stehen, die weißen werden vertieft ausgeschnitten.

Holzschnitt, Blütezeit in Dtld 15. (→ Blockbuch) bis 16. Jh., im 19. u. 20. Jh. (Richter, Menzel; Expressionismus, Grieshaber); in China etwa s. d. 7./8. Jh. n. Chr. (auch als Buchdruck), in Japan bes. als *Farbholzschnitt.*

Holzschnitzerei, Bildschnitzerei, → Bildhauerkunst.

Holzschutz, Behandlung von Holz gg. Fäulnis mit Sublimat, Holzteer, Kreosot u. a. → imprägnieren.

Holzschwamm, svw. → Hausschwamm.

Holzstoff, *Holzschliff,* durch Schleifen von Holz (meist von Fichte oder Tanne) erzeugtes Halbprodukt für die Papierfabrikation (→ Holz, Abb.).

Holzteer, → Holzdestillation.

Holzverkohlung, früher in Kohlenmeilern, jetzt ersetzt durch → Holzdestillation (→ Holz, Abb.).

Holzverzuckerung, durch Hydrolyse des Holzzellstoffs mittels Säuren; techn. Verfahren von Bergius sowie von Scholler (→ Holz, Abb.).

Holzwespen, Hautflügler, deren Larven im Holz leben.

Holzwickede (D-4755), Gem. i. Kr. Unna, NRW, 15 923 E; div. Ind.

Holzwolle, dünne Holzspäne (Packmaterial).

Holzwurm, Bez. f. versch. Kerbtiere, die im Holz leben.

Holzzucker, als Futtermittel u. z. Vergärung auf Spiritus.

Homberg, 1) NRW, s. 1975 zu → Duisburg; **2)** (D-3588), Krst. i. Schwalm-Eder-Kr., Hess., 14 110 E; Brauerei.

Homburg, erstmals in Bad Homburg angefertigter Herrenhut aus steifem Filz m. aufgerolltem, eingefaßtem Rand.

Homburg (Saar) (D-6650), Krst. im Saar-Pfalz-Kr., Saarland, 41 888 E; AG; div. Ind.; Uni.kliniken u. Med. Fakultät d. Uni. des Saarlands; Buntsandsteinhöhlen; röm. Freilichtmuseum.

Homer

Homer, nicht genau faßbare griech. Dichtergestalt des 8. Jh. v. Chr., schuf Heldenepen *Ilias* u. (vielleicht) *Odyssee* (in Hexametern).

homerisches Gelächter, lautes (Götter-) Lachen, wie es Homer schildert.

Home rule, w. [engl. *'houm ru:l*], von d. irischen Autonomiebewegung geprägte Bez. f. nat. Selbstverwaltung.

Homespun, s. [engl. *'houmspʌn*], rauhes Wollgewebe m. noppenartigem Webmuster aus grobem Streichgarn.

Homiletik, w. [gr.], theol. Wiss.: Predigtlehre.

Hominiden, im biol. System der Familie die *Menschenartigen* m. → *Homo* u. → Australopithecus.

homo- [gr.], als Vorsilbe: gleich ...

Homo, m. [l. „Mensch"], in d. *Anthropologie* Fachname für die ganze Gattung Mensch, die ihrerseits in ausgestorbene Arten, wie *H. erectus,* u. die heutige Art *H. sapiens* mit ihren → Rasse(n) zerfällt; der Jetztmensch wird heute als Unterart *H. sapiens sapiens* aufgefaßt; → Mensch.

homogen, aus gleichartigen Bestandteilen; Ggs.: heterogen.

Homoioplastik, Gewebsüberpflanzung von einem Organismus zu e. anderen gleicher Art.

homolog, gleichlautend, gleichnamig.

homologe Reihen, in h. R. chem. Ver-

Holzschnitt

Abbildungen von links nach rechts. *1. Reihe:* Hokusai (Japan), Die Welle — Suzuki Harunobu (Japan), Liebespaar im Schnee — Jesus und die Kriegsknechte, 15. Jh. — Lucas Cranach d. Ä., Verkündigung. *2. Reihe:* Albrecht Altdorfer, Liebespaar — Hans Holbein der Jüngere, Jonas vor Ninive — Ludwig Richter, Auswanderer. *3. Reihe:* Adolph von Menzel, Friedrichs Tod — Alfred Rethel, Der Tod als Freund — Ernst Barlach, Der Hundekarren. *4. Reihe:* Emil Nolde, Der Prophet — Edward Munch, Alter Mann — Erich Heckel, Männer am Tisch — Karl Schmidt-Rottluff, Gang nach Emmaus.

bindungen unterscheidet sich jedes Glied vom nächsten durch Mehr- od. Mindergehalt einer best. Atomgruppe; entsprechend stufenweise ändern sich d. chem. u. phys. Eigenschaften.

Homologie, *w.,* Übereinstimmung.

Homo novus, Neuling, Emporkömmling.

homonym [gr.], gleichnamig, aber wesensverschieden, mehrdeutig.

homöo-, *homoio-* [gr.], als Vorsilbe: ähnlich ...

Homöopathie, von *Hahnemann* aufgestellte Lehre, daß jede Krankheit mit demselben Mittel in kleinsten Mengen zu heilen sei, das in größeren Mengen ein der Krankheit ähnl. Bild erzeugt: Ähnlichkeitsregel *(→ similia similibus curantur);* Ggs.: → Allopathie.

Homöostase, die Gesamtheit d. Regulationsvorgänge, die d. Konstanz d. versch. Betriebsgrößen (Körpertemp., Blutdruck, Atmung usw.) i. Organismus trotz vielfältiger Störungen so weit erhält, daß die Existenz des Organismus nicht gefährdet ist; dies geschieht u. a. mit Hilfe biol. Regelkreise.

homophon [gr. „gleichklingend"], *mus.* Satztechnik, die melod. Hauptstimme v. allen anderen Stimmen begleiten läßt; Ggs.: → polyphon.

Homosexualität [gr.-l.], auf d. gleiche Geschlecht gerichtetes geschlechtl. Verlangen; homosexuelle Handlungen zw. Männern s. 1969 nicht mehr strafbar, wohl aber mit Minderjährigen (§ 175 StGB); → lesbische Liebe.

homozygot [gr.], *einerbig,* Zellen *diploider* Organismen in bezug auf einzelne od. alle Erbanlagen, wenn v. beiden Eltern ident. → Allele beigetragen werden; Ggs.: → heterozygot.

Homs, *Hims,* Hptst. d. Prov. *H.* in Syrien, 431 000 E; Handelsplatz, Erdölraffinerie, div. Ind.; Verkehrsknotenpunkt.

Homunculus, *m.* [l. „Menschlein"], künstl. hergestellter Mensch (z. B. im *Faust*).

Honanseide, in → Henan hergestellte taftartige Seidengewebe mit dickeren Fadenstellen.

Hondo → Honshu.

Honduras, amtl. *República de H.,* Republik in Mittelamerika, gebirgig, mit zahlreichen Beckenlandschaften, tropisch. Klima; 112 088 km², 4,8 Mill. E (43 je km²); Bev.-Zuw. 3,6%; Bev.: 90% Mischlinge, 7% Indianer; Sprache: Span., Engl.; Währung: Lempira (L); Rel.: meist röm.-kath.; Hptst.: *Tegucigalpa;* Flagge S. 340, Karte S. 746. **a)** *Wirtsch.:* Hptausfuhrprodukte: Bananen, Kaffee; umfangreiche Gold- u. Silbervorkommen. **b)** *Außenhandel* (1986): Einfuhr 890 Mill., Ausfuhr 925 Mill. $. **c)** *Verkehr:* Eisenbahn 981 km. **d)** *Verf.* v. 1981: Präsidiale Rep. m. Ein-

kammerparlament (Kongreß). **e)** *Verw.:* 18 Departamentos und 1 Bundesdistrikt. **f)** *Gesch.:* 1502 v. Kolumbus entdeckt, 1523 span., 1821 unabhängig; 1969 Krieg m. El Salvador; 1972 Mil.reg.; nach Mil.putsch 1978 Redemokratisierung (1982 abgeschlossen). **g)** *Mitgl.:* UN, OAS, SELA.

Honecker, Erich (* 25. 8. 1912), SED-Pol.; 1971–89 Erster Sekr. d. ZK d. SED u. Vors. im Nat. Verteidigungsrat u. 1976–89 Gen.sekr. d. ZK u. Vors. d. Staatsrats d. DDR.

Erich Honecker   Arthur Honegger

Honegger, Arthur (10. 3. 1892-27. 11. 1955), schweiz. Komp.; Oratorium: *Kg David;* Opernoratorium: *Johanna auf dem Scheiterhaufen;* Kammermusik; Opern: *Judith; Antigone;* Orchesterwerke; 5 Sinfonien.

honen [engl.], Ziehschleifen; Feinstbearbeitung v. Metallen (z. B. Motorenzylindern) mit Ziehschleifmaschinen unter Drehen u. Längsbewegung der Schleifkörper.

honett [frz.], ehrbar, anständig, rechtschaffen.

Hongkong

Hongkong, chin. *Xianggang,* brit. Kronkolonie an d. Mündung des Xi Jiang, 145 km südl. Kanton, besteht aus der Insel *H.* (79 km²), weiteren kleineren Inseln, der Halbinsel Kowloon u. anschließendem Pachtgebiet auf d. südchin. Festland, 1071 km², 5,8 Mill. E; Hptst. *Victoria,* auf der Insel H. (1,1 Mill. E); Mittelpkt. d. brit. O-Asien-Handels u. Flottenstützpkt.; Uni., div. Ind. – 1898 v. China f. 99 J. gepachtet; ab 1. 7. 1997 wieder unter chin. Oberhoheit, aber f. 50 Jahre Sonderverwaltungsgebiet (Beibehaltung d. gegenwärt. soz. u. wirtsch. Systems, wirtsch. u. finanz. Freiheit als separates Zollgebiet u. Freihafen).

Honig, von der Honigbiene (u. anderen Hautflüglern) aus Pflanzensäften, → Nektar, unter Zusatz eigener Drüsensäfte hergestellte süße Masse, davon 70-80% → Invertzucker u. maximal 22% Wasser; weiß bis braun, je nach Herkunft; *Schleuder-H.,* mittels Zentrifuge aus den Waben gewonnen; *Seim-H.,* ausgeschmolzen. - **H.anzeiger,** vorwiegend afrikan. Vögel, die H.dachs u. Mensch zu wilden Bienenstöcken führen. - **H.biene** → Bienen. - **H.dachs,** kleines Mardertier, frißt z.T. Bienen-H.; Afrika u. Vorderasien. - **H.klee,** Schmetterlingsblütler; viele Arten. - **H.sauger,** *Nektarvögel,* Singvögel in Afrika u. Asien, entsprechen d. neuweltl. Kolibris. - **H.tau,** zuckerhaltige Ausscheidungen von Blattläusen.

Honi soit qui mal y pense [oni'swa ki mali 'pãs], „Ein Schelm, wer Arges dabei denkt"; frz. Wahlspruch des engl. Hosenbandordens.

Honnef (D-5340), *Bad H.,* St. i. Rhein-Sieg-Kreis, NRW, 21 912 E; Bad (Herz, Stoffwechsel).

Honnefer Modell, 1957 in Honnef vom Verband Deutscher Studentenschaften ausgearbeitetes Förderungssystem für bedürftige und begabte Hochschulstudenten; 1971 durch Bundesausbildungsförderungsgesetz abgelöst, → Studentenförderung.

Honneurs [frz. *(h)ɔ'nœr(z)*], Ehrenerweisung, Gruß; die höchsten Spielkarten in der Trumpffarbe. - **H. machen,** Gäste bewillkommnen.

Honolulu, Hptst. u. Haupthafen des US-Staates Hawaii auf der Insel Oahu, 365 000 E; Schiffbau, Eisenind.; Ananasausfuhr.

Honorar, *s.* [l.], Vergütung, bes. für Leistungen von Angehörigen der freien Berufe (Ärzte, Schriftsteller usw.). - **H.professor** → Professor.

Honoratioren [l.], angesehenste Ortseinwohner.

honorieren, bezahlen (einlösen von Wechseln).

honoris causa [l.], abgek. *h. c.,* ehrenhalber (z. B. bei Verleihung des Ehrendoktors).

Honorius, 1) H. (384–423), Sohn des Theodosius, seit der Teilung des Reiches 395 Kaiser von Westrom; **2)** vier *Päpste:* **H. I.,** 625-38, auf dem Konzil zu Konstantinopel (681) verdammt („causa Honorii").

Honourable [ˈɔnərəbl], Abk. *Hon.,* „ehrenwert", Zusatztitel engl. Adliger u. hoher Beamter.

Honshu, früher *Hondo,* Hptinsel der jap. Inseln, 231 089 km² (mit 382 kleinen Nebeninseln), ca. 98 Mill. E; stark gebirgig, mit buchtenreicher Küste; in der Mitte von der Fossa Magna, die Großen Graben, durchquert, aus dem sich zahlr. Vulkane erheben (→ Fudschijama), geringer Umfang des Tieflandes; sehr dicht besiedelt; in den künstlich bewässerten

Schwemmlandebenen *(ta)* Reisanbau, auf d. 20–40 m h. diluvialen Terrassen *(hata)* Trockenfeldbau; Kupfererze; Erdbebengebiet.

Honthorst, 1) Gerrit van (4. 11. 1590–27. 4. 1656); s. Bruder **2)** Wilhelm (1594–1666), ndl. Maler; bes. Bildnisse.

Honvéd, *m.,* ungar. Truppe (urspr. Landwehr).

Hoogh [*hoːx*], *Hooch,* Pieter de (1629–n. 84), ndl. Maler; Szenen d. bürgerl. Lebens in detailliert komponierten (Innen-) Räumen.

Hooligan, *m.* [engl. *ˈhuːlɪɡən*], Raufbold, Rowdy.

Hoorn, *Kap H.* *(Horn),* südlichste Spitze von Südamerika, auf der Insel H. (Feuerland).

Hoorne, Philipp Gf v. (1518–5. 6. 68), ndl. Staatsm.; stritt f. staatl. u. rel. Freiheit, v. → Alba m. Egmont hingerichtet.

Hoover [ˈhuːvə], Herbert (10. 8. 1874–20. 10. 1964), am. Pol.; 31. Präs. d. USA (1929–33), Quäker, führte nach 1. Weltkrieg Nahrungsmittelversorgung für Mitteleuropa durch; 1931 **H.-Moratorium,** → Reparationen; trat nach d. 2. Weltkrieg für Unterstützung Europas u. Dtlds ein.

Hoover-Damm, früher *Boulder-Damm,* Talsperre am Unterlauf d. Colorado River, USA, 221 m h., 379 m lang; zur Stromerzeugung (u. a. für Las Vegas) u. Bewässerung großer Teile v. Arizona u. Nevada; Stausee: Lake Mead, 593 km².

Hope [*houp*], Bob (* 26. 5. 1903), am. Film- u. Fernsehkomiker; *Road*-Filmserie (zus. m. Bing Crosby).

Hopfen

Hopfen, Schlingstaude, in Europa u. Asien; weibliche Pflanze an Stangen kultiviert; ihre Fruchtzapfen mit gelben Drüsen besetzt, die narkotische Bitterstoffe enthalten; Zusatz zu Bier; H.bau besonders in Bayern und in der Tschechoslowakei.

Hopkins, 1) Sir Frederick Gowland (20. 6. 1861–16. 5. 1947), englischer Chemiker; Vitaminforschung; Nobelpreis 1929; **2)** Gerard Manley (28. 7. 1844–8. 6. 89), englischer mystisch-religiöser Lyriker.

Hoplit, schwergepanzerter Fußsoldat i. alten Griechenland.

Hopper [ˈhɔpə], Edward (22. 7. 1882–15. 5. 1967), am. Maler; Entwicklung v. der impressionist. Manier z. realist. Schilderung in ausdrucksstarker, durch scharf abgegrenzte Licht- u. Schattenzonen noch gesteigerter Farbintensität; Land-

schaften, Großstadtmotive; *Haus am Bahndamm; Mitternachtsvögel.*

Hora, *w.* [l.], abgek. *h,* Stunde; Mz. → Horen.

Horaz, Quintus *Horatius* Flaccus, röm. Dichter (8. 12. 65–27. 11. 8 v. Chr.), aus dem Kreis d. Mäcenas, Schützling des Augustus; *Oden; Satiren; Episteln (Ars poëtica* = Dichtkunst).

Horb a. Neckar (D-7240), St. i. Kr. Freudenstadt, Ba-Wü., 21 541 E; AG; holz- u. metallverarbeitende Ind., Auerbach-Mus.

Hörbiger, 1) Attila (21. 4. 1896–27. 4. 1987), östr. Schausp.; *Die Julika* (1937); s. Bruder **2)** Paul (29. 4. 1894–5. 3. 1981), östr. Bühnen- u. Filmschausp.; *Liebelei.*

Horch, August (12. 10. 1868–3. 2. 1951), deutscher Automobilkonstrukteur und Ind.; Grundlage d. Vergasermaschine.

Horde, 1) Gruppe mehrerer Familien, bes. bei Jäger- u. Sammlervölkern; **2)** Gestell zum Trocknen von Obst, Pilzen, Gemüse; auch svw. *Hürde.*

Horeb, Berg d. Gesetzgebung Moses' auf → Sinai.

Horen [gr. u. l. „Stunden"], **1)** griechische Göttinnen der Zeit: Eunomia, Dike und Eirene; **2)** die Tagzeiten des kirchlichen Stundengebetes; **3)** *Die H.,* von Schiller herausgegebene Zeitschrift der Klassik (1795–97).

Horgen (CH-8810), Bez.hptort am Zürichsee, Schweiz, 17 000 E; Elektro-, Masch.ind. – Seit 952 urkundl. erwähnt, im MA bed. Handelsplatz.

Hörigkeit, 1) im MA dingliche (beschränktes Eigentumsrecht) u. persönl. (Frondienste, beschränkte Freizügigkeit) Unfreiheit; Hörige unterstanden e. Gerichtsbarkeit d. Grundherren, konnten aber im Ggs. zu Leibeigenen bewegl. Eigentum erwerben; **2)** in d. *Psychologie:* völlige Abhängigkeit e. Menschen v. einem anderen, besonders in sexueller Hinsicht.

Horizont, *m.* [gr.], *Gesichtskreis,* **1)** wahrer H. ist d. scheinbare Trennungslinie zw. Erde u. Himmelsgewölbe; **2)** *astronom.* H.: Kreis, dessen Pkte alle 90° → Zenitdistanz haben, kann in bergigem Gelände wesentl. über od. unter dem wahren H. liegen.

horizontal, waagerecht.

Horizontalpendel, waagerecht schwingendes Pendel; Grundprinzip d. → Seismometers.

Horkheimer, Max (14. 2. 1895–7. 7. 1973), dt. Sozialphil., mit Th. W. Adorno Begr. d. → Frankfurter Schule.

Hormone [gr. „Anreger"], *Inkrete,* die Absonderungen der Drüsen mit → innerer Sekretion sowie v. Nervenzellen (Neuro-H.) u. anderer Gewebe (→ Gewebshormone); zus. m. d. Nervensystem regulieren u. koordinieren sie die Funktionen d. Einzelorgane z. Gesamtorganismus; *anabole* H. (Anabolika) fördern d. Eiweißaufbau, z. B. → somatotropes

Hormon u. → Androgene; *katabole* H. (Katabolika) regulieren u. fördern Abbau im Stoffwechsel, z. B. → Thyroxin u. → Kortikoide; auch pflanzliche H. (→ Phytohormone).

Horn, 1) vorwiegend aus → Keratin bestehendes Abscheidungsprodukt der Haut, aus dem Nägel, Hufe, Schutzpanzer, Federn u. Haare aufgebaut sind; **2)** *mus.* Blechblasinstrument m. drei od. mehr Ventilen; Lieblingsinstrument der Romantik (meist F-Hörner); Abb. → Orchester.

Horn-Bad Meinberg (D-4934), St. u. Kurort im Kr. Lippe, NRW, 16 409 E; Schwefelmoor-, Kohlensäure-, Bewegungsbäder; div. Ind.

Hornberg (D-7746), St. u. Erholungsort im Ortenaukr., Schwarzwald, Ba-Wü., 4655 E; Schloßberg m. Burgruine. Von versch. Ereignissen erfolgloses Schießen bei d. Belagerung durch d. Villinger 1519, blamabler Empfang d. Landesfürsten 1564, wobei das Pulver für die Salutschützen u. das mißglückte Schützenfest 1647) abgeleitet wird die Redensart: *Es geht aus wie das Hornberger Schießen,* svw. ergebnisloses Unternehmen.

Hornblende, → Silicatmineral, gehört zu d. → Amphibolen; meist grün od. schwarz, vorwiegend in → Magmatiten u. → Metamorphiten.

Hörnchen, Nagetierfamilie (z. B. → *Eichhörnchen,* → *Ziesel*).

Hörner, Stirnschmuck vieler Wiederkäuer; entstehen aus verhornten Hautzellen; werden nicht abgeworfen, meist bei Männchen und Weibchen.

Horney, 1) Brigitte (29. 3. 1911–27. 7. 88), Schauspielerin. Filme: *Der grüne Domino; Savoy Hotel 217; Liebe, Tod u. Teufel; Befreite Hände; Der Gouverneur; Illusion;* **2)** Karen (16. 9. 1885–4. 12. 1952), am. Psychoanalytikerin; zentral: soziokulturelle Antriebskräfte des Menschen. *Der neurotische Mensch unserer Zeit* (1937); *Neue Wege in der Psychoanalyse* (1942); *Unsere inneren Konflikte* (1945).

Hornhaut → Auge.

Hornisgrinde, höchste Erhebung des N-Schwarzwalds, moorreicher Buntsandsteinberg, 1164 m.

Hornisse, größte dt. Wespe; gelb mit Schwarz und Rot; Nester in Baumhöhlungen. – **H.nschwärmer,** ein hornissenähnlicher Schmetterling.

Hornklee, *Schotenklee,* gelbrot blühende Wiesenpflanze.

Hornträger, *Horntiere, Boviden,* Familie d. Paarhufer, fast immer m. 2 Hörnern: Rinder, Antilopen, Ziegen, Gemsen, Schafe.

Hornung, alter dt. Name für Februar.

Horoskop, *s.* [gr.], schemat. Darstellung der Gestirnskonstellation z. einer best. Zeit, bezogen auf einen best. geogr. Punkt; zeigt Lage der 12 Tierkreiszeichen zu den 12 Erdraumfeldern („Häusern") u. d. Stellung von Sonne, Mond u.

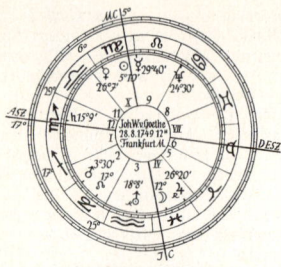

Horoskopschema

Planeten in ihnen; auch *Nativität* od. *Kosmogramm* gen., i. d. Astrologie.
Horowitz, Vladimir (1. 10. 1904–5. 11. 89), am. Pianist russ. Herkunft (Interpret romant. Klavierliteratur).
Horror vacui, *m.* [l.], angebl. Abscheu der Natur vor dem Leeren *(Aristoteles).*
Hors d'œuvre, *s.* [frz. ɔr'dœːvr(ə)], Vor-, Beigericht.
Hörselberg, sagenumwobener Berg in Thür., 484 m hoch (Venusberg der Tannhäusersage), an der **Hörsel,** r. Nbfl. der Werra, 60 km l.
Horsens, dän. St. in SO-Jütland, 55 000 E; Molkereiprodukte.
Hörspiel, eigens f. Funksendung geschriebenes od. bearbeitetes (dramat.) Werk; daneben auch *O(riginal)-Ton-Hörspiel* (m. dokumentar. Material u. Montage- od. Collageverfahren).
Horst, 1) Gebüsch, Baumgruppe; **2)** Brut- u. Niststätte d. Greifvögel; **3)** *geolog.* zw. abgesunkenen Nachbarschollen herausragende Scholle (z. B. Harz).
Horta, Victor (6. 1. 1861–8. 9. 1947), belg. Baumeister bes. d. Jugendstils *(Hôtel Tassel* u. *Hôtel Solvay,* Brüssel); später m. klassizist. Tendenz *(Palais des Beaux-Arts,* Brüssel).
Horta, Hafen auf den Azoren, 8000 E.
Horten, norweg. Hafenstadt am Oslofjord, 14 000 E; Hafen der norweg. Marine.
Hortense [ɔr'tãs] (10. 4. 1783–5. 10. 1837), geb. Beauharnais, Kgn v. Holland, 1802–10 Gattin Ludwig Bonapartes, Mutter Napoleons III.
Hortensie, Zierstrauch aus O-Asien mit gr., runden Blütenständen.
Horthy von Nagybánya, [-'nɔdjbaːnja], Nikolaus (18. 6. 1868–9. 2. 1957), Admiral; letzter Oberbefehlshaber d. östr.-ungar. Flotte. 1920–44 Reichsverw. d. ehem. Kgr.s Ungarn.
Hortung, *allg.* Anhäufung v. Bargeld u. Gütern; *volksw.* langfristiger Entzug v. Zahlungsmitteln aus d. aktiv zirkulierenden Geldkreislauf.
Horus, ägypt. Gottheit; mit Falkenkopf.
Horváth, Ödön von (9. 12. 1901–1. 6. 38), östr.-ungar. Dichter; sozialkrit. Volksstücke u. Romane; Dramen: *Geschichten aus d. Wienerwald; Glaube, Liebe, Hoffnung.*
Horw (CH-6048), Vorort v. Luzern, am

Vierwaldstätter See, Schweiz, 11 600 E; Sitz d. Zentralschweiz. Technik.
Hosea, 1) einer d. 12 Kleinen Propheten d. A.T.; **2)** d. letzte Kg v. Israel (734–722 v. Chr).
Hosenbandorden [engl.], *Order of the Garter,* 1350 gestiftet, höchster engl. Orden (Wahlspruch: → *Honi soit …).*
Hosenrolle, in Theater u. Oper Darstellung einer Männergestalt durch eine Frau.
Hosianna, *Hosanna,* [hebr. „hilf doch"], Jubelruf bei Einzug Christi in Jerusalem.
Hospital, *s.* [l.], Krankenhaus.
Hospitalet, St. i. Katalonien, südwestl. Barcelona, 277 000 E; Textilindustrie.
Hospitalismus [l.], durch Krankenhausaufenthalt verursachte körperl. u. seel. Veränderungen, im engeren Sinn Infektionen m. weitgehend therapieresistenten „Hospitalkeimen" (bes. → Staphylokokken).
hospitieren, als Gast *(Hospitant)* einer Unterrichtsstunde od. akadem. Vorlesung beiwohnen.
Hospiz, *s.,* Herberge, Hotel od. Gasthaus, v. christl. Mönchen od. christl. Vereinen unterhalten.
Hostalen®, Kunststoff aus Polyethylen; elastisch u. sehr resistent.
Hosteß, *w.* [engl.], Betreuerin, Begleiterin v. Reisegesellschaften; Bardame (in USA); Stewardeß.
Hostie, *w.* [l.], Oblate aus ungesäuertem Brot (→ Transsubstantiation).
Hot dog [engl.], in ein ausgehöhltes Brötchen gelegtes heißes Wiener Würstchen.
Hotel, *s.* [frz.], größeres Gasthaus. – **H. garni,** Bez. f. Hotel, das nur Frühstück gewährt.
Hot Jazz [engl. „heißer J."], urspr. Ggs. z. *Sweet J.,* dem versüßlichten Pseudo-J.; später auch z. *Cool Jazz,* der fortgeschrittenen, „kühlen" J.form; H. J. umfaßt alle J.stile, in denen b. „heißer" Tongebung urspr. u. vital improvisiert wird, also New-Orleans-Stil, Dixieland, Swing u. Bebop.
Hot Pants [engl. -'pænts], heiße Höschen; 1971 entwickelte, bes. kurze Damenhose.
Ho Tschi Minh (19. 5. 1890–3. 9. 1969), nordvietnames. Pol.; 1954–69 Staatspräs.
Ho-Tschi-Minh-Pfad → Laos.
Ho-Tschi-Minh-Stadt, *Thanh-Pho Ho Chi Minh,* s. 1975 f. *Saigon,* ehem. Hptst. von Südvietnam am Saigon-Fluß, 4 Mill. E (m. angrenzender Ind.stadt *Cholon);* Uni., Hafen.
Hottentotten, südafrikanisches Viehzüchtervolk mit stark hamitisch beeinflußter Sprache und Kultur, mittelgroß, hellederfarbig, schlitzäugig, bildet mit den Buschmännern die Khoisan-Rasse (→ Rasse, Übers.). – **H.schürze,** über 12 cm verlängerte kleine Schamlippen bei Frauen der Hottentotten und Buschmänner.

Hotzenwald, Landschaft des südl. Schwarzwaldes.
Houdon, [u'dõ], Jean-Antoine (20. 3. 1741–15. 7. 1828), frz. Bildhauer des ausgehenden Barock u. Klassizismus; bes. Porträts: u. a. *Diderot; Voltaire.*
Hounsfield [ˈhaunz-], Geoffrey N. (* 28. 8. 1919), engl. Naturwiss.; (zus. m. A. M. → McCormack) Nobelpr. f. Med. 1979 (Entwicklung d. Computertomographie).
House of Commons, *s.* [ˈhaus əv ˈkɔmənz], engl. → Unterhaus. – **H. of Lords,** *s.* [-ˈlɔːdz], engl. → Oberhaus.
Houssay, Bernardo Alberto (10. 4. 1887–21. 9. 1971), argentin. Med.; erkannte Bedeutung d. Hypophysenvorderlappens f. Zuckerstoffwechsel; Nobelpr. 1947.

Saturn V

Houston [ˈhjuːstən], St. im US-Staat Texas, am Buffalo River, 1,7 Mill. E; Baumwollind., Holzmarkt; Seekanal z. Golf v. Mexiko, größter Getreide- u. Baumwollhafen der USA, Schwefelexport; Weltraumfahrt-Kontrollstation.
Höxter (D-3470), Krst. an d. Weser, NRW, 31 925 E; AG; m. alter Reichsabtei *Corvey;* div. Ind. – Urspr. karoling. Königshof; 1150 Stadt.
HP [engl.], = Pferdestärke.
Hrabanus Maurus, *Rabanus M.* (um 776–856), Abt in Fulda; 847 Erzbischof v. Mainz; begr. 1. dt. Klosterschule in Fulda; Ehrenname: *Praeceptor Germaniae.*
Hradschin, *m.,* der hochgelegene Teil Prags mit der ehemal. kgl. Burg (Abb. → Prag).
Hrdlička, Alfred (* 27. 2. 1928), östr. Maler, Bildhauer u. Graphiker.
Hrotsvitha, von Gandersheim (vor 959–um 972) Kanonissin, erste Dichterin i. Dtld; lat. geistl. Lesedramen: *Dulcitius; Abraham;* Epos: *Otto I.*
Hua Guofeng (* 1921), chin. Pol.; 1976–80 Min.präs., 1976–81 Vors. d. ZK d. KP Chinas.
Huang He [chin. „Gelber Fluß"], *Hoangho, Hwang-ho,* zweitgrößter Strom Chinas, 5464 km lang, vom Kunlun-Gebirge in den Golf von Bo; Bett- u. Mündungs-

veränderungen (zuletzt 1887), darum das „Unglück Chinas"; wenig schiffbar; zahlreiche Staustufen u. Großkraftwerke.

Huang Hua (* 1913), chin. Pol.; 1971–76 Leiter der chin. UNO-Delegation, 1976–82 Außenmin.

Hub, Hin- bzw. Hergang eines Maschinenteils (z. B. eines Kolbens im Zylinder), auch die dabei zurückgelegte Wegstrecke.

Hubbard, Lafayette Ronald (13. 3. 1911–24. 1. 86), am. Science-fiction-Schriftst. u. Sektengründer; → *Scientology;* pseudowiss. „dianet. Engrammtheorie"; *Dianetics.*

Hubble [*habl*], Edwin Powell (20. 11. 1889–28. 9. 1953), amerikanischer Astronom; entdeckte Sternstruktur der bis dahin als Spiralnebel bezeichneten Galaxien und fand Zusammenhang zwischen der → Rotverschiebung (Fluchtgeschwindigk.) und der Entfernung d. Galaxien; nach ihm nimmt die Fluchtgeschwindigkeit je Million Parsec um 75 km/s zu (*Hubble-Konstante).*

Hubble Space Telescope, Fernrohr in Erdumlaufbahn seit 1990; Vorteil: keine Absorption od. Verschmierung der Lichtstrahlen durch die Atmosphäre; Fehler in der Bearbeitung des Spiegels verhindert volle Ausnutzung der theoret. Vorteile.

Hubei, früher *Hupeh,* zentralchin. Prov. im Stromgebiet des mittleren Chang Jiang, 187 500 km², 50 Mill. E; Reis- und Teeanbau, Eisenerz; Hptst. *Wuhan.*

Hubel, David H. (* 27. 2. 1926), am. Neurobiol.; (zus. m. R. W. → Sperry u. T. N. → Wiesel) Nobelpr. 1981 (Forschungen zu d. Sehrindenzellen).

Huber, 1) Antje (* 23. 5. 1924), dt. SPD-Pol.in; 1976–82 B.min.in f. Jugend, Familie u. Gesundheit; **2)** Erwin (* 26. 7. 1946), CSU-Pol., s. 1988 Gen.sekretär d. CSU; **3)** Kurt (24. 10. 1893–13. 7. 1943), dt. Phil., Psych. u. Musikwiss.; als Mittelpunkt d. christl. Widerstandskreises → Weiße Rose hingerichtet; **4)** Robert (* 20. 2. 1937), deutscher Biochemiker; Strukturanalyse von Photosynthese-Rezeptoren; Nobelpr. 1988; **5)** Wolf (um 1485–3. 6. 1553), dt. Maler u. Zeichner d. → Donauschule; relig. Themen, Bildnisse.

Huberman, *Hubermann,* Bronislav (19. 12. 1882–16. 6. 1947), poln. Geiger; Gründer (1936) d. späteren Israel Philharmonic Orchestra.

Hubertus, Hlg., Patron der Jäger; nach der Legende von kreuztragendem Hirsch bekehrt (Tag 3. 11.). - **H.burg,** ehem. kurfürstl.-sächsisches Jagdschloß bei Wermsdorf (1743–51); *Friede von H.* (1763) beendete 7jährigen Krieg.

Hublader, Spezialfahrzeug f. Verladen v. Massengütern m. Ladeschaufel vor d. Führersitz.

Hubschrauber → Drehflügelflugzeuge.

Huch, 1) Friedrich (19. 6. 1873–12. 5. 1913), dt. Schriftst.; *Pitt u. Fox; Enzio;* s.

Ricarda Huch

Cousine **2)** Ricarda (18. 7. 1864–17. 11. 1947), dt. Schrift.in d. Neuromantik; *Liebesgedichte;* Romane: *Ludolf Ursleu; Aus der Triumphgasse;* geschichtl. Darstellungen: *Der große Krieg in Dtld; D. Romantik; Urphänomene;* ihr Bruder **3)** Rudolf (28. 2. 1862–12. 1. 1943), dt. Schriftst. u. Kritiker; *Die Familie Hellmann.*

Huchel, Peter (3. 4. 1903–30. 4. 81), dt. Lyriker; *D. Sternreuse; D. neunte Stunde;* Hörspiele.

Huchen, Donaulachs, bis 2 m l.

Hückelhoven (D-5142), St. i. Kr. Heinsberg, NRW, 33 841 E; Anthrazit-, Steinkohlenbergwerk, div. Ind.

Hückeswagen (D-5609), Stadt im Oberbergischen Kreis, an der Wupper, Regierungsbz. Köln, NRW, 15 042 E; Metallind.

Huddersfield [*hʌdəzfiːld*], St. in der engl. Gft York, 124 000 E; Tuch- und Wollind.

Hudson [*hʌdsn*], Henry (um 1550–1611), engl. Seefahrer; drang 1610 bis zur *Hudsonbai* vor.

Hudson [*hʌdsn*], Fluß im Staate New York, USA, von den Adirondack Mountains, 492 km lang, mündet bei New York; bis Albany schiffbar. - **H.bai,** flaches Binnenmeer im östl. Kanada (westl. von Labrador), 1,2 Mill. km², 6–8 Monate zugefroren („Eiskeller Amerikas"), durch die **H.straße** mit dem Atlant. Ozean, durch die Foxe-Becken m. Nördl. Eismeer verbunden.

Hué, Hptst. v. Annam in Vietnam, 209 000 E; alte Paläste, Uni., Reishandel; 1967 stark zerstört.

Huelva [*ŭelβa*], Hptst. der südspan. Prov. *H.,* am Golf v. Cádiz, 136 000 E; Hafen; Marmorind.; Erzausfuhr, Wein u. Südfrüchte.

Huerta, w. [span. *ŭer-* „Garten"], gartenartig bebautes Ackerland in Spanien.

Huf, horniger Zehenübergang bei den → Huftieren. - Rinder-H. → Klaue; z. Schutz d. Hufe bes. auf Pflaster d. **Hufeisen.**

Hufe, im MA Anteil der Bauernfamilie an der Dorfflur; etwa 20–40 Morgen.

Hufeland, Christoph Wilhelm (12. 8. 1762–25. 8. 1836), dt. Arzt; Einführung der Pockenschutzimpfung u. Leichenhäuser.

Huflattich, im Frühling gelbe Blütenkörbchen vor gr. Blättern, diese z. Brusttee; Unkraut.

Hüftgelenk-entzündung, *Coxitis,* meist

durch Infektion. - **H.sverrenkung,** *Luxation,* oft angeboren; Oberschenkelkopf steht nicht in d. Beckenpfanne.

Huftiere, *Ungulaten,* Ordnungsgruppe der Säugetiere, Hufträger; Pflanzenfresser; Einteilung: *Paarhufer:* Schweineartige: Flußpferde, Schweine; Wiederkäuer: Kamele, Zwergböckchen, Hirsche, Hornträger, Giraffen; *Unpaarhufer:* Tapire, Nashörner, Pferde; Erdferkel, Klippschliefer, Elefanten, Seekühe.

Hugenberg, Alfred (19. 6. 1865–12. 3. 1951), dt.nat. Pol.; baute s. 1916 **H.konzern** auf (Scherl-Verlag, Telegraphen-Union, Ufa, Korrespondenz usw.); 1928 Vors. d. DNVP (→ Parteien), 1931 Mitgl. d. → Harzburger Front.

Hugenotten [„Eidgenossen"], frz. Protestanten (Calvinisten) des 16.–18. Jh.; 1562–98 **H.kriege,** 1562 Blutbad von Vassy, 1572 → Bartholomäusnacht; 1598 Edikt von → Nantes, 1685 aufgehoben; Verfolgungen: Hunderttausende flohen ins Ausland (Refugiés); 1787 Duldung.

Huggins [*hʌg-*], Charles Brenton (* 22. 10. 1901), kanad. Med.; Forschung auf d. Gebiet d. Bekämpfung v. Krebs durch gegengeschlechtl. Hormone; Nobelpr. 1966.

Hughes [*hjuːz*], David Edward (16. 5. 1831–22. 1. 1900), engl. Phys.; erfand d. Kohlemikrophon u. den **H.apparat,** einen → Fernschreiber.

Hugo, 1) H. [*γ'go*] Capet (um 940–996), Gf von Paris, Hzg v. Franzien, 987 erster frz. Kg; **2)** H. († 947), Kg v. Italien, vereinigte 933 d. burgundischen Königreiche.

Victor Hugo

Hugo [*γ'go*], Victor (26. 2. 1802–22. 5. 85), frz. Dichter d. Romantik; Demokrat, als Gegner Napoleons III. 1851–70 verbannt; Oden, Balladen; Romane: *Der Glöckner von Notre-Dame; Die Elenden;* Drama: *Hernani.*

Hugo von Trimberg (um 1230–nach 1313), dt. bürgerl. Dichter; Lehrgedicht: *Der Renner.*

Hühner, Echte H., *Kammhühner,* Gattung d. → Hühnervögel; Kopfkamm, Halslappen; → Nestflüchter; versch. Wildhühner; unser *Haushuhn* stammt v. ind. Kammhuhn ab; wichtige Rassen: Leghorns, rebhuhnfarb. Italiener, Rhodeländer, Wyandotten.

Hühnerauge, *Leichdorn,* durch Schuhdruck entstehende Verdickung d. äußersten Hautschicht (Hornzellen) mit zapfenart. Hornkegel bis in tiefere Hautschichten.

Hühnerbrust, Mißbildung des Brustkorbs mit kielförmig vorspringendem Brustbein u. seitl. Abflachung, bes. b. Rachitis.

Hühnervögel, Vogelordnung, polygame Erdbrüter, schlechte Flieger; d. → Hühner, → Waldhühner, Feldhühner (→ Rebhuhn) u. a.

Huizinga [ˈhœizɪŋxaː], Johan (7. 12. 1872–1. 2. 1945), ndl. Kulturhistoriker u. Kulturkritik.; *Der Herbst des Mittelalters; Erasmus; Homo ludens.*

Hull → Kingston-upon-Hull.

Hulmans → Schlankaffen.

Hülse, 1) einfächerige Frucht, die meist mit zwei Rissen aufspringt; bei den → Hülsenfrüchtlern; **2)** svw. → Stechpalme; **3)** Umhüllung aus Blech.

Huelsenbeck, Richard, auch *Charles Richard Hulbeck* (23. 4. 1892–20. 4. 1974), dt. Dichter u. Schriftst.; Mitbegr. der Züricher u. Berliner → *Dada-* Gruppen.

Hülsenfrüchtler, *Leguminosen,* Schmetterlingsblütler, Frucht → Hülse (z. B. Erbsen, Bohnen, Linsen).

Hülsenwurm, 1) Finne des Hunde- → Bandwurms; **2)** Larve der → Köcherfliege.

Hultschin, tschech. *Hlučín,* St. a. d. Oppa, 23 000 E; Strumpfind.

Hultschiner Ländchen, zw. Oppa u. Oder, 314 km²; Industriegebiet, früher preuß.; 1919–38 u. s. 1945 zur ČSFR.

human [l.], menschl. edel, menschenfreundlich.

Humanae vitae, Enzyklika Papst Pauls VI. zur Frage d. Geburtenregelung (1968); verwirft → Kontrazeption, ausgenommen → Knaus-Ogino-Methode.

Human Engineering [engl. ˈhjuːmən ˈɛndʒɪˈnɪərɪŋ], Bez. für die Untersuchung der psych. Voraussetzungen für die Gestaltung von Arbeitsplätzen u. -prozessen durch die Arbeits- u. Industriepsychologie.

Humangenetik, Erblehre des Menschen, Untersuchung d. Erblichkeit körperl. (z. B. → Blutgruppe) u. seel.-geist. Eigenschaften; prakt. Bedeutung bei genet. Beratung u. → Eugenik.

Humanismus, Bewegung zu Beginn der Renaissance; erstrebt wahrhaft menschliche Bildung durch Studium antiker Schriftsteller – **Humanisten,** Vertr. d. H.: *Erasmus, Reuchlin, Hutten, Melanchthon* u. a.

humanistisch heißen d. vorwiegend auf lat.-griech. Bildungsgut aufgebaute Lehranstalt (Gymnasium) u. die dort gewonnene Bildung u. vielerlei Bestrebungen, das menschl. Leben human zu gestalten (z. B. Humanist. Union).

Humanistische Union, 1961 gegr. dt. Vereinigung von Angehörigen aller rel. u. weltanschaul. Bekenntnisse z. Schutz d. Persönlichkeitsrechte u. z. Förderung einer freiheitl.-demokr. Ordnung.

humanitär, svw. zum Wohle der Mitmenschen (z. B. Krankenpflege).

Humanität, edles Menschentum, Menschenwürde. *H.sideal,* im 18. Jh. gestellt; *Erziehung des Menschengeschlechts* (Lessing); *Briefe zur Beförderung der H.* (Herder).

Humann, Karl (4. 1. 1839–12. 4. 96), dt. Ing.; entdeckte den → Pergamonaltar.

Human Relations [engl. ˈhjuːmən rɪˈleɪʃənz], aus der am. Sozialpsychologie stammende Bez. f. zwischenmenschl. Beziehungen, bes. innerhalb e. Betriebes und zw. Arbeitgeber, leitenden Angestellten u. Arbeitnehmern.

Humber [ˈhʌmbə], Mündungstrichter d. engl. Flüsse Trent u. Ouse, an d. Nordseeküste, 60 km lang.

A. v. Humboldt   Wilh. v. Humboldt

Humboldt, Brüder, **1)** Alexander v. (14. 9. 1769–6. 5. 1859), dt. Naturforscher u. Geograph; 1799–1804 gr. Mittel- u. Südamerikareise, Chimborazobesteigung, 1829 Ural- u. Altai-Expedition; Forschungen über Klimakunde, Pflanzenmorphologie; *Kosmos;* **2)** Wilhelm v. (22. 6. 1767–8. 4. 1835), preuß. Staatsmann, Freund Schillers u. Goethes, Gründer d. Berliner Uni., vergleichende Sprachwiss. u. Phil. d. Sprache; *Ideen zu einem Versuch, die Grenzen der Wirksamkeit des Staates zu bestimmen* (Grundlage liberaler, demokrat. Staatsauffassung); *Briefe an eine Freundin; Briefwechsel* mit seiner Frau *Karoline,* geb. von Dacheröden (1766–1829).

Humboldt-Stiftung, 1859 u. 1925 gegr., Sitz: Bonn; gewährt qualifizierten ausländ. Akademikern Stipendien f. Forschungsvorhaben i. d. BR.

Humboldtstrom, *Perustrom,* kalte nördl. Meeresströmung an der W-Küste von Südamerika; nährstoff- u. fischreich.

Humbug, *m.* [engl.], Schwindel.

Hume [hjuːm], David (7. 5. 1711–25. 8. 76), engl. Phil., Staatsmann, Historiker, erkenntnistheoret. Skeptiker, Hauptvertreter der engl. Aufklärung (Empirist); Einfluß auf Kant; alle Vorstellungen entstehen aus sinnl. Eindrücken: „Assoziation" d. Vorstellungen; Kausalitätsbegriff beruht auf Gewohnheit; es gibt keine Substanz, weder in d. Natur noch im „Ich"; *Über den menschlichen Verstand.*

humid [l.], feucht.

Hummel, Johann Nepomuk (14. 11. 1778–17. 10. 1837), östr. Pianist u.

Komp. virtuoser Klavierwerke; Trompetenkonzert.

Hummeln, plumpe, dicht behaarte Bienen; Weibchen baut im Frühling in der Erde einfaches Nest, das später höchstens einige hundert Bewohner zählt und im Herbst zugrunde geht; nur die befruchteten Weibchen (Königinnen) überwintern einzeln in einem Erdloch oder unter Moos.

Hummelschwärmer, hummelähnlicher Falter.

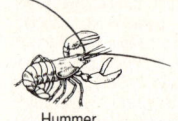

Hummer

Hummer, langschwänziger, bis 50 cm langer, wohlschmeckender, zehnfüßiger Meereskrebs, bes. an Felsenküsten der eur. Meere (ohne Ostsee).

Humor, *m.* [l. „Feuchtigkeit"], gute Laune; Fähigkeit, dem Leben u. ernsten Dingen durch geistige Durchdringung eine heitere Seite abzugewinnen.

Humoreske, *s.,* lustige Geschichte.

Humperdinck, Engelbert (1. 9. 1854–27. 9. 1921), dt. Opernkomp.; *Hänsel und Gretel; D. Königskinder.*

Humphrey [ˈhʌmfri], Hubert Horatio (27. 5. 1911–13. 1. 78), am. demokr. Pol.; 1948–64 Senator, 1965–69 Vizepräsident der USA.

Humus, *m.* [l.], obere Bodenschicht; durchsetzt von zerfallenden Resten von Tieren und Pflanzen, meist sauer; → pH-Wert.

Hunan, südchin. Prov., zw. den Flüssen Yuan Jiang u. Xiang Jiang, 210 500 km², 57 Mill. E; Reis- u. Getreideanbau, Antimonerz- u. Kohlenbergbau; Hptst. Changsha.

Hund, 1) *Großer H., Kleiner H.* → Sternbilder, Übers.; **2)** *Hunt,* Förderwagen im Bergbau.

Hunde, 1) *Caniden,* Familie der Raubtiere, umfaßt Wölfe, Füchse, Schakale und Hunde. *Haus-H.,* wahrscheinlich vom Wolf abstammend; viele Rassen; teils auch wild oder halb wild; Tafel → Hunderassen; **2)** *Fliegende Hunde,* Großfledermäuse der altweltl. Tropen; Fruchtfresser und Blütenbesucher. *H.steuer,* Gemeindesteuer auf das Halten v. Hunden.

Hundertjähriger Kalender, auf dem Kalender des Abtes M. *Knauer* (1612–64) aufgebaute Sammlung astrolog. begr. Wettervorhersagen; 1701 als Volksbuch erschienen; wiss. nicht haltbar.

Hundertjähriger Krieg, zw. England u. Frankreich 1337–1453.

hundert Tage, Napoleons I. Regierungszeit nach seiner Rückkehr von Elba, 20. 3.–18. 6. 1815.

Hundertwasser, Friedensreich, eigtl. *Friedrich Strowasser* (* 15. 12. 1928),

Hunderassen
Abbildungen von links nach rechts. *1. Reihe:* Spitz — Zwergpudel — Foxterrier. *2. Reihe:* Riesenschnauzer — Kerry-Blue-Terrier — Chow-Chow. *3. Reihe:* Afghanischer Windhund — Irischer Setter — Neufundländer. *4. Reihe:* Deutscher Boxer — Deutsch-Drahthaar-Vorstehhund — Deutscher Schäferhund.

östr. Maler u. Graphiker; im Anklang an
d. Jugendstil ornamental aufgebaute
Kompositionen v. intensiver Farbigkeit.
Hundewurm, d. Hunde- → Bandwurm.
Hundsaffen, kurzschwänzige, bodenbe-
wohn. Affen Afrikas u. Asiens, m. vorge-
bauter, hundeähnl. Schnauze, Allesfres-
ser (z. B.   → Makaken, → Paviane,
→ Mandrill).
Hunds-tage, in Europa heißeste Zeit des
Jahres, etwa vom 24. 7. bis 24. 8., be-
nannt nach dem **H.stern** (Sirius im Stern-
bild *Gr. Hund*).
Hünengräber, vorgeschichtl., vorwie-
gend jungsteinzeitl. u. bronzezeitl. Groß-
steingräber; im Volksglauben: von Rie-
sen *(Hünen)*, bes. in N-Dtld, Skandina-
vien, England.
Hünfeld (D-6418), St. i. Kr. Fulda,
Hess., 13 173 E; Textilind.; AG; spätgot.
Pfarrkirche (1517 begonnen).
Hungertuch, *Fastentuch,* i. MA in kath.
Kirchen während der Fastenzeit vor d.
Altar aufgehängtes Tuch; daher: *„am H.
nagen".*
Hunnen, mongol. Nomadenvolk, schon
seit 3. Jh. v. Chr. an Grenzen Chinas;
Vorstoß gegen W (375 n. Chr.), setzte die
german. Völker am Schwarzen Meer
(Goten, Alanen) in Bewegung (Völker-
wanderung); größte Ausdehnung des
Reiches unter → Attila; nach seinem
Tod Zerfall des Reiches.
Hunsrück, SW-Teil d. Rhein. Schiefer-
gebirges zw. Mosel, Rhein u. Nahe; *Er-
beskopf* 816 m.
Hunte, l. Nbfl. d. Weser, 186 km l., mit
d. Ems durch Küstenkanal Dörpen-Ol-
denburg (70 km l.) verbunden.
Hupe, Signalinstrument f. Kfz.
Hüpferlinge → Ruderfüßer.
Hürdenlauf, leichtathlet. Laufdisziplin
m. jeweils 10 Hürden über versch. lange
Strecken; Männer: 110 m, 200 m, 400 m;
Frauen: 100 m, 400 m.
Huri, nach Koran: Paradiesjungfrau.
Huronen, indian. → *Irokesen-* Stamm.
Huronsee ['hjʊə-], zweitgrößter d. fünf
→ Großen Seen in N-Amerika, 59 570
km², 176 müM; Fischerei, starker
Schiffsverk.; mit Eriesee durch St. Clair
u. Detroit River verbunden.
Hurrikan ['hʌnkən], Orkan, → Wirbel-
sturm d. Karibik.
Hürth (D-5030), Ind.st. im Erftkreis,
NRW, 49 074 E; Braunkohlenbergbau,
Kraftwerke, chem. Ind.
Hus, *Huß,* Johann (um 1370–1415),
tschech. Reformator; predigte unter dem
Einfluß der Schriften v. Wiclifs gg. Miß-
stände der Kirche; auf dem Konzil zu
Konstanz 1415 verbrannt.
Husak, Gustav (* 10. 1. 1913), tschech.
Pol.; 1968 stellv. Min.präs., 1969–87 Er-
ster Sekr. d. ZK d. KPČ, 1975–89 Staats-
präs.
Husaren, urspr. ungar., leichte Kavalle-
rietruppe.
Husarenaffen → Meerkatzenartige.
Hüsch, Hanns Dieter (* 6. 5. 1925), dt.

Kabarettist (*Carmina Urana, Das
schwarze Schaf vom Niederrhein, Hagen-
buch* u. a.) und Schriftst.: *Du kommst
auch drin vor.*
Hussein, Saddam (* 28. 4. 1937 in Ti-
krit/Irak), ab 1957 Mitglied der sozialist.
orientierten Baath-Partei. H. lebte zeitweise im Untergrund bzw. im Exil. Seit
1969 stellv. Vorsitzender des Komman-
dorates der Revolution; seit 1979 Staats-
und Regierungschef u. umstrittener
Machthaber im Irak; → Golfkrieg.
Hussein II. (* 2. 5. 1935), seit 1953 Kg
v. Jordanien.
Husserl, Edmund (8. 4. 1859–26. 4.
1938), dt. Phil., Begr. der → Phänomenologie; Ges. Werke: *Husserliana.*
Hussiten, Anhänger des Johann → Hus,
rel., zugleich auch nat., antifeudale Bewegung der Tschechen; zogen in den
H.kriegen 1419–36 unter Žižka und Pro-
kop verwüstend durch Östr., Schlesien,
Sachsen (Naumburg); die gemäßigtere
Richtung: *Utraquisten* (Kalixtiner) 1433
anerkannt; *Taboriten* 1434 bei Böhmisch-
Brod besiegt.
Hustenmittel, 1) schleimlösende aus-
wurffördernde Mittel (z. B. Emser Salz,
Fenchel, Brechwurzel); **2)** hustenstillende
Mittel (z. B. Codeïn).
Huston [hjʊstn], John (5. 8. 1906–28. 8.
87), am. Filmregisseur; *The Maltese Fal-
con* (1941); *The Treasure of the Sierra
Madre* (1948); *The Asphalt Jungle* (1950);
The Misfits (1961); *Under the Volcano*
(1984); *Prizzi's Honor* (1985).
Husum (D-2250), Krst. d. Kr. Nordfries-
land, Schl-Ho., 20 649 E; Renaissance-
Schloß, Fischerei- u. Handelshafen; Th.-
Storm-Erinnerungsstätten; AG.
Hütte, Akad. Verein (s. 1846) für wiss.
(techn.) Interessen; wiss. Publikationen
(*Taschenbuch f. Ingenieure* u. a.).

Ulrich v. Hutten

Hutten, Ulrich v. (21. 4. 1488–29. 8.
1523), dt. Reichsritter, Dichter, Humanist, Anhänger der Reformation; Mitverf. d. *Dunkelmännerbriefe.* Dialoge.
Hütten, Anlagen zur Gewinnung von
Metallen aus den Erzen durch Verhüttung od. zur Erzeugung von Glas, Schwefel usw. - **H.kunde,** *Metallurgie,* Lehre
von der Gewinnung der Metalle.
Hüttental, s. 1975 zu → Siegen.
Hutter, Wolfgang (* 13. 12. 1928), östr.
Maler, gehört z. „Wiener Schule des
→ Phantastischen Realismus".

Hutton, James (3. 6. 1726–26. 3. 97),
engl. Geologe; Begründer des → Plutonismus.

Aldous Huxley

Huxley ['hʌksli], **1)** Aldous (26. 7. 1894–
22. 11. 1963), engl. Schriftst.; Romane:
*Kontrapunkt des Lebens; Die Teufel v.
Loudun* (Oper v. Penderecki); satir. Utopie: *Schöne neue Welt;* Essays: *D. Pforten
d. Wahrnehmung;* **2)** Sir Andrew (* 22.
11. 1917), engl. Nervenphysiologe; Nobelpr. 1963; **3)** Sir Julian Sorell (22. 6.
1887–14. 2. 1975), engl. Biologe u.
Schriftsteller; **4)** Thomas Henry (4. 5.
1825–29. 6. 95), engl. Zoologe; Verfechter d. Evolutionstheorie → Darwins.
Hu Yaobang (1915–15. 4. 89), chin.
Pol.; 1980–87 Gen.sekretär d. ZK d.
KPCh, 1981/82 auch Vors. d. ZK (danach Amt des Parteivorsitzenden abgeschafft).
Huygens ['hœɪxəns], Christian (14. 4.
1629–8. 7. 95), niederländischer Physiker; fand Gesetze des Stoßes, der Pendel-
bewegung und Fliehkraft (erste brauchbare Pendeluhr 1657); von ihm → Wellentheorie des Lichtes; erkannte Saturnring, erklärte die Doppelbrechung des
Lichtes; **H.sches Prinzip:** Jeder Punkt einer Welle kann Mittelpunkt einer neuen
werden.
Huysmans [ɥisˈmɑ̃s, ˈhœɪs-], Joris-Karl
(5. 2. 1848–12. 5. 1907), französischer
Schriftsteller flämischer Herkunft; Vertr.
d. Décadence; *Gegen d. Strich; Tief unten.*
Huzulen, ukrain. Bergbauernstamm in d.
Ostkarpaten; kunstvolle Schnitzereien u.
Stickarbeiten.
Hvar, it. *Lesina,* dalmatin. Insel (Jugoslawien), 299 km², 14 000 E; Wein- und
Obstbau; Hptorte: *H.* (Badeort, 2500 E),
Starigrad (2500 E).
Hyaden, 1) Nymphen, Töchter d. Atlas;
2) offener Sternhaufen im *Stier,* Entfer-
nung 130 Lichtjahre.
Hyakinthos, in der griechischen Mytho-
logie schöner Jüngling, von Apollo ge-
liebt und durch einen Diskuswurf verse-
hentlich getötet; seinem Blut entsproß d.
Hyazinthe.
Hyaluronidase, ein die Kittsubstanz zwi-
schen den Zellen abbauendes Enzym,
lockert Gewebe auf u. erhöht deren
Durchlässigkeit.
Hyaluronsäure, Hauptbestandteile d.
Binde- u. Stützgewebe, z. B. i. Glaskörper d. Auges, i. d. Haut.

Hyäne

Hyänen, Familie d. Raubtiere; vorwiegend Aasfresser; Afrika, W-Asien: *Streifen-, Schabracken-* u. *Tüpfel-H.*

Hyänenhund, afrikan. Wildhund; jagt in Rudeln bes. Antilopen.

Hyazinthe, Liliengewächs d. Mittelmeerländer.

Hybride, *w.* [l.], in der Biologie svw. → Bastard.

Hybris, *w.* [gr. „Übermut"], die Tragik anbahnende Selbstüberhebung.

Hyde Park [ˈhaɪd-], Park im W Londons, 160 ha.

Hyderabad, früher *Haiderabad,* 1) früherer Staat d. Rep. Indien; 1956 aufgeteilt auf die Staaten Andhra Pradesch u. Maisur; 2) Hptst. d. ind. Staates Andhra Pradesch, 2,6 Mill. E; Teppich-, Textil-, Papierind.; 3) St. in S-Pakistan, nahe d. Indus, 795 000 E.

Hydra, *w.,* 1) Schlangenuntier, dessen neun Köpfe, abgeschlagen, wieder nachwachsen, v. Herakles erlegt; 2) → Sternbilder, Übers.; 3) kl. braune u. grüne → Polypen d. Süßwassers, 1–3 cm l., an Wasserpflanzen usw. sitzend.

Hydrant, *m.* [gr.], Wasserpfosten am Rohrnetz, für Wasserentnahme z. Feuerlöschen und Sprengen.

Hydrat, *s.* [gr.], chem. Verbindung, die Wasser chem. gebunden enthält.

Hydraulik, *w.* [gr.], Lehre von d. Bewegung d. Flüssigkeiten.

hydraulische Presse, durch e. Preßpumpe kleinen Querschnitts erzeugter Wasserdruck drückt Preßkolben großen Querschnitts nach oben; die Kräfte verhalten sich wie d. Querschnitte der Kolben.

hydraulischer Mörtel, aus ton- u. kieselsäurereichem Kalk gebrannt; erhärtet auch unter Wasser.

hydraulischer Widder, Wasserfördermaschine, nutzt Stoß d. zufließenden, plötzlich angehaltenen Wassers aus, um Teil des Wassers zu heben.

Hydrazin, *s.,* Diamid, $NH_2\text{-}NH_2$ farblos, giftig, zur Herstellung d. **Hydrazonfarbstoffe;** Raketentreibstoff; zur Herstellung von Pflanzenschutzmitteln und als Korrosionsschutz.

Hydria, *w.,* griech. dreihenkliger Wasserkrug.

Hydrid, *s.,* Verbindung eines Metalls m. Wasserstoff.

Hydrierung, chem. Anlagerung v. Wasserstoff (z. B. zur Fetthärtung u. Kohleverflüssigung).

Hydrioten, Bewohner der griech. Insel *Hydra,* Nauplia u. Ägina; früher berühmt als Seefahrer.

Hydro- [gr.], als Vorsilbe: Wasser ...

Hydrochinon, $C_6H_4(OH)_2$ fotograf. Entwickler.

Hydrocortison, Hormon der → Nebennierenrinde.

Hydrodynamik [gr.], Mechanik bewegter Flüssigkeiten, Strömungslehre.

Hydrogensulfit, Salz der schwefligen Säure; wichtig f. Zellstoffbereitung.

Hydrogeographie, Lehre v. d. Verteilung des Wassers auf u. unter d. Erde (→ Limnologie; → Ozeanographie).

Hydrogeologie, Lehre v. Wasserhaushalt d. Gesteine.

Hydrographie, Zweig der Erdkunde, der sich mit dem Wasser auf der Erdoberfläche (Meeren, Flüssen und Seen) befaßt; *Dt. H.graphisches Institut,* zur Förderung der ozeanographischen u. meteorologischen Kenntnisse, soweit für die Schiffahrt dienlich, in Hamburg; hat die zivilen Aufgaben der 1946 aufgelösten *Dt. Seewarte* übernommen.

Hydrokultur, *Aquakultur,* nur in Nährlösung, ohne Erde, gezogene Nutz- u. Zierpflanzen, auch **Hydroponik** gen.

Hydrologie, Lehre von den physikal. Eigenschaften der Gewässer.

Hydrolyse, Spaltung chem. Verbindungen durch Wasser; auch → Verseifung.

Hydrometrie, quantitative Erfassung der Wassermenge auf den Kontinenten (Wassermessung); wichtig für die Bekämpfung d. Gewässerverschmutzung.

Hydrosphäre, *w.,* die Wasserhülle der Erde.

Hydrostatik, Lehre vom Gleichgewicht d. Flüssigkeiten.

hydrostatische Waage zur Bestimmung des spez. Gewichts nach dem Archimedischen Prinzip.

Hydrotherapie, Wasserheilkunde, Krankenbehandlung durch verschiedene Wasseranwendungen: Güsse, Duschen, feuchte Abreibungen und Packungen, Dampfstrahl, Voll- oder Teilbäder; → Kneipp.

Hydroxide, chem. Verbindungen der Metalle m. der einwertigen Atomgruppe *OH.*

Hydroxytryptamin, *Serotonin, Enteramin,* Gewebshormon, in d. sog. gelben Zellen" d. Magen- u. Darmschleimhaut gespeichert; bewirkt u. a. Zusammenziehung glatter Muskeln (Darm, Blutgefäße usw.).

Hydrozele, *w., Hodenwassersucht,* Wasserbruch, krankhafte Flüssigkeitsansammlung in den Scheidehäuten des Hoden u. d. Samenstranges.

Hydrozephalus → Wasserkopf.

Hydrozoen, Klasse der Nesseltiere (→ Zölenteraten), z. B. die Polypen.

Hyères [jɛːr], St. i. frz. Dép. *Var,* nahe d. Mittelmeerküste, 42 000 E; Kurort, Hafen; i. d. Umgebung Gemüse-, Blumen-, Obstkulturen; vor d. Küste die **H.inseln,** m. üppiger Vegetation, z. T. befestigt.

Hygiene, *w.* [gr.], Gesundheitspflege u. -lehre, 1) *öffentl. H.,* gesetzl. geregelt, u. a. Vorbeugung u. Bekämpfung v. Seuchen u. gemeingefährlichen Erkrankungen u.

zur Durchführung v. Maßnahmen z. Förderung d. Volksgesundheit; 2) *persönl. H.,* Körperpflege, gesundheitsgemäße Lebensweise, bes. entsprechende Kleidung, Kost, Körperreinigung, Zahnpflege, Leibesübungen, Abhärtung, ausreichender Schlaf, genügend Aufenthalt in Luft u. Sonne, Vermeidung v. Giften u. schädlichen Genußmitteln; 3) *Psycho-H.,* Erhaltung d. seel.-geist. Gesundheit.

Hygro- [griech.], als Vorsilbe: Feuchtigkeits ...

Hygrometer, *s.,* Luftfeuchtigkeitsmesser, meist mit gespanntem Haar, das sich mit wachsender Luftfeuchtigkeit verlängert u. a. seiner Skala einen Zeiger bewegt.

hygroskopisch, *feuchtigkeitsanziehend,* Stoffe, die Wasser aus der Luft anziehen u. dadurch feucht werden → Exsikkator.

Hyksos, kleinasiat. syr.-semit. Nomadenstämme, drangen im 18.–16. Jh. v. Chr. in Ägypten ein.

Hyle, *w.* [gr.], Stoff, Materie.

Hymen, *s.,* → Jungfernhäutchen.

Hymen|aos, griech. Hochzeitsgott, mit Brautfackel u. Kranz dargestellt; auch Hochzeitslied.

Hymettos, *Imittos,* heidebedeckter Berg sö. von Athen, 1028 m; Marmorbrüche, Bienenzucht.

Hymne, *w.* [gr.], Lob-, Festgesang.

hyper- [gr.], übermäßig (z. B. *h.modern*).

Hyperämie, Blutüberfüllung einer Körperstelle; *aktive H.* durch vermehrten Blutzufluß, *passive (Stauungs-H.)* durch verhinderten Blutabfluß, *Biersche Stauung.* - **H.ästhesie,** Überempfindlichkeit.

Hyperbel, *w.* [gr.], 1) *sprachlich:* redner. Übertreibung (z. B. schaurig schön); 2)

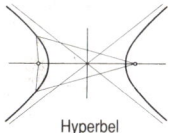

Hyperbel

math. ein → *Kegelschnitt* mit 2 ins Unendliche gehenden symmetr. Zweigen; auf deren Mittellinie *(Hauptachse)* die zwei Brennpunkte; ihre Verbindungslinien mit jedem Punkt d. H. heißen *Brennstrahlen* (je 2 für jeden Punkt; Differenz beider stets dieselbe). *Nebenachse* der H. ist die Mittelsenkrechte der Hauptachse; durch den Schnittpunkt beider gehen 2 → *Asymptoten.* - **H.funktion,** math. Funktionen, aus Summen u. Differenzen zweier → Exponentialfunktionen gebildet. - **H.verfahren,** Verfahren der Funknavigation; dienen d. Eigenortung. Von jeweils einem Senderpaar werden gleichzeitig Signale ausgesendet; d. Differenz ihrer Laufzeit wird in Empfängern direkt (→ Loran) od. als Phasendifferenz (→ Decca-Navigation) ausgewertet; d. Sender seinen in d. Brennpunkten v. Hyperbeln, welche die Linien gleicher Laufzeitdifferenz bilden.

hyperbolische Geschwindigkeit, die Geschwindigkeit eines Raumflugkörpers, die größer ist als die → Fluchtgeschwindigkeit.

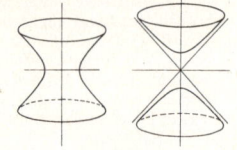

Hyperboloide

Hyperboloid, *s.,* Fläche od. Körper mit gekrümmter Oberfläche, entsteht durch Rotation einer *Hyperbel* um die Hauptachse als 2schaliges H., um die Nebenachse als 1schaliges H.

Hyperboreer [gr.], im Altertum sagenhaftes Volk i. Norden; Polarvölker.

Hyperemesis, *w.* [gr.], unstillbares Erbrechen, z. B. in der Schwangerschaft.

Hypergonar → Anamorphot.

Hyperion, 1) einer der Titanen der griech. Mythologie; svw. Sonnengott; **2)** Roman von *Hölderlin;* **3)** Name für 7. Saturnmond.

Hyperlipidämie, *w.,* Erhöhung d. Blutfette, vor allem des → Cholesterins u. d. Triglyceride.

Hyperonen, zur Gruppe d. → Baryonen gehörende → Elementarteilchen, die in → Protonen u. → Neutronen zerfallen können.

hypersonic speed, hoher Überschallbereich (über → Mach 5).

Hyperthyreose, *w.* [gr.], Schilddrüsenüberfunktion, durch → Basedow.

Hypertonie [gr.], Blutdrucksteigerung, z. B. bei Arterienverkalkung u. Nierenkrankheiten, auch nervöser Natur.

hypertonisch, Lösungen v. größerem → osmotischem *Druck* als dem d. Blutes.

Hypertrophie, Übertreibung; übermäßige Größenzunahme von Zellen, Geweben u. Organen.

Hypervitaminosen, Vergiftungserscheinungen bei Kleinkindern durch Überdosierung v. Vitamin A und D.

Hyphen, verzweigte Zellfäden d. Pilze, die d. Vegetationskörper *(Myzel)* bilden.

Hypnos, Schlaf(gott der griech. Sage).

Hypnose, vorübergehender schlafähnlicher Zustand mit veränderter Aufmerksamkeit und erhöhter Empfänglichkeit für Suggestionen. Bei fehlender Bewußtseinskontrolle kann der Hypnotisierte auf Fragen antworten und Befehle ausführen. Hypnotisierbar sind nur willige und entspannte Personen durch suggestive Befehle und Gebärden (Hypnotiseur), aber auch mit Hilfe von Drogen. Hypnose-Maschinen (computergesteuerte Tonbänder) können den Hypnotiseur ersetzen.

Hypnotherapie, therapeut. Wirkungen der Hypnose durch direkte → Suggestionen bei Suchtkrankheiten, → Asthma, → Phobien u. a.; Schmerzlinderung

(z. B. in d. Zahnmedizin) durch Entspannungszustand.

Hypnotikum → Schlafmittel.

hypo-, hyp- [gr.], als Vorsilbe: unter ...

Hypochlorite, stark bleichend wirkende, zersetzl. Salze der hypochlorigen Säure; wichtig als Oxidationsmittel u. zur Bleichung v. Textilien.

Hypochonder [gr.], wehleidiger Mensch, eingebildet Kranker.

Hypochondrie, Schwermut, erhöhte seelische Bereitschaft für körperliche Leiden, Einbildung, krank zu sein.

Hypokrit [gr.], Heuchler.

Hypophyse, *w.* [gr.], *Hirnanhang,* Drüse mit → innerer Sekretion. **H.n-Vorderlappen** *(Adeno-H.)* erzeugt → somatotropes (Wachstums-), → gonadotropes, → thyreotropes, → adrenokortikotropes u. → Laktations-Hormon (Prolaktin), die (i. gl. Reihenfolge) Wachstum, Keimdrüsen-, Schilddrüsen-, Nebennierenrinden- u. -mark- sowie Milchdrüsenfunktion steuern; vielleicht auch pankreotropes Hormon mit Wirkung auf → Inselorgan. Funktionsstörungen führen u. a. zu Simmondsscher Kachexie (hochgrad. Abmagerung), Fettsucht mit → Infantilismus d. Genitalien od. Knochenveränderungen, → Cushingsche Krankheit, Wachstumsstillstand, Zwerg- od. Riesenwuchs, → Akromegalie. **H.n-Mittellappen** bildet bei Kaltblütern das farbstoffzellenstimulierende Pigmenthormon (Melanotropin od. Intermedin), das d. Farbwechsel steuert. **H.n-Hinterlappen** *(Neuro-H.)* erzeugt d. Hormone Oxytocin (wehenerregend, beeinflußt die Harnbereitung und steigert die Milchabgabe) und Vasopressin u. → ADH (steigert Blutdruck u. Dünndarmtätigkeit, hemmt die Harnausscheidung), dessen Fehlen zu → Diabetes insipidus führt. Die H. als wichtigstes Organ der → inneren Sekretion unterliegt dem Einfluß d. Zwischenhirns u. vegetativen → Nervensystems (→ Nase, Abb.).

Hypostase, *w.* [gr.], Grundlage; Wesen, *theolog.* die Vergegenständlichung eines Begriffs oder einer Eigenschaft.

hypostasieren, vergegenständlichen, unterstellen, annehmen.

Hypotenuse, *w.* [gr.], im rechtwinkligen → Dreieck die dem rechten Winkel gegenüberliegende Seite.

Hypothalamus, *w.* [gr.], zentralnervöse Region im Zwischenhirn, unterhalb des Thalamus gelegen; die hier produzierten Realising-Hormone stimulieren d. Synthese d. → Hypophysenvorderlappenhormone.

Hypothek, *w.* [gr.], dingl. Belastung e. Grundstücks z. Sicherung e. Geldforderung; erfordert Einigung u. Eintragung in d. → Grundbuch. Bei mehreren H.en haftet d. Grundstück in d. Reihenfolge der Eintragungsstellen (1. H., 2. H. usw.). Im allg. → Briefhypothek, sonst → Buchhypothek. Sonderformen: **1)** *Gesamt-H.* besteht für e. Forderung an mehreren Grundstücken gleichzeitig; **2)** *Teil-H.* entsteht durch Teilung d. urspr. gesicherten Forderung; **3)** *Eigentümer-H.* entsteht für d. Eigentümer d. Grundstücks, wenn die zu sichernde Forderung nicht entsteht od. Forderung erlischt; grundsätzlich Umwandlung in Eigentümergrundschuld; entweder unter bestimmt. Umständen Aufrücken nachrangiger Rechte; **4)** *Höchstbetrags-H.* sichert e. veränderl. Forderung bis zu e. best. Höhe; **5)** *Sicherungs-H.,* Recht d. Gläubigers aus d. H. bestimmt sich nur nach d. Forderung; Grundbucheintragung gilt nicht als Beweis d. Forderung. Zur Aufhebung einer H. ist Löschung i. Grundbuch erforderlich.

Hypothekenbanken → Banken, Übers.

Hypothese, *w.* [gr.], wiss. Annahme, daß etwas so ist; noch nicht bewiesen.

hypothetisch, bedingt, nur auf Annahme beruhend.

Hypotonie, *w.* [gr.], blutdruckerniedrigung; *kontrollierte* H. (durch Medikamente) bei Operationen, um Blutverlust zu verringern.

hypotonisch, Lösungen von kleinerem → osmotischem *Druck* als dem des Blutes.

Hypovitaminosen [gr.-l.], Vitaminmangelkrankheiten.

Hypso- [gr.], als Vorsilbe: Höhen ...

hypsographische Kurve, statist. Diagramm zur Darstellung d. Verteilung der Erdoberflächenelemente; Anteil an der Gesamtfläche: *Hochregion* (über +1000 m) 8%, *Kontinentaltafel* u. *-sockel* (zw. +1000 u. -200 m) 27%, *Kontinentalabhang* (zw. -200 u. -3000 m) 11%, *Tiefseeböden* (zw. -3000 u. -6000 m) 53%, *Tiefseegräben* (tiefer als -6000 m) 1%.

Hypsometer, *s.,* Höhenmesser (Aneroid-Barometer).

Hypsometrie, Höhenmessung, z. B. durch **H.thermometer** (Messung des Siedepunktes des Wassers, der mit steigender Höhe fällt).

Hysteresis, *w.* [gr. „Nachbleiben"], Abhängigkeit d. magnet. Induktion des Eisens v. der magnet. Feldstärke u. ihr Zurückbleiben bei d. Ummagnetisierung (Änderung der Stromrichtung bei einer → Eisenkernspule, z. B. einem → Transformator).

Hysterie, *w.* [gr. „hystera = Gebärmutter"], seel. Störung mit körperl. Ausprägung ohne einheitl. Krankheitsbild; oft „Flucht in die Krankheit", um den Schwierigkeiten d. Lebens auszuweichen od. Beachten, Aufsehen z. erregen; führt zu versch. Krankheitsbildern, die echten Organkrankheiten täuschend ähnl. sehen können; auch → Simulation.

Hysteron-Proteron, *s.* [gr.], „das Folgende (die Folgerung) vorweg"; log. Fehler: das zu Beweisende wird zum Beweisen benutzt (→ Circulus vitiosus); als rhetor. Figur: Umkehrung d. zeitl. od. log. Abfolge.

Hz, Abk. f. → Hertz.

I, 1) röm. Zahlzeichen = 1; **2)** *chem.* Zeichen f. → *Iod.*
i, *math.* Zeichen f. → *imaginäre Zahl.*
i. A., Abk. f. i*m Auftrag.*
IAA, IAO → Internationale Arbeitsorganisation.
IAEA, IAEO, Abk. f. → *Internationale Atomenergieorganisation (Agency).*
Iambus, *m.* [gr.], *Jambus,* Versfuß aus kurzer (unbetonter) und langer (betonter) Silbe: ∪ ⏤.
Iason, griech. Sagenheld; Führer der → Argonauten.
IATA, International **A**ir **T**ransport **A**ssociation, 1945 gegr. Weltverband d. gewerbl. Luftverkehrs mit 156 angeschlossenen, intern. tätigen Luftverkehrsgesellschaften; Sitz Montreal u. Genf.
iatrogen [gr. „iatros = Arzt"], durch ärztl. Einwirkung entstanden.
IAU, Abk. f. *Intern.* **A**stronom. *Union,* Durchführung v. Forschungsvorhaben auf intern. Ebene.
ib., Abk. f. *ibidem* [l.], ebenda.
Ibadan, Hpthandelsplatz in Nigeria, 1,17 Mill. E; Uni.
Ibbenbüren (D-4530), St. i. Kr. Steinfurt, am Teutoburger Wald, NRW, 43 424 E; AG; Steinkohle, Masch.bau.
Iberer, vorindoeur. Urbev. Spaniens.
Iberische Halbinsel, svw. → Pyrenäenhalbinsel.
Iberoamerika, die von Nationen der Iberischen Halbinsel besiedelten Länder S- u. Mittelamerikas mit span. oder portugies. Sprache.
Ibert [*i'bɛr*], Jacques (15. 8. 1890–5. 2. 1962), frz. Komp.; Opern, Ballette, Kammermusik.
IBFG, Abk. f. **I**nternat. **B**und **F**reier **G**ewerkschaften, → Gewerkschaften, Übers.
Ibis, afrikan. Storchvogel; i. alten Ägypten hl.; verwandte Arten in S-Asien, Australien, S-Amerika.
Ibiza, Hptinsel der span. → Pityusen, im Mittelmeer, m. Nachbarinseln 593 km², 61 000 E; Hptst. *I.,* mit Hafen.
IBM, International **B**usiness **M**achines **C**orporation, 1911 gegr. Konzern f. Büro-

maschinen u. → Datenverarbeitungsanlagen, weltweit größter Hersteller.
Ibn [arab.], „Sohn".
Ibn Batuta (1304–77), arab. Weltreisender.
Ibn Saud, arab. Dynastie s. Mitte d. 18. Jh.s – *Abd el Asis III.* I. S. (24. 11. 1880–9. 11. 1953), → Saudi-Arabien.
IBRD → Internationale Bank für Wiederaufbau und Entwicklung.

Henrik Ibsen

Ibsen, Henrik (20. 3. 1828–23. 5. 1906), norweg. gesellschaftskrit. Dichter; Bahnbrecher d. Naturalismus; *Stützen der Gesellschaft; Nora; Gespenster; Volksfeind;* Ideendrama: *Peer Gynt.*
Ibykos (6. Jh. v. Chr.), griech. Lyriker (Schillers *Kraniche d. I.*).
ICAO, Abk. f. **I**ntern. **C**ivil **A**viation **O**rganization, Sonderorganisation der luftverkehrtreibenden Nationen für zivile Luftfahrt; gegr. 1944, 131 Mitgliedstaaten.
ICBM, Abk. f. **I**ntercontinental **B**allistic **M**issile, landgestützte Interkontinentalrakete; → MRBM, → SLBM.
ICE, Abk. f. Intercity Express, Fern-

Ibis

schnellzug d. DB f. hohe Geschwindigkeiten (ab 2. 6. 1991).
ICEM, Intergovernmental **C**ommittee *for* **E**uropean **M**igration, zwischenstaatliches Komitee für eur. Auswanderung, 1951 gegr., Sitz Genf; fördert Auswanderung aus übervölkerten eur. Staaten, vermittelt Spezialkräfte für Entwicklungshilfe.
ICFTU, Abk. f. **I**nternational **C**onfederation of **F**ree **T**rade **U**nions, → Gewerkschaften, Übers.
Ichneumon, *m.,* **1)** [gr.] [„Spürer"], *Manguste,* Schleichkatze; nächtl. Raubtier S-Iberiens, Afrikas („Pharaonenratte") u. Asiens, tötet Giftschlangen; **2)** Schlupfwespe.
Ichthyol®, *s.,* schwefelhalt. Ölschieferdestillationsprodukt; gg. entzündliche u. a. Hautkrankheiten.
Ichthyologie [gr.], Fischkunde.

Ichthyosaurus

Ichthyosaurier [gr.], fischförm. Saurier d. Jura- u. Kreidezeit; bis über 10 m lang, lebend gebärend.
id., Abk. f. *idem* [l.], der-, dasselbe.
IDA, International **D**evelopment **A**ssociation, → Internationale Entwicklungsgesellschaft.
Ida, 1) *Psiloritis,* Kreidegebirge a. Kreta, 2456 m; **2)** *Kasdagh,* kleinasiat. Gebirge, b. 1750 m hoch.
Idaho ['aɪdəhou], Abk. *Ida.,* Staat im NW der USA, 216 412 km², 1,0 Mill. E; Gold- u. Silberbergbau; Hptst. *Boise* (102 000 E); durch künstliche Bewässerung (Mormonen) reiche Kartoffel- u. Zuckerrübenerträge.
Idar-Oberstein (D-6580), St. i. Kr. Birkenfeld, RP, 33 200 E; Edelsteinschleiferei, Schmuckwaren, Dt. Edelsteinmuseum; Lederwaren- u. Metallind.; nahebei **Hoch-** u. Idarwald (816 m, Teil des Hunsrücks).

Ideal, erstrebenswertes Vorbild; höchste Vollkommenheit.

ideal, überwirklich.

ideale Gase, folgen in ihren Zustandsänderungen dem → Boyle-Mariotteschen Gesetz.

idealisieren, verklären, ins Überwirkliche erheben.

Idealismus, 1) der Glaube an die wirklichkeitsbestimmende Kraft sittl., künstler., pol. Werte, die als Vorstellungen (Ideen) im Menschen, in Gemeinschaften, Völkern leben; **2)** phil. Anschauung, daß d. Geist d. urspr. Wirklichkeit ist. D. *metaphys. (objektive) I.* sieht in der Welt der Ideen, dem absoluten Geist od. absoluten Ich d. letzten Seinsgrund (Platon, Hegel, Fichte; Ggs.: → Materialismus). Der *transzendentale (erkenntnistheoretische) I.* erklärt, d. Wirklichkeit werde nur in d. dem erkennenden Bewußtsein eigenen Formen, nicht an sich erkannt (Kant, Husserl; Ggs.: → Realismus). Der *subjektive I.,* dem → Solipsismus nahestehend, erkennt nur den Inhalt d. individuellen Bewußtseins an (Berkeley).

Idealität, ideelles Sein (als Vorstellung).

Idealkonkurrenz, Verletzung mehrerer Strafgesetze durch die gleiche Handlung; wird nur nach dem Ges., das die schwerste Strafe androht, bestraft (§ 52 StGB); Ggs.: → Realkonkurrenz.

Idee [gr.], geistiges Urbild, Gedanke; Vorstellung; in der Phil. das wahre Wesen od. d. wesensmäßig notwendige begriffl. Inhalt von etwas; *Platonische I.* → Platon.

ideell, nur gedacht, nicht materiell.

Ideenflucht, überschnelle Folge v. Vorstellungen od. Gedanken ohne logischen Zusammenhang.

Iden, lat. *idus,* im röm. Kalender der 13. od. 15. Monatstag. – **I. des März** (15. 3. 44 v. Chr.), Tag der Ermordung von Julius Cäsar.

identifizieren [nl.], völlige Übereinstimmung von Begriffen, Dingen oder Personen feststellen.

identisch, völlig übereinstimmend, wesensgleich.

Identität, *w.,* Übereinstimmung eines Dinges mit sich selbst. – **I.snachweis,** muß der Zollbehörde gegenüber erbracht werden, soll bei Wiederausfuhr zollpflichtiger Güter eine Rückvergütung des Einfuhrzolles erfolgen; → Veredlungsverkehr. – **I.sphilosophie,** Anschauung (nach Schelling), daß Gegensätze (z. B. Natur u. Geist) dem gleichen Urgrund, dem Indifferenten, Absoluten, entsprungen sind; Gegensätzlichkeiten sind nur Äußerungsweisen d. Identischen (Spinoza, Schelling, Hegel, E. v. Hartmann).

Ideogramm, *s.* [gr.], Bildzeichen.

Ideographie, *w.,* Begriffsschrift, die Bildzeichen anstelle von Lautzeichen (Buchstaben) verwendet (z. B. Hieroglyphen).

Ideologe [gr.], wirklichkeitsfremder Begriffsfanatiker (v. Napoleon geprägt als

pol. Schimpfwort); Vertr. e. → Ideologie.

Ideologie, 1) Ideenlehre; **2)** einem pol., gesellschaftl. Interesse dienendes Denken; daraus: **3)** (systemat.) Weltbetrachtung.

id est [l.], abgek. **i. e.,** das heißt.

Idiom, *s.* [gr.], Eigentümlichkeit des Sprechens, bes. Mundart.

Idiosynkrasie [gr.], angeborene Überempfindlichlichkeit gegen Substanzen (auch nicht-antigene), Einwirkungen, Eindrücke, Reize usw., → Allergie.

Idiot [gr. „Eigenbrötler"], Schwachsinniger, dessen Intelligenz mit der eines zweijährigen Kindes vergleichbar.

Idiotikon, *s.,* veraltete Bez. f. Mundartenwörterbuch.

Idiotypus, Gesamtheit d. Erbgutes e. Individuums, → Erbmasse.

IDN, Abk. f. *Integriertes Daten- und Fernschreibnetz* d. DBP.

Ido, aus dem Esperanto weiterentwickelte Welthilfssprache, geschaffen 1907 durch *L. de Beaufort.*

Idol, *s.* [gr.], Götzenbild, Abgott.

Idolatrie, *w.,* Götzendienst.

Idrija, St. in W-Slowenien, 7000 E; Spitzenind.; Quecksilberbergwerk.

Idstein (D-6270), St. i. Rheingau-Taunus-Kr., Hess., 19 487 E; AG; div. Ind.

Iduna, german. Göttin d. Erneuerung u. Jugend.

Idyll, *s.* [gr.], Bild ländl. Friedens u. stiller Beschaulichkeit.

Idylle, *w.,* dichter. Kunstform; d. Bukolik zugehöriges episches od. dramatisches Genrebild.

Iffland, August Wilhelm (19. 4. 1759–22. 9. 1814), dt. Schausp., Theaterdirektor u. Bühnenschriftst. in Mannheim u. Berlin (→ Tafel Schauspielkunst).

Ifflandring, angebl. v. Iffland gestiftete Auszeichnung f. den jeweils besten dt.sprachigen Schauspieler; jetziger Träger: J. → Meinrad.

Ifni, ehem. span. Prov. in NW-Afrika, 1500 km², 60 000 E; Hptst. *Sidi Ifni* (15 000 E); 1969 z. Marokko.

IFO-Institut für Wirtschaftsforschung, 1949 gegr. wirtschaftswiss. Forschungsinstitut, Durchführung v. Konjunkturanalysen.

IG, Abk. f. *Interessen-Gemeinschaft* od. f. *Industrie-Gewerkschaft.*

Igel, stacheltragende Säugetiere; Ordnung Insektenfresser; Nahrung: Mäuse, Schlangen, Insekten.

Igeler Säule, röm. Grabdenkmal aus dem 3. Jh. n. Chr., 23 m hoch, in **Igel** (Mosel) bei Trier.

Igelfische → Kugelfische.

Igelkaktus, *Echinocactus,* 400 versch. Kakteenarten; meist kugeliger, gerippter, stark stachl. Stamm; Mittel- u. Südamerika (z. B. *Bischofsmütze*).

Igelkolben, schilfähnl. Wassergewächse mit kugeligen Blütenständen.

IG Farbenindustrie AG, Frankfurt a. M., gegr. 1925, nach dem 2. Weltkrieg

aufgelöst; 1952 in 12 selbst. Gesellschaften aufgeteilt, insbes. → *BASF,* Hoechst AG, Bayer AG.

IGFM, *Internationale Gesellschaft für Menschenrechte,* 1972 in Frankfurt/M. gegründete internationale humanitäre Organisation, die überall Menschen unterstützt, die sich in ihren Ländern gewaltlos für die Verwirklichung der Menschenrechte einsetzen.

IGH, *Intern. Gerichtshof,* → Vereinte Nationen.

I-Ging, chin. Buch der Wandlungen, Orakelbuch (älteste Teile 7./6. Jh. v. Chr.).

Iglau, tschech. *Jihlava,* St. in Mähren, 54 000 E; Tabak- u. Textilind.; bis 1945 dt. Sprachinsel.

Iglu, *m./s.,* halbkugelförmige Schneehütte der Eskimos.

Ignitron → Quecksilberdampf-Gleichrichter.

Ignorant, *m.* [l.], Unwissender, Wissenverweigerer.

Ignoranz, *w.,* bewußte Unwissenheit; Verweigerung von Einsicht.

ignorieren, nicht beachten.

Iguanodon, *s.,* pflanzenfressendes Reptil (Dinosaurier) der Jura- u. Kreidezeit, bis 10 m l., ging auf starken Hinterbeinen, aufgerichtet 5 m hoch, Schwanz als Stütze.

Iguassú, l. Nbfl. des Paraná, 1320 km lang, im Unterlauf Grenzfluß zw. Brasilien u. Argentinien; *I.fälle* bis 72 m hoch, 3 km breit.

IHS, die ersten 3 Buchstaben (groß geschrieben) des Namens JESUS in griech. Lettern: Christusmonogramm.

Ijssel [*ɛisəl*], *Yssel, IJssel,* **1)** *Geldersche Ij.,* kanalisierter Rheinarm, zweigt oberhalb Arnheim ab; mündet i. d. Ijsselmeer; **2)** *Holländ. Ij.,* Arm d. Lek, mündet bei der Insel Ijsselmonde (eingedeicht) in die Maas. – **I.meer,** Restsee der ehem. *Zuidersee,* einer durch Sturmfluten im 13. Jh. entstandenen Nordseebucht in d. Ndl., gr. Teile trockengelegt; ausgesüßter Binnensee seit Vollendung (1932) d. 32 km langen Abschlußdamms zw. Wieringermeer-Polder (fertig 1930, 20 000 ha) u. Friesland; 1942 Eindeichung des NO-Polders (48 000 ha), 1957 des Polders Ost-Flevoland (54 000 ha), 1968 des Polders Süd-Flevoland (43 000 ha) u. 1980 des Polders Markerwaard (56 000 ha) abgeschlossen (Karte → Niederlande).

IKAR, *Intern. Kommission f. Alpines Rettungswesen;* → Alpenvereine.

Igelkolben

Ikarus, Sohn des → Dädalus, stürzt nach der griech. Sage beim Flug ins Meer.

Ikone, *Erzengel Michael*

Ikone, w. [gr.], Heiligenbild in den morgenländischen Kirchen.
Ikonographie [gr.], Zweig der Kunstwiss. zur Erforschung v. künstlerischen Motiven u. Bildinhalten.
Ikonologie [gr.], Zweig der Kunstwiss. z. kulturwiss. Deutung e. Kunstwerks (Panofsky).

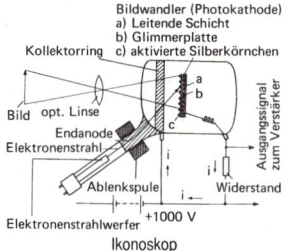

Bildwandler (Photokathode)
a) Leitende Schicht
b) Glimmerplatte
c) aktivierte Silberkörnchen

Kollektorring

Bild opt. Linse
Endanode
Elektronenstrahl
Ablenkspule
Elektronenstrahlwerfer +1000 V

Ausgangssignal zum Verstärker
Widerstand

Ikonoskop

Ikonoskop, *s.,* Bildaufnahmeröhre nach *Zworykin* (1928); Prinzip: flache Glimmerplatte (Mikaplatte) trägt auf einer Seite voneinander isolierte, fotoel. aktivierte Silberkörnchen als Fotokathode, auf der anderen Seite leitende Metallschicht; jedes Silberkörnchen ist praktisch eine mikroskop. kl. → Fotozelle. Mit Linsensystem wird opt. ein Bild auf die Fotokathode projiziert; dabei entsteht zw. Fotokathode u. leitender Schicht ein el. „Ladungsmosaik", entsprechend der Helligkeit der einzelnen Bildpunkte. Ein starker Elektronenstrahl, zeilenförmig hin- u. herbewegt, wird auf d. Mosaik geworfen; entsprechend d. Ladung d. einzelnen Punkte werden b. Aufprall d. Elektronenstrahles → Sekundärelektronen emittiert u. v. Kollektorring (Anodenpotential) angezogen. Es entsteht so v. Mosaik z. Kollektorring über Außenleitung m. Widerstand e. Stromkreis, an d. Bildsignale abgenommen werden können. Wirkungsgrad 5–10%. Weiterentwicklung: *Zwischenbild-I.* m. 10facher Empfindlichk. u. → *Orthikon;* Anwendung: Aufnahmegerät f. Fernsehen.

Ikonostase, w. [gr.], dreitürige Bilderwand zw. Chor u. Gemeinderaum in orthodoxen Kirchen; Grundlage für Entwicklung des → Lettners in abendländ. Kirchen.
Ikosaeder, *s.* [gr. „Zwanzigflächner"], regelmäßiger Polyeder, von 20 gleichseit. Dreiecken begrenzt.
IKRK → Rotes Kreuz.
Ikterus [gr.], svw. → Gelbsucht.
Iktus, *m.* [l.], Tonhebung in Wort und Vers.
Ile de France [*ildə 'frä:s*], *Isle d. Fr.,* ehem. frz. Prov., Kernland Frkr.s im Pariser (Seine-)Becken.
Ileus → Darmverschluß.
Ilex, svw. → Stechpalme.
Ilford-Redbridge [*-brɪdʒ*], Stadtteil v. London.
Ili, Strom i. westl. Asien, v. Tian Shan z. Balchaschsee, 1439 km l., ca. 700 km schiffbar.
Ilias, griech. Heldengedicht des *Homer;* 24 Gesänge in Hexametern behandeln die Kämpfe der Griechen vor Troja (Ilion).
Ill, 1) l. Nbfl. des Rheins, aus dem Schweizer Jura, 208 km l., mündet unterhalb von Straßburg; hier beginnt Rhein-Rhône-Kanal; **2)** r. Nbfl. des Rheins, aus Vorarlberg (Silvrettagruppe).
Ille-et-Vilaine [*ilevi'len*], westfrz. Dép., 6775 km², 784 000 E; Hptst. *Rennes.*
illegal [nl.], gesetzwidrig.
illegitim [nl.], ungesetzlich; unehelich.
Iller, r. Nbfl. der Donau, aus den Allgäuer Alpen, 147 km l., Kraftwerke, mündet w. von Ulm.
Illertissen (D-7918), St. i. Kr. Neu-Ulm, Bay., 13 641 E; AG; div. Ind. u. Sehenswürdigkeiten.
Illimani, höchster Andengipfel in Bolivien, 6882 m.
Illinois [*ɪlɪ'nɔɪ(z)*], **1)** l. Nbfl. d. Mississippi, 440 km l., durch Kanal mit Michigansee verbunden; **2)** Abk. *Ill.,* einer der nordöstl. Zentralstaaten der USA, 146 075 km², 11,3 Mill. E; Getreidebauland (Mais, Weizen, Hafer), Viehzucht, Fleischpackereien; Bergbau (Kohle), Erdöl; Hptst. *Springfield;* Wirtschaftszentrum: *Chicago.*
illiquid [l. „nicht flüssig"], im Augenblick nicht zahlungsfähig (z. B. eine Bank); nicht einziehbar (Forderung).
Illiquidität, Zahlungsunfähigkeit aus Mangel an flüssigen Geldmitteln.
Illnau-Effretikon (CH-8308), St. im Kanton Zürich (Schweiz), 14 800 E; div. Ind.
illoyal [frz. *'ɪlõajal*], gesetzwidrig, unbillig.
Illuminaten, Geheimorden d. dt. Aufklärung; 1776–85 (1896 neu gegr.).
Illumination, w. [l.], Festbeleuchtung.
illuminieren, festlich beleuchten; bunt ausmalen (z. B. Initiale).
Illusion [l.], Einbildung, Selbsttäuschung; *psych.* Wahrnehmungstäuschung, häufig bei Rauschzuständen, aber auch bei Ner-

venkrankheiten u. bei Übermüdung (z. B. eigenen Schatten als Ungeheuer sehend).
Illusionismus, phil. Anschauung, daß **1)** alle sittl. u. ästhet. Werte auf Täuschung beruhen, **2)** die Außenwelt Schein sei.
Illusionist, *m.,* Mensch, der sich falsche Hoffnungen macht; auch Zauberkünstler (Artist).
illusionistische Malerei, beabsichtigt Scheinwirkung; bes. im Barock beliebte Wand- u. Deckenmalerei, die d. Innenraum durch gemalte Architektur (Säulen, Balkon o. ä.) belebt bzw. nach außen öffnet (z. B. durch offene Kuppeln, Fenster, Türen); u. a. *Pietro da Cortona, Pozzo.*
illusorisch, nur auf Einbildung beruhend; vergeblich.
Illustration [l.], eigtl. Erläuterung; einem Text beigefügte Abbildung.
illustrieren, bebildern.
Illyrien, histor. Name für die Länder der westl. Balkanhalbinsel (Krain, Kroatien, Dalmatien, Serbien, Albanien), urspr. von den indoeur. Illyriern bewohnt; 168 v. Chr. *Süd-I.* röm. Prov., 1809 bis 1813 napoleon. Provinz.
Ilm, 1) l. Nbfl. der Saale, 120 km l., aus dem Thür. Wald; **2)** r. Nbfl. der Donau, 75 km l., mündet oberhalb von Kelheim.
Ilmenau, 1) l. Nbfl. der Elbe, 107 km l., durchfließt die Lüneburger Heide, ab Lüneburg schiffbar; **2)** (D-6300), Krst. am N-Hang d. Thür. Waldes, 29 293 E; Luftkurort; Glas- u. Porzellanind.; Techn. HS; zahlr. Goethegedenkstätten, *Kickelhahn* (861 m) m. Goethehäuschen („Goethestadt").
Ilmensee, See in Rußland nw. der Waldaihöhen, zw. 610 und 2090 km² schwankend, durch den Wolchow zum Ladogasee entwässert; bis 10 m tief.
ILO, Abk. f. *International Labour Organization,* → Internationale Arbeitsorganisation.
Ilorin, St. in SW-Nigeria, 390 000 E; kath. Bischofssitz; landwirtsch. Handelszentrum.
ILS, Abk. f. *Instrument Landing System,* Landeverfahren f. Flugzeuge, bes. b. Schlechtwetter.
Ilse, r. Nbfl. d. Oker aus dem Harz (Brocken), 40 km l.; am Ausgang d. *I.tals:* **Ilsenburg (Harz)** (D-3705), Luftkurort am Harz, Kr. Wernigerode, S-A., 238 müM, 7400 E; Blechwalzwerk; **Ilsenstein,** Fels im Ilsetal.
Iltis, ein Stinkmarder, vertilgt Ratten u. Mäuse, auch Geflügeldieb. Albino: → Frettchen.
Ilz, l. Nbfl. d. Donau aus d. Bayer. Wald, 54 km l., mündet b. Passau.
Image, *s.* [engl. *'ɪmɪdʒ*], das Vorstellungsbild eines Menschen od. einer Gruppe v. sich selbst od. anderen Gruppen od. Einzelpersonen.
imaginär [l.], eingebildet, *nur* in der Vorstellung vorhanden.
imaginäre Zahl, ist eine Zahl, die mit der *imaginären Einheit i* = √−1 (d. h. der

→ *Wurzel* aus –1) zusammengesetzt ist (z. B. 5*i*).

Imagination, *w.* [l.], Einbildungskraft, aktive Phantasie.

imagistische Schule, *Imagist Group,* literar. Richtung in USA, Anfang d. 20. Jh.; forderte neue Rhythmen, Natürlichkeit d. Ausdrucks, präzise Aussage; Hauptvertr.: *Amy Lowell* (1874–1925), *John Gould Fletcher* (1886–1950), *Hilda Doolittle* (1886–1961), → *Pound.*

Imago, vollausgebildetes, geschlechtsreifes Insekt; → Metamorphose.

Imam [arab. „Vorsteher"], Vorbeter i. d. Moschee; rel.-pol. Oberhaupt islam. Sekten.

imbezill [l.], *imbezil,* schwachsinnig *(Imbezillität).*

Imbros, türk. *Imroz,* Insel im Ägäischen Meer, 7000 E.

IMF, Abk. f. I**nternational M**onetary **F**und, → Internationaler Währungsfonds.

Imitation, *w.* [l.], **1)** Nachahmung; **2)** grundlegende Satztechnik d. mehrstimmigen Musik.

Imker, Bienenzüchter.

Imkerei → Bienenzucht.

immanent [l.], enthalten, einbegriffen in.

Immanenz, 1) Abhängigkeit vom Bewußtsein; **2)** Beschränktsein auf den Umkreis mögl. Erfahrungen; **3)** das Darinsein des Absoluten in der Welt oder im Endlichen; Ggs.: → Transzendenz.

Immanuel [hebr. „Gott mit uns"], nach *Matth. 1, 23 f.* Name für Messias.

Immatrikulation [nl.], Einschreibung in die → Matrikel 2).

Imme, veraltet od. poet. svw. Biene.

immediat [l.], unmittelbar.

immens [l.], unermeßlich; unendlich.

Immenstadt (D-8970), St. i. Kr. Oberallgäu, Bay., 13 132 E; Erholungsort, Textilind.

immensurabel [l.], unmeßbar.

Immergrün, kriechende Staude des Laubwaldes m. immergrünen Blättern u. blauen Blüten; auch Zierpflanze.

Immermann, Karl Leberecht (24. 4. 1796–25. 8. 1840), dt. Schriftst.; Epigone d. dt. Klassik u. Romantik; Roman: *Münchhausen* (darin *Oberhof-* Geschichten); *Die Epigonen.*

Immersion [l.], Eintauchen, bes. des Objektivs d. Mikroskops i. einen Öltropfen auf d. Deckglas z. Erzielung größerer *numerischer* → *Apertur.*

Immerwährender Kalender → Übersicht, S. 401.

Immigration, *w.* [l.], Einwanderung; Ggs.: Emigration.

Immission, *w.* [l.], **1)** Einführung, Einsetzung, Einweisung in e. Amt; **2)** schädliche Einwirkung v. Rauch, Verunreinigung, Erschütterungen, Lärm u. ä. auf die Umwelt; wesentliche u. nachhaltige Beeinträchtigung durch I. muß abgestellt werden (BGB § 1004); s. 1974 in der BR sog. „I.sschutzgesetz".

immobil [l.], unbewegl.

Immobiliar-kredit, Kredit, dessen Gegenstand unbewegl. Sachen (Grundstücke) bilden; Hptformen: → Hypothek, → Grundschuld; Ggs.: → Mobilienkredit. – I.**versicherung,** → Feuerversicherung.

Immobilien [l.], unbewegl. Sachen: Liegenschaften, Grundstücke, Gebäude.

Immoralismus [nl.], phil. Anschauung, verneint sittliche Werte.

Immortalität, *w.* [l.], Unsterblichkeit.

Immortellen [frz.], svw. → Strohblumen.

Immunbiologie, Teilgebiet d. Biol., das sich m. Erforschung d. Immunität d. faßt; MPI f. I. in Freiburg.

Immunität [l.], **1)** *diplomatische I.* → Exterritorialität; **2)** *parlamentar. I.:* Schutz der Abgeordneten vor Strafverfolgung; endet mit d. Mandat; kann v. Parlament aufgehoben werden (Art. 46, Abs. 2–4 GG); → Indemnität; **3)** *kirchenrechtl. I.:* Befreiung d. Geistlichen v. gewissen staatl. Lasten (Ehrenämtern); **4)** *med. I., Feiung,* Unempfänglichkeit gg. Infektionen: **a)** *natürliche I.* angeboren, ererbt od. erworben durch Überstehen einer Krankheit (z. B. Scharlach); **b)** *künstliche I.* durch **Immunisierung:** α) *aktive I.,* Einimpfung od. Eingabe (→ Schluckimpfung) lebender od. abgetöteter Aufschwemmungen d. Erreger, bewirkt Bildung spezifischer → Antikörper im Blut: Schutzimpfung, *Vakzination* (z. B. gegen Pocken, Typhus, Kinderlähmung usw.); β) *passive I.,* Übertragung fertiger spezif. Schutzstoffe mittels Heilserum (z. B. Diphtherieheilserum). – Empfohlene Schutzimpfungen: *b. Kindern:* gg. Tuberkulose, Diphtherie, Tetanus, Keuchhusten, Kinderlähmung, Masern, Mumps u. Röteln; *b. Erwachsenen:* gg. Tollwut u. (bes. b. Auslandsreisen in d. dritte Welt) gg. Cholera, Gelbfieber, Pocken, Poliomyelitis, Typhus, Hepatitis A, Meningitis u. Zeckenzephalitis.

Immunsuppression [l.], Unterdrückung v. Abwehrreaktionen d. Organismus durch Medikamente u. Strahlentherapie (z. B. nach → Transplantationen).

Impasto, *s.* [it.], *Malerei:* dicker Farbenauftrag; auch → pastos; *Kupferstich:* Wischverfahren.

Impeachment [im'pitʃ-], i. d. USA Amtsenthebungsverfahren gg. d. Präs., Vizepräs. od. höhere Beamte aufgrund schwerer Verbrechen od. Vergehen.

Impedanz, *w.* [nl.], Widerstand **I.** Schaltglieder f. Wechselströme. – **I.röhre,** Schaltung einer → Elektronenröhre, daß sie d. Eigenschaft eines veränderbaren induktiven od. kapazitiven Widerstandes besitzt; → Rückkopplung; Anwendung: Sender mit → Frequenzmodulation.

Imperativ, *m.* [l.], Befehlsform des Zeitworts (z. B. *gib!*). – **I., kategorischer,** moral. Grundforderung von allg. und absoluter Gültigkeit (*Kant:* „Handle so, daß die Maxime deines Willens jederzeit zu-

gleich als Prinzip einer allg. Gesetzgebung gelten könne").

imperatives Mandat, die Bindung eines Volksvertreters an die Aufträge seiner Wähler, meist mit dem Recht zur vorzeitigen Abberufung.

Imperator [l.], Titel röm. Feldherren und hoher Beamter, seit Augustus svw. Kaiser.

Imperfekt|um, *s.* [l.], in der dt. Sprache Zeitform der Vergangenheit (z. B. ich *kam*).

Imperialismus [l. „imperium = Reich"], phil. v. *Francis Bacon* begr., Streben nach Erweiterung der pol. Macht u. Staatsgrenzen, Großmachts-, „Weltmachts"bestrebungen. *Zeitalter des I.* das ausgehende 19. Jh. mit dem kolonialen u. Ausdehnungsstreben der **imperialistischen** Mächte.

Imperium [l.], **1)** höchste röm. Staatsgewalt. Militärgewalt; das (röm.) Kaiserreich; **2)** Weltreich.

Impertinenz, *w.* [l.], Frechheit.

Impfung [l.] *Vakzination,* → Immunisierung; **2)** zu diagnost. Zwecken: Prüfung d. Empfänglichkeit für eingeimpfte Stoffe (z. B. Tuberkulinreaktion).

Implantation [l.], Einpflanzung e. *Implantats* (totes Material od. lebendes Gewebe) in e. Organismus.

implizite [l.], inbegriffen; Ggs.: explizite.

imponderabel [nl.], unwägbar.

Imponderabilien, Unwägbares, unberechenbare Umstände.

imponieren [l.], Eindruck machen.

Import, *m.* [l.], svw. → Einfuhr.

Importeur [-'tœr], Kaufmann, der ausländische Waren einführt.

imposant [frz.], eindrucksvoll, gewaltig.

Impotenz, *w.* [l.], **1)** geschlechtl. Unvermögen des Mannes; Unfähigkeit z. Zeugung od z. Ausübung des Beischlafs; **2)** *allg.* mangelnde Kraft.

imprägnieren, Durchtränken fester Körper (Gewebe, Holz) mit Flüssigkeit v. best. Wirkung (z. B. Wasserdichtmachen durch Tonerdesalz, Fäulnisverhütung bei Holz durch Steinkohlenteerdestillate, Fluorverbindungen usw.).

Impresario, *m.* [it.], Unternehmer künstlerischer Veranstaltungen.

Impressionismus, urspr. frz. Kunstrichtung Ende 19. Jh.; will flüchtige Eindrücke, *Impressionen,* d. sichtbaren Welt unmittelbar wiedergeben: **a)** *Literatur:* Maupassant, Schnitzler, Dehmel, Liliencron, Jacobsen, D'Annunzio; **b)** *Musik:* Debussy, Ravel; **c)** *Plastik:* Rodin, Kolbe, Sintenis; **d)** *Malerei:* Auflösung der gegenständlichen Dauerformen in Farbflecke u. Lichtreflexe; Manet, Monet, Renoir, Degas, Liebermann, Corinth, Slevogt.

Impressum [l. „Eingedrucktes"], Vermerk i. Druckschriften über Verlag, Herausgeber, Drucker, auch → Copyright; z. T. durch Presserecht vorgeschrieben; in alten Büchern → Kolophon.

Immerwährender Kalender, dient zur Ermittlung der Wochentage für jedes Datum vom Beginn der christlichen Zeitrechnung bis zum Jahr 2400. Wiedergabe mit frdl. Erlaubnis d. *World Almanac*, New York.

Man sucht zunächst den Leitbuchstaben im Schnittpunkt der Spalte unmittelbar unterhalb des gewünschten Jahrhunderts (Tabelle Ia od. Ib) mit der horizontalen Zeile, in der die beiden letzten Ziffern der Jahreszahl (Tabelle II) erscheinen. Nunmehr ermittelt man in Tabelle III die Spalte, in der der soeben gefundene Leitbuchstabe horizontal mit dem gewünschten Monat erscheint. In der gleichen Spalte senkrecht darunter in Tabelle IV und horizontal mit dem gewünschten Tagesdatum findet man den gesuchten Wochentag. **Beispiel: 15. Juli 1990; siehe Fettdruck in den Tabellen; Ergebnis: Der 15. Juli 1990 fällt auf einen Sonntag.**

Achtung: Schaltjahre haben 2 Leitbuchstaben, von denen der erste für Januar und Februar, der zweite für die übrigen Monate gilt. Beispiel: 1988 hat die Leitbuchstaben CB. Der 1. Januar 1988 zB. erhält also den Leitbuchstaben C, und beispielsweise der 1. Juli 1988 den Leitbuchstaben B.

Für alle Daten bis einschließlich 4. Okt. 1582 ist der Julianische Kalender (Tabelle Ia) und für alle Daten vom 15. Oktober 1582 an der Gregorianische Kalender (Tabelle Ib) zu verwenden. Auf den 4. Okt. 1582 folgte mit der Kalenderumstellung als nächster Tag der 15. Okt. des Gregorianischen Kalenders.

Ia		Jahrhundert Julianischer Kalender (0 bis 4. Okt. 1582)						Ib	Jahrhundert Gregorianischer Kalender (15. Okt. 1582 bis 2400)					II	Zehner und Einer der Jahreszahl		
0 700 1400	100 800 1500	200 900	300 1000	400 1100	500 1200	600 1300		1500	1600 2000	1700 2100	1800 2200	**1900** 2300					
		Leitbuchstabe								Leitbuchstabe							
DC	ED	FE	GF	AG	BA	CB		—	BA	C	E	G	00			
B	C	D	E	F	G	A		F	G	B	D	F	01	29	57	85
A	B	C	D	E	F	G		E	F	A	C	E	02	30	58	86
G	A	B	C	D	E	F		D	E	G	B	D	03	31	59	87
FE	GF	AG	BA	CB	DC	ED		CB	DC	FE	AG	CB	04	32	60	88
D	E	F	G	A	B	C		A	B	D	F	A	05	33	61	89
C	D	E	F	G	A	B		G	A	C	E	**G**	06	34	62	**90**
B	C	D	E	F	G	A		F	G	B	D	F	07	35	63	91
AG	BA	CB	DC	ED	FE	GF		ED	FE	AG	CB	ED	08	36	64	92
F	G	A	B	C	D	E		G	D	F	A	C	09	37	65	93
E	F	G	A	B	C	D		B	C	E	G	B	10	38	66	94
D	E	F	G	A	B	C		A	B	D	F	A	11	39	67	95
CB	DC	ED	FE	GF	AG	BA		GF	AG	CB	ED	GF	12	40	68	96
A	B	C	D	E	F	G		E	F	A	C	E	13	41	69	97
G	A	B	C	D	E	F		D	E	G	B	D	14	42	70	98
F	G	A	B	C	D	E		C	D	F	A	C	15	43	71	99
ED	FE	GF	AG	BA	CB	DC		—	CB	ED	GF	BA	16	44	72	
C	D	E	F	G	A	B		—	A	C	E	G	17	45	73	
B	C	D	E	F	G	A		—	G	B	D	F	18	46	74	
A	B	C	D	E	F	G		—	F	A	C	E	19	47	75	
GF	AG	BA	CB	DC	ED	FE		—	ED	GF	BA	DC	20	48	76	
E	F	G	A	B	C	D		—	C	E	G	B	21	49	77	
D	E	F	G	A	B	C		—	B	D	F	A	22	50	78	
C	D	E	F	G	A	B		—	A	C	E	G	23	51	79	
BA	CB	DC	ED	FE	GF	AG		—	GF	BA	DC	FE	24	52	80	
G	A	B	C	D	E	F		—	E	G	B	D	25	53	81	
F	G	A	B	C	D	E		C	D	F	A	C	26	54	82	
E	F	G	A	B	C	D		B	C	E	G	B	27	55	83	
DC	ED	FE	GF	AG	BA	CB		AG	BA	DC	FE	AG	28	56	84	

III	Monate	Leitbuchstabe						
		1	2	3	4	5	6	7
Januar, Oktober		A	B	C	D	E	F	G
Februar, März, November		D	E	F	G	A	B	C
April, **Juli**		**G**	A	B	C	D	E	F
Mai		B	C	D	E	F	G	A
Juni		E	F	G	A	B	C	D
August		C	D	E	F	G	A	B
September, Dezember		F	G	A	B	C	D	E

IV	Tagesdatum				Wochentage						
					1	2	3	4	5	6	7
1	8	**15**	22	29	**So**	Sa	Fr	Do	Mi	Di	Mo
2	9	16	23	30	Mo	So	Sa	Fr	Do	Mi	Di
3	10	17	24	31	Di	Mo	So	Sa	Fr	Do	Mi
4	11	18	25		Mi	Di	Mo	So	Sa	Fr	Do
5	12	19	26		Do	Mi	Di	Mo	So	Sa	Fr
6	13	20	27		Fr	Do	Mi	Di	Mo	So	Sa
7	14	21	28		Sa	Fr	Do	Mi	Di	Mo	So

Imprimatur, s. [l. „es werde gedruckt"], Formel f. d. endgültige Druckerlaubnis.

Impromptu, s. [frz. ẽprõ'ty], Tonstück in freier Form, vielfach liedartig.

Improvisation, w. [frz.], **1)** unvorbereitete Rede, Veranstaltung; Zusatz eines Schauspielers zu seiner Rolle; **2)** mus. freies Phantasieren auf Musikinstrumenten, bes. wichtig beim → Jazz.

improvisieren, etwas ohne Vorbereitung tun.

Impuls, m. [l.], **1)** Antrieb; **2)** phys. Bewegungsgröße m · v (Masse mal Geschwindigkeit); **3)** i. d. Elektronik: einmalige Strom- od. Spannungsstöße v. relativ kurzer Dauer; zahlreiche I.formen: Rechteck-I., Sägezahn-I., Dreieck-I. usw.; periodischer I. als Puls bezeichnet, Anwendung: Fernsehtechnik, → Radar, → Informatik, Meßtechnik, Modulation etc.

impulsiv, unüberlegt, plötzl. Einfällen oder Affekten gehorchend.

In, chem. Zeichen f. → Indium.

in absentia [l.], in Abwesenheit (z. B. i. a. verurteilen).

in abstracto [l.], rein begrifflich; in der Theorie.

in aeternum [l.], in Ewigkeit.

inakzeptabel, unannehmbar.

Inauguraldissertation, svw. → Dissertation.

inaugurieren [l.], einweihen, feierlich in Amt od. Würde einsetzen: **Inauguration**.

Inc., incorporated, bei am. Firmenbezeichnungen, entspricht etwa der AG.

Inch → Maße und Gewichte, S. 1085.

Inchon, Hafenstadt an der W-Küste S-Koreas, 1,4 Mill. E.

Incirlik, kleiner türkischer Ort in der Nähe v. Adana an der Mittelmeerküste, etwa 660 km von der türkisch-irakischen Grenze entfernt. NATO-Basis; Luftwaffenstützpunkt. Von hier auch Einsätze am. Kampfbomber gg. Ziele im Nordirak; → Golfkrieg.

in contumaciam [l.], in Abwesenheit („Nichterscheinen trotz Ladung vor Gericht") verurteilen.

in corpore [l.], insgesamt, geschlossen.

Incoterms, Abk. für International Commercial **Terms**, Zus.fassung d. intern. Regeln für die Auslegung der handelsüblichen Vertragsformeln.

Incroyable

Incroyable [frz. ẽkrwa'jabl „unglaublich"], Stutzertracht der frz. Direktoriumszeit.

Indanthren®, Handelsbez. f. Farbstoffe von hoher Echtheit für wasch-, licht- u. wetterechte Färbung u. Drucke.

Indefinitum, s. [l.], unbestimmtes Fürwort (z. B. niemand, etwas).

indeklinabel [l.], nicht beugungsfähig (z. B. niemals, immer).

Indemnität, 1) Straflosigkeit; **2)** Schutz des Abgeordneten vor Strafverfolgung bezüglich seiner Abstimmungen od. Äußerungen i. Parlament; besteht auch nach Beendigung des Mandats; keine I. bei verleumder. Beleidigung.

Independenten, „Unabhängige", kirchl. Partei in England (Cromwell); selbst. Einzelgemeinden (mit völliger Unabhängigkeit vom Staat).

Inder, Bewohner v. Vorderindien (Indien u. Pakistan), sehr dicht (200–450 E je km²) in d. großen Nordebenen u. d. östl. u. südl. Küstenebenen, sehr dünn (25–50 E) in d. Dschungelgebieten; sprachlich gegliedert in arische Dialekte des weiten N (Einbruch aus NW im 12. Jh. v. Chr.), die ureinheim. drawidischen des viel kleineren S u. die restl. Mundarten der nördl. Mitte (Einbruch im NO im 2. Jh. v. Chr.); → Sprachen, Übers. Nordrassen hellbraun, Südrassen schwarzbraun, die Dschungelvölker primitiv, → Rassen, Übers.; in Sri Lanka arische helle Singhalesen im W, drawidische dunkle Tamilen im O, dazu einige 100 primitive Ureinwohner (→ Wedda) in den südöstl. Wäldern. Hinterinder (in Myanmar, Thailand, Indochina) sehr dicht nur in den Reisbaulandschaften, nächst den Küsten u. Strömen, bes. im Delta von Irawadi (Rangun), Menam (Bangkok), Mekong (Saigon) u. Song-koi (Hanoi), sehr dünn in den weiten Waldgebieten. Heute sprachl. alles Tibeto-chin., dabei das Siamesische (Thai) seit 14. Jh.; früher Austroasiaten (Mon-Khmer), davon Reste in Südbirma (Mon), ganz Kampuchea (Khmer) u. der annamit. Kordillere (Moi, Kha); rassisch im W paläomongolid, im S (Thailand, Kampuchea) Bergvölker weddid, im O (Vietnam) mongolid (südsinid); → indische Religionen.

Indeterminismus [l.], **1)** phil. Anschauung: Wille d. Menschen ist völlig frei; Ggs.: → Determinismus; **2)** phys. im Ggs. zum streng determinierten, ursächl. bestimmtes u. voraussagbares Geschehen in d. Makrophysik das nur der Wahrscheinlichkeit unterliegende, statistisch zu erfassende Geschehen im Bereich der → Elementarteilchen u. der → Quantentheorie; Ggs.: → Determinismus.

Index, m. [l. „Anzeiger"], **1)** Register in wiss. Werken; **2)** Kennzeichnungszahl an Buchstaben e. Zahlenreihe (z. B. A_1, A_2, A_x); **3)** Ablesemarke an Meßinstrumenten. – **I.lohn**, der laut → Tarifabkommen automatisch mit der → gleitenden Skala festgesetzte Lohn. – **I.währung** → Währungssysteme.

Index librorum prohibitorum, m. [l.], Verzeichnis der v. d. kath. Kirche für ihre Gläubigen verbotenen Bücher; erstmals 1559; seitdem zahlr. Neuausgaben; Verbot durch 2. Vatikan. Konzil aufgehoben.

Indiana [-'ænə], Robert, eigtl. R. Clark (* 13. 9. 1928), am. Maler; Vertr. d. → Pop Art.

Indiana, Abk. Ind., Staat in den USA, fruchtbar, wald- u. weidereich, 93 993 km², 5,5 Mill. E; Ackerbau u. Viehzucht; Tabak; Abbau von Steinkohle, Erdöl, Erdgas.

Indianapolis [ɪndɪə'næpəlɪs], Hptst. v. Indiana, USA, 727 000 E.; Getreide-, Fleischhandel, Maschinenind.

Indianer, 1) d. Eingeborenen beider Amerika (Name v. d. vermeintl. Entdeckung e. neuen indischen Küste durch Kolumbus), halb mongolider Rassentypus (→ Rasse, Übers.), zahlreiche → Sprachen (Übers.). In N-Amerika (größtenteils nur noch in Reservationen lebende) Athapasken, Tlingiten, Huronen, Irokesen (Sioux), in Neumexiko die Pueblos (Bodenbauer); in Zentralamerika die Maya (früher hohe Kultur) u. Azteken, in S-Amerika Tupi, Guarani, Aruak, in den südl. Steppen die Araukaner, Patagonier, Pueltsche, im Hochland die Feuerländer (Fischer), Chibcha, Ketschua (→ Inka); insges. etwa 17,5 Mill., davon in N-Amerika ca. 500 000; in S-Amerika stark vermischt; **2)** → Sternbilder, Übers. – **I.territorium**, im O u. SO des US-Staates Oklahoma, zu dem es seit 1907 gehört; 90 000 meist zivilisierte und wegen reicher Erdölvorkommen oft sehr wohlhabende Indianer.

Indien, 1) geogr. im weiteren Sinne die Halbinseln mit ihrem Hinterland u. die Inseln S-Asiens, durch hohe Kettengebirge im N begrenzt: Vorderindien, Hinterindien, Malaiischer Archipel. – Im engeren Sinne Vorderindien. **a)** Geogr.: Im NW das Gebirgsland von Belutschistan, im N das Hochgebirge des Himalaja, südl. davon das weite Schwemmland des Indus u. Ganges, im S das Hochland von Dekhan; ca. 4 Mill. km²; trop. Monsunklima; der W-Rand des Dekhan, die Himalajagebiete u. die Gangesniederung regenreich, der NW, das Hochland u. der O-Rand des Dekhan regenarm. **b)** Vegetation: Im NW Steppen u. Wüstensteppen, im S Savanne u. Trockenwald, in den Deltalandschaften u. an den Luvseiten der Gebirge feuchtheißer Tropenwald (Teak- u. a. Edelhölzer), in den Trockengebieten, z. T. mit künstl. Bewässerung, Anbau von Weizen, Baumwolle, Hirse, in den feuchten Gebieten Reis, Jute, Zuckerrohr, Kautschuk; an den Gebirgshängen, vor allem in Assam, Tee. **c)** Fauna, artenreich, Elefanten, Tiger, Wildrinder u. -schweine, Affen, Schlangen, der Gavial (spitzschnäuziges Krokodil), zahlr. Vogelarten. **d)** Bodenschätze: Glimmer, Steinkohle, Eisen-,

Indien und Pakistan

0 200 400 600 km

Manganerze, Monazit, Gold, Kupfer, Zinn, Edelsteine (Rubine), Erdöl. **e)** *Staaten:* Rep. Indien, Rep. → Pakistan u. → Bangladesch; **2)** amtl. *Bharat Juktarashtra, Indische Union,* umfaßt den größten Teil Vorderindiens (→ Indien 1), 3,17 Mill. km², 824 Mill. E (260 je km²); Bev.-Zuw. 2,1%; Bev.: 83% Hindus, 12% Moslems; ca. 63% Analphabeten; Sprache: Hindi (Staatssprache), Engl. u. Regionalsprachen; Währung: ind. Rupie (iR); Hptst.: *Neu-Delhi;* Flagge S. 340, Karte S. 748. **a)** *Landwirtsch.:* 65% d. Bev. leben v. d. Landw., zögernde Modernisierung, Bodenreform z. T. mit freiwill. Landschenkung; rasche Vergrößerung der Bewässerungsanlagen (ca. 1/4 der landw. Nutzfläche künstlich bewässert); ca. 1/3 d. Nutzfläche f. Reis (1988: 105,6 Mill. t); Tee (710 000 t). **b)** *Viehzucht:* rinderreichstes Land der Erde (1988: 193 Mill. Rinder, 51,7 Mill. Schafe). **c)** *Bodenschätze:* Geringe Erdöl- u. Steinkohlenvorkommen, aber reiche Eisenerzlager. **d)** *Ind.* in raschem Aufbau; Erzeugung 1988 (in Mill. t): Roheisen 11,7, Stahl 14,3, Zement 36,9, Baumwollgarn 1,32; größter Filmproduzent d. Welt. **e)** *Außenhandel* (1988): Einfuhr 19,1, Ausfuhr 13,2 Mrd. $. **f)** *Verkehr:* Eisenbahn 93 000 km. **g)** *Verf.* v. 1950: Bundesstaat m. starker Zentralgewalt; Präs. auf 5 Jahre gewählt, ernennt den Min.präs.; Parlament besteht aus Staatenrat (244 Mitgl.) u. Volkskammer (525 Mitgl.). **h)** *Verw.:* 25 Staaten (Andhra

Pradesch, Arunachal Pradesch, Assam, Bihar, Goa, Gujarat, Haryana, Himadschal Pradesch, Jammu u. Kaschmir, Karnataka, Kerala, Madhja Pradesch, Maharaschtra, Manipur, Meghalaja, Mizoram, Nagaland, Orissa, Pandschab, Radschastan, Sikkim [s. 1975], Tamil-Nadu, Tripura, Uttar Pradesch, Westbengalen) u. 6 Territorien (Andamanen u. Nikobaren, Chandigarh, Delhi, Lakshadweep, Dadra u. Nagar Haveli, Pondicherry). **i)** *Gesch.:* Bereits im 4./3. Jh. v. Chr. ind. Großreich m. Kg Ashoka, 1398 eroberte der Mongole Timur einen großen Teil; 1526 d. mongol. Reich d. Großmoguls (Hindostan u. Dekhan, Hptst. *Delhi)* nach d. Entdeckung d. Seeweges nach Ostindien durch Vasco da Gama (1497) portugies., i. 17. Jh. ndl. u. brit.; → Ostindische Kompanie m. staatl. Machtbefugnissen. Ständige Ausbreitung d. brit. Herrschaft in Vorder-I., 1857 Aufstand, 1876 wurde Kgn Viktoria Kaiserin von I.; das *Kaiserreich I. (Britisch-Indien)* umfaßte die heutige Rep. I., Pakistan u. Birma. Selbständigkeitsbestrebungen nach d. 1. Weltkrieg (→ Gandhi) führten z. Unruhen, Boykott (→ Non-Cooperation); 1935 neue Verfassung; 1937 Birma als brit. Kolonie v. I. getrennt; 1947 Unabhängigkeit, I. wurde Dominion, erster Min.präs. Pandit Nehru; gleichzeitig Abtrennung des neu gebildeten Dominions Pakistan; hatte Völkerwanderung von 17 Mill. Menschen (Hindus nach Indien, Moslems nach Pakistan) zur Folge. 1948/49 Eingliederung von 565 ind. Fürstenstaaten; 1950 I. Rep., weiterhin Mitgl. d.

Commonwealth; außenpol. strikte Neutralität zw. O u. W; 5-Jahres-Pläne f. die wirtsch. Entwicklung; Ziel: sozialist., demokr. Wohlfahrtsstaat. 1961 Annexion d. portugies. Gebiete Goa, Daman u. Diu; 1962 Grenzkrieg m. China im Himalaja a. d. McMahonlinie; 1965 Ausbruch schwerer Kämpfe m. Pakistan um das s. 1947 umstrittene → Kaschmir; Schlichtung durch UN. 1971 Freundschaftspakt mit der UdSSR; indisch-pakistan. Krieg; nach Beendigung 1972 Rückkehr der Flüchtlinge nach Bangladesch. 1975 innere Unruhen, 1975–77 Ausnahmezustand; 1977 Rückkehr z. parlamentar. Demokr., Ablösung d. Regierung I. Gandhi durch M. R. Desai; Wiederaufnahme d. Neutralitätspol.; s. 1980 I. Gandhi erneut Reg.chefin; nach ihrem Tod 1984 ihr Sohn R. Gandhi (bis 1989). **j)** *Mitgl.:* UN, Commonwealth, Colombo-Plan; AKP-Staat.

indifferent [l.], unbestimmt; gleichgültig; teilnahmslos.

Indifferenz, *w.* [l.], Gleichgültigkeit. – **I.zone,** der mittlere Teil e. Stabmagneten; zeigt nach außen keine magnet. Wirkung.

indigen [l. „eingeboren"], svw. einheimisch.

Indigestion [l.], *med.* Verdauungsstörung.

Indigirka, ostsibir. Strom aus d. Tscherskigebirge, 1726 km l., mündet in d. Ostsibir. See; 1086 km schiffbar.

Indignation, *w.* [l.], Entrüstung.

Indigo, *m.* oder *s.,* schon im Altertum bekannter „echter" blauer Farbstoff aus der indisch. I.-Pflanze oder aus Färberwaid; das farblose I.weiß geht durch Oxidation an d. Luft in **I.blau** über (1878 v. → *Baeyer* synthet. hergestellt).

Indikation [l.], **1)** Anzeige, Veranlassung zu einer ärztl. Maßnahme; **2)** bei → Abort: *med. I.* „bei nicht anders abwendbarer Gefahr für Leben der Schwangeren"; *soziale I.* bei wirtsch. Notlage; *med.-soziale I.* bei ungünstigem Einfluß der soz. Verhältnisse auf Krankheitsverlauf; *eugenische I.* bei voraussichtlich geschädigter Nachkommenschaft; *ethische I.* bei Vergewaltigung.

Indikativ, *m.* [l.], Wirklichkeitsform des Zeitworts (z. B. er *ist*).

Indikator [l. „Anzeiger"], **1)** chem. Stoff, der z. B. saure od. basische Beschaffen-

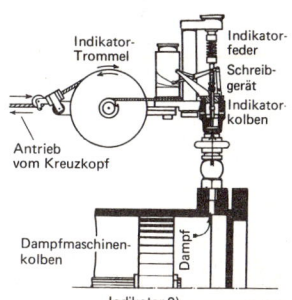

Indikator 3)

heit (Reaktion v. Substanzen durch Farbänderung) anzeigt, z. B. Lackmus, Phenolphthalein; **2)** künstl. radioaktive Substanz z. Verfolgung biochem. oder technolog. Vorgänge; **3)** *maschinentechn.* Instrument, das Größe des Drucks in Zylindern in Abhängigkeit von Kolbenstellung angibt, durch Aufzeichnung eines Diagramms (Abb.); **4)** *sozialwiss.* beobachtbarer bzw. meßbarer Anzeiger f. best. als unbeobachtbar geltende soz. Sachverhalte.

indirekt [nl.], mittelbar; auf Umwegen.

indirekte Rede, von einem Zeitwort abhängige Aussage (z. B. er meinte, *es sei gut*).

indirekte Steuern → Steuern, Übers.

indische Kunst, Polytheismus, auf Einheit des Erlösungsziels bezogen, schuf durch hierarch. Stufung geeinte Gestaltenfülle; unabhängig v. d. hellenist. beeinflußten Kunst v. Gandhara entstand im Mauryagroßreich s. 3. Jh. v. Chr. buddhist. Kunst. – *Klassische Zeit:* Guptareich, N-Indien (4.–6. Jh. n. Chr.); s. 9. Jh. Übergewicht d. Südreiche u. Außenländer; Rückgang d. Buddhismus; Neubrahmanismus begr. Prunkstil d. Spätzeit. – Grundform des buddhist. Tempels: Stupa, ein künstl. Rundhügel, später z. Terrassenpyramide entwickelt (Sanci, 3.–1. Jh. v. Chr.; Boro-Budur, 800 n. Chr.). Höhlentempel d. Felsenklöster (Ajanta, Karli). – Brahmanist. Tempelform: Versammlungshalle m. Turm u. Turm über Cella, zu reichen Gruppenanlagen entwickelt (Schiwa-Tempel zu Bhuvanesvara, 8. Jh. n. Chr.; Tempelresidenz Angkor in Kampuchea, 12. Jh.). – *Plastik:* überwuchert Tore u. Türme; reiche Reliefkunst; als rundplast. Einzelgestalten charakteristisch: Buddha-Typ (stille Verinnerlichung) u. Schiwa-Typ (vielarmig expansive Tanzbewegung). – *Malerei:* Fresken in Felsensälen (Ajanta), Mogulzeit (s. 16. Jh.); pers. beeinflußte Miniaturen (→ Tafel Asiatische Kunst).

indische Literatur, etwa s. *1500 v. Chr.:* Veda-(Wissen-)Literatur m. ältesten Teilen: *Rigveda* (Hymnen); spätere Kommentare z. d. Veden: *Brahmanas,* darin die phil.-spekulativen Teile der *Upanishaden,* vorwiegend in Prosa. Späteste Lehrfassungen des Veda in den *Sutras* (Leitfäden) über fast alle rel.-weltanschaul., aber auch viele weltl. Themen. *5. Jh. v. Chr.:* buddhist. Literatur: redigiert im *Palikanon* (Reden des Buddha, Episches u. Spruchweisheit, Lieder). Spätere Ausbildung der südind. (Ceylon) Literatur *(Kleines Schiff)* u. der außerind. *(Großes Schiff)* über Jahrhunderte; rel. Umgestaltung von Volksmärchen in den Wiedergeburtsgeschichten: *Jatakas. Hinduist.* Literaturen: mytholog.-dogmat. Epen bes. der Wischnu- u. Schiwa-Religion: *Puranas. Maha-Bharatam,* urspr. heroisches Epos, von 500 vor bis 500 n. Chr. stark erweitert, m. berühmten Episoden: *Nal u. Damajanti, Sawitri, Bhagavadgita,*

Heldenepos m. Wischnu-Krischna als Hauptgestalt: *Ramayanam.* Seit *4. Jh. n. Chr.:* Blüte v. Lyrik, Drama u. Kunstepik. Drama *Vasantasena.* Kalidasa-Dramen *(Sakuntala),* lyr. Zyklen, Epen. Berühmte Lyriker: Bhartrhari, Amaru, Bilhana, Jayadeva *(Gitagovinda).* Umfangreiche Erzählungen u. Märchenliteratur: *Pantschatantra* (4./5. Jh.), *Somadeva* (Ozean der Märchenströme; 11. Jh.). *Tamul-Hymnen* an Schiwa u. Wischnu. *Neueste Zeit:* Tagore, Iqbal, Bhattacharya.

indische Philosophie → Philosophie, Übers.

Indischer Archipel, svw. → Malaiischer Archipel.

indische Religionen, Vorstufe: arischer Götterkult der → *Veda;* im 8.–6. Jh. v. Chr. entsteht die Lehre von der Seelenwanderung u. dem Kastenwesen; Gegenbewegung: *Buddhismus* (stärkste Ausbreitung in Indien 250 v. Chr.–50 n. Chr., heute in Indien über 5 Mill. Anhänger) u. d. asket. Sekte des *Dschainismus* (von Mahavira gegr.); gegen beide setzte sich die urspr. Form des *Brahmanismus (Hinduismus)* wieder durch (etwa 460 Mill. Anhänger) in Pakistan u. Bangladesch überwiegend Islam.

Indischer Ozean, *Indik,* Weltmeer zw. Afrika, Asien (Indien mit dem Malaiischen Archipel), Australien u. der Antarktis, 74 Mill. km² (einschl. der drei Nebenmeere: Rotes Meer, Pers. Golf, Andaman. Meer); größte Tiefe 7455 m (*Planettiefe* im Sundagraben); bedeutendste Inseln: Madagaskar, Ceylon, Sumatra, Java, Kl. Sundainseln, Sansibar, Mauritius, Kerguelen. Seit Eröffnung des Suezkanals ist der I. O. zu einer bed. Verkehrsstraße zw. Europa u. Indien, Ost-asien, Australien geworden; Haupthäfen: *Aden, Colombo, Bombay, Kalkutta, Jakarta, Perth, Durban.*

indische Sprachen → Sprachen, Übers.

indiskret [l.], nicht verschwiegen, taktlos.

indisponiert, nicht in Form, Stimmung; unpäßlich.

Indisposition [l.], Unpäßlichkeit.

Indium, *In,* chem. El., Oz. 49, At.-Gew. 114,82; Dichte 7,31; seltenes Metall.

Individualismus [nl.], **1)** Würdigung d. einzelnen als einer einmaligen Persönlichkeit (Goethe, Romantik); die rel. u. ethische, nur auf sich selbst u. das eigene Gewissen gestellte Verantwortlichkeit des einzelnen (als Ggs. zum Universalismus des MA entanden) der I. bejaht nur sittl. Beziehungen zw. Einzelpersonen, ordnet d. Individuum dem Allgemeinen über; Ggs.: → Sozialismus; **2)** *wirtsch.* jeder kann im Rahmen d. bestehenden Gesetze nach freiem Ermessen u. Möglichkeiten s. Wirtschaftshandlungen, auch ohne Rücksicht auf d. Gesamtwirtschaft, bestimmen (Liberalismus); Ggs.: → Kollektivismus.

Individualität, *w.* [l.], Besonderheit, Einzigartigkeit.

Individualpsychologie, Lehre v. den Schwierigkeiten eines Individuums, seinen Lebensplan zu verwirklichen, wobei → Neurosen als Folge fehlerhafter Pläne u. soz. Schwierigkeiten verstanden werden (→ Adler, Alfred).

individuell, der Eigenart des Einzelwesens entsprechend.

Individuum, *s.* [l.], Einzelpersönlichkeit, Einzelwesen im Unterschied zur Gruppe, Gemeinschaft, Art od. Gattung.

Indizien [l.], Anzeichen, Verdacht erregende Umstände. – **I.beweis,** indirekter Beweis im Prozeß, bei dem von erwiesenen Tatsachen auf eine andere, direkt nicht beweisbare geschlossen wird.

Indochina (Karte → Hinterindien), Ostteil v. Hinterindien, früher *Französisch-I.;* seit 1954 unabhängige Staaten: → Vietnam, → Laos, → Kambodscha. – Gebiet seit 19. Jh. frz. Protektorate, Kotschinchina frz. Kolonie: 1941–45 von Japan besetzt; 1945 Bildung der Republik Vietnam; 1946/47 begrenzte Autonomie, 1949 Unabhängigkeit im Rahmen der Frz. Union für sämtliche Staaten Frz.-I.s; 1946–54 Kämpfe, bes. in Vietnam; seit 1954 vollständige Unabhängigkeit.

Indoeuropäer, Völker in West- u. Südasien sowie fast ganz Europa, deren Sprache zur indoeur. Sprachgruppe gehörten (→ Sprachen, Übers., I).

Indogermanen, svw. → Indoeuropäer.

indolent [l.], gleichgültig.

Indolenz, Gleichgültigkeit gg. Schmerzen usw.

Indonesien, 1) → Malaiischer Archipel; **2)** amtl. *Republik Indonesia,* die Großen u. Kleinen Sundainseln, d. westl. Teil v. Neuguinea (Irian Jaya), Molukken u. a. kleine Inseln. 1 919 443 km² mit Osttimor, 168 Mill. E (87 je km², aber sehr ungleich: Java 62% d. Bev., das Innere v. Borneo kaum besiedelt); Bev.-Zuw. 2,1%; Sprache: Bahasa Indonesia, Handelssprache: Engl.; Währung: Rupiah (Rp.); Rel.: 90% Moslems; Hptst.: *Djakarta;* Flagge S. 340, Karte S. 749. **a)** *Geogr.:* Stark aufgeließte Inselgruppen mit zahlr. Vulkanen u. häufigen Erdbeben; feuchtheißes Tropenklima, Urwälder, in Ostjava u. auf d. Kleinen Sundainseln etwas trockener mit Savannen. **b)** *Landw.:* Exportkulturen, meist Plantagen, Kautschuk (1988: 1,09 Mill. t, an 2. Stelle d. Weltprod.), Tee, Zucker, Kaffee, Palmöl, Tabak. **c)** *Bodenschätze* (Förderung 1988): Erdöl 62,3 Mill. t, Zinn 20 600 t. **d)** *Außenhandel* (1988): Einfuhr 13,25 Mrd., Ausfuhr 19,22 Mrd. $. **e)** *Verkehr:* Eisenbahn 6877 km. **f)** *Verf.* v. 1945 (s. 1959 wieder in Kraft): Staatspräs., Repräsentantenhaus, Beratender Volkskongreß. **g)** *Verw.:* 27 Prov. **h)** *Gesch.:* In d. Frühzeit stand d. indones. Inselwelt unter ind.

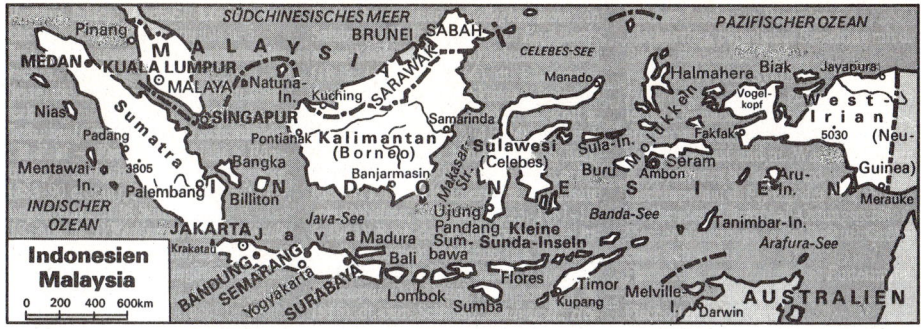

chin. Einfluß. Im 15. Jh. Eindringen des Islams. 1602–1798 Besitz der Holländ.-Ostind. Gesellschaft, Anfang d. 19. Jh. vorübergehend brit., 1818– 1945 ndl. Kolonie *(Ndl.-Ostindien).* Im 2. Weltkrieg von Japan besetzt, 1945 Proklamierung der Vereinigten Staaten v. I. durch → Sukarno; 1949 Anerkennung durch d. Ndl.; 1950 Umwandlung zu einem Einheitsstaat; 1963 Ndl.-West-Neuguinea *(W-Irian)* durch Abkommen an I. angegliedert, 1969 durch Volksabstimmung endgültig angeschlossen. 1964–66 bewaffnete Auseinandersetzung mit d. neu gegr. Föderation → Malaysia wegen Einbeziehung d. nördl. Teils v. Borneo i. d. Föderation. 1965 kommunist. Putsch v. Militär blutig niedergeschlagen, danach weitgehende Machtübernahme durch d. Militär (General Suharto), Verbot d. kommunist. Partei u. 1967 → Sukarno durch d. Beratende Volksversammlung aller Ämter u. Vollmachten entkleidet; 1976 Besetzung v. Osttimor u. Eingliederung als 27. Prov. I.s. **i)** *Mitgl.:* UN, ASEAN, Colombo-Plan, OPEC.

Indonesier, Bewohner der malaiischen Inselwelt, malaiische Sprache u. paläomongolide → Rasse mit weddiden Resten.

Indore, *Indur,* **1)** ehem. Fürstenstaat in Zentralindien, jetzt Teil v. Madhja Pradesch; **2)** St. in Madhja Pradesch, 829 000 E; Textilindustrie.

Indossament [it. „in dosso = auf dem Rücken"], auf Rückseite eines → Orderpapieres vom **Indossanten** geschriebener, an best. Formen gebundener Übertragungsvermerk, laut welchem alle Rechte aus d. Papier auf einen anderen **(Indossatar)** übergehen; *Blanko-I.,* wenn Indossatar nicht genannt wird; *Inkasso-I.* berechtigt nur z. Einziehung, nicht zur Weiterübertragung, bes. e. Wechsels.

Indra, früher höchste ind. Gottheit.

Indre [*ēdr*], **1)** l. Nbfl. der Loire, 276 km l.; **2)** mittelfrz. Dép., 6791 km², 237 000 E; Hptst. *Châteauroux.*

Indre-et-Loire, frz. Dép., 6127 km², 526 000 E; Hptst. *Tours.*

in dubio [l.], im Zweifelsfall.

in dubio pro reo, Rechtssatz: „im Zweifelsfall *für* den Angeklagten", d. h. zu seinen Gunsten entscheiden.

Induktion [l.], **1)** *phil.* logischer Schluß vom Besonderen auf d. Allgemeine durch Annahme, daß allg. gilt, was im Einzelnen gefunden wurde (→ Empirismus); I. als phil. Methode v. Francis Bacon gefordert; Ggs.: → Deduktion; **2)** *biol.* im Embryo Anregung einer Organentwicklung durch ein Nachbarorgan (z. B. Entwicklung d. Augenlinse aus d. Haut, wenn Augenanlage d. Gehirns sich Haut nähert); **3)** *phys.:* **a)** Erzeugung el. (Ring-)Spannung in einem Leiter, der in einem Magnetfeld bewegt wird (→ Dynamomaschine) oder sich in einem veränderl. Magnetfeld befindet (→ Transformator); von Faraday 1831 entdeckt; **b)** → magnetische Induktion

Induktions-apparat, svw. → Funkeninduktor. – **I.ofen** → elektrische Öfen.

induktiv [l.], der → Induktion entsprechend (Naturwissenschaften bedienen sich in der Regel induktiver Methoden).

induktive Kopplung, *magnet. K.,* entsteht durch Gegen- → Induktivität (z. B. b. Transformator).

induktiver Widerstand, *W.,* den → Induktivität durch Gegenspannung (Selbstinduktionsspannung) einem Wechselstrom entgegensetzt; steigt mit der Frequenz des Wechselstroms.

Induktivität, Eigenschaft von wechselstromdurchflossenen Leitern od. Spulen, dem Wechselstrom entgegenzuwirken *(Selbstinduktions-* oder *Gegenspannung);* befindet sich in der Nähe des stromdurchflossenen Leiters oder d. Spule ein 2. Leiter od. Spule, so wirkt diese dem Wechselstrom ebenfalls entgegen *(Gegeninduktionsspannung);* Einheit: *Henry* (H), 1 H = 1 Voltsekunde pro 1 Ampere (Vs/A).

Indulgenz, *w.* [l.], Nachsicht; Straferlaß; Ablaß.

Indult, *m.* od. *s.* [l.], **1)** Frist z. Erfüllung einer Verbindlichkeit (Moratorium); **2)** *völkerrechtlich:* bei Kriegsbeginn feindl. Handelsschiffen gewährte Befugnis, die Häfen unbelästigt zu verlassen.

Indus, Hauptstrom W-Indiens, aus d. Transhimalaja, durch d. Himalaja u. Westpakistan (Indus-Tiefland) mit 13 Mündungsarmen ins Arab. Meer, ca. 1 Mill. km² Einzugsgebiet v. a. des → Pandschab; 2897 km l., zahlr. Stauwerke für die künstl. Bewässerung von 8 Mill. ha Land. – **I.kultur,** zw. 3000 u. 1500 v. Chr. St.kultur im I.gebiet u. in Gudscherat, Ausgrabungen (Harappa).

Industrie [l.], gewerbl. Gütererzeugung mit Hilfe von Maschinen in fabrik- oder verlagsmäßig größeren Betrieben (→ Schaubild). – **I.anthropologie,** Arbeitsrichtung der angewandten Anthropologie; sorgt in Zus.arbeit mit der Industrie für d. Anpassung von Gebrauchsgegenständen an den menschl. Körperbau (z. B. Schulmöbel, Fahrzeuge, Maschinen, Bekleidung). – **I.institut,** *Deutsches,* Köln, 1951 vom *B.verband der dt. I.* u. von der *B.vereinigung der dt. Arbeitgeberverbände* gegr. z. Erarbeitung neuer Erkenntnisse über Bedeutung d. Unternehmertums u. d. Marktwirtschaft sowie zur volkswirtsch. Aufklärung. – **I.papiere,** Anteilscheine (Aktien), Schuldverschreibungen (Obligationen) v. Industrieunternehmungen.

industrielle Revolution, Bez. für die seit Mitte d. 18. Jh. in England entstehende und später auf d. restl. Europa übergreifende Revolutionierung d. Technik, v. a. durch Anwendung d. Dampfkraft.

Industrie- und Handelskammern, öff.-rechtl. Selbstverwaltungskörperschaften d. gewerbl. Wirtsch. (Industrie, Handel, Banken, Versicherungen, Verkehrsgewerbe, Gastgewerbe, nicht aber Handwerk); Wahrnehmung der Gesamtinteressen u. Förderung der gewerbl. Wirtschaft, Gutachten, wirtsch. Beratung, Wahrung lauteren Wettbewerbs; öffentl. Bestellung v. Sachverständigen; Förderung u. Durchführung der kaufmännischen u. gewerbl. Berufsausbildung; Ausstellung von Ursprungszeugnissen; eingeschaltet in vielen anderen Bereichen im Interesse der gewerbl. Wirtschaft; in d. BR einschließl. W-Berlin) 69 IHK, 1949 zus.geschlossen zum *Dt. Ind.- u. Handelstag,* DIHT, Bonn; als Dachorganisation d. IHK schon s. 1861.

inert, untätig, unbetätig.

Inertialsystem, *astronom.* Raumkoordinatensystem eines i. sich abgeschlossenen Systems v. Körpern, für d. überall d. Trägheitsgesetz v. Galilei gilt.

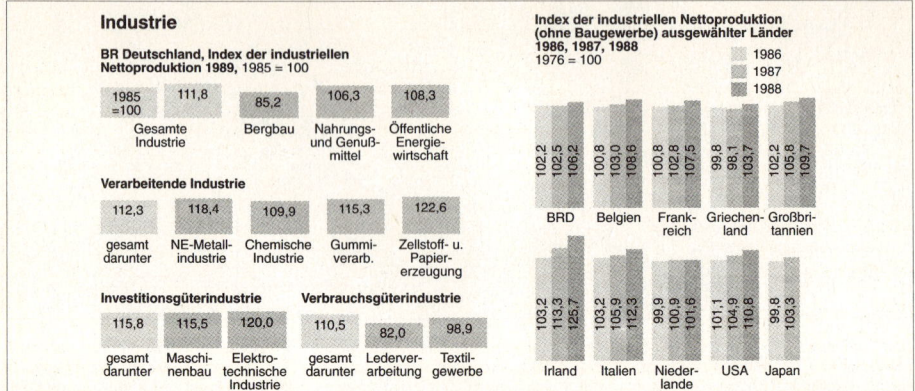

Industrie

BR Deutschland, Index der industriellen Nettoproduktion 1989, 1985 = 100

1985 =100	111,8	85,2	106,3	108,3
Gesamte Industrie	Bergbau		Nahrungs- und Genußmittel	Öffentliche Energiewirtschaft

Verarbeitende Industrie

112,3	118,4	109,9	115,3	122,6
gesamt darunter	NE-Metallindustrie	Chemische Industrie	Gummiverarb.	Zellstoff- u. Papiererzeugung

Investitionsgüterindustrie | Verbrauchsgüterindustrie

115,8	115,5	120,0	110,5	82,0	98,9
gesamt darunter	Maschinenbau	Elektrotechnische Industrie	gesamt darunter	Lederverarbeitung	Textilgewerbe

Index der industriellen Nettoproduktion (ohne Baugewerbe) ausgewählter Länder 1986, 1987, 1988; 1976 = 100

Land	1986	1987	1988
BRD	102,5	102,5	106,2
Belgien	100,8	103,0	108,6
Frankreich	100,8	102,8	107,5
Griechenland	99,8	98,1	103,7
Großbritannien	102,2	105,8	109,7
Irland	103,2	113,3	125,7
Italien	103,9	105,9	112,3
Niederlande	99,9	100,9	101,6
USA	101,1	104,9	110,8
Japan	99,8		103,3

in extenso [l.], ausführlich.

INF, Abk. f. I*ntermediate-Range Nuclear Forces (Nukleare Mittelstreckensysteme),* s. 1981 in Genf bilaterale Verhandlungen zw. USA u. UdSSR über d. Stationierung v. Mittelstreckenraketen in Eur., Verhandlungsabbruch durch d. UdSSR am 23. 11. 1983.

Infallibilität, Unfehlbarkeit i. Glaubens- u. Sittenfragen; *päpst. I.* (ex cathedra); s. 1870 Dogma.

infam [l.], ehrlos, schändlich.

Infant [l. „Kind"], **Infantin,** Titel der span. und portugiesischen Prinzen und Prinzessinnen.

Infanterie, Fußtruppen.

Infantilismus, Zurückbleiben auf kindl. Entwicklungsstufe durch Störungen d. → inneren Sekretion (→ Hypophyse, → Schilddrüse).

Infarkt, *m.* [l.], durch Verstopfung einer Arterie (z. B. → Embolie) in seiner Blutversorgung gestörter Gewebsbezirk (Organ oder Organteil), der abstirbt, zur Schwiele wird oder erweicht, soweit nicht Tod eintritt (Herz-I. u. a.).

Infektion [l.], *Ansteckung,* Eindringen von Krankheitserregern in den Körper; *Tröpfchen-I.* durch Einatmen von Husten- oder Nieströpfchen, besonders bei Tuberkulose-I.; *Staub-I.* durch Einatmen keimhaltigen Staubes, ebenfalls bei Tuberkulose-I.; *Schmier-I.* und *Kontakt-I.* bei Berührung mit keimhaltigem Material (z. B. Ausscheidungen Typhuskranker); *Fütterungs-I.* d. Genuß keimhaltiger Nahrung (z. B. Milch tuberkulöser Kühe, Typhuserreger enthaltendes Trinkwasser); *auch* → Superinfektion, → Reïnfektion. **- I.skrankheiten,** meist fieberhafte Reaktionen des Körpers nach I.; akut od. chronisch; großenteils übertragb., dann Isolierung erforderl.; z. T. gesetzl. meldepflichtig, u. a. Scharlach, Typhus, Diphtherie, Tuberkulose, Kindbettfieber, Kinderlähmung, Pocken, Syphilis, Tollwut und Keuchhusten; → Seuchen; → Immunität.

inferior [l.], untergeordnet, minderwertig.

infernalisch [l.], höllisch, teuflisch.

Inferno, *s.* [it.], Hölle (→ Dante Alighieri, Göttliche Komödie).

Infiltration, *w.* [nl.], **1)** das Eindringen, Einsickern; **2)** *med.* Einlagerung u. Einwanderung v. Fremdkörpern bzw. fremder Zellen od. Gewebe in normales Körpergewebe; **3)** das Einschleusen v. Personen i. Schlüsselstellungen mit d. Zweck d. Untergrabung oder Vorbereitung eines pol. Umsturzes.

Infinitesimalrechnung [l. „infinitus = unbegrenzt"], Rechnen mit Grenzwerten, zusammenfassende Bez. f. Differential- u. Integralrechnung (→ Leibniz).

Infinitiv, *m.* [l.], Nennform des Zeitworts, drückt Handlung oder Zustand ohne Beziehung auf Person oder Aussageform aus (z. B. *lieben, laufen*).

infizieren [l.], anstecken.

in flagranti [l.], auf frischer Tat (ertappen).

Inflation [l. „Aufblähung"], schnellere Zunahme der im Verkehr befindl. Zahlungsmittel über d. Produktivitätszunahme d. Wirtschaft hinaus; d. Nachfrage übertrifft d. Angebot an Gütern u. Dienstleistungen; folgt ist Geldentwertung u. Preisniveausteigerung. → Assignaten. I. in Dtld 1919–23 (zuletzt 1 $ = 4,2 Bill. Mark); beendet m. Einführung d. Rentenmark; i. 2. Weltkr. inflator. Entwicklung in vielen Ländern; in Dtld beendigt durch Währungsreform 20. 6. 1948. Arten: *offene I., schleichende I., galoppierende I., zurückgestaute I., importierte I.;* Ggs.: → Deflation.

Influenz, *w.* [l.], Einfluß.; **1)** *magnet.:* Auftreten von Magnetismus in Eisen u. ferromagn. Stoffen bei Annäherung v. Magneten oder stromdurchflossenen Spulen; **2)** *el.:* Wird z. B. negativ geladenem Isolator od. Leiter ein zweiter, gg. Masse isolierter Leiter genähert, so entsteht an dem d. geladenen Leiter zugewandten Ende positive, am anderen Ende negative Ladung; wird letztere abgeleitet, bleibt positive Ladung. **- I.maschine, 1)** zur Erzeugung statischer (Rei-

bungs-)Elektrizität hoher Spannung, schwacher Strom; **2)** Isolierscheiben mit Metallbelägen, durch Handkurbel gegensinnig drehbar, erzeugen hohe Ladung, die über Metallpinsel durch I. u. Spitzenwirkung den Polen der Influenzmaschine zugeleitet wird.

Influenza, *w.* [l.], svw. → Grippe.

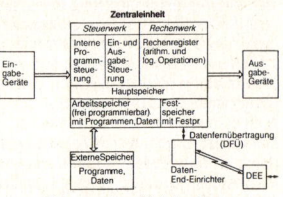

Schema eines Digitalrechners

Informatik → Übersicht, S. 407.

Information [l.], **1)** *I. im weiteren Sinne:* Beseitigung einer Ungewißheit durch Auskunft, Mitteilung, Benachrichtigung od. Kenntnis über Gegenstände u. Phänomene; **2)** *I. im engeren Sinne:* Oberbegriff für Daten, Mitteilung, Meldung, Rechenergebnis, Zahlenwert u. a. **- I.stheorie,** *math.* fundierte Basis d. Informationsverarbeitung u. -übermittlung; begründet v. C. *Shannon* (um 1948); auch → Kybernetik.

Informel [frz.], in Frkr. geprägte Bez. für die gegenstandslose Malerei; → Tachismus.

informell [l.-frz.], **1)** informatorisch, belehrend; **2)** ohne Formalitäten; Ggs.: formell.

informelle Gruppen, betriebspsych. Bez. f. unorganisierte, spontan entstandene Gruppen m. einheitl. Zielen, die nicht auf d. festgelegte betriebl. Arbeitsorganisation ausgerichtet sind.

informelle Kunst, Kunstrichtungen s. 1945, die abgegrenzte Formen u. feste Kombinationsregeln ablehnen u. durch Ineinandergehen versch. Materials (Flecken, Holz, div. Abfälle, Streumittel

Informatik

Gesamtheit der Vorgänge, bei denen durch Verarbeiten (Erfassen, Übermitteln, Ordnen u. Umformen) von Daten über einen best. Sachverhalt Informationen über den sich daraus ergebenden Sachverhalt gewonnen werden. Infolge d. Zunahme d. Datenmengen in Wiss., Technik, Wirtschaft u. Verwaltung hat es sich als notwendig herausgestellt, Maschinen einzusetzen, die schneller u. sicherer als d. Mensch Daten verarbeiten (maschinelle Datenverarbeitung). Dabei unterscheidet man 3 grundsätzliche Abschnitte: **1)** Mechanisieren der Rechenoperationen (mechan. Rechenmaschinen seit dem 17. Jh.); **2)** Zusammenfassen u. Steuern mehrerer Rechenoperationen durch Programm (*Babbage* ersann 1830 Prinzip d. automat. Steuerung, *Hollerith* baute um 1890 erste Lochkartenmaschine, *Zuse* entwickelte 1939/41 d. erste programmgesteuerte Rechenanlage d. Welt mit Relaissteuerung u. -speicher); **3)** Steigerung der Operationsgeschwindigkeit durch Verwendung elektron. Schaltelemente anstelle mechan. Elemente (ab 1946 Röhrenrechner, ab 1955 mit → Transistoren, ab 1970 mit → IC; *EDV:* elektron. Datenverarbeitung). Dadurch wurde es erst möglich, Rechenoperationen zu automatisieren u. d. Anwendung math. Verfahren rentabel zu machen. Datenverarbeitungsanlagen arbeiten grundsätzl. nach einem Programm, das zuvor für d. Folgen der jeweils durchzuführenden Rechenoperationen aufgestellt werden muß (Bez. „Elektronengehirn" falsch, da keine selbständige Denkarbeit möglich). Nach Art der internen Signaldarstellung unterscheidet man **a) Analogrechner,** dabei werden für Rechenwerte Analoge (*analog = gleich*) in Form phys. Größen benutzt (z. B. Spannungen, Ströme usw.); d. h. math. formulierte Probleme werden durch elektron. Schaltungen nachgebildet, deren zeitliche Strom- oder Spannungsverläufe der math. Form entsprechen. Rechenergebnisse erscheinen als Meßwerte auf Registrierinstrumenten oder Kathodenstrahloszillographen; spezifische Anwendungsgebiete (Echtzeitverarbeitung; mehrfache, schnelle Integration u. ä.) im wiss.-techn. Bereich. Frühere Bedeutung schwindet durch d. technologische Weiterentwicklung d. **b) Digitalrechner;** bei diesen werden alle Informationen (Ziffern u. Buchstaben) durch Zahlen dargestellt u. verarbeitet. Digitale Schaltkreise können eindeutig aber nur 2 Werte annehmen, z. B. „Strom" od. „kein Strom". Man ordnet deshalb diesen beiden Zuständen die „logischen Entscheidungen" „ja" u. „nein" oder die Werte „0" u. „1" des binären (→ Dual-)Zahlensystems zu. Eine solche Informationseinheit wird allg. mit „bit" (engl. Abk. v. *binary digit*) bezeichnet. Deshalb müssen alle Daten vor der Eingabe in die Sprache der Maschine umgewandelt *(codiert)* werden (Einstanzen in Lochkarten oder Streifen). Da nur die 4 Grundrechnungsarten möglich

sind, müssen alle Probleme darauf zurückgeführt werden. Grundsätzlich sind Digitalrechner aus einer Zentraleinheit ZE (Steuerwerk, Rechenwerk, Arbeitsspeicher) u. peripheren Geräten (Eingabe, Ausgabe, externe Speicher, Dialoggeräte, Einrichtungen zur Datenfernübertragung u. -verarbeitung u. a.) aufgebaut (Abb.). Breiteste Anwendung in versch. Gerätekonstellationen u. Abmessungen (v. Mikrocomputer auf einem Chip bis zu Großrechnern u. Rechenzentren). **c) Hybridrechner** verknüpft Vorteile d. beiden Rechnerarten; Anwendung: z. B. Entwurf u. Simulation von Körpern mit besonderen Formeigenschaften wie bei Flugzeugen u. PKW (auch als → Prozeßrechner). Nach Anwendungsbereichen unterscheidet man **1.** *Kommerzielle Rechner,* charakterisiert durch folgende Merkmale: große Datenmengen, wenig Rechenintensität, einfache Rechenoperationen, Verwendung u. Verknüpfung von Dateien, Datenbanksysteme, ständige Wiederholung über längere Zeiträume; erfordert sehr große externe Speicher mit Direktzugriff. **2.** *Math.-wiss. Rechner;* relativ kleine Datenmengen, große Rechenintensität u. anspruchsvolle Rechenoperationen, isolierte und ständig neue Aufgabenstellungen; erfordert leistungsfähige Rechenwerke. **3.** *Prozeßrechner.* Ähnlich d. → Elektronik kennzeichnet die I. ein hohes Innovationstempo (vor wenigen Jahren noch nicht bekannt: z. B. dezentrale Datenverarbeitung: Computer am Arbeitsplatz; innerbetriebl. od. weltweite „Vernetzung" von Computern durch Möglichkeit zu umfangreichem Datenaustausch über Kabel- od. Funkverbindungen; Mikro-, Heim- od. Personalcomputer; Magnetblasenspeicher; Laserdrucker höchster Leistung, optische Speichermedien, Scanner u. a.) mit entsprechenden Auswirkungen in der Arbeitswelt, der Ausbildung u. im privaten Sektor (Umstrukturierung der Arbeitsplätze und Arbeitsweisen).

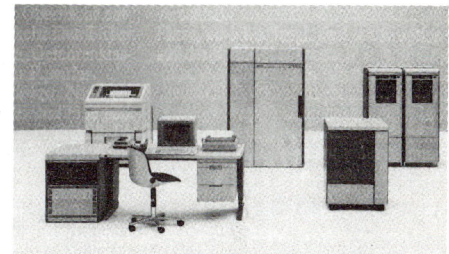

EDV-Anlage

---

u. a.) phantast. Bilder schaffen; Vertr.: *Dubuffet, Fautrier, Hartung, Wols.*

Infrarot → ultrarote Strahlung.

Infrarotastronomie, Astronomie im Bereich v. Wellenlängen des elektromagn. Spektrums zw. etwa 1/1000 mm u. 0,3 mm; ermöglicht Beobachtungen v. Sternentstehungsgebieten.

Infraschall, unterhalb der unteren Hörgrenze (16–20 Hertz) liegende akust. Schwingungen.

Infrastruktur, 1) Unterbau (wirtsch., soz. u. organisator.) f. d. Daseinsvorsorge u. d. Funktionieren einer Wirtschaft (Verkehrsnetz, Energieversorgung, Polizei, Krankenhäuser, Schulen u. a.); **2)** *mil.* alle ortsfesten Bauwerke (einschließl. Einbauten), die mittelbar u. unmittelbar der Landesverteidigung dienen.

Infratest, Marktforschungsinst., bes. für Fernsehzuschauerfeststellung.

Inful, röm. weißwollene Stirnbinde, Zeichen der Weihe, später Bischofsmütze (Mitra).

Infusion [l.], Eintropfung (z. B. e. Kochsalz- od. Zuckerlösung) in d. Darm, unter d. Haut od. in eine Ader.

Infusorien, *Aufgußtierchen* (weil zuerst in Aufgüssen, z. B. von Stroh, entdeckt), → Wimpertierchen.

Ingelheim am Rhein (D-6507), St. i. Kr. Mainz-Bingen, RP, 20 873 E; AG; Wein- (Spätburgunder), Gemüse- (Spargel), Obstbau; chem.-pharmazeut. u. elektrotechn. Ind.; Reste d. Kaiserpfalz Karls d. Gr.

Ingenieur [frz. ɪnʒeˈnjœːr], Berufsbezeichnung f. ausgebildete Techniker; Erwerb des akad. Grades *Diplom-I.* (Dipl.-Ing.) durch Studium und Abschlußprüfung an einer TH od. TU; *Doktor-I.* (Dr.-Ing.) durch Promotion; *graduierter I.*

(Ing. grad.), Titel für Absolventen v. **I.schulen,** s. 1971 **Ingenieur-HS;** Aufnahmebedingung mittlere Reife u. 2jähr. Praktikum; → VDI.

ingeniös [frz.], scharfsinnig, erfinderisch; → Ingenieur.

Ingenium, *s.* [l.], natürl. Geistesanlage; Begabung.

Ingermanland, russ. *Ischorskaja Semlja,* nw.-russ. Küstenland zw. Peipus, Ilmen- und Ladogasee und dem Finn. Meerbusen; bis 1702 schwed.

Ingolstadt (D-8070), krfreie St. in Oberbayern, a. d. Donau, 100 000 E; got. u. barocke Bauten; AG; Erdölraffin., Audi NSU AG. – 1472–1800 Uni.; ehem. herzogl. Residenz; Museen.

Ingrediens, *s.,* **Ingredienz,** *w.* [l.], Mz.: *Ingredienzien,* Bestandteil einer Mischung.

Ingres [ɛ̃gr], Jean Auguste Dominique (29. 8. 1780–14. 1. 1867), frz. klassizist.

Maler; mytholog. u. histor. Themen, Bildnisse; *Die große Odaliske.*
Ingväonen, *Ingävonen,* german. Hauptstamm, von der Ostsee bis zur Rheinmündung: *Friesen, Kimbern, Sachsen, Angeln, Jüten.*

Ingwer

Ingwer, *m.,* Staude, Wurzeln liefern gleichnamiges Gewürz; Indien, Malaischer Archipel.
INH, Abk. f. I*sonicotinsäurehydrazid.*
Inhaberpapiere, Wertpapiere, bei denen jedem Inhaber Geltendmachung d. i. Papier verbrieften Rechts zusteht (z. B. Inhaberaktien, Schuldverschreibungen, Pfandbriefe usw.); Ggs.: → Namenspapiere.
Inhalation [l.], Einatmen von Heilmitteln. - **I.sapparat,** führt Heilmittel mittels Verdampfung od. feiner Zerstäubung den Atemwegen zu; → Narkose.
Inhärenz, *w.* [l.], Verhältnis der Eigenschaften z. d. Dingen als ihren Trägern.
inhibieren [l.], verhindern.
in hoc signo vinces [l. „unter diesem Zeichen wirst du siegen"], Schriftbild, das → Konstantin d. Gr. vor seinem Kampf gg. Maxentius (312) zus. mit dem Bild d. Kreuzes am Himmel erschienen sein soll.
inhuman [l.], menschenunwürdig, unmenschlich.
in infinitum [l.], ins Unendliche.

Initiale

Initiale, *w.* [l.], durch Größe, Verzierung od. Farbe hervorgehobener *Anfangs* buchstabe.
Initialzündung, zum Entzünden v. Sprengladungen durch kleine Ladung sehr brisanter Sprengstoffe (z. B. Bleiazid).
Initiation [l.], nach überlieferten Bräuchen vollzogene feierl. Aufnahme eines Neulings in eine Gemeinschaft; bei Naturvölkern Jünglings- od. Mädchenweihe, Mannbarkeitsfeier.
Initiative, *w.* [l.], Inangriffnahme, Anstoß, Entschlossenheit; *Gesetzes-I.:* Befugnis zur Vorlage von Gesetzen.

Injektion [l.], Einspritzung von Heilmitteln; *subkutan:* unter die Haut, *intrakutan:* in die Haut, *intramuskulär:* in die Muskulatur, *intravenös:* in die Blutader

Injektionsspritze

usw. - **I.sspritze,** aus nickelgefaßtem Glaszylinder m. Nickelkolben u. aufsetzbaren Hohlnadeln (Kanülen) verschiedener Länge u. Dicke.
Injektor, *m.* [l.], Dampfstrahlpumpe zur Kesselspeisung.
Injurie, *w.* [l.], Unrecht, Beleidigung, → Realinjurie, → Verbalinjurie.
Inka, urspr. ein *Ketschua-*(Indianer-) Stamm, dann Bez. für die herrschende Kaste im alten Peru; *I.reich:* Sozialstaat hoher u. sehr alter Kultur u. Kunst; 1970 wurden d. bisher f. Ornamente gehaltenen rechteckigen geometr. Zeichen (Tocapus) auf Gefäßen u. Gewändern als Wortzeichen entziffert (→ Quipu); Sonnenkultus; 1533 v. → Pizarro zerstört. -
I.bein, durch Knochennähte geteiltes Hinterhauptsbein, häufig im alten Peru.
Inkarnat, *s.* [it.], Fleischton i. d. Malerei.
Inkarnation [l. „Fleischwerdung"], **1)** *christl.:* Annahme der menschl. Natur *(Menschwerdung)* durch d. Sohn Gottes; **2)** jede Fleischwerdung einer Gottheit.
Inkasso, *s.* [it.], Einziehen v. Außenständen, bes. v. Wechseln u. Schecks. - **I.gebühren,** *I.spesen,* Vergütung f. d. Einziehung v. Außenständen nach *I.geschäft,* auch durch Banken n. festen Tarifen. - **I.vollmacht,** Ermächtigung z. Einziehung v. Forderungen u. Geldannahme überhaupt.
Inklination [l.], Neigung, Zuneigung; *I. der Magnetnadel* → Erdmagnetismus.
inklusive [l.], *inkl.,* einschließlich.
Inkognito, *s.* [it.], Verheimlichung v. Namen u. Stand.
Inkohärenz, *w.* [nl.], Mangel an Zusammenhang.
inkommodieren [l.], belästigen.
inkomparabel [l.], unvergleichbar.
inkompatibel [l.], unvereinbar, unverträglich.
inkompetent [nl.], nicht zuständig, unbefugt.
inkongruent [l.], sich nicht decken, nicht übereinstimmend.
Inkongruenz, *w.,* Nichtübereinstimmung.
Inkonsequenz, *w.,* innerer Widerspruch.
Inkontinenz [l.], Unfähigkeit, den Harn oder den Kot im Körper zurückzuhalten.
Inkorporation, *w.* [nl.], Aufnahme in Körperschaft.
Inkrete → Hormone.
inkretorische Drüsen → innere Sekretion.
inkriminiert, unter Anklage gestellt.
Inkrustation [l.], **1)** *Geologie:* Überkrustung e. Körpers durch Mineralien u.

Quellsalze; **2)** *Kunst u. Kunstgewerbe:* Einlagen v. härterem Material in plast. erhärtendem Untergrund, auch Auflagen auf Wände; **3)** *med.* meist Kalkablagerung.
Inkubation, 1) Zeitraum zw. Infektion u. Krankheitsausbruch; **2)** *tiermed.* Ausbrütung. - **I.szeiten,** in Tagen: Diphtherie 2-5, Genickstarre 1-4, Grippe 1-3, Keuchhusten 1-14, Kinderlähmung 3-12(-35), Malaria 7-21, Masern 8-14, Mumps 12-21, Röteln 16-20, Ruhr (bazilläre) 2-7, Rose 1-3, Scharlach 2-9, Syphilis 14-21, Typhus 7-21, Windpocken 6-21, Wundstarrkrampf 4-16(-60).
Inkubator [l.], *Couveuse* [frz. *ku'vøs(ə)*], Wärmebett zur Aufzucht von Frühgeborenen.
Inkubus, *m., Alp,* nach ma. Volksglauben unzüchtiger männl. Nachtgeist; weibl. Entsprechung: *Sukkubus.*
Inkunabeln [l.], → Wiegendrucke.
Inlandeis, geschlossene, bis zu mehreren tausend Metern mächtige Eisdecken, die in polaren Gebieten große Landflächen bedecken; heute noch in Grönland u. im Südpolargebiet.
Inlay [engl. *'inlei*], Zahnfüllung.
in medias res [l. „mitten in die Dinge"], unmittelbar zur Sache (kommen).
in memoriam [l.], zum Gedächtnis.
Inn, r. Nbfl. der Donau, 510 km l., aus d. Gebiet d. Maloja-Passes durch d. Engadin (Engpaß v. Finstermünz) u. Tirol (Längstal zw. Nördl. Kalk- u. Zentralalpen), durchbricht die Kalkalpen b. Kufstein, mündet bei Passau.
Innere Führung, Bez. f. zeitgerechte Menschenführung u. geistige Rüstung in d. dt. Bundeswehr; gesellschaftl. Integration d. Armee in d. freiheitlichen Demokratie als Ziel (Leitbild: *„Bürger in Uniform").*
Innere Mission → Diakonisches Werk.

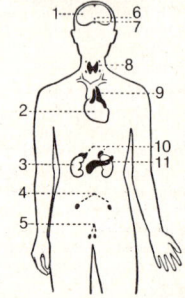

1 Gehirn, 2 Herz, 3 Niere, 4 Keimdrüsen bei der Frau, 5 Keimdrüsen beim Mann, 6 Zirbeldrüse (Epiphyse), 7 Hirnanhangdrüse (Hypophyse), 8 Schilddrüse mit Nebenschilddrüsen, 9 Thymusdrüse, 10 Nebennieren, 11 Bauchspeicheldrüse mit Inselorgan

Innere Sekretion

innere Sekretion, die Tätigkeit der inneren, endokrinen od. inkretorischen Drüsen *(Hormon-, Blutdrüsen)* sowie bestimmter Gewebe, spezifisch-biol. Wirkstoffe (→ Hormone) zu bilden u. in die Blutbahn od. örtlich abzugeben, von wo aus sie die Lebensvorgänge regulieren helfen. Sie bedingen Wachstum u. Entwicklung, Altersverfall u. Geschlechtsdifferenzierung. In enger Wechselbeziehung zur nervösen Regulation ermöglicht d. i. S. als humoraler Regulationsmechanismus das einheitliche Funktionieren d. Gesamtorganismus. Das geordnete Zus.wirken wird dadurch erreicht, daß sie einerseits auf dem Nerven- u. Blutweg von übergeordneten Zentren, insbes. → Zwischenhirn u. → Hypophyse, gesteuert werden, andererseits engste Beziehungen untereinander besitzen. Über- od. Unterproduktion führt zu typischen schweren Krankheiten. Die Drüsen mit innerer S. sind → Hypophyse, → Schilddrüse, → Nebenschilddrüsen, → Nebennieren, → Keimdrüsen, → Thymus, → Epiphyse, → Inselorgan. - Zur i. S. gehört auch d. Tätigkeit versch. nichtdrüsiger Gewebe, die sog. → Gewebshormone produzieren.

Innervation [nl.], Versorgung e. Körperteils m. Nerven.

Innovation, w. [l.], Erneuerung, Neuerung (z. B. Einführung neuer Techniken od. Produkte).

Innozenz, Name von 13 *Päpsten:* **1)** I. III. (1160–1216), einer d. mächtigsten Päpste, 1198–1216, Vormund Kaiser Friedrichs II., billigte Kreuzzug u. Inquisition gg. d. Albigenser, manifestierte die absolute Macht d. Papsttums auf d. 4. Laterankonzil 1215; erhob d. Lehre v. d. Transsubstantiation zum Dogma, Höhepunkt kirchlicher Macht im MA; **2)** I. IV. († 1254), 1243–54 Papst, Gegner Kaiser Friedrichs II.; vergleb. Absetzungserklärung gg. den Kaiser auf dem Konzil zu Lyon 1245; **3)** I. XI. (19. 5. 1611-12. 8. 89), 1676–89 Papst, Gegner der gallikanischen Kirche u. der Jesuiten; 1956 Seligsprechung.

Innsbruck (A-6020), Landeshptst. von Tirol, an Inn u. Sill, 574 müM, 117 000 E; kath. Bischofssitz, got. Altstadt, Hofburg, Hofkirche m. Grabmal Maximilians I., „Goldenes Dachl“, Dom St. Jakob, Basilika v. Wilten, Schloß Ambras; Uni. (gegr. 1669); Flughafen; Bergbahnen; Museen; s. 1239 St.; Olymp. Winterspiele 1964 u. 1976.

in nuce [l. „in der Nuß“], in Kürze.

Innung, 1) früher → Zunft, Gewerk, Gilde; **2)** jetzt: fachl. u. örtl. gegliederte Interessenvertretungen von Handwerkern; → Handwerk.

Inoue, Yasushi (6. 5. 1907-29. 1. 91), jap. Schriftst.; Romane: *D. Eiswand; D. Stierkampf.*

in perpetuum [l.], für immer, ewig.

in petto [it.], in Bereitschaft (haben).

Input [engl.], **1)** *allg.* zugeführte Menge; **2)** *techn.* Eingangsenergie, Speisespannung; eingespeiste Information/Daten; **3)** *volkswirtsch.* eingesetzte Produktions-

mittel (Faktoreinsatzmenge); Ggs.: Output. - **I.-Output-Analyse,** Untersuchung der Zus.hänge zw. der Faktoreinsatzmenge *(Input)* u. dem daraus resultierenden Ertrag *(Output)* einer Unternehmung, eines multinat. Konzerns od. einer Volkswirtschaft.

Inquisition [l. „Untersuchung“], kirchl. Gericht gg. Häretiker; s. Spätantike wurden gefährl. Häretiker v. weltl. Gericht bestraft; i. 11. u. 12. Jh. verbündeten sich weltl. u. geistl. Gewalt im Kampf gg. d. → Albigenser. Gregor IX. regelte 1231-33 die kirchliche I. u. übertrug sie meist den Dominikanern; staatl. I. in Spanien 1478 eingeführt, unter einem geistlichen, vom Staat bestellten Großinquisitor (entweder der Erzbischof von Toledo ober - meist - ein Dominikaner); aus Dtld verschwand die I. im 16. Jh., Frkr. schaffte sie 1772 ab.

I. N. R. I., Abk. von Jesu Kreuzesüberschrift: *Jesus Nazarenus Rex Judaeorum* [l. „Jesus von Nazareth, König der Juden“].

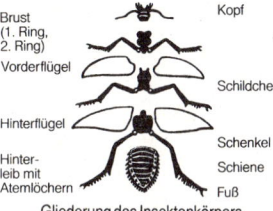

Brust (1. Ring, 2. Ring)
Vorderflügel
Hinterflügel
Hinterleib mit Atemlöchern
Kopf
Schildchen
Schenkel
Schiene
Fuß

Gliederung des Insektenkörpers

Insekten, meist geflügelte Gliedertiere, artenreichste Tierklasse; Körper gegliedert in Kopf, Brust und Hinterleib; 3 Paar Beine; am Kopf 1 Paar Fühler und 3 Paar der Ernährung dienende, umgewandelte und bei den einzelnen Formen sehr verschieden gestaltete Gliedmaßen:

Innsbruck, *Annasäule*

Ober-, Unterkiefer, Unterlippe mit 4 Haupttypen: kauend (z. B. Schaben), leckend-saugend (z. B. Honigbiene), saugend (Schmetterling), stechend-saugend (z. B. Wanzen); Atmung durch Luftröhren (Tracheen); Punkt- u. Facettenaugen; Entwicklung mit unvollkommener, allmählicher Verwandlung (z. B. Heuschrecken, → Heterometabolie) od. mit Einschiebung eines Puppen-(Ruhe-)Stadiums (vollkommene Verwandlung, → Holometabolie): Ei, Larve (Raupe, Made, Engerling), Puppe, ausgebildetes Insekt; Vorkommen überall, Lebensweise demgemäß ganz verschieden; Hauptgruppen: *Flügellose I.* (*Ur-I.*, Silberfischchen, Gletscherfloh), *Libellen, Geradflügler* (Schaben, Heuschrecken), *Netzflügler, Läuse, Wanzen, Pflanzensauger* (Zikaden, Blattläuse), *Käfer, Schmetterlinge, Hautflügler* (Wespen, Bienen, Ameisen), *Zweiflügler* (Fliegen, Mücken).

Insektenblütler, Pflanzen, deren Blüten durch Insekten bestäubt werden.

insektenfressende Pflanzen, Pflanzen, die mit bes. Fangvorrichtungen Insekten u. andere kleine Tiere festhalten u. mittels ausgeschiedener Säfte verdauen; Fangorgane: z. B. klebrige Blätter (*Sonnentau, Fettkraut*), b. Berührung zus.-klappende Blätter (*Venusfliegenfalle*), Blattkannen (*Nepenthes*), reusenartige Blattblasen (*Wasserschlauch*).

Insektenfresser, Säugetierordnung mit Maulwurf, Spitzmäuse, Igel und anderen Formen; Nahrung: Insekten, Würmer, z.T. auch Pflanzen.

Insektizide, Mittel z. chem. Bekämpfung v. Schadinsekten (*Fraß-, Atem-,* → *Kontaktgifte*); nur z. T. umweltverträglich.

Inseln über d. Winde, I. unter d. Winde → Antillen.

Inselorgan, *Langerhanssche Inseln,* in der Bauchspeicheldrüse inselförmig liegende 2 Arten Zellen, die als Hormone → Insulin (in den Betazellen) u. → Glukagon (in den Alphazellen) bilden; diese wirken zentral (Leber, Blutzucker) gegensinnig, peripher aber gleichsinnig (Glykogenverwertung i. d. Muskulatur); dienen der Regulation des Kohlenhydratstoffwechsels unter Beteiligung des → Adrenalins. Zu wenig Insulin oder zu viel Glukagon führt z. → Diabetes mellitus (Zuckerkrankh.). Auch → innere Sekretion u. → Schockbehandlung.

Insel-Verlag, aus der Zeitschrift *Die Insel* (1899), s. 1902 Leipzig; s. 1945 auch in Wiesbaden, s. 1962 in Frankfurt/M., s. 1912 Insel-Bücherei.

Insemination [l.], **1)** Besamung; **2)** künstliche → Befruchtung.

Inserat, *s.* [l.], Geschäftsanzeige in Zeitung, Zeitschrift usw. *(inserieren)*.

In-sich-Geschäfte, Kommissionär führt Effektengeschäfte für Kunden nur *buchmäßig* aus, weil Angebot u. Nachfrage in demselben Papier ohne Einschaltung d. Börse ausgeglichen werden können.

Insignien [l.], Abzeichen von Macht und Würde.

insinuieren [l.], etwas einflüstern, unterstellen.

Inskription, w. [l.], Namenseintragung; Inschrift.

Insolation [nl.], 1) Bestrahlung e. Körpers, bes. d. Erde, durch die Sonne; 2) *med.* → Sonnenstich.

insolent [l.], anmaßend.

insolvent [l.], zahlungsunfähig.

in spe [l. „in Hoffnung"], künftig.

Inspektion, w. [l.], Aufsicht(sbehörde); Besichtigung.

Inspiration [l.], 1) Einatmung; 2) Einflüsterung, Eingebung, Anregung. - **I.slehre,** Lehre, daß Gott auf d. Verfasser d. Hl. Schriften (Bibel, Avesta, Koran) Einfluß genommen hat.

inspirieren, erleuchten, anregen.

inspizieren [l.], be(auf)sichtigen.

Installation [nl.], Anlegen v. Hausleitungen u. Geräten für Wasser, Gas, Elektrizität, Kanalisation u. a. durch ausgebildeten Techniker: **Installateur.**

Instantgetränke [engl. *'instǝnt*-], Getränke aus Spezialpulver (aus Kaffee, Tee usw.), das sich beim Übergießen ohne Rückstand auflöst.

Instanz, w. [l.], die nach der Reihenfolge ihrer Überordnung zueinander, dem *I.enzug,* zuständige Stelle (Gericht, Verw.behörde). - **I.enweg,** vorgeschriebener Dienstweg f. die Erledigung v. Anträgen od. Gesuchen.

Insterburg, *Tscherniachowsk,* sowjet. St. an Inster u. Angerapp im ehem. Ostpreußen, 33 000 E.

Instinkt, m. [l.], *angeborenes Verhalten* beim Tier, dessen komplizierter koordinierter Ablauf v. inneren (zentralnervösen u. hormonalen „Trieben") u. äußeren Faktoren *(auslösenden Schlüsselreizen)* bestimmt wird (z. B. Fortpflanzungs-I. von Wahl des Nistplatzes über Balz, Nestbau bis z. Jungenaufzucht; hochentwickelte I.e z. B. bei Bienen u. Termiten („Staat"); Einbau von individuellen Erfahrungen (Eigen- oder *Fremddressur)* möglich: *I.-Dressur-Verschränkung;* → Verhaltensforschung.

Institut, s. [l.], Forschungsanstalt, Einrichtung einer wiss. Gesellschaft Einrichtung; (Lehr-)Anstalt, Forschungsstätte.

Institut für Auslandsbeziehungen, Stuttgart, gegr. 1917 als Dt. Auslandsinstitut; 1951 neu gegr.

Institut für Demoskopie Allensbach, *IfD,* 1947 gegr. v. E. *Noelle-Neumann* u. E. P. *Neumann.*

Institut für Deutsche Sprache, 1964 i. Mannheim gegr. Inst. f. die dt. Sprachwissenschaft.

Institution, w. [l.], Einrichtung.

Institutionen, Teil d. *Corpus iuris civilis,* enthält Gesamtübersicht des röm. Rechts, 533 unter Justinian verfaßt.

Instleute, *Einlieger,* Landarbeiter m. Gesindedienst; stellen eigene Hilfskräfte *(Hofgänger, Scharwerker).*

instruieren [l.], unterweisen.

Instruktion, w., (Dienst-)Anweisung.

instruktiv, aufschlußreich.

Instrument, s. [l.], (Ton-)Werkzeug.

Instrumentalmusik, nur m. Instrumenten (ohne Gesang) ausgeführte Musik; Ggs.: → Vokalmusik.

Instrumentation, Orchestrierung; Ausarbeitung d. Kompositionsentwurfs als Partitur.

Insubordination, w. [l.], Unbotmäßigkeit.

Insuffizienz, w. [l.], mangelhafte Leistungsfähigkeit, Versagen, Schwäche (z. B. des Herzens).

Insulin, s., von → Inselorgan gebildetes Hormon, senkt Blutzuckergehalt, 1907 v. *Zuelzer,* i. gereinigter Form 1921 v. *Banting* u. *Best* dargestellt; 1963 v. Helmut *Zahn* vollständig synthetisiert; Mittel gegen Zuckerkrankheit; → innere Sekretion.

Insulinde → Malaiischer Archipel.

insultieren [l.], beschimpfen, beleidigen.

Insurgent, m. [l.], Aufständischer; **Insurrektion,** Aufstand.

inszenieren, Theaterstücke, Filme in Szene setzen.

Intaglio, s. [it. -'taʃo], Gemme m. vertieftem Bild. Dagegen → Kamee.

Intarsia, w. [it.], Einlegearbeit in Holz aus verschiedenfarbigem Holz, Elfenbein, Perlmutt, Metall.

Integralrechnung, Berechnung v. Flächeninhalten m. Hilfe v. Grenzwerten.

Integration, w. [l. „integer = ganz"], 1) *allg.* Wiederherstellung, Vereinigung; 2) *pol.* Zus.wachsen, Verschmelzen zu höherer Einheit (z. B. westeur. Nationalstaaten zu eur. Einheit); auch: Eingliederung v. Vertriebenen (im Ggs. zu Assimilation od. Einschmelzung).

integrierend [l.], zur Vollständigkeit notwendig.

integrierter Pflanzenschutz, dem Standort u. der Pflanze angemessener Einsatz ackerbaul., biol. u. chem. Maßnahmen z. Schutz der Pflanzen ohne Zerstörung des ökolog. Systems.

integrierte Schaltung, *integr. Schaltkreis* (engl. *integrated circuit,* abgek. **IC),** heute wichtigstes Bauelement d. → Elektronik (Mikroelektronik); mehrere Schaltelemente (→ Transistoren, → Dioden etc.) sind zu einem Ganzen zusammengefaßt *(Chip);* nach Technologie unterscheidet man *Halbleiterschaltkreise* (Monolith-Technik), *Dünn- u. Dickfilmkreise* (Schichttechnik) u. Kombinationen davon (Hybridtechnik). → Halbleitertechnik.

Integrität, w. [l.], Unberührtheit, Lauterkeit.

Intellekt, m. [l.], Denkkraft, Verstand.

Intellektualismus, 1) die Überbetonung der Verstandeskräfte vor dem gefühls- u. willensmäßigen Seelenleben; 2) *Philosophie:* Anschauung, daß das wahre Wesen der Dinge nur mittels der dem Geist selbst innewohnenden Begriffe erkannt

werden kann; Ggs.: Sensualismus u. Empirismus; 3) *Ethik:* die Anschauung, daß der Wille durch Einsicht und Überlegung beeinflußbar ist.

intellektuell, geistig; auf Wissen od. Erkenntnis bezügl. od. beruhend.

intelligente Optik, Abbildungssysteme in → Teleskopen mit Spiegeln, die aus vielen beweglichen Einzelsegmenten bestehen u. durch Computer gesteuert in d. optimale Form gebracht werden.

Intelligenz, w., Denkkraft, Lernfähigkeit; z. T. meßbar als *IQ* (Intelligenzquotient) m. Hilfe von Intelligenztests.

intelligibel [l.], nur dem Verstand erfaßbar.

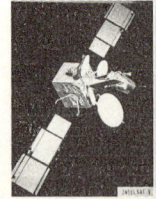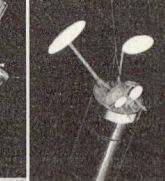

Intelsat

Intelsat, Nachrichtensatellitentyp; *Intelsat V* (Start: 6. 12. 1980), größter ziviler Nachrichtensatellit; 12 000 Sprechkreise f. Telefonverbindungen u. 2 Farbfernsehkanäle; für 90er Jahre wird Intelsat VI entwickelt (Abb.).

Intendant [nl.], 1) Leiter einer staatl. od. städt. Bühne, eines Rundfunksenders od. einer Fernsehanstalt; 2) höherer Heeresverwaltungsbeamter in d. dt. Wehrmacht.

Intensität, w. [l.], Stärke od. Ausmaß einer Kraft od. Wirkung.

intensiv, in sich gesteigert, stark.

Intensivpflege, Wiederbelebung durch Wiederherstellung v. Atmung u. Kreislauf in einer speziell organisierten Behandlungseinheit einer Klinik (z. B. nach Unfällen, Herzinfarkt u. ä.).

Intensivtherapie, *med.* Einsatz von Verfahren (meist apparativ), die vorübergehend gestörte bzw. ausfallende lebenswichtige Organe ersetzen.

Intention [l.], Absicht, Ziel.

intentional, absichtlich, auf anderes, Gegenständliches gerichtet (Wesen jeglichen Bewußtseins).

Intentionalismus, phil. Anschauung, daß jede Handlung nur nach der Absicht zu beurteilen sei.

inter- [l.], als Vorsilbe: zwischen ...

Interaktion, w. [l.], Wechselwirkung; *soziale I.,* gegenseitige Beeinflussung v. Mitgliedern einer Gruppe führt zu Änderungen v. Einstellungen u. Verhalten.

Intercity-/Eurocity-Verkehr, Schnellverkehr zw. (Groß-)Städten, meist in Ballungsgebieten (Fernschnellzüge) national und international im Stundentakt.

Intercontainer [engl. *-kǝn'teinǝ*], 1968 von 11 eur. Eisenbahnverwaltungen gegr. Ges. (Sitz Brüssel, Generaldirektion in Basel) z. Koordinierung des intern. → Containerverkehrs.

Interdependenz, w. [l.], wechselseit. Abhängigkeit.

Interdikt, s. [l.], **1)** allg. Verbot; **2)** in der kath. Kirche Verbot der Abhaltung von Gottesdiensten.

Interesse, s. [l. „dabeisein"], Anteil(nahme) an etwas; auch älterer Ausdruck f. Zinsen. – **I.ngemeinschaft,** IG, Zus.fassung gleichart. Unternehmungen, d. rechtl. selbständig bleiben; z. gemeins. Regelung von Produktion u. Verkauf.

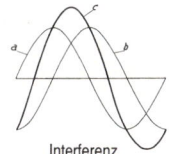

Interferenz

Interferenz, w. [nl.], Zus.wirken d. Schwingungen mehrerer selbst. Wellen (Schall-, Licht-, Wasser- oder el. Wellen, Abb. a, b) in einem Punkt; durch gegenseitige Verstärkung u. Schwächung d. Wellenberge u. -täler entsteht neue Welle (Abb. c). Zur Messung von I. in Physik u. Astronomie: **Interferometer.**

Interferon [l.], Zellstoffwechselprodukt, das d. Wachstum von → Viren in d. Zelle hemmen kann.

Interflug, 1958 gegr. Fluggesellschaft der DDR, ab 1990 Bestandteil der Dt. Lufthansa.

intergalaktische Materie, gas- u. staubförmige Materie zw. d. → Galaxien, die wahrscheinlich von diesen Galaxien stammt.

Interglazial, s., Zwischeneiszeit, Wärmeperiode innerhalb der Eiszeit.

INTERGU, Abk. f. Intern. Gesellschaft f. Urheberrecht, gegr. 1955, Sitz Berlin.

Interieur, s. [frz. ɛ̃te'rĭœr], Innenraum od. dessen bildl. Darstellung.

Interim, s. [l.], „vorläufige" Regelung, bes. in religiösen Streitigkeiten; Regensburger I. (1541), Augsburger und Leipziger I. (1548).

interimistisch, vorläufig, einstweilig.

Interjektion [l.], Ausruf, Empfindungslaut (z. B. ah!).

Interlaken (CH-3800), schweiz. Luftkurort i. Berner Oberland, zw. Thuner u. Brienzer See, 568 müM, 5000 E; Ausgangspunkt der Jungfraubahn.

interlinear [nl.], zw. den Zeilen.

Interlinearversion, w., zw. Zeilen d. Urtextes eingefügte Übers.

Intermedin, s., svw. Melanophoren stimulierendes → Pigmenthormon d. Hypophyse.

Intermezzo, s. [it.], szenische od. instrumentale Einlage in e. Bühnenwerk; kurzes Tonstück; (oft) heiteres Zwischenspiel.

intermittierend [l.], m. Unterbrechung auftretend.

intern [l.], inner(lich).

Internat, s. [nl.], staatl. od. private Lehr- und Erziehungsanstalt mit Wohnung u. Beköstigung f. Schüler (u. Lehrkräfte).

international [nl.], nicht national begrenzt.

Internationale, 1) Arbeiterkampflied: „Wacht auf, Verdammte dieser Erde" (Text: Pottier, 1871, dt.: Luckhardt; Melodie: Degeyter); **2)** Organisationen: Arbeiter-Assoziation, 1864 in London gegr., Statuten 1866 von K. Marx, sog. Erste I. Nach Verfall (1872) 1889 Zweite I. (Sozialdemokr. I.), Büro: Brüssel, dann Amsterdam u. London. Erneuerungsversuch (Konferenz v. Zimmerwald b. Bern) 1916 führte z. Spaltung; 1919 gründete Lenin Dritte I. (Kommunist. I. = Komintern), Sitz Moskau, 1943 aufgelöst (→ Kominform). Im Ggs. zu ihr Zweite I. 1923 erneuert. 1920 in Wien Intern. Sozialist. Arbeitsgemeinschaft, sog. Zweieinhalbte I. 1938 erstrebte Trotzki m. Vierter I. eine intern. proletar. Revolution (ohne Bedeutung). 1946 Auflösung d. Zweiten I.; 1947 Bildung eines Komites der Intern. Sozialist. Konferenzen, Comisco (Comité International Socialiste Consultatif), 1951 Gründung d. Sozialistischen I. i. Frankfurt aus sozialist. Parteien v. über 40 Ländern mit ca. 15 Mill. Mitgl.; Vors.: W. Brandt.

Internationale Arbeitsorganisation, IAO, International Labour Organization, ILO, 1919 m. d. Völkerbund entstanden, s. 1946 Sonderorganisation der UN, 151 Mitgl. (1977–80 USA ausgeschieden); Aufgaben sind die Verbesserung der Arbeitsbedingungen u. der wirtsch. u. sozialen Sicherung in den Entwicklungsländern; Organe: 1) Intern. Arbeitskonferenz mit 2 Regierungsvertretern u. je 1 Vertr. der Arbeitgeber u. Arbeitnehmer jedes Mitgliedstaats, 2) Verwaltungsrat, 3) das Intern. Arbeitsamt (IAA) mit Sitz in Genf als ständiges Sekretariat; Friedensnobelpr. 1969.

Internationale Atomenergieorganisation, IAEO, International Atomic Energy Agency, IAEA, 1957 gegr. Sonderorganisation der UN zur Förderung der friedl. Nutzung der Atomenergie. 112 Mitglieder; Sitz Wien.

Internationale Bank für Wiederaufbau und Entwicklung, Weltbank, International Bank for Reconstruction and Development, IBRD, 1945 gegr. Sonderorganisation der UN für die Bereitstellung langfristiger Darlehen zum Wiederaufbau kriegszerstörter Länder u. für d. Entwicklung unterentwickelter Gebiete; 152 Mitgl. (BR s. 1952); Sitz Washington. Mitglieder gehören gleichzeitig dem → Internationalen Währungsfonds an. Schwestergesellschaft d. Bank ist die **Internationale Entwicklungsgesellschaft,** International Development Association, IDA.

Internationale Fernmeldeunion, ITU, 1865 als Intern. Telegraphenunion gegr., 1983: 157 Mitgliedstaaten; Sitz Genf.

Internationale Gerichte, aufgrund zwischenstaatl. Verträge geschaffene Gerichte, die über Streitigkeiten zw. d. Staaten entscheiden (z. B. → Internationaler Gerichtshof).

Internationale Handelskammer, IHK, International Chamber of Commerce, ICC, 1919 gegr. intern. Organisation d. Unternehmerverbände zur Behandlung von Problemen u. Streitfragen in intern. Wirtschaftsbeziehungen; Sitz Paris.

Internationaler Bund Freier Gewerkschaften, Intern. Gewerkschaftsbund → Gewerkschaften, Intern.

Internationaler Gerichtshof, Gerichtshof der UN, errichtet 1946 als Nachfolger des Ständigen Intern. Gerichtshofes des Völkerbundes; zuständig f. Rechtsstreitigkeiten zw. Staaten, Vertragsinterpretationen; setzt sich aus 15 von der UN-Vollversammlung u. v. Sicherheitsrat für 9 Jahre gewählten Richtern zusammen; Sitz: Den Haag.

Internationaler Kinderhilfsfonds → UNICEF.

Internationaler Währungsfonds, IWF, International Monetary Fund, IMF, 1945 in → Bretton Woods gegr. Sonderorganisation der UN; dient als Stützungsfaktor zum Ausgleich kurzfristiger Störungen d. Zahlungsbilanzen d. Mitgl.staaten; Hauptaufgabe: Festsetzung u. Aufrechterhaltung stabiler Paritäten; 152 Mitgl.; Sitz Washington.

Internationales Arbeitsamt → Internationale Arbeitsorganisation.

Internationales Einheitensystem → SI-Einheiten.

Internationales Geophysikalisches Jahr, Abk. IGJ, engl. I.G.Y., gemeinsames geophys. Forschungsunternehmen von 67 Staaten während d. Jahre 1957–59; Forschungsgebiete u. a.: Meteorologie, Erdmagnetismus, Polarlicht, Ionosphäre, Sonnenflecke, kosm. Strahlung, Ozeanographie u. Seismologie.

Internationales Jahr der ruhigen Sonne, Abk. IJRS, engl. I.Q.S.Y., Fortsetzung d. geophys. Forschungen während d. Sonnenfleckenminimums 1964/65 (→ Sonnenflecke).

Internationales Olympisches Komitee → Olympische Spiele.

Internationales Privatrecht, Rechtsnormen für Entscheidung, nach welchem Landesrecht ein Rechtsverhältnis zu beurteilen ist, das das Gebiet verschiedener Staaten berührt.

Internationales Rotes Kreuz → Rotes Kreuz.

Internierung, völkerrechtl., **1)** Entwaffnung und Festhalten v. Soldaten kriegführender Staaten durch neutralen Staat; **2)** Festhalten u. evtl. Unterbringung v. feindl. o. a. suspekten Staatsangehörigen eines kriegführenden Staat; durch 4. → Genfer Konvention weitgehend eingeschränkt.

Internist [l. „internus = inwendig"], Arzt für innere Krankheiten.

Interparlamentarische Union, 1888 gegr. freie Vereinigung von Parlamentariern versch. Nationen, Sitz Genf. Zweck: friedl. Beilegung zwischenstaatl. Zwistigkeiten; Ziel: Weltparlament.

Interpellation [l.], Abgeordnetenanfrage an Regierung im Parlament; **interpellieren,** befragen.

Interphase, Stadium d. Zellkerns zw. zwei Kernteilungen; → Mitose.

interplanetare Materie, Gas, Staub und Elektronen i. Raum zw. d. Planeten; dazu gehören die → Meteore u. das → Zodiakallicht.

Interpol, Abk. f. **Intern.** *Kriminalpolizei. Kommission,* 1923 gegr. Vereinigung z. intern. Zus.arbeit b. Bekämpfung von Verbrechen; Sitz Paris.

Interpolation, w. [l. „Einschaltung"], **1)** bei *Schrift-* u. *Buchtexten:* Textänderungen durch Einschalten v. Wörtern od. Sätzen vornehmen **(interpolieren); 2)** *math.* Ermittlung einer zu errechnenden Größe durch Einschaltung zw. 2 Glieder e. gesetzmäßigen Reihe; Ggs.: *extrapolieren,* eine Größe über eine gesetzmäß. Reihe hinaus ermitteln.

Interpret, *m.* [l.], Dolmetscher, Ausleger, Erklärer.

Interpreter → Programm, d. einzelne Anweisungen e. höheren Programmiersprache schrittweise vor d. Ausführung übersetzt; weniger effizient als → Compiler, dafür ermöglichen I. größere Flexibilität b. der Programmentwicklung.

Interpunktion, w. [l.], geregelte Anwendung von Satzzeichen wie Komma, Punkt usw.

InterRegio, Reisezugangebot für mittlere Reiseweiten im Zwei-Stunden-Takt.

Interregnum [l. „Zwischenherrschaft"], bes. die „kaiserlose" Zeit in Dtld 1254–73.

Interrogativ, *s.* [l.], Fragewort. - **I.pronomen,** fragendes Fürwort (z. B. *wer?, was?).*

Intersexualität [l.], *Zweigeschlechtlichkeit,* Vorhandensein v. Merkmalen beider Geschlechter b. e. Person; im Ggs. z. → Zwitter sind d. Geschlectsorgane zumeist funktionsunfähig.

Interstadialzeit, vorübergehende Erwärmung innerhalb einer Vereisungsperiode, → Eiszeitalter.

interstellare Materie, gas- u. staubförm. Materie zw. d. Sternen d. Milchstraßensystems; dazu gehören → Dunkelnebel, → Emissionsnebel u. → Globulen.

Intervall, *s.* [l.], **1)** Abstand zweier Töne voneinander; **2)** Zwischenraum zw. zwei Größen.

Intervalltraining, Trainingsmethode z. Verbesserung d. Ausdauer mit systemat. Wechsel von Belastung u. Erholung.

intervenieren [l.], vermitteln, auch eingreifen, pol. oder mil.

Intervention, 1) *völkerrechtl.* diplomat. oder mil. Eingreifen in die inneren Verhältnisse anderer Staaten *(I.skrieg);* **2)** Eingreifen an der Börse, um Effekten-

kurse zu stützen, Währungskursschwankungen zu verhindern, zur Verhütung von Konkursen u. ä. - **I.sklage** → Zwangsvollstreckung. - **I.spunkte,** bezeichnen bei d. festliegenden Währungsparitäten die obere u. untere Grenze des Schwankungsspielraums, beträgt nach den Satzungen d. Intern. Währungsfonds bis zu 1%, s. 1971 bis zu 2,25% nach jeder Seite.

Interview, *s.* [engl. *-vju̯*], das Ausfragen **(interviewen)** durch Berichterstatter: **Interviewer.**

Intervision, 1960 gegr., osteur. Gegenstück d. → Eurovision.

Interzellularräume, System v. Hohlräumen zw. d. Zellen vieler pflanzl. Gewebe; dient dem Gasaustausch im Innern.

Interzeptor [engl.], **1)** Bez. f. Abfangjäger; **2)** Klappe zur Widerstandserhöhung am Tragflügel.

Intifada [arab. „Volkserhebung"], gewalttätige Demonstrationen (seit 1987) der meist jugendl. Palästinenser in den v. Israel besetzten Gebieten; Ursache: steigende Frustration u. pol. Hoffnungslosigkeit. Die I. wird auch durch die PLO unterstützt.

intim [l.], vertraut.

Intimsphäre, *w.,* der durch Straf- u. Presserecht geschützte Bereich des Privatlebens.

Intimus, *m.,* vertrauter Freund.

intolerant [l.], unduldsam.

Intonation [nl.], *mus.* Ansetzen, Einstimmen.

INTOURIST, staatl. Reisebüro der Sowjetunion.

Intoxikation [gr.-l.], Vergiftung.

intrakutan → Injektion.

intramuskulär → Injektion.

Intransigenz, *w.* [l.], unversöhnl., unduldʒ. Haltung.

Intransitiv|um, *s.* [l.], nichtzielendes Zeitwort, das seine Ergänzung im Wenfall bei sich führen kann (z. B. *donnern).*

intravenös → Injektion.

Intrige, *w.* [l.], ränkevolle Machenschaft.

Intrinsic factor [engl. *-'fæktə*], bildet zus. mit d. aus d. Nahrung aufgenommenen Vitamin B$_{12}$ *(extrinsic factor)* d. → Castle-Ferment.

Introduktion, *w.* [l.], Einleitung.

Introitus [l.], Einleitungsgesang der röm.-kath. Messe.

Introspektion [l.], Selbstbeobachtung.

introvertiert [l.], nach innen gewandt; Ggs.: → extravertiert.

Intubation, lebensrettender Eingriff z. B. bei Diphtherie: Einführung eines Röhrchens in d. Kehlkopf, das d. Atmung ermöglicht. - **I.snarkose,** das zur Betäubung bestimmte Mittel wird durch ein Rohr bis in die tieferen Atemwege geleitet. → Narkose.

Intuition [l.], innere Erfahrung, Eingebung.

Intuitionismus, 1) phil. Anschauung, daß die Begriffe des Guten u. des Bösen

angeboren sind; **2)** Erkenntnislehre, auf Intuition gegründet.

intuitiv, auf → Intuition beruhend.

intus [l.], inwendig, innen.

Invalide [l.], infolge körperl. Beeinträchtigung (durch Krankheit, Unfall od. Verwundung) Dienst- oder Arbeitsunfähiger. - **I.nversicherung** → Sozialversicherung.

Invalidität, dauernder Verlust der Arbeitsfähigkeit (bei 50% Erwerbsminderung) durch Krankheit, Unfall oder Kriegsverletzung.

Invar, *s.* [l.], Legierung aus 64,3% Stahl u. 35,7% Nickel, geringe Ausdehnung bei Erwärmung; für Meßinstrumente und Uhren.

Invarianz, *w.* [l.], Unveränderlichkeit, bes. v. Größen in d. Mathematik.

Invasion, *w.* [l.], feindl. Einfall in fremdes Gebiet.

invenit [l. „hat erfunden"], Abk. *inv.,* auf graph. Blättern n. Namen des Originalkünstlers.

Inventar, *s.* [l.], d. zu e. Unternehmen, Grundstück od. e. Erbmasse gehörend. Vermögensgegenstände; auch deren Verzeichnis, wird aufgestellt bei einer → Inventur.

Inventur, *w.* [nl.], Bestandsaufnahme, bes. bei wirtsch. Unternehmungen (Warenlager); entweder a. Bilanzstichtag *(Stichtags-I.)* od. über d. ges. Zeitraum verteilt *(laufende* od. *permanente I.)* vorgenommen.

Inverness, frühere schott. Grafschaft, seit 1975 Teil d. Verw.region Highland; gebirgiges Hochland, allein außerdem ca. 250 Inseln der Hebriden, 10 906 km^2, 61 700 E; Hptst. *I.* (38 000 E).

inverse Funktion, *math.* Umkehrfunktion (z. B. ist $x \rightarrow y = \sqrt{x}$ die inverse Funktion zu $x \rightarrow y = x^2$).

Inversion, *w.* [l.], Umkehrung, Verkehrtheit, **1)** *sprachl.* Umstellung der gemäß. Wortfolge von Subjekt u. Prädikat (z. B. *heute komme ich ...);* **2)** *chem.* Umwandlung (durch Säure- od. Fermentspaltung) v. Rohrzucker in **Invert**-**zucker,** ein Gemisch v. Fruchtzucker u. Traubenzucker, das zur Likör-, Fruchtsaft- u. Kunsthonigherstellung verwendet wird; **3)** *meteorolog.* Temperatur nimmt in der freien Atmosphäre schichtweise nicht ab, sondern sprunghaft zu; bes. in winterl. Hochdruckgebieten; in Niederungen dann feuchtkalte Schicht, in Höhenlagen sonnig u. mild; **4)** *biol.* Strukturumbau innerhalb eines Chromosoms, bei dem ein Teilstück um 180° gedreht u. wieder eingebaut ist; → Chromosomenmutation.

Investigation, *w.* [l.], (amtl.) Untersuchung, Nachforschung.

Investition, Anlage von Kapital in einer Unternehmung *(investieren); Re-I.,* d. Ersetzung der im Produktionsprozeß verbrauchten Anlagen; *Netto-I.,* Erweiterung od. Verbesserung (Rationalisierungs-I.) von Produktionsanlagen; *Brutto-I.,* die gesamte I. innerhalb eines Zeitraumes; Brutto-I. abzügl. Re-I. ist Netto-I.

Investitur, w. [l.], Einkleidung, Belehnung, bes. v. Bischöfen mit Ring u. Stab (Verleihung eines Bistums). – **I.-streit** zw. Kaiser u. Papst um Belehnung der dt. Bischöfe, die zugleich Reichsfürsten sind, endet mit Wormser Konkordat 1122: Der Papst verleiht den Bischöfen die kirchl. Herrscherrechte durch Ring u. Stab, d. Kaiser d. weltlichen durch Zepter (I. vorher nur durch Kaiser; → Eigenkirche).

Investment-Gesellschaft, Kapitalanlageges., die durch Ausgabe von Zertifikaten Mittel erwirbt, die in Effekten oder Immobilien angelegt werden; Gewinne werden an d. Anteilseigner ausgeschüttet.

in vino veritas [l.], „im Wein ist Wahrheit".

in vitro [l.], im Glas (Versuch i. Reagenzglas); Ggs.: **in vivo** (i. leb. Organismus).

Invokavit, 1. Sonntag d. Passions-(Fasten-)Zeit.

Involution [l.], Rückbildung (Alterungsvorgang).

involvieren [l.], in sich begreifen, enthalten.

Inzest, m. [l.], die → Blutschande.

Inzision [l.], med. Einschnitt.

Inzucht, Fortpflanzung zwischen Blutsverwandten (z. B. Vetter u. Kusine); in d. Viehzucht Paarung v. Geschwistertieren; f. Nachkommen nur nachteilig beim Vorhandensein von krankhaften, rezessiven Erbanlagen (beim Menschen allerdings häufig).

Io, 1) Geliebte d. Zeus; in e. Kuh verwandelt, v. Argus bewacht; **2)** drittgrößter Jupitermond.

IOC, Abk. f. International Olympic Committee, dt. **IOK**, Intern. Olymp. Komitee, → Olympische Spiele.

Iod, Jod, s., I (früher: J), chem. El., Oz. 53, At.-Gew. 126,9044, Dichte 4,94; → Halogen, Vorkommen i. Meerespflanzen u. i. Chilesalpeter, aus dessen Mutterlauge es gewonnen wird; Spuren davon in der Schilddrüse; löst sich in Alkohol (I.tinktur); mit Metallen bildet es Salze (z. B. Kaliumiodid und Silberiodid, Verwendung in Fotografie u. Medizin).

Iodoform, s., CHI_3, antisept. Mittel.

Iodwasserstoff, HI, farbloses Gas, stechender Geruch; **I.säure**, saure Flüssigkeit, bildet mit Basen Salze: **Iodide** (Iodsalze).

Ionen, el. geladene Atome und Atomgruppen; Säuren, Basen u. Salze werden bei Lösung in Wasser in I. gespalten (dissoziiert), u. zwar in das positiv geladene **Kation** (Metall od. Wasserstoff) u. das negativ geladene **Anion** (OH-Gruppe oder Säurerest). Eine Ionenladung, el. → Elementarladung = $1,602 \cdot 10^{-19}$ Coulomb; die Anzahl der Ladungen ist gleich der Wertigkeit von Atom od. Atomgruppe. Bsp.: Ionenzerfall (Dissoziation) von Kochsalz NaCl in Na-Ion (Zeichen: Na⊕) u. Cl-Ion (Zeichen: Cl⊖). – **I.austau-**

scher, 1) wasserunlösl. Verbindungen, die aus Salzlösungen die Anionen od. Kationen wegnehmen u. gg. andere I. austauschen; zur Enthärtung od. Entsalzung v. Wasser, Reinigung v. Lösungsgemischen, Abtrennung von Metallionen u. ä; **2)** med. Anwendung in der klin.-chem. Analyse, z. Untersuchung u. Verarbeitung v. Blut. – **I.lautsprecher**, benutzt zur Tonerzeugung anstelle e. Membran eine mit Hochfrequenz ionisierte Luftstrecke. – **I.triebwerk**, Antrieb f. Raketen u. Raumflugkörper; Atome eines Gases werden in Ionen umgewandelt u. anschließend in einem elektrostat. Feld beschleunigt. – **I.wanderung**, b. Durchgang von el. Strom, → Elektrolyse.

Eugène Ionesco

Ionesco, Eugène (* 26. 11. 1912), rumän.-frz. Dramatiker; Theater d. Absurden; Die Stühle; D. Nashörner; Der König stirbt; Macbeth.

Ionier, altgriech. Hptstamm in O-Griechenland (Athen); um 2000 v. Chr. eingewandert. Gründung von kleinasiat. Küstenstädten; ihre Unterwerfung Anlaß zu → Perserkriegen.

Ionische Inseln, Inselgruppe an der griech. W-Küste; wichtigste: Korfu, Leukas, Kephallenia, Zakynthos; meist gebirgig, sehr fruchtbar (Korinthen, Oliven, Wein); Blumenzucht u. Fischerei.

Ionisches Meer, Teil des Mittelmeers zw. W-Griechenland u. SO-Italien.

Ionium, veraltete Bezeichnung für das Isotop $^{230}_{90}$Th, Thorium; radioaktives Zerfallsprodukt des Urans $^{238}_{92}$U.

Ionosphäre → Atmosphäre.

Iota, I, ι, Buchstabe des griech. Alphabets (= i); kein Iota, svw. kein I-Tüpfelchen, nicht das geringste.

Iowa ['aiowə], Abk. Ia., Staat der USA, zwischen Mississippi u. Missouri, 145 791 km², 2,8 Mill. E; 96% der Fläche Getreide-, Kartoffel-, Obstanbau; Viehzucht; Lebensmittelind.; Hptst. Des Moines.

Iphigenie, i. d. griech. Sage Tochter Agamemnons u. d. Klytämnestra, in Aulis geopfert, v. Artemis gerettet u. Priesterin in Tauris gemacht, wo ihr Bruder Orestes sie fand; Dramen v. Racine, Goethe u. Hauptmann; Oper v. Gluck.

Ipsation [l.], Selbstbefriedigung, → Onanie.

Ipswich ['ipswitʃ], engl. St. in d. Gft Suffolk, 120 000 E; Industrie.

IQ, Intelligenzquotient, v. W. Stern ein-

geführt; Maß f. menschl. Intelligenz, mit Hilfe v. Tests ermittelt, IQ > 140 sehr hoch; IQ > 120 hoch; IQ = 100 normal; IQ < 75 schwachsinnig.

Iquique [i'kike], chilen. Prov.hptst., am Pazifik, 133 000 E; wichtigster Salpeterhafen, Kopfstation der ca. 255 km l. sog. Salpeterbahn.

Ir, chem. Zeichen f. → Iridium.

IR, Abk. f. Imperator Rex [l.], Kaiser (u.) König.

IRA, Abk. f. Irish Republican Army, ein 1919 gegr. mil. Verband, der für die Unabhängigkeit Irlands kämpfte, s. 1969 wachsende Bedeutung durch Terroranschläge i. Nordirland; gespalten in die gemäßigten „Officials" u. die nationalist., mit Terror arbeitenden „Provisionals".

Irak, amtl. Al Dschumhurija al Iraqija ad Dimukratija asch-Scha'abija, früher Mesopotamien, arab. Rep. an Euphrat u. Tigris, 438 317 km², 17,3 Mill. E (39 je km²); Bev.-Zuw. 3,6%; Bev.: Araber u.

Kurden; Sprache: Arabisch, Kurdisch; Währung: Irak-Dinar (ID); Rel.: moh.; Hptst.: Bagdad; Flagge S. 340, Karte S. 748. **a)** Landw.: Meist Wüsten, nur 12% Fruchtland: Baumwolle, Datteln, Getreide; weitreichende Bewässerungsprojekte. **b)** Bodenschätze: Erdöl (1988: 103,5 Mill. t). **c)** Außenhandel (1987): Einfuhr 7,41 Mrd., Ausfuhr 9,01 Mrd. $. **d)** Verkehr: Eisenbahn 2394 km. **e)** Verf. v. 1980: Volksdemokr. sozial. Einheitsstaat m. starkem Präs., Revolutionärer Führungsrat, Nationalrat. **f)** Verw.: 18 Gouvernorate; Autonome Region Kurdistan (s. 1975 Selbstverwaltung). **g)** Gesch.: Bis 1920 türkisch, bis 1932 brit. Völkerbundsmandat, 1921 Kgr. unter → Faisal, 1933–39 Kg Ghasi I., 1953–58 Faisal II. 1945 Mitbegründer d. → Arabischen Liga, 1955 → Bagdadpakt (1959 ausgeschieden), 1958 Sturz u. Ermordung d. Königs, seitdem Republik; 1951–66 Aufstände d. Kurden, 1968 Militärputsch, Machtübernahme durch Revolutionsrat. 1973 Verstaatlichung d. US-Ölgesellschaften, 1974 erneute Kämpfe m. d. Kurden, 1980–88 Krieg mit Iran (mehr als 1 Mill. Tote); → Golfkrieg 1). 2. 8. 1990 Überfall auf Kuwait (am 12. 8. zur 19. irak. Prov. erklärt); UN-Resolutionen f. Handelssanktionen; Ausländer vorüberg. als Geiseln („menschl. Schutzschilde") festgehalten; ab 17. 1. 1991 Angriff durch multinat. Truppen im Auftrag der UN (Bombardierung v. irak. Städten); 27. 2. Anerkennung d. UN-Resolutionen u. Rückzug d. irak. Truppen aus Kuwait nach schweren Verlusten; nach Unruhen im N u. S blutige Verfolgung d. → Kurden u. Schiiten; → Golfkrieg 2). **h)** Mitgl.: UN, Arab. Liga, OPEC, OAPEC.

Iran, 1) geogr. das vorderasiat. Hochland zw. Kasp. Meer und Turan-Tiefland im N, Pers. Golf u. Arab. Meer im S, Hindukusch u. Indus-Niederung im O, der Tigris-Tiefebene im W; **2)** amtl. *Dschumhuri-i-Islami-i-Irân,* islam. Rep., im westl. Teil d. Hochlandes von I., früherer Name (bis 1935) → Persien, 1 648 000 km², 53,92 Mill. E

(32 je km²); Bev.-Zuw. 3%; Bev.: Perser, Kurden, Turkmenen, meist Schiiten; 4% Nomaden; Sprache: Farsi; Währung: Rial (Rl.); Rel.: Islam; Hptst.: *Teheran;* Flagge S. 340, Karte S. 748. **a)** *Geogr.:* Hochland (bis 1200 müM), v. Randgebirgen (*Demawend* 5670 m) eingeschlossen, im Innern Wüsten (Lut), Salzseen u. -sümpfe (Kewire) u. abflußlose Seen (Morian, Urmia); Flüsse *Aras* u. *Karun;* an der Küste d. Kasp. Meeres üppige Vegetation; Täler u. Terrassen d. Hochlandes fruchtbar. **b)** *Landw.:* Anbau v. Weizen, Reis, Obst, z. T. mit künstl. Bewässerung; Rosenkulturen um Schiras; Baumwollanbau; Seide u. Opium; Schafzucht (37% der Bev. leben v. der Landw.; vorwiegend Großgrundbesitz, an Kleinbauern verpachtet, Bodenreform eingeleitet). **c)** *Ind.:* Teppichherstellung; zunehmende Industrialisierung. Erdöl (1988): 112,9 Mill. t. **d)** *Außenhandel* (1987): Einfuhr 10,36 Mrd., Ausfuhr 13,43 Mrd. $. **e)** *Verkehr:* Eisenbahn 4567 km. **f)** *Verf. s.* 1979: Islam. Rep., islam. Rat als Parlament, 12köpfiger Verf.rat (darunter 6 Geistliche). **g)** *Verw.:* 24 Provinzen. **h)** *Gesch.:* 1941–45/46 Besetzung durch am., brit. und sowj. Truppen; daraufhin 1941 Abdankung des Schahs Reza Pahlewi, Nachfolger dessen Sohn Mohammed Reza Pahlewi, 1951 Verstaatlichung d. brit. konzessionierten Erdölind.; darauf intern. Boykott d. iran. Erdöls u. 1954 Beilegung d. Konflikts; seither Neutralitätskurs; 1963 Bodenreform; 1975 Verbot aller Parteien; nach innenpol. Unruhen verließ der Schah 1979 d. Land; Ausrufung einer islam. Rep. durch → Chomeini; 1980–88 Krieg m. Irak (mehr als 1 Mill. Tote). **i)** *Mitgl.:* UN, Colombo-Plan, OPEC.
Irawadi, Strom in Myanmar, aus d. äußersten N d. Landes mit gr. Delta (Reisanbau) in d. Andamanensee; 2092 km l., 1700 km schiffbar.
Irbis, svw. → Schneeleopard.
Irian, indonesischer Name für → Neuguinea.
Iridium, *Ir,* chem. El., Oz. 77, At.-Gew. 192,2; Dichte 22,65; silberweißes, sehr hartes Platinmetall, für Goldschreibfederspitzen u. chem. Geräte, oft m. Platin legiert; in d. Legierung (10%) mit Platin (90%) f. Zündungssystem v. Benzinmotoren verwendet.
Iris, *w.* [gr.]. **1)** Regenbogen(göttin); **2)** Regenbogenhaut des → Auges; **3)** svw. → Schwertlilie.

irisieren, in Regenbogenfarben schillern (z. B. Perlmutter), durch → Interferenz verursacht.
Irkutsk, Hptst. d. Gebietes *I.,* O-Sibirien, a. d. Angara, 626 000 E; Uni.; Rauchwaren-, Teehandel, Verkehrsknotenpkt; Eisen-, Masch.ind., Flugzeugbau.
Irland, 1) (→ Karte Großbritannien), Insel westl. d. engl.-schott. Insel, 84 431 km², in der Mitte d. Insel ein weites, seenreiches Flachland, der N u. S überwiegend gebirgig; rein ozean. sehr feuchtes Klima, Wiesen u. Weideflächen (70% d. Nutzfläche: „Grüne Insel"); Leinenind. in Dublin u. Belfast; **2)** im NO → Nordirland; **3)** amtl. *Poblacht na h'Éireann, Rep. I.,* umfaßt d. größeren S-Teil d. Insel,

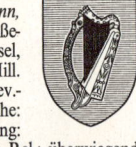

70 284 km², 3,54 Mill. E (50 je km²); Bev.-Zuw. 0,6%; Sprache: Irisch, Engl.; Währung: Irisches Pfund (Ir£); Rel.: überwiegend röm.-kath.; Hptst.: *Dublin;* Flagge S. 340, Karte S. 742. **a)** *Wirtsch.:* Agrarisch, 15% d. Berufstätigen u. 40% d. Exports entfallen auf Landwirtsch. u. Geflügelzucht; Anbau: Kartoffeln, Flachs, Hafer, Gerste; zunehmende Industrialisierung. **b)** *Außenhandel* (1988): Einfuhr 15,55 Mrd., Ausfuhr 18,74 Mrd. $. **c)** *Verf. v.* 1937: Staatspräs., Ministerrat, Parlament (Abgeordnetenkammer = Dáil Éireann u. Senat = Seanad Éireann). **d)** *Verw.:* 26 Counties u. 4 City Boroughs. **e)** *Gesch.:* 9. Jh. v. Chr. Besiedlung durch Kelten. Um 450 durch Patrick christianisiert; romfreie Volkskirche m. eigenart. Sonderkultur. 9.–12. Jh. normann. Einfälle u. Kgr. um Dublin; 1171 Unterwerfung d. irischen Kleinkge unter Heinrich II. v. England, normann.-engl. Siedlung an d. Ostküste. 16. u. 17. Jh. wiederholte Aufstände d. kath. gebliebenen Iren; Land konfisziert u. an engl. Großgrundbesitzer vergeben, im N (Ulster) s. 1603 geschlossene Ansiedlung presbyterian. Schotten. 19. Jh. Auswanderung v. 4 Mill. Iren nach Amerika; lange vergebl. Forderung d. Selbstregierung (*Homerule);* Freiheitspartei d. Sinn-Feiner erstreitet 1921 nach langen Kämpfen Autonomie d. *Irischen Freistaates* (ohne N-I.) als Dominion; Zollkonflikt; Bestrebungen, N-I. m. d. Freistaat zu vereinigen; 1937 neue Verfassung. Im 2. Weltkrieg neutral; 1949 unabhängig, Ausscheiden aus d. Commonwealth. 1973 EWG-Beitritt. 1976 u. 1977 Anschläge d. IRA, Bestrebungen zur friedl. Wiedervereinigung m. N-I. **f)** *Mitgl.:* UN, OECD, EG, Europarat.
Irminonen, *Herminonen,* german. Hauptstamm: *Sweben, Langobarden, Hermunduren, Semnonen, Markomannen, Quaden* (S-, Mitteldtld und Böhmen).
Irminsäule, *Irminsul,* von den Germanen verehrtes Heiligtum in Form e. hölzernen Säule, Abbild der das All tragen-

den Himmelssäule; I. bei der Eresburg in Westfalen 772 von Karl d. Gr. zerstört.
IRO, **I**nternational **R**efugees **O**rganization, Intern. Flüchtlingsorganisation, betreute ab Sommer 1947 die restl. 1 Mill. → UNRRA-DPs, vor allem durch Auswanderungshilfe; Jan. 1952 aufgelöst; Restaufgaben an d. Hohen Flüchtlingskommissar d. UN (Rechtsschutz) u. → ICEM (Auswanderung).
Irokesen, Indianerstamm am Hudson, N-Amerika, Gründer d. mächtigen *I.-bundes* (16.–19. Jh.); heute nur noch ca. 17 000 Angehörige.
Ironie, *w.* [gr.], versteckter Spott, darauf beruhend, daß das Gegenteil des Gemeinten gesagt wird.
Irradiation [nl.], **1)** Ausstrahlung v. Schmerzen auf benachbarte Körperteile; **2)** *physiolog.* Erscheinung, daß helle Gegenstände größer erscheinen als dunkle gleicher Größe.
irrational [l.], durch d. Verstand nicht erfaßbar.
irrationale Zahlen, nicht durch Brüche ganzer Zahlen darstellbar, sondern durch unendliche nichtperiodische Dezimalbrüche ausgedrückt (z. B. $\sqrt{2}$ = 1,41421 ...)
Irrationalismus, phil. Richtung, nach der d. Weltganze irrational, der Vernunft nicht zugänglich ist; Ggs.: → Rationalismus.
irreal [l.], unwirklich.
Irredenta, *w.,* nach dem 1878 gegr. pol. Verein *Italia I.* [„unerlöstes Italien"]; allgemein Bestrebungen vom Mutterland getrennter Volksgruppen, sich diesem anzugliedern.
irregulär [nl.], unregelmäßig, ungewöhnlich.
irrelevant [nl.], unerheblich, belanglos.
irreparabel [l.], nicht wiederherstellbar.
irreversibel [l.], nicht umkehrbar sind phys. Prozesse, die nicht umgekehrt verlaufen können (z. B. Temperaturausgleich zw. heißem u. kaltem Körper); Ggs.: → reversibel.
Irrigator, *m.* [l.], Gefäß, aus dem durch e. Schlauch Flüssigkeit unter versch. Druck ausfließt, f. Darmspülungen (*Einläufe*) verwendet.
Irritabilität, *w.* [l.], Reizbarkeit, Erregbarkeit.
irritieren [l.], reizen, irre machen.
Irrlicht, blaßblaue Flämmchen über Sümpfen; wahrscheinl. durch Verwesung entstandener Phosphorwasserstoff, der sich an d. Luft selbst entzündet.
Irrtum vorbehalten [l. „salvo errore", abgek. *s. e.*], handelsübl. Vermerk unter Rechnungen, Kontoauszügen usw.; *rechtlich nicht erforderlich.*
Irtysch, l. größter Nbfl. des Ob, v. mongol. Altai durch d. westsibir. Tiefland 4248 km l., ca. 2000 km (bis Semipalatinsk) schiffbar, 5 Monate eisbedeckt.
Irving [ˈ∂:vɪŋ], Washington (3. 4. 1783– 28. 11. 1859), am. Schriftst.; wichtig f. d. Entwicklung d. Kurzgeschichte: *Rip van Winkle; History of New York.*

Irvingianer, *kath.-apostolische Kirche,* schwärmerische Sekte nach urchristl. Vorbild; 1831 von Edward *Irving* in London gegr.

Isaac, Heinrich (um 1450–26. 3. 1517), ndl. Komp., Hofkomp. Maximilians I.; Messen, Motetten, Liedsätze.

Isaak, im A.T. Sohn Abrahams; jüd. „Erzvater"; s. Frau *Rebecca,* s. Söhne *Jakob* u. *Esau.*

Isabella v. Kastilien, die *Katholische* (22. 4. 1451–26. 11. 1504), durch i. Heirat mit → Ferdinand II. v. *Aragonien* 1469 vereinte sie K. u. A., unterstützte 1492 → Kolumbus.

Isabellenfarbe, licht graugelb.

Isar, r. Nbfl. der Donau, aus dem Karwendelgebirge, 263 km l.; Kraftwerke oberhalb Lenggries (Sylvensteinstauwerk) u. im Mittellauf, durchfließt München, mündet unterhalb Deggendorf.

ISBN, *Internationale Standard-Buchnummer,* unverwechselbares Identifikationsmerkmal (z. B. für Knaurs Lexikon: ISBN 3-426-26564).

Ischia [*'iskĩa*], it. Insel im Golf von Neapel, 46 km², 35 000 E; vulkanisch, warme Quellen, Obst- u. Weinbau; Hptort *I.* (16 700 E); Hafen.

Ischias, *w.* [gr.], durch Erkältung, Druck od. Verletzung, Infektion od. Durchblutungsstörung bedingte Erkrankung d. Hüftnerven.

Ischl → Bad Ischl.

Ischtar, *Istar,* assyr. Name der Göttin *Astarte.*

ISDN, Abk. f. *Integrated Services Digital Network;* mit → BIGFON beginnt der Aufbau dieses *alle* Übertragungsdienste der DBP integrierenden Digitalnetzes.

Isegrim, der Wolf in der dt. Tiersage.

Isel, Berg südl. Innsbruck, 746 m, mit Olympia-Skisprungschanze; Andreas-Hofer-Denkmal; 1809 drei Siege u. entscheidende Niederlage der Tiroler im Kampf gg. die Franzosen.

Iser, r. Nbfl. der Elbe in N-Böhmen, 164 km l., aus d. **I.gebirge,** Granitgebirge zwischen Riesen- u. Lausitzer Gebirge: *Hinterberg* 1127 m, *Tafelfichte* 1124 m.

Iseran, Col de l' [*-li'zrã*], frz. Paß, zweithöchster Alpen, verbindet Tal d. Isère m. Tal d. Arc, 2770 müM.

Isère [*i'zε:r*], **1)** l. Nbfl. der Rhône, 284 km l., durchfließt das **2)** Dép. *I.,* 7431 km², 992 000 E; Hptst. *Grenoble.*

Iserlohn (D-5860), St. im Märkischen Kreis, NRW, im nördl. Sauerland, 93 337 E; AG; IHK; Metall-, Textilind.

Isfahan, *Esfahan,* Hptst. d. Prov. *I.,* Iran, 1 Mill. E; Handelsplatz, Teppiche.

Ishewsk, Hptst. d. autonomen Sowjetrep. → Udmurtien, 635 000 E; Stahlwerk, Masch.bau.

Isidor|us v. Sevilla (um 560–636 n. Chr.), Bischof u. Gelehrter; sammelte die antiken Klassiker.

Isis, altägypt. Himmelsgöttin; dargestellt mit Kuhgehörn und Sonnenscheibe, i. d. alexandrinisch-röm. Kunst mit Lotosblü-

te auf dem Haupt, Füllhorn und → Sistrum in den Händen.

İskenderun, *Alexandrette,* türk. St. am *Golf v. I.,* an der Mittelmeerküste, 174 000 E; bed. Exporthafen, Endpunkt einer Erdölpipeline, Eisenbahnknotenpunkt, Flughafen.

Isker, r. Nbfl. d. Donau i. Bulgarien, 368 km l.

Islam, *m.* [arab. „Hingabe (an den Willen Gottes)"], jüngste Weltreligion: Glaube a. d. einen, allmächtigen Gott. Prophet Mohammed offenbarte d. Willen Gottes in einzelnen *Suren,* spätere Niederschrift u. Sammlung: *Koran;* verpflichtend auch Mohammeds überlieferte Aussprüche *(Hadith)* u. vorbildl. Tun *(Sunna).* Rel. Pflichten: fünfmal tägl. Gebet *(Salat)* nach Waschung u. i. Richtung auf Mekka (in Moschee od. an jedem reinen Ort); Almosengeben; Fasten während d. Monats Ramadan; möglichst einmal im Leben Pilgerfahrt nach Mekka *(Kaaba);* Beschneidung i. Koran nicht befohlen, doch allg. üblich. Glaube an Paradies, Hölle, Engel, Jüngstes Gericht (Weltrichter Jesus); rel. Feste: Opferfest u. Fest d. Fastenbrechens nach Fastenmonat Ramadan; rel. und soz. Pflichtenlehre *(Sharia),* daraus Rechtslehre (4 Hauptschulen), weicht der abendländ. Rechtspraxis (Abschaffung der Mehrehe). Frühe Spaltung in versch. Richtungen u. Sekten; *Sunniten* (ca. 92%), *Schiiten* (ca. 8%, Anhänger Alis, bes. in Persien). In d. Neuzeit Reformbestrebungen d. *Wahabiten* i. Arabien (18. Jh.). Sekte d. *Babi* aus Persien (19. Jh.) u. *Ahmadije* aus Indien (ab 1900) mit Mission in christl. Ländern.

Islamabad, Hptst. v. Pakistan, in d. Nähe v. Rawalpindi, 204 000 E; Kernforschungszentrum.

islamische Kunst, Umformung spätantiker u. sassanid. Elemente im Geist d. Islam; sakrale Architektur o. figürl. Plastik u. Malerei, aber m. reicher Ornamentik (Arabeske, geomet. Ornament, Blumendekor), die auch in d. profanen Kunst blüht; hohe Entwicklung d. Schriftkunst; Bilderfreudigkeit im profanen Bereich (Miniaturmalerei); Fürstenhöfe als Zentren d. Kunstentwicklung, Stile oft abhängig v. Dynastien. – *Omaijaden* (660–750, in Spanien bis ca. 1000): offene Hofmoscheen, Säulenhallenmoscheen (Da-

Isfahan, *Moschee Mader-i-Schah*

maskus 702, Córdoba 788), Felsendom in Jerusalem, Wüstenschloß Mschatta; *Abbasiden* (750–1000): Pfeilerhallenmoschee (Ibn Tulun, Kairo 879); *Seldschuken* (1050–1250, Persien, Kleinasien): Iwanmoschee, Medrese (theol. Schule), Karawan-Serai, Grabtürben, Miniaturmalerei (Bagdadschule); Teppiche; *Fatimiden* (970–1170, Ägypten, Syrien): Pfeilermoscheen (El Hakim, Kairo 1012); *Mameluken* (1250–1520, Ägypten, Syrien): Grab-Moschee-Medrese (Sultan Hasan, Kairo 1363), reiche Minarette, Zwiebelkuppeln; *Maurischer Stil* (s. etwa 1100 in Spanien u. N-Afrika): Alhambra (Granada, 13./14. Jh.); *Mongol. Stil* (1250–1500, Persien u. Turan): Kuppelmoscheen u. -gräber (Grab Timurs, Samarkand, Anf. 15. Jh.), Miniaturmalerei; *Osmanen* (1400–1750, Bursa, Adrianopel, Istanbul): Zentralkuppelmoscheen (Istanbul: Suleimanije 1557, Sultan Achmet 1617; Adrianopel: Selimije 1574), Keramik, Teppiche, Malerei; *Salawiden* (1500–1720, Persien): Medrese Mader-i-Schah, Isfahan Anf. 18. Jh., Miniaturmalerei (Behzad, Riza Abbasi), Teppiche; *Mogulstil* (etwa 1520–1800, Indien): Fathpur Sikri (16. Jh.); Delhi: Freitagsmoschee 1658; Agra: Tadsch Mahal 1648.

Island, amtl. *Lýðveldið Ísland,* Nordmeerinsel unmittelbar südlich d. Polarkreises, Republik, 103 000 km², 252 000 E (2 je km²); Bev.-Zuw. 1,1%; Bev.: Wikingernachkommen; Sprache: Isländ.; Währung: isländ. Krone (ikr) Hptst.: *Reykjavík;* Flagge S. 340. Karte S. 743. **a)** *Geogr.:* Insel aus jungvulkan. Gesteinen, tätige Vulkane *(Öræfajökull* 2120 m, *Hekla, Askja;* → Westmännerinseln), heiße Quellen u. Geiser; klimagünstig durch d. Golfstrom; Flachland bis 600 m Gras, Landwirtschaft, Hochland bis 1000 m Heideland m. Zwergbirken, Heidelbeeren; darüber Wüste mit Firnfeldern; nur das Küstengebiet (43 365 km²) bewohnbar; 40% der Gesamtbevölkerung leben in der Hptst. **b)** *Wirtsch.:* Moderne Seefischerei; Schaf- u. Pferdezucht; die zahllosen heißen Quellen z. T. für Fernheizung u. Treibhäuser genutzt. **c)** *Außenhandel* (1988): Einfuhr 1,6 Mrd., Ausfuhr 1,43 Mrd. $. **d)** *Verf.:* Landesversammlung (Althing: Ober- u. Unterhaus) wählt Präs. auf 4 Jahre. **e)** *Verw.:* 23 Landkreise, 22 Stadtgemeinden. **f)** *Gesch.:* Seit 870 v. Norwegen, Irland u. Schottland aus besiedelt; um 1000 christianisiert, 1264 norweg., 1380 dänisch, s. 1874 eig. Verfassung. 1918–41 Kgr. in Personalunion m. Dänemark, 1944 selbst. Republik. 1958 Kabeljaukrieg zw. I. u. Großbrit.; durch Festlegung d. Fischereizone auf 12 Seemeilen beigelegt. 1972 einseitig durch I. auf 50 Seemeilen ausgedehnt. Neuer Fischerei-

krieg 1973 durch Interimsabkommen mit Großbrit. beigelegt. **g)** *Mitgl.:* UN, NATO, Nord. Rat, Europarat, OECD, EFTA; Freihandelsabkommen m. d. EG. **isländische Literatur,** *19. Jh.* (in dänischer Sprache): Johann Sigurjonsson (Drama: *Berg-Eywind u. sein Weib*); *20. Jh.:* Gunnar Gunnarsson (Romane: *Die Eidbrüder; Im Zeichen Jörds*), Kristman Gudmundsson (Romane: *Morgen des Lebens; Kinder der Erde*), H. K. Laxness (Roman: *Islandglocke*).

Isländisches Moos, *Lungenmoos,* zerschlitzte, blattartige, knorpelige Flechte des Heidebodens, bes. im N und im Gebirge; gegen Katarrh.

Ismael [hebr.], i. A. T. Sohn Abrahams u. der Hagar; galt als Stammvater d. arab. Stämme.

Ismailia, ägyptische St. am Suezkanal, 236 000 E; Eisenbahnknotenpunkt.

Iso- [gr.], als Vorsilbe: gleich ...

Isobaren, auf Wetterkarten Linien, die Orte gleichen Luftdrucks verbinden; in Wetterberichten oft erwähnte I.formen: Hochdruckgebiet, -ausläufer, -keil, Tiefdruckgebiet, -rinne, Randtief, Sturmtief.

isochron, von gleicher Zeitdauer.

Isodynamen, Verbindungslinien aller Orte gleicher Stärke des → Erdmagnetismus.

Isogonen, Linien gleicher Deklination, → Erdmagnetismus.

Isohyeten, Linien, die Orte gleicher Niederschlagsmenge verbinden.

Isohypsen, *Schicht-, Höhenlinien,* verbinden Punkte gleicher Höhenlage.

Isoklinen, Linien gleicher Inklination, → Erdmagnetismus.

Isolation, *w.* [l.]. **1)** *allg.* Vereinsamung, Absonderung; **2)** *Technik:* Schutz gg. Schall u. Erschütterung, Feuchtigkeit, Wärmeabgabe od. -aufnahme (Luftschicht, Isolierstoffe, reflektierende Farbe); gg. Schwingungen u. Ableitung von Elektrizität.

Isolationisten, Vertr. d. **Isolationismus,** pol. Richtung in d. USA, will am. Politik v. außeram. Angelegenheiten fernhalten (→ Monroedoktrin).

Isolatoren [l.], Stoffe mit fehlender od. geringer Leitfähigkeit für Elektrizität, Wärme u. a. (→ Isolierstoffe); bes. Stützen aus Porzellan usw. für el. Leitungen, innen hohl, damit trockene Schicht zw. Leitung u. metallenem Träger der I.stütze bleibt; bei Überlandleitungen **I.ketten** aus einzelnen Gliedern (Schirmisolatoren).

Isolde, keltische Sagengestalt, Geliebte Tristans.

Isolierstoffe, 1) Nichtleiter für *Elektrizität:* Porzellan, Keramik, Glas, Gummi, fast alle Kunststoffe, Papier, trockene Luft, destilliertes Wasser usw.; Papier-Luft-Isolation bei Fernmeldekabeln; **2)** schlechte Leiter f. *Wärme- u. Kälteschutz:* Kieselgur, Asbest, Magnesium, Gips, Schlacken- und Gesteinswolle, Glasfaserwolle u. -watte, Kork u. a.

Isomere [gr.], versch. Stoffe mit gleicher chem. Zus.setzung u. gleicher → Bruttoformel, aber versch. Anordnung der Atome innerhalb des Moleküls.

isometrisches Training, Erhöhung u. Erhaltung d. Muskelkräfte durch regelmäßig ausgeführte Muskelkontraktionen gegen e. festen Gegenstand *(isometr. Kontraktionen).*

Isomorphie [gr.], Erscheinung, daß ungleiche, aber analoge chem. Verbindungen gleiche Kristallform haben (z. B. Calcium- u. Magnesiumcarbonat).

Isonicotinsäurehydrazid, *INH,* wichtiges chemotherapeut. Mittel z. Behandlung d. → Tuberkulose.

Isonzo, Fluß i. Oberitalien aus d. Julischen Alpen, 138 km l., mündet in d. Golf v. Triest.

Isopren, *s., C_5H_8* ungesättigter Kohlenwasserstoff, Baustein vieler Naturstoffe (z. B. des Kautschuks).

isostatisches Gleichgewicht, *Isostasie,* Gleichgewichtszustand d. verschiedenen Teile d. Erdkruste; bei Gewichtsveränderungen (z. B. durch Abtragung od. Sedimentaufschüttung) wird das Gleichgewicht durch *isostatische Ausgleichsbewegung* wiederhergestellt (Tafel Aufbau d. → Erde).

Isothermen [gr.], Linien, die Orte gleicher Temperatur verbinden.

isoton, gleichen osmotischen Drucks (→ Osmose).

Isotope [gr.], *Isotopie,* Eigenschaft der chem. Elemente, in versch. Formen vorzukommen, die sich in chem. Hinsicht völlig gleichen, aber durch versch. Atomgewichte (Kernmasse) und nach ihren radioaktiven Zerfallsvorgängen voneinander unterscheiden: So besteht Blei (At.-Gew. 207,2) aus mehreren Isotopen mit dem At.-Gew. 208, 206, 207, 204, 214, 210, 211, 212; von diesen sind die vier letzten radioaktiv *(instabile I.),* die ersten vier *stabil.* Radioaktive I. heute viel verwendet als *Indikator-I.* für med., biol. u. technolog. Untersuchungen u. zur med. Behandlung bes. bei Krebs. - **I.ndiagnostik,** → Diagnose von Krankheiten durch radioaktive → Isotope.

isotrop, svw. *gleichmäßig,* phys. Eigenschaften, die in allen Raumrichtungen gleich sind, z. B. sind Flüssigkeiten u. Gase isotrop; Ggs.: anisotrop (bestimmte Kristalle).

Isparta, Prov.-Hptst. in d. Türkei, 102 000 E; Textilind.

Ispra, it. Ort am Lago Maggiore; Kernforschungszentr. d. Euratom.

Israel [hebr. „Gottesstreiter"], **1)** Name Jakobs nach seinem Kampf mit dem Engel *(1. Mose 32);* **2)** Nord-(10-Stämme-)Reich d. → Juden nach Trennung von Juda (933 v. Chr.); **3)** amtl. *Medinat Yisrael,* Rep. in Palästina, 20 770 km², 4,88 Mill. E (217 je km²); Bev.-Zuw. 1,7%; Bev.: 56% der jüd. Bev. im Land geboren (s. 1948 1,379 Mill. Einwanderer, davon 46% aus Europa und den USA). In d. s.

dem Junikrieg 1967 besetzten Gebieten (50 000 km²) 1,1 Mill. Araber u. ca. 30 000 Christen; Amtssprache: Iwrith (Neu-Hebräisch), Arab.; Umgangssprache: Englisch; Währung: neuer isr. Schekel (NIS); Rel.: jüd., 12% moslem., 2,5% Christen; Hptst.: *Jerusalem;* Flagge S. 340, Karte S. 744. **a)** *Geogr.:* Im S Wüstengebiet d. Negev, durch künstl. Bewässerung u. Zisternen erschlossen; größtes Bewässerungsprojekt durch Ableitung v. Wasser aus d. Jordan. **b)** *Landw.:* Größtenteils genossenschaftl.; Anbau: Getreide, Gemüse, Zitrusfrüchte, Wein, Oliven, Baumwolle. **c)** *Ind.:* Planmäßiger Aufbau; wichtigstes Exportgut sind geschliffene Diamanten. **d)** *Verf.:* Staatspräs., Ministerrat u. Parlament *(Knesset).* **e)** *Außenhandel* (1988): Einfuhr 12,96 Mrd., Ausfuhr 9,74 Mrd. $. **f)** *Verkehr:* Eisenbahn 536 km, Handelsflotte 505 000 BRT (1989). **g)** *Gesch.:* → Juden; I. v. 1948 4. jüd. Staat (1.: 1030–586 v. Chr.; Kg Saul bis Babylon. Exil; 2.: 140–4 v. Chr., v. d. Hasmonäer Simon geschaffen; 3.: 41–44 n. Chr. zugunsten von Agrippa unter röm. Protektorat). Forderung eines jüd. Staates, 1896 von Zionisten erhoben; 1917 in → Balfour-Deklaration anerkannt. Nach 1918 vergebl. brit. Versuche, zw. Juden u. Arabern zu vermitteln; 1929 u. 1936 arab. Unruhen. Nach 1945 verstärkte jüd. Forderungen, vertreten u. gelenkt durch → Jewish Agency; 14. 5. 1948 nach Aufhebung des britischen Mandats Proklamation d. Rep. 1948 jüd. Armee (→ Haganah); 1948/49 1. Nahostkrieg; Waffenstillstand durch Vermittlung d. UN (→ Bunche); Jordanien annektiert v. ihm besetzte arab. Teile Palästinas. 1956 während d. Suezkonflikts 2. Nahostkrieg, Besetzung d. Sinaihalbinsel; s. 1965 diplomat. Bez. mit d. BR; 1967 Verschärfung d. Spannungen mit arab. Staaten; im Mai zu ägypt. Forderung Abzug d. seit 1956 an d. isr.-ägypt. Grenze stationierten UN-Truppen; Anfang Juni 3. Nahostkrieg, nach e. Woche Waffenstillstand; Sinaihalbinsel, d. westl. Jordanien u. Grenzgebiet Syriens v. I. besetzt. Altstadt v. Jerusalem v. I. zum isr. Staatsgebiet erklärt; 1973 4. Nahostkrieg, 25. 10. Waffenruhe, 11. 11. Waffenstillstandsübereinkommen, nach Vermittlungsbemühungen des US-Außenmin. Kissinger, s. 18. 1. 74 Auseinanderrücken d. isr. u. arab. Truppen a. Suezkanal, 1975 isr.-ägypt. Truppenentflechtungsabkommen (1976 vollzogen); 1977–79 Friedensvertrag mit Ägypten formuliert (Sinaihalbinsel bis 1982 zurückgegeben); 1978 Besetzung d. südl. Libanon, Stationierung v. UN-Friedenstruppen; 1982 Einmarsch isr. Truppen u. Besetzung v. Beirut, um PLO zum Abzug zu zwingen; 1983/84 teilweiser, 1985 vollständiger Abzug; s.

Israel mit Sinaihalbinsel

0   50   100 km

LIBANON · DAMASKUS · SYRIEN · Sur (Tyros) · Akko · Golanhöhen · Haifa · Tiberias · See Genezareth · Nazareth · Irbid · MITTELMEER · Nablus · Jordan · TEL AVIV-JAFFA · Westjordanland · Jericho · Amman · Jerusalem · Askalon · Gaza · Bethlehem · Hebron · 1394 · Damietta · Port Said · Bur Sadat · Rafah · Totes Meer · Manzala-See · Suezkanal · El Arisch · Beersheba · Karak · El Mansura · El Kantara · ISRAEL · Zagazig · Ismailia · Gr. Bittersee · NEGEV · JORDANIEN · KAIRO · Suez · WÜSTE, EL TIH · Maan · ARABISCHE · Nakhl · Sudr · Elat · ÄGYPTEN · Akaba · Zafarana · WÜSTE · HALBINSEL · SINAI · Golf von Suez · SAUDI-ARABIEN · Dschebel Katharina · Dahab · Ras Gharib · 2637 · Tur (Tor) · Magna · Tabuk · Sharm · el Sheikh · Tiran · Golf von Akaba

unter israelischer Militärverwaltung

29. 11. 1987 anhaltende Unruhen in isr. besetzten Gebieten: Palästinenseraufstand („Intifada"); Westjordanland u. Gazastreifen vom Palästinens. Nat.rat im Nov. 1988 als unabhängiger Staat → Palästina (m. → Arafat als erstem Präs.) proklamiert. h) *Mitgl.:* UN.
Israẹli, Bürger des Staates Israel.
Israeliten, Israels Nachkommen; Juden als Rel.gemeinschaft.
Issos, Issus, kleinasiat. Stadt am Golf von İskenderun. 333 v. Chr. Sieg Alexander d. Gr. über d. Perser.

Istanbul, *Blaue Moschee (Sultan-Achmed-Moschee)*

İstanbul, ehem. *Byzanz, Konstantinopel,* türk. St. (u. → Wilajet) beiderseits der Einmündung des Bosporus in d. Marmarameer, 4,7 Mill. E; auf d. Landzunge zw. Marmarameer u. Goldenem Horn d.

Altstadt *Stambul:* Palast des ehemaligen Sultans u. d. „Hohe Pforte" (Palast des Großwesirs), Moscheen (Blaue M., Soliman-M.; Hagia-Sophia-Museum), zahlr. Denkmäler (Konstantin-Säule), röm. Wasserleitung; gegenüber auf der anderen Seite des Goldenen Horns die St.teile *Pera (Beyoğlu)* u. *Galata,* auf der asiat. Seite die St.teile *Skutari (Üsküdar)* u. *Haidar-Pascha;* größte St. d. Türkei, bed. Handelsplatz u. Hafen, Flughafen; Uni. - 658 v. Chr. gegr.; bis 330 n. Chr. → Byzanz; 395–1453 Hptst. des oström. (byzantin.) Reiches; bis 1923 Hptst. der Türkei.
İstar → Ischtar.
İsthmus [gr.], **1)** Landenge (z. B. *I. von Korinth);* **2)** *med.* Enge der → Aorta, d. → Rachens, d. → Uterus.
Istrien, Halbinsel im N der Adria, zw. Golf von Triest u. dem Kvarner (Quarnero), ca. 3800 km²; Karsthochland m. hafenreicher Küste *(Opatija).* Mittelmeerklima; wichtigste St. *Pula.* - 1797 östr., 1920 it., 1947 jugoslaw.
Istväonen, *Istävonen,* german. Hauptstamm im nordwestl. Dtld: *Cherusker, Brukterer, Sigambrer, Tenkterer* u. a.
Itala, älteste lat. Bibelübersetzung.
Italien, amtl. *Repubblica Italiana,* Rep., besteht aus *Festland-I.* (Apenninenhalbinsel) u. *Insel-I.* (Sizilien, Sardinien, Liparische Inseln, Elba), 301 268 km²,

57,53 Mill. E (191 je km²); Bev.-Zuw. 0,2%; Sprache: Italien.; daneben regional: Dt., Frz., Ladin., Slowen.; Währung: Lira (Lit); Rel.: 99,6% röm.-kath.; Hptst.: *Rom;* Flagge S. 340, Karte S. 744. **a)** *Geogr.:* 1. *Oberitalien,* die von S-Alpen u. Apenninen umschlossene *Poebene,* fruchtbares Schwemmland; Wasserreichtum der Alpenflüsse; umfangreiche Stau- u. Beriselungsanlagen (Rieselfläche ca. 20 000 km²) begünstigen den Ackerbau (doppelte Ernte im Jahr, meist Weizen- und Maisanbau); durch Wasserkraftnutzung der Alpenwässer und Erdgas (1988: 16,6 Mrd. m³) die Poebene wichtigstes Ind.gebiet. 2. *Halbinsel-I.,* durchzogen von den Apenninen, im W kleinere Gebirgsgruppen, z. T. vulkan. Entstehung; einziger noch tätiger Vulkan auf dem Festland ist der *Vesuv;* in der Toscana Marmor, Quecksilber. Klima wärmer u. gleichmäßiger als in der Poebene, aber regenarme Sommer. Landw.; Seidenraupenzucht, an den Küsten Fischerei. 3. *Insel-I.,* reines Mittelmeerklima; Winterregen, 5–6 Monate sommerl. Trockenheit; mittlere Jahrestemperaturen von 18–20 °C; an den Küsten Siziliens Korallenfischerei, im Inneren Abbau v. Schwefel, Bauxit, Marmor; auf Elba Eisenerz, auf Sardinien Blei- u. Zinkerze. **b)** *Landw.:* Südfrüchte, Gemüse, Reis, Wein (1988: 63,9 Mill. hl), Käse, Olivenöl. **c)** *Bodenschätze:* Mangel an B., bes. an Kohle, von Bedeutung sind Erdöl (1988: 4,5 Mill. t), Quecksilber u. Marmor. **d)** *Ind.* von zunehmender Bedeutung (34% der Arbeitnehmer), Hptzweige: Nahrungsmittel-, Textil- u. chem. Ind., Eisen u. Stahl (Rohstahl 1988: 23,8 Mill. t), Kraftfahrzeuge (1988: 2,2 Mill. Stück), Masch.bau. **e)** *Fremdenverkehr* (1986): 19 Mill. ausländ. Touristen. **f)** *Außenhandel* (1988): Einfuhr 138,98 Mrd., Ausfuhr 128,46 Mrd. $. **g)** *Verkehr:* Eisenbahn 19 817 km, Handelsflotte 7,65 Mill. BRT (1989). **h)** *Verf.* v. 1947: Nat.vers. (direkt gewählte Deputierten- u. Senatorenkammer), Min.rat, Präs. d. Rep. f. je 7 Jahre v. der Nat.vers. gewählt. **i)** *Verw.:* 15 Regionen m. Normalstatut (s. 1970 größere Selbstverw.) u. 5 autonome Regionen (Aostatal, Friaul/Julisch Venetien, Sardinien, Sizilien, Südtirol). **j)** *Gesch.:* Altertum → Römisches Reich. MA Eindringen germanischer Völker; Gründung german. Reiche, z. B. Ostgoten 489–553 (Hptst. *Ravenna;* Theoderich), Langobarden 568–774 (Hptst. *Pavia),* Karls d. Gr. (800 Erneuerungen des röm. Kaisertums) Schutzherrschaft auch über den s. 754 bestehenden Kirchenstaat. 827 Besetzung Siziliens durch die Sarazenen. Durch Kaiserkrönung Ottos I. 962 Ober- u. Mittel-I. Teil des röm.-dt. Reiches. 1076 (→ Investiturstreit) bis 1254

Italien

0   100   200 km

Map labels: SCHWEIZ, S.-TIROL, ÖSTERREICH, Meran, Bozen, Trient, Udine, Zagreb, VENETIEN, Como, Bergamo, Triest (Trieste), JUGOSLAWIEN, MAILAND (MILANO), Brescia, Verona, Treviso, Rijeka, PIEMONT, LOMBARDEI, Padua, Venedig (Venezia), Save, TURIN (TORINO), Parma, EMILIA, Ferrara, Dinarisches Geb., FRANKREICH, Genua (Genova), Modena, Bologna, Ravenna, La Spezia, Lucca, Rimini, SAN MARINO, Split, Nizza, Monaco, Pisa, Florenz (Firenze), Ancona, RIVIERA, Livorno, MARKEN, LIGURISCHES MEER, Perugia, Assisi, UMBRIEN, ADRIATISCHES MEER, Bastia, Elba, Viterbo, Abruzzen, U. Molise, Pescara, Kotor, Ajaccio, KORSIKA (franz.), ROM (ROMA), Tiber, LATIUM, Foggia, Manfredonia, Sassari, Olbia, Terracina, KAMPANIEN, Bari, SARDINIEN, NEAPEL (NAPOLI), Vesuv 1277, Ischia, Capri, Potenza, Salerno, Tarent (Taranto), Brindisi, APULIEN, Alghero, TYRRHENISCHES MEER, Golf v. Tarent, Cagliari, Cosenza, KALABRIEN, Catanzaro, Liparische In., MITTELMEER, Trapani, Palermo, Messina, Reggio di C., Marsala, SIZILIEN, Ätna 3323, Catania, Caltanissetta, Syrakus (Siracusa), Tunis, Modica, Pantelleria, AFRIKA

Kampfzeit zw. Kaiser und Papst, zw. → Ghibellinen u. → Guelfen. Unter-I., s. 1194 unter d. Hohenstaufen, 1266 an d. frz. Anjou, 1442 an Argonien-Spanien. Im N entstehen i. 14. u. 15. Jh. gr. Stadtstaaten: Florenz, Venedig, Mailand. 14.–16. Jh. Wiedererweckung (→ Renaissance) d. antiken Kulturformen i. Dichtung u. bildender Kunst; s. 1494 I. Kampfobjekt d. gr. Mächte Habsburg, Spanien, Frkr. Im 16 u. 17. Jh. hat Spanien durch d. Besitz v. Mailand (s. 1540) in Unter-I. u. Sizilien die Vormachtstellung, 1713 diese Gebiete u. pol. Führung an Östr.

1792 dringen die Franzosen in I. ein. 1796 erobert Napoleon Ober-I. 1815 Restauration; östr. Vorherrschaft in Ober-I. (Lombardei, Trient, Venetien u. Dalmatien); 1859 im Kampf um nat. Freiheit Piemont mit Frkr. gg. Östr. verbündet, gewinnt die Lombardei; 1861 Kgr. unter Viktor Emanuel von Sardinien; 1865 Hptst. *Florenz;* 1866 mit Preußen gg. Östr., Gewinn von Venetien. Während des Dt.-Frz. Krieges Kirchenstaat besetzt; seitdem *Rom* Hptst. von I.; 1882 im Dreibund. 1881–96 Eroberung von Eritrea und Somaliland, 1911/12 Krieg

gg. die Türkei, Gewinn des Dodekanes u. Libyens. Im 1. Weltkr. I. auf seiten d. Entente; gewinnt Südtirol bis Brennerpaß, Triest, Istrien, Dalmatin. Inseln u. Fiume. 1922–43 Faschismus; → Mussolini. 1936 Eroberung Abessiniens (Röm. Imperium, Kg v. I. Kaiser v. Äthiopien), 1937 Annäherung an Dtld („Achse Berlin–Rom"). 1939 Besetzung Albaniens. 1940 Kriegseintritt gg. Alliierte. 1943 Mussolini gestürzt, Kriegserklärung an Dtld, 1946 Abdankung Kg Emanuels III. zugunsten s. Sohnes Umberto II. (3 Wochen Kg), nach Volksabstimmung I. Rep. 1947 Friedensvertrag v. Paris: Abtretung v. Istrien, d. Dalmatin. Inseln u. von Fiume an Jugoslawien, des Dodekanes an Griechenl., kleiner Grenzgebiete an Frkr. Triest Freie St. (s. 1954 wieder it.); ehem. it. Kolonien: → Libyen, → Somalia, → Eritrea. Nachkriegskabinette v. zahlr. Reg.umbildungen bestimmt (s. Juli 1989 49. Kabinett; große wirtschaftliche Probleme u. Kampf gegen politischen Terrorismus. k) *Mitgl.:* UN, NATO, EG, OECD, WEU, Europarat.

italienische Literatur, *MA, 13. Jh.:* rel. Lieder *(Laudes);* Franz v. Assisi u. Jacopone da Todi; sizilian. Kunstlyrik: Friedrich II. (Sonette). *14. Jh.:* dolce stil nuovo: Guinicelli, Cavalcanti, Cino da Pistoja, Dante (Lyrik, *Commedia);* Petrarca *(Canzoniere);* Boccaccio *(Decamerone)* bereits Übergang zur *Renaissance (15./16. Jh.):* Luigi Pulci *(Morgante),* Bojardo *(Verliebter Roland),* Ludovico Ariost(o) *(Rasender Roland).* Novellen: Bandello, Giraldi, Straparola, Vittoria Colonna, Gaspara Stampa (Sonette), Michelangelo, Machiavelli *(Il Principe),* Guicciardini *(Gesch. Italiens).* Tasso *(Befreites Jerusalem;* d. Schäferspiel *Aminta).* Barock u. Risorgimento *(17.–19. Jh.):* Naturwissenschaften: Galilei. Lyrik. Commedia dell'arte. Marini *(Adonis).* Dichtergesellschaft „Arcadia" gg. d. Schwulst: Metastasio (Melodramen), Märchen-, Lustspiele: Goldoni u. Carlo Gozzi; Alfieri (Tragödien), Foscolo, Leopardi, Manzoni *(Die Verlobten). Das ge-*

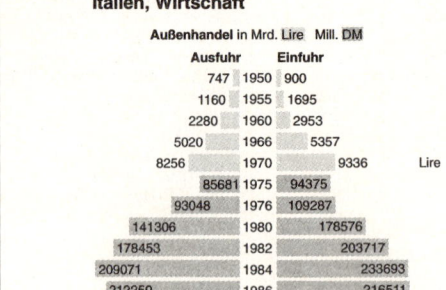

Italien, Wirtschaft

Außenhandel in Mrd. Lire   Mill. DM

Ausfuhr		Einfuhr	
747	1950	900	
1160	1955	1695	
2280	1960	2953	
5020	1966	5357	
8256	1970	9336	Lire
85681	1975	94375	
93048	1976	109287	
141306	1980	178576	
178453	1982	203717	
209071	1984	233693	
212259	1986	216511	
225984	1988	243302	DM

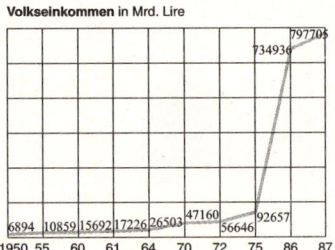

Volkseinkommen in Mrd. Lire

797705
734930
6894   10859   15692   17226   26503   47160   56646   92657

1950   55   60   61   64   70   72   75   86   87

Gold- und Devisenbestand 1988
Gold: 67 Mill. troy oz (1 Troy ounce = 31,1 Gramm)
Devisen: 24151 Mill. SZR (Sonderziehungsrechte,
1 SZR am 28.2.1989 = 1,3215 US $ bzw. 2,14178 DM)

einte Italien (20. Jh.): De Marchi, Rovetta: De Amicis *(Das Herz),* Fucini, Gracia Deledda, Farina, Matilde Serao, De Roberto, Fogazzaro *(Der Heilige);* Verga; Carducci (krit. Prosa); Lyriker: Pascoli, d'Annunzio (Romane); Futuristen um d. Zeitschrift „La Voce"; Pirandello (Dramen: *Sechs Personen suchen einen Autor*); Italo Svevo, Berto, Guareschi, Moravia, Silone, Pavese, Vittorini, Lyriker: Ungaretti, Montale, Quasimodo; B. Croce (Philosoph, Historiker), Bontempelli, Papini, Bachelli *(Die Mühle am Po),* Betti, Malaparte *(Die Haut),* Levi, Buzzati, Fabbri (Dramen).

Italiker, die Ureinwohner Italiens.

Item, *s.* [engl.], etwas einzeln Aufgeführtes; Einzelaufgabe in Tests.

Ith, Höhenzug (bis 439 m) zw. Weser und Leine.

Ithaca [ˈɪθəkə], St. im US-Staat New York, 30 000 E; Cornell Uni.

Ithaka, neugriech. *Ithaki,* ionische Insel, 96 km², 6000 E; Korinthen, Wein, Öl; als Insel d. *Odysseussage* umstritten (→ Leukas).

ITO, *International Trade Organization,* 1948 auf d. Weltwirtschaftskonferenz in Havanna *(Havannacharta)* geplante internationale Handelsorganisation d. UNO; → GATT.

IT-Reisen, Abk. f. *Inclusive Tour,* Pauschalreise (m. ermäßigtem Tarif).

Itzehoe [-ˈhoː], (D-2210), Krst. d. Kr. Steinburg, Schl-Ho., 32 342 E; LG, AG; div. Ind.

IUOTO, Abk. f. *Intern. Union of Official Travel Organizations,* weltweite Vereinigung d. amtl. Fremdenverkehrsorganisationen.

Ives [aɪvz], Charles (20. 10. 1874–19. 5. 1954), amerikanischer Komp.; Vorläufer moderner Musik, atonale Klangexperimente.

Ivrith, *s.,* hebräisch; Landessprache Israels.

Iwan [russ. „Johann"], Name russ. Herrscher: **1)** I. III. (22. 1. 1440–27. 10. 1505), Einiger Rußlands; **2)** I. IV., der Schreckliche (25. 8. 1530–18. 3. 84), erster Zar, vernichtete d. Macht d. Bojaren, suchte Fühlung mit europäischer Kultur.

Iwano-Frankowsk, sowj. St. in d. Westukraine, 214 000 E; div. Ind.; bis 1939 poln.

Iwanowo, bis 1932 *I.-Wosnessensk,* St. nö. Moskau, 481 000 E.

Iwein, dt. Sagenheld (Artusrunde); Epos v. Hartmann von Aue.

IWF, Abk. f. → *Internationaler Währungsfonds.*

İzmir, früher *Smyrna,* türk. Prov.-Hptst. u. Hafenst. a. *Golf v. I.,* 2 Mill. E; Haupthandelsplatz Kleinasiens, Teppichind.; Export v. Feigen, Sultaninen, Tabak.

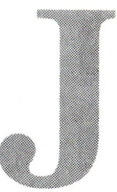

J, 1) *wärmetechn.* Abk. f. → *Joule;* 2) früher *chem.* Zeichen f. *Jod* (→ *Iod).*

Jabalpur, *Dschabalpur,* ind. Ind.st. i. Madhja Pradesch, 614 000 E.

Jablonoigebirge, sibir. Grenzgebirge zur Mongolei u. Mandschurei, 1702 m; Gold, Zinn, Blei, Zink.

Jablunkagebirge, Teil der West-Beskiden (Karpaten), 1082 m; **J.paß,** 551 m hoch.

Jabot, *s.* [frz. ʒa'bo], Spitzenkrause (im 18. Jh.) am Herrenhemd, heute an Damenkleidung.

Jacht, *Yacht,* urspr. Bez. f. Wassersportfahrzeug; im Segelsport Bez. f. Kielboote.

Jacketkrone [engl. 'dʒækɪt-], künstl. Zahnkrone, über den Zahnstumpf gestülpter Porzellanmantel.

Jackson [dʒæksn], Michael (* 29. 8. 1959), am. Popsänger; früher Mitgl. d. schwarzen Soul-Band *Jackson Five;* aufwendige Videoproduktionen.

Jackson ['dʒæksn], Hptst. von → Mississippi (USA), 203 000 E.

Jacksonville [-vɪl], St. im US-Staat Florida (USA), 541 000 E; Winterkurort, Hafen.

Jacob [ʒa-], François (* 17. 6. 1920), frz. Zellgenetiker; entdeckte m. → Lwoff u. → Monod genet. Steuerung d. Enzym- u. Virussynthese; Nobelpr. 1965.

Jacobi, 1) Friedrich Heinrich (25. 1. 1743–10. 3. 1819), dt. Phil. u. Schriftst., Kantgegner; sein Bruder 2) Johann Georg (2. 9. 1740–4. 1. 1814), dt. Lyriker.

Jacobsen, Jens Peter (7. 4. 1847–30. 4. 85), dän. Dichter d. Naturalismus; Romane: *Niels Lyhne; Frau Marie Grubbe.*

Jacquard [ʒa'kar], Joseph (1752–1834), frz. Seidenweber; erfand f. Massenherstellung durchmusterter Stoffe die **J.maschine.**

Jacques-Dalcroze [ʒakdal'kroz], Émile (6. 7. 1865–1. 7. 1950), schweiz. Musikpädagoge; Begr. der „Rhythmik" (rhythm.-musikal. Erziehung).

Jade, oldenburg. Küstenfluß, 22 km, mündet in d. **Jadebusen** (196 km²) d. Nordsee.

Jade, *m.,* Bez. f. versch., meist grüne Minerale: *Jadeït, Nephrit, Chloromelanit.*

Jadwiga → Hedwig.

Jaeger, Richard (* 16. 2. 1913), CSU-Pol.; 1965/66 B.justizmin.; 1953–65 u. 1967–76 Vizepräs. d. B.tages.

Jaén [xa'en], Hptst. der span. Prov. *J.* (Andalusien), 104 000 E; Bischofssitz.

Jaffa → Tel Aviv-Jaffa.

Jagd, weidgerechtes Erlegen von Wild. Man unterscheidet nach Wildarten: *hohe J., auf* → Hochwild, *niedere J.* (alles übrige Wild); J.arten: Suche, Anstand, Balz-, Treib-, Hetz-J.; Pirsch, Beize, Frettieren usw.; J.ausübung in gemeinschaftl. od. Eigenjagdbezirken durch Grundeigentümer od. J.pächter, nach festgesetzten *J.-*u. *Schonzeiten,* nur erlaubt f. Inhaber eines *J.scheines,* von den unteren Verw.behörden als Jahres- oder Tagesjagdschein ausgestellt. – In BR 1949 *Dt. J.-Schutz-Verband.* 1961 Bundesjagdgesetz, m. Ergänzung. 1968, 69, 70, 76 u. 90. – **J.flugzeug,** *Jäger,* ein- od. zweisitziger Flugzeugtyp zur Bekämpfung gegner. Flugzeuge; Geschwindigkeit bis ca. 3500 km/h, Steiggeschwindigk. über 200 m/s u. maximale Flughöhe bis 30 km. – **J.hunde,** 1) zur Jagd verwendete Hunderassen (z. B. Vorsteh-, Schweiß-, Erdhunde); 2) → Sternbilder, Übers. - **J.jahr,** das Jahr vom 1. April bis zum 31. März des folgenden Jahres. - **J.leopard,** svw. → Gepard.

Jagemann, Karoline (25. 1. 1777–10. 7. 1848), dt. Schausp.in u. Sängerin; Geliebte Karl Augusts von Weimar; verursachte Goethes Rücktritt vom Theater.

Jagen, *s.,* geradlin. Flächenabschnitt im Forst (Waldeinteilung).

Jägerndorf, tschech. *Krnov,* St. in den Sudeten, an d. Oppa, 25 000 E; Textilind. - Ab 1377 Hptst. des schles. Hzgtums J., 1526 an Östr.; 1596–1621 Besitz der fränk. Hohenzollern; 1742 v. Friedrich d. Gr. beansprucht.

Jäger 90, auch Europajäger; gemeinsames Rüstungsobjekt d. Bundesrepublik Deutschland, Großbritanniens, Italiens u. Spaniens zum Bau eines Kampfflug-

zeuges f. d. 90er Jahre; geschätzter Endpreis pro Stück 400–500 Mio. DM (Entwicklung, Kauf, Betrieb). Aufgrund politischer Entwicklung, v. a. in Osteuropa, wird von den Oppositionsparteien ein Ausstieg aus dem Projekt gefordert.

Jagiello, 1377–1434 Großfürst v. Litauen, durch Heirat mit Jadwiga v. Polen 1386 als Wladislaw II. Kg von Polen, besiegte 1410 den Dt. Orden bei Tannenberg; begr. die poln.-lit. Dynastie der **Jagiellonen** (bis 1572).

Jagst, r. Nbfl. d. Neckars, 190 km lang.

Jaguar, *Unze, Onza,* süd- u. mittelam. Pantherkatze, rötlichgelb, m. schwarzen Ringflecken.

Jahn, 1) Friedrich Ludwig (11. 8. 1778–15. 10. 1852), „Turnvater J."; dt. Patriot u. Sprachforscher; 1819 als Demagoge zu Festungshaft (bis 1825) verurteilt; 1848 Mitgl. d. Nat.vers.; *Dt. Volkstum; Dt. Turnkunst;* 2) Gerhard (* 10. 9. 1927), SPD-Pol.; 1969–74 B.justizmin.

Jahnn, Hans Henny (17. 12. 1894–29. 11. 1959), dt. Schriftst. u. Orgelbauer; Romane: *Perrudja; Fluß ohne Ufer* (Trilogie); Dramen: *Medea;* Essays.

Jahr, Umlaufszeit d. Erde um d. Sonne; man unterscheidet: 1) *trop. J.:* Umlauf (U.) v. Frühlingspkt (→ Äquinoktium) z. Frühlingspkt; Länge i. J. 1900 = 365 Tage 5 Std. 48 Min. 46,0 Sek., nimmt im Jtd um 5,3 Sek. ab; 2) *sider. J.:* U. bis z. gleichen Stern d. Ekliptik = 365 Tage 6 Std. 9 Min. 9,5 Sek., frei v. → Präzession, daher länger als trop. J.; 3) *gregorian. J.* = mittlere Jahreslänge des Gregorian. Kalenders = 365,2425 Tage; 4) *julian. J.* = 365,25 Tage (f. Kalenderrechnung); 5) *platon. J.:* U.szeit des Äquatorpoles infolge der Präzession; ca. 26 000 J.

Jahresringe, 1) die auf Baumstammquerschnitten erkennbaren konzentr. Ringe im Holz, die dem jährl. Zuwachs entsprechen; 2) bei Rinderverwandten ringförm. Verdickungen an d. Hörnern, Anhaltspkt f. Altersbestimmung; 3) konzentrierte Schichten in d. Schuppen der Knochenfische.

Was unter **J** vermißt wird, siehe unter **I, Y,** und **Dsch**

Jahreszeiten, 1) *astronom.* die Jahresviertel zw. Frühlingsäquinoktium (Tagundnachtgleiche): 21. 3., Sommersonnenwende (21. 6.), Herbstäquinoktium (23. 9.) u. Wintersonnenwende (22. 12.); bedingt durch die sich wandelnde Stellung der Erde zur Sonne im Laufe eines Jahres; **2)** *meteorolog.* Frühling ab 1. März; Sommer 1. Juni; Herbst 1. September; Winter 1. Dezember.

Jahwe, Name Gottes im A.T.

Jailagebirge, an der SO-Küste der Krimhalbinsel, bis 1545 m *(Roman Kosch).*

Jaina, *Dschaina,* Anhänger d. ind. Religion d. Dschainismus, gegr. im 8. Jh. v. Chr.; viele Ähnlichkeiten mit dem Buddhismus; etwa 2,6 Mill. Anhänger.

Jaipur, *Dschaipur,* **1)** ehemaliger Fürstenstaat in NW-Indien, s. 1949 Teil v. → Radschastan; **2)** Hptst. von Radschastan, 1 Mill. E; Textilindustrie.

Jak, *Yak, Grunzochse,* schwarzes, langhaariges Wildrind in Tibet; daraus gezüchtet *Haus-Jak:* Fleisch, Milch; Mist zur Feuerung; Lasttier.

Jakarta, *Djakarta,* bis 1949 *Batavia,* Hptst. u. Hpthafen v. Indonesien, auf Java, 7,8 Mill. E; Uni.

Jako, *m.,* Graupapagei mit rotem Schwanz.

Jakob, engl. *James,* **1)** J. VI. (19. 6. 1566–27. 3. 1625), Sohn der Maria Stuart, Kg von Schottland, als J. I. ab 1603 auch von England; s. Enkel **2)** J. II. (14. 10. 1633–16. 9. 1701), 1685 engl. Kg, 1688 vertrieben.

Jakob, Patriarch im A.T., → Israel; seine 12 Söhne: Stammväter der 12 Stämme Israels.

Jakobiner, frz. *Jacobins,* nach s. Versammlungslokal (Kloster St. Jakob in Paris) gen. pol. Klub, 1789 gegr., bestimmte s. 1791 radikalen Kurs der Frz. Revolution, nach → Robespierres Sturz 1794 aufgelöst. – **J.mütze,** *phrygische Mütze,* weiche, vorn fallende Kopfbedekkung, im Altertum in Phrygien; dann der Marseiller Galeerensträflinge; nach deren Befreiung 1792 Abzeichen der J. und Symbol der Frz. Revolution.

Jakobs-kraut → Kreuzkraut. – **J.leiter,** *seem.* Lotsenleiter aus Tauen mit Querhölzern (statt Fallreep). – **J.stab, 1)** *Orionsgürtel,* Bez. für die 3 hellen Mittelsterne des Orion; **2)** altes astronom. Meßgerät.

Jakobus, 1) J. d. Ältere, wie sein Bruder Johannes (Söhne d. Zebedäus) Jünger Jesu (Tag: 25. 7.); **2)** J. d. Jüngere, Sohn d. Alphäus, einer d. 12 Apostel Jesu; Hlg. (Tag: 3. 5.); **3)** J. d. Gerechte, Bruder Jesu; Haupt der christl. Urgemeinde in Jerusalem, vom röm.-kath. Kirche mit J. 2) gleichgesetzt.

Jakubowski, Iwan (1. 7. 1912–30. 11. 76), sowj. Marschall; s. 1967 Oberbef. d. Streitkräfte d. Warschauer-Pakt-Staaten.

Jakuten, turktatar. Volk NO-Sibiriens; Rentiernomaden; jetzt vielfach seßhaft, ca. 300 000.

Jakutien, autonome Sowjetrep. in NO-Sibirien, 3 103 200 km², 1,08 Mill. E, Jakuten, Russen u. Tungusen; Pelztiere; Gold-, Silber- u. Bleibergwerke; Hptst. *Jakutsk,* an der Lena, 187 000 E.

Jalon, *m.* [frz. *ʒa'lõ*], Meßlatte der Landmesser.

Jalousie, *w.* [frz. *ʒalu'ziː* „Eifersucht"], Fensterrolladen mit verstellbaren parallelen Leisten aus Holz, Leichtmetall od. Kunststoff auf Gurten.

Jalta, sowj. Hafenst. an der Krimküste. 81 000 E; Kurort; westl. ehem. kaiserl. Lustschloß Liwadia. – Febr. 1945 *Konferenz v. J.* zw. Roosevelt, Churchill und Stalin über die Nachkriegspolitik.

Jalu, auch *Yalu Jiang,* korean.-chin. Grenzfluß; 790 km l., aus d. Changbai Shan in d. Koreabucht; am Unterlauf Stausee mit Kraftwerk.

Jaluit [*'dʒælƱt*], Atoll, größte d. Marschallinseln, 16,8 km², 2000 E; Kopra- u. Zuckerausfuhr.

Jamaica, *Jamaika,* drittgrößte Insel d. Großen Antillen, gebirgig, trop. Klima; s. 1962 unabhängiger Staat, 10 990 km², 2,45 Mill. E (223 je km²); Bev.-Zuw. 1,4%; Bev.: ca. 90% Schwarze; Sprache: Engl.; Währung: Jamaika-Dollar (J$); Rel.: ev.; Hptst.: *Kingston;* Flagge S. 340, Karte S. 747. **a)** *Wirtsch.:* Neben Zucker, Rum, Melasse sind Bauxit (Abbau s. 1952) und Aluminium Hauptausfuhrprodukte. **b)** *Außenhandel* (1988): Einfuhr 1,43 Mrd., Ausfuhr 821 Mill. $. **c)** *Verf.* v. 1962: Generalgouverneur als Vertr. d. brit. Krone, Kabinett, Zweikammerparlament. **d)** *Verw.:* 14 Bezirke. **e)** *Gesch.:* 1494 v. Kolumbus entdeckt; bis 1655 span., dann brit. Kolonie; 1958–62 Mitgl. d. → Westindischen Föderation; 1962 unabhängig. **f)** *Mitgl.:* UN, Commonwealth, OAS, CARICOM, SELA; AKP-Staat.

Jambi, *Dschambi,* indones. Prov.hptst. u. Hafen auf Sumatra, 230 000 E.

Jamboree, *s.,* intern. Pfadfindertreff.

Jambuse, *w.,* trop. asiat. Myrtengewächs mit schmackhaften Früchten (Rosenäpfel).

James [*dʒeɪmz*], **1)** Henry (15. 4. 1843–28. 2. 1916), am. Schriftst. u. Essayist; wegweisend f. psych. Roman; *Die Botschafter;* **2)** William (11. 1. 1842–26. 8. 1910), am. Phil., Begr. des → Pragmatismus; *Psychologie des Pragmatismus.*

Jammu, *Dschammu,* → Kaschmir.

Jamnagar, *Dschamnagar,* ind. St. auf Kathiawar (Gujarat), 294 000 E.

Jamnitzer, 1) Wenzel (1508–19. 12. 85), u. s. Enkel **2)** Christoph (1563–1618), Nürnberger Goldschmiede.

Jam Session, w. [*'dʒæmˈsɛʃən*], improvisiertes Spiel von Jazz- od. Rockmusikern über bekannte Melodien.

Jamshedpur, *Dschamschedpur,* ind. St. i. Bihar, 457 000 E; Hochöfen, Stahlind.

Jämtland, nordschwed. Län, bewaldetes Gebirgsland, 49 443 km², 134 000 E; Holzwirtschaft, Fremdenverkehr, im Hochgebirge nomad. Rentierlappen; Hptst.: *Östersund* (57 000 E).

Jana, ostsibirischer Strom, aus d. Werchojansker Gebirge in das Nördl. Eismeer, 1030 km l.

Janáček [-tʃ-], Leoš (3. 7. 1854–12. 8. 1928), tschech. Komp.; Opern: *Jenufa; Aus einem Totenhaus; Sinfonietta.*

Jandl, Ernst (* 1. 8. 1925), östr. Schriftst.; experimentelle „Sprechgedichte", Hörspiele u. Stücke; *Sprechblasen;* Georg-Büchner-Preis 1984.

Jang-tse-kiang → Chang Jiang.

Janhagel, *m.* [ndl.], Pöbel, Mob.

Janiculus, Hügel bei Rom am r. Tiberufer.

Janitscharen, 1826 aufgelöste Garde der türk. Sultane, urspr. aus bekehrten christl. Gefangenen und Christenknaben. – **J.musik,** türkische Militärmusik; → Schellenbaum.

Janker, *m.,* kurze Trachtenjacke.

Jan Maat, Seemann, bes. der vor dem Mast fahrende Seemann des Deckdienstes.

Jan Mayen, norweg. Vulkaninsel (Beerenbergvulkan zuletzt 1970 aktiv) i. eur. Nordmeer, 380 km², bis 2274 m hoch, Wetterstation; NATO-Flugplatz.

Jänner, *Jenner,* (ober)dt. Form für Januar.

Jannings, Emil (23. 7. 1886–2. 1. 1950), dt. Schausp. d. Stumm- u. frühen Tonfilms; *Der letzte Mann; Der blaue Engel; Ohm Krüger.*

Janowitz, Gundula (* 2. 8. 1937), dt.-östr. Sopranistin.

Jansen, Cornelius (28. 10. 1585–6. 5. 1638), ndl. kath. Theol.; vertrat in s. Werk *Augustinus* die unbedingte → Prädestination; nach ihm **Jansenismus** gen., rigorose kath. Richtung in Frkr. (Sitz: Port Royal), zag. Jesuiten unterlegen, 1718 gebannt; Hptvertr.: *Geschwister Arnault* u. *Pascal.*

Janssen, Horst (* 14. 11. 1929), dt. Maler u. Graphiker; u. a. expressionist. u. surrealist.-skurrile Elemente.

Jantzen, Hans (24. 4. 1881–15. 2. 1967), dt. Kunsthistoriker, Arbeiten über Baukunst d. Gotik.

Januar, oberdt. *Jänner,* nach **Janus,** d. röm. Gott d. Anfangs u. Endes, benannt; 1. Monat (31 Tage); altdt. *Hartung.*

Januskopf, Janus, d. „Gott der Schwelle", wurde mit zwei Gesichtern (in Zukunft u. Vergangenheit blickend) dargestellt.

Jap, *Yap,* Karolineninsel, 215 km², 8000 E; Kabelstation. – Bis 1920 dt., bis 1945 jap.; s. 1947 US-Mandatsgebiet.

Japan, amtl. *Nippon Teikoku, Land der aufgehenden Sonne,* Inselkaiserreich in O-Asien, zw. dem Jap. Meer u. Pazifik, 377 801 km², 123,1 Mill. E (326 je

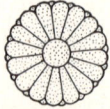

Japan

0 100 200 300km

km²); Bev.-Zuw. 0,6%; Sprache: Jap.; Währung: Yen (¥); Rel.: Buddhisten, Schintoisten; Hptst.: *Tokio;* Millionenstädte: *Tokio, Osaka, Nagoya, Yokohama, Kawasaki, Kyoto, Kobe, Kitakyushu, Sapporo, Hiroshima;* Flagge S. 340, Karte S. 749. **a)** *Geogr.:* 4 Hptinseln: Honshu, Shikoku, Kyushu u. Hokkaido, sowie

kleinere Inseln; Hptinsel stark gebirgig m. erloschenem (*Fuji-San* 3776 m) u. 58 noch tätigen Vulkanen (jährl. an 500 Erdbeben); häufig verheerende Taifune an SO-Küste; im N gemäßigtes, im S subtrop. Monsunklima. **b)** *Landw.:* Anbau v. Reis u. Getreide, deckt nahezu Eigenbedarf; daneben Fischerei Haupternäh-

rungsgrundlage (1987: 11,8 Mill. t). **c)** *Bodenschätze:* Nur geringe Vorräte an Steinkohle (Förderung 1988: 11,2 Mill. t), Eisenerz (Stahlproduktion 105,7 Mill. t); Hptenergielieferant Wasserkraft (1982: 518,3 Mrd. kWh). **d)** *Ind.:* Bed. Schwerind., an führender Stelle in d. Welt i. Schiffbau (1988: 4,55 Mill. BRT Stapelläufe); Kfz-Ind. (1988: 12,7 Mill. Kfz); außerdem Elektro-, Textil- u. chem. Ind. **e)** *Außenhandel* (1988): Einfuhr 187,52 Mrd., Ausfuhr 264,99 Mrd. $. → Schaubild. **f)** *Verkehr:* Eisenbahn 26 914 km, Handelsflotte 28,03 Mill. BRT (1989). **g)** *Verf. v.* 1947: Konstitutionelle Monarchie mit Kaiser; Parlament m. 2 Kammern, Repräsentantenhaus (auf 4 Jahre gewählt) u. Staatsrat (auf 6 J. gewählt). **h)** *Verw.:* 43 Präfekturen, Prov. Hokkaido, 2 St.bez. u. Hptst. **i)** *Gesch.:* Im 7. Jh. v. Chr. mongol. u. malaiische Einwanderung; Eindringen chin. Kultur u. Sprache; im 9. Jh. n. Chr. Lehnsverfassung. 1542 durch Mendez Pinto f. Eur. entdeckt; im 17. Jh. absolutist. Polizeistaat; Entwicklung z. Kaisertum. Die USA erzwangen 1854 Öffnung zweier Häfen; rasche Aneignung westeur. Kultur u. Technik. 1894/95 Krieg mit China (Gewinn von Formosa); s. 1902 Bündnisse mit England; 1905 Sieg über die Russen (Mukden, Port Arthur). Im 1. Weltkr. Eroberung d. dt. Schutzgebiets Kiautschou. 1932/33 Eroberung der → Mandschurei. 1933 Austritt aus d. Völkerbund; 1936 Antikominternabkommen mit Dtld; 1937–45 Krieg m. China; Eroberung gr. Teile S-Chinas. 1940 Dreimächtepakt m. Dtld u. Italien; Dez. 1941 Luftangriff auf US-Flotte in Pearl Harbor (Hawaii); Kriegserklärung v. d. USA u. Großbrit. (→ 2. Weltkrieg 1939–45), 8. 8. 1945 der Sowjetunion; 6. u. 9. 8. 1945 Zerstörung v. Hiroshima u. Nagasaki durch Atombomben, 14. 8. 1945 Kapitulation; am. Militärverwaltung; J. verliert alle s. 1894 eroberten Gebiete; Mandschurei, Formosa u. d. Pescadores an China, Südsachalin u. d. Kurilen an Sowjetunion, Korea selbständig, → Ryukyuinseln. 1946 demokr. Wahlen u. Re-

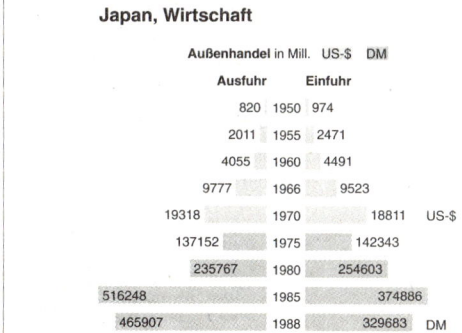

Japan, Wirtschaft

Außenhandel in Mill. US-$ DM		
Ausfuhr		**Einfuhr**
820	1950	974
2011	1955	2471
4055	1960	4491
9777	1966	9523
19318	1970	18811 US-$
137152	1975	142343
235767	1980	254603
516248	1985	374886
465907	1988	329683 DM

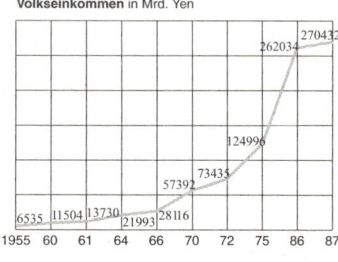

Volkseinkommen in Mrd. Yen

270432
262034
124996
73435
57392
6535 11504 13730 28116
21993

1955 60 61 64 66 70 72 75 86 87

Gold- und Devisenbestand 1988
Gold: 24 Mill. troy oz (1 Troy ounce = 31,1 Gramm)
Devisen: 67626 Mill. SZR (Sonderziehungsrechte,
1 SZR am 28.2.1989 = 1,3215 US $ bzw. 2,14178 DM)

Was unter **J** vermißt wird, siehe unter **I, Y,** und **Dsch**

gierungsbildung; Kaiser verzichtete auf Ansprüche der Göttlichkeit. Abschaffung des Schintoismus als Staatsreligion; 1951 Friedensvertrag m. d. USA u. 47 weiteren Nationen (1956 mit UdSSR), Sonderfrieden mit Indien, 1972 Rückgabe d. Ryukyu-Inseln durch d. USA. Nach Tod v. → Hirohito s. 1989 → Akihito 125. Tenno. **j)** *Mitgl.:* UN, OECD, Colombo-Plan.

Japan Air Lines, *JAL,* bedeutendste, 1951 gegr. jap. Luftverkehrsges.; Sitz Tokio.

japanische Kunst, Frühzeit buddhistisch unter chin. Einfluß; 7. Jh. n. Chr. sakrale Plastik (→ Kwannon, → Buddha) u. Mönchsmalerei (Kakemonos, Rollbilder). – Seit 12. Jh. Zen-→ Buddhismus, Keramik (Teegeschirr), Tuschmalerei (Sesshu, 1420–1506, Sesson 1504–89). Seit Mitte 19. Jh. Anregungen aus der japan. Kultur in Europa: z. B. Farbholzschnitt (18./19. Jh. Harunobu, → Utamaro, Hokusai u. a.) für d. Malerei des Impressionismus, jap. Wohnhausbau für d. moderne Baukunst (→ Tafel asiatische Kunst).

japanische Literatur, frühe mytholog.-geschichtl. Literatur im „Kojiki"; 11. Jh. *Roman vom Prinzen Genji* der Murasaki, Literatur höfischer Verfasser; Mädchenlieder. Feudale Epik; Heike-Monogatari. – Zw. 800 u. 1200 Lyrik als klass. Literatur; Die „sechs göttl. Dichter". – Dramen: mytholog. *NoSpiele,* volkstüml. Possen *(Kabuki),* Puppenspiele *(Joruri).* Berühmter Dramatiker: Chikamatsu Monzaemon (17. Jh.). – 20. Jh. Masamune Hakucho, Koda Rohan, Mori Ogai; Takahama Kyoshi (Lyrik). Erzähler: Akutagawa, Tanizaki.

japanische Schrift, besteht aus der entlehnten → chinesischen Schrift u. ergänzenden Silbenzeichen *(Kana)* in zwei Schreibweisen (Katakana u. Hiragana); vielfach kalligraphisch ausgestaltet, in d. Graphik verwandt.

Japanisches Meer, Randmeer d. Pazifik zw. den Jap. Inseln u. dem ostasiat. Festland; Fläche 1 Mill. km², bis 4200 m tief; im Herbst Taifune; Hpthäfen: *Fukuoka, Niigata, Pusan, Wladiwostok.*

japanische Sprache → Sprachen, Übers.

Japhet [hebr.], im A.T. Sohn Noahs.

japhetitisch, veraltete, in der Sprachwissenschaft nicht mehr übliche Bez. für bestimmte isolierte Sprachen, wie Baskisch, einzelne Kaukasussprachen.

Jardinière [frz. *ʒardi'njɛːr*], Gärtnerin; längl. Blumenschale; *à la J.,* mit Gemüsebeilage.

Jargon, *m.* [frz. *ʒar'gõ*], Verkehrssprache bes. sozialer Gruppen, Interessen- u. Berufskreise (z. B. *Börsen-J.*); auch Mischsprache (z. B. d. Jiddisch, d. Neger-Englisch, Rotwelsch).

Jarl [altnord.], Fürst, Statthalt. d. Königs.

Jarmusch, Jim (* 1953), am. Filmregisseur u. Drehbuchautor; *Stranger Than Paradise* (1984); *Down By Law* (1986).

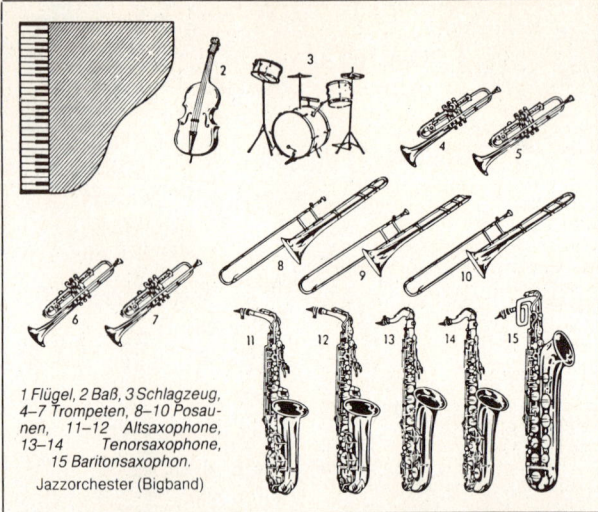

1 Flügel, 2 Baß, 3 Schlagzeug, 4–7 Trompeten, 8–10 Posaunen, 11–12 Altsaxophone, 13–14 Tenorsaxophone, 15 Baritonsaxophon.

Jazzorchester (Bigband)

Jaroslawl, sowj. Gebietshptst. a. d. Wolga, 633 000 E; berühmte Kirchen; Baumwoll-, chem., Leder-, Elektro- u. Automobilind.

Jaruzelski, Wojciech (* 6. 7. 1923), poln. Gen. u. Pol.; 1967–83 Verteid.min., 1981–85 Min.präs., 1981–89 Parteichef der KP, 1985–90 Staatspräs.

Jasmin, *m.,* **1)** Ziersträucher warmer Länder; wohlriechende gelbe od. weiße Blüten zu Parfüm; **2)** *Pfeifenstrauch (falscher J.),* bei uns allein als J. bekannt, mit weißen, duftenden Blüten.

Jasmund, Halbinsel im NO Rügens, Kreideplateau m. hoher Steilküste *(Stubbenkammer* 118 m) u. Buchenwald; w. u. sw. *Gr.* und *Kl. J.er* Bodden.

Jasnaja Poljana, russ. Ort unweit v. Tula; Gut u. Geburtsort v. → *Tolstoj.*

Karl Jaspers

Jaspers, Karl (23. 2. 1883–26. 2. 1969), dt. Phil., Vertr. d. Existenzphilosophie; *Allg. Psychopathologie; Philosophie* (3 Bde); *Vom Ursprung u. Ziel d. Geschichte.*

Jaspis, *m.* [gr.], Mineral, rote, gelbe, braune Varietät des → Chalzedons.

Jassy, rumän. *Iaşi,* St. an der Moldau, 313 000 E; Uni., orthodoxes und röm.-kath. Bistum.

Jatagan, *m.* [türk.], kurzes Krummschwert.

Jauer, *Jawor,* poln. St. in Niederschlesien, an der Wütenden Neiße, 17 000 E.

Jaufenpaß, it. *Passo del Giovo,* 2094 m; v. Sterzing ins Passeiertal, Autostraße Sterzing-Meran.

Jaurès [ʒo'rɛs], Jean (3. 9. 1859–31. 7. 1914), frz. Sozialist, Pazifist, für die dt.-frz. Verständigung; ermordet.

Jause, *w.* [österr.], Zwischen-, Vespermahlzeit.

Java, kleinste d. 4 Großen Sunda-Inseln, zu Indonesien, 126 700 km², 90 Mill. E, vorwiegend moh. Malaien; das am dichtesten bevölkerte Tropenland; sehr gebirgig, 121 Vulkane, davon 27 noch tätig *(Semeru* 3676 m u. *Krakatau,* i. d. Sundastraße), vulkanreichste Stelle der Erde; NW-Küste Sumpfgebiet; üppige Vegetation; im NW die Hptst. v. Indonesien *(Jakarta);* Hpterzeugnisse: Rohrzucker, Tabak, Tee, Kaffee, Chinarinde, Palmöl; Zinn- u. Kupferlager.

Jawata → Kitakyushu.

Jawlensky, Alexej v. (25. 3. 1864–15. 3. 1941), russ. Maler in Dtld; stand dem → „Blauen Reiter" nahe, begr. m. Feininger, Kandinsky u. Klee d. Ausstellungsgemeinschaft d. „Blauen Vier"; sein Hauptthema war das menschliche Gesicht: Entwicklung vom Porträt zur abstrakten Darstellung.

Jayawardene, Junius Richard (* 17. 9. 1906), ceylones. Pol.; 1978–89 Staatspräs. von Sri Lanka.

Jazz, *m.* [engl. *dʒæz*], in Nordamerika zu Beginn d. 20. Jh. entstandene Musikform, die eur. u. afrikan. Elemente zu einer eigentüml. afroam. Musizierweise vereinigt; Merkmale: expressive *(hot)* Intonation (m. *dirty tones),* temperierte Tonleitern (→ *Blues*-Tonalität m. *blue notes),* gleichmäßig durchgeschlagener Grundrhythmus *(beat),* synkopiertes

Spannungsverhältnis zw. Grundrhythmus u. Melodierhythmen *(swing)*, standardisierte Melodieformen, über denen solistisch od. kollektiv improvisiert wird; Instrumentierung: *Melodiegruppe* (Bläser, Keyboards, Gitarre) u. *Rhythmusgruppe* (Schlagzeug, Baß, Gitarre, Klavier), Besetzung abhängig v. d. Ensemblegröße (Bigband od. Combo); Einfluß auf Unterhaltungsmusik (einerseits Schlager- u. Tanzmusik, andererseits → Rock-Musik) u. Kunstmusik (Gershwin, Strawinski); vielfältige Stilentwicklung: um 1900, beeinflußt durch → Ragtime u. → Blues, → New-Orleans-Jazz, um 1910 → Dixieland, in d. 20er Jahren *Chicago-Jazz* u. in d. 30er Jahren *Symphonic Jazz* od. → *Swing* (B. Goodman); als Gegenreaktion in d. 40er Jahren einerseits *Dixieland-Revival* u. andererseits *Modern Jazz* m. seinen unterschiedl. Ausprägungen: *Bebop* (Ch. Parker), *Progressive Jazz* (St. Kenton) u. in d. 50er Jahren *Cool Jazz* (M. Davis, L. Tristano); in d. 60er Jahren *Hardbop* (S. Rollins), *Funk* (Ch. Mingus), *modaler Jazz* (J. Coltrane) u. *Free Jazz* (A. Ayler, Sun Ra); in d. 1970 verstärkte Orientierung in Rhythmik u. Instrumentierung an d. zeitgenöss. Rock- u. Popmusik: *Jazz Rock* (L. Coryell, J. McLaughlin) u. *Hard Funk* (H. Hancock) in d. 70er Jahren, *Punk Jazz* (J. B. Ulmer), *Fake Jazz* (Lounge Lizards), *No Wave* (DNA) und *Acid Jazz* in d. 80er Jahren.

Jeanne d'Arc [ʒan ˈdark], *Johanna, Jungfrau v. Orléans* (um 1412–31), Bauernmädchen, führte Franzosen im Kampf gg. Engländer, ließ Karl VII. von Frkr. in Reims krönen; von den Burgundern gefangen u. den Engländern ausgeliefert; als angebl. Hexe verbrannt; 1920 heiliggesprochen (frz. Nat.hlge) Dramen von Schiller und Shaw, Oper v. Verdi, Oratorium v. A. Honegger.

Jeanneret-Gris [ʒanˌrɛˈgri], Charles-Édouard, → Le Corbusier.

Jean Paul

Jean Paul [ʒɑ̃-], eigtl. *J. P. Friedrich Richter* (21. 3. 1763–14. 11. 1825), dt. Dichter; empfindsam-satir. Romane m. gr. Bilder- u. Sprachreichtum, zahlreichen Fußnoten u. humorist.-gedankl. Einlagen; *Das unsichtbare Loge* (m. Anhang: *Schulmeisterlein Maria Wuz*); *Hesperus; Titan; Flegeljahre; Siebenkäs; Quintus Fixlein;* theoret. Werk: *Vorschule d. Ästhetik.*

Jedermann, *Everyman,* engl. geistl. Drama vom Sterben des reichen Mannes (15. Jh.), im 16. Jh. in Dtld übernommen, erneut v. *Hofmannsthal* (1911).

Jeep, *m.* [engl. dʒip], kleines geländegängiges (Militär-)Fahrzeug mit Allradantrieb.

Jefferson [ˈdʒefərsn], Thomas (13. 4. 1743–4. 7. 1826), am. demokr. Pol., 3. Präs. d. USA, 1801–09; Verfasser der Unabhängigkeitserklärung von 1776.

Jehova, mit den Vokalen aus → Adonai für → Jahwe, das nicht ausgesprochen werden durfte.

Jelängerjelieber → Geißblatt.

Jelzin, Boris Nikolajewitsch (* 1. 2. 1931), sowj. Pol.; 1985–87 KP-Chef v. Moskau, s. 1990 Parlamentspräs., s. 1991 Präs. d. Russ. SFSR; *Aufzeichnungen e. Unbequemen.*

Jemen, amtl. *Al Dschumhurija al Jamanija,* *Rep. Jemen, Yemen,* Rep. i. S Arabiens, 527 968 km², 11,08 Mill. E (21 je km²); Bev.-Zuw. 2,6–2,9%; Sprache: Arab.; Währung: Yemen-Rial (Y.Rl.); Rel.: moh.; Hptst.: *Sana;* Flagge S. 340, Karte S. 748. **a)** *Außenhandel* (1987): Einfuhr 2,76 Mrd., Ausfuhr 428 Mill. $ (N- u. S-Jemen zus.gefaßt). **b)** *Verf.:* in Vorbereitung; provisor. Parlament f. Übergangszeit; Präsidialrat. **c)** *Verw.:* 10 Prov. **d)** *Gesch.:* 1839 geteilt; Rep. Jemen (Nord-J.) s. 1917 unabhängig; 1958–61 z. d. → Vereinigten Arabischen Staaten; 1962–69 Bürgerkrieg zw. Royalisten (von Saudi-Arab.) u. Rep. (von ägypt. Truppen unterstützt). 1974 Mil.reg. Demokr. Volksrep. Jemen (Süd-J., ehem. brit. Kronkolonie → Aden u. ehem. brit. Protektorat Südarabien) s. 1967 unabhängig; 1972 Abkommen m. N-J. über Wiedervereinigung, 1981 Kooordinierungs- u. Kooperationsabkommen; Jemenit. Rat; 1986 Bürgerkrieg. 22. 5. 1990 Vereinigung v. Nord- u. Südjemen.

Jena (D-6900), thür. Krst. a. d. Saale, 106 000 E; Uni. (s. 1558), wiss. Institute; opt. Ind. → Zeiss, Schott u. Gen. „Jenaer Glas", Jenapharm (Penicillin); Fachschule für Optik, Sternwarte u. Planetarium. – 1806 Sieg Napoleons über d. Preußen.

Jenatsch, Georg Jürg (1596–24. 1. 1639), schweiz. Pfarrer, später Gen., erzwang 1637 Abzug d. Franzosen aus Graubünden; Roman v. C. F. Meyer.

Jenissei, sibir. Strom, aus dem östl. Sajan ins Nördl. Eismeer, 4102 km l., entsteht aus Großer u. Kleiner J.; 3013 km schiffbar.

Jenner [ˈdʒenə], Edward (17. 5. 1749–26. 1. 1823), engl. Arzt, Begr. d. Pockenschutzimpfung (1796).

Philipp Jenninger

Boris Jelzin

Jenninger, Philipp (* 10. 6. 1932), CDU-Pol.; 1982–84 Staatsmin. im B.-kanzleramt; Nov. 1984–88 Bundestagspräs.

Jens, Walter (* 8. 3. 1923), dt. Altphilologe, Rhetoriker u. Schriftst.; *Nein. Die Welt der Angeklagten; Herr Meister; Das Testament d. Odysseus; Republikan. Reden;* Hörspiele, Essays; 1976–82 u. 1988–89 (amtierender) Präs. d. PEN-Zentrums d. BR.

Jensen, 1) Hans Daniel (25. 6. 1907–11. 2. 73), dt. Kernphys.; 1963 (zus. m. → Milstein) Nobelpr. **2)** Johannes Vilhelm (20. 1. 1873–25. 11. 1950), dän. Erzähler; Begr. d. modernen dän. Lit.; exot. Geschichten; Nobelpr. 1944.

Jeremia|s (* ca. 650 v. Chr.), Prophet in Juda; nach d. Zerstörung Jerusalems durch Nebukadnezar (586 v. Chr.) v. seinen Landsleuten nach Ägypten verschleppt u. dort verschollen; s. Schüler *Baruch* hat im *Jeremiabuch* seine Reden u. Visionen aufgezeichnet.

Jerewan, früher *Eriwan,* Hptst. d. Sowjetrep. Armenien, im Gebirgskessel 1042 müM, 1,2 Mill. E; Uni., TH; chem. Industrie, Fernsehzentrale.

Jerez de la Frontera [xeˈreθ-], St. in S-Spanien, 180 600 E; Weinbau (*Jerez-Wein,* Weißwein, Sherry). – 711 Arabersieg über Westgoten (→ Tarik).

Jericho, 7000 E, im Altertum bed. St. Palästinas, bisher älteste „stadtähnl." Siedlung, frühjungsteinzeitl., → Präkeramikum.

Jerichorose, 1) *echte J.,* Korbblütler, wächst im Umkreis v. Jericho, Blätter rings um d. Blütenkörbchen schließen u. öffnen sich; **2)** *Marienrose,* Kreuzblütler, astiges Kraut im östl. Mittelmeergebiet; rollt sich beim Vertrocknen z. einem Knäuel zus., das sich b. Befeuchten wieder ausbreitet; **3)** *falsche J.,* (statt 2) gelegentl. in den Handel gebrachte getrocknete Pflanzen einer → Selaginellaart, die mit d. → Bärlapp verwandt ist.

Jerne, Niels K. (* 23. 12. 1911), dän. Immunologe; (zus. m. G. → Köhler u. C. → Milstein) Nobelpr. 1984 (Arbeiten z. Aufbau u. z. Steuerung d. Immunsystems).

Jerome [dʒɪˈroum], Jerome Klapka (2. 5. 1859–14. 6. 1927), engl. humorist. Schriftst.; *3 Mann in einem Boot.*

Jérôme [ʒeˈrom], (1784–1860), Bruder Napoleons I., „König Lustig" von Westfalen 1807–13.

Was unter **J** vermißt wird, siehe unter **I, Y,** und **Dsch**

Jersey ['dʒəzı], größte der brit. Kanalinseln, a. d. NW-Küste Frkr.s, 116 km², 82 000 E; Hptst. *St-Hélier;* Milchwirtsch.; Gemüse; Amtsspr.: Frz.

Jersey, *m.* ['dʒəzı], gewebeähnl. Wirkod. Strickware aus Wollgarn *(Woll-J.).*

Jersey City [-'sıtı], Fabrikst. im US-Staat New Jersey, gegenüber v. Manhattan, 224 000 E.

Jerusalem, hebr. *Jeruschalajim,* arab. *El Kuds,* auf einem Hochland zw. dem Kidron- u. Hinnomtal, 538 000 E; 1949 aufgeteilt in isr. Teil *(Neustadt,* s. 1950 Hptst. v. Israel) u. jordan. Teil *(Altstadt);* Altstadt seit dem Krieg im Juni 1967 v. Israel besetzt, zum isr. Staatsgebiet erklärt u. mit der Neustadt gemeinsam verwaltet. Die von Mauern umgürtete Altstadt umfaßt vier alte Stadtviertel: die mosl. (mit Felsendom), die christl. (m. Grabeskirche), d. armen. u. d. jüdische (m. Klagemauer); Bischöfe fast aller christl. Bekenntnisse haben ihren Sitz in J. In der Neustadt hebr. Uni. (gegr. 1925), Israel-Mus., Knesset, Holocaust-Gedenkstätte; rasch wachsende Industrieviertel. – Um 1000 v. Chr. Hptst. Israels, 586 v. Chr. von d. Babyloniern zerstört, 168 v. Chr. von d. Syrern verwüstet; 63 v. Chr. röm., 70 n. Chr. von Titus zerstört (Judenaufstand); v. Konstantin d. Gr. den Christen zurückgegeben. 637 von den Arabern erobert; in den Kreuzzügen umkämpft; 1099–1187 selbständiges christl. Kgr.; 1517 türk., 1919–48 Sitz d. brit. Mandatsregierung Palästinas.

Jesaia|s, bedeutendster Prophet d. A.T.; ca. 740–701 v. Chr. Auftreten in Juda; von ihm nur Kap. 1–39 verfaßt (Kap. 40–55 u. 56–66 v. zwei anderen Propheten geschrieben, Deutero u. Tritojesaia).

Jessel, Leon (22. 1. 1871–4. 1. 1942), dt. Operettenkomp.; *Schwarzwaldmädel.*

Jesuiten, Gesellschaft Jesu (lat. *Societas Jesu,* abgek. *S. J.*), von Ignatius von Loyola 1534 gegr. Straffe Gliederung d. Ordens: Leitung ein *General* in Rom (z. Z. P. Kolvenbach), *Provinziale* leiten die Provinzen (in Dtld 2: München u. Köln); Ziel des Ordens: Ausbreitung des Reiches Gottes auf Erden; in der Schweiz b. 1973 verboten; heute 2000 Niederlassungen u. 26 000 Mitgl. (BR: 740 Mitgl.) in 110 Ländern.

Jesuitendrama, Bühnenstück i. lat. Sprache, an Gymnasien d. Jesuiten gepflegt; i. Barock als Kampf- u. Werbemittel d. Gegenreformation eingesetzt; Jakob Bidermann: *Cenodoxus.*

Jesus [griech. Form des hebr. Jehoschua = „Jahwe hilft"], Eigenname des Stifters des Christentums; geboren wahrscheinl. in der Zeit zw. 4 u. 8 vor unserer Zeitrechnung, wuchs in Nazareth heran, zog als Wanderprediger mit Jüngern durch Galiläa u. Juda, verkündigte das *Reich Gottes,* an dem nur jene teilhaben, die ihren Sinn ändern, Gott u. d. Nächsten aufrichtig lieben. Seine Lehren brachten ihn in Ggs. zur etablierten religiösen Macht

und der röm. Besatzungsmacht, die ihn (→ Pilatus) auf Golgatha bei Jerusalem kreuzigen ließ; Leben u. *Auferstehung* von den Toten am 3. Tag in den Evangelien geschildert; nichtchristl. Berichte (Josephus, Tacitus, Sueton) unsicher. Nach d. christl. Lehre wahrer Gott u. zugleich wahrer Mensch; der Glaube a. d. Göttlichkeit Jesu bzw. wenigstens daran, daß Gott in ihm wirkte, ist das Spezifische am Christentum.

Jesus People ['dʒizəs ‚pipl], 1967 i. USA entstandene Jugendbewegung; Jesus als Symbolfigur gg. Rauschgift u. Konsumgesellschaft.

Jesus Sirach, Spruchbuch des A.T.

Jet [dʒet], 1) engl. Bez. f. Flugzeug m. → Strahlantrieb.; 2) sich schnell bewegende, v. e. Stern od. einer Galaxie strahlförmig ausgeschleuderte Materie.

Jeton, *m.* [frz. ʒə'tõ], Spielmarke.

Jet-set, *m.* [engl. 'dʒet‚set], Spitze d. intern. Wohlstandsges.

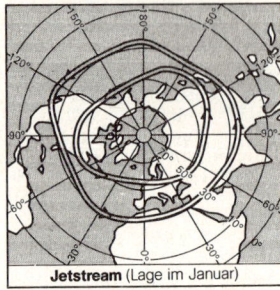

Jetstream (Lage im Januar)

Jetstream [engl. 'dʒetstrim], Strahlstrom, schmales Band außerordentlich hoher Windgeschwindigkeiten (an der am. O-Küste über 600 km/h) i. d. oberen Troposphäre, etwa zw. 5 u. 12 km Höhe, in allg. in west-östl. Richtung; Zus.hang mit der → Polarfront; Lage u. Intensität ändert sich im Jahresablauf; wichtig für den Luftverkehr.

Jett, *m.* od. *s.* [engl. dʒet], Gagat, Pechkohle, schwarze, harte, polierfähige Braunkohle, für Schmuckwaren.

Jeu, *s.* [frz. ʒø], (Glücks-)Spiel.

Jeunesse dorée [ʒœ'nes-], 1) reiche, leichtlebige Jugend z. Z. des frz. → Direktoriums; 2) allg. elegante Großstadtjugend.

Jever (D-2942), Krst. d. Kr. Friesland, Nds., 12 668 E; Hptort d. fruchtbaren fries. *J.landes;* Brauerei.

Jewish Agency ['dʒuıʃ 'eıdʒənsı], gesamtjüd. Vertretung f. d. Aufbau Palästinas, 1922–48; urspr. Exekutive d. zionist. Weltorganisation (s. 1897).

Jewtuschenko, Jewgenij Aleksandrow (* 18. 7. 1933), sowj. Lyriker u. Erzähler; Zeitgedichte.

Jhansi, *Dschansi,* nordind. St. i. Uttar Pradesch, 246 000 E.

Jiang Qing, *Tschiang Tsching* (* März 1914), chin. Pol.in, Witwe Mao Zedongs;

1969–76 im Politbüro der KP Chinas, 1976 als Mitglied der „Viererbande" verhaftet.

Jiangsu, ostchin. Küstenprov., 102 200 km², 63 Mill. E; Baumwolle, Reis, Weizen; Seiden- u. Baumwollind.; Hptst. *Nanjing.*

Jiangxi, Prov. in SO-China, 164 800 km², 35 Mill. E; Reis-, Teeanbau, Porzellanind.; Hptst. *Nanchang.*

Jiaozhou, früher *Kiautschou,* ehem. dt. Pachtbesitz u. Flottenstützpunkt in China, 515 km²; Hptst. *Qingdao;* 1898 f. 99 J. gepachtet.

Jiddisch, *s.,* Mischsprache aus Mittelhochdt. u. Hebräisch m. eigener Literatur u. Presse.

Jilin, früher *Kirin,* chin. Prov. in d. östl. Mandschurei, 187 000 km², 23 Mill. E; Korn- u. Mohnanbau, Steinkohlenbergbau; Hptst. *Changchun* (2 Mill. E).

Jiménez [xi'meneθ], Juan Ramón (24. 12. 1881–29. 5. 1958), span. Lyriker; *Herz, stirb od. singe;* Nobelpr. 1956.

Jinan, früher *Tsinan,* Hptst. der chin. Prov. Shandong, am Huang He, 1,5 Mill. E; Uni., Ind.

Jin und Jang, chin. dunkel – hell; sich ergänzender u. voraussetzender Gegensatz; weibl. u. männl. schöpferisches Weltprinzip; in der chin. Symbolik Kreis mit dunkler u. heller Hälfte (auch → Mandala).

Jitterbug, *m.* [engl. 'dʒıtəbʌg], am. Jazztanz im 4/4-Takt.

Jiu-Jitsu ['dʒiu'dʒıtsu], jap. „sanfte Kunst", alte jap. waffenlose Selbstverteidigungsmethode.

Joachim, Joseph (28. 6. 1831–15. 8. 1907), dt. Geiger, Violinpädagoge u. Komponist.

Joachimsthal → Sankt Joachimsthal. – **J.er Groschen,** Münze, s. 1517 aus dem in *St. J.* (Böhmen) geförderten Silber geprägt; daraus: *Taler* u. *Dollar.*

João Pessôa ['ʒũõ̃ũm-], Hptst. des brasilian. Staates Paraíba, 440 000 E (einschließl. Seehafen *Cabedelo*).

Job, *m.* [engl. dʒɔb], Stellung, Beschäftigung.

Jobber [engl. dʒ-], Effektenhändler an d. Londoner Börse; im weiteren Sinn auch: Spekulant.

Job Enlargement [engl. -ın'laʤmɛnt], Erweiterung des derzeit. Aufgabenbereiches e. Arbeiters durch Hinzunahme zusätzl. Arbeitsgänge; Ziel dieser Maßnahme: Vermeidung von Monotonie bei der Arbeitsverrichtung u. dadurch Erreichung größerer Arbeitszufriedenheit.

Job Rotation [-rou'teıʃən], systemat. Schulung v. Mitarbeitern, die einmal Führungsaufgaben übernehmen sollen; zu diesem Zweck werden sie in mehreren Funktionsbereichen für eine begrenzte Zeit praxisbezogen ausgebildet.

Jobsiade, komisches Versepos v. A. *Kortum* (1783/98).

Joch, *s.,* 1) Zuggestell b. Tiergespann; 2) *techn.* Konstruktionsteil (z. B. bei Elek-

tromagneten); **3)** Grundeinheit d. architektonisch durch Pfeiler, Säulen od. Gurte geglied. Raumes. – **J.bein,** Backenknochen (→ Schädel, Abb.).
Jochenstein, 1952–56 erbaute Staustufe an d. Donau unterhalb Passau, jährl. ca. 8 Mill. kWh Stromerzeugung; Doppelschleuse f. Schleppzüge m. 1500-t-Kähnen; Wasserregulierung.
Jochum, Eugen (1. 11. 1902–26. 3. 87), dt. Dirigent, 1961–87 Leiter d. Concertgebouw-Orchesters, Amsterdam.
Jockey [engl. *'dʒɔkı*], berufsmäß. Rennreiter.
Jod → Iod.
Jodhpur, *Dschodpur, Marwar,* ehem. Fürstenstaat in Radschpútana, s. 1949 Teil des ind. Staates Radschastan; frühere Hptst. J.; 506 000 E.
Jodl, Alfred (10. 5. 1890–16. 10. 1946), dt. Gen.oberst, im 2. Weltkr. Chef d. Operationsabt. im Oberkommando der Wehrmacht; hingerichtet.
Joga, *Yoga, m.* [sanskrit. „Anschirrung"], ind. System zur Harmonisierung v. Körper u. Geist (best. Stellungen, Atemkontrolle); phil. Weltsicht.
Joghurt, *m.* oder *s.* [türk.], *Yoghurt,* urspr. bulgar. Milchprodukt; hergestellt durch Vergärung von Milch mit J.bakterien (Milchsäurebakterienkultur).
Jogi, *Yogi,* Anhänger des Joga; Asket, der nach d. Volksglauben überirdische Kräfte entwickelt.
Johann, a) *Böhmen:* **1)** J. v. Luxemburg (10. 8. 1296–26. 8. 1346), s. 1310 Kg, gewann Schlesien. – **b)** *England:* **2)** J. ohne Land (24. 12. 1167–19. 10. 1216), Kg s. 1199, Bruder v. Richard Löwenherz; 1215 Magna Charta (Grundlage der engl. Verf.). – **c)** *Östr.:* **3)** Erzhzg J. (20. 1. 1782–10. 5. 1859), organisierte 1805 u. 1809 d. Aufstand d. Tiroler, dt. Reichsverweser 1848/49. – **d)** *Polen:* **4)** J. III. Sobieski (17. 8. 1629–17. 6. 96), Kg s. 1674, wirkte 1683 mit bei d. Befreiung Wiens von den Türken. – **e)** *Sachsen:* **5)** J. der Beständige (30. 6. 1468–16. 8. 1532), 1525 Kurfst, sicherte Reformation a. Reichstag zu Augsburg; **6)** J. Friedrich der Großmütige (30. 6. 1503–3. 3. 54), 1532 Kurfst, verlor 1547 Kurwürde u. Hälfte seines Landes; Begr. der Uni. Jena; **7)** J. Georg I. (5. 3. 1585–8. 10. 1656), 1611 Kurfürst, verriet die Sache d. Protestantismus u. trat im Dreißigjährigen Krieg z. Liga über. – **f)** *Schwaben:* **8)** J. Parricida (1290–13. 12. 1313), Enkel Rudolfs v. Habsburg, ermordete 1308 seinen Onkel Albrecht I.
Johanna, 1) sagenhafte Päpstin (als *Johannes Angelicus*) im 9. Jh.; **2)** J. v. Kastilien (6. 11. 1479–12. 4. 1555), die Wahnsinnige; Mutter → Karls V. u. Ferdinands I; **3)** → *Jeanne d'Arc.*
Johannes, a) *Päpste* (insges. 23): **1)** J. XII., 955–64, krönte Otto d. Gr., wurde später eidbrüchig u. von Otto abgesetzt; **2)** J. XXIII., *Angelo Giuseppe Roncalli* (25. 11. 1881–3. 6. 1963), Papst 1958–

Johannes XXIII.

63, 1925–30 Apostol. Delegat in Bulgarien, 1935 in d. Türkei u. Griechenland, 1945–53 Nuntius in Paris, 1953–58 Kardinal u. Patriarch v. Venedig; berief 1962 das II. → Vatikanische Konzil ein. – **b)** *Byzantin. Kaiser:* **3)** J. II. *Komnenos* (1088–1143), s. 1118 Kaiser; Bündnis mit Dt. Kaisern gg. die Normannen in Sizilien; **4)** J. VIII. *Palaiologos* (1392–1448), s. 1425 Kaiser, versuchte erfolglos, O- u. W-Kirche zu vereinigen.
Johannes, 1) J. der Täufer, sog. Vorläufer Jesu, den er im Jordan taufte; von Herodes Antipas hingerichtet; **2)** J. der Evangelist, kaum identisch mit dem um 100 in Ephesus gestorbenen Apostel; das *Evangelium* d. J. behandelt vor allem die theol. Gestalt Jesu; außerdem 3 Briefe u. d. → Apokalypse; **3)** J. Chrysostomus (um 344 bis 407 n. Chr.), Patriarch v. Konstantinopel; **4)** J. Damascenus (um 700–750 n. Chr.), Schatzmeister d. Kalifen, später Mönch; *Quelle der Erkenntnis* (Hauptwerk d. orthodoxen Dogmatik); **5)** J. vom Kreuz, *Juan de la Cruz* (24. 6. 1542–14. 12. 91), span. Mystiker u. Theol.; Erneuerer d. Karmeliterordens.
Johannesburg, St. d. Rep. Südafrika, in d. Prov. Transvaal, 1750 müM, 1,6 Mill. E; Uni., Museen, Observatorium; Zentrum d. Goldbergbaus, Masch.bau, Diamantenschleiferei.
Johannes Paul, Name v. 2 Päpsten: **1)** J. P. I., eigtl. *Albino Luciani* (17. 10. 1912–28. 9. 78), unerwartet am 26. 8. 1978 als Nachfolger von Paul VI. zum Papst gewählt; nach kurzem Pontifikat einem

Johannes Paul II.

Herzinfarkt erlegen; **2)** J. P. II., eigtl. *Karol Wojtyla* (* 18. 5. 1920), 1964–78 Erzbischof v. Krakau, 1967–78 Kardinal, am 16. 10. 1978 als Nachfolger v. 1) zum Papst gewählt (erster Nichtitaliener als Papst s. 1522).
Johannes von Saaz, richtiger *Johannes v. Tepl,* dt. Humanist, Stadtschreiber u.

Rektor; verfaßte um 1400 den *Ackermann aus Böhmen* (bedeutendstes Denkmal d. Prager Kanzleisprache).
Johanngeorgenstadt (D-9438), sächs. St. im Erzgebirge, 9500 E; Bergbau (Wismut, Uranerze).
Johannisbeere, Beerensträucher mit roten, weißen od. schwarzen Beeren; auch Ziersträucher.
Johannisbrot-baum, kl. Baum des Mittelmeergebietes m. großen, flachen, zuckerhaltigen Hülsen *(J., Karuben)* u. sehr hartem Samen, früher als Gewichte (Karat) verwendet.
Johannis-fest, Tag Johannes' des Täufers (24. 6.); vielfach mit **J.feuer** am Vorabend (altes Sonnwendfeuer).
Johanniskraut, *Hartheu,* gelb blühende Staude an sonnigen Waldrändern; durchscheinende Blattdrüsen, Heilpflanze.
Johannisnacht, Nacht vor → Johannisfest.
Johannisthal, Ortsteil v. Berlin; erster dt. Flugplatz (1909).
Johannistrieb, 1) die erneute Vegetationstätigkeit bei vielen Gehölzen im Sommer; **2)** in späteren Lebensjahren aufflackernder Geschlechtstrieb.
Johanniswürmchen → Glühwurm (Leuchtkäfer).
Johanniterkreuz, *Malteserkreuz,* 8spitzig, weiß in rotem Feld; Abb. → Kreuz.
Johanniter-orden, 1) ältester geistl. Ritterorden, Anfänge um 1070 in Jerusalem, Ordensverfassung 1112; Sitz s. 1291 Zypern, 1310 Rhodos *(Rhodiserritter),* 1530–1798 Malta *(Malteserritter);* 1879 Wiederherstellung d. Großmeisterwürde, Sitz Rom; **2)** ev. (preuß.) J.: hervorgegangen 1812 als weltl. Adelsgenossenschaft, hervorgegangen aus d. protestant. Ballei Brandenburg des J.s, s. 1852 Ausbildung von **J.schwestern** für Krankenpflege.
Johann v. Leiden, eigtl. *Jan Beukelszoon,* Johann *Bokkelson* (1509–36), Schneider, Haupt d. *Kgr.s Zion* der Wiedertäufer in Münster; hingerichtet.
John Bull [*dʒɔn 'bul*], satir. Bez. der Engländer, wohl nach der Titelfigur des Romans *J. B.* v. John Arbuthnot (1667–1735).
Johns [*dʒɔnz*], Jasper (* 15. 5. 1930), am. Maler u. Graphiker; Vertr. d. → Pop Art („Flaggen-Bilder").

Uwe Johnson

Johnson, 1) Eyvind (29. 7. 1900–25. 8. 76), schwed. Schriftst.; *Hier hast du dein Leben; Träume v. Rosen u. Feuer; Eine*

Was unter **J** vermißt wird, siehe unter **I**, **Y**, und **Dsch**

große Zeit; Nobelpr. 1974; **2)** Lyndon B. (27. 8. 1908–22. 1. 73), am. demokr. Pol.; 1961–63 Vizepräsident, 1963–69 36. US-Präs. (als Nachfolger v. J. F. → Kennedy); **3)** Samuel (18. 9. 1709–13. 12. 84), engl. Sprachforscher u. Kritiker; Vertr. d. engl. Klassizismus; **4)** Uwe (20. 7. 1934–23. 2. 84), dt. Erzähler; experimentelle Prosa; Romane: *Mutmaßungen über Jakob; D. dritte Buch über Achim; Jahrestage 1–4.*

Johor, *Dschohor,* Gliedstaat v. Malaia (→ Malaysia), 18 985 km², 1,96 Mill. E; Ausfuhr von Kautschuk; Hptst. *J. Baharu.*

Joint, *m.* [engl. *dʒɔɪnt*], selbstgedrehte Haschisch- od. Marihuanazigarette.

Joint ventures [*dʒ- -tʃəz*], Gemeinschaftsgründung, Vereinigung von Unternehmen, zum Zwecke einer gemeinschaftl. Erwerbstätigkeit a. d. Grundlage gegenseitiger, sich ergänzender Produktionsvoraussetzungen (z. B.: ein Unternehmen stellt die neue Technologie, das andere die Produktionskapazitäten).

Joker, *m.* [engl. *'dʒoukə*], zusätzl. Karte zu den 52 gebräuchl. Karten b. Poker, Canasta u. Rommé; kann f. jede Karte eintreten.

Joliot-Curie [*ʒɔ‚ljoky'ri*], frz. Phys.ehepaar, **1)** Frédéric (19. 3. 1900–14. 8. 58) u. **2)** Irène (12. 9. 1897–16. 3. 1956), Tochter v. Pierre u. Marie → Curie; Atomforscher; künstl. Herstellung radioaktiver Elemente; beide 1935 Nobelpr. f. Chemie.

Jolle, *w.,* kl, Beiboot bei Segel- u. Kriegsschiffen; → Segelboot.

Jom Kippur [-], **1)** *Versöhnungstag,* d. höchst. jüd. Feiertag; **2)** *J.-K.-Krieg:* isr.-arab. Krieg 1973.

Jommelli, Niccolò (10. 9. 1714–25. 8. 74), it. Komp.; → Neapolitanische Schule.

Jonas, Franz (4. 10. 1899–24. 4. 1974), östr. Pol. (SPÖ); 1951–65 Bürgerm. v. Wien, 1965–74 Bundespräs.

Jonathan, im A.T. Sohn Sauls.

Jones [*dʒounz*], **1)** Allen (* 1. 9. 1937), engl. Maler u. Graphiker, Vertreter der → Pop Art; **2)** Inigo (15. 7. 1573–21. 6. 1652), engl. Architekt u. Wegbereiter d. Palladianismus (→ Palladio) in Engl.; *Schloß Whitehall; Wilton House;* **3)** James (6. 11. 1921–10. 5. 77), am. Schriftst.; *Verdammt in alle Ewigkeit;* **4)** Sidney (17. 6. 1861–29. 1. 1946), engl. Komp.; Operette: *Die Geisha.*

Jongleur [frz. *ʒõ'glœr*], im MA gewerbsmäß. Bänkelsänger, heute Geschicklichkeitskünstler.

Jonke, G. F. (Gert Friedrich) (* 8. 12. 1946), östr.-dt. Schriftst.; skurril-reflektierte Gedichte u. Erzählungen; *Heimatroman; D. ferne Klang.*

Jönköping [-*tɕœ*-], St. i. Südschweden, 110 000 E.

Jonson [*'dʒɔnsn*], Ben (11. 6. 1573–6. 8. 1637), engl. Dramatiker d. elisabethan. Epoche; Schöpfer d. „comedy of humors"; Komödie: *Volpone.*

Jordaens [-*'da:ns*], Jakob (19. 5. 1593–18. 10. 1678), fläm. Maler d. Barock.

Jordan, Pascual (18. 10. 1902–31. 7. 80), dt. theoret. Physiker; *Die Physik u. d. Geheimnis des organ. Lebens.*

Jordan, arab. *Scheriat el Kebir,* Fluß i. Palästina, v. Hermon durch d. See Genezareth u. d. Tal Ghor i. d. Tote Meer, ca. 260 km l.; Ableitung v. J.wasser zur Bewässerung v. Wüstengegenden durch isr. Projekt.

Jordanien, amtl. *Al Mamlakah al Urdunniyah al Hashimiyah, Haschemit. Königreich J.,* arab. Staat, besteht aus *Ostjordanland,* östlich des Jordans u. Toten Meeres, u. westl. davon *Westjordanland,* dem arab. Teil Palästinas; vorwiegend Steppe u. Wüste; 97 740 km², 3,94 Mill. E (40 je km²); Bev.-Zuw. 3,9%; Bev.: z. T. Nomaden; Sprache: Arabisch; Währung: Jordan-Dinar (JD); Rel.: moh., daneben 5% Christen; Hptst.: *Amman;* Flagge S. 340, Karte S. 744. **a)** *Wirtsch.:* Oasenkultur (Dattelpalmen) Anbau (Weizen, Gerste, Tabak) nur in beschränktem Umfang; nomad. Viehzucht. **b)** *Außenhandel* (1988): Einfuhr 2,79 Mrd., Ausfuhr 1,036 Mrd. $. **c)** *Verkehr:* Eisenbahn 618 km, durch J. die schmalspurige Hedschasbahn; ca. 7000 km befestigte Autostraßen, z. T. mit Autobusverkehr; einziger Hafen *Akaba* am Roten Meer. **d)** *Verf.* v. 1951: Konstitutionelles Kgr. m. Min.rat u. Parlament. **e)** *Verw.:* 1 Wüstenterritorium, 8 Distrikte. **f)** *Gesch.:* 1923 als Emirat *Transjordanien* unter brit. Protektorat geschaffen. 1946 unabhängiges Kgr. 1948 Krieg gg. Israel; 1949 Waffenstillstand. Umbenennung in J. u. Angliederung W-J.s. 1951 Kg Abdulla ermordet, da nach Talal Kg 1951/52, nach seiner Abdankung s. 1953 Hussein II. Seit arab.-isr. Krieg v. Juni 1967 jordan. Gebiete westl. d. Jordans v. Israel besetzt (auch → Jerusalem). 1968–71 Kämpfe d. jordan. Regierungstruppen m. Guerillas. Im Nahostkrieg 1973 Entsendung v. Hilfstruppen an Syrien, enge Zusammenarbeit beider Länder mit d. Ziel einer Vereinigung, Anspruch d. PLO auf d. West-Jordanland v. d. Gipfelkonferenz 1974 anerkannt, 1976 u. 1977 Unruhen in diesem Gebiet wegen Anlage isr. Siedlungen; 1988 Aufgabe aller Ansprüche auf Westjordanland zugunsten der dort lebenden Palästinenser (zus. m. Gazastreifen am 15. 11. 1988 vom Palästinens. Nat.rat als unabhängiger Staat → Palästina proklamiert). 1991 Nationalcharta beschlossen. **g)** *Mitgl.:* UN u. Arab. Liga.

Jordanis (6. Jh. n. Chr.), Geschichtsschreiber der → Goten.

Jordansmühl, nach dem schles. Fundort ihrer Geräte benannte jungsteinzeitl.

Volksgruppe in Schlesien; aus Ungarn eingewandert.

Jørgensen, Anker (* 13. 7. 1922), dän. sozialdemokr. Pol.; 1973 u. 1975–82 Min.präs.

Joseph, *röm.-dt. Kaiser:* **1)** J. I. von Habsburg (26. 7. 1678–17. 4. 1711), s. 1705 Kaiser; siegreich gg. Ludwig XIV. im Span. Erbfolgekrieg (Prinz Eugen); **2)** J. II. von Habsburg-Lothringen (13. 3. 1741–20. 2. 90), Sohn Maria-Theresias, ihr Mitregent in Östr., s. 1765 Kaiser: Aufgeklärter Absolutismus: *Josephinisches Zeitalter:* sozial- u. kirchenpol. Reformen (Aufhebung d. Leibeigenschaft, Toleranzedikt, staatl. Aufsicht über Kirche).

Joseph, *Bibelgestalten,* **1)** Sohn Jakobs, v. s. Brüdern nach Ägypten verkauft, lebte dort im Hause Potiphars, wurde der höchste Beamte in Ägypten; **2)** Gatte Marias, der Mutter Jesu, Zimmermann (Tag: 1. 5.); **3)** J. v. Arimathia, legte Jesu Leichnam in sein Felsengrab.

Josephine → Beauharnais 1).

Josephsehe, Ehe, in der aus rel. Motiven freiwillig auf d. Ehevollzug verzichtet wird; dahingehende Vereinbarung rechtl. nicht bindend.

Josephson [*'dʒouzifsn*], Brian (* 4. 1. 1940), engl. Phys.; Forschungen z. Theorie d. → Supraleitung; Nobelpr. 1973.

Josephus, Flavius (37–um 100 n. Chr.), jüd. Historiker.

Josquin Desprez [*ʒɔskɛ̃ de',re*] (um 1440–27. 8. 1521?), burgund. Komp.; Messen, Motetten u. Chansons.

Jostedalsbrä, *J.breen,* größtes eur. Plateaugletscherfeld i. norweg. Hochgebirge, nördl. d. Sognefjords, 1076 km², längste d. ca. 300 Gletscherzungen 14 km.

Josua, Nachfolger von Moses.

Jota, *s.,* **1)** → Iota; **2)** *w.,* (oft gesungener) span. Volkstanz im 3/8- od. 3/4-Takt, instrumental begleitet.

Jotunheim, vergletscherte Hochgebirgslandschaft SO-Norwegens, östl. d. Sognefjords, mit *Glittertind* (2472 m) u. *Galdhøpiggen* (2469 m).

Jouhaux [*ʒu'o*], Léon (1. 7. 1879–29. 4. 1954), frz. Pol. u. Gewerkschaftsführer, gründete 1947 d. sozialist. Gewerksch. *Force Ouvrière;* Friedensnobelpr. 1951.

Joule [*dʒul*], James Prescott (24. 12. 1818–11. 10. 89), engl. Phys.; bestimmte mechan. Wärmeäquivalent; n. ihm ben. Maßeinheit f. Energie → Joule.

Joule, Abk. *J,* phys. Einheit d. Arbeit, 1 J = 1 Wattsekunde; s. 1978 Maßeinheit f. d. Nährwert v. Lebensmitteln (bisher Kalorie), 1 J = 0,2389 (gr.) Kalorien (bzw. 1 gr. Kalorie = 4,1868 J).

Jour, *m.* [frz. *ʒur*], Tag. – **J. fixe** [*-'fiks*], bestimmter Tag für zwanglosen Gästeempfang, Termin regelmäßiger Treffen.

Journal, *s.* [*ʒur-*], **1)** Tageszeitung, Zeitschrift; **2)** *Memorial,* Tagebuch in der Buchhaltung; vereinigt aus versch. Grundbüchern die Niederschriften ein-

zelner Geschäftsvorgänge, die erst von dort ins *Hauptbuch* übertragen werden; **3)** *seem.* Schiffstagebuch (gesetzl. vorgeschrieben).

Journalismus, berichtende, krit. od. erläuternde Behandlung v. Tagesgeschehen u. Zeitfragen i. Zeitung, Zeitschrift, Rundfunk u. Fernsehen.

Journalist, (Zeitungs-)Schriftst. (→ *Redakteur,* → *Reporter,* → *Korrespondent,* → *Kritiker)* od. Mitarbeiter an Zeitungen, Zeitschriften, Rundfunk u. Fernsehen *(freier J.).*

jovial [l.], heiter; gönnerhaft.

Joyce [*dʒɔıs*], James (2. 2. 1882–13. 1. 1941), irischer Schriftst.; Erzählungen: *Dubliners; Stephen Hero* (fragmentar.); *A Portrait of the Artist as a Young Man;* Begr. e. neuen Romantechnik: *Ulysses; Finnegan's Wake;* Drama: *Exiles.*

Joystick [engl. *'dʒɔı-* „Freudenstock"], ein in alle Richtungen bewegbarer Hebel, mit dem auf einem (an einen Spiel- od. Heimcomputer angeschlossenen) Bildschirm ein → Cursor bewegt werden kann, um kontinuierl. Bewegungen darzustellen; bevorzugt b. → Videospielen eingesetzt.

jr., jun., Abk. f. lat. *junior,* d. Jüngere.

Juan Carlos I. [*'xŭan-*] (* 5. 1. 1938), s. 1969 Prinz von Spanien; s. 1975 König v. Spanien; verheiratet m. *Sophia v. Griechenland.*

Juan d'Austria (24. 2. 1547–1. 10. 78), Sohn v. Karl V. u. Barbara Blomberg, besiegte 1571 d. Türken bei Lepanto, 1576 Statthalter d. Ndl.

Juan Fernández, drei Inseln (185 km²) im Pazifik, zu Chile, vulkanisch; Hptinsel *Más a tierra* (die Robinsoninsel), 95 km², 600 E.

Juan-les-Pins [*ʒŭale'pɛ̃*], Weltbad an der frz. Riviera, Stadtteil von → Antibes.

Juárez [*'xŭareθ*], Benito (21. 3. 1806–18. 7. 72), 1861–71 Präs. u. Diktator von Mexiko, Indianer, ließ 1867 Kaiser → Maximilian (8) erschießen.

Juba, Dschuba, Fl. in O-Afrika, v. Hochland v. Äthiopien z. Indischen Ozean, 1650 km l.

Jubeljahr, im A.T. alle 50 Jahre, soz. Einrichtung; vollständige Entschuldung; seit 1475 Hl. Jahr in d. kath. Kirche (alle 25 Jahre); 1983/84 Außerordentl. Hl. Jahr.

Jubilate [l.], 3. Sonntag nach Ostern.

Jubiläum, Gedenkfeier eines Ereignisses.

Juchten, *m.* od. *s.* [russ.], gutes Rindsod. Roßleder; m. Birkenteeröl eingerieben; v. bes. Geruch.

Jucker, *m.,* ungarisches Halbblut, leichtes Wagenpferd.

Juda, 4. Sohn Jakobs, mit Lea Stammvater des isr. Stammes J., → Juden.

Judäa, südl. Landschaft Palästinas; urspr. Siedlungsgebiet der Juden (um Jerusalem), v. d. Persern nach d. Babylon. Gefangenschaft zugewiesen; seit Herodes d. Gr. u. als röm. Prov. etwa das Gebiet v. Palästina.

Judas, 1) J. Makkabäus, Führer der Makkabäer (→ Juden, *Gesch.*), fiel 160 v. Chr; **2)** J. Ischariot, verriet Christus für 30 Silberlinge *(Judaskuß);* erhängte sich; **3)** J. Jakobi, einer der 12 → Apostel.

Judasbaum, Judenbaum, → Schmetterlingsblütler, südeur. Zierbaum; Blüten unmittelbar aus Ästen hervorbrechend.

Juden, urspr. Name f. Angehörige d. Stammes Juda; dann allg. für sämtl. Rückkehrer der 12 Stämme aus dem babylon. Exil. – *Gesch.:* Urspr. semit. Nomadenvolk, dann seßhaft in Palästina; entwickelten als einziges Volk im Mittelmeerraum eine monotheist. Religion; Priesterherrschaft abgelöst durch Königtum *(Saul, David, Salomo).* Verfall u. Teilung in Königreiche: Juda u. Israel; s. 722 v. Chr. durch Assyrer unterworfen. → Babylonische Gefangenschaft (586–538 v. Chr.). Danach abhängig von jeweiligen Eroberern; Befreiungskampf der Makkabäer (167 v. Chr.); in der hellenist. Zeit Ausbreitung (Stadtkolonien) im Mittelmeerraum; 104–4 v. Chr. nat. Kgtum (→ Israel, *Gesch.*); Eroberung durch Pompeius (63 v. Chr.). Herodes, v. Rom abhängiger Kg († 4 v. Chr.); röm. Prov., Aufstand 66 n. Chr., Zerstörung Jerusalems (Titus) 70 n. Chr.; zwangsweise Umsiedlung; Aufstand unter Bar Kochba 132 n. Chr.; Verfolgungen; Judentum in Kolonien im ganzen Röm. Reich verstreut; Konzentrationspunkte in Babylonien u. Mesopotamien. Blütezeit in Spanien unter Araberherrschaft; hohe wiss. Leistungen, Vertreibung durch Inquisition u. Zwangstaufe *(Marranen);* Auswanderung nach d. Ndl., N-Afrika, Balkan, Levante *(Sephardim* od. Spaniolen m. spam. Umgangssprache). J. in Dtld am Rhein s. etwa 700; seit 4. Jh., da v. anderer Betätigung ausgeschlossen, erfolgreiche Geld- u. Pfandverleiher b. damals allg. übl. hohen Zinssätzen; Schutz durch Kaiser *(„Kammerknechte")* u. Fürsten f. Beschaffung deren Geldbedarfs. Verfolgungen aus relig. Fanatismus während der Kreuzzüge, Einsiedlung in Gettos; verstärkte Verfolgungen im 14. Jh., wo man ihnen einseitig die Schuld an den wirtsch. Krisen z. Z. des aufkommenden Frühkapitalismus zuschob; Auswanderung nach Polen (Ostjuden, *Aschkenasim)* im 18. Jh. Emanzipationsbestrebungen: Vorkämpfer *Moses Mendelssohn;* im 19. Jh. allmähl. bürgerl. Gleichstellung, zuerst in USA 1776, dann in Frkr. 1791; Dtld 1808–12, abgeschlossen 1869. Schwierigkeiten einer mehr als äußeren Assimilation wurden hervorgerufen durch starke Abwanderung von Ostjuden nach Westeur. u. d. USA infolge russ. J.pogrome. Das dt. Judentum hatte beträchtlichen Anteil am wirtsch., kulturellen Leben des Landes; 1933 zählten d. pol. Leben des Landes; 1933 zählten d. Juden in Dtld 525 000, durch Auswanderung infolge d. Verfolgungsmaßnahmen

des NS-Regimes retteten sich 295 000, insbes. n. USA u. Israel; 190 000 dt. J. u. ca. 5 Mill. eur. J. in den besetzten Ländern sind während d. Krieges umgebracht worden. Nach 1945 verstärkte Auswanderung n. USA, Palästina, dort s. 1948 jüd. Nationalstaat → *Israel;* heute in d. Welt ca. 14 Mill. J., davon in USA über 5,9 Mill. (i. New York 1,2 Mill.), in Israel 3,4 Mill., Dtld 30 000, UdSSR ca. 1,8 Mill.

Judenburg (A-8750), östr. Bez.st. a. d. Mur, Steiermark, 11 000 E; *Liechtenstein* (Stammburg d. Minnesängers Ulrich v. L.); Stahlind.

Judenchristen, im Urchristentum im Ggs. zu den *Heidenchristen:* die Christen jüd. Abkunft, die am mosaischen Gesetz festhielten; → Ebioniten.

Judenkirsche, Blasenkirsche, Lampionblume, Nachtschattengewächs.

Judika [l. „richte"], 5. Sonntag d. Fastenzeit.

jüdische Religion, nach Moses auch *mosaische Religion,* streng monotheistische Stifterrel.; nach jüd. Glauben wurde u. Gott, d. Schöpfer d. Welt, d. Stämmeverband Israel durch d. Bundesschluß auserwählt *(Auserwähltes Volk)* u. ihm am Sinai durch Moses d. Thora (613 Ge- u. Verbote, Grundges.: die 10 Gebote) übergeben. Das A.T. (bes. → *Thora)* ist Lehre u. Gesetz; *Talmud, Midrasch, Kabbala* Auslegung u. Anwendung. Messias für d. Endzeit erwartet. Jüd. Andacht häuslich u. in d. Synagoge; Rabbiner sind zugleich Seelsorger, Lehrer der Überlieferung u. Richter in rel.-gesetzl. Fragen. Richtungen der neueren Zeit: Orthodoxe (Konservative), Liberale, Reformgemeinden (bes. in USA).

Judith, Gestalt im A.T., tötet den Feldherrn Holofernes; apokryphes Buch im A.T.

Judo, *s.* [jap.], aus d. jap. Selbstverteidigungstechnik entwickelte (Jiu-Jitsu) Kampfsportart ohne Waffen; olymp. Wettbewerb.

Jud Süß, Süß-Oppenheimer, Joseph (1692–4. 2. 1738, gehenkt), Geldagent; einflußreicher Ratgeber des Hzgs Alexander v. Württ., gg. d. → Landstände.

Jugend-amt, Kommunal-, *Landes-J.amt,* Landesbehörden f. J.wohlfahrt (u. a. J.fürsorge, Waisenhilfe, Mitwirkung b. d. Erziehungsbeistandschaft, d. Freiwilligen Erziehungshilfe u. d. Fürsorgeerziehung; J.beratung).

Jugendarbeitsschutz, neu geregelt durch Ges. v. 12. 4. 1976: grundsätzl. Verbot d. Beschäftigung Jugendlicher unter 15 J.; Regelbeschäftigungsdauer f. Jugendliche höchstens 8 Std. täglich u. 40 Std. wöchentl.; Ruhepausen in bes. Aufenthaltsräumen; Mindesturlaub je nach Alter zw. 30 u. 25 Tage; Verbot von Nacht-, Akkord-, Fließ- u. Untertagearbeit sowie von gefährl. Arbeiten; Arbeit an Samstagen, Sonntagen u. Feiertagen nur in best. Umfang u. nur in best. Berufen zulässig;

abweichende Teilregelungen f. einzelne Berufe, insbes. f. d. Landw. u. d. Binnenschiffahrt.

Jugendbewegung, 1899 durch Auftreten d. „Wandervogels" begonnener Zus.schluß meist älterer Schüler u. junger Studenten, später auch weibl.; Ziele auf d. Fest der zur „Freidt. Jugend" zus.geschlossenen J.verbände 1913 auf d. Hohen Meißner b. Kassel geklärt: Selbstverantwortlichk., Selbsterziehungsrecht, Anerkennung d. Eigenwertes d. J.; Lebensreform durch Rückkehr z. Wahrhaftigkeit u. Natürlichkeit (Wandern, Volkslied, Volkstanz); Einfluß d. J.bewegung auf Schule: Freie Schulgemeinden; nach d. 1. Weltkr. Neubelebung: „Bündische Jugend", 1933 aufgelöst; Ideen der J.bewegung auch in d. → J.verbänden nach 2. Weltkr. wirksam.

Jugendfürsorge, *Jugendwohlfahrt,* Maßnahmen v. Behörden od. privaten Vereinen z. Schutze, z. Erziehung u. Heilung od. Gesunderhaltung v. Kindern (0–14) od. Jugendl. (14–18), unter best. Voraussetzungen auch f. Personen über 18 J. Säuglings-, Kleinkinder-, Schulkinder-, Schulentlassenenfürsorge, Kinderschutz, Pflegekinderwesen (Halte- od. Ziehkinder), Jugendgerichtshilfe, Erziehungsbeistandschaft, Freiwillige Erziehungshilfe, Fürsorgeerziehung, Heimaufsicht, Gefährdeten-, Tbc-Fürsorge.

Jugend-gericht, urteilt über Straftaten Jugendlicher (14- bis 18jähr.) u. unter best. Voraussetzungen auch über die v. Heranwachsenden; Jugendliche nur strafrechtl. verantwortlich, wenn sittl. u. geist. Reife vorhanden, das Unrecht d. Tat einzusehen u. gemäß dieser Einsicht zu handeln; Straftaten werden geahndet mit J.strafe od. Zuchtmitteln (J.arrest, Auferlegung bes. Pflichten, Verwarnung); daneben Anordnung v. → Erziehungsmaßnahmen mögl. (J.gerichtsges. v. 4. 8. 1953).

Jugendherbergen, *JH,* Aufenthalts- u. Übernachtungsstätten, insbes. f. wandernde Jugend gegr., f. Schulklassen u. Jugendgruppen, auch Lehrgangs- u. Tagungsstätten f. Jugendverbände u. intern. Begegnung; *Dt. Jugendherbergswerk, DJH,* 1909 v. d. Lehrer *Richard Schirrmann* gegr.; Sitz: Detmold; 1983: 574 Jugendherbergen m. 9 489 904 Übernachtungen; nach dt. Vorbild in 52 Ländern Jugendherbergsverbände, zus.gefaßt in *International Youth Hostel Federation* (gegr. 1932) m. 5167 Jugendherbergen u. 28 188 728 Übernachtungen (1983).

Jugendirresein, *Hebephrenie,* eine im jugendl. Alter auftretende Geisteskrankh., → Schizophrenie.

Jugend-pflege, dient d. Förderung u. Ertüchtigung gesunder u. nicht gefährdeter od. verwahrloster J. (Ggs.: J.fürsorge); *J.vereine, J.heime,* Sport u. Spiel, Büchereien, *J.herbergen* u. a.; Träger: Staat/Kommune od. freie Verbände.

Jugendschutz, Ges. v. 4. 12. 1951 in d. Fassung v. 25. 2. 1985 regelt Schutzmaßnahmen f. gefährdete Jugend; *Verbote für Kinder u. Jugendliche:* Branntwein, Varieté-, Kabarett- od. Revueveranstaltungen, Spielhallen u. ä., Glücksspiele i. d. Öffentlichkeit u. Betätigung v. Spielautomaten m. Gewinnmöglichkeit; *f. Kinder u. Jugendl. unter 16 J.:* Aufenthalt i. Gaststätten, Verabfolgung alkohol. Getränke i. Gaststätten u. Verkaufsstellen, wenn nicht in Begleitung Erziehungsberechtigter (Verabfolgung von Alkohol an Kinder prinzipiell verboten), Anwesenh. b. öff. Tanzveranst. u. Rauchen i. d. Öffentlichkeit. Teilnahme an Filmveranstaltungen f. Kinder unter 6 Jahren verboten; sonst je nach Kennzeichnung d. Filmes. Videokassetten u. Bildplatten dürfen Kindern u. Jugendlichen nur zugänglich gemacht werden, soweit sie für best. Altersstufen freigegeben sind. J.ges. gilt nicht f. verheiratete Jugendl. Veranstalter können b. Nichtbeachtung bestraft werden. – Ergänzendes Vertriebsverbot v. → Schund- u. Schmutzschriften: Polizeivorschriften.

Jugendstil: *Aubrey Beardsley, Illustr. zu „Salome"*

Jugendstil, nach der *Jugend* (Zeitschrift in München, s. 1896) ben. Stil um 1900: stilisierte Naturformen, Pflanzenmotive in schwungvoller Linienführung u. a.; von bes. Bed.; beeinflußt v. England (Beardsley, Morris), f. d. Buchkunst, Gebrauchsgraphik u. d. Kunstgewerbe; in Baukunst Versuch, den historisierenden Schwulst der → Gründerzeit durch neue eigenartige Formfindung zu überwinden: z. B. *Olbrich, Gaudí* (Architektur); *v. Stuck* (Malerei); *George* (Dichtung); *Gallé* (Kunsthandwerk). → Art nouveau; → Modern Style; → Stile Liberty; → Sezessionsstil.

Jugendstrafe, Freiheitsentzug in einer Jugendstrafanstalt; Mindestdauer 6 Monate, Höchstdauer 10 Jahre; → Jugendgericht.

Jugendverbände, nach 1945 neu gegründet; in der BR: *Gewerkschaftsjugend, Die Falken* (sozialistische Jugendbewegung), *Ev. Jugend Dtlds* (Zus.schluß selbst. Gruppen, z. B. Christl. Pfadfinder, Christl. Verein Junger Männer), *Bund der dt. kath. Jugend* (z. B. St.-Georgs-Pfadfinder, Kolpings-J. u. a.), *Dt. Jugend des Ostens* (Heimatvertriebene), *Ring dt.*

Pfadfinder, Dt. Landjugend, zahlreiche Jugendgruppen innerh. bes. Vereine (*Naturfreunde, Sportjugend, Alpenverein* u. a.); pol. Gruppen: *Junge Union* (CDU), *Jungdemokraten* (FDP), *Jungsozialisten* (SPD). 1949 *Dt. Bundesjugendring,* überparteil. Spitzenvertretung der Jugendverbände u. Landesjugendringe; früher in der DDR *Freie Dt. Jugend* (FDJ) u. *Junge Pioniere,* kommunist. Organisationen (in d. BR 1951 verboten).

Jugendweihe, um 1890 in d. sozialist. freirel. Bewegung aufgekommener Weiheakt für Jugendliche; in d. ehem. DDR eingeführt, um Konfirmation u. Erstkommunion zu verdrängen.

Jugendwohlfahrtsgesetz, regelt das öffentl. Fürsorgewesen f. Kinder u. Jugendliche; → Jugendfürsorge.

Jugoslawien, amtl. *Federativna Socialistička Republika Jugoslavija,* föderative Rep. auf d. nw. Balkanhalbinsel, 255 804 km², 24,11 Mill. E (94 je km²); Bev.-Zuw. 0,7%; Bev.: Serben, Kroaten, Slowenen, Mazedonier, zahlr. Minderheiten; Sprache: Serbokroat., Slowen., Mazedon.; Rel.: orthodox, röm.-kath., moh.; Hptst.: *Belgrad;* Flagge S. 340, Karte S. 744. **a)** *Geogr.:* Gebirgsland (Karst, Dinarische Alpen i. W, serbisches u. mazedon. Gebirge im SO), im N Flachland. **b)** *Wirtsch.:* Hptzweig ist d. Landw. (Getreide, Mais, Tabak, Schweine, Schafe). Agrarreform 1953: obere Grenze d. Landbesitzes 10 ha; freiwill. Kollektivierung; planmäß. Aufbau d. Ind., entscheidend d. Wirtsch.reform von 1965 m. d. Einführung einer Art sozialist. Marktwirtsch., bed. Metall- u. Textilind., Bergbau (Kupfer, Blei, Eisen, Zink, Bauxit, Erdöl u. Braunkohle). Von zunehmender Bedeutung d. Fremdenverkehr. **c)** *Außenhandel* (1988): Einfuhr 13,15 Mrd., Ausfuhr 12,6 Mrd. $. **d)** *Verf.* v. 1974: Volksrep. auf bundesstaatl. Basis; Bundesvers. m. 2 Kammern (Föderationsrat u. Rat d. Rep.en); Staatsoberhaupt (Vors. d. Staatspräsidiums aus d. Mitgl. d. Teilrep. u. autonomen Prov.) in 1jähr. Turnus wechselnd. **e)** *Verw.:* 6 souveräne B.republiken: Serbien, Kroatien, Slowenien, Bosnien u. Herzegowina, Montenegro, Mazedonien; ferner innerhalb Serbiens 2 autonome Provinzen (Kosovo u. Wojwodina). **f)** *Gesch.:* 1. 12. 1918 als Kgr. gebildet durch Vereinigung d. Kgr. Serbien m. ehem. angrenzenden südöstl. Ländern Österr.-Ungarns, Montenegro u. Teilen v. Bulgarien u. Mazedonien, 1934 Ermordung Kg Alexanders; s. Sohn Kg Peter II. (bis 1941 unter Regentschaftsrat: Prinz Paul Karageorgewitsch, nach Beitritt zum Dreimächtepakt gestürzt); April 1941 Angriff dt. Truppen u. Besetzung d. Landes, Widerstandsbewegung

unter Gen. Mihailović u. Tito. 1944 Einrücken von Sowjettruppen, Übernahme der Regierung durch Tito; 1945 Volksrep.; 1947 i. Pariser Frieden erhält J. große Teile v. Istrien, Fiume, d. dalmatin. Inseln u. a. kl. Gebiete. Präs. Titos Streben n. e. „eigenen Weg zum Sozialismus" (Titoismus) mit e. v. Moskau abweichenden Wirtschaftspol. führt 1948 zum Bruch mit d. Kominform u. d. UdSSR; 1954 Angliederung d. O-Teils v. Triest; s. 1955 Normalisierung d. Beziehungen z. Sowjetunion. 1977 Grenzabkommen mit Italien. Nach Titos Tod 1980 jährl. wechselnder Staatspräs. Seit Ende d. 80er Jahre wachsende Spannung zw. Teilrepubliken u. ethn. Gruppen; Autonomiebestrebungen u. freie Wahlen (Machtverlust d. Kommunisten; BdJK); Auflösungserscheinungen d. B.staates; 25. 6. 1991 Abspaltung v. Slowenien u. Kroatien; in der Folge schwere Kämpfe zw. Bundesarmee sowie serb. Freischärlern (Tschetniks) und kroat. Milizen. **g)** Mitgl.: assoz. m. OECD, Kooperationsabkommen m. EG.
Jugurtha, König v. Numidien, Krieg mit Rom; 104 v. Chr. in Rom hingerichtet.
Juist [jyst], (D-2983), Nordseeheilbad J., ostfries. Nordseeinsel, Kr. Aurich, Nds., 16,3 km², 1437 E.
Jul, urspr. german. Wintersonnenwendfest; heute i. Skandinavien Name d. Weihnachtsfestes mit **Julklapp,** m., Weihnachtsgeschenk.
Juli, nach Julius Cäsar ben.; 7. Monat (31 Tage).
Julia (39 v. Chr.–14. n. Chr.), Tochter des Kaisers Augustus.
Juliana (* 30. 4. 1909), 1948–80 Kgn der Ndl., vermählt mit Prinz Bernhard von Lippe-Biesterfeld.
Julianischer Kalender → Kalender.
Julianus Apostata [gr. „der Abtrünnige"], 331–26. 6. 363, röm. Kaiser 361-63; versuchte vergebens, das Heidentum wieder einzuführen.
Jülich (D-5170), St. i. Kr. Düren, an d. Rur, NRW, 30 496 E; AG; Zucker-, Papier-, Pappenindustrie; Kernreaktor, FHS.
Julirevolution, die Pariser Revolution vom 27. bis 29. Juli 1830, Sturz Karls X., durch sie das **Julikönigtum** Ludwig Philipps (bis 1848) geschaffen.
Julisch-Claudisches Haus, Dynastie, die 27 v. Chr.-68 n. Chr. in Rom herrschte (→ Augustus bis → Nero).
Julische Alpen, Gruppe d. südl. Kalkalpen in Italien u. Jugoslawien, Quellgebiet d. Isonzo; Triglav 2864 m.
Julius, Päpste (insges. 3): **1)** J. II. (5. 12. 1443–21. 2. 1513), Papst 1503-13, kriegerisch, kunstliebend, berief Bramante, Raffael, Michelangelo (Grabmal) nach Rom; begann 1506 m. d. Bau d. Peterskirche; Schöpfer d. modernen Kirchenstaates; **2)** J. III. (10. 9. 1487-23. 3. 1555), Papst 1550-55, Neueröffnung des Konzils zu Trient 1551.

Juliusturm, Turm der ehem. Zitadelle Spandau, barg bis 1914 den „Kriegsschatz" des Dt. Reiches (240 Mill. Mark in Gold); sprichwörtl. für v. Staat gehortetes Geld.
Jullundur, Dschalandar, ind. St. in O-Pandschab, 406 000 E.
Julmond, altdt. für Dezember.

Boeing 767

Jumbo-Jet, volkstüml. Bez. f. Großraum-Passagierflugzeuge, z. B. Boeing 747 (ca. 350–490 Passagiere); Erstflug: 9. 2. 1969.
Jumna, Dschamna, r. Nbfl. d. Ganges, 1500 km l., wichtig f. künstl. Bewässerung.
Jumper, m. [engl. 'dʒʌmpə], Schlupfbluse.
Juneau ['dʒuːnoʊ], Hptst. u. Hpthafen v. Alaska, 25 400 E; kath. Bischofssitz.

Carl Gustav Jung

Jung, Carl Gustav (26. 7. 1876-6. 6. 1961), schweiz. Psychiater u. Tiefenpsych.; Lehre v. kollektiven Unbewußten, → Archetypen; Typologie: → Extraversion - Introversion; diagnost. Assoziationsversuch.
Jungbunzlau, tschech. Mladá Boleslav, St. in N-Böhmen, an d. Iser, 38 000 E; Textilind., Autoind. (Škoda).
Jungdemokraten, Nachwuchsorganisation der → F.D.P.
Jünger, 1) Ernst (* 29. 3. 1895), dt. Schriftst.; versucht Diagnostik d. Zeitgeschehens: Der Arbeiter; Auf den Marmorklippen; Strahlungen; s. Bruder **2)** Friedrich Georg (1. 9. 1898-20. 7. 1977), dt. Lyriker u. Essayist: Perfektion der Technik; Roman: Der erste Gang.
Junger Deutscher Film, Erneuerungsbewegung d. dt. Films; begann mit dem „Oberhauser Manifest" (1962); angelehnt an d. frz. „Nouvelle vague" wurde statt des übl. reinen Kommerzfilms der künstler. Autorenfilm angestrebt; Unterzeichner d. Manifests u. a.: Kluge, Khittl, Senft, Strobel, Schamoni, Spieker.

Junges Deutschland, Gruppe vielfach auch journalistisch tätiger Schriftsteller d. Vormärz (1830–48), gg. die d. Bundestag bes. Zensur-VO erließ: Gutzkow, Heine, Laube u. a.
Junge Union, d. Nachwuchsorganisation d. → CDU bzw. → CSU.
Jungfernhäutchen, das Hymen, sichel- oder ringförm. Schleimhautfalte, die den Scheideneingang abschließt, reißt meist beim ersten Geschlechtsverkehr (Defloration).
Jungferninseln, Virginische Inseln, engl. Virgin Islands, Inselgruppe der Kl. Antillen, davon 342 km² mit 110 000 E am., 153 km² mit 13 000 E brit. - Flotten- u. Flugbasis.
Jungfernzeugung, svw. → Parthenogenesis.
Jungfrau, 1) Gipfel in den Berner Alpen, 4158 m, m. J.firn im O, Teil d. Aletschgletschers; Zahnradbahn bis J.joch (3454 m); **2)** 6. Zeichen des → Tierkreises; → Sternbilder, Übers. ♍
Jungfrau von Orléans → Jeanne d'Arc.
Junghegelianer, materialistischer u. revolutionärer linker Flügel d. Hegelschule, der im Ggs. zu Hegel dessen dialekt. Methode auf konkrete geschichtl. u. soz. Verhältnisse anwendet; Hptvertr.: L. Feuerbach u. K. Marx.
Jungk, Robert, eigtl. R. Braun (* 11. 5. 1913), dt. Schriftst. u. Journalist; Die Zukunft hat schon begonnen; Heller als 1000 Sonnen; Strahlen aus d. Asche; D. Jahrtausendmensch.
Jungsteinzeit, Neolithikum, letzter Abschnitt d. Steinzeit, schon mit Ackerbau (→ Vorgeschichte).
Jüngstes Gericht, Weltgericht, das nach Christi Wiedererscheinen (am Jüngsten Tag) über Lebende u. Tote stattfinden soll.
Jung-Stilling, Heinrich (12. 9. 1740-2. 4. 1817), dt. Arzt u. Schriftst.; empfindsam-pietist. Autobiographie: Heinrich Stillings Jugend; wegweisend f. Entwicklung d. Bildungsromans.
Juni, nach röm. Göttin Juno ben.; 6. Monat (30 Tage); altdt.: Brachet.

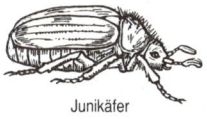

Junikäfer

Junikäfer, Blatthornkäfer, maikäferähnl., aber kleiner; fliegt Juni, Juli; Engerling Schädling an Graswurzeln.
Junior [l. „der Jüngere"], **1)** der jüngere Teilhaber e. Unternehmens, Abk. jr.; **2)** Sportler, der ein nach Wettkampfbestimmungen festgesetztes Alter noch nicht erreicht hat.
Junker, urspr. „Jungherr", junger Landedelmann.
Junkers, Hugo (3. 2. 1859-3. 2. 1935), dt. Flugzeugbauer; erstes Ganzmetall-

flugzeug (1915), erster Dieselflugmotor (1929).

Junktim [l. „verbunden"], Verbindung u. Behandlung mehrerer Gesetzesvorlagen, Abkommen, Vereinbarungen zur gleichzeit. Erledigung.

Juno, altröm. Göttin, entspricht der griech. → *Hera.*

Junta, *w.* [span. *'xunta*], Vereinigung, Zus.kunft; in lateinam. Staaten verbreitete Bez. für provisor. Regierung (z. B. nach Militärputsch).

Jupiter, 1) röm. Göttervater, griech. → *Zeus;* 2) zweiter d. äußeren Planeten; größter Planet d. Sonnensystems, Äquatordurchmesser 142 800 km; Dichte 1,3, mittlerer Sonnenabstand 777 Mill. km; Umlaufzeit 11,86 Jahre, Umdrehung in 9 Std. 50 Min. bis 9 Std. 55 Min. Atmosphäre enthält Methan u. Ammoniak, Temperatur bei ca. -130 °C; wird v. 17 Monden (*Io, Europa, Ganymed, Kallisto, Amalthea, Leda, Himalia, Lysithea, Elara, Ananke, Carme, Pasiphae* od. *Poseidon, Sinope, J1-4*) umkreist, deren 4 erste 1610 unabhängig v. S. Marius u. → Galilei entdeckt wurden; außerdem Ringsystem, das möglicherweise durch den Vulkanismus auf Io bedingt ist; neue wiss. Erkenntnisse u. Bildmaterial durch die Vorbeiflüge der am. Raumsonden Voyager 1 u. 2 (1979).

Jupiterlampe, bes. lichtstarke el. Ständerlampe, für Filmaufnahmen im Atelier.

Jura, 1) eine → geolog. Formation (Übers.); 2) Gebirge Mitteleuropas, aus Gesteinen der nach ihm ben. geolog. J.formation, von der Isère bis zum Main; wegen d. Verkarstung (Folge d. Löslichkeit u. d. Klüfte im Kalk) ist d. Oberfläche wasserarm (zahlr. unterird. Höhlen, Dolinen, Trockentäler, Karstquellen), dünn besiedelt: → *Schweizer J., Schwäbischer J.,* → *Schwäbische Alb,* → *Fränkischer Jura;* 3) ostfrz. Dép., 4999 km², 244 000 E; Hptst. *Lons-le-Saunier;* 4) schweiz. Kanton, 838 km²; Hptst. *Delémont.*

Jura [l.], Mz. v. *Jus,* die Rechte; weltl. u. geistl. Recht; *juridisch, juristisch,* rechtswiss., rechtlich.

Jürgens, 1) Curd (13. 12. 1915-18. 6. 82), dt. Bühnen- u. Filmschausp.; *D. Teufels General;* Autobiographie: ... *und kein bißchen weise;* 2) Udo (* 30. 9. 1934), östr. Schlagersänger u. Komp.

Juris-diktion, Rechtsprechung. - **J.-prudenz,** Rechtswissenschaft.

juristische Person, Personenvereinigung oder Vermögensmasse mit → Rechtsfähigkeit (z. B. eingetragener Verein, Aktienges., Gemeinde, Staat).

Holzgerüst einer Jurte

Jurte, *w.* [russ.], runde Filzhütte d. mittelasiat. Kirgisen, Kalmücken, Mongolen.

Jury, *w.* [engl. *'dʒʊəri,* frz. *ʒy'ri*], Preisgericht; Geschworenenkollegium im angelsächs. Rechtswesen.

Jus, *s.* [l.], *ius,* d. Recht. - **J. canonicum,** Kirchenrecht. - **J. primae noctis,** „Recht auf die erste (Braut-) Nacht". - **J. sanguinis** → Staatsangehörigkeit. - **J. soli** → Staatsangehörigkeit.

Jusos, Jungso**zialisten** i. d. → SPD.

Justemilieu, *s.* [frz. *ʒystmi'ljø*], „richtige Mitte" nach der ängstlich gemäßigten Politik des frz. Juli-Königtums (1830): Mittelmäßigkeit.

Justi, 1) Carl (2. 8. 1832-9. 12. 1912), dt. Kunsthistoriker; *Winckelmann;* s. Neffe 2) Ludwig (14. 3. 1876-19. 10. 1957), dt. Kunsthistoriker; 1903-33 Dir. d. Nat.galerie Berlin, 1946-57 Gen.dir. d. Ostberliner Staatl. Museen.

justieren [nl.], genau machen; eichen; einen (phys.-geodät.) Apparat richtig einstellen.

Justifikation, *w.* [l.], Rechtfertigung.

Justinian I., oström. Kaiser, reg. 527-65, ließ d. röm. Recht → *Corpus iuris civilis* aufzeichnen, Hagia Sophia erbauen, Wandalen u. Ostgoten unterwerfen.

Justin|**us** († um 165), Hptvertreter der Apologeten, Kirchenvater.

Justitia, röm. Göttin des Rechts u. der Gerechtigkeit; meist mit verbundenen Augen dargestellt.

Justitiar, svw. → Syndikus.

Justitium, Unterbrechung d. Rechtspflege durch Krieg, Seuchen usw.

Justiz, *w.* [l.], d. gesamte staatl. Rechtspflege. - **J.hoheit,** der Teil der Staatsgewalt, der sich auf die Rechtspflege be-

---

zieht; liegt in der BR bei den Ländern. - **J.irrtum,** gerichtl. Fehlentscheidung. - **J.mord,** die an einem Unschuldigen vollzogene Todesstrafe. - **J.staat,** Staat, in dem die ordentl. Gerichte auch über Streitigkeiten aus den Beziehungen zw. Bürger u. öffentl. Gewalt entscheiden (keine Verw.gerichtsbarkeit). - **J.verwaltung,** staatl. Verw.tätigkeit bezüglich Einrichtung u. Besetzung d. Gerichte, d. Staatsanwaltsch., der Notariate u. des Gefängniswesens.

Jutepflanze

Jute, *w.,* Bastfaser a. d. Stengeln einer ind. Staude (*Corchorus capsularis*) z. Herstellung v. Geweben, z. T. m. Kette aus Baumwolle, Leinen, Wolle; f. Gurte, Säcke (Verpackung v. Massengütern wie Mehl); *Jutespinnerei,* Verarbeitung d. bis 2,30 m l. Rohfaser durch Rösten, Aufquellen mit Öl u. Quetschen, dann Verspinnen, oft vermischt m. Hanf. Weltproduktion 1982: 3,9 Mill. t.

Jüterbog (D-1700), Krst. i. Bbg., 12 452 E; spätgot. Rathaus; Metall-, Möbel-, Papierind.

Jütland, dän. *Jylland,* Halbinsel zw. Nordsee u. Kattegat, Landesteil Dänemarks, 29 765 km², 2,3 Mill. E; im SO fruchtb. Hügelland, gut besiedelt; größere Städte u. Häfen: *Århus, Ålborg, Fredericia, Randers,* im W dünn besiedelt; hafenarme Dünenküste („Eiserne Küste"); Hafen *Esbjerg.*

Juvar|**r**|**a,** Filippo (27. 3. 1678-1. 2. 1736), it. Baumeister u. Theaterdekorateur bes. in Turin; Hauptwerke z. B. Basilica di Superga; Jagdschloß Stupinigi.

Juvenal|**is,** Decimus Junius (etwa 60-130 n. Chr.), röm. Satiriker, schildert Sittenverderbnis.

juvenil [l.], jugendlich.

Juwel, *s.* [frz.], wertvoller Schmuck, Kleinod.

Juwelier, Goldschmied, Schmuckhändl.

Jux, *m.* [l. „jokus"], Scherz.

Was unter **J** vermißt wird, siehe unter **I, Y,** und **Dsch**

K, 1) *chem.* Zeichen f. → *Kalium;* **2)** Abk. auf Gewichten = *kg;* k vor Maßen: *Kilo;* **3)** Abk. f. *Kelvin* → Thermometer.

Kaaba, *w.* [arab. „Würfel"], Hptheiligtum des Islam in → Mekka; an s. Ostseite der v. d. Wallfahrern (Haddschi) verehrte *Schwarze Stein* (Abb. → Mekka) (Haddscha).

Kaarst (D-4044), St. im Kr. Neuss, NRW, 39 452 E; div. Ind.

Kabale, *w.* [frz.], ränkevoller Geheimanschlag.

Kabardino-Balkarische ASSR, autonome Sowjetrep. am Nordrand d. Kaukasus, 12 500 km², 760 000 E; Hpst. *Naltschik.*

Kabarett, *s.* [frz.], **1)** Kleinkunstbühne; **2)** fächerweise abgeteilte Speisenplatte.

Kabbala, *w.* [hebr. „Überlieferung"], engere Bez. der jüd. Mystik; ein kosmolog.-spekulatives Weltbild, das die → Thora remythisiert u. seit d. 13. Jh. v. Spanien u. Südfrkr. aus verbreitet worden ist; Spätzeit: Sabbatianische Bewegung, → Chassidismus.

Kabel, *s.* **1)** starkes Hanf- od. Drahttau (bes. in der Schiffahrt); **2)** *Fernmelde-K.,* leitungsgebundene Übertragungswege f. → analoge u. → digitale Nachrichtensignale, enthalten metallene Leiterpaare (Adern od. Koaxial) od. → Lichtwellenleiter; nach Verlegungsart unterscheidet man *Erdkabel* (Orts-, Bezirks- u. Fern-K.) u. *Sonderkabel* (Luft-, Fluß-, Küsten- u. Tiefsee-K.); Aufbau: Kabelseele, Mantel (z. B. aus Blei, Aluminium, Kunststoff u. a.), Schutzhüllen (z. B. Papier, Kunststoff, Spezialmasse) u. Bewehrung (Stahl in versch. Form); *symmetr.* K. (verseilte Kupferadern, in Ortskabel bis 2000 Paare) u. → Koaxial-K. Starkstrom-K. meist als → Dreileiter-K.; **3)** svw. Überseetelegramm; **4)** naut. Maß, 1 K. = 1/10 Seemeile = 185,2 m. –

K.brücken, Hängebrücken, die an Drahtseilkabeln hängen. – **K.brunnen,** gemauerter Schacht, Zugang zu den **K.kanälen** unter der Straßendecke.

Kabelfernsehen, Verteilnetz f. Hörfunk- u. Fernsehprogramme über Kabel; überträgt zusätzlich zu den drahtlos empfangbaren Programmen ein od. mehrere Programme, die von einem (privaten) Studio aus od. über Richtfunk eingespeist werden; auch sogen. Rückkanäle (= Informationsübertragung entgegen d. Verteilrichtung) möglich.

Kabeljau, *Dorsch,* Schellfischart, Raubfisch, nördl. Atlantik, Nord- u. Ostsee; wichtiger Speisefisch; getrocknet: *Stockfisch;* gesalzen: *Klippfisch;* Leber wird für Lebertranherstellung verwendet.

Kabelmuffen, schützen Verbindungs- u. Abzweigstellen v. Feuchtigkeit u. mechan. Beschädigungen u. nehmen auch zusätzl. Einrichtungen (wie → Pupinspulen, → Verstärker etc.) auf.

Kabelschiffe, *zum Verlegen* m. *K.winden* u. Suchanker zum Heben schadhafter K.

Kabeltext, Textübertragungsverfahren ähnlich → Videotext, jedoch m. wesentlich größerer Speicherkapazität, weil zur Übertragung ein vollständiger Fernsehkanal belegt wird.

Kabinda, Exklave d. Volksrep. Angola nördl. d. Kongomündung, 7107 km²; Ausfuhr v. Erdöl.

Kabine, Schlafraum in Schiffen; Umkleideraum; Fernsprechzelle; Fluggastraum in Flugzeugen.

Kabinett, *s.* [frz.], **1)** kleines Gemach; **2)** Bez. für d. Beratungsraum d. vertrauten Berater d. Krone in England; die dort tagende K.sversammlung seit d. 17. Jh. K. gen., wurde schließl. d. *K.sreg.;* in Dtld K. als Bez. der Reg. erst seit Einführung d. Parlamentarismus; vorher K.ssekretariat, *Geheimes K.* (beratendes Organ d. Monarchen), auch als Sekretariate f. Reg.- u. Privatangelegenheiten (Zivil-K., *Militär-K.).*

Kabinetts-frage, Forderung einer Entscheidung, von der das Verbleiben der Minister im Amte abhängt. – **K.justiz,** Eingriff des Landesherrn in Prozeßverfahren, verstößt gg. Grundsatz der Unabhängigkeit der Richter. – **K.order,** *K.befehl, K.verfügung, K.-VO,* unmittelbare Anordnung des Herrschers.

Kabotage, *w.* [frz. *-taʒ(ə)*], Küsten-frachtfahrt zw. zwei eigenen Häfen; in d. Luftfahrt Recht zu gewerbl. Beförderung in fremden Hoheitsgebieten.

Kabriolett, *s.* [frz.], **1)** leichter zweirädriger Einspänner, oft m. Verdeck; **2)** kurz *Cabrio,* Kraftwagen m. herunterklappbarem Verdeck u. versenkbaren Kurbelfenstern.

Kabuki, *s.* [jap.], volkst. klass. Schausp. in Japan.

Kabul, 1) Nebenfluß des Indus, aus dem südl. Hindukusch, 450 km lang; schiffbar; **2)** Hptst. von Afghanistan, 1,3 Mill. E; 1797 müM, an der Karawanenstraße Herat–Kandahar-K.–Peschawar; alte Baudenkmäler (Timurs Grabmoschee); Leder- u. Textilind.

Kabwe, früher *Broken Hill,* Hptst. d. Zentralprov. in Sambia, 191 000 E; Erzabbau; Flughafen.

Kabylen, islam. → *Berberstamm* in N-Afrika, etwa 2 Mill., häufig Aufstände; → Abd el Krim.

Kachelofen, häusl. Feuerstätte aus glasierten Tonkacheln, meist handwerkl. als Ein- oder Mehrzimmerheizung für Zeit- oder Dauerbrand; *Grund-K.* m. eingebauten Zügen aus Schamottesteinen; *Einsatz-K.* m. Warmluftführung an eisernem Einsatz; *Strahlungs-K. (Summa-K.)* m. Koks-Dauerbrand-Einsatz aus Schamotte od. m. Nachtstrom.

Kachexie, *w.* [gr.], Kräfteverfall, meist mit starker Abmagerung verbunden.

Kádár, János (26. 5. 1912–6. 7. 89), ungar. Pol.; s. 1956 Erster Sekr. d. KPU; 1956–58 u. 1961–65 Min.präs.

Kadaver, *m.* [l.], Leichnam, Aas. – **K.gehorsam,** blinder willenloser Gehorsam.

Kadenz, *w.* [it.], **1)** den mus. Abschluß vorbereitende Ton- u. Akkordfolge; **2)** in Solokonzerten freie od. vorgeschriebene virtuose Improvisation d. Solisten.

Kader, *m.,* der Stamm mil. oder pol. Formationen; im kommunist. Sprachgebrauch: Gesamtheit oder Funktionäre in Partei, Staat u. Wirtschaft.

Kadetten [frz.], **1)** Zöglinge mil. Erziehungsanstalten; Offiziersanwärter, in der BR See-K. (= Fahnenjunker) d. Marine;

Was unter **K** vermißt wird, siehe unter **C** und **Z**

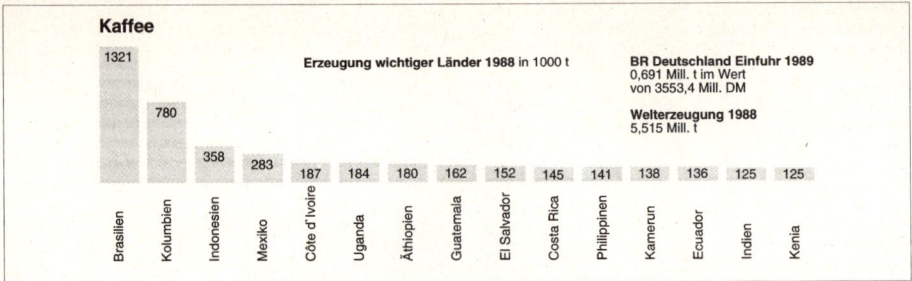

Kaffee

Brasilien	Kolumbien	Indonesien	Mexiko	Côte d'Ivoire	Uganda	Äthiopien	Guatemala	El Salvador	Costa Rica	Philippinen	Kamerun	Ecuador	Indien	Kenia
1321	780	358	283	187	184	180	162	152	145	141	138	136	125	125

Erzeugung wichtiger Länder 1988 in 1000 t

BR Deutschland Einfuhr 1989
0,691 Mill. t im Wert
von 3553,4 Mill. DM

Welterzeugung 1988
5,515 Mill. t

2) russ. konstitutionell-demokr. Partei bis 1917.

Kadhafi → Gaddafi.

Kadi [arab.], islamischer Richter, Theologe.

Kaduna, Hptst. des Bundesst. *K.* in N-Nigeria, 280 000 E; anglikan. Bischofs-u. kath. Erzbischofssitz; Rundfunk- u. Fernsehsender, Textilind.

Kaduzierung, Zwangsausschluß e. Aktionärs od. GmbH-Gesellschafters m. s. Anteilsrecht (Aktie, Geschäftsanteil) u. damit verbundener Verlust geleisteter Einzahlungen (zugunsten d. Ges.) wegen nicht rechtzeit. Leistung d. Einlagen auf s. Anteil.

Käfer, *Coleopteren, Insektenordnung,* beißende Mundwerkzeuge; Vorderflügel zu hornigen Flügeldecken geworden; vollkommene → Metamorphose; Pflanzen-, Aasfresser u. Raubkäfer; viele Pflanzenschädlinge. - **K.schnecken,** kl. Meeresschnecken m. Rückenpanzer aus Kalkplatten.

Kaffa, SW-Teil Äthiopiens, Gebirgsland (3500–4000 m hoch); Heimat des Kaffees.

Kaffee

Kaffee, afrik. Baum; i. d. roten Beeren zwei Samen (**K.bohnen**); man unterscheidet arab., afrikan., am. u. ostind. K. - Anregende Wirkung beruht auf dem → Koffein (bis 1,75% in der rohen Bohne); Hpterzeugungsländer: Brasilien, Kolumbien, Indonesien, Elfenbeinküste, Mexiko, Äthiopien.

Kaffern [arab. „kafir = Ungläubiger"], → *Bantu* negerstämme: *Amakosa, Zulu* u. *Betschuanen.*

Kafka, Franz (3. 7. 1883–3. 6. 1924), Prager Schriftst.; schildert i. s. Erzählungen u. Romanen das unentrinnbare Ausgeliefertsein des Ich an geheimnisvolle Mächte; *Das Urteil; Die Verwandlung; Das Schloß; Der Prozeß; Amerika.*

Kaftan, *m.* [türk.], vorderasiat. mantelartiger Überrock; Tracht orthodoxer Ostjuden.

Kagel [-'xɛl], Mauricio (* 24. 12. 1931), argentinischer Komponist mit ungewöhnlicher experimentierfreudiger Klangphantasie; s. 1957 in Dtld; *Die Erschöpfung der Welt.*

Kagoshima, jap. St. an d. SW-Küste Kyushus, 531 000 E; Textil-, Fayenceind.

Kahl am Main (D-8756), Gem. i. Kr. Aschaffenburg, Bay., 7070 E; Fremdenverkehr; 1. Atomversuchskraftwerk d. BR (15 Megawatt).

Kahlenberg, Erhebung im Wienerwald n. v. Wien, 483 m; 1683 *Schlacht am K.* (gg. Türken).

Kahler, Erich v. (14. 10. 1885–28. 6. 1970), dt. Geschichtsphil. u. Literaturhistoriker.

Kahler Asten, höchster Berg i. Rothaargebirge (Sauerland), 841 m; Wetterstation.

Kahlschlag, *Kahlhieb,* das vollständige Abholzen einer Waldfläche; → Forstwirtschaft.

Kahlwild, (geweihlose) weibl. und Jungtiere der geweihtragenden Wildarten.

Kahn, Hermann (15. 2. 1922–7. 7. 83), am. Futurologe.

Kai, *Quai, m.* [frz.], Hafenmauer mit Löschanlagen; gemauerte Uferstraße.

Kaifeng, St. in d. chin. Prov. Henan, am Huang He, 340 000 E; Handels- u. Ind.st., Zentrum d. Erdnußanbaus; chin. Hptst. 960–1125.

Kaifu, Toshiki (* 2. 1. 1931), jap. Pol. (LDP); s. 1989 Vors. d. LDP u. Min.präs.

Kaiman, *m.,* mittel- u. südam. → Krokodil.

Kain, Sohn Adams; ermordete s. Bruder Abel.

Franz Kafka

Kainit, *m.,* Mineral, Magnesiumsulfat mit Kaliumchlorid; Abraumsalz, Kalidüngemittel.

Kainz, Josef (2. 1. 1858–20. 9. 1910), östr. Schausp.; *Hamlet-, Mephisto-*Darsteller (Abb. → Tafel Schauspielkunst).

Kaiphas, Beiname des jüdischen Hohenpriesters Joseph, der Jesus dem Pilatus überantwortete.

Kairo

Kairo, *Cairo,* arab. *Al-Kahira,* Hptst. Ägyptens, am unteren Nil, größte St. Afrikas, 6,1 Mill. E; ägypt. (s. 1908) u. moh. (Azhar-)Uni. (s. 988), Museen f. ägypt. u. arab. Kunst, über 500 Moscheen, Sultan-Hassan-Moschee (14. Jh.), Mameluckengräber, ma. arab. St.teil, moderne Neustadt; Mittelpkt des ägypt. Großhandels; Sitz d. griech.-orthodoxen u. d. kopt. Patriarchen.

Kairuan, eine d. hl. Städte des Islam u. Wallfahrtsort in Tunesien, südl. Tunis, 72 000 E; Sidimoschee (s. 700).

Kaiser, 1) Georg (25. 11. 1878–4. 6. 1945), dt. expressionist. Dramatiker; *Die Bürger von Calais; Gas;* **2)** Jakob (8. 2. 1888–7. 5. 1961), CDU-Pol.; s. 1918 führend in d. christl. Gewerkschaften; 1949–57 Bundesmin. f. gesamtdt. Fragen.

Kaiser, v. lat. *Caesar,* Herrschertitel in Rom s. Augustus; das weström. K.tum erneuert durch Karl d. Gr.; von 962–1806 mit dt. Königswürde verbunden, 1871–1918 führte Kg v. Preußen Titel „Dt. K.".

Kaiserchronik, frühmittelhochdt. Epos (um 1250); erste bed. dt. Geschichtsquelle m. legendenhaften Partien.

Kaiser-gebirge, östl. v. Inntal b. Kufstein (Tirol); *K.tal* trennt *Wilden K.* im S (schroffe Kalkkette, 2344 m) v. *Zahmen K.* (1997 m).

Was unter **K** vermißt wird, siehe unter **C** und **Z**

Kaiserkrone, Liliengewächs.

Kaisermantel → Perlmutterfalter.

Kaiserpilz, *Kaiserring,* dem Fliegenpilz ähnl. Speisepilz; südl. Europa.

Kaiserschnitt, lat. *Sectio caesarea,* operative Entbindung durch Öffnung der Bauchhöhle u. d. Gebärmutter, wenn zur Rettung des Lebens der Mutter oder des Kindes notwendig.

Kaiserslautern (D-6750), krfreie St. i. Rgbz. Rheinhess.-Pfalz, RP, 96 990 E; FHS, Uni.; LG, AG; IHK; Motoren- u. Maschinenbau, Textil-, Eisenind.

Kaiserstuhl, erloschener Vulkan d. Oberrhein. Tiefebene, bei Breisach (*Totenkopf* 557 m); Lößboden; Wein- u. Obstbau.

Kaiserswerth, St.teil (s. 1929) v. Düsseldorf; Stiftskirche; Diakonissenhaus, 1836 gegr. - **K.er Verband,** Verband d. Diakonissenmutterhäuser.

Kaiserwald, Mittelgebirge in W-Böhmen, südl. des Egertales, 983 m; an seinem Fuß *Karlsbad.*

Kaiser-Wilhelm-Gesellschaft, zur Förderung der Wissenschaften, 1911 gegr., unterhielt (bis 1945) 34 **K.-W.-Institute.** Aufgaben durch die → *Max-Planck-Gesellschaft* übernommen.

Kaiser-Wilhelm-Kanal → Nord-Ostsee-Kanal.

Kaiser-Wilhelms-Land, Name d. früheren dt. Schutzgebiets im nordöstl. Neuguinea, Hptort *Madang;* seit 1921 Teil des austral. Mandatsgebiets Neuguinea.

Kajak, *m. od. s.,* aus dem Jagdboot der Eskimos entwickeltes u. m. Doppelpaddel gefahrenes Kanu.

Kaje, *w.,* svw. → Kai.

Kajüte, Wohnraum im Schiff.

Kakadus, *m.,* Papageien d. Malaiischen Archipels u. Australiens mit aufrichtbarem Federschopf.

Kakaobaum
links oben:
Kakadu   geöffnete Frucht

Kakao-baum, trop. Amerika, überall i. d. Tropen angebaut; Blüten unmittelbar am Stamm; in d. gurkenähnl. Früchten reihenweise die **K.bohnen,** enthalten v. a. Fett, Eiweiß u. 1–3% Theobromin (Anregungsmittel); nach Fermentation, Rösten u. weiterer Behandlung aus ihnen Schokolade u. nach Entfernung d. Fettes (**K.butter**) *K.pulver.* Welternte 1981: 1,67 Mill. t, Afrika 0,99, S-Amerika 0,5, N-Amerika 0,09, Asien u. Ozeanien 0,09 Mill. t.

Kakemono, *s.* [jap.], ostasiat., meist auf Seide gemaltes oder gesticktes Rollbild.

Kakerlaken, svw. → Schaben.

Kaki, *Kakipflaume,* chin. Dattelpflaume, saftige Früchte, Anbauländer: Japan, China, S-Frankreich, Kalifornien.

Kakophonie, *w.* [gr.], Mißklang; Ggs.: → Euphonie.

Kakteen, Pflanzen m. dicken, saftigen Sprossen w. kugelwalzen- od. blattartiger Form; Blätter meist ganz verkümmert, zu Dornen od. Haaren umgebildet; Blüten oft groß u. farbenprächtig; die K. stammen aus den trockenen Gegenden d. warmen Amerika, jetzt zahlreich in and. Erdteilen eingebürgert; in vielen Formen u. Arten (Opuntien, Cereüs-, Echinocactus u. a.).

Kalabreser, *m.,* breitkrempiger Hut.

Kalabrien, it. *Calabria,* S-Halbinsel u. Region Italiens mit dem **Kalabrischen Gebirge** (*Aspromonte* 1958 m), erdbebenreich, fruchtbare Täler; 15 080 km², 2,2 Mill. E; Hptst. *Catanzaro.*

Kalahari, Beckenlandschaft in S-Afrika, ca. 1 Mill. km² groß; Trockengebiet mit schütterer Steppenvegetation, nach N zunahme d. Feuchtigkeit, Salzpfannen (Makarikari-Salzpfanne), Trockenwälder.

Kalamität, *w.* [l.], Unglück, Mißgeschick.

Kalamiten, *Calamitaceae,* 20–30 m hohe Riesenschachtelhalme i. Erdaltertum, Paläozoikum.

Kalander, *m.,* Maschine, deren Walzen Stoffe, Gewebe, Papier glätten und glänzend machen.

Kalauer, *m.,* (oft fader) Wortwitz.

Kalb, das Junge von versch. Säugetieren i. 1. Lebensj. (z. B. der Rinder, d. Rotwildes, auch der Wale).

Kalbe, Kalbin, svw. → Färse.

kalben, 1) das Gebären der Kuh; **2)** das Abbrechen von ins Meer ragenden Polargletschern; Ursache der Eisbergentstehung.

Kälberkropf, Kräuter mit weißen Blütendolden, dem Schierling ähnlich; an feuchten Stellen.

Kalbsmilch, *Bries,* Thymusdrüse d. Kälber, zartes Fleischgericht, Krankenspeise (→ Fleisch, Übers.).

Kalbsnuß, *Frikandeau,* zarte Innenseite der Kalbskeule (→ Fleisch, Übers.).

Kalchas, griech. Seher in Homers *Ilias.*

Kalckreuth, Leopold, Gf v. (15. 5. 1855–1. 12. 1928), dt. Landschafts- u. Bildnismaler.

Kaldaunen, *Kuttelflecke, Inster, Gekröse,* Eingeweide, Magen, Netz des Rindes.

Kalebasse, *w.* [arab.-frz.], Gefäß aus Kürbis u. anderen Fruchtschalen; Afrika, S-Amerika, Mittelmeergebiet.

Kaledonien, lat. *Caledonia,* im Altertum Name f. N-Schottland.

Kaledonischer Kanal, in Schottland v. Atlant. Ozean z. Nordsee; 97 km lang.

Kaledonisches Gebirge → geologische Formationen.

Kaleidoskop, *s.* [gr.], opt. Gerät z. Erzeugung wechselnder, farbiger, regelmä-

ßiger Ornamente, durch mehrfache Spiegelung farbiger Glasstücke.

Kalender, *m.* [l. → „calendae"], **1)** Einteilung der Zeit in regelmäßige Abschnitte auf astronom. Grundlage. Anfänge d. K.rechnung bei d. Ägyptern im 3. Jtd v. Chr. Griech. K. zur Zeit Metons (450 v. Chr.) relativ genau. Altes röm. Mondjahr mit zuerst 10, später 12 Monaten (= 355 Tagen) bedurfte umständl. Schaltzyklen. Dem heutigen K. liegt der v. Cäsar (46 v. Chr.) eingeführte *Julianische K.* zugrunde; er sieht Sonnenjahre mit 365 Tagen und alle 4 Jahre ein Schaltjahr mit 366 Tagen vor. Der Unterschied gegenüber d. tropischen → Jahr wächst in 128 Jahren auf 1 Tag an. Daher erneute Reform 1582 durch den *Gregorianischen K.:* die Schaltung unterbleibt im letzten Jahre jedes Jh., außer wenn d. Säkularjahr durch 400 teilbar ist (z. B. 2000); restl. Abweichungen gegenüber dem Sonnenumlauf erreichen erst im Jahre 4915 den Betrag von 1 Tag. Gregorian. K. 1700 auch im protestant. Dtld eingeführt. Zeitrechnung nach Julian. K., *alter Stil,* in griechisch-orthodoxen Ländern bis 1923 (kirchl. z. T. noch heute), hinter *neuem Stil,* nach Gregorian. K., s. 1. 3. 1900 um 13 Tage zurück. Jüd. u. moh. K., Mondjahr v. 345 Tagen in 12 Mona beide mit unregelmäßigen Schaltjahren versch. Länge; **2)** kalendermäßige Aufzeichnung; erster gedruckter dt. K. 1439 (Holzschnitt); erster *Jahres-K.* 1513 von Peypus in Nürnberg; K. später verbunden mit Aberglauben → *Hundertjähriger Kalender.* Um 1811 literar. K. (Almanache), seit 19. Jh. f. d. versch. Lebens- u. Berufskreise; → *Immerwährender Kalender,* S. 401.

Kalesche, *w.* [slaw.], leichter viersitziger Wagen m. zusammenlegbarem Verdeck.

Kalevala, finn. Nationalepos.

Kalewipoeg, estn. Nationalepos.

Kalfaktor, *m.* [l. „Heizer"], Aufwärter; Schmeichler.

kalfatern, Schiffswände m. Werg u. Pech abdichten.

Kalgoorlie [kæl'guəli], Stadt in W-Australien, 12 000 E; bedeutendster Goldbezirk Australiens.

Kali, *s.,* heute Sammelbez. f. alle natürlich vorkommenden → Kalisalze.

Kaliban, *m.,* in Shakespeares „Sturm" halbtierisches Naturwesen.

Kaliber, *s.* [arab.], lichte Weite, **1)** Innendurchmesser von Röhren (Gewehrläufen usw.), auch Geschoßdurchmesser; **2)** bei Walzwerken Aussparung der Walzprofi-

Kaliberlehre

le in den Walzen. - **K.lehre,** Instrument zum Messen von Bolzen, Zapfen, von Bohrungen (Gewinde, Nietlöcher usw.).

kalibrieren, e. Werkstück auf genaues Maß bringen.

Kalidasa, ind. Dichter des 5. Jh. n. Chr.; Drama: *Sakuntala;* Epik u. Lyrik.

Kalif, *Chalif* [arab. „Stellvertreter"], geistl. und weltl. Herrscher des Islams als Nachfolger Mohammeds.

Kalifat, *s.,* zuerst in Medina, s. 670 n. Chr. erblich, unter den Omaijaden in Damaskus, unter den Abbasiden 750–1258 in Bagdad, 756–1030 in Córdoba, später in Kairo; nach der türk. Eroberung Ägyptens Titel vom Sultan in Konstantinopel übernommen; 1924 abgeschafft.

Kalifornien, *California,* Abk. *Cal.,* Staat d. USA, a. Pazifik, 411 012 km², 29,2 Mill. E; v. hohen Gebirgsketten der Sierra Nevada umgeben, in der Mitte das kaliforn. Becken der Flüsse *Sacramento* u. *San Joaquin;* im SO die Mohave-Wüste bis zum *Colorado;* Bodenschätze: Kupfer, Quecksilber, Gold, Petroleum; Ind.: Flugzeug-, Schiffbau- u. Autoind.; Landw.: hochspezialisierter (meist künstl. Bewässerung) Anbau: Weizen, Hopfen, Zuckerrüben, Obst, im S Wein, S-Früchte, Oliven; größte St.: *Los Angeles,* Handelszentrum *San Francisco;* Hptst. *Sacramento.* – Von Cortez 1532 entdeckt; 1768–1823 span.; 1848 zu den USA; Entdeckung der *Kaliforn. Goldfelder* in der Mitte des 19. Jh. – **K.Golf v.,** „Purpurmeer" zw. Halbinsel Niederkalifornien u. Festland Mexiko; bis 3127 m tief, 1100 km lang; Perlenfischerei.

Kaliko, *m.,* nach d. ind. St. Kalikat benannter, mit Appretur (Stärke) überzogener billiger Baumwollstoff f. Buchbinderei; auch als Futterstoff.

Kalimantan, svw. → Borneo.

Kalinin, sowj. Ind.st. an d. Wolga, bis 1932 *Twer,* Hptst. des Gebietes *K.,* 451 000 E.

Kaliningrad, russ. f. → Königsberg.

Kalisalze, Salze des Metalls Kalium, hpts. in den Abraumsalzen vorkommend; *Carnallit* (Kali-Magnesiumchlorid); *Kainit* (Kaliumchlorid u. Magnesiumsulfat); *Sylvinit* (Kaliumchlorid); *Schoenit* (Kalium-Magnesiumsulfat); Abbau bergmännisch (→ Tafeln Bergbau). Ausgangsprodukt für d. Herstellung aller anderen Kaliumverbindungen: *Kalisalpeter,* früher wichtig f. Schießpulverherstellung, *Kalilauge,* zur Schmierseifenfabrikation, *Kaliumsulfat,* zur Glasfabrikation, desgl. *Kaliumcarbonat,* früher als „Pottasche" aus Holzasche ausgelaugt; *Kaliumchromat* u. *-bichromat,* f. Farbenherstellung u. Gerberei, *Kaliumpermanganat,* Desinfektions- u. Desodorisierungsmittel, *Kaliumchlorat* u. *-perchlorat,* in d. Zündholz- und Sprengstoffind. K. sind wichtige Düngemittel.

Kalisch, poln. *Kalisz,* St. a. d. Prosna, 106 000 E.; Tuchfabrikation.

Kalium, *K,* chem. El., Oz. 19, At.-Gew. 39,10, Dichte 0,86; sehr leichtes Alkalimetall, kommt in der Natur nur in Verbindungen vor (→ *Kalisalze);* gibt bei Be-

lichtung bes. leicht Elektronen ab, deshalb als Kathode in der lichtel. K.zelle.

Kaliumoxalat, im Sauerklee enthaltenes Kalisalz der → Oxalsäure, leicht löslich, beseitigt Tinten- u. Rostflecken (giftig); wirkt abführend.

Kalixtiner, gemäßigte Partei der → Hussiten.

Kalixtus, *Calixtus,* 3 Päpste: **K. II.,** 1119–24, beendete 1122 mit Wormser Konkordat Investiturstreit.

Kalk, *Calciumcarbonat,* Sedimentgestein (z. B. Jura); *K.salpeter,* Calciumnitrat, schnell wirkendes Düngemittel ($CaCO_3$). baut große Gebirge (Kalkalpen, Dinarische Alpen) auf, wird in *K.brüchen* gewonnen, in *Schachtöfen* oder in ringförmigen *K.öfen* „gebrannt", wobei unter Kohlensäureverlust das *Calciumoxid* entsteht, das mit Wasser „gelöscht", d. h. in Ätzkalk verwandelt wird; mit Sand angerührt: *K.mörtel,* der, vermauert, durch die Kohlensäure der Luft wieder zu Calciumcarbonat erhärtet; auch als Dünger u. in Glas-, Zucker-, Eisenind.; nötig für den Aufbau des menschl., tierischen u. Pflanzenkörpers; *med.* als Nahrungszusatz oder als Arzneimittel. – **K.licht,** nach Drummond, für Signal- u. Projektionsapparate, Knallgasflamme, die einen K.kegel zu Weißglut erhitzt. – **K.spat,** kristallisiertes Calciumcarbonat.

Kalkar (D-4192), St. im Kr. Kleve, NRW, 10 696 E; ma. Stadtbild, got. Hallenkirche St. Nikolai, Rathaus (ca. 1440); Brutreaktor; Nahrungsmittelind.

Kalkstickstoff, *Calciumcyanamid (CaCN₂),* Handelsdünger, aus Calciumcarbid u. Stickstoff gewonnen; → Stickstoffindustrie.

Kalkül, *m.* [frz.], Berechnung.

Kalkulation [l.], Berechnung der Kosten je Einheit einer betriebl. Leistung mit Daten aus der (Betriebs-)Buchhaltung. Arten: *Vor-K.* (Wahrscheinlichkeitsrechnung), z. Ermittlung v. Voranschlägen u. Angebotspreisen; *Nach-K.,* tatsächliche Kosten zur Betriebskontrolle; *Produktions-K.,* K. im engeren Sinne, die b. d. Prod. anfallend. Kosten; *Gewinn-K.,* Vergleich d. Selbstkosten mit d. Erlösen unter Berücksichtigung d. Erlösschmälerungen u. a. – **K.srichtlinien,** v. Staat od. v. Wirtschaftsverbänden hg., zur Vereinheitlichung u. Verbesserung d. K.smethoden.

Kalkutta, *Victoria Memorial*

Kalkutta, *Calcutta,* Hptst. d. ind. Staates West-Bengalen, am *Hooghly* (Mündungs-

arm des Ganges), 9,2 Mill. E; Uni., wiss. Institute; Metallind., Jutespinnereien; Ausfuhrhafen: *Diamond Harbour.*

Kalla

Kalla, *w.,* Aronstabgewächse, 1) *Drachen-, Schlangenwurz,* in Waldsümpfen, herzförm. Blätter, weiße Blütenscheide, rote Giftbeeren: 2) *Zimmer-K.,* Zimmerpflanze aus S-Afrika.

Kalligraph [gr.], Schreibkünstler.

Kallimachos (um 310–um 238 v. Chr.), bedeutendster griech. Dichter des Hellenismus, Begr. d. griech. Literaturgeschichte. *Aitia.*

Kalliope, Muse d. epischen Dichtung.

Kallus, *m.* [l.], 1) svw. → Gewebekultur; 2) Gewebe, das z. Verschluß von Wunden bei höheren Pflanzen gebildet wird.

Kálmán, Emmerich (24. 10. 1882–30. 10. 1953), ungar. Operettenkomp.; *Csárdásfürstin; Gräfin Mariza.*

Kalmar, schwed. Län (11 170 km², 238 000 E), a. d. südl. Ostseeküste, am *K.sund,* der Öland v. Festland trennt; Waldlandschaft, Holzind.; Hptst. u. Hafen *K.,* 55 000 E; Schiffbau, Fremdenverkehr.

Kalmare, *m.,* zehnfüß. Kopffüßer (Tintenfische).

Kalmarer Union, 1397, vereinigte (bis 1523) Dänemark, Norwegen und Schweden zu *einem* Kgr.

Kalmen [frz.], Gegend der Windstille, die Zone zw. den → *Passaten* der beiden Halbkugeln.

Kalmit, höchster Berg d. Haardt, 673 m.

Kalmücken, *Kalmyken, Torgoten,* Stamm d. Westmongolen (Lamaisten), Viehzüchter; in China, der Dsungarei, Teile m unterer Wolga (*K.steppe;* auton. Rep. d. UdSSR, 75 900 km², 322 000 E).

Kalmus, Aronstabgewächs, an sumpfigen Stellen; aromat. Wurzelstock, f. Magenmittel u. Gewürze.

Kalokagathie, *w.,* griech. Erziehungsideal, „schön und gut" zu sein.

Kalorie, *w.* [l. „calor = Wärme"], Abk. *cal,* veraltete, nicht mehr zulässige Wärmeeinheit, frühere Maßeinheit f. energet. Bewertung von Nahrungsmitteln, s. 1978 ersetzt durch → Joule, → Ernährung.

Kalorimeter, *s.,* Wärmemesser, z. Messen von Wärmemengen und zum Bestimmen der → spezifischen Wärme.

kalorische Maschinen, setzen Wärme in Bewegung (mechan. Energie) → Dampfmaschine, Verbrennungsmotor).

Kalotte, *w.* [frz. „Käppchen"], 1) Oberfläche eines Kugelschnitts, → Kugel; 2) Schädeldach.

Kalpak, *Kolpak, m.,* tatar. Lammfellmütze, armen. Filzmütze; seitl. Tuchzipfel an Husarenmütze.

Kalt-blut → Pferde. - **K.blüter,** *Poikilotherme, wechselwarme,* Tiere, deren Körpertemperatur entsprechend d. Temperatur d. Umgebung wechselt: Fische, Amphibien, Reptilien; Ggs.: → Warmblüter.

Kältemischungen, kühlen sich infolge Wärmebindung bei der Auflösung stark ab, so 3 Teile Kochsalz u. 2 Teile Eis auf –17 °C.

Kaltenkirchen (D-2358), St. b. Hamburg, Schl-Hol., 11 700 E; Kabelmaschinenbau.

Kältepole, Gebiete größter Kälte; Umgebung d. S- u. N-Pols (russ. Antarktis-Station Wostok –89,2 °C), Inneres von Grönland („Eismitte"), O-Sibirien (Werchojansk, b. Oimjakon –77,8 °C gemessen); N-Kanada (Yukon).

kalter Abszeß, Eiteransammlung ohne Hitze, Fieber, u. a. bei chron. Entzündung, meist tuberkulös.

Kalterer See, 1) it. *Lago di Caldaro,* See im Überetsch, S-Tirol (216 müM, 1,48 km²); **2)** Name des urspr. dort angebauten Rotweins.

kalter Krieg, gespannter, kriegsähnlicher Zustand zw. Staaten; Bez. s. 1946 in USA; Ggs.: „heißer" Krieg.

Kaltern, it. *Caldaro,* Gem. in Südtirol, 5700 E; bekanntes it. Weinbaugebiet (Vernatsch-/Trollingertraube) → Kalterer See.

kaltes Licht → Leuchtstoffe.

Kaltfront → Wetter.

Kaltleime, Bindemittel für Holz (Sperrholz), Papier usw., die kalt angesetzt u. verarbeitet werden.

Kaltleiter, *elektron.* Bauelement (→ Thermistor), leitet besser im kalten Zustand als im warmen, Widerstand mit positivem Temperaturkoeffizienten; auch *PTC-Widerstand* genannt (engl. *Positive Temperature Coefficient*); Ggs.: → Heißleiter.

Kaltnadelradierung, künstler. Verfahren sowie dessen Produkt; Bearbeitung d. Kupferdruckplatte m. Grabstichel u. Nadel (ohne Säureätzung).

Kaltwasserkur → Hydrotherapie.

Kaluga, sowj. Ind.st. u. Hptst. des Gebiets *K.,* an der Oka, 312 000 E; Braunkohlenbergbau, Lederind.

Kalundborg [kalon'bɔ'r] dän. St. an der W-Küste der Insel Seeland, 19 000 E; Hafen.

Kalvarienberg [l. „calvaria = Schädel"], übers. aus aram. Golgatha (Schädelberg): Kreuzigungsstätte Jesu, Name kath. Wallfahrtsstätten.

Kalypso, Nymphe in Homers *Odyssee,* hält Odysseus 7 Jahre fest.

Kalzit, *Calcit,* Calciumcarbonat (CaCO₃), Mineral.

Kama, l. Nbfl. der Wolga, vom Uralgebirge; 2032 km lang, 1215 km schiffbar.

Kamarilla, *w.* [span. *-'ríʎa*], *Camarilla,* Gruppe v. Menschen um einen Machtha-

ber, die ihn beeinflußt, ohne Verantwortung zu tragen.

Kamasutra, altind. Liebeslehrbuch von Vatsjajana.

Kambodscha, *Kampuchea,* amtl. *Ravax Samaki Songkruos Cheat Kampuchea,* Volksrep. in Indochina, 181 035 km², 7,87 Mill. E (43 je km²); Bev.-Zuw. 5,7%; Bev.: meist Annamiten; Malaiochinesen; Sprache: Khmer, Frz.; Währung: Riel (I); Rel.: 90% Buddhisten (s. 1989 wieder Staatsrel.); Hptst.: *Phnom Penh;* Karte S. 737/749; fiebergefährl. Sumpfgebiete. **a)** *Wirtsch.:* Basiert auf der Landw.; Hptanbauprodukt: Reis, daneben Fischerei wichtig. **b)** *Verf.* v. 1981 (1989 geändert): Volksdemokratie m. Revolutionsrat. **c)** *Verw.:* 18 Prov. **d)** *Gesch.:* 1863 frz. Protektorat; 1946 begrenzte Autonomie, 1950 unabhängiges Kgr. innerh. d. Frz. Union, 1955 völlige Souveränität u. Neutralität, 1970 Sturz d. Prinzen Sihanuk, Ausrufung d. Rep. u. Bildung einer Exilregierung unter Sihanuk, Einbeziehung v. K. in d. Vietnamkrieg, auch nach Waffenstillstand (1973); 1975 Sturz d. Regierung Long Nol, Ausrufung d. Volksdemokratie nach Sieg d. Roten Khmer; 1978 Grenzkrieg mit Vietnam, vietnames. Invasion u. Sturz d. Terrorregimes v. Pol Pot; 1979 Bildung eines Volksrevolutionsrats; 1981 Bildung einer Exilreg. unter → Sihanuk. 1989 Abzug d. letzten vietnames. Truppen; 1990 Friedensplan d. UN m. Kontrolle durch UN bis zu freien Wahlen; Nat.rat m. Beteiligung aller vier Gruppen d. Bürgerkriegs; s. Mitte 1991 unbefristeter Waffenstillstand. **e)** *Mitgl.:* UN (vertreten durch Exilreg. d. Demokr. K.) u. Colombo-Plan.

Kambrium → geologische Formationen.

Kambyses, Perserkönig 529–522 v. Chr., Sohn v. Kyros II., eroberte Ägypten.

Kamee, *w.* [ml.], (Edel-)Stein od. Muschel m. erhaben geschnittenen Darstellungen. Dagegen → Intaglio.

Dromedar · · · Trampeltier
Kamele

Kamel, Huftier; *einhöckriges K.* (*Dromedar),* Afrika, Westasien, in versch. Rassen; *zweihöckrig. K.* (*Trampeltier),* Zentralasien; Last- u. Reittier, auch nützlich durch Milch, Fleisch, Wolle, Mist (als Brennmaterial). Auch → Lama.

Kamellie, *Kamelie,* d. Tee verwandter Strauch aus Japan; Zierpflanze.

Kamen (D-4708), St. im Kr. Unna, NRW, 44 771 E; AG; Eisen-, Kunststoff- u. Konsumgüterind.

Kamenez-Podolsk, ukrain. St. in Podolien, 79 000 E; Landw.zentr.; chem. Ind.

Kamenz (D-8290), Krst. a. d. Schwarzen Elster, Oberlausitz, Sa., 18 016 E; div. Ind.; Geburtsort Lessings.

Kamera, *Camera,* → Fotografie.

Kameralwissenschaft, *Kameralistik* [„camera = fürstl. Schatzkammer"], Lehre von Hebung der Staatseinkünfte durch Förderung der Wirtschaft (17. u. 18. Jh.); dt. Abart des Merkantilismus.

Kamerlingh-Onnes, Heike (21. 9. 1853–21. 2. 1926), ndl. Phys.; Erzeugung tiefster Temperat., entdeckte Supraleitung; Verflüssigung v. Helium; Nobelpr. 1913.

Kamerun, amtl. *République Unie du Cameroun,* Rep. am Golf v. Guinea, 475 442 km², 10,67 Mill. E (22 je km²); Bev.-Zuw. 3,2%; Bev.: Bantu, Sudanneger, Fulbe u. Haussa; Sprache: Frz. u. Engl.; Währung: CFA-Franc (FCFA); Rel.: Naturrel., ca. 35% Christen, 20% Moh.; Hptst.: *Yaoundé;* Flagge S. 340, Karte S. 750. **a)** *Geogr.:* Küste trop. Regenwald, auf dem Hochland v. Adamaoua teils Urwald, teils Savanne; Tschadseeniederung Steppe, höchste Erhebung *K.berg* 4070 m, tätiger Vulkan unweit der Mündung des *Sanagaflusses* in d. Golf von Bonny. **b)** *Wirtsch.:* Basiert auf d. Landw.; Hptausfuhrprodukt: Kakao, daneben Bananen, Kaffee, Baumwolle, Holz, Aluminiumoxid; v. d. Bodenschätzen erschlossen: Zinn- u. Titanerz; Bauxit, Gold, Erdöl. **c)** *Außenhandel* (1988): Einfuhr 1,27 Mrd., Ausfuhr 924 Mill. $. **d)** *Verf.* v. 1972: Präsidiale Rep., Einkammerparlament. **e)** *Verw.:* 10 Prov. **f)** *Gesch.:* 1884 dt. Kolonie; nach 1920 K. frz. u. engl. Mandatsgebiet; 1960 frz. Teil unabhängig; 1961 Anschluß d. S-Teils v. Brit.-K. u. Gründung d. Rep. **g)** *Mitgl.:* UN, OAU, UDEAC; AKP-Staat.

Kamet, Gipfel im Himalajagebiet, 7756 m hoch; Juni 1931 erstmals erstiegen.

Kamikaze [jap. „Göttlicher Wind"], im 2. Weltkrieg jap. Freiwillige, die unter Selbstaufgabe mit Flugzeug od. Torpedo feindliche Ziele angriffen.

Kamille

Kamille, Korbblütler; *echte K.* m. Blütenköpfchen; *röm. K.* aus S-Europa; Heilpflanze.

Kanada, Wirtschaft

Außenhandel in Mill. kan $ DM US-$

	Ausfuhr			Einfuhr	
		3156	1950	3180	
	5387		1960	5483	
17495			1970		14430
	79462		1975	83529	
114851			1980	105027	
188221			1983		156397
	85575		1985	75869	
	92886		1987	86810	
	118876		1989	106884	

Gold- und Devisenbestand 1988
Gold: 17 Mill. troy oz
(1 Troy ounce = 31,1 Gramm)
Devisen: 10044 Mill. SZR
(Sonderziehungsrechte,
1 SZR am 28.2.1989 = 1,3215 US $
bzw. 2,14178 DM)

Kamin, *m.* [l.], **1)** nach dem Zimmer zu offene Feuerstätte, erwärmt Raum durch Strahlungswärme; **2)** Schornstein; **3)** enger, steiler Felsspalt im Gebirge.
Kaminski, Heinrich (4. 7. 1886–21. 6. 1946), dt. Komp.; geistl. Chormusik; *Magnificat;* Oper: *Jürg Jenatsch.*
Kamisol, *s.* [frz.], Unterjacke, Wams.
Kamm, 1) d. rote Fleischlappen auf dem Kopf mancher Hühnervögel; **2)** Nackenstück d. Schlachttiere. Oberer Teil d. Pferdehalses; **3)** schmaler langer Bergrücken.
Kammer [l. „camera"], **1)** früher fürst. Kassenverwaltungen *(Hof-K., Rent-K.)* unter Leitung des *Kämmerers;* **2)** ehem. Verw.behörde, z. B. → Kriegs- und Domänenkammern; **3)** die Abt. d. Landgerichte → Rechtspflege, Übers.; **4)** berufsständ. Vertretungen, gesetzl. eingerichtet, staatl. beaufsichtigt; Ärzte-K., Apotheker-K., Handels-K., IHK usw.; **5)** svw. Parlament: *Erste, Zweite K.;* → Zweikammersystem.
Kammergericht, 1) preuß. höchstes Gericht, wurde zu heutigem K.gericht in Berlin mit sachl. Zuständigkeit eines Oberlandesger.s; **2)** → Reichskammergericht.
Kammergut, seit 16. Jh. übl. Bez. für das Eigentum der Landesherren; Ertrag diente zur Bestreitung der Hofhaltungskosten u. d. Staatsausgaben.
Kammerherr, Beamter in persönl. Dienst eines Fürsten; auch nur Titel.
Kammerjäger, berufl. Ungeziefervertilger.
Kammermusik, urspr. die höfische Musik; v. Soloinstrumenten u. kleinen Ensembles ausgeführt: Trios, Quartette usw.
Kammerspiel, Drama in intimem Rahmen.
Kammerton → a.
Kammgarn, edelstes Wollgarn, vor dessen Erzeugung alle kurzen Haare ausgekämmt werden.
Kammuscheln, Meeresmuscheln mit fächerartig gerippter Schale; z. T. genießbar; schwimmen durch Klappbewegung der Schalen.
Kamorra, *Camorra, w.,* Geheimbruderschaft im ehem. Kgr. Neapel, wegen Raub u. ä. berüchtigt; heute kriminelle Vereinigung ähnl. wie → Mafia.

Kamp, *m.* [l. „campus"], (waldfreies) Feld, auch Fläche zur Waldpflanzenerziehung.
Kampagne, *w.* [frz. -'panjə], **1)** Feldzug; **2)** *Wahl-K.* svw. Wahlkampf; **3)** saisonale Betriebsdauer (z. B. bei Zuckerrüben, Hopfen).
Kampala, Hptst. von Uganda, m. Vororten 700 000 E.
Kampanien, it. *Campania,* it. Region an der W-Küste, am Golf von Neapel, fruchtbare Ebene; Vesuv; 13 595 km², 5,81 Mill. E; Hptst. *Neapel.*
Kampen (Sylt) (D-2285), Gem. i. Kr. Nordfriesld, Nordseebad auf → Sylt, 600 E.
Kampfer, *m.,* aus exot. Drogen *(Kampferbaum),* auch synthetisch hergestellt; *med.* in K.spiritus f. Einreibungen; auch gegen Motten.
Kämpfer, Tragplatte zw. einem Gewölbe (Bogen) und der Mauer (Stütze).
Kampffisch, ein Labyrinthfisch Ostindiens; prächtig gefärbt, Schaumnest; bes. die Männchen in Thailand für Fischkämpfe gezüchtet.

Kampfläufer

Kampfläufer, Schnepfenvogel der Moore u. der nördl. Meeresküsten; Männchen mit aufstellbarem buntem Federkragen, turnierartige Balzkämpfe.
Kampfstoffe, chem. Kampfmittel, werden durch Sprengladung verspritzt, vernebelt od. verstäubt, auch abgeblasen.
kampieren [frz.], lagern, im Freien übernachten.
Kamp-Lintfort (D-4132), St. im Kreis Wesel, NRW, 37 867 E; ehem. Zisterzienserabtei v. 1123; Steinkohlenbergbau.
Kampuchea → Kambodscha.
Kamtschatka, russ. Halbinsel in NO-Asien, zw. dem Ochotskischen u. Beringmeer, 350 000 km², 380 000 E; Gebirgsland (Vulkan *Kljutschewskaja Sopka*

4750 m), Pelztiere, Fischerei, Landw., Erdöllager; Hptort: *Petropawlowsk-Kamtschatskij,* 269 000 E; Hafen.
Kamtschatka-Krabbe, Verwandter des Einsiedlerkrebses im nördl. Pazifik; zu Konserven verarbeitet.
Kana, St. in Galiläa; *Hochzeit zu K.* (Joh. 2).
Kanaan [-na'an], im A. T. d. von d. Israeliten eroberte Jordanland.
Kanada, amtl. *Canada,* Gliedstaat des brit. Commonwealth, von der N-Grenze der USA bis z. Nördlichen Eismeer, 9 970 610 km², 25,95 Mill. E (3 je km²); Bev.-Zuw. 1%; Bev.: meist eur. Herkunft, 370 000 Indianer, 25 000 Eskimos; Sprache: Engl., Frz. (v. 25% gesprochen); Währung: kanad. Dollar (kan$); Rel.: 43% röm.-kath., 40% protestant.; Hptst.: *Ottawa;* Flagge S. 340, Karte S. 737/746. **a)** *Geogr.:* Im N Tundra („Barren Grounds"); anschließend Tannenwälder, im S Prärien (m. Weizenfeldern, i. W Prov. Manitoba u. Saskatchewan), Hptbesiedlungsgebiet am St.-Lorenz-Strom u. a. d. Großen Seen. **b)** *Landw.:* Weizen (1988: 16 Mill. t), Hafer, Gerste; Fischerei u. Pelztierzucht; die *Wälder,* ca. 4,4 Mill. km² (35% d. Gesamtfläche), bilden d. Grundlage f. d. hochentwickelte Cellulose- u. Papierind. **c)** *Bodenschätze:* reiche Vorkommen, größter Produzent d. Welt f. Nickel u. Zink, führender Produzent f. Gold, Platin, Schwefel, Asbest u. Uran, Aluminium (→ Kitimat); daneben bed. Erdöl- u. Erdgasvorkommen. **d)** *Außenhandel* (1988): Einfuhr 106,82 Mrd., Ausfuhr 111,92 Mrd. $. → Schaubild. **e)** *Verkehr:* Zwei Überlandbahnen verbinden pazif. m. atlant. Küste (ca. 70 000 Schienenkm); St.-Lorenz-Strom s. 1959 auch f. Hochseeschiffe befahrbar. **f)** *Verf.:* Parlamentar. Monarchie mit bundesstaatl. Grundlage m. 2 Kammern. **g)** *Verw.:* 10 Prov. u. 2 Territorien. **h)** *Gesch.:* Von Frkr. im 17. Jh. kolonisiert, im Engl.-Frz. Krieg (1755–63) an England, bis 1873 Ausdehnung durch Eingliederung engl. Kolonialgebiete. Auf engl. Seite im Burenkrieg u. in beid. Weltkriegen; 1949 brit. Dominion Neufundland wird 10.

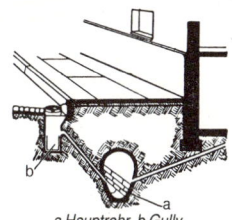

a Hauptrohr, b Gully
Kanalisation

Prov. Völlige Unabhängigkeit v. Großbritannien, aber formal weiterh. Mitgl. d. Commonwealth. **i)** *Mitgl.:* UN, Commonwealth, NATO, OECD, Colombo-Plan; Rahmenabkommen m. EG.

Kanadabalsam, Harz kanad. Tanne; als Kitt i. d. opt. u. mikroskop. Technik verwendet.

Kanadische Seen, svw. → Große Seen.

Kanaille, *w.* [-ˈnalja], frz. *canaille* [-ˈnaj], Hundepack; Schuft.

Kanake [polynes. „Mensch"], Eingeborener d. Südseeinseln.

Kanäle in Deutschland

Name	Erbaut	Länge in km	Verbindung zwischen
Mittelland-Kanal(Ems-Weser-Elbe-K.)	1905-1938	321,3	West- u. Ostdeutschland mehrere Seitenkanäle
Dortmund-Ems-Kanal	1892-1899	266	Nordrhein-Westfalen u. Nordsee
Main-Donau-Kanal	1921-1972	72	Rhein-Main-Donau
Nord-Ostsee-Kanal	1887-1895	98,7	Nord- u. Ostsee
Oder-Havel-Kanal	1905-1914	82,8	Großschifffahrtsweg Berlin-Ostsee
Rhein-Herne-Kanal	1905-1914	45,6	Rhein- u. Ruhrgebiet

Kanal, 1) künstl. Wasserlauf, dient zur Be- od. Entwässerung, f. d. Schiffahrt als Verbindungs- und Umgehungsweg. - Kanäle in Dtld (→ Tabelle); **2)** Meeresarm, z. B. → Ärmelkanal; **3)** *Fernmeldetechn.* eine eindeutig gerichtete Verbindung f. einen definierten Informationsinhalt, z. B. *Fernsprech-K.* (300 Hz bis 3,4 kHz); *Hörfunk-K., Fernseh-K.* usw.

Kanalarbeiter, ugs. f. Gruppe d. Hinterbänkler d. SPD-Fraktion im dt. Bundestag.

Kanalinseln, *Normannische Inseln,* brit. Inselgruppe im Kanal a. d. W-Küste d. Normandie: *Jersey, Guernsey, Alderney, Sark, Herm,* zus. 195 km², 137 000 E (85% sprechen Engl., Rest Frz.); z. T. autonome Gesetze. Mildes Seeklima. Ausfuhr (Frühkartoffeln, Weintrauben; Hptst. *St-Hélier* auf Jersey.

Kanalisation, Anlagen zur Ableitung d. Abwässer in Städten usw.; → Kläranlagen, → Rieselfelder.

Kanalstrahlen, 1886 v. Goldstein entdeckt, entstehen in Entladungsröhren, deren Kathode mit Löchern („Kanälen") versehen ist; die positiv geladenen Ionen erreichen hohe Geschwindigk.

Kanamycin, → Antibiotikum gg. Tuberkelbakterien u. versch. → grampositive u. → gramnegative Erreger.

Kanarienvogel, Girlitz d. Kanarischen Inseln, grün- bis goldgelb; Stubenvogel in zahlr. Zuchtrassen *(Harzer Roller).*

Kanarische Inseln, span. Inselgruppe vor d. nordwestafrikan. Küste; vulkan., trockenes Klima; bilden s. 1927 zwei Prov.: westl. Prov. *Santa Cruz de Tenerife* mit d. Inseln Teneriffa, Palma, Gomera u. Hierro, 3381 km², 700 000 E; östl. Prov. *Las Palmas de Gran Canaria* mit d. Inseln Gran Canaria, Lanzarote u. Fuerteventura, 4066 km², 753 000 E; dazu 6 kleine unbewohnte Inseln; Hptstädte u. -häfen: *Santa Cruz* u. *Las Palmas;* Anbau v. Wein, Tabak u. Südfrüchten; Teil-Autonomie.

Kanazawa, jap. Hafenst. an der W-Küste Honshus, 430 000 E; Porzellanind., Bronzegießerei.

Kandahar, Hptst. d. Prov. *K.* in SO-Afghanistan, 191 000 E; Seidenind., Obstbau; Karawanenstraße nach Herat u. Kabul, Eisenbahn nach Quetta.

Kandahar-Rennen, jährl. veranstaltetes alpines Skirennen m. wechselndem Austragungsort um einen von *Lord Roberts of Kandahar* gestifteten Pokal.

Kandare, *w.* [ungar.], Stangengebiß am Pferdegeschirr (hebelartige, daher verstärkte Wirkung).

Kandelaber, *m.* [l.], Armleuchter, Laternenträger.

Kander, l. Nbfl. der Aare, 44 km l., aus d. Berner Alpen z. Thuner See; durchfließt d. schweiz. Höhenkurort *Kandersteg* (1176 müM, Lötschbergtunnel).

Kandidat, *m.* [l.], *cand.,* Bewerber um (bes. öffentl.) Amt, Mandat u. a.; Student vor d. Schlußprüfung.

Kandinsky, Wassily (4. 12. 1866-13. 12. 1944), russ.-frz. Maler, 1911 → „Blauer Reiter"; 1922-33 Prof. am → Bauhaus; ab 1935 in Paris; Begr. d. → absoluten Kunst; *Über das Geistige in der Kunst.*

Kandis, *m.* [arab.], *Zuckerkand,* aus heißer, konzentrierter, reiner, weißer od. brauner Zuckerlösung an Schnüren kristallisierter Zucker.

Kändler, *Kaendler,* Johann Joachim (15. 6. 1706-18. 5. 75), dt. Bildhauer u. Porzellanmodelleur (Meißen); Schöpfer d. Porzellanplastik; graziöse Rokokofiguren.

Kandy, Prov.hptst. in Sri Lanka, 125 000 E; Wallfahrtsort *(Zahntempel* mit hl. Zahn Buddhas).

Kanea, *Chania,* Seehafen an der N-Küste Kretas, 102 000 E; Olivenausfuhr.

Kaneel, *m.,* Rinde des ind. Zimtbaums; Zimt.

Kanevas, *m.* [frz.], **1)** *Stramin,* gitterartiges Gewebe, Untergrund für Stickereien; **2)** Handlungsschema in der Stegreifkomödie.

Kangchendzönga, *Kantschindschanga,* dritthöchster Gipfel d. Erde, im Himalaja, 8586 m; Erstbesteigung 1955.

Känguruh

Känguruhs, pflanzenfressende Beuteltiere Australiens; kurze Vorderbeine, starke Springhinterbeine, langer Schwanz; *Riesen-K.* über 2 m lang. *Baum-K., Felsen-K.*

Kania, Stanisław (* 8. 3. 1927), poln. Pol.; 1980/81 Parteichef d. KP.

Kaninchen, Hasenart; *Wild-K.,* urspr. in S-Europa beheimatet, 40 cm lang, kleiner und schlanker als der Hase, mit kürzeren Ohren und Hinterbeinen, lebt in selbstgegrabenen Erdhöhlen; sehr fruchtbar (Febr./März bis Okt. alle 5 Wochen 4–12, im 5.–8. Monat zeugungsfähige, im 12. Monat ausgewachsene Junge); Fell *(Kanin)* als Pelz u. Filz; das zahme *K., Stallhase,* in vielen Abarten gezüchtet (z. B. Widder-, Angora-, Riesen-Kaninchen).

Kanister, *m.* [gr.-l.], Blechgefäß für Öl, Sprit usw.

Kanker, svw. → Weberknecht.

Kannegießer, nach Holbergs Lustspiel *Der pol. Kannegießer,* svw. Schwätzer. Biertischpolitiker.

kannelieren [frz.], auskehlen, riefeln, bes. Säulen.

Kannelur, senkrechte Säulenrillung.

Kannenbäckerland, Töpfereigebiet östl. v. Koblenz; Steingutfabrikation, Feinkeramik.

Kannenstrauch, *Nepenthes,* kletternde Pflanzen d. Malaiischen Archipels; Blätter laufen in kannenartige Gebilde aus, in deren wässerigem Inhalt Insekten u. andere kleine Tiere verdaut werden. → insektenfressende Pflanzen.

Kannibalen, *Anthropophagen,* Menschenfresser; nur noch wenige Stämme in Neuguinea u. Brasilien.

Kano, Hptst. des Bundesst. *K.* in N-Nigeria, zw. Niger u. Tschadsee, Handelszentrum des Sudans, 552 000 E.

Kändler, Fuchs und Dame an Spinett

Was unter **K** vermißt wird, siehe unter **C** und **Z**

Kanoldt, Alexander (29. 9. 1881–24. 1. 1939), dt. Maler d. → Neuen Sachlichkeit; Stilleben, Landschaften, Städte.

Kanon, m. [gr.], **1)** die allg. anerkannten hl. Schriften einer Religion, *Richtschnur* für Glauben und Leben der Gläubigen; in der *kath. Kirche* kirchlicher Rechtssatz, ferner Hptteil der Messe, auch Liste der Heiligen; **2)** Tonstück *(Singrad),* in dem versch. Stimmen mit d. gleichen Melodie nacheinander einsetzen u. sich selbst begleiten; strengste Form d. mus. Nachahmung; **3)** *Kunst:* verbindl. ideale Schönheitsnorm; K. des menschl. Körpers stellten u. a. auf: Polyklet (Speerträger), da Vinci, Dürer u. Schadow.

Kanone [it.], Flachfeuergeschütz (langes Rohr). – **K.nfutter,** nutzlos hingeopferte ungeschulte Soldaten, nach Shakespeare (Heinrich IV.).

Kanoniker [l.], *Chorherr,* Mitglied eines Domkapitels oder Kollegiatsstiftes.

Kanonisation → Heiligsprechung.

kanonisches Recht → Kirchenrecht.

Känozoikum → geologische Formationen, Übers.

Kanpur, ind. St. i. Uttar Pradesch, am Ganges, 1,7 Mill. E; größte Ind.st. Hindostans, Eisenbahnknotenpkt; med.

Kansas [ˈkænzəs], **1)** einer der Mittelstaaten der USA (Abk. *Kan.*), 213 063 km², 2,46 Mill. E; wellige Ebenen, i. O fruchtbares Ackerland, im W trockene Prärie, Viehzucht; Bodenschätze: Kohle, Erdöl, Zink; Hptst. *Topeka;* **2)** K. City, 2 Städte an d. Mündung d. *K. River:* **a)** K. C. i. Staat Missouri, 444 000 E; Uni; Handelsplatz, Flughafen; **b)** K. C. i. Staat K., 161 000 E; Uni.; Ind., Großschlächtereien.

Kant, 1) Hermann (* 14. 6. 1926), dt. Schriftst.; *Der Aufenthalt; Die Aula; Das*

Immanuel Kant

Impressum; **2)** Immanuel (22. 4. 1724–12. 2. 1804), dt. Phil. aus Königsberg, Protagonist d. dt. → Aufklärung, beschränkt menschl. Erkennen auf Erfahrung (→ *Kritizismus),* ohne eine Welt, die über die Erfahrung hinausreicht, aufzugeben. Zwar sind „Dinge an sich" unerkennbar u. d. „Vernunftideen" *Seele, Welt* u. *Gott* nur „Regulative" der Erfahrung, doch der Mensch erhebt sich über d. kausal bedingte „Welt d. Erscheinung" durch d. „Postulate d. prakt. Vernunft" *Freiheit, Unsterblichkeit, Gott;* sein sittl. Handeln ist im *kategorischen* → *Imperativ* begründet. Hptwerke: *Kritik der*

reinen Vernunft (1781); *Kritik der prakt. Vernunft* (1788); *Kritik der Urteilskraft* (Ästhetik; 1790); *Metaphysik der Sitten* (1785); *Religion innerhalb der Grenzen der bloßen Vernunft* (1793); *Zum ewigen Frieden* (1795).

Kantabrisches Gebirge, Randgebirge Spaniens im N gegen den Golf v. Biscaya, höchster Gipfel: *Picos de Europa,* 2648 m.

Kantate [l. „singet"], **1)** 4. Sonntag nach Ostern; **2)** *w.,* Gesangsstück f. Chor- u. Solostimmen m. Instrumentalbegleitung (J. S. Bach).

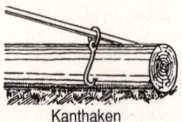
Kanthaken

Kanthaken, Gerät zum Kanten (Bewegung) von Baumstämmen: bewegl. an Hebestange angebrachter Haken.

Kanthariden [gr.], *Blasenkäfer, Spanische Fliege* u. → *Ölkäfer;* liefern stark giftiges *Kantharidin (Pflasterkäfer),* als blasenziehend. Pflaster i. d. Medizin genutzt.

Kantilene, *w.* [it.], gesangsmäßige, meist getragene Melodie.

Kant-Laplacesche Theorie, zwei versch. Theorien (meist zus.geworfen) über die Bildung e. Sonnensystems aus kosm. Staubwolke (Kant) od. rotierendem Gasball (Laplace).

Kanton → Guangzhou.

Kanton, *m.,* frz. *Canton,* Bezirk, Kreis, in Frkr. u. Belgien Unterabteilung der Arrondissements, i. d. Schweiz die 25 Einzelstaaten.

kantonieren, ehem. mil. Aushebungssystem, bei dem Rekruten nach **Kantonsystem** eingezogen wurden; jeder Bezirk *(Kanton)* hatte best. Anzahl Leute zu stellen; daher „unsicherer *Kantonist* ".

Kantor, Tadeusz (16. 6. 1915–8. 12. 90), poln. Maler (abstrakte, z. T. realist. Bilder), Graphiker, Bühnenbildner u. Regisseur.

Kantor [l.], (Vor-)Sänger, Leiter des Kirchengesanges, bes. an protestant. Kirchen u. Synagogen.

Kantorowitsch, Leonid (19. 1. 1912–7. 4. 86), sowj. Math. u. Wirtschaftswiss.; (zus. m. T. Koopmans) Nobelpr. 1975 (f. Beiträge zur Theorie d. optimalen Ressourcenverwendung).

Kantschu, *m.* [türk.], kurze, aus Riemen geflochtene Peitsche.

Kanu, *auch* -nu, *s.,* engl. *Canoe,* Sammelbegriff f. Boote, die mit Doppel- od. Stechpaddel gefahren werden; urspr. Rindenboot nordam. Indianer.

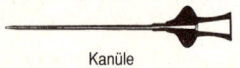
Kanüle

Kanüle, *w.* [frz.], **1)** Hohlnadel zu Injektionen u. zur Ableitung v. Flüssigkeitan-

sammlungen (Abb.); **2)** Röhrchen, das nach Luftröhrenschnitt eingelegt wird.

Kanzel [l. „cancelli = Chorschranken"], der *Predigtstuhl* der Geistlichen in oder an der Kirche.

Kanzelparagraph → Kulturkampf.

kanzerogene Stoffe → karzinogene Stoffe.

Kanzlei, *w.,* Amtsstube z. Ausfertigung v. Urkunden; Schreibstube bei Behörden; Büro eines Rechtsanwalts od. Notars. – **K.schrift,** größere Schrift mit starken Grundstrichen, im Buchdruck got. Zierschrift. - **K.sprache,** Hofsprachen, im späten MA, z. B. an der Kanzlei Karls IV. Luther stützte sich bei seinen Übersetzungen auf die Meißner K. - **K.stil,** im amtl. od. kaufm. Verkehr übl. gewesene Schreibweise, oft umständlich u. geziert.

Kanzler [ml. „cancellarius"], **1)** Leiter der (Reichs-)Politik; je nach Reg.form versch. hohe Machtbefugnisse; seit d. MA Hof- (u. Reichs-)Beamter; *Erz-, Reichs-, Bundeskanzler;* **2)** Titel des Vorstehers einer Gesandtschaftskanzlei.

Kanzone, *w.* [it.], **1)** einstimm. Vokalform m. Instrumentalbegleitung; auch liedart. Tonstück; **2)** lit. Gedichtform: dreiteilige Strophe mit Auf- und Abgesang (z. B. Minnesang, Rückerts *Chider).*

Kaohsiung, *Gaoxiong,* Hafenst. an d. SW-Küste von Taiwan, 1,34 Mill. E; Werften, Ind., Raffinerien.

Kaolin, *s.* od. *m., Porzellanerde,* Sammelbez. f. hydrasierte Aluminiumsilicate (→ Tonerde); Hauptbestandteil Kaolinit, ein → Tonmineral; meist aus Feldspat durch Verwitterung entstand. weiße fettige Masse; dient z. Porzellanherstellung.

Kap, *s.,* vorspringender Teil e. Küste.

Kapaun, kastrierter, gemästeter Hahn.

Kapazität, **1)** *Elektrotechnik:* ugs. Bez. f. → Kondensator; **2)** *Elektrostatik:* el. Fassungsvermögen von Leitern für el. Ladungen, Verhältnis (C) von Ladungsmenge (Q) zu Spannung (U), Einheit Farad (F); nicht nur bei → Kondensatoren, sondern auch zw. allen spannungführenden Leitern (z. B. Windungen einer Spule) möglich; **3)** *elektrochemisch:* bei → Akkumulatoren u. Trockenbatterien die maximal gespeicherte Elektrizitätsmenge in Amperestunden (Ah); **4)** *Starkstromtechnik:* Leistung eines Kraftwerks in Kilowatt (kW) od. Megawatt (MW).

Kap-Breton-Insel [-bretn-], kanad. Insel im S-Teil des St.-Lorenz-Golfes, 10 280 km², 175 500 E; Hptort *Sydney* (28 000 E); Obstbau, Fischerei.

Kap der Guten Hoffnung, 1) Kap in S-Afrika, südl. von Kapstadt; **2)** Prov. *K. d. G. H.* d. Rep. Südafrika, *Kapland, Kapprovinz,* b. 1910 *Kapkolonie,* 641 379 km², 5 Mill. E (davon 20% Weiße); von der Küste mit den Tafelbergen bei der Hptst. *Kapstadt* zu der südafrikan. Hochebene in drei Stufen ansteigend; Randstufen mit Trockensteppen, Kl. und Gr. Karru; mildes Seeklima an der Küste, Wüstenklima im Inneren (hier Restbevöl-

kerung d. Buschmänner u. Hottentotten). Viehzucht, Getreidebau (durch
künstliche Bewässerung) u. Bergbau
(Diamanten, Kupfer, Kohle). – Ab 1652
Kolonisierung durch holländ.-ostind.
Kompanie; s. 1814 engl.; 1910 zur Südafrikan. Union.

Kapela, Gebirgszug in Jugoslawien
(Kroatien); *Gr. K.,* 1533 m, im N u. *Kl. K.*
im S. An den SW-Abhängen Weinbau.

Kapelle, *w.,* 1) urspr. Raum für den
Mantel des hl. Martin; 2) kleiner Kirchenbau, auch als Anbau an Kirchen; 3)
Musik: urspr. Sängerchor (→ a cappella), s. d. 19. Jh. Bez. f. d. Orchester; Leiter: *Kapellmeister.*

Kaperei [ndl.], das von Regierungen
durch *Kaperbrief* an Privatschiffe, *Kaper-
schiffe,* erteilte Seebeuterecht, im Seekrieg Privatschiffe (z. B. feindl. Handelsschiffe) fortzunehmen, zu *kapern;* durch
Pariser Seerechtsdeklaration 1856 abgeschafft.

Kapern

Kapern, in Essig eingelegte Knospen des
K.strauchs, Mittelmeergebiet; Gewürz;
Ersatz: Knospen versch. einheim. Pflanzen (z. B. Hahnenfuß, Sumpfdotterblume, Kapuzinerkresse u. Sonnenblume).

Kapernaum [-*naum*], hebr. *Kfar Nachum,*
St. am See Genezareth, in der Jesus öf-
ters weilte.

Kapetinger, frz. Königshaus 987–1328;
Nebenlinien bis 1792 u. 1848.

Kapfenberg (A-8605), östr. St. nördl.
Graz, Steierm., 26 000 E; Eisen- u. Stahlind.

kapieren [l.], ugs.: begreifen.

kapillar [l.], haarfein, auch auf die **Kapillaren** (→ Haargefäße) bezogen.

Kapillarität, *Haarröhrchenwirkung,* in
eintauchenden Kapillaren steht die Flüssigkeit höher oder niedriger als außen;
Ursache: Zus.wirken v. → Kohäsion u.
→ Adhäsion; → Meniskus.

Kapital, *s.* [l.], 1) *privatwirtsch.* die Mittel
e. Unternehmung; entweder nach Art d.
Herkunft *eigenes K.* od. fremdes, *Leih-
K.;* nach Art der Verwendung *Anlage-K.*
od. *Umlauf-K.;* K. kann i. Form v. Maschinen, Gebäuden usw. (Real-K.) od. i.
Form von Zahlungsmitteln (Geld-K.) i.
Unternehmen vorhanden sein; 2) *volkswirtsch.* Güter, die nicht d. sofortigen
Konsum dienen, sondern die Erzeugung
anderer Güter ermöglichen od. fördern
sollen (Rohstoffe, Maschinen, Gebäude
usw.). K. unterscheidet sich von d. beiden anderen *(natürlichen)* Produktions-

faktoren (Arbeit u. Boden) dadurch, daß
es nicht von der Natur aus gegeben ist,
sondern durch Arbeitsleistung erst produziert werden muß *(produziertes Produktionsmittel).*

kapital- [l.], Vorsilbe: haupt(sächlich).

Kapitale, *w.* [frz.], Hauptstadt.

Kapitalflucht, Verbringung v. Kapitalien (Geld, Devisen, Wertpapieren u. a.)
ins Ausland.

Kapitalgesellschaften, Unternehmungs-
formen, b. denen d. Beteiligten gegenüber
Gläubigern der Gesellsch. nur mit ihren
Kapitalanteilen u. nicht m. ihrem übrigen
Vermögen haften (z. B. AG, GmbH).

Kapitalisierung, Berechnung des *Gegen-
warts-* (od. *Bar-)Wertes* von regelmäßigen zukünftigen Erträgen (z. B. bei Unternehmungen) oder period. fälligen Zahlungen (Renten).

**Kapitalismus, kapitalistisches Wirt-
schaftssystem,** Wirtschaftsordnung, bei
der die Produktion durch Interesse an
dem Geldertrag bestimmt wird und in
der Personen, die über Kapital verfügen,
Art, Richtung und Ausmaß der Produktion festlegen.

Kapitalmarkt, Markt für langfrist. (An-
lage-)Kredite (Ggs.: → Geldmarkt); Aktien, Obligationen (Renten), Staatsanleihen, Pfandbriefe u. ä.

Kapitalschrift, svw. Schrift nur mit
→ Majuskeln.

Kapitalverbrechen, bes. schwere Verbrechen, früher mit Enthauptung (lat. *caput* = „Kopf") bestraft.

Kapitalverkehrsteuern → Steuern.

Kapitalversicherung → Lebensversicherung.

Kapitän [l. „caput = Haupt"], 1) Kommandant eines Schiffes, hat volle Gewalt
an Bord; Seeoffizier; 2) Kommandant eines Flugzeuges; 3) Kompanieführer in
ausländ. Heeren. – In der Teilstreitkraft
Marine **K.leutnant,** Offizierdienstgrad,
svw. Hauptmann, *Korvetten-K.* svw. Major, *Fregatten-K.* svw. Oberstleutnant, **K.
zur See,** svw. Oberst.

Kapitel, *s.* [l.], 1) Versammlung von
geistl. Würdenträgern; 2) Wahlversamm-
lung e. Ordens; 3) geschlossener Abschnitt eines Schrifttextes.

Kapitell, *s.* [l. „caput = Kopf"], Kopf d.
→ Säule od. des Pfeilers zw. Schaft u.
Deckplatte.

Kapitol, *Palast der Senatoren*

Kapitol, *s.* [l. „capitolium"], zuerst Burg,
dann rel. u. pol. Zentrum des alten Rom,

auf dem *Kapitolinischen Hügel;* heute der
von Michelangelo um 1546 ff. angelegte
Platz mit dem Reiterstandbild Marc Au-
rels (s. 1990 dort e. Kopie) in der Mitte
u. den Palästen der Senatoren, Konser-
vatoren u. d. Kapitolin. Museums. – In
USA svw. Parlamentsgebäude (Abb.
→ Washington).

Kapitolinische Wölfin, etruskisches
Bronzebildwerk aus d. 5./4. Jh. v. Chr.,
Wahrzeichen Roms, → Romulus.

Kapitular, *m.* [l.], Mitgl. eines → Kapitels 1) u. 2), bes. des → Domkapitels.

Kapitularien, Verordnungen der karoling. Könige; regelten kirchl. u. staatl.
Angelegenheiten.

Kapitulation [nl.], 1) *Kriegsrecht:* bedingungslose od. bedingte Ergebung eines
Truppenteiles, einer Festung od. eines
ganzen Heeres (Wehrmacht), rechtl.
Kriegsvertrag; 2) *Zivilrecht:* Ehevertrag
im span. Recht; 3) *Staatsrecht: Wahl-K.*
(Wahlbrief), wurde im alten Dt. Reich v.
Kurfürstenkollegium dem Kaiser vorgelegt, der sich mit Unterzeichnung der
achtung der darin festgelegten Grundsätze verpflichtete (erste Wahl-K.: Karl V.
1519); 4) *Kirchenrecht:* Wahl-K. bei der
Papstwahl, Bindung durch Zusagen vor
der Wahl, durch päpstl. Konstitutionen
(Pius IV., Gregor XV.) verboten; 5) *Völkerrecht:* urspr. Vertrag, der einen Staat
verpflichtet, auf seinem Gebiet Anwerbung von Soldaten durch anderen Staat
zu gestatten; später Verträge eur. Staaten
mit Staaten minderer Kulturstufe, die
letzteren gewöhnl. Pflichten u. Duldungen zugunsten der ersteren einräumen
(z. B. exterritoriale Gerichtsbarkeit,
Steuerfreiheit).

Kapitza, Pjotr (26. 6. 1894–8. 4. 1984),
sowj. Atomforscher; (zus. m. A. A.
→ Penzias u. R. W. → Wilson) Nobelpr.
1978 (Untersuchungen z. Tieftempera-
turphysik).

Kaplan [l.], kath. Hilfsgeistlicher, Jung-
priester.

Kap-land, K.kolonie, K.provinz
→ Kap der Guten Hoffnung.

Kapok, *m., Pflanzendaunen,* Haare der
inneren Wandung der Früchte des trop.
K.baumes; unempfindl. gg. Feuchtigkeit,
bes. z. Polstern.

Kaposvár [-*of-*], Hptst. d. ungar. Komitats Somogy, 74 000 E; Wein-, Tabakbau, Pferdezucht u. -handel.

Kapotte, *w.* [frz.], kl. Hut f. ältere Damen.

Kapp, Wolfgang (24. 7. 1858–12. 6.
1922), dt. Jurist u. Pol.; unternahm mit
Lüttwitz 1920 mißglückten nationalist.
Putschversuch in Berlin: **Kapp-Putsch.**

Kappadokien, lat. *Cappadocia,* im Altertum Landschaft im ö. Kleinasien zw. Halys (heute = Kizil-Irmak) u. Euphrat, 17
n. Chr. röm. Prov.

Kappe, i. d. Baukunst d. Flächenabschnitt e. durch Rippen od. Grate gefeil-
ten Gewölbes. **Stichk.** senkrecht z. Achse
e. Hauptgewölbes eingeschnittenes sphärisches Dreieck.

Kappeln (D-2340), Hafenst. i. Kr. Schleswig-Flensburg, Schl-Ho., 9929 E; AG; Fischerei, Seehandel; Marinestützpunkt Olpenitz, Marinewaffenschule.

Kaprice, w. [frz. -s(ə)], *Kapriccio, s.* [it. -t/o], Laune.

Kapriole, w. [it.], Bock-, Luftsprung; beim Reiten besonderer Dressurakt der Hohen Schule.

kapriziös, launenhaft.

Kaprow, Allan (* 23. 8. 1927), am. Künstler; Vertr. d. → Abstrakten Expressionismus, → Environment u. e. Begr. d. → Happenings.

Kaprun (A-5710), Gem., 2700 E, u. Großkraftwerksgruppe in den Hohen Tauern, 1938–55 gebaut; 332 MW; 2 Speicher, 3 Sperren.

Kapstadt

Kapstadt, engl. *Cape Town,* Hptst. d. südafrikan. Kapprovinz, a. d. SW-Küste, am Fuße des Tafelberges, 777 000 E, Agglom. 1,9 Mill. E (davon 543 000 Weiße); Sitz d. südafr. Parlaments; Uni.; Hafen; Ausfuhr: Wolle, Häute, Gold, Diamanten.

Kaptalband, *Kapital,* in der Buchbinderei; an oberer u. unterer Kante d. Buchrückens angeklebtes Bandgewebe m. Wulstkanten (Schmuck u. Staubschutz).

Kapuziner, einer der drei Hauptzweige des Franziskanerordens, gegr. um 1525; Tracht: braune Kutte, spitze *Kapuze* und

Kapuzineraffe

Bart. – K.affen, südam. Affen mit Greifschwanz; leben in Familien. Name nach der käppchenartigen Bildung d. Kopfbehaarung. – K.gruft, Begräbnisstätte der → Habsburger in Wien. – K.kresse, z. T. kletternde Zierpflanzen mit großen buntfarbigen, gespornten Blüten, aus S-Amerika. – K.pilz, *Birkenpilz,* ein Röhrenschwamm mit rotbraunem Hut; eßbar.

Kap Verde, *Kapverdische Inseln, Kapverden,* amtl. *República de Cabo Verde,* Rep. u. Inselgruppe vor der Westküste Afrikas, 15 Inseln, davon 10 bewohnt, 4033 km², 358 000 E (89 je km²); Hptst.: *Praia* (40 000 E); Flagge S. 340, Karte S. 737. Ausfuhr v. Fischprodukten u. Zucker; s. 1462 portugies. Kolonie, s. 1975 unabhängig; Mitgl. d. UN u. OAU; AKP-Staat.

Kar, s., durch Gletschererosion entstandene Hohlform mit breitem Boden und steilen Rückwänden im Gehänge ehemals vergletscherter Gebirge; K.böden oft mit einem durch Felsschwelle oder Moränenwall abgeriegelten See.

Karabinerhaken

Karabiner, m. [frz.], Gewehr mit verkürztem Lauf. – **K.haken,** mit Feder, die den Verschluß gg. das Herausgleiten der Öse aus dem Haken sichert.

Karabiniere, *Karabiniers* [frz. -bi'njeː], mit Karabiner bewaffnete Reiter.

Karabinieri, it. Gendarmerie.

Kara-Bogas-Gol [„Schwarzer Schlund"], flache, 18 000 km² gr. Bucht i. O d. Kasp. Meeres.

Karachi, *Karatschi,* bis 1959 Hptst. v. Pakistan, 5,2 Mill. E; Eisen- u. Textilind.; Ausfuhrhafen f. Baumwolle u. Weizen; intern. Flughafen; Atomkraftwerk.

Karäer, jüd. Sekte, entstanden im 8. Jh. n. Chr. i. Vorderasien; lehnen Talmud ab.

Karaganda, Gebietshptst. in d. Sowjetrep. Kasakstan, 614 000 E; Kohlenbergbau, Hüttenind., Zentrum des *K.-Kohlenbeckens* (eines der größten der UdSSR).

Karageorgewitsch, *Karadjordjević,* serb. Herrscherhaus; nar. m. Unterbrechungen 1804–1945 (1921–34 in Jugoslawien → Alexander I.).

Karagöz [türk. „Schwarzauge"], nach der Hauptfigur benannte türk. u. marokkan. Schattenspiele.

Karaiben, *Kariben,* einst große indian. Stammesgruppe in S-Amerika (bes. Guayana); v. → Kolumbus 1492 in Westindien (Antillen) entdeckt, heute dort trotz → Las Casas ausgerottet.

Karajan, Herbert v. (5. 4. 1908–16. 7. 89), öster. Chefdirigent d. Berliner Philharmoniker (s. 1955), s. 1949 Konzertmeister auf Lebenszeit d. Gesellschaft d. Musikfreunde, Wien, Leiter d. Wiener Staatsoper (1957–64) u. d. Salzburger Festspiele.

Karakorum, südl. zentralasiat. Hochlandgebirgszug, zw. dem Pamir u. Himalaja; starke Vergletscherung (Siachengletscher ca. 70 km l.); höchste Erhebung → K 2 (*Mount Godwin Austen,* 8610 m), im NO d. **K.paß,** 5574 m, Kammhöhe 7300 m.

Karakulschafe, asiat. Fettschwanzschafe; Lämmer liefern → Persianer.

Karakum, Wüstengebiet in Turkmenistan, zw. Kasp. Meer u. Amu-darja, 270 000 km²; Erdgas. – **K.kanal,** 840 km l., davon 500 km schiffbar, m. Tschardarinstaubecken, 5,7 Mrd. m³.

Karamanlis, Konstantin (* 23. 7. 1907), griech. Pol. („Neue Demokratie"); 1955–63 u. 1974–80 Min.präs., 1980–85 u. s. 1990 Staatspräs., Karlspreis 1978.

Karambolage, w. [frz. -'laʒ(ə)], Zusammenprall (d. Billardkugeln).

karambolieren, zusammenstoßen, m. Spielball mehrere Billardbälle treffen.

Karamel, m. [span.-frz.], gebräunter → Zucker.

Karat, s. [arab.], Same des Johannisbrotes; Gewichtseinheit für Juwelen = 0,205 g; auch Bez. f. den Reinheitsgrad einer Goldlegierung (z. B. Goldgehalt von 100% = 24 Karat; 75% = 18 Karat).

Karate [jap. „leere Hand"], chin. Selbstverteidigungstechnik, die in Japan zum Sport entwickelt wurde; gekämpft wird mit angedeuteten Faust-, Arm- u. Beinstößen bzw. -schlägen.

Karausche, w., karpfenähnlicher, wohlschmeckender Süßwasserfisch; Abart: → Goldfisch.

Karavelle, w., Hochseesegelschiff, 14.–16. Jh.

Karawane, w. [pers. „kärwân = Kamelzug"], Reiseges. (Kaufleute, Pilger) im Orient; benutzt werden s. d. Altertum bestehende *Karawanenstraßen.*

Karawanken, östl. Teil der Karnischen Alpen, Kalkgebirge, gr. Schutthalden, Grenze zw. Östr. u. Jugoslawien, im *Hochstuhl* 2238 m, *Hochobir* 2141 m (Wetterwarte), Loiblpaß 1368 m, geschlossen, Transit durch Loibltunnel (1067 m); s. 1977 Tunnel zw. Rosenbach u. Jesenice i. Bau (fertig 1991).

Karawanserei, w., Herberge für Karawanen.

Karbatsche, w., türk. Riemenpeitsche.

Karbon, s. [l.], → geolog. Formationen.

Karbonade, w. [frz.], Rippenstück vom Schwein (→ Fleisch, Übers.).

Herbert von Karajan

Karbonari, ehem. pol. Geheimgesellschaft in Italien, später auch in Frkr.; s. 1807 nat.republikan. Revolutionäre in Neapel-Piemont.

Karbunkel, m. [l.], eitrige Entzündung mehrerer benachbarter Talgdrüsen und Haarbälge der Haut; → Furunkel.

karburieren, dem Leuchtgas Kohlenwasserstoffgase, bes. Gas von Petroleumäther, zufügen; zur Erhöhung der Leucht- und Heizkraft.

Kardamom, m. od. s., Frucht verschiedener indischer Ingwergewächse.

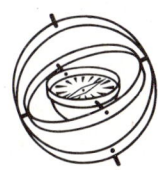

kardanische Aufhängung

kardanische Aufhängung, *kardanisches Gelenk,* zur Waagerechthaltung v. Kompaß, Lampe, Uhr auf Schiffen, bei stärkster Schwankung; ben. nach → *Cardano;* besteht aus drei Ringen, die ineinander um 90° drehbar sind.

Kardanwelle, m. Gelenken versehene Welle bei Kraftwagen; überträgt Drehung v. Getriebe auf die Hinterachse.

Kardätsche, w. [it.], Bürste zum Pferdeputzen.

Karde, w., *Weberdistel,* Blütenköpfe werden zum Rauhen **(kardieren)** von Wollwaren benutzt.

Kardiaka [l.], Herzstärkungsmittel.

Kardinal- [l.], als Vorsilbe: Haupt-, Grund- (z. B. *K.fehler:* Grundfehler).

Kardinal, nordam. Fink; rot mit Federschopf; Käfigvogel, Sänger.

Kardinal [l.], vom Papst ernannter (nach ihm) höchster Würdenträger d. röm.-kath. Kirche (→ Eminenz); die Kardinäle bilden d. **K.skollegium,** beraten d. Papst *(Konsistorien),* sind d. Vors. d. versch. kirchl. Ausschüsse *(Kongregationen)* u. wählen d. Papst *(Konklave;* Reform geplant); Tracht: Purpur; in Dtld meist d. Erzbischöfe v. Köln u. München, früh. auch Breslau, z. Kardinälen erhoben.

Kardinalzahlen, die nichtnegativen, ganzen Zahlen 0, 1, 2, 3 ...; i. d. → Mengenlehre gibt d. K.zahl d. → *Mächtigkeit* einer Menge an.

Kardiologie, Lehre v. Herz u. s. Krankheiten; MPI f. K. in → Bad Nauheim.

Karelien, 1) Waldlandschaft in NO-Europa, beiderseits v. Ladoga- u. zw. diesem u. d. Onegasee bis zum Weißen Meer nordwärts; **2)** *Karelische Autonome Sowjetrep.,* 172 400 km², 792 000 E; Forstwirtsch., Fischfang u. Jagd, geringe Landw.; im N Uranerzvorkommen; Hptst. *Petrosawodsk.* - *Karelische Landenge* 1947 v. Finnland an UdSSR abgetreten, Umsiedlung v. 400 000 E nach Finnland.

Karelier, finn. Volksstamm, in → Karelien; Jäger u. Fischer (orthodox) im sowjet. Teil, im finn. Teil intensive Land- u. Gartenwirtschaft; lutherisch.

Karen, Volk u. Sprache im südöstl. Myanmar.

Karenz, w. [l.], Entbehrung, *K.zeit* ist Wartezeit. - **K.zeit,** Warte-, Ausfallszeit.

Karerpaß, it. Paß an d. *Gr. Dolomitenstraße* (Bozen–Cortina), 1745 m; an ihr bei Welschnofen d. **Karersee,** 1530 müM.

karessieren [frz.], liebkosen, schmeicheln.

Karfreitag, 2 Tage vor Ostern; hoher ev. Feier- u. kath. Trauertag (Kreuzigung Jesu).

Kargoversicherung, versichert b. Transporten die Ladung gegen Beschädigung, Entwendung usw.; auch → Kaskoversicherung.

Karibadamm, am Sambesi (Simbabwe/Sambia), 1959 fertiggestellt, 125 m h., staut *K.see,* 5309 km², Stauraum 180,6 Mill. m³; Elektrizitätswerk mit 705 MW jährlich; 2. Kraftwerk auf sambischem Gebiet (s. 1976 in Betrieb, 600 MW).

Kariben, svw. → Karaiben.

Karibisches Meer, Südteil des Am. Mittelmeers, Nebenmeer des Atlantiks 2,7 Mill. km², bis 7680 m tief.

Karibu², nordam. → Rentier.

Karies, w. [l. *-ríes* „Knochenfraß"], Knochen- oder → Zahnfäule.

M.-Brockmann,
Einstein, Karikatur

Karikatur, Zerrbild; künstler. Darstellung, d. durch Überbetonung von Einzelzügen komisch od. satirisch wirken will; K.zeitschriften: *Kladderadatsch* (s. 1848), *Simplicissimus* (s. 1896), in Frkr. *Charivari* (s. 1832), in Engl. *Punch* (s. 1841); berühmte Karikaturisten: Hogarth, Goya, Daumier, Doré, Gavarni, Busch, Simmel, Gulbransson, Matejko, Weber, Low, Steinberg u. Price.

karikieren, verzerrt, entstellt darstellen.

Karisches Meer, *Karasee,* Teil d. Nördlichen Eismeeres, zw. Nowaja Semlja u. d. Halbinsel Jamal; fischreich, 4–5 Monate vereist, durch **Karische Straße** verbunden mit Barentssee.

Karkasse [frz. „Gerippe"], **1)** innerer fester Verband eines → Luftreifens; bestehend aus kreuzweise übereinandergelegten u. vervulkanisierten Kordgewebelagen; statt Textileinlagen auch Drahteinlagen; → Gürtelreifen; **2)** Skelett des Ge-

flügels, wird z. B. bei einigen Entenrezepten zerkleinert verwendet.

Karl, a) *Fränk. Reich:* **1)** K. Martell, der „Hammer" (um 688–741), 714 Majordomus (Hausmeier), besiegte 732 die Ara-

Karl der Große

ber bei Poitiers; **2)** K. d. Gr. (2. 4. 747–28. 1. 814), 768 Frankenkönig, unterwarf die Sachsen, Langobarden, Bayern, Feldzug nach Spanien; erneuerte 800 das röm. Kaisertum als christl. Universalherrscher; sicherte d. Reichsgrenzen durch Marken; schuf Schöffengerichte, gründete Schulen; sein Leben vielfach von der Sage verherrlicht *(→ Rolandslied);* **3)** K. der Kahle (13. 6. 823–6. 10. 77), erhielt 843 im Vertrag von Verdun Westfranken (Frkr.); **4)** K. d. Dicke (839–88), 876 Kg, 881 Kais., 887 abgesetzt. – **b)** *Dt. Kaiser:* **5)** K. IV. v. Luxemburg (14. 5. 1316–29. 11. 78), reg. 1346–78, Kaiser 1355, erließ → Goldene Bul-

Karl V.

le, begr. erste dt. Uni. (Prag); **6)** K. V. (24. 2. 1500–21. 9. 58), 1516 Kg v. Span.; Kaiser 1530–56; Ausbreitung der span. Weltmacht, bekämpfte Reformation (→ Schmalkaldischer Krieg); **7)** K. VI. v. Habsburg (1. 10. 1685–20. 10. 1740), Kaiser 1711–40; → Pragmatische Sanktion; **8)** K. VII. (6. 8. 1697–20. 1. 1745), Kurfst v. Bayern, Kaiser s. 1742. – **c)** *Braunschweig:* **9)** K. Wilhelm Ferdinand (9. 10. 1735–10. 11. 1806), 1780 Hzg, preuß. Heerführer; in der Schlacht bei *Auerstedt* tödl. verwundet. – **d)** *Burgund:* **10)** K. der Kühne (10. 11. 1433–5. 1. 77), Hzg 1467–77 (bei Nancy gefallen), Gegner Ludwigs XI. von Frkr., v. d. Schweizern 1476 bei Grandson u. Murten geschlagen. – **e)** *England:* **11)** K. I. (19. 11. 1600–30. 1. 49), Kg s 1625, Bürgerkrieg, hingerichtet von Cromwell; s. Sohn **12)**

K. II. (29. 5. 1630–6. 2. 85), Kg seit 1660, Restauration. – **f)** *Frkr.:* **13)** K. VII. (22. 2. 1403–22. 7. 61), Kg s. 1422, 1429 gekrönt (von Jungfrau v. Orléans); **14)** K. IX. (27. 6. 1550–30. 5. 74), Kg seit 1560, Bartholomäusnacht 1572; **15)** K. X. (9. 10. 1757–6. 11. 1836), Kg 1824, durch Julirevolution 1830 gestürzt. – **g)** *Neapel u. Sizilien:* **16)** K. v. Anjou (1226–85), 1265 v. Papst mit Kgr. beider Sizilien belehnt, besiegte 1266 Manfred, d. natürl. Sohn Friedrichs II., 1268 → Konradin. – **h)** *Östr.:* **17)** K. (5. 9. 1771–30. 4. 1847), Erzherzog, schlug 1809 Napoleon bei Aspern; **18)** K. I. (17. 8. 1887–1. 4. 1922), Kaiser 1916–18; mußte abdanken. – **i)** *Rumänien:* K. → Carol; **j)** *Sachsen-Weimar:* **19)** K. August (3. 9. 1757–14. 6. 1828), Hzg, 1815 Großhzg, Sohn der Hzgin Anna Amalia, holte 1775 Goethe nach Weimar. Als einer der ersten dt. Fürsten gab K. A. 1816 eine Verfassung. – **k)** *Schweden:* **20)** K. XII. (27. 6. 1682–11. 12. 1718), Kg s. 1697; Nord. Krieg; fiel vor Friedrichshall. – **l)** *Württemberg:* **21)** K. Eugen (11. 2. 1728–24. 10. 93), s. 1737 Hzg, verschwenderischer Despot, gründete die → Karlsschule.

Karlfeldt, Erik Axel (20. 7. 1864–8. 4. 1931), schwed. neuromant. Lyriker; Nobelpr. 1931.

Karlisten → Carlos 2).

Karlmann, Name mehrerer karoling. Herrscher: **K.** († 771), Bruder u. Mitregent Karls des Großen.

Karl-Marx-Stadt → Chemnitz.

Karlovac → Karlstadt.

Karlowitz, serbokroat. *Sremski Karlovci,* St. an der Donau, Jugoslaw., 8000 E. – Friede v. K. (1699) beendete Türkenkrieg s. 1683.

Karlsbad, tschech. *Karlovy Vary,* St. in NW-Böhmen, Kur- u. Badeort, 56 000 E; 16 Mineralquellen.

Karlsbader Beschlüsse, 1819 unter → Metternich auf *K. Konferenz* gefaßt; gg. Lehrfreiheit d. Uni.en, Pressefreiheit, Burschenschaft, Turnvereine; 1848 aufgehoben.

Karlsbader Salz, enthält Glaubersalz; Abführmittel.

Karlshorst, St.teil Berlins, Pferde-Hindernisrennbahn. – 1945–55 Sitz d. sowj. Besatzungsbehörde.

Karlskoga [-*kuga*], schwed. Bergbau-u. Ind.st. im Län Örebo, 38 000 E; Stahlwerk.

Karlskrona [-*kruna*], Hptst. d. schwed. Län Blekinge, 52 000 E; Kriegshafen.

Karlspreis, s. 1950 verliehener Preis d. St. Aachen f. Verdienste um d. eur. Bewegung u. d. Einigung Europas; Preisträger u. a.: K. Adenauer (1954), W. Churchill (1956), E. Heath (1963), Kommission der eur. Gemeinschaften (1969), F. Seydoux (1970), R. Jenkins (1972), S. de Madariaga (1973), L. Tindemans (1976), W. Scheel (1977), K. Karamanlis (1978), E. Colombo (1979), – (1980), S. Veil (1981), Juan Carlos I. (1982), – (1983),

K. Carstens (1984), – (1985), Volk v. Luxemburg (1986), H. Kissinger (1987), F. Mitterrand u. H. Kohl (1988), Frère R. Schutz (1989), G. Horn (1990), V. Havel (1991).

Karlsruhe (D-7500), Stkr. u. Sitz d. Rgbz. *K.,* in Ba-Wü. (bis 1945 Hptst. des Landes Baden), r. a. Rhein; 265 100 E; in Fächerform erbaut 1715; älteste TH v. Dtld (gegr. 1825, s. 1967 Uni.), zahlr. Forschungsinst., Kunst- u. Musik-HS, Europaschule, Staatstheater, Kunsthalle, Landesmus. (Schloß), Landessammlungen für Naturkunde; B.gerichtshof, -verf.gericht, IHK, OLG, LG, AG, HWK, OPD, BD, Rheinhäfen (Umschlag 1988: 10,3 Mill. t), Masch.-, Apparate- u. Fahrzeugbau, elektrotechn., chem., kosmet. Ind.; Eurocontrol, Dt. Kernforschungszentrum; Raffinerien (Ölhafen); Kernkraftwerk (50 MW; weiteres im Bau).

Karlsschule, herzogl. württemb. Erziehungsanstalt, gegr. von Hzg Karl Eugen, auf Schloß Solitude 1770; v. Schiller besucht.

Karlstad, Hptst. d. schwed. Län Värmland, nördl. d. Vänersees, 75 000 E; Masch.-, Text.ind., Reedereien.

Karlstadt, eigtl. *Andreas Bodenstein* (1480–24. 12. 1541), dt. Theol.; verteidigte Luther 1519 in d. → Leipziger Disputation gg. Eck.; Bilderstürmer, f. Aufstand d. Bauern, deshalb später Gegner Luthers.

Karlstadt, **1)** (D-8782), Krst. des Main-Spessart-Kr., am Main, Bay., 14 669 E; ma. St.kern; Zementind., Musikinstrumente; **2)** serb. *Karlovac,* jugoslaw. St. an d. Kulpa, 55 000 E; orthodoxes Bistum; Tabakanbau.

Karlstein a. Main (D-8757), Gem. i. Kr. Aschaffenburg, Bay., 7125 E; Kernkraftwerk (25 MW).

Karma, *s.* [sanskr. „Tat"], das Gesetz, nach dem sich die Taten d. Menschen b. d. Wiederverkörperung auswirken; im Hinduismus u. Buddhismus u. i. d. Theou. Anthroposophie wesentl. Gedanke.

Kármán, Theodor von (11. 5. 1881–7. 5. 1963), ungar. Aerodynamiker; arbeitete insbes. in USA u. Dtld.

Karmel [hebr. „Obstgarten"], Gebirge in N-Palästina, bis 550 m; auf ihm **Karmeliter,** Einsiedlergenossenschaft, 1209 Mönchsorden; Spaltung in *Observanten* u. *Konventualen* (mildere Regel), 15. Jh.

Karmin, *s., Karmesin, Karmoisin,* roter Farbstoff; aus der → Koschenille-Schildlaus gewonnen.

Karnataka, bis 1973 *Maisur, Mysore,* Staat der Rep. Indien, 191 791 km², 37,14 Mill. E; Getreide-u. Baumwollanbau; Bergbau, Hütten-, Masch.-, Baumwollind.; Hptst. *Bangalore.*

Karneol, *m.,* rote u. gelbe Abarten d. → Chalzedon.

Karner, auch „Beinhaus", zweigeschossige Kirchhofkapelle, bes. in Östr.

Karneval, *m.* [it.], svw. → Fasching.

Karnische Alpen, geradlinige Gebirgskette zw. Dolomiten und Julischen Alpen, Grenze zwischen Kärnten und Italien; *Hohe Warte* 2780 m.

Karnivoren, fleischfressende Pflanzen u. Tiere; Ordnung Raubtiere *(Carnivora).*

Kärnten, östr. Bundesland im SO-Alpen; 9533 km², 543 000 E (im SO ca. 16 000 Slowenen, *Windische*); mit Klagenfurter Becken (Drautal) im Mittelpkt, d. Hohen Tauern *(Großglockner* 3797 m) u. Norischen Alpen im N, den Karnischen Alpen u. Karawanken im S; wichtigstes Durchgangsland zw. Wien u. Venedig (Karawanken- u. Tauernbahn); waldreich (Sägewerke, Papier- u. Cellulosefabr.); Abbau v. Eisen u. Blei; Fremdenverkehr; Hptst. *Klagenfurt.* – Urspr. kelt., 15 n. Chr. röm. Prov.; 976 selbst. Hzgtum s. 1335 östr.; 1919 Mießtal an Jugoslawien, Kanaltal an Italien abgetreten.

Karo, *s.,* (rotes) Viereck (der frz. Spielkarte).

Karolinen, 963 flache Koralleneilande u. Atolle im Pazifik, Teil Mikronesiens, 1194 km², 115 000 E, mikrones. Mischlinge; d. Inseln Yap u. Ponape an beiden Endpunkten der K. vulkan. Hochinseln, Urwald u. Kokoshaine; Ausfuhr: Kopra, Zucker. – 1521 von Magalhães entdeckt u. span. bis 1899, bis 1919 dt., 1919–45 jap., s. 1947 UN-Treuhandgebiet, v. USA verwaltet (Karte S. 749/751).

Karolinger, fränk. Fürstengeschlecht, ben. nach Karl d. Gr., im Fränk. Reich → Hausmeier seit 687, Kge seit 751, reg. in Italien bis 875, in Dtld bis 911, in Frkr. bis 987.

karolingische Kunst, d. Kunst des Karoling. Reichs (780–950); unter Karl d. Gr. vorübergehend enge Anlehnung an spätantike Vorbilder; Klöster St. Gallen (Plan), Fulda, Corvey, Pfalzkapelle (Münster) → Aachen, Torhalle → Lorsch; Elfenbeine, Miniaturen.

Karolus, August (16. 3. 1893–1. 8. 1972), dt. Physiker; entwickelte 1923 aus → Kerr-Effekt **K.zelle** f. Bildtelegraphie und Fernsehen.

Karosse, *w.* [frz.], Galakutsche, Staatswagen.

Karosserie, auf d. Fahrgestell (Chassis) aufsitzender Autoaufbau; heute b. Pkw selbsttragend, d. h. ohne Rahmen.

Karotinoide, *Polyene,* Gruppe organ. Farbstoffe meist pflanzl. Herkunft: Carotin (namengebend), bewirkt Karottenfärbung, Muttersubstanz des Vitamin A (→ Vitamine, Übers.), → Xanthophyll.

Karotis, *w.* [l.], Kopfschlagader.

Karotte, kleine, runde → Mohrrübe.

Karpaltunnelsyndrom, Schädigung des durch d. Karpaltunnel verlaufenden, im Bereich d. Handwurzel auf d. Handinnenseite befindlichen Unterarmnervs durch Druck nach Verletzung od. durch Tumore; verbunden m. Schmerzen, Mißempfindungen, Greifschwäche u. Muskelschwund; muß zumeist operativ behandelt werden.

Karpaten, junges, waldreiches Faltengebirge im südöstl. Mitteleuropa, vorwiegend Mittelgebirgscharakter, ausgenommen die Hohe Tatra (2654 m), umschließen in weitem, nach W offenem Bogen von Preßburg b. z. Banater Gebirge 1500 km l. d. Ungar. Tiefebene: *W.-K.* (Kleine K., Weiße K., Neutraer Gebirge, Slowak. Erzgebirge, Hohe und Niedere Tatra, W-Beskiden), *Wald-K.* (m. O-Beskiden im NW), *O-K.* u. *S-K.* od. Transsylvan. Alpen; Erdöl- u. Salzlager am Außenrand, Silber- u. Bleierze am Innenrand; Forstwirtschaft.; Bev.: Slowaken, Goralen, Ukrainer, Huzulen, Rumänen, Magyaren.

Karpato-Ukraine, umfaßt Südabhänge von Teilen d. Waldkarpaten sowie alten Vorland, 12 800 km², 1,3 Mill. E, vorwiegend griech.-unierte Ukrainer. – Bis 1918 ungar.; 1920 z. Tschechoslowakei; 1938 zu Ungarn; 1945 zur Sowjetukraine; Hptst. *Uschgorod.*

Karpfen, Speisefisch der Süßwasser; je nach Beschuppung *Schuppen-K., Leder-K., Spiegel-K.*

Karpow, Anatol (* 23. 5. 1951), sowj. Schachspieler; 1975, 1978 u. 1981 Weltmeister, verlor 1985 Titel an Kasparow.

Karree, *s.* [frz. *ka're*], **1)** Truppenabwehrstellung gegen Reiterangriffe; geschlossenes Viereck; **2)** Rippenstück (→ Fleisch, Übers.).

Karren → Schratten, → Karst.

Karrer, Paul (21. 4. 1889–18. 6. 1971), schweiz. Chem.; Isolierung der Vitamine A u. K, Synthese von Vitamin B_2 und E; Nobelpr. 1937.

Karriere [frz.], **1)** schnellster Galopp d. Pferdes; **2)** (erfolgreiche) Laufbahn.

Karru, Trockensteppe a. d. Randstufen S-Afrikas.

Karsch, Anna Luise, „die *Karschin*" (1. 12. 1722–12. 10. 91), dt. Gelegenheitsdichterin der friderizian. Zeit.

Karst, *m.,* Kalkhochflächen südlich der Julischen Alpen u. auf der Halbinsel Istrien in Jugoslawien, bis 1800 m hoch, mit den hier typisch entwickelten u. danach benannten **K.erscheinungen** in Kalkgebirgen: Rinnen (Karren), Trichter (Dolinen) und Höhlen, die durch das Wasser infolge der Durchlässigkeit und leichten Löslichkeit des Kalksteins gebildet werden.

Kartätsche, *w.* [it.], Artilleriegeschoß, mit Bleikugelfüllung, für Nahschuß; veraltet.

Kartause, Kloster der **Kartäuser,** Einsiedlerorden, v. *Bruno v. Köln* 1084 im Tal *La Chartreuse* gestiftet; Tracht: weiß.

Kartell, *s.* [it.], Vereinbarung zw. jur. u. weitgehend auch wirtsch. selbständig bleibenden Unternehmen des gleichen Gewerbezweiges u. der gleichen Produktionsstufe zur monopolist. Beeinflussung des Marktes; K.arten: *Preis-, Kontingentierungs-, Rabatt-, Rationalisie-*

rungs-K. usw.; in d. BR Gesetz gg. Wettbewerbsbeschränkungen v. 27. 7. 1957 (i. d. Fassung v. 4. 4. 1974), enthält grundsätzl. K.verbot, Ausnahmen (z. B. *Krisen-K.*) bedürfen d. Erlaubnis der K.behörden (B.kartellamt, B.wirtschaftsmin., Wirtsch.min. d. Länder); Verstöße gg. K.ges. sind Ordnungswidrigkeiten u. können mit hohen Geldbußen bestraft werden; im Ausland, insbes. USA, ebenfalls K.beschränkungen u. -verbote.

kartelliert, Waren, deren Preise u. Absatzbedingungen durch kartellmäßige Bindungen der Hauptproduzenten bestimmt sind.

Karthago, phöniz. Kolonie in N-Afrika, gegr. im 8. Jh. v. Chr., mächtigste Handelsst. des Altertums; beim Existenzkampf mit Rom um Mittelmeerherrschaft (→ Hannibal) im 3. → Punischen Krieg, 146 v. Chr., von Scipio zerstört, 698 n. Chr. von den Arabern endgültig vernichtet.

Kartoffel, *Erdapfel,* Nachtschattengewächs, stammt von den Anden Chiles und Perus; im 16. Jh. v. den span. Eroberern nach Europa gebracht; stärkereiche Knollen; seit den Napoleon. Kriegen eur. Hauptnahrungsmittel; dient außerdem als Futtermittel u. Rohstoff für landw. Nebengewerbe (Brennereien, Stärkefabriken usw.); durch Wasserentzug haltbar gemacht, bessere Transportmöglichkeit: K.flocken, Trokken-K. (K. enthält 74,9% Wasser, 20,9% Stärke). Welternte 1982: 255,3 Mill. t, Ernte i. d. BR 1983: 5,7 Mill. t. – **K.käfer,** svw. → Koloradokäfer. **K.krankheiten,** insbes. durch Pilzinfektionen hervorgerufen: 1) *K.krebs,* blumenkohlartige Wucherungen; 2) *K.schorf,* warzenartige, z. T. braune Erhebungen (Buckelschorf) od. Einsenkungen (Tiefschorf) auf d. Knollen; aber auch erhebl. Ertragsminderungen (K.abbau) durch Virusbefall (Mosaik- u. Blattrollkrankh.); Abhilfe durch Resistenzzüchtung, Pflanzgutwechsel, Insektizide.

Kartographie [l.-gr.], theoret. u. prakt. Herstellung von Landkarten: Geländezeichnung, Signaturen, Beschriftung, Kartenprojektion.

Karton, *m.* [frz. -*tõ*], steifes Papier; Entwurf zu einem (Wand-)Gemälde; Pappschachtel in bild. Kunst u. Kunstgewerbe: Vorzeichnung (auf kräftigem Papier, meist m. Kohlestift) bes. f. Wand- u. Glasmalereien, Mosaiken, Gobelins u. a.; davon abgeleitete Sonderform → *Cartoon.*

kartonieren, (ein Buch) in Karton heften; **kartoniert.**

Kartothek, *w.* [l.-gr.], *Kartei,* Einrichtung, mit Hilfe loser Blätter od. Karten Vorgänge und Tatsachen systematisch festzuhalten und übersichtlich zu machen (z. B. *Buchführungs-, Kunden-, Lager-, Bibliotheks-K.*).

Kartusche

Kartusche, *w.* [frz.], **1)** bes. in d. Baukunst z. Rahmung e. Feldes verwendete Ornamentform f. Inschrift, Wappen o. ä; **2)** Pulverladung zum Treiben des Artilleriegeschosses, in Beuteln od. Metallhülse; **3)** früher auch Patronentasche berittner Truppen.

Karussell, östr. *Ringelspiel,* meist maschinell angetriebene, sich drehende Scheibe mit Sitzen (Wagen, Holzpferde u. a.) zur Volksbelustigung.

Karwendel-gebirge, die Kalkalpenkette zw. Achensee u. Isar, *Birkkarspitze* 2756 m. *K.bahn,* zw. Innsbruck und Mittenwald.

Karwin, tschech. *Karviná,* St. am NW-Fuße der Westbeskiden, 72 000 E; Steinkohlenbergbau.

Karwoche, *Stille* od. *Trauerwoche,* Palmsonntag bis Ostern.

Karyatiden

Karyatide, *w.* [gr.], weibliche Figur als stützendes Bauelement. Dagegen → Atlant.

Karyologie [gr.], Wiss. vom Zellkern, insbes. seiner → Chromosomen.

Karzer, *m.* [l. „Kerker"], ehem. Arrestraum in höheren Schulen und Universitäten.

karzinogene Stoffe, svw. krebserzeugende chem. Substanzen.

Karzinom, *s.* [gr.], svw. → Krebs 2).

Kasack, Hermann (24. 7. 1896–10. 1. 1966), dt. Dichter; Gedichte; Roman: *Die Stadt hinter dem Strom.*

Kasack, *m.* [frz. „casaque"], „Kosakenbluse"; dreivierellanger blusenartiger Frauenkittel.

Kasakstan, *Kasachstan,* Sowjetrep. zw. Kasp. Meer und Oberlauf d. Irtysch, 2 717 000 km², 16,5 Mill. E, 40% moh., meist Kasak-Kirgisen, z. T. Nomaden; Steppe u. Wüste, künstl. Bewässerung,

Baumwolle; Viehzucht; Kohle, Kupfer, Mangan, Chrom, Nickel, Bauxit, Erdöl; Hptst. *Alma Ata.*

Kasan, Hptst. d. autonomen Sowjetrep. Tatarien am linken Wolgaufer, 1,1 Mill. E (¾ Russen, ¼ Tataren); Kreml, Uni.; Großind., Handelsplatz.

Kasatschok, auf Kosakentanz zurückgehender Modetanz.

Kasbah, w. [arab. „Zitadelle"], in N-Afrika Bez. f. Eingeborenen- bzw. Altstadt.

Kasbek, erloschener Vulkan im Kaukasus, 5033 m.

Kaschau, slowak. *Košice,* St. in der O-Slowakei, 232 000 E; röm.-kath. Bistum; Textil- u. Masch.ind.

kaschieren [frz.], **1)** verbergen, verdekken; **2)** beim *Theater:* Herstellung v. Requisiten aus Pappe u. ä.

Kaschmir, 1) ehem. ind. Fürstenstaat i. Himalaja u. Karakorum. Zugehörigkeit seit d. Teilung d. ehem. Fürstentums Brit.-Indien zw. Pakistan u. d. Ind. Union strittig; südöstl. Teil 1948 v. Indien annektiert, bildet s. 1957 d. Staat *Jammu u. K.,* 101 387 km², 6 Mill. E; der nordwestl. Teil gehört zu Pakistan; 1965 Ausbruch schwerer Kämpfe um K. zwischen Indien und Pakistan; 1966 Frieden von Taschkent; 1974 Pakistan annektiert das Fürstentum Hunza; **2)** frz. *Cachemir,* weiches glänzendes Gewebe aus Kammgarn (urspr. von d. *K.ziege).*

Kaschnitz-Weinberg, 1) Guido Frh. v. (28. 6. 1890–1. 9. 1958), dt. Archäologe; Direktor des Dt. Archäolog. Inst. in Rom; **2)** Marie-Luise Baronin v. (31. 1. 1901–10. 10. 74), dt. Schriftst.; Gedichte, Roman: *Elissa.*

Kaschubaum, *Cashew, Acajubaum,* Sumachgewächs, Samen als Nahrungs- u. Genußmittel (Cashew-Nüsse, „Elefantenläuse"), Öl der Fruchtschale als Heilmittel; Acajugummi.

Kaschuben, slaw. Volksstamm an der unteren Weichsel; ca. 100 000.

Käse, eiweiß- u. fettreiches Milchprodukt; hergestellt durch Milchsäuregärung v. *Caseïn* (Milcheiweiß, das durch das Labferment d. tierischen Magenschleimhaut aus d. Milch ausgefällt wird).

Kasel, w. [l.], Meßgewand.

Kasematten [it.], schußsichere Unterkunfts- u. Vorratsräume in Befestigg.

Kashi, *Kaxgar,* St. u. Oase in d. chin. autonome Region Xinjiang (O-Turkestan), 140 000 E; Handelszentrum.

Kasimir, *Kge von Polen:* **1)** K. III., d. Gr. (30. 4. 1310–5. 11. 70), Kg s. 1333, schuf die Grundlagen v. Polens Großmachtstellung, begünstigte die Einwanderung Dt.er, gründete die Uni. Krakau (1364); **2)** K. IV. (30. 11. 1427–7. 6. 92), Kg s. 1447, führte siegreich 13jähr. Krieg m. d. Deutschritterorden.

Kasino, *s.* [it.], Gebäude f. gesellschaftl. Zwecke; Vergnügungsstätte, Speiseraum.

Kaskade, *w.* [it.], Wasserfall in Stufen.

Kaskadengebirge, Teil der nordam. Kordilleren, im W der USA, bis 4395 m hoch, vom Columbia mit treppenartig verlaufenden Wasserfällen (Kaskaden) durchbrochen; Blei, Silber, Kohle.

Kaskadengenerator, z. Erzeugung v. el. Hochspannung.

Kaskadenschaltung, in Reihe geschaltete el. Schaltglieder.

Kaskoversicherung [span.], versichert Transportmittel, insbes. gg. Beschädigung, Entwendung usw.; auch → Kargoversicherung.

Kaspar, einer d. Hl. → Drei Könige.

Kasparow, Garri (* 13. 4. 1963), sowj. Schachspieler; seit 1985 Weltmeister. *Politische Partie.*

Kaspisches Meer, abflußloser salziger Binnensee zw. Europa und Asien, mit 371 001 km² der größte der Erde; 1025 m tief; 28 muM; Salzgehalt 1,3%; Zuflüsse: *Kura, Wolga, Emba, Ural;* Haupthäfen: *Baku, Astrachan;* Erdölfelder am W-Ufer; seit 1929 ständiges Absinken des Seespiegels.

Kassageschäft, *gegen Kasse,* **1)** Verkäufe gg. Barzahlung; **2)** Börsengeschäfte, bei deren Lieferung e. Wertpapiers u. Zahlung an e. der folgenden Tage nach dem Abschluß geschieht; Ggs.: Zeit- od. Termingeschäfte.

Kassakurs, amtl. Kurs für im → Kassageschäft gehandelte Wertpapiere, bei fortlaufenden *(variablen)* Notierungen auch *Einheitskurs* genannt.

Kassandra, Seherin in Troja, Tochter des Priamos.

Kassation, 1) strafweise Entlassung; Vernichtung bzw. Ausstreichung von Urkunden: Aufhebung eines Urteils wegen Gesetzesverletzung (in Dtld → Revision); **2)** *mus.* Suitenform des Rokoko (Mozart), Ständchen svw. Divertimento. – **K.shof,** in manchen Ländern (z. B. Frkr.) oberster Gerichtshof.

Kassave, *w.,* svw. → Maniok.

Kasse gegen Dokumente, engl. *c./d. (cash against documents),* im Überseehandel: Dokumente, die zum Empfang der Ware berechtigen, werden nur gegen Zahlung ausgehändigt; auch → Wechsel.

Kassel (D-3500), krfreie St. u. Hptst. d. hess. Rgbz. *K.* (8289 km², 1,16 Mill. E), an d. Fulda, 189 156 E; im Schloß → Wilhelmshöhe; Thermalsolebad, Spielcasino, Barockpark Karlsaue; B.arbeits-, B.sozialgericht, Hess. Verw.gerichtshof; GHS (Uni.); LG, AG; IHK; Gemäldesammlungen; *documenta-*Ausstellungen, Tapeten-, Brüder-Grimm-Museum; Lokomotiv-, Fahrzeug-, Waggon- u. Masch.bau; feinmechan., opt., chem. u. Textilind., Flughafen. – 913 fränk. Königshof; s. 1277 Sitz d. hess. Landgrafen u. Kurfürsten; 1866 preuß., 1945 hessisch.

Kassenskonto, *Kassaskonto* (auch *Skonto),* im Geschäftsverkehr Abzug

vom Rechnungsbetrag bei Zahlung innerhalb einer bestimmten Frist (meist 3 Tage).

Kasserolle, *w.* [frz.], Schmortiegel; Kochtopf.

Kassette, *w.* [frz.], **1)** verschließbarer Kasten f. Geld und Kostbarkeiten; **2)** meist rechteckige Vertiefungen in Gebäudedecken; **3)** *Cassette,* in d. *Phonotechnik:* Behälter m. Ton- od. Bildträger (z. B. Magnetband).

Kassiber, *m.* [hebr.], heiml. schriftliche Mitteilung Gefangener unter sich oder an Dritte außerhalb des Gefängnisses.

Kasside, *w.* [arab.], Zweckgedicht (Nachahmung b. Rückert, Platen).

Kassie, *w.,* **1)** Johannisbrotbaumgewächse, Bäume u. Sträucher d. Tropen (Hülsenfrüchtler); Fiederblätter liefern Abführmittel *(Sennesblätter);* desgleichen das Fruchtmark der *Röhren-K.;* **2)** *Zimt-K.,* ein chin. → Zimtbaum.

kassieren [it.], **1)** Geld einziehen; **2)** für nichtig erklären; **3)** entlassen.

Kassiopeia → Cassiopeia.

Kastagnetten [span. *-ta'pet-*], hölzerne Klapperinstrumente; beim span. Tanz als Begleitung.

Kastanie, 1) *Edel-K.,* der Buche verwandt, Mittelmeergebiet, als Zierbaum, auch als Nutzbaum in S-Dtld.; Früchte (Maronen) eßbar; **2)** *Roß-K.,* aus Kleinasien (weiße Blüten) und aus N-Amerika (rote Blüten); stärkereiche Samen als Futter.

Kaste, *w.* [portugies.], streng abgeschlossene, nur ich heiratende Berufsgruppe gleicher Abstammung, Namen, Sitten u. Speisevorschriften; klassisch ausgebildet in Indien; 4 große K.ngruppen: *Brahmanen* (Priester), *Kschatriva* (Krieger), *Vaischya* (Händler u. Handwerker) u. *Çudra* (Bauern), in mehrere tausend einzelne K.n gegliedert; außerhalb stehen d. sehr verachteten *Paria* (Taglöhner), *Outcasts* (auch unter ihnen K.n); heute Lokkerungen, bes. d. Berufsvorschriften; → Indien, 2).

kasteien [l.], *sich k.,* Selbstzüchtigung als Bußübung.

Kastell, *s.* [l.], röm. Festung, später befestigtes Schloß.

Kastellan, *m.,* Schloßverwalter.

Kastilien, zentrale Landschaft Spaniens, durch das Kastilische Scheidegebirge (800 km l., bis 2592 m hoch) in *Alt-* und *Neukastilien* geteilt, steppenhafte Hochflächen, baumarm, mit großen Getreidefeldern u. Ölbaumkulturen, Hptst. d. nördl. *Alt-K.: Valladolid,* d. südl. *Neu-K.: Madrid.* – 1037 Kgr. unter Ferdinand I. v. Navarra; durch Ehe → Isabellas v. K. mit Ferdinand v. Aragonien entstand 1479 Spanien.

Kastler, Alfred (3. 5. 1902–7. 1. 84), frz. Phys.; Nobelpr. 1966 (Entdeckung u. Weiterentwicklung opt. Methoden z. Studium Hertzscher Resonanzen in Atomen).

Was unter **K** vermißt wird, siehe unter **C** und **Z**

Kästner, 1) Abraham Gotthelf (27. 9. 1719–20. 6. 1800), dt. Dichter, Math. u. Phys.; *Sinngedichte;* **2)** Erhart (14. 3. 1904–3. 2. 74), dt. Schriftst.; *D. Stunden-*

Erich Kästner

trommel; **3)** Erich (23. 2. 1899–29. 7. 1974), dt. Schriftst. u. Kritiker; satir. Gedichte; Romane: *Fabian; Drei Männer im Schnee;* Kinderbücher: *Emil u. die Detektive; Das fliegende Klassenzimmer.*
Kastor → Castor.
Kastrat [l.], → Eunuch.
Kastration, Entfernung d. Keimdrüsen (Eierstöcke, Hoden) od. Zerstörung der Geschlechtszellen in ihnen durch Röntgenbestrahlung (Röntgen-K.). K. des jugendl. Organismus verhindert Entwicklung d. sekundären Geschlechtsmerkmale, bes. d. weibl. u. männl. Körperformen; K. d. erwachsenen Mannes bewirkt stärkeren Fettansatz, Verminderung des Sexualtriebes; K. der Frau führt vorzeitiges Klimakterium herbei, in Einzelfällen außerdem Sterilität. – K. war früher üblich bei Haremswächtern, im MA zur Erhaltung hoher Singstimmen bei Knaben. Gesetzl. eingeführt in versch. Staaten b. Gewohnheitsverbrechern. K. v. männl. Tieren, um sie als Haus- oder Schlachttiere brauchbarer zu machen, d. h. zum besseren Fleisch- u. Fettansatz, um den Geschlechtstrieb u. -geruch zu beseitigen u. sie fügsamer zu machen. → Sterilisation.

Kasuar

Kasuar, *m.,* straußenähnl. Laufvogel der austral. Region; haarähnl. borstenartige Federn, verkümmerte Flügel, dreizehige Lauffüße; nur das Männchen besorgt das Brutgeschäft. *Helm-K.,* m. hornigem Stirnhelm; bis ca. 2 m h., Waldtier, N-Australien, Neuguinea, Seram.
Kasuarine, schachtelhalmähnl. Bäume Australiens; Holz verwertet (Eisenholz).
Kasuistik, *w.* [l.], **1)** moralwiss. Lehre über d. Anwendung d. Moral i. Einzelfall; **2)** *jur.* K. sucht jeden Fall nach seiner

Besonderheit zu erfassen; **3)** *med.* Beschreibung von Krankheitsfällen.
Kasus, *m.* [l.], **1)** Fall; **2)** *grammat.* Beugefall (z. B. Genitiv: des *Hauses*).
Kaswin, *Qaswin,* St. in NW-Iran, a. S-Abhang d. Elbursgebirges, 1230 müM, 249 000 E.
Katabasis, *w.* [gr. „Abstieg"], nach Aristoteles die auf d. → Peripetie folg. fallende Handlung.
Katabolismus [gr.], Abbaustoffwechsel; Ggs.: → Metabolismus.
Katafalk, *m.* [it.], geschmückt. Aufbahrungsgerüst.

Katakomben

Katakomben [l.], unterird. Begräbnis- u. Betstätten, auch der ersten Christen in Rom; mehrstöckige Gänge mit Nischen; Malerei- u. Stuckdekor. – **K.malerei** → frühchristliche Kunst.
katalanische Sprache, in Katalonien u. der frz. Prov. Roussillon (→ Sprachen, Übers., I).
Katalasen, → Fermente, d. Wasserstoffsuperoxid in Sauerstoff u. Wasser spalten.
Katalaunische Felder, nach Châlons-sur-Marne *(Catalaunum)* benannte Ebene i. d. Champagne; 451 Sieg d. Aëtius über → Attila.
katalektisch [gr.], Vers, m. metrisch unvollständigem letztem Versfuß; Rückwärts, rückwärts, Don Rodrigo / Rückwärts, rückwärts, stolzer Cid (2. Zeile k.).
Katalepsie [gr.], *Starrsucht,* Unfähigkeit, die Glieder willkürlich zu bewegen (z. B. bei Hysterie, Epilepsie, Vergiftungen, in der Hypnose).
Katalog, *m.* [gr.], alphabetisch oder sachlich geordnetes Verzeichnis *(Waren-, Buch-, Zettel-K.)*.
Katalonien, Landschaft i. NO v. Spanien; 4 Provinzen, 31 930 km², 6 Mill. E; amtl. Sprachen: Katalan. u. Span.; Korkeichen, Oliven, Weinbau, Viehzucht; wichtigstes Ind.gebiet Spaniens, Bergbau, Textilind.; Hptst. *Barcelona.*
Katalysatoren [gr.], **1)** *chem.* Stoffe, die chem. Reaktionen u. Reaktionsfolgen

nach Richtung u. Geschwindigkeit bestimmen, ohne scheinbar dabei chemisch verändert zu werden; wirken durch Bildung v. Zwischenverbindungen od. durch Anstoß v. Kettenreaktionen; im Organismus wirken *Bio-K.* → Enzyme; der Vorgang heißt **Katalyse**; **2)** Kurzwort: *Kat;* techn. b. Kraftfahrzeugen verwendete Zusatzvorrichtungen z. Entgiftung v. Abgasen b. Otto-Motoren, bestehend aus Edelstahl-Gehäuse, porösem, plastikbeschichtetem Keramikkörper u. Lambda-Sonde; durch chem. Reaktionsprozesse kann d. Anteil an Kohlenmonoxid, Kohlenwasserstoffen u. Stickoxiden bis zu 90% vermindert werden, wobei d. Lambda-Sonde die dazu erforderl. Benzin-Luft-Mischung elektron. steuert; f. *Dreiweg-K.* → bleifreies Benzin notwendig; in d. BR ab 1985/86 durch befristete Steuerbefreiung (auch b. Nachrüstung v. Altwagen) bzw. Höherbesteuerung gefördert u. neue eur. Abgasnormen f. neue Modelle (bzw. Neuwagen) generell verbindlich ab Okt. 1988 (1989: über 2 l Hubraum; ab Jan. 1993 geregelter K. Pflicht in allen EG-Staaten (f. Benzin-Pkw).
Katamaran, *m.* [tamil.], Doppelrumpfboot im Segelsport.
Katanga → Shaba.
Kataphorese, *w.* [gr.], *Elektro-Osmose,* Wanderung *kolloidaler* Teilchen unter Einwirkung d. el. Stroms (Elektrophorese); techn. zur Torfentwässerung, Wasserreinigung, Herstellung isolierender Überzüge auf metallischen Stromleitern (Autokarosserien).
Kataplasma, *s.* [gr.], heißer Breiumschlag, z. B. aus Leinsamen, Kartoffelbrei od. m. Medikamenten.
Katapult, *m.* od. *s.,* **1)** antike Wurfmaschine, nach Art einer Armbrust gebaut; **2)** *lufttechn.* Startschlitten, durch Preßluftfördermaschine auf Schienenträger bewegt; erteilt Flugzeug mittels Startseils die nötige Abfluggeschwindigkeit.
Katar, *Qatar,* amtl. *Dawlat al Qatar,* Halbinsel u. unabh. Sultanat a. Pers. Golf, 11 437 km², 341 000 E (je km²); Bev.-Zuw. 5,4%; Hptst.: *Doha* (217 000

E); Flagge S. 340, Karte S. 748; bed. Erdölförderung (1988: 16 Mill. t); Erdgas, Fischerei; *Außenhandel* (1985): Einfuhr 1,14 Mrd., Ausfuhr: 3,54 Mrd. $. Seit 1971 unabhängig (vorher brit. Protektorat), Freundschaftsvertrag m. Großbritannien; Mitgl. d. UN, d. Arab. Liga u. d. OPEC.
Katarakt, *m.* [gr.], **1)** Wasserfall, Stromschnelle; **2)** grauer → Star 1).
Katarrh, *m.* [gr.], Entzündung der Schleimhäute.
Kataster, [ml.], Flurbuch, obrigkeitliches Grundstücksverzeichnis, Grundsteuerunterlage (Grund-K.); für Immobilienversicherung (Brand-K.).

Katastrophe, w. [gr.], entscheidende Wendung (zum Schlimmen); → Erdbeben, → Naturkatastrophen. - **K.theorie,** von → Cuvier begr. Lehre, wonach die Lebewesen nach erdgeschichtl. K.n jeweils neu erschaffen wurden.

Katatonie [gr.], Bewegungs-, Willens- u. Handlungsstörungen m. Katalepsie bei Geisteskrankheiten.

Kate, w., Bauernhütte, Haus ohne landw. Besitz.

Katechese, w. [gr.], kirchl. Unterweisung; **Katechetik,** Lehre v. d. kirchl. Unterweisung.

Katechismus [gr.], rel. Unterweisungsschrift in Frage u. Antwort: Luthers *Großer* u. *Kleiner K.* (1529), der *Heidelberger K.* (1563), Calvins *Genfer K.* (1545) u. der *Catechismus Romanus* (1566).

Katecholamine, zus.fassende Bez. f. d. Hormone → Adrenalin u. → Noradrenalin.

Katechu, s., Cachou, Cutch, Auszug aus Acacia-Arten O-Indiens, braune Masse, zum Gerben und Färben.

Katechumene [gr.], **1)** in d. altchristl. Kirche d. erwachsene, i. Unterricht stehende Taufanwärter; **2)** heute d. ev. Konfirmand.

Kategorie, w. [gr.], **1)** allg. svw. Gruppe, Klasse (z. B. *K. der Theaterbesucher);* **2)** *phil.* nach Aristoteles oberste (allgemeinste) Seins-, Gegenstands- u. Begriffsordnungen; nach *Kant* Denkformen a priori (vor aller Erfahrung), Grundlage alles gegenständl. Denkens u. Erkennens.

kategorisch, unbedingt (z. B. *k.er* → *Imperativ).*

katexochen [gr.], in hervorragend. Weise.

Katgut, s. [engl. „Katzendarm"], sterilisierte Fäden aus Schaf- oder Ziegendarm zum Nähen in der Chirurgie, werden vom Körper aufgesogen.

Katharer [gr. „Reine"], christl.-manichäische Sekte; Verbreitung im 10. Jh. von Balkanhalbinsel über S-Europa, bes. Frkr., durch Inquisition im 13. Jh. vernichtet, davon abgeleitet → Ketzer.

Katharina, 1) K. v. Medici (13. 4. 1519–5. 1. 89), 1547–89 Kgn v. Frkr. *(→ Bartholomäusnacht);* **2)** K. I. (15. 4. 1684–17. 5. 1727), Bauerntochter, Geliebte u. Gattin Peters I., s. 1725 Zarin v. Rußland; **3)** K. II. (2. 5. 1729–17. 11. 96), Prinzessin v. Anhalt-Zerbst, Gattin Peters III., s.

Katharina II.

1762 Zarin; Ländererwerb für → Rußland *(Gesch.);* Verwaltungsreformen im Innern; Begr. der „Russ. Akademie"; Schriftstellerin; siedelte an der Wolga Deutsche an.

Katharsis, w., **1)** im griech. Drama *Läuterung* v. Leidenschaften (durch d. Leiden d. Helden; vielfältige Interpretation d. aristotel. Terminus in Poetologien späterer Zeit); **2)** *psych.* Abreagieren verdrängter Erlebnisse durch Offenlegung (z. B. in Hypnose).

Katheder, m. oder s. [gr.], Lehrstuhl; Pult.

Kathedersozialismus, Versuch, die Arbeiter durch Sozialreformen i. d. Staat zu integrieren (Dt. Kaiserreich nach 1871); Führer: *Schmoller, Adolph Wagner, Lujo Brentano, Roscher.*

Kathedrale [gr.], *Dom, Münster,* Hptkirche mit (Erz-)Bischofssitz.

Katheten [gr.], die den rechten Winkel einschließenden Seiten des rechtwinkligen Dreiecks.

Katheter, m. [gr.], Röhrchen zum Ablassen von Körperflüssigkeiten, z. B. Harn aus der Blase, durch Einführen in die Harnröhre: **katheterisieren.**

Kathetometer, s., Gerät z. Messen von kl. Höhenunterschieden, bes. bei Flüssigkeitsspiegeln.

Kathode [gr. „Ausgang"], negative → Elektrode, aus der d. Strom austritt.

Kathodenstrahlen, schnelle Elektronen in Kathodenstrahlröhren; → Braunsche Röhre, → Elektronik, Übers.

Katholikentag, Versammlung d. Katholiken Dtlds zur Erörterung von aktuellen rel. u. soz. Fragen; s. 1848 jährlich, s. 1950 alle 2 Jahre.

Katholikos [gr.], Patriarch d. armen. Kirche.

Katholische Akademien, Tagungsstätten für die Weiterbildung v. Laien in rel. u. soz. Fragen in Aachen, Dortmund, Frankfurt/M., Freiburg i. Br., Goslar, Honnef, München, Münster, Stuttgart-Hohenh., Würzburg u. a., Gegenstück zu d. → Evangelischen Akademien.

Katholische Aktion, von Papst Pius XI. angeregte Laienbewegung zur Pflege u. Verbreitung d. kath. Grundsätze, in den meisten Kulturstaaten.

katholische Kirche → römisch-katholische Kirche → unierte morgenländische Christen u. → Kirche.

Katholische Majestät, Titel d. span. Könige.

Kation [*-īon*], positiv geladenes Ion (→ Ionen); Wasserstoff- od. Metall-Ion; wandert zur Kathode; → Elektrolyse.

Katlenburg-Lindau (D-3411), Gemeinde i. Ldkr. Northeim, Nds., 7426 E; MPI f. Aeronomie.

Katmandu, Hptst. v. Nepal, im Himalaja, 1450 müM; 393 000 E; königl. Palast, viele Tempel, Kunsthandwerk, Flughafen.

Katta, Halbaffe Madagaskars.

Kattarasenke, wüstenhafte Beckenlandschaft in NW-Ägypten, bis 137 muM.

Katte, Hans v. (28. 2. 1704–6. 11. 30), Helfer b. Fluchtversuch → Friedrichs d. Gr.; in Küstrin enthauptet.

Kattegat, flacher Meeresteil der Ostsee zw. Skagerrak u. den dän. Inseln, mit d. inneren Ostsee durch Sund, Gr. u. Kl. Belt verbunden, Mischgebiet v. Nordsee- u. Ostseewasser, Salzgehalt an d. Oberfläche 15–20‰, unregelmäß. Strömungen.

Kattowitz, poln. Katowice, Hptst. d. poln. Woiwodschaft *K.* i. Oberschlesien, 366 000 E; Uni.; Steinkohle, Eisen-, Zinkhütten.

Kattun, m. [arab. „kutun = Baumwolle"], Stoffe aus ungefärbtem Baumwollgarn, später bedruckt; unbedruckt: *Schirting, Futter-K.*

Katyn, Ortschaft bei Smolensk, i. deren Nähe dt. Truppen 1943 in Massengräbern die Leichen von 4100 erschossenen poln. Offizieren fanden.

Katz, Sir Bernard (* 26. 3. 1911), engl. Biophysiker dt. Herkunft; Nobelpr. f. Medizin 1970.

Katzbach, l. Nbfl. d. Oder in Schlesien, 84 km l.; 1813 Sieg Blüchers über d. Franzosen; am Oberlauf: **K.gebirge,** Teil d. Sudeten (*Kammerberg* 725 m).

Kätzchen, meist hängender, ährenähnl., als Ganzes abfallender Blütenstand vieler Bäume u. Sträucher.

Jaguar

Katzen, *Feliden,* Raubtierfamilie: Löwe, Tiger, Leopard, Jaguar, Puma, Schneeleopard, Ozelot, Luchs, Gepard; *Wild-K.,* Waldgebirge Europas, grauer Pelz, gedrungen, 40 cm hoch; *Falb-K.,* N-Afrika, von ihr abstammend die *Haus-K.,* zahlreiche Rassen (→ Siamk., → Angorak.).

Katzenauge, 1) Bez. für Edelsteine mit einem wogenden, schillernden Lichtschein infolge gleichartig eingelagerter Einschlüsse (*Beryll-K., Saphir-K.* u. a.); **2)** Rückstrahler an Fahrzeugen.

Katzenbär → Pandas.

Katzenbuckel, höchste Erhebung d. Odenwaldes, 626 m.

Katzengold, goldgelbes Kirschharz; goldgelbe Glimmerschüppchen; danach svw. falsches Gold.

Katzenkraut, *Katzengamander,* svw. → Baldrian.

Katzenpfötchen, filziges Kraut (Korbblütler) an trockenen Stellen im Gebirge.

Katzer, Hans (* 31. 1. 1918), CDU-Pol.; 1965–69 B.min. für Arbeit u. Sozialordnung.

Katzir, Ephraim (* 16. 5. 1916), isr. Biophys.; 1973–78 Staatspräs.

Kaub, *Pfalzgrafenstein mit Burg Gutenfels*

Kaub (D-5425), St. i. Rhein-Lahn-Kr., am Rhein, RP, 1214 E; Weinbau. Burg „Die Pfalz" auf e. Rheininsel, Burg Gutenfels, Blücher-Mus.

Kauderwelsch, *s.,* unverständliche Sprache, ursprüngl. die der it. (welschen) Hausierer (Kauderer).

kaudinisches Joch, unter das die 321 v. Chr. bei Caudium v. d. Samniten besiegten Römer gehen mußten; daher allgemein svw. *Demütigung.*

Kauf, Vertrag, der den Verkäufer zur Übergabe der verkauften Sache bzw. Verschaffung des verkauften Rechtes, Käufer zur Zahlung d. K.*preises* u. z. Abnahme der gekauften Sache verpflichtet. K. u. K.preiszahlung bewirken allein noch nicht Eigentumsübergang od. sonstige Rechtsänderung; hierzu ist noch erforderlich bei *Sachen:* Einigung u. Übergabe (→ Auflassung), bei *Rechten:* → Abtretung. Arten: *K. auf Probe:* erst nach Billigung d. Sache vollzogen. *K. nach Probe:* Ware muß dem Muster entsprechen. *K. zur Probe:* gültiger K. („zur Probe" nur Zweckangabe). Bei Mängeln kann Käufer Aufhebung des K.s *(Wandlung)* od. Herabsetzung d. Preises *(Minderung),* evtl. auch Schadenersatz verlangen. *Bes. Vorschriften f.* Viehkauf; auch → Rückkaufsrecht, → Vorkauf.

Kaufbeuren (D-8950), krfreie St. i. bayr. Rgbz. Schwaben, an d. Wertach, 39 192 E; AG; Textil-, Glas- u. Schmuckwaren- (→ Gablonzer Glasindustrie) u. milchverarbeitende Ind., Brauereien.

Kauffahrteischiff, svw. Handelsschiff.

Kauffmann, Angelica (30. 10. 1741–5. 11. 1807), schweiz. Malerin d. Rokoko; bes. bedeutend als Porträtistin; lebte hauptsächl. in London u. Rom; *Goethe; Selbstbildnis.*

Kaufkraft, 1) best. Gütermenge, die m. e. Geldeinheit erworben werden kann; abhängig vom Preisniveau; steigt das Preisniveau, so sinkt die K. u. umgekehrt (reziprokes Verhältnis); **2)** die durch die Höhe der Einkommen u. die Höhe der Preise bestimmten Möglichkeiten des Gütererwerbs. – **K.paritätstheorie,** besagt, daß Devisen-(Wechsel-)Kurse sich allein nach dem Verhältnis der K. zweier Volkswirtschaften bestimmen; moderner

Vertr.: *Cassel;* Ggs.: Zahlungsbilanztheorie.

Kaufmann, i. Sinne d. HGB: wer selbständig ein Handelsgewerbe betreibt; sog. *Form-K.* ist jur. Person (AG, GmbH, Genossenschaft); *Muß-K.* (auch ohne Eintragung im → Handelsregister) ist, wer ein § 1 HGB aufgeführtes Grundhandelsgewerbe betreibt; *Soll-K.,* betreibt kein Grundhandelsgewerbe, Unternehmen erfordert aber e. kaufmänn. Geschäftsbetrieb; der Unternehmer ist verpflichtet, sich im Handelsregister eintragen zu lassen, wird mit Eintragung K.; *Minder-K.,* Personen, deren Gewerbebetrieb nicht über Umfang d. Kleingewerbes hinausgeht, Vorschriften d. HGB finden nur teilweise Anwendung: anwendbar: Vorschriften über Firmennamen, Handelsbücher, Prokura, mündl. Bürgschaftserklärung (§§ 4, 351 HGB); Ggs.: *Voll-K.,* alle Vorschriften des HGB finden Anwendung.

kaufmännisches Rechnen, Rechenarten, die vor allem im geschäftl. Verkehr anfallen (z. B. Zins- u. Zinseszins, Diskont-, Renten- u. Devisenrechnungen).

Kaufunger Wald, reich bewaldetes Buntsandsteingebirge zw. Werra und Fulda; *Bielstein* 641 m.

Kaugummi aus harzreichem Kautschuk, bes. aus mexikan. Chicle durch Verkneten m. ätherischen Ölen.

Kaukasien, d. Hochland v. Manytsch im N bis zum iran.-armenischen Bergland i. S u. zw. d. Schwarzen u. Kasp. Meer im W u. O, durch das Kaukasusgebirge in *Zis-* u. *Trans-K.* geteilt; pol. aufgeteilt in d. z. UdSSR gehörenden Gebiete N-K.s (m. Daghestan) u. d. drei transkaukas. Bundesrep.en d. UdSSR *Georgien, Armenien, Aserbeidschan;* Mangan, Silber, Erdgas, Erdöl; Anbau: Weizen, Mais, Reis, Tee, Tabak, Wein, Obst, Baumwolle.

Kaukasus, Faltengebirge zw. nordöstl. Schwarzem Meer u. Kasp. Meer, 1200 km lang, 100–150 km breit, geradlinig mit steiler S-Seite; zentraler K. stark vergletschert, graniter Hauptkamm (*Schkara* 5068 m) m. zwei erloschenen Vulkanen; *Elbrus* 5642 m u. *Kasbek* 5033 m; die → Grusinische u. → Ossetische Heerstraße durch d. *Zentral-K.;* Flüsse: *Kuban, Rion, Aras, Kura, Terek.*

Kaulbach, Wilhelm (15. 10. 1805–7. 4. 74), Historienmaler, Illustrator, Porträtist.

Kaulquappe, geschwänzte Larve d. → Froschlurche.

Kaunas, russ. *Kowno,* St. in Litauen, am Zus.fluß v. Neris u. Memel, 423 000 E; Erzbischofssitz, Uni.; Flughafen, div. Ind.

Kaunda, Kenneth (* 28. 4. 1924), afrikan. Pol.; s. 1964 Staatspräs. v. Sambia.

Kaunitz, Wenzel Anton, Fürst (2. 2. 1711–27. 6. 94), östr. Diplomat, Staatskanzler unter → Maria Theresia; Gegenspieler → Friedrichs d. Gr.

Kauri, Art d. → Porzellanschnecken; früher i. Afrika u. Indopazifik als Zahlungsmittel.

Kaurit-Leim, Harnstoff-Formaldehyd-Basis f. Holzleime z. Warm- u. Kaltverarbeitung v. Sperrholz u. ä.

kausal [l.], begründend, ursächlich.

Kausalgesetz, Grundsatz, daß jedes Geschehen notwendig s. Ursache hat (deren Wirkung es ist); der Positivismus ersetzt es durch d. Begriff der funktionellen Abhängigkeit.

Kausalgie [gr.], brennende Schmerzen im Bereich eines Nervs.

Kausalität, Ursache-Wirkungs-Zusammenhang.

Kausalnexus, Zusammenhang von Ursache u. Wirkung.

Kausalsatz, *m.,* begründender, mit *weil* oder *da* eingeleiteter Satz.

kaustisch [gr.], ätzend; beißend spöttisch.

Kautel, *w.* [l. „Vorsichtsmaßregel"], Sicherheitsklausel bei Verträgen.

kauterisieren [nl.], ätzen; Glühen in der Chirurgie mit dem elektrischen Glüheisen.

Kaution [l.], Sicherheitsleistung, die z. B. für Einhaltung e. Vertrages erbracht wird, bes. f. e. evtl. später eintretende Forderung. – **K.swechsel** → Depotwechsel.

Käutner, Helmut (25. 3. 1908–20. 4. 80), dt. Filmregisseur u. Schausp.; *Große Freiheit Nr. 7* (1944); *Unter den Brücken* (1945); *Des Teufels General* (1955); *Der Hauptmann von Köpenick* (1956).

Kautschuk, *m.,* Emulsion im Milchsaft versch. Pflanzen, gerinnt an der Luft od. bei Anwendung von Säuren; Gerinnungsprodukt stellt Rohprodukt f. d. techn. K. dar. Die wichtigsten K. liefernden Bäume sind: **a)** der *Gummibaum* (trop. Asien), **b)** *Hevea* (Brasilien, *Para-K.*), beide i. d. Tropen plantagenmäßig angebaut. Der Saft wird durch Einschnitte in die Rinde gewonnen. Außerdem → Kok-Saghys. Hptverwendung: als Isoliermittel, für hygien. Zwecke, als K.heftpflaster (*Leukoplast*) usw. – Künstl. (*synthet.*) *K.,* in versch. Verfahren hergestellt; heute aus Grundsubstanz → Butadiën.

Kautsky, Karl (16. 10. 1854–17. 10. 1938), östr. sozialdemokr. Theoretiker; auf ihn hpts. geht d. Erfurter Programm zurück (→ Sozialismus).

Kauz, 1) *Käuzchen,* versch. → Eulen ohne Federrohren; **2)** svw. Sonderling.

Kavalkade, Reiterzug.

Kavalla, *Kawala,* griech. Hafenst. an der mazedon. Küste, 57 000 E; Tabakausfuhr, Tourismus.

Kavallerie [it.], berittene Waffengattung, bis z. 1. Weltkrieg v. Bedeutung.

Kavatine [it.], in Oper u. Oratorium lyr. Sologesangsstück m. Instrumentalbegleitung, einfacher geformt als die Arie.

Kaverne [l. „Höhle"], **1)** Höhlenbildung in der Lunge bei Lungentuberkulose; **2)**

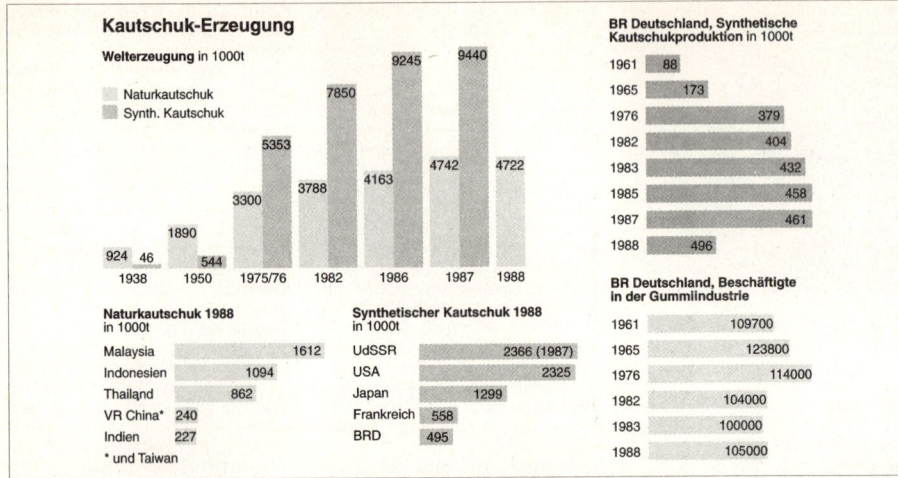

Kautschuk-Erzeugung

Welterzeugung in 1000t

■ Naturkautschuk
■ Synth. Kautschuk

Jahr	Wert
1938	924 / 46
1950	1890 / 544
1975/76	3300 / 5353
1982	3788 / 7850
1986	4163 / 9245
1987	4742 / 9440
1988	4722

BR Deutschland, Synthetische Kautschukproduktion in 1000t

Jahr	Wert
1961	88
1965	173
1976	379
1982	404
1983	432
1985	458
1987	461
1988	496

Naturkautschuk 1988 in 1000t

Malaysia	1612
Indonesien	1094
Thailand	862
VR China*	240
Indien	227

* und Taiwan

Synthetischer Kautschuk 1988 in 1000t

UdSSR	2366 (1987)
USA	2325
Japan	1299
Frankreich	558
BRD	495

BR Deutschland, Beschäftigte in der Gummiindustrie

Jahr	Wert
1961	109700
1965	123800
1976	114000
1982	104000
1983	100000
1988	105000

ausgesprengte Felshöhle, bes. im Gebirgskrieg.

Kaviar, *m.* [tatar.], eingesalzener Rogen v. Stör, Hausen, Sterlet, aber auch v. Lachs (Lachs-, Ketakaviar), Forelle u. a.; *dt. K.:* gefärbter Rogen d. Seehasen.

Kavitation, Zerstörung der Oberfläche einer Schiffsschraube durch Dampfblasen.

Kawa, *w.,* gegorenes Getränk aus gekauten Wurzeln einer Pfefferpflanze auf Samoa.

Kawabata, Yasunari (11. 6. 1899–16. 4. 1972), jap. Schriftst.; *Schneeland; Tausend Kraniche;* Nobelpr. 1968.

Kawasaki, jap. Ind.st. sw. v. Tokio, 1,1 Mill. E.

Kayseri, *Kaisarie,* im Altertum *Caesarea,* Stadt im türk. Wilajet *K.,* am Nordfuß des Erdschijas-Dagh, 378 000 E; Obstbau, Handelsplatz.

Kazan [kə'zan], Elia (* 7. 9. 1909), am. Bühnen- u. Filmregisseur; *A Streetcar Named Desire* (1951); *On the Waterfront* (1954); *East of Eden* (1955); *The Arrangement* (1969).

Kazantzakis, Nikos (18. 2. 1883–26. 10. 1957), griech. Dichter; Versepos: *Odisia;* Roman: *Griech. Passion; Alexis Zorbas.*

Kazike, indian. Häuptling in S- u. Mittelamerika.

kcal, Abk. f. *Kilokalorie* (→ Kalorie).

Kea, *Keos,* griech. Zykladeninsel in der Ägäis.

Kean [kin], **1)** Edmund (4. 11. 1787–15. 5. 1833), engl. Schausp. (Shakespeare); s. Sohn **2)** Charles (18. 1. 1811–22. 1. 68), engl. Schausp.; als Regisseur von Einfluß auf dt. Bühnen.

Keaton [kitn], Buster (4. 10. 1895–1. 2. 1966), am. Stummfilm-Komiker u. Regisseur; *The General* (1926); *The Cameraman* (1928).

Keats [kits], John (31. 10. 1795–23. 2. 1821), engl. Lyriker d. Romantik; *Hype-*

rion; Endymion; Ode auf eine griechische Urne.

Kebnekajse, höchster Berg Schwedens, 2111 m.

Kebse, Nebenfrau.

Kecskemét [ˈkɛtʃ-], ungar. St. südöstl. v. Budapest, 105 000 E; Obst- u. Weinbau, Lederind.

Kedah, Gliedstaat von → Malaysia, 9425 km²; 1,3 Mill. E; Reis, Kautschuk, Zinn; Hptst. *Alor Setar.*

Keelung, *Jilong,* wichtigste Hafenst. v. Taiwan, 348 000 E; Werften, Flottenstützpkt, div. Ind., Bergbau.

keep smiling [engl. 'kip 'smailŋ], svw. „immer lächeln!" (Aufforderung).

Kefir, *m.* [türk.], mit **K.bakterien** u. Hefen, die alkohol. u. Milchsäuregärung bewirken, angesetzte Milch.

Keflavík, isländ. St. an d. Faxabucht, sw. Reykjavík, 7100 E; Fisch-, Flughafen; Stützpkt der NATO.

Kegel, geometr. Körper, der durch Drehung (Rotation) eines rechtwinkligen Dreiecks um eine Kathete *(gerader K.)* oder durch Verbindung aller Punkte einer Kreislinie mit einem Punkt außerhalb der Kreisebene *(allg. K.)* entsteht; jede Verbindungslinie heißt *Seitenlinie,* die von ihnen gebildete Fläche **K.mantel.** K.rauminhalt = 1/3 Grundfläche mal Höhe. Die Verlängerung der Seitenlinien über die Spitze hinaus ergibt den *Doppel-*

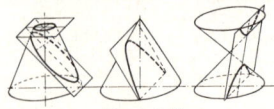

Kegelschnitte

K. – **K.schnitte** sind die Menge aller Punkte, für die das Verhältnis ihrer Entfernungen zu einem festen Punkt *(Brennpunkt)* u. zu einer festen Geraden *(Leitli-*

nie) gleich ist, u. entstehen, wenn Ebenen einen K. od. Doppel-K. schneiden, u. zwar bei Schnitt durch einen Kegel a) senkrecht zur Achse: der → *Kreis* (Abb. l.); b) schräg zu ihr: die → *Ellipse* (Abb. l.); c) parallel zu einer Seitenlinie: die → *Parabel* (Abb. Mitte); jede Schnittebene durch beide K. eines Doppel-K.s gibt eine → *Hyperbel* (Abb. r.).

Kegelsport, Sportspiel, bei dem eine bis zu 7½ Pfd schwere Kugel über eine ca. 24–30 m lange *Kegelbahn* gerollt wird, um möglichst viele von 9 am Ende der Bahn aufgestellten *Kegeln* umzustoßen; beim am. Bowling schwerere Kugel m. Grifflöchern u. 10 Kegel.

Kehl (D-7640), Gr.Krst. i. Ortenau-Kr., a. Rhein, gg.über Straßburg, Ba-Wü., 28 902 E; AG; FHS f. Verwaltung; Rheinbrücken, Rheinhafen.

Kehle, 1) *med. Pharynx,* Vorderseite d. Halses, Rachenhöhle (Bereich zw. Nasen- u. Mundhöhle u. Speiseröhre); **2)** d. *Baukunst* runde Einkerbung.

Kehlkopf, *Larynx,* der aus mehreren Knorpeln gebildete, becherförmige Ansatz der Luftröhre; in s. Innern die *Stimmbänder,* die beim Anspannen durch d. **K.muskeln** v. d. ausgeatmeten Luft z. Schwingen gebracht werden: Stimm- u. Lautbildung. K. nach oben durch den **Kehldeckel** *(Epiglottis),* gesichert; beim Schlucken abschließbar, verhindert d. Sichverschlucken. – **K.spiegel,** gestattet durch Beleuchtung v. Mund Betrachtung d. K.innern; *Laryngoskopie.*

Kehrreim, *m., Refrain,* Zeilenwiederholung in e. Lied.

Kehrwert, svw. → reziproke Zahl.

Keihin Port, s. 1941 Name der vereinigten Häfen v. Tokio u. Jokohama.

Keil, Holz- od. Metallstück mit geschärfter Kante, nach Gesetz der schiefen Ebene wirkend, z. Zerteilen v. Baumstäm-

Was unter **K** vermißt wird, siehe unter **C** und **Z**

men; auch Messer, Meißel, Beil, Nagel, Nadel auf **K.wirkung;** auch → Nut.

Keilberg, höchster Berg d. Erzgebirges, in Böhmen, 1244 m.

Keilberth, Joseph (19. 4. 1908–20. 7. 68), dt. Dirigent.

Keiler, männl. Wildschwein v. 3. J. an.

babylonische Keilschrift

Keilschrift, aus winklig keilförmigen Strichen zus.gesetzte Schriftzeichen d. Sumerer, Assyrer, Babylonier u. Hethiter; meist in Tontafeln eingedrückt; zuerst entziffert von Grotefend (1802).

Keim, erster Ausgangspunkt f. ein neues Lebewesen (meist befruchtetes Ei). – **K.bahn,** Zellteilungsfolge bei vielzelligen Tieren, die von den zur Fortpflanzung bestimmten Zellen *(K.zellen)* gebildet wird; Ggs.: → Soma.

Keimblatt, 1) *äußeres, mittleres, inneres,* d. Uranlagen d. verschiedenen Organsysteme beim Embryo; **2)** b. Pflanzen die ersten Blätter des jungen *Keimlings,* wichtig für dessen Ernährung u. Wachstum.

Keimdrüsen, männliche K., *Hoden,* erzeugen den Samen (→ Spermien) u. d. *männl. K.hormone, Androgene* (z. B. *Androsteron* u. *Testosteron);* steuern d. Tätigkeit d. Samenblasen, Prostata, Hoden, beeinflussen das Knochenwachstum u. d. Eiweißstoffwechsel. Die weibl. K., *Eierstöcke,* bilden Eier bzw. Eizellen und periodisch abwechselnd a) *Follikelhormone* (Östrogene), bewirken Eireifung, fördern Entwicklung der weibl. Geschlechtsorgane u. -merkmale; u. b) *Gelbkörperhormon* (Corpus-luteum-Hormon, Progesteron), das im → Menstruationszyklus d. Sekretionsphase herbeiführt, die Schwangerschaft erhält u. d. Reifung weiterer Eier verhindert; außerdem beeinflussen d. Östrogene d. Eiweißstoffwechsel. Die K. gehören zu d. Drüsen mit innerer Sekretion, werden v. d. → Hypophyse durch → gonadotrope Hormone gesteuert (→ Geschlechtsorgane, Abb.); → Kontrazeption; K.drüsenentfernung: → Kastration.

keimfrei → steril.

Keimzahl, Anzahl von Mikroorganismenzellen i. einer Probenmenge (z. B. Großstadtluft 300 bis 10 000/m³, Seeluft meist weniger als 50).

Keimzellen → Gameten.

Keiser, Reinhard (9. 1. 1674–12. 9. 1739), dt. Komp.; über 100 Opern: *Croesus; Jodelet;* Kantatenoratorium.

Keitel, Wilhelm (22. 9. 1882–16. 10. 1946), dt. Feldmarschall; 1938–45 Chef d. OKW; hingerichtet.

Kekkonen, Urho (3. 9. 1900–31. 8. 86), finn. Pol.; 1950–56 Min.präs., 1956–81 Staatspräs.

Kekulé von Stradonitz, August (7. 9. 1829–13. 7. 96), dt. Chem.; erkannte ringförm. Molekülstruktur d. Benzols, wichtig f. organ. Chemie.

Kelantan, Gliedstaat v. → Malaysia, 14 931 km², 1,12 Mill. E; Reis; Fischerei; Hptst. *Kota Baharu.*

Kelheim (D-8420), Krst. am Zus.fluß v. Altmühl u. Donau, Bay., 14 676 E; AG; Zellstoff-, Chemiefaserind., Hafen; *Befreiungshalle,* 1842–63 erbaut.

Kelim, *m.* [türk.], 2seitig gemusterter Teppich.

Kelkheim (Taunus) (D-6233), St. i. Main-Taunus-Kr., Hess., 25 498 E; Möbelind.

Gottfried Keller

Keller, 1) Gottfried (19. 7. 1819–15. 7. 90), schweiz. Dichter d. Realismus; Bildungsroman: *Der grüne Heinrich;* Erzählungen: *Die Leute von Seldwyla; Sieben Legenden; Züricher Novellen; Das Sinngedicht; Martin Salander;* Gedichte; **2)** Helen (27. 6. 1880–1. 6. 1968), am. Schriftst.in; blind u. taubstumm; *Erinnerung;* **3)** Paul (6. 7. 1873–20. 8. 1932), dt. Schriftst.; *Ferien vom Ich;* **4)** Werner (13. 8. 1909–29. 2. 80), dt. Sachbuchautor; *Und die Bibel hat doch recht; Denn sie entzündeten das Licht; Da aber staunte Herodot; Was gestern noch als Wunder galt.*

Kellermann, Bernhard (4. 3. 1879–17. 10. 1951), dt. Romanschriftst.; *Der Tunnel; Das Meer.*

Kellerwechsel → Wechsel.

Kellogg, Frank Billings (22. 12. 1856–21. 12. 1937), am. Pol.; Friedensnobelpr. 1929; nach ihm d. intern. Kriegsächtungsvertrag **K.pakt** *(Briand-Kellogg-Pakt)* genannt.

Kelly [′kɛli], **1)** Gene (* 23. 8. 1912), am. Tänzer, Regisseur u. Schausp.; Musicals: *An American in Paris; Singin' in the Rain;* **2)** Grace (11. 11. 1929–14. 9. 82), am. Filmschausp.in; s. 1956 als *Gracia Patricia* Fürstin v. Monaco; *High Noon; Rear Window;* **3)** Petra (* 29. 11. 1947), dt. Politologin u. Pol.in; 1980–82 Vorstandssprecherin d. Grünen (→ Parteien, Übers.), 1983–90 MdB, 1983/84 (zus. m. M.-L. Beck-Oberdorf u. O. → Schily) Sprecherin d. Bundestagsfraktion.

Keloid [gr.], derbe wulstartige Narbe.

Kelten, indoeur. Volksstamm; vorgeschichtl. in SW-Dtld u. d. Rheingegenden seßhaft, v. d. Germanen über d. Rhein gedrängt; Züge nach England, Spanien (im 6. Jh. v. Chr.), Italien (387 v. Chr. vor Rom), dem Balkan (im 3. Jh. v. Chr.), Kleinasien (→ Galater); heute nur noch kelt. Bev. in Hochschottland, Irland, Wales, Bretagne.

Kelter, Trauben-, Obstpresse.

keltische Sprachen → Sprachen, Übers.

Kelvin, Lord → Thomson 4); n. ihm ben. **K.skala,** Temperaturskala in K ab absolutem Nullpunkt (–273,15 °C); z. B. 20 K = –253,16 °C.

Kem(e)nate, im MA Frauengemach (mit Kamin).

Kemâl Pascha → Atatürk.

Kemerowo, Bergwerkst. im Kusnezker Kohlenbecken (W-Sibirien), 520 000 E.

Kemijoki, größter finn. Fluß, in Lappland, 494 km l.

Kemnath (D-8584), St. i. Kr. Tirschenreuth, Bay., 4988 E; Textil- u. Lederind.

Kempe, Rudolf (14. 6. 1910–12. 5. 76), dt. Dirigent, Gen.musikdir. d. Münchner Philharmonie 1967–76.

Kempen (D-4152), St. im Kr. Viersen, am Niederrhein, NRW, 32 303 E; AG; Geburtsort v. *Thomas a Kempis;* histor. Altstadt.

Kempff, Wilhelm (25. 11. 1895 – 23. 5. 1991), dt. Pianist u. Komp.; *Unter d. Zimbelstern* (Autobiogr.).

Kempowski, Walter (* 29. 4. 1929), dt. Schriftst.; autobiograph. Romane: *Tadellöser & Wolff;* Hörspiele, Befragungsbücher.

Kempten (Allgäu) (D-8960), kreisfreie St. i. Rgbz. Schwaben, a. d. Iller, Mittelpkt. d. Allgäus, Bay., 60 052 E; LG, AG; Milchwirtsch., Textil-, Verpackungsind., Masch.bau.

Kendall [*kɛndl*], Edward C. (8. 3. 1886–4. 5. 1972), am. Physiologe, Hormonforscher; Nobelpr. 1950.

Kendrew [-dru], Sir John Cowdery (* 24. 3. 1917), engl. Chem.; Struktur großer Eiweißmoleküle; Nobelpr. 1962.

Kenia, *Kenya,* amtl. *Dschamhuria Kenia,* Rep. in Ostafrika am Äquator, 580 367 km², 23,88 Mill. E (41 je km²); Bev.-Zuw. 4,1%; Sprache: Engl. u. Suaheli; Währung: Kenia-Shilling (K.Sh.); Rel.: meist ev. u. röm.-kath.; Hptst.: *Nairobi,* Flagge S. 340, Karte S. 750. **a)** *Geogr.:* Steppenreiche Hochebene m. Vulkanen (höchster Berg d. erloschene Vulkan *Kenia* 5194 m). **b)** *Wirtsch.:* Hptausfuhrprodukte: Kaffee (1988: 125 000 t), Tee (164 000 t), Sisal; v. Bedeutung Nahrungsmittel- u. Tabakind.; Zollunion m. Tansania u. Uganda. **c)** *Außenhandel* (1988): Einfuhr 1,99 Mrd., Ausfuhr 1,07 Mrd. $. **d)** *Verf.* v. 1963: Staatspräs. u. Parlament (1 Kammer); s.

1982 Einparteienstaat. **e)** *Verw.:* 7 Regionen u. Gebiet Nairobi. **f)** *Gesch.:* Ab 1895 brit. Kol., s. 1963 unabhängig; 1982 gescheiterter Putschversuch. **g)** *Mitgl.:* UN, Commonwealth, OAU; AKP-Staat.
Kennedy ['kɛnɪdɪ], Brüder, **1)** Edward M. (* 22. 2. 1932), am. demokr. Pol.;

John F. Kennedy

1963 und 1968 Senator; **2)** John F. (29. 5. 1917–22. 11. 63), am. demokr. Pol.; 35. Präs. d. USA 1961–63; ermordet; *Der Weg zum Frieden;* **3)** Robert F. (20. 11. 1925–6. 6. 68), am. demokr. Pol.; 1961–63 Justizmin., 1968 Präsidentschaftskandidat; ermordet.
Kenotaph, *s.* [gr.], grabähnl. Erinnerungsmal f. dort nicht bestattete Tote.
Kensington, westl. St.teil v. London, zus. mit Chelsea 136 000 E; vornehmes Wohngebiet.
Kent, südostengl. Gft zw. Themse u. Kanal, fruchtb. Kreidehügelland, 3732 km², 1,52 Mill. E; Landw., Ind., Hptst. *Maidstone* (86 000 E). – *Hzg. v. K.,* Titel im engl. Kgshaus.

Kentaur

Kentaur, *Centaurus, m.,* **1)** griech. Fabelwesen, oben Mensch, unten Pferd; **2)** → Sternbilder, Übers.
kentern, umkippen (v. Schiffen); (bei Strömen) Umkehren d. Flußrichtung durch Ebbe u. Flut.
Kentucky ['tʌkɪ], abgek. *Ky.,* Staat der USA zwischen Alleghanygebirge im O, Ohio im N und Mississippi im W, 104 623 km², 3,7 Mill. E; Hauptstadt *Frankfort* (26 000 E). – Mais, Weizen, Tabak (¼ der Ernte der USA); Kohle-, Erdöl-, Erdgasgewinnung; Metallind.
Kentumsprachen → Sprachen, Übers.
Kenyatta, Jomo (20. 10. 1891–22. 8. 1978), afrikan. Pol.; 1953–61 als Anführer der → Mau-Mau-Bewegung inhaftiert; s. 1963 Min.präs., seit 1964 Staatspräs. v. Kenia.
Kephallenia, neugr. *Kefallinia,* Ionische Insel, 781 km², bis 1620 m, 32 000 E;

Weinbau, Olivenölind.; Hptst. *Argostolion* (7300 E); Seehafen.

Johannes Kepler

Kepler, Johannes (27. 12. 1571–15. 11. 1630), dt. Astronom u. Math.; e. d. Begr. d. neuen Astronomie; Nachfolger Tycho Brahes am Hofe Rudolfs II. in Prag; stellte 3 **K.sche Gesetze** über d. Planetenbewegungen auf.
Kerala, ind. Staat an d. Malabarküste, 38 863 km², 25 Mill. E; Hptst. *Trivandrum.*
Keramik, *w.* [gr.], Töpferkunst, → Tonwaren.
Keratin, Hornstoff (Eiweiß, Skleroprotein) der Haut: Nägel, Haare, Federn.
Keratitis, *w.* [gr.], Hornhautentzündung des Auges.
Kerbel, Doldenblütler; Küchengewürz.
Kerbela, *Karbala,* Prov.hptst. im Irak, 185 000 E; an der Bagdadbahn, Wallfahrtsort der → Schiiten.
Kerbholz, im altdt. primitiven Handel zwei nebeneinandergelegte Stäbe, die zwecks Abrechnung gemeinschaftl. gekerbt wurden.
Kerbtiere, svw. → Insekten.
Kerenskij, Alexander (4. 5. 1881–11. 6. 1970), russ. Just.min., 1917 Min.präs., v. Bolschewisten gestürzt.
Kergueleninseln [-'geɐ̯-], größte subantarkt. Inselgruppe i. südl. Ind. Ozean, 7215 km², frz., wiss. Station mit 75 E, im W d. Hauptinsel vergletscherte Gebirge.
Kerkenainseln, Inselgruppe a. d. O-Küste Tunesiens, 15 000 E; Fischerei.
Kermadecgraben, Tiefseegraben (bis 10 047 m t.) im südl. Pazifik nö. v. Neuseeland, w. davon d. *K.rücken* mit den *K.inseln.*
Kerman, südöstl. Prov. Irans, Wüsten- u. Geb.land; bes. Teppiche *(Kirmanj);* Hptst. *K.,* 257 000 E.
Kermanschah, jetzt *Bakhtaran,* Hptst. der iran. Prov. *B.,* 561 000 E; Obst- u. Weinbau, Opiumhandel.
Kern, 1) harte Samen mancher Früchte; **2)** *biol.* → Zelle; **3)** *weidm.* der Körper des Haarraubwildes nach d. Abziehen des Balgs; **4)** *Gießerei:* Körper a. Lehm usw., i. d. Form eingelegt, um Hohlraum i. e. Gußstück herzustellen; **5)** v. Hülle umgebener Mittelteil e. → Kometen.
Kernbeißer, Finkenvogel m. dickem Schnabel.
Kernchemie, untersucht Atomkerne und Kernreaktion mit chem. Methoden.
Kernenergie, auch *Atomenergie,* die bei

einer Atomkernumwandlung frei werdende Energie, pro Atom millionenfach höher als chem. Energie. Zur techn. Nutzung ist e. *Kettenreaktion* (→ Tafel Atom u. Atomkernenergie) notwendig, bei d. nicht nur einzelne Atome, sondern größere Atommengen (bis zu einigen kg) umgewandelt werden. Zwei Prozesse möglich: 1. *Spaltung v. Atomkernen* (Uran, Plutonium), angewendet bei Atombombe u. im Kernreaktor; 2. *Kernfusion,* bisher nur in Wasserstoffbombe technisch mögl. – BR Ges. über friedl. Verwendung d. Kernenergie u. d. Schutz gg. ihre Gefahren (A.-Gesetz v. 23. 12. 1959 u. 31. 10. 1976) regelt Umgang m. Kernbrennstoffen u. Atomenergie, unterwirft ihn d. staatl. Kontrolle u. regelt Haftung b. Strahlungsschäden. Auch → Europäische Atomgemeinschaft.
Kerner, Justinus (18. 9. 1786–21. 2. 1862), dt. Dichter u. Arzt; Lyriker d. *Schwäb. Dichterkreises.*
Kernfusion → Fusion 2).
Kernisomerie → Kernphysik *(isomere Kerne).*
Kernkraft, in der Kernphysik gibt es eine starke u. eine schwache Kraft zw. den Elementarteilchen; die starke K. hält die Protonen u. Neutronen im Atomkern zus.; die schwache K. regelt den radioaktiven Zerfall durch Betastrahlung.
Kernkraftwerk → Kernreaktor (→ Kernkraftwerke i. d. BR, Übers. S. 453).
Kernladungszahl, in der → Kernphysik Anzahl der positiven Ladungen, → Elementarladungen, eines Atomkerns; K. entspricht der Ordnungszahl (→ periodisches System) eines chem. Elements.
Kernmasse, Ruhemasse eines Atomkerns (→ Kernphysik).
Kernmaterie, Materie extrem hoher Dichte, besteht nicht aus Atomen, sondern aus auf engstem Raum zus.gepreßtem Gemisch aus Atomkernen u. Elektronen; wird in best. Fixsternen („Weiße Zwerge") angenommen.
Kernmodell → Atom, → Quantentheorie.
Kernphysik → Übersicht.
Kernreaktor, *Atommeiler, Pile, Uranbrenner,* Anlage, in der gesteuerte, sich selbst erhaltende Prozesse der Atomkernspaltung ablaufen (→ Kernenergie, → Tafel Atom und Atomkernenergie, → Atom). Bei *Leistungsreaktoren* dient d. dadurch frei werdende Energie (Wärme) z. Stromerzeugung i. Kernkraftwerk (→ Elektrizitätswerk). Hauptproblem ist d. *Entsorgung,* d. sachgerechte u. sichere Unterbringung d. abgebrannten, noch strahlenden Brennelemente in e. geeignetes Lager, denn d. Atommüll muß über Jh.e sicher gelagert werden; noch keine sichere *Endlagerung* gefunden; deshalb parallel dazu *Wiederaufbereitung* d. abgebrannten Brennstäbe geplant, um sie für „Schnelle Brüter" zu nutzen. Andere Verwendungszwecke: Gewinnung künst-

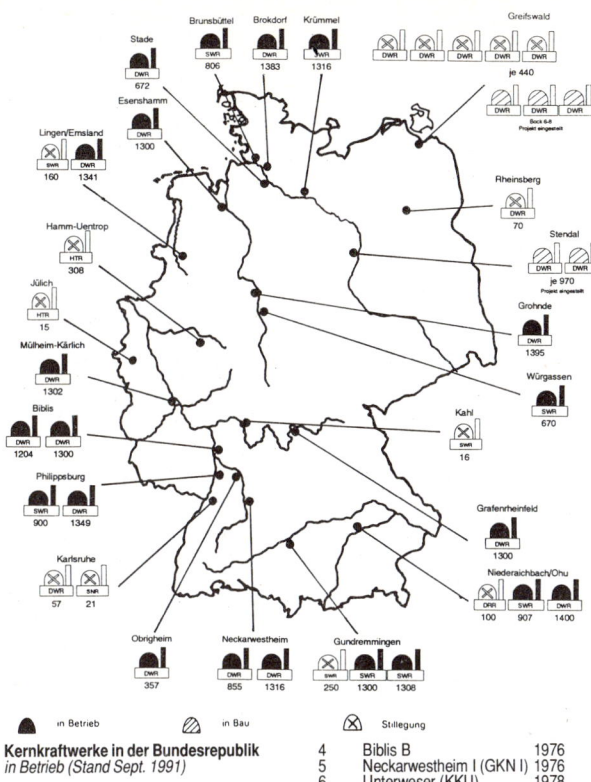

Map labels: Brunsbüttel, Brokdorf, Krümmel, Greifswald, Stade, SWR 806, DWR 1383, DWR 1316, je 440, Esensham, DWR 1300, Lingen/Emsland, SWR 160, DWR 1341, Rheinsberg, DWR 70, Hamm-Uentrop, HTR 308, Stendal, je 970 Projekt eingestellt, Jülich, HTR 15, Grohnde, DWR 1395, Mühlheim-Kärlich, DWR 1302, Würgassen, SWR 670, Biblis, DWR 1204, DWR 1300, Kahl, SWR 16, Philippsburg, SWR 900, DWR 1349, Grafenrheinfeld, DWR 1300, Karlsruhe, DWR 57, SNR 21, Niederaichbach/Ohu, DRR 100, SWR 907, DWR 1400, Obrigheim, DWR 357, Neckarwestheim, DWR 855, DWR 1316, Gundremmingen, SWR 250, SWR 1300, DWR 1308

in Betrieb — in Bau — Stillegung

Kernkraftwerke in der Bundesrepublik
in Betrieb (Stand Sept. 1991)

Druckwasserreaktoren

1	Obrigheim (KWO)	1968
2	Stade (KKS)	1972
3	Biblis A	1974
4	Biblis B	1976
5	Neckarwestheim I (GKN I)	1976
6	Unterweser (KKU)	1978
7	Grafenrheinfeld (KKG)	1981
8	Grohnde (KWG)	1984
9	Philippsburg II (KKP II)	1984
10	Brokdorf (KBR)	1986
11	Emsland (KKG)	1988
12	Neckarwestheim II (GKN)	1988
13	Isar 2 (KKI-2)	1988

Siedewasserreaktoren

1	Würgasen (KWW)	1971
2	Brunsbüttel (KKB)	1976
3	Isar I (KNI-1)	1977
4	Philippsburg I (KKP I)	1979
5	Krümmel (KKK)	1983
6	Grundremmingen II-B	1984
7	Grundremmingen II-C	1984

stillgelegt/abgeschaltet bzw. Projekt eingestellt

Hochtemperaturreaktoren

1	Atomversuchskraftwerk (AVR), Jülich (NRW)
2	Thorium-Hochtemperatur-Reaktor 300 (THTR-300), Hamm-Uentrop

Heißdampfreaktoren
HDR, Großwelzheim, Main (Bay.)

Schnelle Natriumgekühlte Reaktoren
KNK II, Lingen, Ems (Nds.)

Druckröhrenreaktoren
Niederaichbach (KKW), Isar (Bay.)

Druckwasserreaktoren

1–8	Greifswald
9	Mühlheim-Kärlich (KMK)
10	Rheinsberg
11	Stendal-A
12	Stendal-B

Siedewasserreaktoren

1	Grundremmingen I (KRB I)
2	Lingen (KWL)
3	Versuchsatomkraftwerk (VAK)

Druckschwerwasserreaktoren
Mehrzweckforschungreaktor (MZFR)

Reaktortyp

DWR	Druckwasserreaktor
SWR	Siedewasserreaktor
SNR	Schneller Brutreaktor
HTR	Hochtemperaturreaktor
DRR	Druckröhrenreaktor

Zahlenangaben: Bruttonennleistung in MWe
Stand: 1. 10. 91

---

licher radioaktiver Stoffe, Forschung, Unterricht, Messungen, Materialprüfung. Außerdem *Brutreaktoren,* die neuen Spaltstoff „ausbrüten". 1990 weltweit ca. 430 Reaktorblöcke m. über 320 GW Leistung (ca. 10% d. Stromerzeugung) in Betrieb, ca. 100 weitere in Bau, in d. BR Dtld (einschl. ehem. DDR) z. Z. 27 Kernkraftwerke m. 25 GW Leistung, die 33% d. el. Stroms produzieren.

Kernschleifen, svw. → Chromosomen.

Kernspaltung → Kernphysik, → Atomumwandlung.

Kernteilung → Mitose.

Kernwaffen, *Atomwaffen, nukleare Waffen,* sind Waffen, deren Sprengenergie auf *Kernreaktionen* (→ Kernenergie) beruht; erstmals i. 2. Weltkr. v. d. USA gg. Japan eingesetzt. Mit je einer Atombombe wurden im Aug. 1945 → Hiroshima u. → Nagasaki nahezu völlig zerstört; dabei ca. 120 000 Tote. Atomsprengsätze heute auch f. Raketen, Granaten u. Minen; nach Art d. Einsatzes: *strategische* und *taktische* A.waffen. Die *Sprengener-*

gie wird bei d. *Kernspaltungsbombe (A-Bombe,* Atombombe i. engeren Sinn) durch *Kernspaltung,* → Kettenreaktion mit Uran 235 od. Plutonium 239 erzielt; bei der *H-Bombe* (Wasserstoffbombe) wird sie durch *Fusion,* d. h. *Kernverschmelzung,* von leichten Atomen (Wasserstoff, schwerer Wasserstoff) frei; Zündung d. H-Bombe durch A-Bombe. *Kobaltbomben* enthalten Umkleidung aus gewöhnl. Kobalt, das sich bei d. Explosion in d. radioaktive Kobalt 60 verwandelt; dabei starke radioaktive Verseuchung. *FFF-Bomben* sind kombinierte A- u. H-Bomben mit Kernspaltung *(Fission),* Kernverschmelzung *(Fusion)* u. nochmaliger Kernspaltung *(Fission).* Die *Sprengkraft* von K. wird im Vergleich mit dem chem. Sprengstoff *Trinitrotoluol (TNT)* angegeben: Hiroshima-Bombe 40 000 t TNT (40 kt), heute Wasserstoffbomben bis zu 150 Mill. t TNT (150 Mt) Sprengkraft. Bei Kernexplosionen werden radioaktive Abfallprodukte frei, d. eine f. Organismen gefährliche Verstrahlung i.

Umkreis d. Explosion u. in d. Atmosphäre verursachen. Über K. verfügende Mächte: USA, UdSSR, Großbr., Frkr., China u. Indien. Intern. Bemühungen um Verzicht od. Verbot v. K. bisher nur in Ansätzen erfolgreich → Atomsperrvertrag, → Atomversuchsstopp-Abkommen, → FOBS, → MIRV, → SALT.

Kerosin, Leucht- u. Heizpetroleum.

Kerouac ['kɛruæk], Jack (13. 3. 1922–21. 10. 69), am. Schriftst. d. → Beat generation; Roman: *Unterwegs.*

Kerr, 1) Alfred, eigtl. *Kempner* (25. 12. 1867–12. 10. 1948), dt. Journalist u. (bes. Theater-)Kritiker; **2)** John (17. 12. 1824–18. 8. 1907), engl. Phys.; Entdecker der beiden **K.-Effekte: 1.** Effekt: Drehung d. Polarisationsebene `e. geradlinig polarisierten Lichtstrahls bei Reflexion v. einem Magnetpol; **2.** Effekt: Doppelbrechung von Flüssigkeiten (Schwefelkohlenwasserstoff u. a.) durch elektrische Felder.

Kerr-Zelle, Trog mit einer den 2. → Kerr-Effekt zeigenden Flüssigkeit, in

Kernphysik

Wissenschaft von den elementaren Gebilden als Teil der Physik, befaßt sich mit Vorgängen im Atom, bes. im *Atomkern*. Modellvorstellung (ohne Erklärungswert für grundsätzlich nicht erkennbare objektive Wirklichkeit); Kern besteht aus → Protonen u. → Neutronen; beide sind jedoch nicht verschiedenartig, sondern zwei verschiedene Zustände des gleichen Elementarteilchens, mit nahezu gleichen Massen, aber Protonen mit 1 → Elementarladung el. positiv u. Neutronen ungeladen, daher Atomkern stets positiv. Elektronen der Atomhülle (→ Atom) tragen 1 negative Elementarladung; da so viele Elektronen wie Protonen im Atom, ist es nach außen el. neutral (aber → Anregung, → Ionen). Da diese Teilchen rotieren, entsteht elementare Einheit des magnetischen Moments *(Magneton):* Elektronen erzeugen *Bohrsches Magneton* = 9,273 · 10^{-21} Oersted · cm³, Protonen 2,79 mal d. Kernmagneton = 5,047 · 10^{-24} Oersted · cm³.
Weitere Definitionen: Summe der Protonen = Summe der positiven Ladungen heißt *Ordnungszahl* (→ periodisches System), Summe der Protonen + Neutronen heißt *Massenzahl*. Symbolische Schreibweise z. B. $^4_2$ He bedeutet Heliumkern mit Ordnungszahl 2 u. Massenzahl 4. Kerne mit gleicher Ordnungs-, aber versch. Massenzahl heißen *isotop,* Kerne mit gleicher Massen-, aber versch. Ordnungszahl heißen *isobar;* radioaktive Kerne gleicher Ordnungs- u. Massenzahl m. versch. Halbwertzeit heißen *isomer.*
Massenwert von C (Kohlenstoff) willkürlich = 6 gesetzt, damit Massenwert d. Protons 1,007 28, des Neutrons 1,008 66; da 1 Masseneinheit (Abk. u) = 1,6605 · 10^{-27} kg, ist wahre Masse des ruhenden Protons (Ruhmasse; → Relativitätstheorie, Übers.) = 1,6726 · 10^{-27} kg. Ruhmasse eines aus mehreren Protonen u. Neutronen aufgebauten Kerns *stets kleiner* als berechnet, z. B. für Heliumkern (2 Protonen + 2 Neutronen) 4,001 50 statt 4,031 88; Differenz (hier 0,030 38) heißt *Massendefekt.* Wegen Äquivalenz von Masse u. Energie (→ Relativitätstheorie, Übers.) 1 u = 1,49 · 10^{-10} J) wird Massendefekt als Bindungsenergie gedeutet, die beim Aufbau der Kerne freigesetzt wird. Beim Aufbau von 1 mol = 4 g Helium aus Wasserstoff werden 2,58 · 10^{12} J frei (→ Atomwaffen). Diese großen Energien überwiegen abstoßende Kräfte zw. positiven Ladungen der Protonen, daher Kerne normalerweise stabil (mit Ausnahme radioaktiver Kerne; → Radioaktivität, Übers.). Durch Beschießen mit Elementarteilchen (z. B. Protonen, Neutronen, Elektronen, Lichtquanten usw.) können Veränderungen der Kerne (→ Atomumwandlung) erreicht werden, z. B. durch Anlagerung des Geschosses, oft unter gleichzeitiger Aussendung eines anderen Elementarteilchens. Dabei entstehen vom ursprünglichen verschiedene Kerne. Stabilität der Kerne nimmt mit wachsender Massenzahl ab, daher zerfallen schwere Kerne von selbst unter Aussendung von Elementarteilchen, aber auch leichtere künstliche radioaktive Kerne (ebenfalls unstabil; → Radioaktivität, Übers.). Bei Kernumwandlungen entstehen im Augenblick des Übergangs weitere Elementarteilchen mit sehr kurzer Lebensdauer (→ Radioaktivität, Übers.). – MPI f. K. in Heidelberg.
Auch → Atom ..., → Fission, → Fusion, → Kernreaktor, → Tafel Atom u. Atomenergie.

---

den 2 Elektroden hineinragen; durch Anlegen von el. Spannungen a. d. Elektrode wird d. Flüssigkeit mehr oder weniger doppeltbrechend u. verändert durchgehendes polarisiertes Licht; von *Karolus* als Empfänger für Bildtelegraphie und Tonfilm verwendet.

Kerschensteiner, Georg (29. 7. 1854–15. 1. 1932), dt. Pädagoge; begr. Methode d. → Arbeitsunterrichts.

Kertsch, sowj. St. auf der Krim, a. d. *Meerenge v. Kertsch,* 174 000 E; Salz- u. Eisenerzgewinnung.

Kerze, 1) sehr alte künstl. Lichtquelle; aus festem tier. Fett (Stearinsäure), Paraffin (Erdwachs), Bienenwachs m. Baumwolldocht; **2)** → *Zündkerze;* **3)** früher übl. Einheit (K) für Lichtstärke, jetzt → Candela (cd).

Kescher, *Ketscher, Hamen,* Beutelnetz d. Fischer.

Kesselhaube, ma. Helmform (13. Jh.), ähnl. dem → Topfhelm, z. T. auch unter diesem getragen.

Kesselpauke → Pauke.

Kesselring, Albert (20. 11. 1885–16. 7. 1960), dt. Gen.feldm.; 1947 z. Tode verurteilt, begnadigt.

Kesselstein, besteht aus Karbonat u. Sulfat von Calcium u. Magnesium, die beim Kochen aus Wasser ausfallen.

Kesten, Hermann (* 28. 1. 1900), dt. Schriftst.; Romane: *Glückliche Menschen; Die Zwillinge von Nürnberg.*

Ketakaviar → Kaviar.

Ketone, organ.-chem. Verbindungen, gekennzeichnet durch die Gruppe *CO;* einfachstes → Aceton.

Kętschua, *Quechua,* Indianervolk in Peru, Gründer u. Herrscher des Inkareichs; Nachkommen d. K. bilden größten Teil der Bevölkerung des heutigen Peru; Sprache noch heute in den Anden verbreitet.

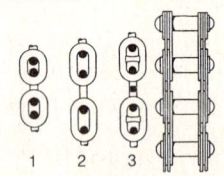

1 kurzgliedrige, 2 langgliedrige, 3 Steg-, rechts Gallische Kette

Ketten

Kette, 1) in *Masch.technik* aus geschmiedeten od. geschweißten eisernen Gliedern best. Zugvorrichtung; **2)** in → Weberei d. Längsfaden d. Gewebes, *Kettenfaden.*

Ketteler, Wilhelm Frh. v. (25. 12. 1811–13. 7. 77), Bischof v. Mainz; Sozialreformer, trat für die Selbständigkeit der Kirche gegenüber Staat ein.

Kettenbruch, Bruch mit dem Zähler 1 und einem Nenner, der neben einer ganzen Zahl auch einen Bruch enthält (z. B. $\dfrac{1}{3+\frac{3}{16}}$).

Kettenhandel, Ware geht auf dem Wege vom Erzeuger z. Verbraucher durch eine Anzahl überflüssiger Zwischenhändler, wodurch sich d. Preis erhöht.

Kettenlädensystem, Massenfilialsystem; mit vielen gleichart. Verkaufsstellen zum Verkauf billiger Spezialartikel (jeweils z. gleichen Preis) eingerichteter Zusammenschluß v. Unternehmen.

Kettenpanzer, mittelalterl. Rüstung aus Eisenringen od. -draht.

Kettenrad, Getriebeteil mit profiliertem Umfang für darüberlaufende Kette (z. B. b. → Fahrrad).

Kettenreaktion, lawinenartig ablaufender Vorgang i. Bereich v. Atomen od. Atomkernen (→ Tafel Atom u. Atomkernenergie).

Kettenstich, Hand-, häufig Maschinenstickerei, kl. Maschen, die kettenartig ineinanderhängen.

Kettenstuhl → Wirkerei.

Kettwig a. d. Ruhr, s. 1975 zu → Essen.

Ketzer, *Häretiker,* Angehöriger e. Religionsgemeinschaft, die v. einer als „rechtgläubig" angenommenen Lehre abweicht; urspr. Bez. f. d. → Katharer.

Keuchhusten, *Pertussis, Stickhusten,* bes. bei Kindern auftretende Infektionskrankheit mit krampfhaften, keuchenden Hustenanfällen.

Keulenpilze, Fruchtkörper m. verzweigten Ästen, meist genießbar (z. B. *Hahnenkamm, Ziegenbart*).

Keuper → geologische Formationen, Übers.

keV, Abk. f. *Kiloelektronenvolt* (→ Elektronenvolt).

Kevelaer [-*lar*], (D-4178), St. i. Kr. Kleve, a. Niederrhein, NRW, 22 633 E; Kunsthandwerk; Marienwallfahrtsort (s. 1642).

Key [*ki*], Ellen (11. 12. 1849–25. 4. 1926), schwed. Schriftst.in, Soz.reformerin u. Pädagogin. Proklamierte das Jahrhundert des Kindes.

Keynes [*keinz*], John Maynard Lord (5. 6. 1883–21. 4. 1946), engl. Nationalökonom, insbes. Konjunkturtheoretiker; Lehre über die → Vollbeschäftigung.

Keyserling, 1) Eduard Gf v. (15. 5. 1855–29. 9. 1918), dt. Erzähler d. Impressionismus; *Abendl. Häuser;* **2)** Hermann Gf v. (20. 7. 1880–26. 4. 1946), dt. Phil.; *Reisetagebuch e. Phil.*

Key West [*ki: 'west*], St. im US-Staat Florida, auf einer Insel, 24 000 E; Brückenautostraße zum Festland; Flottenstützpunkt.

Kfz → Kraftfahrzeug-Kennzeichen S. 483–487.

kg, Abk. f. Kilogramm.

KG, Abk. f. → Kommanditgesellschaft.

KGaA, Abk. f. → Kommanditgesellschaft auf Aktien.

KGB, *Komitet Gosudarstwennoj Besopasnosti,* Komitee für Staatssicherheit, sowj. Sicherheitsdienst, 1954 aus dem → MGB hervorgegangen.

K-Gruppen, kommunist. Gruppen u. Parteien; *KB* (Kommunist. Bund), *KBW* (Kommunist. Bund Westdeutschlands), *KPD, KPD/ML* (Kommunist. Partei Dtlds Marxisten-Leninisten); orientierten sich an der KP Chinas u. Albaniens, im Ggs. zur an DDR u. UdSSR orientierten → *DKP.*

Khadafi → Gaddafi.

Khaiberpaß, engl. *Khyber,* wichtigster Paß zw. Afghanistan u. Pakistan, 1023 müM.

Khaki, *s.* [hindustan.], erdfarbener Uniformstoff.

Khartum, Hptst. d. Rep. Sudan, am Zusammenfluß d. Weißen u. d. Blauen Nil, 557 000 E, mit Omdurman u. Khartum-N. 1,5 Mill. E; Uni.

Khedive [pers. „Gebieter"], 1867–1914 Titel des Vizekönigs v. Ägypten.

Khmer, 1) hinterind. Volk in Kambodscha; **2)** ehem. Staatsname d. Rep. K. (1970–75) → Kambodscha.

Khnopff, Fernand (12. 9. 1858–12. 11. 1921), belg. Maler u. Bildhauer; Hptvertr. d. belg. → Symbolismus.

Khoisaniden → Rassen, Übers.

Khomeini → Chomeini.

Khorana, Har Gobind (* 9. 1. 1922), am.-ind. Biochemiker; Zus.setzung v. → Genen; Nobelpr. f. Med. 1968 (Biosynthese d. Proteine u. Nukleinsäuren).

kHz, Abk. f. Kilohertz (→ Hertz).

Kibbuz, *m., Mz. Kibbuzim,* Siedlerkollektiv in Israel.

Kibitka, *w.* [russ.], **1)** Zelt der Nomaden; **2)** leichter Wagen mit Dach.

Kibo, Hptgipfel des Kilimandscharo (5895 m).

Kichererbse, S-Europa, Asien; fettreiche Samen, Nahrungsmittel, Viehfutter.

Kickelhahn, Berg im Thüringer Wald b. Ilmenau, 861 m.

kicken [engl.], stoßen; **Kicker,** Fußballspieler.

Kickstarter [engl.], Tretanlasser b. → Motorrad.

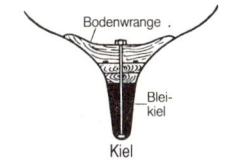

Bodenwrange

Bleikiel

Kiel

Kidnapper, *m.* [engl. -*næp*-], Kindesentführer.

Kiebitz, 1) Sumpfvogel m. aufrichtbarer Haube; schwarzweiß; **2)** Zuschauer beim Kartenspiel.

Kiechle, Ignaz (* 23. 2. 1930), CSU-Pol.; s. 1983 B.landw.min.

Kiefer, die das Gebiß tragenden Knochen d. Schädels. *Ober-K.* fest, *Unter-K.* gg. den Ober-K. u. seitl. beweglich. Ober-K. ist oberhalb d. Gaumens ausgehöhlt, bildet beiderseits d. Naseneröffnung die *K.höhlen;* K.höhlenentzündung im Anschluß an Erkältungen; *K.klemme,* Kaukrampf, Unmöglichkeit, den Mund zu öffnen; *K.sperre,* Mund kann nicht geschlossen werden.

Kiefer, Föhre, Nadelhölzer; *gemeine K. (Pinus silvestris)* m. paarigen, spitzen Nadeln; wichtiges Nutzholz, auf sandig. Böden; *Berg-K. (Latsche),* als Knieholz im Gebirge; *Strand-, Aleppo-* und *Schwarz-K.* in S-Europa; nordam. *Weymouths-K.,* Zierbaum; *Zirbel-K.* → Arve → Pinie.

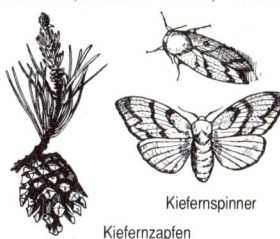

Kiefernspinner

Kiefernzapfen

Kiefern-eule → Forleule. – **K.schwärmer,** *Fichtenschwärmer,* grauer Schmetterling mit dunklen Zeichnungen; Raupe K.schädling. – **K.spanner,** Schmetterling, schwarzbraun (Weibchen rostgelb); bis 40 mm spannend, Forstschädling. – **K.spinner,** Gluckenschmetterling, bis 75 mm Flügelbreite; Raupe für K. u. Tannen gefährlich; → Glucken. – **K.zapfen,** verholzter Fruchtstand d. K., m. schuppenartig angeordneten Samen (Abb.).

Kiel (D-2300), Hptst. v. Schl-Ho., krfreie St. an der *Kieler Förde* (Ostsee, 32 km²) und Einfahrt z. Nord-Ostsee-Kanal; 240 675 E; Uni. (1665 gegr.); Inst. f. Weltwirtsch. m. größter Fachbibliothek Europas; PH, FHS, Bundesfotofachsch., LG, AG; OPD, IHK, Hafen (Gesamtumschlag 1988: 2,2 Mill. t), Seefischmarkt, Schiffswerften, feinmechan., elektron. u. Nahrungsmittelind.; **Kieler Woche,** intern. Segelsportveranstaltung s. 1882; 1936 u. 1972 Olympische Segelregatta.

Kiel, unterster Längsträger e. Schiffes; *Flach-K.; Schlinger-K.* an beiden Seiten, verringert Schlingern; Segelboote auch *Flossen-K.* mit Bleifüllung gg. Kentern (Abb.).

Kielce, Hptst. d. poln. Woiwodschaft *K.,* am W-Abhang d. Łysa Góra, 211 000 E; kath. Bistum.

Kiel des Schiffes → Sternbilder, Übers.

Kiellinie, Schiffsformation (in e. Linie hinter dem Flaggschiff); → *Dwarslinie.*

Kielmansegg, Johann Adolf Gf v. (* 30. 12. 1906), dt. General; 1966–68 Oberkommandierender d. NATO-Streitkräfte in Mitteleuropa.

Kielwasser, breiter Schaumstreifen hinter fahrendem Schiff.

Kiemen, die meist büschel- oder blattförm., häutigen, sehr blutgefäßreichen Atmungsorgane vieler Wassertiere (Krebs-, Weichtiere, Fische u. a.) zur Aufnahme des Sauerstoffes aus dem Wasser. – **K.fuß,** bis 3 cm großer, niederer Krebs des Süßwassers.

Kien, *m.,* harzreiches Kiefernholz.

Kienholz, Edward (* 23. 10. 1927), am. Objektkünstler.

Kiep, Walther Leisler (* 5. 1. 1926), CDU-Pol.; s. 1971 B.schatzmeister der CDU.

Søren Kierkegaard

Kierkegaard [*'kærgəgɔːʔr*], Søren (5. 5. 1813–11. 11. 55), dän. Phil., christl. Mystiker; durch seine Lehre v. der (rel.) Existenz d. einzelnen vor Gott Vorläufer des → Existenzialismus u. d. → dialektischen Theologie; *Über den Begriff der Ironie; Entweder - Oder; Der Begriff der Angst.*

Kierspe (D-5883), St. im Märkischen Kr., NRW, 15 082 E; Elektro-, Kleineisen- u. Kunststoffind.

Kies, 1) durch Wassertransport abgerundetes Lockergestein von 2–63 mm Durchmesser; **2)** sulfidisches Erz (z. B. Eisenkies, Kupferkies, Magnetkies).

Kiesel-algen, *Diatomeen,* mikroskop. kl. Algen d. Süß- u. Meerwassers, mit 2schaligem Kieselsäurepanzer; Ablagerungen → Kieselgur. – **K.gur,** amorphes bzw. feinkristallines Siliciumdioxid aus abgelagerten Schalen von K.algen; als Filtermasse, zum Schleifen u. Polieren, als Wärmeisolierstoff für Heizleitungen; Kessel usw.; Verwendung z. Dynamit. – **K.säure,** *Siliciumdioxid* (SiO₂), rein als → Quarz, an Metalle gebunden in → Silicaten *(kieselsauren Salzen),* die die Hauptmasse d. → Minerale bilden.

Kieserit, *Magnesiumsulfat* ($MgSO_4$), Nebenprodukt der Hartsalzverarbeitung.

Kurt Georg Kiesinger

Kiesinger, Kurt Georg (6. 4. 1904–9. 3. 88), CDU-Pol.; 1958–66 Min.präs. v. Ba-Wü., 1966–69 B.kanzler; 1967–71 Vors. der CDU.

Kiesl, Erich (* 26. 2. 1930), CSU-Pol.; 1978–84 Oberbürgerm. v. München.

Kiew, Hptst. d. ukrain. SSR, am r. Dnjeprufer, 2,6 Mill. E; Ind.zentrum, Flußhafen, Fernsehturm, Uni., Ukrain. Akad. d. Wiss.; Sophienkathedrale, Laurakloster (beide 11. Jh.). – Gesch.: → Ukraine.

Kif, *m.* od. *s.* [arab.], *Kiff,* tabakähnl. Mischung aus getrockneten Hanfblättern.

Kiffer, einer, der Haschisch od. Marihuana raucht.

Kigali, Hptst. von Ruanda, 182 000 E.

Kilian, irischer Missionar, Apostel der Franken; um 689 bei Würzburg ermordet; Lukas (1579–1637), dt. Kupferstecher; Bildnisse, Ornamente.

Kilimandscharo, höchster Berg in Afrika, Vulkanmassiv mit 3 Gipfeln, 2 davon vergletschert: *Kibo* 5895 m u. *Mawensi* 5270 m.

Kilo- [gr. chilioi „1000"], als Vorsilbe: Tausend... (→ Tafel Maße u. Gewichte, S. 1085).

Kilometertarif, (Eisenbahn-)Tarif, nach dem Gebühr für die Beförderung v. Personen od. Gütern f. jeden km *gleich* hoch ist; Ggs.: → Staffeltarif.

Kilopond (kp), techn. Krafteinheit: 1 kp ist d. Gewicht einer Masse von 1 kg; 1970 durch die Einheit *Newton* (N) ersetzt (1 kp = 9,80665 N).

Kilt, *m.,* bis z. Knie reichender Schottenrock.

Kimberley [-*bəli*], St. in d. südafrikan. Kapprov., 150 000 E; Diamantengruben.

Kimbern, german. Stamm Jütlands, erreichten die O-Alpen-Grenze, wanderten zus. mit Teutonen weiter südwärts, schlugen 113 v. Chr. die Römer bei Noreja (in Kärnten), 101 v.→ Marius vernichtet.

Kim Il-Sung (* 15. 4. 1912), nordkorean. Pol.; 1948 Min.präs., s. 1972 Staatspräs.

Kimm, *seem.* Seehorizont.

Kimme, bei Schußwaffen meist V-förmiger Visiereinschnitt, in den das Korn beim Zielen eingefluchtet werden muß; → Visier.

Kimon, *Cimon* (um 510–450 v. Chr.),

athen. Feldherr, Sohn des Miltiades, schlug 466 v. Chr. die Perser am Eurymedon.

Kimono

Kimono, kaftanartiges jap. Kleidungsstück mit weiten Ärmeln f. Männer u. Frauen, zus.gehalten durch Schleifengürtel *(Obi).*

Kinästhesie [gr.], Bewegungs-, Lageempfindung, Sinnesorgane in Gelenken, Sehnen, Muskeln u. d. Bogengängen d. inneren Ohres (Gleichgewichtsorgan).

kinästhetisch, bewegungsempfindlich.

kinästhetischer Sinn, Muskelsinn, Bewegungsgefühl.

Kinau, Hans, → Fock.

Kindbett, *Wochenbett,* 6–8 Wochen dauernde Schonungszeit d. Mutter, *Wöchnerin,* nach d. Entbindung, bis zur Wiederherstellung der durch die Schwangerschaft veränderten Verhältnisse für Unterleibs- und Kreislauforgane. – **K.fieber,** *Puerperalfieber,* durch eitrige Infektion v. d. Wundfläche der entbundenen Gebärmutter aus, heute bei aseptischer Entbindung selten; → Semmelweis.

Kinderarbeit, Lohnarbeit von Kindern, Ende des 18. Jh. in Fabriken üblich; Anlaß zu ersten sozialpol. Maßnahmen (in England 1802). In Dtld Regelung in GO; s. 1903 Ges. über K. in gewerbl. Betrieben; Neuregelung durch Jugendschutzges. v. 30. 4. 1938, in d. BR durch Jugendarbeitsschutzges. grundsätzl. Verbot d. K.; Ausnahmen: Mitwirkung b. best. Darbietungen u. Veranstaltungen u. f. Kinder über 13 Jahre in d. Landwirtschaft.

Kinderernährung, d. Ernährung d. Kindes soll e. einfache, rohkostreiche, fleischarme, gemischte Kost sein, ohne scharfe Gewürze, insbes. mäßig gesalzen, a. 4–5 regelmäßige Mahlzeiten verteilt (grundsätzl. Alkoholverbot). → Säuglingspflege, Milch.

Kinderfürsorge → Jugendfürsorge.

Kinder-garten, Tagesstätte f. Kinder v. 2–6 Jahren; zuerst v. *Fröbel* 1840 eingerichtet, v. ausgebildeten K.gärtnerinnen geleitete K.spielzirkel.

Kindergeld, wird von den Arbeitsämtern auf Antrag als Beihilfe zum Unterhalt gewährt; f. d. 1. Kind 50 DM, f. d. 2. Kind 130 DM, f. d. 3. 220 DM u. jedes weitere Kind 240 DM, das K. f. d. 2. u. jedes weitere Kind wird je nach Einkommen

bis zu einem Sockelbetrag von 70 DM bzw. 140 DM gekürzt.

Kindergottesdienst, *Sonntagsschule, Kinderlehre,* eigener Gottesdienst für Kinder.

Kinderkrankheiten, die gewöhnlich, aber keineswegs immer im Kindesalter auftretenden Krankheiten: *Masern, Scharlach, Diphtherie, Keuchhusten, Windpocken, Röteln, spinale Kinderlähmung, Rachitis.*

Kinderkreuzzüge, im 13. Jh. in Frkr. (1212) u. Dtld durch rel. Wahnvorstellungen Jugendlicher begonnen.

Kinderlähmung, *spinale Kinderlähmung, epidem. Kinderlähmung, Heine-Medinsche Krankheit, Poliomyelitis,* durch Virus hervorgerufene, übertragbare (meldepflichtige) Infektionskrankheit mit Entzündung an den motorischen Vorderhornvenzellen des Rückenmarks, u. U. auch im verlängerten Mark u. Gehirn; anschließend oft Lähmung besonders der unteren Extremitäten, evtl. auch der ganzen Körpermuskulatur: *Landrysche Paralyse.* Bei Erwachsenen seltener. Behandlung mit → Gammaglobulin; bei Atemmuskellähmung → eiserne Lunge. Die Dauerlähmungen werden vorwiegend chirurgisch-orthopädisch u. heilgymnastisch (auch Bäder) behandelt. Impfstoffe aus formalin-inaktivierten K.sviren (Poliomyelitis-Impfstoff, Salk-Vakzine sowie → Lebendimpfstoff [nach Sabin], → Schluckimpfung, z. aktiver Immunisierung auch in Deutschland mit erhebl. Erfolg).

Kindersterblichkeit, Sterben der Kinder: Säuglinge bis zum 1. Lebensjahr, 1988: 5080; 1.–5. Lebensjahr, 0,05% (männlich) bzw. 0,04% (weiblich).

Kindes-tötung, Tötung eines nichtehel. Kindes durch d. Mutter in od. gleich nach der Geburt; Freiheitsstrafe nicht unter 3 Jahren, in minder schweren Fällen nicht unter 6 Mon.; § 217 StGB. – **K.unterschiebung,** willkürliche, unzulässige Änderung d. Personenstandes eines Kindes (z. B. durch Veranlassung d. Eintragung eines unrichtigen Namens im Personenstandsregister; strafbar nach § 169 StGB.

Kindesraub, strafbare Entziehung minderjähr. Personen aus d. Obhut ihrer gesetzl. Vertreter od. Erziehungsberechtigten (§ 235 StGB).

Kindsschändung, sexueller Mißbrauch v. Kindern; wird nach § 176 StGB streng bestraft.

Kinematik, *w.* [gr.], Lehre v. d. Bewegungen (in d. Physik u. Getriebelehre) ohne Eingehen auf d. bewegenden Kräfte, d. in d. Dynamik berücksichtigt werden.

Kinematograph, veraltet für Filmaufnahme- bzw. Filmvorführungsapparat.

Kinetik, *w.,* svw. → Kinematik.

kinetisch, auf Bewegung beruhend.

kinetische Energie → Energie.

kinetische Gastheorie, d. Moleküle aller

Gase bewegen sich mit großer Geschwindigkeit, die mit steigender Temperatur wächst; Grundlage f. → Loschmidtsche Zahl u. → Avogadrosche Regel.

kinetische Kunst, multidimensionale Kunst; z. Plastik od. Malerei kommt Bewegung u. damit Zeit hinzu, meist u. Verwendung v. Technik; Kunstrichtung s. 1960; → Calder, → Tinguely.

Kinetograph, *Kinetoscope,* erste brauchbare Filmkamera, 1891 von Edison patentiert.

Kinetosen [gr.], → Bewegungskrankheiten.

Martin Luther King

King, Martin Luther (15. 1. 1929–4. 4. 68), am. Negergeistl.; führend im Kampf um Aufhebung d. Rassentrennung; ermordet; Friedensnobelpr. 1964.

Kingston [-stən], **1)** *K.-upon-Hull,* St. in d. engl. Gft York am Zus.fluß von Hull u. Humber, 247 000 E; Nahrungsmittelind., Hafen; **2)** Hptst. von Jamaica, an der S-Küste, mit St. Andrew 633 000 E.

Kinkel, Klaus (* 17. 12. 1936), FDP-Pol., 1979–82 Präs. d. Bundesnachrichtendienstes, 1982–91 Staatssekr. im B.justizmin., s. 1991 B.justizmin.

Kinnock, Neil (* 28. 3. 1942), engl. Pol. (Labour); seit Okt. 1983 Parteichef u. Oppositionsführer.

Kino, Abk. f. *Kinematograph;* svw. Lichtspieltheater; → Film.

Kinsey, Alfred C. (23. 6. 1894–25. 8. 1956), am. Zoologe u. Sexualforscher: *Kinsey Report.*

Kinshasa [-'ʃ-], bis 1966 *Léopoldville,* Hptst. d. Rep. Zaïre, am unteren Kongo, 2,7 Mill. E; Ind.

Kinski, Klaus (* 18. 10. 1926), dt. Filmschausp.; *Aguirre, der Zorn Gottes; Woyzeck; Fitzcarraldo; Cobra Verde;* Autobiographie: *Ich bin so wild nach deinem roten Erdbeermund.*

Kinzig, 1) r. Nbfl. des Rheins, 112 km l., entspringt im Schwarzwald, mündet bei Kehl; **2)** r. Nbfl. des Mains, 82 km l., mündet bei Hanau.

Kiosk, *m.* [türk.], Verkaufshäuschen.

KIPA, Abk. f. *Kath. Intern. Presse-Agentur,* 1917 i. Olten, s. 1919 in Freiburg, Schweiz.

Kipling, Rudyard (30. 12. 1865–18. 1. 1936), engl. Schrift.; *D. Dschungelbuch; Kim;* Nobelpr. 1907.

Kipper und Wipper, im 17. Jh. Münzfälscher, die u. a. durch Beschneiden der Münzränder den Wert (Gewicht) ver-

fälschten; seitdem zum Schutz der Münzen: Riffelrand u. Verzierungen.

Kipphardt, Heinar (8. 3. 1922–18. 11. 82), dt. Schriftst. u. Arzt; *In der Sache J. Robert Oppenheimer; Das Leben d. schizophrenen Dichters Alexander März; Bruder Eichmann;* Gedichte.

Kippregel, geodät. Meßinstrument, Aufsatz für → Meßtisch.

Kippscher Apparat, erfunden v. d. ndl. Apotheker P. J. *Kipp* (1808–64), aus 3 übereinandergesetzten Glasgefäßen; dient im Laboratorium z. Entwicklung von Gasen (z. B. v. Wasserstoff aus Zink u. Salzsäure).

Kippschwingung, sägezahnförmige Schwingungskurve eines el. Signals.

Kirche [gr. „die dem Herrn Gehörige"], **1)** Gebäude für den Gottesdienst der christl. Gem.; **2)** die Gemeinschaft der an Christus Glaubenden. *Röm.-kath. K.:* das sichtbare, aber noch nicht vollendete Reich Gottes a. Erden, v. Jesus Christus gestiftet; die Nachfolger der Apostel, die Bischöfe, mit ihrem Haupt, dem Nachfolger des Petrus, dem Bischof von Rom, lenken u. leiten die K., sie bilden das Lehramt der K., das in manchen Fällen, unterstützt vom Hl. Geist, unfehlbar in Glaubens- u. Sittenfragen entscheiden kann; der nach außen hin sichtbaren Ordnung der K. in Papst, Bischöfen, Klerus, Laien entspricht e. unsichtbare, nur im Glauben zu erfassende übernatürl. Wirklichkeit, deren Grundlage die 7 Sakramente sind; als diese sichtbar-unsichtb. Wirklichkeit hat die K. die Aufgabe, das Werk Christi fortzusetzen und die Menschen zu Gott zu führen (der „fortlebende Christus" der „mystische Leib Christi"). *Morgenländ. K.:* s. 1054 besteht neben der röm. K. eine von ihr getrennte „orthodoxe" K., deren Mittelpunkt die damalige Kaiserstadt Byzanz (Konstantinopel) war, in der es aber seither viele sog. autokephale (selbständ.) Landeskirchen gibt, wichtigste d. russ.-orthod. K.; die röm. K. unterscheidet sich v. d. röm. K. wesentlich nur insofern, als die östl. K. nicht den Vorrang des Papstes nicht anerkennen; weniger juristisch, legen sie den Akzent auf das mystische Geheimnis der K.; ihre Liturgie, in der Muttersprache gefeiert, geht meist auf Johannes Chrysostomus zurück; ein kl. Teil dieser K.n hat sich wieder mit Rom vereinigt (unierte K.n.). *Protestantische K.:* trotz Verschiedenheit der konfessionsgeprägten K.nbegriffs ist zentral Luthers Auffassung, deren Grundgedanke d. Grundsatz v. allg. Priestertum d. Gläubigen ist. – *Konfessionen:* → römisch-katholische, → morgenländische, → evangelische Kirche.

Kirchen (Sieg) (D-5242), Gem. i. Kr. Altenkirchen (Westerwald), RP, 9316 E; AG; Lokomotivfabr., div. Ind.

Kirchen-austritt, die ev. Kirche erkennt

den freien Willen ihrer Glieder an; auch b. Katholiken möglich, aber von der Kirche als → Apostasie verworfen. – **K.bann,** *Exkommunikation,* in der kath. Kirche: entweder einfacher oder dem Papst reservierter K.bann: Ausschluß v. d. Sakramenten, kirchl. Ämtern, unter Umständen auch d. kirchl. Begräbnis. – **K.bücher,** seit 12. Jh. kirchl. Register für Taufen, Trauungen, Beerdigungen usw., Vorläufer d. 1875 eingeführten staatl. Personenstandsregister. – **K.fahne,** in d. kath. Kirche seit d. 10. Jh. gelb-weiß; in d. ev. seit 1924 violettes Kreuz a. weißem Grund. – **K.gut,** das Vermögen d. Kirche. – **K.jahr,** 52 Wochen, in denen die Glaubenswahrheiten gottesdienstl. gefeiert werden; beginnt im Unterschied v. bürgerl. Jahr mit dem 1. Advent. – **K.lied,** *ev.* u. *kath.,* v. d. Gemeinde gesungen; vor der Reformation ohne eigtl. liturg. Funktion; durch Luther gleichberechtigter Teil des Gottesdienstes. – **K.ordnung,** Beschreibung der kirchl. Disziplin d. Väterzeit; kirchl. Gesetzsammlungen d. ev. Kirche; bes. wichtig die rhein.-westfäl. von 1835. – **K.recht,** das f. den kirchl. Bereich gültige Recht; *kath.:* Grundlage war a. Corpus iuris canonici (Sammlung d. *kanonischen Rechts*), das 1918 ersetzt wurde durch a. Codex iuris canonici, 1983 neu geregelt; *ev.:* Bekenntnisschriften (Symbol-Bücher), K.ordnungen bzw. K.verfassungen u. K.verträge. – **K.slawisch,** altbulgar., in den slaw.-orthodoxen Kirchen noch heute als liturg. Sprache verwendet. – **K.spaltung** → Schisma. – **K.staat,** der weltl. Herrschaftsbereich des Papstes in Italien; begr. durch Schenkung Pippins 754 (aber → Konstantinische Schenkung); durch Frz. Revolution u. Napoleon aufgehoben, 1815 wiederhergestellt (41 187 km², über 3 Mill. E); 1870 mit dem neugegr. Kgr. Italien durch Volksabstimmung vereinigt; 1929 durch Konkordat des Papstes mit Italien als → Vatikanstadt neu gegr. – **K.steuer,** wird in d. BRD v. Angehörigen e. öffentl.-rechtl. Religionsgemeinsch. in Form von Zuschlägen zu e. staatl. veranlagten Steuer (Einkommensteuer, Lohnsteuer) erhoben (z. Z. 8 bzw. 9% d. Lohnsteuer). – **K.tag,** *Dt. Ev. K.,* alljährl. stattfindende Großkundgebung der ev. Christen Dtlds. – **K.tonarten,** Tonreihen d. MA im Oktavumfang, bes. beim Gregorian. Choral, vor Ausbildung d. Dur-Moll-Systems. – **K.väter,** die großen altkirchl. Schriftst. u. Lehrer der frühen kirchl. Zeit (Augustinus, Hieronymus, Gregor d. Gr. u. a.). – **K.verfassung,** Aufbau u. rechtl. Gliederung d. Kirche; *kath. Kirche:* hierarch. Gliederung, 2 Stände: Geistliche u. Laien. *Ev. Kirche:* die Grundordnung der EKD, 1948 in Eisenach beschlossen. – **K.visitation,** feierlicher Besuch von kirchl. Gemeinden durch hohe Kirchenführer (Bischöfe, Generalsuperintendenten usw.) z. Prüfung u. Belebung d.

kirchl. Lebens. – **K.zucht,** Bestimmungen od. Maßnahmen d. Kirche z. Aufrechterhaltung d. kirchl. Ordnung (z. B. *ev.:* Ausschluß v. Abendmahl, Konfirmation, Wahlrecht; *kath.:* K.bann u. a.).
Kircher, Athanasius (2. 5. 1601–27. 11. 80), dt. Jesuit u. Universalgelehrter; beschrieb → Laterna magica.
Kirchhain (D-3575), St. im Kr. Marburg-Biedenkopf, Hess., 15 364 E; AG; got. Rathaus; div. Ind.
Kirchheimbolanden (D-6719), Krst. des Donnersbergkr., RP, 6318 E; Erholungsort m. histor. Sehenswürdigkeiten; div. Ind.
Kirchheim unter Teck (D-7312), St. i. Kr. Esslingen, Ba-Wü., 34 534 E; AG; div. Ind.
Kirchhellen, s. 1975 zu → Bottrop.
Kirchhoff, Robert (12. 3. 1824–17. 10. 87), dt. Phys.; Entdeckung d. *Spektralanalyse* (m. Bunsen); Elektrizitätslehre, Strahlungstheorie; *K.sches Gesetz* (Emission u. Absorption des Lichts); *K.sche Regeln* (Stromstärken in verzweigten el. Leitungen).
Kirchhundem (D-5942), Gem. i. Kr. Olpe, Sauerland, NRW, 11 768 E; Elektro-, Papierind.; Fremdenverkehr (Luftkurort *Oberhundem*).
Kirchlengern (D-4983), Gem. i. Kr. Herford, NRW, 14 284 E; Möbelindustrie.
Kirchner, Ernst Ludwig (6. 5. 1880–15. 6. 1938), dt. Maler u. Graphiker d. Expressionismus; 1905 Mitbegründer der → „Brücke“.

Rudolf Kirchschläger

Kirchschläger, Rudolf (* 20. 3. 1915), östr. Pol.; 1970–74 Außenmin., 1974–86 Bundespräs.
Kirchspiel, Pfarrbezirk, Pfarrsprengel.
Kirchweih|e, *Kirmes, Kirmse,* urspr. Feier d. Einweihung e. neuerbauten Kirche, jetzt allg. kirchl. Fest; in S-Dtld häufig als Volksfest.
Kirgisen, turktatar. Nomadenvolk (1,6 Mill.) in der **Kirgisensteppe,** einem westasiatischen Wüstengebiet zwischen dem Uralfluß im NW u. W, dem Aral- u. Balchaschsee i. S und d. Irtysch im O u. NO.
Kirgisistan, s. 1936 sowj. Unionsrep. in Mittelasien; 198 500 km², 4,1 Mill. E (Kirgisen, Ukrainer, Usbeken, sunnit. Moh.); Gebirgsland; Ackerbau (Obst), Viehzucht (Pferde), Bergbau (Kohle, Eisen, Kupfer, Erdöl); Hptst. *Frunse.*

Kiribati, *Ribaberikin K.,* früher → *Gilbert-Inseln,* Rep. aus 3 Inselgruppen (Gilbert-, Phönix-, Line-[Linien-] Inseln) u. Ocean-Insel, im Pazifik, 728 km², 66 000 E; Kopra- u. Phosphataufsuhr; Hptort: *Bairiki* (auf Tarawa, 2100 E); Flagge S. 340, Karte S. 751; s. 1979 unabhängig; Mitgl. d. Commonwealth; AKP-Staat.
Kirkenes, Erzausfuhrhafen in NO-Norwegen (75% der norweg. Eisenerze), 5000 E; zu Sør-Varanger.
Kirkpatrick [*kək'pætrık*], Ralph (10. 6. 1911–13. 4. 84), am. Cembalist u. Musikologe.
Kirkuk, St. im östl. Irak, 535 000 E; Erdölquellen, Erdölleitungen zur Mittelmeerküste; Flughafen.
Kirn (D-6570), St. im Ldkr. Bad Kreuznach, RP, 8925 E; AG; div. Ind.
Kirow, früher *Wjatka,* sowj. Gebietshptst. a. der Wjatka, 441 000 E; Hütten-, Metall-, Masch.-, Nahrungsmittelind.
Kirowabad, früher *Gandsha* u. *Jelisawetpol,* sowj. St. in Aserbeidschan, 278 000 E; Textil-, Metall- u. Aluminiumind.
Kirowograd, früher *Jelisawetgrad* (1928–35 *Sinowjewsk*), ukrain. Gebietshptst. a. Ingul, 269 000 E; Kohlengruben, Landw.masch.-, Nahrungsmittelind.
Kirsch, Sarah (* 16. 4. 1935), dt. Lyrikerin u. Hörspielautorin; *Die betrunkene Sonne; Zaubersprüche; Die Pantherfrau; Katzenleben.*
Kirsch-baum, Steinobstbäume u. -sträucher; *Süß-Kirsche, Vogel-K.,* Waldbaum m. kleinen, süßen Früchten; im Obstbaum *Knorpel-* u. *Herz-K.* (viele Sorten): *Sauer-K., Baumweichsel,* in versch., auch strauchigen Abarten; außerdem Zierarten. – **K.lorbeer,** Zierstrauch aus d. Mittelmeergebiet m. Steinfrüchten (ein, selten zwei Samen; darin, wie in Rinde u. Blättern → Amygdalin); aus d. Blättern *K.lorbeerwasser* als Augenheil- u. Hustenmittel. – **K.wasser,** *K.geist,* Branntwein aus den mit Kernen vergorenen Kirschen.
Kirst, Hans Hellmut (5. 12. 1914–23. 2. 89), dt. Schriftst.; *08/15; Keiner kommt davon; Die Wölfe.*
Kiruna, St. in N-Schweden a. d. Bahn Narvik–Luleå, 26 000 E; am Fuß d. *Kirunavaara* (749 m h.), m. 19 500 km² flächenmäßig eine der größten Städte d. Erde; Erzgewinnung i. Tief-, früher i. Tagebau.
Kirunga-Vulkane, teilweise tätige Vulkane i. Zentralafrikan. Graben; *Karissimbi* 4507 m.
Kisangani, bis 1966 *Stanleyville,* Provinzhauptstadt im NO der Republik Zaïre, 557 000 E; Uni., Verkehrsknotenpunkt.
Kisch, Egon Erwin (29. 4. 1885–31. 3.

Henry Kissinger

1948), dt. Schriftst. u. Journalist; *Der rasende Reporter.*
Kischinew, Hptst. d. Moldauischen Sowj.rep. (Bessarabien), 665 000 E; Flughafen; Baumwoll- u. Mühlenind., Wein-, Tabakbau.
Kishon, Ephraim (* 23. 8. 1924), isr. Schriftst.; satir. Erzählungen u. Theaterstücke.
Kismet, s. [arab.], nach moh. Lehre das dem Menschen unabwendbar zugeteilte Schicksal, das der Gläubige mit Ergebung trägt.

Kissinger [-*dʒə*], Henry (* 27. 5. 1923), am. Pol. dt. Herkunft, außenpol. Berater v. Kennedy, Johnson, Nixon u. Reagan, 1973–77 Außenmin.; Friedensnobelpr. 1973 (zus. m. Le Duc Tho).
Kistna, *Krishna,* Fluß durch Dekhan, 1280 km l., v. d. W-Ghats, mit Delta im Golf von Bengalen.
Kisuaheli, Sprache der → Suaheli.
Kitakyushu, St. im N der jap. Insel Kyushu, 1963 durch Zusammenschluß d. Städte *Jawata, Tobata, Wakamatsu, Moji* u. *Kokura* gebildet, 1,1 Mill. E; Eisen-, Stahl- u. chem. Ind., Kohlenbergbau; Flughafen; Tunnel nach Shimonoseki.
Kitchener [-*tʃə*], Herbert, *Lord,* s. 1914 *Earl K. of Khartoum* (24. 6. 1850–5. 6. 1916), eroberte 1898 Khartum im Krieg gg. d. Mahdisten, beendete 1902 Burenkrieg, 1914 engl. Kriegsmin.: allg. Wehrpflicht.
Kitchener, kanad. St. sw. v. Toronto, 312 000 E (m. Vororten); Lebensmittel-, Masch.- u. Textilind.
Kithara, w. [gr.], altgriech. Musikinstrument mit 4 bis 12, zumeist jedoch 7 Saiten, später bis z. 18 Darmsaiten.
Kitimat [*kıtımæt*], Ort u. gr. Aluminiumhüttenwerk im N v. Brit.-Columbia, Kanada, 12 000 E; Stromversorgung durch *Nechako-Kemano-Stausee.*
Kitsch, scheinkünstler. Gestaltung; spricht direkt den sentimentalen Selbstgenuß an; wird als albern-unkünstlerisch angesehen.
Kitt, Klebstoff, zum Verbinden von Gegenständen (z. B. Glaserkitt aus Leinöl m. Bleiglätte u. Schlämmkreide); auch aus Harzen, Wasserglas, Wachs, Schellack, Kalk, Casein u. a.
Kitwe, Stadt in N-Sambia, 472 000 E; Handelszentrum; Kupferminen, Metallind.; Flughafen.
Kitzbühel (A-6370), Sommer- u. Winter-

kurort in Tirol, 763 müM, 8000 E; Moorbad, 4 Seilbahnen, über 50 Liftanlagen; Spielkasino; östl. d. **K.er Horn,** 1996 m.

Kitz|e, Junges v. Ziege, Gemse, Reh, Steinbock i. 1. Lebensj.

Kitzingen (D-8710), Gr. Krst. am Main, Bay., 19 085 E; AG; Dt. Fastnachtsmus.

Kitzler, *Klitoris,* sehr empfindl. Schleimhautwulst oberhalb der kleinen Schamlippen; enthält Schwellkörper.

Kivi, Alexis (10. 10. 1834–31. 12. 72), finn. Dichter; Schöpfer d. finn. Heimatdichtung; *Die sieben Brüder.*

Kivusee, inselreicher See im Zentralafrikan. Graben, n. v. Tanganjikasee, 1460 müM, 2650 km²; Ostseite zu Ruanda, Westufer zu Zaïre.

Kiwanis-Club, 1951 in Detroit gegr. Club f. Männer; tritt ein f. Menschlichkeit. Eur. Dachorgan. mit Sitz in Zürich; ca. 600 Clubs (300 000 Mitgl.).

Kiwi, 1) *Schnepfenstrauß,* Vogel Neuseelands, m. zurückgebildet. Schwanz u. Flügel u. haarähnl. Federn; **2)** großfruchtige kugelige bis eiförmige Beerenart mit grünem Fruchtfleisch des chin. Strahlengriffels auf d. Nordinsel Neuseelands.

KIWZ, Abk. f. → *Konferenz über internationale wirtschaftliche Zusammenarbeit.*

Kizil-Irmak [„Roter Fluß"], im Altertum *Halys,* längster Fluß Kleinasiens, 1355 km l., aus d. ostanatol. Bergland i. gr. Bogen ins Schwarze Meer.

Kjökkenmöddinger → Muschelhaufen.

KKH, Abk. f. *Kaufmännische Krankenkasse* (gegr. i. *Halle*).

Klabautermann, Schiffskobold.

Klabund (aus **Kla**bautermann u. Vaga**bund**), eigtl. *Alfred Henschke* (4. 11. 1890–14. 8. 1928), dt. Schriftst.; Romane, Gedichte; Nachdichtungen chin. Lyrik (Li Bo); *D. Kreidekreis.*

Kladde, w. [holl.], kaufm. Tagebuch zur vorläufigen Buchung.

Kladderadatsch, Titel eines 1848 von D. Kalisch gegr. pol.-satir. Witzblattes; bis 1944 in Berlin.

Kladno, St. in Böhmen, nordwestl. Prag, 73 000 E; Eisen- u. Gußstahlind., Steinkohlenbergbau.

Klafter, *w.,* altes Längenmaß: 1,7 bis 3 m (6 od. 10 Fuß); altes Raummaß f. Brennholz, um 3 m³.

Klage, Geltendmachung eines gg. e. anderen gerichteten Anspruchs vor Gericht (Leistungs-, Feststellungs-, Ehescheidungs-, Anfechtungs- usw. K.). → *Privatklage.*

Klagemauer, Teil d. alten Außenmauer d. Tempelbezirks i. Jerusalem, an der jüd. Beter die Zerstörung d. Tempels beklagten; liegt i. jordan., s. 1967 v. Israel besetzten Teil d. Stadt.

Klagenfurt (A-9010), Landeshptst. von Kärnten, 87 300 E; Handels- u. Fremdenverkehrsst. am Wörthersee; sehenswerte Altst., barocke Kirchen, Lindwurmbrunnen; Schulzentrum m. Uni.;

Leichtind., Flughafen, Eisenbahnknotenpunkt.

Klages, Ludwig (10. 12. 1872–29. 7. 1956), dt. Psychologe u. Graphologe; → Georgekreis.

Klageschrift, Schriftsatz des Klägers zu Einleitung eines Rechtsstreits; enthält u. a. Angabe d. Gegenstandes, des Grundes des erhobenen Anspruchs sowie einen *Klageantrag* (§ 253 ZPO).

Klamm, enge, steilwandige, von reißendem Gebirgsbach eingeschnittene Gebirgsschlucht.

Klammeraffen, Affen mit langen Gliedmaßen u. Greifschwanz, Mittel- u. S-Amerika; → Breitnasen.

Klamotte, zerbrochener Ziegelstein.

Klampe, 1) Pflock bei Booten u. Schiffen z. Festmachen v. Tauen; **2)** gebogene Stütze f. Decksboote.

Klampfe, *w.,* svw. → Gitarre.

Klang, Hörempfindung, ausgelöst durch zus.gesetzte periodische → Schwingungen im hörbaren Frequenzbereich, besteht aus der Summe von Grundton u. Obertönen; Ggs.: → Ton (reine Sinusschwingung), Geräusch (komplizierte Schwingungsformen).

Klangfarbe, neben Tonstärke u. Tonhöhe charakterist. Merkmal eines → Klanges.

Klangfiguren, von *Chladni* 1787 entdeckt, bilden sich auf sandbestreuten Metallplatten, wenn diese mit dem Geigenbogen angestrichen werden.

Klapheck, Konrad (* 10. 2. 1935), dt. Maler; figurative Maschinenbilder.

Klappenventil, Rückschlagventil in Leitungen, verhindert Rückfluß, wenn Zufluß aufhört.

Klapperschlange

Klapperschlangen, bis 2 m l. Giftschlangen N- u. S-Amerikas; Schwanz mit b. Bewegung rasselnden Hornschuppen.

Klappertopf, auf Graswurzeln schmarotzende Wiesenkräuter; gelbe Blüten m. hahnenkammähnl. Kelch; Samen klappernd.

Klaproth, Martin Heinrich (1. 12. 1743–1. 1. 1817), dt. Apotheker u. Chem.; entdeckte Cer, Uran, Zirkon; charakterisierte Strontium, Titan, Tellur.

Klara (1194–1253), Hlge; v. hl. Franz v. Assisi f. Armutsideal gewonnen, stiftete mit ihr den Klarissenorden (Tag: 11. 9.).

Klarälv, skand. Fluß aus d. norweg. Femundsee u. in d. Vänersee. ca. 500 km l.

Klär-anlagen, dienen zum Reinigen der → Abwässer. Die meisten K. arbeiten 2stufig. In d. 1. (= mechanischen) Stufe werden in Rechen, Sieben und Absetzbecken Grobteilchen abgetrennt, in d. 2. (= biol.) Stufe Oxidation durch Mikroorganismen in sauerstoffangereicherten Be-

---

lebtschlammbecken; Ausfaulen des abgesetzten Restschlamms in Faultürmen (→ biologische Abwasserreinigung); Endprodukt nahezu keimfreier *Klärschlamm,* der als landw. Dünger ausgebracht wird. Überwachung desselben auf Schwermetalle. Manche K. haben 3. (= chem.) Stufe, in der die Phosphate entfernt werden, da diese die Gewässer durch → Eutrophierung belasten. – **K.gas,** bei der Abwasserklärung gewonnenes Methangas.

klarieren, den Schiffszoll entrichten.

Klarinette [it.], Holzblasinstrument (Abb. → Orchester).

Klarissinnen, kath. (weibl.) Orden des Franziskus; Tracht: schwarz oder braun; gegr. v. Klara Scifi (1194–1253), Jüngerin von Franz v. Assisi.

Klasen, Karl (23. 4. 1909–22. 4. 91), dt. Bankfachmann; 1970–77 B.bankpräs.

Klasse [l.], *allg.* Gruppe m. gemeins. Merkmalen; *soziologisch:* gesellschaftl. Gruppe, die sich von anderen Gruppen durch ihre eigenen bes. Interessen, durch Ideologie u. Lebensgefühl unterscheidet; der Begriff enthält im Unterschied zu „Stand" das negative Moment des K.ngegensatzes, dessen schärfste Form d. **K.nkampf,** tragender Begriff der Geschichtsauffassung u. Soziologie von Karl Marx (→ Sozialismus).

Klassifikation [l.], **1)** *allg.* Einordnung in gleichart. Mengen nach unterschiedl. Gesichtspunkten; **2)** *biolog.* systemat. Gliederung d. Pflanzen u. Tiere.

Klassik, *w.,* Zeitalter der **Klassiker,** seit 2. Jh. n. Chr. Bez. für Schriftsteller des griech.-röm. (klass.) Altertums, später für hervorragende Meister aller Kunstgattungen; auch → Klassizismus, → Neuklassik, → deutsche Literatur.

klassisch, i. d. Musik, Architektur u. Literatur gebräuchl. normativ-wertender, historisch-beschreibender, typisierender od. ordnender Begriff. Bez.: **1)** Vorchristlich-antikes (Künstler, Sprachen, Wissenschaften: Klass. Philologie); **2)** Werke, d. einem bestimmten Formideal der griech. Antike entsprechen; **3)** seit d. Renaissance mustergültige Werke; **4)** dient d. Klassifizierung v. überdurchschnittl. Kunstwerken od. Leistungen.

Schinkel, *Neue Wache in Berlin*
Klassizismus

Klassizismus, Kunstrichtung gg. Barock u. Rokoko s. Mitte d. 18. Jh. bis 1830

(neben d. → Romantik): Verfall d. kirchl. (Aufklärung) u. d. staatl. Macht (Frz. Revolution), neuer bürgerl. Individualismus, daher stilist. Rückgriff auf klassisch-nüchterne Teilsonderung u. „plastischen" Stil; Nachahmung d. klaren, einfachen Formen des klass. Altertums. – *Baukunst:* **a)** *Dtld.:* Langhans (Brandenburger Tor, → Berlin), Gilly (Schloß Paretz), Gontard, Schinkel (Schauspielhaus; Alte Wache, Berlin), Klenze (Glyptothek, München), Weinbrenner (Karlsruhe); **b)** *Frkr.:* Pantheon u. Triumphbogen, Paris; **c)** *England:* Parlament, → London (Abb.); **d)** *USA:* Kapitol, → Washington (Abb.): „Kolonialstil", Villen. – *Plastik:* **a)** *Dtld:* Schadow, Friedr. Tieck, Rauch; **b)** *Frkr.:* Carpeaux; **c)** *Italien:* Canova; **d)** *Dänemark:* Thorvaldsen. – *Malerei:* **a)** *Dtld:* Mengs, Tischbein, Carstens; **b)** *Frkr.:* David, Ingres.

Klaue, die hornige Bekleidung der Wiederkäuerzehen, auch die Nägel an den Pfoten der Raubtiere.

Josef Klaus

Klaus, Josef (* 15. 8. 1910), östr. Pol. (ÖVP); 1964–70 B.kanzler.
Klausel [l.], *jur.* in Verträgen Vorbehalt, Nebenbestimmungen.
Klausenburg, rum. *Cluj Napoca,* Krst. i. Siebenbürgen (Transsilvanien), 310 000 E; orthodoxes Erzbistum, reformiertes Bistum, Uni., mehrere HS; Masch.-, Textilind.
Klaustrophobie, *w.* [l.-gr.], unerträgl. Gefühl d. Beklemmung beim Aufenthalt in geschlossenen Räumen.
Klausur, *w.* [lat. „Verschluß"], **1)** abgegrenzter (Kloster-)Raum; **2)** klösterliche Abgeschlossenheit; **3)** allg. Abschließung (z. B. **K.arbeit,** b. Examensarbeiten).
Klaviatur, *w.* [l.], svw. → Tastatur.
Klavier → Piano, → Pianino. – **K.auszug,** Arrangement eines urspr. f. ein Instrumental- od. Vokalensemble komponierten Musikstückes f. Klavier.
Klebe, Giselher (* 28. 6. 1925), dt. Komp. (Blacher-Schüler); Orchesterwerke; Kammermusiken; Opern: *Die Räuber; Figaro läßt sich scheiden; Jakobowsky u. d. Oberst.*
Kleber, *Gluten,* Eiweißbestandteile im Getreide, bes. Weizen; wichtig für Backwert; K.gehalt im Weizenmehl ca. 12%, im Roggenmehl 9–10%; aus K. Nährpräparate (z. B. *K.mehl*).

Klebstoff, → Kitt od. Bindemittel (Stärke, Kleister, Dextrin, Leim).

Paul Klee

Klee, Paul (18. 12. 1879–29. 6. 1940), dt.-schweiz. Maler u. Zeichner; Mitgl. d. „Blauen Reiters", 1921–31 am → Bauhaus, s. 1933 in d. Schweiz; in seinen meist kleinformatigen Bildern Vergeistigung od. Ironisierung durch abstrakte Grundelemente d. Linie u. kräftige Farben; phantast. u. surrealist. Elemente.

Rotklee

Klee, Schmetterlingsblütler; *Wiesen-K.* m. roten, *Bastard-K.* m. rosa od. weißen, *Stein-K.,* kriechend, m. weißen Blütenköpfchen; im weiteren Sinn auch andere Hülsenfrüchtler (z. B. *Horn-K., Hopfen-K., Wund-K., Honig-K.*); wichtigste mitteleur. Futterpflanze.
Kleiber, svw. → Spechtmeise.
Kleiber, 1) Erich (5. 8. 1890–27. 1. 1956), östr. Dirigent; s. Sohn **2)** Carlos (* 3. 7. 1930), argentin. Dirigent östr. Herkunft.
Kleie, beim Mahlen abfallende Keime u. äußere Schichten d. Getreidekörner (bes. Schalen); Kraftfutter.
Klein, 1) Felix (25. 4. 1849–22. 6. 1925), dt. Math.; Funktionen- u. Gruppentheorie; Unterrichtsreformer; **2)** Hans [Johnny] (* 11. 7. 1931), CSU-Pol., s. 1976 MdB, 1987–89 B.min. f. wirtschaftl. Zusammenarbeit, 1989–90 Reg.sprecher, s. 1990 Bundestagsvizepräs.; **3)** Lawrence R. (* 14. 9. 1920), am. Wirtschaftswiss.; Nobelpr. 1980 (ökonom. Analyse u. Prognose mittels Math. u. Computer); **4)** Yves (28. 4. 1928–6. 6. 62), frz. Maler; Mitbegr. d. Nouveau réalisme (1960); monochrome Bilder (Wanddekoration im Stadttheater Gelsenkirchen), diverse Materialien u. Techniken.
Kleinasien, als *Anatolien* größter Gebietsteil der Türkei, 755 688 km²; Türken

(98,5%), Kurden u. (in den Städten) Armenier; westasiat. Halbinsel, als Rechteck v. Armen. Bergland zum Ägäischen Meer, Hochland (300–1200 m), von Gebirgen (bis 3500 m) eingerahmt u. v. Gebirgsstöcken überragt (erloschener Vulkan *Erdschijas-Dagh,* 3917 m); Steppen mit Salzseen im Innern, doch teilweise fruchtbar: Viehzucht (Angoraziege), Getreide-, Obst- u. Olivenanbau; Flüsse: *Kizil-Irmak, Jeschil-Irmak.*
Kleinbären, Familie d. Raubtiere, *Neuwelt-K.:* Waschbär, Katzenfrett, Nasen- und Wickelbär; *Altwelt-K.:* Panda, Bambusbär.
Kleinhirn, unter den Hinterhauptslappen des Großhirns gelegen, Sitz des Gleichgewichtsvermögens (wie auch die → Bogengänge); → Gehirn.
Kleinrussen, fälschl. Bez. f. Ukrainer; → Russen.
Kleist, 1) Ewald v. (7. 3. 1715–24. 8. 59), dt. Dichter; Offizier Friedrichs d. Gr.;

Heinrich v. Kleist

Epos: *Der Frühling;* **2)** Heinrich v. (18. 10. 1777–21. 11. 1811), dt. Dramatiker u. Erzähler zw. Klassik u. Romantik; leidenschaftl. Gedichte gg. Napoleon; Dramen: *Penthesilea; Käthchen v. Heilbronn; Prinz von Homburg;* Komödien: *Amphitryon; Der zerbrochene Krug;* Erzählungen: *Michael Kohlhaas.*
Kleister, Klebstoff aus Reis- od. Getreidestärke; m. Wasser angerührt, f. Tapeten usw.
Kleisthenes (6. Jh. v. Chr.), athen. Staatsmann; durch seine Verfassung (um 500 v. Chr.) Begr. der athen. Demokratie.
Klemens, 14 *Päpste:* **1)** K. V., 1305–14, verlegte Residenz nach Avignon 1309; hob Templerorden auf; **2)** K. VII., 1523–34, verweigerte → Heinrich VIII. d. Scheidung v. Katharina v. Aragon, worauf sich dieser v. Rom lossagte; **3)** K. XIV., 1769–74, hob Jesuitenorden auf.
Klemm, Hanns (4. 4. 1885–30. 4. 1961), dt. Flugzeugkonstrukteur.
Klemperer, Otto (14. 5. 1885–6. 7. 1973), dt. Dirigent u. Komp. (Pfitzner-Schüler).
Klenze, Leo v. (29. 2. 1784–27. 1. 1864), dt. klassizist. Baumeister; *Propyläen, Glyptothek* (München); *Walhalla* (Regensburg).
Kleopatra (69–30 v. Chr.), letzte ägypt. Kgn, Verbündete u. Geliebte Cäsars u. des Antonius; beging n. s. Niederlage Selbstmord.

Klepperboot, svw. → Faltboot.
Kleptomanie [gr.], zwanghafter Trieb z. Stehlen.
klerikal, den Klerus, die Amtskirche betreffend.
Klerikalismus, Bestrebung, d. pol. Leben vom Kircheninteresse abhängig zu machen.
Klerus [gr. „Los, Anteil"], d. geistl., nach d. kath. Kirche m. bes. Weihen versehene Stand.

Klette

Klette, Korbblütler; Früchte mit Widerhaken; bes. auf Schutthalden.
Klettenberg, Susanne v. (19. 12. 1723–13. 12. 74), Herrnhuterin, beeinflußte d. jungen → Goethe; Urbild d. „schönen Seele" in *Wilhelm Meisters Lehrjahre*.
Kleve (D-4190), Krst. am Niederrhein, 44 416 E; LG, AG; Schuh-, Nahrungsmittel- u. Masch.ind.; Amphitheater; E.-Mataré-Mus.
Klient, 1) i. antiken Rom e. Patron hörige Halbfreie; 2) Mandant e. Rechtsanwalts.
Klima, *s.* [gr.], 1) *meteorolog.* die Gesamtheit d. Witterungserscheinungen; 2) *biol.* u. *med.* die Einwirkungen d. natürl. örtl. Bedingungen v. Boden u. Luft auf den menschl. Organismus: Trockenheit od. Feuchtigkeit v. Boden u. Luft, Höhenlage, atmosphär. Druck, Luftströmung (windig od. windstill), mittlere Lufttemperatur u. tageszeitl. Temperaturschwankungen, Staubfreiheit d. Luft, Sonnenscheindauer u. -stärke, Lichtreflexion, Gehalt d. Luft an Kochsalz, Radiumemanation, Kohlensäure u. a. Danach unterscheidet man: Höhen-, See-, Wüsten-, Sumpf-, Tropen-K. usw. *Klimatische Kurorte* bilden durch d. Reiz d. Klimas e. zweckmäß. Heilmittel f. bes. Krankheiten; auch → Biometeorologie.
Klimaanlage, Anlage zum Erwärmen, Kühlen, Lüften eines Raumes.
Klimakterium [gr.], die Wechseljahre der Frau zw. d. 45. u. 55. Jahr, Aufhören der Menstruation u. d. inneren Sekretion d. Eierstöcke; oft mit unangenehmen körperl. Störungen u. seel. Veränderungen. *Künstl. K.* durch operative Entfernung od. Bestrahlung der Eierstöcke. *Climacterium virile*, Zeitraum im Mannesleben (ca. zw. 50. u. 60. Lebensjahr), gekennzeichnet durch Verminderung d. Geschlechtsfunktionen.
klimatisieren, engl. *air conditioning*, d. Regulieren der Lufttemperatur u. -feuchtigkeit in geschlossenen Räumen.
Klimatologie, *Klimakunde*, Wiss. v.

→ Klima, Lehre v. langfristigen Wettergeschehen i. d. Atmosphäre u. d. durchschnittl. Verlauf über größeren od. kleineren Gebieten.
Klimax, *w.* [gr. „Leiter"], 1) Steigerung d. Ausdrucks in kunstvoller od. gebundener Rede; häufig Wiederholungen; 2) *med.* svw. → Klimakterium.
Klimt, Gustav (14. 7. 1862–6. 2. 1918), östr. Maler u. Zeichner, Mitbegründer und Führer (1898–1905) der Wiener Sezession; dann Umstilisierung des Körperhaften zum dekorativ Flächenhaften; *Der Kuß*.
Kline [*klaın*], Franz (23. 5. 1910–13. 5. 62), am. Maler des → Abstrakten Expressionismus.
Klingenberg, nach dem Elektrotechniker Georg K. (1870–1925) benanntes Großkraftwerk in Berlin-Rummelsburg.
Klinger, 1) Friedrich Maximilian (17. 2. 1752–9. 3. 1831), dt. Dramatiker d. Sturm u. Drang; sein Drama *Sturm u. Drang* gab der Literaturepoche den Namen; 2) Max (18. 2. 1857–5. 7. 1920), dt. Maler, Radierer u. Bildhauer; *Beethoven-Monument* (Leipzig).
Klingso(h)r, Zauberer in d. Artussage.
Klinik, *w.* [gr.], größeres Fach- → Krankenhaus, besonders Universitäts-K., → Poliklinik.
Klinikum, 1) Zusammenschluß mehrerer Fachkliniken; 2) praktischer Teil der ärztl. Ausbildung.
Klinker, hartgebrannter Ziegelstein; auch bunt u. glasiert; hochwert. Baustoff; für chem. Zwecke säurefest.
Klinkerbau, bei Booten Außenwand m. dachziegelförmig übereinandergelegten Planken.
Klio [gr.], Muse der Geschichte.
Klipper, *m.* [engl.], Schnellseglertyp d. 2. Hälfte d. 19. Jh.
Klippfisch, 1) ursprüngl. auf Klippen getrockneter Kabeljau, Seelachs, Schell- u. Lengfisch; 2) Seefisch des Klippenbereichs.
Klippschliefer, kleine, murmeltierähnl. Huftiere; auf afrikan. u. asiat. Felsengebirgen.
Klirrfaktor, in der Elektroakustik Maß f. d. nichtlineare, das Klangbild verändernden Verzerrungen (z. B. in Empfängern, Verstärkern).
Klischee, *s.* [frz. *cliché*], Druckstock f. Hochdruck aus Holz *(Holzschnitt)*, Zink, Kupfer, Messing od. Elektron *(Ätzungen)*, formtreue Nachbildung v. Strichzeichnungen *(Strichätzung)* od. Halbtonbildern *(Autotypie)*; auch Vervielfältigungen von K.s durch Abguß in Blei n. Pappe-, Wachs-, Kunststoff- od. Blechmatrize *(Stereo)* od. galvan. Niederschlag *(Galvano)*; Anfertigung e. K.s: fotograf. Übertragung e. Strichzeichnung auf d. Metallplatte, d. nichtdruckenden Teile werden herausgeätzt *(Strichätzung)*; Herstellung e. fotograf. Negativs v. e. Halbtonbild unter Vorschaltung e. Rasters, davon Kopie auf Metallplatte, Ätz-

vorgang ähnl. dem d. Strichätzung, nur wesentl. schwieriger *(Autotypie)*.
Klistier, *s.* [gr.], *Klysma,* Darmeinlauf mit Irrigator oder **K.spritze: a)** zur Reinigung und Entleerung des Darms, Darmspülung, **b)** zur Einführung von Flüssigkeit, Nahrungsmitteln oder Medikamenten durch d. Mastdarm.
Klitoris → Kitzler.
Klitzing, Klaus v. (* 26. 6. 1943), dt. Physiker; Nobelpr. 1985 (Entdeckung u. Beschreibung d. Quanten-Hall-Effekts: K.-Effekt).
KLM, Abk. f. **K***oninklijke* **L***uchtvaart* **M***aatschappij NV,* 1919 gegr. ndl. Luftverkehrsges.
Kloake, *w.* [l.], 1) Abzugskanal, bes. in Städten *(Cloaca maxima* i. alten Rom); 2) gemeins. Mündung v. Darm-, Geschlechts- u. Harnwegen b. Lurchen, Kriechtieren, bei Vögeln u. **Kloakentieren,** primitiven, eierlegenden Säugetieren mit zahnlosen, schnabelähnlichen Kiefern; → Ameisenigel u. → Schnabeltier; Australien u. Neuguinea.
Klon, die durch ungeschlechtl. Vermehrung entstandene, daher genet. einheitl. Nachkommenschaft eines lebenden Organismus; → Cloning.
Klondike [-*daık*], r. Nbfl. d. Yukon.
Klopffestigkeit, erforderl. Eigenschaft der Kraftstoffe bei schnellen Verbrennungsmotoren, sich nicht voreilig zu entzünden u. detonationsartig zu verbrennen; wird gemessen mit der *Octanzahl,* die der Prozentzahl des Anteils von Octan an einem Octan-Heptan-Gemisch gleicher K. entspricht (→ Kohlenwasserstoffe, Übers.).
klöppeln, Spitzen verfertigen durch Verflechten von Fäden, die auf Holzstäbe *(Klöppel)* gewickelt sind; die nach Vorlage *(Klöppelbrief)* auszuführenden Fadenschlingungen werden mit Stecknadeln auf *Klöppelkissen* befestigt; *Klöppelmaschine* dient zur mechan. Spitzenherstellung.

Friedrich Gottlieb Klopstock

Klopstock, Friedrich Gottlieb (2. 7. 1724–14. 3. 1803), dt. Dichter; Überwinder d. Rationalismus; Begr. d. Erlebnisdichtung; Hptvertr. der Empfindsamkeit; rel. Epos: *Messias*; *Oden*; theoret. Schriften: *Die dt. Gelehrtenrepublik.*
Kloster [l. „claustrum = abgeschlossener Ort"], Gebäude, in dem Mönche oder Nonnen nach einer gemeinsamen Regel leben; seit frühestem MA oft Kulturmittelpunkt.

Was unter **K** vermißt wird, siehe unter **C** und **Z**

Klosterneuburg (A-3400), St. a. d. Donau, nördl. v. Wien, Niederöstr., Augustinerchorherrenstift (Verduner Altar, 1181); Bundeslehr- u. Versuchsanstalt f. Wein- u. Obstbau; 23 000 E.

Klosters-Serneus (CH-7250), Kurort in Graubünden, 1125–1313 müM, 3500 Einw.

Kloten (CH-8302), St. b. Zürich, 15 850 E; Zürcher Flughafen.

Klotho, eine der 3 → Parzen.

Klotz, Matthias (11. 6. 1653–16. 8. 1743), Begr. d. Geigenbaues in Mittenwald.

Klub, *m.* [engl.], *Club,* gesellige Vereinigung, die oft noch einem bes. Zweck dient *(pol., Sport-K., Spiel-K.)* u. ihr Versammlungslokal.

Klug, Aaron (* 11. 8. 1926), engl. Biochem. u. Mikrobiol.; Nobelpr. 1982 (Struktur v. Proteinkomplexen).

Kluge, 1) Alexander (* 14. 2. 1932), dt. Filmregisseur u. Schriftst.; *Abschied von gestern* (1966); *Dtld im Herbst* (1977/78); *Die Patriotin* (1980); *Die Macht d. Gefühle* (1981–83); *Lebensläufe; Schlachtbeschreibung;* **2)** Friedrich (21. 6. 1856–21. 5. 1926), dt. Sprach- u. Märchenforscher; *Etymolog. Wörterbuch d. dt. Sprache;* **3)** Kurt (29. 4. 1886–26. 7. 1940), dt. Bildhauer, Erzgießer u. Erzähler; Romane: *Der Herr Kortüm.*

Klumpfuß, Mißbildung des → Fußes.

Klüngel, *m.,* Knäuel, Clique, Parteiwirtschaft.

Kluniazenser, Mönche des frz. Klosters *Cluny;* führten im 10. und 11. Jh. kirchl. (stark asket.) Reform des Ordenswesens durch.

Kluppe, Werkzeug zum Gewindeschneiden; enthält auswechselbare Schneidbacken.

Klüse, Öffnung in d. Bordwand für die Ankerkette u. f. Leinen zum Festmachen.

Klüverbaum, über d. Bug e. Segelschiffes hinausragende Stange zur Befestigung d. dreieckigen Vorsegel: *Klüversegel* (Abb. → Takelung).

Klystron, *s.* [gr.], → Laufzeitröhre; Elektronenröhre z. Erzeugen, Verstärken u. Frequenzvervielfachen v. Dezimeter- bis Millimeterwellen.

Klytämnestra, Gattin d. → Agamemnon, Mutter des → Orest.

Knab, Armin (19. 2. 1881–23. 6. 1951), dt. Lieder- u. Chorkomp.; Kantaten, Klavierwerke.

Knabenchöre, z. Kirchendienst herangezogene Schulchöre (s. Ende des 15. Jh.); heute auch konzertierend: u. a. Chor d. Sixtinischen Kapelle, Wiener Sängerknaben, Regensburger Domspatzen, Leipziger Thomanerchor, Dresdner Kreuzchor.

Knabenkraut, *Orchis,* einheimische Orchideengattung, versch. Arten, auf Wiesen; früher Arznei aus Knollen. ♠. – **K.gewächse,** svw. → Orchideen.

Knallgas, Gemisch von 1 Teil Sauerstoff u. 2 Teilen Wasserstoff, die sich beim An-

Sebastian Kneipp

zünden explosiv zu Wasser verbinden; im **K.gebläse** zum „autogenen" Schweißen v. Metallen; Zutritt des Sauerstoffs zu einer Wasserstoff- od. Acetylenflamme erst in der Düse des Brenners; hohe Temperaturentwicklung, zum Schmelzen u. Schweißen.

Knappe, 1) im Dienst eines Ritters ritterl. Bildung lernender Jüngling; **2)** Bergmann *(Berg-K.).*

Knappertsbusch, Hans (12. 3. 1888–25. 10. 1965), dt. Dirigent.

Knappschaft, Renten- u. Krankenversicherung für d. Bergleute; öff.-rechtl. Körperschaft. – **K.srecht,** Sozialversicherungsrecht der Bergleute.

Knaster, 1) *Kanaster,* urspr. nur f. Tabak aus Varinas, *Barinas,* St. in Venezuela, n. d. Versandart in Körben (span. *canastros);* **2)** [niederdt. „Knast = Knorren"], mundartl. svw. brummiger Kerl.

Knaur Verlag, Th. Knaur Nachf. Verlag, gegr. 1901, → Droemersche Verlagsanstalt.

Knaus-Ogino-Methode, v. d. östr. u. jap. Frauenärzten *K. u. O.* entwickeltes Verfahren z. Empfängnisregelung; fußt auf d. period. „Fruchtbarkeit" d. Frau 10–12 Tage um die Mitte des Menstruationszyklus, während sie d. übrige Zeit nicht empfangen kann. Voraussetzung ist langfrist. Aufzeichnung d. Zyklen; keine sichere Gewähr, ungewollte Schwangerung zu verhüten; → Kontrazeption.

Knautschlack, aus Leder od. Kunststoff bestehendes Material; verarbeitet f. Taschen, Stiefel, Jacken u. ä.

Knechtsand, gr. Wattgebiet zw. Elbe- u. Wesermündung, Rastgebiet v. Wasserzugvögeln.

Knef, Hildegard (* 28. 12. 1925), dt. Schausp.in u. Chansonsängerin; Autobiographie: *Der geschenkte Gaul.*

Kneipe, bei Korpsstudenten und Burschenschaftlern svw. → Kommers; ugs. f. Lokal m. Alkoholausschank.

Kneipp, Sebastian (17. 5. 1821–17. 6. 97), dt. Pfarrer, Naturheilkundiger in Wörishofen; verbreitete Wasserheilverfahren *(K.kur),* vor allem Barfußgehen in nassem Gras, abhärtende Kaltwassergüsse usw.

Knesset, *w.,* isr. Parlament.

Knickerbocker [engl. *'nıkə-],* urspr. Spitzname der (alten holl.) Bewohner v. New York; weite Knie-, Pumphose.

Knickfuß, der im Sprunggelenk auswärts geknickte Fuß.

Knie, das Verbindungsgelenk zw. Ober- u. Unterschenkel, vorn von der Strecksehne des vierköpfigen Oberschenkelmuskels überspannt, in dieser die knöcherne *Kniescheibe* eingelagert. Verletzungen u. Entzündungen des **K.gelenks** führen oft zu **K.gelenkserguß,** in schweren Fällen zu **K.gelenksversteifungen.**

Kniebis, Hochfläche i. nördl. Schwarzwald, b. 971 m.

Knieholz, Zwergwuchs d. → Kiefer.

Kniescheibe, 1) *med.* → Knie; **2)** techn. Verbindungs- od. Stützblech (z. B. zw. Trägern u. Stützen).

Kniesehnenreflex, svw. → Patellarreflex.

Knigge, Adolf Franz Friedrich Frh. v. (14. 2. 1752–6. 5. 96), dt. Popularphil., Führer der → Illuminaten; *Über den Umgang mit Menschen.*

Knight, *m.* [engl. *nait],* Ritter, unterste Stufe d. niederen engl. Adels (Gentry); Titel *Sir.*

Knipperdolling, Bernhard († 22. 1. 1536), Haupt der → Wiedertäufer in Münster; hingerichtet.

Knittel, John (24. 3. 1891–26. 4. 1970), schweiz. Schriftst.; *Via mala; El Hakim; Thérèse Etienne.*

Knittelfeld (A-8720), östr. St. a. d. Mur, Steiermark, 14 000 E; Fremdenverkehr, Eisen- u. Stahlind.

Knittelvers, *Knüppelvers,* dt. Reimvers mit 4 Hebungen u. unregelmäßig vielen Senkungen, meist paarweise gereimt; Aber ach! die Jahre weichen. – Z. B. Hans Sachs, Gryphius, Goethe *(Faust),* Schiller *(Wallenstein)* bis Gerhart Hauptmann.

Knobelsdorff, Georg Wenzeslaus v. (17. 2. 1699–16. 9. 1753), dt. Baumeister u. Maler, verband engl. Klassizismus m. frz. Rokoko; *Schloß Sanssouci, Stadtschloß Potsdam.*

Knoblauch

Knabenkraut

Knoblauch, Zwiebelgewächs; Art des Lauchs; Küchengewürz; altes Mittel gg. Würmer u. hohen Blutdruck.

zwei
halber halbe Acht- Kreuz- Schot-
Schlag Schläge knoten knoten stek

Knochen, besteht hpts. aus Calciumphosphat u. Calciumcarbonat sowie aus einer leimgebenden organ. Substanz. Die K. sind fest, aber doch elastisch, bilden zus. das K.gerüst: *Skelett* (→ Tafel Mensch, S. 348). Jeder K. ist überzogen von der *K.haut (Periost)* u. ist innen hohl u. mit *K.mark* gefüllt, das bes. d. Blutbildung dient. – **K.bank,** Sammelstelle f. konserviertes K.material z. operat. K.übertragung. – **K.bruch,** *Fraktur,* Durchtrennung eines Knochens meist durch äußere Gewalt; *komplizierter K.bruch* bei Freilegung des gebrochenen Knochens; Gefahr der Knochenmarkseiterung. – **K.fische,** Fische mit knöchernem Skelett (Mehrzahl aller Fische). – **K.hecht,** Raubfisch N-Amerikas.
Knockout, *m.* [engl. *'nɔkaut*], *K. o.,* im Boxkampf d. siegentscheidende Niederschlag des Gegners, wenn dieser sich innerhalb 10 Sek. nicht wieder erheben kann, vor allem durch Schlag gg. Kinn, seitl. Hals, Magengrube; *techn. K. o.:* Kampfunfähigkeit d. Gegners, Aufgabe, Verletzung.
Knokke-Heist, belg. Nordseebad a. d. ndl. Grenze, 30 000 E.
Knöllchenbakterien, Bakterien, die m. *Leguminosen* in *Symbiose* leben u. Luftstickstoff binden können.
Knollen, unterird., verdickte Pflanzenteile; Stoffspeicher, oft Vermehrungsorgane (z. B. *Kartoffel).*
Knollenblätterpilze, gefährl. Giftpilze; champignonähnl. weiße Lamellen (→ Tafel Pilze, S. 344).
Knorpel, der glatte, bindegewebige Gelenkendenüberzug der Knochen. – **K.fische,** Fische mit knorpeligem Skelett (z. B. *Haifische, Rochen).*
Knorr, Georg (19. 10. 1859-15. 4. 1911), dt. Ing.; konstruierte die **Knorr-Bremse:** Luftdruckbremse f. Eisenbahnwagen (u. a. Fahrzeuge); von Lokomotive aus zu betätigen, als Notbremse auch von jedem Wagen aus.
Knospen, Sproßanlagen, gewöhnlich in der Achsel e. „Tragblatts", auch Blütenanlagen.
Knospung, eine Form der ungeschlechtl. Vermehrung bei vielen niederen Tieren; neu entstehendes Tier löst sich vom Muttertier später ab od. bleibt mit ihm dauernd verbunden *(Tierstock).*
Knossos, *Knosos,* St. und Palast des Minos auf Kreta. *Minoische Kultur* (um 2000-1400 v. Chr.); ab 1899 ausgegraben.

Knoten, 1) Verschlingung v. Fäden u. Seilen; **2)** 1 kn = 1 naut. Meile/Std. (= 1,852 km/Std.); i. d. Luft- und Schiffahrt u. im intern. Wetterdienst gebräuchl. Geschwindigkeitsmaß; **3)** *astronom.* die beiden Schnittpunkte einer Planetenbahn mit d. Bezugsebene, von der aus ihre Koordinaten gemessen werden, z. B. Erdbahn (Ekliptik) u. Äquatorebene.
Knotenschrift → Quipu.
Knöterich, Kräuter mit knotigem Stengel.
Know-how [engl. *'nouhau* „wissen wie"], geistig-techn. Spezialkenntnisse u. Erfahrungen u. Unternehmens, die nicht rechtlich geschützt werden können u. oft Objekt v. Austausch, Verkauf, Spionage sind.
Knox [*nɔks*], John (1505-24. 11. 72), schott. Reformator; führte ev.-reformierte Kirchenordnung in Schottland ein; Bibelübersetzung.
Knoxville [*'nɔksvıl*], Ind.st. i. Tennessee (USA), 172 000 E, m. Vororten 600 000 E; Uni., Kohlen-, Eisen- u. Zinkbergbau.
Knüllgebirge, Waldgebirge an der Fulda; Braunkohle und Eisenerze im **Knüllköpfchen,** 634 m.

Knurrhahn

Knurrhahn, Meeresfisch mit breiten, bunten Brustflossen.
Knut d. Große (um 995-1035), Dänenkönig, eroberte 1016 England, erhielt 1027 Schleswig als dt. Lehen.
Knute, *w.,* russ. Peitsche, Lederriemen.
Knuth, Gustav (7. 7. 1901-1. 2. 87), dt. Schausp.: *Der fröhliche Weinberg; Der eiserne Gustav.*
Knutt → Strandläufer.
K. o. → Knockout.
Koadjutor [l.], Weihbischof, Amtsgehilfe e. Bischofs; auch niedr. Hilfsgeistlicher.
Koagulation [l.], Gerinnung u. Ausfällung kolloidaler Stoffe.
Koala, baumbewohnendes u. nur von Eukalyptusblättern lebendes Beuteltier Australiens; Urbild des Teddybären.
Koalition [frz.-l.], Vereinigung, Verbindung, Bündnis; *pol.* v. Staaten, Parteien u. ä. zum Erreichen eines gemeinsamen Zieles.
Koalitions-freiheit, *K.recht,* Recht der Arbeitnehmer sich zum Zusammenschluß zur Wahrnehmung wirtschaftlicher Interessen; → Menschenrechte. – **K.kriege,** gg. die frz. Republik 1792-1807, gg. Napoleon in den → Befreiungskriegen.
Koaxialkabel, → Kabel, dessen Kabelseele aus koaxialen Paaren (Innen- u. Außenleiter: Abb.) besteht; hochwertige verlustarme Isolation (z. B. Luft, Styroflex od. Keramik) ermöglicht Übertragung sehr hoher Frequenzen, Verwendung z.

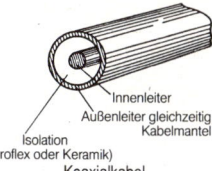

Innenleiter
Außenleiter gleichzeitig
Kabelmantel
Isolation
(Styroflex oder Keramik)
Koaxialkabel

B. Speisung v. Ton- u. Fernsehrundfunk-Sendeantennen, → Fernkabel im Fernsprechnetz u. ä.
Kobalt → Cobalt.
Kobe, jap. St. an der SO-Küste Honshus, 1,43 Mill. E; größter Einfuhrhafen Japans; Schiffswerften; Uni.; Textil-, Eisen- u. Gummiind.
Kobell, 1) Ferdinand (7. 6. 1740-1. 2. 99), dt. Landschaftsmaler; s. Sohn **2)** Wilhelm v. (6. 4. 1766-15. 7. 1855), dt. Maler d. Klassizismus u. Biedermeier; Schlachtenbilder, Landschaften; s. Enkel **3)** Franz v. (19. 7. 1803-11. 11. 82), dt. Mineraloge u. Mundartdichter.
Koberger, Anton (um 1445-3. 10. 1513), Nürnberger Drucker u. Buchhändler; *Schedels Weltchronik.*
Koblenz (D-5400), Hptst. d. Rgbz. K. (8092 km², 1,35 Mill. E), krfreie St., RP, an d. Mündung d. Mosel i. d. Rhein *(Dt. Eck),* 107 286 E; IHK, HWK, OLG, LG, OPD, B.archiv, B.anstalt f. Gewässerkunde, B.amt f. Wehrtechnik u. Beschaffung; Erziehungswiss. HS, FHS. – 14 n. Chr. als röm. Kastell gegr.
Kobold, zwerghafter Berg- und Hausgeist.
Koboldmaki, *Gespenstermaki,* Halbaffe d. Malaiischen Archipels, Nachttier mit übergroßen Augen.
Kobras, versch. afrikan. u. asiat. Giftnattern.
Koch, 1) Joseph Anton (27. 7. 1768-12. 1. 1839), östr. Maler bes. in Rom; heroisch-klass. it. u. Alpenlandschaften; **2)**

Robert Koch

Robert (11. 12. 1843-27. 5. 1910), dt. Arzt, Begr. d. Bakteriologie, Entdecker der Milzbrand-, Tuberkel- und Cholerabakterien, erforschte Malaria u. Schlafkrankheit; Nobelpr. 1905.
Köchel, Ludwig Ritter v. (14. 1. 1800-3. 6. 77), östr. Musikhistoriker; v. ihm d. **K.verzeichnis** d. Werke Mozarts.
Kochel a. See (D-8113), Luftkurort i. Kr. Bad Tölz-Wolfratshsn., Oberbay., 605 müM, 3643 E; am O-Ufer d. *Kochel-*

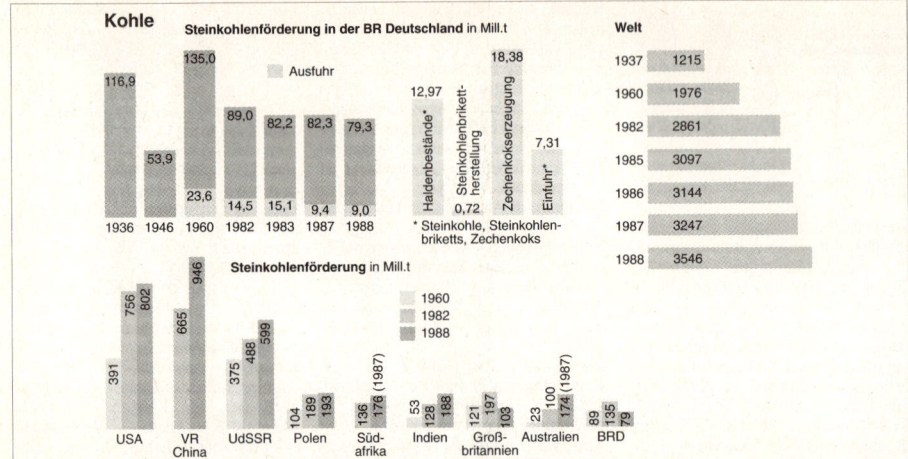

Kohle Steinkohlenförderung in der BR Deutschland in Mill.t

Ausfuhr

116,9 | 135,0 | 89,0 | 82,2 | 82,3 | 79,3

53,9

23,6 | 14,5 | 15,1 | 9,4 | 9,0

1936 1946 1960 1982 1983 1987 1988

Haldenbestände* 12,97 · 0,72

Steinkohlenbriketts-herstellung

Zechenkokserzeugung 18,38

Einfuhr* 7,31

* Steinkohle, Steinkohlen-briketts, Zechenkoks

Welt

1937	1215
1960	1976
1982	2861
1985	3097
1986	3144
1987	3247
1988	3546

Steinkohlenförderung in Mill.t

1960
1982
1988

USA	VR China	UdSSR	Polen	Süd-afrika	Indien	Groß-britannien	Australien	BRD
391 756 802	665 946	375 488 599	104 189 193	136 176 (1987)	53 128 188	121 103 197	23 100 174 (1987)	89 135 79

sees (6 km², 66 m t., Freizeitzentrum, südl. davon das → Walchenseekraftwerk); F.-Marc-Mus.

Kocher, r. Nbfl. d. Neckar a. d. Schwäb. Alb, 180 km l.

Köcher, Behälter für d. Pfeile d. Bogenschützen.

Köcherfliegen, Netzflügler, Ordnung der Insekten, äußerl. mottenähnlich; Larven wasserlebend in selbstverfertigten Gehäusen.

Kochi, jap. St. auf Shikoku, 312 000 E.

Kochsalz, *Natriumchlorid* (NaCl), gelöst in Salzquellen und im Meer (3–4%), fest als Steinsalz vorkommend; gereinigt als Speisesalz, techn. z. Herstellung fast aller anderen Natriumverbindungen (Soda, Glaubersalz usw.); unentbehrlicher Nahrungsbestandteil, der im Körper die Salzsäure des Magens bildet; Gewinnung → Salz.

Koda, *w.* [it.], *Coda,* Schluß od. Anhängsel in d. Verskunst od. Musik (Fugen, Sonatensatzform).

Kodály [-*daj*], Zoltán (16. 12. 1882–6. 3. 1967), ungar. Komp.; Chor- u. Orchesterwerke, Kammermusik.

Kode → genetischer Kode.

Kodifikation [l.], systemat. Sammlung u. Ordnung v. Gesetzen u. Rechtsgebräuchen zu einem einheitl. u. maßgebenden Werk; *Kodex;* auch *Codex.*

Kodon, Dreiergruppe (Triplett) von → Nukleotiden der → DNA od. → RNA, die d. Information f. eine best. Aminosäure d. Eiweißkörper enthält; → genetischer Kode.

Koëdukation [l.], gemeinsame Erziehung v. Knaben u. Mädchen.

Koëffizient, *m.* [nl.], Zahl, mit der eine Variable multipliziert wird (z. B. ist 2 der Koëffizient von 2*a*).

Koenig, Friedrich (17. 4. 1774–17. 1. 1833), dt. Erfinder der Buchdruckschnellpresse (1810).

Koenzym [l.-gr.], *Koferment* [l.], nicht

aus Eiweiß besteh. Anteil e. → Enzyms, z. T. Vitamine (z. B. B_1, B_2, B_6).

Koeppen, Wolfgang (* 23. 6. 1906), dt. Schriftst.: *Tauben im Gras; Amerikafahrt; Reisen nach Frankreich.*

Koestler, Arthur (5. 9. 1905–3. 3. 83), engl. Schriftst. ungar. Herkunft; schrieb engl. u. dt.; Romane: *Sonnenfinsternis;* Essays u. Sachbücher.

Koetsu (1558–1637), jap. Maler, Kunsthandwerker (Lack-, Töpferarbeiten) u. Kalligraph; dekorativer Stil.

Koëxistenz, *w.* [l.], **1)** gleichzeit. Vorhandensein mehrerer Dinge; **2)** *pol.* friedl. Nebeneinander v. Staaten oder Machtblocks verschiedener Ideologie.

Koferment, *s.* [l.], svw. → *Koenzym.*

Koffein, *s.,* Alkaloid, bitter, im Kaffee u. Tee, kleine Dosen herzanregend, harntreibend, erregt Gehirn und Atemzentrum.

Köflach (A-8580), östr. St. in d. Steiermark, 440 müM, 12 000 E; Braunkohlebergbau, Glasind.

Kofu, jap. St. auf Honshu, 202 000 E; Seidenweberei.

Kogel, *Kofel,* kegelförmiger Berggipfel.

Kogge

Kogge, hochbordiges Handelsschiff im 13.–15. Jh., bes. zur Zeit d. → Hanse.

Kognak, *m.* ['kɔnj-], frz. Weinbrand (ben. n. d. Gegend v. *Cognac).*

Kognaten [l.], im *röm. Recht* Blutsverwandte; Ggs.: Agnaten.

kognitiv [l.], erkennend; umfassende Begriff f. Wahrnehmen, Lernen u. Denken.

Kogon, Eugen (2. 2. 1903–24. 12. 87), dt. Soziologe u. Publizist; 1938–45 i. KZ; Hg. d. *Frankfurter Hefte; D. SS-Staat.*

Kohabitation [l.], Beischlaf.

Kohärenz, *w.* [l.], Eigenschaft mehrerer Wellenzüge, an jedem Raumpunkt eine zeitlich unveränderl. Phasendifferenz zu haben; Voraussetzung f. d. Erscheinung d. → Interferenz; auch → Laser.

Kohäsion [l.], gegenseitige Anziehung der Moleküle eines festen od. flüssigen Körpers; bei versch. Körpern: → Adhäsion.

Kohinoor, *m.* [ind. -'*nur* „Berg des Lichts"], Diamant im engl. Kronschatz; Gewicht: 108,63 Karat.

Helmut Kohl

Kohl, 1) Helmut (* 3. 4. 1930), CDU-Pol.; 1969–76 Min.präs. v. RP, s. 1973 CDU-Parteivors., 1976–82 Fraktionsvorsitzender d. CDU/CSU, s. 1982 B.kanzler; **2)** Michael (28. 9. 1929–4. 7. 81), Staatssekr. b. Min.rat d. DDR; 1974–78 ständ. Vertreter d. DDR in Bonn.

Kohl, Kreuzblütlergattung; viele wildwachsende K.arten, bes. Mittelmeergebiet, z. T. Stammformen der als Gemüse angebauten K.arten; Blumenkohl, → Blätterkohl usw.

Köhl, Hermann (15. 5. 1888–7. 10.

Kohlenwasserstoffe [Siedepunkte]:

	Kettenförmige Paraffine aus Erdöl oder Braunkohlenteer			Ringförmige Zykloparaffine aus Steinkohlenteer	
[40°– 70°]	Petroläther:	Pentan	C_5H_{12}	[40°–170°] Leichtöl:	Benzol C_6H_6
[60°–110°]	Leichtbenzin:	Hexan	C_6H_{14}		Toluol $C_6H_5CH_3$, Xylol $C_6H_4(CH_3)_2$
[100°–150°]	Schwerbenzin: ⎫	Heptan	C_7H_{16}	[180°–230°] Mittelöl:	Kresol $C_6H_4(CH_3)OH$
[100°–180°]	Lackbenzin: ⎬	Oktan	C_8H_{18}		Phenol C_6H_5OH, Naphtalin $C_{10}H_8$
[150°–250°]	Leuchtpetroleum: ⎭	Nonan	C_9H_{20}	[230°–270°] Schweröl:	Phenol C_6H_5OH
		bis Pentadekan	$C_{15}H_{32}$		Naphtalin $C_{10}H_8$
[300°–350°]	Treiböl, Schmieröl:		$C_{16}H_{34}$ bis $C_{20}H_{42}$	[über 270°] Grünöl:	Anthrazen $C_{14}H_{10}$
[über 300°]	Paraffinöl (entölt als Vaseline u. Petrolatum) und				Phenanthren $C_{14}H_{10}$ usw.
	feste Paraffine		$C_{17}H_{36}$ bis $C_{26}H_{54}$	Rückstand: Pech.	

1938), dt. Flugpionier; überflog 1928 mit v. Hünefeld u. Fitzmaurice als erster den Atlantik von O n. W.

Kohle, organ. kohlenstoffreiches Zersetzungsprodukt, aus vorwiegend pflanzl. Bestandteilen unter Luftabschluß u. hohem Druck entstanden; Stufen: *Torf, Braun-, Steinkohle, Anthrazit;* Grundstoff der modernen ind. Energieerzeugung (→ Schaubild); Weltvorrat: 7,5 Bill. t (geschätzt). Chemische Erzeugnisse aus K. (Stein- u. Braunkohlenteer) → Kohlenwasserstoffe, → Steinkohle; in der *Medizin:* als feines Pulver (Knochen- u. Tier-K.), zur Entgiftung; *Techn.* → Aktivkohle; z. Schwarzpulverherstellung: Holzkohle, als Stift: Zeichen-K. Auch Bez. f. Elektroden d. Bogenlampe u. Stromabnahmebürsten an Elektromotoren.

Kohledruck, Pigmentdruck zum Kopieren fotograf. Platten mittels Chromleim u. Ruß.

Kohlendioxid, CO_2, farbloses, geruchloses Gas, Dichte 1,977 g/l bei 0° und 1013 hPa; schwerer als Luft; entsteht bei Verbrennung, Kohle u. allen organ. Stoffen, bei der Atmung der Organismen, bei der Gärung; techn. durch Brennen von Kalk hergestellt und in Stahlflaschen. Verwendung als *Trockeneis,* da K. bei −78° sublimiert; die Pflanzen bauen aus dem K. der Luft (0,03 Vol.%) durch Assimilation → Kohlenhydrate auf. Zur Lösung von K. in Wasser → Kohlensäure.

Kohlenhydrate, wichtige Gruppe organ.-chem. Verbindungen, die Wasserstoff u. Sauerstoff im Verhältnis 2:1 (wie d. Wasser) neben dem Kohlenstoff enthalten; Entstehung bei der Kohlensäure-Assimilation der Pflanzen; K. sind alle Zuckerarten, wie die *Pentosen* (Arabinose, Xylose), die *Hexosen* (Trauben-, Fruchtzucker u. a.), die *Disaccharide* u. die *Polysaccharide* (→ Zucker); diese sind teils Hydroxyaldehyde u. Hydroxyketone; unentbehrlich f. d. Ernährung v. Mensch u. Tier, werden teilweise in Fett umgewandelt u. dienen durch Verbrennung in Kohlendioxid u. Wasser der Energiegewinnung.

Kohlen(mon)oxid, *CO,* farb-, geruchloses, brennbares Gas; entsteht bei unvollkommener Verbrennung v. Kohle (in schlecht abziehenden Öfen u. in Auspuffgasen d. Kraftfahrzeuge); Bestandteil des Leucht-, Generator- u. Wassergases; sehr giftig (verbindet sich m. d. → Hämoglobin u. macht dieses unfähig zur Sauerstoffaufnahme).

Kohlensack, auffällige dunkle Stelle in der Milchstraße (am Südhimmel); verursacht durch dunkle kosm. Staubmassen.

Kohlensäure, Bezeichnung für in Wasser gelöstes Kohlendioxid (CO_2) und die dazu im Gleichgewicht stehende Säure (H_2CO_3); gelöst in Mineralwasser; Metallsalze, Hydrogencarbonate und Carbonate; diese bilden große Gebirge (Kalk, Dolomit, Kreide, Marmor); → Kohlendioxid.

kohlensaure Bäder, bes. z. Behandlung von Herz- und Gefäßkrankheiten (z. B. Bad Nauheim).

Kohlenstaub, in Bergwerken Anlaß zu **K.explosionen,** → Bergbau. - **K.motor** → Verbrennungskraftmaschinen.

Kohlenstoff, *C,* chem. El., Oz. 6, At.-Gew. 12,01115; Nichtmetall, Vorkommen: rein als Diamant (härtester Stoff, Dichte 3,51) u. als Graphit (weich, Dichte 3,2), unrein als Steinkohle; in allen organ.-chem. Verbindungen; auch → Radiocarbonmethode.

Kohlenwasserstoffe, Verbindungen des Kohlenstoffs m. Wasserstoff; bei gr. Kohlenstoffgehalt fest, bei geringem flüssig, bei kleinem gasförmig; Bindung der Kohlenstoffatome kettenförmig bei den *aliphatischen K.n* d. Methanreihe (Methan, Ethan, Propan usw.) und ringförmig bei d. *aromatischen K.n* d. Benzolreihe (Benzol, Toluol, Xylol) u. ihren Abkömmlingen; K. m. Doppelbindungen zw. Kohlenstoff-Atomen: → Olefine u. → Diene; Vorkommen in Grubengas, Erdgas, Erdöl, Erdwachs, Asphalt.

Kohlenwertstoff, Erzeugnis aus der chem. Weiterverarbeitung der Kohle (→ Kohlenwasserstoffe). - **K.industrie,** in der BR bes. in NRW; Erzeugung: Pech, Teeröl, Benzol, Phenol, Krysol, Fischer-Tropsch-Produkte u. a.; → Steinkohle.

Köhler, 1) Georges J. S. (* 17. 4. 1946), dt. Immunologe u. Molekularbiol.; (zus. m. N. K. → Jerne u. C. → Milstein) Nobelpr. 1984 (Arbeiten z. Aufbau u. z. Steuerung d. Immunsystems); **2)** Wolfgang (21. 1. 1887–11. 6. 1967), dt. Psychologe, Mitbegr. d. → Gestaltpsychologie.

Köhlerei, früher übl. Holzverkohlung in Meilern.

Kohleule, Eulenschmetterling; Raupe bes. auf Kohlpflanzen (*"Herzwurm"* des Kohls).

Kohleverflüssigung, Gewinnung flüssiger Treibstoffe aus Kohle: **a)** direkte Hydrierung der Kohle nach *Bergius-Bosch* (Leunabenzin, Propangas); **b)** Vergasung des Kokses und Hydrierung des Kohlenoxids nach *Fischer-Tropsch* (Ruhrchemie-Benzin, Paraffin).

Kohlhernie, durch Schleimpilz verursachte Erkrankung der Kohlwurzel.

Kohlrabi, Kohl mit Stengelknolle; Gemüse.

Kohlraupe, Larve des Kohlweißlings, → Weißlinge.

Kohlröschen, Orchidee (Abb. S. 345). ♦.

Kohlscheid, s. 1972 zu → Herzogenrath.

Kohlweißling, Schmetterling, → Weißlinge.

Köhnlechner, Manfred (* 1. 12. 1925), dt. Manager u. Heilpraktiker; *Vermeidbare Operationen; Gesundheit - eine Utopie?; Leben ohne Krebs; Leben ohne Schmerz.*

Kohorte, w. [l.], altröm. Heeresformation ca. 600 Mann stark, 10. Teil der Legion.

Kohout [-*hut*]*,* Pavel (* 20. 7. 1928), tschech. Schriftst.; *August, August, August; D. Leben mit den stillen Haus.*

Koimbatur, *Coimbatore,* ind. St. im Dekhan, 700 000 E.

Koine, w. [gr.], die „allgemeine" griech. Umgangssprache d. hellenist. Welt.

Koinzidenz, w. [l.], Zusammenfallen. - **K.methode,** Verfahren z. Nachweis v. → Elementarteilchen; erst wenn Nachweisgeräte (Zähler) zugleich ansprechen, wird registriert (Ausschaltung von Störungen).

Koitus, [l.], Beischlaf, Geschlechtsverkehr.

Koivisto, Mauno (* 25. 11. 1923), finn. Pol. (Sozialdemokr. Partei); 1968–70 u. 1979–82 Min.präs.; s. 1982 Staatspräs.

Koje, feste Bettstelle, kleiner abgetrennter Raum (in Schiffen).

Kojote, der Präriewolf N-Amerikas.

Kokaïn, *s. Cocain,* Alkaloid aus den Blättern eines → Kokapflanze; früher med. zur Betäubung der Schleimhäute; Rauschgift in Form eines weißen Pulvers, das geschnupft wird.

Kokand, St. i. d. Usbek. Sowj.rep., 182 000 E; chem., Metall-, Textil- u. Nahrungsmittelind.

Kokarde, w. [frz.], Bandrosette od. rundes farbiges (National-)Abzeichen an Dienstmützen u. Militärflugzeugen.

Kokerei, Betrieb z. Herstellung von Koks; Nebenprodukte: Teer, Ammoniak, Leuchtgas, Benzol.

kokett [frz.], gefallsüchtig.

Koketterie, w., Gefallsucht.

kokettieren, liebäugeln.

Kokille [frz.], Metallform für Gußzwecke.

Kokken [gr.], kuglige Bakterien (z. B. *Gonokokken*).

Kokon, m. [frz. -'kõ], Hülle mancher Insektenpuppen aus Spinnfäden, → Seidenspinner; auch Schutzhülle um Eigelege.

Oskar Kokoschka
Selbstbildnis

Kokoschka, Oskar (1. 3. 1886–22. 2. 1980), östr. Maler, Graphiker u. Schriftst.; Mitbegr. des dt. Expressionismus; ekstat. Wesensschau u. maler. Kultur aus barocker u. impressionist. Überlieferung; Landschafts- u. Städtebilder, Porträts; später mytholog. Themen.

Kokosinseln, *Cocos-Keeling-Inseln,* Inselgruppe im Ind. Ozean, 14 km², 600 E; Kabelstation. Ausfuhr: Kokosnüsse u. -öl, Kopra; s. 1955 v. Australien verwaltet.

Kokospalme, Palme trop. Küsten, eine der wichtigsten Nutzpflanzen. Das fettreiche Kernfleisch des großen Samens, *Kokosnuß,* wird getrocknet (*Kopra*) und dient zur Gewinnung von *Kokosfett* (Pflanzenfett, Kerzen, Seife); äußere faserige Hülle zu Geflechten, Matten usw.; Saft d. verletzten Blütenstandes zu Palmwein u. Zucker. Welterzeugung an Kopra 1982: 4,9 Mill. t.

Kokotte, w. [frz. „Hühnchen"], Halbweltdame.

Koks, m. [engl. „coke"], der feste Rückstand bei Entgasung der Steinkohle, fast reiner Kohlenstoff, ohne Flammenbildung brennend. *Zechen-* oder *Schmelzkoks,* aus Kokereien, hart u. schwer; zur Eisenverhüttung, auch f. Zentralheizungen; *Gaskoks,* aus Gasanstalten, porös, weich, leicht, daher rascher an- u. verbrennend für Hausbrand. – *K.*erzeugung in BR 1983 (Zechen-K.): 15,4 Mill. t. – *K.* aus Braunkohle → Grude.

Kok-Saghys, löwenzahnähnl. Gebirgspflanze Zentralasiens; i. d. UdSSR Anbau z. Kautschukgewinnung.

Kokura → Kitakyushu.

Kola, russ. Halbinsel zw. dem Weißen Meer und der Barentssee; der O sumpfig, der S waldreich, sonst Tundren, große Seen; Bergmassive, 1191 m; wichtiges Bergbaugebiet: Apatit, Nickel, Eisen, Monazit, Phosphat, Kupfer, Bauxit; Haupthafen *Murmansk;* → Murmanküste.

Kola, w., Alkaloid der **Kolanuß** (Samen), eines afrikan. Verwandten des Kakaobaumes; regt die Nerven an.

Kolakowski, Leszek (* 23. 10. 1927), poln. Phil. u. Schriftst.; krit. Marxist; 1977 Friednspr. d. Dt. Buchhandels.

Kolar, St. i. d. ind. Prov. Karnataka, im südl. Dekhan, 240 000 E; Goldbergbau.

Kolarier, *Munda,* die austroasiat. Urbevölkerung N-Indiens; über 3 Mill.; Mundasprachen.

Kolb, Annette (3. 2. 1870–3. 12. 1967), dt. Schriftst.in; Essays; Romane: *Das Exemplar;* Biographien: *König Ludwig II.* u. *Richard Wagner; Blätter im Wind.*

Georg Kolbe
Die große Sitzende

Kolbe, 1) Carl Wilhelm (20. 11. 1757–13. 1. 1835), dt. Zeichner, Radierer u. Schriftsteller; **2)** Georg (13. 4. 1877–15. 11. 1947), dt. Bildhauer; Akte in vereinfachten klass. Formen; **3)** Maximilian, P. (7. 1. 1894–14. 8. 1941), kath. Theol., im KZ umgekommen; 1982 heiliggesprochen.

Kolben, 1) Blütenstandsform, → Blüte; **2)** *techn.* → Dampfmaschine, Viertakt-, Zweitaktmotor, → Pumpe; **3)** kugelförmiges Glasgefäß mit langem Hals.

Kolbenheyer, Erwin Guido (30. 12. 1878–12. 4. 1962), dt. Schriftst. völkisch; nationalsozialist.; *Paracelsus.*

Kolbenhoff, Walter, eigtl. *Hoffmann* (* 20. 5. 1908), dt. sozialkrit. Schriftst.; *Heimkehr in die Fremde.*

Kolbenlot → Kullenberg-Lot.

Kolbenwasserkäfer, bis 4 cm lang, schwarz, Wasserbewohner, Algenfresser.

Kolberg, *Kolobrzeg,* poln. Hafenst. u. Bad in Pommern an d. Mündung der Persante; 30 000 E. – 1807 durch Gneisenau u. Nettelbeck gg. Franzosen verteidigt; bis 1945 preuß.

Kolbermoor (D-8208), St. i. Kr. Rosenheim, Bay., 14 220 E.

Kolchis, im Altertum die Landschaft an der Ostküste des Schwarzen Meeres.

Kolchizin, s., sehr giftiges Alkaloid, gewonnen aus der Herbstzeitlose, Arzneimittel; Zellteilungsgift, zur Züchtung polyploider Nutzpflanzenrassen.

Kolchosen, *Kollektivwirtschaften,* im Ostblock errichtete landw. Produktionsgenossenschaften, bei denen d. Entlohnung nach Arbeitseinheiten erfolgt; Großbetriebe auf genossenschaftl. Basis; auch → Sowchosen.

Kolhapur, St. i. ind. Staate Maharaschtra, 351 000 E; bis 1949 Hptst. des ehem. Fürstenstaates *K.*

Kolibakterien, z. normalen Darmflora (bes. i. Dickdarm) gehörig; gramnegativ; spalten u. a. Dextrose, Laktose, Lävulose, Mannit; krankhafterweise in Harnblase, Nierenbecken, Blut u. a. Organen, dann Blasen-, Nierenbeckenentzündung, Kolisepsis. Bei Wasseruntersuchungen als Anzeige f. fäkale Verunreinigungen (→ Kolititer).

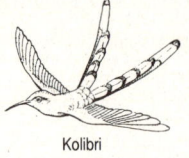

Kolibri

Kolibris, kleine, prächtige Schwirrvögel Amerikas; die kleinsten hummelgroß, andere in der Größe von Schwalben; Nahrung: Honigsaft und Blüteninsekten; Blumenbestäuber.

Kolik, w. [gr.], **1)** äußerst schmerzhafter Krampfzustand, eigtl. des Dickdarms, *Kolon,* auch bei Steinleiden: *Gallen-K., Nieren-K., Blasen-K.* usw.; Linderung durch Wärme u. krampflösende Mittel; **2)** bei Tieren, bes. Pferden: versch. verursachte Erkrankungen des Verdauungskanals, oft tödlich: *Überfütterungs-K., Wind-K., Stein-K., Wurm-K.* u. a.

Kolin, St. in Böhmen, an der Elbe, 26 000 E. – 1757 östr. Sieg (Daun) über → Friedrich II.

Kolitis [gr.], Dickdarmentzündung.

Kolititer, Maß f. d. Wasserverunreinigung durch Fäkalien. Test auf Vorhandensein der davon bewohnenden Kolibakterien in den Proben. Trinkwasser: weniger als 1 Kolibakterium/100 ml Wasser.

Kolkrabe → Rabe.

Kollaboration [l.], Zus.arbeit, meist m. d. Feind (Besatzungsmacht).

Kollagen, s. [gr.], leimgebende Substanz d. Bindegewebes, f. Leder-, Kunstdarm-, Gelatineherstellung.

Kollaps, m. [l.], Zusammenfall (*kollabieren*), Anfall v. Schwäche durch plötzl. Versagen d. peripheren Kreislaufs infolge Gefäßerschlaffung, Absinken des Blutdrucks, kalter Schweiß, Blässe, Ohnmacht, Pulslosigkeit durch Blutverlust od. Versacken d. Blutes in d. Depots; → Schock.

Kollár, Jan (29. 7. 1793–24. 1. 1852), slowak. Dichter u. Altertumsforscher; Begr. d. literar. → Panslawismus.

Kollation, w. [l.], **1)** Vergleichen, **kollationieren,** zweier Texte; Abstimmen einzelner Posten und Zahlenergebnisse m. d. Übertragungen in andere Bücher; **2)** leichte Zwischenmahlzeit, Erfrischung.

Kolleg, s. [l.], **1)** wiss. Vorlesung an Hochschulen; **2)** Institut zur Erlangung der HS-Reife; Voraussetzung mittlere Reife u. Berufsausbildung *(zweiter Bildungsweg).*

Kollegial-gerichte, mit mehreren Richtern besetzt; Ggs.: Einzelrichter. – **K.system,** Behördenorganisation, die Entscheidungen durch Abstimmung eines Kollegiums trifft.

Kollegium, s. [l.], Körperschaft v. Personen gleichen Amts od. Berufs *(Lehrerk., Kollegen);* Kammermusikvereinigung *(Collegium musicum).*

Kollegstufe, Neugestaltung d. gymnasialen Oberstufenklassen 11–13 in Grund- u. Leistungskurse (→ Schulwesen, Übers.).

Kollekte, w. [l.], Sammlung f. wohltätige Zwecke.

Kollektion, w. [l.], Sammlung, Auswahl- (sendung).

kollektiv [l.], gemeinschaftlich.

Kollektiv, s., **1)** die Zus.fassung von Einzelwesen als Gruppe (Rasse, Volk, Sippe, Stand, Klasse, Partei) und deren Gleichgerichtetsein (bzw. gemeinsame Vorstellungen, *K.vorstellungen*) im Unterschied z. Wollen, Fühlen u. Denken d. einzelnen; **2)** *volkswirtsch.* Arbeits-, Produktionsgemeinschaft z. gemeinsamen Bewirtschaftung d. Produktionsmittel u. d. Bodens, die gesellschaftl. (Staats-)Eigentum sind; extrem ausgebildet im kommunist. Staat. → Kolchosen. – **K.bewußtsein,** d. einer Menschengruppe gemeins. Bewußtseinsinhalte, Urteile, Vorurteile. **Kollektivismus,** Primat der Gemeinschaft (Stand, Gesellschaft); leugnet die Geltung d. Einzelpersönlichkeit; fordert v. einzelnen die unbedingte Unterwerfung unter seine Ziele u. nimmt diese z. ausschließl. Maßstab für d. pol. Handeln; politische Ausdrucksform des K. ist d. totalitäre Staat (Nat.sozialismus, Faschismus, Kommunismus).

Kollektivlohn → Lohn.

Kollektivschuld, angebl. Mitschuld aller Angehörigen eines Kollektivs für Handlungen, die v. einzelnen Angehörigen des Kollektivs begangen worden sind.

Kollektivum, s. [l.], *Sammelwort,* faßt Dinge oder Begriffe zusammen (z. B. Herde, Geschrei).

Kollektor, m. [l.], **1)** *Kommutator,* Stromabnehmer u. Stromwender (Gleichrichter) f. Anker b. Gleichstrommaschinen; **2)** Elektrode bei → Transistor, → Elektronenröhre.

Kollembolen, → Springschwänze.

Koller, 1) *Kollet, s.,* im MA Halskragen, im 17. Jh. Lederwams; **2)** Gehirnkrankheit bei Pferden.

Kollergang, Zerkleinerungsmaschine, aus senkrechten schweren Rädern bestehend, die sich um eine waagerechte u. zugleich um eine gemeinsame senkrechte Achse drehen.

Kolli [it.], Frachtstücke (Einzahl: *Kollo).*

kollidieren [l.], zusammenstoßen.

Kollier, s. [frz. *ko'lje*], Halsgeschmeide.

Kollision, w. [l.], Zusammenstoß.

Kollo, [l.] René (* 20. 11. 1937), Enkel v. 2), dt. Tenor; **2)** Walter (28. 1. 1878–30. 9. 1940), dt. Operettenkomp.; *Der Juxbaron.*

Kolloid, s., ein Stoff, d. keine *echte Lösung* (Molekulardispersion), sondern eine **kolloidale** Lösung (Dispersion) bildet, d. h., er ist im Lösungsmittel äußerst fein verteilt; Teilchengröße: 10^{-6} bis 10^{-8} mm; im Ggs. zu *echten* Lösungen ist *Dialyse* (→ Diffusion) v. kolloidalen Lösungen unmögl.; Trennung von Kolloid u. Lösungsmittel durch *Ultrafilter* kleinster Porengröße; Beispiele für K.: Milch (Fett-Eiweiß in Wasser), chin. Tusche (Lampenruß in Wasser).

Kolloidchemie, Chemie d. kolloidalen Lösungen (Th. Graham 1861).

Kolloquium [l.], Gespräch; Hochschullehrstunde in Form von Frage und Antwort.

Kollusion, *K.sgefahr,* svw. → Verdunkelungsgefahr.

Kollwitz, Käthe (8. 7. 1867–22. 4. 1945), dt. Graphikerin, Malerin u. Bildhauerin; Zyklen: *Der Weberaufstand; Der Bauernkrieg* (→ Tafel Radierung u. Kupferstich).

Kolmar → Colmar.

Köln, *Dom*

Köln (D-5000), Hptst. d. Rgbz. K. (7364 km², 3,91 Mill. E); krfreie St. a. Rhein, NRW, 937 482 E; got. Dom (1248 begonnen, 1842–80 vollendet); kath. Erzbistum; Uni. (1388–1797; 1919 neu gegr.). HS f. Musik u. f. Sport, PH; Museen (Wallraf-Richartz-Mus., Mus. Ludwig, Röm.-German. Mus., Rauten-

strauch-Joest-Mus., Mus. für Ostasiat. Kunst, Schnütgen-Mus.); Oper; Theater; 4 Rundfunk- u. Fernsehanstalten; B.amt f. Verf.schutz, OLG, LG, AG; BD, OPD, Oberfinanzpräs., IHK; MPI; Produkten- u. Warenbörse; Messen (Hausrat, Eisenwaren, „photokina", ANUGA, Intern. Möbelmesse); wichtig. Eisenbahnknotenpunkt, 5 Rheinhäfen; Raffinerie (m. Ölhafen), Automobil-, Metall-, chem., Elektro-, Textil-, Schokoladen- u. Zuckerwarenind., Kosmetik („Kölnisch Wasser", Eau de Cologne); Flughafen K./Bonn. – Römergründung um 50 v. Chr., seit 50 n. Chr. *Colonia Agrippinensis,* Bistum 3. Jh., Erzbistum 785; 1274 Freie Reichsst., 1815 preuß.

Kölner Malerschule, meist namentlich nicht bekannte niederrhein. Meister des 14. bis 16. Jh.; Hptvertr.: → Lochner.

Kolombine [it. „Täubchen"], *Colombina,* in der → Commedia dell'arte Geliebte des Arlecchino (→ Harlekin).

Kolon, s. [gr.], **1)** Dickdarm; **2)** Doppelpunkt (:).

Kolone, in fränk. Zeit unfrei gewordener, schollengebundener Bauer.

Kolonialismus [l.], **1)** Erwerb u. Nutzung von Kolonien; **2)** Herrschaft über fremde, meist überseeische Gebiete; **3)** rücksichtslose Ausbeutung dieser abhängigen Gebiete, → Imperialismus.

Kolonialstil, 1) aus Europa in Kolonialgebieten übernommene Bauweise; **2)** die engl. klassizist. Architektur des 17. und 18. Jh. in N-Amerika.

Kolonie, w. [l.], **1)** Ansiedlung, bes. im Ausland; **2)** Ausländergruppe in einer fremden Stadt; **3)** *biol.* infolge ungeschlechtl. Vermehrung entstandene Verbände (Bakterien; Algen; Tierstöcke, z. B. Schwämme, Korallen) od. gesellig lebende Tiere (Reiher, Möwen).

Kolonien, meist überseeische Gebiete, die sich von einem Staat angliedern, um sich dort wirtsch. u. kulturell zu betätigen; Liefergebiete f. Rohstoffe u. Absatzgebiete für Fertigfabrikate.

Kolonnade, w. [frz.], Säulengang mit geradem Gebälk (Petersplatz, Rom); Ggs.: → Arkade.

Kolonne, w. [frz. „Säule"], Marschformation von Truppen. Auch svw. Zahlenrubrik.

Kolophon, m. [gr.], Schlußvermerk ma. Handschriften u. Frühdrucke, mit Angabe von Verfasser, Titel, Drucker, Druckort und -jahr; jetzt → Impressum.

Kolophonium, gelbbraune, spröde Masse, durch Destillation von Fichtenharz gewonnen, zum Aufrauhen v. Violinbogen u. ä.; f. Lacke, Firnisse, Papierleim, Seifen, auch Schmierölzusatz.

Koloradokäfer, *Kartoffelkäfer,* ein Blattkäfer; Larven als Schädlinge auf Kartoffelblättern; aus N-Amerika im vorigen Jh. nach Europa u. Dtld eingeschleppt, aber immer wieder unterdrückt.

Koloratur, w. [it.], Verzierung im Kunstgesang.

kolorieren [l.], färben, bunt ausmalen.
Kolorit, s. [it.], **1)** Farbgebung in d. Malerei; **2)** Klangfarbe in der Musik; **3)** Hautfarbe (med.).
Koloß [gr.], riesengroßes Bildwerk. *K. v. Rhodos* (3. Jh. v. Chr.; zerstört), eines d. → Sieben Weltwunder d. Antike. – **K. v. Rhodos,** 35 m hohe Apollo-Statue, eines der → Sieben Weltwunder d. Altertums, 224 v. Chr. umgestürzt.

Kolosseum *in Rom*

Kolosseum, → Amphitheater i. Rom, unter den Flavierkaisern Vespasian u. Titus 70–80 n. Chr. erbaut.
Kolping, Adolph (8. 12. 1813–4. 12. 65), dt. kath. Priester; Begr. d. kath. Gesellenvereine *(K.sfamilien):* „Gesellenvater".
Kolportage, w. [frz. *-ʒə*], Hausieren mit billigen Büchern; Hintertreppenliteratur.
Kolporteur, m. [*-'tør*], Hausierer.
kolportieren, Gerüchte verbreiten.
Kolposkopie [gr.], Lupenuntersuchung d. Scheidenschleimhaut m. einem bes. Gerät, wichtig f. d. Krebsdiagnostik.
Koltschak, Alexander (1874–7. 2. 1920), russ. Admiral, führte 1918–19 antibolschewist. Armee i. Sibirien.
Kolumbanus (7. Jh.), irischer Apostel in Dtld.
Kolumbien, amtl. *República de Colombia,* Rep. im NW von Südamerika, 1 138 914 km², 30,25 Mill. E (27 je km²); Bev.-Zuw. 1,9%; Sprache: Span.; Währung: kol. Peso (kol$); Rel.: röm.-kath.; Hptst. *Bogotá;* Flagge S. 340, Karte S. 746/47. **a)** *Geogr.:* Hochgebirgsland d. Anden (5700 m) im W, Tiefland (Llanos) mit Grasflächen im O. **b)** *Wirtsch.:* Basis bilden die Kaffee- (1988: 780 000 t, an 2. Stelle i. d. Welt) u. Erdölproduktion (1988: 18,9 Mill. t); daneben bed. Bodenschätze: Gold, Platin, Edelsteine, Eisenerz, Kohle. **c)** *Außenhandel* (1988): Einfuhr 4,56 Mrd., Ausfuhr 4,87 Mrd. $. **d)** *Verf.* v. 1957: Präs., Min.rat, Kongreß (2 Kammern). **e)** *Verw.:* 23 Departamentos, 4 Intendencias, 5 Comisarías. **f)** *Gesch.: Neugranada* 1538–1819 span.; m. Ecuador u. Venezuela bis 1830 Bundesrep. (Großkolumbien), innere Wirren; s. 1886 Republik, 1948–57 Bürgerkrieg, 1952–57 Mil.dik-

tatur; 1958–82 Ausnahmezustand; 1989/90 schwere Konflikte m. Drogenmafia. **g)** *Mitgl.:* UN, OAS, ALADI, SELA.

Christoph Kolumbus

Kolumbus, Christoph, *Cristóbal Colón* (1451–20. 5. 1506), entdeckte 12. 10. 1492 in span. Diensten die Antilleninsel Guanahani, dann Cuba u. Haïti, auf 3 weiteren Reisen 1493–1504 Mittel- u. S-Amerika; hielt Amerika für O-Indien („Indianer").
Kolumne, w. [l. „Säule"], Druckspalte, -seite.
Kolumnist [l.], Journalist, dem ständig eine bestimmte Spalte in einer Zeitung oder Zeitschrift zur Verfügung steht.
Kolvenbach, Peter-Hans P. (* 30. 11. 1928), ndl. kath. Theol.; s. 1983 Ordensgeneral d. → Jesuiten.
Kolyma, ostsibir. Strom vom Tscherskigebirge in d. Ostsibir. See; 2129 km l., 1160 km (bis Werchne Kolymsk) schiffbar; fischreich. – **K.gebiet,** sowj. Gebiet im K.gebirge u. am Ochotskischen Meer, neu erschlossen, reiche Gold- u. Erzvorkommen. – **K.gebirge,** Gebirgszug in O-Sibirien, über 1000 km lang, östl. d. K.
Koma [gr.], *Coma,* **1)** *s., med.* tiefe Bewußtlosigkeit, bes. bei Leberinsuffizienz, Urämie u. Diabetes; → extrakorporale Dialyse; **2)** *w., astronom.* die einen Kometenkern umgebende Hülle; **3)** *w.,* in der *Optik:* Bildfehler.
Kombattanten [frz.], Mitkämpfer.
Kombi, Abk. f. *kombiniertes* Pers.- u. Lieferauto, meist mit Hecktür.
Kombinat, wirtsch. Organisationsform in früheren Ostblockstaaten: **1)** *Lokal-K.,* Zus.fassung von Betrieben versch. Produktionszweige gleicher Rohstoff- od. Halbfabrikatgrundlage am gleichen Standort zwecks gemeins. Auswertung v. Energiequellen (z. B. in Dnjepropetrowsk); **2)** *Gebiets-K.,* Vereinigung v. auseinanderliegenden Ind.komplexen, bes. Hüttenbetriebe, z. planmäß. Zuordnung v. Rohstoffvorkommen, Energiequellen u. Transportmitteln durch direkte Verkehrsadern (z. B. Ural-Kusnezk-K.).
Kombination, w. [l.], Verbindung v. Vorstellungen, Urteilen od. Folgerungen.
kombinieren, verknüpfen, folgern.
Kombüse [niederdt.], Schiffsküche.
Kometen [gr.], Schweifsterne sehr geringer Masse, bestehen meist aus d. von e. nebelartigen Hülle umgebenen Kern und

e. Schweif, wandern in Ellipsen (auch parabolisch) um die Sonne u. stoßen i. Sonnennähe unter Einfluß d. Sonnenstrahlung (→ Strahlungsdruck) Gase (Kohlenoxid, Cyan, Wasserstoff) aus, die einen v. der Sonne weggewendeten, leuchtenden, mitunter mehrfachen Schweif bilden, dessen Länge größer als der Erde-Sonne-Abstand sein kann; Auflösung einiger Kometen in Sternschnuppenschwärme m. derselben Bahn wie der Komet (Abb. → Tafel Himmelskunde).
Komfort, m. [engl.], (häusliche) Bequemlichkeit.
Komi, 1) *Syrjänen,* ostfinn. Volk im NO Rußlands, ca. 320 000 Angehörige; **2)** autonome Sowjetrep. im Flußgebiet d. Petschora, 415 900 km², 1,3 Mill. E; Kohle, Holz; Hptst. *Syktywkar* (233 000 E).
Komik, w. [gr.], Lächerlichkeit.
Komiker, heiteres Bühnenfach.
Kominform, Kom*munist.* **Inform***ationsbureau,* 1947 gegr., neue Form der **Komintern,** der **3.** → Internationalen; bezweckte Zus.arbeit der kommunist. Parteien; 1956 aufgelöst.
Komitat, s. od. m., Geleit; in Ungarn Verw.bez.
Komitee, s. [frz.], Ausschuß mit bes. Auftrag.
Komitee für Währungs- und Devisenangelegenheiten, löste 1973 d. *Eur. Währungsabkommen* ab; besteht a. Vertr. d. → OECD, d. → Internationalen Währungsfonds u. d. → Bank für internationalen Zahlungsausgleich.
Komitien [l. *-tsīən*], im alten Rom die Versammlungen der Bürgerschaft.
Komma, s. [gr.], *Beistrich,* Satzzeichen (.); in d. *Math.* f. Dezimalbrüche (z. B. 2,27) u. in angelsächs. Ländern als Dezimalpunkt (z. B. 100,000) verwendet.
Kommabazillen, Erreger der asiat. Cholera.
Kommandeur [frz. *-'dør*], **1)** Truppenführer eines Bataillons, Regiments usw.; **2)** K., *Komtur,* Inhaber der höheren Klasse eines Ordens.
Kommanditgesellschaft, *KG,* Handelsges., bei der mindestens ein Gesellschafter, *Komplementär,* persönl., die anderen, *Kommanditisten,* nur mit ihrer Einlage den Gläubigern haften (§§ 161 ff. HGB); Geschäftsführung steht dem Komplementär zu; Mischung zw. Kapital- u. Personalges. – **K. auf Aktien,** *KGaA,* selbständige jur. Person; Mischform von KG u. AG. Kommanditaktionäre haften nur mit Einlage; Komplementäre (leiten stets KGaA) haften in voller Höhe persönlich.
Kommende, w., urspr. kirchl. Pfründe od. Kloster, deren wirtsch. Ertrag einem Außenstehenden z. Nutznießung übertragen wird; auch → Komtur.
kommensurabel [l.], 2 (oder mehr) Größen, die durch eine dritte Größe ohne Rest teil- oder meßbar sind (z. B. 12 und 16 durch 4).
Komment, m. [frz. *-'mã*], „das Wie",

Vorschrift für Ausführung student. Bräuche.

Kommentạr, m. [l.], Erläuterung, Anmerkungen.

Kommerell, Max (25. 2. 1902–25. 7. 44), dt. Literarhistoriker u. Dichter; *Dichter. Welterfahrung.*

Kommẹrs, m. [l.], student. Trinkgelage. – **K.buch,** Sammlung v. Studentenliedern.

Kommẹrz, m. [l.], Handel.

kommerziell, den Handel betreffend.

Kommẹrzienrat, bis 1919 an Industrielle und Kaufleute verliehener Titel.

Kommilitọne [l.], Mitstudent, Studiengenosse.

Kommis, m. [frz. -'miː], Handlungsgehilfe.

Kommịß, m. [l.], Bez. der heereseigenen, dem Soldaten zur Benutzung übergebenen Gegenstände *(K.stiefel, -kleidung);* übertragen svw. Militär. *K.brot,* Vollschrotbrot für Soldaten.

Kommissar [l.], *Kommissär* [frz.], mit Spezialauftrag Betrauter (z. B. *Staats-K., EG-K.);* auch Beamtentitel *(Polizei-K.);* Dienststelle: **Kommissariạt.**

kommissarische Vernehmung, Vernehmung von Zeugen u. Sachverständigen im Prozeß *außerhalb* der Hauptverhandlung; nur bei Krankheit od. gr. Entfernung zulässig.

Kommissịon, 1) Ausschuß zur Bearbeitung einer bes. Aufgabe; **2)** Geschäftsauftrag, bes. der vom Kommissionär ausgeführte; auch dessen Vergütung.

Kommissionär, kauft od. verkauft gewerbsmäßig im eigenen Namen f. Rechnung eines anderen *(Kommittent)* Waren, Wertpapiere.

Kommissionshandel im eigenen Namen für Rechnung eines *Dritten* (§§ 383–406 HGB); Ggs.: Eigenhandel.

Kommissionsverlag, Herstellung u. Verbreitung erfolgt f. Rechnung d. Verfassers u. im Namen des Verlags.

Kommittẹnt [l.], → Kommissionär.

Kommodore [engl.], *Marine:* mit Admiralsdienst beauftragter Kapitän zur See; *Handelsmarine:* Ehrentitel älterer Kapitäne; *Luftwaffe:* Kommandeur eines Geschwaders.

kommunạl [l.], eine Gemeinde betreffend.

Kommunal-anleihen, 1) alle Schulden auf die Gemeinden u. Gemeindeverbände; **2)** im engeren Sinne die langfrist., auf d. Kapitalmarkt placierten Anleihen. – **K.beamte,** in der → Kommunalverwaltung tätige Beamte. – **K.verbände,** *Gemeindeverbände,* Zus.schluß von Gemeinden; ferner *Dt. Städtetag, Dt. Städtebund* (kreisangehörige Städte), *Dt. Gemeindetag, Dt. Landkreistag,* zus.geschlossen u. d. Arbeitsgemeinschaft d. kommunalen Spitzenverbände, für diese → Deutscher Städtetag federführend. – **K.verfassung** → Gemeindeverfassung. – **K.verwaltung,** Verw. der Gemeinden u. K.verbände, **1)** *Selbstverwaltung* bei

örtl. Angelegenheiten (z. B. Bau- u. Verkehrs-, Volks- u. Berufsschulwesen, Erwachsenenbildung, Gesundheitswesen, Armenpflege, Wasser-, Gas-, Stromversorgung); **2)** *Auftragsverwaltung;* auch übertragene staatl. Aufgaben; → Gemeinde.

Kommunale Spitzenverbände, freiwillige Zusammenschlüsse, die d. gemeinsamen Interessen der beteiligten Körperschaften vertreten.

Kommunalisịerung, Übernahme privatwirtsch. Unternehmungen in Gemeindeverw.; Art der Sozialisierung.

Kommụne [l.], **1)** Gemeinde; **2)** (sozialist.) Wohn- u. Wirtsch.gemeinschaft v. jungen Leuten *(Kommunarden);* **3)** Pariser K.: März–Mai 1871 Aufstand gg. Reg. Thiers, blutig niedergeschlagen.

Kommunikation, [l.], **1)** Verbindung, Verkehr; **2)** Mitteilung. Auch → Textkommunik., → Telekommunik.

Kommunịon [l. „Gemeinschaft"], die gemeinsame Abendmahlsfeier der **Kommunikạnten.**

Kommunịsmus, Gesellschaftsform, in der d. Produktionsmittel: Boden u. Produktionsmittel (Werkanlagen, Maschinen, Rohstoffe) vergesellschaftet sind u. die daher kein „arbeitsloses Einkommen" (Kapitalzins, Grundrente) kennt. Im 19. Jh. Bez. f. die erste intern. Arbeiterorganisation (Kommunist. Manifest, → Sozialismus, Übers.); heute Bez. für d. → Marxismus-Leninismus. Auch → Bolschewismus.

Kommunistisches Manifest, das 1848 v. Karl Marx und Friedrich Engels verfaßte grundlegende Dokument des → Sozialismus (Übersicht).

kommunizịeren [l.], **1)** in Verbindung stehen; **2)** (schriftl.) mitteilen; **3)** die → Kommunion empfangen.

kommunizierende Röhren

kommunizierende Röhren, miteinander verbundene Röhren; in den Schenkeln steht Flüssigkeit gleich hoch; bei nicht mischbaren Flüssigkeiten verhalten sich die Höhen *umgekehrt* wie die spez. Gewichte.

kommutatịv, *math.* die Reihenfolge der einzelnen Größen ist bei einer Rechenoperation gleichgültig.

Kommutạtor, m. [l.], **1)** svw. → Stromwender; **2)** svw. → Kollektor.

Komödie, w. [gr.], im Altertum Umzug *(komos)* u. Gesang *(ode)* zu Ehren des Gottes Dionysos; Klassiker d. altattischen, pol. satir. K.: *Aristophanes* (Abb. → Tafel Schauspielkunst); im MA: Dichtungen mit ernstem Anfang u. glückl. Schluß (z. B. *Göttliche Komödie);* heute dramat. Gattung, svw. Lustspiel.

Komoren, amtl. *République fédérale et islamique des Comores,* Rep. u. Inselgruppe in d. Straße v. Moçambique, Ind. Ozean, vormals frz. Überseegebiet, s. 1978 unabhängig, s. 1978 islam. B.rep.; 1862 km², 434 000 E (Insel Mayotte 375 km², 55 000 E, zu Frankreich, aber v. d. Komoren beansprucht); Ausfuhr v. Kakao, Kopra, Vanille; Hptst.: *Moroni* (16 000 E); Flagge S. 340, Karte S. 748; Mitgl. d. UN, OAU; AKP-Staat.

Komorn, *Komárno,* tschech. St. u. Hafen auf der O-Spitze der Donauinsel Gr. Schütt, 30 000 E.

Komotau, tschech. *Chomutov,* böhm. St. am Erzgebirge, 57 000 E.

Kompagnon [frz. -paɳɔ̃], Teilhaber, Gesellschafter.

kompạkt [l.], dicht, fest, massiv.

Kompanie, 1) Handelsgesellschaft mit mehreren Teilhabern; **2)** kleinere mil. Einheit.

Komparatịon, w. [l.], Steigerung v. Eigenschafts- u. Umstandswort; 3 Steigerungsgrade: z. B. *tief* (Positiv), *tiefer* **(Komparativ),** *tiefst* (Superlativ).

Komparạtor, m. [l.], Apparat z. Vergleichen eines Maßstabes mit dem Normalmaßstab, hat zwei verschiebbare Ablesemikroskope.

Kompạrse [it.], → Statist.

Kompaß

Kọmpaß, m. [it.], in Gehäuse drehbar angebrachte Magnetnadel zur Bestimmung d. Richtung, Mißweisung → Erdmagnetismus; Schiffs-K. zur Waagerechthaltung in → *kardanischer Aufhängung;* → Kreiselkompaß.

kompatịbel, kompatịbel, **Kompatibilität,** *Verträglichkeit, Technik* allg. Austauschbarkeit v. techn. Systemen ohne bes. Änderungen; → *EDV:* Möglichkeit, innerhalb versch. Systeme Programme, Daten, Geräte u. Datenträger (z. B. Computer-Disketten) ohne spezielle Anpassung auszutauschen.

Kompẹndium, s. [l.], Handbuch, wiss. Abriß.

Kompensatịon, w. [l.], Entschädigung, Aufrechnung, Ausgleich; Ggs.: *Dekompensation.*

Kompensạtor, m. [l.], Vorrichtung z. Ausgleichen (z. B. Ausdehnungsrohr, das, in Rohrleitung eingeschaltet, Wärmeausdehnung ausgleicht).

kompensatọrischer Unterricht, „ausgleichender" U., dient der Förderung sozial benachteiligter Schulkinder im Interesse bildungsmäßiger Chancengleichheit.

kompensịeren [l.], **1)** aufwiegen, ausglei-

chen; **2)** in der Schiffahrt Ausgleichen der schiffsmagnetischen Kräfte durch Verlegen von Magneten; **3)** in der Luftfahrt Anpassung d. Instrumente an die Magnetkräfte des Flugzeugs.
kompetent [l.], zuständig.
Kompetenz, w., Zuständigkeit.
Kompilation, w. [l.], aus anderen Werken zus.getragene, **kompilierte,** Schrift.
Komplement, s. [l.], Ergänzung; *K. eines Winkels* ist der Winkel, der ihn zu einem rechten Winkel ergänzt.
Komplementär → persönlich haftender Gesellschafter.
Komplementärfarbe, Farbe, die eine gegebene zu Weiß ergänzt (z. B. Rot–Grün, Blau–Gelb); → Spektrum.
Komplementarität [l.], **1)** *phys.* die Tatsache, daß → Elementarteilchen je nach Beobachtungsmethode jeweils nur eine Seite ihres "Wesens" zeigen, z. B. Elektronen entweder als Welle od. als Korpuskel erscheinen; **2)** in d. *Biologie:* Organismus je nach Betrachtung phys.-chem. System od. "beseelt".
Komplementbindung → Serumdiagnostik.
Komplet, 1) w. [l.], Schlußgebet der kirchl. Tageszeit; **2)** s. [frz. *ko'plɛ*], aus mehreren Teilen besteh. Mahlzeit; **3)** auch Damenkleidung (Kleid und Jacke od. Mantel).
komplett, vollständig.
komplettieren, vervollständigen.
Komplex, m. [l. "complectere = zusammenflechten"], **1)** aus mehreren Komponenten bestehendes Ganzes; **2)** *psychoanalytisch:* miteinander verknüpfte u. gefühlsbetonte Vorstellungen, die nicht akzeptiert u. verdrängt werden.
Komplexe, Name f. chem. Verbindungen, in denen um ein Zentralatom ein od. mehrere neutrale Moleküle u./od. Ionen gruppiert sind; Komplexbildner in d. Wasch- u. Reinigungsmittel-, Lebens- u. Arzneimittelind., im Umweltschutz usw. verwendet, um Metalle zu binden u. zu entfernen, Wasser zu enthärten, Gase zu binden usw. Mehrkernkomplexe besitzen mehrere Zentralatome.
komplexe Zahlen, aus einer → reellen u. e. → imaginären Zahl ($i = \sqrt{-1}$ zusammengesetzte Zahlen (z. B. + 14 − 3i).
Komplikation, w. [l.], erschwerendes Zus.treffen, Verwicklung (z. B. von Krankheiten).
Kompliment, s. [frz.], Höflichkeit, Artigkeit.
Komplize, m. [frz.], Mitschuldiger, Helfershelfer.
kompliziert, verworren, verwickelt.
Komplott, s. [frz.], Verabredung zu gemeinsamer Tat, bes. strafbarer Handlung; Verschwörung.
Komponente, w. [l.], **1)** Bestandteil; mitwirkende od. mitbestimmende Kraft; **2)** *astronom.* jeder der ein Doppelsternpaar bildenden Sterne.
komponieren [l.], ein mus. Kunstwerk *(Komposition)* verfassen.

Komponist, svw. Tondichter.
Kompositen, svw. → Korbblütler.
Kompositum, s. [l.], zus.gesetzte Worte (z. B. *Glatteis*).
Kompost, m. [l. "Zusammengesetztes"], Dünger, vermischt aus Erde u. verwesenden Stoffen.
kompreß, im Buchdruck: enger Schriftsatz ohne Zeilenzwischenraum; Ggs.: → splendid.
Kompresse [l.], nasser Umschlag (Auflage).
Kompression [l.], Zusammendrückung; *techn.* Verdichtung v. Gasen.
Kompressoren, Maschinen z. Verdichtung v. Luft od. Gasen; entweder als Kolbenpumpen (m. geradliniger Hinund-herbewegung) od. als Rotations- oder Turbo-K.
komprimieren, zusammendrücken.
Kompromiß, m. od. s. [l.], **1)** Vergleich zw. Parteien unter gegenseitigem Nachgeben; **2)** Zugeständnis.
kompromittieren [frz.], bloßstellen.
Komsomol, m., Abk. f. Kom*munisti-tscheskij so*jus mol*odjoschi,* russ., Jugendorganisation d. Sowjetunion; Mitglieder: die **Komsomolzen.**
Komsomolsk-na-Amure, sowj. St. u. Flußhafen am unteren Amur, 315 000 E; Stahlwerke, Flugzeug- u. Schiffbau; Ölraffinerie.
Komteß, w. [frz.], *Komtesse,* Anrede d. unverheirateten Grafentochter.
Komtur [ml.], **1)** geistl. Ordensritter, der ein best. Gebiet, *Kommende, Komturei,* verwaltet; **2)** bei modernen Ordenszeichen: *K.kreuz,* Klasse nach dem Großkreuz, um den Hals getragen.
Konak, m. [türk. "Haus"], Regierungsgebäude.
Konakry, *Conakry,* Hptst. der Rep. Guinea, am Atlantik, 800 000 E; Erzhafen; Flughafen.
Konche, w. [gr.], halbrunde Nische od. → Apsis bzw. ihre Halbkuppel.
Konchylien [gr.], Schalen der → Weichtiere.
kondemnieren [l.], als seeuntüchtig erklärtes Schiff außer Dienst stellen.
Kondensation [l.], Verdichtung von Gasen oder Dämpfen zu Flüssigkeiten mittels Abkühlung od. Druck.
Kondensator, 1) Behälter (z. B. bei der Dampfmaschine od. Turbine), in dem ein Unterdruck herrscht, so daß Abdampf auf geringeren Druck als in der Außenluft trifft; Verflüssigung des Dampfes durch Wärmeentzug an kalten Oberflächen: *Oberflächenkondensation,* od. durch Einspritzen von kaltem Wasser: *Mischkondensation;* der so abgekühlte Dampf heißt **Kondensat; 2)** *el.* gegenseitig isolierte Stromleiter, auf denen sich Elektrizität ansammelt *(Leidener Flasche),* besitzt für Wechselstrom frequenzabhängigen, für Gleichstrom theoret. unendl. hohen Widerstand (kapazitiver W.); Aufbau: Leiter aus Metallplatten od. -folien, Isoliermaterial Luft, Öl, Pa-

pier, Keramik u. a. → diëlektrische Stoffe.
Kondensfahnen, *Kondensstreifen,* Wolkenbildungen hinter einem hochfliegenden Flugzeug; entstehen im Bereich der Verbrennungsgase.
Kondensor, m. [l.], die Beleuchtungslinse v. Projektionsapparaten u. Mikroskopen.
Kondition [l.], Bedingung; *med.* körperliche, auch seelisch-geistige Verfassung, Leistungsfähigkeit.
Konditionalismus, Lehre, daß nie *eine* Ursache, sondern eine *Gesamtheit* v. Bedingungen eine Erscheinung bestimmt.
Konditionierung, *psych.,* **1)** *klass.* K., zeitl. u. systemat. Kopplung eines neutralen Reizes (z. B. Pfeifton) m. einem unbedingten Reiz (z. B. Luftstoß) zur Ausbildung einer → bedingten Reaktion (z. B. Lidschluß auf Pfeifton); **2)** *operante K.,* Verstärkung einer best. Verhaltensweise durch konsequente Belohnung.
Kondolenz, w. [l.], Beileidsäußerung, z. B. **K.**besuch.
Kondom, s. [frz.], *Präservativ,* Gummiüberzug f. d. männl. Glied zur Empfängnisverhütung u. zum Schutz gg. Geschlechtskrankheiten.
Kondominium, *Kondominat,* gemeinsame Herrschaft mehrerer über ein Gebiet u. die Bez. eines solchen Gebiets (z. B. Sudan als Engl.-Ägypten b. 1955).

Kondor

Kondor, größter Geier d. Neuen Welt, 3 m Spannweite; im Hochgebirge v. S-Amerika.
Kondottiere [it. -'tῐɛɾə, von lat. "conductor = Führer, Anwerber"], im 14. Jh. it. Söldnerführer.
Konduite, w. [frz. *kõ'dᵾit*], Führung, Betragen.
Konduktor, m. [l.], kugelförmiger Leiter an der Influenzmaschine, auch Leiter überhaupt.
Konfektion, w. [l.], Anfertigung, serienmäßige Herstellung v. Waren, insbes. v. Bekleidungsstücken.
Konferenz, w. [nl.], Besprechung, Sitzung; Verhandlung über e. best. Gegenstand.
Konferenz über internationale wirtschaftliche Zusammenarbeit, *KIWZ,* auch Nord-Süd-Dialog, 1975, 1976 u. 1977 tagende Konferenz von Entwicklungs- u. Industrieländern über Probleme der Energieversorgung, der gerechten Verteilung von Rohstoffen sowie der Entwicklungshilfe.
Konfessionen [l. "Bekenntnis"], d. Aus-

prägung rel. Glaubens in versch. Bekenntnissen; → Kirche.

Konfetti [it.], (bunte) Papierplättchen, bes. beim Karneval ausgeworfen.

Konfirmation [l. „Bestätigung"], *Einsegnung,* in der ev. Kirche nach (1–2jähr.) Unterweisung u. Prüfung feierliche Bestätigung des Taufbundes u. Bekenntnis der in der Regel etwa 14jähr. *Konfirmanden* zur ev. Kirche; gibt Recht zur Teilnahme am Abendmahl u. Übernahme v. Taufpatenschaft.

Konfiskation [l.], Einziehung, Beschlagnahme.

Konfitüre [frz.], Marmelade mit Fruchtstücken.

Konflikt, *m.* [l.], **1)** Zusammenstoß, Streit; **2)** *psych.* gleichzeitige Aktivierung von sich widersprechenden Antrieben od. Handlungen (z. B. verdurstende Katze meidet el. aufgeladenen Trinknapf).

Konföderation [l.], *konföderierte Staaten,* älterer Ausdruck für → Staatenbund. – **K.skrieg** → Sezessionskrieg.

konform [l.], übereinstimmend.

Konformismus, *m.* [l.], das Streben nach Anpassung an d. vorherrschenden Bräuche, Auffassungen u. soz. u. pol. Verhältnisse; Ggs.: → Nonkonformismus.

konfrontieren [nl.], gegenüberstellen.

konfus [l.], wirr, verworren.

Konfutse
chinesischer Holzschnitt

Konfutse, chin. *Kong Fuzi* (Meister Kung), lat. *Konfuzius* (551–479 v. Chr.), chin. Phil.; redigierte d. altüberlieferte Sittengesetz *(li),* betonte Ehrfurcht u. Gehorsam zwecks Harmonie in Familie, Gesellschaft u. Staat. Auf ihn beruft sich d. Rel. d. *Konfuzianismus* (160 Mill. Anhänger.)

kongenial [nl.], geistig ebenbürtig.

kongenital [nl.], angeboren.

Kongestion [l.], Blutüberfüllung, z. B. infolge Entzündung, Blutandrang z. Kopf.

Konglomerat, *s.* [l.], **1)** Gemenge, Zusammenhäufung verschiedenartiger Teile; **2)** *geolog.* aus gerundeten Geröllen be-

stehendes u. durch ein Bindemittel verfestigtes Gestein (z. B. *Nagelfluh*); **3)** *wirtsch.* Zus.schluß v. Firmen aus versch. Branchen zu einem Konzern.

Kongo, **1)** jetzt *Zaïre,* Fluß in Äquatorialafrika, entspringt als *Lualaba* auf d. Hochland v. Katanga, mündet bei Boma im Atlantik; Einzugsbereich 3,69 Mill. km², Länge 4374 km; nach d. Amazonas wasserreichster Strom d. Erde (an d. Mündung 80 000 m³/s); im Mittellauf die *Stanley-,* im Unterlauf die *Livingstone-Fälle* (durch Eisenbahnen umgangen); Quellen v. Livingstone 1869 erforscht, Schiffbarkeit 1876 v. Stanley erprobt; **2)** amtl. *République Populaire du Congo, Volksrepublik K.,* in Zentralafrika, 342 000 km², 2,27 Mill. E (6,6 je km²); Bev.-Zuw. 3,7%; Bev.: vorwiegend Bantus, auch Pygmäen; Sprache: Frz., Bantusprachen; Währung: Franc CFA (FCFA); Rel.: röm.-kath. u. ev.; Hptst.: *Brazzaville;* Flagge S. 340, Karte S. 750; zum größten Teil bewaldetes Hochland. **a)** *Wirtsch.:* Hptzweig ist die Landw. m. Kaffee, Kakao, Erdnüssen; Hptausfuhrprodukt Edelhölzer, daneben Diamanten, Abbau von Blei u. Zink. **b)** *Außenhandel* (1986): Einfuhr 528 Mill., Ausfuhr 673 Mill. $. **c)** *Verf.* v. 1979: Volksrep. m. Parlament, aber Einheitspartei (Politbüro als oberstes Staatsorgan). **d)** *Verw.:* 9 Regionen. **e)** *Gesch.:* Hervorgegangen aus d. ehem. frz. Kolonie Mittelkongo; s. 1960 volle Unabhängigkeit. **f)** *Mitgl.:* UN, OAU; AKP-Staat; **3)** *Demokr. Rep. K. (Kinshasa),* jetzt Rep. → Zaïre.

Kongregationen [l.], **1)** rel. Genossensch. mit einfachen (keinen feierlichen) Gelübden (z. B. Schulbrüder, Engl. Fräulein); **2)** Kardinalsausschüsse; **3)** engere Vereinigung mehrerer Klöster desselben Ordens; **4)** Vereinigung v. Gläubigen (z. B. Marianische K.).

Kongreß, *m.* [l.], **1)** Tagung; **2)** Bez. f. am. Parlament (Abgeordnetenhaus u. Senat).

Kongreßpolen, das 1815 vom Wiener Kongreß in Personalunion mit Rußland gebildete Polen; verlor nach mißglücktem Aufstand 1830/31 s. Verfassung.

kongruent [l.], geometr. Figuren, wenn sie sich vollständig z. Deckung bringen lassen (math. Zeichen: ≅).

Kongruenz, Deckungsgleichheit.

Koniferen [l.], „Zapfenträger"], svw. → Nadelhölzer.

König, 1) Franz (* 3. 9. 1905), 1956–85 Erzbischof v. Wien, 1958 Kardinal; **2)** René (* 5. 7. 1906), dt. Soziologe, 1953–74 Dir. d. Forschungsinst. f. Soziologie d. Uni. Köln.

König, erbl. Oberhaupt in monarch. Staaten, mit bes. Vorrechten u. Titeln (Majestät); urspr. Heerführer oder Oberpriester; im dt. MA gewählt.

Königgrätz, tschech. *Hradec Králové,* St. in Böhmen, an d. Elbe, 100 000 E; röm.-kath. Bistum. – 3. 7. 1866 preuß. Sieg über die Österreicher.

Königinhof, tschech. *Dvůr Králové,* St. i. Böhmen, a. d. Elbe, 20 000 E; Fundort d. **K.er Handschrift:** gefälschtes Denkmal alttschechischer Dichtung.

Königsberg, *Dom*

Königsberg, *Kaliningrad,* ehem. Hptst. der Prov. Ostpreußen, a. Pregel, durch d. 32 km langen Seekanal mit d. Ostsee verbunden, sowj. See- u. Binnenhafen, Handelspl., 401 000 (1939: 372 200) E. – 1255 als Dt.ordensburg gegr., benannt nach Kg Ottokar II. v. Böhmen, 1333 Dombau, 1457–1525 Sitz d. Dt.ordensmeister, 1525–1618 d. preuß. Hzge, 1544 Gründung d. Uni.; 1618 zu Brandenburg (bis 1945 Hptst. d. preuß. Prov. Ostpreußen), s. 1701 preuß. Krönungsst., 1843 Festung, s. 1945 sowj.

Königsbrunn (D-8901), St. i. Kr. Augsburg, Bay., 20 183 E; div. Ind.

Königshütte, poln. *Chorzów,* St. i. Schlesien, 133 000 E; Kohlengruben, Hütten-, Stickstoffind.

Königskerze, *Verbascum,* hochwüchs. Kraut, gelbe Rachenblüten; liefert d. Wollblumentee gg. Husten.

Königsschlange, *Abgottschlange,* südam. Riesenschlange.

Königssee, in d. Berchtesgadener Alpen; 5,17 km², 189 m t., 603 müM.

Königsspitze, Alpengipfel der Ortlergruppe, 3851 m h.

Königstein, 1) *K. (Sächs. Schweiz)* (D-8305), St. a. d. Elbe, Kr. Pirna, Sa., 4000 E; m. d. Feste *K.;* **2)** *K. im Taunus* (D-6240), St. i. Hochtaunuskr., Hess., heilklimat. Kurort, 15 243 E; kath. theol.-phil. HS, AG, Burgruine.

Königstuhl, Berg i. Odenwald bei Heidelberg, 568 m, Sternwarte u. Bergbahn.

Königswasser, 3 Teile Salz-, 1 Teil Salpetersäure; löst Gold („König d. Metalle") u. Platin auf.

Königswinter (D-5330), St. i. Rhein-Sieg-Kr., NRW, Fremdenverkehrsort am Rhein u. Siebengebirge, 34 136 E; AG; Ruine *Drachenfels.*

konisch [gr.], kegelförmig.

konische Projektion, bei geograph. Karten: Kegelprojektion.

Köniz (CH-3058), Gem. s. von Bern, Schweiz, 33 500 E, Sitz d. Schweiz. Landestopographie; Schloß d. Dt. Ordens.

Konjektur, w. [l.], Vermutung; auf eine solche gegr. Berichtigung oder Ergänzung einer Lesart.

Konjew, Iwan (27. 12. 1897–21. 5. 1973), sowj. Marschall; eroberte 1945 Berlin, 1955–60 Oberbefehlshaber der Streitkräfte des Warschauer Paktes.

Konjugation [l.], 1) *biol.* Verschmelzung von Einzellern als Befruchtungsvorgang; 2) *grammat.* Beugung d. Zeitworts: Abwandlung nach Zahl-, Zeit-, Aussageform, Person; im Dt.: *schwache K.* mit Vergangenheitsform auf *-te* (z. B. sage, sa*g*te); *starke K.* m. Ablaut in Vergangenheitsform (z. B. sehe, s*a*h).

Konjunktion, w. [l.], 1) *grammat.* Bindewort; ordnet Sätze od. Satzteile bei (z. B. *und*) od. unter (z. B. *daß*); 2) *astronom.* Zusammenkunft, Zeichen ♂, Stellung zweier Himmelskörper auf dem gleichen Längenkreis; bei den inneren Planeten außerdem *obere K.:* Planet steht jenseits, *untere K.:* Planet steht diesseits der Sonne. → Syzygien.

Konjunktiv, *m.* [l.], Aussageform, bei der eine Handlung als nicht wirklich oder als möglich bezeichnet wird (z. B. er *hät*te gesehen).

Konjunktivitis, w. [l.], Augenbindehautentzündung.

Konjunktur, w. [l.], zus.fassende Bez. f. die in d. modernen, marktmäßig organisierten Wirtschaften auftretenden Folgen wechselnder Lagen; zyklischer *K.verlauf*, vollzieht sich in Phasen: 1) *Tiefstand, Depression:* Absatzstockung, gedrückte Preise, Arbeitslosigkeit; 2) *Aufschwung:* Belebung der Produktion u. d. Umsatzes, steigende Preise, verbesserte Beschäftigungslage; 3) *Hochspannung, Boom:* starker Absatz der Produkte, Produktionsausdehnungen meist verbunden mit Knappheit an Leihgeld, Vollbeschäftigung, Geldentwertung; 4) *Krise:* teilweise Preissenkungen, Arbeitsentlassungen, Konkurs von wirtsch. nicht gefestigten Unternehmungen. – K. im Sprachgebrauch vielfach d. Phase 3), der Boom.

konkav [l.], hohl; bes. bei → Linsen; Ggs.: → konvex.

Konklave, *s.* [l. „verschließbarer Raum"], Kardinalversammlung im Vatikan zur Papstwahl, unter strengstem Abschluß von der Außenwelt (Einmauerung); zur Wahl 2/3-Mehrheit + 1 Stimme erforderlich.

Konklusion, w. [l.], Schlußsatz, Folgerung.

Konkordanz, w. [l.], 1) alphabet. Zus.stellung aller Worte, d. in e. Schrift vorkommen (z. B. Bibel-, Dante-, Shakespeare-K.); 2) *biol.* Übereinstimmung v. (eineiigen) Zwillingen in bezug auf ein best. Merkmal; Ggs.: → Diskordanz; 3) *geolog.* gleichsinnige Lagerung v. Gesteinsschichten zueinander.

Konkordat, *s.* [l.], völkerrechtl. Übereinkunft zw. Hl. Stuhl u. Staat über kirchl. u. gemischte Angelegenheiten (z. B. Wormser K. 1122); in Dtld *Landes-K.e* mit Bayern (1924), Preußen (1929), Baden (1932); *Reichs-K.* v. 20. 7. 1933 z. Ergänzung der Landes-K.e.

Konkordien-buch, Sammlung luther. Bekenntnisschriften 1580, darin **K.formel** von 1577.

Konkrement, *s.* [l.], „Zusammengewachsenes", Steinbildung in Nierenbecken, Gallen- od. Harnblase.

konkret [l.], gegenständl. greifbar; Ggs.: → abstrakt.

konkrete Kunst, Richtung d. modernen Kunst, deren Ziel die rein formale Konkretisierung v. Harmonie ist (van Doesburg, Mondrian); auch → Konstruktivismus; i. d. *Musik:* auf Tonband aufgenommene, zu e. Komposition montierte alltägl. Geräusche (Straßenlärm u. a.).

Konkrete Poesie, Lautreihung (Lautgedichte) oder Buchstaben-, Wortfolge, die nicht nach sprachlog. Aspekten aufgebaut ist, sondern m. d. Klangwert u. d. opt. Wirkung der Sprachelemente (z. B. Anordnung nach math. Formschema) eine neue poet. Sprache u. ästhet. Qualität formt; Vertr.: *Gomringer, Mon, Jandl, Heißenbüttel.*

Konkubine, w. [l.], Beischläferin, die mit jemandem im **Konkubinat** (wilder Ehe) lebt.

Konkurrenz, w. [l. „Wettlauf"], Wettbewerb; *freie K.* herrscht, wenn jeder, der sich a. d. Produktion (dem Zumarktebringen) od. d. Nachfrage beteiligen will, dies auch kann u. darf; *vollständige K.* (exakter Begriff der modernen math. Nationalökonomie), wenn Konkurrenten v. gleicher Leistungsklasse so zahlreich sind, daß keiner allein den Marktpreis wesentlich beeinflussen kann. – **K.klausel** → Wettbewerbsverbot.

Konkurs, *m.* [l.], *Falliment, Bankrott,* gerichtl. Verfahren z. gleichmäß. Befriedigung d. Gläubiger bei → Überschuldung od. → Zahlungsunfähigkeit des Schuldners; antragsberechtigt: Schuldner u. jeder Gläubiger; antragsverpflichtet: best. jur. Personen (z. B. AG, GmbH u. a.). – **K.ausfallgeld**, ersetzt bei Eröffnung d. Konkurses über d. Vermögen des Arbeitgebers u. bei gesetzl. gleichgestellten ähnl. Sachverhalten den Arbeitsentgeltausfall d. Arbeitnehmers f. d. letzten 3 Monate vor d. Konkurseröffnung oder v. der früheren Beendigung des Arbeitsverhältnisses. – **K.gläubiger**, wer zur Zeit der *K.eröffnung* (Gerichtsbeschluß) gg. Schuldner einen schuldrechtl. Anspruch

hat; das dem Schuldner im Zeitpunkt d. Eröffnung gehörende Vermögen, das der → Zwangsvollstreckung unterliegt u. über das Schuldner nicht mehr verfügen darf, die **K.masse**, untersteht d. Verw. des v. Gericht ernannten **K.verwalters**, der v. einem u. d. *Gläubigerversammlung* gewählten *Gläubigerausschuß* unterstützt werden kann. Gegenstände, die sich beim K.schuldner befinden, ihm aber nicht gehören, werden ausgesondert *(Aussonderung);* Gläubiger mit Pfandrecht an einem Gegenstand der K.masse können sich aus dieser abgesondert befriedigen *(Absonderung).* K.verwalter hat aus Erlös der K.masse, soweit dieser reicht, die vorher bei *Prüfungstermin* geprüften K.forderungen zu befriedigen, i. anderen Fall nach Befriedigung bevorrechtigter Forderungen verbleibenden Rest entsprechend den festgestellten Forderungen anteilsmäßig aufzuteilen *(K.dividende).* Vor d. K.forderungen sind Massekosten (Kosten des K.verfahrens u. a.) u. Masseschulden, d. h. Verbindlichkeiten aus Handlungen des K.verwalters, zu befriedigen; *bevorrechtigte Forderungen:* Lohn, öff. Abgaben, Arzt-, Hebammen- u. Apothekerkosten (sämtl. nur f. d. letzte Jahr) haben d. Vorrang vor d. gewöhnl. Soweit Gläubiger nach *Schlußverteilung* noch unbefriedigt sind, können sie gg. Schuldner unbeschränkt vorgehen, falls sie ihm nicht im K. durch → Zwangsvergleich Forderungen erlassen haben.

Konnektionismus, *m.,* Teilgebiet d. → Künstlichen Intelligenz in dem → Neuronale Netze verwendet werden.

Konnex, *m.* [l.], Verbindung.

Konnexionen, einflußreiche Beziehungen.

Konnossement [frz.], Frachturkunde i. Seegüterverkehr; ausgestellt v. Schiffer a. d. Namen d. Empfängers (Orderpapier); K. verschafft dingl. Rechte am Gut.

Konquistador, *m.* [span. *-kista-*], Eroberer.

Konrad, a) *Dt. Könige:* 1) K. I., dt. Kg 911–918; 2) K. II., d. Salier, 1024–39, Kaiser 1027, erwarb d. Kgr. Burgund; 3) K. III., 1. Hohenstaufe, Kg 1138–52; 4) K. IV. (25. 4. 1228–21. 5. 54), Kg s. 1250, Sohn Friedrichs II., kämpfte mit Gegenkönigen um s. it. Erbland; Vater Konradins. – b) *Polen:* 5) K. I. v. Masowien (1187–31. 8. 1247), poln. Hzg, rief 1226 d. Dt. Ritterorden gg. d. Pruzzen zu Hilfe.

Konrad, 1) *K. d. Pfaffe,* von Regensburg (12. Jh.), übertrug d. frz. *Rolandslied* zuerst ins Lateinische, dann ins Dt.e; 2) *K. v. Marburg,* Beichtvater der hl. Elisabeth, Inquisitor, 1233 von Rittern erschlagen; 3) *K. v. Soest* (um 1370–nach 1422), westfäl. Maler d. Gotik; die anmutige Bewegung s. Figuren u. d. nuancenreiche Palette wirkten vorbildlich auf d. norddt. Malerei; Altarbilder (u. a. in d. Marienkirche, Dortmund); 4) *K. v. Würz-*

burg (13. Jh.), dt. Dichter des späthöf. MA; Tendenzen zum Bürgerlichen.

Konrad-Adenauer-Stiftung, 1964 gegründetes Institut zur Förderung politischer Bildung.

König Konradin
auf der Falkenjagd

Konradin (25. 3. 1252–29. 10. 68), Hzg v. Schwaben, beim Versuch, Sizilien zurückzuerobern, v. Karl v. Anjou geschlagen und hingerichtet; letzter Hohenstaufe.

Konrektor [l.], stellvertretender Rektor.

Konsekration [l. „Weihe"], in d. *kath. Kirche:* mit Salbung verbundene Weihe v. Personen oder Sachen durch Bischof, auch → *Wandlung.*

konsekutiv [l.], folgend, (aus einem Begriff) sich ergebend.

Konsekutivsatz, *m.,* Folgesatz, beginnt mit *(so) daß.*

Konsens, *m.* [l.], Zustimmung, Genehmigung.

konsequent [l.], folgerichtig; sich selbst entsprechend.

Konsequenz, *w.,* **1)** notwendige Folge; **2)** Folgerichtigkeit, Treue gg. eigene Grundsätze.

konservativ [l.], bewahrend, erhaltend; am „guten Alten" festhaltend.

Konservator [l.], sachverständiger Beamter f. die Erhaltung v. Kunstwerken; Abt.leiter im Denkmalamt od. in Museen.

Konservatorium [l.], höhere Musikschule.

Konserven [frz.], durch → Konservieren haltbar gemachte, aufbewahrte Nahrungsmittel, meist in Dosen und Gläsern.

konservieren [l. „erhalten"], haltbar machen, z. B. Nahrungsmittel gg. Fäulnis durch Pökeln, Gären, Luftabschluß, Kälte (Tiefkühlung), Bestrahlung usw.; Felle durch Gerben.

Konservierungsmittel, die der Konservierung v. Natur- od. Industrieprodukten dienenden Stoffe wie → Antioxidanzien, Emulsionsstabilisatoren, Feuchthaltemittel, Präparate gg. Schädlingsbefall; i. d. BR zugelassene Lebensmittel-K.: Ameisen-, Propion-, Sorbin-, Benzoësäure, Nitrate, Nitrite u. a.

Konsignation [l.], Übergabe einer Ware an einen anderen zu Verkauf (auf *Konsignationslager*) od. Aufbewahrung. – **K.shandel,** Art des → Kommissionshandels: Ware wird auf Lager genommen und bevorschußt; Abrechnung nach Absatz.

konsistent [l.], dicht, fest, derb, zähe, haltbar.

Konsistenz, *w.,* Zusammenhang, Beständigkeit.

Konsistorium [l.], *allg.* die einem hohen Geistlichen oder dem Landesherrn als Inhaber des Kirchenregiments beigegebene beratende Körperschaft; **1)** *kath. Kirche:* Versammlungen der Kardinäle unter Leitung des Papstes zur Regelung kirchlicher Angelegenheiten, heute weitgehend durch die Kardinalskongregationen ersetzt; **2)** *ev. Kirche:* bis 1918 vom Landesherrn eingesetzt, heute selbständige oberste Verwaltungsbehörde einer Kirchenprovinz oder Landeskirche, ihre Mitgl. *Konsistorialräte; Konsistorialverfassung* heute fast allgemein durch Synodalverfassung abgelöst.

Konskription, *w.* [l.], *mil.* früher Aushebung z. Kriegsdienst.

Konsole, *w.* [frz.], Vorsprung an einer Wand, Balkenstütze, kl. Wandbrett f. Vasen, Plastiken usw.

konsolidierte Anleihe, Umwandlung einer kurzfrist., *schwebenden,* in eine langfrist., *fundierte,* staatl. Schuld; auch aus mehreren Arten in eine einzige vereinigte Anleihe *(Unifikation).*

Konsonant, *m.* [l.], Mitlaut, im Gegensatz zum Selbstlaut (Vokal).

Konsonanz [l.], harmon. Zusammenklang v. Tönen.

Konsortium [l.], vorübergehender Zusammenschluß v. Unternehmungen *(Konsorten)* zur gemeinsamen Durchführung von *Konsortialgeschäften;* bes. b. Banken (z. B. f. Emissionsgeschäfte).

Konspiration, *w.* [l.], Verschwörung.

Konstabler, älter f. Polizist.

konstant [l.], beständig, unveränderlich.

Konstantan, *s.,* Kupfer-Nickel-Legierung m. 1% Mangan f. el. Widerstände; als Weißmetall f. Geschoßmäntel, Patronenhülsen.

Konstante, *Natur-K.,* f. e. größeres Gebiet phys. Erscheinungen maßgebl. Größe mit stets gleichem Wert (z. B. Lichtgeschwindigkeit, Wirkungsquantum, Elektronenladung).

Konstante Proportionen → multiple Proportionen.

Konstantin der Große

Konstantin, 1) K. d. Gr. (um 285–337), röm. Kaiser 306–37; 313 Christentum gleichberechtigte Staatsrel. Vollender d. Reichsreform; verlegte die Reichshauptst. nach Byzanz (→ Konstantino-

pel); **2)** K. I. (2. 8. 1868–11. 1. 1923), Kg v. Griechenland, reg. 1913–17 u. 1920–22; s. Enkel **3)** K. II. (* 2. 6. 1940), s. 1964 Kg v. Griechenland, s. 1967 im Exil; 1973 für abgesetzt erklärt.

Konstantinische Schenkung, gefälschte Urkunde, nach der Konstantin d. Gr. dem Papst die Herrschaft über d. röm. Provinzen u. den Vorrang des röm. Bischofs zuerkennt; um 756 in Frankreich entstanden, als Fälschung erst im Jahre 1440 erkannt.

Konstantinopel → İstanbul.

Konstanz, *Münster*

Konstanz (D-7750), Krst. am Ausfluß d. Rheins aus d. Bodensee in d. Untersee, Ba-Wü., 72 862 E; Münster (11. Jh.), zahlr. Zunfthäuser (14. u. 15. Jh.), Uni., Ing.schule; Anstalt f. Bodenseeforschung; Bodenseekunstschule; LG, AG, IHK; Textil-, Elektro-, Masch.-, Nahrungsmittel-, chem.-pharmazeut. Ind. – Vom 6. Jh. bis 1827 Bistum; 1192–1548 Freie Reichsst., 1414–18 *Konzil zu K.* (beendet kirchl. Schisma; verurteilt Hus zur Verbrennung); 1548 östr., 1805 badisch.

Konstanza, rumän. *Constanţa,* Hpthafen Rumäniens am Schwarzen Meer, 328 000 E; Erdölleitung von Ploieşti; Getreide-, Erdölausfuhr.

Konstanze (1154–98), Gemahlin Kaiser Heinrichs VI., Mutter Friedrichs II.; Erbgut Sizilien.

konstatieren [l.], etwas als tatsächl. feststellen.

Konstellation [l.], *astronom.* **1)** bes. nahe und auffällige gegenseitige Stellung zweier heller Gestirne a. Himmel; **2)** Bezeichnung für charakteristische Stellung einzelner Sterne.

Konstituante, svw. gesetzgebende Versammlung.

konstituieren [l.], einsetzen, festsetzen, gründen.

konstituierende Versammlung, Vorpar-

lament, das neue Verfassung ausarbeitet (z. B. Dt. Nat.-Vers. Weimar 1919, → Parlamentarischer Rat 1948/49).

Konstitution, 1) Verfassung, Grundgesetz (eines Staates); **2)** ererbte Körperverfassung, charakterisiert durch → Körperbau (Habitus), Schädel (→ Schädelindex) u. durch d. physiologische u. psych. Reaktionsweise.

Konstitutionalismus, Regierungsform mit verfassungsmäß. Festlegung d. Rechte u. Pflichten der Staatsorgane. *Konstitutionelle → Monarchie.*

konstitutiv, das Wesen einer Sache ausmachend; *jur.* svw. rechtsbegründend.

konstruieren [l.], **1)** zusammensetzen; **2)** *techn.* Entwerfen u. Berechnen von Gebäuden, techn. Anlagen u. Maschinen; **3)** *math.* eine geometrische Figur aus gegebenen Teilen zusammenfügen.

Konstruktion, *w.,* **1)** Zusammensetzung; **2)** *phil.* auf bloßen Annahmen aufgebauter Zweckschluß; **3)** *techn.* Aufbau e. Maschine usw., Entwurf im **K.sbüro.**

konstruktives Mißtrauensvotum → Verfassung, Übers.

Léger, Zwei Frauen
Konstruktivismus

Konstruktivismus, Richtung d. abstrakten od. abstrahierenden Kunst, die m. geometrischen Formen u. reinen Farben eine strenge, gesetzmäßige Bildordnung anstrebt, teilweise identisch m. → konkreter Kunst (von → Tatlin 1915 gegr.); Hptvertr.: *Mondrian, Malewitsch, van Doesburg, Moholy-Nagy, Léger, Lissitzkij.*

Konsul [l.], **1)** Titel der 2 höchsten Beamten im alten Rom u. i. Frkr. der Revolution; **2)** vom Staat bestellter Vertr. i. e. anderen Staat; Aufgaben: Ausübung einzelner behördl. Befugnisse (z. B. Ausstellung v. Visa) u. Wahrung d. Rechte eigener Staatsangehöriger (z. B. Schutz d. Handelsverkehrs).

Konsultation [l.], (ärztl.) Beratung.

Konsultativpakt, Vertrauenspakt zw. Nationen, sieht Verständigung der Partner u. gemeinsames Handeln bei best. pol. Maßnahmen vor.

konsultieren, befragen.

Konsum, *m.* [l.], Verbrauch.

Konsument, *m.,* Verbraucher.

Konsumtivkredit, Kreditleihe f. d. Verbraucher; Ggs.: → Produktivkredit.

Konsumvereine, → Genossenschaften

(Übers.) der Verbraucher f. Bedarfsdeckung.

kontagiös [l.], ansteckend, übertragbar.

Kontakt, *m.* [l.], **1)** Berührung, geistige od. seelische Fühlung; **2)** *techn.* Verbindung von Stromleitern zur Weiterleitung el. Stroms, auch dessen Einschaltvorrichtung; **3)** in der *Chemie:* → Katalysatoren in fester Form, mit dem die umzusetzenden Stoffe in Kontakt kommen. – **K.augengläser,** *K.schalen,* → Haftgläser. – **K.gifte, 1)** Insektizide gg. landw. Schädlinge u. krankheitsübertragende Insekten, z. B. Mücken (Malaria), Läuse (Fleckfieber). K.gifte werden als Sprühod. Anstrichmittel verwendet, wirken durch Berührung, dringen durch Häute u. Nerven in d. Körper der Insekten ein, lähmen u. töten sie. *Natürl. K.gifte:* Pyrethrum- u. Derrispräparate; *synthet. K.gifte:* DDT- (= Dichlordiphenyltrichloräthan; s. 1972 in d. BR grundsätzl. verboten), Hexa- (= Hexa-cyclohexan) Präparate u. a.; **2)** *Herbizide* gg. Unkräuter, z. B. Atemmittel (DNOC u. a.). – **K.linsen, K.schalen,** → Haftgläser. – **K.sperre,** Unterbindung von Kontakten solcher Straf- oder Untersuchungsgefangener, die wegen terrorist. Tätigkeit inhaftiert sind, zu Mithäftlingen u. zur Außenwelt (einschließlich ihrer Verteidiger), um Gefahren für Leben, Leib od. Freiheit einer anderen Person abzuwenden; d. K. ist auf 30 Tage beschränkt u. muß erforderlichenfalls erneut angeordnet werden. – **K.verfahren,** → Schwefelsäure.

Kontamination, *w.* [l.], **1)** Verschmelzung von zwei Wörtern od. Wortteilen zu e. neuen Wort (z. B. *anrufen* u. *telefonieren* zu: *antelefonieren*); **kontaminieren; 2)** radioaktive, chem. od. bakteriolog. Verseuchung.

kontant [it.], gegen Barzahlung, per Kasse.

Kontantgeschäfte, Geschäfte Zug um Zug.

Kontemplation [l.], sich vertiefende, zurückgezogene Betrachtung d. Dinge z. Erfahrung ihres inneren Sinnes.

kontemplativ, betrachtend; beschaulich; besinnlich.

kontemporär [nl.], zeitgenössisch.

Kontenance, *w.* [frz. *kõt(ə)'nãs*], (gute) Haltung.

konter- [frz. „contre"], als Vorsilbe: gegen ..., wider ...

Konterbande [ml.], **1)** unter Hinterziehung des Zolls über die Grenze gebrachte Ware; **2)** *Kriegs-K.* (absolute und relative) → Bannware.

Konterfei, *s.* [frz.], Bildnis einer Person.

Kontermine [frz.], an der Börse: die Gruppe der Baissespekulanten, die **konterminieren.**

kontern, einen Schlag od. Stoß beim Boxen durch einen Gegenschlag beantworten.

Kontertanz [frz. „contre"], Wechseltanz, bei dem sich die Paare gegenüberstehen.

Kontinent, *m.* [l.], Festlandmasse (Erdteil) einschließlich des → Schelfs; → Erde.

Kontinental-abhang, Übergang vom → Schelf in die Tiefsee; → hypsographische Kurve. – **K.verschiebung,** Theorie von A. *Wegener,* der zufolge sich die Festländer als spezifisch leichtere Massen in dem schwereren Material der Tiefseeböden bewegen; im Laufe d. Erdgeschichte sind sie auseinander (Bildung v. Senken u. Meeren) u. gegeneinander (Bildung v. Gebirgen) getrieben worden; N- u. S-Amerika haben sich v. Europa u. Afrika, Australien, Vorderindien u. Antarktis vom afrikan. Festlandsblock getrennt; wird durch neueste Forschungsergebnisse erhärtet, wenn auch unter geophys. anders gelagerten Mechanismen.

Kontinentalsperre, von Napoleon 1806–13 durchgeführte Handelsblockade Englands.

Kontingent, *s.* [l.], Beitrag, Anteil; *wirtsch.* im Außenhandel oder in der Planwirtschaft die für die Bezieher einer Ware od. Verband begrenzte Warenmenge; *Truppen-K.,* die im Bundesstaat v. Einzelstaat zu stellenden Truppen.

Kontingentierung, Zuteilung von einschränkenden Anteilsätzen, *Quoten,* oder bestimmten Gebieten für Produktion u. Absatz; i. Außenhandel wert- od. mengenmäßige Begrenzung d. Ein- od. Ausfuhr.

kontinuierlich, stetig, ununterbrochen.

kontinuierliches Spektrum, *Kontinuum* [l.], *Zusammenhängendes,* Bez. f. den bigen Lichthintergrund zw. d. Linien eines Spektrums (z. B. d. Sonne od. eines Fixsterns).

Kontinuität, *w.* [l.], Stetigkeit.

Konto, *s.* [it.], zahlenmäßige Gegenüberstellung v. Geschäftsvorgängen in der → Buchführung; die rechte Spalte des K. enthält die **K.gutschriften** *(Haben),* die linke die Belastungen *(Soll);* d. Konten werden in einem nach spezieller Unternehmungsstruktur gefaßten *Kontenplan* geführt, dem ein *Kontenrahmen* zugrunde liegt.

Kontokorrent [it.], *laufende Rechnung,* Buchung der laufenden Geschäftsvorfälle auf nach Geschäftspartner (Kunden u. Lieferanten) einzeln geführten *K.konten,* die in ihrer Gesamtheit als *K.buchhaltung* (Hilfsbücher der Buchhaltung) in einem *K.buch* oder der *K.kartei* zusammengefaßt sind. – **K.auszug,** auch *Kontoauszug,* Abschrift des Kontos eines Geschäftspartners. – **K.geschäft,** Art d. Bankgeschäfte, Kreditgewährung *in laufender Rechnung* mit Besonderheit in der Zinsenberechnung. – **K.vertrag,** sichert dem Partner Abschluß u. Ausgleich des Kontos nur zu best. Terminen zu.

Kontrabaß, tiefstes, größtes Streichinstrument (Abb. → Orchester).

kontradiktorisch [l.], s. widersprechend, einander ausschließend.

kontradiktorisches Verfahren, Prozeß,

in dem die Parteien widersprechende Anträge stellen (Streitverfahren).

kontrahieren [l.], **1)** etwas vereinbaren; **2)** jemanden zum Zweikampf herausfordern *(Kontrahage)*; **3)** zusammenziehen.

Kontrakt, *m.* [l.], svw. → Vertrag.

Kontraktion, *w.* [nl.], Zusammenziehung.

Kontrapost [it.], in d. bildenden Kunst Ausgleich der Gewichtsverhältnisse im menschlichen Körper durch gegenseit. Abwägung d. bewegten Glieder; bes. *Spiel-, Standbein.*

Kontrapunkt [l.], Erfindung melod. selbst. Stimmen zu e. gegebenen Melodie; Satztechnik, die selbst. Stimmen n. Regeln d. strengen Satzes entwickelt.

konträr [l.], gegenteilig, einander entgegengesetzt.

Kontraselektion, *w.* [l.], Gegenauslese.

Kontrast, *m.* [frz.], Unterschied. – **K.mittel,** chem. Stoffe, die dem Organismus zwecks Röntgenuntersuchung versch. zugeführt werden, weil sie für Röntgenstrahlen schlechter durchlässig sind u. so gegenüber d. Gewebe einen K. ergeben.

Kontrazeption [l.], Empfängnisverhütung mittels *Kontrazeptiva,* z. B. „Anti-Baby-Pillen" (Präparate mit weiblichen Geschlechtshormonen). Diese bewirken Blockierung der → Hypophyse(nzwischenhirnsystems), Hemmung der → gonadotropen Hormone u. d. → Ovulation; dadurch unterbleibt Schwängerung; unerwünschte Nebenwirkungen bekannt. Empfängnisverhütende Mittel werden v. d. kath. Kirche abgelehnt (→ Humanae vitae).

Kontribution [l.], **1)** Kriegssteuer, Beitreibung in Feindesland, Kriegsentschädigung; **2)** Grundsteuer in Preußen im 17. u. 18. Jh.

Kontrolle, *w.* [frz.], Überwachung, Prüfung.

Kontrollrat → Alliierter Kontrollrat.

Kontroverse, *w.* [l.], Streitfrage, wiss. Streit.

Kontumazialverfahren, Gerichtsverfahren in Abwesenheit *(in contumaciam)* des Angeklagten; i. d. BR nur zulässig, falls Ladung m. entsprechendem Hinweis erfolgte u. keine höhere Strafe als Geldstrafe bis zu 180 Tagessätzen, Fahrverbot od. Einziehung zu erwarten ist.

Kontur, *w.* [frz.], Umrißlinie.

Kontusion [l.], Quetschung.

Konus [l.], Kegel.

Konvaleszenz, *w.* [l.], **1)** *med.* Genesung; **2)** *jur.* nachträgl. Wirksamwerden eines anfangs mangelhaften Geschäfts.

Konvektion [l.], Wärmeströmung, Fortpflanzung v. Wärme od. Elektrizität durch Bewegung kl. Teilchen.

Konvenienz, *w.* [l.], Herkommen.

konvenieren, entsprechen.

Konvent, *m.* [l.], **1)** Zus.kunft der Gesamtheit der Klosterinsassen (das Kloster selbst); **2)** Volksvertretung i. d. Frz. Revolution 1792–95; **3)** der Mitgl.

einer student. Korporation; **4)** Studentenvertretung an Uni.

Konvention [l.], Übereinkunft, Abkommen, bes. zw. Staaten (völkerrechtl. Vertrag).

Konventionalstrafe → Vertragsstrafe.

konventionell [frz.], förmlich, herkömmlich.

konventionelle Rüstung, Bez. f. alle Waffen und Rüstungsgüter, die nicht zu den ABC-Waffen zählen. Seit Anfang 1989 in Wien Verhandlungen zwischen → NATO und → Warschauer Pakt über konventionelle Abrüstung (→ KSE) m. dem Ziel drast. Reduzierung.

konvergent [l.], *konvergierend, math.* auf einen gemeinsamen (Schnitt-)Punkt zulaufend.

konvergente Reihen, unendl. → Reihen, deren Summe endlich ist; Ggs.: *divergente R.*

Konvergenz, 1) *allg.* das Aufeinander-Zulaufen; Ggs.: Divergenz, das Sich-von-einander-Entfernen; **2)** *biol.* Parallelentwicklung während d. *Evolution,* die durch gleichartige Umweltbedingungen zu ähnlicher Organ- od. Körpergestalt führt (z. B. Körperform b. Fischen u. Walen).

Konversation, *w.* [frz.], gesellige Unterhaltung.

Konversationslexikon → Lexikon.

Konversion [l.], **1)** Bekehrung zu einem anderen Glauben; **2)** Abänderung der Bedingungen, vor allem des Zinsfußes einer Anleihe, *Konvertierung,* meist zugunsten des Schuldners durch Kündigung der Anleihe im Rahmen der Bedingungen u. Angebot des Umtausches in Stücke einer neuen Anleihe *(K.sanleihe)* m. meistens niedrigerem Zinsfuß; die nicht umgetauschten Stücke werden zurückgezahlt; hpts. bei Staatsanleihen; **3)** Umdeutung eines Rechtsgeschäftes in ein anderes, wenn ersteres nichtig ist, aber d. Erfordernissen des anderen entspricht u. dieses bei Kenntnis d. Nichtigk. gewollt sein würde (§ 140 BGB). – **K.skasse,** devisenpol. Einrichtung, geschaffen zur Erledigung d. intervalutar. Zahlungsverkehrs e. Landes mit Devisenbewirtschaftung (z. B. Dtld nach 1933).

Konverter, *m.* [l. „Umwandler"] **1)** Gefäß z. Rösten v. Erzen u. Frischen v. Metall; → Thomasprozeß; → Eisengewinnung; **2)** Frequenzumsetzer bei Funk-, Rundfunk- u. Fernsehgeräten.

Konvertierbarkeit, *Konvertibilität,* Einlös-, Eintauschbarkeit einer Geldart in e. andere (z. B. die einlösb. Banknoten; auch → Convertible Bonds.

Konvertit [l.], zu einer anderen (christl.) Konfession Übergetretener.

konvex [l.], nach außen gewölbt; Ggs.: → konkav.

Konvikt, *s.* [nl.], svw. → Alumnat; kath. Erziehungsanstalt f. angehende Priester.

Konvivium, *s.* [l.], Gastmahl, Gelage.

Konvolut, *s.* [l.], Sammelband, Aktenbündel.

Konvulsion [l.], krampfhafte Zuckung.

Konya, *Konia,* türk. Prov.hptst. in Mittelanatolien, 439 000 E; rel. Mittelpunkt d. Islams; in künstl. bewässerter Ebene Weizenanbau; Ende d. Anatolischen, Anfangsstation d. Bagdadbahn.

Konz (D-5503), St. i. Kr. Trier-Saarburg, RP, 15 422 E; Masch.ind., Weinbau.

konzedieren [l.], einräumen, bewilligen.

Konzentration, *w.* [l.], **1)** Zus.ziehung auf einen Punkt; **2)** angespannte Aufmerksamkeit; **3)** *chem.* Gehalt einer Lösung an gelöstem Stoff; **4)** *Wirtschaft:* Zus.ballung von Kräften durch Zus.-schlüsse v. Unternehmen oder Zus.fassung v. Kapital; → Konzernbildung.

Konzentrationslager, erstmalig 1901 als Internierungslager für Zivilgefangene zur seelischen Zermürbung der Burenkämpfer von Kitchener eingerichtet; als ständige Einrichtung zur willkürl. Ausschaltung pol. Gegner und als → Zwangsarbeitslager erst in totalitären Staaten; als zeitweilige Einrichtung nach 1945 sog. Internierungslager. – Im 3. Reich K., Abk. *KL* (eingebürgert aber *KZ*) für a) pol. Gegner, b) aus rass. Gründen Verfolgte (Juden, Zigeuner), c) Zivilpersonen fremder Nationen, d) Kriminelle u. Asoziale (dabei auch Homosexuelle u. Bibelforscher verfolgt). Wachmannschaften: SS-Totenkopfverbände; brutaler Terror; im Krieg med. Versuche an Gefangenen u. *Vernichtungslager* zur Ausrottung der Juden (über 5 Mill. Tote. In den KZ Dachau, Buchenwald, Sachsenhausen, Groß-Rosen, Flossenbürg, Neuengamme, Ravensbrück (Frauen-KZ), Mauthausen u. ihren Außenlagern 1933–45 ca. 2,2 Mill. Häftlinge; 1940 außerdem Auschwitz, Lublin, Maidanek in Polen, Stutthof bei Danzig, Natzweiler (Vogesen), Bergen-Belsen (bei Hannover) u. a.

konzentrisch [frz.], mit gleichem Mittelpunkt.

Konzept, *s.* [l.], Entwurf e. Schriftstücks, e. Rede; *aus dem K.,* aus d. Fassung (bringen, geraten).

Konzeption [l.], **1)** *med.* Empfängnis; K.sverhütung → Kontrazeption; **2)** gedanklicher Entwurf einer geistigen Schöpfung.

Konzern, *m.* [engl.], Vereinigung mehrerer rechtl. selbständig bleibender Unternehmen mit einheitl. Leitung u. Geschäftsführung; Zusammenschluß *horizontal* v. Betriebswirtschaften gleicher Produktion, *vertikal* v. Betriebswirtschaften versch. Produktionsstufe, die gegenseitig im Verhältnis von Kunden u. Lieferanten stehen, zu vereinfachten u. billigerem Einkauf der Rohstoffe und Sicherung des Absatzes; in Dtld nach 1945 verboten, *Entflechtung,* insbesondere in Montan- u. chem. Ind., durchgeführt; in d. BR s. 1955 jedoch neue K.bildung im Gange.

Konzert, *s.* [it.], Musikstück für ein od. mehrere Instrumente mit Orchester, 3–4sätzig; auch allg. svw. mus. Veranstaltung. – **K.meister,** der 1. Violinist im Orchester.

konzertierte Aktion [l.], Maßnahmen z. Erreichung von wirtsch. Stabilität u. Wachstum durch Abstimmung v. Produktion u. Nachfrage (einheitl. Lohn-, Preis-, Zinspolitik, → Deficit spending usw.).

Konzession [l.], Zugeständnis; behördl. Genehmigung für konzessionspflicht. Betriebe (z. B. *Schank-K.*).

Konzessionen, früher bes. in China eur. u. am. Niederlassungen, deren Bewohner nicht der Landesgerichtsbarkeit u. dem Landessteuerrecht unterlagen, sondern eigene Konsulargerichte hatten.

Konzil, s. [l.], Versammlung der höheren kath. Geistlichkeit; höchste Instanz in Lehr- u. Verfassungsfragen, wenn v. Papst berufen, geleitet u. bestätigt; von bes. Bedeutung → Ökumenische Konzile, → Reformkonzile, → Tridentiner Konzil, → Vatikanische Konzile.

konziliant [l.], versöhnlich, vermittelnd.

konzipieren [l.], empfangen, entwerfen.

Koog, *Kog,* durch Eindeichung dem Meere abgewonnenes Marschland an der Nordseeküste.

Kooperation, w. [l.], Zusammenarbeit, Mitwirkung.

kooperativ, zus.wirkend, genossenschaftlich.

Koopmans, Charles (* 28. 8. 1910), am. Volkswirtschaftler; (zus. m. Kantorowitsch) Nobelpr. 1975 (Beiträge zur Theorie der optimalen Ressourcenverwendung).

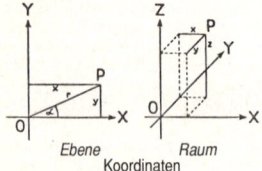

Ebene   Raum
Koordinaten

Koordinaten [nl.], in der analytischen Geometrie, Mechanik usw.: Größen zur Bestimmung der Lage von Punkten in der *Ebene* u. im *Raum* durch Angabe ihrer Lage in einem (meist rechtwinkligen, cartesischen) K.system, das 2achsig für Ebenen- u. 3achsig für Raumpunktbestimmung ist. Die Lage des Punktes *P* ist durch s. Abstände (x = Abszisse, y, z = Ordinaten) von d. K.achsen (X-, Y-, Z-Achsen) bestimmt; bei *Polar-K.* in d. Ebene durch den *Radiusvektor* (Abstand vom *0*-Pkt) *r* u. den Winkel α, *Polarwinkel*, den *r* mit der *Polar-(X-)Achse* bildet; bei Polar-K. im Raum durch einen weiteren Winkel. Funktionen sind durch K. graphisch darstellbar.

Koordination, w. [nl.], Zuordnung, Beiordnung, Verbindung.

Kopal-Harz, hart, bernsteinähnl., von versch. trop. Bäumen; f. Lack- u. Firnisfabrikation.

Kopeke, w., ehem. russ. Silbermünze; jetzt kleine russ. Währungseinheit: = ¹/₁₀₀ Rubel.

Kopenhagen, *Gammelstrand mit Nicolajkirche*

Kopenhagen, dän. *København,* Hptst. d. Kgr. Dänemark, am Öresund, 1,34 Mill. E; kgl. Schloß, Uni, TH u. a. HS; wiss. Inst. (Observatorium), Kunstakad.; Thorvaldsen- u. a. Museen, Kupferstichkabinett; Vergnügungspark Tivoli; dän. Ind.- u. Handelszentrum, Schiffbau, Masch.-, Textilind.; Porzellanmanufaktur u. a. Kunstgewerbe; Kriegs- u. Handelshafen; Luftverkehrszentrum. – 1167 befestigt, s. 1445 kgl. Residenz, unter Christian IV. (1588–1648) stark vergrößert, 1661 Freie Reichsstadt.

Köpenickiade, tolldreiste Hochstapelei, ben. nach dem Streich d. Schusters *Wilhelm Voigt,* der am 16. 10. 1906 in Hauptmannsuniform d. Bürgermeister v. Köpenick verhaftete und die Stadtkasse beschlagnahmte (Zuckmayer: *Der Hauptmann von Köpenick*).

Köper, eine → Bindung des Gewebes, zugleich Handelsname für Stoff mit **K.bindung,** hat zum Unterschied von der geraden Leinwandbindung schräglaufende Streifen od. Furchen. → Weberei.

kopernikanisches Weltsystem → heliozentrisches Weltsystem.

Kopernikus → Copernicus.

Köpfchen, Blütenstand der → Korbblütler.

Kopffüßer, sww. → Tintenfische.

Kopfhörer, elektroakust. Wandler, setzen tonfrequente Schwingungen el. Ströme in entsprechende Schallschwingungen um; Systeme: *el.magnet. K., dynam. K., piezoel. K., elektrostat. K.;* Anwen-

dung: Nachrichtentechnik, Meßtechnik, Studios, → Hi-Fi-Wiedergabe, auch als Kleinhörer f. Schwerhörige; → Lautsprecher.

Kopfjäger, Naturvölker (Hinterindien, Indonesien, W-Afrika u. S-Amerika), die Menschenjagden abhalten (im Aberglauben, daß die Kräfte der Getöteten auf sie übergehen) u. Schädel od. mumifizierte Schrumpfköpfe aufbewahren.

Kopfschmerzen, sehr versch. Ursachen, meist Neuralgien oder durch Störungen der Blutversorgung des Gehirns verursacht, ferner bei Hirnverletzung u. -krankheit, Ohr- und Nasennebenhöhlen-, Augenkrankheit, inneren u. Infektionskrankheit, Vergiftungen, Psychosen. Behandlung: Ruhe, kalte Umschläge, Analgetika.

Kopfstimme, *Kopfregister,* durch Ausnutzung der Resonanzen des Kopfes erzeugte hohe Töne; → Register.

Kopfwelle, Verdichtungswelle am Kopf eines mit Überschallgeschwindigkeit bewegten Körpers (ähnlich der Bugwelle eines bewegten Schiffes).

Kopie [frz. *-'pi*], Nachbildung (z. B. eines Kunstwerks), Ab- u. Durchschrift, fotogr. Abzug.

Kopier-stift, radierfeste Tintenstifte. – **K.tinte,** mit Zusatz von Anilinfarbe; gestatten Herstellung von etwa 200 Kopien in Umdruckverfahren.

kopieren, nachbilden, von Hand u. mechanisch (Kopiermaschine).

Kopisch, August (26. 5. 1799–3. 2. 1853), dt. Dichter u. Maler; entdeckte die Blaue Grotte auf Capri.

Kopparberg [*-bærj*], schwed. Verw.-Bez., Bergwerksgebiet, 28 194 km², 284 000 E; Eisen-, Mangan-, Kupfer-, Bleigruben; Hptst. *Falun.*

Koppel, 1) umzäunte Viehweide; **2)** Leibriemen; **3)** Vorrichtung an Orgel u. Harmonium, um Register eines Manuals mit anderen (od. d. Pedal) zu koppeln; **4)** durch Leine verbundene Jagdhunde oder Pferde.

Kopplung, 1) gegenseitige Beeinflussung v. 2 od. mehr el. Schaltgliedern od. Stromkreisen; *galvan., magnet. (induktive), el. (kapazitive) K.;* in Fernmeldeanlagen Nebensprechen; **2)** gemeinsame Vererbung im gleichen *Chromosom* liegender → Gene, die dadurch der gleichen **K.sgruppe** angehören.

Kopra → Kokospalme.

Kopten, christliche Nachkommen der alten Ägypter, besonders in den oberägyptischen Städten.

koptische Kirche, alte christl. Kirche, s. 5. Jh. Trennung v. morgenländ. orthodoxer Kirche, mit Koptisch als Kirchensprache, in Ägypten u. bes. in Äthiopien zus. ca. 10 Mill. Anhänger.

koptische Sprache, im 3. Jh. n. Chr. aus ägypt. Mundarten geschaffene Literatursprache mit altgriech. Alphabet; meist theol. Literatur.

Kopula, w. [l.], Hilfszeitwort „sein" als

Verbindung von Satzgegenstand und -aussage (z. B. *er ist* gut).

Kopulation [l.], Verbindung, Vermählung, **1)** Verschmelzung geschlechtl. niederster Zellorganismen; **2)** Begattung, danach evtl. Befruchtung.

kopulieren, 1) → Veredlung; **2)** → Kopulation.

Korah, *Korach,* nach A. T. Urenkel Levis; *Rotte K.:* Bez. für zügellose Horde.

Korallen-meer, Randmeer zw. NO-Australien, S-Neuguinea, Salomoninseln, den Neuen Hebriden u. Neu-Kaledonien; wegen zahlreicher Riffe für die Schiffahrt gefährlich. – **K.pilz** → Ziegenbart. – **K.schlangen,** am. Giftnattern.

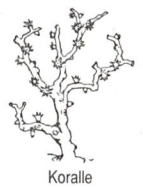

Koralle

– **K.tiere,** *Blumentiere,* einzeln lebende oder koloniebildende Nesseltiere mit oder ohne Kalkskelett, z. B. *Edelkorallen* (Skelette zu Schmuck), *Steinkorallen, Seefedern, Seerosen;* die Skelette der Steinkorallen u. a. bilden **K.inseln** (→ Atolle), bes. in der Südsee.

Koran, *Qur'an,* hl. Schrift d. Islam mit d. Verkündigungen Mohammeds: 114 Suren (Offenbarungen) = Kapiteln sehr unterschiedl. Länge.

Korbach (D-3540), Krst. d. Kr. Waldeck-Frankenbg., Hess., 21 406 E; AG; Gummi-, Möbelind.

Korbblütler, *Kompositen,* artenreiche Pflanzenfamilie, deren kleine Einzelblüten dicht gedrängt auf verbreitetem, kolbiger Blütenstandachse in *Köpfchen,* auf scheibenförmiger Achse in *Körbchen* sitzen und von gemeinsamer Hülle umschlossen sind (z. B. *Löwenzahn, Sonnenblume*).

Körbchen, Blütenstand der → Korbblütler.

Korczak [-*tf*-], Janusz, eigtl. *Henryk Goldszmit* (22. 7. 1878–1942), poln. Kinderarzt u. Sozialpädagoge; umgekommen im KZ Treblinka; *Wie man Kinder lieben soll;* Friedenspreis d. dt. Buchh. 1972.

kordial [frz.], herzlich.

Kordilleren [-*dil'j*-], Kettengebirge am W-Rand Amerikas, von der Halbinsel Alaska bis zum Kap Hoorn, ca. 15 000 km lang, bis 2500 km breit. In N-Amerika das *Alaskagebirge* im N, längs der Küste das *Küstengebirge,* gleichlaufend mit diesem auf dem Gebiet der USA das *Kaskadengebirge* u. die *Sierra Nevada,* als östl. Ketten d. *Felsengebirge;* in S-Amerika die K. im engeren Sinne, *Anden.* In N- wie in S-Amerika wechseln die K. in Höhe u. Ausdehnung (im N *Mt.*

McKinley 6198 m, im S *Aconcagua* 6959 m), zw. mehreren Ketten Steppen u. Hochwüsten, z. T. mit Seen (z. B. das Große Becken mit dem Großen Salzsee im N, Hochland von Mexiko, Hochland von Bolivien, 4000 m, im S); in den westl. Außenketten der S-Kordilleren zahlreiche tätige und erloschene Vulkane (26 tätige, über 30 erloschene), z. B. *Chimborazo* 6310 m, *Cotopaxi* 5897 m, *Sajama* 6520 m, *Tupungato* 6800 m. Reichtum an Erzen, Erdöl u. Kohle.

Kordofan, Prov. des Sudans, heißes Steppenland; nur im N üppigerer Pflanzenwuchs, Gummiwälder (Gummiarabikum), Baumwolle; 3,1 Mill. E (Nomaden, Araber); Hptst. *El Obeïd* (140 000 E).

Kordon, *m.* [frz. -'*dõ*], Schnur; Absperrung.

Korea, 1) ostasiat. Halbinsel zw. Gelbem und Jap. Meer, im Osten d. Halbinsel urwaldbedecktes Gebirge (2400 m) m. Steilküste, nach W breite, fruchtbare Tallandschaft; Flüsse (größter: *Yalu*) reißend; s. 1945 pol. geteilt in Nordk. u. Südk.; **2)** *Nordkorea,* amtl. *Tschoson Mintschu tschu-i-Jinmin Konghwa-Guk, Volksdemokr. Rep. K.,* im N d. Halbinsel, 120 538 km², 22,42 Mill. E (185 je km²); Bev.-Zuw. 2,5%; Sprache: Koreanisch, Russ., Chin.; Währung: Won (W); Rel.: Buddhismus; Hptst. *Pyongyang;* Flagge S. 340, Karte S. 749. **a)** *Wirtsch.:* Bei rückläufiger Landw. (Reisanbau) Aufschwung d. Ind. (Textilien, Nahrungsmittel); bed. Bodenschätze: Graphit, daneben Kohle, Eisenerz, Kupfer, Zink, Blei. **b)** *Außenhandel* (1985): Einfuhr 1,7 Mrd., Ausfuhr 1,2 Mrd. $. **c)** *Verkehr:* Eisenbahn 4550 km. **d)** *Verw.:* 9 Prov. u. 4 St. m. Prov.recht. **e)** *Gesch.:* 1637–1895 China Oberherr d. Kaiserreichs; s. 1895 unter jap. Einfluß; 1910 v. Japan einverleibt; 1945–48 Nord-K. (bis 38. Breitengrad) v. der Sowjetunion, 1945–49 Süd-K. v. d. USA besetzt, 1948 Teilung in 2 Staaten; 1950–53 Koreakrieg, UN-Hilfe (bes. Truppen d. USA) f. Süd-K.; Nord-K. v. China unterstützt; Verhandlungen über friedl. Wiedervereinigung bislang erfolglos. **f)** *Mitgl.:* UN-Hilfsorganisationen; **3)** *Südkorea,* amtl. *Dähan-Minkuk, Han Kopk, Republik K.,* im S der Halbinsel, 99 016 km², 42,38 Mill. E (427 je km²); Bev.-Zuw. 1,4%; Sprache: Koreanisch, Engl.; Währung: Won (W); Rel.: Buddhismus; Hptst.: *Seoul;* Flagge S. 340, Karte S. 749. **a)** *Wirtsch.:* 50% d. Bev. leben von d. Landw. (Reis, Sojabohnen, Seidenraupenzucht); Stahl-, Masch.-, Textil-, elektrotechn. u. chem. Ind.; Bodenschätze:

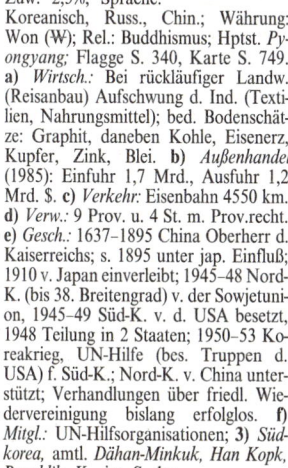

bes. Kohle u. Wolfram. **b)** *Außenhandel* (1988): Einfuhr 51,81 Mrd., Ausfuhr 60,7 Mrd. $. **c)** *Verkehr:* Eisenbahn 6229 km. **d)** *Verf.* v. 1988: Direktwahl d. Präsidenten, Einkammerparlament. **e)** *Verw.:* 9 Prov. u. 4 St. m. Prov.recht. **f)** *Gesch.:* → Nordkorea; nach Ermordung v. Staatschef Park Chung Hee u. Studenunruhen Mil.reg. 1980–88; s. 1988 Demokratisierung unter Roh Tae-Woo. **g)** *Mitgl.:* UN-Hilfsorganisationen.

Kören, behördl. Prüfung (Auswahl) von Zuchttieren (Eber, Hengste usw.) durch *Körkommissionen.*

Korfanty, Wojciech (20. 4. 1873–17. 8. 1939), poln. Pol., 1903–12 u. 1918 im dt. R.tag, organisierte d. poln. Aufstände in Posen 1918 u. Oberschlesien 1921.

Korfu, griech. *Kérkyra,* nördlichste der Ionischen Inseln, 592 km², 100 000 E; im N Kalkgebirge, bis 914 m h., S Hügelland, Anbau von Oliven, Wein, Gemüse, Südfrüchten; Hptst. *Kerkyra* (40 000 E); Handelshafen. 1204–1797 venezian.; dann frz., 1814–1864 engl.; jetzt griech.

Koriander, einjähriger Doldenblütler, Früchte als Gewürz u. Heilmittel.

Korin, Ogata (1658–1716), jap. Maler, Schüler v. → Koetsu; Vervollkommung e. reichen Dekorationsstils.

Korinth, *Kórinthos,* griech. Hafenst. am Golf von K., 23 000 E. – Im Kriege mit Rom 146 v. Chr. zerstört; von Cäsar neu aufgebaut; unter Ostrom Sitz eines Gouverneurs; später venezian., türk., griech. – **K., Golf v.,** 125 km langer Meeresarm zw. Mittelgriechenland u. d. Peloponnes, die durch d. *Isthmus von K.* miteinander verbunden sind. – **K., Kanal v.,** vom *Golf von K.* zum *Golf v. Ägina,* 6,3 km lang; Bau von Cäsar begonnen.

Korinthen → Rosinen.

Korintherbriefe, 2 Briefe des Paulus im N.T.

korinthische Säule → Säule.

Kork, pflanzl. Oberflächengewebe, bes. mächtig bei der **K.eiche** (N-Afrika, Portugal, Spanien); undurchlässig f. Wasser, elastisch, sehr leicht; zu Stöpseln, Schwimmgürteln; Abfälle mit Bindemitteln zu Korkplatten usw.

Kormoran

Kormorane, z. B. *Scharbe,* Schwimmvogel (Ruderfüßer), Fischräuber; in Dtld selten; andere Arten fast weltweit verbreitet.

Korn, Arthur (20. 5. 1870–22. 12. 1945), dt.-am. Phys.; Erfinder d. → Bildtelegraphie (1902).

Korn, 1) die Frucht des Getreides, überhaupt der Gräser; **2)** Sammelbegriff für Brotgetreide *(Weizen, Roggen, Spelz);* **3)** bei Schußwaffen nahe d. Mündung aufgesetzte Nocke; Teil d. → Visiereinrichtung; **4)** svw. Feingehalt; **5)** Schnaps.

Kornätzung, Autotypie, Bildtöne sind in unregelmäßigem Korn aufgelöst: entwickelt durch *Kornraster* od. durch Aufstäuben von Asphaltpulver.

Kornberg, Arthur (* 3. 3. 1918), am. Biochem.; Nukleinsäuren; Nobelpr. 1959.

Kornblume, *Centaurea cyanus,* Korbblütler mit blauen Blüten.

Kornelkirsche, *Hartriegel, Cornus,* Sträucher mit Hartholz; weiße oder gelbe Blüten, rote Früchte; Zierstrauch.

Körner, 1) Christian Gottfried (2. 7. 1756–13. 5. 1831), sächs., später preuß. Staatsbeamter; Freund u. Förderer → Schillers; **2)** Theodor (23. 9. 1791–26. 8. 1813, gefallen), dt. Dichter d. Befreiungskriege; *Lützows wilde Jagd;* Dramen; **3)** Theodor (24. 4. 1873–4. 1. 1957), östr. Gen. u. sozialist. Pol.; 1945–51 Bürgerm. von Wien; 1951–57 Bundespräs.

Kornett [it.], **1)** *s.,* hohes Blechblasinstrument m. Ventilen *(Piston),* d. Trompete klangähnlich; **2)** *m.,* früher Reiterfähnrich.

Kornrade, *Agrostemma,* Nelkengewächs, mit roten Blüten, im Getreide; Samen giftig.

Kornwestheim (D-7014), St. i. Kr. Ludwigsburg, Ba-Wü., 28 519 E; Schuh-, Maschinenbau-, Eisenindustrie.

Kornwurm, den Getreidevorräten schädl. Insektenlarve: **1)** *Schwarzer K.,* Larve d. Kornkäfers; **2)** *Weißer K.,* Raupe d. Korn-(Getreide-)Motte.

Korolenko, Wladimir (27. 7. 1853–25. 12. 1921), russ. Erzähler; Novellen; *Der Wald rauscht.*

Koromandel, *Coromandel,* südl. Teil d. ind. O.-Küste, Schwemmland m. Reisanbau; Hafenstädte: *Madras, Pondicherry.*

Korona, *w.* [l. „Kranz"], **1)** Kreis, Tafelrunde (Gesellschaft); **2)** heller Strahlenkranz um d. Sonne, äußerster Teil d. Sonnenatmosphäre aus hochionisierten Gasen u. Wasserstoff, hohe Temperatur; die K. geht allmähl. in d. interplanetare Materie über u. verändert ihre Struktur mit d. *Sonnenfleckenzyklus;* die K. ist nur bei totalen *Sonnenfinsternissen* od. mit Hilfe eines *Koronographen* (Fernrohr mit starker Verminderung d. Lichtstreuung) sichtbar.

Koronar-arterien, *K.-, Kranzgefäße,* Schlagadern, d. d. → Herz ernähren; ihre Verstopfung → Herzinfarkt.

Körperbau, Proportionierung des Leibes, die zw. Langwuchstypen *(Longitypen, Leptosome, Astheniker)* und Kurzwuchstypen *(Brachytypen, Eurysome, Pykniker)* schwankt; dazw. die grazilen (zerebralen) u. athletischen (muskulären) Typen. In den Konstitutionslehren v. Kretschmer, Sigaud, Viola usw. spielen

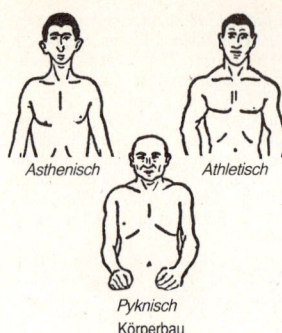

Asthenisch   Athletisch

Pyknisch
Körperbau

die **K.typen** die Hauptrolle für die Bestimmung d. → Konstitution. Nach → Kretschmer: **1)** *leptosomer (asthenischer) Typ,* mager, schmal, flacher Brustkorb, lange, schlanke Glieder; **2)** *pyknischer Typ,* gedrungene Gestalt, Neigung zu Dickleibigkeit, kurze Glieder; **3)** *athletischer Typ,* groß, breit, muskulös gebaut.

Körperschaft, zur → juristischen Person erhobene Personenmehrheit. - **K.steuer,** Einkommensteuer e. K., Personengesellschaft od. Vermögensmasse (→ Steuern, Übers.).

Körperschall, Schall, der sich in einem festen Körper ausbreitet (z. B. Anwendung beim Abhören von Herztönen).

Körperverletzung, 1) *strafrechtl.* strafbare, vorsätzl. od. fahrlässj. körperl. Mißhandlung od. Gesundheitsschädigung (§§ 223 f. StGB); *schwere K.* bei Verlust e. wichtigen Gliedes, des Seh- od. Hörvermögens, d. Sprache od. d. Zeugungsfähigk. od. bei dauernder Entstellung od. Siechtum; *gefährl. K.,* wenn K. mittels e. gefährl. Werkzeuges hinterlistig, gemeinschaftl. od. lebensgefährl. begangen; **2)** *zivilrechtl.* Verpflichtung zum Schadenersatz (auch → Schmerzensgeld) f. entgangenen Verdienst, b. Beeinträchtigung d. Erwerbsfähigk. Geldrente (§§ 823 ff. BGB).

Korporal [frz.], Unteroffizier.

Korporation, Körperschaft; → Studentenverbindung.

Korps, *Corps, s.* [frz. ko:r], student. schlagende, farbentragende Verbindung(en); auch → Armeekorps.

Korpulenz, *w.* [l.], Fettleibigkeit, → Fettsucht.

Korpuskeln [l.], kleinste Teilchen d. Materie.

Korpuskular-strahlung, *Teilchenstrahlung,* eine aus → Protonen u. → Elektronen bestehende Strahlung, die aus d. Galaxis u. aus d. Sonne in d. äußere Erdatmosphäre eindringt u. dort el., magnet. u. Leuchterscheinungen (→ Polarlicht) hervorruft u. u. a. die → Strahlungsgürtel (Van-Allen-Gürtel) der Erde erzeugt; der energiereichste Teil der K. ist die → kosmische Strahlung. - **K.theorie,**

Theorie, derzufolge das Licht als Bewegung feinster Stoffteilchen anzusehen ist (Newton); auch → Quantentheorie.

Korreferat, *s.,* zweiter Vortrag (→ Referat) des **Korreferenten,** als Ergänzung des ersten.

korrekt [l.], richtig, einwandfrei.

Korrektor, berichtigt Druckfehler (eigtl.: *Setz* fehler).

Korrektur, *w.,* Verbesserung.

Korrelat, *s.* [l.], ein Begriff, d. einen anderen voraussetzt od. bedingt.

Korrelation, *w.,* Wechselbeziehung.

Korrelationsrechnung, math. Untersuchung des Zus.hangs beobachteter Größen nach d. Methoden der Wahrscheinlichkeitsrechnung.

korrelativ, wechselseitig bedingt oder bedingend.

Korrepetitor [l.], Hilfskapellmeister an d. Oper, d. am Klavier m. Sängern d. Partien einstudiert.

Korrespondent [nl.], Berichterstatter f. Zeitung, Zeitschr., Rundfunk, Fernsehen; f. den Briefwechsel zuständig. Angestellter.

Korrespondenz, *w.,* Briefwechsel; Sammlung von Briefen. - **K.büro,** versorgt die Presse mit Informationen, Bildern, Beiträgen, häufig durch eigens gedruckte *K.blätter.*

korrespondieren, entsprechen; mit jemandem in Briefwechsel stehen.

korrigieren [l.], berichtigen, verbessern.

Korrosion [l.], **1)** *chem.* zerstörende Anätzung von Metallen u. Baustoffen durch chem. Einflüsse (z. B. von Witterung, Wasser); bei Maschinen auch durch Betriebsstoffe u. ihre Verbrennungsprodukte; **2)** *geolog.* chem. Gesteinsverwitterung.

korrumpieren [l.], sittl. verderben, bestechen, charakterlich verschlechtern.

Korruption, *w.,* Verderbtheit der Dienstund Gesellschaftsmoral; Bestechung.

Korsar, *m.* [it. „corsaro = Seeräuber"], Zweimannjolle im Segelsport; weit verbreitet.

Korsika, frz. *La Corse,* Insel im Mittelmeer, frz. Dép., 8680 km², 247 000 E; Gebirgsland, mildes Klima; Bev. Korsen (arab.-berber. Abstammung), hpts. Fischer u. Hirten; Ausfuhr: Südfrüchte, Flachs, Wein, Honig; Hptst. *Ajaccio,* Geburtsstätte *Napoleons I.* - 1299–1768 genuesisch, dann an Frkr. abgetreten (Karte → Italien).

Korso, *m.* [it.], Fahrpromenade; Schaufahrt mit blumengeschmückten Fahrzeugen *(Blumen-K.).*

Korsør, dän. Hafenst. an der W-Küste Seelands, 21 000 E; Eisenbahn u. Autofähre nach Fünen.

Kortikoide [l.], Sammelbegriff für die Steroidhormone d. → Nebennierinde, bisher 42 isoliert, davon 7 aktive K. (z. B. *Corticosteron, Cortisol, Cortison, Aldosteron);* wichtig im Anpassungssyndrom.

Kortner, Fritz (12. 5. 1892–22. 7. 1970),

östr. Schausp. u. Regisseur; *D. Büchse d. Pandora;* Autobiographie: *Aller Tage Abend.*

Kortrijk [-*rɛ͞ik*], frz. *Courtrai,* St. in d. belg. Prov. W-Flandern, 76 000 E. – 1302 Sieg d. fläm. Bürger über die frz. Ritter (Sporenschlacht).

Kortschnoy, Viktor (* 23. 3. 1931), sowj. Schachspieler; intern. Großmeister s. 1956; s. 1977 im Exil.

Kortum, Karl Arnold (5. 7. 1745–15. 8. 1824), dt. humorist. Schriftst.; → *Jobsiade.*

Korund, *m., Aluminiumoxid,* sehr hartes Mineral; *edler K.,* durch Spuren von Chrom- und Eisenverbindungen gefärbt: Saphir (blau), Rubin (rot); *gemeiner K.* für Schmirgel, zum Schleifen und Polieren; künstl. Herstellung: Schmelzen von Aluminiumoxid mit farbegebenden Metallen.

Korvette, *w.* [frz.], urspr. kleines Segelkriegsschiff mit Vollschifftakelage (3 Masten und Rahen). In Dtld seit 1884 kleiner Kreuzer; heute kleines Kriegsfahrzeug f. d. Geleitdienst. – **K.nkapitän,** Offiziersdienstgrad der Marine, svw. Major.

Koryphäe, *w.* [gr.], *(Chor-)* Führer; Persönlichkeit mit hervorragender Fachleistung.

Kos, griech. Insel d. Dodekanes, 290 km², 17 000 E; Wein-, Zitronenanbau; Hptst. *K.,* 12 000 E; Seehafen.

Kosaken, *Kasaken,* freie Bauern im alten Rußland, im Kriegsfall Reiterregimenter (Führer: *Hetman, Ataman)* aufstellten; u. a. Saporoger K.

Kosch, Wilhelm (2. 10. 1879–20. 12. 1960), dt. Literarhistoriker; begr. Stifter-Archiv in Prag; *Dt. Literatur-Lexikon; Gesch. d. dt. Literatur.*

Koschenille [frz.-span. *-ljə*], *Cochenille,* Schildlaus; Körperflüssigkeit enthält roten Farbstoff; → Karmin.

koscher [hebr. „rein"], nach jüd. Speisevorschrift zum Genuß erlaubt.

Koschnick, Hans (* 2. 4. 1929), SPD-Pol.; 1967–85 Präs. des Senats u. Bürgerm. v. Bremen.

Kościuszko [*kɔɕ'tɕuʃkɔ*], Thaddäus (4. 2. 1746–5. 10. 1817), Führer der Polen im Freiheitskampf 1794 gg. Rußland u. Preußen.

Kosinski, Jerzy (14. 6. 1933–3. 5. 91), poln.-am. Schriftsteller; Romane: *Der bemalte Vogel; Aus den Feuern; Chance; Der Teufelsbaum.*

Kosinus → Cosinus.

Köslin, *Koszalin,* Hptst. d. poln. Woiwodschaft *K.,* Pommern, 106 000 E.

Kosmas u. Damian († 303 n. Chr.), Heilige, Zwillingsbrüder; Märtyrer in Kilikien, enthauptet (27. 9.).

Kosmetik, *w.* [gr.], 1) die äußere Körperpflege d. Gesunden: Haut, Nagel u. Haare sowie Mund- u. Zahnpflege; 2) bei Entstellten die chirurg. Behebung von Mißbildungen, Narben u. Schönheitsfehlern (kosmet. od. plastische Chirurgie).

Kosmetologie, Wissenschaft v. der Kosmetik.

kosmisch [gr.], auf d. Weltall bezogen.

kosmische- Hintergrundstrahlung, über d. ganzen Himmel gleichförmig verteilte Radiostrahlung d. Wellenlänge 7,4 cm; vermutl. Reststrahlung der Urexplosion bei Weltentstehung (→ Weltalter). – **k. Strahlung,** *Höhen-, Ultrastrahlung,* äußerst harte, d. h. sehr dicke Schichten durchdringende Strahlen aus dem Weltall; *Primärstrahlung* überwiegend sehr energiereiche Protonen (Milliarden u. Billionen → Elektronenvolt), d. in d. höchsten Schichten d. Atmosphäre *Sekundärstrahlung* („weiche" → Elektronen und → Protonen, „harte" → Mesonen) erzeugt; k. S. wird z. T. v. Magnetfeld d. Erde abgefangen.

Kosmo- [gr.], als Vorsilbe: Welt ...

Kosmodrom, Startplatz f. sowj. Raumfahrt-Trägerraketen b. → Baikonur.

Kosmogonie, Weltentstehungslehre.

Kosmographie, Weltbeschreibung.

Kosmologie, Lehre v. Bau d. Kosmos, Sterne gruppenweise gegliedert: *lokales Sternsystem* in der Ebene d. Milchstraße, 20 000 Lichtjahre Durchmesser, Dicke senkrecht dazu 3000 Lichtjahre; größeres galakt. *(Milchstraßen-)System* → Milchstraße; *außergalakt. Sternsysteme* (Galaxien) von derselben Größenordnung wie die Milchstraße, im Abstand v. Millionen Lichtjahren. → Weltall.

Kosmonaut, sowj. Bez. f. Weltraumfahrer.

Kosmopolit, *m.,* Weltbürger.

Kosmos, *m.* [gr.], 1) geordnetes Weltall; 2) Sammelbez. für sowj. Erd- u. Satelliten.

Kosmotron, *s.,* Bez. f. → Synchrotron, das zu sehr hohen kosm. Energien (einige GeV) beschleunigt.

Kosovo, bis 1968 *Kosovo u. Metohija,* autonome jugoslaw. Prov. in Serbien, 10 887 km², 1,9 Mill. E; Hptst. *Priština* (70 000 E); Landw., Erz- u. Kohlebergbau.

Kossel, 1) Albrecht (16. 9. 1853–5. 7. 1927), dt. Physiologe, *Eiweißchemie;* Nobelpr. 1910; s. Sohn 2) Walter (4. 1. 1888–22. 5. 1956), dt. Phys.; Atomtheorie, Theorie der Kristallstruktur.

Kossuth [-*ʃut*], Lajos (19. 9. 1802–20. 3. 94), Haupt des ungar. Aufstandes gg. Östr. 1848/49.

Kossygin, Alexej (21. 2. 1904–18. 12. 80), sowj. Pol.; 1960–64 Erster stellvertr. Min.präs., s. 1964 Min.präs.

Kosten, bewerteter Güter- u. Dienstleistungsverzehr, der in Wirtschaftsbetrieben bei der Leistungserstellung entsteht; der Betriebsbuchhaltung nach *K.arten* u. i. d. *K.stellenrechnung nach K.stellen* gegliedert, wichtigstes Glied in d. *K.rechnung,* die Grundlage zur Ermittlung der *Selbst-K.;* Verrechnung d. K. erfolgt auf die *K.träger* (die einzelnen Produkte); auch wesentl. f. d. → Kalkulation; *K.arten:* Einzel- u. Gemein-Kosten (früher

Unkosten); *K.stellen:* Fertigungshaupt- (Produktions-, Gestehungs-), Fertigungshilfs-, Vertriebs-, Verw.- u. Sonder-K.; *K.träger:* direkte *(Einzel-K.),* die dem einzelnen Produkt unmittelbar zugerechnet werden können, u. indirekte *(Gemein-K.),* die nur f. den Gesamtbetrieb anfallen u. dann anteilig auf d. Produkt verrechnet werden müssen; *fixe* (feste) *K.* sind solche, die unabhängig vom Beschäftigungsgrad des Betriebes anfallen (z. B. Verzinsung d. Anlage-Kapitals, Miete usw.); *variable* (veränderl.) *K.* schwanken m. d. Beschäftigungsgrad (z. B. Material-K., Fertigungslöhne usw.).

Kosten-Preis-Gesetz, volkswirtsch. Gesetz, nach dem sich bei freier Konkurrenz u. beliebig vermehrbaren Gütern die Preise der Tendenz nach den Kosten angleichen.

Kostroma, Gebietshptst. i. d. Russ. SFSR, an der oberen Wolga, 278 000 E; Leineind., Maschinenbau, Werft.

Kostüm, *s.* [frz.], nach Zeit, Sitte, Land, Stand verschl. Kleidung; Maskenanzug; Jackenkleid.

Kotau, *m.,* chin. Ehrenbezeigung: Niederwerfen u. dreimaliges Berühren d. Bodens m. d. Stirn (1911 abgeschafft).

Kote, *w.,* 1) svw. → Kate; 2) *topograph.* Höhe eines Geländepunktes über einer Vergleichsfläche.

Kotelett, *s.* [frz.], Scheiben vom Rippenstück (→ Fleisch, Übers.).

Koteletten, Backenbart.

Koterie, *w.* [frz.], Sippschaft, Parteiwirtschaft.

Köthen/Anhalt (D-4370), Krst. i. S-A., 33 970 E; ehem. Residenzschloß (Anhalt); HS f. angewandte Technik; Metallind., Motorenbau.

Kothurn, hoher Schuh der altgriech. Schauspieler; bildlich: übertrieben erhabener Stil.

Kotierung [frz.], an der *Börse:* Zulassung der Wertpapiere zur amtl. Notierung.

Kotillon, *m.* [frz. *-ti'jõ*], Gesellschaftstanz m. Verteilung kleiner Geschenke (Orden, Blumen), nach denen sich die Paare zusammenfinden.

Kotor, it. *Cattaro,* dalmat. Hafenst. an d. Bocche di Cattaro, 6000 E; jugoslaw. Kriegshafen.

Kotschinchina, frz. *Cochinchine* [*koʃɛ'ʃin*], südl. Landesteil von → Vietnam, Mündungsdelta des Mekong, Reisanbau; Hptst. *Saigon* (Ho-Tschi-Minh-Stadt). 1862 frz. Vasallenstaat, 1888 Kolonie, 1949 Bestandteil von Vietnam.

Kotzebue [-*bu*], August v. (3. 5. 1761–23. 3. 1819), dt. Lustspielautor; meistgespielter Dramatiker seiner Zeit; *Die dt. Kleinstädter;* als russ. Polizeispion von K. L. → Sand erdolcht.

Kötzting (D-8493), St. i. Kr. Cham, i. Bayer. Wald, 6849 E; div. Ind.; Erholungsort.

Kourou [*ku'ru*], frz. Raumfahrtzentrum in Frz.-Guayana; Start d. eur. Fernmelde- u. Forschungssatelliten.

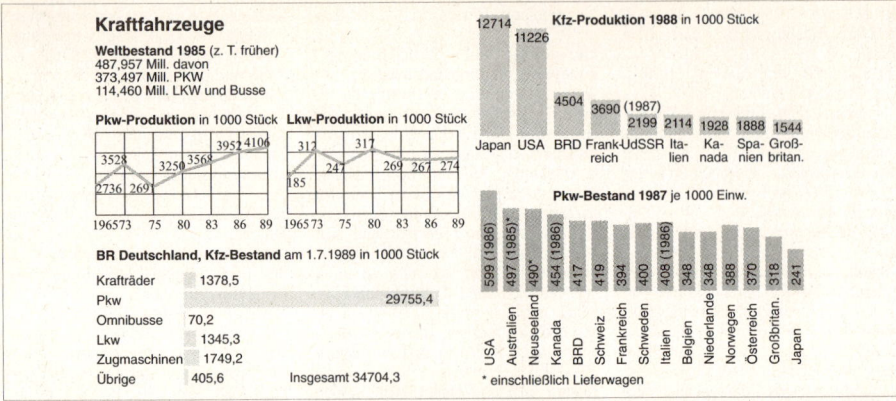

Kraftfahrzeuge

Weltbestand 1985 (z. T. früher)
487,957 Mill. davon
373,497 Mill. PKW
114,460 Mill. LKW und Busse

Pkw-Produktion in 1000 Stück

3528 | 3250 | 3568 | 3952 | 4106
2736 | 2691

196573 75 80 83 86 89

Lkw-Produktion in 1000 Stück

312 | 317 | 247 | 269 | 267 | 274
185

196573 75 80 83 86 89

Kfz-Produktion 1988 in 1000 Stück

12714 | 11226 | 4504 | 3690 (1987) | 2199 | 2114 | 1928 | 1888 | 1544

Japan | USA | BRD | Frank-reich | UdSSR | Ita-lien | Ka-nada | Spa-nien | Groß-britan.

Pkw-Bestand 1987 je 1000 Einw.

| 599 (1986) | 497 (1985)* | 490* | 454 (1986) | 417 | 419 | 394 | 400 | 408 (1986) | 348 | 348 | 388 | 370 | 318 | 241 |

USA | Australien | Neuseeland | Kanada | BRD | Schweiz | Frankreich | Schweden | Italien | Belgien | Niederlande | Norwegen | Österreich | Großbritan. | Japan

* einschließlich Lieferwagen

BR Deutschland, Kfz-Bestand am 1.7.1989 in 1000 Stück

Krafträder	1378,5
Pkw	29755,4
Omnibusse	70,2
Lkw	1345,3
Zugmaschinen	1749,2
Übrige	405,6

Insgesamt 34704,3

Koussevitzky [*kus-*], Serge (26. 7. 1874–4. 6. 1951), russ. Kontrabassist u. Dirigent, leitete 1924–49 d. Boston Symphony Orchestra; Gründer d. Koussevitzky Foundation (1942).

Kowloon, *Jiulong,* Hafenst. in der brit. Kronkolonie Hongkong, mit *New K.* 2,3 Mill. E.

Kowno, poln. Name für → Kaunas.

Kozhikode, früher *Calicut,* ind. Hafenst. an der Malabarküste, 546 000 E.

kp, Abk. f. → Kilopond.

KPD, **K**ommunistische **P**artei **D**tlds, → Parteien, Übers.

KPÖ, **K**ommunistische **P**artei **Ö**sterreichs, → Parteien, Übers.

Kr, chem. Zeichen f. → Krypton.

Krabbe, *Kriechblume,* Blattornamente an got. Architekturgliedern.

Krabben, kurzschwänzige Krebse m. rundem Körper (z. B. *Taschenkrebs, Strandkrabbe, Wollkrabbe, Seepocken*); oft auch Bez. für die langschwänzigen → Garnelen.

Kracauer, Siegfried (8. 2. 1889–22. 11. 1966), dt. Sozialwissenschaftler u. Schriftst.: *Von Caligari bis Hitler; Theorie des Films.*

Krafft, Adam (um 1460–1508/09), Nürnberger Bildhauer d. Spätgotik; Sakramentshaus d. Lorenzkirche.

Kraft, phys. die Ursache d. Bewegungsänderung v. Körpern, bestimmt durch Angriffspunkt, Richtung und Größe; Größe d. K. ist d. Produkt aus Masse u. Beschleunigung; Einheit d. K.: → *Newton* (N), früher *Pond* (p) bzw. *Kilopond* (kp); die K. 1 N verleiht d. Masse von 1 kg die Beschleunigung 1 m/s².

Kraftfahrzeug, Abk. *Kfz,* durch Maschinenkraft bewegtes, nicht schienengebundenes Landfahrzeug (→ Tafel). –

K.brief, wird bei erstmaliger Zulassung ausgestellt, dient dem Eigentumsnachweis, muß bei jedem Eigentumswechsel usw. vorgelegt werden. – **K.haftung,** Halter eines Kfz ist z. Schadenersatz auch ohne Verschulden verpflichtet, wenn bei dem Betrieb eines Kfz jemand

getötet, verletzt oder eine Sache beschädigt wird, Umfang der K.haftung durch §§ 7 ff. StVG begrenzt; *keine Haftung* bei unabwendbarem Ereignis gegenüber Mitfahrenden bei unentgelt. Beförderung, bei Kfz mit 20 km/h Höchstgeschwindigkeit; bei Verschulden unbeschränkte Haftung auch d. Fahrers nach d. Bestimmungen des BGB. Haftpflichtvers. gesetzl. vorgeschrieben; bei Zuwiderhandlung Freiheits- u. Geldstrafen sowie Einziehung d. Fahrzeugs möglich. – **K.industrie,** umfaßt K.-, K.teile-, K.zubehör- u. Reifenfabrikation, wird m. Roh- u. Halbfabriken versorgt von Stahl- u. Eisen-, Metall-, Säge-, Textil-, Glas-, Keramik-, chem. Werken, Lederfabriken; Grundlage d. Kraftverkehrswirtsch. (Tankstellen, Garagenbetriebe, Werkstätten usw.). – **K.-Kennzeichen,** VO, Neufassung 1988, dienen d. polizeil. Registrierung des Kfz. u. werden durch die Zulassungsstelle erteilt (§ 23 StVZO). 1989 geändert: für alle Kfz. sind reflektierende Kennzeichen vorgeschrieben. Voraussichtlich ab 1992 wird am linken Rand des Kennzeichens ein goldenes E und am rechten Rand ein D als Nationalitätskennzeichen eingeführt. – **K.steuer,** wird nach Hubraum (b. Zwei- u. Dreiradkraftfahrzeugen, Personenkraftwagen, ausgenommen Zugmaschinen) u. dem verkehrsrechtl. höchstzuläss. Gesamtgewicht des Fahrzeuges (b. Lastkraftwagen, Omnibussen, Anhängern, Zugmaschinen) berechnet. – **K.zulassung,** Voraussetzung f. d. Betrieb e. zulassungspflicht. Kfz (§ 18 StVZO) auf öff. Wegen u. Plätzen, erteilt Zulassungsstelle. Neuzulassungen fabrikneuer K.e in d. BR (1989) 3,13 Mill.

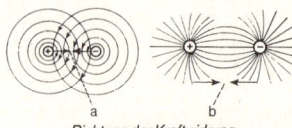

a b
Richtung der Kraftwirkung
Kraftfeld

Kraft-feld, Raumteil, in dem Körper K.wirkungen unterliegen, z. B. bei Magneten, Richtung der K.wirkung abhängig v. Verlauf d. **K.linien** (Abb. *a* magnet., *b* el. Feld um zwei stromdurchflossene bzw. el. geladene Leiter).

Kraftloserklärung, d. durch Ausschlußurteil im Aufgebotsverfahren (z. B. bei Wertpapieren, Hypothekenbriefen) od. durch Gerichtsbeschluß (z. B. bei unrichtigem Erbschein) erfolgte Rechtsakt, kraft dessen Urkunden ihre Wirksamkeit verlieren.

Kraftmesser, *Dynamometer,* zum Messen v. Kräften; einfachste Form: Federwaage.

Kraftwerk, Anlage zur Erzeugung von el. Strom als Energie, → Elektrizitätswerk (→ Tafel Elektrizität); der Kraftquelle *Wasser-K.* (Speicher-, Fluß-, Gezeiten-K.) od. *Dampf-K.* (Kohle, Erdgas, Erdöl, Atomenergie).

Krag, Jens Otto (15. 9. 1914–22. 6. 78), dän. sozialdemokr. Pol.; 1962–68 u. 1971/72 Min.präs.

Kragstein, *Tragstein,* vor e. Mauer vortretender Stein, meist zur Stützung des Gebälks.

Kragujevac [-*vats*], St. in Jugoslawien, 165 000 E; Konserven-, Rüstungsind.

Krähen, mittelgroße Rabenvögel.

K.beere, svw. → Rauschbeere.

Krähwinkel, dt. Kleinstadt, nach Kotzebue sprichwörtlich für Spießbürgertum.

Kraichgau, breite Senke (Kraich) zw. Schwarzwald u. Odenwald, fruchtbares Hügelland (300 m).

Kraichtal (D-7527), St. i. Kr. Karlsruhe, i. Kraichgau, Ba-Wü., 12 773 E; Weinanbau.

Krain, Gebirgs- u. Beckenlandschaft in N-Jugoslawien (Slowenien); Becken von Laibach (Ljubljana), im W u. N Julische Alpen u. Karawanken, im S Karst; hpts. v. Slowenen bewohnt; Bodenschätze: Quecksilber, Braunkohle; Eisen. – Um 590 Einwanderung v. Slowenen; im 8. Jh. unter Bayernhzg., dann Mark K.; 1335–1918 östr., seit 1919 jugoslaw. (SW-Teil 1919–47 it.).

Was unter **K** vermißt wird, siehe unter **C** und **Z**

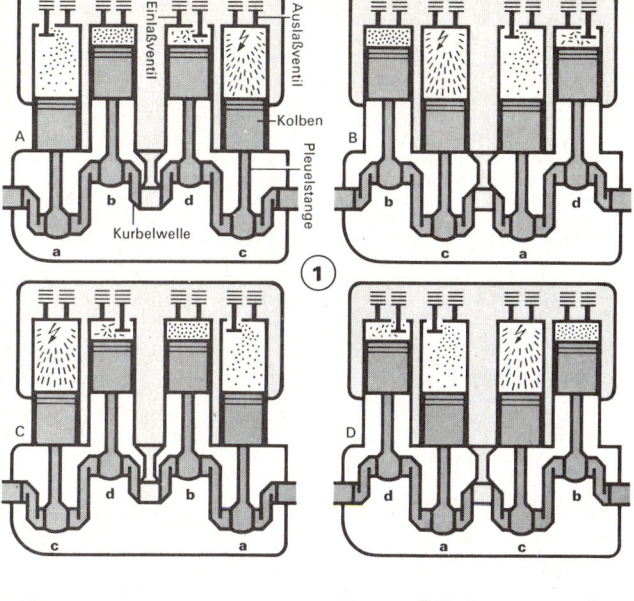

1 Viertaktmotor (Arbeitsweise). **a** 1. Takt: Ansaugen des Brennstoff-Luftgemisches; **b** 2. Takt: Verdichtung (Kompression); **c** 3. Takt: Zündung und Verbrennung (Arbeitstakt), Ausdehnung treibt Kolben abwärts; **d** 4. Takt: Ausschub der Verbrennungsgase

2 Zweitaktmotor (Arbeitsweise). 1. Takt: **a** Überströmen des vorverdichteten Gemisches durch Überströmkanal in den Zylinderraum; **b** Verdichtung und Zündung über, Ansaugen von Gemisch unter dem Kolben. 2. Takt: **c** Verbrennung, Ausdehnung treibt Kolben abwärts (Arbeitstakt), Vorverdichtung des neu eingetretenen Gemisches im Kurbelraum; **d** Ausströmen der verbrannten Gase, Überströmen des Gemisches beginnt.

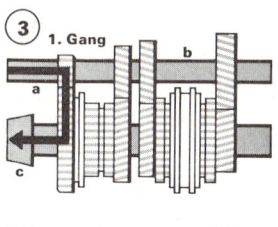
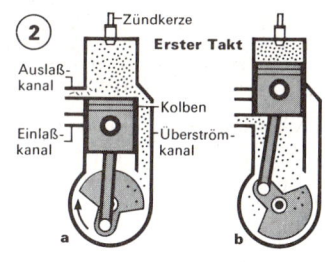
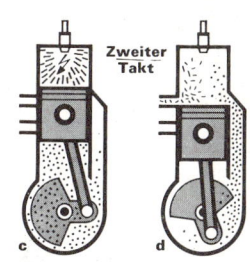

3 Schaltstellungen eines **Viergang-Wechselgetriebes** (Volkswagen). **a** Antriebswelle (Verlängerung der Kupplungswelle); **b** Vorlegewelle; **c** Antriebskegelrad. **4** Schnitt durch **Einscheiben-Trockenkupplung. 5 Ausgleichgetriebe** (Differential), schematisch. **6 Bremsen: a** Hydraulische Bremse, einfache Zweibackenbremse; **b** Scheibenbremse (Teilscheibenbremse)

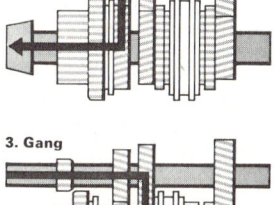
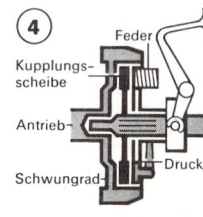
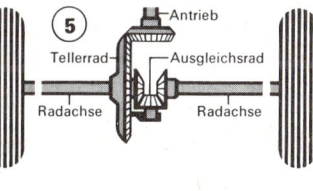
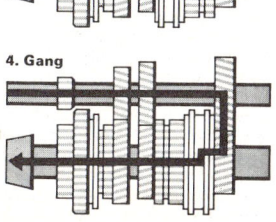
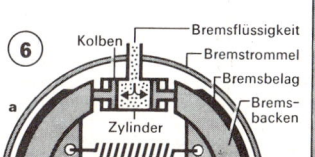
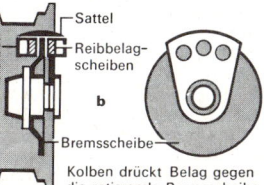

Kolben drückt Belag gegen die rotierende Bremsscheibe

Was unter **K** vermißt wird, siehe unter **C** und **Z**

Krakatau, Vulkaninsel in d. Sundastraße, 813 müM; durch überaus heftige Ausbrüche vom 26./27. 8. 1883 u. 1930/31 stark verändert.

Krakau, poln. *Kraków,* St. an d. Weichsel, Hptst. d. Woiwodschaft *K.,* 744 000 E; Nat.mus., Akad. d. Wiss., Uni. (s. 1364), Erzbistum; Schloß u. Kathedrale; Masch.-, Lederind. – 1257 (Magdeburger Recht) gegr., bis 1500 dt.sprachig. Dt. Kulturdenkmäler: got. Marienkirche (Veit Stoß, Peter Vischer), Dom, Renaissanceschloß. – Seit 1320 Krönungsu. bis 1550 Hptst. Polens; 1795–1918 östr. (1815–46 Freistaat).

Kraken, achtarmige → Tintenfische.

Krakowiak, *m.,* poln. Nationaltanz (2/4-Takt).

Kral, *m.,* Runddorf der Kaffern und Hottentotten.

Krallenaffen, Affenfamilie im nördl. S-Amerika, klein (25 bis 70 cm) m. Krallenfingern u. -zehen; *Seiden-, Pinsel-, Mohren-, Löwenäffchen.*

Krambambuli, aromat. Kräuterlikör.

Krammetsbeere, Frucht des Vogelbeerbaums.

Krammetsvogel → Drosseln.

Krampf, kräftige, anhaltende, unwillkürl. Zus.ziehung von Muskeln, schmerzhaft (z. B. Waden-, Magenkrampf usw.). – **K.adern,** *Varizen,* durch Blutstauung erweiterte und geschlängelte Venen, meist d. Mastdarmes (Hämorrhoiden) und des Beines, wo sie zu *K.adergeschwüren* führen können.

Kran, Vorrichtung z. Heben, Senken, Verschieben von Lasten; vielfältige Verwendung: Werkstätten-, Be- u. Entladeanlagen bei Eisenbahn u. Schiffen, Neubauten; nach den jeweiligen Erfordernissen versch. Arten: 1) stationär; 2) fahrbar, a) Drehkräne, b) Laufkräne, c) Wippkräne, d) Turmkräne, e) Kombinationen aus a, b, c, d.

Krängung, seitl. Neigung eines Schiffes.

kranial [gr.], *med.* den Schädel betreffend; kopfwärts.

Kranich

Kranich, 1) in Europa selten gewordener Sumpfvogel; viele Arten in wärmeren Erdteilen; **2)** → Sternbilder, Übers.

Kranio-logie [gr.], Schädellehre. – **K.metrie,** Schädelmessung. – **K.tabes,** *w.,* Schädelerweichung bei Rachitis.

Krankenhaus, öff. Anstalt zur Aufnahme schwer oder zu Hause unzureichend versorgter Kranker; verfügt über alle z. *Erkennung* (Diagnose) u. *Behandlung* (Therapie) von Krankheiten erforderli-

chen Einrichtungen (1982 i. BR 3130 Krankenhäuser mit 683 624 Betten, 111 auf 10 000 E). Im allg. folgende *Fachabteilungen:* Innere, Chirurgische, Frauen- (geburtshilfliche u. gynäkologische), Kinder-, Orthopädische, Hals-, Nasen-, Ohren-, Augen-, Urologische (Krankheiten d. Harnorgane), Haut- u. Geschlechtskrankheiten-, Röntgen- (Diagnostik u. Strahlentherapie), Neurologisch-psychiatrische, Tuberkulose-, Isolier-Abteilung.

Krankenkassen → Sozialversicherung, Übersicht.

Krankensalbung, früher *Letzte Ölung* gen., Sakrament der kath. u. orthodoxen Kirche. Der Priester salbt die Schwerkranken mit geweihtem Öl u. betet um Vergebung der Sünden u. um Genesung.

Krankenversicherung, 1) *Pflichtversicherung* → Sozialversicherung; **2)** *freiwillige K.,* Versicherung m. einer privaten Versicherungsges. auf d. Krankheitsfall; Beiträge u. Leistungen d. versch. Gesellschaften unterschiedlich; freie Arztwahl.

Kranzarterien, svw. → Koronararterien.

Kranzgeld, Geldanspruch einer unbescholtenen Verlobten nach Auflösung d. Verlöbnisses aus Verschulden des Bräutigams, wenn sie ihm d. Beischlaf gestattet hatte (§ 1300 BGB).

Krapp, *m.,* südeur. Labkraut, in der Wurzel roter Farbstoff (*Färberröte*).

Krasiński, Zygmunt Gf (19. 2. 1812–23. 2. 59), poln. Dramatiker d. Romantik.

Krasnodar, früher *Jekaterinodar,* Hptst. d. sowj. *K*-Gaues in N-Kaukasien, 620 000 E; Erdölind.

Krasnojarsk, Hptst. d. sowj. Geb. *K.* in Sibirien, am Jenissei, 912 000 E; Ind.; größtes Wasserkraftwerk der Welt.

Krater, *m.* [l.], **1)** die trichterförm. Auswurföffnung der → Vulkane, bei erloschenen oft mit Wasser gefüllt: *K.see;* **2)** ringförm. Vertiefung m. Wallumrandung auf Mond, Merkur, Venus, Mars u. a. Planeten; **3)** altgriech. Mischgefäß.

Krätze, 1) *Skabies,* durch die *Krätzmilbe* hervorgerufene stark juckende, ansteckende Hautinfektion; **2)** Metallabfall b. Metallguß.

Kraul, *s.* [engl. „crawl"], Schwimmart m. wechselseitigem Armzug u. wechselseitigem Auf- u. Abwärtsbewegen d. Beine.

Kraus, 1) Franz Xaver (18. 9. 1840–28. 12. 1901), dt. kath. Theol. u. Archäologe; **2)** Karl (28. 4. 1874–12. 6. 1936), östr. zeitkrit. Schriftst., Sprachkritiker u. Essayist; Zeitschrift: *Die Fackel;* Drama: *D. letzten Tage der Menschheit.*

Krause, 1) Günther (* 3. 9. 1953), CDU-Pol.; 1990 DDR-Staatssekretär; s. 1991 B.verkehrsmin.; **2)** Karl Christian Friedrich (6. 5. 1781–27. 9. 1832), dt. Phil., Begr. d. → Panentheismus (*Krausismo*).

Krauss, 1) Clemens (31. 3. 1893–16. 5. 1954), östr. Dirigent, bes. Strauss (Textbuch zu *Capriccio*); **2)** Werner (23. 6. 1884–20. 10. 1959), dt. Bühnen- u. Film-

schausp.; *D. Kabinett d. Dr. Caligari; D. freudlose Gasse.*

Kräuter, 1–2jährige nicht verholzende Pflanzen.

Kreation, *w.* [l.], Schöpfung.

kreativ, schöpferisch, produktiv.

Kreativität, *w.,* Schöpferkraft.

Kreatur, *w.,* Geschöpf; auch im verächtl. Sinn.

Krebs, Sir Hans Adolf (25. 8. 1900–23. 11. 81), engl. Biochem. (intermediärer Stoffwechsel); Nobelpr. 1953.

Krebs, 1) *astronom.* 4. Zeichen d. → Tierkreises; auch → Sternbilder, Übers.; **2)** *med. Karzinom, Sarkom,* bösartige Geschwulst (Zellwucherungen) teils bekannter, teils unbekannter Ursache, bes. an Schleimhäuten u. drüsigen Organen, seltener an Haut; verbreitet sich leicht auf den Lymph-, auch auf Blutwegen u. bildet Tochtergeschwülste (*Metastasen*). Am häufigsten: Magen-, Darm-, Unterleibs-, Brust-, Lungen-K. Behandlung durch Operation, Röntgen-, Radiumbestrahlung u. Chemotherapeutika. Früherkennung von K. bei Frauen ab 30, bei Männern ab 45 Jahren s. 1970 v. d. Krankenkassen getragen. – **K.pest,** durch Pilz bewirkte Seuche der Krebse. – **K.tiere,** *Crustaceae,* Klasse der Gliederfüßer, meist wasserbewohnend, kiementatmend, 2 Paar Fühler, chitinig-kalkige Schale. *Niedere K.:* Ruderfüßer, Blattfüßer („Wasserflöhe"), Muschelkrebse, Rankenfüßer („Seepocken"); *höhere K.* u. a.: Flohkrebse, Asseln, Zehnfüßer (*Langschwänze:* Flußkrebs, Hummer, Garnelen; *Kurzschwänze:* Krabben).

Kredenz, *w.* [it.], Anrichtetisch bzw. -schrank.

kredenzen, Getränke anbieten, einschenken.

Kredit [l.], **1)** *s.* [᾽kre-], das Haben, Verbuchung auf der rechten Seite des → Kontos; K.saldo; **2)** *m.* [-᾽dit], zeitweil. Überlassung v. Kaufkraft; Preis f. den K. ist der (Leih-)Zins, der nach Diskontsatz, jeweil. Risiko u. gestellter Sicherheit versch. hoch ist. Arten: nach d. Form: *Geld-* u. *Natural-* (Sachgüter-) *K.;* nach d. Dauer: kurz-, mittel- u. langfristig. K.; nach der Verwendungsart: *Produktiv-K.* (als Anlage- oder als Betriebs-K.) u. *Konsumtiv-K.;* nach d. Sicherung: *Personal-K.* (ohne bes. reale Sicherheit) u. *Real-K.* (Hypotheken-, Lombard-, Wechsel-K.); nach d. Kreditgeber: privater u. öff. (vor allem Staats-)K. – **K.banken,** Geschäftsbanken, betreiben überwiegend d. Versorgung von Ind., Handwerk u. Handel mit Produktiv-K. (→ Banken, Übers.). – **K.brief,** Anweisung einer Bank an eine andere (d. Korrespondenzbank), der Person, auf die der K.brief ausgestellt ist, eine best. Geldsumme auf Rechnung der ausstellenden Bank auszuzahlen; bes. als *Reise-K.brief* ausgebildet im intern. Verkehr; eine Art des Personen-Akkreditivs. – **K.genossenschaft** → Genossenschaf-

Deutsche Kraftfahrzeug-Kennzeichen
ab 1. Januar 1991

A	Augsburg
AA	Aalen
AB	Aschaffenburg
ABG	Altenburg
AC	Aachen
AE	Auerbach
AIC	Aichach
AK	Altenkirchen
AM	Amberg/Opf.
AN	Ansbach
ANA	Annaberg
ANG	Angermünde
ANK	Anklam
AÖ	Altötting
APD	Apolda
ARN	Arnstadt
ART	Artern
AS	Amberg/Sulzbach
ASL	Aschersleben
AT	Altentreptow
AU	Aue
AUR	Aurich
AW	Ahrweiler
AZ	Alzey
B	Berlin
BA	Bamberg
BAD	Baden-Baden
BB	Böblingen
BBG	Bernburg
BC	Biberach a. d. Riß
BED	Brand-Erbisdorf
BEL	Belzig
BER	Bernau
BGL	Berchtesgadener Land
BI	Bielefeld
BIR	Birkenfeld
BIT	Bitburg
BIW	Bischofswerda
BL	Balingen
BM	Bergheim
BN	Bonn
BNA	Borna
BO	Bochum
BOR	Borken
BOT	Bottrop
BRA	Brake
BRB	Brandenburg
BRG	Burg
BS	Braunschweig
BSK	Beeskow
BT	Bayreuth
BTF	Bitterfeld
BÜS	Büsingen
BÜZ	Bützow
BZ	Bautzen
C	Chemnitz
CA	Calau
CB	Cottbus
CE	Celle
CHA	Cham
CLP	Cloppenburg
CO	Coburg
COC	Cochem
COE	Coesfeld
CUX	Cuxhaven
CW	Calw
D	Düsseldorf

DA	Darmstadt
DAH	Dachau
DAN	Lüchow/Dannenberg
DAU	Daun
DBR	Bad Doberan
DD	Dresden
DE	Dessau
DEG	Deggendorf
DEL	Delmenhorst
DGF	Dingolfing/Landau
DH	Diepholz
DL	Döbeln
DLG	Dillingen
DM	Demmin
DN	Düren
DO	Dortmund
DON	Donauwörth
DU	Duisburg
DÜW	Bad Dürkheim
DW	Dippoldiswalde
DZ	Delitzsch
E	Essen
EB	Eilenburg
EBE	Ebersberg
ED	Erding
EF	Erfurt
EH	Eisenhüttenstadt
EI	Eichstätt
EIL	Eisleben
EIS	Eisenberg
EL	Emsland
EM	Emmendingen
EMD	Emden
EMS	Bad Ems
EN	Schwelm/Ennepe
ER	Erlangen
ERB	Erbach/Odenwald
ERH	Erlangen/Höchstadt
ES	Esslingen
ESA	Eisenach
ESW	Eschwege
EU	Euskirchen
EW	Eberswalde
F	Frankfurt/M.
FB	Friedberg
FD	Fulda
FDS	Freudenstadt
FF	Frankfurt/O.
FFB	Fürstenfeldbruck
FG	Freiberg
FI	Finsterwalde
FL	Flensburg
FLÖ	Flöha
FN	Friedrichshafen
FO	Forchheim
FOR	Forst
FR	Freiburg
FRG	Freyung/Grafenau
FRI	Friesland
FRW	Bad Freienwalde
FS	Freising
FT	Frankenthal
FTL	Freital
FÜ	Fürth
FW	Fürstenwalde
G	Gera
GA	Gardelegen
GAP	Garmisch-Partenkirchen
GC	Glauchau
GDB	Gadebusch

GE	Gelsenkirchen
GER	Germersheim
GF	Gifhorn
GG	Groß-Gerau
GHA	Geithain
GHC	Gräfenhainchen
GI	Gießen
GL	Bergisch-Gladbach
GM	Gummersbach
GMN	Grimmen
GNT	Genthin
GO	Güstrow
GÖ	Göttingen
GP	Göppingen
GR	Görlitz
GRH	Großenhain
GRM	Grimma
GRS	Gransee
GRZ	Greiz
GS	Goslar
GT	Gütersloh
GTH	Gotha
GUB	Guben
GÜ	Güstrow
GVM	Grevesmühlen
GW	Greifswald, Kr.
GZ	Günzburg
H	Hannover
HA	Hagen
HAL	Halle
HAM	Hamm
HAS	Hassfurth
HB	Bremen
HBN	Hildburghausen
HBS	Halberstadt
HC	Hainichen
HD	Heidelberg
HDH	Heidenheim
HDL	Haldensleben
HE	Helmstedt
HEF	Hersfeld/Rotenburg
HEI	Heide
HER	Herne
HET	Hettstedt
HF	Herford
HG	Bad Homburg
HGN	Hagenow
HGW	Hansestadt Greifswald
HH	Hamburg
HHM	Hohenmölsen
HI	Hildesheim
HIG	Heiligenstadt
HL	Lübeck
HM	Hameln/Pyrmont
HN	Heilbronn
HO	Hof
HOL	Holzminden
HOM	Homburg
HOT	Hohenstein-Ernstthal
HP	Heppenheim
HR	Homberg
HRO	Hansestadt Rostock
HS	Heinsberg
HSK	Hochsauerland-Kreis
HST	Stralsund
HU	Hanau
HV	Havelberg
HWI	Hansestadt Wismar
HX	Höxter
HY	Hoyerswerda

Was unter **K** vermißt wird, siehe unter **C** und **Z**

HZ	Herzberg	MH	Mülheim a. d. Ruhr	PL	Plauen
IGB	St. Ingbert	MHL	Mühlhausen	PLÖ	Plön
IL	Ilmenau	MI	Minden/Lübbecke	PN	Pößneck
IN	Ingolstadt	MIL	Miltenberg	PS	Pirmasens
IZ	Itzehoe/Steinburg	MK	Märkischer Kreis	PW	Pasewalk
J	Jena	MM	Memmingen	PZ	Prenzlau
JB	Jüterbog	MN	Mindelheim	QFT	Querfurt
JE	Jessen	MOS	Mosbach	QLB	Quedlinburg
K	Köln	MR	Marburg/Biedenkopf	R	Regensburg
KA	Karlsruhe	MS	Münster	RA	Rastatt
KB	Korbach	MSP	Main/Spessart	RC	Reichenbach
KC	Kronach	MTK	Main/Taunus-Kreis	RD	Rendsburg/Eckernförde
KE	Kempten	MÜ	Mühldorf a. Inn	RDG	Ribnitz-Damgarten
KEH	Kelheim	MYK	Mayen/Koblenz	RE	Recklinghausen
KF	Kaufbeuren	MZ	Mainz	REG	Regen
KG	Bad Kissingen	MZG	Merzig/Wadern	RH	Roth
KH	Bad Kreuznach	N	Nürnberg	RIE	Riesa
KI	Kiel	NAU	Nauen	RL	Rochlitz
KIB	Kirchheim-Bolanden	NB	Neubrandenburg	RM	Röbel/Müritz
KL	Kaiserslautern	ND	Neuburg/Schrobenhausen	RN	Rathenow
KLE	Kleve	NDH	Nordhausen	RO	Rosenheim
KLZ	Klötze	NE	Neuss	ROS	Rostock, Kreis
KM	Kamenz	NEA	Neustadt a. d. Aisch	ROW	Rotenburg/Wümme
KN	Konstanz	NEB	Nebra	RS	Remscheid
KO	Koblenz	NES	Bad Neustadt a. d. Saale	RSL	Roßlau
KÖT	Köthen	NEW	Neustadt a. d. Waldnaab	RT	Reutlingen
KR	Krefeld	NF	Husum	RU	Rudolstadt
KS	Kassel	NH	Neuhaus	RÜD	Rüdesheim
KT	Kitzingen	NI	Nienburg	RÜG	Rügen
KU	Kulmbach	NK	Neunkirchen	RV	Ravensburg
KÜN	Künzelsau	NM	Neumarkt i. d. Opf.	RW	Rottweil
KUS	Kusel	NMB	Naumburg	RZ	Ratzeburg
KW	Königs-Wusterhausen	NMS	Neumünster	S	Stuttgart
KY	Kyritz	NOH	Nordhorn/Bentheim	SAD	Schwandorf
L	Leipzig	NOM	Northeim	SAW	Salzwedel
LA	Landshut	NP	Neuruppin	SB	Saarbrücken
LAU	Lauf a. d. Pegnitz	NR	Neuwied/Rhein	SBG	Strasburg
LB	Ludwigsburg	NU	Neu-Ulm	SBK	Schönebeck
LBS	Lobenstein	NW	Neustadt a. d. Weinstraße	SC	Schwabach
LBZ	Lübz	NY	Niesky	SCZ	Schleiz
LC	Luckau	NZ	Neustrelitz	SDH	Sondershausen
LD	Landau/Pfalz	OA	Oberallgäu	SDL	Stendal
LDK	Lahn-Dill-Kreis	OAL	Ostallgäu	SDT	Schwedt/Oder
LER	Leer	OB	Oberhausen	SE	Bad Segeberg
LEV	Leverkusen	OBG	Osterburg	SEB	Seibnitz
LG	Lüneburg	OC	Oschersleben	SEE	Seelow
LI	Lindau	OD	Bad Oldesloe	SFA	Soltau/Fallingbostel
LIB	Bad Liebenwerda	OE	Olpe	SFB	Senftenberg
LIF	Lichtenfels	OF	Offenbach a. Main	SFT	Staßfurt
LIP	Lippe/Detmold	OG	Offenburg	SG	Solingen
LL	Landsberg a. Lech	OH	Ostholstein/Eutin	SGH	Sangershausen
LM	Limburg/Weilburg	OHA	Osterode	SHA	Schwäbisch Hall
LN	Lübben	OHZ	Osterholz-Scharmbeck	SHG	Stadthagen
LÖ	Lörrach	OL	Oldenburg	SHL	Suhl
LÖB	Löbau	OR	Oranienburg	SI	Siegen
LSZ	Bad Langensalza	OS	Osnabrück	SIG	Sigmaringen
LU	Ludwigshafen	OVL	Obervogtland	SIM	Simmern
LUK	Luckenwalde	OZ	Oschatz	SK	Saalkreis/Halle
LWL	Ludwigslust	P	Potsdam	SL	Schleswig/Flensburg
M	München	PA	Passau	SLF	Saalfeld
MA	Mannheim	PAF	Pfaffenhofen a. d. Ilm	SLN	Schmölln
MAB	Marienberg	PAN	Pfarrkirchen/Rottal-Inn	SLS	Saarlouis
MB	Miesbach	PB	Paderborn	SLZ	Bad Salzungen
MC	Malchin	PCH	Parchim	SM	Schmalkalden
MD	Magdeburg	PE	Peine	SN	Schwerin
ME	Mettmann	PER	Perleberg	SO	Soest
MEI	Meißen	PF	Pforzheim	SON	Sonneberg
MER	Merseburg	PI	Pinneberg	SÖM	Sömmerda
MG	Mönchengladbach	PIR	Pirna	SP	Speyer
MGN	Meiningen	PK	Pritzwalk	SPB	Spremberg

Was unter **K** vermißt wird, siehe unter **C** und **Z**

SR	Straubing/Bogen	ZI	Zittau	FKB	Frankenberg
SRB	Strausberg	ZP	Zschopau	FÜS	Füssen
SRO	Stadtroda	ZR	Zeulenroda	FZ	Fritzlar
ST	Steinfurt	ZS	Zossen	GAN	Bad Gandersheim
STA	Starnberg	ZW	Zweibrücken	GD	Schwäbisch Gmünd
STB	Sternberg	ZZ	Zeitz	GEL	Geldern
STD	Stade			GEM	Gemünden a. Main
STL	Stollberg	**Noch gültige Kraftfahrzeug-Kennzei-**		GEO	Gerolzhofen
SU	Siegburg	**chen, die – bedingt durch Gebiets- und**		GK	Geilenkirchen
SÜW	Südliche Weinstraße	**Verwaltungsreformen – nicht mehr**		GLA	Gladbeck
SW	Schweinfurt	**zugeteilt werden und künftig auslau-**		GN	Gelnhausen
SZ	Salzgitter	**fen:**		GOA	Sankt Goar
SZB	Schwarzenberg			GOH	Sankt Goarshausen
TBB	Tauberbischofsheim	AH	Ahaus	GRA	Grafenau
TET	Teterow	AIB	Bad Aibling	GRI	Griesbach i. R.
TG	Torgau	AL	Altena	GUN	Gunzenhausen
TIR	Tirschenreuth	ALF	Alfeld Leine	GV	Grevenbroich
TÖL	Bad Tölz/Wolfratshausen	ALS	Alsfeld	HAB	Hammelburg
TP	Templin	ALZ	Alzenau i. Ufr.	HCH	Hechingen
TR	Trier	AR	Arnsberg	HEB	Hersbruck
TS	Traunstein	ASD	Aschendorf-Hümmling	HIP	Hilpoltstein
TÜ	Tübingen	BCH	Buchen	HMÜ	Hann. Münden
TUT	Tuttlingen	BE	Beckum	HOG	Hofgeismar
UE	Uelzen	BEI	Beilngries	HOH	Hofheim
UEM	Ueckermünde	BF	Burgsteinfurt	HOR	Horb
UL	Ulm	BGD	Berchtesgaden	HÖS	Höchstadt a. d. Aisch
UN	Unna	BH	Bühl	HÜN	Hünfeld
VB	Vogelsberg-Kreis	BID	Biedenkopf	HUS	Husum
VEC	Vechta	BIN	Bingen	HW	Halle
VER	Verden/Aller	BK	Backnang	ILL	Illertissen
VIE	Viersen	BKS	Bernkastel	IS	Iserlohn
VK	Völklingen	BLB	Berleburg	JEV	Jever
VS	Villingen/Schwenningen	BOG	Bogen	JÜL	Jülich
W	Wuppertal	BOH	Bocholt	KAR	Karlstadt
WAF	Warendorf	BR	Bruchsal	KEL	Kehl
WB	Wittenberg	BRI	Brilon	KEM	Kemnath
WBS	Worbis	BRK	Bad Brückenau	KK	Kempen-Krefeld
WDA	Werdau	BRL	Braunlage	KÖN	Königshofen i. Gr.
WE	Weimar	BRV	Bremervörde	KÖZ	Kötzting
WEN	Weiden i. d. Opf.	BSB	Bersenbrück	KRU	Krumbach
WES	Wesel	BU	Burgdorf	L	Lahn-Kreis
WF	Wolfenbüttel	BÜD	Büdingen	LAN	Landau a. d. Isar
WHV	Wilhelmshaven	BÜR	Büren	LAT	Lauterbach
WI	Wiesbaden	BUL	Burglengenfeld	LE	Lemgo
WIL	Bernkastel/Wittlich	BZA	Bergzabern	LEO	Leonberg
WIS	Wismar, Kreis	CAS	Castrop-Rauxel	LF	Laufen
WK	Wittstock	CLZ	Clausthal-Zellerfeld	LH	Lüdinghausen
WL	Winsen/Luhe	CR	Crailsheim	LIN	Lingen
WLG	Wolgast	DI	Dieburg	LK	Lübbecke
WM	Weilheim/Schongau	DIL	Dillenburg	LOH	Lohr a. Main
WMS	Wolmirstedt	DIN	Dinslaken	LP	Lippstadt
WN	Waiblingen	DIZ	Diez	LR	Lahr
WND	St. Wendel	DKB	Dinkelsbühl	LS	Märkischer Kreis
WO	Worms	DS	Donaueschingen	LÜD	Lüdenscheid
WOB	Wolfsburg	DT	Lippe/Detmold	LÜN	Lünen
WR	Wernigerode	DUD	Duderstadt	MAI	Mainburg
WRN	Waren	EBN	Ebern	MAK	Marktredwitz
WSF	Weißenfels	EBS	Ebermannstadt	MAL	Mallersdorf
WST	Westerstede	ECK	Eckernförde	MAR	Marktheidenfeld
WSW	Weißwasser	EG	Eggenfelden	MED	Meldorf
WT	Waldshut	EHI	Ehingen	MEG	Melsungen
WTM	Wittmund	EIH	Eichstätt	MEL	Melle
WÜ	Würzburg	EIN	Einbeck	MEP	Meppen
WUG	Weißenburg/Gunzenhausen	ERK	Erkelenz	MES	Meschede
WUN	Wunsiedel	ESB	Eschenbach i. d. Opf.	MET	Mellrichstadt
WUR	Wurzen	EUT	Eutin	MGH	Bad Mergentheim
WW	Westerwald	FAL	Fallingbostel	MO	Moers
WZL	Wanzleben	FDB	Friedberg	MOD	Marktoberdorf
Z	Zwickau	FEU	Feuchtwangen	MON	Monschau
ZE	Zerbst	FH	Frankfurt/Main-Höchst	MT	Montabaur

Was unter **K** vermißt wird, siehe unter **C** und **Z**

MÜB	Münchberg	SÄK	Säckingen	WEB	Westerburg
MÜL	Müllheim	SAN	Stadtsteinach	WEG	Wegscheid
MÜN	Münsingen	SEF	Scheinfeld	WEL	Weilburg
MY	Mayen	SEL	Selb	WEM	Wesermünde
NAB	Nabburg	SF	Sonthofen	WER	Wertingen
NAI	Naila	SLE	Schleiden	WG	Wangen
NEC	Neustadt b. Coburg	SLG	Saulgau	WIT	Witten
NEN	Neunburg vorm Wald	SLÜ	Schlüchtern	WIZ	Witzenhausen
NEU	Neustadt im Schwarzwald	SMÜ	Schwabmünchen	WOH	Wolfhagen
NIB	Niebüll	SNH	Sinsheim	WOL	Wolfach
NÖ	Nördlingen	SOB	Schrobenhausen	WOR	Wolfratshausen
NOR	Norden	SOG	Schongau	WOS	Wolfstein
NRÜ	Neustadt a. Rüb.	SOL	Soltau	WS	Wasserburg
NT	Nürtingen	SPR	Springe	WTL	Wittlage
OBB	Obernburg a. Main	STE	Staffelstein	WÜM	Waldmünchen
OCH	Ochsenfurt	STH	Stadthagen	WZ	Wetzlar
ÖHR	Öhringen	STO	Stockach	ZEL	Zell/Mosel
OLD	Oldenburg/Holst.	SUL	Sulzbach-Rosenberg	ZIG	Ziegenhain
OP	Opladen	SWA	Bad Schwalbach		
OTT	Otterndorf	SY	Syke		
OTW	Ottweiler	TE	Tecklenburg		
OVI	Oberviechtach	TÖN	Tönning		
PAR	Parsberg	TT	Tettnang		
PEG	Pegnitz	ÜB	Überlingen		
PRÜ	Prüm	UFF	Uffenheim		
REH	Rehau	USI	Usingen		
REI	Bad Reichenhall	VAI	Vaihingen		
RI	Rinteln	VIB	Vilsbiburg		
RID	Riedenburg	VIT	Viechtach		
ROD	Roding	VL	Villingen		
ROF	Rotenburg Fulda	VOF	Vilshofen		
ROH	Rotenburg Hannover	VOH	Vohenstrauß		
ROK	Rockenhausen	WA	Waldeck		
ROL	Rottenburg/L.	WAN	Wanne-Eickel		
ROT	Rothenburg/T.	WAR	Warburg		
RY	Rheydt	WAT	Wattenscheid		
SAB	Saarburg	WD	Wiedenbrück		

Noch gültige Kraftfahrzeug-Kennzeichen der ehemaligen DDR, die nicht mehr zugeteilt werden und mit 31. Dezember 1993 auslaufen:

A	Bezirk Rostock
B	Bezirk Schwerin
C	Bezirk Neubrandenburg
D, P	Bezirk Potsdam
E	Bezirk Frankfurt/Oder
H, M	Bezirk Magdeburg
II, IA	Ost-Berlin
K, V	Bezirk Halle
L, F	Bezirk Erfurt
N	Bezirk Gera
O	Bezirk Suhl
R, Y	Bezirk Dresden
S, U	Bezirk Leipzig

Österreich

BURGENLAND

E	Eisenstadt
EU	Eisenstadt
ND	Neusiedl am See
MA	Mattersburg
OP	Oberpullendorf
OW	Oberwart
GS	Güssing
JE	Jennersdorf

KÄRNTEN

K	Klagenfurt
VI	Villach
VL	Villach
WO	Wolfsberg
SP	Spittal a. d. Drau
FE	Feldkirchen
HE	Hermagor
SV	St. Veit a. d. Glan
KL	Klagenfurt
VK	Völkermarkt

NIEDERÖSTERREICH

P	St. Pölten
AM	Amstetten
BN	Baden
BL	Bruck a. d. Leitha
GF	Gänserndorf
GD	Gmünd
HL	Hollabrunn
HO	Horn
KO	Korneuburg
KR	Krems a. d. Donau
LF	Lilienfeld
ME	Melk
MI	Mistelbach
MD	Mödling
NK	Neunkirchen
PL	St. Pölten
SB	Scheibbs
TU	Tulln
WT	Waidhofen a. d. Thaya
WB	Wiener Neustadt
WU	Wien-Umgebung
Z	Zwettl
WN	Wr. Neustadt
KS	Mag. Krems a. d. Donau
WY	Mag. Waidhofen a. d. Ybbs
SW	Schwechat

OBERÖSTERREICH

L	Linz
BR	Braunau am Inn
EF	Eferding
FR	Freistadt
GM	Gmunden
GR	Grieskirchen
KI	Kirchdorf a. d. Krems
LL	Linz-Land
PE	Perg
RI	Ried Im Innkreis
RO	Rohrbach im Mühlkreis
SD	Schärding
SE	Steyr-Land
UU	Urfahr-Umgebung
VB	Vöcklabruck
WL	Wels
SR	Steyr
WE	Wels

SALZBURG

S	Salzburg
SL	Salzburg-Umgebung
HA	Hallein
JO	St. Johann
ZE	Zell am See
TA	Tamsweg

STEIERMARK

G	Graz
GU	Graz-Umgebung

Was unter **K** vermißt wird, siehe unter **C** und **Z**

				Schweiz	
BM	Bruck an der Mur	RE	Reutte		
DL	Deutschlandsberg	SZ	Schwaz	AG	Aargau
FB	Feldbach	LZ	Lienz	AI	Appenzell-Innerrhoden
FF	Fürstenfeld			AR	Appenzell-Außerrhoden
HB	Hartberg	VORARLBERG		BE	Bern
JU	Judenburg			BL	Basel-Land
KF	Knittelfeld	B	Bregenz	BS	Basel-Stadt
LB	Leibnitz	FK	Feldkirch	FR	Freiburg
LN	Leoben	BZ	Bludenz	GE	Genf
LI	Liezen	DO	Dornbirn	GL	Glarus
MU	Murau			GR	Graubünden
MZ	Mürzzuschlag	WIEN		JU	Jura
RA	Radkersburg			LU	Luzern
VO	Voitsberg	W	Wien	NE	Neuenburg
WZ	Weiz			NW	Nidwalden
GB	Exp. Gröbming	SONDERKENNZEICHEN		OW	Obwalden
BA	Exp. Bad Aussee			SG	St. Gallen
LE	Leoben	BP	Bundespolizei	SH	Schaffhausen
		BG	Bundesgendarmerie	SO	Solothurn
TIROL		ZW	Zollwache	SZ	Schwyz
		BB	Österreichische Bundesbahnen	TG	Thurgau
I	Innsbruck	PT	Post- und Telegraphenverwaltung	TI	Tessin
IL	Innsbruck			UR	Uri
IM	Imst	BD	Omnibusse der ÖBB und Post	VD	Waadt
KB	Kitzbühel	BH	Heeresfahrzeuge	VS	Wallis
KU	Kufstein	JW	Justizwache	ZG	Zug
LA	Landeck			ZH	Zürich

---

ten, Übers. – **K.institute,** Sammelbegriff f. alle speziell d. K.geschäft betreibenden Unternehmungen, also → Banken, → Sparkassen u. a., nach dem K.wesen-Gesetz vom 10. 7. 1961.

Krẹditor, Gläubiger; Ggs.: → Debitor. – **K.konto,** Konto f. Verbindlichkeiten (Lieferanten).

Kreditrestriktion, Einschränkung d. Umfanges d. K.gewährung durch d. Banken; Mittel d. Geldpolitik.

Kreditschöpfung, Schaffung zusätzl. Kaufkraft z. Wirtschaftsbelebung durch die Geschäftsbanken, → Geldschöpfung.

Kreditwirtschaft, neuzeitl. kapitalist. Wirtschaftsform als Weiterbildung d. Geldwirtsch.; Warenaustausch vollzieht sich überwiegend mit Hilfe von Kreditmitteln (Wechseln usw.).

Krefeld (D-4150), kreisfr. St. am Niederrhein, Rgbz. Düsseldorf, NRW, 235 423 E; Hafen, Rheinbrücke; Wasserschloß l. K.-Linn; FHS; LG, AG, IHK; Maschinenbau-, Textil-, Elektro-, Eisen- u. Stahl-, chem. Ind.

Kreide, 1) weißer Kalkstein, aus Schalen kleinster Lebewesen als Meeresablagerung entstanden; Vorkommen als grauer Kalkstein fast überall, rein weiß in Dänemark, S-England, Rügen (schroffe Felsen) u. in der Champagne; Verwendung zum Kalkbrennen, geschnitten als Schreib-K.; mit Wasser zur Beseitigung grober Teilchen geschlämmt: Schlämm-K.; zu Malerfarben, Putz- u. Poliermitteln, mit Leinöl: Glaserkitt; **2)** → geologische Formationen, Übers.

krëieren [l.], schaffen, wählen; zum erstenmal vor die Öffentlichkeit bringen (Mode, Bühnenrolle).

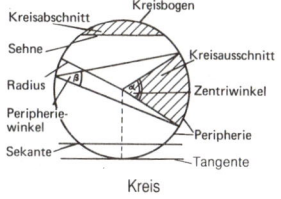

Kreisabschnitt, Kreisbogen, Sehne, Radius, Peripheriewinkel, Sekante — Kreisausschnitt, Zentriwinkel, Peripherie, Tangente — Kreis

Kreis, Menge aller Punkte, die von e. festen Punkt (Mittelpunkt) denselben Abstand (Radius, Halbmesser: r) haben; $K.\text{umfang} = 2 \pi r$; $K.\text{inhalt} = \pi r^2$ (π = 3,14159 ...); der Kreis ist ein → Kegelschnitt.

Kreis, unterer staatl. Verw.bez. u. Kommunalverband z. Selbstverw.; Land-K.e der BR im Dt. Landkreistag zus.geschlossen; an der Spitze des K.es steht der Landrat.

Kreisauer Kreis, Gruppe der deutschen Widerstandsbewegung, Männer aus verschiedenen politischen Lagern und beiden Konfessionen, tagte auf dem Gut Kreisau des Grafen Helmuth James v. Moltke u. bereitete unter Ablehnung einer gewaltsamen Lösung die Grundlagen für den sittl., pol. u. wirtsch. Wiederaufbau Dtlds vor; im Zus.hang mit Attentat v. 20. 7. 1944 hingerichtet: Graf v. Moltke, Peter Graf Yorck v. Wartenburg, Theo Haubach, Reichwein, Pater A. Delp SJ, Trott zu Solz, Hans Bernd v. Haeften, Julius Leber.

Kreisbahngeschwindigkeit, Geschwindigkeit, für die d. Schwerkraft eines die Erde umlaufenden Körpers durch d. Fliehkraft gerade ausgeglichen wird.

Kreisel, math./phys. beliebig geformter starrer Körper, der in einem einzigen Punkt drehbar gelagert ist u. sich um dieses Rotationszentrum mit allen 3 Freiheitsgraden drehen kann; der Spielkreisel ist in diesem Sinne kein K., da seine Spitze sich auf einer Fläche frei bewegt u. nicht in einem Punkt.

Kreiselkompaß, v. Anschütz-Kämpfe entwickelt, Scheibe (meist el. betrieben, 20 000 Umdrehungen i. d. Min.) dreht sich um Achse, d. sich selbsttätig dauernd in N-S-Richtung (parallel z. Erdachse) einstellt.

Kreiselpumpe → Pumpe.

Bruno Kreisky

Kreisky, Bruno (22. 1. 1911–29. 7. 90), östr. Jurist u. Pol. (SPÖ); 1959–66 Außenmin., 1970–83 B.kanzler, 1967–83 Parteivors.

Kreisler, Fritz (2. 2. 1875–29. 1. 1962), östr.-am. Violinist u. Komp.

Kreissäge, schnellaufende Sägemasch. m. scheibenförm. Sägebl.; verstellb. Anschlagleisten regulieren d. Schnittbreite.

kreißen, in den Wehen liegen.

Kreißsaal, Raum für Gebärende in Frauenkliniken.

Kreisstadt, St. m. Verw.sitz e. Kreises.
Kreissynode → Synode.
Kreis-tag, oberstes Organ des K.es als Kommunalverbandes (Vors.: Landrat); beschließt K.satzung u. d. Haushaltsplan, Richtlinien für die K.verwaltung.
Krematorium, s. [l.], Einäscherungshalle; → Leichenverbrennung; erstes dt. K. 1878 in Gotha.

Kreml, *Moskau*

Kreml [russ. „Burg"], burgart. alter Stadtkern vieler russ. Städte, bes. Stadtteil in Moskau; Sitz d. Obersten Sowjets u. der Sowjetregierung im Gebäude des früheren Obersten Gerichtshofes; Zarenkrönungsschloß, Metropolitenpalast, Kathedralen (Mariä Verkündigung, Himmelfahrt), Glockenturm Iwan Weliki, Zarenglocke (größte Kirchenglocke der Welt, 201 924 kg), Rüst- und Schatzkammer.
krempeln, in der Spinnerei das Verfahren der Zerteilung d. Fasern, Beseitigung von Fremdkörpern usw., durch *Krempelmaschinen.*
Krems a.d. Donau (A-3500), St. in Niederöstr., 23 000 E; ma. Altst., Weinu. Obstbau, Eisenind.; Tourismus.
Kremser, vielsitziger, seitlich offener Ausflugswagen; nach Berliner Fuhrunternehmer benannt.
Kremsier, tschech. *Kroměříž,* St. in Mähren, 25 000 E; 1848/49 1. östr. Reichstag.
Kremsmünster (A-4550), Markt i. Oberöstr., 5800 E; Benediktinerabtei; Sternwarte.
Kren, m. [slaw.], Meerrettich.
Křenek [ˈkr̝ɛ-], Ernst (* 23. 8. 1900), östr.-am. Komp.; Sinfonien, Kammermusik, Klavier- u. Vokalwerke; Oper: *Jonny spielt auf; Kaiser Karl V.*
Krenz, Egon (* 19. 3. 1937), DDR-Pol. (SED), Okt.–Dez. 1989 als Nachfolger v. Honecker Gen.sekr. d. ZK der SED u. Vors. d. Staatsrats d. DDR.
Kreolen [span. „criollo"], Bezeichnung für alle in Lateinamerika von nichtindianischen Eltern Geborenen (*weiße* u. *schwarze* K.).
Kreon, in d. griech. Sage Schwager des Ödipus, König von Theben.
Kreosot, s., aus Buchenholzteer gewonnenes Öl; Gemisch verschiedener Phenole; giftig; aus Braunkohlenteer z. Imprägnieren v. Holz. – **K.öl,** Schweröl aus Steinkohlenteer (→ Kohlenwasserstoffe, Übers.).

Krepp, m. [frz. „crêpe"], Gewebe mit krauser, körniger Oberfläche; durch unregelm. Verflechten d. Fadens b. Weben od. durch stark überdrehte Garne, d. sich b. Waschen u. Ausrüsten kringeln.
Kresole, Hydroxytoluole, dem Phenol ähnliche organ.-chem. Verbindungen im Steinkohlen- u. Holzteer; zur Desinfektion, in Seifen, zu Farbstoffen.
Kressbronn am Bodensee (D-7993), Gem. i. Bodenseekr., Ba-Wü., 6743 E; Obstbau; Fremdenverkehr.
Kresse, Bez. versch. Kreuzblütler (z. B. → *Brunnenkresse*).
Kreta, griech. *Krētē, Kandia,* größte griech. Insel, im Mittelmeer, 8336 km², 502 000 E; verkarstetes Kalkgebirge (*Ida* 2498 m), vorwiegend buchtenreiche N-Küste bewohnt; in fruchtbaren Gebirgstälern Wein-, Olivenanbau; Hptst. *Heraklion.* – 3000–1500 v. Chr. kultureller Mittelpunkt des Mittelmeeres: *kretischminoische Kultur* (→ Tafel Kunst d. Altertums); u. 1400 v. Chr. v. d. Griechen, 67 v. Chr. v. d. Römern erobert; 1204–1669 z. Venedig, dann türk. (bis 1913).
kretazisch, *geolog.* zur Kreideperiode gehörend.
Krethi und Plethi, urspr. die aus *Kretern* und *Philistern* gemischte Leibwache Kg Davids, daher svw. gemischte Gesellschaft.
Kretin [frz. -ˈtɛ̃], geistig Minderwertiger, Idiot; **Kretinismus,** angeborene, anlagebedingte schwere geist. u. körperl. Beeinträchtigung, in Verb. m. gewiss. Schilddrüsenkrankheiten (Unterfunktion), vor allem in Bergtälern, wahrscheinl. infolge Jodmangels des Trinkwassers; → Zwergwuchs, Kropf, Verblödung.
kretische Kunst, in ihren Urspr. rätselhafte Zwischenkultur um 2000–1400 v. Chr., weltliche Palastkunst, naturfroh, „malerisch", jedoch stark stilisiert (Knossos); offene Paläste, Wandgemälde, Vasen, Kleinplastik, Kunsthandwerk.
Kretonne [frz. -ˈtɔn], mehr oder weniger dichte, aber kräftige Baumwollgewebe, gröbere Qualitäten bedruckt f. Inneneinrichtungen, feinere f. Wäsche.
Kretscham, m. [wendisch], Wirtshaus (Spreewald, Niederschlesien).
Kretschmer, Ernst (8. 10. 1888–8. 2. 1964), dt. Psychiater; Einteilung d. Menschen nach ihrer Konstitution (→ Körperbau); *Körperbau u. Charakter.*
Kretschmer, m., Gastwirt.
Kretzschmar, Hermann (19. 1. 1848–12. 5. 1924), dt. Musikforscher; *Führer durch den Konzertsaal.*
Kreuder, 1) Ernst (29. 8. 1903–24. 12. 72), dt. surrealist. Schriftst.; *Die Gesellschaft vom Dachboden;* **2)** Peter (18. 8. 1905–28. 6. 81), dt. Film- u. Schlagerkomponist.
Kreuth (D-8185), heilklimat. Kurort s. v. Tegernsee, Kr. Miesbach, O.bay., 800 müM, 3403 E; Wintersportplatz.
Kreutzberg, Harald (11. 12. 1902–25. 4. 68), dt. Tänzer u. Choreograph.

Kreutzer, 1) Conradin (22. 11. 1780–14. 12. 1849), dt. Komp., Oper: *Das Nachtlager von Granada;* Hobellied in Raimunds *Verschwender;* **2)** Rodolphe (16. 11. 1766–6. 1. 1831), frz. Geiger; ihm widmete Beethoven s. Violinsonate op. 47 *(Kreutzer-Sonate).*

✝ ✞ ☨ ✗ ✶

Kreuzformen

Kreuz, 1) seit uralten Zeiten bei fast allen Völkern in versch. Formen nachweisbar; d. röm. Marterpfahl wurde durch d. Tod Christi Symbol des Christentums; Formen (Abb. v. links nach rechts): lat. K., griech. K., russ. K., Andreas-K., Johanniter-(Malteser-)K.; **2)** *astronom.* → Sternbilder, Übers.; **3)** Kreuzzeichen in d. *Musik,* #, bedeutet Erhöhung um einen halben Ton.
Kreuzau (D-5166), Gem. i. Kr. Düren, NRW, 15 063 E; Papierind.
Kreuzband, *Streifband,* Umhüllung von Drucksachen zum Postversand.
Kreuzbein, *Kreuz,* dreieckiger Knochen, Fortsetzung d. Lendenwirbelsäule nach unten, aus zusammengewachsenen Wirbeln bestehend, hält die Beckenschaufeln zusammen.
Kreuzblume, 1) weiß u. blau blühendes Wiesenkraut; **2)** spitze got. Türme u. Architekturelemente aus kreisförmigem, ausladendem Blattwerk.
Kreuzblütler, artenreiche Pflanzenfamilie; 4 Blumenblätter und Schotenfrüchte; viele Nutzpflanzen.
Kreuz des Südens → Sternbilder, Übers.
Kreuzdorn, Gattung der Familie Rhamnazeen, Strauchart; Holz f. Drechslerei, Früchte *(K.beeren)* Abführmittel.
kreuzen, im Zickzack gg. den Wind segeln.
Kreuzer, 1) gepanzertes Kriegsschiff mit großer Geschwindigkeit u. weitem Aktionsradius: *Leichte* u. *Schwere K. - Schlacht-K.* rechnen zu d. Schlachtschiffen; heute auch *Raketen-K.;* **2)** Kupfermünze, 13.–19. Jh. in Dtld u. Östr.-Ungarn.
Kreuzfahrer, die Teiln. an Kreuzzügen.
Kreuzgang, Umrahmung e. Klosterhofs durch 3-4 Wandelhallen.
Kreuzgewölbe, aus Durchdringung zweier Halbkreistonnen gebildetes Gewölbe.
Kreuzkopf, Gelenk, verbindet Kolbenu. Pleuelstange e. Maschine; gleitet in gerader Führung.
Kreuzkraut, *Greiskraut,* Korbblütler; *gemeines K.,* Unkraut; *Jakobskraut,* auf Wiesen.
Kreuzlingen (CH-8280), Bez.st. am Bodensee b. Konstanz, Schweiz, 16 100 E; barocke Klosterkirche.
Kreuzmast, *seem.* hinterster Mast bei Vollschiffen.

Was unter **K** vermißt wird, siehe unter **C** und **Z**

Kreuzotter

Kreuzotter, eur. Giftschlange; schwarzes Zickzackband auf d. Rücken; Biß gefährlich.
Kreuzschnäbel, Finkenarten m. gekreuztem Ober- u. Unterschnabel, Nahrung: Nadelholzsamen.
Kreuzspinne, baut radartige Netze; kreuzähnliche Zeichnung auf dem Hinterleib (Abb. → Spinnen).
Kreuztal (D-5910), St. i. Kr. Siegen-Wittgenstein, NRW, 29 716 E; Masch.bauind., Brauereien.
Kreuzung, Paarung von Tieren oder Pflanzen versch. Erbmaterials.
Kreuzweg, Leidensweg des kreuztragenden Christus vom Hause des Pilatus zum Kalvarienberg; 14 Stationen sind 14 Abbildungen davon.

Kreuzritterburg *in Saida*

Kreuzzüge, Feldzüge zur Befreiung der heiligen Stätten i. Palästina; Teilnehmer nahmen d. Kreuz als *Kreuzfahrer* oder *Kreuzritter;* 1. Kreuzzug 1096–99, Gründung d. Kgr. Jerusalem, Gottfried d. → Bouillon; 2. K. 1147–49, erfolglos; 3. K. 1189–92 nach Eroberung Jerusalems (1187) durch Saladin; Friedrich Barbarossa ertrunken, 1190; 4. K. 1202–04, → lateinisches Kaisertum i. Konstanti-

Kreuzgang, *Santa Maria Novella Florenz*

nopel; 5. K. 1228–29; Kaiser Friedrich II. erhielt durch Vertrag d. s. 1187 verlorene Jerusalem (1244 dauernd verloren); 6. u. 7. K. 1248 u. 1270 unter Ludwig IX. v. Frkr., erfolglos. – Kreuzzüge vermittelten wiss. Kenntnisse d. Araber u. künstler. Einflüsse (Ritterroman; Spitzbogen d. Gotik); Rittertum wird durch K. z. intern. Kulturfaktor; Aufblühen d. Städte (Levantehandel). → Kinderkreuzzüge; → Albigenser.
Kribbelkrankheit → Mutterkornvergiftung.
Kricket, *s.,* engl. Nationalspiel mit Schlagholz, Ball u. Torstäben; 2 Spieler (Schläger) der einen d. 2 Parteien (je 11 Sp.,) verteidigen die 20 cm breiten, 3teiligen, 20 m voneinander entfernten Tore durch Abschlagen der vom Werfer zugeworfenen Bälle; Zahl der in Zwischenzeit (bis Ball wieder ins Spielfeld gelangt) erzielten Torwechselläufe der Schläger entscheidet.
Kriebelmücke, svw. → *Gnitze.*
Kriechspur, Fahrstreifen für langsame Fahrzeuge.
Kriechtiere, svw. → Reptilien.
Krieg, mit Waffen durchgeführte Auseinandersetzung zwischen Staaten. Vgl. auch → kalter Krieg.
Krieger, Adam (7. 1. 1634–30. 6. 66), dt. Komponist.
Kriegs-akademie, frühere HS zur Ausbildung v. Generalstabsoffizieren; in einzelnen Staaten. – **K.schule** (für Offiziernachwuchs) in Dtld im 1. Weltkrieg als innere Staatsanleihen zur Deckung von Kriegskosten; in Höhe von 98,2 Mrd. Mark aufgelegt. – **K.artikel,** enthalten die Pflichtenlehre für die Soldaten. – **K.beschädigte,** *K.versehrte,* in der BR erhalten (Bundesversorgungsgesetz, *BVG,* vom 20. 12. 1950): **1)** v. 30% Erwerbsminderung an Grund-, **2)** v. 50% an (Schwerbeschädigte) dazu (bedingt) Ausgleichsrenten u. Zuschläge für Ehefrauen u. Kinder; für Kriegerwitwen u. -waisen, bei Bedürftigkeit auch für Eltern, entsprechende Regelung. Daneben Heil- u. Krankenbehandlung, Pflegezulage, Bestattungs- u. Sterbegeld. Verwaltung: Versorgungs- u. Landesversorgungsämter, orthopäd. Versorgungsstellen, versorgungsärztl. Untersuchungsstellen, Versorgungsheilstätten u. -krankenhäuser, Krankenbuchlager. Bevorzugte Einstellung von Schwerkriegsbeschädigten in Betrieben → Schwerbehinderte. In BR s. 1949 *Verband d. K.beschädigten, K.hinterbliebenen u. Sozialrentner,* Bad Godesberg. – **K.dienstverweigerung,** Nichtbefolgung v. Einberufungen z. Militär- u. K.dienst. In d. BR Recht d. einzelnen auf K.dienstverweigerung aus Gewissensgründen im GG Art. 4 verankert, jedoch n. Art. 12a Abs. 2 Ersatzdienstpflicht; → Zivildienst. – **K.erklärung,** diplomat. Note, in der d. Empfängerstaat unter Angabe d. Gründe d. K.zustand erklärt wird. – **K.gefangene,** Rechtsstellung d. K.gefangenen neu geregelt 1949, durch → Genfer Konvention, die Erfahrungen d. 2. Weltkriegs berücksichtigt. Angehörige v. bewaffneten Kräften od. ihnen gleichgestellte Personen, die in die Hand des Gegners fallen, werden K. → Freischärler und keine K. Der gefangenhaltende Staat haftet für s. Organe u. muß den K.gefangenen Verpflegung, ärztlichen Beistand usw., Kontrolle durch Schutzmächte gewähren u. Tätigkeit des Intern. Komitees vom Roten Kreuz anerkennen (→ Suchdienst). Meist Agenturen f. K.gefangene in neutralem Land; ferner: K.gefangene müssen so bald wie möglich nach Einstellung der Feindseligkeiten (nicht erst nach Friedensschluß) heimgeschafft werden, dürfen nicht ausgeliefert werden an einen Staat, der der Konvention nicht angehört; als K.gefangene gelten auch Mitgl. einer von den gefangenhaltenden Macht nicht anerkannten Reg. – **K.gericht,** aus Militärpersonen zus.gesetztes Gericht, das im Kriege über Vergehen des Soldaten Urteil fällt. – **K.gräber,** unterliegen nicht den üblichen Auflösungsbestimmungen ziviler Friedhofsrechte; sie sind mit Mitteln d. BR v. d. Ländern zu versorgen. Unterstützung durch *Volksbund Dt. Kriegsgräberfürsorge e. V.,* Kassel, 1919 gegr. – **K.kosten,** mit der Kriegführung zusammenhängende Kosten (im 1. Weltkr. für Dtld bis 1918 etwa 165 Mrd. Mark, im 2. Weltkr. bis Mai 1945 ca. 565 Mrd. RM). – **K.marine,** bewaffnete Seemacht eines Staates. – **K.ministerium,** *Verteidigungsministerium,* in den meisten Staaten oberste mil. Verw.behörde, z. T. auch höchste Kommandostelle. – **K.opferfürsorge** → Kriegsbeschädigte.
Kriegs- und Domänenkammern, 1723–1808 oberste preuß. Provinzialverwaltungsbehörden.
Kriegsverbrechen, Begriff nicht einheitlich; umfaßte bisher nur Straftaten, die durch das Völkerrecht nicht gerechtfertigt u. v. Angehörigen d. kriegführenden Staaten gegenüber Angehörigen d. Gegners od. Neutraler begangen werden; nach dem Statut des Intern. Militärgerichtshofes (Nürnberg, 1945) ausgedehnt auf *Verbrechen gg. den Frieden* (Planung, Vorbereitung, Einleitung eines Angriffskrieges) u. *Verbrechen gg. d. Menschlichkeit;* dieses Statut v. UN 1948 nicht als bindendes Völkerrecht anerkannt.
Kriegsvölkerrecht schränkt die regellose Willkür d. Kriegführung ein u. stellt sie unter Regeln, die jeden Soldaten binden, zugleich auch schützen. Es trägt dem Gedanken der Menschlichkeit Rechnung, verbietet die Anwendung bestimmter Kriegsmittel u. Kampfmethoden od. legt als Grundsatz fest, daß nur diejenige Gewaltanwendung erlaubt ist, die erforderl. ist, um den mil. Erfolg zu erzielen. Jeder Soldat, der gg. die Bestimmungen des K.s verstößt, begeht eine strafbare Hand-

lung, für die er durch den eigenen Staat od. durch fremde Staaten bestraft werden kann. D. wichtigsten rechtl. Grundlagen: die *Haager Landkriegsordnung* v. 1907, vier *Genfer Abkommen* v. 1949.

Kriemhild, im Nibelungenlied Gattin Siegfrieds.

Kriens (CH-6010), Vorort v. Luzern, Schweiz, 21 100 E.

Krill, Sammelbez. für garnelenartige Kleinkrebse des südl. Polarmeers; soll in Zukunft für die menschl. Ernährung (eiweißreich) verwendet werden.

Krim, Halbinsel zw. dem Schwarzen u. Asowschen Meer, durch die 6–7 km br. Perekop-Landenge (mit *K.kanal*) mit dem Festland verbunden, sowj. Geb. 27 000 km², 2,5 Mill. E, Russen; Krimtataren nach 2. Weltkr. ausgesiedelt; im N Steppe mit Viehzucht u. Getreidebau, z. T. mit gr. Bewässerungsanlagen, im S u. SO das Jailagebirge mit Wein- u. Tabakanbau, Eisenerzen; Hptst. *Simferopol;* s. 1954 Gebiet d. Ukrain. Sowjetrep.

kriminal, kriminell, zig. das Strafrecht verstoßend, verbrecherisch.

Kriminalistik, Wiss. v. d. Verbrechensaufklärung u. -verhütung.

Kriminalität, Vorkommen von strafbaren Handlungen in bestimmtem Raum u. in bestimmter Zeit.

Kriminalpolizei, Abteilung der Polizei mit d. Aufgabe d. Verbrechensverhütung u. Verbrechensaufklärung (Fahndung, Ermittlung).

Kriminalstatistik, Zählung der zur Kenntnis der Strafverfolgungsbehörden gekommenen Straftaten (Unterschied zur Zahl der tatsächlich begangenen Taten: *Dunkelziffer).*

kriminelle Vereinigung, Organisation mit d. Hauptziel, Straftaten zu begehen; nach Art. 9, Abs. 2 GG sowie § 129 StGB verboten; Strafe bis zu 5 Jahre Freiheitsentzug.

Kriminologie, Lehre vom Verbrecher, vom Verbrechen und seinen Erscheinungsformen.

Krimkrieg, 1853–56: Frkr., England, Türkei und Sardinien gg. Rußland wegen dessen Einfalls in türk. Donaufürstentümer. Sieg der Verbündeten bei Sewastopol; Friede von Paris.

Krimmer, *m.,* urspr. lockiges Fell neugeborener Lämmer aus der Krim; heute nur Plüsch mit Locken und Kräuseln als Ersatz für das Fell.

Krimstecher, svw. Feldstecher, Fernglas.

Krinoline, 1) Stoff mit Roßhaar [frz. „crin"] gewebt; 2) über Gestell gezogener, weit abstehender bauschiger Frauen-(Reif-)Rock; Mitte 19. Jh.

Kris, *m.,* gewundener malaiischer Dolch.

Krischna, 1) urspr. ind. Heros; genießt göttliche Verehrung als 8. Verkörperung des Wischnu; 2) vorderind. Fluß → Kistna.

Krise, *Krisis, w.* [gr. „Entscheidung"], 1) *med.* plötzl. Umschwung einer Krankheit, rascher Fieberabfall bei Infektionskrankh.; auch heftige Schmerzanfälle, z. B. bei Tabes dorsalis *(tabische K.);* 2) *wirtsch.* Erschütterung im Wirtschaftsleben, Konjunkturphase; 3) *psych.* dramat. Auseinandersetzung m. seel. → Konflikten, macht häufig *K.*nintervention durch Therapeuten notwendig.

Krisen-Management, engl. *crisis management* ['kraisis 'mænidʒmənt], Personengruppe zur Bewältigung schwerer Spannungszustände, vor allem in der intern. Politik.

Kristalldioden, Bez. f. elektron. Bauelemente aus → Halbleiterkristallen. → Diode.

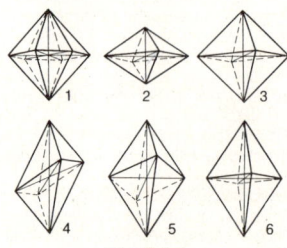

Kristallformen

Kristalle [gr.], von ebenen Flächen regelmäßig begrenzte Körper bestimmter chem. Zusammensetzung u. optischer Eigenschaft; die atomaren Bestandteile weisen eine strenge geometr. Raumverteilung auf *(Kristallgitter).* Entstehung der K. durch Ausscheiden gelöster Stoffe (Auskristallisieren) bei Abkühlung gesättigter Lösungen, durch Erstarren geschmolzener fester Stoffe, durch Verdichtung von Dämpfen fester Stoffe (Sublimation). Nach Art u. Zahl der Symmetrieachsen u. -ebenen sechs mögl. Kristallgruppen (Systeme): 1) *hexagonales System,* auf 3 gleichen, sich unter je 60° schneidenden Achsen eine 4. Hauptachse anderer Größe senkrecht; 2) *tetragonales S.,* auf 2 gleichen rechtwinkl. Achsen eine Hauptachse anderer Größe senkrecht; 3) *kubisches S.,* 3 gleiche, aufeinander senkrechte Achsen; 4) *rhombisches S.,* 3 aufeinander senkrechte, verschieden große Achsen; 5) *monoklines S.,* auf 2 verschieden großen, sich schiefwinklig schneidenden Achsen eine 3. Achse senkrecht; 6) *triklines S.,* 3 verschieden große Achsen schneiden sich schiefwinklig. Innerer Bau der K. erforscht durch → Laue (→ Tafel Mineralien, S. 343).

Kristallglas, meist Kaliglas m. Bleioxid, starke Lichtbrechung; eingeschliffene Verzierungen.

kristalline Flüssigkeiten → Flüssigkristalle.

Kristallnacht, *Reichskristallnacht,* Bez. für d. von d. Nationalsozialisten organisierten Pogrom gg. d. Juden u. ihr Eigentum in d. Nacht v. 9. zum 10. Nov. 1938, in der die Synagogen in Brand gesteckt u. jüd. Geschäfte geplündert wurden.

Kristallographie [gr.], Kristallkunde.

Kristallstrukturanalyse, seit ersten Strukturanalysen v. W. H. *Bragg* u. W. L. *Bragg* im Jahr 1913 sind d. Strukturen v. mehreren tausend Kristallarten erforscht worden, die sich auf fast tausend Strukturtypen verteilen.

Kristallwasser, Kristalle mit Wasser in gebundener Form, das bei Erwärmung entweichen kann (z. B. bei Brennen von Gips).

Kristiania, bis 1924 Name v. → Oslo.

Kristiansand, norweg. Hafenst. am Skagerrak, 64 000 E; Fischind.; Fährenverkehr nach Dänemark.

Kristiansund [-'sun], norweg. Hafenst. an d. atlant. Küste, 19 000 E; Fischhandel, Aluminiumausfuhr.

Kriterium, *s.* [gr.], Unterscheidungsmerkmal; b. *Sport* Zus.fassung mehrerer Wertungsrennen zu e. Wettbewerb.

Kritik, *w.* [gr.], 1) Beurteilung; 2) Urteilsfähigkeit; 3) wiss. prüfende Darlegung.

Kritikaster, *m.,* unfähiger, nörgelnder „Kritiker".

Kritiker, (allg.) Beurteiler; (öffentl.) Kunstrichter.

kritisch, 1) entscheidend, gefährlich; 2) prüfend.

kritische Temperatur, b. einem Gas die T., oberhalb deren das Gas auch durch stärksten Druck nicht mehr verflüssigt werden kann.

Kritizismus [gr.-l.], phil. Richtung, die vor jeder Erkenntnis eine Prüfung der Erkenntnisgrundlagen fordert (Vorrang d. *Erkenntnistheorie* seit Kant); Ggs.: → Dogmatismus.

Kriwoj Rog, ukrain. St. am Ingulenz (Dnjepr-Nbfl.), 713 000 E; Eisenerzgruben, Stahlindustrie.

Kroatien, kroat. *Hrvatska,* Bundesrep. Jugoslawiens, Hochkarst *(Učka* 1396 m, *Velebit* 1758 m), Dinarische Alpen, fruchtbare Ebene zw. Save u. Drau, pol. dazugehörig → Dalmatien; 56 538 km², 4,7 Mill. E; Hptst. *Agram (Zagreb);* Getreide-, Obst- u. Weinbau; Viehzucht (Schweine); Stein- u. Braunkohle, Kupfer, Bauxit, Erdöl. – Kroaten 6. Jh. v. Chr. im heutigen S-Persien u. Afghanistan; Landnahme Anfang 7. Jh. n. Chr., 641 Christianisierung; fränk. u. byzantin. Oberhoheit, s. 879 unabhängig; 885 Einführung d. slaw. Sprache, Kriege m. Venedig um Küstenstädte. 969–1091 Königreich v. „K. u. Dalmatien" (Krešimir IV., d. Gr.); 1102 Wahl d. Arpaden, 1300 d. Anjou auf Thron v. K.; 1463–1719 Kriege gg. Türken; 1527 Wahl d. Habsburger. 1790 Reaunion m. Ungarn, 1848 unter Ban Jelačić unabhängig, 1849 östr. Kronland, 1867 m. „Ausgleich" zu Ungarn unter weitgehender Autonomie; 1918 zu Jugoslawien, 1941–44 unabhängig unter Pavelić; Mitte 1991 Loslösung v. jugoslaw. Bund.

kroatische Literatur, *13. Jh.:* rel. und

Annalenliteratur. Blüte im *16. u. 17. Jh.* in Ragusa u. Dalmatien: Dživo Gundulić (Epos *Osman*). *18. Jh.:* westl. Einflüsse: Matija Katancic (Lyrik). *19. Jh.:* Illyrismus: Petar Preradovic (Lyrik). *Realismus:* Ivan Vojnovic (Drama *Ragusaner Trilogie*). *20. Jh.:* M. Krleža (Romane, Dramen), V. Desnica.

Krocketspiel, Rasenspiel zw. zwei Parteien; Holzkugeln werden m. langstiel. Holzhammer durch Tore (U-förmige Drahtbügel) geschlagen; d. Zahl der benötigten Schläge entscheidet.

Kroetz, Franz Xaver (* 25. 2. 1946), dt. Dramatiker, Schriftst. u. Schausp.; *Wildwechsel; Heimarbeit; Luther; D. Nest; D. Mondscheinknecht.*

Kroh, Oswald (15. 12. 1887–11. 9. 1955), dt. Pädagoge u. Psych.; *Psychologie d. Grundschulkindes.*

Krokodil

Krokodile, große Reptilien mit Hautpanzer; *Nil-K.* bis 9 m lang, Moschusdrüsen; *Alligator,* im SO der USA u. am Chang Jiang; *Kaiman* in Mittel- u. S-Amerika; *Ganges-K. (Gavial),* Indien.

Krokodilwächter, afrikan. Watvogel; sucht der Sage nach auf Krokodilen n. Ungeziefer.

Krokus

Krokus, Knollengewächs, weiße, gelbe oder violette Blüten (im Frühling); auch → Safran.

Krolow, Karl (* 11. 3. 1915), dt. Dichter; Lyrik; Prosa; Essays; *Die Zeichen der Welt.*

Kron-güter, früher die Domänen, Güter d. Landesherren. – **K.kolonie,** Bez. für die brit. Kolonien, in denen die Krone (Kg) die Legislative ausübt, unterstehen dem Kolonialmin. → Hongkong. – **K.länder,** d. einz. Fürstentümer des ehem. östr. Kaiserreichs.

Kronach (D-8640), Krst. i. O.franken, Bay., 18 246 E; ma. Stadtkern, Geburtshaus v. L. *Cranach d. Ä.;* AG; Holz-, Keramik-, Kunststoff- u. Elektronikind.; Festung Rosenberg.

Kronawitter, Georg (* 21. 4. 1928), SPD-Pol.; 1972–78 u. s. 1984 Oberbürgerm. v. München.

Krone [l. „corona = Kranz"], **1)** Zeichen

Kronen

der Herrscherwürde; aus edelsteinbesetzter Stirnbinde entstanden; im Altertum Diadem; früheste K. *Kidaris* (Tiara) der Perserkge; päpstl. → *Tiara;* dt. Kaiserkrone des MA f. Konrad II. 1027 angefertigt (jetzt in Wien); in d. Neuzeit Adelskronen nur noch als Zeichen der → Heraldik (Abb. v. links n. rechts: *Königs-, Herzogs-, Grafen-, Freiherrn-, Adels-K.*); **2)** → Sternbilder, Übers.; **3)** skandinav. u. tschech. Münze (→ Währungen, S. 1087); **4)** 3 od. mehr Enden als Abschluß einer Stange des Hirschgeweihs, → Geweih.

Kronglas, *Crownglas,* Alkalikalkglas, für opt. Gläser, bleifrei.

Kronos, der jüngste der Titanen, vermählt seine Schwester Rhea, Vater des Zeus, Poseidon, Hades, der Hera, Demeter u. Hestia; urspr. Gott des Feldbaus (lat. *Saturnus*); wegen des Gleichklangs mit *chronos* [gr. „Zeit"] auch Gott der Zeit.

Kronprinz, der jeweilige Nachfolger eines Kgs od. Kaisers; in Belgien *Hzg v. Brabant,* in Großbrit. *Prince of Wales.*

Kronsbeere, svw. → Preiselbeere.

Kronstadt, 1) rumän. *Brașov,* 1950–61 *Orașul Stalin,* St. in Siebenbürgen (Burzenland), nördl. d. Predealpasses, 351 000 E; Volksuni.; Handels- u. Ind.st. – Vom Dt. Orden im 13. Jh. gegr., im MA bedeutendste (dt.) Handelsst. des SO; Zentrum der Reformation im O; 1920 rumän; **2)** russ. Hafenst., am Finn. Meerbusen, 40 000 E; Kriegshafen; Juli 1917 Beginn der russ. Revolution.

Krönungsmantel der deutschen Kaiser

Krönung, feierl. Regierungseinsetzung e. Herrschers im K.smantel durch Aufsetzen der Krone, verbunden mit Salbung u. Schwur; in Dtld im MA Aachen K.sstadt; später Frankfurt a. M.

Kronzeuge, 1) Hauptzeuge; i. angelsächs. Strafprozeß Mittäter, d. gegen Zusicherung voller Straffreiheit als Bela-

stungszeuge auftritt; **2)** bei terrorist. Straftaten kann v. Strafverfolgung abgesehen werden, wenn d. Täter (Kronzeuge) Kenntnisse offenbart, d. für die Bekämpfung d. Terrorismus v. Bedeutung sind.

Kropf, *Struma,* krankhafte Vergrößerung d. Schilddrüse bei Überfunktion (z. B. Basedowscher Krankheit) od. bei Unterfunktion (z. B. auch endemisch in gewissen Gebirgsländern, vermutl. als Folge v. Iodmangel).

kröpfen, 1) Biegen v. Eisenbändern, Blechen, Wellen durch Hämmern, Pressen, Schmieden, Schneiden; gekröpfte Stelle: *Kröpfung, gekröpfte Welle;* **2)** von Greifvögeln, Eulen: die Beute zerteilen und fressen.

Krösus, *Kroisos* (6. Jh. v. Chr.), sprichwörtl. reicher König von Lydien, von Cyrus besiegt.

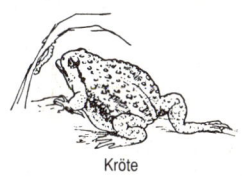

Kröte

Kröten, Froschlurche, plump, mit warziger Haut; vorwiegend Landbewohner u. Nachttiere; *Erdkröte,* vertilgt Insekten, Schnecken usw.; → Wabenkröte; ferner: *Wechsel-, Kreuz-* u. *Geburtshelfer-K;* sondern Giftstoffe aus Hautdrüsen ab (auch → Unke). Alle dt. K. ♦.

Krucken, *w.,* Hörner der → Gemse.

krud, *veraltet* roh, grausam.

Krüger, 1) Felix (10. 8. 1874–25. 2. 1948), dt. Psych.; Vertreter d. Ganzheits-Psychologie (Das Wirken der Seele ist Gestalten); **2)** Franz (10. 9. 1797–21. 1. 1857), dt. Biedermeiermaler.

Krüger, *Ohm Krüger,* Paul (10. 10. 1825–14. 7. 1904), Präs. d. südafrikan. Freistaates, führte → Burenkrieg gg. England.

Krüger-Nationalpark, von Paul → *Krüger* gegr. Wildreservat u. Naturschutzgebiet in Transvaal, Rep. Südafrika, 19 485 km².

Krumbach (Schwaben) (D-8908), St. i. Kr. Günzburg, Bay., 11 632 E; div. Ind.

Krümmer, *techn.* gebogenes Rohrstück.

Krummhübel, *Karpacz,* poln. Luftkurort am Fuß d. Schneekoppe, 4500 E.

Krummstab → Bischofsstab.

Krümmung, *math.* Abweichung einer Kurve (Fläche) von e. Geraden (Ebene).

Krümpersystem, monatl. Entlassung „krummer" u., kurz ausgebildeter Soldaten u. Ersatz durch neue, um die Zahl Ausgebildeter zu steigern; 1808–13 in Preußen (Scharnhorst).

Krupp → Diphtherie.

Krupp, dt. Industriellenfamilie, **1)** Friedrich (17. 7. 1787–8. 10. 1826), gründete 1811 in Essen Gußstahlfabrik; s. Sohn **2)**

Alfred (26. 4. 1812–14. 7. 87) erweiterte sie zum Weltunternehmen; nach s. Tode übernahm s. Sohn **3)** Friedrich Alfred (17. 2. 1854–22. 11. 1902) d. Leitung; s. Tochter **4)** Berta (29. 3. 1886–21. 9. 1957) wurde Erbin u. heiratete 1906 Gustav v. *Bohlen u. Halbach* (1870–1950); deren Sohn **5)** Alfried *K. v. B. u. H.* (13. 8. 1907–30. 7. 67) wurde 1948 in Nürnberg anstelle seines nicht haftfähigen Vaters verurteilt, 1951 aus dem Gefängnis entlassen; Widerruf der Einziehung des Gesamtvermögens. – K.-Werke, s. 1906 K.-AG, 1943 in Familienges. umgewandelt *(Lex K.);* nach 1945 Demontagen u. Verkaufsauflagen; nach 1950 Wiederaufbau u. Reorganisation d. Konzerns; Montaninteressen in *Friedrich K. Hüttenwerke AG* konzentriert; 1968 Umwandlung i. e. GmbH u. Einbringung d. Eigentumsrechte in **K.-Stiftung.**
Kruse, Käte (17. 9. 1883–19. 7. 1968), dt. Kunstgewerblerin; **K.-Puppen.**
Krüss, James (* 31. 5. 1926), dt. Jugendbuchautor; *James Tierleben.*
Kruziferen, svw. → Kreuzblütler.

Kruzifix, *nach Grünewald*

Kruzifix, *s.* [l.], Darstellung d. gekreuzigten Christus in der Kunst und als → Devotionalie.
Krylow, Iwan (13. 2. 1768–21. 11. 1844), russ. Fabeldichter.
Kryochirurgie, Anwendung v. Kälte bei Operationen, bes. bei Gehirn- u. Augenoperationen.
Kryolith, Mineral, Natrium-Aluminiumfluorid, gr. Lager in Grönland; dient neben Bauxit zur Aluminiumgewinnung.
Kryotechnik, Technik b. tiefen Temperaturen bis hin z. → absoluten Nullpunkt.
Krypta, *w.* [gr. „verborgen"], Gruft unter dem Altarraum meist romanischer Kirchen.
Kryptogamen [gr.], Pflanzen ohne Blüten; *Pilze, Algen, Moose, Farne, Schachtelhalm, Bärlappgewächse.*
Krypton, *s., Kr,* chem. El., Oz. 36, At.-Gew. 83,8; Dichte 3,48 g/l bei 1013 hPa; Edelgas, Glühlampenfüllgas, Spuren in der Luft enthalten.
Kryptorchismus [gr.], Hodenretention; Zurückbleiben d. Hodens in Bauchhöhle oder Leistenkanal.

Kschatriya, ind. Krieger- → Kaste.
KSE, *VKSE, KRK,* Verhandlungen über konventionelle Streitkräfte, Abrüstungsgespräche im Bereich der → konventionellen Rüstung zw. → NATO u. → Warschauer Pakt, seit 1989 in Wien. März 1990 Einigung auf Truppenabbau. Parallel zur K. verhandeln die 35 Staaten der → KSZE über vertrauensbildende Maßnahmen.
KSZE, **K**onferenz **ü**ber **S**icherheit u. **Z**us.*arbeit in* **E**uropa, 1973 in Genf, 1975 in Helsinki, 1977 in Belgrad, 1980–83 in Madrid u. 1986–88 in Wien Folgekonferenz von 35 Staaten, 1991–92 Folgekonferenz in Helsinki. 1975 (sog. Schlußakte) in Helsinki, seitdem unregelmäßig tagendes Gesprächsforum der eur. Länder (bis Mitte 1991 ohne Albanien), der USA u. Kanadas über Zusammenarbeit in Wirtschaft, Technik, Umweltschutz, Abbau pol. Spannungen, Durchsetzung der Menschenrechte, freien Austausch v. Informationen. Auf dem Pariser K-Gipfel am 19. 11. 1990 wurde das erste Abkommen über Konventionelle Streitkräfte in Europa (→ KSE) unterzeichnet. Vertragswerk (Nichtangriffserklärung) mit 23 Artikeln, das nunmehr in Europa jeden großangelegten Überraschungsangriff unmöglich machen soll (Festlegung v. Höchstgrenzen in den einzelnen Waffengattungen).
Ku, *chem.* Zeich. f. → *Kurtschatovium.*
Kuala Lumpur, Hptst. der Föderation → Malaysia, Agglomeration 1,08 Mill. E; Flughafen.
Kuango, *Kwango,* l. Nbfl. d. Kassai (zum Zaïre) in Afrika, mit zahlreichen Wasserfällen, 1000 km lang; Grenze zw. Zaïre u. Angola.
Kuangtschou → Guangzhou.
Kuantung, *Kwanto,* ehem. Gebiet auf der SW-Spitze der chin. Halbinsel Liaoning, am Ende der S-Mandschur. Bahn; Hptst. u. wichtigster Hafen: *Dalian (Dairen),* Kriegshafen: *Lüshun (Port Arthur)* → Lüda. – 1898 russ., 1905 jap. Pachtgebiet, 1947 China zugesprochen.
Kuba → Cuba.
Kuban, nordkaukas. Fluß, v. Elbrus ins Asowsche Meer, 906 km lang.
Kubel, Alfred (* 25. 5. 1909), SPD-Pol.; 1970–76 Min.präs. v. Nds.
Kubelik, 1) Jan (5. 7. 1880–5. 12. 1940), tschech. Geiger; s. Sohn **2)** Rafael (* 29. 6. 1914), tschech. Dirigent u. Komp.;

Krypta

1961–86 Chefdirigent d. Bayer. Rundfunks.
Kubik- [gr.], als Vorsilbe bes. bei Maßbezeichnungen zur Bestimmung d. Rauminhaltes. - **K.maß,** Hohlmaß (z. B. *Kubikmeter,* 1 m^3 = ein Würfel v. 1 m Kantenlänge).
Kubikwurzel, 3. Wurzel einer Zahl ist d. Zahl, die, in d. 3. Potenz erhoben *(kubiert),* d. 1. Zahl ergibt.
Kubin, Alfred (10. 4. 1877–20. 8. 1959), östr. Zeichner, Maler u. Schriftst.; Darsteller d. Bizarren u. spukhaft Düsteren; Buchillustrationen (u. a. Poe).
kubisch, würfelförmig.
kubische Gleichungen, enthalten die Unbekannte in der 3. Potenz.
kubisches System → Kristalle.

Pablo Picasso, *Die Fabrik*
Kubismus

Kubismus, urspr. frz. Richtung d. mod. Malerei, s. 1908, sucht durch → Abstrahieren d. Dargestellten zu „kubischen" Formen e. Naturillusion entgegenzuwirken, d. Malfläche als Bildebene zu betonen u. d. einzelnen Gegenst. statt mit perspektiv. Mitteln durch gleichz. Ansicht v. mehreren Seiten zu erfassen. Vertr.: *Picasso, Braque, Gleizes, Gris, Léger, Feininger.*
Kublai, Mongolenfürst, Enkel von → Dschingis-Khan, Begr. der Jüan-Dynastie in China, 1279.
Kubrick, ['kjuː], Stanley (* 26. 7. 1928), am. Filmregisseur; *Paths of Glory* (1957); *Dr. Strangelove* (1963); *2001: A Space Odyssey* (1968); *A Clockwork Orange* (1971); *The Shining* (1979); *Full Metal Jacket* (1987).
Kubus, [l.], Würfel; in der *Algebra, Arithmetik:* 3. Potenz (Würfelinhalt = 3. Potenz seiner Kantenlänge: a^3).
Küchenlatein, *s.,* abfällige Bez. für d. von Mönchen u. an Hochschulen im MA gesprochene Latein.

Kuckuck

Kuckucke, Vogelfamilie, darunter zahlr. Brutparasiten, die Eier in fremde Nester legen; viele Arten in warmen Erdteilen.
Kuckucks-blume, Name versch. Pflan-

zen (z. B. *Wiesenorchideen*). – **K.spei-chel,** d. an Pflanzen erzeugte Schleim d. Schaum- → Zikade.

Kudowa → Bad Kudowa.

Kudu-Antilope, hirschgroße Antilope Afrikas, das Männchen mit schraubenartigem Gehörn.

Kufe, Holzfaß, Bottich; Schlittengleitschiene.

Kuff, *w.,* flaches ndl. Frachtschiff.

Kufra, Al, Oasengruppe in d. Libyschen Wüste, 9700 E; früher Hptsitz des Senussiordens; Handelsplatz.

Kufstein (A-6332), Tiroler Bez.st. a. Inn, 485 müM, 14 000 E; Festung K.

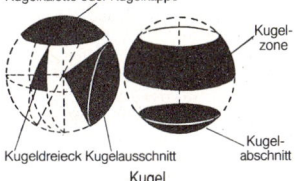

Kugelkalotte oder Kugelkappe

Kugelzone

Kugeldreieck Kugelausschnitt

Kugelabschnitt

Kugel

Kugel, *geometr.* eine gleichmäßig gekrümmte, geschlossene Fläche, deren sämtl. Punkte v. Mittelpunkt gleichen Abstand (Halbmesser, Radius) haben. *K.oberfläche* = $4 r^2 \pi$, *K.inhalt* = $4/3 r^3 \pi$ (π = 3,14159 ...). Ist d. Höhe = h, dann ist d. Flächeninhalt der *K.kappe* und der *K.zone* = $2 \pi r h$, der Rauminhalt d. *K.abschnitts* = $1/3 \pi h^2 (3 r - h)$, der *K.schicht* (Raum zw. 2 parallelen Ebenen) = $1/6 \pi$ $h (3 r_1^2 + 3 r_2^2 + h^2$, wobei r_1 u. r_2 die Radien d. Grenzkreise d. zugehörigen K.zone sind.

Kugelblitz, seltene Blitzform, elektr. geladene, helleuchtende Kugel.

Kugelfische, rundl. Meeres- u. Süßwasserfische, schuppenlos, m. Stacheln besetzt; können sich bei Gefahr kugelförmig aufblasen (z. B. *Igelfische*).

Kugellager, Rollenlager, wegen des kleinen Reibungskoeffizienten sehr viel im Maschinenbau angewendet; zw. Zapfen u. Lagerschale laufen Stahlkugeln, -rollen.

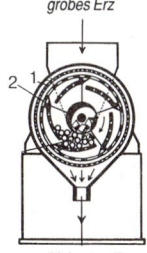

grobes Erz

zerkleinertes Erz

Kugelmühle

Kugelmühle, große eiserne Trommel (Abb.: 1), in der Erze durch Stahlkugeln

(Abb.: 2) zerkleinert werden; in Kraftwerken zum Zermahlen der Kohlen für Staubfeuerung.

Kugelstoßen, leichtathlet. Übung m. Metallkugel (7,25 kg für Männer, 4 kg für Frauen).

Kuguar, svw. → Puma.

Kuh, weibl. Rind nach dem ersten Kalben.

Kuhantilopen → Hartebeest, → Gnus und Verwandte.

Kühlapparate, zum Kühlen v. Flüssigkeiten u. Gasen; z. B. Kältemaschinen, → Kühler, → Kühltürme, → Kondensator.

Kühler, Vorrichtung zum Herabsetzen der Temperatur v. Flüssigkeiten u. Gasen; wirtschaftl. durch Gegenstromprinzip: *Kühlmittel* (Luft, Wasser) wird dem zu kühlenden Element entgegengeführt; bei Autos: Einrichtung, die im Motor erwärmte Luft wieder abkühlt, auch die Metallhaube über dem Motorraum (Kühlerhaube).

Kühltürme, Großanlagen zum Abkühlen und Verdichten heißer Gase u. Dämpfe; die Dämpfe treten von unten in Schlangenrohre ein, denen das Kühlwasser von oben entgegenrieselt.

Kühn, 1) Heinz (* 18. 2. 1912), SPD-Pol.; 1966–78 Min.präs. v. NRW; **2)** Herbert (* 29. 4. 1895), dt. Historiker; *Das Erwachen der Menschheit;* **3)** Richard (3. 12. 1900–31. 7. 67), dt. Chemiker; Vitaminforscher; Nobelpr. 1938.

Kuhnau, Johann (6. 4. 1660–5. 6. 1722), dt. Komp.; Klavierson.; Thomaskantor.

Kuhpilz, eßbarer rötl. Röhrling.

Kuhpocken, Erkrankung der Kühe an Pocken.

Kuhreigen, v. schweiz. Hirten gesungene oder auf Alphorn geblasene alte Melodie; Oper v. Kienzl.

Kuhschelle, *Küchenschelle,* → Anemone.

Kujbyschew, früher *Samara,* russ. Gebietshptst. u. Ind.st. an d. Mündung d. Samara in d. Wolga, 1,3 Mill. E; Binnenhafen, Ind., Ölraffinerie; Ölleitung n. Polen u. Schwedt an d. Oder; 60 km oberhalb **Kujbyschewer Stausee,** 6450 km², 5 km lange Stauanlage, Großkraftwerk mit jährl. Stromerzeugung von 10,9 Mrd. kWh.

Kujon, *m.* [frz.], Schurke, feiger Schuft.

kujonieren, niederträchtig behandeln.

Küken, Dichtkegel eines → Hahnes.

Ku-Klux-Klan, *m.* [ʹkjuːklʌksʹklæn], um 1865 in USA-Südstaaten gegr. nationalist. Geheimbund m. abenteuerlichem Zeremoniell (Vermummung, öffentl. Kreuzverbrennung), bekämpft Einfluß der Farbigen, Katholiken u. Juden (→ Lynchjustiz).

Kuku-nor [mongol. „Blauer See"], abflußloser See in NO-Tibet, 5000 km², 3205 müM.

Kukuruz, *m.,* svw. → Mais.

Kulaken [russ.], früher selbständ. Großbauern in Rußland, durch die Kollektivierung enteignet.

kulant [frz.], gefällig, zuvorkommend.

Kulenkampff, Georg (23. 1. 1898–4. 10. 1948), dt. Geiger.

Kuli, *m.* [ind. od. mongol.], äußerst bedürfnisloser Arbeiter für niedrigste Arbeiten.

Kulikow, Viktor (* 1921), sowj. Marschall, s. 1977 Oberbefehlshaber der Truppen des Warschauer Paktes.

kulinarisch [l.], auf Kochkunst bezogen.

Kulisse, *w.* [frz.], **1)** bemalte (Seiten-) Wand einer Bühnendekoration; **2)** an d. *Börse:* a) Effektenhandel im freien Verkehr, ohne amtl. Kursnotierung; b) unvereidigter Makler; **3)** Führung für Steuerorgane an Maschinen.

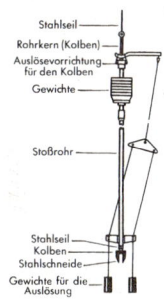

Stahlseil

Rohrkern (Kolben)

Auslösevorrichtung für den Kolben

Gewichte

Stoßrohr

Stahlseil
Kolben
Stahlschneide

Gewichte für die Auslösung

Kullenberg-Lot

Kullenberg-Lot, *Kolbenlot,* Tiefseelot mit Stoßröhre, die tief in die Ablagerungen am Meeresboden eindringt u. bis 20 m lange Kerne z. geolog. Untersuchung liefert.

Kulm, poln. *Chełmno,* St. an d. Weichsel, 21 000 E; Brau- u. Maschinenind.; bis 1920 dt. – *Kulmer Handfeste* von 1233, Grundlage des dt. Stadtrechts im Ordensgebiet.

Kulmbach, Hans v., eigtl. *Hans Süß* (um 1476–1522), dt. Maler zw. Spätgotik u. Frührenaiss.; *Tucherepitaph* (Nürnberg).

Kulmbach (D-8650), Gr.Krst. in Oberfranken, Bay., 27 116 E; AG; Bierbrauereien, ehem. Hohenzollernresidenz Plassenburg (m. Zinnfigurenmus.). – Selbst. Markgraftum bis 1792, zu Preußen bis 1806, s. 1810 bayr.

Kulmination, *w.* [nl.], **1)** Durchgang durch den Höhepkt, *Kulminationspunkt,* einer Bahn; **2)** *astronom.* d. Durchgang eines Gestirns durch den Meridian.

kulminieren, den Höhepunkt erreichen.

Kult [l.], Verehrung der Heiligen, auch: übertriebene Verehrung v. Personen od. geist. Werten.

Kultur [l.], **1)** im *landwirtsch. Sinne* Urbarmachung u. Pflege des Bodens; **2)** *med.* Züchtung v. Bakterien auf Nährböden im Brutschrank; **3)** Entwicklung u. Weiterbildung des geistigen Lebens; das geist. Leben als Gesamtheit; die gesamte Gesittung eines Volkes; durchgeistigte seel. Gepflegtheit. – **K.film,** Vorgänge in Natur, Technik, Kultur berichtend oder

Was unter **K** vermißt wird, siehe unter **C** und **Z**

Kunstgeschichte

a) Wissenschaftl. Erforschung u. Darstellung der Entwicklung der bildenden Kunst, ihrer wechselnden Stilmerkmale u. ihrer geistesgeschichtl. Wurzeln; hat ihren Ursprung in den Künstlerbiographien seit dem 16. Jh. (Vasari).
b) Über die Entwicklung des abendländischen Kulturkreises (einschließl. d. USA), über die für die griech. u. gesamteur. Entwicklung grundlegende ägypt. Kunst u. über die Hochkulturen Asiens u. Altamerikas finden s. die einschlägigen Artikel unter den Ländern bzw. Stilrichtungen (z. B. → ägypt., altamerikan., asiat., byzant., chines., etrusk., frühchristl., griech., ind., islam., japan., karoling., myken., otton., roman. u. röm. Kunst; Barock, Gotik, Klassizismus, Kreta, Renaissance, Rokoko, Romantik, Vereinigte Staaten). Ein Überblick über die Kunst ab der 2. Hälfte des 19. Jh. findet sich im 2. Teil dieses Artikels unter d) u. e).
c) Außerdem: → vorgeschichtliche Kunst; Kunst der Naturvölker → primitive Kunst. – Zur Ergänzung der Übersicht sei ausdrücklich auf die entsprechenden Stichwörter im Text hingewiesen, wie u. a. abstrakte Kunst, abstrahierende Kunst, Expressionismus, Futurismus, Gotik, kinetische Kunst, konkrete Kunst, Kubismus, Impressionismus, Klassik, Konstruktivismus, Pop Art, psychedelische Kunst, Suprematismus, Surrealismus. – Ferner Tafeln: → Malerei, Kunst d. Altertums, Baukunst, Bildhauerkunst, Holzschnitt, Radierung u. Kupferstich, asiat. Kunst, Vorgeschichte.
d) *Kunst des 19. Jh.*: Nach → Klassizismus, → Romantik u. → Biedermeierzeit folgt in der 2. Hälfte des 19. Jh. ein Zeitalter des Individualismus. Historismus u. Relativismus heben alle Bindungen auf. Daher 1) Stilverfall d. Baukunst u. des Kunsthandwerks; 2) rascher Wechsel u. Vielzahl der Richtungen; 3) Verzicht der Kunst auf jede außerhalb ihrer selbst liegende religiöse, moralische, soziale od. repräsentative Nutzanwendung (L'art pour l'art: die Kunst um der Kunst willen). Der Impressionismus eröffnet es. für die Malerei neue Wege. Ende des Jh. überläßt man die dokumentarische Naturwiedergabe der Fotografie u. sucht nach neuen Gesetzen der Form u. des Ausdrucks (unabhängige Deutung des Daseins durch symbolische Eigengestalt). – *Baukunst:* Seit Mitte d. Jh. romantisierende Abwandlung aller historischen Stile (bayr. Königsschlösser. → Neuschwanstein). Seit 1871 *„Gründerzeit"* (Berlin: Reichstag, Dom). – *Plastik:* Neuklassik: Hildebrand, Maillol. – Impressionismus: Rodin, Kolbe, Sintenis. – *Malerei:* Realismus, Mitte des 19. Jh.; Corot, Courbet, Menzel, Leibl, Trübner. – Neuromantik: Böcklin, Feuerbach, Thoma; Neuformung d. Bildraumes: Marées. – Impressionismus: Manet, Monet, Renoir, Degas, Liebermann, Slevogt, Corinth; Erneuerung d. Form bei Cézanne; des Ausdrucks bei van Gogh, Gauguin, Munch.
e) *Kunst d. 20. Jh.:* bewußtes Suchen nach neuen Gestaltungsprinzipien. *Baukunst:* Anfang 20. Jh. → Jugendstil: Versuch einer Stilreinigung durch selbständige Formfantasie (Messel, Warenhaus Wertheim, Berlin, 1904). Um 1910 Ansätze einer neuen sinnvollen Architektur. Entdeckung der konstruktiven Schönheit d. reinen Zweckbaues. Neue Baustoffe (Eisen, Beton, Glas) fordern neue Bauformen (Behrens, Gebäude der AEG, Berlin 1912). 1919 Gründung v. „Bauhaus" (Gropius). Ablehnung

überalterter Bildungsbegriffe, Anpassung an naturgemäße Lebensweise (Luft u. Licht). Klare, einfache Proportionen, rhythmische Gliederung, Gegenbewegung v. Horizontalen u. Vertikalen, Betonung d. kubischen Werte: Bonatz, Poelzig, Mendelsohn, Höger, Gropius, Mies van der Rohe (Wohnbauten) u. a. „Dt. Stil", gleichgesinnte Bestrebungen im Ausland (Le Corbusier, Frkr.; Wright, USA), setzt s. in der ganzen Welt durch, nur in Dtld selbst bringt das Dritte Reich den Rückschritt zu e. neuerlich historisierenden Klassizismus. Danach Zweifel am rein formalen Element (→ Ronchamp). Der Zweckbau dominiert mit Betonskelettbauten (Scharoun, Eiermann, Nervi, Aalto). Seit neuestem Metastrukturbauten (variable Bauweise: in tragende Strukturen können z. B. Wohneinheiten eingehängt werden; Frei, Friedmann, Benich); Postmoderne (zitiert traditionelle Baustile u. -ornamente; James Stirling); Dekonstruktivismus (als Gegenbewegung zur Postmoderne bewußte Anknüpfung an moderne, konstruktivistische Baukunst; Unausgewogenheit, „Zufallsprinzip"; Peter Eisenman, Coop Himmelblau). – *Plastik:* Um die Jahrhundertwende Erneuerung d. ausdrucksvollen Form (Dtld): Lehmbruck, Barlach, Harth, Blumenthal, Marcks. – Kubismus: Archipenko, Belling, Laurens, Lipchitz. – Abstrakte und abstrahierende Form: Brancusi, Arp, Moore, Mataré, Baum, Hartung, Marini. Surrealistische Tendenzen: objets trouvés – beliebige Objekte werden in Beziehung zueinander gebracht; Picasso, Breton, Duchamp). Neue Formen bei Giacometti. Compressionen. Seit 1960 → kinetische Kunst, kubistische u. abstrakte Formgebung im Freien (Minimal Art u. Land Art). Seit 1971 Neuer Realismus (z. B. direkte Naturabgüsse in der Plastik; George Segal). – *Malerei:* fortschreitende Befreiung vom Naturvorbild; Verselbständigung d. Form: → Kubismus seit 1908: Picasso, Braque, Gris, Léger. – Konstruktivismus seit etwa 1919: Mondrian, Tatlin, Schlemmer, Baumeister. Verselbständigung d. Ausdrucks u. der Farbe: frz. Fauvismus seit 1905: Matisse, Dérain, Vlaminck u. a.; dt. Expressionismus seit 1905: Kirchner, Schmidt-Rottluff, Heckel, Nolde (Künstlervereinigung „Die Brücke") u. „Blauer Reiter" (1911; Kandinsky, Klee, Marc, Macke u. a.); express. Realismus etwa s. 1917: Beckmann, Hofer. – Reaktion: Neue Sachlichkeit etwa s. 1920: Schrimpf, Dix u. a. – Gegenreaktion: Surrealismus: Chirico, Max Ernst, Dalí u. a. – Im Dritten Reich offizielle Verdrängung d. modernen Künstler durch drittrangige Naturkopisten. 1937 Ausstellungen „entartete Kunst". Seit 1945 wieder Übergewicht d. abstrakten u. abstrahierenden Richtungen in der ganzen Welt. Starker Einfluß am Künstler (Pollock) auf d. eur. Entwicklung. Hauptländer: Frkr. (Wols, Mathieu), Italien (Vedova), Dtld (Bruning). Beherrschende Stilrichtung der Tachismus. – Anschließend → Pop Art, → psychedelische Kunst u. Farbfeldmalerei; in d. 70er Jahren „Neuer Realismus" (Fotorealismus, figurativer Realismus u. kritischer Realismus); in d. 80er Jahren Neofauvismus („Junge Wilde"). – *Aktionskunst:* nicht mehr den traditionellen Kunstgattungen entsprechend; Ansätze in Dadaismus u. Action Painting; Unterscheidung: Happening (Wechselwirkung zw. Kunst u. Leben; Künstler bindet Publikum mit ein in theatral. Handlung; A. Kaprow, Cage u. a.) v. Performance (passive Zuschauer).

---

belehrend darstellender Film ohne Spielhandlung.

Kulturabkommen, Verträge zw. Staaten z. Regelung u. Förderung d. gegenseit. kulturellen Beziehungen (z. B. Schüler- u. Lehreraustausch, Kunstausstellungen u. ä.).

Kulturamt, z. Pflege des Siedlungs- u. Meliorationswesens.

Kulturgeographie, erforscht d. Umgestaltung der Erdoberfläche durch d. Menschen.

Kulturgeschichte, Geschichte der geistigen und gesellschaftl. Entwicklung eines Volkes oder der Menschheit als Ergänzung zur pol. Völker- oder Weltgesch.; Anfänge bei *Herder;* Jacob *Burckhardt,* Egon *Friedell,* A. J. *Toynbee.*

Kulturkampf, 1871–87 zw. dem preuß. Staat (Bismarck) u. der kath. Kirche. 1872–74: *Kanzelparagraph* (Verbot von „den öffentl. Frieden gefährdenden" pol. Äußerungen v. d. Kanzel), Aufhebung d.

Jesuitenordens, Einführung d. *Zivilehe;* Ausschaltung d. kirchl. Einflusses auf Erziehung u. staatl. Kirchenaufsicht *(Maigesetze);* seit 1886 Bemühungen um einen Ausgleich zw. Staat u. kath. Kirche.

Kulturkreislehre, Wiss. von dem Gestaltwandel der Kulturen als Organismus mit gesetzmäß. Entwicklung: Geburt, Jugend, Reife, Alter, Tod *(Erobenius, Spengler).*

Kulturpflanzen, landw. Bodenprodukte,

Kunststoffe

Kunstharze, Plastik, plastische Massen, Plaste, engl. *Plastics,* → hochpolymere organische Stoffe, als Werkstoffe u. *Lackrohstoffe verwendet:* **1)** *halbsynthetische K.* durch chem. Abwandlung hochpolymerer Naturstoffe wie → Cellulose (zu → Zellglas, → Celluloid, → Acetylcellulose, → Celluloseethern) oder aus → Casein durch Einwirkung von Formaldehyd (→ Galalith) gewonnen; **2)** *vollsynthetische K.* aus niedrigmolekularen Ausgangsstoffen gewonnen durch **a)** → *Polykondensation* (z. B. aus → Phenol, → Kresolen, → Harnstoff, → Melamin u. Formaldehyd), wobei die Bildung der hochmolekularen Stoffe zunächst unterbrochen, dann entweder füllstofffrei (Edelkunstharze) od. unter Zusatz von Füllstoffen (Holzmehl, Gesteinsmehl, Papier- u. Gewebefasern, Papier- u. Gewebeschnitzel, -bahnen) als *Preßmassen* unter gleichzeitiger Formgebung unter Druck u. Hitze zum fertigen *Preßstoff*-Gegenstand zu Ende geführt wird. Geschichtete Preßstoffe: Hartpapier, Hartgewebe, Schichtpreßhölzer (wärmehärtbare Kunststoffe, → Thermodure). Durch Polykondensation entstehen aus Diaminen u. Dicarbonsäuren → Polyamide (→ Nylon, → Perlon), aus Dialkoholen u. ungesättigten Dicarbonsäuren werden ungesättigte → Polyester erhalten, die mit ungesättigten Verbindungen (z. B. Styrol) zu unlösl. u. unschmelzbaren, oft glasklaren Polyester-K.n vernetzt werden können; als Gießharze u. bes. mit Glasmatten- od. Glasgewebe-Einlage zu Glasfaser-K.n, im Niederdruckverfahren u. nach handwerkl. Methoden mit einfachen, billigen Formen verarbeitbar, verwendet z. B. für Großformteile (Segel- und Ruderboote, Au-

tokarosserien), für Angelruten, Skier, zahlreiche Gebrauchsgegenstände u. techn. Geräte, chem. außerordentlich resistent. **b)** → *Polymerisation* in Lösung (Lösungspolymerisation), Emulsion (Emulsionspolymerisation) od. in Masse (Blockpolymerisation) führt z. B. von → Butadiën zu → Buna, von Vinylchlorid zu → Polyvinylchlorid (PVC), von Styrol zu → Polystyrol, von Acrylsäureestern zu Polyacryl-Kunststoffen (→ Acryl-Harze), von Ethylen zu → Polyethylen, von Isobutylen zu → Polyisobutylen, von Tetrafluorethylen zu → Polytetrafluorethylen (→ Teflon). Oft werden auch 2 versch. „Monomere" gemeinsam polymerisiert (Mischpolymerisation). Die entstehenden Produkte sind meist → Thermoplaste, die in hartem, hornartigem Zustand verwendet, oft aber auch durch → Weichmacher (Plastikatoren) in lederartig-zähen bis gummi-elastischen Zustand überführt werden. Meist gute Festigkeit, el. isolierend, chem. resistent. Verwendung für Gebrauchsgegenstände u. für techn. Zwecke. Verarbeitung: → Kunststoffverarbeitung. **c)** → *Polyaddition* liefert aus Diisocyanaten („Desmodure") u. mehrwertigen Alkoholen („Desmophene") unter Bildung von z. B. → Polyurethanen (O. Bayer) je nach den angewandten Reaktionspartnern als Faserbildner geeignete Kunststoffe (Perlon U), Spezialklebstoffe (zum Verbinden von Metallen miteinander oder mit anderen Werkstoffen), el. wertvolle Lacke (DeDe-Lacke), gummi-elastische Stoffe von hervorragenden Festigkeitseigenschaften (→ Vulkolan), Schaumstoffe (→ Moltopren), → Epoxidharze u. ä. (→ Tafel Kunststoffverarbeitung).

---

die angebaut u. gepflegt werden müssen; in d. gemäßigten Klimazone das übl. landw. Bodenprodukte; MPI f. Züchtungsforschung in Köln.

Kulturphilosophie, Gesamtheit der phil. Bemühungen zur Klärung des Sachverhalts Kultur.

Kulturvölker, die Völker mit hochentwickelter Kultur; Ggs.: Primitivvölker, → Naturvölker.

Kultus [l.], Form der Gottesverehrung an best. Tagen u. Festen in *Kulträumen* u. mit *Kulthandlungen;* Gebet, Predigt, Opfer usw. → Ritus.

Kultusfreiheit → Religionsfreiheit.

Kultusminister, f. kulturelle Angelegenheiten zuständiger Min., in BR nur b. d. Landesreg.en; überregionale Regelung u. Zus.arbeit mit Bundesreg. durch **K.-Konferenz,** ständiges Büro in Bonn.

Kuma, Fluß in N-Kaukasien, 802 km lang, vom N-Hang des Kaukasus, versickert in der **K.steppe.**

Kumamoto, Hptst. d. jap. Präfektur *K.* auf Kyushu, 556 000 E.

Kumanen, Polowzer, türk. Volksstamm,

wanderte im 13. Jh. aus Rußland in das Donaugebiet ein; Nachfahren in Rumänien und Ungarn.

Kumarin, Waldmeisterduftstoff, auch synthet. hergest.; blutgerinnungshemmend, b. Thromboseneigung verw.; → Antikoagulanzien; z. Rattenbekämpfung.

Kumasi, Hptst. d. Region Aschanti (Ghana), 489 000 E; kath. Bischofssitz, Uni., Nervenklinik; Handelsplatz, aufblühende Ind.; Flughafen.

Kümmel

Kümmel, Doldenblütler auf Wiesen; als Gewürz u. Medikament.

Kummet, *Kumt,* svw. Geschirr bei Zugtieren, bes. bei Pferden.

Kumpel [v. „Kumpan"], Bergarbeiter.

Kumulation, *w.* [l.], Anhäufung.

kumulativ, häufend.

Kumys, *m.* [mongol.], gegorene Stutenmilch.

Kundera, Milan (* 1. 4. 1929), tschech. Schriftsteller, lebt seit 1975 in Paris; Erzählungen, Dramen, Romane: *Der Scherz, Abschiedswalzer, Die unerträgliche Leichtigkeit des Seins* (verfilmt).

Kündigung, Lösung e. Vertrages nach einer vereinbarten od. gesetzl. Frist (→ Dienstvertrag, Übers.). - **K.schutz, 1)** arbeitsrechtl.: Verbot d. K. zur Unzeit (→ Dienstvertrag, Übers.); **2)** → Mieterschutz.

Kundrie, die häßliche Botin des Grals in Wolfram v. Eschenbachs *Parzival.*

Kuneitra, syrische Stadt vor den Golanhöhen, 29 000 E.

Kunert, Günter (* 6. 3. 1929), dt. Schriftst.; Erzählungen, Gedichte u. Essays; *Im Namen der Hüte; Stilleben; Zurück ins Paradies.*

Kunststoffe

BR Deutschland, Produktion in 1000 t

Jahr	Produktion
1936	76
1944	250
1955	348
1960	981
1970	4364
1980	6787
1982	6335
1985	7666
1986	7941
1987	8546

Produktion wichtiger Länder in 1000 t

	1950	1982	1987
USA	975	12440	19372
BRD	120	6335	8546
Japan	28	5986	7867
UdSSR	21[1]	4057	5486
Frankreich	33	2524[2]	3724
Niederlande	–	2502	2910
Italien	23	2142	2846
Belgien	–	2023	2574
Großbritan.	157	1967	1286[3]

1 (1945), 2 (1981), 3 (1986)

Was unter **K** vermißt wird, siehe unter **C** und **Z**

Kunststoffverarbeitung

Kunststoffe werden handwerklich (Schnitzen, Drehen, Bohren, Sägen) bearbeitet oder maschinell unter Wärme- u. Druckwirkung spanlos geformt. Das eingesetzte Material fließt dabei in der Wärme u. bildet die Form unter Druck ab. → Duroplaste härten hierbei aus u. können als fester Formling aus der heißen Form entnommen werden. → Thermoplaste hingegen sind erst nach Abkühlung hart genug, um aus der Form entnommen werden zu können (Schema einer Formpresse Abb. 1).

Der Kunststoff-Spritzguß ist das wichtigste Massenformverfahren für Thermoplaste. Gekörntes Material wird portionsweise aufgeschmolzen u. unter Druck in die kalte Form gespritzt, die es ausfüllt u. dann erstarrt. Nach kurzer Wartezeit öffnet die Maschine die Form u. stößt den Formling aus. Als letzter Arbeitsgang wird der Anguß entfernt; er wird gekörnt u. wieder verwendet (Schema einer Kunststoff-Spritzgußmaschine Abb. 2).

Stangen, Rohre, Schläuche u. a. Profile aus Thermoplasten werden kontinuierlich (endlos) mit dem Extruder (Schneckenpresse) erzeugt. Das gekörnte Material wird laufend aufgeschmolzen u. von einer Schnecke aus dem Spritzkopf gedrückt. Der austretende Strang erhält sein Profil durch die Gestalt der Spritzdüse, wird auf der Abziehvorrichtung gekühlt, sodann auf Längen geschnitten od. aufgerollt. Breitschlitzdüsen liefern Folien, Kabeldüsen

umkleiden einen schräg einlaufenden Draht mit Isolierung (Schema eines Extruders Abb. 3).

Große Teile wie Kästen oder Schüsseln lassen sich durch Vakuumformung ziehen. Vorgewärmte dünne Platten werden luftdicht auf dem Rand der Form befestigt u. die Luft aus dem Zwischenraum abgesaugt. Der äußere Luftdruck preßt die Platte in die Form (Schema der Vakuumformung Abb. 4).

→ Kalander glätten u. → kalibrieren dünne Platten u. Folien. Sie dienen ferner zum Beschichten (Kaschieren) z. B. von Gewebebahnen zur Herstellung von Kunstleder, dessen Narbung durch Prägewalzen erfolgt (Schema eines Kunststoff-Kalanders Abb. 5).

Dünne Folien können aus extrudierten Schläuchen durch Folienblasen hergestellt werden: Der nach Verlassen des Extruders noch warme Schlauch wird ballonartig um ein Mehrfaches aufgeblasen u. sodann aufgeschlitzt. Kunststoff-Flaschen formt man aus einem Schlauch, der mittels Druckluft in eine umgreifende Form geblasen wird (Schema einer Kunststoff-Flaschenblasmaschine Abb. 6).

Platten lassen sich, etwa im Behälterbau, im Heißluftstrom verschweißen, Verpackungsfolien durch Heißsiegeln (Schmelzkleben) verschließen.

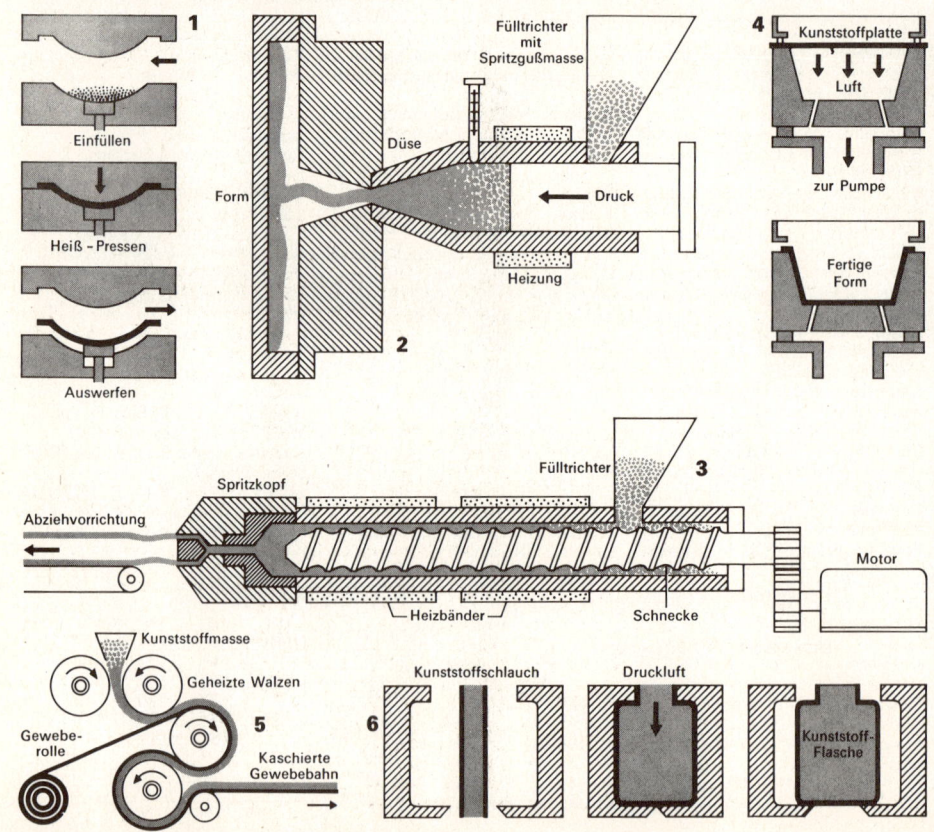

Was unter **K** vermißt wird, siehe unter **C** und **Z**

Kupfer

Bergwerksproduktion 1987 in 1000 t
Kupferinhalt von Erzen und Konzentraten

Land	1000 t
Chile	1418
UdSSR*	1010
USA	1256
Kanada	767
Sambia	527
Zaïre	500
Polen	438
Peru	396
VR China*	260
Mexiko	248
Australien	232
Papua-Neuguinea	218
Philippinen	215
Südafrika	198

Welt-Bergwerksproduktion 1987
8,658 Mill. t

* Schätzung

Raffinadekupfererzeugung 1987 in 1000 t

Land	1000 t
USA	1561
UdSSR*	1430
Japan	980
Chile	972
Sambia	509
Kanada	491
BRD	400
VR China	400
Polen	390
Belgien+Luxemb.	313
Zaïre	305
Peru	218
Australien	208
Spanien	151
Südafrika	147

Welterzeugung 1987
10,185 Mill. t

* Schätzung

Küng, Hans (* 19. 3. 1928), schweiz. kath. Theologe; Kritiker d. Dogmas v. d. Unfehlbark. d. Papstes; s. Ende 1979 Entzug d. kirchl. Lehrbefähigung.

Kunigunde († 1033), Gemahlin Kaiser Heinrichs II., Hlge; Grabmal v. Riemenschneider i. Bamberger Dom.

Kunigundenkraut, svw. → Wasserdost.

Kunkel, svw. → Spinnrocken.

Kunlun, *Kuën-lun, Kwen-lun,* Gebirge (b. 7723 m) in Zentralasien (Tibet), 3500 km l. in O-W-Richtung, im N schroff zum Tarimbecken abfallend.

Kunming, Hptst. der chin. Prov. Yunnan, 1,6 Mill. E.

Künneke, Eduard (27. 1. 1885-27. 10. 1953), dt. Operettenkomp.; *Der Vetter aus Dingsda; Glückl. Reise.*

Kunst, *im weiteren Sinne:* jede zur Meisterschaft gediehene Fähigkeit; *im engeren Sinne:* Entwicklung d. Erlebnisfähigkeit des Menschen durch wirksame Gestaltung e. gegebenen Materials; K. schafft in sich abgeschlossene, allgemeingültige, aber nicht immer allgemeinverständl. Werke. – **K.akademie** → Akademie; → Hochschule. – **K.fasern** → Chemiefasern. – **K.harze,** nicht abgegrenzter Teil der → Kunststoffe; den Naturharzen ähnlich. – **K.seide** → Chemiefasern. – **K.stoffe** → Übersicht, S. 495.

Kunsteisbahn, Eislauffläche in Hallen od. im Freien; wird durch in Röhrenleitung umlaufende, in Kältemaschinen tiefgekühlte Lösungen erzeugt u. gefroren erhalten.

Kunstgeschichte → Übers., S. 350/51/52.

Kunst-gewerbe, *angewandte Kunst,* künstler. durchgebildete Gebrauchsgegenstände; histor. Sammlungen in **K.museen,** Unterricht in **K.schulen.**

Kunsthonig, wird aus Rohrzucker, der durch Milchsäure in Invertzucker umgewandelt ist, mit Honigaroma hergestellt; vorgeschr. Zuckergehalt mind. 80%.

Kunstleder, flächenhafte Erzeugnisse mit lederähnlichen Eigenschaften: Gewebe-K., Faser-K., Folien-K.

Künstliche Intelligenz, *w.,* Teilgebiet d. → Informatik, in dem → Programme entwickelt werden, die Fähigkeiten höherer Lebewesen simulieren. Gründungskonferenz 1956 in Dartmouth (USA). Hauptanwendungsfelder: → Expertensysteme, Bildverarbeitung, Analyse gesprochener od. geschriebener Sprache, Schlußfolgerungssysteme, Robotik. → Turingtest.

künstliche Niere → extrakorporale Dialyse.

Kunstspringen, Formen d. Wasserspringens vom federnden 1-m- u. 3-m-Brett.

Kunststein, künstl. Stein (z. B. aus Zement, Wasser u. Kies gemischt), zu Treppenstufen, Straßenplatten u. a.

Kunststoffverarbeitung → Übers., S. 496.

Kunstturnen, wettkampfmäßige Form d. Gerätturnens.

Kunstwolle, *Reißwolle,* auch *Shoddy* od. *Mungo,* aus dem zerfaserten Wollhaar v. Lumpen hergestellt; Verwendung f. billige Stoffe.

Kunze, Reiner (* 16. 8. 1933), dt. Lyriker; *Sensible Wege; Zimmerlautstärke; Die wunderbaren Jahre.*

Künzelsau (D-7118), Krst. des Hohenlohekr.; am Kocher, Ba-Wü., 11 780 E; Schloß; Gewerbe u. Ind.

Küpe, Gefäß zum Färben; auch die Farblösung.

Küpen-färberei, Erzeugung d. (organ.) Farbstoffs auf d. Faser. – **K.farbstoffe,** zunächst farblose, z. T. wie Indigo auch natürl. vorkommende organ.-chem. Verbindungen, die erst auf d. Faser durch Oxidation an d. Luft ihre Farbe erhalten.

Kupfer, *Cu,* chem. El., Oz. 29, At.-Gew. 63,54, Dichte 8,92; rotes, festes, dehnbares Schwermetall, leitet sehr gut Wärme und el. Strom; Vorkommen gediegen, m. Eisen u. Schwefel als *K.kies* u. in anderen Erzen; Raffinierung durch Elektrolyse, Verwendung für el. Leitungen, Kabel, K.stichplatten, Apparate usw.; wichtige Legierungen: *Messing* (m. Zink), *Bronze* (m. Zinn), *Rotguß* (m. Zinn u. Zink), *Neusilber* (m. Zink u. Nickel); Vorkommen → Schaubild. – **K.druck,** Tief-→ Druck von K.platte. – **K.glanz,** Schwefelkupfer mit hohem K.gehalt. – **K.glucke,** brauner Nachtschmetterling, im Sitzen ähnl. Eichenblatt; Raupe Obstbaumschädling. – **K.kies,** *K.schwefelerz* (Abb. S. 343); Ausgangsprodukt f. Schwefelsäure- u. K.gewinnung; Rückstände d. Schwefelsäuregewinnung (Kiesabbrände) auf K. verhüttet. – **K.lasur,** blaues Mineral, K.karbonat; Verhüttung auf K.; als Malerfarbe u. Email- u. Glasfärbung. – **K.stich,** Abdruck e. Zeichnung, die in e. Kupferplatte m. dem Grabstichel eingeritzt wird, wobei im Druck hell beabsichtigte Stellen stehen bleiben; im 15. Jh. anonyme Meister (Goldschmiede), die n. Monogrammen genannt werden (z. B. Meister E. S.), bed. Kupferstecher: Schongauer, Dürer, L. v. Leyden, Mantegna, Pollaiuolo, Raimondi; Sondertechniken: → *Aquatinta,* → *Schabkunst;* Abart: → *Stahlstich.* Auch → Radierung, → Kaltnadelradierung. – **K.sulfat,** große blaue Kristalle, verwendet zur Galvanoplastik, Holzkonservierung, als K.kalkbrühe (Bordeaux-Brühe) gg. Pflanzenschädlinge (Reblaus). – **K.zeit** → Vorgeschichte (Übers.).

Kupido [l.], *Cupido,* Liebesgott, → Eros.

kupieren [frz.], **1)** abschneiden, stutzen; **2)** *med.* e. Krankheit im Keim ersticken.

Kupolofen, Schachtofen, in Eisengießereien, zum Schmelzen des Gußeisens; Stahlblechmantel mit Schamotte.

Kupon, *m.* [frz. *-'põ* „coupon" = Abschnitt"], das den Inhaberschuldverschreibungen und Aktien auf **K.bogen** angehängte Inhaberpapier zur Erhebung fälliger Zinsen bzw. Dividenden; → Talon. – **K.steuer,** von ausländ. Inhabern dt. Wertpapiere zu entrichtende Steuer (25% d. Zinsertrages).

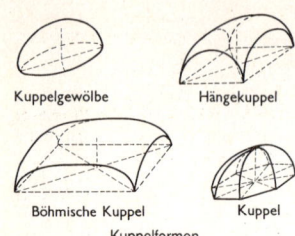

Kuppelgewölbe | Hängekuppel

Böhmische Kuppel | Kuppel

Kuppelformen

Kuppel, Raumüberwölbung durch Halbkugel od. anderen Rotationskörper über runder, quadrat. od. regelmäßig vieleck. Grundfläche; *Hänge-K.,* ihr Basiskreis umschreibt e. Quadrat; die außerhalb dessen liegenden K.segmente sind vertikal ausgespart, so daß auf s. Eckpunkten Zwickel fußen; *Pendentifk.,* ihr Basiskreis ist einem Quadrat eingeschrieben, zu. s. Eckpunkten leiten Zwickel die selbst. Glieder; *Schalenk.,* bestehend aus e. flacheren Innenk. u. e. sie überwölbenden Außenk., die Zwischenstege verbinden.
Kuppelei, strafbare Förderung sexueller Handlungen einer Person unter 16 J. an, vor od. mit e. Dritten od. gewerbsmäß. Förderung der Prostitution von Minderjährigen od. unter Ausnutzung persönl. od. wirtsch. Abhängigkeit der Prostituierten; strafb. K. liegt nicht vor, wenn der Sorgeberechtigte (z. B. d. Eltern) sexuelle Handlungen d. Minderjährigen m. Dritten duldet u. nicht s. Erziehungspflicht gröblich verletzt (§§ 180, 180a StGB).

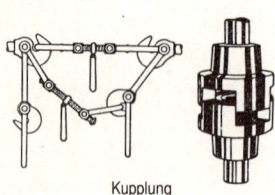

Kupplung

Kupplung, 1) Verbindung von zwei Masch.teilen, hptsächlich Wellen, zur Kraftübertragung; Arten: **a)** feste K. durch starr verbundene Muffen od. Scheiben; **b)** ausrückbare K. (z. B. Klauen-K.; Abb.), → Reibungs-K., → Lamellen-K. (→ Tafel Kraftfahrzeug); **2)** Verbindung zw. Fahrzeugen (z. B. Eisenbahnwagen, Abb.); oberes Gestänge zw. d. Zughaken durch Schraubhebel gespannt; neuerdings auch automat. Mittelpufferkupplung.
Kur, *w.,* [l. „cura = Sorge"], länger dauerndes Heilverfahren.
Kür, freie Wahl; **1)** sportl. Wettbewerb: Übungen, deren Wahl u. Zus.stellung d. Bewerber freisteht (z. B. *Kürturnen*); Ggs.: → Pflichtübung; **2)** Wahl (*küren* = wählen) des dt. Kgs im MA durch die → Kurfürsten.
Kura, Fluß a. d. armen. Bergland ins

Kasp. Meer, 1515 km l., 600 km schiffbar.
Kurant, *s.* [frz.], *K.geld,* vollwertig aus dem Währungsmetall geprägte Münzen, ist unbeschränkt in Zahlung zu nehmen; Ggs.: → Scheidemünzen.
Kurare, *s.,* Alkaloid in indian. Pfeilgiften, lähmt quergestreifte Muskeln; *med.* als Muskelrelaxans zur Muskelerschlaffung bei großen Operationen u. bestimmten Krampfzuständen.
Küraß, *m.* [frz.], (Leder-, Metall-)Panzer der schweren Reiter, **Kürassiere.**
Kurat [l.], kath. Kaplan.
Kuratel, *w.* [l.], Vormundschaft über e. Entmündigten.
Kurator [l.], Pfleger; vom Staat bestellter Beamter zur Beaufsichtigung von Hochschulen oder Stiftungen.
Kuratorium, Aufsichtsbehörde. – **K. Unteilbares Deutschland,** 1954 gegr. Vereinigung, strebt Volksbewegung f. d. Wiedervereinigung Dtlds an; Sitz Bonn.

Kurbelwelle

Kurbel, dient z. Hervorrufen einer Drehbewegung *(Hand-K.).* – **K.getriebe,** verwandelt geradlinige Bewegung in Drehbewegung; b. Dampfmaschinen bestehend aus d. durch d. Kolbenstange geradlinig hin u. her bewegten Kreuzkopf, der **K.stange** u. d. Kurbel, die die **K.welle** dreht.
Kürbis, Kulturpflanze am. Herkunft; große Früchte, Samen fettreich.
Kurden, iran. krieger. Volksstamm in Kurdistan, z. T. Nomaden; schiit. Moslems; ca. 13 Mill.; im → Irak während d. → Golfkriegs m. Iran und nach dem Krieg um → Kuwait verfolgt, zeitweilige Massenflucht in d. Türkei u. Iran; autonome Kurdenregion im Irak bewilligt.
Kurdistan, 1) Landsch. zw. armen. Bergland u. Euphrat; Silber, Kupfer, Erdöl; bewohnt v. *Kurden;* pol. zu Türkei, Iran, Irak, UdSSR (Aserbeidschan), Syrien; **2)** auton. *Region K.* (Arbil, Soleimaneh u. Dohouk), Gebiet im NO Iraks, Hptst.: *Arbil;* Erdölvorkommen; s. 1974 Autonomiestatus.
Kure, jap. Hafenst. im SW Honshus, 246 000 E; Schiffbau, Stahlind.
Kürenberger, der von (um 1160), Minnesänger; Hauptvertr. d. donauländ. Minnesangs.
Kürette [frz.], Instrument z. Auskratzung der Gebärmutter (*Kürettage*).
Kurfürsten [„kur = Wahl"], urspr. Träger der Erzämter, einflußreichste Fürsten in Dtld; wählten den dt. Kg: offiziell seit 1356 (→ Goldene Bulle): 3 geistliche (Erzbischöfe von Mainz, Köln, Trier), 4 weltliche (Pfalz, Böhmen, Sachsen, Brandenburg). 1623 als 8. K. Bayern, 1692 Braunschweig-Lüneburg (Hannover);

später Titel der Fürsten von Baden, Württemberg, Hessen-Kassel u. Salzburg (1803); 1806 K.tümer aufgehoben; Titel bis 1866 (Hessen-Kassel).
Kurgan, sowj. Gebietshptst. in d. Westsibir. Tiefebene am Tobol, 356 000 E; Masch.bau-, Textilind., Fleischfabrik; Flughafen.
Kurie, Römische, seit dem 11. Jh. Bez. des päpstl. Kabinetts u. Hofstaates, mit bes. Gerichtshöfen, 6 Sonderämtern u. 9 Kardinalskongregationen.
Kurier [frz.], diplomat. Beamter zur Übermittlung geheimzuhaltender Schriftstücke; das v. K. beförderte amtl. gesiegelte Gepäck genießt Schutz gegen Zolluntersuchung usw.
Kurilen, Inselbogen zw. Kamtschatka u. Hokkaido, vulkanisch, häufig Erdbeben; 10 214 km², ca. 7000 E; Fischerei; 1875 jap., 1945 zur Sowjetunion.
Kuriosität, *w.* [l.], *Kuriosum,* Merkwürdigkeit.
Kurisches Haff, im Gebiet der Memelmündung, 1610 km², bis 7 m t., fischreich; mit d. Ostsee durch das *Memeler Tief* verbunden; von ihr getrennt durch d. 98 km l., 0,4–3,8 km breite, z. gr. Teil m. riesigen Wanderdünen (63 m) bedeckte **Kurische Nehrung,** s. 1970 erster sowj. Nat.park.
Kurkuma, Gelbwurzel, ingwerartiges ostasiat. Gewürz, zum Gelbfärben von Speisen. – **K.papier,** Reagenzpapier zum Nachweis von Alkalien, Ammoniak, Borsäure.
Kurland, lett. *Kurzeme,* Landschaft zw. Ostsee u. Unterlauf der Düna, bewaldetes Hügel-u. Flachland; landw. z. T. sehr fruchtbar: „Gottesländchen", Forsten, fischreiche Seen. – 1202 durch d. → Schwertbrüder erobert, 1237 an den Dt. Orden, 1561 luth. weltl. Hzgtum (Hptst. *Mitau*) unter poln. Oberhoheit; 1795 zu Rußland; 1918 zu Lettland.
Kurmark, Hptteil der alten Mark Brandenburg (Altmark, Prignitz, Mittelmark, Uckermark, Beeskow-Storkow).
Kurosawa, Akira (* 23. 3. 1910), jap. Filmregisseur; *Rashomon* (1950); *Die sieben Samurai* (1953); *Uzala, d. Kirgise* (1973/75); *Kagemusha* (1979/80); *RAN* (1985); *Kurosawa's Dreams* (1990).
Kuro Schio [jap. „Schwarze Strömung"], warme Strömung i. Pazifik, v. d. O-Küste Formosas längs der SO-Küste Japans gegen Kalifornien zu.
Kurpfuscherei, volkstüml. für die in Dtld. verbotene Ausübung des Heilgewerbes durch einen nicht approbierten Arzt oder nicht staatl. anerkannten Heilpraktiker.
Kurrende, *w.* [nl.], frühere kirchl. Einrichtung: Kindergruppen sangen um Almosen geistl. Lieder; in Mitteldtld der kirchl. Knabenchor.
Kurrentschrift, die Sütterlin-Schreibschrift.
Kurs, *m.* [l.], **1)** Fahrt(richtung); **2)** *an der Börse:* Preis der gehandelten Objekte

(Waren, Wertpapiere, Devisen u. a.); Wertpapier-K. (Effekten-K.) meist in Prozenten des Nennwertes angegeben; Arten: Kassa- u. Ultimo-K., Einheits- (fester) u. fortlaufender (variabler, schwankender) K. - **K.buch,** svw. Fahrplan, bes. der Eisenbahn. - **K.notierung,** d. nach den Börsenusancen versch. Verfahren d. Feststellung der Börsenkurse. - **K.zettel,** das von der Börsenleitung tägl. herausgegebene Protokoll über den Börsenverkehr; enthält insbes. d. von den gehandelten Wertpapieren od. Waren erzielten Kurse; gebräuchl. Abkürzungen: *i. L.* = Unternehmen in Liquidation, *ex. D.* = ohne Dividendenschein, *T* = Tax.- od. Schätzkurs, *N. p. St.* = Notierung in DM pro Stück, *F.* = fortlaufende Notierung; zur Kennzeichnung d. Marktverhältn.: *b (bez., bz.)* = bezahlt, Kurs, zu dem Umsätze getätigt wurden, *G* = Geld, zu dem Nachfrage bestand, *B* od. *P* = Brief, zu dem Angebot vorhanden war, *bG* bzw. *bB,* zu dem Umsätze getätigt wurden, aber noch Nachfrage bzw. Angebot vorhand. war, *R* od. *rep.* = Repartierung.

Kürschner, Josef (20. 9. 1853–29. 7. 1902), dt. Schriftst., begr. 1882 die *Dt. Nationalliteratur;* führte den *Dt. Literaturkalender.*

kursieren [l.], im Umlauf sein.

kursiv, schräglaufende lat. Schrift: *Schrift.*

Kursk, Gebietshptst. in Mittelrußland, am Sejm, 424 000 E; Zentrum d. Eisenerzbergbaus, Schwerindustrie.

kursorisch [l.], fortlaufend; flüchtig.

Kursus, *m.* [l.], Lehrgang, Reihe v. wiss. Vorträgen.

Kurtage, *w.* [frz. *-ʒə], Courtage,* Gebühr des Börsenmaklers für Vermittlung als Börsengeschäfts.

Kurtisane, *w.* [frz.], Halbweltdame.

Kurtschatovium, *Ku,* nach *Rutherfordium, Rf,* nach d. sowj. Phys. Igor Wassiljewitsch *Kurtschatow* (1903–60) ben. chem. Element aus der Reihe der → Transurane; Oz. 104; 1964 entdeckt.

Kurulischer Stuhl, lat. *sella curulis,* Amtssessel d. höchsten Beamten im alten Rom.

Kurve [l.], **1)** *geometr.* jede gekrümmte Linie im Gegensatz z. Geraden; z. ihrer Zeichnung: **Kurvenlineal;** **2)** *allg.* Krümmung e. Straße, Brücke. → Kurve

Kurverein, von den dt. → Kurfürsten gegr. zur Wahrung ihrer Rechte (insbes. der Königswahl). - **K. von Rense,** 1338 → deutsche Geschichte.

Kurz, Isolde (21. 12. 1853–5. 4. 1944), dt. Schriftst.in; Romane: *Vanadis; Aus meinem Jugendland.*

Kurzarbeit, i. Sinne d. AFG unvermeidb., vorübergehender od. aus wirtsch. Ursachen einschließl. betriebl. Strukturveränderung od. auf e. unabwendb. Ereignis beruhender Arbeitsausfall (mehr als 10% d. tarifl. Arbeitszeit) z. Vermeidung von Entlassungen.

Kurzflügler, Käfer m. rückgebildeten Flügeldecken; im Waldboden oder in Ameisennestern.

Kurzschluß, Schließen eines Stromkreises, wodurch infolge zu geringen Widerstandes d. Stromquelle oder Zuleitung überlastet wird; entsteht oft durch Berührung in der Zuleitung, Isolationsschäden, Leitungsbrüche, b. hohen Spannungen auch durch Überschläge; Folgen: Anwachsen der Stromstärke, Erhitzen d. Leiter (Brandursache), Funkenbildung usw.; Schadensverhütung durch Schmelz- oder Automatensicherungen. Öl-, Preßgas-, Expansionsschalter, die bei K. den Strom unterbrechen.

Kurzschrift, *w., Stenographie,* ermöglicht durch Vereinfachung d. Schriftzeichen, Auslassung der Vokale, Wort- u. Silbenzeichen (Kürzel od. Sigel) schnelles Schreiben, sehr schnelles (über 250 Silben je Minute) das (noch mehr verkürzte) *Debattenschrift* (f. Parlamentsberichte), wichtig z. Nachschrift v. Reden od. Diktat; schon i. Altertum, bes. *Tironische Noten* in Rom; dt. *Systeme:* früher Gabelsberger, Stolze-Schrey, heute Einheitskurzschrift (s. 1924, 1935 amtlich, 1936 u. 1968 geändert).

Kurzsichtigkeit, *Myopie,* durch zu starke Strahlenbrechung im Auge oder Verlängerung des Augapfels: Unfähigkeit, in die Ferne scharf zu sehen; durch Konkavlinse auszugleichen.

Kurzstreckenlauf, Wettläufe v. 100, 200 u. 400 m.

Kurzstreckenraketen, mil., unbemannte Flugkörper m. atomaren od. konventionellen Sprengköpfen u. e. Reichweite bis 500 km.

Kurzwaren, kleine Gegenstände für tägl. häuslichen Gebrauch (z. B. Nähgerät, Band usw.).

Kurzwellen, *KW,* elektromagnet. Wellen *(Dekameterwellen),* Frequenzbereich intern. festgelegt zw. 5,95 MHz u. 26,1 MHz, unterteilt in *Bänder* (49-m- bis 11-m-Band); ermöglichen durch ihre Ausbreitungsart (Reflexion an d. Ionosphäre) Funkverkehr über gr. Entfernungen (ca. 20 000 km); Anwendung: Rundfunk, Amateurfunk, Flugfunk; Empfang wird beeinflußt durch Fading (→ Schwund). - **K.therapie,** Zweig d. → Elektrotherapie, Erwärmung tiefliegender Gewebe bei rheumatischen u. entzündlichen Erkrankungen.

Kusch, Polykarp (* 26. 1. 1911), am. Phys.; wellenmechan. Atomtheorie; Nobelpr. 1955.

Kusel (D-6798), Krst. b. Kaiserslautern, RP, 5374 E; Ind.

Kusine → Cousine.

Kuskus, *m.* [arab.], nordafrikan. Gericht aus Weizen-, Hirse- od. Maismehl, meist m. Hammelfleisch u. Gemüse.

Küsnacht (CH-8700), Wohnvorort v. Zürich (Schweiz), 12 800 E.

Kusnezk → Nowokusnezk. - **K.er Kohlenbecken,** in W-Sibirien mit ca. 725

Mrd. t Kohlenvorräten: s. 1930 Ural-K.er Ind.kombinat *(Kusbass),* Stahlwerke.

Küßnacht am Rigi (CH-6403), Bez.ort i. schweiz. Kanton Schwyz, am nördl. Arm des *Vierwaldstätter Sees* **(K.er See)** u. am Rigi, 8100 E; östl. die Ruine der Geßlerburg u. die *Hohle Gasse* (Tellsage).

Küstengebirge, engl. *Coast Ranges,* Kettengebirge der Kordilleren, von Kanada im N bis Kalifornien im S.

Küster [l. „custos = Wächter"], Kirchendiener (→ Mesner).

Kustos [l.], Verwalter u. Sachbearbeiter v. Kunst- od. wiss. Sammlungen.

Küstrin, *Kostrzyn,* poln. St. u. frühere Festung an d. Oder; stark zerstört, 15 000 E.

Kutaïs, *Kutaissi,* St. in Georgien, Ende d. Ossetischen Heerstraße, 235 000 E; Wasserkraftwerke, Textil-, Düngemittel-, Lastwagenind.

Kutteln → Kaldaunen.

Kutter, kleines Seefahrzeug m. scharfem Kiel, Spiegelheck und geradem Steven.

Kutusow, Michail (16. 9. 1745–28. 4. 1813), Oberbefehlshaber des russ. Heeres 1805, 1812/13.

Küvette, *w.* [frz.], flache Schale mit Abflußrinne.

Kuwait, *Kuweit,* amtl. *Dawlat al Kuwait,* arab. Fürstentum an der NW-Küste des Pers. Golfs, 17 818 km², 1,96 Mill. E (110 je km²; 1988), malekitische Sunniten; entwickelte sich 1946 zu e. d. wichtigsten Erdölexportländer (Förderung 1989: 91 Mill. t), Perlfischerei, Gewürzanbau; Hptst.: *K.* (168 000 E); Flagge S. 340, Karte S. 748; Einfuhr (1988): 5,35 Mrd., Ausfuhr 7,16 Mrd. $. 1961 selbständig; am 2. 8. 1990 vom Irak überfallen und besetzt, am 12. 8. 1990 zur 19. irak. Provinz erklärt; ab 17. 1. 1991 Befreiungsaktion durch multinat. Truppen im Auftrag d. UN, am 27. 2. Rückzug d. irak. Truppen. Mitglied d. UN, d. Arab. Liga u. d. OPEC.

Kux, *m.* [tschech.], Anteil einer bergrechtl. → Gewerkschaft; Namenspapier; auf ihn entfallender Gewinnanteil: *Ausbeute;* Besitzer ist bei Verlusten zu Nachzahlungen *(Zubußen)* verpflichtet; durch Verzicht auf s. Anteil davon befreit.

Kuznets [′kuznɛts], Simon Smith (* 30. 4. 1901), am. Wirtschaftswiss. u. Statistiker; Nobelpr. 1971 (Arbeiten über u. soz. Strukturen u. Entwicklungsprozessen).

KV, 1) Abk. f. *Kartellverband kath. dt. Studentenvereine;* **2)** Abk. f. → Köchelverzeichnis.

KVAE, *Konferenz f. vertrauensbildende Maßnahmen u. Abrüstung in Europa.* 1986–88 in Wien v. 35 Staaten. 1986 Abk. d. Dokumente üb. Gewaltverzicht, Manöverankündigung, Manöverbeobachtung, Beschränkungsbestimmungen u. Einhaltung d. Kontrolle (→ KSZE).

kW, Abk. f. *Kilowatt.*

KwaNdebele, Bantu-Homeland f. d. Süd-Ndebele, 920 km², 236 000 E; Sprache: Süd-Ndebele, Engl.; Hptort: *KwaMhlanga;* landw. u. ind. Erzeugnisse; s. 1984 nominell unabhängig, aber intern. nicht anerkannt u. fakt. weiterhin v. → Südafrika abhängig.

Kwannon

Kwannon [jap.], *Kwanyin,* chin. buddhist. Gottheit d. Barmherzigkeit, d. Kindersegens u. der Notleidenden (→ Tafel asiatische Kunst).

Kwashiorkor, *m.* [afrikan.], in der Welt weit verbreitete Ernährungsstörung inf. Eiweiß- u. Vitaminmangels (Mehlnährschaden).

Kwaß, *m.* [russ.], gegorenes würziges Getränk aus Brot, Obst, Zucker u. a.

Kwen-lun → Kunlun.

kWh, Abk. f. *Kilowattstunde.*

Kybele, kleinasiatische Fruchtbarkeitsgöttin der Antike, als *Große Mutter* verehrt.

Kybernetik, *w.* [gr. „téchne kybernetikē = Kunst des Steuermanns"], Lehre v. den → Regelungsvorgängen in techn. Geräten, Organismen u. gesellschaftl. Strukturen; wesentl. Grundmodell ist d. → Regelkreis (→ Automation); begr. durch Norbert *Wiener* (1947).

Kyffhäuser, Waldgebirge in N-Thüringen, 477 m, durch die Goldene Aue vom Harz getrennt; Ruinen Rotenburg im N, Burg Kyffhausen im S; *K.denkmal* (Kaiser Wilhelm I. u. Barbarossa); Barbarossahöhle, 350 m l. - **K.sage,** erzählt v. der Wiederkehr des im K. schlafenden Kaisers Friedrich II.; wird später auf Friedrich I. Barbarossa bezogen.

Kykladen → Zykladen.

Kymographie [gr.], Röntgenaufnahme von Organbewegungen und Dichteänderungen.

Kymren, *Kymrier,* die kelt. Bewohner von Wales mit *kymrischer Sprache* (→ Sprachen, Übers., I A).

Kyniker, *kynische Schule,* griech. Philosophen, sahen als einziges Gut d. Tugend u. bes. die Bedürfnislosigkeit u. Selbstbeherrschung an; *Antisthenes* (um 444–366 v. Chr.) aus Athen.

Kyoto, jap. St. (u. Präfektur) auf Honshu, 1,5 Mill. E; Uni., Kunsthandwerk; 794–1868 „hl. Residenz" d. Mikado während des Schogunats; Zentrum d. jap. Buddhismus; über 900 Tempel.

Kyphose, *w.* [gr.], Konvexkrümmung d. Wirbelsäule (z. B. durch Rachitis, Tuberkulose).

Kyrenaika, *Cyrenaica,* nordafrikan. Halbinsel in Libyen, östl. der Großen Syrte; im N Hochland v. Al Dschabal Al Achdar, im S in die Libysche Wüste übergehend; Bev. vorwiegend Senussi.

Kyrenaiker, griech. Philosophen, Anhänger d. → Aristipp; Vertr. d. → Hedonismus.

Kyrene, bed. St. des Altertums, v. d. Spartanern um 640 v. Chr. gegr., Hptst. der → Kyrenaika.

Kyrie eleison [gr. „Herr, erbarme dich"], in der ev. Liturgie und kath. Messe: oft Kehrreim in geistl. Liedern.

kyrillische Schrift, nach Apostel Kyrill benannte Schrift d. Russen, Ukrainer, Bulgaren, Serben (→ russisches Alphabet).

Kyrill|os, 1) († 444), Patriarch v. Alexandria, Kirchenvater, Hlg.; **2)** Slawenapostel → Methodios u. Kyrillos.

Kythera, it. *Cerigo,* griech. Insel, südlichste d. Ion. Inseln, 278 km², ca. 7000 E; Hauptort K.

Kyushu, *Kiuschiu,* große S-Insel Japans, 35 660 km², m. 373 Nachbarinseln 42 163 km², 13 Mill. E; vulkan. Gebirge, subtrop.: Reis, Tee, Tabak; bed. Kohlenlager, Schwerind.; Hptort: *Nagasaki;* bei Shimonoseki Tunnel nach Honshu.

K 2, Mount Godwin Austen, Gipfel der Karakorumkette, 8610 m; 1954 durch it. Bergsteiger bezwungen.

Kyoto, *Tempeltor*

L, 1) röm. Zahlzeichen = 50; **2)** Abk. f. → *Lira;* **3)** *techn.* Abk. f. → *Leistung.*

l, Abk. f. → *Liter.*

£, Zeichen f. *Pfund Sterling.*

La, *chem.* Zeichen f. → *Lanthan.*

Laacher See, → Maar in d. Eifel b. Andernach, 3,32 km², 53 m tief; Kloster → Maria Laach.

Laaland → Lolland.

Laatzen (D-3014), St. i. Kr. Hannover, Nds., 36 299 E; Masch.- u. a. Ind.; Ind.messegelände v. Hannover.

Lab, Ferment im Labmagen des Kalbes, bringt → Caseïn zur Gerinnung.

Laban, Rudolf von (15. 12. 1879–1. 7. 1958), ung. Tänzer, Choreograph und Tanzpädagoge; Schöpfer des Ausdruckstanzes; → Wigman, Mary.

Laban, im A.T. Vater von Lea u. Rahel (→ Jakob).

Labarum, *s.* [l.], röm. Feldzeichen der Spätantike mit → Christusmonogramm.

Labé, Louise (um 1526–25. 4. 66), frz. Dichterin; Sonette.

Labenwolf, Pankraz (1492–1563), dt. Erzgießer in Nürnberg.

Labial, *m.* [l.], Lippenlaut (z. B. *p, b*).

labial, *med.* zu den Lippen gehörig.

Labiaten, svw. → Lippenblütler.

Labien [l.], svw. Lippen, Schamlippen.

labil [l.], schwankend, beweglich.

Labkraut, *Galium,* weiß od. gelb blühende Blumen d. Wälder u. Wiesen.

Labmagen, vierter Magen der → Wiederkäuer.

Laborant|in [l.], Gehilfe in Laboratorien; mit staatl. Ausbildung u. Approbation: techn. Hilfskraft an wiss. Instituten.

Laboratorium, *s.,* Arbeitsraum, Untersuchungsstätte f. wiss. Untersuchungen.

Laborem exercens [l. „Über d. menschl. Arbeit"], Enzyklika v. Johannes Paul II. 1981.

laborieren [l.], an etwas leiden, sich abmühen.

Labour Party [ˈleɪbə ˈpɑːtɪ], engl. Arbeiterpartei, freisozialist., nicht marxist., gegr. 1900; regierte 1924 u. 1929–31 unter MacDonald, 1945–51 unter Attlee, 1964–70, 1974–76 unter H. Wilson,

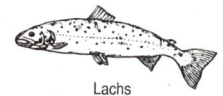

Lachs

1976–79 unter Callaghan; Parteivors. s. 1983 N. Kinnock.

Labrador, kanad. Halbinsel; größte N-Amerikas, trennt Hudsonbai vom Atlantik; 1,6 Mill. km², Bev.: Weiße, Indianer u. Eskimos; Fjordküste, Hochland (500–1700 m) m. zahlreichen Seen und Flüssen; rauhes Klima infolge der kalten **L.strömung** an d. O-Küste; Wald nur i. S; reiche Eisenerzlager bei *Burnt Creek.*

La Bruyère [-bryˈjɛːr], Jean de (16. 8. 1645–10. 5. 96), frz. Schriftst.; *Die Charaktere.*

Labskaus, *seem.* scharf gewürztes Gericht aus rein gehacktem Fleisch, Fisch, Kartoffeln, Rote Beete u. a.

Labyrinth, *s.* [gr.], **1)** Gebäude oder Garten mit verschlungenen Irrgängen: in griech. Sage Aufenthalt des → Minotaurus; **2)** Innenohr → Ohr.

Labyrinthfische, Süßwasserfische des trop. Asiens u. S-Afrikas; blutgefäßreicher Hohlraum i. oberen Kiemenbogenknochen („Labyrinth") als zusätzl. Luftatmungsorgan (z. B. *Kletterfisch,* wandert über Land v. Tümpel z. Tümpel; *Guramis* → *Makropoden*).

Lachaise [-ˈʃɛːz], François de (1624–1709), Beichtvater Ludwigs XIV.; Pariser Friedhof *Père-L.*

La Chaux-de-Fonds [la ʃodˈfõ], (CH-2300), Bez.-Hptort im schweiz. Kanton Neuenburg, 35 900 E; Uhrenind.

Lachesis, 1) eine der drei → Parzen; **2)** Buschmeister (Giftschlange).

Lachgas, Stickstoffmonoxid (N₂O), süßlich riechendes Betäubungsmittel, zur Narkose.

Lachmann, Karl (4. 3. 1793–13. 3. 1851), dt. Literatur- u. Sprachforscher; Mitbegr. d. germanist. Philologie; Hg. mittelhochdt. Texte; Arbeiten über das Nibelungenlied.

Lachse, räuber. Meeresfische, wandern zur Fortpflanzung in Quellgebiete v. Flüssen; Speisefische (z. B. *Rhein-L. [Rhein-Salm],* Donau-L.), stets im Süßwasser: *Huchen* (bis 2 m lang).

Lack, *Goldlack,* Gartenpflanze, duftende goldbraune Blüten (Kreuzblütler), aus S-Europa.

Lack, an der Luft trocknendes Überzugmittel, meist in Leinöl od. organ.-chem. Lösungsmitteln gelöste Baum- od. Kunstharze. – **L.arbeiten,** bes. in Ostasien (Japan) gepflegtes Kunsthandwerk v. hoher Kultur; zahlreiche (bis zu 30) Schichten, bemalte, geschnittene od. m. Einlagen v. Gold, Silber, Perlmutter. – **L.benzin,** *Ligroin,* → Kohlenwasserstoffe. – **L.farben,** Lack mit unlöslichen Farbstoffen, → Pigment.

Lackmus, organ.-chem. Farbstoff aus Flechten; → Indikator; Farbumschlag nach Blau (alkal. Reaktion) od. Rot (saure Reaktion).

Lackschildlaus, Pflanzenlaus SO-Asiens; aus den harzigen Körperausscheidungen → Schellack.

Lac Léman [lakleˈmã], frz. Name für → Genfer See.

Laclos [-ˈklo], Choderlos de (19. 10. 1741–5. 11. 1803), frz. Offizier u. Schriftst.; *Gefährliche Liebschaften.*

Lacq [lak], frz. Gemeinde bei Pau, 600 E; gr. Erdgaslager.

Lacrimae Christi [l. „Tränen"], südit. Süßwein.

Lactose, svw. → Milchzucker.

Ladenburg (D-6802), St. i. Rhein-Neckar-Kr., Ba-Wü., 11 474 E; div. Ind.; MPI f. Zellbiologie; ma. Stadtbild.

Ladenschlußzeiten, gesetzlich (1956) festgelegte Bestimmungen über Anfangs- u. Verkaufszeiten v. Verkaufsstellen zum Schutz vor ungleichen Wettbewerbsbedingungen sowie Einhaltung geregelter Arbeitszeiten; Ausnahmen möglich (z. B. Apotheken, Tankstellen).

Ladeschein → Frachtgeschäft.

Ladiner, roman. Volk im Engadin u. S-Tirol (20 000); eigene roman. Mundart: *Ladinisch.*

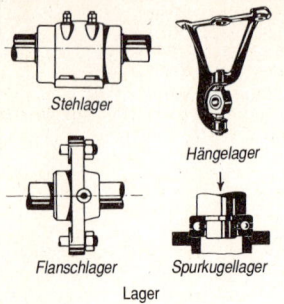

Stehlager

Hängelager

Flanschlager   Spurkugellager

Lager

Ladogasee, größter See Europas, nö. v. St. Petersburg, 17 703 km², bis 230 m tief, fischreich; Abfluß durch Newa zum Finn. Meerbusen.

Ladung, 1) Transportgut; **2)** *el. L.:* die auf einem isolierten Leiter oder auf einem Nichtleiter befindliche Elektrizitätsmenge; **3)** bei Geschützen: Pulverladung; **4)** Aufforderung zum Erscheinen bei Gericht oder Behörden. – **L.sfrist,** liegt in anhängigem Zivilprozeß zwischen Ladung und Terminstag und beträgt (mindestens) 1 Woche, in Messe- und Marktsachen 24 Std., beim AG 3 Tage, im Strafprozeß mindestens 1 Woche, im → Schnellverfahren 24 Std.

Lady, w. [′lɛɪdɪ], urspr. engl. Adlige; Dame.

ladylike [-laɪk], wie es einer *Lady* ziemt.

Laërtes, Vater des → Odysseus.

La Fayette [-fa′jɛt], **1)** Joseph Marquis de (6. 9. 1757–20. 5. 1834), einer d. Führer d. Frz. Revolution, Mitkämpfer im nordam. Freiheitskrieg; Chef der frz. Nationalgarde 1789 u. 1830; **2)** Marie-Madeleine (1634–25. 5. 93), frz. Schriftst.in; *Die Prinzessin von Clèves* (1. psych. Roman d. frz. Literatur).

Lafette, w. [frz.], Gestell des Geschützes.

La Fontaine [lafõ′tɛn], **1)** Henry (22. 4. 1854–26. 5. 1943), belg. Staatsrechtler; Präs. d. Intern. permanenten Friedensbüros; Friedensnobelpr. 1913; **2)** Jean de (8. 7. 1621–14. 4. 95), frz. Fabeldichter; **3)** Oskar (* 16. 9. 1943), SPD-Pol.; 1976–85 Oberbürgerm. v. Saarbrücken; s. 1985 saarländ. Min.präs.; s. 1987 2. stellvertr. Parteivors. d. SPD; 1990 Kanzlerkandidat d. SPD; Vertr. d. Öko-Sozialismus: *D. andere Fortschritt.*

Laforgue [-′fɔrg], Jules (16. 8. 1860–20. 8. 87), frz. symbolist. Dichter; Lyrik in freien Rhythmen.

LAFTA → Lateinamerikanische Freihandelsvereinigung.

Lagarde, Paul de, eigtl. *Bötticher* (2. 11. 1827–22. 12. 91), dt. Sprachforscher, nationalist. Kulturphil.

Lagasch, heute *Tello,* altbabylon. Stadt i. südl. Irak; frz. Ausgrabungen aus dem 3. Jtd v. Chr.

Lage (D-4937), St. u. Luftkurort im Kr. Lippe, NRW; 32 612 E; AG; Ing.schule; div. Ind.

Lager, 1) behelfsmäßige Unterbringung; Baracken-, Zelt-L. usw.; **2)** *betriebswirtsch.* Ort, a. d. Vorratshaltung getrieben wird, für d. Zeit zw. Eingang u. Verbrauch; dient als „Puffer", um Differenz zw. Beschaffung, Produktion u. Absatz mengenmäßig zu überbrücken: a) *Material-L.* für Roh-, Hilfs- u. Betriebsstoffe; b) *Zwischen-L.* z. Ausgleich zw. d. Fertigungsstufen; c) *Fertigwaren-L.* f. Fertigerzeugnisse; → Konsignationslager; **3)** *techn.* zur Aufnahme von sich drehenden Wellen od. Wellenzapfen; *Wälz-* od. → *Kugellager,* vermindern Reibung; **4)** *geolog.:* Fundstätte v. Mineralien u. Erzen.

Lagerkvist, Pär (23. 5. 1891–11. 7. 1974), schwed. Erzähler u. Dichter; Dramen: *Der Henker;* Romane: *Der Zwerg; Barrabas;* Essays; Nobelpr. 1951.

Selma Lagerlöf

Lagerlöf, Selma (20. 11. 1858–16. 3. 1940), schwed. Erzählerin; Dichtung; *Gösta Berling; Jerusalem;* Nobelpr. 1909.

Lagerpflanzen, svw. → Thallophyten.

Lagerschein, engl. *warrant,* Bescheinigung e. Lagerhauses über die ihm zur Einlagerung übergebenen Waren, als Unterlage bei → Lombardgeschäften u. Eigentumsübertragung.

Lago Maggiore [-mad′dʒoː-], dt. *Langensee,* südalpiner Randsee, Italien/Schweiz; 65 km lang, 212 km², bis 372 m tief; vom Tessin durchflossen.

Lagos, Hptst. u. -hafen v. Nigeria, 1,2 Mill. E, Agglomeration 4,2 Mill. E; Uni.; Ind.zentrum; Flughafen.

Lagrange [-′grãʒ], Joseph Louis (25. 1. 1736–10. 4. 1813), frz. Mathematiker; Mitbegr. d. Variationsrechnung; theoret. Mechanik.

Lagting, *s.,* das norweg. Oberhaus; → Storting.

Lagune [it.], durch Sandanschwemmung (→ Nehrung) v. Meer abgetrennter Strandsee; am Schwarzen u. Kasp. Meer: *Liman* [türk.]; an der Ostsee, durch einmündende Flüsse ausgesüßt: *Haff;* auch *geolog.* → Atoll.

Lähmung, teilweise oder völlige Aufhebung einer Muskel- od. Organtätigkeit, meist durch Verletzung od. Krankheit eines Nervs, des Nervensystems od. v. Muskeln (z. B. Halbseiten-L.); → Apoplexie.

Lahn, 1) r. Nbfl. des Rheins, v. Rothaargebirge, 245 km lang, mündet bei Lahnstein; **2)** 1977 durch Zus.schluß von

→ *Gießen* u. → *Wetzlar* sowie 14 umliegender Gemeinden gebildete St. in Hessen (155 000 E); 1979 wieder aufgelöst in 5 Einzelgemeinden.

Lahnstein (D-5420), St. i. Rhein-Lahn-Kr., RP, 17 927 E; AG; Papier-, chem. Ind.; Heilquelle.

Lahore, *Lahur,* Hptst. d. Geb. Pandschab, Pakistan, 3 Mill. E.; Uni., Moschee, Kunstbauten.

Lahr (Schwarzwald) (D-7630), Gr.-Krst. i. Ortenaukr., Ba-Wü., 33 369 E; AG; Tabak-, Holz- u. a. Ind.

Lahti [′lax-], südfinn. Stadt, 93 000 E; Holzind., Wintersport, Skiwettkämpfe.

Laibach, slowen. *Ljubljana,* Hptst. der jugoslaw. Bundesrep. Slowenien, bis 1918 des östr. Hzgt.s Krain, 305 000 E; Uni., Akademie, Kathedrale, Mus., kath. Erzbistum; Baumwoll-, chem., Maschinen- u. Tabakind.

Laich, ins Wasser abgelegte Eier v. Fischen, Lurchen und niederen Tieren. – **L.kraut,** Wasserpflanzen mit schwimmenden oder untergetauchten Blättern und Blütenähren.

Laie, *m.,* urspr. der zum Volk [gr. „laos"] Gehörige; Nichtsachkundiger; Ggs.: Fachmann.

Laien, in der kath. Kirche Nichtgeistliche im Unterschied zum *Klerus;* in der ev. Kirche das Gemeindemitglied ohne geistl. Amt. In neuerer Zeit verstärkte „L.bewegung" in beiden Kirchen, d. h. vermehrte Beteiligung d. L. an der Erfüllung kirchl. Aufgaben (Kirchentage u. „L.konferenzen" parallel zu Synoden u. Pfarrerkonventen; → Evangelische Akademien; v. L. getragene christl. Publizistik). – **L.brüder** *(-schwestern),* **L.orden,** als Handwerker, Bauern usw. in Klöstern, selbst ohne geistl. Weihen. – **L.investitur,** Einsetzung „geistl." durch „weltl." Würdenträger; → Investitur. – **L.priester,** *Leutpriester,* Weltpriester. – **L.richter,** unbescholtene Personen, d. als Beisitzer (ehrenamtl. Richter od. Schöffen) in Kollegialgerichten bei der Rechtsfindung mitwirken. – **L.spiegel,** Formularbuch zum Gerichtsgebrauch für Laien von Ulrich Tengler, Augsburg 1509. – **L.spiele,** aus d. Jugendbewegung neu erwachsene Spielkunst; im MA sehr in Blüte, bes. d. → Passionsspiel; Texte: alte Spiele d. MA (auch Hans Sachs) u. eigens geschaffene Stücke, künstler. oft wertvolle Dichtung; Ggs.: *Liebhaberbühne,* die das Berufstheater ohne Berufsausbildung zu kopieren sucht.

Laissez-faire, *s.* [frz. *lɛse′fɛʀ*], d. „Laufenlassen" d. Wirtsch. ohne staatl. Einmischung i. d. Wirtsch.prozeß; Prinzip des Wirtschaftsliberalismus.

Laïzismus, Bestreben, den Einfluß der Kirche auf alles nicht unmittelbar Kirchliche auszuschließen; Ggs.: → Klerikalismus.

Lakai, *m.* [frz.], herrschaftl. Diener; abwertend: Kriecher.

Lakhnau, *Lucknow,* Hptst. d. ind. Staates Uttar Pradesh, 1 Mill. E; Uni., Seidenweberei, Prachtbauten. Brennpunkt d. Aufstandes 1857/58.

Lakkadiven, *Lakediven,* → Lakshadweep.

Lakkolith, *m.* [gr.], → Plutonite, die v. unten in Schichtfugen der Gesteine eingedrungen sind, ebene Unterseite u. gewölbte Oberseite (Pilzform).

Lakonien, griech. Landschaft u. Nomos im SO-Peloponnes, 3636 km², ca. 93 000 E; Hptst. *Sparta.*

lakonisch, kurz u. treffend (wie die Ausdrucksweise der *Lakonier* [Spartaner]).

Lakritze, Extrakt aus → Süßholzwurzel.

Lakschmi, Hindugöttin d. Glücks und d. Schönheit, Gattin d. → Wischnu; dargestellt mit Lotosblume.

Lakshadweep, ind. Unionsterritorium, 1973 aus Lakkadiven (Lakediven), Amindiven u. Minikoi gebildet; insges. 27 Koralleninseln i. Arab. Meer, 300 km vor der Malabarküste, 32 km², 40 000 E; Hptst. *Kavaratti* 6600 E.

Laktation [nl.], Milchabsonderung der weibl. Brustdrüsen während d. Stillzeit, reguliert durch **L.**shormon *(Prolaktin),* gebildet durch → Hypophyse.

Laktoflavin, Bez. f. Vitamin B$_2$ (→ Vitamine, Übers.).

Lalebuch, Sammlung v. Kurzgeschichten (1597).

Lalique [-'lik], René (6. 4. 1860–1. 5. 1945), frz. Schmuck- u. Glaskünstler des → Art nouveau.

Lalo, Édouard (17. 1. 1823–22. 4. 92), frz. Komponist.

Lama

Lama, hirschgr., höckerloses Kamel d. Anden, gezüchtet als Lasttier aus Guanako; Fleisch, Haut, Wolle.

Lama, Titel für tibet. Buddhapriester und Mönche; *gelbe L.:* ehelos, Verbot der Zauberei, und *rote L.:* seit Reform um 1400 n. Chr. nur noch i. niederen Stellen.

Lamaismus, tibet. Form des Buddhismus; um 620 n. Chr. in Tibet eingeführt; einheitl. Hierarchie unter Doppelpapsttum: dem *Dalai-Lama,* gilt als Inkarnation Buddhas, zugleich pol. Oberhaupt (s. 1475 im Kloster Potala in Lhasa) u. dem *Pantschen-Lama (Taschi-Lama),* gilt als Inkarnation eines Buddhalehrers (im Kloster Taschilunpo, 1445 in Schigatse gegründet); beide im Exil.

Lamarck, J. B. Antoine de (1. 8. 1744–18. 12. 1829), frz. Biologe; entwickelte → Abstammungslehre: *L.ismus.*

Lamartine [-'tin], Alphonse de (21. 10. 1790–1. 3. 1869), frz. Dichter u. Diplomat; romant. Lyrik; rel. Versepik.

Lamb [læm], Willis E. (* 12. 7. 1913), am. Phys., wellenmechan. Atomtheorie, Nobelpr. 1955.

Lambarene, St. in Gabun, 26 000 E; Flugplatz; s. 1913 Urwaldspital v. A. → *Schweitzer.*

Lambert, Johann Heinrich (26. 8. 1728–25. 9. 77), dt. Math., Phys. u. Phil.; Begr. d. wiss. Kartographie u. d. math. Photometrie.

Lambeth Walk [engl. 'læmbǝθ wɔːk], Gesellschaftstanz; urspr. Volkstanz in L. (St.teil Londons).

Lambsdorff, Otto Graf (* 20. 12. 1926), FDP-Pol.; 1977–84 B.wirtschaftsmin.; s. 1988 Parteivors. d. FDP.

Lamé, *m.* [frz.], metalldurchwirkter Stoff f. festliche Kleider.

Lamelle [frz.], **1)** *techn.* dünnes Blatt od. Blech; **2)** b. *Blätterpilzen* die feinen Blättchen d. Schirmunterseite. – **L.nkupplung,** eine → Reibungskupplung; L.n werden aneinandergepreßt, laufen wegen entstehender Hitze in Öl.

Lamennais [lam'nɛ], Félicité Robert de (19. 6. 1782–27. 2. 1854), frz. Phil. u. Theol.; wollte kath. Kirche zur Volkskirche umgestalten, trat f. Trennung v. Kirche u. Staat ein.

Lamento, *s.* [it.], Wehklage, Gejammer.

Lametta, *w.* od. *s.* [it.], gold- oder silberglänzende Metallfäden, Christbaumschmuck.

Lamettrie, Julien Offray de (25. 12. 1709–11. 11. 51), frz. materialist. Phil.; *Der Mensch eine Maschine.*

Laminarströmung, b. Flüssigkeiten od. Gasen: Schichten gleiten ohne Wirbelbildung (→ Turbulenz) od. Vermischung an- od. übereinander vorbei.

Lamm, Junges v. Schaf od. Ziege i. 1. Lebensj.

Lämmergeier, svw. → Bartgeier.

Lampe, Beleuchtungskörper, früher mit Öl, Petroleum, auch Gas, → Karbid (z. B. als Fahrrad-L.); jetzt el. → Glüh-, Leuchtstoff- od. → Bogenlampe. (In der Technik wird nur die Vorrichtung, das Gehäuse, Lampe gen., der Beleuchtungskörper heißt Leuchte, z. B. Taschenleuchte.)

Lampertheim (D-6840), St. i. Kr. Hess.; AG; Fahrrad-L.; AG; Spargelanbau, Masch.-, Zigarren-, Möbel- u. Bekleidungsind.

Lamprecht, Karl (25. 2. 1856–10. 5. 1915), dt. Historiker, Vertr. d. „kulturhistor. Methode"; *Dt. Geschichte.*

Lamprecht der Pfaffe (um 1125), fränk. Geistlicher; verfaßte d. erste weltl. dt. Epos: *Alexanderlied.*

Lamprete → Neunaugen.

Län, *s.,* Bez. für die schwed. u. finn. Verwaltungsbezirke.

Lancashire ['læŋkǝʃ(ɪ)ǝ], engl. Gft in NW-England, 3043 km², 1,38 Mill. E; Hptst. *Preston;* Eisenerz- u. Kohlelager, westengl. Ind.-Zentrum (Liverpool, Manche-

ster), Textil-, chem., Lebensmittelind., Schiffbau, Fremdenverkehr (Blackpool); S-Teil der Gft 1974 in Greater Manchester u. Merseyside aufgegangen.

Lancaster ['læŋkǝstǝ], Burt (* 2. 11. 1913), am. Filmschausp.; *From Here to Eternity; Il Gattopardo.*

Lancaster ['læŋkǝstǝ], **1)** St. in d. Gft Lancashire, 131 000 E; **2)** engl. Herzogsgeschl., 1399–1471 engl. Könige.

Lancelot, *Lanzelot,* Ritter aus d. Tafelrunde des Königs → *Artus.*

lancieren [frz. lã's-], etwas in Schwung bringen.

Landammann, Reg.vorsitzender einiger schweiz. Kantone.

Land Art, e. moderne Kunstrichtung, die natürl. geograph. Landstriche verändert u. diese „Eingriffe" m. Fotos, Film od. Video dokumentiert; Vertr.: R. *Long.*

Landau, 1) Edmund (14. 2. 1877–19. 2. 1938), dt. Math.; *L.sche Symbole;* → Funktionentheorie; **2)** Lew D. (22. 1. 1908–2. 4. 68), sowj. Phys.; Tiefsttemperaturforschung; Nobelpr. 1962.

Landau an d. Isar (D-8380), St. i. Kr. Dingolfing-L., Niederbay., 11 223 E; barocke Pfarrkirche; div. Ind.

Landauer [frz. *Landaulet*], 4sitziger Wagen m. geteiltem, niederklappbarem Verdeck.

Landau in d. Pfalz (D-6740), krfreie St. i. Rgbz. Rheinhess.-Pfalz, RP, 36 297 E; LG, AG; naturwiss. Technikum, PH; Wein-, Tabak-, Reifenind., Erdölbohrungen. – 1688–1816 frz. Festung.

Landeck, 1) *Ladek Zdrój,* poln. St. u. (radiumhalt.) Schwefelbad südl. Glatz, Schlesien, 8000 E; **2)** *L. am Inn* (A-6500), öster. Bez.st., Tirol, 7400 E; 816 müM; Schloßmuseum; Wintersportort, Seilbahn.

Landerziehungsheime, *Freie Schulgemeinden,* Erziehungsschulen mit Internat auf dem Lande mit Betonung natürl. Lebensweise u. freierer Gestaltung des Gemeinschaftslebens; Hptvertr.: *Lietz* (1898), P. *Geheeb, Wyneken, Luserke.*

Landes [lãd] **1)** Dünengelände a. d. frz. SW-Küste, größtes Waldgebiet v. Frkr., S-Teil: **2)** frz. Dép., 9242 km², 310 000 E; Hptst. *Mont-de-Marsan* (31 000 E).

Landesarbeitsgericht → Rechtspflege, Übers.

Landesbeamte, Beamte, deren Dienstherr e. Gliedstaat ist (mittelbare Bundesbeamte).

Landesbischof, Titel des Leiters einer ev. Landeskirche.

Landeshauptmann, Vors. d. Regierung e. östr. Bundeslandes.

Landeshoheit, unabhängige Staatsgewalt über Landesterritorium.

Landeshut, *Kamienna Góra,* poln. St. am Bober in Schlesien, 22 000 E; Textil-, Masch.ind.

Landesjugendamt, Landesbehörde, die der Wohlfahrt Jugendlicher gewidmet ist; Aufgaben: Beteiligung bei Ausführung d. Fürsorgeerziehung, Aufsicht über deren Zöglinge u. ä. (Jugendwohlfahrtsges. v. 9. 7. 1922).

Landeskirchen, ev., → evangelische Kirche.

Landespflege, *Landschaftspflege,* Maßnahmen z. nachhaltigen Schutz des Landes u. d. Landschaft vor Raubbau u. Zerstörung, → Naturschutz.

Landesplanung → Raumordnung.

Landespolizei → Polizei.

Landesverrat, Preisgabe od. Gefährdung v. → Staatsgeheimnissen od. Agententätigkeit im Interesse e. fremden Staates od. seiner Mittelsmänner mit d. Ziel, die Staatssicherheit zu gefährden; Strafen: Freiheitsstrafe (u. U. lebenslang), ebenso Geldstrafe u. sonstige Nebenstrafen zulässig. → Hochverrat.

Landesversicherungsanstalten, *LVA,* regional gegliederte Träger d. Rentenversicherung d. Arbeiter.

Landeszentralbanken, *LZB,* Hauptverwaltungen d. Dt. Bundesbank i. jedem Land d. BRD; 1947 gegr., bis 1957 selbst. regionale Banken, danach durch Bundesbankgesetz m. d. Dt. Bundesbank verschmolzen.

Landflucht, Abwanderung d. Landbev. in Städte. Berufszugehörige z. Landwirtsch. in Dtld: 1882: 40%, 1939: 18%; 1989 in d. BR 3,6% d. erwerbstät. Bev.; L. bes. durch die Industrialisierung (Schaubild → Industrie, → Stadt u. Land) hervorgerufen.

Landfriede, vom 11. Jh. an zunächst Regelung bzw. Verbot der Fehde, dann auch Verbot von Verbrechen gg. die öff. Sicherheit (Diebstahl, Totschlag u. ä.); Anfänge der späteren Strafgesetzbücher; 1495 von Maximilian I. „Ewiger L." erlassen. – **L.nsbruch,** strafbare öff. Zus.rottung, um gg. Personen od. Sachen Gewalttätigkeiten z. begehen (§ 125 StGB).

Landgericht → Rechtspflege, Übers., S. 761.

Landgraf, dt. Fürstentitel, im 12./13. Jh. Vertreter d. kgl. Gewalt gegenüber d. → Herzöge.

Landkarte, verkleinerte Abbildung der Erdoberfläche oder ihrer Teile; → Maßstab.

Ländler, *Dreher,* alpenländ. Tanz (3/8- oder 3/4-Takt).

Landmaschinen, Sammelbez. für alle landwirtsch. Arbeitsmaschinen, die d. Bodenbearbeitung, Saat, Ernte u. Verarbeitung dienen.

Landmeister, Leiter e. Ballei des Dt. Ordens.

Landmesser, Vermessungsingenieur, der → topographische Aufnahmen macht.

Landpfleger, i. Luthers Bibelübersetzung: Statthalter, Verwalter einer röm. Provinz.

Landpolizei → Polizei.

Landrat, oberster Beamter eines Landkreises; heute z. T. v. d. Kreisvertretung gewählt.

Landrecht, Allg. Gesetzbuch in Preußen, galt mit zunehmenden Einschränkungen von 1794 bis zum Inkrafttreten des BGB 1900.

Landrover, *m.,* geländegäng. Pkw i. Kastenform m. Allradantrieb.

Landrysche Paralyse [*lã'dri-*], durch versch. Ursachen hervorgerufene aufsteigende Lähmung, oft bis z. Herz- u. Atemlähmung; → Kinderlähmung.

Landsassen, im MA freie Zinsleute u. Pächter (unterstanden der Gerichtsbarkeit des Landes-, nicht der des Grundherrn); Ggs.: Hintersassen; bis 1806 „landsässiger" Adel: einem Landesherrn untertäniger Adel.

Landsberg, 1) *L. a. Lech* (D-8910), Gr.Krst. in Oberbay., 18 900 E; ma. Gepräge (got. Toranlage); 2) *L. a. d. Warthe, Gorzów Wielkopolski,* Hptst. d. poln. Woiwodschaft *G.,* 122 000 E; Bischofssitz.

Landser, svw. einfacher Soldat.

Landsgemeinde, in den schweiz. Kantonen Unterwalden, Appenzell u. Glarus feierl. Versammlung d. Aktivbürger z. Gesetzgebung u. Reg.wahl.

Landshut (D-8300), krfreie St., Hptst. d. Rgbz. Niederbay., am d. Isar, 57 194 E; LG, AG; Nahrungsmittel, Maschinenbau, Elektro-, Textilind., Brauereien; alle 4 Jahre Festspiel *L.er Fürstenhochzeit;* Burg *Trausnitz.* – 1255–1340 u. 1392–1503 Residenz d. Hzge v. Bayern-L.

Landsknecht

Landsknechte, nach Auflösung der Ritterheere als ständig verfügbare Truppen angeworbene Kriegsknechte des 15. und 16. Jh.: Rotten, Fähnlein und Regimenter.

Landskron, 1) (A-9523), Fremdenverkehrsort in Kärnten, Östr., Stadtteil v. Villach, 10 400 E; Cellulose-, Metall-, Kunststoffind.; 2) tschech. *Lanškroun,* St. in Schönhengstgau, 7500 E; Schloß, Tabakind.

Landskrona [-,*kruna*], schwed. Ind.st. am Öresund (Hafen), 35 000 E.

Landsmål, *s.* [-*mol*], die norunweg.-um 1850 von *Ivar Aasen* geschaffene Schriftsprache; dagegen → Riksmål; s. 1929 offizielle Bez. *Nynorsk.*

Landsmannschaften, 1) Zus.schlüsse der Vertriebenen nach ihren Herkunftsgebieten zur Pflege ihrer Heimatverbundenheit; s. 1952 Verband d. L. in der BR, 1959 Zus.schluß z. → BdV; 2) Studentenverbindungen mit Farben und Mensur.

Landstände, früher Bez. für Adel, Geistlichkeit u. Städte; im MA Ständeversammlungen mit Einfluß auf Staatsverw. (bes. Steuerbewilligungsrecht).

Landsteiner, Karl (14. 6. 1868–26. 6. 1943), östr. Pathologe u. Bakteriologe, Entdecker d. menschl. Blutgruppen; Nobelpr. 1930.

Landsting, *s.* ['*lansteŋ*], das dänische Oberhaus.

Landstreicherei, Umherziehen nicht seßhafter, meist arbeitsscheuer Personen; früher strafbar.

Landsturm, urspr. Aufgebot aller Waffenfähigen (→ Landwehr), später d. älteren Jahrgänge (über 45 J.).

Landtag, die Parlamente der dt. Länder.

Landvogt, bis 1806 Verwaltungsbeamter einer (reichsunmittelbaren) **Landvogtei.**

Landwehr, zunächst alle Wehrfähigen, später (gediente) Reservisten zw. 35 u. 45 Jahren.

Landwirtschaft → Übers., S. 505.

landwirtschaftliche Betriebslehre, Teil der Wirtschaftslehre vom Landbau; umfaßt: Lehre von den Betriebsmitteln, Betriebsleitung (Betriebsorganisation, Buchführung), Schätzung v. Landgütern.

landwirtschaftliche Genossenschaften, Berufsgenossenschaften (Träger d. Unfallversicherung) sowie Erwerbs- u. Wirtschafts-(Kredit-) → Genossenschaften, Übers.

landwirtschaftliche Organisationen, *L. Vereine* bereits i. 19. Jh. als berufsständ. Organisationen weit verbreitet; als bedeutendster in Dtld wurde 1884 die *Dt. Landwirtschaftsgesellschaft* (DLG) von Max v. Eyth mit rein techn.-wirtsch. Zielen gegr.; 1933 v. → Reichsnährstand aufgesogen, nach 1945 wieder gegr. *Dt. Bauernverband e. V.,* 1948 gegr. Spitzenorganisation der dt. Bauernlandesverbände, parteipol. u. konfessionell unabhängige berufsständische Organisation der Landwirtschaft, Sitz Bonn, ca. 3 Mill. Mitglieder; vertritt die Belange des landw. Berufsstandes; erarbeitet Richtlinien u. Vorschläge zu allen Fragen der Agrarpolitik. Auch → *Landwirtschaftskammern;* *Raiffeisengenossenschaften* (→ Genossenschaften, Übersicht). *Zentralausschuß d. Landw.,* 1949 gebildet, mit Delegierten d. Dt. Bauernverbandes, d. Verbandes d. Landwirtschaftskammern, des Dt. Raiffeisenverbandes u. d. Dt. Landw.sgesellschaft. In der DDR s. 1950 *Vereinigung der gegenseitigen Bauernhilfe* (Handelsgenossenschaft) m. 3 Mill. Mitgl. - *Confédération Européene de l'Agriculture (CEA),* Verband der eur. Landw., Sitz Brugg (Schweiz); 1948 gegr. Spitzenverband eur. landw. Organisationen (etwa 50 Mitgliedsverbände, darunter Dt. Bauernverband u. Dt. Raiffeisenverband); Ziel: Erhaltung u. Förderung eur. Bauerntums. - *Intern. Federation of Agriculture Producers* (IFAP), Intern.

Landwirtschaft

Die wirtschaftliche Ausnutzung der Bodenfruchtbarkeit, besonders durch Ackerbau u. → Tierzucht (Übers.). Auch Weiterverarbeitung der Erzeugnisse durch landwirtsch.-ind. Nebenbetriebe (Molkereien, Brennereien, Kellereien, oft in → Genossenschaften). In Dtld vorwiegend Bauernwirtschaft: Unternehmer, meist auch Grundeigentümer, leistet Hauptteil aller betriebl. Arbeiten mit seiner Familie (Familienbetrieb). Neben Bauernwirtschaft L. auch in Form der Kollektivwirtsch. (osteur. Länder), Farmwirtsch. (N-Amerika), Latifundienwirtsch. (S-Amerika), Fellachenwirtsch. (Kleinstbesitz ohne Nebenerwerbsmöglichkeit, bes. S- u. O-Asien). → Agrarreform, → Bodenreform. Marktleistung der dt. L. durch Hebung der Bodenkultur, Düngung, Züchtung leistungsfähiger Pflanzensorten u. Viehrassen in den letzten 100 Jahren verdoppelt bis verdreifacht. Verkaufserlöse der L. in der BR 1988/89 54,157 Mrd. DM, daneben Einfuhren von Nahrungs- u. Genußmitteln für 55,415 Mrd. DM. – Seit 1948 verstärkt auftretende Abwanderung von Arbeitskräften zwingt die L. zu umfassender Technisierung der Betriebe u. Rationalisierung der Arbeit. Dringlichkeit v. → Flurbereinigung u. fachl. Ausbildung. Landwirtsch. Betriebe in der BR (1989): 196 453, 0,5–5 ha; 247 193, 5–20 ha; 160 061, 20–50 ha; 45 065 über 50 ha landwirtschaftlich genutzte Fläche; fast 50% der Betriebe sind Vollerwerbsbetriebe. 1989 in der BR 1,063 Mill. Erwerbspersonen in der Land-, Forstwirtschaft und Fischerei. Das sind 3,8% aller Erwerbspersonen; in 648 772 landw. Betrieben. Beitrag der Land-, Forstwirtschaft u. Fischerei zur Wertschöpfung 1989 35,74 Mrd. DM (1,7% des Bruttoinlandsprodukts).

Landwirtschaftliche Erzeugung und Bestände in der BR	1935/38[1]	1950/51[1]	1990
Bevölkerung im Bundesgebiet, 1000 E	39 348	47 707	79 070[2]
landw. genutzte Fläche, 1000 ha	14 612	14 126	11 773
Ackerfläche, 1000 ha	8 609	7 992	7 220
Brotgetreide, 1000 t	5 689	5 792	11 971[3]
Futtergetreide (ohne Mais), 1000 t	4 760	4 397	—
Kartoffeln, 1000 t	19 538	27 959	14 038[2]
Zuckerrüben, 1000 t	4 253	6 975	30 599[2]
Fleisch (einschließlich Schlachtfette), 1000 t	1 983	1 730	—
davon Schweinefleisch	1 240	1 078	3 242
davon Rindfleisch (ohne Kalbfleisch)	(580)	(495)	1 657
Kuhmilch, 1000 t	15 000	14 610	23 672
Eier, Mill. Stück	4 810	4 990	17 794[2] (1989)
Rinder, Bestand in 1000 Stück (Dez.)	12 114	11 149	20 048[2]
Schweine, Bestand in 1000 Stück (Dez.)	12 494	11 890	30 818[2]
Schafe, Bestand in 1000 Stück (Dez.)	1 889	1 643	4 187[2]
Geflügel, Bestand in 1000 Stück (Dez.)	54 594	51 801	106 054[2]

[1] Bundesgebiet ohne Saarland und West-Berlin.   [2] einschließlich ehem. DDR   [3] Feldfrüchte im Hauptanbau

Verband landw. Erzeuger, 1946 gegr. Weltorganisation, in der d. landw. Erzeuger der einzelnen Staaten durch deren jeweilige landw. Spitzenverbände vertreten sind (BR durch Dt. Bauernverband u. Dt. Raiffeisenverband). Zielsetzung: Förderung der Landwirtschaft in aller Welt, Ausgleich zw. d. Bedürfnissen d. Erzeuger u. Verbraucher; → FAO.

landwirtschaftliche Produkte, Bodenprodukte u. Erzeugnisse d. Viehwirtschaft.

Landwirtschaftliche Produktionsgenossenschaft, *LPG,* genossenschaftl. Zusammenschluß landw. Betriebe in der ehem. DDR nach sowj. Muster („sozialist. Großraumwirtschaft") zur Nutzung d. v. Staat bereitgestellten Bodens.

Landwirtschaftliche Rentenbank → Rentenbankgrundschuld.

Landwirtschaftskammern, Körperschaften zur Wahrung der Gesamtinteressen d. Land- u. Forstwirtschaft eines betr. Bezirks, bes. Erstattung von Gutachten, Förderung des techn. Fortschrittes, landw. Schulwesen usw.; 1933 vom → Reichsnährstand übernommen, nach 1945 wieder gebildet, zus.gefaßt im *Verband d. L.*

Lang, Fritz (5. 12. 1890–2. 8. 1976), östr.

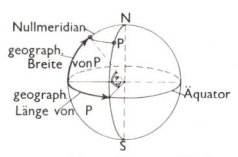

geographische Länge und Breite

Filmregisseur; *D. müde Tod* (1921); *Dr. Mabuse, d. Spieler* (1922); *D. Nibelungen* (1924); *Metropolis* (1927); *D. Testament d. Dr. Mabuse* (1932); *The Big Heat* (1953).

Langbehn, Julius (26. 3. 1851–30. 4. 1907), dt. Kulturkritiker; *Rembrandt als Erzieher.*

Lange, 1) Christian (17. 9. 1869–11. 12. 1938), norweg. Pol., Gen.sekr. d. Interparlamentar. Union, Genf; Friedensnobelpr. 1921; **2)** Friedrich Albert (28. 9. 1828–21. 11. 75), dt. Phil. u. Nationalökonom, vermittelt zw. naturwiss. Betrachtungsweise u. Kantscher Phil., trat f. Sozialismus u. Gewerkschaft ein; *Gesch. d. Materialismus;* **3)** Horst (6. 10. 1904–6. 7. 71), deutscher Schriftst.; Romane: *Die schwarze Weide; Verlöschende Feuer.*

Länge, 1) *geograph.* (Abb.) Winkel zw. dem Meridian (Längenkreis) eines Ortes u. dem Nullmeridian von Greenwich (westlich od. östlich b. 180°); Orte gleicher L. haben gleiche Uhrzeit *(wahre Ortszeit);* bei Abstand von 1° beträgt der Zeitunterschied 4 Min.; **2)** *astronom.* versch. Bedeutung (z. B. L. in der Ekliptik = Abstand eines Gestirns vom Frühlingspunkt, gezählt in der Ekliptik).

Langeland, dän. Insel zw. Fünen u. Lolland, 284 km², 17 000 E; Hpthafen *Rudkøbing* (4500 E).

Langemarck, belg. Flecken in W-Flandern, nördl. von Ypern, 7000 E; im 1. Weltkrieg v. dt. Kriegsfreiwilligen vergebl. angegriffen.

Langen, Eugen (9. 10. 1833–2. 10. 95), dt. Ing.; erfand m. A. N. → Otto d. Gasmotor.

Langen (D-6070), St. i. Kr. Offenbach, Hess., 31 206 E; AG; Maschinen-, Elektro-, Metallind.

Langenberg, s. 1975 zu → Velbert.

Langenbielau, *Bielawa,* poln. St. in N.schlesien, 35 000 E; Textilind.

Langenfeld (Rheinland) (D-4018), St. i. Kr. Mettmann, NRW, 50 777 E; Textil-, Eisen-, Baufertigteile- u. Schuhind.

Langenhagen (D-3012), St. im Kr. Hannover, Nds., 46 298 E; Galopprennbahn; Flughafen *Hannover-L.;* div. Ind.

Langenscheidt, Verlag der Langenscheidt-Sprachwerke, Berlin, gegr. 1856; Wörterbücher.

Langenthal (CH-4900), Gem. i. Kanton Bern, Schweiz, 14 200 E; Textil-, Masch.- u. Porzellanind.

Langeoog, *Nordseeheilbad L.* (D-2941), ostfries. Insel, Rgbz. Weser-Ems, 19,7 km², 2950 E; Vogelkolonie.

Langes Parlament in England 1640–48 (als *Rumpf-P.* bis 1660); ließ Karl I. enthaupten.

Langgässer, Elisabeth (23. 2. 1899–25. 7. 1950), dt. Dichterin; *Die Tierkreisgedichte; Romane: Das unauslöschliche Siegel; Märkische Argonautenfahrt.*

Langhans, 1) Carl Gotthard (15. 12. 1732–1. 10. 1808), dt. klassizist. Baumeister; *Brandenburger Tor* (Abb. → Berlin), s. Sohn 2) Carl Ferdinand (14. 1. 1782–22. 11. 1869), dt. Baumeister; bes. *Theaterbauten,* u. a. i. Breslau, Leipzig.

Langmuir [*'læŋmjʊə*], Irving (31. 1. 1881–16. 8. 1957), am. Chem.; Arbeiten über Leitfähigkeit v. Gasen, Oberflächenstruktur; Nobelpr. 1932.

Langobarden, *Longobarden,* german. Stamm, 2. Jh. v. Chr. bis 3. Jh. n. Chr. an d. Unterelbe, bis 6. Jh. in Mähren; Gründung d. L.reichs 568 n. Chr. in Oberitalien *(Lombardei)* unter Alboin (774 auf päpstl. Hilferuf von → Karl d. Gr. erobert).

Langstreckenlauf, Läufe über eine Strecke ab 3000 m als Bahn-, Straßenod. Gelände-(Wald-)Lauf.

Langue d'oc [*lãg 'ɔk*], provenzal. Sprache im MA, benannt nach provenzal. *oc* = *oui* (ja); Ggs.: **Langue d'oil** [*-'ɔil*], nordfrz. Sprache im MA (nach *oil = oui*) südfrz. Landschaft zw. Golf von Lion u. den Cevennen.

Languste

Languste, *w.,* gr., scherenloser Krebs; Mittelmeer, westeur. Küsten; eßbar.

Langwellen, *LW,* elektromagnet. → Wellen m. Wellenlänge von 1 bis 10 km, Frequenzbereich 30 kHz bis 30 kHz; Frequenzbereiche des Rundfunks 140 kHz bis 300 kHz; Anwendung außerdem f. Navigation, Funktelegraphie u. -telephon.

Lanner, Joseph (12. 4. 1801–14. 4. 43), östr. Komp. d. Biedermeier; Schöpfer d. „Wiener Walzers".

Lanolin, salbenartige Masse a. d. Wollfett d. Schafwolle für med. u. kosmet. Zwecke.

Lansdowne [*'lænzdaʊn*], Henry Charles

(14. 1. 1845–3. 6. 1927), engl. Staatsmann, Verständigungspol. mit Dtld; schloß 1904 mit Frkr. → Entente cordiale.

Lanthan, *s., La,* chem. El., Oz. 57, At.-Gew. 138,91, Dichte 6,16; Seltenerdmetall. – **L.iden,** oft als seltene Erden bezeichnet, das Lanthan u. die ihm im → Periodensystem nachfolgenden 14 Elemente von sehr ähnl. chem. Verhalten.

Lanugo, *w.* [l.], feine Wollbehaarung d. menschl. → Fetus.

Lanza, Mario (31. 1. 1921–7. 10. 59), am. Tenor it. Herkunft.

Lanzette, *w.* [frz.], lanzenförmiges, zweischneidiges chirurgisches Messerchen f. kleine Einschnitte.

Lanzettfisch, *Branchiostoma,* früher *Amphioxus,* bis 8 cm langes, farbloses fischähnl. *Chordatier* i. Sand d. Meeresküsten, ohne knöcherne Wirbelsäule, jedoch mit knorpeliger Rückenseite (Chorda), ohne eigtl. Herz u. Schädel.

Lanzhou, früher *Lantschou,* Hptst. d. chin. Prov. Gansu, am Huang He, 1,4 Mill. E; Schwerind.

Laodse, *Laotse,* chin. *Lao-zi,* „der Alte Meister", eigtl. *Li Er,* auch *Lau Tan,* chin. Phil. (4. od. 3. Jh. v. Chr.), Begr. d. → Daoismus (Taoismus).

Laokoon [*-ko-on*], trojan. Priester, warnt vor griech. Kriegslist (Trojanisches Pferd) – mit s. Söhnen von Schlangen getötet. – **L.gruppe,** berühmte hellenist. Plastik (1. Jh. v. Chr.; Vatikan, → Tafel Kunst des Altertums); 1506 in Rom ausgegraben u. wiederhergestellt; weitreichende Auswirkungen auf bild. Kunst u. Ästhetik: u. a. Lessings Schrift *Laokoon od. über die Grenzen d. Malerei u. Poesie.*

Laon [*lã*], Hptst. des frz. Dép. *Aisne,* 29 000 E; got. Kathedrale (12. Jh.), alte Stadtwälle.

Laos, amtl. *République démocratique populaire Lao, Sãthãlamalid Pasãthu'paait Pasãsîm Lão,* demokratische Volksrep. in Indochina, 236 800 km², 3,9 Mill. E (16 je km²); Bev.-Zuw. 2,4%; Sprache: Lao, Frz.; Währung: Kip (K); Rel.: Buddhismus; Hptst.: *Vientiane,* eine Residenz: *Luang Prabang* (45 000 E); Flagge S. 340, Karte S. 749. a) *Geogr.:* Im N gebirgig, im S Sandsteintafelland. b) *Landw.:* Reis, Mais. c) *Bodenschätze:* Zinn u. Kupfer. d) *Ind.:* Tabak, Gummi, Zement. e) *Außenhandel* (1987): Einfuhr 70 Mill., Ausfuhr 30 Mill. $. f) *Verf.* v. 1947: z. Z. außer Kraft; Nat.vers u. Volksrat. g) *Verw.:* 16 Provinzen. h) *Gesch.:* im 19. Jh. unter sames. Herrschaft; s. 1893 Bestandteil v. Frz.-Indochina, s. 1949 unabhängiges Kgr. innerhalb d. Frz. Union (bis 1956); Bürgerkrieg u. Vordringen d. kommunist. *Pathet-Lao*-Rebellen s. 1954

führte zu intern. Krisen; 1961 Waffenstillstand u. 1962 Koalitionsreg. m. d. Kommunisten; auf Beschluß d. Genfer Laos-Konferenz Verpflichtung zur Neutralität; 1963 Kämpfe zw. neutralist. u. prokommunist. (Pathet-Lao-)Gruppen, Einbeziehung d. v. Pathet-Lao kontrollierten Gebietes (2/3 d. Landes) durch N-Vietnam (Nachschub auf d. Ho-Tschi-Minh-Pfad) i. d. Vietnamkrieg; nach Waffenstillstand i. Vietnam 1973 Abkommen über Waffenruhe, 1975 Machtübern. durch die Pathet-Lao u. Abschaff. d. Monarchie, Ausrufung d. demokr. Volksrep. i) *Mitgl.:* UN, Colombo-Plan.

Laparo-skopie [gr.], Spiegelung d. Bauchhöhle mit einem bes. → Endoskop. – **L.tomie,** Bauchschnitt, operative Öffnung d. Bauchhöhle.

La Paz → Paz, La.

lapidar [l.], knapp, einfach, bestimmt.

Lapis, *m.* [l.], Stein, Stift z. Ätzen (Höllenstein).

Lapislazuli, *m.,* → Silicatmineral a. d. Gruppe d. Gerüstsilicate, blauer, undurchsichtiger Schmuckstein.

Laplace [*-'plas*], Pierre Simon Marquis de (28. 3. 1749–5. 3. 1827), frz. Astronom u. Math.; Bewegung d. Planeten → *Kant-Laplacesche Theorie.*

La Plata, 1) *Río de la P.,* d. Mündungsbecken d. südam. Ströme *Paraná* u. *Uruguay,* 300 km lang, 50–200 km br., nur 5–20 m t; 2) Hptst. d. argentin. Prov. Buenos Aires, mit Vororten 566 000 E; Uni. – **L.-P.-Staaten,** Argentinien, Uruguay, Paraguay.

Lappalie, Belanglosigkeit.

Lappen, *Samen,* mongolides Volk in → Lappland, Fischer u. Rentierzüchter.

Lappland, N-Teil Skandinaviens, Tundrengebiet im O des skandinav. Gebirgsrückens; pol. zu Norwegen, Schweden, Finnland u. UdSSR, etwa 400 000 km², 1 Mill. E, davon ca. 3% Lappen; Eisenerzlager b. *Kiruna, Gällivare* u. *Kirkenes.*

Lapsus, *m.* [l.], Versehen. – **L. linguae,** Versprecher.

Laptop-Computer [*lɛp-*], tragbarer → Personal Computer m. eingebauter Tastatur, Bildschirm u. Diskettenlaufwerk.

L'Áquila, Hptst. d. it. Region Abruzzen, 67 000 E; Erzbistum.

Lar, *Weißhandgibbon,* südostasiat. Affenart.

Lärche

Lärche, Nadelholzbaum, Nadeln fallen im Herbst ab; *Eur. L.,* Heimat: Alpen, allg. angepflanzt, liefert gutes Bauholz u. venezian. Terpentin; andere Arten in Asien u. N-Amerika.

Laren, altröm. (Haus-)Schutzgötter.

larghetto [it.], *mus.* etwas breit.

Largillière [*larʒiˈɛːr*], Nicolas de (get. 10. 10. 1656–20. 3. 1746), frz. Maler; neben → Rigaud führender Porträtist s. Zeit in Frankreich.

largo, *mus.* breit.

Largo, Musikstück in sehr langsamem Zeitmaß.

Larifari, *s.,* leeres Geschwätz, Unsinn.

Larissa, St. in Thessalien (Griechenland), 102 000 E; Bischofssitz, Baumwoll- u. Seidenweberei.

larmoyant [frz.], weinerlich.

La Roche [-*rɔʃ*], Sophie v. (6. 12. 1731–18. 2. 1807), dt. Schriftst.in; *Gesch. d. Fräuleins v. Sternheim* (empfindsam-didakt. Briefroman).

La Rochefoucauld [-*rɔʃfuˈko*], François de (15. 12. 1613–17. 3. 80), frz. Schriftst.; *Reflexionen u. Maximen.*

Larousse [-*rus*], Pierre (23. 10. 1817–3. 1. 75), frz. Lexikograph u. Schriftst.; *Weltanschauungsromane; D. Stein d. Weisen.*

l'art pour l'art [frz. *laːr pur ˈlaːr*], „die Kunst um der Kunst willen", zuerst von Th. *Gauthier* u. V. *Cousin* 1835 bzw. 1836 so formulierte Forderung, die Kunst nicht von fremden (moral., kirchl.) Zweckanlässen her zu begreifen, sondern in ihrer Eigengesetzlichkeit als „Offenbarung Gottes in der Idee des Schönen".

Larve [l.], **1)** Jugendform zahlr. Tiere, mit Verwandlung bei Reifung; bes. bei Insekten, Mollusken, Krebsen u. Amphibien; **2)** svw. → Maske.

Laryngologie [gr.], Lehre v. d. Kehlkopfkrankheiten.

Laryngoskop, *s.,* → Kehlkopfspiegel.

Larynx, svw. → Kehlkopf.

La Salle [-*sal*], Robert Cavelier de (21. 11. 1643–20. 3. 67), frz. N-Amerika-Forscher.

Las Casas, Bartolomé de (1474–31. 6. 1566), span. Dominikaner; setzte e. gesetzl. Indianerschutz durch.

Lascaux [-*ˈko*], südfrz. Dorf im Dép. Dordogne; Höhle mit Wandmalereien der Altsteinzeit.

Lasche, flaches Eisenstück, zum Verbinden von zusammengefügten Eisenteilen; bei Eisenbahnen Verbindungsstück am Schienenstoß.

Laschkar → Gwalior 2).

Laser, *m.* [engl. *ˈleɪzə*], *light amplification by stimulated emission of radiation,* elektron. Gerät z. Erzeugung scharf gebündelter, sehr energiereicher Lichtstrahlen in sehr schmalen Frequenzbereichen (monochromat. Licht); die Lichtwellen sind zeitl. u. räuml. kohärent (→ Kohärenz); erster (Rubin-)L. 1960 v. T. H. *Maiman* in USA; Anwendung in d. Meßtechnik (z. B. Längenmessungen, Justierungen, relativer Fehler <10⁻⁶), in d. 3-dimensionalen Datenspeicherung (→ Holographie); auch zum Präzisionsschweißen u. -bohren v. Diamant, Edelstahl u. f. Augenoperationen; auch → Maser, Raser.

Lash [engl. *læʃ*], Abk. f. *Lighter Aboard Ship,* Transport v. beladenen Binnenschiffs-Leichtern auf Seeschiffen im Huckepackverkehr.

lasieren, das dünne Auftragen einer *Lasur.*

Läsion [l.], Beschädigung, Verletzung, Störung.

Lasker-Schüler, Else (11. 2. 1869–22. 1. 1945), dt. expressionist. Dichterin; Lyrik; *Hebräische Balladen.*

Las Palmas de Gran Canaria, Hptst. d. span. Insel Gran Canaria u. d. span. Prov. *L. P.* auf d. Kanar. Inseln, 372 000 E; m. Hafen *La Luz.*

Lassalle [-*ˈzal*], Ferdinand (11. 4. 1825–31. 8. 64), dt. sozialist. Revolutionär v. 1848; forderte gleiches direktes Wahlrecht u. staatl. geförderte Genossenschaften (ADAV); Begr. d. „Allg. dt. Arbeitervereins" in Leipzig 1863; Verbindung mit Bismarck; wollte die soziale Frage auf nationalstaatl. Basis lösen, daher Ggs. zum intern. Marxismus; gefallen im Duell.

Lassen, Christian (22. 10. 1800–8. 5. 76), dt. Indologe norweg. Herkunft; Begr. d. ind. Altertumswiss. u. Sanskritphilologie i. Dtld.

Lasso, Orlando di (1530 od. 32–14. 6. 94), ndl. Komponist, Leiter d. Hofkapelle in München; ca. 1200 geistl. u. weltl. Werke.

Lasso, *m.* od. *s.* [span.], Wurfschlinge zum Einfangen von Tieren.

Last [*laːst*], James, eigtl. *Hans* (* 17. 4. 1929), dt. Orchesterchef u. Komp.; Erfinder d. *Happy Party Sound,* einer speziell f. Tanzzwecke arrangierten Unterhaltungsmusik.

Last, altes dt. Getreidemaß, etwa 30 hl; als Schiffsfrachtgewicht = 2000 kg.

last, not least [-*ˈliːst*], als Letzter (-tes), aber nicht Geringster (-stes); Wortspiel nach Shakespeare.

Lastenausgleich → Übersicht, S. 508.

Lastex, *s.,* mit Chemiefasern umsponnene Gummifäden; Verwendung f. elastische Gewebe.

Lästrygonen, menschenfressendes Riesenvolk in der *Odyssee.*

Lasur, *w.,* dünne, durchsichtige Lackschicht.

Las Vegas [*las ˈveɪgəs*], größte St. d. US-Staates Nevada, 263 000 E; Vergnügungszentrum (Spielbanken).

lasziv [l.], unzüchtig, schlüpfrig.

Latakia, *Al-Ladhikia,* größte syr. Hafenstadt u. Hptst. d. Bez. *L.,* 197 000 E. – Im 3. Jh. v. Chr. als *Laodicea* gegr.

Lätare [l. „freue dich"], 4. Passionssonntag, kath. *Rosensonntag* (Weihe der → Goldenen Rose).

Latein, *s.,* urspr. Sprache d. Latiner u. Römer; Grundlage aller roman. Sprachen; Kirchen- u. bis zum 19. Jh. Gelehrtensprache.

Lateinamerika, svw. → Iberoamerika.

Lateinamerikanische Freihandelsvereinigung, engl. *Latin American Free Trade Association (LAFTA),* 1960 gegr. Handelsgemeinschaft v. 11 lateinam. Staaten; 1980 umbenannt i. → ALADI.

Lateinisches Kaisertum, 1204 auf dem 4. Kreuzzug i. Konstantinopel gegr. Reich; bestand bis 1261; → Byzantinisches Reich.

La Tène [*laˈtɛn*], Untiefe am Neuenburger See bei Marin (Westschweiz), Fundstelle aus der Eisenzeit; **L.-T.-Zeit,** eisenzeitliche Kulturepoche in Mitteleuropa, 5. Jh. v. Chr. bis Christi Geburt.

latent [l.], verborgen, vorhanden.

latente Wärme, die bei Flüssigwerden od. Verdampfen gebundene Wärmeenergie (keine Temperaturerhöhung).

Latenzzeit, *med.* Zeitraum zw. (evtl. schädlicher) Reizeinwirkung u. Reizbeantwortung (evtl. Krankheitsausbruch); auch svw. → Inkubation.

lateral [l.], seitlich, nach der Seite zu.

Lateralsklerose, amyotrophische, namentl. d. oberen Teil d. Rückenmarks betreffende Degeneration d. Pyramidenbahnen, d. motor. Vorderhirnzellen in ihrer Ausläufer sowie der d. motor. Zentren verbindenden spinalen Kommissurenfasern.

Lateran, *m.,* Hügel u. Palast in Rom, bis 1308 Papstresidenz, jetzt Museum. – **L.kirche,** *San Giovanni,* Roms Hptkirche; dort fanden 5 **L.synoden** im MA statt. – **L.verträge,** 1929 (1977 novelliert) zw. Italien u. Papst, Anerkennung der Souveränität der Vatikanstadt seitens Italiens u. Konkordat mit Italien; 1984 durch e. neues Konkordat ersetzt.

Laterit, *m.* [l.], Roterde.

Laterna magica, *w.* [l.], bereits im alten Ägypten entwickeltes Projektionsgerät; Projektion durchsichtiger Bilder; mit Hohlspiegel verstärkte Lichtquelle u. Linsensystem.

Laterne, *w.* [l.], **1)** Lampe in einem Glasgehäuse; **2)** türmchenartig. Kuppelaufsatz f. d. Lichteinlaß.

Laternenträger, Zikaden mit laternenähnlichem Kopffortsatz *(Surinam. L.; Eur. L.).*

Latex, *m.* [l. „Milch"], Milchsaft der kautschukliefernden Pflanzen, daraus durch Gerinnen d. feste Rohkautschuk.

Latifundien [l.], Großgrundbesitz.

Latina, früher *Littoria,* 1932 gegr. Hptst. der it. Prov. *L.,* in den trockengelegten → Pontinischen Sümpfen, 102 000 E; Kernkraftwerk (200 MW).

Latiner, im Altertum Bewohner v. → Latium.

Latinismus, *m.,* lat. Sprachwendung in anderen Sprachen.

Latium, mittelit. Landschaft u. Region (um Rom), 17 203 km², 5,2 Mill. E.

La Tour [-*tur*], **1)** Georges de (1593–30. 1. 1652), frz. Maler; barocke Helldunkelmalerei; Nachtstücke; **2)** Maurice Quentin de (5. 9. 1704–17. 2. 88), frz. Rokokomaler; Pastellbildnisse.

Lastenausgleich

Als Folge des Zweiten Weltkrieges verlor $^1/_4$ der westdeutschen Bevölkerung (BR) durch Evakuierung, Flucht und Vertreibung weitgehend seine Existenzgrundlage. Nach der Währungsreform 1948 setzte in der Amerikanischen und Britischen Besatzungszone die staatliche Eingliederungshilfe ein (in Bayern z. B. 1,4 Mrd. DM 1949/52). In Bad Homburg v.d.H., dem späteren Sitz des Bundesausgleichsamtes, konstituierte sich am 26. 8. 1948 eine „Gutachterkommission f. d. Lastenausgleich". Erlasse der Besatzungsmächte hatten eine Regelung bis Ende 1948 gefordert, doch wurde ein am 14. 12. 1948 vorgelegter Entwurf als ungenügend zurückgewiesen. Ab 14. 8. 1949 diente das provisorische „Soforthilfegesetz" als erster Schritt, nachdem die drei „Hochkommissare" John McCloy, Sir Brian Robertson und André François-Poncet zugestimmt hatten. Erst im Jan. 1951 konnte dem Bundestag der Entwurf eines „Lastenausgleichsgesetzes" (LAG) zugeleitet werden. Im März 1952 konnte das „Währungsausgleichsgesetz für Sparguthaben Vertriebener" (WAG) und im April das „Feststellungsgesetz" (FG) verabschiedet werden. Am 14. 8. 1952 folgte endlich das LAG. Das große Problem war die Notwendigkeit, „Schäden festzustellen". Man rechnete zuerst mit einem Volumen von 35 Mrd. DM, bis 1. 1. 1991 war die Summe auf 137,2 Mrd. DM gestiegen. In Zukunft werden – vor allem wegen bereits bewilligter Kriegsschadenrenten – weitere 13 Mrd. DM zu zahlen sein. Die Gesamtleistung beträgt dann 150 Mrd. DM.

Als zuständige Bundesoberbehörde ist das „Bundesausgleichsamt" für die Durchführung verantwortlich, das der Dienstaufsicht der Bundesminister für Inneres und der Finanzen untersteht. Völlig unabhängig davon ist die Kriegsopferversorgung geregelt; für Zahlung von Renten an Kriegsbeschädigte, Witwen und Waisen ist das Bundesarbeitsministerium zuständig.

Nach Art. 8 des „Einigungsvertrages" vom 31. 8. 1990 gilt Bundesrecht auch in der ehem. DDR, doch trifft dies nicht für den LAG-Komplex und das Bundesvertriebenengesetz (BVFG) vom 19. 5. 1953 zu. Hier hat der neue Bundestag in nächster Zeit eine gesetzliche Regelung zu treffen. Die Schwierigkeit liegt in der z. Zt. noch offenen Frage, ob und wie Vermögenswegnahmen in der ehem. DDR nach 1949 behandelt werden, also Rückgabe,

Entschädigung oder Verlust. Für jetzt aus Osteuropa eintreffende „Spätaussiedler", die von den neuen Bundesländern aufgenommen werden, gelten diese Einschränkungen beim LAG und BVFG jedoch nicht.

Bis Ende 1990 wurden 31 LAG-Novellen verabschiedet.

1. Ausgleichsabgaben: A. V e r m ö g e n s a b g a b e : Grundsätzlich 50% des am Tag der Währungsreform 1948 vorhandenen Vermögens von privaten und juristischen Personen. B. H y p o t h e k e n g e w i n n a b g a b e : Grundstückseigentümer mußten den Differenzbetrag zwischen Reichsmarkbetrag (vor der Währungsreform) und dem Umstellungsbetrag an den Ausgleichsfonds abführen. C. K r e d i t g e w i n n a b g a b e : Gewerbl. Betriebe mit der Pflicht zu einer D-Mark-Bilanzeröffnung mußten die Differenz zwischen Schuldnergewinn und Gläubigerverlust aus der Zeit 1945–1948 ab 1. 7. 1952 in vier Raten im Jahr tilgen.

Der Bundesfinanzminister dankte den Abgabeschuldnern für ihre Opferbereitschaft, nachdem am 10. 2. 1979 die 108. und letzte Vierteljahresrate an den Ausgleichsfonds zu zahlen war.

2. Ausgleichsleistungen, auf Antrag des Geschädigten bei Schaden am Grundbesitz, an Betriebsvermögen, an Gegenständen der Berufsausübung u. der Forschung, an Hausrat, an privatrechtl. geldwerten Ansprüchen, insbes. Spareinlagen, u. a. zu gewähren, u. zwar bei *Vertreibungsschäden* (durch Vertreibungsmaßnahmen u. Kriegszerstörungen östl. der Oder-Neiße-Linie oder außerhalb der dt. Grenzen v. 1937 entstanden), *Kriegssachschäden,* unmittelbar durch Kriegshandlungen vom 26. 8. 1939 bis 31. 7. 1945 in der BR einschließl. Berlin (W) entstanden, *Ostschäden,* in d. östl. Oder-Neiße-Linie gelegenen Gebieten d. Dt. Reiches nach dem Gebietsstand v. 31. 12. 1937 entstanden (sofern nicht Vertreibungsschäden), *Sparer-Schäden,* durch Differenz zw. RM-Nennbetrag u. Umstellungsbetrag in DM bei Spareinlagen entstanden, *Zonenschäden* (die i. d. ehem. DDR insbes. durch Enteignung, Beschlagnahme u. ä. entstanden) u. *Reparationsschäden* (insbes. Demontageschäden im Inland u. Schäden vor allem im westl. Ausland durch sog. Feindvermögensgesetzgebung eingetreten), Restitutionsschäden u. Rückerstattungsschäden.

Arten der Ausgleichsleistungen 1949 –1. 1. 1991

mit Rechtsanspruch:

Hausratentschädigung	10,2 Mrd. DM
Währungsausgleich (WAG)	1,1 Mrd. DM
Hauptentschädigung (HE)	28,5 Mrd. DM
Kriegsschadenrente (KSR)	54,8 Mrd. DM
Altsparerentschädigung (ASpG)	5,1 Mrd. DM

ohne Rechtsanspruch:

Darlehen (Aufbaudarlehen usw.)	19,0 Mrd. DM
Reparationsschäden (RepG)	10,3 Mrd. DM
Ausbildungshilfe/Heimförderung	1,1 Mrd. DM
Schuldendienst für Vorfinanzierung und für die Darlehensverwaltung	17,1 Mrd. DM
Zahlungen insgesamt	137,2 Mrd. DM

Latsche, Form der Berg- → Kiefer.

Lattich, Kräuter mit meist gelben Blütenköpfchen, Milchsaft; *Gift-L.; Mauer-L.; Stachel-L.* m. aufrechten, nach N–S orientierten Blättern (Kompaßpfl.n); außerdem *Garten-L. (Kopfsalat)* u. s. Schwesterform, d. *Sommerendivie* (→ Huflattich).

Latwerge, w., Arznei in Form von Brei oder Mus.

Lauban, *Lubań,* poln. St. in Schlesien, 18 000 E; Textilind.

Laube, Heinrich (18. 9. 1806–1. 8. 84), dt. Schriftst. des Jungen Deutschland; Dramen: *Karlsschüler.*

Laubenvögel, Paradiesvogelverwandte Australiens u. Neuguineas; errichten auf

Erdboden „Lauben" aus Zweigen (für Paarungsspiele).

Laubhüttenfest, *Sukkoth,* jüd. Erntedankfest.

Laubmoose, höher entwickelte → Moose.

Laubsäge, mit sehr dünnem Blatt für kleinere, meist durchbrochene Holzarbeiten in Sperrholz.

Laubsänger, zierliche Baumvögel in Wald u. Garten; in Dtld. *Fitis-, Wald-, Weiden-, Berg-L.*

Lauch, Zwiebelgewächse; *Bären-L.,* in Wäldern, andere auf Wiesen u. steinigen Stellen; ferner viele Gemüse- u. Gewürzpflanzen (z. B. *Knoblauch, Porree, Schalotte, Schnittlauch, Zwiebel*).

Lauchhammer, (D-7812), Gem. im Kr. Senftenberg, Bbg., 23 558 E; Braunkohlegruben; Großkokerei.

Lauda, Niki, eigtl. *Nikolaus Andreas* (* 22. 2. 1949), östr. Rennfahrer; Formel-1-Weltmeister 1975, 1977 u. 1984.

Laudatio, w. [l.], Lobrede.

Laudon, *Loudon,* Ernst Frh. v. (2. 2. 1717–14. 7. 90), östr. Feldmarschall, Gegner Friedrichs d. Großen; Eroberer Belgrads.

Laue, Max v. (9. 10. 1879–24. 4. 1960), dt. Phys.; entdeckte Beugung u. Interferenz d. Röntgenstrahlen durch d. Atomanordnung d. Kristalle: *Laue-Diagramme;* Nobelpr. 1914.

Lauenburg, 1) Hzgt. L., Kreis in Schl-

Ho., 1263 km², Hügellandschaft; wald- u. seenreich; Hptort *Ratzeburg;* **2)** (D-2058), St. i. Kr. Hzgt. L., an d. Elbe u. Mündung d. Elbe-Lübeck-Kanals, Schl-Ho., 10 768 E; AG; Hafen, Werften; Gruft d. Hzge v. L.; **3)** *Lębork,* poln. St. an d. Leba, Pommern, 28 000 E.

Lauf, 1) Bein des Haarwildes (außer Bär, Dachs u. Marder) u. der Hunde; **2)** Mittelfuß der Vögel u. der Huftiere; **3)** Geschoßführungsteil bei Feuerwaffen; **4)** Weg eines Flusses.

Lauf an d. Pegnitz (D-8560), Krst. des Kr. Nürnberger Land, Bay., 22 593 E; AG; histor. Marktplatz m. altem Rathaus (16. Jh.).

Laufbahn, 400-m-Rundbahn mit bis zu 8 Einzelbahnen für leichtathlet. Laufwettbewerbe; Oberfläche aus Sand oder Kunststoff.

Laufen (D-8229), St. i. Kr. Berchtesgadener Ld, an d. Salzach, Bay., 5710 E; AG; got. Hallenkirche.

laufende Rechnung → Kontokorrent.

Läufer, 1) Bedienter, der vor Wagen od. Reitpferden herlief; **2)** eine Schachfigur; **3)** Jungschwein (2–6 Monate alt); **4)** Teppich zum Belegen von Treppen u. Gängen; **5)** *techn.* umlaufender Teil (Rotor) v. Dynamomaschine od. Motor.

Läuferwaage, einfache Waage, ungleicharmig; an dem langen Arm mit Skala verschiebbares Gewicht („Läufer"), an dem kurzen die Last.

Lauffen a. Neckar (D-7128), St. i. Kr. Heilbronn, Ba-Wü., 9320 E; Geburtsort Hölderlins, Stadtmus.

Laufhunde, bei d. Jagd in wildärmeren großen Revieren verwendete, laut jagende Hunde; z. B. → Bracke.

Laufkäfer, räuberische Käferfamilie mit langen Laufbeinen, überwiegend nützlich durch Vertilgen v. Schadinsekten.

Laufkatze, am Untergurt des Trägers laufender Kran niedriger Bauart.

Laufräder, b. d. Lokomotive, werden nicht angetrieben (laufen nur mit).

Laufvögel, Vogelordnung: *Nandus, Strauße, Kasuare, Emus, Kiwis.*

Laufzeit, 1) Zeitraum zw. Ausstellung u. Tilgung einer Zahlungsverpflichtung (z. B. beim Wechsel bis zum Verfalltag, bei auslosb. Anleihen usw. bis zur Auslosung); **2)** Zeit, die e. Erdbebenwelle vom → Epizentrum bis zu e. beliebigen Meßpunkt braucht.

Laufzeitröhre, → Elektronenröhre, bei der die endliche Laufzeit der Elektronen zur Verstärkung oder Erzeugung höchstfrequenter elektromagnet. Wellen benutzt wird; also nicht Dichte-, sondern Geschwindigkeitssteuerung des Elektronenstroms in Abhängigkeit vom steuernden Signal; Einsatz als Senderöhre im → UHF-Bereich (Dezimeterwellen, bis ca. 100 GHz); wichtigste Vertreter: → Klystron, Wanderfeldröhre.

Laugen, wäßrige Lösungen v. Basen, sofern sie deutlich → alkalisch reagieren

(z. B. Lösung v. Natrium- od. Kaliumhydroxid).

Laughton [lɔ:tn], Charles (1. 7. 1899-15. 12. 1962), angloam. Bühnen- u. Filmschausp.; *The Private Life of Henry VIII; The Mutiny on the Bounty; The Hunchback of Notre Dame;* als Reg.: *Night of the Hunter* (1955).

Laupheim (D-7958), St. i. Kr. Biberach, Ba-Wü., 15 265 E; mittelständ. Ind.

Laura, Geliebte → Petrarcas; i. s. Werk verherrlicht.

Laura, w. [gr.], *Lawra,* in der Ostkirche urspr. Einsiedlerkloster, später allg. f. größere Klöster (z. B. in Kiew u. auf Athos).

Laureatus, *m.* [l.], Lorbeergekrönter (Dichter).

Laurel u. Hardy [ˈlɔrəl - ˈhɑːdɪ], am. Filmkomikerpaar; *Laurel, Stan* (16. 6. 1890–23. 2. 1965); *Hardy, Oliver* (18. 1. 1892–7. 8. 1957); in Dtld als *Dick und Doof.*

Laurencin [lɔrãsˈɛ̃], Marie (31. 10. 1885–8. 6. 1956), frz. Malerin; Mitbegr. d. Kubismus, doch ohne ihm zu folgen; Figurenbilder (meist Mädchen) in hellen Farben; Buchillustrationen, u. a. zu *Alice im Wunderland.*

Laurentius († 258), Hlg.; Diakon in Rom, als Märtyrer nach d. Legende auf einem glühenden Rost gestorben; Patron der Bibliotheken (Tag: 10. 8.).

Laurin, Zwergkönig der dt. Sage.

Laurion, *Lawrion,* **1)** Gebirgsland des südl. Attika; Silber-, Blei- u. Zinkfunde; in ihm gelegen **2)** *L.,* griech. Hafenst. 10 000 E; Hüttenwerke.

Lauritzen, Lauritz (20. 1. 1910–5. 6. 80), SPD-Pol.; 1966–72 B.wohnungsbaumin., 1972–74 B.verkehrsmin.

Lausanne [loˈzan] (CH-1000), Hptst. d. schweiz. Kantons Waadt, am N-Ufer des Genfer Sees (Hafen *Ouchy*), 124 000 E; Uni.; TH; Sitz d. eidgenöss. Bundesgerichts u. d. IOK. – 1912 Friede zw. Italien u. Türkei, 1923 zw. Türkei u. Entente; 1932 Reparationskonferenz.

Lauscha (D-6426), Glasbläserst. in Thür., 5200 E; Glasind. (Glashütte s. 1597).

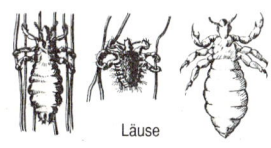

Läuse

Läuse, blutsaugende, flügellose Insekten, auf der Haut von Menschen u. Säugetieren; b. d. Menschen: *Kopf-L.* (→ Abb. l.), nur auf d. Kopf, Eier an Haaren befestigt; *Kleider-L.* (Abb. Mitte) auf unbehaarten Körperstellen, Eier in Kleidernähten, Überträger des Flecktyphus; *Filz-L.* (Abb. r.), an Haaren bes. der Schamgegend; Gegenmittel: Insektizide, Desinfektion der Kleidung.

Läusekraut, rot oder gelb blühende Rachenblütler nasser Wiesen; Halbschmarotzer, auf Graswurzeln.

Lausitz, Landschaft in Dtld zw. Elbe u. Oder, im S hügelig (*Ober-L.*), im N Flachland (*Nieder-L.*), mit Braunkohlen- u. Textilind., Hptorte: *Bautzen, Cottbus, Forst, Görlitz, Guben, Zittau.* Südl. von Zittau das **L.er Gebirge,** Sandsteinplatte mit Phonolith- u. Basaltkegeln, *Lausche* (793 m), *Hochwald, Oybin.* – **L.er Kultur,** spätbronzezeitl. Kulturstufe bes. in O- u. Mitteldtld (Buckelkeramik).

Laute [arab. „al'ud = Schildkröte"], altes Saitenzupfinstrument mit birnenförm. Corpus.

Lauter, 1) l. Nbfl. d. Rheins, zw. Elsaß und Pfalz, 82 km; **2)** l. Nbfl. d. Donau, aus der Schwäb. Alb, 47 km.

Lauterbach (Hessen) (D-6420), Krst. u. Luftkurort i. Vogelsbergkreis, Hess., 13 816 E; AG; Schloß, Kartonagen- u. Holzind.

Lauterbrunnen (CH-3822), schweiz. Luftkurort am Fuße der Jungfrau, 803 müM, 3100 E; Bergbahnen nach Scheidegg, Jungfraujoch u. Mürren, Kraftwerk.

Lautréamont [lotreaˈmõ], Comte de, eigtl. *Isidore Ducasse* (4. 4. 1847–24. 11. 70), frz. Dichter; Vorläufer d. Surrealismus; *Les chants de Maldoror.*

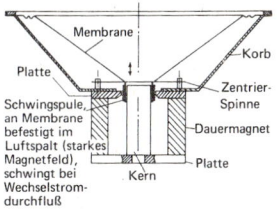

Permanent-dynamischer Lautsprecher

Labels in figure: Membrane, Korb, Platte, Zentrier-Spinne, Schwingspule, an Membrane befestigt (in Luftspalt (starkes Magnetfeld) schwingt bei Wechselstromdurchfluß, Dauermagnet, Kern, Platte

Lautsprecher, elektroakust. Wandler, setzen tonfrequente Schwingungen el. Ströme in entsprechende Schallschwingungen um; versch. Bauarten (Systeme): **1)** Urahn war magnet. Hörer mit aufgesetztem Trichter; **2)** *elektromagnet. L.,* → Freischwinger; **3)** *(elektro)dynamische L.,* zylindrische Schwing- od. Tauchspule ist m. d. spitzen Ende einer konusförmigen → Membran verbunden, taucht in d. kreisförmigen Luftspalt eines Dauermagneten; die der Spule zugeführten Ströme bewirken Feldveränderungen, dadurch Bewegung d. Spule, also auch d. Membran (Abb.); weitverbreitet, sehr gute Tieftonwiedergabe; bes. Formen: Bändchen-L., Druckkammersystem, Kalotten-L. etc.; **4)** *elektrostatische L.* (Kondensatorprinzip); **5)** → *Ionen-L.;* **6)** *Kristall-L.* (→ Piezoelektrizität), vorzugsweise als → Hochtöner. Für d. gute Wiedergabe ist d. *L.gehäuse* von Bedeutung (akustische Anpassung); zahlreiche Formen: geschlossene (Lautsprecherboxen), offene (Hauptanwendung Radio- u.

Fernsehempfänger), Schallwand (vermeidet akust. Kurzschluß), Exponentialgehäuse (Trichteranordnungen), Strahlergruppen (gute Richteigenschaft; z. B. Tonsäulen im Freien) usw.

Lautstärke, *Tonstärke,* Größe der Hörempfindung, die Schalldruck im Ohr erzeugt; L. hängt ab v. Schallstärke u. Tonhöhe; Einheit *Phon* (Skala von 0–130 *Phon* bei 1000 Hz).

Lärmbarometer (in Phon)

Hörschwelle	0
Flüstern	20
Verkehrsreiche Straße	70–80
Autohupen	90
Preßluftbohrer	90
Motorrad	100
Flugzeug	120
Schmerzschwelle	130

Lautverschiebung, *w.,* Erscheinung in d. Entwicklung der german. Sprachen: dreistufige Wandlung der Konsonanten (zw. stimmhaften u. stimmlosen Verschlußlauten u. Hauchlauten), begleitet von vokalen Veränderungen; *1. L.,* in der Mitte des 1. Jtds v. Chr., schied das Urgermanische vom Indoeuropäischen; *2. L.,* um 500 n. Chr. beginnend, bezeichnet die Scheidung von Hoch- u. Niederdt.

Lava [it.], → Magma, das in Schwächezonen d. Erdkruste durch → Vulkane d. Erdoberfläche erreicht; erstarrt zu *Fladen-L., Strick-L.* oder *Block-L.*

Lavabo, *s.* [l.], symbol. Handwaschung d. kath. Priesters in d. hl. Messe; dazu verwendetes Gefäße.

Laval, Pierre (28. 6. 1883–15. 10. 1945), frz. Politiker; wiederholt frz. Min.präs.; wegen Zus.arbeit m. NS-Dtld hingerichtet.

Laval-düse, sich zunächst verengende, dann wieder erweiternde Düsenform zur Erzeugung einer Überschallströmung; setzt am vollkommensten Druck in Geschwindigkeit um, z. B. im Leitapparat der **L.turbine:** Dampfturbine m. axialer Strömung u. hoher Drehzahl (bis 40 000 U/min); nach dem schwed. Ing. Carl Gustaf de *L.* (1845–1913).

Lavater, Johann Kaspar (15. 11. 1741–2. 1. 1801), dt. Schriftst. d. Empfindsamkeit u. protestant. Geistl.; Begr. d. Physiognomik; *Physiognom. Fragmente.*

Lavendel, niedrige, wohlriechende Sträucher aus d. Mittelmeergebiet, mit blauvioletten Lippenblüten; deren Öl, **L.öl,** i. Parfüm u. Seifenwürze.

Laveran [la'vrã], Charles (18. 6. 1845–18. 5. 1922), frz. Arzt, Malariaforscher; Nobelpr. 1907.

lavieren [ndl.], **1)** gg. widrigen Wind kreuzen; **2)** vorsichtig zu Werke gehen.

Lavoisier [lavwa'zje], Antoine Laurent de (26. 8. 1743–8. 5. 94), frz. Chem.; Mitbegr. d. modernen Chemie, erkannte Bedeutung d. Sauerstoffs beim Verbrennungsvorgang, stürzte die → Phlogistontheorie.

Lavongai, bis 1918 *Neuhannover,* nördlichste Insel des Bismarck-Archipels, 1600 km².

Law [lɔ:], John of Lauriston (16. 4. 1671–21. 3. 1729), frz. Geldtheoretiker schott. Herkunft; s. *System* (Papiergeld u. Kreditausweitung) brachte den ersten frz. Staatsbankrott.

Lawine, größere, plötzlich ins Gleiten kommende und beim Herabstürzen wachsende Schneemasse: **a)** *Staub-L.,* bei der der trockene, pulverige Neuschnee über d. gefrorenen älteren ins Rutschen gerät; **b)** *Grund-L.* aus altem Schnee, d. durch Schmelzwasser im Frühjahr vom Boden abgelöst ist; **c)** *Schneebrett,* Neuschneeauflage, die mit d. verfestigten Altschneedecke keine Bindung eingeht u. flächig auf dieser abgleitet; fordert die meisten Opfer; **d)** *Gletscher-, Eis-L.,* im Gletscherbett niedergehende Gletscherabbrüche. Als Schutz Dämme, **L.**ngalerien (an Straßen, Bahnen), keilartige L.nbrecher. – **L.nschnur,** lange rote Schnur, wird in lawinengefährdetem Gelände nachgeschleift, um Auffinden bei Verschüttung zu erleichtern.

Lawn-Tennis [ˈlɔ:n-], Rasentennis, → Tennis.

Lawrence [ˈlɔ:rəns], **1)** David Herbert (11. 9. 1885–2. 3. 1930), engl. Romanschriftst.; *Söhne und Liebhaber; Lady Chatterley;* **2)** Ernest O. (8. 8. 1901–27. 8. 58), am. Phys.; Erfinder des → Zyklotrons; Nobelpr. 1939; **3)** Sir Thomas (13. 4. 1769–7. 1. 1830), engl. Bildnismaler.

Lawrence [ˈlɔ:rəns], *Lawrence of Arabia,* Thomas Edward (15. 8. 1888–19. 5. 1935), engl. Archäologe, Organisator des Araberaufstandes gg. d. Türkei im 1. Weltkrieg; plante arab. Großreich; *Aufstand in d. Wüste; Die 7 Säulen d. Weisheit.*

Lawrence [ˈlɔ:rəns], Ind.st. im US-Staat Massachusetts, 66 000 E; Textil-, Maschinenind.

Lawrencium, *Lr,* künstl. chem. El., Oz. 103, radioaktiv; 1961 entdeckt (→ Transurane).

lax [l.], schlaff, locker.

Laxativa [l.], *Laxanzien,* → Abführmittel.

Laxenburg (A-2361), Marktgem. in Niederöstr. („Goldener Markt"), 1900 E; ehem. Lustschloß, Altes Schloß, Franzensburg; Park; Lieblingsaufenthalt Maria Theresias.

Laxness [ˈlaxs-], Halldór Kiljan (* 23. 4. 1902), isländ. Dichter; *Islandglocke; D. Fischkonzert;* Nobelpr. 1955.

Layout, *s.* [engl. ˈleiaut], graph. Gestaltungsentwurf f. Text- u. Bildgliederung.

Lázár, György (* 15. 9. 1924), ungar. Pol.; 1975–87 Min.präs.

Lazarett, *s.* [it.], Militärkrankenhaus.

Lazaristen, *Vinzentiner,* 1625 vom hl. *Vinzenz v. Paul* gegr. Genossenschaft kath. Missionspriester.

Lazarus, 1) L. der Arme (Luk. 16), im MA Patron der Aussätzigen; **2)** L. auferweckt.

lb, Mz. *lbs.,* Abk. f. *libra* [l.], Pfund: dt. (= ½ kg) u. engl. (= 453,592 g).

l. c., Abk. f. → *loco citato.*

LCD, Abk. f. engl. *Liquid Crystal Display* (Flüssigkristall-Anzeige), b. Taschenrechnern, Computern u. Uhren verwendetes Verfahren, Buchstaben u. Ziffern digital anzuzeigen, indem Flüssigkristalle zw. transparenten Platten durch ein el. Feld in s. Best. Zeichenform gebracht u. durch d. veränderte Lichtbrechung sichtbar gemacht werden; → LED.

LD-Verfahren → Eisen- u. Stahlgewinnung, Übers.

Lean [lin], David (25. 3. 1908–16. 4. 91), engl. Filmregisseur; *The Bridge on the River Kwai* (1957); *Lawrence of Arabia* (1962); *Doctor Zhivago* (1966); *Ryan's Daughter* (1971); *A Passage To India* (1984).

Leander, Geliebter der → Hero.

Lear [liə], engl. Sagenkönig; Drama v. Shakespeare.

Leasing, *s.* [engl. ˈli:siŋ], Vermietung von Industrieanlagen, Investitions- u. Konsumgütern von Finanzierungsinstituten an Unternehmer oder Privatpersonen.

Leba, *Leba,* pommerscher Küstenfluß, in die Ostsee, durch den **L.see** (71 km²), 117 km lang; an der Mündung d. poln. Seebad *L.,* 3600 E.

Leben, Bez. f. die Gesamtheit der pflanzl., tier. u. menschl. Lebensäußerungen (Reizbarkeit, Stoffwechsel, Fortpflanzung u. Wachstum); Lebensäußerungen gebunden an hochzusammengesetzte Eiweißstoffe, deren Zerfall oberhalb 50 °C dem Leben eine obere Grenze setzt; Kälte kann unter Umständen vorübergehend bis zu –200 °C ausgehalten werden (Bärtierchen). Kleinste selbst. Lebensform ist d. *Zelle; Protisten,* teils pflanzl., teils tier., einzellig bis wenigzellig (Zellkolonie) u. *Bakterien* ohne scharf umgrenzten Zellkern, *Viren,* z. T. kristallisierbare Eiweißkörper ohne Eigenstoffwechsel außerhalb des Wirtskörpers. Entstehung des Lebens weitgehend ungeklärt; Urzeugungshypothese nimmt Entstehung aus Unorganischem an; Allbesamungshypothese glaubt an aus d. Kosmos stammende Lebenskeime; Vitalismus fordert e. bes. Lebenskraft, die sich d. „toten Materie" bemächtigt, od. sieht das L. als ursprünglich an, aus dem d. Unorganische schlackenartig hervorging. → Abstammungslehre.

Lebendgewicht, Ggs.: → Schlachtgewicht.

Lebendimpfstoff, z. aktiver → Immunisierung dienende lebende, aber abgeschwächte Erreger enthaltende Impfstoffe; → Schluckimpfung.

Lebensbaum, *Thuja,* Nadelholzgattung, schuppenförmige Blätter; versch. Arten aus N-Amerika und O-Asien, Zierbäume; Holz geschätzt.

Lebensdauer, bei niedersten Lebewesen, die sich durch Teilung fortpflanzen (Bakterien, Urtierchen), nicht begrenzt, da bei jeder Teilung d. Mutterindividuum unmittelbar in d. beiden Tochterindividuen weiterlebt („Unsterblichkeit der Einzeller"). Bei den vielzelligen *Pflanzen* u. *Tieren* ist d. L. sehr verschieden: manche Kräuter nur einige Wochen, Fortpflanzungsformen mancher Insekten (Eintagsfliege, Falter) nur Stunden; Eiche u. Linde über 1000, Mammutbaum 4000 J. alt. Höchst-L. *des Menschen* 110 J.; bei *Tieren:* Regenwurm und Ameisenweibchen über 10, Hecht u. Riesenschildkröte 200–300, Elefant ca. 100; Rind, Hirsch 30, Löwe 25; Schaf, Reh, Hund 15, Katze 10; Adler 80; Papageien 50; Singvögel bis 25 J.; die durchschnittl. L. liegt meist wesentlich niedriger.

Lebenserwartung, gibt die Anzahl der Jahre an, die im Durchschnitt wahrscheinlich noch durchlebt werden (bei Frauen höher als bei Männern); mit dem Fortschritt von Medizin und Hygiene, bes. im Kampf mit der → Säuglingssterblichkeit u. den Erkenntnissen über d. Alterskrankheiten gestiegen; statist. Erfassung der L. wichtige Planungsgrundlage der Sozialpolitik, bes. d. Lebensversicherung. Sie betrug in Dtld (Dt. Reich bzw. BR):

Lebensmittel-aufsicht, das der kommunalen Selbstverwaltung übertragene Recht zur Prüfung u. Untersuchung v. L.n, Genuß- u. Bedarfsmitteln; in d. BR **L.gesetz** v. 1936 geändert u. ergänzt 1958, 1964 u. 1974; verboten u. a. Zusatz nicht ausdrückl. zugelassener Fremdstoffe (Farben, Konservierungsmittel usw.) bei d. Gewinnung, Herstellung od. Zubereitung v. L.n; Rechtsverordnungen lassen Zusatz best. Fremdstoffe zu, schreiben Kennzeichnungspflicht nach Art u. Konzentration vor (u. a. auch auf Speisekarten).

Lebensstandard, der von der Höhe des Einkommens u. dessen Kaufkraft abhängende Umfang, in dem d. einzelne, eine Familie, eine Gruppe od. e. Volk ihre Bedürfnisse an Gütern befriedigen können.

Lebensversicherung, je nach Leistung des Versicherers bei Eintritt des Versicherungsfalles: **1)** *Kapitalversicherung,* einmalige Kapitalzahlung, **2)** *Rentenversicherung,* lebenslängl. Jahresrente; nach dem Eintreten des Versicherungsfalles: **a)** *Todesfallversicherung,* im Todesfall, **b)** *Erlebensfallversicherung,* nach einer best. Reihe von Jahren; Leistungen des Versicherungsnehmers entweder einmalige Kapital- od. Prämienzahlung, deren Höhe sich nach Alter u. Gesundheitszustand des Versicherten richten. L. kann auch zugunsten eines Dritten genommen werden. **– L.sgesellschaften,** haben neben den Aufgaben aus dem einzelnen Vertrag große volkswirtsch. Bedeutung für den langfrist. Kapitalmarkt; → Versicherung.

lebenswichtige Betriebe, die zur Aufrechterhaltung d. Lebens u. der Gesundheit unbedingt erforderlichen Betriebe; i. d. Städten bes. Wasser-, Gas- u. Elektrizitätswerke, Krankenhäuser, evtl. Verkehrsmittel, Bäckereien.

Leber, 1) Georg (* 7. 10. 1920), SPD-Pol.; 1957–66 Vors. d. I.G. Bau-Steine-Erden; 1966–72 B.verkehrsmin., 1972–78 B.verteid.min., 1979–83 Vizepräs. d. B.tages; **2)** Julius (16. 11. 1891–5. 1. 1945, hingerichtet), dt. Journalist, führender Soz.demokrat; gehörte d. → Kreisauer Kreis an.

Leber, größte Drüse des Körpers, rechts unter den Rippen gelegen (→ Eingeweide, Abb.), sondert Galle ab; wichtiges Regulationsorgan bes. für den Zucker-, aber auch f. d. Fett- u. Eiweißstoffwech-

sel, speichert Kohlenhydrate als Glykogen, entgiftet schädl. Abbauprodukte, bildet Gerinnungsenzym u. a.

Leberatrophie, akuter Leberschwund.

Leberblümchen, *Anemone* der Wälder, im ersten Frühling blaue Blüten. ♦.

Leber-egel, in d. L. v. Schafen u. Ziegen zuweilen in großer Zahl schmarotzende Saugwürmer, die **L.fäule** hervorrufen.

Leberfleck, *Linsenfleck,* häufig angeborene vermehrte Einlagerung normalen Hautfarbstoffs in Hautzellen.

Lebermoos, einfache → Moose.

Lebertran, aus Dorschleber, iodhaltig u. leicht verdaul., fördert d. Kalkansatz, verhütet u. heilt Rachitis; enthält viel Vitamin A u. D; bes. wichtig b. Mangel an UV-Bestrahlung.

Leberzirrhose, Bindegewebswucherung i. d. Leber auf Kosten d. eigentl. Leberzellen, nach infektiöser → Hepatitis u. durch Alkoholmißbrauch, Vergiftung, chronische Infektionskrankheit.

Leblanc [lə'blã], Nicolas (6. 12. 1742–16. 1. 1806), frz. Arzt u. Chem.; erfand **L.prozeß** (z. Herstellung v. → Soda).

Le Bon [lə'bõ], Gustave (7. 5. 1841–15. 12. 1931), frz. Arzt u. Soziologe; *Psychologie der Massen.*

Lebowa, Bantu-Staat i. Südafrika, 22 833 km², 1,8 Mill. E; Hptst. *L.-Kgomo;* 1972 Autonomie.

Lebrun [lə'brœ̃], Charles (24. 2. 1619–12. 2. 90), frz. Maler d. Klassik; beeinflußte d. offizielle Richtung d. frz. Kunst bes. als Direktor d. 1648 gegr. Kgl. Akad. u. d. Gobelinmanufaktur; Hofmaler Ludwigs XIV.; Ausmalungen d. Spiegel-Galerie i. Versailles u. Apollon-Galerie i. Louvre.

Lecce ['lettʃe], it. Prov.hpst. in Apulien, 102 000 E; röm. Amphitheater, Barockbauten.

Lech, r. Nbfl. der Donau, Abfluß des Formarinsees in Vorarlberg, durch die *Lechtaler Alpen* (Gruppe d. N-Tiroler Alpen, *Parseier Spitze* 3036 m), mündet unterhalb Donauwörth, 263 km lang; 27 teils fertige, teils geplante Staustufen. **– L.feld,** Schotterebene (eiszeitl. Flußablagerung) zw. L. u. Wertach, s. Augsburg. – 955 Sieg Ottos I. über die Ungarn.

Leck, *s.,* schadhafte Stelle am Schiff.

Leckage [-aʒə], Rinnverlust an flüssigen Waren i. Frachtverkehr.

Leconte de Lisle [ləkõt də'lil], Charles (22. 10. 1818–18. 7. 94), frz. Lyriker; Haupt d. → „Parnassiens".

Le Corbusier [lə kɔrby'zje], eigtl. *Charles-Édouard Jeanneret-Gris* (6. 10. 1887–27. 8. 1965), frz.-schweiz. Architekt u. Maler; Städteplanung: (bes. Chandigarh); u. a. Wohnhäuser (Berlin, Paris, Marseille), Museen (Tokio), Kirche v. Ronchamp, Kloster La Tourette.

LED, Abk. f. engl. *Light Emitting Diode* (Lumineszenzdiode), Ziffern- u. Buchstabenanzeige z. B. bei Taschenrechnern durch Freisetzung v. Lichtenergie, indem

Lebenserwartung in Jahren

	Neugeborene		Männer	Frauen
	männlich	weiblich	40jährig	40jährig
1871/80	35,6	38,5	24,5	—
1910/11	47,4	50,7	27,2	—
1932/34	59,9	62,8	30,8	32,3
1949/51	64,6	68,5	32,3	34,7
1970/72	67,4	73,8	31,8	36,8
1980/82	70,2	76,9	33,1	38,8
1986/88	72,3	78,65	34,4	40,1

Lebensgemeinschaft, 1) *Biotop, s.* [gr.], Gebiet mit einheitl. Lebensbedingungen (z. B. Hochmoor, Buchenwald); **2)** *Biozönose* [gr.], d. Lebewelt darin.

Lebenshaltungs-kosten, Gesamtheit der Preise der für den Lebensunterhalt notwendigen Mittel; statistisch erfaßt und ausgedrückt im **L.index** (Preisindex f. d. Lebenshaltung durch Indexziffern); d. L.kosten werden an einer nach Personenzahl u. Lebenshaltung typ. Familie (Index-Familie = 4-Personen-Arbeitnehmer-Haushalt, davon 2 Kinder) gemessen u. m. d. Basisjahr verglichen. Der L.index gibt wichtige Anhaltspunkte für die Sozial-, insbes. Lohnpolitik; die Veränderungen d. L.index, verglichen mit denen des Index der Arbeitsverdienste, geben Aufschluß über die Entwicklung d. → Realeinkommens der Arbeiterschaft. *Entwicklung d. L.index* (Jahresdurchschnitt, 1985 = 100): 1950: 33,0; 1955: 36,3; 1960: 39,7; 1965: 45,6; 1970: 51,1; 1975: 68,4; 1980: 82,8; 1984: 98,0; 1986: 99,8, 1987: 99,9; 1988: 101,0; 1989: 103,9.

Lebenslinie, starke Linie der Handinnenfläche; soll nach Handlesekunst Lebensdauer anzeigen.

f. d. unterschiedl. Zeichen best. Dioden aktiviert werden; → LCD.

Leda, v. Zeus verführt, der ihr als Schwan naht; Mutter Helenas.

Leder, aus Tierhäuten hergestellt, die bes. bearbeitet werden; verwendet wird nur die *L.haut,* die „Blöße"; Ober- u. Unterhaut werden entfernt. Es folgt die → Gerberei. 80% der L.produktion stellt *lohgares L.* her (Verbindung der Haut m. pflanzlicher → Gerbsäure). Verwendung zu Schuhzeug (Sohlleder = Ochsen-, Oberleder = Kalb- u. Rindleder, Glacé von jungen Ziegen, ebenso Chevreau) sowie zu Riemen- u. Sattlerarbeiten; Erzeugung in der BR 1983: 38 909 t im Wert v. 1,22 Mrd. DM.

Lederberg, Joshua (* 23. 5. 1925), am. Genetiker; Nobelpr. 1958.

Ledernacken, Elitetruppe d. am. Armee (s. d. 18. Jh.).

Lederstrumpf, Gestalt i. d. Indianergeschichten v. → Cooper; histor. Vorbild: → Boone.

Ledóchowski [*ledu-*], Mieczysław Gf (29. 10. 1822–22. 7. 1902), Kardinal, als Erzbischof v. Gnesen-Posen Primas von Polen, Bismarcks Gegner im Kulturkampf.

Le Duc Tho (1912–13. 10. 90), nordvietnames. Pol.; Friedensnobelpr. 1973 (zus. m. H. Kissinger, abgelehnt).

Lee [*li*], **1)** Robert E. (19. 1. 1807–12. 10. 70), am. General; führte im → Sezessionskrieg d. Streitkräfte d. Südstaaten; **2)** Tsung Dao (* 25. 11. 1926), chin.-am. Kernphys.; entdeckte Ungültigkeit d. im Bereich d. Elementarteilchen geltenden Paritätsgesetzes b. schwachen Wechselwirkungen; Nobelpr. 1957; **3)** Yuan Tseh (* 29. 11. 1936), chin.-am. Chemiker, Molekularstrahlen-Methode.

Lee, *w.,* d. Wind abgewandte Schiffsseite; Ggs.: → Luv.

Leeds [*lidz*], engl. St. in W. Yorkshire, 710 000 E, am *L.-Liverpool-Kanal* (204 km l.); Uni., Zentrum der engl. Bekleidungsind., Masch.ind.

Leer (Ostfriesld) (D-2950), Krst. im Rgbz. Weser-Ems, Nds., 31 232 E; AG; Seehafen, FHS Seefahrt; Zuchtviehauktionen, Ind.

Leere, *Vakuum,* Raum, in dem sich keine Materie befindet; Herstellung m. Luftpumpe; absolutes Vakuum unmöglich; → Torricellische Röhre.

Leergeschäfte, Spekulanten verkaufen Devisen od. Wertpapiere, die sie gar nicht besitzen, in der Erwartung eines Kursrückgangs innerh. kürzester Frist; aus d. Differenz zw. d. Kursen a. Verkaufs- und Erfüllungstag ergibt sich der Gewinn (Blankoverkauf).

Leerkosten, Fixkosten der ungenützten Kapazität; abhängig von der Ausbringungsmenge, bei voller Kapazitätsausnutzung gleich 0, im umgekehrten Fall gleich den Fixkosten.

Leerlauf, 1) *techn.* Maschine läuft ohne Last; **2)** *wirtsch.* nicht voll ausgenützte Kapazität mangels gegenseit. Abstim-

mung v. Betriebsteilen, Betrieben oder Produktionsfaktoren (z. B. bei Mißverhältnis zw. Arbeitskräften und Maschinen).

Leeuwarden [*lew-*], Hptst. der ndl. Prov. Friesland, 85 000 E; Nahrungsmittelind.

Leeuwenhoek [*leːvənhuk*], Anton van (24. 10. 1632–27. 8. 1723), ndl. Naturforscher; entdeckte unter dem Mikroskop Bakterien, Infusorien, Blutkörperchen u. Spermatozoen.

Leeward-Inseln [*liːwəd-*], Inselgruppe d. Kleinen Antillen, der nördl. Teil der Inseln über dem Winde *(Anguilla, Antigua, Nevis, St. Christopher);* pol. Gliederung: → Westindien.

Lefebvre, Marcel (29. 11. 1905–25. 3. 91), frz. kath. Theologe, 1955 Erzbischof, gründete 1970 die „Intern. Bruderschaft des Hl. Pius X."; durch seine traditionalistische Haltung (Ablehnung der Reformen d. 2. Vatikan. Konzils) Konflikt mit dem Papst; 1976 Entzug der Vollmachten des Bischofs- u. Priesteramtes; 1988 exkommuniziert.

Le Fort [*ləfor*], Gertrud v. (11. 10. 1876–1. 11. 1971), dt. kath. Dichterin; *Das Schweißtuch der Veronika.*

Lefze, Lippe (vom Tier).

legal [l.], gesetzlich.

Legalitätsprinzip, Grundsatz d. Strafprozeßrechts, verpfl. Staatsanw., von Amts wegen strafb. Handlungen oh. Ansehen der Person zu verfolgen (§ 152/II StPO); Ggs.: → Opportunitätsprinzip.

Legasthenie [l.-gr.], Lese- u. Rechtschreibschwäche trotz normaler Intelligenz; med. od. psych. Ursachen.

Legat [l.l.], **1)** Gesandter, später auch hoher Offizier bei den Römern; **2)** Titel der von der römischen Kurie Bevollmächtigten; **3)** *s.,* svw. Vermächtnis.

Legation [l.], Gesandtschaft.

legato [it.], Abk. *leg., mus.* gebunden.

Legende [l. „das zu Lesende", **1)** Beschriftung auf Münzen; **2)** erläuternde Inschrift auf Bildwerken, z. B. Spruchband, u. unt. Abbildungen in Büchern u. Zeitschriften; **3)** Erzählung übernatürl. Inhalts von Personen d. christl. Glaubens, offizielle kirchl. (berühmte Sammlung *Legenda aurea* des Jacobus de Voragine) u. mündl. überlieferte Volkslegenden; **4)** in d. neueren *Literatur:* Erzählung m. Motiven d. alten L. (G. Keller, Binding); **5)** *allg.* idealisierende, auch tendenziöse Darstellung geschichtl. Vorgänge (oft in pol. Absicht, z. B. Dolchstoß-L.); **6)** Legende folgt einem best. Erzählschema, das oft in nichtgeistl. Dichtung nachgestaltet wird.

Léger [*leʒɛr*], Fernand (4. 2. 1881–17. 8. 1955), frz. Maler, gelangte v. kubist. Abstraktionen zu statischen (Figuren-) Kompositionen.

leger [frz. *leʒɛr*], leicht, ungezwungen.

Legföhre, Form der Berg- → Kiefer.

leggiero [it. *leʤeːro*], *mus.* leicht, perlend.

Leggin(g)s [engl.], Ledergamaschen; hosenartiges ledernes Kleidungsst. nordam. Ind.; modisches Kleidungsst. für Frauen.

Leghorn, Haushuhnrasse, nach der it. St. *Livorno* (engl. *Leghorn*) ben.; guter Eierleger.

Legierungen, durch Zus.schmelzen mehrerer Metalle gebildete feste Lösungen; haben gegenüber den Ursprungsmetallen neue Eigenschaften, sind z. B. oft härter, fester, auch leichter schmelzbar; techn. viel verwendet: Messing, Bronze, Neusilber, auch → Stahl; L. des Quecksilbers: *Amalgame.*

Legion [l.], **1)** altröm. mil. Einheit, 4500–6000 Mann, eingeteilt in → Kohorten; **2)** Freiwilligenverbände in fremden Heeren; auch → *Fremdenlegion;* **3)** svw. Unzahl.

Legionärskrankheit, *Veteranenkrankheit,* i. d. USA 1976 n. einem Treffen am. Veteranen aufgetretene schwere Lungenentzündung, die durch bes. Stäbchenbakterien verursacht wird.

legislativ [nl.], gesetzgebend.

Legislative, gesetzgebende Staatsgewalt; gesetzgebende Versammlung; Parlament.

legislatorisch, gesetzgeberisch.

Legislaturperiode, Zeitraum v. Zusammentritt bis z. Auflösung e. Parlaments (zw. zwei Wahlen).

legitim [l.], gesetzl. anerkannt; ehelich.

Legitimation [nl.], svw. Ausweis (z. B. → Paß). – **L.spapier,** Urkunde, die den Schuldner berechtigt, sich durch Leistung an den Inhaber von der Schuld zu befreien; soweit L.spapier zugleich Inhaberpapier ist, ist der Schuldner zur Leistung an Inhaber verpflichtet; nicht jedoch bei *qualifizierten L.spapieren* („hinkenden" Inhaberpapieren), z. B. Sparkassenbüchern.

Legitimitätsprinzip, Grundsatz, daß erbl. Herrschaftshäuser einen unveräußerl. Anspruch auf den Thron haben; seine Anhänger **Legitimisten.**

Legnano [*lenˈɲaːno*], it. Stadt in der Prov. Mailand, 49 000 E; Textilind. – 1176 Sieg des Lombard. Städtebundes über Barbarossa.

Leguan

Leguane, Reptilienfamilie, baum- od. bodenbewohnende Echsen, bes. trop. Amerika; *Grüner Leguan* m. gezacktem Rückenkamm, bis 2,2 m lang.

Leguminosen, svw. → Hülsenfrüchtler.

Franz Lehár

Lehár, Franz (30. 4. 1870–24. 10. 1948), östr.-ungar. Operettenkomp.; *Die lustige Witwe; Der Graf v. Luxemburg; Das Land des Lächelns.*
Le Havre → Havre, Le.
Lehen, im MA Grund u. Boden oder Rechte (Gerechtsame: Steuern, Zölle), die der *Lehnsherr* dem *Lehnsmann* z. Nutznießung übergab. Gegenleistung: *Lehnsdienst:* Kriegsdienst, Hofdienst, Abgaben. L. ging an Obereigentümer zurück, falls *Lehnstreue* gebrochen od. aufgesagt wurde. *Lehnsverfassung, Feudalsystem,* zuerst in d. fränk. Kaiserzeit, wurde zur Grundlage der dt. Heeresverfassung und des ma. Staates überhaupt. Urspr. nur L. vom Kg u. gg. persönl. Kriegsdienste; später auch Weiterverleihung von L. *(After-L.).*
Lehesten (Thür. Wald) (D-6862), St. u. Luftkurort i. Kr. Lobenstein, Thür., 640 müM, 2600 E; größte dt. Schieferbrüche.
Lehm, durch chem. Gesteinsverwitterung entstandene gelbbraune Bodenart; Gemisch aus → Tonmineralen u. → Sand, Färbung durch Eisen(hydr)oxide; Grundstoff f. Ziegelherstellung, Töpferwaren, Lehmbauten.
Lehmann, 1) Arthur Heinz (17. 12. 1909–28. 8. 56), östr. Schriftst.; Romane: *Hengst Maestoso Austria;* **2)** Karl (* 16. 5. 1936), kath. Theologe, s. 1987 Vors. d. Dt. Bischofskonferenz; **3)** Lotte (27. 2. 1888–26. 8. 1976), dt.-am. Sopranistin (Wagner-, R.-Strauss-Sängerin sowie Liedinterpretin); **4)** Wilhelm (4. 5. 1882–17. 11. 1968), dt. Naturlyriker.
Lehmbruck, Wilhelm (4. 1. 1881–25. 3. 1919), dt. expression. Bildhauer; Vergeistigung d. Form; *Die Kniende; Der Gestürzte.*
Lehn, Jean-Marie Pierre (* 30. 9. 1939), frz. Chemiker, große Ringmoleküle zur Einlagerung von Metallionen; Nobelpr. 1987.
Lehnin (D-1804), Gem. im Ldkr. Brandenburg, Ld Bbg., 3400 E; Reste e. Zisterzienserklosters (12. Jh.).
Lehnwort, *s.,* den dt. Sprachgesetzen angepaßtes Fremdwort; z. B. *Fenster* (v. lat. „fenestra“).
Lehr, Ursula Maria (* 5. 6. 1930), dt. Gerontologin, Psychologin u. CDU-Pol.in; 1988–91 B.min.in f. Jugend, Familie, Frauen u. Gesundheit.
Lehre, 1) die Zeit d. ordentl. Erlernung

eines Berufes bei einem Meister; Abschluß m. Gesellen- od. Gehilfenprüfung; heute: *Ausbildung;* Lehrling heute: → *Auszubildender;* **2)** Meßwerkzeug zum Nachprüfen v. Maschinenteilen; *Grenzlehre* gibt d. zugelassenen Über- u. Untermaße (Toleranz) an.
Lehrer|in, allg. Lehrende innerhalb u. außerhalb v. Schulen u. HS; L. im engeren Sinne unterrichtet an Grundschulen u. in den Grundfächern an höheren Schulen (Oberschullehrer); Ausbildung: nach Reifezeugnis Studium an PH od. Uni.
Lehrfreiheit, das Recht auf Freiheit d. Forschung und Lehre, in demokr. Verfassungen gesetzlich verankert (in der BR GG, Art. 5).
Lehrlingswesen, heute: *Ausbildungswesen,* die gesetzl. oder tarifvertragl. Regelungen u. prakt. Maßnahmen z. planmäßigen Ausbildung Jugendlicher in landw., gewerbl. od. kaufmänn. Berufen; Ausbildung in Betriebsarbeit (für Ind. auch in bes. Lehrwerkstätten) u. in Berufsschule; Lehrdauer 3–4 Jahre; Lehrabschlußprüfung in Handwerk u. Ind.: Gesellenprüfung, in kaufmänn. Berufen u. im graph. Gewerbe: Gehilfenprüfung, Gesellenbrief, Facharbeiterbrief; Ausbildungsbefugnis (durch GO, HGB u. Handwerksordnung geregelt) im Handwerk mit Meistertitel verbunden, moral. u. geschäftl. Unbescholtenheit d. Arbeitgebers wird vorausgesetzt; Arbeitsbedingungen: Entlohnung (Erziehungsbeihilfe) wird meist durch Tarifvertrag geregelt; auch → Lehrvertrag.
Lehrsatz, durch Schlüsse abgeleiteter Satz. Ggs.: Grundsatz.
Lehrte (D-3160), St. im Kr. Hannover, Nds., 39 600 E; AG; Kalibergbau, chem. u. Maschinenind.
Lehrvertrag, heute: *Ausbildungsvertrag,* begründet u. regelt landw., gewerbl. und kaufmänn. Lehrverhältnis; *muß* enthalten: Gegenstand der Ausbildung, Dauer, gegenseitige Leistungen, Lösungsmöglichkeiten.
Leibbursch, älterer Student, der einen jüngeren als *Leibfuchs* in student. Verbindungen betreut.
Leibeigenschaft, Bez. f. Eigentumsverhältnis zw. Menschen; im MA bes. durch unfreie Geburt und Schuldknechtschaft entstanden; aufgehoben Ende des 18. Jh. *(Bauernbefreiung),* in Rußland erst 1861; Leibeigene waren zu Abgaben u. Frondiensten verpflichtet u. nicht freizügig.
Leibesfrucht, lat. *Nasciturus,* svw. → Embryo.
Leibfuchs → Leibbursch.
Leibgedinge, *Leibgut,* bei Überlassung u. Übertragung v. landw. Betrieben ausgedungene lebenslängl. Rente (auch durch Lebensunterhalt); → Altenteil.
Leibl, Wilhelm (23. 10. 1844–4. 12. 1900), dt. Maler d. Realismus; Bildnisse, bayr. Volksszenen; Jagd- u. Bauernbilder; *Drei Frauen in der Kirche.*

G. W. von Leibniz

Leibniz, Gottfried Wilhelm Frh. v. (1. 7. 1646–14. 11. 1716), universeller dt. Gelehrter: Phil., Historiker u. Diplomat, Jurist, Sprachforscher, Naturwiss.; Begr. der Berliner Akad.; Theol. (versuchte d. Konfessionen wieder zu vereinen); Math. (Differential- u. Integralrechnung; von ihm die gebräuchl. math. Zeichengebung); Erfinder d. ersten 4-Spezies-Rechenmaschine (1673); Grundlehren seiner Phil.: *Monadenlehre,* d. Welt aus in *prästabilierter Harmonie* stehenden, letzten Einheiten *(Monaden)* aufgebaut, die durch versch. Grad d. Bewußtheit vom Stoff zu Gott aufsteigend eine Stufenreihe bilden; bestehende Welt ist die beste aller möglichen Welten. → *Theodizee.*
Leibrente, lebenslängl. Anspruch auf fortlaufende, gleichmäß. Leistung von Geld od. anderen vertretbaren Sachen (§§ 759 ff. BGB).
Leibung, *Laibung,* rechtwinkliger Mauereinschnitt f. Türen u. Fenster; dagegen → Gewände.
Leibzins, 1) svw. → Leibrente; **2)** ehem. lebenslängliche Abgabelast der Leibeigenen.
Leicester [ˈlɛstə], Hptst. der engl. Gft *L.shire,* am Soar, 279 000 E; Woll- u. Schuhind.
Leich, *m.* [got. „Tanz“], altgerman. Dichtungsform m. Gesang und Tanz; im

Wilhelm Leibl
Drei Frauen in der Kirche

MA kunstvolles lyrisches Gedicht m. unregelmäßigen, aber korrespondierenden Strophen.

Leichdorn → Hühnerauge.

Leichen-flecke, von bläulicher Färbung, Blutansammlungen an den zuunterst liegenden Teilen d. Haut. – **L.fledderer,** Dieb, der einen Toten od. im Freien Schlafenden bestiehlt. – **L.gifte,** Ptomaine, durch Eiweißzersetzung i. d. Leiche entstehend. – **L.schändung** → Nekrophilie. – **L.schau,** amtl. Besichtigung eines Toten, Feststellung des Todes u. der Todesursache (evtl. durch L.öffnung). – **L.schauhaus,** öffentliche L.aufbewahrungsstelle zur Identifizierung unbekannter Toter. – **L.starre,** Erstarrung der Leichenmuskeln durch Eiweißgerinnung, beginnt frühestens (1/2-)2 Stunden nach Eintritt des Todes, dauert von 2 bis zu 6 Tagen. – **L.verbrennung,** Feuerbestattung, erfolgt in Regenerativgasöfen d. Krematoriums; Urne m. Asche in Urnenhalle oder auf Friedhof beigesetzt.

Leichlingen (Rheinland) (D-5653), St. i. Rheinisch-Bergischen Kr., an d. Wupper, NRW, 25 158 E; Schloß Eicherhof; Obstbau, Ind.

Leichtathletik, umfaßt Lauf-, Sprung- u. Wurfübungen sowie das sportl. Gehen; Arten: **a)** Laufen: → Kurz-, → Mittel-, → Langstrecken-, → Hindernis- u. → Hürdenlauf sowie → Staffel; **b)** Gehen über 3–50 km sowie über 1 u. 2 Stunden; **c)** Hoch-, → Stabhoch-, Weit- u. → Dreisprung; **d)** → Speer-, → Diskus-, → Hammer- u. → Schleuderballwurf; **e)** → Kugel- u. → Steinstoß; **f)** → Sieben- u. Zehnkampf.

Leichter, einfach. Wasserfahrzeug, z. Laden u. Entladen v. Seeschiffen.

Leichtgewicht, Gewichtsklasse, beim Boxen bis 60, Ringen bis 68, Judo bis 63, Gewichtheben bis 67,5, Rasenkraftsport bis 70 kg.

Leichtmatrose, ausgelernter jüngerer Matrose, Mittelstufe zw. Schiffsjunge und Vollmatrose.

Leichtmetalle, v. a. die Alkali- u. Erdalkalimetalle sowie Aluminium, mit einer Dichte unter 5; techn. von Bedeutung Beryllium, Magnesium, Aluminium u. ihre Legierungen (Magnalium, Duralumin u. a.).

Leichtöle, die hellen Anteile bei der Erdöldestillation (etwa 15%) mit Dichte bis etwa 0,8 u. Sp. 30°–150 °C (→ Kohlenwasserstoffe, Übers.).

Leiden [*lei'-*], St. in S-Holland, a. Rhein, 109 000 E; Uni., Museen, Sternwarte, Kältelaboratorium; Textilind.

Leidener Flasche, mit Stanniol belegte Glasflasche als → Kondensator.

Leidenfrost, Johann Gottlieb (27. 11. 1715–2. 12. 94), dt. Med.; nach ihm **L.sches Phänomen:** auf sehr heißer Metallplatte befindl. Wassertropfen rollen umher u. verdampfen nur langsam, da sie von einer Dampfschicht getragen werden (sphäroidaler Zustand).

Leider, Frida (18. 4. 1888–4. 6. 1975), dt. Sopranistin (Wagnersängerin).

Leier, w., Lyra, **1)** harfenart. Musikinstrument, auch aus Metall- od. Holzstäben, Karfreitagsleier; **2)** → Sternbilder, Übers.

Leierkasten, m. der Hand gedrehtes Glockenwalzenspiel.

Leierschwanz

Leierschwänze, fasanengr. Sperlingsvögel Australiens; Schwanzfedern des Männchens leierförmig geschwungen.

Leif Eriksson, Sohn Erichs des Roten, → Wikinger, fuhr um 1000 n. Chr. v. Grönland nach Amerika (Labrador).

Leigh [*li*], Vivien (5. 11. 1913–8. 7. 67), engl. Bühnen- u. Filmschausp.in; Gone with the Wind; A Streetcar Named Desire.

Leihbücherei, Mietbücherei, vermietet Bücher und Zeitschriften; → Volksbüchereien.

Leihe, Gestattung des unentgeltl. Gebrauchs einer Sache (§ 598 BGB).

Leih- und Pachtgesetz, Lend-Lease Bill, USA-Ges., März 1941, sah Tausch, Verkauf, Verleihen od. Verpachtung für Güter aller Art (einschl. Waffen u. Munition) u. f. Dienstleistungen an die für d. Sicherheit d. USA lebenswichtigen Länder vor; 44 Länder erhielten Leistungen i. Wert v. 50,6 Mrd. Dollar.

Leim, aus tier. Stoffen (Haut, Knorpel, Knochen, Sehnen) durch Kochen od. gespannten Dampf ausgezogene, b. Erkalten erstarrende zähe Masse; Hptbestandteil: Glutin; reinste Form d. L.s: Gelatine.

Lein, svw. → Flachs.

Leinberger, Hans (1480/85–n. 1530), dt. Bildschnitzer d. Spätgotik.

Leine, l. Nbfl. d. Aller, v. Eichsfeld, 241 km l., 112 km schiffbar.

Leinen, Leinwand, Allgemeinbezeichnung für Gewebe aus L.garn, z. T. auch f. Stoffe aus Flachs und Baumwolle (Halbleinen).

Leinfelden-Echterdingen (D-7022), Gr.-Krst. i. Kr. Esslingen, Ba-Wü., 34 173 E; Elektro- u. Metallind.; Flughafen Stuttgart-E., Spielkartenmuseum.

Leinkraut, Frauenflachs, häufige Kräuter; Gemeines L., gelbe Rachenblüten, an Wegrändern usw.; Zierpflanzen: Alpen-L., violette Blüten, u. Zimbelkraut, dünne, kriechende Stengel.

Leinkuchen, beim Auspressen d. Leinöls aus Leinsamen verbleibender Rückstand, Viehfutter (Kraftfutter).

Leinöl, goldgelb, fett, leicht verharzend, aus Flachs-(Lein-)Samen kalt gepreßt; Speiseöl; techn. f. Linoleum, auch Hptbestandteil der Ölfarben.

Leinpfad, Treidelweg, östr. Treppelweg; Weg an Fluß- od. Kanalufer für Tiere, Menschen od. Fahrzeuge z. Ziehen (Treideln) d. Schiffe.

Leinsamen, getrocknete Flachssamen, enthalten Schleim u. → Leinöl: **1)** für heiße Breiumschläge gebräuchl.; **2)** gg. chron. Stuhlverstopfung, u. a. als L.brot.

Leinster, ir. Láighin, Prov. in der Rep. Irland, 19 633 km², 1,9 Mill. E; Viehzucht.

Leip, Hans (22. 9. 1893–6. 6. 1983), dt. Schriftst.; Gedichte: Die kleine Hafenorgel (Lili Marleen); Kadenzen; Romane: Godekes Knecht.

Leipzig, Völkerschlachtdenkmal

Leipzig (D-7000), Krst. i. Sa., an Elster u. Pleiße, inmitten d. L.er Tieflandbucht, 530 010 E; Messest.; Hptsitz d. dt. Buchhandels u. -drucks, Uni. (1409 gegr.), PH, TH, HS f. Handel, Musik, Theater, Graphik und Buchkunst; Gewandhaus, Thomanerchor, Dt. Bücherei, Dimitroff-Museum, Mus. d. bildenden Künste, Völkerschlachtdenkmal; Masch.bau-, Textil-, elektrotechn. u. chem. Ind.; Verkehrsknotenpunkt, Flughafen. – Messeplatz s. Ende des 13. Jh.; → Völkerschlacht. – **L.er Disputation,** 1519: Luther u. Karlstadt gg. Eck; führte zu päpstl. Verdammung Luthers.

Leis, Urform des Gemeindegesangs, aus der Litanei („Kyrieleis") entwickelt; Petruslied 9. Jh.

L-Eisen, ungleichschenkliges (L-förmiges) Winkeleisen (z. B. als Eisenträger).

Leisewitz, Johann Anton (9. 5. 1752–10. 9. 1806), dt. Dramatiker des Sturm u. Drang; Bruderzwisttragödie: Julius von Tarent.

Leishmanien, nach dem brit. Arzt W. B. Leishman (1865–1926) benannte Geißeltierchen; Erreger trop. Infektionskrankheiten (Leishmaniosen); z. B. Kala-Azar, Orientbeule, Bahiabeule.

Leisnig (D-7320), St. i. Kr. Döbeln, a. d.

Freiberger Mulde, Sa., 9500 E; div. Ind.; Schloß Mildenstein (11. Jh.).

Leisten, Weichen, Bereich zw. Bauchdecken u. Oberschenkel, v. **L.band** überzogen an der **L.beuge.** – **L.bruch,** Muskellücke, Ausstülpung v. Bauchinhalten unter die Haut oberhalb von **L.**band u. **L.drüsen,** oder evtl. durch den **L.kanal** in d. Hodensack bzw. in die große Schamlippe; erfordert L.bruchband od. Operation. *L.drüsenschwellung* u. *-entzündung,* bei Erkrankungen d. Geschlechtsorgane od. infizierter Wunden an Fuß od. Bein; beginnende Blutvergiftung als Anzeichen.

Leistikow, 1) Walter (25. 10. 1865–24. 7. 1908), dt. Maler; Landschaften m. impressionist. Stilmitteln; s. Neffe **2)** Hans (4. 5. 1892–22. 3. 1962), dt. Maler u. Graphiker; Plakate; Fenster im Dom v. Frankfurt/M.

Leistung, 1) *phys.* die auf die Zeiteinheit bezogene Arbeit; Leistungseinheit: *Watt* (W), 1 W = 1 J/s = 1 VA; nicht mehr zulässig: → *PS*, 1 PS = 735,498 W; **2)** *jur.* das vom Gläubiger kraft eines Schuldverhältnisses geforderte Tun od. Unterlassen. – **L.sgewicht,** Gewicht einer Kraftmaschine je L.seinheit (z. B. kg/kW). – **L.slohn** → Akkordlohn. – **L.stests,** möglichst objektive Prüfungen zur Erfassung von speziellen Fertigkeiten. – **L.sverweigerungsrecht,** f. einen Schuldner, wenn er aus demselben Rechtsverhältnis einen fälligen Gegenanspruch hat (§§ 273, 320 BGB).

Leitapparat, Schaufeln z. Dampf-, Wasserführung (Turbinen).

Leitbündel, svw. → Gefäßbündel.

leitende Angestellte, arbeitsrechtl. Arbeitn. in Führungsposition; meist berechtigt zur Einstellung u. Entlassung von Mitarbeitern; ausgestattet m. Vollmacht od. Prokura u. geringerer Weisungsgebundenheit gegenüber d. Arbeitgeber.

Leiter, Stoffe, d. el. Strom gut leiten; Metalle u. Kohle sind L. 1. Art, Elektrolyte L. 2. Art; Ggs.: → Nichtleiter, Isolatoren (→ Widerstand).

Leitfähigkeit, elektrische, reziproker Wert des spezif. el. Widerstandes; die L. ist abhängig v. d. stofflichen Zus.setzung des Leiters, Druck, Temperatur, Magnetfeld u. a.; → Supraleitung.

Leitfossilien → Fossilien.

Leith [*liθ*], Seehafen u. Vorstadt v. → Edinburgh.

Leitha, r. Nbfl. der Donau, 180 km lang, frühere Grenze zw. Östr. u. Ungarn (*Zisleithanien* und *Transleithanien*), am r. Ufer d. **L.gebirge,** 483 m.

Leitlinie → Kegelschnitte.

Leitmeritz, tschech. *Litoměřice,* St. in N-Böhmen, 22 000 E; Bischofssitz; Obst- u. Hopfenbau; Flußhafen.

Leitmotiv, eine in größeren Musikwerken häufig wiederkehrende themat. Tonfolge zur Verdeutlichung eines bestimmten im L. ausgedrückten Gedankens od. Gefühls; auch übertragen gebraucht.

Leitstrahl, 1) *math.* → Radiusvektor; **2)** *funktechn.* die von e. L.sender ausgesendete, gerichtete Funkwelle zum Hereinlotsen eines Flugzeugs in den Flughafen. → ILS.

Leitungsanästhesie → Anästhesie.

Leitungselektronen, freie → Elektronen, die in el. Leitern (z. B. Metallen) den Stromtransport durchführen; L. sind die äußersten Elektronen der Atomhülle (→ Atom und Atomkernenergie).

Leitwerk, die zur Steuerung eines Flugzeugs dienenden horizontalen *(Höhen-L.)* u. vertikalen *(Seiten-L.)* Ruder.

Lek, Mündungsarm d. Rheins i. den Ndl.

Lekai, László (12. 3. 1910–30. 6. 86), ungar. Theologe; s. 1976 Kardinal u. Erzbischof von Esztergom u. Primas von Ungarn.

Lektion [l.], **1)** Schriftlesung im christl. Gottesdienst; **2)** Abschnitt u. Aufgabe im Schulunterricht.

Lektor [l.], **1)** prakt. Lehrer an HS, bes. für lebende Sprachen; **2)** Mitarbeiter im Verlag; betreut Autoren u. überprüft bzw. überarbeitet Manuskripte.

Leloir [*lə'lwar*], Luis Federico (* 6. 9. 1906), argentin.-frz. Biochemiker; Nobelpr. 1970.

Lem, Stanisław (* 12. 9. 1921), poln. Schriftst.; Romane; Erzählungen u. Essays; *Solaris; Sterntagebücher; D. vollkommene Lehre.*

Le Mans [*lə'mã*], Hptst. d. frz. Dép. *Sarthe,* 191 000 E; Autorennen.

Lemberg, ukr. *Lwiw,* russ. *Lwow,* Gebietshptst. i. d. Ukraine, 790 000 E; Uni., TH, Tierärztl. HS; Leder- u. Masch.ind. – Bis 1918 östr., 1919 poln., 1939 sowj.

Lemgo (D-4920), St. i. Kr. Lippe, NRW, 38 351 E; AG; ehem. Hansestadt, Renaissance-Bauten; div. Ind.

Lemke, Helmut (* 29. 9. 1907), CDU-Pol.; 1963–71 Min.präs., 1971–83 Landtagspräs. v. Schl-Ho.

Lemmer, Ernst (28. 4. 1898–18. 8. 1970), CDU-Pol.; 1956/57 B.postmin., 1957– 62 B.min. f. gesamtdt. Fragen, 1964/65 B.vertriebenenmin., 1965–69 Sonderbeauftragter d. BR u Berlin.

Lemminge, Wühlmäuse Skandinaviens, Asiens, Amerikas; Massenvermehrung u. lange Wanderungen.

Lemnitzer, Lyman L. (* 29. 8. 1899), am. General; 1962–69 NATO-Oberkommandierender i. Europa.

Lemnos → Limnos.

Lemuren, 1) röm. Totengeister; **2)** svw. → Makis.

Lena, Strom i. O-Sibirien, 4313 km l., v. Baikalgebirge i. die Laptewsee.

Le Nain [*lə'nɛ̃*], frz. Malerbrüder in Ateliergemeinschaft, deren Einzelbeitrag zum Gesamtwerk nur schwer zu identifizieren ist; bäuerl. u. bürgerl. Genreszenen, relig. Themen, Porträts *(Anna v. Österreich)*; **1)** Antoine (um 1588–1648), **2)** Louis (um 1593–1648), **3)** Mathieu (1607–77).

Lenard, Philipp Eduard Anton (7. 6.

1862–20. 5. 1947), dt. Phys.; Arbeiten über *Lichtelektrizität, Kathodenstrahlen;* Gegner der Relativitätstheorie; Nobelpr. 1905.

Nikolaus Lenau

Lenau, Nikolaus, eigtl. *Niembsch Edler von Strehlenau* (13. 8. 1802–22. 8. 50), östr.-ungar. Lyriker; Epen: *Don Juan; Die Albigenser; Faust.*

Lenbach, Franz v. (13. 12. 1836–6. 5. 1904), dt. Bildnismaler d. Naturalismus; s. umfangreiches Werk ist auch wertvolles Zeitdokument; *Otto Fürst v. Bismarck; Papst Leo XIII.*

Lenclos [*lã'klo*], Ninon de (10. 11. 1620–17. 10. 1705), gebildete frz. Kurtisane, noch im Alter als Schönheit berühmt.

Lendringsen, s. 1975 zu → Menden (Sauerland).

Lengefeld, Charlotte v. (22. 11. 1766–9. 7. 1826), Gattin v. Fr. → Schiller.

Lengerich (D-4540), St. i. Kr. Steinfurt, a. Teutoburger Wald, NRW, 20 235 E; Zement-, Kalk-, Masch.-, Verpackungsind.

W. I. Lenin

Lenin, eigtl. *Uljanow,* Wladimir Iljitsch (22. 4. 1870–21. 1. 1924), sowjetruss. Staatsmann aus russ.-tatar. Beamtenadel; 1897 als Revolutionär nach Sibirien verbannt; seit 1900 fast immer im Exil als der führende Kopf der Bolschewisten; stürzte 1917 Kerenskij u. führte d. bolschewist. Revolution durch; erster Machthaber der Sowjetunion; *Leninismus; Der Imperialismus als höchstes Stadium d. Kapitalismus,* 1917.

Leninakan, früher *Alexandropol,* St. in der Sowjetrep. Armenien, 218 000 E; Textil-, chem. Ind.

Leningrad → Sankt Petersburg.

Leninismus, Bez. für die v. Lenin aufgrund der neuen pol. und wirtsch. Erscheinungen weiterentwickelte Analyse von Marx: Konzentration des Kapitals (→ Sozialismus, Übers.) führt z. Imperialismus, d. letzten Stufe d. Kapitalismus; sozialist. Revolution, auch in einem kapitalist. unentwickelten agrar. Land möglich, das dann Ausgangspunkt f. die Weltrevolution bildet; hierfür im L. durchgebildete Lehre der Strategie und Taktik des Klassenkampfes.

Leninsk-Kusnezkij, sowj. Bergbau- u. Ind.st. im Kusnezker Steinkohlenrevier, 165 000 E.

Lenné, Peter Joseph (29. 9. 1789–23. 1. 1866), dt. Gartenkünstler; legte im Landschaftsstil die Gärten fast aller preuß. Schlösser an *(Sanssouci).*

Lenne, l. Nbfl. d. Ruhr in Westf., 131 km, am r. Ufer d. **L.gebirge**, waldreich, *Homert* 656 m.

Lennestadt (D-5940), St. i. Kr. Olpe, NRW, 25 855 E; AG; bed. Schwefelkies- u. Schwerspatgrube.

Le Nôtre [*lə'notr*], André (12. 3. 1613– 15. 9. 1700), frz. Gartenbaumeister; schuf die streng geformte klass. Gartenkunst; Park von *Versailles.*

Lens [*lãs*], frz. St. im Dép. *Pas-de-Calais,* 38 000 E; Kohlengruben.

lento [it.], *mus.* langsam, schleppend.

Lenz, 1) Jakob Michael Reinhold (12. 1. 1751–24. 5. 92), dt. Dichter d. Sturm u. Drang; Dramen: *Der Hofmeister; Die Soldaten;* 2) Max (13. 6. 1850–6. 4. 1932), dt. Historiker; *Geschichte Bismarcks;* 3) Peter (12. 3 1832–28. 1. 1928), *Pater Desiderius,* dt. Maler, Baumeister u. Bildhauer; als Mitbegr. d. Beuroner Kunstschule auch im Kloster d. Monte Cassino tätig; 4) Siegfried (* 17. 3. 1926), dt. Schriftst.; 1988 Friedenspreis des Dt. Buchhandels; Romane, Märchen, Erzählungen, Drama; *Zeit der Schuldlosen; Deutschstunde; Das Vorbild; Heimatmuseum.*

lenzen, 1) Entfernen v. eingedrungenem Wasser aus dem Schiffsraum durch Pumpen *(Lenzpumpen);* 2) vor dem Sturm treiben.

Lenzerheide (CH-7078), rätoroman. *Lai,* Wintersport- u. Luftkurort im schweiz. Kanton Graubünden, 1400– 1600 m; Ortsteil d. Gem. Vaz-Obervaz.

Lenzing, alte dt. Bezeichnung des *März.*

Leo, a) Name von 13 *Päpsten:* **1)** L. I., d. Gr., 440–461, schützte Rom vor Hunnen u. Wandalen; **2)** L. III., 795–816, krönte 800 Karl d. Gr. zum röm. Kaiser; **3)** L. IV., 847–855, schlug die Sarazenen bei Ostia, befestigte die Leostadt (Engelsburg); **4)** L. IX., 1048–54, Trennung d. griech. v. d. röm. Kirche 1054; **5)** L. X., *Giovanni de' Medici* (11. 12. 1475–1. 12. 1521), Papst 1513–21, Kunstmäzen, verkündete Ablaß zum Bau der Peterskirche, der Luther zum Thesenanschlag veranlaßte (1517); **6)** L. XIII. (2. 3. 1810– 20. 7. 1903), Papst 1878–1903, legte den → Kulturkampf bei, trat für soziale Gerechtigkeit ein; Enzyklika über die Arbeiterfrage 1891. – **b)** *6 byzantinische Kaiser:* **7)** L. III., der Syrier, 717–41, verteidigte Byzanz gg. die Araber.

Leoben (A-8700), östr. Bez.st., Steiermark, 32 000 E; Montan-Uni., Hüttenwerk, Brauerei.

León, Luis Ponce de (um 1527–23. 8. 91), span. Dichter u. Gelehrter d. Renaissance; Augustinermönch.

León, 1) gebirgige Landschaft u. Prov. in NW-Altkastilien (Spanien), vom Duero durchflossen, 15 581 km², 532 000 E; Hptst. *L.* (137 000 E); Bischofssitz, frühgot. Kathedrale; Leinenind.; **2)** mexikan. St., 768 000 E; Textil- u. Lederind.

Leonardo da Vinci

Leonardo da Vinci [*-'vintʃi*] (15. 4. 1452–2. 5. 1519), genialer Meister der it. Hochrenaissance: Maler, Ing. (Flugmaschinen, Geschütze, Drehbühne), Baumeister (Entwürfe f. Kirchen, Wohnbauten u. Festungen), Erfinder, Bildhauer, Naturforscher, Anatom, Math., Astronom u. Schriftsteller *(Traktat v. d. Malerei);* Gemälde: *Abendmahl* im Refektorium d. Kirche S. Maria delle Grazie, Mailand; → *Mona Lisa;* ca. 8000 Blätter Zeichnungen u. Notizen.

Leonberg (D-7250), St. i. Kr. Böblingen, Ba-Wü., 41 030 E; alte Fachwerkb.; Schloß; AG; div. Ind.; Pferdemarkt.

Leonberger, große Hunderasse.

Leoncavallo, Ruggiero (23. 4. 1857–9. 8. 1919), it. Komp. verist. Stils; Oper: *Der Bajazzo.*

Leonding (A-4060), St. b. Linz, Östr., 19 400 E; Ind., Landw.

Leone, 1) Giovanni (* 3. 11. 1908), it. Pol.; 1963 u. 1968 Min.präs., 1971–78 Staatspräs.; **2)** Sergio (3. 1. 1921–30. 4. 89), it. Filmregisseur; *Per un pugno di dollari* (1964); *C'era una volta di West* (1968); *Giu la Testa* (1970); *Once Upon a Time in America* (1983).

Leonhard († um 559), kath. Hlg., Patron der Kranken u. Gefangenen, auch von Vieh u. Wettermachern; **L.umritte** am 6. Nov., m. Weihe d. Pferde.

Leonidas, Kg von Sparta, fiel 480 v. Chr. bei den → Thermopylen gg. d. Perser durch Verrat d. Ephialtes.

Leoniden → Meteore.

leoninischer Vertrag, Vertrag, bei dem der eine Teil nur Vorteile, der andere bloß Nachteile hat (z. B. Schenkung).

Leontief [*lɪ'ɔntɪəf*], Wassily (* 5. 8. 1906), am. Wirtsch.wiss.; entwickelte die → Input-Output-Analyse; Nobelpreis 1973.

Leopard, *Panther,* katzenartiges Raubtier, gelbl. mit schwarzen Flecken oder

Leopard

ganz schwarz; Afrika, S-Asien. *Jagd-L.* → Gepard; *Schnee-L.* → Irbis.

Leopardi, Giacomo (29. 6. 1798–14. 6. 1837), it. Lyriker d. Weltschmerzes in Phil.; *Kanzonen; Pensieri; Operette morali.*

Leopold, a) *römisch-dt. Kaiser:* **1)** L. I. (9. 6. 1640–5. 5. 1705), Habsburger, Kaiser s. 1658; 3 Türkenkriege, 1699 Friede v. Karlowitz; **2)** L. II. (5. 5. 1747–1. 3. 92), Kaiser s. 1790, Bruder d. Marie Antoinette, verbündete sich m. Preußen gg. Frz. Revolution. – **b)** *Anhalt-Dessau:* **3)** L. v. Dessau, „der Alte Dessauer" (3. 7. 1676–9. 4. 1747), preuß. Feldm.; v. Bedeutung f. die Gefechts- u. Schießausbildung (Gleichschritt). – **c)** *Belgien:* **4)** L. I. v. Sachsen-Coburg (16. 12. 1790–10. 12. 1865), Kg s. 1831; s. Sohn **5)** L. II. (9. 4. 1835–17. 12. 1909), Kg s. 1865, Begr. d. Kongostaates; **6)** L. III. (3. 11. 1901–25. 9. 83), 1934–51 Kg, 1945–50 im Exil in d. Schweiz, Thronverzicht 1950 zugunsten s. Sohnes Baudouin. – **d)** *Österreich:* **7)** L. V. (1157–31. 12. 94), Babenberger, nahm 1192 Richard Löwenherz gefangen; **8)** L. I. (1290–28. 2. 1326), Habsburger, 1308–26 Hzg, unterlag 1315 bei Morgarten d. Schweizern, gg. die s. Neffe **9)** L. III. (1351–9. 7. 86) bei Sempach fiel.

Leopoldina, d. *Dt. Akademie d. Naturforscher,* gegr. 1652, Sitz Halle/S.

Leopoldsberg, letzte Erhebung d. Alpen westl. d. Donau, bei Wien, 425 m h.

Leopoldshöhe (D-4817), Gem. i. Kr. Lippe, NRW, 12 500 E; Textilind.

Léopoldville → Kinshasa.

Lepanto, it. Name f. d. griech. Ort *Naupaktos,* am Golf von Korinth; → Juan d'Austria.

Lepidodendron [gr.], *Schuppenbaum,* fossile, baumförmige Bärlappgewächse (Steinkohlenformation) m. schuppenartigen Blattnarben, bis 30 m h.

Lepidolith, *m.,* → Silicatmineral aus d. Gruppe d. → Glimmer.

Lepidopteren, svw. → Schmetterlinge.

Leporello, Diener Don Giovannis in Mozarts Oper, verfertigte **L.liste** der Geliebten seines Herrn; danach: Album *(L.album),* harmonikaähnl. zusammenfaltbare Seitenfolge (z. B. Prospekte, Landkarten, Stadtpläne).

Lepra → Aussatz.

Lepsius, Karl Richard (23. 12. 1810–10. 7. 84), dt. Sprachforscher; Begr. d. neueren Ägyptologie; *Denkmäler aus Ägypten u. Äthiopien.*

Leptis Magna, karthag., später röm. St. an der nordafrikan. Küste, von den Arabern zerstört; Ausgrabungen.

Leptonen, zusammenfassend svw. leichte → Elementarteilchen: Elektronen,

Myonen, Tau-Teilchen, dazugehörige Neutrinos u. deren Antiteilchen.

leptosom, von schlankem → Körperbau.

Leptospiren, z. d. → Spirochäten gehörende Erreger d. Leptospirosen (z. B. v. Feldfieber, Weilscher Krankheit, infektiöser Gelbsucht, Kanikolafieber usw.); Überträger sind: Mäuse, Ratten, Hund, Rind.

Lerchen, unscheinbar gefärbte Singvögel; Bodenbrüter, meist Zugvögel; *Feld-Lerche,* überall auf Feldern, steigt während des Singens senkrecht in die Höhe; *Heide-L.,* an Waldrändern u. in Heidegegenden; *Hauben-L.* mit Kopfhaube, Ödflächen.

Lerchensporn, Mohngewächs; Kräuter m. weißgelbl. oder roten Blüten.

Lérida, Hptst. der span. Prov. L. (12 028 km², 357 000 E), 112 000 E; 2 Kathedralen; Textilind.

Lermontow, Michail (15. 10. 1814–27. 7. 41), russ. Dichter d. Romantik; Verserzählungen: *Der Flüchtling;* Gedichte; Roman: *Ein Held unserer Zeit.*

Lermoos (A-6631), Tiroler Luftkurort u. Wintersportplatz am Fuß d. Zugspitze, 1004 müM. 960 E.

Lernen, *psych.* nicht direkt beobachtbare Veränderungen in einem Organismus, die durch Erfahrung entstehen u. sich in Verhaltensänderungen ausdrücken: **1)** → *Konditionierung,* **2)** L. am Erfolg (Zunahme des Auftretens belohnter Verhaltensweisen), **3)** *L. durch Einsicht* (neue Wahrnehmungsstruktur, „Aha-Erlebnis" führt zu Problemlösung), **4)** *L. durch Nachahmung* (Bedeutsamkeit von Vorbildern für d. Erlernen v. Gefühlen).

Lernet-Holenia, Alexander (21. 10. 1897–3. 7. 1976), östr. Romanschriftst.; *Ljubas Zobel; Die Standarte;* Lyrik.

Lersch, 1) Heinrich (12. 9. 1889–8. 6. 1936), dt. Arbeiterdichter; *Mensch in Eisen;* **2)** Philipp (14. 4. 1898–15. 3. 1972), dt. Psych.; Schichtenaufbau d. Persönlichkeit.

Lesage [lə'saʒ], Alain René (13. 12. 1668–17. 11. 1747), frz. Dichter; Roman: *Gil Blas.*

lesbische Liebe, geschlechtl. Beziehungen zw. Frauen (ben. nach → Sappho v. Lesbos); → Homosexualität.

Lesbos, *Mytilene,* größte griech. Insel im Ägäischen Meer, an der kleinasiat. Küste, griech. Nomos, mit Nebeninseln 2154 km², 104 000 E; Oliven-, Feigenund Weinbau; Hptst. *Mytilene.*

Lesghier, altkaukas. Volksstamm in Daghestan, Viehzüchter, Moslems, ca. 0,6 Mill.

Leskow, Nikolai Semenowitsch (16. 2. 1831–5. 3. 95), russ. Erzähler; Romane: *Die Klerisei;* Novellen.

Lesotho, amtl. *'Muso oa Lesotho,* ehem. *Basutoland,* unabhängiges Kgr., Enklave im Gebiet der Rep. Südafrika, 30 355 km², 1,68 Mill.

E (55 je km²); Bev.-Zuw. 2,7%; Sprache: Bantu-Sprachen, Engl.; Währung: Loti (M); Rel.: röm.-kath.; Hptst.: *Maseru;* Flagge S. 340, Karte S. 750. **a)** *Geogr.:* Vorwiegend Hochland (*Thabantshonyana* 3482 m, höchster Berg S-Afrikas). **b)** *Landw.:* Weizen, Vieh, Wolle. **c)** *Bodenschätze:* Diamanten. **d)** *Verf.:* Seit 1970 außer Kraft; König; Reg.chef m. bes. Vollmachten; Parlament m. 2 Kammern. **e)** *Verw.:* 10 Distrikte. **f)** *Gesch.:* Bis 1966 brit. Schutzgebiet (*Basutoland*); 1970–73 Ausnahmezustand; 1986 Mil.putsch. **g)** *Mitgl.:* UN, Commonwealth, OAU; AKP-Staat.

Lesseps, Ferdinand Vicomte de (19. 11. 1805–7. 12. 94), frz. Diplomat; führte Bau des Suezkanals nach Plänen von → Negrelli durch (1869); begann Bau d. Panamakanals.

G. E. Lessing   Doris Lessing

Lessing, 1) Doris (* 22. 10. 1919), engl. Schriftst.in; *D. goldene Notizbuch; Anweisung f. e. Abstieg zur Hölle;* utop.-phantast. Romane: *Shikasta;* **2)** Gotthold Ephraim (22. 1. 1729–15. 2. 81), dt. Kritiker u. Dichter, freier Schriftst. in Berlin; Rezensent i. Hamburg, zuletzt Bibliothekar in Wolfenbüttel; trat gg. die starren Regeln des frz. Dramas auf m. Hinweis auf Shakespeare (*Hamburgische Dramaturgie*) u. m. seinen Dramen: *Minna von Barnhelm; Emilia Galotti; Nathan der Weise;* theol. Streitschriften *Anti-Goeze;* zur Phil.: *Die Erziehung des Menschengeschlechts;* grundlegende ästhet. Werke: *Laokoon* (über die Grenzen von Dichtung u. Malerei); **3)** Karl Friedrich (15. 2. 1808–5. 6. 80), dt. Historien- u. Landschaftsmaler; Entwicklung v. d. Romantik zum Realismus.

Lester, Richard (* 19. 1. 1932), am. Filmregisseur; *A Hard Day's Night* (1964); *The Knack* (1965); *The Three Musketeers* (1974).

Lesung, parlamentar. Beratung u. Abstimmung über Regierungsvorlagen bzw. Initiativanträge.

Leszczyński → Stanislaus 1).

letal [l.], tödlich; *Exitus letalis,* tödl. Ausgang.

Letalfaktoren, Erbfaktoren, d. d. Tod eines Lebewesens v. Erreichen d. Geschlechtsreife bewirken.

Letalität [l.], *Tödlichkeit,* Verhältnis der Zahl d. Todesfälle an einer Krankheit zur Zahl der an d. betreffenden Krankheit Erkrankten.

L'état c'est moi [frz. *le'ta se'mwa*], „Der Staat bin ich", → Ludwig XIV. zugeschrieb. Ausspruch; → Absolutismus.

Lethargie [gr.], Teilnahmslosigkeit; Schlafsucht.

Lethe, Fluß der griech. Unterwelt, aus dem die Toten Vergessenheit trinken.

Letmathe, s. 1975 zu → Iserlohn.

Leto, griech. Göttin, Mutter des Apollon u. der Artemis, röm. *Latona.*

Letten, dunkel gefärbte Tone, Schiefertone u. Mergel.

Lettern, die aus **L.metall,** einer Blei-Antimon-Zinn-Legierung, gegossenen Buchstaben zum Drucken.

lettische Sprache → Sprachen, Übers.

Lettland, lett. *Latvija,* mittlerer d. 3 Staaten d. → Baltikums, an der Ostsee, aus Teilen der ehem. russ. Gouv.s Kurland, Livland, Witebsk; 64 500 km², 2,68 Mill. E (41,6 je km²); Sprache Lettisch; Bev.: 54% Letten u. 33% Russen; Rel.: überwiegend ev.; Hptst. *Rīga;* Flagge S. 341; Karte S. 745; Landw., Nahrungsmittel-, Holz- u. Baustoffind. – Im 13. Jh. vom Dt. Orden unterworfen; Mitte 16. Jh. zu Polen, 1795 zu Rußland; 1918 selbst. Rep.; 1940 als Unionsrep. i. d. UdSSR eingegliedert; im März 1990 für unabhängig erklärt, s. Aug./Sept. 1991 unabhäng. Staat; Mitgl. d. UN.

Lettner [l. „lectorium = Lesepult"], meist verzierte Brüstung od. Abgrenzung des Priesterraumes v. Gemeinderaum i. (bes. got.) Kirchen; abendländische Weiterentwicklung der → Ikonostase.

Lettow-Vorbeck, Paul v. (20. 3. 1870–9. 3. 1964), dt. Gen.; 1913–18 Kommandeur d. Schutztruppe i. Dt.-Ostafrika.

Letzte Ölung → Krankensalbung.

Letzter Wille, letztwillige Verfügung, svw. Testament, → Erbrecht.

Leu → Währungen, S. 1087.

Leucht-boje, tonnenartiges Seezeichen, verankert (Abb. → Boje). – **L.feuer** → Befeuerung. – **L.röhre,** meist mit Helium od. Neongas gefüllte Glasröhre, in der bei niedrigem Druck u. hoher Anodenspannung starke Lichterscheinung erzeugt wird (Hauptanwendung: Leuchtreklame). – **L.stoffe,** *Leuchtfarben,* meist aus Zinksulfid mit Schwermetallzusätzen, phosphoreszieren, d. h. leuchten im Dunkeln nach; *fluoreszierende L.stoffe* leuchten mit aufgenommener, auch dunkler Strahlung u. wandeln sie in Strahlung größerer Wellenlänge um (z. B. als Röntgen- und Fernsehschirm); in **L.stofflampen** Umwandlung d. dunklen Gasentladung in sichtbares Licht; L.stoffe der *Leuchtziffern* meist durch kl. Radiumzusatz z. Mitleuchten angeregt.

Leuchtgas, *Stadtgas,* erzeugt durch Entgasung von Steinkohle, d. h. Erhitzung bei Luftabschluß in Schrägkammern od. Retorten d. Gasanstalt; enth. je nach Rohstoff 40–67% Wasserstoff (H_2), 20–30% Methan (CH_4), 5–10% Stickstoff (N_2), 2% Kohlendioxid (CO_2) und bis zu

6% Kohlenmonoxid (CO); verwendet zum Kochen u. Heizen, auch zum Antrieb von Gasmaschinen; aus 100 kg Steinkohle werden durchschnittlich 30 m³ Gas gewonnen. – **L.entgiftung,** Abscheiden des giftigen Kohlenoxids, durch Umsetzung m. Wasserdampf im Kontaktofen; es entsteht d. ungiftige Kohlendioxid und Wasserstoff. – **L.vergiftung,** entsteht durch Einatmen von Kohlen(mon)oxid (→ Erste Hilfe, Übers.). **Leuchtkraft,** b. e. Stern die i. e. Zeiteinheit v. seiner Oberfläche ausgestrahlte Lichtmenge. – **L.klasse,** Einteilung d. Fixsterne nach d. Größe ihrer Leuchtkraft bzw. ihrer Lage i. → Russell-Diagramm; Ia = helle Überriesen, Ib = schwächere Überriesen, II = helle Riesen, III = normale Riesen, IV = Unterriesen, V = Zwerge od. Hauptreihensterne, D = Weiße Zwerge.

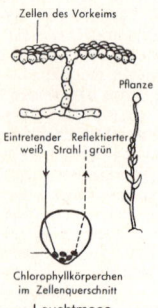

Leuchtmoos

Leuchtmoos, *Schistostega,* leuchtet infolge totaler Reflexion des Standort-Dämmerlichts (in Klüften u. Höhlen) durch die linsenförmigen Zellen seines Vorkeims.
Leucht-organismen, Tiere u. Pflanzen, d. kaltes Licht in ihrem Lebensprozeß erzeugen; Tiefseetiere, L.insekten, z. B. → Glühwurm, → Geißeltierchen (Mereesleuchten) u. → Bakterien, letztere auch auf toten Seefischen; einige Pilze, wie d. Myzel d. *Hallimasch.* L.bakterien auch Ursache des Leuchtens einiger Tiere, in denen sie leben.
Leuchtturm, an d. Küste u. an Hafeneinfahrten errichtet, mit *Leuchtfeuer* v. jeweils versch. Art, Kennzeichen (durch auffallende Farbgebung d. Turmes auch am Tage) f. Schiffahrt; jetzt meist mit Funkstation.
Leuenberger Konkordie, Übereinkunft d. ev. Kirchen untereinander über ihre Abendmahlsgemeinschaft (1973).
Leukämie [gr.], *Weißblütigkeit,* Wucherung in blutbildenden Organen m. krankhafter Vermehrung der weißen Blutkörperchen, akut oder chronisch.
Leukas, griech. Inseln, z. d. Ionischen Inseln gehörig, 303 km², ca. 23 000 E; Hptst. *L.* (6600 E) an d. N-Spitze; nach → *Dörpfeld* d. homerische Ithaka.

Leukipp|os v. Milet (um 450 v. Chr.), griech. Phil., Lehrer des → Demokrit u. Mitbegr. d. Atomlehre.
Leuko- [gr.], vor Vokalen *Leuk-,* als Vorsilbe: Weiß ...
Leuko-derm, weiße Hautflecken durch Pigmentschwund. – **L.plast®,** Handelsname für Kautschukheftpflaster, auch f. Verbände geeignet. – **L.tomie,** *Lobo-, Frontotomie,* operativer Eingriff im Stirnhirn zur Behandlung von best. Geisteskrankheiten sowie unerträgl. Schmerzen (z. B. bei Krebs od. Tabes dorsalis); bei Verlust d. feineren Gefühls- u. Geisteslebens durch Verminderung der Assoziationsfähigkeit z. Folge; begr. 1935 die sog. Psychochirurgie. – **L.zyten,** weiße Blutkörperchen, wichtig z. Abwehr v. Infektionen; man unterscheidet **1)** *polymorphkernige L.zyten* (entstehen im Knochenmark), u. zwar nach Färbbark. **a)** *neutrophile* (50–65%), **b)** *eosinophile* (2–4%), **c)** *basophile* (bis 1,5%), **2)** *Lymphozyten* (25–30%, entstehen in Milz u. Lymphknoten), **3)** *Monozyten* (5–10%, a. d. retikuloendothelialen System); L.kerne dienen auch z. → Geschlechtsbestimmung; → Blut. – **L.zytose,** *w.,* krankhafte Vermehrung d. weißen Blutkörperchen.
Leuktra, griech. Ort sw. von Theben, 1100 E. – Sieg der Thebaner über die Spartaner 371 v. Chr.
Leumund, sittl. Ruf eines Menschen. – **L.szeugnis,** Bescheinigung über den Ruf einer Person; meist v. Privaten; behördl. L.: → Führungszeugnis.
Leuna (D-4220), Ind.st. i. Kr. Merseburg, an der Saale, S-A., 9500 E; TH f. Chemie; m. **L.werk,** gr. Stickstoffwerk; Fabrikation von synthetischem „L.-Benzin" aus Erdöl, Teer und Kohle durch Hydrierung.
Leuschner, Wilhelm (15. 6. 1890–29. 9. 1944), SPD-Pol., Gewerkschaftsführer; im Widerstand gg. Hitler; hingerichtet.
Leutkirch im Allgäu (D-7970), Gr.-Krst. im Kreis Ravensburg, Ba-Wü., 20 173 E; AG; Metall- u. holzverarbeitende Ind.; Fremdenverkehr.
Leutnant [frz. „Lieutenant = Platzhalter"], unterste Offiziersrangstufe: L. u. Ober-L.
Levante [it. „Morgenland"], alle von Italien aus nach O liegenden Länder a. Mittelmeer; insbes. d. Küsten Kleinasiens, Syriens und Ägyptens.
Levée, *w.* [frz. *lə've*], Aufstehen; *l. en masse,* „Massenaushebung", Aufgebot der ges. männl. Bevölkerung (z. B. 1870 in Frkr. durch Gambetta).
Level, *m.* [engl. *levl*], gleiche Stufe, gl. Niveau.
Lever, *s.* [frz. *lə've*], im 18. Jh. Morgentoilette eines Fürsten, bei d. Besuche empfangen wurden.
Leverkusen (D-5090), krfreie St. a. Rhein, Rgbz. Köln, NRW, 157 358 E; div. Ind. (Bayer AG, Agfa-Gevaert AG, Kronos-Titan GmbH, Walzwerk, Dyna-

mit AG, Masch.-, Eisen-, Baustoff-, Textilind.), Mus. Schloß Morsbroich.
Leverrier [*love'rje*], Urbain Jean (11. 3. 1811–23. 9. 77), frz. Astronom; berechnete 1845 (gleichzeitig m. J. C. *Adams*) den Ort d. Planeten → Neptun voraus.
Levetzow, Ulrike v. (4. 2. 1804–13. 11. 99), d. letzte Liebe des 74jähr. → Goethe *(Marienbader Elegie).*
Levi, Carlo (29. 11. 1902–4. 1. 75), it. Schriftst. u. Maler; *Christus kam nur bis Eboli.*
Leviathan, *m.* [hebr.], mythischer Riesenfisch.
Levi-Montalcini, Rita (* 22. 4. 1909), it.-am. Biologin; Entd. d. Substanzen d. Nervenwachstumsfaktors; Nobelpr. 1986.
Leviratsehe, *Schwagerehe,* nach Sitte mancher Völker heiratet d. Bruder e. kinderlos verstorbenen Mannes dessen Witwe; noch heute bei asiatischen Naturvölkern (Indien, Südsee) üblich.
Lévi-Strauss [*-s'tros*], Claude (* 28. 11. 1908), frz. Ethnologe; Begr. d. „Strukturalen Anthropologie"; → Strukturalismus; *Traurige Tropen; Totem u. Tabu.*
Leviten, 1) isr. Stamm; versah Priesterdienste; **2)** *kath. Ritus:* Assistenten d. Priesters beim feierl. Gottesdienst (Diakon u. Subdiakon).
Leviticus [l.], 3. Buch Mose.
Levkoje, Kreuzblütler mit duftenden Blüten, Mittelmeergebiet; Gartenpflanze, vielfarbig blühend.
Levkosia, Hptst. der Insel Zypern, → Nicosia.
Levy, Rudolf (15. 7. 1875–1944/5), dt.-jüd. Maler; expressionist. Elemente u. harmonisch aufgebaute farbige Bildeinheit; Landschaften, Stilleben, Bildnisse *(Der Maler Hans Purrmann).*
Lew → Währungen, S. 1087.
Lewin, Kurt (9. 9. 1890–12. 2. 1947), am. Gestaltpsychologe dt. Herkunft; Begr. d. → Gruppendynamik.
Lewis [*luis*], **1)** Sir Arthur (* 23. 1. 1915), engl. Wirtschaftswiss.; (zus. m. T. W. → Schultz) Nobelpr. 1979 Forschung über Entwicklungsländer; **2)** Carl (* 1. 7. 1961), am. Leichtathlet (Sprinter u. Weitspringer); 4facher Goldmedaillengewinner b. d. Olymp. Spielen 1984; **3)** Jerry (* 16. 3. 1926), am. Kabarettist, Komiker u. Filmregisseur; *The Nutty Professor* (1963); *Which Way to the Front* (1970); *The King of Comedy;* **4)** John (12. 2. 1880–12. 6. 1969), am. Gewerkschaftsführer, 1910–59 Präs. d. Bergarbeitergewerkschaften; Begr. d. CIO (→ Gewerkschaften, Übers.); **5)** Sinclair (7. 2. 1885–10. 1. 1951), am. Schriftst.; Satiriker d. Bürgertums; Romane: *Hauptstraße; Babbitt;* Nobelpr. 1930.
LeWitt, Sol (* 9. 9. 1928), am. Künstler; Vertr. d. → Minimal Art, → Concept Art.
Lex, *w.* [l.], Gesetz.
Lexikograph, *m.* [gr.], Verfasser eines Lexikons.

Lexikon, *s.,* Mz. *Lexika* [gr.], Wörter-, Nachschlagebuch; jetzt übl. Name f. *Konversations-L.* als Nachschlagewerk, das über alle Wissensgebiete in alphabet. Anordnung Aufschluß gibt; erstes umfassendes dt. 1731–50 v. Zedler hg. (64 Bde); Brockhaus s. 1796; Meyers s. 1840; Knaur s. 1931.

Lexington [*-tən*], **1)** L.**-Fayette,** St. im US-Staat Kentucky, 204 000 E; Uni.; Tabakverarbeitung; **2)** St. im US-Staat Massachusetts, 32 000 E; Gefecht b. L. 1775, erstes im Unabhängigkeitskrieg.

Leyden, *Leiden,* Nicolaus Gerhaert v. (um 1430–73), ndl. Bildhauer d. dt. Spätgotik; *Grabplatte Friedrichs III.* (Stephansdom, Wien).

Leyte, Philippineninsel südöstl. Luzon, 8003 km², 1,7 Mill. E (Malaien, im Inneren Negritos); vulkanisch, Anbau von Zuckerrohr u. Kokospalmen.

Lezithin → Lipoide.

Lhasa, *Kloster Potala*

Lhasa, *Lhassa,* Hptst. d. auton. Region Tibet, VR China, im fruchtbaren Tal des Ki-tschu, 3630 müM, am Nordabhang des Himalaja, 130 000 E; Handelsplatz; buddhist. Hptwallfahrtsort; Residenz des Dalai-Lama (1959 emigriert).

L'hombre [frz. *lõbr*], Kartenspiel.

Li, *chem.* Zeichen f. → *Lithium.*

Liaison, *w.* [frz. *ljɛ'zõ*], Verbindung (meist außerehel. Verbindung).

Lianen, Sammelbegriff für holzige Kletterpflanzen.

Liaodong, chin. Halbinsel, teilt das nördl. Gelbe Meer in die Koreabai u. den *Golf von L.,* zur Mandschurei; südlichster Teil Kuantung mit den Häfen *Dalian* und *Lüshun.*

Liao He, Hptfl. der S-Mandschurei, 1300 km l.

Liaoning, chin. Prov. in der S-Mandschurei, 151 000 km², 37 Mill. E; Steinkohlen-, Eisen-, Blei-, Zink- u. Kupferbergbau; Hptst. *Shenyang.*

Lias, *m., schwarzer Jura,* → geologische Formationen, Übers.

Libanon, 1) [hebr. „weißes Gebirge"], Gebirge in Syrien, gleichlaufend mit der Mittelmeerküste im W, 160 km l., 30 km br., 1930 m Kammhöhe (*Kurnet es-Sauda,* 3088 m), im O durch d. Bekaa-Graben vom Antilibanon getrennt; am Fuß Reste der berühmten Zedernwaldungen; **2)** amtl. *El Dschumhuria el Lubnania,* Rep. zw. Mittelmeer u. Antilibanon,

10 400 km², 2,83 (darunter ca. 600 000 Palästinaflüchtlinge) Mill. E (272 je km²), Bev.-Zuw. 0,2%; Sprache: Arab.; Frz. u. Engl. Handelssprachen; Währung: libanes. Pfund (L£); Rel.: Christen (Maroniten), Moslems; Hptst.: *Beirut;* Flagge S. 340, Karte S. 744/48. **a)** *Landw.:* Südfrüchte, Maulbeer-, Ölbäume. **b)** *Ind.:* Erdölraffinerien in Tripolis u. Saida; intern. Großhandel, Bankwesen; durch Bürgerkrieg stark beeinträchtigt. **c)** *Außenhandel* (1987): Einfuhr 1,88 Mrd., Ausfuhr 591 Mill. $. **d)** *Verf.* v. 1947: Staatspräs., Parlament m. 1 Kammer (Präs. muß maronit. Christ, Reg.chef schiit. Muslim sein). **e)** *Verw.:* 5 Prov. **f)** *Gesch.:* 1918 Ende d. türk. Herrschaft, 1920–41 Teil d. frz. Mandatsgebiets Syrien; 1970–75 isr. Unternehmungen gg. palästinens. Guerillakämpfer im Süd-L.; s. 1975 Bürgerkrieg; 1982 isr. Invasion (Vertreibung d. PLO aus Beirut) u. Stationierung einer intern. Friedenstruppe (1984 Abzug); 1983 Abkommen d. sich bekämpfenden pol. u. rel. Gruppen, aber weiterhin bewaffnete Auseinandersetzungen; bis 1985 Rückzug d. isr. Truppen aus Süd-L.; zunehmende Kantonisierung in versch. Einflußbereiche, fakt. v. syr. Truppen kontrolliert; 1989 Waffenstillstand durch Vermittlung d. Arab. Liga, aber Fortdauer d. Kämpfe; 1990 Verf.revision (gleiche Sitzzahl f. Christen u. Muslime). **g)** *Mitgl.:* UN, Arab. Liga.

Libation [l.], altröm. Trankopfer, Opferguß.

Libau, lett. *Liepāja,* lett. Hafen- u. Handelsst. in Kurland, zw. Ostsee u. *L.er See,* 109 000 E; Kriegshafen, Seebäder, Schiffbau, Industrie. – 1253 vom dt. Schwertbrüderorden gegr.

Libby [*'lɪbɪ*], Willard Frank (17. 12. 1908–10. 9. 80), am. Physiker u. Chemiker; Nobelpr. 1960 (→ Radiocarbonmethode).

Libelle → Wasserwaage.

Libelle

Libellen, *Wasserjungfern,* Raubinsekten, jagen im Flug andere Insekten; Larven als Räuber im Wasser.

liberal [l. „liberalis = dem Freien geziemend"], freigebig, freiheitlich; f. d. Rechte des Individuums eintretend.

Liberalismus, *staatspol.* bürgerlich-freiheitliche Staats- u. Gesellschaftsordnung; der Staat hat nur die Aufgabe des Schutzes der Bürger u. der Aufrechterhaltung d. Ordnung; *wirtschaftspol.* freies (v. Staate nicht bevormundetes) Spiel der Kräfte: Handels- u. Gewerbefreiheit,

Freihandel (*Liberalisierung:* Beseitigung von Zollschranken u. mengenmäßigen Beschränkungen i. zwischenstaatl. Handel), freie Konkurrenz (→ Manchestertum); *kulturpol.* Gedanken-, Gewissens-, Pressefreih., unbehindertes geistiges Schaffen. – L. wurzelt in der (bes. frz. u. engl.) Aufklärung; Blütezeit im 19. Jh.: Politik (liberale Parteien), Theologie, Kunst, Wirtschaft, Neubelebung im Neoliberalismus, für Abbau staatl. Bevormundung u. Kontrolle des kulturellen u. wirtschaftl. Lebens.

Liberia, amtl. *Republic of Liberia,* westafrikan. Rep., an der (Pfeffer-)Küste Oberguinea, 111 369 km², 2,51 Mill. E (23 je km²); Bev.-Zuw. 3,3%; Sprache: Engl., Sudansprachen; Währung: Liberian Dollar (Lib$); Rel.: Naturrel., christl. Sekten; Hptst.: *Monrovia;* Flagge S. 340, Karte S. 750. **a)** *Geogr.:* Inneres meist dichter trop. Urwald. **b)** *Landw.:* Kaffee u. Palmkerne; Kautschuk. **c)** *Bodenschätze:* Eisen, Diamanten. **d)** *Außenhandel* (1987): Einfuhr 308 Mill., Ausfuhr 382 Mill. $; größte Handelsflotte d. Welt, 47,9 Mill. BRT, davon 26,7 Mill. BRT Tanker (1989). **e)** *Verf.* v. 1847: Präsidiale Rep.; Zweikammerparlament nach am. Vorbild, Präs. (auf 8 Jahre gewählt); s. 1980 suspendiert (Mil.rat). **f)** *Verw.:* 9 Prov., 6 Territorien. **g)** *Gesch.:* Für freigelassene Negersklaven gegr., 1848/49 v. eur. Mächten, 1862 v. USA anerkannt; 1980 Mil.putsch; 1989 Bürgerkrieg m. Sturz d. Reg. Doe. **h)** *Mitgl.:* UN, OAU; AKP-Staat.

Libero [it.], im *Fußball:* taktisch frei bewegl. (Abwehr-)Spieler.

Libertas [l. „Freiheit"], röm. Göttin d. Freiheit.

Liberté, Egalité, Fraternité [frz.], „Freiheit, Gleichheit, Brüderlichkeit", Devise d. Frz. Revolution 1789.

Liberty → Stile Liberty.

Libido, *w.* [l.], Lust, Begierde, Geschlechtstrieb; in d. Psychoanalyse zentraler Begriff seelischer Energie.

Li Bo, *Li Taipo* (701–762), chin. Lyriker; *Pavillon von Porzellan;* dt. Nachdichtungen v. Hans Bethge u. Klabund.

Libration [l.], die durch die ungleichförmige Bewegung d. Mondes bedingte Erscheinung, derzufolge nicht immer d. gleichen Randpartien zu sehen sind.

Librettist, Verf. eines **Librettos** [it.] Opern-, Operettentextbuches.

Libreville [*-'vil*], Hptst. von Gabun, 350 000 E.

Libussa, sagenhafte Gründerin von Prag, Ahnherrin d. Przemysliden; Schauspiel v. Grillparzer.

Libyen, 1) urspr. griech. Name f. Afrika; **2)** amtl. *Al Dschumhurija al Libya al Schabija al Ishtirakija,* Rep. in N-Afrika, 1,76 Mill. km², 4,23 Mill. E (2 je km²); Bev.-Zuw. 4,3%; Sprache: Arab.; Wäh-

rung: libyscher Dinar (LD.); Rel.: Islam; Hptst.: *El Beïda;* Reg.sitz *Tripolis* u. *Bengasi* (in 2jähr. Turnus wechselnd); Flagge S. 340, Karte S. 750. **a)** *Geogr.:* Im Landesinnern vorwiegend Wüste; Oasen m. Dattelpalmkulturen. **b)** *Bodenschätze:* Erdöl (1988: 49,2 Mill. t). **c)** *Außenhandel* (1987): Einfuhr 4,88 Mrd., Ausfuhr 6,06 Mrd. $. **d)** *Verf.* v. 1977: Volksrep. auf d. Basis d. Korans; Volkskongreß m. Gen.sekretariat als oberstem Organ. **e)** *Verw.:* 10 Kommissariate. **f)** *Gesch.:* Seit 16. Jh. v. Türken beherrscht, 1911 v. Italien erobert, seitdem it. Kolonie; 1943 v. d. Alliierten erobert, dann unter brit. u. frz. Verw.; 1951–69 Monarchie; danach Rep. 1971 Föderation arab. Rep. mit Ägypten u. Syrien (nicht verwirklicht); 1973 Einsatz d. Erdöls als pol. Waffe im Nahostkrieg; 1974 Vereinigungsbestrebung m. Tunesien, 1984 m. Marokko, 1987 m. Algerien (alle nicht verwirklicht); 1986 mil. Konflikt m. USA; 1989 Konflikt um angebl. Giftgasfabrik Rabta. **g)** *Mitgl.:* UN, OAU, Arab. Liga u. OPEC.

Libysche Wüste, größter u. wasserärmster Teil d. östl. Sahara, ca. 2 Mill. km², zu Ägypten, Libyen u. Sudan; größte Oasen: *Kufra* u. *Siwah;* Erdölvorkommen.

Lich (D-6302), St. i. Kr. Gießen, Hess., 11 340 E; Schloß.

Lichen, *m.* [l.], *medizinisch* Knötchenflechte.

Lichenes, *m.* [l.], in Symbiose lebende Pilze u. Algen, → Flechten.

Lichnowsky, Fürsten v., **1)** Felix (5. 4. 1814–19. 9. 48), als konservatives Mitgl. d. Frankf. Nationalvers. ermordet; **2)** Karl Max (8. 3. 1860–27. 2. 1928), dt. Botsch. in London 1912–14; bemüht um Verständigung mit England; umstrittene Memoiren.

Licht, elektromagnet. Schwingungen, Frequenzen v. $4 \cdot 10^{14}$ bis $8 \cdot 10^{14}$ Hz (Wellenlängen v. $7,5 \cdot 10^{-7}$ bis $3,8 \cdot 10^{-7}$ m), mit dem Auge unmittelbar wahrnehmbar. Jeder Farbe entspricht eine Frequenz des L.spektrums (Rot bis Violett). – *Newtons* Emanationstheorie (1669) sah L. als körperliche Teilchen des unwägbaren *L.-äthers* an; *Huygens* stellte (1677) L.wellentheorie auf; nach *Maxwells* elektromagnet. Wellentheorie (1871) ist L. transversale Welle mit sehr kurzer Wellenlänge. Moderne L.theorie → Quantentheorie. – *Künstl. L.:* Leuchtgas (in Berlin s. 1826), durch Auers Gasglühlicht verbessert, später durch Bogenlampe, durch el. Metallfadenlampe (luftleer od. gasgefüllt), neuerdings auch Gasentladungs- u. Leuchtstofflampen. → Lichteinheiten.

Lichtbehandlung mit natürlichem Sonnenlicht → Heliotherapie; mit *künstl.* Licht: el. Bogenlicht (→ Finsen), → Quarzlampe, el. Glühlicht usw., teils

chem., teils Wärmewirkung; bes. bei best. Tuberkuloseformen u. Rachitis.

Lichtbild, dt. Ausdruck f. Fotografie bzw. fotograf. Bild; mittels Licht entsteht ein Bild – Lichtbild, Lichtbildnerei, Lichtbildner(in).

Lichtbogen, besteht aus einem Strom glühender Materieteilchen zw. 2 Elektroden, meist Kohle.

Lichtbogensender, nach → *Poulsen,* erster Sender, der Erzeugung ungedämpfter Schwingungen ermöglichte; seit d. 20er Jahren v. Röhrensendern verdrängt.

Lichtbogentriebwerk, → elektrische Raumflugtriebwerke.

Lichtdruck, *phys.* → Strahlungsdruck.

Lichteinheiten, 1) *Lichtstrom,* photometrisch bewertete Strahlungsleistung eines Körpers, Einheit: *Lumen* (lm); **2)** *Lichtmenge,* der in einer best. Zeit insgesamt ausgestrahlte Lichtstrom, Einheit: *Lumenstunde* (lmh), 1 Lumen i. d. Stunde; **3)** *Lichtausbeute,* Wirkungsgrad einer Lichtquelle, Quotient aus abgegebenem Lichtstrom u. zugeführter el. Leistung, Einheit: *Lumen pro Watt* (lm/W); **4)** *Lichtstärke,* ist d. Lichtstrom, der in best. Richtung ausgestrahlt wird, bezogen auf d. Raumwinkel, Einheit: → *Candela* (cd); früher *Hefnerkerze* (HK), 1 HK = 0,903 cd; Lichtquelle mit allseitig 1 cd gibt Lichtstrom von 4 πlm; **5)** *Beleuchtungsstärke,* Lichtstromdichte einer vom Lichtstrom beleuchteten Fläche, Einheit: *Lux* (lx); 1 lx = 1 lm/m²; **6)** *Leuchtdichte,* Lichtstärke einer leuchtenden Fläche in Richtung Auge, bezogen auf d. Größe d. Fläche, Einheit: *Candela pro Quadratmeter* (cd/m²); früher: *Stilb* (sb), 1 sb = 10⁴ cd/m².

lichtelektrischer Effekt → fotoelektrischer Effekt.

lichtelektrische Zellen → Fotozellen.

lichtempfindliche Salze, chem. Verbindungen, die durch Lichteinwirkung zersetzt werden (*Silberbromid, -chlorid, -iodid);* bei fotografischen Schichten.

lichten, *seem.* Anker hochziehen.

Lichtenau, *VHF-Telemetrieantenne*

Lichtenau, zentrale deutsche Bodenstation für Luft- und Raumfahrt e. V., in Weilheim.

Lichtenberg, Georg Christoph (1. 7. 1742–24. 2. 99), dt. Phys. u. Schriftst.; phil.-satir. Kritiker d. Geniewesens u. der Empfindsamkeit; Aphorismen; Erklärungen zu *Hogarths Kupferstichen.*

Lichtenfels (D-8620), Krst. am Main,

Bay., 20 252 E; AG; „dt. Korbstadt"; Ind.; FS f. Korbflechter.

Lichtenhain, Vorort v. Jena; früher Bierbrauereien: „Lichtenhainer Weißbier".

Lichtenstein, Roy (* 27. 10. 1923), am. Maler; → Abstrakter Expressionismus, später → Pop Art.

Lichtenstein, *Schloß*

Lichtenstein, 1) Schloß in Württemberg, sö. v. Reutlingen, 1839 auf Grundmauern einer alten Burg (wo Hauffs Roman *L.* spielt) erbaut; **2)** *L. (Sachsen)* (D-9275), St. i. Kr. Hohenstein-Ernstthal, Sa., a. Rand d. Erzgebirges, 12 261 E; Textilind.; Fachschule f. Textilind.

Lichtgeschwindigkeit, Abk. *c,* phys. Fundamentalkonstante, beträgt (übereinstimmend m. d. Geschwindigkeit d. elektromagnet. Wellen) 299 792,5 km/s i. Vakuum; erste Messung v. O. *Römer* 1676; L. nach d. → Relativitätstheorie die obere Grenze, der sich d. Geschwindigkeit e. Körpers nähern kann.

Lichtjahr, die vom Licht in einem Jahr zurückgelegte Strecke, 9,463 Billionen km; dient neben dem → Parsec als Entfernungseinheit für Sterndistanzen.

Lichtmaschine, Gleichstrom-Nebenschlußdynamo, v. Fahrzeugmotor angetrieben; b. Kraftwagen.

Lichtmesse, *Mariä Lichtmeß,* Messe mit Lichterweihe zur Erinnerung an Marias Gang i. d. Tempel mit dem Jesusknaben (Tag 2. Februar).

Lichtnelke, versch., meist rot blühende Nelken der Wälder u. Wiesen (z. B. Kuk-

G. C. Lichtenberg

kucks-L.nelke); viele Gartenpflanzen: *Brennende Liebe (Feuer-), Vexiernelke.*

Lichtquant → Quantentheorie (Übers.).

Lichtsatz → Fotosatz.

Lichtschranke, Lichtstrahlschaltung zum Ein- u. Ausschalten von Maschinen (auch als Sicherheitsmaßnahme), Rolltreppen u. a.; Lichtquelle strahlt z. B. auf eine → Fotozelle; durch Emissionsstrom wird über Verstärker ein Relais angezogen; bei Unterbrechung des Lichtstrahls fällt Relais ab.

Lichtsignale, 1) zur Übermittlung von Nachrichten bei Schiffen; früher auch optische → Telegraphen (z. B. Feuertelegraph); heute → digitale L. bei d. opt. Nachrichtenübertragung → Lichtwellenleiter; **2)** Anordnung mehrerer verschiedenfarbiger Lampen zur Regelung des Verkehrs (Straße usw.).

Lichtspiel → Film, Übers.

Licht-stärke, bei *L.quellen:* → L.einheiten; L.stärke des *fotograf. Objektivs* = wirksamer Linsendurchmesser durch Brennweite.

Lichtwark, Alfred (14. 11. 1852–13. 1. 1914), dt. Kunstgelehrter u. -erzieher; Leiter d. Kunsthalle i. Hamburg; *Übungen i. d. Betrachtung v. Kunstwerken.*

Lichtwellenleiter, in d. → Faseroptik eingesetzte → Glasfasern z. Übertragung v. Lichtimpulsen; innerhalb d. → Breitband-Kommunikation zunehmend als Ersatz f. d. herkömml. Leiter (z. B. → Koaxialkabel) benutzt, die el. Impulse übertragen; Vorteile: Laserlicht benötigt als Informationsträger einen Leiter v. geringerem Durchmesser; höhere Übertragungskapazität; geringere Anfälligkeit gegenüber elektromagnet. Störungen u. chem. Einwirkungen; bedeutend weniger Zwischenverstärker notwendig.

Lichtwert, die Kombination v. Belichtungszeit plus Blendenwert, abgek. LW; heute statt dessen EV üblich (= Exposure Value = Lichtwert).

Lichtzeit, diejenige Zeit, welche das Licht benötigt, um v. einem Himmelskörper z. Erde zu gelangen (z. Durchlaufen der mittleren Entfernung Sonne-Erde braucht das Licht 8 Min. 19 Sek.).

Lid, zweiteil. Hautfalte am Auge.

Lidar, Abk. v. engl. *Light Detecting and Ranging,* mit Lichtwellen arbeitendes Gerät zur Ortung v. Turbulenzzonen in d. Atmosphäre.

Liddell Hart, Sir Basil Henry (31. 10. 1895–29. 1. 1970), engl. Offizier u. Mil.schriftst.; *Die Rote Armee.*

Liderung, Abdichtung von Maschinenteilen, die aneinander gleiten, durch Leder, Hanf, Metall.

Lidice [-*jitse*], tschech. Dorf bei Kladno (Böhmen), 1942 als Vergeltung f. d. Attentat auf → Heydrich von der SS zerstört; männl. Bev. erschossen; 1946 tschech. Nationaldenkmal.

Lido [it.], Küste, auch svw. → Nehrung, z. B. *L. v. Venedig* (mit Seebad).

Lidschlußreflex, Hornhautreflex, Schließen des Augenlids als → Reflex auf Reizung der Horn- bzw. Bindehaut des → Auges, normaler Lidschlag (5–27mal pro Min.) ist ebenfalls als L. auf die Abkühlung des Augapfelvorderteils bei Verdunstung der Tränenflüssigkeit zu verstehen.

Lie, 1) Jonas (6. 11. 1833–5. 7. 1908), norweg. Schriftst.; *Familie auf Gilje;* **2)** Trygve (16. 7. 1896–30. 12. 1968), norweg. Pol.; 1946–53 Generalsekr. der UN; oftmal. Min.

Max Liebermann
Selbstbildnis

Liebermann, 1) Max (20. 7. 1847–8. 2. 1935), dt. Maler u. Graphiker: verband impressionist. Stilmittel mit naturalistischer Darstellung; Landschaften, Städtebilder, Szenen aus d. Arbeitsleben, Porträts *(Ferdinand Sauerbruch);* **2)** Rolf (* 14. 9. 1910), schweiz. Komp.; Ballett: *Furioso; Concerto for Jazzband and Symphony Orchestra;* Opern: *Leonore 40/45; Penelope.*

Liebesmahl, 1) gemeinsame Abendmahlsfeier der ersten Christen; ähnlich heute noch bei der Brüdergemeine; **2)** früher Festessen unter Offizieren.

Liebfrauenmilch, rheinhess. Weißweine.

Justus v. Liebig

Liebig, Justus v. (12. 5. 1803–18. 4. 73), dt. Chem.; Begr. d. organ. Chemie; entdeckte Chloroform u. Chloral; Schöpfer des modernen Chemieunterrichts u. d. Kunstdüngerlehre, fand Verfahren z. Herstellung d. nach ihm ben. → Fleischextrakts, Erfinder v. Analysenmethoden u. -geräten.

Liebknecht, 1) Karl (13. 8. 1871–15. 1. 1919), radikaler Sozialdemokrat, lehnte als MdR 1914 Kriegskredite ab; Leiter des *Spartakusbundes;* bei Berliner Januarunruhen 1919 ermordet; s. Vater **2)** Wilhelm (29. 3. 1826–7. 8. 1900), dt. Sozialist; 1848–62 verbannt u. in Verbindung

Karl Liebknecht

mit Marx u. Engels ab 1874 MdR, Führer d. jungen dt. Soz.demokr.

Liebstöckel, aromat., hochwüchsiger Doldenblütler aus S-Europa; zu Gewürz u. Tee.

Liechtenstein, amtl. *Fürstentum L.,* unabhängiges Fürstentum zw. Vorarlberg u. den Schweizer Kantonen Graubünden u. St. Gallen, 160 km², 25 200 E

(157 je km²), Bev.-Zuw. 1,2%; Sprache: Dt.; Währung: Schweizer Franken (sfr); Rel.: vorwiegend röm.-kath.; Hptst.: *Vaduz;* Flagge S. 340, Karte S. 740. **a)** *Landw.:* Getreide, Obst- und Weinanbau, Viehzucht. **b)** *Ind.:* Holz- u. metallverarbeitende, Textilind., Fremdenverkehr. **c)** *Verf.* v. 1921: konstitutionelle Erbmonarchie auf demokr.-parlamentar. Grundlage m. Landtag; Wahrnehmung d. Interessen im Ausland durch die Schweiz. **d)** *Gesch.:* 1719 reichsunmittelbaren Fürstentum, gebunden an d. Herrschaften Vaduz u. Schellenberg; 1876–1919 Zoll- u. Steuergemeinschaft m. Vorarlberg, nach 1921 m. Schweiz. **e)** *Mitgl.:* UN-Hilfsorganisationen, Europarat, EFTA-Sonderstatus.

Lied, kl. geschlossenes sangb. Musikstück; Volkslied, Chorlied u. das v. Orchester od. Klavier begleitete Kunstlied *(Schubert, Schumann, Brahms, Wolf, R. Strauss* u. a.).

Liedertafel, Bez. v. Männergesangvereinen; erste L. 1809 v. *Zelter* in Berlin gegründet.

Liegegeld, vom Verlader an den Schiffsführer bei Überschreitung d. Ladezeit zu zahlende Vergütung.

Liegendes, im *Bergbau:* Schicht *unter* einer Kohlen- usw. Lagerstätte; Ggs.: → Hangendes.

Liegnitz, *Legnica,* poln. St. in Niederschlesien, 103 000 E; Barockbauten; Textil-, Masch.-, Lederind. – 1241 Abwehr d. Mongolen; 1760 Sieg → Friedrichs II.; 1945 poln.

Lienz ['*lie*-], (A-9900), Bez.st. in Tirol, an der Mündung der Isel in die Drau, 13 000 Einw.; Luftkurort, Wintersport (Zettersfeldbahn); südl. **L.er Dolomiten** *(Sandspitze* 2772 m), im NW der **L.er Klause,** enges Durchbruchstal der Drau.

Lieschgras, Gräser mit walzigen Rispenähren; *Wiesen-L.* (Timotheusgras), vorzügl. Futtergras.

Liestal (CH-4410), Hptst. des schweiz. Halbkantons Basel-Land, an d. Ergolz, 12 200 E; Textil-, Masch.ind.

Lietz, Hermann (28. 4. 1868–12. 6. 1919), dt. Pädagoge; Begr. der Landerziehungsheime.

Lifar, Serge (2. 4. 1905–16. 12. 86), frz. Tänzer u. Choreograph russ. Herkunft; 1930–58 Ballettmeister d. Pariser Oper.

Lift, *m.* [engl.], → Fahrstuhl. - **L.boy,** Fahrstuhlführer.

liften, glätten d. Haut durch kosmet.-chirurg. Operationen; → Face lifting.

Lifting Body [engl. -'bɔdɪ „Auftriebskörper"], Flugkörper ohne Tragflächen, durch spezielle Form → Auftrieb erzeugend; Vorläufer d. → Raumtransporters (→ Space Shuttle).

Liga [span.], Bündnis: 16.–18. Jh., *Heilige L.,* wenn Papst beteiligt, *Kath. L.,* Bündnis dt. kath. Fürsten 1609–35, v. bes. Bedeutung im 30jähr. Krieg.

Liga der Nationen → Völkerbund.

Liga für Menschenrechte, 1898 aus Anlaß der Dreyfus-Affäre in Frkr. gegr. Vereinigung zur Wahrung der Menschenrechte und Beilegung zwischenstaatl. Konflikte; s. 1922 international.

Ligament|um [l. „Band"], bandartige Bindegewebsfaserzüge, dienen d. Festigung v. Gelenken u. Befestigung innerer Organe.

Ligatur, *w.* [l.], 1) *mus.* Bindung mehrerer Noten durch Bogen; 2) *med.* Gefäßabbindung bei Operation.

Ligeti, György (* 28. 5. 1923), ungar. Komp.; postserielle Klangflächenkompositionen; *Atmosphères;* Oper: *Le grand macabre.*

Ligne [liɲ], Charles Joseph Fürst v. (23. 5. 1735–13. 12. 1814), östr. Feldm. im → 7jähr. Krieg.

Lignin, *s.,* Holzstoff, inkrustiert pflanzl. Zellwände und läßt sie verholzen.

Lignit, *m.,* Braunkohle m. erkennbarer Holzstruktur.

Liguori, Alfonso Maria de (27. 9. 1696–1. 8. 1787), it. kath. Theol.; Stifter d. → Redemptoristen (1732); *Theologia moralis.*

Ligurien, it. *Liguria,* oberit. Landschaft u. Region um d. Golf v. Genua; 5416 km², 1,7 Mill. E; Gemüsebau, Blumenzucht, Ind., Luftkurorte, Seebäder; Hptst. *Genua.*

Ligurische Republik, Name d. Rep. Genua 1802–05.

Ligurisches Meer, Teil d. Mittelmeeres zwischen Korsika u. d. Riviera; bis 2615 m tief.

Liguster, *m., Rainweide,* Ölbaumgewächs, Heckenstrauch m. weißen Blüten u. blauschwarzen Beeren. - **L.schwärmer,** großer Nachtschmetterling; Raupe grün (gestreift m. Hinterhorn) an L. u. Flieder.

liieren [frz.], eng verbinden.

Likör, *m.* [frz.], mit Zucker, Pflanzenauszügen od. ätherischen Ölen versetzter Weingeist.

Liktoren, Begleiter der höchsten röm. Beamten, trugen die → *Fasces* (Rutenbündel mit Beil).

Lilie, Zwiebelgewächse *m.* gr. Blüten; Zierpfl. (z. B. *weiße L.; Feuerlilie; Türkenbund*).

Liliencron, Detlev Frh. v. (3. 6. 1844–22. 7. 1909), dt. Dichter d. Impressionismus; auch Naturalist: *Adjutantenritte; Kriegsnovellen; Poggfred;* Balladen, Lyrik.

Lilienhähnchen, kl. Blattkäfer; Schädling an Lilien u. a. Gartenblumen.

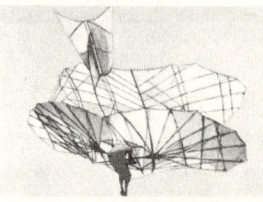

Gleitflugzeug Otto Lilienthals, 1896

Lilienthal, Otto (23. 5. 1848–10. 8. 96), dt. Gleitflugzeugkonstrukteur; „der 1. fliegende Mensch", b. Flugversuch tödlich abgestürzt; *D. Vogelflug als Grundlage d. Fliegekunst.*

Liliput, von Zwergen (**Liliputanern**) bewohntes Märchenland bei Swift: *Gullivers Reisen.*

Liliputaner → Zwergwuchs.

Lilith, im A.T. Nachtdämonin *(Jes. 34, 14),* im Talmud Adams erste Frau; babylon. Sturmdämonin.

Lilje, Hanns (20. 8. 1899–6. 1. 1977), 1947–70 ev. Landesbischof v. Hannover; 1948–69 Vors. d. VELKD, 1952–57 Präs. d. Luth. Weltbundes.

Lille [lil], fläm. *Ryssel,* Hptst. des frz. Dép. *Nord,* 168 000 E, Agglomeration 936 000 E; 2 Uni.; Textil- u. Masch.ind.

Lillehammer, norw. Provinzhptst. am Mjösa-See, 23 000 E; Austragungsort d. Olymp. Winterspiele 1994.

Lilongwe, Hptst. von → Malawi, 220 000 E; Handelszentr., Flugplatz.

Lima, Hptst. von Peru, 10 km vom Pazifik, *m.* Vororten u. Hafenst. *Callao* (Flughafen), 6,05 Mill. E; Uni. (s. 1551); Handels- u. Ind.zentrum.

Liman, *m.* [türk.], → Lagune.

Limbach-Oberfrohna (D-9102), St. i. Kr. Chemnitz, Sa., 22 526 E; Textil- u. Masch.ind.

Limbisches System, schmales Randgebiet zw. Hirnstamm u. Großhirn, d. im Dienste d. Stimmungen u. Gefühle, der Aufmerksamkeit, Merk- u. Lernfähigkeit sowie der Selbst- u. Arterhaltung steht; von hier einen Affektverhalten (Angst, Furcht, Spannung, Wut usw.) u. Regulation der unwillkürl. Innervation d. inneren Organe liegt.

Limburg, 1) *L. a. d. Lahn* (D-6250), Krst. im Rgbz. Gießen, Hess., 29 196 E; LG, AG; roman.-got. Dom; kath. Bistum (seit 1821); Eisen-, Glas-, Textil-, Ver-

Limburg a. d. Lahn, *Dom*

packungs-, Keramikind.; 2) frz. *Limbourg,* belg.-ndl. Landschaft a. d. Maas, fruchtbares Hügelland: Provinzen *Belg.-L.* (2422 km², 737 000 E), Hptst. *Hasselt* (65 800 E), u. *Ndl.-L.* (2169 km², 1,1 Mill. E), Hptst. *Maastricht;* Steinkohlenbergbau; 3) frz. *Limbourg,* belg. St., Prov. Lüttich, am Vesdre-Fluß, 5400 E; Tuchind.; „Limburger Käse".

Limbus [l. „Rand"], 1) nach *kath.* Lehre: Aufenthalt und Zustand der ungetauft verstorbenen Kinder und der vorchristlichen Gerechten im Jenseits; 2) an *Meßinstrumenten:* bei Teilkreisen der Ring mit der Teilung, an dem die → Alhidade gleitet.

Limelight, *s.* [engl. 'laɪm,laɪt], Scheinwerfer-, Rampenlicht, Licht der Öffentlichkeit.

Limerick, 1) irisch *Luimneach,* St. in d. Rep. Irland, am Shannon, 56 000 E; Hafen, Lachsfischerei, Schiffbau; 2) engl. Scherzverse (Schema: aa bb a).

Limes, *m.* [l. „Grenze"], 1) durch Kastelle u. Wachttürme gesicherte Grenze des röm. Weltreichs, in Schottland, Dtld, Arabien usw.; zwischen Rhein (Rheinbrohl) u. Donau (Eining bei Kelheim) zum Schutz gg. d. Germanen um 85–155 n. Chr. erbaut, 555 km lang; 2) *math.* Grenzwert, dem sich eine Folge v. Zahlen od. e. Funktion m. immer kleiner werdendem Abstand nähert; Grundlage der Infinitesimalrechnung.

Limfjord, buchtenreiche Meeresstraße zw. Kattegat und Nordsee in Nordjütland; Austernzucht.

Limit, *s.* [engl.], Börsenausdruck, vom Auftraggeber festgelegte Preisgrenze der Bank oder Sparkasse angegeben, unter (Verkauf) beziehungsweise über (Kauf) der das Geschäft nicht vorgenommen werden soll.

limited [engl. „begrenzt"], Abk. in Firmenbezeichnungen: *Ltd.* = mit beschränkter Haftung.

limitieren, begrenzen.

Limnologie [gr.], Wiss. v. d. Binnengewässern (Seekunde); MPI f. L. in Plön.

Limnos, älter *Lemnos, Lemni,* griech. Insel i. d. nördl. Ägäis; 476 km², 18 000 E; Hptort *Kastron;* griech. Bischofssitz.

Limoges [-'mɔʒ], Hptst. des frz. Dép. *Haute-Vienne,* an der Vienne, 172 000 E; Bischofssitz; Porzellanfabr.; bei L. Uranerzfunde. – In MA und Renaissance berühmte Emailmalerei; *Limosin.*

Limousin [-mu'zɛ̃], frz. Landschaft um Limoges.

Limousine, w. [-mu-], geschl. Kraftwagen.

Limpopo, südafrikan. Fluß, 1600 km lang, entspringt als *Krokodilfluß* b. Johannesburg, mündet b. Xai-Xai (Mosambik) in den Indischen Ozean.

Linares, südspan. St. in Andalusien, 55 000 E; Bergbau (silberhaltiges Blei); Aluminium-, Fahrzeugind.

Lin Biao, *Lin Piao* (1907–12. 9. 71), chin. Marschall u. Pol.; s. 1959 Verteidigungsmin.; Stellvertr. Mao Zedongs, s. 1970 dessen Gegner.

Lincke, Paul (7. 11. 1866–3. 9. 1946), dt. Operettenkomp.; *Frau Luna.*

Abraham Lincoln

Lincoln ['lɪŋkəln], Abraham (12. 2. 1809–15. 4. 65), am. Jurist u. Pol.; 16. Präs. der USA 1861–65; Gegner d. Sklaverei; führte daher den → Sezessionskrieg; gilt als Idealgestalt der am. Demokratie; ermordet.

Lincoln ['lɪŋkən], **1)** Hptst. der ostengl. Gft *L.shire,* 77 000 E; Getreidehandel; **2)** Hptst. d. US-Staates Nebraska, am Salt Creek, 183 000 E; Uni. (s. 1871); Getreide- u. Viehhandel.

Lind, 1) Jakov, eigtl. *J. Landwirt* (* 10. 2. 1927), östr. Schriftst.; *Eine Seele aus Holz; Landschaft in Beton;* **2)** Jenny (6. 10. 1820–2. 11. 87), schwed. Sängerin (d. „schwed. Nachtigall").

Lindau, 1) (D-8990), **L. (Bodensee),** Gr.Krst. in Bay., 23 699 E; Inselst. m. ma. Gepräge, Seebad (Spielkasino); Hafen; AG, IHK; auf d. Festland *Bad Schachen.* – 1240–1802 Freie Reichsstadt; 1805 bayr.; **2)** ehem. Gem. b. Göttingen, s. 1974 zu → Katlenburg-Lindau.

Lindbergh [-bəɡ], Charles (4. 2. 1902–26. 8. 74), am. Flieger, 1954 General, überflog 1927 mit „Spirit of St. Louis" als erster (i. 33 Std. u. 30 Min.) allein d. Atlantik v. W nach O.

Linde, 1) Carl v. (11. 6. 1842–16. 11. 1934), dt. Ing.; Erfinder d. L.-Eismaschine; → flüssige Luft; **2)** Otto zur (26. 4. 1873–16. 2. 1938), phil. Lyriker *(Charon;*) Vorläufer des Expressionismus.

Linde

Linde, Bäume mit gelbl. honigreichen Blüten (zu Tee); Holz weich, weiß, zu Tischler- und Schnitzarbeiten, Bast zu Flechtwerk; *Sommer-L., Winter-L., Krimlinde* (als Straßenbaum); am. u. asiat. Arten eingeführt.

Lindenberg, Udo (* 17. 5. 1946), dt. Rockmusiker; zeitkrit.-saloppe Rock-Songs in dt. Sprache.

Lindenberg i. Allgäu (D-8998), St. i. Kr. Lindau (Bodensee), Bay., 750–800 müM, 10 171 E; div. Ind.

Linderhof, Schloß in Oberbayern, westl. v. Ettal, 948 müM, für Ludwig II. 1869–78 erbaut.

Lindgren, Astrid (* 14. 11. 1907), schwed. Kinderbuchautorin; *Pippi Langstrumpf;* 1978 Friedenspr. d. Dt. Buchhandels.

Lindlar (D-5253), Gem. im Oberbergischen Kr., NRW, 18 405 E; diverse Industrien.

Lindner, Richard (11. 11. 1901–16. 4. 78), dt.-am. Maler u. Graphiker; maschinenartige u. plakativ stilisierte Figuren; Vorläufer der → Pop Art.

Lindos, griech. St. auf Rhodos, ca. 1000 E; antike Kulturdenkmäler (Heiligtum d. Athene), Fremdenverkehr.

Lindwurm, svw. → Drache.

linear [l.], eindimensional (→ Linie).

Linear-B-Schrift, kret.-myken. Schrift, auf Tontäfelchen erhalten, 1900 Funde v. Knossos (1400 v. Chr.), 1939 Pylos (1200 v. Chr.), 1953 als Frühform d. Griechischen entziffert.

lineare Gleichung, math. → Gleichung 1. Grades: $y = ax + b$.

linearer Kontrapunkt, *mus.* svw. → Kontrapunkt ohne Rücksicht auf harmonische Übereinst.; hpts. expressionistisch.

Lindau, *Hafen*

Liner, *m.* [engl. *'laɪnə*], Fahrgastschiff m. fester Route.

Lingam, in Indien verehrtes Symbol des Gottes Schiwa, svw. → Phallus.

Lingen, Theo, eigtl. *Theodor Schmitz* (10. 6. 1903–10. 11. 78), dt. Bühnen- u. Filmschausp.; *Sieben Jahre Pech.*

Lingen (Ems) (D-4450), St. i. Kr. Emsland, Nds., 47 837 E; AG; Viehmarkt, Erdölgewinnung u. -verarbeitung, div. Ind.; Kernkraftwerk (1300 MW).

Linguist, *m.* [l. „lingua = Sprache"], Sprachforscher.

Linie [l. „linea"], **1)** Grundbegriff der *Math.:* eindimensionale Längenausdehnung (ohne Breite u. Dicke), gerade, gekrümmt od. gebrochen; Entstehung durch Bewegung eines Punktes; **2)** in der *Schiffahrt:* der Äquator („die L. passieren").

Linien-richter, Assistent d. Schiedsrichters zur Überwachung d. Spielfeldgrenzen u. v. Abseitsstellungen (z. B. beim Fußball). – **L.schiffe,** früher Kriegsschiffklasse m. schwerster Panzerung u. Bestückung, jetzt → Schlachtschiffe. – **L.spektren,** von → Fraunhofer entdeckt. – **L.verkehr,** in d. *Schiffahrt:* fahrplanmäßiger Transportverkehr; Ggs.: → Trampschiffahrt; i. d. *Luftfahrt:* Linienflug; Ggs.: Charterflug.

Liniment, *s.* [l.], flüssige Salbe zu Einreibungen.

linke Hand, *Ehe,* → morganatische Ehe.

Linköping [*'lintɕøpiŋ*], Hptst. des schwed. Län Östergötland, 119 000 E; luther. Bistum; Flugzeug- u. Lokomotiven-, Masch.fabriken, Textilind.

Linktrainer, *m.* [engl. *-trɛː-*], Bodenübungsgerät f. Flugzeugführer, insbes. f. Blindflugschulung.

Karl v. Linné

Linné, Karl von-(23. 5. 1707–10. 1. 78), schwed. Naturforscher; schuf d. nach ihm ben. künstl. Pflanzensystem u. d. noch heute gebräuchl. wiss. Benennung der Tiere u. Pflanzen mit je e. lat. Gattungs- u. Artnamen (*Canis lupus* = Wolf).

Linnich (D-5172), St. i. Kr. Düren, NRW, 12 150 E; Papier- u. Kunststoffind.

Linoleum [-*leum*], Belag für Fußböden, Tischplatten usw.: Leinöl wird hierzu durch Einblasen von Luft gehärtet und mit Harz, Pigmenten und Korkmehl zu einer Kautschuk-ähnlichen Masse verarbeitet. Diese wird heiß auf eine Juteunterlage gewalzt und im Ofen bei 80 °C gehärtet.

Linolschnitt, Hochdruckverfahren m. Hilfe v. Linoleumplatten, die leichter als Holz zu schneiden sind, Farben gut annehmen u. beim Drucken gut abgeben; insbes. f. künstler. Graphik (z. B. v. Picasso).

Linon, *m.* [frz. -'*nõ*], stark appretierter, gebleichter Baumwollstoff.

Linotype, *w.* [engl. '*lainotaip*], Setzmaschine, setzt u. gießt zugleich *ganze Zeilen;* Erfinder *Mergenthaler;* → Monotype.

Linse, 1) wickenähnl. Schmetterlingsblütler aus d. Mittelmeergebiet mit nahrhaftem Samen (Hülsenfrüchte); sehr alte Kulturpflanze; als Schädling u. a. *Linsenkäfer* (Larven in d. Hülsen); **2)** L. des *Auges* (Kristallinse), durchsichtig u. elastisch, bikonvex, kann durch Muskelzug verschieden stark gekrümmt werden; in der Ruhe entspannt, auf Sehen in d. Ferne eingestellt, krümmt sich stärker beim Nahsehen (→ Akkommodation).

Linsen, in d. Optik runde Scheiben, meist aus Glas, mit gekrümmter Oberfläche (→ Tafel Optik).

Linson, Einbandmaterial für (Schul-)Bücher etc., aus langfaserigem Sulfat-Zellstoff mit Manilahanf-Zusätzen u. Voll-Imprägnierung, oberflächengeprägt.

Linters [engl.], zum Spinnen ungeeignete kurze Baumwollfasern; Rohstoff für Chemiefasern.

Lintorf, s. 1975 zu → Ratingen.

Lin Yutang (10. 10. 1895–26. 3. 1976), chin. Gelehrter u. Schriftst.; *Weisheit des lächelnden Lebens.*

Linz, *Hauptplatz*

Linz an der Donau (A-4020), Hptst. v. Oberöstr., 200 000 E; Römerkastell (1. Jh. n. Chr.), Martinskirche (8. Jh.), Schloß, Altstadt, Barockkirchen; Uni., HS f. künstler. u. ind. Gestaltung, Bruckner-Konservatorium; Museen; Eisen- u. Stahlwerke, chem.-pharmazeut. Betriebe, größter westl. Donauhafen m. Freihandelszone.

Linzgau, Landschaft in Baden a. Bodensee, wald-, seen- u. moorreich; Weinbau.

Lions International [engl. '*laiənz intə-'næʃənəl*], 1917 in d. USA gegr. weltumfassende Organisation von Persönlichkeiten d. öffentl. Lebens f. geist. Verständi-

gung u. Pflege d. Allgemeinwohls; enge Zusammenarbeit m. → CARE.

Liotard [*lj̯o'ta:r*], Jean-Étienne (22. 12. 1702–12. 6. 89), schweiz. Pastell- u. Emailmaler d. Rokoko; bes. Bildnisse *(Kaiserin Maria Theresia).*

Liparische Inseln, *Äolische Inseln,* it. vulkanische Inselgruppe (6 größere, 11 kleinere Inseln) nördl. v. Sizilien (tätige Vulkane: *Stromboli, Vulcano*), 117 km², 11 000 E; fruchtbar; Ausfuhr v. Schwefel u. Bimsstein; Hptort *Lipari* auf Lipari (10 000 E).

Lipasen [gr.], Enzyme, die Fette in Fettsäuren u. Glyzerin spalten („verseifen"); in pflanzl. u. tierischen Organismen (L. in Bauchspeicheldrüse, wichtig für die Verdauung).

Lipchitz [*-fits*], Jacques (22. 8. 1891–26. 5. 1973), frz.-am. Bildhauer litt. Herkunft; kubist. u. absolute Plastik.

Lipide, Fette u. fettähnliche Stoffe.

Lipidsenker, *m.,* den Blutfettspiegel senkende Substanzen.

Lipizzaner

Lipizza, östr. Hofgestüt bei Triest, 1580–1918; berühmt durch **Lipizzaner,** Vollblutpferde (heute meist Schimmel); Zucht jetzt in Piber bei Köflach, Steiermark; d. L. sind d. klass. Pferde der Span. Hofreitschule in Wien.

Lipmann, Fritz A. (12. 6. 1899–24. 7. 1986), dt.-am. Biochem.; Arb. über d. intermediären Stoffwechsel; Nobelpr. 1953.

Lipoide [gr.], fettähnliche Stoffe d. Tier- u. Pflanzenzelle; im Ggs. zu den Fetten nicht verseifbar u. oft Phosphor od. Stickstoff (auch beide) enthaltend; in Nervensubstanz, Galle, Eidotter, Cholesterin u. Lezithin (Kräftigungspräparate) u. a.

Lipom, *s.* [gr.], gutartige Fettgeschwulst.

Lippe, 1) r. Nbfl. d. Niederrheins bei Wesel, vom Eggegeb., 255 km lang; **2)** ehem. Land des Dt. Reiches, 1215 km², zw. Teutoburger Wald u. Weser; Hptst. *Detmold.* – Seit 1720 Fürstent., 1918 Freistaat; s. 1947 zum Rgbz. Detmold, NRW.

Lippenblütler, Pflanzenfamilie, Blüte m. Ober- und Unterlippe; kl., vierteilige Früchte; viele wegen aromat. Stoffe z. Gewürz, Tee, Parfüm.

Lippfische, barschart. Meeresfische m. wulstigen Lippen, meist prächtig gefärbt; in allen wärmeren Meeren.

Lippi, 1) Fra Filippo (um 1406–9. 10.

69) u. s. Sohn **2)** Filippino (um 1457–18. 4. 1504), florentin. Maler d. Renaissance; **3)** Lorenzo (3. 5. 1606–15. 4. 65), florentin. Maler, Schriftsteller u. Dichter d. Barock.

Lippmann, Gabriel (16. 8. 1845–13. 7. 1921), frz. Physiker; Farbenfotografie; Nobelpr. 1908.

Lippstadt (D-4780), St. i. Kr. Soest, an d. Lippe, NRW, 60 396 E; AG; Eisen- u. Metallind., Polstermöbelfabrik, Strumpfwirkerei; Ruine d. Stiftskirche.

Lipschitz, Jacques, → Lipchitz.

Lipscomb [*-koum*], William Nunn (* 9. 12. 1919), am. Chem.; Nobelpr. 1976.

liquet [l.], es leuchtet ein; *non l,* es ist nicht klar.

liquid [l.], flüssig (auch v. Geld); Ggs.: illiquid.

Liquidae [l.], flüss. od. Schmelzlaute: l, r.

Liquidation [l. „liquidus = flüssig, klar"], Abwicklung eines aufzulösenden Unternehmens unter Bereinigung d. Schulden u. Verteilung d. übrigen Vermögens an d. Berechtigten; im Börsenverkehr d. Auflösung eines → Engagements durch Abrechnung u. Begleichung d. gegenseit. Forderungen; Tilgung einer Schuld; Ggs.: → Prolongation.

Liquidator, mit d. Durchführung einer Liquidation betraute Person.

liquidieren, 1) → Liquidation; **2)** svw. beseitigen.

Liquidität [l.], die Zahlungsfähigkeit eines Unternehmens (Ggs.: Illiquidität); je nachdem, welche Teile d. Vermögens (Aktiva) u. d. Schulden (Passiva) zueinander ins Verhältnis gesetzt werden, ergeben sich versch. L.sgrade; für Banken im Kreditwesengesetz bes. Vorschriften über die L.sreserven (L.sreserve 1. Grades = Barreserve).

Liquor, *m.* [l.], **1)** flüssiges Arzneimittel; **2)** Flüssigkeit, d. Hirn u. Rückenmark umgibt und die Hirnhohlräume ausfüllt.

Lira, Mz. *Lire,* → Währungen, S. 1087.

Liselotte von der Pfalz → Elisabeth 4).

Lisène, *w.,* senkr., a. d. Mauer z. Gliederung d. Wand heraustretender Streifen.

LISP, *List Processing,* → Programmiersprache, 1958 v. John McCarthy eingeführt, Verwendung hpts. in der → Künstlichen Intelligenz.

Liss, Johann (um 1597–1629/30), dt. Maler d. Barock, ab 1621 in Italien tätig; s. strahlenden Farben u. intensive Lichtführung beeinflußten d. venezian. Malerei bis in d. Rokoko (18. Jh.).

Lissa, 1) dalmatin. Adriainsel, → Vis; **2)** poln. *Leszno,* Hptst. d. Woiwodschaft *L.,* 57 000 E.

Lissabon, portugies. *Lisboa,* Hpt.- u. Hafenst. v. Portugal, an d. Mündung d. Tejo (Tajo), 830 000 E; Uni. u. HS; Museen; Schiffbau, Handelsplatz, s. 1971 größtes Trockendock d. Welt. – 1755 Erdbeben.

Lissitzkij, El (23. 11. 1890–30. 12. 1941), russ. Maler u. Architekt; Vertr. u. Theoretiker d. → Konstruktivismus.

Friedrich List

List, Friedrich (6. 8. 1789–30. 11. 1846), dt. Nationalökonom; Lehre v. d. wirtsch. Selbständigkeit der Nationen; forderte Schutzzölle u. Ausbau d. Eisenbahnen; Vorkämpfer der dt. Zollunion; *D. nat. System der pol. Ökonomie.*

Lister, Josef Lord (5. 4. 1827–10. 2. 1912), engl. Chirurg, führte die Antisepsis ein.

Listeriose, eine → Zoonose durch e. bes. Bakterium, die durch Kontakt- u. Schmierinfektion auf d. Menschen übertragen wird; d. Erreger kann auch v. infizierten Schwangeren durch d. Plazenta (→ Mutterkuchen) auf d. → Fetus übertreten; dadurch kommt es zur Tot- od. Frühgeburt m. schweren Krankheitserscheinungen.

Franz Liszt

Liszt, Franz v. (22. 10. 1811–31. 7. 86), ungar.-dt. Pianist und Komponist; sinfon. Dichtungen, Vokal- u. Klavierwerke; Schwiegervater u. Förderer R. Wagners.

Litanei, w. [gr. „Gebetsprozession"], *Wechselgebet* und *-gesang* zw. Priester u. Gläubigen; i. kath. Gottesdienst gebräuchl.; im ev. als Fürbitgebet; auch → Leis.

Litauen, lit. *Lietuva,* südlichster der balt. Staaten, 65 200 km², 3,7 Mill. E (56,7 je km²); Sprache: Litauisch; Bev.: 80% Litauer, 9% Russen, 7,7% Polen; Rel.: überwiegend kath.; Hptst. *Wilna* (Vilnius); Flagge S. 341, Karte S. 745; flachwellige, z. T. recht fruchtbare, vom Njemen durchflossene wald- u. sumpfreiche Moränenlandschaft, Agrarstaat; 1317 unter Gedimin lit.-weißruss.-ukrain. Reich (Hptst. *Kiew*) mit starkem ukrain. Einfluß; durch Heirat d. lit. Fürsten Jogaila (poln. → Jagiello) Personalunion mit Polen; 1569 → Lubliner Union; 1795–1917 russ.; 1918 selbst. Rep., ab 1940 Unionsrep. d. UdSSR; März 1990 für unabhängig erklärt; s. Aug./Sept. 1991 unabhäng. Staat; Mitgl. d. UN.

Litauer, vorwiegend ostbalt. Volk, ca. 2,7 Mill.

litauische Sprache → Sprachen, Übers. Seite 896.

Liter, *s.* [frz. „litre"], Hohlmaß = 1 Kubikdezimeter (Maße u. Gewichte, S. 1085).

Litera, *w.* [l.], Buchstabe.

Literatur, *w.* [l.], d. schriftl. niedergelegten Äußerungen; im engeren Sinn: Gesamtheit d. sprachl. Kunstwerke (Dichtung u. Unterhaltungs-L.); vgl. d. Artikel z. L. d. einzelnen Länder (→ deutsche Literatur); Rechtsschutz durch → Urheberrecht.

Litewka, *w.* [poln.], bequemer, zweireihig geknöpfter Uniformrock mit Umlegekragen.

Litfaßsäule, Anschlagsäule, zuerst von dem Berliner Buchdrucker *E. Litfaß* (1854) aufgestellt.

Lithium, *Li,* chem. El., Oz. 3, At.-Gew. 6,939, Dichte 0,53; sehr leichtes Alkalimetall; Verwendung in leichten Trockenbatterien; *L.salze* färben die Flamme rot; f. Feuerwerk. – **L.therapie,** Behandlung des manisch-depressiven Irreseins mit Lithium.

Litho- [gr.], als Vorsilbe: Stein ...

Lithographie, svw. → Steindruck.

Lithopone, *w.,* Anstrichfarbe, Zinksulfid u. Bariumsulfat.

Lithotripsie, Blasensteinzertrümmerung in der Harnblase.

litoral [l.], zum Küsten- u. Uferbereich gehörend.

Litorinazeit → Ostsee.

Litschipflaume, trop. Obstbaum S-Chinas; m. saft., weichstachligen Früchten.

Litt, Theodor (27. 12. 1880–16. 7. 1962), dt. Phil. u. Pädagoge; bekämpfte Eindringen naturwiss. Denkens i. d. Phil.; *Staatsgewalt u. Sittlichkeit; Naturwiss. u. Menschenbildung.*

Littau, schweiz. Vorortgem. v. Luzern, 15 000 E; Holz- u. Seidenind.

Little Rock, Hauptstadt des US-Staates Arkansas, 159 000 E; Uni.; Baumwollhandel.

Liturgie [gr. „Dienst"], in der röm.-kath. und orthodoxen Kirche die streng geregelte Ordnung des Gottesdienstes; in der ev. Kirche ein Teil des Gottesdienstes → Berneuchener Kreis.

Liturgische Bewegung, rel. Erneuerungsbewegung in der kath. Kirche seit Ende d. 19. Jh., die sich um eine intensive Mitfeier d. Liturgie bemüht; ähnl. Bewegung innerh. d. ev. Kirchen: → Berneuchener Kreis.

Litvak, Anatol (10. 5. 1902–15. 12. 74), russisch-amerikanischer Filmregisseur; *Decision Before Dawn* (1951); *Anastasia* (1956).

Litze, 1) Schnur, schmale Borte; **2)** *techn.* für el. Leitungen aus feinen Drähten geflochten, auch isoliert.

Liudolfinger, altsächs. Adels-, später Grafen- und Kaisergeschlecht, Mitte 9. Jh. bis 1024.

Liu Shaogi, *Liu Schao-tschi* (1898–vermutl. 1972), chinesischer kommunist. Pol.; 1959–68 Staatsoberhaupt d. VR China.

Liverpool [*-pu̇l*], St. in der engl. Gft Lancashire, a. d. Mündung d. Mersey, 470 000 E; zweitgrößter Seehafen Englands, wichtiger Baumwollmarkt; Ind., Uni., Sternwarte.

Live-Sendung [engl. *laɪv-*], Direktübertragung b. Rundfunk u. Fernsehen; Ggs.: Aufzeichnung.

Livia, Drusilla (58 v. Chr.–29. n. Chr.), Gemahlin des Augustus, Mutter des Tiberius.

David Livingstone

Livingstone [*-vɪŋstən*], David (19. 3. 1813–1. 5. 73), schott. Missionar u. Afrikaforscher; entdeckte u. a. die Victoriafälle des Sambesi u. d. Bangweolosee (1868); v. Stanley gefunden.

Livingstone-fälle, Wasserfälle am Zaïre (Kongo) unterhalb Kinshasa. – **L.gebirge,** Hochland am Nordostufer des Njassa-(Malawi-)Sees, im *Rungwe* (Vulkan) 2961 m hoch.

Livistona, Fächerpalmen Asiens u. Australiens.

Livius, Titus (59 v. Chr.–17. n. Chr.), römischer Historiker; *Ab urbe condita* (142 Bücher zur römischen Geschichte).

Livius Andronicus (um 284–204 v. Chr.), ältester röm. Dichter; Dramen, lat. Übers. d. *Odyssee.*

Livland, lett. *Vidzeme,* baltische Landschaft in N-Lettland, von d. Rigaer Bucht bis z. Peipussee; durchzogen v. balt. Höhenrücken (livländ. Schweiz); Hptst. *Riga.* – Seit 1202 vom Schwertbrüderorden kolonisiert, 1561 poln., 1629 schwed., 1721 russ., 1919 größerer S-Teil an Lettland, N-Teil, estnischsprachig, an Estland.

Livorno, Hptst. der it. Prov. *L.,* Hafen am Tyrrhen. Meer u. am Kanal zum Arno, 171 000 E; Marineakad., Schiffbau, Handel.

Livre, *w.* [frz. *'livrə* „Pfund"], bis 1796 frz. Münzeinheit; b. 1840 amtl. frz. Gewichtseinheit (= 0,5 kg).

Livrée, *w.* [frz.], uniformartige Bedientenkleidung.

Li Xiannian (* 1909), chin. Pol.; s. 1945 Mitgl. d. ZK d. KPCh; s. 1956 d. Politbüros; s. 1976 stellvertr. Min.präs. (Vors. d. VR China.)

Grad, meist nur i. d. theol. Fakultäten verliehen.

Lizenz, w. [l.], Erlaubnis, Genehmigung, **1)** *privatrechtl.:* im Urheberrecht u. gewerbl. Rechtsschutz Befugnis, d. ausschließl. Recht eines anderen zu benutzen; Formen: gewöhnl. einfache oder ausschließl. L. (freiwillig. Vertrag), Zwangs-L. (Vertrag mit einseit. Abschlußzwang), gesetzl. L. (Zahlung einer Gebühr gewährt bereits die Befugnis); **2)** amtl. Bescheinigung des für Berufssportler (Boxer, Rennfahrer u. ä.) zuständ. Sportverbandes. – **L.abgaben,** in manchen Staaten v. den Produzenten od. Händlern m. steuerpflichtigen Waren erhoben.

Ljubljana → Laibach.

Lkw, Abk. f. La*stkraftwagen.*

Llanos [*'ʎanɔs*], Hochgrasebenen i. subtrop. und trop. Amerika (z. B. am Orinoco).

Llewellyn [*lu'elɪn*], Richard (8. 12. 1906–30. 11. 83), engl. Schriftst.; *So grün war mein Tal.*

Lloyd [*lɔɪd*], **1)** Harold (20. 4. 1894–8. 3. 1971), am. Filmkomiker; *Safety Last; The Kid Brother;* **2)** Selwyn (28. 7. 1904–18. 5. 78), engl. Pol.; 1955–60 Außenmin.; 1960–62 Schatzkanzler.

Lloyd, m. [*lɔɪd*], Bez. f. Seeversicherungs-Organisationen, zuerst in London Ende d. 17. Jh., später in Dtld u. and. Ländern; betreiben auch Agenturen, Schiffsklassifikationen, Ausbau d. Signal- u. Rettungswesens; → Germanischer Lloyd, → Seeversicherung. – Auch Bez. f. Schiffahrtsgesellschaft.

Lloyd George [*'lɔɪd 'dʒɔːdʒ*], David (17. 1. 1863–26. 3. 1945), engl. liberaler Pol., 1916–22 Premiermin.

Loanda → Luanda.

Lob, m. [engl. *lɔb*], b. Tennis Rückschlag *hoch* über vorlaufenden Gegner; *lobben,* überspielen.

Lobatschewskij, Nikolai Iwanowitsch (2. 11. 1793–24. 2. 1856), russ. Math.; *Nichteuklidische Geometrie.*

Löbau (D-8700), Krst. in Sa., Hptort d. Lausitzer Berglds., 17 785 E; Textilind.

Lobby, m., w. od. s. [engl. *'lɔbɪ*], Vorhalle; Wandelhalle d. Parlaments; danach **Lobbyismus,** Beeinflussung v. Parlamentariern durch Vertreter v. Interessengruppen: **Lobbyisten.**

Löbe, Paul (14. 12. 1875–3. 8. 1967), SPD-Pol.; 1920–24 u. 1925–32 R.tagspräs.; 1949–53 MdB.

Lobektomie [gr.], chirurgische Entfernung eines Lungenlappens.

Lobelia, w., krautige Pflanze, meist blaue Blüten.

Lobotomie [gr.], → Leukotomie.

Locarno (CH-6600), Bez.hptort u. Klimakurort im schweiz. Kanton Tessin, am Lago Maggiore, 14 000 E; Fremdenverkehr. – **L.pakt,** Garantieverträge zw. Dtld, Frkr., Engl., Belgien, Italien, 1925: Garantie d. dt. Westgrenze, Entmilitarisierung d. Rheinlands, Verbot v. An-

griffen; daher **L.politik,** Pol. d. Befriedigung Europas (→ Briand, → Stresemann).

Loccum, Ortsteil zw. Steinhuder Meer u. Weser, *Kloster L.,* ehem. Zisterzienserabtei (1163 gegr.), s. 1820 luther. Predigerseminar; Ev. Akad.; s. 1973 zu → Rehburg-Loccum.

Lochien [gr.], Scheidenausfluß im Wochenbett.

Lochkamera → Camera obscura.

Lochkarten, ältester maschineller Datenträger, heute ohne Bedeutung; genormtes Kartonblatt, das statt schriftl. Aufzeichnung Kennzeichen u. Zahlenwerte durch Lochen eingetragen werden; Sortieren u. Auswerten mechanisch od. durch el. Büromaschinen (Lochkartenmaschinen); → Informatik.

Lochner, Stephan (um 1405–51), Hptmeister d. spätgot. Kölner Malerschule; *Maria im Rosenhag.*

Loch Ness, See im schottischen Hochland, 52 km², 36 km l., bis 230 m tief; bekannt durch das Ungeheuer von L. N. *(Nessie).*

Locke [*lɔk*], John (29. 8. 1632–28. 10. 1704), engl. Phil., erkenntnistheoret. Idealist u. Empirist, Vorläufer der Aufklärung; Vorstellungen stammen aus äußerer (Sensation) u. innerer (Reflexion) Erfahrung; forderte als erster Trennung d. Gewalten im Staat; *Versuch über den menschl. Verstand.*

Lockheed

Lockheed Aircraft Corporation [*'lɔkhid 'eəkraːft kɔːpə'reɪʃn*], 1926 gegr. Luft- u. Raumfahrtkonzern in d. USA.

Lockyer [*-jə*], Joseph Norman (17. 5. 1836–16. 7. 1920), engl. Phys. u. Astronom; Entdeckung des Heliums 1868.

loco [l.], am Ort (d. Lieferung od. des Verkaufs). – **l. citato,** Abk. *l. c.,* bei Büchern: am angeführten Ort; → a. a. O.

Loden, Tuche aus grober Schafwolle in Leinenbindung, bes. für Sportanzüge u. Wettermäntel.

Lodi, it. St., Prov. Mailand, an d. Adda, 42 000 E.

Lodoicea, hohe Fächerpalme d. Seychellen m. sehr großen, zweiteiligen, bis 25 kg schweren Früchten: *Seychellennuß;* Blätter u. Fasern verwertet.

Lodz [*lɔtʃ*], poln. *Łódź* [*ɰutʃ*], Hptst. d. poln. Woiwodschaft *L.;* 852 000 E; bed. Industrie.

Loeb, Jacques (7. 4. 1859–11. 2. 1924), dt.-am. Biol.; Arbeiten über künstl. Parthenogenesis u. Tropismen.

Loerke, Oskar (13. 3. 1884–24. 2. 1941), dt. Naturlyriker; *Atem der Erde;* Romane: *Der Turmbau; Der Oger.*

Loewe, 1) Carl (30. 11. 1796–20. 4. 1869), dt. Komp. populärer Lieder u. Balladen: *Die Uhr; Prinz Eugen; Archibald Douglas;* **2)** Frederick (10. 6. 1904–14. 2. 88), östr.-am. Komponist; Musicals: *My Fair Lady.*

Loewi, Otto (3. 6. 1873–25. 12. 1961), östr. Pharmakologe; chem. Übermittlung d. Nervenimpulse; Nobelpr. 1936.

Löffelkraut, Kreuzblütler d. nördl. gemäßigten Zone, bes. an d. Küsten; enthält äther. Öl, Volksheilmittel.

Löffler, Friedrich (24. 6. 1852–9. 4. 1915), dt. Bakteriologe; Entdecker d. → Diphtherie-Erregers u. a. Bakterien.

Löffler, dem → Ibis verw. Sumpfvögel mit löffelartig geformtem Schnabel.

Lofoten, Inseln vor d. Küste des nw. Teils Norwegens, Fylke Nordland; 1350 km², meist steile, kahle Felsberge aus Gneis (bis 1161 m), mit zahlreichen Sunden; Fischfang (Dorsch, Hering).

Log, s., Logge, Gerät zum Messen, *Loggen,* der Schiffsgeschwindigkeit; meist *Patentlog,* ein rotierender Propeller, an dessen nachgeschleppt wird u. dessen Umdrehungen, auf ein Zifferblatt übertragen, die Geschwindigkeit anzeigen (bei großen Schiffen wird Staudruck gemessen).

Logarithmus, m. [gr.], Mz. *Logarithmen,* Abk.: *log;* L. einer Zahl (des Numerus) *b* zur Basis (Grundzahl) *a* ist der → Exponent der → Potenz, in die man die Basis *a* erheben muß, um die Zahl *b* zu erhalten, od., da praktisch nur den dekadischen, *Briggsschen L.,* Abk.: *lg,* mit der Basis 10 gerechnet wird, die Zahl, mit der man 10 potenzieren muß, um den Numerus *b* zu erhalten (Basis der natürl., *Napierschen L.,* Abk.: *ln* od. *log nat, e* = 2,7182818 ...). Also ist Logarithmus v. 1000 f. d. Basis 10 (lg 1000) = 3, da 10^3 = 1000, und von 100 = 2, da 10^2 = 100; die L. der Zahlen v. 100 bis 1000 liegen also zwischen 2 u. 3; 2 heißt die *Kennziffer,* die hinter dem Komma stehende Zahl heißt die *Mantisse;* höhere Rechnungsarten, wie Multiplizieren u. Dividieren bzw. Potenzieren u. Radizieren, sind mit Hilfe der **Logarithmenrechnung** auf Addieren u. Subtrahieren bzw. Multiplizieren u. Dividieren zurückgeführt nach d. Formeln:

$$\log (a \cdot b) = \log a + \log b;$$

$$\log \frac{a}{b} = \log a - \log b;$$

$$\log a^n = n \log a;$$

$$\log \sqrt[n]{a} = \frac{1}{n} \cdot \log a.$$

Die Zusammenstellung der Mantissen für alle Zahlen heißt **L.tafel** (beruht meistens auf der Basis 10).

Logau, Friedrich v. (Juni 1604–24. 7. 55), Deckname: Salomon v. *Golaw,* dt. Epigrammatiker d. 17. Jh.; Mitgl. d. „Fruchtbringenden Gesellschaft"; *Sinngedichte.*

Logbuch, Schiffstagebuch.

Loge, w. [frz. *'loʒə*], 1) Zuschauerlaube i. Theater; 2) Gliederung der → Freimaurer.

Logger, *m.* [ndl.], *Lugger,* kl. Küstensegel- od. Motorschiff.

Loggia, w. [it. *'lɔddʒa*], gewölbter Bogengang od. Bogenhalle, Gebäuden vorgelagert; überdachter, an den Seiten geschlossener Balkon.

Logik, w. [gr.], 1) Fähigkeit, richtig zu denken; 2) Theorie v. d. formalen Beziehungen zw. Begriffen u. Aussagen, insbes. ihrer widerspruchsfreien Verknüpfung.

Logikelement, in der *Technik,* speziell in der *Elektronik:* Verknüpfungsanordnung, mit der logische Funktionen ausgeführt werden (→ Boolesche Verknüpfungen); Ausführung z. B. als elektron., opt., hydraul., mechan. System; → Informatik.

Login, *s.,* Beginn einer Arbeitssitzung an einer → DVA m. Zugriffskontrollen (→ Beriebssystem).

Logis, *s.* [frz. *lo'ʒi*], 1) Wohnung; 2) auf Schiffen = Mannschaftsraum.

Logistik, w., 1) *Logikkalkül, symbol. Logik,* will die Gesetze der formalen Logik math. exakt darstellen u. ihnen damit die Beweisstrenge d. Math. geben; Vorkämpfer *Leibniz,* moderne Vertr.: *Russell, Whitehead, Carnap, Scholz* u. a; **2)** im Militärwesen Lehre v. d. Planung, der Bereitstellung u. v. Einsatz der für mil. Zwecke erforderl. Mittel u. Dienstleistungen zur Unterstützung d. Streitkräfte; gliedert sich in materielle Versorgung u. Sanitätsdienst.

Logographen [gr.], älteste griechische Geschichtsschreiber (6. und 5. Jh. v. Chr.).

Logogriph, *m.* [gr.], Worträtsel; Änderung von Buchstabenzahl ergibt ein neues Wort: Blau, Blau.

Logopädie, w. [gr.], Sprachheilkunde, Beseitigung v. Sprachbehinderungen durch Sprecherziehung (eines *Logopäden*); → stottern.

Logos, *m.* [gr.], 1) *theol.:* Wort; im Joh.-Ev. für Christus gebraucht, insofern er göttl. Natur, d. h. das Wort Gottes ist; **2)** *phil.* Sinn, vernunftvoller Geist; Weltvernunft.

Logroño [-'ɣroɲo], Hptst. der span. Prov. La Rioja, a. ob. Ebro, 119 000 E; Weinhandel.

Lohblüte, Schleimpilz, gelbe, rahmartige Massen auf Gerberlohe u. anderen faulenden Pflanzenstoffen.

Lohe, Eichen- usw. Rinde, gemahlen; z. Gerben.

Lohengrin, in d. Sage Sohn des Gralkönigs Parzival; der *Schwanenritter;* Oper von R. *Wagner.*

Lohenstein, Daniel Casper v. (25. 1.

1635–28. 4. 83), schles. Spätbarockdichter; 2. Schles. Dichterschule; Tragödien: *Kleopatra; Sophonisbe.*

Lohfelden (D-3503), Gem. i. Kr. Kassel, Hess., 12 294 E.

Lohmar (D-5204), Gem. im Rhein-Sieg-Kreis, NRW, 25 669 E; div. Ind.

Lohn, 1) *allg.* Einkommensart, das dem Produktionsfaktor → Arbeit zuzurechnende Entgelt; 2) *speziell: Arbeitslohn* der Arbeiter (Ggs.: → Gehalt d. Angestellten), meist *Tariflohn,* gestuft nach Art u. Umfang der Arbeitsleistungen; → Ecklohn; Unterscheidung nach Lohnsystemen: **a)** *Zeitlohn* (Stunden-, Wochen-, Monats-L.), Grundlage ist die Zeit ohne Rücksicht auf die geleistete Ausbringungsmenge; **b)** *Leistungslohn* (→ Akkordlohn, Einzel- u. Gruppen-Akkord-Prämienlohn), Grundlage ist d. Zahl d. geleisteten Arbeitsstücke. – *Nominal-L.* ist d. in Geldeinheiten ausgedrückte L.; *Real-L.* ergibt sich aus d. Verhältnis des Nominal-L.s zur jeweil. Kaufkraft (→ Lebenshaltungskosten). – *Entlohnungsarten: Geld-L.; Natural-L.,* wird noch in Landw., Haushalt gezahlt, → Deputat.

Löhne (D-4972), St. im Kr. Herford, NRW, 36 882 E; div. Ind.

Lohne (Oldenburg) (D-2842), St. i. Kr. Vechta, Nds., 19 444 E; Korken-, Kunststoff-, Torf-, Bürsten- u. a. Ind.

Lohn-fortzahlung, s. 1970 im Krankheitsfall 6 Wochen lang. – **L.gesetz, ehernes,** von Lassalle geprägter Ausdruck für die von Ricardo aufgestellte u. v. Lassalle in d. sozialwiss. Diskussion eingeführte Lohntheorie, nach d. d. Lohn e. Arbeiters auf die Dauer d. Betrag d. notwendigen Lebensunterhaltes nicht übersteigen kann; 1891 v. d. Soz.demokraten aufgegeben. – **L.pfändung,** erfolgt unter Vorlage eines → Vollstreckungstitels durch Amtsgericht; Umfang geregelt durch §§ 850 ff. ZPO. – **L.quote,** Verhältnis d. Lohn-(Gehalts-)Summe z. Produktionswert (Produktionskost. + Gewinn). – **L.skala,** Lohnbildungsprinzip; gleitende L.skala erstrebt laufende Koordinierung d. Lohnpreises mit d. → Lebenshaltungskosten. – **L.steuer,** Einkommensteuer aus unselbständiger Arbeit; vom Arbeitgeber an Finanzamt abgeführt (→ Steuern, Übers.). – **L.werk,** Verarbeitung gelieferten Materials zu Hause (Heimarbeit) beim Auftraggeber (Störarbeit) Ggs.: → Preiswerk.

Lohr am Main (D-8770), St. im Main-Spessart-Kr., Bay., 15 765 E; Fremdenverkehr, Maschinenbau u. Ind.

Lohse, 1) Eduard (* 19. 2. 1924), dt. ev. Theol.; 1971–88 ev. Bischof v. Hannover, 1979–85 Ratsvors. der EKD; 2) *Richard* Paul (* 13. 2. 1902), schweiz. Maler; Vertr. der → Konkreten Kunst.

Loipe, w. [norweg.], *Skilanglauf* spur.

Loire [lwar], 1) größter Strom Frkr.s, von d. Cevennen, bei St-Nazaire in At-

lantik; 1020 km l., bis Nantes für Seeschiffe schiffbar; Kanalverbindung mit Saône u. Seine; Nbfl.: l. *Allier, Cher, Indre, Vienne, Sèvre, Nantaise;* r. *Nièvre, Maine, Erdre.* – Nach L. ben. die Dép.: **2)** *L.,* 4781 km², 738 000 E; Hptst. *St-Étienne;* **3)** *Haute-L.,* 4977 km², 210 000 E; Hptst. *Le Puy;* **4)** *Loire-Atlantique,* 6815 km², 1,04 Mill. E; Hptst. *Nantes;* **5)** *Loiret,* 6775 km², 577 000 E; Hptst. *Orléans;* **6)** *Loir-et-Cher,* 6343 km², 302 000 E; Hptst. *Blois.*

Loisach, w., l. Nbfl. d. Isar, durchfließt den Kochelsee, mündet n. Wolfratshsn; 120 km l.

lokal [l.], örtlich beschränkt; *lokalisieren,* auf einen Ort beschränken.

Lokalanästhesie = Anästhesie.

Lokaltermin, Gerichtsverhandlung, die außerhalb d. Gerichtssitzes angesetzt wird, z. B. am Tatort (§§ 86 StPO, 219 ZPO).

Lokativ, *m.* [l.], lat. Kasus, der d. Ort angibt, antwortet auf *wo?*

Loki, Feuergott der nord. Göttersage; der Widersacher der Götter.

Lokogeschäft, *Promptgeschäft, Effektivgeschäft,* (→ loco) Geschäft m. sofortiger Fälligkeit der Lieferung im Produktenhandel; Ggs.: → Termingeschäfte.

Lokomotive, w. [l.], Zugmaschine auf Gleisen; betrieben durch Dampf (s. Abb. S. 528), Elektrizität, Brennkraftmaschinen oder Druckluft (→ Tafel Eisenbahn); *Dampf-L.:* Heizgase erzeugen Dampf durch → Siederohre; Dampfspannung 12–18 at; der so erzeugte Naßdampf wird durch Überhitzer (→ überhitzter Dampf) auf ca. 400 °C gebracht u. den Zylindern z. Arbeitsleistung zugeführt; Sonderbauarten mit Öl- od. Kohlenstaubfeuerung sowie Turbo-L. mit Antrieb durch Dampfturbine. *El. L.:* Antrieb durch Elektromotoren, Stromzuführung durch Fahrleitung. *Druckluft-L.:* meist in Bergwerken (Gruben-L.); z. Vermeidung v. Funkenflug o. offenem Feuer Antrieb durch mitgeführte Preßluft. Bei *Brennkraftmaschinen-L.* erfolgt der Antrieb durch → Dieselmotoren, entweder direkt über ein Getriebe od. über Generatoren, die mehrere Elektromotoren antreiben *(dieselelektr. Antrieb).*

Lokris, zwei Landschaften im alten Hellas, am korinthischen u. euböischen Meerbusen.

Lolch, Weidegras; versch. Futtergräser, z. B.: *Wiesen-L.* (engl. u. it. *Raygras); Taumel-L.,* Unkraut, in den Körnern ein giftiger Pilz.

Lolland, *Låland,* dän. Ostseeinsel, mit ausgedehnten Wäldern u. gutem Ackerboden, 1241 km², 78 000 E; Hptort *Maribo* (5200 E).

Lollarden, ndl. religiöse Genossenschaft für Krankenpflege u. Leichenbestattung um 1350.

Lollobrigida [-dʒida], Gina (* 4. 7. 1928), it. Filmschausp.in; *Fanfan la tulipe.*

Lokomotive der Baureihe 23

Lo-lo, Bergvolk in W-China; eigene Schrift.

Lombard-geschäfte, *lombardieren* [it.], meist kurzfristige Kreditgewährung von Banken u. Sparkassen gg. Übergabe eines als Faustpfand dienenden (lombardfähigen) Wertgegenstandes, v. Effekten, Edelmetallen, Waren (auch durch Übergabe des → Lagerscheins), Lombardierung v. Gebrauchsgegenständen durch → Pfandleihen. – **L.satz,** v. d. DBB festgesetzter Zinsfuß für *L.kredite* (meist 1% höher als der → Diskontsatz).

Lombardei, it. *Lombardia,* Region Oberit., am mittleren Po, fruchtbar, industriereich u. dicht besiedelt, 23 857 km², 8,9 Mill. E; Hptst. *Mailand.* – Name nach den im 6. Jh. n. Chr. einwandernden → Langobarden; 951 Teil des Dt. Reiches; der republikan. *Lombard. Städtebund* im 11.–13. Jh. auf seiten der Päpste gg. Kaiser (Staufer); 1525 span.; 1714 östr., seit 1859 it.

Lombardo, Architekten u. Bildhauer der venezian. Frührenaissance (u. a. Venedig, *S. Maria dei Miracoli*): **1)** Pietro (um 1435–1515), s. Söhne **2)** Tullio (um 1455–17. 11. 1532) u. **3)** Antonio (um 1458–um 1516).

Lombok, Kleine Sundainsel in Indonesien, durch die **L.straße** von Bali getrennt; 3726 m hoher Vulkan *Rinjani;* 4669 km², 1,8 Mill. meist moh. E.

Lombroso, Cesare (18. 11. 1836–19. 10. 1909), it. Psychiater; erforschte Psychopathologie von *Genie u. Irrsinn.*

Lomé, Hptst. v. Togo, am Golf v. Guinea, W-Afrika, 400 000 E; Uni., kath. Erzbischofsitz; Ausfuhrhafen; Flughafen; Erdölraffinerie. – **L.-Abkommen,** Abkommen d. EG m. 46 (1975), später m. 63 bzw. 66 Entwicklungsländern (1979 bzw. 1984 und 1989) aus d. afrikan., karib. u. pazif. Raum (*AKP-Staaten*) über Zus.arbeit i. Bereich d. Handels u. Warenverkehrs; regelt d. Zugang d. AKP-Staaten z. EG-Markt u. umgekehrt, finanzielle u. techn. Hilfe, ind. Zus.arbeit etc.

Lomonossow, Michail (19. 11. 1711–15.

4. 65), russ. Naturwiss. u. Schriftst.; wichtig f. Entwicklung d. modernen russ. Literatursprache.

Lomonossow-land, das frühere *Franz-Joseph-Land,* arktische Inselgruppe östl. von Spitzbergen, fast völlig vergletschert, bis 750 m hoch, 16 575 km²; meteorol. Polarstation u. Sender. – 1928 v. d. UdSSR annektiert.

London [ˈlʌndən], Jack, eigtl. *John Griffith* (12. 1. 1876–22. 11. 1916), am. Schriftst.; Kurzgeschichten, Südsee- u. Arktis-Abenteuerromane: *Ruf der Wildnis; D. Seewolf;* Autobiographie: *König Alkohol.*

London, *Parlamentsgebäude*

London [ˈlʌndən], Hptst. Großbritanniens u. des British Commonwealth of Nations, als *Greater London* 6,7 Mill. E; am Ende des Flutrichters der Themse; erster Hafen-, Handelsplatz der Welt nach New York; mehrfache Untertunnelung u. Überbrückung der Themse (älteste Brücke: London Bridge). Stadtteil des Geschäftsverkehrs die *City:* Regierungssitz (Auswärtiges Amt in der Downing Street), Tower, Covent Garden, Hydepark, Regent Street, Carnaby Street; Westminster: W.abtei, Buckingham u. St. James' Palace, Residenz d. Erzbischofs v. Canterbury; Brit. Museum (m. Bibliothek, ca. 9 Mill. Bände); Uni. (1836); Arbeiterstadt: *Eastend* m. Whitechapel; Sternwarte (→ Greenwich = 0-Längengrad); Flugplatz. – Unter der Römerherr-

schaft *Londinium;* v. Alfred d. Gr. befestigt; Verf. 1215 in der Magna Charta verankert; Niederlassung der dt. Hanse im Stahlhof 12.–16. Jh.; seit 17. Jh. Anwachsen zur Weltstadt.

Londoner Schuldenabkommen, 1953 festgelegte Vor- u. Nachkriegsschulden der BR auf 14,45 Mrd. DM; jährliche Tilgungsraten 565–765 Mill. DM.

Long Beach [-ˈbiːtʃ], St. in Kalifornien (USA), bei Los Angeles; Hafen, Seebad, 361 000 E.

Longdrinks [engl.], alkohol. Getränke, d. m. viel nichtalkohol. Flüssigkeit (Soda, Fruchtsaft o. ä.) verlängert sind; Ggs.: → Shortdrinks.

Longe, w. [frz. ˈlõʒə], Leitseil für Pferde.

Longfellow [-lou], Henry Wadsworth (27. 2. 1807–24. 3. 82), am. Dichter, Epigone der Romantik; *Hiawatha.*

Longhi [-gi], **1)** Pietro, eigtl. *P. Falca* (1702–8. 5. 85), it. Maler d. Rokoko; schuf in s. detaillierten Schilderungen m. oft humorvoll-satir. Unterton eine Chronik d. zeitgenöss. gesellschaftl. u. bürgerl. Lebens in Venedig; s. Sohn **2)** Alessandro (12. 6. 1733–Nov. 1813), Maler u. Kupferstecher d. Rokoko u. Empire; bes. Bildnisse.

Long Island [-ˈaɪlənd], Insel an der O-Küste N-Amerikas, 4463 km², mit New York durch Brücken verbunden, **L. I. City;** zw. Insel u. Festland East River u. **L.-I.-Sund,** ca. 175 km l., b. 40 km br. Meeresarm zw. L. I. u. nordam. Festland.

longitudinal [nl.], der Länge nach; Ggs.: transversal.

longitudinale Wellen, b. l. W. schwingt d. Medium in Fortpflanzungsrichtung, z. B. beim Schall (abwechselnd Luftverdünnungen u. -verdichtungen).

Longseller, *m.,* Buch od. Schallplatte, d. sich über längere Zeit gut verkauft; → Bestseller.

Longwy [lõˈwi], frz. St. im Dép. *Meurthe-et-Moselle,* nahe der belg.-luxemburg. Grenze, 20 000 E; Eisen- u. Stahlind., Eisenerzlager.

Löningen (D-4573), St. u. Erholungsort

im Kr. Cloppenburg, Nds., 10 930 E; div. Ind.

Lönnrot, Elias (9. 4. 1802–19. 3. 84), finn. Arzt u. Literaturforscher; Epos → *Kalevala.*

Löns, Hermann (29. 8. 1866–26. 9. 1914), dt. Heimatdichter; *Mein grünes Buch; Mümmelmann;* Romane: *Der Werwolf;* Gedichte, bes. Balladen.

Looping, *m.* [engl. *'lu:p-*], Kunstflugfigur, senkrechte Schleife (Überschlag) nach oben oder unten.

Loos, Adolf (10. 12. 1870–23. 8. 1933), östr. Baumeister, Vorkämpfer d. mod. (rationalistischen) Baukunst in Europa; u. a. Haus T. Tzara (Paris).

Lope de Vega → Vega Carpio.

Lopez Portillo y Pacheo [*'lopeθ pɔr'tiʎo i pa'tʃeo*], José (* 1920), mexikan. Pol.; 1976–82 Staats- u Min.präs.

Lop Nur, *Lob-nor,* wandernder abflußloser See im östl. Tarimbecken (O-Turkestan), 2500 km²; Atomforschungszentrum d. VR China.

Loran, Abk. für *Long Range Navigation* [engl. *-'reɪndʒ næv'geɪʃən*], Navigationsfunkverfahren (Hyperbelnavigation); versch. Ausführungen: *Loran-A* (Frequenzbereich um 2 MHz), *Loran-C* (LW, 100 kHz), *Loran-D* (mil. Nutzung).

Lorbeer

Lorbeer-baum, immergrüner Baum mit ledrigen Blättern (Gewürz), Mittelmeerländer; aus den Früchten *L.öl;* **L.blatt** Sinnbild d. Sieges und des Ruhmes.

Lorca → García Lorca.

Lorca, St. in d. span. Prov. Murcia, 65 000 E; Schwefel- u. Bleigruben.

Lorch, 1) *L. am Rhein* (D-6223), St. im Rheingau-Taunus-Kr., Hess., 4405 E; Weinbau; **2)** (D-7073), St. im Ostalbkreis, Ba-Wü., 10 144 E; Benediktinerkloster (1102) m. Staufergräbern.

Lorchel, schwach giftiger Pilz m. wulstigem Hut; *Früh-L., Stockmorchel,* in sandigen Nadelwäldern; *Herbst-L.,* auf feuchtem Waldboden.

Lord, engl. Adelstitel, svw. Baron; auch Titel der Mitglieder, *Peers,* des Oberhauses u. einzelner höchster Beamter. – **L.kanzler,** *L. Chancellor,* der engl. Justizmin. u. Vors. d. Oberhauses. – **L.-Mayor** [*-'mɛə*], Oberbürgermeister i. London u. a. gr. engl. Städten.

Lordose, *w.* [gr.], nach vorn konvexe Verbiegung d. Wirbelsäule.

Lore, *w.* [engl.], offener Eisenbahngüterwagen; Kippwagen d. Feldbahnen.

Lorelei, *Lurlei,* Rheinnixe, nach ihr vielbesungener **L.felsen** bei St. Goar, a. r. (östl.) Rheinufer.

Loren, Sophia (* 20. 9. 1934), it. Filmschausp.in; *La Ciociara; El Cid; A Countess from Hong Kong.*

Lorentz, 1) Hendrik A. (18. 7. 1853–4. 2. 1929), ndl. Phys.; Elektronentheorie: *L.-Kontraktion* (→ Relativitätstheorie, Übers.); Nobelpr. 1902; **2)** Lore (* 12. 9. 1920), dt. Kabarettistin; gründete 1947 mit Ehemann Kay L. in Düsseldorf das pol.-liter. Kabarett „Das Kom(m)ödchen", dessen Hauptautoren Eckart Hachfeld (* 9. 10. 1910) und Martin Morlock (23. 9. 1918–18. 11. 83) waren.

Konrad Lorenz

Lorenz, Konrad (7. 11. 1903–27. 2. 89), östr. Zoologe u. Verhaltensforscher; *Er redete mit dem Vieh; Das sogenannte Böse; Die Rückseite des Spiegels;* Nobelpr. f. Med. 1973.

Lorenzetti, it. Malerbrüder d. Gotik, maßgebl. Vertr. d. Schule v. Siena; **1)** Pietro (um 1280–1348), u. a. Fresken in S. Francesco (Assisi); **2)** Ambrogio (nachweisbar 1319–47/8), u. a. Fresken im Rathaus v. Siena.

Lorenzkurve, *Konzentrationskurve,* entwickelt v. d. Amerikaner *Lorenz;* mit Hilfe der L. wird die Einkommenskonzentration aufgezeigt; dabei wird auf der Abszisse die Anzahl der Einkommensempfänger u. auf der Ordinate der jeweilige Anteil am Gesamteinkommen (in %) abgetragen.

Lorenzstrom → Sankt-Lorenz-Strom.

Loreto, 1) peruan. Dep. (379 025 km²,

Loreleifelsen

622 000 E); Hptst. *Iquitos* (248 000 E); **2)** it. St., Prov. Ancona, 11 000 E; Wallfahrtsort.

Lorettohöhe, Hügel bei Arras, N-Frkr., 165 m hoch; im 1. Weltkr. umkämpft.

Lorgnette

Lorgnette, *w.* [frz. *lɔrn'jɛtə*], **Lorgnon,** *s.* [frz. *lɔr'pɔ̃*], Stielbrille.

Lorient [*lɔ'rjɑ̃*], frz. St. u. Kriegshafen am Atlantik, Dép. *Morbihan,* 65 000 E; zweiter frz. Fischereihafen.

Loriot [*-'o*], eigtl. *Vicco v. Bülow* (* 12. 11. 1923), dt. Zeichner u. Karikaturist.

Loris, 1) Halbaffen des tropischen Asien (*Schlank-L., Plump-L.* u. a.); **2)** *Pinselzüngler,* prächtig bunte Papageien Australiens u. d. vorgelagerten Inselwelt; *Käfigvögel.*

Lörrach (D-7850), Krst. im südl. Schwarzwald (Markgräfler Land), Ba-Wü., 41 087 E; AG, PH; Textil-, Metallind.

Lorrain → Claude Lorrain.

Lorsch, *Königshalle*

Lorsch (D-6143), St. i. Kr. Bergstraße, Hess., 10 992 E; Reste d. Reichsabtei u. karoling. Königshalle (gegr. 764).

Lortzing, Gustav Albert (23. 10. 1801–21. 1. 51), dt. Komp., Schausp., Sänger, Kapellmeister u. Dichter; Hptvertr. d. Spieloper d. 19. Jh.; *Zar u. Zimmermann; D. Wildschütz; Undine; D. Waffenschmied.*

Los Alamos [*-'æləmous*], St. im US-Staat New Mexico, 11 000 E; Kernforschungszentrum.

Los Angeles [*-'ændʒılız*], kaliforn. St., 3,26 Mill. E, als Agglomeration (mit Long Beach) 13,5 Mill. E; Uni., Flugzeugbau, Erdöl, Masch.ind.; Obstbau; Hafen *San Pedro;* Stadtteil → *Hollywood* (Filmzentrum der USA); Olymp. Spiele 1932 u. 1984.

löschen, 1) Frachtschiffe entladen; **2)** Gebrannt. Kalk (Calciumoxid) mit Wasser versetzen, z. Mörtelherstellung; **3)** tilgen, streichen, → Löschung.

Loschmidt, Joseph (15. 3. 1821–8. 7.

Los Angeles

95), östr. Phys. u. Chem.; berechnete 1865 die **L.sche Zahl** (Anzahl d. Moleküle im → Mol od. d. Atome im → Grammatom) = $6,02 \cdot 10^{23}$; *Avogadrosche Zahl* (Anzahl d. Gasmoleküle im Kubikzentimeter bei 0 °C u. Atmosphärendruck) = $26,87 \cdot 10^{18}$.

Löschung, 1) Entfernen einer Eintragung (z. B. im Handelsregister); im → Grundbuch auf Antrag des Betroffenen unter Zustimmung desjenigen, dem ein Recht aufgrund der Eintragung zusteht; auch gemäß Gerichtsentscheidung; **2)** *L. einer Strafe* → Strafregister.

Losey [′luːzi], Joseph (14. 1. 1909–22. 6. 84), am. Filmregisseur; *Accident* (1966); *The Go Between* (1971); *A Doll's House* (1973); *Mr. Klein* (1976).

Löß, windverfrachtetes Feinsediment aus d. → Pleistozän, gelblich, oft senkrecht geklüftet; wasserdurchlässig, zumeist aus Quarzkörnern, kalkhaltig, fruchtbar; bes. in China; in Mitteleuropa meist verlehmt: Magdeburger Börde, Oberrheintal, Gäulandschaften Süddtlds.

Lößnitz, 1) Hügellandschaft am r. Ufer der Elbe zw. Dresden u. Meißen; Obst-, Gemüse- u. Weinbau; **2)** (D-5301), Ind.st. i. Kr. Aue, Sa., im **L.tal** im Erzgebirge, 10 105 E; Textil-, Metall- u. Papierind.

Lostage, im Volksglauben geeignet f. Orakelbefragung (z. B. LichtmeÎ) od. bedeutsam für die Witterung der folgenden Zeit (z. B. Siebenschläfer).

Lösung, feinste Verteilung eines Stoffes in einem anderen (Molekulardispersion), bes. eines festen Stoffes in einer Flüssigkeit *(Lösungsmittel),* aber auch zweier fester Stoffe (z. B. Metall in Metall: *Legierung)* oder zweier Flüssigkeiten ineinander (z. B. Wasser-Alkohol) od. eines Gases in einer Flüssigkeit; L. ist temperaturabhängig; aus „gesättigten" Lösungen Ausscheidung des gelösten Stoffes bei Abkühlung oder Verdunstung; der Gefrierpunkt einer L. ist niedriger, der Siedepunkt höher als der des Lösungsmittels.

Losung, 1) Erkennungswort; **2)** Kot des Haarwildes u. Auerhahns.

Los-von-Rom-Bewegung, Übertrittsbewegung aus der kath. Kirche zum Protestantismus u. kath. Nat.kirchen; seit Ende d. 19. Jh. unter den Dt. beim Nationalitätenkampf im alten Östr. von → Schönerer propagiert.

Lot, im A.T. Stammvater d. Moabiter u. Ammoniter, Neffe Abrahams, auf dessen Fürbitte beim Untergang Sodoms errettet; sein Weib wurde zu e. Salzsäule, als sie sich trotz Verbots umwandte.

Lot [lo], **1)** r. Nbfl. der Garonne, 491 km l., von den Cevennen; **2)** frz. Dép., 5217 km², 155 000 E; Hptst. *Cahors.*

Lot, 1) math. Gerade, auf waagerechter Gerade senkrecht gefällt; **2)** *Instrumente:* Gewicht an dünnem Faden über e. Spitze schwebend, gibt senkrechte Richtung an; ähnlich *Maurer-L.,* Holzdreieck, dessen Grundlinie waagerecht, wenn L. einspielt; *Senk-L.,* einfache Leine mit Gewicht *(Handlot);* auch Instrument zum *Loten,* d. h. Messen d. Wassertiefe; *Thomsensches L.,* mißt den Wasserdruck, der mit d. Tiefe zunimmt; *Tiefen-L.,* unten hohl, zur Aufnahme von Bodenproben; auch → *Kullenberg-Lot, Echolot;* **3)** früheres *Handelsgew.:* 1/32 bzw. 1/30 Pfd.; **4)** Metallegierung (z. B. *Weichlot* = Blei u. Zinn, *Hartlot* = Kupfer u. Zink, *Silberlot* = Silber u. Kupfer).

löten, Verbinden zweier Metallteile durch Lot; Metallflächen u. Lot erhitzen auf Schmelztemperatur d. Lots, bei Weich-L. m. **Lötkolben** od. **Lötlampe**, beim Hart-L. mit Acetylenflamme; zum Entfernen von Oxidschichten beim Weichlöten **Lötwasser** (Salzsäure, Zinkchloridlösung) usw.; beim Hartlöten Borax.

Lot-et-Garonne, frz. Dép., 5361 km², 306 000 E; Hptst. *Agen.*

Lothar, 1) L. I. (795–29. 9. 855), Enkel Karls d. Gr., 817 Mitregent, 823 Kaiser, erhielt in der Teilung v. Verdun d. Mittelreich (Italien, Burgund, Lothringen); s. Sohn **2)** L. II. (um 835–8. 8. 869), erster Kg v. Lothringen s. 855; **3)** L. III. (1075–3. 12. 1137), von Supplinburg (oder Sachsen), reichster Fürst N-Dtlds; Gegner Heinrichs V., Kaiser s. 1125, unterstellte Dänemark, Polen u. Böhmen erneut d. Reichshoheit, Kampf gg. Roger von Sizilien.

Lothar, 1) Ernst (25. 10. 1890–30. 10. 1974), östr. Romanschrifst. u. Regisseur d. Salzburger Festspiele; *D. Engel m. d. Posaune;* **2)** Mark (23. 5. 1902–6. 4. 85), dt. Komp.; Opern: *Tyll; Lord Spleen; Schneider Wibbel;* Bühnenmusiken.

Lothringen, frz. *Lorraine*, Stufenlandschaft zw. Vogesen, Champagne u. Ardennen; fruchtbares Ackerland, von Mosel u. Maas durchflossen; 23 547 km², 2,3 Mill. E; reiche Bodenschätze: Kohle, Eisen u. Salzlager; Wein- u. Hopfenanbau; größerer W-Teil frz., kleiner O-Teil dt. Sprachgebiet; Dép. *Vosges, Meuse, Meurthe-et-Moselle* u. *Moselle* (1871–1918 Dt.-L.).

Loti, Pierre, eigtl. *Julien Viaud* (14. 1. 1850–10. 6. 1923), frz. Schriftst. des Exotismus; *Islandfischer.*

Lotion, w. [′loʊʃən], flüssiges Gesichts-, Hand- u. Körperkosmetikum.

Lotosblume

Lotosblume, großblütige ägypt. u. ind. Seerose; buddhist. Symbol d. Erde u. Schönheit.

Lötschental, schweiz. Alpental in den Berner Alpen, Quertal des Rhônetals, Kanton Wallis, 25 km l., m. el. **Lötschbergbahn** Bern–Frutigen–Brig (zur Simplonbahn) durch **L.tunnel**, 14,5 km.

Lotse, mit dem Fahrwasser vertrauter Seemann mit bes. Zeugnis (beamtet od. freigewerbl. tätig), der Schiffe in den Hafen u. zur Anlegestelle führt; *Lotsenstationen* zur Beaufsichtigung des L.betriebes u. der Seezeichen; *L.zwang* f. Ein- u. Ausfahrt in best. Häfen od. Flußmündungen; *L.flagge* wird zur Herbeirufung der L. gesetzt.

Lotterie, staatl. genehmigungspflichtiges Unternehmen; nach einem festgesetzten Plan werden gegen e. Einsatz in e. Ziehung Gewinne od. Nieten ausgelost. – **L.anleihen** → Prämienanleihen.

Lotto, Lorenzo (um 1480–n. 1. 9. 1556), it. Maler d. Renaiss.; tiefe psycholog. Einfühlung bes. bei den Bildnissen.

Lotto, *s.* [it.], Glückssp., Zahlen z. raten.

Lotze, Rudolf Hermann (21. 5. 1817–1. 7. 81), dt. Phil. u. Physiologe, Vertr. des *Teleolog. Idealismus*, wollte Naturwiss. u. dt. Idealismus versöhnen; *Mikrokosmos; System der Philosophie.*

Lötzen, *Giżycko*, poln. St. im ehem. Ostpreußen, 20 000 E; Schloß des Dt. Ritterordens.

Lough [lɔx, bk, ir. loch], See, Meeresbucht.

Louisdor, *m.* [lwiˈdoːr], von 1640–1794 frz. Goldmünze, ca. 20 Francs.

Louis Ferdinand, Prinz v. Preußen (18. 11. 1772–10. 10. 1806), Neffe Friedrichs d. Gr., fiel b. Saalfeld; *Kammermusikkompositionen.*

Louisiana [luːziˈænə], Abk. *La.,* Südstaat d. USA, am Golf v. Mexiko, beiderseits des Mississippi; 125 674 km², 4,4 Mill. E (1/3 Schwarze); Baumwolle, Mais, Zukker, Reis, Fischerei, Handelszentrum u. -hafen: *New Orleans;* Hptst.: *Baton Rouge.* – Seit 1681 v. Franzosen besiedelt, 1763 an England bzw. Spanien abgetreten, s. 1783 zu den USA.

Louis Philippe von Orléans (6. 10. 1773–26. 8. 1850), „Bürgerkönig" v. Frkr. 1830–48.

Louis-Quatorze [lwikaˈtɔrz], d. klass.-barocke Stil der Zeit Ludwigs XIV.

Louis-Quinze [lwiˈkɛ̃z], d. frz. → Rokokostil unter Ludwig XV., um 1730–75.

Louis-Seize [*lui'sɛːz*], d. dem Rokoko folgende klassizist. Stil der Zeit Ludwigs XVI., letztes Viertel d. 18. Jh.

Louisville [*'luːsvɪl*], St. im US-Staat Kentucky, a. Ohio, 299 000 E; Uni.; Getreide- u. Viehhandel, Ind.

Lourdes [*lurd*], frz. St. am Nordfuß der Pyrenäen, 18 000 E; weltbekannter Wallfahrtsort: Grotte m. heilkräft. Quelle (jährl. ca. 5 Mill. Pilger). – 1858 erschien die Mutter Gottes 18mal der hl. → Bernadette.

Lourenço Marques [*lo'rẽsu 'markɪʃ*], → Maputo.

Louvière, La [*-lu'vjɛːr*], belg. Ind.st., Prov. Hennegau, 76 000 E (m. Vororten 120 000); Hütten- u. Stahlwerke.

Louvois [*lu'vwa*], François (18. 1. 1641–16. 7. 91), Kriegsmin. → Ludwigs XIV.; Festungsbauer, befahl Verwüstung der Pfalz 1689.

Louvre, *m*. [*luːvr*], ehem. kgl. Schloß in Paris (16./17. Jh.); s. 1793 Museum (*Venus v. Milo, Mona Lisa*).

Lovecraft [*'lʌvkraːft*], H. P. (Howard Philipps) (20. 8. 1890–15. 3. 1937), am. Schriftst.; phantast. Horrorgeschichten; *Berge d. Wahnsinns; Cthulhu*.

Lövenich, s. 1975 zu → Köln.

Löwe, 1) Großkatze, Männchen meist mit Mähne; Afrika, SW-Asien (dort nur noch an einer Stelle in Vorderindien), früher auch Europa; **2)** fünftes Zeichen des → Tierkreises; auch 2 → Sternbilder (Übers.).

Lowell [*'louəl*], St. im US-Staat Massachusetts, 93 000 E; Textilschule u. -ind., Maschinenbau.

Löwen, fläm. *Leuven,* frz. *Louvain,* belg. St. i. d. Prov. Brabant a. d. Dyle, 84 000 E; Rathaus (15. Jh.), Uni.; Brauereien, Konserven-, Metallind.

Löwenäffchen, kleiner Krallenaffe Brasiliens mit löwenartiger Mähne.

Löwenmaul, Kräuter mit Rachenblüten; *Kleines L.,* Ackerunkraut, *Großes L.,* Zierpflanze aus S-Europa.

Löwenzahn, *Butter-, Kuhblume,* Unkraut auf Wiesen u. Grasplätzen m. gelben Blütenköpfen, hohler Blütenstiel; Volksheilmittel, junge Blätter als Salat.

Lowry [*'lauəri*], Malcolm (28. 7. 1909–27. 6. 57), englischer Schriftsteller; Romane und Erzählungen; *Unter dem Vulkan.*

Loxodrome, *w*. [gr. „schiefläuf. Linie"], auf der Erdkugel die alle Meridiane unter gleichem Winkel schneidende Kurve; wichtig für Seeschiffahrt, weil sie auf den Seekarten (in Mercator-Projektion) eine gerade Linie ist u. ohne Kursänderung eingehalten werden kann; Ggs.: → Orthodrome.

loyal [frz. *lwa'jal*], treu ergeben (der Reg.); rechtschaffen.

Loyalität, gesetzestreue Gesinnung.

Loyola [*lo'j-*], Ignatius v., eigtl. *Iñigo Lopez de Recalde* (um 1491–1556), span. Offizier, später Priester; stiftete um 1534 den → Jesuitenorden, war dessen 1. General.

Lozère [*lɔ'zɛːr*], frz. Dép. im Cevennengebiet, waldiges Bergland, 5167 km², 72 000 E; Hptst. *Mende* (12 000 E).

LP, Abk. f. engl. *Long Play; Kurzbez. f. Langspielplatte;* → Schallplatte m. e. Durchmesser v. 30 cm; wird im Unterschied z. → Single m. 33⅓ U/min abgespielt u. besitzt eine Spieldauer bis zu 30 Min. pro Seite.

LPG, Abk. f. → *Landwirtschaftliche Produktionsgenossenschaft.*

Lr, *chem.* Zeichen f. → *Lawrencium.*

L. S., Abk. f. *loco sigilli* [l.], „anstelle des Siegels", auf Abschriften von Urkunden.

LSD, Abk. f. *Lysergsäurediethylamid,* halbsynthet. Halluzinogen m. stark bewußtseinsverändernder Wirkung (opt. u. akust. Halluzinationen); schwere psych. u. körperl. (genet.) Schäden möglich.

ltd., Abk. f. → *limited* (begrenzt).

Lu, *chem.* Zeichen f. → *Lutetium.*

Lualaba, Quellfluß d. Kongo, ca. 1000 km l.

Luanda, *Loanda, São Paulo de L.,* Hptst. v. Angola, W-Afrika, 1,3 Mill. E; Hafen, Flugplatz.

Lübbecke (D-4990), St. i. Kr. Minden-L., am Wiehengebirge, NRW, 22 309 E; AG; div. Ind.

Lübben (Spreewald) (D-7550), Krst. im Spreewald, Bbg., 14 245 E; spätgot. Kirche; div. Ind.

Lübbenau (Spreewald) (D-7543), St. am Spreewald, Kr. Calau, Bbg., 20 972 E; Spreewaldmus.; Großkraftwerk.

Lubbers, Ruud (* 7. 5. 1939), ndl. Pol. (CDA); s. Nov. 1982 Min.präs.

Lübeck, *Holstentor*

Lübeck, 1) *Hansestadt L.* (D-2400), krfreie St., an d. Trave, Schl-Ho., 210 681 E; Ostseehafen, m. Elbe durch Elbe-Lübeck-Kanal verbunden, Ges.umschlag 1988: 11,3 Mill. t; IHK, HWK, LG, AG, Landesvers.anst.; FHS (angewandte Naturwiss.) Elektrotechnik, Masch.bau, Bauwesen, Architektur, HS f. Musik, Med. HS; Theater, Museen;

ma. Bauten (Backsteingotik); Ind.: Med. Apparatebau, Schiffs- u. Masch.bau, Lebensm. (Fischkons., *L.er Marzipan*), Bekleidung; Stadtteil Ostseeheilbad *Travemünde* m. Spielkasino; Fährschifflinien nach Skandinavien. – 1143 als Handelsplatz gegr., 1158 St. (Heinrich d. Löwe); s. Ende d. 13.–15. Jh. Hptst. d. dt. Hanse, 1815 Freie u. Hansest., s. 1937 Stkr. in Schl-Ho.; **2)** ehem. Landesteil v. Oldenburg, an d. Ostsee (*Lübecker Bucht*), 542 km², Hptst. *Eutin.* – Ehem. Bistum, 1803 erbl. Fürstent., 1823 zu Oldenburg, 1937 als Ldkr. zu Eutin.

Lubitsch, Ernst (28. 1. 1892–30. 11. 1947), dt.-am. Filmregisseur, s. 1923 in Hollywood; geistreich-frivole Komödien: *Trouble in Paradise* (1932); *Ninotchka* (1939); *To Be or not to Be* (1942).

Heinrich Lübke

Lübke, Heinrich (14. 10. 1894–6. 4. 1972), CDU-Pol.; 1953–59 B.min. für Ernährung u. Landwirtschaft; 1959–69 Bundespräs.

Lublin, poln. St. zw. Weichsel u. Bug, Hptst. der Woiwodschaft *L.;* 340 000 E; Kathedrale, kath. Uni.; Textilind., Lastkraftwagenwerk. – Im MA bed. Handelsstadt. – **L.er Union,** Union Polens m. Litauen u. Einverleibung Westpreußens.

Lubumbashi [*-'baʃi*], bis 1966 *Elisabethville,* Hptst. d. Prov. Shaba u. Ind.zentrum im S v. Zaïre, 543 000 E; Mittelpunkt d. Kupferbergbaus.

Lucas, George (* 14. 5. 1944), am. Filmregisseur u. -produzent; *American Graffiti* (1973); *Star Wars* (1977); *The Empire Strikes Back* (1980); *The Return of the Jedi* (1983).

Lucas van Leyden [*'lyː- 'lɛɪdə*], Leiden (um 1489/94–8. 8. 1533), ndl. Maler u. Graphiker d. Frührenaiss.

Lucca, Hptst. der mittelit. Prov. *L.,* 87 000 E; Dom, Kunstakad., Textilind. → *Bagni di Lucca.*

Luch, *s.,* Sumpf, Bruch (z. B. im Havelland).

Luchs

Luchs, 1) Gattung der Katzen; Pinsel-

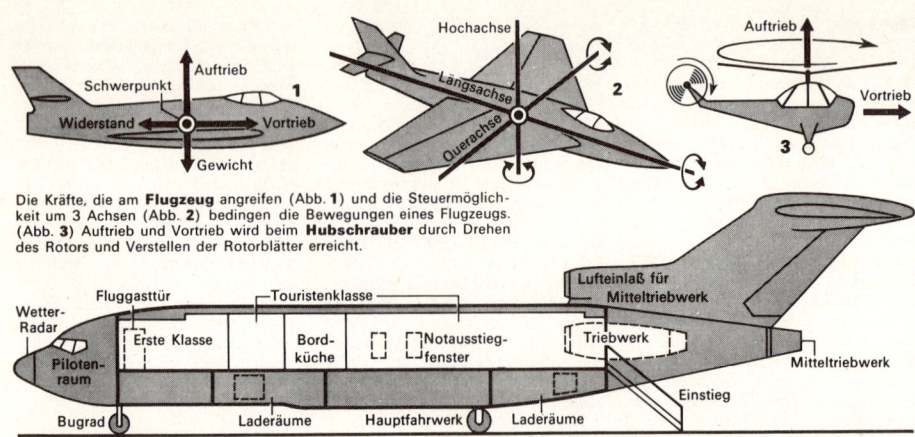

Die Kräfte, die am **Flugzeug** angreifen (Abb. **1**) und die Steuermöglichkeit um 3 Achsen (Abb. **2**) bedingen die Bewegungen eines Flugzeugs. (Abb. **3**) Auftrieb und Vortrieb wird beim **Hubschrauber** durch Drehen des Rotors und Verstellen der Rotorblätter erreicht.

Verkehrsflugzeug für Kurz- und Mittelstrecken **Boeing 727** für 70 Fluggäste. Spannweite 33,09 m, Länge 40,94 m, Höhe 10,36 m. Mantelstromdüsentriebwerke mit je 6350 Kp Schub ergeben Reisegeschwindigkeit von 933 km/h in 11000 m Höhe. Startgewicht 64,4 Tonnen. Erstflug Januar 1963.

Flugzeugtriebwerke

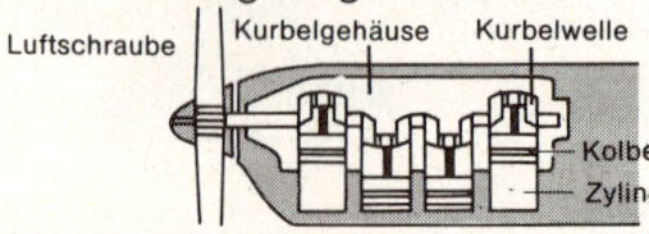

Kolbenmotor mit Luftschraube wird nur noch für Sportflugzeuge verwendet.

Aufbau eines Strahlentriebwerkes (TL)

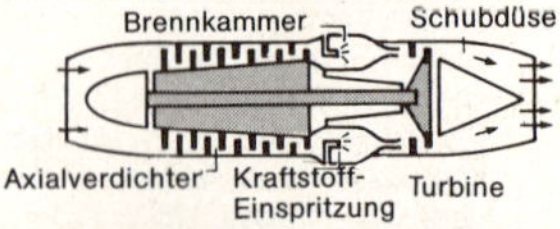

Arten von Triebwerken

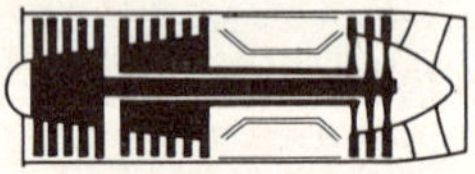

Turbo-Luftstrahltriebwerk (TL) (Turbinenstrahltriebwerk)

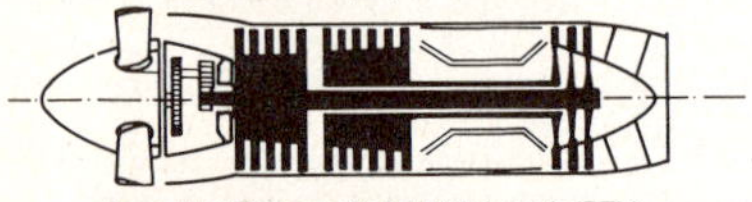

Propeller-Turbo-Luftstrahltriebwerk (PTL)
(Propellerturbinenstrahltriebwerk)

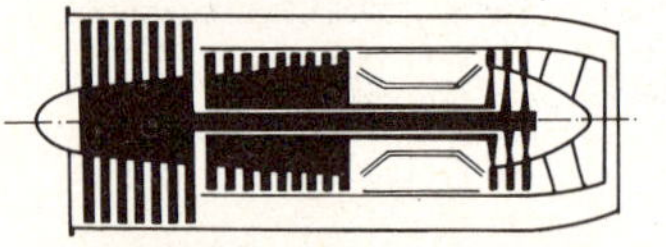

Zweistrom-Turbo-Luftstrahltriebwerk (ZTL)
(Mantelstrom-Turbinenstrahltriebwerk)

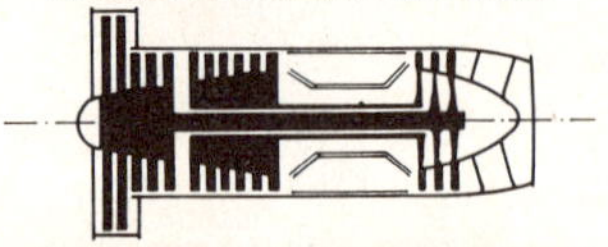

Zweistrom-Turbo-Luftstrahltriebwerk (ZTL)
(„Fan"-Turbinenstrahltriebwerk)

Quelle: LUFTHANSA, Technische Schule

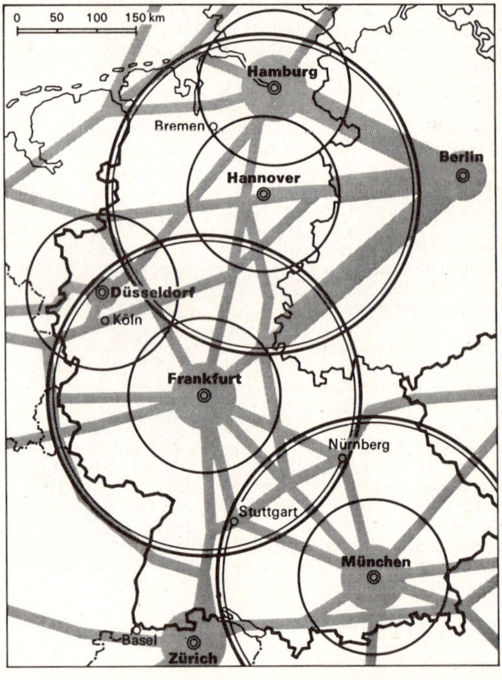

Luftstraßen verbinden in möglichst gerader Richtung die Verkehrsflughäfen. Um Kollision zu vermeiden, sind sie in der Höhe gestaffelt nach je 1000 Fuß (etwa 300 m). Die Luftstraßen sind allgemein 10 Meilen (18,5 km) breit und werden auf Flugkarten mit Farbe und Ziffer z. B. „Gelb 7" bezeichnet; deren Verlauf ist durch Funkfeuer festgelegt. Durch Flugsicherungsdienst wird der gesamte Luftraum kontrolliert. Große Kreise auf der Karte: Erfassungsbereiche der Mittelbereichs-Radaranlagen. Kleine Kreise: Nahbereichs-Radaranlagen.

Luftfahrt

Luftfahrzeuge werden eingeteilt in Ballone u. Luftschiffe („leichter als Luft"), Flugzeuge („schwerer als Luft"); Luftfahrzeuge nach Luftrecht sind: Flugzeuge, Luftschiffe, Segelflugzeuge (→ Segelflug), Frei- und Fesselballone, Fallschirme, Drachen u. a. für Bewegung im Luftraum bestimmte Geräte mit mehr als 5 kg Gewicht.

Ballone: Freiballone, m. d. Winde triftend, zum Aufsuchen günstiger Luftströmung, beeinflußbar durch Ballastabgabe (Steigen) od. durch Gasablassen (Fallen). Zweck: Sport u. Forschung; Fesselballone für mil. Beobachtungen, ferner Registrierballone u. Ballonsonden für meteorolog. Zwecke (→ Ballon).

Luftschiffe, starre (z. B. Zeppelin): Leichtmetallgerüst mit Gewebebespannung u. Gaszellen mit Wasserstoff- od. Heliumgasfüllung; unstarre, Prall-Luftschiffe (z. B. Goodyear): Prallhaltung durch luftgefüllte Verdrängerballonetts; halbstarre (z. B. Basenach): versteift durch Leichtmetallkiel.

Flugzeuge: Prinzip: Durch Vortrieb entsteht Luftanströmung der Tragflächen u. Auftrieb; dieser ist abhängig von Anströmgeschwindigkeit, Tragflächenprofil u. An- u. Einstellwinkel der Tragflächen (Einstellwinkel = unveränderl. Winkel zw. Profilsehne u. Längsachse des Flugzeugs). Faustregel: ⅓ der Antriebskraft wirkt durch Druck unter, ⅔ durch Unterdruck über Tragfläche; a) Motorflugzeuge mit Kolbentriebwerken: Vortrieb durch Luftschraube; b) → Düsenflugzeuge mit Strahltriebwerken; Vortrieb durch Gasstrahl. Auch → Drehflügelflugzeuge, → Senkrechtstartflugzeuge.

Hauptteile des Flugzeuges: Luftschrauben mit 2–5 Flügeln: 3 Arten: starre u. am Boden bzw. im Fluge verstellbare Schrauben. Letztere auch automatisch durch Kommandogerät für gleichbleibende Drehzahl. Flugwerk, auch Tragwerk (Tragflächen); Rumpfwerk (Steuerraum u. Zuladungsraum); Triebwerk (Motoren); Leitwerk (horizontale u. vertikale Stabilisierungsflossen mit Höhen- sowie Querlagenruder an den äußeren Abströmkanten der Tragflächen); Fahrwerk (mechan., el. od. hydraulisch); Fest- od. Einzieh-, Zwei- u. Mehrradfahrwerk mit Einfach- od. Zwillingsrädern. Steuerwerk beeinflußt Flugzeug in der Luft durch Ruderwirkung um die Hoch-, Quer- u. Längsachse (Seitenrichtung, Querlage u. Höhen-Tiefen-Richtung). Automatische Steuerungen heute kreisel- u. funkbeeinflußte Dreiachsensteuerungen. Höhenruder (beeinflußt Anstellwinkel) an meist verstellbarer (Grob-Trimmung) horizontaler, Seitenruder an vertikaler Stabilisierungsflosse, an deren Flächenkanten (rechts u. links) je ein Querlagenruder. Alle Ruder besitzen Feintrimmeinrichtungen: Flettnerprinzip (→ Magnuseffekt). Zur Verringerung der Landegeschwindigkeit (Auftriebserhöhung): Landeklappen, Spalt- u. Doppelflügel (→ Tafel Luftfahrt).

Unterscheidungen, nach Baustoff: Ganzmetall- u. Gemischtbauweise = Metall, Kunststoff, Holz od. Gewebe; nach Tragflächenanordnung: Hoch-, Schulter-, Mittel- u. Tiefdecker; nach Tragflächenzahl: Ein-, Doppeldecker u. Nurflügelflugzeuge; nach Verwendung Sport-(Privat), Verkehrs-, Polizei- u. Militärflugzeuge. Ferner unterscheidet man: Schwimmer-, Amphibienflugzeuge und Flugboote.

Weltluftverkehr (Liniengesellschaften d. → IATA-Vertragsgesellschaften ohne UdSSR): 1986: 494,4 Mill. beförderte Passagiere im Linienverkehr (865,5 Mrd. Passagier-km). Luftfracht der → ICAO-Mitgliedsstaaten 1986: 178 Mrd. Tonnen-km; Unfälle im Weltluftlinienverkehr m. Todesfolge (1987): 15 (1057 Tote).

Geschichtliches: Flugmaschinen-Modell von Leonardo da Vinci um 1500, erster bemannter Heißluftballon Brüder Montgolfier 1783; Wasserstoffballon Charles 1783. Erster Fallschirmabsprung 1797 von Garnerin. Lilienthals Gleitflug 1896. Starrluftschiff Zeppelin LZ 1 1900. Santos Dumonts Lenkluftschiff umkreist Eiffelturm 1901. Doppeldecker Brüder Wright 1903 (1. Motorflug). Kanalflug Blériot 1909. Dt. Militärluftschiff fliegt 1917 7000 km (Bulgarien–Ägypten u. zurück). Ozeanüberquerung m. Flugzeug: Alcock u. Brown (Großbrit.) 1919, LZ 126 Eckener 1924, Eindecker Lindbergh 1927 New York-Paris, Köhl-Hünefeld-Fitzmaurice 1928 Irland–Neufundland. Weltfahrt Zeppelin 1930. Gronaus Ozean-Etappenflüge 1930 u. 1931. Ab 1940 regelmäßiger Passagierverkehr, seit 1954 über N-Pol. Stratosphärenaufstieg Piccard 1931 u. 1932. Starker Aufschwung der L. in u. nach 2. Weltkrieg, bes. Schnellflug u. Höhenflug mit neuen, auch propellerlosen Triebwerken (Düsenantrieb). – Rekorde: größte Höhe mit Freiballon 34 668 m (Prather u. Ross, USA, 1961); mit Flugzeug 110 km Höhe (X-15, USA, 1964). Seit 1948 Schallgeschwindigkeit weit überschritten: 1821,8 km/h (Großbrit. 1956), derzeitiger Rekord für bemannte Flugzeuge 7296 km/h (X-15, USA, 1967).

Luftfahrtforschung: Dt. Forschungsanstalt f. Luft- u. Raumfahrt e. V. (→ DLR).

---

ohren, kurzer Schwanz, lange Beine; *Nord-L.,* in Dtld. ausgestorben, N- u. O-Europa, N-Asien; *Wüsten-L. (Karakal),* Afrika, Vorderasien u. Vorderindien; *Rot-L.,* N-Amerika; **2)** → Sternbilder, Übers.

Lucia, Märtyrerin u. Heilige, unter Diokletian 303 in Syrakus hinger. – **L.braut,** nach schwed. Volksbrauch Mädchen mit Lichterkrone, das am Tag d. hl. L. (13. Dez.) ihre Angehörigen weckt.

Lücke, Paul (13. 11. 1914–10. 8. 76), CDU-Pol.; 1957–65 B.min. f. Wohnungswesen, 1965–68 B.innenmin.

Luckenwalde (D-1710), Krst. in Bbg., 26 552 E; div. Ind.; FS (Pädagogik, Medizin).

Luckner, Felix Gf v. (9. 7. 1881–14. 4. 1966), dt. Seeoffizier u. Schriftst., i. 1. Weltkr. Hilfskreuzerkommandant; *Seeteufel.*

Lucknow → Lakhnau.

Lucullus, Licinius (117–57 v. Chr.), röm. Feldherr u. Feinschmecker; daher: *lukullisches Mahl.*

Lüda, früher *Lüta,* aus d. chin. St. *Lüshun (Port Arthur)* u. *Dalian (Dairen)* gebildete Doppelst. am Gelben Meer im SO der Halbinsel Liaoning, 4 Mill. E; bed. Hafen, Maschinen-, Textil- u. chem. Ind., Schiffbau.

Ludendorff, Erich (9. 4. 1865–20. 12. 1937), dt. General, Hauptstütze Hindenburgs im 1. Weltkrieg; beteiligte sich 1923 am Hitlerputsch; arbeitete zus. mit seiner Frau *Mathilde* (1877– 1966) i. d. 1925 von ihm gegr. völkisch-antichristl. *Tannenbergbund.*

Lüdenscheid (D-5880), Krst. d. Märkischen Kreises, NRW, 76 118 E; AG; Metall-, Kunststoffind.; Versetalsperre.

Lüderitz, Adolf (16. 7. 1834–86), Bremer Großkaufmann; erwarb Angra-Pequena (50 000 km², später *Lüderitz)* und begründete so Dt.-SW-Afrika.

Lüderitz, bis 1920 *L.bucht,* Hafenst. in SW-Afrika, 6000 E. – 1883 v. Lüderitz gegr.

ludern, i. d. Jägersprache: Wild anlocken durch Köder.

Lüdinghausen (D-4710), St. i. Kr. Coesfeld, i. Münsterland, NRW, 19 296 E; AG; Nahrungs-, Genußmittel- u. Bekleidungsind.

Ludolfinger → Liudolfinger.

Ludolfsche Zahl, n. d. ndl. Math. **Ludolph van Ceulen** [ˈkøːlə] (1540–1610) benanntes Zahlenverhältnis d. *Kreisumfangs* z. *-durchmesser:* d. Zahl π (sprich: pi) = 3,14159265... od. annähernd ²²/₇.

Ludwig d. Fromme

Ludwig, a) *dt. Könige u. Kaiser:* **1)** L. d. Fromme (778–20. 6. 840), dritter Sohn

Moderne Düsenflugzeuge (Passagiersitze und Reisegeschwindigkeit)

1 Starfighter F 104 G (Vereinigte Staaten)	1 sitzig	2494 km/h
2 Panavia Tornado (Westeuropa)	2 sitzig	2230 km/h
3 Fokker F28 Fellowship Mk.4000 (Niederlande)	85 Pass.	783 km/h
4 Gates Learjet Modell 55 (Vereinigte Staaten)	11 Pass.	845 km/h
5 Boeing 727 (Vereinigte Staaten)	114 Pass.	933 km/h
6 Iljuschin IL 62 (Sowjetunion)	182 Pass.	900 km/h
7 Airbus A 300 B 2/4 (Westeuropa)	330 Pass.	900 km/h
8 Boeing 747-300 (Vereinigte Staaten)	496 Pass.	907 km/h
9 Boeing 757-200 (Vereinigte Staaten)	239 Pass.	917 km/h

Ankommendes Flugzeug

Warteraum

Landekurssender
Gleitwegsender
Lande-bahn
Haupt-einflugzeichen
Landekursstrahl
Mittleres Einflugzeichen
Leitstrahl
Gleitwegstrahl
Anfluggrundlinie
Voreinflug-zeichen

Schematische Darstellung des Instrumenten-Lande-Systems (ILS). Das ILS ermöglicht Landung auch bei schlechtem Wetter. Der Landekurssender gibt den Landekursstrahl (senkrechte Ebene), der Gleitwegsender gibt den Gleitwegstrahl (waagrechte, schräg abwärts geneigte Ebene). Die Schnittstelle beider Ebenen, der Leitstrahl, führt das Flugzeug zum Aufsetzpunkt der Landebahn, wobei der Pilot den Kurs nach Anzeigegeräten kontrollieren kann. Ein anderes Landesystem benützt Radarbeobachtung und Sprechfunk durch Flugsicherungslotsen. Ankommende Flugzeuge fliegen im Warteraum bis zur Landeerlaubnis.

Unten: Verkehrsflughafen, Frankfurt »Rhein-Main«, mit Start- und Landebahn, Rollbahnsystem, Empfangsgebäude, Flugsicherungskontrollturm, Radarturm, Flugzeugwartungshallen und sonstigen Betriebseinrichtungen.

Karls d. Gr., von ihm bereits 813 z. Kaiser u. Mitregenten ernannt, reg. s. 814. Reichszerfall, Kämpfe m. s. Söhnen; s. Sohn 2) L. d. Dt. (um 805–28. 8. 76), Kg s. 843; 3) L. IV., das Kind (893–911), letzter Karolinger, Kg s. 900; 4) L. IV., d. Bayer (um 1283–11. 10. 1347), Kg s. 1314, reg. zeitweise gemeinsam mit s. Gegner Friedrich d. Schönen, s. 1328 Kaiser. – b) *Bayern:* 5) L. IX., der Reiche (23. 2. 1417–18. 1. 79), s. 1450 Hzg, gründete 1472 Uni. Ingolstadt; 6) L. I. (25. 8. 1786–29. 2. 1868), Kg 1825–48, Kunstfreund, bauliche Erneuerung Münchens, legte Regierung nieder (→ Montez, Lola); 7) L. II. (25. 8. 1845–13. 5. 86), Kg 1864–86, Gönner R. Wagners, Romantiker, Prachtbauten (Neuschwan- stein u. a.); geisteskrank; Tod im Starnberger See. – c) *Frkr.:* 8) L. IX., der Heilige (25. 4. 1214–25. 8. 70), Kg s. 1226,

Ludwig II.

Ludwig XIV.

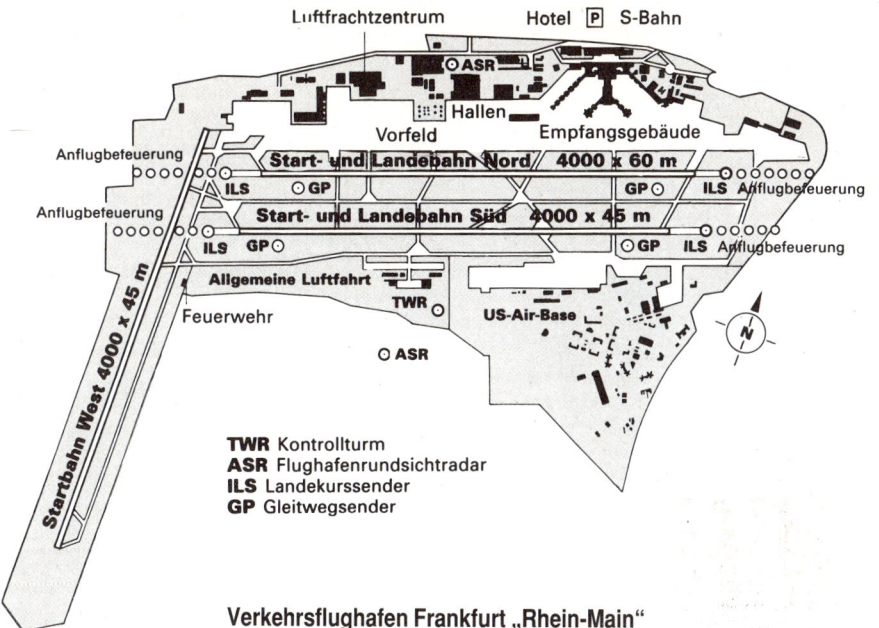

Luftfrachtzentrum Hotel P S-Bahn
ASR
Hallen
Vorfeld Empfangsgebäude
Anflugbefeuerung
Start- und Landebahn Nord 4000 x 60 m
ILS GP GP ILS Anflugbefeuerung
Anflugbefeuerung
Start- und Landebahn Süd 4000 x 45 m
ILS GP GP ILS Anflugbefeuerung
Allgemeine Luftfahrt
TWR
Startbahn West 4000 x 45 m
Feuerwehr US-Air-Base
ASR

TWR Kontrollturm
ASR Flughafenrundsichtradar
ILS Landekurssender
GP Gleitwegsender

Verkehrsflughafen Frankfurt „Rhein-Main"

Kreuzzüge 1248 u. 1270; **9)** L. XI. (3. 7. 1423–30. 8. 83), Kg s. 1461, Begr. des Absolutismus in Frkr; **10)** L. XIII. (27. 9. 1601–14. 5. 43), Kg s. 1610, nahm am 30jährigen Krieg teil, seine Kanzler: Richelieu, ab 1642 Mazarin; **11)** L. XIV. (5. 9. 1638–1. 9. 1715), Kg s. 1643, Selbstregent ab 1661; Glanzzeit Frkr.s: „Sonnenkönig", Wohlstand durch viele Kriege untergraben; Reunionen; Span. Erbfolgekrieg; **12)** L. XV. (15. 2. 1710–10. 5. 74), Kg s. 1715, der „Vielgeliebte" (Pompadour, Dubarry); **13)** L. XVI. (23. 8. 1754–21. 1. 93), Kg 1774–92, in der Frz. Revolution hingerichtet; **14)** L. XVIII. (17. 11. 1755–16. 9. 1824), → Restauration, Kg s. 1814. – **d)** *Ungarn:* **15)** L. I., der Gr. (5. 3. 1326–10. 9. 82), Kg von Ungarn s. 1342, s. 1370 auch Kg von Polen.

Ludwig, 1) Emil, eigtl. *E. L. Cohn* (25. 1. 1881–17. 9. 1948), dt. Schriftst.; romanhafte Biographien: *Goethe; Napoleon; Wilhelm II.;* **2)** Otto (12. 2. 1813–25. 2. 65), dt. Schriftst.; Dramen: *D. Erbförster;* Erzählungen: *Heiterethei; Zwischen Himmel u. Erde.*

Ludwigsburg (D-7140), Krst. b. Stuttgart, am Neckar, Ba-Wü., 79 342 E; AG; PH; einheitl. barocke Stadtschöpfung, Barockschloß; Masch.-, Porzellan-, Textilind.

Ludwigshafen a. Rhein (D-6700), kreisfreie St. i. Rgbz. Rheinhessen-Pfalz, RP, 158 478 E; IHK, Rheinschiffahrtsges., SW-Stadion; Metall- u. bed. chem. Ind., Handelsplatz, gr. Rheinhafen (Umschlag 1988: 9,08 Mill. t).

Ludwigslust (D-2800), Krst. i. M-V., am *L.er Kanal* (Verbindung zw. Elde u. Rögnitz), 13 176 E; Schloß, Naturpark, natürl. Wassersprünge.

Lueger [ˈlüe-], Karl (24. 10. 1844–10. 3. 1910), östr. Pol.; Mitbegr. d. Christl.-Soz. Partei, Antisemit, s. 1897 Bürgerm. v. Wien, das er großzügig ausbaute.

Lues, *w.* [l. ˈluːes], svw. → Syphilis.

Luffa, *w.,* trop. Kürbisgewächs; Fasernetz der Früchte: Badeschwämme, Schuheinlagen.

Luft, Friedrich (24. 8. 1911–24. 12. 90), dt. Theater- u. Filmkritiker, Schriftsteller.

Luft, das die Atmosphäre der Erde bildende Gasgemisch; Dichte 1,2 g/l bei 20 °C und 1013 hPa; verflüssigte Luft siedet bei –191 °C. Bestandteile trockener Luft in Vol.%: Stickstoff (N_2) 78,10; Sauerstoff (O_2) 20,93; Argon (Ar) 0,93; Kohlendioxid (CO_2) 0,03; Neon (Ne) 0,0018; Helium (He) 0,0005; Krypton (Kr) 0,0001; Wasserstoff (H_2) 0,00005; Xenon (Xe) 0,000009.

Luftballon → Luftfahrt.

Luftbild-Fotografie, Aufnahmen aus Luftfahrzeugen mittels Luftbildkameras; einst f. mil. Zwecke, heute wichtiger für Umweltschutz, Kartographie, Raumplanung.

Luftbrücke Versorgung eines von der Außenwelt abgeschnittenen Gebietes aus der Luft, → Berlin, *Geschichte.*

Luftdruck, der Druck einer Luftsäule auf ihre Grundfläche, gemessen auf 1 cm², nimmt mit wachsender Höhe ab, ist stark von der Wetterlage abhängig (Depression, → Zyklone); bes. wichtig für → Wetterkunde; wird gemessen durch Barometer u. meist angegeben durch die Höhe einer Quecksilbersäule (in mm) von gleichem Druck auf d. Grundfläche (z. B. 760 mm am Meeresspiegel); jetzt in → Hektopascal.

Luftelektrizität, Bez. für alle el. Erscheinungen i. d. Atmosphäre zw. Erdoberfläche u. Ionosphäre; Feldstärke am Erdboden: 1,3 Volt/cm, nach der Höhe abnehmend; Feld zur Erde hin gerichtet, d. h. Luft erscheint positiver als Erdoberfläche.

Luftembolie, Verstopfung von Blutgefäßen durch eingedrungene Luftblasen, in den meisten Fällen tödlich; auch → Embolie.

Luftfahrt → Übers., S. 533 u. Tafeln, S. 534/35.

Luftfahrtmedizin → Flugmedizin.

Luftfeuchtigkeit, Gehalt der Luft an Wasserdampf; *absolute L.,* gemessen in Gramm pro Kubikmeter; *relative L.,* Verhältnis v. tatsächlich vorhandenem zu maximal möglichem (Sättigungs-)Feuchtigkeit in Prozent.

Lufthansa, Dt., Luftverkehrsunternehmen, gegr. 1926; unterhielt planmäßigen Verkehr m. d. wichtigsten Wirtschaftsplätzen Europas; dazu Asien- u. Südamerikadienst; 1934 erste Luftpoststrecke Europa–S-Amerika; 1937–39 planmäß. Postflüge über d. N-Atlantik m. Flugbooten u. Langstreckenflugzeugen (1938: 287 600 Fluggäste auf 32 Strecken); 1945 aufgelöst, 1953 Neugründung; Verkehrsleistung 1989: 20,4 Mill. Fluggäste, 870 000 t Fracht; Flugzeugpark 1990: 9

Airbus A 300, 16 Airbus A 310, 9 Airbus A 320, 18 Boeing 727, 62 Boeing 737, 27 Boeing 747, 11 Douglas DC 10; insg. 152 Verkehrsflugzeuge.

Luftheizung, Erwärmung von Räumen durch heiße Luft, die indirekt durch Rauchgase, Heißwasser oder Dampf erhitzt wird.

Lufthoheit, die Hoheitsrechte eines Staates im Luftraum über seinem Gebiet, intern. durch Abkommen (Paris 1919, Chicago 1944) anerkannt.

Luftkissenfahrzeug

Luftkissenfahrzeuge, auch *Bodeneffekt-Fluggeräte,* Fahrzeuge, die v. Rückstau eines nach unten gericht. Luftstromes getragen i. geringem Abstand über d. Untergrund (Land od. Wasser) schweben; Vortrieb durch Propeller oder Turbinen.

Luftmassen, *meteorol.* Bez. f. einheitl. Luftquantum v. mehreren 100–1000 km Ausdehnung; maßgebend f. Bez. sind Ursprungsgebiete u. Weg: *arktische, polare, subtropische* u. *L. der gemäßigten Breiten;* alle L. haben best. Eigenschaften u. erfahren auf ihrem Weg über Meere u. Kontinente typ. Veränderungen *(Meeres- u. Festlandsluft).*

Luftpiraterie, engl. *Hijacking,* erpresser. Entführung v. Verkehrsflugzeugen; 1970 Intern. Konvention gg. L. v. 65 Staaten in Den Haag unterzeichnet.

Luftpost, Flugpost, s. 1912 Beförderung von Postsendungen.

Luftpumpe, 1) zur Verdünnung v. Gasen: *Kolben-L.* (v. Guericke, 1635): Bei Zurückziehen eines Kolbens (fest oder Quecksilbersäule) strömt Gas aus d. auszupumpenden Raum (Rezipienten) nach, wird durch Ventil von diesem abgetrennt u. durch vorgehenden Kolben ausgestoßen. Bei der *Wasserstrahl-L.* reißt Wasserstrahl Luft bei plötzl. Übergang v. engem in weiteren Querschnitt mit, ähnl. bei (Quecksilber-)*Dampfstrahl-L.* Bei *Molekular-L.* (nach Gaede) treiben schnell rotierende Scheiben die Gasmolekülströmung nach außen. Höchstes (nicht absolutes) Vakuum erreichbar durch *Diffusions-L.* (Gaede): Luft dringt (diffundiert) vom Rezipienten in Quecksilberdampfstrahl, d. sie nach außen fördert; z. Rezipienten dringende Quecksilberdämpfe durch Kühler abgefangen. Ggs. (zur Verdichtung v. Gasen): Kompressoren (dazu gehört sog. Fahrrad-L.); **2)** → Sternbilder, Übers.

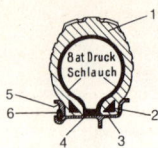

Luftreifen (Pneumatik)

Luftreifen, *Pneumatik,* v. Dunlop erfundene hohle, unter Druck aufgeblasene Gummireifen f. Fahrräder, Kraftwagen, Flugzeuge u. ä.; bestehend aus innerem *Luftschlauch* zur Aufnahme d. Preßluft u. äußerem *Laufmantel,* m. Verstärkung (→ Karkasse) durch Textil- (Abb.: 1) od. Drahtgeflecht (→ Gürtelreifen); Drahteinlage (2) zur Befestigung auf d. Felge (3) sowie Profilierung d. Lauffläche als Gleitschutz, Felgenband (4), Seiten- (5) Verschlußring (6); schlauchlose L. (Tubeless) haben keinen bes. Schlauch, sondern eine luftdichte Gummischicht an d. Innenseite; Abdichtung zw. Reifenwulst u. Felge. Ballonreifen haben gr. Luftvolumen u. geringen Innendruck.

Luftröhre, *Trachea,* verbindet die Lunge mit der Außenluft, beginnt am Kehlkopf, am unteren Ende in die beiden Luftröhrenäste (Hauptbronchien) geteilt; innen mit flimmernder Schleimhaut bekleidet. – **L.nschnitt,** *Tracheotomie,* → Diphtherie.

Luftschiff, L.fahrt → Luftfahrt, Übers.

Luftschraube, *(Schrauben-)Propeller,* Treibschraube m. 2–5 Flügelblättern zum Antrieb von Luftschiffen, Flugzeugen, Schlitten, flachgehenden Schnellbooten.

Luftschutz, vorbereitende Maßnahmen für einen Kriegsfall z. Schutz d. Bevölkerung, Städte, Industrie u. d. beweglichen Kulturgüter gg. Luftangriffe. In der BR seit 1952 Luftschutzmaßnahmen; 1957 Bundesluftschutzgesetz; Organisation: *Bundesluftschutzverband,* Sitz Bonn.

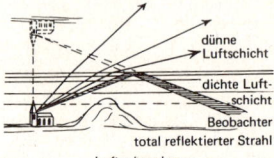

Luftspiegelung

Luftspiegelung, Erscheinen eines oder mehrerer Spiegelbilder entfernter Gegenstände, verursacht durch Spiegelung an der Grenze verschieden dichter Luftschichten; entstehen durch ungleiche Lufttemperaturen; auch *Fata Morgana* genannt.

Luftverflüssigung → flüssige Luft.

Luftverkehr, Beförderung v. Personen, Postsendungen, Gütern durch Luftfahrzeuge (→ Luftfahrt, Übers.).

Luftverunreinigung, versch. Lebensfor-

men bedrohende Verunreinigung d. Luft durch Emission v. festen, flüssigen u. gasförmigen Fremdstoffen (Kohlenmonoxid, Schwefeldioxid, Stickoxide usw.); verursacht v. a. durch Ind. u. Verkehr; führt beim Menschen zu Atemwegserkrankungen; Mitverursachung v. →

Luftwaffe, Teilstreitkraft (Fliegertruppe; z. T. auch Fallschirmjäger, Flugabwehr, Fernmeldetruppe) neben → Heer u. → Marine m. dem Auftrag, ggf. e. Luftkrieg zu führen, insbes. ihn zu verhindern.

Luftwege, *obere L.:* Nase, Rachen, Kehlkopf; *tiefere L.:* Luftröhre u. ihre feineren Verzweigungen (Bronchien).

Luftwiderstand, Widerstand, den die Luft einem sich bewegenden Körper (z. B. Kraftfahrzeug) entgegensetzt; wächst quadratisch mit Geschwindigkeit (z. B. um Vierfaches bei doppelter Geschwindigk.); wird charakterisiert durch d. **L.sbeiwert** *(C_w-Wert),* dem Verhältnis des L.s eines Körpers z. dem einer m. derselben Geschwindigk. senkrecht angeströmten, runden Scheibe gleicher Größe wie größter Körperdurchschnitt. L.sbeiwert d. Scheibe = 1; b. modernem „windschlüpfigem" Kfz ca. 0,5–0,3; theoret. günstigster Wert für sich in Bodennähe bewegende Körper = 0,1. → Aerodynamik.

Luftwurzeln, Wurzeln an oberird. Sprossen, b. vielen trop. Lianen u. Epiphyten.

Luganer See

Luganer See, it. *Lago di Lugano,* Alpenrandsee der Tessiner Alpen, 48,7 km², bis 288 m tief, mit schweiz. Kurort.

Lugano (CH-6900), St. im Kanton Tessin, 277 müM, am *Luganer See* u. am Fuße des Monte Brè u. d. San Salvatore, 28 000 E, Agglom. 92 000 E; Fremdenverkehr.

Lugansk → Woroschilowgrad.

Lugau (Erzgebirge) (D-9159), St. i. Kr. Stollberg, Sa., 10 000 E; *Lugau-Ölsnitzer* Kohlenbecken; Eisen-, Textilind.

Lügde (D-4927), St. u. Luftkurort i. Kr. Lippe, NRW, 10 738 E; div. Ind.

Lügendetektor, Gerät z. Prüfung der Wahrheit von Aussagen mit Hilfe der Messung von Blutdruck, Hautfeuchte, Hirnströmen; in BR (§ 136 a StPO), Schweiz, Österreich verboten.

Luịni, Bernardino (um 1485–1532), italienischer Maler der lombardischen Renaissance.

Luise, 1) Kgn v. Preußen (10. 3. 1776–19. 7. 1810), geb. Prinzessin v. Mecklenburg-Strelitz, seit 1793 Gattin Friedr. Wilhelms III., Mutter Friedrich Wilhelms IV. u. Kaiser Wilhelms I; **2)** L. Henriette v. Oranien (27. 11. 1627–18. 6. 67), erste Gattin d. Gr. Kurfürsten; nach ihr Oranienburg genannt.

Luitpold (12. 3. 1821–12. 12. 1912), s. 1886 Prinzregent v. Bayern.

Luk, w., seem. Öffnung im Deck, umgeben von erhöhter Kante (L.süll).

Lukács [- katʃ], Georg (13. 4. 1885–4. 6. 1971), ungar. marxist. Literaturhist. u. Kulturphil.; Die Zerstörung der Vernunft; Geschichte u. Klassenbewußtsein.

Lukan, Lucanus, Marcus Annäus (30–65 n. Chr.), römischer Dichter.

Lukanien, it. Lucania, histor. Landschaft (altgriech. St. Poseidonia, Herakleon, Elea), entspricht in etwa d. südit. Region Basilicata.

Lukas, kleinasiat. Grieche, Arzt; Schüler des Apostels Paulus, Verf. des 3. Evangeliums u. der Apostelgeschichte. - L.-Gilden waren im MA die Zünfte der Maler, Bildschnitzer usw.

Lukasbund → Nazarener 2).

Lukian|os, Lucianus (2. Jh. n. Chr.), griech. Satiriker; Hetären-, Toten-, Göttergespräche.

Lukmanier, it. Passo del Lucomagno, Paß zw. Graubündner Oberland u. Tessin, 1917 müM.

lukrativ [l.], gewinnbringend, einträgl.

Lukrez, Lucretius Carus, Titus (97–55 v. Chr.), röm. Dichter; atomist. Lehrgedicht: Die Natur d. Dinge.

Luksor → Luxor.

lukullisch, schwelgerisch (nach → Lucullus).

Luleå ['lyːlɔo], Hptst. des schwed. Läns Norrbotten, 67 400 E, a. d. Mündung d. Luleälv, Fluß, 450 km l., in den Bottn. Meerbusen; Erzausfuhr, Stahlwerk.

Lullus, Raimundus (1235–29. 6. 1316), katalan. Phil.; Begr. d. Lullischen Kunst (aus den obersten sachl. u. log. Begriffen alle Wahrheiten abzuleiten); Einfluß auf → Nikolaus von Kues.

Lully [ly'li], Jean-Baptiste (28. 11. 1632–22. 3. 87), frz. Komp. it. Herkunft; Hofmusiker Ludwigs XIV.; begr. d. frz. Nationaloper; Ballette.

Lumbago, w. [l.], → Hexenschuß.

Lumbal-anästhesie → Anästhesie. - **L.punktion,** Einstich in den mit Rückenmarkshäuten gebildeten **L.sack** mit Hohlnadel zur Gewinnung von L.flüssigkeit (→ Liquor); wichtig für die Erkennung von Rückenmarks- u. Gehirnkrankheiten. - **L.syndrom,** Kreuzschmerzen als Folge eines → Bandscheibenschadens i. Bereich d. Lendenwirbelsäule; auch als → Ischias bezeichnet.

Lumbeck-Verfahren, Einblatt-Buchblockklebeverfahren; ersetzt i. Buchbinderei Fadenheftung.

Lumberjack [engl. 'lʌmbədʒæk], sportl. Ärmelweste.

Lumen [l. „Licht"], Maßeinheit für Lichtstrom (lm), → Lichteinheiten.

Lumet ['luːmit], Sidney (* 25. 6. 1924), am. Filmregisseur; Twelve Angry Men (1957); Murder on the Orient Express (1974); Dog Day Afternoon (1975); The Verdict (1983).

Lumière [ly'miɛr], **1)** Auguste (19. 10. 1862–10. 4. 1954) u. **2)** Louis (5. 10. 1864–6. 6. 1948), Brüder, frz. Erfinder des „Cinémathographe" (1895), einer Weiterentwicklung d. → Kinetograph von Edison.

Lumineszenz, w. [nl.], Leuchten von nichtglühenden Stoffen, kaltes Licht (Umwandlung v. Energie in sichtbares Licht b. Temperatur unter d. Glühhitze). Ursachen: chem. Vorgänge (Chemo-L.) z. B. bei Phosphor infolge Oxidation, bei gewissen Lebensvorgängen, Leuchtkäfer, Leuchtbakterien (Bio-L.); el. Entladung, bes. in Hochvakuumröhren (Elektro-L.); radioaktive Strahlung (Radio-L.); Abgabe von gespeicherter Energie bei leichtem Erwärmen (Thermo-L.): Dauert L. nur kurze Zeit (10^{-10}–10^{-7} s), spricht man von → Fluoreszenz (→ Braunsche Röhre), bei Nachleuchten (→ Leuchtstoffe) von → Phosphoreszenz.

Lummen, alkenartige Vögel nordischer Meere; Schwimm- u. Tauchvögel; Trottel-L. u. Gryll-L.

Lumumba, Patrice (2. 7. 1925–17. 1. 61), afrikan. Pol.; erster Min.präs. d. Rep. Kongo; ermordet.

Luna [l.], Mond(göttin), griech. Selene.

Luna-Raumfluggeräte → Mondsonden, → Weltraumforschung, Übers., → Tafel Weltraumfahrt.

Lunation [l.], Zeitraum zw. 2 gleichen → Mondphasen, im Mittel = 29,5306 Tage.

Lunch, m. [engl. lʌntʃ], leichte Mittagsmahlzeit.

Lund [lyn], St. in S-Schweden, 85 000 E; roman. Dom (12. Jh.), Uni., Sternwarte; luth. Bistum.

Lundkvist, Artur (* 3. 3. 1906), schwed. Lyriker.

Lüneburg (D-2120), Krst. u. Hptst. d. Rgbz. L. (15 348 km², 1 447 900 E), an d. Ilmenau in d. Lüneburger Heide, Nds., 60 053 E; Hafen; Backsteinbauten 14.–17. Jh., Theater, Museum; IHK; HWK, Oberverw.gericht, LG, AG; HS, FHS, Ost-Akad.; Schwermetall-, Textil-, chem. Ind.; Sol- u. Moorbad. – Im 10. Jh. Grenzburg d. Billunger gg. Slawen u. Wenden, im MA Hansestadt.

Lüneburger Heide, gr. Heidegebiet Dtlds, zw. Aller u. Unterelbe, teils aufgeforstet; Naturschutzgebiet am Wilseder Berg (169 m); Schaf- u. Bienenzucht; im SW Erdöl.

Lünen (D-4670), Ind.st. i. Kr. Unna, a. d. Lippe, NRW, 85 584 E; AG; Steinkohlenbergbau, Maschinen- u. Stahlbau, Buntmetallverhüttung u. a. Ind.

Lünette, w. [frz. „Möndchen"], halbkreisförmiges Wandfeld über Fenstern od. Türen, oft mit Malerei oder Plastik.

Lunéville [lyne'vil], frz. St. im Dép. Meurthe-et-Moselle, 23 000 E; Schloß; Metall- u. Textilind. – 1801 Frieden v. L., linkes Rheinufer an Frankreich.

Lunge, bei höheren Tieren, dient der → Atmung; doppelseitig angelegt, beim Menschen rechte L. aus 3, linke aus 2 Lappen bestehend.

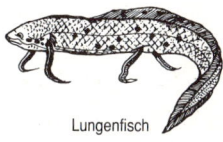

Lungenfisch

Lungen-abszeß, → Abszeß mit hohem Fieber, kann nach d. Bronchien durchbrechen u. ausgehustet werden; evtl. Operation notwendig. – **L.alveolen,** L.bläschen, feinste Ausbuchtungen am Ende der kleinsten Bronchien; Ort des Gasaustauschs zw. Atemluft u. Blut. – **L.blutung,** Blutsturz, → Hämoptoe. – **L.emphysem,** s., L.blähung, Erweiterung d. L.bläschen; starrer Brustkorb, bes. in hohen Alter, bei Asthmakranken u. Bläsern. – **L.entzündung,** Pneumonie, fieberh. Infektionskrankheit mit Husten u. rötlichem Auswurf. – **L.fische,** Lurchfische, atmen außer durch Kiemen auch durch in L. verwandelte Schwimmblase; Afrika, Australien, Brasilien. – **L.heilstätten** → Tuberkulose. – **L.infarkt,** kegelförmiger Bezirk mit Durchblutungsstörung d. L.gewebes infolge Verstopfung eines Astes der L.schlagader; L.embolie. – **L.katarrh,** svw. → Bronchialkatarrh; auch L.spitzenkatarrh. – **L.kaverne** → Kaverne. – **L.kraut,** blaurot blühende Frühlingsstaude d. Laubwälder. – **L.moos** → Isländisches Moos. – **L.ödem,** s., Flüssigkeitsdurchtritt aus d. L.kapillaren in d. L.bläschen (z. B. bei Stauungszuständen d. Herzens). – **L.schwindsucht,** Phthisis, → Tuberkulose. – **L.seuche,** ansteckende L.- u. Brustfellerkrankung der Rinder, anzeigepflich-

Lüneburg, Gerichtslaube im Rathaus (erbaut um 1300)

tig. – **L.spitzen,** die obersten Abschnitte der L., von d. ersten Rippe umschlossen.
Lungwitz, Hans (19. 10. 1881–24. 6. 1967), dt. Neurologe, Begr. d. Psychobiologie.
Lunik → Mondsonden.
Lunker, *m.,* fehlerhafter Hohlraum in Gußstücken.
Lunochod → Mondsonden.
Luns [*l'ʊns*], Joseph (* 28. 8. 1911), ndl. Pol.; 1956–71 Außenmin., 1971–84 Gen.sekr. d. NATO.
Lunte, 1) Hanfschnur zur Entzündung der Pulverladung; **2)** Schwanz v. Fuchs, Luchs, Wolf, Wildkatze.
Lupe [frz.], *Vergrößerungsglas,* Sammellinse kleiner Brennweite, vergrößert um so stärker (bis 20fach), je kleiner die Brennweite ist.
Lupine, Schmetterlingsblütler aus dem Mittelmeergebiet; *gelbe* u. *blaue L.,* hpts. z. Gründüngung angebaut, auch Zierpflanze; daraus *Süß-L.* gezüchtet, z. unmittelbaren Grün- u. Schrotfutterverwendung.
Lupolen®, Handelsbez. f. Kunststoffe aus hochpolymeren Kohlenwasserstoffen; verwendet f. Folien, Flaschen, Rohre u. Ummantelungen.
Lupus [l.], Hauttuberkulose, meist im Gesicht.
Lurçat [*lyr'sa*], 1) Jean (1. 7. 1892–6. 1. 1966), frz. Maler, zw. Surrealismus u. Abstraktion; Bildteppiche; s. Bruder **2)** André (27. 4. 1894–10. 7. 1970), Architekt; Wegbereiter d. Rationalismus in Frankreich; Wohnsiedlungen, Schulen.
Lurche, svw. → Amphibien.
Lure, *w.,* altgerman. gr. Bronzeposaune; in Skandinavien u. N-Dtld gefunden; wurde b. rel. Feiern benutzt.
Luria, Salvador Edward (13. 8. 1912–7. 2. 91), am. Bakteriologe; Nobelpr. 1969.
Lusaka, Hpst. v. Sambia, 819 000 E; kath. u. anglikan. Erzbischofssitz; Uni.; Ind.; Flughafen.
Luserke, Martin (3. 5. 1880–1. 6. 1968), dt. Erziehungsreformer u. Schriftst.; Laienspiele; See- u. Spukgeschichten, Essays.
Lusignan [*lyzi'ɲã*], frz. Adelsgeschlecht; herrschte 1186–1291 in Jerusalem, bis 1489 in Zypern.
Lusitanien, antike röm. Provinz in SW-Spanien, heute in etwa Portugal.
Lüst, Reimar (* 25. 3. 1923), dt. Astrophysiker; 1972–84 Präs. der Max-Planck-Gesellschaft.
Lustenau (A-6890), östr. Marktgem. a. Rhein, Vorarlberg, 17 000 E; div. Ind.
Lüster, *m.* [frz. „lustre"], 1) halbwollene Stoffe mit Baumwollkette; stark glänzend; **2)** Kronleuchter.
Lustrum, *s.* [l.], Zeitraum v. fünf Jahren.
Lustspiel, dt. Bez. f. → Komödie.
Luteotropin, svw. → Laktationshormon.
Lutetium, *Lu,* chem. El., Oz. 71, At.-Gew. 174,97; Dichte 9,84; Seltenerdmetall.

Martin Luther

Luther, 1) Hans (10. 3. 1879–11. 5. 1962), Staatsmann u. Diplomat, 1925/26 Reichskanzler, unterzeichnete Locarnovertrag; 1933–37 Botsch. in USA; **2)** Martin (10. 11. 1483–18. 2. 1546), dt. Reformator; Bergmannssohn, gab s. jur. Stud. auf, wurde Augustinermönch in Erfurt. 1512 Prof. d. Theol. in Wittenberg. 31. 10. 1517 schlug er zur Abwehr d. Ablaßmißbrauchs (Tetzel) 95 Thesen an d. Schloßkirche zu Wittenberg (Beginn d. Reformation); 1520 die 3 grundlegenden Reformationsschriften: *An den christl. Adel dt. Nation; Von der babylon. Gefangenschaft d. Kirche; Von d. Freiheit eines Christenmenschen.* Dez. 1520 Bann-Androhungsbulle; 1521 Reichstag zu Worms: Luther verteidigte sich vor Kaiser u. Reich, lehnte Widerruf ab („Hier stehe ich, ich kann nicht anders, Gott helfe mir, Amen"); in die Reichsacht erklärt, auf dem Rückweg von Rittern seines Kurfürsten auf die Wartburg gerettet; Aufenthalt als *Junker Jörg;* Übersetzung des N.T. (*Septemberbibel* 1522; 1534 d. ganzen Bibel), bahnbrechend für neuhochdt. Sprache. Nach Wittenberg zurückgekehrt, begann er den Aufbau der ev. Kirche: Schriften über ev. Gottesdienst u. Liebestätigk., eifrige Predigt- u. Lehrtätigk., Abwehr d. Wiedertäufer, Auseinandersetzung m. Papst u. Kaiser, abgeschlossen durch Reichstag zu Augsburg 1530 mit d. Übergabe d. → *Augsburgischen Bekenntnisses.* 1525 Heirat m. Katharina v. Bora; Kreis v. Schülern u. Hausgenossen (*Tischreden*); Liederschöpfer (*Ein' feste Burg ...*) u. Vater d. ev. Gesangbuchs; Bahnbrecher auf d. Gebiet d. Volksschulwesens u. d. Volksschulbildung (Kl. u. Gr. → *Katechismus*).
lutherische Kirche, ev. Kirche, die sich z. Augsburger Konfession bekennt; Alt-lutheraner, Lutherische Freikirche durch Trennung v. d. unierten Kirche entst. (→ Evangelische Kirche in Deutschland, Übers.); l. K.n in der Welt i. d. *Lutheran World Federation; d. Lutherischen Weltbund* (61 Kirchen), zusammengefaßt.
Luthuli, Albert (1898–21. 7. 1967), (schwarzer) südafr. Pol.; 1952 Präs. d. Afr. Nationalkongr.; Fried.nobelpr. 1960.
Luton [*lu:tn*], mittelengl. St., 165 000 E; Autoind.; Flughafen.
Lutosławski, Witold (* 25. 1. 1913), poln. Komp.; aleator. Techniken m. polymetr. u. polyrhythm. Struktur; *Trois poèmes d'Henri Michaux.*

Lutter am Barenberge (D-3372), Flekken i. Ldkr. Goslar, Nds., 2553 E; Sandsteinbrüche. – 1626 Sieg → Tillys über Christian IV. von Dänemark.
Lüttich, frz. *Liège,* fläm. *Luik,* Hptst. der belg. Prov. *L.* (3862 km², 992 000 E) u. d. wallonischen Region (16 848 km²), a. d. Mündung d. Ourthe in die Maas, 200 000 E; Uni.; Metallind.
Lutz, Sprungform im → Eiskunstlauf.
Lützen (D-4854), St. i. Kr. Weißenfels, Sa., 4500 E. – 1632 Tod Gustav Adolfs in d. siegr. Schlacht gg. Wallenstein.
Lützow, Adolf Frh. v. (18. 5. 1782–6. 12. 1834), preuß. Major; bildete u. führte 1813 das **L.sche Freikorps.**
Luv, *w.,* Windseite eines Schiffes; Ggs.: → Lee.
luven, *seem.* Schiffsspitze gg. den Wind wenden, „an den Wind gehen".
Lux, *s.* [l. „Licht"], *lx,* Maß f. Beleuchtungsstärke, Lichteinheiten.
Luxation [l.], Verrenkung eines Gelenkes.
Luxemburg, Rosa (5. 3. 1871–15. 1. 1919), dt. sozialist. Pol.in; mit K. → Liebknecht Führerin des Aufstands d. → Spartakusbundes 1919; erschossen; *Die Akkumulation des Kapitals.*
Luxemburg, 1) amtl. *Grand-Duché de Luxembourg,* *Grousherzogdom Letzebuerg,* Großhgzt. zw. Dtld, Frkr. u. Belgien, 2586 km², 377 100 E (145 je km²); Bev.-Zuw. 0,2%; Sprache: Frz. u. Dt.; Letzebuergesch; Umgspr.: luxemburg. Franc (lfr); Rel.: röm.-kath.; Hptst.: Luxemburg (77 000 E); Flagge S. 340, Karte S. 740/42. **a)** *Geogr.:* Im N Plateau d. Ardennen, sonst lothring. Stufenland. **b)** *Landw.:* Getreide, Kartoffeln, Viehzucht. **c)** *Bodenschätze:* Eisen. **d)** *Ind.:* Bergbau, Stahl. **e)** *Verf.:* Konstitutionelle Monarchie (Herrscherhaus Nassau-Weilburg), Abgeordnetenkammer sowie Staatsrat (auf Lebenszeit ernannt). **f)** *Verw.:* 3 Kantone; Sitz d. Gerichtshofs d. Eur. Gemeinschaften, des Eur. Parlaments u. Verw.sitz d. Montanunion. **g)** *Gesch.:* 11.–15. Jh. unter d. Gfen v. L. *Lützelburg,* dann östr., span.; 1815 Großhgzt. u. dt. Bundesstaat, 1866 selbständig; s. 1921 Zoll- und Währungsunion m. Belgien, s. 1948 Mitgl. d. Benelux-Union. 1949 Beitritt zur NATO, 1957 zur EWG. **h)** *Mitgl.:* UN, EG, OECD, NATO, WEU, Europarat; **2)** Provinz in SO-Belgien, 4441 km², 226 000 E; Hptst. *Arlon.*
Luxor, *Luksor,* arab. *Al-Uksur,* ägypt. Winterkurort im alten St.bez. von Theben, am oberen Nil, 148 000 E; Tempelruinen (→ Tafel Kunst des Altertums), Museum; Flughafen.
luxurieren, Steigern d. Nachkommenschaft b. best. *Kreuzungen* in Wuchs u. Vitalität; → Heterosis.
Luxus, *m.* [l.], kostspielige Lebensfüh-

rung od. (urspr.) erlesene, verfeinerte Lebenshaltung.

Luzern

Luzern (CH-6000), Hptst. d. schweiz. Kantons *L.* (1492 km², 315 000 E), am Ausfluß der Reuß aus d. Vierwaldstätter See, 439 müM, 61 000 E, Agglom. 161 000 E; Fremdenverkehr, Intern. Musikfestwochen, Verkehrsms.; Handel, Textil-, Uhren- u. Schmuckfabr., Getränkeind.
Luzerne, Schmetterlingsblütler m. violetten Blüten; mehrjähr. eiweiß- u. mineralstoffreiche Futterpflanze (ewiger Klee).
luzid [l.], hell, durchsichtig.
Luzidität, *psych.* Hellsehen.
Luzifer, 1) → Phosphoros; **2)** der Teufel nach *Jes. 14, 12.*
Luzon [*lu'θon*], Hptinsel der Philippinen, 104 687 km², 20 Mill. E; Hptst. *Manila.* Zuckerrohr, Manilahanf, Tabak; Eisen, Kupfer, Chrom, Gold, Silber als Bodenschätze.
Lwoff, André (* 8. 5. 1902), frz. Mikrobiologe; entdeckte mit → Jacob u. → Monod genet. Steuerung d. Enzym- u. Virussynthese; Nobelpr. 1965.
Lyallpur, Faisalabad, St. i. Pandschab,

Luxor, *Tempel der Hatschepsut*

Pakistan, 1,1 Mill. E; Landw. HS; Flughafen.
Lyck, *Elk,* poln. St. in Masuren, a. **L.see;** 30 000 E; Ordensgründung.
Lycopodium, svw. → Bärlapp.
Lycra, ein f. → Stretch-Textilien verwendetes elast. Chemiegarn.
Lydien, im Altertum kleinasiat. Landschaft an der W-Küste; Hptst. *Sardes.*
Lykien, kleinasiat. Landschaft (Süd-Küste); alte Felsengräber, seit 6. Jh. vor Chr.
Lykurg|os, 1) sagenhafter spartan. Gesetzgeber (ca. 9. Jh. vor Chr.); **2)** attischer Redner und Staatsmann (4. Jh. vor Chr.).
Lymphangitis, *w.* [l.-gr.], Entzündung der Lymphgefäße.
lymphatisch [l.], mit Lymphe u. Lymphknoten zus.hängend; *l.e Konstitution,* Neigung z. Schwellungen d. Lymphknoten bei geringem Widerstand gg. Infektionen u. blassem, gedunsenem Aussehen.
Lymphdrüsen, veraltete Bez. für → Lymphknoten.
Lymphe, *w.* [l.], **1)** Gewebsflüssigkeit in den Gewebslücken, sammelt sich in den Lymphgefäßen, wird von diesen durch den Brustlymphgang dem Blutstrom zugeführt; **2)** trüber Inhalt der Kuhpockenpusteln, Impfstoff gegen Pocken.
Lymphknoten, bilden → Lymphozyten u. filtern aus d. Lymphstrom d. Bakterien, Gifte u. kleinste Partikel. **L.ent-zündung** u. *L.schwellung, Lymphom, Lymphadenitis,* b. Infektionskrankh.; z. B. Hals-L. b. Tuberkulose (→ Skrofulose), Leisten-L. b. Geschlechtskrankheiten.
Lymphogranuloma inguinale, sog. „vierte" Geschlechtskrankheit: entzündl. Schwellung d. Leistenlymphknoten; durch Impfprobe feststellbar; Virus-Infektion.
Lymphogranulomatose, *Hodgkinsche Krankheit,* bösart. Geschwülste versch. Lymphknoten.
Lymphozyten, svw. → Leukozyten.
Lynch, David (* 20. 1. 1946), am. Filmregisseur; *Eraserhead* (1977); *Elephant Man* (1980); *Blue Velvet* (1985); *Wild At Heart* (1989); *Twin Peaks* (1990).

Lynchjustiz, gesetzwidrige eigenmächtige, meist tödl. Bestrafung e. Verbrechers durch erregte Menge.
Lynen, Feodor (6. 4. 1911-6. 8. 79), dt. Biochem.; Nobelpr. 1964 (f. Forschung über Cholesterin- u. Fettsäurestoffwechsel).
Lynkeus, altgriech. Held; Türmer in Goethes *Faust.*
Lyon [*ljõ*], Hptst. des frz. Dép. *Rhône,* an Zusammenfluß von Rhône und Saône, 418 000 E; *Gr.-L.* 1,22 Mill. E; Erzbistum, Universität, Museen; Seidenind.; Messestadt.
Lyophilisation, soviel wie Gefriertrocknung.
Lyra, *w.,* **1)** griech. Saiteninstrument (Leier); **2)** → Sternbilder, Übers.
Lyriden, → Meteore m. Radiant im Sternbild Leier.
Lyrik, *w.* [griech.], *lyrische* Dichtung, Dichtart in Versform, die ein Erlebnis, ein Gefühl oder einen Gedanken möglichst unmittelbar und eng an Klang und Rhythmus gebunden (festes Metrum oder freier Rhythmus, vielfach mit Reimschema) ausdrückt (Lied, Hymne, Ode, Sonett).
Lys, fläm. *Leie,* l. Nbfl. der Schelde.
Łysa Góra [*'ũisa 'gura*], Höhenzug in Polen, 611 m; Nationalpark.
Lysander († 395 v. Chr.), spartan. Feldherr, beendete 404 mit d. Eroberung Athens d. *Peloponnes. Krieg.*
Lysimachos (um 360–281 v. Chr.), Feldherr Alexanders d. Gr., einer der → Diadochen.
Lysipp, *Lysippos v. Sikyon,* griech. Bildhauer (4. Jh. v. Chr.); mehrere Werke durch röm. Kopien überliefert (u. a. *Farnesischer Herkules*).
Lysis, *w.* [gr. „Lösung"], **1)** allmählicher Fieberabfall; **2)** Auflösung v. Zellen (z. B. v. Bakterien, Blutkörperchen).
Lysol, *s.,* Kresolseifenlösung z. Desinfizierung d. Hände etc.
Lysozyme, Bakterienwände angreifende *Enzyme.*
Lyssa [gr.], svw. Tollwut.
Lyssenko, Trofim (29. 9. 1898-20. 11. 1976), sowj. Züchtungsforscher.
Lyzeum [gr. *'tseum*], veraltet f. höhere Mädchenschule.

M, 1) röm. Zahlzeichen = 1000; **2)** Abk. f. → *Monsieur;* **3)** Abk. f. *member* [engl.], Mitglied (z. B. d. Parlaments); **4)** Abk. f. → *Mark* 3); **5)** *phys.* → Machzahl; **6)** *astronom.* Abk. f. absolute Helligkeit (→ Größe); **7)** in Maßen Abk. f. → *Mega*.

m, 1) hinter Hauptwort = *masculinum* = männlich; **2)** Abk. f. Meter, m^2 = Quadrat-, m^3 = Kubikmeter; **3)** in Maßen Abk. f. → *Milli*-.

M. A., Abk. f. → M*agister* a*rtium,* → M*aster of Arts,* akad. Titel i. Dtld u. in angelsächsischen Ländern.

Mäander, 1) jetzt *Büyük Menderes (Gr. M.),* vielgewundener Fluß in W-Kleinasien, nördl. Milet ins Ägäische Meer; **2)** n. ihm ben.: stark gewundene

Mäander

Flußschleifen; **3)** d. n. ihm ben. geschlängelte *(laufender Hund)* od. rechtwinklig gebrochene Ornamentband.

Maar, *s.,* meist wassergefüllte, trichterförmige Höhlung, entstanden durch vulkanische Gasexplosion; häufig in der Eifel *(M.seen)*.

Maas, frz. *Meuse,* Fluß in O-Frkr., Belgien u. Niederlande, vom Plateau v. Langres; m. d. Rheinarm Waal z. Merwede vereinigt, mehrere Mündungsarme in d. Nordsee; 933 km lang, ab Givet schiffbar.

Maaß, 1) Edgar (4. 10. 1896–6. 1. 1964), dt. Schriftst.; Romane: *Verdun; Das große Feuer; Kaiserl. Venus;* s. Bruder **2)** Joachim (11. 9. 1901–15. 10. 72), dt. Schriftst.; *Der Fall Gouffé;* Lyrik, Essays.

Maastricht, Hptst. der ndl. Prov. Limburg, an der Maas, 116 000 E; Servatiuskirche (6. Jh.); Keramik; Glas-, Papier-, Textilind.

Maat [ndl.], Unteroffizier b. d. Marine; *Ober-M.:* Stabsunteroffizier.

Maazel [*mazl*], Lorin (* 6. 3. 1930), am.

Dirigent; s. 1985 Leiter d. Sinfonieorch. v. Pittsburgh.

Mabuse [-*'byz*], → *Gossaert*.

Mac [gälisch. *mæk* „Sohn"], *Mc, M',* Vorsilbe in schott. Namen (z. B. MacDonald = Nachkomme Donalds); bei Namen auch *Mc* (z. B. → McCarthy).

Macao, chin. *Aomen,* 1557–1951 portugies. Kolonie, seither Überseeprov. in China, südl. Kanton, zus. m. d. Inselchen Taipa u. Colovane 16,92 km²; 429 000 E; Chinesen u. Mischlinge; Ausfuhr: Tee, Seide, Tabak, Fische; Fremdenverkehr; Hptst. *M.,* 406 000 E; s. 1976 volle innere Autonomie, 1987 Abk. zw. Portugal u. China über Rückgabe 1999.

MacArthur [*mə'ka:θə*], Douglas (26. 1. 1880–5. 4. 1964), am. Gen.; im 2. Weltkr. Führer d. alliierten Streitkräfte im Fernen Osten; 1950–51 Oberbefehlsh. d. UN-Truppen i. Korea.

Macaulay [*mə'kɔ:lɪ*], Thomas Babington, Lord (25. 10. 1800–28. 12. 59), engl. Pol. u. Historiker; Essays: *Engl. Geschichte.*

Macbeth [*mək'beθ*] († 1057), schott. Feldherr, 1040 durch Kgsmord Kg; Drama v. Shakespeare, Oper v. Verdi.

MacBride [*mək'braıd*], Sean (26. 1. 1904–15. 1. 88), ir. Pol.; 1948–51 Außenmin.; 1961–74 Präs. v. → Amnesty International; Friedensnobelpr. 1974.

Macchiai(u)oli [*makĭaï'ɔːlɪ;* it. *macchia* „Fleck"], it. Künstlergruppe um 1850 (ähnlich der Schule v. → Barbizon), später Hinwendung zum Impressionismus; strebte nach realist. Freilichtmalerei m. lockerem Farbauftrag; Vertr. *Boldini, Fattori* u. a.

Macchie [*'ma:kjə*], *Maquis,* immergrüner, dorniger Buschwald aus Hartlaubgewächsen der Mittelmeerländer.

Macdonald [*mək'dɒnəld*], James Ramsay (12. 10. 1866–9. 11. 1937), engl. Arbeiterführer, Mitbegr. d. Labour Party 1893; 1924 u. 1929–35 Premiermin.

Maceió [*-se'ĭɔ*], Hptst. d. ostbrasilian. Bundesst. Alagoas, 527 000 E.; Hafen.

Mäcenas († 8 v. Chr.), Freund des Augustus und Horaz; sein Name *Mäzen*

wird z. Bez. eines Förderers von Künstlern und Gelehrten gebraucht.

Mach, Ernst (18. 2. 1838–19. 2. 1916), östr. Phil. u. Phys., Vertr. e. funktionalist. Erkenntnistheorie: Die Dinge seien bloße Empfindungskomplexe.

Mach-zahl, Abk. *M,* gibt Verhältnis der Geschwindigkeit eines Körpers im umgebenden Medium z. Schallgeschwindigkeit d. Mediums an; 1 M in bodennaher Luft = ca. 1200 km/h.

Mácha, Karel Hynek (16. 11. 1810–6. 11. 36), tschech. Dichter d. Romantik; lyr. Epos: *Mai.*

Machandel, svw. → Wacholder.

Machangana, Bantu-Heimatland i. Südafrika. S. 1973 als → Gazankulu Autonomie.

Machault [*-'ʃo*], Guillaume de (um 1300/05–77), Hauptmeister d. frz. → Ars nova; Balladen, Motetten; erste erhaltene vierstimmige Messe.

Machete, *m.* od. *w.* [span. *ma'tʃeːtɐ*], südam. gebogenes Haumesser.

Niccolò Machiavelli

Machiavelli [*makĭa'v-*], Niccolò (3. 5. 1469–22. 6. 1527), florentin. Pol.; Historiker u. Dichter: *Buch vom Fürsten (Il Principe);* Idealbild des durch keine Moral gehemmten Alleinherrschers; Komödie: *Mandragola.*

Machiavellismus, machiavellist. Politik, Bez. rücksichtsloser Staatskunst, in der allein der Erfolg entscheidend ist u. alle Mittel rechtfertigt (Friedrich d. Gr., Gegenschrift *Antimachiavell).*

Machination, *w.* [l.], Machenschaft.

Mächtigkeit, 1) *math.* Begriff d. Mengenlehre, Mächtigkeit einer Menge = Zahl d. Elemente einer Menge; **2)** *geolog.* Dicke v. Erzgängen, Gesteinsmassen, -schichten, Kohlenflözen.

Macke, August (3. 1. 1887–26. 9. 1914), dt. Maler; Mitbegr. des → „Blauen Reiters".

Mackensen, 1) August v. (6. 12. 1849–8. 11. 1945), dt. Gen.feldm. im 1. Weltkr. (Balkanfeldzug); **2)** Fritz (8. 4. 1866–12. 5. 1953), 1889 Mitbegr. d. Worpsweder Maler-Kolonie; bäuerl. Motive, Landschaften.

Mackenzie [mə'kɛnzi], Strom in Kanada, im Oberlauf als *Gr. Sklavenfluß* durch Gr. Sklavensee, 4241 km lang (mit Peace River), z. Eismeer; ca. 2000 km schiffbar, Unterlauf fast halbjährig vereist; Erdölfelder am Unterlauf.

Mackintosh [mə'kintɔʃ], Charles Rennie (7. 1. 1868–10. 12. 1928), schottischer Architekt u. Designer; Wegbereiter des → *Modern Style; Kunstschule,* Glasgow.

MacLaine [mə'klein], Shirley (* 24. 4. 1934), am. Filmschauspielerin; *Irma la Douce; Terms of Endearment.*

MacLeish [mə'kliːʃ], Archibald (7. 5. 1892–20. 4. 1982), am. Dichter; *Spiel um Job; Versepos: Conquistador.*

Macleod [mə'klaud], John James Richard (6. 9. 1876–16. 3. 1935), am. Physiologe; entdeckte mit → Banting das *Insulin;* Nobelpr. 1923.

MacMahon [-ma'õ], Maurice Marquis de, Hzg von Magenta (13. 6. 1808–17. 10. 93), frz. Marschall im Krimkrieg, Feldzug gg. Östr. (Magenta), Dt.-Frz. Krieg; 1873–79 Präs. d. frz. Rep.

Macmillan [mək'milən], Harold, Earl of Stockton (s. 1984) (10. 2. 1894–29. 12. 1986), engl. konservativer Pol.; 1957–63 Premiermin.

Mâcon [ma'kõ], Hptst. des frz. Dép. *Saône-et-Loire,* an der Saône, 40 000 E; Weinbau.

Macpherson [mək'fəsn], James (27. 10. 1736–17. 2. 96), schott. Schriftst.; Fälschung gäl. Volksdichtungen: *Ossian* (bed. Einfluß auf Kunst u. Literatur im 18. u. 19. Jh.).

Macrobius (um 400 n. Chr.), röm. Schriftst.; *Saturnalia* (7 Bücher über röm. Kultur u. Religion).

MAD, Abk. f. → *Militärischer Abschirmdienst.*

Madách ['mɔdaːtʃ], Imre (21. 1. 1823–5. 10. 64), ungar. Dichter; *Die Tragödie des Menschen.*

Madagaskar, amtl. *Republika Demokratika Malagasy,* Insel u. Rep. im Ind. Ozean, v. d. O-Küste Afrikas durch d. Straße v. Moçambique getrennt, 587 041 km², 11,24 Mill. E (19 je km²); Bev.-Zuw. 3,3%; Sprache: Frz., Malagasy; Währung: Madagaskar-Franc (FMG); Rel.: Christen, Ismaeliten, Na-

Sixtinische Madonna, *Raffael*

turrel.; Hptst. *Antananarivo (Tananarive;* 1,05 Mill. E); Flagge S. 340, Karte S. 750. **a)** *Geogr.:* Gebirge mit feuchter O- u. trockener W-Seite; im W Tafelland. **b)** *Landw.:* Viehzucht, an d. Küste Plantagenbau: Reis, Kaffee, Vanille, Zucker, Tabak. **c)** *Bodenschätze:* Graphit, Phosphat, Glimmer, Kohle, Erdöl, Uran, Gold, Chrom, Nickel. **d)** *Außenhandel* (1988): Einfuhr 364 Mill., Ausfuhr 274 Mill. $. **e)** *Verkehr:* Eisenbahn 883 km. **f)** *Verf.* v. 1975: Einkammerparlament, „Oberster Revolutionsrat". **g)** *Verw.:* 6 Prov. **h)** *Gesch.:* 1896 frz. Kol., 1947/48 Unabhängigkeitskrieg, 1958 autonome Rep., 1960 unabhängig; 1972, 1980 u. 1982 Unruhen. **i)** *Mitgl.:* UN, OAU; AKP-Staat.

Madagassen, Eingeborenenbevölkerung von → Madagaskar, i. O d. Insel vorwiegend malaiischen Ursprungs, im W negroide Völker.

Madame [frz. -'dam], Abk. *Mme,* Frau.

Madapolam, früh. ostind., grobes baumwollenes Köpergewebe; heute svw. → Schirting.

Madariaga y Rojo [-'rɔxo], Salvador de (23. 7. 1886–14. 12. 1978), span. Schriftst. u. Diplomat; *Bolívar; Porträt Europas.*

Mädchenhandel, Verleitung von Frauen zur Auswanderung z. Zwecke gewerbsmäßiger Unzucht; zu seiner Bekämpfung versch. intern. Abkommen.

Made, fußlose Insektenlarve.

Made in Germany [engl.], „in Dtld hergestellt", in England s. 1887 gesetzl. geforderte Herkunftsbez. dt. Waren.

Madeira [-'deː-], portugies. Inselgruppe an d. W-Küste Afrikas, 797 km², 272 300 E; Hptinsel *M.* (728 km²), gebirgig, Vulkane; mildes Klima, Weinanbau; *M.-Wein,* Früchteexport; Hptst. *Funchal.* – Seit 1976 begrenzte innere Autonomie.

Mademoiselle [frz. madmwa'zɛl], Abk. *Mlle,* Fräulein.

Madenwürmer, *Oxyuren,* Fadenwürmer i. Darm d. Menschen, bes. b. Kindern, schmarotzend, Schlupfwinkel i. Blind-

darm; Eier werden während der Bettruhe i. d. Afterfalte abgelegt (Jucken); Selbstinfektion durch Kratzen u. Übertragung d. Eier in d. Mund, auch durch Einatmen.

Mädesüß, weiß blühende, fiederblättrige Staude, ähnlich → Geißbart; auf feuchten Wiesen und Hängen.

Madhja Pradesch, b. 1949 *Zentralprov.en* u. *Berar,* Staat d. Rep. Indien, Zentralindien, 443 446 km², 52,2 Mill. E; Weizen- u. Baumwollanbau, z. T. m. künstl. Bewässerung, Hptst. *Bhopal.*

Madonna [it. „meine Herrin"], Jungfrau Maria (mit dem Jesuskind).

Madras, bedruckte, sehr offene Musselingewebe f. Dekorations- und Kleiderstoffe.

Madras, 1) s. 1968 → Tamil Nadu *(Tamizhagam);* **2)** St. in SW-Indien, Hptst. v. Tamil Nadu, 4,3 Mill. E; Uni, Textilind., wicht. Exporthafen.

Madrid, *Plaza de la Cibeles*

Madrid [ma'ðri(ð)], Hptst. von Spanien u. der Prov. *M.,* am Manzanares, 3,1 Mill. E; Kirchen u. Paläste des Barocks u. Klassizismus, Uni, HS f. Technik, Bergbau, Kunst u. Musik, Museen *(Prado),* kath. Erzbischofssitz; Stierkampfplätze; div. Ind., Handel; Verkehrsmittelpunkt Spaniens.

Madrigal, *s.,* urspr. it. Hirtengesang, im 14. Jh. instrumental begleitete Gesangsform; s. 16. Jh. auch mehrstimmiger Chorsatz weltl. Inhalts.

Madura, 1) *Madoera,* indones. Insel, 4481 km², 3 Mill. E; Gewürz-, Maisanbau, Viehzucht; Hptst. *Pamekasan;* **2)** *Madurai,* St. im int. Staat Tamil Nadu, 904 000 E; Textil- und Metallind.

maestoso [it.], *mus.* majestätisch, würdig.

Maestro [it.], Meister, bes. Tonkünstler (Dirigent).

Maeterlinck ['maː-], Maurice (29. 8. 1862–6. 5. 1949), belg. Dichter; Dramen: *Pelleas u. Melisande; Der blaue Vogel;* Leben der Bienen; Gedichte, naturphil. Schriften; Nobelpr. 1911.

Mäeutik, w. [gr. „Hebammenkunst"], Methode des Erkennens durch Fragestellung im Zwiegespräch (von Sokrates geübt).

Mafeking, seit 1980 *Mafikeng,* St. i. Bophutatswana; bis 1966 Verw.sitz v. Betschuanaland (Botswana).

Mafia, *w.,* sizilian. Geheimbund, seit etwa 1800, ähnlich der → *Camorra* Neapels.

Magalhães [mɐɣɐ'ʎɐĩʃ], span. *Magallan|es*, allg. *Magellan.* Fernão de (1480–27. 4. 1521), portugies. Seefahrer; durchfuhr als erster d. nach ihm ben. Meeresstraße u. d. Pazifik, entdeckte Philippinen.

Magallanes [-'ʎan-], chilen. Territorium, 132 034 km², 150 000 E, meist vergletschertes Hochgebirge u. Urwald, im O Weideland (Schafzucht); Hptst. *Punta Arenas* (112 000 E).

Magazin, *s.* [arab.], **1)** Lagerhaus; **2)** Vorratsbehälter, bei Handfeuer- u. Maschinenwaffen Mehrladevorrichtung; **3)** illustrierte Zeitschrift.

Magdalena, Maria v. Magdala, Jüngerin Jesu (Luk. 8 u. Mark. 15); wohl nicht d. Büßerin (Luk. 7).

Magdalenenstrom, *Río Magdalena,* Hptfluß Kolumbiens, aus den nördl. Anden, mündet ins Karib. Meer, 1538 km l., davon 1300 km schiffbar.

Magdalenerinnen, kath. Orden.

Magdalénien [-le'nĭɛ̃], letzter Abschnitt der Altsteinzeit, nach Fundort La Madeleine in Frkr.

Magdeburg (D-3010), Hptst. d. Landes Sachsen-Anhalt (20 445 km², 2,97 Mill. E), 288 355 E; früher. Dom m. Grab Ottos I. u. Plastiken v. → Vischer, roman. Liebfrauenkirche; Museen; Ing.schule f. Masch.bau u. Elektrotechnik, f. Chemie, Med. Akad., TH Otto v. Guericke, PH, Ing.schule f. Wasserwirtsch.; Eisen- u. Stahlind., Schwermasch.bau, Nahrungs- u. Genußmittelind., bedeutender Binnen- u. Umschlaghafen (Mittellandkanal m. Schiffshebewerk Rothensee); Getreide-, Kohlen-, Kali-, Zuckerhandel. – Karoling. Handelspl., 805 erstmals erwähnt, s. 968 Erzbistum, Bollwerk gg. Slawen; *Magdeburger Stadtrecht* maßgebend f. viele Handelsstädte d. Ostens; 1631 durch Tilly zerstört, 1680 zu Brandenburg, 1807–13 z. Kgreich Westfalen; Altst. 1945 zerstört. – **M.er Börde,** fruchtb. Ebene (Schwarzerdeboden) westl. v. M. (Zukkerrüben, Getreide, Obst, Gemüse); Steinsalzgewinnung.

Mage, im alten dt. Recht Verwandter; v. Mannesseite: *Schwert-* od. *Germage,* v. Weibesseite: *Spill-, Spindel-* oder *Kunkelmage.*

Magellan → Magalhães. – **M.sche Wolken,** *Kapwolken,* 2 schwachleuchtende Sternwolken am S-Himmel d. in Sternbildern Dorado (Große M. W.) u. Tukan (Kl. M. W.); Entfernung ca. 50 000 → Parsec; die M. W. gehören zu einer Gruppe v. etwa 2 Dutzend → Galaxien, die unserem Milchstraßensystem benachbart sind. – **M.straße,** Meerenge zw. dem Südende des südamerik. Festlands u. Feuerland, 585 km l.

Magelone, *die schöne M.,* Heldin eines dt. Volksbuchs (16. Jh.); provenzal. Sage; auch in 1001 Nacht überliefert.

Magmatite (magmatische Gesteine)

Plutonite (grobkristallin)	Vulkanite (feinkristallin)		SiO₂-Gehalt	Mineralbestandteile
Granit, Granodiorit, Tonalit	Rhyalit, Liparit, Dazit	zunehmend basisch →	mehr als 65%	Quarz, Kalifeldspat, Plagioklas, Hornblende, Biotit
Syenit, Monzonit, Diorit	Trachyt, Andesit, Phonolyt, Porphyryt		65 – 55%	Kalifeldspat, Plagioklas, Hornblende, Quarz, Pyroxen
Gabbro, Norit	Basalt, Diabas		55 – 40%	Plagioklas, Pyroxen, Olivin, Erz, Apatit

Magen, mit Schleimhaut ausgekleideter Muskelsack zur Aufnahme, Durchmischung u. Verdauung der Speisen, hakenförmig, im linken Oberbauch gelegen (→ Eingeweide, Abb.). – **M.ausheberung,** durch → Magensonde, bezweckt die Gewinnung von M.saft zur Beurteilung d. M.tätigkeit u. d. M.saftes. – **M.blutung,** b. Gefäßverletzung (Geschwür, Krebs): kaffeesatzartiges Erbrechen od. okkultes Blut im Stuhl, der tiefschwarz (Pechstuhl) aussieht. – **M.erweiterung,** bei Erschlaffung der M.wände. – **M.fistel,** durchgängige Verbindung zw. Magen u. Bauchdecke, durch die in d. M. ein Gummischlauch z. künstl. Ernährung eingeführt wird; auch krankhaft als Folge eines Geschwürdurchbruchs. – **M.geschwür,** mit M.schmerzen vor od. nach dem Essen, oft Sodbrennen, begrenzter Schleimhautdefekt (Nische), oft blutend. – **M.katarrh,** Entzündung d. M.schleimhaut. – **M.krampf,** oft bei M.geschwür, durch krampfhaftes Zus.ziehen der M.muskulatur. – **M.krebs** → Krebs 2). – **M.neurose,** nervöse Störung der M.tätigkeit. – **M.pförtner,** Schließmuskel am M.ausgang, öffnet u. schließt diesen nach Bedarf in rhythmischen Abständen. – **M.saft,** i. 1 Tag 1–2 Liter, aus Schleim, Wasser, Salzsäure u. Pepsin, von Drüsen der **M.schleimhaut** abgesondert, enthält d. **M.säure.** – **M.schlauch,** dünnes Gummirohr, unten geschlossen, mit seitl. Fenstern am Ende, zur *M.ausheberung* u. **M.spülung.** – **M.senkung,** Zeichen schwacher Konstitution u. schlaffer Bänder. – **M.spiegel,** *Gastroskop,* el. beleuchtbar, Metallröhrchen od. biegsames (Glas-)Fiberskop, gestattet Einblick ins Mageninnere.

Magenta [-'dʒɛn-], it. St. in der Prov. Mailand, 24 000 E; Ölhandel, Seidenind.

Magerø, *Magerøy,* Norwegens nördlichste Insel, 288 km², mit → Nordkap; Dorschfang.

Maggiore, *s.* [it. *mad'dʒore* „größer"], Dur-Teil eines Tonstückes, das im gleicher Molltonart steht.

Maghreb [arab. „Westen"], der westlich Ägyptens gelegene Teil d. moh. Welt.

Magie, *w.* [gr.], vermeintliche Kunst, durch geheimnisvolle Mittel od. symbol. Handlungen die Kräfte der Natur (Geister u. Dämonen) zu beherrschen, zu zaubern; in allen primitiven Religionen verbreitet. Im MA unterschied man *weiße M.* (Theurgie, Verwendung nützlicher Kräfte) und *schwarze M.* (Bündnis mit bösen Mächten, Teufelsbündnis).

Maginot [maʒi'no], André (17. 2. 1877–7. 1. 1932), frz. Pol. (1929–32 Kriegsmin.); nach ihm **M.linie** (s. 1930), Befestigungssystem zur Deckung der frz. Ostgrenze.

magisches Auge, → Elektronenröhre mit kleinem Leuchtschirm zur optischen Anzeige der richtigen → Abstimmung von Rundfunkgeräten.

Magisches Viereck, Bez. für d. heterogenen Beziehungen zw. den wirtsch.pol. Zielen: Preisniveau-Stabilität, hoher Beschäftigungsstand, stetiges angemessenes Wachstum u. außenwirtsch. Gleichgewicht.

Magister [l.], **1)** Vorsteher, röm. Amtstitel bei Behörden; **2)** im MA svw. Doktor d. Phil., später Unititel f. Dozenten. → Master; in d. BR akad. Grad (*M. artium*) f. Studenten d. phil. Fakultät, die weder Staatsexamen noch Doktorprüfung anstreben.

Magistrat, *m.* [l.], Amt; städt. Gemeindebehörde.

Maglemose, mittelsteinzeitl. Wohnplatz i. W von Seeland; danach **M.kultur,** ab 6000 v. Chr.

Magma, *s.* [gr.], meist im oberen Erdmantel (→ Erde) gebildete Masse geschmolzener → Silicate m. gelösten Gasen; bildet beim Aufsteigen je nach Aufstiegshöhe → Plutonite oder → Vulkanite; → Magmatite, Übers.

Magna Charta Libertatum, *w.* [l. „großer Freiheitsbrief"], engl. *The Great Charter*, engl. Staatsgrundgesetz von 1215, in dem engl. Adel u. Klerus von Kg Johann ohne Land versch. Privilegien durchsetzten: Steuerbewilligungsrecht, Garantie d. persönl. Freiheit u. des Eigentums usw.; Grundlage des engl. Parlamentarismus.

magna cum laude → cum laude.

Magnani [maɲ'ɲani], Anna (7. 3. 1908–26. 9. 73), it. Schausp.in; *Roma, città aperta; Le carrosse d'or; The Rose Tattoo.*

Magnaten [l.], **1)** früher Bez. f. d. Hochadel in Polen u. Ungarn; **2)** heute für Industrielle, Grundbesitzer. – **M.tafel,** früher 1. Kammer des ungar. Parlaments.

Magnelli [*ma'n-*], Alberto (1. 7. 1888–20. 4. 1971), it. Maler; abstrakte Bilder m. farblichem Gleichgewicht; Collagen.

Magnesia, *w., Magnesiumoxid (MgO),* weiß, erdig, Flußmittel f. Glasuren; *med. (M. usta)* zur Neutralisierung übermäßiger Magensäure u. als Puder.

Magnesia, 1) *Magnissia,* östl. Halbinsel d. griech. Thessalien m. Gebirge Pelion (b. 1651 m); **2)** heute → *Manisa,* 190 v. Chr. röm. Sieg über Syrien; **3)** antike St. am Mäander; Sterbeort d. *Themistokles.*

Magnesit, *m., Bitterspat,* Mineral; zu feuerfestem Stein verarbeitet (Ofenfutter).

Magnesium, *Mg,* chem. El., Oz. 12, At.-Gew. 24,32, Dichte 1,74; silberweißes Leichtmetall, natürl. nur gebunden vorkommend in Kainit, Dolomit, Talk, Meerschaum; Mg verbrennt mit sehr hellem Licht *(Blitzlicht);* bes. zu leichten Legierungen (z. B. → Elektron, → Dural). – **M.sulfat** → Bittersalz.

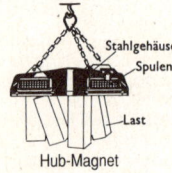
Hub-Magnet

Magnet, *m.* [gr.], → *Magnetismus;* z. Hebung v. Lasten Hub- od. Elektromagnet.

Magnetbandgerät, *Tonbandgerät,* Gerät zur magnet. Tonaufnahme u. -wiedergabe; *Tonträger: Tonband,* ein Kunststoffband mit einer Eisenoxid-, Chromdioxidod. Reineisenschicht. Das Tonband wird dicht vor d. Polen eines Elektromagneten vorbeigeführt, der d. im Mikrophon in el. Schwingungen umgewandelten Schallschwingungen a. d. Band überträgt, indem er dieses stärker od. schwächer magnetisiert; läuft d. Band vor d. Polen d. Elektromagneten wieder ab, so werden in dessen Wicklungen entsprechend d. aufgenommenen Impulsströme induziert. Diese werden über einen Verstärker einem Lautsprecher od. Kopfhörer zugeführt; Wiedergabe beliebig oft. Mit einem Löschkopf kann das Aufgenommene wieder vom Band gelöscht werden. Tonband auch mit mehreren Magnetspuren (z. B. für → Stereophonie). Erstes Magnetbandgerät 1935 v. AEG entwickelt u. gebaut; Philips brachte um 1963 d. Compact-Cassette (CC; → Cassettenrecorder) auf d. Markt. Breite Anwendung: privater Sektor (v. → Walkman über teure → Hi-Fi-Maschinen bis z. Videorecorder), Studiotechnik (z. B. → Ampex-Anlagen), → Datenverarbeitung, Bürotechnik (z. B. Diktiergeräte) etc. → Magnetton.

Magneteisenstein, *Magnetit* (Fe₃O₄), Mineral mit bis 72% Eisen, in vielen Gesteinsarten; wichtiges Eisenerz.

Magnetfilter, für Motoren u. Getriebe; säubert Getriebeöl von d. durch Abrieb entstandenen Metallteilen.

magnetische Induktion, Abk.ℬ, Anzahl der magnet. Feldlinien pro 1 cm²; Einheit: → Gauß (Abk. *G*), 1 G = 1 Maxwell pro 1 cm².

magnetischer Nord- u. Südpol → Erdmagnetismus.

magnetisches Feld, der Raum, in dem magnetische Kräfte wirken; → Kraftfeld; *magnet. Feldstärke,* 𝔥, magnet. Kraft z. Erzeugung einer best. → magnet. Induktion, abhängig v. *Amperewindungszahl* (Produkt Windungen × Strom) u. d. Länge d. magnet. Feldlinie einer Spule; Einheit: Amperewindungen pro cm od. *Oersted.*

magnetische Stürme, im Gefolge von → Sonnenflecken auftretende starke Schwankungen d. Intensität d. Erdmagnetfeldes; → Erdmagnetismus.

unmagnetisches

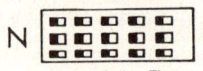
magnetisches Eisen

Molekularer Aufbau eines Magneten

Magnetismus, Fähigkeit eines Stoffes, Eisen anzuziehen; Verlauf der Kraftlinien vom N-Pol z. S-Pol; Zus.treffen zweier Magnete: Anziehung ungleicher, Abstoßung gleicher Pole; Ursache: Eisen u. a. magnet. Stoffe bestehen aus Molekularmagneten; beim Magnetisieren werden die zuvor wirr durcheinander liegenden Molekularmagnete gerichtet u. unterstützen sich gegenseitig. *Elektro-M.* entsteht um jeden stromdurchflossenen Leiter; sichtbar durch Ablenkung d. Magnetnadel. *Tierischer M.,* dem M. angeblich ähnliche Kräfte, die vom lebendigen Organismus ausgehen sollen.

Magnetnadel, frei schwingender Magnetstab; → Erdmagnetismus.

Magnetochemie, Beziehungen zw. magnet. Erscheinungen u. chem. Vorgängen.

Magnetohydrodynamik [gr.], phys. Theorie, die d. Verhalten des → Plasmas durch Verknüpfung der Strömungsgesetze *(Hydrodynamik)* m. d. Gesetzen des *Elektromagnetismus* beschreibt.

Magnetometer, Gerät zur Messung der magnet. Momente u. Magnetisierungen (→ Permeabilität, → Suszeptibilität).

Magneton, *s.,* Elementareinheit des Magnetismus (→ Kernphysik, Übers.).

Magnetooptik, Lehre v. d. magnet. Beeinflussung der Absorption u. → Emission von Licht (z. B. → Zeeman-Effekt).

Magnetopath, *m.,* benutzt angebl. magnet. Ausstrahlung s. Hände z. Heilung v. Kranken; → Mesmer.

Magnetostriktion, *w.,* Eigenschaft magnet. Stoffe, im Magnetfeld Abmessungen zu ändern: Länge eines Eisenstabes nimmt bei wachsender Magnetisierung zunächst zu, dann wieder ab, so daß bei sehr starker Magnetisierung Verkürzung eintritt; Grundlage f. d. ersten → Fernsprecher v. → Reis.

Magnetron, *s.,* in der Hochfrequenztechnik zur Erzeugung höchster Frequenzen; im wesentl. aus kleiner → Elektronenröhre mit darumgelegter kräftiger Magnetspule bestehend.

Transrapid (Modell im Dt. Museum)

Magnet-Schwebefahrzeug, Schienenfahrzeug, das durch Magnete getragen u. angetrieben wird, ohne bewegl. Teile; v. Messerschmitt-Bölkow-Blohm u. Krauss-Maffei; erste Versuche v. H. *Kemper* 1936; 1. Testfahrt 1971; geplante Spitzengeschwindigk. 500 km/h (Abb.).

Magnetton, Verfahren z. Schallaufzeichnung; Schallenergie wird als magnet. Energie gespeichert u. bei Bedarf wiedergegeben; Träger: früher Stahlband od. -draht *(Drahtton-Geräte),* heute Kunststoffbänder u. -platten m. magnetisierbarer Schicht; → Magnetbandgerät, → Diktiergerät.

Magnifikat, *s.* [l.], Preislied Marias (Lukas 1).

Magnifizenz [l. „Herrlichkeit"], Titel des Rektors einer Uni., Techn. od Handelshochschule *(rector magnificus).*

Magnitogorsk, russ. Ind.st. am S-Ural, 440 000 E; große Lager v. Magneteisenerz; metallverarbeitende (Rüstungs-)Industrie.

Magnolie

Magnolie, Zierbäume aus O-Asien u. Amerika; große, tulpenähnl. Blüten, meist vor Blättern im Frühling; → Tulpenbaum.

Magnus, Heinrich Gustav (2. 5. 1802–4. 4. 70), dt. Physikochem.; entdeckte die als **M.-Effekt** bekannten Kräfte an rotierenden Zylindern, gegen die Wind strömt, wodurch auf d. einen Seite ein gerichteter Überdruck u. auf d. anderen ein gleichgerichteter, starker Unterdruck entsteht; beide drücken den Zylinder quer zur Richtung; hierdurch z. B. Ablenkung von Geschossen aus der Flugbahn; techn. Anwendung durch → Flettner (Rotor).

Magnus [l.], „der Große".

Magot, *m.,* schwanzloser *Berberaffe* (Makak), NW-Afrika, Gibraltar (einziger eur. Affe).

Magritte [-*rit*], René (21. 11. 1898–15. 8. 1967), belg. Maler d. Surrealismus; teils impressionist. Stilmittel; *Karneval der Weisen; Reich d. Lichter.*

Magyaren [*ma'dj*-], im 9. Jh. in Donau- u. Theißebene eingedrungenes finn.-ugrisches Reitervolk; heute svw. Ungarn.

Mahabharata, *s.,* ind. Götter- u. Heldenepos (1. Jh. v. Chr.–4. Jh. n. Chr.); etwa 100 000 Doppelverse.

Mahagoni, *s.,* das hell- bis dunkelbraune, rötl. Holz des ind. M.baumes; zum Furnieren.

Maharadscha, *m.,* ind. Großfürst.

Maharaschtra, ind. Bundesstaat, 307 690 km², 63 Mill. E; Hptst. *Bombay.*

Mahatma [sanskr. „große Seele"], ind. Ehrentitel, → Gandhi 2).

Mahayana [sanskr. „Großes Fahrzeug"], → Buddhismus.

Mahdi [arab. *'max(ə)di*], erhoffter Erlöser der schiit. Moslems; *Mohammed Achmed* (um 1840–85) gab sich für den M. aus; **Mahdistenaufstand** im Sudan 1881–98; von → Kitchener niedergeschlagen.

Mähdrescher, Landmaschine zum gleichzeitigen Mähen und Dreschen v. Getreide.

Mah-Jongg, *s.,* chin. Gesellschaftsspiel m. 144 Steinen od. Karten (aus 14 Steinen Spielbild, *M.-J.*).

Mahler, Gustav (7. 7. 1860–18. 5. 1911), östr. Komp. u. Dirigent; 10 Sinfonien; *Lied von d. Erde;* Liederzyklen m. Orchester: *Kindertotenlieder.*

Mahlgang, Teil der Mühle, in dem die Zerkleinerung vor sich geht.

Mahlstrom, *Malström,* durch die Gezeiten entstehende wirbelartige Meeresströmung bei den Lofoten (Norwegen).

Mahlzähne, die 12 hinteren Backenzähne.

Mähmaschine, fahrbare Vorrichtung zum Schneiden v. Gras, Getreide usw. m. schnell hin und her bewegten Messern; rotierende, mit Messern besetzte Trommel od. Scheibe bei *Grasmähern; Getreidemäher* (Mähbinder) binden Getreide zu Garben.

Mahnbescheid, auf Antrag d. Gläubigers ergehende Zahlungsaufforderung des Gerichts an den Schuldner.

Mahnung, Aufforderung des Gläubigers an den Schuldner, eine fällige Leistung zu erfüllen, um ihn in → Schuldnerverzug zu setzen (§ 284 BGB); nicht erforderlich für eine zu einem kalendermäßig bestimmten Zeitpunkt zu erfüllende Leistung.

Mahnverfahren, schnelles, billigeres Gerichtsverfahren wegen voraussichtl. unbestrittener Forderungen zur Erlangung eines Vollstreckungstitels; auf Antrag d. Gläubigers erläßt AG → Mahnbescheid gg. Schuldner. Erhebt Schuldner innerh. d. best. Frist Widerspruch, findet Prozeß statt; erfolgt kein Widerspruch, wird Mahnbescheid auf neuen Antrag d. Gläubigers für vorläufig vollstreckbar erklärt (Vollstreckungsbescheid), gg. den Schuldner Einspruch erheben kann, dann Prozeß; andernfalls kann Gläubiger → Zwangsvollstreckung betreiben.

Mahon [*ma'ɔn*], *Port M.,* Hptst. u. Hafen der span. Insel Menorca (Balearen), 23 000 E; Flottenstation.

Mahonie, nordam. immergrüner Zierstrauch m. gelben Blütentrauben.

Mahr, svw. → Nachtmahr.

Mähren, tschech. *Morava,* Landesteil der Tschechoslowakei, zw. den Böhm.-Mähr. Höhen (Plateau bis 835 m) u. den Kleinen u. Weißen Karpaten, westl. u. östl. Stufenland, dazw. die Mähr. Tiefebene mit d. March, → Hanna; Ackerbau, Gemüse-, Obstanbau; Viehzucht (Pferde, Schafe); Bodenschätze: Eisen, Graphit, Stein- und Braunkohle; Eisen- und Stahl-, Brauerei-, Maschinen-, chem., Schuh- u. Textilind. (Webereien). – Um 600 v. Slawen besiedelt, im 11. Jh. an Böhmen, 1182 reichsunmittelbare Markgrafschaft, 1197 böhmisch, 1526 östr. Kronland; seit 1919 zur → Tschechoslowakei.

Mährische Brüder → Böhmisch-Mährische Brüder.

Mährische Pforte, Senke zw. den Sudeten u. W-Beskiden, 310 m.

Mährisches Gesenke, *Sudeten-G.,* SO-Teil der Sudeten, bis 972 m hoch; Getreide- u. Flachsanbau. Weberei, Schieferbrüche, Hptort *Freudenthal.*

Mährisch-Ostrau, tschech. Stadt, → Ostrau.

Mai, nach röm. Göttin → Maja ben.; 5. Monat (31 Tage); altdt.: *Weide-* (fälschl. Wonne-)*Mond.*

Maia [gr.], Geliebte des Zeus, Mutter des Hermes, röm. → *Maja.*

Maiano, 1) Benedetto da (1442–27. 5. 97), florentin. Bildhauer u. Baumeister d. Frührenaissance; Grabmal d. Filippo Strozzi; s. Bruder **2)** Giuliano da (1432–17. 10. 90), it. Baumeister d. Frührenaissance (Dom in Faenza, Paläste) u. Bildhauer (Chorgestühle in Pisa, Florenz).

Maibaum, ein zum *Maifest* (ländl. Volksfest am 1. Mai od. zu Pfingsten geschmückter Baum, oft Birke (daher junge Birkenzweige = *Maien*); am Vorabend (Walpurgis) *Maifeuer.*

Maier, Reinhold (16. 10. 1889–19. 8. 1971), dt. Pol.; 1945–53 Min.präs. in Wü-Ba., 1957–60 Vors. d. FDP.

Maier-Leibnitz, Heinz (* 28. 3. 1911), dt. Atomphysiker; 1974–79 Präs. d. → DFG.

Maifisch, svw. → Alse.

Maigesetze, preuß., Mai 1873 auf Veranlassung Bismarcks i. → Kulturkampf erlassene Gesetze.

Maiglöckchen, Liliengewächs, Waldstaude, auch Zierpflanze mit weißen Blütenglöckchen; giftig; verwandt: *Schattenblume (kleines M.).*

Maihofer, Werner (* 20. 10. 1918), dt. Jurist u. FDP-Pol.; 1972–74 Sondermin., 1974–78 B.innenmin.

Maikäfer, Blatthornkäfer; Laubschädling, Larve (Engerling) frißt Wurzeln; Entwicklung zum Käfer meist in 4 Jahren; tritt zuweilen in Massen auf.

Maikop, sowj. Gebietshptst. am N-Rand des Kaukasus, 149 000 E; Erdölgebiet.

Mailand, *Dom*

Mailand, it. *Milano,* Hptst. der oberit. Provinz M. und der Lombardei, 1,5 Mill. E; gotischer Dom aus weißem Marmor (erb. 1386–1813); 4 Uni., Techn., Tierärztl., Landwirt. HS, Handels-, Kunstakad. und Kunstsammlungen, Opernhaus *Scala;* größter Ind.- und Handelsplatz Italiens, Textil- und Metallind., Papier-, Leder-, Seidenhandel. – Durch Diokletian Residenzst., 569 von Langobarden erobert; im MA Mittelpunkt des lombardischen Städtebundes (→ Lombardei); 1162 durch Friedrich Barbarossa zerstört; 1395 Hzgtum, 1535 span., 1714 östr., 1859 an Savoyen.

Norman Mailer

Mailer [*'meɪlə*], Norman (* 31. 1. 1923), am. Schriftst.; *Die Nackten u. d. Toten; Heere aus der Nacht; Auf dem Mond ein Feuer; Gnadenlos; Frühe Nächte; Biographie: Marilyn Monroe;* Pulitzerpr. 1969 u. 1980.

Maillol, *Holzschnitt*

Maillol [*ma'jɔl*], Aristide (8. 12. 1861–27. 9. 1944), frz. Bildhauer u. Graphiker d. Neuklassik; Holzschnitte zu Vergil.

Mail order [engl. *'meil 'ɔdə*], postalisch erteilte Bestellung im Versand-(Buch-)Handel.

Maimon, Salomon (1753–22. 11. 1800), jüd. Arzt u. Phil., früher Kantkritiker; Wegbereiter d. dt. Idealismus.

Maimonides, Moses (30. 3. 1135–13. 12. 1204), jüd. Phil., v. umfassender Kenntnis d. arab. u. jüd. Wissenschaften u. der Aristotelischen Philosophie.

Main, größter r. Nbfl. des Rheins; aus *Rotem* (n. Fränk. Alb) u. *Weißem M.* (Fichtelgeb.) bei Kulmbach, umfließt d. Fränk. Alb, 524 km l., mündet b. Mainz; ab Regnitzmünd. (b. Bamberg) als Teil des Rhein-Main-Donau-Großschiffahrtsweges ausgebaut.

Mainardi, Enrico (19. 5. 1897–10. 4. 1976), it. Cellist u. Komponist.

Mainau, bad. Insel im Überlinger See (Bodensee); Park mit subtropisch. Gewächsen; Schloß des schwed. Grafen Lennart Bernadotte.

Mainburg (D-8302), St. i. Kr. Kelheim, Niederbay., 10 867 E; AG; Hopfenanbau, Brauereien.

Main-Donau-Kanal, im Bau, verbindet Main (bei Bamberg) mit Donau (bei Kehlheim). Gewaltige Schleusentreppe zur Überwindung der Fränk. Alb. Wegen großräumiger Landschaftszerstörungen heftig attackiertes Bauwerk. Befahrbar für 1500-t-Schiffe.

Maine [*mein*], Abk. *Me.,* nö. US-Staat, 86 027 km², 1,2 Mill. E; seen- u. hügelreich, 70% Wald, Hafer- u. Kartoffelanbau, Viehzucht, Holzwirtschaft; Hptst. *Augusta* (22 000 E), größte St.: *Portland.*

Maine-et-Loire [*mɛne'lwar*], nordwestfrz. Dép., a. d. unteren Loire, 7166 km², 711 000 E; Hptst. *Angers.*

Maintal (D-6457), hess. St. im Main-Kinzig-Kr., 35 712 E; div. Ind.; Sport- u. Freizeiteinrichtungen.

Main-Taunus-Kreis, hess. Ldkr. im Rgbz. Darmstadt; Verw.sitz in Hofheim.

Maintenon [*mɛt'nõ*], Françoise d'Aubigné, Marquise von (27. 11. 1635–15. 4. 1719), Geliebte → Ludwigs XIV., 1684 heimlich mit ihm getraut.

Mainz (D-6500), Hptst. d. Landes RP, krfreie St., am Rhein; gegenüber d. Mainmündung, 174 828 E; Dom (979 begonnen); kath. Bistum; Uni. (1477 gegr.), Akad. d. Wiss., Staatsschule für Kunst u. Handwerk, Dt. Fernsehakad., Rundfunk- u. Fernseh-Mus.; Weltmuseum der Druckkunst; HWK, IHK, BD, LG, MPI f. Chemie u. f. Polymerforschung; Rheingoldhalle; Sitz d. ZDF; div. Ind.; Mittelpunkt des rhein. Weinhandels. – Röm. Kastell (Mogontiacum) 38 v. Chr. gegr.; seit Bonifatius Erzbistum (b. 1802), Erzbischöfe v. M. hatten seit etwa 1000 d. Recht d. Kgskrönung u. waren Erzkanzler, s. 1356 → Kurfürsten (Erzstift M. 1803 säkularisiert); 1254 Haupt d. Rhein. Städtebundes, Freie Reichsst.; 1462 v. Erzbischof unterworfen.

Maire [frz. *mɛr*], Bürgermeister; seine Amtsräume u. sein Amtsgebiet: **Mairie.**

Blüte   Kolben

Mais

Mais, *Kukuruz,* Getreidepflanze aus Amerika m. dicken Fruchtkolben u. breiten Blättern, bes. in wärmeren Ländern angebaut (nächst Weizen häufigste aller Getreidearten); Grünfutter, Mastfutter (Körner); als menschl. Nahrung zu Brei (it. *Polenta);* aus M.stärke *Maizena*® u. *Mondamin*®. Welternte 1982: 452,7 Mill. t (USA 213,3 Mill. t).

Maisbirne, mit Mais gefüllter Ledersack, Trainingsgerät im Boxen.

Maische, „Mischung", bei d. Bier-, Branntwein- u. Weinherstellg d. unvergorene Ausgangsprodukt (Bier: Malz u. Wasser; Branntwein: Getreide od. Kartoffeln u. Malz; Wein: gemahlene Trauben).

Maisonette [frz. *mɛ-*], über zwei Stockwerke gehende Wohnung m. eigener Treppe innerh. e. Mehrfamilienhauses.

Maistre [*mɛstr*], Joseph Marie Comte de (1. 4. 1753–26. 2. 1821), frz. Pol. u. Phil., Vorkämpfer d. kirchl. Absolutismus.

Maisur, *Mysore,* s. 1973 → Karnataka.

Maître de plaisir [frz. *mɛtrə də plɛ'zir*], Leiter v. Festveranstaltungen.

Maitresse, w. [frz. *mɛ-*], → Mätresse.

Maizière [*mɛ'ziɛr*], **1)** Lothar de (* 2. 3. 1940), DDR-Pol. (CDU), Musiker und seit 1975 Rechtsanwalt; 1989 Parteivorsitzender der Ost-CDU, April–Okt. 1990 erster frei gewählter Regierungschef der DDR, 1990 B.min. f. bes. Aufgaben,

Mainz, *Dom*

1991 Rücktritt von allen Parteiämtern; **2)** Ulrich de (* 24. 2. 1912), dt. Gen.; 1966–72 Generalinspekteur d. dt. Bundeswehr.

Maja, 1) röm. Naturgottheit (Maigöttin), Tochter des Faun u. Gemahlin des Vulkan, d. griech. Göttin → *Maia* gleichgestellt; **2)** [ind. „Trug"], die schöpferische Macht → Brahmas, der einen Teil seines Wesens z. äußeren (Schein-)Welt umformt; *Schleier der M.* = Welt des Scheins, die die wahre (ideelle) Welt verschleiert.

Majakowski, Wladimir (19. 7. 1893–14. 4. 1930), sowj. Lyriker u. Dramatiker; anfangs Futurist; *Mysterium Buffo; Die Wanze; Moskau brennt.*

Majestät [l. „Erhabenheit"], Kaiser oder König (Anrede: Euer M.). – **M.sbrief,** kaiserl. Bestätigung von Sonderrechten; M.sbrief Kaiser Rudolfs II. 1609 gab d. Ständen Böhmens Religionsfreiheit; seine Verletzung war Anlaß zum 30jähr. Krieg.

Majolika, *w.,* n. d. Insel *Majorca* (Mallorca) ben. Töpferkunst nach → Fayence-Art; Prunkgeräte, 16. Jh.

Major [*'meidʒə*], John (* 29. 3. 1943), engl. Pol. (Konservative), 1989/90 Schatzkanzler, s. 1990 Premiermin.

Major, mil. Dienstgrad, Stabsoffizier, zw. Hauptmann u. Oberstleutnant.

Majoran, Lippenblütler; Blüten Küchengewürz.

Majorat, *s.* [l. „Älterenrecht"], Vorrecht des Erstgeborenen bei der Erbfolge, auch Bez. für ein Erbgut; sein Inhaber: **M.sherr;** Ggs.: → Minorat.

majordomus [l.], → Hausmeier.

majorisieren [frz.], überstimmen; mundtot machen.

Majorität, w. [frz.], svw. → Mehrheit.

Majuskel, w. [l.], großer Buchstabe des lat. Alphabets; Ggs.: → Minuskel.

MAK, maximale **A**rbeitsplat**z**konzentration, Grenzkonzentration gas-, dampf- oder staubförmiger Substanzen am Arbeitsplatz, die bei einer 8stündigen täglichen bzw. maximal 45 Std. wöchentlichen Einwirkung noch keine gesundheitlichen Schäden hervorrufen. Die Werte werden jährlich durch die Kommission zur Prüfung gesundheitsschädl. Arbeitsstoffe der Dt. Forschungsgemeinschaft überprüft.

makaber [frz.], todesdüster, schauererregend.

Makadamstraße, Schotterstraße nach der Ausführungsweise d. schott. Ing. *MacAdam* (1757–1836).

Makaken, Altweltaffen, *Javeneraffe,* langer Schwanz, *Rhesusaffe,* beide häufig im Zoo; ferner *Hutaffe, Schweinsaffe* und → *Magot.*

Makalu, Berg im Himalaja (Nepal), 8463 m, 1955 Erstbesteigung.

Makame, w. [arab.], Gedichtform, regellos rhythm. Reimprosa m. Verseinlagen (z. B. die Makamen des Hariri, übers. v. Rückert).

Makarios, Myriarthes (13. 8. 1913–3. 8. 77), Erzbischof u. Primas d. griech.-orthodoxen Kirche Zyperns; Führer im Unabhängigkeitskampf; 1959–74 u. 1974–77 Staatspräs.

Makart, Hans (29. 5. 1840–3. 10. 84), östr. Maler, prunkvolle histor. od. allegor. Gemälde; n. s. Vorliebe f. getrocknete Blumen: *M.buketts.* - **M.stil,** prägte durch sinnliche Dekorationslust u. üppige Fülle glühender Farben u. kostbare Materialien Wohnkultur, Kleidermode u. Kunstgewerbe d. Gründerzeit.

Makassar, s. 1973 Ujung Pandang. - **M.straße,** zw. Borneo u. Celebes.

Makedonien, svw. → Mazedonien.

Makejewka, früher *Dmitrijewsk,* St. in der Ukraine, 430 000 E; Hüttenindustrie.

Make-up, *s.* [engl. *'meɪkʌp*], kosmet. Verschönerung d. Gesichts durch Lidschatten, Rouge, Wimperntusche, Lippenstift u. a.

Maki

Makis, *Lemuren, Halbaffenfamilie* Madagaskars; Waldbewohner: *Vari, Katta, Indri.*

Makkabäer [v. hebr. „Hammer"], *Hasmonäer,* jüd. Priestergeschlecht; ben. nach → *Judas Makkabäus; Bücher d. M.,* nach ev. Auffassung Teil d. → Apokryphen.

Makkaroni, lange Röhrennudeln a. Weizenmehl.

Makler, engl. *Broker,* **1)** *Handels-M.,* vermittelt Geschäfte für beliebige Personen, hat Interessen beider Parteien zu wahren, kann von beiden **M.lohn** *(Courtage)* fordern; ist Kaufmann: *Schiffs-, Börsen-, Waren-M.* usw.; **2)** der *Grundstücks-M.* ist

nach BGB Zivil-M., nicht Handels-M. - **M.vertrag,** verpflichtet Auftraggeber zur Zahlung eines Entgelts an einen Dritten, falls durch dessen Vermittlung od. Nachweis Vertragsabschluß erfolgt (§§ 652 ff. BGB).

Mako, *m.* od. *s.,* ägypt. Baumwollsorte, lange braune Faser.

Makramee, urspr. arab. Knüpfarbeit; dabei wird ein Knüpffaden über einen Einlagefaden geknüpft.

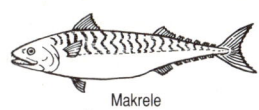

Makrele

Makrelen, Meeresfische, bis 60 cm l., laichen an Küsten; Speisefische.

makro- [gr.], als Vorsilbe: groß ...

Makro-kephalie [gr.], abnorme Schädelgröße; oft krankh. (Wasserkopf). -

M.kosmos, *m.* [gr.], d. große Welt, das Weltgebäude; Ggs.: → Mikrokosmos. -

M.moleküle, Großmoleküle m. über 10 000 betragendem Molekulargew., in Naturstoffen wie Kautschuk, Cellulose, Eiweiß, in Kunststoffen u. Chemiefasern.

Makropoden, *Paradiesfische,* zierliche buntfarbene Aquarienfische aus China mit gr. Flossen; Liebesspiele, Brutpflege (zu den → Labyrinthfischen).

makroskopisch, mit bloßem Auge erkennbar; Ggs.: mikroskopisch.

Makulatur, w. [l. „macula = Fleck"], Altpapier; Fehldruck.

Makwa → Yaren.

Malabarküste, *Pfefferküste,* lagunenreiches schmales Küstentiefland im SW Vorderindiens.

Malabo, s. 1973 f. *Santa Isabel,* Hptst. von Äquatorialguinea, auf → Bioko, 33 000 E.

Malachit, *m.,* grünes Mineral, Kupferkarbonat, auch Kupfererz; dichte Abarten als Schmuckstein (Abb. S. 343). - **M.grün,** Triarylmethanfarbstoff f. Seide u. Wolle; Baumwolle erst nach Beizen.

Maladetta, höchster Teil der span. Pyrenäen; *Pico d'Aneto,* 3404 m.

mala fides → Glaube 2).

Málaga, Hptst. d. span. Prov. *M.,* am Mittelmeer, 595 000 E; Hafen, Wein- u. Südfrüchteausfuhr, Baumwollind.; Winterkurort.

Malaien, Bewohner der Halbinsel Malakka u. des Malaiischen Archipels, paläomongolo-weddide Rassenmischung; malaiisch-polynes. Sprachstamm.

malaiische Kultur, unter ind. Einfluß, aber m. eigenart. Zügen; hochentwickelte Baukunst (Tempel → Boro-Bodor), Kunsthandwerk (→ Batik), Musik m. Schlaginstrumenten, Gong, Tanz, Theater (Schattenspiele, → Wajang).

Malaiischer Archipel, *Indonesien, Insulinde,* die ca. 22 000 Inseln zw. Asien u. Australien, die den größten Archipel d. Erde bilden: Gr. u. Kl. Sundainseln, Mo-

lukken, Philippinen u. a. kleinere Inselgruppen, ca. 2,4 Mill. km²; tektonisch außerordentl. labil, häufig Erdbeben, ca. 127 tätige Vulkane.

Malaiischer Bund, *Malaia,* 1948 gebildete Föderation v. 9 brit. Schutzstaaten (die Sultanate Dschohor, Kedah, Kelantan, Negri Sembilan, Pahang, Perak, Perlis, Selangor, Trengganu) u. d. brit. Siedlungen *(Settlements)* Malakka u. Penang a. d. Halbinsel; 1957–63 unabhängiger Mitgl.staat d. Commonwealth; s. 1963 Gliedstaat d. Föderation → Malaysia.

malaiische Sprache, Verkehrssprache im Malaiischen Archipel (→ Sprachen, Übers.).

Malaise, w. [frz. ma'lɛz(ə)], Übelbefinden.

Malakka, *Malacca,* **1)** *Malaiische Halbinsel,* südasiatische Halbinsel zw. dem Golf v. Bengalen, der M.straße u. dem Südchin. Meer; im Innern Gebirge u. Urwald; der nördl. Teil gehört zu Myanmar u. Thailand, der südl. Teil zu → Malaysia; an der S-Spitze → Singapur; **2)** Gliedstaat d. → Malaiischen Bundes. - **M.straße,** Meeresstreifen zw. M. u. der Insel Sumatra.

Malako(zoo)logie, Weichtierkunde.

Malang, früher *Pasúruan,* indones. St. in O-Java, 512 000 E.

Malaparte, Curzio, eigtl. *Kurt Suckert* (9. 6. 1898–19. 7. 1957), it. Schriftst.; Romane: *Die Haut; Kaputt.*

Malaria, w., *Wechselfieber, Sumpffieber,* durch Stechmücken (→ Anopheles) übertragene Infektionskrankheit; täglich oder jeden 2.–3. Tag auftretende heftige Fieberanfälle und Schüttelfrost. - **M.plasmodien,** i. Blut kreisende Erreger d. M. (3 Arten), zerstören rote Blutkörperchen.

Mälarsee, buchtenreicher See westl. von Stockholm, 1140 km² (1260 Inseln), bis 64 m tief.

Malaspinagletscher, 42 km l., a. d. W-Küste Alaskas.

Malatesta, it. Fürstengeschl., herrschte 1333–1503 in Rimini, 1708 ausgestorben.

Malatya, türk. Provinzhaupts. i. Kleinasien, 251 000 E.

Malawi, früher *Nyassaland,* amtl. *Republic of Malawi,* ostafrikanische Rep. am → Malawisee, 118 484 km², 7,76 Mill. E (65 je km²); Bev.-Zuw. 3,8%; Sprache: Engl., Bantusprachen; Währung: Malawi-Kwacha (MK); Rel.: Naturrel., Christen, Moslems; Hptst.: Lilongwe; Flagge S. 341, Karte S. 750. **a)** *Geogr.:* Fruchtbares Hochland. **b)** *Wirtschaft:* Vorwiegend Landw. (Mais, Tee, Tabak, Baumwolle; Viehzucht). **c)** *Außenhandel* (1988): 409 Mill., Ausfuhr 284 Mill. $. **d)** *Verkehr:* Eisenbahn 805 km. **e)** *Verf.* v. 1966: Präsidialsystem, Einparteienstaat. **f)** *Verw.:* 3

Regionen, 24 Distrikte. **g)** *Gesch.:* 1892 brit. Protektorat; 1953–63 m. S- u. N-Rhodesien vereinigt zu → Zentralafrikanischer Föderation; s. 1964 unabhängig. **h)** *Mitgl.:* UN, Commonwealth, OAU; AKP-Staat.

Malaysia, amtl. *Persekutuan Tanah Malaysia,* 1963 gebildeter Staatenbund im Commonwealth, besteht aus *West-M.* (→ Malaiischer Bund) u. *Ost-M.* (→ Sarawak u. → Sabah im N d. Insel Borneo), 329 759 km², 17,36 Mill. E (52 je km²); Bev.-Zuw. 2,7%; Sprache: Malaiisch, Engl., Chin.; Währung: malays. Ringgit (M$); Rel.: Islam (Staatsrel.), Buddhisten, Hindus; Hptst.: *Kuala Lumpur;* Flagge S. 341, Karte S. 749. **a)** *Geogr.:* Feuchtheißes Klima; trop. Regenwald im gebirg. Inneren Malakkas u. N-Borneos. **b)** *Wirtsch.:* Landw., größter Kautschukproduzent d. Welt (1988: 1,6 Mill. t), Palmöl, Kokosnüsse, Gewürze; Bodenschätze: größter Zinnlieferant d. Welt (49 900 t), Bauxit (361 000 t), Magnesium u. Gold. **c)** *Außenhandel* (1988): Einfuhr 16,58 Mrd., Ausfuhr 20,77 Mrd. $. **d)** *Verkehr:* Eisenbahn 2310 km; Flughafen. **e)** *Verf.:* Wahlmonarchie: Staatsoberhaupt (wird f. 5 Jahre aus d. Reihe d. 9 Sultane d. malaiischen Halbinsel gewählt), Kabinett, Zweikammerparlament. **g)** *Verw.:* 13 Bundesstaaten u. Hptst.-Territorium. **h)** *Gesch.:* 1948–57 Unabhängigkeitskrieg; 1963 Malaysische Föderation; bis 1965 gehörte auch → Singapur d. Föderation an; die Bildung d. Föderation erfolgte gg. d. Widerstand Indonesiens u. d. Philippinen u. führte 1964–66 zu bewaffneten indones. Angriffen, bes. gg. N-Borneo; Abwehr mit brit. Truppenhilfe; 1969 Rassenunruhen. **i)** *Mitgl.:* UN, Commonwealth, ASEAN, Colombo-Plan.

Malazie, w. [gr.], Erweichung (z. B. des Knochens).

Malé, Hptst. d. Rep. Malediven, 46 000 E.

Malebo-Fälle, svw. → Stanley-Fälle.

Malebranche [mal'bräʃ], Nicolas (6. 8. 1638–13. 10. 1715), frz. idealist. Phil., Vertreter des → Okkasionalismus u. des → Panenthëismus.

Malediven, amtl. *Divehi raajje,* Gruppe v. Koralleninseln im Ind. Ozean, südw. v. Sri Lanka, Rep., 298 km², 202 000 E (678 je km²); Bev.-Zuw. 3,4%; Sprache: Maledivisch, Engl., Arab.; Währung: Rufiyaa (Rf); Rel.: sunnit. Islam; Hptst.: *Malé;* Flagge S. 341, Karte S. 748. **a)** *Wirtsch.:* Hauptexportprodukte Fische, Kopra, Kokosnüsse. **b)** *Verf.* v. 1968: Präsidialdemokratie, Parlament (Majlis). **c)** *Verw.:* 19 Verw.bezirke. **d)** *Gesch.:* 1887–

1965 brit. Protektorat, s. 1965 unabhängig; brit. Luftstützpunkt; 1988 gescheiterter Putschversuch. **e)** *Mitgl.:* UN, Commonwealth, Colombo-Plan.

Malenkow, Georgij M. (8. 1. 1902–20. 1. 88), sowj. Pol.; 1953–55 als Nachfolger Stalins Min.präs. u. Vors. d. ZK d. KPdSU.

Malente (D-2427), Gem. i. Kr. Ostholstein, Schl-Ho., mit Heilbad *M.-Gremsmühlen,* 9757 E.

Malepartus, in der dt. Tiersage Höhle des → Reineke Fuchs.

Maler → Sternbilder, Übers.

Malerei → Kunstgeschichte; → Tafeln S. 350-352 u. S. 550/551.

Malewitsch, Kasimir (23. 2. 1878–15. 5. 1935), russ. Maler abstrakter Richtung; Entwicklung v. Neoimpressionismus zum v. ihm 1913/5 begr. → Suprematismus.

Malfatti, Franco M. (* 13. 6. 1927), it. Pol. (DC); 1970–72 Präs. d. EG-Kommission.

Malherbe [ma'lɛrb], François de (1555–16. 10. 1628), frz. Dichter; Theoretiker der klassizist. Dichtung.

Mali, amtl. *République du Mali,* Rep. in W-Afrika, 1 240 192 km², 8,92 Mill. E (7 je km²); Bev.-Zuw. 2,4%; Mischbevölkerung v. Berbern, Mauren, Fulbe und Sudannegern; Sprache: Frz., Sudansprachen; Währung: Mali-Franc (F.M.); Rel.: überwiegend Moh.; Hptst.: *Bamako;* Flagge S. 341, Karte S. 750. **a)** *Geogr.:* Vorwiegend Steppen- u. Wüstenland. **b)** *Wirtsch.:* Viehzucht u. im S Anbau von Erdnüssen u. Reis. **c)** *Außenhandel* (1987): Einfuhr 493 Mill., Ausfuhr 260 Mill. $. **d)** *Verkehr:* Eisenbahn 645 km, Binnenschiffahrt auf d. Senegal u. Niger. **e)** *Verf.* v. 1974: Präs., Nat.versammlung. **f)** *Verw.:* 7 Regionen u. Hptst.-Distrikt. **g)** *Gesch.:* Früher frz. Kolonie, 1959/60 Föderation mit der autonomen Rep. Sudan und Senegal innerhalb der Frz. Gemeinschaft; seit 1960 volle Unabhängigkeit; Staatsstreich 1968, 1968–79 Mil.reg. **h)** *Mitgl.:* UN, OAU; AKP-Staat.

Malignität, w. [l.], Bösartigkeit, bes. v. Geschwülsten.

Malignom [l.], bösartige Geschwulst (z. B. → Krebs 2).

Malipiero [-'piɛro], Gian Francesco (18. 3. 1882–1. 8. 1973, it. Komp.; Sinfonien; Opern; Kammermusiken.

maliziös [frz.], boshaft.

Mallarmé, Stéphane (18. 3. 1842–10. 9. 98), frz. symbolist. Lyriker; gr. Einfluß auf Valéry, Stefan George, Ungaretti; *Der Nachmittag eines Fauns* (Tondichtung v. Debussy).

Malle [mal], Louis (* 30. 10. 1932), frz. Filmregisseur, *L'Ascenseur pour l'échafaud* (1957); *Zazie dans le métro* (1960);

Le souffle au cœur (1971); *Lacombe Lucien* (1974); *Au revoir les enfants* (1987).

Mallersdorf-Pfaffenberg (D-8304), Markt im Kr. Straubing-Bogen, Niederbay., 6069 E.

Mallorca, *Majorca,* größte der Balearen (span.); 3684 km², 440 000 E; Hptst. *Palma;* im NW verkarstetes Bergland (*Sierra de M.* 1445 m), in der Mitte der Insel reich bebautes, dicht besiedeltes Hügelland, Fischerei, Fremdenverkehr.

Malm, *m., weißer Jura,* → geologische Formationen.

Malmaison [-mε'zõ], **La,** Lustschloß Napoleons I. u. der Josephine Beauharnais; bei Paris, jetzt Museum.

Malmédy, St. südl. v. Hohen Venn, an d. Warche, 10 000 E; Stahlquelle, Industrie. – Durch Versailler Vertrag 1920 m. → Eupen an Belgien.

Malmö, Hptst. des südschwed. Län *Malmöhus,* am Öresund, 232 000 E; Seehafen, Werften, Ind.- u. Handelszentrum.

Malocchio, *m.* [it. -*kio*], böser Blick.

Maloja, Alpenpaß (1815 m) in Graubünden zw. Engadin u. d. Bergelltal, mit Kurort *M.;* Innquelle.

Malossol, leicht gesalzener → Kaviar.

Malpass ['mælpæs], Eric Lawson (* 14. 11. 1910), engl. Schriftst.; *Morgens um 7 ist d. Welt noch in Ordnung.*

Malpighi, Marcello (10. 3. 1628–29. 11. 94), it. Arzt; gilt als Begründer d. mikroskop. Anatomie.

Malpighische Gefäße, meist schlauchförmige Ausscheidungsorgane d. landbewohnenden → Gliederfüßer.

Malraux [mal'ro], André (3. 11. 1901–23. 11. 76), frz. Pol. u. Schriftst.; i. d. Widerstandsbewegung „Oberst Berger", 1959–69 Kultusmin.; *Stimmen d. Stille.*

Malta, amtl. *Republika ta' Malta,* Inselstaat im Mittelmeer, südl. v. Sizilien, mit Nebeninseln 316 km², 349 000 E (1107 je km²); Bev.-Zuw. -0,9%; Sprache: Maltesisch, Engl., It.; Währung: Malta-Pfund (£M); Rel.: vorwiegend röm.-kath.; Hptst.: *Valletta;* Flagge S. 341, Karte S. 737. **a)** *Wirtsch.:* Vorwiegend Ackerbau (Kartoffeln, Frühgemüse). **b)** *Gesch.:* 1530 Sitz d. Johanniterordens, Malteserritter. 1800 brit. Kolonie, 1961 neue Verfassung, s. 1964 unabhängig, s. 1974 Rep.; 1979 Ende d. brit. Mil.präsenz (NATO-Flottenstützpunkt). **c)** *Mitgl.:* UN, Commonwealth, Europarat; assoz. m. EG.

Maltafieber, *Mittelmeerfieber,* fieberhafte Infektionskrankh. durch d. Erreger *Brucella melitensis,* b. Wiederkäuern, a. Menschen übertragb., auch in Dtld.

Malter, altdt. Getreidemaß, 100–150 l.

Malteser, 1) Bewohner Maltas, arab.-ital. Mischlinge; **2)** pudelartige Schoßhunde. – **M.kreuz, 1)** svw. → Johanniterkreuz; **2)** beim Filmvorführapparat achtspitziges Kreuz z. Erzeugung ruckartiger Bewegungen f. period. Weiterschaltung d. Filmbandes um je 1 Einzelbild; erfunden v. O. E. *Meßter.* - **M.ritter** → Johanniterorden.

Malthus [′mælθəs], Thomas Robert (27. 2. 1766–23. 12. 1834), engl. Nat.ökonom; *M.sches Bevölkerungsgesetz:* Bev.zahl steigt, wenn Unterhaltsmittel steigen; sie steigt aber in stärkerem Maße als diese, wenn d. Vermehrung nicht durch Not u. Elend v. d. Natur aus eingeschränkt wird; danach *Neomalthusianismus* (Anschauung, daß Geburtenbeschränkung d. wirtsch. u. soz. Schwierigkeiten ausgleicht).

Maltose, *w., Malzzucker,* entsteht neben Dextrin bei Spaltung v. Stärke durch Fermente (z. B. *Maltase,* kommt in Hefe oder im Darmsaft vor).

Malus, *m.,* 1) in d. Kfz-Versicherung Zuschlag zur Prämie bei höherem Schadensrisiko; 2) *Noten-M.,* Zuschlag z. Abiturnotendurchschnitt; bezweckt Angleichung überdurchschnittl. Abiturnoten an den Bundesdurchschnitt; Ggs.: → Bonus.

Malvasier, *m.,* Süßwein der Mittelmeerländer.

Malve

Malve, versch., meist großblütige Kräuter; auf Wiesen, an Wegrändern; z. T. Zierpflanzen.

Malwa, Landschaft in Zentralindien, fruchtb. Tafelland im N des Vindhiagebirges.

Malz, gekeimte Gerste (auch Roggen u. a.), zur Bier- u. Spiritusherstellung. - **M.kaffee,** Kaffee-Ersatz aus gebranntem Roggen- oder Gerstenmalz. - **M.zucker,** svw. → Maltose.

Mameluken, *Mamlucken,* oft sehr mächtige Leibwächter oriental. Herrscher, meist weiße Sklaven.

Mamertus, kath. Heiliger, einer der drei Eisheiligen.

Mamilla [l.], Brustwarze.

Mamillaria, Warzenkaktus.

Mamma [l.], die weibliche Brust.

Mammalogie, Säugetierkunde.

Mammographie, röntgenolog. Darstellung d. weibl. Brustdrüse (Mamma) mittels Weichstrahlentechnik unter Benutzung e. Spezialröhre u. e. Belichtungsautomatik; Suchmethode zur Früherkennung d. Brustkrebses.

Mammut, *s.,* Ende d. Eiszeit ausgestorbene Elefantenart; behaart u. m. nach oben gebogenen Stoßzähnen; völlig erhaltene Kadaver i. Bodeneis Sibiriens.

Mammutbaum

Mammutbaum, *Sequoia,* kaliforn. Nadelhölzer; bis 100 m hoch u. 12 m dick, bis 4000 Jahre alt.

Mammuthöhle, größte Kalksteinhöhle der Welt in Kentucky, südl. v. Louisville, 5stöckig; Gänge insges. 250 km lang.

Man, Isle of [′aıl ɔv ′mæn], brit. Insel in d. Irischen See; 588 km², 67 000 E (keltisch); eigene Verf. u. Landrecht; Hptst. *Douglas;* Schafzucht, Fischerei.

Mänaden [gr. „die Rasenden"], i. d. griech. Mythologie verzückte Frauen im Gefolge des Dionysos.

Management, *s.,* (Kunst der) Unternehmensführung.

Manager [engl. ′mænıdʒə], urspr. Geschäftsführer v. Künstlern u. Sportlern; in d. *Industrie:* Person, die m. Führungsaufgaben betraut ist u. entsprechende Befugnis besitzt.

Managua, Hptst. v. Nicaragua, 682 000 E; Kaffeeanbau; zweimal durch Erdbeben, 1931 u. 1972, fast völlig zerstört.

Manasse, 1) im A. T. ältester Sohn Josephs, Vater des israelit. Stammes M.; 2) König v. Juda (um 696–42 v. Chr.).

Manáus, *Manáos,* Hptst. des brasilian. Staates Amazonas, am Rio Negro, 1,09 Mill. E; bed. Flußhafen, 1600 km v. Atlantik, aber f. Ozeandampfer erreichbar.

Mancha, La [-*tʃa*], weite Steppe in Mittelspanien (Neukastilien) m. Halfagras, Schafweiden.

Manche [frz. *mãʃ*], 1) La M., der → Ärmelkanal; 2) frz. Dép. in d. Normandie; 5938 km², 480 000 E; Hptst. *Saint-Lô.*

Manchester [′mæntʃıstə], 1) engl. St. in d. Gft Lancashire, 446 000 E; Uni., TH; Zentrum der engl. Baumwolld., Leinen- u. Seidenind., Eisenwerke; von M. nach d. Irischen See *M.-Schiffskanal* (64 km lang), daran 1894 der größte brit. Ölhafen; 2) Rippensamt, eine Art v. Velvet, aus Baumwolle, für Sport- und Berufskleidung.

Manchestertum, 1838 v. Geschäftsleuten in M. begr. Bewegung des extremen wirtsch. Liberalismus; forderte absoluten Freihandel, freie Konkurrenz, verwarf alle Eingriffe in die Wirtschaft.

Mandala

Mandala, *s.* [sanskr.], kreisförmiges od. vieleckiges Diagramm d. buddhist. und daoist. Kulturkreises; stellt d. mystische Beziehung zw. Mensch u. Weltall dar u. dient der Kontemplation.

Mandalay [mændə′leı], *Mandale,* St. in Myanmar, Flußhafen am Irawadi, 533 000 E; wichtige Handelsst., buddhistische Pagoden.

Mandarin, früher hoher chin. Staatsbeamter.

Mandarine, apfelsinenähnl. Südfrucht.

Mandat, *s.* [l.], Vollmacht, Auftrag, 1) zur Rechtsvertretung durch den Anwalt; 2) zur Vertretung der Wählerschaft in der Volksvertretung; 3) zur Verw. fremder Besitzungen (Kolonien) durch and. Staaten (z. B. die ehem. dt. Kolonien durch Versailler Vertrag). - **M.sgebiete** des Völkerbundes, jetzt Treuhandgebiete der UN.

Mandel, altes Maß, 15 Stück.

Mandel-kleie, Rückstand (Preßkuchen) d. Mandelölgewinnung; Schönheitsmittel.

Mandela, Nelson Rolihlahla (* 18. 7. 1918), südafrikan. Pol. u. Bürgerrechtler (ANC-Führer), 1964–90 in Haft.

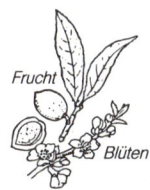

Mandelbaum

Mandelbaum, südländ. Obstbaum, rosa Blüten; Same in Steinschale *(Mandel),* süß oder bitter, auch als Ziersträucher.

Mandelentzündung, *Angina,* entzündl. Infektion d. Gaumenmandeln, evtl. mit Eiterbildung und Schwellung der Halslymphknoten; durch Eitererreger oder Diphtheriebakterien auch bei Scharlach und anderen Allgemeinkrankheiten.

Mandeln, lat. *Tonsillen,* lymphatische Organe, im Rachen ringförmig angeordnet: Rachen-, Gaumen-, Zungenmandeln; Schutzvorrichtung gg. Infektionen.

Malerei I

Abbildungen von links nach rechts. *1. Reihe:* Verkündigung an die Hirten, Evangelistar Heinrichs II., 11. Jh. – Cimabue, Thronende Madonna, 13. Jh. – Giotto di Bondone, Flucht nach Ägypten. *2. Reihe:* Meister Bertram, Ausschnitt aus dem Buxtehuder Altar, 14. Jh. – Brüder van Eyck, Ausschnitt aus dem Genter Altar – Michelangelo, Heilige Familie. *3. Reihe:* Albrecht Dürer, Porträt einer jungen Frau – Giorgione, Venus.

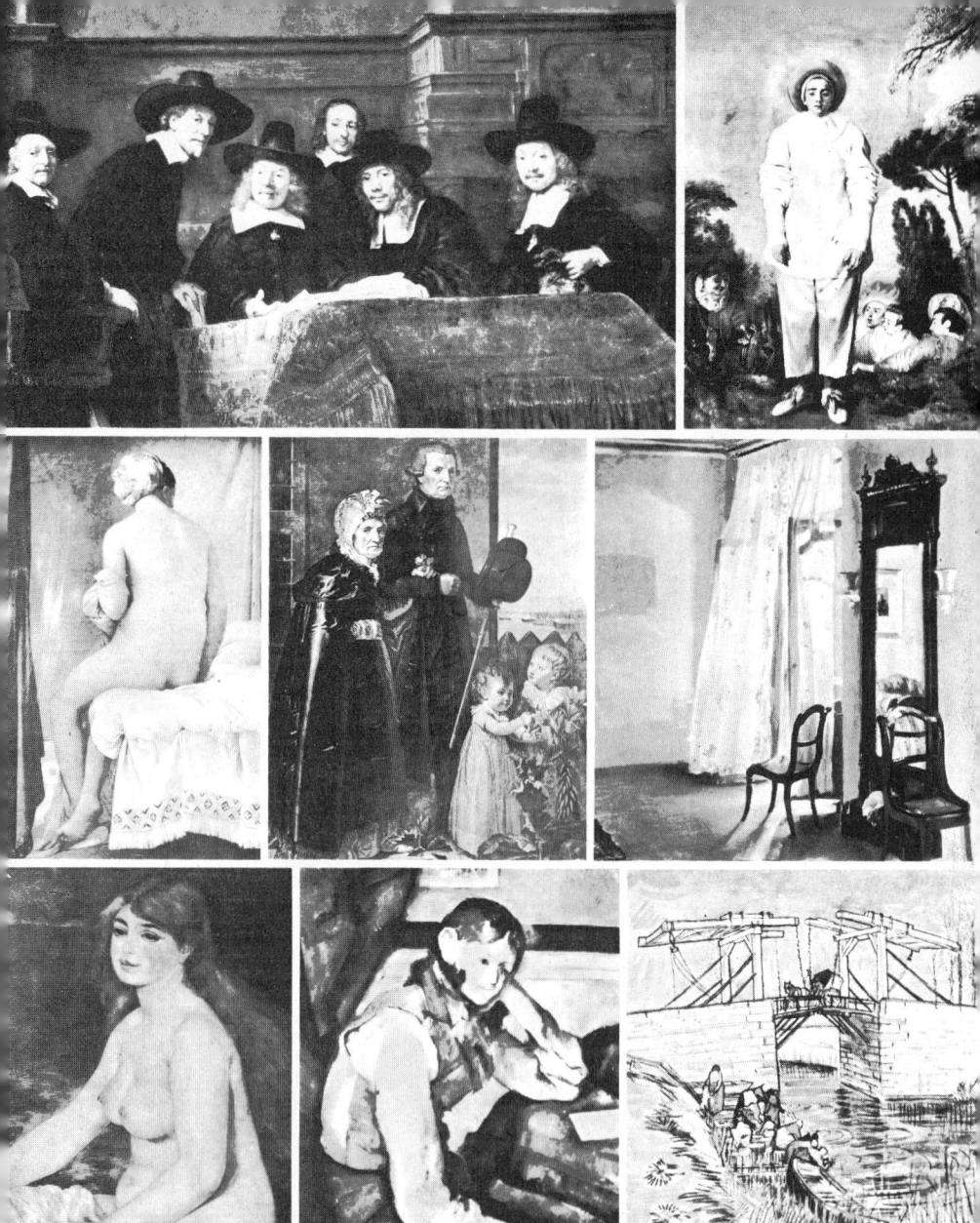

Malerei II
Abbildungen von links nach rechts. *1. Reihe:* Rembrandt, Die Staalmeesters – Jean-Antoine Watteau, Gilles. *2. Reihe:* Jean Auguste Dominique Ingres, Die Badende – Philipp Otto Runge, Die Eltern des Künstlers – Adolph von Menzel, Das Balkonzimmer. *3. Reihe:* Auguste Renoir, Badende – Paul Cézanne, Junger Mann mit roter Weste – Vincent van Gogh, Die Zugbrücke.

Mander, Carel van (1548–2. 9. 1606), ndl. Maler u. Kunstschriftsteller; s. kunsttheoret. Werk *Schilder Boeck* hat bes. wegen d. Biographien ndl. Maler wissenschaftl. Quellenwert.

Mandoline [it.], kl. Laute: 4 doppelchörige Saiten werden m. e. Schildpattdorn angerissen.

Mandorla [it.], mandelförmige Gloriole; → Heiligenschein.

Mandragora, *w.,* Nachtschattengewächs des Mittelmeergebiets; seine Atropin enthaltenden Wurzeln → *Alraune.*

Mandrill

Mandrill, *m.,* pavianähnlicher → Hundsaffe W-Afrikas: blaue Backen, rotblaue Gesäßschwielen, Stummelschwanz.

Mandschu, *Mandschuren,* ostasiat. Tungusen, fielen im 17. Jh. in China ein, besetzten 1644 chin. Kaiserthron, M.- od. Quingdynastie bis 1912; → Mandschurei.

Mandschurei, Gebiet im NO Chinas, umfaßt die heutigen Prov. Heilongjiang, Jilin u. Liaoning, zus. 802 000 km², 94 Mill. E; im W, N u. O von Gebirgsketten begrenzt, im Inneren Flachland; im S u. am Sungari sehr fruchtbar: Sojabohnen-, Mais-, Weizen-, Hirse-, Mohnanbau; reiche Bodenschätze: Kohle, Eisenerz, Gold, Blei, Kupfer, Ölschiefer; Eisenbahn (Ostchin. u. Südmandschur.): ca. 9300 km. – 1931/32 Besetzung durch Japan; M. zusammen mit der nordchin. Prov. Dschehol selbständiger Staat, 1934 Kaiserreich: *Mandschukuo,* unter japanischem Einfluß, Aufbau einer Schwerindustrie; Hptst. *Chang-chun;* 1945 wieder zu China.

Manege, *w.* [frz. -'nɛʒə], Reitbahn, bes. im Zirkus.

Manen, b. d. Römern die Totengeister.

Manessier [-'sje], Alfred (* 5. 12. 1911), frz. abstrakter Maler; symbol. Farbkompositionen; s. 1943 bes. relig. Themen.

Manessische Handschrift, nach dem Züricher Ratsherrn Rüdiger *Manesse* ben. Heidelberger Liederhandschrift, 14. Jh.; wichtigste Quelle für den Minnesang; mit 138 Bildnissen (z. B. die Abb. von → Walther von der Vogelweide und Konradin).

Manet [-'nɛ], Édouard (23. 1. 1832–30. 4. 83), frz. Maler; Wegbereiter d. Moderne u. Mitbegr. des Impressionismus; *D. Frühstück im Freien; Erschießung Kaiser Maximilians v. Mexiko.*

Mangaben → Meerkatzenartige.

Mangalore, Hafenst. in der ind. Prov. Karnaka, 214 000 E.

Mangan, *s., Mn,* chem. El., Oz. 25, At.-Gew. 54,9380, Dichte 7,44; Schwermetall; Weltprod. v. M.erz 1982: 10,22 Mill. t. – **M.legierungen,** *M.bronze, Ferro-M.* u. *M.stahl,* sehr fest u. zäh. – **M.verbindungen,** *Braunstein (M.dioxid), Kaliumpermanganat,* starkes Oxidationsmittel, daher desinfizierend.

Mängel, vertragswidrige Fehler e. Sache. Abnehmer kann Wandlung od. Minderung verlangen. – **M.haftung** → Kauf. – **M.rüge,** *M.anzeige,* Mitteilung an d. Verkäufer üb. festgestellte M., hat i. *Handelsgeschäft* unverzügl. nach Ablieferung zu erfolgen (HGB § 377), sonst Verjährung nach 6 Monaten, bei Grundstücken n. 1 Jahr; bes. Vorschriften beim Viehkauf.

Mangelkrankheiten, 1) *Hypo-* od. *Avitaminosen,* b. Mangel od. Fehlen v. → Vitaminen in d. Nahrung; **2)** durch mengenmäßig od. qualitativ unzureichende Ernährung bedingte Allgemeinkrankheiten.

Mangla-Staudamm, am Jhelum in Pakistan, 11 km l., 115 m h., Stausee 256 km², 7,3 Mrd. m³, mit Kraftwerk.

Mangobaum, trop., aus O-Indien stammender Baum; Steinobst m. gr. Kern.

Mangold, *m.,* Blattgemüse, Abart d. Runkelrübe m. unverdickter Wurzel.

Mangrove, *w.,* Wälder in der Gezeitenzone trop. Küsten; Bäume auf stelzenartigen Luftwurzeln od. m. spargelartigen Atemwurzeln; bei manchen keimen die Samen schon i. d. Frucht.

Manguste, svw. → Ichneumon.

Manhattan [mæn'hæton], nordam. Insel, 58 km², mit dem ältesten Stadtteil New Yorks, zw. Hudson, East River u. Harlem River (Abb. → New York).

Mani (216–276 n. Chr.), pers. Rel.stifter; verband gnostischen → Dualismus mit Elementen d. Christentums u. anderen Religionen; Anhänger: **Manichäer.**

Manie, *w.* [gr.], gestörter Gemütszustand grundloser Heiterkeit u. Überaktivität; i. d. Psychiatrie kennzeichnend f. eine → Psychose, häufig begleitet v. → Ideenflucht u. übersteigertem Selbstbewußtsein, als sog. bipolare Störung phasenweise mit → Depression abwechselnd.

Manier, *w.* [frz.], Art u. Weise; künstler. Eigentümlichkeit; auch die erstarrte Form der künstl. Gestaltungsweise.

manieriert, gekünstelt.

Manierismus, Verwendung widerspruchsvoller Stilelemente. Stilbez. f. d. Kunst zw. Renaissance u. Barock (ca. 1520–90); Vertr. G. → Romano *(Architektur);* J. → Pontormo, → Tintoretto, P. → Brueghel d. Ä., El → Greco *(Malerei);* → Giovanni da Bologna *(Plastik).*

Manifest, *s.* [l.], Kundgebung pol. Thesen, pol. Programm, Aufruf.

Manifestation, *w.,* Offenbarung, Darlegung.

Maniküre, *w.* [frz.], Handpflege.

Manila, Hptst. u. -hafen der Philippinen, auf der Insel Luzon, 1,8 Mill. E; Hanf-, Zigarren-, Zuckerind.; röm.-kath. Erzbistum, Uni., seismolog. Inst. – **M.hanf,** für Taue, Seile; → Banane. – **M.pakt** → SEATO.

Maniok, *m., Manihot, Kassave,* trop. Staude (Wolfsmilchgewächs), Wurzelknollen nach Auskochen Nahrungsmittel u. zu Mehl (Kassavestärke, Tapioka); ein verwandter Baum liefert Kautschuk.

Manipel, *w.* [l.], **1)** Unterabteilung d. röm. Legion (100–200 Mann); **2)** Tuch (urspr. Schweißtuch), das der kath. Priester bei der Messe um den linken Unterarm trägt.

Manipulation [l.], **1)** *psych.* Beeinflussung von außen, oft nicht bewußt; **2)** *biol.* genet. M., willkürl. Veränderung d. Erbguts.

Manipur, ind. Unionsstaat a. d. myanmar. Grenze, im Fürstenstaat, 22 429 km², 1,4 Mill. E, Hindus u. Moslems; Tee- u. Reisanbau; Hptst. *Imphal* (157 000 E).

Manisa, St. im türk. Wilajet *M.,* W-Kleinasien, 126 000 E; im Altertum → Magnesia.

manisch-depressives Irresein, *zirkuläres Irresein, Zyklothymie,* → endogene Psychose m. abwechselnden Phasen (zorniger) Heiterkeit, Antriebssteigerung u. depressiver Verstimmung, Mangel an Initiative.

Manismus [l.], Ahnenverehrung, bes. bei Naturvölkern.

Manitoba [mænt'touba], Prov. S-Kanadas, i. S Weizenanbau, i. N ries. Wälder; Bergbau (Zink, Kupfer, Gold, Silber); 649 950 km², 1,09 Mill. E; Hptst. *Winnipeg.*

Manitu, *m.,* im indian. Glauben die (helfende od. feindl.) Zauberkraft; auch der „Große Geist"

Manizales [-'θales], Hptst. des Dep. *Caldas* in Kolumbien, 2140 müM, 310 000 E; Schwefel, Salz.

Mankei, *s.,* svw. → Murmeltier.

Manko, *s.* [it.], Fehlbetrag, Mangel. – **M.geld,** Fehlbetragsentschädigung.

Manlius, altröm. Geschlecht, *M. Capito-*

Edouard Manet

linus: rettete 390 v. Chr., angebl. von Gänsegeschnatter geweckt, das Kapitol vor den Galliern.
Mann, 1) Golo (* 27. 3. 1909), dt. Historiker u. Politologe, Sohn v. 3); *Wallenstein;* **2)** Heinrich (27. 3. 1871–12. 3. 1950), dt. Schriftst.; urspr. Impressionist, dann satirisch-pol. Kritiker; Romane: *Im Schlaraffenland; Prof. Unrat; Der Untertan; Die Göttinnen; Heinrich IV.;* Essays;

Thomas Mann

s. Bruder **3)** Thomas (6. 6.1875–12. 8. 1955), dt. Schriftst.; Begr. d. modernen Romankunst in Dtld; kulturanalyt. Romane: *Buddenbrooks; Zauberberg; Joseph u seine Brüder* (Tetralogie); *Lotte in Weimar; Dr. Faustus; Bekenntnisse d. Hochstaplers Felix Krull;* Novellen: *Tonio Kröger; Der Tod in Venedig;* Essays; Nobelpr. 1929.
Manna, *s. od. w.* [arab.], **1)** im A.T. Israels *Nahrung* während d. Wüstenwanderung; **2)** Ölbaumgewächse, Mannaceae, Saft enthält bis zu 80% Mannit, Glukose, Fruktose, Saccharose, Zellulose u. Eiweiß; Heilpflanze.
Mannazikade, bewirkt Ausfließen v. Saft (Manna) aus jungen Eschentrieben; in S-Europa.
Mannen, Gefolgsleute; *Dienstmannen* durch Geburt (→ Ministerialen), *Lehnsmannen* durch Vertrag (→ Lehen).
Mannequin, *s. od. m.* [frz. -'kẽ, v. ndl. „Männeken"], Gliederpuppe; Anprobier- u. Vorführdame.
Männergesangvereine, zur Pflege mehrstimmigen Männergesangs; entstanden Anfang 19. Jh. gleichzeitig in Berlin *(Zelter)* als Zusammenschluß musikberuflich Vorgebildeter (→ Liedertafel), in der Schweiz *(Nägeli)* und in S-Dtld mit Einschluß aller Sangesfreudigen; 1. Sängertreffen 1827; Ausgleich beider Arten in den bald überall in Dtld entstehenden M.n; 1862 Dt. Sängerbund.
Männerhaus, bei den Südseeinsulanern Haus, in dem die Männer vor ihrer Verheiratung wohnen.
Mannerheim, Carl Gustaf Emil Frh. v. (4. 6. 1867–27. 1. 1951), finn. Feldm., 1918 Führer der finn. Weißen Garde, 1918/19 Reichsverweser; Befehlshaber d. finn. Truppen 1939/40 u. 1944–46 Staatspräs.
Männerkindbett, *Couvade,* Mann, nicht Frau legt sich nach der Geburt ins → Kindbett; heute noch b. d. Basken, in W-Afrika u. S-Amerika.

Mannesmann, 1) Max (1861–1915) u. **2)** Reinhard (1856–1922), dt. Techniker u. Industrielle; Erfinder d. **M.röhren:** nahtlos (im Schrägwalzverfahren).
Mannheim (D-6800), Stkr. in Ba-Wü., an Rhein u. Neckar, 300 468 E; Barockbauten, darunter größtes dt. Schloß, Nationaltheater, Kunsthalle, Reiß-Museum; Uni., 5 FHS, HS f. Musik; Fernmeldeturm (218 m); IHK, HWK; LG, AG; Wirtschaftszentrum: Masch.- u. Fahrzeugbau, elektrotechn., feinmechan. u. opt. Betriebe, chem., Kunststoff- u. Mineralölbetriebe, Großmühlen; Hafenumschlag 1988: 8,6 Mill. t. – Gegr. 1607, 1802 badisch.
Mannheimer Schule, begründet durch die Musikergruppe um J. *Stamitz* (1717–57): J. *Holzbauer,* X. *Richter,* Chr. *Cannabich,* A. *Filtz;* schuf in Sinfonien u. Kammermusik einen Instrumentalstil, der die Wiener Klassiker stark beeinflußte.
Mannstreu, *Männertreu,* **1)** *Eryngium,* distelähnl. Pflanzen vom Meeresstrand m. ledrigen, dornigen Blättern; **2)** *Veronica, Ehrenpreis;* Blüten lebhaft blau, dunkeladrig; **3)** *Omphalodes, Gedenkemein,* Kräuter mit blauen Blüten; Zierpflanze.
Mannus, (nach Tacitus) sagenhafter Stammvater d. german. Stämme; Sohn d. Tuisto.

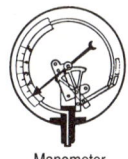

Manometer

Manometer, *s.* [gr.], Druckmesser f. Gase, Flüssigkeiten, Dampf; Dampfkesselbau: *Feder-M.,* mit Dampfraum luftdicht verbunden durch Stutzen, Dampf drückt auf Platten- od. Röhrenfeder, die unter Zwischenschaltung e. Hebelübersetzung auf e. Zeiger wirkt (Abb.); *Flüssigkeits-M.,* besteht aus U-förmigem Rohr mit Quecksilber bzw. gefärbter Flüssigkeit, Niveauunterschied gibt herrschenden Druck an.
Manöver, *s.* [frz.], **1)** kriegsmäßige Truppenübung im Frieden; **2)** Bewegungsänderung eines Schiffes.
Mansarde, *w.,* → Mansart.
Mansart [mã'sar], **1)** François (23. 1. 1598–23. 9. 1666), frz. Baumeister: u. a. Schlösser; Kirche Val-de-Grâce in Paris; nach ihm ben. *Mansarde,* ausgebautes Dachgeschoß, Dachstube; s. Großneffe **2)** Hardouin-M., Jules (16. 4. 1646–11. 5. 1708), frz. Baumeister d. klass. Barock: u. a. in Paris Invalidendom, Place Vendôme; wesentlich beteiligt am Schloßbau Versailles.
Manschette, *w.* [frz. „Ärmelchen"], an Herrenhemden steifer Ärmelabschluß.

Mansfeld, Ernst II. Graf v. (1580–1626), protestant. Heerführer im 30jähr. Krieg gg. Tilly u. Wallenstein.
Mansfeld (D-4274), St. i. Kr. Hettstedt, S-A., 5400 E; früher Zentrum d. *M.er Mulde,* bis 1952 *M.er Gebirgskr.* u. *M.er Seekreis,* d. ältesten dt. Kupferbergbaugebiete.
Mansfield ['mæns-], Katherine, eigtl. *Kathleen Beauchamp* (14. 10. 1888–9. 1. 1923), engl. Erzählerin; Kurzgeschichten.

Sicco Mansholt

Mansholt, Sicco Leendert (* 13. 9. 1908), ndl. Agrarpol.; 1958–72 Vizepräs., 1972 Präs. d. EG-(EWG-)Kommission; führte Agrarmarktordnungen ein, v. ihm Initiative zum **Mansholt-Plan** m. Vereinheitlichung d. eur. Agrarmarkts (Reduzierung auf rationell zu bewirtschaftende Betriebe).
Manstein, Fritz Erich v. (24. 11. 1887–10. 6. 1973), dt. Gen.feldm.; 1941–44 Heeresgruppenführer in Rußland.
Mansura, *Al M.,* St. in Ägypten, 358 000 E; i. Nildelta; Sender; Baumwollind., Gerberei.
Mantegna [-ɲa], Andrea (1431–13. 9. 1506), it. Maler u. Kupferstecher; beeinflußte d. europ. (Früh-)Renaiss.; tätig bes. in Padua, Mantua (u. a. Ausmalung der Camera degli Sposi im Herzogspalast), Rom (→ Tafel Radierung u. Kupferstich).
Mantel, *m.,* **1)** Wertpapierstücke ohne Kuponbogen; nur beide zusammen sind verkäuflich; **2)** die „leere" Gesellschaftsform einer Unternehmung (AG, GmbH usw.); M. wird oft ohne bisherigen Betrieb angekauft, um bei Einrichtung eines neuen Unternehmens d. Gründungsvorschriften zu umgehen. – **M.note,** faßt mehrere diplomat. Verträge od. Noten zus., meist unter e. gemeinsamen Grundgedanken. – **M.tarif,** Rahmentarif, der im allg. für längere Zeit geltende Regelungen wie Arbeitszeit, Urlaub usw. enthält; meist durch in kürzeren Abständen kündbare Lohn- u. Gehaltstarife ergänzt.
Manteltiere, *Tunicaten,* ungegliederte, sack- oder tonnenförmige, z. T. festsitzende Meerestiere, mit einer aus Cellulose bestehenden Hülle (Mantel), die frei beweglichen Larven der festsitzenden u. die nicht festsitzenden M. mit einer → Chorda; Vorläufer der Wirbeltiere; → Seescheiden und → Salpen.

Manteuffel, Edwin Frh. v. (24. 2. 1809–17. 6. 85), preuß. Gen.feldm.; s. 1879 Statth. v. Elsaß-Lothringen.

Mantik, *w.* [gr. „Seherkunst"], Deutung scheinbar zufälliger Zeichen; im Altertum in hoher Blüte (z. B. Vogelflugdeutung bei den Römern).

Mantille, *Mantilla, w.* [-'tiʎa], Kopf u. Schultern verhüll. Schleiertuch d. Spanierin; Schulterumhang.

Mantinea, griech. St. i. Arkadien; 362 v. Chr. Tod d. Epaminondas i. d. Schlacht gegen Sparta.

Mantisse, *w.* [l.], → Logarithmus.

Mantua, it. *Mantova,* Hptst. d. oberit. Prov. *M.,* am Mincio, 55 000 E; Herzogspalast; Geburtsort Vergils; Ziegel-, Papier-, chem. Fabr. – 1708 östr.; 1810 Andreas Hofer erschossen; 1866 it.

Manu [sanskr. „Mensch"], in d. ind. Mythologie Vater der Menschheit.

Manuale, *s.* [l.], **1)** → Klaviatur der Orgel; Ggs.: → *Pedal;* **2)** kaufmänn. Handbuch, Tagebuch.

Manuel, a) *Byzantin. Kaiser:* **1)** M. I., Komnenos, besiegte Serben u. Magyaren, reg. 1143–80; **2)** M. II., Palaiologos, reg. 1391–1425. – **b)** *Portugal:* **3)** M. I., d. Gr. (31. 5. 1469–13. 12. 1521), Kg s. 1495, schickte Vasco da Gama u. Cabral zur Entdeckungsfahrt aus; **4)** M. II. (15. 11. 1889–2. 7. 1932), gestürzt 1910.

Manuel, Nikolaus, gen. *Deutsch* (um 1484–28. 4. 1530), schweiz. Maler, Zeichner u. Dichter (Fastnachtsspiele); Vertr. d. → Donau-Schule; Verfechter der Reformation.

manuell, von Hand betrieben, hergestellt usw.

Manufaktur, *w.* [nl.], durch Unternehmer betriebene Form der Warenherstellung unter vorwiegendem Einsatz von *Handarbeit;* Produktionsform des Frühkapitalismus; Vorläufer des modernen Fabriksystems. – **M.waren,** svw. Gewebe.

manu propria, abgek. *m. p.* [l.], eigenhändig.

Manuskript, *s.* [l.], *Handschrift,* Niederschrift des Autors; *als M. gedruckt,* svw. nicht für d. breite Öffentlichkeit bestimmt, urheberrechtl. Vorbehalt aller Rechte.

Manutius, Aldus (1450–8. 2. 1515), it. Humanist u. Buchdrucker; Erfinder der *Kursivschrift;* seine Ausgaben (viele Erstausgaben d. Klassiker: Aristoteles, Äschylus u. a.) *Aldinen* gen.

Manytsch, Senke zw. Asowschem u. Kasp. Meer, etwa 560 km l., im Frühjahr vom *Westl. M.* (zum Don) u. *Östl. M.* (in die Kuma-Niederung) durchflossen, sonst fast ausgetrocknet.

Manzanares [-θa-], rechter Nebenfluß der Jarama in Spanien, 83 km l.; an ihm liegt Madrid.

Manzanillobaum [-tʃo-], Baum d. trop. Mittelamerika; Wolfsmilchgewächs, liefert Pfeilgift.

Manzoni, Alessandro (7. 3. 1785–22. 5.

1873), it. romant. Dichter; Roman: *Die Verlobten.*

Manzù, Giacomo (24. 12. 1908–17. 1. 90), it. Bildhauer.

Maori, polynesische Eingeborene Neuseelands; 225 000 (Christen); hochstehende Kunst.

Mao Zedong

Mao Zedong, *Mao Tse-tung* (26. 12. 1893–8. 9. 1976), chin. kommunist. Pol. u. Ideologe; Mitbegr. der KP Chinas, 1949–59 Präs. d. Volksrep. China; Vors. des Politbüros u. d. Zentralkomitees der KP Chinas; *Gesammelte Werke.*

Maputo, bis 1975 *Lourenço Marques,* Haupt- u. Hafenst. v. Moçambique, an der Delagoabai, 1 Mill. E; Ausfuhr v. Mais, Erdöl, Häuten und Erden.

Maquis [-'kiː], **1)** *botan.* svw. → Macchie; **2)** frz. Widerstandsbewegung bis 1945.

Marabu

Marabu, Storch mit nacktem Hals und mit Kehlsack; Afrika, S-Asien.

Maracaibo, Hptst. des venezolan. Staates Zulia, am *Golf v. M.* (N-Küste), 1,3 Mill. E; Uni., Erdölraffinerie; Hafen, Ausfuhr v. Tabak, Kaffee u. Erdöl.

Maracay, Hptst. d. Staates Aragua, i. N-Venezuela, 891 000 E; Sender; landw. Handelszentrum.

Marais [-'rɛ], Jean (* 11. 12. 1913), frz. Theater- u. Filmschausp.; Mitarbeiter → Cocteaus; *La belle et la bête; Orphée.*

Marajó [-'ʒɔ], Insel Brasiliens, zw. Amazonas- u. Rio-Pará-Mündung, 42 000 km², Wälder (Kautschuk) u. Savannen (Viehzucht).

Maränen → Renken.

Maranhão [-ro'ɲõŭ], brasilian. Staat am Atlantik, 329 556 km², 5,08 Mill. E; Hptst. *São Luís do M.*

Marañón [-'ɲɔn], Hauptquellfluß d. Amazonas.

Maraschino, *m.* [it. -s'kiː], Kirschlikör (Dalmatien).

Marasmus [gr.], körperlicher (Alters-)Verfall.

Marat [-'ra], Jean (24. 5. 1743–13. 7. 93), frz. Revolutionär, verantwortl. für d. Septembermorde 1792 u. d. Vernichtung d. Girondisten 1793; v. Ch. → Corday erstochen.

Marathen, *Mahratten,* krieger. Hinduvolk in W-Vorderindien.

Marathon, Dorf an der O-Küste Mittelgriechenlands. – 490 v. Chr. Sieg der Griechen (Miltiades) über die Perser. – **M.lauf,** Laufwettbewerb über 42,2 km, nach dem Lauf eines griech. Kriegers, der 490 v. Chr. die Nachricht vom Sieg bei M. nach Athen gebracht haben soll.

Marbach am Neckar (D-7142), St. i. Kr. Ludwigsburg, Ba-Wü., 12 643 E; Geburtshaus *Schillers;* Schiller-Nationalmuseum, Dt. Literaturarchiv; AG; Holz- u. Lederind.

Marbod († 437 n. Chr.), Kg d. Markomannen, Gegner d. Arminius.

Marburg, 1) *M. an der Lahn* (D-3550), Universitätsst. in Hess., 70 905 E; LG, AG; Uni. (1527 gegr.), Elisabethkirche (13. Jh.); Schloß; **2)** *M. a. d. Drau* → Maribor.

Marburger Schule, Ende d. 19. Jh. v. Cohen u. Natorp begr. neukantianische phil. Richtung.

Marc, Franz (8. 2. 1880–4. 3. 1916), dt. Maler; Mitbegr. des → „Blauen Reiters" (1911); kubist. Tierbilder, abstrakte Kompositionen.

marcato [it.], *mus.* betont, nachdrücklich herausgehoben.

Marceau [-'so], **1)** Felicien, eigtl. *Louis Carette* (* 16. 9. 1913), belg. Schriftst.; *D. Ei;* **2)** Marcel (* 22. 3. 1923), frz. Pantomime; eigene Mimodramen: *Bip.*

Marcel [-'sɛl], Gabriel (7. 12. 1889–8. 10. 1973), frz. christl. Existenzphil. u. Dramatiker; *Sein u. Haben.*

March, Werner (17. 1. 1894–12. 1. 1976), dt. Baumeister u. Architekt; Olympiastadion in Berlin.

March, tschech. *Morava,* l. Nbfl. der Donau, Hptfl. Mährens, vom Glatzer Schneeberg, mündet b. Preßburg, 358 km l., 130 km schiffbar; → Marchfeld.

Marchais [-'ʃɛ], Georges (* 7. 6. 1920), frz. Pol.; s. 1972 Gen.sekr. der KPF.

Marchegg (A-2293), St. in Niederöstr., 2700 E; s. 1970 Naturreservat.

Märchen, *Volksmärchen,* Erzählungen mit Bevorzugung des Wunderbaren; wichtigste Sammlung: Brüder Grimm (1812–15). *Kunstmärchen:* Wieland, Goethe, Musäus, Tieck, Brentano, Hauff, Bechstein, Andersen, Volkmann-Leander, Wilde, Lagerlöf.

Marchese [-'keː], *Marchesa,* it. Adelstitel (Markgraf).

Marchfeld, Ebene in Niederöstr. zw. March und Donau, 900 km², Viehzucht (bes. Pferde); Erdöl, -gas. – 1260 Sieg → Ottokars II. über die Ungarn; 1278 seine Niederlage gg. → Rudolf v. Habsburg.

Marcion († um 160), christl. Gnostiker; nahm neben d. bösen alttest. Weltschöpfer einen erst durch Christus geoffenbarten *höchsten guten Gott* an.

Marcks, 1) Erich (17. 11. 1861–22. 11. 1938), dt. Historiker; *Bismarck; D. Aufstieg d. Reiches;* **2)** Gerhard (18. 2. 1889–13. 11. 1981), dt. Bildhauer (Bronze, Stein, Holz); vereinigt Formstrenge u. Lebensnähe; *Brückentiere* (Halle).

Marconi, Guglielmo (25. 4. 1874–20. 7. 1937), it. Phys., schuf 1896 aus bekannten Einzelteilen (Antenne, Fritter usw.) ersten Funkentelegraphen; Nobelpr. 1909.

Marco Polo (1254–1324), venezian. Weltreisender; seine Schriften vermittelten dem MA die Kenntnis des Fernen Ostens.

Marcos, Ferdinand (11. 9. 1917–28. 9. 89), Präs. d. Philippinen 1965–86; autoritäres Regime.

Marcus Aurelius

Marcus Aurelius, *Mark Aurel,* röm. Kaiser 161–180 n. Chr.; Kämpfe mit Markomannen u. Parthern; *Selbstbetrachtungen.*

Herbert Marcuse

Marcuse, 1) Herbert (19. 7. 1898–29. 7. 1979), dt.-am. Phil. u. Soziologe, s. Gesellschaftskritik maßgebend f. westdt. student. Linke; *Der eindimensionale Mensch;* **2)** Ludwig (8. 2. 1894–2. 8. 1971), dt. Schriftst. u. Kritiker; *Obszön; Mein zwanzigstes Jahrhundert; Nachruf auf L. M.*

Steinmarder

Marder, Familie kl., schneller u. klettergewandter Raubtiere; Felle zu Pelzen; *Baum-* oder *Edel-M.* mit goldgelbem,

Haus- oder *Stein-M.* mit weißem Kehlfleck; → *Zobel. Stinkmarder* → Wiesel, → Hermelin, → Iltis, → Frettchen, → Nerz; auch → *Dachs* und → *Otter.*

Marduk, babylon. Schöpfergott, Sonnengott.

Mare [*dɛləˈmeə*], Walter J. de la (25. 4. 1873–22. 6. 1956), engl. Lyriker; Kinderverse; Romane: *Henry Brocken.*

Mare [l.], **1)** Meer; **2)** Bezeichnung für d. dunklen Flächen auf Mond und Mars.

Marées [-ˈrɛː], Hans v. (24. 12. 1837–5. 6. 87), dt. Maler, lebte bes. in Rom; idealist. Grundthema: d. Mensch im Einklang m. d. Natur; *Fresken* d. Aquariums Neapel; Dreiflügelbilder: *Hesperiden; Urteil des Paris.*

Maremmen, sumpfiges Anschwemmungsland an der it. W-Küste zw. Cecina u. Mignonemündung.

Marengo, it. Dorf östl. Alessandria (Po-Ebene); 14. 6. 1800 Sieg Napoleons über die Österreicher.

Marengo, *m.,* Mantel- u. Anzugstoff aus *meliertem* Streichgarn; ähnelt dem Loden.

Marenzio, Luca (1553 od. 54–22. 8. 99), it. Kirchenmusiker u. Organist; Vertr. des it. → Madrigals.

Margarete, 1) M. Maultasch v. Tirol (1318–3. 10. 69), übergab 1363 Tirol an Östr.; **2)** M. (1353–28. 10. 1412), Kgn v. Dänemark, Norwegen u. Schweden, die sie 1397 durch d. *Kalmarer Union* vereinigte; **3)** M. v. Navarra (11. 4. 1492–21. 12. 1549), frz. Dichterin, Schwester Franz' I. v. Frkr.; *Heptameron;* **4)** M. v. Östr. (10. 1. 1480–1. 12. 1530), Tochter Kaiser Maximilians I., Statthalterin der Ndl.; *Damenfriede v. Cambrai* 1529; **5)** M. v. Parma (28. 12. 1522–18. 1. 86), Tochter Karls V., Statthalterin der Ndl., 1567 durch Alba ersetzt; **6)** M. v. Valois (14. 5. 1553–27. 3. 1615), Tochter Heinrichs II. v. Frkr. u. der Katharina v. Medici, heiratete 1572 den späteren Heinrich IV. (→ Bartholomäusnacht).

Margaretenblume, *Marguerite,* weiß blühende Chrysantheme; → Wucherblumen.

Margarine, Speisefett a. pflanzl. u. tier. Ölen; Bestandteile m. Wasser zu Emulsion verarbeitet (gekirnt) u. unter Beigabe v. Aromastoffen zu streichfähiger Konsistenz gerührt (→ Schaubild Öl).

Margate [ˈmaːgɪt], engl. St. in der Gft Kent, auf der Insel Thanet, 58 000 E; Seebad.

Marge, *w.* [frz. -ʒə „Rand“], Unterschied, Spanne zw. An- u. Verkaufspreis; Verdienstspanne.

Marggraf, Andreas Sigismund (3. 3. 1709–7. 8. 82), dt. Chem.; entdeckte d. Zuckergehalt der Rübe.

Marginalien, *w.* [l.], Randbemerkungen.

Margrethe II. (* 16. 4. 1940), s. 1972 dänische Regin.

Mari, autonome Sowjetrep. a. d. oberen Wolga, 23 200 km², 750 000 E; Hptst. *Joschkar-Ola* (242 000 E).

Maria, nach N. T.: **1)** Mutter Jesu; kath.: → *unbefleckte Empfängnis,* → *Mariä Himmelfahrt;* **2)** Mutter des Jüngers Jakobus; **3)** M. v. Bethanien; **4)** M. Magdalena → Magdalena.

Maria Theresia

Maria (Marie), 1) M. Theresia, v. Habsburg (13. 5. 1717–29. 11. 80), 1740 durch → Pragmatische Sanktion Kgn v. Ungarn u. Böhmen, Erzhgn v. Östr.; als Gemahlin Franz Stefans I. seit 1745 dt. Kaiserin; Gegnerin Friedrichs d. Gr. (Schles. Kriege); führte Reformen auf allen Gebieten (Verwaltung, Handel u. Ind., Finanzen) durch. – *M.-Theresia-Taler,* altöstr. Silbermünze mit dem Bildnis von M. T.; **2)** M. v. Burgund (13. 2. 1457–27. 3. 82), Tochter Karls des Kühnen, Gemahlin Maximilians, brachte Burgund u. Ndl. an Habsburg; **3)** M. die Katholische (18. 2. 1516–17. 11. 58), Kgn v. England seit 1553, 1554 Gemahlin Philipps v. Spanien; erfolglose Versuche, England mit Gewalt zu rekatholisieren; **4)** M. v. Medici (26. 4. 1573–3. 7. 1642), Mutter Ludwigs XIII. von *Frkr.,* führte für ihn seit 1610 die Reg., berief 1624 Richelieu zum Min.; **5)** Marie Antoinette (2. 11. 1755–16. 10. 93), Tochter M. Theresias, Gemahlin Ludwigs XVI. v. Frkr., hingerichtet; **6)** M. Louise (12. 12. 1791–17. 12. 1847), Tochter Franz' II. v. Östr., zweite Gemahlin Napoleons, bei-

Maria Stuart

der Sohn Hzg v. Reichstadt; **7)** M. Stuart (8. 12. 1542–8. 2. 87), 1558–60 Gattin Franz' II. von Frkr., 1561–68 Kgn v. Schottland, erhob Anspruch auf engl. Thron; kath. Gegnerin der Calvinisten; nach Aufstand suchte sie Schutz bei der protestant. Elisabeth v. England, die sie 19 Jahre gefangenhielt, wegen Verschwörung hingerichtet; Drama von Schiller.

Mariage, *w.* [frz. -ˈjaʒ „Heirat“], im Kartenspiel König u. Dame (Ober) einer Farbe.

Mariä Himmelfahrt, kath. Fest (15. August).

Maria Laach, roman. Benediktinerabtei am Laacher See (Eifel); 1093 gegr.

Mariamne, Gattin Herodes' d. Gr., der sie wegen (falschen) Verdachts d. Ehebruchs 29 v. Chr. hinrichten ließ; Drama v. Hebbel: *Herodes u. M.*

Marianen, *Ladronen, Diebsinseln,* 18 vulkan. Inseln im Pazifik, darunter Rota, Saipan u. die Koralleninsel Guam; 1183 km², ca. 140 000 E. – 1521 entdeckt; ab 1565 span., 1898 → Guam an die USA, übrige M. an Dtld verkauft, durch → Versailler Vertrag bis 1945 jap., s. 1947 US-Mandatsgebiet; nördl. Teil d. M. (476 km², 15 000 E) nach Volksabstimmung (1975) s. 1978 zu d. USA; Ausfuhr v. Zucker u. Kopra. – **M.graben,** Tiefseegraben am O-Rand d. M. (größte Tiefe 11 034 m).

Marianische Kongregationen, etwa 70 000 Vereinigungen unter jesuit. Leitung zur Verehrung Marias.

Maria-Theresiopel → Subotica.

Mariazell (A-8630), St. in der Steiermark, 862 müM, 1900 E; Wallfahrtsort, Wintersport, Fremdenverkehrs- u. Erholungsort.

Maribor, *Marburg* an der Drau, St. i. Slowenien, 186 000 E; röm.-kath. Bistum; Auto-, Lederind., Weinbau.

Marie de France *[ma͏ri d'frãs]* (12. Jh.), erste frz. Dichterin; Liebesgeschichten in Versen *(Lais)* u. Fabeln *(Ysopet).*

Marienbad, tschech. *Mariánské Lázně,* St. i. W-Böhmen, 18 000 E; Mineralquellen, Moorbäder.

Marienburg

Marienburg (Westpr.), *Malbork,* St. i. d. poln. Woiwodschaft Elblag (Elbing), a. d. Nogat, 34 000 E; Schloß (13./14. Jh.), größte Burg Europas, 1309–1466 Sitz des Hochmeisters des Dt. Ordens (Abb.).

Marienglas, kristallisierter Gips; Ersatz u. a. für Fensterglas.

Marienkäfer, rötlich mit schwarzen Punkten, Käfer und Larven als Blattlausvertilger nützlich.

Marienkanalsystem, s. 1799, als *Ostsee-Wolga-Kanal* weiter ausgebaut; verbindet Newa (Ostsee) mit Wolga (Kasp. Meer); 1146 km lang.

Marienwerder, *Kwidzyn,* poln. St. im ehem. Ostpreußen, 25 000 E; Dom (14. Jh.), Schloß (13. Jh.).

Marihuana, *s.,* Rauschgift (M.zigaretten), entspricht → Haschisch.

Marille, süddt. f. → *Aprikose.*

Marimba, *w., Negerklavier,* urspr. malaisches u. afrikan. xylophonartiges Schlaginstrument.

Marine, 1) → *Kriegsmarine;* → *Bundeswehr;* **2)** *Handels-M.* → Handelsflotte (Schaubild). – **M.leim,** wasserdichter Kitt aus Kautschuk u. Asphalt in Teeröl aufgelöst.

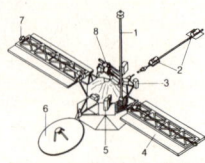

Planetensonde »Mariner 10« (Aufbauschema): 1 Antenne mit schwacher Richtwirkung, 2 Magnetometer, 3 Ultraviolett-Spektrometer, 4 Solarzellenflächen, 5 Canopus-Sensor, 6 Parabolrichtantenne, 7 Sonnensensor, 8 Fernsehkameras

Mariner *['mærınə],* am. Raumsondentyp (→ Raumsonde, → Weltraumforschung).

Marinetti, Filippo Tommaso (22. 12. 1876–2. 12. 1944), it. Schriftst.; Begr. des → Futurismus; Gedichte; Erzählung: *Zang Tumb Bumb.*

Marini, Marino (27. 2. 1901–6. 8. 80), it. Bildhauer u. Graphiker; archaisierender Realismus.

marinieren [frz.], Fleisch oder Fisch in Essig mit Gewürzen einlegen.

Marino, *Marini,* Giambattista (18. 10. 1569–25. 3. 1625), it. Schriftst.; nach ihm d. pathet. it. Barockstil in der Literatur: **Marinismus.**

Marionette [frz.], hängende Gliederpuppe, die mittels Fäden od. Drähten bewegt wird; übertragen f. willenloses Geschöpf.

Mariotte *['rjɔt],* Edme (1620–12. 5. 84), frz. Phys.; Gasgesetze (→ *Boyle*).

Maritain *[-'tɛ̃],* Jacques (18. 11. 1882–28. 4. 1973), frz. kath. Phil. (Neothomist); *Christl. Humanismus.*

maritim [l.], Meer- u. Seewesen betreffend.

Maritza, *Marica,* griech. *Evros,* türk. *Meriç,* im Altertum *Hebros,* größter Balkanfluß, 533 km l., vom Rilagebirge durch Bulgarien u. dann als griech.-türk. Grenzfluß bei Enez ins Ägäische Meer; ab Edirne schiffbar.

Mariupol → Schdanow.

Marius, Gaius (156–86 v. Chr.), röm. Feldherr u. Staatsmann, vernichtete die Teutonen 102 bei Aquae Sextiae, die Kimbern 101 bei Vercellae, Gegner → Sullas im Bürgerkrieg.

Marivaux *[-'vo],* Pierre de (4. 2. 1688–12. 2. 1763), frz. Komödiendichter; *Das Spiel v. Liebe u. Zufall.*

Mark, 1a) *s., biol.:* Knochenmark, füllt d. Hohlräume der Knochen aus; gelbes Fettmark in den Röhrenknochen, rotes M. in den Plattenknochen: Blutbildungsstätte; **1b)** → *Rückenmark;* **1c)** inneres, lockeres, lufthaltiges Gewebe der Pflan-

zenstengel; **2a)** *w., geogr.* Grenze, Grenzgebiet (z. B. *M. Brandenburg);* → Markgrafschaften; auch svw. Bezirk, Dorfmark, Feldmark, Gemeindeflur; **2b)** ehem. Gft im Rgbz. Arnsberg, s. 1966 zu Brandenburg; **2c)** *M.* → *Brandenburg;* **3a)** *w.,* altdt. Gewicht (s. 11. Jh.) = ½ Pfund, im MA in Silber als Geld verwendet; als Münze in den einzelnen Ländern von sehr versch. Gewicht u. Wert; **3b)** *Preuß. M.,* wurde 1838 Münzmark des Dt. Zollvereins; **3c)** *M.,* 1871–1924 dt. Münzeinheit; **3d)** *Renten-M.* nach der dt. Inflation (1923) befristet bis 1924 Währungseinheit, abgelöst durch die **3e)** *Reichs-M., RM,* dt. Währungseinheit v. 1924–48; **3f)** *Deutsche M., DM,* s. d. Währungsreform Währungseinheit in *1)* BR u. W-Berlin *(DM-West)* u. s. Mitte 1990 in d. DDR, *2)* DDR u. O-Berlin *(DM-Ost),* 1964 umbenannt i. *M. der Dt. Notenbank,* 1968 in *M. der Dt. Demokr. Rep.;* nach Währungsunion mit BR Mitte 1990 durch DM ersetzt.

markant [frz.], hervorstechend, auffallend.

Mark Aurel → Marcus Aurelius.

Marke, Kg, Isoldes Gemahl in der Tristansage.

Marken, it. *Marche,* Landschaft u. it. Region an der Adria, 9694 km², 1,4 Mill. E.

Marken, Zeichen (Worte, Bilder; auch → Hausmarke), die hpts. z. Unterscheidung e. Ware v. solchen and. Herkunft verw. werden, vielfach gesetzl. geschützt (→ Warenzeichenrecht); *Abladermarke,* Zeichen des Exporteurs; *Fabrikmarke,* Zeichen des Fabrikanten, dient bes. als Kennz. f. **M.artikel,** hpts. Nahrungs- u. Genußmittel, Kosmetika, Drogen, auch techn. Artikel, die, mit e. Marke versehen, in gleichmäßiger Ausstattung (Verpackung), in gleichmäßiger Qualität u. (für längere Zeiträume) zu gleichbleibenden Preisen abgesetzt werden; Preise oft durch → Preisbindung festgesetzt. – **M.schutz** → Warenzeichenrecht.

Marketender|innen [it.], Händler u. Händlerinnen, reisten früher mit der Truppe u. versorgten sie mit Lebensmitteln u. Bedarfsartikeln.

Marketing, *s.* [engl. *'maːkıtıŋ],* in den USA geprägte Bez. f. betriebl. Maßnahmen z. Steigerung d. Absatzes; wichtiges Hilfsmittel des M. ist d. → Marktforschung.

Markgräfler Land, Landschaft der südbad. Rheinebene u. Schwarzwaldvorberge; *Markgräflerwein.*

Markgrafschaften, von den Sachsenkaisern gegründete Grenzbezirke unter m. bes. Rechten versehen kgl. Statthaltern: **Markgrafen** (z. B. Ostmark, Steiermark); als Erblehen von wachsender Macht, im 12. Jh. Brandenburg, Lausitz, Mähren, Meißen, Namur Reichsfürstentümer.

markieren [frz.], be-, kennzeichnen; andeuten.

Markise, w. [frz.], aufrollbares Sonnendach.

Markkleeberg (D-7113), St. i. Kr. Leipzig, Sa., 18 236 E; div. Ind.; Fundstellen altsteinzeitl. Geräte.

Markomannen, german. Irminonenstamm, besiedelten um Christi Geb. unter Kg *Marbod* Böhmen; von Rom abhängig, unternahmen sie 166–180 n. Chr. Freiheitskämpfe (**M.krieg**); im 6. Jh. Abzug eines Teils nach Bayern u. O-Alpen (Nachkommen: die Bajuwaren); auch → Quaden.

Markör [frz.], **1)** zählt Punkte beim (Billard-)Spiel; **2)** Gerät zum Reihenziehen beim Pflanzen.

Markowitz, Henry (* 24. 8. 1927), am. Wirtschaftswiss.; (zus. m. M. → Miller u. W. → Sharpe) Nobelpr. 1990 (Finanzökonomie und Unternehmensfinanzierung).

Markscheide, **1)** *bergmännisch:* die Grenze eines Grubenfeldes; **2)** *med.* *Myelin,* die fettartige Isolierschicht der Nervenfasern. – **M.kunst**, unterirdische Feldvermessung.

Markstammkohl, Futterpflanze m. 1,5 m hohem dickem Stengel („Mark"stamm), blattreich, eiweißhaltig.

Markstrahlen, aus d. Mark d. Pflanzenstengel in den Holzteil ziehende, gleichartige Zellreihen.

Markt, 1) Ort, an dem Angebot u. Nachfrage aufeinandertreffen; kein realer Ort notwendig, wie z. B. Wochenmarkt; durch dieses Zus.treffen erfolgt die Preisbildung; bes. hoch entwickelt an d. Börse; **2)** Gemeinde mit → Marktrecht. – **M.analyse**, statist. Untersuchung über M.verhältnisse (Angebot, Nachfrage, Preise); Mittel der M.analyse sind u. a. Umfragen, die von Instituten f. **M.forschung** angestellt werden. Dazu *M.beobachtung:* fortlaufende Überwachung über d. Entwicklung d. Marktes. Wichtig f. M.analyse → M.psychologie, → Motivforschung und → Wirtschaftsforschung.

Marktheidenfeld (D-8772), St. im Main-Spessart-Kreis, Bay., 9607 E; div. Ind.

Marktoberdorf (D-8952), Krst. d. Kr. Ostallgäu, Bay., 16 146 E; Gablonzer Schmuckwaren; Schlepper-, Textil- u. Metallind.

Markt-ordnung, Festsetzung d. äußeren Bedingungen d. Marktverkehrs durch Staat u. Behörden (z. B. Festsetzung d. Ladenschlußzeiten, Normen, Lieferbedingungen usw.); *M.berichterstattung:* Qualitätsbestimmungen; *M.regelungen* über Vorratshaltung, Einfuhr-, Erzeugungs- u. Verteilungskontrolle.

Marktpsychologie, Zweig d. Wirtschaftswiss., der die psych. Gesetzmäßigkeit von Angebot u. Nachfrage untersucht.

Marktrecht, früher v. Landesherrn verliehene Befugnis, Messen u. Märkte abzuhalten.

Marktredwitz (D-8590), Gr.Krst. im

Kr. Wunsiedel i. Fichtelgebirge, Bay., 18 605 E; Porzellan-, Textil- u. chem. Ind., Masch.- u. Getriebebau; Einkaufsu. Handelszentrum.

Mark Twain → Twain, Mark.

Marktwirtschaft, Wirtschaftsordnung; der Austausch der Güter vollzieht sich in freiem Wettbewerb über den Markt u. nach Maßgabe der auf ihm zustande gekommenen Preise (Ggs.: → Planwirtschaft). – *Freie M.:* keine obrigkeitl. Eingriffe in d. Marktgeschehen; *soziale M.* (in d. BR s. 1948), Versuch, M. mit soz. Gesichtspunkten zu verbinden, die bei freier M. gefährdet sein können (z. B. Preiskontrolle im Wohnungswesen u. bei lebenswichtigen Nahrungsmitteln).

Markus, *Johannes M.,* Apostel, Begleiter d. Paulus u. seines Onkels Barnabas, später d. Petrus, nach dessen Predigt in Rom er das *M.evangelium* geschrieben haben soll; Schutzheiliger von Venedig.

Marl (D-4370), St. i. Kr. Recklinghausen, NRW, 89 651 E; AG; Adolf-Grimme-Inst.; Steinkohlenbergbau, chem. Industrie.

Marlborough ['mɔːlbərə], John Churchill Hzg v. (26. 5. 1650–16. 6. 1722), engl. Heerführer i. Span. Erbfolgekrieg.

Marlitt, Eugenie, eigtl. *E. John* (5. 12. 1825–22. 6. 87), dt. Romanautorin (a. für d. → „Gartenlaube") m. sozialkrit. Unterton; *Goldelse; Das Geheimnis d. alten Mamsell.*

Marlowe ['mɑːloʊ], Christopher (6. 2. 1564–30. 5. 93), engl. Dramatiker; *Dr. Faust; Eduard II.*

Marmarameer, im Altertum *Propontis,* Meeresbecken zw. d. eur. u. asiat. Türkei, durch Bosporus mit d. Schwarzen, durch Dardanellen mit dem Ägäischen Meer verbunden; 11 500 km², 280 km l., bis 1355 m t.

Marmolada, höchste Erhebung d. Südtiroler Dolomiten, 3343 m; Nordflanke vergletschert.

Marmor, s., feinkristallines Gestein, durch d. Metamorphose aus Kalkstein entstanden; rein weiß auf *Paros,* in *Carrara;* auch rot, schwarz und geädert; mannigfache Verwendung in Baukunst u. Bildhauerei; dt. Fundstätten: Fichtelgebirge, Rübeland, Eifel.

marmoriert, wie Marmor gezeichnet.

Marne, 1) wichtigster Nfl. d. Seine, v. Plateau von Langres, durch Champagne (Weingebiet), mündet bei Paris (Charenton); 525 km l., mit Saône, Aisne u. Rhein durch Kanäle verbunden; am Flußlauf: **2)** *M.,* 8162 km², 562 000 E; Hpst. *Châlons-sur-Marne;* **3)** *Haute-M.,* 6211 km², 210 000 E; Hpst. *Chaumont;* **4)** *Seine-et-M.,* 5915 km², 1,0 Mill. E; Hpst. *Melun.* – **M.schlacht**, i. 1. Weltkr., 5.–12. 9. 1914 (→ Weltkriege, Übers.).

marode [frz.], ermattet, wegmüde, zerfallen.

Marodeur [frz. -'døːr], plündernder Soldat.

Marokko, amtl. *Al Mamlakah al Maghrebia,* Königreich in NW-Afrika, 446 550 km², 23,91 Mill. E (54 je km²); Bev.-Zuw. 2,7%; Sprache: Arab., Frz. u. Span.; Währung: Dirham (DH); Rel.: sunnit. Moh.; Hptst.: *Rabat;* Flagge S. 341, Karte S. 750. **a)** *Geogr.:* An der Straße von Gibraltar, v. Atlas durchzogen (bis 4500 m); fruchtbare Ebenen nur im nordwestl. Atlasvorland, zahlr. Berieselungsoasen (Dattelpalmen), im Inneren Steppen. **b)** *Wirtsch.:* Große Phosphatlager, Silber, Baryt, Mangan, Arsen, Zink, Kupfer, Eisen, Blei, Kobalt, Antimon; Landw.: Zitrusfrüchte, Wein, Gemüse, Öl; Viehzucht. **c)** *Außenhandel* (1988): Einfuhr 4,77 Mrd., Ausfuhr 3,62 Mrd. $. **d)** *Verkehr:* Eisenbahn 1800 km. **e)** *Verf.* v. 1972 (1980 geändert): Konstitutionelle demokr. u. soz. Monarchie, Einkammerparlament. **f)** *Verw.:* 37 Prov., 8 Präfekturen. **g)** *Gesch.:* Als Mauretanien bis Mitte 1. Jh. v. Chr. selbst., dann röm. wandal., byzantin.; 1269–1470 Berberdynastie; 1415 Portugiesen in Ceuta, 1469 Spanier in Melilla. Seit 1800 wachsender Einfluß Frkr.s; 1912 Abkommen zw. Frz. u. Spanien sowie zw. Frkr. u. Spanien u. Schaffung der beiden Protektorate *Französisch-M.* (d. größere südl. Teil) u. *Spanisch-M.* (an d. Mittelmeerküste) sowie d. intern. → Tangerzone. Nach 1945 Unruhen; 1954–56 Unabhängigkeitskrieg; 1956 Wiedervereinigung, span. u. frz. Protektorate u. d. Tangerzone u. Bildung d. unabhängigen Kgr. M.; 1976 Eingliederung d. nördl. Teils d. Westsahara: anhaltende Kämpfe im Befreiungsorg. → FPOLISARIO; 1981 u. 1984 soz. Unruhen. **h)** *Mitgl.:* UN, Arab. Liga, OAU; assoz. m. EG.

Marone, w. [it.], Frucht der Edel- → Kastanie.

Maronenpilz, Speisepilz, Röhrling.

Maroquin [frz. -'kɛ̃], feines Ziegenleder.

Maros [ungar. 'mɔroʃ] → Mureș.

Marotte, w. [frz.], Schrulle, fixe Idee.

Marquesas-Inseln [-'keː-], frz. (s. 1842) *Iles Marquises,* 11 Inseln im Pazifik (Polynesien), 1049 km², 7500 E; Kopra-, Schildpattausfuhr.

Marquess ['mɑːkwɪs], engl. Adelstitel.

Marquet [-'keː], Albert (27. 3. 1875–14. 6. 1947), frz. nachimpressionist. Maler, Vorläufer, doch nur z. T. Anhänger d. Fauvismus.

Márquez, Gabriel García (* 16. 8. 1928), kolumbian. Schriftst. u. Journalist; myth.-realist. Romane u. Erzählungen: *Hundert Jahre Einsamkeit; Der Herbst des Patriarchen; Die Liebe in den Zeiten der Cholera; Das Abenteuer des Miguel Littín;* Nobelpr. 1982.

Marquis, m. [-'kiː], „Markgraf", frz. Adelstitel; weibl.: **Marquise**.

Marrakech, Marrakesch, Prov.hptst. in

Marokko, zeitweise Residenz d. Königs, 511 000 E; am Abfall des Atlas, Oasenst.; Uni., Flughafen; Lederarbeiten (→ Maroquin).

Marranen [span. „marrano = Schwein"], *Maranen,* Schimpfwort für die während der Inquisition im 14. u. 15. Jh. in Spanien zwangsgetauften, ihrer Religion aber treu gebliebenen Juden u. Mauren.

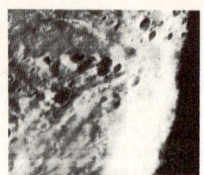

Mars *(v. Mariner 7)*

Mars, 1) röm. Kriegsgott; griech. *Ares;* **2)** erster d. äußeren Planeten, Zeichen ♂; mittlerer Sonnenabstand 227,8 Mill. km, Durchmesser 6840 km, Dichte 3,95, Sonnenumlauf 687 Tage, Rotationsdauer (Marstag) 24 Std. 37,4 Min., größte Erdnähe (günstigste *Opposition*) 54 Mill. km; zwei sehr kl. Monde (*Phobos* u. *Deimos,* etwa 9 km Durchmesser); mittlere Oberflächentemperatur –23 °C (wechselnd zw. –100 °C [Marswinter an d. Polen] u. +30 °C [mittags am Äquator]); dünne, größtenteils aus Kohlendioxid bestehende Atmosphäre, geringe Mengen Wasserdampf, höchstens Spuren v. Sauerstoff; für pflanzl. u. tier. Leben nicht geeignet. Aufnahmen d. Oberfläche durch am. Mariner-Sonden; 1971 weiche Landung d. sowj. Sonde Mars 3, 1976 d. am. Sonden Viking 1 u. 2 (Nahaufnahmen d. Marsoberfläche, Analysen d. Atmosphäre, biochem. Experimente m. Bodenproben).

Mars, *m.* od. *w., seem.* Plattform am Mast.

Marsala, it. Hafenst. i. d. Prov. Trapani, auf Sizilien, am Kap Bono, 81 000 E; Ausfuhr von Süßwein.

Marsch, 1) *w.,* fruchtbares Weideland, Niederung, aus organ. u. anorgan. Schlick aufgebauter, allmähl. d. Meeresspiegel auch bei Hochwasser überragender fetter Boden; bes. an der Nordseeküste (Wiesenkultur, Viehzucht); auch Schwemmland an Flüssen; stige M.en: *Polder* od. *Koog;* **2)** *m.,* die schreitende Bewegung größerer Massen regelnde gerad-(2)taktige Musik; Pfeifer- u. Trommler-M. der Landsknechte seit 15. Jh., daraus hervorgegangen der Militär-M.; stilisierte Form in Oper u. Instrumentalmusik.

Marschall, karoling. Oberstallmeister; in der früheren Wehrmacht höchste mil. Ränge (Gen.feldm. u. Reichsm.).

Marschner, Heinrich August (16. 8. 1795–14. 12. 1861), dt. Dirigent u. Opernkomp.: *Hans Heiling; D. Vampyr.*

Marseillaise [-zε'jεz(ə)], frz. Freiheitslied

von *Rouget de Lisle* (1792), Revolutionshymne der Jakobiner in Marseille; jetzt frz. Nationalhymne.

Marseille, *alter Hafen*

Marseille [mar'sεj], größter Hafen Frkr.s u. des Mittelmeers, Hptst. des Dép. *Bouches-du-Rhône,* am Golf du Lion u. nahe der Rhônemündung, 879 000 E, Großraum 1,11 Mill. E; Erzbischofssitz, Notre-Dame-de-la-Garde im S über der St.; Hptstr. Cannebière; Uni. (med., jur., phil. u. naturwiss. Fakultät d. Uni. Aix), Ozeanograph. Inst., Musikakad., Kolonialinst.; Schiff- u. Masch.bau, Öl-, chem. Ind.; Kanal zur Rhône (80 km, 7 km langer Tunnel); unter dem Hafen 1173 m l. Tunnel. – Um 600 v. Chr. als griech. Kolonie *Massilia* gegr.; 1481 frz.

Marsfeld, 1) *Campus Martius,* im alten Rom Versammlungs- u. Exerzierplatz; **2)** *Champ-de-Mars,* Platz in Paris (Eiffelturm, Ausstellungsgelände).

Marshall ['ma:ſl, **1)** Bruce (26. 6. 1899–1987), engl. Schriftsteller u. Erzähler: *Keiner kommt zu kurz; Das Wunder des Malachias; Du bist schön, meine Freundin; Die rote Donau;* **2)** George C. (31. 12. 1880–16. 10. 1959), am. Gen. u. Pol., Gen.stabschef im 2. Weltkr.; 1947–49 Außenmin.; Initiator d. **M.plans** → ERP; Friedensnobelpr. 1953.

Marshallinseln, amtl. *Marshall-Islands State, Marschallinseln,* Inselgruppe Mikronesiens (Karte S. 749/51), 33 größere Koralleninseln (Atolle) u. 320 kl. Inseln, gegliedert in die Marschall- u. die Ratik- u. die nö. der Ratakinseln, zus. 181 km², 45 000 E; Hptst.: *Uliga* (7600 E, auf Majuro). Ausfuhr v. Kopra. – 1885–1919 dt. Kolonie, bis 1945 jap. Mandat, dann US-Treuhandverw., 1975 (als Territory) Anschluß a. d. USA; s. 1979 Selbstreg., assoz. m. USA; Mitgl. d. UN.

Marsilius von Padua (1270–1343), Staatsrechtslehrer (Volkssouveränität, Staat über Kirche).

Marskanäle, wie sie zuerst → Schiaparelli gesehen zu haben glaubte, wurden durch Nahaufnahmen nicht nachgewiesen; auch → Weltraumforschung, → Raumsonde.

Marstall, Stallgebäude u. Pferdebesitz e. Fürsten.

Marsyas, Faun, von Apoll im Flötenwettstreit besiegt, wird an e. Baum aufgehängt u. enthäutet.

Martens, Wilfried (* 19. 4. 1936), belg.

Pol. (CVP); 1979–81 u. seit Dez. 1981 Min.präs.

Marter → Folter.

Marterl, in kath. Gegenden Bayerns und Österreichs Erinnerungsmal (oft Kruzifix) für Verunglückte.

Martha, im N.T. Schwester des Lazarus und der Maria von Bethanien.

Martialis, röm. Satiriker des 1. Jh. n. Chr.; treffende Epigramme auf die röm. Gesellschaft.

martialisch [l.], kriegerisch, streitbar.

Martigny [-'ɲi] (CH-1920), schweiz. St. im Kanton Wallis, 11 000 E.

Martin, 1) Archer John Porter (* 1. 3. 1910), engl. Chem.; entwickelte die Verteilungschromatographie; Nobelpr. 1952; **2)** Dean (* 17. 6. 1917), am. Filmschausp. u. Sänger; *Who Was That Lady, Rio Bravo;* **3)** Frank [-'tɛ̃] (15. 9. 1890–21. 11. 1974), schweiz. Komp.; Oper: *Der Sturm;* Oratorien: *Der Zaubertrank; Golgatha;* Orchesterwerke; Konzerte; **4)** Pierre [-'tɛ̃] (18. 8. 1824–25. 5. 1915), frz. Gewehrfabrikant; erfand zus. mit s. Bruder Émile 1864 basisches Herdofenprozeß zur Stahlbereitung, → Martinofen.

Martin [l.], **1)** M. v. Tours [tur] (um 316–97), Hlg., Stifter des ersten abendländ. Klosters in Gallien; *Martinstag* (11. 11.); **2)** 5 *Päpste:* **M. V.** († 1431) gilt als Wiederhersteller Roms u. d. Kirchenstaates.

Martin du Gard [-,tɛ̃ dy'ga:r], Roger (23. 3. 1881–23. 8. 1958), frz. Romancier; *Die Thibaults* (Familienroman, 8 Bde); Nobelpr. 1937.

Martini → Simone Martini.

Martini, *Martinstag,* 11. 11. (Festbraten: *Martinsgans*); → Martin von Tours.

Martinique [-'nik], Insel der Kl. Antillen, frz. Übersee-Dép. (bis 1946 Kolonie), vulkanisch (*Mont Pelée* 1530 m); 1102 km², 336 000 E (Neger u. Mulatten); Ausfuhr: Zucker, Rum, Bananen; Hptst. Fort-de-France (100 000 E).

Martinofen, *Siemens-M.-Stahlofen,* zur Stahlerzeugung (→ Tafel Eisen- u. Stahlgewinnung).

Martinson, Harry (6. 5. 1904–11. 2. 78), schwed. Dichter; *Aniara; Die Nesseln blühen; Der Weg hinaus; D. Weg n. Glockenreich; Reisen ohne Ziel;* Nobelpr. 1974.

Martinů, Bohuslav (8. 12. 1890–28. 8. 1959), tschech. Komp.; 12 Opern: *The Greek Passion;* Orchesterwerke; Kammermusik.

Märtyrer [gr. „Zeuge"], Blutzeuge, der sich für seine Ideen oder seinen Glauben opfert.

Martyrium [gr. „Zeugnis"], **1)** Opfertod christl. Blutzeugen, *Fest aller Märtyrer* (1. 11.); **2)** Marter, Qual.

MARV, Abk. für **M**anoeuvrable **R**eentry **V**ehicles, Weiterentwicklung der → MIRV-Technik; Sprengköpfe einer Rakete sind bis ins Ziel noch manövrierfähig.

Marwitz, Ludwig v. d. (29. 5. 1777–6. 12. 1837), preuß. Gen.leutnant, Gegner von Stein u. Hardenberg.

Maschinenbau

Beschäftigte in der BR Deutschland in Mill.		BR Deutschland Maschinenbau Gesamtumsatz in Mrd. DM davon Auslandsumsatz in Prozent	
Industrie insgesamt	Maschinenbau		
1961 8,31	1961 1,05	1950	5,5 20%
1967 7,80	1967 1,05	1960	24,5 29,6%
1976 7,43	1976 1,00	1965	38,6 30,4%
1983 6,93	1983 0,95	1976	89,1 43,9%
1988 6,86	1988 0,98	1983	130,8 44,6%
1989 7,13	1989 1,00	1988	168,9 44,5%
		1989	191,4 45,9%

Karl Marx

Marx, 1) Karl (5. 5. 1818–14. 3. 83), Begr. des wiss. Sozialismus; 1842/43 an der liberalen „Rheinischen Zeitung"; 1843 in Paris; 1845 in Brüssel; Verbindung mit dem „Bund der Kommunisten"; in dessen Auftrag entstand 1847/48 in Zusammenarbeit mit Engels das *Kommunist. Manifest.* 1848 in Köln Redakteur der von ihm gegr. „Neuen Rheinischen Zeitung"; im Exil, in London, schrieb er *Zur Kritik der pol. Ökonomie* (1859) u. s. Hptwerk *Das Kapital* (1. Band 1867, 2. u. 3. Band v. Engels aus Nachlaß hg. 1885–94); in ihnen begr. er mit Hilfe der dialekt. Methode Hegels, anknüpfend an die Werttheorie Ricardos, seine auf der Grundlage einer materialist. Geschichtsauffassung aufgebaute Wirtschafts-, Staats- u. Gesellschaftstheorie. Daraus entwickelte sich d. **Marxismus** (→ Sozialismus, Übers.); **2)** Wilhelm (15. 1. 1863–5. 8. 1946), dt. Pol. (Zentrum); 1923–25 u. 1926–28 Reichskanzler.

Marx Brothers [ˈmɑːks ˈbrʌðəz], am. Varieté- u. Film-Komikerteam der 30er Jahre: *Chico, Harpo, Groucho, Zeppo* u. *Gummo* Marx; *Duck Soup; A Night at the Opera; A Day at the Races.*

Marxstadt, früher *Jekaterinenstadt,* St. an der Wolga, → Wolgadeutsche.

Mary, früher *Merw,* Oasenstadt im Wüstengebiet (Karakum) v. Turkmenistan, im Murgabdelta, 83 000 E; Baumwollanbau.

Maryland [ˈmɛərɪlænd], Abkürzung *Md.,* Staat d. USA an der Chesapeakebai, 27 394 km², 4,73 Mill. E; Hptst. *Annapolis* (32 000 E); gute Naturhäfen, Hpthafen: *Baltimore;* Anbau von Weizen, Mais, Tabak, Gemüse, Obst; Konservenindustrie.

März, nach d. Mars ben. 3. Monat (31 Tage); altdt. *Lenzing.*

Märzenbecher, volkstüml. Name f. gelbe → Narzissen; in einigen Gegenden auch f. das Große → Schneeglöckchen *(Knotenblume).*

Marzipan, *m.* od. *s.* [arab.-it.], Naschwerk, aus gemahlenen Mandeln, Zucker m. Rosenwasser, Gewürzen geknetet.

Märzrevolution, Bez. für d. bürgerl.-liberalen Revolutionen d. Jahres 1848 (Wien, Berlin, München).

MAS, Abk. f. *Military Agency for Standardization,* Militärausschuß f. Standardisierung d. NATO.

Masaccio [maˈzattʃo] (21. 12. 1401–28), florentin. Maler; gilt als Begr. d. it. Renaiss.malerei; Fresken z. B. in Florenz (u. a. in den Kirchen S. Maria del Carmine u. S. Maria Novella).

Masaryk, 1) Jan (14. 9. 1886–10. 3. 1948), tschech. Pol., seit 1945 Außenmin., nach Einsetzung d. kommunist. Reg. wahrscheinl. Selbstmord; **2)** Thomas (7. 3. 1850–14. 9. 1937), tschech. Phil. u. Pol., Verfechter d. nat. Selbständigkeit des tschech. Volkes; 1918–35 Präs. d. Tschechoslowak. Rep.; *Die Weltrevolution.*

Mascagni [-ɲi], Pietro (7. 12. 1863–2. 8. 1945), it. Komp. verist. Stils; Oper: *Cavalleria rusticana.*

Mascara, Handelsort in alger. Dep. Mostaganem; große Märkte, Weinbau; 71 000 E.

Maschine [l. „machina"], mechan. Vorrichtung, die unter Ausnutzung v. Naturkräften als Antriebs-M. od., durch eine solche angetrieben, zwangsläuf. Bewegungen ausführt und Arbeit leistet.

Maschinenbau, i. d. BR zweitstärkste Ind.gruppe; Hauptorganisation des M.s i. d. BR: *Verein Dt. Maschinenbau-Anstalten* (VDMA).

Maschinengewehr, *MG,* Schnellfeuerwaffe, für Feuerstöße, Dauerfeuer, auch Einzelfeuer.

Maschinenpistole, *MP,* kleine vollautomat. Schnellfeuerwaffe f. Einzel- u. Dauerfeuer.

Maschinensprache, Programmiersprache für e. best. → Datenverarbeitungsanlage; die einz. Anweisungen können v. → Prozessor direkt ausgeführt werden; daher sind Programme i. M. sehr effizient; Nachteil: aufwendiges → Programmieren, deshalb Einsatz v. → Übersetzungsprogrammen.

Maschinenstraße → Transferstraße.

Mascotte → Maskottchen.

Masefield [ˈmeɪs-], John (1. 6. 1878–12.

5. 1967), engl. Lyriker u. Erzähler; *Orkan;* Dramen.

Maser, engl. *microwave amplification by stimulated emission of radiation,* Gerät zur Erzeugung u. Verstärkung elektromagnet. Schwingungen höchster Frequenzen; 1954 entwickelt; Hauptanwendungsgebiet: Nachrichtentechnik (z. B. als → Verstärker u. → Oszillator); → Laser.

Masereel, Frans (31. 7. 1889–3. 1. 1972), belg. Graphiker u. Maler; Holzschnitte.

Masern, akut-fieberhafte Infektionskrankheit im Kindesalter, durch *M.virus;* grobfleckiger Hautausschlag, Schleimhaut-Katarrhe.

Maseru, Hptst. von Lesotho, 109 000 E; Bischofssitz, Handelszentrum.

Masinissa, *Massinissa,* Kg von Numidien, seit 204 v. Chr. röm. Bundesgenosse gegen Karthago.

Maskarenen, Inselgruppe im Indischen Ozean, östl. v. Madagaskar, fruchtb. u. dicht besiedelt, Zuckerrohr; *Réunion, Mauritius, Rodriguez.*

Maskat und Oman, engl. *Muscat and O.,* → Oman.

Maske [arab.], **1)** Verkleidung des Gesichts zu Kultzwecken; *Totenmasken* b. d. Ägyptern, Mexikanern, griech. Urvölkern, z. T. aus Gold; zu *Tanzhandlungen:* bei den Naturvölkern u. im → Teufelsmaske); für d. Schauspieler (aus Holz mit Schallverstärker an d. Mundöffnung) bei d. griech. Tragödie u. Komödie und beim jap. *Theater; Toten-* u. *Lebend-M.* in Gips; **2)** das durch Schminke, Perücke u. ä. veränderte Schauspielergesicht.

Maskottchen, *s.* [frz.], Glücksbringer, Talisman (Puppe, Amulett, auch Tiere).

Maskulinum, *s.* [l.], männl. Geschlecht (eines Wortes).

Masochismus, nach → Sacher-Masoch benannt; lustvolles Erdulden von Mißhandlungen; Ggs.: → Sadismus.

Mason [meɪsn], James (15. 5. 1909–27. 7. 84), engl. Filmschausp.; *Odd Man Out; Lolita.*

Masowien, flache, fruchtbare poln. Landschaft zw. Weichsel u. Narew; 1138–1526 selbst. Hzgt.

Massa, [Pidgin], Herr.

Massachusetts [mæsəˈtʃusets], Abk. *Mass.,* Staat d. USA zw. Alleghanies u. Atlantik, 21 386 km², 5,9 Mill. E; Fischerei, Textil-, Leder-, Schuhwaren-, Papierind.; Hptst. *Boston.*

Massada, *Masada,* jüd. Festung, 72 n. Chr. von d. Römern nach d. Aufstand d. Juden belagert; die Belagerten begingen nach 1 Jahr d. aussichtslosen Widerstands Massenselbstmord.

Massage, w. [frz. -*ʒə*], kunstgerechtes Streichen, Reiben, Kneten u. Beklopfen d. Körpers; bewirkt bessere Durchblutung u. Ernährung des Gewebes, fördert Fortschwemmung krankhafter Stoffe, kräftigt die Muskulatur; energischer Hautreiz; *Schwedische M.* u. → Gymnastik; *Vibrations-M.* dringt durch Erschütterungen mehr in die Tiefe; *Nervenpunkt-M.* (Cornelius) z. Beseitigung best. Nerven- u. Muskelschmerzen; *Bindegewebs-M., Reflexzonen-M.* (nach Dicke-Leube), Strich-M. bes. d. im Bindegewebe gelegenen → Reflexzonen.

Massageten, antikes Nomadenvolk nördl. des Kasp. Meers (Herodot); wohl spätere Alanen.

Massai, sehr hochwüchsiger nilotohamitischer Stamm, vorwiegend in der M.steppe des ostafrikan. Hochlands; Rinderzucht.

Massaker, *s.* [frz.], Gemetzel.

Maßanalyse, Ermittlung d. Menge eines gelösten Stoffs durch → Titration.

Massaua, einer d. Haupthäfen v. Äthiopien, am Roten Meer, 15 000 E; Perlenfischerei; einer d. heißesten Orte d. Erde: 30 °C Jahresmittel.

Masse, 1) *allg.* die Menge der Materie (Stoff), aus d. ein Körper besteht; **2)** *phys.* Ursache f. Trägheit u. Schwere eines Körpers; Maßeinheit im SI-System: *Kilogramm* (kg); 1 kg erfährt durch d. Kraft 1 *N* d. Beschleunigung 1 m/s²; **3)** *soziolog.* ungegliederte, unpersönl. Vielzahl von Menschen.

Masse-Energie-Äquivalent, nach Einstein (→ Relativitätstheorie) ist 1 g Masse äquivalent einer Energie von $9 \cdot 10^{13}$ J.

Massel, 1) *w.,* Gußbarren (Roheisen), glatt oder gekerbt; **2)** Glück; Ggs.: → Schlamassel.

Massenanziehung → Gravitation.

Massendefekt → Kernphysik, Übers.

Massenet [*mas'nɛ*], Jules (12.5.1842–13. 8. 1912), frz. Komp.; Opern: *Manon; Werther.*

Massenspektrometer, Gerät zur Bestimmung der Massenwerte eines Ionenstrahls (z. B. Isotopengemisch) in e. Massenspektrum.

Masseschulden → Konkurs.

Maße u. Gewichte → Übers., S. 1085.

massiv [frz.], ausgefüllt, gediegen, grob.

Massiv, *s.,* Gebirgsblock.

Maßregeln, werden zur Sicherung u. Besserung v. Gericht anstelle (z. B. Unterbringung in einer psychiatr. Krankenanstalt) od. neben der Strafe (z. B. Entziehung d. Fahrerlaubnis, Sicherungsverwahrung) angeordnet; §§ 61 ff. StGB.

Maßstab, 1) Meßwerkzeug in Stabform m. Einteilung in Längeneinheiten (z. B. Zentimeter od. Zoll); **2)** auf Landkarten: das Verhältnis der eingezeichneten Län-

ge zur wirklichen (so heißt z. B. M. 1:100 000, daß 1 cm auf der Karte 100 000 cm od. 1 km in der Natur entspricht).

Maßsystem, System v. Maßeinheiten, die auf wenigen Grundgrößen aufgebaut sind; Intern. Einheitensystem; → SI-Einheiten (Tabelle, S. 1085), umfaßt 7 Grundgrößen: *Meter, Kilogramm, Sekunde, Ampere, Kelvin, Mol, Candela.*

Maßwerk, aus Kreisen und Kreisbogen zus.gesetztes Bauornament der Gotik.

Massys [*'maseĭs*], *Metsys* u. ä., Quentin (1465/6–1530), fläm. Maler zw. Spätgotik u. Frührenaiss.; u. a. Bildnisse.

Maßzölle, nach Maß u. Gewicht der eingeführten Waren bestimmte Zölle (z. B. für Stoffe); Ggs.: Wertzölle.

Mast, *m.,* **1)** M.baum auf Schiffen, hat Mars-, Bram-, Oberbramstenge zur Befestigung der Segelwerks; Fock-M. steht vorn, Groß-M. in der Mitte, Kreuz-M. (mit Gaffel: Besan-M.) hinten im Schiff (Abb. → Takelung); Signal-M. zum Signalisieren auf Kriegsschiffen; **2)** Stütze für el. Leitungen als Holz-, Gitter- od. Schleuderbeton-M.

Mast, *w.,* **1)** Fettfüttern, *Mästen,* von Tieren; **2)** d. Fruchtansatz an Eichen u. Buchen.

Mastaba, w. [arab. „Bank"], altägypt. Grabbauten m. rechteckigem Grundriß u. Schrägwänden.

Mastdarm, *Enddarm, Rektum,* durch ringförmigen Schließmuskel verschlossen. – **M.blutung,** meist durch Hämorrhoiden od. Krebs. – **M.vorfall,** *Prolaps,* Ausstülpung der M.schleimhaut nach außen durch Erschlaffung d. Beckenbodenmuskulatur.

Master [engl. *'mastə*], „Meister", engl. Anrede für junge Herren; „Lehrer", engl. Studienrat; auch als akad. Titel (*Magister);* **M. of Arts,** *M. A.,* = M. d. Geisteswissenschaften, **M. of Science,** *M. S.,* = M. d. Naturwissenschaften.

Mastiff, *m.,* engl. Dogge.

Mastitis, w. [gr.], Brustdrüsenentzündung.

Mastix, *m.,* Harz des **M.baumes,** Mittelmeer; für Firnisse, Lacke, Kaugummi, Klebemittel.

Mastodon, *s.* [gr.], fossiler Elefantenverwandter; z. T. mit Stoßzähnen im Unter- und Oberkiefer.

Mastroianni, Marcello (* 28. 9. 1924), it. Filmschausp.; *La dolce vita; Divorzio all'italiana; Allonsanfan; La città delle donne; Ginger e Fred.*

Masturbation [l.], → Onanie.

Masur, Kurt (* 6. 3. 1930), dt. Dirigent; 1970–90 Chefdirigent des Leipziger Gewandhauses, ab 1992 Musikdirektor des New York Philharmonic Orchestra.

Masuren, ostpreuß. Moränenlandschaft m. Hügeln, Wäldern, Heiden u. vielen Seen (*Spirding-* und *Löwentinsee*) ben. nach dem slaw. Volksstamm der ev. *M.;* Hptorte: *Lyck, Ortelsburg.*

Masut, *s.* [russ.], Rückstand des Rohpetroleums bei der Destillation in Raffinerien; Sp. über 300 °C; als Heizöl und als Ausgangsstoff für durch → Cracken hergestelltes Benzin.

Matabeleland, Gebiet in → Simbabwe.

Matadi, Prov.hptst. in Zaïre, Hafen am Kongo, 145 000 E; kath. Bischofssitz, pharmazeut. Ind.; Ausgangsort d. Kongobahn; Ausfuhr v. Baumwolle, Kaffee, Palmöl, Kupfer u. a.

Matador, span. Stierkämpfer, der d. Stier niedersticht.

Mata Hari, eigtl. *Margareta Zelle* (1876–1917), ndl. Tänzerin; in Paris als dt. Spionin erschossen.

Matamata, *w.,* Schlangenhalsschildkröte N-Brasiliens mit rüsselförmiger Nase, Hautlappen a. Hals u. stark gebuckeltem (bis 38 cm langem) Panzer.

Matanzas, Hafenst. im N Cubas, 113 000 E.

Mataré, Ewald (25. 2. 1887–29. 3. 1965), dt. Bildhauer, dinghaft materialger. Eigenform: Tierplastiken: *Türflügel* (Kölner Dom, S-Portal; Friedenskirche Hiroshima).

Match, m. od. s. [engl. *mætʃ*], sportl. Wettkampf.

Mate, *m., Paraguaytee,* Aufgußgetränk aus südam. od. einheim. Stechpalmenblättern.

Mater, *w.* [l.], „Mutter"; auch sww. → Matrize. – **M. dolorosa,** „Schmerzensmutter", Maria.

Mater et Magistra [l. „Mutter u. Lehrerin"], Sozialenzyklika Papst Johannes' XXIII. (1961) über d. Gestaltung des heutigen Soziallebens i. christl. Sicht, basierend auf → *Rerum novarum* und → *Quadragesimo anno.*

Materialisation [l.], angebl. Erzeugung körperhafter Gebilde durch spirit. Medien.

Materialismus, 1) *prakt. M.:* materielle, ungeistige Lebensanschauung; nur auf äußerliche Glücksgüter (Genuß, Gewinn usw.) gerichtet *(materialistisch);* **2)** *theoret. M.:* phil. Anschauung, daß unsere Welt die tatsächl. u. einzige Realität u. ihre alleinige u. ewige Grundlage die körperl. Masse (*Materie*) sei, während alles Geistige u. Seelische nichts mehr als eren Funktion sei (Hobbes, Lamettrie, Feuerbach, Büchner, Haeckel); Ggs.: → Idealismus; **3)** *psych. M.,* für den d. Seelisch-Geistige entweder selbst stofflicher Natur oder Produkt, Funktion phys. Vorgänge ist; **4)** *historischer M.:* geschichtsphil. Anschauung, daß d. Entwicklung d. Menschen in geist. u. soz. Beziehung von s. ökonom. (materiellen) Lebensumständen bestimmt ist. Konsequenz: alles geschichtl. Gewordene ist nur aus d. ökonom. Entwicklung begreifbar; am deutlichsten ausgeprägt als *dialekt. M.* (Marx), nach Hegels Lehre vom Umschlagen der Gegensätze, die auch die Grundlage abgibt für den revolutionären Kampf.

Materie, w. [l.], Stoff, ungeformte körperl. Substanz; Fragenkreis.

materiell [frz.], **1)** stoffl., körperlich; **2)** sachlich, gewinnsüchtig.

Materiewellen, Modellvorstellung (ohne Erklärungswert für grundsätzl. nicht erkennbare objektive Wirklichkeit), setzt neben Bild v. Aufbau d. Materie aus Atomen Wellenbild d. → Elementarteilchen, die sich unter best. Versuchsbedingungen tatsächl. nicht wie Teilchen, sondern wie Wellen verhalten (de Broglie, 1924). Nach → Relativitätstheorie sind Masse u. Energie äquivalent, nach → Quantentheorie (Übers.) entspricht jedem Energiequant e. Welle; Verknüpfung beider liefert Äquivalenz v. Masse u. Welle (Wellenmechanik). Wellennatur d. Materie erst bei größeren Wellenlängen bemerkbar: Körper mit Masse 1 g bei Geschwindigkeit 1 cm/s entspr. Wellenlänge 10^{-26} cm, die nicht bemerkbar ist; dagegen ergeben Elektronen nach Beschleunigung durch 1 Volt Wellenlänge 10^{-7} cm, also Größenordnung d. Röntgenstrahlen (Anwendung z. B. b. Elektronenmikroskop).

Materndienst, Zeitungskorrespondenz; wird in Form druckfertiger Matern versandt.

Mathematik, w. [gr.], Wiss. v. Wesen u. gesetzmäßigen Beziehungen der reinen Größen (Zahlen) u. räuml. Gebilde. Die Gesetze d. Zahlen behandeln *Arithmetik* u. *Algebra,* die *Zahlentheorie, Mengenlehre* u. die Teile d. *höheren Analysis* (Differential- u. Integralrechnung, Funktionentheorie). Räuml. Gebilde behandelt d. Geometrie. Die M. ist notwendige Grundlage der exakten Wiss. (Physik, Chemie, Astronomie), deren Gesetze Beziehungen zw. gemessenen Größen (Zeit, Länge, Masse usw.) sind. – *Gesch.:* Anfänge einer für das tägliche Leben erforderlichen M. bereits bei Babyloniern u. Ägyptern, übernommen u. zur Wiss. entwickelt von den Griechen, bes. Euklid (nach ihm die gewöhnliche Geometrie *euklidische* genannt), Apollonios, Archimedes, Diophantos. Griechische (u. indische) M. von den Arabern übernommen, durch deren Übersetzungen sie schon vor der Renaissance dem Abendland bekannt wurde. Große Mathematiker d. Folgezeit: Newton, Leibniz, Euler, Lagrange, Gauß, Cauchy, Poincaré, Riemann, Jacobi, Weierstraß, Hilbert, Heinrich Weber.

mathematische Zeichen, + *plus* (Additions-Z.; auch Kennzeichen positiver Zahlen); – *minus* (Subtraktions-Z.; auch Kennzeichen negativer Zahlen); · (veraltet ×) *mal* (Multiplikations-Z.); : *geteilt durch* (Divisions-Z.); > *größer als* ...; < *kleiner als* ...; = *gleich*; ≡ *identisch gleich*; ≈ *ungefähr gleich*; ∞ *unendlich*; √ *Wurzel aus* ... (Radizierungs-Z.); lg oder log *Logarithmus*; Σ *Summe*; f (...) *Funktion von* ...; ∫ *Integralzeichen*; d *Differential*; ~ *ähnlich*; ≅ *kongruent*; ∥ *parallel*; ⊥ *senkrecht*; Δ *Dreieck*; ∡ *Winkel*; π → *Ludolfsche Zahl*; auch → *Fakultät*. ·

Matterhorn

Mathilde, 1) († 968), Gemahlin Heinrichs I., gründete Quedlinburg; Hlge; **2)** M. v. Tuscien, nahm 1077 Papst Gregor VII. in → Canossa auf.

Matinée, w. [frz.], **1)** künstlerische Veranstaltung am (Sonntag-)Vormittag; **2)** Morgenkleid.

Matisse [-'tis], Henri (31. 12. 1869–3. 11. 1954), frz. Maler; begr. die Gruppe „Les Fauves" (→ Fauvismus); Entwicklung zu dekorativem Flächenstil m. zunehmender Farbintensität; Stilleben, Intérieurs; Skulpturen; zuletzt Ausgestaltung der Kirche Chapelle du Rosaire in Vence.

Matjeshering, noch nicht geschlechtsreifer Hering.

Mato Grosso, Staat im W Brasiliens, Steppe mit Tafelbergen, i. N Urwald, am oberen Paraguay Sumpf; Viehzucht, Kaffee, Mangan, Gummi; 901 421 km², 1,68 Mill. E; Hptst. *Cuiabá* (332 000 E). – **M.-G.-Süd,** Staat im W Brasiliens, durch Teilung d. Staates Mato Grosso entstanden; 357 472 km², 1,8 Mill. E; Hptst. *Campo Grande.*

Mätresse, w. [frz. „Herrin"], Geliebte.

Matriarchat [gr.-l.], „Mutterherrschaft", d. h. sozialer Vorrang der Frau infolge → Mutterrechts.

Matrikel, w. [l.], **1)** Verzeichnis aller Stände des alten Dt. Reichs u. ihrer Beiträge zum Reichshaushalt; **2)** Verzeichnis der an Hochschulen eingetragenen Studenten.

Matrix, w. [l.], **1)** *math.* Zus.stellung von Größen i. e. System v. waagerechten u. senkrechten Spalten; **2)** *med.* Mutterboden.

Matrixrechner, *Feldrechner,* → Parallelrechner m. regelmäßig (z. B. in Zeilen u. Spalten) angeordneten → Prozessoren; Datenaustausch oft nur zwischen direkten Nachbarn.

Matrize, w. [l.], *Mater,* → *Stereotypie:* die nach d. Satzform angefertigte Gußform aus Papier, Kleister usw.; für → *Galvanos:* aus Wachs oder Weichblei geprägte Form; *Schriftgießerei:* d. Kupfer-Messing-Form, aus der man d. Typen gießt; *Metallind.:* Stempel z. Stanzen, Drücken, Pressen.

Matrone, im alten Rom verheiratete, jetzt ehrwürdige ältere Frau.

Matrose, Angehöriger einer Schiffsbesatzung.

Matsumoto, jap. St. a. d. Insel Honshu, 197 000 E.

Matsuyama, jap. St. a. d. Insel Shikoku, 434 000 E; Baumwoll-, Metallind.

matt, *schachmatt,* Schlußstellung (Verlust) einer Schachpartie: König hat, b. Schachgebot, keinen Zug mehr.

Matte, 1) weichgepolsterte Schutzunterlage f. Sprungübungen, Ringen, Jiu-Jitsu, Geräteturnen u. a; **2)** Bergwiese.

Matterhorn, it. *Monte Cervino,* Gipfel der Walliser Alpen an d. schweiz.-it. Grenze, 4478 m; von → Whymper 1865 zuerst bestiegen.

Mattes, Eva (* 14. 12. 1954), dt. Schausp.in; *Wildwechsel; Ein Mann wie EVA.*

Matthäus, Apostel Jesu; verfaßte das **M.evangelium.**

Matthias, Apostel, anstelle des Judas durch Los bestimmt.

Matthöfer, Hans (* 25. 9. 1925), SPD-Pol.; 1974–78 B.min. f. Forschung u. Technologie, 1978–82 B.finanzmin., 1982–87 B.postmin., 1985–87 Schatzmeister der SPD.

mattieren, der Oberfläche v. Metallen durch Säureätzung od. Sandstrahlgebl. mattes Aussehen geben.

Mattscheibe m fotograf. Apparat, zeigt d. vom Objektiv entworfene Bild.

Matura, w. [l.], Reifeprüfung, svw. → Abitur.

Matutin [l.], → Mette; Teil d. Breviers, nächtl. („morgendliches") Stundengebet.

Matze, w. [hebr.], ungesäuertes Passahbrot d. Juden; aus Weizenmehl i. dünnen Scheiben gebacken.

Maubeuge [mo'bøʒ], frz. St. im Dép. *Nord,* an d. Sambre, 36 000 E; Hochöfen, Stahl- u. Eisenwerke.

Mauerläufer, Klettervogel d. Gebirge.

Mauerpfeffer, *Fetthenne, Sedum,* Dickblattpflanzen an Felsen u. Gemäuern; auch Zierpflanze.

Mauerraute, kleiner Farn.

Mauersee, poln. *Mamry,* See in Ostpreußen, 105 km²; 43,8 m tief.

Mauersegler, *Turmsegler,* äußerl. schwalbenähnl. Schwirrvogel, nistet in Türmen u. zw. Felsen.

Somerset Maugham

Maugham [mɔm], William Somerset (25. 1. 1874–16. 12. 1965), engl. Erzähler

u. Dramatiker; *Der Menschen Hörigkeit;* *Auf Messers Schneide;* Kurzgeschichten.
Mauke, *w.,* ansteckende Hautentzündung an d. Fesseln d. Pferde.

Maulbeerbaum

Maulbeer-baum, schwarzer (aus Persien), mit eßbaren Beeren; weißer (aus China), Blätter Nahrung der Seidenraupe: schwarzer m. fleischigen u. roter m. filzigen Blättern; ferner *Papier-M.baum,* in O-Asien, Bast zur Papierherstellung. – **M.spinner** → Seidenspinner.
Maulbronn (D-7133), St. i. Enzkreis, Ba-Wü., 5942 E; AG; Zisterzienserkloster (1147 gegr., jetzt ev.-theol. Seminar), besterhaltene ma. Klosteranlage in Eur. (Abb. → Refektorium und → Chorgestühl).
Maulbrüter, versch. Fischarten (bes. Buntbarsche), die ihren Laich im Maul ausbrüten; die Jungfische suchen oft Zuflucht im elterl. Maul.
Maulesel, Bastard von Pferdehengst u. Eselin.
Maulpertsch, Franz Anton (7. 6. 1724–8. 8. 96), östr. Maler d. Spätbarock.
Maulsperre, *Kiefersperre,* Unfähigkeit, den Mund zu schließen (z. B. nach Kieferverrenkung).
Maultier, Bastard von Eselhengst u. Pferdestute.
Maul- und Klauenseuche, Virusinfektionskrankheit bei Haustieren m. Geschwürbildung an Mundschleimhaut, Euter u. Klauen; auf Menschen übertragbar. Anzeigepflichtig.

Maulwurf

Maulwurf, unterirdisch lebender Insektenfresser, wirft Erdhügel auf; Grabfüße, Rüsselschnauze, Augen versteckt; Fell für Pelze verwendet. – **M.sgrille** → Grillen.
Mau-Mau, afrikan. Geheimbund, hauptsächlich aus Angehörigen des Kikuyustammes in Kenia; Ziel: Vertreibung der Europäer; → Kenyatta.
Mauna Kea, Vulkan a. Hawaii, 4208 m.
Mauna Loa, tätiger Vulkan auf Hawaii, 4170 m.
Maupassant [mopa'sã], Guy de (5. 8. 1850–7. 7. 93), frz. realist. Dichter; Roman: *Bel ami;* 300 Novellen.
Mauren, Volk im nordwestl. Afrika, im 7. Jh. mit Arabern gemischt; dann Name für die in Spanien eindringenden (hochkultivierten) Araber.

Mauretanien, 1) im Altertum röm. Prov. (heute Marokko); 429 n. Chr. von d. Wandalen erobert; **2)** amtl. *El Dschumhurija el Muslimija el Mauritanija, Islam. Rep. M.,* Staat in W-Afrika, am Atlantik, 1 025 520 km², 1,92 Mill. E (2 je km²); Bev.-Zuw. 2,7%; Sprache: Frz., Arab.; Währung: Ouguiya (UM); Rel.: Islam, christl. Minderheit; Hptst.: *Nouakchott;* Flagge S. 341, Karte S. 750. **a)** *Geogr.:* Vorwiegend Wüstenland. **b)** *Wirtsch.:* Eisenerz (ca. 80% d. Exports), Kupfer, Fischprodukte, Viehzucht. **c)** *Außenhandel* (1987): Einfuhr 382 Mill., Ausfuhr 428 Mill. $. **d)** *Verkehr:* Eisenbahn 662 km. **e)** *Verf.* v. 1979: Präsidiale Rep. m. Einkammerparlament u. Einheitspartei. **f)** *Verw.:* 12 Regionen u. Hptst.-Distrikt. **g)** *Gesch.:* 1903 frz. Protektorat, 1920 Kolonie, 1958 autonome Rep., 1960 unabhängig; 1976 Eingliederung des südl. Teils d. → Westsahara; Zusammenstöße mit der → FPOLISARIO (1979 Friedensvertrag); 1978 Mil.putsch; 1989 Konflikt m. Senegal. **h)** *Mitgl.:* UN, OAU, Arab. Liga; AKP-Staat.
Mauriac [mo'rjak], François (11. 10. 1885–1. 9. 1970), frz. Romancier; kath. Moralist; *Thérèse Desqueyroux;* Nobelpr. 1952.
Maurier, Daphne du, → du Maurier.
Mauriner, 1618–1790 Kongregation d. Benediktiner in Frkr.: Weltruf durch wiss. Tätigkeit.
maurische Kunst → islamische Kunst.
Mauritius, 1) Insel u. Rep. im Ind. Ozean (m. Nebeninsel Rodrigues u. Gruppen v. kleinen Koralleninseln im Ind. Ozean), 2040 km², 1,08 Mill. E (528 je km²); Bev.-Zuw. 1%; Sprache: Engl., Frz.; Währung: Mauritius-Rupie (MR); Rel.: Hindu, Christen, Moslems; Hptst.: *Port Louis;* Flagge S. 341, Karte S. 737. **a)** *Wirtsch.:* Zucker, Melasse, Tee, Aloefasern (M.-Hanf). **b)** *Außenhandel* (1988): Einfuhr 1,29 Mrd., Ausfuhr 979 Mill. $. **c)** *Verf.* v. 1968: Parlamentar. Rep. mit Einkammerparlament. **d)** *Verw.:* 9 Distrikte. **e)** *Gesch.:* Bis 1810 frz. Isle de France; bis 1968 brit. Kronkolonie; 1968 Unabhängigk. nach Abtritt d. Insel Diego Garcia an Großbrit. **f)** *Mitgl.:* UN, Commonwealth; AKP-Staat; **2)** *die blaue M.,* eine der seltensten Briefmarken.
Maurois [mo'rwa], André, eigtl. *Émile Herzog* (26. 7. 1885–9. 10. 1967), frz. Schriftst.; romanhafte Biographien, Romane.
Maurya, ind. Dynastie, 320–185 v. Chr., herrschte über e. bis auf d. Süden ganz Indien umfassendes Reich; Begr.: *Tschandragupta,* größter Herrscher:

Aschoka, Friedensfürst u. Weiser, reg. ca. 268–233 v. Chr.
Mäuse, Nagetiere, artenreich u. über die ganze Erde verbreitet; *Hausmaus,* „mausgrau", von ihr die *weißen M.* (Albinos) und die *Tanz-M.; Brand-M.,* rotbraun, auf Äckern, in Scheunen; *Wald-M.,* gelbbraun, in Wäldern und Feldern; *Zwerg-M.,* bauen in Gebüschen kunstvoll geflochtene Nester; *Erd-M.,* in Gelände mit hohem Pflanzenwuchs, Waldlichtungen u. ä. – **M.bussard** → Bussarde.
Mauser, Wilhelm (1834–82) und Paul (1838–1914), dt. Waffenkonstrukteure; erfanden das **M.gewehr** (Rückstoßlader).
Mauser, *w., Mauserung,* jährlicher oder halbjährlicher Federwechsel der Vögel.
Mäuseturm → Bingen a. Rhein.

Mausoleum Saint-Rémy

Mausoleum [gr.], (monumentaler) Grabbau, zuerst für *Mausolos* von Artemisia zu Halikarnass (um 350 v. Chr. vollendet, gehörte zu d. → Sieben Weltwundern).
Maut, *w.,* **1)** Straßenbenutzungsgebühr (z. B. für Autobahnen, Forststraßen); **2)** frühere Bez. für Zoll.
mauve [frz. mov], malvenfarben.
Mauveïn → Perkin.
Max, Prinz von Baden (10. 7. 1867–6. 11. 1929), letzter Kanzler d. dt. Kaiserreichs 3. 10.–9. 11. 1918, leitete Waffenstillstandsverhandlungen m. Entente ein; veranlaßte Abdankung Kaiser Wilhelms II.
Maxentius († 312), Sohn d. Maximianus, röm. Kaiser 306–312, v. Konstantin d. Gr. an der Milvischen Brücke bei Rom besiegt.
Maxi → Mini.
Maxillen [l.], **1)** Oberkiefer d. Wirbeltiere; **2)** das 2. u. 3. Paar der Mundgliedmaßen der Insekten.
Maxim ['mæksim], Sir Hiram (5. 2. 1840–24. 11. 1916), am. Ing.; erfand erstes in gr. Stückzahl gefertigtes Maschinengewehr u. Schalldämpfer.
maximal- [l.], in Zusammensetzungen: höchst ..., größt ...

Maxime, *w.* [frz.], höchster Grundsatz; allg. Lebensregel, Richtschnur.

Maximian|us, röm. Kaiser 306–312 n. Chr.

Maximilian I.
(nach Dürer)

Maximilian, a) *Dt. Kaiser:* **1)** M. I., „d. letzte Ritter" (22. 3. 1459–1. 1. 1519), s. 1508 „erwählter (d. h. nicht in Rom gekrönter) *röm. Kaiser"*; Reform der Reichsverfassung (Ewiger Landfriede), Burgund wird 1477 habsburgisch, Verlust der Schweiz 1499; **2)** M. II. (31. 7. 1527–12. 10. 76), reg. s. 1564, protestantenfreundl. – **b)** *Baden:* **3)** Prinz → Max v. Baden. – **c)** *Bayern:* **4)** M. I., Kurfürst (17. 4. 1573–27. 9. 1651), Hpt d. kath. Liga im 30jähr. Krieg, Gegner Wallensteins; erwarb Pfalz u. Kurwürde; **5)** M. II. Emanuel (11. 7. 1662–26. 2. 1726), 1676 Kurfürst, Feldherr, „Türkensieger", 1692–99 Statth. der Ndl., im Span. Erbfolgekrieg auf frz. Seite; 1704–14 geächtet; **6)** M. I. Joseph (27. 5. 1756–12. 10. 1825), Kurfst 1799, Kg 1806. Rheinbundmitgl. Verfassung v. 1818 (Volksvertretung); **7)** M. II. Joseph (28. 11. 1811–10. 3. 64), Kg 1848, Förderer v. Kunst u. Wiss.; Bauten in München. – **d)** *Mexiko:* **8)** M. Ferdinand (6. 7. 1832–19. 6. 1867), Erzhzg v. Östr., s. 1864 Kaiser v. Mexiko; erschossen.

Maximinus, röm. Kaiser, **1)** *Gaius Iulius Verus M.* († 238 n. Chr.), bekämpfte Germanen, Daker u. Sarmaten; **2)** *Galerius Valerius M.* († 313 n. Chr.), unter ihm Christenverfolgung.

Maximow, Wladimir (* 9. 12. 1932), sowj. Schriftst.; *Die 7 Tage d. Schöpfung; Quarantäne.*

Maximum [l.], **1)** größtmöglicher Wert; Ggs.: Minimum; **2)** barometrisches M. svw. höchster Luftdruck. – **M.thermometer** → Thermometer.

Max-Planck-Gesellschaft *z. Förderung d. Wissenschaften e. V.,* gegr. 1948 zur Fortführung der Aufgaben d. → Kaiser-Wilhelm-Gesellschaft; unterhält i. der BR Max-Planck-Institute und Forschungsstellen (→ Karte, S. 564), die d. freien Forschung, unabh. vom Lehrbetrieb, dienen; Gen.verw. Göttingen, Präsidium München.

Maxwell [ˈmæksvəl], James Clerk (13. 6. 1831–5. 11. 79), engl. Phys.; stellte die **M.sche Theorie** auf (→ elektromagnetische Lichttheorie); sagte Supraleitung voraus; Begr. der *Kinetischen Gastheorie.*

Maxwell, Einheit der → magnetischen Induktion.

May, 1) Ernst (27. 7. 1886–11. 9. 1970), dt. Architekt u. Stadtplaner; Siedlungen u. a. in Frankfurt a. M., Hamburg-Alto-

Karl May

na; **2)** Karl (25. 2. 1842–30. 3. 1912), dt. Jugendschriftst.; Reiseerzählungen; *Winnetou; Ardistan u. Dschinnistan.* – *K.-M.-Museum* in Bamberg.

Maya, 1) → Maja; **2)** altmexikan. Volk in → Yucatán; von → Cortez 1524 pol. vernichtet; m. hoher Kultur; noch unentzifferte Hieroglyphenhandschriften erhalten; astronom. Kalender; Pyramiden- u. Festungsbauten, Kanalbauten f. künstl. Bewässerung; Kunstgewerbe.

Maybach, Wilhelm (9. 2. 1846–29. 12. 1929), dt. Ing. u. Industrieller; Kraftwagenerfindungen, Flugmotorenfabrik.

Mayday [engl. ˈmeɪdeɪ, v. frz. „m'aidez = helft mir"], intern. → Notsignal, svw. → SOS.

Mayen (D-5440), St. i. d. Eifel, Kr. Mayen-Koblenz, RP, 18 427 E; Genovevaburg (um 1280); AG; div. Ind.

Mayenne [-ˈjɛn], **1)** r. Nbfl. der Loire, vereinigt sich bei Angers mit der Sarthe zur Maine, 204 km l., durchfließt d. frz. Dép. **2)** *M.,* 5175 km², 282 000 E; Hptst. *Laval* (54 000 E).

Mayer, 1) Julius Robert (25. 11. 1814–20. 3. 78), dt. Arzt u. Phys.; erkannte *Gesetz v. d. Erhaltung d. Energie* (1842) u. d. *mechan. Wärmeäquivalent* (1851); **2)** Louis B. (4. 7. 1885–29. 10. 1957), Pionier d. am. Filmind.; langjähriger Produktionschef d. Hollywood-Firma *Metro Goldwyn Mayer* (MGM).

Mayerling (A-2534, Post Alland), Schloß u. Ortschaft im Wienerwald, Luftkurort, 320 müM, 150 E; → Rudolf #).

Mayflower [ˈmeɪflaʊə], → Pilgerväter.

Mayo-Klinik [ˈmeɪʊ], diagnost. Klinik in → Rochester 3); 1889 von *Charles* (1865–1939) u. *William* (1861–1939) *Mayo* gegründet.

Mayonnaise, *w.* [frz. majɔˈnɛːzə], kalte, gewürzte Soße aus Öl, Eigelb und Essig.

Mayotte [maˈjɔt], Insel der Komoren, 375 km², 77 000 E (einschl. Nebenin.); s. 1976 zu Frankreich.

Mayr, Ernst (* 5. 7. 1904), dt.-am. Zoologe u. Evolutionsforscher.

Mayröcker, Friederike (* 20. 12. 1924), östr. Schriftst.in; Lyrik, Hörspiele, Erzählungen: *Heiligenanstalt.*

MAZ, Abk. f. **M**agnetband**a**uf**z**eichnung

von Fernsehsendungen (im Studio); z. B. auf → Ampex-Anlagen.

Mazarin [-zaˈrɛ̃], Jules (14. 7. 1602–9. 3. 61), Kardinal, frz. Staatsmann, 1643 Nachfolger → Richelieus, brach d. letzten Widerstände d. Adels gg. d. Hof (Fronde); außenpol. Erfolge; Westf. u. Pyrenäenfriede.

Mazatlán [maθ-], mexikan. Hafenstadt am Pazifik, 250 000 E.

Mazedonien, 1) Gebirgslandschaft auf der Balkanhalbinsel, mit fruchtbaren Tälern: Tabak-, Weizen-, Obst- u. Weinanbau; Bodenschätze: Erze u. Kohlen; Hptflüsse: *Vistritza, Wardar* u. *Struma;* pol. aufgeteilt unter Griechenland (34 177 km², 2,1 Mill. E), Jugoslawien u. Bulgarien (3970 km²). – Philipp II. (383–336 v. Chr.) begründete die Macht M.s, die Alexander d. Gr. (356–323) zur Höhe führte; ab 146 v. Chr. röm. Prov.; im 14. Jh. v. Türken besetzt; s. Ende 19. Jh. Freiheitsbestrebungen, Bandenwesen *(Komitadschi);* nach d. Balkankriegen 1913 zw. Griechenland u. Serbien aufgeteilt; Bulgarien behielt nur kl. Teil, mußte im Frieden v. Neuilly, 1919, weitere Gebietsteile abtreten; **2)** Bundesstaat (s. 1945) v. Jugoslawien, 25 713 km², 2,09 Mill. E, überwiegend Mazedonier; türk., serb., griech., bulgar. Minderheiten; Präs. u. Parlament; 1945 anstelle des altertüml. Bulgarisch neu geschaffene mazedon. Staatssprache.

Mäzen → Mäcenas.

Mazepa, Iwan (1652–22. 9. 1709), Kosakenhetman, Vertr. → Peters d. Gr.; abtrünnig, suchte 1708 m. Karl XII. v. Schweden Ukraine selbständig zu machen.

Mazeration [l.], Extrahieren u. Zerlegen v. pflanzl., tier. u. menschl. Geweben.

Mazurka, *w.* [-ˈzʊr-], bewegter poln. Nationaltanz im 3/4-Takt; in die Kunstmusik eingeführt durch Chopin.

Mazzini, Giuseppe (22. 6. 1805–10. 3. 72), geist. Führer der it. Einheitsbewegung, radikaler Republikaner („Junges Italien").

mb, Abk. f. → Millibar.

MBB, Abk. f. **M**esserschmitt-**B**ölkow-**B**lohm *GmbH,* dt. Luft- u. Raumfahrtunternehmen, Ottobrunn b. München, gegr. 1969.

MBFR/ MURFAAMCE, Abk. f. **M**utual **B**alanced **F**orces **R**eduction/**M**utual **R**eduction of **F**orces and **A**rmament and **A**ssociated **M**easures in **C**entral **E**urope. Verhandlungen zw. NATO- u. Warschauer-Pakt-Staaten über „beiderseitige Reduzierung von Streitkräften u. Rüstungen u. damit zusammenhängende Maßnahmen in Mitteleuropa", seit 1973 in Wien.

Mc, Abk. f. engl. → *Mac.*

McCarthy [məˈkɑːθɪ], Mary Therese (21. 6. 1912–25. 10. 89), am. gesellschaftskrit. Erzählerin; *Die Clique; Sie u. die anderen; Eine kath. Kindheit; Die Oase.*

Geographische Verteilung
der Max-Planck-Institute

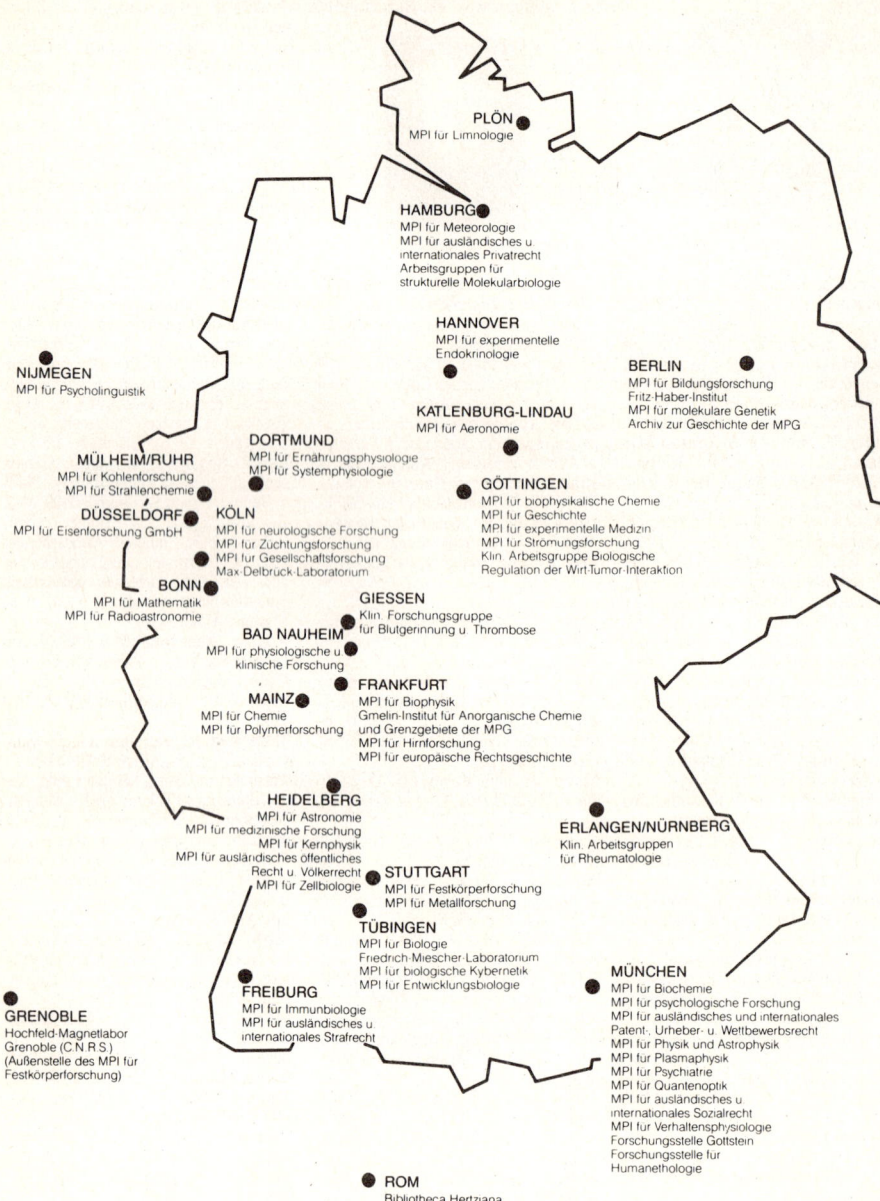

PLÖN
MPI für Limnologie

HAMBURG
MPI für Meteorologie
MPI für ausländisches u.
internationales Privatrecht
Arbeitsgruppen für
strukturelle Molekularbiologie

HANNOVER
MPI für experimentelle
Endokrinologie

NIJMEGEN
MPI für Psycholinguistik

BERLIN
MPI für Bildungsforschung
Fritz-Haber-Institut
MPI für molekulare Genetik
Archiv zur Geschichte der MPG

DORTMUND
MPI für Ernährungsphysiologie
MPI für Systemphysiologie

KATLENBURG-LINDAU
MPI für Aeronomie

MÜLHEIM/RUHR
MPI für Kohlenforschung
MPI für Strahlenchemie

GÖTTINGEN
MPI für biophysikalische Chemie
MPI für Geschichte
MPI für experimentelle Medizin
MPI für Strömungsforschung
Klin. Arbeitsgruppe Biologische
Regulation der Wirt-Tumor-Interaktion

DÜSSELDORF
MPI für Eisenforschung GmbH

KÖLN
MPI für neurologische Forschung
MPI für Züchtungsforschung
MPI für Gesellschaftsforschung
Max-Delbrück-Laboratorium

BONN
MPI für Mathematik
MPI für Radioastronomie

GIESSEN
Klin. Forschungsgruppe
für Blutgerinnung u. Thrombose

BAD NAUHEIM
MPI für physiologische u.
klinische Forschung

MAINZ
MPI für Chemie
MPI für Polymerforschung

FRANKFURT
MPI für Biophysik
Gmelin-Institut für Anorganische Chemie
und Grenzgebiete der MPG
MPI für Hirnforschung
MPI für europäische Rechtsgeschichte

HEIDELBERG
MPI für Astronomie
MPI für medizinische Forschung
MPI für Kernphysik
MPI für ausländisches öffentliches
Recht u. Völkerrecht
MPI für Zellbiologie

ERLANGEN/NÜRNBERG
Klin. Arbeitsgruppen
für Rheumatologie

STUTTGART
MPI für Festkörperforschung
MPI für Metallforschung

TÜBINGEN
MPI für Biologie
Friedrich-Miescher-Laboratorium
MPI für biologische Kybernetik
MPI für Entwicklungsbiologie

FREIBURG
MPI für Immunbiologie
MPI für ausländisches u.
internationales Strafrecht

MÜNCHEN
MPI für Biochemie
MPI für psychologische Forschung
MPI für ausländisches und internationales
Patent-, Urheber- u. Wettbewerbsrecht
MPI für Physik und Astrophysik
MPI für Plasmaphysik
MPI für Psychiatrie
MPI für Quantenoptik
MPI für ausländisches u.
internationales Sozialrecht
MPI für Verhaltensphysiologie
Forschungsstelle Gottstein
Forschungsstelle für
Humanethologie

GRENOBLE
Hochfeld-Magnetlabor
Grenoble (C.N.R.S.)
(Außenstelle des MPI für
Festkörperforschung)

ROM
Bibliotheca Hertziana

Aufbau und Aufgabenstellung der Max-Planck-Gesellschaft

Die Max-Planck-Gesellschaft fördert die Wissenschaften im Dienste der Allgemeinheit. Sie betreibt dazu eigene Forschungsinstitute, deren Aktivität sich überwiegend auf Grundlagenforschung in den Natur- und Geisteswissenschaften erstreckt. Insbesondere widmen sich die Max-Planck-Institute neuen Aufgabenstellungen, die für die Hochschulforschung noch nicht reif oder wegen ihrer strukturellen Voraussetzungen weniger geeignet sind. Dabei bestehen Schwerpunkte im medizinisch-biologischen Bereich, in verschiedenen physikalischen und chemischen Arbeitsrichtungen sowie im Rechtsvergleich.

Die Max-Planck-Gesellschaft verzichtet bewußt darauf, alle wissenschaftlichen Disziplinen zu bearbeiten. Sie versucht vielmehr, ihre Mittel und Kräfte dort zu konzentrieren, wo sich besondere Forschungsmöglichkeiten abzeichnen.

Darüber hinaus erfüllen einige Max-Planck-Institute auch Service-Funktionen für die Hochschulforschung, indem sie besonders aufwendige Einrichtungen und Geräte nicht nur für ihre eigenen Arbeiten errichten und betreiben, sondern auch einem breiten Kreis von Wissenschaftlern außerhalb der Max-Planck-Institute für Verfügung stellen. Dies gilt zum Beispiel für die Astronomie, die Radioastronomie und die Festkörperforschung sowie für die von der Max-Planck-Gesellschaft unterhaltenen juristischen Zentralbibliotheken.

Die mehr als 60 Institute und selbständigen Forschungsgruppen der Max-Planck-Gesellschaft haben sehr unterschiedl. Größe, Struktur und Aufgabenstellung. Sie sind über das ganze Gebiet der alten Bundesrepublik Deutschland verteilt und liegen zumeist in enger räumlicher Nähe zu Universitäts- und Hochschulstädten wie Berlin, Bonn, Dortmund, Düsseldorf, Frankfurt, Freiburg, Göttingen, Hamburg, Hannover, Heidelberg, Kiel, Köln, Mainz, München, Münster, Stuttgart, Tübingen und Würzburg. Zwei Einrichtungen, die Bibliotheca Hertziana und das MPI für Psycholinguistik, sind im Ausland angesiedelt, in Rom und in Nijmegen. In den neuen Bundesländern ist die MPG dabei, zeitlich befristete Arbeitsgruppen an den Universitäten einzurichten mit dem Ziel, die Forschung wieder an die Hochschulen zurückzuführen. Außerdem plant die MPG die Gründung von Projektgruppen und Max-Planck-Instituten in den neuen Bundesländern.

Die Max-Planck-Gesellschaft ist die Nachfolgerin der 1911 gegründeten Kaiser-Wilhelm-Gesellschaft. Sie ist eine gemeinnützige Organisation des privaten Rechts in Form eines eingetragenen Vereins. Die öffentlichen Mittel, aus denen die Max-Planck-Gesellschaft weitgehend finanziert wird, bringen je etwa zur Hälfte der Bund einerseits und die Bundesländer andererseits auf, dazu kommen Zuwendungen von Stiftungen zur Finanzierung bestimmter Forschungsvorhaben und private Mittel.

Das zentrale Entscheidungsgremium der Max-Planck-Gesellschaft ist der Senat, in dem eine gleichwertige Partnerschaft von Staat, Wissenschaft und sachverständiger Öffentlichkeit besteht. An der Spitze der Max-Planck-Gesellschaft steht der für jeweils sechs Jahre gewählte Präsident.

Das wissenschaftliche Gremium der Max-Planck-Gesellschaft ist der Wissenschaftliche Rat. Ihm gehören alle vom Senat berufenen Wissenschaftlichen Mitglieder (im allgemeinen Direktoren an Instituten) sowie jeweils ein gewählter wissenschaftlicher Mitarbeiter eines jeden Instituts an. Entsprechend den Forschungsbereichen der Institute ist der Wissenschaftliche Rat in eine Biologisch-Medizinische, eine Chemisch-Physikalisch-Technische und eine Geisteswissenschaftliche Sektion untergliedert.

Die Tätigkeit der Max-Planck-Institute vollzieht sich weitgehend selbständig. Sie sind in der Auswahl und Durchführung ihrer Forschungsaufgaben unabhängig. Sie übernehmen keine Forschungsaufträge und sind gehalten, alle Forschungsergebnisse frei zu veröffentlichen. Die verantwortliche Leitung besteht in den meisten Instituten aus einem Kollegium von Wissenschaftlichen Mitgliedern, denen diese Leitungsfunktion für sieben Jahre befristet übertragen ist. Zur Abwicklung der laufenden Verwaltungsaufgabe wählt dieses Kollegium aus seiner Mitte einen Geschäftsführenden Direktor. Die Mitwirkung der wissenschaftlichen Mitarbeiter geschieht in den Instituten über Zielsetzung, Methoden und Durchführung der geplanten und laufenden Forschungsaufgaben.

McCarthyismus, unter dem am. Senator *McCarthy* 1950-54 betriebene Kommunistenverfolgung in d. USA.

McClintock, Barbara (* 16. 6. 1902), am. Botanikerin; 1983 Nobelpr. f. Med. (Forschungen z. Erbgut d. Zellen).

McCormack, Alleq M. (* 23. 2. 1924), am. Phys.; (zus. m. G. N. → Hounsfield) Nobelpr. f. Med. 1979 (Entwicklung d. Computertomographie).

McCullers [mə'kʌləz], Carson (19. 2. 1917-19. 9. 67), am. Schriftst.in; *Das Herz ist ein einsamer Jäger.*

McDonnell-Douglas Corporation, 1967 gegr. durch Zus.schluß d. *McDonnell Corp.* u. d. → *Douglas Aircraft Company Inc.*; Sitz in St. Louis; baut u. a. d. Flugzeugtypen F-4 „Phantom", F-15 „Eagle", F-18 „Hornet", MD 80, MD 90 u. MD 11.

McKinley [mə'kınlı], William (29. 1. 1843-14. 9. 1901), republikan. Pol., 25. Präs. d. USA 1897-1901; ermordet.

McMahonlinie [mək'maːn-], in Verhandlungen 1913/14 zw. Großbritannien, China u. Tibet festgelegte Grenze i. Himalajagebiet zw. Indien u. Tibet; von VR China nicht anerkannt.

McMillan [mək'mılən], Edwin (18. 9. 1907-7. 9. 91), am. Phys.; entdeckte → Neptunium; Nobelpr. 1951.

McNamara [mɔknə'marə], Robert S. (* 9. 6. 1916), am. Pol.; 1960-68 Verteid.min., 1968-81 Präs. d. Weltbank.

Md, *chem.* Zeichen f. → *Mendelevium.*

MdB, *Mitglied des Bundestages.*

MdEP, *Mitglied des Europäischen Parlaments.*

MdL, *Mitglied des Landtages.*

MdR, *Mitglied des Reichstages.*

MEA, Abk. f. *Middle East Airlines;* libanes. Fluglinie d. Mittleren Ostens, 1945 gegr.

mea culpa [l.], durch meine Schuld.

Mead [miːd], Margaret (16. 12. 1901-15. 11. 78), am. Anthropologin; *Leben in der Südsee.*

Meade [miːd], James (* 23. 6. 1907), engl. Wirtsch.wiss.; (zus. m. B. G. Ohlin) Nobelpr. 1977 (f. Beiträge z. intern. Makrotheorie).

Mechanik, *w.* [gr.], Teil der Physik, Lehre von der Bewegung d. Körper u. ihren Ursachen; d. Kräften; M. d. Flüssigkeiten: *Hydrostatik* u. *-dynamik,* M. d. Gase: *Aerostatik* u. *-dynamik;* Umgestaltung d. klass. Mechanik durch Einsteins spezielle → Relativitätstheorie.

mechanisches Wärmeäquivalent, zahlenmäßige Beziehung, aus d. hervorgeht, welche Wärmemenge e. geleisteten Arbeit entspricht, u. umgekehrt; 1 kpm = 1 J.

Mechanismus, 1) innerer funktioneller Aufbau einer Maschine, e. Apparates od. e. Werkzeugs mit bewegl. Teilen; **2)** Funktionieren des Körpers u. s. Organe in ihrem lebenden Zusammenhang.

mechanistische Weltanschauung, phil. Anschauung, die alles Geschehen aus seinen (mechan.) Ursachen erklärt, eine Finalität ablehnt.

Mechanochemie, Teilgebiet d. phys. Chemie; befaßt sich m. d. Einfluß mechan. Wirkungen a. d. chem. Verhalten von Stoffen.

Mechanotherapie, Anwendung mechan. Hilfsmittel (Turngeräte u. a.) zu Heilzwecken.

Mechelen, frz. *Malines,* belg. St., Prov. Antwerpen, 76 000 E; kath. Erzbischof (Primas v. Belgien); got. Kathedrale, Spitzenklöppel.

Mechernich (D-5353), St. im Kr. Euskirchen, NRW, 21 986 E; Masch.ind.

Mechthild von Magdeburg (um 1212-83), dt. Nonne, Mystikerin; *Das fließende Licht der Gottheit.*

Lorenzo de' Medici

Mecklenburg, norddt. Land, umfaßte seit 1945 bisheriges Land M. u. W-Pommern, nach der Verw.reform in der DDR 1952 aufgeteilt in die Bezirke Rostock, Schwerin, Neubrandenburg; seit 1990 Bundesland *M.-Vorpommern* (23 838 km², 1,96 Mill. E), Hptst. *Schwerin;* über 400 Seen, größter der Müritzsee (138 km²); Haupterwerbsquellen: Ackerbau u. Viehzucht; Uni. Rostock. – Seit der Völkerwanderung von slaw. Stämmen (Obotriten) bewohnt; 1160 von Heinrich dem Löwen unterworfen und christianisiert; 1170 Reichsfürstentum unter obotrit. Herrscherhaus; 12. u. 13. Jh. dt. Kolonisation. *M.-Schwerin* und *M.-Strelitz,* letzteres besteh. a. d. ehem. Hzgt. Strelitz u. d. ehem. Fstt. Ratzeburg (Hptst. *Schönberg*), 1815–1918 Großherzogtümer, beide 1934 zu M.

Medaille [frz. *me'dalja*], Gedenk- od. Schaumünze; bes. Gelegenheit, als Bildnis o. ä.; ohne Geldeigenschaft; auch als Ehrenzeichen.

Medaillon, *s.* [frz. *-dal'jõ*], als Schmuckstück getragene runde Platte oder Kapsel mit Bildchen; auch in die Wand eingelassenes Rundrelief.

Medan, indones. St. i. O v. Sumatra, 1,97 Mill. E; Seehafen *Belawan:* Tabakausfuhr.

Medawar, Peter Brian (28. 2. 1915–3. 10. 87), brit. Zoologe; Nobelpr. 1960 (Arbeit über Immunisierungsvorgänge b. d. Transplantation körperfremder Gewebe).

Medea, griech. Sagengestalt, Königstochter aus Kolchis, verhilft Iason zum Goldenen Vlies; tötet, von ihm verstoßen, ihre Kinder; Drama von Grillparzer.

Medellin [-ðe'ʌin], St. in Kolumbien, nordw. von Bogotá, 2,07 Mill. E; Uni., Bergbau, Kaffeeanbau.

Media, *w.* [l.], stimmhafter Verschlußlaut (*b, d, g*).

Mediaeval, Antiquaschriftart.

Medial → Fernrohr.

medial [l.], nach d. Mitte zu gelegen.

Mediastinum [l.], *Mittelfell,* teilt Brustraum in 2 Hälften.

mediat [l.], mittelbar.

Mediatisierte, Souveräne (Herrscher), die 1806–15 ihre Hoheitsgewalt verloren; Standesherren.

mediäval [nl.], mittelalterlich.

Mediceisches Zeitalter [-'tse-i-], Blütezeit der Florentiner Kultur zur Zeit der → Mediceer. –

Medici [*-ditʃi*], *Mediceer,* im 14. Jh. mächtig gewordenes Geschlecht von Florenz, 1737 erloschen, **1)** Cosimo der Alte (27. 9. 1389–1. 8. 1464), beherrschte s. 1434 d. Rep. Florenz; hoch verdient um Kunst (Donatello, Michelozzo) u. Wirtschaft der St.; *Palazzo M.;* s. Enkel **2)** Lorenzo de' M., *il Magnifico* [„der Prächtige"] (1. 1. 1449–8. 4. 92), glänzendster Renaissancefürst; Pol., Dichter, förderte Kunst u. Wiss.; **3)** Giovanni, Papst → Leo X.; **4)** Giulio, Papst → Klemens VII.; **5)** → Katharina v. M.; **6)** Cosimo I. (11. 6. 1519–21. 4. 74), s. 1569 Großhzg v. Toscana, Neubegr. d. Uni. Pisa.

Medien, im Altertum das von den Medern bewohnte Gebirgsland im NW von Iran; Hptorte: *Ekbatana, Rhaja;* im 8. Jh. v. Chr. unabhängiges Reich, 550 v. Chr. durch Cyrus v. Persien erobert.

Medienerziehung, → programmierter Unterricht; auch Unterricht über d. richtigen Umgang m. d. *Massenmedien.*

Medienverbund, Zus.fassung versch. Kommunikationsmittel (Fernsehen, Rundfunk, Buch, Zeitung, Schallplatte, audiovisuelle Produkte) zu einem System.

Medikament, *s.* [l.], Heilmittel.

Medina, arab. *Medinet en Nebi,* St. des Hedschas, Saudi-Arabien, 500 000 E; am Wüstenrand, 870 müM, Endpunkt d. Hedschasbahn; arab. Uni. u. Grab d. Propheten, neben Mekka Hauptwallfahrtsort d. Mohammedaner.

medioker [frz.], mittelmäßig.

Meditation [l.], innere Betrachtung; phil. od. rel.-myst. Methode d. Erkenntnisgewinnung.

mediterran [l.], auf die Mittelmeerländer bezogen; auch → Rassen (Übers.).

Medium, *s.* [l. „Mittel"], **1)** Konjugationsform des griech. Zeitworts (*für sich etwas tun*); **2)** *Kommunikationsforschung:* jedes Mittel d. Kommunikation (Film, Fernsehen, Rundfunk, Zeitung, Zeitschrift, Buch, Bildschirmtext, audiovisuelle u. a. Systeme), auch entsprechende Übermittlungswege u. Organisationen; **3)** *phys.* d. Materie, in der ein phys. Vorgang abläuft od. z. B. Luft od. Wasser als M. d. Schallwellen; **4)** *Spiritismus,* Vermittler außersinnl. Wahrnehmung.

Medizin, *w.* [l. „Heilkunde"], Lehre von d. krankhaften Vorgängen u. Zuständen bei Lebewesen, speziell beim Menschen (*Human-M.*) u. beim Tier (*Veterinär-M.,* Tierheilkunde) u. von den Möglichkeiten u. Wegen zur Heilung von Krankheiten; wurde nicht immer von Ärzten ausgeübt, lag bei den ältesten Kulturvölkern (wie noch heute bei Naturvölkern) in Händen der Priester u. Machthaber (auch → Schamanismus). Im Altertum Medizinschulen (Hippokrates, 5. Jh. v. Chr.), deren Überlieferung das ganze MA beeinflußten (Galenus). Erste Reformversuche durch → Vesalius (16. Jh.) und → Paracelsus. Ablösung der Humoralpa-

thologie durch → Virchows Zellularpathologie. Begründung u. Ausbau der med. Einzelwiss.en seit 19. Jh.: Chirurgie, Orthopädie, innere Medizin, pathologische Anatomie, Frauenheilkunde u. Geburtshilfe, Psychiatrie, gerichtl. Medizin, Bakteriologie, Hygiene usw.; 20. Jh.: Chemo-, Psychotherapie, Ganzheitsmedizin. – MPI für med. Forschung in Heidelberg. – **M.studium,** umfaßt 6 Jahre Ausbildung an einer wiss. HS (2 Jahre vorklin. u. 4 Jahre klin. Studium); Ausbildung in Erster Hilfe; Krankenpflegedienst v. 2 Monaten; Famulatur von 4 Monaten. Nach Bestehen der ärztl. Prüfung kann der Studierende den Antrag auf → Approbation als Arzt stellen; nach Anfertigung einer schriftl. Doktorarbeit (Dissertation) u. mündl. Prüfung wird d. akadem. Grad eines *Dr. med.* erworben. Die Weiterbildung zum Facharzt (4–6 Jahre Dauer) erfolgt an Uni.-Kliniken oder dafür zugelassenen Krankenhäusern; i. d. BR gibt es 27 Gebiete, 18 Teilgebiete u. 17 Bereiche d. Medizin.

Medizinball, *m.* Wildhaaren fest gestopfter, schwerer Lederball f. Spiele u. gymnastische Übungen.

Medizinmann → Schamanismus.

Medley [engl. *'medli*], bunt zusammengestellte Melodienfolge v. Szenen u. Arien aus Opern u. Operetten.

Médoc, Landsch. im frz. Dép. Gironde; Weinbau (Bordeauxwein).

Medusa, griech. Sagenungeheuer, dessen Anblick die Gegner versteinert.

Medusen → Quallen.

Meer, Simon van der (* 24. 11. 1925), ndl. Hochenergiephys.; (zus. m. C. → Rubbia) Nobelpr. 1984 (Entdeckung d. Feldpartikeln, die d. schwache Wechselwirkung vermitteln).

Meer, die zus.hängende Wassermasse der Erde; Ges.fläche 361 Mill. km² (= 70,8% der Erdoberfläche); Ozeane, Neben-, Mittelmeere; mittlere Tiefe 3800 m; größte Tiefe 11 034 (±50) m (Vitias-Tief d. Marianengrabens) im Pazifik; → Meerwasser, → Meeresspiegel, → Meeresströmungen.

Meeralpen, *Seealpen,* südlichste (Gneis-)Kette der W-Alpen, an der Küste des Mittelmeeres; *Mont Pélat* 3053 m, *Punta Argentera* 3297 m.

Meerane (D-9612), St. i. Kr. Glauchau, Sa., 21 420 E; Textil- u. Metallind., Fahrzeugbau.

Meerbusch (D-4005), St. i. Kr. Neuss, am Niederrhein, NRW, entstanden durch Zus.schluß d. Gem. *Büderich* m. 7 and. Gem., 50 452 E; div. Ind.

Meeresbiologie, Wiss. v. d. pflanzl. u. tier. Lebewesen d. Meeres, Teil d. → Ozeanographie.

Meeresboden, svw. → Ozeanboden.

Meeresboden-Vertrag, 1) verbietet Stationierung nuklearer Waffen u. a. Massenvernichtungsmittel a. d. Meeresgrund außerh. e. Zwölf-Meilen-Zone u. d. Küste; v. 89 Staaten unterzeichnet; **2)** in-

tern. Abkommen gg. Versenken v. Abfällen u. Giften im Nordatlantik, v. 12 Anliegerstaaten unterzeichnet.
Meeresgrenze → Fischereischutzzone.
Meeresspiegel, *Meeresniveau,* die Meeresoberfläche; Grundlage für alle Höhenmessungen auf dem Lande der mittlere Wasserstand *(Mittelwasser).*
Meeresströmungen, fortschreitende horizontale oder vertikale Bewegung des Meerwassers, verursacht durch Unterschiede in der Dichte, von Temperatur u. Salzgehalt sowie der beständig wehenden Winde; zwei große Kreisläufe in jedem Ozean nördl. und südl. des Äquators (Passatdrifte durch die Passatwinde und durch diese bewirkte Ausgleichsströmungen; Äquatorialgegenströme nach O; in mittleren Breiten Westwinddrift); polwärts abgelenkte M. sind warm und blau *(Golfstrom, Kuroschio, Agulhasstrom, Brasilienstrom),* nach dem Äquator zurückfließende M. sind kalt und grün *(Benguela-, Labrador-, Falkland-, Humboldtstrom).*
Meeresverschmutzung, Konvention gg. M. 1973 v. 58 Staaten beschlossen.
Meereswellen, durch Wind erzeugte, fortschreitende Wellen mit kreisförmiger Bewegung d. Wasserteilchen; Größe abhängig von Stärke u. Dauer des Windes, der Länge des wirksamen Seeraumes u. der Wassertiefe.

Meerkatze

Meerkatzenartige, mittelgr. Affen mit langem Schwanz, heimisch i. Wäldern u. Savannen südl. d. Sahara, meist auf allen vieren laufend; drei Gruppen: *Meerkatzen, Husarenaffen, Mangaben.*
Meerkohl, *Crambe,* Kreuzblütler, an Küsten; jung als Gemüse.
Meerleuchten, Leuchterscheinung, bes. der trop. Meere, durch kl. Seetiere (z. B. Flagellaten).
Meerrettich, Kreuzblütlerstaude, Wurzel zu Speisen; vitaminreich.
Meersburg (D-7758), ma. St. a. Bodensee, i. Bodenseekr., Ba-Wü., 4846 E; Altes u. Neues Schloß, intern. Schloßkonzerte; Weinbau.
Meerschaum, *Magnesiumsilicat,* Mineral, dient zu Schnitz- u. Drechslerarbeiten.
Meerschwein, *Tümmler, Braunfisch,* → Delphine.
Meerschweinchen, südam. Nagetiere; zahlr. Zuchtformen.
Meerut, ind. St. i. Uttar Pradesh, am oberen Ganges, 538 000 E; Textilind. – 1857 Aufstand der → Sepoy.

Meerwasser besitzt durchschnittl. 3,5% gelöste Stoffe; Salzgehalt: 77,8% Kochsalz (Natriumchlorid); 10,8% Magnesiumchlorid; 4,7% Bittersalz (Magnesiumsulfat); 3,6% Gips (Calciumsulfat); 2,5% Kaliumchlorid, auch Spuren von Gold u. a.; Meere mit starkem Zufluß und geringer Verdunstung (Ostsee, Schwarzes Meer, Hudsonbai, Nördliches Eismeer) sind salzärmer, solche m. geringem Zufluß u. starker Verdunstung (Mittel-, Rotes Meer, Persischer Golf) salzreicher als der offene Ozean; an Gasen enthält das M. Kohlendioxid (in Verbindungen), Sauerstoff 30–35% und Stickstoff 65–70%.
Meerzwiebel → Scilla.
Meeting, *s.* [engl. *'mitıη*], Zusammenkunft, Treffen.
Mega- [gr.], als Vorsilbe: groß ....; vor Maßeinheit = 1 Million (10^6), z. B. *M.volt* = 1 000 000 Volt.
Megalithkultur, vermutlich aus dem Mittelmeerraum über W-Europa nach NW- und N-Dtld, Dänemark u. S-Schweden vorgedrungene jungsteinzeitl. Kultur des 3. Jtd v. Chr. m. Großsteingräbern, eigenartiger Keramik (danach *Trichterbecher-Kultur)* u. prachtvollen Feuersteinbeilen u. -dolchen.
Megaphon, *s.* [gr.], v. *Edison* erfundenes Sprachrohr zur Lautverstärkung.
Megäre [gr.], eine der → Erinnyen; übertragen: böses Weib.
Meghalaya, *s.* 1970 ind. B.staat, durch Teilung des Staates Assam entstanden, 22 429 km², 1,3 Mill. E; Hptst.: Shillong.
Mehlbeerbaum, der Eberesche verwandter Baum mit großen Beeren; Gebirgswälder.
Mehlkäfer, *Müller,* kleiner Käfer, Larve, *Mehlwurm,* lebt im Mehl.
Mehltau, weißl. Überzug auf Pflanzen, hervorgerufen durch Schmarotzerpilze; sehr schädlich.
Mehlzünsler, *Mehlmotte,* Raupe lebt im Mehl.
Mehnert, Klaus (10. 10. 1906–2. 1. 84), dt. Journalist u. Politologe; Veröffentlichungen über UdSSR u. China: *D. Sowjetmensch; China nach d. Sturm.*
Mehrgitterröhre, → Elektronenröhre, die neben dem Steuergitter weitere → Gitter enthält.
Mehrheit, bei *Abstimmung: absolute M.* (mehr als 50% der abgegebenen Stimmen); *relative (einfache) M.* (größter Teil der abgegebenen Stimmen); *qualifizierte M.* (²⁄₃-, ³⁄₄- u. ä. M.). – **M.swahl** → Wahlsysteme.
Mehring, Franz (27. 2. 1846–28. 1. 1919), dt. Schriftst. u. Pol.; Begr. d. marxist. Literaturbetrachtung.
Mehrkampf, sportl. Wettkampf m. versch. Übungen, nach Punkten entschieden.
Mehrphasenstrom, → Wechselströme, deren Phasen gegeneinander verschoben sind; Dreiphasenstrom heißt → *Drehstrom.*
Mehrstimmigkeit, eine i. eigtl. Sinne

durch 1000 Jahre nur i. Abendland existierende mus. Erscheinung; um 850 i. Frkr. entstanden (→ Organum); von d. Zweistimmigkeit Entwicklung über Drei-, Vier-, Fünfstimmigkeit bis zum acht- u. mehrstimm. Vokalsatz; mit Aufkommen der Instrumentalmusik um 1600 Entwicklung zum vielstimmigen Orchestersatz.
Mehrwert, nach der *M.lehre* von Marx die Differenz zw. dem Entgelt des Arbeiters u. dem im Produktionsprozeß erzeugten Wert der von ihm hergestellten Güter. – **M.steuer,** Umsatzsteuersystem, bei dem auf d. einzelnen Produktionsstufen der Wertzuwachs (Umsatzerlös minus Gütereinsatz) besteuert wird; in der BR am 1. 1. 1968 eingeführt; augenblickl. Steuersatz: 14%, urspr. 11% (ermäßigter Steuersatz: 7%; bei best. Waren, Nahrungsmitteln u. Dienstleistungen); Steuersatz i. Österreich 16 (bzw. 8) %; → Allphasensteuer.
Meier, John (14. 6. 1864–3. 5. 1953), dt. Volkskundler; begr. das Volksliedarchiv in Freiburg.
Meier, im MA herrschaftl. Gutsverwalter.
Meierei, milchwirtschaftlicher Betrieb; → Milchwirtschaft.
Meier-Gräfe, Julius (10. 6. 1867–5. 6. 1935), dt. Kunsthistoriker; *Entwicklungsgeschichte der mod. Kunst.*
Meier Helmbrecht → Wernher der Gärtner.
Meile, engl. *Mile,* → Maße u. Gewichte. S. 1085.
Meilenzone → Territorialgewässer.
Meiler, zur Holzkohlengewinnung aufgestapeltes, mit Sand bedeckter Holzstoß.
Meilhac [*me'jak*], Henri (23. 2. 1831–6. 7. 97), frz. Schriftst.; Textdichter Offenbachs.
Meinecke, Friedrich (30. 10. 1862–6. 2. 1954), dt. Historiker; *Weltbürgertum u. Nationalstaat.*
Meineid → Eid.
Meinerzhagen (D-5882), St. im Märkischen Kreis, Sauerland, NRW, 19 017 E; AG.
Meiningen (D-6100), thür. Krst. an der Werra, 25 474 E; ehem. hzgl. Schloß *Elisabethenburg* (Sammlungen), Theater. – 1680–1918 Hptst. d. Hzgt. Sachsen-M.
Meininger, v. Hzg *Georg II. v. Sachsen-Meiningen* (1826–1914) geleitete Schauspieltruppe des Hoftheaters in Meiningen; Stilrichtung: geschichtl. Treue u. durchgearbeitetes Zus.spiel; beeinflußten durch Gastspiele 1870–90 auch das Ausland (→ Tafel Schauspielkunst).
Meinrad, Josef (* 21. 4. 1913), östr. Schausp.; s. 1947 am Wiener Burgtheater; Träger des → Ifflandringes.
Meinungs-forschung, Erforschung d. öffentl. *Meinung* (Summe der Standpunkte, die Menschen in bezug auf das Gemeinwesen berührende od. interessierende Angelegenheiten einnehmen, J. *Bryce);*

zunächst aus wirtsch. Bedürfnissen als → Marktforschung, dann als pol. u. soziolog. Meinungsforschung *(Gallup, Crossler, Roper)* mit wiss. Methoden entwickelt; Fragestellung „geschlossen" (Ja, Nein, Ich weiß nicht) od. „offen" (freie Beantwortung, meist mündl.); zahlr. Institute, z. B. Gallup-Institute in d. USA, Tochterinstitute in 8 westeur. Staaten; in d. BR u. a. Inst. für Demoskopie, Allensbach, u. EMNID-Inst., Bielefeld, Wikkert-Inst., Tübingen. - **M.käufe,** Börsenkäufe, die im Glauben an baldiges Steigen der Kurse getätigt werden. - **M.manipulation,** Meinungslenkung des Bürgers, meist nicht bewußt (bes. in d. Massenmedien, d. h. Presse, Rundfunk, Fernsehen, u. in d. Werbung).

Meiose, *Reduktionsteilung, Reifeteilung,* Kernteilungsvorgänge, in deren Verlauf die somat., meist *diploide Chromosomenzahl* bei d. Bildung d. → Gameten auf die Hälfte reduziert wird; durch die M. wird sichergestellt, daß nach Verschmelzung d. *haploiden Gameten* alle Körperzellen der nächsten *Generation* wiederum diploid sind. Die M. besteht im Normalfall aus zwei aufeinanderfolgenden Kernteilungen mit *Pro-, Meta-, Ana-* u. *Telophase;* im Ggs. zur → Mitose ist die *Prophase* der ersten meiotischen Teilung (m. Paarung → homologer Chromosomen u. → Faktorenaustausch) stark verlängert.

Meir *[me'ir],* Golda (3. 5. 1898-8. 12. 1978), isr. Pol.in; 1956-66 Außenmin.in, 1969-74 Min.präs.in.

Meiringen (CH-3860), Bez.hptort im schweiz. Kanton Bern, 4100 E; Sommerkurort u. Wintersportplatz, Kreuzungspunkt von 4 Alpenstraßen (Reichenbachfälle), Aareschlucht.

Meisen, Singvögel; Waldbewohner u. Insektenvertilger; bei uns *Kohl-M., Blau-M., Hauben-M., Tannen-M., Sumpf-M., Weiden-M., Schwanz-M.*

Meisenbach, Georg (27. 5. 1841-24. 9. 1912), dt. Kupferstecher; erfand Autotypie.

Meißel, vorn keilartig zugeschärftes Werkzeug aus Stahl, für Stein- u. Metallbearbeitung.

Meißen, *Albrechtsburg und Dom*

Meißen (D-8250), sächs. Krst. a. d. Elbe, 44 367 E; got. Dom (1260), Albrechtsburg (1471), Rathaus (1472); Museum; Weinbau; keram. Ind.; landw. HS. - Gegr. 929, seit Mitte des 10. Jh. Sitz d.

Mekka, *Kaaba*

Markgrafen v. M., s. 968 Bistum, s. 1710 l. eur. Porzellanmanufaktur: **Meißner Porzellan.**

Meißner → Hoher Meißner.

Meistbegünstigung, Vereinbarung bei Handelsverträgen zw. Staaten, wonach dem Partner dieselben Zolltarifsätze u. -vergünstigungen zustehen, die der vertragschließende Staat irgendeinem anderen Staat zubilligt; zuerst b. Vertrag zw. Frkr. und England (v. → Cobden geschlossen) 1860; *Zweck:* Stetigkeit und Sicherheit der Handelsbeziehungen. - **M.sklausel** ist die d. M. einräumende Bestimmung im Handelsvertrag, meist *gegenseitig,* auch *einseitig;* auch in nichtwirtsch. Verträgen (z. B. in bezug auf die Rechtsstellung d. diplomat. Vertreter).

Meister Bertram v. Minden (um 1345-1414 od. 1415), niederdt. Maler u. wahrscheinl. Bildschnitzer d. Gotik; *Grabower Altar, Buxtehuder Altar.*

Meistermann, Georg (16. 6. 1911-12. 6. 90), dt. abstrakter Maler; Glasfenster.

Meisterprüfung, berechtigt zur selbständ. Berufsausübung, z. Führung des *Meistertitels* d. betreffenden Handwerks u. zur Ausbildung von Lehrlingen. *Voraussetzung:* Gesellenprüfung u. mehrjähr. Gesellenzeit; → Befähigungsnachweis; Ablegung d. M. vor den Prüfungsausschuß der HWK, nach erfolgreichem Abschluß Aushändigung e. *Meisterbriefes.*

Meisterschaft, Vereins-, Verbands-, Landes-, Europa- u. Weltmeisterschaften in den meisten Sportarten; Sieger bleibt Meister bis zur abermaligen Austragung. - **M.sspiel,** Spiel (Fußball, Handball u. a.), dessen Ergebnis für die M. gewertet wird.

Meistersinger, *Meistersänger,* bürgerl. Dichter i. 15./16. Jh., Handwerker, bes. in Nürnberg *(Folz, Rosenplüt, Hans Sachs);* regelmäßige Zus.künfte, Dichtung n. festen Regeln („Tabulatur"); Verstöße v. „Merker" angekreidet; z. „Meister" ernannt, wer fehlerlos e. neuen „Ton" (Melodie) vortrug; eigene Bühne **(M.bühne),** etwa in der Marthakirche, Nürnberg.

Meister vom Stuhl, Haupt einer Freimaurerloge.

Meitner, Lisa (7. 11. 1878-27. 10. 1968), östr. Atomphysikerin; Mitarbeiterin v. O. → Hahn.

Mekka, Hptst. d. Hedschas, am westl. Gebirgsrand, ca. 618 000 E; bed. Handelsplatz Saudi-Arabiens; als Geburtsort Mohammeds rel. Mittelpkt des Islam; jährl. bis 900 000 Pilger; Moschee Beit-Allah mit d. islam. Haupttheiligtum → Kaaba; Autostraße zum Hafen Dschidda, n. Riad u. Medina.

Meknes, St. in Marokko, 410 000 E; Handelszentrum.

Me-kong, größter Strom Hinterindiens, aus d. osttibetan. Gebirgssystem, gr. Delta i. d. Südchin. Meer, 4184 km l., z. T. Grenze zw. Myanmar, Thailand u. Laos.

Melamin, *s.* [gr.], stickstoffhalt. organ. Verb.; ergibt mit Formaldehyd **M.harze,** härtbare Kunstharze, farblos, licht-, wärme- und wasserbeständig.

Melancholie, *w.* [gr.], **1)** Schwermut, Tiefsinn; **2)** Geisteskrankheit mit depressiver Verstimmung, Angstgefühlen, Selbstvorwürfen.

Melanchthon [gräzisiert], eigtl. *Schwarzerd,* Philipp (16. 2. 1497-19. 4. 1560), Humanist; Luthers theol. Mitarbeiter. Verf. des *Augsburgischen Bekenntnisses;* nach Luthers Tod Haupt des Protestantismus; Ehrentitel: Praeceptor Germaniae („Lehrer Dtlds").

Melanesien, „Schwarzinselland", ozean. Inselreihe im NO Australiens: Neuguinea, Bismarck-Archipel, Salomoninseln, Santa-Cruz-Inseln, Neue Hebriden, Fidschi-Inseln, Neukaledonien; Eingeborene: *Melanesier.*

Melange, *w.* [frz. *-'lãʒ(ə)],* Mischung; *Café melange,* Milchkaffee.

Melanin, *s* [gr.], brauner od. schwarzer Farbstoff d. Haut, Haare, Iris, Federn usw.

Melanom, *s.* [gr.], bösartige Haut- oder Schleimhautgeschwulst mit Melanineinlagerungen.

Melanophorenhormon → Pigmenthormon.

Melasse, *w.* [span.], Restsirup der Zuckerherstellung, aus dem der Restzucker nur durch bes. Verfahren ausscheidbar ist; Verwendung als Viehfutter od. vergoren z. Spritgewinnung **(M.spiritus).**

Melbourne [-bən], Hptst. d. austral. Bundesst. Victoria, a. d. SO-Küste, 3 Mill. E; anglikan. u. röm.-kath. Erzbistum, Uni.; Getreide- u. Wollhandel, größtes Ind.zentrum Australiens.

Melchior, einer d. Hl. → Drei Könige.

Melde, Gattung d. Gänsefußgewächse, meist einjähr. Kräuter (z. B. *Gemeine M.*); *Garten-M.* als Gemüsepflanze.

Meldepflicht, 1) b. *Wechsel des Aufenthaltsortes* innerh. 1 Woche, b. Hotels, Gasthöfen usw. innerh. 24 Std. an Einwohnermeldeamt. Meldepflichtig ist a) wer seinen Aufenthalt wechselt (Hauptmeldepflichtiger), b) d. Hauseigentümer od. sein Vertr., c) d. Untermiete d. Wohnungsinhaber; **2)** b. *Geburts- u. Sterbefällen* an Standesamt; → Personenstand; **3)** für ansteckende Krankheiten u. Berufsunfälle durch d. *Arzt* a. d. zuständigen Medizinalbehörden.

Melonenbaum

Meldorf (D-2223), St. i. Kr. Dithmarschen, Schl-Ho., 7107 E; Dom (13. Jh.), St.-Johannnes-Kirche (13. Jh.); Hafen; AG; div. Ind.; Fremdenverkehr.

Melekess, ab 1972 *Dimitrowgrad,* sowj. St. am Kujbyschewer Stausee, 119 000 E; Metallind., Reaktor.

Melibokus, *Malchen,* Berg im Odenwald, an d. Bergstraße bei Zwingenberg, 517 m.

meliert [frz.], gemischt (angegrautes Haar).

Méliès [*me'ljɛs*], Georges (8. 12. 1861–21. 1. 1938), frz. Filmpionier u. Regisseur phantast. Filme; *Le voyage dans la lune* (1902).

Melilla [*-'liʎa*], span. Hafenst. a. d. N-Küste Marokkos, 58 000 E; s. 1492 span.; Erzausfuhr.

Melioration [l.], Verbesserung landw. Grundstücke bes. durch Be- oder Entwässerung (→ Dränierung).

Melisma, *s.* [gr.], *mus.* melod. Verzierung; e. Textsilbe ist Träger mehrerer Töne od. Tongruppen (bes. i. *Gregorian. Choral).*

Melisse, *w., Zitronenkraut,* nach Zitronen riechende Blätter liefern Tee u. äther. Öle.

Melissus, eigtl. *Paul Schede* (20. 12. 1539–3. 2. 1602), dt. humanist. Dichter; *Psalmen.*

Stift Melk

Melk (A-3390), Bez.st. in Niederöstr., a. d. Donau, 209 müM, 5000 E; Benediktinerstift (11. Jh.), Barockneubau (1702–36); Gewerbe.

Melkmaschine, Saugpumpe zum Melken von Kühen, bes. im **Melkstand** (techn. Einrichtung zum Melken im Melkraum).

Mell, Max (10. 11. 1882–13. 12. 1971), östr. Schriftst.; *Apostelspiel.*

Melle (D-4520), St. i. Kr. Osnabrück, Nds., 40 490 E; div. Ind.

Mellrichstadt (D-8744), St. i. Kr. Rhön-Grabfeld, Bay., 5901 E; div. Ind.

Melodie, *w.* [gr.], einstimmige, rhythmisch gegliederte Tonfolge.

Melodik, *w.,* Melodiebildung.

Melodram|a, *s.* [gr.], gesprochene Dichtung mit Musikbegleitung.

Melone, Kürbisgewächs aus S-Asien, kürbisähnl. Früchte in versch. Formen: gerippt, *Kantalupen,* u. netzartig gebändert, *Netz-M.; Wasser-M.* (Arbuse), groß, grün mit rötl., sehr saftigem Fleisch, in S-Eur. viel angebaut. – **M.nbaum,** *Papaya,* trop. Obstbaum m. melonenähnl. Früchten.

Melos, neugriech. *Milos,* it. *Milo,* griech. Zykladeninsel, vulkan., viele heiße Quellen, 151 km², 5500 E; 1820 Fund der *Venus v. Milo* (jetzt im Louvre, Paris).

Melos, *s.* [gr.], *mus.* Fluß d. Tonfolge ihrer Auf-und-ab-Bewegung nach, ohne Betrachtung ihrer Rhythmik; in der griech. Poesie lyrisches Gedicht; Ggs.: → Epos.

Melozzo da Forlì (1438–8. 11. 94), it. Maler d. Renaiss.; bes. Fresken.

Melpomene, d. griech. Muse d. Tragödie.

Melsungen (D-3508), St. i. Schwalm-Eder-Kr., an der Fulda, Hess., 13 107 E; Luftkurort; AG; div. Ind.

Melusine, Meerfee d. frz. Sage, dt. Volksbuch des 15. Jh.

Herman Melville

Melville [*-vɪl*], Herman (1. 8. 1819–28. 9. 91), am. Dichter; einer der großen Erzähler des 19. Jh.; Romane: *Redburn; Moby Dick;* Erzählung: *Billy Budd.*

Melville-bai, Bucht an der W-Küste von Grönland. – **M.halbinsel,** im NO Kanadas, 61 000 km². – **M.-Insel, 1)** an der N-Küste Australiens, 4350 km²; **2)** des am.-arkt. Archipels, 42 743 km².

Membran, *w.* [l.], **1)** dünnes Häutchen oder Blättchen z. Übertragung von Schwingungen; Verwendung bei → Telefon, → Lautsprecher; **2)** i. d. *Chemie:* → Osmose; **3)** i. d. *Medizin:* Häutchen der Zellen u. Körperorgane.

Membrum [l.], Glied.

Memel, 1) russ. → Njemen; **2)** litauisch *Klaipėda,* St. am Eingang ins Kur. Haff, einziger bed. Hafen Litauens, 204 000 E; Holzind. u. -handel, Fischerei. – 1252 gegr., 1328 vom Dt. Orden erworben; Teil Ostpreußens; durch Versailler Vertrag m. Küstengebiet nördl. der M. u. N-Teil der Kurischen Nehrung, 2848 km², *M.gebiet,* 1923 abgetreten an Litauen (Selbstverw.); 1939–45 zu Ostpreußen, 1945 wieder zu Litauen.

Memento, *s.* [l. „gedenke"], Mahnung. **memento mori** [l.], „denke daran, daß du stirbst".

Memleben (D-4801), Gem. i. Kr. Nebra, a. d. Unstrut, S-A., 1500 E; sächs. Kaiserpfalz (Todesstätte Heinrichs I. u. Ottos I.) u. Ruinen e. Benediktinerklosters.

Memling, Hans (um 1433/40–11. 8. 94), ndl. Maler zw. Gotik u. Frührenaiss.; relig. Themen, Bildnisse.

Memmingen (D-8940), krfreie St. im Rgbz. Schwaben, Bay., 37 942 E; histor. St.bild; Rathaus (16./18. Jh.), got. Kirchen; LG, AG; div. Ind.

Memnon, sagenhafter Kg von Äthiopien. – **M.s-Säulen,** Kolossalfiguren des sitzenden Amenophis III. bei Theben (Ägypten), 2. Jtd v. Chr., sollen bei Sonnenaufgang geklungen haben.

Memoiren, *w.* [frz. *me'mwarən*], Denkwürdigkeiten, Lebenserinnerungen.

Memorandum, *s.* [l.], Denkschrift, Merkbuch.

Memorial, *s.,* svw. → Journal.

memorieren, auswendig lernen.

Memphis, 1) erste u. älteste Hptst. Ägyptens am unteren Nil (schon i. 3. Jtd v. Chr.), Ruinen, Stufenpyramiden, Totenfeld v. Sakkara, um 2770 v. Chr; **2)** St. im US-Staat Tennessee, am Mississippi, 645 000 E (30% Schwarze); Uni.; Baumwoll-, Holz- u. Masch.ind.

Menage, *w.* [frz. *-'naʒə*], **1)** Beköstigung; **2)** Traggestell mit Gefäß zum Essenholen; **3)** Tischgestell für Essig, Öl, Salz u. Pfeffer.

Menagerie [frz. *-ʒ-*], Schau lebender Tiere.

Menam, größter Strom Thailands, aus Ping (590 km l.) u. Nan (627 km l.), mündet bei Bangkok mit Delta in den Golf v. Siam; 365 km l.

Menander, *Menandros* (342–290 v. Chr.), griech. Komödiendichter; begr. Typenkomödie; *Schiedsgericht; Menschenfeind.*

Menarche, *w.* [gr.], 1. Auftreten d. → Menstruation.

Mende, Erich (* 28. 10. 1916), dt. Pol.; 1960–68 Vors. der FDP, 1963–66 Vizekanzler u. Min. f. gesamtdt. Fragen; 1970 Übertritt in d. CDU.

Mendel, Gregor Johann (22. 7. 1822–6. 1. 84), östr. Augustinermönch (Brünn); fand 1865 durch Kreuzungsversuche bes. an Erbsen u. Bohnen, die **M.schen Regeln** der → Vererbung (Übers.).

Mendel, it. *La Mendola,* Paß (1363 m) südwestl. v. Bozen zwischen Etschtal u. Nonsberg; *M.bahn.*

Mendelejew, Dmitri Iwanowitsch (7. 2. 1834–2. 2. 1907), russ. Chem.; fand gleichzeitig m. L. *Meyer* das → Periodensystem d. Elemente.

Mendelevium, *Md,* chem. El., Oz. 101, durch Kernumwandlung des Einsteinium; radioaktiv (→ Transurane).

Mendelsohn, Erich (21. 3. 1887–15. 9. 1953), dt. Architekt; u. a. Observatorium, sog. *Einstein-Turm* (Potsdam); *He-*

brew University, Hassadah-Krankenhaus (Jerusalem); *Synagogen* in USA.

Felix Mendelssohn
Bartholdy

Mendelssohn, 1) Moses (6. 9. 1729–4. 1. 86), dt. Phil. der Aufklärung, tätig für die Emanzipation der Juden; s. Enkel **2)** Felix M. Bartholdy (3. 2. 1809–4. 11. 47), dt. romant. Komp.; Dirigent d. Leipziger Gewandhauses; Musik zu Shakespeares *Sommernachtstraum;* Sinfonien, Ouvertüren, Konzerte, Oratorien: *Elias, Paulus;* Kammermusik, Lieder.
Menden (Sauerland) (D-5750), St. im Märk. Krs., NRW, 54 899 E; AG; Metall-, Elektroind.
Mendès-France [*mãdɛs'fräs*], Pierre (11. 1. 1907–18. 10. 82), frz. radikalsozialist. Pol.; 1954/55 Min.präs.
Mendikanten [l.], svw. → Bettelmönche.
Mendoza [-'doθa], Hptst. der argentin. Prov. *M.* (148 827 km², 1,4 Mill. E), a. O-Fuß d. Kordilleren, 597 000 E (m. Vororten); Obst, Wein, Erdöl.
Menelaos, in der griech. Sage Gatte der Helena, Bruder Agamemnons; Kg von Sparta.
Menelik II., *Menilek* (17. 8. 1844–12. 12. 1913), seit 1889 Kaiser v. Abessinien; 1896 Sieg über Italiener b. Adua.
Menes (um 2925 v. Chr.), ältester geschichtl. ägypt. Kg, vereinigte Unter- und Oberägypten.
Menetekel upharsin [aramäisch], „Gezählt, gewogen und zu leicht befunden", geheimnisvolle Inschrift, die nach A.T. (Buch *Daniel 5, 25*) d. Babylonier-Kg → Belsazar bei e. Festmahl seinen baldigen Sturz andeutete.
Mengenlehre, grundlegende Theorie der *Mathematik,* Menge: Gesamtheit d. Dinge (Elemente), die eine best. Eigenschaft haben (z. B. Menge d. geraden Zahlen); die meisten Begriffe d. Math. lassen sich auf mengentheoretische Begriffe zurückführen; Begr.: G. → *Cantor.*
Mengs, Anton Raphael (22. 3. 1728–29. 6. 79), dt. Maler; Entwicklung vom Spätbarock zum Klassizismus; mytholog. u. bibl. Themen, Porträts; theoret. Schriften.
Meng-tse, *Mong-dsi* (372–289 v. Chr.), chin. konfuzian. Phil., Reformen in Richtung Demokratisierung.
Menhir, *m.* [kelt. „langer Stein"], *Hünensteine,* vorgeschichtl., roh behauene Felsblöcke in Europa.
Ménièresche Krankheit [*me'nĭɛr*-], an-

fallsweise auftretender Drehschwindel mit Übelkeit, Erbrechen, Ohrensausen, Schwerhörigkeit bei Erkrankungen des Labyrinths im Innenohr.
Meningitis, *w.* [gr.], svw. → Gehirnhautentzündung.
Meniskus [gr. „Mondsichel"], **1)** die gekrümmte Oberfläche einer Flüssigkeit in enger Röhre; Ursache: Oberflächenspannung in Verbindung mit → Kohäsion (*konvexer M., z. B. bei Quecksilber) oder mit → Adhäsion zw. Wandung und Flüssigkeit (*konkaver M., z. B. Wasser im Glasrohr); **2)** *med.* zwei sichelförm. Knorpelscheiben im Kniegelenk.
Mennige, rotes Bleioxid (*Pb₃O₄);* Eisenrostschutzfarbe, Bleiglasfabrikation.
Menno Simons (1496–31. 1. 1561), kath. Priester in Friesland; wurde Anhänger Luthers, später führend in d. Bewegung d. Täufertums; von ihm ausgehend: *Mennoniten, Taufgesinnte,* verwerfen Kindtaufe, Kriegsdienst u. Eid; wanderten, um ihrem Glauben treu zu bleiben, aus den Ndl. um 1550 nach dem Weichseldelta, s. 1683 nach USA, s. 1786 nach Rußland, s. 1874 nach USA u. Kanada, nach 1918 nach Mexiko u. Paraguay.
Menopause, *w.* [gr.], Aufhören d. Menstruation, Klimakterium.
Menorca, *Minorca,* span. Insel, 702 km², 55 000 E; zweitgrößte d. Balearen; Weizen-, Mais-, Obst- u. Weinbau; Eisen, Blei u. Kupfer; Hptst. → *Mahon.*
Menotti, Gian Carlo (* 17. 7. 1911), am. Komponist it. Herkunft; Neoverist: Radiooopern, Kammermusik; Opern: *Der Konsul; Die Heilige v. d. Bleecker Street.*
Mensa (academica) [l. „(akad.) Tisch"], billige Speisegelegenheit f. Studenten.
Mensch, als Gattung → *Homo* genannt, gliedert sich in zahlreiche, sich überschneidende Typenkreise (→ Rassen, Übers., → Körperbau) u. Hormonaltypen, Volks- u. Berufstypen, Altersstufen, Geschlechter; zeichnet sich vor allen Säugetieren durch aufrechten Gang, enorme Ausbildung d. Gehirns, Sprache u. Vernunft aus; Mann u. Frau durch Wuchs, Gestalt, Haut- u. Haarbildung unterschieden; b. d. Frau durchschnittl. Größe u. Gewicht geringer, Knochenbau zarter, Muskulatur schwächer, Fettpolster üppiger. Der Körper (→ Tafeln S. 348/49) gliedert sich in Kopf, Hals, Rumpf und Gliedmaßen. Das *Skelett,* Knochengerüst, dient der Stütze, Aufrechterhaltung und Beweglichkeit, schützt Eingeweide, Sinnesorgane u. Zentralnervensystem, besteht aus über 200 Knochen (Schädel allein 33); beweg. Verbindung durch Gelenke, an d. Gelenkflächen m. Knorpel überzogen. Die *Muskeln* überziehen d. ganze Skelett; sie sind mit ihren sehnigen Enden an d. Knochen angewachsen. Äußerer Abschluß u. Schutz durch die Hautdecke. Die → Eingeweide dienen der Ernährung, d. Stoffwechsel und der Fortpflanzung: **a)** Verdauungssystem mit

Mund, Speiseröhre, Magen, Darm, Bauchspeicheldrüse, Leber, Galle; **b)** Atmungssystem: Nase, Rachen, Kehlkopf, Luftröhre, Bronchien, Lungen; **c)** Harnsystem: Nieren, Nierenbecken, Harnleiter, Harnblase, Harnröhre; **d)** innersekretor. Drüsen; **e)** Geschlechtsorgane; **f)** Herz- u. Blutkreislaufsystem. Das *Nervensystem* reguliert alle Lebensvorgänge; besteht aus **a)** Zentralnervensystem (Gehirn u. Rückenmark); **b)** den hiervon ausgehenden Hirn- und peripheren Nerven; **c)** dem autonomen Nervensystem (Sympathikus u. Vagus). Die *Sinnesorgane* (Auge, Ohr, Zunge, Nase usw.) vermitteln d. Beziehungen z. Außenwelt. Sämtl. Organe sind aus kleinsten Bausteinen (→ Zellen) zusammengesetzt. – Der Körper enthält etwa: als Neugeborener 66–69%, als 70jähriger 58% Wasser, 20% Eiweißkörper, 2,5% Fett, 9–10% Mineralsalze (Phosphor, Eisen, Magnesium, Calcium, Kalium usw.). Gesamtblutvolumen bei 60–70 kg Körpergewicht 4–5 l, entspricht 7,6% d. Körpergewichts; die zirkulierende Blutmenge beträgt ca. 3,5 l, d. Blut enthält etwa 80% Wasser, 20% feste Stoffe. – Auch → Vererbung, Übers.
Abstammungsgeschichte des Menschen (→ Tafel): Die Ahnenform der heutigen Menschheit ist der Urmensch. Aus primitiven, noch kurzarmigen → Menschenaffen (Dryopithecinen im weiteren Sinne) des Miozäns Afrikas oder Vorderindiens haben sich nach der Erwerbung des aufrechten Ganges und dem Passieren des Tier-Mensch-Übergangsfeldes die ersten urmenschlichen *Hominiden* der späteren *Pliozänzeit* entwickelt; sie sind uns modellmäßig mit den unterpleistozänen *Australopithecinen* Süd-, Ost- und Zentralafrikas bekannt geworden. Ihre ältesten Vertreter sind etwa 1,5 Millionen Jahre alt; sie besaßen kleine Gehirne (bis 650 cm³), große Gebisse und vorspringende Kiefer; die Proportionen des Gesamtschädels entsprachen denen bei Menschenaffen, die Einzelmerkmale waren menschlich; Beckenfunde beweisen den aufrechten Gang. Die Australopithecinen stellten Stein- und Knochengeräte primitivster Art her (Belege in der Oldoway-Schlucht in Ostafrika und in der Höhle von Makapansgat in Zentral-Transvaal). Aus d. frühhominiden Australopithecinenschicht entwickelten sich, zuerst erkennbar im mittleren *Pleistozän,* die echten (Eu-)*Hominiden;* ihre Gruppierung ist provisorisch möglich: Frühmenschen oder *Archanthropinen (Homo erectus),* Altmenschen oder *Palaeanthropinen (Homo sapiens praeneanderthalensis* und *neanderthalensis),* Jetztmenschen oder *Neanthropinen (Homo sapiens praesapiens* und *Homo sapiens sapiens).* Aus Archanthropinen entstanden Palaeanthropinen und Neanthropinen. Aus dem *Pliozän* sind bisher noch keine eindeutig zu den Hominiden zu rechnenden Funde bekannt.

Abstammungsgeschichte des Menschen

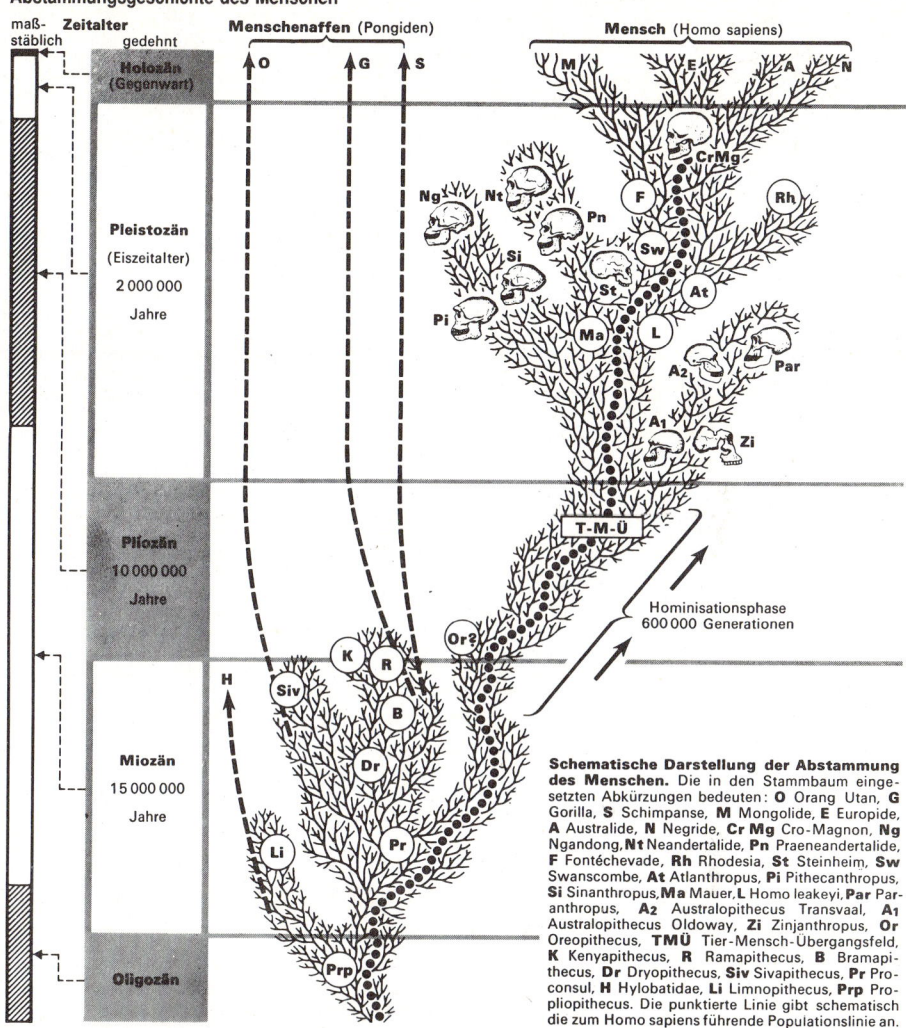

Schematische Darstellung der Abstammung des Menschen. Die in den Stammbaum eingesetzten Abkürzungen bedeuten: **O** Orang Utan, **G** Gorilla, **S** Schimpanse, **M** Mongolide, **E** Europide, **A** Australide, **N** Negride, **Cr Mg** Cro-Magnon, **Ng** Ngandong, **Nt** Neandertalide, **Pn** Praeneandertalide, **F** Fontéchevade, **Rh** Rhodesia, **St** Steinheim, **Sw** Swanscombe, **At** Atlanthropus, **Pi** Pithecanthropus, **Si** Sinanthropus, **Ma** Mauer, **L** Homo leakeyi, **Par** Paranthropus, **A₂** Australopithecus Transvaal, **A₁** Australopithecus Oldoway, **Zi** Zinjanthropus, **Or** Oreopithecus, **TMÜ** Tier-Mensch-Übergangsfeld, **K** Kenyapithecus, **R** Ramapithecus, **B** Bramapithecus, **Dr** Dryopithecus, **Siv** Sivapithecus, **Pr** Proconsul, **H** Hylobatidae, **Li** Limnopithecus, **Prp** Propliopithecus. Die punktierte Linie gibt schematisch die zum Homo sapiens führende Populationslinie an.

Menschenaffen, *Pongiden,* dem Menschen nächststehende Säugetiere; heute lebende Arten keine Vorfahren d. Menschen, sondern entstammen Seitenästen i. d. Entwicklung d. Menschenstammes: → *Gorilla,* → *Schimpanse,* → *Orang-Utan* (→ Mensch, Tafel Abstammungsgeschichte).

Menschenopfer, Gefangene, Kinder, Jungfrauen, Jünglinge, als Sühne, Gelübde bei fast allen Völkern der Antike; als Kultopfer bei manchen Naturvölkern.

Menschenrechte, d. angeborenen u. unveräußerl. Rechte des Menschen, hergeleitet aus Ideen d. Naturrechts u. d. Aufklärung, zum erstenmal 1776 in der am. Unabhängigkeitserklärung, dann 1789 in d. Frz. Rev. *(„Freiheit, Gleichheit, Brüderlichkeit")* verkündet; als Grundrechte in vielen Verfassungen aufgenommen (1949 auch im GG der BR u. in d. Verf. d. DDR); die 1948 v. d. UN beschlossene *Intern. Charta d. M.* nennt folgende M.: Recht jedes Menschen, ohne Unterschied d. Rasse, Sprache, Rel., Herkunft u. des Geschlechts, auf persönl. Freiheit u. Sicherh., auf Besitz, freie Meinungsäußerung, Religions-(Glaubens-, Gewissens-)Freiheit, Versammlungs-(Koalitions-) u. Vereinsfreih., Recht auf Freizügigkeit, Asyl, Gleichheit vor d. Gesetz, Recht auf Arbeit u. freie Wahl d. Beschäftigung, gerechten Lohn, ausreichenden Lebensunterhalt u. soz. Sicherheit. 1965 Intern. Menschenrechtskonvention z. Beseitigung jeder Form d. Rassentrennung, 1966 (in Fortführung d. Charta d. M. v. 1948) Menschenrechtspakt d. UN über pol., soziale u. kulturelle Rechte, 1969 Am. M.konvention, v. d. meisten OAS-Mitgl.staaten unterzeichnet. Nach d. Vorbild 1950 v. d. Reg.en d. Mitgliedstaaten des Europarates *Konvention zum Schutz der M.* beschlossen; fünf Zusatzprotokolle. Seit 1952 i. BR Gesetz.

Menschensohn, Selbstbezeichnung Jesu bei den → Synoptikern, nach *Daniel 7,13.*

Menschewiki, *Menschewisten,* → Bolschewismus.

Menschikow, Alexander Fürst (16. 12. 1672–23. 11. 1729), Günstling u. Minister Peters d. Gr. v. Rußland.

Menses → Menstruation.

mens sana in corpore sano [l.], „Im gesunden Leib (wohne) ein gesunder Geist" (Juvenal).

Menstruation, lateinisch *Menses,* durch Keimdrüsenhormone geregelte Monatsblutung der geschlechtsreifen Frau; normalerweise alle 28 Tage einsetzende Blutabsonderung aus der Gebärmutter bei Ausstoßung eines unbefruchteten, reifen Eies; durchschnittliche Dauer 3–5 Tage. Beginn *(Menarche)* 12.–14. Jahr, Beendigung *(Menopause)* 45.–55. Jahr; Wechseljahre → Klimakterium. Keine Menstruation in der Schwangerschaft und Stillzeit; auch → Ovulation.

Mensur, *w.* [l. „Messung"], 1) Glaszylinder mit Maßeinteilung; 2) student. Sportzweikampf; nur noch Bestimmungs-M. m. leichter Waffe *(leichte M.)* nicht strafbar; Säbel od. Pistole *(schwere M.)* verboten und strafbar; 3) Abstand zweier Fechter.

mental [l.], geistig, gedanklich.

Mentalität, Denkart, Geisteshaltung, Lebenseinstellung.

Mentalreservation → geheimer Vorbehalt.

Menthol, *s.,* Hauptbestandteil in Pfefferminzöl; wirkt kühlend, antiseptisch.

Menton [*mã'tõ*], italienisch *Mentone,* Stadt und Kurort an der Riviera, Dép. *Alpes-Maritimes,* 25 000 E; Festival.

Mentor, 1) Erzieher (d. Telemach); 2) Lehrer, der prakt. Lehrerausbildung betreibt.

Menü, *s.* [frz.], Speisenfolge, Gedeck.

Menuett, 1) graziöser frz. Tanz; ¾-Takt (→ Tafel Tanz); 2) 3. Satz der viersätzigen Sinfonie u. Sonate der Wiener Klassiker.

Yehudi Menuhin

Menuhin [*-juin*], Sir Yehudi (* 22. 4. 1916), am. Geiger.

Menütechnik, Programmierverfahren, b. dem e. Computeranwender sich ständig alle gültigen Eingaben anzeigen lassen kann.

Menzel, 1) Adolph v. (8. 12. 1815–9. 2. 1905), dt. Maler u. Graphiker d. Biedermeier; z. T. bereits impressionist. Ausdrucksmittel; *Das Flötenkonzert;* Illustrationen zu Kuglers *Gesch. Friedrichs des Gr.* 2) Wolfgang (21. 6. 1798–23. 4. 1873), dt. Schriftst.; Gegner d. „Jungen Dtld".

Mephistopheles, *Mephisto,* der Teufel der Faustsage.

Meppen (D-4470), Krst. d. Ldkr. Emsland, Nds., 29 900 E.

Meran, it. *Merano,* St. u. Kurort in S-Tirol, i. d. Prov. Bozen, Italien, 34 000 E; Obst- u. Weinbau (Traubenkuren). – Bis 1420 Hptst. v. Tirol; s. 1919 it.

Mercator, eigtl. *Gerhard Kremer* (5. 3. 1512–2. 12. 94), ndl. Geograph; zeichnete die ersten wiss. richtigen Karten; winkeltreue **M.projektion.**

Merchandising [engl. *'məːtʃəndaɪzɪŋ*], Unternehmensaktivitäten, die sich lediglich auf die Ergebnisse der Marktforschung stützen.

Mercier [*mɛr'sje*], Désiré (21. 11. 1851–23. 1. 1926), Erzbischof v. Mecheln; Mitbegr. d. → Neuscholastik.

Merck, Johann Heinrich (11. 4. 1741–27. 6. 91), dt. Schriftst. u. Kritiker.

Mercouri, Melina (* 18. 10. 1929), griech. Filmschausp.in; 1981–89 Kultusmin.in v. Griechenland; *Sonntags nie.*

Mer de Glace [*-'glas*], *Eismeer,* Montblancgletscher, 12,1 km l., 41,4 km², östl. von Chamonix.

Meredith [*-dɪθ*], George (12. 2. 1828–18. 5. 1909), engl. Lyriker u. Romanschriftst.; *Der Egoist.*

Mereschkowski, Dimitrij Sergejewitsch (14. 8. 1865–9. 12. 1941), russ. Schriftst.; Emigrant in Paris; Mitbegr. d. russ. Symbolismus; Romantrilogie: *Christ u. Antichrist;* Biographien: *Leonardo da Vinci; Napoleon.*

Mergel, Gemenge aus Kalk u. Tonen, gehört zu d. → Sedimentgesteinen; für Dünger- und Zementherstellung; bei Kalkmergel überwiegt Kalk, b. Tonmergel Ton.

mergeln, m. M. düngen.

Merian, schweiz.-dt. Künstlerfamilie; 1) Matthäus d. Ä. (22. 9. 1593–19. 6. 1650), Radierer; u. a. Bibelillustration, topograph. Ansichten europ. Städte; s. Kinder 2) Matthäus d. J. (25. 3. 1621–15. 2. 87), Maler (Bildnisse) u. Radierer, u. 3) Sibylla (2. 4. 1647–13. 1. 1717), Malerin, Graphikerin u. Naturforscherin; exakte Darstellungen v. Pflanzen u. Insekten.

Mérida, 1) St. in d. span. Prov. Badajoz, 42 000 E; 2) Hptst. des mexikan. Staates Yucatán, 425 000 E.

Meridian, *m.* [l.], 1) *astronom.: Mittagskreis,* der durch beide Himmelspole u. durch Zenit u. Nadir eines Ortes gezogene Kreis, in dem alle Sterne ihre höchste (und niedrigste) Stellung erreichen: *Meridianhöhe;* die Schnittlinie d. M.ebene mit d. Horizontebene: *Mittagslinie;* 2) *geograph.* den Meridianen des Himmels ent-

Adolph Menzel

sprechen die auf dem Globus durch die Erdpole senkrecht zum Erdäquator verlaufenden M.e *(Längenkreise);* alle Orte derselben haben durch die beiden Erdpole begrenzte Meridianhälfte haben gleiche Ortszeit; 1. M. *(Null-M.);* → Greenwich (bei London); *Breitenkreise,* parallel z. Äquator, teilen alle Meridiane in 180 Breitengrade. – **M.kreis,** wichtiges Instrument der Astronomie zur Messung der → Rektaszension u. → Deklination der Himmelskörper.

Mérimée, Prosper (28. 9. 1803–23. 9. 70), frz. Schriftst.; *Colomba, Carmen* (Stoff f. *Bizets* Oper).

Merinoschafe, Landschafrassen, m. gekräuselter, feinster Wolle; urspr. a. Spanien (→ Tafel Tierzucht).

Meriten [l.], Verdienste.

Merkantilismus, *Merkantilsystem,* System staatl. absolutist. Wirtschaftspolitik im 17. und 18. Jh.: Reichtum eines Staates liegt im Besitz (an Edelmetallen); daher das Bestreben, durch Warenausfuhr, bei Drosselung der Einfuhr, Gold und Silber aus dem Ausland heranzuziehen. *Staatl.* Förderung d. heimischen Ind.; Erwerbung überseeischer Besitzungen (Rohstoffe); *Schutzzölle;* Hauptvertr.: Colbert. → Kameralwissenschaft.

Merkel, Angela (* 17. 7. 1954), dt. Phys.in u. CDU-Pol.in; s. 1991 B.min.in f. Frauen u. Jugend.

Merkstein, s. 1972 Teil von → Herzogenrath.

Merkur|ius, 1) römischer Gott, dem griech. Gott → *Hermes* gleichgestellt (Abb. → Tafel Bildhauerkunst); 2) sonnennächster Planet, Zeichen ☿; mittlerer Abstand von der Sonne 57,9 Mill. km, Äquatordurchmesser 4880 km, Dichte 5,4; Rotationsdauer 59 Tage; in seinen größten Elongationen meist auch mit bloßem Auge sichtbar; keine Monde, Atmosphäre nicht nachgewiesen, Oberflächentemperatur +200 bis +400 °C; 3) alchimist. Name für *Quecksilber.*

Merkurstab, von zwei Schlangen umwunden, geflügelt, als Sinnbild des Handels.

Merlan, *m.,* ein Schellfisch eur. Küsten.

Merlin, *Zauberer der Artus*-Runde; Sohn des Teufels und einer Jungfrau; Dramen v. Immermann u. Dorst.

Meroë, Hptst. d. jüngeren äthiop. Reiches (4. Jh. n. Chr.), am Nil; engl. Ausgrabungen.

Merowech, fränk. Kg um 450 n. Chr.

Stammvater d. **Merowinger,** fränk. Kgsgeschlecht im 5.–8. Jh.; *Chlodwig,* 481–511 Kg, gründete d. großfränk. Reich; *Childerich,* 751 v. → Pippin d. Jüngeren abgesetzt.

Merrifield, Robert Bruce (* 15. 7. 1921), am. Chem.; Nobelpr. 1984 (Methode z. Herstellung v. Peptiden u. Proteinen).

merry old England ['mɛrı 'ould 'ıŋglend], „das fröhl. alte England" (bes. vor d. Bürgerkrieg d. 17. Jh.).

Merseburg (D-4200), Krst. i. S-A., a. d. Saale, 44 367 E; Dom (11. Jh.); Schloß; im Domkapitelbau: **M.er Zaubersprüche,** althochdt., 9. Jh., Beschwörungen (zum Blutstillen, Gefangenenbefreien) nennen Wodan, Balder, Freyja u. a. german. Götter.

Mertes, Alois (29. 10. 1921–18. 6. 85), CDU-Pol.; s. 1982 Staatsmin. i. AA.

Merthyr Tydfil ['mə:θə 'tıdfıl], brit. St. in Wales, 62 000 E; Eisenindustrie.

Meru, Vulkan in O-Afrika, südwestl. vom Kilimandscharo, 4565 m.

Merulo, Claudio (8. 4. 1533–5. 5. 1604), it. Orgelbauer, Organist u. Komp.

Merveilleuse [frz. *-vɛ'jøːz],* um 1800, auffällig gekleidete Frau; Gegenstück dazu → *Incroyable.*

Merwedekanal, zw. Amsterdam u. **Merwede** (Teil der Waal), 69 km l.

merzerisieren, von dem Engländer John *Mercer* 1884 erfundene Behandlung v. Baumwollstoffen in Natronlauge, um sie straff u. seidig glänzend zu machen.

Merzig (D-6640), Krst. d. Kr. M.-Wadern, Saarland, 29 312 E; spätroman. Pfarrkirche St. Peter; div. Ind.; Wolfsgehege.

Mesalliance, w. [frz. *meza'ljãs],* Mißheirat, nichtstandesgemäße Beziehung.

Meschede (D-5778), Krst. d. Hochsauerlandkr., NRW, 30 853 E; AG; Hennetalsperre, Fremdenverkehr; metallverarbeitende, Kunststoffind.

Meschhed, Hptst. d. iran. Prov. Chorassan, 1,5 Mill. E; Wallfahrtsort d. Schiiten; Teppiche, Goldarbeiten.

meschugge [jidd.], verrückt.

Mesenchym, *s.* [gr.], das embryonale Gewebe, aus dem sich Bindegewebe, Knochen, Knorpel, Blut- u. Lymphgefäße usw. entwickeln.

Mesenterium → Gekröse.

Meskalin, *s.,* aus dem mexikan. Kaktus Peyotl gewonnenes → Halluzinogen.

Mesmer, Franz (25. 3. 1734–5. 3. 1815), dt. Arzt; Begr. d. Lehre v. tier. (Heil-)Magnetismus (**Mesmerismus**).

meso- [gr.], als Vorsilbe: mittel ...

Mesoderm [gr.], mittleres Keimblatt der → Gastrula.

Mesognathie → Prognathie.

Mesolithikum svw. Mittelsteinzeit (→ Vorgeschichte).

Mesonen, kurzlebige, unstabile → Elementarteilchen, schwerer als Elektronen, leichter als Protonen; wichtigste Arten: π-Mesonen (verantwortl. f. d. Zusammenhalt d. Atomkerns) u. μ-Mesonen (schwere Elektronen).

Mesopotamien [gr. „Zwischenstromland"], arab. *el-Dschesireh,* das Flußgebiet von Euphrat und Tigris zw. Syrien u. dem Pers. Golf, im S *Irak Arabi* benannt; meist Steppe u. Wüste. – Im Altertum Teil des assyr.-babylon. Reiches, künstl. bewässert, dicht besiedelt; seit 1921 → *Irak.*

Mesothorium, radioaktives Zerfallsprodukt des Thoriums; Isotop des Radiums; *med.* für Bestrahlungen.

Mesozoikum → geologische Formationen, Übers.

Messalina, *Valeria,* sittenlose Gemahlin d. röm. Kaisers Claudius, 48 n. Chr. ermordet.

Meßbrücke, in der Elektronik allg.: Schaltung zur Messung von → Kondensatoren, → Widerständen, Scheinwiderständen, → Spulen; Meßergebnis allein v. d. Genauigk. der Brückenelemente abhängig.

Messe, 1) kath. Gottesdienst, *Meßopfer,* genannt n. d. Schlußformel: „ite, missa est" (Entlassung); Herzstück d. M. Verwandlung v. Brot und Wein in Leib u. Blut Christi durch d. Priester; in feierl. Form gesungene Haupt-M.: *Hochamt;* neben *öffentl.* Messen *Privat-M.n:* Toten-M., Seelen-M., Braut-M. u. a.; **2)** mehrstimm. geistl. Chorwerk, meist m. Instrumentalbegleitung, dem d. Text d. Ordinarium missae zugrunde liegt; **3)** seit d. MA übl., period. stattfindende Waren-Großhandelsmärkte, z. B. *Leipziger Muster-M.* (Frühjahr u. Herbst), auf denen Waren an Hand ausgestellter Muster bestellt werden; 1952 M.gesetz i. d. BR; **4)** [engl. *mess* „Tischgesellschaft"] auf Schiffen: Speiseraum.

Messenger-Ribonukleinsäure ['mɛsındʒə-], *Boten-RNS,* engl. *Messenger Ribonucleic Acid, mRNA,* Ribonukleinsäuremoleküle, die während der genetischen → Transkription an d. → DNA gebildet werden u. während der → Translation als Matrize f. d. *Biosynthese* von Eiweißstoffen dienen; → genetischer Kode.

Messenien, *Messenia,* Tallandschaft an der SW-Küste des Peloponnes, griech. Nomos, 2991 km², 160 000 E; Hptst. *Kalamata* (42 000 E). – Von Sparta in den **Messenischen Kriegen** unterworfen (um 740–460 v. Chr.).

Messerschmitt, Willy (26. 6. 1898–15. 9. 1978), dt. Flugzeugkonstrukteur; 1935 Jagdflugzeug *Me 109;* 1940 erstes serienmäßiges Düsenflugzeug *Me 262;* 1942 mit Lippisch *Me 163* („Komet"), Raketenjäger.

Messiaen [mɛ'sjã], Olivier (* 10. 12. 1908), frz. Komp.; Mitbegr. d. Gruppe „La jeune France"; Orgel- u. Orchesterwerke; Oper: *St-François d'Assise.*

Messianismus, Sendungsglaube best. Völker; insbes. bei slaw. Völkern nat.-rel. Idee, daß sie für andere Völker leiden, um wie der Messias aufzuerstehen (poln. Romantiker); theosophisch pol. Idee eines christl. universalen Reiches (im Panslawismus).

Messias, hebr. *Maschiach,* griech. *Christos, der Gesalbte;* im A.T. der von Gott gesalbte König, der d. *Messianische Reich* heraufführen soll.

Messier [me'sje], Charles (26. 6. 1730–11. 4. 1817), frz. Astronom; von ihm ein Katalog der damals bekannten (etwa 100) Nebel u. Sternhaufen.

Messina, Hptst. der it. Prov. *M.* auf Sizilien, an der *Straße v. M.* (3,3 km breite Meerenge zw. Italien u. Sizilien), 274 000 E; Uni. (1548 gegr.); befestigter Hafen. – Griech. Kolonie (um 700 v. Chr. gegr.); 1908 Erdbeben.

Messing, Kupfer-Zink-Legierung; in d. Technik viel verwendet, da dauerhafter, billiger, auch leichter schmelzbar u. dünnflüssiger als reines Kupfer.

Messner, Reinhold (* 17. 9. 1944), it. Bergsteiger u. Schriftst.; 1970–86 Besteigung aller 14 Achttausender ohne Sauerstoffgerät. *Überlebt; Alle 14 Achttausender.*

Meßsachen, Rechtsstreitigkeiten zw. Kaufleuten, die sich aus Geschäften auf Messen u. ähnl. Veranstaltungen ergeben.

Meßter, Oskar (21. 11. 1866–7. 12. 1943), dt. Erfinder (Kinematographie u. Luftbildmessung), Begr. d. dt. Filmind.; u. a. erster Filmprojektor m. Malteserkreuz-Schaltung (1896).

Meßtisch

Meßtisch (Abb.), reißbrettartiges Instrument zur Aufnahme v. Geländezeichnungen: mit Stativkopf zur Horizontaleinstellung auf der Meßplatte, Aufsatz, *Kippregel;* darauf Fernrohr mit Distanzfäden, Gradbogen f. Neigungswinkel und Libelle, ferner Lineal (Ziehkante parallel z. optischen Achse) mit Magnetnadel und Libelle.

Meßtischblatt, Landkarte der staatl. Landesaufnahme im Maßstab 1:25 000.

Meßuhr, Feinmeßgerät, bei dem die Bewegung eines Taststiftes auf einen Zeiger übertragen wird; auf 0,001 mm genau.

Mestize → Mischlinge.

Meštrović [-*ʃtrɔvitɕ*], Ivan (15. 8. 1883–16. 1. 1962), kroat. Bildhauer (z. T. monumentale) Plastiken; Denk- u. Grabmäler.

Met, *m.,* alkohol. Getränk aus gegorenem Honig u. Gewürzen.

meta- [gr.], als Vorsilbe; mit ..., nach ..., zwischen ...

Metabolismus → Stoffwechsel.

Metagalaxis, w. [gr.], *astronom.* Sammelbez. für das System aller → Milchstraßensysteme.

Metageschäfte [it. „a metà = zur Hälfte"], Effektengeschäfte mit Teilung von Gewinn und Verlust zw. 2 Vertragspartnern (Metisten).

Metalle, chem. Elemente, außer Quecksilber alle fest, von besonderem „metallischem" Glanz, gute Wärme- u. Elektrizitätsleiter; chem. gekennzeichnet dadurch, daß sie mit Säuren Salze u. teilweise auch Verbindungen mit Wasserstoff *(Hydride)* bilden; alle außer den edlen M. bilden an der Luft Oxide, die „basischen" außerdem Hydroxide; mischen *(legieren)* sich miteinander, aber nicht mit Nichtmetallen (mit diesen bilden sie Verbindungen, z. B. mit Schwefel *Sulfide).* Vorkommen d. *Edelmetalle* (Platin, Gold, Silber) fast stets gediegen, der andern als *Erze* an Sauerstoff, Schwefel, Kohlensäure u. andere Säuren gebunden. Einteilung nach d. Dichte in → *Leichtmetalle* u. *Schwermetalle* (Dichte mindestens 5). – In Handel und Technik unterscheidet man: *Eisen* einerseits und *Nichteisenmetalle* (NE-Metalle) od. *Buntmetalle* andererseits, *Alt-M.,* ihrer Bestimmung entzogene Halb- od. Fertigfabrikate, auch Abfälle zum Ein- u. Umschmelzen. – Erzeugung → Schaubilder Eisen u. Stahl, Gold, Kupfer.

Metall-geld, d. aus Edel- (Gold, Silber) od. and. Metallen bzw. Legierungen hergestellte Geld. – **M.handel,** Handel mit Nichteisenmetallen, ihren Vorprodukten u. Abfällen. – **M.hütten,** Anlagen z. hüttenmäß. Gewinnung v. Metallen aus ihren Erzen, auch durch Umschmelzen u. Raffinieren v. Altmetallen; → Metallverhüttung. – **M.keramik** → Pulvermetallurgie. – **M.ographie,** Lehre v. d. Metallen, bes. hinsichtlich ihres Feinaufbaues. – **m.-organische Verbindungen,** typisch f. m.-o. V., daß Metallatome unmittelbar an e. Kohlenstoffatom gebunden sind; f. d. Chem. wichtige synthet. Hilfsmittel; Verwendung als → Antiklopfmittel, → Katalysatoren. – **M.oxide,** Sauerstoffverbindungen der Metalle. – **M.salze,** aus Metallen u. Säuren gebildet (z. B. Kupfer-, Eisensulfat). – **M.spritzverfahren,** Metallisieren auf trockenem Wege mittels Spezialbrenner (Schoopsche Spritzpistole), in welche das Metall in Drahtform eingeführt, geschmolzen u. versprüht wird. – **M.urgie,** Hüttenkunde, Lehre von der Gewinnung der Metalle aus den Erzen, Wiss. der Metalltechnik. – **M.verhüttung,** in → Metallhütten: Vorbereitung durch → Rösten; Gewinnung *auf trockenem Wege:* durch Niederschmelzen, Garmachen, Destillieren; *auf nassem Wege:* durch Auslaugen, Fällen, Amalgamieren; durch Reduktion, z. B. Erhitzen mit Kohle; *auf*

elektrolyt. Wege: aus Lösungen od. Schmelzen; → Eisen- u. Stahlgewinnung, Übers.

Metamorphite, *metamorphe Gesteine,* durch Metamorphose von → Sedimentgesteinen oder → Magmatiten entstandene kristalline Gesteine: durch Gase u. durch Wärme (Berührung mit → Magma) *Kontakt-Gesteine* (z. B. Hornfels) oder durch (Gebirgs-)Druck und Wärme *Dynamo-Gesteine,* kristalline Schiefer (z. B. Gneis).

Metamorphose, w. [gr.], Verwandlung, **1)** in der *Mythologie* von Menschen in Bäume, Tiere usw. (z. B. in Ovids *M.n* d. Verwandlung der → *Daphne* in einen Lorbeerbaum); **2)** *zoolog.* d. Entwicklungsweg vieler Tiere v. Ei z. erwachsenen Tier über dazwischengeschaltete Larvenformen, d. sich in Körperbau u. Lebensweise vom erwachsenen Tier unterscheiden (indirekte Entwicklung), z. B. bei Insekten, Amphibien, Krebsen, Weichtieren u. Würmern; → Heterometabolie; → Holometabolie; **3)** *botan.* Herausbildung verschiedener Pflanzenglieder aus denselben Anlagen (z. B. Blattanlagen werden zu Laub-, Kelch-, Blüten-, Staubblättern usw.); **4)** *geolog.* durch erhöhten Druck u. steigende Temperatur sich vollziehende Umwandlung v. Gesteinen, bes. während d. Gesteinsbildung.

Metaphase, Stadium d. → Mitose oder → Meiose.

Metapher, w. [gr.], gleichnishafte Redewendung.

metaphorisch, bildlich.

Metaphysik, w. [gr.], Lehre von d. Grundursachen des Seins jenseits v. Erfahrung u. Wahrnehmung, ben. nach der in der Sammlung der Schriften des Aristoteles „nach der Physik" (griech.: *meta ta physika)* folgenden Schrift *(Erste Philosophie).*

Metastase, w. [gr.], *Tochtergeschwulst, Ableger,* durch Keimverschleppung entstandener neuer Krankheitsherd (z. B. Krebsgeschwülste oder Eiterherde).

Metastasio, Pietro (3. 1. 1698–12. 4. 1782), it. Barockdichter; Operntexte: u. a. für Gluck u. Mozart.

Metazoen [gr.], die *vielzelligen Tiere;* Ggs.: Protozoen *(Einzeller).*

Meteore [gr.], svw. *Sternschnuppen,* planetar. Kleinkörper u. Teilchen der → interplanetaren Materie, dringen m. gr. Geschwindigk. (bis zu 72 km/s) in die Erdatmosphäre ein u. verglühen meist i. 120 bis 30 km Höhe, wobei Leuchterscheinungen sie nachts kurzzeitig sichtbar machen. Große bzw. helle M.: *Feuerkugeln, Boliden;* kleinste, staubähnl. M.: *Mikrometeore,* nicht sichtbar, nur durch Zusammenstoß mit Erdsatelliten nachweisbar. Neben vereinzelt auftretenden sporad. M.n gibt es *Meteorströme,* die als Auflösungsprodukte v. Kometen i. gemeinsamen Bahnen d. Sonne umfliegen; am Himmel scheinen ihre Mitglieder aus d. gleichen Punkt *(Radiant)* zu kommen.

Auffällige Meteorströme: Lyriden (22. April), Perseïden (12. Aug.), Leoniden (13. Nov.). Seit 1947 werden M. mit Radar unabhängig v. Tageszeit u. Wetter beobachtet; dabei wurden neue Ströme i. d. Nähe der Ekliptik entdeckt. Gelegentlich bis zur Erde gelangende Meteorkörper heißen Meteorite.

Meteorismus, Gasbildung im Darm, Blähsucht.

Meteoritenkrater
im Cañon Diablo, Arizona

Meteorite, Bruchstücke v. Meteoren, die d. Erdoberfläche erreicht haben, jährl. etwa 2000 mit durchschnittl. 100 kg Masse beobachtet; *Stein-M. (Chondrite)* aus kristallinem Gestein (→ Silicate), *Eisen-M.* (Nickel, Eisen, Kobalt) u. *Glas-M. (Tektite);* reichster M.nfall: Pultusk, ca. 100 000 Stücke; größter Stein-M.nfall: Long Island, Kansas (USA), 1891, 564 kg; größter Eisen-M.nfall: Hoba, SW-Afrika, 1920, 60 t; → Altersbestimmung d. M. aus Messung ihrer radioaktiven Bestandteile ergibt ca. 4,6 Mrd. Jahre. – **M.nkrater,** Krater od. Kraterfelder durch Einschlag v. Meteor-M.n, heute 12 bekannt; Cañon Diablo in Arizona (USA): 1200 m Durchm., 174 m tief; größter Einzelkrater: Chubbkrater i. Kanada, 3600 m Durchm., 380 m tief; größte flächenmäßige Verwüstung durch Tunguska-Meteorit (Sibirien), 1908.

Meteorologie [gr.], Wiss. von *Wetter* (Sonnenstrahlung, Wärme, Druck u. Feuchtigkeit der Luft, Wind, Bewölkung, Niederschläge eines od. mehrerer Tage), *Witterung* (d. Wetter v. Wochen u. Monaten) u. *Klima* (Durchschnittswitterung der Jahre). *Meteorolog. Stationen* → Wetter, Übers. S. 575; Welt-Wetterorganisation *(WMO),* Sitz Genf.

meteorotrope Krankheiten, durch Wetter- und Klimaveränderungen ausgelöst u. beeinflußt.

Meteosat, erster eur. Wettersatellit; geostationäre Umlaufbahn in 36 000 km Höhe; Position über d. Westküste Afrikas in Höhe d. Äquators; beobachtet Gebiet zw. Nordeur., d. Atlant. u. Ind. Ozean; 4 M.-Satelliten v. 6 geplanten gestartet (seit 1977).

Meter [gr.], Abk. *m,* zuerst 1799 in Frkr. als Grundeinheit des *metrischen Maß- und Gewichtssystems* eingeführt; Urmaß des M.: „Etalon" aus Platiniridium; 1 m ist etwa der 40millionste Teil des Äquators. – **M.kilopond,** abgek. *mkp,* techn. Maßeinheit d. Arbeit: Arbeitsleistung ei-

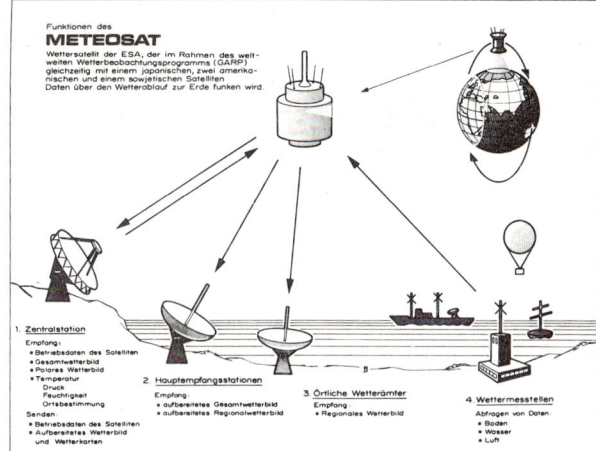

Funktionen des **METEOSAT**
Wettersatellit der ESA, der im Rahmen des weltweiten Wetterbeobachtungsprogramms (GARP) gleichzeitig mit einem japanischen, zwei amerikanischen und einem sowjetischen Satelliten Daten über den Wetterablauf zur Erde funken wird.

1. Zentralstation
Empfang:
• Betriebsdaten des Satelliten
• Gesamtwetterbild
• Polares Wetterbild
• Temperatur
  Druck
  Feuchtigkeit
  Ortsbestimmung
Senden:
• Betriebsdaten des Satelliten
• Aufbereitetes Wetterbild
  und Wetterkarten

2. Hauptempfangsstationen
Empfang:
• aufbereitetes Gesamtwetterbild
• aufbereitetes Regionalwetterbild

3. Örtliche Wetterämter
Empfang:
• Regionales Wetterbild

4. Wettermessstellen
Abfragen von Daten
• Boden
• Wasser
• Luft

ner Kraft von 1 kp längs eines Weges v. 1 m. – **M.konvention,** intern. Vereinbarung vom 20. 5. 1875, wonach der in Paris aufbewahrte M.stab als *Urmaß* d. Meters gilt; heute auf andere Maßeinheiten ausgedehnt.

Meterwellen, → *VHF,* elektromagnet. → Wellen mit Wellenlänge v. 10 bis 1 m; → Ultrakurzwellen.

Methan, *s., Grubengas, Sumpfgas, CH_4* farb- u. geruchlos, brennbar, Entstehung durch Zersetzung organ. Kohlenstoffverbindungen; Hptbestandteil d. Erdgases, in Leuchtgas, mit Luft explosible Mischungen (für Verbrennungskraftmaschinen genutzt), z. B. die „schlagenden Wetter" (Bergwerksexplosionen). – **M.derivate,** chem. Abkömmlinge des M.s (z. B. *Chloroform* = Trichlor-M.).

Methionin, *s.,* lebenswichtige schwefelhaltige → Aminosäure, d. im Körper nicht synthetisiert werden kann; „hepatotroper" Faktor (lebenswirksamer Stoff), angewendet bei Eiweißmangel u. Leberschäden.

Methode, *w.* [gr.], planvolles Verfahren zur Erreichung eines (wiss.) Zieles.

Methodik, *w.* [gr.], **Methodologie,** Methodenlehre, Lehre v. d. Wegen der wiss. Erkenntnis.

Methodios u. Kyrillos, christl. Slawenapostel, **a)** Kyrillos († 869), begr. slaw. (→ russ.) Alphabet (kyrillische Schrift) u. die slaw. Literatur; **b)** Methodios († 885), Bischof von Mähren; beide 1985 heiliggesprochen.

Methodisten, Erweckungsbewegung, seit 1738, gegr. von John u. Charles *Wesley* u. George *Whitefield* (aus Eindrücken in Brüdergemeine); bischöfl. Verfassung in der Art der Bischöfe d. Brüdergemeine; Hauptkennzeichen: ernste Forderung der Bekehrung u. eines christl. Lebens; gute Organisation, schlichter Gottesdienst, ernste Lebensführung; Wesley

lehnte calvin. Prädestination ab, daher frühe Spaltung; *Wesleyaner* bes. in England.

Methods-Time Measurement [engl. 'mεθədz 'taim 'mεʒəmənt], Zeitmeßmethode; manuelle Arbeitsfolgen werden in Grundbewegungen zerlegt und einem Zeitwert zugeordnet. Maßeinheit = 1 TMU = $V_{100 000}$ Std.

Methusalem, sagenhafter biblischer Urvater; nach A. T. 969 Jahre alt geworden.

Methyl, Rest-CH_3 des Methans. – **M.alkohol** → Holzgeist.

Methylenblau, licht- u. waschechter Teerfarbstoff f. Seide u. Baumwolle; als *Löfflers Reagens* zur Bakterienfärbung; *med.* zur Prüfung der Nierenfunktion, da im Harn unverändert ausgeschieden.

Methylviolett, Teerfarbstoff, *Gentianaviolett,* zu Tinte, Stempelfarbe, Bakterienfärbung.

Metier, *s.* [frz. -'tje], Handwerk, Geschäft.

Metöken [gr. „Mitbewohner"], in d. altgriech. Staaten die Zugewanderten; genossen Schutz, hatten kein Bürgerrecht u. zahlten Kopfgeld.

Meton, griech. Mathematiker u. Astronom, um 430 v. Chr. Verbesserung d. Kalenderrechnung; nach ihm ben. der *M.ische Zyklus* von 19 Jahren.

Metonymie, *w.* [gr.], Übertragung eines Wortes auf einen anderen Begriff (z. B. „Land", wenn „Bevölkerung" gemeint ist).

Metope, (Relief-)Verzierung i. → Fries griech. Tempel.

Metrik, *w.* [gr.], Lehre v. d. Versmaßen.

metrisches System, Maß- und Gewichtssystem, in den meisten eur. u. vielen außereur. Staaten eingeführt; Grundlage: → Meter.

Metrologie [gr.], Wissenschaft v. den Maßen u. Gewichten.

Metronom

Metronom, *s.* [gr.], Uhrwerk mit verstellbarem Pendel, das d. Taktschläge mißt; v. J. *Mälzel* (1772–1838) erfunden; Angabe von Tonstücken: M. M. (z. B. M. M. ♩ = 80:80 Zähleinheiten pro Minute).

Metropole, Metropolis, *w.* [gr.], urspr. Mutterstadt einer altgriech. Kolonie; Hauptstadt.

Metropolit [gr.], Erzbischof, dem andere Bischöfe unterstellt sind; im Orient nur Ehrenvorrang.

Metropolitan Museum of Art, größtes Kunstmuseum d. USA in New York.

Metropolitan Opera, 1883 eröffnetes New Yorker Opernhaus (3600 Plätze), s. 1966 in einem Neubau im Lincoln Center.

Metrum, *s.* [gr.], *mus.* Verhältnis von langen und kurzen Notenwerten innerhalb eines Taktes; auch Versmaß.

Metschnikoff, Elias (15. 4. 1845–15. 8. 1916), russ. Biologe; → Phagozytose; Nobelpr. 1908.

Metsu [-tsy:], Gabriel (Jan. 1629–Okt. 67), ndl. Genremaler.

Mette, → Matutin; Mitternachtsmesse.

Fürst v. Metternich

Metternich, Klemens Fürst von (15. 5. 1773–11. 6. 1859), östr. leitender Min. u. Staatskanzler; 1812–15 geschickter Gegenspieler Frkr.s u. Rußlands, gewann durch Vorsitz im → *Wiener Kongreß* u. als konservativer Min. der „Heiligen Allianz" pol. Führung in Europa; schuf Grundlagen für Großmachtstellung Östr.-Ungarns; als Verfechter d. Legitimität u. → Restauration Gegner liberaler u. nat. Bewegungen (→ Karlsbader Beschlüsse), 1848 zum Rücktritt gezwungen.

Metteur [frz. -'tø:r], Setzer, der → Umbruch besorgt.

Mettmann (D-4020), Krst. im Bergischen Land, NRW, 37 671 E; AG; in der Nähe das → Neandertal.

Metz, Hptst. des frz. Dép. *Moselle,* an der Mosel, 119 000 E; Bischofssitz (seit 4. Jh.); got. Kathedrale; Mittelpunkt der

lothring. Eisenind. u. Kohlewirtsch.;
Landw. - Im 13. Jh. dt. Reichsst., 1552
frz., 1871–1919 dt.
Metze, 1) altes dt. Hohlmaß, von unterschiedl. Wert, z. B. in Bayern 37,06 l; **2)** mundartl. svw. Dirne.
Metzingen (D-7430), St. i. Kr. Reutlingen, Ba-Wü., 19 895 E; Textil-, Leder-, Masch.ind., Weinbau.
Meuchelmord, heimtückischer, hinterlistiger Mord.
Meunier [mø'nje], Constantin (12. 4. 1831–4. 4. 1905), belg. impressionist. Maler u. Bildhauer d. Realismus.
Meurthe [mœrt], **1)** r. Nbfl. der Mosel, von den Vogesen, 170 km l; **2)** M.-et-Moselle, frz. Dép., 5241 km², 705 000 E; Weinbau, Eisenerzlager; Hptst. Nancy.
Meuse [mø:z], **1)** frz. Name der → Maas; **2)** frz. Dép., 6216 km², 196 000 E; Hptst. Bar-le-Duc.
Meuselwitz (D-7404), thür. Ind.st. i. Kr. Altenburg, 10 649 E; Braunkohlebergbau; Textil-, Masch.-, Porzellanind.
Meute [frz.], eine Anzahl zur Hetzjagd auf Wild abgerichteter Hunde.
Meuterei, Gehorsamsverweigerung, Auflehnung od. Angriff mehrerer Untergebener; strafb. Handlung b. Militär, Gefangenen u. Schiffsbesatzungen.
MeV, Abk. f. Mega- → Elektronenvolt =
1 000 000 eV.
Mexicali [mex-], Hptst. und Grenzort des mexikan. Staates Baja California, 511 000 E.
mexikanische Kunst → altamerikanische Kunst.
Mexiko, México ['mexiko], **1)** amtl. Estados Unidos Mexicanos, mittelam. Bundesrep., 1 958 201 km² (m. Halbinsel Niederkalifornien), 84 Mill. E (43 je km²); Bev.: 75% Mestizen, 10% Indianer, 15% Weiße; Bev.-Zuw. 2,5%; Sprache: Span., indian. Sprachen; Währung: mexikan. Peso (mex$); Rel.: röm.-kath.; Hptst.: Mexico City; Flagge S. 341, Karte S. 746. **a)** Geogr.: Hochland (1100–2500 m) mit aufgesetzten, mächtigen Vulkankegeln (Pik v. Orizaba 5653 m, Popocatépetl 5452 m), im N wüstenhaft trocken (Kakteensteppe); zw. Randgebirgen u. Meer Küstenebenen m. Lagunen; Haupthäfen an d. Golfküste: Veracruz, Tampico; 3 Klimazonen: heiße Küstenzone (Tierra caliente); ungesund; Stufenländer (Tierra templada), mild u. regenreich; Hochland (Tierra fría), trocken u. kühl; Hauptfluß: Río Grande de Santiago. **b)** Landw.: Nutzflächen 12% d. Landes, 2,5% Wald; Anbau: hpts. Mais, Weizen, Bohnen, Kaffee (Erzeugung 1988: 283 000 t), Baumwolle, Bananen; Viehzucht. **c)** Bodenschätze: Erdöl (1988: 134,3 Mill. t), Kohle, Eisenerz, Blei, Zink, Kupfer, Gold, Silber (1988: 2360

Mexiko, Palacio de Bellas Artes

t), Quecksilber, Graphit, Antimon. **d)** Außenhandel (1988): Einfuhr 18,9 Mrd., Ausfuhr 20,66 Mrd. $. **e)** Verkehr: 221 000 km Straßen, 25 500 km Eisenbahnen. **f)** Verf.: Präsidiale Rep., Parlament m. 2 Kammern (Senat u. Abgeordnetenhaus). **g)** Verw.: 31 Staaten m. selbstgewähltem Gouverneur u. eigenem Kongreß u. Bundesdistrikt. **h)** Gesch.: Reich d. → Azteken, 1519–21 von Cortez erobert; 1823 selbständig, aber durch Bürgerkriege zerrissen; 1864–67 Kaisertum unter → Maximilian 8) v. Östr. (erschossen). 1877–1911 ruhige Entwicklung unter Präs. Díaz, dann Jahrzehnte mit Bürgerkriegen u. Revolutionen; s. 1952 innere Reformen; durch rasches Wirtschaftswachstum hohe Auslandsverschuldung trotz gr. Bodenschätze. **i)** Mitgl.: UN, OAS, ALADI; **2)** Staat d. B.rep. M., 21 355 km², 12,01 Mill. E; **3)** Ciudad de México, Mexico City, Hptst. v. M., Agglomeration 19 Mill. E (Bundesdistrikt 1479 km², 10 Mill. E), 2240 müM; Kathedrale, Museen, Uni. (s. 1551), Eisen-, Textil- u. chem. Ind. - **M., Golf von,** w. Teil des Am. Mittelmeers, zw. Mexiko, Cuba u. Florida, 1,6 Mill. km², bis 4376 m tief, erhält durch den Antillenstrom (Nordäquatorialstrom) sehr warmes Wasser (im Winter noch 23–25 °C), das er als Golfstrom nach N durch die Floridastraße abgibt.

Conrad F. Meyer
Radierung von Stauffer-Bern

Meyer, 1) Conrad Ferdinand (11. 10. 1825–28. 11. 98), schweiz. Dichter: Gedichte, bes. Balladen: Huttens letzte Tage; Novellen (Stoffe aus der Renaissance u. Reformation); Roman: Jürg Jenatsch; **2)** Eduard (25. 1. 1855–31. 8. 1930), dt. Geschichtsforscher; Geschichte des Altertums; **3)** Julius Lothar (19. 8. 1830–11. 4. 95), dt. Chem.; entdeckte gleichzeitig m. Mendelejew → Periodensystem der Ele-

mente; **4)** Werner (* 24. 2. 1932), dt. Gewerkschaftler, 1985–90 Vors. d. IGBE, s. 1990 Vors. d. DGB.
Meyerbeer, Giacomo (5. 9. 1791–2. 5. 1864), dt. Komp.; Schöpfer der „Großen Oper"; Die Hugenotten; Die Afrikanerin; Der Prophet.
Meyerhof, Otto (12. 4. 1884–6. 10. 1951), dt. Physiologe; Die chem. Vorgänge im Muskel; Nobelpr. 1922.
Meyfarth, Ulrike (* 4. 5. 1956), dt. Hochspringerin; Goldmedaillengewinnerin b. d. Olymp. Spielen 1972 u. 1984.
Meyrink, Gustav (19. 1. 1868–4. 12. 1932), östr. okkultistisch-romant. Schrift.; Der Golem; Walpurgisnacht.
Meysenbug, Malvida (28. 10. 1816–26. 4. 1903), dt. Schriftst.in; Freundin Wagners u. Nietzsches; Memoiren e. Idealistin.
MEZ, Abk. f. Mitteleuropäische Zeit;
→ Zeit.
Mezzanin, s. [it.], Halb- oder Zwischengeschoß.
mezzo [it.], mus. halb; mf = m. → forte; mp = m. → piano; m. v. = mezza voce ['votʃə] = mit halber Stimme.
Mezzogiorno, m. [-'dʒo-], d. unterentwickelte Süden Italiens.
Mezzosopran, mittlere Frauen- od. Knabenstimme zw. Sopran u. Alt.
MfS, Abk. f. Ministerium für Staatssicherheit; → Staatssicherheitsdienst.
Mg, chem. Zeichen f. → Magnesium.
mg, Abk. f. Milligramm.
MG, Abk. f. → Maschinengewehr.
MGB, russ. Abk. für Min. für Staatssicherheit, 1954 im → KGB aufgegangen.
MHz, Abk. f. Megahertz = 1 000 000 Hz;
→ Hertz 2).
Miami [mai'æmi], Seebad u. Winterkurort an der S-Küste v. Florida (USA), 369 000 E, Agglomeration 2,95 Mill. E.
Miao, halbnomadisches Bergvolk in W-China.
Miasma, s. [gr.], alte Vorstellung von Krankheitsentstehung durch schädliche Bodendünste.
Michael, 1) mehrere byzantin. Kaiser: M. Palaiologos (1224–82), eroberte 1261 Konstantinopel von d. Lateinern zurück; **2)** M. Feodorowitsch (22. 7. 1596–23. 7. 1645), s. 1613 russ. Zar, begr. d. Romanow-Dynastie; **3)** M. I. (* 25. 10. 1921), Kg v. Rumänien 1927–30 u. 1940–47; lebt in der Emigration.
Michael, Erzengel; Bezwinger Satans (Offb. 12); Patron der Krieger; kath. Michaelifest: 29. 9.
Michaelis, Georg (8. 9. 1857–24. 7. 1936), dt. Reichskanzler Juli–Okt. 1917.
Michaelsbruderschaft, 1931 erfolgter Zus.schluß als Kern d. → Berneuchener Kreises.
Michel, Hartmut (* 18. 7. 1948), dt. Biochemiker, Strukturanalyse von Photosynthese-Rezeptoren; Nobelpr. 1988.
Michel, der dt. M., urspr. Ehrenname für d. Reiterobersten Hans Michael v. Obentraut (1574–1625).

Michelangeli [*mike'landʒeli*], Arturo Benedetti (* 5. 1. 1920), it. Pianist.

Michelangelo

Michelangelo [*mike'landʒelo*], auch *Michelagniolo*, Buonarroti (6. 3. 1475-18. 2. 1564), it. Bildhauer, Maler, Baumeister u. Dichter d. Renaissance; Schöpfer heroischer Gestalten; *Medici*-Gräber (in San Lorenzo, Florenz), im *Pensieroso*); *Grabmal des Papstes Julius II.* (in Rom; m. *Moses*); *Pietà* in d. *Peterskirche* (Rom); *David* (Florenz); Gemälde: *D. jüngste Gericht*; bibl. Deckenfresken in d. *Sixtin. Kapelle* des Vatikans; *Kuppel* der Peterskirche; Sonette (→ Tafeln Bildhauerkunst u. Malerei I).

Michelet [*mi'ʃlɛ*], Jules (21. 8. 1798-9. 2. 1874), frz. Historiker; *Geschichte d. Frz. Revolution.*

Michelozzo [*mike-*], Bartolomeo di (1396-7. 10. 1472), it. Architekt und Bildhauer d. Frührenaissance; u. a. Palazzo Medici (Florenz), Klosterbibliothek S. Giorgio Maggiore (Venedig).

Michelsberg, bei Bruchsal (Baden), mit jungsteinzeitl. Höhlensiedlung, danach *Michelsberger Kultur.*

Michelson [*'maikəlsn*], Albert (19. 12. 1852-9. 5. 1931), am. Phys.; Nobelpr. 1907; sein **M.-Versuch** zur *Messung der Lichtgeschwindigkeit* für → Relativitätstheorie (Übers.) maßgebend.

Michelstadt (D-6120), Kr. i. Odenwaldkreis, Hess., 14 323 E; Luftkurort, 201-540 müM, FS f. Holz-, Elfenbeinschnitzer; histor. Rathaus (1484), Einhardsbasilika (9. Jh.).

Michener [*'mtʃ-*], James Albert (* 3. 2. 1907), am. Schriftst.; *Die Südsee; Die Quelle; Die Bucht; Verheißene Erde; Sternenjäger; Mazurka; Texas.*

Michigan [*-ʃigən*], Abk. *Mich.,* Staat d. USA, auf 2 Halbinseln zw. Huron-, Oberem u. **M.see** (südwestlichster der Großen Seen, 57 757 km², 281 m tief); 150 779 km², 9,17 Mill. E; reiche Eisenerz-, Kupfer- u. Kohlenlager; Schafzucht (Wolle), Automobilind.; Hptst.: *Lansing* (130 400 E); größte St.: *Detroit.*

Mickey Mouse [*-kɪ 'maus*], Trickfilmfigur von Walt Disney (1927); Titelfigur v. Comics.

Mickiewicz [*mits'kjɛvitʃ*], Adam (24. 12. 1798-26. 11. 1855), poln. Dichter d. Romantik; Balladen, Epos: *Herr Thaddäus;* Drama: *Dziady.*

Midas, sagenhafter Kg Phrygiens: was er berührte, wurde Gold; als er Pans Flötenspiel dem des Apollo vorzog, wuchsen ihm Eselsohren.

MIDAS, Abk. f. **M**issile **D**efense **A**larm **S**ystem, am. Aufklärungs- u. Frühwarnsystem (Satellit).

Middelburg [*-bʏrx*], Hptst. der ndl. Prov. Seeland, auf d. Insel Walcheren, 39 000 E.

Middlesbrough [*'mıdlzbrə*], nordostengl. St., 159 000 E; 1968-74 Teil v. → Teesside.

Middlesex [engl. *'mıdlsɛks*], ehem. Gft a. d. Themse, s. 1965 zu → Greater London.

Midgard, in der altnord. Göttersage: Erde. - **M.schlange,** um die Erde geringelt: Weltmeer.

Midi → Mini.

Midinette [frz.], Pariser Modistin.

Midlands [*-ləndz*], mittelengl. Tiefland (Kohlengebiet).

Midrasch, *m.* [hebr. „Forschung"], jüd. Auslegung d. Bibel; wie beim Talmud *halachischer* (gesetzl.) u. *haggadischer* (erzählenen) Teil.

Miegel, Agnes (9. 3. 1879-26. 10. 1964), dt. Dichterin; *Balladen* u. *Lieder; Geschichten aus Altpreußen;* Jugenderinnerungen: *Kinderland.*

Miere, zierliche, weiß blühende Nelkengewächse; *Vogel-M.,* häufiges Gartenunkraut.

Mieres, Ind.st. d. span. Prov. Oviedo, 70 000 E; Bergbau (Kohle, Eisen, Schwefel).

Miesbach (D-8160), Krst. nö. v. Tegernsee, Bay., 9770 E; AG; Erholungsort, Wintersport.

Miesmuschel, Meeresmuschel, haftet an Pfählen *(Pfahlmuschel)* oder Gestein *(Meerdattel);* eßbar.

Mies van der Rohe
House of Seagram, New York

Mies van der Rohe, Ludwig (27. 3. 1886-17. 8. 1969), dt.-am. Architekt; 1930-33 am → Bauhaus, 1938 i. d. USA; wesentlicher Einfluß auf d. moderne Architektur; Wohnhäuser, Siedlun-

gen, Bürogebäude, Nationalgalerie in Berlin.

Mietbücherei → Leihbücherei.

Miete, 1) die durch *Mietvertrag* zw. *Vermieter* u. *Mieter* vereinbarte Gebrauchsüberlassung e. Sache gg. Entgelt *(Mietzins),* bes. bei Räumen, Wohnungen; Vermieter hat an eingebrachten, d. Mieter gehörenden pfändbaren Sachen für Forderungen aus dem Mietverhältnis *Vermieter-* → *Pfandrecht,* kraft dessen Vermieter bei Auszug od. widerrechtl. Entfernung Sachen des Mieters, evtl. gewaltsam, in Besitz nehmen od. auf Rückschaffung klagen kann (§§ 535 ff. BGB); Gebrauchs- und Nutzungsüberlassung → Pacht; bei Miete v. Wohnräumen bes. Schutzvorschriften f. d. Mieter (soz. Mietrecht): Vermieter kann nur kündig., wenn er berechtigtes Interesse nachweist (z. B. erhebl. Verletzung d. Vertragspflichten durch d. Mieter, Eigenbedarf f. sich od. Angehörige, Verhinderung einer angemessenen wirtsch. Verwertung d. Grundstücks); keine Kündigungsmöglichk. zum Zweck d. Mieterhöhung. Der Mieter kann d. Kündigung nur wirksam widersprechen, wenn sie f. ihn eine Härte bedeuten würde u. nicht gleichgewichtige Gründe auf seiten d. Vermieters gegeben sind; **2)** regelmäßig geschützte Lagerhaufen v. Feldfrüchten i. Freien (z. B. *Stroh-M.),* frostgesichert (z. B. *Kartoffel-M.).*

Mieterschutz, zus.fassender Begriff f. Bestimmungen in versch. Gesetzen (z. B. BGB) u. Verordnungen, die die Rechtsstellung des Mieters von Wohnräumen gegenüber dem Vermieter aus sozialen Erwägungen stärken (z. B. durch eingeschränkte Kündigungsmöglichkeiten, Mietpreisregelungen usw.).

MiG, Bez. f. sowj. Jagdflugzeuge (nach den beiden Konstrukteuren **Mi**kojan und [= russ. **i**] **G**urewitsch).

Mignon [frz. *mi'ɲõ* „Liebling"], Mädchengestalt in Goethes *Wilhelm Meister;* Oper v. A. Thomas.

Migräne, *w.* [gr.], anfallsweiser Halbseitenkopfschmerz infolge Gefäßkrampf od. -lähmung.

Migration, *w.* [l.], Wanderung.

Migros → Duttweiler.

Mihrab, *m.,* Gebetsnische i. Moschee.

Mijnheer [ndl. *mə'ner*], (mein) Herr.

Mikado, *Kaiser-Saga*

Mikado, 1) ehrende Bezeichnung des Kaisers von Japan; → Tenno; **2)** Geschicklichkeitsspiel m. Holzstäbchen.

Miki, Takeo (* 17. 3. 1907), jap. Pol.; 1974–76 Min.präs.

Miklas, Wilhelm (15. 10. 1872–20. 3. 1956), östr. christl.-soz. Politiker; 1928–38 Bundespräsident.

Mikojan, Anastas (25. 11. 1895–21. 10. 1978), sowj. Pol.; 1937–64 1. stellv. Min.präs., 1964/65 Staatsoberhaupt d. UdSSR.

mikro- [gr.], Vorsilbe: klein ...; vor Maßeinheiten ein Millionstel (10⁻⁶), Abk. μ.

Mikroanalytik, Nachweismethoden im Milligrammbereich.

Mikroben [gr.], → Mikroorganismen.

Mikrobiologie [gr.], Lehre von den Mikroorganismen.

Mikrochemie, Analyse u. Darstellung kl. Stoffmengen.

Mikrocomputer, Bez. f. e. nicht eindeutig abgrenzbare Computergrößenordnung; die einfachste Ausführung besteht aus einem → Mikroprozessor u. Halbleiterspeicher, integriert auf einem Chip (Anwendung z. B. in Werkzeugmaschinen, Haushaltsgeräten, Kfz u. a.); in größeren Ausbaustufen dient er als → Personal Computer od. → Bürocomputer.

Mikrofilm, systemat. Dokumentation von z. B. Akten, Buchseiten etc. auf speziellem M.; Betrachtung mit besonderen Lesegeräten; platzsparendes Verfahren zur Archivierung riesiger Bestände.

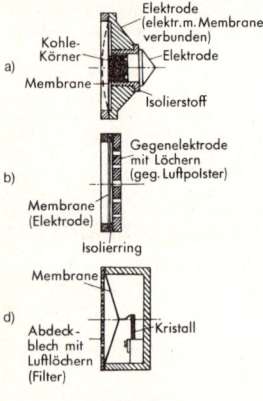

a)
Kohle-Körner
Membrane
Elektrode (elektr.m.Membrane verbunden)
Elektrode
Isolierstoff

b)
Membrane (Elektrode)
Gegenelektrode mit Löchern (geg. Luftpolster)
Isolierring

d)
Membrane
Abdeckblech mit Luftlöchern (Filter)
Kristall

Mikrofone

Mikrofon, s. [gr.], *Mikro,* elektroakust. Wandler. Gerät z. Umwandlung v. Schallschwingungen in el. Schwingungen; nach el. Aufbau unterscheidet man: **a)** *Kontakt-(Kohle-)M.,* Membrane verändert entsprechend den Schallschwingungen den gegenseitigen Kontaktwiderstand gleichstromdurchflossener Kohlenkörner u. somit die Stärke des Gleichstroms; erfunden 1878 v. → *Hughes;* **b)** *Kondensator-M.,* Membrane bildet mit fester Gegenelektrode Kondensator mit Luft als Dielektrikum, an den Gleichspannung angelegt wird; bei Schwingen der Membrane ändert sich Kapazität u.

Mikroskop

somit die Spannung am Kondensator, *Elektret-M.;* **c)** *dynamisches M.,* an Membrane befestigte Spule schwingt im Magnetfeld, dadurch wird in der Spule eine Spannung induziert; *Bändchen-* u. *Tauchspulen-M.;* **d)** *Kristall-M.,* Membrane wirkt auf Kristall, der entsprechend dem Schalldruck → Piezo-Elektrizität erzeugt. **e)** *magnet. M.,* Aufbau wie magnet. Kopfhörer, umgekehrte Arbeitsweise. *Anwendung:* Fernsprech- und Übertragungstechnik, Studio- u. Heimtechnik; übertragene el. Schwingungen werden im Fernhörer oder → Lautsprecher wieder i. Schallschwingungen umgewandelt.

Mikrofotografie [gr.], fotograf. Aufnahme von kleinsten Objekten durch d. Mikroskop; ermöglicht Feststellungen, die f. d. beobachtende Auge nicht mehr erreichbar sind.

Mikrokephalie [gr.], krankhafte Kleinheit des Schädels; meist mit schweren Störungen (Idiotie usw.) verbunden.

Mikrokosmos, m. [gr.], „Kleinwelt", der Mensch als in sich geschlossene Welt; auch für Welt der atomaren Größen; Ggs.: → Makrokosmos.

Mikrolithen [gr.], kleine Feuersteingeräte der Mittelsteinzeit (→ Vorgeschichte, → Übers.).

Mikrometer, s. [gr.], Meßinstrument zum Messen kleiner Längen; Mikrometerschraube hat am Schaft Skala mit → Nonius; Meßgenauigkeit bis ¹⁄₁₀₀₀ mm; auch in Fernrohren.

Mikron, s. [gr.], abgek. μ [my:] = ¹⁄₁₀₀₀ mm.

Mikronen, Bez. für Teilchen von etwa ¹⁄₁₀₀ mm (in der Kolloidchemie) bis zu etwa ¹⁄₁₀₀₀₀₀ mm.

Mikronesien, 1) Kleininselgebiet im nordw. Pazifik: Marianen, Karolinen, Marshall- u. Gilbertinseln; Bewohner: *Mikronesier;* **2)** amtl. *Federated States of Micronesia,* Staat im Pazifik, Zus.schluß d. Marshallinseln u. d. Karolineninseln: Yap, Kosrae, Truk u. Ponape sowie d. Palauinseln mit 702 km², 86 000 E; Hptst.: *Pohnpei* (5550 E, auf Ponape); Reg.: Einkammerparlament u. Präs. (v. Volk gewählt); s. 1979 (endgültig s. 1982) unabhängig; freie Assoziation m. USA; Mitgl. d. UN.

Mikroorganismen [gr.], *Mikroben,* kleinste Lebew. (z. B. Viren, Bakt., Urtiere).

Mikroprozessor, integrierte Schaltung, die die Funktion der Zentraleinheit ohne

Speicher enthält; Grundbaustein f. universelle Anwendungen, v. a. in der Regelungs-, Steuerungs- und Datentechnik.

Mikroskop, s. [gr.], **1)** opt. Instrument zum Betrachten kleinster Gegenstände; zwei opt. Systeme: *Objektiv,* das ein umgekehrtes, stark vergrößertes, reelles Bild des zu betrachtenden Objektes entwirft, u. *Okular,* eine Lupe, durch die das Auge dieses Bild sieht. Betrachtung durchsichtiger Objekte in von unten durchfallendem, undurchsichtiger in von oben auffallendem Licht. Steigerung d. Leistungsfähigkeit durch Eintauchen des Objektivs in Immersionsflüssigkeit u. Anwendung kurzwelligen (ultravioletten) Lichtes (fotograf. Platte). Objekte in der Größenordnung der Lichtwellenlänge sind nicht mehr abbildbar. Zu ihrer Sichtbarmachung → *Ultramikroskop.* – Erstes M. angeblich 1590 von J. u. Z. Janssen; wiss. Durchbildung u. → Abbe; → Elektronen-, → Tunnel-, → Fluoreszenzmikroskop; **2)** *astronom.* → Sternbilder, Übers.

Mikrotom, m. od. s. [gr.], Schneidevorrichtung f. feinste anatomische Gewebsschnitte (bis ca. ¹⁄₁₀₀₀ mm Dicke) z. mikroskop. Untersuchung.

Mikrowellen, hochfrequente elektromagnet. dm-, cm- u. mm-Wellen; auch z. *M.spektroskopie* f. Erforschung d. Aufbaus von Atomen u. Molekülen. – **M.therapie,** Wärmebehandlung im Nahstrahlenfeld, Frequenzen über 300 MHz, Erwärmung der bestrahlten Stellen erfolgt durch → Absorption der hochfrequenten Energie.

Mikrozensus, repräsentative Volkszählung von 1% der → Bevölkerung.

Miktion [l.], Harnlassen.

Milan, Greifvogel mit gegabeltem Schwanz, frißt Mäuse, Frösche usw. – In Dtld.: *Roter (Gabelweihe)* u. *Schwarzer M.*

Milano, it. Name von → Mailand.

Milben, kleine Spinnentiere, vorwiegend Schmarotzer; z. B. *Tier-M., Pflanzen-M., Käse-M., Zecken, Krätz-M., Sammet-M.* (erregen Krätze bzw. Räude).

Milch, in den Milchdrüsen d. Menschen u. d. Säugetiere gebildete weiße Flüssigkeit, die d. Ernährung d. Säuglinge bzw. d. Jungtiere dient. Kuh-M. besteht aus ca. 87,5% Milchflüssigkeit, 12,5% Trockenmasse (4,7% M.-Zucker, 3,5% M.-Fett (Rahm), 3,5% M.-Eiweiß (Casein), 0,8% Mineralstoffe, Vitamine u. sonstiges); *Kuhmilch* enthält mehr Casein, weniger Milchzucker u. etwas weniger Fett als *Muttermilch.*

Milchdrüse, die Brustdrüse der Frau; Zitze bzw. Euter der weibl. Säugetiere.

Milchgebiß → Gebiß, → Säuglingspflege.

Milchglas, durch Zusatz von Kryolith, Feldspat, Knochenasche getrübtes Glas.

Milchkonservierung, Erhitzen (2 Min.) auf ca. 70 °C *(Pasteurisieren);* Eindampfen u. Einlöten in Blechbüchsen *(Kondensieren); Trockenmilch* durch Eindampfen.

Milchlinge, *Milchpilze,* Blätterpilze mit Milchsaft; Speisepilze (z. B. *Reizker* u. *Brätling*); M. mit scharfem Milchsaft fast durchweg nicht eßbar.

Milchner, männlicher Fisch mit Samen (Milch).

Milchsaft, *Latex,* gerinnende weiße oder gelbe Säfte mancher Pflanzen; enthalten → Kautschuk.

Milchsäure, 1) Produkt des Muskelstoffwechsels; **2)** α-Oxypropionsäure; in d. Scheide u. im Magen- u. Darmsaft; Entstehung durch **M.bakterien** bei der **M.gärung** von Stärke, Zucker, Milch u. auch krankhafterweise.

Milchschorf, Hautausschlag am Kopf d. Säuglinge b. exsudativer → Diathese.

Milchstern, *Vogelmilch,* Zwiebelpflanze m. weißen Blüten; auch Zierpflanze.

Milchstraße, Lichtband unregelmäßiger Begrenzung u. Helligkeit rund um das Himmelsgewölbe, hervorgerufen durch d. Schimmer von Milliarden schwächster Fixsterne, die das → Milchstraßensystem bilden (→ Tafel Sternhimmel).

Milchstraßensystem, *Galaxis,* linsenförmige Ansammlung aller uns umgebenden Fixsterne, 30 000 → Parsec Durchmesser u. 5000 Parsec Dicke i. Zentrum; Gesamtmasse: 200 Mrd. Sonnenmassen; Zentrum liegt von der Erde aus gesehen in ca. 10 000 Parsec Entfernung i. Sternbild Schütze u. ist größtenteils v. Dunkelwolken verdeckt (→ Tafel Himmelskunde I); zw. den Sternen, vornehml. i. d. Hauptebene d. Systems, befinden sich helle u. dunkle Wolken aus interstellarer Materie, teilweise spiralförmig angeordnet, sowie zahlr. offene Sternhaufen u. Assoziationen; M. rotiert mit gegen das Zentrum hin zunehmenden Geschwindigkeiten; Umlaufzeit der Sonne um d. galakt. Zentrum: 220 Mill. Jahre.

Milchwein, svw. *Kumys* u. *Kefir,* der alkohol. Milchsäuregärung unterworfen gewesene Milch.

Milchwirtschaft, *Molkereiwirtschaft, Meiereien,* Milchgewinnung u. -verarbeitung zu Butter u. Käse; in Städten u. Ind.gebieten durch *Abmelkewirtschaften.*

Milchzahn → Gebiß.

Milchzucker, *Lactose,* Kohlenhydrat der Milch v. leicht abführender Wirkung. Zusatz bei künstlicher Säuglingsernährung; Herstellung durch Eindampfen entrahmter Milch.

mildernde Umstände, zugunsten des Täters sprechende Tatsachen; beeinflussen das Strafmaß.

Mile [*maɪl*], engl. → Meile.

Milet, im Altertum mächtigste ionische St. in Kleinasien; von Persern 494 v. Chr. zerstört.

Milhaud [*mi'jo*], Darius (4. 9. 1892–22. 6. 1974), frz. Komponist; Bühnenwerke: *Christophe Colomb;* Ballette; Sinfonien; Vokalkompositionen; Kammermusiken.

miliar [l.], hirsekorngroß.

Miliartuberkulose, tuberkulöse Allge-

Arthur Miller   Henry Miller

meininfektion mit hirsekorngroßen Tuberkuloseherden in versch. Organen.

Milieu, *s.* [frz. *mi'ljø* „Mitte"], Umwelt. – **M.theorie,** Mensch als Produkt d. Umwelt, bes. auf Intelligenz u. Charakter bezogen; auf Kunstgeschichte angewandt von → Taine, auf Biol. v. → Geoffroy Saint-Hilaire; im *Sozialist. System* v. R. → Owen aufgestellt.

militant [l.], kämpferisch.

Militär, *s.* [l. „miles = Soldat"], die Streitkräfte eines Staates. – **M.attaché,** Offizier, wird Botschaften zur Berichterstattung über Streitkräfte d. betreffenden Landes zugeteilt. – **M.diktatur,** Staatsgewalt liegt in der Hand von mil. Führern, die sich vorwiegend auf mil. Machtmittel stützen. – **M.hoheit,** Staatsgewalt über Beschaffung u. Verwendung mil. Machtmittel.

militärische Dienstgradabzeichen in der Bundeswehr (Abb. → Bundeswehr).

Militärischer Abschirmdienst, *MAD,* Abteilung des Bundesmin. d. Verteidigung z. Abschirmung d. Bundeswehr u. ihrer Einrichtungen vor gegner. Agenten.

Militarismus [l.], Überbetonung der Aufgaben und Einrichtungen des Wehrstandes, bes. ihre Übertragung auf andere gesellschaftliche Formen des Staates u. Volkes; auch übermäßiger Einfluß der mil. Führer auf die Politik.

Military, w. [engl. *-tərɪ*], große Vielseitigkeitsprüfung im Reitsport; besteht aus Dressur, Geländeritt u. Jagdspringen; olymp. Disziplin.

Miliz, *w.,* bewaffnete *Bürgerwehr* (im Ggs. z. *stehenden Heer*); auch Form d. Wehrverfassung, bei der die Verbände erst im Kriege gebildet u. im Frieden nur zu kurzen Übungen einberufen werden (z. B. Schweiz).

Mill, John Stuart (20. 5. 1806–8. 5. 73), engl. Phil. u. Nationalökonom (→ Positivismus, → Utilitarismus); *System d. deduktiven u. induktiven Logik; Pol. Ökonomie.*

Millais [*'mɪleɪ*], Sir John Everett (8. 6. 1829–13. 8. 96), engl. Maler; Mitbegr. d. → Präraffaeliten.

Mille [l.], → *M,* = 1000.

Millefiorigläser [it.], kunstvolle, aus mosaikartig verschmolzenen Stückchen zus.gesetzte Glasgefäße der röm. Kaiserzeit (Herstellungsorte: Alexandria, Köln u. i. Venedig [15. Jh.]).

Millennium, *s.* [l. „Jahrtausend"], Zeitraum von 1000 Jahren.

Miller, 1) Arthur (* 17. 10. 1915), am. Schriftst.; Dramen; *Tod d. Handlungsreisenden; Hexenjagd;* Romane: *Laßt sie bitte leben; Zeitkurven;* **2)** Ferdinand (d. Ä.) v. (18. 10. 1813–11. 2. 87), dt. Erzgießer; u. a. *Bavaria* (München) n. Entwurf v. → Schwanthalers; **3)** Henry (26. 12. 1891–7. 6. 1980), am. Romanschriftst.; *Wendekreis d. Krebses; Wendekreis d. Steinbocks; Sexus; Plexus; Nexus;* **4)** Merton (* 1923), am. Wirtschaftswiss.; Nobelpr. 1990; **5)** Oskar v. (7. 5. 1855–9. 4. 1934), Sohn von 2), dt. Elektro-Ing.; Gründer d. *Dt. Museums,* erbaute *Walchenseekraftwerk* u. a.

Milleschauer → Donnersberg 2).

Millet [*mi'jɛ*], **1)** Jean-François, gen. *Francisque* (April 1642–Juni 79), fläm. Landschaftsmaler, s. 1659 in Paris; **2)** Jean-François (4. 10. 1814–20. 1. 75, frz. Maler, themat. Entwicklung v. galanten (Rokoko-)Szenen zur Darstellung bäuerl. Arbeit mit z. T. romant. Elementen; biblische Sujets, Bildnisse.

Milli-, Vorsilbe bei Maßeinheiten: ein Tausendstel (10^{-3}), z. B. *1 M.meter* (mm) = 1/1000 m.

Milliarde = 1000 Mill. (1 mit 9 Nullen od. 10^9).

Millibar, Abk. *mb,* veraltete Maßeinheit f. → Luftdruck; s. 1984 ersetzt durch → Pascal, 1 mb = 100 Pa = 1 hPa.

Millikan [*-kən*], Robert Andrews (22. 3. 1868–19. 12. 1953), am. Phys.; Arbeiten über fotoel. Effekt; Messung d. Ladung d. Elektrons; Nobelpr. 1923.

Millimikron, Abk. *mμ* = 1 millionstel Millimeter (→ Maße u. Gewichte, Übers., S. 1085).

Millöcker, Karl (29. 4. 1842–31. 12. 99), östr. Operettenkomp.; *D. Bettelstudent; Gasparone.*

Millstatt (A-9872), Markt am **Millstätter See** (13 km², 141 m tief) in Kärnten, 580–2101 müM, 3150 E; Benediktinerabtei (gegr. 1070).

Miłosz [*'mɪuɔʃ*], Czesław (* 30. 6. 1911), poln. Exilschriftst.; Romane: *D. Gesicht d. Zeit;* Gedichte u. Essays; Nobelpr. 1980.

Milseburg, Phonolithkuppe, Hohe Rhön, 833 m hoch.

Milstein, 1) César (* 8. 10. 1927), argentin.-engl. Molekularbiol.; (zus. m. N. K. → Jerne u. G. → Köhler) Nobelpr. 1984 (Arbeiten z. Aufbau u. z. Steuerung d. Immunsystems); **2)** Nathan (* 31. 12. 1904), am. Geiger russ. Herkunft.

Miltenberg (D-8760), Krst. am Main, Bay., 8948 E; ma. St.bild (Mildenburg, Fachwerkhäuser).

Miltiades, athen. Staatsmann u. Feldherr, Sieger bei → Marathon 490 v. Chr. über die Perser.

Milton [*'mɪltən*], John (9. 12. 1608–8. 11. 74), engl. Dichter; Epos: *Das verlorene Paradies;* Tragödie: *Samson Agonistes;* Sonette, Maskenspiele.

Milwaukee [*mɪl'wɔːkɪ*], größte St. d. US-Staates Wisconsin, am Michigansee;

636 000 E (50% dt. Abstammung), Agglomeration 1,56 Mill. E; Uni.; Hafen (Getreide, Kohlen), Eisen-, Stahl-, Nahrungsmittel- u. Brauereiind.

Milz, in Höhe der 9.–11. linken Rippe unter dem Zwerchfell gelegenes, ca. handtellergroßes Organ, z. Lymph- und Blutsystem gehörig; dient der Bildung von → Lymphozyten und → Antikörpern, dem Abbau roter Blutkörperchen, der Eisenspeicherung, der Blutfilterung, Regulierung der zirkulierenden Blutmenge (Blutspeicher); → Eingeweide (Abb.).

Milzbrand, *Anthrax, Hadernkrankheit,* durch Felle übertragene schwere Infektionskrankheit (M.bazillus), meist mit Karbunkelbildung.

Mime [gr.], **1)** Schauspieler; **2)** bei R. Wagner der kunstreiche Schmied im *Ring des Nibelungen.*

Mimese, *w.* [gr.], infolge Variabilität u. anschließender Auslese entstandene Anpassung v. Tieren in Färbung u. Körpergestalt an leblose Objekte d. Umwelt und an Pflanzen u. Tiere (z. B. → Wandelndes Blatt); Tarnung, die von Warnfärbung (→ Mimikry) zu unterscheiden ist.

Mimik, *w.,* Ausdrucksbewegungen d. Gesichts; → Pantomime.

Mimikry, *w.* [engl.], Schutzanpassung an auffallende Warnfärbungen wehrhafter bzw. ungenießbarer Tiere (so z. B. Nachahmung d. gelbschwarzen Ringelung d. stachelbewehrten Bienen, Wespen u. Hornissen durch wehrlose Fliegen, Schwebfliegen u. Schmetterlinge, die somit Nutznießer der Warnfärbung ihrer Modelle werden); entstanden durch → Selektion.

Mimose

Mimose, *Sinnpflanze,* Hülsenfrüchtler warmer Länder; Fiederblättchen legen sich bei Erschütterung od. Berührung zusammen.

mimosenhaft, äußerst empfindlich (wie e. → Mimose).

Mimus, älteste Dramenform; zuerst rel. Saat- u. Erntefest (Menschen als Dämonen verkleidet), entwickelt sich im alten Griechenland zu Spielen mit bes. Schauspielerstand; Götterpossen u. realist. Szenen a. d. tägl. Leben werden aufgeführt (griech. Mimesis, „Nachahmung d. Lebens"); Weiterleben in Puppenspiel, Aufführungen der ma. Spielleute u. im Fastnachtsspiel.

Minamata-Krankheit, erstmals 1956 bei Fischern der Minamata-Bucht in Südjapan aufgetretene Krankheit, verursacht durch Methylquecksilber, welches über die → Nahrungskette in die menschliche Nahrung gelangt; insbes. Nerven- und Muskelstörungen, oft mit tödl. Ausgang.

Minarett

Minarett, *s.* [arab.], schlanker Turm d. Moscheen, mit Galerie, v. der d. → Muezzin fünfmal am Tag z. Gebet ruft.

Minas Gerais [-ʒe'raïs], ostbrasilian. Binnenstaat, Quellgebiet d. São Francisco, 586 624 km², 15,6 Mill. E; Diamanten- u. Eisenlager, Mangan, Kaffee- u. Baumwollanbau, Viehzucht; Hptst. *Belo Horizonte.*

Mincio [-tʃo], l. Nbfl. des Po, südl. Abfluß des Gardasees, mündet sö. v. Mantua; 66 km l.

Mindanao, *Magindanao,* zweitgrößte Insel der Philippinen, 94 730 km², 11 Mill. E; gebirgig, Vulkane (*Apo* 2954 m); Reis, Zucker, Kaffee, Südfrüchte; Gold, Kupfer; Hptort *Zamboanga.*

Mindel, *w.,* r. Nbfl. d. Donau, 75 km l.; nach ihr benannt die *Mindeleiszeit,* → Eiszeitalter.

Mindelheim (D-8948), Krst. d. Kr. Unterallgäu, Bay., an d. Mindel, 12 000 E; barocke Jesuitenkirche.

Minden (D-4950), Krst. d. Kr. M.-Lübbecke, an der Weser u. dem Mittellandkanal (5 km südl. die Porta Westfalica), NRW, 75 169 E; AG; Dom (10.–13. Jh.); Ind. – Um 800 Bistum, 1648 an Brandenburg, in weltl. Fürstentum umgewandelt.

Minderheiten, *Minoritäten, Nationalitäten,* fremdnat. Volksgruppen in Nationalstaaten mit einem zahlenmäßig überwiegenden Staatsvolk oder in Nationalitätenstaaten, in denen ein Volk den Anspruch erhebt, Staatsvolk zu sein. → Nation. – Zur Regelung d. **M.frage** (Rechtsschutz der nat., kulturellen, sprachl. u. konfessionellen Belange d. M.) wurden als Zusatzbestimmungen zu den Pariser Vororteverträgen **M.verträge** geschlossen; sie führten zu innen- u. außenpol. Spannungen, d. auch v. Völkerbund nicht gelöst werden konnten. Möglichkeiten d. Regelung bestehen in zweiseitigen Abkommen z. Schutze v. M. od. in d. Gewährung d. kulturellen u. pol. Autonomie an M.

Minderjährigkeit, nach dt. Recht die Zeit bis zur → Volljährigkeit, beeinflußt rechtl. d. → Geschäftsfähigkeit.

Minderung → Kauf.

Mindestlohn, *Minimallohn,* durch → Tarifabkommen für best. Arbeitsverträge festgesetztes Mindestentgelt; kann im Einzelfall, wenn Vertrag keine Lohnminderungsklausel enthält, nur durch Vergleich zw. Arbeitgeber u. -nehmer abgeändert werden, der jedoch durch die Tarifvertragspartner (Unternehmerverband, Gewerkschaft) gebilligt werden muß.

Mindestreserven, Gelder, die von den Banken in einem best. Verhältnis zu ihren Verbindlichkeiten bei d. Zentralbank unterhalten werden müssen; liquiditäts- wie auch währungspol. Funktion; konjunkturpol. Instrument z. Regulierung d. → Kreditschöpfung.

Mindoro, fruchtbare u. waldreiche (Mindoroholz) Insel der Philippinen, 9735 km², 472 000 E; Hpthafen: *Calapan.*

Mindszenty [-'sɛ-], Joseph (29. 3. 1892-6. 5. 1975), ungar. Kardinal u. Erzbischof (1974 v. Paul VI. abgesetzt); 1949-55 pol. Gefangener, 1956-71 in US-Botschaft Budapest; s. 1971 in Wien; *Erinnerungen.*

Mine [frz.], **1)** Bergwerk; **2)** *mil.* urspr. unter feindl. Stellung zur Sprengung vorgetriebener Stollen; heute Sprengkörper zur Sperrung v. Geländeabschnitten u. Verkehrsverbindungen: *Atom-M., Tret-M., Wurf-M., Panzerabwehrverlege-M., Panzerabwehrricht-M.;* oder *Panzer-M.;* im Seekrieg: *Grund-M., Stand-M., Treib-M.;* **3)** Graphiteinlage im (Füll-)Bleistift. – **M.nwerfer,** im 1. Weltkr. entstandene Waffe z. Werfen von Sprengkörpern; heute: Minenwurfsystem m. Panzerabwehrwurfmine auf Panzer u. Einsatz v. LARS u. MARS (leichtes bzw. mittleres Artillerieraketensystem zur Anlage v. Wurfminensperren).

Minenverleger, Spezialgerät (Minenverlegesystem) an Kfz zur offenen od. gedeckten Verlegung v. Minen.

Mineral-öl, → Erdöl und dessen Raffinationsprodukte; auch die aus Steinkohle, Braunkohle und Ölschiefer gewonnenen Öle. – **M.salze,** für die Abwicklung der physiolog. Prozesse wichtige mineral. Bestandteile der Körperorgane (z. B. Kalkphosphat). – **M.säuren,** die anorgan. Säuren (wie Schwefel-, Phosphor-, Salpeter-, Salz-, Kieselsäure usw.), deren Metallverbindungen als Minerale vorkommen. – **M.wässer,** Heilquellen, die Salze od. Gase gelöst enthalten (z. B. Kohlensäure, Kochsalz); Bitterwässer mit abführendem Magnesium oder Glaubersalz; Schwefelwässer mit Schwefelwasserstoff; Eisenwässer mit Eisencarbo-

Miniatur (18. Jh.)

naten; Wässer mit radioaktiven Bestandteilen.

Minerale, Mineralien, d. einheitlichen anorganischen, natürlich vorkommenden Bestandteile der Erdkruste; Atome u. Ionen meist in Raumgittern angeordnet, daher kristallisiert.

Mineralfarben, *Erdfarben,* Salze v. Schwermetallen *(Bleiweiß, Chromgelb, Zinnober);* Ggs.: → Teerfarben.

Mineralgenese, die Entstehung der Mineralien in der Natur.

Mineralogie, *Mineralkunde,* Wissenschaft v. d. Mineralien hinsichtlich äußerer Gestalt, Eigenschaften, chem. u. phys. Zus.setzung, Vorkommen u. Entst.

Minerva, röm. Weisheitsgöttin, griech. → *Athene.*

Minestrone, it. Gemüsesuppe m. Einlage.

Minette [frz.], phosphorhaltiges Eisenerz, wichtig für Eisengewinnung, Fundort Lothringen und Luxemburg.

Minetti, Bernhard (* 26. 1. 1905), dt. Schausp.; Charakterdarsteller, bes. in Stücken v. Th. → *Bernhard (Minetti).*

Ming-Stil

Ming-Dynastie, in China, 1368–1644, beendete Mongolenherrschaft, mußte selbst der Mandschu weichen; nach ihr benannt die *Ming-Zeit,* Epoche der chinesischen Kunst.

Mini, in d. Mode Bez. f. bes. kurze Rocklänge, 1965 v. *Mary Quant* entwickelt; 1969 Gegenrichtung m. d. *Maxi-*(knöchellang) u. *Midi* mode (knieumspielend).

Miniaturmalerei, Buchmalerei: Bilder u.

Randverzierungen, bes. vor Erfindung der Buchdruckerkunst; bes. dann im 18.–19. Jh. kleinformatige Porträts z. B. aus Elfenbein od. Email.

Minigolf, dem → Golf verwandtes Geschicklichkeitsspiel über versch. (abgegrenzte u. kürzere) Hindernisbahnen.

minimal [nl.], sehr klein, geringst ..., niedrigst ...

Minimal Art [engl. *'mɪnɪməl 'aːt*], *bildende Kunst:* Reduktion des Gegenstandes auf geometr. Grundfiguren; entstanden um 1960.

Minimal Music [engl.], Mitte der 60er Jahre entstandene am. Musikrichtung; Reihung u. Überlagerung melod. u. rhythm. Muster als Grundstruktur; in schrittweiser Veränderung erschließen sich d. minimalen Harmonieverschiebungen im Prinzip d. Wiederholung (minimalist. Repetitionsketten, additive Prozesse, konstante Harmonie); durch melod. Gleichförmigkeit soll eine neue Hörweise eröffnet werden, die Musik als „gegenwärtig" erlebt: „frei von dramatischen Strukturen, als reine Form des Klangs"; mus. Einflüsse: ethn. Musik, bes. balines. Gamelan- u. ind. → Raga-Musik; Hptvertr.: *La Monte Young, Terry Riley, Steve →* *Reich, Philip* → *Glass.*

Minimum [l.], **1)** der kleinstmögliche Wert; Ggs.: Maximum; **2)** barometr. M., svw. niedrigster Luftdruck. – **M.thermometer** → Thermometer.

Minister [l. „Diener"], **1)** meist Leiter eines → Ministeriums u. als solcher Mitgl. d. Regierung eines Staates od. Landes; od. „M. ohne Geschäftsbereich" od. Sonder-M.; in vielen Staaten d. Parlament verantwortlich. In den Ländern Berlin, Bremen u. Hamburg heißen die M. *Senatoren.* Gesamtheit d. M. bildet das *Kabinett* oder den *M.rat,* dessen Leiter d. Vors. d. *M.präsident, Premierminister* od. *Kanzler ist;* **2)** ein diplomat. Verkehr Bez. f. Gesandte.

Ministerialen [ml.], im MA unfreie Dienstmannen der Fürsten, Hausbeamte für Krieg und Verwaltung, stiegen im Rittertum auf; im 12. und 13. Jh. *Reichs-M.,* die M. des dt. Kgs, Hauptstütze der Reichspolitik.

Ministerium [l.], oberste Verwaltungsbehörde eines Staates für einen best. Bereich (z. B. Außenpolitik, Wirtsch.); an d. Spitze ein → Minister; Einteilung in Abteilungen unter *Ministerialdirektoren* od. *-dirigenten;* Abt. untergliedert in Referate unter *Ministerialräten* od. *Reg.direktoren,* diese in Sachgebiete od. Referate. M. auch d. Gesamtheit d. Minister (Kabinett, Staats-M.).

Ministerpräsident [l.], Leiter der Regierungsgeschäfte eines Staates od. Landes u. Vorsitzender des Kabinetts; formuliert die Regierungspolitik u. koordiniert die Arbeit der → Minister; in der BR u. in Österreich heißt der Regierungschef *Bundeskanzler,* in einigen Staaten, z. B. Großbritannien, heißt er *Premiermini-*

ster, in anderen *Vorsitzender d. Ministerrats od. Staatsrats;* in manchen Staaten ist der M. gleichzeitig Staatsoberhaupt.

Ministranten [l.], *Meßdiener* bei der kath. Messe; meistens Knaben.

Min Jiang, l. Nbfl. des Chang Jiang, 577 km lang.

Minkowski, 1) Hermann (22. 6. 1864–12. 1. 1909), dt. Math.; Mitbegr. d. → Relativitätstheorie; s. Bruder **2)** Oskar (13. 1. 1858–18. 6. 1931), dt. Arzt; Erforscher der Zuckerkrankheit.

Minne, George Baron (30. 8. 1866–18. 2. 1941), belg. Bildhauer d. Jugendstils.

Minne, im MA Bez. für (ritterl.) Liebe, Frauendienst.

Minneapolis [*mɪnɪˈæpəlɪs*], St. d. US-Staates Minnesota, am Mississippi, 370 900 E; Uni.; e. d. größten Weizenmärkte d. Welt; bildet zus. m. *St. Paul* Großraumsiedlung *Twin Cities* (2,3 Mill. E).

Minnesang, die mittelhochdt. Liebeslyrik der höfisch-ritterl. Kultur des 12.–14. Jh., Liebesideal v. roman. Vorbildern (→ Troubadours) bestimmt; stark gesellschaftlich betonte Dichtung; bes. gepflegte Formen: → Tagelied, → Leich, → Spruch; enge Verbindung m. Musik (Weise); kunstvoller Aufbau, feinste rhythm. Gliederung; erste *Minnesänger:* Der von Kürenberger; Dietmar v. Aist; Blüte: Walther v. d. Vogelweide, Wolfram v. Eschenbach; Hartmann v. Aue, Heinrich v. Morungen; später Übergang ins Bürgerl. (Neithart v. Reuentals Dorfpoesie, Frauenlob) bis z. Aufgehen i. Meistergesang; wichtigste Denkmäler: → Manessische (Heidelberger) und *Jenaer* Liederhandschrift.

Minnesota [*mɪnˈsoʊtə*], Abk. *Minn.,* Staat der USA, am Mississippi, Getreidebau u. Viehzucht, Eisenerzgewinnung, 217 735 km², 4,35 Mill. E; Hptst. *St. Paul,* größte St. *Minneapolis.*

Miño [*'miɲo*], portugies. *Minho* [*'miɲu*], Fluß im NW Spaniens, mündet in den Atlantik; Grenze in den Atlantik, 340 km l.

Mino da Fiesole (um 1432–84), it. Bildhauer d. Frührenaissance; Porträtbüsten.

minor [l.], kleiner, jünger.

Minorat, *s.,* in der Erbfolge das Vorrecht des Letztgeborenen; Erbgut des Letztgeborenen; Ggs.: → Majorat.

Minorca, svw. → Menorca.

Minore [it., frz. *mineur*], Mollteil eines Tonstückes von gleicher Durtonart; Ggs.: → Maggiore.

minorenn [nl.], minderjährig.

Minorität [nl.], Minderheit, Minderzahl, bes. von Stimmen bei einer Wahl. → Mehrheit.

Minoriten [nl. „Minderbrüder"], → Franziskaner.

Minos, sagenh. Kg Kretas, läßt Labyrinth erbauen; Gesetzgeber, später Totenrichter in der Unterwelt.

Minot [*'maɪnət*], George Richards (2. 12. 1885–25. 2. 1950), am. Arzt; Leberbehandlung gg. Blutarmut; Nobelpr. 1934.

Minotaurus, Ungeheuer der griech. Sage, das im Labyrinth v. Kg → Minos lebt, halb Mensch, halb Stier, von Theseus getötet.

Minsk, Hptst. d. Sowj.rep. Weißrußland, 1,59 Mill. E; Uni., Akademie der Wissenschaften; bed. Industrie.

Minstrels [l. „ministeriales = Dienstleute"], *Menestrels,* Spielleute an Fürstenhöfen d. MA.

Mintoff, Dominic (* 6. 8. 1916), maltes. Pol. (Arbeiterpartei); 1955–58 u. 1971–84 Premiermin. v. Malta.

Minuend|us [l.], Zahl, die um eine andere zu verringern ist.

minus [l.], weniger (Zeichen: –).

Minuskel, w. [l.], kleiner Buchstabe d. lat. Alphabets; Ggs.: → Majuskel.

Minute, w. [l.], **1)** *Zeitmaß:* der 60. Teil e. Stunde, 60 Sekunden; **2)** *Winkelmaß:* der 60. Teil eines Bogengrades, 60 Sekunden; Zeichen: ′.

minuziös [frz.], ins kleinste gehend, peinlich genau.

Minze, Lippenblütlergattung, *Krause-M., Wasser-M.,* reich an äther. Ölen, vielfach als Haustee und Magenmittel verwendet (z. B. *Pfeffer-M.*).

Miosis, w. [gr.], Pupillenverengung.

Miozän, s. [gr.], älteste Stufe d. Jungtertiär (→ geologische Formationen, Übers.).

Mir, russ. Feldgemeinschaftsform; Land durch Gemeindebeschluß unter die Bauern zur *Nutzung* aufgeteilt; in neuer Form → Kolchosen.

Mira [l.], hellster Stern 2. Größe im Sternbild Walfisch; südl. → Sternhimmel H; langperiodisch veränderl. Stern, dessen Helligkeit alle 331 Tage auf 9. Größe absinkt. – **M.sterne,** veränderl. Sterne vom Typ Mira im Sternbild Walfisch.

Mirabeau [-'bo], Honoré Gf v. (9. 3. 1749–2. 4. 91), Pol. d. Frz. Revolution, glänzender Redner, 1791 Präs. der Nat.vers.; versuchte d. Königtum zu retten.

Mirabelle → Pflaumen.

Mirage

Mirage [-'raʒ], Bez. für frz. Jagdbomber mit Überschallgeschwindigkeit.

Mirakel, s. [l.], **1)** Wunder; **2)** im MA Dramatisierung von Wundertaten der Heiligen.

Miró, Joan (20. 4. 1893–25. 12. 1983), span. surrealist. Maler; beeinflußte imaginäre Bildwelt.

Mispel

MIRV, Multiple **I**ndependent **R**e-entry **V**ehicles; am. interkontinentale Raketen mit mehreren Kernsprengsätzen, die unabhängig voneinander in versch. Ziele gesteuert werden können, z. B. die sechsköpfige SS 19 d. UdSSR.

Misanthrop, m. [gr.], Menschenfeind.

Misburg, s. 1974 zu → Hannover.

Mischehe, Ehe zw. Angehörigen verschiedener Konfessionen oder Rassen.

Mischgas, entsteht durch Vergasung fester Brennstoffe in Gasgeneratoren unter Zuführung von Luft und Wasserdampf.

Mischkristalle, Kristalle zweier ineinander gelöster Stoffe (z. B. Eisen-Kohlenstoff); auch M. zweier Salze, d. in demselben Kristallsystem kristallisieren; die meisten Minerale sind M.

Mischlinge, Abkömmlinge von Eltern oder Vorfahren weit voneinander abweichender Rassen; Bez. für M. aus Weißen und Farbigen (Negern): *Mulatte;* M. aus Mulatten u. Weißen: *Terzerone;* Mulatte mit Mulattin: *Casco;* M. aus Weißen und Indianern: *Mestize;* aus Weißen mit Mestizen: *Castize;* aus Weißen und Indern: *Halfcast, Anglo-Inder* oder *Eurasier,* in Ceylon *Burgher.*

Mischna, w. [hebr. „Wiederholung"], → Talmud.

Mischnik, Wolfgang (* 29. 9. 1921), FDP-Pol.; 1961–63 B.min. f. Vertriebene; 1967–91 Vors. d. FDP-Fraktion.

Mischpoke, w. [jidd.], Bezeichnung für Familie, Sippschaft.

Mischstrom, → Gleichstrom mit überlagertem Wechselstrom; → elektrische Ströme.

Misdroy, *Międzyzdroje,* poln. Ostseebad auf der Insel Wollin, Pommern, 4000 E.

Misère, w. [frz.], Not, Elend.

Misereor, kath. Hilfswerk gg. Hunger u. Elend in der Welt, 1959 gegr.; Geschäftsstelle in Aachen; ev. Gegenstück: *Brot für die Welt* v. Diakon. Werk der EKD durchgeführt.

Miserere [l.], *med.* Koterbrechen bei → Darmverschluß.

Misericordia Domini [l.], 2. Sonntag nach Ostern.

Mises, Ludwig von (29. 9. 1881–10. 10. 1973), österr.-amerik. Wirtschaftswissenschaftler; *Theorie des Geldes und der Umlaufmittel.*

Miskolc ['miʃkolts], Hptst. des nordungar. Komitats Borsod-Abauj-Zemplen, 210 000 E; Weinbau, Getreidehandel, Masch.ind.

Misogyn, m. [gr.], Weiberfeind.

Mispel, großblütiger Obst- und Zierbaum; Steinfrüchte nach Frost od. längerem Liegen genießbar.

Miss [engl.], Mz. *Misses,* Fräulein.

Missa [l.], → Messe. – **M. solemni,** feierliches Hochamt; Werk von Beethoven.

Missale, Meßbuch, enthält die Texte der kath. Meßfeier.

Mißgeburt, vom normalen Körperbau abweichendes Lebewesen (Verdoppelung od. Fehlen einzelne unvollständige Ausbildung von Gliedmaßen oder Organen usw.); verursacht durch chem. oder Strahlenschädigung d. → Chromosomen, Ei- u. Samenzellen, d. Fetus.

Missing link [engl. „fehlendes Glied"], vermutete Zwischenstufe zw. Mensch u. Menschenaffen.

Missingsch, Bez. f. die z. B. in Hamburg gesprochene Mischung aus Platt- und Hochdeutsch.

Mission [l. „Sendung"], Ausbreitung d. Christentums aufgrund d. *Missionsbefehls Christi* (Matth. 28, 19) durch *Missionare; Äußere M.:* Sendung zu nichtchristl. Völkern; bei den christl. Völkern *Innere Mission,* → Diakonisches Werk.

Mississippi, 1) größter nordam. Strom, aus Minnesota; mündet im Golf v. Mexiko, 3120 km schiffbar; 3778 km l., mit Missouri 6020 km; Seeschiffahrt bis Baton Rouge; Nbfl.: l. *Wisconsin, Illinois, Ohio, Yazoo;* r. *Des Moines, Missouri, Arkansas, Red River;* **2)** Abk. *Miss.,* Staat d. USA, am Golf v. Mexiko, subtrop. Klima fruchtbar, Erdöl, -gas, 123 584 km², 2,53 Mill. E (ca. 35% Schwarze); Hptst. *Jackson.*

Missouri [-'zʊəri], **1)** r. Nbfl. des Mississippi, aus dem Felsengebirge, mündet bei St. Louis; wenig schiffbar, 3725 km l.; umfangreiche Regulierungsarbeiten; **2)** Abk. *Mo.,* Staat im Mittelwesten der USA, westl. des mittleren Mississippi, Prärie: Viehzucht u. Anbau von Tabak, Mais u. Obst; Blei-, Zink- u. Steinkohlenbergbau; 180 486 km², 5,07 Mill. E; Hptst. *Jefferson City* (34 000 E); bedeutendste Stadt: *St. Louis.*

Mißtrauensvotum, im demokr. Parlament Erklärung gegen Kabinett oder einzelne Minister; Vertrauensentziehung führt meist zum Rücktritt; konstruktives M. → Verfassung, Übers.

Mistbeet, *Frühbeet,* glasüberdachtes, durch Heizwirkung v. Pferdemist erwärmtes Beet zur Zucht v. Frühgemüse u. anderen zarten Pflanzen.

Mistel

Mistel, grüner Halbschmarotzerstrauch auf Bäumen, entzieht ihnen durch Saugwurzeln Wasser und Nährstoffe; weiße Beeren werden v. d. **M.drossel** gefressen, Samen durch sie verbreitet.

Mister [engl.], Abk. *Mr.,* Herr.

Misti, tätiger Vulkan, W-Kordillere Perus (5842 m); meteorolog. Station.

Mistkäfer, Blatthornkäfer, blauschwarz, leben von Dung, ebenso ihre Larven.

Mistral, 1) Frédéric (8. 9. 1830–25. 3. 1914), frz. Dichter; Epos in neuprovenzal. Sprache: *Mireio;* Nobelpr. 1904; **2)** Gabriela, eigtl. Lucila *Godoy Alcayaga* (7. 4. 1889–10. 1. 1957), chilen. Lyrikerin; Nobelpr. 1945.

Mistral, *m.,* kalter, trockener Fallwind a. nördl. Richtung in S-Frkr., bes. im Rhônedelta.

Mistress [engl. *'mɪstrɪs*], Abk. *Mrs.,* Frau.

Misurata, *Misrata,* Hafenst. in Libyen, 285 000 E; Teppichfabrikation.

Miszellaneen [l.], *Miszellen,* „Vermischtes", Schriften, auch kleine Beiträge versch. Inhalts, bes. in wiss. Zeitschriften.

Mitau, lett. *Jelgava,* St. i. Lettland, an der Drixe, Arm d. Kurländ. Aa, 69 000 E; Zuckerfabr., Holzhandel. – Dt. Gründung, 13. Jh., Hptst. des alten Hzgt. Kurland.

Mitbesitz, gemeins. → Besitz mehrerer an derselben Sache (§ 866 BGB).

Mitbestimmung, das Mitentscheidungsrecht der Arbeitnehmer bzw. ihrer Vertreter i. d. Wirtschaft der Privatwirtschaft. In der BR eingeführt durch Ges. v. 21. 5. 1951 für d. Bereich der Montanindustrie u. durch Ges. v. 4. 5. 1976 für den übrigen Wirtschaftsbereich. Nach diesem Ges. werden erfaßt Betriebe mit mehr als 2000 Arbeitnehmern, die in der Rechtsform einer AG, einer KG auf Aktien, einer GmbH, einer bergrechtl. Gewerkschaft od. einer Erwerbs- u. Wirtschaftsgenossenschaft betrieben werden, soweit sie nicht schon als Betriebe der Montanindustrie der M. unterliegen. Ausgenommen von d. M. sind sog. Tendenzbetriebe (z. B. Presseunternehmen, Betriebe d. Gewerkschaften u. d. Religionsgemeinschaften). Der Aufsichtsrat d. mitbestimmungspflichtigen Betriebe setzt sich je zur Hälfte aus Vertretern d. Anteilseigner u. der Arbeitnehmer zusammen. Unter den Aufsichtsratsmitgliedern d. Arbeitnehmerseite (einschließl. d. leitenden Angestellten) müssen sich 2, in Betrieben m. über 20 000 Beschäftigten 3 Vertr. der im Betrieb vertretenen Gewerkschaften befinden. In Betrieben bis 8000 Beschäftigte werden die Arbeitnehmervertreter i. d. Regel in direkter Wahl, in Betrieben mit mehr Beschäftigten durch Wahlmänner gewählt, wenn die Belegschaft nichts anderes beschließt. Arbeiter, Angestellte u. leitende Angestellte müssen im Wahlinstanzengremium entsprechend ihrer Zahl vertreten sein. Die Aufsichtsratsmitglieder wählen mit mindestens zwei Dritteln d. Stimmen den Aufsichtsratsvorsitzenden. Wird keine

Einigung erzielt, wählen die Vertreter d. Anteilseigner den Vorsitzenden, die Vertreter d. Arbeitnehmer dessen Stellvertreter. Abstimmungen im Aufsichtsrat bedürfen d. einfachen Stimmenmehrheit; bei Stimmengleichheit hat d. Vorsitzende 2 Stimmen, um Stichentscheid herbeizuführen. Als Vertreter d. Arbeitnehmer im Vorstand d. Unternehmens wird v. Aufsichtsrat ein Arbeitsdirektor bestellt.

Mitchell [*'mɪtʃəl*], **1)** Margaret (8. 11. 1900–16. 8. 49), am. Schriftst.in; *Vom Winde verweht;* **2)** Peter (* 29. 9. 1920), engl. Biochem.; Nobelpr. 1978 (Untersuchungen z. Bioenergetik).

Miteigentum, Bruchteil- → Eigentum mehrerer Personen an derselben Sache; jede kann über ihren Anteil, nicht aber über die Sache selbst verfügen od. Teilung bzw. Verkauf und Teilung d. Erlöses verlangen (§§ 1008–1011 u. 741 ff. BGB).

Mitella, *w.* [l.], dreieckiges Armtragetuch z. Stützen des verletzten Armes.

Mitesser, *Komedonen,* Talgpfröpfe, die d. Ausführungsgänge d. Hauttalgdrüsen verstopfen, bei Infektionen oft → Furunkel.

Mitgift, bes. Form d. → Ausstattung einer Tochter durch Eltern b. Verheiratung; Verpflichtung d. Eltern durch Gleichberechtigungsgesetz aufgehoben.

Mithras, urspr. iran. Gottheit; später pers. Sonnengott mit bes. **M.mysterien;** M.kult bes. im 3. Jh. n. Chr. durch Soldaten u. Kaufleute weit verbreitet; Kultstätten *(Mithräen)* auch in Dtld gefunden.

Mithridates VI. (132–63 v. Chr.), s. 120 Kg von → Pontus, gefährlichster Feind der Römer in Kleinasien: *Mithridatische Kriege.*

Mitlaut → Konsonant.

Mitochondrien [gr.], *Chondriosomen,* kompliziert aufgebaute Körperchen im Zellplasma, wichtige Fermentträger f. d. Zellstoffwechsel.

Mitose, *w., Äquationsteilung, indirekte Kernteilung,* Form d. Zellkernteilung, bei der d. durch ident. → Reduplikation entstandenen *Chromatiden* (Halbchromosomen) gesetzmäßig auf d. Tochterkerne verteilt werden; auf diese Weise wird d. → genetische Information v. einer Zellgeneration zur nächsten weitergegeben; im Ggs. zur → Meiose sind die Tochterkerne im Normalfall genetisch identisch; Ablauf d. M. in mehrere Phasen unterteilt: *Pro-, Meta-, Ana-* u. *Telophase;* der M. folgt meist auch eine *Zellteilung.*

Mitra, *w.,* griech. Stirnbinde; Kopfbedeckung alter vorderasiat. Herrscher; Bischofsmütze → Infūl.

Mitrailleuse, *w.* [frz. *mitra(l)'jøz(ə)*], frz. Geschütz mit mehreren Läufen f. kurze Entfernung (Krieg 1870); jetzt frz. Bez. für → Maschinengewehr.

Mitralklappe, zweisegelige Herzklappe zw. l. Vorhof u. l. Herzkammer. – **M.nfehler,** Schlußundichtigkeit *(Mitral-*

insuffizienz) u. Verengung *(Mitralstenose)* der M. infolge Entzündung (z. B. bei Gelenkrheumatismus); → Herz.

Mitropoulos, Dimitri (18. 2. 1896–2. 11. 1960), griech.-am. Dirigent u. Komp.

Mitscherlich, 1) Alexander (20. 9. 1908–26. 6. 82), dt. Med. u. Psych.; Zeitschrift *Psyche;* **2)** Eilhard (7. 1. 1794–28. 8. 1863), dt. Chem.; Mitbegr. d. theor. Chemie; s. Enkel **3)** Eilhard Alfred (29. 8. 1874–3. 2. 1956), dt. Pflanzenphysiologe u. Bodenkundler.

Mitschurin, Iwan (28. 10. 1855–7. 6. 1935), russ. Biologe; Pflanzenzüchtungen.

Mittag, als Himmelsgegend: Süden; als Zeitangabe die *Mittagszeit:* 12 Uhr; wahrer Mittag ist der Zeitpunkt, in dem der Sonnenmittelpunkt den Ortsmeridian schneidet (→ Zeit).

Mittags-blume, *Eispflanze,* Dickblattpflanze vom Kapland m. Blüten, die sich nur in der Sonne öffnen; Zierpflanze. – **M.höhe,** die Höhe der Sonne bei ihrer → Kulmination. - **M.kreis,** svw. → Meridian. - **M.linie** → Meridian. **M.punkt,** *Südpunkt,* Schnittpunkt des *Meridians* mit dem Horizont.

Mittäterschaft, bewußtes u. gewolltes Zus.wirken mehrerer Personen mit eigenem Tatvorsatz (zum Unterschied von Gehilfen) bei Begehung einer Straftat (§ 25/II StGB).

Mittel, 1) *arithmet.* M. Durchschnittswert v. n Zahlenwerten a, b, c usw. ist ihre Summe, geteilt durch ihre Anzahl: $(a + b + c + ...): n;$ **2)** *geometr.* M. v. n Zahlen ist d. n-te Wurzel aus ihrem Produkt:

$$\sqrt[n]{a \cdot b \cdot c \dots};$$

3) *harmonisches* M. aus 2 Zahlen a u. b ist gegeben durch:

$$h = \frac{2 \cdot a \cdot b}{a + b}.$$

Mittelalter, MA, Bez. für den Zeitraum zw. Völkerwanderung (4.–6. Jh. n. Chr.) u. Entdeckung Amerikas (1492).

Mittelamerika, die Landenge des am. Festlands zw. Atlantik u. Pazifik, geograph. ein Teil v. N-Amerika, durch Isthmus v. Panama im SO m. S-Amerika, durch Isthmus v. Tehuántepec im NW mit N-Amerika verbunden; überwiegend Gebirgsland (Tajumulco 4210 m) mit zahlreichen Vulkanen; Klima je nach der Höhenlage tropisch bis subtropisch; 3 klimat. Höhenstufen: *tierra caliente* bis 600 m, *t. templada* 600–1800 m, *t. fria* über 1800 m. Tiefland z. d. O-Küste feuchtheiß u. ungesund; Anbau v. Kaffee, Reis, Baumwolle, Zuckerrohr, Bananen, Tabak; umfaßt geographisch auch einen Teil von Mexiko, pol. Guatemala, Belize, Honduras, El Salvador, Nicaragua, Costa Rica, Panamá, die Panamakanalzone der USA; stark wirtschaftl. abhängig v. USA.

Mittelatlantischer Rücken, untermeerisches N-S-Gebirge i. Atlantik v. Grönland z. Antarktis, 16 000 km lang.

Mittelamerika

KANALZONE(USA) 0 10 20 30 km · 0 200 400 600 km

mittelbarer Besitz, der für den urspr. Besitzer aufgrund eines Besitzmittlungsverhältnisses (z. B. Miete, Pacht, Leihe) bestehende → Besitz; *mittelbarer Besitzer* ist z. B. Vermieter, Verpächter, Verleiher, *unmittelbarer Besitzer* Mieter, Pächter, Entleiher (§ 868 BGB).

mittelbare Täterschaft, vorsätzl. Ausführenlassen einer Tat durch e. Dritten, der (weil selbst straflos, z. B. weil strafunmündig od. geisteskrank) nur als Werkzeug ohne eigenen Täterwillen dient (sonst Anstiftung); wird wie Täterschaft bestraft.

Mitteldeutschland, ehemals Bez. f. d. DDR.

Mitteleuropa, das im N durch Nord- u. Ostsee, im S durch die Alpen und Karpaten abgegrenzte, trotz unscharfer Begrenzung im W u. O seiner geograph. Struktur nach als Einheit kenntliche Kerngebiet d. Erdteils Europa.

mitteleuropäische Zeit → Zeit.

Mittelfranken, bayr. Rgbz.; fruchtbares Ackerland zw. Steigerwald, Fränk. Jura u. Frankenhöhe; 7246 km², 1,54 Mill. E; Hptst. *Ansbach.*

mittelfristige Finanzplanung, durch → Stabilitätsgesetz geforderte längerfristige (5 Jahre) Ordnung der → öffentlichen Haushalte.

Mittelgewicht, Gewichtsklasse, beim Boxen, Gewichtheben u. Rasenkraftsport bis 75, Judo bis 80, Ringen bis 82 kg.

Mittelhochdeutsch, Entwicklungsform der dt. Sprache zw. Alt- u. Neuhochdeutsch, 12.–14. Jh. (Oberdeutschland); Sprache des → Nibelungenliedes u. des Minnesangs.

Mittellandkanal, 1905–38 gebaut, verbindet mit ausgedehntem Kanalsystem Rhein, Weser u. Elbe (Duisburg–Magdeburg); 465 km lang; benutzbar für Schiffe bis zu 1000 t, Teilstrecken Rhein-Herne-, Dortmund-Ems-Kanal, von diesem abzweigend d. eigentliche M., durch Schiffshebewerk *Rothensee* bei Magdeburg Verbindung zur Elbe.

Mittelmächte, Dtld, Östr.-Ungarn, Bulgarien, Türkei im 1. Weltkrieg.

Mittelmeer, *Mittelländisches Meer,* nur durch die 14 km breite Straße v. Gibraltar mit dem Atlantik verbundenes Binnenmeer zw. S-Europa, N-Afrika u. Vorderasien; 3,02 Mill. km², 3850 km l., bis 1650 km br., größte Tiefe 5121 m; gliedert sich in w. Becken *(Balear., Ligur. u. Tyrrhen. Meer)* u. in ö. Becken *(Ionisches mit Adriat. u. Levantin. mit Ägäischem Meer),* anschließend Dardanellen, Marmarameer, Bosporus u. Schwarzes Meer; mit Ausnahme des Schwarzen Meeres salzreicher als der Ozean, von entscheidendem Einfluß auf Klima u. Vegetation (Mittelmeerklima); s. Eröffnung d. → Suezkanals (1869) stark befahrene Verkehrsstraße; 1979 Konvention v. 17 Staaten z. Schutz d. M.s.

Mittelpunktschule, zentral gelegene Schule mehrerer Dörfer.

Mittelschiff, Längs-Mittelraum in Kirchen.

Mittelschulen, früher 6klass. mittlere gehobene Schulen (Abgang Obersekundareife, mittlere Reife); s. 1964 Realschule.

Mittelstand, mittlere, nicht scharf abgrenzbare Besitzschicht, vornehml. im 19. Jh. zw. Großbürgertum u. Unternehmertum einerseits, Kleinbürgertum u. Arbeiterschaft anderseits entstanden; umfaßt Bauerntum, Handwerk und klei-

nere Unternehmer, freie Berufe, außerdem Beamte u. größten Teil d. Angestellten.

Mittelsteinzeit → Vorgeschichte, Übers.

Mittelstreckenlauf, Lauf über 800, 1000, 1500 m.

Mittelstreckenraketen, mil., unbemannte Flugkörper m. atomaren od. konventionellen Sprengköpfen u. e. Reichweite v. 500–5000 km.

Mittelwald, Mischform aus → Hoch- u. → Niederwald, entstanden aus Samen u. Stockausschlag zur Gewinnung v. Brennu. Nutzholz.

Mittelwellen, *MW,* elektromagnet. → Wellen mit Wellenlänge von 1 km bis 200 m, Frequenzbereich 300 kHz bis 3 MHz (in Mitteleur. zw. 510 kHz u. 1602 kHz); Ausbreitung: tags vorwiegend Bodenwelle (Nahempfang), nachts erhöhte Reichweite durch → Raumwellen (bis 4000 km), Anwendung: Rundfunk, Schiffs- u. Polizeifunk, → Wellenlänge.

Mittenwald

Mittenwald (D-8102), Markt i. Kr. Garmisch-P., Luftkurort u. Wintersportplatz in d. oberbayr. Alpen, am Fuße des Wetterstein- u. Karwendelgebirges, 930 müM, 7998 E; staatl. BFS f. Geigenbau, berühmte Geigenbau- u. Instrumentenind.

Mitternacht, *Himmelsgegend:* Norden; *Zeitangabe:* 12 Stunden nach → Mittag; auch der Anfang des astronom. und bürgerl. Tages. – **M.ssonne,** die auch um Mitternacht noch sichtbare Sonne in Orten mit geogr. Breite von mehr als ±66½°, dauert an den Polen abwechselnd ½ Jahr.

François Mitterrand

Mitterrand [-'rã], François (* 26. 10. 1916), frz. Pol.; s. 1971 Vors. der Sozialist. Partei, s. 1981 Staatspräs.

Mittfasten, „Halbzeit" der (kath.) Fastenzeit, Mittwoch nach → Lätare.

mittlere Reife, Abschluß der Schulausbildung mit der 10. Klasse.

Mittlerer Osten, Randgebiete Asiens am Ind. Ozean, südl. des Himalaja, bes.: Pakistan, Indien, Myanmar, Sri Lanka.

Mittweida (D-9250), sächs. St. i. Kr. Hainichen, an der Zschopautalsperre, 17 633 E; Ing.schule; Textil- u. Eisenind.

Mittwoch, 3. Tag der Woche; urspr. „Tag des Wodan", später umbenannt.

mitwirkendes Verschulden, *Mitverschulden,* → Verschulden.

Mitwirkungsrecht → Betriebsverfassung.

Mixed, *s.* [engl. *mıkst*], gemischtes Doppel (ein Herr u. eine Dame je Mannschaft) im (Tisch-)Tennis, Badminton.

Mixed media, auch *Multimedia,* Kunstwerk aus versch. Medien (z. B. Plastik, Grafik u. Metalle).

Mixed Pickles [engl. *'mıkst 'pıkls*], mit Gemüse in scharf gewürztem Essig eingelegte kl. Gurken.

Mixer [engl.], mischt *(mixt)* Getränke in einer Bar.

Mixteken, Indianerstamm in Mexiko, ca. 35 000.

Mixtum compositum, *s.* [l.], Mischmasch.

Mixtur, *w.* [l.], **1)** flüssige Arzneimischung; **2)** Orgelregister aus mehreren Pfeifenreihen, durch (hochliegende) Quinten obertonlich verstärkt; glänzender, scharfer Klang.

Mizar, Stern 2. Größe i. Großen Bären, nördl. → Sternhimmel E; bildet mit Alkor (5. Größe) einen mit bloßem Auge trennbaren Doppelstern.

Mizoram, ind. B.staat (bis 1987 Unionsterritorium); Hptst. *Aijal.*

Mjölnir, Hammer des Thor in der altnord. Sage.

Mjøsen, größter norweg. See, nördlich v. Oslo, 368 km², 443 m tief.

mkp, Abk. f. *Meterkilopond.*

MKS-System → Maßsystem.

ml, Abk. f. *Milliliter,* 1000 ml = 1 l (→ Liter).

MLF, Abk. für *Multilaterale Force;* multilaterale Streitmacht, ehem. Projekt einer mit Atomwaffen bestückten NATO-Flotte mit gemischten Mannschaften d. beteiligten Mitgliedstaaten.

Mlle, Abk. f. → *Mademoiselle.*

MM., Abk. f. Messieurs [frz., *me'sjø*], (meine) Herren.

M. M., Abk. f. *Mälzels* → *Metronom.*

mm, Abk. f. Millimeter, *mm²* = Quadrat-, *mm³* = Kubikmillimeter, *mµ* = Millimikron.

m. m., Abk. f. → *mutatis mutandis.*

Mmabatho, Hptst. v. Bophuthatswana, 9000 E.

Mme, Abk. f. → *Madame.*

Mn, chem. Zeichen f. → *Mangan.*

Mnemosyne [gr.], Gedächtnis(göttin), Mutter der Musen.

Mnemotechnik [gr.], Kunst, das Gedächtnis durch Lernhilfsmittel zu unterstützen.

Mnouchkine [*mnuʃ'kin*], Ariane (* 3. 3. 1939), frz. Schausp.in u. Regisseurin; Leiterin d. Théâtre du Soleil; Filme: *Molière* (1977).

Mo, chem. Zeichen f. → *Molybdän.*

Moabiter, im A.T. Nachbarvolk der Juden östl. d. Toten Meeres.

Moas, ausgestorbene riesige (bis 3,5 m Höhe) flugunfähige Bodenvögel Neuseelands.

Mob, *m.* [engl.], Pöbel, Gesindel.

mobil [l.], beweglich; *mil.* kriegsbereit.

mobile [it.], *mus.* beweglich.

Mobile [*moʊ'bil*], Seehafen im Staat Alabama, a. d. Mündung d. *M.* in d. Golf v. Mexiko, 200 500 E, 30% Schwarze; Holz- u. Papierind.

Mobiles, bewegl. Drahtplastiken v. → *Calder.*

Mobilgarde, 1848 in Paris zur Bekämpfung der Revolution aufgestellte Truppe; 1870/71 z. nat. Verteidigung eingesetzt; svw. → Miliz.

Mobiliar, *s.* [nl.], bewegl. Hausrat, Möbel.

Mobilien-konto, in der Buchhaltung, dient der Aufzeichnung der Einrichtungsgegenstände (des Inventars) und der Maschinen. - **M.kredit,** *Mobiliarkredit,* Kredit gg. Verpfändung od. Sicherungsübereignung beweglicher Sachen; ältere Bez. für Lombardkredit.

Mobilität, *w.,* **1)** svw. Beweglichkeit, dauernde starke Veränderung; **2)** *soziolog.* ständige Veränderung u. Weiterentwicklung der Gesellschaft mit Auf- und Abstiegschancen einzelner Schichten.

Mobilmachung, Umstellung d. Friedensstreitkräfte durch Einberufung der Reserven auf Kriegsstärke.

Mobutu, Joseph-Désiré, s. 1972 afrikanisiert *Sese-Seko-Kuku M.* (* 14. 10. 1930), kongoles. Pol.; s. 1965 Staatspräs. u. Reg.chef v. Zaïre.

Moçambique, *Mosambik, Mozambik,* **1)** amtl. *República Popular de Moçambique,* Volksrep. (ehemals portugies. Überseeprov. *Portugies.-Ostafrika),* gegenüber Madagaskar (Kanal v. *M.),* 799 379 km², 14,93 Mill. E (19 je km²); Bev.-Zuw. 2,7%; Sprache: Portugies., Bantusprachen; Währung: Metical (MT); Rel.: animist. Naturrel., röm.-kath.; Hptst.: *Maputo;* Flagge S. 341, Karte S. 750. **a)** *Wirtsch.:* Hptanbau: Mais, Zuckerrohr, Baumwolle, Kaffee; Bodenschätze: Steinkohle, Eisenerz- u. Graphitlager, Asbest, Bauxit, Kupfer, Uran, Gold, Edelsteine; Ausfuhr v. Baumwolle, Zucker, Ölsaaten, Sisal. **b)** *Außenhandel* (1986): Einfuhr 485 Mill., Ausfuhr 166 Mill. \$. **c)** *Verf.:* Sozialist. Volksrep. m. Volksvers. **d)** *Verw.:* 11 Prov. **e)** *Gesch.:* Die M.-Kompanie verwaltete s. 1891 (Vertrag 1941 erneuert) d. angeschlossene Gebiet Manica u. So-

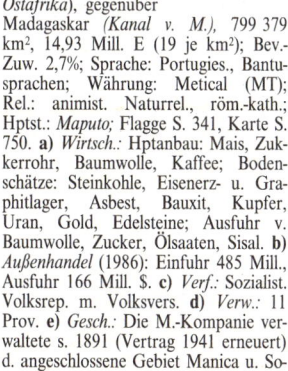

fala, Verw.sitz Beira; 1964 Beginn des Guerillakrieges durch die Befreiungsfront → FRELIMO; 1974 Verhandlungen m. Portugal; s. 1975 unabhängig; blutiger Bürgerkrieg m. antikommunist. RENAMO (mehr als 700 000 Tote); 1989 Friedensgespräche. **f)** *Mitgl.:* UN, OAU; AKP-Staat; **2)** Hafenst. in M., auf einer Koralleninsel vor der Küste, 20 000 E.

Moçâmedes [*mu'sɔmədıʃ*], jetzt *Namibe,* Hafenstadt i. Süd-Angola, 100 000 E; Rundfunkstation; Hochseefischerei; Flughafen.

Mock, Alois (* 10. 6. 1934), östr. Pol. (ÖVP); 1969/70 Erziehungsmin., s. 1987 Auß.min.

Mockturtlesuppe [engl. *-tətl*], „falsche Schildkrötensuppe"; Kalbskopfbrühe m. etwas Portwein, Kräutern u. a.

modal [l.], durch Umstände bedingt.

Modalität [l.], Art u. Weise des Seins od. Gedachtwerdens Art u. Weise d. Seins, Geschehens oder Denkens. - **M.sbegriffe,** bei Kant: *Möglichkeit, Wirklichkeit, Notwendigkeit.*

Modell, *s.* [it.], Vorbild, Muster, **1)** *künstler. M.,* die vom Künstler abzubildende Person, häufig berufsmäßig **(M.börse, M.markt); 2)** in der *Mode* ein nach einem Originalentwurf einmalig hergestelltes Bekleidungsstück **(M.-kleid).**

modellieren, in der Bildnerei Formung e. Plastik z. B. aus Wachs od. Ton; → bossieren.

Modem, *m.,* Kurzwort aus **Mo**dulator-**Dem**odulator z. Bez. eines i. d. Datenfernübertragung (z. B. bei → Bildschirmtext) notwendigen Zusatzgeräts, das d. computerlesbaren digitalisierten Informationen (beim Sender) in übertragungsfähige (modulierte) Signale umsetzt bzw. (beim Empfänger) rückumwandelt.

Modena, Hptst. d. it. Prov. *M.,* 177 000 E; Uni., Erzbischofssitz, Dom, Museen, Kunstakademie.

moderato [it.], *mus.* gemäßigt.

Moderator, 1) *Bremssubstanz* im → Kernreaktor zur Verringerung der Energie d. bei d. Spaltung entstehenden schnellen Neutronen (Graphit, schweres Wasser); **2)** b. Fernsehsendungen: Leiter von Diskussionen.

Moderner Fünfkampf → Fünfkampf, Moderner.

Modernismus, um 1900 entstandene Bewegung, Glauben u. Lehre d. kath. Kirche an die modernen, u. a. auf der Entwicklungstheorie aufbauenden Geistesströmungen anzupassen; von Pius X. 1907 verurteilt; 1910–67 mußten alle kath. Priester *Antimodernisteneid* leisten.

Modern Style [engl. *stail*], Bez. für engl. → Jugendstil (auch *Art nouveau);* Graphik: *Beardsley;* Architektur und Kunstgewerbe: *Mackintosh;* Literatur: *Wilde.*

Paula Modersohn-Becker
Selbstbildnis

Modersohn, 1) Otto (22. 2. 1865–10. 3. 1943), dt. Maler u. Mitbegr. d. Künstlerkolonie in Worpswede; s. Gattin **2)** Paula *M.-Becker* (8. 2. 1876–20. 11. 1907), dt. Malerin; d. Expressionismus nahestehend.

Modeschmuck, mod. Schmuck; wird im Ggs. zum traditionellen Schmuck nicht aus wertvollen Materialien hergestellt, sondern wirkt durch Form u. Farbe.

Modifikation [l.], **1)** Veränderung, Einschränkung; *biol.* durch Umwelteinflüsse ausgelöste, nicht vererbbare Veränderungen d. → Phänotypus; **2)** *chem.* Vorkommen e. Stoffes in verschied. Formen (z. B. Kohlenstoff als Diamant u. Graphit).

modifizieren, abändern.

Modigliani [-'ʎani], **1)** Amedeo (12. 7. 1884–25. 1. 1920), it. Maler u. Bildhauer bes. in Paris; Akte u. Bildnisse in meist überlängten Formen; **2)** Franco (* 18. 6. 1918), am. Wirtschaftswissenschaftler; Nobelpr. 1985 (Lebenszyklushypothese des Sparens).

Mödling (A-2340), Bez.hptst. in Niederöstr., am Rand d. Wienerwalds, 240 müM, 19 300 E; Karner 13. Jh.; Fremdenverkehr, Weinbau.

Modrow, Hans (* 27. 1. 1928), DDR-Pol., PDS (SED); 1989 Vors. des Min.rats, 13. 11. 1989–März 1990 Reg.chef der DDR.

Mods [engl. „Halbstarke"], Jugendliche m. betont mod. Auftreten, in Großbrit. bes. Mitte d. 60er Jahre; Ggs.: → Rocker.

Modul, *m.* [l.], **1)** *phys.* eine f. d. Eigenschaften bestimmter Substanzen charakterist. Zahl (z. B. Elastizitätsmodul = Dehnbarkeit); **2)** im *Maschinenbau* Kennziffer d. Teilung v. Zahnrädern; allg. i. d. *Technik* Grundmaß, auf dem andere Maße als Vielfache beruhen; **3)** in d. *Mathematik* Faktor z. Umrechnen v. Logarithmen u. Begriff d. Zahlentheorie.

Modulation [l.], Abwandlung, **1)** *mus.* Übergang von einer Tonart in eine andere; **2)** *fernmeldetechn.* Beeinflussen (modulieren) einer hochfrequenten Trägerschwingung durch Änderung **a)** der Amplitude (*Amplituden-M.,* AM) b) der Frequenz (*Frequenz-M.,* FM), **c)** d. Phasenlage (*Phasen-M.,* PM), entspr. d. zu übertragenden niederfrequenten Schwingung (Sprache, Musik usw.); Zweck: Mehrfachausnutzung u./od. Anpassung an

Übertragungsweg; Anwendung: AM bei Trägerfrequenzfernsprechern, Lang-, Mittel-, Kurzwellen u. Fernsehrundfunk (Bild), FM bei UKW- u. Fernsehtonrundfunk, PM bei Dezimeterübertragungstechnik.

Modus [l.], Art und Weise; Aussageform, phil. auch Eigenschaft oder Zustand.

Modus vivendi [l.], erträgliche Form des Zusammenlebens.

Mofa, Abk. f. Mo*torf*ahrrad; → Moped.

Mofetten [it.], Kohlendioxidexhalationen (in vulkan. Gebieten), → Fumarolen.

Mogadischu, *Muqdisho,* it. *Mogadiscio,* Hptst. u. Hafen v. Somalia, 600 000 E.

Mogilew, *Mogiljow,* weißruss. St. am Dnjepr, 356 000 E; Maschinenfabrikation, chem. Ind.

Mogul → Großmogul.

Mohács [-*hatʃ*], ungar. St. an d. Donau, 25 000 E; Kohlenhafen, Seidenind. – Niederlage Kg Ludwigs II. v. Ungarn gg. Sultan Soliman 1526; Sieg Karls v. Lothringen über d. Türken 1687.

Mohair, *m.* [engl. *'mouheə*], **Mohär,** Angoraziegenhaar; gehört zu den harten Kammgarnen.

Mohammed, Name von 6 türk. Sultanen: **1)** M. II., d. Gr., reg. 1451–81, eroberte nach 1453 Konstantinopel, drang üb. Bosnien u. bis in d. Walachei vor; Kriege gg. Venedig, Genua, Neapel; **2)** M. V. (10. 8. 1909–26. 2. 61), Sultan, seit 1957 Kg von Marokko.

Mohammed

Mohammed, *Muhammad, Mohammad* (um 570–632 n. Chr.), Stifter d. *Islam:*

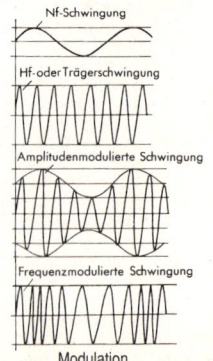

Modulation

„Kein Gott außer dem einen Gott, u. M. ist der Gesandte Gottes;" seine Offenbarungen sind im → Koran niedergelegt; nach Mißerfolg in seiner Vaterstadt Mekka Auswanderung *(Hedschra)* nach Medina (622); von hier Ausbreitung seiner Lehre über Arabien bis Spanien und Indonesien.

mohammedanische Religion → Islam.

Mohammed Reza Pahlewi → Pahlewi.

Mohammed Zahir Chan (* 15. 10. 1914), 1933–73 Kg v. Afghanistan.

Mohendscho-Daro, Ruinenst. a. Unterlauf d. Indus, Hochkultur des 3. Jtds v. Chr.

Mohikaner, ausgestorbener Indianerstamm in N-Amerika.

Mohn, Reinhard (* 29. 1. 1921), dt. Verleger; Chef der *Bertelsmann AG.*

Mohn, milchsaftführende Kräuter m. gr. Blüten; *Schlaf-M.,* Feldfrüchte u. Zierpflanzen aus d. Orient, aus Saft der Fruchtkapseln Opium.

Möhne, r. Nbfl. der Ruhr, 57 km l.; Möhne-Talsperre (134 Mill. m³).

Mohnöl, hellgelb, fettig, aus Mohnsamen gepreßt (etwa 35–40%); als Speiseöl, bes. im Orient.

Mohole [*'mouhoul*], Projekt d. am. *National Science Foundation,* im Pazifik durch Tiefseebohrung d. Zus.setzung d. Erdmantels zu erforschen.

Moholy-Nagy [*'mohoj'nɔdj*], László (20. 7. 1895–24. 11. 1946), ungar. abstrakter Maler; surrealist. Photogramme, 1923–28 Lehrer am → Bauhaus.

Mohr, Joseph (11. 12. 1792–4. 12. 1848), östr. Geistlicher, dichtete am 24. 12. 1818 das Weihnachtslied: *Stille Nacht, heilige Nacht.*

Mohrrübe, *Möhre; wilde M.,* Doldengewächs auf Wiesen; von ihr stammen die *eigtl. M.* (Pfahlwurzel eßbar) u. die feinere, kürzere *Karotte.*

Mohrungen, *Morag,* poln. St. im ehem. Ostpreußen, 10 000 E; Geburtshaus Herders.

Moiré, *m.* od. *s.* [frz. *mwa're*], „gewässert"; Stoffart mit schillerndem Muster.

Moiren [gr.], Schicksalsgöttinnen, → Parzen.

Moissi, Alexander (2. 4. 1880–22. 3. 1935), östr. Schausp. it. Herkunft.

Moivre [*mwa'vr*], Abraham de (26. 5. 1667–27. 11. 1754), frz. Math., fand **Moivresche Formel:** $(\cos \alpha + i \sin \alpha)^n = \cos n\,\alpha + i \sin n\,\alpha$.

Mokassin, *m.,* Wildledersandale nordam. Indianer.

Mokick, *s.,* Kraftrad (ähnl. → Moped, → Mofa).

mokieren [frz.], sich über etwas lustig machen.

Mokka, 1) *Mocha,* Hafenst. in Jemen, am S-Ende des Roten Meeres, etwa 6000 E; früh. Kaffeeausfuhr; **2)** *m.,* starker Kaffee (heute meist kleinbohniger Kaffee aus Java od. Brasilien).

Moktezuma → Montezuma.

Mol → Molekulargewicht.

Molaren → Mahlzähne.

Molasse, *geolog.* weicher Sandstein d. Tertiärs; auch: Sedimentfüllungen d. Rand- u. Innensenken v. Gebirgen.

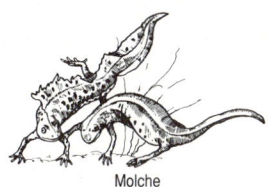

Molche

Molche, geschwänzte Lurche (→ Amphibien), Salamanderverwandte; *Wasser-M.,* stets im od. am Wasser, mit Ruderschwanz (z. B. *Kamm-M., Berg-M., Teich-M.,* alle ◗).

Moldau, 1) *Vltava,* l. Nbfl. der Elbe, aus dem Böhmerwald, mündet bei Mělík; 435 km l., ab Prag schiffbar; **2)** *Moldova,* rumän. Landschaft zw. Karpaten u. Pruth; Getreideanbau; Viehzucht; größte St.: *Jassy* (rumän. *Iaşi*) (314 000 E). – 1360 Fürstentum, ab 16. Jh. unter türk. Oberhoheit; in den türk.-russ. Kriegen wiederholt von Russen, im Krimkrieg von Östr. besetzt, 1861 an Rumänien; **3)** sowj. Unionsrep. (s. 1940), → *Bessarabien,* beiderseits d. Dnjestr bis Pruth u. untere Donau, 33 700 km², 4,3 Mill. E; Getreideanbau, Viehzucht; Hptst. *Kischinew.*

Moldoveanu, höchster Berg der S-Karpaten, 2543 m.

Mole [it.], in Meer, Fluß, See gebauter Damm als Schutz gegen Wellenschlag u. Versandung.

Molekül, *Molekel, s.* [l.], durch chem. → Bindung zusammengehaltene Teilchen aus zwei od. mehreren (bis Mill.) Atomen durch el. Anziehungskräfte; kleinste phys. Bausteine d. Stoffe; zusammentretende Atome können gleich- oder verschiedenartig sein.

Molekular-bewegung, *Brownsche M.,* die von dem engl. Botaniker Robert Brown (1773–1858) entdeckte ständige Bewegung kleinster in Flüssigkeit oder Gasen verteilter Teilchen, mit deren Kleinheit sie wächst; wichtig als Kennzeichen kolloidaler Lösungen. – **M.biologie,** Teil der → Biologie; dient d. Erforschung d. Lebens auf d. Ebene d. Moleküle durch Aufklärung v. Struktur u. Funktion organ. Gebilde, der Chemodynamik d. → Zellen und der molekularen Mechanismen in lebendigen Substraten; → Biologie. – **M.genetik,** Erforschung d. Vererbungsvorgänge im submikroskop. Bereich. – **M.gewicht,** Summe der Atomgewichte der in einem Molekül enthaltenen Atome (z. B. M.gewicht von Wasser $H_2O = 18,0142$, denn $O = 15,9994$ u. $2 H = 2 \cdot 1,0079$); d. M.gewicht eines Stoffes in g wird *m. Mol* bezeichnet (z. B. 18,0142 g Wasser = 1 Mol H_2O).

Moleküluhr → Atomuhr.

Moleschott [-*sx-*], Jakob (9. 8. 1822–20. 5. 93), ndl. Physiologe u. materialist. Phil.; *Kreislauf d. Lebens.*

Molfetta, Hafenst. in der it. Prov. Bari, 64 000 E; an der Adria, Wein-, Öl- u. Getreidehandel, Ind.

Molière

Molière [mɔ'ljɛːr], eigtl. *Jean Baptiste Poquelin* (15. 1. 1622–17. 2. 73), frz. Dichter und Schauspieler; Typenkomödien, zeitkrit. Stücke: *Der Geizige; Der eingebildete Kranke;* satirische Dramen: *Die Schule d. Frauen; Tartuffe; Der Bürger als Edelmann; Der Menschenfeind.*

Molina → Tirso de Molina.

Molise, 1) it. Landschaft i. d. südl. Apenninen; **2)** Region i. Mittelitalien; 4438 km², 335 000 E; Hptst. *Campobasso.*

Molke, Restflüssigkeit d. Milch nach Ausscheiden von Fett u. Casein (Nebenerzeugnis d. Käserei); besteht aus Wasser, Milchzucker, Salzen u. Eiweißresten; zu Käse (**Molkenkäse**) als Getränk zu **Molkenkuren;** auch Schweinefutter.

Molkereiprodukte → Milchwirtschaft.

Moll, 1) Josef (5. 9. 1908–7. 1. 89), dt. General, 1966–68 Inspekteur des Heeres. M. bemühte sich um eine Modernisierung der inneren Führung der Bundeswehr; **2)** Oskar (21. 7. 1875–19. 8. 1947), dt. Maler; Matisse-Schüler.

Moll, *s.* [l. „weich"], zweites Haupttongeschlecht neben Dur. – **M.akkord,** besteht aus Grundton, kleiner Terz u. reiner Quinte.

Möllemann, Jürgen W. (* 15. 7. 1945), FDP-Pol.; 1982–87 Staatsmin. i. AA, 1987–91 B.min. f. Bildung u. Wissenschaft, s. 1991 B.wirtsch.min.

Möller, Alex (26. 4. 1903–2. 10. 85), SPD-Pol.; 1969–71 B.finanzmin.; *Genosse Generaldirektor; Tatort Politik.*

Möller-Barlowsche Krankheit → Skorbut d. Kinder.

Moeller van den Bruck, Arthur (23. 4. 1876–30. 5. 1925), dt. Schriftst.; vertrat „revolutionären Konservatismus"; *Das Dritte Reich.*

Mollet [mɔ'lɛ], Guy (31. 12. 1905–3. 10. 75), frz. sozialist. Pol.; 1956/57 Min.präs.

Mölln (D-2410), St. u. Kneippkurort i. Kr. Hzgt. Lauenburg, Schl-Ho., 16 430 E; zw. *Möllner See* u. Schulsee, am Elbe-Lübeck-Kanal; AG; Holz- u. Getreidehandel; Ind.; Nikolaikirche, angeblich mit Grabstein Till Eulenspiegels.

Mollusken, svw. → Weichtiere.

Molluskizid [l.], Bekämpfungsmittel ge-

gen Weichtiere wie Schnecken, Muscheln.

Molnár, Franz (12. 1. 1878–1. 4. 1952), ungar. Bühnenautor; *Liliom; Spiel im Schloß.*

Molo, Walter v. (14. 6. 1880–27. 10. 1958), dt. Schriftst.; biograph. Geschichtsromane: *Der Schiller-Roman;* Dramen, Gedichte.

Moloch, 1) im A.T. babylonischer Gott, dem Kinder geopfert wurden; **2)** austral., stachlige Wüstenechse; ungiftig.

Molokanen [russ. „Milchesser"], russ. christl. Sekte; verwirft Lehre von der → Dreifaltigkeit, Sakramente, Eid, Krieg.

Molosser, um 240 v. Chr. untergegangener illyrischer Stamm, bewohnte d. alten Epirus.

Molotow, Wjatscheslaw Michailowitsch, eigtl. *Skrjabin* (9. 3. 1890–8. 11. 1986), sowj. Pol., 1930–41 Min.präs., 1939–49 u. 1953–56 Außenmin.

Molotow → Perm.

Molotowcocktail, mit Benzin u. Phosphor gefüllte Flaschen als Behelfswaffen (seit d. span. Bürgerkrieg).

Moltke, mecklenburgisches Uradelsgeschlecht, **1)** Helmuth Gf v. (26. 10. 1800–24. 4. 91), preuß. Generalfeldm.; 1835 türk. Heeresorganisator, s. 1858 Chef d. preuß. Gen.stabs; Feldzugspläne 1864, 1866, 1870/71; sein Neffe **2)** Helmuth (25. 5. 1848–18. 6. 1916), Gen.stabschef 1906–14; **3)** Helmuth James Gf v. (11. 3. 1907–23. 1. 45), Anwalt für Völkerrecht; sammelte d. → Kreisauer Kreis; hingerichtet.

molto [it.], *mus.* viel, sehr.

Molton, *m.* [frz.], *Melton,* langhaariger Wollstoff.

Moltopren®, Handelsbezeichnung für Schaumstoffe auf Basis d. Isocyanat-Chemie (→ Kunststoffe).

Molukken, indones. *Maluku, Gewürzinseln,* Inselgruppe an d. asiat.-austral. Erdteilgrenze, zw. Celebes u. Neuguinea, Prov. d. Rep. Indonesien, 74 505 km², 1,79 Mill. E; die größten: Halmahera im N u. Seram im S; tätige Vulkane, bis 3000 m h.; Tropenklima: Sago, Muskat, Gewürznelke, Betelnuß, Pfeffer; Teakholz; Bergbau: Gold, Zinn, Alaun; Hptst.

Mölln, *Grabstein Till Eulenspiegels*

Ambon (209 000 E). – 1512 v. Portugiesen entdeckt, seit d. 17. Jh. bis 1949 ndl., dann indones. Unabhängigkeitsbestrebungen.

Molvolumen, Raum, den 1 Mol (→ Molekulargewicht) eines Gases einnimmt; bei idealen Gasen 22,4 Liter bei 0° und 1013 mbar.

Molybdän, *Mo,* chem. El., Oz. 42, At.-Gew. 95,95, Dichte 10; hartes, zähes Schwermetall, in der Glühlampenind. u. (mit Eisen legiert) als Werkzeugstahl verwendet. – **M.disulfid,** *MoS₂,* dient wegen seiner Weichheit als hitzebeständiges Schmiermittel.

Mombasa, *Mombassa,* Prov.hptst. u. größter Hafen auf e. Insel, in Kenia, 426 000 E; Ausgangspunkt der Ugandabahn (nach dem Victoriasee).

Mombert, Alfred (6. 2.1872–8. 4. 1942), dt. frühexpressionist. Dichter; Dramentrilogie: *Aeon;* Lyrik.

Moment [l.], **1)** *m.,* Augenblick; **2)** *s.,* Umstand; **3)** *Mechanik: Dreh-M., statisches M.,* das Produkt aus einer Kraft u. d. Abstand ihrer Richtungslinie von der Drehachse (z. B. beim Hebel, beim Parallelogramm d. Kräfte); auch magnet. und → Trägheitsmoment; **4)** *psych.* kleinste Zeiteinheit, in der Informationen noch unterschieden werden können (z. B. Mensch ⅙ Sek.).

Theodor Mommsen

Mommsen, Theodor (30. 11. 1817–1. 11. 1903), Geschichtsforscher, Jurist u. Philologe; *Röm. Geschichte; Röm. Staatsrecht;* 1902 Nobelpr. f. Lit.

Momper, Walter (* 21. 2. 1945), SPD-Pol.; 1989–91 Reg. Bürgerm. v. West-Berlin.

Mon, Franz (* 6. 5. 1926), dt. Schriftst.; experimentelle Lyrik u. Prosa, Vertr. d. → Konkreten Poesie.

Mon, austrischer Sprachrest in Südmyanmar (um Pegu), → austroasiatisch (M.-Khmer-Gruppe).

Monaco, amtl. *Principauté de Monaco,* unabhängiges Fürstentum unter frz. Schutz an der Côte d'Azur (Mittelmeer), 1,95 km², 28 000 E (14 358 je km²); Bev.-Zuw. 0,6%; Sprache: Frz., teilweise It.; Währung: frz. Franc (FF); Rel.: röm.-kath.; Hptst.: *Monaco* (3 Siedlungen: *M.,* 2000 E; *Monte-Carlo,* 10 000 E; *La Condamine,* 2 000 E); ozeanograph. Mu-

seum, Schloß, Spielcasino, Kongreßzentrum; Fremdenverkehr; Flagge S. 341, Karte S. 742. **a)** *Geogr.:* Mildes Klima (Januar 10 °C; Luftkurort); üppige Vegetation (Südfrüchte). **b)** *Wirtsch.:* Starker Fremdenverkehr, Spielkasino in Monte Carlo. **c)** *Verf.* v. 1962: Konstitutionelle Erbmonarchie; Reg.rat, Nat.rat, **d)** *Gesch.:* Vom 14. Jh. bis 1731 genues., s. 1871 unabhängig.

Monaden [gr.], unteilb. Einheiten; in → Leibniz' **Monadenlehre** oder **Monadologie** kleinste und letzte Einheiten, aus denen die Welt aufgebaut ist und deren Wesen *Körper und Geist* zugleich ist.

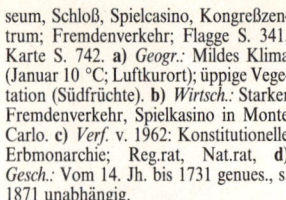

Mona Lisa
Leonardo da Vinci

Mona Lisa, auch *La Gioconda,* weltberühmtes Frauenbildnis (um 1503/05) von Leonardo da Vinci (Louvre, Paris).

Monarchie [gr.], Staatsform, bei der Staatsgewalt b. d. Krone liegt; *Monarch* ist alleiniges Staatsoberhaupt. *Patrimonial-ständische M.* d. MA betrachtete Staatsgebiet als Privateigentum des Landesherrn. *Absolute M.:* Monarch vereinigt in sich d. Staatsfunktionen der Gesetzgebung, Rechtsprechung u. Verw. (→ Absolutismus). *Konstitutionelle M.:* Monarch Träger der Staatsgewalt, aber an deren Ausübung ist das Volk beteiligt, Rechtspflege durch unabhängige Gerichte, in der Verwaltung ist der Monarch an die verfassungsmäßigen Organe gebunden; er ernennt u. entläßt Min., bedarf aber ihrer Gegenzeichnung zu Reg.handlungen. *Parlamentarische M.:* Parlamentsmehrheit wählt Min.; Stellung d. Monarchen repräsentativ, traditionell symbolisch.

Monastir, St. im jugoslaw. Mazedonien, → Bitola.

Monat, 1) der 12. Teil des Jahres (Kalender-M.); **2)** siderischer u. synodischer M. entsprechen der Umlaufszeit des → Mondes.

Monats-bilanzen, monatl. Abschlüsse d. Buchhaltung zwecks Betriebskontrolle; bes. wichtig z. Erkenntnis der → Liquidität, d. *M.ausweise* der Banken. – **M.geld,** *Ultimogeld,* Lombarddarlehen an d. Börse v. Ultimo zu Ultimo; z. Verlängerung laufender → Engagements. – **M.steine,** Edel- od. Halbedelsteine mit angebl. astrolog. Einfluß auf den Menschen.

Monazit, *m.,* Mineral; Phosphate der Lanthaniden: Yttrium, Lanthan, Zerium, Neodym mit bis 18% Thoriumoxid; in Granit u. vielen Sanden: **M.sand;** Cer- u. Thoriumoxid für Auerlichtstrümpfe (→ Gasglühlicht).

Monbijou [frz. *mõbi'ʒu* „mein Kleinod"], Name von Lustschlössern (z. B. in Berlin).

Mönch, Gipfel der Berner Alpen, zw. Jungfrau u. Eiger, 4099 m (Finsteraarhorngruppe).

Mönch [gr. „monachos = einsam"], im Kloster lebendes männl. Mitgl. eines geistl. Ordens.

Mönchengladbach (D-4050), krfreie St. i. Rgbz. Düsseldorf, NRW, 252 910 E; spätgot. Basilika, IHK, LG, AG, FHS Niederrhein; Mittelpkt der dt. Textil- u. Bekleidungsind.; Sitz d. NATO-Hauptquartiers Mitteleuropa (Nord).

Mönchtum, in vielen Religionen, z. B. Buddhismus; im Christentum Leben durch Hingabe an Christus nach d. 3 *evangelischen Räten* (Armut, Keuschheit u. Gehorsam).

Mond, der um die Erde kreisende Himmelskörper; mittlere Entfernung 384 400 km, kleinste 354 000, größte 407 000; Durchmesser: 3476 km; Masse: ¹⁄81,3 d. Erdmasse. Umlaufzeit: synodisch (von Vollmond zu Vollmond) 29 Tage 12 Std. 44 Min.; siderisch (in bezug auf Sterne) 27 Tage 7 Std. 43,2 Min.; Rotationszeit mit sider. Umlaufszeit übereinstimmend, deshalb immer dieselbe M.hälfte sichtbar. Ungleichmäßige Geschwindigkeit in seiner ellipt. Bahn sowie d. Neigung des M.äquators gegen die M.bahnebene erzeugen scheinbare Schwankungen der sichtbaren M.scheibe (Libration), so daß nur 41% der M.oberfläche von der Erde aus unsichtbar sind. Mittlere Geschwindigkeit d. M.es in seiner ellipt. Bahn: 1 km/s. Der M. wirft nur 7,3% des auffallenden Sonnenlichts zurück, da seine Oberfläche aus sehr dunklem Material besteht; ferner große dunkle Ebenen, sog. → Mare, zahlreiche Krater oder Ringgebirge, einzelne Kettengebirge, schmale tiefe Rillen und helle Streifen, die von einzelnen bes. großen Kratern ausgehen. Höchste Mondberge bis 8500 m. – Alter d. M.gesteins wird nach d. Flug v. Apollo 17 (→ Mondsonden) auf 3,71 Mrd. J. geschätzt. Keine Atmosphäre, schroffster Temperaturwechsel zw. M.tag (bis +120 °C) u. -nacht (bis –160 °C) u. kein Leben. Anziehung d. M.es erzeugt die → Gezeiten d. Meeres

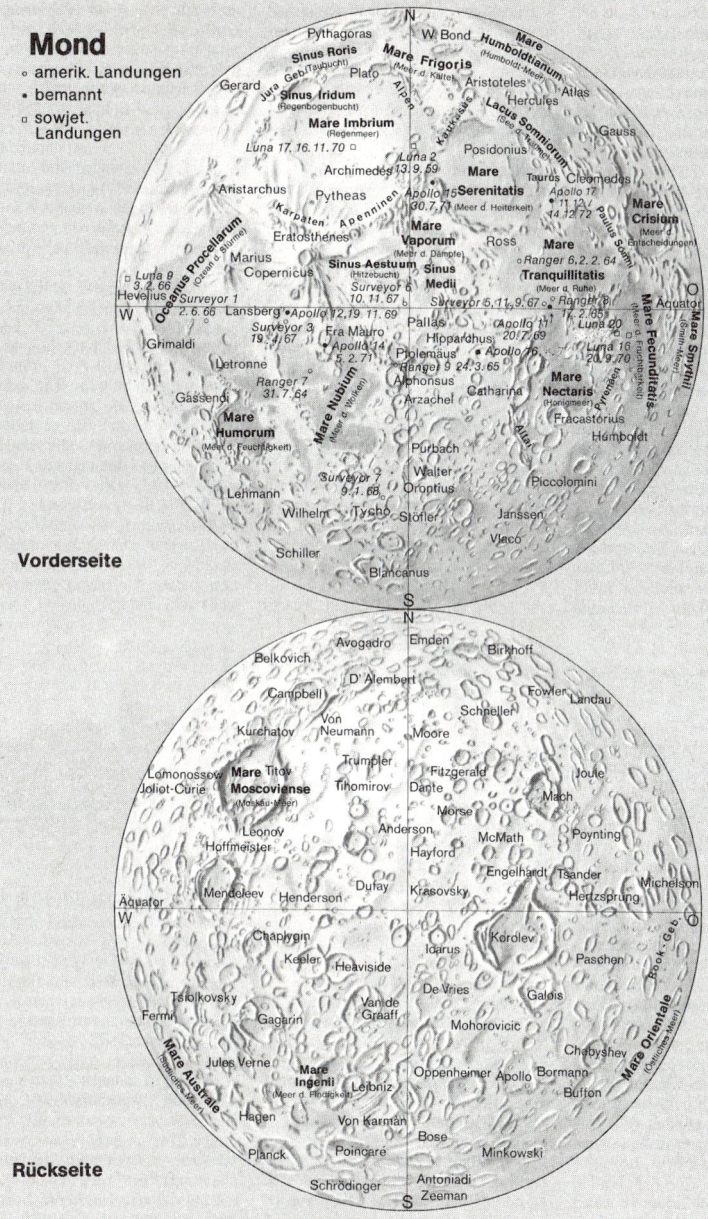

Mond

- ○ amerik. Landungen
- • bemannt
- □ sowjet. Landungen

Vorderseite

N

Pythagoras
Sinus Roris (Tauqucht)
Jura Geb.
Mare Frigoris (Meer d. Kälte)
Mare Humboldtianum (Humboldt-Meer)
W. Bond
Gerard
Plato
Aristoteles
Atlas
Sinus Iridum (Regenbogenbucht)
Hercules
Gauss
Mare Imbrium (Regenmeer)
Alpen
Kaukasus
Lacus Somniorum (See d. Träume)
Luna 17. 16. 11. 70 □
Posidonius
Luna 2 13.9.59
Aristarchus
Archimedes
Apollo 15 30.7.71
Mare Serenitatis (Meer d. Heiterkeit)
Apollo 17 14.12.72
Pytheas
Taurus
Cleomedes
Mare Crisium (Meer d. Entscheidungen)
Karpaten Apenninen
Eratosthenes
Mare Vaporum (Meer d. Dämpfe)
Ross
Mare
Ranger 6.2.2.64
Marius
Copernicus
Sinus Aestuum (Hitzebucht)
Sinus Medii
Mare Tranquillitatis (Meer d. Ruhe)
Oceanus Procellarum (Ozean d. Stürme)
Surveyor 6 10. 11. 67
Surveyor 5, 11, 9. 67
Ranger 8 17. 2. 65
□ Luna 9 3. 2. 66
Hevelius
Surveyor 1 2. 6. 66
Lansberg
Apollo 12. 19. 11. 69
Pallas
Surveyor 5, 11. 9. 67
Apollo 11 20. 7. 69
Mare Smythii (Smith-Meer)
Äquator
Grimaldi
Surveyor 3 19. 4. 67
Fra Mauro Apollo 14 5. 2. 71
Hipparchus
Luna 20 21. 2. 65
Mare Fecunditatis (Meer d. Fruchtbarkeit)
W
Letronne
Ptolemäus
Apollo 16 24. 3. 65
Apollo 16
Luna 16 20. 9. 70
O
Gassendi
Ranger 7 31. 7. 64
Mare Nubium (Meer d. Wolken)
Alphonsus
Arzachel
Catharina
Mare Nectaris (Honigmeer)
Fracastorius
Fromentius
Mare Humorum (Meer d. Feuchtigkeit)
Humboldt
Purbach
Surveyor 7 9. 1. 68
Walter
Oronteus
Piccolomini
Lehmann
Wilhelm
Tycho
Stöfler
Janssen
Altai
Schiller
Vlaco
Blancanus

S

N

Rückseite

Avogadro
Emden
Birkhoff
Belkovich
D'Alembert
Fowler
Landau
Campbell
Von Neumann
Schneller
Kurchatov
Moore
Lomonossov
Mare Moscoviense (Moskau-Meer)
Titov
Trümpler
Fitzgerald
Joule
Joliot-Curie
Tihomirov
Dante
Mach
Morse
Leonov
Anderson
McMath
Hoffmeister
Hayford
Engelhardt
Tsander
Poynting
Michelson
Äquator
Mendeleev
Henderson
Dufay
Krasovsky
Hertzsprung
W
O
Chaplygin
Korolev
Kepler
Heaviside
Idarus
Paschen
Tsiolkovsky
De Vries
Galois
Book.-Geb.
Fermi
Gagarin
Van de Graaff
Mohorovicic
Mare Orientale (Östliches Meer)
Chebyshev
Jules Verne
Oppenheimer
Apollo
Bormann
Mare Australe (Südliches Meer)
Mare Ingenii (Meer d. Findigkeit)
Leibniz
Buffon
Hagen
Von Karman
Bose
Planck
Poincare
Minkowski
Schrödinger
Antoniadi
Zeeman

S

u. (verschwindend klein) auch der Lufthülle. – **M.alter,** Anzahl der seit d. letzten Neumond verflossenen Tage.

Mondale [-deıl], Walter (* 5. 1. 1928), am. Pol.; 1977–81 Vizepräs.; 1984 Präsidentschaftskandidat.

mondän [l.-frz.], betont elegant, weltgewandt.

Monde, Satelliten, Trabanten, heißen d. Himmelskörper, die sich um die → Planeten nach Keplerschen Gesetzen bewegen; Merkur u. Venus ohne Mond; Erde 1 Mond, Mars 2, Jupiter 17, Saturn 23, Uranus 15, Neptun 3, Pluto 1.

Mondfähre, Land- u. Rückstartgerät für bemannte Expeditionen.

Mondfinsternis, Verdeckung d. Vollmondes durch den Erdschatten; totale M. bei völliger, partielle M. bei teilweiser Verdeckung (→ Tafel Himmelskunde II). Regelmäßige Wiederkehr im → Saroszyklus.

Mondfisch, Gotteslachs, Lamprididae, bis 2 m lang u. 270 kg schwer; wärmere Meere, wohlschmeckend, keine wirtschaftl. Bedeutung.

Mondgas, Gasgemisch aus Kohlendioxid, Kohlenmonoxid, Wasserstoff und Stickstoff, nach Ludwig Mond (1839–1909); durch Einwirkung von Dampf und Luft auf glühenden Koks.

Mondphasen, Lichtgestalten des Mondes, wechselnd mit der sich verändernden Stellung des Mondes zur Erde und Sonne innerhalb e. synod. Umlaufzeit. Mondwechsel; 4 Mondviertel: 1) Neumond (Mond in Richtung der Sonne), 2) erstes Viertel (zunehmend, um 6 Std. der Sonne folgend), 3) Vollmond (entgegengesetzt z. Sonne), 4) drittes Viertel (abnehmend, um 6 Std. d. Sonne voraus).

Mondrian, Piet (7. 3. 1872–1. 2. 1944), ndl. Maler in Paris u. USA; Mitbegr. d. abstrakt-konstruktivist. Gruppe „De Stijl“ (Neoplastizismus).

Mondsee, See im Salzkammergut, 14,2 km², 68 m t.

Mondsonden, durch mehrstufige → Raketen angetriebene Raumfahrzeuge zur Erforschung des Mondes u. seiner kosm. Umgebung; bisherige Erkundung d. Mondes i. vier Phasen: 1) im Vorbeiflug od. vor Zerstörung durch Aufprall: die sowj. Sonden Lunik 3 (1959) u. Luna 5 (1965) lieferten Bilder der v. der Erde nicht sichtbaren Mondrückseite; die am. Sonden Ranger 7 (1964), Ranger 8 u. 9 (1965) übermittelten aus. 17 100 Nahaufnahmen d. Mondvorderseite; 2) nach weicher Landung: erstmals durch Luna 9 (UdSSR), gelandet 3. 2. 1966, übermittelte 3 Tage lang Aufnahmen; danach Surveyor 1 (USA), gelandet 2. 6. 1966, bis 13. 7. 1966 11 150 Fotos; Surveyor 3 (gelandet 19. 4. 1967) schürfte auf d. Mondboden, Surveyor 5 (11. 9. 1967) führte chem. Analysen d. Mondmaterials aus; Luna 16 (20. 9. 1970), m. automat. Station, brachte Mondgestein zur Erde; Luna 17 (16. 11. 1970), m. Mondfahr-

zeug Lunochod 1; Luna 20 (21. 2. 1972) kehrt mit Gesteinsproben z. Erde zurück; 3) durch künstl. Mondsatelliten: erstmals Luna 10 (UdSSR), sandte 1966 Meßdaten; danach Lunar Orbiter 1–5 (USA), fotografierten 99% d. Mondoberfläche; 4) bemannte Mondlandungen: 1. Mondlandung (Apollo 11) durch Armstrong u. Aldrin am 20./21. 7. 1969 im Meer d. Ruhe; 2. (Apollo 12) durch Conrad u. Bean am 19./20. 11. 1969 im Meer der Stürme; 3. (Apollo 14) durch Shepard, Roosa u. Mitchell am 5./6. 2. 1971, Fra Mauro; 4. (Apollo 15) durch Scott, Worden, Irwin m. bemanntem Mondfahrzeug Rover 1 am 30. 7./2. 8. 1971 in der Hadley-Apenninen-Region; 5. (Apollo 16) durch Young, Duke, Mattingly am 21./24. 4. 1972; 6. (Apollo 17) durch Cernan, Evans, Schmitt am 11./14. 12. 1972. → Weltraumforschung.

Mondstein, Adular, reinste Abart des Feldspats (Orthoklas); Schmuckstein.

Mondtafeln, Tabellen z. Ortsbestimmung d. Mondes; erste M. v. Euler u. Halley, neueste v. E. W. Brown.

Monegassen, die Bevölkerung Monacos.

Monelmetall, silberweiße, leicht zu bearbeitende Nickellegierung mit bis zu 33% Kupfer.

Claude Monet

Monet [-´nɛ], Claude (14. 11. 1840–6. 12. 1926), frz. Maler, Mitbegr. d. nach s. Gemälde eines Sonnenaufgangs mit d. Titel „Impression, soleil levant“ (1872) ben. Impressionismus; Landschaften.

Moneta [l. „Mahnerin“], Beiname der Juno, neben deren Tempel auf dem röm. Kapitol die Münzstätte war; daher **Moneten** svw. Geld.

monetär [l. „moneta = Münze“], geldlich, finanziell.

Monferrato, it. Landschaft in Piemont (Provinz Alessandria u. z. T. Cuneo).

Mongolei, 1) Innere M. (im S) Teilgebiet Chinas, ca. 450 000 km², 20 Mill. E (hpts. Chinesen); Hptst. Hohhot; **2)** amtl. Bügd Nairamdach Mongol Ard Uls, Mongol. Volksrep. (Äußere M.), 1,567 Mill. km², 2 Mill. E (1 je km²); Bev.-Zuw. 2,9%; Sprache: Mongol.; Währung: Tugrik (Tug.); Rel.: lamaist. Buddhismus; Hptst.: Ulan Bator; Flagge S. 341, Karte S. 748/49. **a)** Wirtsch.: Bed. Viehzucht,

reiche, z. T. noch unerschlossene Bodenschätze (Eisenerze, Kupfer, Wolfram, Uran, Kohle, Gold). **b)** Außenhandel (1985): Einfuhr 1,45 Mrd., Ausfuhr 569 Mill. $. **c)** Verkehr: Eisenbahn 1750 km. **d)** Verf.: Kommunist. Volksdemokratie nach sowj. Vorbild m. Einkammerparlament. **e)** Verw.: 18 Provinzen (Aimaks) u. 3 Stadtgebiete. **f)** Gesch.: Im 4. u. 5. Jh. n. Chr. Einbruch d. mongol. Hunnen in Europa; um 1200 Mongolenreich unter Dschingis-Khan v. China bis S-Rußland; 1241 Einbruch in Schlesien (Schlacht bei Liegnitz); um 1400 neues Großreich unter Timur Lenk; 1757 v. China erobert. Die Äußere Mongolei unabhängiger Staat unter der geistl. Herrschaft des Chutuktu-Lama, jedoch Souveränitätsansprüche Chinas; 1924 Revolution u. Errichtung d. Mongol. Volksrep. (unter sowj. Einfluß), Bündnis mit der UdSSR; 1946 Anerkennung der Unabhängigkeit durch China; enge außenpol. Bindung z. d. UdSSR, 1976 Grenzabkommen mit UdSSR; 1990 pol. Reformen nach Demonstrationen f. mehr Demokratie; erste Wahlen m. Kandidaten mehrerer Parteien. **g)** Mitgl.: UN.

Mongolenfalte, Hautfalte über Oberlidrand und Augeninnenwinkel, die d. Auge schräg u. klein erscheinen läßt, daher „Schlitzauge“.

Mongolenfleck, bläulicher, pigmentreicher Fleck i. d. Kreuzbeingegend (bei Mongolen u. Indianern); bei Europiden selten u. nur in den ersten Lebensjahren.

Mongolide → Rasse, Übers.

Mongolismus, Down-Syndrom, Trisomie 21, schwere Entwicklungsstörung mit geistiger Behinderung infolge Chromosomenaberration, das Chromosom 21 ist 3- statt 2fach vorhanden. Das Risiko, ein Kind mit M. zu gebären, nimmt bei älteren Frauen zu.

mongoloid, Merkmale d. → Mongolismus aufweisend.

Monheim (D-4019), St. i. Kr. Mettmann, am Rhein, NRW, 41 158 E; Papier-, Mineralöl- u. a. Industrie.

Monier [-´nje], Joseph (8. 11. 1823–13. 3. 1906), frz. Gärtner; entdeckte d. Prinzip d. Stahlbetons.

monieren [l.], mahnen, beanstanden.

Monilia, Obstkrankheit, durch Pilze: Frucht-, Schwarzfäule, Spitzendürre (kranke Teile sind sofort zu verbrennen).

Moniliasis → Candidiasis.

Monismus [gr.], **1)** Weltanschauungslehre, daß die Welt nur auf einer (geistigen od. materiellen) Grundlage aufgebaut sei. Gegensatz → Dualismus u. → Pluralismus; **2)** im engeren Sinne die aus der naturwiss. Entwicklungslehre abgeleitete Lehre von der ausschließl. Körperlichkeit alles Seins; leugnet jede Metaphysik; Hptvertr.: Spencer, Darwin, Ostwald, Haeckel.

Monitor, m. [l.], **1)** flaches Kanonenboot mit schwerster Artillerie; **2)** Bildwiederga-

begerät u./od. Lautsprecher z. Kontrolle b. Studioaufnahmen u. ä; **3)** einfaches Strahlenmeßgerät (→ Geigerzähler); **4)** *EDV:* Teil des Betriebssystems der Datenverarbeitungsanlage, steuert selbständig d. Aufeinanderfolge v. Programmen.
Moniuszko [-*juſ*-], Stanisław (5. 5. 1819–4. 6. 72), poln. Komp.; Nationaloper: *Halka;* Lieder.
Moniz [*mu'niſ*], Antonio Egas (29. 11. 1874–13. 12. 1955), portugies. Neurologe, Erfinder der Angiographie u. Leukotomie; Nobelpr. 1949.
Monk, Meredith (* 20. 11. 1942), am. Intermedia-Künstlerin (Komponistin, Sängerin u. Tänzerin); Vertreterin d. Minimal-Art; *Vessel; The Games; Turtle Dreams.*
Mon-Khmer-Sprachen, austroasiat. Sprachastgruppe in Hinterindien (→ Sprachen, Übers.; → Angkor).
Monnet [-*nɛ*], Jean (9. 11. 1888–16. 3. 1979), frz. Wirtschaftspol.; 1950 Verf. d. Schuman-Planes. 1952–55 Präs. der Montanunion; 1956 Vors. d. Aktionskomitees f. d. Vereinigten Staaten v. Europa.
Monnier [-*nje*], Thyde (23. 6. 1887–18. 1. 1967), frz. Schriftst.in; Romanzyklen aus der Provence.
mono- [gr.], als Vorsilbe: allein ..., ein ...
Monochord, *s.,* einsaitiges Musikinstrument m. verschiebbarem Steg z. Einstellen der Tonhöhe; in Antike u. MA zur Tonberechnung verwendet.
monochrom [gr.], einfarbig.

Jacques Monod

Monod [-*'no*], Jacques (9. 2. 1910–31. 5. 76), frz. Biochem.; entdeckte mit → Jacob u. → Lwoff d. genet. Steuerung d. Enzym- und Virussynthese; Nobelpr. 1965; *Zufall u. Notwendigkeit.*
Monodie [gr.], Einzelgesang, Sologesang; Musikstil seit etwa 1600 (bes. in der Oper).
Monodrama, *s.,* Drama mit nur einer Person.
Monogamie, Einehe. → Eheformen.

Monogramm
Albrecht Dürer

Monogramm, *s.,* Namenszeichen aus d. Anfangsbuchstaben, oft in künstler. Aus-

Monopteros, *München*

führung. – **M.isten,** Kupferstecher u. Holzschneider, bes. des 15. u. 16. Jh.; zeichneten ihre Werke mit Monogramm, häufig nur an diesem erkennbar (Meister *E. S.* usw.).
Monographie, *w.,* Schrift über ein Sondergebiet einer Wissenschaft od. über eine einzelne Persönlichkeit.
Monokel, *s.* [frz.], Einglas.
monoklid, Pflanzen m. männl. u. weibl. Geschlechtsapparat in einer Blüte.
monoklin → Kristalle.
Monokotyl|edon|en, Klasse d. Blütenpflanzen m. nur *einem* Keimblatt.
Monokultur, *w.* [gr.-l.], Bodennutzung bei d. nur *eine* Nutzpflanze vorherrscht; Plantagenwirtschaft.
Monolith, *m.,* aus e. einzigen Steinblock gearbeitet (z. B. Obelisk, Menhir; Kuppel d. Theoderich-Grabmals in Ravenna).
Monolog, *m.* [gr.], Selbstgespräch (im Drama).
Monomanie, zwanghaftes Festhalten an e. bestimmten Verhaltensweise (z. B. → Kleptomanie, → Nymphomanie).
Monomeres, *chem.* Substanz zur Bildung von → Polymeren (z. B. bei Kunststoffen u. Chemiefasern).
Monophysiten, im 5. Jh. Anhänger der Lehre, daß Christus nur *eine Natur* habe (göttliche oder gottmenschliche); 451 als Irrlehre erklärt.
Monopol, *s.,* im weiteren Sinne jeder Tatbestand mit Ausschließlichkeitsmerkmalen (z. B. Bildungsmonopol). – *Wirtschaftlich:* Marktbeherrschung des Angebots bzw. der Nachfrage einer Ware durch eine od. wenige *(Oligopol)* Wirtschaftspersonen m. aus dieser Machtstellung fließenden Sondervorteilen: **1)** *Natürl. M.* als örtl., einmaligen od. seltenen Vorkommen v. Wirtschaftsgütern (z. B. Diamanten-M. Afrikas); **2)** *Gesellschaftl. M.:* **a)** *Freies M.* durch Vereinbarung der Interessanten (Trust, Konzern), monopolist. Verhalten d. Gemeinschaft; **b)** *Staats-M.* (staatswirtsch., hoheitsrechtl.) durch Gesetz (Post, Eisenbahn, Branntwein, Zuckerwaren, Tabak, Salz), sog. Bedarfsdeckungsmonopole. Diese schalten den freien Wettbewerb aus, jedoch nicht, um einen höheren Gewinn zu erzielen, sondern um den Bedarf des Volkes zu decken u. langfristig zu sichern. – Unvermehrb. Güter werden oft monopolart. (monopoloide) Güter genannt (z. B. Grund u. Boden).

Monopolkapitalismus, (marxist.) politwiss. Ausdruck; bezeichnet Konzentration d. Produktionskapitals in Händen v. wenigen Alleininhabern, Monopolisten.
Monopteros, *m.* [gr.], von einer einzigen Säulenreihe umgebener Rundtempel.
Monosaccharide → Zucker.
Monotheismus [gr.], Verehrung eines einzigen Gottes; Ggs.: → Polytheismus.
monoton, langweilig.
Monotonie, *w.* [gr.], Eintönigkeit.
Monotype, *w.* [-*taip*], Setzmaschine, bestehend aus Tastatur *(Taster)* u. Gießmaschine; gießt *einzelne* Buchstaben; → Linotype.
Monozyten → Leukozyten.
Monreale, It. St. auf Sizilien, westl. von Palermo, 28 000 E; normann. Dom (12. Jh.), Bischofssitz.
Monroe, 1) James [*mən'rou*] (28. 4. 1758–4. 7. 1831), am Pol.; 5. Präs. d. USA 1817–25. – **M.doktrin,** 1823, Erklärung gg. die Einmischung Europas in am. u. Amerikas in eur. Fragen; **2)** Marilyn [*'mʌnrou*] (1. 6. 1926–5. 8. 62), am. Filmschauspielerin; *Gentlemen Prefer Blondes; Some Like it Hot; The Misfits.*
Monrovia, Hptst. v. Liberia, 465 000 E; Hafen.
Mons [*mõs*], fläm. *Bergen,* Hptst. der belg. Prov. Hennegau, 90 000 E; Bergakad.; Mittelpunkt d. kohlenreichen Borinage; Schwerind.
Monsalvatsch, die sagenhafte Gralsburg.
Monschau (D-5108), bis 1918 *Montjoie* [*mõ'ʒwa*], St. im Kr. Aachen, an d. Rur u. d. belg. Grenze, 350–650 müM, 11 541 E; AG; Fremdenverkehrsort.
Monseigneur [*mõse'nør*], Titel frz. hoher weltl. u. geistl. Würdenträger; abk.: *Mgr.*
Monsieur [frz. *m(ə)'sjø*], abgek. *M.,* (mein) Herr.
Monsignore [-*zi'ɲorə*], it. Titel kath. Prälaten; in Dtld Anrede d. Ehrenprälaten niederer Klasse.
Monstera, *Fensterblatt,* kletterndes Aronstabgewächs d. trop. Amerika, gelappte Blätter; Zimmerpflanze.
Monstranz, *w.* [nl.], Schaugefäß für d. geweihte Hostie.
Monstre- [frz., engl., l.], *Monster,* als Vorsilbe: Riesen-, bes. f. übertriebenen äußeren Aufwand.
monströs [l.], ungeheuerlich, unförmig.
Monstrum, *s.* [l.], Ungeheuer, Mißgeburt.
Monsun|e [arab.], halbjährl. wechselnde Winde: *Sommermonsun* vom Indischen Ozean nach Vorderindien landeinwärts, *Wintermonsun* (Okt. bis März) in umgekehrter Richtung. Hauptursache ist die jahreszeitl. Verlagerung d. äquatorialen W-Windzone: i. Sommer über N-Indien b. ca. 30° n. Br.; Sommermonsun bringen Regenzeit. – M. auch an den Küsten Afrikas (Guinea) u. Australiens (N-Küste).
Mont [frz. *mõ*], *Monte* [it.], Berg.
Montabaur (D-5430), Krst. d. Wester-

waldkr., RP, 11 200 E; AG; nahe bei der **Montabaurer Höhe,** 546 m.

Montafon, Illtal in Vorarlberg, 34 km lang; Hptort *Schruns.*

Montag, 1. Tag der Woche, „Tag des Mondes".

Montage, *w.* [frz. -'taʒ(ə)], **1)** *techn.* Tätigkeit des → Monteurs; **2)** *Film-M.* das Zus.setzen der Bildstreifen; **3)** manuelles Zusammenbauen verschiedener fotograf. Bilder, Bildausschnitte, Filme zu neuem Bild, das dann nochmals fotografiert wird. Nach wie vor oft mißbraucht zur Fälschung fotografischer Reportagen; beliebtes künstler. Mittel: die Fotomontage.

Montagnards [mõtaˈɲaʀ], in d. Frz. Revolution radikale Republikaner („Bergpartei").

Montaigne [mõˈtɛɲ], Michel Eyquem de (28. 2. 1533–13. 9. 92), frz. phil. Schriftst. d. Späthumanismus, Skeptiker; Schöpfer der literarischen Form d. → „Essay" *(Les essais).*

Montale, Eugenio (12. 10. 1896–12. 9. 1981), it. Lyriker u. Schriftst.; *Glorie des Mittags; D. Straußenfeder; Nach Finisterre;* Nobelpr. 1975.

montan- [l.], „den Bergbau betreffend"; z. B. *M.industrie* (Bergbau- und Hüttenindustrie).

Montana, Abk. *Mon.,* Staat d. USA, 381 084 km², 794 000 E; Felsengebirge (b. 3500 m hoch) u. Hügelland; Viehzucht; Bergbau: Kohle, Erdöl, Kupfer, Edelmetalle; Hptst. *Helena* (24 000 E).

Montand [mõˈtã], Yves (* 13. 10. 1921), frz. Schausp. u. Sänger; *Le salaire de la peur; La guerre est fini; Z; César et Rosalie.*

Montanismus, christl. Bewegung d. 2. Jh. n. Chr., Glaube an baldige Wiederkunft Jesu, Gründer Montanus.

Montanunion → Europäische Gemeinschaft für Kohle und Stahl.

Montanwachs, wachsähnl. Extraktionsprodukt aus Braunkohle für Isolationszwecke.

Montbéliard [mõbeˈljaʀ], dt. *Mömpelgard,* St. im frz. Dép. *Doubs,* am Rhein-Rhône-Kanal, 33 000 E. – Im 10. Jh. Hptort d. Sundgaus, 1407 württemberg., 1793 frz.

Montblanc

Montblanc [mõˈblã], höchster Berg Europas (4807 m) i. Grenzgebiet von Frkr., Italien u. Schweiz, mehrere Granitgipfel;

Schneegrenze bei 2850 m; Erstbesteigung 1786; 11,6 km l. Tunnel, Bergbahnen; Hubschrauberlandeplatz unterhalb des Gipfels.

Montbretia, *Crocosmia,* Zwiebelgewächs; Zierpflanze mit orangeroten Blüten.

Mont Cenis [mõs(ə)ˈni], Alpenpaß an der frz.-it. Grenze, Grajische Alpen, 2083 m; mit el. **M.-C.-Bahn** u. **M.-C.-Tunnel,** 12,2 km lang.

Monte-Bello-Inseln, im Pazifik, zu Australien gehörig; 1952 brit. Atomwaffenversuche.

Monte-Carlo

Monte-Carlo, Seebad in → Monaco.

Monte Cassino, erstes v. hl. Benedikt 529 gegr. Benediktinerkloster in d. it. Prov. Frosinone; i. 2. Weltkrieg zerstört, nach 1945 wieder aufgebaut.

Montecuccoll, Raimund Gf v. (1609–80), kaiserl. Feldherr im 30jähr. Krieg u. gg. Türken u. Franzosen.

Montelius, Oskar (9. 9. 1843–4. 11. 1921), schwed. Altertumsforscher; *Chronologie d. ältesten Bronzezeit.*

Montenegro [it. „schwarzer Berg"], serbokroat. *Crna Gora,* jugoslaw. Unionsrep.; Landschaft i. O-Teil d. Dinar. Alpen, 13 812 km², 632 000 E; zumeist verkarstetes, unwirtl. Gebirgsland, nur die Niederungen a. Skutarisee fruchtb.; Erzvorkommen u. Bergbau (Eisen, Kupfer), Ackerbau u. Viehzucht (Schafe); Hptst. *Titograd.* – Bis 1389 von Serbien abhängig, dann selbst. Fürstentum; ständige Kämpfe gg. die Türken. 1910 Kgr., 1918 als Banschaft Zeta zu Jugoslawien, s. 1945 jugoslaw. Unionsrepublik.

Monte Rosa, Hptgebirgsstock der Walliser Alpen an der it.-schweiz. Grenze; *Dufourspitze* 4637 m.

Monterrey, Hptst. des mexikan. Staates Nuevo León, Agglomeration 2,7 Mill. E; Schmelzwerke, Textilindustrie.

Montesquieu [mõtɛsˈkjø], Charles de (18. 1. 1689–10. 2. 1755), frz. Staatsphil., Begr. d. Konstitutionalismus, Lehre von der → Gewaltenteilung (n. Locke); *Persische Briefe; Vom Geist der Gesetze.*

Montessori, Maria (31. 8. 1870–6. 5. 1952), it. Pädagogin u. Ärztin; *Selbsttätige Erziehung im frühen Kindesalter,* grundlegend f. Ausbau des Kindergartens (M.schulen).

Monteur [frz. -'tøʀ], Handwerker, der maschinelle Anlagen zusammenbaut *(montiert).*

Monteverdi, Claudio (get. 15. 5. 1567–29. 11. 1643), it. Komp.: Madrigale, Kirchenmusik, Opern; verwendete als erster i. d. Oper die Arie; erster bed. Musikdramatiker: *Orfeo; Il ritorno d'Ulisse in patria.*

Montevideo, Hptst. v. Uruguay, an d. Mündung des Río de la Plata u. d. *Bai von M.,* 1,36 Mill. E; Uni. (gegr. 1840), Erzbischofssitz; Ausfuhrhafen.

Montez [-tɛs], Lola (25. 8. 1818–17. 1. 61), schott. Tänzerin, Geliebte Kg → *Ludwigs I.* von Bayern, der ihretwegen 1848 abdanken mußte.

Montezuma, *Moctezuma* (1467–30. 6. 1520), Herrscher d. mexikan. Aztekenreiches, v. Cortez besiegt.

Montgelas [mõʒəˈla], Maximilian Gf v. (12. 9. 1759–14. 6. 1838), bayr. Min. unter Kg Max I., Organisator d. modernen Bayerns.

Mont Genèvre [mõʒˈnɛvʀ], Alpenpaß zwischen Frkr. und Italien, 1854 müM.

Montgolfière

Montgolfier [mõgɔlˈfje], **1)** Joseph-Michel de (26. 8. 1740–26. 6. 1810) m. s. Bruder **2)** Jacques-Etienne (7. 1. 1745–2. 8. 99), Erfinder d. Heißluftballons.

Montgomery [mənt'gʌmərɪ], Bernhard L., (s. 1946) Viscount M. of Alamein (17. 11. 1887–24. 3. 1976), engl. Feldm. i. 2. Weltkr.; 1945 Befehlshaber d. brit. Besatzungstruppen in Dtld, 1951–57 stellvertr. Oberbefehlshaber d. NATO-Streitkräfte.

Montgomery [mənt'gʌmərɪ], Hptst. d. US-Staates Alabama, a. schiffbaren Alabama, 178 000 E; Baumwollhandel.

Montherlant [mõtɛʀˈlã], Henri de (21. 4. 1896–21. 9. 1972), frz. Schriftst.; Romane: *Die Junggesellen; Ein Mörder ist mein Herr u. Meister;* Dramen: *Die Ordensmeister.*

Montmartre [mõˈmartr], nördl. St.teil v. Paris; Kirche *Sacré-Cœur;* Künstler- u. Vergnügungsviertel.

Montparnasse [mõparˈnas], südl. St.teil v. Paris (Friedhof); Künstlerviertel.

Henry Moore, *Ruhende Frau*

Montpellier [*mõpə'lje*], Hptst. d. frz. Dép. *Hérault*, 201 000 E; Uni. (1289 gegr.), techn. Schulen, Museen. – Im MA berühmte Ärzteschule.

Montreal [engl. *-tn'ɔl,* frz. *mõre'al*], größte kanad. St. an St.-Lorenz-Strom u. Ottawamündung, 1,02 Mill. (mit Vororten 2,9 Mill.) E (⅔ frz. Abstammung); kath. Erzbischof; 2 Uni. (kath. u. protestant.); größter Getreidehafen N-Amerikas; jedoch jährl. 4 Monate v. Eis blockiert; Ind.zentrum Kanadas; Flughäfen *Dorval* u. *Mirabel;* Weltausstellung *Expo 1967;* Olymp. Spiele 1976.

Montreux [*mõ'trø*] (CH-1820), Kurort im schweiz. Kanton Waadt, a. N-Ufer d. Genfer Sees, 375 müM, 19 700 E; Weinbau; Schloß Chillon (Abb. → Genfer See).

Montserrat, 1) Gebirgsstock in Katalonien, 1224 m; Benediktinerkloster *M.* in 721 m Höhe; **2)** e. d. brit. Kleinen Antillen, 102 km², 13 000 E; Hptst. *Plymouth.*

Montur, *w.* [frz.], mil. Dienstkleidung.

Monument, *s.* [l.], Erinnerungs-Denk-, Mahnmal.

Monumenta Germaniae Historica, *MGH* [l.], *Denkmäler dt. Geschichte:* Sammlung histor. Quellenschriften des MA (Geschichtsschreibung, Urkunden, Gesetze, Inschriften, Briefe), 1819 von Frh. v. Stein begr.; bisher ca. 250 Bde; s. 1947 i. München hgg.

monumental [l.], gewaltig, großartig, dauernd.

Monza, oberit. St. i. d. Prov. Mailand, 123 000 E; Dom; Textilindustrie; Pferdeu. Autorennbahn.

Moon, *Mohn,* est. *Muhu,* Ostseeinsel zw. Ösel u. d. Küste, 204 km².

Moor, *Moos, Fehn, Lohe, Lohr, Misse, Mies, Luch, Ried, Filz,* sumpfiges, meist baumloses Gebiet, Boden aus → Torf, Vegetation meistens aus Moosen, Hptformen: *Flach-M. (Nieder- u. Wiesen-M.),* meist mit Ried- und Binsengräsern bewachsen (Bruch); *Hoch-M. (Torf-M.),* an kalkarmes Wasser gebunden; vorherrschend Torfmoose, Nutzbarmachung durch → Moorkultur. – **M.bäder,** in wässerigen Aufschwemmungen v. Torfmoor, das reinen Torf od. gleichzeitig Mineralstoffe wie Schwefel, Eisen usw. enthält; bes. bei Rheumatismus, Gicht, Frauenkrankheiten; wirksam durch enthaltene chem. Stoffe.

Moore [*muə*], **1)** George (24. 2. 1852–21. 1. 1933), irischer Dichter; Gedichte, Erzählungen, Romane; **2)** George Edward (4. 11. 1873–24. 10. 1958), engl. Phil., Begr. des engl. Naturalismus; **3)** Henry (30. 7. 1898–31. 8. 1986), engl. Bildhauer u. Graphiker; menschl. Leib wird als Bild der Landschaft od. tektonisch aufgefaßt; *Liegende* (im Garten d. Bundeskanzleramts, Bonn); **4)** Stanford (4. 9. 1913–23. 8. 82), am. Biochemiker; Enzymforschung; Nobelpr. 1972; **5)** Thomas (28. 5. 1779–25. 2. 1852), irischer Dichter; Volkslieder: *Irische Melodien;* Epos: *Lalla Rookh.*

Moor-funde, i. Moor gefundene vorgeschichtl. Reste, infolge d. chem. Eigenschaften d. Moores gut erhalten *(Moorleichen, Bronzewaffen, Schmuck).* – **M.huhn** → Schneehuhn. – **M.kultur,** Kultivierung v. M. nach Entwässerung; **1)** *Niederungsmoor:* **a)** *Schwarzkultur,* Umbruch d. obersten Schichten mit Pflug od. intensives Schwarzzeggen; **b)** *Deckkultur,* Aufbringen v. Sand bis zu 15 cm Höhe; **2)** *Hochmoor:* **a)** *Fehnkultur,* Entwässerung, Abtragen d. oberen Brenntorfs darunter wieder aufgetragen u. m. 10 cm Sand überdeckt wird; **b)** *Brandkultur* (Raubbau), Abbrennen der Oberfläche; **c)** *dt. Hochmoorkultur* (weit verbreitet), Kalkung u. Düngung d. Oberfläche ist od. ohne Brenntorfgewinnung; **d)** *Mischkultur,* Mischung d. oberen Moorschichten (20 cm) mit Mineralerde (lehmiger Sand); mit Ausnahme von wenigen Niederungsmooren sind alle Moore arm an Phosphorsäure und Kali, Hochmoore im Ggs. zu Niederungsmooren immer arm an Kalk, Moorboden muß bes. im Frühjahr schwer gewalzt werden; kolonisierte u. besiedelte Moore: *Burtanger Moor* (an der Ems), *Marcartsmoor* (bei Aurich), *Bargstedt-Moor* (bei Rendsburg) u. a.

Moor-packungen, M.umschläge, dicker heißer M.brei an einzelnen Körperstellen angewandt; → Moorbäder; innerlich auch als **M.wassertrinkkuren,** bei entzündlichen Prozessen des Magens, Darms, der Galle und Leber.

Moosbeere

Moosbeere, kl. Beerenstrauch d. Hochmoore; d. gr. roten Beeren wie Preiselbeeren verwendet.

Moosburg a. d. Isar (D-8052), oberbayr. St. im Kr. Freising, 14 476 E; AG; roman. Münster; Masch.-, chem., elektrotechn. Ind.

Moose, *Bryophyten,* blütenlose, niedere Pflanzen (Kryptogamen); Wechsel von geschlechtl. (Moospflanze) u. ungeschlechtl. (Sporophyt) sich fortpflanzender Generation; letztere wächst aus befruchtetem weibl. Geschlechtsorgan auf der Moospflanze selbst empor u. trägt die Sporenkapsel. *Leber-M.,* lappenartig d. Unterlage aufliegend; *Laub-M.,* beblätterte Stämmchen.

Moostierchen, *Bryozoën,* kl. kolonienbildende Wassertiere; polypenähnl., aber d. Weichtieren näherstehend.

Moped, Fahrrad mit Kleinmotor, bis 50 cm³ Hubraum, Geschwindigkeit bis 40 km/h, Führerschein IV; *Mofa* bis 25 km/h, Führerschein V.

Mops, Hunderasse: kurze Schnauze, Ringelschwanz.

Moral, *w.* [l.], Sittlichkeit; sittl. Lehre od. entsprechende Schlußfolgerung aus einer Erzählung.

moralisch, sittlich, dem Sittengesetz gemäß.

Moralische Aufrüstung, engl. *Moral Rearmament,* aus der von Frank D. N. → Buchman begr. *Oxford-Gruppe* hervorgegangene Bewegung, hat d. Erneuerung d. Welt zum Ziel (gg. Rassenhaß, Klassenkampf, Atheismus, Materialismus u. Kommunismus). → Caux.

moralisieren, einseitig nach sittl. Maßstäben beurteilen.

Moralist, sittenstrenger Kritiker, Sittenprediger.

Moralphilosophie, Wissenschaft von den sittl. Tatsachen, Werten u. Forderungen (Imperativen).

Moralprinzip, oberster Begriff u. Leitsatz d. Moral.

Moraltheologie, systemat. Darstellung v. Erkenntnis u. Verwirklichung des sittl. Guten im Lichte d. christl. Offenbarung.

Morandi, Giorgio (20. 7. 1890–18. 6. 1964), it. Maler; bes. Stilleben in kalkuliert einfacher Komposition u. verhaltener Farbigkeit.

Moränensee, *Lago Bianco*

Moräne, *w.* [frz.], → Gletscher. – **M.nsee,** in von Gletscherzungen ausgeschürften Becken entstandener See.

Moratorium [nl.], **1)** befristeter Zahlungsaufschub, → Stundung e. Schuld, beruht auf Gesetz od. Vertrag. → Zwangsvollstreckungsschutz; → Vergleichsordnung; **2)** pol. Stillhalteabkommen, Vereinbarung, auf best. Gebieten Mil.potentiale nicht zu erhöhen.

Morava, 1) r. Nbfl. der Donau i. Jugoslawien, 221 km l.; als *Westl. M.* (298 km) aus dem serb. Bergland und als *Südl. M.* (318 km) aus der Crna Gora; **2)** → March; **3)** → Mähren.

Moravia, Alberto, eigtl. *Pincherle* (28. 11. 1907–26. 9. 90), it. Erzähler des psych. Realismus; Romane: *Die Römerin; Agostino; La Noia; Der Zuschauer.*

Moray Firth ['mʌrı ˌfəːθ], trichterförm. Meeresbucht an der NO-Küste Schottlands.

morbid [l.], krankhaft, kränklich, morsch.

Morbidität, Erkrankungshäufigkeit.

Morbihan [-bi'ã], frz. Dép. i. d. Bretagne, 6823 km², 614 000 E; Hptst. *Vannes;* Fischerei, Austern.

Morchel, Pilze, ähnlich den → Lorcheln; *Speise-M., Spitz-M., Stink-M.* u. a.

Mord, vorsätzl. aus niederen Beweggründen oder heimtück. od. grausam od. mit gemeingefährl. Mitteln od. zur Ermöglichung od. Verdeckung einer anderen Straftat begangene Tötung eines Menschen: lebenslängl. Freiheitsstrafe (§ 211 StGB).

Mordwinen, finnischer Volksstamm an der mittleren Wolga (1,2 Mill.); *Mordwinische Autonome Sowjetrep.* (26 200 km², 964 000 E); Hptst. *Saransk.*

More [mɔː], **1)** Henry (12. 10. 1614–1. 9. 87), engl. mystizist. Phil.; prägte den Begriff der 4. Dimension; **2)** Sir Thomas → Morus.

Morea, neugriech. Bez. des → Peloponnes.

Moréas, Jean, eigtl. *Joannis Papadiamantopoulos* (15. 4. 1856–30. 3. 1910), frz. Dichter griech. Abstammung; Symbolist, später Neuklassizist.

Moreau [mɔr'o], **1)** Gustave (6. 4. 1826–18. 4. 98), frz. Maler d. Symbolismus; Lehrer v. Matisse u. Rouault; **2)** Jean Michel, *le jeune* (26. 3. 1741–30. 11. 1814), frz. Radierer; Buchillustrationen literar. u. wissenschaftl. Werke; **3)** Jeanne (* 23. 1. 1928), frz. Filmschausp.in; *Les amants; Jules et Jim; Viva Maria!;* **4)** Jean Victor (14. 2. 1763–2. 9. 1813), frz. General; 1804 verbannt; im Kampf gg. Napoleon 1813 gefallen.

Morelia, Hptst. d. mexikan. Staates Michoacán, 353 000 E; kath. Uni. u. Bischof; Baumwollind.

Morellen, Sauerkirschenart.

Morelos, mexikan. Staat, fruchtbar (Zukker, Mais, Reis); Silberbergbau; 4950 km², 1,29 Mill. E; Hptst. *Cuernavaca* (232 000 E).

morendo [it.], *mus.* ersterbend.

Mores [l. „Sitten"], *M. lehren,* zurechtweisen.

Mörfelden-Walldorf (D-6082), St. i. Kr. Gr.-Gerau, Hess., 29 228 E.

Morgagni [-'gaɲɲi], Giovanni (25. 2. 1682–6. 12. 1771), it. Arzt; Begr. d. patholog. Anatomie.

Morgan [mɔːgən], **1)** Charles (22. 1. 1894–6. 2. 1958), engl. phil. Roman-

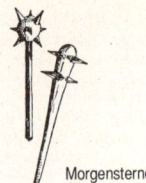
Morgensterne

schriftst.; *Der Quell; Die Flamme; Das leere Zimmer;* **2)** John (7. 9. 1867–13. 3. 1943), am. Bankier; vermittelte d. Ententeanleihen im 1. Weltkr.; **3)** Lewis Henry (21. 11. 1818–17. 12. 81), am. Anthropologe; *Die Urgesellschaft;* **4)** Thomas Hunt (25. 9. 1866–4. 12. 1945), am. Biologe; Forschungen über Vererbung (Versuche mit Taufliege); Nobelpr. 1933.

Morgana, Fee der altfrz. Sage; nach ihr: die Luftspiegelung *Fata M.*

morganatische Ehe, ehemals beim hohen Adel zulässige Heiratsform *(Ehe zur linken Hand),* infolge Unebenbürtigkeit d. Ehepartners ohne volle familien- u. vermögensrechtl. Folgen der Ehe.

Morgarten, Höhenzug am Ägerisee, in den Schwyzer Alpen, 1245 m. – 1315 Sieg der schweiz. Waldstätte über das österreichische Ritterheer.

Morgen, Flächenmaß; urspr. die von e. Gespann a. e. Morgen umgepflügte Ackerfläche; → Maße u. Gewichte, S. 1085.

Morgengabe, Geschenk, das nach früherem Recht d. Ehemann am Morgen nach der Brautnacht seiner Ehefrau übergab.

Morgenland, *Orient* (im Ggs. zum Abendland: *Okzident),* die Länder östl. d. Mittelmeers: bes. Vorderasien u. Ägypten, svw. Naher Osten.

morgenländische Kirche, 1) Sammelname für die versch. teils von Rom getrennten, teils mit Rom unierten (→ unierte morgenländische Christen) christl. Konfessionen O-Europas, Kleinasiens u. Ägyptens mit eigenen Riten u. Überlieferungen; bes. **2)** *orthodoxe anatolische Kirche* (griech.-orthodoxe, griech.-oriental. K.), s. 1054 → Schisma, breitete sich über Balkan u. slaw. Länder aus, in staatl. Einzelkirchen gegliedert, erkennt nur d. Beschlüsse der ersten 7 → Ökumenischen Konzile an; unabhängig v. Papst, 150 Mill. Anhänger.

Morgenpunkt, svw. → Ostpunkt.

Chr. Morgenstern

Morgenstern, Christian (6. 5. 1871–31. 3. 1914), dt. Dichter; Grotesken: *Galgen-*

lieder; ernste Gedankenlyrik: *Meine Liebe ist groß wie die weite Welt;* Aphorismen: *Stufen.*

Morgenstern, 1) → Abendstern; **2)** ma. Handwaffe; Keule, mit eisernen Stachelspitzen besetzt.

Morgenthau ['mɔːɡənθɔː], Henry (11. 5. 1891–6. 2. 1967), am Finanzpol.; 1934–45 Finanzmin., Mitarbeiter Roosevelts; schuf Weltwährungsplan u. Weltwährungsbank; von ihm d. **M.plan:** v. Roosevelt u. Churchill auf der Konferenz in Quebec 1944 unterzeichnet, sah d. Entindustrialisierung Dtlds u. s. Umwandlung in ein Agrarland vor (nicht verwirklicht).

Morgenweite, b. einem Stern d. Bogen des Horizontes zw. d. Aufgangspunkt u. d. → Ostpunkt.

Morges [mɔrʒ] (CH-1110), schweiz. Bez.hptort im Kanton Waadt, am Genfer See, 13 100 E; Weinbau, Fremdenverkehr.

moribund|us [l.], im Sterben liegend.

Eduard Mörike

Mörike, Eduard (8. 9. 1804–4. 6. 75), dt. Dichter des schwäb. Biedermeier u. Realismus; Lyrik (vertont v. → Wolf), Märchen; Roman: *Maler Nolten;* Novelle: *Mozart auf der Reise nach Prag.*

Moriskentanz, Einzel- u. Gruppentanz d. 15. u. 16. Jh. (→ Tafel Tanz).

Morisot [mɔri'zo], Berthe (14. 1. 1841–2. 3. 95), frz. Malerin d. Impressionismus.

Moritat, Schauergeschichte; → Bänkelsänger.

Moritz, 1) M., Landgraf v. Hessen (25. 5. 1572–15. 3. 1632), reg. 1592–1627, gelehrt u. friedliebend; *Dichtungen;* **2)** M., Prinz von *Oranien* (13. 11. 1567–23. 4. 1625), 1584 von d. nördl. Prov.en der Ndl. zum Statthalter gewählt, vertrieb die Spanier; **3)** M. v. Sachsen (21. 3. 1521–11. 7. 53), 1541 Hzg, protestant., verriet im Schmalkald. Krieg 1546/47 die protestant. Sache, erhielt dafür von Karl V. die sächs. Kurwürde; dann Gegner Karls V., nötigte ihn zum Vertrag von Passau 1552.

Moritz, Karl Philipp (15. 9. 1756–26. 6. 93), dt. Schriftst.; autobiograph. Entwicklungsroman: *Anton Reiser.*

Moritzburg, 1) Jagdschloß b. Dresden (16. Jh.); im 18. Jh. von Pöppelmann umgebaut (Geweihsammlung); **2)** Schloß in Halle (Saale); heute Museum.

Mormonen, *Heilige der Letzten Tage (Latter-Day Saints),* christl. Sekte in d.

USA, gegr. v. J. *Smith* (1805–44), der eine Schrift im Stil des A.T., dessen Held
„Mormon" war, als eigene Offenbarungen herausgab; Vielweiberei 1896 aufgegeben; M.staat Utah mit Hptstadt
→ *Salt Lake City* von den M. erschlossen.

Moro, Aldo (23. 9. 1916–9. 5. 78), it. Pol.
(DC); 1963–68 u. 1974–76 Min.präs. u.
mehrmals Außenmin. (u. a. 1969–72 u.
1973/74); 1978 v. Terroristen entführt u.
ermordet.

Morpheus, griech. Gott des Schlafes.

Morphinismus, Sucht nach → Morphium, führt zu geist. u. körperl. Verfall;
Entziehungskur in geschlossenen Anstalten wegen Entzugserscheinungen.

Morphium, *Morphin(um),* (Schmerz-)
Betäubungsmittel und Rauschgift, Alka-
loid des Mohns; 1803 v. F. W. *Sertürner*
entdeckt; nur auf ärztl. Verordnung für
Heilzwecke; strenge behördl. Kontrolle;
→ Rauschgifthandel.

Morphologie [gr.], Wiss. v. d. Entwicklung u. Herkunft d. Formen u. Gestalten
(bes. v. Pflanze, Tier u. Mensch; auch v.
geschichtl. Vorgängen: Goethe, Spengler, Frobenius).

Mors [l.], der Tod.

Moers (D-4130), St. i. Kr. Wesel, am
Niederrhein, NRW, 101 809 E; AG;
Steinkohlenbergbau, Masch.- u. Zement-
fabriken.

Morse-Alphabet

Morse, Samuel (27. 4. 1791–2. 4. 1872),
am. Maler u. Erfinder; entwickelte **M.ap-
parat,** Fernschreiber: übermittelt telegraph. Nachrichten über Drahtleitung;
entsprechend d. Tasten nach **M.alphabet**
auf Sendestelle zeichnet auf Empfangs-
stelle elektromagnet. Stift Striche u.
Punkte auf Papierstreifen.

Mörser, 1) Gefäß z. Zerstampfen harter
Stoffe; 2) früher schweres Steilfeuerge-
schütz; heute Granatwerfer.

Mortadella, in Italien harte haltbare Zer-
velatwurst; in Dtld Brühwurst aus
Schweine- u. Kalbfleisch mit Speckstük-
ken.

Mortalität, w. [l.], Sterblichkeit.

Mörtel, *Speise,* Brei zum Verbinden v.

Mauersteinen u. als Wandverputz; Gemisch aus e. Bindemittel, Sand u. Wasser;
als Bindemittel gelöschter Kalk: *Kalk-M.,*
bindet an der Luft ab *(Luft-M.),* Zement:
Zement-M., bindet auch unter Wasser ab
(Wasser-M.), u. a., → Schamotte.

Morteratschgletscher, am N-Hang der
Berninagruppe, bei Pontresina, 17 km²,
7,5 km l.

Morula, *Maulbeerkeim,* während der
Keimesentwicklung (Furchung) auftretender Zellhaufen.

Thomas Morus

Morus, *More,* Sir Thomas (7. 2. 1478–6.
7. 1535), engl. Staatsphil.; Kanzler Heinrichs VIII. v. England; hingerichtet, weil
er sich als Fürsprecher des Katholizismus Heinrichs Ehescheidung u. Refor-
mationsideen widersetzte; staatsphilos.
Roman: *Utopia* (→ Utopie); 1535 heiliggesprochen.

Mosaik

Mosaik, *s.* [arab.], aus bunten Stein-,
Glas- od. Marmorstücken zusammengesetztes Bild (od. Muster); s. der Antike
bekannt, erst Fußbodenbelag *(Pompeji),*
später Wandverzierung bes. i. frühchristl.
u. byzantin. Kirchen.

mosaisch, svw. v. → Moses herrührend.

Mosaisches Gesetz, die jüd. Kultvor-
schriften.

Mosbach (D-6950), Krst. d. Neckar-
Odenwald-Kr., Ba-Wü., 23 897 E; Fach-
werkbauten, AG, LG; div. Ind. - Ehem.
Freie Reichsstadt, im 8. Jh. gegr.

Moschee, *w.,* „Versammlungshaus",
moh. Gebetshaus, mit seitl. schlanken
Türmen: *Minarette* (ohne Glocken); auch
Abb. → Islam.

Moscherosch, Johann Michael (5. 3.
1601–4. 4. 69), dt. Barockdichter; Mitgl.
d. „Fruchtbringenden Gesellschaft"; Sa-

tiriker; *Wunderbarliche u. wahrhaftige
Gesichte Philanders v. Sittewald.*

Moschus, *Bisam,* Inhalt der M.drüse des
→ Moschustiers; bei Anfeuchtung stark
duftend, in millionstel mg noch wahrnehmbar; bes. zu Parfüm. - **M.bock,** ein
Bockkäfer mit M.geruch. - **M.ochse,** rin-
derähnl. Horntier des arktischen N-Amerika u. Grönlands. - **M.tier,** geweihlose
kleine Hirsche (Tibet); Männchen mit
hauerförmigen Eckzähnen und M.drüse.

Mose → Moses.

Mosel, l. Nbfl. des Rheins, von den S-Vogesen, durchbricht das Rhein. Schiefergebirge bei Trier, mündet bei Koblenz
(Dt. Eck), 545 km l., davon 242 km auf
dt. Gebiet; bed. Weinbaugebiet (Bernka-
stel, Uerzig, Erden, Traben-Trarbach,
Piesport, Zell); v. Thionville bis Koblenz
als Schiffahrtsstraße f. 1500-t-Schiffe ausgebaut; 14 Staustufen u. 12 Kraftwerke.

Moseley [*'mouzli*], Henry (23. 10. 1887–
10. 8. 1915), engl. Phys.; fand 1913 das
M.sche Gesetz (Linien d. Röntgen-
→ Spektrums verschieben sich regelmäßig entsprechend d. → Ordnungszahlen
d. → periodischen Systems).

Moselle [-*'zɛl*], frz. Dép., 6216 km², 1
Mill. E; Hptst. *Metz;* bis 1918 d. dt. Bez.
Lothringen.

Moser, 1) Hans, eigtl. *Jean Julier* (1. 8.
1880–18. 6. 1964), östr. Film- u. Bühnenschausp.; *Ober, zahlen!* 2) Hans-Joachim
(25. 5. 1889–14. 8. 1967), dt. Musikforscher; *Gesch. d. dt. Musik;* 3) Johann Jakob (18. 1. 1701–30. 9. 85), dt. Staatsrechtler u. Pietist; „Vater d. dt. Staats-
rechts"; 4) Lucas, dt. Maler d. Spätgotik;
nachweisbar um 1430; *Tiefenbronner Altar;* 5) Justus (14. 12. 1720–8. 1. 94), dt.
Staatsmann u. Schriftst., Gegner der
Aufklärung; Einfluß auf Herder u. Goethe; *Patriot. Phantasien.*

Moses, Anna Mary, gen. *Grandma M.* (7.
9. 1860–13. 12. 1961), am. Malerin; bed.
Vertr. d. naiven Malerei.

Moses, *Mose,* Religionsstifter und Gesetzgeber (→ Thora) der Israeliten um
1500 od. 1200 v. Chr. (A.T.); führte s.
Volk aus d. ägypt. Knechtschaft.

Mösien, lat. *Moesia,* seit Augustus röm.
Provinz südl. d. unteren Donau; Bev.
thrakisch; seit 2. Jh. v. Chr. auch ostgerman. → Bastarner; s. 375 n. Chr. Goten
angesiedelt, 6. Jh. Einwanderung von
Slawen (bes. Bulgaren und Serben).

Omaijaden-Moschee, *Damaskus*

Moskau, Roter Platz
mit Lenin-Mausoleum

Moskau, russ. *Moskwa,* Unionshptst. d. UdSSR, Hptst. der sowjetruss. Unionsrep. (RSFSR) u. d. Moskauer Gebiets a. d. Moskwa, 8,97 Mill. E; Sitz des Obersten Sowjets, der Sowjetregierung u. aller Reg.-, Verw.-, Wirtschafts- u. a. Behörden; → Kreml; Uni., techn. u. a. HS, Akad. d. Wiss., Lenin-Bibliothek (25 Mill. Bde), Museen, Oper, Konservatorium, zahlr. Kathedralen u. Kirchen, viele ehem. Klöster, Gr. Kremlpalast, auf d. Roten Platz d. Lenin-Mausoleum; bedeutendster Eisenb.knotenpunkt d. UdSSR; Eisen-, Stahl-, chem., Elektro-, Maschinen-, Textil-, Leder- u. a. Ind.; Fernsehturm 537 m h.; Metro (160 km Ges.länge).
Moskau-Wolga-Kanal, 1934/37 erbaute Großschiffahrtsstraße, 128 km lang.
Moskitos, *m.* [span.], **1)** → Stechmücken; **2)** *Misquito*-Indianer, Bewohner d. **M.küste,** ungesundes, sumpfiges Küstengebiet Mittelamerikas, am Karib. Meer.
Moskwa, l. Nbfl. der Oka, 502 km l., ab Moskau schiffbar.
Moslem [arab. „der sich Gott Hingebende"], *Muslim,* Anhänger des Islam. – **M.bruderschaft,** *Ichwan el muslimin,* 1930 gegr., pol. Geheimbund z. orthodox-islam. Neugestaltung Ägyptens; gewinnt erheblichen Einfluß in der arab. Welt.
Mossadeq, Mohammed (1880–5. 3. 1967), iran. Pol.; wiederholt Min.präs.; enteignete anglo-iran. Ölges., s. Staatsstreich 1953 mißglückte, i. Haft b. 1956.

Rudolf Mößbauer

Mößbauer, Rudolf (* 29. 1. 1929), dt. Phys.; entdeckte *M.-Effekt* d. Gammastrahlen (ermöglicht genaueste Messung v. Energieunterschieden, Klärung der Struktur komplizierter chem. Verbindungen); Nobelpr. 1961.
Mossi, Hauptstamm d. Sudanneger.
mosso [it.], *mus.* bewegt; *più mosso,* bewegter.

Most, tschechoslow. Bez. f. d. Krst. → Brüx.
Most, durch Kelterung ausgepreßter, unvergorener Frucht- od. Traubensaft.
Mostaert [*-art*], Jan (um 1475–1555 od. 56), ndl. Maler; Altarbilder, Porträts.
Mostar, Gerhart Herrmann (8. 9. 1901–8. 9. 73), dt. Schriftst.; pol. Komödien; Gerichtsreportagen; *Weltgeschichte höchst privat.*
Mostar, jugoslaw. St. an der Neretva, 110 000 E; Hptort der Herzegowina; Tabak- u. Waffenind.
MOS-Transistor, engl. *Metal Oxide Semiconductor* od. *Silicon,* spezielle Form eines → Feldeffekttransistors m. geringem Energieverbrauch, daher sind bei → integrierten Schaltungen sehr große Integrationsgrade möglich (z. B. → Halbleiterspeicher); man unterscheidet *NMOS-, PMOS-* u. *CMOS-* Elemente.
Mostrich, *Senf,* Brei aus Essig u. weißem od. schwarzem Senfpulver unter Zusatz v. Gewürzen.
Mosul, *Mossul,* St. in d. Prov. Ninive (1,36 Mill. E) im Irak, am oberen Tigris, 571 000 E; bed. Erdölquellen, Musselinmanufakturen.
Motel, *s.,* *Motor-Hotel,* Übernachtungsheime für Autofahrer mit Garagen, Kfz-Reparatur u. ä.
Motette, *s.* [it.], mehrstimmiges Gesangswerk, meist auf geistl. Texte u. ohne Instrumentalbegleitung, vorherrschende Kompositionsgattung der *Ars antiqua.*
Motherwell [*'mʌðəwəl*], St. in Schottland, am Clyde, 155 000 E; kath. Bischofssitz; Stahl- u. Textilind.
Motion, *w.* [l.], Bewegung.
Motionen, in der Schweiz Parlamentsanträge a. d. Bundesregierung.
Motiv, *s.* [l.], **1)** Beweggrund einer Willensregung u. -handlung; **2)** zu künstler. Gestaltung anregender Gegenstand od. einzelner, kennzeichnender Teil eines Kunstwerkes; in der *Musik:* kleinste mus. Sinneseinheit, besteht aus mindestens zwei Tönen; mus. Thema, gebildet aus mehreren Motiven (→ Leitmotiv). – **M.forschung,** *Motivationsforschung,* Untersuchung d. Beweggründe für Handlungen; prakt. Anwendung vor allem in d. Wirtschaft zur Ermittlung der M.e u. Reaktionen des Käuferpublikums zum Zweck d. Werbung u. industriellen Formgebung.
motivieren, begründen, anregen.
Motivierung, *Motivation,* Bestimmung durch Beweggründe.
Motivirrtum, Irrtum im Beweggrund, berechtigt außer bei Testament u. arglistiger Täuschung grundsätzlich nicht zur Anfechtung.
Moto-Cross, *s.* [engl.], Querfeldein-Motorradrennen.
Motor, *m.* [l.], Maschine, die Energie in mechan. Arbeit verwandelt; dient z. Antrieb v. Arbeitsmaschinen, Fahr- u. Flugzeugen, z. B. Windmotor, Wassermotor (→ Wasserrad, → Turbine), → Elektro-

motor, Flugzeugtriebwerke (→ Tafel Luftfahrt); → Verbrennungskraftmaschinen (→ Tafel Kraftfahrzeug).
Motorboot, durch Benzin- od. Dieselmotor angetriebenes Wasserfahrzeug; Motor im Schiffsinnern eingebaut, beim *Außenbord-Motorboot* abnehmbar außen angebracht (bes. Rennbootklasse mit hohen Geschwindigkeiten); auch Außenbordmotor für Paddel-, Ruder- u. Segelboote, heute auf Binnenseen nur noch mit Sondergenehmigung.
motorisch, bewegend, durch Motorantrieb; die Bewegung betreffend (motorische Nerven).
Motorpflug, durch Diesel- od. Benzinmotor angetriebener Pflug auf Rädern od. Raupenbändern; meist als Schlepppflug ausgebildet.
Motorrad (früher, noch Amtssprache: *Kraftrad;* mil. *Krad*), d. Fahrrad entwickelt, zwei- oder dreirädrig, mit Benzinmotor (→ Verbrennungskraftmaschinen); Rahmen aus nahtlosen Stahlrohren; Motor meist luftgekühlt, daher Luftrippen auf Zylinder; Magnet-, seltener Batteriezündung; auch 2 Sitze od. mit Beiwagen; → Moped, → Motorroller, Mofa (Erzeugung → Schaubild Kraftfahrzeuge).
Motorroller, Sonderform d. Motorrads; kleinere Räder, Schutzverkleidungen gg. Straßenschmutz, auch 3rädrig; erster dt. M. der Krupp-Roller (1919), n. 1945 in Italien, dann in Dtld weiterentwickelt; sehr beliebt in den 50er Jahren.
Motorschiff, *M. S.,* durch Verbrennungsmotor angetriebenes Schiff; kl. Einheiten: → Motorboot; b. Fischerbooten u. gr. Leistungseinheiten (Überseeschiffen, U-Booten, z. T. auch Kriegsschiffen) Dieselmotor, meist 2-Takt-Motor; Verwendung billiger Schweröle, hoher Wirkungsgrad.
Motorschlitten, Schlitten, wird wie ein Flugzeug durch Luftpropeller angetrieben.
Mott, 1) John Raleigh (25. 5. 1865–31. 1. 1955), am. protestant. Kirchenführer; Präs. des Weltkomitees d. → YMCA; Friedensnobelpr. 1946; **2)** Sir Neville F. (* 30. 9. 1905), engl. Physiker; Arbeiten z. Festkörperphysik, el. Leitfähigkeit; Nobelpr. 1977.
Mottelson, Ben (* 9. 7. 1926), dän. Physiker; Nobelpr. 1975 (Forschungen z. Theorie des Atomkerns).
Motten, Kleinschmetterlinge; Raupen schädlich (z. B. *Kleider-M., Pelz-M., Korn-M.*).
Mottenkraut, svw. → Porst.
Mottl, Felix (24. 8. 1856–2. 7. 1911), östr. Dirigent u. Komp., Wagner-Interpret.
Motto, *s.* [it.], Sinnspruch, Leitspruch.
motu proprio [l.], „aus eigenem Entschluß", stehende Formel bei päpstl. Erlassen.
Mouche, *w.* [frz. *muʃ*], Fliege, Schönheitspflaster.

mouches volantes [frz. -vo'lãt], Sehstörung, Eindruck wie von fliegenden Mücken (durch Trübungen im Glaskörper des Auges).

mouillieren [frz. mu'j-], die Laute *n* u. *l* mit nachklingendem *j* aussprechen (z. B. *Señor* [-*ɲ*-]; *Caballero* [-*ʎ*-]).

Moulage, *m.* od. *w.* [frz. mu'laʒ(ə)], Abdruck, -guß (z. B. bei anatom. Präparaten).

Mouliné, *m.* [frz. muli'neː], Garn aus verschiedenfarb. Einzelfäden u. Damenkleiderstoff daraus.

Mounds [engl. maʊndz], künstl., bis zu 30 m hohe vorgeschichtl. Hügel in Amerika, oft pyramidenartig; Grabhügel oder Sockel f. Tempelbauten.

Mount, *m.* [engl. maʊnt], Berg. – **M. Cook,** höchster Gipfel auf S-Neuseeland, 3764 m; bis 215 müM hinabreichende

Mount Everest

Gletscher. – **M. Everest,** tibet. *Qomolangma,* d. h. Göttinmutter der Berge, höchster Gipfel des Himalaja u. der Erde überhaupt, 8872 m; Erstbesteigung 1953 durch Edmund P. Hillary u. Tensing; 1975 durch die Japanerin J. Tabei; 1980 im Alleingang R. Messner. – **M. Godwin Austen** [-'ɔstɪn] → K 2. – **M. Kosciusko** [-kɔsɪ'ʌskou], höchster Berg Australiens, 2230 m. – **M. Logan** [-'lougən], höchster Berg Kanadas, bei Eliasberg, 5951 m. – **M. McKinley** [-mə'kɪnlɪ], höchster Berg Nordamerikas in Alaska, 6198 m. – **M. Palomar** [-'pæləmaː], S-Kalifornien, 1871 m, mit bed. Sternwarte u. gr. Spiegelteleskop (5 m Durchm.). – **M. Rainier** [-reɪ'nɪə], *M. Tacoma,* vergletscherter Vulkan im Kaskadengebirge, USA-Staat Washington, 4395 m. – **M. Wilson** [-'wɪlsn], Berg bei Pasadena in Kalifornien, 1740 m, mit bed. Sternwarte.

Mountbatten [maʊnt'bætn], **1)** Louis, Earl M. of Burma, bis 1947 Lord (25. 6. 1900-27. 8. 79), engl. Großadmiral; 1947/48 Vizekg v. Indien, 1952-55 Oberbefehlshaber d. NATO-Mittelmeerflotte; 1955-59 1. Lord d. Admiralität; 1959-65 Chef d. brit. Verteidigungsstabes; **2)** Philip → Edinburgh.

Mount Rushmore National Memorial ['maʊnt 'rʌʃmɔː 'næʃənəl mu'mɔːrɪəl], als Gedenkstätte v. G. *Borglum* geschaffenes Felsrelief am M. R. in d. Black Hills (South Dakota); Köpfe v. *Washington, Jefferson, Lincoln* u. *Roosevelt.*

Mount Vernon ['maʊnt 'vərnən], **1)**

Gutsbesitz George Washingtons am Potomac, heute am. Nationalgedenkstätte; **2)** Villenvorstadt v. New York, 80 000 E.

Mousseux, *m.* [frz. mu'søː], Sekt, Schaumwein.

moussieren [frz. mu's-], aufschäumen.

Moustérien [muste'rɪɛ̃], Abschnitt der Altsteinzeit, nach Fundort *Le Moustier* in SW-Frkr.

Mouton [frz. mu'tõ], Hammel(fleisch). – **M.leder,** Lammleder für Buchbinderzwecke.

Movens, *s.* [l.], das Bewegende, Motiv.

Möwen, Wasservögel a. Meeresküsten (z. B. *Herings-M., Silber-M.*) u. Binnengewässern *(Lach-M.).*

Wolfgang Amadeus Mozart

Mozart, Wolfgang Amadeus (27. 1. 1756-5. 12. 91), östr. Komp.; unterrichtet durch s. Vater *Leopold M.* (14. 11. 1719-28. 5. 87; *Versuch e. gründl. Violinschule*); geschult an d. Mannheimern, in Italien u. Wien; Höhepunkt d. Wiener Klassik; Kirchenmusik: *Messen, Requiem;* Opern: *Idomeneo; D. Entführung aus dem Serail; D. Hochzeit des Figaro; Don Giovanni; Così fan tutte; La Clemenza di Tito; D. Zauberflöte;* Chöre, Lieder; Sinfonien; Violin- u. Klavierkonzerte; Kammer- u. Klaviermusik.

Mozarteum → Salzburg.

Mozetta, *w.* [it.], langer Schulterkragen mit kleiner Kapuze der höheren kath. Geistlichen.

M. P., Abk. **1)** für **M**ember of **P**arliament, engl. Parlamentsmitglied; **2)** für **M**ilitary **P**olice ['mɪlɪtərɪ pəˈliːs], am. u. brit. Militärpolizei; **3)** für Maschinenpistole.

m. p., *m. pr.,* Abk. f. → *manu propria.*

MPI, Abk. f. **M**ax-**P**lanck-**I**nstitut.

Mr., Abk. f. → *Mister* [engl.], Herr.

MRBM, Abk. f. **M**edium **R**ange **B**allistic **M**issile, ballistische Rakete mittlerer Reichweite, → ICBM; → SLBM.

MRCA → Tornado 2).

Mrożek [-ʒek], Slawomir (* 26. 6. 1930), poln. Satiriker; *Die Polizei; Tango; Ein freudiges Ereignis.*

MRP, Abk. f. **M**ouvement **R**épublicain **P**opulaire, christl.-demokr. Partei in Frkr.; 1944 von Bidault als Widerstandsbewegung gegründet.

Mrs., Abk. f. → *Mistress,* Frau, nur vor Namen.

MRV, Abk. f. **M**ultiple **R**e-entry **V**ehicle, Rakete mit mehreren Sprengkörpern (die voneinander unabhängig wieder in d. Atmosphäre eintreten können).

m/s, Abk. f. **M**eter pro **S**ekunde, Maßeinh. f. Geschwindigkeit.

MSB, Abk. f. **M**arxist. **S**tudenten**b**und „*Spartakus*", der DKP nahestehend.

Msgr., Abk. f. → *Monsignore.*

mt, Abk. f. **M**e**t**ertonne = 1000 mkg.

MTA, Abk. f. **M**edizinisch-**t**echn. **A**ssistentin.

Mubarak, Husni (* 4. 5. 1928), ägypt. Pol.; 1975-81 Vizepräs., s. 1981 Staatspräs.

Mucius Scävola [l. „Linkshand"], sagenhafter Römer, der seine Hand vor dem feindl. Etruskerkönig Porsenna als Beweis röm. Entschlossenheit ins Feuer hielt (508 v. Chr.).

Mücken, Zweiflügler, → *Stech-M.,* → *Gall-M.,* → *Haar-M.,* → *Kriebelmücke,* → *Schnaken.*

Mudejarstil [-xar-], span. Mischbaustil aus gotischen, Renaissance- und maurischen Elementen.

Mudschaheddin, Mz., *heilige Krieger,* Bez. für die verschiedenen Widerstandsgruppen (ca. 30) in Afghanistan, die v. 1979-1989 gg. die sowjetischen Streitkräfte kämpften u. bis heute der afghanischen, prosowjetischen u. kommunist. Regierung Widerstand leisten.

Mueller, Otto (16. 10. 1874-24. 9. 1930), dt. Maler d. Expressionismus; *Zigeunermadonna.*

Muezzin, arab. *Muedhin,* ruft d. moh. Gläubigen 5mal täglich zum Gebet in die Moschee.

Muffel, 1) *s., Muffelwild,* → Mufflon **2)** *w.,* Brenn- od. Glühhülse aus feuerfestem Material (Ton, Schamotte); **3)** *m.,* mürrischer, für nichts zu begeisternder Mensch. – **M.farben,** in der M. auf Porzellan u. Tonwaren bei 600–900 °C gebrannte Farben. – **M.ofen,** Heizkörper, in d. M.n eingebaut sind; Erwärmung indirekt, d. h. Heizgase umstreichen die M. u. erwärmen sie; Erzielung stetiger Temperaturen z. Härten (z. B. v. Drehstählen, Fräsen usw.).

Mufflon

Mufflon, *m.,* Gebirgsschaf Sardiniens u. Korsikas, spiraliges Gehörn; in Mitteleuropa als Jagdwild eingebürgert.

Mufti, Rechtsgelehrter d. moh. rel. Rechts, bei jedem arab. Gericht; von bes. Bed.: *Groß-M.*

Müggelsee, Gr., Spreesee, im SO v. Berlin, 7,4 km², 8 m tief, im S die *M.berge,* 115 m.

Mühlacker (D-7130), St. i. Enzkr., an d. Enz, Ba-Wü., 226 müM, 24 146 E.

Mühldorf am Inn (D-8260), Krst. i. Oberbay., 14 720 E; AG; ma. Stadtbild. – 1322 Sieg Ludwigs d. Bayern über d. Gegenkönig Friedrich d. Schönen v. Östr.

Mühle, Zerkleinerungsmaschine m. umlaufenden Mahlwerkzeugen (Walzenmühle, Schlagmühle, Kollergang, Kugelmühle, Quetschmühle) zum Mahlen von Getreide (auch als Windmühle), Kaffee, Farben, Ölfrüchten usw.; → Müllerei; *Säge-M.,* Sägewerk, v. *Wasser-M.* (Wasserrad) angetrieben.

Mühlespiel, auf *Mühlebrett* von 2 Spielern mit je 9 Steinen gespielt; 3 Steine nebeneinander bilden *Mühle;* schon im alten Rom bekannt.

Mühlhausen (D-5700), *Thomas-Müntzer-Stadt M.,* Krst. in Thür., 42 463 E; altes St.bild; div. Ind.

Mühlheim am Main (D-6052), St. im Ldkr. Offenbach, Hess., 23 485 E; div. Ind.; Naherholungsgebiet.

Mühlsteinkragen, dicht gefältelte u. steif gestärkte, flache Halskrause im 16. und 17. Jh.

Mühsam, Erich (6. 4. 1878–10. 7. 1934), dt. sozialist. Pol. u. Schriftst.; 1919 Mitgl. d. Münchner Rätereg.; Lyrik.

Mujibur Rahman → Rahman.

Mukden, früherer Name von → Shenyang.

Mukoviszidose, erblich bedingtes Enzymleiden, bei dem ein zäher Schleim produziert wird, der d. Ausführungsgänge d. Drüsen verschließt u. dadurch zu Zystenbildung u. Entzündung d. befallenen Organe führt; betroffen sind Bauchspeicheldrüse, Darmdrüsen, Bronchialdrüsen, Schweiß- u. Tränendrüsen; hpts. 2 Erscheinungsformen: chron. Bronchitis u. chron. Verdauungsstörung.

Mulatten → Mischlinge.

Mulde, l. Nbfl. der Elbe, aus *Zwickauer* u. *Freiberger M.,* 124 km l., mündet bei Dessau.

Mulhacén [mula'θen], höchster Berg Spaniens, 3478 m, in der Sierra Nevada, östl. von Granada.

Mülhausen, frz. *Mulhouse,* St. im Oberelsaß, Dép. *Haut-Rhin,* im Sundgau, an Ill u. Rhein-Rhône-Kanal; 114 000 E; Textil-, chem. (Kalilager) u. Maschinenind.

Mülheim an der Ruhr (D-4330), kreisfreie St. m. Hafen am Großschiffahrtsweg zum Rhein u. Rhein-Herne-Kanal; NRW, 175 454 E; AG; Eisen- u. Röhrenwerke, Elektro-, Lederind., Maschinenbau; MPI f. Kohleforschung u. f. Strahlenchemie; Theater a. d. Ruhr.

Mull, 1) weitmasch. Baumwollgewebe; Verbandstoff; 2) hochwertige Humusform.

Müll, Abfälle von Haushalt, Gewerbe u. Industrie; M.beseitigung ein Hauptpro-

blem d. Zivilisation; M.verwertung durch Deponieren (Gefahr v. Grundwasserverseuchung), Kompostierung (zur Düngung; Gefahr v. Schwermetallverseuchung), M.verbrennung (Gefahr v. Luftverunreinigung).

Muller, Hermann (21. 12. 1890–5. 4. 1967), am. Biologe; Nobelpr. f. Medizin 1947 (Beiträge zur Erforschung d. künstl. Mutationen).

Müller, 1) Friedrich, *Maler Müller* (13. 1. 1749–23. 4. 1825), dt. Maler u. Zeichner, Sturm-u.-Drang-Dichter; Drama: *Faust;* Idylle: *Schafschur;* **2)** Gebhard (17. 4. 1900–7. 8. 90), dt. Jurist u. Pol.; 1953–58 Min.präs. v. Ba-Wü., 1959–71 Präs. d. B.verf.gerichts; **3)** Heiner (* 9. 1. 1929), dt. Schriftst. (DDR); soz. Dramen u. pol. Revuen in d. Nachfolge → Brechts; *Germania - Tod in Berlin; D. Auftrag; Anatomie Titus, Fall of Rome, ein Shakespeare-Kommentar;* **4)** Hermann (18. 5. 1876–20. 3. 1931), SPD-Pol., 1919/20 Außenmin., 1920 u. 1928–30 Reichskanzler; **5)** Johannes Peter (14. 7. 1801–28. 4. 58), dt. Naturforscher; Begr. d. phys.-chem. Schule in d. Physiologie; vergleichende Anatomie; **6)** Johannes v. (3. 1. 1752–29. 5. 1809), schweiz. Historiker; *Geschichte der schweiz. Eidgenossenschaft;* **7)** Paul Hermann (12. 1. 1899–13. 10. 1965), schweiz. Industriechemiker; entdeckte insektentötende Wirkung v. DDT; Nobelpr. 1948; **8)** Wilhelm (7. 10. 1794–30. 9. 1827), dt. Lyriker der Spätromantik (Lieder z. T. durch Schubert vertont); *Das Wandern ist des Müllers Lust; Griechenlieder.*

Müllerei, Mehlfabrikation: Getreide wird automatisch aus Silos über Reinigungsanlagen in Schälwerke befördert; Körner werden geschält, Schalen abgesaugt, das Korninnere *(Mahlgut)* in *Mahlgang gemahlen;* Mehl, Schrot, Kleie werden getrennt in Packmaschinen versandfertig gemacht.

Müllergaze, *Beuteltuch,* Gazegewebe aus Seide zum Durchbeuteln (Sieben) v. Mehl in Mühlen.

Müller-Thurgau, frühreifende Rebsorte, blumig.

Müllheim (D-7840), St. i. Kr. Breisgau-Hochschwarzwald, i. Markgräfler Land, Ba-Wü., 13 974 E; div. Ind., Weinbau, Fremdenverkehr.

Mulliken ['mʌl-], Robert Sanderson (* 7. 6. 1896), am. Chem.; Arbeiten über d. chem. Bindungen u. die Elektronenstruktur d. Moleküle; Nobelpr. 1966.

Mulroney [mʌl'rouni], Brian (* 20. 3. 1939), kanad. Pol.; s. 1983 Vors. d. Progressiv-Konservativen Partei; s. 1984 Min.präs.

Multan, St. in W-Pandschab in Pakistan; Eisenbahnknotenpunkt, Handelsplatz, 730 000 E.

multilateral [nl.], mehrseitig; *wirtschaftspol.* Beziehungen zw. mehr als 2 Parteien.

multilaterale Verrechnung, erleichter-

tes Verfahren unter Aufrechnung geschuldeter Gelder zw. mindestens drei Partnern (z. B. im Außenhandel).

Multimedia, *Mixed Media,* → *Medienverbund,* gemeinsame Benutzung verschiedener, sich ergänzender Medien zur Erreichung des gleichen Zweckes.

multimedial, viele Medien d. Kommunikation (Bild, Ton, Schrift) betreffend.

Multinationale NATO-Streitkräfte, *Allied Command Europe Mobile Force (AMF),* beweglicher Eingreifverband f. d. Kommandobereich Eur.; multinat. Eingreifgroßverband d. NATO, der i. Spannungszeiten aus festgelegten nat. Kontingenten zus.gestellt u. i. Krisengebiete verlegt werden kann.

Multiple choice [engl. 'mʌltɪpl 'tʃɔɪs], Beantwortungsverfahren bei Testaufgaben; Auswahl aus mehreren Antwortmöglichkeiten ist gefordert.

multiple Proportionen, *chem.* → Proportionen.

multiple Sklerose [l.-gr. „vielfältige Verhärtungen"], Erkrankung v. Gehirn u. Rückenmark, mit Sehstörungen, Unsicherheit d. Bewegungen u. Lähmungen.

Multiplikation [l.], Vervielfältigung, die 3. Grundrechnungsart; Addition gleicher Zahlen, z. B. 2 + 2 + 2 + 2 = 2 mal 4 (2·4, veraltet 2×4); 2 heißt der *Multiplikandus,* 4 der *Multiplikator;* beide heißen auch *Faktoren;* das Ergebnis 8 heißt *Produkt.* Mehrfache M. einer Zahl mit sich selbst ergibt eine → Potenz. Ausführung der M. wird durch Verwendung des → Logarithmus auf Additionen zurückgeführt.

multiplizieren, vervielfältigen, e. Multiplikation ausführen.

Multis, ugs. Abk. f. *„multi* nationale Konzerne".

Multivibrator, in der *Elektronik:* Schaltung aus 2 rückgekoppelten Verstärkerstufen in Widerstandskopplung zur Erzeugung v. Rechteckimpulsen (→ Impuls 3) od. → Kippschwingungen; Arten: *bistabiler, monostabiler, astabiler* M.; astabiler Kippgenerator; Anwendung: → Informatik, → Oszilloskop.

Mumienporträt

Mumie [arab.], einbalsamierte Leiche, mit Tuchstreifen umwickelt; vielfach mit

Mumifikation Harzen oder Pechen imprägniert; Eingeweide vorher entfernt; über dem Gesicht häufig das gemalte Bild des Verstorbenen, *M.nporträt;* im alten Ägypten, auch in Mexiko, Peru usw.

Mumifikation, *Mumifizierung,* Herstellung v. Mumien, auch durch Naturprozesse (Mooreinwirkung, heiße Trockenluft); *med.* trockner → *Brand* 1).

Mummel, gelbe Seerose.

Mummelsee, Bergsee an d. Hornisgrinde i. nördl. Schwarzwald, 1032 müM.

Mummenschanz, urspr. Glücksspiel der Vermummten, jetzt svw. Maskenscherz.

Mumps, *m., epidem. Parotitis, Ziegenpeter,* ansteckende Entzündung und Schwellung der Ohrspeicheldrüse; meist bei Kindern; Virusinfektion.

Mun, *Moon,* San Myung (* 1920 in Nordkorea), Gründer der → „Vereinigungskirche", läßt sich als Messias verehren.

Munch [*muŋk*], Edvard (12. 12. 1863–23. 1. 1944), norweg. Maler u. Graphiker d. Jugendstils u. Wegbereiter d. Expressionismus; *Der Schrei;* Wandbilder d. Universität Oslo (→ Tafel Holzschnitt).

Münch, Werner (* 25. 9. 1940), dt. Politikwiss. u. CDU-Pol.; s. Nov. 1990 Finanzmin., s. Juli 1991 Min.präs. v. Sachsen-Anhalt.

Münchberg (D-8660), St. i. Kr. Hof, Bay., 11 628 E; bed. Textilind.; staatl. Textilfachschule.

München, *Frauenkirche u. Rathaus*

München (D-8000), Hptst. Bayerns u. d. Rgbz. Oberbay., krfreie St., an d. Isar, 527 müM, 1,21 Mill. E; Frauenkirche (15. Jh.), Alter Peter (12. Jh.), St. Michael, Schloß → Nymphenburg, Bayer. Nat.-Mus. → Deutsches Museum, Kunstsammlungen (Alte u. Neue Pinakothek, Schackgalerie, Städt. Galerie u. a.). Kath. Erzbischof; große dt. Uni. (1472 gegr.), TU, HS d. bildenden Künste, f. Musik, f. Film u. Fernsehen, f. Philosophie (SJ), f. pol. Wissen u. d. Bundeswehr; Bayr. Akad. der Wiss., Fachakademien f. Musik, f. Bauwesen, f. Sozialpädagogik, Akad. für Graph., f. Bautechn., f. angewandte Technik; Dolmetscherschule, Dt. Meisterschule f. Mode; mehrere Max-Planck-Institute;

OLG, LG, AG; Sitz d. obersten Landesbehörde, B.finanzhof, Dt. u. Eur. Patentamt, Bayr. Verf.ger.hof, BD, OPD, IHK; Theater: Staatsoper, -schauspiel, -operette, Cuvilliés-Th., Kammerspiel m. Werkraumtheater; Kulturzentrum Am Gasteig; Bayer. Rundfunk, Film u. Fernsehen; U- u. S-Bahn, Flughafen Riem, 1992 Eröffnung des neuen Flughafens München 2; Botan. Garten, Tierpark Hellabrunn, Engl. Garten, Olympiastadion (Olymp. Spiele 1972); Messen, Ausstellungen, Oktoberfest, Großßbierbrauereien u. div. Ind.: Optik u. Feinmechanik, Elektrotechnik, Masch.- u. Fahrzeugbau, Eisen u. Metall, Bekleidung, chem. Ind.; Verlage. – 1158 v. Heinrich d. Löwen als Isarübergang u. Marktort gegr., 1255 herzogl. Residenz; im 19. Jh. unter Ludwig I. u. Maximilian II. Aufschwung als Kunststadt.

Münchener Abkommen, Vereinbarung v. 29. 9. 1938 zw. Dtld, Gr.-Brit., Frkr. u. Italien über die Abtretung d. sudetendt. Gebiete durch die Tschechoslowakei; wesentlich f. die Zuerkennung d. Staatsbürgerschaft in d. BR an d. in diesen Gebieten wohnberechtigten u. aus ihnen vertriebenen Deutschen; in d. 1974 in Kraft getretenen Normalisierungsvertrag d. ČSSR für nichtig erklärt.

Münchhausen, 1) Börries Frh. v. (20. 3. 1874–16. 3. 1945), dt. Balladendichter; *Balladenbuch; Liederbuch;* 2) Karl Friedrich Hieronymus Frh. v. (11. 5. 1720–22. 2. 97), der *Lügenbaron;* 3) Abenteuer erst engl. (1786 v. Raspe) hg., dt. Bearbeitung (1787) v. Bürger.

Mundarier, *w.,* austroasiat. Sprachrest bei Dschungelvölkern Zentralasiens (→ Sprache, Übers.).

Mundarten, Sprache der einzelnen Regionalgruppen eines Volkes, meist die alten Sprachstände enthaltend, häufig mit starken Abweichungen von der geltenden Schriftsprache; → deutsche Mundarten.

Mündel, eine unter Vormundschaft od. Pflegschaft stehende Person; ihr Vermögen: **M.geld.**

mündelsicher, Wertpapiere, Hypotheken, Grundschulden, die infolge ihrer Sicherheit vom Staat zur Anlage von Mündelgeldern für geeignet erklärt werden, u. Geldanlage b. öffentl. Sparkass.

Münden (D-3510), postalisch: *Hannoversch Münden,* St. am Zus.fluß von Werra u. Fulda, Kr. Göttingen, Nds., 24 794 E; Weserhafen, AG; Naturpark; Fachwerkbauten, Welfenschloß.

Mundharmonika, volkstüml. Musikinstrument mit Metallzungen, die durch Einziehen u. Ausstoßen des Atems erklingen.

Mündigkeit, im allg. gleich → Volljährigkeit; *Ehemündigkeit* d. Frauen: 16 J. (mit elterl. Einwilligung); Männer: 18 J.; *Eidesmündigkeit:* 16 J.

Mundraub, früher als Übertretung bestrafte Entwendung od. Unterschlagung geringfügiger Verbrauchsgüter (z. B. Lebensmittel) zum alsbaldigen Verbrauch.

Mundschenk, fürstl. Hofbeamter, mit d. Aufsicht über Keller u. Weinberge betraut, bisweilen erbl. Hofamt.

Mundsperre, svw. Kiefersperre, → Kiefer.

Mundt, Theodor (19. 9. 1808–30. 11. 61), dt. Schriftst. d. Jungen Deutschlands: *Kritische Wälder.*

Mundwerkzeuge, Mundgliedmaßen, die den Gliederfüßern zur Nahrungsaufnahme dienen.

Mungo, *m.,* 1) Schleichkatze Afrikas u. Asiens, Schlangenvertilger; 2) Reißwolle aus gewalkten Geweben.

Municipium [l.], im Röm. Reich selbst. Stadtgem. mit röm. Bürgerrecht.

munizipal, svw. städtisch.

Munk [*moŋ'g*], Kaj, eigtl. *Harald Leininger* (13. 1. 1898–4. 1. 1944), dän. Dichter; Dramen: *Niels Ebbesen.*

Munkácsy [-*atʃi*], Mihály v., eigtl. *M. v. Lieb* (20. 2. 1844–1. 5. 1900), ung. Maler d. Impressionismus u. dess. d. Realismus; figurenreiche Monumentalkompositionen; *Der letzte Tag e. Verurteilten.*

Münsingen (D-7420), St. i. Kr. Reutlingen, Ba-Wü., 650–860 müM, 11 576 E; AG; Schloß.

Munster, 1) (D-3042), St. i. Kr. Soltau-Fallingbostel, i. d. Lüneb. Heide, Nds., 16 097 E; bed. Garnison der Bundeswehr, Museumsanlagen „Altdorf Munster"; 2) [*mʌnstə*], irisch *Mumhan,* Prov. der Rep. Irland, 24 127 km², 1,02 Mill. E.

Münster, Sebastian (20. 1. 1488–26. 5. 1552), dt. Theol. u. Kosmograph; erste dt. Länderkunde.

Münster (D-4400), krfreie St., Hptst. d. Rgbz. *M.,* NRW (6899 km², 2,4 Mill. E), am Dortmund-Ems-Kanal, 248 919 E; Dom, Lambertikirche, kath. Bischof, Uni., PH, Musik-HS, FHS f. Architektur, Bauingenieurwesen, Gestaltung, Wirtschaft u. Sozialwesen, kath. FHS NRW (f. Sozialarbeit u. Pädagogik), Landesmuseum; Oberverw.gericht, Verf.gericht f. NRW, OPD, IHK, LG, AG. – Seit 800 Bistum, 1534/35 Wiedertäufer, 1648 Westfäl. Friede.

Münster, eigtl. Kloster(kirche); süddt. svw. Dom; *Ulmer M., Freiburger M., Straßburger M.*

Munt [altdt. „schütz. Hand"], im alten german. Recht Schutz- u. Fürsorgegewalt über die nicht vertretungsberechtigten Hausgenossen, Fremden und Hörigen **(M.mannen)**.

Münter, Gabriele (19. 2. 1877–19. 5. 1962), dt. expression. Malerin; → „Blauer Reiter"; Landschaften, Stilleben.

Munthe, Axel (31. 10. 1857–11. 2. 1949), schwed. Arzt u. Schriftst.; *Das Buch von San Michele.*

Thomas Müntzer

Müntzer, Thomas (um 1490–27. 5. 1525), dt. rel. Revolutionär, Gegner Luthers, Anführer im Bauernkrieg; 1525 bei Frankenhausen besiegt und hingerichtet.
Münze, 1) geprägtes Metallgeld aus Gold, Silber, Nickel u. a.; die Metalle werden legiert, gegossen, zu Streifen ausgewalzt, in passende Größen ausgestanzt u. mit Stahlstempeln *geprägt,* z. T. auch gerändert; **2)** der Prägebetrieb v. 1), *Münzstätte;* Anzahl beschränkt; in Dtld: *Berliner,* Ostsektor Berlin (A), *Bayr.,* München (D), *Sächs.,* Muldenhütte (E), *Württ.,* Stuttgart (F), *Baden,* Karlsruhe (G), *Hamburger,* Hamburg (I); *Münzbuchstabe* gibt Münzstätte an.
Münz-fuß, gesetzl. Vorschriften über die Ausmünzungsverhältnisse, bes. über Anzahl der Münzen, die aus e. Gewichtseinheit Feingold od. Feinsilber geprägt werden. - **M.kunde,** *Numismatik,* erforscht geschichtl., kunstgeschichtl., staatsrechtl., wirtsch. Bedeutung der Münzen. - **M.parität,** das durch d. Edelmetallgehalt d. Währungsgeldes best. Wertverhältnis zw. zwei Währungen (z. B. Feingoldgehalt des schweiz. Franken u. d. ndl. Gulden). - **M.regal,** das ausschließl. Recht des Staates (früher des Landesherrn, jetzt → Deutsche Bundesbank), Münzen prägen zu lassen. - **M.verbrechen,** Bez. f. Straftaten versch. Art: Herstellung od. Verbreitung von nachgeahmtem od. verfälschtem Metall- od. Papiergeld und gewissen Inhaberpapieren, v. Metallgeldmünzen, die durch Abschneiden usw. im Werte vermindert wurden (auch → Kipper und Wipper), Anfertigung von Stempeln, Siegeln usw. zwecks Verübung von M.verbrechen; strafbar nach §§ 146 ff. StGB. - **M.verschlechterung,** Ausprägung von Währungsmünzen m. geringerem Metallwert als vorgeschrieben; Einnahmequelle bei unordentl. Finanzwirtsch. - **M.zeichen,** auf Münzen, geben Münzstätte, Münzmeister od. Stempelschneider, Zeit d. Ausgabe an.
Mur, l. Nbfl. der Drau, aus den Niederen Tauern, 444 km lang.
Muränen, räuberische, aalart. Knochenfische in trop. u. suptrop. Meeren; Giftzähne.
Murano, Laguneninsel bei Venedig, Mittelpunkt d. venezian. Kunstglaserzeugung seit d. 13. Jh.
Murasaki, Schikibu (978–1016), jap. Hofdame u. Dichterin; *Geschichten v. Prinzen Genji.*

Murat [*my'ra*], Joachim (25. 3. 1767–13. 10. 1815), Marschall Napoleons, sprengte 1799 Rat d. 500; 1808 Kg v. Neapel; Gemahl d. Karoline Bonaparte; erschossen.
Murcia [*-θīa*], Hptst. der Prov. *M.* in SO-Spanien (Gebirgsland), 310 000 E; Bischofssitz; got. Kathedrale, Uni., Textil- u. Seidenindustrie.
Murdock [*'mə:dk*], William (21. 8. 1754–15. 11. 1839), engl. Ingenieur; Erfinder der Gasbeleuchtung.
Mure, w., Schlamm- und Schuttstrom an Gebirgshängen; oft nach Regenfällen.
Mureş [rumän. *-reſ*], *Maros* [ungar. *'mɔroſ*], Fluß aus den O-Karpaten, durch Siebenbürgen, bei Szeged in die Theiß, 803 km lang.
MURFAAMCE → MBFR/MURFAAMCE.
Murg, r. Nbfl. des Rheins, mündet b. Rastatt, 96 km l.
Murger [*myr'ʒɛr*], Henri (24. 3. 1822–28. 1. 61), frz. Schriftst.; *Bohème* (von Puccini vertont).

Murillo, Pastetenesser

Murillo [*-'riʃo*], Bartolomé Esteban (get. 1. 1. 1618–3. 4. 82), span. Maler d. Barock; relig. Themen, volkstüml. Genreszenen (u. a. Gassenjungen) aus Sevilla.
Müritz, 1) w., größter See Mecklenburgs, 116,7 km², 33 m tief; **2)** Ostseebad nordöstl. Warnemünde.
Murmanküste, nördl. Küstengebiet der Halbinsel Kola, mit eisfreiem Gewässer; Hügeltundra, von Russen, Lappen und Finnen bewohnt; Herings- und Kabeljaufang.
Murmansk, Hptst. d. sowj. Gebiets *M.,* 468 000 E; eisfreier Hafen (Marinebasis), Werften, Gezeitenkraftwerk, Endpunkt der **M.bahn** (1750 km lang).
Murmeltier, Nagetier d. Hochgebirge; kolonieweise in selbstgegrabenen Höhlen; Pelztiere (*Alpen-M.* u. a.).
Murnau, Friedrich Wilhelm (28. 12. 1889–11. 3. 1931), dt. Filmregisseur; *Nosferatu* (1922); *Der letzte Mann* (1924); *Tabu* (1931).
Murner, Thomas (24. 12. 1475–1537),

dt. Franziskaner; bekämpft in Satiren d. Mißstände d. kath. Kirche u. zugl. d. Protestantismus; *Narrenbeschwörungen; V. d. gr. luther. Narren.*
Murray [*'marı*], größter Strom Australiens, aus den Austral. Alpen, mündet an der SO-Küste i. d. Alexandrina-See u. i. d. Encounter Bay, 2570 km l.
Mürren (CH-3825), alpines Kur- u. Sportzentrum im Berner Oberland (Schweiz), 1636 müM, 500 E; *M.bahn* von Lauterbrunnen.
Murrhardt (D-7157), St. im Rems-Murr-Kr., Ba-Wü., 13 323 E; Ausflugsort im Naturpark Schwäb.-Fränk. Wald.
Murten (CH-3280), histor. St. im schweiz. Kanton Freiburg, am **Murtensee** (23 km², 430 müM), 4600 E; Uhren-, Elektroind., Seebäder. - 1476 Sieg d. Eidgenossen über Karl d. Kühnen.
Mururoa, Atoll d. frz. → Tuamotuinseln, sö. d. Gesellschaftsinseln i. Ozeanien; frz. Atomwaffenversuchsgelände.
Mürzzuschlag (A-8680), Wintersportplatz in d. Steiermark, Östr., an der **Mürz,** 11 000 E; Stahlind., Wintersportmus.
Musaget|es [gr.], Apollo als „Musenführer".
Musäus, 1) griech. Dichter, 6. Jh. n. Chr.; *Hero und Leander;* **2)** Johann Karl August (29. 3. 1735–28. 10. 87), dt. Schriftst.; Volksmärchen; *Rübezahl.*
Muscarin, Gift d. Fliegenpilzes u. anderer Pilze, in Sibirien als Rauschgift, erzeugt Euphorie (arzneilich nicht verwendet). → Erste Hilfe.
Muschel-geld, früher i. Afrika u. Indopazifik benutzt, bes. → Kauri. - **M.gold,** Malerfarbe, echtes Blattgold. - **M.haufen,** *Kjökkenmöddinger,* mittel- und jungsteinzeitl. Siedlungsstellen mit z. T. riesigen Anhäufungen von M.schalen. - **M.kalk,** mittlere Stufe der Triasformation, → geologische Formationen, Übers. - **M.krebse,** winzige Krebse mit muschelartiger Schale.
Muscheln, Weichtiere ohne Kopf, in zweiklappiger Schale; *Meeres-M.,* oft an Pfählen u. Gestein bohrend, vielfach genießbar (Austern, Miesmuscheln); *Fluß-M.,* ungenießbar.
Muschelvergiftung, durch Bildung von *M.gift* bei Fäulnis usw.; Erste Hilfe: Abführ-, Brechmittel, Tierkohle.
Muschik, russ. Bauer.
Muselman, svw. → Moslem.
Musen, d. neun Töchter d. Zeus, beschirmen Kunst und Wiss.: *Euterpe* (Lyrik), *Erato* (Liebesdichtung), *Kalliope* (Epos),

Murmeltier

Musik

Von griech. „musike technē = Kunst der Musen", im Altertum Bez. aller schönen Künste, vom MA an nur der Tonkunst. Ihre Gegebenheiten sind in erster Linie Melodik, ferner durch Metrik gegliederte Rhythmik u. Harmonik. Je nach Aufführungspraxis und -zweck unterscheidet man Vokal- u. Instrumental-M., homophone (einstimmige) u. polyphone (mehrstimmige) M. sowie zeitgenöss. Gebrauchsmusik (z. B. Theater-, Film-, Tanz-, Militär-, Kirchen-M.), außerdem → absolute Musik u. → Programmusik. Auch → Jazz, → Rock-Musik, → Pop-Musik. Theoret. Grundlage aller mus. Hochkulturen (Abendland, Orient, Ostasien) ist die systemat. Verknüpfung v. Tonfolgen bzw. -leitern (horizontal) u. Akkorden (vertikal), die u. a. auf der → Diatonik od. → Pentatonik basieren.

Geschichte: a) Die M. war in den *Anfängen* meist kultisch; daneben gab es auch schon Arbeitsgesänge in rhythm. Form. Musik in China u. Ägypten bereits im 2. u. 3. Jh. v. Chr. nachweisbar. Gesang allein od. mit Begleitung von einfachen Zupfinstrumenten (Form aus d. Bogenwaffe entwickelt) u. Blasinstrumenten. Unter ägypt. u. babylon. Einfluß die hebräische Musik, deren Elemente später in die christl. Kirchenmusik übernommen wurden. Phil. Rechtfertigung d. Musik als selbständige Kunst zuerst bei den Griechen; Blüte zur Zeit der Tragiker Aischylos, Sophokles u. Euripides, deren Chorlieder gesungen werden. **b) Mittelalter:** In der christl. Kirche kultischer Gesang. Im 4. Jh. Hymnen (→ Ambrosius). Um 600 Ordnung d. Kirchengesanges durch Papst Gregor I.: gregorianischer Choral. 9.–12. Jh. Bewegungsschrift: Neumen, seit dem 11. Jh. auf Linien. Aus dem 9. Jh. Denkmäler d. Mehrstimmigkeit; Entwicklung zum polyphonen Stil, Hochblüte im 15. u. 16. Jh. (Niederländer, Orlando di Lasso, seine Lehrer in der christl. Palestrina). Motette u. Messe. Seit dem 12. Jh. Mensuralnotation mit Angabe der rhythm. Notenwerte. Daneben Volkslied, Volksmusik, Spielleute, Troubadours u. Minnegesang. **c) 14.–17. Jh.:** Meistersinger. Neue Instrumentalmusik. Im 16. Jh. protestant. Gemeindegesang (Luther, Johann Walther). Blüte des weltlichen Chorliedes. Um 1600 aus Renaissancebestrebungen, die antike griech. Tragödie stilgerecht wiederzubeleben, Entstehung der Oper: 1594 „Daphne" v. Peri in Florenz, 1607 „L'Orfeo" von Monteverdi. Ausgestaltung der Kammer-, Orchester- u. Kirchenmusik (Oratorium, Kantate, Konzert, Suite, Sonate). Mit der Monodie, der instrumental begleiteten Melodie, Durchbruch des konzertierenden Stils. Zentren in Italien Venedig u. Neapel. Schöpfer der frz. Oper *Lully,* der engl. *Purcell,* der dt. *Schütz.* Entstehung der Streichinstrumentenfamilie (Violine, Viola, Cello) und Tasteninstrumente (Cembalo, Orgel). **d) Anfang 18. Jh.:** Händel (Vollendung d. Oratoriums, Opern, Concerti grossi), Bach (Passionen, Kanta-

ten, Hohe Messe, Orgel- u. Cembalomusik, Konzerte u. Sonaten für fast alle Instrumente). Hamburger Oper (Keiser); Telemann, die Brüder Graun, Zeitalter des Generalbasses u. Kontrapunkts (Fuge). In Italien Opernmeister Scarlatti, Pergolesi, Jommelli; in Frkr. Rameau u. Couperin. **e) Mitte 18. bis Anfang 19. Jh.:** Vorwegnahme d. Wiener Klassik durch die Mannheimer Schule (Stamitz, Richter). Entstehung des dt. Singspiels. Haydn gibt der Sinfonie u. dem Quartett die bis heute gültige Form. Gluck reformiert die Oper (Musikdrama). Mozart bereichert Ausdrucksmittel d. Orchesters, wird zum Meister d. it. Buffo-Oper (Figaros Hochzeit; Don Giovanni) u. des dt. Singspiels (Entführung aus dem Serail, Zauberflöte). Beethoven bringt als erster in Sinfonien, Kammer- u. Klaviermusik die leidenschaftl. persönl. Empfindungen des Genies zum Ausdruck. Schubert als Klassiker des dt. Kunstliedes. **f) 19. Jh.:** die Romantik: Weber, Schumann, Mendelssohn, Spohr, Marschner, Berlioz (neue Farben d. Orchesterklangs). Chopin erweitert Ausdrucksfähigkeit des Klaviers; Liszt als erster Virtuose. Die frz. Große Oper (Meyerbeer, Auber), Neuschöpfung des Musikdramas aus romant. Empfinden heraus durch Wagner: Oper als Gesamtkunstwerk u. nat. Weihespiel (Bayreuth). Daneben Ausbildung von Sonderformen: Komische Oper (Lortzing). Ballade (Loewe), Walzer (Lanner, Strauß). Entstehung der Gesangvereine (Nägeli). In Italien Rossini, Spontini, Bellini u. Verdi; in Frkr. Thomas, Gounod, Bizet; in Böhmen Smetana, Dvořák; in Rußland Glinka, Mussorgskij, Tschaikowskij, Rimskij-Korssakoff; in Norwegen Grieg. Die großen dt. Sinfoniker Brahms u. Bruckner; die Liederdichter Cornelius, Hugo Wolf. **g) 20. Jh.:** Impressionismus: Debussy, Ravel. Veristische Oper: Puccini, Mascagni, Leoncavallo. Neuromantik: Humperdinck, Reger, Schillings, Pfitzner. Sinfonien von Mahler. Opern, sinfonische Dichtungen u. Lieder von Richard Strauss. Nach 1918 endgültige Abkehr von der Romantik u. allzu überladenen Satz, Bevorzugung linearer Kontrapunktik, die zur Atonalität führt; Betonung einer intern. orientierten Musik neuen Gepräges. Als Hauptvertreter Schönberg (Zwölftonsystem), Bartók, Strawinski, Hindemith. Daneben in Dtld David, Egk, Orff, Fortner, Henze; in Frkr. Honegger, Milhaud; in Italien Malipiero, in Ungarn Kodály, in Schweden Atterberg, in der Schweiz Schoeck, in England Britten, in Amerika Gershwin (sinfonischer Jazz), Piston u. Copland; in Rußland Schostakowitsch, Prokofjew. Die jüngste Entwicklung, die *Musica viva,* ist durch Vertreter der → seriellen u. aleatorischen M. vor allem in westl. Ländern Europas einerseits u. andererseits durch Vertreter der → Minimal Music, einer repetitiven, zumeist tonalen Musikrichtung vorwiegend aus Nordamerika, gekennzeichnet.

Minnesängerhandschrift, 15. Jh.

Niederländ. Dankgebet (erster Druck, 16. Jh.)

Handschrift von Richard Strauss: Ein Heldenleben

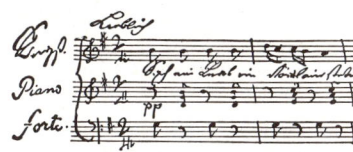

Handschrift von Schubert: Das Heideröslein

Klio (Geschichte), *Melpomene* (Tragödie), *Polyhymnia* (Tanz), *Terpsichore* (Chorlyrik), *Thalia* (Komödie), *Urania* (Astronomie).

Musenalmanach, Gedichtsammlungen; in Dtld: 1770 *Leipziger* u. *Göttinger M.* (Boje u. Gotter), 1776 *Hamburger M.* (Voß), 1796–1800 *Schillers M. (Xenien),* 1833 *Dt. M.* (Chamisso, Schwab).

Musette, *w.* [frz. my´zɛt], Dudelsack; Tanz (3⁄4-Takt) in mäßigem Tempo, aus der Zeit Ludwigs XIV.

Museum [gr.], „Musentempel", Gebäude f. Kunst- oder wiss. Sammlungen.

Musical, *s.* [´mjuːzɪkəl], in den USA entwickelte Form d. Singspiels, die Elemente d. Operette, des Volksstückes u. d. Revue vereint; bed. Musicalkomponisten: L. Bernstein *(West Side Story);* G. Gershwin *(Lady, be good);* F. Loewe *(My fair Lady);* MacDermot *(Hair);* C. Porter *(Kiss me, Kate);* R. Rodgers *(South Pacific);* A. Lloyd Webber *(Jesus Christ Superstar; Evita; Cats).*

Musik → Übersicht, S. 601.

Musikdrama, im Unterschied zur Oper arienloses, „durchkomponiertes" Werk v. stark dramat. Gehalt in szen.-mim. Darstellung (R. Wagners Spätwerke, auch R. Strauss).

Musikhochschulen, Ausbildungsstätten f. Musiker, Komponisten, Dirigenten; → Hochschulen.

Musikinstrumente, 6 versch. Gruppen: 1. Tasten-; 2. Saiten-; 3. Blas-; 4. Schlag-; 5. mechan.; 6. elektron. Musikinstrumente.

Musil, Robert (6. 11. 1880–15. 4. 1942), östr. Schriftst.; Romane: *D. Verwirrungen d. Zöglings Törleß; D. Mann ohne Eigenschaften;* Dramen, Novellen, Essays.

musisch, künstlerisch veranlagt.

Musivgold, goldgelbes Zinndisulfid od. Messing z. Bronzieren.

musivische Arbeit, svw. → Mosaik.

Musivsilber, Zinn-Wismut-Legierung, z. Bronzieren.

Muskateller, würziger, süßer *Muskat-* (Rot-, Weiß-)*Wein,* aus der nach Muskatnuß schmeckenden *Muskattraube.*

Muskatnuß

Muskatnuß, trop. Baum von den Molukken; die großen Samen u. ihr zerschlitzter Mantel (Muskatblüte) als Gewürz verwendet.

Muskel-atrophie, svw. → Muskelschwund. – **M.kater,** Muskelschmerzen durch ungewohnte oder übermäßige Anstrengung. – **M.krampf,** anhaltende, äußerste M.zus.ziehung, schmerzhaft (z. B.

Wadenkrampf), bes. bei Kälteeinwirkung u. Überanstrengung.

Muskeln, die d. Bewegung dienenden Körperorgane; **a)** *Skelettmuskeln,* aus parallelen, in sich quergestreiften Fasern *(Fibrillen),* gehen an den Enden in die Sehnen über, arbeiten willkürlich; **b)** *Eingeweide- u. Gefäßmuskeln,* glatt, arbeiten unwillkürlich; **c)** *Herzmuskel,* quergestreift, unwillkürlich arbeitend (→ Tafel Mensch, S. 348).

Muskel-relaxanzien [l.], z. Erschlaffung d. willkürl. Muskulatur führende Mittel (z. B. → Kurare); Verwendung bei Operation und Krampfkrankheiten. – **M.rheumatismus,** schmerzhafte, bewegungshindernde M.krankheit mit *M.verhärtungen,* oft durch Erkälten u. Infektion. – **M.schwund,** *M.atrophie,* krankhafte Verringerung d. M.masse mit M.schwäche bei Nerven- u. Rückenmarkskrankheiten od. bei Nichtgebrauch (Gipsverband). – **M.training,** Trainingsformen, die entweder die Ausdauer od. die Kraft der Muskulatur verbessern.

Muskete, *w.* [it. „muschetta"], alte Handfeuerwaffe mit Luntenschloß.

Musketier, i. MA Landsknecht mit Muskete; später in Preußen svw. Infanterist.

Muskovit, → Silicatmineral a. d. Gruppe d. → Glimmer.

Muskulatur → Muskeln.

Muslim → Moslem.

Muspelheim, die Flammenwelt der nord. Göttersage; geht dem Weltuntergang voraus.

Muspilli, althochdt. Gedichtfragment des 9. Jh. vom Weltbrand; christlich u. heidnisch.

Musseron, *Muscheron,* *Museron,* → Schwindling.

Musselin, *m.,* nach der irak. St. Mosul ben. leichtes Gewebe aus Wolle od. Baumwolle.

Musset [my´se], Alfred de (11. 12. 1810–2. 5. 57), frz. romant. Dichter; Lyrik, Prosa, Dramen.

Mussolini, Benito (29. 7. 1883–28. 4. 1945), it. faschist. Diktator; urspr. Sozialist; gründete 1919 „Fascio di Combattimento" (→ Faschismus); 1922 „Marsch auf Rom"; Min.präs. m. d. Machtbefugnissen e. Diktators (Ges. v. 1925); *Duce* d. Partei. 1943 gestürzt, gefangen, durch dt. Luftunternehmen befreit; gründete faschist. Rep. in Oberitalien; 1945 v. Partisanen erschossen.

Mussorgskij, Modest Petrowitsch (21. 3. 1839–28. 3. 81), russ. Komp.; Opern: *Boris Godunow; Chowanschtschina; Der Jahrmarkt von Sorotschinzi;* Klavierwerke, Lieder.

Mustafa, Name mehrerer türk. Sultane.

Mustang, *m.* [span.], verwildertes Hauspferd Amerikas.

Muster-recht, Teil des → gewerblichen Rechtsschutzes; regelt → Musterschutz. – **M.rolle, 1)** Liste, in die die angeworbene Mannschaft eines Schiffes einzutragen ist; **2)** rechtl. → M.schutz; **3)** Ver-

zeichnis f. Geschmacksmuster beim zuständigen Amtsgericht. – **M.schutz,** geregelt durch M.recht; **a)** *Gebrauchs-M.schutz* gg. unberechtigte Nachbildung u. Verbreitung v. Arbeitsgerätschaften od. Gebrauchsgegenständen od. deren Teilen („kleiner Patentschutz"), Anmeldung u. Eintragung in d. *M.rolle* beim Patentamt; Ges. v. 5. 5. 1936 i. d. Fassung v. 2. 1. 1968; **b)** *Geschmacks-M.schutz* gg. unbefugte Nachbildung u. Verbreitung eines Musters od. Modells („kleiner Kunstschutz") durch Anmeldung zum *M.register* b. Registergericht; Ges. v. 11. 1. 1876.

Mutae [l. -tɛ], die „stummen" Mitlaute: *k, p, t* (Tenues), *g, b, d* (Mediae), *ch, ph, th* (Aspiratae).

mutagen, *mutations* auslösend (chem. Verbindungen, Röntgenstrahlen).

Mutante, Individuum, in dem mindestens *ein* Gen durch → Mutation verändert ist.

Mutation [l.], Veränderung, **1)** svw. → Stimmbruch; **2)** in d. Erblehre: sprunghafte, richtungslose Veränderung einer Erbanlage; M.en treten spontan auf od. werden durch → mutagene Faktoren ausgelöst; sie werden unterteilt in *Genmutationen,* → *Chromosomenmutationen, Genom-, Plasmon-* u. *Plastiden-*M.en.

mutatis mutandis [l.], mit Berücksichtigung gewisser Umstände; mit den nötigen Änderungen.

Muthesius, Hermann (20. 4. 1861–26. 10. 1927), dt. Architekt, Kunstpädagoge; Wegbereiter d. Jugendstils u. Mitbegr. d. Dt. Werkbundes.

mutieren [l.], sich im Stimmwechsel befinden.

Mutsuhito, *Meiji Tenno* (3. 11. 1852–30. 7. 1912), seit 1867 Kaiser v. Japan, d. durch ihn Großmacht wurde; Abschaffung d. Shogunats u. Durchführung d. Meiji-Reform.

Muttenz (CH-4132), St. im Kanton Basel-Land, Schweiz, 17 200 E; chem. Ind., Salzgewinnung.

Mutter, (meist sechskantiger) Teil, der eine Schraube umschließt und mit dem Schraubenschlüssel festgezogen wird.

Müttergenesungswerk, 1950 v. Elly Heuss-Knapp begr. gemeinnützige Stiftung mit 185 *Müttergenesungsheimen;* Sitz Stein bei Nürnberg.

Mutterkorn, Roggenkrankh. hervorufender Pilz, enthält z. B. d. Alkaloid Ergotin, krampferzeugendes Gift, in d. Geburtshilfe u. Frauenheilkunde verwendet. – **M.vergiftung,** *Ergotismus, Kribbelkrankheit,* führt durch Blutgefäßkrampf z. Brand; Muskelkrämpfe; Ursache: Mehlverunreinigung.

Mutterkuchen, *Plazenta,* schwammiges Blutgefäßnetzwerk, verbindet den Blutkreislauf der Mutter mit dem der Frucht, die hierdurch ernährt wird; wird bei der Geburt erst einige Zeit später als das Kind ausgestoßen; *Nachgeburt.*

Mutterlauge, nach Auskristallisieren von Salzen verbleibende Flüssigkeit; enthält noch oft Salze, die leichter löslich sind als das schon auskristallisierte.

Muttermal, verschiedenartige u. -farbige Hautmale; als brauner *Linsenfleck, Pigmentmal,* rotes *Feuermal* usw.

Muttermilch, Frauenmilch, → Milch.

Muttermund, 1) *innerer M.:* Verschlußstelle der Gebärmutterhöhle, am Beginn d. Gebärmutterhalskanals; **2)** *äußerer M.:* das in die Scheide führende Ende des Gebärmutterhalses.

Mutterrecht, Erbfolge von Mutter auf Tochter, daher starker sozialer Einfluß der Frau; bildete sich unter bestimmten hackbäuerlichen Voraussetzungen in Orient, Alteuropa, Indien (noch erhalten im S) usw. heraus; → Matriarchat. Ggs.: Vaterrecht.

Mutterschaftshilfe, v. gesetzl. Krankenkassen f. Wöchnerinnen vor u. nach d. Entbindung gewährte Hilfe; umfaßt Mutterschaftsgeld während d. Schutzzeit (→ Mutterschutz), ärztl. Beratung und Hebammenhilfe, Versorgung mit Verbandsmitteln u. Medikamenten sowie Pauschalbeträge f. sonst. Aufwendungen u. Pflege i. Entbindungsanstalten u. Krankenhäusern.

Mutterschutz, Ges. vom 24. 1. 1952, Beschäftigungsverbote od. -beschränkungen f. werdende Mütter, soweit Leben od. Gesundheit d. Mutter od. d. Kindes gefährdet würde; Wöchnerinnen dürfen 6 Wochen vor u. 8 Wochen (12 Wochen bei Mehrlings- od. Frühgeburten) nach der Entbindung nicht beschäftigt werden; Verbot v. Mehr-, Nacht- u. Sonntagsarbeit; Stillzeit ist auf Verlangen freizugeben; Kündigungsschutz während d. Schwangerschaft u. bis vier Monate nach der Niederkunft; Mutterschaftsurlaub u. -geld auf Antrag bis 6 Monate nach Geburt; Mutterschaftshilfe durch die Krankenvers.

Muttertag, von den USA 1923 in Dtld übernommen, zur Ehrung der Mütter; 2. Maisonntag.

Muttertrompete → Eileiter.

mutual [nl.], *mutuell,* wechsel-, gegenseitig.

Mutung, Gesuch um Verleihung der Bergwerksberechtigung durch Auffinder von Lagerstätten.

MW, Abk. f. *Megawatt;* 1 MW = 1 000 000 Watt.

MWD, russ. **M**inisterstwo **W**nutrennych **D**jel, Min. für innere Angelegenheiten; bis 1946 NKWD (Innenkommissariat); ihm unterstützt das Polizeiwesen. Daneben MGB (Min. f. Staatssicherheit) zur Ermittlung von „Saboteuren" usw. – MWD bis 1920 Tscheka, dann GPU, nach 1923 OGPU („Vereinigte staatl. pol. Verw."), staatl. Geheimpolizei.

MX, in der Entwicklung befindliche mobile Interkontinentalrakete, in unterird. Korridoren untergebracht.

My, μ, Abk. f. → Mikron.

Myanmar, bis 1989 *Birma,* engl. *Burma,* amtl. *Pyidaungsu Socialist Thammada Myanmar Naingngandaw,* Rep. in Hinterindien, besteht aus d. eigtl. M., den Schan-Staaten u. den Karenni-Staaten, 676 552 km², 39,97 Mill. E (59 je km²); Bev.-Zuw. 2,2%; Bev.: Birmanen (fast 75%), Schan, Karen, Katschin, Tschin, Inder; Sprache: Birmanisch, Engl.; Währung: Kyat (K); Rel.: Buddhismus; Hptst.: *Rangun;* Flagge S. 340, Karte S. 748/49. **a)** *Geogr.:* Im W u. N Gebirge, sonst flachwelliges Hügelland; Hptfluß: *Irawadi;* trop. Monsunklima, Urwald (Teakbaum). **b)** *Landw.:* Grundlage d. Wirtschaft, ca. ⅔ d. Bev. arbeiten in d. Landw., Hpterzeugnis: Reis (1988: 13,5 Mill. t), daneben Zukkerrohr, Baumwolle, Tabak, Teakholz. **c)** *Bodenschätze:* Die reichen Vorkommen sind nur z. T. erschlossen, vor allem Zink, Kupfer, Zinn, Blei, Erdöl. **d)** *Außenhandel* (1988): Einfuhr 244 Mill., Ausfuhr 138 Mill. $. **e)** *Verkehr:* Eisenbahn 3137 km. **f)** *Gesch.:* Bis 1886 Königreich, dann brit.-ind. Prov., 1937 von Indien unabhängige brit. Kolonie, s. 1948 selbst.; 1974 neue Verf., staatssozialist. Rep. m. Einkammerparlament; 1988 Mil.putsch nach blutigen Unruhen; 1990 freie Parlamentswahlen m. Sieg d. Opposition (NLD), trotzdem weiter Mil.reg. **g)** *Mitgl.:* UN, Colombo-Plan.

Myelin → Markscheide 2).

Mykene, *Mykenai,* bei → Homer Residenz d. Agamemnon (2. Jtd v. Chr.); Burgstadt i. d. Argolis, mächtige Burgmauer m. *Löwentor, Kuppelgräber, Goldfunde;* von Schliemann 1874–76 ausgegraben.

Mykenischer Becher

mykenische Kunst, ca. 1570–1150 v. Chr., erste griech. Kultur e. v. Norden gekommenen Kriegervolkes; 1400 Eroberung Kretas, Einführung kret. Kunst in Mykene, Tiryns u. a.; Sieg d. mitgebrachten primitiv-abstrakten Stilgefühls; Burgen m. gewaltigen Befestigungen, Schacht-, Kuppel- u. Felskammergräber, Paläste; Keramik, Kunsthandwerk; 1200–800 v. Chr. kunsthistor. Vakuum; Völkerschübe.

Mykobakterien, Gruppe d. Bakterien, meist säurefeste Stäbchen mit Wachshülle (z. B. Tuberkulose- und Leprabakterien).

Mykologie [gr.], Pilzkunde.

Mykoplasmen, bakterienähnl. Mikroorganismen, die bei Tieren u. Menschen Infektionskrankheiten, bes. d. Lungen, verursachen können.

Mykorrhiza, *w.,* Lebensgemeinschaft höherer Pflanzen u. Pilzfäden, die in oder an den Wurzeln der Pflanzen wachsen; Nahrungsaustausch.

Mykosen, *w.* [gr.], durch Pilze hervorgerufene Krankheiten, z. B. d. Haut *(Dermato-M.)* od. d. Lunge.

Mylady [engl. mɪˈleɪdɪ], engl. Anrede einer → Lady.

Mylord [mɪˈlɔːd], Anrede eines → Lords.

Mynheer [holl. məˈneːr], Mijnheer, mein Herr.

Myoglobin, roter Farbstoff des Muskels, ähnlich aufgebaut wie → Hämoglobin.

Myokardinfarkt, svw. → Herzinfarkt.

Myom, *s.* [gr.], gutartige knotige Muskelgeschwulst bes. d. Gebärmutter; führt oft zu Blutungen.

Myopie, *w.* [gr.], svw. → Kurzsichtigkeit.

Myrdal, schwed. Schriftst.ehepaar, **1)** *Alva* (31. 1. 1902–1. 2. 86), Soz.wiss.en; Friedensnobelpr. 1982 (zus. m. G. Robles) u. **2)** *Karl Gunnar* (6. 12. 1898–17. 5. 1987), Nat.ökonom; Nobelpr. f. Wirtsch. 1974 (zus. m. Hayek); zus. m. s. Frau Friedenspr. u. Dt. Buchhandels 1970.

Myriade, *w.* [gr.], urspr. Vielfaches v. 10 000; svw. unzählig.

Myron, athen. Bildhauer, Erzgießer d. 5. Jh. v. Chr.: *Diskuswerfer; Athene u. Marsyas; Kuh.*

Myrrhe, Harz afrikan.-arab. Sträucher u. Bäume; Räucherwerk. – **M.ntinktur,** als Mundwasser (20%).

Myrte

Myrte, immergrüner Strauch des Mittelmeergebiets aus der Pflanzenfamilie der *Myrtengewächse* (in trop. u. subtrop. Ländern, in Blättern vieler Arten äther. Öle), weiße, duftige Blüten; *M.nkranz* als Brautschmuck.

Mysien, im Altertum nördl. Landschaft an der W-Küste Kleinasiens; Städte: Ilion u Pergamon; 133 v. Chr. röm. Provinz.

Myslowitz, poln. *Mysłowice,* Ind.st. i. poln. Schlesien, 91 000 E; Kohle.

Mysore, St. im Staate Karnataka, 479 000 E; Uni → Karnataka.

Mysterien, Geheimkulte im Altertum, am bekanntesten d. *persischen Mithras-M.,* d. griech.-orphischen M. u. die *eleusinischen M.*

Mysterienspiele, geistl. Schauspiele des MA an hohen Festen (Passion, Ostern, Weihnachten); Dauer bis zu 8 Tagen; Hauptblüte in Frkr. und S-Dtld; durch die Laienspielbewegung erneuert.

mysteriös [gr.], geheimnisvoll, rätselhaft.

Mysterium, *s.* [gr.], über d. natürlichen Erkennen stehendes Geheimnis.

Mystifikation, *w.* [frz.], Täuschung.

mystifizieren, mystisch betrachten, täuschen, vergeheimnissen.

Mystik, *w.* [gr.], innere Erfahrung einer übernatürlichen Wirklichkeit mit Erleuchtung und absolut. Glücksgefühl; Weg der Vorbereitung: Askese, Meditation, Kontemplation; in allen höheren Religionen (Buddhismus, Neoplatonismus, Islam, Judentum, Christentum); berühmt die deutsche M. des MA: *Meister* → Eckhart, → Tauler, → Seuse. Neu-

zeit: → Angelus Silesius, → Theresia v. Avila, → Johannes v. Kreuz, Ignatius v. → Loyola.

Mythe, *w.,* → Mythos.

Mythen, zwei Voralpenberge nordöstl. v. Schwyz, 1899 u. 1811 m.

Mythenstein, Felsen im Vierwaldstätter See, 25 m hoch, nördl. vom Rütli (Inschrift: „Dem Sänger Tells Fr. Schiller die Urkantone 1859").

Mythologie [gr.], zunächst Gesamtheit d. Mythen eines Volkes od. Kulturkreises, dann auch wiss. Erforschung u. krit. Deutung d. Mythen aller Kulturen *(Mythenkunde).*

Mythos, *Mythus* [griech.], Götter- oder auch Heldensage aus vorgeschichtlicher Zeit, die mit erzählerischen Mitteln eine naive Weltauslegung und Lebensdeutung versucht; bei → *Bachofen* symbolischer

Ausdruck gewisser Urerlebnisse der Völker.

Mytilene, Hptst. der griech. (bis 1913 türk.) Insel Lesbos, 24 000 E; Wein- u. Ölhandel.

Myxödem, *s.* [gr.], Erkrankung infolge mangelhafter od. fehlender Schilddrüsentätigkeit mit teigiger Schwellung d. Haut, Gewichtszunahme, Apathie, Senkung d. → Grundumsatzes, Wachstumsstörung, Kräfteverfall, Verblödung; → Kretinismus.

Myxomatose, *w., Kaninchenpest,* verheerende Virusseuche bei Wild- u. Hauskaninchen; in Australien zur Bekämpfung der Kaninchenplage benutzt; über Frkr. seit 1952 nach Mitteleuropa eingeschleppt.

Myxomyzeten, svw. → Schleimpilze.

Myzellium → Pilze.

N, 1) *chem.* Zeichen f. → *Stickstoff* (lat. *nitrogenium*); **2)** *geograph.* Abk. f. Nord; **3)** *phys.* Abk. f. → Newton.

n, 1) Abk. f. → *netto;* **2)** hinter Hauptwort: Abk. f. *neutrum* = sächl.; **3)** in der *Kernphysik* Symbol f. *Neutron;* **4)** Kurzzeichen f. den Vorsatz Nano- (= 10⁻⁹).

Na, *chem.* Zeichen f. → *Natrium.*

Naab, l. Nbfl. der Donau, aus 3 Quellflüssen vom Fichtelgebirge u. Oberpfälz. Wald, 165 km l., Mündung w. v. Regensburg.

Nabburg (D-8470), St. i. Kr. Schwandorf, an d. Naab, Bay., 6020 E; Standort d. Bundesgrenzschutzes.

Nabe

Nabe, Mittelstück d. Rades, das auf Welle läuft, auch d. Luftschraube.

Nabel, 1) Narbe d. *Nabelschnur* (Nabelstrang), welche d. Blutgefäße zur Ernährung d. Embryos enthält u. mittels d. Mutterkuchens d. Verbindung zw. Mutter u. Frucht herstellt; nach d. Geburt Abbindung u. Durchtrennung d. N.schnur *(Abnabelung),* deren Rest nach einigen Tagen am Nabel abfällt; **2)** *Hilum,* bei Pflanzensamen d. Stelle der Samenschale, an d. sich d. Frucht v. d. *Plazenta* löst. - **N.bruch,** durch mangelhaften Verschluß der Bauchdecke am Nabel; führt zum Heraustreten des Bauchinhalts; → Bruch.

Nabelschwein, *Pekari,* schweineähnl. Paarhufer S-Amerikas mit Drüsentasche („Nabel") auf dem Rücken.

Nabereschnyje Tschelny, 1982–88 Breschnew, Ind.st. an der Kama, UdSSR, 501 000 E; Fahrzeugbau (größtes sowjet. Lkw-Werk).

Nabis [hebr.-frz. „die Erleuchteten"], Mitgl. e. 1889 gegr. Pariser Künstlergruppe, die in Anlehnung an d. Schule v. → Pont-Aven der impressionist. Formauflösung entgegentrat durch klärende Vereinfachung d. Form u. Steigerung des farbl. Ausdrucks; Vertr.: *Sérusier, Denis, Bonnard* u. a.

Nablus, palästinens. St. nördl. Jerusalem (s. 1967 unter isr. Militärverwaltung), 64 000 E; als *Sichem* Hptst. des bibl. Israels u. später d. Prov. Samaria; v. Vespasian zerstört.

Nabob [arab.], **1)** urspr. ind. Statthalter; **2)** danach: Mann von gewaltigem Reichtum.

Nabokov, Vladimir (23. 4. 1899–2. 7. 1977), am. Schriftst. russ. Herkunft; *Lolita; Ada.*

Nachbild, physiolog. Nachwirkung eines Lichtsinnesreizes; z. B. entsteht, nachdem man lange Zeit auf eine rote Fläche gestarrt hat, beim Wegsehen für einen ganz kurzen Moment der Eindruck der Komplementärfarbe Grün.

Nachbrenner, Verlängerung d. normalen Rückstoßdüse eines → Strahltriebwerks, in die zusätzl. Kraftstoff eingespritzt wird; Erhöhung der Schubleistung um 30 bis 40% wird dadurch möglich.

Nachbürge, leistet dem Gläubiger Bürgschaft für den Fall, daß der erste Bürge nicht zahlt.

Nachdruck, Abdruck gestattet: **1)** aus *Zeitungen* bei Artikeln tatsächl. Inhalts u. nur mit Quellenangabe, soweit nicht Vorbehalt: „Nachdruck verboten"; **2)** von *anderen Schriftwerken* in Dtld u. den meisten Ländern der Berner Übereinkunft (→ Urheberrecht) erst 70 Jahre nach dem Tod des Autors; unbeschränkt ist u. a. der N. von amtl. Schriften u. Gesetzen sowie von öff. Reden in Zeitungen u. Zeitschriften (gemeinfreie Werke).

Nachempfindung, Sinnesempfindung, die den Reiz überdauert.

Nacherbe → Erbrecht.

Nachfrage nach Gütern u. Dienstleistungen ist der kundgegebene Wunsch, diese gg. Entgelt zu erwerben; ergibt sich aus den Bedürfnissen der Käufer; Ausmaß, Richtung u. Art d. wirtsch. Betätigung wird wesentl. durch N. bestimmt; N. u. Angebot sind bei vollständiger → Konkurrenz d. beiden preisbildenden Faktoren d. Marktes.

Nachfrist, bei → Schuldnerverzug muß d. Gläubiger, der Schadenersatz verlangen od. v. Vertrag zurücktreten will, angemessenen Zeitraum zur nachträgl. Erbringung der Leistung gewähren (§ 326 BGB).

Nachgeburt → Mutterkuchen.

Nachhut, Sicherungsabteilung zum Schutz zurückgehender Truppen.

Nachindossament, bei Wechsel u. Scheck ein → Indossament, das nach Erhebung d. Protestes od. nach Ablauf der Protest- bzw. Vorlegungsfrist erfolgt; hat nur die Wirkung einer gewöhnl. Abtretung.

Nachitschewan, autonome Sowj.rep. in Aserbeidschan, 5500 km², 295 000 E; Hptst. *N.* (32 000 E).

Nachlaß → Erbrecht. - **N.gericht,** Abt. d. Amtsgerichts, regelt Erbangelegenheiten.

Nachodka, sowj. St. i. d. Nachodkabucht, Ferner Osten, bed. Export- u. Importhafen (Japan), 165 000 E.

Nachpfändung, *Anschlußpfändung,* erneute Pfändung einer bereits gepfändeten Sache f. e. and. Gläubiger; aus Erlös ist zuerst d. Gläubiger, für den erste Pfändung erfolgte, zu befriedigen.

Nachrede, 1) *Nachwort,* svw. Epilog; **2)** *jur.* → üble Nachrede.

Nachrichten-Agenturen, *Telegraphen-A.,* Büros m. Korrespondenten u. Verbindungen in der ganzen Welt zur Versorgung der → Presse (Übers.) m. Nachrichten. - **N.satelliten** → Fernmelde-Satelliten.

Nachschlag, *mus.* Verzierung; ein od. mehrere auf einen Haupton folgende, diesen verkürzende Töne.

Nachschuß, N.pflicht, beschränkte od. unbeschränkte Verpflichtung v. Gesellschaftern, bei Bedarf zusätzl. Einlagen an d. Gesellschaft zu leisten; gesetzl. vorgeschrieben b. Genossenschaften (Haftsumme), b. bergrechtlichen Gewerkschaften (Zubuße), *zulässig* b. d. GmbH.

Nächstenliebe → Jesus.
Nachsuche, d. Verfolgen der Fährte od. Spur d. angeschossenen Wildes m. d. Jagdhund.
Nacht, *astronom.* Zeitraum von Sonnenuntergang bis Sonnenaufgang; kürzeste bzw. längste Nacht auf der nördl. Erdhalbkugel am 21. 6. bzw. 22. 12. (Sommer- u. Wintersonnenwende); allmähl. Übergang vom u. zum Tage (→ Dämmerung); am Äquator ständige Tagundnachtgleiche; an d. Polen wechselt halbjährige Nacht mit halbjährigem Tag.

Nachtaffe

Nachtaffen, Affenarten S-Amerikas mit sehr weichem Pelz, gr. Augen, kl. Ohren; Nachttiere; Haupttart graubraun, Körper 30–40 cm lang.
Nachtarbeit, 20–6 Uhr, nur bei bes. Voraussetzungen gestattet (Nachtschicht); Sonderregelung f. Jugendliche u. f. best. Gewerbe (z. B. Gaststätten-, Bäcker-, Theater-, Apothekergewerbe); wird mit Zuschlägen entlohnt, geregelt durch Tarifverträge.
Nachtblindheit, Unfähigk., i. Dunkeln zu sehen (Unempfindlichk. d. Stäbchen d. Netzhaut); bei Augenleiden, Alkoholismus, Vitamin-A-Mangel; allg. für geminderte Dunkelanpassungsfähigk. des Auges.
Nachtbogen, der unter d. → Horizont liegende Teil d. tägl. Bahn e. Gestirns; → Tagbogen.
Nachtfalter, Schmetterlinge, d. nur in d. Nacht od. am Abend fliegen; vor allem Schwärmer, Eulen u. Spinner.
Nachtgleiche, svw. → Äquinoktium.
Nachtigal, Gustav (23. 2. 1834–20. 4. 85), dt. Arzt u. Afrikareisender; erforschte Sahara u. Sudan, unterstellte Togo u. Kamerun dt. Schutz.

Nachtigall

Nachtigall, rotbrauner Singvogel, singt besonders nachts in dichten Gebüschen; in O-Europa der ihr verwandte *Sprosser.*
Nachtkerze, gelb blühende Staude; Blüten öffnen sich abends; aus N-Amerika, jetzt überall verwildert an Wegen usw.; auch Zierpflanze.
Nachtmahr, *m.,* Alpdruck, Nachtgespenst.

Nachtpfauenauge, spinnerartiger Nachtschmetterling; Vorder- u. Hinterflügel mit großen bunten Augenflecken.
Nachtragshaushalt, Ergänzung d. Haushaltsplanes nach dessen Verabschiedung.
Nachtschatten-gewächse, *Solanaceae,* Pflanzenfamilie; z. B. *Schwarzer N.,* giftiges schwarzbeeriges Unkraut auf Schutt; → *Bittersüß, Kartoffel, Tabak, Tollkirsche, Tomate, Eierpflanze* u. a.
Nachtschwalben, Vogelfamilie von schwalbenähnl. Gestalt; jagen nachts im Flug nach Insekten; in Dtld. *Ziegenmelker,* in Heidewäldern; Zugvogel.
Nachtschweiß, meist gg. Morgen auftretend; oft bei Neurasthenie u. Lungentuberkulose.
Nachtstücke, in Malerei u. Graphik, Darstellungen in nächtl. Beleuchtung; bes. in d. Barockmalerei (z. B. *La Tour, Rembrandt*).
Nachttiere, Tiere, die nur nachts munter *(nachtaktiv)* sind.
Nachtviole, bes. nachts duftender Kreuzblütler, mit lila Blüten; Zierpflanze; aus S-Europa, auch verwildert.
Nachtwandeln, lat. *Noktambulismus,* Schlafwandeln, *Somnambulismus,* bes. bei Mondlicht *(Mondsüchtigkeit),* unbewußtes Handeln i. Schlaf, häufig bei Psychopathen.
Nachwehen, Wehen nach d. Entbindung; → Geburt.
Nackenstarre, *Opisthotonus,* krampfhafte Versteifung d. Nackenmuskulatur m. Rückbiegung d. Kopfes, bes. bei Wundstarrkrampf u. Gehirnhautentzündung (Genickstarre).
Nacktkultur, *Freikörperkultur* (FKK), gemeinsamer Freiluft- u. Wassersport beider Geschlechter ohne Bekleidung.
Nacktsamige, svw. → Gymnospermen.
Nacktschnecken, Schnecken, deren Schale zurückgebildet ist (*Egel-, Wegschnecke* u. a.).
Nadelgeld, vom Ehemann der Ehefrau zu ihrer persönl. Verfügung ausgesetzte Summe.
Nadelhölzer, *Koniferen,* nacktsamige Blütenpflanzen (meist Bäume), gewöhnl. mit immergrünen, nadelförm. Blättern; Fruchtstände zapfenförmig (beerenartig: Eibe, Wacholder). Meist in gemäßigten Zonen; dt. N.: *Kiefer, Fichte, Tanne, Lärche* usw.; Holz u. Harze v. größter wirtsch. Bedeutung.
Nadelkap, *Agulhas,* S-Spitze Afrikas, mit Leuchtturm; vorgelagert die Agulhas-Bank.
Nadeltelegraph, 1833 v. → Gauß u. → Weber erfunden, Zeichen werden a. d. Ausschlägen e. Magnetnadel abgelesen; keine prakt. Anwendung.
NADGE, Abk. für N*ATO* A*ir* D*efence* G*round* E*nvironment* S*ystem,* elektron. Luft-Frühwarnsystem der NATO.
Nadir, *m.* [arab.], Punkt d. geschlossen gedachten Himmelsgewölbes, der senkrecht unter dem Beobachter liegt; Gegenpunkt z. → Zenit.

Naga, wilde Bergstämme in Assam, z. T. Kopfjäger.
Nagaika, *w.,* russ. Lederpeitsche, Knute.
Nagaland, ind. Bundesstaat, grenzt an Myanmar, 16 579 km², 775 000 E, Bergstämme; Hptst. *Kohima.*
Nagano, jap. St. auf Hondo, 32 5000 E; Austragungsort der Olymp. Winterspiele 1998.
Nagasaki, jap. St. an der W-Küste von Kyushu; 446 000 E; wichtiger Anlaufhafen ostasiat. Linien; Schiffbau, Masch.-, Textilind.; HS; 1923 durch Erdbeben, 9. 8. 1945 durch Atom-(Plutonium-)Bombe stark zerstört.
Nagel, 1) Metall- oder Holzstift mit Spitze und Kopf zur Verbindung von Holzteilen, Leder usw. Herstellung heute maschinell durch Ziehen, Pressen, Schneiden, Schälen (Huf-, Draht-, Stahl-, Holznägel), früher handgeschmiedet; **2)** Hornsubstanz, bedeckt die Endglieder von Fingern u. Zehen.
Nagelbett, die Unterlage d. Nagels.
Nagelfleck, spinnerart. Nachtschmetterling; bes. i. Buchenwäldern; auf jedem Flügel Fleck m. weißem Kern.
Nagelfluh, durch e. Bindemittel (z. B. Kieselsäure od. Kalkspat) verfestigter Schotter; → Konglomerat.
Nagetiere, *Nager,* Säugetierordnung, artenreich, über d. ganze Erde verbreitet; gekennzeichnet durch vordere Schneidezähne *(Nagezähne)* in Ober- u. Unterkiefer, d. sich abschleifen, aber ständig nachwachsen; meist Pflanzenfresser, häufig Winterschlaf (z. B. Mäuse, Hörnchen, Schlafmäuse, Biber, Stachelschweine, Springhasen, nicht jedoch → Hasen).
Nagib, Ali Mohammed (20. 2. 1901–28. 8. 84), ägypt. Gen.; zwang 1952 Kg Faruk zur Abdankung, rief 1953 Republik aus; 1953/54 Staatspräs.
Nagold (D-7270), St. i. Kr. Calw, an d. *N.* (r. Nbfl. d. Enz), Ba-Wü., 20 405 E; AG; Holz-, Textil- u. Metallind.
Nagorno-Karabach, *Berg-Karabach,* autonomes Gebiet i. d. Sowjetrep. Aserbeidschan, 4400 km², 188 000 E, meist Armenier; Hptst. *Stepanakert* (30 000 E).
Nagoya, jap. St. auf Honshu, 2,05 Mill. E; Uni., Handels-HS; Emaille- u. Seidenind.
Nagpur, Stadt im ind. Staat Maharaschtra, 1,97 Mill. E; Uni.; Eisen-, Textilind.
Nagy [nɔdj], Imre (7. 6. 1896–16. 6. 1958), ungar. kommunist. Pol.; Min.präs. 1953–55 u. 1956 während d. ungar. Aufstandes, deportiert u. 1958 hingerichtet.
Nagykörös [ˈnɔdjkørøʃ], ungar. St. i. d. Donau-Theiß-Tiefebene, 28 000 E; Gestüt, Wein- u. Obstbau.
Naha, Hptort d. → Ryukyu-Inseln, auf Okinawa, 310 000 E.
Nahe, l. Nbfl. des Rheins, vom Hunsrück, mündet bei Bingen; 116 km lang (Weinbau).
Naher Osten, svw. → Vorderasien und Ägypten; Nahostkrieg: → Israel.
Nähmaschine, zur Herstellung von Nähten, zum Stopfen u. Sticken auf mechan.

Nahrungsmittel und Getränke
* Kh = Kohlenhydrate

100 g Nahrungsmittel enthalten (ohne Abfälle)	Eiweiß g	Fett g	Kh * g	kJ
Rindfleisch, gekocht	31	8	0	840
Kalbfleisch, gekocht	28	4,5	0	650
Hammelfleisch	18	7	0	590
Schweinefleisch, gekocht .	28,5	10,5	0	900
Schweinefleisch, gebraten	24	24	0	1360
Schinken, gekocht	23,5	34	0	1720
Schinken, roh	23,5	24	0	1340
Speck, gesalzen	6,0	68	0	2740
Schellfisch	16	0,5	0	315
Pökelhering	18,5	8,5	0	650
1 Ei (Klasse B)	7,5	6,5	0,3	360
Vollmilch	3,1	3,5	4,7	270
Rahm (im Durchschnitt) . .	3,0	15	3,5	690
Rahmkäse 50 %	23	30	1,8	1675
Quarkkäse aus Magermilch	17	1,2	4	400
Butter	0,5	82	0,5	3200
Margarine	0,5	84	0	3270
Schweineschmalz	0	96	0	3810
Weißbrot	8	1	48	960
Schwarzbrot	6	1	52	960
Nudeln, Makkaroni	11	0,5	70	1400
Haferflocken	10	5	64	1510
Kartoffeln, gekocht	2	0	21	375
Erbsen, trocken	16,5	0,5	45	1070
Linsen	18	0,5	44,5	1090
Reis, geschält	8	1	74	1445
Zucker	0	0	98	1675

100 g Getränke enthalten	Alkohol g	Kh * g		kJ
Schankbier	3,4	4,3		190
Bayr. Exportbier	4,3	5		235
Pilsner	4,3	4		210
Rheinwein	8,1	2,3		285
Frz. Rotwein	7,8	1		270
Champagner	10,2	12		540
Kognak, frz.	55	—		1465

Wege. Zweifaden- u. Einfadenmaschinen; Arbeitsweise: Der durch die auf- u. abgehende Nähnadel durch den Stoff geführte *Oberfaden* bildet Schlinge, die zur Stichbildung gefangen u. geknüpft wird; Bindung: **a)** durch jede Schlinge wird ein zweiter, *Unterfaden,* gezogen (Steppstich); **b)** jede neue Schlinge wird mit der vorhergehenden verknüpft (Kettenstich); Auffangen u. Binden der Schlinge durch Schlingenfänger, ein in waagerechter Bahn hin- u. hergleitendes *Schiffchen,* bzw. freilaufenden oder in einer ringförm. Kurve geführten Greifer od. durch Greiferschiffchen. Maschinen für Haushalt bis 2000, für gewerbl. Zwecke bis über 5000 Stiche in der Minute, auch Mehrnadelmaschinen; überwiegend el. betrieben; erste N. von Madersperger 1830. – *Zickzack-N.* zum Sticken, Nähen v. Knopflöchern, Stopfen u. a.

Nährböden, Stoffe, auf denen sich Mikroorganismen u. isolierte Zellen u. Gewebe entwickeln u. vermehren.

Nährhefe, Trockenhefe mit hohem Vitamin- u. Eiweißgehalt; Futterhefe.

Nährlösungen, zur Kultur (Hydrokultur) höherer Pflanzen ohne Erde eingesetzt; enthalten alle erforderl. Nährsalze (z. B. Nährlösung nach Knop).

Nährpräparate enthalten Eiweiß, Malz, Kakao usw. in konzentrierter, leichtverdaulicher Form.

Nährsalze, svw. → Mineralsalze.

Nährstoffe, für d. Ernährung nutzb. Bestandteile der Nahrungsmittel: Eiweiß, Fett, Kohlenhydrate, Mineralsalze, Vitamine.

Nahrungskette, bezeichnet die gegensei-

tige Abhängigkeit der Nahrungsproduzenten u. Konsumenten, z. B. Pflanze (Produzent) – Insekt – Vogel – Greifvogel; Aufnahme von Schadstoffen durch die Pflanzen kann zu deren Anreicherung in den Endkonsumenten u. deren Schädigung (z. B. durch Muttermilch) führen.

Nahrungsmittel, alles, was der Ernährung dient: **a)** tierische, *animalische N.:* Fleisch, Fisch, Eier, Milch, Milchprodukte u. tierische Fette; **b)** pflanzliche, *vegetabilische N.* (Nährfrüchte): Obst, Gemüse, Kartoffeln, Mehlfrüchte (Brot u. a.), Salate, pflanzl. Fette usw. – Frische Gemüse u. Früchte sind reich an Mineralsalzen u. → Vitaminen, diese auch in Butter u. Lebertran. → Tabelle. – Der Grad der Selbstversorgung mit N.n in den einzelnen Ländern hängt von den Leistungen der Landw. ab. – **N.kontrolle,** durch staatl. Beamte, bes. Fleischbeschau bei Schlachttieren, hygien. Beaufsichtigung v. N.fabriken u. a.

Nährwert, Gehalt der Nahrungsmittel an *verwertbaren* Stoffen; nach Kalorien od. Joule (Heizwert) berechnet (→ Ernährung); manche Stoffe (Eiweiß, Mineralsalze, Vitamine) sind unabhängig v. Heizwert lebensnotwendig.

Naht, *med.,* **1)** die Vereinigungslinie zweier benachbarter Schädelknochen; **2)** die Verbindung zweier Wundränder oder zweier Organflächen durch → Katgut, Seiden-, Kunststoffäden od. Draht.

nahtlose Rohre, von 6 mm lichter Weite ab, kalt oder warm gezogen; bis 600 mm warm gewalzt nach dem Verfahren v. → Mannesmann.

Nahua, altmexikan. Indianerstämme mit hoher Kultur; Sprache i. Mexiko stellenweise noch heute lebendig; wichtigste Untergruppe sind die → Azteken.

Naila (D-8674), St. i. Kr. Hof i. Oberfranken, Bay., 500–700 müM, 8560 E; Ind.; Fremdenverkehr.

Naipaul [*nɑɪ'pɔl*], Vidiadhar S. (* 17. 8. 1932), englischer Romancier westindischer Herkunft; *Sag mir, wer mein Feind ist.*

Nairobi, Hptst. v. Kenia, 1,2 Mill. E.

naiv [l. „nativus = angeboren"], **1)** natürl.; unschuldig; unbefangen; kindlich, kindisch; **2)** nach Schiller ästhet. Begriff f. künstler. Schaffen aus d. Bewußtsein d. Einklangs m. d. Natur (svw. objektiv, klassisch) im Ggs. zum *Sentimentalischen,* das, unter d. Natur leidend, Ideale sucht (svw. subjektiv, romantisch).

Naive [frz.], Bühnenfach: Darstellerin junger, unbefangener Mädchen.

naive Malerei, *Laienkunst;* unabhängig v. akad. od. ästhet. Regeln; charakterist. sind erzählende Detailgestaltung, klare Konturzeichnung u. kräftige Farben; Vertr.: d. Zöllner → Rousseau, Grandma → Moses u. a.; → Sonntagsmaler; → Volkskunst.

Najaden [gr.], Wassernymphen.

Nakasone, Yasuhiro (* 27. 5. 1918), jap.

Pol. (LDP); 1982–87 Vors. d. Liberaldemokr. Partei u. Min.präs.

Namaland, südafrikan. Landschaften: *Groß-N.* in SW-Afrika, trockenes Tafelland; südl. davon *Klein-N.,* wüstenartig, bis zu 1300 m; ben. nach dem namib. Hottentottenstamm d. *Nama.*

Namens-papiere, → Rektapapiere, Wertpapiere, in denen der Berechtigte namentlich bezeichnet wird. Ggs.: → Inhaberpapiere. – **N.schutz,** verbietet unbefugtes Gebrauchen eines fremden N. (§ 12 BGB).

Namenstag, v. Katholiken gefeierter Tag des Heiligen, dessen Namen sie tragen.

Namib, Wüstenlandschaft i. SW-Afrika, Diamantenfelder.

Namibe → Moçamedes.

Namibia, früher *Südwestafrika,* 824 292 km², 1,76 Mill. E (2 je km²); Bev.-Zuw. 2%; Bev.: 85% Schwarze (überwiegend Bantu-Völker sowie Hottentotten u. Buschmänner), 6% Mischlinge u. 7% Weiße; Rel.: überwiegend protestant., Naturreligionen; Hptst. *Windhuk;* Flagge S. 341, Karte S. 750. **a)** *Geogr.:* längs der Küste bis 100 km breite Namibwüste, dann Hochland bis zur Kalahariwüste, außer dem Gr. Fischfluß nur periodisch fließende Flüsse; gesundes subtrop. Klima; **b)** *Wirtsch.:* gr. Uranvorkommen sowie Mangan, Wolfram, Blei, Zink. Hauptausfuhr: Diamanten, Kupfer, Felle. **c)** *Verf.* v. 1990: parlamentar. Rep., Hptst. *Windhuk;* **d)** *Verw.:* 21 Distrikte. **e)** *Gesch.:* 1884–1920 dt. Schutzgebiet (Kolonie), 1904–07 Hereroaufstände; s. 1920 als Mandatsgebiet v. d. Südafrikan. Union verwaltet; Mandat 1966 von d. UN für beendet erklärt und Unabhängigk. v. S-Afrika unter d. Namen Namibia gefordert; Kompetenz d. UN v. Südafrika nicht anerkannt; s. 1968 Selbstverw., 1975 bewaffnete Konflikte mit der → SWAPO (v. d. UN als einzige Sprecherin f. N. anerkannt); 1977 „Verf.konferenz“ (unter Ausschluß d. SWAPO); 1981–83 weitgehende Selbstverw., 1985–90 gemischtrassige Übergangsreg.; 1989 Waffenruhe zw. SWAPO u. Südafrika; demokr. Wahlen unter UN-Kontrolle, Wahlsieg d. SWAPO (Nujoma erster Präs.); s. 21. 3. 1990 unabhängig. **f)** *Mitgl.:* UN, Commonwealth.

NAMILCOM, Abk. f. N**A**TO **Mil**itary **Com**mittee, Militärausschuß der NATO.

Nämlichkeit, im Zollrecht Identität von Gütern, Feststellung der Nämlichkeit bei erneuter Zollbehandlung; wird gesichert durch Plomben, Stempel u. a.

NAMSO, Abk. f. N**A**TO **M**aintenance **a**nd **S**upply **O**rganization, NATO-Organisation f. Nachschub u. Instandhaltung.

Namur [na'my:r], fläm. *Namen,* Hptst. der belg. Prov. *N.,* an der Mündung der Sambre in die Maas, 103 000 E; Bischofssitz; Ind., Fremdenverkehr.

Nanchang, Hptst d. chin. Prov. Jiangxi, 1,19 Mill. E; Stroh- u. Papierind.; Handel.

Nancy [nã'si], Hptst. des franz. Dép. *Meurthe-et-Moselle,* an der Meurthe u. am Rhein-Marne-Kanal, 99 000 E; Uni., Forstakad.; Textilind., Hochöfen.

Nandu, *m., Rhea,* südam. Strauß.

Nanga Parbat, Hochgipfel u. Eckpfeiler des W-Himalaja, 8126 m; Erstbesteigung 1953 durch Hermann → Buhl.

Nänie, *w.* [l. *-ĭə*], Begräbnisklage (d. röm. Frauen); Chorwerk v. Brahms nach e. Gedicht v. Schiller.

Nanjing, *Nanking,* chin. Hafenst. am Chang Jiang, Hptst. d. Prov. Jiangsu; 2,39 Mill. E; Uni.; Seidenweberei, Metallind. – 1368–1421 Residenz der Ming-Dynastie; 1853 zerstört; 1928–37 u. 1945–49 Hptst. Chinas (1940–45 Sitz d. v. Japan eingesetzten chin. Gegenreg.).

Nanking, *m.,* dichter Kattun i. Leinwand- oder Köperbindung; urspr. chin. Stoff.

Nanning, Hptst. d. chin. autonomen Region *Guangxi-Zhuang,* 960 000 E.

Nano- [gr.], abgek. *n,* Vorsilbe b. Maßeinheiten: ein Milliardstel (10^{-9}).

Fridtjof Nansen

Nansen, Fridtjof (10. 10. 1861–13. 5. 1930), norweg. Polarforscher u. Staatsmann; durchquerte als erster 1888 S-Grönland; 1893–96 Polarfahrt (m. d. „Fram“) bis 86° 14′ N; leitete 1920 d. Gefangenenaustausch, 1921–23 d. Hungerhilfe in Sowjetrußland; Nobelpr. 1922; *In Nacht u. Eis.* – **N.paß,** 1922 auf Anregung Nansens intern. eingeführter Paß für Staatenlose.

Nan Shan, zentralasiat. Hochgebirge, bis 6300 m, mehrere Gebirgsketten, gehört zum Kunlun.

Nante, 1) Berliner komische Gestalt, Eckensteher N., aus K. Holteis (1797–1880) *Trauerspiel in Berlin;* **2)** berlin. Abk. f. Ferdinand.

Nantes [nãt], Hptst. d. frz. Dép. *Loire-Atlantique,* a. d. Loire, 247 000 E; Kathedrale (12.–15. Jh.); HS, Ing.schule, Handels- u. Ölhafen, Flugplatz, Schiffbau. – 1598 *Edikt v. N.* (Heinrich IV.) für Glaubensfreiheit der Hugenotten.

Napalmbombe, Brandbombe mit geliertem Benzin, das brennend festhaftet.

Naphtha, *w.* od. *s.,* älter f. *Erdöl.*

Naphthalin, $C_{10}H_8$, fester, in großen, weißen Schuppen kristallisierender Kohlenwasserstoff v. durchdringendem Geruch (Mottenpulver); Ausgangsprodukt zur Synthese organ. Stoffe.

Napier [ˈnəɪpɪə], auch → Neper, John (1550–3. 4. 1617), engl. Math., erfand natürl. → Logarithmus.

Napoleon I.

Napoleon, 1) N. I. Bonaparte (15. 8. 1769–5. 5. 1821), Kaiser der Franzosen, 1785 Artillerieleutnant; eroberte 1793 Toulon, als Kommandant d. Garnison v. Paris Unterdrückung d. Aufstandes d. Royalisten; 1796 Vermählung m. Josephine Beauharnais (1809 geschieden); 1796–97 Oberbefehl in Italien, eroberte Lombardei; 1798/99 mißglückter ägypt. Feldzug; nach Rückkehr Staatsstreich v. 18. Brumaire (9. Nov. 1799), Erster Konsul, 1802 auf Lebenszeit; *Reformen:* Verfassung, Konkordat, Verwaltung (Zentralisation), Finanzen, Gesetzgebung (*Code Napoléon* 1804). 1804 Kaiser; 1805 Koalitionskrieg gg. England, Rußland, Östr., Schweden (Schlachten bei Austerlitz, Trafalgar). 1806 Gründung des Rheinbundes. Sieg über Preußen (Jena); Kontinentalsperre gg. England. Spanischer Guerillakrieg; Erhebung Östr.s 1809 (Andreas Hofer); 1810 Vermählung mit Marie Louise von Östr.; 1812 unglücklicher Zug gg. Rußland (Grande Armée); 1813–15 → Befreiungskriege; 1814 Abdankung, Insel Elba als Fürstentum, 20. 3.–18. 6. 1815 → „Hundert Tage“-Herrschaft; Schlacht bei Belle-Alliance; bis zu s. Tode Kriegsgefangener auf St. Helena; 1840 im Invalidendom in Paris beigesetzt; s. Sohn **2)** N. II., Hzg v. → Reichstadt; **3)** N. III. (20. 4. 1809–9. 1. 73), Sohn v. L. → Bonaparte, 1848 Präs. d. Rep., 1852 Kaiser durch Staatsstreich, Krimkrieg (1853–56) u. it. Feldzug (1859: Siege b. Magenta u. Solferino über Östr.), Erwerb v. Savoyen u. Nizza; 1870 Dt.-Frz. Krieg, 2. 9. 1870 b. Sedan gefangen, entthront, b. 1871 Gefangener in Wilhelmshöhe; starb in Engl.

Nappaleder, nachgegerbtes feines Schafoder Ziegenleder, bes. für Handschuhe.

Narbada, *Narmada,* Fluß im westl. Vorderindien, 1250 km l.; mündet in den Golf von Cambay (Arab. Meer).

Narbe, 1) *med.* Bindegewebsbild. als Endzustand der Wundheilung; **2)** *botan.* Organ d. Fruchtknotens, das d. Pollenstaub festhält; **3)** b. Leder: oberste Schicht.

Narbonne [-ˈbɔn], St. im frz. Dép. *Aude,* am Kanal v. N., 41 000 E; Kathedrale; Weinbau, -handel. – 118 v. Chr. röm. Kolonie, im MA bed. Hafenst.

Narcom, Abk. f. engl. *North Atlantic Relay Communication System,* eine transatlant. Fernsehverbindung.

Narde, *w.,* ind. Baldriangewächs; mit würzig riechender Wurzel, davon **Nardenöl** u. **-salbe.**

Narenta → Neretva.

Narew, r. Nbfl. der Weichsel, 484 km lang, vom baltischen Höhenzug, 312 km schiffbar; durch Bobr u. Augustowokanal mit dem Njemen verbunden.

Nargileh

Nargileh, *w.* od. *s.,* oriental. Wasserpfeife; Rauch wird mittels Gummischlauchs durch Wasserbehälter gesogen u. gekühlt.

Narkose, *w.* [gr.], Allgemeinbetäubung m. Bewußtseinsaufhebung; bei größeren chirurg. Eingriffen z. sicheren Schmerzbetäubung. Gewöhnlich durch Einatmen v. Betäubungsmitteln (z. B. Ether, Ethylchlorid, Lachgas, Cyclopropan) hervorgerufen: *Inhalations-N.,* evtl. als → *Intubationsnarkose.* Bei *Darm-N.* bzw. *intravenöser N.* werden d. Betäubungsmittel durch Darmeinlauf bzw. Einspritzung in d. Vene verabfolgt. Durch Laborit wurde in d. moderne N.technik die *potenzierte N.* eingeführt: Medikamente m. bes. d. vegetative Nervensystem lähmender Wirkung drosseln alle Lebensvorgänge, wodurch f. d. N. weniger Betäubungsmittel nötig sind, die N. ungefährlicher wird. Bei Kombination nerven- u. psychelähmender Mittel, die d. Blutdruck senken (u. damit die Blutungsneigung verringern) sowie d. Grundumsatz u. damit den Sauerstoffbedarf d. Gewebe u. d. Körpertemperatur senken, m. äußerer Unterkühlung *(Hypothermie)* unter 30 °C kommt man z. B. *Winterschlaf-N.* (künstl. Winterschlaf = künstl. Hibernation) hat d. Vorteil, daß z. B. b. Abkühlung auf 25–28 °C d. Kreislauf ohne Herz- u. Gehirnschädigung 8–15 Min. unterbrochen werden kann, so daß man am blutleeren Herzen operieren kann.

Narkotika, *narkotische Mittel,* → Betäubungsmittel, die d. Nervensystem lähmen und zur → Narkose dienen; auch → Rauschgift.

Narses, oström. Feldherr, Eroberer u. Statthalter des Ostgotenreiches 551–568 in Italien.

Narthex, *m.* [griech.], kl. Vorhalle e. Kirche.

Narvik, norweg. eisfreie Hafenst. a. Ofot-Fjord, 19 000 E; Erzausfuhr; Unterwassertunnel (1173 m l.).

Narwa, Hafenst. an der *N.,* i. nö. Estland, 75 000 E; Sägewerke, Wärmekraftwerk. – Im 14. Jh. Dt.-Ordens-St.

Narwal, *Gründelwal,* nördl. Meere, bis 4,5 m lang, Männchen m. einem ca. 2 m langen, schraubenartigen Stoßzahn des Oberkiefers.

Narziß, *Narkissos,* schöner, in sich selbst verliebter Jüngling d. griech. Sage, wird in eine Narzisse verwandelt; danach **Narzißmus** in der Psychoanalyse: Verliebtheit in das eigene Selbst.

Narzisse

Narzissen, Zwiebelgewächse; *weiße N.,* südl. Europa, Gartenpflanze; *gelbe N. (März-, Osterblume),* süddt. Bergwiesen, Gartenpflanze; mehrblütig (Dolden): *Jonquillen* (gelbe Blüten) u. *Tazetten* (weiße Blüten) aus S-Europa.

NASA, *National Aeronautics and Space Administration,* Nat. Luft- u. Raumfahrtbehörde d. USA, 1953 gegr.

nasal [l.], näselnd, zur Nase gehörig.

Nasal-laut, Nasenlaut: *m, n.* – **N.vokal,** bei geöffnetem Nasenraum erzeugter Selbstlaut (z. B. *o* in Bon [*bõ*]).

Nasciturus [l.], der noch nicht Geborene.

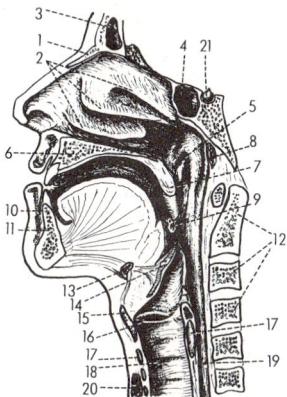

1 Nasenbein, 2 Nasenmuscheln, 3 Stirnhöhle, 4 Keilbeinhöhle, 5 Mündung der Eustachischen Röhre, 6 Oberkieferknochen (harter Gaumen), 7 weicher Gaumen mit Zäpfchen, 8 Rachenmandel, 9 Gaumenmandel, 10 Zunge, 11 Unterkieferknochen, 12 Halswirbel, 13 Zungenbein, 14 Kehldeckel, 15 Schildknorpel, 16 Stimmbänder, 17 Ringknorpel, 18 Luftröhre, 19 Speiseröhre, 20 Schilddrüse, 21 Hypophyse

Schnitt durch Gesichtsschädel, Kehlkopf und Schlund

Nase, Geruchsorgan, zur Vorwärmung, Anfeuchtung u. Filterung der Atemluft;

besteht aus dem knöchernen *Nasenbein* als Gerüst d. *N.höhle* u. dem vorgelagerten *N.knorpel.* Je drei *N.muscheln* in den durch die *N.scheidewand* abgeteilten N.hälften, die mit der *N.schleimhaut* ausgekleidet sind. Im oberen Teil der N. die Geruchsnervenenden; zw. den *N.mu-*scheln die *N.gänge,* die nach hinten zum Rachen führen; in die *N.höhle* münden die nach Schnupfen u. Erkältungen häufig entzündeten u. eiternden *N.nebenhöhlen* (Oberkiefer-, Keilbein-Stirnhöhle, Siebbeinzellen) und die *Tränenkanäle.* Geruchswahrnehmung erfolgt durch *Riechsinneszellen,* von denen sich in der N. z. B. eines Dackels 125 Mill., eines Menschen ca. 20 Mill. befinden.

Nasen-affe → Schlankaffen. – **N.bär, *Rüsselbär, Koati,*** Kleinbären mit rüsselartig verlängerter Nase, in S- und Mittelamerika.

Nasenbluten, Riß eines Blutgefäßes in der Nase aus versch. Ursachen; → Erste Hilfe.

Nasen-polypen, Schleimhautwucherungen, behindern N.atmung.

Nash [*næʃ*], **1)** John (Sept. 1752–13. 5. 1835), engl. Architekt d. pittoresken Stils u. Städteplaner; **2)** Paul (11. 5. 1889–11. 7. 1946), engl. Maler.

Panzernashorn

Nashörner, *Rhinozerosse,* Familie d. Unpaarhufer; 1 Horn: *Panzer-* (Abb.) u. *Java-N.;* 2 Hörner (Oberhautgebilde): *Sumatra-N.; Spitzmaul-* (schwarzes N.) u. *Breitmaul-N.* (weißes N.), Afrika.

Nashorn-käfer, Blatthornkäfer, Männchen mit rückwärts gekrümmtem Horn; → Herkuleskäfer. – **N.vögel,** gr. Rakkenvögel mit mächtigem Hornaufsatz auf dem Schnabel; Tropen der Alten Welt.

Nashville [*'næʃvɪl*], Hptst. v. Tennessee (USA), am Cumberland River, 481 000 E; 2 Uni.

Nasreddin Hodscha, der türk. Eulenspiegel (14. Jh.).

Nassau, 1) bis 1866 Hzgt. d. Dt. Bundes, b. 1944 Hptbestandteil d. preuß. Prov. Hessen-N. u. d. Rgbz. Wiesbaden, b. 1945 Prov., jetzt zu → Hessen u. RP; **2)** (D-5408), St. i. Rhein-Lahn-Kr., a. d. Lahn, RP, 4800 E; Schloß (Geburtsstätte *Steins*); **3)** Grafengeschlecht, seit 1255 zwei Linien; die ältere *(Walramsche Linie)* bis 1866 in N.; d. jüngere *(Ottonische)* erwarb 1530 das frz. Fstt. Orange, seitdem *Oranien,* 1574 die Statthalterwürde der Ndl.; mit Wilhelm III. (ab 1689 Kg v. England) erloschen; Wilhelm VI. (I.) der Seitenlinie *N.-Diez* 1815 Kg d. Ndl. u. Großhzg v. Luxemburg in Personalunion, 1890 gelöst, in den Ndl. folgte s. Tochter Wilhelmina, in Luxemburg mit Adolf v. N. die *Walramsche Linie;* 4) Hptst. d. → Bahamas, 140 000 E; Uni.; Fremdenverkehr; Rumdestillation.

Nasser, Gamal Abd el (15. 1. 1918–28. 9. 70), ägypt. Pol.; stürzte 1952 m. Gen. Nagib die Monarchie, Mitgl. d. Revolutionsrats, Oberbefehlshaber der Armee, 1954 Min.präs., s. 1954 Staatspräs.

Nastie, *nastische Bewegung,* von d. Reizrichtung unabhängige Bewegung v. Pflanzenorganen.

Natal, 1) s. 1910 Prov. d. Rep. Südafrika, an d. SO-Küste Afrikas, 91 785 km², 2,15 Mill. E (zahlr. Inder u. 560 000 Weiße); Eisen, Kupfer u. Steinkohle; Hptst. *Pietermaritzburg,* Hafen *Durban (Port N.);* 2) Hptst. d. brasilian. Staates Rio Grande do Norte, Hafen a. Atlantik, 578 000 E; Textilind.

Nathan, Prophet des A.T. zur Zeit Davids.

Nathanael, Jünger Jesu.

Nathans [ˈneɪθənz], Daniel (* 30. 10. 1928), am. Mikrobiol.; (zus. m. H. O. → Smith u. W. → Arber) Nobelpr. 1978 (Entdeckung d. Restriktionsenzyme).

Nation [l.], **1)** Gemeinschaft zahlreicher staatsrechtlich (durch „Nationalität", Staatsgebiet u. Staatsreg.) verbundener Menschen, die meist den gleichen → Volk (Sprachgemeinschaft) u. nie nur einer Rasse (= Typengemeinschaft) angehören; **2)** ethnische Gruppe(n) mit starkem Gefühl der Zus.gehörigkeit, bedingt durch Sprache, Abstammung, Kultur, Geschichte usw., u. mit Drang zur Selbständigkeit u. Autonomie (z. B. Schotten, Basken, Südtiroler).

Nationaldemokratische Partei Deutschlands, *NPD,* rechtsgerichtete Partei in d. BR (→ Parteien, Übers.).

Nationales Olympisches Komitee, *NOK,* nat. Organisation f. olymp. Angelegenheiten; muß vom IOC anerkannt werden.

Nationale Volksarmee, *NVA,* Streitkräfte der ehem. DDR, 1956 aus der *Kasernierten Volkspolizei* gebildet; am 3. 10. 1990 Übernahme der NVA in die → Bundeswehr u. damit Vollmitgliedschaft in der → NATO. Anträge von Berufssoldaten der ehem. NVA auf Übernahme in die Bundeswehr wurden vom Bundesverteidigungsministerium überwiegend abgelehnt.

Nationalfarben, die für die Hoheitszeichen (Flaggen, Wappen, Grenzpfähle) eines Gebietes festgelegten Farben bzw. Farbenzusammenstellung (→ Tafel Flaggen I u. II, S. 340 u. 341, → deutsche Farben).

Nationalfeiertage, Nationaltage, zur Erinnerung an denkwürdige histor. Ereignisse; BR: 3. 10. Tag der deutschen Ein-

heit (Wiedervereinigung Deutschlands 1990); Frkr.: 14. 7. (Sturm auf Bastille 1789); Östr.: 26. 10. (Beschluß über die östr. Neutralität 1955); USA: 4. 7. (Unabhängigkeitserklärung 1776), meist am letzten Donnerstag im November *Thanksgiving Day* (Erntedankfest, zur Erinnerung an d. 1. Ernte auf am. Boden), 23. 10. Veterans' Day; UdSSR: 7. 11. (Oktoberrevolution 1917).

Nationalgarde, frz. Volksbewaffnete 1789 u. 1830.

Nationalhymne, *Staatshymne,* BR 1952 wieder → Deutschlandlied (3. Strophe); DDR früher „Auferstanden aus Ruinen".

Nationalisierung, *Verstaatlichung,* **1)** Überführung ausländ. Besitzes in nationales Eigentum; **2)** svw. → Sozialisierung.

Nationalismus, 1) die Verwirklichung u. Aufrechterhaltung des Nationalstaates u. s. unabhängigen Politik nach außen, → Selbstbestimmungsrecht; im positiven Sinne daher Patriotismus, Vaterlandsliebe; **2)** einseitige intolerante Überbewertung der (eigenen) Nation; Gefahr der Verkennung anderer Völker (Unduldsamkeit; Fanatismus; Haß); geschichtl. im 19. Jh. entwickelt, ist er mitverantwortl. für d. Hegemoniebestrebungen und d. Imperialismus der Zeit vor 1914 sowie f. Nationalsozialismus und Faschismus.

Nationalität, 1) Zugehörigkeit zu einer ethnischen Gruppe, einem Volk, einer Nation bzw. einem Staat; **2)** svw. nat. Minderheit.

Nationalitätenfrage → Minderheiten.

Nationalitätenstaat, Staat, der versch. Nationalitäten umfaßt, entweder als staatsrechtl. getrennte Gebilde unter einem gemeins. Oberhaupt (das frühere Östr.-Ungarn) oder als nat. Gruppen mit gleicher Berechtigung (Schweiz) oder als Minderheiten unter der Herrschaft eines „Staatsvolks" (Tschechoslowakei 1920–38).

Nationalkirche, Kirchensystem, das f. e. Volk od. e. Staat einen geschlossenen kirchl. Aufbau schafft; im Ggs. zum Gedanken einer universalen *Gesamtkirche,* die unterschiedlos Völker verschiedenster Art zu einem überstaatl. System zus.faßt.

Nationalkonvent, die zweite Nat.vers. der frz. Revolutionszeit 1792–95, verkündete d. Republik.

Nationalökonomie, veraltete Bez. für → Volkswirtschaftslehre.

Nationalrat, Volksvertretung in Östr. u. 2. Kammer der Schweizer Bundesversammlung.

Nationalsozialer Verein → Naumann, Friedrich.

Nationalsozialismus, pol. u. soz. Bewegung, die sich auf die von → Hitler geführte *Nationalsozialistische Deutsche Arbeiterpartei* (NSDAP) stützte; 1920 25-Pkte-Programm, von → Hitlers „Mein

Kampf" sowie → Rosenbergs „Der Mythos des 20. Jh." ergänzt; die angebliche Höherwertigkeit d. dt. Volkes, aus einem verfälschten Rassenbegriff (→ Arier) abgeleitet, begründete mit der Verherrlichung des „nordischen" Menschen den Antisemitismus d. Partei. Der N. war totalitär, anerkannte keine Grundrechte des einzelnen u. bekämpfte Kommunismus, Sozialismus, Liberalismus, die christlichen Kirchen u. rel. Gemeinschaften. – Putschversuch 9. 11. 1923 in München. Verbot der Partei in Bayern, Festsetzung Hitlers in Landsberg; Neugründung der Partei Febr. 1925 (1925: 27 000, 1933: 4 Millionen Mitglieder). – Reichstagssitze: 1928 = 12, 1930 = 107, Sommer 1932 = 230, aber 6. 11. 1932 nur 196. – Ernennung Hitlers zum Reichskanzler am 30. 1. 1933; durch d. Gesetz über die Einheit von Partei u. Staat vom 29. 3. 1935 wurde der Staat völlig der Partei ausgeliefert. – *Aufbau u. Gliederung:* Die *Reichsleitung* wurde gebildet durch den „Führer" Hitler, seinen Stellvertreter u. die Reichsleiter mit bes. Fachgebieten, vielfach zugleich Min. Die *Gauleiter,* häufig als Reichsstatthalter od. Oberpräsidenten gleichzeitig oberste Reg.sbeamte, sicherten die Herrschaft der Partei innerhalb der staatl. Verw. Weitere Gliederung: Kreise, Ortsgruppen, Zellen, Blocks. *Gliederungen:* SA, SS, Hitlerjugend (HJ), NS-Dt. Studentenbund, NS-Frauenschaft, NS-Kraftfahrkorps (NSKK), NS-Betriebszellen-Organisation (NSBO), Rassenpol. Amt u. a.; dazu die durch „Gleichschaltung" angeschlossenen *Verbände:* Dt. Arbeitsfront, DAF, m. NS-Gemeinschaft „Kraft durch Freude", KdF, NS-Berufsverbände u. a. – NSDAP u. sämtl. ihr angeschlossenen Verbände 1945 aufgelöst. Das sog. *Führerkorps,* pol. Leiter bis zum Ortsgruppenleiter abwärts, u. die SS im ersten der → Nürnberger Prozesse zu verbrecher. Organisation erklärt.

Nationalstaat, Staat, i. dem Volks- u. Staatsgrenzen sich weitgehend decken.

Nationaltracht, im Ggs. zur Volkstracht von allen Schichten eines Volkes getragen.

Nationalversammlung, *Verfassunggebende N., Konstituierende N.,* Zusammentritt einer Volksvertretung z. Schaffung einer Verfassung; in *Dtld* 1848 (Paulskirche, Frankfurt a. M.); 1919 Dt. N. zu Weimar; in *Östr.:* 1919 Konstituierende N.; in *Frkr.:* 1789–92, 1848, 1871–75, 1947; in *Italien:* 1947.

nativ [l.], angeboren, unverändert, natürl.

Nativität [l.], → Horoskop.

NATO, 1) → Nordatlantikpakt; **2)** N. 1, am. Nachrichtensatellit f. Regierungen der NATO. – **N.-Doppelbeschluß,** NATO-Beschluß v. 1979: **a)** Stationierungsteil: Stationierung v. 108 → Pershing-II-Raketen u. 464 → Cruise-Missiles i. W-Europa ab Ende 1983; **b)** Verhandlungsteil:

sofortige Verhandlungen m. d. UdSSR über Begrenzung v. Mittelstreckenwaffen i. Europa (Genfer → INF-Verhandlungen); nach d. Scheitern d. Verhandlungen s. 1983 Verwirklichung d. Stationierungsteils. → NATO-Nachrüstung. – **N.-Luftverteidigung,** *LV,* richtet s. gegen Angriffe aus der Luft durch gegnerische flieg. Waffensysteme u. erstreckt sich vom Nordkap bis in d. Türkei. Die dt. Luftwaffe ist in Mitteleuropa Hauptträger der LV; sie stützt sich v. a. auf die Waffensysteme → AWACS, → Roland, → Tornado, → Alpha-Jet, → Phantom, → Hawk und → Patriot. – **N.-Nachrüstung,** nach d. sogen. → NATO-Doppelbeschluß 1983 begonnene Stationierung v. → Pershing-II-Raketen u. → Cruise-Missiles i. W-Europa als Gegengewicht z. sowj. → SS-20-Rakete.

Natorp, Paul Gerhard (24. 1. 1854–17. 8. 1924), dt. Phil., → Neukantianer; *Sozialpädagogik; Platos Ideenlehre; Sozialidealismus.*

Natrium, *Na,* chem. El., Oz. 11, At.-Gew. 22,9898, Dichte 0,978; schneidbares, silberweißes Alkalimetall, natürl. nur in Verbindungen vorkommend, bes. als Steinsalz, im Meerwasser u. als Chilesalpeter; Herstellung durch Elektrolyse des geschmolzenen N.hydroxids; zersetzt Wasser unter Feuererscheinung, daher Aufbewahrung unter Petroleum; N.-dampf sendet beim Durchgang des el. Stromes intensiv gelbes Licht aus u. wird deshalb als Füllung für *N.dampflampen* benutzt (Lichtausbeute ca. 4mal so groß wie bei normalen Glühlampen); Hauptverbindungen: *Kochsalz* (N.chlorid), *Soda* (N.carbonat), *Glaubersalz* (N.sulfat), *Chilesalpeter* (N.nitrat), *N.thiosulfat* (Fixiernatron) und bes. *N.hydroxid,* gelöst *Natronlauge:* zur Seifen- u. Celluloseherstellung. – **N.hydrogencarbonat,** *NaHCO₃,* f. Brause- u. Backpulver.

Natron, *s.,* Natriumhydrogencarbonat, alkal. Mittel gegen Magen-Übersäuerung.

Natta, Giulio (26. 2. 1903–2. 5. 79), it. Chem.; Beiträge zur Kunststoffchemie; Nobelpr. 1963.

Nattern, artenreiche Schlangenfamilie; meist ungiftig, z. **B.** *Ringel-* u. *Schling-N.* (Mitteleuropa) u. *Äskulap-N.* (S-Europa); giftige N. in warmen Erdteilen; alle einheim. N. ♦. – **N.kopf,** blau blühendes Unkraut, d. → Borretsch verwandt.

Natterzunge, Farn mooriger Wiesen.

Nattier [*nat'je*], Jean-Marc d. J. (17. 3. 1685–7. 11. 1766), frz. Bildnismaler d. Rokoko.

Natural-abgaben, *N.dienste, N.leistung,* Abgaben (früher auch Steuer-, Zollentrichtung) in Form von Leistungen, Gebrauchs- u. Verbrauchsgütern u. **Naturalien,** d. h. Natur-, bes. landw. u. Bodenerzeugnisse. – **N.einkommen,** *N.lohn,* Arbeitsentgelt in Form v. Naturalien; üblich als Teilabgeltung bzw. Zusatzentgelt (Hausangestellte, Bergbau), → Lohn,

→ Deputat. – **N.restitution,** *N.herstellung,* → Schadenersatz.

Naturalisation, svw. Einbürgerung, Verleihung d. Staatsangehörigkeit an einen Ausländer.

Naturalismus, 1) als *philosophische Lehre:* Erklärung der Welt aus natürlichen Ursachen, Leugnung jeder Metaphysik (Haeckel, Feuerbach); auch gewisse Richtung des → Monismus; **2)** in der *Kunst* (in verschiedenen Epochen, besonders um 1890–1900) fordert vom Künstler peinliche Wirklichkeitsnachahmung über → Realismus hinaus. → deutsche Literatur.

Natural-leistung, → Naturalabgaben; im *Versicherungswesen:* ärztl. Behandlung, Krankenhauspflege usw. – **N.lohn,** → Naturaleinkommen. – **N.wirtschaft,** unentwickelte Wirtschaftsform, hpts. Selbstversorgung aus eigenen Erzeugnissen (Eigen-, Hauswirtschaft) m. direktem Tausch von Ware gg. Ware ohne Geld; Ggs.: → Geldwirtschaft.

Naturalobligation, Schuldverpflichtung, deren Erfüllung nicht erzwungen werden kann (z. B. eine Spielschuld).

Naturdenkmale, Naturgebilde, deren Erhaltung wegen landschaftl. (Urwald, Moore usw.), wiss. (Vogelkolonien usw.) od. geschichtl. (z. B. Findlingsblöcke) Bedeutung im öff. Interesse liegt u. die daher → Naturschutz beanspruchen können.

Naturell, *s.,* seel. u. körperl. Gesamtveranlagung.

Naturgas → Erdgas.

Naturheil-kunde, will Kranke allein durch Unterstützung d. Heilkräfte d. Körpers mit natürlichen Reizen (wie Luft, Licht, Wasser, Kälte, Wärme, Massage, Bewegung usw.) heilen: Rickli (Schweiz); Kneipp, Prießnitz (Kaltwasser). Andere *N.methoden:* Fasten- u. Durstkuren (Schroth), Ernährungsumstellung, Krankendiät. N. bezweckt immer Einwirkung auf d. ganzen Organismus (auch durch Anweisung zu gesunder Lebensführung).

Naturkatastrophen, gr. N. seit 1900: Überschwemmung d. Chang Jiang 1905, 1931, 1935 (insges. 180 000 Tote); Überschwemmung d. ndl., belg. u. engl. Nordseeküsten durch Sturmfluten 1953 (2400 Tote); Überschwemmung in Pakistan u. Indien 1955 (45 Mill. Obdachlose); Sturmflut an d. Nordsee, insbes. Hamburg 1962 (über 3000 Tote); Überschwemmung in West-Bengalen, Bihar, Assam, Sikkim, Bhutan 1968 (bis 10 000 Tote), West-Bengalen 1971 (10 000 Tote), Indien 1979 (bis 15 000 Tote); Wirbelstürme i. Bangladesch 1970 (300 000 Tote, ca. 1 Mill. Obdachlose); Sturmflut in Bangladesch 1985 u. 1991 (bis 100 000 Tote); Überschwemmungen in China 1991 (1 Mill. Obdachlose) → Erdbeben.

Naturkonstanten → Konstante.

natürliche Person, rechtliche der Einzel-

mensch, im Ggs. zur gesetzlich jurist. Person.

natürliche Zahlen, positive ganze Zahlen: 1, 2, 3 ...; z. T. auch 0 eingeschlossen.

Naturphilosophie, Lehre über die Natur als Ganzes; neu befruchtet durch moderne Physik (bes. Relativitätstheorie, Übers. S. 770, u. → Quantentheorie).

Naturrecht, *Vernunftrecht,* rechtsphil. Lehre; leitet Rechtssatzungen aus der Natur des Menschen her, weshalb sie vernunftsgemäß, absolut u. allgemeingültig sein sollen; Hauptvertr. im Altertum: *Sophisten, Aristoteles, Cicero;* im kath. Kirchenrecht: *Thomas von Aquino;* im Zeitalter der Aufklärung: *Grotius, Spinoza, Pufendorf, Leibniz, Rousseau, Kant, Fichte.*

Naturreligion, verehrt die Naturerscheinungen als Ausdruck höherer Mächte.

Naturschutz, dient der Pflege u. Erhaltung der Seltenheit, Schönheit u. Eigenart von Erscheinungen d. heimatl. Natur (Pflanzen, Tiere, → Naturdenkmale); Rechtsgrundlage in BR: B.naturschutzgesetz v. 20. 12. 1976 u. Landesgesetze. Jedes Land d. BR hat *Oberste N.behörde;* außerdem *Bundesanstalt für N. u. Landschaftspflege* (Bonn); Organisationen: *Dt. N.ring* (Bonn), *Östr. N.bund* (Wien), *Schweiz. Bund für N.* (Basel); *Intern. Union for the Protection of Nature* (Brüssel). Bes. **N.gebiete** z. B. Teile der Lüneburger Heide, Biberschutzgebiet an d. mittleren Elbe, Federsee u. v. a. (vgl. auch → Tafel Naturparke); in Schweden Abisko, in der Schweiz *(Nationalpark)* im U.-Engadin; in USA → Yellowstone-Nationalpark (s. 1872) u. zahlr. andere, in S-Afrika Krüger-Nationalpark.

Naturtheater → Freilichtbühne.

Naturvölker, Völker v. urtüml. Kultur.

Naturwissenschaften, befassen sich mit der Beschreibung (Feststellung) der Naturerscheinungen u. Erforschung ihrer Gesetze (z. B. Physik, Chemie, Biologie).

Nauen (D-1550), Krst. i. Bbg., 11 215 E; Zuckerfabrik.

Nauheimer Kreis → Noack.

Naumann, 1) Friedrich (25. 3. 1860–24. 8. 1919), dt. Theol. u. Pol. (sozialpol. Liberalismus); Gründer d. Nationalsozialen Vereins (1896), suchte zw. Kirche u. Sozialdemokratie zu vermitteln; 1919 Mitgl. d. Nationalvers.; **2)** Johann Friedrich (14. 2. 1780–15. 8. 1858), dt. Ornithologe; schrieb u. zeichnete d. grundlegende Werk *Naturgeschichte d. Vögel Dtlds* (12 Bände).

Naumburg a. d. Saale (D-4800), Krst. i. S-A., 30 706 E; roman.-got. Dom m. 12 Stifterfiguren (→ Tafel Bildhauerkunst); staatl. Weinbauverwaltung.

Nauplion, *Nauplia,* neugriech. *Nafplion,* Hpt- u. Hafenst. des griech. Nomos Argolis am Golf v. Argolis, 11 000 E.

Nauru, amtl. *Republic of Nauru, Naoero,* unabhängige Rep., Koralleninsel im Pazifik, südl. d. Äquators, 21 km², 9000 E

Naturparke und Nationalparke der Bundesrepublik Deutschland

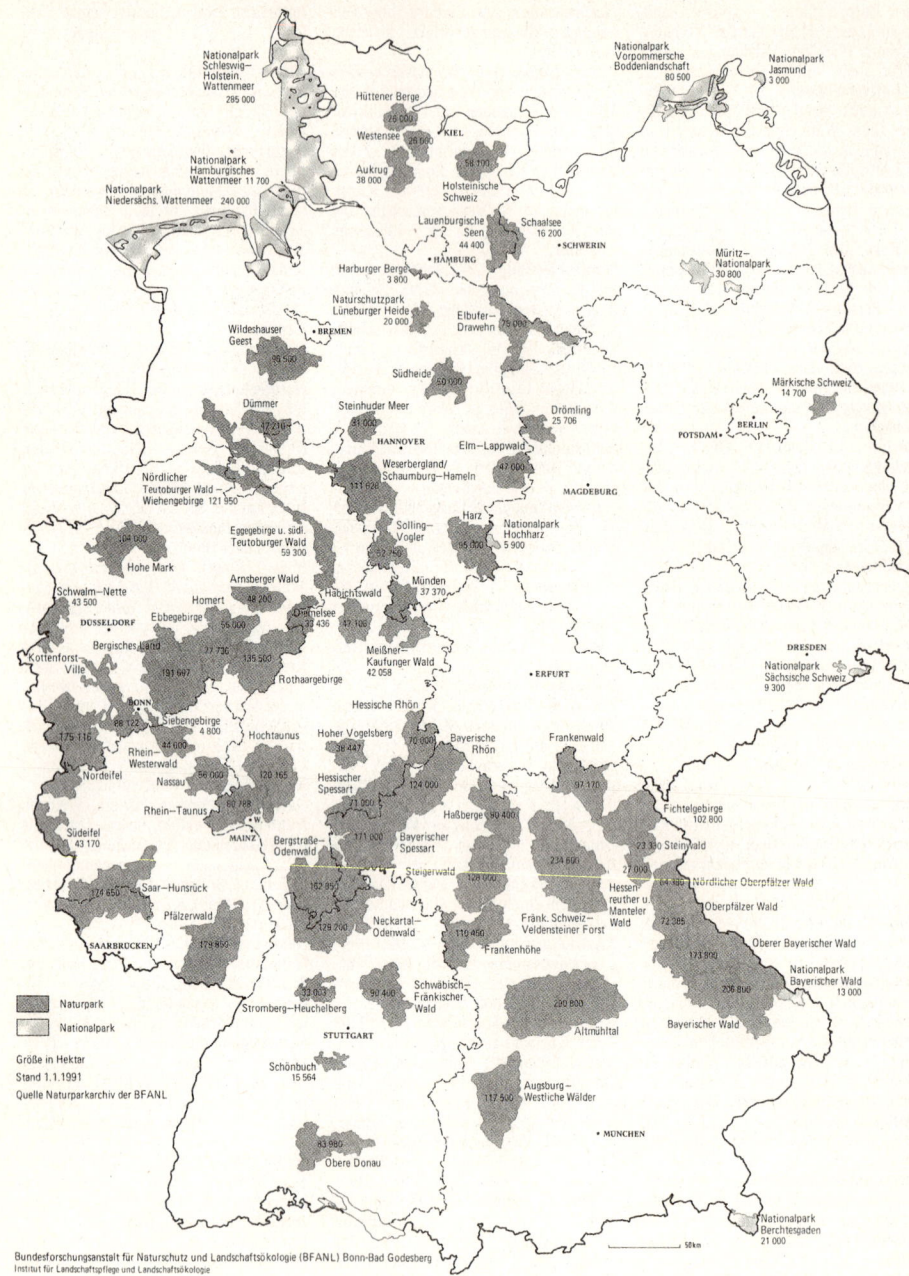

Nationalpark
Schleswig–
Holstein.
Wattenmeer
285 000

Nationalpark
Vorpommersche
Boddenlandschaft
80 500

Nationalpark
Jasmund
3 000

Hüttener Berge
26 000

Westensee
36 600

KIEL

Nationalpark
Hamburgisches
Wattenmeer 11 700

Nationalpark
Niedersächs. Wattenmeer 240 000

Aukrug
38 000

Holsteinische
Schweiz

58 100

Schaalsee
16 200

Müritz–
Nationalpark
30 800

Lauenburgische
Seen
44 400

SCHWERIN

HAMBURG

Harburger Berge
3 800

Naturschutzpark
Lüneburger Heide
20 000

Elbufer–
Drawehn
75 000

Wildeshauser
Geest
98 500

BREMEN

Märkische Schweiz
14 700

Südheide
50 000

Dümmer
47 210

Steinhuder Meer
31 000

HANNOVER

Drömling
25 706

BERLIN

POTSDAM

Elm–Lappwald
47 000

Nördlicher
Teutoburger Wald –
Wiehengebirge 121 950

Weserbergland/
Schaumburg–Hameln
111 628

MAGDEBURG

Eggegebirge u. südl.
Teutoburger Wald
59 300

Harz

Nationalpark
Hochharz
5 900

104 000

Solling–
Vogler
52 750

95 000

Hohe Mark

Arnsberger Wald

Münden
37 370

Schwalm–Nette
43 500

Homert

48 200

Habichtswald

Ebbegebirge
56 000

Diemelsee
37 436

47 108

DÜSSELDORF

Bergisches Land
37 730

135 500

Meißner–
Kaufunger Wald
42 058

DRESDEN

Nationalpark
Sächsische Schweiz
9 300

Kottenforst–
Ville

191 697

Rothaargebirge

BONN

Siebengebirge
4 800

68 122

Hessische Rhön

ERFURT

175 116

Rhein–
Westerwald
44 000

Hochtaunus

Hoher Vogelsberg
70 000

Bayerische
Rhön

Frankenwald

Fichtelgebirge
102 800

Nordeifel

Nassau
58 000

120 165

Hessischer
Spessart
124 000

97 170

Rhein–Taunus
82 769

Haßberge 90 400

23 300 Steinwald

Südeifel
43 170

MAINZ

Bergstraße–
Odenwald

Bayerischer
Spessart
171 000

Steigerwald

128 000

27 000

Hessen
reuther u.
Manteler
Wald

14 600 Nördlicher Oberpfälzer Wald

234 600

Saar–Hunsrück
124 650

162 950

Neckartal–
Odenwald
128 700

Fränk. Schweiz–
Veldensteiner Forst
110 460

Oberpfälzer Wald

72 385

Pfälzerwald
179 950

Frankenhöhe

Oberer Bayerischer Wald

173 900

SAARBRÜCKEN

Nationalpark
Bayerischer Wald
13 000

206 800

33 003

90 400

Schwäbisch–
Fränkischer
Wald

290 800

Stromberg–Heuchelberg

STUTTGART

Altmühltal

Bayerischer Wald

Schönbuch
15 564

Augsburg–
Westliche Wälder
117 500

63 980

Obere Donau

MÜNCHEN

Nationalpark
Berchtesgaden
21 000

Naturpark

Nationalpark

Größe in Hektar
Stand 1.1.1991
Quelle Naturparkarchiv der BFANL

50km

Bundesforschungsanstalt für Naturschutz und Landschaftsökologie (BFANL) Bonn–Bad Godesberg
Institut für Landschaftspflege und Landschaftsökologie

Nazareth

Neapel *mit Blick auf den Vesuv*

(429 je km²); Bev.-Zuw. 2,4%; Hptst.: *Yaren;* Flagge S. 341, Karte S. 751. **a)** *Wirtsch.:* Naturphosphatgewinnung aus riesigen → Guanolagern. **b)** *Gesch.:* 1888-1914 dt. Verw., bis 1968 Treuhandgebiet d. UN, s. 1968 unabhängig. **c)** *Mitgl.:* UN, Commonwealth.

Nausea, *w.* [l.], Übelkeit, Brechreiz; bes. Bez. für See- und Luftkrankheit.

Nausikaa, phäakische Königstochter bei Homer, nimmt den gestrandeten Odysseus auf.

Nautik, *w.* [gr.], *seem.* Schiffahrtskunde; auch f. → Navigation.

Nautilus, 1) *Schiffs-, Perlboot,* Kopffüßer in mehrkammeriger, perlmutterreicher Schale; einst (Silur, Devon) sehr formenreich, heute wenige Arten.

Navarino, heute *Pylos,* kl. St. in SW-Griechenland; bei N. 1827 Seesieg d. Engländer, Russen u. Franzosen über d. Türken.

Navarra, Prov. i. N-Span., 10 421 km², 520 000 E; Hptst. *Pamplona.* Ehem. Kgr. beiderseits der Pyrenäen, 1512 *Ober-N.,* die heutige span. Prov. N., durch Ferdinand d. Kath. an Kastilien, *Nieder-N.* (nördl. der Pyrenäen) von Heinrich von N. (als Heinrich IV. Kg v. Frkr.) 1589 m. Frkr. vereinigt.

Navigation [l.], *Nautik,* „Schiffahrtskunde", Bestimmung des Ortes u. Kurses v. Wasser-, Luft-, Raumfahrzeugen; → Besteck.

Navigationsakte → Acts of Navigation.

Navigationssatelliten, Nachrichtensatelliten f. die → Navigation i. d. Schiff- u. Luftfahrt, liefern bis auf 15 m genaue Ortsbestimmungen.

NAVOCFORMED, Abk. für *Naval On-Call Force Mediterranean,* Bereitschaftsflotte d. NATO im Mittelmeer (seit 1970), Sitz Neapel.

Navratilová, Martina (* 18. 10. 1956), am. Tennisspielerin tschech. Herkunft.

Naxos, größte d. griech. Zykladeninseln, 428 km², 17 000 E; Oliven, Weinanbau; Hptort *N.* (3700 E).

Nazarener, 1) *Nazaräer,* urspr. Bez. aller Christen, dann insbes. der palästinischen Judenchristen; **2)** urspr. abwertende Bezeichnung (nach der Haartracht) für d. Mitglieder d. 1809 gegr. *Lukasbunds,* e. dt.-röm. Malerkreises d. Romantik; beab-

sichtigten d. sittlich-relig. Erneuerung d. Kunst nach d. Vorbildern Peruginos, Raphaels, Dürers; bes. Themen aus d. bibl. Gesch., Landschaften; Vertr.: *Cornelius, Overbeck, Fohr, Schnorr v. Carolsfeld* u. a.

Nazareth, St. im nördl. Israel (Galiläa), 48 000 E; Heimatort Jesu.

NB, Abk. f. *Nota bene* [l.], wohlgemerkt.

Nb, *chem.* Zeichen f. → *Niobium.*

NBC, Abk. f. *National Broadcasting Company,* am. Rundfunkges.

NC, Abk. f. engl. *Numerical Control,* → numerische Steuerung.

n. Chr., Abk. f. *nach Christi Geburt.*

Nd, *chem.* Zeichen f. → *Neodym.*

N'Djamena [nḏʒ-], früher *Fort Lamy,* Hptst. v. Tschad, 512 000 E.

Ndola, St. in Sambia, 418 000 E; Bischofssitz; Kupferraffinerien.

NDR, Abk. f. *Norddeutscher Rundfunk,* Sitz Hamburg.

Ne, *chem.* Zeichen f. → *Neon.*

Neander, Joachim (1650-31. 5. 80), ev. Kirchenliederdichter; *Lobe den Herren.*

Neandertal, zw. Düsseldorf u. Elberfeld, mit der **N.höhle,** Naturschutzgebiet, 1856 Fundstätte der Schädelreste des **Neandertaler** (→ Mensch, Abstammung), i. d. späteren Eiszeit i. W- u. Mitteleur. ansässig: niedrige, zurückweichende Stirn, starke Augenwülste, ohne Kinnvorsprung; massiges Knochengerüst, mittelgroß.

Neapel, it. *Napoli,* Hptst. der Prov. *N.,* am *Golf von Neapel,* westl. v. Vesuv; 1,2 Mill. E; Erzbischof, Kathedrale; Uni.; Kastelle; Vesuvobservatorium; Zoolog. Station m. Aquarium, Nat.mus., Flughafen; Industrie, Werften, Hafen. - Alte griech. Kolonie, behielt auch unter Rom s. Selbständigkeit; 536 den Goten durch Belisar entrissen; 1138 an d. südit. Normannenstaat (später „Kgr. N."); 1442 an Aragonien-Spanien, 1713 an Östr.; 1735-1860 bourbon. Könige (1808-14 → Murat Kg); 1861 zu Italien.

Neapolitanische Schule, Kreis von Opernkomponisten etwa zwischen 1650 u. 1750 in Neapel; Hptvertreter: *Hasse, A. Scarlatti, Pergolesi, Jommelli.*

Nearchos, Admiral → Alexanders d. Gr., führte 325 v. Chr. die griech. Flotte von Indien z. Pers. Golf.

Nebel, 1) Gerhard (26. 9. 1903-23. 9. 74), dt. Schriftst., Essays: *Homer;* Reisewerke; **2)** Rudolf (21. 3. 1894-18. 9. 1978), dt. Raketenforscher; erarbeitete

zus. m. Wernher v. Braun Grundlagen f. d. V 2.

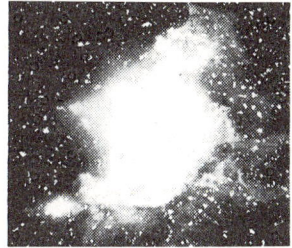

Gasnebel *(astronomisch)*

Nebel, 1) Verdichtung des Wasserdampfes in der Luft z. feinen Wassertröpfchen infolge Abkühlung i. d. Atmosphäre (Wolken) u. über d. Erdboden; horizontale Sichtweite geringer als 1 km; je nach Entstehung *Meeres-, Polar-, Strahlungs-, Tal-N.* u. *Seerauch;* → Hochnebel; **2)** *astronom.* schwachleuchtende Himmelsgebiete, vorwiegend i. d. Nähe d. Milchstraße; ring- od. scheibenförm. planetarische Nebel (wahrscheinl. Reste ausgestoßener Gashüllen früherer → Novae), meist mit sehr heißem Zentralstern; *unregelmäßige Gasnebel* (z. B. Orionnebel), gehören z. → Milchstraßensystem (galakt. Nebel); *extragalakt. Nebel* (→ Galaxien), früher *Spiralnebel* genannt, stehen weit außerhalb d. Milchstraßensystems.

Nebelflucht, Deutung d. → Rotverschiebung der Spektrallinien v. → Galaxien als → Doppler-Effekt.

Nebelhaufen, *Nebelnester,* Ansammlungen vieler Galaxien zu phys. zus.gehörigen Systemen.

Nebelhöhle, Tropfsteinhöhle in der Schwäb. Alb b. Oberhausen in Württ., 188 m l., 20 m hoch.

Nebelhorn, Signalapparat (Sirene) f. Dampfschiffe, Leuchttürme u. Bojen.

Nebelhorn, Berg bei Oberstdorf i. Allgäu, 2224 m.

Nebelkammer, *Wilsonkammer,* mit unterkühltem Wasserdampf gefüllt, macht Bahnen von Elementarteilchen durch Kondensation als Nebelspuren sichtbar; erfunden v. C. T. R. *Wilson.*

Nebellicht, Beleuchtung mit Vorschaltung e. Gelbscheibe, bewirkt rückstrahlungsfreie Beleuchtung.

Nebelwerfer, *Do-Werfer,* dt. Raketengeschütz im 2. Weltkrieg.

Nebenbeschäftigung, eine Tätigkeit, die neben d. Hauptberuf ausgeübt wird; für *Beamte* i. allg. genehmigungspflichtig, *kaufmänn. Angestellter* darf nur m. Genehmigung des Arbeitgebers eigenes Handelsgewerbe betreiben (§ 60 HGB).

Nebenhoden, leitet Samen v. Hoden, dem er aufliegt, zum Samenstrang. – **N.entzündung,** meist Komplikation d. Harnröhrentrippers oder durch andere (z. B. tuberkulöse) Infektion.

Nebenintervention, Beitritt eines Dritten, *Streitgehilfen,* in einen schwebenden Prozeß z. Unterstützung einer Partei (§ 66 ZPO).

Nebenklage, Anschluß d. Verletzten an d. staatsanwaltl. Anklage in Strafsachen (§§ 395 ff. StPO); bei sog. → Privatklage-Delikten möglich.

Nebenkläger, hat eigenes Strafantragsrecht u. kann selbst. Rechtsmittel einlegen; in Steuer- u. Zollsachen kann zuständige Behörde als N. auftreten.

Nebenlinie, Nachkommen eines jüngeren Sohnes einer Familie im Ggs. zu der *Hauptlinie,* den Nachkommen des ältesten Sohnes.

Nebennieren, den Nieren aufsitzende Drüsen mit → innerer Sekretion (→ Nieren, Abb.). Ihre Hormone: Unter d. ACTH-Regulation durch d. → Hypophyse bildet die **N.rinde** zu den Steroiden gehörige → *Kortikoide,* von denen d. *Mineralokortikoide* (z. B. Aldosteron) bes. auf d. Mineral- u. Wasserstoffwechsel, d. → *Glukokortikoide* (z. B. Cortisol) bes. auf d. Kohlenhydratstoffwechsel wirken. Sie beeinflussen zudem den Eiweiß- u. Fettstoffwechsel, steuern Kreislaufdynamik u. a.; wichtig im → Anpassungssyndrom; Rückwirkungen auf Sexualfunktion. *Androkortikoide* als 3. Gruppe sind männl. Geschlechtshormone (Unterfunktion der N.rinde führt zu → Addisonscher Krankheit, Überfunktion zur Geschlechtsreife i. Kindesalter, Pseudo-→ Hermaphroditismus). – Das nerval gesteuerte **N.mark** produziert *Adrenalin* u. *Noradrenalin,* die Blutverteilung u. -druck regulieren u. b. d. Einstellung d. Kohlenhydratstoffwechsels u. d. Harnsekretion mitwirken (Überfunktion: Blutdrucksteigerung); Noradrenalin auch als Überträgerstoff sympathischer Nerven.

Nebenschilddrüsen, *Epithelkörperchen,* vier linsengroße, der Schilddrüsenrückseite angelagerte Drüsen mit → innerer Sekretion; bilden das *Parathormon,* das den Phosphat- u. Calciumstoffwechsel reguliert, Ausfall führt zu → Tetanie u. Knochenwachstumsstörung, Überfunktion zu fibrösen Knochenmarkentzündungen, Skelettentkalkung, Knochenneubildung, -zysten, Nierensteinbildung.

Nebensonnen, knotenförm. Verdichtungen i. d. Kreuzungsstellen d. Ringe u. Balken v. Halos um d. Sonne; entsprechend *Nebenmonde* um Mond.

Nebenstrafe, wird gemeinsam mit einer Hptstrafe verhängt (z. B. Verlust d. Wählbarkeit u. d. Stimmrechts, Fahrverbot, Unfähigkeit z. Bekleidung öffentl. Ämter u. a.).

Nebenwinkel, ergänzt b. e. Winkel diesen zu 180°.

ne bis in idem [l. „nicht zweimal in derselben (Sache)"], Rechtsgrundsatz, verbietet zweimalige gerichtl. Verfolgung wegen derselben Straftat.

Neblung, alter dt. Name für November.

Nebo, heute *Neba,* Berg im Ostjordanland, 808 m, von ihm sah Moses das verheißene Land.

Nebraska, Abk. *Neb.,* Staat d. USA, Prärieland westl. des Missouri; Ackerbau z. T. bei künstl. Bewässerung; 200 017 km², 1,6 Mill. E; Hptst. *Lincoln.*

Nebukadnezar II. (605–562 v. Chr.), Kg v. → Babylon, Begr. d. neubabylon. (chaldäischen) Weltreichs; zerstörte 586 v. Chr. Jerusalem u. führte d. Juden ins Exil.

Necessaire, *s.* [frz. *nesɛ'sɛʁ*], Behälter für notwendige Gebrauchsgegenstände, z. B. Näh-N.

Neck [schwed.], *Näck, Nöck,* Wassergeist.

Neckarlandschaft
Schloß Hornegg bei Gundelsheim

Neckar, r. Nbfl. d. Rheins, v. Schwarzwald, durchbricht Odenwald b. Heidelberg, 367 km l., mündet b. Mannheim; ab Cannstatt schiffb., bis Plochingen kanalisiert.

Neckarsulm (D-7107), St. i. Kr. Heilbronn, Ba-Wü., 21 765 E; Fahrzeugbau, Dt. Zweiradmuseum; Jutespinnerei, Weberei, Aluminiumgießerei, Autoind.; Schiffswerft am Neckarkanal; Weinbau.

Neckarwestheim (D-7129), Gem. i. Kr. Heilbronn, Ba-Wü., 2389 E; Kernkraftwerk (855 MW); Weinbau.

Necker, Jacques (30. 9. 1732–9. 4. 1804), Bankier aus Genf; versuchte 1777–81 u. 1788–90 als frz. Fin.min. vergeblich e. Reform d. Finanzen; veranlaßte Berufung der Generalstände.

Nedschd → Saudi-Arabien.

Neefe, Christian Gottlob (5. 2. 1748–26. 1. 98), dt. Komponist, Lehrer Beethovens.

Neefs, fläm. Architekturmaler, **1)** Pieter, *d. Ä.* (um 1578–zw. 1657 u. 61), **2)** Pieter, *d. J.* (get. 23. 5. 1620–um 75).

Néel [*ne'ɛl*], Louis E. F. (* 22. 11. 1904), frz. Phys.; Nobelpr. 1970 (Arbeiten über Antiferromagnetismus).

Neer, Aert van der (um 1603–9. 11. 77), ndl. Maler; (Mondschein-)Landschaften.

Negation [l.], Verneinung.

negativ, verneinend, ergebnislos; in d. Math. kleiner als Null (→ negative Zahlen); Ggs.: positiv.

Negativ, in der SW-Fotografie entsteht nach der Entwicklung des belichteten Films ein Filmbild, dessen Tonwerte „umgekehrt" sind: Das Weiß der Natur ist im Negativ schwarz (u. umgekehrt); das gilt auch f. alle Zwischenwerte der SW-Skala; ein farbiges Negativ entsteht auch nach Entwicklung eines Farbnegativfilms.

Knaurs Lexikon

Negativdruck

Negativdruck, die drucktechn. Wiedergabe von Schrift od. Bild in d. Farbe des Druckträgers (z. B. d. Papiers); insgeben v. schwarz od. farb. bedruckter Fläche.

negativer Begriff, nur durch die Verneinung von etwas Positivem gegebener B.

negative Zahlen, gekennzeichnet durch das Vorzeichen „–" (minus), entstehen, wenn man von einer positiven Zahl eine größere abzieht (z. B. 7 – 9 = – 2); wird zu einer negativen Zahl die entsprechende positive addiert, so ergibt das 0.

Negeb, *Negev,* Wüste in S-Israel, Erschließung durch Bewässerung u. Straßenbau, Erdölleitung.

Neger, 1) die schwarze od. negride → Rasse (Übers.) in trop. Afrika (westnegride) und Ozeanien (ostnegride); durch den früheren Sklavenhandel auch in N-Afrika u. in N- u. S-Amerika stark vertreten; insges. etwa 240 Mill.; meist langköpfig, mit spitzgewinkelter Stirn, breiter, flacher Nase, Wulstlippen, Kraushaar, schwachem Bartwuchs, schmalen Gliedern und je nach Rassenmischung versch. dunkler Hautfarbe; Zwergrassen (Akkas) u. hochgewachsene Stämme in Zentralafrika; **2)** bisweilen abwertend für Schwarzer, Afrikaner. – *N.*sprachen → Sprachen (Übers.).

Negerhirse → Hirse.

Negeri Sembilan, Gliedstaat v. → Malaysia, 6643 km², 679 000 E; Kautschuk, Zinn; Hptst. *Seremban.*

negieren [l.], verneinen.

Negligé, *s.* [frz. -'ʒe], Morgenkleid.

Negoziation, Emission einer öff. Anleihe d. e. Bank oder e. Bankenkonsortium.

Negrelli, Alois, Ritter v. Moldelbe (23. 1. 1799–1. 10. 1858), östr. Techniker; Baupläne z. Suezkanal.

Negride → Rasse, Übers.

Negrito [span. „Negerchen"], zwerghafte schwarzhäutig-kraushaarige Urbewohner S-Asiens, heute noch auf Malaia, den Andamanen u. den Philippinen; auch → Zwergwuchs.

negroid, negerähnlich, negerartig.

Negros, viertgrößte Philippineninsel, 12 698 km², 3 Mill. E.

Negus, abessin. Kgstitel.

Neheim-Hüsten, s. 1975 zu → Arnsberg.

Nehemia, im A. T. Statthalter von Jerusalem (um 430); *Buch N.,* Fortsetzung des *Buches Esra.*

Neher, 1) Caspar (11. 4. 1897–30. 6. 1962), dt. Bühnenbildner; langjähr. Mitarbeiter → Brechts; **2)** Erwin (*20. 3. 1944), dt. Zellphysiologe; Nobelpr. f. Med. 1991 zus. m. B. → Sakmann (Funktion einzelner zellularer Ionenkanäle).

Pandit Nehru

Nehru, 1) Dschawaharlal, Pandit (brahman. Gelehrtentitel) (14. 11. 1889–27. 5. 1964), ind. Staatsm.; Mitkämpfer Gandhis; 1929/30 u. 1936/37 Präs. des ind. Nat.kongresses, wegen „Ungehorsamskampagnen" wiederholt in brit. Haft, zuletzt 1942–45; 1946–64 erster Min.präs. u. Außenmin. v. Indien; sein Vater **2)** Motilal (6. 5. 1861–6. 2. 1931), ebenfalls Führer d. ind. Unabhängigkeitsbewegung u. wiederholt Präs. des Kongresses.

Nehrung, it. *Lido,* langer, schmaler Landstreifen, der eine → Lagune (Haff) vom Meer trennt (z. B. Kurische N.).

Neidenburg, *Nidzica,* poln. St. in ehem. Ostpreuß., Ordensburg, 10 000 E.

Neidhart v. Reuenthal (um 1190 bis um 1245), mittelhochdt. Dichter, Begr. d. höf. Dorfpoesie.

Neill [*nil*], Alexander Sutherland (17. 10. 1883–23. 9. 1973), engl. Pädagoge; gründete 1921 Internatsschule „Summerhill" („repressionsfreie" antiautoritäre Erziehung); *Erziehung in Summerhill.*

Neiße, 1) *Glatzer N.,* l. Nbfl. d. Oder, vom Glatzer Schneegebirge, 182 km lang, mündet bei Brieg; **2)** *Görlitzer* od. *Lausitzer N.,* l. Nbfl. d. Oder, vom Isergebirge, 256 km lang, mündet bei Guben; seit 1945 Grenze zw. (ehem.) DDR u. Polen; **3)** *Wütende* od. *Jauersche N.,* r. Nbfl. d. Katzbach, 51 km l; **4)** *Nysa,* poln. St. in Oberschlesien, ehem. Festung, an der Glatzer N., 38 000 E.

Neisser, Albert (22. 1. 1855–30. 7. 1916), dt. Med.; entdeckte d. Trippererreger: Gonokokken.

Nekrassow, Nikolaj (4. 12. 1821–8. 1. 78), russ. Lyriker.

Nekrolog, *m.* [gr.], Nachruf f. einen Toten, auch Totenliste.

Nekrologien, Kirchenbücher mit Totenverzeichnis.

Nekromantie, Wahrsagen durch Zitieren Verstorbener.

Nekrophilie, Leichenschändung, Unzucht mit Leichen.

Nekropolis, *w.* [gr. „Totenstadt"], Begräbnisstätte des Altertums.

Nekrose, *w.* [gr.], Absterben des Gewebes m. Austrocknung *(→ Mumifikation),* Zelleiweißgerinnung *(Koagulations-N.),* Erweichung *(Kolliquations-N.)* oder Gangrän bei Eindringen von Fäulnisbakterien (feuchter Brand).

Nektar, *m.,* **1)** Göttergetränk bei Homer; **2)** zuckerhaltige, in Blüten durch Honigdrüsen **(Nektarien)** abgesonderte Säfte; locken Insekten an.

Nektarinen, glattschalige Pfirsiche.

Nektarvögel, *Honigsauger,* blütenbesuchende bunte Sperlingsvögel, „Kolibris d. Alten Welt"; Afrika, Asien, Austral.

Nelke

Nelken, Zierpflanzen mit duftenden, farbigen Blüten, z. B. *Garten-N., Chinesen-N.,* aus dem Mittelmeergebiet u. Kleinasien; andere Arten wild (z. B. *Kartäuser-N.*) → Lichtnelke. **N.öl** (→ Gewürznelken. – **N.pfeffer,** unreife Beeren des am. Pimentbaumes; Gewürz. – **N.schwamm,** Blätterpilz, → Schwindling. – **N.wurz,** Rosengewächs, gelbblütige Staude, Wurzelstock nelkenartig riechend, weil verbreitet.

Nell-Breuning, Oswald von (8. 3. 1890–21. 8. 91), dt. Jesuit, Wirtschafts- u. Sozialwiss.; Fragen d. Wirtschaftsethik.

Horatio Nelson

Nelson [*'nelsn*], **1)** Horatio, s. 1801 Viscount (29. 9. 1758–21. 10. 1805), engl. Admiral, sicherte die brit. Seeherrschaft durch s. Siege üb. d. frz. Flotte 1798 b. Abukir, 1805 bei Trafalgar (gefallen); **2)** Leonard (11. 7. 1882–29. 10. 1927), dt. Phil.; führte die Naturrechtslehre von → Fries fort; *System d. phil. Rechtslehre.*

Nelson, *m.* [*'nelsn*], im *Ringen* Bez. für versch. Nackenhebelgriffe.

Nematoden, svw. → Fadenwürmer.

Nemea, Tal im östl. Peloponnes (südwestlich von Korinth), mit Zeustempel.

Nemeïscher Löwe, sagenhaftes Ungeheuer, von Herakles getötet.

Nemeïsche Spiele, altgriech. National-

spiele, alle zwei Jahre in → Nemea zu Ehren des Zeus.

Nemesis [gr.], Göttin d. vergeltenden Gerechtigkeit.

NE-Metalle, Abk. f. *Nichteisen-Metalle,* → Metalle.

Nemisee, Kratersee bei Rom, 1,7 km²; 1928 Hebung röm. Prunkschiffe aus der Kaiserzeit.

Nenner, *math.* → Bruch.

Nenni, Pietro (9. 2. 1891–1. 1. 1980), it. Pol.; Führer d. Linkssozialisten, 1945/46 u. 1963–68 stellvertr. Min.präs., 1946/47 u. 1968/69 Außenmin.

Nennwert, *Nominalwert,* der Wert, der auf Wertpapieren od. Metall- u. Papiergeld angegeben ist; Ggs.: *Kurswert,* zu dem sie umlaufen.

Nennwort → Nomen.

neo- [gr.], in Zus.setzungen: neu ...

Neodym, *Nd,* chem. El., Oz. 60, At.-Gew. 144,24; Dichte 7,00; Seltenerdmetall.

Neofaschismus, Bez. f. Bewegungen u. Parteien, die nach 1945 Gedanken u. Ziele v. Faschismus u. Nationalsoz. weiterführen; i. Italien: MSI *(Movimento Sociale Italiano),* i. BR als *Neonazismus.*

Néo-grec [frz. „Neugriechisch"], Wiederbelebung des Klassizismus unter Napoleon III. im 3. Viertel d. 19. Jh.

Neoimpressionismus, *Pointillismus,* löste s. 1885 in Frkr. d. Freilichtmalerei d. Impressionismus ab; punktförmige Anordnung ungemischter Farben nach Komplementärgesetzen zur Erzeugung opt. Mischung; Hptvertr.: *Seurat, Signac.*

Neolithikum, svw. → Jungsteinzeit.

Neomalthusianismus, → Malthus.

Neomycin [gr.], Antibiotikum aus Strahlenpilz, hemmt Wachstum d. Darmbakterien.

Neon, *s., Ne,* chem. El., Oz. 10, At.-Gew. 20,183; Dichte 0,84 g/l bei 1013 hPa; Edelgas, Stromdurchgang regt N. in der sog. positiven Säule zu intensiv rotem Leuchten an (*Leuchtröhren,* bes. zu Reklame).

Neonatologie [nl.], wiss. Lehre d. Neugeborenenperiode (1.–10. Tag).

Neophyte, *m.* [gr. „Neugepflanzter"], in eine geheime (Mysterien) rel. Gemeinschaft neu Aufgenommener; Neugetaufter in altchristl. Kirche.

Neoplasma, *s.* [gr.], *med.* Neubildung, Geschwulst.

Neorealismus, Stilrichtung d. it. Films von ca. 1940–50; z. T. mit Laiendarstellern u. an natürl. Schauplätzen werden soz. u. menschl. Probleme dargestellt (z. B. *Ossessione,* 1942, v. Visconti; *Roma, città aperta,* 1945, v. Rossellini; *Ladri di bicicletti,* 1948, v. De Sica).

Neozoikum, svw. → Känozoikum; → geologische Formationen, Übers.

NEP, russ. Abk. für *Neue ökonomische Politik,* 1921 v. Lenin eingeleitetes Programm vorübergehender wirtsch. Liberalisierung (bis etwa 1928).

Nepal, amtl. *Nepal Adhirajya, Sri Nepalá Sarkár,* unabhängiges Kgr. i. mittleren

Neper Himalaja, 140 797 km², 18,23 Mill. E (130 je km²); Bev.-Zuw. 2,7%; Bev.-  buddhist. Bergvölker (u. a. die Sherpa); die herrschenden Gurkha sind Hindu; Sprache: Nepali; Währung: nepales. Rupie (NR); Hptst.: *Katmandu;* Flagge S. 341, Karte S. 748. **a)** *Wirtsch.:* Vorwiegend Landw., Hptausfuhrprodukte: Jute, Reis, Edelhölzer, Felle, Gewürze; Hpthandelspartner: Indien (60%). **b)** *Außenhandel* (1987): Einfuhr 569 Mill., Ausfuhr 151 Mill. $. **c)** *Verf.* v. 1975 (1990 geändert): Konstitutionelle Hindu-Monarchie; Nat.rat. **d)** *Verw.:* 14 Zonen. **e)** *Gesch.:* Kgr. d. Gurkha s. 1769; 1950 Demokratisierung, 1960 Rückkehr zur absoluten Monarchie; 1990 nach anhaltenden Demonstrationen f. Abschaffung d. Panchayat-Systems Änderung d. Verf. u. Beschneidung d. Rechte d. Kg. **f)** *Mitgl.:* UN, Colombo-Plan.

Neper, n. J. → *Napier* ben. Einheit d. natürl.-logarithm. Dämpfungsmaßes bei el. und akust. Schwingungen; Kurzzeichen *Np.*

Nephelin, *m.,* → Silicatmineral, Bestandteil best. → Magmatite.

Nephridien, Ausscheidungsorgane bei vielen wirbellosen Tieren, beginnen in d. Leibeshöhle mit einem offenen Flimmertrichter *(Nephrostom).*

Nephrit, *m.,* hartes, zähes, meist grünes → Silicatmineral; zu Schmuck; früher zu Steinbeilen; → Jade.

Nephritis, *w.* [gr.], → Nierenentzündung.

Nephrolithiasis, *w.,* svw. Nierensteinkrankheit.

Nephrose, *w.,* nichtentzündl. degenerative Nierenerkrankung mit Eiweiß im Harn u. Ödemen.

Nephrostom → Nephridien.

Nepomuk, Johannes v. (um 1348–93), Schutzpatron Böhmens; auf Befehl Kg Wenzels wegen Wahrung kirchl. Rechte (Beichtgeheimnis) ertränkt.

Nepos, Cornelius (ca. 100–24 v. Chr.), röm. Geschichtsschreiber; *De viris illustribus* (Lebensbeschreibungen).

Nepotismus [nl. „nepos = Neffe, Enkel"], Vetternwirtschaft, Bevorzugung von Verwandten einflußreiche Leute für Ämter und Würden.

Neptun, 1) röm. Meergott, griech. *Poseidon,* mit dem Dreizack; **2)** vorletzter der 6 gr. äußeren Planeten; 1846 v. Galle entdeckt, nachdem 1845 von Leverrier seine Größe u. Stellung aus Störungen der Bahn des Planeten Uranus berechnet worden war; 44 600 km Äquatordurchmesser, dichte Atmosphäre (Methan u. Ammoniak), 4498 Mill. km mittl. Sonnenabstand; Sonnenumlauf in 164,8 Jahren; Rotationsdauer 17,8 Std.; 3 Monde (*Triton, Nereïde, N 3* 1981 entdeckt); wahrscheinlich Ringsystem; 1989 Vorbeiflug d. am. Raumsonde Voyager 2.

Neptunismus, widerlegte Vorstellung v. d. Entstehung d. Gesteine aus Wasser.

Neptunium, *Np,* künstl. chem. El., Oz. 93; radioaktiv (→ Transurane).

Nereïden, in der griech. Sage Meernymphen, Töchter d. *Nereus.*

Neretva, Hptfl. der jugoslaw. Herzegowina, 218 km lang, ins Adriatische Meer.

Nerfling, svw. → Aland.

Nernst, Walther Hermann (25. 6. 1864–18. 11. 1941), dt. Phys. u. Chem.; *N.lampe;* stellte 3. Hauptsatz d. Wärmetheorie auf; *Lehrbuch d. Theoret. Chemie;* Nobelpr. 1920.

Nero

Nero, Lucius Domitius, röm. Kaiser 54–68 n. Chr., verfolgte nach dem Brande Roms die Christen.

Nerthus, german. Göttin der Fruchtbarkeit.

Pablo Neruda

Neruda, Pablo (12. 7. 1904–23. 9. 1973), chilen. Lyriker; *Elementare Oden; Der große Gesang;* Autobiographie: *Ich bekenne, ich habe gelebt;* Stalinpreis 1953; Nobelpr. 1971.

Nerva, Marcus Cocceius, röm. Kaiser 96–98 n. Chr.

Nerval, Gérard de, eigtl. *Labrunie* (22. 5. 1808–26. 1. 55), frz. Schriftst. d. Romantik; Vorläufer d. Surrealismus (Übers. Klopstocks, Goethes u. Heines).

Nerven, gebündelte Stränge aus → Nervenfasern, Leitungsbahnen f. nervöse Erregungen: **1)** *Bewegungs-, motorische N.,* leiten d. Bewegungsreize, Impulse, vom Gehirn u. Rückenmark zum Muskel hin: *zentrifugale N.leitung;* **2)** *Empfindungs-, sensorische N.,* leiten Außenreize, Sinnesempfindungen, zum Rückenmark u. Gehirn: *zentripetale N.leitung* (→ Tafel Mensch, S. 349). – **N.entzündung,** schmerzhafte Entzündung eines Nervs, oft durch Erkältung, mechan. Überbeanspruchung, Infektion, Gifteinwirkung u. a. – **N.faser,** der Erregungsleitung die-

nender Fortsatz d. Nervenzelle (→ Dendrit 1), besteht aus Achsenzylinder (→ Axon) mit *Neurofibrillen* u. einer *Epithelhülle.* – **N.punktmassage** → Massage. – **N.schock,** plötzl. schwere Erschütterung d. Nervensystems infolge v. Schreck, Unfall usw.; äußert sich häufig in Lähmungserscheinungen der Atmungs- u. Kreislauforgane, meist vorübergehend, selten tödlich. – **N.system, 1)** *Zentral-N.:* besteht aus Gehirn u. Rückenmark, enthält die aus den Nervenzellen (Ganglienzellen) bestehenden *nervösen Zentren;* Ursprungsstelle aller nervösen Erregungen und Energien, die den Organen auf dem Nervenwege zufließen; Ausgangs- und Mündungsstelle aller Nervenbahnen (Nervenleitungen); **2)** *peripheres N.:* die → Nerven; **3)** das von Willen u. Bewußtsein unabhängige *(autonome) vegetative N.,* vermittelt d. Urlebensvorgänge, versorgt Eingeweide u. Blutgefäßsystem; hierzu gehören bes. Zentren (Ganglien) in Gehirn u. Rückenmark, aus denen der *Nervus vagus* und sein Gegenspieler, der *Nervus sympathicus,* hervorgehen. – **N.transplantation,** Überbrückung v. Nervendefekten mit dem Patienten entnommenen Nervenbündeln od. neuerdings bes. behandelten Nerven anderer Menschen (bis zu 2 Jahren haltbar, *Nervenbank*).

Nervi, Pier Luigi (21. 6. 1891–9. 1. 1979), it. Architekt; UNESCO-Gebäude (Paris; m. M. Breuer u. B. Zehrfuss).

nervös [frz.], urspr. nervig = kraftvoll; die Nerven betreffend; jetzt nervenschwach, sehr reizempfindlich.

Nervosität, *Nervenschwäche,* volkstüml. f. herabgesetzte Widerstands- u. Leistungsfähigkeit des Nervensystems, erhöhte Reizempfindlichkeit.

nervus rerum [l.], „der Nerv der Dinge", Umschreibung für „Geld".

Nerz, *Nörz,* kl. Marder O-Europas, Sibiriens und N-Amerikas *(Mink);* Pelz sehr wertvoll. – **N.bisam,** gefärbtes Fell der → Bisamratte.

Neschi, arabische Kursivschrift.

Ness → Loch Ness.

Brennessel

Nessel, *Brenn-N.,* Kräuter m. steifen Haaren, die bei Berührung an der Spitze abbrechen, sich in die Haut bohren u. giftigen Saft entleeren; Bastfasern früher viel verwertet *(N.tuch),* heute noch bes. in der pers. Hanf-N.; junge Pflanze als Gemüse; verwandt das *Chinagras* (→ Ramie).

Nesselfalter → Fuchs 2).

Nesselkapseln, Organe d. *Nesseltiere,* die durch Ausscheidung v. Giftstoffen dem Beutefang und d. Feindabwehr dienen.

Nesselsucht, *Nesselausschlag, -fieber, Urtikaria,* stark juckende, plötzlich auftretende rote, beetartig erhabene Hautquaddeln, durch individuelle Überempfindlichkeit gg. best. Nahrungsmittel, Blumen u. a., → Allergie.

Nesseltiere → Zölenteraten.

Nesselwang (D-8964), Markt, Luftkurort u. Wintersportplatz i. Ldkr. Ostallgäu, Bay., 900–1600 müM, 3118 E.

Nessos, Kentaur, v. Herakles getötet, schenkte → Deïaneira d. (vergiftete) *N.hemd,* das angebl. Liebeszauber enthielt, durch d. Herakles starb.

Nest, Schutzstätte vieler Tiere, die in erster Linie für die Brut und die Jungen errichtet werden; vor allem bei Vögeln, aber auch bei Säugetieren, Insekten und Fischen.

Nestel, Schnur oder Riemchen mit nadelartiger Spitze z. Einhaken, Einschnüren, Durchstechen.

Nestflüchter, Vögel, die nach d. Ausschlüpfen sofort das Nest verlassen; Ggs.: **Nesthocker.**

Nestor, weiser u. *ältester* griech. Kg im Trojan. Krieg, danach svw. betagter Führer eines Standes.

Nestorius († 451), Patriarch von Konstantinopel („Maria Mutter Jesu in s. menschl. Natur"); 431 als Ketzer verdammt; s. Anhänger: *Nestorianer,* nestorian.-syr. Nationalkirche u. nestorian.-kath. Kirche.

Johann Nestroy

Nestroy, Johann (7. 12. 1801–25. 5. 62), östr. Volksdichter u. Schausp.; Komödien: *Lumpazivagabundus; Einen Jux will er sich machen;* Opern- u. Dramenparodien; *Judith u. Holofernes.*

Nestwurz, braungelbe Orchidee der Wälder mit vogelnestähnl. Wurzelwerk, ohne grüne Blätter.

Netphen (D-5902), Gem. i. Kr. Siegen-Wittgenstein, am S-Hang d. Rothaargebirges, NRW, 22 257 E.

Netsuke, japanische durchlochte Schnitzereien zum Tragen von kleinen Dosen aus gelacktem Holz oder Elfenbein u. a. an einer durch den Gürtel (Obi) gezogenen Schnur.

Nettetal (D-4054), St. i. Kr. Viersen, am Niederrhein, NRW, 38 059 E; Masch.-, Eisen- u. Stahlind.

netto [it.], rein, nach Abzug; Ggs.: brutto.

Nettogewicht, Gewicht o. Verpackung (Tara); Ggs.: Bruttogewicht.

netto Kasse, Klausel, die jeden Abzug v. e. Preis ausschließt.

Nettopreis, Preis abzügl. → Skonto u. → Rabatt.

Nettoregistertonne → NRT.

Nettosozialprodukt → Sozialprodukt.

Network [engl. -wək], beim Rundfunk Sendernetz, -gruppe.

Netz, 1) lat. *Omentum,* schürzenförmige Bauchfellumstülpung, bedeckt den Darm; **2)** stern- od. maschenförm. Zus.schaltung v. el., Gas-, Wasser- u. a. Leitungen; **3)** → Sternbilder, Übers. – **N.anschlußgerät,** z. B. Rundfunkempfänger, d. aus Wechselstromnetz gespeist wird; Betriebsspannungen werden durch Transformatoren, Gleichrichter, Kondensatoren u. a. gewonnen (Abb. → Glühkathodengleichrichter).

Netzarbeit, svw. → Filetarbeit.

Netzätzung, svw. Autotypie, → Klischee.

Netze, poln. *Noteć,* r. Nbfl. der Warthe, 389 km lang, aus dem Skorzenciner u. Goplosee, durchfließt den urbar gemachten **N.bruch.**

Netzflügler, Insektenordnung; d. 4 Flügel netzart. geädert (z. B. → *Ameisenjungfer;* → *Florfliegen*).

Netzhaut, innerste Auskleidung des Augapfels, lichtempfindl. Endverzweigung des Sehnervs in Stäbchen (helligkeits-) u. Zäpfchen (farbenempfindl.).

Netzmagen → Wiederkäuer.

Netzmittel, vermitteln d. Benetzen fester Stoffe durch Wasser u. erleichtern Waschen, Färben, Spülen usw., → Detergenzien.

Neu-Amsterdam, 1) frz. Insel im Ind. Ozean, 54 km², unbewohnt; Tierschutzgebiet; **2)** urspr. Name für New York nach d. ersten ndl. Ansiedlern.

Neuapostolische Kirche, früher: *Neuapostol. Gemeinde,* gegr. 1863, gilt als größte Sekte in Dtld (ca. 500 000 Mitgl.); Ziel: Erneuerung d. Apostelamts.

Neubeckum, s. 1975 zu Beckum.

Neuber, Karoline, gen. *Neuberin* (9. 3. 1697–30. 11. 1760), dt. Schausp.in u. Leiterin einer Schauspieltruppe; Zus.arbeit m. J. Ch. → Gottsched; verbannte d. „Hanswurst" v. d. dt. Bühne.

Neubrandenburg (D-2000), Krst. i. M-V., a. Tollensesee, 90 953 E; alte Stadtmauer u. got. Johanniskirche; Agraringenieurschule.

Neubraunschweig, engl. *New Brunswick,* kanad. Prov., am St.-Lorenz-Golf, waldreich; Torf-, Eisenerz-, Kohle- u. Gipslager, 73 440 km², 719 000 E; Hptst. *Fredericton* (44 000 E); wichtigster eisfreier Winterhafen Kanadas: *Saint John* (76 000 E). – Seit 1713 brit.

Neubritannien, *New Britain,* b. 1919 *Neupommern,* größte Insel d. Bismarck-Archipels, 36 650 km², 240 000 E; im In-

nern tätige Vulkane, an d. Küsten Mangrovesümpfe, Urwald, gesundes Tropenklima; Ausfuhr v. Kopra, Kokosöl, -faser, Verw.sitz *Rabaul.*

Neuburg, 1) *N. an der Donau* (D-8858), Krst. d. Kr. N.-Schrobenhsn., Oberbay., 24 502 E; AG; Schloß (16.–17. Jh.), Hofkirche (17. Jh.); Kreide- u. Textilind., Glas- u. Eternitwerke, Papierverarbeitung. – 739–803 Bischofssitz, 1505 Hpt- u. Residenzst. von *Pfalz-N.,* 1808 an Bay.; **2)** Stift *N.* im Neckartal bei Heidelberg, 1130–1570 (aufgehoben) u. s. 1928 Benediktinerkloster; i. 19. Jh. Mittelpkt d. Heidelberger Romantiker.

Neuchâtel [nøfa'tɛl], → Neuenburg.

Neu-Delhi → Delhi.

Neue Deutsche Welle → New Wave.

Neue Hebriden, s. 1980 → Vanuatu.

Neue Linke, Bez. f. d. Anhängerschaft d. weltweiten, zunächst student., v. USA ausgehenden Protestbewegung; erstrebte Beseitigung des demokratisch-kapitalist. Herrschafts- u. Gesellschaftssystems u. übte Kritik am damaligen Sowjetsystem; Marxismus, insbes. Castroismus u. Maoismus als ideolog. Basis; Ziel: → Rätesystem.

Neuenburg, frz. *Neuchâtel,* **1)** schweiz. Kanton, vom Jura durchzogen, 797 km², 159 600 E; Landw. u. Uhrenind.; Hptst.: **2)** *N.* (CH-2000), Kantonshptst. am **Neuenburger See** (218 km², weinreiche Ufer), 32 600 E; Uni. (s. 1909). – 1011 burgund., 1707 zu Preußen, 1814 Kanton d. Eidgenossenschaft, unter preuß. Hoheit, 1857 Verzicht d. preuß. Kgs auf *N.*

Neuendettelsau (D-8806), Gem. i. Kr. Ansbach, Bay., 6717 E; ev.-luth. Diakonie- u. Missionshaus, Ges.-HS.

Neuengland, engl. *New England,* der NO der USA, mit Maine, New Hampshire, Vermont, Massachusetts, Rhode Island, Connecticut.

Neuer Realismus, *Nouveau réalisme,* Neo-Dada-Bewegung, 1960 gegr.; gg. → Konstruktivismus u. → Abstrakten Expressionismus gerichtete Aktionskunst; Vertr.: *Arman, Klein, Tinguely, César, Christo.*

Neuer Stern → Nova.

Neue Sachlichkeit, *Verismus; magischer Realismus,* Bez. f. einen d. Expressionismus ablösenden Stil (s. etwa 1922): sachl. Beobachtung an d. Gemälde d. Romantik anknüpfender Realismus; i. d. Malerei: *Kanoldt, Schrimpf, Mense, Pillartz;* auch Bez. f. d. Stil d. modernen zweckdienenden Baukunst und des einfache Formen anstrebenden Kunsthandwerks; in der Literatur: *Döblin* (s. 1927), *Kesten, A. Zweig.*

Neues Testament, *N.T.* → Bibel.

Neufundland, engl. *Newfoundland,* kanad. Prov. u. Insel v. NO-Küste Amerikas, vor dem St.-Lorenz-Golf; nebelreich, Moore, Heidehochflächen; Insel: 108 860 km², Provinz: 405 700 km², 568 000 E; Hptst. *St. John's; Bodenschät-*

ze: Eisenerz, Kohle, Blei, Zink, Kupfer; Fischfang (zu 70% Kabeljau) an der **N.bank.** – 1713 brit., 1855 Dominion, 1949 Prov.

Neufundländer, große Hunderasse m. langen, meist schwarzen Haaren (→ Tafel Hunderassen).

Neugradeinteilung, Einteilung des Quadranten in 100 Grad sowie dessen zentesimale Unterteilung in Neuminuten und Neusekunden; → Grad; s. 1975 durch → Gon ersetzt.

neugriechische Literatur, *16./17. Jh.:* Volkslieder; Kornaros (Epos, *Erotokritos*); Chortatzis (Drama, *Erophile*). *19. Jh.:* neben Dichtungen in der Reinsprache (*Katharevusa*) Schöpfungen i. d. Verkehrssprache *(Demotika):* Rhigas u. Solomos (Freiheitsdichter), Rhoidis u. Psichari (Novellen). *20. Jh.:* Lyrik: Sikellanos, Kavafis, Palamas, Seferis; Roman: Karkawitzas, Theotokas, Myrivilis, Venesis, Kazantzakis.

Neuguinea, zweitgrößte Insel der Erde, im Pazifik, nördl. v. Australien, 771 900 km², im Innern Hochgebirgsketten (*Puncak Jaya* 5029 m), Küsten teils flach (Mangrovedickichte, Sagopalmensümpfe), Tropenklima; üppige Vegetation; größter Teil erschlossen; Ausfuhr v. Kopra, Kautschuk, Gold, Kupfer, Erdöl, Holz, Kakao, Perlen u. Perlmutt. – 1526 von Spaniern entdeckt; 1906 d. SO, Gebiet *Papua,* u. 1921 d. NO, Gebiet *N.,* an Australien, s. 1945 zu → Papua-Neuguinea zus.gefaßt; 1963 d. W (früher *Ndl.-N.,* 422 000 km²) als *West-Irian (Irian Jaya)* an → Indonesien, 1975 Papua-Neuguinea unabhängig.

Neuhausen am Rheinfall (CH-8212), Gem. im Kanton Schaffhausen, Schweiz, 11 000 E; Fremdenverkehr; div. Ind.

Neuhochdeutsch, dt. Schriftsprache seit 14. Jh., aus Kanzlei- und Verkehrssprachen gebildet; stark durch Luthers Bibelübersetzung geprägt.

Neuholland, früherer Name für Australien.

Neuhumanismus, von → *Winckelmann, Goethe, Schiller, W. v. Humboldt* u. a. begr. Bildungsform (bes. Betonung des Studiums der Antike).

Neuilly-sur-Seine [*nœ'jisyr'sɛn*], Vorort von Paris, 64 000 E. – *Vertrag v. N.,* 27. 11. 1919, Friede der Entente m. Bulgarien.

Neuirland, amtl. *New Ireland,* bis 1919 Neumecklenburg, Insel des Bismarck-Archipels, 9842 km².

Neu-Isenburg (D-6078), St. i. Kr. Offenbach, südl. v. Frankfurt, Hess., 34 896 E.

Neujahrsfest, Fest des Jahresanfanges, b. d. Juden im Herbst (1. Tischri), bei den Römern 1. März, bei den Christen 1. Januar, kirchliches Fest erst seit 16. Jh., ebenso z. B. bei Chinesen u. Japanern.

Neukaledonien, frz. *Nouvelle-Calédonie,* Insel im Pazifik, nö. v. Australien, frz. Überseegebiet (bis 1946 Kolonie), angegliedert die Pinieninsel, die Wallis-, Loyalty- u. Chesterfieldinseln, zus. 19 079 km², 164 000 E, überwiegend Ureinwohner (Kanaken), Hptst. *Nouméa;* Hptausfuhr: Nickel u. Chromerze, Kopra, Kaffee; 1984/85 blutige Zusammenstöße zw. separatist. Kanaken u. weißen Unabhängigkeitsgegnern; Volksentscheid über Unabhängigkeit geplant.

Neukantianer, Neukantianismus, verschiedene an Kant wiederanknüpfende phil. Richtungen seit Mitte d. 19. Jh.: F. A. *Lange, Liebmann,* K. *Fischer,* insbes. d. → „Marburger Schule" (*Cohen, Natorp, Cassirer).*

Neukirchen-Vluyn [*-flyn*], (D-4133), St. i. Kr. Wesel, NRW, 25 476 E; Steinkohlebergbau, Ind.; N.er Missionsseminar.

Neuklassik, *Neuklassizismus,* Richtung in Literatur, bildender Kunst u. Musik, die seit Ende des 19. Jh. (zuerst gg. → Naturalismus, später gg. → Expressionismus wirkend) zeitweise wieder an klass. Stiltraditionen anknüpfte; i. d. Literatur: P. Ernst, W. v. Scholz, S. Lublinski; i. d. Malerei: Dérain, Carrà, Hofer, (vorübergehend) Picasso; i. d. Plastik: Hildebrand, Maillol.

neulateinische Literatur → römische Literatur.

Neumann, 1) Alfred (15. 10. 1895–3. 10. 1952), dt. Schriftst.; histor. Romane: *Der Teufel;* Erzählungen; Drama: *Der Patriot; Es waren ihrer Sechs;* **2)** Johann Balthasar (get. 30. 1. 1687–19. 8. 1753), dt. Baumeister des → Barock (Abb.); Würzburger Residenz u. Treppenhaus; Vierzehnheiligen; **3)** Robert (22. 5. 1897–3. 1. 1975), östr. Romanschriftst. u. Parodist; *Mit fremden Federn; Unter falscher Flagge;* **4)** Therese, *Th. v. Konnersreuth* (9. 4. 1898–18. 9. 1962), seit 1926 stigmatisiert, hatte angebl. Visionen der Passion Christi.

Neumark, poln. Teil der ehem. Mark Brandenburg r. der Oder.

Neumarkt i. d. Oberpfalz (D-8430), Gr.Krst. i. Bay., 33 603 E; AG; got. Pfarrkirche, Pfalzgrafenschloß; Holz- u. Elektroind.

Neumecklenburg, s. 1920 → Neuirland.

Neumen [gr.], früh-ma. Notenschrift: gibt durch Punkte, Striche u. Häkchen Tonschritte, doch nicht Rhythmus u. Tonhöhen an; im Abendland als *lat. N.,* in Byzanz als *byzantin. N.*

Neumond → Mondphasen

Neumünster (D-2350), krfreie St. i. Schl.-Ho., 79 574 E; AG; Verkehrsknotenpunkt, Zentrum d. berufl. Bildung; Elektro-, Chemiefaser-, Textilind.; Masch.bau.

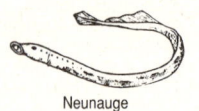

Neunauge

Neunaugen, den Fischen nahestehende primitive Wirbeltiere *(Rundmäuler)* mit bleibender → *Chorda,* äußerlich aaähnl., saugen sich an anderen Fischen fest und leben von deren Körpersäften; 1 Auge, Nasenloch, 7 Kiemenöffnungen auf jeder Seite = 9 „Augen"; *Meer-N. (Lamprete, Meerbricke),* bis 1 m lang; *Fluß-N. (Brikke)* bis 50 cm, in Flüssen; *Bach-N. (Sand-, Zwergbricke)* bis 30 cm, nur in Süßwasser.

Neunburg vorm Wald (D-8462), St. i. Kr. Schwandorf, Bay., 7301 E.

Neunkirchen, 1) (D-6680), Krst. im Saarland, 50 784 E; AG; Ind.stadt im Grünen; **2)** (D-5908), Gem. im Kr. Siegen-Wittgenstein, NRW, 14 029 E; div. Ind.; **3)** (A-2620), Bez.st. i. Niederöstr., 10 800 E; Renaissance- u. Barockbauten.

Neuntöter, Art der → Würger.

Neuphilologe, Wissenschaftler f. neuere Sprachen u. Literaturen (z. B. Frz., Engl., Span.).

Neuplatonismus, phil. Richtung, lehrt als höchsten Urgrund das (göttl.) Eine, dessen oberste Ausstrahlung (Emanation) der Weltgeist (Logos) als Träger der Ideen (nach Plato) u. Ursprung der Seelen ist; mystische Einflüsse. Begr.: *Ammonios Sakkas* (175–242 n. Chr.); Hptvertr.: → Plotin.

Neupommern, s. 1920 → Neubritannien.

Neupositivismus, phil. Richtung, die auf den → Positivismus u. d. Empirismus zurückgeht; entstand im → Wiener Kreis; pflegte in Anlehnung an B. Russell die → Logistik und die theoret. Physik u. e. daran orientierte positivist. Reform von Phil. u. Recht; Hptvertr.: M. *Schlick,* R. *Carnap,* L. *Wittgenstein,* H. *Reichenbach.*

Neural-pathologie [gr.], Lehre, erzeugt ge äußere Einflüsse das Nervensystem treffen und über dieses Krankheit hervorrufen (Speranski, Ricker). – **N.therapie,** Behandlung über das Nervensystem, durch Injektionen in „Störungsfelder", Ganglien, d. Grenzstrang usw.

Neuralgie [gr.], durch versch. Ursachen (Infektion, Vergiftung, Erkältung, Stoffwechselveränderung u. a.) bedingte, anfallsweise auftretende Schmerzen in einem Nervenabschnitt.

Neurasthenie, vermehrte Erregbark. d. Nervensystems.

Neurath, Konstantin Freiherr von (2. 2. 1873–14. 8. 1956), deutscher Politiker, 1932–38 Außenmin.; 1939–43 Reichsprotektor in Böhmen und Mähren; im → Nürnberger Prozeß 1946 zu 15 J. Gefängnis verurteilt; 1954 aus der Haft entlassen.

Neureut, s. 1975 St.teil v. → Karlsruhe.

Neuritis, w. [gr.], Nervenentzündung.

Neurochemie, Teilgebiet d. physiolog. Chemie (beschränkt sich auf bestimmte Seite d. Erscheinungen).

Neurode, *Nowa Ruda,* poln. St. im Eulengebirge, Niederschlesien, 26 000 E; Kohlen- u. Tonwerke.

Neurodermitis, w., chronische Hauterkrankung mit Juckreiz.

Neurohormone, v. → Neuronen gebildete Hormone (z. B. Acetylcholin, Adrenalin, Noradrenalin, Vasopressin u. a.); → innere Sekretion.

Neuroleptika [gr.], → Psychopharmaka, die Erregung und Aggressivität dämpfen u. den vitalen Antrieb reduzieren, ohne daß das Bewußtsein eingetrübt wird; durch sie können → Halluzinationen und Wahnsymptome beseitigt werden; vorwiegend b. → Schizophrenie angewendet.

Neurologie, Lehre v. den Nervensystemen u. ihren Erkrankungen; MPI für N. in Köln-Merheim.

Neuromantik, literar. Gegenbewegung gg. d. Naturalismus (nach 1890), gefühlsbetont, formschön, Bildungsstoffe: *Hofmannsthal, Hardt, Stukken;* auch Bez. f. d. Musik nach 1850 bzw. um 1900 (Spätromantik): *Liszt, Wagner; Humperdinck, Strauss, Mahler, Pfitzner;* i. d. bildenden Kunst: *Klinger, Stuck, Hofmann;* i. d. Malerei: *Böcklin, Thoma.*

Neuron, s. [gr.], e. Nervenzelle m. ihren Nervenfasern (Nerveneinheit).

Neuronale Netze, vereinfachendes Modell v. Gehirnzellen z. Simulation kognitiver Fähigkeiten.

Neurose, w. [gr.], seelische Störung, abnorme Erlebnisreaktion, führt z. mangelhafter Bewältigung fundamentaler Lebensaufgaben, ausgelöst durch aktuelle od. alte, nicht verarbeitete Konflikterlebnisse (z. B. bei fehlentwickeltem Triebleben); **a)** *Psychoneurosen,* seelische Gleichgewichtsstörungen bei erhaltener geistiger Gesundheit, z. B. → Hysterie, → Neurasthenie, *Angstneurosen* (Platzangst usw.), *Zwangsneurosen,* zwanghafte Triebhandlungen (Waschzwang usw.); **b)** *Organneurosen,* Ausdruck unausgeglichener seelischer Spannungen in Form von Betriebsstörungen einzelner Organe: Herzneurosen, Magen-Darm-Neurosen usw. Aus N.n können sich u. U. organische Veränderungen u. Krankheiten entwickeln; Heilung durch → Psychotherapie u. z. B. durch → Psychoanalyse möglich.

Neurosekretion, Sekretion v. Neurohormonen durch zu Drüsenzellen umgebildete Neuronzellen.

Neurotiker, an Neurosen Erkrankter, zeigt **neurotisches** Verhalten.

Neuruppin (D-1950), Krst. i. Bbg., 27 053 E; Maschinen- u. a. Ind.; Lithograph. Anstalt: *N.er Bilderbogen.*

Neusalz, *Nowa Sól,* poln. St. an d. Oder, Niederschlesien, 36 000 E; Hafen; Spinnereien, Zwirnfabrikation.

Neusatz, serb. *Novi Sad,* Hptst. d. Auton. Prov. Wojwodina, Serbien, a. d. Donau; gegenüber Peterwardein (Petrovaradin); 258 000 E; Seiden-, Seifenind., Zündholzfabrik, Handel. - Bis 1945 Zentrum d. Dt.en in Jugoslawien (Batschka).

Neuscholastik, Erneuerung der Scholastik, insbes. d. Lehre d. → Thomas von Aquin, seit 19. Jh. innerh. d. kath. Kirche: *Kleutgen, Scheeben, Baeumker, Grabmann, Gilson.*

Neuschottland, engl. *Nova Scotia,* kanad. Provinz, umfaßt die Halbinsel N. und die Kap-Breton-Insel (Atlantik); Kohle, Eisen, Gold; große Waldflächen, Holzwirtschaft (Cellulose, Papier), Obstbau, Fischerei; 55 490 km², 887 000 E; Hptst. *Halifax.* - 1498 von Caboto entdeckt, 1867 zu Kanada.

Schloß Neuschwanstein

Neuschwanstein, bayr. Königsschloß b. Hohenschwangau, v. Ludwig II. erb. (1868–86); 965 müM.

Neuseeland, amtl. *Dominion of New Zealand,* Gliedstaat des Commonwealth im Pazifik (Ozeanien), 270 986 km²; 3,3 Mill. E (12 je km²); Bev.-Zuw. 1,0%; Bev.: engl., schott. u. ir. Abstammung, daneben 8% Maori (Ureinwohner); Sprache: Engl., Maori; Währung: Neuseeland-Dollar (NZ$); Rel.: überwiegend ev.; Hptst. *Wellington;* Flagge S. 341, Karte S. 751. **a)** *Geogr.:* Besteht aus eigtl. Dominion: *Doppelinsel N.,* südöstl. v. Australien, u. zwar: kleinere *Nordinsel,* häufig schwächere Erdbeben, zahlreiche Geiser, ausgedehnte Nadelwälder, stärker besiedelt als größere *Südinsel,* Alpenlandschaft (*Cookberg* 3764 m) mit gewaltigen Gletschern (Tasmangletscher), *Stewartinsel,* südl. d. Südinsel, üppige Vegetation (Kaurifichte bis 50 m), *Chathaminseln,* 600 km östl. v. N.; angegliedert weitere Südseeinseln, darunter d. *Cookinseln,* mit zus. 1560 km². **b)** *Wirtsch.:* Vor allem Forst- u. Landw. (bed. Butter- u. Käseausfuhrland); Schafzucht; bed. Konsumgüterind., Zellstoff- u. Papierind. **c)** *Außenhandel* (1988): Einfuhr 7,3 Mrd., Ausfuhr 8,5 Mrd. $. **d)** *Verkehr:* Eisenbahn 4300 km. **e)** *Verf.* v. 1947: Parlamentar. demokr. Monarchie, Generalgouv. als Vertr. d. engl. Krone, Reg., Ab-

geordnetenhaus. **f)** *Verw.:* 90 Counties, 10 District Councils. **g)** *Gesch.:* 1642 v. Tasman entd., 1769 brit., ab 1840 planmäßig besiedelt, 1853 innere Selbstverw., 1907 Dominion, s. 1947 unabhängig. **h)** *Mitgl.:* UN, Commonwealth, Colombo-Plan.

Neusiedler See, ungar. *Fertő,* Flachsee von stark wechselnder Größe zw. Ungarn u. Österreich im Burgenland; 320 km², max. 356 km², bis 2 m t.; Vogelschutzgebiet.

Neusilber, *Argentan,* Kupfer-Nickel-Zink-Legierung; zäher, politurfähiger Silberersatz.

Neuss (D-4040), Krst. im Rgbz. Düsseldorf, NRW, 143 976 E; Münster (13. Jh.), Obertor (St.tor 13. Jh.); gr. Ind.hafen (1988: 4,6 Mill. t Jahresumschlag); IHK, AG; div. Ind.

Neustadt, 1) *N. am Rübenberge* (D3057), St. i. Kr. Hannover, Nds., an der Leine, 38 276 E; AG; Fremdenverkehr (Steinhuder Meer), div. Ind.; **2)** *N. an d. Aisch* (D-8530), Krst. im O d. Steigerwaldes, Bay., 11 060 E; AG; div. Ind.; **3)** *N. an der Orla* (D-6710), St. in Thür., Kr. Pößneck, 10 200 E; St.kirche (15. Jh.), spätgot. Rathaus, Ind.; **4)** *N. an d. Waldnaab* (D-8482), St. in d. O.pfalz, Bay., 5511 E; Schloß, Wallfahrtskirche; **5)** *N. an d. Weinstr.* (D-6730), krfreie St. in d. Oberrheinebene am Haardtgebirge, RP, 50 453 E; Verw.sitz d. Rgbz. Rheinhessen-Pfalz, OPD, Landes-Lehr- u. Forschungsanstalt f. Wein- u. Gartenbau; ma. Stadtbild; Weinbau u. -handel; **6)** *N. bei Cob.rg* (D-8632), Gr.Krst. im Rgbz. Oberfranken, 16 211 E; Spielwarenind., Kabelherstellung u. Drahtseilwerk; **7)** → *Titisee-Neustadt;* **8)** *N. in Holstein* (D-2430), Ostseebad i. Kr. Ostholstein a. d. Lübecker Bucht, Schl-Ho., 14 464 E; AG; Hafen; Garnisonst.; **9)** in Oberschlesien, *Prudnik,* poln. St. an der Prudnik, 22 000 E.

Neustettin, *Szczecinek,* poln. St. in Pommern, 30 000 E.

Neustrelitz (D-2080), Krst. i. M-V., am Zierker See, 26 736 E; Schloß, Landestheater; div. Ind.

Neustrien, der NW des merowing. Frankenreiches; ab 561 zeitweise selbständiges Teilreich.

Neusüdwales [-welz], engl. *New South Wales,* südöstl. Gliedstaat Australiens, 801 600 km², 5,76 Mill. E; Ausfuhr: Wolle, Lebensmittel, Metalle u. Metallwaren; Hptst. *Sydney.*

Neutitschein, tschech. *Nový Jičín,* St. in NO-Mähren, im „Kuhländchen", 29 000 E.

Neutra, Richard J. (8. 4. 1892–16. 4. 1970), am. Architekt u. Städteplaner östr. Herkunft.

Neutra, slowak. *Nitra,* St. in d. Slowakei, an d. *N.,* l. Nbfl. d. Waag, 89 000 E; röm.-kath. Bistum. - **N.er Gebirge,** Teil d. W-Karpaten (*Vtáčnik* 1346 m).

neutral [l.], unparteiisch.

neutrale Zone, 1) Gebiet, wo nach Vereinbarung keine feindl. Kampfhandlungen stattfinden; **2)** bei Gleichstrommaschinen das Gebiet ohne Magnetfeldwirkung a. d. Ankerleiter; hier erfolgt Stromwendung.

Neutralisation [nl.], **1)** *chem.* Umsetzung einer Säure mit einer Base, bis ein *Indikator* weder saure noch basische Reaktion anzeigt, d. h. bis gleiche Mengen H-u. OH-Ionen vorhanden sind; **2)** *völkerrechtlich:* die einem Staat vertraglich zuerkannte Verpflichtung zu neutraler Politik, keine Bündnis- und Garantieverträge abzuschließen; für die Garantiestaaten Pflicht, die Integrität d. Gebietes d. neutralisierten Staates zu schützen; Verletzung d. N. ist Völkerrechtsdelikt; dauernd neutralisierte Staaten bis zum 1. Weltkr.: Belgien, Luxemburg, Schweiz; heute Schweiz, Östr. u. Schweden; **3)** Schutz einer Person oder Personengruppe v. Kriegseinwirkungen; **4)** *Radsport:* im 6-Tage-Rennen Unterbrechung bei Zwischenfällen bzw. Fahrt ohne Wertung zu best. Tageszeiten.

Neutralität [l.], **1)** Nichtteilnahme eines Staates an einem kriegerischen Konflikt Dritter; *bewaffnete N.,* wenn der Staat sich durch Kriegsbereitschaft nur gg. ein Übergreifen des Krieges auf sein Gebiet schützt od. sich den Zeitpunkt der Kriegsteilnahme vorbehält; *wohlwollende N.,* durch Einwirkung zugunsten eines an einem Kriege Beteiligten; mit strenger N. nicht vereinbar; *immerwährende N.,* permanente N.; **2)** pol. Haltung d. bündnisfreien Staaten, i. kalten Krieg zw. O u. W nicht teilzunehmen; → blockfreie Staaten.

Neutrino, *s.,* → Elementarteilchen m. Ruhmasse Null od. sehr kleiner Masse, el. ungeladen (neutral); 1956 experimentell nachgewiesen. **Sonnen-Neutrino-Rätsel:** Messungen zeigen weniger N.s, als bei → Fusion in der Sonne erzeugt werden sollten.

Neutron, *s.,* el. ungeladenes → Elementarteilchen, Masse wenig größer als die des → Protons.

Neutronenbombe, Bombe mit hohem Anteil an Neutronenstrahlung bei relativ kleiner Explosionswucht u. geringem radioaktivem Fallout; dadurch Vernichtung von Lebewesen bei geringer materieller Zerstörung u. Verstrahlung von Gelände.

Neutrum, *s.* [l.], das sächliche Geschlecht.

Neutsch, Erik (* 21. 6. 1931), dt. Schriftst. (DDR); *Bitterfelder Geschichten; Spur d. Steine.*

Neu-Ulm (D-7910), Gr.Krst. an d. Donau, gegenüber der St. Ulm, Bay., 45 116 E; AG; div. Ind.

Neuwied (D-5450), Krst. im Rgbz. Koblenz, RP, 60 665 E; AG; Rheinhafen, Schloß, Stahl-, Masch.-, Bimsind.

Neuzeit, der auf d. → MA folgende Geschichtsabschnitt, seit ca. 1450 (Buch-

druck) bzw. 1492 (Entdeckung Amerikas) bis z. Frz. Revolution 1789; seitdem: *Neueste Zeit.*

Nevada, Abk. *Nev.,* W-Staat der USA, 286 296 km², 1,19 Mill. E; größtenteils wüstenhaft (Versuchsgelände f. Atombomben), Landwirtsch. durch künstl. Bewässerung; Gold-, Kupfer-, Zink-, Quecksilberlager; Hptst. *Carson City* (32 000 E).

Nevermann, Paul (5. 2. 1902–22. 3. 79), SPD-Pol.; 1961–65 Bürgerm. v. Hamburg, seit 1967 Vorsitzender des Deutschen Mieterbundes.

Nevers [nə'vε:r], Hptst. des frz. Dép. *Nièvre,* an der Nièvre u. Loire, 45 000 E; seit 506 Bischofssitz; Porzellanfabrik (Fayence), Weinhandel.

Neviges, Wallfahrtsort; s. 1975 Stadtteil v. → Velbert.

Nevis, Insel der Kleinen Antillen, → Saint Christopher-Nevis.

Newa, Abfluß des Ladogasees in den Finn. Meerbusen, 74 km lang; im Newadelta Leningrad.

Newark ['nju:ǝk], Ind.st. westl. New York, im US-Staat New Jersey, 329 000 E; Juwelierwarenfabriken, Lederindustrie, Hafen.

New Bedford [nju:'bɛdfǝd], Hafenst. i. US-Staat Massachusetts, 99 000 E; Baumwoll- u. Kautschukind.

Newcastle ['nju:ka:sl], **1)** *N.-upon-Tyne* [-ǝ'pɔn 'tain], Hptst. d. engl. Gft Northumberland, am Tyne, 199 000 E; Colleges; Hafen, Schiffbau, Eisengießereien, chem. Ind., Steinkohlenbergbau u. -export; **2)** Hafenstadt an der O-Küste v. Neusüdwales, Australien, 416 000 E; anglikan. Bistum; Steinkohlenbergbau u. -ausfuhr, Metallind.

Newcomb ['nju:kǝm], Simon (12. 3. 1835–11. 7. 1909), am. Astronom; *Bewegung d. Mondes u. gr. Planeten.*

Newcomen ['nju:kʌmǝn], Thomas (28. 2. 1663–5. 8. 1729), engl. Ing.; erbaute e. d. ersten atmosphär. Kolbenmasch. (Vorläufer von J. Watts Dampfmaschine); nach ihm 1920 *N. Society,* engl. Ges. z. Pflege d. Technikgeschichte.

Newcomer, *m.* [engl. 'nju:kʌmǝ], Neuling.

New Deal [nju:'di:l], Bez. für die von Roosevelt 1933 eingeschlagene Wirtschafts- u. Sozialpolitik, Kreditausweitung, Dollarabwertung, Staatsdarlehen, staatl. Preisregelung für Agrarprodukte, Staatsaufsicht der Banken, Arbeitsbeschaffung (→ Tennessee Valley Authority), Sozialreformen (Regelung der Arbeitszeit u. des -lohnes, Streikrecht, allg. Sozialversicherung); → Fair Deal.

New Hampshire [nju:'hæmpfǝ], Abk. *N.H.,* Staat im NO der USA, bewaldetes Bergland (White Mountains); Baumwollind., 24 097 km², 1,1 Mill. E; Hptst. *Concord* (30 000 E). – 1623 zuerst besiedelt.

New Haven [nju:'heivn], St. im US-Staat Connecticut, Hafen am Long-Island-

Sund, 126 000 E; Yale-Uni. (1701 gegr.); Fischerei, Holz, Gummi.

New Jersey [nju:'dʒǝ:zı], Abk. *N.J.,* nordöstl. Staat d. USA (s. 1787), 20 295 km², 7,7 Mill. E; Acker-, Gartenbau, Viehzucht, Fischerei, Bergbau; chem., Nahrungsmittel-, Elektro-, Fahrzeug-, Metallind.; Hptst. *Trenton.*

New Look [engl. 'nju: 'luk „neues Aussehen"], Bez. f. e. neue Moderichtung.

Newman ['nju:mǝn], **1)** Barnett (29. 1. 1905–4. 7. 70), am. Maler u. Bildhauer; **2)** John Henry (21. 2. 1801–11. 8. 90), engl. (anglikan. später kath.) Theol.; Kardinal, rel.-kultureller Denker; führend in der → Oxfordbewegung; **3)** Paul (* 26. 1. 1927), am. Filmschausp.; *Cat on a Hot Tin Roof; Butch Cassidy and the Sundance Kid; The Sting; The Verdict; The Color of Money.*

New Mexico [nju: 'mɛksıkou], Abk. *N.M.,* Staat der USA, am oberen Rio Grande del Norte; tiefe Cañons, Ackerbau, Bergbau: Kohle, Gold, Silber; 315 113 km², 1,5 Mill. E; Hptst. *Santa Fé.* – 1846 Loslösung von Mexiko, 1848 zu den USA.

New Orleans [nju: ɔ'li:nz], Hpthandelshafen des US-Staates Louisiana, im sumpfigen Mississippidelta, 556 000 E; Schiffbau, Öl- u. chem. Ind., Baumwollausfuhr. – 1718 v. Franzosen gegr. – **N.-O.-Jazz** [-'dʒæz], erster Stil des Jazz; 3 melodietragende Instrumente u. Rhythmusgruppe; Kollektivimprovisationen.

Newport ['nju:pɔːt], **1)** engl. Hafenst. in d. Gft Gwent, 116 000 E; Kohlenausfuhr, Eisenind., Schiffbau; **2)** Hptst. der engl. Insel Wight, 20 000 E.

Newport News [-'nju:z], Hafenst. in Virginia (USA), 145 000 E; Werften.

Isaac Newton

Newton [nju:tn], Sir Isaac (4. 1. 1643–31. 3. 1727), engl. Naturforscher, bahnbrechend f. d. neuere Math., Physik u. Astronomie durch Erfindung d. Differential- u. Integralrechnung, Entdeckung d. Gesetze d. Gravitation, d. Spektrums, Erklärung d. Gezeiten, d. Planeten- u. Mondbewegung, d. Rückstoßprinzips; *Philosophiae naturalis principia mathematica* (1687).

Newton, *s.,* Abk. *N, phys.* Maßeinheit f. Kraft, ersetzt s. 1970 Kilopond; 1 kp = 9,80665 N.

New Wave [engl. 'nju: weiv „neue Welle"], als Gegenreaktion auf d. hochtechnisierte, vorwiegend kommerziell ausgerichtete → Rock-Musik d. 70er Jahre entstandene angloam. Musikströmung, die 1976/77 gleichzeitig m. d. → Punk auftrat, aber kompliziertere u. experimentellere Harmonie- u. Textstrukturen verwendete *(Siouxsie & The Banshees, Wire, XTC; Talking Heads, Residents);* zunächst wurden d. meisten Schallplatten v. unabhängigen Firmen vertrieben, aber in d. 80er Jahren rasche Kommerzialisierung u. fast vollständige Integrierung d. meisten New-Wave-Bands in d. bestehende Plattenindustrie. In d. BR Anfang d. 80er Jahre Entsprechung durch d. kurzlebige *Neue Deutsche Welle:* Loslösung v. angloam. Vorbildern, dt. Texte, teilweise Orientierung am Vorkriegsschlager *(Ideal, Deutsch-Amerikanische Freundschaft, Trio).*

New York ['nju: 'jɔːk], **1)** Staat der USA, Abk. *N.Y.,* am Atlantik, 128 401 km², 17,9 Mill. E; Hptst. *Albany;* **2)** St. an der Hudsonmündung, auf beiden Seiten des Meeresarms East River, größte Stadt Amerikas; 5 Bezirke (Boroughs): *Manhattan* (das urspr. N. Y.) auf einer Strominsel des Hudson, *Bronx* (nördl. vom Harlemfluß), *Brooklyn* u. *Queens* (ggüber Manhattan auf Long Island) u. *Richmond* (westl. v. Brooklyn auf Staten Island), insges. 850 km², 7 Mill. E, m. Vororten *(Metropolitan Area)* 8,5 Mill. E, als *Großraum N.Y.* (einschließl. Teilen des Staates New Jersey) 18,05 Mill. E; Bevölkerungsgruppen verschiedenster kultureller u. nat. Herkunft, vor allem

Freiheitsstatue; Columbia-, Fordham- u. N.Y.-Uni., über 30 Colleges u. Fach-HS, über 50 Museen, u. a. Metropolitan Mus., Mus. of Modern Art, American Mus. of Natural History; 2 Flughäfen *(Laguardia* und *J. F. Kennedy Airport).* – 1626 von Holländern als *Neu-Amsterdam* gegr.; 1664–1783 brit.

Nexus, *m.* [l.], Verbindung, Zusammenhang.

Ney [nɛ], Michel, Fürst v. d. Moskwa (10. 1. 1769–7. 12. 1815), Marschall Napoleons; erschossen.

Neydharting (A-4654), östr. Moorbad, Moorforschungs-Inst., Moortrinkkuren, Intern. Moormuseum.

NGC, Abk. f. *New General Catalogue,* Katalog von extragalakt. Nebeln u. → Emissionsnebeln; 1888 von *Dreyer* herausgegeben.

Ngorongoro-Krater, in Tansania, 20 km Durchm.; zweitgrößter Krater der Erde.

Nguyen Van Thieu (* 5. 4. 1923), südvietnames. Gen. u. Pol.; 1967–75 Staatspräs.

Ngwana → Swasiland.

Ni, chem. Zeichen f. → Nickel.

Niagara, Verbindungsfluß zw. Erie- u. Ontariosee, 56 km l.; bildet die **N.fälle,** die infolge leicht zersetzl. Schiefertone u. Sandsteine jährl. etwa 1 m zurückweichen; durch die Ziegeninsel in den 51 m hohen *Am. Fall* (umgangen v. Eriekanal) u. den 49 m hohen kanad. *Hufeisenfall* (Wellandkanal) geteilt; Kraftwerke mit einer Kapazität bis 2,19 Mill. kW versor-

Werbung um Kriemhild bis zu s. Ermordung durch Hagen, Kriemhilds Rache u. d. Kampf der Hunnen gg. d. Burgunder; s. 18. Jh. wieder bekannt; Drama Hebbels; Musikdrama Wagners.

Nicäa, *Nikäa, Nizäa,* **1)** antike St. in Bithynien, 325 n. Chr. *Konzil v. N.;* Ruinen bei der heutigen türk. St. Isnik (4000 E); **2)** alter Name f. → Nizza.

Nicänisches Symbol, auf d. 1. allg. Konzil zu Nicäa 325 angenommene Glaubensformel d. christl. Kirche.

Nicäno-Konstantinopolitanum, das 2. ökumen. Symbol; auf dem Konzil von Konstantinopel 381 verfaßt (das „filioque" wichtigster Streitpunkt zw. Ost- und Westkirche).

Nicaragua, *Nikaragua,* amtl. *República de N.,* Rep. Mittelamerikas, gebirgig u. waldreich; fruchtbarer Boden, 127 849 km², 3,62

Mill. E (28 je km²); Bev.-Zuw. 3,4%; Bev.: ca. 60% Mestizen, 10% Weiße, daneben Schwarze u. Indianer; Sprache: Span.; Währung: Córdoba (C$); Rel.: überwiegend röm.-kath.; Hptst.: *Managua;* Flagge S. 341, Karte S. 746. **a)** *Wirtsch.:* Hptzweige: Ackerbau mit Kaffee und Baumwolle, Viehzucht; durch jahrelange Ausbeutung unter Somoza u. Bürgerkrieg zerrüttet; v. d. Bodenschätzen nur Gold, Silber u. Kupfer abgebaut. **b)** *Außenhandel* (1986): Einfuhr 770 Mill., Ausfuhr

New York, Manhattan

Niagarafälle

aus Italien, Rußld, Dtld, Polen u. Irland; ca. 15% sind Juden, über 20% sind Neger (50% i. Negerviertel *Harlem*). – N. Y. ist erstes Finanz- u. Handelszentrum der Erde, Börsen in der *Wall Street;* ferner der größte Hafen (ca. 3000 Piers) u. das größte Industriezentrum der USA: u. a. Metall-, Elektro-, Bekleidungs-, Nahrungsmittel- u. chem. Industrie, Werften, Druckereien; Mittelpunkt d. Baumwollhandels, Verlagszentrum; Sitz der → Vereinten Nationen; viele Hochhäuser *(World Trade Center* 521 m); Opern-, Theater- u. Musikzentrum *Lincoln Center* m. Metropolitan-Oper u. Philharmonic Hall; zahlr. Brücken u. Tunnels verbinden Manhattan m. d. and. Bezirken; längste Hängebrücke der Erde *(→ Verrazano-Narrows-Brücke)* verbindet Brooklyn u. Richmond; auf der Libertyinsel

gen einen Umkreis von 350 km in Kanada und den USA; an den N.fällen die beiden Städte **N.** Falls [-'fɔːlz]: **1)** im US-Staat New York, 71 000 E; Uni.; elektrotechn. Ind.; Fremdenverkehr; **2)** i. d. kanad. Prov. Ontario, 67 000 E; Elektrizitätswerke, Fremdenverkehr.

Niamey [nja'mɛ], Hptst. von Niger, 399 000 E.

Niam-Niam, hellfarbiges Mischvolk aus Negern u. Hamiten in Zentralafrika.

Nibelungen, urspr. Zwergengeschlecht der dt. Sage; Hüter des **N.horts,** an den ein Fluch gekettet ist; Siegfried wird nach Bezwingung des Zwerges Alberich Besitzer des Schatzes; Hagen versenkt ihn im Rhein f. d. Burgunderkg Gunther, auf dessen Geschlecht der Name N. übergeht. – **N.lied,** mhdt. Heldengedicht (12. Jh.), z. Sagenkreis um Siegfried, v. s.

247 Mill. $. **c)** *Verf.* v. 1987: Präsidialrep., Nat.vers.; **d)** *Verw.:* 6 Regionen u. 5 Sonderzonen; **e)** *Gesch.:* Von Spaniern s. 1523 kolonisiert; 1838 unabhängig; 1909–39 Kontrolle d. Am. Befreiungsbewegung unter Augusto César Sandino *(→ Sandinisten)* 1936 Machtübernahme durch Somoza-Clan; 1977–79 Bürgerkrieg; 1979 Machtübernahme d. Sandinist. Befreiungsbewegung; 1983 Invasion rechtsgerichteter Rebellen v. Honduras aus; 1984 demokr. Wahlen; anhaltende Kämpfe m. antisandinist. Contras (1989 aufgelöst); 1990 Wahlsieg d. Opposition. **f)** *Mitgl.:* UN, OAS. - **N.see,** See in Nicaragua, 31 müM, 8029 km², 72 km breit, bis 70 m tief.

Nicholson ['nɪkəlsn], **1)** Sir William (5. 2. 1872–16. 5. 1949), engl. Maler u. Graphiker; Landschaften, Porträts; Holzschnitt *Königin Victoria;* s. Sohn **2)** Ben (10. 4. 1894–6. 2. 1982), abstrakter Maler; verheiratet m. B. → Hepworth; **3)** Jack (* 22. 4. 1937), am. Filmschausp.; *Easy Rider; Chinatown; One Flew Over the Cuckoo's Nest; Terms of Endearment; The Witches of Eastwick.*

nichteheliche Kinder, erhalten Familiennamen der Mutter, die auch die elterl. Sorge ausübt. Der Vater hat dem Kind mindestens bis zur Vollendung d. 18. Lebensjahres Unterhalt (der sich nach d. Lebensstellung beider Eltern bestimmt) zu gewähren; d. nichteheliche Kind gilt auch dem Vater gegenüber als verwandt u. erbberechtigt. Entscheidung über persönl. Verkehr d. Vaters mit dem Kind trifft d. Mutter od. d. Vormund, erforderlichenfalls das Vormundschaftsgericht. Bes. Vorschriften über d. Rechtsstellung d. n. K. enthalten die §§ 1615a ff. u. 1705 ff. BGB; nichtehel. Mutter hat gegenüber dem Kindsvater Anspruch auf Ersatz der Entbindungskosten u. weiterer Aufwendungen sowie auf Unterhalt f. d. Dauer von 6 Wochen vor u. 8 Wochen nach d. Geburt d. Kindes; Dauer d. Unterhaltsanspruchs kann sich bei Erwerbsunfähigkeit, d. durch Schwangerschaft od. Geburt bedingt ist, bis 4 Monate vor u. 1 Jahr nach d. Entbindung erweitern. Mindestunterhaltssätze werden von Zeit zu Zeit durch Regelbedarfs-Verordnung d. B.reg. neu festgesetzt.

nichteuklidische Geometrie → Raum.

Nichtigkeit, tritt rechtl. bei Verträgen, Verw.akten u. a. Willenserklärungen als Folge v. persönl. Mängeln (z. B. Geisteskrankheiten, Minderjährigkeit) od. Formmängeln (auch durch → Anfechtung) ein; ferner wegen Verstoßes gg. gesetzl. Verbote od. die guten Sitten. – **N.sklage, 1)** auf Wiederaufnahme eines rechtskräftig abgeschlossenen Zivilprozesses (bei best. formellen Mängeln, wie fehlerhafte Gerichtsbesetzung, möglich); **2)** auf N.serklärung einer Ehe; **3)** auf Löschung eines Patents; **4)** auf Feststellung d. N. eines Hauptversammlungsbeschlusses einer AG u. a.

Nichtleiter, Stoffe, die Elektrizität praktisch nicht leiten (isolieren); Gütemaßstab: Durchschlagsspannung; **a)** feste Stoffe wie Glimmer, Glas, Porzellan und Sinterzeuge usw.; **b)** Faserstoffe wie Papier in allen Formen, Preßspan usw.; **c)** flüssige Stoffe wie Öl usw.

Nickel, *s., Ni,* chem. El., Oz. 28, At.-Gew. 58,71, Dichte 8,91; Schwermetall, gediegen nur in Meteoreisen, sonst als *N.glanz, -kies* und *-blüte* meist m. Kupfer u. Cobalt, aus denen es gewonnen wird; eisenhart, sehr dehnbar u. politurfähig; Hauptverwendung zum Vernickeln u. Plattieren von Eisen u. Stahl u. in Legierungen: *N.stahl* (sehr harter „Panzerstahl"), *Neusilber, N.bronze, Nickelin* (für el. Widerstände); wichtigste Vorkommen: Kanada, UdSSR (Petschenga-Gebiet, Ural, Mittelsibirien), Neukaledo-

nien, Cuba. – **N.blüte,** grünliches Mineral, Nickelarsenid; zu Nickel verarbeitet. – **N.eisenkies,** *Pentlandit* (Ni,Fe)$_9$S$_8$, wichtigstes N.erz.

Nickfänger, *Nicker,* Messer zum Abstechen *(Abnicken),* Öffnen und Zerteilen des Wilds.

Nickhaut, lidartige Augenhaut bei Vögeln.

Nicolai, 1) Friedrich (18. 3. 1733–8. 1. 1811), dt. Buchhändler u. Schriftst. d. Aufklärung; Romane, Reiseberichte; Zeitschriften; *Briefe, die neueste Literatur betreffend; Allg. dt. Bibliothek;* **2)** Otto (9. 6. 1810–11. 5. 49), dt. Komp.; Oper: *Die lustigen Weiber von Windsor.*

Nicolle [-'kɔl], Charles (21. 9. 1866–28. 2. 1936), frz. Bakteriologe; wies Fleckfieberübertragung durch Läuse nach; Nobelpr. 1928.

Nicolsches Prisma, aus zwei doppeltbrechenden Kalkspatprismen m. Kanadabalsam zus.gekittetes P., für Polarisationsapparate; ben. n. dem engl. Physiker William *Nicol* (1768–1851).

Nicosia → Nikosia.

Nicotin, *s., Nikotin (C$_{10}$H$_{14}$N$_2$),* Alkaloid d. Tabaks; wird b. Rauchen (z. T. von d. Schleimhäuten) aufgenommen; Nerven- u. Gefäßgift. – **N.säureamid,** ein Vitamin d. B$_7$-Komplexes (→ Vitamine, Übers.). – **N.vergiftung,** bei übermäß. Tabakgenuß; vermehrte Speichelabsonderung, Schweißausbrüche, Schwindelgefühl, Übelkeit, Erbrechen u. Durchfälle; in d. schlimmsten Fällen Krämpfe, Koma (→ Erste Hilfe, Übers.); 50 bis 60 mg N. auf einmal resorbiert wirken tödlich.

Nidation, Einnistung des sich entwickelnden Eies in d. Gebärmutterschleimhaut.

Nidda (D-6478), St. i. Wetteraukr., im SW d. Vogelsberges, Hess., 16 481 E; AG; Fremdenverk.; *N.-Talsperre* s. 1970.

Nidwalden, Halbkanton von → Unterwalden.

Niebelschütz, Wolf v. (24. 1. 1913–22. 7. 60), dt. Dichter; Roman: *Der blaue Kammerherr.*

Niebergall, Ernst Elias (13. 1. 1815–19. 4. 43), hess. Mundartdichter; Darmstädter Lokalposse: *Datterich.*

Niebuhr, 1) Barthold Georg (27. 8. 1776–2. 1. 1831), dt. Gesch.forscher; preuß. Gesandter in Rom; *Röm. Geschichte;* **2)** Carsten (17. 3. 1733–26. 4. 1815), dt. Arabienforscher.

Niebüll (D-2260), St. i. Kr. Nordfriesld, in Schl-Ho., 6675 E; AG.

Niederaichbach (D-8301), Gem. i. Kr. Landshut/ Bay., 2487 E; stillgelegtes Kernkraftwerk, i. Abbau.

Niederbayern, ostbayr. Rgbz. zw. unterer Isar u. Böhmerwald, 10 331 km², 1,04 Mill. E; Hptst. *Landshut.*

Niederdeutsch → deutsche Mundarten.
Niederdruck, Gas- oder Dampfdruck bis 0,5 bar Überdruck z. B. *N.dampfheizung.*

Niederfinow [-no], (D-1301), Gem. i. Kr. Eberswalde, Bbg., 1100 E; großes

Schiffshebewerk, Oder-Havel-Kanal (Groß-Schiffahrtsweg).

Niederfrequenz, in der Fernmelde- u. Elektrotechnik allg. Frequenzen unter 20 kHz.

Nieder-Kalifornien, *Baja California,* 900 km lange, 100–250 km breite gebirgige Halbinsel (bis 3090 m) im W Mexikos; trennt Kalifornien. Golf vom Pazifik; sehr trokken.

Niederkassel (D-5216), St. im Rhein-Sieg-Kr., NRW, rechtsrhein. zw. Bonn u. Köln, 28 474 E; div. Ind.

Niederlahnstein → Lahnstein.

Niederlande, *Holland,* amtl. *Koninkrijk der Nederlanden,* Kgr. zw. Ems- u. Scheldemündung, 33 943 km² (mit Binnengewässern 40 844 km²), 14,84 Mill. E (363 je km²); Bev.-Zuw. 0,4%; Währung: Florin, holl. Gulden (hfl); Rel.: 26% ev., 36% röm.-kath.; Hptst.: *Amsterdam,* Reg.sitz: *Den Haag* ('s-Gravenhage); Flagge S. 341, Karte S. 740. **a)** *Geogr.:* Tiefland (davon fast ²/₅ u. M. gelegenes grünes Marschland; führend i. Landgewinnung im Moor. kultivierung), nördl. u. südl. d. s. 1920 z. T. trockengelegten Zuidersee (jetzt → Ijsselmeer), mit zahlr. Deichen gg. Meeresüberflutungen; N u. W alluvialer Boden (Flachmoor, Meerton), O u. S diluvialer Sand- u. Kiesboden. **b)** *Landw.:* Viehzucht (Molkereiprodukte); Gemüsebau, Blumenzucht (Haarlem). **c)** *Ind.:* Leder-, Textil-, Reyon-, Metallind., Schiffbau; Erdölförderung; bed. Seehandel. **d)** *Verkehr:* Eisenbahnen 2832 km; viele Kanäle zw. Rhein, Maas u. Schelde, deren Mündungsarme im Rahmen d. → Deltaplanes z. T. abgesperrt werden; Hpthäfen: *Rotterdam* u. *Amsterdam;* Handelsflotte 3,7 Mill. BRT (1989). **e)** *Außenhandel* (1988): Einfuhr 99,34 Mrd., Ausfuhr 103,07 Mrd. $. **f)** *Verf.* v. 1814 (zuletzt geändert 1972): Konstitutionelle Erbmonarchie (Haus Nassau-Oranien); 2 Kammern (bilden die Generalstaaten), Staatsrat. **g)** *Verw.:* 11 Prov.; Provinzialstaaten *(Provinzialstaaten).* **h)** *Überseegebiete:* → Niederländische Antillen. **i)** *Gesch.:* Urspr. Bewohner german. Bataver, z. Z. d. Völkerwanderung Friesen u. Franken; 870 zum Ostfränk. Reich, dann dt. Reichsland; 1477 habsburg., 1555 durch Philipp II. an Spanien; 1566–1648 Freiheitskriege (→ Wilhelm v. Oranien); Zus.schluß der 7 nördl. Prov. zur Utrechter Union (1579), dann zur Rep. der Vereinigten N. (1581), im Westfäl. Frieden 1648 anerkannt; 1602 Gründung d. Ostind. Kompanie, Aufschwung zur 1. See- u. Kolonialmacht; Kulturblüte (bes. Malerei); im 17. Jh. Kriege gg. England, im 18. Jh. Handels- u. Seekriege gg. Frkr. u. Spanien; 1795–1806 zu Frkr. *(Batavische Rep.),* 1806 Kgr. (Ludwig Bonaparte); 1815 Vereinigung m. Belgien unter Wilhelm I. von Oranien; 1830 Loslösung Belgiens; 1940 trotz Neutralitätspol. vom Dt. Reich besetzt; schwere Schäden durch Zerstörung d. Deiche im Krieg, 1949–56 → Niederländische Union; 1947 Zollunion u. 1958 Wirtschaftsunion mit Belgien und Luxemburg (→ Benelux-Union). **j)** *Mitgl.:* UN, NATO, EG, OECD, WEU, Europarat.

Niederländische Antillen, *Curaçao,* autonomer Staat (s. 1954) unter Oberhoheit der Ndl., die Inseln der Kl. Antillen: Curaçao, Bonaire, St. Martin (S-Teil), St. Eustatius, Saba; 768 km², 189 000 E; Hptst. *Willemstad* (150 000 E, auf → Curaçao); Außenhandel (1985): Einfuhr 4,9 Mrd., Ausfuhr 1,8 Mrd. $; s. 1964 assoz. Mitgl. d. EG (EWG).

niederländische Literatur, *12. Jh.:* Heinrich v. Veldeke (Minnesang u. höf. Epik). *13. Jh.: „Van den Vos Reinaerde"* (Reineke Fuchs), Jakob Maerlant. *14. Jh.:* Johann v. Ruysbroek, Dirk Potter. *15. Jh.:* Schauspiele d. Rederijkers. Volksstücke: *Lanzelot u. Sanderein, Mariechen von Namwegen. 16. Jh.:* Erasmus v. Rotterdam (*Lob d. Narrheit). 17. Jh.:* Joost van den Vondel. *19. Jh.:* Multatuli (Antikolonialromane: *Max Havelaar,* Kindheitsroman: *Kleiner Walther).* Willem Kloos. Albert Verwey, Fred van Eeden (Lyriker). *20. Jh.:* L. Couperus, A. van Schendel, C. u. M. Scharten-Antink, de Vries, Danker, Gossaert, Lulofs, Jo van Ammers-Küller, Jan de Hartog.

niederländische Musik, auch *franko-flämische Musik,* vorherrschend i. Europa um 1430–1550; Hptvertr.: *Dufay, Binchois, Ockeghem, Obrecht, Josquin Desprez, Isaac, Willaert, Lasso.*

niederländisches Dankgebet → Musik (Übers.).

niederländische Sprache → Sprachen (Übers., I A).

Niederländische Union, Zus.schluß (1949) d. Niederlande u. Indonesiens zur freundschaftl. Zus.arbeit auf d. Grundlage d. Freiwilligkeit, Gleichheit und Unabhängigkeit; 1956 aufgehoben.

Niederländisch-Neuguinea → Neuguinea.

Niederländisch-Westindien, heute → Niederländische Antillen.

Niederösterreich, flächenmäßig größtes Bundesland v. Östr., 19 172 km², 1,4 Mill. E; im S Alpenland, Kohlenbergbau, Erdöl (Zistersdorf u. Matzen), an d. Donau Acker-, Obst- u. Weinbau; Hptst. *St. Pölten* (seit 1986).

Niedersachsen, 1) Bez. für d. Ur- u. Ausdehnungsgebiet d. german. Stammes d. Sachsen, mit wechselnden Abgrenzungen; **2)** ab 1512 dt. Reichskreis v. der Weser bis einschließl. Holstein und Mecklenburg; **3)** dt. *Land,* 1946 gebildet aus Hannover (ehemalige preu-

Bische Provinz), Oldenburg, Braunschweig und Schaumburg-Lippe, 47 344 km², 7,24 Mill. E (153 je km²); Rel.: 74% ev., 19% kath.; Hptst. *Hannover;* Landesfarben: Schwarz-Rot-Gold m. weißem Roß im roten Feld. **a)** *Geogr.:* Reicht im S bis zum Weserbergland u. westl. z. Harz, im NO u. N bis zum Unterlauf d. Elbe und zur Nordsee, im W bis zur ndl. Grenze; zw. Aller u. Unterelbe d. Lüneburger Heide. **b)** *Wirtsch.:* Ackerbau, Viehzucht; Salz-, Kali-, Braunkohlen-, Eisenerz-, Erdölgewinnung; Eisen- und Hüttenwerke, vielseitige Industrie. **c)** → *Hochschulen.* **d)** *Verw.:* 4 Rgbz.: Braunschweig, Hannover, Lüneburg, Weser-Ems. **e)** *Regierung:* Min.präs. u. Min.; Landtag.

Niederschlag, 1) *chem.* ein Stoff, der aus seiner Lösung, meist durch e. zweiten gelösten Stoff, ausgefällt wurde; **2)** *galvanischer N.* → Galvanisieren; **3)** *meteorologisch:* durch Abkühlung erfolgende flüssige oder feste Ausscheidung des Wasserdampfes der Luft als Nebel, Tau, Regen, Schnee oder Hagel; Messung in mm (Wasserhöhe), entsprechend der gleichen Anzahl Liter pro m²; **4)** *sportlich:* Zubodenbringen des Gegners b. Boxen, auch → Knockout.

Niederschlagen, 1) svw. (Gebühren) außer Ansatz bringen, (Verfahren) einstellen; **2)** → Niederschlag 4).

Niederschlesien → Schlesien.

Niederwald, aus Wurzel- u. Stockausschlag entstehender niedriger, bis höchstens 40 Jahre alter Wald zur Gewinnung v. Gerbrinde, Brenn- u. Kohlholz Bergrücken (349 m) am SW-Rand d. Taunus, bei Rüdesheim, mit **N.denkmal,** zur Erinnerung an d. Gründung d. Dt. Reiches.

Niederwild, Bez. f. alles Wild, das nicht zum → Hochwild zählt (z. B. Reh, Hase, Fasan).

Niednagel, *Neidnagel,* Hauteinriß am Nagelfalz.

Niehans, Paul (21. 11. 1882–1. 9. 1971), schweiz. Arzt; entwickelte → Zellulartherapie.

Niekisch, Ernst (23. 5. 1889–23. 5. 1967), dt. Pol., Hg. der nationalrevolutionären Zeitschrift *Widerstand;* 1937 zu lebenslängl. Zuchthaus verurteilt, 1948–54 Prof. in Ostberlin.

Niello [it.], schwarze Schmelzmasse, als Einlage in Metall benutzt; → Tula Verzierung bes. v. Silberwerk durch Einschmelzen e. dunklen („schwärzlichen") Legierung in vorgezeichnete Eintiefungen; Verfahren: *niellieren.*

Nielsen, Asta (11. 9. 1885–25. 5. 1972), dän. Stummfilm- u. Bühnenschausp.in; *Die freudlose Gasse.*

Niemeyer, Oscar (* 15. 12. 1907), brasilianischer Architekt; Baupläne für → Brasília.

Martin Niemöller

Niemöller, Martin (14. 1. 1892–6. 3. 1984), dt. ev. Theol.; gründete 1933 d. → Bekennende Kirche, 1938–45 im KZ; nach 1945 führend bei d. Neuordnung d. → evangelischen Kirche in Dtld; 1947–64 Kirchenpräs. v. Hessen u. Nassau; s.

	Landtagswahlen (Stimmen in %)			
	CDU	SPD	FDP	Grüne
1947	19,9	43,4	8,8	
1951	23,8	33,7	8,4	
1955	26,6	35,2	7,9	
1959	30,8	39,5	5,2	
1963	37,7	39,9	10,8	
1967	41,7	43,1	6,9	
1970	45,7	46,3	4,4	
1974	48,9	43,0	7,1	
1978	48,7	42,2	4,2	
1982	50,7	36,5	5,9	6,5
1986	44,3	42,1	6,0	7,1
1990	42,0	44,2	6,0	5,5

1961 einer der 6 Präs. des Weltkirchenrats.

Nienburg (Weser) (D-3070), Krst. im Rgbz. Hannover, Nds., 29 545 E; AG; Erdöl; Glas-, Metall-, Holz-, chem. Ind.

Niepce [njɛps], Joseph (7. 3. 1765–5. 7. 1833), frz. Techniker; erfand m. Daguerre die → Daguerreotypie.S

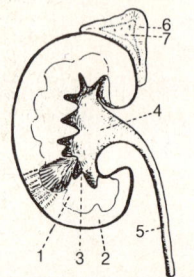

1 Nierenmark, 2 Nierenrinde, 3 Papillen, 4 Nierenbecken mit Kelchen, 5 Harnleiter, 6 Nebennierenrinde, 7 Nebennierenmark

Menschliche Niere und Nebenniere im Schnitt

Nieren, beiderseits in Höhe der 12. Rippe gelegen, sondern d. Harn aus dem Blut ab; wichtigste Ausscheidungsorgane f. Gifte und Stoffwechselschlacken. *Künstliche N.* → extrakorporale Dialyse. – **N.becken,** trichterförm. Sammelbecken d. Niere, mündet i. d. schlauchförmigen Harnleiter. *N.beckenentzündung,* fieberh. Eiterung i. N.becken, meist durch Kolibazillen u. Harnstauung. – **N.entzündung,** *Nephritis,* durch Erkältung oder Infektion hervorgerufene entzündl. Erkrankung der N. mit Eiweiß- u. Blutausscheidung im Harn, Ödeme, Blutdrucksteigerung. – **N.kolik,** schmerzhafter Krampf i. d. Nierengegend bei N.steinkrankheit. – **N.schrumpfung,** *Schrumpfniere,* infolge Durchblutungsstörungen (z. B. Verkalkung) oder N.entzündung; mit hohem Blutdruck und Störung der N.tätigkeit. – **N.senkung,** *Wanderniere, Nephroptose,* meist rechtsseitig bestehende Lockerung der Niere durch Abmagerung. – **N.steine,** aus Harnsäurekristallen oder Kalkoxalat, durch Entmischung d. Harns in d. Niere bzw. im N.becken, auch in d. Harnblase *(Blasensteine)* entstehend; Stoffwechselkrankheit, auch familiäre Veranlagung.

Nierstein (D-6505), Gem. i. Kr. Mainz-Bingen, RP, am Rhein, 6505 E; Weinbau.

Niesky (D-8920), Krst. i. Sa., 12 441 E; Fahrzeugbau, Masch.ind.; 1742 Gründung der *Herrnhuter* → *Brüdergemeine.*

Nießbrauch, dingliches Recht auf Nutzung einer Sache od. eines Rechts, weder übertragbar noch vererblich (§§ 1030 ff. BGB).

Nieswurz, Hahnenfußgewächse mit ledrigen Blättern u. großen Blüten, meist im

Gebirge (z. B. *schwarze N.* → Christrose).

Niet, Maschinenelement; ein mit Kopf *(Setzkopf)* versehener Metall-, Eisenbolzen, dient z. Verbindung v. Blechen, Profileisen usw. **(nieten);** der erhitzte Niet wird durch gestanzte od. gebohrte Löcher der übereinandergreifenden Bleche gesteckt u. das freie Schaftende z. *Schließkopf* durch **N.maschine** od. Hämmern v. Hand zusammengedrückt.

Niete [ndl. „nichts"], Lotterielos ohne Gewinn.

Friedrich W. Nietzsche

Nietzsche, Friedrich Wilhelm (15. 10. 1844–25. 8. 1900), dt. Philologe u. Phil., beeinflußt v. Schopenhauer u. R. Wagner, bekämpfte d. bürgerl. Vorurteile seiner Zeit, stellte gg. d. Christentum m. s. „Sklavenmoral" den freien Menschen; forderte z. Überwindung d. → Nihilismus die vorurteilslose Bejahung des Willens zur Macht; Lehre v. → Übermenschen, v. Herrenmoral u. der ewigen Wiederkehr; oft mißinterpretiert; Lyriker; s. 1889 geisteskrank; *Die Geburt der Tragödie aus dem Geiste d. Musik; Menschliches, Allzumenschliches; Also sprach Zarathustra; Jenseits von Gut u. Böse; Zur Genealogie der Moral;* Nachlaßwerk: *Der Wille zur Macht;* Gedichte. – **N.-Archiv** (→ Förster-Nietzsche), s. 1950 im Goethe-Schiller-Archiv, Weimar.

Nièvre [njɛːvr], mittelfrz. Dép., 6817 km², 235 000 E; Hptst. *Nevers.*

Niflheim, kaltes Nebelreich der nord. Sage.

Niger, 1) afrikan. Strom, v. Guinea, 4184 km l., i. riesigem Delta in d. Golf v. Guinea; l. Nbfl.: *Benuë;* **2)** amtl. *République du Niger,* Rep. in Westafrika, v. der Rep. Nigeria im S bis in d. Sahara im N, Steppenlandschaft, 1 267 000 km², 6,69 Mill. E (5 je km²); Bev.-Zuw. 3,0%; Bev.: vorwieg. moh., Haussa u. Tuareg; Währung: CFA-Franc (F CFA); Hptst.: *Niamey;* Flagge S. 341, Karte S. 750. **a)** *Wirtsch.:* Hpts. agrarisch (Viehzucht, Ackerbau); Hptausfuhrprodukte: Uranerze, Zinn, Erdnüsse, Vieh, Leder u. Häute. **b)** *Außenhandel* (1985): Einfuhr 316 Mill., Ausfuhr 260 Mill. $. **c)** *Verf.* v. 1987; Präsidialrepublik; Oberster Mil.rat, Nat.rat; **d)** *Verw.:* 7 Départements; **e)** *Gesch.:* Seit

1904 Teil v. *Frz.-Westafrika;* 1958 autonome u. 1960 unabhängige Rep.; 1974 Mil.reg. **f)** *Mitgl.:* UN, OAU; AKP-Staat.

Nigeria, amtl. *Federal Republic of N.,* Rep. am Golf v. Guinea, 923 768 km², 118,7 Mill. E (128 je km²); Bev.-Zuw. 3,4%; Bev.: Sudanneger, Fulbe, Ibos (volkreichstes Land Afrikas); Sprache: Engl., Sudan- u. Bantu-Sprachen; Währung: Naira (₦); Rel.: Moh., Christen; Hptst.: *Lagos;* Flagge S. 341, Karte S. 750. **a)** *Geogr.:* Im S trop. Regenwald, im Inneren Monsunwald, im N Savannen, Dornbuschsteppen. **b)** *Wirtsch.:* Wichtigster Zweig ist d. Landw., Hptprodukte Kakao (1982: 150 000 t), Palmerzeugnisse u. Erdnüsse; an Bodenschätzen vor allem Erdöl (1988: 69 Mill. t) v. Bedeutung, daneben Zinn, Kohle, Marmor. **c)** *Außenhandel* (1987): Einfuhr 3,92 Mrd., Ausfuhr 7,38 Mrd. $. **d)** *Verf.* v. 1979 (s. 1985 außer Kraft), Parlament aufgelöst; Reg. Mil.rat u. Nat.rat. **e)** *Verw.:* 19 B.staaten u. Hauptdistrikt. **f)** *Gesch.:* Ehem. brit. Kolonie, s. 1960 unabhängig; 1961 Anschluß v. N-Kamerun, 1963 Rep.; Spannungen zw. d. in Rel. u. Tradition verschiedenen Bevölkerungsgruppen i. N u. i. S führten s. 1964 mehrfach zu blutigen Unruhen, 1966 z. Sturz d. Reg.; Abspaltung d. Ostprov. (Staat Biafra) im Mai 1967 zum Bürgerkrieg; im Jan. 1970 Beendigung d. Krieges mit d. Kapitulation Biafras; 1975 Putsch; 1979 Wiederherstellung d. Demokratie; s. 1983 Mil.reg.; 1990 gescheiterter Putschversuch. **g)** *Mitgl.:* UN, Commonwealth, OAU, OPEC; AKP-Staat.

Nightingale [ˈnaɪtɪŋgeɪl], Florence (15. 5. 1820–13. 8. 1910), engl. Krankenpflegerin, organisierte brit. Kriegskrankenpflege.

Nihilismus [l. „nihil = nichts"], Leugnung jeder Offenbarung u. Erkenntnismöglichkeit; moralisch: Entwertung aller Werte (Nietzsche); Lebens- u. Weltverzweiflung; pol.: Negierung jegl. Gesellschaftsordnung (→ *Anarchismus);* Bez. popul. durch Turgenjews *Väter und Söhne.* – Im zaristischen Rußland politisch terroristische Richtung: **Nihilisten.**

nihil obstat [l. „nichts steht entgegen"], die Genehmigungsformel im kath. Kirchenrecht.

Niigata, Hpt. d. jap. Präfektur N., an der W-Küste Honshus, 476 000 E; Erdölraffinerien, Textil- u. Eisenind.; größter Überseehafen Japans.

Nijinskij, Waslaw (28. 2. 1890–11. 4. 1950), russ. Ballettänzer u. Choreograph.

Nike, griech. Siegesgöttin, lat. *Victoria;* berühmte Darstellungen v. Paionios (5. Jh. v. Chr., Olympia) u. v. Samothrake (2. Jh. v. Chr., heute i. Paris).

Nikias, athen. Feldherr im → Peloponnes. Krieg, schloß 421 v. Chr. Frieden mit Sparta.

Nikisch, Arthur (12. 10. 1855–23. 1. 1922), dt. Dirigent (Leipziger Gewandhaus- u. Berliner Philharmon. Orchester).

Nikobaren → Andamanen und Nikobaren.

Nikodemus, Pharisäer u. Mitgl. des jüd. Hohen Rates, Anhänger Jesu (Joh. 3).

Nikolajew, ukrain. *Mykolajiw,* Gebietshptst. in der Ukraine, Hafenst. an der Mündung des Bug ins Schwarze Meer; Maschinenind., Werft; 503 000 E.

Nikolaus, a) *Päpste* (insges. 5): **1)** N. I., 858–867; Trennung der morgenländ. von d. abendländ. Kirche 867 (→ Photius), bediente sich zuerst d. → pseudoisidorischen Dekretalen; **2)** N. II., 1058–61, entzog das Papsttum der kaiserl. Macht durch Übertragung der Papstwahl auf die Kardinäle (nur noch kaiserl. Bestätigungsrecht); **3)** N. V. (15. 11. 1397–24. 3. 1455), Papst 1447–55, rettete durch Vergleich mit Baseler Konzil Einheit der Kirche; begr. Vatikanische Bibliothek. – **b)** *russ. Zaren:* **4)** N. I. Pawlowitsch (6. 7. 1796–2. 3. 1855), Zar s. 1825, unterdrückte 1825 Dekabristenaufstand, warf Polenaufstand 1830/31 nieder, veranlaßte d. Krimkrieg; **5)** N. II. Alexandrowitsch (18. 5. 1868–16. 7. 1918), Zar s. 1894, regte 1899 die Haager Friedenskonferenz an; mußte 1905 (Revolution) Rußland e. Verfassung geben; Abdankung 1917; 1918 mit s. Familie in Jekaterinburg (heute Swerdlowsk) erschossen.

Nikolaus (um 350), Schutzhlg. der Schiffahrt. – **N.tag,** Geschenkfest für Kinder (6. 12.).

Nikolaus von der Flüe, *Bruder Klaus* (1417–21. 3. 87), schweiz. Nat.heiliger; Bauer, Richter u. Ratherr, später Einsiedler.

Nikolaus von Kues [-*kus*], *Cusanus* (1401–11. 8. 64), Phil. u. Theol., s. 1448 Kardinal; lehrte den Zusammenfall aller Gegensätze im Unendlichen (Gott).

Nikolaus von Verdun [-'*dœ*], lothring. Emailmaler u. Goldschmied, tätig 1181–1205; schuf Klosterneuburger Altar, wesentlich beteiligt am Dreikönigsschrein des Kölner Doms.

Nikolsburg, tschech. *Mikulov,* St. in S-Mähren, 7000 E. – Preuß.-östr. Vorfriede 1866.

Nikomedia, heute *Ismid,* i. Altertum Hptst. Bithyniens; Residenz d. röm. Kaisers Diokletian.

Nikopol, ukrain. *Nykopil,* ukrain. St. am Dnjepr, 158 000 E; Manganerzlager.

Nikosia, *Nicosia,* griech. *Levkosia, Leukosia,* türk. *Lefkoşa;* seit 1974 zw. Griechen u. Türken geteilte Hptst. Zyperns, griech. Teil 160 000 E; türk. Teil 37 000 E; griech.-orthod. Erzbistum.

Nil, längster Strom der Erde, 6671 km l., entspringt als *Kagera* dem Land der Victoriasees, entfließt diesem als *Victoria-Nil,* verläßt den Albertsee als *Bahr el Dschebel;* Nebenflüsse: v. links *Gazellenfluß (Bahr el Ghasal),* von rechts *Sobat;* dann *Weißer Nil (Bahr el Abiad);* von rechts (bei Khar-

Nillandschaft, *Ägypten*

tum) der *Blaue Nil (Bahr el Asrak);* nach Durchbruch durch die Wüstentafel (Katarakte, 250 m Höhenunterschied) durchfließt er das durch sein schlammreiches Wasser fruchtbare Ägypten u. mündet mit 270 km breitem Delta u. den Hptarmen *Rosette* u. *Damiette* in das Mittelmeer. Regelung d. Wasserführung u. Energiegewinnung durch gr. Stauwerke (z. B. bei → Assuan).

Nilgau, indisches, antilopenähnl. Horntier, steil aufragender Rücken, kurze Hörner.

Nilpferd, svw. → Flußpferd.

Nilsson, Birgit (* 17. 5. 1918), schwed. Sopranistin (Wagnersängerin).

Nimbus, *m.* [l. „Wolke“], **1)** → Heiligenschein, in der antiken Kunst bei Göttern, Kaisern u. a., in d. christlichen bei Christus u. den Aposteln; übertragen: Ruhmesglanz, Ruf, Ansehen; **2)** → Wolken.

Nîmes [*nim*], Hptst. des frz. Dép. *Gard,* 130 000 E; röm. Amphitheater, antiker Tempel *(Maison carrée);* Seidenfabrikation; Weinhandel. – Kelt.-röm. Gründung; um 400 n. Chr. Bistum; 1629 *Edikt v. N.* (Hugenotten).

Nimmersatt, Storchvogel trop. Länder.

Nimrod, „gewaltiger Jäger“ im A. T.

Nimwegen, ndl. *Nijmegen,* St. in d. ndl. Prov. Geldern, an der Waal, 147 000 E; kath. Uni., Reste e. Karolingerpfalz; Metall-, Elektro-, Kunstseiden- u. keram. Ind. – 1678/79 Friede zu N.

Nin, Anaïs (21. 2. 1903–14. 1. 77), am. Schriftst.in; surrealist.-psych. Romane: *Haus d. Inzests; D. Delta d. Venus; D. Tagebücher d. A. N.*

Ningbo, Hafenst. der chin. Prov. Zhejiang, 1,02 Mill. E; Holz-, Baumwoll-, Zement-, Lackind.

Ningxia-Huizu, autonome Region in Mittelchina am Huang He, 170 000 km², 4,2 Mill. E; Hptst. *Yinchuan;* Landw., große Bewässerungsanlagen i. Bau.

Ninive, Hptst. d. Assyrerreiches seit 8. Jh. v. Chr., am Tigris, gegenüber dem heutigen Mosul, von Medern und Babyloniern 612 v. Chr. zerstört.

Niobe, sagenhafte Kgn v. Theben, Tochter d. Tantalus, prahlt m. d. Zahl ihrer 14 Kinder vor Leto; deren Kinder, Apollo u. Artemis, töten Niobes Söhne u. Töchter, d. Niobe selbst vor d. Augen d. Mutter, die Zeus in e. Fels verwandelt. – **N.gruppe** i. Florenz.

Niobium, *Nb,* chem. El., Oz. 41, At.-Gew. 92,906, Dichte 8,58; seltenes Me-

tall, meist in Verbindung m. Tantal *(Kolumbit).*

Nipkow, Paul (22. 8. 1860–24. 8. 1940), dt. Ing.; erfand 1884 d. **N.scheibe** zur Abtastung eines Bildes mit Hilfe einer sich schnell drehenden Spiral-Lochscheibe; → Fernsehen.

Nippel, Gewindestück zur Verbindung von Rohrmuffen u. a.

Nippes [frz. *nip*], *Nippsachen,* kleine Zierfiguren.

Nippflut, niedrige Flut während d. ersten u. letzten Mondviertels, wenn Mondflut u. Sonnenebbe zusammentreffen.

Nippon [jap. „Sonnenursprung“], Name f. Kaiserreich Japan u. Hptinsel Hondo.

Nirenberg, Marshall Warren (* 10. 4. 1927), am. Biochem.; Nobelpr. 1968 (Erbvorgänge).

Nirosta®, nichtrostender Stahl (hoher Chromgehalt).

Nirwana, *s.,* „das Auslöschen“, i. d. ind. Philosophie, bes. im Buddhismus, das höchste Ziel des Menschen, die „ewige Befreiung v. Schmerz der Existenz“; durch höchste Erkenntnis u. Tugend erreichbar, Verlust der Besonderung, der Quelle allen Leids, Aufgehen im All.

Nisan, *Nissan,* jüd. Ostermonat (März, April).

Nisch, serb. *Niš,* St. i. Serbien, a. d. **Nischawa,** r. Nbfl. d. südl. Morava, 231 000 E; orthodoxes Bistum.

Nischnij-Nowgorod, 1932–90 *Gorkij,* sowj. St. am Zus.fluß von Oka u. Wolga, 1,44 Mill. E; Uni., Hafen; Ind.: Autowerke (Panzer), Flugzeuge, Masch., Eisen, Kupfergießereien, Mühlenind. – Altes Handelszentrum, 1524–1927 russ. Messe.

Nischnij Tagil, sowj. St. i. Ural, 440 000 E; Kupfererzlager; Platinvorkommen, metallverarbeitende u. chem. Ind., Waggonfabrik.

Nissen, die Eier der Läuse.

Niterói [-'*rɔj*], brasilian. St., 477 000 E; Hafen, Tabak- u. Baumwollind.

Nitrate, *s.* → Salpetersäure.

Nitride, Verbindungen d. Stickstoffs, insbes. m. Metallen; nach d. Bindungsverhältnissen lassen sich salzartige N., die sehr harten N. von Elementen d. 3. u. 4. Hauptgruppe u. die ebenfalls sehr harten metall. N. v. Übergangsmetallen unterscheiden.

nitrieren, Behandlung organ. Stoffe mit konzentriertem Salpetersäure-Schwefelsäure-Gemisch, wodurch Verbindungen mit der Nitrogruppe NO_2 entstehen (z. B. Nitrotoluol); *Nitroverbindungen* m. mehreren Nitrogruppen (Trinitrophenol = Pikrinsäure, Trinitrocellulose = Schießbaumwolle) sind hochexplosiv.

Nitrifikation, Verwandlung von Ammoniak u. organ. Stickstoffverbindungen (im Boden) in Salpeter durch **Nitrobakterien.**

Nitrite, Salze der salpetrigen Säure (giftig); als Lebensmittelzusatz zur Schönung u. Geschmacksverbesserung im

Fleisch i. d. BR begrenzt erlaubt; zus. m. Aminen mögl. Krebsursache (→ Nitrosamine).

Nitro-benzol, $C_6H_5NO_2$, bittermandelähnlich riechend, durch Behandlung von Benzol mit Salpetersäure-Schwefelsäure als „Mirbanöl" zur Parfümierung billiger Seifen; vor allem zur Herst. von Anilin. – **N.glycerin,** ein Ester der Salpetersäure u. des Glycerins, explosibel; *med.* als gefäßerweiterndes Mittel gebraucht; → Dynamit. – **N.phosphat,** Kunstdüngergemisch aus Chilesalpeter u. Superphosphat. – **N.samine,** Sammelbez. f. N-Nitrosoverbindungen v. Aminen m. der Gruppe >N–NO; cancerogene Stoffe; können sich unter dem Einfluß v. Nitrit, das als Nitritpökelsalz zugesetzt wurde, bilden. – **N.verbindungen** → nitrieren.

Niveau, *s.* [frz. -*voˈ*], **1)** Stufe der Höhe, auf der sich etwas (Mensch, Diskussion, Kunst) befindet; **2)** *techn.* Libelle, → Wasserwaage; **3)** ebene Fläche. – **N.linien,** Höhenlinien bei Karten.

nivellieren [frz.], **1)** gleichmachen, auf gleiche Höhe bringen; **2)** i. d. *Geodäsie:* Feststellung d. Höhenunterschieds v. versch. Punkten i. Gelände durch **Nivellierinstrument,** Fernrohr m. Wasserwaage (Libelle, Niveau).

Niven, David (1. 3. 1910–29. 7. 83), engl. Filmschausp.; *Around the World in Eighty Days; Separate Tables; Death on the Nile.*

Nixe, *Wasserjungfrau,* im Volksglauben Wassergeist: weibl. Wesen mit grünem Haar u. Fischschwanz; in d. german. Mythologie auch männl. Wassergeist *(Nix).*

Richard Nixon

Nixon [ˈnɪksn], Richard Milhous (* 9. 1. 1913), am. republikan. Pol.; 1953–60 Vizepräs., 1969–74 37. Präs. d. USA; Rücktritt wegen → Watergate-Affäre.

Nizami, *Nisami* (12. Jh.), pers. Dichter; Epen.

Nizza, frz. *Nice* [nis], Hptst. d. frz. Dép. *Alpes-Maritimes,* an der frz. Riviera, 338 000 E; Winter- u. Luftkurort; s. 1969 Buchmesse.

Njassaland → Malawi.

Njemen, dt. *Memel,* litauisch *Nemunas,* osteur. Strom. Quellgebiet in Weißrußland, durchfließt das südliche Litauen, 937 km l., mit 2 Mündungsarmen, r. *Ruß* u. l. *Gilge,* ins Kurische Haff; Holzflößerei; v. Grodno ab schiffbar; Kanäle zu Dnjepr, Pregel u. Weichsel.

Nkrumah, Kwame (21. 9. 1909–27. 4.

72), ghanes. Pol.; 1957–61 Min.präs., 1961–66 Staatspräsident.

NKWD → MWD.

N. N., Abk. f. **N**omen **N**escio [l.], „den Namen weiß ich nicht" oder = nomen nominandum, „der zu nennende Name".

NN, Abk. f. → *Normalnull.*

No, *chem.* Zeichen f. → *Nobelium.*

No, *s., No-Spiele,* japanische feierliche Schauspiele, mit kunstvollen Gesichtsmasken, **No-Masken,** d. Darsteller; seit 15. Jh.

Noack, Ulrich (2. 6. 1899–14. 11. 1974), dt. Historiker; führend im *Nauheimer Kreis;* f. pol. Neutralisierung Dtlds.

Noah, einer der bibl. Urväter, seine Söhne: Sem, Ham u. Japhet; nach dem A.T. rettete er sich u. s. Familie vor der Sintflut in die *Arche N.*

Alfred Nobel

Nobel, Alfred Bernhard (21. 10. 1833–10. 12. 96), schwed. Ingenieur; erfand d. Dynamit; Begründer d. → Nobelstiftung.

Nobel, Löwe als Kg der Tiere in dt. Tiersage.

Nobelgarde, fürstl. Leibgarden, u. a. die *päpstl. Ehrengarde,* Leibwache des Papstes im Vatikan.

Nobelium, *No,* 1957/58 in Schweden entdecktes künstl. chem. El., Oz. 102; radioaktiv (→ Transurane).

Nobelpreis, Auszeichnung der **Nobelstiftung** für hervorragende Leistungen ohne Rücksicht auf Nationalität; Sitz: Stockholm; jährlich 6 (bis 1968 5) Preise: *Wirtschaft, Physik, Chemie, Medizin u. Physiologie, Literatur* (verteilt durch Akademie in Stockholm), *Friedenspreis* (verteilt durch Ausschuß d. norweg. Storting); erste Preisverteilung 1901; Höhe jedes Preises: z. Z. ca. 500 000 DM (→ Übers., S. 627–629).

Nobilität, Kreis der altröm. Familien, aus denen die leitenden Beamten kamen (Amtsadel); daher im MA i. d. italienischen Stadtrep. an **Nobili:** d. herrschenden Kreise.

Nobility, engl. hoher Geburtsadel.

Noblesse, *w.* [frz. *noˈbles(ə)*], vornehme Denkweise. – **N. oblige** [-ɔˈbliːʒ], Adel verpflichtet.

Nocke, rundliche Erhebung (z. B. auf der Nockenwelle).

Nocturne [frz. -ˈtyrn], it. *notturno,* „Nachtstück" träumer. Inhalts f. mehrere Instrumente; auch f. Klavier allein *(Chopin).*

Noel-Baker [ˈnoʊəlˈbeɪkə], Philip (1. 11. 1889–8. 10. 1982), engl. Pol. (Labour); Friedensnobelpr. 1959.

Noetik [gr.], Erkenntnislehre.

Nofretete

Nofretete, *Nefretete* (14. Jh. v. Chr.) altägypt. Kgn, Gattin v. → Amenophis IV.; Kalksteinbüste i. Berliner Museum.

Nogat, östl. Weichselmündungsarm.

Nohl, Herman (7. 10. 1879–27. 9. 1960), dt. Phil. u. Pädagoge.

NOK, Abk. f. → *Nationales Olympisches Komitee.*

Nolde, Emil (7. 8. 1867–15. 4. 1956), dt. expressionist. Maler u. Graphiker; farbstarke Blumen- u. Landschaftsgemälde, bibl. Themen; *Abendmahl.*

nolens volens [l.], wohl oder übel.

Nomaden [gr.], Wanderhirten m. jahreszeitl. Wohnwechsel: Beduinen, Mongolen, Indianerstämme.

Nomen, *s.* [l. „Name"], Nennwort: Haupt-, Eigenschafts-, Fürwort.

nomen et (est) omen [l.], „im Namen schon liegt eine Vorbedeutung", „der Name hat Bedeutung".

Nomenklatur, *w.* [l.], einheitl., intern. festgelegte wiss. Benennung, bes. in d. Naturwiss.

nominal, *nominell,* dem Namen nach.

Nominaldefinition, Erkl. e. Wortes nur nach seiner Wortbedeutung.

Nominalismus, phil. Richtung, die die Allgemeinbegriffe (Universalien) für bloße Worte ohne wirkliche Entsprechung erklärt; von Roscellinus (11. Jh.) begr.; Hptvertr.: Occam, Buridan; → *Scholastik;* Ggs.: → *Realismus.*

Nominallohn → Lohn.

Nominalzinsfuß, bei Anleihen der auf die Wertpapiere aufgedruckte Zinsfuß im Ggs. zu der effektiven Verzinsung (Beziehung zw. Zins u. Kurswert).

Nomination, *w.* [l.], Ernennung.

Nominativ, *m.* [l.], Nennfall, 1. Kasus, antwortet auf Frage *wer?*

nominieren [l.], be-, ernennen.

Nomographie, *math.* Verfahren, durch zeichnerische Darstellung math. Probleme zu lösen.

Nomos, *m.* [gr.], Sitte, Ordnung, Gesetz; Name der griech. Verwaltungsbezirke.

Non-books [engl. *-buks* „Nichtbücher"], in Verlag u. Buchhandlung Spielzeug, Schallplatten, Videorecorder u. ä.

Nobelpreisträger. – Die eingeklammerten Abkürzungen hinter den Namen geben die Staatsangehörigkeit zur Zeit der Preisverleihung an. Bei veränderter Staatsangehörigkeit ist die frühere *kursiv* an zweiter Stelle genannt. Die Abkürzungen bedeuten: Arg = Argentinien; Aus = Australien; Be = Belgien; Bu = Bulgarien; Chil = Chile; Chin = China; Dä = Dänemark; Dt = Deutschland; Fin = Finnland; Fr = Frankreich; Gb = Großbritannien; Gr = Griechenland; Gu = Guatemala; Ind = Indien; Ir = Irland; Isl = Island; Isr = Israel; It = Italien; Ju = Jugoslawien; Jap = Japan; Ka = Kanada;Ko = Kolumbien; Mex = Mexiko; Nd = Niederlande; No = Norwegen; Ö = Österreich; Pol = Polen; Port = Portugal; R = Rußland; SA = Südafrika; Sp = Spanien; Su = Sowjetunion; Swd = Schweden; Swz = Schweiz; Tsch = Tschechoslowakei; Ung = Ungarn; US = USA.

Physik

1901: W. C. Röntgen (Dt); 1902: H. A. Lorentz (Nd), P. Zeeman (Nd); 1903: H. A. Becquerel (Fr), M. Curie (Fr, *Pol*), P. Curie (Fr); 1904: Lord Rayleigh (Gb); 1905: Ph. Lenard (Dt); 1906: J. J. Thomson (Gb); 1907: A. A. Michelson (US); 1908: G. Lippmann (Fr); 1909: F. Braun (Dt), G. Marconi (It); 1910: J. D. v. d. Waals (Nd).
1911: W. Wien (Dt); 1912 G. Dalén (Swd); 1913 H. Kamerlingh Onnes (Nd); 1914 M. v. Laue (Dt); 1915: Sir Wm. Henry Bragg (Gb); Wm. Lawrence Bragg (Gb); 1916: –; 1917: Ch. G. Barkla (Gb); 1918: M. Planck (Dt); 1919: J. Stark (Dt); 1920: Ch. E. Guillaume (Swz).
1921: A. Einstein (Dt); 1922: N. Bohr (Dä); 1923: R. A. Millikan (US); 1924: K. M. G. Siegbahn (Swd); 1925: J. Franck (Dt), G. Hertz (Dt); 1926: J. B. Perrin (Fr); 1927: A. H. Comton (US), Ch. Th. R. Wilson (Gb); 1928: O. W. Richardson (Gb); 1929: Prinz L. V. de Broglie (Fr); 1930: Sir Ch. V. Raman (Ind).
1931: –; 1932: W. Heisenberg (Dt); 1933: P. A. M. Dirac (Gb), E. Schrödinger (Ö); 1934: –; 1935: J. Chadwick (Gb); 1936: C. D. Anderson (US), V. F. Heß (Ö); 1937: C. J. Davisson (US); G. P. Thomson (Gb); 1938: E. Fermi (It); 1939: E. O. Lawrence (US); 1940: –.
1941: –; 1942: –; 1943: O. Stern (US); 1944: I. I. Rabi (US); 1945: W. Pauli (Ö); 1946: P. W. Bridgman (US); 1947: Sir E. V. Appleton (Gb); 1948: P. M. S. Blackett (Gb); 1949: H. Yukawa (Jap); 1950: C. F. Powell (Gb).
1951: Sir J. D. Cockcroft (Gb), E. Th. S. Walton (Ir); 1952: F. Bloch (US), E. M. Purcell (US); 1953: F. Zernike (Nd); 1954: M. Born (Gb, *Dt*); W. Bothe (Dt); 1955: P. Kusch (US), W. E. Lamb (US); 1956: J. Bardeen (US), W. H. Brattain (US), W. Shockley (US); 1957: T. D. Lee (Chin), Ch. N. Yang (Chin); 1958: I. M. Frank (Su), I. J. Tamm (Su), P. A. Tscherenkow (Su); 1959: O. Chamberlain (US), E. Segre (US, *It*); 1960: D. A. Glaser (US).
1961: R. Hofstadter (US), R. Mößbauer (Dt); 1962: L. D. Landau (Su); 1963: Maria Goeppert-Mayer (US, *Dt*), H. D. Jensen (Dt), E. P. Wigner (US, *Ung*); 1964: A. Bassow (Su), N. Prochorow (Su), Ch. Townes (US); 1965: R. P. Feynman (US), J. Schwinger (US), S. Tomonaga (Jap); 1966: A. Kastler (Fr); 1967: H. Bethe (US, *Dt*); 1968: L. W. Alvarez (US); 1969: M. Gell-Mann (US); 1970: H. Alvén (Swd), L. Néel (Fr).
1971: D. Gabor (Gb); 1972: J. Bardeen (US), L. N. Cooper (US), J. R. Schrieffer (US); 1973: L. Esaki (Jap), I. Giaever (US, *No*), B. Josephson (Gb); 1974: M. Ryle (Gb), A. Hewish (Gb); 1975: A. Bohr (Dä), B. Mottelson (Dä), J. Rainwater (US); 1976: B. Richter (US), S. Ting (US); 1977: Ph. W. Anderson (US), J. v. Vleck (US), N. F. Mott (US); 1978: P. L. Kapiza (Su), A. Penzias (US), R. Wilson (US); 1979: S. L. Glashow (US), S. Weinberg (US), A. Salam (Pakistan); 1980: J. W. Cronin (US), V. L. Fitch (US).
1981: N. Bloembergen (US), A. L. Schawlow (US), K. M. Siegbahn (Swd); 1982: K. G. Wilson (US); 1983: S. Chandrasekhar (US); W. A. Fowler (US); 1984: C. Rubbia (It), S. van der Meer (Nd); 1985: K. v. Klitzing (Dt); 1986: E. Ruska (Dt), G. Binnig (Dt), H. Rohrer (Swz). 1987: Joh. Georg Bednorz (Dt); Karl Alex Müller (Swz); 1988: Leon Max Lederman (US); Melvin Schwartz (US); Jack Steinberger (US); 1989: Wolfgang Paul (Dt); Hans Georg Dehmelt (US, *Dt*); Norman Foster Ramsey (US); 1990: Jerome I. Friedman (US); Henry W. Kendall (US); Richard I. Taylor (Ka).
1991: Pierre-Gilles de Gennes (Fr).

Chemie

1901: J. H. van 't Hoff (Nd); 1902: E. Fischer (Dt); 1903: S. A. Arrhenius (Swd); 1904: Sir W. Ramsay (Gb); 1905: A. v. Baeyer (Dt); 1906: H. Moissan (Fr); 1907: E. Buchner (Dt); 1908: E. Rutherford (Gb); 1909: W. Ostwald (Dt); 1910: O. Wallach (Dt).
1911: Marie Curie (Fr, *Pol*); 1912: V. Grignard (Fr), P. Sabatier (Fr); 1913: A. Werner (Swz); 1914: Th. W. Richards (US); 1915: R. Willstätter (Dt); 1916: –; 1917: –; 1918: F. Haber (Dt); 1919: –; 1920: W. Nernst (Dt).
1921: F. Soddy (Gb); 1922: F. W. Aston (Gb); 1923: F. Pregl (Ö); 1924: –; 1925: R. Zsigmondy (Dt, *Ö*); 1926: Th. Svedberg (Swd); 1927: H. Wieland (Dt); 1928: A. Windaus (Dt); 1929: H. v. Euler-Chelpin (Swd, *Dt*), A. Harden (Gb); 1930: H. Fischer (Dt).
1931: F. Bergius (Dt), C. Bosch (Dt); 1932: I. Langmuir (US); 1933: –; 1934: H. C. Urey (US); 1935: F. Joliot (Fr), Irène Joliot-Curie (Fr); 1936: P. J. W. Debye (Dt, *Nd*); 1937: Sir W. N. Haworth (Gb), P. Karrer (Swz); 1938: R. Kuhn (Dt); 1939: A. F. J. Butenandt (Dt), L. Ruzicka (Swz); 1940: –.
1941: –; 1942: –; 1943: G. de Hevesy (Ung); 1944: O. Hahn (Dt); 1945: A. I. Virtanen (Fin); 1946: J. H. Northrop (US), W. M. Stanley (US), J. B. Sumner (US); 1947: Sir R. Robinson (Gb); 1948: A. Tiselius (Swd); 1949: W. F. Giauque (US); 1950: K. Alder (Dt), O. Diels (Dt).
1951: E. M. McMillan (US), G. Th. Seaborg (US); 1952: A. J. P. Martin (Gb), R. L. M. Synge (Gb); 1953: H. Staudinger (Dt); 1954: L. C. Pauling (US); 1955: V. du Vigneaud (US); 1956: Sir C. N. Hinshelwood (Gb), N. N. Semjonow (Su); 1957: Sir A. R. Todd (Gb); 1958: F. Sanger (Gb); 1959: J. Heyrovsky (Tsch); 1960: W. F. Libby (US).
1961: M. Calvin (US); 1962: J. C. Kendrew (Gb), M. F. Perutz (Gb, *Ö*); 1963: G. Natta (It), K. Ziegler (Dt); 1964: D. Crowfoot-Hodgkin (Gb); 1965: R. B. Woodward (US); 1966: R. Mulliken (US); 1967: M. Eigen (Dt), G. Porter (Gb), R. G. W. Norrish (Gb); 1968: L. Onsager (US, *No*); 1969: O. Hassel (No), D. H. Barton (Gb); 1970: L. Leloir (Arg).
1971: Gerh. Herzberg (Ka); 1972: Chr. Anfinsen (US), St. Moore (US), W. Stein (US); 1973: E. O. Fischer (Dt), G. Wilkinson (Gb); 1974: P. Flory (US); 1975: J. Cornforth (Gb), V. Prelog (Swz, *Ju*); 1976: W. Lipscomb (US); 1977: I. Prigogine (Be); 1978: P. Mitchell (Gb); 1979: G. Wittig (Dt), H. C. Brown (US); 1980: P. Berg (US), W. Gilbert (US), F. Sanger (Gb).
1981: K. Fukui (Jap), R. Hoffmann (US); 1982: A. Klug (Gb); 1983: H. Taube (Ka); 1984: R. B. Merrifield (US); 1985: H. Hauptman (US), J. Karle (US); 1986: J. Polanyi (Ka), D. Herschbach (US), J. T. Lee (US); 1987: D. J. Cram (US); C. J. Petersen (US); J.-M. Lehn (Fr); 1988: J. Deisenhofer (Dt); R. Huber (Dt); H. Michel (Dt); 1989: S. Altman (US); Ka); 1990: Elias J. Corey (US).
1991: Richard E. Ernst (Swz).

Medizin und Physiologie

1901: E. A. v. Behring (Dt); 1902: Sir R. Ross (Gb); 1903: N. R. Finsen (Dä); 1904: I. P. Pawlow (R); 1905: R. Koch (Dt); 1906: C. Golgi (It), S. Ramón y Cajal (Sp); 1907: Ch. L. A. Laveran (Fr); 1908: P. Ehrlich (Dt), I. Metschnikow (Fr, *R*); 1909: Th. Kocher (Swz); 1910: A. Kossel (Dt).
1911: A. Gullstrand (Swd); 1912: A. Carrel (US, *Fr*); 1913: Ch. Richet (Fr); 1914: R. Bárány (Ö); 1915: –; 1916: –; 1917: –; 1918: –; 1919: J. Bordet (Be); 1920: A. Krogh (Dä).

1921: –; 1922: A. V. Hill (Gb), O. Meyerhof (Dt); 1923: F. G. Banting (Ka), J. J. R. Macleod (Ka); 1924: W. Einthoven (Nd); 1925: –; 1926: J. Fibiger (Dä); 1927: J. Wagner-Jauregg (Ö); 1928: Ch. Nicolle (Fr); 1929: Chr. Eijkman (Nd), Sir F. G. Hopkins (Gb); 1930: K. Landsteiner (US, *Ö*). **1931:** O. H. Warburg (Dt); 1932: Ch. S. Sherrington (Gb), E. D. Adrian (Gb); 1933: Th. H. Morgan (US); 1934: G. R. Minot (US), W. P. Murphy (US), G. H. Whipple (US); 1935: H. Spemann (Dt); 1936: Sir H. H. Dale (Gb), O. Loewi (Ö); 1937: A. Szent-Györgyi von Nagyrapolt (Ung); 1938: C. Heymans (Be); 1939: G. Domagk (Dt). **1941:** –; 1942: –; 1943: H. Dam (Dä), E. A. Doisy (US); 1944: J. Erlanger (US), H. S. Gasser (US); 1945: E. B. Chain (Gb, *Dt*), Sir A. Fleming (Gb), Sir H. W. Florey (Gb); 1946: H. J. Muller (US); 1947: Carl F. u. Gerty T. Cori (US, *Tsch*), B. Houssay (Arg); 1948: P. Müller (Swz); 1949: W. R. Hess (Swz), A. Egas Moniz (Port); 1950: Ph. S. Hench (US), E. C. Kendall (US), T. Reichstein (Swz). **1951:** M. Theiler (US, *SA*); 1952: S. A. Waksman (US, *R*); 1953: H. A. Krebs (Gb, *Dt*), F. A. Lipmann (US, *Dt*); 1954: J. F. Enders (US), F. C. Robbins (US), Th. H. Weller (US); 1955: H. A. T. Theorell (Swd); 1956: A. F. Cournand (US, *Fr*), W. Forssmann (Dt), D. W. Richards (US); 1957: D. Bovel (It, *Swz*); 1958: G. W. Beadle (US), J. Lederberg (US), E. L. Tatum (US); 1959: A. Kornberg (US), S. Ochoa (US, *Sp*); 1960: Sir P. M. Burnet (Aus), P. B. Medawar (GB). **1961:** G. v. Bekesy (US, *Ung*); 1962: F. H. C. Crick (Gb), J. D. Watson (US), M. Wilkins (Gb); 1963: Sir J. C. Eccles (Aus), A. L. Hodgkin (Gb), A. F. Huxley (Gb); 1964: K. Bloch (US, *Dt*), Feodor Lynen (Dt); 1965: F. Jacob (Fr), A. Lwoff (Fr), J. Monod (Fr); 1966: C. B. Huggins (Ka), F. P. Rous (US); 1967: R. Granit (Swd), H. K. Hartline (US), G. Wald (US); 1968: R. W. Holley (US), H. G. Khorana (US), M. W. Nirenberg (US); 1969: M. Delbrück (US, *Dt*), A. Hershey (US), S. Luria (US); 1970: B. Katz (Gb), U. S. v. Euler-Chelpin (Swd), J. Axelrod (US). **1971:** W. Sutherland (US); 1972: G. M. Edelman (US), R. Porter (Gb); 1973: K. v. Frisch (Ö), K. Lorenz, N. Tinbergen (Nd); 1974: a. Claude (Be), Ch. de Duve (Be), G. E. Palade (US); 1975: D. Baltimore (US), R. Dulbecco (US), H. Temin (US); 1976: B. Blumberg (US), D. C. Gajdusek (US); 1977: R. Guillemin (US), A. Schally (US), R. Yalow (US); 1978: W. Arber (Swz), D. Nathans (US), H. Smith (US); 1979: A. M. Cormack (US), G. N. Hounsfield (Gb); 1980: B. Benacerraf (US), G. Snell (US), J. Dausset (Fr). **1981:** R. W. Sperry (US), D. H. Hubel (US), T. N. Wiesel (Swd); 1982: S. K. Bergström (Swd), B. I. Samuelsson (Swd), J. R. Vane (Gb); 1983: B. McClintock (US); 1984: N. K. Jerne (Dä), G. F. K. Köhler (Dt), C. Milstein (Arg); 1985: M. F. Brown (US), J. L. Goldstein (US); 1986: St. Cohen (US), R. Levi-Montalcini (It-US); 1987: S. Tonegawa (Ja); 1988: Sir J. W. Black (Gb), G. B. Elion (US), G. H. Hitchings (US); 1989: Michael J. Bishop (US); Harold E. Varmus (US); 1990: Joseph E. Murray (US); E. Donnall Thomas (US). **1991:** E. Neher (Dt); B. Sakmann (Dt).

Literatur
1901: R. F. A. Sulley Prudhomme (Fr); 1902: Th. Mommsen (Dt); 1903: B. Bjørnson (No); 1904: J. Echegaray (Sp), F. Mistral (Fr); 1905: H. Sienkiewicz (Pol); 1906: G. Carducci (It); 1907: R. Kipling (Gb); 1908: R. Eucken (Dt); 1909: S. Lagerlöf (Swd); 1910: P. Heyse (Dt). **1911:** M. Maeterlinck (Be); 1912: G. Hauptmann (Dt); 1913: R. Tagore (Ind); 1914: –; 1915: R. Rolland (Fr); 1916: V. v. Heidenstam (Swd); 1917: K. Gjellerup (Dä), H. Pontoppidan (Dä); 1918: –; 1919: C. Spitteler (Swz); 1920: K. Hamsun (No). **1921:** A. France *(J. A. Thibault)* (Fr); 1922: J. Benavente (Sp);

1923: W. B. Yeats (Ir); 1924: W. Reymont (Pol); 1925: G. B. Shaw (Gb); 1926: Grazia Deledda (It); 1927: H. Bergson (Fr); 1928: Sigrid Undset (No); 1929: Th. Mann (Dt); 1930: S. Lewis (US). **1931:** E. A. Karfeldt (Swd); 1932: J. Galsworthy (Gb); 1933: I. A. Bunin (Fr, *R*); 1934: L. Pirandello (It); 1935: –; 1936: E. O'Neill (US); 1937: R. Martin du Gard (Fr); 1938: Pearl S. Buck (US); 1939: F. E. Sillanpää (Fin); 1940: –. **1941:** –; 1942: –; 1943: –; 1944: Johannes V. Jensen (Dä); 1945: Gabriela Mistral *(L. Godoy y Alcayaga)* (Chil); 1946: H. Hesse (Swz, *Dt*); 1947: A. Gide (Fr); 1948: T. S. Eliot (Gb, *US*); 1949: W. Faulkner (US), 1950: Lord B. A. W. Russell (Gb). **1951:** P. Lagerkvist (Swd); 1952: F. Mauriac (Fr); 1953: Sir W. Churchill (Gb); 1954: E. Hemingway (US); 1955: H. K. Laxness (Isl); 1956: J. R. Jiménez (Sp); 1957: A. Camus (Fr); 1958: B. Pasternak (Su); 1959: S. Quasimodo (It); 1960: Saint-John Perse *(A. Léger)* (Fr). **1961:** I. Andrić (Ju); 1962: J. Steinbeck (US); 1963: G. Seferis (Gr); 1964: J.-P. Sartre (Fr), 1965: M. Scholchow (Su); 1966: S. J. Agnon (Isr, *Ö*), N. Sachs (Swd, *Dt*); 1967: M. A. Asturias (Gu); 1968: Y. Kawabata (Jap); 1969: S. Beckett (Ir); 1970: A. Solschenizyn (Su). **1971:** P. Neruda (Chil); 1972: H. Böll (Dt); 1973: P. White (Aus); 1974: E. Johnson (Swd), H. Martinson (Swd); 1975: E. Montale (It); 1976: S. Bellow (US); 1977: V. Aleixandre (Sp); 1978: I. B. Singer (US); 1979: O Elytis (Gr); 1980: C. Milosz (Pol). **1981:** E. Canetti (Gb, *Bu*); 1982: G. García Marquez (Ko); 1983: W. G. Golding (Gb); 1984: J. Seifert (Tsch); 1985: Cl. Simon (Fr); 1986: W. Soyinka (Nigeria); 1987: J. Brodsky (US); 1988: N. Mahfuz (Ägypten); 1989: C. J. Cela (Sp); 1990: Octavio Paz (Mex). **1991:** N. Gordimer (SA).

Frieden
1901: H. Dunant (Swz), F. Passy (Fr); 1902: E. Ducommun (Swz), A. Gobat (Swz); 1903: Sir W. R. Cremer (Gb); 1904: Inst. f. internationales Recht, Genf; 1905: Bertha v. Suttner (Ö); 1906: Th. Roosevelt (US); 1907: E. T. Moneta (It), L. Renault (Fr); 1908: K. P. Arnoldson (Swd), F. Bajer (Dä); 1909: A. M. E. Beernaert (Be), Baron P. H. B. d'Estournelles de Constant (Fr); 1910: Internat. Friedensbüro, Bern. **1911:** T. M. C. Asser (Nd), A. H. Fried (Ö); 1912: E. Root (US); 1913: H. La Fontaine (Be); 1914: –; 1915: –; 1916: –; 1917: Internat. Rotes-Kreuz-Komitee; 1919: W. Wilson (US); 1920: L. Bourgeois (Fr). **1921:** K. H. Branting (Swd), Chr. L. Lange (No); 1922: F. Nansen (No); 1923: –; 1924: –; 1925: Sir A. Chamberlain (Gb), Ch. G. Dawes (US); 1926: A. Briand (Fr), G. Stresemann (Dt); 1927: F. Buisson (Fr), L. Quidde (Dt); 1928: –; 1929: F. B. Kellog (US); 1930: N. Söderblom (Swd). **1931:** Jane Addams (US), N. M. Butler (US); 1933: Sir N. Angell (Gb); 1934: A. Henderson (Gb); 1935: C. v. Ossietzky (Dt); 1936: C. de Saavedra Lamas (Arg); 1937: Lord Cecil of Chelwood (Gb); 1938: Internat. Nansen-Amt f. Flüchtlinge, Genf. **1944:** Internat. Rotes-Kreuz-Komitee, Genf; 1945: C. Hull (US); 1946: Emily G. Balch (US), J. R. Mott (US); 1947: The Society of Friends (Quäker); 1948: –; 1949: Lord J. Boyd Orr (Gb); 1950: R. J. Bunche (US). **1951:** L. Jouhaux (Fr); 1952: A. Schweitzer (Fr); 1953: G. C. Marshall (US); 1954: Büro des Hohen UN-Kommissars für Flüchtlinge, Genf; 1955: –; 1956: –; 1957: L. B. Pearson (Ka); 1958: D. G. Pire (Be); 1959: Ph. J. Noel-Baker (Gb); 1960: A. J. Luthuli (SA). **1961:** D. Hammarskjöld (Swd); 1962: L. C. Pauling (US); 1963: Internat. Rotes Kreuz und Int. Liga der Rotkreuzgesellschaften; 1964: M. L. King (US); 1965: Internat. Kinderhilfsfonds (UNICEF); 1966: –; 1967: –; 1968: R. Cassin (Fr); 1969:

Nobelpreisträger (Fortsetzung)

I. L. O. (International Labour Org.); 1970: N. E. Borlaug (US).
1971: W. Brandt (Dt); 1972: –; 1973: H. Kissinger (US), Le Duc Tho (Nordvietnam); 1974: S. MacBride (Ir), E. Sato (Jap); 1975: A. Sacharow (Su); 1976: B. Williams, M. Corrigan (beide Nordirland); 1977: Amnesty International; 1978: M. Begin (Isr), A. el Sadat (Ägypten); 1979: Mutter Teresa; 1980: P. Esquivel (Arg).
1981: Büro d. UN-Hochkommissars f. Flüchtlinge, Genf; 1982: A. Myrdal (Swd), A. Garcia Robles (Mex); 1983: L. Wałęsa (Pol); 1984: D. M. Tutu (SA); 1985: Intern. Ärztevereinigung zur Verhinderung eines Atomkrieges (IPPNW); 1986: F. Wiesel (US); 1987: O. Arias Sanchez (Costa Rica); 1988: UN-Friedenstruppe; 1989: Dalai Lama (Tibet); 1990: M. Gorbatschow (Su).
1991: Aung San Suu Kyi (Birma).

Wirtschaftswissenschaft
1969: J. Tinbergen (Nd), R. Frisch (No); 1970: P. A. Samuelson (US).
1971: S. Kusnez (US, *Su*); 1972: J. R. Hicks (Gb), K. J. Arrow (US); 1973: W. Leontief (US); 1974: F. A. Hayek (Ö/US), K. G. Myrdal (Swd); 1975: T. Koopmans (US), L. Kantorowitsch (Su); 1976: M. Friedman (US); 1977: B. Ohlin (Swd), J. Meade (Gb); 1978: H. A. Simon (US); 1979: T. W. Schultz (US), A. Lewis (Gb); 1980: L. R. Klein (US).
1981: J. Tobin (US); 1982: G. J. Stigler (US); 1983: G. Debreu (US); 1984: Sir R. Stone (Gb); 1985: F. Modigliani (It-US); 1986: J. Buchanan (US); 1987: R. M. Solow (US); 1988: M. Allais (Fr); 1989: T. Haavelmo (No); 1990: H. Markowitz (US); M. Miller (US); W. Sharpe (US).
1991: Ronald H. Coase (GB/US).

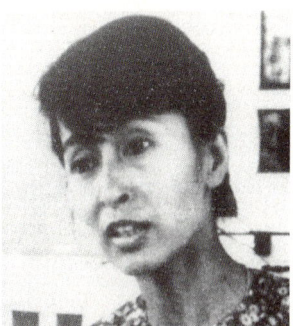

Nobelpreisträger 1991
Abbildungen von links nach rechts. *1. Reihe:* Aung San Suu Kyi (Frieden) – E. Neher (Medizin) – B. Sakmann (Medizin). *2. Reihe:* R. Coase (Wirtschaft) – N. Gordimer (Literatur). *3. Reihe:* R. Ernst (Chemie) – P. G. de Gennes (Physik).

Nonchalance, *w.* [frz. *nõʃaˈlãs*], Formlosigkeit, lässiges Betragen.

nonchalant [*nõʃaˈlã*], ungezwungen.

Non-cooperation, *w.* [engl. *-ˈreiʃən*], Nicht-Mitarbeit, von Gandhi propagierter Boykott aller britischen Einrichtungen während des Kampfes um die Selbständigkeit in Indien.

None, *w.* [l.], **1)** die 9. Tagesstunde (15 Uhr), e. der klösterlichen Gebetsstunden; **2)** *mus.* 9. Stufe der Tonleiter; entsprechendes Intervall. – **N.nakkord** = 4 Terzen übereinander bis zur None.

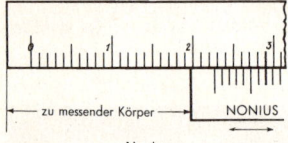

Nonius

Nonius [l.], Zusatzmeßvorrichtung ermöglicht Maßteilungen v. großer Genauigkeit, z. B. N. von Schublehre, eine am Maßstab verschiebbare Teilung, bei der 9 Teile des Maßstabes in 10 gleiche Teile geteilt sind, also jeder Teil des N. 9/10 mm lang (aus Abb. ersichtl., daß der gemessene Gegenstand über 22 mm stark ist; der 7. Strich des N. stimmt mit einem Strich des Maßstabes überein, also Gesamtstärke 22,7 mm).

Nonkonformismus [l.], das Streben, ohne Rücksicht auf vorherrschende Bräuche u. Auffassungen ausschließlich der eigenen Erkenntnis gemäß zu handeln.

Nonne, zu d. Wollspinnern gehörender Schmetterling, weißgrauschwarz; Raupen (schwarz, später graugrün); gefährlicher Forstschädling.

Nonne [spätl. „Mutter"], Angehörige e. weibl. kath. Ordens.

Nono, Luigi (29. 1. 1924–9. 5. 90), it. Komp.; serielle Kompositionstechnik; *Il Epitafio per F. G. Lorca.*

non olet [l.], „es stinkt nicht", nämlich das bei unsauberem Geschäft verdiente Geld (*Vespasian,* als man ihm Gewinne aus e. Abtrittsteuer vorwarf).

Nonpareille [frz. *nõpaˈrɛj*], Schriftgrad von 6 (typograph.) Punkten.

non plus ultra [l.], „nicht darüber hinaus", unübertrefflich.

Nonproliferation [l.-engl.], Nichtweitergabe von Atomwaffen durch die Atommächte.

Nonsens, *m.* [l.], Unsinn.

nonstop [engl.], ohne Unterbrechung, ohne Aufenthalt.

Non-valeurs [frz. *nõvaˈlœr*], **1)** Wertpapiere, d. nur geringen, ungewissen Wert haben; **2)** *übertragen:* wertlose Dinge u. Menschen.

Noppen, *N.zwirn* od. *-garn, m.* knotenartigen Erhöhungen u. Wülsten.

Noradrenalin, *s., Arterenol,* Hormon d. → Nebennierenmarks u. als Überträgerstoff in sympath. Nerven u. im Gehirn.

Norbert von Xanten (etwa 1080–1134), Hlg., Gründer des → Prämonstratenserordens.

Nord [*nɔr*], Dép. in N-Frkr. a. d. belg. Grenze, 5742 km², 2,50 Mill. E; Landwirtschaft u. landwirtschaftl. Ind., Steinkohlenlager; Hptst. *Lille.*

Nordamerika, nördl. Teil des Doppelkontinents Amerika (Karte S. 746), reicht (einschließl. Mittelamerika) als *Kontinent* bis zur Landenge v. Panamá; v. Südamerika durch d. Am. Mittelmeer getrennt; 24,2 Mill. km² m. 421 Mill. E. **a)** *Gestalt u. Gliederung:* gliedert sich in das Faltengebirgsland der Kordilleren im W (*Mount McKinley* im Alaska-Gebirge 6198 m) mit gr. Erzvorräten, das große Hochländer (Großes Becken) umschließt; die großen Ebenen in der Mitte mit mächtigen Stromsystemen (*Missouri-Mississippi, Mackenzie*), im S. m. riesigen Erdöl- u. Erdgasfeldern, und das Schollengebirgsland im O (Appalachen) mit gewaltigen Vorräten an Kohle. Nördl. der 5 *Großen Seen* u. des *St.-Lorenz-Stromes* der von Urwald u. Tundren bedeckte „Kanadische Schild", dessen Mitte d. Hudsonbay einnimmt u. der sich im N in den Arktischen Archipel auflöst; das westl. Faltengebirgsland setzt sich in Mexiko u. Mittelamerika fort, wo ihm hohe, z. T. tätige Vulkane aufgesetzt sind (*Pik von Orizaba* 5700 m). **b)** *Klima:* im N arktisches, in d. Mitte kontinentales Klima m. heißem Sommer u. strengem Winter; i. S subtrop. b. trop. Klima. **c)** *Pflanzenwelt:* Tundren u. Nadelwälder im N; Laubwälder in den östl. Staaten, von den Nadelwäldern der Kordilleren durch Prärien getrennt; Kakteensteppe i. Mexiko; trop. Regenwald i. Mittelamerika. **d)** *Bev.:* über 80% Weiße, 10% Neger (bes. i. d. SO-Staaten der USA u. in Westindien) d. Rest Indianer, Mischlinge, Eskimos.

Nordamerikanebel, diffuser Gasnebel i. Sternbild d. Schwans, so ben. wegen seiner Form.

nordamerikanische Kunst u. Literatur → Vereinigte Staaten von Amerika, Kunst, Literatur.

Nordatlantikpakt, NATO, Abk. f. *N*orth *A*tlantic *T*reaty *O*rganization, Verteidigungsabkommen zur Sicherung der Territorien der Beteiligten in Europa u. Nordamerika; am 4. 4. 1949 unterzeichnet. 16 Mitgl.: Belgien, BR (seit 1955), Dänemark, Frkr. (1966 aus d. integrierten mil. Kommandos herausgelöst, aber Verbleib im Bündnis), Griechenland (s. 1952, Austritt a. d. mil. Integration 1974–80), Großbritannien, Island, Italien, Kanada, Luxemburg, Ndl., Norwegen, Portugal, Türkei (s. 1952), USA, Spanien (s. 1982). – *Zivile Organe:* Nordatlantikrat u. Generalsekretariat, Sitz seit 1967 Everbe b. Brüssel, früher Paris. *Oberste mil. Organe:* Militärausschuß, Sitz s. 1967 Brüssel, früher Washington; ihm unterstellt das Europa-Kommando

(SACEUR) mit Hauptquartier *(SHAPE),* Sitz s. 1967 Casteau i. Belgien. Dem Europa-Kommando unterstehen die Bereiche Europa Nord (AFNORTH in Kolsaas/Norwegen), Europa Mitte (AFCENT in Brunssum/Niederlande), Europa Süd (AFSOUTH in Neapel/Italien). NATO-Oberbefehlshaber seit 1987: General → Galvin, Generalsekretär seit 1988 Manfred Wörner.

Nordaustralien, *Nordterritorium,* Gebiet des Commonwealth von Australien, 1 346 200 km², rd. 156 000 E; trop. Steppengebiet; Uranerz; Hptst. *Darwin.*

Nordborneo, ehem. brit. Kronkolonie, seit 1963 als → Sabah Teil d. Föderation → Malaysia.

Nordbrabant, ndl. Prov. → Brabant.

Nordcarolina, *North Carolina* [*nɔːθ kærəˈlainə*], Abk. *N.C.,* Staat der östl. USA, von den Appalachen zur buchtenreichen Küste, 136 197 km², 6,5 Mill. E, ca. 1,5 Mill. Neger u. Mulatten; Ackerbau (bes. Mais, Tabak, Baumw.), Viehzucht, Fischerei; Tabak-, Baumwollind.; Hptst. *Raleigh.*

Norddakota, *North Dakota* [*nɔːθ dəˈkouta*], Abk. *N.D.,* Staat d. USA an d. kanad. Grenze, beiderseits des Missouri, 183 022 km², 634 000 E; Landw., größte Braunkohlenlager d. USA, Erdöl; Hptst. *Bismarck* (45 000 E).

Norddeich, Ortsteil v. → Norden.

Norddeutscher Bund, 1866–70, bundesstaatl. Vereinigung der (22) Staaten nördl. der Mainlinie (außer Limburg u. Luxemburg) unter preuß. Führung (Bismarck); Vorstufe zum Dt. Reich v. 1871.

Norden, Himmelsrichtung, Schnittpunkt d. Horizontes mit d. → Meridian eines beliebigen Erdortes in Richtung Nordpol; die geograph. Nordrichtung weicht von der magnet. Nordrichtung um die magnet. Deklination ab (→ Erdmagnetismus); *Nordpol* d. Himmels nahe dem → Polarstern.

Norden (D-2980), St. i. Kr. Aurich, an d. ostfries. Nordseeküste, Nds., 23 655 E; Kornbrennerei *(Doornkaat);* St.teil *Norddeich,* Seeheilbad u. Hafen m. Großfunkstation *Radio N.;* AG.

Nordenham (D-2890), St. i. Kr. Wesermarsch, Nds., an d. Wesermündung, 28 393 E; Überseehafen; AG, chem.-, Flugzeug-, Kabel-, Elektroind.

Nordenskiöld, [*nurdənʃœld*], **1)** Adolf Erik Frhr. (8. 11. 1832–12. 8. 1901), schwed. Polarforscher, entdeckte d. → Nordöstliche Durchfahrt; **2)** Erland (19. 7. 1877–5. 7. 1932), schwed. Ethnologe; erforschte d. Indianer in S-Amerika; **3)** Otto (7. 12. 1869–3. 6. 1928), Leiter d. schwed. Polarexpedition 1901–03.

Nordenskiöld-Meer, *Laptew-See,* Randmeer d. Nordl. Eismeeres zw. der sibir. Taimyrhalbinsel u. den Neusibirischen Inseln; bis 3347 m t.

Norderney (D-2982), *Nordseeheilbad N.,* ostfries. Insel, Kr. Aurich, Nds., 26,3

km²; St. *N.* 6187 E; Seebad, Leuchtturm (54 m), Kinderheilstätte.
Norderstedt (D-2000), St. i. Kr. Segeberg, Schl-Ho., 66 747 E; AG; div. Industrie.
Nordfriesland, Marschlandschaft an der Westküste Schleswig-Holsteins, mit den vorgelagerten **Nordfriesischen Inseln:** *Nordstrand, Pellworm, Halligen, Amrum, Föhr, Sylt, Rømø, Fanø.*
Nordhausen (D-5500), Krst. am Südharz, Thür., 48 089 E; Dom (13. Jh.), Ind.: Tabak, Kornbranntwein, Maschinen. – 1220-1802 Freie Reichsstadt.
Nordholland, *Noord-H.,* ndl. Prov. → Holland.
Nordhorn (D-4460), Krst. d. Kr. Gft Bentheim, Nds., 48 556 E; AG; Textil-, Baustoff-, Nahrungsmittel- u. a. Ind.
Nordirland, engl. *Northern Ireland,* Bestandteil des Vereinigten Kgr.s von → Großbritannien und N., im NO d. Insel Irland, 13 483 km², 1,58 Mill. E; hügelig, vorwiegend Weiden; Viehzucht; Leinenind., Schiffbau; Hptst. *Belfast.* – Gesch.: → Irland; blieb nach Bildung des Irischen Freistaates 1921 Bestandteil des United Kingdom; 1969 Unruhen u. brit. Truppen in N; 1972 Verlust der Selbstverwaltung; 1973 neue Verf. mit Machtteilung zw. kath. Minderheit u. protestant. Mehrheit, Abkommen über Bildung eines „Gesamtirischen Rates", kompromißlose Haltung der protestant. Mehrheit, zunehmende Terroranschläge durch → IRA u. → UDA; 1976 „Friedensbewegung" v. protestant. u. kath. Frauen; 1982 Wahl eines nordir. Parlaments, das schrittweise wieder d. pol. Verantwortung übernehmen soll.
nordische Kombination, beim Skilauf Gesamtwertung aus Skisprung und 15-km-Langlauf.

nordische Kunst

nordische Kunst, im german. Altertum, Völkerwanderungs-, Wikingerzeit; abstrahierende Ornamentik mit Tiermotiven, Kunsthandw. (Gerät, Schmuck, Waffen).
Nordischer Krieg, *2. N. K.* 1700-21: Schwed. (Karl XII.) gg. Dänemark, Polen-Sachsen (August II.), Rußland (Peter d. Gr.), (ab 1715) Preußen u. Hannover; Frieden in Nystad. *Schweden* verliert Vormachtstellung in N-Europa; *Preußen* bekommt Stettin, das östl. Vorpommern, Usedom, Wollin, *Rußland* einen großen Teil der schwed. Ostseeprovinzen.
Nordischer Rat, 1951 gegr. gemeins. be-

ratendes Organ d. Parlamente von Dänemark, Schweden, Norwegen, Island, Finnland (s. 1955), der Färöer u. den Ålandinseln (s. 1970) für zw.staatliche Zusammenarbeit.
Nordkanal, engl. *North Channel,* Meerenge zw. Schottland u. Irland; 20 km br., bis 267 m t.
Nordkap, Küstengebirge auf der norwegischen Insel Magerøy, 307 m hoch; nördlichstes Vorgebirge Europas unter 71° 12′ nördlicher Breite.
Nordkorea → Korea.
Nordland, 1) *Sewernaja Semlja,* früher *Kaiser-Nikolaus-II.-Land,* sowj. Inselgruppe im Nördl. Eismeer, 36 700 km², hochpolares Klima, unbewohnt; seit 1930 Wetter- u. Funkstation; **2)** Fylke (Verw.bez.) in N-Norwegen, 38 327 km², 240 000 E; Land- u. Waldwirtschaft, Industrie, Fischfang; Hptst. *Bodø* (36 000 E).
Nordlicht → Polarlicht.
Nördlingen (D-8860), Gr.Krst. im Donau-Ried-Kreis, Rgbz. Schwaben, Bay., 18 278 E; AG; ma. Bauten u. Stadtmauer. - Ehem. Freie Reichsst.; 1634 Sieg d. kaiserl. Truppen über die d. Protestanten u. Schweden, 1803 zu Bay.
Nordöstliche Durchfahrt, Seeweg längs d. N-Küste Eurasiens vom Atlantik zum Pazifik, zuerst Nordenskiöld 1878/79 gelungen; s. 1936 im Sommer befahren.
Nord-Ostsee-Kanal, früher Kaiser-Wilhelm-Kanal, erbaut 1887-95; verbindet Ostsee mit Nordsee, 98,7 km l., 11 m t.
Nordpolargebiet, *Arktis,* nach S durch die 10°-Juli-Isotherme begrenzt: d. Küstenraum Nordsibiriens u. d. nördl. Skandinavien, Island, Grönland, N-Labrador u. NW-Kanada; umfaßt zus. ca. 26 Mill. km², davon etwa 8 Mill. km² Landfläche, schätzungsweise 1–1,5 Mill. E: Eskimos (in der Polarsteppe), am u.

norweg. Arktiker, Tschuktschen, Tungusen (Fischer, Jäger, Sammler, Rentierzüchter); Jagdtiere: Seehund, Wal, Walroß, Moschusochse, Eisbär u. a. Pelztiere (Karte S. 752).
Nordrhein-Westfalen, *NRW,* westdt. Land, 1946 aus d. nördl. Teilen der ehem. preußischen Rheinprovinz, der ehem. preuß. Prov. Westfalen u. dem Lande Lippe gebildet; 34 070 km², 17,1 Mill. E (502 je km²); Rel.: 53% kath., 42% ev.; Hptst. *Düsseldorf;* Landesfarben: Grün-Weiß-Rot. **a)** *Wirtsch.:* Stein- u. Braunkohle, Eisen-, Zink-, Blei-, Kupfererzgewinnung; Eisen- u. Stahlwaren, Chemikalien; das → Ruhrgebiet ist d. bedeutendste Industriegebiet Europas. **b)** → *Hochschulen.* **c)** *Verw.:* Rgbz. Arnsberg, Detmold, Düsseldorf, Köln, Münster.

Nordrhodesien → Sambia.
Nordschleswig, dän. *Sønderjylland (Südjütland),* d. ehemals nördl. Teil Schleswig-Holsteins (3992,6 km²), 1919 an Dänemark; *Gesch.:* → Schleswig.
Nordsee, engl. *North Sea,* zw. Großbrit. und NW-Eur., ca. 580 000 km²; im N in breiter Verbindung mit d. Atlantik, im SW durch d. 32 km breite Straße v. Dover m. d. Kanal, im O durch d. Kattegat m. d. Ostsee; Flachsee, mittlere Tiefe 93 m, senkt sich allmählich v. S (Doggerbank 20–24 m) nach N auf 150–200 m; vor der norweg. Küste d. *Norweg. Rinne* (725 m); Fluthöhe in der Dt. Bucht 2–4 m, an der frz. Küste bis 11 m; Salzgehalt 3,0–3,5%. Bed. Fischerei (Doggerbank); 1962 u. 1974 bed. Erdgasfunde. Im Gebiet der Doggerbank, 1974/75 bed. Erdölfunde vor d. Küste Norwegens (Ekofisk) u. d. Shetlandinseln.

Landtagswahlen (Stimmen in %)

Jahr	CDU	SPD	FDP	Grüne
1947	37,5	32,0	5,9	
1950	36,9	32,3	12,1	
1954	41,3	34,5	11,5	
1958	50,5	39,2	7,1	
1962	46,2	43,3	6,9	
1966	42,8	49,5	7,4	
1970	46,3	46,1	5,5	
1975	47,1	45,1	6,7	
1980	43,2	48,4	4,9	
1984	36,5	52,1	6,0	
1990	36,7	50,0	5,8	5,0

CDU ◾ SPD ◾ FDP ◾ Grüne

Nordseekanal, Großschiffahrtsweg Amsterdam–Nordsee, 24 km l., 15,5 m tief, 250 m br. Fahrrinne; größte Sperrschleuse der Welt bei Ijmuiden.

Nordstrand (D-2251), nordfries. Insel an der W-Küste Schleswigs, 50,1 km², Gem. *N.* (2387 E).

Nordterritorium → Nordaustralien.

Nordtiroler Kalkalpen, zw. Fernpaß u. Saalach, bes. das Wetterstein- (*Zugspitze* 2962 m), Mieminger-, Karwendel- u. Kaisergebirge.

Nordwestliche Durchfahrt, *Nordwestpassage,* Seeweg längs d. nordam. Küste vom Atlantik z. Pazifik.

Nordwestliche Grenzprovinz, engl. *North-West Frontier Province,* in NW-Pakistan, Bergland am oberen Indus; 74 521 km², 12 Mill. E (Moslems); Hptst. *Peschawar.*

Nordwestterritorien, engl. *North West Territories,* kanad. Gebiete nördl. d. 60. Breitengrads zw. *Yukon-Terr.* u. *Hudsonbai,* 3,426 Mill. km², 52 000 E; Verw.sitz *Ottawa.*

Noreja, Hptst. der röm. Prov. → *Noricum,* 113 v. Chr. 1. Sieg der Kimbern über die Römer.

Norfolk [′nɔfək], **1)** engl. Gft an d. Nordsee, 5355 km², 744 000 E; Hptst. *Norwich;* **2)** St. im US-Staat Virginia, 267 000 E; Marinestützpkt., Werften, Baumwollhandel.

Norfolk-Insel, austral. Verw.gebiet im Pazifik, 36 km², 2000 E.

Noricum, im Altert. die Landschaft zw. Donau, Inn, den Karnischen Alpen u. dem Wienerwald, von den kelt. **Norikern** bewohnt; 16 v. Chr. röm.; Hptst. *Noreja* (heute Neumarkt in d. Steiermark).

Norilsk, sowj. St. in Sibirien, 174 000 E; Bergbauhüttenkombinat.

Norische Alpen, Teil der östl. Zentralalpen, meist aus Gneis u. Glimmerschiefer, südl. d. Mur.

Norm, *w.* [l.], **1)** Richtmaß, -schnur; Vorschrift, Muster; allg. phil. Regel; **2)** beim *Buchdruck:* Buchtitel (meist abgekürzt) am unteren Bogenanfang; **3)** in der *Ind.:* nach Größe, Gewicht, → Toleranz, Material usw. einheitl. (genormte) Ausführungsform der verschiedensten (normierten) Massenerzeugnisse; *Normung;* in Dtld → DIN.

normal, regelrecht, vorgeschrieben; allg. üblich; geistig gesund.

Normale, *w.,* Senkrechte auf gerader Linie; N. auf Kurve ist die Senkrechte auf d. Kurventangente im Berührungspunkt beider; N. auf Flächen steht senkrecht auf der Tangentialebene.

Normalnull, *NN,* Ausgangsfläche für geodätische Höhenangaben: *N.punkt* = mittlerer → Meeresspiegel.

Normalprofil, Umgrenzung des lichten Raumes f. Haupt- u. vollspurige Nebenbahnen, d. d. Abmessungen d. Fahrzeuge samt Ladung nicht überschreiten dürfen.

Normalspur → Spurweite.

Normalton, svw. → Kammerton.

Normandie, Landschaft N-Frkr.s, ehem. Prov.; Hptst. *Rouen,* Handelshafen *Le Havre,* Kriegshafen *Cherbourg.* – Im 1. Jh. v. Chr. röm. Prov., 911 an die Normannen (nach ihnen ben.), 1204 frz.

Normannenschiff

Normannen, *Nordmannen, Wikinger,* nordgerman. Seefahrerscharen auf Beute- und Handelsfahrt; s. 787 an der Küste Englands, bald auch des Frankenreiches, plünderten Aachen, Köln, Metz, Mainz, Paris; s. 859 im Mittelmeerraum. Seit Mitte 9. Jh. Übergang zu Dauersiedlung u. Staatengründung; 862 gründeten schwed. N. *(Waräger)* das Reich v. Nowgorod am Ilmensee, später den Staat von Kiew; s. 874 wird von Norwegen Island, v. da 986 Grönland besiedelt, um 1000 N-Amerika erstmals entdeckt; 2. Hälfte 9. Jh. norweg. Eroberungen in W-Schottland u. O-Irland, dän. in O-Engld; 1013–42 ganz Engld unter dän. Herrschaft; 911 d. frz. Normandie an d. N. abgetreten, von hier aus letzte Staatengründungen der sprachl. nunmehr frz. N.: 1066 in England (→ Hastings), 1016–1140 in Unteritalien (→ Guiscard) u. Sizilien.

Normannische Inseln → Kanalinseln.

normativ [nl.], als → Norm geltend.

Normenkontrolle, Überprüfung v. Rechtsnormen (Gesetzen u. VOen) auf Rechtsgültigkeit hinsichtl. Zustandekommens u. Inhalts, insbes. auch auf Vereinbarkeit mit Verfassung od. vorrangigen Gesetzen (Landesrecht gegenüber Bundesrecht); ausgeübt v. Bundesverfassungsgericht u. Verf.gerichten d. Länder; insoweit ist das richterl. Prüfungsrecht der ordentl. Gerichte beschränkt.

normieren [l.], als (oder nach) Norm festsetzen.

Nornen, *Nornir,* drei Schicksalsgöttinnen der nord. Sage: *Urd, Verdandi* u. *Skuld* (Ursprung, Werden, Schuld); spinnen u. weben d. Fäden d. Schicksals.

Norrbotten → Luleå.

Norrish [′nɔrɪʃ], Ronald George Wreyford (9. 11. 1897–7. 6. 1978), engl. Chem.; Nobelpr. 1967 (Untersuchungen extrem schneller chemischer Umwandlungen).

Norrköping [′nɔrtɕøp-], schwed. St. a. d. Ostseebucht *Bråviken,* 119 000 E; Textil-, Metall-, Schiffbauind.

Norstad, Lauris (24. 3. 1907–12. 9. 88), US-General. N. war im Zweiten Weltkrieg maßgeblich an der Organisation der Luftoffensiven der Westalliierten im Mittelmeer gg. Deutschland u. im Pazifik gg. die Japaner beteiligt. Er baute auch das Bomberkommando d. USA auf, das im August 1945 die Atombombe auf Hiroshima u. Nagasaki warf. N. war von 1956–1962 NATO-Oberbefehlshaber in Europa.

Northampton [nɔ′θæmptən], Hptst. d. mittelengl. Gft *N.shire* (562 000 E), 157 000 E; Metallwarenind.

Northcliffe [′nɔːθklɪf], Alfred, Viscount (15. 7. 1865–14. 8. 1922), engl. Journalist; 1896 Gründer d. konservativen *Daily Mail,* kaufte 1908 die *Times;* im 1. Weltkrieg Propagandamin.

Northeim (D-3410), Krst. i. Rgbz. Braunschweig, Nds., a. Leine u. Rhume, 31 700 E; AG; Gummi-, Schuh-, Textil-, Papier-, Masch.ind.

Northrop Corporation [′nɔːθrəp-], am. Luftfahrtunternehmen, 1939 gegr.

Northumberland [nɔːθ′ambələnd], nordengl. Gft (301 000 E) m. gr. Kohlenlagern; Ind.zentrum; Landw.; Hptst. *Newcastle.*

North Yorkshire [nɔːθ ′jɔkʃə], englische Gft, im NO von England, 1974 aus Teilen der ehemalige Gft → York(shire) gebildet, 8317 km², 713 000 E; Hptst. *Northallerton.*

Norwegen, amtl. *Kongeriket Norge* (Karte → Skandinavien), Kgr. an d. W-Küste d. skandinav. Halbinsel, nur im äußersten N u. S breitere Landfläche, 323 895 km², 4,22 Mill. E (13 je km²); Bev.-Zuw. 0,3%; Bev.: Norweger, 20 000 Lappen, 12 000 Quänen u. Lappeinqüanen (im N); Währung: norweg. Krone (nkr); Rel.: ev.; Hptst.: *Oslo;* Flagge S. 341, Karte S. 743. **a)** *Geogr.:* Nur Küstenraum u. Täler bewohn- u. kultivierbar; 27% Wald, 2,6% landw. Nutzfläche, 70,1% unbebaubar, da im Innern unwirtl. Hochland, „Fjeld“; die Hochgebirge d. Küste durch zahlreiche, oft tiefe Fjorde gegliedert; zerstreut viele u. große Seen (13 893 km² Wasserfläche); Nebenland Svalbard u. Spitzbergen. **b)** *Wirtsch.:* Land- u. Forstwirtsch.; Ind. (bes. Papierind.) gefördert durch Ausbau d. reichl. Wasserkraft; Bergbau: Kohle, Schwefel, Roheisen, Blei, Aluminium, Kupfer, Zink, Nickel; bed. Erdöl- u. Erdgasvorkommen. Wal- und Fischfang (1982: 2,5 Mill. t), Fischverarbeitung *Klippfisch;* → Stockfisch. **c)** *Außenhandel* (1988): Einfuhr 23,19 Mrd., Ausfuhr 22,5 Mrd. $. **d)** *Verkehr:* Handelsflotte: 15,6 Mill. BRT (1989); Eisenbahn 4242 km. **e)** *Verf.* v. 1814 (zuletzt geändert 1929): Konstitutionelle Erb-

Nostradamus

monarchie (Haus Schleswig-Holstein-Sonderburg-Glücksburg); Volksvertretung *(Storting)* wählt ¼ seiner Mitglieder als Oberhaus *(Lagting)*, die übrigen bilden d. Unterhaus *(Odelsting)*. **f)** *Verw.:* 19 Fylker (Prov.). **g)** *Gesch.:* 1000 Einführung d. Christentums; Thronfehden bis 1240, Sieg d. Kgtums; Vereinigung m. Dänemark (1380) u. Schweden (1397 *Kalmarer Union*); 1523 Loslösung Schwedens, 1814 Dänemarks, die wieder in Personalunion m. Schweden, aber mit eigener Verf.; 1905 Auflösung d. Union u. Wahl d. Prinzen Karl v. Dänemark als Håkon VII. zum Kg v. Norwegen; 1925 wurde Spitzbergen einverleibt, 1931 O-Grönland *(Erich d. Roten Lund)*, dieses 1933 wieder an Dänemark abgetreten; trotz Neutralitätspol. 1940 v. Dt. Reich besetzt. Die s. 1970 geführten Verhandlungen über Vollmitgliedschaft z. EWG scheitern 1972 durch ablehnenden Volksentscheid; Verbleib i. d. EFTA u. 1973 Teilnahme an d. erweiterten → Europäischen Freihandelszone; 1974/75 Entdeckung v. bed. Erdöl- u. Erdgasvorkommen vor der norweg. Küste (Ekofisk); 1976 Spannungen m. d. Sowjetunion wegen d. Nutzung Spitzbergens; 1981 Entdeckung d. weltgrößten Offshore-Gasfeldes (Flathead), 1982 weitere Funde (das Steipner Erdgasfeld). **h)** *Mitgl.:* UN, NATO, EFTA, OECD, Nordischer Rat, Europarat.

norwegische Literatur, im *Mittelalter:* Verbindung zur altisländ. Skalden- und Sagaliteratur. *16.–18. Jh.:* Lit. in dänischer Sprache. *19. Jh.:* Henrik Wergeland, Joh. S. C. Welhaven (Lyrik), Andreas Munch, Olavsson Vinje (Lyrik), Arne Garborg; Dramatiker: Henrik Ibsen und Bjørnstjerne Bjørnson, Gunnar Heiberg; Epiker: Jonas Lie, Alexander Kielland. *20. Jh.:* Knut Hamsun, Gabriel Scott, Sigrid Undset, Olaf Duun, Joh. Bojer, Nordahl Grieg, Joh. Falkberget, Ronald Fangen, Trygve Gulbranssen, Tarjei Vesaas.

Norwich [*nɔridʒ*], Hptst. der engl. Gft Norfolk, 117 000 E; alte normann. Kathedrale; Schuh-, elektrotechn., Masch.-ind.; Nahrungsmittelfabriken.

Nossack, Hans Erich (31. 1. 1901–2. 11. 1977), dt. Schriftst., surrealist.-existentialist. Prosa; *Nekya; Der Fall d'Arthez.*

Nostalgie, *w.* [gr.], Heimweh; Sehnsucht nach Vergangenem.

Nostradamus, Michel de *Notre-Dame* (14. 12. 1503–2. 7. 66), frz. Astrologe; *Centuries* (umstrittene Prophezeiungen bis 3000 n. Chr.).

Nostroguthaben [it. „unser"], Guthaben d. Banken bei anderen (in- od. ausländ.) Banken.

Nota, *w.* [l.], (kaufmänn.) Rechnung; *in N. nehmen,* vormerken; *in N. geben,* einen Auftrag erteilen.

Notabeln [frz.], angesehene, vornehme Personen; in Frkr. Mitglied d. kgl. Ratsversammlung. – **N.-versammlung,** v. Kg berufene Vers.: Adel, Klerus u. 3. Stand (Bürgertum) in Frkr. 1369–1788.

notabene [l. „merke wohl"], → NB.

Notar [l.], unabhängiger Träger eines öff. Amts f. d. Beurkundung v. Rechtsvorgängen u. a. Aufgaben d. vorsorgenden Rechtspflege; führt Amtssiegel.

notariell, f. bes. wichtige Rechtsgeschäfte vorgeschriebene Form: Abgabe d. Erklärungen v. Notar (Grundstücks-, Erbverträge, Gründung v. AG, GmbH u. a.).

Notaufnahme, Erlaubnis z. ständigen Aufenthalt in BR u. West-Berlin für Dt.e aus d. SBZ/DDR aufgrund des N.-Gesetzes (NAG) vom 22. 8. 1950. Im N.-Verfahren ca. 2,3 Mill. aufgenommen, davon s. 13. 8. 1961 (Mauer in Berlin) 175 000 (ohne 165 000 *Übersiedler,* meist Alte, im Rahmen d. Familienzusammenführung). Laut Volkszählung 1961 kamen s. 1945 aus d. SBZ/DDR insges. 5,9 Mill. in d. BR; dav. 2,8 Mill. Vertriebene, die nach Zwischenaufenthalt weiterwanderten, ferner 3,1 Mill. *Deutsche aus der SBZ.* Nur 0,8 Mill. als *SBZ-Flüchtlinge* nach dem B.vertriebenengesetz anerkannt; Fluchtgrund bes. pol. Zwangslage; Hilfe aus d. Härtefonds d. → Lastenausgleichs.

Notbremse, meist mit Luftdruck betriebene Vorrichtung in Eisenbahn-, U-Bahn-Wagen u. ä.

Notdiebstahl, Diebstahl od. Unterschlagung geringwert. Gegenstände aus Not; wird in d. Regel nur auf Antrag verfolgt; mildere Bestrafung (§ 248a StGB).

Note [l.], **1)** im *diplomat. Verkehr:* Eingabe, förml. Schriftstück; *Verbal-N.,* formlose, einfache sachl. Mitteilung diplomat. Charakters an eine fremde Regg.; **2)** *Musik-N.,* Ton-Kennzeichen (→ Notenschrift, → Musik, Übers.); **3)** Anmerkung (bes. *Fußn.*); **4)** kaufmänn. Rechnung *(Nota);* **5)** Prüfungsprädikat; **6)** svw. Banknote.

Noten-banken, Zentralbanken m. d. Recht d. Ausübung d. → Banknotenmonopols; regulieren die *Währungskurse* und den *Geldumlauf* durch Anpassung des Zahlungsmittelumlaufs an die Bedürfnisse der Wirtschaft, hpts. durch Ausweitung od. Einengung des Diskontkredits (Erhöhung od. Herabsetzung d. Diskontsätze: *Diskontpolitik),* ferner durch Kauf u. Verkauf v. Wertpapieren (→ *Offenmarktpolitik)* u. durch → *Mindestreserven.* Kreditbanken unterhalten

Giroguthaben bei den N.banken *(Giralgeld),* sie können außerdem bei N.banken Rediskontkredit in Anspruch nehmen; dadurch N.banken zur „Bank der Banken" geworden, auf die als Liquiditätsquelle im Notfall zurückgegriffen werden kann; → Deutsche Bundesbank. – **N.monopol** → Banknotenmonopol. – **N.reserve,** der Differenzbetrag an Banknoten zw. d. tatsächl. ausgegebenen u. d. gesetzl. zugelassenen Höchstmenge. – **N.schrift,** Tonschrift d. Musik, besteht aus Notenschlüssel, Linien, Noten, Taktstrichen, Erhöhungs- u. Erniedrigungszeichen, Pausen usw. – **N.umlauf,** Summe d. v. d. Notenbanken ausgegebenen, im Verkehr befindl. Banknoten; ergibt zus. m. d. Münzumlauf u. d. Giralgeld das Geldvolumen einer Volkswirtschaft (→ Geldmarkt, Schaubild). – **N.wechsel,** Austausch v. → Noten zw. den Staaten.

Notfallsreaktion, Reaktion d. sympath. Nervensystems u. des Nebennierenmarks (Adrenalin-Ausschüttung) auf äußere Reize; Anpassungssyndrom.

Notgemeinschaft der deutschen Wissenschaft, 1920 zur Förderung d. dt. Forschung u. d. wiss. Nachwuchses gegr.; 1951 m. Dt. Forschungsrat zur → Deutschen Forschungsgemeinschaft vereinigt.

Nothelfer, 14 kath. Hlge, d. in bes. Nöten angerufen werden: *Achatius, Ägidius, Barbara, Blasius, Christophorus, Cyriakus, Dionysius, Erasmus, Eustachius, Georg, Katharina, Margareta, Pantaleon, Vitus,* auch andere Zusammensetzungen mögl. → Rochus. Durchscheinen eines früheren Göttterhimmels.

notieren [l.], aufzeichnen.

Notierung, an der *Börse:* Feststellung u. amtl. Kurse f. Wertpapiere und Devisen durch vereidigte Kursmakler.

Notifikation, förml. Mitteilung an anderen Staat.

Nötigung, zu einer Handlung, Duldung od. Unterlassung; strafbar, falls sie widerrechtl. durch Gewalt oder Drohung mit e. empfindl. Übel erfolgt (§ 240 StGB).

Notke, 1) Bernt (um 1430/40–1509), dt. Bildschnitzer u. Maler; *Hl. Georg* (Storkyrka in Stockholm); **2)** Bernt (um 1435–1508/09), dt. Maler u. Bildschnitzer d. Spätgotik im Ostseeraum; *Totentanz* (Tallinn), *St. Jürgen-Altar* (St. Nikolai, Stockholm).

Notker, Mönche v. St. Gallen: **1)** *N. d. Stammler, Balbulus* (um 840–6. 4. 912), aleman. Dichter; führte d. Sequenzen im Kirchengesang ein; **2)** *N. d. Deutsche, Labeo* (950–29. 6. 1022), dt. Übersetzer antiker Schriften.

notleidende Forderungen, überfällige Forderungen mit zweifelhafter Einlösung. *Wechsel* sind notleidend, wenn Annahme od. Zahlung verweigert wird; *Aktien,* wenn mehrere Jahre die Dividende ausfällt; *Kupons* von festverzinsl. Wertpapieren, wenn Einlösung nicht od. nur z. T. erfolgt.

notorisch [l.], allgemein bekannt; berüchtigt.

Notre-Dame [frz. nɔtrə'dam „unsere (liebe) Frau (Maria)"], bes. Name der ihr geweihten Kirchen, z. B. in Paris (Abb. → Tafel Baukunst), Rouen. - **N.-D.-Schule,** Mittelpkt d. mehrstimm. Kirchenmusik um 1200 in Paris; Hauptmeister: Leoninus und Perotinus.

Notsignal, Hilferuf, **1)** Zeichen eines in Not geratenen Schiffes (Raketen, Knallsignale, Signalflaggen, SOS m. Scheinwerfer od. Funk); **2)** in Bergnot durch regelmäßige sicht- u. hörbare Zeichen; in Luftnot → Mayday.

Notstand, 1) strafrechtl. an sich rechtswidrige Handlung zur Beseitigung einer nicht anders abwendbaren gegenwärtigen Gefahr für wichtige Rechtsgüter (z. B. Leben, Gesundheit, Freiheit, Eigentum) einer Person; straffrei, wenn N.shandlung in angemessenem Verhältnis zur Gefahr f. geschädigtes Rechtsgut steht (§§ 34 ff. StGB); **2)** zivilrechtl. eine einer Person drohende Gefahr darf durch Beschädigung od. Zerstörung einer fremden Sache abgewendet werden, wenn d. Schaden nicht außer Verhältnis zu der Gefahr steht; Täter ist schadensersatzpflichtig, es sei denn, Gefahr drohte durch die Sache selbst: z. B. Hund (jur. eine Sache) fällt einen Menschen an; auch hier Schadensersatzpflicht, wenn N. (durch Reizen d. Hundes) selbst verschuldet (§§ 228, 904 BGB); **3)** staatsrechtl. Katastrophenfälle, wie Krieg, Bürgerkrieg u. a., sowie die i. solchen Fällen z. Schutz d. Bevölkerung u. z. Erhaltung d. Funktionsfähigk. d. Staatsapparates getroffenen Sondermaßnahmen (z. B. Suspension best. Verfassungsartikel u. Grundrechte sowie Gesetzgebung durch Verordnungen). - In d. BR bes. **N.sverfassung** s. 1968 in Kraft, ermächtigt Regierung u. Behörden zur Abwehr drohender Gefahr f. d. Bestand od. d. freiheitl. Grundordnung d. Bundes oder eines Landes od. b. Naturkatastrophen zu entsprechenden Maßnahmen in allen Bereichen; durch N.v. allierte Vorbehaltsrechte v. 1955 abgelöst. 4 sogen. einfache N.sgesetze (Wirtschafts-, Verkehrs-, Ernährungs- u. Wassersicherstellungsgesetz) u. 2 Schutzgesetze (Selbstschutz, Schutzbau) bereits s. 24. 8. 1965 i. Kraft.

Notstandsarbeiten, 1) werteschaffende Arbeiten aus öffentl. Mitteln z. Verringerung d. Arbeitslosigkeit; f. Empfänger v. Arbeitslosenunterstützung Teilnahmepflicht auf Anordnung d. Arbeitsamtes; **2)** Arbeiten i. lebenswichtigen Betrieben während eines Streiks.

Nottaufe, auch durch Laien vollziehbare Taufe bei Lebensgefahr eines Neugeborenen.

Nottestament → Erbrecht.

Nottingham [-ɡəm], Hpst. d. mittelengl. Gft N.shire (1,007 Mill. E), 274 000 E; Uni.; Textilind.

Notturno [it.], → Nocturne.

Notverkauf, Selbsthilfeverkauf, bei Beanstandung der übersandten Ware kann Käufer, Spediteur od. Kommissionär Ware, falls sie dem Verderb ausgesetzt u. Gefahr im Verzug ist, öffentlich versteigern lassen.

Notverordnung, nach d. Weimarer Verfassung auf Grund v. Art. 48 Abs. 2 nur in Notzeiten zulässige VO des Reichspräs., ohne Mitwirkung d. Kabinetts; Reichstag hat das Recht, ihre Aufhebung zu verlangen; 1930–32 (Brüning) wiederholt angewendet.

Notwehr, d. zur Abwendung eines gegenwärtigen rechtswidrigen Angriffs gg. den Bedrohten oder einen anderen erforderl. Verteidigung; schützt vor Strafe u. Schadensersatzpflicht; Putativ-N. [l. „putare = annehmen"], irrtüml. Annahme der Voraussetzung d. N.; Bestrafung wegen fahrlässiger Tat, wenn Irrtum selbst auf Fahrlässigk. beruht; verpflichtet zum Schadenersatz, soweit Irrtum nicht entschuldbar. - **N.exzeß,** Überschreitung d. N. nicht strafbar, wenn er auf Verwirrung, Furcht oder Schrecken beruht; Schadensersatzpflicht, wenn Verschulden feststellbar (§§ 33 StGB, 227 BGB).

Notzucht, svw. → Vergewaltigung.

Nouakchott [nuak'ʃ-], Hpst. d. Rep. Mauretanien, 600 000 E.

Nougat [frz. 'nu-], → Nugat.

Nouveau réalisme [frz. nu'vo rea'lism], → Neuer Realismus.

Nouveau roman, m. [nu'vo rɔ'mã], nach 1945 in Frkr. entwickelte Form d. Romans, entstanden aus d. Mißtrauen gg. d. Tragfähigkeit einer erzählten Geschichte; kameramäßig eingefangene Bilder werden m. neuen erzählerischen Mitteln zu e. in sich geschlossenen Welt arrangiert; Hauptvertr.: Robbe-Grillet, Sarraute, Butor, Simon, Mauriace.

Nouveauté, s. [frz. nuvo'te], Neuheit.

Nouvelle vague [frz. nu,vɛl 'vag], Neue Welle, Erneuerungsbewegung im frz. Film Ende der 50er Jahre; meist m. kleinen Budgets gemachte persönl. Filme einer Reihe junger Regisseure (z. B. Le beau Serge, 1959, v. Chabrol; Les quatre cents coups, 1959, v. Truffaut; À bout de souffle, 1960, v. Godard).

Nova, w. [l.], astronom. „neuer" Stern, der plötzlich aufflammt, seine Helligk. dann allmählich mit Schwankungen wieder schwächer wird; beruht auf explosionsartiger Aufblähung e. sehr entfernten, daher sehr schwachen od. unsichtb. Sterns, dessen Helligkeit bis z. 100 000fachen d. Sonnenhelligkeit ansteigen kann; eine Supernova ist das Ergebnis gewaltiger Atomkern-Kettenreaktionen; Helligkeit übertrifft die der Sonne um das Hundertmillionenfache; im Milchstraßensystem bisher etwa 100 Novae und 3 Supernovae beobachtet; spektakulärstes Ereignis: die „Jahrhundert-Supernova" SN 1987a in der großen → Magellanschen Wolke.

Novalis

Novalis, eigtl. Friedrich Leopold Frh. v. Hardenberg (2. 5. 1772–25. 3. 1801), dt. Dichter d. Frühromantik; Liebe zu Sophie v. Kühn (Hymnen an d. Nacht), von seinen Studienheften und Niederschriften nur Fragmente veröffentlicht, grundlegend für Phil., Staatsauffassung u. Weltgefühl der Romantik; Roman: Heinrich v. Ofterdingen (m. d. Symbol der „blauen Blume").

Novara, Hpst. d. oberit. Provinz N., 103 000 E; Seiden-, Baumwoll- u. Masch.ind. – 1513 Sieg der Schweizer über d. Franzosen, 1849 Sieg der Östr. über d. Piemontesen.

Novation [l.], Aufhebung eines Schuldverhältnisses unter Begründung eines neuen, das an die Stelle des alten treten soll.

Novelle, w. [it. „kleine Neuigkeit"], **1)** i. d. Literatur s. dem 14. Jh. (Boccaccio) Erzählgattung; nach Goethe Darstellung einer „unerhörten Begebenheit", meist beruhend auf e. zentralen Konflikt; aus d. N. Entwicklung zur Kurzgeschichte; **2)** Recht u. Politik: Gesetzesnachtrag.

November, im altröm. Kalender 9. [l. „novem = neun"], heute 11. Monat (30 Tage); altdt.: Nebelung.

Novemberrevolution, Rev. in Dtld am Nov. 1918; nach d. mil. Zus.bruch durch d. Meuterei d. Marine in Kiel ausgelöst, führte z. Ausrufung d. Republik (→ deutsche Geschichte, Übers.).

Novi Sad → Neusatz.

Novität, w. [l.], Neuigkeit, Neuerscheinung.

Noviziat, s. [nl.], (mindestens) 1jähr. Probezeit in kath. Klöstern für Neulinge (**Novizen**), vor der Ablegung der Mönchs- od. Nonnengelübde.

Novotný, Antonín (10. 12. 1904–28. 1. 75), tschech. Pol.; 1957–68 Präs. u. Erster Sekr. d. KPČ.

Novum, s. [l.], etwas Neues, Erstmaliges.

Nowaja Semlja, sowj. Doppelinsel im Eismeer, zw. Barentssee u. Karischem Meer, 82 179 km²; durch Matotschkinstraße (im N-Insel 48 904 km²) und S-Insel (33 275 km²) geteilt; meteorolog. Stationen; Atomversuche; Pelztierjagd, Lachsfang; Pyrit- und Kupfervorkommen. – 1594–97 v. Barents erforscht.

Nowgorod, St. am Wolchow, Hpst. d. sowj. Gebiets N., 229 000 E; im 9. Jh. v. Warägern gegr. Hpst. d. Staates N., 13. u. 14. Jh. Hansest.

Nowokusnẹzk, 1932–61 *Stalinsk,* Ind.st. in W-Sibirien, Mittelpkt des Kusnezker Kohlenbeckens, 600 000 E; Hüttenwerke, Aluminiumwerke.

Nowomoskọwsk, bis 1933 *Bobriki,* bis 1962 *Stalinogorsk,* sowj. Stadt im Gebiet Tula, 146 000 E; Braunkohlenbergbau, chem. Ind.

Noworossijsk, sowj. Hafenst. a. d. NO-Küste d. Schwarzen Meeres, 186 000 E; Erdölraffinerie.

Nowosibịrsk, Hptst. d. sowj. Gebietes *N.,* am r. Ob-Ufer, 1,44 Mill. E; Kfz-, Textilind.

Noxe, w. [l.], Schädlichkeit, Krankheitsursache.

Np, chem. Zeichen f. → *Neptunium.*

NPD, Abk. f. → *Nationaldemokratische Partei Deutschlands.*

NPG, *Nukleare Planungsgruppe* der NATO, bestehend aus d. Verteidigungsmin. d. NATO-Länder.

NRT, Abk. f. *Netto-* → *Registertonne.*

NSDAP → Nationalsozialismus.

N. T., Abk. f. → *Neues Testament.*

NTSC, am. Farbfernsehverfahren, v. *National Television System Committee* entwickelt, von Japan und Kanada übernommen (→ Fernsehen; → Tafel Farbfernsehen, S. 339).

Nuance, w. [frz. *ny′ās*], Abstufung.

Nubien, Nilland zw. Khartum u. Assuan; Ruinen aus altägypt. bis röm. Kaiserzeit; z. T. die *Nubische Wüste.* – Seit 6. Jh. christl. Reich, um 1300 mohamm., 1820 ägypt., 1900 zw. Ägypten u. Sudan aufgeteilt.

Nubier, *Nuba,* bronzefarbenes Volk im O-Sudan v. → äthiopidem Rassentypus, Mohammedaner.

Nubuk [engl.], wildlederähnl. Rinds- oder Kalbsleder.

Nudismus, m. [l.], Freikörper-, Nacktkultur.

Nudist, Anhänger des Nudismus.

Nudität, w. [l.], Nacktheit.

Nugat, m. od. s., frz. *Nougat,* Konfekt aus Nuß-, Mandelstückchen in Honig od. Schokoladenmasse.

Nugget, s. [engl. *′nʌgɪt*], reine Goldklumpen.

Nuklearmedizin, Theorie und Praxis der Therapie mit radioaktiven → Isotopen.

Nukleịnsäuren, bes. im Zellkern (*Nuklēus*) vorkommende hochmolekulare stickstoff- u. phosphorhaltige Verbindungen; chem. unterschieden als Mono- u. Poly- → Nukleotide sowie → Nukleoside; wichtig f. → Vererbung, → Desoxyribonukleinsäure, f. Synthese v. → Eiweiß (RNA).

Nukleolus, *Kernkörperchen,* kugelige Gebilde, die einzeln od. zu mehreren i. ruhend. (nicht i. Teilung begriffenen) Zellkern eingeschlossen sind; enthalten Ribonukleinsäuren.

Nukleọnen, Bez. für → Elementarteilchen, die im Atomkern *(Nuklēus)* auftreten.

Nukleoproteịde, aus → Nukleinsäuren u. Eiweiß zusammengesetzte Stoffe; wichtigste Bestandteile d. Zellkerne, ferner i. Zellplasma u. Sekreten (→ Vererbung, Übers.).

Nukleosịde, aus Pyrin- od. Pyrimidinbase u. Kohlenhydrat bestehende Verbindungen; → Nukleinsäuren.

Nukleotịde, aus Purin- od. Pyrimidinbase, Kohlenhydrat u. Phosphorsäure bestehende Verbindungen; → Nukleinsäuren; die aus vier *Mononukleotiden* zusammengesetzten *Polynukleotide* Ribonukleinsäure u. → Desoxyribonukleinsäure haben wichtige biol. Funktionen (→ Zellkernteilung, → Vererbung, Synthese v. → Eiweiß).

Null [l. „nullus = keiner"], die Zahl, welche, zu and. Zahlen addiert (subtrahiert), diese ergibt; mit e. Zahl multipliziert, gibt sie wieder Null.

Nullhypothese, Arbeitshypothese bei statistischer Auswertung eines Experiments; besagt, daß zwei Meßdaten nur zufällig unterschiedlich hoch sind.

Nullmeridian, m., der → Meridian v. Greenwich.

Nullpunkt, Anfangspunkt einer Skala, trennt positive u. negative Werte. Auch → *absoluter Nullpunkt.*

Nulltarif, d. unentgeltl. Benutzung d. Nahverkehrsmittel.

nullum crimen sine lege, *nulla poena sine lege* [l.], „kein Verbrechen ohne Gesetz"; „keine Strafe ohne Gesetz", Grundsatz des Strafrechts, daß eine Tat nur dann bestraft werden kann, wenn sie zur Zeit ihrer Begehung gesetzl. mit Strafe bedroht war (Verbot d. Rückwirkung v. Strafgesetzen, Grundsatz des Rechtsstaats).

Numantia, alte iberische St. i. Spanien, 133 v. Chr. von Scipio d. J. zerstört.

Numa Pompịlius, 2. d. sagenhaften 7 röm. Kge.

Nümbrecht (D-5223), Gem. u. Luftkurort im Oberbergischen Kreis, NRW, 12 697 E; Fremdenverkehr.

Numẹa, *Nouméa,* früher *Port-de-France,* Hptst. d. frz. Insel Neukaledonien, 65 000 E.

Numeiri, Jaafar Mohammed al (* 1. 1. 1930), sudanes. Gen. u. Pol.; s. 1969 Staatspräs., im April 1985 v. Gen. Dahab gestürzt.

Numen, s. [l.], Gottheit; göttl. Wesen u. Wirken.

Numeri [l.], 4. Buch Mose im A. T. (Volkszählung u. Gesetzestexte).

numerịeren [l.], fortlaufend zählen, beziffern.

numẹrisch, zahlenmäßig.

numerische Steuerung, *NC,* Werkzeugmaschinensteuerung; → Steuerung d. Bewegungsabläufe einer Werkzeugmaschine durch → digitale Informationen, aus Datenträgern (z. B. Magnetband, Lochstreifen) od. direkt eingebaute → Mikrocomputern → CNC; flexiblere Anwendung); extra geschaffene → Programmiersprachen (z. B. APT, EXAPT).

numẹrische Wettervorhersage, For-schungszweig der synopt. Meteorologie; beschäftigt sich m. d. math. Vorhersage des Wetters m. Hilfe v. Elektronenrechnern.

Numerus [l. „Zahl"], *math.* → Logarithmus. – **N. clausus** [l. „geschlossene Zahl"], zahlenmäßige Beschränkung v. Anwärtern f. Ämter od. einzelne Studiengänge zur Vermeidung von Überfüllung.

Numidien, altes Kgr. in N-Afrika (Algerien), 46 v. Chr. röm. Prov.

Numismatik, w. [gr.], Münzkunde.

Nummulịtenkalk, besteht aus scheibenförm. Gehäusen tertiärer einzelliger Meerestiere (Foraminiferen).

Nunatak, m., Mz. *Nunatakker,* in Grönland u. Antarktis aus dem Inlandeis herausragender Berg.

Nuntius [l. „Bote"], diplomat. Vertreter d. Vatikans b. auswärt. Regierungen; im Rang e. Botschafters.

Nuragen, *Nuraghs,* vorgeschichtl. kegelförm. Wohn- u. Verteidigungstürme aus Stein auf Sardinien; ähnl. auf den Balearen *(Talayoten)* in Schottland *(Brochs).*

Nürburgring, Auto- u. Motorradrennstrecke in der Eifel um d. *Ruine Nürburg.*

Nurejew, Rudolf (* 17. 3. 1938), russ. Balletttänzer u. Choreograph.

Nurmi, Paavo (13. 6. 1897–2. 10. 1973), finn. Langstreckenläufer; 7facher Olympiasieger 1920–28.

Nürnberg, *Dürerhaus*

Nürnberg (D-8500), krfreie St. i. Mittelfranken, a. d. Pegnitz, Bay., 480 000 E; z. T. ma. Stadtbild, berühmte Bauten d. Gotik und Renaissance (Albrecht-Dürer-Haus, Mauthalle, Burg, Stadtbefestigung, Sebaldus-, Lorenz-, Frauenkirche); berühmtes Rathaus; German. Nat.museum, Spielzeugmus., Stadtbibliothek, Archive, Theater, Tiergarten, Verkehrsmus., Planetarium, Wirtsch.-, Sozialwiss. u. Erz.wiss. Fak. d. Uni. Erlangen-N., PH, Akad. d. bildenden Künste u. f. angewandte Technik; Bundesanst. für Arbeit, IHK, Arbeitsger., Landesgewerbeanstalt, OLG, LG, AG; O.finanzdir.,

BD, OPD; Ind.: Elektro-, Masch.-, Fahrzeugbau, Spielwaren, Lebkuchen, Bleistifte, Brauereien, Flughafen, Intern. Spielwarenmesse. Hafen a. Rhein-Main-Donau-Kanal. – Seit 1050 erwähnt; seit d. 13. Jh. Reichsst. (Reichstage: 1424–1796 u. 1938–45 Reichskleinodien i. N.). Kämpfe um d. Unabhängigkeit gg. d. Burggrafen v. N., d. 1427 d. St. ihre Burg verkauften; im 15. u. 16. Jh. Blüte v. Kunst u. Wissenschaft (Dürer, Krafft, Stoß, Vischer, Behaim, Pirckheimer, Hans Sachs); s. 1524 führend i. d. Reformation; 1806 bayr.; 1835 1. Dt. Eisenbahn v. N. nach Fürth; U-Bahn seit 1972.
Nürnberger Eier [„örlein = kl. Uhr"], Name der eiförmigen, im 16. Jh. in Nürnberg hergestellten Taschenuhren.
Nürnberger Gesetze, die vom Dt. Reichstag in Nürnberg 1935 beschlossenen Ausnahme-(Rassen-)Gesetze: **1)** *Ges. zum Schutze d. dt. Blutes,* stellte Eheschließungen sowie außerehel. Verkehr zw. Juden u. Staatsangehörigen „dt. oder artverwandten Blutes" unter schwere Strafen; **2)** *Reichsbürgerges.,* ließ als Reichsbürger nur Staatsangehörige „dt. oder artverwandten Blutes" gelten, Grundlage f. den Zwang des Nachweises „arischer" Abstammung; 1945 außer Kraft gesetzt.
Nürnberger Prozesse, nach 2. Weltkr. gemäß Abkommen zw. den 4 Besatzungsmächten i. Dtld aufgrund eines eigens aufgestellten Verfahrensstatuts durchgeführte Prozesse gg. Kriegsverbrecher (→ Kriegsverbrechen); **1)** vor dem Intern. Mil.-Tribunal *(IMT)* 1945/46 gg. die oberste Führerschaft der Nat.-Soz. sowie gg. Reichsreg., Gen.stab u. Oberkommando d. Wehrmacht, SS, SA u. einige weitere NS-Organisationen; von 22 Angeklagten wurden verurteilt: 12 zum Tode durch den Strang, 7 zu Gefängnisstrafen (v. 10 J. bis lebensläng.), 3 freigesprochen; zu verbrecher. Organis. erklärt: Führerkorps d. NSDAP, Gestapo, Sicherheitsdienst (SD) u. SS; **2)** weitere Prozesse bis April 1949 vor am. Mil.gerichten gg. bestimmte Gruppen: Ärzte (Mißbrauch u. Tötung von Menschen zu Versuchszwecken), Juristen, Industrielle, Generale, Diplomaten.
Nürnberger Trichter, scherzhaft für eine Lehrweise, bei der dem Schüler der Lehrstoff stumpfsinnig „eingetrichtert" wird (nach *Poet. Trichter* von → Harsdörffer, 17. Jh.).
Nurse [engl. *nəs*], Amme, Krankenpfleger(in).
Nürtingen (D-7440), St. i. Kr. Esslingen, am Neckar, Ba-Wü., 36 807 E; AG; IHK; Strickwaren-, Masch.ind.; Heilquelle.

Nus, *m.* [gr.], Geist, Intellekt, (schöpfer.) Verstand.

Walnuß

Nuß, trockenschalige, nicht aufspringende Frucht (z. B. *Haselnuß*). – **N.baum,** Bäume m. Fiederblättern, männl. Kätzchenblüten u. grünschaligen Steinfrüchten; *Wal-N.* aus Asien, versch. Spielarten; Nüsse eßbar, Holz sehr wertvoll, ebenso das des *Am. N.baums.*
Nüstern, Nasenlöcher, bes. d. Pferdes.
Nut, rinnenförmige, meist durch Nutenfräser hergestellte Vertiefung bei Maschinenbau od. Holzfabrikation, in die der dazugehörige Teil (Keil od. Feder) eingepaßt wird.
Nutation [l.], Unregelmäßigkeit i. d. Kreiselbewegung (→ Präzession) d. Erdachse m. e. Periode v. 18,6 Jahren u. e. Amplitude v. 9,6 Bogensek.; Ursache: Drehung d. Mondbahnebene; der Präzession überlagert, aber viel kleiner als diese.
Nutria, *w., Biberratte, Sumpfbiber,* südam. Nagetier, halb so groß wie Biber; Felle mit dichter Unterwolle (hpts. am Bauch) als N.(fell) gehandelt.
Nutzeffekt, svw. → Wirkungsgrad.
Nutzlast, die für Motoren nutzbare Ladefähigkeit, oft größer als d. Eigengewicht eines Fahrzeugs.
Nutzleistung, bei Motoren die wirklich verwendbare Kraftleistung; *indizierte Leistung:* Leistung am Zylinder einer Kraftmaschine (= Nutzleistung + Reibungsverlust).
Nützlinge, Lebewesen, die sich von Schädlingen ernähren, → biologische Schädlingsbekämpfung.
Nutznießung, früher das gesetzl. dem Ehemann am eingebrachten Gut der Frau u. dem Vater am Vermögen des Kindes zustehende Recht.
Nutzungsrecht, d. Recht, eine fremde Sache od. Recht zu eigenem Vorteil zu benutzen (→ Nutznießung, → Nießbrauch).
Nutzwert, der Wert, den ein Gebrauchs-(nicht Verbrauchs-)Gut durch seine Benutzung hat (z. B. N. eines Landwirtschaftsbetriebs nach dem Ertrag).
Nuuk, dän. *Godthåb,* Hptort v. Grönland, a. d. W-Küste, 12 000 E.
NVA → Nationale Volksarmee.

NWIO, Abk. f. *Neue Weltinformationsordnung,* auch *Neue Intern. Informationsordnung (NIIO),* Forderung d. Entwicklungsländer, die d. Struktur d. Informationsaustausches m. d. Industrienationen als einseitig ausgerichtet empfinden (z. B. Nachrichten, TV-Programme, Bücher etc.); erstmals auf d. Gipfel d. → blockfreien Staaten 1973 in Algier Forderung n. freiem u. ausgewogenem Informationsfluß durch staatsbürokratisch organisierte Eigenkontrolle d. Medien in d. Entwicklungsländern.
NWWO, Abk. f. *Neue Weltwirtschaftsordnung,* Forderung d. Entwicklungsländer nach e. Änderung d. Wirtschaftsbeziehungen zw. Industrieländern u. Entwicklungsländern, m. d. Ziel e. größeren Teilhabe am Nutzen d. Weltwirtschaft (z. B. Ausgleichsforderungen v. Kolonialismusschäden, Abschaffung von Handelshemmnissen, technolog. Zus.arbeit).
Nyborg [*'nybʌr*], dän. Hafenst. an der O-Küste Fünens, 18 000 E; Eisenbahnfähre nach Korsør (Seeland).
Nyerere, Julius Kambarage (* März 1922), afrikan. Pol.; s. 1962 Staatspräs. von Tanganjika, 1964–85 Präs. v. Tansania.
Nyíregyháza [*'njiːrɛdjhazɔ*], Hptst. des ungar. Komitats Szabolcs-Szatmár in der oberen Theiß-Tiefebene, 119 000 E; griech.-kath. Bistum; Maschinen- u. Zementfabriken; Ölmühlen.
Nykøbing, Stadt auf der dänischen Insel Falster, an der W-Küste, 25 000 E.
Nyköping [*'nyːtɕøː-*], Hptst. d. schwed. Län Södermanland, 65 000 E; Baumwollspinnereien, Sägewerke.
Nykturie [gr.], vermehrte Harnausscheidung während der Nacht, Zeichen für Diabetes, Herz-, Nierenkrankheit.
Nylon®, *s.* [*'naɪ-*], synthet. Faserstoff (→ Chemiefasern) aus der Gruppe der Polyamide.
Nymphe, letztes Larvenstadium bei Insekten mit unvollkommener Verwandlung.
Nymphen, weibl. Naturgottheiten der griech. u. röm. Mythologie; versch. Erscheinungsformen: *Meer-, Quell-, Berg-, Wald-, Baum-N.*
Nymphenburg, Stadtteil von München mit barockem Lustschloß (1663–1728) und Park; Porzellanmanufaktur seit 1761.
Nymphomanie [gr.], krankhaft gesteigerter Geschlechtstrieb bei Frauen.
Nystad, finn. *Uusikaupunki,* kl. Hafenst. am Bottn. Meerbusen. – 1721 Friedensschluß d. → Nord. Kriegs.
Nystagmus, unwillkürliches Augenzittern bei Schwachsichtigkeit, Krankheit u. Schädigungen d. Gehirns.

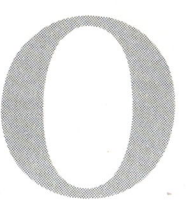

O, 1) *chem.* Zeichen f. → *Sauerstoff* (lat. *oxygenium*); **2)** *geograph.* = Osten.
O', in irischen Namen Enkel, Abkömmling, Sohn (z. B. *O'Neill*, Sohn des Neill).
OAE → OAU.
Oahu, Hawaii-Insel, 1564 km², 838 500 E; Hptst. *Honolulu.*
Oakland ['*oukl*ənd], Hafen- u. Ind.st. in Kalifornien (USA), am O-Ufer der Bucht von San Francisco, 339 000 E; Werften, Erdölraffinerien, Kfz- u. Flugzeugind.; durch 13 km lange Brücke mit → San Francisco (Abb.) verbunden.
Oak Ridge ['*ouk 'r*ɪdʒ], 1942 gegr. St. im O d. US-Staates Tennessee, 28 000 E; Atomforschungszentrum.
OAPEC, Abk. f. *Organization of Arabian Petroleum Exporting Countries*, Organisation d. arab. Erdölländer in der → OPEC.
OAS, 1) *Organization of American States*, auch *Rio-Pakt*, 1948 gegr. Organis. z. Sicherung d. rechtl. u. territorialen Unverletzlichkeit des am. Kontinents; 32 Mitgliedstaaten; → Panamerikan. Union; **2)** *Organisation de l'Armée Secrète*, rechtsextremist. frz.-alger. Geheimorganisation, versuchte mit Terrorakten das Verbleiben Algeriens im frz. Staatsverband zu erzwingen.

Oase

Oasen, Vegetationsinseln in der Umgebung von Süßwasservorkommen in Wüsten (z. B. *Biskra*).
OAU, Abk. f. *Organization of African*

Unity, → Organisation für Afrikanische Einheit (OAE).
Oaxaca [*oa'xaka*], Staat i. S Mexikos, am Pazifik; 93 952 km², 2,67 Mill. E; Anbau von Weizen, Mais, Tabak, Kaffee; Hptst. *O. de Juárez* (157 000 E).
Ob, größter Fluß u. wichtigste Wasserstraße W-Sibiriens, mit Irtysch 5410 km l. (3500 km schiffbar), mündet ins Nördl. Eismeer.
Obduktion [l.], svw. Sektion, Leichenöffnung zur Feststellung der Todesursache.
O-Bein, O-förmige Verbiegung eines od. beider Beine; b. Innenknöchelschluß verschieden großer Knieinnenabstand; angeboren od. erworben durch Belastung od. Fehlwachstum.

Obelisk, *Istanbul*

Obelisk, *m.* [gr.], pyramidenförmig zugespitzter Granitpfeiler, urspr. v. ägypt. Tempeln als Sonnensymbol, m. hieroglyph. Inschriften; auch → Monolith.
Oberammergau (D-8103), Gem. i. Kr. Garmisch-Part., Oberbay., 4980 E; Luftkurort, Wintersportpl., Staatl. Holz- u. Bildhauerschule. – Seit 1634 (als Dank für Befreiung v. d. Pest) alle 10 Jahre v. Einwohnern aufgeführte *Passionsspiele.*
Oberamtsrat → Amtmann.
Oberbau, im Eisenbahnbau Gleise, Schwellen u. ihre Bettung (Abb. → Tafel Eisenbahn).
Oberbayern, Rgbz. Bayerns, Alpenvorland u. Alpengebiet, 17 529 km², 3,62 Mill. E; Hptst. *München.*

Oberbergischer Kreis, Ldkr. i. Rgbz. Köln, NRW, m. Krst. Gummersbach.
Oberbruch-Dremmen, seit 1972 zu → Heinsberg.
Oberbundesanwalt, Vertreter d. öff. Interessen in Verfahren b. B.verw.gericht.
Oberdeutsch → deutsche Mundarten.
Oberer See, engl. *Lake Superior,* der westlichste der Großen Seen, auf der Grenze zw. USA u. Kanada, größter Süßwassersee der Erde, 82 103 km², 183 müM, bis 405 m tief, an den Küsten Kupfer- und Eisenerzlager; bedeutendster Hafen *Duluth.*
oberflächenaktiv, Stoffe, welche die Oberflächen- (in Systemen Flüssigkeit/Gas) oder d. Grenzflächenspannung (in Systemen Flüssigkeit/Flüssigkeit) herabsetzen; z.e Lösungen (Wasch-, Spül-, → Netzmittel) benetzen feste Flächen besser als reines Wasser.
Oberflächenspannung, Wirkung d. Molekularkräfte an der Grenze von Flüssigkeiten, auf Verkleinerung der freien Oberfläche hinzielend (z. B. Tropfenbildung, → Meniskus).
Oberfranken, bayr. Rgbz., zw. Frankenwald, Steigerwald u. Fichtelgebirge, 7231 km², 1,04 Mill. E; Hptst. *Bayreuth.*
Oberhaus, *House of Lords,* 1. Kammer des engl. Parlaments; Vertreter des Hochadels, der hohen Geistlichkeit, höchste Justizbeamte u. bes. vom Kg ernannte Mitglieder; bei Budgetfragen lediglich aufschiebendes Vetorecht.
Oberhausen (D-4200), krfreie St. an d. Ruhr, NRW, 221 017 E; AG; Theater, Schloß; Bergbau, Eisen-, Stahl-, Maschinen-, Apparatebau- u. chem. Ind.; Intern. Westdt. Kurzfilmtage.
Oberhessen, Landschaft: östl. Taunusausläufer, Wetterau, Gießener Becken, Vogelsberg.
Oberhof (D-6055), heilklimat. Kurort u. Wintersportplatz im Thüringer Wald, Kr. Suhl, 825 müM, 2000 E.
Oberkochen (D-7082), St. i. Ostalbkr., Ba-Wü., 496 müM, 8168 E; Werkzeugind., nach 1945 opt. Werke Carl Zeiss (Jena); opt. Museum.

Oberkreisdirektor, in Nds. u. NRW neben dem gewählten Landrat oberster kommunaler Beamter eines Landkreises.

Oberlahnstein, St.teil v. → Lahnstein.

Oberländer, Adolf (1. 10. 1845–29. 5. 1923), dt. Karikaturist *(Fliegende Blätter).*

Oberlandesgericht, *OLG,* Kollegialgericht mit Zivil- und Strafsenaten (→ Rechtspflege, Übers.).

Oberleitungsbetrieb, Speisung el. Fahrzeuge aus *Fahrdraht* über der Fahrbahn.

Oberlin, Johann Friedrich (31. 8. 1740–1. 6. 1826), ev. Pfarrer im Steintal (Elsaß), gründete als erster eine Kinderbewahranstalt („Kleinkinderschule").

Obermeister, Vorstand einer Innung.

Obernburg a. Main (D-8753), St. i. Kr. Miltenbg., Unterfranken, Bay., 7486 E; AG; Mus. „Römerhaus", ma. Türme u. Tore.

Oberon, Elfenkönig, Gestalt der altfrz. Dichtung d. 12. Jh.; später bei Shakespeare *(Sommernachtstraum)* u. Wieland; Oper von Weber.

Oberösterreich, östr. Bundesland, von d. Donau durchflossen, teilweise gebirgig: i. S Alpenvorland u. Teil der Nördl. Kalkalpen, zahlreiche Seen im S; im N (nördl. der Donau) Böhm. Massiv. Akkerbau, Viehzucht, Holz, Eisen-, Textilind.; Salzgewinnung (Hallstatt), Fremdenverkehr; 11 980 km², 1,3 Mill. E; Hptst. *Linz.*

Oberpfalz, bayr. Rgbz., vom Fichtelgebirge bis zur Donau, w. Fränk. Jura u. Böhmerwald, 9691 km², 975 000 E; Hptst. *Regensburg.*

Oberpfälzer Wald, nordw. Teil d. Böhmerwaldes (zw. Furth im Wald u. Fichtelgebirge), um 900 m.

Oberpräsident, im ehem. Preußen Leiter der Verwaltung einer Provinz.

Oberrealschule, frühere Bez. für Oberschule, an der Naturwiss. u. neuere Sprachen gelehrt werden (→ Schulwesen, Übers.).

Oberrheinische Tiefebene, Grabenbruch zwischen Schwarzwald u. Odenwald i. O, Vogesen u. Hardt i. W, 300 km l., 30 km br.; wärmstes Gebiet Dtlds.

Obersalzberg, dem Hohen Göll vorgelagerter Berg, 1000 m, bei Berchtesgaden.

Oberschlema, früher *Radiumbad O.,* jetzt Vorort v. Schneeberg, im sächs. Erzgebirge, Uranbergbau.

Oberschlesien, der südöstl. Teil Schlesiens; zerfällt in: **1)** das fruchtbare Tiefland an der Oder; **2)** die Sudetenvorberge; **3)** das Hügelland am W-Rand d. Poln. Platte m. d. Tarnowitzer Platte u. dem Schles.-Poln. Landrücken, dazwischen die Beuthener Kohlenmulde; Flüsse: *Ruda, Birawka, Klodnitz, Malapane, Stober* sind rechte, *Zinna, Glatzer Neiße* linke Nebenflüsse d. *Oder;* reiche Bodenschätze: Steinkohle, Zink-, Blei-, Brauneisenerze, Galmei.

Oberschule, svw. höhere Schule, Gymnasium (→ Schulwesen, Übers.).

Oberstadtdirektor, i. Nds. u. NRW neben gewähltem Oberbürgermeister oberster Gemeindebeamter.

oberständig, Stellung des Fruchtknotens oberhalb des Kelchs, von Blütenkrone eingehüllt.

Oberstdorf (D-8980), Markt i. Kr. Oberallgäu, Bay., heilklimat. Kneipp- u. Schroth-Kurort, Wintersportplatz, 843 müM, 10 029 E; Nebelhorn-, Fellhorn- u. Söllereckbahn. B.leistungszentrum f. Eiskunstlauf, Skiflugschanze.

Oberster Sowjet, s. 1936 höchste gesetzgebende Körperschaft d. Sowjetunion, besteht aus 2 Kammern: d. *Unionsrat* u. d. *Nationalitätenrat* (m. je 271 Mitgliedern; s. 1989 vom Kongreß d. Volksdeputierten als ständig tagendes Parlament gewählt.

Oberth, Hermann (25. 6. 1894–28. 12. 89), dt. Math., Phys. u. Raketentechniker; Theorie d. Weltraumfahrt m. Raketen.

Obertöne, mit dem Grundton gleichzeitig mitklingende höhere Töne, haben mehrf. Schwingungszahl d. Grundtons; bestimmen Klangfarbe e. Musikinstruments.

Oberursel (Taunus) (D-6370), St. im Hochtaunuskr., 39 105 E; Luth. Theol. HS, DGB-B.jugendschule, Neuform- u. Reform-Fachakad.; Elektro-, Motoren-, Textil-, Chemie- u. Glasind.

Oberviechtach (D-8474), St. i. Kr. Schwandorf, Bay., 4732 E; AG; Ind.

Obervolta, s. 1984 umbenannt in → Burkina Faso.

Oberwesel (Rhein) (D-6532), St. im Rhein-Hunsrück-Kr., RP, 4192 E; got. Stiftskirche, ma. Stadtbefestigung, Weinbau u. -handel. – Ehem. Freie Reichsstadt.

Oberwiesenthal (D-9312), sächs. Kurort u. Wintersportplatz im Erzgebirge, höchstgelegene St. Dtlds (914 müM), 6800 E; Spitzenfabrik., Wetterwarte.

Obi, *m.,* **1)** langer sehr breiter (Brokat-)Gürtel (in Japan z. Kimono getragen); **2)** *Judo:* Gürtel; den Judokämpfer trägt.

Object Art, *Objektkunst,* schafft od. verwendet Gegenstände außerhalb d. klass. Kunstgattungen (z. B. kinet. Objekte, Lärmmasch., Abfall usw.).

Objekt, *s.* [l.], **1)** Gegenstand; **2)** *grammat.* Ergänzung des Zeitworts (im Wen-, Wem- od. Wesfall); Gegenstand, auf den sich d. Handlung bezieht.

objektiv, auf das Objekt bezüglich, gegenständlich, sachlich, nicht persönlich (subjektiv) gesehen.

Objektiv, *s.,* die dem zu beobachtenden Gegenstand zugewandte Linse bei opt. Instrumenten (z. B. bei → Fernrohr, → Mikroskop, Kamera). – **O.prisma,** vor d. O. d. Fernrohrs gesetztes Prisma, f. fotograf. Aufnahmen d. Spektren v. Sternen.

Objektive, aus optischen Gläsern bestehende Aufnahmesysteme. Das Abbild der Wirklichkeit (Motiv) wird vom Objektiv „gesehen" u. am Film scharf abgebildet. Heute hochwertige, computergerechnete Objektive: Tele-, Normal-, Weitwinkel-Objektive; außerdem Makro-Objektive, Spezial-Objektive für Architektur (PC-Shift-Objektive). Sehr beliebt die Zoomobjektive (früher auch: Vario-Objektiv, Gummilinse). Dank verändert. Brennweite erhöhte Anpassung an d. Motiv; ersetzen in einem Objektiv mehrere andere. Heutige Objektive bestehen (besonders Zooms) aus mehreren bis sehr vielen Linsen. Grundsätzlich erzeugt jedes Objektiv ein kreisrundes Bild; erst durch das Filmfenster entsteht daraus ein rechteckiges oder quadratisches Bild am Film. Das einfachste Objektiv ist eine einlinsige Leselupe mit vierfacher Vergrößerung. Legen wir darauf einen rechteckigen Papierrahmen mit innerem Ausschnitt, so sehen wir ein genau begrenztes Bild (Bildausschnitt).

objektives Strafverfahren, ist auf Einziehung v. Sachen (z. B. Schriften, Abbildungen strafbaren Inhalts) gerichtet od. hat die Unterbringung eines schuldunfähigen Täters in eine psychiatr. od. sozialtherapeut. Anstalt zum Gegenstand.

Objektivität, *w.,* Sachlichkeit, Gegenständlichkeit.

Oblate, *w.* [l. „Dargebrachtes"], dünne Scheibe aus ungesäuertem Weizenmehl, **1)** → Hostie; **2)** Unterlage für Lebkuchen u. a., auch mit Zucker und Gewürzen (z. B. *Karlsbader O.*); **3)** zum Einnehmen pulverförm. Medizin.

Oblate, 1) früher Siegelscheibchen zum Zukleben v. Briefen; Klebebild; **2)** Siegelblättchen statt Urkunden.

Obliegenheit, Rechtspflicht bei bestehenden Vertragsverhältnissen (z. B. in Versicherungswesen).

obligat [l.], **1)** *allg.* verbindl., unvermeidl.; **2)** *mus.* selbst. Stimme, die nicht weggelassen werden darf; Ggs.: → ad libitum.

Obligationen → Schuldverschreibungen.

Obligationenrecht, schweiz. Bez. für das Recht der Schuldverhältnisse.

obligatorisch [l.], bindend, nicht freigestellt; Ggs.: → fakultativ.

Obligo, *s.* [it. „Schuld"], svw. Verpflichtung, Verbindlichkeit; als Freizeichnungsklausel „ohne Obligo".

oblong [l.], länglichrund.

Obmann, Vertrauensmann oder Wortführer einer Gruppe (z. B. O. der Arbeiter eines Betriebes); von 2 Parteien gewählter Schiedsmann.

Oboe, *w.* [frz. „hautbois", *Hoboe,* hohes Holzblasinstr. von schalmeiähnl., leicht nasalem Klang (Abb. → Orchester).

Obolus, *Obolos,* altgriech. Silber- u. Bronzemünze.

Obote, Apollo Milton (* 1925), afrikan. Pol.; 1962–71 Premiermin. (1966–71 auch Staatspräs.) v. Uganda; v. → Amin Dada gestürzt, s. 1980 Staatspräs.; im Juli 1985 durch Mil.putsch gestürzt.

Obotriten, *Abotriten,* slaw. Stamm in N-Mecklenburg; v. Heinrich d. Löwen um 1160 unterworfen.

Obra, l. Nbfl. der Warthe, 253 km l., durchfließt den *O.bruch* (330 km², 60 km l.), mündet bei Schwerin; *O.kanal* (28 km l.) zur Warthe.

Obrenović *[-vitc],* serb. Herrschergeschlecht: *Miloš,* 1817–39 u. 1858–60 Fürst v. Serbien; *Milan,* 1868–82 Fürst und bis 1889 Kg von Serbien; mit → Alexander I. 8) starben 1903 die O. aus.

Obrigheim (D-6951), Gem. im Neckar-Odenwald-Kr., Ba-Wü., 5179 E; Kernkraftwerk (328 MW).

Obrigkeitsstaat, Bez. für die Auffassung, daß der Staat im Gegensatz zur → Demokratie höchste Autorität d. sozialen u. pol. Ordnung d. Volkes sei; die Bevölkerung zerfällt in „Obrigkeit" (Souverän u. Berufsbeamte) u. „Untertanen".

Obsequien [l.], swv. Seelenmessen.

Observanten [l.], bei Franziskanern u. Karmelitern die Mönchsverbände, die an der urspr. strengen Ordensregel, *Observanz,* festhalten; Ggs.: Konventualen.

Observanz, *w.,* **1)** *jur.* örtl. begrenztes Gewohnheitsrecht; **2)** → Observanten.

Observatorium, *s.* [nl.], Stern-, Wetterwarte; wiss. Beamter auf O.: **Observator.**

Obsidian, *m.,* natürl. Glasstein, erstarrte saure Lava, meist dunkel.

obskur [l.], dunkel, unbekannt.

obsolet, veraltet, ungebräuchlich.

Obst, eßbare Früchte von Bäumen u. Sträuchern: *Kern-O.* (Äpfel, Birnen), *Stein-O.* (Kirschen, Pflaumen), *Beeren-O.* (Stachel-, Erdbeeren); wegen Vitamin- u. Nährsalzgehalt wichtige Ergänzung der menschl. Nahrung. Ernte i. d. BR 1983: 2,43 Mill. t.

obstinat [l.], widerspenstig.

Obstipation [l.], Darmverstopfung, Darmträgheit.

Obstruktion [l.], *pol.* Widerstand, der auf Verschleppung oder Verhinderung eines Beschlusses abzielt.

obszön [l.], unzüchtig, unanständig, unflätig.

Obus, *Trolley-Bus,* Oberleitungsomnibus m. el. Antrieb; nicht schienengebunden.

Obwalden, Halbkanton von → Unterwalden.

OCAM, Abk. f. **O***rganisation* **c***ommune* **A***fricaine et* **M***auricienne,* Gemeinsame Afrikan.-Mauritianische Organisation (GAMO), 1965 hervorgegangen aus d. → Afro-Madagassische Union für Wirtschaftliche Zusammenarbeit; Mitglieder (9) sind hpts. d. → Brazzaville-Staaten; Ziele: bes. d. wirtsch., techn. u. kulturelle Zus.arbeit; *Gemeinsamer Arabischer Markt,* Wirtschaftsorganisation d. → Arabischen Liga: gegenseitige Zollsenkung u. gemeins. Außenzolltarif.

O'Casey *[ouˈkeısı],* Sean (30. 3. 1884–18. 9. 1964), irischer Dramatiker; *Der Preispokal; Juno u. d. Pfau.*

Occam, *Ockham,* Wilhelm v. (1290–1349), engl. Scholastiker, Franziskaner, Vertr. d. → Nominalismus; „Der Wille ist d. Wesen v. Mensch u. Gott"; Ggs. zw. Phil. u. Theol.; nach O. können Papst und Konzilien irren.

Ochlokratie [gr.], „Herrschaft der Menge", des Pöbels; Entartung d. → Demokratie.

Ochoa *[ouˈtʃoua],* Severo (* 24. 9. 1905), am. Biochemiker (Nukleinsäuren); Nobelpr. 1959.

Ochotskisches Meer, vom Pazifik durch Kamtschatka u. Kurilen getrenntes ostasiat. Randmeer; 1,39 Mill. km², bis 3372 m tief.

Ochrana, *w.,* pol. Geheimpolizei im zarist. Rußland.

Ochse, kastriertes männliches Rind.

Ochsenauge, bräunlicher Wiesenschmetterling mit schwarzen Augenflecken.

Ochsenfrosch → Frösche.

Ochsenfurt (D-8703), St. a. M., i. Kr. Würzburg, Unterfranken, 11 525 E; ma. St.bild u. Fachwerkbauten u. got. Rathaus; div. Ind.

Ochsenzunge, Borretschgewächs, Ackerunkräuter m. blauen Blüten.

Ochslegrad, in Dtld übl. Maßeinheit für das spezif. Gewicht d. Mostes, gemessen mit der v. dem Mechaniker *Öchsle* erfundenen *Ö.waage;* gibt den Zuckergehalt an.

Ochtrup, (4434), St. i. Kr. Steinfurt, NRW, 16 905 E; Feinmechanik- u. Textilindustrie.

Ockeghem *[-xəm],* Johannes (um 1425–um 95), fläm. Komp. in Frkr.: Messen, Motetten, Chansons.

Ocker, durch Eisenoxidzusatz rotgelb gefärbte, durch Brennen gerötete Tonerde; Malerfarbe.

O'Connel, Daniel (6. 8. 1775–15. 5. 1847), irischer Pol., setzte die Aufhebung der → Testakte durch.

Octanzahl → Klopffestigkeit.

Octavia, Schwester d. → Augustus u. Gemahlin d. Marcus → Antonius, der sie wegen Kleopatra verließ.

Octavianus → Augustus.

Odal [schwed.], urspr. das Ererbte, dann Bauernbesitz, d. freie Landbesitz.

Odaliske, in Dtld übl. Haremssklavin.

Odd Fellows [engl. *-louz*], weltweite humanitäre Bruderschaft in Form eines Ordens mit Großlogen u. Logen; gebildet um 1750 in England, offiz. Gründung 1819 in den USA.

Odds [engl.], Quote, zu der Wetten b. Rennsport angenommen werden.

Ode, *w.* [gr. „Gesang"], festl., reimloses Gedicht, meist i. d. griech., bes. auch von Horaz betonten alkäischen Strophe; dt. Vertr.: *Klopstock, Hölderlin, Platen, George, Schröder, Werfel, Weinheber.*

Odelsting [*ˈu-*], das norweg. Unterhaus; → Storting.

Ödem, *s.* [gr.], *Wassersucht,* krankhafte Elektrolyt- und Wasseransammlung im Unterhaut-Zellgewebe, bes. d. Entzün-

dungen, Herz-, Leber-, Nieren- und Schilddrüsenkrankheiten; auch → Myxödem; *Hungerödem* durch Unterernährung.

Ödenburg, ungar. *Sopron,* Grenzst. im Komitat *Raab-Ö.,* südw. des Neusiedler Sees, 132 000 E.

Odense, Amt u. Hptort der dän. Insel Fünen, durch den *O.kanal* (8 km l.) mit dem **O.fjord** (Kattegat) verbunden, an der **O.-Aa** (Seekanal, 22 km l.); 174 900 E; Seehafen, Schiffswerft, Metall-, Lebensmittel-, Textilind.; H. C. *Andersens* Geburtshaus.

Odenthal (D-5068), Gem. im Rhein.-Bergischen Kreis, NRW, 12 982 E.

Odenwald, Bergland zw. Rheinebene und Main, im W Granit, im O Buntsandstein; *Katzenbuckel* 626 m h.; am W-Fuß die Bergstraße.

Odenwaldschule, Landerziehungsheim in Oberhambach, 1910 v. *Geheeb* gegr., bes. Zus.arbeit v. Lehrern u. Schülern; s. 1945 Entwicklung zur → Gesamtschule; Modellschule d. UNESCO.

Odeon, swv. → Odeum.

Oder, poln., tschech. *Odra,* ein Hauptfluß i. ö. Mitteleuropa, vom **O.gebirge** in Mähren, durchfließt d. mähr.-oberschles. Industriegebiet, b. Frankfurt d. **O.bruch** (640 km², bebaut), mündet durch das Oder-(Stettiner) Haff in die Ostsee in 3 Armen: *Peene, Swine, Dievenow;* 912 km l. (bis Swinemünde), bis zur Einmündung i. Oderhaff (Papenwasser) 860 km l., von Ratibor schiffbar; über den Havel durch den *O.-Havel-Kanal* verbunden, mit der Spree durch den *O.-Spree-Kanal* (91 km l., v. Fürstenberg n. d. Seddinsee); Nebenflüsse: l.: *Oppa, Glatzer Neiße, Ohle, Weistritz, Katzbach, Bober, Glatzer Neiße,* r.: *Klodnitz, Malapane, Bartsch, Warthe* (mit *Netze*). – **O.-Havel-Kanal,** früher Berlin-Stettiner Großschiffahrtsweg, Teil der Verbindung Ruhr-Berlin-Stettin, 70 km l.

Odermennig, staudiges Rosengewächs; an Wegen.

Oder-Neiße-Linie, *Oder-Görlitzer Neiße,* westl. Grenze der nach d. → Potsdamer Abkommen u. Verw. Polens unterstellten „Dt. Ostgebiete unter fremder Verwaltung" (N-Teil Ostpreußens als „Gebiet Kaliningrad" unter Verw. der UdSSR). Über 7 Mill. Deutsche ausgewiesen. – Anerkennung d. O.-N.-L. als endgültige „Friedensgrenze" durch d. DDR im Warschauer Abkommen 1950; 1970 Bestätigung d. Grenzverlaufs durch d. BR im dt.-poln. Vertrag; endgültige Anerkennung im dt.-poln. Grenzvertrag v. 14. 11. 1990.

Odessa, ukrain. Gebietshptst. u. Hafen am Schwarzen Meer; 1,1 Mill. E; Uni., HS, Museen; Werften, Schwer-, Maschin.-, chem., Erdölind.

Odeum [l.], griech. *Odeion,* im Altertum große (vielfach runde) u. überdeckte Gebäude f. Gesangsvorführungen u. Rezitationen; danach auch in der Neuzeit Bez. für Konzertsäle üsw.: *Odeon.*

Odilienberg, Berg i. d. mittleren Vogesen, 826 m, mit Kloster, 680 gegr. zu Ehren der hl. *Odilia,* Schutzpatronin des Elsaß.

Odin
*Nach einem schwed.
Fund des 7. Jh. n. Chr.*

Odin, westgerman. *Wodan,* Ase der nord. Götterwelt; Meister d. Zauberei; s. Begleiter d. Raben; Gott d. Krieger; s. Roß Sleipnir, s. Speer Gungnir.

Ödipus, Gestalt d. griech. Sage: theban. Königssohn, d. vergebens gg. das ihm angeweissagte Schicksal kämpft, seinen Vater zu erschlagen u. seine Mutter zu heiraten; befreit seine Vaterstadt durch Lösung d. Rätsel, die ihm d. Sphinx stellt; Trauerspiel v. Sophokles. – **Ö.komplex,** psychoanalyt. Bez. d. libidinösen Bindung des Kindes an den andersgeschlechtl. Elternteil m. zunächst feindseligen Affekten gegenüber d. gleichgeschlechtl. Elternteil; später wieder Identifikation.

Odium, *s.* [l.], Feindschaft, Haß, Makel.

Ödland, Bodenflächen, die nicht in land- oder forstwirtsch. Nutzung stehen; Unland (z. B. Fels), Heide, Moor; Urbarmachung durch → Moorkultur, schwieriger ist Heidekultur, da meist schlechter Sand- od. Moorboden, oft mit wasserundurchlässiger → Ortstein-Schicht (durch Tiefkultur aufzubrechen); bei dünner Humusdecke nur flach zu pflügen, starke Düngung m. Kali u. Phosphorsäure erforderlich; meist sehr kalkarm, als erste Kulturpflanze Lupine, die i. d. Regel als Gründüngung untergepflügt wird.

Odoaker, german. Heerkg; stürzte 476 n. Chr. d. letzten weström. Kaiser; 493 von → Theoderich ermordet.

Odontologie [gr.], Zahn(heil)kunde.

Odysseus tötet die Freier
Griech. Vasenbild

Odyssee, Heldengedicht Homers in Hexametern, handelt v. d. Irrfahrten des **Odysseus,** d. listenreichen Kgs v. Ithaka, auf der Heimkehr v. Trojan. Krieg u. s. Rache a. d. Freiern s. Gattin Penelope.

OECD, Abk. f. *Organization for Economic Cooperation and Development, Or-*

ganisation *f. wirtsch. Zus.arbeit u. Entwicklung,* s. 1961 Nachfolgeorganisation d. → OEEC; Hptaufgaben: Planung u. Förderung d. wirtsch. Wachstums. Mitgl.staaten, Förderung d. Welthandels, Sicherung der Währungsstabilität, Koordinierung der Wirtschaftshilfe für Entwicklungsländer durch Ausschuß f. Entwicklungshilfe *(Development Assistance Committee, DAC);* 24 Mitgliedstaaten (Jugoslawien arbeitet in begrenztem Umfang mit); Sitz Paris (→ Karte Europa, wirtsch. Zus.schlüsse).

OEEC, Abk. f. *Organization for European Economic Cooperation, Organisation für eur. wirtsch. Zusammenarbeit* der → ERP-Länder, 1948 gegr.; Nachfolgeorganisation seit 1961 → OECD mit z. T. neuen Aufgaben; Hauptaufgabe der OEEC bestand in der Koordinierung d. Verwendung d. ERP-Hilfe durch d. Mitgliedstaaten.

Œuvre, *s.* [frz. œːvr], Werk; Bez. f. d. Gesamtwerk e. Künstlers.

OEZ, Abk. f. **O**steuropäische **Z**eit (→ Zeit).

Ofen, Feuerungsanlage, **1)** zur Raumerwärmung: **a)** → Kamin; eiserner Ofen (Kanonenofen, Alles-, Dauerbrenner); → Kachelofen; **b)** indirekte Wärmeabgabe: im Sammelofen (Heizkessel) erwärmtes Wasser od. Dampf wird durch Heizkörper geleitet; auch → Luftheizung; **2)** f. Ind.zwecke zur Gewinnung, Veredelung v. Eisen, Stahl, Metall (Hochofen, Martinofen, → Kupolofen, → Schmelzofen, → Eisen- u. Stahlgewinnung, Übers.), zum Glühen, Brennen, Härten, Schmieden, Trocknen usw. (Brenn-, Glüh-, Muffel-, Schmiede-O. usw.), zur Gewinnung von Gas (Gasgenerator).

Offenbach, Jacques (20. 6. 1819–5. 10. 80), frz. Komp.; parodist.-zeitkrit. Operetten: *Orpheus in der Unterwelt; Die schöne Helena;* Oper: *Hoffmanns Erzählungen.*

Offenbach am Main (D-6050), krfreie St., bed. Ind.st. in Hess., 112 450 E; Renaissanceschloß (16. Jh.), Dt. Ledermus./Dt. Schuhmus., Klingspormus. HS f. Gestaltung; Bundesmonopolverw., Dt. Wetterdienst; Intern. Lederwaren-

messe, AG, IHK; Leder-, Masch.-, chem. Ind.; Hafenanlage; Natron-Lithium-Quelle.

Offenbarung, eine auf höhere Macht zurückgeführte rel. Enthüllung, auf d. sich Religionsgründer berufen; nach christl. Anschauung d. Selbstmitteilung Gottes a)

in d. Schöpfung (natürl. O.), b) durch sein Wort im A. T. (Moses u. die Propheten), c) im N. T. durch s. Sohn. - **O. des Johannes,** Buch im N. T., → Apokalypse.

Offenbarungseid → Offenbarungsversicherung, eidesstattliche.

Offenbarungsversicherung, eidesstattliche, 1) im Zwangsvollstreckungsverfahren die v. Schuldner auf Antrag des Gläubigers vor dem AG abzugebende und durch eidesstattl. Versicherung zu bekräftigende Darlegung seiner Vermögensverhältnisse (§ 807 ZPO); **2)** die aur Verlangen v. einem Schuldner, der zur Auskunfterteilung oder Rechnungslegung verpflichtet ist, abzugebende eidesstattl. Versicherung, daß alle Angaben vollständig u. richtig sind.

Offenburg (D-7600), Gr.Krst. d. Ortenaukr., Ba-Wü., 51 730 E; LG, AG; Eisenbahnknotenpunkt, Chemie-, Metallu. Textilind., Druckereien. - Ehem. Freie Reichsstadt.

offene Abkommen, frz. *conventions ouvertes,* völkerrechtl. Abkommen, denen dritte Staaten beitreten können.

offene Handelsgesellschaft, *OHG,* Personengesellschaft, Ges. v. Vollkaufleuten unter gemeinschaftl. Firma zum Betrieb eines Handelsgewerbes; entsteht mit Geschäftsbeginn, bei Schußkaufleuten (→ Kaufmann) erst mit Eintragung im Handelsregister; jeder Gesellschafter hat Einzelvertretungsbefugnis f. OHG, haftet unbeschränkt f. Geschäftsschulden (§§ 105 ff. HGB); d. OHG ist keine jur. Person.

offene Tür, i. Handelsverkehr: Grundsatz, nach dem e. Land allen i. gleicher Weise offensteht.

Jacques Offenbach

Offenmarktpolitik, An- u. Verkauf festverzinsl. Wertpapiere a. freien Markt durch Notenbank; dient als konjunkturpol. Instrument z. Steuerung des Geldumlaufs; → Notenbanken.

offensiv [l.], angreifend, verletzend.

Offensive, *w.,* Angriff mit operativen Zielen.

öffentliche Anleihen, langfristige Kreditaufnahmen öffentl. Körperschaften (Länder, Kommunen, Bundespost, Bundesbahn).

öffentliche Hand, die öffentl.-rechtl. Verbände (Staat, Gemeinde usw.), bes. in ihrer Eigenschaft als Unternehmer gewerbl. Betriebe (Verkehrs-, Kraftbetr. u. a.), → öffentliche Unternehmungen.

öffentliche Meinung → Meinungsforschung.

öffentlicher Glaube, der Umstand im Rechtsverkehr, wonach jedermann auf d. Inhalt bestehender öffentl. Urkunden (z. B. Erbschein) und Register (z. B. Grundbuch, Handelsregister) vertrauen darf.

öffentlicher Haushalt, die Gesamtheit der Maßnahmen einer → *öffentlich-rechtlichen Körperschaft* zur Erfüllung ihrer Verw.saufgaben; im Ggs. zum privaten Wirtschaftsbetrieb zum größten Teil aus Steuern finanziert. – Im *engeren Sinne* die Rechnungslegung über Einnahmen u. Ausgaben d. öff. Körperschaften. Die Festsetzung der (Soll-) Einnahmen u. der (Soll-)Ausgaben erfolgt im voraus für das nächste → Rechnungsjahr *(Fiskaljahr),* durch *Etat* oder *Budget;* die nachträgliche Bilanzierung der tatsächlichen Einnahmen und Ausgaben durch die *Haushaltsrechnung.* Im öffentl. *Haushaltsplan* werden nach dem aufbau *Hoheits-* od. *Kämmereiverw., Betriebsverw.* u. *Kapital-* u. *Vermögensverw.* unterschieden, der Art nach die laufenden, *ordentl.* Einnahmen und Ausgaben sowie die einmaligen, *außerordentlichen;* Gesamthaushaltsplan gliedert sich in Einzeletats d. Ministerien, diese in Kapitel u. Titel (Filiation).

öffentliche Sachen, Verwaltungsvermögen (z. B. Dienstgebäude, Strafanstalten, Büroeinrichtungen) eines Verwaltungsträgers (z. B. Staat, Gemeinde, Anstalt d. öff. Rechts) sowie Sachen im Gemeingebrauch (z. B. Parkanlagen, Straßen, Sportplätze).

öffentliches Recht, Rechtsnormen, die die Beziehungen zw. dem einzelnen u. den ihm übergeordneten Verbänden (Staat usw.) sowie dieser Verbände untereinander regeln; umfaßt Staats-, Völker-, Straf-, Verw.-, Steuer-, Prozeß-R. u. a.; Ggs.: → Bürgerliches Recht.

öffentliche Unternehmungen, als Wirtschaftsbetriebe des Staates, der Länder, Kommunen ohne unmittelbaren Zusammenhang mit den Hoheitsaufgaben der öff.-rechtl. Körperschaften; Erträge fließen in die *öffentl. Kassen;* Formen: **a)** *Regiebetriebe,* bilden unmittelb. Teil d. Verw.; **b)** ö. U. *im engeren Sinne* gehören der öff. Hand, werden aber als *selbst.* Unternehmungen nach *kaufmännischen* Grundsätzen geführt; als *gemischtwirtsch. Unternehmungen* b. Beteiligung privater Firmen.

Öffentlichkeitsarbeit, svw. → Public Relations.

öffentlich-rechtliche Körperschaft, → juristische Person, die mit staatl. Zwecken mit bes. Rechten ausgestattet ist (z. B. Staat, Gemeinde, Kirche, Landeszentralbank, Versicherungsanstalt).

öffentlich-rechtliche Kreditanstalten, Kreditbanken u. Kreditinstitute der Länder und Kommunen; Staats- u. Landesbanken, Dt. Genossenschaftskasse u. Sparkassen.

öffentlich-rechtlicher Vertrag, vertragliche Regelung eines Rechtsverhältnisses zw. einer Behörde u. einem Dritten auf d. Gebiet der hoheitl. Verwaltung, oft anstelle eines → Verwaltungsaktes.

Offergeld, Rainer (* 26. 12. 1937), SPD-Pol.; 1978–82 B.min. f. wirtsch. Zus.arbeit.

offerieren [l.], anbieten.

Offerte, *w.,* **1)** *Vertragsantrag,* ist für d. Antragenden bindend, falls nicht d. Bindung ausdrücklich ausgeschlossen wird, z. B. durch die Klauseln „freibleibend“, „unter Vorbehalt“; Preislisten, Kataloge, Inserate sind keine O.; **2)** *Anzeige* in Druckschriften, ist rechtl. nur Aufforderung zur Abgabe v. Vertragsangeboten.

Offertorium [l.], **1.** Hptteil der kath. Messe.

Office, *s.* [engl.], Amts-, Geschäftsraum; aber auch Amt selbst.

Offizial-delikte [l.], Straftaten, die im Ggs. z. d. *Antragsdelikten* von der Staatsanwaltschaft von Amts wegen *(O.prinzip)* verfolgt werden. – **O.verfahren,** ein v. → Legalitätsprinzip beherrschtes Verfahren, so d. Strafprozeß (Ausnahme: → Privatklage-Delikte u. → Opportunitätsprinzip); im Zivilprozeß in best. Fällen ein beschränktes O.verfahren, so in Ehe- u. Entmündigungssachen. – **O.verteidiger,** muß im Strafprozeß seitens des Gerichts einem Angeschuldigten von Amts wegen od. auf Antrag in allg. nur bei bes. schweren Straftaten bestellt werden; in allen anderen Fällen nach freiem Ermessen des Gerichts (§§ 140 ff. StPO).

offiziell [frz.], amtlich, gesellschaftlich, förmlich.

Offizier [frz. v. l. „officium = Amt“], **1)** höhere u. hohe mil. Dienstgrade mit der Aufgabe der Ausbildung der Mannschaften u. taktischer u. operativer Führung im Kriege; Berufs-, Zeit- und Reserve-O.e. Einteilung in Dienstgradgruppen: *Leutnante:* Lt. u. Oberlt.; *Hauptleute:* Hauptmann, Kapitänleutnant, Stabsarzt, Stabsveterinär, Stabsapotheker; *Stabs-O.e:* Major bis Oberst (Korvettenkapitän bis Kapitän zur See; Oberstabsarzt bis Oberstarzt); *Generale (Admirale):* mil. Dienstgradabzeichen → Bundeswehr; 2) auch Bez. bei der Polizei; **3)** bei der Handelsmarine ranghöher Titel für Steuermann (I. bis IV. Offizier = I. bis IV. Steuermann).

Offizin, *w.* [l.], „Werkstätte“, bes. Apotheke, Buchdruckerei.

offizinell, Bez. f. die in der → Pharmakopöe aufgeführten Arzneien (im Ggs. z. d. Geheimmitteln).

offiziös [l.], halbamtlich, von höherer Stelle veranlaßt od. beeinflußt.

off limits [engl.], (f. Soldaten) Zutritt verboten.

off line [engl. -*lain* „nicht angeschlossen“], in d. EDV: Ein- u. Ausgabegerät nur indirekt od. zeitweise m. → Zentraleinheit gekoppelt; Ggs.: → *on line.*

Öffnungsfunken, Lichtbogen, der beim Öffnen eines Stromkreises (z. B. Schalter) durch Selbstinduktionsspannung entsteht.

Offsetdruck, ein Flachdruck, erfolgt indirekt, erst von der Druckform, einem die Druckplatte tragenden Zylinder, auf Gummituch, das auf 2. Zylinder aufgespannt ist, von diesem auf Papier.

Off-shore-Aufträge [engl. *'ɔf'ʃɔ·* „von d. (eigenen) Küste weg“], am. Bez. für US-finanzierte, an andere Länder vergebene Aufträge.

Off-shore-Bohrungen, Nutzung v. Meeres-Bodenschätzen in Küstennähe (Erdöl, Erdgas u. a.).

O. F. M., Abk. f. *ordo fratrum minorum* (Orden d. Minderbrüder) → Franziskaner.

Ofnethöhlen, Höhlen in der Nähe von Nördlingen mit zwei mittelsteinzeitl. Bestattungen von 27 bzw. 6 Schädeln (Kopfbestattung).

Ogbomosho [-*'mouʃou*], St. in SW-Nigeria, 597 000 E; Pädagog. Seminar, dt. Ind., bes. f. landw. Prod.; Handelsplatz.

Ohain, Pabst von (* 14. 12. 1911), dt. Ing.; entwickelte das erste Strahltriebwerk He S 1 (1937) der Welt; im dem ebenfalls von ihm entwickelten Triebwerk He S 3 B wurde der erste TL-Flug (Flugzeug: He 178) 1939 durchgeführt.

O'Hara, John (31. 1. 1905–11. 4. 70), am. gesellschaftskrit. Erzähler; *Butterfield 8; Eine leidenschaftliche Frau; Diese zärtlichen wilden Jahre.*

OHG, Abk. f. → *Offene Handelsgesellschaft.*

Ohio [*ou'haiou*], **1)** l. Nbfl. des Mississippi, aus den Flüssen Allegheny u. Monongahela b. Pittsburg, schiffbar, 1579 km l.; **2)** Staat der USA, Abk. *Oh.,* zw. Eriesee u. O.-Fluß, 106 765 km², 10,86 Mill. E (9% Schwarze); Eisen-, Stahlerzeugung, Bergbau, Erdöl; Landw., Viehzucht; Hpt. *Columbus.*

Oehlenschläger, Adam Gottlob (14. 11. 1779–20. 1. 1850), dän. romant. Dichter; dramat. Märchen *Aladdin.*

Ohlin, Bertil (23. 4. 1899–30. 7. 1979), schwed. Handelstheoretiker; (zus. m. J. E. Meade) Nobelpr. 1977 (f. Arbeiten zur Theorie des Intern. Handels).

Ohm, 1) früheres Flüssigkeits-, bes. Weinmaß: 137,4–155 l; **2)** Maßeinheit des el. Widerstandes, Zeichen Ω. Ein Widerstand beträgt 1 Ω, wenn Strom von 1 Ampere Wärme v. 1 Joule erzeugt; ben. nach d. dt. Physiker Georg Simon *Ohm* (1787–1854).

Ohmsches Gesetz, gibt Beziehung zw. Strom I, Spannung U u. Widerstand R an: für d. Elektrotechnik u. bei Gleichstrom:

$$U = R \cdot I.$$

Ohnmacht, Schwächeanfall mit leichter Bewußtlosigkeit, Übelkeit, durch Blutleere i. Gehirn (evtl. durch innere Blutung), auch psychisch bedingt.

Ohr, d. Gehörorgan. Der Schall wird v. d. *O.muschel* (Abb., 1) aufgenommen,

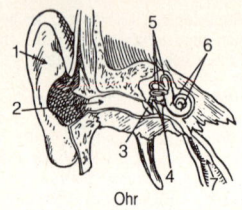

Ohr

durch den *Gehörgang* (2) zum *Trommel-fell* (3) weitergeführt. Dieses gerät in Schwingungen, die, auf der inneren Seite vom Hammer über Amboß und Steigbügel, die *3 Gehörknöchelchen* (4), fortgeleitet, auf d. ovale Fenster des Labyrinths zur *Schnecke* (6) übertragen werden und sich auf die hierin befindliche Flüssigkeit fortpflanzen, wodurch der hier einmündende Gehörnerv erregt wird. Die Gehörknöchelchen liegen in d. *Paukenhöhle* des Schädels u. bilden das *Mittel-O.* Die Paukenhöhle steht durch d. Eustachische Röhre *(O.trompete)* (7) mit d. Rachen in Verbindung. Die ebenso wie d. Schnecke zum *Innen-O. (Labyrinth)* gehörigen *3 Bogengänge* (5) dienen dem Gleichgewichtssinn u. der Lageempfindung im Raum. - Die *O.speicheldrüse (Parotis)* vor dem Ohr gelegen, mündet in d. Schleimhaut der Wangen; deren epidem. Entzündung heißt → Mumps u. ist sehr ansteckend.

Ohrenrobben, Robbenfamilie (z. B. *Seelöwen, Seebären, Mähnenrobben*) mit langflossigen Gliedmaßen u. deutl. gekennzeichneten Ohrmuscheln; im nördl. u. südl. Polarmeer; Herdentiere; polygam.

Öhringen (D-7110), St. i. Hohenlohekr., Ba-Wü., 17 345 E; Schloß, Rathaus, Stiftskirche, Zinnmus.; AG; div. Ind.

Ohrwurm

Ohrwurm, Insekt, Geradflügler, Zange am Hinterleibsende; harmloser Pflanzenfresser.

Ohu, Ortsteil d. Gem. *Essenbach,* Kr. Landshut, Bay. (D-8307), 7957 E; Kernkraftwerk.

Oidium, niedere Pilzart (z. B. *Milchschimmel, Soorpilz*); auch Entwicklungsform des → Mehltaus.

OIRT, Abk. f. frz. *Organisation Internationale de Radiodiffusion et Télévision,* Intern. Rundfunk- u. Fernsehorganisation.

Oise [*waz*], **1)** r. Nbfl. der Seine, aus den Ardennen, 302 km l., mündet bei Conflans-Sainte-Honorine nw. v. Paris; **2)** nordfrz. Dép.; 5861 km², 703 000 E; Hptst. *Beauvais* (52 000 E).

Oistrach, 1) David (30. 9. 1908–24. 10. 74) u. s. Sohn **2)** Igor (* 27. 4. 1931), russ. Violinisten.

O. K. [engl. *'ou 'kei*], in Ordnung; Amerikanismus, verballhornte Abk. v. „a. c." = *all correct.*

Oka, 1) r. Nbfl. der Wolga, 1480 km l., mündet bei Nischnij-Nowgorod; **2)** l. Nbfl. d. Angara, 630 km l., in O-Sib.

Okajama, Hptst. d. Präfektur O., auf der jap. Insel Honshu, 576 000 E; Daimonschloß m. berühmtem Park; Flugplatz.

Okapi

Okapi, *s.,* eine bis pferdegroße, kurzhalsige braune Giraffe mit zebrastreif. Schenkeln; Kongo-Urwald.

Okarina, *w.,* it. Schnabelflöte aus gebranntem Ton oder Porzellan.

Okawango, *Kubango,* afrikan. Fluß, 1800 km l., v. Hochland von Bihé zum O.becken im n. Botswana.

Okeanos, griech. Gottheit, die Welt umschließender Urstrom *(Ozean),* Vater von 6000 Kindern (**Okeaniden**).

Oken, Lorenz (1. 8. 1779–11. 8. 1851), dt. Naturforscher u. -phil.

Oker, Nbfl. der Aller, a. d. Oberharz (Bruchberg); 105 km l., m. gr. Talsperre.

Okinawa, Hptinsel d. Ryukyu-Inseln, 1254 km², 1 Mill. E, Hptst. *Naha;* 1945–72 Mill. US-Stützpunkt; 1972 an Japan zurückgegeben.

Okkasion, *w.* [l.], (günstige) Gelegenheit.

Okkasionalismus, phil. Theorie, wonach Gott zw. Leib u. Seele vermitteln muß, weil zw. beiden keine Wechselwirkung möglich sei (Geulincx, Malebranche).

Okklusion, *w.* [l.], **1)** Ein-, Umschließung; **2)** *meteorolog.* Emporheben eines Warmluftsektors durch rasches Vorrücken der Kaltfront; → Wetterfronten.

okkult [l. „occultus = verborgen"], geheim(nisvoll).

Okkultation [l.], *astronom.* Bedeckung.

Okkultismus, Bez. f. d. Gesamtheit der okkultist. od. Geheimlehren, die sich mit den v. d. heutigen Wiss. meist als Parapsychologie zus.gefaßten physischen (→ Telekinese, → Materialisation, Spuk usw.) od. psychischen (→ Telepathie, Hellsehen, Prophetie, → Spiritismus) Erscheinungen befassen, oft auch Lehre v. Mystisch-Übersinnlichen.

Okkultist, Anhänger d. → Okkultismus.

Okkupation [l.], **1)** Besitzergreifung eines herrenlosen Gebietes mit od. ohne Gewalt u. Unterstellung unter d. eigene Staatshoheit; **2)** mil. Besetzung und Verw. eines Gebietes fremder Staatshoheit; *occupatio bellica* (kriegerische Be-

setzung) in Haager Landkriegsordnung geregelt.

Oklahoma [*oukla'houma*], Abk. *Okla.,* Staat der USA, in den Prärien westl. Mississippi; im O Wiesen, im W Steppen, Viehzucht, Weizen, Mais, Baumwolle, Erdöl, Naturgas; 181 186 km², 3,2 Mill. E, ca. 7% Schwarze; Hptst. *O. City* (441 000 E); Maschinen-, Baumwollind.

Ökologie [gr.], Wiss. v. d. Beziehungen zw. den Lebewesen untereinander sich sowie zw. diesen u. der Umwelt, z. B. der Pflanzen u. Tiere zu ihren Lebensbedingungen (Klima, Boden, Nahrung, and. Lebew.).

Ökonom [gr.], Landwirt, Gutsverwalter.

Ökonomie, Wirtschaftlichkeit; Wirtschaftskunde; Landwirtschaft.

ökonomisches Prinzip, *volkswirtsch.* Bestreben, mit gegebenem Aufwand den höchstmögl. Ertrag *(Maximalprinzip)* od. m. geringstmögl. Aufwand einen gegebenen Ertrag *(Minimalprinzip)* zu erzielen.

Ökosystem, Wechselbeziehung zwischen Organismen u. Umwelt.

Ökotrophologie, Haushalts- u. Ernährungswiss. (Abschluß Diplom).

Oktaeder, *s.* [gr. „Achtflächner"], regelmäßiges Polyeder, von 8 gleichseitigen Dreiecken begrenzt.

Oktant, *m.* [l.], **1)** achter Teil eines Kreises; **2)** *astronom.* Instrument, ähnl. d. → Sextanten, aber mit einem Achtel-Vollkreis als Skala; **3)** → Sternbilder.

Oktav, *s.* [l.], 8°, Buchformat; Buchhöhe bei *Klein-O.:* 10–18,5 cm, *Groß-O.:* 22,5–25 cm.

Oktave

Oktave, *w.* [l.], 8. Stufe der Tonleiter u. entsprechendes Intervall.

Oktett, *s.,* Tonstück f. 8 Instrumente od. Singstimmen.

Oktjaberskij, sowj. Stadt in Baschkirien, 95 000 E; Erdöl.

Oktober, im altröm. Kalender 8. [l. „octo = acht"], heute 10. Monat (31 Tage); aldt.: *Gilbhard.* - **O.revolution,** Revolution der Bolschewisten in Rußland 25./26. 10. 1917 (nach Julian. Kalender, d. i. 7./8. 11. nach Gregorian. Kalender); Sturz → Kerenskijs.

Oktode, *w.,* → Elektronenröhre mit 8 → Elektroden, in Rundfunkgeräten als Mischröhre (2 Funktionen).

Oktogon, *s.* [gr.], regelmäßiges Achteck.

oktroyieren [frz.], aufzwingen.

Okular, *s.,* die dem Auge [l. „oculus"] zugekehrte Linse opt. Instrumente m. Linsensystem (z. B. beim → Fernrohr, → Mikroskop).

Okuli [l.], „Augen", 3. Sonntag in der Fastenzeit.

okulieren → Veredlung.

Ökumene, *w.* [gr.], **1)** der bewohnte Teil der Erde; **2)** Einigungs- u. Sammlungsbewegung der Christenheit; Ursprünge u.

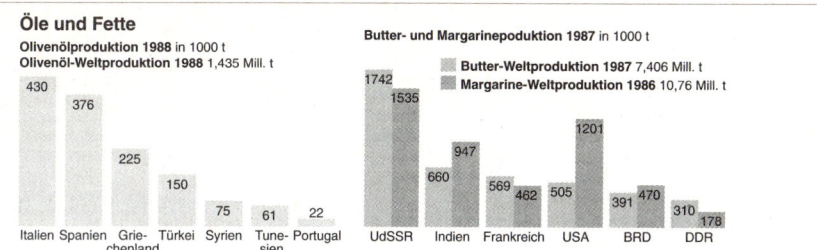

Öle und Fette
Olivenölproduktion 1988 in 1000 t
Olivenöl-Weltproduktion 1988 1,435 Mill. t

Butter- und Margarinepoduktion 1987 in 1000 t

■ Butter-Weltproduktion 1987 7,406 Mill. t
■ Margarine-Weltproduktion 1986 10,76 Mill. t

Italien 430 / 376 / Spanien 225 / 150 / Griechenland / Türkei 75 / Syrien 61 / Tunesien 22 / Portugal

UdSSR 1742 / 1535 / Indien 660 / 947 / Frankreich 569 / 462 / USA 505 / 1201 / BRD 391 / 470 / DDR 310 / 178

der Weltmissionskonferenz Edinburgh 1910 u. i. Weltbund der Christl. Vereine junger Männer (YMCA); 1925 Weltkirchenkonferenz in Stockholm *(Life and Work);* Vorkämpfer → Söderblom; 1927 Weltkonferenz Lausanne *(Faith and Order);* 1948 Weltkirchenkonferenz Amsterdam: Zus.fassung der beiden Zweige durch d. Konstituierung des Ökumen. Rates d. Kirchen *(Weltkirchenrat)* mit Sitz in Genf; 1954 Weltkirchenkonferenz in Evanston, 1961 in Delhi, 1968 in Uppsala. Angeschlossen 218 ev., anglikan. u. orthodoxe Mitglieds- u. 8 beigeordnete Kirchen mit 350 Mill. Christen in 80 Ländern.

ökumẹnisch, weltumfassend, allgemein.
Ökumẹnische Konzile, allg. Konzile; die röm. Kirche zählt 21 Ö. K., die morgenländ. Kirche erkennt nur d. ersten 7 an; erstes Ö. Konzil zu Nicäa 325. Nach heutiger röm.-kath. Kirchenverf. ist das Ö. K. eine Versammlung der höchsten Würdenträger der Kirche, vom Papst berufen u. geleitet. Das 20. Ö. K. (1869–70) und das 21. Ö. K. (1962–65) werden nach ihrem Tagungsort → Vatikanische Konzile genannt.

OKW, O̱beṟkommando d. Wehrmacht (1938–45).

Okzident, *m.* [l.], Abend oder Westen; das → Abendland.

ö. L., *geograph.* östliche Länge, von → Greenwich aus.

Olaf, *Kge v. Norwegen:* **1)** O. I. Trygvasson, unterlag auf Eroberungszug 1000 den Dänen u. Schweden; **2)** O. II. der Hlge, reg. 1015–28, mußte b. Versuch der Christianisierung fliehen, fiel beim Kampf um Wiedereroberung des Landes; **3)** O. V. (2. 7. 1903–17. 1. 91), seit 1957 Kg von Norwegen.

Öland, schwed. Ostseeinsel, 1344 km² (137 km l., 15 km br.), 23 000 E; Hptort *Borgholm* (11 000 E).

Ölbaum, Baum m. immergrünen Blättern; Mittelmeergebiet, frühzeitig nach Amerika gebracht; wild u. kultiviert; Alter bis 700 Jahre; aus d. Fleisch der Steinfrüchte *Oliven, Oliven-* (Speise-)*Öl; Olivenholz* f. Schnitz- u. Drechslerarbeiten.

Ölberg, 1) Berg östl. v. Jerusalem, 3 Gipfel, bis 828 m h.; mehrere Kirchen; *in der bild. Kunst:* die Darstellung d. Seelenkampfes Jesu im Garten Gethsemane; **2)**

Gr. Ö., höchster Berg (460 m) im Siebengebirge.

Olbernhau (D-9330), sächs. St. im Kr. Marienberg, Erzgebirge, 11 882 E; Holz-, Kunstglas-, Spielwarenind.

Olbrich, Joseph Maria (22. 12. 1867–8. 8. 1908), östr. Baumeister d. → Jugendstils; Mitbegr. der Wiener Secession u. des Dt. Werkbunds; *Secessionsgebäude* (Wien), *Mathildenhöhe* (Darmstadt) u. a.

Olbricht, Friedrich (24. 11. 1888–20. 7. 1944), dt. General, Chef d. Allg. Heeresamtes; als Mitgl. d. Widerstandsbewegung hingerichtet.

Oelde (D-4740), St. i. Kr. Warendorf, NRW, 27 045 E; AG; Metall-, Textil- u. Möbelind.

Oldenburg, 1) bis 1978 Verw.bez. des Landes → Niedersachsen, an d. Nordsee; bis 1946 Land des Dt. Reiches; die oldenburg. Landesteile Lübeck u. Birkenfeld gingen 1. 4. 1937 auf das Land Preußen über, hinter der Küste Marschen mit Wiesen (Viehzucht, bes. Pferde); im S Geestboden mit Heiden, Mooren u. Ackerland. – Im 11. Jh. Gft, 1448 Gf Christian Kg v. Dänemark, 1667 Aussterben der dt. Linie, O. an Dänemark, 1773 Haus Holstein-Gottorp überlassen, 1777 Hzgt., 1815–1918 Großhzgt.; 1946 als Verw.bez. O. im Lande Nds. aufgegangen; **2)** (D-2900), krfreie St. i. Rgbz. Weser-Ems, Nds., 140 785 E; Schloß (17. Jh.), Museen, Staatstheater, Weser-Ems-Halle, OLG, LG, AG, IHK, HWK Verw.- u. Wirtsch.-Akad., Ing.-Akad., FHS, Uni.; Motorenwerke, Eisengießerei, Glashütte, Spinnerei, Fleischwarenfabrik, Umschlaghafen, Schiffswerft; **3)** *O. in Holstein* (D-2440), St. i. Kr. Ostholstein, Schl.-Ho., 9293 E; AG; 952–1163 Bistum.

Oldham [*'ouldəm*], Fabrikst. in d. engl. Gft Lancashire, 95 000 E; Baumwoll-, Masch.ind.

Oldoway, *Oldowai,* wichtiger Fundplatz der Altsteinzeit Afrikas in Tansania.

Öldruck, Imitation von Ölgemälden durch Steindruck mit Ölfarben.

Oldtimer, *m.* [engl. *'ouldtaimə*], altes, bewährtes Mitgl. einer Sportmannschaft od. eines Vereins; auch Gegenstand, insbes. ein altes Kraftfahrzeug.

Öle [l. „oleum“], organ. Verbindungen, spezif. leichter als Wasser, löslich in Äther u. Benzin (nicht in Wasser), brenn-

bar; *pflanzl. Ö.* aus Früchten (Kokos-, Öl- u. Babussapalme, Oliven- u. Tungbaum), Ölsaaten (Erdnüsse, Sojabohnen, Sesam, Sonnenblumen, Raps) u. Pflanzen (Baumwolle, Lein, Hanf); *tier. Ö.:* Waltran (→ Walfang), neuerdings auch Haifischtran, für Margarineherstellung u. techn. Zwecke verwendet; in der Welterzeugung von Olivenöl steht Europa mit ca. 73% an der Spitze (→ Schaubild).
→ Mineralöl,   → ätherische   Öle, → Schmieröle.

Oleander, giftige Sträucher od. Bäume mit ledrigen Blättern, duftreichen weißen od. roten Blüten; Mittelmeergebiet, Asien. – **O.schwärmer,** Nachtschmetterling; grüne Raupe an Oleander.

Olearius, Adam, eigtl. *Öhlschläger* (um 1599–23. 2. 71), dt. Schriftst. u. Orientreisender; Übersetzer islam. Schriften.

Olefine, *Alkene,* Kohlenwasserstoffe m. einer od. mehreren reaktiven Doppelbindungen im Molekül; wegen ihres ungesättigten Charakters sehr reaktionsfähig (→ Additionsreaktionen, → Polymerisationen); Kennz.: Endsilbe *-en* (z. B. *Ethylen, Propylen, Butylen).*

Oleg († 912), Wäräger, 1. Großfürst v. Kiew.

Oleïnsäure, *Ölsäure,* ungesättigte Fettsäure, an Glycerin gebunden (O.-Ester) in fetten Ölen; Nebenprodukt bei der Stearinfabrikation; zur Herstellung v. Schmierseifen u. Spinnölen.

Oleomargarine, der leicht schmelzende Teil des Rindertalges, durch Abpressen gewonnen, zur Margarineherstellung verwendet; d. hoch schmelzende Preßrückstand: **Oleostearin.**

Oleum [-*leum*], **1)** rauchende Schwefelsäure; **2)** pharmakolog. Bez. für Öl.

Ölfeuerung, Verfeuerung v. flüssigem Brennstoff; Öl wird unter Druck durch Düse zugeführt u. mit Luft zerstäubt (stationäre Kesselanlagen in Gebäuden: *Ölheizung,* b. Schiffen, Lokomotiven).

Olga, getauft (955) *Helena* († 969), Hlge d. russ. Kirche; Gemahlin d. Großfürsten Igor v. Kiew.

Olgas, aus Mineral- u. Teerölen durch Zersetzung in der Hitze gewonnenes Gas.

Olifant, *m.,* **1)** das Wunderhorn → Rolands; **2)** Jagdhorn d. Adels aus Elfenbein i. 11. u. 12. Jh.

Oligarchie [gr.], „Herrschaft der Wenigen“, n. d. pol. System des Aristoteles:

Entartung d. Aristokratie, Beschränkung der Staatsgewalt auf wenige.

Oligopol, s. [gr. „oligos = wenig"], → Monopol.

oligotroph [gr.], nährstoffarm (z. B. v. Seen).

Oligozän, s. [gr.], → geologische Formationen, Übers.

Oligurie, Verminderung der täglichen Harnausscheidung auf 100–500 ml.

olim [l.], einst; daher scherzhaft: *seit Olims Zeiten,* seit undenkl. Zeiten.

Oliva, westl. Vorort von Danzig, nahe der Ostsee, Luftkurort; Zisterzienserkloster (s. 1173–75). – *Friede zu O.* 1660 beendete d. schwed.-poln.-brandenburg.-dän. Krieg, Preußen souverän; s. 1945 *Oliwa,* Sitz der s. 1946 vereinigten Diözesen Danzig und Kulm.

Olive, Olivenholz, Olivenöl → Ölbaum.

Olivier [ɔˈlɪvɪeɪ], Lord (s. 1970; s. 1947 Sir), Lawrence (22. 5. 1907–11. 7. 89), engl. Schausp. u. Regisseur: Shakespeare-Darsteller; *Hamlet* (1948); *The Prince and the Showgirl* (1957); *Sleuth; The Marathon Man; The Boys from Brazil.*

Ölkäfer, *Maiwurm,* e. Art d. Kanthariden, Käfer mit kurzen, klaffenden Flügeldecken; sondern bei Gefahr aus Beingelenken gelben, giftigen Saft *(Kantharidin)* ab, das auf Haut Blasen hervorruft (Blasenkäfer); Larven schmarotzen in Bienennestern.

Ölkuchen, Ölschrot, Rückstände bei der Erzeugung pflanzl. → Öle; wichtige eiweiß- und fetthaltige Kraftfuttermittel.

olla podrida [span. ˈɔlja-], **1)** span. Nationalgericht. Fleischstücke u. Gemüse; **2)** *allg.:* svw. Mischmasch.

Ollenhauer, Erich (27. 3. 1901–14. 12. 63), SPD-Pol.; vor 1933 führend i. d. sozialist. Arbeiterjugend; 1933–46 emigriert; 1946–52 stellvertr., s. 1952 SPD-Vors.

Ölmalerei, durch die v. den ndl. Brüdern van Eyck entwickelte Mischtechnik (Auftrag v. Ölfarben über Tempera) Anfang 15. Jh. eingeführt, verbesserte die vordem übl. *(Tempera-)* Malweise; techn. Verfahren: trockene Farben werden mit Öl angerieben; dadurch mögl. langsames Trocknen, Übermalung, Verreiben d. Farben ineinander, Durchscheinen des Grundes b. Auftrag dünner Lasuren u. damit erhöhte Leuchtkraft; das getrocknete Bild wird durch Firnisüberzug geschützt.

Olme, Familie d. → Amphibien; *Grottenolm,* in den Höhlen des Karstes, bis 30 cm l., zurückgebildete Augen, weiße Hautfarbe.

Ölmühlen, verarbeiten Ölsaaten zu Ölen und Ölkuchen bzw. Ölschrot.

Olmütz, tschech. *Olomouc,* St. in Mähren, an der March, 106 000 E; kath. Erzbistum; theol. Lehranst.; Metall-, Malz- u. Zuckerind.

Ölpalme, hohe afrikan. Palme mit Fiederblättern, auch sonst in den Tropen an-

gepflanzt; aus dem Fleisch der Früchte *Palmöl* (Seifen), aus den Kernen *Palmfett* (Speisefette, Seifen), Rückstände Mastfutter; *Palmwein* aus d. Saft.

Olpe (Biggesee) (D-5960), Krst. am Biggesee (Talsperre mit 172 Mill. m³ Stauinhalt), im Sauerland, NRW, 22 854 E; AG; Eisenind., Fremdenverkehr.

Ölpest, die Verschmutzung d. Küstengewässer durch ausgelaufene od. ausgepumpte Öle d. Schiffe; führt z. Schädigung d. Meeresfauna u. -flora, bes. d. Massentötung v. Seevögeln; 1954 intern. Abkommen London z. Bekämpfung d. Ö. (bes. an d. Nordseeküste), 1958 Beschlüsse d. Seerechtskonferenz d. UN gegen d. Verunreinigung d. hohen See.

Oels, *Oleśnica,* poln. St. in Niederschlesien; Schloß, 30 700 E.

Olsa, r. Nbfl. d. Oder i. Nordmähren, 90 km l.

Ölschalter, Schalter für el. Hochspannungsleitungen; Trennkontakte liegen in Gefäß mit Ölfüllung, die Öffnungsfunken ersticht.

Ölschiefer, bituminhaltiger Schiefer; Öl durch Erhitzen (Destillation) gewonnen; Vorkommen: USA (Colorado), UdSSR (Estland), Australien, Jugoslawien, Spanien, Schweden, Schottland; Dtld: Messel bei Darmstadt.

Oelsnitz, 1) *Oe. i. Erzgebirge* (D-9156), St. i. Kr. Stollbg., Sa., 12 034 E; Steinkohlebergbau; **2)** *Oe. im Vogtland* (D-9920), sächs. Krst. an d. Weißen Elster, 13 365 E; Textil- u. Masch.ind.; Talsperre *Pirk* mit 3,8 km l. Speicherbecken (10 Mill. m³).

Olten (CH-4600), St. i. schweiz. Kanton Solothurn, an der Aare, 19 000 E; div. Ind.; schweiz. Bücherzentrum; Bahnknotenpunkt.

Olymp, 1) höchstes Gebirge Griechenlands, an der Grenze v. Mazedonien u. Thessalien, 2911 m; in d. griech. Mythologie Sitz d. Götter; **2)** *mysischer O.,* Ulu-dağ, jetzt *Keschisch-Dagh,* Berg im nw. Kleinasien, 2543 m, Weinbau.

Olympia [altgr.], altgriech. Nationalheiligtum auf d. Peloponnes, i. d. von 776 v. Chr. bis 393 n. Chr. zu Ehren des Zeus in vierjähr. Rhythmus sportl. Wettkämpfe ausgetragen wurden.

Olympiade, Zeitspanne (4 Jahre) zw. zwei olymp. Festen; antiker → Zeitrechnungsbegriff; heute auch Bez. f. → Olympische Spiele.

olympische Flagge, s. 1920 Flagge der → Olympischen Spiele (→ Tafel S. 341); die Farben d. fünf Ringe auf weißem Feld symbolisieren die fünf Kontinente: blau = Europa, schwarz = Afrika, rot = Amerika, gelb = Asien, grün = Australien.

Olympische Spiele, im *Altertum:* Nationalfeste in → Olympia, entstanden aus mykenischen Fruchtbarkeitsfesten; alle 4 Jahre (belegt s. 776 v. Chr., 393 n. Chr. verboten); Wettkämpfe: versch. Laufwettbewerbe, Faustkampf; Wagenrennen, Rei-

Olympia-Zeltdach, *München*

ten, Fünfkampf; Auftreten von Künstlern und Rednern. – *Neuzeit:* Wiederbelebung der O. S. durch Baron Pierre de Coubertin (→ Übersicht); oberste Instanz für alle olympischen Angelegenheiten: *Intern. Olymp. Komitee (IOC),* Sitz Lausanne, gegr. 1894.

Oelze, Richard (29. 6. 1900–27. 5. 80), dt. surrealist. Maler in Worpswede.

Ölzeug, wasserdichte Kleidung des Seemannes.

Omaha [ˈoʊməhɑ:], St. im US-Staat Nebraska, am Missouri, 349 000 E; Uni.; Schlachthäuser, Nahrungsmittelind.

Omaijaden, Kalifen 661–750, von den Abbasiden aus dem Orient vertrieben, gründeten das Kalifat von Córdoba (756–1030).

Oman, bis 1970 *Maskat,* amtl. *Sultanat Oman,* Sultanat in O-Arabien, Schutz- u. Freundschaftsvertrag m. Großbrit., längs d.

Küste d. Golfes v. O., 212 457 km², 1,4 Mill. E (6 je km²); Bev.-Zuw. 4,6%; Bev.: Araber, Inder, Belutschen, Neger; Hptst.: *Maskat* (30 000 E); Flagge S. 341. Karte S. 748; trockenes Küstenland, im Innern Gebirge. **a)** *Wirtsch.:* Kamelzucht; Datteln; Erdöl (1982: 15,9 Mill. t). **b)** *Außenhandel* (1988): Einfuhr 2,2 Mrd., Ausfuhr 2,82 Mrd. $. **c)** *Verw.:* 41 Wilayats. **d)** *Gesch.:* 1965–75 bewaffneter Konflikt m. d. PFLO (Volksfront z. Befreiung Omans) i. d. Provinz Dhofar; s. 1980 Vertrag m. USA über am. Nutzung v. mil. Einrichtungen. **e)** *Mitgl.:* UN, Arab. Liga; **2)** Golf v. O., Meerbusen zw. d. Küste v. O. (Ostarabien) u. Iran.

Omar, Mohammeds Helfer, 634–44 zweiter Kalif.

Omar-i-Khajjam, *der Zeltmacher* († um 1123), pers. Dichter.

Ombudsman [schwed.], **Ombudsmand** [norweg., dän.], Sachwalter, Bevollmächtigter, Behörde (die Rechtsanwendung u. Rechtsschutz des einzelnen überwachen).

Omdurman, St. im Sudan, am Weißen Nil, gegenüber Khartum, 526 000 E; Kamelmärkte, Elfenbein- u. Silberverarbeitung; 1898 Niederlage d. → Mahdi.

Omega, s., **1)** langes O, im griech. Alphabet der letzte Buchstabe (Ω, ω); **2)** Zeichen f. → Ohm (Ω).

Omen, s. [l.], Vorzeichen; gute u. böse.
ominös, unheilverkündend, bedenklich.
omne vivum e vivo [l.], „Jedes Lebewesen stammt von e. Lebewesen", Ausspruch v. W. Harvey.
Omnibus [l. „für alle"], vielsitziges Fahrzeug z. Personenbeförderung.
Omnipotenz, w. [l.], Allmacht.
Omnium, s. [l. „aller"], Pferderennen m. Gewichtsausgleich, Bahnradrennen mit verschiedenartigen Wettbewerben.
Omnivoren, Tiere, die *jederlei* Nahrung zu sich nehmen, „Allesfresser".
Omphale, sagenhafte Königin von Lydien, für die Herkules weibliche Sklavendienste verrichten mußte.
Omsk, westsibir. St. an der Mündung des Om in den Irtysch, Hptst. des sowj. Gebietes O., 1,2 Mill. E; Vieh- und Getreideplatz; Masch.bau, Uni.
Onanie, w., *Masturbation,* geschlechtliche Selbstbefriedigung.
Onassis, Aristoteles (15. 1. 1907–15. 3. 75), griech. Großreeder.
Oncken, 1) Hermann (16. 11. 1869–28. 12. 1945), dt. Historiker; *Lassalle;* **2)** Wilhelm (19. 12. 1838–11. 8. 1905), dt. Historiker.
Ondit, s. [frz. ō'di „man sagt"], Gerücht; *einem Ondit zufolge,* nach einem Gerücht.
ondulieren [frz.], Haare wellen.
Onegasee, in Karelien (UdSSR), 9720 km² groß, 120 m tief, Abfluß zum Ladogasee.

Eugene O'Neill

O'Neill [ou'nil], Eugene (16. 10. 1888–27. 11. 1953), am. Dramatiker; *Trauer muß Elektra tragen; Eines langen Tages Reise i. d. Nacht;* Nobelpr. 1936.
Onestep, m. [engl. 'wʌn], Gesellschaftstanz in schnellem 2/4-Takt.
Onex (CH-1213), schweiz. Gem., Vorort v. Genf, 17 000 E.
Onkel, Bruder d. Vaters bzw. d. Mutter. - **O.ehe,** volkstüml. f. Zusammenleben e. Witwe od. geschiedenen Frau u. ihrer Kinder mit e. Mann, den sie aus Aufrechterhaltung ihrer Versorgungsansprüche nicht heiratet.
Onkologie [gr.], Lehre von den Geschwülsten.
on line, *EDV:* direkte Verbindung, Ein- u. Ausgabegeräte sind direkt mit → Zentraleinheit gekoppelt; Ggs.: → off line.
Önologie [gr.], Wein(bau)kunde.
onomatopoetisch [gr.], klangmalend (z. B. „Das Wasser rauscht', das Wasser schwoll").

on parle français [ōparl(ə) frä'sɛ], „man spricht (hier) Französisch".
Onsager, Lars (27. 11. 1903–5. 10. 76), norweg.-am. Physikochemiker; Nobelpr. 1968 (Arbeiten zur Thermodynamik irreversibler Prozesse).
Ontario [ɔn'tɛərɪou], Prov. am N-Ufer der Kanad. Seen; im SO Weizenfelder, gut besiedelt; in NO Nadelwälder; reiche Vorkommen an Eisen, Nickel, Kupfer, Gold, Silber, Platin, Uran, Zink u. Asbest; 1,07 Mill. km², 9,1 Mill. E; Hptst. *Toronto.* - **O.see,** kleinster der Großen Seen, 19 011 km², 244 m tief.
Ontogenese, Ontogenie, w. [gr.], Entwicklungsgeschichte d. Organismus v. d. befruchteten Eizelle bis zur Reife; → Abstammungslehre.
Ontologie [gr.], Lehre vom Sein, den Eigenschaften des Seienden und dessen Arten; Grunddisziplin d. → Metaphysik.
Onyx, m., Abart des → Chalzedons mit einer hellen und einer dunklen Schicht; im Altertum zu Gemmen verarbeitet.
Onza, svw. → Jaguar.
Oolith, m. [gr. „Eierstein"], Sedimentgestein, bestehend aus kleinen Kugeln, meist Kalk, auch Eisen-O.
Oologie, *Eierkunde,* Lehre v. d. verschiedenen Eitypen (bes. d. Vögel).
O. P., Abk. f. *ordo praedicatorum,* → Dominikaner.
op., Abk. f. *Opus* = Werk.
opak [l.], dicht, undurchsichtig.
Opal, m., **1)** sprödes, glasartiges Mineral, oft von prächtigem Farbenspiel **(opalisierend);** viele Abarten; der *edle O.* weiß, wasserhell, der *Feuer-O.* rot; chem. ist O. wasserhaltiges, nicht kristallines Siliciumdioxid; **2)** durch Veredlungsverfahren milchig-opalisiertes gemachtes Batist f. Wäsche. - **O.glas,** schwach milchiges, opalisierendes Glas; durch Zusatz v. Knochenasche od. Silberchlorid z. Glasschmelze.
Opanke, w. [serb.], absatzlose geflocht. Sandale.
Op Art [engl. „optical art = optische Kunst"], Form d. darstellenden Kunst, die m. geometr.-rhythm. visuellen Experimenten arbeitet; knüpft an Erfahrungen d. → konkreten Kunst an.
Opatija, it. *Abbazia,* jugoslaw. Seebad am Golf v. Quarnero, auf d. Halbinsel Istrien, 10 000 E.
Opazität, i. d. *Optik:* Kehrwert der Durchlässigkeit od. Transparenz, d. h. das Verhältnis d. einfallenden (Licht-)Intensität zur durch das absorbierende Mittel hindurchgehenden Intensität (z. B. bei „Schwärzung" fotograf. Schichten); *optische Dichte.*
OPEC, Abk. für engl. *Organization of the Petroleum Exporting Countries,* 1960 gegründet, Zus.schluß erdölexportierender Länder (Algerien, Abu Dhabi, Ecuador, Gabun, Indonesien, Irak, Iran, Kuwait, Libyen, Qatar, Saudi-Arabien, Venezuela u. a.), Sitz Wien; → OAPEC.

Opel, Adam (9. 5. 1837–8. 9. 95), dt. Industrieller; begr. 1862 in Rüsselsheim eine Nähmaschinenfabrik, dann die noch heutige Adam Opel AG als bedeutendes dt. Automobilunternehmen, das weltweit bekannt ist.
open shop [engl. 'oupn 'ʃɔp „offene Arbeitsstelle"], *am. Arbeitsrecht,* Arbeitsplatz ohne Gewerkschaftszwang; Ggs.: → closed (union) shop.
Oper [it.], Bühnenwerk mit Instrumentalbegleitung, entstanden um 1600 (→ Musik, Übers.); *durchkomponierte O.,* in der die Musik- u. Gesangsnummern durch Sprechtext unterbrochen werden; *große O.:* heroische Stoffe m. Pomp u. Massenszenen; *romantische O.:* Fabelstoffe; löst sich b. Wagner v. d. früher übl. Nummernform, b. der d. Szenen aus in sich abgeschlossenen Stücken (Arie, Duett, Finale usw.) bestehen, u. führt z. → Musikdrama; moderne Oper → Strawinski, Hindemith, Orff, Egk, Fortner, Britten, Henze.
Opera- buffa [it.], heitere, komische Oper. - **O. seria,** ernste Oper.
Operateur [frz. -'tœr], operierender Arzt (Chirurg).
Operation [l.], **1)** chirurg. Eingriff; **2)** Unternehmen (z. B. mil. unter Einsatz größerer Verbände); **3)** *psych.* Leistung, Handlung. - **O.sgebiet,** Teil des Kriegsschauplatzes, auf dem gekämpft wird.
Operations Research [engl. ɔpə'reiʃənz rɪ'sɑːtʃ], → Unternehmensforschung.
Operette, w. [it.], eigtl. kl. Oper: Gesangsnummern (Solo, Ensemble) wechseln mit Sprechtext; volkstüml.-heitere Stoffe, leichte Mus. (Schlager); Blüte Ende d. 19. Jh.; *Offenbach, Joh. Strauß, Millöcker, Suppé, Zeller, Lehár.*
Operon, genet. Funktionseinheit, d. aus mehreren *Cistrons* (Strukturgenen) u. Regulationsabschnitten (*Operator* u. *Promotor*) besteht.
Opfer, 1) rel. Handlung; meist Gabe an eine Gottheit *(Versöhnungs-O.);* **2)** schmerzlich empfundene freiwillige Aufgabe e. Gutes zugunsten anderer.
Opferentschädigungsgesetz, v. 11. 5. 1976, regelt die Versorgung von Personen, die infolge eines gegen sie od. einen anderen gerichteten vorsätzl. tätl. Angriffs gesundheitl. Schäden erlitten haben.
Opfikon (CH-8152), schweiz. Gem. bei Zürich, 11 800 E.
Ophir, im A. T. erwähntes sagenhaftes Goldland.
Ophthalmo-loge [gr.], Augenarzt. - **O.logie,** Augenheilkunde. - **O.skop,** s., der → Augenspiegel. - **O.skopie,** Augenuntersuchung mit O.skop.
Ophüls, Max, eigtl. *Max Oppenheimer* (6. 5. 1902–26. 4. 57), dt. Filmregisseur; *Liebelei* (1932); *La ronde* (1950); *Lola Montez* (1955).
Opiate, opiumhaltige narkot. Mittel.
Opinion leader [engl. ə'pɪnjən li:də], Meinungs-, Wortführer.

Olympische Spiele

Die Angaben für die Winterspiele sind *kursiv* gesetzt

Olym-piade	Jahr	Ort	Zahl der teilnehmenden Staaten	Sportler	Goldmedaillen
I	1896	Athen	13	285	USA 11, Griechenland 10, Dtld. u. Frankreich 5
II	1900	Paris	20	1066	USA 26, Frankreich 23, Gr.-Brit. 18
III	1904	St. Louis	10	496	USA 84, Dtld u. Cuba 5
	1906	Athen	20	883	USA 9, Frankreich 9, Gr.-Brit. 4
IV	1908	London	22	2059	Gr.-Brit. 56, USA 23, Schweden 9
		London	*6*	*21*	
V	1912	Stockholm	28	2541	Schweden 24, USA 23, Gr.-Brit. 10
VI	1916	Berlin	nicht ausgetragen		
VII	1920	Antwerpen	29	2606	USA 41, Schweden 19, Belgien 15
		Antwerpen	*10*	*85*	*Finnland 15, Gr.-Brit. 15*
VIII	1924	Paris	44	3092	USA 46, Finnland 14, Frankreich 14
		Chamonix	*16*	*203*	*Finnland 4, Norwegen 4, Österreich 2*
IX	1928	Amsterdam	46	3015	USA 22, Dtld 10, Finnland 8
		St. Moritz	*25*	*491*	*Norwegen 6, Finnland 2, Schweden 2, USA 2*
X	1932	Los Angeles	37	1408	USA 42, Italien 12, Frankreich 10
		Lake Placid	*17*	*307*	*USA 6, Norwegen 3, Finnland 1, Frankreich 1, Kanada 1, Österreich 1, Schweden 1*
XI	1936	Berlin	49	4069	Dtld 33, USA 24, Ungarn 10
		Garmisch	*28*	*756*	*Norwegen 7, Dtld 3, Schweden 2*
XII	1940	Tokio	nicht ausgetragen		
XIII	1944	Helsinki	nicht ausgetragen		
XIV	1948	London	59	4168	USA 38, Schweden 16, Frankreich 10, Ungarn 10
		St. Moritz	*38*	*878*	*Norwegen 4, Schweden 4, Schweiz 3, USA 3*
XV	1952	Helsinki	69	5869	USA 40, UdSSR 20, Ungarn 16
		Oslo	*30*	*960*	*Norwegen 7, USA 4, Dtld 3, Finnland 3*
XVI	1956	Melbourne	71	4750	UdSSR 37, USA 32, Australien 13
		Cortina	*32*	*949*	*UdSSR 6, Österreich 4, Finnland 3, Schweden 3, Schweiz 3, Dtld 1*
		Stockholm (Reiter)	29	164	Schweden 3, Dtld 2, Gr.-Britannien 1
XVII	1960	Rom	85	6000	UdSSR 43, USA 34, Italien 13, Dtld 12
		Squaw Valley	*30*	*800*	*UdSSR 7, Dtld 4, Schweden 3*
XVII	1964	Tokio	95	8000	USA 36, UdSSR 30, Japan 16, Dtld 10, Italien 10, Ungarn 10
		Innsbruck	*36*	*1332*	*UdSSR 11, Österreich 4, Dtld 3, Finnland 3, Frankreich 3, Norwegen 3, Schweden 3*
XIX	1968	Mexiko	119	7230	USA 45, UdSSR 29, Japan 11, Ungarn 10, DDR 9, BRD 5
		Grenoble	*37*	*1530*	*Norwegen 6, UdSSR 5, Frankreich 4, Italien 4, Österreich 3, Holland 3, Schweden 3, BRD 2, DDR 1*
XX	1972	München	121	10 000	UdSSR 50, USA 33, DDR 20, BRD 13, Japan 13, Australien 8, Polen 7
		Sapporo	*35*	*1100*	*UdSSR 8, DDR 4, Ndl. 4, Schweiz 4, BRD 3*
XXI	1976	Montreal	88	6815	UdSSR 47, DDR 40, USA 34, BRD 10
		Innsbruck	*37*	*1380*	*UdSSR 13, DDR 7, USA 3, Norwegen 3, BRD 2, Österreich 2, Finnland 2*
XXII	1980	Moskau	81	5778	UdSSR 80, DDR 47, Bulgarien 8, Cuba 8, Italien 8
		Lake Placid	*38*	*1283*	*UdSSR 10, DDR 9, USA 6, Österr. 3, Schweden 3*
XXIII	1984	Los Angeles	142	7800	USA 83, Rumänien 20, BRD 17, China 15, Italien 14, Kanada 10, Japan 10
		Sarajevo	*49*	*1500*	*DDR 9, UdSSR 6, USA 4, Finnland 4, Schweden 4*
XXIV	1988	Seoul	160	10000	UdSSR 55, DDR 37, USA 36, Südkorea 12, BRD 11, Ungarn 11, Österreich 1
		Calgary	*57*	*1800*	*UdSSR 11, DDR 9, Schweiz 5, Finnland 4, Schweden 4, Österreich 3, BRD 2*

(Klammer-Anmerkungen: ohne Deutschland [VII–IX]; ohne Deutschland [XIV–XV]; s. 1968 BRD u. DDR [XIX–XX])

1992: Sommerspiele in Barcelona, Winterspiele in Albertville (Erkr.)

1. *Reihe: links:* Schlagmann Rabe, Maennig, Domian, Eichholz, Schulz, Wessling, Meltinhaus, Möllenkamp (Deutschland), Gold im Rudern (Herren-Achter); *rechts:* Florence Griffith-Joyner (USA; 3. v. li.), Gold über 100 m Laufen;
2. *Reihe: v. li. n. re.:* Anatoli Chrapaty (UdSSR), Gold im Gewichtheben (Schwergewicht bis 90 kg); Carl Lewis (USA), Gold im Weitsprung; Tapio Korjus (Finnland), Gold im Speerwerfen; Greg Louganis (USA), Gold im Kunst- und Turmspringen;
3. *Reihe: v. li. n. re.:* Matti Nykänen (Finnland), Gold im Skispringen 90 m; Natalia Bestemjanova und Andrej Bukin (UdSSR), Gold im Paarlauf/Eistanz; Daniela Silivas (Rumänien), Gold im Turnen;
4. *Reihe:* Nicole Uphoff (Deutschland), Gold im Dressurreiten

Martin Opitz

Opitz, Martin (23. 12. 1597–20. 8. 1639), dt. Dichter; *Buch von der Dt. Poeterey* (grundlegend f. Entwicklung d. dt. Barockdichtung).

Opium, griech. *Mekonium,* aus d. Saft unreifer Mohnkapseln (Papaver somniferum) bes. in Asien gewonnenes narkotisches Mittel mit 10–15% Morphium, außerdem noch Narkotin, Narzëin, Codeïn u. a. Alkaloide; wird im Orient als Genußmittel geraucht, seltener gegessen; erzeugt schädl. Rauschzustand, leicht Gefahr d. Gewöhnung *(Rauschgiftsucht);* hat schwere Schädigungen bes. des Nervensystems zur Folge. – **O.gesetz** → Rauschgifthandel. – **O.krieg,** engl.-chin. Krieg 1840–42: England erzwang Öffnung der chin. Häfen f. Freihandel u. f. d. Opiumeinfuhr.

Opladen, s. 1975 St.teil v. → Leverkusen.

Opossum, Beutelratte Amerikas, Geflügeldieb, f. Pelze; der wertvollere Pelz stammt vom *Fuchskusu,* e. Beutelmarder Australiens u. Tasmaniens.

Oppa, tschech. *Opava,* l. Nbfl. d. Oder im Gesenke, 121 km l.

Oppanol®, *s.,* thermoplast. Kunststoff aus Polyisobutylen; verarbeitet zu Klebstoffen, Kautschuksorten u. zur Elektrou. Bautenisolierung.

Oppeln, *Opole,* poln. St. in Oberschlesien, an d. Oder, 126 000 E; Bischofssitz; Umschlaghafen, Zement- u. Eisenind.

Oppenheim (D-6504), St. i. Kr. Mainz-Bingen, RP, 5551 E; Lehr- u. Versuchsanstalt f. Wein- u. Obstbau, Dt. Weinbaumus.

Oppenheimer, 1) Franz (30. 3. 1864–30. 9. 1943), dt. Nationalökonom u. Soziologe; Begr. d. liberalen Sozialismus; *System der Soziologie;* **2)** Joseph → Jud Süß; **3)** Robert (22. 4. 1904–18. 2. 67), am. Phys.; wesentl. beteiligt an der Entwicklung der Atombombe.

opponieren [l.], Widerstand leisten.

opportun [l.], der Gelegenheit folgend, günstig.

Opportunismus, Einstellung, die nur das gerade Erreichbare anstrebt; insbes. nicht v. Idealen geleitete Zweckmäßigkeitspolitik.

Opportunität, *w.,* Zweckmäßigkeit. – **O.sprinzip,** Grundsatz i. Strafprozeßrecht, wonach Staatsanwalt bei Verneinen von öffentl. Interesse von Anklage absehen kann. Im dt. Strafprozeß → Legalitätsprinzip die Regel; nur bei kl. De-

likten (z. B. Beleidigung) O., evtl. dann → Privatklage d. Verletzten möglich.

Opposition, *w.* [l.], **1)** *allg.* Gegensatz, Widerstand; Gegensätzlichkeit, log. od. tatsächl. Widerspruch; **2)** *pol.* im parlamentar. Regierungssystem Partei(en), die an der Regierung nicht beteiligt sind. In England ist die O. eine staatl. Einrichtung („His Majesty's opposition"), ihr Führer Inhaber eines besoldeten öffentl. Amtes; **3)** *astronom. Gegenschein,* Gegenüberstellung zweier Gestirne v. d. Erde aus gesehen (z. B. Vollmond–Sonne).; **4)** *sprachwiss.* Entgegensetzung bedeutungsunterscheidender und bedeutungstragender Laute (Phoneme, Morpheme).

Oppression [l.], Beklemmung.

Optativ, *m.* [l.], Wunschform des Zeitworts.

Opticus [gr.-nl.], der Sehnerv.

optieren [l.], → Option.

Optik, *w.* [gr.], Lehre vom → Licht, umfaßt d. phys. Erscheinungen, d. auf Gesichtssinn wirken; *geometrische O.,* Erscheinungen, die auf geradliniger Strahlenausbreitung beruhen, ohne Rücksicht auf Wellennatur des Lichts: Eigenschaften von Spiegeln u. Linsen, Reflexion, Brechung, Zustandekommen optischer Bilder, Abbildung durch Spiegel und Linsen (reelle Bilder können auf Schirm aufgefangen werden, virtuelle Bilder, die aus e. best. Punkt zu kommen *scheinen,* dagegen nicht), Konstruktion der Bilder durch „ausgezeichnete" Strahlen, Strahlengang in opt. Instrumenten; *Wellen-O.,* Erscheinungen, die durch die Wellennatur des Lichts erklärt werden: → Interferenz, → Beugung, opt. → Doppler-Effekt, → Polarisation, Spektroskopie (→ Spektrum); *Quanten-O.:* Entstehung des Lichts, Wechselwirkungen mit Atomen, Molekülen u. elementaren Gebilden, Umsetzungen von Energie u. Impuls in elementarem Maßstab. Moderne O. besteht aus Wellen- *und* Quanten-O.; geometr. O. erscheint als Grenzfall beider unter bes. Bedingungen; sie umfaßt auch Erscheinungen, die außerhalb des sichtbaren Bereichs liegen (z. B. infrarote, ultraviolette und Röntgenstrahlen). → Tafel Optik.

optimal [l.], bestmöglich, sehr gut.

Optimaten, Adelspartei der spätröm. Republik, im Gegensatz zu den *Populären,* der Volkspartei.

Optimismus [v. l. „optimum = das Beste"], **1)** bejahende, zukunftsfreud. Lebensauffassung; **2)** *phil.* Die Überzeugung, daß die bestehende Welt d. bestmögl. ist (Leibniz); Ggs.: → *Pessimismus.*

Optimum, *s.* [l.], das Beste, Höchstmaß.

Option, *w.,* von optieren [l.], „wählen", **1)** bei Gebietsabtretung den Einwohnern gewährtes Recht, zu erklären, daß sie die alte Staatsangehörigkeit beibehalten wollen; *O.serklärung* schließt grundsätzlich Pflicht zur Auswanderung ein, nicht dagegen Eigentumsverlust; **2)** Kaufver-

tragsangebot, an das sich d. Anbietende f. e. best. Zeit bindet.

opulent [l.], üppig, reichlich.

Opuntie

Opuntie, *w., Opuntia,* Feigenkaktus, *Fackeldistel,* Kakteengattung d. warmen Amerika, i. d. Trockengebiete d. ganzen Erde verschleppt; Früchte z. T. genießbar: Kaktus-(Ind.-)Feigen u. d. Früchte d. Stachelbirne.

Opus [l.], Kunst-, bes. Musikwerk.

Ora, lokaler Tageswind am Gardasee u. im Gebirgstal der Etsch.

Oradour-sur-Glane [ora,dursyr'glan], Ort bei Limoges in Südfrkr., 1900 E; 1944 v. SS niedergebrannt, 1945 Nationalheiligtum.

ora et labora [l.], „Bete und arbeite!"

Orakel, *s.* [l.], Weissagungsstätte im klassischen Altertum (Delphi, Dodona); auch Bez. f. d. O.spruch selbst.

oral [l.], mit dem Mund zusammenhängend; *(per)oral eingeben (per os),* svw. durch den Mund.

Oran, *Wahran,* Hptst. des Bez. *O.* in Algerien, Hafen a. d. *Bucht von O.,* 599 000 E; Ausfuhr v. Getreide, Wein, Wolle. – Röm. Ursprung.

Orange [ɔ'rãʒ], St. im frz. Dép. *Vaucluse,* unweit der Rhône, 27 000 E; antikes Theater, röm. Triumphbogen. - Im MA u. bis 1713 Hptst. des Fürstentums Oranien.

Orange, *w.* [o'rãʒə], svw. → Apfelsine.

Orangerie [frz. orãʒə'ri], Gewächshaus z. Überwintern von Orangenbäumen u. südländ. Pflanzen, oft bei Barockschlössern.

Orang-Utan, Menschenaffe d. Sunda-Inseln, Baumbewohner; rötl. Haare; Männchen mit Kehlsack und Wangenwülsten.

Oranien [frz. *Orange*], Zweig d. Hauses → Nassau, besaß 1530–1702 das frz. Fürstentum Orange (→ Wilhelm III. v. Oranien).

Oranienburg (D-1400), Krst. i. Bbg., an der Havel, 28 978 E; chem. Ind., Maschinenfabr.

Oranje, nicht schiffbarer südafrikan. Fluß v. d. Drakensbergen, 2092 km l., N-Grenze der Kapprovinz u. zu Namibia, mündet in den Atlantik b. Oranjemund; an s. Oberlauf der **O.-Freistaat,** engl. *Orange Free State,* Prov. d. Rep. Südafrika, 127 993 km², 2,35 Mill. E (372 000 Weiße, sonst Kaffern, Betschuanen u. Hottentotten); Steppenland (Viehzucht), bed. Bergbau (Steinkohle, Diamanten- Gold- u. Urangewinnung); Hauptausfuhr: Wolle, Diamanten, Häu-

Optik

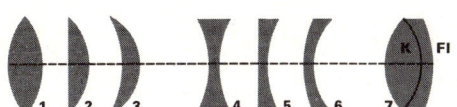

Linsenformen. Sammellinsen: **1** bikonvex, **2** plankonvex, **3** konkavkonvex; Zerstreuungslinsen: **4** bikonkav, **5** plankonkav, **6** konvexkonkav; **7** achromatische Linse, meist zusammengesetzt aus Flintglas **Fl** und Kronglas **K**

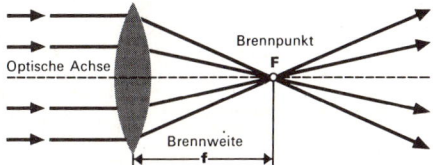

Sammellinse. Parallel einfallendes Licht wird im Brennpunkt **F** gesammelt. Abstand Linse zum Brennpunkt: Brennweite **f**. Kehrwert der Brennweite: Brechkraft

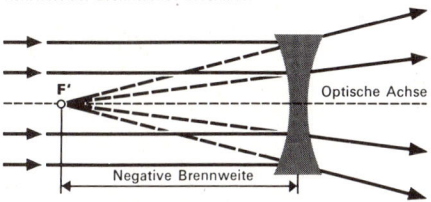

Zerstreuungslinse. Parallel einfallendes Licht wird so gebrochen, daß es scheinbar (virtuell) von einem Punkt (negativer Brennpunkt **F'**) der Gegenstandsseite ausgeht

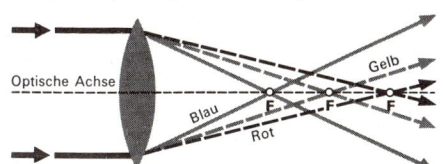

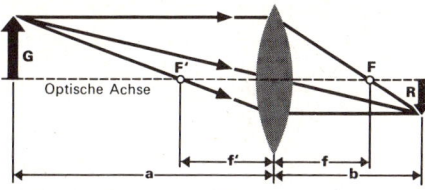

Abbildung durch Sammellinsen. Reelles Bild **R** von Gegenstand **G** (**a** Gegenstandsweite, **b** Bildweite)

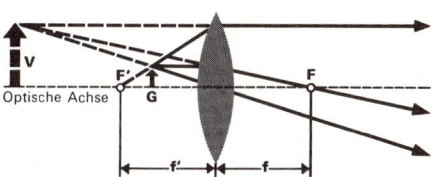

Ein virtuelles Bild **V** vom Gegenstand **G** wird erzeugt, wenn die Gegenstandsweite kleiner als die Brennweite ist

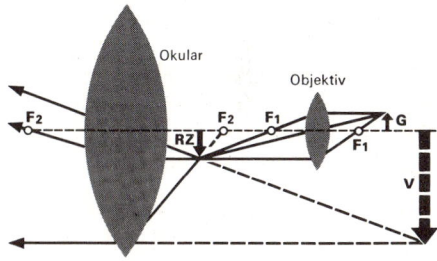

Strahlengang im Mikroskop. Vom Gegenstand **G** entsteht durch Objektiv (mit Brennpunkten **F₁**) ein reelles Zwischenbild **RZ**, das der Beobachter durch Okular (mit Brennpunkten **F₂**) als stark vergrößertes virtuelles Bild **V** sieht

Links: **Beispiel für einen Abbildungsfehler: Chromatische Aberration.** Licht von verschiedener Wellenlänge (Farbe) wird verschieden stark abgelenkt. Das Bild erscheint also unscharf, bzw. mit Farbrändern. Vermeidbar durch achromatische Linse (siehe Linsenformen)

---

te; Hptst.: *Bloemfontein,* 233 000 E. – 1842 als Burenrepublik gegr., Teile 1848 v. England annektiert, 1854 als selbst. Freistaat anerkannt; 1899–1902 Burenkrieg gg. Gr.britannien, brit. Kolonie; s. 1910 Prov. von Südafrika.

Orator, *m.* [l.], Redner.

oratorisch, rednerisch.

Oratorium [l.], episch-lyr. od. dramat. Tonstück f. Solostimmen, Chor u. Instrumentalbegleitung, ohne Schaubühne, entstanden um 1600; Hauptmeister: *Carissimi, Händel, Bach, Haydn, Mendelssohn;* i. d. Moderne: *Strawinski, Honegger, Penderecki.*

Orbis, *m.* [l.], Kreis. – **O. pictus** [l. „gemalte Welt"], Anschauungslesebuch v. *Comenius* (1657). – **O. terrarum** [„Welt der Länder"], Erdkreis.

Orbit [engl.], Bez. f. die Bahnen der Himmelskörper u. Erdsatelliten.

Orcagna [*or'kaɲɲa*], Andrea (um 1308–25. 8. 68), it. Baumeister, Bildhauer, Maler; bes. Reliefdarstellung, *Tabernakel* d. Kirche Or San Michele (Florenz).

Orchester [gr.], im antiken Theater der Platz für d. Chor; heute Sitz der Musiker; auch d. Gesamtheit der Musikinstrumente (→ Tafel, S. 650).

Orchestrion, *s.,* mechan. Musikinstrument; ahmt ein Orchester nach.

Orchideen, *Knabenkrautgewächse,* artenreiche Pflanzenfamilie mit eigenartigen, meist farbenprächtigen Blüten; die Mehrzahl in trop. u. subtrop. Erdteilen als *Epiphyten* auf Bäumen wachsend, die einheimischen alle auf der Erde; wertvolle Gewächshauspflanzen; als Gewürz die Vanille; in Dtld ◆ (z. B. *Frauenschuh, Knabenkraut*).

Orchis, *m.* [gr.], **1)** der Hoden; **2)** → Knabenkraut.

Ordal, *s.* [l.], svw. → Gottesurteil.

Orden, 1) [l. „ordo = Ordnung"], männl. od. weibl. Gemeinschaften, deren Mitgl. freiwillig u. für dauernd unter e. Oberen in geistl. Häusern z. Erreichung d. christl. Vollkommenheit zusammenleben; *Arten:* O. i. strengen Sinn m. feierl. ewigen Gelübden (Armut, Keuschheit, Gehorsam); O. mit ewigen, aber nicht feierl. Gelübden; O. mit zeitl. Gelübden. Errichtung von O. dem Papst vorbehalten. Verfassung entweder zentralisiert, meist in Rom, mit *O.sgeneral,* od. monastisch (jedes Kloster selbständig); die alten O. haben *O.stracht,* von d. neueren viele männl. O. nicht mehr; geistl. Orden auch in Islam, Buddhismus u. Lamaismus; **2)** urspr. Abzeichen *(Ordenszeichen)* d. Mitgl. *(Ordensritter)* von → Ritterorden, dann äußeres Ehrenzeichen in versch. Form (Stern, Kette, Band, Tracht) u. Abstufung (mehrere Klassen), zuweilen mit persönl. oder Erbadel verbunden; *Haus-O.,* urspr. nur an Mitglieder d. Fürstenhauses, *Verdienst-O.* allg. verliehen; BR: **a)** *Verdienstorden der BR Dtld* (Abb. 1, S. 650), 8 Unterteilungen u. 4 Stufen: Ver-

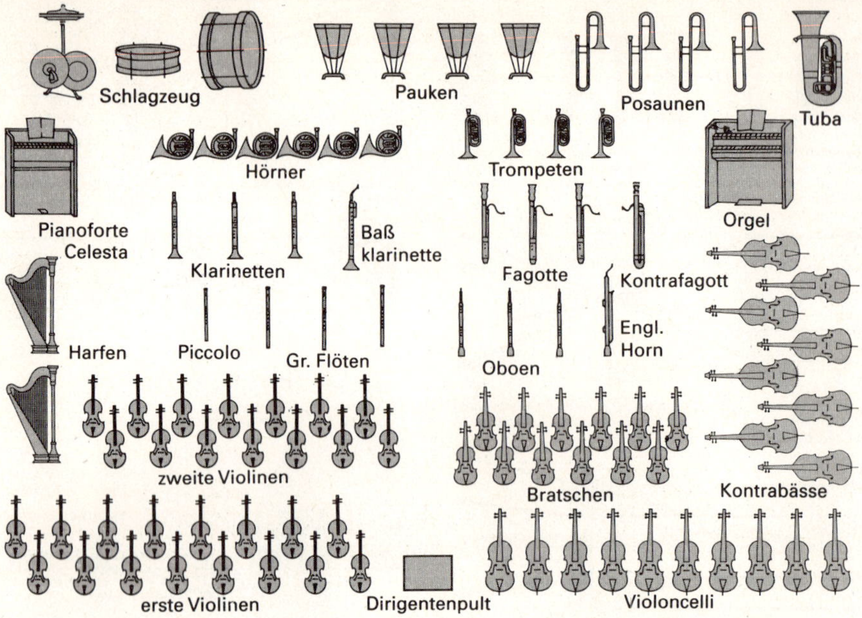

Schlagzeug **Pauken** **Posaunen** **Tuba**

Hörner **Trompeten**

Pianoforte Celesta **Baß klarinette** **Orgel**

Klarinetten **Fagotte** **Kontrafagott**

Engl. Horn

Harfen **Piccolo** **Gr. Flöten** **Oboen**

zweite Violinen **Bratschen** **Kontrabässe**

erste Violinen **Dirigentenpult** **Violoncelli**

Sitzordnung des großen Symphonieorchesters (vom Publikum aus gesehen)

dienstmedaille, Verdienstkreuz (VK) am Band, VK I. Kl., Gr. VK (Halskreuz), Gr. VK m. Stern, Gr. VK m. Stern u. Schulterband, Großkreuz m. Stern u. Schulterband, Sonderstufe d. Großkreuzes; **b)** *Grubenwehr-Ehrenzeichen* (Abb.

1   2   3
Orden

2) (Gold u. Silber); **c)** *Silbernes Lorbeerblatt* für sportl. u. mus. Leistungen; **d)** *Verdienstorden* d. B.länder: Ba-Wü., Bay., Nds., Rh-Pf. u. Saarland. – Östr.: *Ehrenzeichen für Verdienste* (Abb. 3). – *Schweiz:* keine Orden.
Ordensband, Schmetterling der Eulenfamilie, bunt gebänderte Hinterflügel; blau gezeichnet: *Blaues O.,* rot: *Rotes O.*
Ordensstern → Stapelie.
ordentlicher Haushalt → öffentlicher Haushalt.
Orderklausel, Vermerk „an Order" auf Wertpapier; nötig nur bei gekorenen → Orderpapieren, da d. sonst nicht Orderpapier; *negative O.,* Rektaklausel: „nicht an Order", verbietet bei Scheck,

Wechsel, Übertragung durch → Indossament, nur gewöhnl. → Abtretung zulässig.
Orderpapier, Wertpapier, das eine best. Person als berechtigt bezeichnet, durch → Indossament u. Übergabe des Papiers übertragbar; kann auch durch gewöhnl. → Abtretung übertragen werden, dann aber kein Gutglaubensschutz hinsichtl. etwaiger Einreden. O. kraft Gesetzes *(geborenes O.):* Wechsel, Orderscheck, Namensaktie; O. kraft privater Bestimmung, → Orderklausel *(gekorenes O.):* Papiere des § 363 HGB (z. B. Lagerschein, Ladeschein).
ordinär [l.], gewöhnlich, gemein.
Ordinariat, *s.* [l.], **1)** oberste Behörde der kath. Bischöfe, zur Leitung ihrer Bistümer; **2)** ordentl. Professur an Hochschulen: *Ordinarius;* seltener im Schulwesen: Klassenvorstand, -leiter.
Ordinate, senkrechte Achse der → Koordinaten.
Ordination [l.], **1)** in der *kath.* Kirche: die *Weihe* zum geistlichen Amt; in der *ev.* Kirche: Übertragung des geistlichen Amtes; **2)** ärztl. Verordnung und Sprechstunde.
Ordines [l.], die 7 Weihegrade (4 niedere, 3 höhere) d. kath. Priesteramtes.
Ordnung, biol. Kategorie des Systems, zwischen Familie und Klasse (z. B. Fam.: Schweine, *O.:* Paarhufer, Klasse: Säugetiere).

Ordnungs-mittel, vom Gericht gegen Parteien, Beschuldigte, Zeugen, Sachverständige, Beisitzer u. a. Personen bei Säumnis, ungebührlichem Benehmen oder zur Erzwingung von Handlungen festzusetzen (O.geld oder O.haft). –
O.recht, Rechtsnormen der Länder zur Ausfüllung u. Ergänzung der Bestimmungen des → Hochschulrahmengesetzes.
Ordnungswidrigkeit, *Verstoß* gg. Ordnungsvorschriften der Verw.behörden, bei dem im Ggs. z. Straftat d. kriminelle Gehalt fehlt. Die O. wird von d. zuständigen Verw.behörde (z. B. Amt f. öffentl. Ordnung, Landratsamt) durch Bußgeldbescheid geahndet; d. Bußgeld beträgt in d. Regel 5–1000 DM; eine O. kann in Bagatellfällen (wenn es d. einschlägige Vorschriften zulassen) z. B. durch den Polizeibeamten mittels eines Verwarnungsgeldes geahndet werden (5–75 DM). Gg. d. Bußgeldbescheid ist jeweils binnen 1 Woche Einspruch beim AG, gg. dessen Entscheidung unter best. Voraussetzungen Rechtsbeschwerde beim OLG möglich. Als O.en werden insbes. nicht mit Strafe bedrohte Verstöße gg. Verkehrsvorschriften sowie Tatbestände nach landesrechtl. Vorschriften (z. B. feuerpolizeil., lebensmittelrechtl.) behandelt. Die fahrlässige Begehung einer O. u. der Versuch werden nur in den in den Gesetzen ausdrücklich bestimmten Fäl-

len geahndet. O. verjährt je nach der Höhe des Bußgelds in 6 Monaten bis 3 Jahren.

Ordnungszahlen, 1) *Ordinalzahlen;* der (die, das) erste, zweite usw.; **2)** → Periodensystem.

Ordonnanzen [frz.], **1)** früher *mil.* Mannschaften zur persönl. Dienstleistung b. Offizieren u. z. Überbringung v. Meldungen; heute: Casinopersonal; **2)** früher die kgl. Erlasse in Frkr.

Ordschonikịdse, früher *Dsaudschikau,* Hptst. von russ. Nordossetien, am Terek, N-Kaukasus; 300 000 E.

Öre → Währungen, S. 1088.

Oreạden [gr.], Bergnymphen.

Örebro, St. im schwed. Län *Ö.,* westl. d. Hjälmarsees, 118 000 E; Papier-, Metallind., Schuhfabrik; Schloß.

Orẹchowo-Sujewo, Ind.st. östl. v. Moskau, 137 000 E; Textilind.

Orẹgano [it.], wilder Majoran, kretischer Hopfen, Gewürz f. Pizza, Wildfleisch u. ä.

Oregon, Abk. *Ore.,* Staat der USA, am Pazifik, 251 180 km², 2,8 Mill. E.; Hptst. *Salem;* Holzwirtsch., Getreide- u. Baumwollanbau (z. T. künstl. bewässert), Viehzucht, Fischfang; Titanvorkommen, Aluminiumschmelzen.

Orẹl [ar'jɔl], sowj. Gebietshptst. an der Oka, 337 000 E; HS, Hafen; Metallindustrie.

Orẹnburg, 1938-56 *Tschkalow,* sowj. Gebietshptst. am Uralfluß, 547 000 E; Masch.bau-, Nahrungsmittelind.

Oer-Erkenschwick (D-4353), St. i. Kr. Recklinghausen, NRW, 27 713 E; Steinkohlenbergbau u. Metallind.

Orẹst|es, in d. griech. Sage Sohn d. Agamemnon u. der Klytämnestra; vollzieht an seiner Mutter Blutrache wegen der Ermordung d. Vaters, von d. Furien verfolgt, durch Rückführung s. Schwester Iphigenie aus Tauris entsühnt.

Orestie, Dramen, die das Schicksal des Orest behandeln: *Äschylus, Sophokles, Euripides, Goethe, Hauptmann, O'Neill.*

Öresund → Sund.

Orfe, svw. → Aland.

Carl Orff

Orff, Carl (10. 7. 1895-29. 3. 1982), dt. Komp.; neuart. Bühnenstil, szenische Kantate; *Carmina burana; Catulli Carmina;* Opern: *Die Kluge; Antigonae; Prometheus;* vielbändiges *Schulwerk.*

Organ, *s.* [gr.], **1)** Körperteil mehrzelliger Lebewesen, das durch entsprechenden Aufbau best. Funktionen ausübt (z. B. Leber, Auge, Laubblatt); **2)** arbeitender Teil e. Gemeinschaft (Vollzugs-O.); **3)** menschliche Stimme, daher auch: Zeitung od. Zeitschrift (einer Körperschaft, Partei usw.).

Organ(o)therapie, *w.* [gr.], die Behandlung mit Mitteln aus tier. Organen, Organextrakten, -säften u. -sekreten, bes. der innersekretor. Drüsen; Überpflanzung lebensfrischer Organe.

Organdy, *m.,* feines, durchsichtiges, steifes Baumwoll- od. Reyongewebe.

Organẹllen, bes. Struktur bei *Einzellern,* die funktionell dem Organ der *Vielzeller* entspricht (z. B. → Vakuole).

Organisation [frz.], **a)** institutionaler O.sbegriff: Institutionen werden als O. bezeichnet (Krankenhaus, Gewerkschaft, Militär); **b)** instrumentaler O.sbegriff: O. ist ein Instrument zur Erreichung einer best. Zielsetzung (Erfüllung d. Managementaufgabe); **c)** Ablauf-O.: O. der Arbeitsabläufe; **d)** Aufbau-O.: O. des inneren Aufbaus einer Unternehmung.

Organisation Amerikanischer Staaten → OAS 1).

Organisation der Erdölexportländer → OPEC.

Organisation für Afrikanische Einheit, *OAE,* engl. → OAU, 1963 gegr.; Sitz: Addis Abeba; Hptaufgaben: Förderung d. Einheit u. Solidarität d. Staaten Afrikas, Beseitigung d. Reste kolonialer Macht in Afrika, Koordinierung d. Außen-, Wirtschafts- u. Verteidigungspol., Erfahrungsaustausch f. d. Entwicklung Afrikas; 51 Mitgl.staaten.

Organisation für europäische wirtschaftliche Zusammenarbeit → OEEC, s. 1961 → OECD.

Organisation für wirtschaftliche Zusammenarbeit und Entwicklung → OECD.

organisch, 1) der belebten Natur zugehörig; Ggs.: → anorganisch; **2)** → Chemie; **3)** d. anatom. Beschaffenheit eines Körperteils betreffend (z. B. o.e Erkrankung); Ggs.: → psychisch od. funktionell.

Organismus [gr.], ein in seinen Teilen zweckdienlich geordnetes Ganzes, insbes. ein Lebewesen.

Organon, *s.* [gr. „Werkzeug"], Organ; Orgel.

Organsịn, *m.* od. *s., Organzin,* beste Naturseide, Kettenfaden für gute Seidenstoffe.

Organum, *mus.* älteste Form der Mehrstimmigkt, 9.–13. Jh, anfängl. zweistimmig in parallelen Quarten u. Quinten, in d. → Notre-Dame-Schule erweitert bis z. vierstimmigen Satz.

Orgạsmus [gr.], Höhepunkt der geschlechtl. Erregung.

Orgel, Tasteninstrument m. durch Luftdruck betätigtem Pfeifenwerk, vornehmlich in Kirchen; bei Niederdrücken d. Tasten m. Händen *(Manuale)* u. Füßen *(Pedal)* pressen Bälge Luft in die zahlr. Pfei-

Hildebrandt-Orgel
Naumburger Stadtkirche

fen v. mannigfachen Klangfarben *(Register)* u. bringen sie z. Tönen; in neuester Zeit *Konzert-O.,* auch *Kino-O., el.* Orgeln v. Jörg Mager u. *elektron., elektroakust.* Orgeln, v. Laurens Hammond m. durch Kondensator (Kapazität), Spule (Selbstinduktion), Elektronenröhre (Erreger) erzeugtem Schwingungskreis. – Älteste griech. O. (Wasser-O.) im 3. Jh. v. Chr, dann in Rom u. Byzanz; Blütezeit 17. u. 18. Jh.; größte Kirchen-O. im Passauer Dom. – **Ọ.punkt,** lang angehaltener Baßton, über dem Melodien u. Harmonien sich fortbewegen.

Orgiạsmus [gr.], zügellose Ausschweifung bei Götterkulten des Altertums.

Orgie, *w.,* geheimnisvolle rel. Handlung (bei griech. Dionysosfesten); auch svw. wüstes Gelage.

Orient, *m.* [l.], Morgen oder Osten, *Vorderer O.,* Naher Osten; das → Morgenland; Ggs.: → Okzident.

Orientạlide, Unterart der Europiden im Orient (→ Rasse, Übers.).

orientalisch, morgenländisch.

Orientalist, Erforscher morgenländ. Sprachen.

Orientbeule, *Aleppobeule,* geschwürige Hautpapeln infolge Infektion mit → Leishmanien.

Orientierungsstufe, Klasse(n), in der sich der Übergang zu weiterführenden Schulen entscheiden soll; → Gesamtschule.

Oriflamme [„goldene Flamme"], frz. Kriegsbanner (1121-1415): rot mit gold. Flämmchen.

Origenes (185-254 n. Chr.), einer d. größten christl. Theologen; → Logos, die zweite göttl. Person, ist Mittelpunkt seines Denkens; nach seiner Lehre werden am Ende alle Wesen erlöst und kehren zu Gott zurück.

Original, *s.* [l.], **1)** das Urbild eines Dinges; **2)** eigentümlicher Mensch.

Originalität, *w.* [frz.], Eigenart.

originär [l.], ursprünglich.

originẹll, urwüchsig, sonderbar.

Orinọco, Strom im nördl. S-Amerika, a. d. Bergland v. Guayana (Sa. Parima),

2575 km l., durchfließt d. *Llanos* (Grasebene), mündet mit Delta i. d. Atlantik; ab Ciudad Bolívar schiffbar. Verbindung (Bifurkation) üb. Casiquiare u. Rio Negro mit Amazonas.

Orion, Sternbild, nach d. Jäger *O.* d. griech. Sage ben.; → Sternbilder, Übers.

Orissa, ind. Staat am Bengal. Meerbusen, 155 707 km², 26,37 Mill. E; Hptst. *Bhubaneswar.*

Orkan, *m.,* [karaibisch], Sturm der → Windstärke 12 und mehr.

Orkneyinseln ['ɔːkniː-], Gruppe v. 67 Inseln an der N-Spitze v. Schottland, 976 km², 19 000 E; Hptinsel Mainland, mit Hptst. *Kirkwall* u. der Bucht Scapa Flow; kelt. Bev.; Fischerei, Schafzucht.

Orkus [l.], Unterwelt, Totenreich der Antike (griech.: Hades).

Orlando di Lasso → Lasso.

Orléanisten, Anhänger des Hauses Orléans, vertreten Thronansprüche d. Nachkommen.

Orléans, Herzöge v., seit 1344: **1)** Karl, Gf v. Angoulême (24. 11. 1394–5. 1. 1465), Führer der Adelspartei, s. Sohn als Ludwig XII. frz. Kg.; **2)** Philipp I. (21. 9. 1640–9. 6. 1701) Bruder Ludwigs XIV., vermählt mit Elisabeth Charlotte v. d. Pfalz; sein Sohn **3)** Philipp II. (2. 8. 1674–2. 12. 1723), Regent f. d. minderjähr. Ludwig XV.; **4)** Ludwig Philipp Joseph, *Philippe Egalité* (13. 4. 1747–6. 11. 93), in der Frz. Revolution Mitgl. d. Jakobiner, stimmte im Konvent für Tod des Königs, wurde dann selbst hingerichtet; sein Sohn **5)** Ludwig Philipp → Louis Philippe.

Orléans [-'ã], Hptst. d. frz. Dép. *Loiret,* an der Loire, 106 000 E; Nahrungsmittel-, Textil- u. Metallind., Fahrzeugbau. – 1429 befreite *Jeanne d'Arc (Jungfrau v. O.)* die von den Engländern belagerte Stadt.

Orléansville [ɔrleã'vil], → El Asnam.

Oerlinghausen (D-4811), St. im Kr. Lippe, am Teutoburger Wald, NRW, 14 892 E; AG; Segelflugplatz, Hünenkapelle u. Sachsenlager.

Orlow, sehr großer Diamant (193 Karat), am Zepter des ehem. russ. Zaren.

Orlow, 1) Grigorij (17. 10. 1734–24. 4. 83), Günstling Katharinas II., Haupt d. Palastrevolution 1762, bei der sein Bruder **2)** Alexej G. (5. 10. 1737–5. 1. 1808) Peter III. ermordete.

Orly [-'li], interkontinentaler Flughafen v. Paris.

Ormuzd, *Ahura Mazda,* altiran. Lichtgott u. Weltschöpfer, d. höchste Gott d. Lehre d. → Zoroaster.

Ornament, *s.* [l.], Verzierung, Schmuck.

Ornat, *m.* [l.], (geistl.) Amtstracht.

Orne [ɔrn], **1)** Fluß in der Normandie, mündet in d. Kanal, 158 km l.; **2)** nordfrz. Dép., 6103 km², 294 000 E; Hptst. *Alençon.*

Ornithologie [gr.], Vogelkunde.

Ornithose, *w.* [gr.], identisch m. d. → Papageienkrankheit, aber v. anderen Vogelarten (Tauben, Enten, Seevögel) übertragen.

Orogenese, *w.* [gr.], Gebirgsbildung.

Orographie, *w.* [gr.], i. d. Geographie die Landformenkunde.

Orpheus, sagenhafter griech. Sänger, bezauberte durch seine Musik die Natur; nach Mißlingen d. Heimführung s. Gattin Eurydike a. d. Unterwelt v. Bacchantinnen zerrissen; nach ihm die **orphischen Kulte,** *Orphizismus,* ben.: ihre Anhänger, *Orphiker,* lehrten Seelenwanderung. – Oper von Gluck.

Orplid, v. → Mörike u. s. Freund L. Bauer erdachte Märcheninsel i. d. Südsee.

Orsini, Felice Gf (18. 12. 1819–13. 3. 58), Attentat auf → Napoleon III.; hingerichtet.

Orsini, röm. Adelsgeschlecht; aus ihm: Papst *Nikolaus III.* 1277–80 u. *Benedikt XIII.* 1724–30.

Orsk, sowj. Ind.st. a. S-Rand d. Ural, 271 000 E; Nickel-, Kupfergruben; Ölraffinerien, Maschinenbau.

Oersted, *Ørsted,* Hans Christian (14. 8. 1777–9. 3. 1851), dän. Phys.; entdeckte 1820 Zus.hang zw. Elektrizität u. Magnetismus; nach ihm ben. Maßeinheit d. magnet. Feldstärke, Abk. *Oe.*

Ort, *bergmänn.* Arbeitsstelle am Stollenende; *vor O.*

Ortband, unterer Abschluß der Schwertscheide.

Ortega y Gasset, José (9. 5. 1883–18. 10. 1955), span. Kulturphil., Essayist und Soziologe; *Der Aufstand d. Massen; Das Wesen geschichtlicher Krisen;* gründete in Madrid das *Instituto de Humanidades.*

Oertel, Curt (10. 5. 1890–1. 1. 1960), dt. Dokumentarfilmer; *Es war ein Mensch* (1950).

Ortelsburg, *Szczytno,* poln. St. im ehem. Ostpreußen, 20 000 E; Holzind.; Burg (1350).

Ortenau, bad. Landschaft bei Offenburg, bed. Obst- u. Weinbaugebiet, bekannt durch die Ortenauer Weine.

Orthikon, *s.* [gr.], *Orthikonoskop,* Bildaufnahmeröhre (1939), Weiterentwicklung d. → Ikonoskop. Gebräuchlich d. *Zwischenbild-O. (Super-O.):* Szene wird über opt. System (Linse) auf Fotokathode (–300 V) durchscheinend projiziert. Dabei werden entsprechend d. Helligkeitswerten der einzelnen Bildpkte Elektronen emittiert u. vom Glasschirm (0 V) angezogen. Durch das über die ganze Röhre herrschende homogene axiale Magnetfeld der Fokussierspule werden d. Photoelektronen genau auf den Glasschirm fokussiert, auf dem sie beim Aufprall → Sekundärelektronen emittieren. Vor d. Glasschirm feinmaschige Metallgaze (+ 1 V), die d. Sekundärelektronen anzieht. Da v. Glasschirm mehr Sekundärelektronen emittiert werden, als Photoelektronen ankommen, entsteht auf d. Glasschirm ein positives Ladungsmosaik *(Zwischenbild).* Dieses Mosaik wird von der anderen Seite durch Elektronenstrahl abgetastet, der durch Ablenkspulen zeilenförmig bewegt wird. Die Elektronen d. Abtaststrahls bewegen sich so langsam, daß sie das Ladungsbild auf dem Glasschirm auswischen, jedoch keine Sekundärelektronen emittieren können. Die nicht zur Entladung des

José Ortega y Gasset

Ornamente (von oben nach unten). Links: *mykenisch, griechisch (geometrischer Stil), griechisch (klassischer Stil), pompejisch, altgermanisch.* Rechts: *romanisch, gotisch, deutsche Renaissance (Dürer), Barock, Romantik (Runge).*

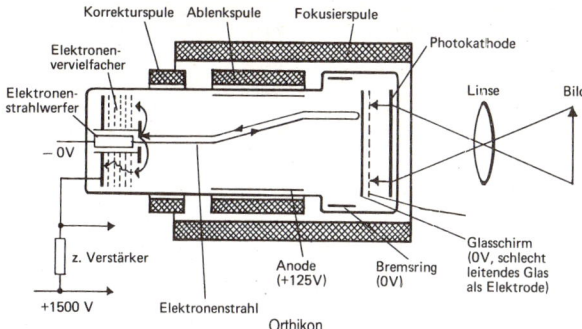

Korrekturspule   Ablenkspule   Fokusierspule

Elektronen-
vervielfacher   Photokathode

Elektronen-
strahlwerfer   Linse   Bild

– 0V

z. Verstärker   Anode   Bremsring   Glasschirm
                                 (+125V)   (0V)   (0V, schlecht
                                                           leitendes Glas
                                                           als Elektrode)
+1500 V   Elektronenstrahl

Orthikon

Mosaiks benötigten Elektronen des Elektronenstrahls kehren kurz vor d. Glasschirm um u. fliegen mit großer Geschwindigkeit auf ein in der Umgebung des. Elektronenstrahlwerfers befindl. Plättchen zurück, wo sie bei Aufprall Sekundärelektronen emittieren. Der Elektronenstrahl hat gleichen Hin- u. Rückweg und ist rückkehrend mit d. Bildsignal moduliert. Die Sekundärelektronen werden auf e. → Elektronenvervielfacher geleitet, der das Ausgangssignal (Bildsignal) 200- bis 500mal gegenüber dem zurückkehrenden Elektronenstrahl verstärkt. Empfindlichkeit des Zwischenbild-O. 100- bis 1000mal größer als beim Ikonoskop. Anwendung: Fernsehen usw.

ọrtho- [gr.], als Vorsilbe: gerade ..., recht ...

orthochromatisch, bei fotograf. Platten u. Filmen: farbenempfindlich (außer für Rot) m. gedämpfter Blau- u. erhöhter Gelbempfindlichkeit.

orthodọx, 1) rechtgläubig; **2)** starr an Dogmen festhaltend.

orthodoxe Kirche → morgenländische Kirche.

Orthodoxie, Rechtgläubigkeit.

Orthodrome, w. [gr. „geradläufige Linie"], Linie der kürzesten Entfernung zw. zwei Punkten auf der Erdkugel, zugleich Bogen eines größten Kugelkreises, schneidet die Meridiane unter ungleichen Winkeln; wichtig in der Navigation (im Ggs. zu → Loxodromen Kursänderungen erforderlich).

Orthogọn, s. [gr.], Rechteck.

Orthographie, w., Rechtschreibung.

Orthopädie, Lehre von den Form- u. Funktionsstörungen bzw. Leiden der Stütz- u. Bewegungsorgane sowie deren Behandlung, *Orthopädik,* z. B. durch **orthopädische** Apparate, orthopädisches Turnen, Massage usw.

Orthopteren [gr.], Insektenordnung, svw. → Geradflügler.

Orthoptist [gr.], Lehrer für Sehschulung, insbes. in der Schielbehandlung.

Ortleb, Rainer (* 5. 6. 1944), FDP-Pol.; s. 1990 stellvertr. Parteivors., 1990 B.min. f. bes. Aufgaben, s. 1991 B.min. f. Bildung und Wissenschaft.

Ortlergruppe, Massiv der Zentralalpen in Südtirol; höchster Gipfel der *Ortler,* 3899 m.

Ọrtnit, mittelhochdt. Epos, ostfränkisch, um die Mitte d. 13. Jh.; handelt vom Sohne Alberichs, Ortnit, u. seiner Brautfahrt nach Montabaur.

Ortolan, *m., Gartenammer,* Singvogel; gelblichgrau, Bauch braun.

Ortoli, François-Xavier (* 16. 2. 1925), frz. Pol. (Gaullist); 1973–77 Präs., s. 1977 Vizepräs. d. EG-Kommission.

Ortsbestimmung, Festlegen eines Erdoberflächenpunktes durch Angabe seiner geograph. Länge und Breite, geschieht durch *astronom. O.;* f. Breite Höhenmessung v. Sternen im Meridian, f. Länge Bestimmung der Ortszeit u. Vergleich m. d. Zeit v. Greenwich durch Chronometer, jetzt meist durch drahtl. Zeichen.

Ortskrankenkassen, öffentl.-rechtl. Körperschaften, Träger d. gesetzl. Krankenvers. (Entgegennahme der Krankmeldungen, Auszahlung des Krankengeldes, für Nachuntersuchungen u. a.).

Ortstein, dunkler, verfestigter Horizont im Unterboden, in saurem Milieu (Heide, Nadelgehölze) durch Auswaschung aus dem Oberboden entstanden; → Podsol.

Ortszeit, die für alle Orte desselben Meridians geltende gleiche → Zeit; gilt oft auch für ganzes Staatsgebiet.

Ọrtung → Navigation.

Oruro, Hptst. d. Dep. O. in Bolivien, 3700 müM, 184 000 E; Uni., Bahnknotenpunkt, Zinngewinnung.

Orvieto [-'vĭe-], St. in der it. Prov. Terni (Umbrien), 22 000 E; got. Dom; Weinbau.

Orwell, George, eigtl. *Eric Arthur Blair* (25. 6. 1903–21. 1. 50), engl. Schriftst. u. Journalist; *Farm der Tiere; 1984.*

Os [l.], *anat.,* **1)** [os], der Mund; **2)** [ɔs], der Knochen (das Bein).

Os, *chem.* Zeichen f. → *Osmium.*

Osaka, *Schloß*

Osaka, St. u. Hafen an der S-Küste der jap. Insel Honshu, an der *Bai von O.,* wichtigster Handelsplatz Japans, 2,65 Mill. E; Textil-, Stahlind., Schiffbau, Erdölraffinerien; intern. Großflughafen, Weltausstellung 1970.

O. S. B. *(Ordo Sancti Benedicti),* Abk. f. Benediktinermönche.

Ọsborne [-bən], John (* 12. 12. 1929), engl. Dramatiker; *Blick zurück im Zorn; D. Unterhalter; Richter in eigener Sache.*

Oscar, Bez. f. d. seit 1928 jährl. von d. am. Filmkunstakad. in Hollywood verliehenen Preis für hervorragende Leistungen im Filmschaffen.

Ọschatz (D-7260), Krst. i. Sa., 19 214 E; Bauten der Gotik und Renaissance; Schuh- u. Filzind.

Ọschersleben (Bode) (D-3230), Krst. i. S-A., 17 223 E; Süßwaren-, Pumpen- und Bekleidungsfabrik.

Osebergschiff

Oseberg, norweg. Ort am Oslofjord; 1903 Grabhügel einer norweg. Kgn (9. Jh. n. Chr.) ausgegraben, mit zahlreichen Geräten, Schlitten, Wagen und dem **Osebergschiff,** einem 21 m langen, mit Tierornamenten reich verzierten Holzschiff.

Ösel, estn. *Saaremaa,* Ostseeinsel v. d. Bucht v. Riga mit Halbinsel Sworbe; 2714 km², 72 000 E; Hptort: *Kingisepp*

George Orwell

(fr. *Arensburg*) (25 000 E); Fischerei, Ackerbau.

Oeser, Adam Friedrich (17. 2. 1717–18. 3. 99), dt. Maler und Bildhauer d. Frühklassizismus; Lehrer Goethes.

Oshima, Nagisa (* 31. 3. 1929), jap. Filmregisseur; *Im Reich der Sinne* (1976); *Im Reich der Leidenschaften* (1978); *Furyo - Merry Christmas, Mr. Lawrence* (1982).

Oshogbo [ə'ʃ-], St. in SW-Nigeria, 390 000 E; Bischofssitz, Textil- u. Nahrungsmittelind.

Osiander, Andreas (19. 12. 1498–17. 10. 1552), Reformator in Nürnberg u. Königsberg; zeitweise der Lehre kath. Dogmen bezichtigt; *O.streit.*

Osiris, ägypt. Gott d. untergehenden Sonne u. d. Totenreiches, Bruder u. Gemahl d. Isis.

Oskar, *Kge von Schweden und Norwegen:* **O. II.** (21. 1. 1829–8. 12. 1907), mußte 1905 auf den Thron von Norwegen verzichten.

oskisch, ausgestorbene altitalische Sprache, altertümlicher als Latein (→ Sprache, Übers. I, A).

Oslo, *Rathaus*

Oslo, Hpt- u. Residenzst. des Kgr.s Norwegen, am N-Ende d. *O.fjords,* 456 000 E; Uni.; norweg. Nobelinst.; Museen (darunter Folket- u. Bymuseum) u. Nationaltheater; intern. Flughafen; Hpthandelshafen, Schiffbau, Masch.-, Papier-, Textilind. - 1050 gegr., s. etwa 1300 Hptst.; 1624–1924 in Kristiania umbenannt.

Osmanen, herrschendes Volk in d. Türkei, gen. nach **Osman I.,** Sultan 1288–1326, d. Kleinasien eroberte.

Osmanisches Reich → Türkei.

Osmium, *Os,* chem. El., Oz. 76, At.-Gew. 190,2, Dichte 22,61 (zweitschwerstes El.); dem Platin verwandt, m. ihm zus. vorkommend, blaugrau, spröde.

Osmose, *w.* [gr.], Konzentrationsausgleich, → Diffusion ungleich starker Lösungen oder Lösung u. e. reinen Lösungsmittels (z. B. Wasser) durch eine feinporige, halbdurchlässige Wand *(semipermeable Membran)* (Pergament, Schweinsblase, unglasierter Ton u. a.), d. h., die stärkere Lösung nimmt Wasser auf *(Endosmose)* u. gibt gelösten Stoff ab *(Exosmose);* wenn die Membran nur reines Wasser durchläßt, nicht dagegen den gelösten Stoff, entsteht in der Lösung durch das eindringende Wasser ein meßbarer Druck, d. der Mol-Menge d. gelösten Stoffes proportional ist **(osmotischer Druck);** Stoffwechsel d. lebenden Zelle erfolgt durch O.; *Elektro-O.* → Kataphorese.

Osnabrück (D-4500), krfreie St. i. Rgbz. Weser-Ems, Nds., 154 594 E; ma. Kirchen, spätgot. Rathaus (Ratsschatz), Barockschloß; kath. Bistum; Mus., Uni., FHS, Konservatorium; IHK, LG, AG; Automobil-, Papier-, Eisen- u. Stahl-, Drahtind. - Ehem. Mitgl. der Hanse; 1648 in O. (u. Münster) Westfäl. Friede.

Osning, der mittlere Teil des Teutoburger Waldes zw. Bielefeld und Oerlinghausen.

OSO, Abk. f. *Orbiting Solar Observatory,* s. 1965 durchgeführte am. Satellitenversuchsreihe z. Beobachtung der Sonne, bes. d. Ultraviolett-, Röntgen- u. Korpuskularstrahlung.

Ösophagus [gr.], Speiseröhre.

Ossa, 1) Gebirge in der griech. Landschaft Thessalien, 1978 m, vom Olymp durch das Tempetal getrennt; **2)** r. Nbfl. der Weichsel, 105 km l.

Osservatore Romano [it. „Römischer Beobachter"], seit 1873 offiziöse Tageszeitung des Vatikans.

Ossetien, Landschaft im mittleren Kaukasus, gebirgig; Mais-, Obstbau; zerfällt in die autonome Sowjetrep. *Nord-O.,* 8000 km², 634 000 E, Hptst. *Ordschonikidse,* u. das autonome Gebiet *Süd-O.,* 3900 km², 99 000 E, Hptst. *Zchinwali* (34 000 E); bewohnt von **Osseten,** iran. Volk, wohl Reste d. Alanen.

Ossetische Heerstraße, Gebirgsstraße über den Zentralkaukasus, 2825 m h., nach Kutais, 293 km l.

Ossian, kelt. Sagenheld, Krieger (3. Jh.), im Alter erblindet; glorifiziert s. Vater (Kg d. Kaledonier) in Liedern u. Dichtungen; wurde bekannt durch Macpherson, der eigene Dichtungen als Lieder des O. herausgab (1765); von Einfluß auf Herder und Goethe.

Ossietzky, Carl v. (3. 10. 1889–4. 5. 1938), dt. Journalist; Hg. der linksliberalen u. pazifist. *Weltbühne;* 1935 Friedensnobelpr.; nach 1933 im KZ.

Ost, Friedhelm (* 15. 6. 1942), dt. Wirtschaftsjournalist, 1985–89 Reg.sprecher.

Ostade, 1) Adriaen van (get. 10. 12. 1610–begr. 2. 5. 85), ndl. Maler u. Radierer; Bauernszenen; sein Bruder **2)** Isaak (get. 2. 6. 1621–begr. 16. 10. 49), ndl. Genrebilder, Landschaften.

Ostafrikanisches Grabensystem, im Jungtertiär entstandenes Bruchsystem v. Simbabwe (Rhodesien) bis zum Roten Meer.

Ostasien, Randgebiete Asiens zw. Golf von Siam u. Ochotskischem Meer u. östl. vorgelagerten Inselgruppen: Hinterindien, das östl. China mit Mandschurei, Korea, Vietnam, Laos, Kambodscha, Gebietsteile d. UdSSR (mit Amurgebiet), Philippinen, Formosa, Japan, Sachalin.

Ostblock, ehem. zusammenfassende Bez. f. d. Sowjetunion u. d. „Volksdemokratien" unter deren Einfluß; früher zus.geschlossen durch zahlr. Bündnisverträge, insbes. im COMECON u. Warschauer Pakt: Bulgarien, ČSSR, DDR, Mongolei, Polen, Rumänien u. Ungarn.

Ostchinesisches Meer, chin. *Dong Hai,* Randmeer, im O durch Taiwan, die Ryukyu-Inseln u. Kyushu begrenzt: 1 249 200 km²; bis 2719 m tief.

Osten, *O,* intern. *E(ast),* Himmelsrichtung, bei Blick nach N „rechts"; Gestirne gehen im O auf.

Ostende, *Oostende,* belg. Hafenst. u. Seebad an der Nordsee, Fährverkehr nach Großbritannien, 68 000 E; Austern- u. Hummernzucht.

ostentativ [l.], offensichtlich; herausfordernd.

Osteo-logie, *w.* [gr.], die Lehre von d. Knochen. - **O.myelitis,** *w.,* Knochenmarkentzündung. - **O.pathie,** Knochenkrankheit. - **O.porose,** *w.,* Knochenschwund, verbunden m. Markraumzunahme. - **O.synthese,** operative Knochenbruchbehandlung, bei der d. Bruchstücke mittels Nägeln, Draht, Schrauben od. anderen Hilfsmitteln vereinigt werden.

Österbotten, *Pohjanmaa,* finn. Landschaft a. Bottnischen Meerbusen.

Osterholz-Scharmbeck (D-2860), Krst. d. Kr. Osterholz, Nds., 24 205 E; AG; Eisen-, Maschinen-, Fahrzeug- u. Tabakind.; Teufelsmoor.

Osteria, *w.,* it. Schenke.

Osterinsel, *Statue*

Osterinsel, *Rapanui,* östlichste polynesische Insel, 162,5 km², 1800 E; vulkan. Bergland, bis 597 m hoch; zu Chile gehörig; Ostern 1722 von Holländern entdeckt; Steinfiguren unbekannten Ur-

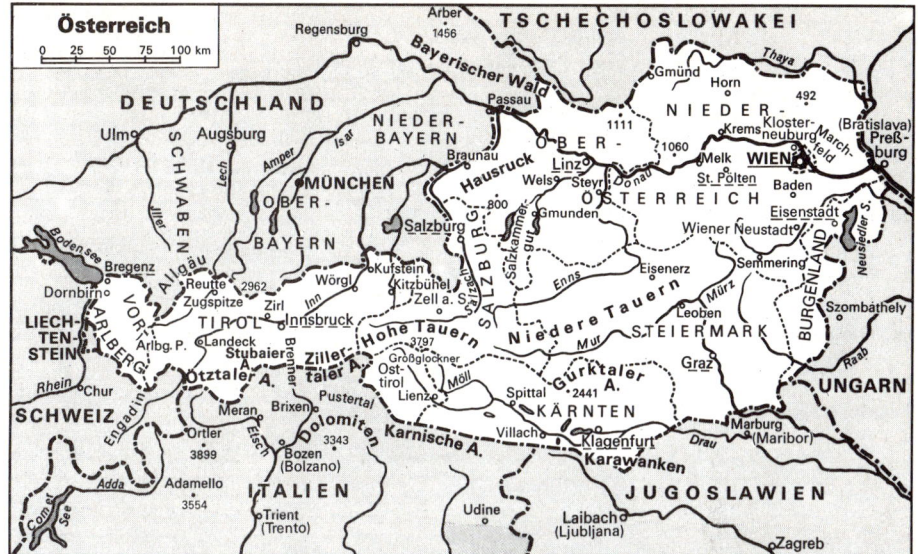

sprungs, Schrifttafeln 1955 von Th. Bartel entziffert.

Osterluzei, *Aristolochia,* aufrechte Pflanze mit großen, herzförmigen Blättern u. eigenartigen Blüten, deren Bestäubung durch Fliegen erfolgt; *Pfeifenstrauch,* O.gewächs aus N-Amerika, Schlingpflanze.

Ostermond, altdt. Name für April.

Ostern, Fest d. Auferstehung Jesu; am 1. Sonntag nach Frühjahrsvollmond, entspr. d. jüd. Passahfest.

Osterode, 1) *O. am Harz* (D-3360), Krst. im Rgbz. Braunschweig, Nds., 230 müM, 26 631 E; AG; div. Ind., Fremdenverkehr; Sösestausee mit 200 km Fernwasserleitung; **2)** *Ostróda,* poln. St. im ehem. Ostpreußen, 23 000 E.

Osterregel, *Osterrechnung,* a. d. Konzil v. → Nicäa festgelegte Regel z. Berechnung d. kirchl. Osterfestes; einfache Formel hierfür von → Gauß.

Österreich, Bundesrep. v. neun Ländern: Wien, Nieder-, Oberöstr., Salzburg, Steiermark, Kärnten, Tirol, Vorarlberg, Burgenland, 83 855 km², 7,64 Mill. E (91 je km²); Bev.-Zuw. 0,0%; Währung: Schilling (öS); Rel.: meist röm.-kath.; Hptst.: *Wien;* Flagge S. 341, Karte S. 740/41; Alpenstaat (⅔ Gebirgsland); Hptreichtum Wälder. **a)** *Landw.:* Roggen, Weizen, Hafer, Kartoffeln, Zuckerrüben, Mais; Obst- u. Weinbau (Niederöstr., Burgenland, Steiermark); Viehzucht (bes. Rindvieh). **b)** *Ind.:* Hptgebiete: Wien, N-Steiermark, Steyr u. Linz (Oberöstr.); in d. Steiermark Eisen- (1988: Förderung 3,7 Mill. t) u. Bleierz-, im Salzkammergut Salzlager, Erdöl b. Zistersdorf u. Matzen; Kohlenmangel wird z. T. durch d. alpine Wasserkraft u.

d. Braunkohlenlager ersetzt. **c)** *Außenhandel* (1988): Einfuhr 36,56 Mrd., Ausfuhr 31,03 Mrd. $. → Schaubild. **d)** *Verf.* v. 1920 (in d. Fassung von 1929): Bundespräs. (auf 6 J. vom Volk gewählt, ernennt Bundesreg. und Bundeskanzler); Nat.rat, gesetzgebendes Organ (auf 4 Jahre gewählt); Bundesrat m. Vetorecht. **e)** *Gesch.:* Aus der von Karl d. Gr. errichteten Ostmark entstanden; 976–1246 unter d. Babenbergern, die Steiermark u. Krain dazu erwarben, dann im Besitz Ottokars von Böhmen; 1282 an die Habsburger, 1335 Kärnten, 1363 Tirol, 1526 Böhmen-Mähren-Schlesien u. Westungarn dazu. Das habsburg. Ö., das 1440–1806 den dt. Kaiser stellte, 1519–21 mit d. span. Weltmacht in Personalunion verbunden war, wurde in der Reformationszeit zur Vormacht des Katholizismus in Dtld, zugleich zur Schutzmauer des Abendlandes gg. die Türken u. zum Ver-

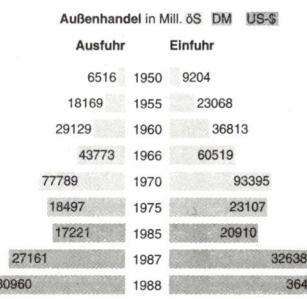

Österreich, Wirtschaft

Außenhandel in Mill. öS DM US-$

Ausfuhr		Einfuhr
6516	1950	9204
18169	1955	23068
29129	1960	36813
43773	1966	60519
77789	1970	93395
18497	1975	23107
17221	1985	20910
27161	1987	32638
30960	1988	36480

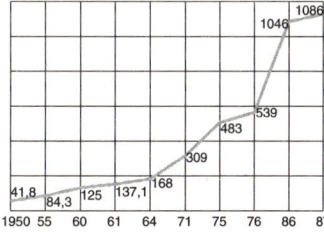

Volkseinkommen in Mrd. öS

1086
1046
539
483
309
168
137,1
125
84,3
41,8

1950 55 60 61 64 71 75 76 86 87

Gold- und Devisenbestand 1988
Gold: 21 Mill. troy oz (1 Troy ounce = 31,1 Gramm)
Devisen: 4987 Mill. SZR (Sonderziehungsrechte,
1 SZR am 28.2.1989 = 1,3215 US $ bzw. 2,14178 DM)

teidiger Dtld gg. Frkr.; s. 1683 Eroberung Ungarns u. Begründung d. östr.-ungar. Doppelmonarchie; 1714 im Span. Erbfolgekrieg Erwerbung der Ndl., eines großen Teils von Italien; 1740 Aussterben der männl. Habsburgerlinie; unter Maria Theresia Verlust Schlesiens an Preußen, Beginn des preuß.-östr. Kampfes um Vorherrschaft in Dtld; 1772 u. 1795 Galizien, 1774 d. Bukowina erworben; 1806 legte Franz I. dt. Kaiserkrone nieder; nach gr. Landverlusten in d. Napoleon. Kriegen im Wiener Kongreß 1815 Salzburg, Dalmatien, Venetien u. d. Lombardei behauptet, Ö. noch einmal in Europa führend (Hl. Allianz, Metternich) u. Vorkämpfer d. Reaktion gg. d. Revolution v. 1848; 1859 Niederlage gg. Frkr.-Sardinien, 1866 gg. Preußen-Italien (Verlust d. it. Besitzungen), nach langem Kampf Ausgleich m. Ungarn (Beust); 1868 *östr.-ungar. Monarchie;* 1908 Annexion v. Bosnien u. Herzegowina; 1914 Ermordung d. Thronfolgers in Sarajewo, Ausbruch d. 1. Weltkr.; 1918 Zusammenbruch d. im Nationalitätenkampf zersetzten Staates. Vertreter der dt. Kronländer riefen am 12. 11. 1918 die *Republik Dt.-Ö.* aus; 1919 Friedensverträge von *Trianon* (Ungarn) u. *St-Germain-en-Laye* (Östr.): Verlust von u. a. Südtirol, Südsteiermark, Südkärnten (Miestal an Jugoslawien, Kanaltal an Italien); 1920 Aufnahme i. d. Völkerbund; als Folge d. Weltwirtschaftskrise Anschwellen d. Austrofaschismus u. d. NS; 1933 christl.-autoritäre Reg. unter Dollfuß; 1934 Bürgerkrieg; bei NS-Putschversuch Dollfuß ermordet; sein Nachfolger Schuschnigg konnte steigenden Zulauf zum NS nicht abdämmen; 13. 3. 1938 Einmarsch dt. Truppen, „Anschluß" an d. Dt. Reich; 1945 von alliierter Truppen besetzt. 1955 Staatsvertrag: Souveränität, Anschlußverbot an Dtld, Abzug der Besatzungstruppen; Neutralität; s. 1973 Freihandelsabkommen mit d. EG. f) *Mitgl.:* UN, OECD, Europarat, EFTA; Freihandelsabkommen m. EG.

Österreichischer Erbfolgekrieg, 1740–48, um die Erbfolge in den habsburg. Ländern zw. Spanien, Bayern u. Sachsen, unterstützt von Frkr. u. Preußen (→ Schlesische Kriege), gg. → Maria Theresia (verbündet mit England, Ndl. u. Rußland); *Aachener Friede:* → Pragmatische Sanktion anerkannt, Östr. verlor (außer Schlesien an Friedr. d. Gr.) d. Hzgtuer Parma, Piacenza u. Guastalla an Spanien.

Österreichische Volkspartei, *ÖVP,* → Parteien, Übers.

Österreich-Ungarn, die *östr.-ungarische Monarchie* 1868–1918, bestand aus: **1)** den im Reichsrat vertretenen Königreichen u. Ländern (Nieder- u. Oberöstr., Salzburg, Steiermark, Kärnten, Krain, Triest, Görz u. Gradisca, Istrien, Tirol, Vorarlberg, Böhmen, Mähren, Schlesien, Galizien, Bukowina, Dalmatien); **2)** den

Ländern der ungar. Krone (Ungarn, Kroatien u. Slawonien) u. **3)** den 1878 besetzten, 1908 annektierten Bosnien u. Herzegowina. – Gesamt: 677 000 km², 55,6 Mill. E (1913), davon 23,5% Dt.e.

osteuropäische Zeit → Zeit.

Ostfalen, südöstl. Teilstamm der → Sachsen.

Ostfriesland, Küstenlandschaft zw. Oldenburg u. Holland, von Friesen bewohnt, bildet seit 1866 den Rgbz. Aurich; Marschen, Geest und kultiviertes Moorgebiet. – Vom 14. Jh. bis 1744 unter d. Hause Cirksena, 1654 Reichsfürstentum, 1744 preuß., 1815–66 bei Hannover, seit 1946 bei Nds.

Ostgebiete, deutsche, die 1945 östl. d. → Oder-Neiße-Linie an Polen oder Sowjetunion gefallenen ehem. Reichsgebiete, 114 296 km² d. ehemal. Prov. Brandenburg, Ostpreußen, Pommern, Schlesien mit (1939) 9,56 Mill. E (24,3% des Reichsgebietes v. 1937, 13,9% der Bevölkerung v. 1939); im Warschauer Vertrag 1972 u. endgültig im dt.-poln. Grenzvertrag 1990 erkannte d. BR die Unverletzlichkeit d. Oder-Neiße-Linie an.

Ostgoten → Goten.

Ostia, Hafenst. des alten Rom, a. d. Tibermündung, jetzt St.teil *O. Antica* v. → Rom.

Ostinato, *s.* [it. „hartnäckig"], beharrl. wiederkehrende Tonfiguren; meist im Baß: *basso ostinato.*

Ostindien, Name für Vorder- u. Hinterindien und den Malaiischen Archipel.

Ostindische Kompanie, 1) in England gegr. 1600, privilegierte Gesellschaft zur wirtsch. Erschließung Indiens, die die engl. Besitznahme vorbereitete; 1858 aufgelöst; **2)** die Ndl.-Ostindische K., 1602 gegr. u. 1795 aufgelöst; wurde Staatsbesitz.

ostische Rasse → Rasse, Übers.

Ostitis, *w.,* Knochenentzündung.

Ostjaken, westsibir. Rentierzüchtervolk.

Ostkirchen → morgenländische Kirche.

Ostkolonisation, dt. Siedlung in osteur. Gebieten seit der Völkerwanderung. Seit 7. Jh. bayr. Landnahme in den Ostalpen. Unter den Sachsenkaisern mil. Sicherung d. Nordostgrenze durch → Markgrafschaften. Im 12.–14. Jh. Wanderung dt. Bauern u. Stadtbürger über d. Elbe-Saale, im Markengürtel unter Führung dt. Fürsten: Adolf II. v. Schaumburg u. Heinrich der Löwe in Holstein u. Mecklenburg, Askanier in der Mark Brandenburg, Wettiner in der Mark Meißen. Seit 1150 Berufung dt. Grenzsiedler durch die Könige Ungarns (Burgenland, Siebenbürgen, Zips). s. 1200, unter Zusicherung „dt. Rechtes", durch die slaw. Herrscher v. Mecklenburg, Pommern, Böhmen-Mähren, Schlesien u. Polen. Seit de 13. Jh. Erschließung Ostpreußens durch d. → Dt. Orden. Dt. St.anlagen u. m. planmäß. Schachbrettgrundriß, bis Narwa, Wilna, Kiew u. Ukraine, Moldau u.

den Balkan. Im 15. Jh. Stillstand d. O. u. Slawisierung d. vorgeschobenen Inseln. Seit 1500 Neubeginn durch holländ. Mennoniten u. Pommern im nördl. Polen. Im 18. Jh. staatl. O. d. Hohenzollern im östl. Preußen, d. Habsburger in Ungarn u. Galizien, Berufung dt. Bauern an d. Wolga und nach Südrußland.

Ostmark, *Bairische O.,* alter Name für die dt. Grenzmark Östr.; v. Karl d. Gr. gg. d. Awaren errichtet, im 7.–10. Jh. von Bajuwaren besiedelt.

Ost-Pakistan → Bangladesch.

Ostpolitik, Pol. d. BR, initiiert durch d. Kabinett Brandt/Scheel, 1969–73, gegenüber d. osteur. Staaten auf d. Grundlage westl. Sicherheit; führte zu d. → Ostverträgen.

Ostpreußen, Landschaft u. ehem. nordostdt. Prov., 36 992 km² (1939: 2,48 Mill. E); v. d. Weichsel u. Nogat im W b. z. Memel im NO; umfaßt e. Teil d. Baltischen Höhenrückens, viele Seen u. große Kiefernwaldungen; Produkte: Roggen, Hafer, Kartoffeln; früher bed. Pferdezucht (Hauptgestüt Trakehnen); Forstwirtschaft, Fischerei u. Bernsteingewinnung (Samland); ehem. Hptst. *Königsberg.* – Urspr. von → Pruzzen bewohnt, 13.–16. Jh. Gebiet d. → Dt. Ordens; 1526 weltl. Hzgt. mit Herrschern aus dem Haus Hohenzollern, unter poln. Lehnshoheit; 1618 an d. brandenburg. Hohenzollern. 1920 O. durch d. Poln. Korridor v. übrigen Dtld abgetrennt; s. 1945 durch Potsdamer Abkommen nördl. Teil (m. Königsberg) unter sowj. Verw. (Gebiet Kaliningrad), südl. Teil unter poln. Verw.

Ostpunkt, *Morgenpunkt,* Schnittpunkt von Horizont u. Himmelsäquator, 90° rechts von N.

Ostradiol, ein Follikelhormon (→ Keimdrüsen).

Ostrakismos, seit 509 v. Chr. i. Athen Volksabstimmung zur Verbannung pol. Unbequemer (Aristides, Themistokles u. a.); *Scherbengericht* (v. griech. *ostraka* = Scherben, auf die ihre Namen geschrieben wurden).

Ostrau, tschech. *Ostrava* (bis 1945 Mährisch-O.), St. an d. Ostrawitza im nordöstl. Mähren, 331 000 E; Steinkohle; Eisenhütten u. Walzwerke, chem. u. Metallind.

Östrogene [gr.], svw. Follikelhormone (→ Keimdrüsen).

Oströmisches Reich → Byzantinisches Reich.

Ostrowskij, Alexander Nikolajewitsch (12. 4. 1823–14. 6. 86), russ. naturalist. Dramatiker; *Das Gewitter.*

Ostrumelien, fruchtbare Balkanlandschaft i. Stromgebiet d. Mariza; früher N-Teil von → Rumelien, durch Berliner Kongreß 1878 autonome türk. Prov., 1885 v. Fürsten v. Bulgarien regiert, 1908 ganz z. Bulgarien.

Ostsee, *Baltisches Meer,* Binnenmeer, m. d. Nordsee durch Skagerrak u. Nord-O.-

Kanal, m. Nördl. Eismeer durch Weißmeer-O.-Kanal verbunden; 422 300 km², mittlere Tiefe 55 m, größte 459 m (n. Gotland); besteht aus mehreren Becken: Kattegat, Beltsee, Arkona-, Bornholm-, Gotlandbecken, Rigaer, Finn., Bottn. Meerbusen; Salzgehalt nimmt von W nach O ab: Kieler Bucht 1,5%, ö. Rügen 0,8%; im äußersten N u. O der Bottn. u. Finn. Meerbusen fast ausgesüßt; Gezeiten wenig bemerkbar (Fluthöhe in Kiel 7 cm), dafür Wasserstandsschwankungen durch Stürme; im Winter an den Küsten häufig, im NO regelmäßig zugefroren. Nach der Eiszeit war O. viel größer als heute, ihre damaligen Ablagerungen bezeichnet durch die Muschel Yoldia arctica: *Yoldiazeit;* danach O. ein großer Süßwasserbinnensee: d. wärmere *Ancyluszeit* (nach einer Schnecke ben.); danach wieder Verbindung mit d. Meer: *Litorinazeit* (Bez. nach e. Strandschnecke).

Ostseeprovinzen, die ehem. russ. Gouvernements Kurland, Livland u. Estland; gehören seit 1918 zu Lettland u. Estland, seit 1940 bzw. 1945 sowj., s. 1991 wieder zu Lettland u. Estland.

Ostung, die antiken Kultbau Orientierung d. Längsachse nach O; im Kirchenbau übernommen: zuerst in d. Ostkirche, dann allg. üblich; s. dem 4. Jh. in Italien.

Ostverträge, Vertragswerk d. BR m. d. osteur. Staaten z. Beginn d. 70er Jahre: Gewaltverzichtsvertrag m. d. UdSSR v. 12. 8. 1970, Grundlagenvertrag m. Polen (7. 12. 1970), Grundlagenvertrag m. d. DDR (21. 12. 1970), Vertrag über d. Beziehungen m. d. ČSSR (11. 12. 1973), Aufnahme diplomat. Beziehungen zu Bulgarien u. Ungarn (21. 12. 1973).

Ostwald, 1) Wilhelm (2. 9. 1853–4. 4. 1932), dt. Chem.; theoret., phys. u. Elektrochemie, Ionentheorie u. Thermodynamik; Nobelpr. 1909; *D. Farbenlehre;* s. Sohn **2)** Wolfgang (17. 5. 1883–22. 11. 1943), dt. Chem.; *Grundriß d. Kolloidchemie.*

Ostzone, Bez. für → SBZ, ehem. → DDR.

Oswald, Richard (5. 11. 1880–11. 9. 1963), östr. Filmproduzent u. Regisseur; Aufklärungsfilme; *Alraune* (1930); *Der Hauptmann v. Köpenick* (1931).

Oswald v. Wolkenstein (1377–2. 8. 1445), östr. spätma. Minnesänger; Liebes-, polit. u. geistl. Lyrik.

Oszillation, w. [l.], Schwingung.

Oszillator, m., el. Schaltanordnung von → Elektronenröhren od. → Transistoren, Kondensatoren u. Spulen (Induktivitäten), die durch Selbsterregung e. ungedämpfte sinusförmige Schwingung erzeugen; Selbsterregung durch Rückführen e. Teils d. verstärkten Energie v. der Anode auf das Steuergitter, beim Transistor von Kollektor auf Basis; zahlreiche Schaltungen (Spule/Kondensator, Widerstand/Kondens.), → Klystron; Erzeugung v. period. nicht sinusförmigen Schwingungen → Multivibrator; Anwen-

dung z. B. bei Sendern u. Überlagerungsempfängern.

oszillieren, schwingen.

Oszillograph, m., *Schwingungsschreiber,* 1) mit mechan. schwingenden Saiten; 2) *Oszilloskop,* in d. Elektro- und Fernmeldetechnik mit → Braunscher Röhre (Kathodenstrahlröhre), wobei d. Elektronenstrahl durch elektromagnet. od. elektrostat. Kraftfeld entsprechend d. zu messenden Schwingungen gesteuert wird u. diese dabei auf d. Leuchtschirm aufzeichnet *(Oszillogramm);* Anwendung: in Forschung u. Meßtechnik.

Otaru, jap. Hafenst. a. der W-Küste v. Hokkaido, 172 000 E; Fischerei- u. Handelshafen.

Otavibergland, Landschaft in SW-Afrika; Blei, Vanadium, Kupfer.

o tempora, o mores! [l.], „O Zeiten, o Sitten!" (nach Cicero), Ausdruck sittlicher Entrüstung.

Otfried v. Weißenburg (um 800–nach 870), elsäss. Mönch; schuf erste mhd. (Reim-)Fassung der Evangelien, 9. Jh.

Othello, „der Mohr v. Venedig", maurischer Feldherr in Venedig; s. Eifersucht sprichwörtl.; Tragödie Shakespeares, Opern von Rossini u. Verdi.

Otitis, w. [gr.], Ohrenentzündung. – **O. media,** Mittelohrentzündung.

Oto-loge, Ohrenarzt. – **O.logie,** Ohrenheilkunde. – **O.sklerose,** w., erbl., zu fortschreitender Schallleitungsschwerhörigk. führende knöcherne Fixation d. Steigbügels i. ovalen Fenster (→ Ohr); Behandlung evtl. durch Steigbügelplastik.

Otranto, it. Hafenst., Prov. Lecce, an der Meerenge zwischen Adriat. u. Ionischem Meer *(Straße von O.,* 71 km breit); 5000 E; kath. Erzbistum.

OTS, Abk. f. *Orbital Test Satellite,* experimenteller, geostationärer Nachrichtensatellit d. ESRO (1978).

Ottaverime, w., it. Versform, → Stanze.

Ottawa, B.hptst. v. Kanada, in d. Prov. Ontario, 301 000 E, m. Vororten 833 000 E; 2 Uni.; Papier- u. Holzind. – **O. River,** l. Nbfl. d. St.-Lorenz-Stromes, 1270 km l., Holzflößerei.

Otterhund, engl. Jagdhund zur Fischotterjagd.

Ottern, 1) m., z. B. *Fischotter,* Mardergattung m. Schwimmhäuten u. Ruderschwanz, Fischräuber, geschätzter Pelz;

→ Seeotter; **2)** w., Giftschlangen, svw. → Vipern.

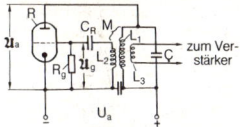
a) Meißner-Oszillator-Schaltung

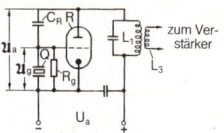
b) Quarzgesteuerter Oszillator

U_a Anodenwechselspannung
U_g Gitterwechselspannung
M   Kopplungsinduktivität
C   Schwingungskreiskapazität
C_R Rückkopplungskapazität
L_1 Schwingungskreisinduktivität
L_2 Rückkopplungswicklung
L_3 Ankopplungswicklung zum Abnehmen der erzeugten Wechselspannung
R   Röhre
U_a Anodengleichspannung
R_g Gitterableitwiderstand
Q   Quarz

Otto I.

Otto, a) *dt. Kge u. Kaiser:* **1)** O. I., d. Gr. (23. 11. 912–7. 5. 73), Sachse, s. 936 Kg, warf Fürstenaufstände nieder, gründete die Kgsgewalt auf kirchl. Würdenträger (Ottonische Reichskirche), siegte 955 über die Ungarn auf dem Lechfeld (bei Augsburg), 962 erster Kaiser des *Hl. Röm. Reiches Dt. Nation,* gekrönt in Rom; stärkte den d. Einfluß im Osten; **2)** O. II. (955–7. 12. 83), s. 961 Kg, s. 967 Kaiser, reg. seit 973; **3)** O. III. (980–24. 1. 1002), s. 983 Kg, s. 996 Kaiser, stiftete 1000 das Erzbistum Gnesen; **4)** O. IV. (1182–19. 5. 1218), Sohn Heinrichs d. Löwen, 1198 als Gegenkg gg. Philipp v. Schwaben gewählt, mußte 1214 Friedrich II. weichen. – **b)** *Bayern:* **5)** O. v. Wittelsbach (1120–11. 7. 83), rettete Friedrich I. Barbarossa auf dem Rückzug aus Italien, wurde 1180 Hzg v. Bayern u. Ahnherr der Wittelsbacher. – **c)** *Griechenland:* **6)** O. I. (1. 6. 1815–26. 7. 67), von England, Rußland, Frkr. 1832 zum Kg erhoben, 1862 durch Aufstand vertrieben. – **d)** *Habsburg:* **7)** O. (* 20. 11. 1912), östr. Kronprätendent,

Ottawa, *Parlamentsgebäude*

Sohn v. → Karl 18). – **e)** *Pfalz:* **8)** O. Heinrich (10. 4. 1502–12. 2. 59), Kurfst seit 1556, erweiterte das Heidelberger Schloß durch den *Ottheinrichsbau.* – **f)** *Bischöfe:* **9)** O. (1060–1139), Bischof v. Bamberg, der Apostel von Pommern, Hlg.; **10)** O. (1111–58), Bischof von Freising, Oheim Barbarossas, Geschichtsschreiber.

Otto, 1) August Nikolaus (14. 6. 1832–26. 1. 91), dt. Ing.; erfand m. E. Langen d. Gasmotor; 1876 Entwicklung zum Viertaktmotor *(Ottomotor),* → Verbrennungskraftmaschinen; **2)** Berthold (6. 8. 1859–29. 6. 1933), dt. Pädagoge; *Volksorgan. Denken.*

Ottobeuren, *Wallfahrtskirche*

Ottobeuren (D-8942), Markt (Kneippkurort) i. Kr. Unterallgäu, Bay., 7466 E; Benediktinerkloster (764 gegr.), Basilika (barocke Wallfahrtskirche, Abb.).

Ottobrunn (D-8012), Gem. b. München, 18 739 E; Flugentwicklungszentrum.

Ottokar II., Přemysl (1233–78), Kg v. Böhmen, erwarb Östr., Steiermark, Kärnten, Krain, verlor sie in d. Schlacht a. d. Marchfelde (in d. er fiel) gg. → Rudolf v. Habsburg.

Ottomane, *w.,* niedriges Liegesofa.

ottonische Kunst, Periode dt. Kunst i. 10.–11. Jh. z. Zt. d. Kaiser Otto I.–Otto III.: strenger vor- bzw. frühroman. Ausdrucksstil m. karolingischen, später auch byzantinischen Elementen. – *Baukunst:* z. B. Dome in Magdeburg u. Halberstadt, Stiftskirche Gernrode, → Hildesheim. – *Plastik:* Gero-Kreuz (Köln); „Goldene Madonna" (Essen); (Dom-)Türen, Säule (Hildesheim). – *Malerei:* Buchmalerei: Reichenauer Schule (Bamberger Apokalypse, Evangeliar Ottos III.); Wandmalerei: St. Georg i. Reichenau-Oberzell.

Ottweiler (D-6682), St. i. Kr. Neunkirchen, Saarland, a. d. Blies, 15 303 E; AG; Ind.

Ötztal, Seitental des Inn in N-Tirol, im unteren Teil fruchtbar u. warm (Maisfel-

der), Quelltäler sind das Venter u. das Gurgler Tal (1900 m). – **Ö.er Alpen,** Gruppe der Zentralalpen, stark vergletschert (*Wildspitze* 3774 m, *Weißkugel* 3739 m).

Ouagadougou, *Wagadugu,* Hptst. d. Rep. Burkina Faso, 442 000 E; div. Ind.; Fernsehsender; Flughafen.

Oudenaarde [ˈʊ̯də-], *Audenaarde,* St. in der belg. Prov. O-Flandern, a. d. Schelde, 28 000 E; Textil- u. Spitzenind. – 1708 Sieg Prinz Eugens u. der Engländer (Marlborough) über d. Franzosen.

Oulu, schwed. *Uleåborg,* Hptst. des finn. Läns *O.,* a. d. NO-Küste d. Bottnischen Meerbusens, 99 000 E; Uni. m. Forschungszentrum für arkt. Medizin; Leder-, Stickstoff- u. Holzind.

Ourthe [*urt*], r. Nbfl. der Maas, entspringt i. d. Ardennen, 166 km l., mündet bei Lüttich.

Output, *m.* [engl. ˈaʊtpʊt], **1)** *allg.* Ausstoß, Produkt; **2)** *techn.* abgegebene Nutzleistung; Daten/Informationen u. a.; Ggs.: → Input.

outrieren [frz. uˈt-], übertreiben.

Outsider, *m.* [engl. ˈaʊtsaɪdə], Außenseiter; im Sport: Teilnehmer m. geringer Aussicht auf Erfolg.

Ouvertüre, *w.* [frz. uver-], Orchester-Einleitungsstück zu einem Bühnenwerk; auch Konzertstück.

oval [nl.], eiförmig, länglichrund.

Ovambo, *Ambo,* Bantunegervolk, 276 000, i. O.land u. südl. Angola; vorwiegend Ackerbauern. – **O.land,** Landschaft u. s. 1973 autonomes Gebiet in N → Namibias, 57 000 km², 400 000 E; Hptort *Ondangua;* Hackbau, Viehzucht.

Ovarium [l.], Eierstock, weibl. → Keimdrüse.

Ovation, *w.* [l.], Huldigung, festliche Ehrung.

Overall, *m.* [engl. ˈoʊvərɔl], einteiliger Schutzanzug.

Overath (D-5063), Gem. i. Rheinisch-Bergischen Kr., NRW, 23 060 E; Metall-, Kunststoff-, Stein-, Holz- u. Papierverarbeitung.

Overbeck, 1) Franz (16. 11. 1837–26. 6. 1905), dt. ev. Theologe; Freund Nietz-

Friedrich Overbeck, *Vittoria Caldoni*

sches; *Briefwechsel;* **2)** Friedrich (3. 7. 1789–12. 11. 1869), dt. Maler; Mitbegr. d. Lukasbunds → Nazarener 2); Wand-

gemälde u. a. im Casino Massimo (Rom); *Italia und Germania.*

Overdrive [engl. ˈoʊvədraɪv], Zusatzgetriebe b. Kraftwagen, durch Fliehkraftregler automatisiert; setzt Motordrehzahl bei gleichbleibender Wirkung herab, schont d. Motor.

Overijssel [-ˈɛɪsəl], *Oberijssel,* ndl. Grenzprov. m. fruchtbaren Marschen (Ijsselmündung); wichtiges Industriegebiet; 3340 km², 1 Mill. E; Hptst. *Zwolle.*

Ovidius Naso, Publius (43 v. Chr.–17 n. Chr.), röm. Dichter; *Metamorphosen* („Verwandlungen"); *Ars amatoria* („Liebeskunst").

Oviedo [oˈβi̯eðo], Hptst. d. Auton. Gemeinschaft → Asturien, in Spanien, 191 000 E; Bischofssitz, got. Kathedrale, Uni.; Metall-, Textilind.

Oviparie, Befruchtung der abgelegten Eier erfolgt später außerhalb des „Mutterkörpers" (Fische u. Lurche) oder während der Eiablage (Insekten u. Spinnen); Ggs.: → Viviparie.

ÖVP, Abk. f. **Ö**sterreichische **V**olkspartei, → Parteien, Übers.

Ovulation [l.], die bei der Frau alle 4 Wochen erfolgende, hormonell gesteuerte Ausstoßung eines reifen Eies aus einem Graafschen Follikel *(Follikelsprung)* des Eierstocks; auch → Menstruation. – **O.shemmer,** z. B. Anti-Baby-Pille, → Kontrazeption.

Ovulum [l.], die Eizelle, kl. Ei.

Owen, Robert (14. 5. 1771–17. 11. 1858), engl. Wirtschaftler; versuchte vergeblich kommunist. Ideen in England u. d. USA zu verwirklichen: *Neue Ansicht der Gesellschaft; Sozialist. System.*

Oxalis, *w.,* → Sauerklee.

Oxalsäure, organ. Säure vieler Pflanzen, bes. des Sauerklees, daher auch *Kleesäure;* ihre Salze (*Oxalate*), bes. das Kaliumoxalat, werden gebraucht in Färberei, Kattundruckerei, Fotografie sowie zur Beseitigung von Rost-, Tinten-, Obstflecken; giftig.

Oxenstierna [ˌuksənˈfæɽna], schwed. Adelsgeschlecht: *Axel O.* (6. 7. 1583–7. 9. 1654), Kanzler Gustav Adolfs u. nach dessen Tod Leiter der schwedischen Politik.

Oxer [engl.], Hindernis im → Parcours eines Jagdspringens; 2 Balkenzäune mit eingef. Hecke.

Oxford, *Trinity College*

Oxford [-fəd], Hptst. der engl. Gft *O.,* an der Themse, 115 000 E; Kathedrale (8.

Jh.), berühmte Uni. (1214 gegr.) m. zahlr. Instituten, 2 Sternwarten, Druckerei (Clarendon Press), Bodleyan- u. Radcliffe-Bibliothek. – **O.bewegung,** 1) *Traktarianismus,* engl. kirchl. Reformbewegung im 19. Jh.; urspr. protestant., dann stark katholisierende Tendenz unter Einfluß der Neuentdeckung d. MA u. dem Verlangen nach Autorität u. hl. Formen; Führer: *Newman, Keble, Pusey;* 2) *Gruppenbewegung,* → Moralische Aufrüstung.

Oxhoft [niederdt.], → Maße u. Gewichte, S. 1091.

Oxi- [gr.], als Vorsilbe: Sauerstoffverbindung.

Oxid, *s.,* die Verbindung eines Elementes m. Sauerstoff; Entstehung meist durch → Verbrennung.

Oxidation, *chemischer Prozeß,* Elektronenabgabe und Erhöhung der → Oxidationszahl; viele Verbrennungen sind Oxidationen; → Oxid; Ggs. → Reduktion; Entdeckung der Oxidation durch → Lavoisier.

Oxidationszahl, *chem.* Oxidationsstufe, Ladungswert, elektrochem. Wertigkeit. Verbindungen werden formal entsprechend der → Elektronegativität in Kationen und Anionen getrennt, dann gibt die O. die positive Formalladung des kationischen Teils, bzw. die negative Formalladung des anionischen Teils an (z. B. Kochsalz *NaCl* Na = +1 u. Cl = –1; Wasser *H₂O* H = +1 u. O = –2); Elemente haben immer die O. Null.

Oxus, im Altertum Name des → Amudarja.

Oxydasen, sauerstoffübertragende → Enzyme.

Oxydul → Metalloxide.

Oxymoron, *s.* [gr. „scharfsinnigdumm"], witzige Verbindung widerstreitender Begriffe (z. B. „alter Knabe").

Oxytocin, *s.* [gr.], wehenerregendes Hormon des → Hypophysenhinterlappens.

Oxyuren [gr.], → Madenwürmer.

Oybin, 1) Sandsteinfelsen, 514 m hoch, im Zittauer Gebirge, bewaldet; Klosterruinen; **2)** (D-8806), Luftkurort i. Kr. Zittau, Sa., 391 müM, 1500 E.

Özal, Turgut (* 1927), türk. Pol. (Mutterland-Partei); 1983–89 Min.präs.; s. 1989 Staatspräs.

Ozäna, *w.* [gr.], *Stinknase,* Nasenschleimhautentzündung mit bakterieller Zersetzung u. dadurch stinkender Absonderung.

Ozean, *m.* [gr.], → Meer. – **O.boden,** *Meeresboden,* Teil d. Erdkruste (→ Erde) von → sialischer Zus.setzung; Material d. O.bodens wird an den ozeanischen Rücken (→ Mittelatlantischer Rücken) durch Aufstieg v. → Magma neu gebildet.

Ozeanien, im Pazifik gelegene Inseln u. Inselgruppen östlich von Australien (→ Neuseeland, Mela-, Mikro- u. Polynesien), Oberfläche meist hochgebirgig mit noch tätigen Vulkanen, Geisern (heißen Springquellen) u. trop. Urwald; sonst Korallenriffe, die nur wenig aus dem Wasser ragen, mit trop. Flora: Brotfruchtbaum, Kokos- u. Sagopalme, Bananen, Yams- u. Tarowurzeln; 60 000 Ureinwohner (dunkle *Australneger,* d. körperlich urtümlichste der noch lebenden dunklen Rassen; *Papua,* hellere *Polynesier;* Totemismus verbreitet).

ozeanische Sprachen, *polynes.* u. *melanes.* Sprachen, bilden mit den malaischen d. *austrones.* Sprachgruppe.

Ozeanographie [gr.], *Ozeanologie,* Meereskunde; Teilgebiet der → Geographie.

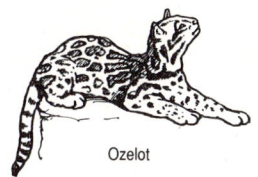

Ozelot

Ozelot, *m., Pardelkatze,* luchsgroßes Raubtier d. nördl. S-Amerika und Mexikos.

Ozenfant [*ozã'fã*], Amédé (15. 4. 1886– 3. 5. 1966), frz. Maler u. Kunstschriftst.; *Nach dem Kubismus* (1918).

Ozokerit, *m.,* Erdwachs, natürl. mineral. Wachs, meist mit Kohlenflözen und Steinsalzlagern zusammen vorkommend; durch Destillation v. O. Gewinnung von Zeresin und hochwertigen Paraffinen.

Ozon, *s., O₃,* Modifikation d. Sauerstoffs; O.-Molekül ist 3atomig; normales Sauerstoff-Molekül 2atomig; im Ggs. zum Sauerstoff riecht O. kräftig, ist im flüssigen Zustand tiefblau u. außerordentl. reaktionsfähig; Entstehung durch stille el. Entladungen u. ultraviolette Strahlung; techn. Herstellung: Sauerstoffstrom mit Elektroden m. stiller Entladung; Verwendung z. Bleichen u. z. Trinkwasserreinigung; eine O.-Schicht der → Atmosphäre in ca. 50 km Höhe absorbiert die für das Leben auf der Erdoberfläche kürzestwelligen Sonnenstrahlen; an der Erdoberfläche kann sich O. bilden bei starker Sonneneinstrahlung unter der Mitwirkung von Abgasen.

P, 1) Abk. für → *Papa* und für → *Pater;* **2)** *chem.* Zeichen f. → *Phosphor.*

p, 1) *mus.* = piano [it.], leise; **2)** auf Gemälden → pinxit; **3)** bei Zitaten Abk. f. *pagina* [l.], Seite; **4)** *phys.* Zeichen f. → *Proton.*

Pa, *chem.* Zeichen f. → *Protactinium.*

pa., Abk. f. *prima* [l.], beste Sorte.

p. a., Abk. f. *pro anno* [l.], für das Jahr; auf Briefen = per Adresse, svw. bei (m. folgendem Namen).

Pạän, *m.,* griech. Preis- oder Jubellied zu Ehren des Apollo, später Kriegs- u. Siegesgesang.

Paar-erzeugung, Verwandlung eines sehr energiereichen Lichtquants bei Begegnung m. einem Atomkern in ein Elektron-Positron-Paar (→ Elementarteilchen); bei Zusammentreffen von 1 Elektron u. 1 Positron kommt es zu **P.vernichtung** *(Materiezerstrahlung)* unter Bildung eines Lichtquants.

Paarzeher, *Paarhufer,* Huftiere, Säugetiere mit stark verlängerten, 3 u. 4 huftragenden Zehen (Wiederkäuer einschl. Kamele, Schweine einschließl. Flußpferde).

Paasikivi, Juho Kusti (27. 11. 1870–14. 12. 1956), finn. Pol.; Vertr. Finnlands b. Friedensverhandlungen mit Rußland 1920 u. 1944; Min.präs. 1918 u. 1944, 1946–56 Staatspräs.

Pabst, Georg Wilhelm (27. 8. 1885–29. 5. 1967), östr. Regisseur, sozialkrit. u. Antikriegsfilme; *Die freudlose Gasse* (1925); *D. Büchse d. Pandora* (1928); *Westfront 1918* (1930); *Die Dreigroschenoper* (1931).

Pace [engl. *peis*], **1)** „Schritt", im *Sport:* Gang-, Laufgeschwindigkeit; *P.maker* [*'peismeikə*], Schrittmacher; **2)** [it. *'patʃe*], Frieden.

Pacelli [*pa'tʃ-*], Eugenio, → Pius XII.

Pạchelbel, Johann (1. 9. 1653–3. 3. 1706), dt. Orgelkomp.; Vorläufer Bachs; *Fugen; Toccaten.*

Pạcher, Michael (um 1435–98), dt. Bildschnitzer u. Maler d. Spätgotik; *Altar in St. Wolfgang* (bei Salzburg).

Pachomius (292–346), Gründer d. ersten Klosters (Tabennesi am Nil).

Pacht, Vertrag, gerichtet auf Überlassung des Gebrauchs u. d. Erträge e. Sache oder eines Rechts gg. Entgelt, bes. von Landwirtschaften, Grundstücken u. Gewerbebetrieben. – **P.forderungen,** Verpächter hat ein Pfandrecht an d. eingebrachten Sachen d. Pächters; *Kündigungsfrist* bei P. von Grundstücken u. Rechten halbjährlich nur zum Schluß eines P.jahres (§§ 581 ff. BGB). → Miete. – **P.schutz,** Schutz gg. Entziehung verpachteten Landes ohne wichtigen Grund; evtl. entscheidet → Bauerngericht.

Packard [*'pækəd*], Vance (* 22. 5. 1914), am. Schriftst.; zeitkrit. Sachbücher: *Die geheimen Verführer; Die wehrlose Gesellschaft; Die Pyramidenkletterer.*

Packeis, aufeinandergeschobenes Meereis.

Packung, 1) Dichtungsmaterial bei → Stopfbuchsen usw. im Maschinenbau; besteht aus Metallringen, in Mennige getauchten Hanfstricken, Ledermanschetten usw.; **2)** *med.* Einhüllen des ganzen Körpers od. einzelner Teile, Ganz- bzw. *Teilpackung,* in kaltes, feuchtes oder trockenes Laken; darüber Wolldecke: schweißtreibend.

Pädagoge [gr. „Knabenführer"], Erzieher, Lehrer; auch Lehrer der Pädagogik; im Altertum meist Sklave zu Begleitung u. Unterricht der Knaben.

Pädagogik, *w.* [gr.], Lehre v. d. Erziehung; *theoret.* od. allg. P., *Erziehungs-*

Michael Pacher, *Maria*

wiss., umfaßt d. phil. Grundlagen, Sinn u. Ziel der Erziehung; *praktische* P. untersucht d. bestmögl. Methoden d. geist. u. körperl. Erziehung d. jugendl. Menschen. *Geschichte* d. P. zugleich Abbild der sich wandelnden Kulturideale; P. der Griechen Teil der Staatslehre, auf sittl. u. körperl. Ideale gerichtet (Sokrates, Platon); in Rom: Erziehung zur Mannhaftigkeit; im MA Herausbildung der rel. Werte (Klosterschulen) sowie der ritterl. Tugenden (höfische P.); Humanitätsideal des 15. u. 16. Jh. (Agricola, Melanchthon) abgelöst durch Reformpädagogik (Ratke, Comenius), später Philanthropismus (Rousseau, Basedow); an Pestalozzis „allg. Emporbildung der inneren Kräfte der Menschennatur" anknüpfend der Neuhumanismus *(Fröbel, Sailer, Willmann).* Seit d. Jahrhundertwende: Erlebnis- u. Arbeits-P., Werkunterricht, Berufsschule, Sozial- u. experimentelle P., Landerziehungsheime (Lietz), Ausweitung auf Erwachsenen- u. Volksbildung; später starker Einfluß weltanschaul. Richtungen: Kultur- u. Wert-P. *(Kerschensteiner, Spranger, Litt);* dialekt.-materialist.-sozialist. P.

pädagogisch, erzieherisch.

pädagogische Hochschule, *HS,* Ausbildungsstätte f. Grund- u. Hauptschullehrer (früher: Volksschullehrer); Aufnahmebedingung Abitur; heute teilweise integriert i. d. Uni. (als erziehungswiss. Fakultät); → Hochschulen.

pädagogische Psychologie, erforscht die psych. Abläufe beim Lehren u. Lernen theoretisch u. in realen Erziehungssituationen, die durch pädagog. Institutionen, Techniken u. das Verhalten d. Schüler gegeben sind.

Pädagogium [gr.], seltene Bez. für private Lehranstalt mit Pensionat (Internat).

Padang, indones. Prov.hptst. an der SW-Küste von Sumatra, 657 000 E; Tabaku. Kaffeeausfuhr; Flughafen.

Pạddel, kurzes, frei geführtes Ruder; *Einfach-P. (Stech-P.)* f. Kanadier, *Doppel-P.* f. Kajak.

Paddock, *m.* [engl. *'pædək*], Gehege f. (Zucht-)Pferde.

Päderastie [gr.], Knabenliebe, geschlechtl. Liebe von Männern zu Knaben; → Homosexualität.

Paderborn (D-4790), Krst. an der Pader, NRW, 114 148 E; Dom (v. Karl d. Gr. gegr.), Bartholomäus-Kapelle (älteste Hallenkirche Dtlds), ma. Kirchen u. profane Bauten, Museen; Uni., theol. Fak., IHK, LG, AG; kath. Bistum (s. 8. Jh.; Erzbistum s. 1929); div. Ind.

Paderewski, Ignacy Jan (18. 11. 1860–29. 6. 1941), poln. Pianist, Klavierkomp. u. Pol.; 1919 Min.präs.

Pädiater [gr.], Kinderarzt.

Pädiatrie, Kinderheilkunde.

Padua, it. *Padova,* Hptst. d. oberit. Prov. *P.,* 220 000 E; Grabkirche des hl. Antonius; Arenakapelle m. Giottofresken, Reiterstandbild Gattamelata (Donatello); Uni. (1222 gegr.); Maschinenbau.

pag., Abk. f. *pagina* [l.], Buchseite.

Niccolò Paganini

Paganini, Niccolò (27. 10. 1782–27. 5. 1840), it. Geigenvirtuose u. Komp.; Capricci; Violinkonz.; Werke f. Gitarre.

Paganismus, *m.* [l. „paganus = Landbew."], Heidentum.

pagatorisch [l. „pagare = zahlen"], mit Zahlungsvorgängen zus.hängend.

Page, *m.* [frz. *'paʒə*], im MA Edelknabe; svw. uniformierter Botenjunge.

Pageants [engl. *'pædʒənts*], zunächst d. einzelnen Szenen i. engl. geistl. Drama d. MA, später auch die nacheinander auffahrenden Bühnenwagen, auf denen d. verschied. Szenen gespielt wurden.

Pagnol [*pa'ɲɔl*], Marcel (28. 2. 1895–18. 4. 1974), frz. Dramatiker u. Filmregisseur; *Marius; Fanny; César.*

Pagode, *w.,* süd- u. ostasiat. Stockwerkbau d. buddhist. Kunst m. vorspringenden od. vorkragenden Dächern; auch Reliquienschrein.

Pahang, Gliedstaat d. → Malaiischen Bundes, zu → Malaysia, 35 960 km², 978 000 E; Hptst. *Kuantan.*

Pahlewi [*'pax-*], pers. Kaiserhaus, **1)** Reza P. (1878–1944), Offiz. e. Kosakenbri-

gade, Chan, 1925–41 Schah n. Sturz d. alten Dynastie, erneuerte das pers. Staatswesen; **2)** Mohammed Reza P. (26. 10. 1919–27. 7. 80), Schah s. 1941, nach innenpolit. Schwierigkeiten 1979 entmachtet und zum Verlassen des Landes gezwungen (→ Khomeini).

Pahr, Willibald (* 5. 6. 1930), östr. Pol.; 1976–83 Außenmin.

Paideuma, *s.* [gr.], Kulturseele, nach Frobenius Bez. für d. Seelenhafte einer bestimmten Kultur.

Päijänne, 1065 km² großer See d. finn. Seenplatte.

Paillette, *w.* [frz. *pa'jɛtə*], Flitter.

Paine [*peɪn*], Thomas (29. 1. 1737–8. 6. 1809), am. revolutionärer Schriftst. u. Pol.; begeisterte 1776 mit s. Flugschrift *Common Sense* die am. Kolonien z. Kampf gg. d. Mutterland.

Paionios (5. Jh. v. Chr.), griech. Bildhauer; *Nike* in Olympia.

Pairs [frz. *pɛːr,* v. lat. „pares = Gleiche"], der hohe, bis 1789 bes. pol. Vorrechte genießende Adel in Frkr. (in Engld → Peer); 1815–48 **Pairskammer,** 1851 durch Senat ersetzt.

Paisiello, *Paesiello,* Giovanni (9. 5. 1740–5. 6. 1816), it. Komp.; Vertr. der Opera buffa; über 100 Opern; Messen, Sinfonien, Kammermus.

Paisley [*'peɪzlɪ*], St. in Schottland, westl. v. Glasgow, 85 000 E; Abtei (12. Jh.), Textil- u. a. Ind.

Pak, *w.,* Abk. f. *Panzerabwehrkanone.*

Paka, *s.,* rotbraunes Nagetier mit gelben Flecken, bis 70 cm lang, lebt in S-Amerika.

Pakistan, aus P**andsch**ab, **K**aschmir, Belut**schi**stan, **1)** amtl. *Islami Jamhuriya-e-Pakistan,* Rep., s. 1971 (nach Entstehung des Staates → Bangladesch aus d. Prov. Ost-P.) nur mehr aus dem Gebiet der Prov. West-P. am Arab. Meer bestehend, 796 095 km², 105,4 Mill. E (132 je km²); Bev.-Zuw. 3,1%; Sprachen: Pandschabi, Sindhi, Urdu, Belutschi, Puschto; offizielle Sprachen: Urdu, Englisch. Währung: pakistan. Rupie (pR); Rel.: Moslems; Hptst.: *Islamabad;* Flagge S. 341, Karte S. 748. **a)** *Wirtsch.:* Agrarland, meist künstl. Bewässerung, Anbau v. Weizen, Baumwolle, Zuckerrohr; Erd-

gas. **b)** *Außenhandel* (1988): Einfuhr 6,59 Mrd., Ausfuhr 4,5 Mrd. $. **c)** *Verf.* v. 1973 (s. 1985 wieder in Kraft): Föderative Rep.; Senat u. Nat.vers.; **2)** *Verw.:* 4 Prov., Hptst.-Territorium u. zentral verwaltete Stammesgebiete. **e)** *Gesch.:* Bis 1947 Teil von Brit.-Indien; seit 1947 unabhängig; Streit mit Indien wegen → Kaschmir; 1971 nach Proklamation v. Bangladesch in Ost-P., mil. Eingreifen d. Zentralreg.; Bürgerkrieg, Krieg zw. Indien u. Pakistan, Kapitulation d. westpakistan. Truppen in Ost-P.; 1972 Austritt aus d. Commonwealth (bis 1989); 1977 Militärputsch, Kriegsrecht bis Ende 1985; 1988 Einführung d. islam. Rechts (Sharia). **f)** *Mitgl.:* UN, Commonwealth, Colombo-Plan; **2)** ehem. Prov. Ost-P., seit 1971 → Bangladesch.

Pakt, *m.* [l.], Bündnis, Vertrag, pol. Abmachung.

PAL, Abk. f. *Phase Alternation Line,* Farbfernsehverfahren, v. W. → Bruch auf d. Grundlage des am. → NTSC-Verfahrens weiterentwickelt, in d. BR, Großbrit., Ndl., Italien, Östr., Portugal, Schweiz, Skandinavien, Spanien, arab., südam. u. asiat. Ländern eingeführt (→ Tafel Farbfernsehen, S. 339).

Palacio Valdés [*-θʲo βal-*], Armando (4. 10. 1853–3. 2. 1938), span. Schriftst.; biograph. Romane: *Martha und Maria.*

Palacký [*-tskiː*], František (14. 7. 1798–26. 5. 1876), tschech. Historiker; Panslawist: *Gesch. v. Böhmen.*

Palade, George E. (* 12. 11. 1912), am. Biochem.; Forschungen zur Struktur d. Zelle; Nobelpr. f. Medizin 1974.

Paladin [l. „palatium = Pfalz"], Gefolgsmann u. Ratgeber eines Fürsten im MA.

Paladon®, *s.,* thermoplast. Kunstharz, leicht form- und färbbar; Werkstoff für Zahnprothesen.

Palais, *s.* [frz. *pa'lɛ*], Palast, Prachtbau.

Palais Royal [*-rwa'jal*], Palast in Paris (1629–45), nahe dem Louvre; jetzt Sitz von Behörden u. Theatern.

Palais Schaumburg, Bonn, Amtssitz d. Bundeskanzlers.

Palamas, 1) Gregorios (um 1296–1359), griech.-orthodoxer Mystiker; Erzbischof v. Thessalonike; **2)** Kostis (13. 1. 1859–27. 2. 1943), griech. symbolist. Dichter.

Palämon, griech. Hafengott, bei Römern *Portunus.*

Palankin, *m.,* ostasiat. Tragsessel, Sänfte.

paläo- [gr.], als Vorsilbe: alt ... (urzeitlich).

Paläoasiaten, *P.sibirier,* sibir. Altstämme wie → Tschuktschen, Jukagiren, Giljaken u. Ainu in N-Japan.

Paläobiochemie, befaßt sich mit d. chem. Grundlagen der vorzeitl. Lebewesen.

Paläogeographie, das geograph. Bild der Meere u. Festländer in früheren geolog. Zeitaltern.

Paläographie, histor. Hilfswiss.; Hand- u. Inschriftenkunde des Altertums u. MA.

Pagoden *bei Beijing (Peking)*

Paläolithikum, svw. Altsteinzeit, → Vorgeschichte, Übers.

Paläologen, letztes Herrscherhaus des → Byzantin. Reiches (1261–1453).

Paläontologie, Wissenschaft von d. Lebewesen vergangener Erdzeitalter.

Paläopathologie, befaßt sich mit Krankheiten d. Vorzeit; vor allem Knochenkunde.

Paläozoikum, Erdaltertum → geologische Formationen, Übers.

Palas, *m., Palast,* Herrenhaus, Hptteil der ma. Burg m. Saal u. Wohnräumen.

Palästina, „Land d. Philister", i. A. T. *Kanaan,* das *Gelobte Land;* vorderasiat. Gebiet an der SO-Küste d. Mittelmeeres; i. W Küstenstreifen, im O der tiefe, vom Jordan durchströmte Grabenbruch, der von N zw. Libanon u. Antilibanon sich südwärts zum See Genezareth (212 muM) u. zum Toten Meer (394 muM) senkt; dazw. Kalksteinhochland (Horst) bis 1000 m hoch; im N *Galiläa;* vom Karmel u. d. Ebene Jesreel nach S *Samaria;* im S, etwa von Tel Aviv-Jaffa, *Judäa* (mit Negev); subtrop. Klima mit Winterregen, quellenarm, Fruchtland meist künstlich bewässert; Anbau: Getreide (Weizen, Gerste, Mais), Citrusfrüchte (Hptausfuhr: Apfelsinen), Aprikosen, Oliven und Feigen, Öl- und Nußbäume, Wein; Kali- u. Bromgewinnung. – P. zerfällt pol. in Israel, den östl. arab. Teil (Westjordanien), seit 1949 zu Jordanien, s. 1967 zus. m. d. Küstenstreifen u. Gaza (bis 1967 v. Ägypten besetzt) v. Israel besetzt; 1923–48 brit. Mandat; nach → Balfour-Deklaration (1917) starke jüd. Einwanderung (→ Zionismus) unter wachsendem arab. Widerstand; 1948 Abzug d. brit. Besatzungstruppen u. Teilung P.s aufgrund eines UN-Beschlusses, Bildung d. Staates → Israel; 1 Mill. arab. Flüchtlinge in Nachbarländer, Krieg zw. d. Arab. Liga u. Israel. UN-Vermittlung; s. 1949 Waffenstillstand, ohne endgültige Festsetzung der Grenzen; weitere Kriege 1956, 1967 u. 1973; 1978 Vorschlag zur Errichtung eines palästinens. Staates i. Westjordanien u. i. Gazastreifen, v. Israel abgelehnt; 15. 11. 1988 Proklamation eines unabhängigen Staates P. mit Altjerusalem als Hptst. durch Palästinens. Nat.rat; 1989 → Arafat zum ersten Präs. gewählt. → PLO.

Palästra, *w.* [gr. „Ringschule"], altgriech. Übungsstätte f. Ringen, Faustkampf u. → Pankration.

Palastrevolution, Sturz eines Herrschers durch Intrige in s. Umgebung, ohne Volkserhebung.

Palatal, *m.* [l.], **1)** Gaumenlaut (z. B. g, *k, ch*); **2)** Markenbez. f. härtbaren Kunststoff; Polyesterharze, vernetzen unter Wirkung eines „Härters" zu festen Körpern; Verarbeitung auch zu Bootskörpern, Wellplatten.

Palatin, *m.,* **1)** einer d. sieben Hügel Roms, *Mons Palatinus,* auf ihm älteste röm. Siedlung; Ruinen röm. Kaiserpalä-

ste; **2)** seit Corvinus Titel des Stellvertreters des Königs von Ungarn.

Palatina, ehem. kurpfälz. Bibliothek Heidelberg; 1623 als Geschenk f. d. Papst n. Rom, teilweise 1816 zurück.

Palatschinken [ungar.], Bez. f. süße, dünne (meist süß gefüllte) Eier- od. Pfannkuchen in Östr. u. Ungarn.

Palauinseln, s. 1981 → Belau.

Palaver, *s.* [portugies.], langes, überflüssiges Gerede (urspr. Verhandlung zw. Weißen u. Eingeborenen).

Palazzo, *m.* [it.], Palast.

Palembang, indones. Prov.hptst. auf Sumatra, 903 000 E.

Palencia [*-θia*], nordspan. Provinz, 8029 km², 188 000 E; Hptst. *P.,* 77 000 E.

Paleozän → geologische Formationen, Übers.

Palermo, Hptst. d. it. Prov. *P.* u. d. auton. Region Sizilien, an d. *Bucht von P.* („Goldene Muschel") u. am Monte Pellegrino, 731 000 E; kath. Erzbistum; Dom (Gräber d. Kaiser Heinrich VI. u. Friedrich II.), Uni., TH, Masch.- u. Eisenind.; Handelshafen (Ausfuhr v. Wein, Südfrüchten, Schwefel). – Phöniz. Gründung, s. 254 v. Chr. röm., 830 arab., 1072 v. → Normannen, 1194 v. Heinrich VI. erobert, 1282 span., 1860 v. Garibaldi eingenommen.

Palestrina, eigtl. *Giovanni Pierluigi da P.* (um 1525–2. 2. 94), it. Komp.; vorbildl. für kath. Kirchenmusik; *Missa Papae Marcelli; Improperien.*

Palette, *w.* [frz.], **1)** Malerbrett zum Farbenmischen; **2)** genormte Hubplatte für den Transport von Gegenständen mit Gabelstaplern; wichtig auch im Bahnverkehr *(P.nverkehr).*

Pali, *s.* [ind. „hl. Schrift"], mittelind. → Sprache (Übers.); hl. Sprache der Buddhisten, noch als Kirchensprache v. d. Mönchen in Sri Lanka, Myanmar und Thailand gebraucht.

Palimpsest, *m.* od. *s.* [gr.], Handschrift auf Pergament, auf dem d. urspr. Schrift (vielfach wertvolle antike Texte) verschwunden ist od. beseitigt wurde; kann heute durch bes. photograph. u. Durchleuchtungsverfahren wieder lesbar gemacht werden.

Palindrom, *s.* [gr.], Wort, das vor- u. rückwärts *gleich* zu lesen ist (z. B. *Anna, Reliefpfeiler).*

Palisaden [frz.], bei Befestigungen Hindernis aus zugespitzten, senkrecht dichtgereihten Pfählen.

Palisadenwürmer, Haarwürmer; Schmarotzer und Krankheitserreger i. Menschen u. i. Säugetieren.

Palisander, Edelhölzer versch. südam. Baumgattungen; rötlichbraun.

Palla, *w.* [l.], **1)** mantelart. Obergewand d. röm. Frau; **2)** steife viereckige Kelchbedeckung in der kath. Messe.

Palladio, Andrea (30. 11. 1508–19. 8. 80), it. Baumeister d. Hochrenaissance bes. in Vicenza u. Venedig; Lehrbücher über Architektur; *Villa Rotonda.* – **Palla-**

dianismus, v. Werk P.s geprägte klassizist. Stilrichtung d. 17.–18. Jh., in England u. USA bis Ende 19. Jh.

Palladium, 1) Kultbild d. griech. Göttin *Pallas* Athene; Schutzbild; **2)** *Pd,* chem. El. der Platingruppe, Oz. 46, At.-Gew. 106,4, Dichte 12,02; Vorkommen zusammen mit Platin, auch mit Gold; weiß, schmiedbar, mit Gold legiert zu Schmuck.

Pallas [gr.], **1)** Beiname d. → *Athene;* **2)** Planetoid.

Pallasch, *m.* [russ.], schwerer, gerader Reitersäbel.

Palliativmittel [l.], Mittel, die nur Symptome einer Krankheit lindern (z. B. Schmerzen), nicht gg. Krankheit als solche wirken; Ggs.: Heilmittel.

Pallium [l.], **1)** weißwollener weiter Überwurf bei d. Römern; **2)** im MA kaiserl. (Krönungs-)Mantel; **3)** Schulterschmuck d. Papstes, schmales Band aus weißer Wolle m. schwarzen Kreuzen; vom Papst nach Abgabe der **Palliengelder** an Erzbischöfe verliehen.

Pall Mall [*'pæl 'mæl*], Straße mit vielen Klubhäusern in W-London.

Palm, Johann Philipp (18. 12. 1766–26. 8. 1806), dt. Buchhändler, verlegte *Dtld in s. tiefsten Erniedrigung;* auf Befehl Napoleons erschossen.

Palma, 1) *il Vecchio,* eigtl. Jacopo Negreti (um 1480–30. 7. 1528), venezian. Maler d. Hochrenaiss.; s. Großneffe **2)** Jacopo P. *il Giovane* (1544–1628), Schüler Tizians; Maler d. Spätrenaiss., o. des Manierismus in Venedig, Urbino, Rom.

Palma, 1) eine der span. → Kanarischen Inseln; **2)** *P. de Mallorca,* Hptst. d. Balearen, auf Mallorca, befestigter Hafen, 321 000 E; biol. Station, Schiffbau u. Weberei; Fremdenverkehr.

Palmarum → Palmsonntag.

Palmas, *Kap. P.,* westafrikan. Vorgebirge zw. Elfenbeinküste und Liberia.

Palm Beach [*'pɑːm 'biːtʃ*], Seebad an der SO-Küste von Florida (USA), 10 000 E.

Palme, Olof (30. 1. 1927–1. 3. 86), schwed. Pol. (Sozialdemokrat) 1969–76 u. s. 1982 Min.präs.; s. 1969 Parteivors.

Palmen, zu den *Monokotylen* gehörende Holzgewächse mit gefiederten oder fächerartigen Blättern (Palmwedeln), bes. i. d. Tropen (in Eur. (Italien, Spanien) die Zwerg-P.; darunter Kulturpflanzen (z. B. Dattel-, Kokos-, Öl-, Sago-P.).

Palmer, Lilli (24. 5. 1914–28. 1. 86), dt. Schausp.in u. Schriftst.in; *Teufel in Seide; Montparnasse 19;* Autobiographie: *Dicke Lilli - gutes Kind;* Romane: *Um eine außenlänge.*

Palmerston [*'pɑːmstən*], Henry, Lord (20. 10. 1784–18. 10. 1865), engl. Pol.; 1830–51 Außenmin., 1855–58 u. 1859–65 Premiermin., f. Unabhängigkeit Belgiens u. d. Schluß d. Westmächte; Gegner d. Restauration i. Europa.

Palmesel, i. MA b. d. Prozessionen a. Palmsonntag mitgeführte Holzfigur d. einziehenden Jesus a. d. Esel.

Palmette, *w.,* (antikes) Palmblattornament.

Palmitinsäure, $CH_3(CH_2)_{14}COOH$, feste Fettsäure; Vorkommen an Alkohole gebunden, in Palmöl, außerdem in Bienenwachs u. Walrat; zus. m. Stearinsäure an Glycerin gebunden als *Palmitin* in vielen Fetten; Verwendung in der Kerzen- u. Seifenfabrikation.

Palmlilie → Yucca.

Palmnicken, *Jantarnyj,* sowj. Ostseebad im ehem. Ostpreußen (Samlandküste), 3000 E; Bernsteingewinnung.

Palmöl → Ölpalme.

Palmroller, Schleichkatze, Raubtier, auch Aufnahme pflanzl. Kost, Verbreitung: SW-Europa, Afrika u. Asien.

Palmsonntag, *Palmarum,* 6. Sonntag d. Fastenzeit; Sonntag vor Ostern, z. Gedächtnis an d. Einzug Jesu in Jerusalem, bei dem ihm Palmenzweige auf den Weg gestreut wurden.

Palmwein, alkohol. Getr. aus Palmensaft.

Palmyra, *Stadttor*

Palmyra, Ruinenst. in einer Oase der Syrischen Wüste: Residenz der Fürstin Zenobia (3. Jh. n. Chr.): Baaltempel, Theater, Säulenstraße, Grabtürme.

Palolowurm, Borstenwurm d. Südsee; Zeitpunkt der Fortpflanzung wird durch Mondhelligkeit zu e. best. Jahreszeit gesteuert; d. mit Geschlechtszellen gefüllte hintere Teil des Wurms löst sich dann ab, gelangt an die Wasseroberfläche u. platzt zur Befruchtung auf.

palpabel [l.], *med.* fühlbar, tastbar.

Palpation, Betastung (ärztl. Untersuchungsmethode).

Palucca, Gret (* 8. 1. 1902), dt. mimische Tänzerin.

Pamir, *„Dach der Welt"* gen. Gebirgsstock in Innerasien (Kungur), bis 7495 m h., von dem mächtige Gebirge ausgehen: Tian Shan, Kunlun Shan nach O, Karakorum, Himalaja nach SO, Hindukusch nach SW, auch Flüsse: Ak-su, Amu-darja u. a.; der größte Teil zur Sowjetunion, Ö-Kette zu Xinjiang, der S reicht bis Afghanistan u. Pakistan.

Pampas, Weidesteppen in S-Amerika, bes. Argentinien. – **P.gras,** *Silbergras,* hohes Gras der P.; bei uns auch Zierpflanze. – **P.hase,** *Mara,* langbeiniges Nagetier südam. Steppen; Fleisch eßbar. – **P.indianer,** Pueltschen, Kerandi, Tehueltschen, Araukaner u. andere Stämme S-Amerikas.

Pampelmuse, *w., Grapefruit,* zitronenart. Baum, ursprüngl. Ostindien, mit bis kopfgroßer Frucht.

Pampero, *m., Pampaswind,* kalter, böiger SW-Wind in Argentinien.

Pamphlet, *s.* [engl.], Schmäh-, Flugschrift; ihr Verfasser: **Pamphletist.**

Pamphylien, antike Küstenlandschaft i. südl. Kleinasien.

Pamplona, Hptst. der span. Prov. Navarra, am Arga, befestigt, 183 000 E; Erzbischofssitz, got. Kathedrale; Textilind.

Pan, griech. Naturgottheit (der *Große Pan*), bocksbeinig, mit Hörnern dargestellt (lat. *Faun*), erfand nach der Sage die *Panflöte* der Hirten; Urheber des Schreckens; auch → Panik.

Pan, *m.* [russ., tschech., poln.], Herr.

PAN, Abk. f. *Polyacrylnitril* (→ Acrylnitril), → Chemiefasern.

pan- [gr.], als Vorsilbe: all ..., ganz ...

Pan-Am, Abk. f. *Pan American World Airways, Inc.,* auch *PAA,* größte intern. Luftverkehrsges., 1927 gegr.

Panamá, 1) amtl. *República de Panamá,* mittelam. Rep. auf d. *Landenge v. P.* (50 km breite Verbindung zw. N- u. S-Amerika), 77 082 km², 2,42 Mill. E (31 je km²); Bev.-Zuw. 2,2%; Bev.: ca. 75% Mischlinge; Sprache: Span., Engl.; Währung: Balboa (B/.); Rel.: meist röm.-kath.; Hptst.: *Panamá;* Flagge S. 341, Karte S. 747. **a)** *Geogr.:* Bergland m. feuchten trop. Wäldern auf der atlant. u. trockenen Savannen auf der pazif. Seite. **b)** *Wirtsch.:* Weitgehend durch d. → Panamakanal bestimmt; über 50% d. Landeseinkommens durch Schiffs- u. Fremdenverkehr, Dienstleistungen, Arbeitslöhne u. a. in d. Kanalzone; Hptausfuhr: Südfrüchte, Kakao; Bodenschätze: Gold. **c)** *Außenhandel* (1988): Einfuhr 795 Mill., Ausfuhr 280 Mill. $. **d)** *Verf.* v. 1983: Präsidiale Rep.; Präs. u. Reg. 4 J. *Verw.:* 9 Prov. u. 1 Territorium. **f)** *Gesch.:* Seit 16. Jh. span. Kolonie, 1821 Prov. d. Rep. Kolumbien; 1903 unabhängig, Abtretung d. → P.kanalzone an die USA, 1977 Vertrag über die Rückgabe bis 2000, s. 1982 weitgehende Souveränität f. Kanalzone; ab 1988 Spannungen m. USA um Gen. Noriega, d. Oberbefehlshaber d. Nat.garde, am. Wirtschaftssanktionen; Ende 1989 Einmarsch am. Truppen (Febr. 1990 Abzug) u. Verhaftung Noriegas. **g)** *Mitgl.:* UN, OAS; **2)** *Ciudad de P.,* Hptst. von *P.,* am *Golf von P.* des Pazifik, 440 000 E; Uni. – **P.holz,** *Panamarinde,* svw. → Quillajarinde. – **P.hüte,** aus Blattstreifen v. Kolbenpalmen.

Panamakanal, Schleusenkanal durch die Landenge von Panamá, vom Atlantik zum Pazifik, zw. den Städten Colón u. Balboa, in nordw.-südö. Richtung; 81,3 km l., 13,7 m t., mittlere Breite 198 m; im N führen die Schleusentreppe von Gatún, im S die Schleusen von Pedro Miguel u. Miraflores zur Scheitelhaltung 26 müM., Breite 38,5 m; Durchfahrtsdauer

7–9 Std., maximale Verkehrskapazität etwa 50 Schiffe durchschnittl. Größe pro Tag; 9/1988–9/1989 passierten 11 989 Schiffe mit 151,6 Mill. t Ladung d. Kanal; Gebühreneinnahmen: 330 Mill. $. Der Kanal ist von strategischer u. wirtsch. Bedeutung für die USA, denen die **P.zone** zu beiden Seiten des Kanals (je 8 km breit) gehört (1432 km², 29 000 E); 1977 Vertrag zw. Panamá u. USA über die Abtretung d. P.zone bis 2000; s. 1982 unter jurist. Hoheitsgewalt v. Panamá. – Bau 1881 von v. Lesseps begonnen, 1889 wegen mangelh. Verwaltung *(P.skandal)* eingestellt; 1900–14 unter am. Leitung von *Goethals* vollendet; die Weltschiffahrt erst seit 1920 frei.

Panamastoffe, Baumwoll-, Wollstoffe, durch mehrfädige Leinwandbindung wie geflochten.

Pan-Amerika, Panamerikanismus, Zusammenschlußbestrebung aller am. Staaten gg. außeram. Beeinflussung der kleineren Staaten. → Monroedoktrin.

Panamerikanische Union, ständiges Sekretariat d. *Organisation Am. Staaten (→ OAS);* Sitz Washington; 1910 entstanden aus d. 1890 gegr. *Intern. Büro am. Republiken,* Abhaltung v. *Panam. Konferenzen* (erste 1826): 1947 in Rio de Janeiro (Verteidigungsabkommen), 1948 in Bogotá (Bogotá Charter): Regionalabkommen, 1951 i. Washington.

panarabische Bewegung, Zus.schlußbestrebungen d. Völker d. arab. Sprachgebiets; → Arabische Liga.

Panaritium [gr.-l.], *Umlauf,* Nagelgeschwür, Entzündung an Finger u. Hand durch Wundinfektion mit Eitererregern.

Panasch, *m.* [frz.], Federbusch (bes. am Helm).

panaschieren [frz.], bei nicht listengebundener Verhältniswahl Stimme f. Kandidaten versch. Listen abgeben.

Panaschierung [frz.], weißstreifige od. -fleckige Buntblättrigkeit, *Albicatio, Variegatio,* als Folge fehlenden Blattgrüns.

Panathenäen, größtes athen. Fest zu Ehren der Göttin Athene.

Panavia Aircraft GmbH, intern. Konsortium f. d. Herstellung d. Kampfflugzeugs → „Tornado".

Panazee, *w.* [gr.], Allheilmittel, Wundermittel.

panchromatisch [gr.], bei fotograf. Platten u. Filmen: farbenempfindlich (auch für Rot).

Pandämonium, *s.* [gr.], Vereinigung aller (bösen) Geister; bei J. *Milton* v. Hölle.

Pandas, 2 Arten altweltl. Kleinbären: *Katzenbär (Panda),* fuchsrot, Gebirgswälder d. S- u. O-Himalaja; *Bambusbär (Riesenpanda),* weißlichgelb mit schwarzen Beinen, Schultern und Ohren, Bambuswälder von Sichuan.

Pandekten [gr. „die alles Enthaltenden"], *Digesten,* Teil d. → Corpus iuris civilis, Sammlung v. Auszügen aus d. Schriften d. klass. röm. Juristen.

Pandemie, weit u. ohne räuml. Begrenzung seuchenartig auftretende Infektionskrankheit.

Pandit, ind. Gelehrtentitel, aus dem Kastenwesen stammend, bes. von Brahmanen geführt.

Pandora [gr.], in der griech. Sage das erste Weib; in der *Büchse der P.* alle Übel der Erde.

Pandschab, engl. *Punjab,* „Fünfstromland" im Stromgebiet des Indus (Dschibam, Tschinab, Ravi, Bias, Satledsch); bis 1947 brit.-ind. Prov.; aufgeteilt in westl. Teil: *P.,* 205 344 km², 54 Mill. E, Hptst. *Lahore,* s. 1956 Teil in Pakistan, u. östl. Teil: *P.* (Bharat), Staat d. Rep. Indien, 50 362 km², 17 Mill. E, u. *Haryana,* 44 212 km², 13 Mill. E; gemeinsame Hptst. *Chandigarh;* Weizenanbau, vielfach mit künstl. Bewässerung. – **P.staaten,** 34 ehem. Fürstenstaaten, sämtl. Sikhdynastien.

Pandur

Panduren, östr. (aus S-Ungarn stammende) Truppe des 17. u. 18. Jh.

Paneel, *s.* [ndl.], hölzerne Wandtäfelung.

Panegyrikus, *m.* [gr.], überschwengliche Lobrede.

Panel [engl. *pænl*], meist mehrmalige Befragung von repräsentativen Teilgruppen, die die gleichen Merkmale aufweisen wie die Gesamtheit (z. B. *Verbraucherpanel*), häufig in der Marktforschung eingesetzt, um Verbrauchertrends aufzuzeigen.

panem et circenses [l.], „Brot u. Zirkusspiele" verlangte d. Pöbel im alten Rom (Zitat v. → Juvenal).

Panentheismus, phil. Lehre, daß das All in Gott ist, ohne in ihm aufzugehen.

Paneuropäische Bewegung, strebt Zusammenschluß der eur. Staaten als *Vereinigte Staaten von Europa* an, 1923 v. Gf Coudenhove-Kalergi gegr., 1952 als „Volksbewegung" in Lausanne neu konstituiert. → Europäische Bewegung.

Pangwe, *Fang,* Bantuvolk (Kamerun, Äquatorialafrika); bed. Eisentechnik.

Panholib-Länder, zus.fassende Bez. f. **Pan**amá, **Hon**duras und **Lib**eria als die „Länder d. billigen u. neutralen Flaggen", die Schiffseigentümern viele Vergünstigungen gewähren; einige der größten Umweltskandale wurden durch solche Schiffe verursacht (→ Ölpest).

paniberisch, Bewegung zur Zusammenarbeit der iberischen Staaten (Portugal, Spanien); in erweitertem Sinne auch zw. den lat. (ibero-am.) Staaten S-Amerikas untereinander u. mit d. eur. Mutterländern, bes. auf kulturellem Gebiet.

Panier, *s.,* Heerfahne; Wahrzeichen.

panieren, Fleisch, Fisch u. a. vor d. Braten in Ei und Mehl od. geriebenem Brot [lat. panis] wälzen.

Panik, *w.,* besinnungsloser, *panischer* Schrecken (den der griech. Gott *Pan* einflößte), d. i. einer Menschenmasse ausbricht.

Panislamismus, Bewegung f. Zus.schluß aller Mohammedaner, urspr. religiös bestimmt (Pilgerfahrten nach Mekka), heute v. a. politisch.

Panje, russ. Bauer (abwertend). – **P.pferd,** *Konik,* kleines, genügsames, zähes Landpferd aus O-Europa (Polen, w. Sowjetunion).

Pankhurst [*'pæŋkhəːst*], Emmeline (14. 7. 1858–14. 6. 1928), engl. radikale Frauenrechtlerin (→ Suffragetten).

Pankok, 1) Bernhard (16. 5. 1872–5. 4. 1943), dt. Maler, Graphiker, Innenarchitekt u. Kunsthandwerker d. Jugendstils; **2)** Otto (6. 6. 1893–20. 10. 1966), dt. expressionistischer Maler, Graphiker u. Bildhauer.

Pankow, nördl. Stadtteil von Berlin, Sitz der Regierung der ehem. DDR.

Pankration, *m.* [gr. „Allkampf"], i. d. Antike Kombination von Box- u. Ringkampf.

Pankratius, kath. Hlg. (Eisheiliger).

Pankreas, *s.* [gr.], svw. → Bauchspeicheldrüse.

Panlogismus [gr.], phil. Lehre: „Alles, was wirklich ist, ist vernünftig" (Hegel).

Panmixie, *w.* [gr.], zufallsgemäße Paarung und Fortpflanzung innerhalb einer *Population.*

Panne [frz.], **1)** Defekt an einem Fahrzeug während der Fahrt; **2)** Seidensamt mit Oberflächenfäden, hochglänzend.

Pannonien, röm. Prov. in der Donauebene (s. 9 v. Chr.); Städte: Wien (Vindobona), Deutsch-Altenburg (Carnuntum), Steinamanger (Savaria), Semlin (Tauranum) u. a.

Pannwitz, Rudolf (27. 5. 1881–23. 3. 1969), dt. neuromant. Kulturphil. u. Schriftst.; gab (m. Otto zur Linde) die Zeitschrift *Charon* heraus; Gedichte: *Urblick.*

Panoptikum, *s.* [gr.], Sammlung v. Sehenswürdigkeiten, meist Wachsfiguren.

Panorama, *s.* [gr.], Gesamtansicht einer Landschaft; Rundblick.

Panpsychismus, Lehre, daß alles beseelt sei.

Pansen, Hptteil d. Magens d. Wiederkäuer. – **P.stich,** mit *Trokar* bei Aufblähungen v. Rindern.

Panslawismus, unter dem Eindruck des bes. in der Mitte des 19. Jh. sich entwickelnden Nationalbewußtseins entstandene Bewegung m. d. Ziel des kulturellen u. pol. Zusammenschlusses der Slawen, wurde vor allem von den Tschechen im Kampf gg. die östr.-ungar. Monarchie getragen u. von Rußland unterstützt, wo er unter Führung der Slawophilen seit 1830 zunächst rel. gefärbt war, dann aber v. Alexander II. u. Alexander III. im Sinne einer imperialist. Balkanpolitik genutzt wurde. 1. Panslawist. Kongreß 1848 in Prag; 1867 in Moskau. Nach 2. Weltkr. v. d. Sowjetunion f. d. Durchdringung der unter ihr Herrschaft stehenden osteur. Völker von neuem stark gefördert (Panslawist. Tagung Belgrad 1946).

Panspermie [gr.], *Allbesamung,* Hypothese v. d. Entstehung d. irdischen Lebens durch einfachste Keime v. anderen Sternen.

Pantalons [*pãta'lõ*], die z. Z. der Frz. Revolution aufkommenden langen Männerbeinkleider.

panta rhei [gr.], „alles ist im Flusse", d. h. ein Zustand ist immer ein Werden (Heraklit).

Pantelleria, it. Insel südwestl. von Sizilien, 83 km², 9000 E.

Pantheismus [gr.], phil. Anschauung der **Pantheisten,** daß Gott alles u. alles Gott sei.

Pantheon, *Rom*

Pantheon, *s.* [gr.], **1)** runder, „allen Göttern" geweihter Kultbau in Rom aus d. 1. Jh. v. Chr.; seit 7. Jh. christl. Kirche (Santa Maria Rotonda), darin Gräber Raffaels u. it. Könige; **2)** danach in Paris ben. klassizist. Kirche Ste-Geneviève (1756–90) als Ehrenmal mit Gräbern berühmter Franzosen (u. a. Voltaire).

Panther, svw. → Leopard.

Pantherschwamm, fliegenpilzähnlicher Blätterpilz, braunweiß; giftig.

Pantoffel-blume, *Calceolaria,* Zierpflanze mit schönen, pantoffelähnl. Rachenblüten; aus S-Amerika. – **P.tierchen,** einzellige Wimpertierchen *(Infusorien);* u. a. in faulendem Süßwasser.

Pantograph, *m.* [gr.], *Storchschnabel,* Apparat, um Zeichnungen zu übertragen, auch in anderer Größe.

Pantomime, *w.* [gr.], Theater- od. Tanzvorführung, bei welcher der künstler. Ausdruck nur im stummen (Gebärden- u. Mienen-)Spiel liegt.

Pantothensäure, ein → Vitamin, zur Gruppe der B₂-Vitamine gehörend.

Pantry, *w.* [engl. *'pæntri*], *seem.* Bez. für Anrichteraum (neben d. Messe), auch i. Verkehrsflugzeugen.
Pantschatantra [sanskr. „Buch in 5 Abschnitten"], altind. Fabelbuch, vor 500 n. Chr.; Geschichten in fast allen eur. Fabel- u. Märchensammlungen.
Pantschen-Lama, Panchen Rinpoche, Abt d. Klosters Tashi Lhunpo bei Shigatse, → Lamaismus; 10. P.-L. s. 1943 *Lhamo Dhondup* (1937–29. 1. 89), 1959 v. der VR China als tibet. Regierungschef eingesetzt, 1964 abgesetzt; → Dalai-Lama.
Panzer, Einrichtung zum Schutz gg. äußere Einwirkungen verschiedenster Art; → Harnisch; auch svw. → Panzer(kampf)wagen. – **P.abwehrkanone,** *Pak,* heute auch P.abwehrraketen. – **P.echsen** → Krokodile. – **P.faust,** im 2. Weltkrieg dt. Kampfmittel (Raketengeschoß) z. Bekämpfung feindl. P.wagen; rückstoßfreie Panzerabwehrhandwaffe, deren Geschoß als Hohlladung wirkt u. Panzerung bis 375 mm durchschlägt. Die leichte P. wird v. einem, die schwere P. v. 2 Soldaten bedient; wiegt mit Munition etwa 10 kg *(leichte P.)* bzw. 18,5 kg *(schwere P.).* Kampfentfernung der leichten P. gg. haltende Ziele bis 300 bzw. gg. fahrende Ziele bis 200 m, der schweren P. jeweils 50 m weiter. – **P.fische,** Placodermata, älteste Wirbeltiere v. Silur bis Devon; urtüml. Fische m. panzerartig verknöchertem Hautskelett des Vorderkörpers; z.T. wie d. heutigen → Neunaugen noch ohne Kiefer. – **P.grenadiere,** mit gepanzerten Fahrzeugen (Schützenpanzerwagen) ausgerüstete Infanterie. – **P.kampfwagen** → Panzerwagen. – **P.kreuzer,** svw. Schwere Kreuzer. – **P.platte,** aus höchstwertigem Chromnickelstahl, für Kriegsschiffe, P.wagen; auch als Schutzschild an Geschützen usw. – **P.schiffe,** durch Panzerung der Seitenwände u. der Decks geschützte Kriegsschiffe: *Kreuzer, Schlachtschiffe.* – **P.spähwagen** → P.wagen. – **P.sperren,** künstl. angelegte Geländehindernisse z. Sicherung gg. feindl. P.kampfwagen. – **P.truppe,** motorisierte Waffengattung d. Heeres, ausgerüstet mit → P.(kampf)wagen. – **P.turm,** drehbarer, auch versenkb. Turm aus P.platten. – **P.wagen,** durch P.platten geschützte Kraftwagen, im allg. mit P.turm, Schnellfeuergeschützen u. Maschinengewehren: **a)** mit Raupenantrieb als *Kampfpanzer* (früher *Tank*) zum Kampf bestimmt, voll geländegängig, auch als *Amphibien-* oder *Schwimm-P.* zum Durchwaten od. Durchschwimmen von Flüssen od. für Landungsunternehmen; **b)** auf Rädern als gepanzertes Rad-Kfz für den Personentransport, als Führungsfahrzeug, als Erkundungs- u. Aufklärungsfahrzeug *(P.spähwagen)* oder als *Spür-P.* mit ABC-geschütztem Innenraum u. ABC-Heck zur Bestimmung der Kampfstoffe. – Auftreten von P.kampfwagen (Tanks) zuerst im 1. Weltkrieg, bes. in den sog. *Tankschlachten* bei Cambrai 1917 und an der Ancre 1918.

Päonie

Papagei, *Ara*

Päonie, *w., Pfingstrose,* hohe Stauden des wärmeren Europa und Asien m. großen meist roten Blüten; beliebte Zierpflanze.
Papa [l.], Papst.
Papabile, Kardinal, d. Aussicht hat, Papst z. werden.
Papadopoulos, Georgios (* 5. 5. 1909), griech. Offizier u. Pol.; durch Militärputsch 1967–73 Min.präs. u. Verteid.-min.; gestürzt.
Papageien, bunte Tropenvögel mit gebogenem, kräftigem Oberschnabel; Baumkletterer; beliebte Käfigvögel, lernen Worte nachsprechen und Melodien pfeifen (z. B. *Kakadus, Loris, Sittiche, Aras).* – **P.buch,** *Tutinameh,* türk. Märchensammlung des 17. Jh., aus dem Indischen stammend. – **P.krankheit,** *Psittakosis,* schwere Virusinfektion d. Lunge, durch P. (oft Wellensittiche), aber auch andere Vögel übertragen; anzeigepflichtig; Anzeichen bei P.: Ausfluß aus Nase u. Augen, gesträubtes Gefieder, Atemnot, Appetitlosigkeit.
Papandreou [-'ðreu], **1)** Andreas (* 5. 2. 1919), griech. Pol. u. Wirtsch.wiss.; Führer d. Panhellen. Sozialist. Bewegung (PASOK), 1981–89 Min.präs.; s. Vater **2)** George A. (13. 2. 1888–1. 11. 1968), griech. Pol.; mehrfach Min., 1964/65 Min.präs.
Papaverin, *s.,* Alkaloid i. Opium; f. Arzneizwecke (gg. Krämpfe innerer Organe usw.) verwendet.
Papaya, svw. → Melonenbaum.
Papel, *w.* [l. „papula"], Knötchen, entzündl., etwa reiskorngroße Hauterhebung, besonders bei Syphilis.
Papen, Franz v. (29. 10. 1879–2. 5. 1969), dt. Pol. (Zentrum); 1932 Reichskanzler; 1933 Vizekanzler, 1934–38 Sondergesandter u. Botschafter in Wien, 1938–45 Botschafter in Ankara.
Papenburg (D-2990), St. i. Kr. Emsland, Nds., 29 237 E; AG, div. Ind., Seehafen; älteste Fehnkolonie Dtlds.
Paperback [engl. *'peipəbæk* „Papierrükken"], kartoniertes Buch, hergestellt i. → Lumbeck-Verfahren.
Paphos, im Altertum 2 Städte auf der Insel Zypern; eine berühmt durch Aphroditetempel.
Papier, meist aus Pflanzenfasern hergestellter Werkstoff. *Rohstoffe:* Holz (Halbstoffe *Holzschliff* u. *Zellstoff* durch mechan. bzw. chem. Zerfaserung; Abb. → Holz), Stroh (als Strohzellstoff), Zellstoffe als Halbstoff, Lumpen (→ Hadern, auch Hanf), Altpapier, ferner Kaolin, Calciumkarbonat, Titandioxid u. a. (als *Füllstoff* bzw. Pigment) sowie Farben, Leim u. versch. Chemikalien *(Hilfsstoffe). P.sorten:* Fein-, Schreib-, Druck-P. (*holzfreie* P.e); Zeitungsdruck- u. a. *holzhaltige* P.e; Cellulose-, Pergamentersatz-, Seiden-, Stroh-, Schrenz- u. a. *Pack-* P.; Natron- u. Sack-P.; sonstige *Spezial-P.e* (z. B. Kabel-, Isolier-, Tapetenroh-P., Chromoersatzkarton); gestrichene P.e (mit Streichfarben beschichtete Papiere f. hochwertige Drucke). Heute auch Chemiefasern zur Herstellung v. P. verwendet; Vorzüge dieses vollsynthet. P.s: vereinfachte Herstellung, hohe Festigkeit u. Lichtbeständigkeit. – **P.chromatographie,** Verfahren z. Trennung in Lösung befindl. Stoffe (z. B. versch. Zukker- od. Eiweißarten aus Pflanzensäften: man läßt d. Mischung in saugfähigem Papier aufsteigen; Trennung durch verschiedene Wanderungsgeschwindigkeit). – **P.formate,** vom → DNA festgesetzte Abmessungen von Akten, Briefen, Büchern; beruhen auf d. Verhältnis d. Seitenlängen $1:\sqrt{2}$; gebräuchlichste P.formate: DIN A2 (Bogen) 420:594 mm, DIN A3 (Halbbogen) 297:420 mm, DIN A4 (1/4-Bogen) 210:297 mm, DIN A5 (Blatt) 148:210 mm. – **P.garn,** aus P.streifen gesponnen, bes. z. Umkleiden v. Kabelseelen u. z. P.geweben als Dekorations- u. Verpackungsstoffe. – **P.geld,** stoffwertloses Geld, vor allem die v. d. Notenbanken ausgegebenen Banknoten; ältestes eur. P.geld Anfang 18. Jh. in Frkr.; dann Ende 18. Jh. die → Assignaten; allg. Verbreitung seit Anfang 19. Jh.; bes. gesteigert in allen Staaten s. 1. Weltkr. – **P.herstellung,** Vorstufen: Aufbereitung d. Halbstoffe, bei → Hadern durch Reinigen, Sortieren, Zerreißen, Kochen m. Laugen, Waschen, Bleichen in *Hadernschneidern, Kugelkochern, Wasch-* u. *Bleich-Holländern;* bei → Cellulose durch Zerkleinern in *Kollergängen,* sodann einheitl. Mahlen unter evtl. Zusatz v. Farben, Leim (Alaun), Füllstoffen (Kaolin) in *Mahl-Holländern;* darauf starke Verdünnung des P.stoffes mit Wasser, Reinigung v. Fremdteilen (Sand, Knoten), dann Verflechtung des im Wasser fein verteilten Stoffes auf schnellaufend. *Papier-* od. *Pappemaschinen (Masch.-P.),* auf deren *Naßpartie* b. d. P.herstellung durch *ein* Laug-, b. d. Pappenherstellung durch *mehrere* Rundsiebe (sehr engmasch. Metalltücher) das Wasser abläuft, während sich d. zurückbleibende P.stoff zur P.bahn verfilzt, auf deren *Pressenpartie* sodann durch mechan. Druck schwerer Walzen, zw. denen d. P.bahn hindurchgeführt wird, diese weiter entwässert wird, b. Pappen zugleich mehrere Schichten aufeinander*gegautscht* werden, schließlich auf deren *Trockenpartie* durch Umführung über dampfgeheizte Zylinder getrocknet, evtl. auf *Kalandern*

Papierherstellung

Holz	Stroh · Esparatogras	Altpapier	Hadern

Holz-zellstoff	Holz-schliff	Strohzellstoff Esparatozellstoff	Altpapierhalbstoff	Hadernhalbstoff

Stoffaufbereitung
Holländer, Stofflöser, Stoffmühlen
Mahlung und Mischung aller Roh- und Halbstoffe unter
Hinzufügung von Leim, Farben, Füllstoffen u. a.

Maschinen-bütte · Stoff-auflauf · Papiermaschine · Langsiebpartie · Pressenpartie · Trockenpartie · Kalander · Auf-rollung · Rollen- u. Querschneider

geglättet u. anschließend auf bes. Umrollern, Quer- u. Formatschneidern z. Versand od. z. Weiterverarbeitung zugerichtet wird. *Hand-P. (Bütten-P.)* wird mit Sieben von Hand geschöpft, wie vor der Erfindung des Maschinen-P.s (18. Jh.). – **P.industrie,** Herstellung von Holzschliff, Zellstoff, Papier, Pappe; Erzeugung an Papier u. Pappe 1989 in Mill. t: USA 63,9, Japan 21,5 (1988), Kanada 6,87, UdSSR 8,46, BR 11,2, Schweden 5,9. – **P.maché** [frz. *-ma'ʃe*], in Formen gepreßter Papierbrei mit Leimzusatz für Schachteln, Spielzeug u. a. – **P.nautilus,** Tintenfischart; Weibchen in dünner, gekammerter Schale. – **P.textilien,** aus P. hergestellte Ware für Bekleidung u. Ausstattung. – **Papilionaçeae,** svw. → Schmetterlingsblütler. – **Papille,** *w.* [l.], warzenart. Erhebung. z. B. Brust- und Zungenwarze (letztere m. Geschmacksknospen). – **Papillote,** *w.* [frz. *-'jot(ə)*], Lockenwickel. – **Papin** [*-'pε̃*], Denis (22. 8. 1647–1712), frz. Physiker; erfand den **P.schen Topf** mit Schraubendeckel u. Sicherheitsventil zum Kochen unter Druck sowie das Prinzip der atmosphär. Dampfmaschine. **Papinianus,** Aemilius (140–212 n. Chr.), röm. Rechtsgelehrter; *Quaestiones* u. *Responsa.* – **Papisten,** i. d. Zeit d. Glaubensspaltung abfällige Bez. f. päpstlich Gesinnte. – **Pappataci-fieber,** durch *P.*mücken übertragene Virusinfektion mit 3tägigem Fieber, Glieder- u. Muskelschmerzen (Balkan, Mittelmeerländer, Amerika). – **Pappe,** dickeres oder mehrlagiges Papier, auf Pappenmaschinen oder durch Zus.kleben oder Zus.pressen (Gautschen) hergestellt; *Rohstoffe:* Holz (als weißer oder brauner → Holzstoff, weniger als Zellstoff), Stroh, Altpapier. *P.sorten:* Dach-, Grau-, Buchbinder-, Schuh-, Koffer-, Matrizen-, Voll-, Well-P. Handpappenherstellung sehr verzweigt in Kleinbetrieben, Masch.pappenherstel-

lung meist in Großbetrieben m. eigener Weiterverarbeitung (→ Papierherstellung, auch Abb. → Holz).

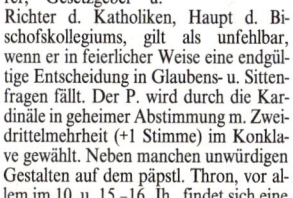
Zitterpappel

Pappel, den Weiden verwandte → zweihäusige Bäume m. Kätzchenblüten; *Schwarz-P.* u. ihre südeur. Abart, d. *Pyramiden-P.* (bei uns fast nur in männl. Exemplaren); *Zitter-P. (Espe)* überall verbreitet; *Weiß-P. (Silber-P.),* Blätter auf d. Unterseite weißhaarig; andere Arten aus Amerika als Zierbäume; weiches Holz d. P. zu Kisten, Papier usw., das der Zitter-P. zu Streichhölzern. – **Pappenheim,** Gottfried Heinrich Gf zu (29. 5. 1594–17. 11. 1632), kaiserl. Reitergeneral; fiel b. Lützen. – **Pappos** (4. Jh. n. Chr.), griech. Math.; Bücher über Math. d. Altertums. – **Paprika,** *m.,* Gewürz, → Capsicum. – **Papst** [l. „papa = Vater“], Oberhaupt d. röm.-kath. Kirche als Nachfolger Petri; Vorrangstellung mit *Matth. 16, 18 ff.* begründet; oberster Lehrer, Gesetzgeber u. Richter d. Katholiken, Haupt d. Bischofskollegiums, gilt als unfehlbar, wenn er in feierlicher Weise eine endgültige Entscheidung in Glaubens- u. Sittenfragen fällt. Der P. wird durch die Kardinäle u. gewählt in geheimer Abstimmung m. Zweidrittelmehrheit (+1 Stimme) im Konklave gewählt. Neben manchen unwürdigen Gestalten auf dem päpstl. Thron, vor allem im 10. u. 15.–16. Jh., findet sich eine

große Zahl überragender u. sittl. hochstehender Persönlichkeiten in der Reihe der Päpste. Päpstl. Tracht: weißer Talar, Brustkreuz, rote Schuhe, roter Mantel u. Hut, beim Gottesdienst als Erzbischof mit Pallium gekleidet, bei feierl. Anlässen außerhalb des Gottesdienstes trägt er d. Tiara. **päpstliche Insignien,** Amtsabzeichen: → Tiara, → Fischerring, → Pallium. **Päpstlicher Stuhl,** lat. *sedes apostolica,* → Apostolischer Stuhl. **Papstwahl,** urspr. durch Geistlichkeit u. röm. Volk; seit Otto I. Bestätigung, später oft Einsetzung durch den Kaiser, s. 1059 durch die Kardinäle im Konklave; → Stephan III. u. → Nikolaus II.; s. 1970 aktives u. passives Papstwahlrecht d. Kardinäle bis zum 80. Lebensjahr. **Papua,** Bez. d. Urbevölkerung der ozean. Inseln (Neuguinea usw.); schokadenbraune Haut, dunkles, stark gekraustes Haar, Wulstlippen, untersetzter Körperbau; Kultur noch jetzt etwa auf Steinzeitstufe.

Papua-Neuguinea,
amtl. *Papua-New Guinea, Niugini,* Staat im Commonwealth, auf der Insel Neuguinea, umfaßt d. Gebiet Papua (1906 v. Australien erworben) u. d. ehem. Mandatsgebiet Neuguinea m. *NO-N.* (bis 1920 *Kaiser-Wilhelm-Land*), dem *Bismarckarchipel* (einschließl. Admiralitätsinseln) und einer Inselgruppe d. *Salomoninseln* mit Buka u. Bougainville; s. 1945 zus.gefaßt als *Territory of Papua and New Guinea,* 462 840 km², 3,6 Mill. E (8 je km²); Bev.-Zuw. 2,7%; Sprache: Engl., Melanes.; Währung: Kina (K); Hptst.: Port Moresby (141 500 E); Flagge S. 341, Karte S. 741. **a)** *Wirtsch.:* Export v. Kupfererz, Kaffee, Kakao u. Kopra. **b)** *Außenhandel* (1988): Einfuhr 1,2 Mrd., Ausfuhr 1,4 Mrd. $. **c)** *Verf.:* Parlamentar.-demokr. Monarchie m. Einkammerparlament. **d)** *Verw.:* 19 Prov. u.

Päpste

Die Jahreszahlen geben Zeit des Pontifikats an. Gegenpäpste sind kursiv gesetzt.

Petrus (Palästina) gest.	64 od. 67
Linus (Toscana, Italien)	67 – 76
Anacletus oder Cletus (Römer)	76 – 88
Klemens I. (Römer)	88 – 97
Evaristus (Grieche)	97 – 105
Alexander I. (Römer)	105 – 115
Sixtus I. (Römer)	115 – 125
Telesphorus (Grieche)	125 – 136
Hyginus (Grieche)	136 – 140
Pius I. (Italiener)	140 – 155
Anicetus (Syrer)	155 – 166
Soterus (Italiener)	166 – 175
Eleutherius (Grieche)	175 – 189
Viktor I. (Afrikaner)	189 – 199
Zephyrinus (Römer)	199 – 217
Calixtus I. (Römer)	217 – 222
Hippolytus	*217 – 235*
Urban I. (Römer)	222 – 230
Pontianus (Römer)	230 – 235
Anterus (Grieche)	235 – 236
Fabianus (Römer)	236 – 250
Cornelius (Römer)	251 – 253
Novatian	*251*
Lucius I. (Römer)	253 – 254
Stephan I. (Römer)	254 – 257
Sixtus II. (Grieche)	257 – 258
Dionysius (unbekannt)	259 – 268
Felix I. (Römer)	269 – 274
Eutychianus (Italiener)	275 – 283
Caius (Dalmatiner)	283 – 296
Marcellinus (Römer)	296 – 304
Marcellus I. (Römer)	308 – 309
Eusebius (Grieche)	309 – 309
Melchiades (Afrikaner)	311 – 314
Silvester I. (Römer)	314 – 335
Marcus (Römer)	336 – 336
Julius I. (Römer)	337 – 352
Liberius (Römer)	352 – 366
Felix II.	*355 – 365*
Damasus I. (Spanier)	366 – 384
Ursinus	*366 – 367*
Siricius (Römer)	384 – 399
Anastasius I. (Römer)	399 – 401
Innozenz I. (Italiener)	401 – 417
Zosimos (Grieche)	417 – 418
Bonifaz I. (Römer)	418 – 422
Eulalius (unbekannt)	418 – 419
Coelestin I. (Italiener)	422 – 432
Sixtus III. (Römer)	432 – 440
Leo I. (Italiener)	440 – 461
Hilarius (Sardinier)	461 – 468
Simplicius (Italiener)	468 – 483
Felix III. (II.) (Römer)	483 – 492
Gelasius I. (Afrikaner)	492 – 496
Anastasius II. (Römer)	496 – 498
Symmachus (Sardinier)	498 – 514
Laurentius	*498 – 505*
Hormisdas (Italiener)	514 – 523
Johannes I. (Italiener)	523 – 526
Felix IV. (III.) (Italiener)	526 – 530
Bonifaz II. (Römer)	530 – 532
Dioscurus	*530*

Johannes II. (Römer)	533 – 535
Agapet I. (Römer)	535 – 536
Silverius (Italiener)	536 – 537
Vigilius (Römer)	537 – 555
Pelagius I. (Römer)	556 – 561
Johannes III. (Römer)	561 – 574
Benedikt I. (Römer)	575 – 579
Pelagius II. (Römer)	579 – 590
Gregor I. (Italiener)	590 – 604
Sabinianus (Italiener)	604 – 606
Bonifaz III. (Römer)	607 – 607
Bonifaz IV. (Italiener)	608 – 615
Deusdedit oder Adeodatus I. (Römer)	615 – 618
Bonifaz V. (Italiener)	619 – 625
Honorius I. (Italiener)	625 – 638
Severinus (Römer)	640 – 640
Johannes IV. (Dalmatiner)	640 – 642
Theodor I. (Grieche)	642 – 649
Martin I. (Italiener)	649 – 655
Eugen I. (Römer)	654 – 657
Vitalianus (Italiener)	657 – 672
Adeodatus II. (Römer)	672 – 676
Donus (Römer)	676 – 678
Agaton (Sizilier)	678 – 681
Leo II. (Sizilier)	682 – 683
Benedikt II. (Römer)	684 – 685
Johannes V. (Syrer)	685 – 686
Conon (unbekannt)	686 – 687
Theodor II.	*687*
Paschalis I.	*687 – 692*
Sergius I. (Syrer)	687 – 692
Johannes VI. (Grieche)	701 – 705
Johannes VII. (Grieche)	705 – 707
Sisnius (Syrer)	708 – 708
Konstantin (Syrer)	708 – 715
Gregor II. (Römer)	715 – 731
Gregor III. (Syrer)	731 – 741
Zacharias (Grieche)	741 – 752
Stephan II. (Römer)	752 – 752
Stephan III. (Römer)	752 – 757
Paul I. (Römer)	757 – 767
Constantin II.	*767 – 768*
Philipp	*768*
Stephan IV. (Sizilier)	768 – 772
Hadrian I. (Römer)	772 – 795
Leo III. (Römer)	795 – 816
Stephan V. (Römer)	816 – 817
Paschalis I. (Römer)	817 – 824
Eugen II. (Römer)	824 – 827
Valentin (Römer)	827 – 827
Gregor IV. (Römer)	827 – 844
Johannes VIII.	*844*
Sergius II. (Römer)	844 – 847
Leo IV. (Römer)	847 – 855
Anastasius III.	*855*
Benedikt III. (Römer)	855 – 858
Nikolaus I. (Römer)	858 – 867
Hadrian II. (Römer)	867 – 872
Johannes VIII. (Römer)	872 – 882
Marinus I. (Italiener)	882 – 884
Hadrian III. (Römer)	884 – 885
Stephan VI. (Römer)	885 – 891
Formosus (Italiener)	891 – 896
Bonifaz VI. (Römer)	896 – 896
Stephan VII. (Römer)	896 – 897
Romanus (Italiener)	897 – 897

Theodor II. (Römer)	897 – 897
Johannes IX. (Italiener)	898 – 900
Benedikt IV. (Römer)	900 – 903
Leo V. (Italiener)	903 – 903
Christophorus	*903 – 904*
Sergius III. (Römer)	904 – 911
Anastasius III. (Römer)	911 – 913
Lando (Italiener)	913 – 914
Johannes X. (Italiener)	914 – 928
Leo VI. (Römer)	928 – 928
Stephan VIII. (Römer)	928 – 931
Johannes XI. (Römer)	931 – 935
Leo VII. (Römer)	936 – 939
Stephan IX. (Römer)	939 – 942
Marinus II. (Römer)	942 – 946
Agapet II. (Römer)	946 – 955
Johannes XII. (Italiener)	955 – 964
Leo VIII. (Römer)	963 – 965
Benedikt V. (Römer)	964 – 966
Johannes XIII. (Römer)	965 – 972
Benedikt VI. (Römer)	973 – 974
Bonifaz VII.	*974*
Benedikt VII. (Römer)	974 – 983
Johannes XIV. (Italiener)	983 – 984
Johannes XV. (Römer)	985 – 996
Gregor V. (Deutscher)	996 – 999
Johannes XVI.	*997 – 998*
Silvester II. (Italiener)	999 – 1003
Johannes XVII. (Römer)	1003 – 1003
Johannes XVIII. (Römer)	1004 – 1009
Sergius IV. (Römer)	1009 – 1012
Benedikt VIII. (Italiener)	1012 – 1024
Gregor VI.	*1012*
Johannes XIX. (Römer)	1024 – 1032
Benedikt IX. (Italiener)	1032 – 1044
Silvester III. (Römer)	1045 – 1045
Benedikt IX. (zum zweiten Mal)	1045 – 1045
Gregor VI. (Römer)	1045 – 1046
Klemens II. (Deutscher)	1046 – 1047
Benedikt IX. (zum dritten Mal)	1047 – 1048
Damasus II. (Deutscher)	1048 – 1048
Leo IX. (Deutscher)	1049 – 1054
Viktor II. (Deutscher)	1055 – 1057
Stephan X. (Lothringer)	1057 – 1058
Benedikt X.	*1058 – 1059*
Nikolaus II. (Franzose)	1059 – 1061
Alexander II. (Italiener)	1061 – 1073
Honorius II.	*1061 – 1072*
Gregor VII. (Italiener)	1073 – 1085
Klemens III.	*1080 – 1100*
Viktor III. (Italiener)	1086 – 1087
Urban II. (Franzose)	1088 – 1099
Paschalis II. (Italiener)	1099 – 1118
Theodorich	*1100 – 1102*
Albert	*1102*
Silvester IV.	*1105 – 1111*
Gelasius II. (Italiener)	1118 – 1119
Gregor VIII.	*1118 – 1121*
Calixtus II. (Franzose)	1119 – 1124
Cölestin II.	*1124*
Honorius II. (Italiener)	1124 – 1130
Innozenz II. (Römer)	1130 – 1143
Anacletus II.	*1130 – 1138*
Viktor IV.	*1138*
Coelestin II. (Italiener)	1143 – 1144

Päpste (Fortsetzung)

Lucius III. (Italiener)	1144 – 1145	Innozenz VI. (Franzose)	1352 – 1362	Gregor XIII. (Italiener)	1572 – 1585
Eugen III. (Italiener)	1145 – 1153	Urban V. (Franzose)	1362 – 1370	Sixtus V. (Italiener)	1585 – 1590
Anastasius IV. (Römer)	1153 – 1154	Gregor XI. (Franzose)	1370 – 1378	Urban VII. (Römer)	1590 – 1590
Hadrian IV. (Engländer)	1154 – 1159	Urban VI. (Italiener)	1378 – 1389	Gregor XIV (Italiener)	1590 – 1591
Alexander III. (Italiener)	1159 – 1181	Bonifaz IX. (Italiener)	1389 – 1404	Innozenz IX. (Italiener)	1591 – 1591
Viktor IV.	*1159 – 1164*	Innozenz VII. (Italiener)	1404 – 1406	Klemens VIII. (Italiener)	1592 – 1603
Paschalis III.	*1164 – 1168*	Gregor XII. (Italiener)	1406 – 1415	Leo XI. (Italiener)	1605 – 1605
Calixtus III.	*1168 – 1178*			Paul V. (Römer)	1605 – 1621
Innozenz III.	*1179 – 1180*	*Päpste in Avignon:*		Gregor XV. (Italiener)	1621 – 1623
Lucius III. (Italiener)	1181 – 1185	*Klemens VII.*	*1378 – 1394*	Urban VIII. (Italiener)	1623 – 1644
Urban III. (Italiener)	1185 – 1187	*Benedikt XIII.*	*1394 – 1423*	Innozenz X. (Römer)	1644 – 1655
Gregor VIII. (Italiener)	1187 – 1187	*Klemens VIII.*	*1423 – 1429*	Alexander VII. (Italiener)	1655 – 1667
Klemens III. (Römer)	1187 – 1191	*Benedikt XIV.*	*1425 – 1430*	Klemens IX. (Italiener)	1667 – 1669
Coelestin III. (Römer)	1191 – 1198			Klemens X. (Römer)	1670 – 1676
Innozenz III. (Italiener)	1198 – 1216	*Päpste in Pisa:*		Innozenz XI. (Italiener)	1676 – 1689
Honorius III. (Römer)	1216 – 1227	*Alexander V.*	*1409 – 1410*	Alexander VIII. (Italiener)	1689 – 1691
Gregor IX. (Italiener)	1227 – 1241	*Johannes XXIII.*	*1410 – 1415*	Innozenz XII. (Italiener)	1691 – 1700
Coelestin IV. (Italiener)	1241 – 1241			Klemens XI. (Italiener)	1700 – 1721
Innozenz IV. (Italiener)	1243 – 1254	Martin V. (Römer)	1417 – 1431	Innozenz XIII. (Römer)	1721 – 1724
Alexander IV. (Italiener)	1254 – 1261	Eugen IV. (Italiener)	1431 – 1447	Benedikt XIII. (Römer)	1724 – 1730
Urban IV. (Franzose)	1261 – 1264	*Felix V.*	*1439 – 1449*	Klemens XII. (Italiener)	1730 – 1740
Klemens IV. (Franzose)	1265 – 1268	Nikolaus V. (Italiener)	1447 – 1455	Benedikt XIV. (Italiener)	1740 – 1758
Gregor X. (Italiener)	1271 – 1276	Calixtus III. (Spanier)	1455 – 1458	Klemens XIII. (Italiener)	1758 – 1769
Innozenz V. (Savoyer)	1276 – 1276	Pius II. (Italiener)	1458 – 1464	Klemens XIV. (Italiener)	1769 – 1774
Hadrian V. (Italiener)	1276 – 1276	Paul II. (Italiener)	1464 – 1471	Pius VI. (Italiener)	1775 – 1799
Johannes XXI. (Portugiese)	1276 – 1277	Sixtus IV. (Italiener)	1471 – 1484	Pius VII. (Italiener)	1800 – 1823
Nikolaus III. (Römer)	1277 – 1280	Innozenz VIII. (Italiener)	1484 – 1492	Leo XII. (Italiener)	1823 – 1829
Martin IV. (Franzose)	1281 – 1285	Alexander VI. (Spanier)	1492 – 1503	Pius VIII. (Italiener)	1829 – 1830
Honorius IV. (Römer)	1285 – 1287	Pius III. (Italiener)	1503 – 1503	Gregor XVI. (Italiener)	1831 – 1846
Nikolaus IV. (Italiener)	1288 – 1292	Julius II. (Italiener)	1503 – 1513	Pius IX. (Italiener)	1846 – 1878
Coelestin V. (Italiener)	1294 – 1294	Leo X. (Italiener)	1513 – 1521	Leo XIII. (Italiener)	1878 – 1903
Bonifaz VIII. (Italiener)	1294 – 1303	Hadrian VI. (Niederländer)	1522 – 1523	Pius X. (Italiener)	1903 – 1914
Benedikt XI. (Italiener)	1203 – 1304	Klemens VII. (Italiener)	1523 – 1534	Benedikt XV. (Italiener)	1914 – 1922
Klemens V. (Franzose)	1305 – 1314	Paul III. (Römer)	1534 – 1549	Pius XI. (Italiener)	1922 – 1939
Johannes XXII. (Franzose)	1316 – 1334	Julius III. (Römer)	1550 – 1555	Pius XII. (Römer)	1939 – 1958
Nikolaus V.	*1328 – 1330*	Marcellus II. (Italiener)	1555 – 1555	Johannes XXIII. (Italiener)	1958 – 1963
Benedikt XII. (Franzose)	1334 – 1342	Paul IV. (Italiener)	1555 – 1559	Paul VI. (Italiener)	1963 – 1978
Klemens VI. (Franzose)	1342 – 1352	Pius IV. (Italiener)	1560 – 1565	Johannes Paul I. (Italiener)	1978
		Pius V. (Italiener)	1566 – 1572	Johannes Paul II. (Pole)	seit 1978

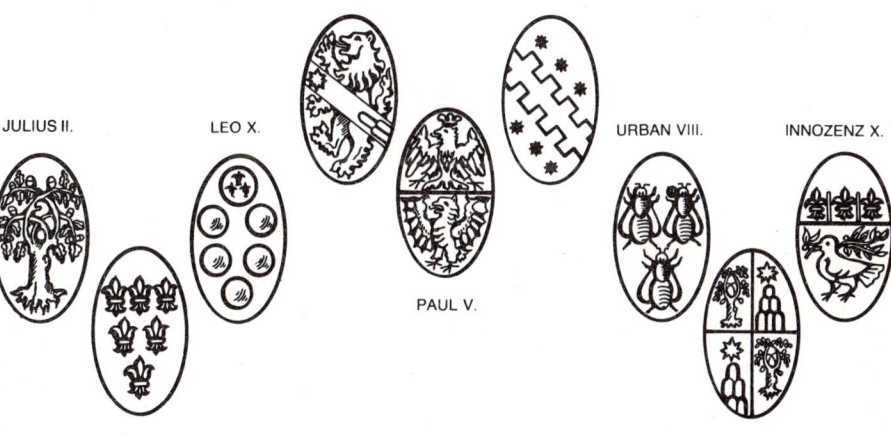

SIXTUS V. CLEMENS VIII.

JULIUS II. LEO X.

PAUL V.

URBAN VIII. INNOZENZ X.

PAUL III.

ALEXANDER VII.

Hptst.distrikt. **e)** *Gesch.:* Das austral. Mandatsgebiet von N. 1884 bzw. 1885–1920 dt. Kolonie; 1975 Unabhängigkeit. **f)** *Mitgl.:* UN, Commonwealth; AKP-Staat.

Papyrus, *Papyrusstaude,* bis 3 m hohes → Zypergras in Sümpfen Afrikas, Kleinasiens u. Siziliens; das in Streifen übereinandergepreßte Mark der dicken Schäfte gab im Altertum d. Schreibmaterial. – **P.rollen,** *Papyri,* alte, urspr. ägypt. Handschrift auf Papyrus, um Rollen gewickelt; in P.rollen wichtige Überreste d. ägypt. u. griech. Literatur erhalten. – **P.säule,** der Form der P.staude ähnl. ägypt. Säule.

PAR, Abk. f. *Precision Approach Radar* (Präzisions-Anflug-Radar), → Radargerät mit pendelnden Richtstrahlen z. Erfassung v. zur Landung ansetzenden Flugzeugen; in 2 Ebenen: Höhe u. Ort über Grund.

para- [gr.], als Vorsilbe: bei ..., neben ..., entgegen ...

Pará, 1) *Rio P.,* Mündungsarm des Tocantins (2699 km lang) an der brasilian. Küste; 320 km l; **2)** brasilian. Staat am Amazonas u. Rio P., Urwälder u. Savannen, 1,25 Mill. km², 4,9 Mill. E; Hptst. *Belém;* Ausfuhr von Gummi, Kakao, Paranüssen.

Parabase, *w.* [gr.], Aufhebung d. Illusion eines Theaterstücks durch direkte Ansprache an d. Publikum (Teil der älteren attischen Komödie).

Parabel, *w.* [gr.], **1)** Lehrdichtung, die ein Gleichnis enthält; auch dieses selbst;

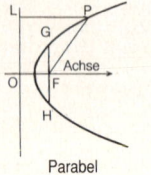

Parabel

2) *analytische Geometrie:* symmetr. ins Unendliche verlaufende Kurve (→ Kegelschnitte), deren Punkte *P* (Abb.) gleichen Abstand von einer festen Geraden *L (Leitlinie der P.)* u. einem festen Punkt *F (Brennpunkt der P.)* haben; die Normale zur Leitlinie durch den Brennpunkt ist die Achse; die Sehne *GH* durch *F* heißt Parameter; d. halbe Parameter *GF* ist gleich dem Abstand des Brennpunktes v. d. Leitlinie: *FO.*

parabolisch [gr.], von d. Form e. Parabel.

parabolische Geschwindigkeit, etwa 11 000 m/s, die Geschwindigkeit, die ein Körper (z. B. Rakete) erreichen muß, um die Erdanziehung zu überwinden und die Erde auf einer Parabelbahn zu verlassen; auch → Fluchtgeschwindigkeit.

Paraboloid, *s.,* gekrümmte Fläche ohne Mittelpunkt, als *Rotations-P.* durch Drehung einer Parabel um die Achse entste-

Paraboloid

hend; außerdem *hyperbolisches* und *elliptisches P.*

Parabraunerde → Sol lessivé.

Paracel-Archipel, chin. *Xisha Qundao,* Inselgruppe im Südchin. Meer, von VR China, Taiwan, Philippinen u. Vietnam beansprucht (Erdölvorkommen vermutet), 1974 v. VR China besetzt.

Paracelsus

Paracelsus, eigtl. *Aureolus Theophrastus Bombastus v. Hohenheim* (10. 12. 1493–24. 9. 1541), dt. Arzt, vielseit. Naturforscher u. Renaissance-Phil., Begr. der neueren Heilmittellehre; erkennt die Bedeutung der phys. u. chem. Grundlagen d. Lebendigen; *Paragranum; Volumen paramirum; Vom seligen Leben.*

Parade, *w.* [frz.], **1)** Anhalten u. Ablenken eines Angriffs beim Fechten, Boxen, Ringen u. a.; *in die P. fallen:* abwehren; **2)** Truppenschau, Schaugepränge.

Paradentose → Parodontose.

Paradies [pers. „Garten"], Ort der Seligen als Anfangs- und Endzeitvorstellung; im A.T.: der *Garten Eden;* P.vorstellungen in fast allen Religionen. – **P.fische,**

Großer Paradiesvogel

svw. → Makropoden. – **P.vogel** → Sternbilder, Übers. – **P.vögel,** d. Rabenvögeln nahestehende Vögel Australiens u. Neuguineas; Männchen mit prächtigem Federschmuck.

Paradiesapfel, *Paradeiser,* svw. → Tomate.

Paradigma, *s.* [gr.], Vorbild, (Muster-) Beispiel, Gleichnis.

paradox [gr.], widersinnig.

Paradoxon, *s.* [gr.], widersprüchl. Behauptung.

Paraffine, gesättigte aliphat. → Kohlen-

wasserstoffe (Übers.), → Alkane; verzweigte od. unverzweigte Ketten, reaktionsträge.

Paraffinöl, klares, farbloses, ölartiges Gemisch aus Kohlenwasserstoffen; Schmieröl.

Paragraph, *m.* [gr.], **1)** Abschnitt einer Schrift; **2)** Gesetzesabschnitt; **3)** Zeichen: §, Mehrzahl: §§.

Paraguay, 1) Fluß in S-Amerika, größter Nbfl. d. Paraná, entspringt im Bergld v. Mato Grosso; 2549 km lang, schiffbar; **2)** amtl. *República del P.,* Rep. i. S-Amerika zw. dem Paraná u. P. (Fluß), 406 752 km², 4,04 Mill. E (10 je km²); Bev.-Zuw. 3,2%; Bev.: meist Indianer u. Mischlinge; Sprache: Span., Guarani; Währung: Guaraní (₲); Rel.: meist röm.-kath.; Hptst.: *Asunción;* Flagge S. 341, Karte S. 747. **a)** *Geogr.:* Im SO bewaldetes Hügelland, im W fruchtbare Ebene m. Seen u. Sümpfen. **b)** *Wirtsch.:* Landw. vorherrschend, bes. Viehzucht; Hptausfuhrprodukte neben Baumwolle u. Fleischerzeugnissen d. forstwirtsch. Produkte Quebrachoholz u. Matetee; Bodenschätze (Kupfer, Mangan, Eisenerz) kaum genutzt. **c)** *Außenhandel* (1988): Einfuhr 555 Mill., Ausfuhr 607 Mill. $. **d)** *Verkehr:* Eisenbahn 441 km. **e)** *Verf.* v. 1967: Präsidiale Rep. m. Zweikammerparlament. **f)** *Verw.:* 19 Dep. u. Hptst. **g)** *Gesch.:* Ab 1535 span. Kolonie, 1608–1768 Jesuitenstaat mit staatssozialist. Organisation; 1811 Unabhängigkeitserklärung; wiederholt Revolutionen; 1932–35 Krieg m. Bolivien wegen des Chacogebiets, *Chaco Boreal* an P.; s. 1951 Ausnahmezustand, s. 1953 autoritäres Regime (Mil. als stärkster Machtfaktor); 1989 Sturz v. Diktator Stroessner. **h)** *Mitgl.:* UN, OAS, ALADI.

Paragummi, Gummi aus der Gegend des Amazonas; ben. nach der Handelsstadt Pará.

Paraíba, Küstenstaat NO-Brasiliens, 53 958 km², 3,2 Mill. E; Viehzucht; Baumwolle; Eisen, Hptst. *João Pessôa.*

Paralipomena [gr.], Nachlaß, Nachträge.

parallaktische Aufstellung, ermöglicht b. einem Fernrohr, daß dieses der tägl. Bewegung eines Sterns mit Hilfe eines Uhrwerks folgen kann.

Parallaxe, *w.* [gr.], Winkeldifferenz zw. d. Richtungen nach einem Punkt v. den beiden Endpunkten einer Basislinie aus, **1)** i. d. *Astronomie:* **a)** im *Sonnensystem:* Unterschied d. Richtungen nach d. Gestirn, gesehen v. Erdmittelpunkt u. v. Beobachtungspunkt auf d. Erdoberfläche aus; beobachteter Ort wird also je nach Ort u. Zeit der Beobachtung verfälscht; *Sonnen-P.:* Winkel, unter welchem v. der Sonne aus, mit mittlerem Abstand Erde-Sonne, d. Halbmesser d. Erde erscheint

(= 8,79 Bogensek.); **b)** *im Fixsternsystem:* *Fixstern-P.,* Winkel, unter dem v. Fixstern aus der Halbmesser der Erdbahn erscheint; erste Bestimmung einer Fixstern-P. durch *Bessel* 1838 am Stern 61 im Schwan; größte Fixstern-P. 0,76 Bogensek.; P. dient auch als Maß der Entfernung von Sternen (neben → Lichtjahr

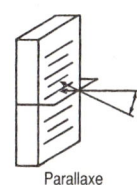

Parallaxe

und → Parsec); **2) b.** *Meßinstrumenten* Winkel, der Falschablesung bei schräger Betrachtung von Zeiger u. Skala angibt.
parallel [gr.], gleichlaufend, sind Geraden und Ebenen, die stets gleichen Abstand voneinander haben.
Parallelepiped|on, geometr. Körper, begrenzt von drei Paaren paralleler Flächen.
Parallelismus, *m.,* **1)** *der Versglieder* durch gleichartg. Satzbau, Kunstform der german. u. althebräischen Dichtung; **2)** psychophysischer P., phil. Lehre n. *Leibniz;* nimmt an, daß psych. u. phys. Vorgänge unabhängig voneinander sind, aber parallel verlaufen; keine ursächl. Beziehung zw. physiolog. u. psych. Erscheinungen (→ Fechner, → Wundt).
Parallelkreis, *geograph.* anderer Ausdruck f. Breitenkreis.

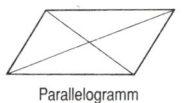

Parallelogramm

Parallelogramm, Viereck mit parallelen Seitenpaaren; gegenüberliegende Seiten und Winkel sind gleich. – **P. der Kräfte** → Resultierende.
Parallelrechner, Computer m. mehreren → Prozessoren, in denen gleichzeitig unterschiedl. Teile eines Computerprogramms ablaufen können; dadurch resultiert insgesamt e. erhöhte Verarbeitungsgeschwindigkeit; spez. Typen: → *Vektorrechner,* → *Matrixrechner.*
Parallelschwung, beim alpinen Skilauf schwunghafte Richtungsänderung durch beidbeinigen Drehabstoß; wird als Hochschwung (Schwerpunkt wird durch Streckung aktiv nach oben gelenkt) od. Tiefschwung (Schwerpunkt wird durch Tiefgehen aktiv nach abgelenkt) gefahren.
Paralleltonarten, (terzverwandte) Tonarten jeweils gleicher Vorzeichen (z. B. C-Dur u. a-Moll).
Paralogismus [gr.], Fehlschluß.
Paralyse, *w.* [gr.], **1)** vollständige Lähmung; **2)** svw. *progressive P.,* syphilitische

Gehirnerweichung; Heilerfolge durch Fieber(behandlung); **3)** *Paralysis agitans, Parkinsonsche Krankheit,* Schüttellähmung mit Schüttel- u. Zitterbewegungen, bes. v. Kopf u. Armen; **4)** *Landrysche P.* → Kinderlähmung.
paralysieren [gr.], **1)** lähmen, schwächen; **2)** *med.* unwirksam machen.
paramagnetisch → Permeabilität 2).
Paramaribo, Hptst. v. Suriname, am Atlant. Ozean, Hafen, 192 000 E; Ausfuhr v. Bauxit, Holz, Kaffee.
Paramente [nl.], in d. ev. Kirche die im Gotteshaus verwendeten Stoffe: Altar- u. Kanzelbekleidung; in der kath. Kirche auch noch die liturg. Gewänder; im weiteren Sinne alle kirchl. Utensilien u. Geräte.
Parameter, *m.* [gr.], **1)** konstante od. veränderl. Hilfsgröße b. math. Funktionen; **2)** d. senkrecht z. Achse durch den Brennpunkt d. → Parabel gelegte Sehne; **3)** *mus.* Komponenten d. Klangs (Tonhöhe, Tondauer, Lautstärke, Klangfarbe).
Paraná, 1) südam. Fluß aus Río Paranaíba u. Río Grande; 3780 km l.; mit Río de la Plata 4264 km l.; bis zur Einmündung des Paraguay schiffbar; **2)** brasilian. Staat im Hochland v. Brasilien, 199 324 km², 8,9 Mill. E; Anbau v. Kaffee, Zukkerrohr, Baumwolle; Hptst. *Curitiba;* **3)** Hptst. d. argentin. Prov. Entre Ríos, a. Paraná, Hafen, 162 000 E.
Paranoia, *w.* [gr.], Geisteskrankheit m. Wahnideen (Verfolgungswahn) u. Sinnestäuschungen.
paranoid, von Wahnideen befangen (z. B. *p.e* → *Psychose*).
Paranomie, *w.* [gr.], Gesetzwidrigkeit.
Paranuß, dreikantiger, hartschaliger Samen eines brasil. Baumes; wohlschmeckend, z. Ölgewinnung.
paraphieren [frz.], mit Handzeichen (Anfangsbuchstaben), Namenszug od. Amtssiegel (*Paraphe*) zeichnen.
Paraphierung, bei diplomat. Verhandlungen die Abzeichnung d. Ergebnisses durch den Verhandlungsführer unter Genehmigungsvorbehalt der Regierung. → Ratifizierung.
Paraphrase, *w.* [gr.], **1)** Umschreibung; **2)** *mus.* Phantasie über ein gegebenes Thema.
Parapluie, *m.* od. *s.* [frz. -'ply̆], Regenschirm.
Parapsychologie [gr.], untersucht d. psych. Erscheinungen die naturwiss. (noch) nicht zu erklären sind (z. B. Hellsehen, Telepathie u. ä.).
Parasiten [gr. „Mitesser"], Schmarotzer, Lebewesen, die sich zum Schaden ihres Wirtstieres in oder an diesem aufhalten (z. B. Flöhe, Bandwürmer, Zecken). → Symbiose u. → Synökie.
Parasol, *m.* od. *s.* [frz.], Sonnenschirm. – **P.pilz,** *Großer Schirmling,* eßbarer Blätterpilz.
Parästhesie, krankhaft abnorme Empfindung (Kribbeln, Taubsein).

Parasympathikus [l.], *Nervus p.* od. *vagus,* Teil des vegetativen → Nervensystems.
parat [l.], bereit, gerüstet, fertig.
Parathormon, Hormon d. → Nebenschilddrüsen; → innere Sekretion.
Parathyreoidea, svw. → Nebenschilddrüsen.
Paratyphus [gr.], typhusartige übertragb. Darminfektion durch *P.bakterien;* anzeigepflichtig.
Paravent, *m.* od. *s.* [frz. -'vã], Wind-, Wandschirm.
Pärchenegel, trop. Saugwürmer, bei denen die Weibchen stets in der röhrenartig geformten Unterseite der Männchen leben, Parasiten (z. B. Erreger der → Bilharziose).
Parchim (D-2850), Krst. i. M-V., 23 466 E; Nahrungsmittelind.
Parcours, *m.* [frz. -'kur], Hindernisbahn beim Springreiten.
par distance → distance, par.
Pardon, *m.* [frz. -'dõ], Verzeihung(!).
Pardubitz, tschech. *Pardubice,* St. in O-Böhmen, an der Elbe, 96 000 E.
Pardune, *w., seem.* Tau aus Hanf od. Draht, zum Stützen v. Masten.
Parenchym, *s.* [gr.], d. Gesamtheit d. charakterist. Zellen eines Organs; das Leber-P. z. B. sind also die eigentlichen Leberzellen.
parenteral [gr.], d. Magen-Darm-Kanal umgehende Einverleibung von Arzneien (z. B. Einspritzung).
Parenthese, *w.* [gr.], Satzeinschiebsel oder das einschließende Zeichen: ( ), [ ], – –.
Parerga [gr.], „Nebenwerke", Anhang; gesammelte kleine Schriften. – **P. u. Paralipomena,** Schriftensammlung von Schopenhauer.
Parese [gr.], unvollständige Lähmung; → Paralyse.
Paretti, Sandra, eigtl. *Irmgard Schneeberger* (* 5. 2. 1935), dt. Schriftst.in; *Der Winter, der ein Sommer war; Der Wunschbaum; Das Zauberschiff.*
par excellence [frz. -'lãs], in vorzügl. Maße, im wahrsten Sinne des Wortes.
par exemple [frz. -ɛɡ'zãpl], zum Beispiel.
par force [frz. -'fɔrs], mit Gewalt. – **Parforce-jagd,** Hetzjagd m. Hunden. – **P.kur,** Gewaltkur.
Parfüm, *s.* [frz.], alkoholische Lösung d. → Riechstoffe; von Spezialindustrie hergestellt.
pari [it.], „gleich", Kurswert eines Wertpapiers ist gleich dem Nennwert; bei Devisen: Kurs entspricht der Goldparität (→ Parität).
Paria, *m.,* niedrige Kaste in Indien; auch Bez. für (aus d. menschl. Gesellschaft) Ausgestoßenen; 1950 gesetzl. Aufhebung d. Unberührbarkeit d. P.
parieren [l.], **1)** gehorchen; **2)** *b. Fechten:* Stoß, Hieb des Gegners mit eigener Waffe z. Abgleiten bringen.
Paris, sagenhafter Prinz von Troja, Sohn d. Priamos, entschied im berühmten

Schönheitsstreit der Göttinnen Hera, Athene, Aphrodite (Venus) für d. letztere, verursachte durch Raub der Helena d. Trojan. Krieg (→ Troja).

Paris, Hptst. von Frkr., im Dép. *Paris,* an der Seine, 2,18 Mill. E, Groß-P. 9,88 Mill. E; im 19. Jh. großzügiger Bebauungsplan: sternförm. Ausfallstraßen, verbunden durch Ringstraßen auf ehem. Festungswällen (Boulevards); Altstadt (Insel *Ile de la Cité*) m. der got. Kathedrale *Notre-Dame;* auf dem l. Seineufer, im Quartier Latin, Uni. (*Sorbonne,* 1255 gegr.) u. Académie française; Industriebez. der O, Villenviertel der W (m. *Bois de Boulogne*); berühmte Friedhöfe (*Montmartre* und *Père-Lachaise*); viele bed. Bauten: *Panthéon, Invalidendom, Elysée* (Wohnsitz des Präs. der Rep.), *Eiffelturm* auf dem Marsfelde; zahlreiche wiss. u.

Paris, *Notre-Dame*

Kunstanstalten (*Große Oper, Opéra de la Bastille, Comédie-Française, National-bibl., Arsenalbibliothek),* Museen (*Louvre, Nationalmus. f. moderne Kunst, National-mus. f. Technik, Mus. d'Orsay, Cluny*), Kulturzentrum *Centre Georges-Pompidou,* Erzbischofssitz; Sitz des OECD-Sekretariats u. der UNESCO. Div. Ind.: Luxus- u. Modeartikel, Kleidungs-, Parfümerie-, Schmuckwaren-, Porzellanind., in Vororten Masch.bau-, Auto-, Flugzeugbauind. Mittelpunkt d. frz. Eisenbahn- u. Straßennetzes; Flughäfen: *Orly, Charles-de-Gaulle* u. *Le Bourget;* Untergrundbahn (Métro, 205 km); Fluß- u. Kanalschiffahrt, Mustermesse. Verwaltet durch Präfekten d. Dép. *Paris* u. d. *Polizeipräfekten;* 20 Verw.bez. (*Arrondissements);* s. 1976 bildet P. mit d. Dép. *Seine-Saint-Denis, Val de Marne, Val d'Oise, Essonne, Yvelines* u. *Seine-et-Marne* die Region *Île-de-France*. - Urspr. Wohnsitz d. kelt. Parisii; bed. Handelsst. zu Cäsars Zeiten (*Lutetia Parisiorum*); nach 500 Hptst. des Frankenreiches, s. 987 Frkr.s; im 16. Jh. Prachtbauten (Louvre u. a.); 1572 → Bartholomäus-

nacht; im 17. u. 18. Jh. kultureller Mittelpunkt Europas; 1814 von d. Verbündeten (→ Befreiungskriege), 1871, 1940-44 von Dtld besetzt. - 1. u. 2. *Pariser Friede* 1814, 1815, *Pariser Kongreß* 1856 (Krimkrieg); 1855, 1867, 1878, 1889, 1900, 1910, 1937 Weltausstellungen; 1947 Friedensverträge der Alliierten mit Finnland, Bulgarien, Rumänien, Ungarn, Italien.

Pariser Verträge, Bez. für d. 1954 in Paris unterzeichneten, 1955 ratifizierten Verträge über Beendigung d. Besatzungsregimes i. d. BR, → Deutschlandvertrag, Aufenthalt brit., frz. u. am. Truppen i. d. BR, Beitritt d. BR zur → Westeuropäischen Union u. z. → Nordatlantikpakt sowie über Statut d. → Saarlands.

Pariser Vorortverträge, die Friedensverträge 1919/20 zur Beendigung d. 1. Weltkriegs: Versailles (→ Versailler Vertrag) mit Dtld, St-Germain-en-Laye mit Östr.; Trianon mit Ungarn, Neuilly m. Bulgarien, Sèvres mit d. Türkei.

Parität, w. [l. „Gleichheit"], **1)** Gleichstellung (z. B. versch. Religionsgesellschaften) durch den Staat; **2)** *Goldparität:* das feste Austauschverhältnis zw. zwei Währungseinheiten aufgrund des gesetzl. festgelegten Goldwertes der Münzen; **3)** *Kursparität* besteht, wenn die Kurse versch. Währungen gleichmäßig v. Goldparitätskurs abweichen.

paritätisch, gleichgestellt, gleichberechtigt.

paritätische Kirchen, svw. → Simultankirchen.

Park, 1) gr. Gartenanlage; **2)** Gesamtheit an Fahrzeugen (*Fuhr-P.*). - **P.bahn,** *Wartebahn,* Anfangsbahn eines Erdsatelliten, von der aus ein zweiter Start auf eine größere Bahn od. in d. interplanetaren Raum erfolgt. - *P.scheibe,* dient z. Kontrolle bei best. Parkmöglichkeiten m. begrenzter Parkdauer.

Park and ride [´paːk ǝnd ´raid], am. Bez. für ein in Großstädten z. Verkehrsentlastung gefördertes kombiniertes System d. Selbstfahrens u. Gefahrenwerdens; Bewohner d. Vororte parken Kfz am Stadtrand und nehmen öffentl. Verkehrsmittel.

Parker, Dorothy (22. 8. 1893-7. 6. 1967), am. Schriftst.in u. Kritikerin; satir.-witzige Kurzgeschichten u. Gedichte.

parkerisieren, Oberflächenveredlung von Eisen durch Eisenphosphat (Rostschutz).

Parkett, s. [frz.], **1)** holzgetäfelter Fußboden; **2)** Sitzplätze vor der Bühne im Zuschauerraum, *Theater:* Sitze im Parterre; **3)** offizieller Börsenverkehr in amtl. zugelassenen Werten durch Vermittlung der Kursmakler; Ggs.: → Kulisse.

parkieren, schweiz. Bez. für parken.

Parkinson [´paːkinsn], **1)** Cyril N. (* 30. 7. 1909), engl. Historiker u. Schriftst.; von ihm die *Parkinsonschen Gesetze;* **2)** James (1755-1824), engl. Nervenarzt. - **P.sche Krankheit** → Paralyse.

Parkplatz, Ort zum Abstellen eines Fahrzeugs.

Parlament, s. [ml. „parlamentum = Gespräch"], Volksvertretung, Abgeordnetenhaus (Erste, Zweite **Kammer,** Ober-, Unterhaus); Erste Kammer gewählt oder ernannt, Zweite nur gewählte Mitglieder; Vollversammlung (*Plenum*) u. Ausschüsse für bes. Fragen (*P.sausschuß;* auch *parlamentar. Untersuchungsausschuß*). Entstanden im 13. Jh. in England; im Frz. Versammlung zunächst nur des Adels und der Geistlichkeit, seit Frz. Revolution (1790) Nat.vers.; in Dtld bes. Frankfurter P. (1848), Erfurter (1850) u. Zoll-P.; 1870-1945 Dt. Reichstag; Länder-P.e; s. 1949 Bundestag d. BR; in den zelnen Bundesländern Landtage bzw. Senate.

Parlamentär [frz.], Unterhändler, Vermittler; im Krieg völkerrechtlich geschützt (mit weißer Flagge od. Binde); bevollmächtigt, mit dem Gegner in Verhandlungen zu treten.

Parlamentarier, Abgeordneter (Parlament).

parlamentarischer Geschäftsführer, Geschäftsführer einer Fraktion im Parlament.

Parlamentarischer Rat, Versammlung zur Ausarbeitung des Grundgesetzes für die BR vom 1. 9. 1948 bis 23. 5. 1949 in Bonn.

parlamentarischer Staatssekretär → Staatssekretär.

parlamentarisches System, demokr. Reg.form, bei der das Parlament als Vertretung des Volkes (das die Staatsgewalt trägt) die Regierung wählt u. kontrolliert; diese ist vom Vertrauen des Parlaments abhängig (→ Demokratie, Übers.).

parlando [it.], *mus.* im Sprechgesang.

Parler, Peter (1330-13. 7. 99), südd. Baumeister u. Bildhauer; *Chor d. Veitsdoms* u. *Karlsbrücke* in Prag.

Parma, Hptst. der oberit. Prov. *P.* (3449 km², 394 600 E), 174 000 E; Bischofssitz, Uni. (1502 gegr.), Kunstakad.; Handelsplatz m. Holzind., Käsefabr. (Parmesankäse). - Seit 1545 (mit Piacenza) selbst. Hzgt. (Haus Farnese); 1735 östr., 1802 frz., 1860 zum Kgr. Italien.

Parmenides (6./5. Jh. v. Chr.), griech. Philosoph; Hptvertr. d. Eleatischen Schule; lehrte im Ggs. zu Heraklit das bleibende, ewig unendliche *Sein,* das Sichverändernde ist Schein; Lehrgedicht: *Über die Natur.*

Parmesankäse, nach der it. St. Parma ben. Hartkäse, gerieben als Speisewürze.

Parmigianino [-miʤan´i-], eigtl. *Francesco Mazzola* (11. 1. 1503-28. 8. 40), it. Maler d. Manierismus; leicht überlängte Figuren in elegant-virtuosen Kompositionen u. meist kristalliner Farbgebung; *Selbstbildnis vor dem Spiegel; Madonna mit dem langen Hals.*

Parnaß, Gebirge in Mittelgriechenland, 2457 m h.; war Apoll u. den Musen heilig; übertragen svw. das Reich der Dichtung.

Parnassiens [-'sjē], frz. Dichtergruppe d. 19. Jh.; Gegner der Romantik; Vertr.: *Leconte de Lisle, Baudelaire, Gautier, Banville, Hérédia, Coppée.*

Parochie [gr.], Kirchspiel; Sprengel; Pfarrei.

Parodie, *w.* [gr. „Nebengesang"], 1) Verspottung eines Kunstwerks, indem d. gleiche künstler. Form m. einem unpassenden Inhalt versehen wird; P. z. B. Nestroys *Judith u. Holofernes* auf Hebbels *Judith;* anders die → Travestie; 2) *mus.* Form d. Bearbeitung: Umwandlung einer vorhandenen Komposition in ein neues Werk, meist mit Hilfe d. Um- od. Neutexterung d. Vorlage.

Parodontose, *w.* [gr.], *Paradentose,* nichtentzündlich, durch eine Störung der Gewebsernährung auftretender Schwund d. Zahnfleisches, d. Wurzelhaut u. d. Knochenfaches m. Lockerung u. Ausfall d. Zähne.

Parole, *w.* [frz.], militärisches Erkennungswort, Losung; Kennwort.

Parole d'honneur [frz. pa'rɔl dɔ'nœr], Ehrenwort.

Paroli, *s.* [span.], im Pharaospiel Karte, deren Gewinn nicht eingezogen wird u. d. i. Spiel bleibt. - **P. bieten,** Widerstand entgegensetzen.

Paros, griech. Zykladeninsel, 194 km², 8500 E; gebirgig; Marmorbrüche *(Parischer Marmor).*

Parotitis, *w.* [gr.], Entzündung d. Ohrspeicheldrüse; *epidemische P.* svw. → Mumps.

Paroxysmus [gr.], anfallartige höchste Steigerung eines Krankheitszustandes.

Parricida, *m.* [l.], Vater-, Verwandtenmörder, Beiname v. *Johann v. Schwaben.*

Parry ['pæɾɪ], William Edward (19. 12. 1790–8. 7. 1855), engl. Seefahrer; erforschte die am. Arktis; nach ihm ben. die kanad. *P.inseln,* 145 000 km² (→ Karte S. 752).

Parsberg (D-8433), St. i. Kr. Neumarkt i. d. Opf., Bay., 5701 E; AG; Brauerei.

Parsec, Parallaxen-Secunde, Abk. *pc,* Entfernungseinheit i. d. Astronomie (neben d. → Lichtjahr), entspricht d. Entfernung eines Sterns, dessen → Parallaxe 1 Bogensekunde beträgt; 1 pc = 3,086·10¹² km = 30,84 Billionen km = 3,26 Lichtjahre; 1 kpc = 10³ pc, 1 Mpc = 10⁶ pc.

Parseier Spitze, höchster Gipfel der Lechtaler Alpen, b. Landeck, 3038 m.

Parsen, *Parsi,* Nachkommen der → Parther, im 8. Jh. in O-Indien (bes. Bombay u. Singapur) eingewandert; etwa 100 000 Anhänger der Lehre des → Zoroaster.

Parsenn, Skigebiet bei Davos (Schweiz).

Parseval, *m.* (5. 2. 1861–22. 2. 1942), dt. Ingenieur; erfand mit Bartsch v. Sigsfeld den Drachenballon; baute später Prall-Luftschiffe.

Parsifal → Parzival.

Parsing, *s.,* Sprachanalyse v. geschriebener Sprache oder → Programmiersprachen.

Parsismus, urspr. polytheistische Volksreligion d. Parsen (Perser), seit → Zoroaster Monotheismus.

pars pro toto [l.], rhetorische Figur, bei der ein Teil das Ganze bezeichnet (z. B. *Kiel* für *Schiff*).

Parteien, 1) auf freier Werbung beruhende Vereinigung Gleichgesinnter, die pol. Geltung im Staate erstreben, um durch ihren Einfluß ihre Ziele durchsetzen zu können; Zus.schluß nach materiellen Interessen *(Ständische* bzw. *Klassen-P.)* od. geistigen Überzeugungen *(Weltanschauungs-P.);* meist jedoch Mischform, *Volkspartei,* auf breiter Basis beruhend (→ Parteien, Übers.); 2) gegner. Gruppen in Streitigkeiten, insbes. im Zivilprozeß.

Parteiengesetz vom 24. 7. 1967 i. d. Fassung v. 3. 3. 1989 regelt gemäß Artikel 21 Grundgesetz die Rechtsstellung der pol. Parteien, enthält Bestimmungen über ihren organisator. Aufbau und schreibt u. a. vor, daß jede Partei ein schriftlich niedergelegtes Programm aufweisen muß; enthält ferner Bestimmungen über das Finanzgebaren sowie über Erstattung d. Wahlkampfkosten aus öffentl. Mitteln u. über d. Annahme v. Spenden.

Partei-fähigkeit, d. h. Fähigkeit, in einem Zivilprozeß klagen oder verklagt werden zu können, ist meist gleich → Rechtsfähigkeit (§ 50 ZPO). – **P.streitigkeit,** Verw.rechtsstreit zw. gleichgeordneten Rechtsträgern (z. B. Gemeinden). – **P.vernehmung,** außerordentl. Beweismittel im Zivilprozeß auf Antrag einer Partei od. auf Anordnung d. Gerichts (§§ 445 ff. ZPO). – **P.verrat,** gemäß § 356 StGB strafbares Vergehen eines Anwalts, der in e. Rechtssache beiden Parteien pflichtwidrig dient.

Parterre, *s.* [frz.], 1) Erdgeschoß; 2) regelmäßig geformtes Gartenbeet; 3) im Theater die hinteren Zuschauerplätze zu ebener Erde.

Parthenogenesis, *w.* [gr.], *Jungfernzeugung,* Fortpflanzung ohne Befruchtung, besonders bei Gliederfüßern, Algen u. einigen Blütenpflanzen.

Parthenon, *m.,* Tempel d. jungfräul. *(parthenos)* Göttin Athene auf der Akropolis zu Athen (Abb. → Tafel Kunst d. Altertums). – **P.fries,** m. berühmten → Reliefs (Abb.) aus dem 5. Jh. v. Chr.; im Brit. Museum, London.

Parther, iran. Volk, das unter den *Arsakiden* (250 v. Chr.–226 n. Chr.) alle Länder zw. Europa u. Indus eroberte.

partial [nl.], *partiell,* teilweise.

Partie, *w.* [frz.], 1) Teil, Anzahl, Gruppe (z. B. *Waren-P.*); 2) Ausflug (z. B. *Land-P.*); 3) Gesangsrolle in Oper usw.; 4) Heirat, z. B. *gute P.;* 5) Runde bei best. Spielen (z. B. *Schach-P.*).

Partikel, *w.* [l.], Teilchen; auch unveränderlicher Redeteil (z. B. *nun*).

Partikelstrahlung → Korpuskularstrahlung.

partikulär [l.], abgesondert, besonders, einzeln.

Partikularismus, *Regionalismus,* pol. Bestreben z. B. der Länder eines Bundesstaates, die Eigeninteressen über das Ganze zu stellen; aus P. entspringendes Verhalten: **partikularistisch.**

Partisan [frz. „Parteigänger"], Angehöriger einer im Rücken des Feindes operierenden, nicht zur regulären Streitmacht gehörenden Gruppe; P.en durch Haager Abkommen v. 1949 nur als Teil d. bewaffneten Macht unter Schutz d. Kriegsrechts, wenn sie als organisierte Gruppen unter verantwortl. Führer, mit kenntl. Abzeichen, offen geführten Waffen u. unter Achtung d. Kriegsbräuche auftreten.

Partisane, *w.,* Spieß mit Doppelschneide u. zwei Zacken (16./17. Jh.).

Partita → Suite.

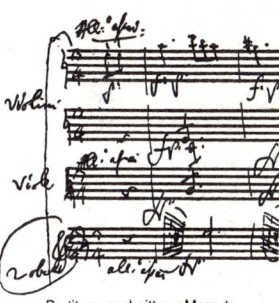

Partiturausschnitt aus Mozarts *„Entführung aus dem Serail"*

Partitur, *w.* [it.], übersichtl. Zusammenstellung aller taktweise übereinandergeschriebenen Stimmen eines Musikstücks.

partizipieren [l.], teilhaben, teilnehmen.

Partizipium, *s.* [l.], Mittelwort; Wort, das halb Zeitwort, halb Eigenschaftswort ist *(P. Präsens,* Mittelwort der Gegenwart: *brennend; P. Perfekt,* Mittelwort der Vergangenheit: *gebrannt).*

Partnach, r. Nbfl. d. Loisach, Oberbayern, entspringt a. d. Zugspitze, bildet *P.klamm,* mündet bei Garmisch-Partenkirchen.

Partner, *m.,* Teilhaber, Gegenspieler, Gefährte.

partout [frz. -'tu „überall"], dt. im Sinne von „durchaus" gebraucht.

Partus, *m.* [l.], svw. Geburt.

Partwork [engl. 'pɑːtwəːk], in Lieferungen oder Einzelbänden erscheinendes Buch od. Buchreihe.

Party [engl.], gesell. Zusammensein.

Parusie, *w.* [gr.], Ankunft; in der christl. Lehre Wiederkunft Christi am Jüngsten Tag.

Parvenu, *m.* [frz. *-və'ny*], Emporkömmling.

Parzelle, *w.* [frz.], Teil eines Baulandes od. eines Abbaugebietes für Schürfungen (z. B. Goldgräber-P.); auch kleines landw. Grundstück.

Parteien

Parteibildungen zu allen Zeiten des pol. Geschehens (z. B. in Rom Patrizier u. Plebejer, im MA Guelfen u. Ghibellinen). – Moderne P. mit organisierten Mitgliedern u. durch Werbung gewonnenen Wählern entwickelten sich zuerst in England, wo sich mit fortschreitender Demokratisierung des Wahlrechts Adelsparteien (Tories, Whigs seit Ende des 17. Jh.) u. bürgerl. Honoratiorenclubs allmählich zu festen Organisationen mit eigenen Beamten u. Funktionären umwandelten. Mit dem Aufkommen des Parlamentarismus im 19. Jh. P. auch in anderen Ländern; zunächst neben *konservativen* (vorwiegend Adel, Großgrundbesitz), die Bestehendes (Vorrechte ihres Standes, ihrer Klasse) verteidigen, *liberale* (vorwiegend ind. Groß- u. Kleinbürgertum), die pol. Gleichberechtigung, zugleich nationale Ziele (in Dtld nat. Einheit) erstreben. In der 2. Hälfte des 19. Jh., mit Entstehen des Sozialismus, *sozialistische P.* – Nach ihrer Sitzordnung im Parlament Bez. der Konservativen als *Rechts-P.,* der Liberalen als *Mitte* (urspr. Links-P.), der Sozialisten als *Links-P.* (vom engl. Parlament übernommen, wo bereits im 17. Jh. die „liberalen" Whigs links von den „konservativen" Tories saßen). In England u. USA praktisch noch heute Zweiparteiensystem: Regierungspartei u. Opposition. Im Mehrparteiensystem zur Bildung tragfähiger Reg. häufig Parteikoalitionen erforderlich. Das Einparteiensystem (Nationalsozialismus, Faschismus, Kommunismus) widerspricht d. Grundgedanken des Parlamentarismus.

Deutsche Parteien, im 19. Jh. entstanden, zunächst innerhalb des Bürgertums u. als demokratische, liberale u. fortschrittliche, dann auch als konservative Parteien. Anfangs nur lose Gruppenbildungen in den Landtagen, dauerhaftere Gruppierungen seit 1866: in Preußen *National-Liberale, Fortschrittspartei* und *Konservative.* Das *Zentrum* (1870) faßte sozial sehr verschieden geschichtete Volkskreise (Hochadel, Bürgertum, christl. Gewerkschaften) auf der gemeinsamen Grundlage der kath. Weltanschauung zus. Hinzu trat im letzten Drittel des Jh. die pol. Vertretung der Arbeiterschaft. August Bebel seit 1867 der einzige Sozialist im Norddt. Bundestag; 1877 errang Sozialistische Arbeiterpartei (1869 gegr.) 12 Reichstagsmandate. Seit 1891 *Sozialdemokratische Partei Dtlds, SPD* (→Sozialismus, Übers.), 1912 mit 110 Mandaten stärkste Fraktion im Reichstag. 1917 Abspaltung d. *Unabhängigen Sozialdemokraten.*

Nach 1918. Neugruppierung der Parteien mit Ausnahme der *SPD* und des *Zentrums,* von dem sich die *Bayerische Volkspartei (BVP),* betont föderalistisch, abspaltete. *Deutsche Volkspartei, DVP,* aus National-Liberalen, von Stresemann 1919 gegr. – *Deutsche Demokratische Partei (DDP)* aus der Freisinnigen u. der Fortschrittlichen Volkspartei hervorgegangen, erster Führer Friedrich Naumann: ging 1930 in der *Staatspartei* auf. – *Deutsch-Nationale Volkspartei (DNVP),* konservativ, zunehmend nationalistisch, mit starken Beziehungen zu Landwirtschaft und Industrie (Führer Alfred Hugenberg). – Gründung und Anfänge der *Kommunistischen Partei Deutschlands (KPD)* und der *Nationalsozialistischen Deutschen Arbeiterpartei (NSDAP).* – Durch das Verhältniswahlrecht (→ Wahlsysteme), die Weimarer Verfassung begünstigt, zunehmende Zersplitterung der bürgerl. Mitte (nach 1930 bis 35 Parteivorschläge bei d. Reichstagswahlen). Anwachsen d. radikalen Parteien: KPD und NSDAP. **Nach 1933** Verbot d. KPD u. Auflösung d. Parteien; NSDAP einzige Partei.

Parteien nach 1945. Lizenzierungszwang für Parteien seitens d. Besatzungsmächte; in d. Sowjetzone Parteilizenzierung auf Zonenbasis, in d. W-Zonen zunächst regional, dann auf Länderbasis; Zusammenschluß d. regionalen Parteien auf Bundesbasis erst s. 1948: Aufhebung d. Lizenzierungszwanges in d. US-Zone 1949, in der brit. u. frz. Zone 1950. In der Sowjetzone bzw. DDR *Sozialistische Einheitspartei Deutschlands,* **SED,** marxist. Arbeiterpartei, durch Verschmelzung d. **KPD** (seit 1945; 1956 in BR verboten; 1968: **DKP** neu gegr.) m. Teilen d. SPD 22. 4. 1946 entstanden, Staatspartei der DDR (bis 1990; Dez. 1989 Umbenennung in **SED-PDS,** s. Febr. 1990 **PDS,** *Partei d. Demokratischen Sozialismus,* 285 000 Mitgl. (1991); bis 1989 von ihr abhängig die 1948 gegründeten **NDPD,** *National-Demokratische Partei,* u. **DBD,** *Demokratische Bauernpartei Dtlds,* dazu d. 1945 gegr. **LDPD,** *Liberal-Demokratische Partei Dtlds* (1945 gegr., s. 1990 **LDP,** Vereinigung m. FDP u. DFP zu *Bund Freier Demokraten,* Zus.schluß m. West-FDP), **FDP,** *Freie Demokratische Partei* (1990 gegr., Vereinigung m. LDP u. DFP zu *Bund Freier Demokraten,* Zus.schluß m. West-FDP), **DFP,** *Deutsche Forumpartei* (1990 gegr., Vereinigung m. LDP u. FDP zu *Bund Freier Demokraten,* Zus.schluß m. West-FDP) u. **CDU** (1945 gegr., 1990 Zus.schluß m. West-CDU), **DSU,** *Deutsche Soziale Union*

Zusammensetzung der Volksvertretung
BR 1991

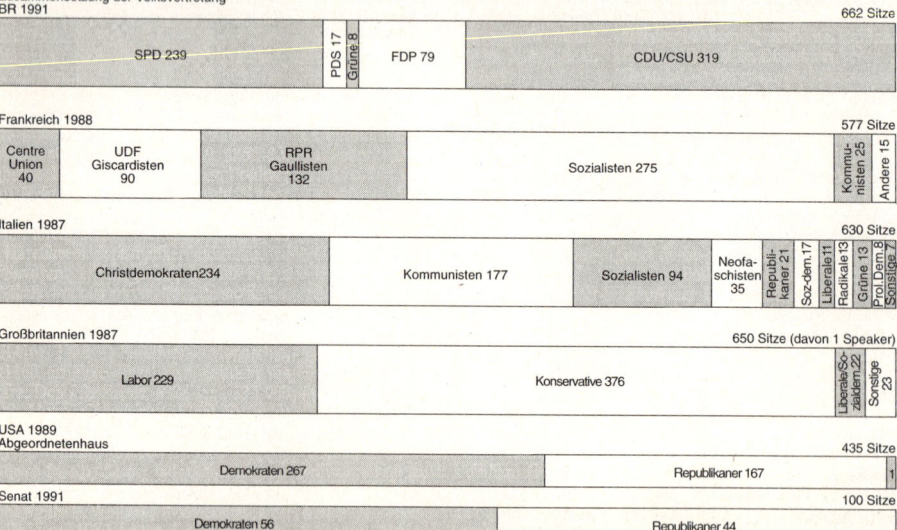

Parteien (Fortsetzung)

(1990 gegr., Schwesterpartei der bayr. CSU), **SDP**, *Sozialdemokratische Partei* (1989 gegr., 1990 Umbenennung in **SPD**, Zus.schluß m. West-SPD), **NF**, *Neues Forum* (1989 gegr., Vereinigung m. *Demokratie Jetzt* u. *Initiative Frieden u. Menschenrechte* zu **Bündnis 90**, Wahlbündnis m. Ost-Grünen), **Grüne Partei** (1990 gegr., Bündnis m. **UFV**, *Unabhängiger Frauenverband*, Zus.schluß m. West-Grünen).
Auf d. Boden d. späteren BRD entstanden: **SPD**, *Sozialdemokratische Partei Dtlds*, 1945 in allen Zonen neu gegr., 943 000 Mitgl. (1991). – *Christlich-Demokratische Union*, **CDU**: 20. 10. 1950 Zusammenschluß aller Landesverbände i. d. BR, 800 000 Mitgl.; Arbeitsgemeinschaft mit der organisator. selbständigen *Christlich-Sozialen Union*, **CSU** in Bayern, gegr. 8. 1. 1946, 186 000 Mitgl.; im Bundestag CDU/CSU-Fraktion. Beide „Volksparteien der Mitte". – *Freie Demokratische Partei*, **FDP**: In den 3 Westzonen Zusammenschluß d. Landesverbände (in den einzelnen Ländern mit unterschiedl. Namen) am 12. 12. 1948 zur FDP, 179 000 Mitgl. – **Die Grünen**, als Bundespartei am 1. 1. 1980 gegr., entstanden aus regionalen Wählervereinigungen („grüne", d. h. ökologisch orientierte, u. „bunte", basisdemokr. Listen), 42 000 Mitgl. – Eine pol. Rolle spielen in d. BR nur die o. a. Parteien; weder die rechtsextremen wie NPD oder REPs noch die linksextremen wie DKP sind im Bundestag vertreten. Auch die übrigen Gruppierungen führen nur ein pol. Schattendasein od. sind bereits eingegangen: *Wirtschaftl. Aufbauvereinigung*, **WAF**, in Bayern, 1945–51; mittelständisch. – *Bayern-Partei*, **BP**, in Bayern gegr. 1947; bürgerl.-liberal-föderalistisch. – *Deutsche Zentrumspartei (Zentrum)*, **ZP**, 1945 in d. brit. Zone gegr. – *Deutsche Partei*, **DP**, seit 1947, als *Niedersächs. Landespartei (NLP)*, 1946 gegr., konservativ; 1957 m. FVP vereinigt. →GDP. – *Dt. Reichspartei*, **DRP**, vorwiegend in Niedersachsen; rechtsradikal; 1965 in d. →NPD aufgegangen. – *Südschleswigscher Wählerbund*, **SSW**, im nördl. Schleswig-Holstein. – *Bund der Heimatvertriebenen u. Entrechteten*, **BHE**, seit 1950, s. Sept. 1952 *Gesamtdeutscher Block* (GB/BHE). →GDP – *Gesamtdt. Volkspartei*, **GVP**, 1952–57, u. *Bund d. Deutschen*, **BdD**,

gegr. 1953, gg. Einbeziehung d. BR in westl. Verteidigungssystem. – *Föderalist. Union*, **FU**, Zusammenschluß d. Zentrumspartei m. der Bayernpartei für d. Bundestagswahlen 1957. – *Dt. Friedensunion*, **DFU**, gegr. 1960; f. neutralist. Dtld. – *Gesamtdt. Partei*, **GDP**, 1961 aus DP u. BHE gebildet. – *Nationaldemokratische Partei Dtlds*, **NPD**, 1964 gegr., rechtsgerichtet, von ihr abgesplittert 1967 d. *Nationale Volkspartei*, **NVP**. – *Aktionsgemeinschaft Unabhängiger Deutscher*, **AUD**, 1965 gegr., linksgerichtet, neutralistisch. – *Deutsche Kommunistische Partei*, **DKP**, 1968 neu gegr. nach Verbot der KPD von 1956, 51 000 Mitgl. – *Kleine Splittergruppen* u. a. *Aktion demokratischer Fortschritt*, **ADF**, Wahlbündnis; 1968 gebildet aus DKP, DFU, BdD, *Demokrat. Bauernaktion, Sozialist. Dt. Arbeiterjugend* (SDAJ) u. *Sozialist. Studentenbund* (SDS); *Deutsche Union*, **DU**; *Deutsche Volkspartei*, **EFP**; *Grüne Liste Umweltschutz*, **GLU**; *Ökologisch-Demokratische Partei*, **ÖDP**; **Die Republikaner**; *Liberale Demokraten*, **LD**.
Parteien in Österreich: *Östr. Volkspartei*, **ÖVP**, 1945 gegr., bürgerlich. – *Sozialdemokratische Partei Östr.*, **SPÖ**, 1945 neu gegr. (früher *Sozialistische Partei*); 1966 Abspaltung der *Demokratischen Fortschrittliche Partei*, **DFP**. – *Freiheitliche Partei Östr.*, **FPÖ**, 1956 gegr., nationalliberal. – *Kommunistische Partei Östr.*, **KPÖ**, 1945 neu gegr.; *Österreich-Partei*; „*Ausländer-Halt-Bewegung*" **AUS**; *Alternative Liste Östr.*, **ALÖ**; *Vereinte Grüne Östr.*, **VGÖ**.
Parteien d. Schweiz: *Freisinnig-Demokratische Partei*, 1847 gegr., liberal. – *Christlich-Demokratische Volkspartei*, **CVP** (bis 1970 *Konservativ-Christlich sozial Volkspartei*, 1847 gegr.). – *Sozialdemokratische Partei*, 1888 gegr. – *Schweizerische Volkspartei*, **SVP** (s. 1971 Bez. f. d. frühere *Bauern-, Gewerbe-* u. *Bürgerpartei*, 1919 abgespalten v. d. FdP). – *Liberale Partei*, **LP** (1961–77 *Liberal-Demokratische Union*, vorher *Liberal-Demokratische Partei*, 1911 gegr.); *Landesring der Unabhängigen*, 1935 gegr.; *Evangelische Volkspartei*, **EVP**, 1919 gegr.; *Nationale Aktion für Volk und Heimat*, 1961 gegr.; **Grüne**.

Wahl jahr	CDU/CSU		SPD		FDP		BP		ZP		DP		BHE		KPD		DAP/DKP		SSW		Grüne		insges.	
	St.	Sitze	St.	Sitze	St.	Sitze	St.	Sitze	St.	Sitze	St.	Sitze	St.	Sitze	St.	Sitze	St.	Sitze	St.	Sitze	St.	Sitze	St.	Sitze
1949	7359	139	6935	131	2830	52	986	17	727	10	940	17			1362	15	429	5	75	1			23732	402
1953	12444	244	7945	151	2629	48	466	–	217	2	896	15	1617	27	603	–	296	–	44	–			27551	487
									FU		DP/FVP		GB/GHE				DAP							
1957	14999	270	9491	169	2305	41	–		254		1006	17	1373	–			–	308	–	32	–			29886	497
									GDP				DFU											
1961	14298	242	11427	190	4029	67			–	871			610	–	263	–	25	–					31551	499
															NPD									
1965	15524	245	12813	202	3097	49							434	–	664	–							32620	496
													ADF/DFU											
1969	15203	242	14073	224	1904	30							198	–	1422	–							32982	496
1972	16805	225	17175	230	3129	41																		
1976	18394	243	16099	214	2995	39																		
1980	16900	226	16262	218	4030	53																		
1983	16891	244	13548	193	2333	34													1846	27				
1987	16762	223	14026	186	3441	46													3126	42				
													PDS		B90/Grüne									
1990	20358	319	15545	239	5123	79							1129	17	559	8	1788				46455,8	662		

Parzen [gr. „Moiren"], die (antiken) Schicksalsgöttinnen; *Klotho* spinnt, *Lachesis* reicht den Lebensfaden zu, *Atropos* schneidet ihn ab.

Parzival, *Parsival,* kelt. Sagenheld, nach pers. Motiven, im altfrz. Epos des Chrestien de Troyes m. d. *Gralssage* verknüpft, durch Wolfram v. Eschenbach Sinnbild des ritterl. Jünglings, dessen Reinheit sich i. d. Welt bewähren muß; Bühnenweihfestspiel v. R. Wagner: *Parsifal.*

PAS, Abk. f. *Para-Amino-Salicylsäure,* ein → Tuberkulostatikum.

Pas, *m.* [frz. *pa*], Schritt, Tanzschritt. – **P. de deux** [*pad(ə)'dø*], im Ballett Paartanz.

Pasadena [*pæsə'dinə*], St. im südl. Kalifornien (USA), 119 000 E; Uni., Technolog. Inst.; n. v. P. d. Mt. Wilson mit Observatorium.

Blaise Pascal

Pascal, Blaise (19. 6. 1623–19. 8. 62), frz. Phil., Math., Begr. der Wahrscheinlichkeitsrechnung; betonte den Vorrang des Glaubens vor d. Wissen, Jansenist (→ Jansen); *Lettres provinciales; Gedanken über die Religion.*

Pascal, Abk. *Pa,* Maßeinheit f. → Druck, 1 Pa = 1 N/m²; 100 Pa = 1 hPa (→ Hektopascal) = 1 mbar.

Pasch, *m.,* Wurf im Würfelspiel, bei dem mehrere Würfel gleiche Augenzahl zeigen.

Pascha, *m.,* Titel hoher türk. u. ägypt. (Militär-)Beamter; hinter dem Namen, z. B. Kemal-Pascha.

Paschalis, 3 *Päpste:* **1)** P. I., 817–24; **2)** P. II., 1099–1118, setzte nach erfolglosem Reformversuch den Investiturstreit gegen Heinrich IV. u. V. fort; **3)** P. III., 1164–68, Gegenpapst Alexanders III., sprach Karl d. Gr. 1166 heilig.

paschen, schmuggeln.

pascholl! [russ.], marsch! vorwärts!

Pascoli, Giovanni (31. 12. 1855–6. 4. 1912), it. Lyriker; *Myricae.*

Pas de Calais [*padka'lɛ*], **1)** engste Stelle des → Ärmelkanals, 32 km breit; **2)** frz. Dép. an der Kanalküste, fruchtbares Tiefland, 6672 km², 1,42 Mill. E; Hptst. *Arras.*

Pasewalk (D-2100), Krst. in M-V., 15 768 E; Mühlen- u. Holzind.

Pasigraphie, *w.* [gr.], *Ideographie,* Zeichenschrift, die Begriffe durch Symbole ausdrückt.

Paso, El, St. im US-Staat Texas, am Rio Grande del Norte, nahe der mexikan.

Grenze, 425 000 E; Textilind., Hüttenwerke, Ölraffinerien.

Pasodoble, *m.* [span. „Doppelschritt"], urspr. ein Marsch; lebhafter Tanz im ²⁄₄-od. ³⁄₄-Takt.

Pasolini, Pier Paolo (5. 3. 1922–1. 11. 1975), it. Regisseur u. Schriftst.; sozialkrit. Filme, christl. u. marxistisch beeinflußt; *Accatone* (1961); *Mama Roma* (1962); *Il vangelo secondo Matteo* (1964); *Teorema* (1968); *Medea* (1970).

Paspel, *m.* [frz. „passepoil"], schmaler andersfarbiger Nahtbesatz an Uniformen und Kleidern.

Pasquill, *s.* [it.], (anonyme) Schmäh-, Spottschrift.

Paß, 1) Personenausweis, insbes. f. Überschreitung v. Staatsgrenzen (in BR Ges. v. 4. 3. 1952). → Nansenpaß; **2)** niedrigster Übergang über e. wasserscheidenden Gebirgskamm; Durchgang durch eine Talschlucht: *Engpaß;* **3)** Zuspiel bei Mannschaftssportarten; **4)** *Reitsport:* Gangart d. Pferdes, bei der die seitengleichen Beine gleichzeitig dieselbe Bewegung ausführen.

passabel [frz.], leidlich.

Passacaglia [-'kaʎa], instrumentale Variationskette über einem → Ostinatobaß, in getragenem ³⁄₄-Takt; vgl. → Chaconne.

Passage, *w.* [frz. -'saʒə], **1)** Durchfahrt; überdachter Durchgang (meist durch Gebäude); **2)** *mus.* schnelle Tonfolge; **3)** *astronom.* Durchgang e. Gestirns durch d. Meridian, beobachtet mit **P.ninstrument** od. Meridiankreis.; **4)** Über-(see)fahrt.

Passah, *s.* [hebr. „pesach"], jüd. 7tägiges Fest, zur Erinnerung an den Auszug aus Ägypten.

Passameter, Instrument f. präzise Außenmessungen.

Passarge, poln. *Pasłęka,* Fluß im ehem. Ostpreußen, 171 km lang; ins Frische Haff.

Passarowitz, serb. *Požarevac,* jugosl. St. südöstl. Belgrad, 40 000 E; 1718 Friede zw. Östr. u. Türkei: Banat, N-Serbien, Kl. Walachei an Östr.

Passate, ständig wehende trockene Winde (Schönwettergebiet) auf den Meeren der heißen Zone: zw. 10° und 30° nördl. Br. aus NO, zw. 0° u. 25° südl. Br. aus SO; zw. ihnen der windstille, regenreiche sog. *Kalmengürtel* (innertrop. Konvergenzzone).

Passau (D-8390), krfreie St. an Donau, Inn u. Ilz, Bay., 49 137 E; spätgot. Rathaus, Dom (15.–17. Jh.; größte Kirchenorgel der Welt), Veste Oberhaus; Nibelungenhalle; kath. Bistum, kath. Philos.-Theol. HS, IHK, HWK, LG, AG, Arbeits-Ger.; Uni.; Brauereien; Donaukraftwerke *Kachlet* u. *Jochenstein.*

passé [frz.], vergangen, vorbei.

Passeiertal, Alpental b. Meran.

Passepartout, *m.* [frz. *paspar'tu*], **1)** auswechselbarer Schutzrahmen um ein Bild

oder ein Lichtbild; **2)** Dauereinlaßkarte; **3)** Hauptschlüssel.

Paßgang, Schaukelgang von Vierfüßern, d. beide Füße einer Seite gleichzeitig heben u. senken, z. B. Kamele; i. MA Damenpferden (→ Zeltern) andressiert.

Passiergewicht, Gewicht, das Münzen auch nach Abnutzung noch haben müssen, um gesetzl. Zahlungsmittel zu sein.

Passion [l. „passio = Leiden"], **1)** das Leiden Christi, aufgezeichnet in der *Passionsgeschichte* der Evangelien. *P.s-andachten* u. *P.sgottesdienst* in der *P.szeit* (Fastenzeit) von Aschermittwoch bis Karsamstag. Die P. vielfach gestaltet in der bildenden Kunst u. Musik (*Matthäus-* u. *Johannes-P.* v. Bach), als geistl. Dramen: **Passionsspiel,** v. MA (→ Mysterienspiele) bis heute in regelmäßig wiederholten Aufführungen an versch. Orten erhalten: Oberammergau, Erl (Tirol); **2)** svw. Hang, Leidenschaft, Liebhaberei.

passionato, *s.* [it.], *appassionato, mus.* leidenschaftlich.

passioniert, leidenschaftlich auf etwas erpicht.

Passionsblume, Rankenpflanze des wärmeren Amerika; bei uns Zierpflanze; im Bau d. Blüte wurden Abbilder d. Marterwerkzeuge Christi gesehen; bis melonengroße Beeren b. einigen Arten eßbar *(Granadilla).*

passiv [l. „leidend"], untätig.

Passiva [l.], Eigen- u. Fremdkapital einer Unternehmung; auf der *rechten* Seite der → Bilanz (Übers.) aufgezeichnet.

passive Handelsbilanz → Handelsbilanz.

passiver Widerstand, *passive Resistenz,* duldender Widerstand gegen übermächtigen Gegner, durch systemat. Verweigerung der Mitarbeit, Boykott, auch Sabotage; in Dtld 1923 im Ruhrgebiet gg. die Franzosen versucht, im ind. Freiheitskampf → Non-cooperation (Gandhi); heute → Go-in, Sit-in, Menschenkette, *Blockade* u. ä.

Passivgeschäfte, bei Banken Geschäfte, durch die Banken selbst Kredit *aufnehmen* (Depositengeschäfte, Pfandbriefausgabe; Banknotenausgabe bei Notenbanken); Ggs.: *Aktivgeschäfte.*

Passivum, *s.* [l.], Leideform d. Zeitworts, m. Hilfszeitwort *werden* gebildet (z. B. *er wird geschlagen*).

Passung, genormte Maßordnung f. d. Ineinanderpassen v. Werkteilen (z. B. Wel-

Passau

le u. Lager); 4 Grade: *Edel-P.* f. Feinmechanik, *Fein-P.* f. Masch.- u. Motorenbau, *Schlicht-P.* f. Kraftwagen-, Kessel-
bau usw., *Grob-P.* f. Landmasch.-, Waggonbau u. a.
Passus, *m.* [l. „Schritt"], Stelle in einem
Text.
Pasta, Paste, *w.* [it.], 1) teigige, zähe
Masse (häufige Form v. Salben od. Genußmitteln, z. B. *Zink-P., Fleisch-P.*); 2)
Abdruck v. geschnittenen Steinen in er-
starrender Teigmasse; 3) künstl. Glasstein.
Pastell, *s.* [it.], Trockenmalerei mit farbigen Kreiden, s. 16. Jh.; Blüte im 18. Jh.:
Carriera, Qu. de la Tour, Liotard,
Mengs; im 19. Jh. Degas u. Renoir.
Pasternak, Boris (10. 2. 1890–30. 5.
1960), sowj. Dichter; Lyrik; Verserzäh-
lungen u. Übertragungen; Nobelpr. 1958
f. Roman *Dr. Schiwago* abgelehnt.
Pasterze, bedeutendster Gletscher d.
Hohen Tauern (Glocknergruppe), 19
km², 8 km lang.

Louis Pasteur

Pasteur [-'tœːr], Louis (27. 12. 1822–28.
9. 95), frz. Chem. u. Bakteriologe;
Schutzimpfung gg. Milzbrand 1881 u.
Tollwut 1885.
pasteurisieren, Haltbarmachung bes.
flüssiger Lebensmittel (→ Milchkonservierung) durch Abtöten d. Bakterien u.
Schädigung d. Bakt.sporen bei Erhitzung
auf 58–90 °C.
Pastille, *w.* [frz.], Tablette aus Zucker
oder anderen Bindemitteln als Träger des
Arzneistoffes.
Pastinak|e, *Pasternak,* Doldenblütler;
junge Wurzeln Suppengemüse, Viehfutter.
Pastor [l. „Hirt"], Pfarrer, (ev.) Geistlicher; *Pastorat,* Amt u. Amtswohnung e.
Geistlichen.
Pastorale, *s.* [it.], 1) Hirtenpoesie, Schäferspiel; 2) *mus.* Szenen m. bukolische
Kolorit (Pastoraloper), instrumentale
Einzelsätze od. Werke (6. Sinfonie Beethovens).
Pastoralring, Bischofs- u. Abtring.
Pastoraltheologie, Teil der praktischen
kath. Theologie, bes. Wiss. v. d. Seelsorge.
pastos [it.], dicker Farbauftrag bei Ölmalerei.
Pästum, gr. *Poseidonia,* v. Griechen um
600 v. Chr. gegr. Kolonie an d. W-Küste

Pästum, *Poseidontempel*

Unteritaliens südlich Neapel, im 9. Jh. v.
Sarazenen zerstört; drei guterhaltene do-
rische Tempel.
Patagonien, südl. Landschaft S-Ameri-
kas. Steppenhochland mit kühlem und
trockenem Klima; *O-P.* argentinisch, *W-
P.* chilenisch.
Patagonier, Indianer S-Amerikas, No-
maden und Jäger.
Pate, *Gevatter,* Zeuge u. Bürge b. Taufe
u. Firmung.
Patella, *w.* [l.], Kniescheibe.
Patellarreflex, *m.,* Kniesehnenreflex:
Muskelzuckung mit ruckartiger Streck-
bewegung d. gebeugten Unterschenkels
b. Beklopfen d. Kniesehne unterhalb d.
Kniescheibe; fehlt bei manchen Nervenkrankheiten.
Patene, *w.* [l.], Metallteller für Hostie,
Abendmahloblate (-brot).
Patenschaft, Patenamt bei Täuflingen;
auch übertragen (z. B. P. einer Stadt für
ein Schiff).
Patent, *s.* [l.], 1) früher Anstellungsurkunde d. Beamten u. Offiziers (bes. auf
Schiffen); *Kapitänsp.;* 2) die v. Staate verliehene Befugnis, d. Gegenstand e. Erfindung allein gewerbsmäß. herzustellen, in
Verkehr z. bringen, feilzuhalten od. zu
gebrauchen; wird erteilt f. neue Erfindungen, die e. gewerbl. Verwertung gestatten; ausgeschlossen sind gesetz- od. sit-
tenwidrige Erfindungen sowie Erfindungen v. Nahrungs-, Genuß- u. Arzneimitteln u. Stoffen, die auch chem. Wege hergestellt werden. – P.amt, staatl. Behörde,
zuständig f. Prüfung, Erteilung, Nichtigkeitserklärung u. Zurücknahme v. Patenten, zwangsweise Erteilung von Lizen-
zen, für das Gebrauchsmuster- u. Waren-
zeichenwesen; auch Erstattung von Gutachten. *Reichs-P.amt* bis 1945 in Berlin;
Bundes-P.amt in München, Zweigstelle in
Berlin. Seit 1949 wieder Möglichk. der
Anmeldung v. Patenten, zunächst Erteilung ohne Prüfungsverfahren, s. 1952
wieder Neuheitsprüfung; Entscheidungen d. P.amts können b. Bundes-P.ge-
richt (München) angefochten werden. –
P.anwalt, akad. Beruf zur Vertretung anderer Personen v. d. Patentamt; Voraussetzung: abgeschlossenes Studium, Nachweis techn. Befähigung, Ablegung einer
Prüfung über die erforderl. Rechtskennt-
nisse. – **P.recht,** das gesamte P.wesen
betreffenden Bestimmungen des → gewerblichen Rechtsschutzes; in Dtld
P.ges. vom 5. 5. 1936, in d. BR in d. Fassung v. 16. 12. 1980. Erste Regelung in

England 1624, in USA 1790, Frkr. 1791,
Preußen 1815, i. Dt. Reich 1877; versch.
intern. Abkommen u. zwischenstaatl.
Verträge; MPI f. P.recht in München.
Pater, 1) Jean-Baptiste [*pa'teːr*] (29. 12.
1695–25. 7. 1736), frz. Maler d. Rokoko;
Watteau-Schüler; 2) Walter [*'paːtər*] (4. 8.
1839–30. 7. 94), engl. Schriftst.; *Renais-
sance, Plato.*
Pater [l. „Vater"], Mz. *Patres,* kath. Or-
densgeistlicher.
Paternität, *w.,* 1) svw. → Vaterschaft; 2)
Anrede des Ordensgenerals d. Jesuiten
(u. a. Orden).
Paternò, St. in der it. Prov. Catania auf
Sizilien, 46 000 E.
Paternoster, *s.* [l.], *Vaterunser,* Gebet Je-
su, nach jüd. Vorbild.
Paternosteraufzug, Personenaufzug m.
ständig umlaufenden Fahrkörben (Kabi-
nen).
Pater patriae [l. „Vater d. Vaterlan-
des"], altröm. Ehrentitel.
Paterson [*'pætəsn*], St. im US-Staat New
Jersey, am Passaic, 138 000 E; Seiden- u.
Eisenind.
pathetisch [gr.], leidenschaftlich; feier-
lich.
Pathet-Lao → Laos.
-pathie [gr.], in zus.gesetzten Wörtern:
-krankheit, -leiden (z. B. *Hepatopathie,*
Leberleiden).
pathogen, krankheitserregend.
Pathogenese, Entstehung einer Krankheit.
Pathologie [gr.], Lehre v. den Krankheiten, bes. ihren Ursachen.
pathologisch, krankhaft.
Pathos, *s.* [gr. „Leiden"], Leidenschaft,
feierlich-schwungvolle Ausdrucksform.
Patience, *w.* [frz. *pa'sĩãs*], Kartengeduld-
spiel.
Patient [l.], Kranker.
Patina, *w.* [l.], *Edelrost,* Kupfercarbonat
od. Kupfersulfat als grünliche Schicht
auf Kupfer durch atmosphär. Einwirkung v. Kohlen- od. Schwefeloxid; auch
künstl. hervorgebracht; fälschl. oft
→ *Grünspan* genannt.
Patini(e)r, Joachim (um 1475/80–vor 15.
10. 1524), ndl. Maler u. Zeichner d.
Frührenaiss.; Wegbereiter d. Land-
schaftsmalerei.
Patisserie [frz.], feines Gebäck; Fein-
bäckerei.
Patmos, griech. Insel (Sporaden), 28
km², 3000 E; Johanneskloster (1088
gegr.).
Patna, Hptst. d. ind. Staates Bihar, am
Ganges, 916 000 E; Uni., Teppichind.
Patois, *s.* [*pa'tŏa*], von der frz. Schriftsprache abweichende mundartliche
Sprechweise.
Patras, *Paträ,* Hptst. d. griech. Nomos
Achaia u. Elis, Ind.st. u. Hafen am *Golf
v. P.,* 154 000 E.
Patria, *s.* [l.], das Vaterland.
patriarchalisch, altväterlich, altehrwür-
dig; vaterrechtlich; als Mann seine Auto-
rität (bes. i. d. Familie) geltend machend.

Patriarchat, s. [gr.], **1)** Patriarchenwürde; **2)** Gesellschaftsform: Herrschaft des Vaters, Sippen- u. Stammesältesten; auch svw. Erbmonarchie.

Patriarchen [gr.], **1)** im A. T. die Stamm-(Erz-)Väter Israels: *Abraham, Isaak, Jakob;* **2)** in der christl. Kirche die Bischöfe mit Vorrangstellung in Konstantinopel, Alexandria, Antiochia, Jerusalem; noch jetzt in d. morgenländ. Kirchen; **3)** in der *röm.-kath. Kirche* Titel einiger Erzbischöfe.

Patrick [*pæ*-] (um 389–461), Apostel u. Nationalheiliger Irlands.

Patrimonial-gerichtsbarkeit, bis 1877 niedere Gerichtsbarkeit, *Erbgericht* der Gutsherren auf Rittergütern. – **P.staat,** svw. Erbmonarchie.

Patrimonium [l.], **1)** väterl. Erbteil; **2)** Rechtsgewalt des Vaters über die Kinder; **3)** Erbgut des röm. Kaisers u. später der Kirche. – **P. Petri,** der → Kirchenstaat.

Patriot, Flugabwehrraketensystem gg. Luftangriffe aus mittl. bis sehr großen Höhen. Ein phasengesteuertes Multifunktionsradar ermöglicht den gleichzeitigen Einsatz von bis zu 8 Flugkörpern pro Batterie. Der nichtnukleare Lenkflugkörper fliegt mit mehrfacher Schallgeschwindigkeit u. erreicht Spitzengeschwindigkeiten von 1,6–2,0 km/Sek. Der Flugkörper hat einen Abfangradius von mehr als 80 km. Jede Rakete wiegt 0,9 t, hat eine Länge von 5,30 m u. einen Durchmesser von 39 cm. Eine Feuereinheit (mit Feuerleit- und Kommandofahrzeug sowie mit ausfahrbarer Radaranlage) besteht aus 6–8 Startgeräten mit jeweils 4 Raketen. Kosten für eine Einheit rd. 100 Mill. Dollar. Wurde im 2. → Golfkrieg gg. irak. → Scud-B-Raketen eingesetzt.

patriotisch [l.], vaterlandsliebend.

Patriotismus, *m.,* Vaterlandsliebe, -gefühl; *Lokal-P.,* auf die engste Heimat beschränkter P.

Patristik, *Patrologie, w.* [gr.], Wissenschaft, die die Lehre der Kirchenväter behandelt.

patristische Philosophie, Phil. der → Kirchenväter.

Patrize, *w.* [l. „pater = Vater"], in Stahl geschnittene Type, die zur Vervielfältigung in Kupfer abgeformt wird (→ Matrize).

Patrizier, i. alten Rom die Mitgl. der i. Senat vertretenen Familien; im MA die pol. einflußreichen bürgerl., an d. Verwaltung der Städte beteiligten Geschlechter; heute Bez. f. altangesehene Familien (z. B. in den Hansestädten).

Patroklos, Achills Freund in Homers *Ilias.*

Patron [l.], Schutzherr, Schutzheiliger; auch Inhaber eines **Patronats,** d. h. d. Rechte u. Pflichten des Schutzherrn einer Kirche (z. B. Besetzung d. Ämter, Unterhaltung).

Patrone, *w.* [l.-frz.], Hülse mit Pulverla-

dung u. eingepaßtem Geschoß bei Handu. Schnellfeuerwaffen; bei *Platz-P.* Geschoß aus Holz od. Papiermasse, geringe Pulverladung.

Patronymikon, s. [gr.], nach d. Vaternamen gebildeter Eigenname (z. B. *Petersen, Gunnarsson*).

Patrouille, *w.* [frz. -'truljə], Spähtrupp, Streife.

Patt, 1) beim *Schach:* Zugzwang f. den an sich nicht angegriffenen König, ohne daß er auf ein unbedrohtes Feld rücken kann; Partie unentschieden; **2)** pol. oder mil. Gleichgewicht der Kräfte (atomares P.).

Patte, *w.* [frz. „Pfote"], aufgesetzter schmaler Stoffteil.

Pau [po], Hptst. des frz. Dép. *Pyrénées-Atlantiques,* 86 000 E; Schloß Heinrichs IV. (14. Jh.).

Paukboden, Fechtboden.

Pauke, *Kessel-Pauke,* Schlaginstrument; Kupferkessel, m. Tierhaut bespannt, durch Spannen in versch. Tonhöhen zu stimmen, an modernen Instrumenten mittels Pedals (Abb. → Orchester).

pauken, (student.) fechten; (Schülersprache) angestrengt lernen.

Paukenhöhle, Sitz des Mittelohrs, → Ohr.

Paukwichs, Schutzbandagen b. d. studentl. Mensur.

Paul, a) *Päpste* (insges. 6): **1)** P. III., *Alessandro Farnese* (1468–10. 11. 1549), Renaissancepapst, 1534–49, trieb Familienpolitik, Mäzen Michelangelos; 1545 Konzil v. Trient; **2)** P. IV., *Gian Pietro Caraffa* (28. 6. 1476–18. 8. 1559), Papst 1555–59, Erlaß des ersten *Index der ver-*

Papst Paul VI.

botenen Bücher; **3)** P. VI., *Giovanni Battista Montini* (26. 9. 1897–6. 8. 1978), s. 1954 Erzbischof v. Mailand, 1958 Kardinal, seit 1963 Papst; schloß 1965 das II. Vatikan. Konzil ab; viele Reisen (u. a. 1964 Pilgerfahrt n. Palästina u. z. Eucharist. Weltkongreß n. Bombay). – **b)** *Fürsten:* **4)** P. I. (1. 10. 1754–24. 3. 1801, ermordet), Zar v. Rußld s. 1796; **5)** P. I. (14. 12. 1901–6. 3. 64), Kg v. Griechenld s. 1947.

Paul, 1) Bruno (19. 1. 1874–17. 8. 1968), dt. Baumeister u. Illustrator; **2)** Hermann (7. 8. 1846–29. 12. 1921), dt. Sprachforscher; **3)** → Jean Paul.

Pauli, 1) Johannes (um 1452–um 1533), elsäss. Franziskaner u. Schriftst.; volkstüml. Prediger; Schwänke: *Schimpf u.*

Ernst; **2)** Wolfgang (25. 4. 1900–15. 12. 58), schweiz.-am. Atomphys. östr. Herkunft; Nobelpr. 1945 f. d. quantenphys. *P.-Prinzip,* das d. Elektronenschalenbau der Atome u. das → periodische System erklärt.

Pauling, Linus Carl (* 28. 2. 1901), am. Chem.; Arbeiten über chem. Bindung, Kristallchemie, Vitamin C, Spiralstruktur d. Eiweißkörper; 2 Nobelpreise: 1954 f. Chem., 1962 f. Frieden, Kampagne gegen Kernwaffentests; Leninpr. 1970.

Paulinzella (D-6821), Gem. i. Kr. Rudolstadt, Thür., 250 E; Benediktinerabtei in frühroman. Basilika (12. Jh., s. 1525 Ruine).

Paulsen, Friedrich (16. 7. 1846–14. 8. 1908), dt. Pädagoge u. Phil.; *System d. Ethik; Einleitung in die Philosophie.*

Paulskirche, *Frankfurt a. M.*

Paulskirche, in Frankfurt a. M. (1786–1833), Tagungsstätte der 1. dt. Nationalversammlung 1848/49.

Paulus, Friedrich (23. 9. 1890–1. 2. 1957), dt. Feldm.; kapitulierte bei Stalingrad als Oberbefehlshaber d. dt. 6. Armee.

Paulus, Heidenapostel, aus Tarsus, Kleinasien, zuerst jüdischer Schriftgelehrter und Christenverfolger *(Saulus),* dann (um 32) vor Damaskus durch Christusvision bekehrt u. z. Apostel berufen; 3 Missionsreisen nach Kleinasien u. Griechenland; auf d. Apostelkonvent Vertr. d. Heidenchristen gg. die Judenchristen; in Rom um 67 enthauptet. – **P.briefe,** im N.T., nach kirchl. Tradition 14 Briefe d. Apostels P. an d. *Römer, Korinther* (2), *Galater, Philipper, Thessalonicher* (2), *Epheser, Kolosser,* an *Titus, Timotheus* (2), *Philemon* u. an d. *Hebräer;* Echtheit ab *Thess. 2* sehr umstritten bzw. unecht.

Paumgartner, Bernhard (14. 11. 1887–27. 7. 1971), östr. Dirigent u. Komp.; 1960–71 künstler. Leiter d. Salzburger Festspiele.

Pauperismus, *m.* [l.], (allgemeine) Verarmung.

Pausanias, 1) spartan. Feldherr in den → Perserkriegen (479 v. Chr. Sieg bei Plataä), Tyrann in Byzanz, um 467 v. Chr. verurteilt und getötet; **2)** griech. Reiseschriftst. d. 2. Jh. n. Chr.; *Beschreibung Griechenlands.*

Pauschale, *s., Pauschalsumme,* einmal.

Gesamtvergütung anstelle v. Einzelvergütungen.

Pause, w., Durchzeichnung, Vervielfältigung durch **pausen,** Durchzeichnen einer Vorlage auf durchsichtiges *Pausleinen* od. *-papier;* auch auf photochem. Wege *(Licht-P.).*

Pavane, w., it. gravität. „Pfauentanz" im ⁴/₄-Takt.

Pavarotti, Luciano (* 12. 10. 1935), it. Opernsänger; Verdi-Tenor.

Pavìa, Hptst. der oberit. Prov. P., am Tessin, 81 000 E; Kathedrale, Bischofssitz, Uni., Technikum; Masch.bau. – Ehem. Hptst. des Langobardenreichs (6.–8. Jh.); 1525 Niederlage u. Gefangenschaft v. Franz I. von Frkr. durch Karl V. – Nördl. davon *Certosa di P.,* Kartäuserkloster, 1396 gegr.

Mantelpavian

Paviane, bodenbewohnende Affen Afrikas, m. hundeähnl. Kopf, Gesäßschwielen; leben in Herden; *Anubis-, Bären-, Mantel-P.;* verwandt: *Dschelada* Abessiniens.

Pavillon, m. [frz. *-vi'(l)jõ*], Gartenhäuschen; Rundbau für Musikkapelle; Einzelbau als Teil e. Gebäudegruppe (z. B. Schul- od. Ausstellungskomplex).

Pawlow, Iwan Petrowitsch (14. 9. 1849–27. 12. 1936), russ. Physiologe; Entdekker d. bedingten → Reflexe; Nobelpr. 1904.

Pawlowa, Anna (31. 1. 1882–23. 1. 1931), russ. Ballettänzerin.

Pax, w. [l.], Friede. – **P. Christi,** intern. kath. Friedensbewegung, 1944 gegr. f. Völkerverständigung. – **P. Romana,** intern. kath. Organisation; Zus.schluß 1921 v. Studentenvereinigungen u. s. 1947 auch von Akademikerverbänden der Welt. – **P. vobiscum** [l. „Friede sei mit euch"], das jüd. Schalomaleichem u. arab. Salam aleicum; Gruß Christi an seine Jünger (Joh. 20, 19); später allg. christl. Gruß, in der röm.-kath. Messe nur vom Bischof gebraucht.

Payer, Julius v. (1. 9. 1842–29. 8. 1915), östr. Polarforscher u. Maler; entdeckte mit Carl *Weyprecht* 1873 d. Franz-Joseph-Land (→ Lomonossowland).

Paz [*paθ*], Octavio (* 31. 3. 1914), mexikan. Lyriker; Gedichte, Essays, Erzählungen; *D. Labyrinth d. Einsamkeit;* 1984 Friedenspr. d. Dt. Buchhandels; Nobelpr. 1990.

Paz, La [*paθ*], Reg.sitz Boliviens, am Flusse *L. P.,* 3800 m hoch, 1,03 Mill. E; Uni.

Pazifik, *Pazifischer, Stiller, Großer Ozean* (äquatorialer u. südl. Teil auch: *Südsee*), größte Wasserfläche d. Erde, etwa 166,2 Mill. km² (ohne Nebenmeere), zwischen Asien, Australien u. Amerika, mittlere Tiefe 4100 m, größte Tiefen: Galathea-Tief 10 540 m, Cape-Johnson-T. 10 497 m, beide i. Philippinengraben; Challenger-T. 10 899 m und Witjas-T. 11 034 m im Marianengraben; zahlreiche Inseln; Rand- u. Nebenmeere: Bering-, Ochotsk-, Japan-, Ostchin., Gelbes Meer, Golf v. Kalifornien u. Australasiat. Mittelmeer. – Entdeckt von → Balboa; der Name *Stiller Ozean* stammt von Magalhães, der d. Ozean zuerst befuhr, ohne Sturm zu erleben.

Pazifikpakt, Beistandspakt 1951 für Sicherheit im Pazifik zw. USA u. Australien, Neuseeland sowie den Philippinen und Japan; → ANZUS-Pakt.

Pazifismus, [l.], svw. → Friedensbewegung.

Pazifist, Anhänger der Friedensbewegung.

Pb, *chem.* Zeichen f. → *Blei* (lat. *plumbum*).

p. Chr. (n.), Abk. f. → *post Christum (natum).*

Pd, *chem.* Zeichen f. → *Palladium.*

PDS, Abk. f. *Partei d. Demokratischen Sozialismus,* → Parteien, Übers.

Peale [*pi:l*], am. Malerfamilie, bedeutend bes. in d. Porträtistik; **1)** Charles Willson (15. 4. 1741–22. 2. 1827), auch (Kunst-) Handwerker u. Naturforscher, Begr. d. ersten am. Kunstschule (später Pennsylv. Acad. of the Fine Arts); v. seinen elf Kindern u. a. **2)** Raphaelle (17. 2. 1774–5. 3. 1825), Begr. d. am. Stillebenmalerei; **3)** Rembrandt (22. 2. 1778–3. 10. 1860); s. Bruder **4)** James (1749–24. 5. 1831).

PEARL, Abk. f. *process and experiment automation realtime language,* in Dtld entwickelte u. genormte → Programmiersprache (problemorientiert) f. d. Einsatz v. Prozeßrechnern; ausgerichtet auf zeitkrit. Aufgaben u. die techn. oft recht unterschiedl. Peripherie d. Prozeßsteuerung (→ Aktoren u. → Sensoren).

Pearl Harbor [*'pə:l 'ha:bə*], US-Kriegshafen auf der Hawaii-Insel Oahu. – 7. 12. 1941 jap. Luftangriff; Beginn des am.-jap. Krieges.

Pears, Sir Peter (22. 6. 1910–3. 4. 86), engl. Tenor.

Pearson [*pɪəsn*], Lester Bowles (23. 4. 1897–27. 12. 1972), kanad. Pol.; 1963–68 Min.präs.; Friedensnobelpr. 1957.

Peary [*'pɪərɪ*], Robert (6. 5. 1856–20. 2. 1920), am. Polarforscher; erreichte 1909 das Nordpolgebiet. – **P.-Land,** Halbinsel im N Grönlands.

Pebble tools [engl. *'pebl 'tu:lz*], Geröllgeräte, einfache Steingeräte d. frühesten Altsteinzeit.

Pech, Rückstände von Teer- u. Harzdestillation; zur Herstellung v. Dachpappe, Briketts, P.fackeln; schwarzes Schuster-

P. aus Steinkohlenteer, das weiße Faß-P. der Brauer aus Fichtenharz gewonnen. – **P.blende,** Mineral *Uranpecherz,* Ausgangsstoff zur → Uran- u. Radiumgewinnung.

Pechel, Rudolf (30. 10. 1882–28. 12. 1961), dt. Publizist *(Dt. Rundschau);* 1942–45 im KZ; *Dt. Widerstand; Dt. Gegenwart.*

Pechkohle, Mineral *Gagat,* → Jett.

Pechnelke, rot blühende Waldnelke mit klebriger Ausscheidung am Stengel.

Pechstein, Max (31. 12. 1881–29. 6. 1955), dt. expressionist. Maler; Mitgl. der → „Brücke", Mitbegr. d. „Berliner Sezession"; Landschaften, Aquarelle.

Peck, Gregory (* 5. 4. 1916), am. Filmschauspieler; *Duel in the Sun; Moby Dick; To Kill a Mockingbird.*

Peckinpah, Sam (21. 2. 1925–28. 12. 84), am. Regisseur; *The Wild Bunch* (1969); *Bring Me the Head of Alfredo Garcia* (1974); *The Osterman Weekend* (1984).

Pécs [*petʃ*], → Fünfkirchen.

Pedal, s. [l.], *Fußhebel,* **1)** *mus.* an der Orgel Fußtasten, am Klavier zwei P.e, l. z. Abschwächung d. Tonstärke, r. z. Nachklingen d. Töne; b. d. Harfe (Pedalharfe) z. Veränderung d. Stimmung; **2)** am Kraftfahrzeug für Bremse, als Gashebel (Fußgas) u. f. Kupplung; beim Fahrrad für d. Antrieb.

Pedant, m. [it. „Schulmeister"], kleinlicher, peinlich genauer (auf Unwesentl. Wert legender) Mensch.

Pedanterie, w., peinl. (oft engstirnige) Genauigkeit.

Peddigrohr → Rotangpalme.

Pedell [ml.], Aufsichtsbeamter für den Sachbereich einer Hochschule (früher auch Schuldiener).

Pedersen, Charles J. (13. 10. 1904–26. 10. 89), am. Chemiker, Supermoleküle mit Hohlräumen zur Einlagerung kleinerer Ionen und Moleküle; Nobelpr. 1987.

Pedigree, m. [engl. *-gri*], Stammbaum, -zeugnis für Tiere.

Pediküre, w. [frz.], Fußpflege(rin).

Pedologie [gr.], svw. → Bodenkunde.

Pedro, a) *Kaiser v. Brasilien:* **1)** P. I. (12. 10. 1798–24. 9. 1834), reg. 1822–31, 1. Kaiser nach Trennung v. Portugal; **2)** P. II. (2. 12. 1825–5. 12. 91), reg. 1831–89; gestürzt durch Militärputsch; seitdem Brasilien Rep. – **b)** *Könige v. Portugal:* **3)** P. II., reg. 1683–1706, schloß als Regent 1668 Frieden in Spanien; **4)** P. III. v. Aragonien.

Peel [*pi:l*], Sir Robert (5. 2. 1788–2. 7. 1850), engl. Staatsmann; Premiermin. 1834/35 u. 1841–46, Vertr. des → Freihandels; Einführung der Einkommensteuer, Bankakte *(Peelsakte* 1844), Aufhebung d. Getreidezölle.

Peene, 1) Fluß i. Mecklenburg-Vorpomm., 112 km l., ö. v. Anklam in d. Stettiner Haff; **2)** d. westl. Mündungsarm d. Oder, v. Kl. Haff z. Ostsee.

Peenemünde (D-2227), Fischerdorf i.

Kr. Wolgast, M-V., im NW d. Insel Usedom, 600 E; 1936–45 dt. Versuchsanstalt f. Raketen u. → V-Waffen.

Peer [*pɪə*], hoher, erblicher brit. Adel mit Sitz im Oberhaus; Reihenfolge: *Duke* (Herzog), *Marquess* (Marquis), *Earl* (Graf), *Viscount* (Baron); → Pairs.

Pegasus

Pegasus, 1) geflügeltes (Musen-)Roß der griech. Sage; *den P. besteigen:* dichten; **2)** → Sternbilder, Übers.

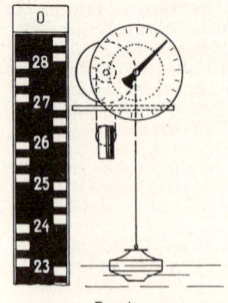

Pegel

Pegel, 1) Wasserstandsanzeiger, meist Skala an Ufermauern od. Brückenpfeilern; durch Übertragung von einem Schwimmer auch als **P.uhr; 2)** *Fernmeldetechnik* u. *Akustik:* Angabe über die Größe eines el. od. akust. Zustandes (Schwingungen) an einer beliebigen Stelle, bezogen auf eine best. Leistung (z. B. auf 1 Milliwatt); wird wie das Dämpfungs- u. Verstärkungsmaß in → Neper od. → Bel gemessen.

Pegnitz, 1) Fluß in Franken, vom Fränk. Jura, vereinigt sich bei Fürth mit der Rednitz zur Regnitz; 85 km lang; **2)** (D-8570), St. i. Kr. Bayreuth, Bay., 13 294 E; AG; Eisenerzbergbau, Metall-, Textilind.

Pegnitzorden, 1644 von → Harsdörffer in Nürnberg gegründete Sprachgesellschaft.

Péguy [*pe'gi*], Charles (7. 1. 1873–5. 9. 1914), frz. kath. Schriftst.; religiöse Lyrik: *Notre jeunesse.*

Pehlewi, *s.* [*'pɛɔlevi*], *Pahlawi,* pers. Schriftsprache. 3.–7. Jh. n. Chr.; *Pahlawik* u. *Parsik* (in den rel. Schriften der Parsen).

peilen, *seem.* beobachten, messen; Richtungen bestimmen *(anpeilen);* auch Wassertiefe loten.

Peilung, Richtungsbestimmung durch Anvisieren (optisch od. durch Funk) fester Orientierungspunkte.

Peine (D-3150), Krst. i. Rgbz. Braunschweig, am Mittellandkanal, Nds., 45 522 E; Stahlwalzwerk; Schuh-, Textil-, feinmechan. Ind.

peinliche Befragung, svw. → Folter.

peinliche Gerichtsordnung → Carolina.

Peipussee, russ. *Osero-Tschudskoje,* im estnisch-russ. Grenzgebiet, 3550 km² (mit Pleskauer See); durch Narwa Abfluß zum Finnischen Meerbusen.

Peirce [*pɪəs*], Charles (10. 9. 1839–19. 4. 1914), am. Phil.; begr. → *Pragmatismus;* Einfluß auf math. Logik.

Peisistratos, *Pisistratus,* 560–527 v. Chr. Tyrann von Athen, Förderer v. Kunst u. Wissenschaft.

Peißenberg (D-8123), Markt i. Kr. Weilheim-Schongau, Bay., am Fuße des *Hohen P.* (988 m hoher Voralpenberg m. meteorolog. Observatorium), 10 694 E.

Peitschen-kaktus → Schlangenkaktus. – **P.schlange,** auf Bäumen lebende, sehr dünne grüne Schlange des südlichen Asiens. – **P.wurm,** ein Fadenwurm, Dickdarmschmarotzer des Menschen, in Massen auftretend gefährlich (→ Anämie).

Pekinese, *Pekingese,* langhaarige kleine Hunderasse aus China.

Peking → Beijing. – **P.mensch** → Sinanthropus pekinensis.

Pektin, geruch- u. geschmacklose, nicht kristallisierende, gallertartige chem. Verbindung (Kohlenhydrat); stark quellend; in Früchten u. Rüben.

pektoral [l. „pectus = Brust“], mit der Brust zus.hängend.

Pektorale, 1) Bruststück von Rüstungen; **2)** Brustschild od. -kreuz f. Bischöfe u. Äbte.

pekuniär [l. „pecunia = Geld“], svw. geldlich, Geld betreffend.

pelagisch, 1) im freien Meer lebend; **2)** im küstenfernen Hochseebereich gebildete → Sedimente.

Pelagische Inseln, it. Inselgruppe 200 km südl. v. Sizilien: *Lampedusa* u. *Linosa,* 28 km², 4600 E.

Pelagius, 1) brit. Mönch (um 400), begründete m. Caelestius die Lehre des Pelagianismus (jeder könne aus eigener Kraft selig werden); Leugnung der Erbsünde); **2)** Name zweier Päpste.

Pelargonie, Pflanzengattung d. Geraniaceae, bes. als Zierpflanzen; aus S-Afrika.

Pelasger, die Ureinwohner Griechenlands.

Pelerine, *w.* [frz.], urspr. Schulterumhang der Pilger; weiter ärmelloser (Wetter-)Mantel.

Peleus, d. Vater d. **Peliden** Achilles.

Pelias, i. d. griech. Mythologie Oheim des *Iason,* wurde v. s. Töchtern auf Anstiften d. Medea, die vorgab, er werde

dadurch verjüngt werden, zerstückelt u. in kochendes Wasser geworfen.

Pelikane, langhalsige große Schwimmvögel; Kehlsack für Beute (Fische) am Schnabel; SO-Europa, Asien, Afrika, Amerika.

Pelion, Waldgebirge a. d. O-Küste Thessaliens, umrahmt d. *Golf von Wolos,* 1651 m.

Pellagra, *s.* [l.], Mangelkrankheit durch Fehlen von → Nicotinsäureamid (Vit. B₂); schwere Hautveränderungen u. Schädigung d. Verdauungskanals u. Nervensystems.

Pellworm (D-2251), nordfries. Insel, a. d. W-Küste Schleswigs, 37,4 km², 1150 E; Viehzucht, Fremdenverkehr.

Pelopidas († 364 v. Chr.), thebanischer Feldherr, Befreier → Thebens.

Peloponnes, *m.* od. *w.* [„Insel des → Pelops“], südgriech. Halbinsel, 21 439 km², 1,0 Mill. E; im N das Hochland v. Arkadien (*Kyllene* 2374 m); im S der Taygetos u. Parnon, fruchtbare Ebenen von Sparta; Waldwirtschaft, Obst-, Weinanbau, Ölbäume.

Peloponnesischer Krieg, 431–404 v. Chr., zw. Athen u. Sparta; vernichtete Athens Macht.

Pelops, sagenhafter Stifter der → Olympischen Spiele, Sohn des Tantalus.

Pelota, *w.,* Nationalspiel d. Basken zw. 2 Parteien zu 2 Mann; ein kleiner Ball wird m. e. geflochtenen Korbschaufel gg. eine hohe Wand geschleudert, nach Rückprall v. d. anderen Partei wieder zurückgeschlagen usw.; Punktwertung nach Fehlern.

Peloton, *s.* [frz. *pəlɔ'tõ*], frühere Bez. f. eine kleinere mil. Einheit.

Pelotte, *w.* [frz.], Polsterkissen (z. B. am → Bruchband).

Peltier-Effekt [-'tje-], 1834 beobachtet, die der → Thermoelektrizität entgegengesetzte Erscheinung: Erwärmung bzw. Abkühlung der Lötstelle eines Thermoelements je nach Stromdurchfluß (Verwendung in Klimaanlagen).

Peltonrad, Wasserturbine (→ Turbine).

Pelviskopie, Bauchspiegelung zur Betrachtung der weibl. Geschlechtsorgane zur Diagnosestellung bei unklaren Beschwerden.

Pelvoux [-'vu], Berggruppe i. d. frz. Dauphiné-Alpen, *Barre des Ecrins* 4102 m.

Pelz-bienen, einzeln lebende Bienen, groß, pelzig, mit gr. Saugrüssel; Lehmnester. – **P.flatterer,** Säugetierordnung, d. Insektenfressern nahestehend, mit nur 2 Arten in SO-Asien; *Flattermaki,* katzengroß, mit fallschirmartiger Flughaut; springen im Flatterflug (bis über 50 m weit) von Baum zu Baum. – **P.fresser,** *Haarlinge, Federlinge, Mallophagen,* kleine, lausähnl. Insekten auf Säugetieren u. Vögeln; fressen Hautschuppen, Haare u. Federn. – **P.käfer,** *Attagenus, Speckkäfer,* Larve ernährt s. v. Keratinmaterialien (Haare, Wolle, Federn, Felle, Pelze, Horn); Schutz dieser Materialien nur durch Mottenecht-Ausrüstung. – **P.tiere,** Säugetiere m. dichtem, wärmendem Haarwuchs, bes. im hohen N; Felle werden mit anhaftendem Haar gegerbt; wertvolle Pelze v. Zobel, Hermelin, Nerz, Edelmarder, Silberfuchs, Seeotter, Biber u. a.; z. T. heute in Pelztierfarmen gezüchtet. – **P.waren** → Rauchwaren.

Pemba, Koralleninsel vor Ostafrika, nördl. Sansibar; 984 km², 210 000 E; Teil v. → Tansania.

Pembroke [-brʊk], brit. Hafenst. in der Gft Dyfed in SW-Wales, 15 000 E; Seearsenal.

Pemmikan, *m.,* getrocknetes, zerstoßenes u. präpariertes Fleisch; bes. in Polargegenden verwendet.

Pemphigus [gr.], Blasenausschlag, Virusinfektion.

PEN, engl. Abk. f. *poets and playwrights, editors and essayists,* n*ovelists* [auch engl. „pen = Feder"], intern. Schriftstellerverband mit nat. Gruppen (PEN-Zentren) in d. einzelnen Ländern; 1921 in London gegr.

Penalty shot [engl. *'pɛnltɪ 'ʃɔt*], Strafschuß im Eishockey; wird als Angriffsaktion eines Spielers gg. den Torwart vom Mittelanspielpunkt aus durchgeführt.

Penang, Insel an d. W-Küste Malakkas, zus. mit Prov. Welleslay Gliedstaat d. → Malaiischen Bundes (→ Malaysia), zus. 1033 km², 1,087 Mill. E; Hptst. u. -hafen *George Town,* Gummi-, Gewürzausfuhr.

Penaten, röm. Schutzgottheiten des Hauses.

Pence [engl. *pens*], Mz. von → Penny.

Pencz, Georg (um 1510/15–50), dt. Maler u. Kupferstecher d. Renaissance, Schüler Dürers; Bildnisse.

Pendant, *s.* [frz. *pã'dã*], 1) (Ohr-)Gehänge; 2) ergänzendes Gegenstück.

Pendel, *s.* [l.], ein außerhalb seines Schwerpunktes drehbar aufgehängter Körper, der um seine Ruhelage schwingt; *Sekunden-P.:* Schwingungsdauer = 2 Sek., seine Länge in Berlin 994,24 mm; *Schwere-P.* sind Halbsekunden-P. bes. genauer Bestimmung d. Schwingungszeit u. daraus d. Fallbeschleunigung am Beobachtungsort; deren Werte wichtig f. Bestimmung d. Erdgestalt u. geolog. Erforschung des Untergrundes; wird in Zus.wirken mit einer → Hemmung als mechan. Gangregler verwendet (z. B. bei Uhren). – **P.gesetze,** entdeckt v. Galilei 1609 u. Huygens 1673, Schwingungsdauer proportional der Quadratwurzel aus → Pendellänge, umgekehrt proportional der Quadratwurzel aus Schwere-(Fall-)Beschleunigung, wenig abhängig von Schwingungsweite, unabhängig v. Material u. Gewicht; Pendelversuch v. → Foucault. – **P.länge,** Abstand zw. Aufhängepkt u. Schwerpkt; Schwingungsdauer: Zeit für Hin- u. Rückgang. – **P.uhr** → Sternbilder, Übers.

pendeln → siderisches Pendel.

Pendentif, *s.* [frz. *pãdã'tif*], in der *Baukunst:* Gewölbezwickel, verbindet über quadratischem Grundriß aufgeführte Räume mit d. → Kuppel.

Penderecki [-'rɛtski], Krzysztof (* 23. 11. 1933), poln. Komp.; Erweiterung d. Klangfarbenskala bis hin z. Geräusch; *Lukaspassion;* Oratorium: *Dies irae;* Oper: *The Devils of Loudun; Ubo Rex.*

Pendüle, *w.* [frz.], Pendel-, Wanduhr.

Penelope, griech. Sagengestalt, treue häusliche Gattin des Odysseus.

penetrant [l.], durchdringend, aufdringlich.

Pengö, *m.,* frühere ungar. Währungseinheit, 1946 durch d. → Forint abgelöst.

penibel [frz.], peinlich (genau).

Penicillin, *s.,* 1928 v. → Fleming entdeckt., v. → Florey u. Chain in d. Heilkunde eingeführtes → Antibiotikum gewisser Schimmelpilze (Penicillium), d. bes. auf d. eitererregenden Staphylo-, Strepto-, Gono-, Meningo- u. Pneumokokken wachstumshemmend wirkt; Heilmittel gg. viele Infektionen: Eiterungen (Wunden, Knochenmark), Lungen-, Hirnhautentzündung, Tripper u. a. Wirkung in Oxford-Einheiten (O.E.) gemessen, die d. intern. Einheit (I.E.) gleichgesetzt werden kann. 1 O.E. = 1 I.E. = Wirkung v. 0,6 µg P. – Durch häufige Anwendung auch in Bagatellfällen sind zahlr. Bakterienstämme *penicillinresistent* geworden.

Penis, *m.* [l.], das männliche Glied.

Penn, William (14. 10. 1644–30. 7. 1718), engl. → Quäker; erwarb v. Karl II. in N-Amerika e. Landstrich (*Pennsylvanien*) u. gründete hier den Quäkerstaat (→ Pennsylvanien).

Pennäler, Schüler, im MA junger Student.

Penninische Alpen, *Walliser Alpen,* Teil der W-Alpen vom Großen St. Bernhard zum Simplon, stark vergletschert; *Monte Rosa* 4637 m (Dufourspitze), *Weißhorn* 4506 m, *Matterhorn* 4478 m.

Penninisches Gebirge, Gebirge im mittleren N-England, *Cross Fell* 893 m.

Pennsylvanien, *Pennsylvania,* Abk. *Pa.,* nordöstl. Staat der USA, von d. Alleghanies u. d. Cumberlandgebirge durchzogen; 117 412 km², 12 Mill. E; ertragreiche Landw., Bodenschätze: Kohle, Eisen, Schwer-, Textil-(Strickwaren-), Leder-, Tabak- u. chem. Ind.; Hptst. *Harrisburg,* größte St. *Philadelphia,* wirtsch. Mittelpunkt *Pittsburgh.* – 1681 v. William *Penn* als Quäkerkolonie gegründet.

Penny, *m.,* engl. Münze, früher 240., s. 1971 100. Teil e. Pfunds; bis 1971 Abk. *d* (denarius), jetzt *p.*

Pensa, St. a. d. Mündung d. Flusses *P.* in die Sura (bis P. schiffb. Nbfl. d. Wolga), Hptst. d. sowj. Gebietes *P.,* 543 000 E; Papier- u. Holzind.

Pension, *s.* [frz.], 1) Ruhegehalt; 2) Fremdenheim; 3) Wohnung u. Kost.

Pensionat, *s.,* Erziehungsheim f. junge Mädchen.

Pensions-berechtigung → Beamte. – **P.kassen,** vielfach b. größeren Unternehmungen; sie bieten d. beschäftigten Arbeitnehmern einen Rechtsanspruch auf Alters-, Invaliden- u. Hinterbliebenenversorgung.

Pensum [l. „das Zugewogene"], d. Lehraufgabe, bes. bei Schulen d. Lehrstoff für e. best. Zeit.

pent|a- [gr.], in Zusammensetzungen: fünf ...

Pentagon, *Washington*

Pentagon, 1) *math.* Fünfeck; 2) Bez. für das Verteidigungsmin. d. USA in Washington (als Fünfeck gebaut).

Pentagramm

Pentagramm, *s., Drudenfuß,* fünfstrahliger Stern; seit den Pythagoräern Schutzzeichen gg. Geister, magisches Zeichen d. MA.

Pentameter, *m.,* 5füßiger Vers, aus Daktylen u. Spondäen; verwendet in Distichen.

Pentan, *s.,* C_5H_{12}, Kohlenwasserstoff aus der Reihe d. → Alkane (→ Kohlenwasserstoffe, Übers.).

Pentateuch, *m.* [gr.], im A.T. das in d. sog. 5 Büchern Mose v. versch. Verfassern niedergeschriebene Gesetz: *Genesis* (Ursprung), *Exodus* (Auszug), *Leviticus* (Priesterkodex), *Numeri* (Volkszählung), *Deuteronomium* (Wiederholung d. Gesetze).

Pentatonik, *w.* [gr.], fünfstufige Tonreihe ohne Halbtöne; i. d. Antike, in exot. Musikkulturen u. i. d. modernen Musikerziehung.

Pentelikon, jetzt *Pendeli,* Marmorberg auf der Grenze von Böotien und Attika, 1109 m.

Penthesilea, i. d. griech. Sage Amazonenkönigin, von Achill vor Troja getötet; Drama von Kleist.

Penthouse [engl. *-haus*], Apartmentwohnung auf d. Dach eines (Hoch-)Hauses.

Pentode, *w.,* → Elektronenröhre mit 5 → Elektroden.

Pentosen → Kohlenhydrate.

Penumbra, *w.* [l.], helleres Randgebiet um einen Sonnenfleck.

Penzberg (D-8122), St. i. Kr. Weilheim-Schongau, Bay., 13 131 E; Masch.bau, Metallverarbeitung, Musikinstrumentenherstellung, biochem. Werk.

Penzias, Arno A. (* 26. 4. 1933), am. Phys.; (zus. m. P. → Kapitza u. R. W. → Wilson) Nobelpr. 1978 (Entdeckung d. kosm. Hintergrundstrahlung).

Penzoldt, Ernst (14. 6. 1892–27. 1. 1955), dt. Schriftst., Bildhauer u. Maler; *Die Powenzbande; Der arme Chatterton; Kleiner Erdenwurm.*

Peoria [*pɪ*-], St. im US-Staat Illinois, am *P.see,* 124 000 E; bed. Spirituosenbrennerei, Masch.ind.

Pepiniere, *w.* [frz. *-'nɪɛrə*], Baum-, Pflanzschule.

Pepping, Ernst (12. 9. 1901–2. 2. 81), dt. Komp. u. Musikpädagoge; Orgelwerke, Choräle, Messen, Konzerte.

Pepsin, *s.,* Enzym d. Magensaftes für die Eiweißverdauung, nur wirksam mit Magensäure.

Peptone, die Abbaustoffe der Eiweißspaltung durch Verdauung, auch künstlich durch Säurespaltung; wasserlöslich; zur künstl. Ernährung Kranker.

Pepusch, Johann Christoph (1667–20. 7. 1752), dt. Komp. in London; *Die Bettleroper* (als Travestie d. ital. Oper).

per [l.], durch, für, mit, je zu (z. B. *per Saldo* = z. Ausgleich).

Perak, Gliedstaat d. → Malaiischen Bundes (→ Malaysia), 21 005 km², 2,1 Mill. E; Zinngewinnung u. -ausfuhr; Hptst. *Ipoh* (310 000 E).

Perchtenspiel, brauchtüml. Volksspiel, am 6. Jan. im Salzburgischen zu Ehren der Frau Holle *(Berchta)* durch Umzüge gefeiert. → Teufelsmaske.

Perchtoldsdorf (A-2380), niederöstr. Marktgem. s. v. Wien, 17 000 E; ma. Altst.; Weinbau.

Percy [*'pə:sɪ*], Thomas (13. 4. 1729–30. 9. 1811), Bischof, als Sammler engl. Balladen bed. f. die dt. Lyrik.

pereat! [l.], "er (sie, es) gehe zugrunde", nieder!

Perekop, 6–7 km breite Landenge, verbindet die Krimhalbinsel mit dem russ. Festland.

peremtorisch [l.], **1)** unbedingt, endgültig; **2)** *jur.* p.e Einreden, schließen die Geltendmachung d. Rechts aus (z. B. Einrede der Verjährung).

perennierend [l.], ausdauernd; Pflanzen v. mehrjähr. Lebensdauer.

Peres, Shimon (* 15. 8. 1923), isr. Pol. (Arbeiterpartei); versch. Min.ämter, 1977 u. 1984–86 Min.präs. (f. die ersten 25 Monate d. 4jähr. Amtsperiode, 1986–88 Außenmin. unter → Shamir).

Perestrojka [russ. "Umbau"] Umgestaltung i. soz. u. ökonomischen Bereich.

Pérez de Cuéllar [*-θ ðe 'kŭeʎar*], Javier

(* 19. 1. 1920), peruan. Diplomat; s. 1982 Gen.sekr. d. UN.

perfekt [l.], vollendet; abgemacht.

Perfektionismus, Lehre von mögl. od. notwendiger Vervollkommnung; auch (vermeintl.) erreichte Vollkommenheit.

Perfekt|um, *s.* [l.], Zeitform d. in d. Vergangenheit vollendeten Handlung (z. B. *er hat gelacht*).

perfid [l.], treulos, heimtückisch.

Perforation [l.], **1)** Durchbruch z. B. e. Magengeschwürs i. d. Bauchhöhle; **2)** geburtshilfl. Operation.

perforieren, durchlöchern, bes. Papier, damit es längs einer Linie leicht abzureißen ist.

Pergament, *s.,* (nach Pergamon benannt) enthaarte ungegerbte, geglättete Tierhaut (Schaf, Ziege, später auch Kalb); vor der Papiererfindung gebräuchl. Schreibmaterial, heute nur noch für Bucheinbände u. Trommeln. – **P.papier,** *pflanzliches P.,* mit Chlorzink oder Schwefelsäure behandeltes Papier, durchscheinend, dauerhaft für Urkunden, als Membran zur Dialyse (→ Diffusion), zum Abschluß von Gefäßen im Haushalt usw.

Pergamon, Hptst. d. *Pergamen. Reiches* in Kleinasien (281–133 v. Chr.), dann der röm. Provinz Asia. – Dt. Ausgrabun-

Pergamonaltar

gen s. 1878: **P.altar,** wohl als Dankmonument des Königs Eumenes II. von P. errichtet zur Erinnerung an den Sieg über die Galater (um 180 v. Chr.); gestellt: Kampf der Giganten mit den Göttern auf einem 120 m langen Relieffries; zählte zeitweise zu den Sieben Weltwundern; 1930 im *P.museum* (Berlin) wieder aufgebaut.

Pergamos, Burg von Troja.

Pergola, *w.* [it.], offener, meist v. Pflanzen umrankter Laubengang mit Säulen oder Pfeilern.

Pergolesi, Giovanni Battista (4. 1. 1710–16. 3. 1736), italienischer Tondichter; Opern: *La serva padrona* (erste Opera buffa); Messen; *Stabat Mater;* Kammermusik.

Perhydrol, 30% starke Lösung von → Wasserstoffperoxid.

Peri, Jacopo (20. 8. 1561–12. 8. 1633), it. Komp.; erste Opern: *Dafne* (1598) u. *Euridice* (1600).

peri- [gr.], als Vorsilbe: (rings)um ...

Periander (7./6. Jh. v. Chr.), Herrscher

v. Korinth; unter die → Sieben Weisen gerechnet.

Periastron, *s.* [gr. "Sternnähe"], → Apsiden bei Doppelsternbahnen.

periculum in mora [l.], "Gefahr (liegt) im Verzug" (nach Livius).

Periduralanästhesie → Anästhesie.

Perigäum [gr. "Erdnähe"], → Apsiden bei Satellitenbahnen od. Mondbahn.

Périgueux [*-'gø*], Hptst. d. Landschaft Périgord *(P.-Trüffel)* u. d. frz. Dép. *Dordogne,* an der Isle, 35 000 E; röm. Ruinen; Lebensmittel-, Tabakind.

Perihelium [gr. "Sonnennähe"], → Apsiden bei Planetenbahnen. – **P.verschiebung,** Drehung der Apsidenlinie (Verbindung Perihel-Aphel), teils durch Störungen d. anderen Planeten, teils durch Effekt d. → Relativitätstheorie.

Perikard, *s.* [gr.], Herzbeutel.

Perikarditis, Herzbeutelentzündung; Folge oft Herzwassersucht.

Perikles (um 495/90–429 v. Chr.), größter Staatsmann d. alten Athen, das er 15 Jahre regierte; pol. u. kulturelle Blüte Athens *(Perikleïsches Zeitalter).*

Perikopen [gr.], "Abschnitte", die nach der Gottesdienstordnung z. Verlesung kommenden Evangelien u. Epistelabschnitte.

Perimeter, *s.* [gr.], **1)** Umfang geradliniger math. Figuren (Summe d. Seiten); **2)** *med.* Instrument zur Gesichtsfeldbestimmung.

perinatal, menschl. Entwicklungszeit um d. Geburt (*Perinatalperiode,* 29. Schwangerschaftswoche bis 7. Lebenstag) betreffend.

Perinatologie, svw. perinatale Medizin.

Periode, *w.* [gr.], **1)** Zeitabschnitt; in regelmäß. Zeitabstand erfolgende Wiederkehr e. Vorganges; **2)** *astronom.* die Umlaufzeit eines Gestirns; **3)** *phys.* Dauer e. Schwingung; *Periodenzahl,* svw. Schwingungszahl, → Frequenz; **4)** *Physiologie:* svw. → Menstruation; **5)** *Grammatik:* Satzgefüge aus Hpt- u. Nebensätzen; **6)** *Metrik:* Verbindung mehrerer Verse.

Periodensystem, 1869 v. D. J. *Mendelejew* u. L. *Meyer* unabhängig voneinander vorgenommene tabellar. Anordnung d. chem. → Elemente in d. Reihenfolge steigender *Atomgewichte* u. verwandter Eigenschaften. Die chem. u. phys. Eigenschaften ändern sich gesetzmäßig v. Glied zu Glied i. d. Tabelle u. kehren periodisch wieder, wobei chem. ähnl. Elemente in Gruppen u. Untergruppen (a u. b) untereinander stehen. Diese Anordnung ermöglichte Voraussage noch nicht entdeckter Elemente. Anordnung in d. urspr. Form enthielt noch Unstimmigkeiten, da manche Elemente nicht d. Platz erhielten, der ihnen gemäß ihren chem. u. phys. Eigenschaften zukam; später behoben durch Einführung d. *Ordnungszahl,* die mit d. Kernladungszahl (→ Atom) identisch ist. Dies beruhte auf d. Erkenntnis, daß nicht das Atomgewicht, sondern d. Kernladungszahl für d.

Periodisches System der chemischen Elemente

Reihenfolge der Angaben für jedes Element in der Tabelle: Ordnungszahl (in Fettdruck), chem. Zeichen und Atomgewicht (Basis $^{12}C = 12$). Wo kein Atomgewicht genannt ist, handelt es sich um Elemente, von denen nur radioaktive Isotope bekannt sind.

Periode	Gruppe O — Edelgase	Gruppe a I b — Alkalimetalle	Gruppe a I b — Kupfer-Gruppe	Gruppe a II b — Erdalkalimetalle	Gruppe a II b — Zink-Gruppe	Gruppe a III b — Seltene Erden	Gruppe a III b — Bor-Gruppe	Gruppe a IV b — Titan-Gruppe	Gruppe a IV b — Kohlenstoff-Gruppe	Gruppe a V b — Vanadin-Gruppe	Gruppe a V b — Stickstoff-Gruppe	Gruppe a VI b — Chrom-Gruppe	Gruppe a VI b — Chalkogene	Gruppe a VII b — Mangan-Gruppe	Gruppe a VII b — Halogene	Gruppe VIII — Eisen- und Platin-Gruppe
1	(Neutron)								**1** H 1,00797							
2	**2** He 4,0026	**3** Li 6,939		**4** Be 9,01122			**5** B 10,811		**6** C 12,01115	**7** N 14,0067		**8** O 15,9994		**9** F 18,9984		
3	**10** Ne 20.183	**11** Na 22,9898		**12** Mg 24,312			**13** Al 26,9815		**14** Si 28,086	**15** P 30,9738		**16** S 32,064		**17** Cl 35,453		
4	**18** Ar 39,948	**19** K 39,102	**29** Cu 63,54	**20** Ca 40,08	**30** Zn 65,37	**21** Sc 44,956	**31** Ga 69,72	**22** Ti 47,90	**32** Ge 72,59	**23** V 50,942	**33** As 74,9216	**24** Cr 51,996	**34** Se 78,96	**25** Mn 54,9380	**35** Br 79,909	**26** Fe 55,847 **27** Co 58,9332 **28** Ni 58,71
5	**36** Kr 83,80	**37** Rb 85,47	**47** Ag 107,807	**38** Sr 87,62	**48** Cd 112,40	**39** Y 88,905	**49** In 114,82	**40** Zr 91,22	**50** Sn 118,69	**41** Nb 92,906	**51** Sb 121,75	**42** Mo 95,94	**52** Te 127,60	**43** Tc	**53** I 126,9044	**44** Ru 101,07 **45** Rh 102,905 **46** Pd 106,4
6	**54** X 131,30	**55** Cs 132,905	**79** Au 196,967	**56** Ba 137,34	**80** Hg 200,59	57–71*	**81** Tl 204,37	**72** Hf 178,49	**82** Pb 207,19	**73** Ta 180,948	**83** Bi 208,980	**74** W 183,85	**84** Po	**75** Re 186,2	**85** At	**76** Os 190,2 **77** Ir 192,2 **78** Pt 195,09
7	**86** Rn	**87** Fr		**88** Ra		89–103 *		**104** Ku		**105** Ha		106–109* *				

* Lanthaniden:

57 La 138,91	**58** Ce 140,12	**59** Pr 140,907	**60** Nd 144,24	....	**61** Pm 150,35	**62** Sm 151,96	**63** Eu 157,25	**64** Gd 158,924	**65** Tb
66 Dy 162,50	**67** Ho 164,930	**68** Er 167,26	**69** Tm 168,934	**70** Yb 173,04	**71** Lu 174,97		

‡ Actiniden:

89 Ac	**90** Th 232	**91** Pa	**92** U 238	**93** Np	**94** Pu	**95** Am	**96** Cm	**97** Bk ....
98 Cf	**99** Es	**100** Fm	**101** Md	**102** No	**103** Lr			

‡ Weitere ** (s. 1974 entdeckte) Transurane, bis jetzt ohne Namen u. chem. Zeichen

Liste der Elemente und ihrer chemischen Zeichen:

Ac Actinium; Ag Silber; Al Aluminium; Am Americium; Ar Argon; As Arsen; At Astat; Au Gold; B Bor; Ba Barium; Be Beryllium; Bi Wismut; Bk Berkelium; Br Brom; C Kohlenstoff; Ca Calcium; Cd Cadmium; Ce Cer; Cf Californium; Cl Chlor; Cm Curium; Co Cobalt; Cr Chrom; Cs Cäsium; Cu Kupfer; Dy Dysprosium; Er Erbium; Es Einsteinium; Eu Europium; F Fluor; Fe Eisen; Fm Fermium; Fr Francium; Ga Gallium; Gd Gadolinium; Ge Germanium; H Wasserstoff; Ha Hahnium; He Helium; Hf Hafnium; Hg Quecksilber; Ho Holmium; I Jod; In Indium; Ir Iridium; K Kalium; Kr Krypton; Ku Kurtschatovium; La Lanthan; Li Lithium; Lr Lawrencium; Lu Lutetium; Md Mendelevium; Mg Magnesium; Mn Mangan; Mo Molybdän; N Stickstoff; Na Natrium; Nb Niobium; Nd Neodym; Ne Neon; Ni Nickel; No Nobelium; Np Neptunium; O Sauerstoff; Os Osmium; P Phosphor; Pa Protactinium; Pb Blei; Pd Palladium; Pm Promethium; Po Polonium; Pr Praseodym; Pt Platin; Pu Plutonium; Ra Radium; Rb Rubidium; Re Rhenium; Rh Rhodium; Rn Radon; Ru Ruthenium; S Schwefel; Sb Antimon; Sc Scandium; Se Selen; Si Silicium; Sm Samarium; Sn Zinn; Sr Strontium; Ta Tantal; Tb Terbium; Tc Technetium; Te Tellur; Ti Titan; Tl Thallium; Tm Thulium; U Uran; V Vanadin; W Wolfram; X Xenon; Y Yttrium; Yb Ytterbium; Zn Zink; Zr Zirkonium.

Eigenschaften der Elemente maßgebend ist (→ Übersicht).

Periodika [l.], Mz., in regelm. Abständen erscheinende Veröffentlichungen (Zeitung, Zeitschrift, Jahrbuch u. a.).

Periodontium, svw. → Wurzelhaut.

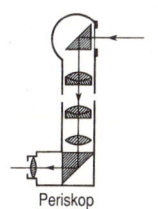

Periskop

Periöken [gr. „Umwohner"], in Sparta freie Einwohner von Außengebieten, d. zwar kriegsdienstpflichtig waren, aber kein Bürgerrecht besaßen.

Periost, s. [gr.], die Knochenhaut.

Peripatetiker [gr.], Schüler d. Aristoteles.

Peripetie, w. [gr.], Umschwung (des

Schicksals); im Drama Wendung zum Untergang der Helden.

peripher [gr.], außen, am Rande liegend, nebensächl.; Ggs.: zentral, in der Mitte liegend.

Peripherie, Umrandung math. Figuren, d. durch gekrümmte Linien begrenzt sind (z. B. Kreis, Ellipse).

Periskop, s. [gr.], ausziehbares Sehrohr d. U-Boote. Bild d. Wasseroberfläche durch Prismen i. Beobachtungsstand unter Wasser sichtbar.

periskopische Brillengläser, von konkav-konvexer od. konvex-konkaver Form (→ Linsen); scharfes Bild auch bei nicht durch die Mitte gehender Blickrichtung.

Peristaltik, w. [gr.], die rhythm. Bewegungen des. d. Magen- u. Darmwand treiben d. Inhalt weiter. → Cholin.

Peristase, w. [gr.], Gesamtheit der Umwelteinflüsse, die zusammen mit den Erbanlagen die Entwicklung eines Lebewesens bestimmen.

Peristyl, s. [gr.], Säulengang um Innenhof d. griech. u. röm. Hauses.

Peritoneum [gr.], Bauchfell.

Peritonitis, w., Bauchfellentzündung meist durch bakterielle Infektion.

Perkal, m., gebleichter od. bedruckter Baumwollstoff.

Perkin [′pək-], Sir William Henry (12. 3. 1838–14. 7. 1907), engl. Chem.; Entdecker u. Fabrikant d. ersten Teerfarbstoffes Mauveïn (1856).

Perkussion [l.], **1)** von Auenbrugger 1761 erfundene diagnost. Beklopfung d. Körperoberfläche, bes. d. Rumpfwände, Brustkorb; Beurteilung nach Schall u. Widerstandsgefühl; **a)** unmittelbare P., direkt mit Finger od. P.shammer; **b)** mittelbare P., mit Finger od. P.shammer auf Finger od. Plessimeter; **2)** Anschlagvorrichtung beim Harmonium.

Perleberg (D-2910), Krst. i. Bbg., an d. Stepenitz (Nbfl. d. Elbe), 14 076 E; Konservenind.

Perlen, Perlmuttergebilde, die von den → Perlmuscheln um eingedrungene Fremdstoffe oder Schmarotzer abgeschieden werden; harte runde od. eiförmige Gebilde; auch gezüchtet (Japan); *künstl. P.* entweder Hohlkugeln aus Glas oder Kunstmasse, innen perlenähnl. gefärbt, od. massive Kugeln, außen m. lackähnl. Schicht aus irisierendem Farbstoff d. Schuppen von Weißfischen.

Perlhuhn

Perlhühner, Steppenhühner Afrikas; auch als Haus- und Ziergeflügel.
Perlis, Gliedstaat d. → Malaiischen Bundes (→ Malaysia), 795 km², 175 000 E; Hptst. *Kangar.*
Perlit, *m.,* Gemenge aus Eisen u. Eisenkarbid, Verwendung für Kolbenringe und Zahnräder.
Perlmuscheln, Muscheln warmer Meere; in ihnen häufig die → Perlen, daher durch Taucher gefischt; in Mengen auf unterseeischen „Perlbänken"; *Perlenfischerei* vor allem im Pers. Golf, Kaliforn. Golf, in der Südsee u. bei Ceylon; Perlen zuweilen auch in eur. und nordam. Flußmuscheln u. Eßaustern.
Perlmutter, Innenschicht vieler Weichtierschalen mit irisierendem Glanz. –
P.falter, Tagesschmetterling, rotgelbe Flügeloberseite, unten silbrig perlmutterglänzend kleiner P.falter u. *Kaisermantel.*
Perlon®, *s.,* synthet. Faserstoff aus der Gruppe der Polyamide (→ Chemiefasern).
Perls, Fritz Salomon (1893–1970), dt. Arzt u. Psychoanalytiker; Begründer der → Gestalttherapie.
Perlsucht, Rindertuberkulose, häufig auf Menschen übertragen (Tbc, Typus bovinus).
Perlzwiebel, Lauchart mit genießb. Blütenstandzwiebelchen (in Essig).
Perm → geologische Formationen, Übersicht.
Perm, 1940–57 *Molotow,* sowj. Gebietshptst. an d. Kama, 1,09 Mill. E; Uni.; Polytechnikum; Superphosphatwerke, Masch.ind., Schiffbau.
permanent [l.], ununterbrochen; in *Permanenz,* ständig (tagen).
Permanentweiß, *chem.* Bariumsulfat; weiße Anstrichfarbe.
Permanenztheorie, geht im Ggs. z. → Kontinentalverschiebung v. d. Konstanz d. Verteilung d. Kontinente und Meere auf d. Erde aus.
Permanganat, *s.,* Salz der Permangansäure; bes. gebraucht das Kalium-P. *(KMnO₄),* rotviolette, intensiv färbende Kristalle, Oxidations- und Desinfektionsmittel.

permeabel [l.], durchlässig (z. B. eine Membran).
Permeabilität [l. „Durchlässigkeit"], **1)** *chem.* Durchlässigkeit feinporiger Wände (bei → Osmose); **2)** b. *Magnetismus: absolute P.,* Verhältnis v. magnet. → Induktion zu magnet. → Feldstärke; *relative P.* der paramagnet. Stoffe (z. B. Aluminium) größer, d. diamagnet. Stoffe (z. B. Wasser) kleiner als 1, der ferromagnet. (z. B. Eisen, Nickel) sehr hoch (v. Feldstärke abhängig), Eisen 400–8000, Sonderlegierungen für Transformatorenkerne bis über 1 Mill.; **3)** P. für Erdöl, Gase, Wasser bei Gesteinen.
per mille [l.], ‰ = auf das Tausend.
Permission, *w.,* Erlaubnis.

Balthasar Permoser
St. Augustinus

Permoser, Balthasar (get. 13. 8. 1651–20. 2. 1732), dt. Barockbildhauer u. Holzschnitzer (Abb.); *Figuren am Dresdner Zwinger.*
Permutation, permutieren [l.], in der *Math.* eine geordnete Folge v. Elementen umordnen.
Permutit®, umfangreiches Sortiment von Anionen- u. Kationenaustauschern; → Ionenaustauscher.
Pernambuco, Staat N-Brasiliens am Atlantik, 101 023 km², 7,2 Mill. E; Hauptausfuhr: Baumwolle, Tabak, Zucker; Hptst. *Recife.*
Pernik, früh. *Dimitrowo,* bulgar. Gebietshptst., 97 000 E; Kohlenbergbau.
perniziös [l.], bösartig (z. B. *p.e* → *Anämie).*
Pernod, *m.* [frz. -'no], hochalkohol. frz. Aperitif aus Wermut, Anis u. Kräutern.
Perón, Juan Domingo (8. 10. 1895–1. 7. 1974), argentin. Gen. u. Pol.; 1946–55 u. 1973/74 Staatspräs.; s. zweite Frau *Evita* (1919–52) leitete Sozialhilfswerk; 1974–76 war seine dritte Frau *Isabel* (* 5. 2 1931) Nachfolgerin.
Peronospora, *w.,* Schmarotzerpilz auf Pflanzen, erzeugt z. B. b. Weinstock d. falschen → Mehltau.
Perpendicular style [engl. *pəpənˈdikjulə stail*], Spätstufe der engl. Gotik (ca. 1350–1520): z. B. Kathedrale v. Gloucester.
Perpendikel, *s. od. m.* [l.], svw. (Uhren-) Pendel.
perpetuell [l.], **perpetuierlich,** unaufhörlich, fortwirkend.
Perpetuum mobile, *s.,* Maschine, die

dauernd Arbeit leisten soll, ohne daß neue Energie zugeführt wird; Ausführung physikalisch unmöglich, widerspricht Energieprinzip.
Perpignan [-*piˈɲã*], Hptst. d. frz. Dép. *Pyrénées-Orientales,* 114 000 E; Bischofssitz; maurische Zitadelle.
perplex [l.], verblüfft, ratlos.
Perrault [*peˈro*], Charles (12. 1. 1628–16. 5. 1703), frz. Dichter; Märchensammlung: *Contes de ma mère l'Oye.*
Perrin [-*ˈrɛ̃*], Jean (30. 9. 1870–17. 4. 1942), frz. Phys. u. Chem.; Arbeiten über die diskontinuierl. Struktur der Materie; Nobelpr. 1926.
Perron, *m.* [frz. -*ˈrõ*], Bahnsteig, Plattform.
Persante, poln. *Parsęta,* pommerscher Fluß, in die Ostsee bei Kolberg, 127 km lang.
Perseiden, Meteorstrom aus dem Sternbild Perseus (vom 20. Juli bis 19. Aug.); → Meteore.
Persenning, *w.,* wasserdichte Leinwand als Wasser- und Wetterschutz an Deck von Schiffen u. Bootsabdeckung.
Persephone, griech. Unterweltsgöttin, lat. *Proserpina;* Tochter der Demeter u. des Zeus, von Pluto geraubt.

Persepolis, *Ruinen des Königspalastes*

Persepolis, Ruinen d. 332 v. Chr. zerstörten Hptst. des altpers. Reichs (50 km nördl. von Schiras).
Perserkatze, svw. → Angorakatze.
Perserkriege (492–449 v. Chr.), zuerst Angriffskriege d. Perser gg. d. Griechen, bes. d. Athener, deren Macht sich nach Kleinasien (griech. Kolonien) erstreckte: 490 griech. Sieg bei Marathon; 480 Seesieg d. Griechen bei Salamis; 479–449 Angriffskrieg d. Griechen: alle griech. Städte v. pers. Herrschaft befreit; Beschreibung d. P. durch Herodot.
Perseus, 1) griech. Sagenheld, Sohn der Danae, tötete die Medusa, befreite Andromeda; **2)** → Sternbilder, Übers.
Perseveranz, *w.* [l.], Beharrlichkeit, Ausdauer.
Perseveration, Klebenbleiben an e. Erlebnis- bzw. Gedächtnisinhalt (z. B. Nichtloskommen v. e. Melodie).
Pershing 1-a, taktischer Boden-Boden-Flugkörper mit Feststoffantrieb für mobilen Einsatz u. ausschließl. nuklearem Sprengkopf; Abschußmannschaft: 8 Mann; Geschwindigkeit: über 3 Mach; Reichweite: über 700 km; wurde aufgrund d. INF-Vertrages (Nukleare Mit-

Personal Computer

telstreckensysteme) bis Mai 1991 abgebaut.
Persianer, schwarzlock. Pelz wenige Tage alter Lämmer von Karakulschafen.
Persien, bis 1934 Name d. Kaiserreichs → Iran. Perser als indoeur. Volk v. Norden eingewandert. Um 700 v. Chr. Lehre des *Zoroaster* (Zarathustra). *Altpers.* Kge: *Cyrus II.,* 559–529 v. Chr., entreißt den Medern die Herrschaft; *Kambyses II.,* 529–522 v. Chr.; *Darius I.* (Blütezeit) u. *Xerxes I.* führen Kriege gg. die Griechen: → Perserkriege. 330 v. Chr. Eroberung durch Alexander d. Gr.; bis 240 v. Chr. Seleukiden (Hellenisierung), bis 224 n. Chr. Arsakiden. *Neupers. Reich der Sassaniden* 224–651. Danach Herrschaft der Araber, Mongolen, Türken; 1501 wieder selbständig; s. 1794 Dynastie der Kadscharen. 1907 Teilung in eine brit. u. russ. Interessensphäre; 1921 Schutzvertrag mit Rußland (1949 gekündigt), 1925 Absetzung der alten Dynastie durch Reza Chan (s. 1925 Schah) Pahlewi, der einschneidende Reformen durchführte.
Persiflage, w. [frz. -*'flaʒ(ə)],* (geistreiche) Verspottung.
persische Literatur, *vorislamisch:* Zarathustra (zw. 1000 u. 650 v. Chr.), Schriftenmasse d. Avesta, darin *Gathas* (Preislieder des Z.); *nachislamisch:* Firdusi (10. Jh.), *Königsbuch* (Chronikalisches Epos); Omar der „Zeltmacher" *(Sinnsprüche),* 11. Jh.; nach Firdusi noch sechs Dichter als klassisch „Siebengestirn" erkannt: Enweri, Nisam, Dschellal ed-Din, Rumi, Saadi, Hafis (14. Jh.), Dschami. Umfangreiche Erzählungsliteratur, u. a. Papageienbuch (auch in türkischer Fassung).
Persischer Golf, flaches Binnenmeer des Ind. Ozeans zw. Arab. Halbinsel u. Iran, 240 000 km², bis 170 m tief; Perlenfischerei; bed. Erdölförderung.
Persius, Aulus P. Flaccus (34–62 n. Chr.), röm. Satiriker.
Person [l.], in der Rechtswiss.: 1) *physische* (natürl.) *P.:* jeder Mensch; 2) *juristische P.:* Vereine, Gesellschaften, Anstalten oder Stiftungen, die nach Gesetz rechtsfähig sind.
Persona grata, w. [l.], „beliebte", erwünschte Persönlichk.; Ggs.: *P. ingrata.*

Personal Computer [engl. „personal = persönlich"], *PC,* für den persönl. Gebrauch entwickelter → Mikrocomputer; ausbaufähige Systeme (Speicherkapazität, Peripherie); teilweise bereits für Datenübertragung ausgelegt; zahlreiche Anwenderprogramme für private u. betriebl. Nutzung, auch Eigenprogrammierung möglich, → Programmiersprachen, vor allem BASIC, PASCAL.
Personalhoheit, Staatsgewalt greift über die Staatsgrenzen hinaus u. erfaßt auch im Ausland sich aufhaltende Staatsbürger.
Personalien, Angaben über Alter, Beruf usw. e. Person.
Personalismus, *phil. Lehre:* Alles Wirkliche ist personaler Natur, alles Leben Selbstbewußtsein in versch. Graden der Vollkommenheit.
Personalpronomen, *s.* [l.], persönliches Fürwort (z. B. *ich, du, er*).
Personalsteuern, *Subjektsteuern,* Steuern, f. deren Berechnung die persönl. Verhältnisse des Steuerpflichtigen maßgebend sind; Ggs.: → Realsteuern.
Personalunion, Vereinigung mehrerer Staaten unter *einem* Fürsten (z. B. August d. Starke: Kurfürst v. Sachsen u. Kg v. Polen); *übertragen:* gemeinsame Leitung getrennt verwalteter Unternehmungen od. Ämter.
Personalvertretung, dem Betriebsrat entsprechende Vertretung *(Personalrat)* der Arbeitnehmer des öffentl. Dienstes (Ges. vom 15. 3. 1974).
Personen-beförderungsgesetz, v. 21. 3. 1961, regelt Zulassung u. Ausübung d. P.beförderung auf d. Land (ausgenommen Eisenbahnen). - **P.konten** → Sachkonten. - **P.recht,** die Person betreffende Rechtsnormen (z. B. Namensrecht, Volljährigk., Minderjährigk., Entmündigung). - **P.stand,** familienrechtl. Beziehung e. Person zu einer dritten (Eltern, Kinder, Ehegatte usw.); beim Standesamt anzumelden; willkürl., den wahren Zustand verschleiernde Änderungen strafbar (z. B. Kindesunterschiebung). - **P.standsbücher,** die vom Standesbeamten gemäß *P.standsgesetz* v. 8. 8. 1957 geführten Heirats-, Familien-, Geburten- u. Sterbebücher. - **P.versicherung,** Versicherung v. Pers. (z. B. *Lebens-, Kranken-, Unfall-, Invalidenversicherung);* Ggs.: Sachversicherung.
Personifikation, *w.* [l.], als Person dargestellter Begriff od. Naturerscheinung (z. B. der Teufel für das Böse schlechthin).
persönlich haftender Gesellschafter, haftet mit seinem ganzen Vermögen unmittelbar, unbeschränkt u. solidarisch f. die Verbindlichkeiten der Gesellschaft; jeder Gesellschafter einer → offenen Handelsgesellschaft, ferner die p. h. G. *(Komplementäre)* einer → Kommanditgesellschaft u. Kommanditgesellschaft auf Aktien.
Persönlichkeit, 1) Person, bei der Ge-

müt u. Verstand außerordentlich gut harmonieren; 2) *psych.* seelisch-geistige Eigenart eines Menschen. - **P.srecht,** *Individualrecht,* schützt kraft Gesetzes bestimmte Gebiete d. P.ssphäre (z. B. freie Entfaltung der Persönlichkeit, soweit Rechte anderer nicht verletzt werden; Art. 2 GG), Namensschutz (§ 12 BGB), Recht am eigenen Bild, Urheber- u. Erfinderschutz.
Persönlichkeitstypen, Zus.fassung charakterist. psych. Merkmale zu „Eigenschaftsbündeln" z. B. Extraversion – Introversion (C. G. Jung u. H. J. Eysenck) od. Zuordnung zu Körperbautypen (E. Kretschmer): leptosom – schizothym, pyknisch – zyklothym.
Perspektiv, *s.* [l.], ausziehbares Fernrohr.
Perspektive, Darstellung eines Gegenstandes od. Raums m. räuml. Wirkung auf der ebenen Bildfläche; Erfindung der *Zentralp.* in der Frührenaiss. durch Brunelleschi um 1420.
Perspektivismus, Lehre, daß die Auffassung der Wirklichkeit vom jeweiligen Gesichtspunkt abhängig u. daher nur relativ berechtigt sei; → Relativismus.
Perth [*pə:θ*], 1) Hptst. d. Bundesstaates W-Australien, am Schwanenfluß, mit Hafenvorst. *Fremantle,* 1,12 Mill. E; anglikan. u. röm.-kath. Bistum; Wolle- u. Weizenausfuhr; 2) schott. St. an der Mündung der Tay in den Firth of Tay, 42 000 E; bis 1437 Residenz d. schott. Könige.
Perthes, 1) Friedrich Christoph (21. 4. 1772–18. 5. 1843), dt. Buchhändler; Verlagsgründer in Hamburg; Mitbegr. des Börsenvereins der dt. Buchhändler; s. Onkel 2) Justus (11. 9. 1749–1. 5. 1816), begr. in Gotha d. *Verlagsanst. J. P.;* Verlag s. 1953 in Darmstadt.
Pertinax® [l. „zäh"], Hartpapier, Handelsbez. f. Elektroisolierstoff.
Pertini, Sandro (25. 9. 1896–24. 2. 1990), it. Pol. (SPI); 1968–76 Präs. d. Abgeordnetenkammer, 1978–85 Staatspräs.
Perturbation, *w.* [l.], → Störung.
Pertussis, *w.* [l.], svw. → Keuchhusten.
Peru, amtl. *República del Perú,* Republik S-Amerikas, am Pazifik, 1 285 216 km², 21,26 Mill. E (17 je km²); Bev.-Zuw. 2,3%; Sprache: Span., Quechua; Währung:

Sol (S/.); Rel.: röm.-kath.; Hptst.: *Lima,* Flagge S. 341, Karte S. 741. **a)** *Geogr.:* Wüstenhafte Küste (bei künstl. Berieslung Zucker, Reis, Wein, Baumwolle), Andenketten (*Cordillera Blanca* 6760 m hoch) und wald- u. regenreiche Osthänge d. Kordilleren. **b)** *Landw.:* 48% d. Bev., Anbau v. Baumwolle, Zucker, Kaffee. **c)** *Bodenschätze:* Große Vorkommen; Kupfer, Antimon, Blei, Zink, Silber, Gold u. Erdöl wichtig. **d)** *Außenhandel* (1988): Einfuhr 2,56, Ausfuhr 2,67

Mrd. $. **e)** *Verkehr:* Eisenbahn 1628 km. **f)** *Verf.* v. 1980: Präsidiale Rep., Kongreß m. 2 Kammern. **g)** *Verw.:* 25 Dep. **h)** *Gesch.:* Urspr. → Inkareich, v. Pizarro 1529–35 erobert; 1821 Unabhängigkeitserklärung; 1929 Vertrag mit Chile; Erwerb d. Prov. Tacna; 1968 Mil.putsch; s. 1980 Rückkehr z. Demokratie. **i)** *Mitgl.:* UN, OAS, ALADI.

peruanische Kunst → altamerikanische Kunst.

Perubalsam, in der Medizin, Mikroskopie u. Parfümind. verwendeter pflanzlicher → Balsam a. d. Schmetterlingsblütler Myroxylon balsamum.

Perücke [frz.], Kopfbedeckung aus Haaren u. a.; zur Vortäuschung v. Haarwuchs zu allen Zeiten u. bei allen Völkern getragen.

Perugia [-*'rudʒa*], im Altertum *Perusia,* Hptst. d. mittelit. Prov. *P.,* 149 000 E; Dom (14./15. Jh.), *Fontana Maggiore* (1275); kath. Erzbischof, Uni., Kunstakad., Etruskermus.; Textilind.

Perugino [-*'dʒi*-], Pietro, eigtl. *di Christoforo Vannucci* (um 1445/8–Febr. od. März 1523), it. Maler d. Renaissance; Lehrer Raffaels; Fresken in Perugia.

Perutz, Max Ferdinand (* 19. 5. 1914), engl. Chem.; Erforschung d. Struktur gr. Eiweißmoleküle; Nobelpr. 1962.

Peruzzi, Baldassare (get. 7. 3. 1481–6. 1. 1536), it. Baumeister u. Maler; u. a. *Palazzo Massimo alle Colonne* u. *Ausmalung d. Ponzetti-Kapelle* in S. Maria della Pace (Rom).

pervers [l. „verkehrt“], widernatürl., geschlechtl. entartet.

Perversion, *w.,* Abweichung v. Normalen, bes. in sexueller Hinsicht.

Perzent → Prozent.

Perzeption [l.], geistige Wahrnehmung, Vorstellung.

perzipieren, begreifen; wahrnehmen.

Pesaro, Hptst. der mittelit. Prov. *P. e Urbino,* am Adriat. Meer, 90 000 E; Keramik-, Motorrad-, Seidenind.; Geburtsort → Rossinis.

Pescadores, *Fischerinseln,* chin. *Penghu,* 64 kl. Inseln in der Formosastraße, 127 km², 125 000 E.

Pescara, Hptst. der it. Prov. *P.,* Adriahafen, 129 000 E; chem. Ind.

Peschawar, Hptst. d. pakistan. Nordwestl. Grenzprovinz, 555 000 E; Uni.; beherrscht den → Khaiberpaß.

Peschita, *w.* [„die Einfache“], syr. → Bibelübersetzung aus d. 2. Jh.

Pesel, *Pösel,* von Diele abgetrennter Wohnraum des schlesw.-holst. u. nieders. Bauernhauses; hpts. Pracht- u. Besuchsstube.

Peseta, *w.,* → Währungen, S. 1087.

Pesne [*pɛn*], Antoine (23. 5. 1683–5. 8. 1757), frz. Hofmaler d. Rokoko in Berlin; bes. Bildnisse d. kgl. Familie (*Friedrich d. Gr.*) u. der Gesellschaft; Wand- u. Deckengemälde.

Peso, *m.,* → Währungen, S. 1087.

Pessar, *s.* [l.], Scheideneinlage: **1)** *Ring-* und *Schalen-P.* aus Kunststoff, Hartgummi u. a. Material zum Stützen einer gesenkten Gebärmutter; **2)** *Okklusiv-P.,* Schutzkappe zum Abschluß der Gebärmutter zwecks Empfängnisverhütung.

Pessimismus [l. „pessimum = d. Schlechteste“], **1)** Gemütsverfassung od. Anschauung, die d. Welt für unverbesserlich schlecht hält u. vom Leben immer nur das Schlimmste erwartet; **2)** *phil.* die Lehre, daß die Welt die schlechteste der möglichen Welten sei (Schopenhauer).

Pessimist, Schwarzseher.

Pest [*pɛst*], Stadtteil v. → Budapest.

Pest, durch *P.bazillen* verursachte (u. v. Ratten durch Flöhe übertragene) sehr ansteckende, lebensgefährl. Infektionskrankheit, bes. als *Beulen-P.* mit eitriger Lymphdrüsenentzündung oder *Lungen-P.* mit tödl. Lungenentzündung. In Europa fast verschwunden. Große P.-Seuchen im MA *(Schwarzer Tod).*

J. H. Pestalozzi

Pestalozzi, Johann Heinrich (12. 1. 1746–17. 2. 1827), schweiz. Jugend- und Volkserzieher; v. Rousseau u. Herder beeinflußt, geht vom Einzelwesen aus, trotzdem Pflege der Gemeinschaft; Verbindung v. Unterricht m. Handarbeit; Erziehungsromane: *Lienhard u. Gertrud; Wie Gertrud ihre Kinder lehrt.* – **P.-Fröbel-Verband e. V.,** *PFV,* sozialpädagog. Fachverband; Neugründung 1948, 1873–1938 *Dt. Fröbel-Verband.*

Pestilenz, *w.* [l.], Pest, Seuche.

Pestizide, *Insektizide, Fungizide,* Sammelbegriff f. Mittel gegen pflanzl. u. tier. Schädlinge.

Pestwurz, Korbblütler mit fleischiger Blütentraube (im Frühling); an feuchten Stellen.

Pétain [-*'tɛ̃*], Philippe (24. 4. 1856–23. 7. 1951), verteidigte 1916 Verdun; 1917 frz. Gen.stabschef, 1918 Marschall; 1934 Kriegsmin.; 1940–44 frz. Staatschef (Vichyreg.); 1945 wegen Zus.arbeit mit Dtld z. Tode verurteilt, z. lebenslängl. Haft begnadigt.

Petent, *m.* [l.], Bittsteller.

Peter, a) *Aragon:* **1)** P. *(Pedro)* III. (1239–2. 11. 85), Kg seit 1276, vereinigte nach d. → Sizilianischen Vesper (1282) Sizilien m. Aragonien. – **b)** *Serbien:* **2)** P. I. (11. 7. 1844–26. 8. 1921), Karageorgewitsch, Kg 1903–18, dann Kg der Serben, Kroaten u. Slowenen bis 1921. – **c)** *Jugoslawien:* **3)** P. II. Karageorgewitsch (6. 9. 1923–3. 11. 70), Kg v. 1934–41

Peter d. Große

(Regentschaftsrat unter Prinz Paul), lebte in der Emigration. – **d)** *Rußland:* **4)** P. I., d. Gr. (9. 6. 1672–8. 2. 1725), Zar s. 1682, 1689 Alleinherrscher, reformierte Heer u. Flotte, bereiste unerkannt Europa (in Holland Schiffszimmermann, → Lortzings *Zar u. Zimmermann*), verbreitete eur. Kultur in Rußland, förderte Bildung u. Gewerbe, gründete 1703 Petersburg. Siegreicher Krieg gg. Karl XII. von Schweden (Erwerb der Ostseeprovinzen); s. Enkel **5)** P. III. (21. 2. 1728–18. 7. 62, ermordet), vermählt m. Katharina II., 1762 Zar, schloß Frieden mit Friedrich dem Großen.

Peter-I.-Insel, s. 1929 norwegischer Besitz in d. Antarktis, 180 km²; Walfangstation.

Petermann, August (18. 4. 1822–25. 9. 78), dt. Geograph u. Kartograph, langjähr. Hg. der 1855 begründeten *P.s Geographische Mitteilungen.* – **P.-Spitze,** Berg i. O-Grönland, 2940 m.

Petermännchen, europäischer Küstenfisch, bis 50 cm lang; giftige Flossenstacheln; genießbar.

Peters, Carl (27. 9. 1856–10. 9. 1918), dt. Afrikaforscher u. bed. Kolonialpionier; gründete 1884 d. Kolonie Dt.-Ostafrika u. d. Dt.-Ostafrikanische Ges.; *England u. die Engländer.*

Petersberg, 1) Basaltkuppe (331 m) des Siebengebirges b. Königswinter, mit Hotel „P.“, 1946–51 Sitz d. Alliierten Hohen Kommissare; **2)** (D-6415), Gem. i. Kr. Fulda, Hess., 12 800 E; in d. Krypta karoling. Wandmalerei (9. Jh.).

Petersburg, → Sankt Petersburg.

Petersen, Wolfgang (* 4. 3. 1941), dt. Filmregisseur; *D. Konsequenz* (1977); *D. Boot* (1980); *D. unendl. Geschichte* (1984); *Enemy Mine* (1985).

Petershagen (D-4953), St. i. Kr. Minden-Lübbecke, NRW, 23 699 E; Möbel- und Ziegelind., Energieerzeugung; Renaissanceschloß.

Petersilie, Doldengewächs, Küchenkraut aus dem Mittelmeergebiet; ähnlich *Hunds-P. (Gleiße),* hohes, giftiges Unkraut mit widerl. Geruch.

Peterskirche, Papstkirche in Rom, Vatikan, Grabkapelle d. Apostel Petrus (Bronzestatue); Neubau (1506–1629) unter Bramante, Raffael, Michelangelo, Bernini *(Kolonnaden)* u. a.

Peterspfennig, bis zur Reformation regelmäßige Abgabe der kath. Hausstände an den Papst; in neuerer Zeit freiwillige

Liebesgabensammlung für den päpstl. Hofstaat.

Peterwardein, serb. *Petrovaradin,* Stadtteil v. → Neusatz, auf einem Donaufelsen; 1716 Sieg Prinz Eugens über die Türken.

Petőfi, Sándor, eigtl. *Petrović* (1. 1. 1823-31. 7. 49), ungar. Lyriker; Revolutionsdichter, fiel im ungar. Freiheitskampf; Versepos: *Held János.*

Petit [pə'ti; pti], Alexis Thérèse (2. 10. 1791-21. 6. 1820), frz. Physiker; Arbeiten über Wärmeausdehnung, → Dulong-Petitsches Gesetz.

Petit, *w.,* → Schriftgrade.

Petition, *w.* [l.], Bittschrift, Eingabe. - **P.srecht,** als Grundrecht in demokr. Verfassungsstaaten anerkannt.

Petition of rights [pɪ'tɪʃən əv 'raɪts], „Bitte um Rechte", in Engld 1628 v. Karl I. bewilligt; keine Abgaben ohne Befragung d. Parlaments, keine Verhaftung od. Verurteilung ohne richterl. Entscheidung.

petitio principii [l.], in der Philosophie „Erschleichung des Beweises" durch Voraussetzung des erst zu Beweisenden; *Zirkelschluß;* → *Circulus vitiosus.*

Petits fours [frz. pti 'fuːr], Dessertgebäck.

Petrarca, Francesco (20. 7. 1304-19. 7. 74), it. Dichter u. Humanist; durch seine an der Antike entzündetes Nationalgefühl für ein einheitl. Italien v. Einfluß auf beginnende Renaissance; verherrlicht s. Geliebte Laura in Sonetten: *Canzoniere.*

Petrefakt, s. [gr.-l.], Versteinerung, Fossil.

Petri, Olaus (6. 1. 1493-19. 4. 1552), schwed. Reformator; Schüler Luthers.

Petrischalen, für Bakterienkulturen verwendete Glasschalen mit übergreifendem Glasdeckel.

Petrochemie, Zweig d. techn. Chemie, Verwendung v. Erdgas u. Erdöl als Rohstoffe zu chem.-techn. Synthesen (z. B. Acetylen aus Erdgas-Methan zur Bunasynthese).

Petrogenese [gr.], Entwicklung(sgesch.) der Gesteinsbildung.

Petrographie [gr.], Gesteinskunde, Lehre von d. aus Mineralien zusammengesetzten Gesteinen; nach ihrer Entstehung: → Magmatite, → Sedimentgesteine, → Metamorphite.

Petrolether, Leichtöl, farblose, leicht brennbare Flüssigkeit; *Erdöl*-Destillat

Petersplatz und -kirche, *Rom*

von sehr niedrigem Siedepunkt zu Fettextraktion, chem. Reinigung (→ Kohlenwasserstoffe, Übers.).

Petroleum → Erdöl, → Kohlenwasserstoffe, Übers.

Petropawlowsk, 1) Hptst. d. Gebiets N-Kasakstan, 241 000 E; 2) *P.-Kamtschatskij,* Hptst. d. Gebiets Kamtschatka (UdSSR), 269 000 E; Winterhafen; Fischverarbeitung.

Petrópolis, St. in Brasilien, im Staat Rio de Janeiro, 285 000 E; Ind.

Petrosawodsk, Hptst. der Karelischen ASSR, am Onegasee, 270 000 E; Sägewerke.

Petrus, 1) P. Damiani (1007-72), Kirchenlehrer, versöhnte in päpstl. Auftrag Kaiser Heinrich IV. m. seiner Gemahlin, Verfechter des Papstgedankens; 2) P. de Vinea (um 1190-1249, Selbstmord), Kanzler → Friedrichs II.; Neuorganisator Siziliens; 3) P. Lombardus (um 1100-1164), scholastischer Theologe, dessen Schriften zum Elementarbuch d. ma. Theologie u. Phil. wurden; 4) P. Waldus → Waldenser.

Petrus [gr. „Fels"], *Simon,* Apostel, Fischer a. See Genezareth, n. seiner Berufung v. Jesus *Kephas* [aramäisch „Fels"] gen.; bevorzugte Stellung; nach Jesu Tod Judenmissionar; die röm.-kath. Kirche verehrt in ihm den 1. Bischof von Rom. - **P.briefe,** 2 Schriften im N.T., wahrscheinlich nicht von Petrus selbst verfaßt.

Petsamo → Petschenga.

Petschaft, *s.* [slaw.], Stab od. Ring mit gravierter Platte z. Siegeln.

Petschenga, sowj. Gebiet am Nördl. Eismeer am eisfreien *P.fjord;* 1920-44 finn. *(Petsamo).*

Petschora, nordruss. Fluß, fließt vom Ural in die **P.bucht** des Nördlichen Eismeers, 1809 km lang; schiffbar; reiche Kohlenlager: **Petschorsker Kohlenbekken.**

Petten, ndl. Ort nw. Alkmaar, Reaktorzentrum d. Ndl. *(RCN).*

Pettenkofer, Max von (3. 12. 1818-10. 2. 1901), dt. Hygieniker und Chemiker; Begr. d. experimentellen Hygiene; Seuchentheorie u. Sozialhygiene.

Petticoat [engl. *-kout*], reifrockähnl. Taillenunterrock, aus versteiftem Perlon.

Petting, *s.* [engl.], Liebesspiele m. sexuell erregenden Berührungen, aber ohne Geschlechtsverkehr.

Petunie, Nachtschattengewächs, Zierpflanze aus S-Amerika.

Petze, *Betze,* weiblicher Hund, Fuchs, Wolf.

peu à peu [frz. pøa'pø], nach und nach.

Peugeot [frz. pø'ʒo], bed. frz. Automobilwerk (1896 gegr.), 1974 Zus.schluß m. Citroën u. Michelin.

Peutinger, Konrad (15. 10. 1465-28. 12. 1547), dt. Humanist; nach ihm d. **Peutingersche Tafel,** e. spätröm. Weltkarte mit d. Straßen des Römischen Reiches.

Pevsner [pɛvˈsnɛːr], Antoine (18. 1.

1886-12. 4. 1962), russ.-frz. Maler u. Plastiker; abstrakter Konstruktivist.

Peyotl, mexikan. Kaktusart, → Meskalin.

Peyrefitte [perˈfit], Roger (* 17. 8. 1907), frz. Schriftst.; *Diplomaten; Amerikaner.*

Pfadfinder, nach Art der v. Gen. *Baden-Powell* 1907 in England begr. Boy-Scouts (Späher) 1911 geschaffene dt. Jugendorganisation.

Pfäfers (CH-7312), Gem. im schweiz. Kanton St. Gallen, 1800 E, mit *Bad P.* (685 müM); warme Quellen.

Pfaffe, Pfarrer; urspr. ohne verächtl. Nebensinn.

Pfaffenhofen a. d. Ilm (D-8068), Krst. in Oberbayern, 18 335 E; AG; div. Ind., Hopfenanbau.

Pfaffenhütchen, svw. → Spindelbaum.

Pfahlbau

Pfahl-bauten, Häuser auf Pfählen in Uferzonen, z. B. auf den trop. Inseln der Südsee, in S-Amerika; *vorgeschichtl.:* Pfahl- u. Siedlungsreste d. Jungstein- u. Bronzezeit im Bodensee u. d. Schweizer Seen stammen wahrscheinlich v. Häusern auf moorigem, meist überschwemmtem Untergrund. - **P.bürger,** *Schutzbürger,* außerhalb d. Mauern, aber innerhalb d. Bann- u. Gerichtspfähle e. Stadt wohnende Bürger.

Pfahlrost, aus eingerammten Pfählen bestehendes Fundament für Bauwerke bei ungenügender Tragfähigkeit des Baugrundes (Moor, Triebsand).

Pfalz, im MA Schloß dt. Kaiser u. Könige, wo sie Gericht abhielten; Pfalz bei → Kaub a. Rhein, Burg (13. Jh.) auf einem Felsriff; auch das umliegende, einem *P.grafen* unterstellte Gebiet.

Pfalz, das 1968 Rgbz. d. Landes Rh.-Pf., links am Rhein, jetzt Teil d. Rgbz. → Rheinhessen-Pfalz. - *Gesch.: Rhein- und Unterpfalz,* je nach beiden Seiten des Rheins s. 1155 nachgewiesen, 1214-1918 unter Wittelsbachern; 1329 mit Teilen der bayr. Nordmark *(Oberpfalz)* eigene

Petunie

Linie, von 1410 an vielfach geteilt (Kurpfalz, Simmern, Zweibrücken, Neuburg usw.). Die *Kurpfalz* unter Friedrich III. Vormacht des Calvinismus in Dtld. Friedrich V., 1619/20 Kg v. Böhmen, verliert 1623 die Oberpfalz an Bayern; 1689 nach Zurückweisung frz. Erbansprüche (→ Elisabeth 4) Verwüstung der P. durch Mélac; unter Karl Theodor 1777 Pfalz u. Bayern vereinigt; 1803 d. rechtsrhein. P. an Baden u. Hessen, 1801 die linksrhein. an Frkr., 1815 an Bayern (bayr. Rgbz.). 1849 *Pfälzer Aufstand.* Durch Versailler Vertrag d. W-Zipfel zum Saarland; 1945 zu → Rheinland-Pfalz; 1947 durch Verfügung der frz. Mil.reg. weitere kleinere Gebietsteile zum Saarland; 1956 Volksbegehren auf Wiedervereinigung m. Bayern erfolglos. → Oberpfalz.

Pfälzer Wald → Haardt.

Pfälzer Weine, meist Weißweine aus der Rheinpfalz vom Osthang der Hardt, z. B. Deidesheimer, Dürkheimer (Rotwein).

Pfand, Gegenstand, den ein Schuldner d. Gläubiger als Sicherstellung seiner Forderung überläßt. - **P.briefe,** festverzinsl. Schuldverschreibungen der Bodenkreditanstalten (Hypothekenbanken usw.), d. durch Hypotheken gedeckt sind; werden an der Börse gehandelt. - **P.entstrickung** → Verstrickungsbruch.

Pfänder, Berg über dem Bodensee bei → Bregenz, 1064 m h.

Pfand-kehr, strafbare Wegnahme e. Sache zugunsten des Eigentümers, die ein P.gläubiger, Nutznießer, Gebrauchs- od. Zurückhaltungsberechtigter besitzt. - **P.leihen,** gewähren nach d. → Pfandrecht gegen Faustpfand Darlehen; meist gemeinnützige öffentl. Körperschaft, auch private Unternehmungen. - **P.recht,** dingl. Recht an einer bewegl. Sache, *Faustpfand* (oder einem Recht); entsteht durch Vertrag u. Übergabe der Sache, kraft Gesetzes (z. B. Vermieterpfandrecht, → Miete) od. als Pfändungspfandrecht bei → Zwangsvollstreckung; bezweckt Sicherung e. Forderung u. berechtigt den Gläubiger, bei Fälligkeit der Forderung Pfand zu verwerten u. sich aus Erlös zu befriedigen. *Pfandverkauf,* durch öff. Versteigerung nach vorhergehender Benachrichtigung d. Verpfänders u. Pfandeigentümers. Für bestimmte Gegenstände (z. B. Börsenpapiere) anderweitige Verwertung zulässig (§§ 1204 ff. BGB). - **P.schein,** dem Darlehensnehmer ausgestellte Bescheinigung über d. hinterlegte Pfand.

Pfändung, Beschlagnahme v. Sachen od. Rechten zum Zweck der Sicherung od. Befriedigung v. Geldforderungen; → Zwangsvollstreckung.

Pfarramt, das einem Pfarrer übertragene Amt; außer dem Gemeindepfarramt auch Anstalts-P., Kreis- und Provinzial-P. (Jugend-P.; Sozial-P.).

Pfarrer [gr.-l. „parochus = Inhaber"], In-

haber eines Pfarramtes, in kath. Kirche v. Bischof berufen; in ev. Kirche teils Berufung durch Kirchenbehörde oder Patron, teils Gemeindewahl.

Pfarrkirchen (D-8340), Krst. des Kr. Rottal-Inn, Niederbay., 10 343 E; Pfarrkirche (um 1500).

Pfarrschulen, Elementarschulform des MAs, ähnlich den Kloster- und Domschulen v. der Kirche geleitet.

Pfau → Sternbilder, Übers.

Pfau

Pfauen, Hühnervögel Südasiens; Männchen m. prächtig metallisch gefärbten, aufrichtbaren Schwanzfedern: „Rad"; bei den Griechen und Römern Tafel-, uns Ziervogel; heiliger Vogel der Hindus. - **P.auge,** Abend- u. → Nachtpfauenauge.

Pfeffer, scharfes Gewürz, auch Arzneimittel; wird von vielen Pflanzen geliefert, u. a. vom → Pfefferstrauch, von → Capsicum; *Nelken-P.* → Pimentbaum; auch → Betelnuß als Kaupfeffer.

Pfefferfresser, svw. → Tukane.

Pfefferkorn, Johannes (1469–1524), dt. Schriftst.; konvertierter Jude; verlangte Vernichtung aller hebr. Schriften; Gegenschriften: → *Epistolae obscurorum virorum.*

Pfefferkraut, svw. → Bohnenkraut.

Pfefferküste, 1) Küste v. Liberia (Westafrika), Teil der Ober-Guinea-Küste; **2)** svw. → Malabarküste.

Pfefferminze, Art der → Minze.

Pfefferminzöl, äther. Öl aus der Pfefferminzpflanze, mentholhaltig; heute meist synthet.; angenehm kühlend, für Bonbons, Mundwässer, Parfüme.

Pfefferpilz, versch. Pilze m. Pfeffergeschmack.

Pfefferrohr, 1) Triebe e. mexikanischen Pfefferstrauchs; **2)** Handelsbez. für dunkel gefleckten → Bambus.

Pfefferstrauch

Pfefferstrauch, *Piper nigrum,* ein Kletterstrauch auf d. malaiischen Inseln und in Vorderindien; aus seinen Früchten Pfeffer als Gewürz: *weißer P.,* d. geschälten reifen, *schwarzer P.,* d. ungeschälten unreifen Früchte.

Pfeife, 1) Instrument zur Lauterzeugung; Rohr m. Querspalt *(Lippen-P.)* od. federnder mechan. Zunge, dessen Luftsäule durch Anblasen in Schwingung kommt *(Zungen-P.);* **2)** Orgel-P. → Orgel; **3)** Rohr des Glasbläsers zum Formen geschmolzenen Glases.

Pfeifenstrauch → Osterluzei; auch → Jasmin.

Pfeiffer, Alois (25. 9. 1924–1. 8. 1987), dt. Gewerkschafter; s. 1985 Mitgl. d. EG-Kommission.

Pfeifhasen, kl., kurzohrige Hasenverwandte in Steppen der nördl. Erdhälfte; stoßen typische Pfiffe aus.

Pfeil → Sternbilder, Übers., S. 912.

Pfeiler, senkrechte, mehr- (meist recht-)eckige Stütze von Lasten: Brücken-, Eck-, Grund-P. - *Strebe-P.* zur Mauerverstärkung od. seitlichen Ableitung d. Gewölbeschubs; auch zur Zier. → Pilaster.

Pfeilflügel, pfeilförmig stark (über 30°) abgewinkelte Stellung d. Tragflügel, meist auch d. Höhenleitwerks) b. Hochgeschwindigkeitsflugzeugen.

Pfeilhechte, bis 3 m lang werdende räuberische Knochenfische tropischer Küsten (z. B. *Barracuda);* z. T. gefährlich für Taucher.

Pfennig, kleinste dt. Münze; im MA urspr. *Silberpfennig;* s. um 1300 nur → Scheidemünze; s. 16. Jh. *Kupferpfennig;* der *dicke P.,* im Ggs. zu dem Hohlpfennig (→ Brakteaten), nach der 1. Münzstätte Tours „Gros tournois" (lat. *grossus turonensis)* in Dtld Groschen genannt. - **P.kraut,** *Gilbweiderich,* gelb blühendes, kriechendes Primelgewächs m. pfennigrunden Blättern; feuchte Wiesen u. Gräben.

Pferch, bewegl. Einzäunung, in die (Schaf-)Herden *eingepfercht* werden.

Pferd, Turngerät f. Sprünge u. Schwünge; 1,60 m langes Holz- od. Metallgestell m. Lederpolsterung, 2 Handgriffen (Pauschen) u. 4 ausziehbaren Beinen od. einer Mittelsäule.

Pferdchen → Füllen.

Pferde, Einhufer, wild noch in Zentralasien *(Przewalskipferd),* verwildert in Amerika, Australien u. SO-Europa. Männl. Pferd: *Hengst,* kastriert *Wallach;* weibl. P.: *Stute,* junges P.: *Fohlen, Füllen.* Man teilt die P.rassen ein in: **a)** *Warmblut: Vollblut* (bes. Araber u. verwandte orientalische Rassen sowie das engl. Vollblut als Zucht-, Reit- und Dressur-P.), *Halbblut* (Reit- u. leichtere Zug-P.), *Kaltblut* (schwere Zug-P.), **c)** *Klein-P.* (Haflinger i. Bayern) u. *Ponys* (Shetlandpony). → Tafel Tierzucht. - **P.böcke,** große afrikan. Horntiere *(Antilopen)* m. langen, gestreckten *(Säbel-)* oder nach hinten gebogenen Hörnern *(Rappenantilope).* - **P.bremse,** *Magenbremse* → Dasselfliegen. - **P.rennen,** schon seit vorgeschichtl. Zeit; als Rennsport in England s. 16. Jh., auf d. Festland im 19. Jh. eingeführt; Zweck: Prüfung d. Vollblutpferdes für d. Pferdezucht; Arten: → Galopp- (Flach-, Hindernis-) u. → Trabrennen.

Pferdestärke, Abk. *PS*, veraltetes techn. Maß der Leistung; 1 PS = 75 mkp/s = 736 Watt; 1 P. in engl. Maß: 1 HP (horsepower) = 1,0139 PS = 76 mkp/s; ersetzt durch → Watt.

Pferdmenges, Robert (27. 3. 1880–28. 9. 1962), dt. Bankier; Berater Adenauers.

Pfifferling, *Pfefferling, Eierschwamm, Gelbling,* Speisepilze; meist in Nadelwald.

Pfingstbewegung, geistl. Erweckungsbewegung (s. 1906) m. d. Ziel unmittel. ekstat. Erfahrung d. Hl. Geistes.

Pfingsten [gr. „pentekoste = 50. (Tag)"], christl. Fest am 50. Tag nach Ostern zur Erinnerung an die Ausgießung des Hl. Geistes; urspr. jüdisches Erntedankfest, 50 Tage nach Passah.

Pfingstrose, svw. → Päonie.

Pfirsich, *Pfirsichbaum,* Steinobstbaum m. rosa Blüten; aus O-Asien; gr., behaarte Früchte m. rauhem Kern.

Pfitscher Joch, Paßübergang zw. Zillertal u. Pfitscher Tal; östr.-it. Grenze, 2251 m.

Pfitzner, Hans (5. 5. 1869–22. 5. 1949), dt. spätromant. Komp. u. Dirigent; Lieder, Kantate: *Von dt. Seele;* Kammermusik; Opern: *D. Rose v. Liebesgarten; D. arme Heinrich; Das Christ-Elflein.*

Pflanzen, Lebewesen, die im allg. → Chlorophyll besitzen u. damit unter Lichteinwirkung (→ Assimilation, → Photosynthese) körpereigene Stoffe aus der Kohlensäure der Luft sowie unter Aufnahme von Wasser und Salzen aufbauen, sich also von anorgan. Stoffen ernähren; abweichend die nichtgrünen Bakterien, Pilze u. einige höhere P., die auf organ. Nahrung (wie die Tiere) angewiesen sind. → Botanik; → Züchtung. – **P.milch**, weißer od. gelbl. Saft mancher Pflanzen (z. B. Wolfsmilch, Mohngewächse). – **P.schutz**, Verhütung u. Bekämpfung v. Krankheiten u. Schädlingen (Koloradokäfer, Reblaus u. a.) an Kulturpflanzen; gesetzlich geregelt, obliegt Pflanzenschutzdienst; → integrierter Pflanzenschutz, → biologische Schädlingsbekämpfung, → Kontaktgifte, → Wein. – **P.züchtung**, auf vererbungswiss. Grundlagen beruhende Auslese u. systemat. → Züchtung ertragreicherer, besser verwertbarer u. widerstandsfähiger Nutzpflanzen. MPI für Pflanzengenetik in Ladenburg b. Heidelberg.

Pflaster, klebendes Verbandmittel, z. B. aus Zinkkautschuk (Heftpflaster); mit hautreizenden Mitteln bestrichen: *Zugpflaster* bei Entzündungen usw.

Pflasterkäfer → Kanthariden.

Pflaumen, Steinobst unbekannter Herkunft; *gemeine P.* (Zwetschen) mit blauen Früchten; diese sowie die *Kriechen-P.* und die *Kirsch-P.* (beide aus O-Europa u. Asien) sind die Stammpflanzen zahlreicher Kulturrassen, wie die *Rund-, Oval-P.* (Damaszenen), *Eier-, Edel-P.* (Reine-

clauden od. Renekloden), *Wachs-P.* (Mirabellen).

Pflege-gelder, *Unterhaltsgelder,* Unterhaltsbeträge für Insassen von öff. oder priv. Fürsorgeanstalten. – **P.kinder**, *Ziehkinder,* gg. Entgelt in fremden Familien untergebrachte Kinder.

Pflegschaft, Bestellung einer Person *(Pfleger)* durch das Vormundschaftsgericht z. Wahrnehmung der rechtl. Interessen von Minderjährigen, falls gesetzl. Vertreter an der Vertretung verhindert, von geistesschwachen od. gebrechlichen Personen, von Verschollenen in Vermögensangelegenheiten, von unbekannten Beteiligten (z. B. noch nicht ermittelten Erben) u. a. → Vormund (§§ 1909 ff. BGB).

Pflicht-exemplar, *P.stück,* gesetzl. angeordnete Ablieferung v. Büchern, Zeitschriften durch d. Verleger, Drucker an öff. Bibliotheken. – **P.schulen**, in BR Grund- u. Hauptschulen (9 Jahre, Vollzeitunterricht) u. Berufsschulen (3 Jahre, Teilzeitunterricht); → Schulpflicht. – **P.teil** → Erbrecht. – **P.übung**, i. sportl. Wettbewerb i. d. Ausschreibung verbindl. festgelegte Übung (z. B. beim Kunstturnen z. Eiskunstlauf); Ggs.: → Kür. – **P.verteidiger**, svw. → Offizialverteidiger.

Pflug, s. d. Endsteinzeit Ackergerät zum Wenden u. zur Auflockerung d. Bodens, auch z. Häufeln u. zur Unkrautbeseitigung: *Häufel-, Hackpflug.*

Pforr, Franz (7. 4. 1788–16. 6. 1812), dt. Maler; Mitbegr. d. Lukasbunds → Nazarener 2); nach stilist. Vorbild altdt. Meister Darstellungen aus d. ma. Geschichte u. Legende; *Graf v. Habsburg und der Priester.*

Pfortader, Blutader der Leberpforte, sammelt das aus d. Verdauungsorganen abfließende Blut.

Pförtner, griech. *Pylorus,* → Magenpförtner.

Pforzheim (D-7530), Stkr. am N-Rand d. Schwarzwaldes, am Zus.fluß v. Enz, Nagold u. Würm, 108 887 E; IHK, AG; Schmuck- u. Uhrenind., Schmuckmus.; Geburtsort *Reuchlins.*

Pfronten (D-8962), Gem. i. Kr. Ostallgäu, Bay., Luftkurort und Wintersportpl., 7121 E; feinmechan. u. Masch.ind.

Pfropfen → Veredlung.

Pfropf-Polymerisation, Verlängerung v. → Makromolekülen durch „Anpolymerisieren" weiterer Molekülbausteine.

Pfründe, i. d. kath. Kirche Kirchengut, dessen Ertrag d. Pfründeninhaber (geistl. Personen) zugute kommt; in d. ev. Kirche Pfarrstellen mit Nutznießung aus Landbesitz; auch Nutznießung an säkularisierten Kirchengütern (Stiften).

Pfullingen (D-7417), St. i. Kr. Reutlingen, Ba-Wü., am Fuß der Schwäb. Alb, 16 571 E; Trachtenmus.; Textil-, Holz-, Kunststoff- u. Papierind.

Pfund, 1) früher Gewicht (500 g) = ½ kg,

in Dtld 1935 als gesetzliches Maß abgeschafft; das englische und amerikanische P. (Abk. *lb*) = 453,59 g; **2)** P. *Sterling* (£), bis 1971: 1 £ = 20 Schilling = 240 Pence, jetzt: 1 £ = 100 Pence (→ Währungen, S. 1087).

Pfungstadt (D-6102), St. i. Kr. Darmstadt-Dieburg, Hess., 23 290 E; Brauerei, Maschinen- u. Apparatebau.

Phäaken, gastl. Volk in der *Odyssee.*

Phädra, in der griech. Sage Gattin des Theseus, veranlaßte Tod ihres Stiefsohns Hippolyt, der ihre Liebe nicht erwiderte; Drama v. Racine.

Phädrus (1. Jh. v. Chr.), röm. Fabeldichter.

Phaeton, 1) Sohn d. griech. Sonnengottes Helios, stürzt als Lenker des Sonnenwagens ab.

Phagen, svw. → Bakteriophagen.

Phago-zyten [gr.], „Freßzellen" (z. B. weiße Blutkörperchen), Mikro- u. Makrophagen. – **Ph.zytose**, die v. → Metschnikoff entdeckte Fähigkeit d. weißen Blutkörperchen, Fremdkörper (z. B. Bakterien) in sich einzuschließen u. unschädlich zu machen, zu „fressen".

Phalanx, *w.* [gr.], i. d. griech. Antike dichtgeschlossene, mehrere Glieder tiefe Schlachtordnung.

Phaleron, Athens ältester Hafen, im 5. Jh. v. Chr. durch eine 3,5 km l. Mauer mit Athen verbunden.

Phallus, *m.* [gr.], das erigierte männl. Glied als Sinnbild der zeugenden Naturkraft. – **Ph.kulte** in zahlreichen Religionen des Altertums; auch bei heutigen Naturvölkern.

Pham Van Dong (* 1. 3. 1906), vietnames. Pol.; Mitbegr. des Vietminh, 1955, 1976 Min.präs. v. Nord-Vietnam, s. 1976 Min.präs. d. vereinigten Vietnam.

Phanerogamen [gr.], Pflanzen mit zu Staub- u. Fruchtblättern als wichtigsten Teilen bestehenden Blüten; Ggs.: → Kryptogamen.

Phänokopie, die durch Außenfaktoren bewirkte, nicht erbl. Nachbildung *phänotypischer* Merkmale eines *Genotypus* durch einen anderen.

Phänologie [gr.], Teilgebiet d. Biologie, Lehre v. d. Erscheinungen d. Pflanzen- u. der Tierwelt innerhalb des Jahresablaufs.

Phänomen, *s.* [gr.], **1)** *phil.* das Erscheinende, was sich d. Sinnen bietet; **2)** etwas Großartiges.

Phänomenologie [gr.], **1)** Lehre von den Erscheinungen; **2)** von Edmund *Husserl* begr. Methode, die vor dem bewußtseinsunabhängigen Wirklichkeit der Dinge absieht u. die reinen Intentionen, d. h. nur die Formen d. erkennbaren Bewußtseins beschreibt.

Phänotyp|us, *m.* [gr.], Erscheinungsbild eines Lebewesens, das durch Zus.wirken v. Erbfaktoren u. Umweltbedingungen entsteht.

Phantasie, *w.* [gr.], **1)** Einbildungskraft, Vorstellungsvermögen; **2)** *mus.* → Fantasie.

Phantasma, *s.,* Bild der Phantasie, Trugbild.

Phantasmagorie, *w.,* (optische) Vorspiegelung v. Trugbildern.

Phantast, *m.,* Schwärmer, Träumer.

phantastisch, unwirklich.

Phantastischer Realismus, s. Mitte d. 50er Jahre Bez. f. eine Gruppe Wiener Künstler m. realist.-phantast. Werken; v. Surrealismus beeinflußt, i. d. 60er Jahren auch v. Jugendstil; sog. *„Wiener Schule des Ph. R.",* die myth. Naturparadiese u. alttestamentar. Zyklen entwirft; Vertr.: *Hausner, Brauer, Hutter, Lehmden, Fuchs.*

Phantom, 1) Hirngespinst, Wahnvorstellung; **2)** modellartige Nachbildung eines Körperteils zu Lehr- u. Übungszwecken, bes. in der Geburtshilfe; **3)** das Waffensystem *F Phantom II* kann aufgrund seiner konstruktiven Auslegung als Aufklärungsflugzeug (RF-4 E Phantom II; versch. Bildaufklärungsanlagen, Geschwindigkeit bis 2,2 Mach = 2600 km/h), als Jagdflugzeug u. als Jagdbomber (F-4 F, Einsatzgeschw. 660–1100 km/h, Aktionsradius 185–550 km) eingesetzt werden. Bewaffnung/Mun.: Bordkanone 20 mm, Spreng- u. Streubomben sowie Lenkflugkörper. – **Ph.bild,** Zeichnung einer gesuchten Person nach Zeugenaussagen (z. B. *Picbild*).

Phantomschmerzen, Schmerzempfindung in nicht mehr vorhandenen (z. B. amputierten) Gliedmaßen.

Pharao [„das große Haus"], **1)** Titel d. altägyptischen Könige; **2)** Kartenglücksspiel *(Pharo).*

Pharisäer [hebr. „die Abgesonderten"], jüd. Partei, entstanden im 2. Jh. v. Chr.; Vertr. strenger jüd. Gesetzesfrömmigkeit, Gegner der Sadduzäer, die nicht wie sie an Engel u. Auferstehung glauben.

pharisäisch, svw. selbstgerecht, heuchlerisch.

Pharma-zeut, Apotheker. – **Ph.zie,** Apothekerkunst.

Pharmako-dynamik, Analyse d. Wirkungsbedingungen, Angriffspunkte u. Wirkungsmechanismen v. Arzneimitteln. – **Ph.genetik** [gr.], befaßt sich mit d. erbl. bedingten Unterschieden i. d. Ansprechbarkeit d. Organismus auf Arzneimittel; hierdurch können auch manche Zwischenfälle u. Nebenwirkungen v. Arzneimitteln aufgeklärt werden. – **Ph.gnosie** [gr.], Lehre von d. Gewinnung u. v. d. Kennzeichnung der Arzneimittel. – **Ph.kinetik,** Lehre v. d. quantitativen Auseinandersetzung zw. Organismus u. zugeführtem Arzneimittel; umfaßt vor allem d. Prozesse d. Aufnahme u. Verteilung im Körper sowie d. Ausscheidung v. Arzneimitteln. – **Ph.logie,** Arzneimittellehre; MPI f. biochem. Ph. in Göttingen. – **Ph.pöe,** *w.,* amtl. Arzneibuch, enthält die Vorschriften über die Zusammensetzung der (→ offizinellen) Arzneimittel. – **Ph.therapie,** Anwendung d. Arzneimittel zu Heilzwecken.

Pharos, lat. *Pharus,* im Altertum Insel (jetzt Halbinsel) bei Alexandria (Ägypten), mit berühmtem *Leuchtturm;* eines der → Sieben Weltwunder.

Pharsalus, *Pharsalos,* heute *Fersala,* St. in Thessalien; 48 v. Chr. Pompejus bei Ph. von Cäsar entscheidend geschlagen.

Phase, *w.* [gr.], **1)** Abschnitt im Ablauf einer Erscheinung; **2)** *astronom.* Lichtgestalt von Mond od. Planeten; **3)** bei *Wellenbewegung:* Schwingungszustand eines Teilchens in einem best. Augenblick; in der *Elektrotechnik:* **Ph.nverschiebung,** b. Wechselstrom, wenn Strom u. Spannung einander vor- bzw. nacheilen, also nicht im gleichen Augenblick durch den Nullpunkt gehen.; **4)** durch Grenzflächen getrennte Stoffe (z. B. Eis als feste Ph. u. Wasser als flüssige Ph.). – **Ph.nkontrastmikroskopie,** von → Zernike 1934 erfundenes Verfahren, kontrastlose mikroskop. Strukturen ohne Färbung oder dergleichen dadurch sichtbar zu machen, daß die einzelnen Strukturbestandteile m. Hilfe v. Phasenunterschieden d. Lichtwellen (entsprechend z. B. d. Dicke) u. Differenzen der Lichtbrechung von ihrer Umgebung unterscheidbar gemacht werden. – **Ph.nwinkel,** *astronom.* der Winkel beim Planeten in dem Dreieck Sonne-Erde-Planet.

Phenanthren → Kohlenwasserstoffe, Übers.

Phenol, *C₆H₅OH,* Hydroxyverb. der Benzolreihe; farblose Kristalle, wäßrige Lösung v. starkem Geruch, ätzend, giftig; z. Herstellung v. Farbstoffen, Salicylsäure; verdünnt z. Desinfektion.

Phenole, Hydroxyverb. der Benzolreihe; Vorkommen im Steinkohlen-, Braunkohlen- u. Holzteer; z. B. *Kresol, Thymol, Hydrochinon* u. bes. *Phenol (C₆H₅OH);* Hauptverwendung zur Herstellung v. Farbstoffen, Arzneimitteln, Sprengstoffen *(Pikrinsäure = Trinitrophenol),* zur Holzkonservierung u. zu Phenolharzen, *Phenoplasten,* vollsynthet. härtbaren Kunststoffen aus Phenolen u. Formaldehyd (z. B. *Bakelite).*

Phenylketonurie, rezessiv vererbte Störung des Stoffwechsels d. Aminosäure Phenylalanin, führt b. nicht rechtzeitiger (Säuglingsalter) Therapie (Diät) zu Schwachsinn.

Pheromone, Soziohormone, → Wirkstoffe, die v. einem Individuum nach außen abgeschieden u. von anderem Individuum gleicher Art aufgenommen werden u. spezif. Reaktion auslösen (z. B. Sexuallockstoffe der Schmetterlinge); Anwendung i. → integrierten Pflanzenschutz.

Phiale, *w.* [gr.], altgriech. flache Opferschale.

Phidias (5. Jh. v. Chr.), bedeutendster griech. Bildhauer d. klass. Antike; wesentlich beteiligt am Figurenschmuck d. Akropolis in Athen; *Zeusstatue* in Olympia (eines der 7 Weltwunder; zerstört).

phil-, -phil, *philo-* [gr.], in Zusammensetzungen: ... freund- (z. B. *anglophil* = englandfreundlich).

Philä, Nilinsel bei Assuan; Ruinen d. Isistempels (wegen Stauwerk Assuan) auf Nachbarinsel Agilkia versetzt.

Philadelphia, St. im US-Staat Pennsylvania, 1,69 Mill. E, Agglomeration 5,89 Mill. E; Uni., Kunstakad.; Lokomotiven-, Waggon-, Schiffsbau, Textilind.; Hafen. – 4. 7. 1776 Erklärung d. am. Unabhängigkeit.

Philanthropen [gr. „Menschenfreunde"], Gruppe von Pädagogen M. der 2. Hälfte des 18. Jh. in Dtld; vertraten eine Erziehung im Sinne der Aufklärung.

Philatelie [gr.], *Briefmarkenkunde,* Sachkunde über Entstehung, Verwendung u. Entwertung u. → Postwertzeichen als Gegenstand der Sammelliebhaberei seit Mitte des 19. Jh.; unterschieden werden die Briefmarken nach Art, Farbe, Ausgabewert, Überdruck, Wasserzeichen usw.; Bewertung n. ihrer Seltenheit; bes. gesucht auch Fehldrucke.

Philemon und Baucis, glückl. altes Ehepaar d. griech. Sage, das Zeus Obdach gewährt *(Ovid).*

philharmonisch [gr.], musikliebend, tonkunstpflegend (z. B. *ph.es Orchester, ph.e Gesellschaft).*

Philhellenen, „Griechenfreunde" aus ganz Europa, unterstützten den Freiheitskampf Griechenlands gegen die Türken 1821–29 (u. a. → Byron).

Philipe [-*lip*], Gérard (4. 12. 1922–25. 11. 59), frz. Theater- u. Filmschausp.; *le diable au corps; Fanfan la tulipe.*

Philipp, a) *Burgund:* **1)** Ph. d. Kühne (17. 1. 1342–27. 4. 1404), Hzg s. 1363; Burgund unter ihm Großmacht; **2)** Ph. d. Gütige (31. 7. 1396–15. 6. 1467), Hzg s. 1419, kämpfte mit England um Besitz von Frkr.; Förderer d. Künste (Brüder van Eyck). – **b)** *Dt. Könige:* **3)** Ph. v. Schwaben (um 1177–21. 6. 1208), Sohn Friedrich Barbarossas, s. 1198 König. – **c)** *Frkr.:* **4)** Ph. II. August (21. 8. 1165–14. 7. 1223), Kg s. 1180, drängte England v. Kontinent, verstärkte durch Kriege u. innere Reformen die Macht Frkr.s; Albigenserkreuzzüge; **5)** Ph. IV., der Schöne (1268–29. 11. 1314), führte 1309 d. Papst in d. Gefangenschaft nach Avignon; hob 1312 → Tempelherrenorden auf; **6)** Ph. VI. (1293–22. 8. 1350), erster Valois, reg. s. 1328, Beginn des 100jährigen Krieges gg. England; **7)** Ph. → Orléans. – **d)** *Hessen:* **8)** Ph. d. Großmütige (13. 11. 1504–31. 3. 67), Landgf s. 1509, führte 1526 die Reformation ein; Haupt des → Schmalkaldischen Bundes. – **e)** *Mazedonien:* **9)** Ph. II. (382–336), Kg s. 359 v. Chr., unterwarf Griechenld, Vater → Alexanders d. Gr. – **f)** *Spanien:* **10)** Ph. II. (21. 5. 1527–13. 9. 98), Sohn Karls V., Kg s. 1556; Spanien unter ihm kath. Vormacht; Inquisition, 1568 Unterdrückung d. Ndl., 1588 Verlust d. Armada.

Philipperbrief, im N.T. Brief d. Paulus

an d. Gemeinde zu Philippi (erste eur. Christengem.).

Philippeville, früherer Name von → Skikda.

Philippi, antike St. in Mazedonien; 42 v. Chr. Siege Octavians u. d. Antonius über d. Cäsarmörder.

Philippika, w., leidenschaftl. angreifende Rede (nach den Reden des Demosthenes gegen Philipp II. von Mazedonien); Bez. für Strafpredigt.

Philippinen, amtl. *Republica ñg Filipinas,* nördl. Inselgruppe d. Malaiischen Archipels u. Rep., 300 000 km², 60,09 Mill. E (203 je km²); Bev.-Zuw. 2,5%;

Bev.: „Filipinos", Ureinwohner Negritos, zugewanderte Malaien u. Chinesen, Japaner, Kreolen, Amerikaner, Eur.; Sprache: Tagalog; Währung: philippin. Peso (P); Rel.: meist röm.-kath.; Hptst.: *Manila,* i. Sommer *Baguio;* Flagge S. 341, Karte S. 749. **a)** *Geogr.:* Von d. 7107 Inseln sind 1440 bewohnt, die größte: Luzon (im N); zahlr. erloschene u. noch tätige Vulkane (z. B. der Pinatubo; letzter Ausbruch: 1991); trop. Klima, gefährliche Taifune. **b)** *Wirtsch.:* Landw. vorherrschend, bed. Weltlieferant f. Kopra, daneben von Bedeutung: Zuckerrohr, Manilahanf; Bodenschätze: Gold, Silber, Chrom, Nickel, Kupfer. **c)** *Außenhandel* (1988): Einfuhr 8,73 Mrd., Ausfuhr 7,03 Mrd. $. **d)** *Verkehr:* Eisenbahnen 1145 km, gutes Autostraßennetz. **e)** *Verf.* v. 1987: Präsidiale Rep. m. Kongreß (Repräsentantenhaus u. Senat). **f)** *Verw.:* 13 Regionen, 73 Prov. **g)** *Gesch.:* 1521 v. Magalhães entdeckt, 1543 nach Philipp II. v. Spanien benannt; Ende 16. Jh. span., 1898 zu USA; 1946 unabhängig; s. 1972 Autonomiebestrebungen d. muslimischen Bev.gruppe auf d. Südphilippinen, Kämpfe d. Islam. Revolutionären Streitmacht mit d. Reg.truppen; 1972–81 Ausnahmezustand. 1986 unblutiger Sturz von Präs. Ferdinand Marcos; s. Febr. 1986 Reg. → Aquino, wiederholte Versuche eines Mil.putsches. **h)** *Mitgl.:* UN, ASEAN, Colombo-Plan.

Philippopel → Plovdiv.

Philippsburg (D-7522), St. i. Kr. Karlsruhe, Ba-Wü., 11 316 E; Ind., Reifen-

Philipp II.
Porträt von Tizian

werk; 2 Kernkraftwerke (900 MW, 1349 MW); Reifenwerk.

Philippus, Apostel Jesu u. Hlg.

Philister, 1) nichtsemit. Nachbarvolk d. Israeliten, davon abgeleitet: Palästina; **2)** übertragen: engherziger Spießbürger m. beschränktem Gesichtskreis.

philiströs, ohne höheren Gedankenflug, engherzig.

Philodendron, s., Gärtnerbezeichnung f. → Monstera.

Philoktet|es, griech. Sagenheld, erbte Bogen d. Herakles, auf der Fahrt nach Troja mit übelriechender Wunde ausgesetzt.

Philologie, w. [gr. „Liebe zum Wort"], Wissenschaft, die sich mit Sprache u. Literatur beschäftigt, z. B. *alte* od. *klass. Ph.* (griech. u. lat.), *neuere* (dt., frz., engl., slaw. usw.), *oriental. Ph.*

Philomęle, griech. Sagenfigur, wurde in e. Nachtigall verwandelt.

Philo|n von Alexandrien (ca. 15 v. Chr.–45 n. Chr.), jüd. Phil.; verband Lehre v. → Logos mit jüd. Theologie.

Philosophie → Übersicht, S. 692.

Phimose, w. [gr.], Vorhautverengung.

Phiole, w. [gr.], langhalsige, bauchige Glasflasche (der Alchimisten).

Phlebitis, w. [gr.], Venenentzündung; häufig folgt → Thrombose.

Phlegma, w. [gr. „Schleim"], Trägheit (als Temperamentsmerkmal); unerschütterl. Ruhe; *phlegmatisch* → Temperament.

Phlegmone, w. [gr.], fortschreitende bakterielle Weichteilentzündung u. -eiterung.

Phlobaphene, Oxidationsprodukte d. Gerbstoffe, die die Herbstfärbung d. Laubes verursachen.

Phlogiston, s., nach Theorie v. G. E. Stahl (1660–1734) in jedem brennbaren Stoff vorhandener Wärmestoff v. negativem Gewicht, d. bei Verbrennung entweichen sollte; *Ph.theorie,* durch → Lavoisiers Erkenntnis d. Wesens der Verbrennung (1770) widerlegt.

Phlox

Phlox, w. od. m., *Flammenblume,* Gartenstaude mit vorwiegend weißen oder roten Blüten, aus N-Amerika.

Phnom Penh → Pnompenh.

Phöbe [gr.], Beiname der *Artemis.*

Phobie [gr.], übersteigerte Furcht vor Tieren, Personen od. best. Situationen (z. B. Platz-, Spinnenangst).

Phobos, m. [gr. „der Strahlende"], der innere d. beiden Marsmonde.

Phöbus, griech. *Phoibos,* Beiname des *Apoll.*

Phoenix [ˈfiːnɪks], Hptst. von Arizona (USA); 882 000 E; Obst u. Gemüse, Landw., div. Ind.

Phokis, antike Landschaft in Mittelgriechenland um Delphi; heute Teil d. Nomos Phtiotis u. Ph.

Phon, s. [gr.], Maß z. Festlegung v. → Lautstärken; je 10 Ph. mehr = zehnmal größere Schallstärke; über 120 Ph. werden als Schmerz empfunden.

Phonetik, w. [gr.], (Sprach-)Lautkunde.

phonetisch, lautgemäß, die Aussprache wiedergebend (z. B. *fo'neːtɪʃ*) als eingebürgerte Schreibung von Fremdwörtern (z. B. *Büro* v. frz. *bureau*).

Phönix, 1) ägypt. Sagenvogel; stürzt sich in's Feuer, geht verjüngt aus d. Asche hervor; **2)** → Sternbilder, Übers., S. 912; **3)** *botan.* svw. → Dattelpalme.

Phönizier, semit. Handelsvolk am Libanon; frühe Seestädtegründungen (um 1500 v. Chr.): *Sidon, Tyrus;* verbreiteten ägypt. u. babyl. Kultur (Glasbereitung, Glasarbeiten, Metallgeräte mit Einlegearbeit; *Buchstabenschrift*) im Mittelmeergebiet, wo sie zahlr. Handelsplätze u. Stadtkolonien (Zypern, N-Afrika → Karthago, S-Spanien) gründeten; Fahrten nach Britannien; 332 v. Chr. von d. → Alexander d. Gr. unterworfen, 63 v. Chr. röm.

Phonograph, m. [gr.], Apparat z. Aufnahme u. Wiedergabe v. akust. Wellen (Tönen), erfunden v. → Edison 1877; zeichnete Tonwellen auf Wachswalzen auf. → Sprechmaschine.

Phonokardiogramm [gr.], Registrierung d. Herzschalls auf elektroakust. Wege.

Phonolith, m., *Klingstein,* graugrünes, vulkan. Gestein; Platten klingen beim Anschlagen.

Phonotypist|in [gr.], Spezialschreibkraft, die nach Diktiergerät schreibt.

Phoronomie [gr.], Lehre v. d. Bewegungsgesetzen ohne Rücksicht auf bewegende Kräfte.

Phosgen, s., *Kohlenoxidchlorid (COCl₂),* farbloses, stechend riechendes giftiges Gas; f. Synthese v. Triphenylmethanfarbstoff und v. Urethanen wichtig.

Phosphate, Salze d. Phosphorsäure; zur Ernährung v. Tier u. Pflanze; als Phosphatgestein bes. in N-Afrika (einstiger Meeresboden); mineralisch als Apatit (Halbinsel Kola); Natur-Ph., auch Rohphosphate, als Düngemittel; hochwertiger, wenn mit Schwefelsäure zu Superphosphat verarbeitet.

Phosphatide, phosphorhaltige, fettartige Stoffe i. tierischen u. pflanzlichen Körper (z. B. *Lecithin*).

Phosphide, Verbindungen d. Phosphors m. Metallen und Nichtmetallen.

Phosphor, m., P, chem. El., Oz. 15, At.-Gew. 30,9738, Dichte 1,82 (weißer P.); Nichtmetall, natürl. Vorkommen nur in Verbindungen, mineral. als Phosphorit, Apatit, außerdem in Knochen u. Eigelb; drei Arten: weißer od. gelber, roter u. schwarzer Ph.; Herstellung d. Ph. aus Phosphaten od. Knochenasche; *weißer Ph.* ist giftig, leuchtet im Dunkeln durch

Philosophie

Wissenschaft vom Wissen u. seinen Grundlagen, allgemeiner von den Urgründen alles Seins, Geschehens u. Erkennens; untersucht die Möglichkeit des Wissens, der Grundbegriffe, Gesetze u. Formen des Denkens u. der Erkenntnis, auch die Formen des Bewußtseins und der Sprache. Ihre Werkzeuge und ihr Material sind Vernunft u. Erfahrung und die Erkenntnisse der Wissenschaften. *Hauptzweige:* Logik, Erkenntnistheorie, Metaphysik, Ethik, Ästhetik, Geschichts-, Gesellschafts-, Rechts-, Moral-, Religions-, Kultur-, Natur-, Sprach-Ph. **Geschichte:** Bei den Ägyptern u. den Völkern des vorderasiat. Kulturkreises gab es eine Ph. nur in enger Verbindung mit Religion u. Theologie: Priester-Ph., Magie, Astrologie. Die **indische Ph.,** zunächst mythisch bestimmt *(Rigveda),* entwickelt *(Upanischaden)* die Lehre vom Weltgrund u. v. dem Dualismus zw. Seele u. Materie; sie läuft in sechs brahman. phil.- theol. Systemen aus: *Vaisesika-, Mimâmsa-, Sankhja-, Joga-, Nyaya-, Vedanta-System,* u. hat wie die **chin. Ph.,** Hauptblüte 600–500 v. Chr., *Kong Fu-zi* u. *Laodse,* erst eine einschneidende Einfluß auf die abendländ. Entwicklung. – Die **griechische Ph.** schafft die Grundlagen abendländ. Denkens. Die mythisch-rel. Elemente in ihr *(Orphiker)* treten allmählich zurück, die Frage nach der bleibenden Substanz u. dem Gesetz des Kosmos drängt sich vor: der Nus des *Anaxagoras,* der Logos seit *Heraklit. Sokrates,* einer der ersten großen Ethiker, ist zugleich der Entdecker des Begriffs u. damit der Erkenntnislehre. Sein Schüler *Platon* bündelt indische, iranische und ägyptische Einflüsse und wird durch die Ideenlehre richtunggebend für die gesamte Ph. *Aristoteles* begründet die Logik u. gibt der Ideenlehre die logisch-naturwiss. Erdung: die Ideen nicht mehr über den Einzeldingen, sondern in ihnen real wirkend. Nach Aristoteles entwickelt sich das phil. Denken in sittlich-praktischer *(Stoiker, Epikureer)* u. rel.-mystischer *(Neuplatoniker, Philo)* Richtung. Plato, Aristoteles u. die Stoa wirken bis in Neuzeit nach; oriental. Einflüsse durch arab. Ph. u. Neuplatonismus. – Das neue **christliche** Weltbild bildet s. zunächst philosoph. in d. Patristik, wird v. *Augustinus* entscheidend geprägt u. in der *Scholastik* mit griech. Denkmitteln ausgebaut. Platon beherrscht Patristik, Aristoteles die in *Thomas von Aquino* gipfelnde Scholastik. Im Streit zw. Nominalismus *(Roscellinus, Occam)* u. Realismus *(Anselm v. Canterbury, Albertus Magnus, Thomas v. Aquino),* in dem das Denken seinen Wirklichkeitsgehalt prüft, gewinnt der Nominalismus allmählich die Oberhand u. bahnt der theologiefreieren Ph. der folgenden Jahrhunderte den Weg. – Die **Renaissance** wiederholt auf späterer Stufe das Erwachen des Denkens in früherer Zeit. Das Verhältnis von Ich u. Welt, Subjekt u. Objekt wird phil. Grundproblem. Vorbereitet durch naturwiss. Erkenntnisse *(Nikolaus v. Kues,* 15. Jh., u. *Kopernikus,* 16. Jh.), durch eine mystische Natur-Ph. *(Giordano Bruno, Campanella)* u. den induktiven Kritizismus (Empirismus) *Bacons,* begründet der Rationalismus des *Descartes* (1596–1650) die **neue Ph.:** das menschliche Selbstbewußtsein („cogito ergo sum") wird Ausgangspunkt der Ph. Von hier aus begreift *Spinoza* den Menschen als Teil des unendlichen göttlichen Seins. *Leibniz* sieht ihn als individuelle Monade in der prästabilierten Harmonie der Welt. An Bacon knüpft der Empirismus von *Hobbes* an, ein Sensualismus *(Locke* u. *Hume,* 1711–76), dessen erkenntnistheoret. Skepsis stark auf die Enzyklopädisten *(Voltaire)* u. Materialisten *(Lamettrie:* der Mensch eine Maschine) wirkt. Von hier ausgehend allg. geistige Bewegung der „Aufklärung". Daneben wirkt *Rousseaus* Lebensgestaltung in Staat u. Familie (Erziehung) weltanschaulich revolutionierend. Rationalismus u. Empirismus werden von *Kant* kritisch zusammengefaßt u. zur Synthese verbunden; *Kritik der reinen Vernunft* (1781) grundlegend für alle Erkenntnistheorie: Die Wendung vom Objekt zum erkennenden Subjekt (von ihm selbst mit der Tat des Kopernikus verglichen) schafft neue Grundlagen für das err. Denken. Auf Kant folgen die Systeme des dt. Idealismus: *Fichte* (Ph. der Freiheit), *Schelling* (romant. Natur-Ph.) u. *Hegel* (Staats- u. Geschichts-Ph., Ästhe-

tik), daneben *Schleiermacher* (Religions-Ph.), *Baader, Herbart* (Psychologie), *Fries* u. a., während *Schopenhauers* Willenslehre ihre großen geistesgeschichtl. Wirkungen erst in späterer Zeit entfalten kann (pessimist. Lebens-Ph.). **Das 19. Jh.** bringt die Vorherrschaft des naturwiss. Denkens. Neben dem Positivismus *(Comte, Mill)* u. später dem Pragmatismus *(James, Peirce, Dewey)* entwickelt sich der Materialismus verschiedener Prägung: der von Hegel herkommende „dialektische Materialismus" *(Marx),* der ebenso auf Hegels Geschichts-Ph. wie auf *Feuerbach* zurückgehende naturwiss. Monismus *(Büchner, Haeckel, Ostwald).* – Seit der 2. Hälfte des 19. Jh. fordert die Lebens-Ph. den Vorrang des Lebens vor dem Erkennen: *Nietzsche* (Umwertung aller Werte: Kampf des Irrationalen gg. die Alleinherrschaft des Intellekts), *Dilthey,* später *Bergson* (élan vital) u. *Klages* (Geist als Widersacher der Seele). Sie steht in der Nachbarschaft des Vitalismus von *Driesch* u. der Errungenschaften der Psychologie (Entdeckung des Unbewußten als Triebkraft des Lebens: *E. v. Hartmann, Freud, Jung)* u. leitet bereits zu der neuen, von *Scheler* geforderten Anthropologie hinüber. – Der Beginn des **20. Jh.** sieht die Ph. in einer Krise. Auf der einen Seite dringen mystisch-okkultist. Lehren (z. B. *Theosophie, Anthroposophie)* vor, auf der anderen Seite stellen die neuen Ergebnisse der Naturwissenschaft (z. B. *Plancks* Quantentheorie, *Einsteins* Relativitätstheorie) neue Probleme. In der Logistik *(Russell, Whitehead)* macht die Mathematik ihren Anspruch geltend. Zugleich erfolgt die Neuaufrollung des Erkenntnisproblems: vom Neukantianismus (Versuch, die Eigengesetzlichkeit des Geistigen nachzuweisen) ausgehend, weist *Husserls* Phänomenologie (Forderung wirklich voraussetzungslosen Erkennens) neue Wege. Sogar das aristotel.-thomist. Lehrgebäude d. Scholastik wird weitergeführt *(Mercier).* Von Husserl ausgehend, kommt *N. Hartmann* zur Behandlung aller phil. Probleme als Seinsprobleme (Schichtenbau der realen Welt). Im Rückgriff auf *Kierkegaard* stellt sich neben der atheistische Existenzphil. *Heideggers* (Urphänomen der Angst) u. *Sartres* (Postulat der heroischen Haltung) eine rel.-, die den Begriff der Transzendenz verficht *(Jaspers, Marcel).* Die anthropologische Fragestellung macht sich nicht nur in der Wertlehre als neuer phil. Disziplin geltend, sondern auch in der modernen, die Gesellschaft als „Mitwelt" des Menschen wertenden Soziologie *(Max* u. *Alfred Weber, Röpke,* frz. *Solidaristen* u. a.) u. in der Geschichts-Ph. Geschichtstheoret. orientiert ist auch d. neomarxistist. *kritische* od. *Frankfurter Schule* (Horkheimer, Adorno). Gegen die herrschende Untergangs-Ph. *(Burckhardt, Spengler, Dawson, Toynbee)* wird mehr u. mehr der Persönlichkeitsgedanke ins Feld geführt u. der Personalismus *(Mounter)* oder ein neuer, mit christl. Geist erfüllter Humanismus *(Sorokin, Maritain, Berdjajew).* Als besonders einflußreich auf das philosophische Denken hat sich der Kritische Rationalismus *(Popper)* erwiesen, der auf dem logischen Prinzip der permanenten Fehlerkorrektur beruht. Zwei extreme Gegenpositionen bestimmen die Ph. des 20. Jh.: einerseits radikaler Rückzug aus der Wissenschaft (Existenz-Ph.), andererseits völlige Beschränkung auf Wissenschaftslogik bzw. auf Analyse der Wissenschaftssprache *(Carnap).* – Die Ph. der **Gegenwart** wird von zwei gegensätzlichen Strömungen beherrscht: zum einen von einer neuen Rückbesinnung auf das ursprüngliche Interesse an der Wissenschaft, vor allem im Bereich der Logik, der Sprach-Ph. und der Wissenschaftstheorie, zum anderen vom Versuch, das ethische Handeln neu zu begründen. Während die Wissenschaftstheorie (die auch als allgemeine philosophische Grundlagendisziplin verstanden werden kann) primär mit wissenschaftsimmanenten Problemen befaßt ist, aber heute auch zunehmend Wechselwirkungen zwischen Wissenschaft, Gesellschaft und Geschichte untersucht, bemüht sich die moderne Sprach-Ph. in der Weiterentwicklung der mathematisch-logischen Aussagenanalyse von *Frege* und die in Rückgriff auf die von *Wittgenstein* um eine Erklärung des Funktionierens von künstlichen (Logik-) und natürlichen Sprachen bzw. von

Philosophie (Fortsetzung)

deren Teilaspekten Syntax, Semantik und Pragmatik (*Montague, D. Lewis, Putnam* und andere). Bei der Analyse des ethischen Handelns interessiert vor dem Hintergrund ökologischer, politischer und gesellschaftlicher Krisen der postindustriellen beziehungsweise postmodernen Zivilisation vor allem die Verbindlichkeit von ethischen Normen.

Oxidation in d. freien Luft; deshalb unter Wasser aufbewahrt (Verwendung als Rattengift); *roter Ph.* für Reibflächen an Zündholzschachteln; metallisch glänzender *schwarzer Ph.* guter Leiter f. Wärme u. Elektrizität. – **Ph.metalle,** Ph.zusatz ändert d. Eigenschaft vieler Metalle und ihrer Legierungen, macht z. B. Bronze dünnflüssiger u. härter, Eisen u. Stahl dagegen brüchig, deshalb Entfernung aus d. Roheisen durch Thomas- od. Martinprozeß (→ Eisen- u. Stahlgewinnung, Übers.). – **Ph.vergiftung** → Erste Hilfe, Übers. (Vergiftungen).

Phosphoreszenz, *w.,* → Lumineszenz, die noch längere Zeit nach d. Bestrahlung durch Licht, Elektronenstrahlen u. a. anhält (z. B. Zinksulfid); Nachleuchtoszillographen.

Phosphorit, *s.,* Mineral, Sammelbegriff f. sedimentäre → Apatit; Düngemittel.

Phosphoros, *m.* [gr. „Lichtbringer"], lat. *Luzifer,* der Morgenstern (→ Abendstern) d. Alten.

Photius (um 820–891), griech. Theologe, Patriarch von Konstantinopel; kirchenpol. Streit gg. den Primat Roms (Papst → Nikolaus I.).

Photo svw. → Foto.

Photochemie, Lehre von den chem. Wirkungen des Lichts (z. B. Bildung des Blattgrüns durch Sonnenlicht; Zersetzung v. Silbersalzen, → Fotografie).

Photodiode → Fotodiode.

Photogrammetrie [gr.], *Meßbildverfahren, Luftbild,* Vermessen u. Kartieren v. topograph. Objekten mittels Erd- u. Luftbildaufnahmen, bes. bei der Landvermessung u. bei Kulturdenkmälern (Gebäuden).

Photokina, die größte Foto- und Kinoausstellung der Welt, alle zwei Jahre in Köln (z. B. 1990). Heute auch bedeutende Weltmesse für TV, Video, Audiovision.

Photolithographie → Fotolithographie.

Photometer, *s.* [gr.], Vorrichtung z. Vergleichung der Lichtstärke versch. Lichtquellen.

Photometrie, Sammelbez. für alle Arten v. Helligkeitsmessungen.

Photon, *s.,* Bez. f. d. Energiequanten des Lichts (Lichtquanten), → Quantentheorie, Übers.

Photonenrakete, v. E. *Sänger* vorgeschlagenes Antriebsverfahren f. Weltraumraketen durch Ausstoß v. Photonen; könnte theoretisch Geschwindigkeiten nahe der Lichtgeschwindigkeit erreichen u. Raumflüge außerhalb d. Planetensystems ermöglichen, in naher Zukunft nicht zu verwirklichen; nach der → Relativitätstheorie der Zeitablauf

innerhalb u. außerhalb der Ph. verschieden (z. B. 10 Jahre in d. Ph. entsprächen auf d. Erde 80 Jahren).

Photosphäre [gr.], die leuchtende Sonnenoberfläche (→ Sonne).

Photosynthese, Aufbau von Stärke u. Zucker in grünen Pflanzen aus Kohlendioxid u. Wasser mit Hilfe der Sonnenlichtenergie.

Phototypie → Fototypie.

Phrase, *w.* [gr.], 1) Redewendung, bloße Redensart; 2) *mus.* geschlossene Tonfolge.

Phraseologie, *w.,* Lehre od. Sammlung v. Redensarten.

Phrasierung, Gliederung (Bindung od. Trennung) d. mus. Sinneinheiten.

Phrenologie [gr.], Versuch, aus der Kopfform den Charakter zu deuten (→ Gall).

Phrygien, um 1200 v. Chr. v. indoeur. Phrygern besiedelte kleinasiat. Landschaft, im 4. Jh. v. Chr. mazedonisch, s. 116 v. Chr. Teil d. römischen Provinz Asia.

phrygische Mütze → Jakobinermütze.

Phryne, schöne Hetäre im Athen des 4. Jh., Geliebte und Modell des Bildhauers → Praxiteles.

Phthalopale [gr.], Phthalsäureester mehrwertiger Alkohole; Kunstharze.

Phthisis, *Phthise,* *w.* [gr.], Lungenschwindsucht.

pH-Wert, negativer dekadischer Logarithmus der Wasserstoffionen-Konzentration; Kennzahl für den Säuregrad einer wäßrigen Lösung; pH = 7 ist der Neutralpunkt; kleinere Zahlen: saure Reaktion, größere: alkal. Reaktion.

Phyllit [gr. „phyllon = Blatt"], weiterbreiteter → Metamorphit m. den Mineralen → Quarz, Muskovit u. → Chlorit; unterste Metamorphosezone.

Phyllochinon, *s.,* Bez. für Vitamin K (→ Vitamine, Übers.).

Phyllokaktus, *Blattkaktus,* Kakteen mit blattartig verbreiterten Stengeln; große rote Blüten.

Phylogenese, *w.* [gr.], Stammesentwicklung, Umwandlung der Organismen in der Folge der Generationen.

phylogenetisch, auf die **Phylogenie** (= „Stammesgeschichte") bezogen.

Physik, *w.* [gr.], exakte Wissenschaft, sucht Gesetzmäßigkeiten v. Vorgängen, die in der Natur unbeinflußt od. im Laboratorium als Experiment ablaufen; **a)** Einteilung: *klassische Ph.* (Mechanik, Akustik, Optik, Wärmelehre, Elektrizitätslehre), *Ph. der Atome und Elementarteilchen* (Quanten-, Relativitätstheorie, Wellenmechanik). – **b)** *Gesch.:* Erste Gesetze der Ph. bei *Aristoteles* (Hebelges.).

u. *Archimedes* (Wasserauftrieb). Neuzeit: *Galilei,* Pendel- u. Fallgesetze, *Kepler,* Planetengesetze (beide um 1600); *Newton,* Gravitationsges. (1686), Emanationstheorie des Lichts, Spektralfarben; *Huygens,* Pendeluhr, Wellentheorie des Lichts (1678); *Faraday,* Elektrolyse, Induktion, Feldbegriff (um 1830); *Maxwell,* elektromagnet. Lichttheorie, kinet. Gastheorie (um 1860); *Helmholtz,* Energieprinzip (1847); *Hertz,* el. Wellen (1888). Damit sog. klass. Ph. abgeschlossen. Beginn der modernen Ph.: Neuartige Ideen über Materie, Raum u. Zeit; Begriff der Kausalität bei elementaren Gebilden sinnlos u. nicht anwendbar, an seine Stelle tritt für den Einzelfall statist. Wahrscheinlichkeit; für eine Masse v. sehr vielen Elementarteilchen geht Wahrscheinlichkeit wieder in Kausalitätsprinzip u. Gesetze d. klass. Ph. über. *Planck,* Quantentheorie (1900); *Einstein,* Relativitätstheorie (1905); *Bohr,* Atomtheorie (1913); Quantenmechanik: *Heisenberg* (1925), *de Broglie, Schrödinger.* In den 70er und 80er Jahren Physik der subatomaren Strukturen (→ Quarks) und Hochenergiephysik. MPI für Ph. in Heidelberg, Stuttgart u. München.

physikalische Therapie, Heilmethoden mit phys. Mitteln (z. B. Wärme, Licht, Elektrizität).

Physikalisch-Technische Bundesanstalt, PTB, für Eich-, Prüf- u. Zulassungswesen auf dem Gebiet der techn. Physik zuständig; Behörde der BR, Sitz Braunschweig, hervorgegangen aus der *Ph.-T. Reichsanstalt, PTR,* gegr. 1887.

Physikus [gr.], veraltete Bez. für Kreisarzt.

Physiognomie [gr.], Gesicht (od. Gesamterscheinung) als Spiegel der Seele.

Physiognomik, *w.,* Ausdrucksforschung, Charakterbestimmung aus Gesichtszügen u. Mienenspiel (Lavater, Carus, Klages, Lersch).

Physiokratismus [gr.], *Naturherrschaft,* erstes ökonomisches volkswirtsch. System, im 18. Jh. in Frkr. von den Physiokraten *Quesnay* und *Turgot* begr.; weist der grundlegende Bedeutung des Bodens hin u. vertritt die Ansicht, daß auch das gesellschaftl. u. wirtsch. Leben d. Menschen v. *Naturgesetzen* beherrscht ist; Ggs.: → Merkantilismus.

Physiologie, Wiss. v. d. Funktionen u. Leistungen d. Lebewesen, ihrer Organe, Gewebe u. Zellen.

physiologische Kochsalzlösung, von etwa gleichem Salzgehalt wie Blut (0,95%), zu Einspritzungen bei Blutverlust usw.

physiologische Uhr, Fähigkeit der Tiere u. Pflanzen mit Hilfe ständig wie-

derkehrender Prozesse ihres Stoffwechsels; zur Aufrechterhaltung der ph. U. sind Außenreize (z. B. Hell-Dunkel-Wechsel) notwendig.
Physis, w. [gr.], Natur; Naturkraft, Naturordnung; Ggs.: → Psyche.
physisch, natürlich, körperlich.
Phyto- [gr.], als Vorsilbe: Pflanzen ...
Phytohormone, Wuchsstoffe, Antiwuchsstoffe, Blühhormone, organbildende Stoffe.
Phytologie, Pflanzenkunde.
Phytophthora, Gattung schmarotzender Pilze aus der Familie der Peronosporazeen; *Ph. infestans* verursacht Kraut- u. Knollen-(Braun-)Fäule der Kartoffel.
Phytotherapie, Pflanzenheilkunde.
Pi, 1) Π, π, griech. Buchstabe; **2)** *math.* Zahl π → Ludolfsche Zahl.
Piacenza [-'tʃɛntsa], Hptst. d. oberit. Prov. *P.,* am Po, 104 000 E; got. Rathaus; Masch.-, Textilind. – 1545–1860 (m. Parma) selbst. Hzgt.
Piaf, Edith (19. 12. 1915–11. 10. 63), frz. Chansonnette.
Piaffe, w. [frz.], *Reitsport:* Lektion d. Dressurprüfung; Trab auf der Stelle mit schwunghaftem hohem Heben d. Beine.
Piaget [pja'ʒɛ], Jean (9. 8. 1896–16. 9. 1980), schweiz. Entwicklungspsych.; *Psychologie der Intelligenz.*
Pianino, „kleines → Piano“.
Piano [it.], *Pianoforte* (weil auf ihm leise = piano und laut = forte zu spielen); früher Klavichord (Saiten wurden mit Metalleisten angeschlagen) und → Cembalo; s. 1709 → Hammerklavier(Cristofori): Ton wird durch selbsttätig nach d. Anschlag zurückspringende Hämmer erzeugt; P. mit senkrecht stehenden Saiten *Klavier,* mit waagerecht liegenden Saiten *Flügel.*
piano, *mus.* leise, Abk.; *p.; mp* = mezzop. = ziemlich leise; *pp* = pianissimo = sehr leise; *fp* = fortep. = stark und sofort wieder leise.
Piassava, w., Palmfaser zur Herstellung v. Seilen, Matten, Bürstenwaren.
Piasten, ältestes poln. Herrscherhaus, 10. Jh. bis 1370, in Masowien bis 1526, Schlesien bis 1675.
Piaster, m. [it. „Metallplatte“], → Währungen, S. 1087.
Piave, Fluß in N-Italien, aus den Karnischen Alpen ins Adriatische Meer, 220 km lang.
Piazzetta, Giovanni Battista (13. 2. 1682–28. 4. 1754), venezian. Maler d. Spätbarock; s. Altar- u. Genrebilder wirkten stark auf d. künstler. Entwicklung G. B. → Tiepolos.
Piazza, w. [it.], Platz, bes. Marktplatz.
Picabia, Francis (22. 1. 1879–30. 11. 1953), frz. Maler u. Dichter; Zus.arbeit mit → Duchamp; Mitgl. der New Yorker u. Pariser Dada-Gruppen.
Picadores [span.], berittene, mit Lanzen bewaffnete Stierkämpfer.
Picard [-'kaʀ], Max (5. 6. 1888–3. 10. 1965), schweiz. christl. Kulturphil.: *Das Menschengesicht; D. Flucht vor Gott.*

Picardie, ehem. frz. Prov., die heutigen Dép.s *Somme, Oise* u. *Aisne; Hptst. Amiens.*

Pablo Picasso

Picasso, Pablo, eigtl. *Pablo Ruiz y P.* (25. 10. 1881–8. 4. 1973), span. Maler, Graphiker u. Bildhauer in Frankreich; vielseitiger Vertr. d. modernen Kunst; Gemälde (wandbildartig: *Guernica),* Zeichnungen, Radierungen, Lithos, Linolschnitte, Plastiken, bemalte Keramik (→ Kubismus).
Picbild → Phantombild.

Auguste Piccard

Piccard [-'kaʀ], **1)** Auguste (28. 1. 1884–25. 3. 1962), schweiz. Meteorologe u. Physiker; Freiballonhöhenflüge (1932: 16 940 m) u. Tauchunternehmen mit → Bathyscaph (1953: 3150 m); s. Sohn **2)** Jacques (* 28. 7. 1922), schweiz. Tiefseetaucher; tauchte m. Bathyscaph 1960 im Marianengraben 10 900 m tief.
Piccoli, Michel (* 27. 12. 1925), frz. Filmschausp.; *Le journal d'une femme de chambre; Belle de Jour; La grande bouffe.*
Piccolomini, it. Geschlecht, **1)** Enea Silvio, Papst → Pius II.; **2)** Octavio (11. 11. 1599–11. 8. 1656), Gen. Wallensteins.
Piccolo teatro, Mailand, bed. it. Schauspielbühne, 1947 gegr. v. G. → Strehler u. P. Grassi.
Pic du Midi de Bigorre [pik dy-], Gipfel in den mittleren Pyrenäen, Dép. Hautes-Pyrénées, 2865 m.
Pickelhaube, ehemals preuß. Infanteriehelm.
Pickelhering, *Salzhering,* der *Hanswurst* der engl. Komödianten im 16./17. Jh.
Pickford [-fəd], Mary (8. 4. 1893–29. 5. 1979), am. Filmschausp.in; Stummfilmstar u. Mitbegr. der United-Artist-Filmproduktion.
Picknick, s. [engl.], Mahlzeit i. Freien b. Ausflügen.
Pick-up, m. [engl. 'pıkʌp], el. → Tonab-

nehmer an → Plattenspielern; ein Auto mit kleiner Ladefläche.
Pico, Giovanni, Gf v. Mirandola (1463–94), it. Humanist u. Neuplatoniker.
Pico- [it.], abgek. *P,* Vorsilbe bei Maßeinheiten: ein Billionstel (10^{-12}).
Pico de Aneto, höchster Pyrenäenberg, 3404 m.
Pictogramm, s., Bildzeichen, allg.verständl. Symbole, d. auch f. sprachunkundige Ausländer zu verstehen sind.
Pictor, *Maler,* → Sternbilder, Übers.
Pidgin-English ['pɪdʒɪn 'ɪŋlɪʃ], vereinfachte Mischsprache aus Engl. u. einheim. Sprachen in Ostasien u. Schwarzafrika.
Pièce, s. [frz. pjɛs], Stück, bes. Tonstück. – **P. de résistance** [-täs], Rückhalt.
Pieck, Wilhelm (3. 1. 1876–7. 9. 1960); 1918 Mitbegr. d. Spartakusbundes u. 1919 der KPD, 1942 Mitbegr. d. Komitees „Freies Dtld“, 1945 Vors. der KPD der SBZ, 1946 d. SED; 1949–60 Präs. der DDR.
Piedestal, s. [frz.], Sockel von Säulen, Bildwerken u. Vasen.
Piemont [pie̯-], it. *Piemonte,* it. Region am oberen Po, 25 399 km², 4,36 Mill. E; Getreide, Reis, Mais, Gemüse, Wein u. Obst; Mineralquellen; Fahrzeugbau, Masch.ind.; Hpst. *Turin.* – 1424 Fürstent. (Haus Savoyen), Teil des Hzgt.s Savoyen, 1720 des Kgr.s Sardinien, 1802 zu Frkr., 1814 wieder zu Sardinien, Kernland der nat. Einigung Italiens.
Pieper, lerchenähnliche Singvögel; *Wiesen-P., Baum-P., Brach-P.*
Pier, m. [engl.], Hafendamm, Landungsbrücke.
Piero della Francesca (1410/20–92), it. Maler d. Frührenaiss.; s. bedeutendstes erhaltenes Werk: Freskenzyklus (in S. Francesco zu Arezzo) *Szenen aus der Kreuzeslegende* (die u. a. dargestellte Episode *Konstantins Traum* gilt als erste Nachtszene in d. it. Malerei).
Pierrot [frz. pje'ro „Peterchen“], komische (Diener-)Figur d. it. Theaters i. Frkr. (Comédie italienne); weibl. *Pierrette.*

Pietà, Michelangelo

Pietà, w. [it.], Darstellungen Mariä m. Jesu Leichnam (meist auf d. Schoß); im dt. Sprachraum auch *Vesperbild.*

Pietät, w. [l. *pīe-* „pietas"], ehrfürchtiges Verhalten gg. göttl. u. menschl. Autoritäten. Kindliche Liebe, achtungsvolle Rücksicht.

Pietermaritzburg, Hptst. der Prov. Natal d. Rep. Südafrika, 192 000 E, davon 60 000 Weiße; anglikan. Bischofssitz, Uni.

Pietismus [*pīe-*], ev. kirchl. Reformbewegung d. 17. Jh. für ein auf persönl. Heilserfahrung beruhendes Christentum; Abkehr v. d. Welt; urspr. im reformierten Holland; in Dtld → Spener, Forderung e. prakt. Herzenschristentums; mehr lehrhafte Ausprägung b. → Francke in Halle (Bußkampf, Gnadendurchbruch). Auch → Brüdergemeine.

Pietro da Cortona, eigtl. *P. Berrettini* (1. 11. 1596–16. 5. 1669), italienischer Maler und Baumeister d. Barock; seine → illusionist. Wand- u. Deckengemälde (z. B. in Rom: in der Kirche S. Maria in Vallicella; im Palazzo → Barberini) prägten die barocke Konzeption d. Innenraums als Einheit aus Architektur und Malerei; Bauwerke in Rom: u. a. S. Maria della Pace (Fassade); SS. Luca e Martina.

Piezo-Elektrizität, Druck auf Kristall (z. B. Quarz) erzeugt el. Ladung, period. Druck also Wechselstrom; wird umgekehrt Wechselspannung an Kristall gelegt, so führt der Kristall mechan. Schwingungen aus (Anwendung: Kristallmikrophone, → Quarzuhr).

Pigalle [-'gal], Jean-Baptiste (26. 1. 1714–21. 8. 85), frz. Rokokobildhauer; *Merkur; Grabmal d. Moritz v. Sachsen* (Straßburg, St. Thomas).

Pigment, s. [l.], 1) tierischer u. pflanzl. Farbstoff besonders in Haaren und Haut; das Haut-P. bräunt die Haut und vermehrt sich durch Ultraviolettbestrahlung (Sonne); 2) *techn.,* unlösliche Farbmittel, Mineralfarbpulver (z. B. Titandioxid als Weißpigment) od. organ. chem. P. (z. B. Indigo, Phthalocyanine). – **P.hormon,** in der → Hypophyse gebildetes Hormon, das die Pigmentzellen (Melanophoren) stimuliert.

Pik, 1) s. [frz. *pique*], Spielkarte, entspricht der dt. Farbe Grün; 2) m., *Pic, Piz,* Spitze eines Berges.

pikant [frz.], scharf gewürzt; anzüglich.

Pike, w. [frz.], langer Spieß der Landsknechte. – *Von der P. auf,* von unten herauf (dienen).

Pikett, s. [frz.], 1) kl. Abteilung berittener Soldaten; 2) frz. Kartenspiel, 2 Spieler, 32 Blatt **P.karte.**

pikieren [frz.], Verpflanzen junger Samenpflanzen, um ihnen bessere Entwicklungsmöglichkeiten zu geben, in *Pikierkästen* oder ins freie Land.

pikiert, gekränkt, verletzt.

Pikkolo, m. [it. „Kleiner"], Kellnerlehrling; auch Bez. f. kl. Sektflasche. – **P.flö-**te, kleine Flöte v. hellem Klang (Abb. → Orchester).

Pik Kommunismus, früher *Pik Stalin,* höchster Berg d. Sowjetunion, 7495 m; im „Gebirge d. Akademie d. Wissenschaften" im nördl. → Pamir.

Pikör [frz.], die Meute beaufsichtigender Jäger bei der → Parforcejagd.

Pikrinsäure, Trinitrophenol, gelbe Kristalle; als *Lyddit, Melinit* Sprengstoff; auch als Farbstoff.

Pikten, Ureinwohner Schottlands, wahrscheinl. keltisch. – **P.wall,** röm. Grenzbefestigung in Britannien, erbaut unter Hadrian i. 2. Jh. n. Chr.

Pilaster, m. [it.], Wandpfeiler.

Pilatus, Pontius, 26–36 n. Chr. röm. Prokurator (Landpfleger) in Judäa; unter ihm der Prozeß gegen → Jesus.

Pilatus, Kalkmassiv am Vierwaldstätter See, 2132 m; Zahnradbahn auf den *P.kulm.*

Pilaw, m., *Pilaf,* oriental. Gericht: gedämpfter Reis m. (Hammel-)Fleisch.

Pilcomayo, r. Nbfl. d. Paraguay (S-Amerika) aus den bolivian. Anden (Wasserfälle), 1125 km lang, bildet Grenze zw. Argentinien u. Paraguay.

Pilger, *Pilgrim,* Wallfahrer zu hl. Stätten.

Pilgermuschel, eine → Kammuschel.

Pilgerväter, die ersten Puritaner, die 1620 von England nach Massachusetts (N-Amerika) auswanderten; ihr Schiff: *Mayflower.*

Pilgram, Anton (um 1450/60–um 1515), dt. Bildhauer u. Baumeister d. Frührenaissance in SW-Dtld, s. 1511 in Wien als Leiter d. Dombauhütte.

Pilica, l. Nbfl. d. der Weichsel, 319 km lang.

Pillau, *Baltijsk,* sowj. Hafenst. u. Seebad im nördl. Teil Ostpreußens, am **P.er Tief** (Verbindung d. Frischen Haffs mit Danziger Bucht u. Ostsee), 22 000 E; Schiffsreparaturwerkstätte; Fischerei; Vorhafen Königsbergs.

Pillendreher, ein Blatthornkäfer der Mittelmeerländer („*hl. Skarabäus*" d. Ägypter); verfertigt aus Mist Kugeln zur Belegung mit Eiern (Brutpillen).

Pillnitz, bed. Schloßanlage a. d. Elbe b. Dresden, v. → Pöppelmann 1720–23.

Pilon [-'lõ], Germain (um 1536–3. 2. 90), frz. Bildhauer d. Hochrenaissance. *Grabmal Heinrichs II. u. d. Katharina Medici* (St-Denis bei Paris).

Pilot [it.], Lotse, Hochseesteuermann; Flugzeugführer; auch: Formel-1-Fahrer. – **P.ballon,** kl. unbemannter Luftballon ohne Registrierapparate, wird während d. Aufstiegs vom Erdboden mit *Ballon-Theodolit* anvisiert, um Richtung u. Stärke des Windes in höheren Luftschichten festzustellen; teilweise m. selbsttätigen Sendegeräten ausgerüstet.

Piloty, Karl v. (1. 10. 1826–21. 7. 86), dt. Historienmaler.

Pilsen, tschech. *Plzeň,* St. in Böhmen, im Tale d. Beraun, 175 000 E; got. Kirche, Museen, Theater; Kohlenbergbau, Eisen-u. Stahl-, Auto- u. Waffenind. (Škoda-Werke), Steingutfabriken; *Pilsner Bier.*

Pilsudski, Jósef (5. 12. 1867–12. 5. 1935), poln. Marschall; 1918–22 Staatschef, siegte 1920 an d. Weichsel über die UdSSR; durch Staatsstreich 1926–28 u. 1930 Min.präs. mit diktator. Vollmachten.

Pilze, chlorophyllfreie, niedere Pflanzen, in organ. Resten als feinverzweigte Fadensysteme *(Myzelien)* an ihnen entstehen als Vermehrungszellen die *Sporen,* bei den höchsten Pilzen in oder an bes. auffallenden Behältern bzw. Trägern (Fruchtkörpern, volkstüml. „Pilze" gen.), von denen manche, in Dtld. etwa 40 Arten, eßbar, viele ungenießbar u. giftig sind (→ Tafel Pilze, S. 344; †† tödl. giftig, † giftig). Viele mikroskop. kleine P. sind Erreger von **Pilzkrankheiten** *(Mykosen),* vor allem der Haut (z. B. → Aktinomykose, → Soor, Epidermophytie); von Pflanzenkrankheiten (z. B. *Rost, Brand)* und verderben Nahrungsmittel *(Schimmel)* od. zerstören Holz; einige, wie der sehr einfache Hefepilz, bewirken *Gärungen.* Alle wirken mit am Abbau der organ. (bes. pflanzl.) Reste im Boden *(Vermoderung).*

Pilzvergiftung → Erste Hilfe.

Pimentbaum, Myrtenbaum d. trop. Amerika; unreife, getrocknete Beeren: *Nelkenpfeffer.*

Pimpinelle, svw. → Bibernelle.

Pinakothek, w. [gr.], Gemäldesammlung; *Alte* u. *Neue P.,* Museen in München.

Pinasse, w. [frz.], Beiboot eines Kriegsschiffes.

Pincenez, s. [frz. *pẽs'ne*], „Nasenklemmer", Kneifer, Zwicker.

Pindar (um 522–nach 446 v. Chr.), griech. Lyriker; Oden auf d. Sieger in d. griech. Nationalspielen.

Pinder, Wilhelm (25. 6. 1878–13. 5. 1947), dt. Kunsthistoriker; *Dt. Plastik v. Ausgang d. MA bis z. Ende d. Renaissance.*

Pindos, Gebirgskette in NW-Griechenld., Karstcharakter; *Smolikas* 2637 m.

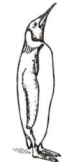

Kaiserpinguin

Pinguine, flugunfähige, aufrecht gehende Schwimm- u. Tauchvögel des Südpolargebietes mit zum Rudern umgewandelten Flügeln; brüten in großen Gesellschaften.

Pinie, Kiefer der Mittelmeerländer, große Samen **(Piniennüsse)** m. wohlschmeckendem Kern.

Pinne, *seem.* Hebelarm am Steuerruder v. Schiffen.

Pinneberg (D-2080), Krst. in Schl-Ho., nw. v. Hamburg, 36 583 E; AG; Ind., Baum- u. Rosenschulen.

Pinochet Ugarte [-'tʃɛt], Augusto (* 25. 11. 1915), chilen. Gen. u. Pol.; 1973–90 (nach dem Militärputsch gg. → Allende Gossens) Führer der Militär-Junta, 1981–89 zugleich Staatspräs. u. Reg.chef, s. 1989 Oberbefehlshaber d. Heeres.

Pinscher, Hunderasse, kupierte Ohren und Rute, rauhhaarig und bärtig (Schnauzer) oder glatthaarig (Dobermann-P.); → Tafel Hunderassen.

Pinseläffchen

Pinseläffchen, kleine, baumbewohnende → Krallenaffen S-Amerikas; Lebensweise ähnl. der des Eichhörnchens.

Pinselschwein, Wildschwein Ostafrikas, pinselförmige Ohren.

Pinsk, weißruss. St. in d. Polesje, Sumpfgebiet: *P.er Sümpfe,* an d. z. Pripet schiffb. Pina, 90 000 E.

Pint, *s.,* → Maße u. Gewichte, S. 1085.

Pinter, Harold (* 10. 10. 1930), engl. Dramatiker; *Hausmeister; Niemandsland.*

Pinturicchio [-'rikkĭo], Bernardino (um 1454–11. 12. 1513), it. Maler d. Renaiss.; bes. Fresken, u. a. in d. röm. Kirchen S. Maria d'Aracoeli u. S. Maria del Popolo.

Pin-up, *s.* [engl. ʌp „anheften"], Bild eines leichtbekleideten Mädchens: *Pin-up-Girl.*

pinxit, *pinx., pxt., p.* [l.], „hat (es) gemalt", bei Gemäldesignaturen Zusatz zum Namen des Malers.

Pinzette, *w.* [frz.], V-förmiges Instrument; spitz od. mit Häkchen, zum Fassen feinster Teile (Ärzte, Uhrmacher, Schriftsetzer).

Pinzgau, Tal der Salzach, zw. Tauern im S und Kitzbüheler Alpen im N (700–1000 m); Hptort: *Zell am See;* hochwertige Viehzucht, Pferdezucht: „Pinzgauer".

Piombo, → Sebastiano del Piombo.

Pioneer [engl. paɪə'nɪə], am. Raumsondentyp (→ Raumsonde).

Pionier e [frz.], **1)** techn. Truppe des Heeres; Brückenbau u. Fährbetrieb mit Pontons u. Sturmbooten, Minierarbeiten, Bau von Befestigungen, Sprengarbeiten usw.; **2)** Vorkämpfer, Bahnbrecher.

Piontek, Heinz (* 15. 11. 1925), dt. Schriftst.; Prosa, Lyrik, Hörspiele, Essays; *Die mittleren Jahre.*

Pipa, svw. → Wabenkröte.

Pipeline, *w.* [engl. 'paɪp,laɪn], Erdölleitung.

Piper Aircraft Corporation ['paɪpə-], am. Flugzeugfirma; gehört zu den größten Herstellern v. Schul-, Sport-, Reise- u. Kleinflugzeugen d. Welt.

Piper & Co., R., Verlag, München (1904); Literatur, Kunst, Kultur- u. Geistesgeschichte.

Pipette, *w.* [frz.], ein Stechheber; geeichte, bauchig erweiterte Glasröhre z. Abmessen v. Flüssigkeiten.

Pippin, fränk. → Hausmeier unter den → Merowingern: **1)** P. v. Heristal († 714), vereinigte d. fränk. Teilreiche; s. Enkel **2)** P. d. Jüngere (714–24. 9. 68), Vater Karls d. Gr., beseitigte Merowinger, wurde mit päpstl. Zustimmung 751 Kg, zerstörte german.-langobard. Vormacht in Italien, schenkte Papst Stephan II. seine langobard. Eroberungen: **P.sche Schenkung** (→ Kirchenstaat).

Piqué, *m.* [frz. pi'ke], Doppelgewebe aus grobfäd. Untergewebe u. feinfädigem Obergewebe.

Pirandello, Luigi (28. 6. 1867–10. 12. 1936), it. Schriftst.; Dramen: *Sechs Personen suchen einen Autor;* Romane: *Die Wandlungen d. Mattia Pascal;* Nobelpr. 1934.

Piranesi, Giambattista (4. 10. 1720–9. 9. 78), it. Zeichner u. Kupferstecher d. Barock u. Klassizismus; *Römische Veduten; Le carceri.*

Piranha, *m.* [-nja], *Piraya, Karibenfisch,* in Flüssen S-Amerikas in Schwärmen lebende Fische mit sägeartigem Gebiß, sehr gefräßig; zerfleischen auch Menschen u. große Säugetiere.

Pirat [l.], Seeräuber.

Piraten- oder Vertragsküste → Vereinigte Arabische Emirate.

Piräus, *Peiraieus,* neugriech. *Pireefs,* griech. Hafenst., Hptst. d. Nomos *P.* an der NO-Küste des Golfs v. Ägina, 196 000 E; Ind.; bed. Handels- u. Kriegshafen. – Hafen Athens, von Themistokles um 492/93 v. Chr. befestigt u. mit Athen durch die Langen Mauern verbunden.

Pirckheimer, Willibald (5. 12. 1470–22. 12. 1530), dt. Patrizier u. Diplomat; Humanist, Freund Dürers; *Bellum Helveticum.*

Pire [pir], Dominique (10. 2. 1910–30. 1. 69), belg. Dominikaner; Begr. d. „Europa-Dörfer"; Friedensnobelpr. 1958.

Pirmasens (D-6780), krfreie St. in RP, 47 102 E; AG; bed. Maschinenbau-, Schuh- u. chem. Ind., intern. Messestadt.

Pirna (D-8300), Krst. an der Elbe (Elbsandsteingebirge), Sa., 43 486 E; Steinbrüche, Papier-, Kunstseide-, Glasind.

Piroge, *w.,* indian. u. ozean. Einbaum m. überhöhten Bordwänden.

Pirogge, *w.,* russ. längl. Hefeteig- od. Mürbeteig-Pastete m. Fleisch-, Käse-, Fisch-, Pilz-, Gemüsefüllung u. a.

Pirol, *Goldamsel, Pfingstvogel,* prächtig gefärbter Singvogel; amselgr., Männchen

goldgelb, flötender Ruf; Weibchen grünlich; Mai bis August in Dtld, kunstvolles Nest.

Pirouette

Pirouette, *w.* [frz. -'rü-], rasche Kreisdrehung b. Tanzen (auch beim Eiskunstlauf); b. Reiten Kreiswendung im Galopp; auch Kunstflugfigur.

Pirquet [-'ke], Clemens Frh. v. (12. 5. 1874–28. 2. 1929), östr. Kinderarzt; **P.sche Reaktion,** *Tuberkulinreaktion,* stellt durch Hautimpfung Tuberkulose bei Kindern fest.

Pirsch, *Birsch* [ml. „birsare = jagen"], Einzeljagd.

Pisa, Domplatz

Pisa, Hptst. der it. Prov. *P.,* am Arno u. nahe d. Mittelmeer, 102 000 E; roman. Dom mit schiefem Glockenturm, Baptisterium (12. Jh.); Campo Santo (13. Jh.), Uni., landw. u. tierärztl. Inst.; Woll-, Glasind. – Im Altertum Hafenst. an d. Mündung des Arno (heute 11 km vom Meer entfernt); im MA bed. See- u. Handelsstadt.

Pisanello, Antonio (um 1395–vor 1455), it. Maler u. Medailleur d. Frührenaissance; Fresken (St. Anastasia in Verona).

Pisanello, eigtl. *Antonio Pisano* (23. 11. 1395–zw. 14. 7. u. 31. 10. 1455), it. Maler u. Medailleur; Wegbereiter d. oberit. Renaissance.

Pisano, it. Bildhauer, **1)** Andrea (um

1292–26. 8. 1348), *Südtür* des Baptiste-
riums in Florenz; **2)** Antonio → Pisanello; **3)** Giovanni (um 1250–um 1315),
Kanzel im Dom u. *Madonna* im Campo
Santo zu Pisa; sein Vater **4)** Niccolò (um
1225–um 1280), bahnbrechender Wegbereiter d. it. Bildhauerkunst, *Kanzel*
(Baptisterium des Doms in Pisa).
Piscator, Erwin (17. 2. 1893–30. 3.
1966), dt. Theaterregisseur u. -leiter;
„proletar. Theater“ n. russ. Vorbild in
Berlin als polit. Kampfmittel; Vorwegnahme v. → Brechts epischem Theater.
Pischpek → Bischbek.
Pissarro, Camille (10. 7. 1830–13. 11.
1903), frz. Maler d. Impressionismus;
Landschaften.

Echte Pistazie

Pistazie, versch. Bäume d. Mittelmeerländer; *Mastix-P.,* schwitzt Mastixharz
aus, *Terpentin-P.,* liefert zypr. Terpentin
für Salben u. Pflaster; mandelähnl. Sa-
men der *echten P.* als Gewürz u. z. Ölbe-
reitung.
Piste, *w.* [frz. „Fährte“], Umrandung d.
Zirkusmanege; Rodelbahn, präparierte
Skiabfahrt; Start- und Landebahn für
Flugzeuge.
Pistill, *s.* [l.], Reibkeule z. Zerkleinern u.
Pulverisieren v. Stoffen im Mörser.
Pistoia, Hptst. d. it. Prov. *P.,* i. d. Toscana, 90 000 E; Dom (13. Jh.), Bischofssitz; Eisenwaren.
Pistole, *w.* [it.], **1)** Handfeuerwaffe; heute
Selbstladepistole m. Magazin, nach abge-
gebenem Schuß vollzieht Rückstoß das
Auswerfen d. Hülse u. Einführen einer
neuen Patrone in das Patronenlager; **2)**
Goldmünze (16.–19. Jh.); urspr. außer-
halb Spaniens übliche Bezeichnung f.
den Dublone; dann in Frkr. als → Louis-
dor = 5 Taler in Dtld.
Piston, Walter (20. 1. 1894–8. 11. 1976),
am. Komp.; neoklassizist. Instrumental-
werke.
Piston, *s.* [frz. -'tõ], **1)** Pumpventil an
Blechblasinstrumenten; **2)** svw. *P.kornett,*
→ Kornett.
Pistyan, slowak. *Piešťany,* Kurort im
Waagtal (Slowakei), 29 000 E; radioaktive Schwefelquellen.
Pitaval, Sammlung v. Kriminalfällen; erste Sammlung von *François de P.* (1673–
1743); dt. Auswahl v. Schiller; „Neuer
P.“ v. Hitzig u. Alexis.
Pitcairninsel [-kɛən-], brit. Inselkolonie
im südl. Pazifik, zus. mit 3 weiteren (un-
bewohnten) Inseln 4,6 km², 54 E (Nachkommen der meuternden Matrosen d.
brit. Kriegsschiffes „Bounty“, 1790).

Pitchpine, *w.* [engl. 'pɪtʃpaɪn], mittelhar-
tes, sehr dauerhaftes Nutzholz der am.
Pechkiefer, für Fußböden, Wagen- und
Schiffbau usw.
Pithecanthropus → Mensch, *Abstam-
mung.*

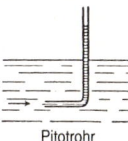

Pitotrohr

Pitotrohr [l.], Staurohr, mit dem (über
den Staudruck) d. Geschwindigkeit v.
strömenden Flüssigkeiten u. Gasen od.
in Flüssigkeiten u. Gasen bewegter Körper (z. B. Flugzeug) gemessen wird.
Pitt, engl. Staatsmänner: **1)** William der
Ältere (15. 11. 1708–11. 5. 78), Min.
1757–61 u. 1766–68, unterstützte Friedrich d. Gr. im 7jähr. Krieg, zerstörte frz.
Kolonialmacht, bekämpfte den Pariser
Frieden von 1763; sein Sohn **2)** William
der Jüngere (28. 5. 1759–23. 1. 1806),
Min.präs. 1783–1801 u. 1804–06, stärkte
Englands Macht als Hpt d. Koalition gg.
Frkr.; Reformen im Empire.
Pittermann, Bruno (3. 9. 1905–19. 9.
83), östr. Pol.; 1957–67 Vors. d. SPÖ;
1964–76 Präs. d. Sozialist. Intern.
Pitti, *Palazzo P.,* Renaissancegebäude in
Florenz m. Gemäldegalerie.
pittoresk [it.], malerisch.

Pittsburgh

Pittsburgh ['pɪtsbəːg], St. i. US-Staat
Pennsylvania, am Alleghany, 424 000 E,
Agglomeration 2,3 Mill. E; Carnegie-
Inst., Uni.; reiche Erdöl- u. Kohlenfelder,
Stahl- u. Glasind.
Pittura metafisica, *w.,* [it., „metaphysi-
sche Malerei“], 1917–20 Richtung d. it.
Malerei; Voraussetzung für d. Entwick-
lung d. Surrealismus durch überraschen-
de Kombination einzelner Elemente u.
Wirklichkeit zu traumbildhaften Kompo-
sitionen; scharfe Konturen, perspektivi-
sche Bildtiefe; Hptvertr.: *Carrà, Chirico.*
Pityusen, südwestl. Inselgruppe der
span. Balearen, 700 km², ca. 30 000 E;
Hauptinseln *Ibiza* u. *Formentera.*
Pitztal, inn. d. westl. Ötztaler Alpen, 28
km l. m. d. Pitzbach und Mittelbergglet-
scher; Hauptort *St. Leonhard.*
Pius, *Papstname* (insges. 12): **1)** P. II.,
Enea Silvio Piccolomini (18. 10. 1405–15.

8. 64), 1458–64, Humanist; berühmte
Bulle: Exsecrabilis, die jede Berufung gg.
Papst an ein Konzil verbietet (gg. Konziliarismus); **2)** P. IV., *Giovanni Medici*
(31. 3. 1499–9. 12. 1565), 1559–65, berief 1562 Tridentin. Konzil; **3)** P. V. (17.
1. 1504–1. 5. 72), 1566–72, Ausgabe des
Catechismus Romanus, 1570 Absetzungserklärung gg. die protestant. Elisabeth v.
England; Hlg.; **4)** P. VI. (25. 12. 1717–
29. 8. 99), 1775–99, starb als frz. Gefangener in Valence; **5)** P. VII. (14. 8. 1740–
20. 8. 1823), 1800–23, salbte 1804 Napoleon I., verlor 1809 Kirchenstaat an
Napoleon (1809–14 in frz. Gefangenschaft); **6)** P. IX., *Mastai-Feretti* (13. 5.
1792–7. 2. 1878), 1846–78, 1848 Revolution in Rom gg. ihn; Verlust d. Kirchenstaates an Italien; Dogma von der unbefleckten Empfängnis Mariä 1854, erstes
Vatikan. Konzil 1869–70, das d. päpstl.
Lehrunfehlbarkeit aussprach (Protest d.
Altkatholiken); **7)** P. X., *Giuseppe Sarto*
(2. 6. 1835–20. 8. 1914; 1954 hl.gespro-
chen), 1903–14, Enzyklika über Trennung von Staat u. Kirche in Frkr.;
Kampf gg. den → Modernismus (Borro-
mäus-Enzyklika); **8)** P. XI., *Achille Ratti*
(31. 5. 1857–10. 2. 1939), 1922–39, Konkordat mit it. Staat (→ Lateranverträge),
Enzykliken zur Arbeiterfrage u. Ehe, gg.
Bolschewismus, 1937 gg. den Nationalso-

Pius XII.

zialismus; **9)** P. XII., *Eugenio Pacelli* (2.
3. 1876–9. 10. 1958), Nuntius in Berlin
1920–30, s. 1939 Papst; Botschaften zur
soz. Frage; 1950 Verkündigung d. Dogmas von der Himmelfahrt Mariä.
Piz → Pik 2).
Pizarro [pi'θ-], Francisco (1478–26. 6.
1541), span. Konquistador; entdeckte und
eroberte 1524–35 Ecuador und Peru.
Piz Palü, Gipfel der Berninagruppe, 3
905 m.
Pizza [it.], flaches neapolitan. Gebäck
(Hefeteig mit Tomaten, Käse, Schinken
u. a.), meist heiß serviert.
pizzicato [it.], *mus.* auf den Saiten (z. B.
Geige) gezupft, nicht mit dem Bogen gestrichen.
Pjatigorsk, sowj. St. nördl. des Kauka-
sus, 110 000 E; warme Schwefelquellen.
Pjöngjang → Pyongyang.
Placebo, *s.* [l.], Schein-, Leermedika-
ment.
Placet, *s.* [-tsɛt], *Plazet,* Genehmigung
(Vermerk auf Erlassen); auch → Ex-
equatur; Ggs.: Veto.

Placierung, gebräuchl. Bez. i. Börsenwesen, die das Unterbringen von neuen Wertpapieremissionen auf dem Markt bedeutet.

Plädoyer, *s.* [frz. *-dŏaˈjeː*], Schlußvortrag vor Gericht durch Partei, Rechtsanwalt od. Staatsanwalt.

Plafond, *m.* [frz. *-ˈfõː*], mit Stuck oder Malerei verzierte Zimmerdecke.

plagal, *mus.* Nebentonarten d. Kirchentöne; Ggs.: → authentisch.

Plagiat, *s.,* Diebstahl geist. Eigentums: *jur.* vorsätzl. Verletzung des → Urheberrechts durch unbefugte Vervielfältigung oder Verbreitung eines Werkes, durch Mißbrauch des Zitatrechts, durch Unterlassung d. Quellenangabe u. a.; der **Plagiator** ist schadenersatzpflichtig. Auf Antrag strafbar.

Plaid, *m.* od. *s.* [pleɪd], großkarierte Wolldecke; auch großkarierter Wollstoff f. Kleider, Name u. Muster aus Schottland („Schotten").

Plakat, *s.,* öffentl. angebracht. Werbeblatt oder -bild (Reklame); oft künstlerisch ausgeführt.

Plakette, *w.* [frz.], Metallplatte mit erhabener bildl. Darstellung, Gedenktafel, Gedenkmünze.

Planarien → Strudelwürmer.

Planck, 1) Gottlieb (24. 6. 1824–20. 5. 1910), dt. Rechtsgelehrter; Mitarbeit

Max Planck

am Entwurf des BGB; 2) Max (23. 4. 1858–4. 10. 1947), deutscher Physiker; trug neben Einstein zur Umgestaltung des Weltbildes durch s. → *Quantentheorie* (Übers.) bei; Forschungen über Wärmelehre und Strahlung; Nobelpreis 1918; *Wege zur physikalischen Erkenntnis;* nach ihm benannte → Max-Planck-Gesellschaft.

Plancksches Wirkungsquantum, *Plancksche Konstante,* nach Max Planck benannte universelle Konstante *h* der → Quantentheorie; im Ggs. zur klass. Physik, derzufolge Strahlung v. e. Temperaturstrahler kontinuierlich abgegeben wird, werden den Schwingungen jeweils definierte Energiebeträge *(Energiequanten)* zugeordnet, d. h. Strahlung wird in Quanten abgegeben.

Plane, *w.,* groblein. Wetterschutzdecke f. offene Wagen *(Planwagen).*

Planetarium [nl.], Vorrichtung z. Veranschaulichung des Planetenlaufs am Himmel; mechan. od. opt. *(Zeiss-P.);* Projektion der Himmelskörper u. ihrer Bewegung an halbkugeliger Kuppel; konstruiert von → *Bauersfeld.*

Planeten [gr.], *Wandelsterne,* Himmelskörper gleich der Erde, nicht selbstleuchtend, bewegen sich um die Sonne u. werden von ihr beleuchtet; unterscheiden sich von den funkelnden Fixsternen durch ihr ruhiges Licht, erscheinen im Fernrohr scheibenförmig. – Neun *große P.,* nach wachsendem Sonnenabstand: Merkur, Venus, Erde, Mars, Jupiter, Saturn (sämtl. schon im Altertum bekannt), Uranus (1781), Neptun (1846), Pluto (1930 entdeckt); → Tafeln Himmelskunde. Zwischen Mars und Jupiter die Gürtel der *kleinen P.,* → Planetoiden. Innerhalb der Erdbahn *innere P.* (Merkur, Venus), außerhalb *äußere P.;* außer b. Merkur u. Venus bei allen P. Monde *(Satelliten)* bekannt. *P.bahnen:* kreisähnl. Ellipsen, f. d. Halbachse, Umlaufzeit und Bahnbewegung aus d. *Keplerschen Gesetzen* folgen. Gegenseitige Anziehung (→ Gravitation) d. großen P. erzeugt kl. Abweichungen *(Störungen)* v. d. *Keplerschen Bewegung.* Genaue Örter d. großen P. zu errechnen aus *P.tafeln* v. Newcomb. – **P.getriebe,** Rädergetriebe m. umlaufenden Zahnrädern *(Umlauf)* z. Veränderung d. Übersetzung (z. B. b. Fahrrädern).

Planetoiden, *Asteroïden, kleine Planeten,* kleine Körper, die sich im wesentl. in d. Lücke zw. Mars u. Jupiter in ellipt. Bahnen um d. Sonne bewegen; erster kleiner Planet 1801 v. Piazzi entdeckt; P.-durchmesser: 400 km bis weniger als 1 km.

planieren [frz.], ebnen, glätten.

Planierraupe, Baumaschine, z. Einebnen v. Gelände.

Planimeter, *s.* [gr. „Flächenmesser"], math. (geodät.), auf Integralrechnung beruhendes Instrument z. mechan. Ausmessung ebener, auch krummlinig begrenzter Flächen (auf Landkarten); Faden- u. Umfahrungs-P.

Planimetrie, Geometrie d. Ebene.

plankonkav, plankonvex → Linsen, → Tafel Optik.

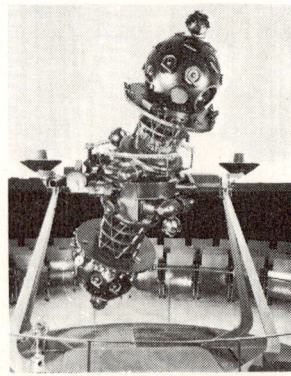

Planetarium, *Oberkochen*

Plankton, *s.* [gr.], Gesamtheit kl. niederer Lebewesen im Wasser; geringe od. fehlende Eigenbewegung.

Plantage, *s.* [frz. *-ˈtaːʒə*], Großpflanzung in den Tropen; auch in bezug auf → Monokulturen.

Plantagenet [*plătaʒˈnɛ*], engl. Königsschlecht *(Anjou-Pl.),* regierte 1154–1485, zwei (feindliche) Linien Lancaster u. York; u. a. Richard Löwenherz, Eduard I.-III., Richard II.

Planwirtschaft, Zentralverwaltungswirtschaft; Entscheidungen über wirtsch. Zielsetzungen u. Aufstellung von Gesamtwirtschaftsplänen sowie Einzelplänen erfolgen zentral von einer staatlichen Behörde.

Planzeichnung, Geländegrundrißzeichnung ohne Angabe von Höhenunterschieden.

Pläsier, *s.* [frz.], Vergnügen.

Plasma, *s.* [gr.], 1) svw. → Protoplasma; 2) svw. → Blutplasma; auch → Trockenplasma; 3) *phys.* vierter → Aggregatzustand der Materie b. sehr hohen Temperaturen; 90% aller Materie d. Weltalls im P.zustand; im P. existieren keine Atome u. Moleküle, sond. nur Atomkerne u. freie Elektronen; durch dauernde Zusammenstöße entstehen Kernreaktionen; 4) *astronom.* von Magnetfeldern durchzogenes interstellares Medium.

Plasmaexpander, Blutersatzmittel z. Auffüllung d. Blutkreislaufs nach Blutverlusten u. bei → Schock.

Plasmid, genet. Material außerhalb des Zellkerns einer Bakterienzelle; ringförmige → DNA trägt wichtige Gene z. B. gegen Antibiotika; durch genet. Manipulation auf andere Zellen übertragbar.

Plasmodium, Mz. *Plasmodien,* 1) → Schleimpilze; 2) Gattung d. → Sporentierchen; *Malaria-P.* ruft Wechselfieber hervor.

Plasmon, *s.,* die Gesamtheit d. im → Protoplasma, nicht in d. Chromosomen liegenden Erbfaktoren.

Plaste, svw. → Kunststoffe.

Plastiden [gr.], *Chromatophoren,* Farbträger i. → Protoplasma pflanzl. Zellen (grüne: *Chloroplasten;* gelbe bis rote: *Chromoplasten;* farblose: *Leukoplasten).*

Plastifizierung, Weichmachung bei Kunststoffen z. Überführung harter Produkte in lederartig-zähe bis gummi-elast. Massen (→ Weichmacher).

Plastik, *w.* [gr.], 1) Bildhauerkunst (Gattungsbegriff); auch Werk derselben (bes. aus modellierbarem Material: Ton, Wachs u. a.); auch → Skulptur; 2) svw. → plastische Operation; 3) svw. → Kunststoffe.

Plastilin, *s.,* **Plastilina,** *w.,* wachsähnl. Modellierstoff.

plastisch, körperhaft hervortretend, greifbar.

plastische Operation, Überpflanzung v. Haut, Muskeln u. anderen Organteilen z. Deckung v. Gewebslücken u. nichtver-

Daten der Planeten

	Sonne	Merkur	Venus	Erde	Mond	Mars	Jupiter	Saturn	Uranus	Neptun	Pluto
Durchmesser am Äquator in km	1.392.00	4.878	12.104	12.756	3.476	6.787	142.796	120.000	50.800	48.600	5.800
Masse (Erde = 1)	333.400	0,055	0,815	1	0,012	0,107	317,8	95,2	14,5	17,2	0,003
Volumen (Erde = 1)	1.306.000	0,06	0,88	1	0,020	0,150	1,319	751	62	54	0,015?
Dichte (Wasser = 1)	1,41	5,43	5,24	5,52	3,34	3,94	1,33	0,70	1,30	1,76	1,1?
Abplattung	0	0	0	0,003	0	0,005	0,065	0,108	0,030	0,026	?
Schwerkraft an der Oberfläche (Erde = 1)	27,9	0,37	0,88	.1	0,16	0,38	2,64	1,15	1,17	1,18	0,45?
Zahl der Satelliten	–	0	0	1	–	2	17	17	5	2	1
Größte Entfernung von der Sonne in Mill. km	–	69,7	109	152,1	–	249,1	815,7	1.507	3.004	4.537	7.375
Kleinste Entfernung von der Sonne in Mill. km	–	57,9	108,2	149,6	–	227,9	778,3	1.427	2.869,6	4.496,6	5.900
Rotationsperiode	25,38 Tage	58,65 Tage	243 Tage (rückläufige R.)	23 Std., 56Min., 4 Sek.	27,32 Tage	24 Std., 37, Min., 23 Sek.	9 Std., 50 Min., 30 Sek.	10 Std., 14 Min.	11 Std., (rückläufige R.)	16 Std.	6 Tage, 9 Std. (rückläufige R.)
Umlaufzeit	–	88 Tage	224,7 Tage	365,26 Tage	–	687 Tage	11,86 Jahre	29,46 Jahre	84,01 Jahre	164,8 Jahre	247,7 Jahre
Mittlere Bahngeschwindigkeit in km/sec	–	47,9	35	29,8	–	24,1	13,1	9,6	6,8	5,4	4,7
Neigung des Äquators gegen die Bahnebene	–	28°	3°	23°27′	–	23°59′	3°05′	26°44′	82°5′	28°48′	?
Bahnneigung gegen die Ekliptik	–	7,01°	3,39°	0°	5,15°	1,85°	1,30°	2,48°	0,77°	1,77°	17,13°

Planetoiden

Name	Mittlerer Abstand zur Sonne (AE*)	Umlaufszeit (Jahre)	Bahnneigung (Grade)	Durchmesser (km)
Ikarus	1.08	1.12	23.0	1
Apollo	1.47	1.78	6.3	1
Hermes	1.64	2.10	6.2	0.5
Melpomene**	2.30	3.48	10.1	130
Ceres	2.77	4.60	10.6	1003
Achilles	5.21	11.90	10.3	53
Hidalgo	5.82	14.04	42.5	16
Chiron	13.69	50.68	6.9	150–650?

Eine typische Auswahl von Planetoiden
* AE = Astronomische Einheit
** Melpomene hat einen eigenen Satelliten

Kometen

Name	Umlaufszeit (Jahre)	Bahnneigung (Grade)	Abstand zur Sonne (AE) min.	max.	Nächste Rückkehr
Brooks 2	6.9	5.6	1.8	5.4	1987
Encke	3.3	11.9	0.3	4.1	1986
Tuttle	13.8	54.7	1.0	10.3	1995
Finlay	6.9	3.4	1.1	6.2	1988
D'Arrest	6.2	18.0	1.4	4.7	1988
Crommelin	27.9	28.9	0.7	18.0	2012
Giacobini-Zinner	6.5	31.7	1.0	6.0	1985
Halley	76.1	162.2	0.6	18.0	1986

Eine Auswahl kurzperiodischer Kometen

heilenden Wunden sowie zu kosmet. Zwecken.

Plastron, *m.* od. *s.* [frz. *-rõ̃*], **1)** gepolsterter Brustschutz des Fechters; **2)** vorgewölbte breite Krawatte.

Plata, La → La Plata.

Platää, griech. *Plataiai,* antike griech. St. im südl. Böotien; 479 v. Chr. griech. Sieg üb. die Perser.

Platanenzweig

Platane, Zierbaum m. gr. Blättern, abfallender Borke u. kugeligen Fruchtständen; aus Asien u. N-Amerika.

Plateau, *s.* [frz. *-'toː*], Hochebene.

Platen, August, Gf v. (24. 10. 1796–5. 12. 1835), dt. Dichter; Formkünstler; Lyrik (Sonette, Oden, Hymnen; frühe Balladen).

Platereskenstil, Schmuckstil d. span. Renaissancebaukunst (15./16. Jh.), Verschmelzung spätgot. und maurischer Elemente.

Platin, *Pt,* chem. El., Oz. 78, At.-Gew. 195,09, Dichte 21,45; silberweißes, hämmerbares, zähes Edelmetall, Vorkommen gediegen, oft m. anderen Metallen derselben Gruppe, den **P.metallen:** *Rhodium, Ruthenium, Palladium, Iridium, Osmium;* vielseitige Verwendung i. d. chem. Industrie, zu Schmelztiegeln, thermo-el. Meßapparaten, Elektroden, Schmuck; *P.asbest, P.schwamm* od. *P.mohr* (fein verteiltes P.) als → Katalysatoren; Welterzeugung 1981: 212,2 t, davon UdSSR 49% u. S-Afrika m. Namibia 44%.

Platitüde, *w.* [frz.], Plattheit, nichtssagende Bemerkung.

Plato

Plato|n (427–347 v. Chr.), griech. Phil., Schüler des Sokrates, Lehrer des Aristoteles; s. Schule in Athen die → Akademie; Begr. des Idealismus durch die **Platonische Ideenlehre:** Die wahre, eigentliche Welt ist eine geistige Welt der Urbilder (Ideen); die wahrnehmbaren Dinge sind Abbilder der Ideen; höchste Wirklichkeit ist sog. „Idee d. Guten"; die

Seele ist unsterblich, weil sie nicht aus der Abbild-, sondern aus der Urbildwelt stammt; Wissen ist Wiedererinnerung an vorgeburtl. Sein; drei Seelenteile: Vernunft, Mut, Begierde. Platos Staatsideal wird von der Erziehungsidee beherrscht; Beherrscher des Staates sei der Philosoph. Schriften: *Dialoge* (35); bedeutendste: *Phaidros* (Ideenlehre), *Symposion* („Gastmahl") u. *Phaidon* (über d. Unsterblichkeit der Seele).

Platoniker, Anhänger des Plato.

platonische Liebe, metaphys. *Eros,* von der Idee des Schönen entzündete Begeisterung für das Übersinnliche; rein geistige Neigung.

platonisches Jahr → Jahr.

Plattdeutsch, *Niederdeutsch,* → deutsche Mundarten.

Plattensee, ungar. *Balaton,* flacher, fischreicher See in W-Ungarn, größter Mitteleuropas, 592 km², bis 11 m t., 78 km l.; zahlreiche Bade- u. Kurorte.

Plattenspieler, Abspielgerät f. → Schallplatten, Weiterentwicklung d. Grammophons (→ Sprechmaschine); kombiniert m. Radiogerät: *Phonogerät;* m. Radiogerät u. Cassettenrecorder als *Kompaktanlage* od. *Hi-Fi-Turm;* Plattenwechsler: autom. P. mit Wechselvorrichtung f. mehrere Platten; → Hi-Fi-P.; hochwertiges Gerät m. bes. Konstruktionsmerkmalen (Rumpelfreiheit, konstante Drehzahl, höchster Bedienungskomfort etc.). → Tonabnehmer.

Platterbse, rankende Schmetterlingsblütler m. flachen Stengeln; einige m. eßbaren Samen, andere als Futterpflanzen; auch Zierkräuter.

Plattfische, Fischordnung, abgeplatteter Körper, bodenlebend (z. B. → Schollen).

plattieren, *doublieren,* Überziehen eines unedlen Metalls m. e. dünnen Schicht Edelmetall f. billigen Schmuck, Bestecke, Löffel usw.: *Doublé.*

Platz-wechsel → Wechsel. – **P.wette,** beim Pferderennen Wette, daß ein best. Pferd unter den 3 (bzw. 2 od. 4) ersten ist.

Platzangst, *Agoraphobie,* übermächtige Scheu, einen freien Platz zu überschreiten; → Phobie.

Plauen im Vogtland (D-9900), Stkr. i. Sa., an der Weißen Elster, 73 971 E; Spitzen- u. Stickereiind., Werkzeugmasch.bau.

plausibel [l.], einleuchtend.

Plautus († 184 v. Chr.), röm. Lustspieldichter; *Miles gloriosus; Menächmen.*

Playback [*'pleɪbæk*], Verfahren zur Magnetbandaufnahme z. B. v. Gesangs- u. Sprechszenen; zuerst Tonaufnahme, bei der Bildaufnahme werden nur die Lippen synchron bewegt.

Playboy, *m.* [engl. *'pleɪbɔɪ*], reicher junger Mann, dessen Hauptbeschäftigungen sportl. u. gesellschaftl. Vergnügungen bilden.

Plazenta, 1) → Mutterkuchen; **2)** Bil-

dungsgewebe f. d. Samenanlagen an best. Stellen d. Fruchtblattes.

Plebejer, im alten Rom bis um 287 v. Chr. der Volksteil minderen pol. Rechts, die *Plebs.*

Plebiszit, *s.,* Beschluß der Versammlung d. Plebejer; heute svw. → Volksentscheid.

Plechanow, Georg Walentinowitsch (11. 12. 1856–30. 5. 1918), russ. Pol. u. Schriftst.; Mitbegr. d. russ. Sozialdemokr. u. Wegbereiter d. materialist. Marxismus.

Pleinairmalerei [*plɛ'nɛːr-*], svw. → Freilichtmalerei.

Pleinpouvoir, *s.* [frz. *plɛ̃pu'vwaːr*], unumschränkte Vollmacht.

Pleiotropie, *Polyphänie,* die gleichzeitige Beeinflussung mehrerer Merkmale d. *Phänotypus* durch ein einziges *Gen.*

Pleiße, r. Nbfl. d. Weißen Elster, 90 km l., mündet bei Leipzig.

Pleistozän, *s.,* → geologische Formationen, Übers.

Plejade, frz. Dichterschule um 1550; erstrebte Hebung der Nationalliteratur nach antikem Vorbild (*Ronsard, Du Bellay* u. a.).

Plejaden, 1) in d. griech. *Mythologie* die 7 Töchter des Atlas, an den Himmel versetzt, bilden das Gestirn; **2)** Siebengestirn, offener *(galaktischer)* Sternhaufen im Stier, über 100 Sterne, 7 mit bloßem Auge erkennbar, bewegen sich nach gemeinsamem Zielpunkt i. Raum; nördl. → Sternhimmel B.

Plektron, *s.* [gr.], Plättchen v. Schildpatt od. Metall zum Schlagen d. Saiten v. Mandoline, Zither usw.

Plenar- [l.], als Vorsilbe: Voll-, Gesamt- (z. B. *P.sitzung,* öff. Parlamentssitzung aller Abgeordneten).

Plenum, *s.* [l.], Gesamtheit e. (beratenden) Körperschaft; Vollversammlung.

Pleonasmus, *m.* [gr.], Hptwort mit gleichbedeutendem (überflüssigem) Beiwort (z. B. falscher Irrtum).

Plesiosaurus, Meeresreptil der Jura- u. Kreidezeit, bis 7 m lang, langer Hals u. kl. Schädel.

Pleskau, russ. *Pskow,* nordruss. St. am **P.er See** (südl. Teil des Peipus-Sees), Hptst. d. sowj. Gebietes *P.,* 204 000 E. → Handelsplatz d. Hanse.

Pless, poln. *Pszczyna,* St. in Schlesien, 36 000 E, s. 1921 poln.; ehem. Residenz d. Fürsten v. P.

Plettenberg, Walter von (um 1450–28. 2. 1535), Deutschordensmeister in Livland; besiegte 1502 die Russen.

Plettenberg (D-5970), St. i. Märk. Kr., i. Sauerland, NRW, 28 113 E; AG; div. Ind.

Pleuelstange, *Kurbel-, Schubstange,* Verbindungsstange zwischen Kolben bzw. Kreuzkopf und Kurbel; geradlinige Bewegung wird in rotierende umgewandelt.

Pleura, *w.* [gr.], Brustfell, dazu zählen d. *Rippenfell* (überzieht d. Brustkorbinnenwand) u. d. *Lungenfell* (überzieht d. Lungenflügel).

Pleureuse, *w.* [frz. *plø'rø:zə*], geknüpfte Straußfeder.

Pleuritis, *w.*, Brustfellentzündung.

Pleven, René (* 13. 4. 1901), frz. Pol.; 1950 u. 1951/52 Min.präs., 1969–73 Justizmin., nach ihm *P.plan* (→ Europäische Verteidigungsgemeinschaft).

Plewna, bulg. *Pleven,* bulgar. Bez.st. nördl. d. Balkangebirges, 134 000 E; Webereien, Tabakind.

Plexiglas, Handelsname f. glasklare → Kunststoffe aus Methacrylsäure-Vorprodukten (organ. Glas, Acrylglas), auch farbig; leicht verarbeitbar.

Plexus [l.], Geflecht, netzförmige Verbindung von Nerven, Lymph- oder Blutgefäßen.

Pleydenwurff, Hans (um 1420–9. 1. 72), dt. Maler; bedeutendster Meister d. Nürnberger Malerschule vor Dürer.

Pli, *m.* [frz. „Falte"], äußerer Schliff.

Plievier [*'vīe*], Theodor (12. 2. 1892–12. 3. 1955), dt. Schriftst.; *Des Kaisers Kulis*; Romane: *Stalingrad; Moskau; Berlin.*

Plinius, röm. Schriftst., **1)** P. d. Ä. (23–79 n. Chr.), umgekommen bei Vesuvausbruch; *Naturalis historia* („Naturgeschichte"); sein Neffe **2)** P. d. J. (62–um 113 n. Chr.), *Briefe.*

Plinthe, *w.* [gr.], rechteckige, meist quadrat. Sockelplatte unter Säulen und Pfeilern.

Pliozän, *s.*, → geologische Formationen, Übers., S. 303.

Plissee, *s.* [frz.], gleichmäßig gelegte *(plissierte)* Falten in Stoffen.

PLO, Abk. f. *Palestinian Liberation Organization,* Palästinens. Befreiungsorganisation, 1964 gegr. Dachorganisation der palästinens. Befreiungsbewegungen; → Arafat.

Plochingen am Neckar (D-7310), St. i. Kr. Esslingen, Ba-Wü., 12 166 E; Verkehrsknotenpunkt, Hafen, Elektro- u. Kunststoffind.

Płock [*püotsk*], poln. St. r. d. Weichsel, 119 000 E; kath. Bistum.

Plöcken, it. *Passo di Monte Croce,* Paß in den Karnischen Alpen, 1360 m hoch.

Plöckenstein, Gipfel im Böhmerwald, 1378 m.

Ploieşti [*plo'īeftj*], Hptst. d. Kr. Prahova, Rumänien, 235 000 E; Zentrum d. rumän. Erdölind.

Plombe, *w.* [frz.], **1)** Bleisiegel (z. B. an

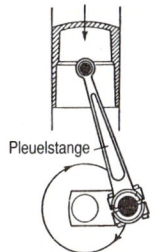

Pleuelstange

Ware als zollamtl. Verschluß zur Sicherung der Nämlichkeit); **2)** künstl. Zahnfüllung aus Gold, Amalgam, Porzellan u. a.

Plön (D-2320), Krst. in Schl-Ho., an den *P.er Seen* (*Gr. P.er See* 29 km², bis 60 m tief), 10 898 E; Schloß, AG; MPI f. Limnologie.

Plot, *m.* [engl.], Bez. für Handlung, Fabel in Roman u. Drama.

Plotin|os (205–270 n. Chr.), Begründer des Neuplatonismus: höchstes Ziel d. Philosophie die Ekstase u. Rückkehr zu Gott, dem ungeschiedenen *Einen,* aus dem Geist, Seele u. Materie (durch Emanation) hervorgegangen sind.

Plotter [engl.], Zeichengerät, Peripheriegerät einer → Datenverarbeitungsanlage z. Ausgabe v. → Daten in Form v. Einzelpunkten, Kurven u. Zeichnungen.

Plötze, *w.* [l.], Karpfenfisch, häufiger Weißfisch.

Plovdiv, früher *Philippopel,* bulgar. Gebietshptst. an d. Maritza, 357 000 E; Tabakhandel; Konserven-, Textil-, Metall- u. a. Ind.; jährl. Messen. – 341 v. Chr. v. Kg Philipp II. v. Mazedonien gegr.

Plumeau, *s.* [frz. *ply'mo*], kleines Federdeckbett.

Plumpudding [*'plʌm-*], engl. (Weihnachts-)Mehlspeise m. Rindernierenfett, Weißbrot u. vielen Gewürzen; mit Rum begossen.

Plünderung, 1) Beraubung der Bewohner besetzter Feindgebiete, früher als Entschädigung f. fehlenden Sold auf Zeit gestattet; durch Art. 47 der Haager Landkriegsordnung verboten; **2)** widerrechtl. Wegnahme v. Sachen an Orten, die von d. Bewohner wegen bes. Umstände (z. B. Unruhen, Überschwemmung) vorübergehend verlassen sind.

Pluraletantum, *s.* [l.], nur in der Mehrzahl gebrauchtes Hptwort (z. B. *Geschwister).*

Plural|is, *m.* [l.], die Mehrzahl. – **P. majestatis,** „Mz. der Majestät", in der Hochgestellte von sich sprechen (z. B. *Wir haben gern! ...*).

Pluralismus, 1) *allg.* der Mehrheits- oder Vielheitsstandpunkt, nach dem der Wirklichkeit eine Mehrheit von Prinzipien zugrunde liegt (W. James); Ggs.: *Monismus* u. *Dualismus;* **2)** *soziolog.* das Nebeneinander versch. gleichberechtigter sozialer Gruppen *(pluralist. Gesellschaft).*

Pluralwahlsystem, Mehrstimmenwahlrecht, teilt d. Wähler eine nach Einkommen, Besitz u. a. Vorrechten unterschiedl. Stimmenzahl zu.

Plus [l. „mehr"], *math.* das Additionszeichen (+) u. die Bezeichnung *positiver* Zahlen im Ggs. zu *negativen* (–).

Plüsch, Gewebe, durch Aufschneiden der Kett- od. Schußfäden, mit aufrechtstehendem Flor.

Plusquamperfekt|um, *s.* [l.], Zeitform der Vorvergangenheit; bezeichnet den Abschluß einer Handlung in d. Vergangenheit (z. B. *ich hatte gedacht).*

Plutarch (um 45–120 n. Chr.), griech.

Schriftst.; *Biographien* berühmter Griechen und Römer.

Pluto, 1) → *Hades;* **2)** äußerster d. 9 großen Planeten (1930 entdeckt); 247,7 Jahre Sonnenumlaufzeit, 5904 Mill. km mittlerer Sonnenabstand (sehr exzentrische Bahn), Helligkeit 15. Größe, Durchmesser: ca. 3000 km, Rotationsdauer 6,3 Tage, Temperatur ca. –220 °C; 1 Mond namens *Charon* (1978 entdeckt, ca. 1600 km Durchmesser).

Plutokratie [gr.], Herrschaft d. Reichen, Geldherrschaft.

Pluton, größerer Gesteinskörper (oft Granit) aus erstarrtem → Magma; im Randbereich häufig Vererzungen; → Batholith.

Plutonismus, 1) Lehre von der Entstehung der Erstarrungsgesteine aus dem flüssigen Magma; begr. von → *Hutton;* **2)** alle magmat. Vorgänge i. d. Tiefe d. Erdkruste.

Plutonite, *Tiefengesteine,* in tieferen Zonen der Erdkruste erstarrte → Magmatite (z. B. Granit, Syenit, Diorit, Gabbro).

Plutonium, *Pu,* künstl. chem. El., Oz. 94; radioaktiv (→ Transurane).

Pluviale, *s.* [l.], vorn offener Chormantel (Rauchmantel) kath. Priester, bei Prozessionen u. a. feierlichen Anlässen getragen.

Pluvialzeit, der dem Eiszeitalter entsprechende Zeitabschnitt mit stärkeren Niederschlägen in den nicht vergletscherten Gebieten (z. B. in Afrika).

Pluvius [l.], Regenspender; Beiname *Jupiters.*

Plymouth [*'plimǝθ*], Kriegs- u. Handelshafen a. d. S-Küste Cornwalls, Engl., 258 000 E; Schiffbau.

PL/1, Abk. f. *Programming Language No.* **1,** problemorientierte → Programmiersprache für → DVA, vereinigt Vorteile anderer Programmiersprachen (→ ALGOL, → COBOL, → FORTRAN); für techn.-wiss. u. kommerzielle Anwendung geeignet.

Pm, *chem.* Zeichen f. → Promethium.

p. m., Abk. f. **1)** *pro mille* [l.], f. das (je) Tausend; **2)** *post meridiem* [l.], nachmittags, b. engl. Angaben d. Uhrzeit; **3)** *pro memoria* [l.], zum Gedächtnis.

Pneuma, *s.* [gr. „Hauch"], Geist, (Welt-)Seele.

Pneumatik

Pneumatik, 1) → Luftreifen; **2)** Teilgebiet der Mechanik, betrifft Verhalten der Gase.

pneumatisch, Luft oder Gase betreffend; durch Luftdruck angetrieben.

pneumatische Kammern, luftdicht abschließbare Räume für kürzeren Aufenthalt, in denen die Luft durch Pump- oder Saugvorrichtungen verdichtet od. verdünnt werden kann; *Überdruck-* oder *Unterdruckverfahren* bei Krankheiten der Atemwege, bes. Bronchialasthma. Auch zur Prüfung von Tauchern u. Fliegern.

Pneumokokkus, oft Erreger der Lungenentzündung *(Pneumonie),* aber auch der Entzündung u. Vereiterung anderer Organe.

Pneumologie [gr.], Lehre v. d. Lungenkrankheiten.

Pneumothorax, *m.* [gr.], (seltene) Luftansammlung in d. Brustfellhöhle; künstl. erzeugt durch Lufteinblasung zw. Brustwand u. Lunge zur Zusammendrängung u. Stillegung der erkrankten Lunge (bei Tuberkulose).

Pnompenh, *Alter Königspalast*

Pnompenh, *Phnom Penh,* Hptst. v. Kambodscha, am Mekong, ca. 750 000 E; Seiden- u. Baumwollweberei.

Po, *chem.* Zeichen f. → *Polonium.*

Po, größter Strom Italiens, vom Nordhang des Monte Viso in den Cottischen Alpen, durchfließt die oberit. Ebene *(P.ebene),* ab Turin schiffbar, im Unterlauf zw. hohen Deichen, mit einem Delta (7 Arme) in d. Adria, 652 km l.; Nbflüsse: l. *Dora Riparia, Dora Baltea, Tessin, Adda, Mincio;* r. *Tanaro, Trebbia.*

Pöchlarn (A-3380), St. in Niederöstr., an d. Donau, 3700 E; das *„Bechelaren"* d. Nibelungenlieds; Dokumentation im Geburtshaus O. *Kokoschkas.*

Poch-werk, Zerkleinerungsmaschine, taktmäßig fallende Stempel *(P.hämmer),* zerstampfen das auf *P.rosten* liegende Gut.

Pocken, *schwarze P., Blattern,* sehr ansteckende, schwere Infektionskrankh. m. narbenbildenden Hautpusteln; in Dtld durch gesetzl. **P.impfung** und Hygiene bis auf Einschleppungsfälle erloschen.

Pocket-book, *s.* [engl. *-kıt 'buk*], Taschenbuch in billiger Massenauflage.

Pockholz, hartes, schweres Nutzholz (spez. Gew. 1,23); zu Maschinenlagern, Kegelkugeln usw.

poco [it.], *mus.* ein wenig; *p. a p.* nach u. nach.

Podagra, *s.* [gr. „Fußweh"], *Fuß-*→ *Gicht.*

Podesta, im MA oberster Amtsträger der it. Stadtrepublik; 1926–45 Bürgermeister it. Städte.

Podgorny, Nikolai Viktorowitsch (18. 2. 1903–11. 1. 83), sowj. Pol.; 1965–77 Staatspräs.

Podiebrad [*'pɔdiɛ-*], Georg v. (6. 4. 1420–22. 3. 71), s. 1458 Kg v. Böhmen, Haupt d. → Utraquisten, später kath.

Podium, *s.* [l.], svw. Bühne.

Podolien, ukrain. Landschaft, westl. des Bug bis zum Dnjestr; fruchtbare, von Tälern zerschnittene, lößbedeckte Steppenplatte.

Podsol, *m.* [russ.], *Bleich-, Grauerde,* mit fahlgrauem, ausgelaugtem Oberboden u. mit durch → Ortstein gekennzeichnetem Unterboden; feuchtkühle Klimazone; auch sekundär auf Nadelholz-Monokulturen.

Edgar Allan Poe

Poe [*pou*], Edgar Allan (19. 1. 1809–7. 10. 49), am. Dichter; Gedichte; phantast. Schauergeschichten u. Detektiverzählungen; Essays; *D. Untergang d. Hauses Usher; D. seltsame Geschichte d. Arthur Gordon Pym aus Nantucket.*

Poem, *s.* [gr.], Gedicht.

Poesie, *w.,* Dichtung; Dichtkunst; bes. die rhythm. gebundene Dichtung; Ggs.: → Prosa.

Poeta [l.], Dichter. – **P. laureatus,** lorbeergekrönter (Hof-)Dichter, jetzt noch in England.

Poetik, *w.,* Teil d. Ästhetik, der sich mit der Dichtung befaßt, begr. von *Aristoteles;* Lehre von den Form- u. Strukturelementen, der Wirkung und Rezeption der Dichtkunst.

poetisch, dichterisch, voll Poesie.

Pogrom, *m.* [russ.], (Juden-)Verfolgung; → Juden.

Pöhl, Karl Otto (* 1. 12. 1929), Wirtsch.wissenschaftler; 1977–79 Vizepräs., 1980–91 Präs. d. Dt. Bundesbank.

Poil, *m.* [frz. *pŏal*], Haar, Haarseite v. Samt od. Tuch.

Poilu [frz. *pŏa'ly*], „Behaarter", Spitzname der frz. Soldaten.

Poincaré [*pwɛ̃-*], **1)** Henri (29. 4. 1854–17. 7. 1912), frz. Math., Himmelsmechanik; *Wiss. und Hypothese;* **2)** Raymond (20. 8. 1860–15. 10. 1934), 1913–20 Präsident der französischen Republik; 1922–24 u. 1926–29 Min.präs.; Ruhrbesetzung 1923.

Point, *m.* [frz. *pŏɛ̃*], Punkt; Stich; Spitze; bei Würfeln u. Spielkarten: Auge. – **P. d'honneur** [*pwɛ̃ dɔ'nœr*], Punkt, in dem sich jemand in seiner Ehre getroffen fühlt.

Pointe, *w.* [frz. *pŏɛ̃tə*], „Spitze", in d. e. Witz ausläuft, sein eigentl. Sinn.

Pointer, *m.* [engl.], Vorstehhund.

Pointeur [*pŏɛ̃'tœr*], in Spielbanken Gegenspieler des Bankhalters; Spieler, der gegen d. Bankhalter setzt, *pointiert.*

pointiert, (witzig) zugespitzt.

Pointillismus [frz. *pŏɛ̃ti'jis-*], → Neoimpressionismus.

Poisson [*pwa'sõ*], Siméon Denis (21. 6. 1781–25. 4. 1840), frz. Math. u. Phys.; Beiträge zur Theorie der Differentialgleichungen u. zu d. Theorien der Elastizität u. der Wärme.

Poitier [*pwa'tje*], Sidney (* 20. 2. 1927), am. Filmschausp. u. Regisseur; *Lilies of the Field; In the Heat of the Night; Buck and the Preacher* (1971).

Poitiers [*pwa'tje*], Hptst. des frz. Dép. *Vienne,* 83 000 E; got. u. roman. Kirchen, Bischofssitz, Uni., Ackerbauschule. – 732 Sieg Karl Martells über die Araber.

Poitou [*pwa'tu*], Landschaft u. ehem. Prov. in W-Frkr. m. Hptst. *Poitiers;* heute Dép.s Vendée, Deux-Sèvres, Vienne.

Pokal, *m.* [it.], prunkvoller Trinkbecher m. Fuß; oft Sportpreis.

pökeln, Fleisch konservieren durch Salpeter- oder Salzlake.

Poker, *s.,* am. Glücksspiel, 52 Karten und → Joker.

pokulieren [l.], zechen.

Pol, *m.* [gr.], **1)** *phys.* die Stelle eines Magneten, die die stärkste Anziehung bzw. Abstoßung ausübt (Magnetende), oder die Fläche, durch die d. Resultierende aller ein- bzw. austretenden Kraftlinien hindurchgeht; auch die Klemmen zur Stromentnahme an el. Gleichstromquellen; **2)** *geograph.* Schnittpunkt d. Drehachse der Erde mit ihrer Oberfläche u. auch aller Meridiane (Längenkreise); die Richtung nach den *geograph.* Erdpolen ist die astronom. N- oder S-Richtung, verschieden von d. Richtung zu den *magnetischen* Polen der Erde; → Erdmagnetismus; **3)** *astronom.* Himmels-P.e, die gedachten Schnittpunkte d. verlängerten Drehachse d. Erde mit dem Himmelsgewölbe; auch P.e d. Ekliptik u. d. Milchstraße; **4)** *phil.* ein Glied der → Polarität.

Polański, Roman (* 18. 8. 1933), poln. Filmregisseur; *Repulsion* (1965); *Dance of the Vampires* (1967); *Rosemary's Baby* (1968); *Chinatown* (1974); *Frantic* (1987).

Polanyi, John Charles (* 23. 1. 1929), am. Chemiker; entw. Infrarot-Chemilumineszenz; Nobelpr. 1986.

Polardiagramm, graph. Darstellung des Verhältnisses von Auftrieb zu Widerstand eines Flugzeuges.

Polarfront, n. V. *Bjerknes* d. Grenzlinie d. → Luftmassen d. Polargebiets m. denen d. Subtropen bzw. der gemäßigten Breiten; nach der **P.theorie** ist diese Grenzlinie, die große Schwankungen zeigt, Entstehungszentrum von Tiefdruckgebieten; an d. Vorderseite d. wan-

dernden Tiefdruckgebiets strömt wärmere Luft weit n. Norden, während auf d. Rückseite Polarluftmassen äquatorwärts bis z. d. gemäßigten Breiten vordringen; an d. P. treten intensive Wettererscheinungen auf.
Polarfuchs, *Eisfuchs,* Raubtier d. arkt. Gebiete; Pelz graubraun, i. Winter weiß *(Weißfuchs)* od. rauchfarben bläulich *(Blaufuchs);* wertvolles Pelzwerk.
Polargebiete → Karte S. 752.
Polarimeter, *s.* [l.-gr.], Meßapparat f. Polarisation.
Polaris, Raketentyp der am. Streitkräfte; Start von getauchten → Unterseebooten.

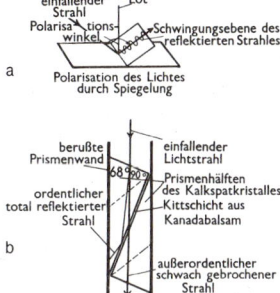

Polarisation des Lichts

Polarisation des Lichts, Aussondern einer festen Schwingungsebene aus d. bei natürl. (z. B. Sonnen-)Licht regellosen Transversalschwingungen; das so in feste Schwingungsrichtung gebrachte Licht heißt *linear* polarisiert; Ebene senkrecht zu dem schwingenden elektr. Feld heißt *P.sebene.* Nach dem *Brewsterschen Gesetz* ergibt Reflexion P., wenn reflektierter u. gebrochener Strahl einen rechten Winkel bilden (bei Glas z. B. beim Einfallswinkel 55°); dieser heißt dabei *P.swinkel* (Abb. a). Die bei Doppelbrechung (Kalkspat) entstehenden zwei gebrochenen Strahlen sind polarisiert. Polarisiertes Licht ergibt das aus zwei zusammengekitteten Kalkspatprismen bestehende *Nicolsche Prisma,* das Licht nur in einer Ebene durchläßt (Abb. b); es wird verwendet z. Untersuchung von Kristallen: Zuckerlösungen drehen die P.sebene, die Stärke der Drehung gibt Maß f. Zuckergehalt; wichtig bei Harnanalyse.
Polarisationsfilter, *s.,* dient zur Minderung od. Auslöschung v. Reflexen auf spiegelnden Oberflächen in der Fotografie; schafft bei SW-Fernaufnahmen mehr Kontrast u. klarere Sicht; erhöht bei Farbdiafilm den Kontrast, schafft mehr Plakativität.
Polarisator, Teil eines Polarisationsgerätes, dient zur Erzeugung linear polarisierten Lichtes, i. allg. identisch aufgebaut wie → Analysator.

Polarität, wesenhafte Zusammengehörigkeit zweier gegensätzlicher Pole, die sich in ihrer Gegensätzlichkeit bedingen (z. B. Licht und Dunkel, Leben und Tod).
Polaritätsprofil, *psych.* Meßmethode zur Analyse v. Begriffen, Vorstellungen u. Meinungen (entwickelt v. C. E. Osgood u. P. R. *Hofstätter);* Versuchsperson soll z. B. einen Begriff in ein System von polaren Begriffen (z. B. *traurig-froh*) einstufen; *semantisches Differential.*
Polarkreise, die um 23° 27′ (Schiefe der Ekliptik) von den Polen entfernten, dem Äquator parallelen Breitenkreise der Erd- oder Himmelskugel; sie trennen gemäßigte Zone und *Polarzone;* beide P.zonen umfassen zus. = 8¼% der Erdoberfläche; innerhalb der P.zonen verweilt die Sonne im Sommer (Winter) mehr als 24 Stunden ununterbrochen über (unter) dem Horizont (→ Mitternachtssonne, → Polarnacht).
Polarländer, das → Nordpolargebiet u. d. → Südpolargebiet.
Polarlicht, *Nordlicht,* rötlich, grünlich od. weiß leuchtende Erscheinung, teils flächenförmig, teils strahlen- oder büschelförmig, schnell veränderlich in Form u. Helligkeit, tritt vorwiegend über nördl. u. südl. Breiten *(Südlicht)* oberhalb 60° auf, wird von den Atomen od. Molekülen d. Gase Sauerstoff, Stickstoff u. Natrium in Höhen zw. 80 und 800 km durch → Rekombinationsleuchten hervorgerufen, wenn → Korpuskularstrahlung d. Sonne (z. B. bei → Eruptionen) in d. Erdatmosphäre gelangt.
Polarmeer, svw. → Eismeer.
Polarnacht → Polarkreise.
Polaroidverfahren, *P.film, P.kamera,* v. Dr. Edwin Land (USA) erfundener Film für Sofortbilder; d. belichtete Film entwickelt sich sofort von selbst.
Polarroute, planmäßige Luftverkehrsstrecken über Europa u. O-Asien beziehungsweise Los Angeles über die Arktis.
Polarstern, *Nordstern, Polaris,* heller Stern 2. Größe i. *Kleinen Bär,* vom nördl. Himmelspol etwa 1° entfernt; Doppel- u. veränderlicher Stern; zur nächtl. Orientierung d. Nordrichtung d. Horizonts geeignet; nördl. → Sternhimmel B.
Polarzone → Polarkreise.
Polder, *m.* [ndl.], svw. → Koog.
Polemik, *w.* [gr.], wiss. Streit, „Federkrieg"; unsachl. Kritik.
Polen, amtl. *Rzeczpospolita Polska,* Republik in Osteuropa, zw. Karpaten u. Ostsee, 312 677 km², davon 102 663 km² d. ehem. dt. Ostgebiete. 1945 unter poln. Verwaltung (→ Deutschland), 37,86 Mill. E (121 je km²); Bev.-Zuw. 0,8%; Währung: Złoty (Zł); Rel.: röm.-kath.; Hptst.: *Warschau;* Flagge S. 341, Karte S. 741. **a)** *Geogr.:* Im S d. waldreichen Karpaten im Zen-

trum d. südpoln. Hügelland, im N eine Tiefebene. **b)** *Wirtsch.:* 1944 Bodenreform, 1946 Verstaatlichung v. Ind., Handel, Bankwesen; Steinkohle (1988: 193 Mill. t), Stahlproduktion (16,9 Mill. t), Erdöl-, Textil-, Zement-, Papierind. In der Landw. Anbau v. Zuckerrüben, Getreide, Kartoffeln, Flachs; Viehzucht. **c)** *Außenhandel* (1988): Einfuhr 10,49 Mrd., Ausfuhr 11,96 Mrd. $. **d)** *Handelsflotte:* 3,42 Mill. BRT (1989). **e)** *Verf.* v. 1976 (1989 geändert): Parlamentar. Staat, 2 Kammern (Sejm u. Senat), Direktwahl d. Präs. **f)** *Verw.:* 49 Woiwodschaften. **g)** *Gesch.:* 966 Annahme des Christentums unter Mieszko I., großpoln. Reich unter Bolesław Chrobry (992–1025), zerfällt nach seinem Tode; im 13. Jh. starke dt. Einwanderung; zahlr. Städtegründungen nach dt. (Magdeburger) Recht; Kasimir d. Gr., 1333–70, ist um den inneren Aufbau des neu geeinten P. bemüht; durch die Ehe seiner Enkelin Jadwiga m. dem litauischen Großfürsten Jagiello Władysław II. (1386) Personalunion m. Litauen; 1410 Sieg über die Dt. Orden bei Tannenberg; 1466 Ordensland unter poln. Lehnshoheit; Westpreußen in Personalunion m. P. vereint; Blüte unter den Jagiellonen; Ausdehnung nach NO (Livland, Kurland) u. O (Ukraine). 1569 → Lubliner Union. Nach dem Aussterben der Jagiellonen (1572) Wahlkönigreich m. Adelsherrschaft *(Liberum veto);* unter den Königen aus dem Hause Wasa Verlust Livlands an Schweden, der Ukraine an Rußland, Preußens an Brandenburg; Teilnahme an den Türkenkriegen (Sobieski 1683 vor Wien); Anarchie unter sächs. Kgen August II. u. August III.; letzter Kg Stanislaus Poniatowski (bis 1795); Teilung P.s zw. Rußland, Preußen u. Östr. 1772, 1793 u. 1795; Reformversuche, Konstitution v. 3. Mai 1791 u. die Aufstände des Freiheitshelden Kościuszko kamen zu spät; 1807–15 Hzgt. Warschau (durch Napoleon); Aufstände 1830, 1846, 1848, 1863; 1918 Wiedererstehen als Rep. Am 1. 9. 1939 Einmarsch dt. Truppen; Polen zw. Dtld u. der Sowjetunion aufgeteilt; 1945 Wiedererrichtung P.s; Ostgebiete P.s vor 1939 an die Sowjetunion (→ Curzonlinie), dt. Ostgebiete bis zur Oder-Neiße-Linie unter poln. Verw. gestellt bis zur Regelung durch Friedensvertrag (s. 1974 sind d. Ostgebiete (ohne N-Teil Ostpreußens) unter poln. Verw. gestellt bis zur Regelung durch Friedensvertrag (s. 1974 sind d. Ostgebiete d. BR Ausland); 1956 Arbeiteraufstand in Posen u. darauffolgende Milderung v. Zwangsmaßnahmen; 1968 Kursverhärtung, Intervention i. d. ČSSR. 1970 Rücktritt v. → Gomułka u. → Cyrankiewicz wegen Unruhen, Gierek 1. Parteisekr.; Gewaltzichsabkommen m. d. BR 1972 ratifiziert; s. 1980 verschärfte Wirtsch.krise

m. Arbeiterstreiks in Danzig u. Gründung d. unabhängigen Gewerkschaft „Solidarność" (Solidarität) durch → Wałęsa; 1980 Abberufung v. Gierek, 1981 Rücktritt seines Nachfolgers Kania, Armeegen. Jaruzelski 1981–85 Reg.chef u. 1985–90 Staatschef, 1981 Verhängung d. Kriegsrechts (bis 1983) u. Verbot d. Solidarność (bis 1989), 1983 Massendemonstrationen u. Protestaktionen; 1984 Ermordung des oppositionellen Priesters Jerzy Popiełuszko; 1987 pol. u. wirtsch. Reformen, nach Scheitern 1989 Volksrepublik; Tadeusz Mazowiecki erster nichtkommun. Min.präs. nach dem 2. Weltkrieg; führende Rolle der Kommun. Partei aus der Verfassung gestrichen; Gespräche am Runden Tisch zw. Kommunisten u. Opposition; Einigung auf pol., wirtsch. u. soz. Reformen, u. a. Einführung einer zweiten Kammer (Senat m. Vetorecht), teilweise freie Parlamentswahlen (bis Ende 1990), Umbenennung in Rep. Polen, Streichung d. Führungsanspruchs d. KP aus Verf.; 1990 Privatisierung d. Staatsbetriebe; Nov. 1990 dt.-poln. Grenzvertrag (endg. Anerkennung d. Oder-Neiße-Grenze durch BR Deutschland); s. Ende 1990 Wałęsa poln. Staatspräs. h) *Mitgl.:* UN.

Polẹnta, *w.* [it.], Brei aus Maismehl oder -grieß, erkaltet in Stücke geschnitten.

Polẹsje [russ. „Waldland"], Wald- und Sumpfgebiet im südl. Weißrußland u. d. nordw. Ukraine, 270 000 km², im Einzugsgebiet d. Pripet: *Pripetsümpfe (Pinsker Sümpfe, Rokitnosümpfe).*

Polhöhe, Bogen des Meridians zw. Horizont and Himmelspol; die P. ist gleich der geograph. Breite.

Poliakoff, Serge (8. 1. 1906–12. 10. 69), russ.-frz. abstrakter Maler.

Polịce, *w.* [frz. *-sǝ*], Versicherungsurkunde.

Polịer, *Parlier,* bei Bauten aufsichtführender Werkmeister. – **polịeren,** [l.], durch Reiben, Schleifen (oft mit Poliermittel) glatt u. glänzend machen; P. von Metallen maschinell durch rotierende *Polierscheiben.*

Poliklịnik [gr.], Krankenanstalt zur ambulanten Diagnostik u. Therapie, bes. an Universitäten.

Poliomyelịtis, *w.* [gr.], d. spinale → Kinderlähmung.

Polịs, *w.,* altgriech. Stadtstaat, seit 7. Jh. v. Chr.

POLISARIO, *ugs.* f. → FPOLISARIO.

Polịtbüro, Abk. f. *Politisches Büro* als leitendes Organ d. Kommunist. Parteien; in d. UdSSR 1953–66 „Präsidium d. Zentralkomitees".

Politẹsse, *w.* [frz.], **1)** Höflichkeit, gutes Benehmen; **2)** Bez. für weibl. Verkehrspolizisten.

Politịk, *w.* [gr. „politeia = Bürgerrecht, Gesamtheit der Bürger"], **1)** Lehre u. Ausübung d. Kunst, Gemeinschaften, insbes. Staaten zu führen; **2)** in übertragenem Sinne: alle auf Gemeinschaftswir-

kung abzielenden Tätigkeiten (z. B. Familien-, Betriebs-, Preis-P.); *Innenpolitik:* Verwaltung, Sozial-, Kultur-, Handels-, Finanz-P., *Außenpolitik:* Beziehungen d. Staaten untereinander.

Politische Bildung, *Bundeszentrale für P. B.,* 1952 gegr., überparteil. Inst., die d. demokr. u. eur. Gedanken i. Wort u. Bild verbreitet; Sitz Bonn.

polịtische Delịkte, Straftaten gg. Staat od. s. verfassungsmäßige Ordnung (z. B. Landes- od. Hochverrat); i. d. BR strafbar nach §§ 80 ff. StGB.

polịtische Ökonomie, svw. Volkswirtschaftslehre.

Politoffizier, oft geänd. Bez. für den früher in allen bewaffneten Organen der ehem. DDR tätigen Politkommissar, der – neben den Kommandeur u. Truppenoffz. gestellt – für die politische Ausrichtung u. Durchführung der Politschulung verantwortlich war. In der ehem. NVA stand jedem Kommandeur bis zum Kompaniechef abwärts ein P. zur Seite.

Politologie [gr.], Wiss. v. d. Politik.

Polizei [gr.], mit d. Aufrechterhaltung d. öff. Sicherheit u. Ordnung befaßter Teil der Staats- bzw. Gemeindeverwaltung; die P. ist Hilfsorgan d. Justiz. In der BR: **1)** *Bundes-P.:* **a)** *Bundesgrenzschutz* z. Sicherung d. Grenzen d. BR u. d. Überwachung d. Grenzverkehrs; **b)** *Bundeskriminalamt* (Wiesbaden) z. überregion. u. (als nat. Zentralbüro d. → Interpol) intern. Verfolgung best. Verbrechen, z. T. im Zus.wirken m. d. Kriminalbehörden d. Länder u. m. Interpol. **2)** *Länder-P.:* **a)** *Land(es)-P.,* bestehend aus uniformierter P. (bezeichnet als Schutz-P., Land-P. od. Gendarmerie) u. aus der → Kriminalpolizei (in Zivilkleidung); **b)** *Sonder-P.en: Bereitschafts-P.* zur Unterstützung d. ordentl. P., bes. bei größeren od. überörtl. Einsätzen; *Grenz-P.* (z. Z. nur in Bayern) zur Grenzsicherung u. Überwachung d. Grenzverkehrs; **3)** *Gemeinde-P.* (Stadt-P.): in einigen Bundesländern unterhalten größere Gemeinden eine eigene (Schutz-)P., einzelne Großstädte sogar e. eigene Kriminal-P. Im Verband d. uniformierten P. bestehen f. best. Aufgaben bes. Abteilungen (z. B. *Verkehrs-P., Wasserschutz-P.*). Die P. hat neben d. Verfolgung strafbarer Handlungen auch deren Verhütung zu bewirken u. sonstige Maßnahmen z. Aufrechterhaltung der Wiederherstellung d. öffentl. Sicherheit u. Ordnung zu treffen. Das Aufgabengebiet d. früheren Verwaltungs-P. (z. B. Bau-, Gewerbe-P., Meldewesen) obliegt heute in den meisten Ländern der BR sonstigen Verwaltungsbehörden (Ordnungsämtern). In der ehem. DDR: → Volkspolizei → Bahnpolizei. → Verfassungsschutz. – **P.hund,** Hund, der Verbrecherspuren verfolgt, Flüchtige stellt usw. – **P.institut,** v. d. Ländern der BR u. d. Bund getragene u. gemeinsam unterhaltene Einrichtung; dient als Lehranstalt z. einheitl. Schulung d. oberen Beamten der

P., als Forschungsanst. der Pflege polizeil. Wissenschaften. – **P.schule,** Einrichtung zur Heranbildung d. Nachwuchses der P. – **P.staat,** im Ggs. z. Rechtsstaat ein Staatswesen, das s. gesamten Machtmittel zur Aufrechterhaltung d. öffentl. Ordnung einsetzt, wobei Staatsbürger gg. Übergriffe nicht geschützt sind.

Polka, *w.,* Paartanz i. lebhaften 2/4-Takt.

Polkörper, *Richtungskörper,* neben dem Ei entstehende Teilungsprodukte bei der → Meiose weibl. Tiere.

Pollaiuolo, Brüder, **1)** Antonio del (17. 1. 1433–4. 2. 98) u. **2)** Piero (1443–96), it. Maler, Bildhauer, Goldschmiede, Kupferstecher d. Renaissance.

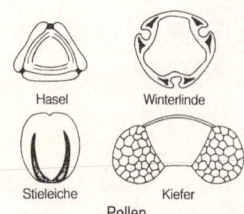

Hasel   Winterlinde

Stieleiche   Kiefer

Pollen

Pollen, *Blütenstaub,* männl. Fortpflanzungszellen der Blütenpflanzen; können Heuschnupfen hervorrufen. – **P.analyse,** Bestimmung d. Pflanzengesellschaften vorgeschichtl. Zeiten aus d. in d. einzelnen Moorschichten abgelagerten Blütenstaub; z. Altersbestimmung v. Moorschichten u. Funden in diesen.

Poller, pflockartiger Klotz zum Festmachen v. Trossen auf Schiffen.

Pollock, Jackson (28. 1. 1912–11. 8. 56), am. abstrakter Maler; → Action-painting.

Pollution [l.], **1)** unwillkürlicher Samenerguß; **2)** Umweltverschmutzung, → Umweltschutz.

Pollux [l.], griech. *Polydeukes,* **1)** einer der → *Dioskuren,* Bruder des Castor; Faustkämpfer; **2)** Stern im Bild der → Zwillinge; **3)** Eisgipfel (4091 m) bei Zermatt.

polnische Literatur, *16. Jh.:* Erste Blüte unter d. Einfluß v. Reformation (Nikolaus Rej) u. Humanismus: Jan Kochanowski *(Psalmen; Treny). 18. Jh.:* Aufklärung: Krasicki *(Fabeln). 19. Jh.:* Romantik d. klass. Zeitalter: Juljan Niemcewicz (patriot. Lyrik); Adam Mickiewicz *(Herr Thaddäus; Totenfeier);* Juljusz Słowacki (Dramen *Maria Stuart; Kordjan;* Legende *Anhelli),* Zygmunt Krasiński *(Ungöttliche Komödie);* Lustspieldichter: Fredro; Erzähler: J. Kraszewski, Eliza Orzeszkowa, B. Prus *(Pharao),* H. Sienkiewicz *(Quo vadis?). 20. Jh.:* Erzähler: Reymont *(Die Bauern),* St. Żeromski, Sieroszewski, Kaden-Brandowski, M. Dombrowska *(Tage und Nächte),* Kruczkowski, Gombrowicz, Mrożek (Satiren), Nowakowski, Hlasko, Andrzejewski, Lem; Dramatiker: Wyspiański *(Hochzeit);* Lyriker: Kasprowicz, Tetmajer, Staff, Asnyk.

Polnischer Korridor, durch → Versailler Vertr. 1919 geschaffener Gebietszugang Polens zur Ostsee, zw. Pommern und der Weichsel.

Polnischer Thronfolgekrieg, 1733–38 zw. Rußland u. Östr. gg. Frkr., Spanien u. Sardinien nach der strittigen Wahl Augusts III. v. Sachsen u. Stanislaus Leszczyński in Polen.

Polo

Polo, hockeyähnl. Reiterspiel pers. Ursprungs; vom Pferd **(P.pony)** aus wird ein kleiner Ball m. einem P.schläger (110 cm lang) zum gegner. Tor getrieben.

Polo, Marco → Marco Polo.

Polohemd, Sporthemd m. offenem Kragen u. kurzen Ärmeln.

Polonaise, *w. [frz. -'nɛzə],* „polnischer" Tanz im ¾-Takt, bei d. d. Paare hintereinander schreiten.

Polonium, *Po,* chem. El., Oz. 84; radioaktiv.

Polschwankungen, *Breitenschwankungen,* geringfügige Schwankungen (bis 0,3″) des Rotationspols d. Erde um e. mittleren Pol; Hauptperiode 433 Tage; Ursache: Masseverlagerungen auf u. in der Erde.

Poltawa, ukrain. Gebietshptst. an der Worskla (l. Nbfl. d. Dnjepr), 315 000 E; Zucker- u. Mühlenind. – 1709 Sieg Peters d. Gr. über Karl XII. v. Schweden.

poly- [gr.], als Vorsilbe: viel ...

Polyaddition, Bildung von Makromolekülen durch Aneinanderlagerung verschiedenartiger → Monomerer, insbesondere durch Umsetzung von Polyisocyanaten mit mehrwertigen Alkoholen.

Polyamide, durch → Polykondensation aus Diaminen u. Dicarbonsäuren aufgebaute thermoplast. Kunststoffe; als synth. Fasern (→ Nylon, → Perlon), Kunststoffe, Folien, Lackrohstoffe, Treibriemen, Förderbänder, Angelschnüre, Kunstleder verwendet.

Polyandrie, Vielmännerei (→ Eheformen).

Polyarthritis, *w.* [gr.], Entzündung mehrerer Gelenke, meist als Gelenkrheumatismus.

Polybios, griech. Historiker des 2. Jh. v. Chr.; *Universalgeschichte.*

Polycarbonate, makromolekulare

Kunststoffe von hoher Wärmefestigkeit (z. B. *Makrolon®*).

Polychromie, *w.* [gr.], Vielfarbigkeit, bunte Bemalung von Bau- u. Bildwerken.

Polydaktylie, Bildung überzähliger Finger u. Zehen; Erbkrankheit.

Polyeder, *s.* [gr. „Vielflächner"], von Vielecken begrenzter Körper; 5 regelmäßige P. v. gleichen, regelmäßigen Vielecken begrenzt, jede P.ecke mit gleich viel Kanten: → Tetraeder, → Hexaeder (Würfel), → Oktaeder, → Dodekaeder, → Ikosaeder.

Polyester, durch Polykondensation aus mehrwertigen Säuren u. mehrwertigen Alkoholen entstandene hochmolekulare Produkte; *gesättigte P.* f. synthet. Wachse, Weichharze, Weichmacher; *ungesättigte P.* m. polymerisierb. Verbindungen (z. B. Styrol) i. Niederdruckpreßverfahren zu unschmelzb., unlösb. P.harzen härtbar (→ Kunststoffe).

Polyethylen, *s.,* durch → Polymerisation v. Ethylen erhaltener Kunststoff v. hartwachsart. bis paraffinartigem Charakter; elastisch, hervorragend chemikalienbeständig, elektrisch isolierend; Verwendung f. Folien, Flaschen, Kabelisolierungen, Spritzgußteile, Korrosionsschutz (→ Kunststoffe).

Polygamie, *w.* [gr. „Mehrehe"], → Eheformen.

polygen, svw. → polymer.

Polygenie, Beteiligung mehrerer *Gene* an d. Ausprägung (→ Phänotypus) eines scheinbar einfachen Erbmerkmals.

polyglott, vielsprachig.

Polyglotte, mehrsprachige Texte, bes. Bibeln.

Polygon, svw. → Vieleck.

Polygynie, Vielweiberei (→ Eheformen).

Polyhistor, Vielwisser (auf vielen Wissensgebieten bewandert).

Polyhymnia, griech. Muse d. (ernsten) Gesangs; (übertragen:) d. Musik.

Polyisobutylen, durch → Polymerisation v. Isobutylen gewonnener gummielast. Kunststoff *(Butylkautschuk);* f. Kabelisolierung, Schläuche, Bautenschutzmittel, Klebstoffe, Streichzwecke (→ Kunststoffe).

Polykarp († um 156), Bischof v. Smyrna, Märtyrer u. Hlg. (Tag: 26. 1.).

Polyklet, *Polykleitos,* griech. Bildhauer, 1) d. Ä. (5. Jh. v. Chr.); s. Bronzeplastiken sind z. T. noch durch röm. Marmorkopien überliefert (z. B. *Speerträger);* 2) d. J. (4. Jh. v. Chr.), auch Baumeister; *Theater* in Epidauros.

Polykondensation, Molekülvergrößerung durch chem. Umsetzung unter Abspaltung kleinerer Moleküle, meist Wasser.

Polykrates (6. Jh. v. Chr.), Tyrann von Samos.

Polykristall, besteht aus zahlreichen ungeordneten Kristalliten (z. B. Silicium nach der chem. Reinigung).

polymer, in der *Vererbungswissenschaft,* durch *mehrere* Erbanlagenpaare bedingt.

Polymer, *s.,* Bezeichnung v. chem. Verbindungen, deren Moleküle ein Mehrfaches einer einfacheren Verbindung (→ Monomeres) sind.

Polymerisation, Vereinigung v. vielen niedrigmolekularen Molekülen (→ Monomeres) zu neuen makromolekularen Molekülketten; i. d. chem. Technik bes. zu Poly-Verbindungen als → Kunststoffe u. → Chemiefasern.

Polymorphismus [gr. „Vielgestaltigkeit"], 1) *Zoologie:* Vielgestaltigkeit von Angehörigen derselben Art bei Arbeitsteilung (Tierstaaten: Bienen-, Ameisen-, Termitenstaat; Tierstöcke: Staatsquallen); 2) *Botanik:* Aufeinanderfolge mehrerer ungeschlechtl. Formen b. versch. niederen Pflanzen; 3) *Genetik:* gleichzeitiges Auftreten v. zwei od. mehr genetisch unterschiedl. Formen innerhalb e. Population; 4) Eigensch. v. Stoffen, bei gleicher chem. Zus.setzung in versch. Erscheinungsformen aufzutreten (z. B. Kohlenstoff als Graphit u. Diamant).

Polynesien [„Vielinselgebiet"], die Inselketten im östl. Pazifik, teils Korallen-, teils vulkan. Eilande.

Polynesier, hellbraune Ureinwohner d. polynes. Inseln, den Malaien verwandt; im 13. u. 14. Jh. teils eingewandert, teils auf Seefahrten durch Stürme aus d. Malaiischen Archipel nach Polynesien verschlagen.

Polynom, *s.* [gr.], *math.* Summe oder Differenz aus mehr als 2 Gliedern (z. B. $a + b - c + d$).

Polypen [gr.], 1) kleine, festsitzende Formen der → Zölenteraten; 2) gestielte Schleimhautwucherungen, besonders im Nasenrachenraum, behindern das Atmen; auch im Darm u. in der Gebärmutter, wo sie Blutungen verursachen können.

Polypeptid, *s.,* aus mehreren bis vielen → Aminosäuren aufgebauter Eiweißstoff.

Polyphänie → Pleiotropie.

Polyphemos, in d. griech. Sage einäugiger, menschenfressender Zyklop; von Odysseus geblendet.

polyphon [gr.], vielstimmig; jede Stimme hat melod. Bedeutung.

Polyphonie, *mus.* Mehrstimmigkeit, aus kontrapunkt. Satztechnik hervorgehend.

Polyploidie, Vervielfachung des → Chromosomensatzes im Zellkern.

Polypol, Marktform, bei der auf der Angebots- u./od. Nachfrageseite jeweils viele Anbieter bzw. Nachfrager m. einem jeweils kleinen Marktanteil untereinander konkurrieren; dabei kann kein Marktteilnehmer die Marktsituation zu seinen Gunsten beeinflussen.

Polyrhythmik, *mus.* Überlagerung versch. Rhythmen in gleichzeitig geführten Stimmen.

Polysaccharide → Zucker.

Polystyrol, *s.,* thermoplast. → Kunststoff; verarbeitet im Spritzguß zu techn. u. a. Massenartikeln; als Folie *(Styroflex)* i. d. Elektrotechnik.

Polytechnikum, früher: gehobene techn. Fachschule; heute: Fachhochschule (→ Schulwesen, Übers.).

Polytetrafluorethylen, aus Tetrafluorethylen durch Polymerisation entstandener Kunststoff; hervorragende Chemikalienbeständigk., Lösungsmittelresistenz, el. Eigenschaften.

Polytheismus [gr.], Glaube an viele Götter; Ggs.: → Monotheismus.

Polytonalität, *mus.* Gleichzeitigkeit mehrerer Tonarten.

Polyurethane, durch Polyaddition aus Isocyanaten und Polyalkoholen bzw. Polyestern gewonnene → Kunststoffe.

Polyvinylchlorid, Abk. *PVC,* thermoplast. Kunststoff; *Hart-PVC* bes. i. d. chem. Apparate-Ind., *Weich-PVC* i. d. Kabelind., als Bodenbelag, Kunstleder, Regenbekleidung u. ä.

Poelzig, Hans (30. 4. 1869–14. 6. 1936), dt. Architekt d. Expressionismus (*Großes Schauspielhaus,* Berlin) u. d. Sachlichkeit (*Rundfunkhaus Berlin; Verw.gebäude d. IG-Farben,* Frankfurt a. M.). → Tafel Baukunst.

Pomeranze, *w.,* der Apfelsine verwandter Südfruchtbaum.

Pomesanien, fruchtbares Gebiet zw. Elbing u. Graudenz in Polen.

Pommer, *m.,* Holzblasinstr. d. Renaissance mit Doppelrohrblatt; auch: Bombarde, vgl. → Schalmei.

Pommerellen, poln. *Pomorze,* Landschaft westl. der unteren Weichsel, 1919 an Polen.

Pommern, Landschaft an der Ostsee, bis 1945 zum Dt. Reich, dann zur DDR u. Polen; durch Oder in W-(Vor-) und O-(Hinter-)Pommern geteilt; seenreich, *Pommersche Seenplatte,* in O-P. waldreiche Hügel, *Pommersscher Landrücken* (*Schimmritzberg* 256 m) mit weiten Heideflächen; Landwirtschaft, Viehzucht; Ind. bei Stettin. – *Gesch:* Slaw. Stamm der P. reichte ursprünglich im O bis zur Netze u. Weichsel. Um 1100 eigener Staat, 1124–28 durch Otto v. Bamberg christianisiert; das westliche, eigtl. P. 1181 dt. Reichsfürstentum, Brandenburg erhielt Lehnshoheit bzw. Erbanwartschaft; das östl. P. 1308 als Westpommern größtenteils an den Dt. Orden; 1648 P. westlich der Oder an Schweden, das östliche Hinter-P. als P. an Brandenburg-Preußen, das 1720 auch Stettin und Vorpommern bis zur Peene, 1815 den Rest P.s erwarb. Seit 1945 W-P. zu → Mecklenburg, dann Bezirk Rostock, Neu-Brandenburg, Frankfurt/O.; O-Pommern unter poln. Verw. (31 432 km², 1939: 1,895 Mill. E; → Ostgebiete); 1990 W-P. u. Mecklenburg → Bundesland Mecklenburg-Vorpommern (23 838 km², 1,96 Mill. E; Hptst. *Schwerin*).

Pommersches Haff → Stettiner Haff.

Pommersfelden (D-8602), oberfränk. Gem. i. Kr. Bamberg, 2270 E; Barockschloß *Weißenstein* d. Gfen Schönborn (erbaut v. J. Dientzenhofer u. a. 1711–

18), berühmte Gemäldesammlung (→ Tafel Baukunst).

Pommes frites [frz. *pɔm 'frit*], in Öl schwimmend gebackene rohe Kartoffelstreifen.

Pomologie [l.-gr.], Obstkunde.

Pomona, röm. Göttin der Gartenfrüchte.

Pomoranen, westslaw. Stamm im frühen MA zw. Weichsel u. Oder; Vorfahren d. → Kaschuben.

Pomp, *m.* [l.], Pracht(entfaltung), Prunk.

Marquise de Pompadour

Pompadour [*põpa'duːr*], Jeanne Marquise de (29. 12. 1721–15. 4. 64), Mätresse Ludwigs XV.; nach ihr *P.,* beutelartige Handtasche.

Pompeji, *Via dell'Abbondanza*

Pompeji, St. am Vesuv; 79 n. Chr. durch Erdbeben u. Vesuvausbruch mit Herculaneum u. Stabiä zerstört; seit 18. Jh. ausgegraben.

Pompejus, Gnäus (106–48 v. Chr.), röm. Staatsmann und Feldherr, bildete 60 mit → Cäsar u. Crassus d. erste → Triumvirat; im Kampf um Alleinherrschaft Gegner Cäsars, 48 bei Pharsalos geschlagen, auf der Flucht in Ägypten ermordet.

Pompidou [*põpi'du*], Georges (5. 7. 1911–2. 4. 74), frz. Pol.; 1962–68 Min.präs., s. 1969 Staatspräs.

Ponape, größte Insel der Karolinen, am östl. Ende der Inselreihe, 334 km², 23 000 E.

Pommersfelden, *Schloß Weißenstein*

Poncelet [*põ'slɛ*], Jean Victor (1. 7. 1788–22. 12. 1867), frz. Math.; *Projektive Geometrie; Hydrodynamik.*

Poncho, *m.* [-*tʃo*], südam. ärmelloser Mantel; urspr. Umhang der Gauchos m. Schlitz od. Loch für d. Kopf.

Pond, Abk. *p,* veraltete Maßeinheit für → Kraft; 1 kp = 1000 p = 9,80665 N (→ Newton).

Pondicherry [-*'tʃɛrɪ*], ind. Unionsterritorium, 492 km², 604 000 E; Hptst. *P.* (163 000 E); bis 1954 frz.

Pongau, Tallandschaft in Salzburg, Salzachtal.

Pongé, *m.* [*põ'ʒe*], dünner Seidentaft f. Kleider, Ausputzmaterial (Lampenschirme), Futter.

Poniatowski, 1) Joseph Fürst (7. 5. 1763–19. 10. 1813), poln. General in Napoleons Heer; **2)** Stanislaus P. (1732–98), letzter Kg von Polen 1764–95.

Pönitent [l.], Beichtender, Büßer.

Pönitenz, vom Beichtvater auferlegte Buße.

Pont-Aven [*põtav'ã*], Schule v., nach ihrem Wirkungsort (Gemeinde im frz. Département Finistère) ben. Künstlergemeinschaft, die s. 1886 dem Impressionismus entgegentrat durch klar definierte Formen und Farben; Vertr. u. a. *Gauguin, Bernard;* auch → *Nabis.*

Ponten, Josef (3. 6. 1883–3. 4. 1940), dt. Schriftst.; Novellen; Romane: *Volk auf dem Wege.*

Pontianak, indones. Prov.hptst. u. Hafen (Borneo), 355 000 E.

Pontifex maximus [l. „Oberster Brückenbauer"], Titel des obersten Priesters im alten Rom, später des röm. Kaisers, seit 5. Jh. des Papstes.

Pontifikalamt, feierliche, vom Bischof oder v. einem höheren Prälaten (Abt) zelebrierte Messe.

Georges Pompidou

Pontifikalien, d. Insignien (Stab, Mitra usw.) des Bischofs oder höherer Prälaten.

Pontifikat, *s.* oder *m.,* Regierungszeit des Papstes oder Bischofs.

Pontinische Inseln, it. *Isole Ponziane,* vulkan. Inselgruppe im Tyrrhen. Meer; größte *Ponza* (4000 E).

Pontinische Sümpfe, it. *Paludi Pontine, Agro Romano,* früher 700 km² große Sumpfebene südöstl. v. Rom; Entwässerung schon im Altertum (Cäsar, Augustus) und von vielen Päpsten versucht; erneute Urbarmachung s. 1900 erfolgreich;

Anlage neuer Städte (z. B. *Latina, Sabaudia*).
Ponto, 1) Erich (14. 12. 1884–4. 2. 1957), dt. Schauspieler; **2)** Jürgen (17. 12. 1923–30. 7. 77), dt. Bankier; v. Terroristen d. → RAF ermordet.
Ponton, *m.* [frz. *põ'tõ*], hochbordiger Eisenkahn der Pioniere, zum Übersetzen und als schwimmender, verankerter Tragteil für **P.brücke.**
Pontoppidan, Henrik (24. 7. 1857–21. 8. 1943), dän. realist. Dichter; Nobelpr. 1917 (m. Gjellerup).
Pontormo, eigtl. *Jacopo da Carrucci* (24. 5. 1494–2. 1. 1557), it. Maler d. Hochrenaissance u. d. Manierismus.
Pontresina (CH-7504), Sommer- u. Winterferienort in Graubünden, im Oberengadin, 1800 müM, an der Berninastraße, 1700 E.
Pontus, *Pontos,* im Altertum Staat am Schwarzen Meer; Kriege gg. Rom → Mithridates IV. – **P. Euxinus** [gr.-l. „gastl. Meer“], antiker Name f. Schwarzes Meer.
Pony, *s.* [engl.], kleine Pferderassen unter 132 cm Höhe (z. B. *Shetland-, mongol. P.*).
Pool, *m.* [engl. *puːl*], Vereinbarung einer wirtschaftlichen Interessengemeinschaft, die Bedingungen, Preise, Angebots- u. Produktionsmengen ganz oder teilweise regelt u. die Gewinne nach e. Schlüssel verteilt; *allg.* vereinbartes Zus.wirken i. Geschäftsangelegenheiten, z. B. bei Ausübung des Stimmrechts f. Aktien *(Stimmrechtspoole).*
Poole [*puːl*], engl. Hafenst. a. Kanal i. d. Gft Dorsetshire, 123 000 E; Schiffbau.
Poona → Pune.
Popanz, *m.* [tschech.], Schreckgespenst, Strohpuppe.
Pop Art [engl. „popular art = volkstümliche Kunst“], Bez. f. e. Kunstrichtung d. 50er u. 60er Jahre i. USA u. Großbritannien, die Motive aus der Werbung u. Konsumwelt entlehnt u. banale Gegenstände des tägl. Hausgebrauchs attrappenmäßig nachbildet od. in Kollagen od. Skulpturen verwendet; Vertr.: *Lichtenstein, Rauschenberg, Segal, Warhol, Wesselmann.*
Pope [*poʊp*], Alexander (21. 5. 1688–30. 5. 1744), engl. klassizist. Dichter; satir. Epos: *Lockenraub.*
Pope [gr.], Geistlicher d. morgenländ. Kirche.
Popeline, *w.* [frz.], feingeripptes Gewebe in Leinwandbindung.
Pop-Musik, im engeren Sinne aus anglo-am. Beat- u. Rockmusik hervorgegangene Musikrichtung, die sich elektrisch verstärkter u. elektron. Instrumente bedient; im weiteren Sinne (als *populäre Musik*) jegl. Unterhaltungsmusik.
Popocatépetl, tätiger Vulkan in Mexiko, 5452 m.
Popow, Alexander (4. 3. 1859–31. 12. 1905), russ. Physiker; Erfinder der Antenne.

Pöppelmann, Matthäus Daniel (3. 5. 1662–17. 1. 1736), dt. Baumeister d. Barock; *Zwinger* (Abb. → Dresden).
Popper, Sir Karl Raimund (* 28. 7. 1902), östr. Phil. u. Soziologe, Begr. d. *krit. Rationalismus; Logik d. Forschung; Die offene Gesellschaft und ihre Feinde.*
Poprád, 1) dt. *Popper,* Fluß in d. Zips, 170 km l.; in d. Dunajec; **2)** dt. *Deutschendorf,* slowak. St. in d. Zips, 33 000 E; dt. St.gründung des 12. Jh.
populär [l. „populus = Volk“], volkstümlich, allgemeinverständlich.
Popularklage, in einzelnen Verfassungen gewährte Beschwerde e. Bürgers, derzufolge Verf.gerichtshof über Verfassungsmäßigkeit eines Gesetzes od. e. Rechtsvorschrift entscheidet; Nachweis einer Beschwerde od. eines Rechtsschutzinteresses nicht erforderlich.
Popularphilosophie, allg.verständl. Philosophie, bes. die der f. e. breites Publikum schreibenden Aufklärer (J. J. Engel, Nicolai u. a.).
Population [l.], **1)** Bevölkerung; **2)** *biol.* Sammelbegriff für alle Individuen einer Art, die einen best. begrenzten Lebensraum bewohnen; **3)** *astronom.* Gruppen v. verwandten Sternarten, insbes. ähnl. Alters, ähnl. chem. Zus.setzung od. ähnl. Anordnung (von W. → *Baade* definiert).
Populorum Progressio [l. „Der Fortschritt der Völker“], Sozialenzyklika Papst Pauls VI. (1967) über wirtsch. Probleme u. Entwicklungshilfe.
Populus Romanus, *m.* [l.], das röm. Volk.
Poren, die Mündungen der Schweißdrüsen i. d. Haut.
Porkkala, *Porkula,* finn. Halbinsel südwestl. v. Helsinki, 250 km².
Porlinge, Ständerpilze mit Fruchtkörpern, deren Unterseite feinlöcherig ist; viele eßbar *(Steinpilz, Semmelpilz* u. a.), andere giftig *(Hexenpilz).*
Pornographie [gr.], extrem einseit. Darstellung d. Sexuellen in Schriften, Bildern, Filmen etc.; i. d. BR Überlassung an Jugendliche verboten.
Porphyr, → Vulkanit m. feinkörniger Grundmasse u. großen eingesprengten Mineralen; *Bozener Quarz-P.*

Porree

Porree, *m.,* Lauchart, als Suppengrün u. Gemüse dienend.
Porridge, *s.* od. *m.* [-rɪdʒ], schott. Nationalgericht, (Hafermehl-)Brei.
Porsche, Ferdinand (3. 9. 1875–30. 1.

1951), dt. Kraftwagenkonstrukteur; Kompressor-Rennwagen, VW, Porsche.
Porsena, *Porsenna* (um 500 v. Chr.), etrusk. König.
Porst, *Sumpf-P.,* Heidekrautgewächs, „*Mottenkraut*“ (unwirksam gegenüber Kleidermottenlarven und den Larven der Pelz- u. Teppichkäfer), Torfmoorstrauch, immergrün, giftig.
Port, *m.* [portugies.], Hafen.
Porta [l.], Tor.

Gotisches Portal

Portal, *s.* [frz.], Eingang e. Gebäudes, durch architekton. Gliederung od. Schmuck hervorgehoben.
Portamento, *s.* [it.], *mus.* Hinüberschleifen v. e. Ton zum anderen.
Port Arthur [-'aːθə], chin. *Lüshun,* Teil von → Lüda. – 1898 v. Rußland gepachtet, 1905 im Russ.-Jap. Krieg v. Japan übernommen, 1945 sowj., 1955 an China.
Portativ, *mus.* kleine tragbare Orgel s. 12. Jh.; im 16./17. Jh. von → *Positiv* abgelöst.
Port-au-Prince [pɔrto'prɛ̃s], Hpst. von Haïti, Hafen am *Golf von P.,* 1,14 Mill. E; Erzbischof.
Porta Westfalica, 1) *Westfälische Pforte,* vom Wiehen- u. Wesergebirge gebildete, 650 m breite Austrittspforte d. Weser ins Tiefland bei Minden; **2)** (D-4952), St. i. Kr. Minden-Lübbecke, NRW, 33 906 E; Luftkurort, Kneippkurort.
Portechaise, *w.* [frz. -'ʃɛz(ə)], Sänfte.
Portefeuille, *s.* [frz. -'fœj], **1)** allg. Mappe f. Briefschaften (Brieftasche); **2)** *Wechsel-P.,* sww. d. Gesamtheit d. i. Besitz e. Bank befindl. Wechsel, entsprechend *Effekten-P.;* **3)** Mappe f. Dokumente *(Minister-P.),* daher sww. Ministerposten; *Minister ohne P.:* „Minister ohne Geschäftsbereich“.
Port Elizabeth [-'ɪlɪzəbəθ], Hafenst. i. d. Kapprovinz, Rep. Südafrika (an der Algoabai), 652 000 E; Masch.- u. Schiffbau; Diamanten- u. Wollhandel.
Portemonnaie, *s.* [frz. -mɔ'ne], Börse, Geldbeutel.

Porten, Henny (7. 1. 1890–15. 10. 1960), dt. Schausp.in; *Das Liebesglück einer Blinden; Hintertreppe.*

Portepee, *s.* [frz.], früher Bez. f. meist geschlossene, silbern-/goldgeflochtene Quaste an der Seitenwaffe der *P.träger,* Offiziere bzw. Unteroffiziere.

Porter, 1) Cole (9. 6. 1891–15. 10. 1963), am. Komp. zahlreicher Songs u. Musicals; *Kiss me Kate;* **2)** George (* 6. 12. 1920), engl. Chem.; Nobelpr. 1967 (Untersuchungen d. Geschwindigk. sehr schneller chem. Umwandlungen); **3)** Katherine Anne (15. 5. 1894–18. 9. 1980), am. Schriftst.in; *Das Narrenschiff;* Pulitzerpr. 1966; **4)** Rodney (8. 10. 1917–7. 9. 85), engl. Biochem. (Forschungen über Immunkörper); Nobelpreis für Medizin 1972; **5)** William Sydney, Pseudonym: *O. Henry* (11. 9. 1862–5. 6. 1910), amerikanischer Schriftsteller; Kurzgeschichten.

Porter, *m.,* engl. dunkles Bier.

Portici [-*titʃi*], it. St. am Golf v. Neapel, an d. Stelle des verschütteten Herculaneum, 75 000 E; Hafen; Seebad; Landw. Hochschule.

Portier, *m.* [frz. -*'tieː*], Pförtner, Hauswart.

Portikus [l.], säulengetragener Vorbau e. Gebäudes.

Portland [*p'ɔːtlənd*], **1)** *Isle of P.,* Halbinsel in der engl. Gft Dorsetshire, am Kanal; Kalksteinbrüche mit berühmten sehr hartem Kalk *(P.stein);* **2)** Ind.- u. Handelsst. im US-Staat Oregon, 429 000 E; Metall- u. Textilind.; Getreide- u. Holzausfuhr; **3)** Hafenst. im US-Staat Maine, am Atlantik, 61 000 E; Handelszentrum, Maschinenind.

Port Louis, [engl. *'pɔːt 'luːs,* frz. *pɔr'lwi*], Hptst. d. Inselstaats Mauritius (Ind. Ozean), a. d. NW-Küste, 139 000 E.

Portmann, Adolf (27. 5. 1897–28. 6. 1982), schweiz. Zoologe u. Verhaltensforscher; *Das Tier als soz. Wesen.*

Port Natal [-*nə'tæl*], → Durban.

Porto, *s.* [it.], Entgelt für Beförderung v. Postsendungen.

Porto [-*tu*], *Oporto,* portugies. St. am Douro, 350 000 E; Uni.; Flußhafen, Metall-, Textilind.; *Portwein.*

Pôrto Alegre, Hptst. d. brasilian. Staates Rio Grande do Sul, am Guahyba-Mündungstrichter, 1,4 Mill. E, Agglomeration 2,7 Mill. E; Uni.; Masch.-, Textilind., Schiffswerften.

Portoferraio, Hptst. d. it. Insel Elba, 12 000 E.

Port of Spain [-*'spein*], Hptst. von Trinidad u. Tobago, 58 000 E; Ausfuhr v. Kakao u. Asphalt.

Porto Novo, Hptst. v. Benin, 164 000 E.

Porto Rico → Puerto Rico.

Port-Royal [*pɔrrwa'jal*], Zisterzienserinnenkloster bei Paris, i. 17. Jh. Zentrum des → Jansenismus.

Port Said [-*'zaɪt*], *Bur Said,* ägypt. Hafenst. am nördl. Eingang zum Suezkanal, 382 000 E.

Pörtschach (A-9210), Kurort am Wörther See in Kärnten, 440 müM, 2500 E.

Portsmouth [-*məθ*], St. in S-England, brit. Hauptkriegshafen auf der Insel *Portsea* (vor der engl. S-Küste), 184 000 E; Schiffsbauschule; Werften, Schwerind.; Flottenankerplatz *Spithead.*

Portugal, amtl. *República Portuguesa* (Karte → Spanien), Rep. im W d. Pyrenäenhalbinsel, mit Azoren u. Madeira 92 389 km², 10,4 Mill. E (113 je km²); Bev.-Zuw. 2,7%; Währung: Escudo (Esc); Rel.: röm.-kath.; Hptst.: *Lissabon;* Flagge S. 341, Karte S. 742. **a)** *Geogr.:* Hpts. Hochland, im N regenreich, südl. der Serra da Estrella (1991 m) trocken; 40% Wald (Holzwirtschaft). **b)** *Landw.:* 39% Ackerland; Anbau v. Kartoffeln, Getreide, Hülsenfrüchten, Wein, Oliven(öl); Viehzucht. **c)** *Bodenschätze:* Wolfram, Antimon, Schwefelkies, Kaolin. **d)** *Außenhandel* (1988): Einfuhr 17,85 Mrd., Ausfuhr 10,99 Mrd. $. **e)** *Verkehr:* Handelsflotte 726 000 BRT (1983); Eisenbahn 4700 km. **f)** *Verf.* v. 1976 (1982 geändert): Parlamentar. Rep. **g)** *Verw.:* 22 Distrikte. **h)** *Überseegebiete:* Macao (innere Autonomie s. 1976, 1999 an China); die übrigen portugies. Überseebesitzungen wurden 1974/75 unabhängig; ehem. Portugies.-Timor ist s. 1976 indones. Prov. **i)** *Gesch.:* 1139 Kgr.; die Entdeckungsfahrten im 15. Jh. (Westküste Afrikas, Weg nach Indien) machten P. für kurze Zeit zum reichsten Handelsstaat; 1580–1640 m. Spanien verbunden; Verlust d. Weltmachtstellung, größter Teil der ostind. Kolonien an Holland; unter d. Haus Bragança (1640) wieder selbst., aber immer stärker unter engl. Einfluß; 1910 Vertreibung d. Kgs Manuel, 1911 Rep.; 1926 mil. Staatsstreich, Min.präs. 1932–68 Salazar: autoritäres Regime; 1968–74 Caetano; Staatspräs. 1958–74 A. Tomás; 1943 Iber. Pakt mit Spanien; 1961 Annexion v. Goa durch Indien; 1974 nach Militärputsch unter General Spinola Beendigung der Diktatur u. 1975 freie Wahlen; Staatspräs. 1974 Spinola (nach Konflikt mit Offiziersjunta zurückgetreten), danach Gomes, 1976–86 Eanes; seit 1986 Soares (1976–78 u. 1983–85 Min.präs.); 1986 Beitritt zur EG. **j)** *Mitgl.:* UN, NATO, EG, OECD u. Europarat.

Portugiesisch-Guinea → Guinea-Bissau. – **P.-O-Afrika** → Moçambique. – **P.-W-Afrika** → Angola.

portugiesische Literatur, *15. Jh.:* Gil Vicente (Dramatiker); *16. Jh.:* Luís de Camões (Lusiaden. Lyrik); *17. Jh.:* Marianne Alcoforado (Briefe, übersetzt v. Rilke). *19. Jh.:* Almeido-Garret, Brage, Queiroz. Dantas. *20. Jh.:* de Pascoães, Pessôa, Dias, de Figueiredo, Ribeiro, Dantas, Targe.

Portwein, (meist roter) Süßwein aus d. Gegend v. → Porto.

Porz, s. 1975 zu Köln.

Porzellan *(Bustelli)*

Porzellan, aus Kaolin **(P.erde)** mit Feldspat u. Quarz auf der Töpferscheibe naß geformt u. in Brennöfen zweimal (das 2. Mal mit Glasur) gebrannt; *Hart-P.* enthält viel Kaolin; Verwendung v. P. f. Geschirr, Geräte u. in der Elektrotechnik zu Isolationszwecken. – Porzellan in China s. 7. Jh. n. Chr. bekannt; in Europa s. Anfang 18. Jh.: → *Böttger,* zuerst rotes Steinzeug *(Böttger-P.),* dann 1708 weißes P. gemeinsam mit *Tschirnhaus;* berühmte Manufakturen: Meißen, Fürstenberg, Nymphenburg, Frankenthal, Ludwigsburg, Höchst, Selb (Rosenthal), Berlin, Kopenhagen; Wien; in Frankreich Sèvres; Italien Capo di Monte; zur Be-

Porzellanmarken: *Meißen, Fürstenberg,*
Höchst, Berlin – Frankenthal,
Nymphenburg, Ludwigsburg, Sèvres

stimmung des Porzellans dienen **P.marken** (Abb.). – **P.malerei,** erfolgt *unter* der Glasur, also vor dem 2. Brennen, dazu Farben von Metallen: Kobalt, Chrom, Uran, Gold usw.; *auf* der Glasur auch andere Farben. – **P.schnecken,** Schnecken warmer Meere mit eiförmiger, glänzender Schale, Mündung schlitzartig; → *Kauri,* weiße Schale; *Tigerschnecke,* bunt gefleckt.

Posamenten, *Passementen,* Borten, Fransen, Schnüre u. a.; auch Knöpfe, Litzen u. Tressen.

Posaune, Blechblasinstrument von tiefem, vollem Klang (Abb. → Orchester).

Pose, *w.* [frz.], (gemachte, gezierte) Haltung.

Poseidon, der griech. Meergott, lat. → *Neptun.*

Post

Verkehrsleistungen der Deutschen Bundespost 1989 in Mill.

Briefsendungen	13886
Frachtsendungen*	545
Ortsgespräche	18437
Ferngespräche	13273
Telegramme	5

* 1990; Pakete, Postgüter und Päckchen

Fernsprechstellen je 100 Einwohner 1988

Schweden	USA	Schweiz	Kanada	Niederlande	Australien	Großbritan.	BRD	Frankreich	Italien	Griechenl.	Japan	Österreich	Dänemark	Finnland
65,7	52,0	53,3	52,4	42,5	43,6	40,9	45,1	44,0	33,3	34,7	40,3	38,4	52,9	48,0

Poseidonios (135–51 v. Chr.), einflußreichster Philosoph der mittleren Stoa.

Poseidonrakete, am. Fernlenkrakete mit atomaren Vielfachgefechtsköpfen (→ MIRV); Start von getauchten → Unterseebooten.

Posen, poln. *Poznań,* 1) Landschaft u. Woiwodschaft i. Polen, 8151 km², 1,32 Mill. E; Flachland, viele Seen (Goplosee); Flüsse: *Warthe* u. *Netze:* Anbau: Hopfen, Getreide, Kartoffeln, Zuckerrüben; Pferde- u. Schafzucht; Solquellen (b. Hohensalza) u. Torflager (Brüche). – Früher zu Großpolen; 1772, 1793–1806 u. s. 1815 preuß.; 1919 poln.; 2) Hptst. d. poln. Woiwodschaft P., a. d. Warthe, 587 000 E; s. 10. Jh. Bischofssitz; Sitz des kath. Erzbistums P.-Gnesen (s. 1821), Uni., Dom, Museen. Ind.- u. Handelsplatz, intern. Messe, Sender, Flughafen.

Poseur, *m.* [frz. *-'zør*], Wichtigtuer, Mensch, der sich in Posen gefällt.

posieren, gekünstelte Stellung einnehmen.

Posillipo, *Posilipo,* Hügelzug sw. v. Neapel, 148 m hoch; Weinbau; *Vergils* Grab.

Position [l.], 1) Stellung, Lage (z. B. eines Punktes auf dem Globus); 2) Stellung im Beruf; 3) Posten in einer Aufstellung. – **P.slichter,** die gesetzl. vorgeschriebenen Lichter aller Wasserfahrzeuge bei Dunkelheit: grün an *Steuerbord,* rot an *Backbord,* weißes *Topplicht* am Fockmast, weißes *Hecklicht* am Heck; größere Schiffe am Großmast zweites Topplicht (vorausleuchtend), mindestens 4 m höher als d. vordere; bei Manövrierunfähigk. zwei rote Kugellampen übereinander. Auch bei Flugzeugen.

positiv [l.], 1) tatsächlich; Ggs.: negativ; 2) *eigene Zahlen,* Zahlen größer als Null, werden durch davorgesetztes + bezeichnet.

Positiv, 1) *s., mus.* kleine feststehende Orgel o. Pedal; Ggs.: tragbares → Portativ; 2) naturgetreue Abbildung der Wirklichkeit; z. B. im Diapositiv, am farbigen od. schwarzweißen Papierbild; ↔ Negativ; 3) *m.,* Grundform d. → Komparation v. Adjektiven u. Adverbien (z. B. *gut*).

positives Recht, das im Staate od. in anderer Gemeinschaft kraft Gesetzes od. Gewohnheit geltende Recht; Ggs.: Naturrecht, Freirecht, Billigkeitsrecht.

positive Vertragsverletzung, schuldhaf-

te Zufügung eines Schadens, der außerhalb des eigtl. Vertragsbereichs liegt (z. B. Friseur beschädigt bei seiner Arbeit Brille d. Kunden); verpflichtet zum Schadenersatz.

Positivismus, 1) phil. Richtung, lehnt jede → Metaphysik ab, nur das Wahrgenommene ist Grundlage d. Erkenntnis; *Comte, J. St. Mill, B. Russell;* → Neupositivismus; 2) in der *Theologie* Betonung von Offenbarung u. Überlieferung; Ggs.: theol. Rationalismus; 3) *jur.* einzige Rechtsquelle d. → positiven Rechts.

Positron, *s.,* Elementarteilchen, Antiteilchen des Elektrons (gleiche Masse, jedoch positive Elementarladung); vorausgesagt durch *Dirac* (1928), entdeckt durch *Anderson* (1932).

Posse, *w.,* derb-komisches Theaterstück.

possessiv [l.], besitzanzeigend.

Possessivpronomen, *s.,* besitzanzeigendes Fürwort (z. B. *mein, dein*).

Pößneck (D-6840), thür. Krst., an der Kotschau, 17 410 E; div. Ind.; Druckereien.

post- [l.], als Vorsilbe: nach ...

Post, Verkehrsanstalt z. Übermittlung v. Nachrichten (Briefe, Telegraph, Fernsprecher), ferner für den Versand kleinerer Güter u. die Leistung u. Einziehung von Zahlungen sowie f. den Personenverkehr (Postautos). Seit dem 16. Jh. das Recht des Staates, Post einzurichten *(Postregal);* 1520 J. B. v. Taxis Gen.postmeister, Postregal später der Familie → *Thurn und Taxis* erblich für das Dt. Reich verliehen; daneben Landesposten. Im 19. Jh. übernahm der Staat das Postverkehr, 1871: *Dt. Reichspost;* 1945 *Dt. P.;* s. 1950 in BR *Dt. Bundespost* m. B.min. f. Post- u. Fernmeldewesen, in d. DDR weiterhin *Dt. P.* m. Min. für P.- u. Fernmeldewesen; Einteilung in Oberpostdirektionen; → Weltpostverein.

Postament, *s.* [nl.], Sockel, Unterbau.

Postanweisung, Formular zur Überweisung eines Geldbetrages durch die Post (Bareinzahlung – Barauszahlung).

post Christum (natum) [l.], nach Christi Geburt.

Posten, 1) einzelner Ansatz in einer Aufstellung, Rechnung; 2) Warenmenge; 3) *mil.* Soldat oder kleiner Trupp zur Bewachung, Sicherung, Beobachtung usw.; *Wach-P., Horch-P.*

Poster [engl. *'pousta*], kunstreich gestaltetes Plakat.

poste restante [frz. *'post res'tã:t*], postlagernd.

Postfach, nur für die Mieter zugängliches abschließbares Fach bei Postämtern.

post festum [l. „nach dem Fest"], hinterher.

Post-giro, bes. Dienstzweig d. P. z. Durchführung d. bargeldlosen u. halbbargeldl. Zahlungsverkehrs; bargeldlose Zahlung mit *Postüberweisung,* Bareinzahlung auf *P.scheckkonten m. Zahlkarte,* Barauszahlung v. P.scheckkonten m. *P.scheck;* Führung der *P.scheckkonten* durch P.giroämter.

Posthaftung, Verpflichtung der Post zum Schadenersatz in best. Umfang f. Beschädigungen od. Verluste von Postsendungen.

posthum [l.], *postum,* nachgeboren, nachgelassen (nach dem Tode des Verfassers erschienen).

Postille, *w.* [l. „post illa (verba sacrae scripturae) = nach jenen (Worten d. Hl. Schrift)"], kirchl. Erklärung von Bibeltexten, auch Sammlung von Predigten für die Hausandacht.

Postkutsche

Postillion, *m.* [frz. *-l'jon*], Postkutscher, -reiter.

Postillon d'amour [*-'mur*], Liebesbote.

postlagernd, Vermerk auf Postsendungen, die durch d. Adressaten v. Postamt selbst abgeholt werden sollen.

Postleitzahlen, Ortskennzahlen für d. Leitwege d. Postsendungen; gegliedert nach Verteilerstellen; dienen d. beschleunigten Verteilung v. Postsendungen u. ermöglichen Verwendung v. → Briefverteilanlagen.

Postludium [l.], *mus.* Nachspiel; Ggs.: → Präludium.

Postmoderne, aus d. Literatur- u. Architekturtheorie übernommener Begriff, der die Kunstströmungen s. den 60er Jahren bezeichnet; formal bestimmt durch (ironisch-spieler.) Zitieren tradierter Stile u. e. eklektizist. Stilmixtur od. durch radikale Vereinfachung d. Strukturen (Minimalismus: → Minimal Art, → Minimal Music) u. Rückgriff auf überkommenes Material; inhaltlich geprägt durch d. Bewußtsein d. gesellschaftl., pol. u. ökolog. Krisen.

postmortal [l.], *post mortem*, nach dem Tode.

postnumerando [l.], nachträgl. (zahlen); Ggs.: pränumerando.

Postskriptum, *s.* [l.], Nachschrift, abgek.: *PS.*

Postsparkasse, Einrichtung d. Post z. Annahme e. Verzinsung u. Rückzahlung von Spareinlagen (P.nämter Hamburg u. München); in Dtld s. 1939.

Postulat, *s.* [l.], Forderung; *phil.* unbewiesene Voraussetzung, die als notwendig angesehen wird.

postum → posthum.

Post- und Fernmeldegeheimnis, im Art. 10 GG festgelegtes Grundrecht, das nur durch Gesetze beschränkt werden kann; Schutz der im Post-, Postscheck-, Postsparkassen- u. Fernmeldeverkehr übermittelten Nachrichten bzw. Einzahlungen gg. Einsichtnahme bzw. Abhören durch Unberechtigte (auch Beamte); Verstoß strafbar (§§ 299, 354, 355 StGB). Im Strafprozeß u. Konkurs kann Beschlagnahme angeordnet werden; bei Verdacht best. schwerer Straftaten (z. B. Landesverrat) kann Überwachung des Fernmeldeverkehrs angeordnet werden; i. Völkerrecht für Botschafter u. Gesandte uneingeschränkt auch im Kriegsfall.

Postwertzeichen, Ersatz für Barzahlung von Postgebühren; lose P. seit 1840 (Erfinder Chalmers, engl. Buchhändler), in Dtld s. 1849; größte staatl. Sammlungen: British Museum u. Bundespost. Privates Sammeln → Philatelie.

Pot, *Pot rauchen,* Haschisch oder Marihuana rauchen; Pot-Party.

Potemkin [*pa'tjɔm-*], Grigorij (24. 9. 1739-16. 10. 91), russ. Fürst, Günstling Katharinas II., zeigte ihr auf einer Reise durch Rußland zum Schein aufgebaute Dörfer; daher **P.sche Dörfer,** svw. Vorspiegelungen.

Potentat, *m.* [l.], Machthaber, Fürst.

Potential, *s., phys.* Maß für die Stärke eines magnet. oder el. Kraftfeldes in einem Punkt. - **P.differenz,** *P.gefälle,* Unterschied d. Kräfte bei aufgeladenen Körpern.

potentiell [frz.], möglich.

potentielle Energie → Energie.

Potenz, *w.* [l.], **1)** *math.* Produkt einer Anzahl gleicher Faktoren (z. B. $10^3 = 10 \cdot 10 \cdot 10 = 1000$, $10^2 = 10 \cdot 10 = 100$, $10^1 = 10$, $10^0 = 1$, $10^{-1} = 1/10$, $10^{-2} = 1/10 \cdot 1/10 = 1/100$, $10^{-3} = 1/10 \cdot 1/10 \cdot 1/10 = 1/1000$); Anzahl ist der *Exponent* (Hochzahl), der erhöht hinter der *Grundzahl* (Basis) steht, also 10^3 (sprich: 10 hoch 3); erste P. ist

gleich der Grundzahl, zweite P. = Quadrat, dritte P. = Kubus; eine Zahl hoch 0 ist als 1 definiert worden; **2)** *phil.* (b. Schelling) svw. Seinsform, Stufe der Entwicklung; **3)** Fähigkeit d. Mannes z. Geschlechtsverkehr.

potenzieren, *math.* in die Potenz erheben.

potenzierte Narkose → Narkose.

potenzierte Wirkung, *med.* Wirkungserhöhung durch Kombination mehrerer Behandlungsverfahren od./u. -mittel, die größer ist als d. Summe der Einzelwirkungen.

Potiphar, im A. T. hoher ägypt. Beamter; seine Frau wollte Joseph verführen *(Gen. 39, 1 ff.).*

Potomac [*-mæk*], Fluß in N-Amerika von den Alleghenies, 642 km, in die Chesapeakebai.

Potosí, Hpst. des bolivian. Dep. *P.,* am *Cerro de P.* (4829 m), 113 000 E; Uni.; Zinngruben.

Potpourri, *s.* [frz. *-puri*], **1)** Gefäß mit getrockneten Blumenblättern; **2)** Mischgericht aus Fleisch u. Gemüsen; **3)** Tonstück aus versch. Melodien.

Potsdam (D-1500), Hpst. d. Landes Brandenburg (29 059 km², 2,6 Mill. E), auf einer von Havelseen u. der Havel umschlossenen Insel (**Potsdamer Werder**), 141 430 E; Garnisonkirche; Schlösser Sanssouci, Charlottenhof, Marmorpalais, Neues Palais; Akad. für Staats- u. Rechtswiss., PH, meteorolog. u. hydrol. Dienst, HS für Filmkunst. - Neben Berlin Residenz d. brandenburg. Kurfürst. u. preuß. Könige.

Potsdamer Abkommen, Übereinkommen zw. USA, England, UdSSR v. 2. 8. 1945 über eine gemeinsame Politik nach der Kapitulation des Dt. Reiches. *Beschlüsse:* Vorbereitung d. Friedensverträge; Aufteilung Dtlds in 4 Besatzungszonen bei Wahrung der wirtsch. Einheit unter Kontrolle aller bis zu einer festgelegten Kapazitätsgrenze zugelassenen Industrien; Unterstellung der ostdt. Gebiete östl. der → Oder-Neiße-Linie unter poln. bzw. (N-Teil Ostpreußens) sowj. Verw. mit ausdrückl. Vorbehalt d. endgült. Grenzfestlegung bei e. abzuschließenden Friedensvertrag; Entmilitarisierung, Reparationen, Demontagen, Dekartellisierung, Demokratisierung, Bestrafung der Kriegsverbrecher, Ausweisung d. dt. Bevölkerung aus Polen, der ČSR u. Ungarn (darunter fallen nicht d. dt. Ostgebiete) nur z. T. realisiert.

Pottasche, *Kaliumcarbonat* (K_2CO_3), früher durch Auslaugen v. Holzasche u. Eindampfen der Lauge, heute aus Rübenmelasse od. Kaliumchlorid; z. Herstellung v. Seife u. Glas.

Potter, 1) Paulus (get. 20. 11. 1625-begr. 17. 1. 54), ndl. Tiermaler; lebensgroßer *Junger Stier;* **2)** Philip (* 19. 8. 1921), ev. Theologe; s. 1972 Präs. d. Weltkirchenrats.

Pottwal, Zahnwal wärmerer Meere, bis

20 m l.; Kopf 1/3 d. Körperlänge, enthält d. → Walrat; wegen Speck und → Ambra gejagt.

Poularde, *w.* [frz. *pu-*], kastriertes Masthuhn.

Poulenc [*pu'lǣk*], Francis (7. 1. 1899-30. 1. 1963), frz. Komp.; neoklassizist. Opern u. Kammermusik.

Poulsen [*'pɔulsən*], Valdemar (23. 11. 1869-23. 7. 1942), dän. Funkingenieur; erfand → Magnetbandgerät (1898) u. Lichtbogenfunksender.

Ezra Pound

Pound [*paund*], Ezra (30. 10. 1885-1. 11. 1972), am. Lyriker; Gedichtzyklus: *Cantos;* Essays.

Pound, *s.* [engl. *paund*], → Pfund; → Maße u. Gewichte u. Währungen, Übers., S. 1085 u. 1087/88.

Pour le mérite [frz. *pur lə me'rit* „für das Verdienst"], höchster preuß. Kriegsorden, von Friedrich d. Gr. 1740 gestiftet; s. 1842 Friedensklasse *(P. l. m. f. Wissenschaften u. Künste),* höchstens 30 dt. (je 10 Geisteswissenschaftler, Naturwiss. u. Künstler) u. 30 ausländ. Inhaber; 1952 als freie Vereinigung durch d. letzten lebenden Inhaber erneuert.

Poussin [*pu'sɛ̃*], **1)** Nicolas (15. 6. 1593-19. 11. 1665), frz. Maler d. Klassik; s. Werke v. zunehmender inhaltlicher Dichte, tiefsinnigem Bildaufbau u. zurückhaltendem Kolorit prägten auch von seiner Wahlheimat Rom den klass. Zeitgeschmack Frankreichs; Themen aus d. bibl. Gesch., antike Mythologie; *Parnaß, Triumph der Flora, Die Hirten v. Arkadien;* s. Schwager **2)** Gaspard, eigtl. *G. Dughet* (7. 6. 1615-25. 5. 75), Landschaftsmaler in Rom.

Powell [*'pauel*], Cecil F. (5. 12. 1903-9. 8. 69), engl. Kernphys.; Nobelpr. 1950.

Powidl-Tascherl, *P.-Tatschkerl,* süße böhmisch-östr. Spezialität; mit Pflaumenmus gefüllter Mehl-Kartoffel-Eier-Teig, gegart in Salzwasser.

Pozzo, Andrea (30. 11. 1642-31. 8. 1709), it. Maler, Dekorationskünstler u. Architekt; durch s. virtuose Technik in perspektiv. Gestaltung ein Meister d. → illusionist. Malerei; Deckengemälde in S. Ignazio (Rom) u. d. Jesuitenkirche Wien.

Pozzuoli, it. St. in der Prov. Neapel, Golf von Neapel, 76 000 E; röm. Ruinen; Kur- u. Badeort. - 1970 Erdbeben m. Anhebung d. Hafens (Abb. S. 711).

P. P., Abk. f. *praemissis praemittendis*

[l.], das Vorauszuschickende (d. h. der gebührende Titel) vorausgeschickt (statt Anrede i. Brief).

pp, ppa → Prokura.

pp, Abk. f. *pianissimo* [it.], *mus.* sehr leise.

p.p.c., Abk. f. *pour prendre congé* [frz., *pur prädr ko͂'ʒe*], um Abschied zu nehmen (auf Besuchskarten).

Pr, *chem.* Zeichen f. → *Praseodym.*

prä- [l.], als Vorsilbe: vor ...; *ein Prä haben,* etwas voraushaben.

Präambel, *w.* [l.], 1) Eingang, Einleitungsformel, insbes. bei Gesetzen; 2) *mus.* svw. → Präludium.

Präbendar, Inhaber einer → Präbende.

Präbende, *w.* [l.], Pfründe; Einkünfte aus kirchl. Gütern.

Praeceptor Germaniae [l.], „Lehrer Deutschlands"; → Hrabanus Maurus u. → Melanchthon.

Prachtfinken, bunte tropische → Webervögel; Ziervögel.

Prachtstück, in der Wappenkunde das dekorative Wappenbeiwerk (z. B. Schildhalter).

Prädestination [l.], „Vorherbestimmung" d. menschl. Schicksals durch Gott; bibl. Begründung: Paulus (Röm. 8, 29–30). - **P.slehre,** bei Augustinus, Luther u. den Reformatoren am strengsten ausgebildet; Zwingli: auch d. Sünde von Gott gewirkt (Gegenposition: → Pelagius 1).

Prädeterminismus, Lehre, daß alle Handlungen im voraus (durch Naturgesetz od. Gott) bestimmt sind.

Prädikant [l.], Prediger, Hilfsprediger.

Prädikat, *s.* [l.], 1) Satzaussage; das von d. Satzgegenstand durch ein Zeitwort Ausgesagte (z. B. er *lacht*); 2) Titel; 3) Beurteilung, Zensur bei Prüfungen.

prädisponieren [nl.], vorbereiten, empfänglich machen.

prädisponiert, geeignet; anfällig für.

Prado, Park in span. Städten. - **P.-Museum,** berühmtes span. Nationalmuseum f. Malerei u. Skulptur in Madrid.

Präexistenz, *w.* [l.], das Leben der Seele vor ihrem Eintritt in die irdische Existenz.

Präfation, *w.* [l. „Vorrede"], Einleitung d. liturg. Hochgebets der katholischen Messe.

Präfekt, im alten Rom hoher Verw.-beamter; i. modernen Frkr. oberster Verw.beamter eines → Departements.

Pozzuoli, *Hafen*

Präferenzzölle, svw. → Vorzugszölle.

Präfix|um, *s.* [l.], Vorsilbe (z. B. *vor-*).

Präformationstheorie, Theorie, nach der d. Entwicklung d. Lebewesen nur in der Entfaltung des in d. Ei-*(Ovulisten-)* od. Samen-(Animalkulisten-)Zelle vorgebildeten Organismus besteht; bis Mitte d. 18. Jh. vorherrschend.

Prag, *Hradschin*

Prag, tschech. *Praha,* Hptst. d. Tschechoslowakei u. Verw.sitz d. tschech. Teilrep., beiderseits d. Moldau, m. Umgebung 1,21 Mill. E; links der Moldau d. *Hradschin* (d. i. Burgbezirk); Sitz d. Präs. d. ČSFR, Burganlage m. St.-Veits-Dom, St.-Georgs-Basilika m. St. Nikolaus; in der *Alt-* u. *Neustadt* r. d. Moldau; zahlr. got. u. Barockbauten dt. Baumeister; Karlsbrücke; Parlament, Klementinum, Uni.; Akad. u. wiss. Inst.; Theater, Museen; kath. Fürsterzbistum, Patriarchat der tschech. Nationalkirche, orthodoxer Metropolit; Textil-, Papier-, Leder-, Metallind. - Schon um 1000 pol. Mittelpunkt Böhmens, 1255 dt. St.recht; unter Karl IV. Hptst. des Reichs, großzügiger Ausbau z. „Stadt der Paläste", 1348 Gründung der ersten Uni. des Dt. Kaiserreiches (tschech. Uni. 1882); 1618 Prager Fenstersturz: Anlaß d. → Dreißigjähr. Krieges.

präglazial [l.], voreiszeitlich.

pragmatisch [gr.], praktisch, nützlich handelnd.

pragmatische Geschichtsschreibung, weist den ursächl. Zusammenhang d. histor. Vorgänge auf; meist z. Belehrung f. Gegenwart und Zukunft.

Pragmatische Sanktion v. 1713: Kaiser Karls VI. Erbfolgeges.; Unteilbarkeit der österreichischen Lande, weibl. Erbfolge zugelassen.

Pragmatismus, *phil.* Lehre (bes. in Amerika), die Denken vom Standpunkt der Brauchbarkeit beurteilt *(Peirce, James, Dewey)...*

prägnant [l.], kurz treffend.

Prägnanz, *w.,* Gedrängtheit, Treffsicherheit d. Ausdrucks.

Prägung, 1) Herstellung erhabener od. vertiefter Formen auf Metall, Papier, Pappe, Holz, Kunststoff m. Prägestempel u. -presse; 2) *psych.* irreversible Verhaltensformung in best. Lebensabschnitten (meist Kindheit), die experimentell vor allem bei Fischen, Vögeln u. Säugern nachgewiesen wurde; 3) *tierpsych.* sehr

schnelles Lernen von Jungtieren innerhalb einer best., bes. empfängl. Phase.

Prähistorie [nl.], svw. → Vorgeschichte.

Prahm, *m., Schute,* Kahn f. Lasten (z. B. Kohlen).

Prähominiden → Australopithecinae.

Präjudiz, *s.* [l.], Vorentscheidung, Vorurteil; gerichtl. Entscheidung, die f. spätere Rechtsfälle richtungweisend od. verbindlich ist. - **P.fall,** ein bereits früher entschiedener gleichartiger Fall.

Präkambrium [l.], erdgeschichtl. Zeit vor d. → Kambrium; → geologische Formationen, Übers.

Präkanzerosen, Vorkrebskrankheiten, d. b. genügend langem Bestehen u. Weiterwirken d. Schädlichkeit zu → Krebs führen; z. B. Papillome (Zottengeschwülste, Magen- u. Dickdarmpolypen, Verbrennungsnarben, blauschwarzes Muttermal, Leuchtschäden der Haut u. a.

Präkeramikum, früheste jungsteinzeitl. Kulturen, noch ohne Tonware, in Vorderasien u. Südeuropa.

Präklusion, *w.* [l.], Ausschließung.

Präkonisation [nl.], Namensverkündung des gewählten Bischofs im Kardinalskollegium.

Prakrit, *s.* [ind. „naturwüchsig"], Bez. f. altind. Volkssprache mit vielen Dialekten, auch in der (weltl.) Literatur oft verwendet; → Sanskrit.

Praktik, *w.* [gr.], Ausübung, Anwendung, Verfahren; Kunstgriff.

praktikabel, ausführbar, gangbar.

Praktikant, zur Erlernung des Dienstes bei Behörden Beschäftigter, steht in keinem regulären Arbeitsverhältnis, auch Teilnehmer an e. → Praktikum.

Praktikum, Unterweisung v. Studenten in d. zweckmäß. Anwendung des Gelernten.

praktizieren, Praxis ausüben, Betätigung als *prakt. Arzt.*

Prälat [l.], 1) kath. Würdenträger; 2) in der *ev.* Kirche Hessens, Badens u. Württembergs Geistliche in gehobener Stellung.

Präliminarien [nl.], Vorverhandlungen; bes. b. Friedensverhandlungen.

Praline, *w.* [frz.], Süßware m. Schokoladenüberzug.

Präludium [l.], frz. *prélude* [-'lyd] Vorspiel; als mus. Form bes. i. 18. Jh. (Bach).

Prämie, *w.* [l.], Belohnung, Vergütung. *Versicherungs-P.,* Gegenleistung d. Versicherungsnehmers für d. Übernahme der Versicherung, Beitragszahlung (einmalige od. laufende P.); *Ausfuhr-P.:* **a)** Zollrückvergütung, wenn für die Einfuhr des Rohstoffs der angeführten Ware Zoll erhoben wurde; **b)** Preisnachlaß v. gebundenem Preis auf Gütermengen, die für die Ausfuhr bestimmt sind; *Umsatz-P.,* Preisnachlaß od. Rückvergütung, falls e. gewisse Umsatzhöhe in einem best. Zeitraum erzielt wird.

Prämien-anleihen, *Prämienlose,* Anleihen, bei denen die Zinsen ganz od. teilweise zur Bildung v. „Prämien" (Treffern) Verwendung finden, die durch Lotterie verlost werden. – **P.geschäfte** → Börsengeschäfte. – **P.lohnsystem**, nach Qualität od. Menge der Arbeitsleistung, nach Ersparnis an Material. unter Kombination mehrerer Faktoren wird ein *Zuschlag* zum Grundlohn gewährt. – **P.reserve**, vorgeschriebene Teilrücklage der Versicherungs-P. in der Privatversicherung, als Deckungsfonds f. jeweils fällig werdende Versicherungsansprüche (Deckungsstock). – **P.sparen**, z. Förderung d. langfristigen Kapitalbildung zahlt d. Staat dem P.sparer eine Prämie.

prämiieren, auszeichnen, preiskrönen.

Prämisse, w. [l.], Voraussetzung.

Prämolaren [l.], d. vorderen Backenzähne.

Prämonstratenser, kath. Chorherrenorden, gegr. 1120 durch *Norbert v. Xanten* (Stammkloster *Prémontre*); weiße Tracht, daher: „Weißer Orden".

Prand(t)auer, Jakob (15./16. 7. 1660–16. 9. 1726), Tiroler Baumeister; *Stift* (Abb.) → *Melk* a. d. Donau u. andere berühmte Barockbauten.

Prandtl, Ludwig (4. 2. 1875–15. 8. 1933), dt. Physiker; Begr. d. modernen Strömungslehre.

Pranger, *Schandsäule, Schandpfahl*, an ihm wurden im MA Übeltäter zur Schau gestellt.

Pränomen, *s.* [l.], Vornamen.

pränumerando [l.], im voraus (zahlen), bes. bei Mietzahlungen, Zinsen; Ggs.: → postnumerando.

Präparat, *s.* [l.], aufgrund wiss. Verfahren zubereiteter Stoff bzw. Pflanzen- od. Tierkörper.

Präponderanz, w. [l.], Übergewicht.

Präposition, w. [l.], (meist vorangestelltes) Verhältniswort, bezeichnet Verhältnis eines Wortes zu einem andern (z. B. *mit, gegen*).

Präputium [l.], svw. → Vorhaut.

Präraffaëliten, Gemeinschaft engl. Maler (gegr. 1848); hielt auf Anregung durch die → Nazarener 2) um schlichte Beseeltheit der it. Kunst „vor Raffaël" für mustergültig; Vertr.: *Millais, Rossetti, Burne-Jones; Morris;* literar. Wortführer: *Ruskin*.

Prärie [frz.], Steppengebiet N-Amerikas zw. Felsengebirge u. Mississippi; im W wüstenhaft, im O sehr fruchtbar, Graswuchs (Hptviehzuchtgebiet) u. z. T. Mais- und Weizenanbau. – **P.fuchs**, in der P. lebende kleine Fuchsart. – **P.hund**, nach der bellenden Stimme so genanntes murmeltierähnl. Nagetier der P. – **P.wolf**, svw. → Kojote.

Prärogative, w. [l.], Vorrecht.

Prasad, Radschendra (3. 12. 1884–28. 2. 1963), ind. Pol.; 1950–62 erster Präs. der Rep. Indien.

Präsens, *s.* [l.], Gegenwartsform d. Zeitworts (z. B. *er geht*).

Präsent, *s.*, Geschenk.

präsent [l.], anwesend; zur Hand.

Präsentation, Vorlegung eines Wechsels od. Schecks zur Annahme d. Zahlung.

präsentieren, 1) vorzeigen; anbieten; 2) zur Annahme einreichen, bes. Wechsel; 3) *Gewehr p., G.* senkrecht vor den Körper halten (als Ehrenbezeigung).

Präsenz, w. [l.], Anwesenheit. – **P.-bibliothek**, Büchereien, deren Bestände nicht entliehen, sondern nur eingesehen werden können. – **P.zeit**, Zeitraum, in dem eine Empfindung noch gegenwärtig ist u. nicht aus dem (Langzeit-)Gedächtnis abgerufen werden muß (zw. 0,5 u. 7 Sek.).

Praseodym, *s., Pr,* chem. El., Oz. 59, At.-Gew. 140,91; Dichte 6,48; Seltenerdmetall.

Präsepe [l.], *Krippe*, offener *(galakt.)* Sternhaufen im Sternbild Krebs.

Präservativ, *s.* [l.], svw. → Kondom; Vorbeugungsmittel.

Präses, *m.* [l.], Vorsitzender.

Präsident, Vors. eines Parlaments, Vereins od. e. Körperschaft; Titel f. Staatsoberhaupt u. Vorsitzende vieler Behörden (z. B. *Polizei-P., Regierungs-P.* u. ä.).

präsidieren [l.], den Vorsitz führen, das **Präsidium** innehaben.

prästabilierte Harmonie → Leibniz.

Präsumtion, w. [l.], Wahrscheinlichkeitsvoraussetzung.

präsumtiv, als wahrscheinlich angenommen.

Prätendent, *m.* [l.], jemand, der auf etwas Anspruch erhebt, bes. Kron-P.

prätendieren, vorgeben; beanspruchen.

prätentiös [-*tsiøs*], anspruchsvoll, anmaßend.

Prater [it. „prato = Wiese"], Wiener Wald- u. Parkgelände m. P.-Stadion u. Vergnügungsstätte („Riesenrad").

Präteritum, *s.* [l.], Vergangenheitsform: → *Perfekt,* → *Imperfekt,* → *Plusquamperfekt.*

praeter propter [l.], ungefähr, etwa.

Prätext, *m.* [l.], Vorwand.

Prätigau, *Prättigau*, Hochtal d. *Landquart* (Nbfl. d. Rheins) im schweiz. Kanton Graubünden.

Prato it. St. in der Prov. Florenz, 165 000 E; Dom (13. Jh.) m. Außenkanzel (Donatello); Metall- u. Textilind.

Prätor, höchster Richter i. alten Rom.

Prätorianer, kaiserl. Leibwache im alten Rom, einflußreich bei Kaiserwahlen; 312 n. Chr. aufgelöst.

Praetorius, Michael, eigtl. *Schultheiß* (15. 2. 1571–15. 2. 1621), dt. Komp. u. Musiktheoretiker; *Es ist ein' Ros' entsprungen;* vielstimmige Kirchenmusik; Instrumentenkunde *Syntagma musicum.*

Pratteln (CH-4133), schweiz. Gem. im Kanton Basel-Land, 15 800 E; spätgot. Pfarrkirche, Schloß; div. Ind.

Prävalenz, w. [l.], 1) Übergewicht, Vorrang; 2) *med.* Anzahl der am Beginn d. Beobachtungszeitraums an d. betreffenden Krankheit Erkrankten im Verhältnis z. mittleren Bevölkerung.

Prävention [l.], 1) Maßnahme, künftige Rechtsbeugungen, Straftaten oder Nachteile abzuwenden; 2) im kath. Kirchenrecht Befugnis höherer Geistlicher, in die Rechte der Untergebenen einzugreifen.

präventiv [l.], verhütend.

Präventivkrieg, Krieg zur Abwehr e. drohenden Überfalls.

Präventivmedizin, sucht die Entstehung v. Krankheiten zu verhindern, durch Impfungen gg. Infektionskrankheiten, durch Erforschung d. Ursachen (z. B. der vererbten Neigung od. d. Umwelteinflüsse) von Krankheiten.

Präventivmittel, Vorbeugungsmittel.

Prawda [„Wahrheit"], sowjetrussische Zeitung (→ Presse, Übers.).

Praxiteles, att. Bildhauer des 4. Jh. v. Chr.; vermenschlichte Darstellung der Götter; *Hermes mit Dionysoskind; Aphrodite von Knidos.*

Präzedenzfall, „vorangegangenes" Geschehnis, das für künftige (Rechts-)Fälle beispielgebend ist.

Präzeptor [l.], früher Bez. f. Lehrer.

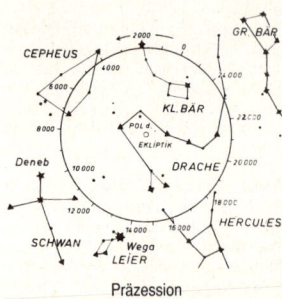

Präzession

Präzession [l.], Kreiselbewegung d. Erdachse m. e. Periode v. ca. 25 800 Jahren, erzeugt durch Anziehung von Sonne, Mond u. Planeten a. Äquatorwulst der Erde, bewirkt rückläufige Bewegung d. Frühlingspunktes, des Schnittpunktes zw. Himmelsäquator und Ekliptik; Wanderung des aufsteigenden → Knotens in westl. Richtung.

präzis [l.], genau, treffend.

präzisieren, genau bestimmen.

Präzision, w., Genauigkeit.

Predeal, Paß über S- u. O-Karpaten, 1040 m hoch; südl. von Kronstadt.

Predella, w. [it.], mit Kinstler. Darstellungen geschmücktes Sockelstück e. Altaraufsatzes.

Predigermönche, svw. → Dominikaner.

Prediger Salomonis, *Kohelet, Ekklesiastes,* Schrift im A.T., geläuterter Pessimismus, Weisheitslehren.

Predigerseminar, theoret. u. prakt. kirchl. Vorbildungsstätte für Kandidaten der ev. Theologie.

Preetorius, Emil (21. 6. 1883–27. 1. 1973), dt. Graphiker u. Bühnengestalter; Sammler ostasiat. Kunst.

Preetz (D-2308), St. i. Kr. Plön, Schl-Ho., 14 939 E; AG; Kloster; div. Ind.

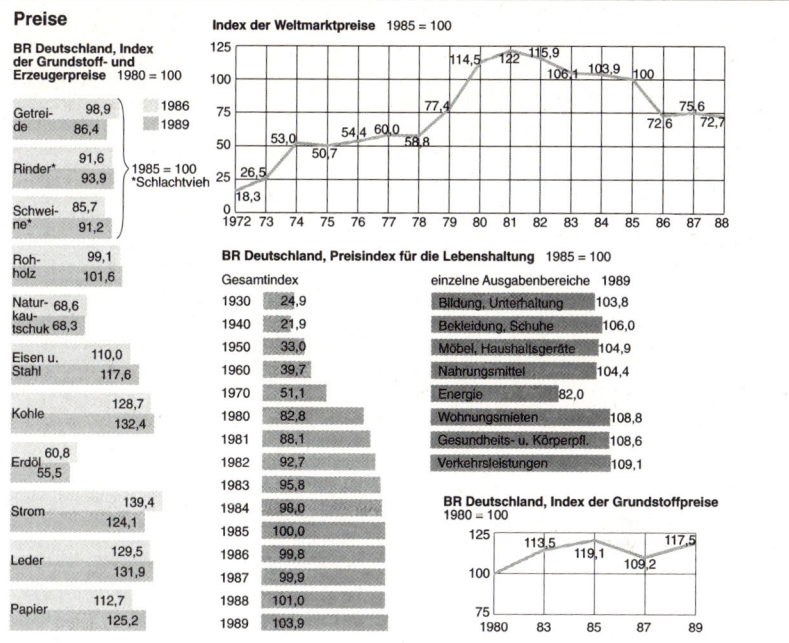

Preise

BR Deutschland, Index der Grundstoff- und Erzeugerpreise 1980 = 100

Getrei-	98,9	1986
de	86,4	1989
Rinder*	91,6	1985 = 100
	93,9	*Schlachtvieh
Schwei-	85,7	
ne*	91,2	
Roh-	99,1	
holz	101,6	
Natur-	68,6	
kau-tschuk	68,3	
Eisen u.	110,0	
Stahl	117,6	
Kohle	128,7	
	132,4	
Erdöl	60,8	
	55,5	
Strom	139,4	
	124,1	
Leder	129,5	
	131,9	
Papier	112,7	
	125,2	

Index der Weltmarktpreise 1985 = 100

Werte: 26,5 · 18,3 · 53,0 · 50,7 · 54,4 · 60,0 · 58,8 · 77,4 · 114,5 · 122 · 115,9 · 106,1 · 103,9 · 100 · 75,6 · 72,6 · 72,7 (1972–88)

BR Deutschland, Preisindex für die Lebenshaltung 1985 = 100

Gesamtindex

Jahr	Index
1930	24,9
1940	21,9
1950	33,0
1960	39,7
1970	51,1
1980	82,8
1981	88,1
1982	92,7
1983	95,8
1984	98,0
1985	100,0
1986	99,8
1987	99,9
1988	101,0
1989	103,9

einzelne Ausgabenbereiche 1989

Bereich	Index
Bildung, Unterhaltung	103,8
Bekleidung, Schuhe	106,0
Möbel, Haushaltsgeräte	104,9
Nahrungsmittel	104,4
Energie	82,0
Wohnungsmieten	108,8
Gesundheits- u. Körperpfl.	108,6
Verkehrsleistungen	109,1

BR Deutschland, Index der Grundstoffpreise 1980 = 100

Werte: 113,5 · 119,1 · 109,2 · 117,5 (1980–89)

Pregel, Fluß in Ostpreußen, aus Inster und Angerapp, ins Frische Haff bei Königsberg, 127 km lang, schiffbar ab Insterburg.

Preis, 1) der in Geld ausgedrückte Wert eines Gutes; bei Zusammentreffen von Angebot u. Nachfrage unter Wettbewerbsbedingungen entsteht der *Markt-P.;* nach oben durch die Konkurrenz begrenzt; durch → Kartelle, → Syndikate oder → Trusts entstehen *Monopolpreise, Kartellpreise;* man unterscheidet ferner: *Erzeuger-, Großhandels- u. Kleinhandels-P.;* außerdem amtl. festgesetzte *Fest-, Richt-* od. *Höchst-P.;* ferner: *pol. P.* (Planwirtschaft), *Schleuder-, Liebhaber-, Weltmarkt-P.;* **2)** Auszeichnung für eine hervorragende wiss., künstler., wirtsch., sportl. u. ä. Leistung (Diplom, Medaille u. a.); auch → Pokal; *P.ausschreiben,* öffentl. Auslosung eines P.es für die Lösung einer öff. ausgeschriebenen Aufgabe (zumeist f. Werbezwecke).

Preisbindung, Verpflichtung d. Handels gegenüber einem Hersteller, dessen Erzeugnisse zu vertraglich festgesetzten Preisen zu verkaufen (vertikale P.); in der BR nur für → Markenartikel u. Verlagserzeugnisse zulässig; jede P.svereinbarung muß b. Bundeskartellamt angemeldet werden.

Preiselbeere, *Kronsbeere,* kleine Waldbeerensträucher; rote Beeren.

Preisentwicklung → Preise, Schaubild.

Preis für die Wirtschaftswissenschaft, 1968 von d. Schwed. Reichsbank z. Erinnerung an Alfred → Nobel gestiftet, ab 1969 verliehen (Tafel S. 627–629).

Preis-konventionen, *Preiskartelle,* Zusammenschlüsse zwecks einheitl. Preisbildung. - P.listen, Kataloge mit Angaben über Preise, Beschaffenheit von Waren sowie → Zahlungs- u. Lieferbedingungen. - **P.nachlaß** → Rabatt. - **P.schere,** bildhafter Ausdruck für d. Sachverhalt, daß die Preisindizes zweier Güter im zeitl. Vergleich voneinander abweichen. - **P.schleuderei,** Verkauf zu Preisen unter den Selbst- bzw. d. Wiederbeschaffungskosten, verstößt gg. die guten Sitten (→ Wettbewerbsrecht). - **P.stopp,** gesetzl. P.erhöhungsverbot. - **P.treiberei,** *P.wucher,* gemeinschaftsschädl. Hinaufschrauben d. Preise, bes. bei verknapptem Warenangebot; rechtl. → Wucher; nur noch strafbar in erhebl. eingeschränktem Rahmen gemäß Neufassung Wirtsch.strafgesetz v. 9. 7. 1954. - **P.überwachung,** staatl. Kontrolle der amtl. festgesetzten Preise. - **P.werk,** Handwerksform, bei der der Handwerker eig. Material verarbeitet; → Lohnwerk.

prekär [frz.], schwierig, peinlich.

Prellbock, Absperrvorrichtung am stumpf endenden Eisenbahngleis; stoßdämpfend gebaut.

prellen, 1) v. straff gespannt. Tuch hochschnellen u. wieder darauf aufprallen lassen; **2)** *student.* betrügen (z. B. *Zechpreller).*

Preller, dt. Landschaftsmaler; **1)** Fried-

rich *d. Ä.* (25. 4. 1804–23. 4. 78) u. s. Sohn **2)** Friedrich *d. J.* (1. 9. 1838–21. 10. 1901).

Prelog, Vladimir (* 23. 7. 1906), schweiz. Chem. jugoslaw. Herkunft; Nobelpr. 1975 (Räumlicher Verlauf chem. Reaktionen).

Premier [frz. *prə′mĭe],* *P.minister,* Bez. f. Ministerpräsident (z. B. in Großbritannien).

Premiere, w. [frz. *prə′mĭɛrə],* Erstaufführung.

Preminger, Otto (5. 12. 1906–23. 4. 86), am. Filmregisseur östr. Herkunft; *Carmen Jones* (1954); *The Man With the Golden Arm* (1955); *Porgy and Bess* (1959); *Anatomy of a Murder* (1959).

Prenzlau (D-2130), Krst. i. Bbg, 23 726 E; Marienkirche (13./14. Jh.); div. Ind.

Prerau, tschech. *Přerov,* St. in Mähren, an der Betschwa, 52 000 E; Metall-, Kunstdüngerind.

Prerow → Darß.

Presbyter [gr.], **1)** Ältester, Vorsteher der urchristl. Gemeinde; **2)** *ev. Kirche:* Mitglied des Gemeindekirchenrats; **3)** *kath. Kirche:* Priester.

Presbyterialverfassung → Synodalverfassung.

Presbyterianer, versch. engl. und am. reformierter Kirchengemeinschaften.

Presbyterium [gr.], Raum für die Priester in einer Kirche (meist der Chor); in d. ev. Kirche auch anderes Wort f. Kirchenvorstand.

Presse

Deutschland. *Zeitungen:* Differenzierte Pressestruktur entsprechend der landschaftl. u. gesellschaftl. Vielfalt. – **1932:** 4073 Tageszeitungen (einschl. Neben- u. Maternblättern), davon 82% unter 10 000 Auflage, etwa 50% parteilich festgelegt. – Blätter v. Weltruf: Berliner Tageblatt, Vossische Zeitung, Frankfurter Zeitung, Hamburger Fremdenblatt, Kölnische Zeitung u. a. – Konzentration: Parteikonzerne der SPD, KPD, NSDAP u. d. Zentrums, dt.-nat. Scherl-Konzern (Hugenberg); Familienunternehmen: Mosse, Ullstein; ca. $^1/_3$ aller dt. Zeitungen arbeiten m. Matern. – **1933–45** gewaltsame Liquidierung u. Uniformierung d. Zeitungen. Bestand 1944: 977 Tageszeitungen, 82% der Auflage im Parteibesitz. **Deutschland** nach 1945: Einführung d. Lizenzpresse durch die Besatzungsmächte. – **1949:** Aufhebung des Lizenzzwangs (in Westdeutschland → Presserecht) f. d. ges. Bundesgebiet (1955 f. W-Berlin). Durch Neu- u. Wiedergründungen steigt Gesamtzahl der Zeitungen in BR u. W-Berlin auf 755. Die Zahl der selbständigen Zeitungsredaktionen verringerte sich jedoch, u. vom „Zeitungssterben" wurden selbst namhafte Zeitungen betroffen. Anfang 1970 hatten von den insgesamt nur noch 489 Hauptausgaben 48 eine Auflage von mehr als 100 000 Stück. Die 48 Zeitungen konnten mehr als $^2/_3$ der ges. Verkaufsauflagen aller Tageszeitungen auf sich vereinigen. Die Zahl d. selbst. Vollredaktionen betrug Anfang 1991 in den alten Bundesländern 118. **a)** *Zeitungen* (Auflage in 1000): Aachener Volkszeitung u. Nachrichten (165,9); Abendpost, Nachtausgabe, Frankfurt (135); und Abendzeitung, München (255,4); Allgemeine Zeitung, Mainz (133,1); Augsburger Allgemeine/Allgäuer Zeitung (125,6); Badische Neueste Nachrichten, Karlsruhe (167); Badische Zeitung, Freiburg (174,1); Berliner Morgenpost (210,6); Bild-Zeitung (überregional) (4545,3); Braunschweiger Zeitung (165,1); Bremer Nachrichten u. Weser-Kurier (209,6); BZ, West-Berlin (271,9); Donau-Kurier, Ingolstadt (80,9); Express, Köln (316); Flensburger Tageblatt (99); Frankenpost, Hof (71,2); Frankfurter Allgemeine (381); Frankfurter Rundschau (200,7); Frankfurter Neue Presse (112,4); Fränkischer Tag, Bamberg (77,3); Hamburger Abendblatt (296,3); Hamburger Morgenpost (165,5); Handelsblatt, Düsseldorf (125,7); Hannoversche Allgemeine Zeitung (171,4); Hessische Allgemeine/Niedersächsische Allgemeine, Kassel (232,6); Kieler Nachrichten (113,9); Kölner Stadtanzeiger (282,4); Kölnische Rundschau (160,3); Lübecker Nachrichten (116,0); Main-Echo, Aschaffenburg (87,9); Main-Post, Würzburg (152,8); Mannheimer Morgen (100,1); Mittelbadische Presse, Offenburg (71,4); Mittelbayerische Zeitung, Regensburg (120,9); Münchner Merkur (186,4); Neue Osnabrücker Zeitung (171); Der neue Tag, Weiden (84,4); Neue Westfälische, Bielefeld (219,8); Niedersächsisches Tageblatt, Lüneburg (109,6); Nordseezeitung, Bremerhaven (77,1); Nordwest-Zeitung, Oldenburg (125); Nürnberger Nachrichten (340,9); Passauer Neue Presse (159,8); Recklinghauser Zeitung (76,5); Rhein-Neckar-Zeitung, Heidelberg (103,2); Die Rheinpfalz, Ludwigshafen (244,8); Rhein-Zeitung, Koblenz (243,4); Rheinische Post, Düsseldorf (390,7); Ruhr-Nachrichten, Dortmund (220,4); Saarbrücker Zeitung (184,5); Schwäbische Zeitung, Leutkirch (197,9); Schwarzwälder Bote, Oberndorf (134,9); Süddeutsche Zeitung, München (395,0); Südkurier, Konstanz (138,2); Stuttgarter Zeitung u. Nachrichten einschließl. Stuttgarter Rundschau (222,7); Der Tagesspiegel, West-Berlin (159,6); Trierischer Volksfreund (97,1); tz, München (176,6); Die Welt, Hamburg (400,2); Westdeutsche Allgemeine Zeitung (einschließl. Neue Ruhr-Zeitung, Westfälische Post u. Westfälische Rundschau), Essen (1207,7); Westdeutsche Zeitung, Düsseldorf (242,1); Westfalenblatt, Bielefeld (144,7). **b)** *Wochenzeitungen:* Die Zeit, Hamburg (491,8); Rheinischer Merkur, Koblenz (103,3); Deutsches Allgemeines Sonntagsblatt, Hamburg (103,8); Bayern-Kurier (CSU), München (159,1); **c)** *Zeitschriften:* 1988 gab es 7711 Zeitschriften m. 302 Mill. Gesamtauflage (davon 159,3 Mill. verkaufte Auflage); 1465 Publikumszeitschriften (100 Mill. Auflage), 3168 Fachzeitschriften, 108 politische

Wochenblätter, 326 konfessionelle Zeitschriften, 97 Kundenzeitschriften u. 987 amtliche Blätter.
Deutschland, Neue Bundesländer: Seit der politischen Wende im Herbst 1989 gibt es auch in Ost Deutschlands eine freie Presse. Die meisten ostdeutschen Zeitungen sind aus früheren Organen der SED und der Blockparteien hervorgegangen. *Zeitungen* (Auflage in 1000; Auswahl von Zeitungen ab 20 000):
Altenburger Wochenblatt (20,0)
Altmark-Zeitung, Salzwedel (21,0)
Berliner Kurier am Abend (130,0)
Berliner Morgenpost, Land Brandenburg (233,0)
Berliner Zeitung (300,0)
Bild, Chemnitz
Brandenburgische Neueste Nachrichten, Potsdam (24,5)
Der Neue Weg, Halle (28,0)
Deutsches Landblatt, Berlin (48,0)
Deutsches Sportecho, Berlin (70,0)
Die Union, Dresden (65,0)
Dresdner Morgenpost (100,0)
Dresdner Neueste Nachrichten (27,0)
fp. freie presse, Chemnitz (603,0)
Freies Wort, Suhl (167,0)
Hallesches tageblatt (46,4)
Junge Welt, Berlin (180,0)
Lausitzer Rundschau, Cottbus (230,0)
Leipziger Tageblatt (63,7)
LVZ Leipziger Volkszeitung (405,0)
Märkische Allgemeine Zeitung, Potsdam (302,5)
Märkische Oderzeitung, Frankfurt/Oder (185,0)
Mitteldeutsche Zeitung, Halle (530,0)
Neue Zeit, Berlin (50,0)
Neues Deutschland, Berlin (220,0)
Norddeutsche Neueste Nachrichten, Rostock (36,5)
Norddeutsche Zeitung, Schwerin (24,2)
nordkurier, Neubrandenburg (185,0)
Ostsee-Zeitung, Rostock (264,0)
Ostthüringer Nachrichten, Gera (220,0)
Sächsische Zeitung, Dresden (525,0)
stz. Südthüringer Zeitung, Barchfeld
SVZ Schweriner Volkszeitung (190,0)
Tagespost, Eisenach (60,0)
Thüringer Allgemeine, Erfurt (370,0)
Thüringer Kurier, Rudolstadt
Thüringer Neueste Nachrichten, Weimar
Thüringer Tag, Saalfeld (20,0)
Thüringer Tageblatt, Weimar (21,0)
Tribüne, Berlin (90,0)
Volksstimme, Magdeburg (440,0)
Wir in Leipzig (60,0)
Summe der Auflage aller Zeitungen: 6719,8
Frankreich: Seit 1944 völlige Umwälzung der traditionellen Pressestruktur: Umwandlung d. parteinahen in unabhängige Meinungspresse (presse d'opinion) od. überparteil. Nachrichtenblätter (presse d'information). Die Pariser Tagespresse macht etwa $^1/_3$ d. Gesamtauflagen der frz. Tageszeitungen aus. 1986: 92 Tageszeitungen mit 10,5 Mill. Auflage. **a)** *Zeitungen:* Paris: Parteipresse: L'Humanité (kommunist.), Le Populaire (sozialist.), La Nation (gaullist.); Unabh. Zeitungen: Le Parisien Libéré (rechts), Le Figaro (konservativ), L'Aurore (rechts), France-Soir (gemäßigt), Le Monde (republikan.), La Croix (kath.). Provinz: Ouest-France, Rennes; Le Dauphiné Libéré, Grenoble (unabh.); La Voix du Nord, Lille (gemäßigt); Le Progrès de Lyon (links unabh.); Sud-Ouest, Bordeaux (gemäßigt), La Dépêche du Midi, Toulouse (radikalsozialist.). **b)** *Führende Wochenblätter:* Paris-Match (Illustrierte); L'Express, Paris (oppositionelles Nachrichtenmagazin); Le Canard Enchaîné, Paris (Satireblatt); Figaro Littéraire, Paris (Literaturzeitung).
Großbritannien: Alte Tradition des Pressewesens (zahlreiche

Presse (Fortsetzung)

Blätter seit 18. Jh. bestehend). Etwa 105 Tageszeitungen m. 24 Mill. Auflage. 65% aller Auflagen brit. Zeitungen kontrollieren die 3 größten Konzerne. **a)** *Zeitungen:* Seriöse Tageszeitungen (Quality dailies): The Daily Telegraph, London (unabh., pro-konservativ); The Times, London (unabh., gemäßigt konservativ); The Guardian, Manchester (unabh., liberal). Populäre Tageszeitungen: Daily Mirror, London (unabh., seit 1962 liberale Tendenz); Daily Express, London (unabh., pro-konservativ); Daily Mail, London (unabh., pro-konservativ); Morning Star, London (kommunist.); The Sun, London (unabh.). Seriöse Sonntagszeitungen: The Observer, London (unabh.); The Sunday Times, London (unabh., konservativ). Populäre Sonntagszeitungen: News of the World, London (unabh.); The People, London (unabh.); Sunday Mirror, London (unabh., links); Sunday Express, London (unabh.). Provinz: Western Mail, Cardiff (unabh.); Sunday Mail, Glasgow und London (unabh.); The Yorkshire Post, Leeds (unabh., konservativ). **b)** *Führende Wochenschriften:* The Economist, London (Wirtsch.); Spectator, London (unabh.).
Österreich: Neuaufbau der Presse nach 1945. 1986: 33 Tageszeitungen, 154 regionale u. lokale Wochenzeitungen, 2273 Zeitschriften (einschließl. Fachpresse). *Tageszeitungen:* Wiener Zeitung (überparteil., hg.: Die Rep. Österreich); Neue Kronenzeitung, Wien (unabh.); Kurier, Wien (unabh.); Die Presse, Wien (unabh.); Salzburger Nachrichten (unabh.); Oberösterreich. Nachrichten, Linz (unabh.); Tiroler Tageszeitung, Innsbruck (unabh.); Kleine Zeitung, Graz (unabh.); Arbeiter-Zeitung, Wien (Zentralorgan der Sozialist. Partei Österreichs); Neue Zeit, Graz (SPÖ); Volksblatt, Wien (Sprachrohr der ÖVP); Südost-Tagespost, Graz (ÖVP); Volksstimme, Wien (Zentralorgan der KPÖ); Neue Front, Wien (FPÖ). **Schweiz:** Struktur d. Presse seit 1914 unverändert. 1986: davon 100 Tageszeitungen, 5275 Zeitschriften. – Zeitungen von intern. Ruf; ausgedehnte Auslandsberichterstattung, lebhafte Polemik. **a)** *Tageszeitungen:* Der Bund, Bern (liberal); Neue Zürcher Zeitung (liberal-freisinnig); Basler Zeitung (unabh., liberal); Journal de Genève (liberal); Gazette de Lausanne/Journal Suisse (liberal); Vaterland, Luzern (konservativ-christl.-soz. Zentralorgan f. d. deutschsprachige Schweiz); La Liberté, Fribourg (kath., unabh.; d. christl.-demokrat. Partei nahestehend); Die Tat, Zürich (unabh.); Berner Tagblatt (bürgerl., unabh.); La Suisse, Genf (neutral); Berner Tagwacht (sozialist.); Blick, Zürich (Boulevardblatt); Tages-Anzeiger f. Stadt u. Kanton Zürich (pol. ungebunden). **b)** *Wochenzeitungen u. Zeitschriften:* Die Weltwoche, Zürich (unabh.); Schweizerischer Beobachter, Basel; Schweizer Illustrierte, Zofingen; Nebelspalter, Zürich.

Sowjetunion: Gemäß d. sowj. Struktur v. Staat, Partei, Berufs-, Jugend- usw. Verbänden herausgegebene, v. d. Abt. Agitation und Propaganda des ZK d. KPdSU gelenkte Presse. 1986: 7792 zentrale Republik-, Gebiets- u. Stadtzeitungen m. ca. 123 Mill. Auflage. **a)** *Zeitungen:* Einflußreichste Tageszeitung die Moskauer Prawda („Wahrheit"), Organ des ZK der KPdSU, Auflage ca. 10,6 Mill. täglich, ferner: Iswestija („Nachrichten"), Regierungsorgan, erscheint in den 16 Sprachen d. sowj. Bundesrepubliken, tägl. Aufl. ca. 8,6 Mill.; Trud („Arbeit"), Organ der Zentralgewerkschaft, tägl. ca. 10,5 Mill. Ferner die Jugendzeitung: Komsomolskaja Prawda. **b)** *Wichtige Zeitschriften:* Kommunist, zentrales theoret. Organ der KP; Ogonjok, illustriertes Magazin; Literaturnaja Gaseta, Organ des Schriftstellerverbandes. **USA:** Presse mit lebendiger (human interest) Berichterstattung u. Aufmachung; strikte Trennung v. Nachricht (news) u. redaktionellem Kommentar (editorial) sowie Gastpublizisten (columnists). 1986: ca. 1657 englischsprachige Morgen- u. Abendzeitungen m. einer Gesamtauflage v. 62,502 Mill. Exemplaren u. ca. 590 Sonntagszeitungen m. einer solchen v. ca. 49,7 Mill. Exemplaren. Presse teilweise konzentriert in Gruppen, die fast die Hälfte d. Auflage kontrollieren, jedoch keine mehr als 3% d. Gesamtauflage, wie z. B. Chicago Tribune Comp., Hearst, Newhouse u. Scripps-Howard. **a)** *Bedeutende Zeitungen:* New York Times (unabh.); Washington Post (unabh.); Christian Science Monitor, Boston (unabh.); Chicago Tribune (unabh. republikan.); Times, Los Angeles (republikan.); darunter zahlr. Tageszeitungen in Fremdsprachen, darunter in Deutsch: Staatszeitung u. Herold, New York (unabh.); Abendpost, Chicago. Deutsches Wochenblatt: Der Aufbau, New York. **b)** *Zeitschriften:* ca. 9400 mit ca. über 200 Mill. Aufl., 15 Blätter mehr als 4 Mill., darunter: Reader's Digest (ca. 17,9 Mill.); National Geographic Magazine (ca. 10,6 Mill.); Time (Nachrichtenmagazin, 4,6 Mill.); TV Guide (ca. 17 Mill.); alle New York.
Nachrichtenagenturen, Telegraphen-Agenturen: Dtld: dpa (Deutsche Presseagentur), Hamburg; ddp (Deutscher Depeschendienst GmbH), Bonn; VWD (Vereinigte Wirtschaftsdienste), Frankfurt a. M.; ADN (Allgemeines Deutsches Nachrichtenbüro), Berlin; Frankreich: AFP (Agence France-Press), Paris; England: Reuters Ltd. (Reuters Telegrambüro), London; Italien: ANSA (Agenzia Nazionale Stampa Associata), Rom; Österreich: APA (Austria Presse Agentur), Wien; Schweiz: SDA/ATS (Schweizerische Depeschenagentur; Agence Télégraphique, Suisse), Bern; Sowjetunion: APN/Nowosti (Agenstwo Petschati Nowosti), Moskau; TASS (amtl. Telegraphen-Agentur der UdSSR); ČSFR: ČTK (Tschechoslowakischer Nachrichtendienst), Prag; USA: AP (Associated Press), New York.

Presley [-*li*], Elvis (8. 1. 1935–16. 8. 77), am. Sänger (Rock 'n' Roll) u. Schausp.
Preßburg, slowak. *Bratislava,* Hptst. der Slowakei (s. 1919), l. der Donau, an der Porta Hungarica, 435 000 E; ungar. Krönungsdom, Schloß, Kirchen, Paläste; Bistum d. reformierten Kirche, Uni., TH; Ind.zentrum; Erdölraffinerien; Flugplatz. – 1526–1784 ungar. Haupt- u. Krönungsstadt, 1805 östr.-frz. Friede.
Presse, Maschine zur Erzeugung v. Druck; vielfältige Verwendung: **a)** *Kelter* für Fruchtsäfte; **b)** *Buchpresse;* **c)** *Druckpresse* z. Zusammenpressen v. sperrigem Gut; **d)** *Schmiedepresse* zur Formung des Eisens; **e)** *Kümpelpresse* z. Biegen v. Blechen; **f)** *Ziehpresse* zum Ziehen von Stangen u. Rohren; Unterscheidung nach Antriebsart: Spindel-P., Exzenter-P., → hydraulische Presse, Dampf-P. usw.

Presse, von der Buchdruckpresse abgeleitete Bez. der *Gesamtheit* des Zeitungs-, Zeitschriften- u. d. dazugehörigen Nachrichtenwesens (Übers., S. 714f. → *P.freiheit,* eines d. → Menschenrechte, gewährleistet jedem freie Meinungsäußerung i. Wort, Schrift u. Bild (Art. 5 GG); → Presserecht. – *P.organisationen,* Zeitungsverleger- u. Journalistenverbände i. d. BR Deutschland: *Dt. Journalistenverband,* Sitz Bonn, *Berufsgruppe Journalisten i. IG Medien,* Sitz Köln; *Bundesverband Dt. Zeitungsverleger,* Sitz Bad Godesberg; *Verband Dt. Zeitschriftenverleger,* Sitz Frankfurt/M.; *Intern. Journalistenverband* 1952 von 22 Ländern gegr., Sitz: Brüssel. – *P.recht,* Gesamtheit d. Bestimmungen über Freiheit, Verantwortlichkeit u. Beschränkungen d. P.bericht-

erstattung; in BR Rahmenvorschrift Art. 5 GG, die Pressefreiheit im Rahmen der demokr. Ordnung gewährleistet, außerdem Landesgesetze in einzelnen Ländern der BR. F.ges. v. 7. 5. 1874 ist wieder Bundesrecht. – Bundes-P.gesetz in Vorbereitung. – Unrichtige P.berichterstattung gibt Anspruch auf Berichtigung oder Gegendarstellung durch den Verletzten. – *P.vergehen,* liegt vor, wenn Inhalt einer Druckschrift einen strafbaren Tatbestand darstellt (z. B. Beleidigung).
Preßglas, Glas v. bed. Festigkeit f. Oberlichte usw.; durch Pressen in Eisenformen hergestellt; kann nicht mit Diamant geschnitten werden; daher Bestellung nach Maß erforderlich.
pressieren [frz.], ugs., bes. süddt. f. drängen, Eile haben.

Preßluftanlage

Preßlufthammer

Kolben · Luftverdichter · Motor

Druckluft-Behälter

Werkzeug

Preßkohle → Brikett.
Preßluft, durch Pumpen (→ Kompressoren, auch durch Gebläse) verdichtete Luft; verwendet zum Antrieb von **P.hämmern:** Arbeitsmaschinen in Berg-, Maschinen-, Schiffbau (Niethämmer), zum Aufschlagen von Pflaster (Beton); zum Mörtel- u. Farbspritzen, für Rohrpostantrieb; für „Preßluftgründungen" → Caissons, Gebläseluft für Feuerungen, Wetterführung in Bergwerken, → Sandstrahlgebläse.
Preßmassen, unter Druck u. Hitze härtu. formbare, aus einem Kunstharz u. einem Füllstoff bestehende Massen (→ Kunststoffe).
Preßspan, harte Pappe; Isolationsmaterial in der Elektrotechnik.
Preßstoffe, Werkstoffe von Erzeugnissen, die aus → Preßmasse hergestellt sind (→ Kunststoffe).
Pressure Group, w. [engl. 'preʃə grup], svw. → Lobbyisten.
Prestige, s. [frz. -'tiʒ(ə)], Ansehen; etwas zur **P.frage** machen: als entscheidend für die allg. oder persönliche Geltung u. Macht hinstellen.
presto [it.], *mus.* schnell; *prestissimo,* äußerst schnell.
Preston ['prestən], engl. St. in d. Gft Lancashire, 167 000 E; Eisen- u. Baumwollind.
Pretiosen [l.], *Preziosen,* Kostbarkeiten, Edelsteine.
Pretoria, Hauptstadt der Provinz Transvaal, Regierungssitz der Republik Südafrika, 823 000 E (432 000 Weiße); Uni., Bergakad.; in der Nähe Diamanten-, Gold- u. Silbergruben, Platin, Eisen. – Genannt nach dem Burenführer A. *Pretorius,* 1855 gegründet.
Preuß, Hugo (28. 10. 1860–9. 10. 1925), deutscher Jurist, 1919 Reichsinnenminister; entwarf Weimarer Verfassung von 1919.
Preussag, *Preußische Bergwerks- u. Hütten-AG,* 1923 gegr., umfaßt Erz- u. Kohlenbergbau, Hütten, Erdöl- u. Erdgasgewinnung u. -verarbeitung, Kali; → Volksaktien.
Preußen, 1) urspr. das Land der → Pruzzen, → Ostpreußen; 2) Land P., ehem. (größter) Staat des Dt. Reichs, (1937) 293 796 km², 40,2 Mill. E; bestand (1945) aus d. Prov. Ostpreußen, Brandenburg, Berlin, Pommern, Nieder-

u. Oberschlesien (zeitweise zus. in Prov. Schlesien), Sachsen, Schl-Ho., Hannover, Westfalen, Kurhessen u. Nassau (bis 1944 Hessen-Nassau), Rheinprovinz, Hohenzollernsche Lande. Hptst. *Berlin.* – *Geschichte:* Kern d. späteren Kgr.s P. bildete d. Mark → Brandenburg; 1614 Vertrag zu Xanten: Cleve, Mark u. Ravensberg zu Brandenburg; *Friedrich Wilhelm,* der *Gr. Kurfürst* (1640–88), erhält im Westfäl. Frieden Hinterpommern, Bistümer Halberstadt, Minden, Magdeburg; Frieden zu Oliva 1660 Hzgt. P. souverän; *Friedrich III.,* Kurfürst von Brandenburg s. 1688, läßt sich 1701 als *Friedrich I.* zum König in Preußen krönen, *Friedrich Wilhelm I.,* d. „Soldatenkönig" (1713–40): sparsame Verwaltung, Organisation u. Erziehung v. Heer u. Beamtentum Grundlage für Politik seines Sohnes → *Friedrichs II., d. Gr.,* der P. zur Großmacht erhob; Erwerb Schlesiens, W-Preußens u. des Netzedistrikts; bei den Teilungen Polens erhält P. Posen, Danzig u. Thorn, Südpreußen mit Warschau. 1806/07 Niederlage (Napoleon) bei Jena u. Auerstedt; Frieden von Tilsit: erhebl. Gebietsverlust; innere Reformen durch *Stein, Hardenberg, Scharnhorst* (allg. Wehrpflicht); Bewährung in d. → Befreiungskriegen. 1848 Märzrevolution; 1849 Ablehnung der dt. Kaiserkrone durch Friedrich Wilhelm IV., 1850 Olmützer Vertrag u. Verfassung; 1863/64 Dt.-Dänisch. Krieg, 1866 Preuß.-Östr. Krieg; Bismarck gründete als Min.präs. 1867 d. *Norddt. Bund* u. im Dt.-Frz. Krieg 1870/71 d. *Dt. Reich* (kleindeutsche Lösung unter Preußens Vormacht); Kg u. P. *Vorsitz im Bundesrat* d. dt. Fürsten u. Titel *Deutscher Kaiser;* 1918 Rep.; erhebl. Gebietsverluste durch → Versailler Vertrag; 1945 Auflösung P.s durch KRG Nr. 46 v. 25. 2. 1947.
Preußischblau, Farbstoff, svw. → Berliner Blau.
Preußischer Kulturbesitz → Stiftung Preußischer Kulturbesitz.
Preußisch-Eylau, *Bagrationowsk,* sowjetische Stadt im nördlichen ehemaligen Ostpreußen, 4300 E. – 1807 Schlacht zw. d. Verbündeten (Preußen u. Russen) u. Napoleon.
Prévert [pre'vɛːr], Jacques (4. 2. 1900–

11. 4. 77), französischer Dichter; *Gedichte und Chansons;* Filmdrehbücher: *Kinder des Olymp.*
Previn, André (* 6. 4. 1930), am. Komp. u. Dirigent; Filmmusiken.
Prévost [-'vo], 1) Abbé, eigtl. *Antoine-François P.-d'Exiles* (1. 4. 1697–23. 11. 1763), frz. Benediktinerpater u. Schriftst.; Memoiren, darin: *Manon Lescaut;* 2) Marcel, eigtl. *Eugène Marcel* (1. 5. 1862–8. 4. 1941), frz. Romanschriftst.; *Halbjungfern.*
Prey, Hermann (* 11. 7. 1929), dt. Bariton (Lieder).
preziös [franz.], kostbar, wertvoll; geziert.
Priamus, *Priamos,* bei Homer Kg von Troja.
Priapus, griech.-röm. Gott der Fruchtbarkeit, mit riesigem → Phallus dargestellt.
Pribylowinseln, *Pribilof Islands,* zu Alaska gehörige Inselgruppe; Robbenschutzgebiete.
Priel, seichte, durch Strömungen offen gehaltene Fahrwasserrinne des Wattenmeeres (Nordsee).
Priem, m. [ndl.], Kautabak.
Priester [gr. „presbyteros = der Ältere"], ein fast allen Religionen eigener Stand, der in bes. Weise den äußeren Vollzug d. Religion, vor allem das Opfer, ausübt u. so als Vermittler zw. Gott u. den Menschen wirkt. *Kath. Kirche:* durch eigenes Sakrament, die *P.weihe* (→ Ordination) Geweihter, d. in d. Vollmacht Christi dessen Heil in Wort u. Sakrament spendet; neben dem Amts-P.tum gibt es noch das allg. P.tum aller Getauften. In der *ev. Kirche,* die nur das allg. P.tum anerkennt, ist der Geistliche Beauftragter der Gemeinde.
Priestley ['prïstlï], 1) Sir John Boynton (13. 9. 1894–14. 8. 1984), engl. Schriftst.; Romane: *Die guten Gefährten;* Dramen: *Ein Inspektor kommt;* 2) Joseph (13. 3. 1733–6. 2. 1804), engl. Naturforscher u. Phil.; entdeckte 1755 d. Sauerstoff, ferner d. Schwefeldioxid, Stickstoffmonoxid u. Kohlenmonoxid.
Prignitz, Landschaft in Brandenburg, nordöstl. v. Elbe u. Havel; Kreise Ostprignitz (Krst. *Kyritz*) und Westprignitz (Krst. *Perleberg*).
Prigogine [-'ʒin], Ilya (* 25. 1. 1917), belg. Chemiker; Nobelpr. 1977 (Beiträge zur Erforschung der Thermodynamik irreversibler Prozesse).
Prilep, jugosl.-mazedon. St., 64 000 E; Teppichind.
Prim, w. [l.], 1) in Zusammensetzungen: Erst-; 2) beim Fechten: Hieb von oben nach unten; 3) Morgengebet (bes. kath. → Brevier; 4) musikalisches Intervall, Tonabstand.
Prima, w. [l. „erste"], *Unter- u. Ober-P.,* früher: vorletzte u. letzte bzw. 8. u. 9. Klasse der höheren Schule.
Primadonna [it.], erste Sängerin einer Bühne.

primär [frz.], anfänglich, ursprünglich.
Primäraffekt → Syphilis.
Primär-Radar → Radar.
Primarschulen, Volks- u. Elementarschulen (in Frankreich., Belgien, der Schweiz).
Primas [l. „der Erste"], **1)** Titel einiger Erzbischöfe; **2)** erster Geiger, Vorgeiger einer Zigeunerkapelle.
Primat, *m. u. s.* [l.], **1)** Erstgeburtsrecht; **2)** Vorrang, insbes. des Papstes als kath. Oberhaupt.
Primaten, *Herrentiere,* höchste Ordnung d. Säugetiere (Halbaffen, Affen, Menschenaffen, Menschen).
Primaticcio [-t'itfo], Francesco (30. 4. 1505–70), it. Maler u. Architekt; s. 1532 frz. Hofmaler; Wegbereiter d. italienisch geprägten Spätrenaiss. in Frankreich; m. → Rosso Fiorentino Führer d. Schule v. Fontainebleau.
Primatologie, Wissenschaft von den Primaten.
prima vista [it. „auf den ersten Blick"], *mus.* vom Blatt.
Primawechsel → Wechsel.
Prime, *w.* [l.], 1. Stufe der Tonleiter.
Primel, Wald- u. Wiesenblume, zahlr. Zierformen; Blattrosette mit Blüten in Dolden (z. B. *Himmelsschlüssel, Mehlp.*), Drüsenhaare der Becher-P. können einen harmlosen Hautausschlag erzeugen **(P.krankheit).**
Primgeige, erste Geige.
primitiv [l.], ursprünglich, einfach, geistig schwach entwickelt.

primitive Kunst
Negerplastik

primitive Kunst, *Kunst d. Naturvölker,* im Dienst d. Magie (Bildzauber), d. myst. Symbolik (Götzen), des Totenkults (Ahnenbilder), des Totemismus (Tierdarstellungen); starke Neigung zu kubischgeometr. Elementarformen; bes. die Plastik d. afrikan. Neger u. Polynesier wird wegen ihrer naiven Formkraft v. heutigen eur. Künstlern u. Kennern bewundert. - Auch Bez. f. naive Malerei zeitgenöss. Autodidakten (z. B. → *Rousseau*); in Frkr. *Séraphine, Pegronnet,* in USA *Grandma Moses).*
Primitivrassen, Rassen m. urtüml. Körperbildung (Weddide, Khoisanide, Australier).
Primitivvölker → Naturvölker.

Primiz [l.], erste Messe eines neugeweihten kath. Priesters.
Primo de Rivera, 1) José Antonio, Marquis de Estella (24. 4. 1903–20. 11. 1936), span. Pol., gründete d. → Falange; im Bürgerkrieg wegen Vorbereitung einer faschist. Diktatur hingerichtet; **2)** Miguel (8. 1. 1870–16. 3. 1930), Vater v. 1), span. General, errichtete 1923 Militärdiktatur.
Primogenitur, *w.* [l.], monarch. Erbfolge; der Erstgeborene erhält die ungeteilte Herrschaft.
Primus [l.], (Klassen-)Erster.
Primus inter pares [l.], Erster unter Gleichberechtigten.
Primzahl, jede nur durch 1 u. durch sich selbst teilbare Zahl, also 2, 3, 5, 7 usw. Anzahl der P.en unendlich groß; bis 100 Mill.: 5 761 460 P.en.
Prince of Wales [´prɪns əv ´weɪlz], Titel des brit. Thronfolgers.
Princeps [l. „der Erste"], Titel der röm. Kaiser.
Princeton [´prɪnstən], St. i. US-Staat New Jersey, 12 000 E; Uni. (gegr. 1746), zahlr. Forschungsinst.
Príncipe [it. -tʃ-], Fürst, Prinz.
Príncipe → São Tomé und Príncipe.
principiis obsta [l. „Widerstehe den Anfängen"], d. h.: Beuge Gefahren rechtzeitig vor! (Ovid).
Printen, Backware aus Pfefferkuchenteig.
Prinz, Sohn; *Prinzessin,* Tochter fürstl. Familien. - *P.gemahl,* Gatte einer herrschenden Königin od. Fürstin, der selbst keine Herrschergewalt innehat.
Prinz-Eduard-Insel, *Prince Edward Island,* kanad. Prov., 5660 km², 130 000 E; Hptst. *Charlottetown* (16 000 E); Fischind., Fremdenverkehr. - 1534 von J. *Cartier* entdeckt, s. 1873 zu Kanada.
Prinzip, *s.* [l.], Grundsatz; Ausgangspunkt, Urgrund.
Prinzipal [l.], **1)** (veraltet) Geschäftsinhaber, -leiter(in) einer (reisenden) Schauspieltruppe (z. B. *Caroline Neuber, J. Velthen*); **2)** *mus.* Hauptstimme d. Orgel.
Prinzregent, Fürst als Vertreter d. Monarchen, z. B. bei Minorität.
Prior [l.], Ordensoberer; Stellvertreter d. Abtes, Leiter eines Klosters.
Priorität, *w.* [l.], zeitlicher Vorrang. - **P.saktien** → Vorzugsaktien.
Pripet, ukrain. *Prypjat,* r. Nbfl. des Dnjepr, 775 km l.; durchfließt → Polesje, bis Pinsk schiffbar.
Prise, *w.* [frz.], **1)** im Seekrieg weggenommenes feindliches oder neutrales Handelsschiff mit Ladung; über die Rechtmäßigkeit der Wegnahme entscheidet das *P.nge-richt;* **2)** kleine, zw. zwei Fingern greifbare Menge (z. B. eine *P. Salz*).
Prisma, *s.* [gr.], **1)** geometr. Körper m. 2 parallelen, kongruenten Vielecken als Grundflächen; gerade u. schief; **2)** *Optik:* mit dreieckigem Querschnitt, benutzt für Lichtzerlegung im Spektroskop (→ Spektrum); → Fernrohr.

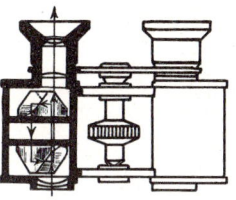

Strahlengang im Prismenglas

Prismenglas, Fernglas, bei dem d. Aufrechtstellen des Bildes durch totalreflektierende Glasprismen erfolgt; Verstärkung des körperhaften Sehens durch größeren Abstand der Objektivlinsen.
Priština, Hptst. d. auton. Prov. Kosovo, Serbien, 218 000 E; Moschee; Uni.
privat [l.], die Einzelperson angehend; Ggs.: öffentlich, staatl.
Privatdiskonten, Akzepte erstklassiger Banken über hohe Beträge mit einer Laufzeit v. maximal 90 Tagen; wichtiges Papier des Geldmarkts.
Privatdozent [l.], frühere nichtbeamtete Hochschullehrer, zugelassen aufgrund einer Habilitationsschrift; jetzt *Dozent.*
Privateigentum, das → Eigentum einer natürl. oder privaten jur. Person; durch GG Art. 14 geschützt, Enteignung nur durch Gesetz und bei angemessener Entschädigung erlaubt.
Privatier, *m.* [-´tie], meistens Rentner, der von den Zinsen seines Vermögens lebt, *privatisiert.*
privatim [l.], nicht-amtlich, vertraulich.
Privatisierung, Umwandlung von Staatseigentum in Privatvermögen; → Volksaktien.
Privatissimum (nämlich: *collegium*), Hochschulvorlesung (-übung) nur für kleinen Hörerkreis.
Privatklage, *Strafklage,* wird b. geringeren Straftaten (z. B. leichter Körperverletzung, Beleidigung) vom Verletzten zur Bestrafung des Täters erhoben; wegen derartiger Vergehen findet Strafverfolgung durch Staatsanwaltschaft nur statt b. *öffentl. Interesse* (§§ 374 ff. StPO).
Privatrecht, → Bürgerliches Recht; MPI f. ausländ. und intern. P. in Hamburg.
Privatschulen, nichtöffentl., privaten Trägerschaften gehörige u. v. privaten Leitern geführte Schulen; Prüfungen nur staatl. Ausschüssen (→ externe Prüfung).
Privileg, *s.* [l.], Sonderrecht, Vorrecht.
Prix [frz. pri], Preis.
pro [l.], für; je; *p. u. contra,* für und wider.
probabel [l.], glaubwürdig, wahrscheinlich.
Probabilismus [l. „probabilis = wahrscheinlich"], Moralsystem, nach dem e. Handlung als erlaubt gilt, wenn stichhaltige Gründe gg. ein Verbot vorhanden sind; *phil.* Lehre, daß man i. d. Wiss. nicht zu sicheren Erkenntnissen, sondern immer nur zu Wahrscheinlichk. kommen könne.

Proband, *m.* [l.], 1) eine Person, für die nach erfolgtem Nachweis der adligen Abstammung *(Ahnenprobe)* die → Ahnentafel aufgestellt wird; 2) *jur.* eine der Bewährungsaufsicht unterstellte (verurteilte) Person; 3) Testperson b. wiss. Versuchen.

probat [l.], erprobt, vortrefflich.

Probierglas, svw. → Reagenzglas.

Probierkunst, im Bergbau u. Hüttenwesen Verfahren z. Bestimmung der Zusammensetzung von Erzen u. Metallen.

Problem, *s.* [gr.], (ungelöste) wiss. oder prakt. Aufgabe.

Problematik, *w.,* die einem Problem innewohnende Frage.

problematisch, zweifelhaft.

Probst, Christoph, → Weiße Rose.

Probstzella (D-6805), Luftkurort im Thüringer Wald, Kr. Saalfeld, 350 müM, 2600 E; Schieferbrüche.

Procain, meist gebrauchtes Mittel zur → Lokalanästhesie.

Prochorow, Alexander (* 11. 7. 1916), sowj. Physiker; Nobelpr. 1964 (→ Laser u. → Maser-Strahl).

Procynosuchus, *Cyonodontia Procynosuchidae*, vor 230 Mill. Jahren lebende Hundezähneechse, Vorläufer der Säugetiere; ältester Fossilienfund in Westeuropa, 1991 in der Korbacher Spalte, Nordhessen, entdeckt.

Prodrom, *m.* [gr.], Vorläufer, Vorzeichen.

Produkt, *s.* [l.], 1) Erzeugnis; 2) *math.* Multiplikationsergebnis. – **P.enbörsen,** svw. → Warenbörsen.

Produktion [l.], Erzeugung, im allg. Herstellung, aber auch Verarbeitung, Umformung von Gütern; wertebildende wirtsch. Tätigkeit, meist zur Gewinnerzielung; man unterscheidet: a) *Ur-P.* (landw., fortwirtsch. u. bergbauliche P.), b) *gewerbl.* P. (Industrie, Handwerk), c) Verteilung d. P. (Handel). – **P.sfaktoren,** notwendig f. die Leistungserstellung: a) betriebswirtsch.: Arbeit (Arbeitskraft), Werkstoffe (Roh-, Hilfs- u. Betriebsstoffe), Betriebsmittel (Maschinen, Gebäude etc.); b) volkswirtsch.: Arbeit, Boden, Kapital (produzierte P.smittel). – **P.sformen,** *Betriebsformen,* unterschieden nach Art der P. Maschinen- u. Handbetriebe, auch → Betrieb. – **P.sgüter,** svw. → Produktivgüter. – **P.skosten,** Wertverzehr, bezogen auf die Herstellung eines Gutes; → Kosten. – **P.smittel** → Produktionsfaktoren.

produktiv, ertragreich; schöpferisch; *Produktivität:* Kennzahl, die d. Relation zw. Faktoreinsatz u. Ausbringungsmenge ausdrückt.

Produktiv-güter, finden Verwendung in der Produktion (produzierte Produktionsmittel, z. B. Maschinen); Ggs.: *Konsumtivgüter* (dienen *unmittelbar* dem Verbrauch). – **P.kapital,** 1) Geldkapital, das für die Gütererzeugung verwendet wird (Investitionen); 2) Inbegriff aller Güter, die der ferneren Produktion dienen. –

P.kredit, wird zur produktiven Anlage (Erzeugung v. Gütern) gewährt; Ggs.: *Konsumtivkredit* (dient dem Erwerb von Verbrauchsgütern).

Produzent, Erzeuger, Hersteller.

produzieren, vorführen, Güter erzeugen, schaffen; *sich p.,* sich zur Schau stellen, sein Können zeigen.

profan [l. „vor dem Tempel"], weltlich.

Profanation, *w., Profanierung,* Entweihung, Mißbrauch.

Profeß, *m.* [nl.], 1) Ablegung der Ordensgelübde; 2) Mönch, der das Gelübde abgelegt hat.

Profession, *w.* [l.], Beruf, Gewerbe.

Professional [engl. -ˈfeʃənəl], Abk. **Profi,** jeder, der eine Tätigkeit, bes. gegen Entgelt betreibt; Ggs.: → Amateur.

Professor [l.], Hochschullehrer; an Uni. u. TH/TU etatmäßiger P.: ordentl. öff. P., *Ordinarius,* Inhaber e. ordentl. Professur (Lehrstuhl); außerordentl. P., *Extraordinarius,* Inhaber einer außerordentl. Professur; außeretatmäß. P.: außerplanmäß. P., Titel e. Privatdozenten mit langjähr. Tätigkeit; *Honorar-P.,* ehrenhalber verliehener Titel (meist f. d. Dauer d. Lehrtätigkeit); Honorar-P. steht im Rang einem Ordinarius gleich, gehört aber nicht z. engeren Fakultät; P. als Titel f. Lehrer an staatl. Akademien u. HS (z. B. HS f. Musik).

Profil, *s.* [frz.], 1) Seitenansicht (z. B. des Gesichts); Längs- oder Querschnitt; 2) bei Autoreifen → Reifenprofil. – **P.eisen,** Walz-(Stab-)Eisen m. bes. Querschnittsgestaltung; *Normalprofileisen* mit genormtem Querschnitt, z. B. Π, Γ, T, U, L, I = C-, T-, U-, L-, Doppel-T-Eisen usw.

Profit, *m.* [frz.], Nutzen, auch ältere Bez. für Kapital- und Unternehmergewinn.

profitieren, Nutzen ziehen, verdienen.

Profitrate, Gewinn im Verhältnis zum Kapitalaufwand.

pro forma [l.], (nur) zum Schein.

Profoß, (bis um 1800) Militärpolizist u. Vollstrecker der verhängten Militärstrafen.

profund [l.], tief, gründlich.

profus [l.], sehr stark (z. B. eine Blutung).

Progenie [gr.], Vorstehen des Unterkiefers.

Progenitur, *w.* [l.], Nachkommenschaft.

Progesteron [l.-gr.], svw. Gelbkörperhormon; → Keimdrüsen, → Kontrazeption.

Prognathie [gr.], Vorstehen des Oberkiefers.

Prognose, *w.* [gr.], Voraussage (über Krankheitsverlauf, Wetter, Wirtschaftsentwicklung usw.).

Prognostikon, *s.,* Vorbedeutung.

Programm, *s.* [gr.], Verzeichnis von Darbietungen oder Personen (z. B. *Theater-P.*); Plan (z. B. *Arbeits-P., pol. P.*). – **P.musik,** stellt durch Überschrift od. vorangesetzten Text („Programm") best. seel. od. äußere Vorgänge als Leitgedanken f. d. betreffende Werk hin; benutzt

als Mittel bes. die Tonmalerei (Berlioz, Liszt, R. Strauss).

programmieren, in der → EDV das Aufstellen v. Rechenprogrammen durch Formulieren gegebener (z. B. techn., wiss. od. kaufmänn.) Probleme in einer → Programmiersprache (→ Informatik, Übers.).

Programmiersprache, von → Maschinensprache weitgehend unabhängige Sammlung symbol. Befehlselemente f. → Datenverarbeitungsanlagen.

programmierter Unterricht, zuerst in den USA entwickelte Unterrichtsform, s. 1963/64 in der BR eingeführt; Kern des p. U. ist das *Programm,* das nach lerntheoret., programmiertechn. u. didakt. Prinzipien aufgebaut ist; der Lernende wird beim Durcharbeiten des Programms bei einem Lerntempo auf individueller Basis v. einer (Wissens- od. Problem-)Stufe auf eine vorher genau determiniertes Lehr- bzw. Lernziel zugeführt; → Lernmaschinen.

Progreß, *m.* [l.], Fortschritt.

Progression, *math.* svw. → Reihe.

progressiv, fortschreitend; fortschrittlich.

Progressive Jazz, sinfon. Jazz m. gr. Klangkörper, eingeschränkter Improvisation u. abstrakter Thematik.

Progressivsteuer, svw. Steuerprogression, → Steuern, Übers.

prohibieren [l.], verhindern.

Prohibition [engl. -ˈbɪʃən], Herstellungs- u. Ausschankverbot alkohol. Getränke: nationale P., 1920–33 in d. USA, 1916–26 in Norwegen, 1922–32 in Finnland.

Prohibitivzölle [l.], hohe Schutzzölle, die prakt. Einfuhr verhindern.

Projekt, *s.* [l.], Plan, Vorschlag.

Projektil, *s.* [frz.], (Wurf-)Geschoß.

Projektion, *w.* [l.], 1) *allg.* Hinausverlegung, z. B. der Empfindungen in d. Au-

Senkrechte-   schiefe Parallel-   Zentral-

Projektion

ßenwelt; 2) *darstellende Geometrie:* abbildendes Übertragen e. Körpers auf e. Ebene, benutzt b. techn. Zeichnen; Parallel-P.: die projizierenden Geraden sind parallel; Zentral-P.: die projizierenden Geraden gehen von e. Zentrum aus; 3) *Optik:* vergrößerte Bildwiedergabe auf Leinwand mittels Lichtstrahlen. – **P.sapparat**, *Bildwerfer,* opt. Instrument zur Vorführung v. Bildern in vergrößertem Maßstab; helle Lichtquelle wirft d. zu vergrößernde Bild durch Linse(nsystem) auf Wandschirm; → Epidiaskop.

projizieren, auf einer Fläche darstellen.

Proklamation, *w.* [l.], amtl. Bekanntmachung, Verkündigung, öffentlicher Aufruf.

Proklos (410–485), griech. Philosoph, Vollender d. → Neuplatonismus.

Prokofjew, Sergej Sergejewitsch (23. 4. 1891–5. 3. 1953), sowj. Komp.; Opern: *Die Liebe zu den drei Orangen;* Ballette; sinfon. Dichtungen.

Prokonsul, 1) in alten Rom: gewesener → Konsul, der als Statthalter i. eine Provinz geht; 2) Name e. ca. 15 Mill. Jahre alten Frühform der → Menschenaffen.

Prokop d. Große (1380–1434), Anführer der → Hussiten.

Prokoplios (6. Jh. n. Chr.), griech. Geschichtsschreiber am Hof Justinians; *Gotenkrieg.*

Prokopjewsk, Ind.st. im Kusnezker Kohlenbecken; 210 000 E; Kohlen-, Hüttenind.

Prokrustes, Unhold der griech. Sage, der seine Opfer auf e. Marterbank, *P.*bett, zu Tode quält.

Prokura, w. [l.], im Umfang gesetzl. festgelegte Vollmacht, die ein Inhaber (Vollkaufmann) eines Unternehmens (z. B. Vorstand einer AG) einem anderen, dem *Prokuristen, z.* Vertretung seines Handelsgeschäftes erteilt; ist in d. → Handelsregister einzutragen. Beschränkung der P. gegenüber Dritten (ausgenommen: Unterzeichnung b. Bilanzen, Veräußerung d. Unternehmens, Erteilung der P.) bis auf Veräußerung u. Belastung von Grundstücken unwirksam. Nach Zahl der P.erteilungen: Einzel- od. Gesamt-P. *(Kollektiv-P.).* Bei Beschränkung der P. auf eine Zweigstelle: *Filial-P.* – Prokurist zeichnet mit d. Zusatz *pp* od. *ppa* (per procura). – **P.indossament,** *Wert zum Einzug d.* P. u. ä., Sonderform d. → Indossaments, das d. Indossatar nur zum Einzug d. Forderung u. zur Protesterhebung f. d. Indossanten ermächtigt; bewirkt keine Übertragung des verbrieften Rechts.

Prokurator [l.], 1) leitender Beamter d. kaiserzeitl. röm. Finanzverwaltung; 2) früher Titel d. höchsten Staatsbeamten Venedigs; 3) Bevollmächtigter, Syndikus.

Prokurazien, ehem. Reg.paläste d. 15.–16. Jh. um den Markusplatz in Venedig.

Prokurist → Prokura.

Prokyon, hellster Stern 0. Größe i. Kl. Hund; nördl. → Sternhimmel C.

Prolaktin, *s.* [l.], → Laktationshormon; → Hypophyse.

Prolaps, *m.* [l.], der → Vorfall e. inneren Organs.

Prolegomena [gr.], Vorrede, Vorwort.

Prolet, verächtl. Abk. v. *Proletarier,* svw. ungehobelter Mensch.

Proletariat, Proletarier, im alten Rom der ärmste Teil der Bürger, der nicht mehr die Vermögensstufe der niedrigsten Steuerklasse erreichte (nur durch seine Nachkommenschaft (lat. *proles)* dem Staate nützte). Bez. für die im Zuge der Industrialisierung wachsenden besitzlosen u. ausgebeuteten Arbeitermassen, für die sich der → Sozialismus s. Marx einsetzte („P. aller Länder, vereinigt euch").

Proliferation, 1) Zellwucherung durch *mitotische Zellvermehrung;* 2) Erhöhung d. Zahl d. Kernwaffenstaaten.

PROLOG, *m., Programmieren in Logik,* →Programmiersprache, Anfang d. 70er Jahre in Frankreich u. England entwikkelt. Verwendung hpts. in der → Künstlichen Intelligenz.

Prolog, *m.* [gr.], Vorrede; Vorspiel im Theater.

Prolongation [l.], Verlängerung von Fristen, z. B. beim → Wechsel durch *P.s*wechsel (Erneuerungswechsel), beim *Börsengeschäft* durch Hinausschiebung der → Liquidation eines Engagements, meist im Wege des → Reportgeschäfts.

Promemoria, *s.* [l. „zur Erinnerung"], Denkschrift.

Promenade, *w.* [frz.], Spaziergang, -weg.

Promesse, *w.* [frz. „Versprechen"], Urkunde, bes. im Effektengeschäft e. Versprechen zu einer Leistung (z. B. Lieferung v. Wertpapieren).

Prometheus, einer der *Titanen,* brachte nach der griech. Sage den Menschen das Feuer; wurde zur Strafe von Zeus an einen Felsen geschmiedet, wo ihm ein Adler täglich den Leber zerfleischte; Drama v. Äschylus, Gedicht v. Goethe.

Promethium, *Pm,* chem. El., Oz. 61; Dichte 7,22; Seltenerdmetall, bis 1949 als *Illinium* bezeichnet; radioaktiv.

pro mille [l.], für je tausend; Zeichen: ‰.

Promille, Tausendstel.

prominent [l.], bedeutend, maßgebend, einflußreich.

Promiskuität → Eheformen.

Promotion [l. „Beförderung"], 1) Verleihung des Doktorgrades; 2) [am. -'moufn], bes. Verkaufsförderung (z. B. b. d. Buchwerbung).

promovieren, den Doktortitel erwerben.

prompt, sofort, unverzüglich.

Promptgeschäft → Lokogeschäft.

Pronomen, *s.* [l.], Fürwort.

prononciert [frz. -nõ's-], scharf ausgeprägt.

Pronunziamento, *s.* [span.], (meist rebell.) Kundgebung.

Propädeutik, *w.* [gr.], Vorschulung, Einführung; *phil.* P., Einleitung in phil. Denken.

Propaganda [l. „propagare = verbreiten"], Werbung (z. B. für pol. oder kulturelle Forderungen, Ideale usw.); für wirtsch. Zwecke: → *Reklame;* auch → Wirtschaftswerbung.

Propan, *s., C₃H₈,* Brenngas v. hohem Heizwert; Nebenprod. d. Erdölverarb.; a. Flüssiggas i. Stahlflaschen f. Haushalte u. Verbrennungskraftmaschinen; *P.gas.*

Propeller, *m.* [engl.], → Luftschraube, → Schiffsschraube. – **P.turbine,** *Turboprop,* Propeller-Turbinen-Luftstrahl-Triebwerk (PTL), Flugzeugantrieb, bei dem e. Gasturbine unter Zwischenschaltung eines Getriebes e. Luftschraube antreibt; Leistung 80% Propeller, 20% Rückstoß (→ Tafeln Luftfahrt).

Propergeschäft, *Eigengeschäft,* wird in

eigenem Namen u. für *eigene* Rechnung getätigt; Ggs.: Kommissionsgeschäft.

Properz, *Propertius,* Sextus (um 50– nach 16 v. Chr.), röm. Elegiendichter.

Prophase, Stadium der → Mitose od. → Meiose.

Prophet [gr. „Vorhersager"], Seher in vielen alten Rel.; im A.T. Künder des Gotteswillens, Warner vor Katastrophen, strenge sittliche Forderungen. Älteste Art die *P.*zunft (Nabis); Ekstatiker, derwischähnlich; später 4 große P. *(Jesaja, Jeremia, Hesekiel, Daniel),* 12 kleine P. *(Hosea, Joël, Amos, Obadja, Jona, Micha, Nahum, Habakuk, Zephanja, Haggai, Sacharja, Maleachi).*

Prophylaxe, *w.* [gr.], vorbeugende Maßnahmen gg. Entstehung od. Ausbreitung v. Krankheiten.

proponieren [l.], vorschlagen, anbieten.

Propontis [gr.], im Altertum d. Marmarameer.

Proportion, *w.* [l.], 1) *allg.* Verhältnis; 2) *Kunst:* Verhältnis der einzelnen Teile zueinander; z. B. *P.enlehre* d. menschlichen Körpers i. Antike, MA, Renaissance; 3) *math.* Gleichung von Verhältnissen, meist geschrieben in der Form *a : b = c : d.*

proportional, in gleichem Verhältnis stehend.

proportionale Steuern, svw. Steuerprogression (→ Steuern, Übers.).

Proportionalwahl → Wahlsysteme.

Proportionen, reine *chem.* Verbindungen enthalten Elemente in definiertem konstanten Gewichtsverhältnis (Proustsches Gesetz der konstanten P.); bilden zwei Elemente verschiedene Verbindungen, so stehen die Gewichtsanteile der Verbindung ganzer Zahlen zueinander (Daltonsches Gesetz der *multiplen* P., z. B. Stickstoffoxide N₂O, NO, NO₂, N₂O₃, N₂O₅).

proportioniert, ebenmäßig; in wohlabgemessenen Maßverhältnissen.

Proporz, *m.,* svw. Proportionswahl, → Wahlsysteme.

Proposition [l.], Satz, Urteil, Behauptung; i. d. Sprachwiss. semant. Gehalt e. Satzes.

Propst [l. „praepositus"], nach d. Benediktinerregel Vertr. d. Abtes, später selbständ. Klosteroberer, auch Dignitär eines Domkapitels oder Kollegiatsstiftes; auch svw. der Superintendent.

Propyläen, 1) Torhallen antiker Gebäude; z. B. am Zugang zu d. *Akropolis* in Athen (5. Jh. v. Chr.); Stilnachbildung in *München* (1846–62; Abb. S. 720); 2) Kunstzeitschrift, 1798–1800 in Weimar v. Goethe.

Prorektor [l.], stellvertr. (Kon-)Rektor einer Schule; Amtsvorgänger des Rektors an der Univ.

Prorogation, *w.,* 1) Aufschub, Verlängerung einer Frist; 2) Parteivereinbarung, wonach ein an sich unzuständiges Gericht 1. Instanz zur Entscheidung *eines* Rechtsstreites zuständig wird.

Propyläen, München

prorogativ, aufschiebend.

Prosa, w. [l.], Sprache in (rhythm.) ungebundener Form; Ggs.: Poesie.

Prosaiker, m., Prosaschriftsteller.

prosaisch [-ˈsaɪ̯-], svw. phantasiearm, trocken.

Prosektor [l.], Leiter der *Prosektur,* Abt. in Krankenhäusern für Sektionen (Leichenöffnungen).

Proselyt [gr.], der zu einer Religionsgemeinschaft (ursprüngl. d. Judentum) Hinzugetretene.

Proserpina → *Persephone.*

PRO SILVA, Verband f. naturnah denkende Forstleute in Europa, gegr. 1989.

prosit [l. „es möge nützen"], wohl bekomm's!

proskribieren, Proskription [l.], Ächten von pol. Gegnern durch öffentl. Anschlag.

Proskynese, w. [gr.], Fußfall, Ehrenbezeigung.

Prosna, l. Nbfl. der Warthe, 229 km lang.

Prosodie, w. [gr.], Lehre von d. Sprachbehandlung im Vers.

Prospekt, m. [l.], 1) Ankündigung, Preisliste; 2) Pflichtveröffentlichung: Bericht mit den zur Beurteilung der Lage eines Unternehmens sowie der Ausstattung der Wertpapiere notwendigen Angaben; dem Börsenvorstand bei Zulassung von Wertpapieren einzureichen; 3) gemalter aufrollbarer Vorhang od. Hintergrund d. Bühne; 4) Schauseite d. Orgel; 5) Ansicht (v. Gebäuden, Straßen u. a.).

prosperieren [l.], gedeihen, blühen.

Prosperität, w. [l.], Prosperity [engl.], Gedeihen, Wohlstand (bes. e. Staates u. seiner Wirtschaft).

Proßnitz, tschech. *Prostějov,* mähr. St. in d. Hanna, 48 000 E; Webereien, Maschinenind.

Prostaglandine, Gewebshormone, d. in geringsten Konzentrationen vielfältige Wirkungen ausüben. Das Prostaglandin F_2 bewirkt Wehen i. d. Gebärmuttermuskulatur u. wird zur Geburtseinleitung u. zur Herbeiführung e. → *Aborts* verwendet.

Prostata, w. [gr.], Vorsteherdrüse d. Mannes vor d. Harnblasenmündung; bei krankhafter Vergrößerung erschwerte Harnentleerung (→ Geschlechtsorgane, Abb.).

prostituieren [l.], sich herabwürdigen, sich preisgeben, für Bezahlung zum Sexualverkehr bereit sein.

Prostitution, gewerbsmäßige Ausübung sexueller Handlungen.

Proszenium [gr.], Vorbühne, Teil zw. Vorhang u. Orchester; seitl.: **P.slogen.**

Protactinium, *Pa,* chem. El., Oz. 91; radioaktiv.

Protagonist [gr.], Wortführer; einer der drei ersten Schauspieler d. griech. Bühne; heute: Hptdarsteller; auch Vorkämpfer einer Idee.

Protagoras (ca. 480–421 v. Chr.), griech. Philosoph, Hptvertr. d. → Sophistik; „Der Mensch ist das Maß aller Dinge"; nur sinnliche Wahrnehmung gibt Gewißheit.

Protégé, m. [frz. -ˈʒe], Schützling.

protegieren [-ʒ-], beschützen, begönnern.

Proteïde, zus.gesetzte Eiweißkörper; enthalten neben Proteïnen noch andere Moleküle (z. B. ein Kohlenhydrat, Phosphorsäure).

Proteïne → Eiweiß.

Protektion [l.], Schutz, Gönnerschaft. – **P.swirtschaft,** Vetternwirtsch., Besetzung von Stellen aufgrund bes. Beziehungen.

Protektionismus, Schutzzollsystem.

protektionistisch, schutzzöllnerisch.

Protektor, m., Beschützer, Gönner; *Lord-P.,* Regent f. minderjähr. engl. Kg.

Protektorat, s., 1) Ehrenvorsitz; 2) Schutzherrschaft über e. Land.

Protest, m. [l.], Einspruch, Verwahrung, 1) im *Wechselrecht* amtl. Bescheinigung, daß eine Wechselverpflichtung nicht erfüllt wurde, Voraussetzung für den → Regreß; Hptarten: *P. mangels Zahlung, P. mangels Annahme* (Verweigerung des Akzepts); 2) *völkerrechtl.* → Einspruch.

Protestant, seit der „Protestation" zu Speyer 1529 Bez. für luth. u. reformierte Christen.

Protestsong, balladenhaftes Lied mit sozialkrit. Text.

Proteus, griech. Meergott; konnte jede Gestalt annehmen; Symbol rascher Wandlungsfähigkeit.

Prothese, w. [gr.], künstlicher Ersatz eines verlorenen Körperteils (z. B. Gliedmaße, Zähne, Auge).

Protisten, niederste Organismen d. Tier- *(Protozoën, Urtiere)* u. d. Pflanzen-*(Protophyten-)*Reiches.

Protohamiten, vorgeschichtl. Bev. O- u. SO-Afrikas; aus Mischung mit Sudannegern die Bantus.

Protokoll, s. [gr.], 1) schriftl. Wiedergabe mündl. Aussagen; Sitzungsbericht; 2) Referat in Außenministerien, bes. zur Wahrung der intern. diplomat. Förmlichkeiten; Leiter ist der *Chef des P.s.*

Protokolle der Weisen von Zion, angeblich jüd. Weltherrschaftsplan; als Fälschung erwiesen.

Proton, s. [gr.], → Elementarteilchen mit positiver Ladung, bildet d. Kern d. Wasserstoffatoms.

Protophyten → Protisten.

Protoplasma, s. [gr.], die lebende Substanz d. tier. u. pflanzl. → Zellen außerhalb d. → Zellkerns.

Prototyp, m. od. s. [gr.], Urbild, Muster.

Protozoon, Mz. **Protozoën** → Protisten.

protrahiert [l.], verzögert, verlangsamt (z. B. die Wirkung eines Medikaments).

Protuberanzen [nl.], (Abb. → Tafel Himmelskunde I), Ausbrüche glühender Gase, bes. Wasserstoff, bis 1,6 Mill. km über die Sonnenoberfläche hinaus u. mit Eruptivgeschwindigkeiten bis zu 700 km/s, sichtb. früher nur b. Sonnenfinsternissen, heute jederzeit mit *P.spektroskop* u. im → Koronograph; P. sind im Licht bestimmter Linien auch vor d. Sonnenscheibe sichtbar *(Filamente).*

Protze, früher Bez. f. Vorderwagen v. zweiteil. Kriegsfahrzeugen z. Anhängen von Geschützen u. a.

Proudhon [pruˈdõ], Pierre (15. 1. 1809–19. 1. 65), frz. utopist. sozialist. Schriftst. u. Anarchist („Eigentum ist Diebstahl").

Proust [prust], Marcel (10. 7. 1871–18. 11. 1922), frz. Dichter; Gesellschaftsschilderer; Romane: *Auf der Suche nach der verlorenen Zeit* (7 Bde).

Proutsche Hypothese [praut-], 1815 v. d. engl. Arzt William *Prout* aufgestellte Hypothese, daß das Atomgewicht jedes Elementes ganzzahlig sei und ein Vielfaches d. Wasserstoffatoms betrage. Die Ganzzahligkeit mußte nach genaueren Messungen aufgegeben werden. Durch den Begriff der Protonen und Neutronen (→ Atom) bestätigte sich aber der richtige Kern der P. H.

Provence [-ˈvãs], frz. Landschaft u. ehem. Prov. am Mittelmeer, Dép.s Alpes-de-Haute-Provence, Var, Vaucluse u. Bouches-du-Rhône; v. Alpenausläufern durchzogen u. v. Rhône, Durance u. Var durchströmt, im S bei mildem Klima äußerst fruchtbar; Hptst. *Marseille;* Bewohner **Provenzalen** mit eigener Sprache u. Literatur. – Im 6. Jh. Teil d. Frankenreichs, im 10. Jh. unter d. Gfen v. Arles, 1032 an d. Dt. Reich, 1481 durch Karl VIII. an Frkr.

Provenienz, w. [nl.], Herkunft (bes. von Waren).

Proverbium, s. [l.], Sprichwort.

Proviant, m. [it.], Vorrat an Lebensmitteln.

Providence [ˈprɔvɪdəns], Hptst. des US-Staates Rhode Island, an der Narragansettbai (Atlantik) u. am **P. River,** 156 800 E; Uni., Hafen; Textilind., Juwelierwesen, Maschinenbau.

Providentia [l.], (göttl.) Vorsehung.

Provinz, w. [l.], im Röm. Reich außeritalischer Gebietsteil, von einem Prokonsul od. Proprätor verwaltet; heute in einigen Ländern größter Verw.bez.

Provinzial [l.], bei einigen, insbes. neueren kath. Orden der Vorsteher einer Ordensprovinz.

Provinzialismus, m. [mundartl.], nur in einem best. Gebiet gebräuchl. Ausdruck.

Provision [l.], 1) d. dem Handelsvertreter od. Kommissionär für die Vermittlung v. Geschäften, dem Spediteur für d. Bewirkung d. Versendung zustehende Vergütung; **2)** d. meist nach dem erzielten Umsatz bemessene Einkommensteil eines Angestellten (Reisenden, Verkäufers). **Provisor** [l.], früher staatl. approbierter Apotheker. **provisorisch** [l.], vorläufig, einstweilig. **Provisorium,** *s.,* vorläuf. Einrichtung, Regelung, Verfügung. **Provokateur** [l.-frz. -'tœr], Parteigegner, der unter der Maske des Gesinnungsgenossen zu Unbesonnenheiten (Gewalttaten) aufreizt; auch → Agent. **Provokation,** *w.,* Herausforderung. **Provos,** Bez. für ndl. (aus der Studentenbewegung entstandene) Protestbewegung. **proximal,** der Körpermitte zu gelegen. **Prozedur,** *w.* [l.], Verfahren. **Prozent,** *s.* [l.], Perzent, Zeichen %, vom Hundert (v. H.); z. B. 4% Zinsen = 4 DM für 100 DM. **prozentual,** im Verhältnis zum Hundert. **Prozeß,** *m.* [l.], **1)** Vorgang, Verlauf; **2)** gerichtl. Verfahren, in dem sich zwei Parteien zur Entscheidung widerstreitender Interessen gegenüberstehen; *Zivil-P.* zur Entscheidung bürgerl. Rechtsstreitigkeiten (Regelung d. Verfahrens durch Zivilprozeßordnung). *Straf-P.* z. Verfolgung d. Strafanspruchs (Strafprozeßordnung). → Offizialverteidiger. – **P.fähigkeit,** Möglichkeit, selbst als Partei vor Gericht aufzutreten od. Bevollmächtigten hierzu zu bestimmen; Vorbedingung: → Geschäftsfähigkeit (§ 52 ZPO). **prozeßhindernde Einreden,** im Zivilprozeß geltend gemachte Angriffe d. Beklagten (Unzuständigkeit d. Gerichts, Unzulässigkeit d. Rechtswegs, Rechtshängigkeit, mangelnde Vertretungsberechtigung u. a.); müssen vor Verhandlung zur Hauptsache werden (§ 274 ZPO). **Prozession** [l.], feierlicher Aufzug, Bittgang, in der kath. Kirche unter Gesang u. Gebet; bei der *Fronleichnams-P.* wird die Monstranz unter einem Baldachin mitgeführt; Buß- u. Bitt-P.en.

Prozessionsspinner und -raupen

Prozessionsspinner, Nachtschmetterlinge, deren gesellig lebende, sehr schädl. Raupen in langen Zügen z. neuen Futterplätzen wandern. **Prozeßkosten** → Rechtspflege, Übers. **Prozeßkostenhilfe,** früher *Armenrecht,* teilweise od. vollständige od. auch nur einstweilige Übernahme der Prozeßkosten durch die Staatskasse bei Bedürftigkeit des Klägers od. des Beklagten u. begründeter Aussicht auf Prozeßerfolg; erforderlichenfalls auch Beistellung eines Anwalts.

Prozessor [engl.], **1)** *Hardware:* elektron. Schaltung, die funktionell e. → Zentraleinheit entspricht; **2)** *Software:* Programm, das → Compiler-, → Assembler- u. verwandte Funktionen f. e. best. Programmiersprache enthält. **Prozeßordnung,** Vorschriften über d. gerichtl. Verfahren; f. zivilrechtl. Streitigkeiten → ZPO, f. Strafverfahren → StPO. **Prozeßrechner,** → DVA, die Daten direkt v. techn. Abläufen mit installierten Meßeinrichtungen (→ Sensorik) erhalten, diese Daten aufgrund vorgegebener Programme verarbeiten u. d. Ergebnisse als Steuerdaten über geeignete Geräte in d. Prozeß abgeben (→ Aktorik); geschlossener → Regelkreis; P. kann → Analog-, → Digital- od. → Hybridrechner sein; Peripherie: sehr schnelle externe Speicher u. Protokolldrucker; verwendet werden maschinenorientierte → Programmiersprachen u. → PEARL. **Prozeßsteuerung,** → Steuerung v. techn. Prozessen durch → Datenverarbeitungsanlagen (→ Prozeßrechner). **Prozeßverschleppung,** verspätetes Vorbringen v. Beweismitteln in d. Absicht, den Prozeß zu verschleppen; kann zurückgewiesen werden. **Prschewalski,** Nikolai M. (12. 4. 1839–1. 11. 88), russ. Forschungsreisender in Tibet, d. Mongolei u. China. **Prudentius,** Aurelius Clemens (4. Jh. n. Chr.), bedeutendster christl. Dichter d. lat. Altertums; Gedicht: *Der Kampf d. Seele* (die zwischen Tugenden u. Lastern steht). **Prüderie,** *w.* [frz.], Ziererei Zimperlichkeit, übertriebene Schamhaftigkeit. **Prud'hon** [pry'dõ], Pierre-Paul (4. 4. 1758–14. od. 16. 2. 1823), frz. Maler d. Klassizismus; *Kaiserin Josephine.* **Prüfungstermin** → Konkurs. **Prüm** (D-5540), St. i. Kr. Bitburg-P., in der Eifel, RP, 5150 E; Luftkurort; AG; div. Ind. **Prünelle,** geschälte, trockene Pflaume; auch Fruchtlikör; Pflaumensorte. **Prurigo,** *w.* [l.], juckende Hautknötchen, Juckflechte. **Pruritus** [l.], Hautjucken. **Prus,** Bolesław, eigtl. *Aleksander Głowacki* (20. 8. 1847–19. 5. 1912), poln. Romanschriftst.; *Pharao.* **Pruth,** l. Nbfl. der unteren Donau, von d. Waldkarpaten; Grenzfluß zw. Rumänien und der Sowjetunion; 950 km l., 270 km schiffbar. **Pruzzen,** *Preußen,* ostbalt. Volk, seßhaft östl. der unteren Weichsel, dem späteren Ostpreußen; 1230–83 v. Dt. Orden unterworfen u. christianisiert, Reste im Deutschtum aufgegangen. **Przemyśl** [*'pʃɛmɨɕl*], poln. St. in Galizien, am San, 60 000 E. – 1772–1918 österr. Festung, dann poln. **Przemysliden** [*pʃɛmɨs-*], *Přemysliden,* 936–1306, böhm. Herzogsgeschlecht, seit 1212 Kge.

Przybyszewski [*pʃɨbi'ʃ-*], Stanislaus (7. 5. 1868–23. 11. 1927), poln. Schriftst.; *Totenmesse.* **PS,** Abk. f. → *Pferdestärke.* **PS,** Abk. f. *Postskriptum.* **Psalmen** [gr. „Gesänge"], rel. Gesänge im A.T. u. N.T. (Loblied der Hanna, 1. Sam. u. a.); bes. die im *Psalterbuch* gesammelten 150 Lieder, aus versch. Zeiten. **Psalmist,** Psalmendichter. **Psalmodie,** *w.,* Psalm im Wechselgesang: *psalmodieren.* **Psalter,** *m., Psalterium,* **1)** altes Saiteninstrument; **2)** Buch der Psalmen. **pseudo-** [gr.], als Vorsilbe: falsch ..., unecht ... **pseudoisidorische Dekretalen,** Sammlung v. meist unechten kirchenrechtl. Urkunden aus d. 9. Jh. **Pseudokrupp,** plötzlich auftretende Entzündung v. Kehlkopf u. Luftröhre, ausgelöst durch best. Bakterien u. Viren (Streptokokken, Grippeviren etc.), die zu (bes. b. Kleinkindern) lebensgefährl. Erstickungsanfällen führen kann; Anzeichen: Heiserkeit, bellender Husten, pfeifendes Geräusch beim Ein- u. Ausatmen; wahrscheinlich durch Reizstoffe i. d. Atemluft (bes. b. Luftverschmutzung in Ind.gebieten) begünstigt. **Pseudonym,** *s.* [gr.], Deckname (z. B. *Molière* f. Poquelin), wird vorzugsweise v. Künstlern u. Schriftst. angenommen; rechtl. geschützt. **Pseudopodien** [gr.], Scheinfüßchen, Protoplasmafortsätze d. Einzeller, bes. der → Wurzelfüßer; zur Fortbewegung und Nahrungsaufnahme. **PSI,** Abk. f. *parapsychisch* (n. J. B. *Rhine*), Begriff f. den krit. Kern d. parapsych. Phänomene. **Psittakose,** *w.* [gr.], svw. → Papageienkrankheit. **Pskow,** sowj. St. → Pleskau. **Psoriasis,** *w.* [gr.], svw. → Schuppenflechte. **Psychagogik** [gr.], Menschenführung durch seelische Einwirkung. **Psyche** [gr. „Seele"], **1)** in d. griech. Sage Geliebte des Eros (Amor); **2)** *psych.* Gesamtheit der geistigen Vorgänge u. Verhaltensweisen sowie deren Beweggründe; Ggs.: → Physis. **psychedelic** [gr.-engl. *saikə'delik* „die Seele offenbarend"], *psychedelisch,* Bez. für durch Halluzinogene (LSD, Meskalin, Peyotl usw.) erzeugten u. a. akust. u. a. Mittel herbeigeführte rauschähnl. Zustand u. in diesem Zustand geschaffene Kunst; Vertr.: Isaac *Abrams,* Tom *Blackwell,* Ernst *Fuchs* (→ Tafel S. 352); → Rock-Musik. **Psychiater** [gr.], Facharzt für Nervenkrankheiten u. Gemütsleiden. **Psychiatrie,** Lehre von den seel. Störungen abnormer od. kranker Persönlichkeiten. MPI f. P. in München. **psychisch,** d. Seelenleben betreffend. **Psychoanalyse,** *w.* [gr.], *Tiefenpsycho-*

logie, Behandlungsmethode, Forschungsmethode u. theoret. System (Begr.: → Freud), wonach unbewußte Inhalte (z. B. verdrängte Konflikte) d. (gestörte) Verhalten bestimmen; Behandlung durch Bewußtmachung u. Nacherleben verdrängter Erfahrungen.

Psychobiologie, Anwendung biol. Methoden (Anatomie, Physiologie, physiolog. Chemie) auf d. Erforschung von Verhalten u. Erleben.

Psychochirurgie [gr.], chirurg. Eingriffe i. d. Gehirn, um schwere psych. Störungen zu beheben; Methode u. Erfolge umstritten.

Psychodrama, Form d. → Psychotherapie, bei der Konflikte spontan in Stegreifspielen mit verteilten Rollen durchgearbeitet werden (*Moreno* 1959).

psychogen [gr.], seelisch verursacht.

Psychokinese, angeblich geistige Einwirkung des Menschen auf materielle Dinge.

Psycholinguistik, Teildisziplin der Sprachwiss., die d. Bedingungen des Spracherwerbs u. der Anwendung d. Sprache untersucht u. sich mit d. Abweichungen vom „normalen" Sprachgebrauch – etwa stottern – beschäftigt. Psychoanalyt. P.; Experimentelle P.

Psychologe [gr. „Seelenforscher"], diplomierter Wissenschaftler m. vorgeschriebenem Hochschulstudium der **Psychologie,** Wiss. v. Verhalten u. dessen seelischgeistigen Voraussetzungen; Richtungen der P. setzen Schwerpunkte verschieden, z. B. ist für den Behaviorismus allein das Verhalten Forschungsobjekt, für die Tiefenpsychologie sind es im wesentlichen d. seelischen (speziell d. unbewußten) Voraussetzungen. Die Methoden d. P. reichen von höchst subjektiver Introspektion (Selbstbeobachtung) bis zu statistisch ausgewerteten Experimenten; damit steht d. moderne P. zw. Natur- u. Geisteswissenschaft, d. Trend geht aber zur objektiven, experimentellen P. Spezialgebiete: Entwicklungspsych., Persönlichkeitsforschung, pädagogische, klinische, Sozial- u. Werbepsychologie, medizinische P.

psychologische Kriegführung, propagandistische Arbeit z. Zweck d. Schwächung d. moral. Widerstandskraft eines gegnerischen Staates.

Psychologismus, phil. Richtung, die die Psychologie z. Grundlage aller Philosophie macht (*Hume, Mill, Brentano).*

Psychopath, abnorme Persönlichkeit.

Psychopathologie, Lehre von d. seel. Ursachen d. Verhaltensstörungen, aber auch wiss. Grundlage d. → Psychiatrie.

Psychopharmaka, Arzneimittel m. Wirkung auf d. → Psyche u. psych. Phänomene; dazu gehören u. a. Schlafmittel, → Tranquilizer, → Thymoleptika.

Psychophysik, Teilgebiet d. experimentellen Psych., das Beziehungen zw. Reizen u. Empfindungen (Reaktionen) untersucht (z. B. Lichtstärke u. Helligkeitsempfindung); Begr.: → Fechner.

Psychose, Geistes- u. Gemütsstörung mit z. T. fehlender Realitätskontrolle, die erhöhte Abnormität u. Zerrüttung d. Persönlichkeit beinhaltet; ohne organ. Ursache; Hauptsyndrome: Erregungszustand, Verfolgungswahn, Größenwahn, Wahrnehmungsstörungen, tiefsitzende Ängste, versch. geist. Störungen u. Haltungsanomalien.

Psychosomatik, Zweig der Med., untersucht ggf. psychophysische Erscheinungen wie z. B. Asthma, Migräne, Magen- u. Darmerkrankungen.

psychosomatische Medizin, Richtung d. Med., die d. Leib-Seele-Wechselbeziehungen im Krankheitsfall berücksichtigt.

Psychotherapie, Behandlung seelisch Kranker durch Neuorientierung v. Erlebnis- u. Auffassungsweisen (→ Psychoanalyse, Gruppenp.), Veränderung emotionaler Zustände, Reaktionen u. körperl. Sensitivität (→ Hypnose, → autogenes Training) od. Verhaltensänderung (→ Verhaltenstherapie).

Pt, *chem.* Zeichen f. → *Platin.*

PTA, 1) Abk. f. *Pharmazeutisch-Technische(r)* Assistent(in); **2)** Abk. f. *Perkutane Transluminale Angioplastie,* Erweiterung v. verengten od. verschlossenen Blutgefäßen m. e. in das Gefäß eingeführten Ballonkatheter; z. B. b. → Koronararterien.

Ptah, *Phtha,* ägypt. Schöpfergott, Stadtgott von Memphis; sein Abbild: der hl. Apisstier.

Ptolemäer, mazedon.-griech. Herrschergeschlecht in Ägypten: **1)** Ptolemäus I. *Soter,* Heerführer unter Alexander, beherrschte Ägypten s. 323 v. Chr., Diadoche, Kg s. 305; **2)** P. II. *Philadelphus,* reg. 285–246 v. Chr., begr. Museum u. Bibliothek in Alexandria. – Mit Kleopatra (30 v. Chr.) ausgestorben.

Ptolemäus, Claudius (2. Jh. n. Chr.), Astronom u. Geograph (Weltkarten mit Ortsangabe in Längen- u. Breitengraden) in Alexandria; Hptwerk: *Almagest,* enthält **Ptolemäisches System:** Erde als Mittelpkt d. Welt; vom heliozentr. Weltsystem des → Copernicus abgelöst.

Ptyalin, *s.,* Stärke spaltendes Enzym d. Speichels.

Pu, *chem.* Zeichen f. → *Plutonium.*

Pubertät, *w.* [l.], *Entwicklungsjahre,* die Zeit d. Geschlechtsreifung, durch → Hormone gesteuert; bei Knaben etwa zw. 10 u. 16, bei Mädchen zw. 8 u. 14 Jahren beginnend, in den heißen Zonen früher; Zeit der inneren Unausgeglichenheit u. Spannungen.

Publicity, *w.* [engl. pʌ'blısıtı], Öffentlichkeit, (Eigen-)Propaganda.

Public Relations [engl. *'pablık rı'leı∫ənz*], planmäßige Pflege d. Beziehungen zur Öffentlichkeit; angewandt in der Wirtschaft, in Politik und Kulturleben, um die ideellen Grundlagen f. d. Vertrauen der Öffentlichkeit zu schaffen.

Public Schools [engl. *'pablık 'sku:lz*], „öffentl. Schulen", tatsächl. aber private

Schulen in Großbrit., meist mit Internat (z. B. Eton).

publik [l.], öffentl., bekannt.

Publikation, *w.,* Veröffentlichung (bes. im Druck). – **P.sbefugnis,** bei öff. begangener Beleidigung, im Strafurteil dem Beleidigten zuerkannte Befugnis, Verurteilung d. Beleidigers auf dessen Kosten öff. bekanntzumachen (§ 200 StGB).

Publikum, *s.,* **1)** Zuhörer-, Zuschauerschaft; **2)** gebührenfreie, öff. Hochschulvorlesung.

publizieren, veröffentlichen.

Publizist, *m.,* Schriftst., der über (pol.) Tagesfragen schreibt.

Publizität, *w.,* Öffentlichkeit, Bekanntheit. – **P.spflicht,** Veröffentlichungspflicht der AG u. KGaA, Genossenschaften, Bausparkassen etc. für ihre Bilanzen u. Geschäftsberichte; gesetzlich geregelt.

Giacomo Puccini

Puccini [-'t∫íni], Giacomo (22. 12. 1858–29. 11. 1924), it. Komp.; melod. Einfallskraft, musikant. Vitalität, farbenreicher Orchesterklang; Opern: *Manon Lescaut; La Bohème; Tosca; Madame Butterfly.*

Puck, 1) der german. Überlieferung schelmischer Kobold; **2)** schwarze Hartgummischeibe im → Eishockey.

Pückler-Muskau, Hermann Fürst zu (30. 10. 1785–4. 2. 1871), dt. Schriftst. u. Gartengestalter: Muskau u. Branitz; *Briefe eines Verstorbenen; Semilasso.*

Pud, *s.,* altes russ. Gewicht = 16,381 kg.

puddeln [engl.], Verfahren zur Gewinnung von Schweißeisen; in **Puddelöfen** wird Roheisen unter Zusatz v. sauerstoffreichen Schlacken bis zur Oxidation der schädl. Nebenbestandteile verrührt (*gepuddelt);* Erzeugnis: *P.eisen,* bei geringerer Entkohlung *Flußstahl* (→ Tafel Eisen- u. Stahlgewinnung).

Pudel, schwarz, weiß oder braun behaarte Hunderasse m. wollig-krausem Haar; gelehrig (→ Tafel Hunderassen).

Pudowkin, Wsewolod (28. 2. 1893–30. 6. 1953), sowj. Filmregisseur u. -theoretiker; *Sturm über Asien* (1928).

Puebla de Zaragoza, Hptst. des mexikanischen Staates *P.* (Vulkangebiet zwischen Popocatépetl und Orizaba, 4,1 Mill. E), 2162 müM, 836 000 E; Textilind.

Pueblo [span. „Dorf"], Indianerstämme in Arizona u. New Mexico, USA, m. mehrstöckigen Lehmhäusern, Agrarkultur u. reicher Mythologie.

Puelche [-*tʃ*-], nomadisierende Indianer in Argentinien.

pueril [l.], knabenhaft, kindisch.

Puerto, *m.* [span.], Hafen.

Puerto Montt, südchilen. Prov.hptst. am Golf v. Reloncavi, 113 000 E; Hafen; S-Ende der chilen. Längsbahn.

Puerto Rico, 1898–1932 *Porto Rico* [„reicher Hafen"], amtl. *El Estado Libre y Asociado de P. R.,* Insel d. Gr. Antillen Westindiens, gebirgig (1130 m), 8897 km², 3,61 Mill. E (405 je km²); Bev.-Zuw. 1,4%; Besitz der USA, Selbstverwaltung in allen inneren Angelegenheiten; Hptst. *San Juan;* Flagge S. 341, Karte S. 747; Hauptausfuhr: Zucker, Tabak, Kaffee, Früchte.

Puerto-Rico-Graben, tiefste Senke im Atlantischen Ozean, 9219 m (Milwaukeetiefe), nördlich der Insel Puerto Rico.

Pufendorf, Samuel Frh. v. (8. 1. 1632–26. 10. 94), dt. Rechtsforscher u. Staatsphil. (Natur- u. Völkerrecht).

Puff [engl. *paf*], aufgelockerter Abschnitt eines → Riesenchromosoms als aktiver Genort mit → RNA-Synthese.

Puffbohne, *Saubohne,* die Acker-→ Bohne.

Puffer, 1) Vorrichtung zum Abfangen von Stößen bei Schienenfahrzeugen; **2)** *chem.* Substanzen z. Aufrechterhaltung d. → Wasserstoffionenkonzentration in Reaktionssystemen. – **P.batterie,** Akkumulatorenbatterie z. Ausgleich v. Belastungsstößen u. Betrieben.

Pufferstaat, kl. St. zw. zwei Großmächten od. Einflußsphären (z. B. Afghanistan, Bhutan, Nepal).

Pufferzone, entmilitarisierte Zone zw. zwei Staaten.

Puffotter, afrikan. Giftschlange; über 1 m lang, gelbbraun.

Puget [*py'ʒɛ*], Pierre (16. 10. 1620–2. 12. 94), frz. Barockbildhauer; dynam. bewegte Kompositionen lebensvoller Figuren.

Pugetsund [*'pjudʒɪt*], Pazifikbucht im NW des US-Staats Washington; Häfen *Seattle* u. *Tacoma.*

Pula, it. *Pola,* kroatische Hafenst. an der Südspitze v. Istrien, 56 000 E; röm. Bauten. – 1850–1919 östr. Kriegshafen; bis 1946 it.

Pulcinella [it. -*tʃ*- „Hähnchen"], *Polichinelle* [frz.], komische Gestalt (frecher, verschlagener, rüpelhafter Diener) in den südit. Volkspossen; Ende des 16. Jh. in die → Commedia dell'arte aufgenommen.

Pulheim (D-5024), St. im Erftkreis, NRW, 48 158 E (durch Zus.schluß m. *Brauweiler* u. *Stommeln*).

Pulitzerpreise *für Zeitungswesen und Literatur* (seit 1917) stiftete v. Joseph *Pulitzer* (10. 4. 1847–29. 10. 1911); s. 1917 jährl. verliehen durch die Columbia-Uni., New York.

Pulkowo, Berg 15 km südl. St. Peters-

burg, 78 müM, 30° 19′ 40″ östl. Länge mit bedeutendstem Observatorium d. Sowjetunion.

Pull [engl.], „Zug, Ruck"; z. B. *Pullring,* Zugvorrichtung an Deckeln luftdicht abschließender Dosen.

pullen, 1) *seem.* rudern; **2)** b. *Reiten:* starkes Vorwärtsdrängen u. gg. drücken („auf die Hand gehen") eines Pferdes; beim Rennen *aufpullen,* ein Pferd absichtlich zurückhalten.

Pullman [-*mən*], George Mortimer (3. 3. 1831–19. 10. 97), am. Eisenbahnindustrieller; baute 1863 d. ersten **P.wagen,** mit Salonausstattung.

Pullover, *m.* [engl. „Zieh über!"], *Pulli,* über den Kopf zu ziehende kurze Strickjacke.

Pully [*py'ji*], (CH-1009), schweiz. Gem. b. Lausanne, Kanton Waadt, am Genfer See, 15 000 E; Metall- u. chem. Ind.

Pulmo, *m.* [l.], Lunge.

pulmonal, d. Lunge betreffend.

Pulmonalarterie, Lungenschlagader (→ Herz, Abb.).

Pulpa, *w.* [l.], **1)** Markraum in der Milz; Produktion roter Blutkörperchen; **2)** gefäß- u. nervenhaltiges Zahnmark, → Zähne.

Pülpe, 1) Rückstände der Kartoffelstärkefabrikation; getrocknet z. Kraftfutter; **2)** auch der Pulp, das Mark der Rüben in d. Zuckerfabrikation.

Pulque, *m.* [span. -*kə*], Nationalgetränk d. Mexikaner aus gegorenem Saft der Agave atrovirens.

Puls, *m.* [l.], die durch d. Schlagadern entsprechend dem Herzschlag fortgeleitete Blutwelle, fühlb. an Schlagadern (z. B. der P.ader, Speichenarterie an der Daumenseite d. Handgelenks); normal bei Männern 70–72, Frauen 75, Kindern 90 u. Neugeborenen ca. 140 Schläge in der Min.

Pulsare, pulsierende Radioquellen im Weltraum, die in Abständen von ca. 1 Sek. Stöße von Radiostrahlung aussenden.

Pulsation, period. Ausdehnung und Zusammenziehung eines Körpers (z. B. eines Fixsterns).

pulsieren, schlagen.

Pulsometer, *s.,* kolbenlose Dampfpumpe f. Flüssigkeiten, die durch Kondensation von Dampf angesaugt, durch Zuführung von Frischdampf weitergedrückt werden.

Pulsotriebwerk → Schmidt-Rohr.

Pulver → Schießpulver.

Pulvermetallurgie, Verfahren zur Formung von Metallteilen aus Metallpulvern, die verpreßt und dann durch *Sintern* fest vereinigt werden; zuerst für Teile aus unschmelzbaren Metallen, dann auch z. Massenverarbeitung v. Eisen, Stahl u. and. Legierungen zu Lagern, Waffen u. ä.; die Metalle nicht geschmolzen, sondern wie keram. Material heiß geformt werden, auch *Metallkeramik* genannt.

Pulververschwörung, mißlungener Ver-

such der kath. Partei in England, 1605 den calvinist. Kg Jakob I. und das Parlament in die Luft zu sprengen (Guy → Fawkes).

Puma, *m., Silberlöwe, Berglöwe, Kuguar,* katzenartiges Raubtier Amerikas.

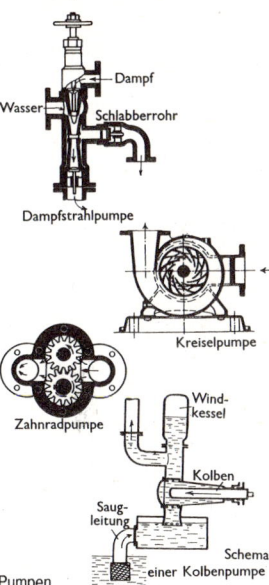

Dampf · Schlabberrohr · Wasser · Dampfstrahlpumpe · Kreiselpumpe · Zahnradpumpe · Windkessel · Kolben · Saugleitung · Schema einer Kolbenpumpe · Pumpen

Pumpe, Arbeitsmaschine, **a)** zur Verdichtung od. Verdünnung v. Gasen → Luftpumpe, od. **b)** z. Förderung v. Flüssigkeiten: **1)** *Dampfstrahlpumpe,* meist f. Kesselspeisung; Dampfstrahl aus Düse erzeugt Vakuum und reißt Wasser mit (Schornsteinwirkung); bei Inbetriebnahme läuft Wasser durch *Schlabberventil* ab, bis Kesseldruck erreicht; Leistung bis 250 l/min; ähnl. arbeitet *Wasserstrahlpumpe;* **2)** *Kolbenpumpe,* Antrieb von Hand oder langsam laufend. Kraftmaschine; durch Hinundhergang der Kolbens Saug- u. Druckwirkung. *Windkessel* z. Vermeidung v. Wasserschlägen; **3)** *Kreiselpumpe* f. hohe Umlaufzahlen: Wasser tritt in Mitte d. Schaufelrades ein u. wird in Druckstutzen geschleudert; z. besseren Wasserförderung → Leitapparat; für große Druckhöhen mehrere Einzelpumpen in einem Gehäuse (mehrstufige Pumpen); höchste Druckhöhe 1250 m; Saughöhe bis 8 m bei kaltem Wasser; Saug- + Druckhöhe = Förderhöhe. → Pulsometer, → Quecksilberluftpumpe.

Pumpernickel, aus Westfalen stammendes sehr dunkles, süßliches Brot aus Roggenschrot.

Pumps [engl. *pamps*], Halbschuhe, die ohne Klappen u. Schnürung unmittelbar mit dem Ausschnitt am Fuß anliegen.

Punas, trockenkalte Hochebenen Perus

und Boliviens, mit harten Gräsern und Kakteen.

Punch [pʌntʃ], **1)** Hanswurst des engl. Puppenspiels; **2)** satirische engl. Zeitschrift seit 1841.

Punchingball [engl. ´pʌntʃ-], luftgefüllter birnenförmiger Lederball, der an einer Plattform *(Plattformball)* in Augenhöhe hängt zum Training der Treffsicherheit u. Schlagschnelligkeit des Boxers.

Punctum saliens [l. „springender Punkt"], svw. Kern-, Hauptpunkt.

Pune, *Puna, Poona,* ind. St. im westl. Dekhan, 1,7 Mill. E; Felsentempel; HS; Gold- u. Silberind.

Punier [-niˑər], röm. Bez. für die Karthager.

Punische Kriege, 264–146 v. Chr., Kämpfe Roms mit → Karthago um d. Vorherrschaft im westl. Mittelmeer, endeten mit Sieg der Römer über die Karthager: 1. P. Kr. 264–241 v. Chr., Rom gewinnt Sizilien; 2. P. Kr. 218–201 v. Chr., Hannibals Übergang über d. Alpen n. Italien, → Cannä; Scipio erobert Spanien, siegt bei → Zama; 3. P. Kr. 149–146 v. Chr., Karthago wird zerstört.

Punjab, svw. → Pandschab.

Punk [engl. pʌŋk „Schund"], Bez. auf d. einen Seite f. eine um 1976 im angloam. Raum aufkommende Richtung d. → Rock-Musik (urspr. bereits f. d. am. *Garagen-Rock* 1966/67 verwendet), charakterisiert durch kurze, extrem schnell gespielte Hard-Rock-Stücke m. wenigen Akkorden u. aggressiven Texten *(Sex Pistols, Dead Kennedys),* andererseits f. Jugendliche *(Punks* od. *Punker),* die sich unter d. Eindruck v. soz. u. wirtschaftl. Problemen (bes. Jugendarbeitslosigkeit) v. d. Gesellschaft abwenden u. durch betont provozierende Aufmachung (gefärbte od. verklebte Haare, zerrissene Kleidung, Sicherheitsnadeln u. Rasierklingen etc.) schockieren wollen *(No-Future-*Bewußtsein).

Punkt, 1) *math.* Grundelement d. Geometrie, durch zwei verschiedene Punkte ist eine Gerade eindeutig bestimmt, zwei nichtparallele Geraden schneiden sich in genau einem Punkt; **2)** kleinste typograph. Einheit (0,376 mm) z. Größenbestimmung d. Schrift → Schriftgrade).

Punktalgläser, Brillengläser, die d. → Astigmatismus f. d. normalen Blickwinkel beheben.

Punktation, *w.,* Gliederung nach Hauptpunkten bei Vertragsentwurf, Erklärung u. a.

Punktier-bücher, bes. im 17. u. 18. Jh. Lehrbücher üb. d. P.kunst, abergläub. Wahrsageverfahren an Hand von Punkten in Sand oder auf Papier.

Punktion [l.], *med.* Anstich von Blutgefäßen od. einer Körperhöhle mittels Hohlnadel z. Ablassen von Blut, Eiter oder anderer Flüssigkeiten (z. B. → Lumbalpunktion usw.); *punktieren,* eine P. vornehmen.

Punsch, *m.* [hindostan. „fünf"], heißes

oder kaltes Getränk aus 5 Bestandteilen: Rum (Arrak), Zucker, Zitrone, Tee, Wasser.

Punta Arenas → Magallanes.

punzen, Einschlagen v. Zeichen od. Mustern mit Stempeln *(Punzen),* z. B. in Leder, Metall (Kennzeichnung d. Feingehalts v. Gold- u. Silberwaren).

pupillarisch [l.], svw. mündelsicher.

Pupille, *w.* [l.], das Sehloch in der Iris d. → Auges. – **P.nreflex,** Verengung der P. auf Lichteinfall und bei Nah- → Akkommodation.

Pupin, Michael (4. 10. 1858–12. 3. 1935), serb. Ing.; erfand die **P**.spulen: Induktionsspulen, die in Abständen von z. B. 2 km in Fernkabeladern eingeschaltet werden, um die → Dämpfung auf einen techn. tragb. Wert herunterzusetzen: ermöglicht Fernsprechen im Kabel auf Entfernungen bis über 70 km ohne Verstärker.

Puppe, 1) scheinbares Ruhestadium zw. Larve u. fertigem Insekt; bei Insekten mit vollkommener Verwandlung; → Holometabolie. → Metamorphose; **2)** auf dem Felde zus.gestellte Garben. – **P**.nräuber, räuberischer, nützl. Laufkäfer mit goldgrünen Flügeldecken, ♦.

Puppenspiel, Theater m. Handpuppen (z. B. *Kasperletheater),* Stabpuppen od. → Marionetten als Spielfiguren.

Puppis [l.], → Sternbilder, Übers.

pur [l.], rein, lauter, unvermischt.

Purcell [pəːsl], **1)** Edward Mills (* 30. 8. 1912), am. Kernphysiker; (zus. mit F. Bloch) Nobelpr. 1952; **2)** Henry (1659–21. 11. 95), engl. Komp.; Oper: *Dido und Aeneas;* Schauspielmusiken u. geistl. Musik.

Püree, *s.* [frz.], dicker Brei aus Kartoffeln, Erbsen oder Kastanien usw.

Purgatorium, *s.* [l.], svw. → Fegefeuer.

purgieren [l.], *med.* abführen.

Puri, St. i. ind. Staat Orissa; 90 000 E; berühmter Wallfahrtsort d. Hindu.

Purimfest, *Losfest,* jüd. Frühlingsfest zur Erinnerung an die Errettung der Juden durch Esther.

Purin, *s.,* $C_5H_4N_4$ organ. Verbindung; Grundsubstanz der Harnsäure, d. Zellkernsubstanzen sowie d. Coffeins u. Theobromins.

Purismus, *m.,* **1)** Streben nach Sprachreinigung; fremdwortfreie Ausdrucksweise; *Purist,* Sprachreiniger; **2)** in der Kunst z. B.: → Le Corbusier.

Puritaner, seit Ende des 16. Jh. streng calvinist. Bewegung in England, sucht im Ggs. zur englischen Staatskirche die reformatorischen Prinzipien in ihrer Reinheit *(puritas)* wiederherzustellen; Sittenstrenge; in versch. Freikirchen weiterlebend.

Purpur, *m.,* **1)** *chem. Dibromindigo,* rotvioletter Farbstoff, schon v. d. Phöniziern aus d. Saft v. Purpurschnecken erzeugt; **2)** purpurfarbiges, prächtiges Gewand. – **P.schnecke,** Raubschnecke warmer Meere; erzeugt die Purpurflüssig-

keit; im Altertum als Farbstoff sehr begehrt.

Purrmann, Hans (10. 4. 1880–17. 4. 1966), dt. Maler, Matisseschüler u. Fauvist; Landschaften, Stilleben, Porträts.

Purtscheller, Ludwig (6. 10. 1849–3. 3. 1900), östr. Alpinist; bestieg 1700 Gipfel, 1899 d. Kilimandscharo.

Purús, r. Nbfl. des Amazonas in Brasilien, v. d. peruanischen Anden, 3211 km lang, schiffbar.

Alexander S. Puschkin

Puschkin, Alexander Sergejewitsch (26. 5. 1799–29. 1. 1837), russ. Schriftst. d. Romantik; umfangr. lyrisches Werk; Epos: *Eugen Onegin;* Schauspiel: *Boris Godunow.*

Pushball, *m.* [engl. ´puʃ], Schiebeball, am. Ballspiel zw. zwei Mannschaften: luftgefüllter Ball von 1,80 m Durchmesser wird zum Mal des Gegners gestoßen u. gerollt.

Pusher, *m.* [am. ´puʃə], Rauschgifthändler.

Pußta, Flachlandschaft Ungarns, Weide- u. Ackerland; weit verstreut kleine Bauminseln (Pappeln, Akazien, Obst); Rinder- u. Pferdezucht, Weizen-, Mais- u. Rübenanbau. Durch Staustufen a. d. Theiß u. künstl. Bewässerung Ausdehnung der Anbauflächen.

Pustel, *w.* [l. „pustula"], Eiterbläschen.

Pustertal, it. *Val Pusteria,* Gebirgstal in N der Dolomiten, Längstal der Rienz u. oberen Drau, 100 km l.; westl. Teil it., östl. östr.

putativ [l.], vermeintlich, irrtümlich.

Putativnotwehr → Notwehr.

Putbus (D-2353), Luftkurort u. Seebad a. Rügen, M-V., 6000 E.

Puter, svw. → Truthahn.

Putsch, *Staatsstreich,* pol. Umsturz, gewaltsame Änderung d. Rechts- od. Verf.sordnung im Staat durch einzelne Personen bzw. kleine Gruppen (z. B. Militär). → Coup d'état, → Staatsstreich.

Putten [it.], kl., nackte, oft geflügelte Kinderfiguren in d. (Renaissance-) Kunst, nach Vorbild d. antiken → Eroten.

Puttgarden, Ortsteil v. Bannesdorf auf der Insel Fehmarn; Fährbahnhof der → Vogelfluglinie.

Püttlingen (D-6625), Ind.st. im Stadtverband Saarbrücken, Saarld, 20 520 E.

Putumayo, *Içá,* l. Nbfl. des Amazonas, entspringt i. d. Ostkordilleren, Grenze zw. Kolumbien, Ecuador u. Peru, 1852 km lang, schiffbar, mündet als Içá in NW-Brasilien.

Puvis de Chavannes [*py͂vi dʃaˈvan*], Pierre (14. 12. 1824–24. 10. 98), frz. Maler; Wandbilder, u. a. *Genoveva-Zyklus* (Pantheon, Paris).

Puy, Le [*lə ˈpy͂i*], *Le Puy-en-Velay*, Hptst. des frz. Dép. *Haute-Loire*, in der vulkan. Landschaft der Auvergne, 26 000 E; Kathedrale; Bischofssitz; Spitzenherstellung.

Puy- de-Dôme [*py͂idəˈdoːm*], 1) höchster Vulkangipfel der Auvergne, 1465 m, Bergbahn, meteorolog. Observatorium; 2) mittelfrz. Dép., 7970 km², 598 000 E; Hptst. *Clermont-Ferrand.*

Puzo [*ˈpuːzoʊ*], Mario (* 15. 10. 1920), am. Schriftst.; Romane, Drehbücher; *Der Pate.*

Puzzle, *s.* [engl. *pʌzl*], Rätsel, insbes. Geduldsspiel: aus verschieden geformten Klötzchen werden Bilder od. Figuren zusammengesetzt.

PVC-Faser, erste vollsynthetisch hergestellte Chemiefaser aus → Polyvinylchlorid.

pxt., Abk. f. → *pinxit.*

Pyämie [gr.], Blutvergiftung durch Eiter.

Pyelitis, *w.* [gr.], Nierenbeckenentzündung, durch Eitererreger.

Pygmäen [gr. „Fäustlinge"], Zwergvölker Mittelafrikas; → Zwergwuchs.

Pygmalion, sagenhafter König von Zypern, verliebt sich in ein von ihm geschaffenes weibliches Standbild; durch die Göttin Aphrodite wird es lebendig, worauf er es zur Frau nimmt. Titel eines Bühnenstücks von Shaw.

Pyjama, *m.* od. *s.* [pers. *pʲ͂dʒ-*], Schlafanzug.

pyknisch, untersetzter → Körperbau.

Pyknometer, *s.* [gr.], Vorrichtung z. Dichtebestimmung von Flüssigkeiten und Pulvern.

Pylades, treuer Freund des → Orest.

Pylon [gr.], 1) v. Türmen flankiertes Tor ägypt. Tempel; 2) Seiltragpfeiler e. Hängebrücke.

Pylorus [gr.], svw. → Magenpförtner.

Pylos → Navarino.

Pynchon [*ˈpɪntʃən*], Thomas (* 8. 5. 1937), am. Schriftst.; phantast.-humorist. Romane m. komplexen Erzählstrukturen; *D. Versteigerung v. No. 49; V.; D. Enden d. Parabel.*

Pyongyang, *Heijo,* Hptst. d. Volksrep.

Putten

N-Korea, in NW-Korea, 2,6 Mill. E; Uni.; Eisenerz- u. Kohlenbergbau, chem., Stahl- u. Baumwollind.

Chepren-Pyramide

Pyramide|n [gr.], 1) Grabmäler altägypt. Könige d. 3.–2. Jtd v. Chr. (Cheops, Chephren); quadrat. Unterbau mit 4 dreieckigen, an der Spitze zusammentref-

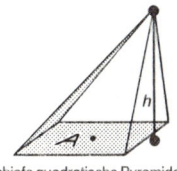
schiefe quadratische Pyramide

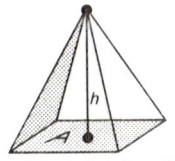
gerade quadratische Pyramide

fenden Wänden; 2) geometrischer Körper: hat als Grundfläche ein beliebiges Polygon, die Seitenflächen bilden den Mantel, der Abstand der Spitze von der Grundfläche ist die Höhe; der Rauminhalt der P. beträgt 1/3 der Grundfläche A mal Höhe h.

Pyramus und Thisbe, antikes Liebespaar, durch Feindschaft d. Eltern getrennt, nimmt sich das Leben (P. als erster in der irrtüml. Annahme vom Tod der Th.).

Pyrenäen, 1) Kettengebirge zw. dem Golf v. Biscaya u. d. Mittelmeer, 450 km l., bis 110 km breit; im *Pico de Aneto* (Maladettamassiv) 3404 m hoch, m. steiler N-Flanke u. breiter S-Abdachung, trennt das steppenhafte Aragonien vom feuchteren südl. Frkr.; Paß von Roncesvalles (1057 m) einziger niedriger Übergang; Umgehungsbahnen im W und O; 2 Durchstichbahnen; 2) *Pyrénées,* Name v. 3 Départements auf frz. Seite: **a)** *Pyrénées-Atlantiques,* 7645 km², 573 900 E, Hptst.: *Pau;* **b)** *Hautes-Pyrénées,* 4464 km², 232 000 E, Hptst.: *Tarbes;* **c)** *Pyrénées-Orientales,* 4116 km², 364 000 E, Hptst.: *Perpignan.* –

Im östlichen Teil liegt die Zwergrepublik → Andorra.

Pyrenäenfriede, beendet d. Krieg Frkr.s (Ludwig XIV.) m. Spanien (1635–59), Frkr. bricht die Vorherrschaft d. span. Habsburger in Europa.

Pyrenäenhalbinsel, *Iberische Halbinsel,* umfaßt Spanien, Portugal, Andorra und Gibraltar.

Pyrethrum, *s., Persische Wucherblume,* Kontaktinsektizid, Herstellung aus den Blüten von Chrysanthemum-Arten, vornehmlich z. Bekämpfung v. Haushaltsungeziefer; für Menschen u. Haustiere toxikologisch unbedenklich.

Pyrheliometer, Instrumente zur absoluten Messung der direkten Sonnenstrahlung.

Pyridin, *s.,* stickstoffhaltige organ. Verb., ähnl. Benzol, C_5H_5N, überliechend; zum → Denaturieren von Spiritus.

Pyrimidin, i. → Purinen u. → Nucleïnsäuren vorkommendes Ringsystem m. 2 Stickstoff-Atomen.

Pyrit, *m.,* svw. → Eisenkies.

Pyrmont, 1) Teil des Rgbz. Hannover, Nds., bis 1625 Gft, dann zu Waldeck, 1807 Fürstent., 1922 zu Preußen; 2) → *Bad Pyrmont.*

Pyrogallol, *s., Pyrogallussäure,* ein Trihydroxybenzol, $C_6H_3(OH)_3$, weiße Kristalle; als fotograf. Entwickler u. zur Sauerstoffabsorption (Gasanalyse).

Pyromanie [gr. „Feuerwahnsinn"], Brandstiftungstrieb.

Pyrometallurgie, Lehre von d. Gewinnung v. Metallen aus Erzen bei sehr hohen Temperaturen.

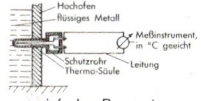
einfaches Pyrometer

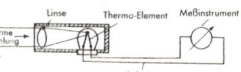
Strahlungspyrometer

Pyrometer, *s.* [gr.], Meßinstrument f. hohe Temperaturen (über 500°); Messung *optisch:* durch Vergleich d. Helligkeit der Glut m. geeichter Lichtquelle *(Holborn-Kurlbaum); el.* Widerstandsmessung; *thermoel.* Thermoelement.

Pyromorphit [gr.], ein Bleierz, fettglänzende Prismen.

Pyrophor, *m.* [gr.], feinstverteiltes, i. Verbindung mit Sauerstoff leicht entzündl. Metall (z. B. Cer-Eisen-Legierung).

Pyrotechnik [gr.], angewandte Wärmelehre, auch die Feuerwerkerei.

Pyroxene, Gruppe v. → Silicate, in → Magmatiten, → Metamorphiten (z. B. *Augit*).

Pyrrhus, König von Epirus 306–272 v.

Pythia, *auf dem Dreifuß sitzend*

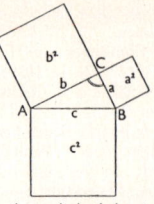

pythagoreischer Lehrsatz

Chr., errang im Kampf gegen Rom sehr verlustreiche Siege, daher sprichwörtl. **Pyrrhussieg.**
Pyrrol, *s.* [gr.], chem. Verbindung, C_4H_5N; im Steinkohlenteer, Chlorophyll u. Blutfarbstoff.
Pythagoras (ca. 570–497 v. Chr.), griech. mystischer Phil. u. Math., erklärte d. *Zahlen* (als Ausdruck der Verhältnisse der Natur u. ihrer Harmonie) für die Grundbegriffe des Seins, lehrte die Sphärenharmonie, d. Seelenwanderung; gründete in Unteritalien e. sittl.-rel. Bund **(Pythagoreer).**
pythagoreischer Lehrsatz, fundamental in der gesamten Geometrie: Im recht-winkligen Dreieck ist (arithmet.) das Quadrat über d. Hypotenuse gleich der Summe der Quadrate über den beiden Katheten: $c^2 = a^2 + b^2$.
Pytheas von Massilia (Marseille), griech. Astronom, Geograph u. Math., bereiste um 330 v. Chr. Britannien, Thu-le u. das „Bernsteinland" (erste bestimmte Kunde von den Germanen).
Pythia, Apollopriesterin, die zu Delphi, auf einem Dreifuß sitzend, im Zustand der Verzückung weissagte: **Pythisches Orakel**; durch Priester in metrische Spruchform gebracht; bis zur Mitte des 5. Jh. v. Chr. von gr. Bedeutung für pol. Entscheidungen in ganz Griechenland.
Pythische Spiele, alle 4 Jahre bei Delphi zu Ehren des *pythischen* Apollo gefeiert.
Python, *m.,* 1) i. d. griech. Sage Drache am Parnaß, von Apollo getötet; 2) → Riesenschlangen.
Pyxis, *w.* [gr.], in d. kath. Kirche Gefäß z. Aufbewahrung d. Hostien im → Tabernakel.

Q, q, Zeichen bei Maßen f. *Quadrat* (z. B. qm = Quadratmeter, heute: m²).
Qatar, → Katar.
QbA, Abk. f. *Qualitätsweine bestimmter Anbaugebiete;* in d. BR Bez. f. Weine der mittleren d. 3 amtl. Güteklassen: *Tafelweine* (u. Landweine), *Qualitätsweine, Prädikatsweine* (Kabinett, Spätlese, Auslese, Beerenauslese, Trockenbeerenauslese, Eiswein).
Qeqertarsuaq, dän. *Godhavn,* Hafenort auf d. grönländ. Insel Deqertarsuag (Disko), 1000 E; Arktisstation u. geophys. Observatorium.
Q-Fieber, (Abk. f. engl. *query* = Fragezeichen), durch → Rickettsien übertragbare Infektionskrankheit.
Qingdao, früher *Tsingtau,* chin. Hafenstadt an der Tiaozhou-Bucht (Gelbes Meer), 1,3 Mill. E; Kriegs- u. Handelshafen; Seidenind.
Qinghai, früher *Tschinghai,* chin. Prov. in O-Tibet, gebirgig, 721 000 km², 4 Mill. E; Hptst. *Xining.*
Qiqihar, früher *Tsitikar,* St. i. d. chin. Prov. Heilongjiang, 1,26 Mill. E; Ind.- u. Verkehrszentrum.
Qomolangma, *Tschomolungma,* → Mount Everest.
Quacksalber, svw. Kurpfuscher.
Quaddeln, juckende Hauterhebungen (z. B. nach Insektenstichen), Flüssigkeitsaustritt aus den Lymphgefäßen in die Haut.
Quaden, westgerman. Volk in Böhmen u. Mähren seit 1. Jh. v. Chr., mit → Markomannen verbündet; im 1.–4. Jh. Kämpfe mit den Römern.
Quader, 1) größer, rechteckig behauener Stein; **2)** math. ein von 6 (mit je 2 gegenüberliegenden gleichen) Rechtecken begrenzter Körper; Rauminhalt = Produkt der 3 Seitenkanten.
Quadflieg, Will (* 15. 9. 1914), dt. Film- u. Bühnenschausp.; *Faust;* Autobiographie: *Wir spielen immer.*
Quadragesima, w. [l.], 40tägige Fastenzeit vor Ostern.
Quadragesimo anno, „im 40. Jahre nach" (d. Enzyklika Rerum novarum);

Enzyklika v. Pius XI. zur soz. Frage, 1931.
Quadrant, m. [l.], **1)** vierter Teil eines Kreises (u. d. Windrose); **2)** im MA Instrument z. Messen v. Gestirnshöhen.
Quadrantiden, Meteorstrom (→ Meteore) aus d. nördl. Teil d. Sternbildes des Bootes (3. Januar).
Quadrat, s. [l. „quattuor = vier"], *math.* Viereck mit 4 gleichen Seiten (*a*) und 4 rechten Winkeln; Inhalt = $a \cdot a = a^2$; auch die zweite Potenz einer Zahl; *magisches Q.,* in kleinere Q.e unterteiltes, m. Zahlen versehenes Q., wobei waagerechte u. senkrechte (oft auch diagonale) Summen d. gleiche Zahl ergeben.
quadratische Gleichung, svw. → Gleichung 2. Grades.
Quadratur, w. [l.], **1)** Verwandlung einer Figur in ein Quadrat; Q. d. Kreises mit Zirkel u. Lineal (alte Aufgabe d. Mathematik) ist unmöglich; **2)** in d. Integralrechnung die Ausführung d. Integration; **3)** Stellung zweier Gestirne im Längenabstand v. 90°.
Quadratwurzel, geschrieben $\sqrt{\ }$ oder $\sqrt[2]{\ }$ in der *Arithmetik:* zweite → Wurzel einer (math.) Größe.
quadrieren, eine Zahl in d. 2. → Potenz erheben.

Quadriga
auf dem Brandenburger Tor, Berlin

Quadriga, w. [l.], Viergespann v. v. ihm gezogener zweiräd. Renn- od. Siegeswa-

gen d. Antike, in freiplast. Darstellung in d. Antike u. s. Renaissance (z. B. in Berlin auf Brandenburg. Tor, 1945 zerstört, 1958 Neuguß, 1991 restauriert).
Quadrille, w. [frz. *ka'drɪljə*], Gruppentanz für je vier (frz. quatre) Paare (Abb. → Tafel Tanz).
Quadrillion [l.], eine Eins mit 24 Nullen (1 Mill. Trillionen od. 10^{24}).
Quadrivium → freie Künste.
Quadrupedie, m. [l.], Vierfüßigkeit, bes. b. Wirbeltieren.
quadrupel [l.], vierfach, vier zusammengehörende Kräfte oder (pol.) Mächte.

Quagga

Quagga, s., ausgerottete Steppenzebra-Art S-Afrikas.
Quai, m. [frz. ke:], → Kai.
Quai d'Orsay [-dɔr'sɛ], Kai am südl. Seineufer in Paris, m. d. danach benannten frz. Außenministerium.
Quakenbrück (D-4570), St. i. Kr. Osnabrück, Nds., 10 126 E; histor. Bauten; Fahrradind.
Quäker [engl. „Zitterer"], ursprüngl. Spottname der „Gesellschaft der Freunde", ev. Religionsgemeinschaft, von George *Fox* 1652 gegr., v. William *Penn* in Amerika organisiert; rein geistl. Gottesdienst unter Ablehnung äußerer Formen; unbedingt friedensliebend (Friedensnobelpr. 1947); verwerfen Eid u. Kriegsdienst; unermüdl. i. intern. Hilfstätigkeit.
Qualifikation, w. [nl.], Befähigung, Eignung.
qualifizieren, nach den Eigenschaften kennzeichnen; tauglich machen.

Quantentheorie

Für den Mikrokosmos (→ Atom) zuständige physikalische Theorie. Fundamental ist das *Plancksche Wirkungsquantum* $h = 6{,}624 \cdot 10^{-27}$ erg · s. Ansätze von *Planck* (Hohlraumstrahlung, 1900) u. *Einstein* (Lichtquanten, 1905, spezif. Wärme bei tiefen Temperaturen, 1907). Erste Q. des Atoms von *Bohr* (1913) u. *Sommerfeld* (1915): *Planetarisches Atommodell* mit 2 Postulaten, nämlich **a)** für die stabilen Bahnen der Elektronen, **b)** für den Übergang zwischen den Bahnen, bei dem ein Lichtquant ausgesendet (oder eingefangen) wird. 1925 Ausbildung der *„Göttinger" Quantenmechanik (Heisenberg, Born, Jordan)*, 1926 der *Wellenmechanik (De Broglie, Schrödinger)*, die sich als äquivalent erwiesen *(Schrödinger, Dirac)*. Durch die *„Kopenhagener Deutung"* (1927 *Bohr, Heisenberg*) wurde die für unsere ganze Naturerkenntnis grundlegende Q. abgeschlossen. Q. enthält Dualitäts-

prinzip, wonach Licht und alle Materie je nach den Versuchsbedingungen als Korpuskel oder als Welle erscheint. Wellennatur der Materie eindeutig durch Versuche (1926 *Davisson, Germer*) bewiesen. Neue Einsicht in das Wesen der physikalischen Realität: Ort und Geschwindigkeit eines Teilchens nie gleichzeitig mit beliebiger Genauigkeit meßbar *(Heisenbergsche Unschärferelation)*. Die Q. ist eine mathematisch widerspruchsfreie, in sich geschlossene Theorie; sie muß aber für das Geschehen im Bereich der → Elementarteilchen erweitert werden. – Die Q. hat der Biologie eine neuartige Betrachtungsweise eröffnet: Für Organismus entscheidende Vorgänge spielen sich an den Gebilden atomarer oder molekularer Feinheit (z. B. Genen, Viren) ab, die durch ein einzelnes Quant spontan verändert oder getötet werden können.

---

qualifiziert, geeignet, befähigt.
qualifizierte Delikte, an sich schon strafb. Handlungen (z. B. Hehlerei), z. denen weitere belastende Tatsachen hinzukommen (*Gewerbsmäßigkeit* der Hehlerei).
qualifizierte Mehrheit → Mehrheit.
Qualität, w. [l. „qualis = wie (beschaffen)"], Beschaffenheit, Güte einer Sache.
qualitativ, der Beschaffenheit, der Güte nach.

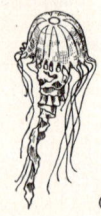

Qualle

Quallen, *Medusen,* frei schwimmende, glocken- od. schirmförmige → Zölenteraten; haben sich meist von einer festsitzenden Generation (Polyp) abgelöst, hauchzart und farbenprächtig; *Scheibenquallen* (Discomedusen) mit flachem, achtteiligem Schirm (z. B. Ohren-Q.).
Qualtinger, Helmut (10. 8. 1928–29. 9. 86), östr. Kabarettist, Schausp. u. Schriftst.; *Der Herr Karl.*
Quantentheorie → Übersicht.
Quantenzahlen → Quantentheorie.
Quantität, w. [l. „quantum = wieviel"], Menge, Anzahl; in d. *Verslehre:* Silbenmaß (Kürze, Länge).
quantitativ, nach Menge, Größe, Zahl.
Quantitätstheorie, im 17. Jh. entstandene Lehre: Geldwert hängt unmittelbar v. d. Menge d. vorhandenen Geldes u. seiner Umlaufgeschwindigkeit ab; in dieser urspr. Form vielfach widerlegt.
Quantité négligeable [frz. *kãti'te negli-'ʒabl*], unbedeutende, nicht zu beachtende Größe.
Quantum, *s.* [l.], Menge.
Quantz, Johann Joachim (30. 1. 1697–12. 7. 1773), dt. Komp.; Flötenlehrer u. Hofkomp. Friedrichs d. Gr.; Verf. e. Flötenschule.

Quappe, 1) Aalraupe, einziger Vertreter d. dorschartigen i. Binnengewässern; **2)** svw. → Kaulquappe.
Quarantäne [frz.], Absonderung ansteckungsverdächtiger Personen bis z. Beendigung d. Ansteckungsgefahr; auch Sperre für Schiffe.
Quark, 1) aus Milch durch natürl. od. Labsäuerung bereiteter *weißer Käse;* Ausgangsprodukt aller Käsearten; **2)** *techn.* z. Appretur, Klebstoff, Gablalith.
Quarks, [engl., Phantasiename aus „Finnegan's Wake" von J. Joyce], 1964 v. Gell-Mann u. G. Zweig postulierte kleinste (unteilbare) Elementarteilchen, aus denen alle schweren Elementarteilchen aufgebaut sein sollen. Es gibt 6 Arten: *Up, Down, Charm, Strange, Bottom, Top* (Top-Quark noch nicht experimentell nachgewiesen); jede Art kann als Teilchen oder Antiteilchen und mit einer von drei Farbladungen erscheinen; jedes (schwere) Elementarteilchen besteht aus 2 oder 3 Quarks.
Quarnero, kroat. *Mali Kvarner,* Meerbusen der Adria an der Ostseite der Halbinsel Istrien, im S mit den **Quarnerischen Inseln:** u. a. Cres (it. *Cherso*), 404 km², Lošinj (*Lussino*), 74 km²; Krk (*Veglia*), 410 km², jugoslawisch.
Quart, *s.* [l. quartus „der vierte" (Teil)], **1)** altes dt. Flüssigkeitsmaß u. engl. Hohlmaß (→ Maße und Gewichte, S. 1085); **2)** Papier- bzw. Buchformat, 4°, Bogen zählt 4 Blätter bzw. 8 Seiten; **3)** Fechtb bei Säbel u. Schläger, trifft d. linke Seite d. Gegners: *Hoch-Q., Brust-Q., Tief-Q.*
Quarta, w. [l. „vierte"], früher: 3. Klasse d. höheren Schule (entspr. der 7. Klasse).
Quartal, *s.* [l.], Vierteljahr. – **Q.ssäufer,** *Dipsomane,* → Alkoholismus.
Quartär → geologische Formationen, Übers.
Quarte, w. [l.], *mus.* 4. Stufe d. Tonleiter u. entsprechendes Intervall (1: *reine,* 2: *verminderte,* 3: *übermäßige* Quarte).

Quarter, *m.* [engl. *'kwɔtə* „Viertel"], **1)** Handelsgewicht u. **2)** Hohlmaß in Großbritannien u. USA (→ Maße und Gewichte, S. 1085).
Quartett, *s.* [it.], Kompositionsform für 4 Instrumente oder Singstimmen.
Quartier, *s.* [frz.], Stadtviertel; Unterkunft.
Quartier Latin [*kar'tje la'tἕ*], Stadtteil links der Seine (Studentenviertel) in Paris.
Quarz, *m.,* häufiges, sehr hartes, schwer schmelzb. Mineral, Kristallform hexagonal; chem. *SiO₂ Siliciumdioxid* (SiO_2); Hauptvorkommen als Sand, aber auch Felsmassen (z. B. *Quarzit*), durchsichtig farblos; durch Spurenelemente bildet Q. viele Edel- u. Halbedelsteine, Verwendung des Q.es in der Porzellan- u. Steingutfabrikation u. zu **Q.glas,** aus reinem geschmolzenem Q.; für chem. Gefäße, unempfindlich gegen plötzliche Temperaturunterschiede, säurefest; durchlässig für ultraviolette Strahlen.
Quarzlampe, elektr. Bestrahlungs-(Quecksilberdampf-)Lampe, die reichlich ultraviolette Strahlen aussendet; künstl. *Höhensonne.*
Quarzporphyr, besonders harter → Vulkanit mit Quarzkristallen; → Magmatite, Übers.
Quarzsendersteuerung, → Oszillator, beruht auf vollkommener Konstanthaltung d. Frequenz v. piezoelektr. schwingenden Quarzkristallen (→ Piëzo-Elektrizität); benutzt i. d. **Quarzuhr,** e. Präzisionsuhr mit einer Ungenauigkeit v. maximal 1 Sek. in 3 Jahren.
Quasar, Abk. für englisch *Quasi-Stellar Radio Sources,* Bez. f. sternförmig erscheinende, weit entfernte → Galaxien; senden intensive Radiostrahlung aus und zeigen starke → Rotverschiebung; 10- bis 100fache Leuchtkraft gewöhnl. Galaxien; über 100 Quasare bekannt.
quasi [l.], gleichsam, fast wie.
Quasimodo, Salvatore (20. 8. 1901–14. 6. 68), it. Lyriker; *Die unvergleichl. Erde;* Nobelpr. 1959.
Quasimodogeniti [l. „wie Neugeborene"], 1. Sonntag nach Ostern.

Quastenflosser

Quastenflosser, *Crossopterygier,* altertüml. Ordnung d. Fische, m. Verbindungsformen zu den ältesten Lurchen; galten als s. 60 Mill. Jahren ausgestorben; lebende Exemplare s. 1938 um Madagaskar gefangen.

Quästor, im ältesten Rom Titel der zwei Beamten, denen die Blutgerichtsbarkeit oblag; später oberste Finanzbeamte.

Quästur, *w.,* Universitätskasse.

Quatember, *m.* [l.], Bußtage in der kath. Kirche zur Heiligung der vier Jahreszeiten; je ein Mittwoch, Freitag u. Sonnabend d. 4 Q.wochen.

Quaternionen, *math.* erweitertes Zahlensystem, über die gewöhnl. → komplexen Zahlen hinaus, m. 4 Basiselementen.

Quattrocento, *s.* [it. -'t∫ento „vierhundert"], it. Bez. f. d. 15. Jh. (Frührenaissance).

Quayle, James Danforth (* 4. 2. 1947), am. Pol. (Republikaner); 1980–88 Senator v. Indiana; s. 1989 US-Vizepräs.

Quebec

Quebec, [engl. *kwɪ-,* frz. *ke-*], **1)** kanad. Prov. zw. Hudsonbai u. St.-Lorenz-Golf, 1 540 680 km², 6,5 Mill., darunter 60% Frz. sprechende E (Frz. s. 1974 Amtssprache); Obst u. Getreide, Gold, Kupfer, Asbest, Eisenerz; durch intensive Nutzung d. reichen Wasserkräfte zweitgrößte Aluminiumind. der Welt; Textil-, chem. Ind., Fahr- u. Flugzeugbau; **2)** Hptst. d. Prov. Q., am Mündungstrichter d. St.-Lorenz-Stroms, 165 000 E, Agglomeration 603 000 E; Uni., Seehafen.

Quebracho-Holz [ke'bratʃo-], südam. Hartholz: *Q. colorado* (rot), termitensicheres Bauholz, auch f. Gerberei; *Q. blanco* (weiß) als *Q.*rinde gg. Asthma.

Quecke, dem Weizen verwandtes Grasgewächs; sehr lästiges Unkraut mit langen Ausläufern des Wurzelstockes.

Quecksilber, *Hg,* chem. El., Oz. 80, At.-Gew. 200,59, Dichte 13,55; silberweißes Metall, bei gewöhnl. Temperatur flüssig, an Luft nicht oxidierend, aus dem Mineral Zinnober (Q.sulfid) gewonnen; be-

nutzt zur Extraktion v. Gold u. Silber aus ihren Erzen, da es sich mit vielen Metallen leicht legiert *(amalgamiert);* Q.dämpfe sehr giftig; techn. Verwendung → Thermometer, Q.batterien (insbes. Knopfzellen); wichtigste Verbindungen: *Q.chlorid,* od. *Sublimat (HgCl$_2$),* starkes Gift z. Desinfizieren, weiße Kristalle, im Handel rote Tabletten mit Eosinzusatz (gg. Verwechslung); *Kalomel (Hg$_2$Cl$_2$),* innerl. in sehr kleinen Dosen als Abführmittel; äußerlich gg. Syphilis; früher Anwendung v. metall. Q. i. d. Medizin. – **Q.dampfgleichrichter,** evakuiertes Glasgefäß; unten Quecksilber als Kathode, oben Graphit als Anode, dazu unmittelbar bei Kathode Hilfs- od. Zündanode. Nach Anlegen v. Wechselspannung an Anoden u. Eintauchen der Hilfsanode i. d. Q. entsteht b. Herausnehmen Lichtbogen, dadurch verdampft Q. u. gibt Elektronen ab; liegt nun an der Anode negative Spannung, so erfolgt kein Stromfluß, weil Graphit bei niedriger Temperatur keine Elektronen aussendet. *Anwendung:* Gleichrichtung großer Ströme u. Spannungen. – **Q.dampflampe,** el. Lampe in Röhrenform, deren eine Elektrode aus Q. besteht; grünl. Licht, in dem Farbengegensätze hervortreten; Verwendung zur Reklame, in der Ind. u. zur Erzeugung ultravioletter Strahlen in der Höhensonnenlampe (z. B. zur Vorbeugung u. Behandlung d. Rachitis). – **Q.dampfturbine,** *m.* Q.dampf statt m. Wasserdampf arbeitende Kraftmaschine; bes.

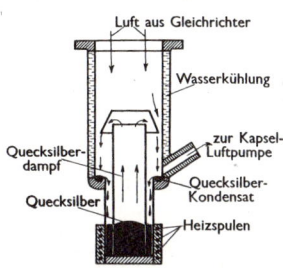

Quecksilberluftpumpe

hoher (b. 38%) Wirkungsgrad. – **Q.luftpumpe,** nach Gaede, → Luftpumpe zur Erzeugung hohen Vakuums bis 10⁻⁶ mm Q.-Säule; Wirkung durch Diffusion.

Quedlinburg (D-4300), Krst. an der Bode, a. O-Harz, S-A., 29 096 E; Schloß, Stiftskirche (frühroman.), Wipertikirche m. Krypta (ältester Steinbau, 961); Samen- u. Blumenzucht. – 936 v. Otto d. Gr. gegr.

Queen, *w.* [engl. *'kwin*], Königin.

Queensland ['kwi:nzlənd], austral. Bundesstaat, im NO, m. Halbinsel York, 1,73 Mill. km², 2,8 Mill. E; von d. bis 1800 m hohen *Great Dividing Range* durchzogen; an der Küste trop. Landw., landeinwärts Wald, Weide u. Steppe;

Bauxitlager, Kohlen, Uran, Kupfer, Zinn, Blei, Zink, Silber, Erdgas u. Erdöl; Hptst. *Brisbane.*

Queis, poln. *Kwisa,* l. Nbfl. des Bober in Schlesien, vom Isergebirge, 127 km l., mündet bei Sagan.

Quelle, Herkunft, Ursprung; jede Austrittsstelle v. Grundwasser aus d. Erde; n. Art d. geolog. Untergrunds oft m. gelösten Bestandteilen versehen (Kalk-, Stahl-, Schwefel-, Solquelle usw.); nach d. Tiefe versch. Temperatur (Thermal-, Springquellen od. → Geiser).

Quellenangabe, Hinweis auf benutzte Literaturstellen i. e. Schriftwerk; durch → Urheberrecht vorgeschrieben.

Queller, Gänsefußgewächs, tritt als Erstbesiedler d. Salzschlickböden im Wattenmeer auf; wichtig z. Festigung d. verlandenden Küstenstreifen.

Quellkuppe → Vulkane.

Quemoy [ke-], chin. *Jimmen Dao,* nat.-chin. Insel i. d. Formosastraße, Mittelpunkt d. Formosakrise 1958.

Quempas, *m.,* Abk. v. mittellat. **Quem** *pastores laudavere* „den die Hirten lobten", den Anfangsworten weihnachtlicher Wechselgesänge; dann für diese selbst.

Quendel, svw. → Thymian.

Queneau [kε'no], Raymond (21. 2. 1903–25. 10. 76), frz. Schriftst.; *Stilübungen; Zazie in der Metro.*

Quent, Quentchen, *s., Quint,* Handelsgewicht bis Mitte 19. Jh. (→ Maße und Gewichte, S. 1085).

Quercia [-t∫a], Jacopo della (um 1374– 20. 10. 1438), it. Bildhauer; Wegbereiter d. Renaiss., der die erste Freifigur schuf, *Fonte Gaia* (Siena); *Grabmal d. Iliaria del Carretto* (im Dom v. Lucca); Fassadenfiguren v. S. Petronio (Bologna).

Querétaro [ke-], mexikan. Staat, 11 449 km², 977 000 E; Hptst. *Q.,* 294 000 E, in der Kaiser Maximilian 1867 erschossen wurde.

Querfurt (D-4240), Krst. i. Quernetal, S-A., 8600 E; Burg, Wehrbauten, Rathaus; Zucker-, Kalkind.

Querlage, erfordert b. Fetus in der Gebärmutter vor der Geburt geburtshilfliche Lageänderung: Wendung auf Kopf oder Fuß.

Querpfeife, kleine Flötenart (in d. Militärmusik), eine Oktave höher als die → Flöte.

Quedlinburg, *Schloß*

Querschiff, den längsgerichteten Hptraum e. Kirche senkrecht durchschneidender Querraum.

Querschläger, durch An- od. Aufschlag aus normaler Flugbahn abgelenkt auftreffendes Geschoß.

Querschnitt, Schnitt durch einen Körper zur zeichner. Darstellung d. inneren Beschaffenheit.

Querschnittslähmung, eine durch Verletzung e. Teils od. des ganzen Rückenmarkquerschnitts verursachte Lähmung meist der Beine, d. Blase u. d. Mastdarms.

querschreiben, einen Wechsel akzeptieren; unterschreiben, quer auf d. Vorderseite d. Wechsels.

Quersumme, Summe aller Einzelziff. e. Zahl (z. B. Q. von 312 = 3 + 1 + 2 = 6).

Querulant, *m.* [nl.], unverträglicher, streitsüchtiger Mensch, der *queruliert,* sich dauernd beschwert.

Quesal, *m.,* 1) Vogel der mittelam. Gebirgswälder, buntes, metallisch glänzendes Gefieder u. lange Schwanzfedern. 2) → Quetzal

Quesnay [kɛ'nɛ], François (4. 6. 1694–16. 12. 1774), frz. Volkswirtschaftler, Arzt u. Phil., Begr. des → Physiokratismus; *Tableau économique.*

Quételet [ke'tlɛ], Lambert (22. 2. 1796–17. 2. 1874), belg. Astronom; Begr. der wiss. Statistik.

Quetta [kɛ-], *Ketta,* St. in Belutschistan (Pakistan), 285 000 E; 1600 müM, Bahnknotenpunkt.

Quetzal, *m.* [kɛ-], *Quesal,* Währungseinheit in Guatemala (→ Währungen, S. 1087/88).

Quetzalcoatl [ˈkets-], Gott der Azteken; *quetzal* = Feder, *coatl* = Schlange, daher sein Symbol eine Federschlange.

Queue [frz. kø], 1) *w.,* Schwanz, *Q. machen,* „Schlange stehen"; 2) *s.,* Billardstock.

Quevedo y Villegas [keˈβeðo i βiˈʎeɣas], Francisco de (27. 9. 1580–8. 9. 1645), span. Dichter; *Buscón.*

Quezaltenango [keθalˈ-], St. in Guatemala, 66 000 E; Spinnerei, Weberei.

Quezon City [keˈθɔn-], 1950–76 Hptst. d. Philippinen, nordöstl. v. Manila, 1,3 Mill. E.

Quickborn, dt. kath. Jugendbund, gegr. 1909.

Quicktest, Kontrolle der Blutgerinnung, bedeutungsvoll bei der Therapie mit Antikoagulanzien.

Quidde, Ludwig (23. 3. 1858–5. 3. 1941), dt. Historiker u. Pol.; Friedensnobelpr. 1927; *Caligula.*

Quierschied (D-6607), Ind.gem. i. Stadtverband Saarbrücken, Saarland, 15 467 E; Steinkohlenbergbau, Kraftwerk.

Quiëtismus [l. „quies = Ruhe"], phil. Verzicht auf tätige od. andere als *kontemplative* Teilnahme am Leben (Buddhismus, Schopenhauer); auch mystische kath. Richtung (Franz v. Sales, Suso, Molinos).

Quiëtisten, Anhänger des Quiëtismus.

quieto [it. kviˈeto], *mus.* ruhig.

Quillaja, *w., Seifenbaum,* Chile; Rinde saponinhaltig; gegen Bronchitis und zum Waschen.

Quinn, Anthony (* 21. 4. 1916), mexikan.-am. Filmschauspieler; *The Ox-Bow Incident; Zorba the Greek.*

Quinquennium, *s.* [l.], Zeitraum von fünf Jahren.

Quinta, *w.* [l. „fünfte"], früher: 2. Klasse der höheren Schule (entspricht der 6. Klasse).

Quintal, *m.* [span.], Abk. *q,* Gewichtseinheit, 46,01 kg, vorwiegend i. mittel- u. südam. Staaten.

1   2   3

Quinte, *w.* [l.], *mus.* 5. Stufe d. Tonleiter, entsprechendes Intervall (1: *reine,* 2: *verminderte,* 3: *übermäßige* Quinte).

Quintessenz, *w.* [l. „fünftes Element"], svw. Kraftauszug, Wesenskern, Kernpunkt.

Quintett, *s.* [it.], Kompositionsform für 5 Instrumente oder Singstimmen.

Quintilianus, M. Fabius (um 30–96 n. Chr.), nach Cicero bedeutendster röm. Redetheoretiker; *Institutio oratoria.*

Quintillion [l.], Eins mit 30 Nullen (1 Million Quadrillionen od. 10^{30}).

Quintus [l.], röm. Vorname.

Quiproquo, *s.* [l.], Verwechslung, bes. von Personen im Lustspiel.

Quipu [ˈki-], d. Ketschuas im vorspan. Peru zur Aufzeichnung v. astronom. Daten u. rechner. Angaben; mehrere Meter lange Hauptschnur m. bunten Fransen, auf bes. Art geknotet u. gedreht; neuerdings als Wortzeichenschrift erkannt; → Inka.

Quirinalis, einer der sieben Hügel des alten Rom, nach dem Heiligtum des *Quirinus,* des alten röm. Nationalgottes. *Quirinalien,* d. ihm geweihte Fest; Quirinalspalast 1870–1946 Residenz d. it. Königs, s. 1947 d. Staatspräs.

Quiriten, bürgerlicher Ehrenname der alten Römer.

Quisling, Vidkun (18. 7. 1887–24. 10. 1945), norweg. faschist. Pol.; kollaborierte 1940–45 mit NS-Dtld; hingerichtet. – „Quisling" svw. Kollaborateur.

Quisquilien [l.], Kleinigkeiten, Läppereien.

Quito [ˈki-], Hptst. der Rep. Ecuador, 2850 müM, 1,14 Mill. E; Uni., Polytechnikum; Baumwollind.; heiße Mineralquellen.

Quittenbaum, Obstbaum, behaarte, birnen- od. apfelförmige Früchte, zu Marmelade u. Gelee; *Japanischer Q.* m. scharlachroten Blüten, Zierstrauch.

Quittung, schriftliche Bescheinigung d. Empfanges einer Leistung, die Leistungsempfänger auf Verlangen zu erteilen hat; der Überbringer einer (echten) Q. gilt als ermächtigt, die Leistung zu empfangen (§§ 368 ff. BGB).

Quiz, *s.* [engl. kvɪz], Rätselart; Frage-und-Antwort-Spiel, meist in heiterer Form.

Qumrân, *Kumran,* Tal nahe d. Toten Meeres; s. 1947 Höhlenfunde von *Schriftrollen* einer jüd. Bruderschaft d. 2. u. 1. Jh. (Essener), früheste Originale d. A.T.; dort auch Ruinen einer klosterähnl. Siedlung dieser Gemeinschaft.

quod erat demonstrandum [l.], „was zu beweisen war"; regelmäßiger Schlußsatz Euklids.

Quodlibet, *s.* [l. „was beliebt"], 1) Allerlei, Mischmasch; 2) Kartenspiel; 3) *mus.* e. Art → Potpourri.

quod licet Iovi, non licet bovi [nl.], „was Jupiter sich leisten kann, das steht doch nicht dem Ochsen an"; eines schickt sich nicht für alle.

Quote, *w.* [l.], Teilbetrag, Verhältnisteil, festgesetzter Anteil (z. B. bei Schuldenregulierung *Zahlungs-Q.,* bei Rennen *Gewinn-Q.*).

Quotient, *m.* [l. -ˈtsiẽnt], → Division.

quo-usque tandem? [l.], „Wie lange noch?" (soll dieser unhaltbare Zustand dauern), Anfang der 1. Rede Ciceros gegen Catilina.

Quo vadis? [l. „Wohin gehst du?"], nach d. Legende Frage des vor Neros Christenverfolgungen fliehenden Petrus an Christus (als Erscheinung) auf d. Via Appia b. Rom, der ihm antwortete: „Ich gehe nach Rom, wieder gekreuzigt zu werden", was Petrus zur Umkehr u. Erduldung des Märtyrertodes bewog (Roman v. Sienkiewicz).

q. v., Abk. f. *quantum vis* [l.], auf Rezepten: soviel du (nehmen) willst.

R, 1) Abk. f. d. veraltete Temperaturein-heit *Reaumur;* **2)** *math.* Abk. f. rechter Winkel (90°); **3)** bei Uhren Zeichen f. *re-tarder* [frz.], langsamer werden; **4)** *phys.* Zeichen f. → *Röntgen;* **5)** ® = intern. Kennzeichen für Wörter u. Namen, die als Warenzeichen geschützt sind.
r, *math.* Zeichen f. → Radius.
Ra, *chem.* Zeichen f. → *Radium.*
Rá, Rê, ägypt. Sonnengott.
Raa, svw. → Rahe.
Raab, Julius (29. 11. 1889–8. 1. 1964), östr. Pol. (ÖVP); 1938 Handelsminister; 1945 Präs. d. Wirtschaftsbundes; 1953–61 östr. B.kanzler.
Raab, 1) ung. *Rába,* r. Nbfl. der Donau, aus d. Steirisch. Alpen, 398 km l., mün-det bei R. (Győr) i. d. kl. Donau; **2)** un-gar. *Győr,* St. am Zus.fluß von R. u. Do-nau, 132 000 E; Maschinenind.

Wilhelm Raabe

Raabe, Wilhelm (8. 9. 1831–15. 11. 1910), dt. Dichter d. Realismus; Pessi-mismus, aber iron. Humor; Romane: *Der Hungerpastor; Abu Telfan; Der Schüdde-rump; Chronik der Sperlingsgasse; Stopf-kuchen;* Erzählungen: *Die schwarze Ga-leere; Horacker; Krähenfelder Geschich-ten; Das Odfeld.*
Rab, it. *Arbe,* jugosl. Insel (Quarner. In-seln, Adriat. Meer) u. Seebad, 10 000 E.
Rabat, *Ar Ribat,* Hptst. von Marokko, 519 000 E, mit Salé 1,03 Mill. E; Erzbi-schofssitz, Flugplatz; Leder-, Teppichind.
Rabatt, *m.* [it. „Abschlag"], Preisnach-laß, Rabatte in der Industrie u. im Groß-handel: *Barzahlungs-R.* svw. → Kassen-skonto; *Mengen-R.* b. Bezug größerer

Mengen (*Bar-R.,* unmittelb. Abzug; *Na-tural-R.,* z. B. 11 Tuben Zahnpasta z. Preis v. 10); *Umsatz-R.* für innerh. eines best. Zeitraumes bemessene Mengen; *Treue-R.* f. stetige Geschäftsbeziehungen; *Saison-R.,* Anreiz z. Bezug außerhalb der Saison; *Branchen-R.* (Stufen-R.), Preis-nachlaß f. Großhandel, wenn Einzelhan-del auch direkt v. Produzenten beliefert wird; *Muster-R.,* Nachlaß f. *Muster;* bei preisgebundenen Artikeln *Waren-R.* = Bruttonutzen des Groß- bzw. Einzelhan-dels; *Personal-R.* f. d. Arbeitnehmer eines Betriebes beim Kauf eigener Waren. – **R.marken,** Nachlaß beim Kauf im Ein-zelhandel in Form von Gutscheinen; ge-regelt durch R.gesetz.
Rabatte, *w.* [frz.], Beeteinfassung.
Rabatz, *m.,* mundartl.: Lärm, Unfug.
Rabbi [hebr. „mein Lehrer, Meister"], Titel für jüdischen Gesetzeslehrer.
Rabbiner, Leiter u. Seelsorger jüdischer Gemeinden, auch Religionslehrer.

Rabe

Rabe, 1) d. *Kolk-R.,* einfarbig schwarz, in Dtld jetzt selten, i. Afrika d. Schild-R.; **2)** → Sternbilder, Übers.
Rabelais [-'blɛ], François (um 1494–9. 4. 1553), frz. Dichter, Humanist, Geistl. u. Arzt; satir. Romane über Kirche, Staat u. Leben: *Gargantua u. Pantagruel.*
Rabenschlacht, Sage des 13. Jh. über Theoderichs (Dietrich v. Berns) Kämpfe m. Odoaker: „Ravennaschlacht".
Rabenvögel, Familie der Singvögel; → Rabe, → Krähen, → Elster, → Dohle, → Häher, → Alpendohle.
Rabi, Isidor Isaac (29. 7. 1898–11. 1. 1988), am. Phys.; Arbeiten über magnet. Eigensch. d. Atomkerne; Nobelpr. 1944.

rabiat, rasend, tollwütig, jähzornig.
Rabies [l. *-biɛs*], Wutkrankheit, svw. → Tollwut.
Rabin, Itzhak (* 1. 3. 1922), isr. Pol.; 1974–77 Min.präs.
Rabitzwand, v. Karl *Rabitz* 1878 erfun-den; 3–5 cm starke Gipswand m. Draht-geflechteinlage.
Rabulist, *m.* [l.], spitzfindiger Wortver-dreher.
Rachel, Berg im Bayer. Wald, 1453 m, mit **R.see** (1071 müM).
Rachen, die Hinterwand der Nasen- u. Mundhöhle. – **R.blütler,** *Scrophularia-ceae,* Pflanzen m. rachenförm. Blüten (z. B. *Löwenmaul, Fingerhut*); ähnl. d. Lippenblütlern. – **R.bräune** → Diphthe-rie. – **R.katarrh,** R.schleimhautentzün-dung bei Erkältung. – **R.mandel,** Lymphknötchen an d. oberen u. hinteren R.wand.
Rachitis, *w.* [gr.], schwere Störung d. Kalk- u. Phosphorstoffwechsels infolge Vitamin-D- und Lichtmangels, bes. b. Kindern; durch Kalkverarmung erwei-chen u. verkrümmen die Knochen.
Rachmaninow, Sergej Wassiljewitsch (1. 4. 1873–28. 3. 1943), russ.-am. Pianist u. Komp. neuromant. Stils; Klavier-, Or-chester- u. Kammermusik.

Jean Baptiste Racine

Racine [-'sin], Jean Baptiste (21. 12. 1639–21. 4. 99), frz. klass. Tragödien-dichter; Geschichtsschreiber Ludwigs XIV.; *Andromache; Phädra; Athalie.*
Racine [-'sin], Hafen und Bad am Mi-chigansee im US-Staat Wisconsin, 86 000 E; div. Ind.

Radar

Abk. für engl. **ra**dio **d**etecting **a**nd **r**anging, d. h. Auffinden und Messen durch Funkwellen. Frühere Bez.: „**Funkmeßtechnik**"; entwickelt während des 2. Weltkrieges.

Durch Dunkelheit, Wolken und Nebel nicht und durch Niederschläge kaum beeinträchtigt, ist die Messung der Entfernung und Richtung von Objekten, die Funkwellen reflektieren, mit hoher Genauigkeit auch auf große Entfernungen möglich.

Vom Radarsender wird ein sehr kurzer Hochfrequenz-Impuls (z. B. 1 GHz), der sich mit Lichtgeschwindigkeit ausbreitet, über eine stark bündelnde Antenne abgestrahlt. Trifft d. Funkstrahl ein reflektierendes Objekt, so entsteht ein Funkecho, das von der Antenne aufgenommen, im Empfänger verstärkt u. in dem Sichtgerät angezeigt wird. Eine el. Weiche schaltet die Antenne nur für die Abgabe d. Impulses an die Sender u. dann wieder an den Empfänger.

Die *Entfernung* d. Objektes ist der Zeit zwischen dem Senden des Impulses und dem Empfang des Echos proportional und wird mit dem Kathodenstrahlrohr (→ Braunsche Röhre) gemessen.

Die *Richtung* wird durch Maximumpeilung des Echosignals bestimmt. Der nächste Sendeimpuls wird z. B. bei einem Gerät mit 100 km Reichweite nach 1 Tausendstelsekunde ausgestrahlt, damit auch die Echos aus der maximalen Entfernung empfangen werden können.

Über Land sind Flugziele wegen der Fülle der angezeigten Bodenziele oft nur schwer zu beobachten. Mit Hilfe des → Doppler-Effekts können die Echos der sich bewegenden Flugzeuge unterschieden u. die feststehenden Bodenziele unterdrückt werden (Festziellöschung).

Primär-Radar: P.-R.-Geräte werten das passive Echo eines reflektierenden Zieles aus. *Sekundär-Radar:* in der zivilen und militärischen Luftfahrt sendet das Bodengerät (*Interrogator*) eine bestimmte Impulsfolge auf 1030 MHz, die im Flugzeug empfangen und ausgewertet wird. Daraufhin sendet das Bordgerät *(Transponder)* eine Impulsfolge auf 1090 MHz zurück, die als Antwort Freund-Feind-Kennung, Flugzeug-Kennung oder -Rufzeichen, Höhe u. weitere (codierte) Daten enthalten kann. Abfrage geschieht periodisch mit 450 Hz. 1962 von der intern. Zivilluftfahrtorganisation (ICAO) genormt. Meist mit Primärradar kombiniert.

Anwendung: Flugsicherungs- u. Überwachungsdienst (zivil u. mil.), Schiffsnavigation, Astronomie, Geschwindigkeitsüberwachung, Ortung von Fischschwärmen, Wetterbeobachtung.

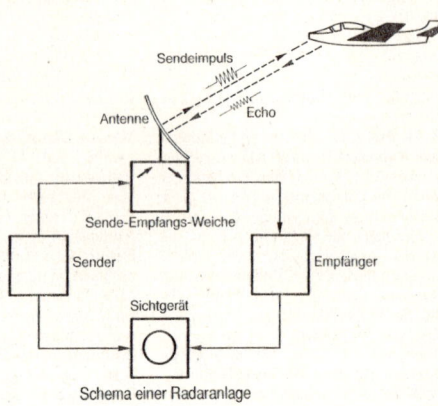

Schema einer Radaranlage

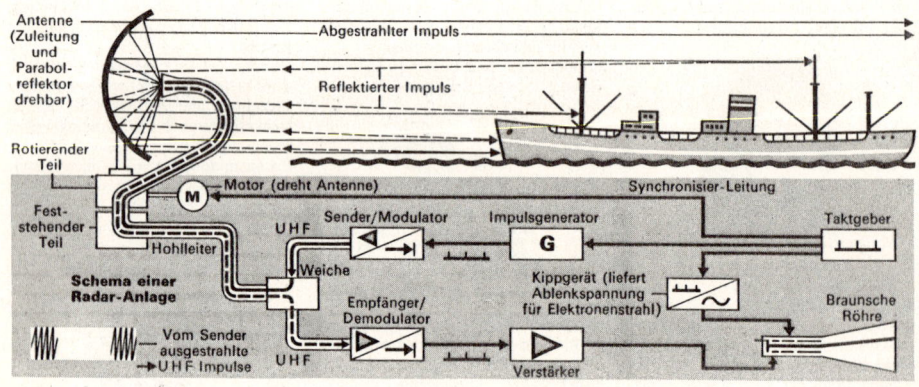

Schema einer Radar-Anlage

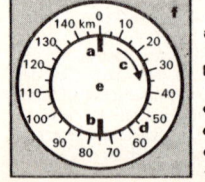

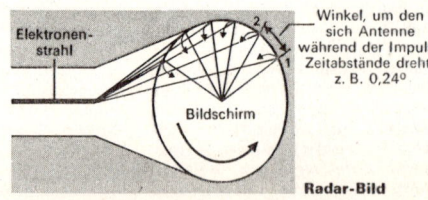

Radar-Ortung

a   Arbeitszacken durch Sendeimpuls
b   Zacken durch reflektierten Impuls
c   Bahn des Elektronenstrahls
d   Skala
e   Bildschirm (Braunsche Röhre)
f   Oszillograph

Winkel, um den sich Antenne während der Impuls-Zeitabstände dreht, z. B. 0,24°

Radar-Bild

Rackelhuhn, Bastard zw. → Auerhuhn u. → Birkhuhn.

Rackenvögel, *Rakenvögel,* Baumvögel, Vogelordnung zw. Kuckucks- u. Sperlingsvögeln, m. buntem Gefieder; → *Bienenfresser,* → *Eisvogel,* → *Wiedehopf,* → *Nashornvögel.*

Racket, *s.* [engl. *'rækıt*], 1) am. Bez. für Gaunerei, Erpressung; 2) → Rakett.

Rad, Maschinenelement z. Übertragung von Kräften (z. B. Handrad) u. Bewegungen, bes. b. Fahrzeugen (Felge, Speiche, Nabe); als Getriebeteil: *Zahnräder, Reibräder, Riemenscheiben;* bei Kraft- u. Werkzeugmaschinen: *Schwungrad.*

Radar → Übersicht; → Teleran.

Radarastronomie, Anwendung d. Radarmethode (→ Übers. S. 732) auf d. Messung der Entfernungen, Bewegungen u. Oberflächenbeschaffenheit der Planeten, bisher erfolgreich auf Mond, Merkur u. Venus angewendet; ferner Beobachtung v. Erdsatelliten durch Radaranlagen.

Radaune, poln. *Radunia,* Nbfl. d. Mottlau (l. Nbfl. d. Weichsel), 98 km l., durch alten Kanal nach Danzig abgeleitet.

Radball, 2 Mannschaften auf Fahrrädern versuchen einen Ball mit Rädern oder Körper in d. gegner. Tor zu treiben; als Hallen-R. (2 Spieler) u. Rasen-R. (6 Spieler) mit unterschiedl. Regeln gebräuchlich.

Raddampfer, erster Dampfertyp; Antrieb durch Schaufelräder, entweder m. Heckrad od. m. zwei seitl. Rädern.

Radeberg (D-8142), St. i. Kr. Dresden, Sa., 14 929 E; Glasind., Bierbrauerei, Eisengießerei.

Radebeul (D-8122), Gartenst. i. Kr. Dresden, Sa., 32 011 E; Indianer-Museum; Masch.ind.; Obst-, Wein-, Spargelanbau.

radebrechen, 1) urspr. beim „Rädern" (aufs Rad flechten) dem so Gestraften die Glieder brechen; 2) heute: sich unvollkommen, unzusammenhängend in fremder Sprache ausdrücken.

Radek, Karl, eigtl. *Sobelsohn* (1885–ca. 1939), sowj. Pol.; bis 1927 führend in der Kommunist. Partei Rußl.; 1937 zu 10 J. Gefängnis verurteilt.

Rädelsführer, Funktionäre einer verbotenen Partei od. Vereinigung werden, wenn sie ihre Tätigkeit illegal fortsetzen, als R. bestraft; bei Anführern v. kriminellen od. terrorist. Vereinigungen wirkt R.schaft strafverschärfend.

Raeder, Erich (24. 4. 1876–6. 11. 1960), dt. Großadmiral; 1935–43 Oberbefehlsh. d. Kriegsmarine; 1946 zu lebenslängl. Gefängnis verurteilt, 1955 entlassen.

Rädertiere, *Rotatorien,* meist mikroskop. kleine Wassertiere aus der Würmerverwandtschaft mit strudelndem Wimperkranz („Rad") u. z. T. mit fußartigem Haftorgan am Körperende.

Radetzky, Josef Wenzel Gf v. (2. 11. 1766–5. 1. 1858), östr. Feldm.; 1848 Sieg über d. Italiener bei Custozza. – **R.marsch** komponiert v. Joh. Strauß (Vater).

Radevormwald (D-5608), St. im Oberbergischen Kr., NRW, 425 müM, 22 814 E; Landessportschule, Ev. Jungakademie; div. Ind.

Radfenster, kreisrunde Fenster mit speichenförmiger Maßverzierung an roman. u. frühgot. Kirchen.

Radhakrishnan, Sarvepalli (5. 9. 1888–17. 4. 1975), ind. Phil. u. Pol.; 1962–67 ind. Staatspräs.

radial [l.], *math.* strahlig, strahlenartig; auf den → Radius bezogen.

Radialarterie, sog. Pulsader.

Radialgeschwindigkeit, Geschwindigkeit eines Gestirns in der Blickrichtung *(radius)* (gemessen mit Hilfe des → Doppler-Effektes der Spektrallinien).

Radialis, *med. Nervus radialis,* der Speichennerv, Lähmungsbild: Fallhand.

Radiant → Meteore.

Radiästhesie [l.-gr.], Ruten- und Pendelkunde.

Radiator, *m.* [nl.], bei Zentralheizungen guß- od. schmiedeeiserner Hohlkörper zum Ausstrahlen der Dampf-, Wasserod. Gaswärme; ein- od. mehrsäulig.

Radierung, graph. Verfahren, Abart des Kupferstichs; Zeichnung wird durch Einritzen in Ätzgrund mit der Radiernadel u. nachfolgendem Ätzen auf Kupferplatte übertragen (→ Tafel Radierung u. Kupferstich, S. 734; auch → Kaltnadelradierung). – *Radierer,* die Technik der R. ausübender Künstler.

Radieschen → Rettich.

radikal [l. „radix = Wurzel"], 1) von Grund auf, gründlich, entschieden; 2) pol. svw. bis zum Äußersten gehend; in Frkr. u. Dänemark Bez. v. bürgerl., entschieden demokr. Parteien.

Radikal, meist unstabile Atomgruppierung m. kurzer Lebensdauer.

Radikalismus [l.], kompromißloses Verfechten einer Idee oder Sache.

Radikand, *m.* [l.], in der *Arithmetik:* → Wurzel.

Radio [l. „radius = Strahl"], → Rundfunk.

Radioaktivität → Übers., S. 735.

Radio-astronomie, junger Zweig d. Astronomie, beobachtet die aus dem Weltall kommende Hochfrequenzstrahlung mit Hilfe von → R.teleskopen durch das **R.fenster;** best. Wellengebiet, in dem die Atmosphäre für die Strahlung durchlässig ist (beginnt b. Millimeter- u. erstreckt sich bis zu den Meterwellen); beobachtet werden eine schwache, flächenförmige R.strahlung,

insbes. in d. Milchstraße (galakt. Rauschen), u. fast punktförmige R.quellen (R.sterne), die z. T. mit opt. Objekten (→ Galaxien) übereinstimmen; MPI für R.astronomie in Bonn.

Radiocarbonmethode, z. → Altersbestimmung v. Holz u. a. kohlenstoffhaltigen Produkten, deren Gehalt an radioaktivem Kohlenstoff C-14 m. dem Alter meßbar (Geiger-Zählrohr) abnimmt.

Radio Free Europe, am. Rundfunkstation m. Richtungssendung nach Osteur.; Sitz München.

Radiogalaxien, extragalakt. Sternsysteme, die Synchrotronstrahlung aussenden.

Radioheliograph, → Radioteleskop für Sonnenforschung.

Radiokompaß, elektron. Bordinstrument (Mittelwellen-Rahmenpeiler) für Flugzeugnavigation.

Radiolarien, svw. → Strahlentierchen.

Radio Liberty, am. Rundfunkstation mit Richtsendung in die UdSSR; Sitz München.

Radiologie [l.-gr.], Strahlenkunde.

Radiometer, 1874 v. Crookes erfundene „Lichtmühle"; in fast luftleerem Glasgefäß auf einer Nadelspitze drehbares Flügelrädchen aus einseitig geschwärztem Aluminium- oder Glimmerblättchen, dreht sich durch Wärmewirkung d. Lichtstrahlen.

Radioquellen, Quelle v. Hochfrequenzstrahlung aus dem Weltraum (z. B. *Radiosterne,* oft Fixsterne).

Radiosonde, meteorolog. Gerät, das an Ballon bis 30 km Höhe aufsteigt, mißt Luftdruck, Temperatur, Luftfeuchtigkeit; Meßergebnisse durch Kleinsender an die Bodenstation gegeben; R.nstationen d. Dt. Wetterdienstes in Essen, Hannover, München, Schleswig u. Stuttgart; weltumspannendes *R.nnetz;* Grundlage für Höhenwetterkarte (→ Wetter, Übers.), durch Anpeilen bzw. Radar a. Windangabe.

Radioteleskop

Radioteleskop, *s.,* d. → Radargeräten ähnl. Antenne z. Empfang d. Radiowellen aus d. Weltraum (größtes schwenkbares R. d. Welt (Ø 100 m) bei Effelsberg in der Eifel; größtes unbewegl. R. (Ø 305 m) bei Arecibo auf Puerto Rico).

Josef W. v. Radetzky

Radierung und Kupferstich
Abbildung von links nach rechts. *1. Reihe:* Meister des Hausbuchs, Ringer, 15. Jh. — Martin Schongauer, Verkündigung — Andrea Mantegna, Grablegung — Albrecht Dürer, Hieronymus. *2. Reihe:* Pieter Brueghel der Ältere, Die großen Fische fressen die kleinen — Jacques Callot, Kriegsgericht — Lukas Kilian, Ornamentstich, 17. Jh. *3. Reihe:* Anton van Dyck, Porträtkopf — Rembrandt, Ecce homo — William Hogarth, Das lachende Auditorium. *4. Reihe:* Francisco Goya, Es gab keine Mittel — Käthe Kollwitz, Weberauszug — Max Beckmann, Trauernde Frauen.

Radioaktivität

Eigenschaft bestimmter Atomkerne, sich spontan unter Aussendung von Strahlung in Kerne anderer Atomarten zu verwandeln; zeitlicher Ablauf durch *keinerlei* Mittel beeinflußbar. Da die Hüllenelektronen hieran unbeteiligt sind, ist R. nicht nur an reinen *radioaktiven* Elementen, sondern auch in ihren chem. Verbindungen unverändert nachweisbar *(Kernreaktion).* Der Zeitraum, in dem die Hälfte vorhandener Kerne umgewandelt ist, heißt *Halbwertzeit;* diese ist eine charakteristische Konstante für jeden radioaktiven Stoff (z. B. Thorium $1,8 \cdot 10^{10}$ Jahre, Radium 1580 Jahre, Actinium 13,5 Jahre, Radon 3,85 Tage). *Geschichtliches: A. H. Becquerel* fand heraus, daß Uranmineralien äußerst durchdringende Strahlung aussenden (1896); das Ehepaar *Curie* trennte aus Joachimsthaler Pechblende, einem Uranerz, ein neues Element ab, das *Radium* genannt wurde (1898). Untersuchungen ergaben, daß von radioaktiven Stoffen 3 versch. Strahlenarten ausgehen können, die man α-, β- und γ-Strahlen nannte: α-Strahlen sind nackte Heliumkerne mit großer Geschwindigkeit, etwa 20 000 km/s; β-Strahlen sind Elektronen mit sehr verschiedener Geschwindigkeit (mit 99% der Lichtgeschwindigkeit möglich); γ-Strahlen sind kurzwellige elektromagnet. Wellen (bis $4,7 \cdot 10^{-11}$ cm). Einheitliche radioaktive Stoffe senden entweder nur α-Strahlen oder nur β-Strahlen aus, beide häufig von γ-Strahlen begleitet. *Rutherford* erkannte 1903,

daß R. spontane innere Umwandlung unstabiler Atome ist. Drei *Zerfallsreihen:* Uran-Radium-Reihe mit Uran I, Actinium-Reihe mit Actinium-Uran, Thorium-Reihe mit Thorium als Muttersubstanzen, die sich über zahlreiche Zwischenstufen in drei verschiedene stabile Blei-Isotope ($\rightarrow$ Kernphysik, Übers.) umwandeln. – Von dieser natürlichen R. sind *künstliche Kernumwandlungen* zu unterscheiden, die erstmals *Rutherford* gelangen (1919). Dabei werden außer den genannten Strahlungen *Protonen, Deuteronen, Neutronen* u. *Positronen* als Geschosse benutzt od. bei Kernumwandlungen ausgesendet. Das Ehepaar *Joliot-Curie* entdeckte (1934), daß bei künstl. Kernumwandlungen neue radioaktive Isotope fast aller Elemente entstehen, die in der Natur nicht vorkommen, z. B. $^{19}_{8}C$ (Kohlenstoff) mit 8,8 Sek., $^{11}_{6}C$ mit 21 Min., $^{14}_{6}C$ mit 10^{1} Jahren Halbwertzeit. Künstliche radioaktive Kerne strahlen nur Elektronen oder Positronen aus. – Künstliche R. wird in Medizin u. Biologie zur Behandlung best. Krankheiten, z. B. Krebs (durch kontrollierte Zellzerstörung), u. zur Verfolgung biochemischer Vorgänge eingesetzt: Versuchsperson erhält mit Nahrung unschädliche Spuren künstlicher radioaktiver Elemente *(Indikatoren),* die sich auf ihrem Weg durch den Körper mit Geiger-Müller-Zähler leicht verfolgen lassen. $\rightarrow$ Radiocarbonmethode. Gefährliche Freisetzung von R. bei Reaktorunfällen (z. B. $\rightarrow$ Tschernobyl).

Radiotherapie, Behandlung m. radioaktiven Stoffen, z. B. radioaktives Iod bei Schilddrüsenüberfunktion, oder mit Röntgen-Radiumstrahlen ($\rightarrow$ Strahlenbehandlung).

Radio Vaticana, Rundfunkstation des Vatikanstaates, sendet in die ganze Welt; 1931 gegr.

Radium, *Ra,* chem. El., Oz, 88; Dichte 5,50; weißglänzendes Erdalkalimetall, radioaktiv, Zerfallsprodukt des Urans ($\rightarrow$ Radioaktivität, Übers.).

Radius [l.], 1) *Kreis:* Abstand d. Punkte eines Kreises vom Mittelpunkt; *Kugel:* Abstand der Kugeloberfläche vom Mittelpunkt; 2) *med.* Speichenknochen der Unterarme. – **R.vektor,** *m.,* 1) *Leitstrahl,* (veränderl.) Abstand eines beweglichen v. einem festen Punkt; $\rightarrow$ Koordinaten; 2) *astronom.* in der Bahnbewegung der Himmelskörper die Verbindungslinie dieser mit dem Brennpunkt der Bahn, d. h. mit dem Zentralkörper.

radizieren [l.], *arithmetisch:* eine Wurzel ziehen.

Radolfzell am Bodensee (D-7760), Gr.-Krst. i. Kr. Konstanz, Ba-Wü., 25 712 E; Kneipp- u. Heilsport-Kurort; i. St.teil *Möggingen* Vogelwarte (früher Rossitten); Textil-, Maschinenind.

Radom, poln. Stadt westl. der mittleren Weichsel, 224 000 E; Gerbereien, Lederind.

Radon, *Rn,* chem. El., Oz. 86; Dichte 9,23 g/l bei 1013 hPa; bei Zerfall des Radiums entstehendes Edelgas, radioaktiv.

Radpolo, ein dem Pferde- $\rightarrow$ Polo ähnl. Spiel; 2 Mannschaften von je 2 Spielern auf Fahrrädern versuchen einen Ball mit einem Schläger ins gegner. Tor zu spielen.

Radrenn-bahn, ellipsenförmig, 150–500

m l., aus Zement od. Holz mit bis zu 48° erhöhten Kurven. - **R.sport,** die Renndisziplinen des $\rightarrow$ Radsports: Bahnrennen (auch hinter Motorrädern), Straßenrennen, Querfeldeinrennen.

Radscha, engl. *Raja,* indischer Fürst; *Maha-R.,* Großfürst.

Radschastan, *Rajasthan,* ind. Bundesstaat, 342 239 km², 42 Mill. E; umfaßt die Landschaft Radschputana; Hptst. *Jaipur;* im NW Wüste, im SO Baumwoll- u. Getreideanbau.

Radschloß, altes Handfeuerwaffenschloß; gibt durch Eisenrad u. Feuerstein Zündfunken.

Radschputen, *Rajputen,* Volk u. Krieger- (Kschatriya-) $\rightarrow$ Kaste im nw. Indien **(Radschputana).**

Radsport, Sammelbegriff für alle m. d. Fahrrad betriebenen Sportarten: $\rightarrow$ Radrennsport, $\rightarrow$ Radball, $\rightarrow$ Radpolo, Kunstradfahren.

Radsturz $\rightarrow$ Sturz 2).

Radziwill, altes litauisch-preuß. Fürstengeschlecht.

Raeburn [*'reibən*], Henry (4. 3. 1756– 8. 7. 1823), schott. Maler; gab in s. sachlich schildernden Bildnissen (oft vor romant. Landschaftshintergrund) eine Spiegel der zeitgenöss. schott. Gesellschaft.

RAF, 1) Abk. f. $\rightarrow$ *Royal Air Force;* 2) *Rote Armee Fraktion,* terrorist. Gruppe i. d. BR, in den 70er Jahren durch Terroranschläge hervorgetreten.

Raffaël, eigtl. *Raffaelo Santi* (6. 4. 1483– 4. 4. 1520), it. Maler u. Baumeister d. Renaissance; richtungweisend in d. Tafelmalerei (Altarbilder, Bildnisse), ornamentalen u. mytholog. Wanddekoration u. im allegor. u. histor. Wandbild (in den Loggien u. Stanzen d. Vatikans; Fresken d. römischen Villa Farnesina) teils bis ins

19. Jh. ($\rightarrow$ Nazarener 2); Gemälde: $\rightarrow$ *Sixtinische Madonna; Madonna di Foligno; Papst Leo X.;* Architektur: Entwürfe f. Einzelbauten, s. 1515 Oberaufsicht beim Bau d. Peterskirche (Rom).

Raffiafaser, Blattfaser von der $\rightarrow$ Raphiapalme, hanfähnlich; als Einschluß für Möbelstoffe, Decken u. a.; als *Raffiabast* in der Gärtnerei zum Binden.

Raffinade, *w.* [frz.], in Zuckerraffinerie geläuterter $\rightarrow$ Zucker.

Raffinement, *s.* [frz. -'mã], *Verhalten* od. *Einrichtung* von höchst verfeinerter, *raffinierter* Zweckdienlichkeit; auch svw. Durchtriebenheit.

raffinieren, Reinigen u. Läutern von Rohstoffen (z. B. Kupfer, Eisen, Erdöl, Holzstoff).

Rafflesia, *Riesenblume,* Schmarotzerpflanze der Sundainseln; große, fleischige $\rightarrow$ Aasblume (bis 1 m Durchmesser u. 7,5 kg Gewicht); sitzt auf den Wurzeln anderer Pflanzen.

Raga [sanskr.], in d. Musik verwendetes Tonleitermodell, das nach Intervallverhältnissen bestimmt ist; gekennzeichnet durch Anfangs-, Zentral- u. Schlußton, Steigen u. Fallen d. Melodie sowie Anzahl d. verwendeten Töne; 72 Skalen *(Melas)* kombinierbar zu 64 848 mögl. Ragas m. jeweils spezif. Stimmung u. Be-

Raffaël
Selbstbildnis

deutung; dazu existieren 360 rhythm. Grundmodelle *(Talas),* die in *Mantras* (metr. Grundformen) v. 3 bis 108 Schlägen unterteilt sind.

Rage, *w.* [frz. *'raʒə*], leidenschaftliche Wut.

Raglan, *m.* [*'ræglən*], weiter Mantel mit am Schulterteil angeschnittenen Ärmeln, ben. nach engl. Feldmarschall Lord *R.* (1788–1855).

Ragnarök, *Göttergeschick,* in der nord. Mythologie der Kampf der Götter mit den feindl. Mächten; Weltuntergang, auf den ein neues Weltall folgt.

Ragout, *s.* [frz. -*'gu*], Fleisch oder Fisch, kleingewürfelt in pikanter Soße; *R. fin,* Blätterteigpasteten- od. Muschelfüllung aus feinem Kalbs- od. Hähnchen-R.

Ragtime, *m.* [engl. *'rægtaɪm*], Rag, Klavierstil i. USA um 1900; gehämmerter Rhythmus zu volksliedhafter Melodie; einer der Quellen des → Jazz.

Ragusa, 1) (früherer) it. Name d. jugoslaw. Hafenst. → Dubrovnik; 2) Hptst. d. sizilian. Prov. *R.,* 69 000 E; got. Kathedrale; Textilind., Asphaltgewinnung.

Rahe, *Raa, seem.* quer an den Masten angebrachte Rundhölzer z. Befestigung d. Segel (→ Takelung).

Rahel, im A.T. die jüngere Tochter des Laban, Frau Jakobs, Mutter Josephs u. Benjamins.

Rahm, *Sahne, Schmant,* die an der Oberfläche der Milch sich absetzende Fettschicht (Milchfett).

Rahman [*rax-*], Scheich Mujibur (17. 3. 1920–15. 8. 75), ostpakistan. Pol., 1966–74 Vors. d. um Autonomie Ost-Pakistans kämpfenden Awami-Liga, 1972–75 Reg.chef von Bangladesch, 1975 auch Staatspräs. (bis z. Militärputsch); ermordet.

Rahmen-antenne, Loop-, Ring- od. Schleifenantenne; flache Spule, deren gesamte Drahtlänge normalerweise unter einer halben → Wellenlänge liegt; wird häufig (durch Drehung des Rahmens) für → Funkpeiler verwendet. – **R.arbeit,** in der Schuhfabrikation Bez. für Befestigung von Oberleder, Brand- u. Laufsohle durch schmalen Lederrahmen (anstatt Nageln). – **R.gesetz,** enthält nur allg. Richtlinien, die durch weitere Ges.e ausgeführt werden sollen. – **R.tarif,** → *Manteltarif,* enthält allg. Bestimmungen über Regelung d. Arbeitsbedingungen, nicht dagegen über d. Lohnbemessung.

Rahner, Karl (5. 3. 1904–30. 3. 84), kath. Theol., Jesuit; als Dogmatiker beeinflußte er d. Entscheidungen d. II. Vatikan. Konzils wesentlich mit.

RAI, Abk. f. R*adiotelevisione I*taliana, it. staatl. Rundfunk- und Fernsehgesellschaft.

Raiffeisen, Friedrich Wilhelm (30. 3. 1818–11. 3. 88), dt. Sozialreformer; suchte der Not der Landwirte durch Gründung v. → Genossenschaften (Übers.) zu steuern: **R.genossenschaften,** die auch intern. weite Verbreitung fanden.

Ferdinand Raimund

Raimund, Ferdinand, eigtl. *Raimann* (1. 6. 1790–5. 9. 1836), österreichischer Dramatiker u. Schauspieler; Zauberspiele von ethisch-didakt. Gehalt; Zeitkritik in Märchenform: *Der Diamant des Geisterkönigs; Der Alpenkönig u. der Menschenfeind; Der Bauer als Millionär; Der Verschwender.*

Rain, *m.,* unbebauter Streifen zw. 2 Äckern als Grenze.

Rainald von Dassel, Erzbischof von Köln 1159–67 und Kanzler Kaiser → Friedrichs I.; für kaiserliche Machtpolitik gegen d. Papst.

Rainer, Arnulf (* 8. 12. 1929), östr. Künstler; Übermalungen von Bildern, → Décollage.

Rainfarn, Korbblütler mit gelben Köpfchen und wohlriechenden Blättern.

Rainier III. (* 31. 5. 1923), s. 1949 Fürst v. Monaco.

Rainwater [*'reɪnwɔːtə*], James (* 9. 12. 1917), am. Physiker; Nobelpreis 1975 (Beiträge zur Erforschung der Atomkerns).

Rainweide, sww. → Liguster.

Raisting, *Erdfunkstelle*

Raisting (D-8121), Gem. i. Kr. Weilheim-Schongau, Oberbayern, südl. d. Ammersees, 1571 E; Erdfunkstelle d. DBP (s. 1964), 5 Antennenanlagen (s. 1981) f. intern. Kommunikationsaustausch über Satelliten.

rajolen, *rigolen,* den Boden (ungefähr 1 m) tief umgraben.

Rakel, *w.,* beim Tiefdruck eine Schabevorrichtung an Druckmaschinen z. Abstreifen *(abrakeln)* der überflüssigen Druckfarbe v. Druckzylinder; Gummirakel b. → Siebdruck.

Rakete, *w.,* Flugkörper v. meist zylindr. Gestalt m. konischer Spitze m. *Raketen*antrieb, bei Großraketen meist

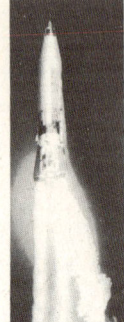

Atlas-Rakete
kurz nach dem Start

schwenkbar (→ Raketenführung); Verwendung z. B. als Höhenraketen, Trägerraketen zum Start von Erdsatelliten u. → Raumsonden; mil. Anwendung: Kurz- (bis 500 km), Mittel- (bis 3000 km), Langstrecken- (bis 12 000 km), Interkontinentalrakete (Träger von Atomsprengsätzen). – *Raketenantrieb,* alle Antriebe, die nach dem Grundprinzip *actio–reactio* auftretende, der Antriebskraft entgegenwirkende gleich große Kraft aufnimmt) mitführen u. während des Betriebes ausstoßen; dadurch ist der R.nantrieb unabhängig von der ihm umgebenden Materie, d. h. der Betrieb ist auch im materiefreien (Welt-)Raum möglich. Die erreichte Geschwindigkeit (Antriebsvermögen) ist abhängig v. der Anfangs- u. Endmasse des Fahrzeuges (Massenverhältnis) u. der Geschwindigkeit des ausgestoßenen Mediums. – *Typen:* 1) Energieträger u. Impulsträger identisch u. im Fahrzeug mitgeführt (z. B. chemischer Raketenantrieb); 2) Energieträger u. Impulsträger verschieden, beide im Fahrzeug mitgeführt (→ Rückstoß; best. el. Raketenantriebe); 3) Energieträger außerhalb, Impulsträger innerhalb d. Fahrzeuges (z. B. best. el. Raketenantriebe) od. Antrieb, bei dem Sonnenstrahlung zur Aufheizung des Impulsträgers verwendet wird; sonst wie chem. Raketenantrieb. *Chem. Raketenantrieb,* heute am weitesten entwickelt u. am meisten angewendet. Zwei Hauptarten: *1. Festtreibstoff,* meist energiereiche Kohlenwasserstoffe u. Sauerstoffträger gemischt, direkt in Brennkammer; *2. Flüssigtreibstoff* (Brennstoff meist energiereiche → Kohlenwasserstoffe; Hochleistung: flüssiger Wasserstoff; Sauerstoffträger: z. B. Salpetersäure, meist aber flüssiger Sauerstoff) aus getrennten Tanks in Brennkammer gefördert durch Druckgas (Helium, Stickstoff) od. Pumpe mit gesondertem Antrieb (z. B. Preßstickstoff od. Wasserdampfturbine) mit Nebenstromturbine, Zufluß durch Regler geregelt (nach vorgegebenem Programm od. durch Funkbefehl vom Bo-

DEUTSCHLAND

Maßstab 1 : 3 200 000

0   50   100 km

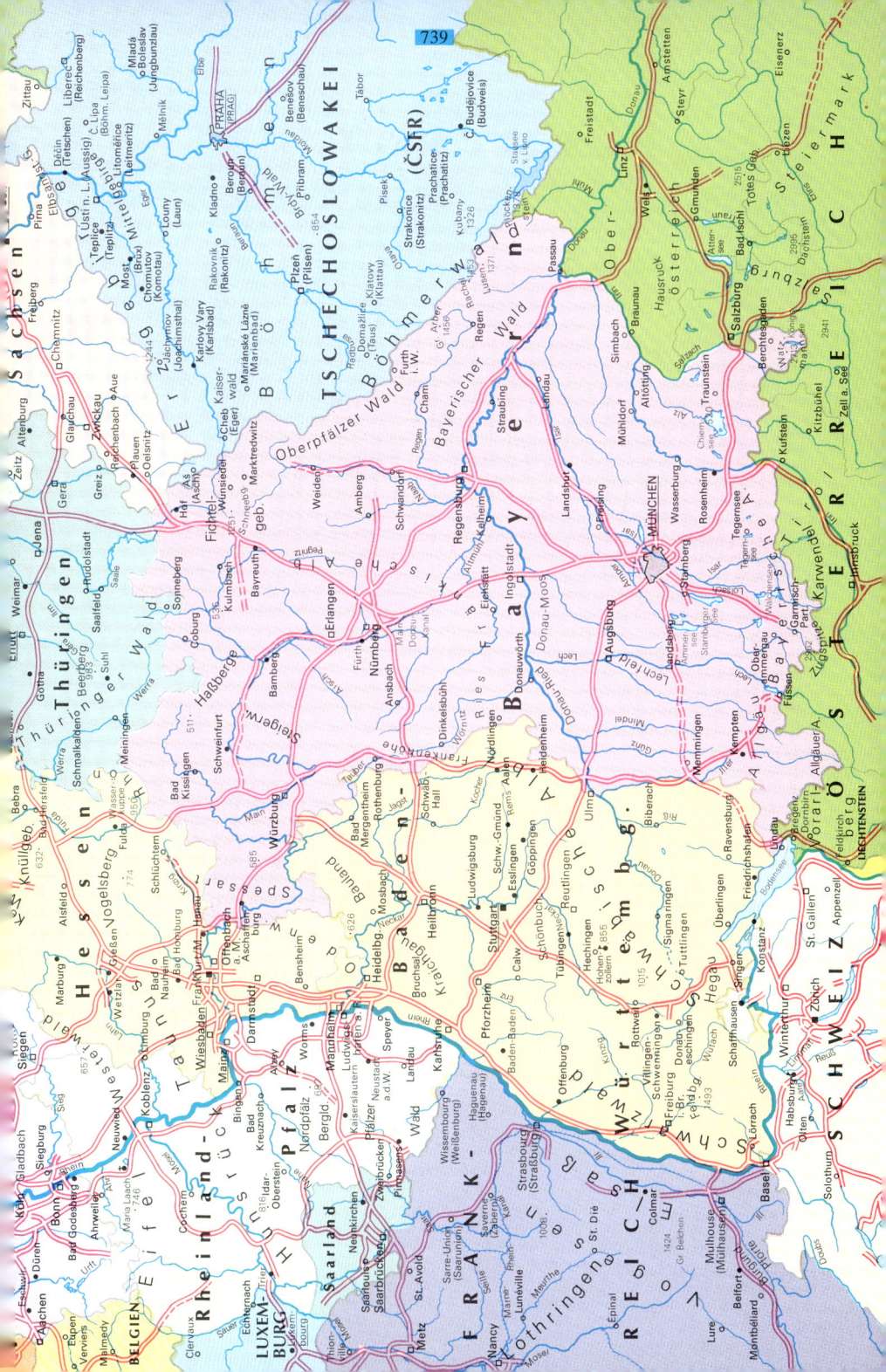

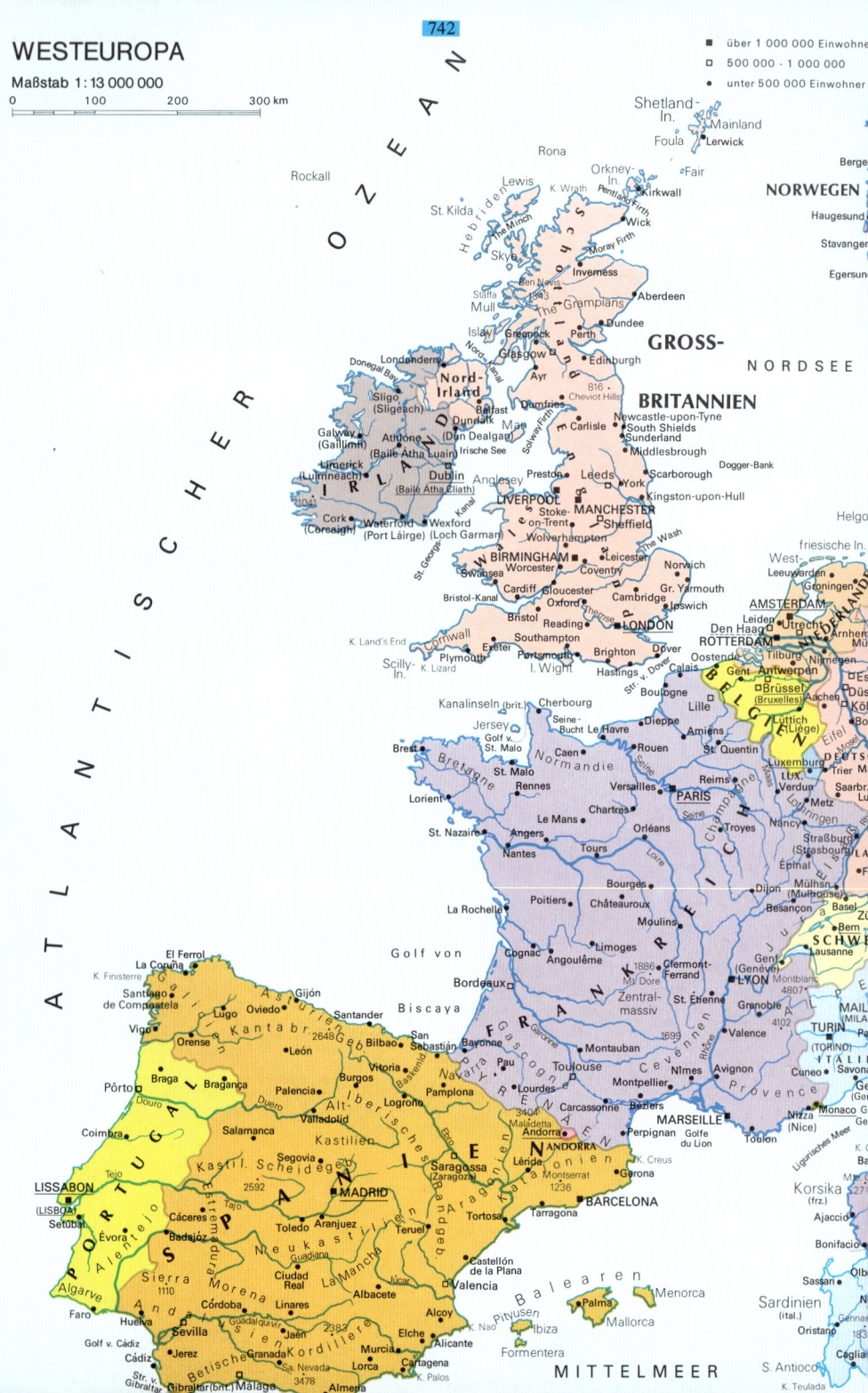

SKANDINAVIEN

Maßstab 1 : 10 000 000

0   100   200   300 km

ISLAND

K. Horn
Siglufjörður
Langanes
Húsavik
Ísafjörður
Sauðárkrókur
Akureyri
Seyðisfjörður
Neskaupstaður
Hvíta
Breiðafjörður
Skjálfandafljót
Jökulsá á Fjöllum
1675
1765
Langjökull
Hofsjökull
1725
Vatnajökull
Faxaflói
Reykjavik
Hekla
Öræfajökull
2119
Keflavik
Hafnarfjörður
1491
Kap
Reykjanes
Vik
Vestmannaeyjar

Europäisches

Nordmeer

Nordkap
Magerøy
Söröy
Porsanger
H.-
Varanger
H.-
Hammerfest
Tana
Nesseby
Vardö
Seiland
Vadsö
Lakselv
Kirkenes
Ringvassöy
Alta
Utsjoki
Kvalöy
Tromsö
Karasjok
Inari-
see
Andenes
Senja
Moen
Skibotn
Inari
Vesterålen
Andselv
1328
Kautokeino
Ivalo
(Halti)
Sortland
Setermoen
Enontekiö
Svolvär
Narvik
Karesuando
Lofoten
Torneträsk
Kebnekaise
Kiruna
Muonio
Kittilä
2111
Torneälv
Sodankylä
Bodö
Fauske
Malmberget
Pajala
Kelloselkä
Rognan
Gällivare
Kemijärvi
Porjus
Rovaniemi
Jokkmokk
Övertorneä
Dönna
Mo i Rana
Karungi
Kuusamo
Mosjöen
1764
Arjeplog
Boden
Tornio
Taivalkoski
Vega
Rössee
Älvsbyn
Haparanda
Kemi
Vikna
Arvidsjaur
Luleå
Hailuoto
Oulu
384
Storuman
Sorsele
Pitea
(Uleåborg)
Oulu-
see
Namsos
Grong
Vilhelmina
Skellefteå
Raahe
Kajaani
Fröya
Steinkjer
Lycksele
Kokkola
Iisalmi
Hitra
Levanger
Strömsund
Åsele
Umeå
(Karleby)
Smöla
Kall-
Vännäs
Pihtipudas
Kristiansund
Trondheim
Storlien
Jakobstad
Viitasaari
Stören
Storsee
Östersund
Sollefteå
Örnsköldsvik
(Pietarsaari)
Kuopio
Ålesund
Molde
Oppdal
Röros
Hackås
Kramfors
Vaasa
Seinäjoki
Varkaus
Åndalsnes
Snöhetta
Bräcke
Härnösand
Kaskinen (Kaskö)
Jyväskylä
Pieksämäki
Stadlandet
2286
Hede
Ånge
Kristinestad
Haapamäki
Mikkeli
Dombås
Alvdal
Sundsvall
(Kristiinankaupunki)
Floro
Glittertind
Särna
Ljusdal
Mäntyluoto
Tampere
2470
Hudiksvall
Pori
(Tammerfors)
Heinola
 Årdal
Lillehammer
Älvdalen
Söderhamn
(Björneborg)
Sognefjord
Voss
Gol
Mora
Bollnäs
Rauma
Hämeenlinna
Lahti
Bergen
Gjövik
Siljansee
(Tavastehus)
Loviisa
Odda
Hamar
Elverum
Falun
Gävle
Uusikaupunki
Riihimäki
Kotka
Rjukan
Eidsvoll
Borlänge
Sandviken
Åland-In.
Naantali
Turku
Porvoo
Vantaa (Vanda)
Kongsvinger
Avesta
(Ahvenanmaa)
(Åbo)
Salo
Espoo
Helsinki (Helsingfors)
Haugesund
Oslo
Charlottenberg
Fagersta
Sala
Uppsala
Mariehamn
Hanko
Porkkala
Notodden
Kongsberg
Arvika
Filipstad
Västerås
(Maarianhamina)
(Hangö)
Kunda
Stavanger
Nissedal
Skien
Fredrikstad
Karlstad
Eskilstuna
Mälaree
Norrtälje
Finnischer Meerbusen
Egersund
Byglandsfjord
Kragerö
Strömstad
Hallsberg
Katrineholm
STOCKHOLM
Reval
Tapa
Flekkefjord
Arendal
Mellerud
Norrköping
Nyköping
(Tallinn)
Worms
Hapsal
Mandal
Kristiansand
Lysekil
Uddevalla
Motala
Gotska
Dagö
Kelma
Moon
Pernau
Lindesnes
Trollhättan
Linköping
Sandön
Ösel
Arensburg
(Pärnu)
Skagen
Vänersborg
Falköping
Tranås
Visby
Gotland
Fellin
Dorpat
Göteborg
Borås
Jönköping
Nässjö
Västervik
Rigaer
Walk
(Tartu)
Hjörring
Frederikshavn
Varberg
Oskarshamn
Hemse
Bucht
Wolmar
Thisted
Läsö
Falkenberg
Växjö
Borgholm
Burgsvik
Salismünde
Holstebro
Anholt
Halmstad
Kalmar
Öland
Goldingen
Tuckum
Riga
Viborg
Randers
Hässleholm
Karlshamn
Libau
Mitau
Jakobstadt
Ringkobing
Herning
Århus
Helsingborg
Karlskrona
(Liepaja)
Duna
Esbjerg
Vejle
Samsö
Helsingör
Landskrona
Mazeikiai
Schaulen
Utena
Kolding
Odense
Korsör
Malmö
Ystad
Simrishamn
Telschen
(Siauliai)
Panevezys
Sylt
Sönderborg
Langeland
Mön
Rönne
Memel
Tauroggen
Ukmerge
(dän.)
(Klaipeda)
Kauna

DÄNEMARK
KOPENHAGEN (KØBENHAVN)
Bornholm

Nord-
see

Ostsee

ESTLAND

LETTLAND

LITAUEN

(zur RSFSR) Tilsit

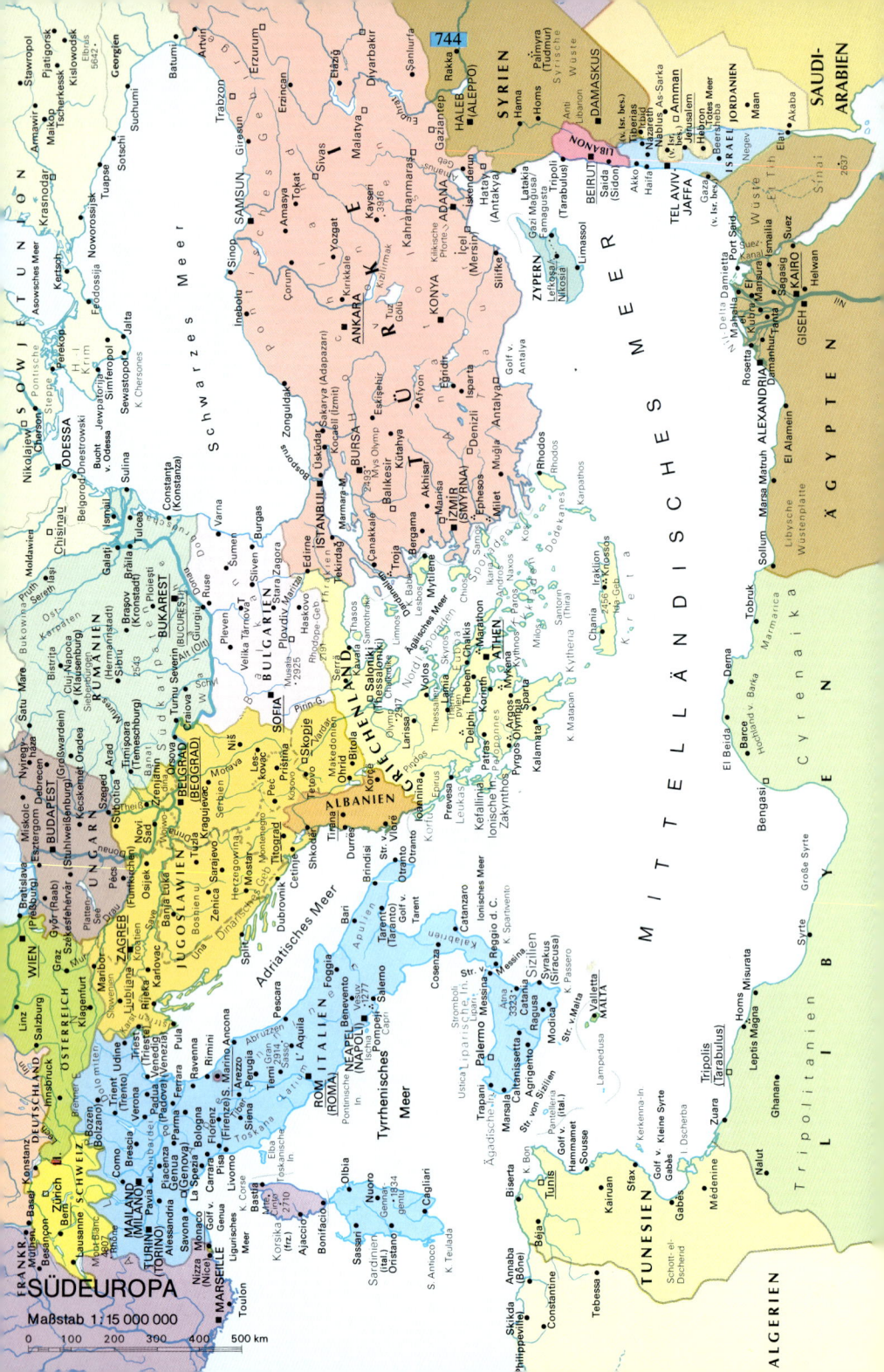

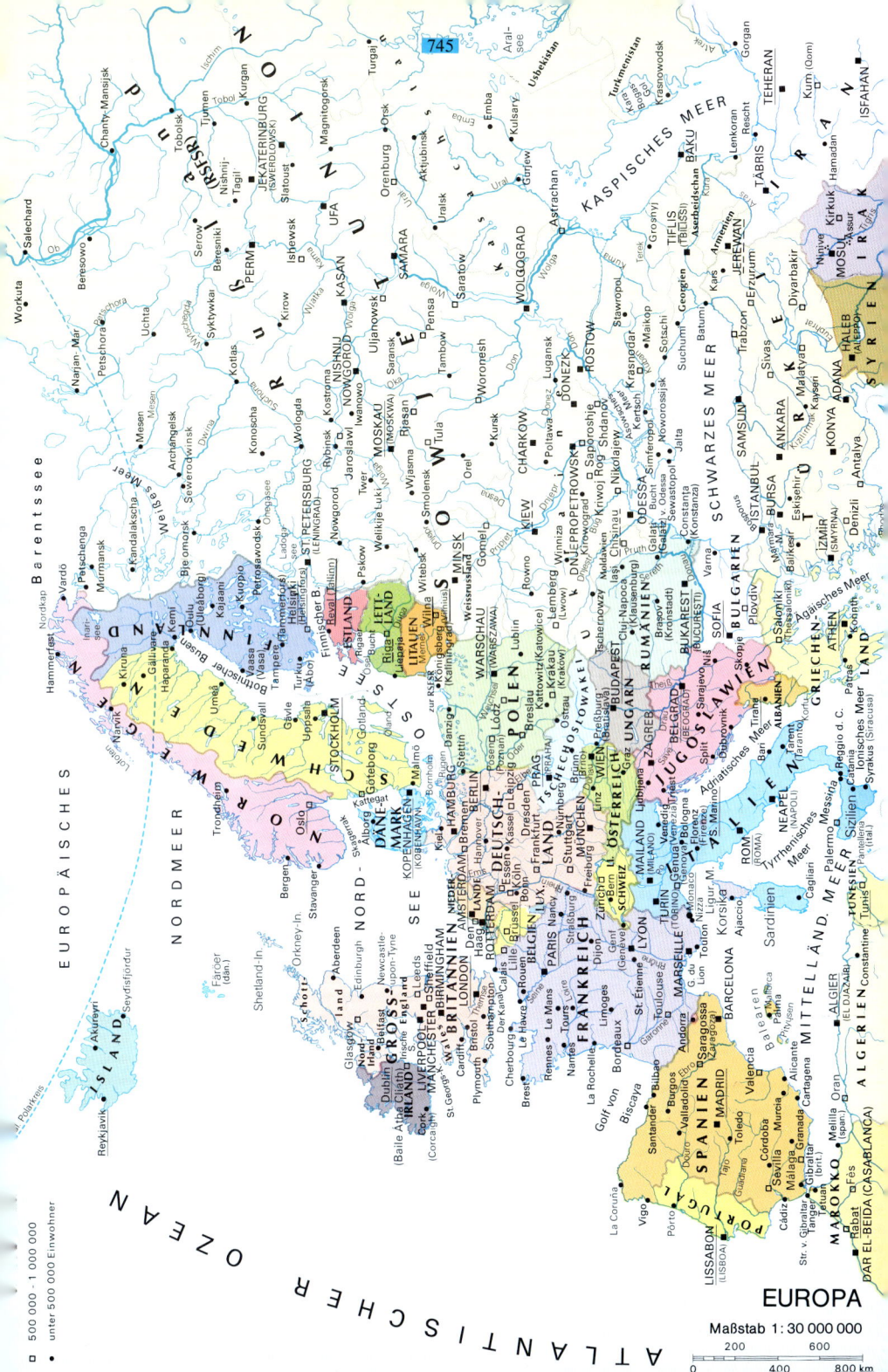

EUROPA

Maßstab 1 : 30 000 000

NORDAMERIKA

Maßstab 1 : 47 000 000

0   500   1000   1500 km

SÜDAMERIKA

Maßstab 1 : 47 000 000

ATLANTISCHER

OZEAN

PAZIFISCHER

OZEAN

über 1 000 000 Einwohner
500 000 - 1 000 000
unter 500 000 Einwohner

Nördl. Wendekreis

BAHAMAS

Karibisches Meer

KUBA

LA HABANA
(HAVANNA)

Kleine Antillen

VENEZUELA

KOLUMBIEN

ECUADOR

QUITO

BRASILIEN

BOGOTÁ

LIMA

BOLIVIEN

PARAGUAY

Hochland
von
Mato Grosso

Brasilianisches
Bergland

SÃO PAULO

RIO DE JANEIRO

URUGUAY

MONTEVIDEO

BUENOS AIRES

Feuerland

Kap Hoorn

Äquator

Südl. Wendekreis

Südgeorgien
(brit.)

0   500   1000   1500 km

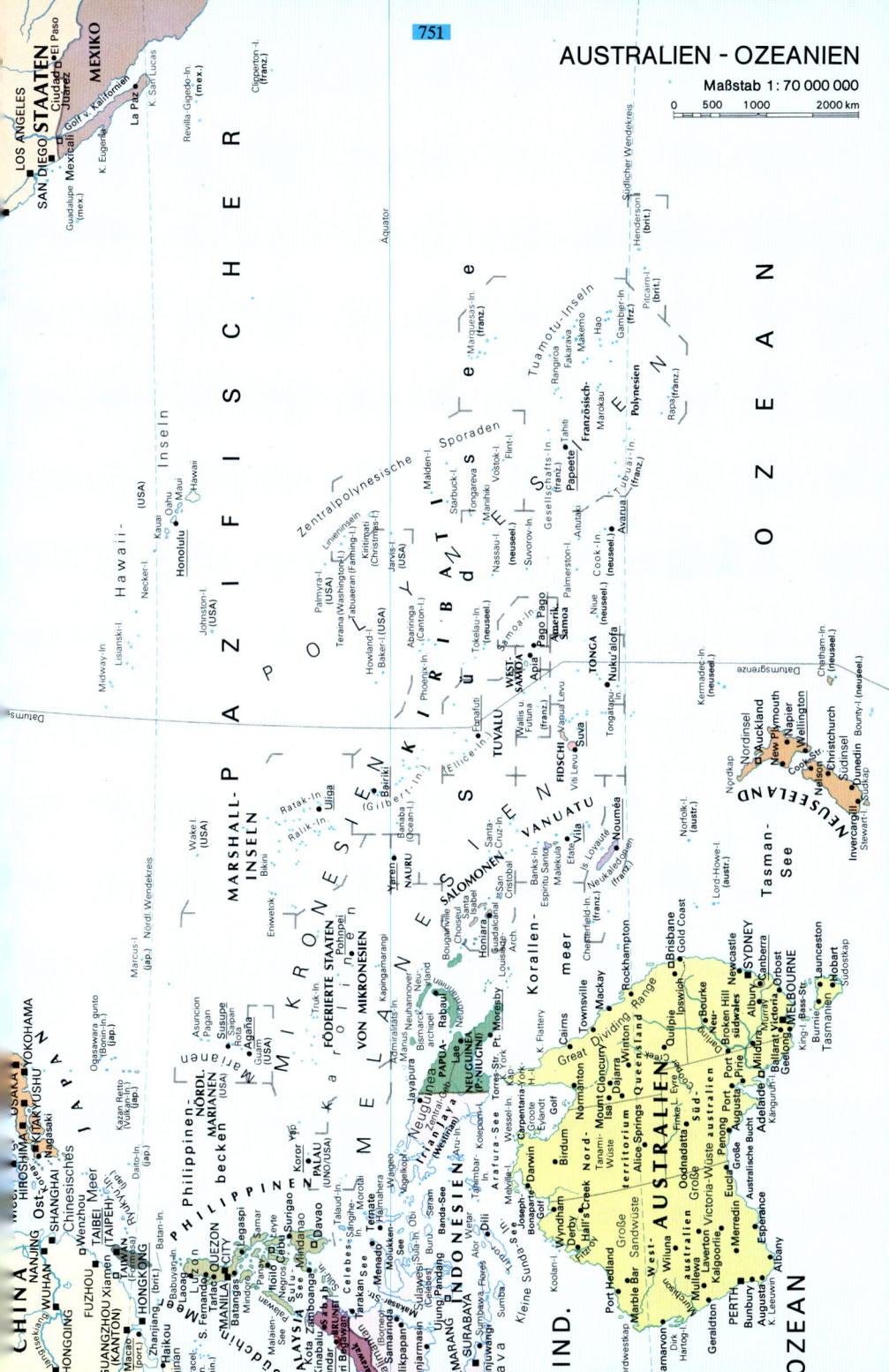

AUSTRALIEN - OZEANIEN

Maßstab 1 : 70 000 000

0   500   1000   2000 km

P A Z I F I S C H E R

O Z E A N

Südlicher Wendekreis

Henderson-I. (brit.)

Pitcairn-I. (brit.)

Gambier-In (frz.)

Rapa-I. (franz.)

Tuamotu-Inseln (franz.)

Rangiroa
Fakarava
Makemo
Hao
Marutea

Marquesas-In. (franz.)

Polynesien (franz.)

Französisch-
Polynesien

Gesellschafts-In. (franz.)

Tahiti
Papeete

Marokau

Aitutaki (neusel.)
Avarua (frz.)
Rarotonga

Cook-In. (neusel.)

Palmerston-In.
Niue (neusel.)

Manihiki
Vostok-I.
Flint-I.
Starbuck-In.
Suvorov-In.
Nassau-I.

Tongareva-In. (neusel.)

Maiden-I.
Kiritimati (Fanning-I.)
Linieninseln
Jarvis-I. (USA)

Zentralpolynesische Sporaden

Howland-I.
Baker-I. (USA)
Palmyra-I. (USA)
Terana (Washington-I.)
Kiritimati (Christmas-I.) (USA)

Abariringa (Canton-I.)

Phoenix-In.

Tokelau-In. (neusel.)

WEST-
SAMOA
Apia

Amerik.
Samoa
Pago Pago

K I R I B A T I

Banaba (Ocean-I.)

Nikunau

TUVALU

Ellice-In.

Funafuti

Wallis u.
Futuna (franz.)

FIDSCHI
Suva

Vanua Levu
Viti Levu

TONGA
Nuku'alofa

Tongatapu

Kermadec-In. (neusel.)

Datumsgrenze

Chatham-In. (neusel.)

Bounty-I. (neusel.)

NEUSEELAND

Nordinsel
Auckland
Nordkap

New Plymouth
Napier
Wellington

Cook-Str.
Nelson

Südinsel

Christchurch
Dunedin

Invercargill
Stewart-I. (neusel.)

Tasman-
See

Lord-Howe-I. (austr.)

Norfolk-I. (austr.)

Neukaledonien (franz.)

Nouméa

VANUATU
Port Vila
Éfaté

Îs. Loyauté
Malekula
Espiritu Santo

Banks-In.

SALOMONEN
Honiara

Santa-
Cruz-In.

San
Cristobal
Guadalcanal
Santa Isabel

Bougainville
Choiseul

NAURU
Yaren

Uliga
Bikini
Ratak-In.
Ralik-In.

MARSHALL-
INSELN

Bikar

Beriki

Tarawa

(Gilbert-In.)

M I K R O N E S I E N

Wake-I. (USA)

Eniwetok

H a w a i i - (USA)

Inseln

Kauai
Oahu
Honolulu
Maui
Hawaii

Necker-I.
Lisianski-I.

Midway-In. (USA)

Johnston-I. (USA)

Marcus-I. (jap.)

Nordl. Wendekreis

Äquator

Datums-

Datum

FÖDERIERTE STAATEN
VON MIKRONESIEN

Pohnpei

Truk-In.
(jap.)

Kapingamarangi

Nukuoro

Kosrae

Palikir

P a l a u

PALAU
Koror
(UNO/USA)

Babelthuap

Sonsorol
Helen-I.

NORDL.
MARIANEN
(USA)

Saipan
Tinian
Rota
Guam (USA)
Agaña

Pagan
Asuncion

Ogasawara gunto
(Bonin-In.) (jap.)

Kazan-In. (Vulkan-In.) (jap.)
Daito-In. (jap.)

M E L A N E S I E N

N e u g u i n e a

PAPUA-
NEUGUINEA
Lae
Pt. Moresby

Irian Jaya
(Westirian)

Neu-
irland
Rabaul
Neu-
britannien
Bismarck-
archipel
Neuhannover
Neu-
mecklenburg

Admiralitäts-
inseln

Bougainville

Korallen-
meer

Great Dividing Range

Great
Barrier
Reef

Cairns
Townsville
Mackay
Rockhampton
Gladstone

Brisbane
Gold Coast

Newcastle
SYDNEY
Canberra

Wollongong

MELBOURNE
Geelong

Launceston

Tasmanien
Hobart

Bass-Str.

King-I.

Burnie
Devonport

Südostkap

A U S T R A L I E N

Queensland

Nord-
Territorium

West-
Australien

Süd-
Australien

Neu-
südwales

Victoria

Großes
Artesisches
Becken

Große
Sandwüste

Große
Victoria-Wüste

Nullarbor-
Ebene

Große
Australische
Bucht

Darwin
Wyndham
Derby
Broome
Port Hedland
Marble Bar

Halls Creek
Tanami-
Wüste

Alice Springs
Mount Isa
Cloncurry
Normanton

Carpentaria-
Golf

Golf von
Carpentaria

Arnhem-
Land

Kap York

Torres-Str.

Arafura-
See

Timor-
See

Mount Magnet
Wiluna
Laverton

Kalgoorlie
Coolgardie

Esperance
Albany
K. Leeuwin

PERTH
Fremantle
Bunbury

Geraldton
Carnarvon
Dirk Hartog-I.

Northwestkap

Port Augusta
Port Pirie
Whyalla
ADELAIDE
Mildura
Broken Hill

Bourke
Dubbo
Orange

Albury
Ballarat

Eyre-See
Torrens-See
Gairdner-See

Tennant Creek
Birdum
Katherine

Penong
Ceduna
Kangaroo-I.

Eucla
Ooldea

I N D.
O Z E A N

P H I L I P P I N E N

Philippinen-
becken

MANILA
QUEZON
CITY
Luzon

Mindoro
Panay
Negros
Cebu
Samar
Leyte
Mindanao
Davao
Zamboanga

Sulu-See

BRUNEI
Bandar Seri Begawan

MALAYSIA

I N D O N E S I E N

Sumatra
Java
JAKARTA
SURABAYA
BANDUNG
SEMARANG
Sulawesi
(Celebes)
Borneo
(Kalimantan)

Molukken
Seram
Buru
Halmahera
Ternate
Menado

Sumba
Flores
Timor
Dili
Alor
Wetar

Banda-See
Celebes-See
Makassar

Sangihe-In.
Talaud-In.

Morotai
Waigeo

Kleine Sunda-Inseln

Java-See

Balikpapan
Banjarmasin
Pontianak
Samarinda
Tarakan-In.

Kota Kinabalu
Kuching

S ü d c h i n e s i s c h e s   M e e r

C H I N A

HONGKONG
Macao
GUANGZHOU
(KANTON)
FUZHOU
Xiamen
Shantou
Haikou
Hainan

TAIWAN
TAIBEI (TAIPEH)
Paracel-In.

J A P A N

OSAKA
YOKOHAMA
KYUSHU
HIROSHIMA
Nagasaki
SHANGHAI
NANJING
WUHAN
CHONGQING
Wenzhou

Ost-China-
See
Chinesisches Meer

VEREINIGTE STAATEN

LOS ANGELES
SAN DIEGO

MEXIKO
Mexicali
Ciudad Juárez
El Paso

Golf v. Kalifornien

La Paz
K. San Lucas

Revilla Gigedo-In. (mex.)

Guadalupe (mex.)

K. Eugenia

Clipperton-I. (franz.)

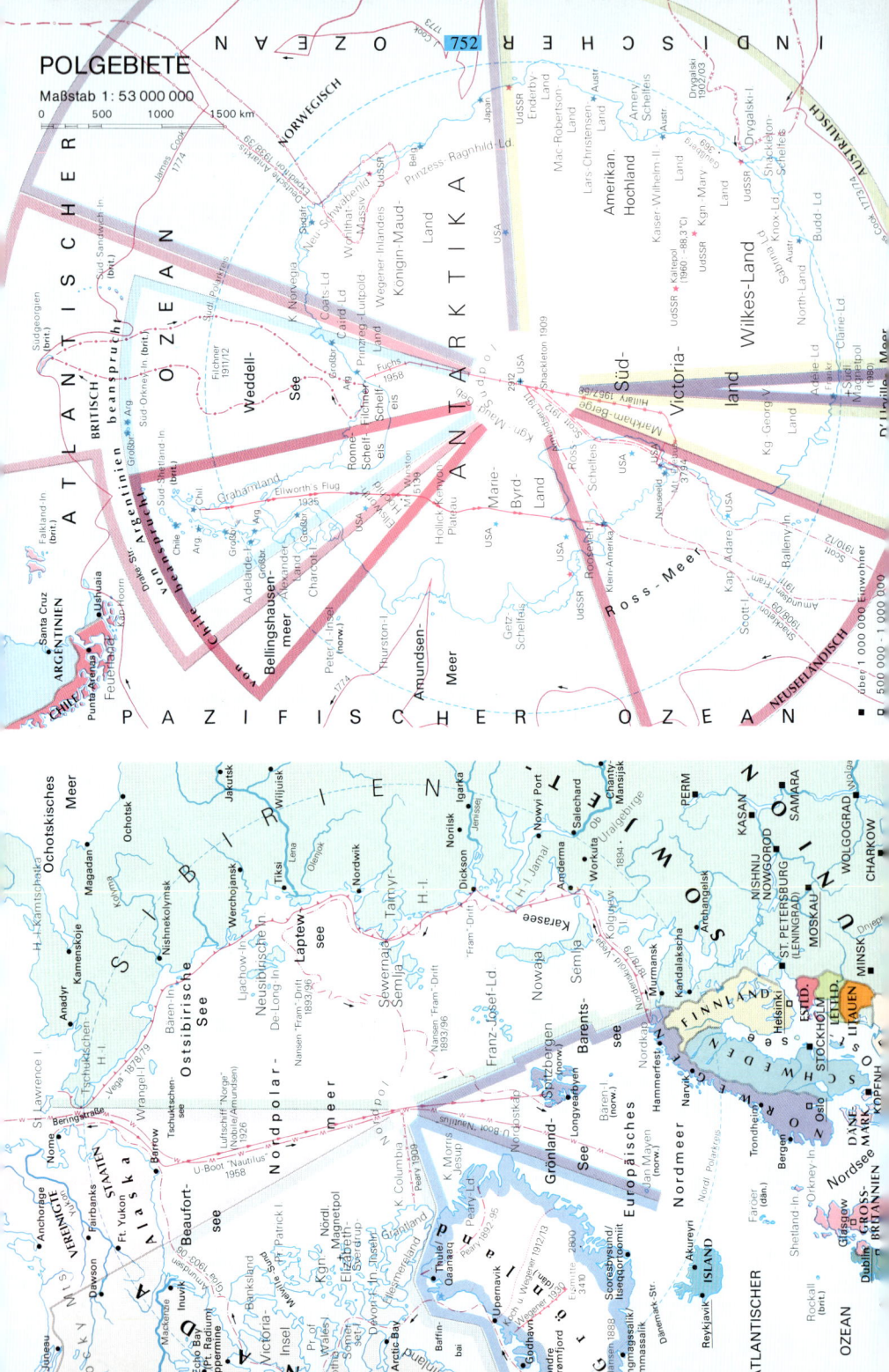

den aus). Die in *Brennkammer* erzeugten Heißgase strömen durch Düse aus; dabei wird ihre Wärmeenergie in Geschwindigkeitsenergie umgewandelt (→ Impuls). – *El. Raketenantrieb,* ein „Strahl" el. geladener Teilchen (→ Ionen) wird in einem el. Feld beschleunigt u. ausgestoßen (Impulsträger); nach der Art der Primärenergiequelle gehörig zu Typ 2 (z. B. el. Energie wird aus → Kernreaktor erzeugt) od. Typ 3 (z. B. el. Energie wird aus Sonnenstrahlung über → Fotozellen erzeugt). – *Stufenrakete,* 2–5 Raketenantriebsstufen zusammengekoppelt brennen in best. Folge ab, jede ausgebrannte Stufe wird abgeworfen; Massenverhältnis des Restkörpers u. damit dessen Endgeschwindigkeit (= Summe aus Anfangsgeschwindigkeit u. Antriebsvermögen der Restrakete) wird erhöht; z. B. notwendig zum Start von Erdsatelliten; alle Stufen, die nicht → Kreisbahngeschwindigkeit erreichen, fliegen in ballist. Kurve zur Erde zurück; letzte Stufe der Trägerrakete erreicht mit Satellit die Umlaufbahn (→ Tafel Weltraumforschung). – *Bremsrakete,* brennt entgegen der Flugrichtung (z. B. Abbremsen der Geschwindigkeit eines Erdsatelliten f. d. Wiedereintritt, od. b. weicher Landung einer → Mondsonde, um Zerstörung durch ungebremsten Aufprall zu verhindern). – *Stabilisierungsraketen* halten od. richten Raketen od. Satellit in gewünschter Lage (z. B. vor Landung bemannter Kapseln). **Raketenführung,** Lenkung v. Raketen beim Aufstieg in d. Umlaufbahn (bei Satelliten) oder in d. ballist. Flugbahn (bei interkontinentalen Raketen) durch Kontrolle d. Lage d. Roll-, Kipp- u. Gierachse mittels → Gyroskopen; Übertragung d. Korrekturen auf Schwenkdüse oder Schwenken des Raketenantriebes.
Rakett, *s.* [engl.], *Racket,* Tennisschläger.
Rákóczi *[-kotsi],* altes ungar. Adelsgeschlecht, **1)** Franz II. (27. 3. 1676–8. 4. 1735), Anführer der ungar. Freiheitsbewegung 1703–11; nach ihm *R.-Marsch,* ungar. Nationalmarsch; **2)** Georg I. (8. 6. 1593–11. 10. 1648), Fürst von Siebenbürgen, im 30jähr. Krieg gg. d. Kaiserlichen, sicherte die Glaubensfreiheit der Protestanten in Ungarn.
Rákosi *[-ſi],* Mátyás (9. 3. 1892–5. 2. 1971), ungar. Pol.; s. 1945 Gen.sekr. d. KP u. stellvertr. Min.präs.; 1952/53 Min.präs.
RAL, Abk. f. *Reichs-Ausschuß f. Lieferbedingungen,* gegr. 1925.
Raleigh *['rɔli],* Sir Walter (1552–29. 10. 1618), engl. Seefahrer u. Schriftst.; Eroberungs- u. Entdeckungsfahrten nach N- u. S-Amerika; Gründer der am Kolonie Virginia, verfaßte *Weltgeschichte;* ab 1603 i. Gefängnis.
Raleigh *['rɔli],* Hptst. d. US-Staates North Carolina, 150 000 E; Baumwollind. u. -handel.
Rallen, Vogelordnung, vorwiegend Sumpf- und Wasservögel, etwa hühner-

groß, kurzflügelig und -schwänzig, hohe Beine, langzehige Füße; in Europa und Vorderasien d. *Wasserralle* mit roten Beinen und langem rotem Schnabel. Auch → Sumpfhühner, → Teichhuhn, → Wasserhühner u. → Wachtelkönig.
rallentando [it.], Abk. *rall., mus.* verlangsamend.
Rallye, s. od. w. [frz. *'rali,* engl. *'ræli],* im Automobilsport Zuverlässigkeitsprüfung für Serienfahrzeuge über Strecken von 500 km bis zu mehrtägigen Fahrten mit Etappenzielen; Wertung nach Punkten.
Rama, Verkörperung des Gottes Wischnu, Held des indischen Nationalepos **Ramayana** von *Valmiki* (3. od. 4. Jh. v. Chr.).
Ramadan, *m.* [arab.], *Ramasan* [türk.], 9. Monat des moh. Mondjahrs, Fastenmonat.
Ramakrishna (20. 2. 1834–16. 8. 86), ind. Sektengründer; Erneuerung der Vedantaphilosophie (→ Vedanta).
Raman, Sir Chandrasekhara Venkata (7. 11. 1888–21. 11. 1970), ind. Phys.; entdeckte den **R.-Effekt** bei der Lichtstreuung an Molekülen (Änderung der Wellenlänge des eingestrahlten Lichts); Nobelpr. 1930.
Ramat Gan, St. westl. von Tel Aviv, 116 000 E; Uni.; div. Ind.
Rambouillet *[rãbu'je],* Cathérine Marquise de (1588–2. 12. 1665), 1620 in ihrem Schloß, *Hotel de R.,* südwestl. von Versailles, der erste frz. literar. Salon; *Schloß R.* jetzt Sommersitz des frz. Staatspräsidenten.
Rameau *[-'mo],* Jean-Philippe (get. 25. 9. 1683–12. 9. 1764), frz. Komponist; Schöpfer des klass. frz.-nat. Operntypus; Begr. d. modernen Harmonielehre; *Dardanus.*
Ramie, *w., Chinagras,* Nesselpflanze O-Asiens; Bastfasern zu seidenartig glänzenden Geweben.
Ramin, Günther (15. 10. 1898–27. 2. 1956), dt. Organist u. Komp.; s. 1940 Thomaskantor in Leipzig.
Ramme, *Rammbär, Rammklotz,* schweres Fallgewicht, das durch sein Gewicht Pfähle, Steine usw. i. d. Erdboden treibt; *Handrammen u.* automat. Rammen (Druckluft, Verbrennungsmotor usw.) b. Straßenbau.
Rammelsberg, 1) Berg i. Oberharz m. Erzgruben, b. Goslar, 636 m; **2)** Berg i. westl. Erzgebirge, 936 m.
Rammler, männlicher Hase oder Kaninchen.
Rampe, 1) schräge Auffahrt, auch *Lade-R.,* zum Niveauausgleich (z. B. beim Umladen v. Eisenbahngütern); **2)** unterer Bühnenrahmen mit Beleuchtungsanlage; auch die Bühne selbst.
ramponiert [frz.], beschädigt, stark mitgenommen.
Ramsay *['ræmzɪ],* Sir William (2. 10. 1852–23. 7. 1916), engl. Chem.; entdeckte d. Argon 1894 (bei Stickstoffbestimmung der Luft) zus. mit Rayleigh; ferner

William Ramsay

Helium, Neon, Krypton, Xenon; Nobelpr. 1904.
Ramsch, *m.,* **1)** Alt-, Ausschußware; **2)** ein Kartenspiel; auch eine Spielart beim Skat.

Ramses II.

Ramses, mehrere ägypt. Kge zw. 1330 u. 1085 v. Chr.; am bedeutendsten: **R. II.,** reg. 1290–23, ließ u. a. das Ramesseum (Heiligtum) bei → Theben erbauen.
Ramsey *['ræmzɪ],* Sir Allan (13. 10. 1713–10. 8. 84), engl. Porträtist u. Hofmaler Georgs III., Mitbegr. d. Royal Acad.; Entwicklung vom effektvollen Bildnistyp d. Spätbarock zur feinen Zeichnung d. Gesichtszüge, die er m. dem zarten Kolorit d. Rokoko verband.
Ramsgate *['ræmzgɪt],* engl. Hafenst. und Seebad in der Gft Kent, 37 000 E; Yachthafen.
Ramstein-Miesenbach (D-6792), Gem. i. Kr. Kaiserslautern, RP, 7006 E; bed. NATO-Flugplatz.
Ramuz *[ra'my],* Charles Ferdinand (24. 9. 1878–23. 5. 1947), schweiz. Romanschriftst., in frz. Sprache: *Die Geschichte vom Soldaten* (v. Strawinski vertont).
Ranch, *w.* [ræntſ], nordam. Farm, Viehwirtschaft.
Rancheros [rantſ-], mexikan. Viehzüchter span.-indian. Abkunft.
Ranchi, ind. St. im Staat Bihar, 490 000 E; metallverarb. Ind.
Rand, südafrikan. Währung der Rep. Südafrika (→ Währungen, S. 1087/88).
Randers *['ranɔrs],* St. im dän. Amt *R.* auf Jütland, nahe dem **R.fjord,** 61 000 E; div. Ind., Waggonbau, Handel m. landw. Produkten.
Ranger [engl. *'reɪndʒə* „Umherstreifer"], am. Raumsonde → Mondsonden.
Rangordnung, Reihenfolge gemäß der soz. Stellung bei in Gemeinschaft lebenden Menschen od. Tieren einer Art; bei Hühnern auch „Hackordnung".

Rangun, *Rangoon,* Hptst. v. Myanmar, am R., dem östl. Mündungsarm d. Irawadi, 2,5 Mill. E; bedeutendster Hafen Myanmars; buddhist. Shwe-Dagon-Pagode; Uni.; Baumwoll-, Erdöl-, Teakholz-, Reisausfuhr.

Rangvorbehalt, die grundbuchl. eingetragene Befugnis des Grundeigentümers, ein best. dingl. Recht später eintragen zu lassen, das im Rang einer schon vorherigen Belastung vorgeht (§ 881 BGB).

Rank [*ræŋk*], Lord J. Arthur (22. 12. 1888–29. 3. 1972), engl. Filmindustrieller; Gründer u. Leiter der *R.-Organisation* (Filmproduktion, -verleihges., -theater).

Ranke, 1) Johannes (23. 8. 1836–26. 7. 1916), dt. Anthropologe; Forschungen über Schädelformen in S-Dtld; *Der Mensch;* s. Onkel **2)** Leopold v. (21. 12. 1795–23. 5. 1886), dt. Historiker, Begr. der objektiven, quellenkrit. Geschichtsschreibung; *Dt. Geschichte im Zeitalter der Reformation; Zwölf Bücher preuß. Geschichte; Die röm. Päpste in den letzten vier Jh.en; Weltgeschichte.*

Ranken, umgebildete Zweige od. Blätter b. Kletterpflanzen, dienen als Klammerorgane.

Rankenfußkrebse, *Cirripedia,* als erwachsene Tiere stets festgewachsen oder als Parasiten an anderen Tieren lebend; sehr häufig an unseren Küsten auf Steinen oder Muscheln: die → Seepocken.

Ranküne, *w.* [frz. „rancune"], Feindschaft, Rachsucht.

Ranunkel
Scharfer Hahnenfuß

Ranunkel, *Hahnenfuß,* Wiesen-, Wasser- u. Zierpflanzen, meist gelbe Blüten.

Ranz, Paarungszeit des Haarraubwildes.

ranzig werden v. a. Öle und Fette mit ungesättigten Fettsäuren. Durch die Oxidation an der Luft entstehen unangenehm riechende Abbauprodukte; Verhinderung durch kühle Lagerung oder → Antioxidanzien, z. B. Vitamin E.

Rap [engl. *ræp* „klopfen"], bes. Form d. rhythm. Sprechgesangs in d. → Rock-Musik, wobei eine längere Geschichte monoton-abgehackt u. m. einfachen Reimen über einen simplen Grundrhythmus improvisiert wird; urspr. v. schwarzen → Diskjockeys in New York während des *Scratchens* v. Schallplatten (Wiederholung v. Passagen durch erneutes Aufsetzen d. Diamantnadel) benutzt, dann z. Rap-Musik kommerzialisiert u. in Diskotheken als Hintergrund f. → Break-

Dance gespielt; auch als HipHop bezeichnet; häufig Verwendung d. Sampling-Methode (Benutzung v. Sound- und Rhythmusfragmenten bereits vorhandenen Fremdmaterials, die in einem Computer gespeichert werden).

Rapacki [*-tski*], Adam (24. 12. 1909–10. 10. 70), poln. Pol.; 1956–68 Außenmin.; 1957 *R.plan* (atomwaffenfreie Zone in Mitteleuropa).

Rapallo, it. St. in der Provinz Genua, am *Golf v. R.,* Hafen, 30 000 E; Winterkurort, Spitzenind. - **R.verträge, 1)** Grenzvertrag zw. Italien u. Jugoslawien 1920; Fiume (Rijeka) u. Zara (Zadar) mit Nachbarinseln zu Italien (1945 wieder jugoslaw.); **2)** zw. Dtld u. UdSSR 1922: Wiederaufnahme d. diplomat. u. wirtsch. Beziehungen.

Raphael, Günter (30. 4. 1903–19. 10. 60), dt. Komp.; Kammermusik, Orchester- u. Chorwerke.

Raphaël [hebr. „Gott heilt"], einer der vier biblischen Erzengel.

Raphiapalme, niedrige Palme O-Afrikas mit riesigen Blättern; → *Raffiafaser* u. *Raffiabast.*

Rapid Deployment Force, *RDF,* 1979 aus mehreren Teilstreitkräften gebildete, am. Eingreiftruppe f. Konflikte i. d. dritten Welt bzw. z. Wahrung am. Interessen i. Mittleren u. Nahen Osten.

rapide [l.], reißend schnell.

Rapier, *s.* [frz.], Fechtwaffe mit gerader Klinge.

Rappbodetalsperre, Staudamm der Rappbode im Unterharz bei Wendefurth.

Rappen, *m.,* Schweizer Münzeinheit (→ Währungen, Übers., S. 1087/88).

Rapperswil (CH-8640), Gem. schweiz. Kanton St. Gallen, am Zürichsee, 8000 E; Schloß; Ind., Fremdenverkehr.

Rapport, *m.* [frz.], **1)** mil. Berichterstattung, dienstl. Meldung; **2)** Wiederholung eines Webmusters; **3)** *in R.,* in Beziehung (stehen).

Raps, Kohlart; Ölpflanze, liefert → Rüböl, auch Viehfutter u. zur Gründüngung. - **R.glanzkäfer,** metallisch glänzender kl. Käfer, der die Blüten des Rapses zerstört. - **R.kuchen,** Rückstände bei der Rapsölbereitung, Kraftfutter; ein → Ölkuchen.

Raptus, *m.* [l.], **1)** Raub, Entführung; **2)** Anfall von Raserei, Zornausbruch.

Rapunzel, *Feldsalat, Valerianella,* Baldriangewächs, rosettenartig längl. Blätter; zu Salat.

rar [l.], selten.

Rarität, *w.,* Seltenheit.

Ras, *m.* [arab. „Kopf"], **1)** Häuptling; **2)** Kap, Vorgebirge.

rasant [frz.], flach verlaufend (Flugbahn); ugs.: sehr schnell.

Ras Daschan, höchster Berg in Äthiopien, 4620 m.

Ras el Chaima, arab. Scheichtum u. Hafen am Pers. Golf, → Vereinigte Arabische Emirate.

Raseneisenstein, *Raseneisenerz,* braunes bis schwarzes, tonhaltiges Eisenhydroxid; zu Eisen verhüttet.

Rasenkraftsport, Sammelbegriff für Steinstoßen, Gewichtwerfen u. einem aus diesen Sportarten u. Hammerwerfen bestehenden Dreikampf.

Raser, engl. *radio amplification by stimulated emission of radiation,* Gerät z. Erzeugung u. Verstärkung kohärenter elektromagnet. Schwingungen im Bereich 40–100 MHz; → Maser.

Rask, Rasmus Kristian (22. 11. 1787–14. 11. 1832), dän. Sprachforscher; mit F. *Bopp* Begr. der vergleichenden Sprachwiss.; Gesetz der german. Lautverschiebung.

Raskolniki [„Abtrünnige", v. russ. „raskol = Spaltung"], Sektierer, spalteten sich im 17. Jh. von der russ.-orthodoxen Kirche wegen liturg. Fragen ab; oft verfolgt.

Rasmussen, Knud (7. 6. 1879–21. 12. 1933), dän. Grönland- u. Eskimoforscher.

Räson, *w.* [frz. raison, -*'zõ*], Vernunft.

Räsoneur, *m.* [-*'nør*], Klugredner.

räsonieren, nörgeln.

Raspe, Heinrich, → Heinrich 24).

Raspel, grobe Feile für Holz- u. Steinbearbeitung.

Grigorij Rasputin

Rasputin, Grigorij (um 1864–30. 12. 1916), ungebildeter sibir. Bauer, als „Mönch" u. Wundertäter bed. Einfluß am Hof Nikolaus' II.; ermordet.

Rasse → Übersicht, S. 756, Tafel S. 757.

Rassenfrage, die pol. Auseinandersetzung zw. Weißen u. Farbigen in Kolonien u. Schutzgebieten sowie in rassisch sehr versch. zusammengesetzten Staaten; in den USA (ca. 10% Neger) Negerproblem; in d. Südafrikan. Union → Apartheid.

Rassenhygiene, Anwendung von Erkenntnissen d. → Anthropologie auf rassische nationale Fragen.

Rassentheorie, die Annahme, daß best. Kulturen wesentl. od. ausschließl. von e. best. menschl. Typus geschaffen seien; unzulässig vereinfachend angewandt hauptsächl. für d. nordische (fälschlich „arische") Rasse: Gobineau, Chamberlain, Günther; die pol. Anwendung z. Herabsetzung u. Verdrängung fremdrassiger Völker (Juden, Neger u. Farbiger) wird **Rassismus** genannt. → Arier.

Rastatt (D-7550), Krst. in d. Rheinebene, an der Murg, Ba-Wü., 40 909 E; AG;

Barockschloß, Schloß-, Stadtkirche u. a. barocke Bauten; Wehrgeschichtl. Museum; div. Ind. – Bis 1771 Residenz d. Markgf v. Baden; 1714 Friede zw. Östr. u. Frkr.

Rastede (D-2902), Gem. im Kr. Ammerland, Nds., Luftkurort, 17 400 E; Schloß; Radiatorenwerk, Schaumgummi- u. a. Ind.

Rastel, *s.*, Gitter, Drahtgeflecht (bes. um Töpfe); *R.binder*, Kesselflicker.

Rastenburg, *Kętrzyn*, poln. St. im ehem. Ostpreußen, 22 000 E; Ordensburg.

Raster, *m.* [l. „rastum = Harke"], Gittersystem v. Linien, löst die Helligkeitswerte eines Halbtonbildes zur Druckreproduktion in kleinste Flächen (versch. große Punkte) auf; → Klischee.

Rastral, *s.*, Gerät zum Ziehen v. Notenlinien.

Rastrelli, Bartolomeo Francesco Graf (um 1700–76), russ. Baumeister it. Herkunft; Begr. d. russ. Rokoko; *Schloß Peterhof, Smolnyj-Kloster, Winterpalais i. St. Petersburg.*

Ratakinseln, nordöstl. Gruppe d. Marshallinseln.

Rat der Volksbeauftragten, provisor. Regierung v. Nov. 1918 bis Febr. 1919 nach d. → Novemberrevolution i. Dtld.

Ratekau (D-2401), Großgem. i. Kr. Ostholstein, Schl-Ho., 13 871 E; Feldsteinkirche (12. Jh.). – Kapitulation Blüchers am 7. 11. 1806.

Räte-republik, kommunist. Staatsform; beruhend auf d. R.system, erstmals 1917 in Rußld durchgeführt als Aufbau von zentralen Staatsorganen aus Arbeiter- u. Soldatenräten, die die gesamte Staatsgewalt auf sich vereinigen (→ Sowjetunion); 1919 kurz auch in Bayern und Ungarn.

Rat für gegenseitige Wirtschaftshilfe, *RGW*, engl. *Council of Mutual Economic Aid, COMECON*, 1949 unter Führung d. UdSSR gegründeter Wirtschaftsrat der Ostblockstaaten, 9 Mitgliedstaaten (bis 1990 auch DDR); Ziel: Verflechtung d. Volkswirtschaften d. Ostblocks z. Industrieproduktion; Sitz Moskau; 28. Juni 1991 aufgelöst.

Walther Rathenau

Rathenau, Walther (29. 9. 1867–24. 6. 1922), seit 1915 Präs. der AEG; 1921 Reichsmin. für Wiederaufbau, 1922 Außenmin. (schloß → Rapallovertrag mit Rußland); von Rechtsradikalen ermordet.

Rathenow (D-1830), Krst. i. Bbg., an der Havel, 30 935 E; opt. Ind. (Brillen), Wiss.-Geräte-Bau.

Ratibor, *Racibórz*, poln. St. in Oberschlesien, an der Oder, 47 000 E; Industrie, Gemüseanbau.

Rätien, *Raetia*, von 15 v. Chr. bis ins 5. Jh. röm. Prov.: Graubünden, Tirol u. Südbayern.

Ratifikation, *Ratifizierung*, Zustimmung der verfassungsmäßig befugten Organe zu Staatsverträgen, die durch Austausch (wenn mehrseitig durch Hinterlegung) der R.surkunden in Kraft treten.

ratifizieren, (einen Vertrag) anerkennen, genehmigen; → Paraphierung, Unterzeichnung.

Rätikon, *Rhätikon*, Schiefer- u. Kalkgebirge zw. Prätigau (Schweiz) und Montafon (Vorarlberg); *Schesaplana* 2965 m.

Ratingen (D-4030), St. i. Kr. Mettmann, NRW, 89 880 E; AG; histor. St.kern; Textil-, Papier-, Eisen-, Glas-, Elektro- u. a. Ind.

Ratio, *w.* [l.], Vernunft, Grund.

Ration, *w.* [l.], zugeteilte Menge.

rational [l.], durch Vernunftschlüsse abgeleitet, durch Denken gewonnen; Ggs.: irrational.

rationale Zahlen, alle positiven u. negativen ganzen Zahlen u. Brüche einschließlich Null.

Rationalisierung, 1) *wirtsch.* Maßnahmen z. Steigerung d. Produktivität e. Unternehmens zu größtmögl. Nutzen bei kleinstmögl. Einsatz; meistens Ersatz v. Arbeitskräften durch Maschinen u. dadurch Einsparung v. Arbeitsplätzen; 2) *psych.* nachträgl. vernunftgemäße Begründung von unbewußt motivierten Handlungen.

Rationalismus, 1) vernunftorientierte geistige Bewegung bes. d. 18. Jh. (Aufklärung); *Baukunst:* funktionsorientierte Strömung, 1. Hälfte 20. Jh. gg. → Jugendstil u. → Expressionismus; 2) *phil.* Richtung, die a) alles als vernünftig erklärt od. b) eine eigene geistige Erkenntnisquelle neben den Sinnen annimmt; Ggs.: a) → Irrationalismus, b) → Empirismus; 3) Denkweise u. Lebensführung mit einseitiger Voranstellung d. Verstandes u. Zweckwillens.

rationell, zweckmäßig.

rationieren, e. beschränkten Vorrat planmäßig verteilen.

Rätische Alpen, *Albula-Alpen, Graubündner Alpen*, schweizerische Ostalpen nw. des Oberengadins; *Piz Kesch* 3418 m.

Ratke, *Ratichius*, Wolfgang (18. 10. 1571–27. 4. 1635), dt. Unterrichtsreformer; Begr. d. → Didaktik.

Rätoromanen, roman. Volksgruppen in den Alpen *(Romanen, Engadiner, Ladiner, Frauler)*; durch Sprache **Rätoromanisch**, aus d. Vulgärlatein des röm. Rätien entstanden: in *Graubünden Romauntsch*, als Nationalsprache s. 1938 in der Schweiz verfassungsmäßig aner-

kannt; in *Tirol: Ladinisch;* in *Friaul: Friaulisch (Furlanisch).*

Ratten, Nagetiere (Mäuse); *Haus-Ratte,* braunschwarz, Körper 16 cm, Schwanz 19 cm l.; fast ausgerottet von der *Wander-R.,* braungrau, Körper 24 cm, Schwanz 19 cm l., kam im 18. Jh. aus Asien nach Europa, von hier durch Schiffe nach allen Erdteilen verschleppt, über-

Rattenfänger von Hameln

trägt die Pest; Vorratsschädling. – R.fänger von Hameln, nach d. dt. Volkssage ein Pfeifer, der (1284) d. Ratten aus Hameln an der Weser lockt, um den Lohn für s. Arbeit geprellt wird u. deshalb die Kinder m. seinem Spiel in den Koppenberg entführt, wo sie für immer verschwinden.

Rattengifte, 1) → Antikoagulanzien, die d. Tiere innerlich verbluten lassen; 2) Meerzwiebelpräparate, an denen d. Tiere ersticken; 3) anorgan. Gifte (z. B. *Thalliumsulfat, Bariumcarbonat).*

Rattenkönig, mit d. Schwänzen verklebte Ratten (infolge Krankheit); ugs. f. eine Folge von Verwirrung stiftenden (unangenehmen) Angelegenheiten.

Rattigan [*'rætgən*], Terence (10. 6. 1911–30. 11. 77), engl. Dramatiker; *D. Fall Winslow; Lockende Tiefe.*

Ratzeburg, 1) ehem. Fürstentum in Mecklenburg. 1154 als Bistum v. Heinr. d. Löwen gegr., 1648 säkularisiert und 1701 an Mecklenburg-Strelitz; 2) (D-2418), Krst. des Kr. Hzgt. Lauenburg, Schl-Ho., auf einer Insel im **Ratzeburger See** (14 km²), Luftkurort, 11 797 E; AG; spätroman. Dom (12. Jh.); Ernst-Barlach-u. A.-Paul-Weber-Haus; Konzerte, Ruderakad., intern. Sportveranstaltungen.

Ratzel, Friedrich (30. 8. 1844–9. 8. 1904), dt. Geograph u. Völkerkundler; *Anthropogeographie; Pol. Geographie.*

Ratzinger, Joseph (* 16. 4. 1927), dt. Theologe; 1977–81 Erzbischof v. München-Freising u. Kardinal, s. 1981 Kurienkardinal u. Präfekt d. Glaubenskongregation i. Rom.

Rau, Johannes (* 16. 1. 1931), SPD-Pol.; s. 1978 Min.präs. v. NRW, s. 1982 stellvertr. SPD-Vors.

Rasse

Unterart, Subspecies, auch *Varietät,* bezeichnet in den biol. Wissenschaften Botanik, Zoologie u. Anthropologie eine Gruppe von urspr. raumgebundenen Lebewesen mit gemeinsamem *Typus.* Ein solcher setzt sich aus jeweils kennzeichnenden erblichen Einzelmerkmalen von Form u. Verhalten zusammen; deren natürliche Streuung *(Variabilität)* führt aber zu Übergängen innerhalb wie außerhalb der einzelnen Verbreitungskreise. Die willkürliche Bewertung der menschl. Rassen führte zum Entstehen von pol. Rassenlehren oder Rassenfragen (als Teil der Machtpolitik) neben der wiss. Rassenkunde (als Teil der → Anthropologie). Die ursprüngliche Raumgebundenheit der Rassen wird durch Wanderungen der Pflanzen u. Tiere u. durch Verpflanzungen bei den → domestizierten Lebewesen, also Haustieren u. Menschen, oft gesprengt. Da zw. Rassen keine natürl. Kreuzungsschranken bestehen, kommt es zu Rassenmischungen.

Beim Menschen unterschied man anfangs nur 3 (mitunter 4–5) Großrassen oder Unterarten, *Subspecies:* die weiße, gelbe und schwarze (Europide, Mongolide, Negride), so Bernier 1684, Linné 1735, Kant 1775, Blumenbach 1775, Cuvier 1817 u. a., wobei Übergangs- u. Primitivformen wie die eigtl. lokale Typenspaltung noch nicht erkannt wurden. Die heute übliche Rassengliederung für die Unterart der *Europiden* geht auf Deniker 1889 u. Ripley 1900 (z. T. umgedeutsch von Günther) zurück, die der Außereuropäer auf Deniker 1889 und von Eickstedt 1932. An die Rassennamen pflegt man oft die Endung *-id* anzuhängen, um Verwechslungen der natürlichen rassischen Formeneinheiten mit den aus vielen Rassentypen zusammengesetzten, sprachlich gebundenen Völkern u. pol. gebundenen Nationen zu vermeiden (z. B. orientalid – orientalisch).

Europide: Die Rassen des hellhäutigen, schlichthaarigen, rundgesichten europiden Hauptstammes (Subspecies) sind **in Europa** die *Nordischen:* hoch, blond, schmalnasig, mittelköpfig – in Nordeuropa; die *Dalischen, Fälischen:* massig, groß, blond, breitgesichtig – in Zentral- u. Nordeuropa; die *Osteuropiden, Ostbaltischen:* untersetzt, blond, stupsnasig, kleinäugig – in Osteuropa; die *Alpinen, Ostischen:* untersetzt, braun, rundgesichtig – in den westeur. Gebirgen; die *Dinarier:* hoch, braun, hakennasig, kurzköpfig – in den südosteur. Gebirgen; die *Mediterranen, Westischen:* klein, grazil, schwarzhaarig, bräunlich, langköpfig – um d. Mittelmeer; **außerhalb Europas** die *Berberiden:* klein, breit-gesichtig, schwarzhaarig, bräunlich – in Nordafrika; d. *Armeniden, Vorderasiaten:* untersetzt, schwarzhaarig, braun, kurzköpfig – in Vorderasien; die *Orientalen:* mittelhoch, grazil, mandeläugig, hellbraun – im Orient; d. *Indiden:* grazil, lotosäugig, dreiecksnasig, bräunlich – in N-Indien; d. *Polynesiden:* hellbraun, breitnasig, großäugig – Pazifik. Eine kindhaft primitive Altform der Europiden bilden schließlich die *Weddiden* – Innerindien, Ceylon und Hinterindien; eine tierhaft-primitive Altform, der → Aurignac-Schicht verwandt, die langbeinigen *Australiden* – Urbewohner Australiens. Die Übergangsform der *Äthiopiden:* schlank, schwarz, lockerkraushaarig, langgesichtig – in der Sahara und Abessinien – führt zur Subspecies der Negriden.

Negride: *Westnegrider Hauptstamm:* dunkelhäutig, kraushaarig, breitnasig, mit wulstigen Lippen – in Afrika. Gürtel der *Graslandneger* mit *Sudaniden, Nilotiden* u. *Kafriden* u. den *Palänegriden* sowie *Pygmiden,* d. h. den kleinen, untersetzten schrumpelgesichtigen *Bambutti* (Akka) – im Urwald. *Ostnegrider Hauptstamm* – in Neuguinea u. auf den Inseln des Westpazifik. Zw. West- u. Ostnegriden vermitteln die *Melaniden (Tamil* u. *Munda)* – in Südindien, sowie die kleinen wohlproportionierten *Zwergnegerformen* in den Urwäldern Südasiens: *Minkopi* – Andamanen; *Semang* – Malaysia; *Aëta* – Philippinen.

Mongolide: *Tungide:* hellgelbhaarig, straffhaarig, flachgesichtig, untersetzt, schlitzäugig – Mongolei; *Sinide:* größer, bräunlicher u. weniger flachgesichtig als die Tungiden – China; *Palämongolide* (Hinterinder, Malaien): braun, weicher u. abermals weniger mongolid als Sinide u. Tungide – Südasien u. Indonesien.

Zwischen Europiden und Mongoliden stehen die bräunlichgelben, aber nicht flachgesichtigen *Indianiden* Nordamerikas mit den wuchtigen *Pazifiden* des Nordwestens, den typischen harten hakennasigen *Silviden* (Prärieindianer), den *Zentraliden (Azteken, Maya)* Mittelamerikas u. in Südamerika den untersetzten *Andiden* (Ketschua, Aymara), *Pampiden* der Pampa u. *Brasiliden* bzw. *Lagiden* der Urwälder. Zw. Europiden u. Mongoliden vermitteln auch die *Sibiriden,* die *Eskimiden* der Arktis u. *Ainuiden* Nordjapans.

Zwischen den Negriden und Mongoliden stehen die *Khoisaniden* (eingeborene Bevölkerung S- u. SW-Afrikas) mit kindhaftem Wuchs und zahlreichen Primitivmerkmalen (→ Buschmänner u. → Hottentotten).

Raub, in rechtswidr. Aneignungsabsicht erfolgte Wegnahme fremder bewegl. Sachen, verbunden m. Gewalt gg. e. Person od. unter Anwendung v. Drohungen m. gegenwärtiger Gefahr f. Leib u. Leben; strafbar m. Freiheitsstrafe, in schweren Fällen nicht unter 5 Jahren; wird durch d. R. der Tod eines anderen verursacht, Freiheitsstrafe nicht unter 10 Jahren od. lebenslängl. (§§ 249 ff. StGB). – **R.bau,** *Raubwirtschaft,* in Land-, Forstwirtschaft u. Bergbau; Ausnutzung zu möglichst hohem Gegenwartsertrag ohne Vorsorge f. die Zukunft bzw. f. die Sicherheit. – **R.druck,** vom Verfasser u. Verleger nicht genehmigter Nachdruck. – **R.mord,** → Mord, der begangen wird, um das Opfer zu berauben. **Raubkopie,** unter urheberrechtl. Verletzung des → Copyright hergestellte Kopie v. Software, Schallplatten u. a. **Raubtiere,** Ordnung der Säugetiere, Fleischfresser; Katzen, Schleichkatzen, Hyänen, Hunde, Bären, Kleinbären, Marder, Robben. **Raubvögel,** veraltete Bez. d. → Greife.

Raubzeug, *weidm.* alle freilebenden Tiere, die v. a. dem → Niederwild schaden, meist noch dem Jagdrecht unterliegen u. auch n. d. Naturschutzrecht keinen bes. Schutz genießen (z. B. Bisamratte), sowie wildernde Hunde u. Katzen. **Rauch,** Christian Daniel (2. 1. 1777–3. 12. 1857), dt. Bildhauer d. Klassizismus; Grabdenkmal d. *Kgn Luise* (Charlottenburg), Büste *Goethes.* **Raucherbein,** Durchblutungsstörung der Beine durch chron. Nikotinmißbrauch. **Rauchfang,** trichterförmig erweiterte Abzweigung am Schornstein bei offenem Herd (in Schmieden, Küchen auf dem Lande) zum Einfangen des Rauches. **Rauchgasprüfer,** Meßgerät zur Feststellung einer einwandfreien Verbrennung (richtiges Verhältnis v. Kohlendioxid, Kohlenoxid u. Wasserstoff). **Rauchhelm,** Feuerwehrhelm, in den Luft, meist aus einem auf d. Rücken getragenen Gefäß, zugeleitet wird. **rauchloses Pulver** → Schießpulver. **Rauchmüller,** Matthias (get. 11. 1. 1645–15. 2. 86), dt. Bildhauer d. Barock;

s. Entwurf d. *Hl. Nepomuk* (Prag) wurde zum Prototyp f. die Darstellung v. Brückenheiligen. **Rauchquarz,** grauer bis schwarzbrauner Bergkristall; vielf. f. Schmuck verwendet. **Rauchvergiftung** → Erste Hilfe, Übers. **Rauchwaren** [mhdt. „rûch = struppig"] *Rauchwerk,* Pelzwaren oder Felle. **Räude,** durch *R.milben* (Krätzmilben) hervorgerufene Hautkrankheit bei Haustieren, mit Haarausfall; bei Pferden anzeigepflichtig. **Rauhblattgewächse,** *Boraginaceae,* borstig behaarte Kräuter, selten Sträucher, wie Borretsch (Bienenfutterpflanze), Lungenkraut u. Vergißmeinnicht. **Rauhe Alb,** mittlerer Teil der *Schwäbischen Alb.* **Rauhes Haus,** in Hamburg; 1833 von *Wichern* begr. Diakonenbildungsanst., v. dort *Innere Mission.* **Rauhnächte,** *Rauchnächte,* in S-Dtld u. Östr. die 12 Nächte zw. Weihnachten u. Dreikönig, in denen nach altem Volksglauben Geister umgehen, die m. Lärm gebannt werden müssen.

Rassen
Abbildungen von links nach rechts: *1. Reihe:* Buschmann, khoisanid — Minkopi-Frauen, Andamanen, negritid — Aëta, Philippinen, negritid. *2. Reihe:* Tasmanier, palämelanesid — Betschuanenmädchen, kafrid — Landmann, Madras, indid — Arunta-Mann, australid. *3. Reihe:* Sioux, indianid: silvid — Eskimo, Alaska — Tunguse, tungid — Lappe, Nordschweden. *4. Reihe:* Sarntalerin, alpin — Norweger, nordisch — Schlesier, dinarisch — Algerier, mediterran.

Rauhreif, *Rauhfrost,* gefrorener Nebelniederschlag, vor allem auf der Windseite; auch → Reif.

Rauhwacke, *Rauchwacke,* zellig-poröse Kalke u. Dolomite.

Raum, urspr. Bez. für dreidimensionales (Länge, Breite, Höhe) Ordnungssystem. Von griech. Philosophen *mythisch-rel.* als begrenzt u. belebt aufgefaßt, durch die euklidische Geometrie anschaulich geordnet. Gestaltete Räume (Kirchen, Klöster, Burgen) als Abbilder des Alls. – R.auffassung d. *Physik* seit Galilei u. Newton: R. wird als unbegrenzt u. prakt. leer vorgestellt. Der bildhafte u. mystische Charakter der R.gestaltung geht verloren u. wird allmählich durch Gesichtspunkte zivilisatorischer Vollkommenheit u. der Zweckmäßigkeit verdrängt. Die R.anschauung wird abhängig v. Beobachter. Die idealist. Philosophie sieht im R. eine *subjektive Anschauungsform,* die uns das Erfahrung äußerer Dinge ermöglicht u. daher allgemeingültig u. nicht wegdenkbar ist, die realistische Phil. eine *objektive Erscheinungsform* der Wirklichkeit. Die Apriorität der R.anschauung ist nach Kant d. Voraussetzung d. euklidischen Geometrie: *Euklidischer R.;* im Verein mit der Apriorität der Zeitanschauung schafft sie die Voraussetzung f. d. exakte Naturwiss., die das raumzeitl. Geschehen math. festlegt. Heute tritt neben d. euklid. (flache) Geometrie die Geometrie des **gekrümmten R.s** der unbegrenzt, aber endlich sein kann. Die → Relativitätstheorie (Übers.) faßt R. u. Zeit zus. in einen einzigen vierdimensionalen R., dessen Krümmung die Gravitationskraft bedingt. Nach der → Quantentheorie ist der R. nicht leer, sondern gefüllt mit kurzlebigen virtuellen Teilchen. Zur Rechnung und Darstellung von phys. Beziehungen benutzt die moderne Physik abstrakte, vieldimensionale Räume.

Raumakustik, Teil der → Akustik; untersucht die Schallausbreitung in geschlossenen Räumen u. die Bedingungen für gute Hörsamkeit von Sprache u. Musik (wichtig z. B. für Konzert-, Theater-, Vortragssäle).

Raumbild → Stereoskop.

Raumbühne, vorhanglose, in d. Zuschauerraum hineinragende Szene, die nicht das Gegenüber v. Spiel u. Publikum anstrebt, sondern beide ohne illusionist. Absicht in einem Raum gleichordnet.

Raumfähre → Space Shuttle.

Raumfahrt → Weltraumforschung.

Raumgehalt → Registertonne.

Raumgewicht, Gewicht der Raumeinheit e. Stoffes, berücksichtigt bei porigen Körpern die eingeschlossene Luft.

Raumkunst, künstlerische, zweckmäßige u. wohnliche Ausgestaltung von Innenräumen.

Raummeter, Kubikmeter, m^3; Würfel, dessen sämtliche Kanten (Breite, Tiefe, Höhe) 1 m lang sind.

Raumordnung, Maßnahmen z. Erhaltung u. Ausweitung d. natürl. wirtsch. u. soz. Möglichkeiten eines best. Gebietes: *Landesplanung, Landesentwicklung;* BR: *Akad. f. R.forschung,* Hannover.

Raumsonde, durch mehrstufige → Rakete in d. freien Weltraum gebrachte automat. Station, die mittels wiss. Nutzlast d. Weltraum od. bei Vorbeiflügen an od. Landung auf Himmelskörpern diese erforscht u. Bilder u. Meßdaten zur Erde funkt. Freiflug im Weltraum ohne Antrieb, Sonde unterliegt d. → Keplerschen Gesetzen d. Planetenbewegung. Bisher größte Erfolge: **a)** USA: *Pioneer-Serie:* Erforschung v. Weltraum u. Sonne, 1. geglückter Start P.-5, 1960; P.-10 u. P.-11, 1973 u. 1974 erste Nahaufnahmen v. Jupiter, 1979 v. Saturn; 1978 zwei P.-Sonden f. Venuserforschung (Orbit m. topograph. Radarabtastung d. Venusoberfläche bzw. harte Landung in Gestalt v. 5 Instrumententrägern); *Mariner-Sonden:* Erforschung der nahen Planeten, Venus-Vorbeiflüge: M.-2, 1962, M.-5, 1967, erste Messung d. Oberflächentemperatur 425 °C; Mars-Vorbeiflüge: M.-4, 1964, erste Marsfotos aus 10 000 km Entfernung 1965, M.-6 u. M.-7, 1969, Marsbilder m. 300 m Auflösung, M.-9, 1971, Umlaufbahn um d. Mars, 100% d. Marsoberfläche fotograf. erfaßt, M.-10, 1974 u. 1975, Aufnahmen v. Merkur; *Viking-Sonden:* 1976 weiche Landung v. V.-1 u. V.-2 auf d. Mars, Nahaufnahmen v. d. Marsoberfläche u. chem. Untersuchung d. Atmosphäre sowie u. Bodenproben; *Voyager-Sonden:* Erforschung d. äußeren Planeten m. Nahaufnahmen b. Vorbeiflug (1979 Jupiter, 1980 u. 1981 Saturn, 1986 Uranus, 1989 Neptun); **b)** UdSSR: *Zond-Serie:* Erforschung des Weltraums; *Venera-Venussonden:* V.-4, 1967, erste weiche Landung auf d. Venus am 18. 10. 67, V.-5–7 Landungen m. Messungen: ca. 500 °C Bodentemp., 100 atm Bodendruck, 90% CO_2 Atmosphäre; V.-9 u. V.-10, 1975 erste Aufnahmen v. d. Venusoberfläche; *Mars-Serie:* M.-2 u. M.-3 erste weiche Landung auf d. Mars am 2. 12. 71), 1971, Untersuchung des Mars u. seiner Umgebung.

Raumton → Stereo.

Raumtransporter → Space Shuttle.

Räumungs-klage, auf Zwangsräumung eines Mietraumes abzielende Teil eines Zivilprozesses wegen Mietaufhebung. – **R.verkauf,** svw. → Ausverkauf.

Raumwellen, der Teil der elektromagnet. Strahlen, der in den Raum abgestrahlt wird: *LW, MW, KW, UKW* (Ggs.: Bodenwellen); Anteil der R. bei Langwelle sehr gering; bei Mittelwelle ca. 50%, bei Kurzwelle 90 bis 95% der Strahlungsleistung. R. werden in d. → Ionosphäre reflektiert, wenn sie reflektor. Schicht treffen (bei LW ab 50 km, KW bis ca. 400 km Höhe); UKW nicht od. ganz gering reflektiert; bei Kurzwellen über sehr weite Strecken mehrmalige Reflexion zw.

Ionosphäre u. Erde, dadurch weltweite Funkverbindung möglich. Bei Dunkelheit werden auch R. im Mittelwellenbereich in der Ionosphäre reflektiert, so daß nachts beachtl. Reichweiten erzielt werden können.

Raupen, die Larven der Schmetterlinge; *After-R.,* die der Blattwespen.

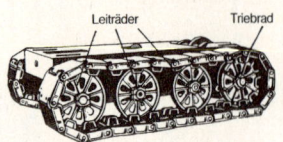
Fahrgestell eines Raupenfahrzeugs

Raupen-fahrzeug, geländegängiges, langsam fahrendes Nutzfahrzeug m. **R.ketten** (in einzelne Platten geteilte Bänder), über Leit- u. Triebräder laufend; Lenkung durch einseit. Bremsen (z. B. Bagger, Planierraupe, Panzer).

Rauschbeere, *Krähenbeere,* heidekrautähnl. Strauch der Moore.

Rauschbrand, Viehseuche, Bazillen-Infektionskrankheit in der Haut und Muskulatur; anzeigepflichtig.

Rauschenberg, Robert (* 22. 10. 1925), am. Maler u. Plastiker; führender Vertr. der → Pop Art u. kinet. Kunst (Abb. S. 352).

Rauschgift, pflanzl. od. chem. Produkt mit erregender od. dämpfender Wirkung auf d. Zentralnervensystem, ruft Rauschzustand (m. Unterdrückung v. Schmerzen, euphorischer Stimmung od. Halluzinationen) hervor u. führt b. Gewöhnung leicht zu psych. od. körperl. Abhängigk. *(R.sucht):* Marihuana, Haschisch, LSD, Opium, Kokain, Morphium, Heroin usw.; strenge Regelung auch f. ärztl. Verordnungen von R. durch Betäubungsmittelverschreibungs-VO. – **R.handel,** zu seiner Bekämpfung wurden mehrere intern. (Opium-)Abkommen getroffen, die Beschränkungen d. Herstellung, Einfuhr u. d. Handels m. Rauschgiften, bes. mit Opium, Morphium, Kokain, f. d. beteiligten Staaten, auch für Dtld. enthalten. – Das Ges. über den Verkehr mit Betäubungsmitteln (früher Opiumges.) regelt d. inländ. Handel f. versch. Rauschgifte.

Rauschgold, *Flittergold,* dünn ausgewalztes Messingblech, zu Dekorationszwecken.

Rauschpegel, Intensität des durch el. Schaltglieder (Elektronenröhren, Widerstände usw.) entstehenden Rauschens b. Rundfunkgeräten usw.

Rauschtat, mit Strafe bedrohte Handlung, die im Rausch begangen wird, sofern Täter sich vorsätzlich oder fahrlässig in einen Zustand der Unzurechnungsfähigkeit versetzt; Strafe: Freiheits- od. Geldstrafe (§ 330a StGB). – gewohnheitsmäßige Täter können in Entziehungsanstalt zwangsweise eingeliefert werden (§ 64 StGB).

Raute, 1) *Garten-, Wein-R.,* balsam. Staude; Gewürz- und Arzneipflanze; **2)** *math.* svw. → Rhombus; **3)** *Heraldik:* aufrecht oder schräg stehender Rhombus; in ineinander übergreifender Reihe: *R.nfries.* **Rautengewächs,** *Rutazeen,* trop. Bäume, Sträucher od. Kräuter; Bildung v. äther. Ölen in Sekretbehältern der Blätter; → Diptam, → Citrus.

Maurice Ravel

Ravel [*ra'vɛl*], Maurice (7. 3. 1875–28. 12. 1937), frz. Komponist d. Impressionismus, span.-bask. Einflüsse; Klaviermusik: *Miroirs; Jeux d'eau;* Orchesterwerke: *Boléro; La valse;* Ballett: *Daphnis et Chloé;* Opern: *L'heure espagnole, L'enfent et les sortilèges;* Klavierkonzerte; Kammermusik.

Ravenna
Standbild des Augustus

Ravenna, Hptst. d. oberit. Prov. *R.,* 136 000 E; alte Kirchen, Grabmäler Theoderichs d. Gr. u. Dantes, Nat.-Mus., Kunstakad.; Förderung v. Erdöl u. Erdgas; Weinbau. – Residenz d. weström. Kaiser u. Ostgotenkönige im 5.-6. Jh. (→ Tafel Baukunst).
Ravensberg, ehem. Gft in Westfalen.
Ravensburg (D-7980), Krst. a. d. Schussen, Ba-Wü., 44 146 E; ma. Stadtbild, IHK, LG, AG; FHS; Masch.-, Textilind., Feinmechanik. – Freie Reichsstadt bis 1802.
Rawalpindi, St. in Pakistan (bis 1966 Hptst.), 928 000 E; Sitz einiger Reg.organe.
Ray [*reɪ*], **1)** Man (27. 8. 1890–18. 11. 1976), am. Maler, Fotograf, Film-Graphiker; Mitbegr. der New Yorker Dada-Gruppe; schuf sog. Photogramme (Fotos, die ohne Objektiv erzielt wurden); **2)** Nicholas (7. 8. 1911–17. 6. 79), am. Filmregisseur; *Johnny Guitar* (1954); *Rebel Without a Cause* (1955); **3)** Satayit (* 2. 5. 1921), ind. Filmregisseur; gesellschaftsanalytische Filme; *Apu*-Trilogie (1952/59).
Raygras, Futtergräser (z. B. → *Lolch*).
Raymond, Fred, eigtl. *Raimund Friedrich Vesely* (20. 4. 1900–10. 1. 54), östr. Operettenkomp.; *Maske in Blau.*
Rayon, *m.* [frz. *rɛ'jõ*], Bezirk, Vorgelände einer Festung; auch → Reyon. – **R.chef,** Abteilungsleiter.
Razzia, *w.,* planmäßige polizeil. Durchsuchung best. Gebäude oder Gegenden nach Verbrechern.
Rb, *chem.* Zeichen f. → *Rubidium.*
RC, Abk. f. *Radio Controlled,* im Modellbau intern. Bez. für ferngesteuerte Flugmodelle.
RCDS, Abk. f. *Ring Christl. Demokr. Studenten.*
re- [l.], als Vorsilbe: wieder ..., rück ..., neu ...
Re, *chem.* Zeichen f. → *Rhenium.*
Ré, *Île de Ré,* Insel vor der frz. W.-Küste, zum Dép. *Charente-Maritime,* 85 km², 10 700 E; Hptorte *Ars-en-Ré* u. *St-Martin-de-Ré* (2400 E). Seebäder, Austernfischerei.
Rê → Râ.
Read [*riːd*], **1)** Grantly D. (1890–1959), engl. Frauenarzt; *R.methode* d. natürl. Geburt durch Entspannung; *Mutter werden ohne Schmerz;* **2)** Sir Herbert (4. 12. 1893–12. 6. 1968), engl. Lyriker u. Kunstschriftst.; *Geschichte d. modernen Malerei.*
Reading [*'rɛd-*], **1)** St. in England, Verw.sitz d. Gft Berkshire, 195 000 E; Uni.; Maschinen-, Schiffbau, Eisengießereien, Töpferei; **2)** St. im US-Staat Pennsylvania, am Schuylkillfluß, 79 000 E; Uni.; Textil- u. Eisenind.
Ready-made [engl. *'rɛdɪmeɪd* „gebrauchsfertig"], in d. zeitgenöss. Kunst 1913 erstmals v. → *Duchamp* (→ Dadaismus) ausgeführte Verfremdung industriell gefertigter Gebrauchsgegenstände (z. B. Urinoir, Fahrrad), die ohne od. nur m. geringen Veränderungen ihrer Form z. Kunstwerk erklärt wurden, um durch Verneinung des herkömml. Kunstbegriffs eine neue Ästhetik zu schaffen.

Ronald Reagan

Reagan [*'reɪgən*], Ronald (* 6. 2. 1911), am. Filmschausp. u. republikan. Pol.;
1967–75 Gouverneur v. Kalifornien, 1981–89 Präs. d. USA.
Reagens, *s.* [l.], jeder chem. Stoff, der b. Zufügen zu einem zweiten durch Farbumschlag od. Bildung eines Niederschlags eine den zweiten identifizierende, typische Reaktion auslöst.
Reagenz-glas, Probierglas f. chem. Versuche. – **R.papier,** mit → Indikator getränktes Fließpapier, das bei Benetzung charakterist. Färbung od. Farbänderung zeigt (z. B. *Schwarz*färbung v. Bleiacetatpapier durch Schwefelwasserstoff, *Rot*färbung v. *blauem* Lackmuspapier durch Säuren, *Blau*färbung v. *rotem* Lackmuspapier durch Alkalien).
reagieren [l.], auf eine Beeinflussung durch Gegen- od. Folgewirkung antworten; auf etwas eingehen.
Reaktion, Gegenwirkung, **1)** *chem.* gg.seitiges Einwirken zweier Stoffe; **2)** *physiolog.* Zeitdauer der Reizleitung von einem Sinnesorgan zum od. vom Gehirn zu einem motorischen Körperelement; **3)** *psych.* Antwort eines Organismus auf einen Reiz als physiolog. oder Verhaltensänderung; **4)** *geschichtsphil.* Rückwirkung einer Entwicklung; **5)** *pol.* u. *sozial* Rückwärtsbewegung: Wiederherstellung veralteter Rechte.
Reaktor, *m.* [l.], → Kernreaktor.
real [l.], sachlich, tatsächlich, wirklich.
Realeinkommen, das an den Preisen von Sachgütern und Dienstleistungen gemessene Einkommen.
Realenzyklopädie, *w.* [l.-gr.], Sachwörterbuch.
Realinjurie [l.], Beleidigung durch eine Handlung (z. B. körperl. Angriff); Ggs.: → Verbalinjurie.
realisieren, 1) verwirklichen; **2)** eine Sache in Geld umsetzen.
Realising-Hormone → Hypothalamus.
Realismus, 1) *phil.* Lehre **a)** von d. Wirklichkeit der sinnlich wahrnehmbaren Umwelt; Ggs.: → Idealismus; *naiver R.,* ohne Zweifel an der Gültigkeit der eigenen Wahrnehmungen, *kritischer R.,* prüft unmittelbare Erfahrung auf Wirklichkeitsgehalt; **b)** nicht zu verwechseln mit *Begriffs-R.* bes. in der → Scholastik, Lehre von der Wirklichkeit der Gattungsbegriffe; Ggs.: → Nominalismus; **2)** *Kunst* u. *Literatur:* wirklichkeitsnahe Darstellung in versch. Epochen; insbes. im 19. Jh. zw. Romantik u. Naturalismus, Vertr.: → Courbet *(Malerei),* → Meunier *(Plastik),* d'Albert *(Musik),* Balzac *(Literatur).* Auch → Sozialistischer Realismus.
Realist, Wirklichkeitsmensch, auch Vertr. der **realistischen** Lehren u. Richtungen.
Realität, *w.,* Wirklichkeit, Tatsache d. Erfahrung.
realiter [l.], in Wirklichkeit.
Realkonkurrenz, Zus.treffen mehrerer selbständiger Straftaten; die verwirkten Freiheitsstrafen sind in eine Gesamtstrafe umzuwandeln; Erhöhung d. verwirk-

ten schwersten Strafe (§§ 53 f. StGB); Ggs.: → Idealkonkurrenz.
Realkredit → Kredit.
Reallast, im Grundbuch eingetragenes dingl. Recht, v. jeweiligen Grundstückseigentümer best. wiederkehrende Leistungen zu verlangen (§ 1105 BGB).
Reallohn → Lohn.
Realpolitik, setzt ihre Kraft z. Erreichung greifbarer Ziele ein; arbeitet m. prakt., unmittelbaren Erfolg versprechenden Methoden.
Realsteuern, *Sachsteuern, Objektsteuern,* nehmen als Grundlage d. Besteuerung ein best. Objekt (z. B. einen Betrieb, ein Grundstück); Ggs.: → Personalsteuern u. → Verkehrssteuern.
Realunion, Vereinigung zweier Staaten durch Staatsgrundgesetz od. Vertrag unter Wahrung ihrer Selbständigkeit, meist gemeinsame Institution (z. B. östr.-ungar. Doppelmonarchie).
Reanimation, *w.* [l.], Wiederbelebung, künstliche Atmung, Herzmassage (→ Erste Hilfe, Übers.).
Réaumur [*-o'myːr*], René (28. 2. 1683–17. 10. 1757), frz. Physiker u. Zoologe; erfand 1730 ein → Thermometer mit 80-Grad-Skala.
Rebekka [hebr.], Frau Isaaks, Mutter Jakobs u. Esaus im A.T.
Rebell, *m.* [frz.], Aufrührer.
Rebellion, *w.,* Aufruhr.

Rebhuhn

Rebhuhn, *Feldhuhn,* erdfarben, Unterseite gefleckt; im Frühling paarweise, später i. „Völkern" auf Feldern.
Reblaus, zu d. Pflanzenläusen gehörender Schädling d. Weinrebe, i. 19. Jh. aus N-Amerika nach Europa eingeschleppt; Fortpflanzung im → Generationswechsel; Bekämpfung auf chem. Wege od. durch Anpflanzung widerstandsfähiger Rebstöcke.
Rebmann, Kurt (* 30. 5. 1924), dt. Jurist; 1977–90 Generalbundesanwalt, Nachfolger → Bubacks.
Rebus, *m.* od. *s.* [l. „durch Dinge"], Bilderrätsel.
Récamier [*-'mje*], Julie (4. 12. 1777–11. 5. 1849), Gattin d. Pariser Bankiers R.; sammelte in ihrem literar.-pol. Salon die Gegner Napoleons.
Rechenmaschine, führt Operationen durch, für die es ein allg. anwendbares mechan. Verfahren gibt (z. B. Addition, Subtraktion, Multiplikation u. Division); nichtschreibend; Antrieb von Hand od. el. (auch → Buchungsmaschine, → Informatik).

Rechenschieber, Instrument zur einfachen Berechnung von Zahlen-Produkten oder -Quotienten, auch Potenzen u. Wurzeln; beruht auf Verwendung gegeneinander beweglicher logarithm. Skalen. Erster R. v. Edmund *Gunter* 1624 erfunden.
Rechenwerk, Teil der → Zentraleinheit einer → Datenverarbeitungsanlage; führt Rechenoperationen durch, verarbeitet die → Daten.
Recherche, *w.* [frz. *-'ʃerʃ(ə)*], Nachforschung.
Rechnungs-hof, oberste Behörde mit richterl. Unabhängigkeit zur Kontrolle der R.legung über die gesamte Finanzgebarung u. Haushaltsführung innerhalb best. Verwaltungsbereiche. In Dtld: bis 1945 R.hof des Dt. Reichs in Potsdam; BR: *Bundes-R.hof,* s. 1950 in Frankfurt a. M., überwacht d. gesamte Haushalts- u. Wirtschaftsführung d. Bundesorgane u. -verwaltungen, d. Bundesbahn, d. öff. bezuschußten Sozialfürsorge u. a.: Zentralorgan der Bundes-R.hofs u. d. Länder-R.höfe ist d. *Vereinigte Senat* zur Entscheidung grundsätzl. Fragen (Ges. v. 27. 11. 1950). – **R.jahr,** Laufjahr d. Haushaltsplanes (→ öffentlicher Haushalt), entspricht i. d. BR ab 1961 dem Kalenderjahr. – **R.legung,** Erteilung e. Abrechnung, z. B. gegenüb. d. Vertragspartner b. Beteiligung an Erlösen (Rechenschaft über Einnahmen u. Ausgaben), bei Behörden gegenüb. d. vorgesetzten Stelle (Staatshaushaltsrechnung des Finanzmin. an Volksvertr.). – **R.prüfung,** Kontrolle d. Staatshaushaltsrechnung auf Gesetz-, Zweckmäßigkeit u. Wirtschaftlichkeit d. Finanzgebarens **a)** durch R.hof z. Entlastung d. Verw.organe, insbes. auf Übereinstimmung mit d. Haushaltsplan, **b)** durch Parlament zur Entlastung der Regierung; **c)** Prüfung d. Rechnungen innerhalb e. Unternehmens.
Recht, 1) im *objektiven* Sinne: durch den Willen einer Gemeinschaft mit Pflicht zur Befolgung geschaffene Ordnung der Lebensverhältnisse; **2)** *subjektiv* (Berechtigung): einer Gemeinschaft od. einem einzelnen v. d. Rechtsordnung eingeräumter Anspruch; das R. gliedert sich in: *Öffentl. R.* u. *Bürgerl. R.* (→ Rechtspflege, Übers., S. 761/62).
Rechteck, ein Parallelogramm mit 4 rechten Winkeln. Sonderfall des R.s ist das Quadrat (4 gleiche Seiten).

Julie Récamier
Gemälde von J.-L. David

Rechtfertigung, theol. Begriff, der ein Hauptgegenstand d. Auseinandersetzung zw. Luther u. d. kath. Kirche war; nach *kath. Lehre* das sündentilgende Wirken d. Gnade Gottes in Verbindung mit d. tätigen Mitwirkung des Menschen durch Glauben, Reue u. Liebe zu Gott; nach der *ev. Lehre* die Freisprechung d. Sünders ohne sein eigenes Mitwirken, lediglich auf seinen Glauben hin. – **R.sgründe,** *jur.,* nehmen einer an sich strafbaren Handlung d. Rechtswidrigkeit u. schließen so Strafe u. Schadenersatzpflicht aus (z. B. Notwehr).
rechtläufige Bewegung, b. Himmelskörpern von West nach Ost (d. Planeten u. d. meisten Monde); Ggs.: → rückläufige Bewegung.
Rechts-anwalt, als unabhängiges Organ der R.pflege der berufene, unabhängige Vertr. u. Berater in allen Rechtsangelegenheiten. Zulassung z. *Rechtsanwaltschaft* erfordert Fähigkeit zum Richteramt (Ablegung d. großen jur. Staatsprüfung) u. einen unbescholtenen Lebenswandel; Standesvertretung und Ehrengerichtsbarkeit durch R.anwaltskammer (Selbstverw.körperschaft). – **R.anwaltsgebühren** → Rechtspflege, Übers. – **R.behelfe,** alle durch Gesetz eingeräumten Mittel, die es den Parteien ermöglichen, Entscheidung d. Gerichts od. e. Verwaltungsbehörde herbeizuführen od. ihre Nachprüfung bzw. Abänderung zu erreichen. R.behelfe im engeren Sinn sind u. a.: *Einspruch, Widerspruch, Restitutionsklage;* im weiteren Sinn Rechtsmittel: *Beschwerde, Berufung, Revision.* – **R.beistand, 1)** berufsmäßig. Vertreter fremder R.angelegenheiten; **2)** auch svw. → Rechtskonsulent. – **R.beugung,** bewußt falsche Anwendung bzw. bewußte Nichtanwendung von R.sätzen durch Richter, Amtsträger od. Schiedsrichter; strafbar nach § 336 StGB.
Rechtschreibung, *w., Orthographie,* einheitlich festgelegte Schreibordnung; 1901 für das Deutsche Reich geregelt, später mehrf. in Einzelheiten geändert.
Rechts-fähigkeit, die Fähigkeit, Träger von Rechten u. Pflichten zu sein; zu unterscheiden von Geschäftsfähigkeit; R.fähigkeit haben **a)** alle lebenden Personen; **b)** Gesellschaften, Vereine, Stiftungen, Anstalten privaten Rechts, die jur. Personen sind; **c)** Körperschaften u. Anstalten des öffentl. Rechts (z. B. Staat, Gemeinden, Kirchen, Uni). – **R.gang,** Ordnung, nach d. eine Rechtssache behandelt wird, Prozeßverfahren-Instanzenweg. – **R.geschäfte,** zwecks Herbeiführung eines Rechtszustandes abgegebene Willenserklärungen; *einseitige* (z. B. Kündigung, Vertragsanfechtung, Testament, Auslobung), *zwei-* od. *mehrseitige R.geschäfte* (Verträge usw.). – **R.hängigkeit,** Schweben eines Prozesses über e. best. Anspruch bei Gericht; beginnt m. Klageerhebung u. endet mit endgültiger Erledigung d. Prozesses; Wirkungen: unter-

Rechtspflege

1. Außerordentliche Gerichtsbarkeit: a) Verfassungsgerichte. In den Ländern je ein *Verfassungsgerichtshof;* zuständig für Klagen wegen Verletzung eines Grundrechts, Feststellung der Verfassungsmäßigkeit von Landesrecht. *Bundesverfassungsgericht* (Sitz Karlsruhe) zuständig für Streitigkeiten zw. Bund u. Ländern u. zw. einzelnen Ländern, Feststellung der Verfassungsmäßigkeit von Bundesrecht, Vereinbarkeit von Landes- mit dem Bundesrecht, Verwirkung von Grundrechten, Verfassungswidrigkeit von Parteien. Entscheidungen haben in bestimmten Fällen Gesetzeskraft.
b) Verwaltungsgerichte und ein *Oberverwaltungsgericht* bzw. *Verwaltungsgerichtshof* in den Ländern, *Bundesverwaltungsgericht* in Berlin. Zuständig: Verwaltungsgerichte für → Anfechtungsklagen, → Verpflichtungsklagen u. → Parteistreitigkeiten. Gegen Entscheidung d. Verwaltungsgerichtes Berufung an Oberverwaltungsgericht (unter best. Umständen auch sofort Revision an Bundesverwaltungsgericht), gegen dessen Entscheidung Revision zum Bundesverwaltungsgericht, das in bestimmten Sachen d. Bundesverwaltung auch in erster und letzter Instanz entscheidet.
c) Finanzgerichte. In den Ländern Finanzgerichte, die u. a. über öffentl.-rechtl. Streitigkeiten, über Abgaben nach Bundesgesetzen sowie über Verwaltungsakte d. Finanzbehörden nach der Abgabenordnung entscheiden, Revision zum *Bundesfinanzhof* in München. Finanzrechtsweg nur nach Vorverfahren (Einspruch, Beschwerde) möglich.
d) Arbeitsgerichte. *Arbeitsgerichte* (1. Instanz), 1 Richter, 2 ehrenamtl. Richter (je 1 Unternehmer u. 1 Arbeitnehmer), Anwälte zugelassen, zuständig f. bürgerl. Rechtsstreitigkeiten zw. Tarifvertragsparteien bzw. über Tariffragen, zw. Arbeitgebern u. Arbeitnehmern über Fragen aus dem Arbeitsverhältnis u. a. sowie in best. Fällen des Betriebsverfassungsgesetzes; *Landesarbeitsgerichte,* 1 Richter, 2 Laien (je ein Unternehmer u. 1 Arbeitnehmer), Anwaltszwang, zuständig f. Berufung gegen Urteile der Arbeitsgerichte, wenn Streitwert über 800 DM od. Rechtsstreit von grundsätzlicher Bedeutung; *Bundesarbeitsgericht* (Sitz Kassel), zuständig für Revisionen gegen Urteile der Landesarbeitsgerichte.
e) Sozialgerichte. *Sozialgerichte* (1. Instanz), 1 Richter, 2 ehrenamtl. Richter, Anwälte zugelassen, zuständig für Streitigkeiten auf Gebiet d. Sozialversicherung, Arbeitslosenversicherung, Kriegsopferversorgung, zugewiesene ähnliche Angelegenheiten; Berufung an *Landessozialgerichte,* 3 Richter, 2 ehrenamtl. Richter, Revision an *Bundessozialgericht* (Kassel), dieses auch zuständig in 1. Instanz f. Streitigkeiten zw. Bund u. Ländern u. zw. Ländern auf Gebiet Sozialversicherung u. Arbeitslosenversicherung.
2. Ordentliche Gerichtsbarkeit: Aufbau: *Amtsgericht* (AG), *Landgericht* (LG), *Oberlandesgericht* (OLG), *Oberstes Landesgericht* (OblG) z. Z. nur in Bayern; oberste Instanz für BR *Bundesgerichtshof* (BGH) in Karlsruhe.
a) Zuständigkeit im Zivilprozeß: *AG* (1 Richter) für Ansprüche bis 5000 DM sowie Miet-, Ehe-, Kindschafts-, Unterhaltssachen (Familiengericht), Aufgebotsverfahren usw. Gegen Urteile Berufung (Berufungssumme über 700 DM), gg. Beschlüsse Beschwerde zum LG. – *LG* (3 Richter) für Rechtsmittel gg. AG-Entscheidungen sowie in 1 Instanz für Ansprüche über 5000 DM, ferner für Ansprüche gg. Fiskus, Beamte u. Richter. Gegen erstinstanzliche Urteile Berufung zum OLG, vereinzelt auch (Sprung-)Revision zum BGH; gg. Beschlüsse Beschwerde zum OLG. Im Bedürfnisfalle bei LG *Kammern für Handelssachen* (1 Richter, 2 ehrenamtl. Richter) für Entscheidungen über kaufmännische Rechtsstreitigkeiten. – *OLG-Zivilsenat* (3 Richter) zuständig für Berufung u. Beschwerde gg. Entscheidungen des LG sowie solcher d. AG in Kindschafts- u. Familiensachen. – *ObLG* (z. B. nur Bayern) 5 Richter, zuständig für Entscheidungen über Revision gg. Urteile der Bayer. OLG, wenn Landesrecht betroffen. – *BGH-Zivilsenat* für Revision gg. End-

urteil der OLG u. der LG bei (Sprung-)Revision (Revisionssumme über 40 000 DM), für Beschwerde gg. Entscheidungen d. OLG bei als unzulässig festgestellter Berufung.
b) Zuständigkeit in Strafsachen: *AG-Einzelrichter,* kleinere Vergehen Strafe bis 1 Jahr Freiheitsentzug. – *AG-Schöffengericht* (1 Richter, 2 Schöffen), mittelschwere Vergehen, Strafe bis 3 Jahre Freiheitsentzug, keine Sicherungsverwahrung. – Gegen Urteile d. AG Berufung, gg. Beschlüsse Beschwerde zum LG. – *LG Kleine Strafkammer* (1 Richter, 2 Schöffen) für Berufung gg. Urteile d. AG-Einzelrichters. – *LG Große Strafkammer* (3 Richter, 2 Schöffen) für Berufung gg. Urteil des AG-Schöffengerichts, in 1. Instanz f. Verbrechen u. solche Straftaten, die Staatsanwalt dort anklagt, ferner f. best. → politische Delikte, wenn nicht Generalbundesanwalt Verfolgung übernimmt. – Gegen Urteile d. Kleinen u. Großen Strafkammer Revision zum OLG, evtl. mit Vorlagepflicht zum BGH; gg. erstinstanzliche Urteile d. Großen Strafkammer Revision zum BGH, bei Verletzung v. Landesrecht nur zum OLG. Gegen Beschlüsse d. Kleinen u. Großen Strafkammer Beschwerde zum OLG. – *Schwurgericht* (besondere Kammer des LG, meist zuständig f. mehrere LG-Bezirke, 3 Richter u. 2 Schöffen) f. bestimmte schwerste Verbrechen (Kapitalverbrechen). Gegen Urteil Revision zum BGH, b. Verletzung v. Landesrecht zum OLG. – *OLG-Strafsenat* in 1. Instanz (5 Richter) f. best. pol. Verbrechen u. solche pol. Delikte, deren Verfolgung d. Generalbundesanwalt übernommen hat, ferner (3 Richter) f. Revision gg. die m. Berufung nicht anfechtbaren Urteile der AG-Einzelrichters, gg. Berufungsurteile d. Kleinen u. Großen Strafkammer des LG, gg. Urteile d. Großen Strafkammer u. des Schwurgerichts bei Verletzung v. Landesrecht; meist zuständig f. Beschwerde, soweit andere Zuständigkeit (LG-Strafkammer, BGH) nicht begründet. Bei Abweichung v. neuer oberster Rechtsprechung Vorlage d. Sache bei BGH. – *BGH-Strafsenat* (5 bzw. 3 Richter) f. Revision gg. erstinstanzliche Urteile des OLG sowie Urteile d. Schwurgerichte u. d. Gr. Strafkammern 1. Instanz, soweit nicht OLG zuständig. Bei Abweichungen v. Entscheidungen anderer BGH-Senate entscheidet d. *Große Senat* (9 Richter) od. d. *Vereinigten Großen Senate* (1 Präsident u. sämtliche Mitglieder des Großen Straf- u. d. Gr. Zivilsenats) über d. Rechtsfrage. (BGH ist im Gebiet d. BR Nachfolge des Reichsgerichts.)
c) Zuständigkeit in Sachen der freiwilligen Gerichtsbarkeit (Nachlaß-, Vormundschafts-, Registerwesen usw.): 1. Instanz stets das *AG* (1 Richter). Gegen dessen Entscheidung Beschwerde zum *LG* (3 Richter). Gegen Entscheidung des LG weitere Beschwerde zum *OLG* (3 Richter), in Bayern zu Oberstes Landesgericht, in Rheinland-Pfalz an OLG Zweibrücken.

Einheitlichkeit der Rechtsprechung der fünf oberen Bundesgerichte wird gewahrt durch einen *Gemeinsamen Senat* (bestehend aus d. Präs. d. obersten Gerichtshöfe u. Präs. u. je einem weiteren Richter d. beteiligten Senate) mit Sitz i. Karlsruhe.
1. Prozeßkosten in der ordentlichen Gerichtsbarkeit:
a) Gerichtskosten: Höhe der vollen Gebühr bestimmt sich bei vermögensrechtl. Streitigkeiten nach dem Streitwert, sonst Annahme eines Wertes von 600 bis 2 000 000 DM, in Ehesachen nicht unter 4000 DM. *Prozeßgebühr* fällt mit Erhebung der Klage an (1 volle Gebühr, wenn Mahnverfahren vorausgegangen ist, halbe Gebühr), *Urteilsgebühr* für End- oder Zwischenurteil nach streitiger Verhandlung (bis zu 2 volle Gebühren). In *Berufungsinstanz* Prozeßgebühr 1½ d. vollen Gebühr, Urteilsgebühr bis zu 2 volle Gebühren, in *Revisionsinstanz* Prozeßgebühr 2 volle Gebühren, Urteilsgebühr bis zu 2 Gebühren. – *Rücknahme der Klage* vor erster Terminbestimmung läßt Prozeßgebühr wegfallen. – Im *Mahnverfahren* fällt die Hälfte der Gebühr an; wird Widerspruch eingelegt und verhandelt werden, ist weitere Hälfte der Gebühr zu zahlen. – Grundsätzl. Vorleistungspflicht d. Antragstellers (meist durch Kleben v. Gerichtsgebührenmarken a. d. Antrag). Befreiung gemäß § 65 Gerichtskostengesetz.

Rechtspflege (Fortsetzung)

In Strafsachen bemessen sich die Gerichtskosten für alle Instanzen nach der rechtskräftig erkannten Strafe. Bei Strafbefehlen nur die Hälfte der Gebühr.
b) Anwaltsgebühren: *Im Zivilprozeß:* Bestimmung der vollen Gebühr nach Streitwert; bei nicht vermögensrechtl. Streitigkeiten Annahme eines Wertes von 300 bis 1 000 000 DM; im Regelfall 6000 DM Prozeßgebühr für das Betreiben des Geschäfts einschließl. Information, Verhandlungsgebühr f. d. mündl. Verhandlung, Beweisgebühr f. d. Vertretung bei der Beweisaufnahme, Erörterungsgebühr f. d. Erörterung im Rahmen eines Einigungsversuchs. – In Berufungs- und Revisionsinstanz erhöhen sich die Gebühren um 30%. – *Im Mahnverfahren* werden fällig: Gebühr für Einreichung des Mahnbescheids, Gebühr für Vollstreckungsbescheid (5/10), Widerspruchsgebühr (3/10). – Der Anwalt darf einen angemessenen Vorschuß fordern. – Im Strafprozeß erhält der Anwalt vor AG-Einzelrichter u. Schöffengericht 80–1060 DM, vor Strafkammern 100–1240 DM, vor Schwurgerichten, OLG, BGH 140–2060 DM für den ersten Verhandlungstag, für weitere Verhandlungstage ermäßigt sich die weitere Gebühr, ebenso bei reiner Tätigkeit im Vorver-

fahren. Im Berufungsverfahren vor Gr. Strafkammer 100–1240 DM, vor Kl. Strafkammer 80–1060 DM. In der Revision vor BGH 140–2060 DM, vor OLG 100–1240 DM. Auch hier ermäßigen sich die Gebühren für die weiteren Verhandlungstage.

Zivilprozeß-Gebührenstaffel
(jeweils einfache Gebühren) in DM:

Wert bis	Ordentliches Gericht	Anwalts- gebühr
200	15	20
300	15	30
500	23	40
1 000	39	74
2 000	66	110
5 000	150	254
10 000	182	470
20 000	252	770
50 000	462	1 080
100 000	812	1 430

bricht Verjährung, setzt Prozeßzinsen in Lauf; die Zuständigk. des angerufenen Gerichts wird durch nachträgl. Veränderung der sie begründenden Umstände nicht berührt; Klageänderung im anhängigen Prozeß nur beschränkt zulässig (§§ 263 ff. ZPO). – **R.hilfe**, gerichtl. Handlung auf Ersuchen eines anderen Gerichts durch *ersuchten Richter*, der das Ersuchen (z. B. um Zeugenvernehmung) des Prozeßgerichts erledigt. Die dt. Gerichte sind zur gegenseitigen R.hilfe verpflichtet (§ 156 Gerichtsverfassungsgesetz). *Intern. R.hilfe* bestimmt sich nach den abgeschlossenen intern. Verträgen. – **R.konsulent**, Person, die, ohne Rechtsanwalt zu sein, berufsmäßig fremde Rechtsinteressen vor d. Amtsgerichten vertritt; bedarf Zulassung durch d. Justizverwaltung. – **R.kraft**, die von vornherein od. durch Fristablauf eingetretene Unanfechtbarkeit gerichtl. Entscheidungen durch ordentl. R.mittel *(formelle R.kraft)* u. die damit eingetretene Gebundenheit d. Gerichtes u. der Parteien an die gefällte Entscheidung *(materielle R.kraft).* – **R.mängel**, an einer Kaufsache bestehende Rechte Dritter; sind v. Verkäufer zu beseitigen, es sei denn, daß Käufer sie kannte (§§ 434 ff. BGB). – **R.mittel**, svw. → Rechtsbehelfe. – **R.nachfolge**, der durch R.geschäft (Vertrag) od. kraft Gesetzes (z. B. Erbfall) eintretende Übergang einzeln. Rechte od. der gesamten Rechtsstellung vom R.vorgänger u. R.nachfolger; *R.nachfolger* tritt grundsätzl. völlig in d. rechtl. Position d. *R.vorgängers* ein. – **R.norm**, svw. Gesetzesbestimmung. – **R.pflege**, die Tätigkeit der Gerichte (→ Übers., S. 761/62). – **R.pfleger**, Justizbeamter des gehobenen Justizdienstes, seit 1921 aufgrund gesetzl. Ermächtigung z. selbst. Wahrnehmung einfacher Geschäfte des Richters od. Staatsanwaltes an deren elle u. in richterl. Unabhängigkeit be-

rufen; ist meist zugl. auch Urkundsbeamter d. gerichtl. Geschäftsstelle; Tätigkeitsgebiete: Grundbuch-, Register-, Vormundschafts- u. Nachlaßsachen, Mahnverfahren (Mahn- und Vollstreckungsbescheide), Zwangs- u. Strafvollstreckung u. a. – **R.philosophie**, Wiss. v. Wesen, Ursprung u. Sinn des Rechts. – **R.quelle**, 1) hinsichtlich eines best. Tatbestandes diejenige R.norm, die ihn juristisch regelt (Gesetz, R.verordnung. Gewohnheitsrecht); 2) d. Institution, die Recht setzt (Parlament). – **R.ritter**, stimmberechtigtes Mitglied d. Kapitels eines Ritterordens. – **R.schutz**, Schutz, den das Recht (Gesetz, Gewohnheitsrecht) gewährt. – **R.staat**, Staat, dessen verfassungsmäß. Organisation u. Gesetze, d. nicht im Widerspruch zum allg.-menschl. Rechtsempfinden stehen dürfen, tatsächlich ausreichenden Schutz gg. Willkür der Behörden u. Gerichte gewährleisten; Ggs.: → Polizeistaat. – **R.titel**, der Rechtsgrund, auf den sich ein Recht oder Anspruch stützt (z. B. Eigentum). – **R.verordnung**, aufgrund ausdrückl., in betreffendem Gesetz eingeräumter Befugnis von Verw.behörden (Reg., Min.) erlassene allg. verbindl. Anordnung (z. B. Durchführungsverordnung von Gesetzen); Ggs.: → Verwaltungsverordnung. – **R.weg**, Weg der R.verfolgung vor den Gerichten; *ordentlicher R.weg:* ordentl. Gerichte entscheiden in Zivil- und Strafsachen, soweit nicht Verwaltungsbehörden od. -gerichte zuständig sind od. durch Bundesgesetz bes. Gerichte bestellt sind (z. B. Arbeitsgerichte); *Verwaltungsrechtsweg:* Verwaltungsgerichte entscheiden nach Vorverfahren grundsätzl. in allen sich aus d. öff. Verwaltungstätigkeit ergebenden Streitigkeiten; Ausnahmen (z. B. Zuständigkeit d. Zivilgerichte bei Schadenersatzpflicht aus Amtspflichtverletzung) sind gesetzl. festgelegt; Kompetenzkonflikt. – **R.widrigkeit**, un-

erlaubte Zuwiderhandlung gg. das Recht, Voraussetzung d. Strafbarkeit u. Schadenersatzpflicht. – **R.wissenschaft**, Jurisprudenz, d. wiss. Bearbeitung des Rechts nach d. versch. Zweigen: **1)** *phil. Rechtslehre* (Rechtsphil.), ergründet Wesen u. Sinn d. Rechts; **2)** *Rechtsgeschichte*, Darstellung der histor. Entwicklung des Rechts; **3)** *Dogmatik des Rechts*, system. Darstellung u. Auslegung d. → positiven Rechts.

Recife [-'sifi], früher *Pernambuco*, Hptst. d. brasilian. B.staates Pernambuco, 1,4 Mill. E, Agglomeration 2,8 Mill. E; Uni.; Hafen, Zucker-, Textil-, Zementind.

recitando [lat. -*tfi*-], *mus.* erzählend.

Reck, Turngerät aus 2 Säulen u. einer an ihnen zu befestigenden waagerechten Stange von 2,40 m Länge.

Recklinghausen (D-4350), Krst. a. Rhein-Herne-Kanal im nördl. Ruhrgebiet, NRW, 121 666 E; AG; Volkssternwarte u. Planetarium, Ikonenmus.; Kunsthalle, Ruhrfestspiele; Maschinen-, Kunststoff-, Textil-, Baustoff-, Bergbau-Ind.

Reclam, *Philipp R. jun.*, Buchverlag Leipzig, gegr. 1828; *R.-Verlag GmbH*, Stuttgart, gegr. 1947, Buchverlag; *R.s Universal-Bibliothek*, gegr. von Anton Philipp R. (1807–96), Verleger, Drucker, u. s. Sohn Hans Heinrich R. (1840–1920).

Recycling, *s.* [engl. *'risaik*-], Wiederaufbereitung, Wiederverwendung von Rohstoffen aus Abfällen, Nebenprodukten u. verbrauchten Endprodukten (→ Umweltschutz, Übers., S. 982).

Redakteur [frz. -*'tør*], v. lat. *redigere* = ordnen, Schriftleiter im **Redaktion** (v. Zeitung, Zeitschrift, Verlag), prüft, wählt u. rentt Manuskripte für den Druck u. schreibt gegebene Artikel; auch *Bild-R.*, der illustrierten Zeitschriften; *redigieren*, Text in endgültige Form bringen, druckfertig machen. – An d. Spitze d. Redaktion steht d. *Chefredakteur;* d. einzelnen Redaktionsabteilungen (Sparten) einer Zeitung werden v. Fach- oder Ressortredakteuren geleitet (Politik, Wirtsch., Kultur u. Feuilleton, Sport, Lokales usw.). → Journalismus.

Redaktionsgeheimnis, Zeugnisverweigerungsrecht v. Redakteuren, Verlegern, Herausgebern, Druckern u. a., die b. Herstellung od. Veröffentlichung e. period. Druckschrift mitgewirkt haben, hinsichtl. d. Person d. Verfassers, Einsenders od. Gewährsmanns e. Veröffentlichung strafbaren Inhalts, wenn e. Redakteur d. Druckschrift wegen dieser Veröffentlichung bestraft wurde od. seiner Bestrafung keine Hindernisse entgegenstehen (§ 53/I Nr. 5 StPO). → Zeugnisverweigerung.

Redemptoristen [l. „redemptor = Erlöser"], kath. Orden zur Pflege streng kirchl. Lebens; von *Alfons von Liguori* 1732 gegr.

redigieren → Redaktion.

Rediskontierung, Weiterverkauf von angekauften (diskontierten) Wechseln (→ Diskontgeschäft); Banken *rediskontieren* Wechsel bei d. Landeszentralbanken bzw. bei der Deutschen Bundesbank zum jeweiligen Diskontsatz; Mittel d. Kreditinstitute zur Geldbeschaffung.

redivivus [l.], wiedererstanden.

Redon [rə'dõ], Odilon (22. 4. 1840–6. 7. 1916), frz. Maler u. Graphiker des Symbolismus.

Redon®, w., synth. Faserstoff aus der Gruppe der Polyacrylnitrile (→ Chemiefasern).

Redoute, w. [frz. rə'dut], 1) geschlossene mehrseitige Feldschanze; 2) Maskenball.

Red River [„Roter Fluß"], 1) r. Nbfl. des Mississippi in Louisiana, aus Texas, 1966 km l.; 2) R. R. *of the North,* aus Minnesota, 1200 km l., in den Winnipegsee.

Reduktion, w. [l.], Zurückführung, Herabsetzung, Minderung, 1) *phys.* Umrechnung v. Meßwerten auf einen Normzustand (z. B. R. des Luftdrucks auf beliebigen Orten auf Meereshöhe); 2) *chem.* Prozeß, Elektronenaufnahme und Verminderung der → Oxidationszahl (z. B. 3wertige Eisenverbindungen in 2wertige oder weiter z. metall. Eisen); Reduktion v. Metalloxiden (Erzen) mit Kohle als Reduktionsmittel führt zu Metallen (z. B. i. Hochofen); Ggs.: → Oxidation. – **R.steilung,** → *Meiose,* b. der Bildung v. Geschlechtszellen eintret. Zellteilung, wobei d. Zahl d. Chromosomen halbiert wird. – **R.zirkel,** z. Vergröß. bzw. Verkleinern v. Abmessungen (z. B. b. Zeichnungen u. Modellen), mit verstellbar zur Veränderung d. R.sverhältnisses.

Redundanz, w. [l.], Überfluß, Weitschweifigkeit; in der Nachrichtentechnik Maß des Spielanteils einer Nachricht, der keine (neue) Information trägt.

Reduplikation, *Replikation,* Selbstverdopplung v. → Chromosomen u. → Nukleinsäuren.

reduzieren [l.], zurückführen, herabmindern.

Reed [riːd], Sir Carol (30. 12. 1906–25. 4. 76), engl. Filmregisseur; *Odd Man Out* (1947); *The Third Man* (1949); *Oliver!* (1968).

Reede, offener Ankerplatz vor einem Seehafen.

Reeder, der Eigentümer eines ihm zum Erwerb dienenden Schiffes (§ 484 HGB).

Reederei, die vertragsmäßige Vereinigung mehrerer Personen, die ihnen gemeins. gehörende Schiffe z. Erwerb durch Seefahrt f. gemeinschaftl. Rechnung verwenden (§ 489 HGB).

Reeducation, *w.* [engl. 'riːɛdjuː'keɪʃən], Umerziehung.

reell [frz.], wirklich; redlich; gediegen.

reelles Bild → Tafel Optik.

reelle Zahlen, lassen sich als Grenzwert von Folgen rationaler Zahlen darstellen; endliche od. unendliche Dezimalbrüche; die ganzen, rationalen und irrationalen Zahlen sind Teilmengen der reellen Zahlen.

Reep, *s.,* Schiffstau, Seil (Fallreep).

REFA, *Verband für Arbeitsstudien, RE-FA, e. V.,* befaßt allen Gebieten des Arbeits- u. Zeitstudiums; Pflege d. Beziehungen zu verwandten Wissenschaften; auch → Rationalisierung.

Refektorium
Kloster Maulbronn

Refektorium, *s.* [l.], Speisesaal eines Klosters.

Referat, *s.* [l.], Bericht, Vortrag; auch das Sachgebiet, swv. → Dezernat, über das jemand Berichterstatter **(Referent)** ist.

Referendar, im Vorbereitungsdienst befindl. Akademiker (z. B. Gerichts-, Studien-, Forstreferendar) nach dem Staats- u. vor dem Assessorexamen.

Referendum, *s.,* Volksentscheid; in der Schweiz ständige Anwendung bei Erlaß von Gesetzen (unmittelbare Demokratie).

Referenz, w. [l.], Person, auf die man sich für Auskunftserteilung beruft; Empfehlung.

reffen, *seem.* die Segelfläche verkleinern durch Einrollen oder durch *Reffbändsel*

(kurze Tauenden), mit denen die gereffte Segelfläche an d. Rahe bzw. dem Großbaum festgebunden wird.

Refinanzierung, Geldbeschaffung der Kreditinstitute aus nicht eigenen Mitteln durch → Rediskontierung, Wertpapierverkauf, Lombardierung.

Reflektant, *m.* [l.], Bewerber.

reflektieren [l.], 1) anstreben, beanspruchen; nachdenken; 2) *phys.* zurückwerfen; → Reflexion 1).

Reflektor, *m.* [l.], 1) → Fernrohr; 2) parabolischer Spiegel im → Scheinwerfer z. Sammlung d. Lichts; 3) Leitergebilde bei → Richtantenne (bei Dezimeterwellen Parabolspiegel), die, hinter d. Antenne angebracht, elektromagnet. Schwingungen empfangen u. reflektieren; dadurch b. Sende- u. Empfangsantenne Richtwirkung (wie b. Scheinwerfer).

Reflex, *m.* [l.], auf Nervenreiz erfolgende automat. Bewegung; *unbedingter* R., ohne Mitwirkung d. Gehirns (z. B. → Lidschlußreflex, → Patellarreflex, → Bauchdeckenreflex); *bedingter* R. (nach → *Pawlow*) bei Auftreten eines Reizes, der mit dem eigtl. auslösenden gewohnheitsgemäß zusammen auftritt (z. B. Speichelabsonderung bereits beim Geruch einer Speise).

Reflexion, *w.* [l.], 1) *phys.* Zurückwerfen v. elektromagnet. (Licht- od. Radio-) od. Schallwellen an Grenzflächen versch. Ausbreitungsmedien; 2) Beobachtung eigener seel. Vorgänge.

reflexiv [l.], rückbezüglich.

Reflexivum, *s.,* rückbezügliches Fürwort (z. B. er freute *sich*).

Reflexzonen, Körperoberflächenbereiche, durch deren Reizung an best. inneren Organen Reaktionen ausgelöst werden. – **R.massage** → Massage.

Reform, *w.* [l.], Umgestaltung bzw. Verbesserung bestehender Einrichtungen auf friedl. Wege.

Reformatio in peius [l. „Änderung zum Schlechten"], in Strafsachen nachteil. Abänderung des Urteils in höherer Instanz; hat nur Angeklagter oder die Staatsanwaltschaft zu seinen Gunsten Rechtsmittel eingelegt, Verbot der R. i. p.; anders bei → Strafbefehl, an dem ist auf d. Einspruch d. Verurteilten tätig werdendes Gericht nicht gebunden ist auf d. Einspruch.

Reformation [l. „Wiederherstellung"], d. durch die Reformatoren *Luther* (1517 in Wittenberg), *Zwingli* (1522 in Zürich), u. *Calvin* (1536 in Genf) hervorgerufene Bewegung zur Reinigung u. Erneuerung der Kirche; zuerst als R. innerhalb der Kirche gedacht, führte die Entwicklung in der sozial und wirtsch. unruhigen Zeit (Bauernkriege) u. bei der Ablehnung jeder päpstl. Autorität z. Glaubensspaltung und Bildung ev. Landeskirchen unter weltl. Fürsten. Neues rel. Bewußtsein, Freiheit des einzelnen bei Bevormundung i. Glauben; zugleich innere Reformen d. kath. Kirche (Tridentiner Konzil), deren Erstarkung die → *Gegenrefor-*

Reformation

Titelblatt der Schrift Luthers „An den Christlichen Adel"

mation ermöglichte. Vorläufige Anerkennung der *Lutheraner* im Augsburger Religionsfrieden 1555; endgültige Anerkennung, auch d. *Reformierten*, i. Westfäl. Frieden 1648.

Reformationsfest, ev. Feiertag (31. 10. od. nächstfolgender Sonntag), zur Erinnerung an d. Anschlag der 95 Thesen Luthers (1517).

Reformator [l.], Durchführer einer Reform bes. auf kirchlichem Gebiet.

reformierte Kirchen, die ev. Von → Zwingli in der Schweiz begr. Kirche u. die calvinist. Kirchen bes. in Frkr., den Ndl., England, Dtld, zusammengefaßt im *Reformierten Weltbund* (Sitz Genf; ca. 60 Mill. Gläubige); Kennzeichen: schlichte Form des Gottesdienstes, keine Bilder u. Altäre, Presbyterialverfassung; → helvetische Konfessionen.

Reformkommunismus, Bewegungen in kommunist. Staaten, bes. in Jugoslawien, Polen, Ungarn u. d. Tschechoslowakei, den Kommunismus sowj. Prägung durch einen mehr nat. Kommunismus abzulösen.

Reformkonzile, *Reformkonzilien,* erstrebten in Verfallszeiten des Papsttums und des kirchl. Lebens Reform der Kirche „an Haupt und Gliedern": Konzile zu Konstanz 1414–18, Basel 1431–48, Laterankonzil 1512–17 und das → Tridentiner Konzil (1545–63); auch II. → Vatikanisches Konzil.

Refrain, *m.* [frz. -'frɛ̃], Kehrreim, Wiederholung v. Lied- od. Gedichtzeilen; meist am Schluß des Gedichtes.

Refraktion, *w.* [l.], **1)** → Brechung d. Lichts; **2)** atmosphär. Strahlenbrechung; Winkel, um d. Gestirne infolge Brechung gehoben erscheinen; **3)** *med.* Beziehung d. Brechungszustands sämtl. opt. Teile d. Auges zu dessen Achsenlänge. - **R.sfehler,** fehlerh. Strahlenvereinigung i. Auge, bei Altersichtigkeit bei zu langer (Kurz-) od. zu kurzer (Weitsichtigkeit) Augenachse.

Refraktometer, *s.,* Apparat zur Bestimmung der Lichtbrechung bei flüssigen u. festen Körpern.

Refraktor, *m.* [l.], astronom. Linsenfernrohr.

Refugiés [frz. *-fy'ʒje*], „Flüchtlinge", die um d. reformierten Glaubens willen nach Aufhebung d. *Ediktes v. Nantes* (1685) aus Frkr. geflüchteten Hugenotten; fanden zahlr. in Dtld Aufnahme (zu unterscheiden v. d. 1789 ausgewanderten frz. Aristokraten: *Emigranten*).

Refugium, *s.* [l.], Zufluchtsort.

refüsieren [frz.], verweigern, ablehnen.

Regal, *s.,* **1)** Brettergestell für Bücher, Waren; **2)** kleine tragbare Orgel mit → Zungenpfeifen; auch Orgelregister.

Regalien, niedere nutzbare Hoheitsrechte der Staatsgewalt; bilden in der Geschichte der Finanzen den Übergang von der Domänen- zur Steuerwirtsch. (z. B. Forst-, Post-, Jagd-, Münz-, Berg-, Fischereiregal usw.).

regalieren [frz.], reichlich bewirten, beschenken.

Segelregatta

Regatta, *w.* [it.], Wettfahrt a. d. Wasser: Ruder-, Segel-, Kanu-, Motorbootrennen.

Regel [l. „regula"], **1)** Richtschnur, gleichförm. Sichwiederholen e. Erscheinung, e. Geschehnisses; während das *Gesetz* keine Ausnahmen zuläßt, gelten bei der Regel Ausnahmen („keine Regel ohne Ausnahme"); **2)** *med.* svw. → Menstruation.

Regelation, Erniedrigung des Schmelzpunktes von Eis durch Druck; wirkt bei d. Gletscherwanderung u. beim Schlittschuhlauf.

Regeldetri [l. „regula de tribus = Regel von drei (Größen)"], Rechnungsart, um eine Größe zu finden, die sich zu einer zweiten so verhält wie eine dritte Größe zu einer vierten.

Regelfläche, e. Ebene, die durch d. gesetzmäßige Bewegung e. Geraden entsteht; z. B. Zylinder od. Kegel (durch Rotation e. Geraden um eine Achse, die von ihr geschnitten wird); → Rotation.

Regelkreis, prinzipielles Strukturschema f. sich automatisch regelnde Systeme u. Prozesse (z. B. ind. Produktion, biol. Organismen); Grundmodell d. Kybernetik; stellt e. gegenüber äußeren u. inneren Einwirkungen relativ stabiles, geschlossenes Rückkopplungssystem dar; bestehend aus dem zu regelnden Objekt *(Regelstrecke)* u. den regelnden Einrichtung *(→ Regler).* → Regelung, → Steuerung, → Automation.

Regelung, Vorgang, bei dem e. best. phys. Größe *(Regelgröße),* z. B. el. Spannung, Temp., Drehzahl, Druck, auf e. gewünschten Wert *(Sollwert)* gebracht od. auf diesem gehalten wird; dies geschieht, indem d. Regelgröße gemessen, mit d. Sollwert in d. Regelanlage verglichen u. bei Abweichung wieder auf diesen gebracht wird. Die einzelnen Glieder d. Regelanlage bilden einen geschlossenen Wirkungskreis *(→ Regelkreis).* Anwendung: z. B. bei Kraftmaschinen aller Art (Dampf-, Wasser-, Elektro-, Gaskraftmaschinen u. a.) durch R. d. Energiezufuhr; bei Funkempfangsgeräten zur automat. R. des Schwundausgleichs; bei Strom- oder Spannungs-Konstanthaltern u. a.

Regen, aus wasserdampfreicher Luft durch Abkühlung erfolgende Verdichtung der Luftfeuchtigkeit zu Wassertropfen, *künstl.* durch Einwirkung von Kohlensäureschnee od. Silberiodid a. wasserdampfreiche Luft od. Wolken vom Flugzeug aus; Methode u. Erfolg umstritten; → R.verteilung; → saurer Regen.

Regen, 1) l. Nbfl. der Donau aus dem Hint. Bayer. Wald, 165 km l., mündet bei Regensburg; **2)** (D-8370), Krst. im Bayr. Wald, 11 057 E; Fremdenverkehr.

Regenanlage, zur künstl. Bewässerung von Feldern und Wiesen; auch Vorrichtung in Räumen, f. Feuerlöschzwecke, meist mit automat. Auslösung b. krit. Temperatur.

Regenbogen, atmosphär. Lichterscheinung durch Brechung, Spiegelung und Beugung der Sonnenstrahlen in Regentropfen zus. mit Interferenzerscheinungen; Farbenfolge wechselnd, etwa Rot, Orange, Gelb, Grün, Blau, Indigo (innen); außen schwächerer R. (Nebenbogen) m. umgekehrter Farbenfolge.

Regenbogenforelle → Forellen.

Regenbogenhaut → Auge.

Regenbogenschüsselchen, kelt. (Gold-) Münzen in Schüsselform; 2.-1. Jh. v. Chr.

Régence, *w.* [re'ʒãs], Stil der frz. Kunst z. Z. der Regentschaft v. Ludwig XIV. u. Ludwig XV. (1. Viertel 18. Jh.); vom Barock zum Rokoko überleitend.

Regeneration [l.], **1)** *biol.* Ersatz durch Verletzung od. natürl. Abnutzung verlorengegangenen Strukturen, z. B. Körperteile bei Pflanzen u. (bes. den niederen) Tieren; (menschl.) Gewebe bei Wundheilung; **2)** *chem.* Zurückführung benutzter Stoffe in deren Ausgangszustand; Rückgewinnung v. Stoffen.

Regenerativfeuerung, n. F. *Siemens,* techn. Gasfeuerung; von zwei **Regeneratoren** (gemauerte Kammern m. Steingitterwerk) wird jeweils einer durch die abströmenden verbrannten Gase erhitzt und gibt nach Umschaltung Wärme an Heizgas oder Verbrennungsluft ab; Heizwert des Gases wird besser ausgenützt.

Regenkarten, Karten, die die jährl. Menge des Niederschlags veranschaulichen (→ Regenverteilung).

Regenmesser, nach Hellmann: zylindrisches Gefäß mit 200 cm² Auffangfläche u. mit Sammeltrichter, der den Niederschlag in ein Meßglas leitet, an dem die *Regenhöhe* in Millimetern abzulesen ist.

Regenpfeifer, kl. Schnepfenvögel; z. B. *Fluß*- u. (an Küsten) *See-R.*

Regensburger Dom

Regensburg (D-8400), krfreie St., Hptst. d. bayr. Rgbz. Oberpfalz, Donauhafen (Ges.umschlag 1988: 1,9 Mill t), 119 078 E; Kirchen (St.-Peter-Dom 13.–15. Jh.) u. Klöster, Bischofssitz, Uni.; got. Altes Rathaus m. Reichssaal; Museum im Minoritenkloster u. Schloß Thurn u. Taxis, Steinerne Brücke (12. Jh.); LG, AG, Arbeitsger., OPD; chem.-pharmazeut., Elektro-, Maschinen-, Lebensmittelind. In der Nähe → *Walhalla.* – In röm. Zeit *Castra Regina;* 739 Bistum, 1245 Reichsst., 1663–1806 Sitz d. Immerwährenden Reichstags, 1810 bayr.

Regent, *m.* [l.], svw. Herrscher; auch Regierungsverweser für verhinderten Herrscher bei Minderjährigkeit, geistiger od. körperl. Behinderung.

Regenversicherung → Reisewetterversicherung.

Regenverteilung, Verteilung d. Niederschläge auf der Erdoberfläche: *regenreiche Gebiete* (über 1000 mm jährl. Niederschlag): Amazonastiefland, Äquatorialafrika, Bengalen und Assam, Malaiischer Archipel, Hawaii; *regenarme Gebiete* (unter 250 mm): Wüstenregionen N-Afrikas, Indiens, Australiens u. W-Südamerikas; regenärmste Station d. Erde: Iquique in Chile mit 3 mm; in Deutschland fallen d. meisten Niederschläge an den Alpenkamm (ca. 3000 mm), in Europa in S-Dalmatien (4560 mm).

Regenwürmer, erdbewohnende Ringelwürmer, fressen Erde mit Pflanzenresten, daher wichtig für Humusbildung und Durchlüftung des Bodens.

Regenzeit, in niederen Breiten (25° nördl. bis 25° südl. des Äquators) zur Zeit des höchsten Sonnenstandes (Zeni-

talregen), dann Trockenzeit; in den Mittelmeerländern, Kalifornien, S-Australien u. Chile Winterregen (Etesiënklima).

Max Reger

Reger, Max (19. 3. 1873–11. 5. 1916), dt. Komponist; polyphone Orgelmusik: *Phantasie u. Fuge über B-A-C-H;* Orchesterwerke: *Mozart-, Hiller-Variationen;* Kammer- u. Klaviermusik; Lieder, Chorwerke: *Der 100. Psalm.*

Regesten [l.], zeitl. geordnete Urkundenverzeichnis i. Auszug.

Reggio di Calabria [′reddʒo-], St. in d. it. Prov. *R. d. C.,* an der Straße v. Messina, 179 000 E; Wein- u. Olivenbau, Seidenhandel.

Reggio nell'Emilia, Hptst. der it. Prov. *R. n. E.* am Nordhang d. nördl. Apenninen (am Crostolo), 131 000 E; Bischofssitz; Seidenind.

Regie, *w.* [′ʒi], Spielanleitung bei Theater u. Film (→ Regisseur). – **R.betriebe** → Eigenbetriebe.

Regierung, Leitung eines Staates, auch die regierenden Organe oder gewisse Einzelbehörden (Bezirksregierung); → Exekutive. – **R.sbezirk,** mittlere Verwaltungsbezirke in versch. dt. Ländern. – **R.spräsident,** Leiter eines Regierungsbezirks.

Regime, *s.* [frz.-′ʒim], Regierung(sform); abfällig: nicht demokrat. legitimiertes pol. System.

Regiment, *s.* [l.], **1)** Herrschaft, Regierung; **2)** mil. Einheit aus 2–4 Bataillonen (Abteilungen).

Regina, *w.* [l.], Königin.

Regiolekt, *m.,* innerhalb e. Region auftauchende Spracheigentümlichkeit.

Regiomontanus [l.], „Königsberger" (nach s. Geburtsort K. bei Haßfurt), eigtl. *Johannes Müller* (6. 6. 1436–6. 7. 76), dt. Math. u. Astronom; verfaßte Kalender u. Ephemeriden, förderte d. Trigonometrie.

Region, *w.* [l.], Gegend; Bereich.

Regisseur [frz. -ʒi′sør], Spielleiter, hat beim Theater die Aufgabe, ein Stück einzustudieren, d. h. die Rollen zu verteilen, den Schauspielern auf der Probe ihre Aufgabe zu erklären, evtl. vorzuspielen, den Ort des Auftretens anzugeben, Beleuchtung abzustimmen, d. Bühnenbild (mit dem Bühnenmaler) zu entwerfen usw.; R. auch beim Rundfunk; b. Film ist R. d. eigentliche Schöpfer.

Register, *s.* [ml.], **1)** (alphabet. Inhalts-) Verzeichnis; **2)** *mus.* Orgelpfeifenreihe

von gleicher Klangfarbe (z. B. Flöten-R.); Orgel hat viele R., ihre Verwendung *(„registrieren")* liegt im künstler. Ermessen des Spielers; **3)** b. *Gesang:* Tonlage d. Stimme (Brust-, Kopfstimme).

registered [engl. ′rēdʒistəd], in ein Register (z. B. Patentregister) eingetragen u. somit gesetzl. geschützt.

Registergericht, Abteilung des Amtsgerichts, bei der die öff. Register (z. B. Handels-, Vereins-, Güterrechtsregister) geführt werden.

Registertonne, Raummaß: 2,8316 m³, zur Berechnung des Raumgehalts v. Schiffen; *Bruttoregistertonnen* (BRT) umfassen sämtl. Schiffsräume einschl. Maschinen- u. Kesselräume, der Räume f. d. Schiffsmannschaft usw., im Ggs. zu *Nettoregistertonnen* (NRT), die nur die Räume f. d. Ladung u. d. Passagiere berücksichtigen.

Registratur, *w.,* Einrichtung f. Aufbewahrung v. Geschäftskorrespondenz u. Akten.

Registrierballon, Ballon mit selbsttätigen → Registrier- bzw. Meßgeräten, steigt unbemannt zu großer Höhe (bis 46 500 m) auf; jetzt → Radiosonde.

registrieren, verzeichnen, eintragen; *mus.* Stimmkombinationen (bei Orgel u. Harmonium) einschalten.

Registrierkasse, Apparat zur Aufnahme, Ausgabe, Addition und Aufzeichnung von Kasseneinzahlungen.

Reglement, *s.* [frz. -′mã], Richtschnur, Dienstvorschrift, Geschäftsordnung.

reglementieren, durch Vorschriften regeln, anordnen.

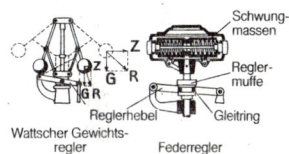

Regler

Regler, *Regulator,* Bestandteil eines → Regelkreises, der durch Regelgröße mitgeteilte Informationen zu Befehlen verarbeitet, die als Stellgröße auf d. Regelstrecke zurückwirken; **1)** b. *Dampfmaschine:* zwei umlaufende Fliehgewichte (Gewichtsregler) an Gelenken; ändert sich die Geschwindigkeit, so heben od. senken sich d. Kugeln infolge d. Zentrifugalkraft u. betätigen d. Stellzeug z. Regelung d. Dampfzufuhr; **2)** auf den Führerstand der *Lokomotive* d. große Hebel z. Öffnen u. Schließen d. Dampfzufuhr zu d. Zylindern; **3)** an el. Maschinen: Apparate, die Drehzahl, Spannung usw. auf d. gewünschten Höhe halten; **4)** → Prozeßrechner.

Regletten [frz.], i. Druckereiwesen Bez. f. Metallplättchen verschiedener Stärke u. Länge, m. denen man im Satz d. Zeilenabstand reguliert.

Regnitz, l. Nbfl. des Mains, Unterlauf der Rednitz, 65 km l.

Regreß, *m.* [l.], *Rückgriff,* Inanspruchnahme einer Person u. Schadloshaltung: **1)** des Dienstherrn gg. Beamten (auch Angestellten od. Arbeiter im öff. Dienst), d. vorsätzl. od. grob fahrlässig durch Amtspflichtverletzung einem Dritten einen Schaden zugefügt hat, f. d. Dienstherr gemäß Art. 34 GG einzustehen hatte; **2)** d. Inhabers gg. Aussteller od. Indossanten eines Wechsels od. Schecks unter best. Voraussetzungen (z. B. Protest mangels Zahlung u. a.); R. erstreckt sich auf d. Summe (soweit nicht eingelöst), auf Zinsen und Kosten; **3)** d. Versicherers, d. dem Versicherungsnehmer od. Versicherten Entschädigung geleistet hat, gg. Schadenverursacher (z. B. Brandstifter); **4)** d. Kraftfahrzeugversicherers gg. Fahrer od. Halter d. versicherten Fahrzeugs, wenn dieser Obliegenheiten im Schadensfall vorsätzl. od. grob fahrlässig (z. B. durch Unfallflucht) verletzt hat.

Regression, *w.* [l.], **1)** *geolog.* Rückzug des Meeres; Ggs.: → Transgression; **2)** *psych.* Rückbildung, Rückkehr zu Zielen u. Wünschen früherer Entwicklungsphasen.

regressiv, rückwirkend, rückschreitend.

Regula falsi [l.], *math.* Näherungsverfahren, wird zur Lösung v. Gleichungen angewendet.

Regula fidei [l. *-de-i,* „Glaubensregel"], kurze Zus.fassung d. (früh)christl. Glaubenslehre.

regulär [l.], regelmäßig, regelrecht.

Regularen, kath. Geistliche, die in einem Orden oder einer Kongregation nach bestimmter Regel leben, sww. *Regulierte;* Ggs.: → Weltpriester.

Regulation, Fähigkeit von Organismen, Störungen d. Normalzustandes bei (entwicklungs)physiolog. Vorgängen auszugleichen.

Regulativ, *s.* [l.], Anordnung, Ausführungsbestimmung.

regulativ, regelnd.

Regulator, *m.* [l.], **1)** Pendeluhr m. regulierbarem Pendel; **2)** *techn.* → Regler.

regulieren [l.], regeln, in Ordnung bringen.

Regulierung, 1) Bezahlung (einer Rechnung); **2)** Eindämmen eines Flußbettes.

regulinisch [l.], aus reinem Metall bestehend.

Regulus, 1) Hauptstern 1. Größe im Löwen am nördl. → Sternhimmel D; **2)** metallurgisch ausgeschmolzener Metallklumpen.

Reh, Gattung der → Hirsche Europas und Asiens; meist dreisprossiges Geweih („Gehörn"); Männchen: *Bock;* Weibchen: *Schmalreh,* später *Ricke* od. *Geiß;* Junges: *Kitz.*

Rehabilitation [l.], **1)** Ehrenrettung: Wiederherstellung des guten Rufes e. in ihrem Ansehen geschädigten Person; **2)** Wiederherstellung d. körperl. u.

seel. Leistungsfähigkeit von Kranken und Versehrten zum Zwecke der sozialen und beruflichen (Wieder-)Eingliederung.

Rehau (D-8673), St. i. Kr. Hof, in Oberfranken, Bay., 9880 E; Bekleidungs-, Leder- u. Porzellanind.

Rehburg-Loccum (D-3056), St. i. Kr. Nienburg (Weser), Nds., 9614 E; → Loccum.

Rehfisch, Hans José (10. 4. 1891–9. 6. 1960), dt. Bühnenschriftst.; Mitbegr. der Piscator-Bühne; *Die Affäre Dreyfus; Wer weint um Juckenack?*

Rehm, Walther (13. 11. 1901–6. 12. 1963), dt. Literarhistoriker; literarhistor. Untersuchungen d. dt.-antiken Literaturbeziehungen.

Rehmke, Johannes (1. 2. 1848–23. 12. 1930), dt. Phil.; *Philosophie als Grundwissenschaft.*

Rehpilz, *Habichtsschwamm,* ein → Stachelpilz.

Reibahle, Schabewerkzeug z. Ausreiben v. Löchern in Metallgegenständen.

Reibung, Widerstand zweier sich berührender Körper gegen Veränderung ihrer relativen Lage, gemessen durch Kraft, die bewegten Körper in gleichförm. Bewegung erhält; bei gleitendem Körper *gleitende R.,* bei rollendem *rollende R. –* **R.skoëffizient,** Reibungswiderstand geteilt durch senkrechten Druck des Körpers auf Unterlage. **– R.skupplung,** *Friktionskupplung* (z. B. bei Kraftwagen u. a.), zum Verbinden und Trennen antreibender und angetriebener Teile auch während des Laufens; Kraftübertragung durch Ausnutzung der Reibung zweier aufeinandergepreßter Teile, z. B. *Konus*- u. *Einscheibenkupplung* (mit bes. Kupplungsbelag z. Erhöhung der R.) od. → *Lamellenkupplung.*

Reich, 1) Steve [*raik*] (* 3. 10. 1936), am. Komp.; Vertr. d. → Minimal Music, beeinflußt v. ethn. Musik u. jüd. Kultgesang; *Music for 18 Musicians; Tehillim; The Desert Music;* **2)** Wilhelm (24. 3. 1897–3. 11. 1957), östr. Psychoanalytiker u. Psychiater; strebte e. Verbindung zw. psychoanalyt. u. marxist. Gedanken an; Begr. d. Orgonomie (*Orgon* = biophys. Grundenergie); *D. Funktion d. Orgasmus; Massenpsychologie des Faschismus; D. sexuelle Revolution.*

Reichardt, Johann Friedrich (25. 11. 1752–27. 6. 1814), dt. Kapellmeister, Komp. u. Schriftsteller, einer der bedeutendsten Musikkritiker u. -schriftsteller des 18. Jh.

Reichenau, 1) (D-7752), Insel im Untersee (Bodensee), durch 1 km langen Damm mit d. Festland verbunden, 4,4 km², 4355 E; ehem. Benediktinerstift (m. drei Kirchen, 8.–10. Jh.), Kulturmittelpunkt im frühen MA; berühmte Bibliothek u. Schule; **2)** (A-2651), Kurort in Niederöstr., am Fuß der Raxalpe, 485 müM, 4100 E.

Reichenbach, Hans (26. 9. 1891–9. 4. 1953), dt. Phil. u. Wissenschaftstheoreti-

ker; Mitbegr. d. → Wiener Kreises, Hptvertr. des → Neupositivismus; *D. Aufstieg d. wiss. Phil.*

Reichenbach, 1) *R. i. Eulengebirge, Dzierżoniów,* poln. St., 36 000 E; Textilind.; **2)** *R. i. Vogtland* (D-9800), Krst. i. Sa., 25 663 E; Textil-, Masch.ind.; Höhere Fachschule f. Textilind.

Reichenberg, tschech. *Liberec,* nordböhm. St. am Oberlauf d. Görlitzer Neiße, 104 000 E; Schloß m. berühmter Kapelle; Industrie (bes. Textilind.).

Reichensperger, August (22. 3. 1808–16. 7. 95), dt. kath. Pol., Gründer u. Führer des Zentrums.

Reichsabgabenordnung, *RAO,* v. 13. 12. 1919, Gesetz des Steuerrechts; jetzt → *Abgabenordnung.*

Reichsabschied, *R.tagsabschied,* → Abschied.

Reichsacht → Acht.

Reichsadel, ehem. reichsunmittelbare R.ritterschaft.

Reichsadler, Wappentier d. Dt. Reichs, zweiköpfig bis 1806, seit 1871 u. von 1919–45 einköpfig; heute Bundesadler.

Reichsapfel, (Welt-)Kugel mit Kreuz, Symbol kaiserlicher Weltherrschaft → Reichskleinodien.

Reichsarchiv, in Potsdam, verwaltete bis 1945 geschichtl. wertvolle Akten u. Urkunden des Reichs; nach d. 1. Weltkr. bes. Abt.: Weltkriegsarchiv; → Bundesarchiv.

Reichsarmee, im 16.–18. Jh. Heer des Dt. Reichs, von den Reichsständen und -fürsten gestellt.

Reichsbahn → Eisenbahn.

Reichsbank, 1875–1945 Zentralnotenbank des Dt. Reichs; regulierte auch den Währungskurs u. Geldumlauf, regelte Kreditbedarf; R.leitung: *R.direktorium* mit *R.präs.;* dem Interessenkreis der R. gehörten d. → *Golddiskontbank* u. *Dt. Rentenbank* (beide 1945 geschlossen); in den W-Zonen Übernahme (nicht Rechtsnachfolge) der Gebäude sowie der bankgeschäftl. Verbindungen der R. durch die Landeszentralbanken.

Reichsbanner Schwarz-Rot-Gold, 1924–33, demokr. Wehrverband zum Schutz der Weimarer Rep.

Reichsdeputationshauptschluß, zu Regensburg (1803), bestimmte Entschädigungen d. durch d. Abtretung d. linken Rheinufers an Frkr. im Frieden v. Lunéville (1801) um ihren Besitz gebrachten Fürsten durch d. eingezogenen (säkularisierten) geistl. Fürstentümer u. Freien Reichsstädte.

Reichenau, *Mittelzell*

Reichskanzler des Kaiserreichs:

Fürst Bismarck	20. 3. 1871–18.	3. 1890
v. Caprivi	20. 3. 1890–26.	10. 1894
Fürst Hohenlohe	29. 10. 1894–17.	10. 1900
Fürst Bülow	17. 10. 1900–14.	7. 1909
v. Bethmann-Hollweg	14. 7. 1909–14.	7. 1917
Michaelis	14. 7. 1917– 1.	11. 1917
Graf Hertling	1. 11. 1917– 3.	10. 1918
Prinz Max von Baden	3. 10. 1918– 9.	11. 1918

Reichskanzler der Republik 1919–33:

Scheidemann (SPD)	13. 2. 1919–20.	6. 1919
Bauer (SPD)	21. 6. 1919–26.	3. 1920
Hermann Müller (SPD)	27. 3. 1920– 8.	6. 1920
Fehrenbach (Zentrum)	21. 6. 1920– 4.	5. 1921
Wirth (Zentrum)	10. 5. 1921–14.	11. 1922
Cuno (parteilos)	22. 11. 1922–12.	8. 1923
Stresemann (DVP)	13. 8. 1923–23.	11. 1923
Marx (Zentrum)	30. 11. 1923–15.	12. 1924
Luther (parteilos)	15. 1. 1925–12.	5. 1926
Marx (Zentrum)	17. 5. 1926–12.	6. 1928
Hermann Müller (SPD)	29. 6. 1928–27.	3. 1930
Brüning (Zentrum)	31. 3. 1930–30.	5. 1932
v. Papen (Zentrum)	1. 6. 1932– 2.	12. 1932
v. Schleicher (parteilos)	2. 12. 1932–30.	1. 1933

Reichskanzler des NS-Regimes:

Adolf Hitler	30. 1. 1933–30.	4. 1945
Führer u. Reichskanzler	2. 8. 1934–30.	4. 1945

Reichsexekution, nach der Weimarer Verf. konnte Reichspräs. ein Land zur Erfüllung der ihm nach den Reichsgesetzen obliegenden Pflichten anhalten, auch mit Waffengewalt. Heute Bundeszwang nach Art. 37 G.

Reichsfinanzhof in München, 1918–45 oberste dt. Finanzrechtsprechungsbehörde.

Reichsfreiherr → Freiherr.

Reichsfürsten, im alten Dt. Reich d. unmittelbar vom Kaiser Belehnten; Mitgl. des Reichsfürstenrats.

Reichsgericht, 1879–1945 höchster dt. Gerichtshof (Leipzig) in Zivil- u. Strafsachen; Sammlung der Entscheidungen.

Reichshof → Graf.

Reichshof (D-5226), Gem. i. Oberberg. Kreis, Rgbz. Köln, NRW, 15 620 E; entstanden aus *Denklingen* u. *Eckenhagen* („Reichshof E."), Luftkurort.

Reichskammergericht, höchster Gerichtshof im alten Dt. Reich (1495–1806), Sitz Speyer, später Wetzlar.

Reichskanzlei, 1871–1945, vermittelte für den Reichskanzler den Verkehr mit d. übrigen Reichs- u. Staatsorganen u. besorgte die Geschäfte der Gesamtministeriums.

Reichskanzler, Leiter d. Reichspolitik; urspr. Erzkanzler (Erzbischof von Mainz bis 1806), von 1871–1918 der einzige dem Kaiser, nicht dem Reichstag verantwortl. Minister; nach d. Weimarer Verf. Vorsitzender des Reichsministeriums (Kabinetts), ernannt u. entlassen vom Reichspräsidenten, dem er die Ernennung und Entlassung der Reichsminister

vorschlug und den er bei vorübergehender Behinderung vertrat.

Reichskleinodien, Krönungstracht u. Krönungsinsignien der dt. Kaiser u. Kge des alten Dt. Reiches: Krone, Zepter, → Reichsapfel, Schwert, Ornat (in Wien aufbewahrt); Kopien auf Burg → Trifels.

Reichskreise, territoriale Neugliederung des Reiches in 6 (später 10) Kreise durch die Reichsreform Kaiser Maximilians I.

Reichslande, 1) das bis 1806 aufgrund der Reichsreform Maximilians I. zum Dt. Reich gehörende Gebiet; 2) 1871–1918 Bez. für Elsaß-Lothringen.

Reichsmark, *RM*, → Mark.

Reichsnährstand, 1933 unter dem NS-Regime zwangsweise gebildete öffentl.-rechtl. Gesamtkörperschaft der dt. Landwirtschaft. Sie umfaßte alle freiwilligen Verbände d. Landwirtschaft u. d. Landwirtschaftskammern; durch Kontrollratsdirektive Nr. 50 (1947) aufgelöst.

Reichspost → Post.

Reichspräsident, Oberhaupt des Dt. Reichs 1919–33 (1945), nach Weimarer Reichsverfassung v. ganzen Volk auf 7 Jahre gewählt; Befugnisse: völkerrechtl. Vertretung des Reichs, Ernennung des Reichskanzlers u. auf dessen Vorschlag d. Reichsmin., Auflösung d. Reichstags, Notverordnungs- u. Begnadigungsrecht; 1. R.: → Ebert (1919–25), 2. R.: → Hindenburg (1925–34); nach Hindenburgs Tod vereinigte Hitler das Amt des R.en mit dem des → Reichskanzlers.

Reichsrat, 1921–33 die Vertretung der Länder bei Gesetzgebung u. Verwaltung

d. Reichs; Länder hatten je 1 Stimme f. 700 000 E, doch mindestens ein, höchstens zwei Fünftel aller Stimmen (Preußen); insgesamt 66 Stimmen.

Reichsregierung, *Reichskabinett*, Kollegium der Reichsminister unter dem Vorsitz des Reichskanzlers.

Reichsritter, unmittelbar unter Kaiser u. Reich stehende Ritter im alten Deutschen Reich (bis 1806).

Reichsstädte, *Freie Städte*, im alten Dt. Reich die → reichsunmittelbaren, nicht unter landesherrlicher Hoheit stehenden Städte; seit 1648 als Reichsstand auf dem Reichstag vertreten; 1806–15 → mediatisiert mit Ausnahme der Hansestädte Hamburg, Bremen, Lübeck (1937 preuß.) u. Frankfurt (1866 preuß.).

Reichsstände, bis 1806 Stände des Hlg. Röm. Reiches Dt. Nation, die den Reichstag bildeten (über 300). *Geistliche R.:* die geistl. Kurfürsten von Mainz, Köln, Trier sowie die anderen Erzbischöfe u. Vertr. der hohen Geistlichkeit, die Hochmeister d. Ritterorden (Johanniter usw.); *weltliche R.:* d. übrigen Kurfürsten, Landesherren, Reichsgrafen, -freiherren, -ritter sowie seit dem → Westfäl. Frieden 1648 die Reichsstädte; d. R. waren reichssteuerpflichtig u. hatten z. Reichsheer Truppenteile zu stellen.

Reichssteuern, die Steuern, 1920–45, die das Reich z. Unterschied gegenüber den Steuern der Länder u. Kommunen erhob (etwa ⅔ des gesamten Steueraufkommens); einen Teil davon erhielten die Länder.

Reichstadt, Hzg v. (20. 3. 1811–22. 7. 32), gekrönt „König von Rom"; einziger Sohn v. → Napoleon I. aus s. Ehe mit d. östr. Kaisertochter Marie Louise; als Napoleon II. 1815 erfolglos zum Kaiser ausgerufen.

Reichstag, 1) seit Ausgang des MA Versammlung der → Reichsstände unter kaiserl. Hoheit, seit 1663 ständiger Gesandtenkongreß in Regensburg; 1803 aufgelöst; 2) seit 1871 parlamentarische Vertretung des dt. Volks (Vorläufer: *Norddt. R.* seit 1867); durch allg., gleiche, direkte u. geheime Wahl, nach Verfassung, seit 1919 durch Verhältniswahl (→ Wahlsysteme) gewählt; Mitgliederzahl bis 1918: 397, in der Weimarer Republik wechselnd: 1 Abgeordneter auf 60 000 Stimmen. Nach der Weimarer Verfassung lag beim R. die gesamte dt. Gesetzgebung, die Genehmigung des Haushalts, der Staatsverträge. Nach 1933 formeller Weiterbestand des R.s mit der NSDAP als einziger Partei (5. 3. 1933 Parteienverbot). – **R.sabgeordneter**, *MdR*.

Reichstein, Tadeus (* 20. 7. 1897), poln.-schweiz. Chemiker; entdeckte gleichzeitig mit *Kendall* das Cortison; Nobelpr. 1950.

reichsunmittelbar, im alten Deutschen Reich unmittelbar d. Kaiser unterstehend; → Reichsfürsten, -grafen, -freiherren, -ritter, -städte.

Reichsversicherungsordnung, *RVO,* v. 19. 7. 1911; grundlegendes Gesetz für die Sozialversicherung; umfaßt u. a. Kranken-, Unfall- u. Arbeiterrentenversicherung (mehrfach ergänzt).

Reichsverweser, 1) im alten Dt. Reich Verwalter des Reichs anstelle des minderjährigen oder durch Krankheit verhinderten Kaisers; **2)** d. 1848 v. d. Frankfurter Nat.vers. als Inhaber d. Zentralgewalt gewählte östr. Erzhzg → Johann (b. Dez. 1849).

Reichswehr, 1920/21 aufgrund der Bestimmungen des Versailler Vertrags geschaffen; bestand aus *Reichsheer*(100 000 Mann Berufssoldaten einschließl. 4000 Offiziere) u. *Reichsmarine* (15 000 Mann einschließl. 1500 Offiziere).

Reid [*riːd*], Thomas (26. 4. 1710–7. 10. 96), schott. Philosoph; Begr. der → schottischen Schule.

Reif, gefrorener → Tau; → Rauhreif.

Reifen-größe, die Größe eines Fahrzeug-, → Luftreifens wird in Zoll der größten Breite u. des größten Durchmessers angegeben (z. B. für einen Pkw: 5,6–15). – **R.profil,** das Muster der Nuten u. Stollen in der Laufsohle eines Reifens; nur auf nassen Straßen u. weichem Gelände erforderlich; Rennreifen ohne Profil; bei starkem Regen u. geringer Profiltiefe Gefahr v. → Aquaplaning.

Reifeprüfung, svw. *Abitur,* berechtigt zum Besuch von Fachoberschulen, Fachschulen/Fachakademien.

Reifeteilung, svw. → Meiose.

Reifglätte, entsteht durch Festfahren od. Festtreten von Reif, d. sich an besonders exponierten Straßenlagen (z. B. Brükken, Wald) gebildet hat.

Reifrock, durch Gestell gebauschter Frauenrock: zuerst um 1600 in Spanien, im 18. Jh. frz. u. allg. europäische Hoftracht; Mitte 19. Jh. bürgerl. Tracht als → Krinoline.

Reihe, 1) Folge von Zahlen bzw. v. endl. Summen von Zahlen, *arithmetische R.,* je zwei aufeinanderfolgende Zahlen haben dieselbe Differenz; *geometrische R.,* je zwei aufeinanderfolgende Zahlen haben denselben Quotienten; ferner *Potenz-, Fourier-, hyperbolische Reihen* usw.; **2)** *mus.* Bezeichnung f. Tonfolge, die alle 12 Halbtöne d. temperierten Systems enthält u. deren Intervallproportionen u. Spiegelformen d. Material einer Zwölftonkomposition bilden.

Reihengräber, aus der Völkerwanderungszeit bekannte Totenfelder mit Gräbern, die in Reihen angeordnet sind.

Reiher, Stelzvögel, brüten meist auf Bäumen in größerer Gesellschaft; in Dtld bes. *Grau-R.,* in S-Eur. (n. bis zum Neusiedler See) *Purpur-, Silber-R.*

Reim, *m.,* Gleichklang; älteste german. Form der Stabreim (seit dem 9. Jh. i. d. ahdt. Lit. Silben- oder Endreim, Gleichlang einer od. mehrerer Silben bei 'sch. Anlaut d. ersten Reimsilbe; bei 'uer Übereinstimmung: *reiner Reim*

(z. B. Nacht : Macht), bei Verschiedenheit *unreiner Reim* (z. B. leiten : meiden); nach der Zahl der reimenden Silben gibt es 1) einsilbige, *männliche, stumpfe* (Land : Wand), 2) zweisilbige, *weibl., klingende* (sagen : klagen) u. 3) dreisilbige, *gleitende Reime* (fragende : ragende), 4) rührende Reime (Tag : Tag); nach d. Stellung am Versende: *paarende:* aa bb cc, *gekreuzte:* ab ab, *umarmende:* ab ba u. *unterbrochene:* a b c b (eine Zeile ohne Reim) *Reime;* → Binnenreim. – R.lexika, seit 16. Jh., verzeichnen R.möglichkeiten.

Reimann, Aribert (* 4. 3. 1936), dt. Komp.; Opern: *Ein Traumspiel; Melusine; Lear;* Orchesterwerke, Vokalkompositionen.

Reimarus, Hermann Samuel (22. 12. 1694–1. 3. 1768), dt. Phil.; Anhänger von → Wolff 1).

Reims, *Kathedrale*

Reims [*rɛ̃s*], St. im frz. Dép. *Marne* am Aisne-Marne-Kanal in der Champagne, 182 000 E; Erzbischofssitz, gotische Kathedrale Notre-Dame (auch → Tafel Bildhauerkunst), Standbild d. Jeanne d'Arc; Textilind., Schaumweinfabr. – Seit 1179 Krönungsort der frz. Könige; 7. 5. 1945 Unterzeichnung der dt. Kapitulation.

Reinach (CH-4153), Vorort von Basel (Schweiz), 17 800 E.

Reinbek (D-2057), St. i. Kr. Stormarn, bei Hamburg, Schl-Ho., 24 398 E; AG; Masch.-, Papierind.

Reineclaude, *w.* [frz. *rɛːn(ə)ˈkloːd(ə)*], → Pflaumen.

Reineke Fuchs, Tierepos, niederdt., 1498 in Lübeck gedruckt; hochdt. Nachdichtung v. *Goethe* (1794).

Reinette, *w.* [frz. *rɛ-*], *Renette,* eine Apfelsorte.

Reinfektion [l.], Neuinfektion nach Abheilen einer gleichen vorausgegangenen Infektion; Ggs.: → Superinfektion.

Reinhardswald, wald- u. wildreicher Höhenzug zw. Weser u. Diemel (*Staufenberg* 472 m).

Reinhardt, Max (9. 9. 1873–30. 10. 1943), östr. Schausp. u. Regisseur; Begr. e. neuen Aufführungsstils; 1905–32 Direktor des Dt. Theaters, Berlin, s. 1924 auch des Theaters in der Josefstadt, Wien; Schöpfer der *Salzburger Festspiele* (zus. mit H. v. Hofmannsthal); gründete nach seiner Emigration e. Theaterschule in Hollywood; Film: *A Midsummer Night's Dream* (1935).

Reinheim (D-6107), St. i. Kr. Darmstadt-Dieburg, Hess., 16 252 E.

Reinheitsgebot, älteste, heute noch gültige lebensmittelrechtl. Bestimmung: Zur Bierherstellung dürfen nur Gerste, Hopfen, Hefe u. Wasser verwendet werden (Bayern, 1516); bei Herstellung aller Biersorten in Bayern und Baden-Württemberg streng beachtet; s. 1906 auch für d. übrigen dt. Länder, aber nur bei d. Herstellung untergär. Biere.

Reinkarnation, *w.* [l.], „Wiederfleischwerdung", → Seelenwanderung; → Karma.

Reinke, Johannes (3. 2. 1849–25. 2. 1931), dt. Botaniker u. Naturphil.; Mitbegr. des Neovitalismus.

Reinkultur, isolierte Züchtung eines best. Bakterienstammes, erstmals 1877 v. → Pasteur.

Reinmar, 1) *R.* der Alte (*R.* v. *Hagenau*) (12. Jh.), elsäss. Minnesänger a. Hof d. Babenberger i. Wien; Lehrer W.s v. d. Vogelweide; **2)** *R. von Zweter* (13. Jh.), mhdt. Spruchdichter.

Reis, Philipp (7. 1. 1834–14. 1. 74), dt. Phys.; erfand 1861 ersten → Fernsprecher.

Reis

Reis, Rispengras aus d. trop. Asien u. Afrika, in warmen Ländern auf überrieselten Feldern angebaut *(Wasserreis);* for-

Fischreiher

Reis
Welternte 1988 in Mill. t

Welt 483,46		
Asien	433,74
Amerika	23,24
Afrika	1,96
Europa	5,38
Australien	0,74

Ernte wichtiger Länder 1988 in Mill. t

VR China	Indien	Indonesien	Bangladesch	Thailand	Vietnam	Myanmar	Japan	Brasilien	Philippinen	Rep. Korea	USA
172,36	101,95	41,77	21,90	20,81	15,20	14,00	12,42	11,80	8,97	8,40	7,23

menreichste Getreidepflanze (über 100 Arten), in S- u. O-Asien Hauptnahrungsmittel; Körner werden geschält u. poliert od. ungeschält zubereitet; zerbrochene Körner zu *R.mehl* (nicht backfähig); *Berg-R.* auf trockenem Boden; aus verzuckerter Reisstärke *Arrak* u. in Japan *R.wein (Sake);* Stroh zu Flechtwerk u. Papier. Wichtigste Produktionsgebiete:

Reisanbau, *Japan*

China, Indien, Indonesien; in Europa fast nur Italien; Welterzeugung 1988: 483,5 Mill. t (→ Schaubild).
Reise-kreditbrief, Kreditinstrument f. Reisezwecke, das von in der Urkunde genannten Korrespondenten der ausgebenden Bank eingelöst wird. – **R.schecks,** *Travellerschecks,* Reisezahlungsmittel i. Form v. Schecks, die auf runde Summen lauten u. gg. Verlust versichert sind. – **R.wetterversicherung,** private Versicherung gg. verregneten Urlaubs- oder Kuraufenthalt; Schadensregulierung nach amtl. Niederschlagsmenge.
Reisebuchhandel, -buchhändler; Vertrieb v. meist teuren Werken durch Reisende, die Bestellungen, meist auf Ratenzahlungen, direkt b. Kunden anwerben.
Reisekrankheiten, svw. → Bewegungskrankheiten.
Reisige, schwerbewaffnete Reiter im MA.
Reispapier, *Japanpapier,* aus dem Mark jap. Pflanzen, für Aquarellmalerei und Holzschnitte.
Reißbrett, ebenes Brett mit rechtwinkligen Rändern als Unterlage f. techn. Zeichnen.
Reißen, 1) Disziplin d. Gewichthebens; Gewicht wird mit einem Zug zur Hochhalte gebracht; **2)** fangen u. niederschlagen von Vieh oder Wild durch Raubtiere; **3)** das *R.,* ugs. svw. → Rheumatismus.

Reißlänge, die Länge, bei der ein freihängender Faden, Stab usw. von gleichbleibendem Querschnitt durch sein Eigengewicht reißen würde.
Reißschiene, Lineal mit Querleiste, das, an den Rand des Reißbretts angelegt, das Ziehen von Parallelen und Senkrechten ermöglicht.
Reißverschluß, Vorrichtung zum schnellen Aneinanderfügen u. Trennen v. Stoffrändern durch Schieben *(Reißen)* eines Verschlußstücks; 2 zusammengehörige, ineinandergreifende Gliederketten (sog. *Schwalbenschwänze)* durch Schieber, der sie klammerartig umfaßt, geschlossen od. geöffnet.
Reißzahn, vergrößerter scharfzack. letzter Lückzahn im Oberkiefer u. erster Mahlzahn im Unterkiefer d. Raubtiere.
Reißzeug, Besteck für techn. Zeichnen (versch. Zirkel, Reißfedern).
Reiter, 1) *w.,* grobes Getreidesieb; **2)** *m.,* Gestell zum Heutrocknen; **3)** versetzbares Findezeichen in Karteien; **4)** verschiebbares Gewicht auf Balken empfindlicher Waagen.
Reitgras, Rispengras der gemäßigten und kalten Zonen in sehr vielen Arten; in Dtld *Sand-R., Rohr-R., Ufer-R., Strandhafer* u. a.
Reitwechsel → Wechsel.
Reitz, Edgar (* 1. 11. 1932), dt. Filmregisseur; *Cardillac* (1968); *Stunde Null* (1976); *Heimat* (1984).
Reiz, 1) *psych.* bestimmte Umweltveränderung, die in einem Organismus eine Reaktion erzeugt (z. B. Umschalten d. Verkehrsampel – Gasgeben); **2)** *physiolog.* energetische Veränderung innerhalb od. außerhalb eines Organismus, die einen Rezeptor aktiviert.
Reizker, Pilzart, *echter R. (Blut-R., Fichtenr.)* eßbar mit orangerotem Saft, der bald grün wird; *Gift-R.* (z. B. *Zottiger R.)* ungenießbar, beim Zerbrechen weißer Saft.
Reizstreifen, *Reizzone,* Bereiche, wo ortsgebundene äußere Einflüsse (→ Erdstrahlen) einen → Rutengänger zu Ausschlägen seiner → Wünschelrute anregen und das Auftreten gewisser Gesundheitsstörungen (Standortkrankheiten) begünstigt sein soll.
Reizstromtherapie, Behandlung mit Gleichstrom*stößen* versch. Intensität, Anstiegssteilheit der Impulse, Impuls- u. Pausendauer; bes. bei Nervenverletzungen.

Reiztherapie, Behandlung mit *Reizmitteln* (ohne unmittelbare Heilwirkung) zur Steigerung d. natürl. Heilkräfte, meist als **R.körpertherapie,** *Proteinkörpertherapie,* Einspritzung artfremden Eiweißes.
rekapitulieren [l.], wiederholen; zus.fassen.
Reken (D-4421), Gem. i. Kr. Borken, NRW, 11 233 E; Nahrungsmittelind.
Reklamation, *w.* [l.], Beanstandung, Mängelanzeige. – **R.sfrist, 1)** beim *Handelskauf* ist der Käufer verpflichtet, Mängel unverzügl. nach Ablauf der z. ordnungsmäß. Untersuchung erforderl. Zeit anzuzeigen (§ 377 HGB); **2)** bei sonst. Käufen Verjährung binnen 6 Monaten nach Erwerb (§§ 459 ff. BGB).
Reklame, Empfehlung, → Werbung (zur Vergrößerung d. Absatzes), mündl. od. durch Brief, Prospekt, Plakat, Anzeige, Rundfunk, Fernsehen, Ausstellung; wiederholte R. wirkt suggestiv u. steigert Werbewirksamkeit.
rekognoszieren [l.], **1)** *vor Gericht:* Echtheit einer Person oder Sache anerkennen; **2)** mil. auskundschaften.
Rekombination, die Bildung neuer *Gen* kombinationen während der *Meiose* (selten *Mitose)* durch Neuverteilung der → Chromosomen u. → Faktorenaustausch.
Rekombinationsleuchten, Aussendung v. Licht durch Rückgängigmachung *(Rekombination)* der Ionisation u. Dissoziation von atmosphärischen Atom- bzw. Molekülgasen, die mit ultraviolettem Licht der Sonne bestrahlt wurden.
rekonstruieren [l.], wiederherstellen.
Rekonvaleszent [nl.], Genesender.
R.enserum, v. einem Menschen nach überstandener Infektionskrankheit gewonnenes → Serum; enthält die während der Krankheit erzeugten Abwehrstoffe; dient zur Behandlung bei Infektionskrankheiten.
Rekonvaleszenz, Genesungsstadium.
Rekord, *m.* [engl.], absolute u. objektiv meßbare Höchstleistung in e. Sportart, die auf der Welt *(Weltrekord)* od. in einem Lande *(Landesrekord)* erzielt wurde; Rekorde müssen von d. zuständigen Sportbehörden anerkannt, **R.versuche** bei diesen angemeldet, unter kontrollierten Bedingungen durchgeführt sein.
Rekrut [frz. „recrue = Nachwuchs"], der noch nicht fertig ausgebildete, neu eingestellte Soldat.
rekrutieren, Soldaten ausheben.

Relativitätstheorie

Die R. ist eine Erweiterung der klassischen Physik, kein Bruch mit ihr. Würde sich ein Körper mit Lichtgeschwindigkeit bewegen, könnte nach Anschauung der klass. Physik nach vorn kein Licht ausgestrahlt werden, da der Körper den gerade ausgesendeten Lichtstrahl sofort einholt; bei geringeren Geschwindigkeiten des Körpers muß Lichtgeschwindigkeit relativ zum Körper nach vorn geringer sein als nach hinten. Negativer Ausfall des *Michelson-Versuchs* (1881) zeigt indessen, daß sich Licht relativ zu bewegtem Körper (Erde) nach allen Richtungen gleich schnell fortpflanzt: Widerspruch mit klassischer Physik. Erster Lösungsversuch gleichzeitig durch *Lorentz* u. *Fitzgerald* (1892): Annahme, daß sich Dimensionen bewegter Körper im Maße der Geschwindigkeit verkürzen („Lorentz-Kontraktion"), aber nur in Richtung der Bewegung; damit negativer Michelson-Versuch erklärt, aber aus klass. Physik nicht ableitbar. Nach *Poincaré* erkannte *Einstein* (1904), daß diese Schwierigkeit nur durch grundsätzliche Erweiterung der klass. Physik lösbar ist: Da geradlinig-gleichförmige Bewegungen durch keinen phys. Vorgang erkannt werden können, sind nur relative Bewegungen beobachtbar. *Spezielle R.* fordert, daß phys. Gesetze beim Übergang von einem System in ein relativ dazu geradlinig-gleichförmig bewegtes anderes unverändert bleiben müssen. So ist die Lorentz-Kontraktion unschwer ableitbar. Folgerungen: *Länge* ist ein relativer Begriff, da Richtungen senkrecht zur Bewegungsrichtung unverändert bleiben u. nicht der Lorentz-Kontraktion unterliegen. Da außerdem die Gleichzeitigkeit zweier beobachteter Ereignisse vom Bewegungsstand des Beobachters abhängt, ist *Zeit* ebenfalls ein relativer Begriff. Schließlich folgt die Relativität der *Masse,* die bei Lichtgeschwindigkeit (der einzigen konstanten Größe in allen denkbaren Bezugssystemen) unendlich groß wird; daher ist die Lichtgeschwindigkeit die oberste Grenzwert der Geschwindigkeit einer Masse. Damit sind die drei phys. Grundeinheiten (→ CGS-System) ihres absoluten Charakters entkleidet. Wichtigste Folgerung aus d. Relativität d. Masse ist die *Äquivalenz v. Masse und Energie;* Energiebetrag ist von Geschwindigkeit d. Masse abhängig. 1 kg ruhender Masse *(Ruhmasse)* ist äquivalent $9 \cdot 10^{16}$ J ($E = mc^2$). Anwendung: → Kernphysik (Übers.), *Massendefekt.*
Allgemeine R. (Einstein 1917) ist Erweiterung auf beschleunigte Bezugssysteme; sagt aus, daß die Wirkung eines → Feldes u. einer beschleunigten Kraft auf Massen grundsätzlich nicht unterschieden werden kann. Folgerung: Lichtstrahlen werden nicht nur in beschleunigtem Bezugssystem, sondern auch in Schwerefeld aus der Geraden abgelenkt; bei Sonnenfinsternissen tatsächlich beobachtet. Allgemeine R. führt zum Gravitationsgesetz in Form einer unendlichen Reihe, deren erstes überwiegend größtes Glied mit Newtonschem Gravitationsgesetz identisch ist; Einfluß übriger Glieder nur in sehr starken Gravitationsfeldern (z.B. sehr sonnennahen Planeten Merkur) bemerkbar (→ Perihelverschiebung, 43″ in 100 Jahren). Allgemeine R. faßt → Raum u. Zeit zusammen u. versteht den Raum als gekrümmt unbegrenzt, aber endlich (in sich zurücklaufend); aus der Geometrie des Raumes folgt die Theorie der → Gravitation als Nahwirkung. Aus der Verallgemeinerung d. Gravitationsgleichungen suchte Einstein schließlich zu einer *Allgemeinen Feldtheorie* zu kommen, die gleichzeitig Gravitation und Elektrodynamik (nicht aber Quanten u. Kernkräfte) in sich einschließt.

Rektaklausel, svw. negative → Orderklausel.

rektal [l.], den Mastdarm betreffend.

Rektapapier, Wertpapier (Namenspapier), das den Berechtigten namentl. bezeichnet, aber nicht selbständ. übertragen werden kann; folgt stets dem meistens unabhängig v. ihm übertragbaren Recht, das es verbrieft (z. B. Sparkassenbuch).

Rektaszension, w. [nl.], *gerade Aufsteigung,* der Bogen auf dem Himmelsäquator zw. Frühlingspkt u. Deklinationskreis e. Gestirns.

Rektawechsel → Wechsel.

Rektifikation [nl.], 1) *math.* Bestimmung d. Länge e. Bogens (durch Verwandlung in eine gleich lange Gerade); 2) *chem.* Reinigung e. Stoffs durch wiederholte Destillation.

rektifizieren, berichtigen.

Rektor [l. „Lenker"], Leiter einer Volks- oder Hochschule; der Hochschul-R. wird jährl. aus der Professorenschaft gewählt: *Rector magnificus; Rektorat,* Amtszeit(raum) des Hochschul-R.s.

Rektorenkonferenz → Westdeutsche Rektorenkonferenz.

Rektoskopie, w. [l.-gr.], innerl. Mastdarmuntersuchung mit Mastdarmspiegel *(Rektoskop).*

Rektum, s. [l.], svw. → Mastdarm.

Rekuperativfeuerung, Feuerungsanlage für Industrieöfen, mit Luftvorwärmer **(...perator);** ähnl. wie bei → Regenerierung, nur getrennte Kammern f. ... u. Verbrennungsluft.

Rekurs, früher Rechtsmittel gg. best. Verw.akte.

Relais, s. [frz. *rə'lɛ:*], urspr. ein Umspannpaaren f. frische Reit- u. Wagenpferde; in d. *Elektro-* u. *Fernmeldetechnik:* **a)** *allg.* Einrichtung, bei der Strom eines Kreises durch den eines anderen Kreises gesteuert wird (m. Elektronenröhren, Transistoren oder magnet-el.

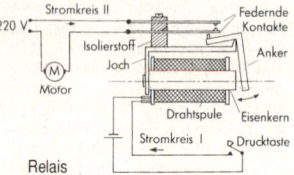

Relais

Schalter); **b)** *speziell:* Magnetspule m. Anker (Stromkreis I), zieht diesen b. Stromdurchfluß an, läßt ihn bei Stromunterbrechung ab, dabei öffnet od. schließt Anker Kontakt f. Stromkreis II; viele Bauformen, auch miniaturisierte Formen f. direktes Auflöten auf Leiterplatten.

Relation, w. [l.], Beziehung (z. B. *Kausal-, Größenrelation).*

Relationspathologie, nach *G. Ricker:* Krankheitslehre, wonach Krankheitserscheinungen von äußeren Reizen der Vermittlung des Nervensystems entstehen.

relativ, im Verhältnis zu einem anderen gedacht; bedingt; Ggs.: absolut.

relative Mehrheit → Mehrheit.

Relativismus, 1) *phil.* R. lehrt, daß Erkenntnis nie objektiv und absolut ist, sondern immer relativ z. best. Beziehungspunkten ist; **2)** *eth.* R., daß Gut und Böse von den Umständen abhängen.

relativistisch, den Relativismus vertretend.

Relativität, w. [l.], Bezogenheit.

Relativitätstheorie → Übers.

Relativ|um, s., (rück)bezügl.; Für- od. Umstandswort, leitet e. *Relativsatz* ein (z. B. d. Mann, *welcher* ...).

Relaxanzien [l.], der Erschlaffung, Entspannung dienende Mittel, → Muskelrelaxanzien.

Relegation, w. [l.], Strafverweisung von der Uni. od. Schule: **relegieren.**

relevant [l., frz.], erheblich, wichtig; Ggs.: irrelevant.

Relevanz, w., Wichtigkeit, Bedeutung; Ggs.: Irrelevanz.

Reliabilität, Zuverlässigkeit einer psychologischen Meßmethode, statistisch ermittelt durch → Korrelationsrechnung.

Relief, s. [frz. *-'lĭɛf*], 1) aus e. Fläche herausgearbeitete Bildhauerarbeit an Sarkophagen, Grabmälern, Gebäuden, Denkmälern, auch aus Metall (Medaille, Plakette); hoch: *Haut-*R., flach: *Bas-*R.; 2) Oberflächengestalt der Erde. - **R.bühne,** breite Bühne mit geringer Tiefe. - **R.druck, 1)** Prägedruckverfahren, um Schrift od. Bild erhaben aus Papier usw. herauszuarbeiten; 2) Verfahren für das

Bedrucken v. Stoffen mit erhaben gemusterten Walzen.
Religion [l.], Sichhinwenden d. Menschen an überirdische Macht od. irdische Lebenskräfte, die irgendwie personenhaft wirkend vorgestellt werden; schafft sich Ausdruck in Gebärde, Symbol u. Kultgegenstand. Verschiedene Stufen der R.: *Animismus,* Glaube an Lebensmächte oder Geister u. ihre Verehrung; *Totemismus,* Glaube an Verwandtschaft der Gruppe m. einem mächtigen Naturgegenstand bzw. Tier; *Magie u. Zauberei,* Glaube, durch Manipulation gefährl. od. hilfreiche Mächte in seinen Dienst bringen bzw. bannen zu können; *Polytheismus,* Glaube an eine Vielzahl übermenschl. Götterwesen; *Monotheismus,* Glaube an einen einzigen Gott; → Theismus, → Deismus, → Pantheismus, → Panentheismus u. atheist. Rel. s. reine Form des Buddhismus. *Dualistische R.,* Annahme zweier Weltprinzipien, eines guten u. eines bösen; *natürliche R.* gründet auf die Erkenntnis Gottes in Natur und Geschichte; *Offenbarungs-R.* gründet auf die Mitteilung Gottes in sein an Menschen gesprochenes Wort (A.T. u. N.T.).

Die Religionen der Erde
geschätzte Zahlen in Mill.

Katholiken	622
evangelische Christen	370
orthodoxe Christen	66
Juden	17
Moslems	555
Hindus	463
Konfuzianer	163
Daoisten	20
Buddhisten	251
Schintoisten	33

Religions-edikt, Verordnung der Landesherren in Religionssachen (Wormser Edikt 1521: Reichsacht über Luther). – **R.freiheit,** *Kultusfreiheit,* Freiheit d. Bürgers, seine Religion frei zu wählen, ohne daß ihm daraus irgendein Nachteil erwachsen darf. → Menschenrechte. – **R.gespräche,** Unterredungen von Theologen verschiedener Konfessionen zum Austrag der Meinungsverschiedenheiten (Marburger R.gespräche 1529 zw. Luther, Zwingli u. a.). – **R.vergehen** → Straftaten gegen Religion und Weltanschauung. – **R.wissenschaft,** Erforschung u. Vergleich d. verschiedenen Religionen durch *R.geschichte, -philosophie, -psychologie* u. *-soziologie.*
religiös [frz.], 1) fromm, gläubig; 2) zum Bereich der Religion gehörend.
religiöse Musik, umfassender Begriff f. alle Musik, die aus e. dem Metaphysischen od. Göttlichen verbundenen schöpfer. Grundhaltung entsteht (z. B. Bruckners *IX. Symphonie*); zur rel. Musik gehören die *geistl. Musik,* die sich inhaltlich auf einen best. rel. Gedanken bezieht, u. die *Kirchenmusik,* z. Gebrauch im Gottesdienst u. f. liturg. od. sonstige kirchl. kult. Zwecke; auch Gemeindegesang (→ Kirchenlied), Chorgesang.
Religiosen [l.], Mitgl. geistl. Orden.
Religiosität, w. [l.], Frömmigkeit, Gläubigkeit.
Relikt, s. [l.], Überbleibsel.
Relikten, zerstreute Reste einer ehemals allgemein verbreiteten Tier- u. Pflanzenwelt (z. B. *Eiszeit-R.* im Hochgebirge u. auf Mooren).
Reling, *w., seem.* gitterförmiges Geländer als Begrenzung freiliegender → Decks.
Reliquien [l. „Überbleibsel"], in der kath. Kirche u. i. Buddhismus verehrte Überreste von heiligen Personen u. Gegenständen; *Reliquiarium,* Behälter für R.
rem, Abk. f. *roentgen equivalent man,* Dosiseinheit f. d. biologische Wirksamkeit einer ionisierenden Strahlung (1 Millirem (mrem) = 1/1000 rem. Ersetzt durch neue Einheit Sievert (Sv); 1 rem = 1/100 Sv.
Remagen (D-5480), St. i. Kr. Ahrweiler, RP, links am Rhein, 14 375 E; Textil-, Nahrungsmittel- u. Lederind.
Remake [*'rimeik*], Neuverfilmung, Zweitfassung (e. künstler. Produktion).
remanenter Magnetismus, nach Abschalten des Stromes verbleibender Magnetismus in ferromagnet. Stoff (z. B. Eisen), der durch stromdurchflossene Spule od. ähnl. magnetisiert wurde (→ Hysteresis).
Remarque [*rə'mark*], Erich Maria, eigtl. *E. Paul Remark* (22. 6. 1898–25. 9. 1970), dt. Schriftst.; *Im Westen nichts Neues; Triumphbogen; Schatten im Paradies.*
Rembours-kredit [*rã'bur-*], *Bankrembours,* Akzeptierung von → Dokumententratte durch eine Bank, der die Dokumente als Sicherheit für den Eingang d. Deckung dienen; dient zur Beschussung schwimmender Güter ist eines d. wichtigsten Finanzierungsmittel i. Handel m. Übersee. – **R.regreß,** → Regreß, den e. Regreßpflichtiger, d. bereits gezahlt hat, gg. e. anderen Indossanten od. den Aussteller nimmt.
Rembrandt, eigtl. *R. Harmensz van Rijn* (15. 7. 1606–4. 10. 69), ndl. Maler, Radierer u. Zeichner d. Barock; Porträts u. Gruppenbilder (*Selbstbildnis* mit Saskia, *Bürgermeister Jan Six* u. *Nachtwache*), rel. Bilder: *Der Jakobssegen;* Ges.werk:

Rembrandt
Selbstbildnis

etwa 700 Gemälde, darunter 100 Selbstbildnisse; Radierungen: Szenen aus d. bibl. Gesch., Landschaften; *Faust; Ecce homo;* über 1500 Zeichnungen. – *R.sches Helldunkel:* Zurücktreten d. Kontur, geheimnisvoll leuchtende Farbgebung.
Remedium, s. [l.], 1) Heilmittel; 2) bei Münzen: zulässiges Mindergewicht.
Remedur, w. [l.], Heilung.
Reminiscere [l. „gedenke"], 2. Sonntag in der Fastenzeit.
Reminiszenz, w. [l.], Erinnerung; Stelle in einem Kunstwerk, die an ein anderes anklingt.
remis [frz. *-'mi*], unentschieden.
Remise, w. [frz.], Unterstellraum für Wagen.
Remission, w. [l.], 1) „Rücksendung"; 2) *med.* vorübergehendes Nachlassen v. Krankheitserscheinungen, bes. des Fiebers.
Remittende, w. [l.], dem Verleger v. Buchhändler zurückgesandtes unverkauftes Druckwerk.
Remittent, im → Wechsel bezeichneter 1. Wechselnehmer; derjenige, an den gezahlt werden soll.
remittierendes Fieber → Fieber.
remonstrieren [l.], Einwendungen machen.
Remonte, w. [frz.], jung eingestelltes Militärpferd; *junge R.* meist 4jährig, *alte R.* 5jährig.
REM-Phase, phasenhaft auftretendes physiolog. Stadium während d. Schlafs, gekennzeichnet durch rasche, ruckartige Augenbewegungen (engl. *rapid eye movements*); → Traum.
Remscheid (D-5630), krfreie St. i. Rgbz. Düsseldorf, NRW, 120 979 E; AG; IHK; Akad. für musische Bildung; Dt. Werkzeugmus., Dt. Röntgenmus., Textil-, Werkzeugind.; 1. Trinkwassertalsperre v. Dtld.
Remter, Speisesaal i. Burgen bes. d. Dt. Ritterordens.
Remuneration, w. [l.], Vergütung, Belohnung.
Remus, mit → Romulus sagenhafter Gründer Roms.
Ren, 1) svw. → Rentier; 2) [l.], *med.* die Niere.
Renaissance, w. [frz. *rənε'sãs*], it. *rinascimento,* 1) allg. „Wiedergeburt" d. Antike im 15. u. 16. Jh.; löste, v. Italien ausgehend, das MA ab; Beginn der Neuzeit, bedeutet Erweckung der weltbewußten

Relief, *Parthenon*

Persönlichkeit; Hauptförderer sind die it. Fürstenhöfe (Medici in Florenz, Sforza in Mailand, Este in Ferrara, Gonzaga in Mantua). Die R. bringt in d. Wiss. ein neues Weltbild (→ Copernicus, → Galilei, → Kepler), Erweiterung d. Erkenntnis durch Entdeckungsfahrten, in d. Phil. Loslösung v. d. Scholastik (Bruno, N. v. Kues u. a.), in d. Malkunst lebendige plast. Darstellung d. menschl. Körpers u. d. Porträts, Perspektive; in d. Plastik Loslösung aus d. Architektur; in d. Baukunst klare, streng ausgewogene Gliederung d. Raum-, Bau- u. Schmuckformen; in der Dichtkunst Ausdruck des persönl. Empfindens, z. T. in Anlehnung an antike Schriftst., i. d. nat. Volkssprache; Aufblühen d. Kunstgewerbes u. d. Kunstforschung. Wesentlich in Italien: *Früh-R.* (Quattrocento, 15. Jh.) u. *Hoch-R.* (Cinquecento, 16. Jh.); *Spät-R.* u. → Manierismus (Vorbereitung des Barock). → Humanismus; **2)** Epochenbegriff für d. Zeit 14.–16. Jh.; die bes. f. d. richtungsweisende it. Kultur vorgenommene Einteilung in Früh-, Hoch- (um 1490–um 1530) u. Spätr. (m. Manierismus) verschiebt sich zeitlich teils in den andern europ. Ländern; dort auch z. T. Entwicklung v. Sonderstilen. Die *Kunst der R.* wurde bestimmt v. den geistigen Umwälzungen in Wissenschaft (u. a. Wiederentdeckung d. Antike durch d. it. Humanismus im 15. Jh.; Erfindung d. Zentralperspektive durch Brunelleschi um 1420), Menschenbild (individuelles Porträt) u. Religion (Reformation). It. Zentren: Toskana (Florenz), Rom, Venedig. In jeweils mehreren Bereichen bahnbrechende u. geniale it. Künstler: bes. Leonardo da Vinci, Michelangelo, Raphaël. – **a)** *Baukunst:* α) *Dtld:* → Augsburg, Rathaus; → Meißen, Albrechtsburg, Bürgerhäuser; Ottheinrichsbau d. Heidelberger Schlosses; β) *Italien:* L. B. Alberti, Brunelleschi (Kuppel d. Doms in Florenz), Bramante, Palladio (Redentore, Venedig), Michelangelo (Kuppel d. → Peterskirche); **b)** *Plastik:* α) *Dtld:* → Riemenschneider, Veit → Stoß, Adam Krafft, im Übergang von d. Spätgotik Peter → Vischer d. Ä.; β) *Italien:* Donatello, Verrocchio, Ghiberti, Michelangelo, Cellini, Giovanni da Bologna; **c)** *Malerei:* α) *Dtld:* Dürer → Maximilian I., Melanchthon, Pirckheimer), Baldung Grien, Grünewald, Holbein, → Cranach, Altdorfer; β) *Italien:* landschaftl. verschieden: *Schule v. Toscana* mit ausgeprägtem, härterem Umriß; *Frührenaissance:* → Masaccio, Fra Angelico, Botticelli, Signorelli, Piero della Francesca; *Hochrenaissance:* → Raffaël, Michelangelo; die *Venezian. Schule:* m. festl. gesteigerten Farben u. weicher Lichtmodellierung; *Frührenaissance:* Giovanni Bellini, Carpaccio, Giorgione; *Hochrenaissance:* → Tizian, Veronese, Tintoretto; Lombardei: → Mantegna (Padua), Cossa (Ferrara); *Schule v. Mailand:* m. ver-

schwimmender Luftperspektive, → Leonardo da Vinci, Correggio; γ) *Ndl.:* Brüder van Eyck, Rogier van der Weyden, Hugo van der Goes, Hieronymus Bosch, Pieter Bruegel d. Ä.

Renault [rə′no], Louis (12. 5. 1843–8. 2. 1918), frz. Völkerrechtslehrer; Mitgl. d. Haager Schiedshofes; Friedensnobelpr. 1907.

Renault, *Régie Nationale des Usines,* größtes frz. Automobilunternehmen, 1899 gegr.

Rendant, *m.* [frz.], Kassenverwalter, Zahlmeister.

Rendezvous, *s.* [frz. rãde′vu:], Verabredung. – **R.-Technik,** Zusammentreffen u. Zusammenkoppeln zweier Raumflugkörper während ihrer Bewegung i. einer Freiflugbahn, mehrfach verwirklicht; → Satelliten, → Weltraumforschung.

Rendite, *w.* [it.], Ertrag d. angelegten Kapitals (Dividende, Zins).

Rendsburg (D-2370), Krst. i. Kr. R.-Eckenförde, am Nord-Ostsee-Kanal, Schl-Ho., 30 752 E; AG; 2 Seehäfen; Eisen- u. Autobahn-Hochbrücke über d. Kanal (42 m hoch); Werften, Masch.bau u. Elektroind.; Baugewerbe.

Renegat, *m.* [ml.], Abtrünniger, Verleugner seiner früheren rel. oder pol. Anschauung.

Renens [rə′nã] (CH-1020), schweiz. Gem. bei Lausanne, 17 000 E.

Renger, Annemarie (* 7. 10. 1919), SPD-Pol.in; 1972–76 Präs.in, 1976–90 stellvertr. Präs.in d. B.tages.

Reni, Guido (4. 11. 1575–18. 8. 1642), it. Maler d. Frühbarock; Tafelbilder u. Fresken relig. u. mytholog. Inhalts (Deckengemälde *Aurora*); s. Spätstil m. teils sentimentalem Ausdruck prägte weit über d. Barock hinaus d. Darstellung v. Heiligen.

renitent [l.], widerspenstig.

Renken, *Felchen,* lachsartige Fische, meist in tiefen Seen, geschätzte Speisefische; *Weißfelchen,* in schweiz. u. bayr. Seen; *Blaufelchen* u. *Gangfisch* im Bodensee; *Maräne,* norddt. Seen u. Ostsee; *Schnäpel,* Nord- u. Ostsee, laicht in Flüssen.

Renkontre, *s.* [frz. rã′kõtr], (feindl.) Begegnung.

Renner, Karl (14. 12. 1870–31. 12. 1950), östr. sozialist. Pol., 1919/20 Kanzler, 1931–33 Präs. des Nat.rats; 1945–50 Bundespräs.

Rennes [ren], Hptst. des frz. Dép. Ille-et-Vilaine, u. d. Bretagne, 200 000 E; Erzbischofssitz, Uni.; Eisengießerei, Automobil-, Textilind.

Rennfeuer, offenes Feuer mit Handblasebälgen zur Eisengewinnung direkt aus Erz; veraltet.

Renntier → Rentier.

Rennwettsteuer, von Wetten an Totalisatoren u. bei Buchmachern bei *Pferderennen* und sonstigen öff. Leistungsprüfungen (Reitturnieren) f. Pferde erhobene Steuer.

Pierre-Auguste Renoir

Renoir [rə′nwa:r], **1)** Pierre-Auguste (25. 2. 1841–3. 12. 1919), frz. impressionist. Maler; auch Plastiken; s. Sohn **2)** Jean (15. 9. 1894–12. 2. 1979), frz. Filmautor und -regisseur; *Une partie de campagne* (1936); *La grande illusion* (1937); *La règle du jeu* (1939); *Le journal d'une femme de chambre* (1946).

Renommage, *w.* [frz. -′maʒə], Renommisterei, Prahlerei.

Renommee, *s.* [frz.], Ruf e. Menschen, Leumund.

renommieren, prahlen, aufschneiden.

renommiert, angesehen.

Renommist, *m.,* Prahlhans.

Renonce, *w.* [frz. -′nõsə], Fehlfarbe i. Kartenspiel.

Renouvier [rənu′vje], Charles (1. 1. 1815–1. 9. 1903), frz. Phil., Begr. d. frz. Neukantianismus.

renovieren, e. Gebäude (teilweise) erneuern; → restaurieren.

rentabel [l.], gewinnbringend.

Rentabilität, der im Verhältnis des Gewinns zum eingesetzten Kapital gemessene Erfolg eines Unternehmens.

Rente, das nicht auf e. Arbeitsleistung begründete laufende Einkommen (z. B. aus angelegtem Kapitalvermögen, staatl. od. privater Versicherung); auch bei → Körperverletzung u. f. → Kriegsbeschädigte R.nzahlung (*Zeit-, Leib-, Versicherungs-, Versorgungs-, Kapitalrente*).

Renten-banken, 1) im 19. Jh. gegr. staatl. Banken zur Ermöglichung der Grundlastenablösung; dann auch zur Förderung d. Siedlung, in Preußen 1928: 10 R., in der Preuß., s. 1939 *Deutschen, Landes-Rentenbank* zusammengefaßt; *Dt. Rentenbank,* 1923/24 (Einführung der Reichsmark) als Trägerin der Rentenmark geschaffen; Kapital u. Reserven (urspr. 3200 Mill. Rentenmark) durch Belastung der gesamten Wirtschaft mit Grundschulden; nach 1924 im wesentl. Liquidierung des Rentenmarkumlaufs; **3)** *Landeskulturrentenbanken* für Meliorationskredite. – **R.bankgrundschuld,** Belastung der landw. u. forstwirtsch. Zwecken dienenden Grundstücke bei Errichtung der Dt. Rentenbank; in der BR 1949 zugunsten der *Landw. Rentenbank* umgewandelt in eine zehnjährige Reallast von 0,15% (R.zinsen) bei allen Betrieben mit einem Einheitswert über 6000 DM; davon werden grundsätzl. nicht betroffen öff. Körperschaften, Religionsgemeinschaften u. gesetzl. Berufsvertretungen in Selbstverwaltung. – **R.briefe,** von R.banken ausgegebene Schuldverschreibungen. – **R.mark** → Mark, → Rentenbanken 2). – **R.schuld,** dingliche Belastung eines Grundstücks, durch die der Berechtigte Anspruch auf regelmäßig wiederkehrende Geldleistung aus d. Grundstück erwirbt; R. muß gegen Kapitalzahlung ablösbar sein (§§ 1199 ff. BGB). – **R.versicherung** → Lebensversicherung, → Sozialversicherung.

Rentier

Rentier, Ren, Hirsch arktischer Gebiete, beide Geschlechter schaufelartiges Geweih, lebt in Herden; von Polarvölkern auch gezähmt: Zug-, Reit-, Milch- u. Fleischtier; Pelz, Knochen, Geweih werden verarbeitet; am. Unterarten werden → Karibu genannt.
Rentier, *m.* [frz. -'tïe], (veralt.) Rentner.
Rentiere, *w.* [-'tïɛrə], (veralt.) Rentnerin.
Rentierflechte, *R.moos, Cladonia,* Flechte auf Tundren u. Heiden; Hptnahrung der Rentiere.
reorganisieren [frz.], neu-, umgestalten.
Reparationen, seit dem *Friedensvertrag v. Versailles* Bez. für die versch. Formen d. *Wiedergutmachung* v. Kriegsschäden; 1921 im *Londoner Abkommen* auf 132 Mrd. Mark festgesetzt. Als Dtld n. d. Inflation seinen Verpflichtungen nicht nachkam, besetzte Frk. 1923 das Ruhrgebiet; darauf 1924 *Dawes-Abkommen:* keine Festsetzung der Gesamtschuldsumme, Neuregelung der Jahresleistungen u. Art ihrer Aufbringung; 1930 *Young-Plan:* kapitalisierte Schuld auf ca. 60 Mrd. RM festgesetzt, mit Verzinsung sollten 1930–88 114,5 Mrd. RM gezahlt werden. Unter den Auswirkungen der Weltwirtschaftskrise 1931 auf Initiative d. US-Präs. Hoover einjähriges *Hoover-Moratorium; Lausanner Abkommen* 1932 setzt Reparationsschuld auf 3 Mrd. RM fest; danach nur noch Zinsendienst für Dawes- u. Young-Anleihen gezahlt. Von 1924–31 wurden insgesamt 11,2 Mrd. RM gezahlt. – Februar 1945 im Abkommen von *Jalta* R. in Höhe von etwa 20 Mrd. $, davon 50% für die Sowjetunion, in der Form von *Demontagen* (Abbau von technischen Fertigungswerkstätten), Lieferungen aus laufender Produktion und Verwendung dt. Arbeitskräfte vorgesehen; im *Potsdamer Abkommen* 1945 Festsetzung d. Dtld zu belassenden Indu-

striepotentials; durch Pariser Reparationskonferenz 1945 Aufteilung der in den W-Zonen zur Demontage vorgesehenen Industrieanlagen auf 18 Länder; Wert d. dt. R. 1945–48 (ohne Gebietsfortnahme, jedoch einschließl. beschlagnahmter Patente und Betriebsgeheimnisse) auf ca. 90 Mrd. DM (Preisniveau 1936) geschätzt. Ende der R. für BR durch → Pariser Verträge 1954, für DDR am 1. 1. 1954.
Reparatur, *w.* [l.], Ausbesserung.
repartieren [l.], **1)** bei Überzeichnung v. Wertpapieremissionen Herabsetzung d. Zuteilung; **2)** b. Börsengeschäft infolge d. Ungleichheit v. Angebot u. Nachfrage Zuteilung v. Teilbeträgen z. Ausgleich.
repatriieren, in den Heimatstaat wiederaufnehmen; Kriegsgefangene in die Heimat entlassen.
Repellents [engl. *rɪ*-], Mittel, die abstoßen (z. B. best. Geruchstoffe, die auf Insekten od. andere Tiere abstoßend wirken u. diese fernhalten), auch feuchtigkeitsabstoßende Chemikalien zum Imprägnieren von Textilien.
Repertoire, *s.* [frz. -'tvaːr], die v. wiedergebenden Künstlern od. e. Ensemble einstudierten Rollen od. Stücke.
Repertorium, *s.* [l.], Verzeichnis, Nachschlagewerk.
Repetent [l.], **1)** Lehrer an theol. Seminaren; **2)** svw. → Repetitor; **3)** veraltet: sitzengebliebener Schüler.
repetieren, wiederholen, einüben.
Repetieruhr, Taschenuhr mit Schlagwerk.
Repetition, Wiederholung (bes. von etwas Gelerntem).
Repetitor, Einüber („Einpauker") e. Lehrstoffes vor Prüfungen.
Repetitorium, *s.,* Wiederholungsunterricht, -buch.
Repin, Ilija Jefimovič (5. 8. 1844–29. 9. 1930), russ. Maler d. Realismus. 1917 in Finnland; gestaltete bes. histor. u. soziale Themen m. intensiver Dynamik d. Ausdrucks; Porträts u. a. *Mussorgski; Tolstoi).*
Replik, *w.* [l.], Erwiderung, Entgegnung; in der *Kunst:* svw. Dublette bzw. Kopie.
Replikation, svw. → Reduplikation.
replizieren, entgegnen.
Report, *m.* [engl.], **1)** Bericht; **2)** Zinssatz für das **R.geschäft,** Prolongation e. → Termingeschäftes durch Verkauf u. gleichzeit. Rückkauf v. Wertpapieren (Stücken) zu bestimmt. Ultimo; liegt Terminnotierung über → Kassakurs, erhält d. Verkäufer Zinssatz: *Deport.*
Reportage, *w.* [frz. -'taʒə], Berichterstattung in Wort u. Bild bes. für Presse u. Funk, durch den **Reporter;** auch lebend. Darstellung v. Vorgängen u. Wissensgebieten in *Tatsachenberichten* u. *-romanen.*
Repräsentantenhaus, Volksvertretung, bes. d. Zweite Kammer d. Kongresses d. USA.
repräsentativ [l.], etwas würdig vertretend.

repräsentieren, in amtl. Eigenschaft auftreten; auch svw. gesellschaftlich d. Ansprüchen gewisser Standesanschauungen Rechnung tragen; Abgeordnete repräsentieren das Volk.
Repressalie [l.], Erwiderung e. völkerrechtswidrigen Maßnahme durch eine gleichartige, gg. Angehörige d. verletzenden Staates gerichtete Maßnahme.
Repression, *w.* [l.], Unterdrückung, Hemmung.
repressiv, hemmend.
Reprint, *m.* [engl. *'ri*], fotomechan. Neudruck alter u. (z. B. als Quellen) wertvoller Druckwerke.
Reprise, *w.* [frz.], *mus.* Wiederholung; *Film oder Theater:* Wiederaufnahme eines Films oder Stückes in den Spielplan (oft überarbeitet).
Reprivatisierung, Rückführung verstaatlichter Untern. in Privatbesitz.
Reproduktion, *w.* [l.], Wiedergabe; Vervielfältigung v. Bildern u. Schrift, z. B. durch Druck.
Reproduktionskosten, bei der Wiedererzeugung verkaufter od. verlustig gegangener Waren entstehende Kosten; in normalen Wirtschaftszeiten meist annähernd gleich d. Produktionskosten.
Reptilien [-*lïən*], *Kriechtiere,* wechselwarme Wirbeltiere; atmen durch Lungen, legen meist Eier mit kalkiger Schale, Körper mit Horn- oder Knochenschilden bedeckt; *Eidechsen, Krokodile, Schildkröten, Schlangen* ebenso wie die fossilen *Saurier* (Jura- u. Kreidezeit).
Reptilienfonds, urspr. Fonds Bismarcks zur Bekämpfung geheimer Staatsfeinde durch regierungsfreundl. Zeitungen; heute Bez. für Geldfonds, über deren Verwendung hohe Reg.stellen keine Rechenschaft geben müssen.
Republik, *w.* [l. „res publica = Gemeinwesen"], Staatsgewalt liegt v. einem größeren Personenkreis aus, v. Ständen (Geschlechtern) in d. *aristokrat. R.,* vom ganzen Volk in d. *demokr. R. (Volksstaat);* entweder *unmittelbare Demokratie,* wenn die Volksammlung selbst d. Entscheidungen fällt (mögl. nur i. kleineren Gemeinwesen, z. B. in kleinen Stadtstaaten wie Athen u. urspr. Rom) od. wie in d. modernen Großstaaten *mittelbare Demokratie;* Herrschaft durch ausgewählte Organe: Parlament i. d. *parlamentar. R.* (Frkr., BR), Präsidenten i. d. *Präsidentschafts-R.* (USA): Volks-R. → Volksdemokratie.
Republikaner, 1) Anhänger d. republikan. Staatsform; **2)** Anhänger der 1854 i. d. USA gegr. *Republikan. Partei.*
Republikflucht, früher unerlaubtes Verlassen der ehem. DDR, nach dortigem, mehrfach geändertem Gesetz 1954–89 mit zunehmend erhöhten Freiheitsstrafen bedroht.
Repunze, Feingehaltsstempel bei Edelmetallen.
Reputation, *w.* [l.], Ruf, Ansehen einer Person.

reputierlich, achtbar.

Requiem, s. [l. -'kvīēm], kath. Seelen- u. Totenmesse, gen. nach dem Anfang des → Introitus: „R. aeternam dona eis" („Die ewige Ruhe gib ihnen"); auch (mus.) Kunstwerk (Palestrina, Mozart); *Ein dt. R.* von Brahms (m. bibl. Text).

requiescat in pace [l.], abgekürzt: *R.I.P.,* „er ruhe in Frieden"; Schlußwort der kath. Totenmesse *(Requiem).*

requirieren [l.], herbeischaffen.

Requisit, s. [l.], für Theateraufführung notwendiger Gegenstand (z. B. Krone, Schwert usw.).

Requisition, Natural- od. Dienstleistungen der Bev. für die Bedürfnisse des Besatzungsheeres.

Rerum novarum [l. „angesichts der neuen Lage"], nach den Anfangsworten ben. Enzyklika Leos XIII. zur Arbeiterfrage, 1891; → Quadragesimo anno.

R.E.S., Abk. f. → *retikuloendotheliales System.*

Resartglas → Acrylharze.

Reschen-Scheideck, *Reschenpaß,* it. *Passo di Resia,* Paß in S-Tirol; verbindet Etsch- und Inntal, 1504 m hoch.

Rescht, *Rascht,* Hptst. d. pers. Prov. Gilan, in d. Küstenebene des Kasp. Meeres, 291 000 E; Seidenhandel.

Reseda, *wohlriechende R.,* mit grüngelben Blütentrauben; Gartenpflanze aus N-Afrika; wild bei uns: *Färber-R. (Wau),* früher zum Gelbfärben.

Resektion, w. [l.], operative Entfernung e. Gewebestückes od. Organteils.

Reservat, s. [l.], Vorbehalt, Verwahrung; auch svw. → Naturschutzgebiet (Reservation).

Reservatio mentalis [l.], svw. → geheimer Vorbehalt.

Reservationen, die den Resten der indian. Urbevölkerung N-Amerikas zugewiesenen ca. 300 *Indianer-Territorien;* auch svw. Naturschutzparks.

Reserve, w. [frz.], **1)** Zurückhaltung; **2)** Rücklage; **3)** *mil.* für bes. Einsatz zurückgehaltene Truppen; die ausgedienten, für den Kriegsfall verfügbaren Soldaten, *Reservisten.*

Reservefonds, veraltet für → Rücklage.

reservieren [l.], aufbewahren, vorbehalten.

reserviert, zurückhaltend; belegt.

Reservoir, s. [frz. -'vŏar], Behälter.

Residenz, w. [ml.], Wohnsitz v. regierenden Fürsten; Sitz der Reg. – **R.pflicht,** Verpflichtung von Beamten u. a., ihre Wohnung in od. nächst dem Dienstort zu nehmen.

Residuum, s. [l.], Rückstand, Rest.

Resignation, w. [l.], Verzichtleistung; Fügung in das Schicksal.

resignieren, verzichten, entsagen.

Resinate, *Harzseifen* (→ Harze); zu farbigen, durchsichtigen Überzügen auf Glas u. Leder.

Résistance, w. [frz. -'tãs], Bez. der → Widerstandsbewegung i. Frkr. während d. 2. Weltkrieges.

Resistenz, w. [l.], Widerstand; auch d. natürl. (konstitutionelle) Widerstandsfähigk. gg. Krankheiten sowie d. angeborene od. erworbene Unempfindlichkeit v. Krankheitserregern bzw. Schädlingen gg. Arznei- bzw. Schädlingsbekämpfungsmittel.

Reskript, s. [l.], amtl. Zuschrift, Verfügung.

Resnais [rɛ'nɛ], Alain (* 3. 6. 1922), frz. Filmregisseur; *Hiroshima mon amour* (1959); *L'année dernière à Marienbad* (1961); *La guerre est finie* (1966); *Stavisky* (1974); *Mélo* (1986).

resolut [l.], entschlossen, beherzt.

Resolution, w., abschließende Meinungsäußerung e. Versammlungsmehrheit.

Resonanz, w. [l.], *Mitschwingen,* tritt bei allen Schwingungserscheinungen auf, wenn schwingfähige Gebilde gleiche Eigenfrequenz haben wie die anregende Schwingung (Anwendung in der Radiotechnik → Schwingkreise); *R.erscheinungen* bei bewegten Maschinenteilen (bei krit. Drehzahl) können Schäden verursachen. – **R.boden,** Boden der Schallkörper bei Saiteninstrumenten.

Resopal®, s., Platten aus kratzfestem u. gg. Feuchtigkeit u. Hitze unempfindl. Melaminharz; Verwendung vor allem f. Möbel.

resorbieren [l.], aufsaugen.

Resorcin, *Dihydroxybenzol, $C_6H_4(OH)_2$,* med. verwendet als Antiseptikum u. Salben gegen Ausschläge; Ausgangsstoff vieler Synthesen.

Resorption, Aufsaugung von Flüssigkeit, gelösten Stoffen od. Gasen durch Schleimhäute, Haut, Unterhautzellgewebe u. a. sowie Stoffaufnahme in die Lymph- und Blutbahn.

resp., Abk. f. *respektive* = beziehungsweise, oder.

Respekt, m. [l.], Achtung, Ehrfurcht.

respektabel, angesehen.

Respektfrist, meist vertragl. vereinbarte → Nachfrist.

respektieren, (be)achten.

Respighi, Ottorino (9. 7. 1879–18. 4. 1936), it. Komp.; Opern: *Versunkene Glocke;* sinfon. Dichtung: *I pini di Roma.*

Respiration, w. [l.], Atmung.

Respirator, m. [l.], Vorrichtung zum Einatmen von gas- oder dampfförmigen Arzneimitteln (→ Aërosolen); auch Schutzvorrichtung gg. das Einatmen kalter und staubiger Luft.

Responsorium [l.], Wechselgesang im Gottesdienst zw. Geistlichen und Gemeinde (Chor) Wechselgesang zw. Solist u. Chor im gregor. Gesang.

Ressentiment, s. [frz. -sãti'mã], „Gegengefühl"; Gefühlsrückstand eines Erlebnisses (meist feindl.), Vergeltungstrieb (z. B. Rachegefühl, Minderwertigkeitsgefühl, Neigung zum Entwerten).

Ressort, s. [frz. -'sor], Amtsbereich, Fach.

Ressource, w. [frz. -'surs(ə)], **1)** Hilfsquel-

le; **2)** meist Pl.: Vorkommen, Vorräte, z. B. an natürlichen Energieträgern.

Restaurant, s. [frz. -to'rã], (Speise-)Gaststätte.

Restauration, Wiedereinsetzung einer abgesetzten Dynastie (z. B. der Stuarts in England, der Bourbonen in Frkr.).

restaurieren [l.], wiederherstellen in d. früheren Originalzustand (z. B. eines Kunstwerkes); → renovieren.

restieren [l.], übrig sein.

Rstif de la Bretonne [-brə'tɔn], Nicolas (23. 11. 1734–3. 2. 1806), frz. erot. Sittenschilderer; Autobiographie: *Monsieur Nicolas.*

restituieren [l.], zurückerstatten, ersetzen.

Restitutio in integrum, svw. → Wiedereinsetzung in den vorigen Stand.

Restitution [l.], **1)** *biolog.* svw. → Regeneration; **2)** *völkerrechtl.* Rückerstattung der im Kriege beschlagnahmten od. entwendeten Gegenstände. – **R.sedikt,** von Ferdinand II. 1629 erlassen, bestimmt: **1)** d. Einziehung d. v. protestant. Fürsten in Besitz genommenen geistl. Güter; **2)** Ausschließung d. Reformierten v. d. Religionsfreiheit. – **R.sklage** → Wiederaufnahme des Verfahrens.

Restkaufgeldhypothek, → Hypothek über den Rest des Kaufpreises eines Grundstückes.

Restquote, letzter Teilbetrag, der bei Konkurs od. Vergleich an die Gläubiger zur Auszahlung gelangt.

Restriktion [l.], **1)** Einschränkung; **2)** *Kreditrestriktion,* Einschränkung der Kreditgewährung, besonders durch Notenbank, durch Einschränkung d. Wechseldiskonts u. Erhöhung d. → Mindestreserven.

Resultante, w. [l.], svw. → Resultierende.

Resultat, s., Ergebnis.

resultieren, sich aus etwas ergeben.

Resultierende

Resultierende, Ergebnis verschieden gerichteter Bewegungen od. Kräfte; z. B. die Diagonale im Parallelogramm der Kräfte gibt Richtung u. Größe der zusammengesetzten Kraft an; ein senkrecht zur Strömung gerudertes Boot wird gleichzeitig von Fluß abgetrieben; die resultierende Bewegung erfolgt dann schräg zum Flußufer.

Resümee, s. [frz.], zusammenfassende kurze Übersicht.

resümieren, zusammenfassen.

Resurrektion, w. [l.], Auferstehung.

retardieren [l.], verzögern, hemmen.

Retention, w. [l.], Zurückhalten (z. B. von Exkrementen), Behalten.

Rethel, Alfred (15. 5. 1816–1. 12. 59), dt. Maler u. Zeichner; Fresken im Aachener Rathaus; *Der Tod als Freund* (→ Tafel Holzschnitt).

retikuloëndotheliales System, *R.E.S.,* d. Gesamtheit bestimmter Endothelzellen (z. B. der Leber, Milz, Lymphknoten u. des Knochenmarks) sowie best. Bindegewebszellen, die → Antikörper bilden u. an Stoffwechselvorgängen beteiligt sind.

Retina, *w.* [l.], Netzhaut des → Auges.

Retirade, *w.* [frz.], *mil.* Rückzug; auch Gang z. Toilette.

retirieren, sich zurückziehen.

Retorsion, *w.* [l.], *völkerrechtl.* Vergeltung e. unbilligen od. unfreundl. Maßnahme eines Staates.

Retorte, *w.* [frz.], Destillationsgefäß; im Laboratoriumsbetrieb Hohlkörper aus Glas m. angesetztem Hals, in techn. Betrieben aus Metall, Mauerwerk, Ton (z. B. Gasretorte in d. Leuchtgaserzeugung).

retour [frz. -*'tu:r*], zurück.

Retoure, *w.* [*re'tu:rə*], zurückgesandte Ware; R. erfolgt vor allem infolge Mängelrüge; im Bankverkehr nicht eingelöster Wechsel oder Scheck.

retournieren, zurücksenden.

Retraite, *w.* [frz. *rə'trɛ:t(ə)*], Rückzug; Zapfenstreich.

Retro- [l.], als Vorsilbe: rück(wärts) ...

retrograd, rückläufig.

retrospektiv [l.], rückblickend.

Rettich, Kreuzblütler mit dicker Wurzel; *Garten-R.* in verschiedenen Formen mit violetten Blüten; *Radieschen; Acker-R. (Hederich),* weiß, hellila od. gelb blühendes Unkraut.

Rettungs-boje, *Rettungsring,* aus Kork, z. B. bei Strandung i. Küstennähe an mit Rakete auf das Wrack geschossener Schleppleine wird e. Transporttau nachgezogen; an diesem läuft mittels Rolle d. R.boje: Korkring, auch mit Segeltuchhose, *Hosenboje;* dient dazu, Schiffbrüchige ans Land zu ziehen. – R.boote, bes. stark gebaut, mit Luftkästen (verhindern Sinken). – R.medaille, Ehrenzeichen für eine unter Einsetzung des eigenen Lebens erfolgreich durchgeführte Rettung aus Lebensgefahr. – R.ring, *R.boje,* meist aus Stoff mit Korkfüllung, Ertrinkenden zugeworfen, Tragfähigkeit 14,5 kg; auch m. Rettungsstange. – R.schwimmen, Verfahren zur Rettung Ertrinkender.

Retusche, *w.* [frz.], die nachträgl. Überarbeitung fotograf. Negative od. Positive: mit Retusche-Pinsel und -Farben werden Flächen überdeckt, Unsauberkeiten „ausgefleckt" etc. Heute auch elektron. mittels Scanner-System durchführbar.

Reuchlin, Johann (22. 2. 1455–30. 6. 1522), dt. Humanist; erster Lehrer des Griechischen u. Hebräischen in Dtld.

Reue, 1) *theol. Begriff:* Schmerz u. Scham über e. begangene Sünde; 2) *tätige R., jur.* Abwendung des Erfolges einer versuchten strafbaren Handlung; macht stets straffrei (§ 24 StGB); bei

Vollendung der Tat nur ausnahmsweise strafbefreiend oder strafmildernd.

Reugeld, 1) Geldsumme, deren Zahlung zum Rücktritt v. Vertrag berechtigt (§ 359 BGB); 2) von e. Rennpferdbesitzer dafür zu zahlende Summe, daß er ein für ein Rennen genanntes Pferd nicht laufen läßt.

Reunion, *w.* [frz. *re-y'njõ:*], gesellige Versammlung.

Réunion [*re-y'njõ:*], westl. Insel der Maskarenen, frz. Übersee-Dép. (bis 1946 Kolonie), vulkan., gebirgig (bis 3150 m), fruchtbarer Boden; Ausfuhr v. Zucker, Rum; 2512 km², 575 000 E (meist frz. Kreolen, Mischlinge); Hptst. *St-Denis,* Hpthafen: *Pointe-des-Galets.* – 1505 v. Portugiesen entdeckt; s. 1643 französisch.

Reunionskammern, frz. Gerichtshöfe (1679–83), von Ludwig XIV. in Metz, Breisach, Besançon und Tournay eingesetzt, um festzustellen, was zu den ihm seit 1648 abgetretenen Landesteilen jemals gehört hat; → Ludwig XIV. vollstreckte mit Waffengewalt d. Beschlüsse (1681 Besetzung Straßburgs).

Reuse

Reuse, Fischereigerät aus Geflecht (oft Weiden) oder Netzwerk.

Reuß, r. Nbfl. der Aare, v. St. Gotthard, durchfließt Vierwaldstätter See, 159 km lang.

Reuß, bis 1918 zwei dt. Fürstentümer aus der Nachfolge des Herrn von Weida (um 1120); s. 1920 zu Thüringen.

Reußen, svw. Russen.

reüssieren [frz.], Erfolg, Glück haben.

Reuter, 1) Christian (um 1665–um 1715), dt. Schriftst.; satir. Abenteuerroman: *Schelmuffsky;* 2) Ernst (29. 7. 1889–29. 9. 1953), SPD-Pol.; 1947 Oberbürgermeister, s. 1950 Reg. Bürgermeister v. W-Berlin; 3) Fritz (7. 11. 1810–12. 7. 74), plattdt. Dichter; *Ut de Franzosentid; Ut mine Stromtid; Ut mine Festungstid; Kein Hüsung.*

Reuters Telegraphenbureau, *R. Limit-*

ed, 1849 von Paul Julius Frh. v. *Reuter* in Aachen gegr., 1851 nach London übergesiedelte engl. Nachrichtenagentur.

Reutlingen (D-7410), Gr.Krst. in Ba-Wü. am Fuß der Achalm, 100 400 E; Marienkirche (13. Jh.), alte Fachwerkhäuser u. Stadttor, FHS f. Technik u. Wirtsch. m. staatl. Technikum u. Textil-FS; Westdt. Gerberschule, PH; IHK; HWK, AG; Textil-, Masch.- u. Metallind. – 1240–1803 Freie Reichsstadt.

Reutter, Hermann (17. 6. 1900–1. 1. 85), dt. Komp.; Vertreter e. Verbindung modern-linearen Stils m. volkstüml. Elementen; Opern: *Dr. Johannes Faust; Odysseus; Die Witwe v. Ephesus.*

Reval, estn. *Tallinn,* Hptst. u. -hafen v. Estland, a. Finn. Meerbusen, 482 000 E; Domberg, steil z. Meere abfallend, m. Dom u. alter Burg; Kirchen (St. Olaf, 13. Jh., Nikolai); Gartenanlage u. Schloßpark; Holz-, Papier-, Textil- u. Schiffbauind. – Im MA Sitz des Schwertbrüderordens, um 1300 Hansest., 1712 an Rußland; 1918 Hptst. v. Estland, s. 1940 Hptst. d. Estn. SSR.

Revanche, *w.* [frz. -'vãʃ], Vergeltung, Rache.

revanchieren, sich, sich erkenntlich zeigen; sich rächen.

Reveille, *w.* [frz. -'vɛj(ə)], mil. Wecksignal.

Reverdy [-'di], Pierre (13. 9. 1889–21. 6. 1960), frz. surrealist. Lyriker (Picasso-Kreis); *Main-d'Œuvre.*

Reverend ['rɛvərənd], Ehrwürden, Titel der engl. Geistlichen.

Reverenz, *w.* [l.], ehrfurchtsvolle Verbeugung, Verehrung.

Reverie, *w.* [frz. *rɛvə'ri*], Träumerei; Name von Tonstücken (Schumann).

Revers, *m.* [frz. *rə'vɛːr*], 1) Rück-, Wappenseite einer Münze; Ggs. → Avers; 2) Aufschlag an Mänteln u. Jacken; 3) schriftliche Verpflichtung.

reversibel [l.], 1) phys. Vorgänge, die auch umgekehrt verlaufen können (z. B. kann gefallener Stein wieder gehoben werden); 2) *med.* heilbar; Ggs.: → irreversibel.

revidieren [l.], nachprüfen.

Revier, *s.* [-'vir], Bezirk (z. B. *Jagd-R., Polizei-R.*).

Revirement, *s.* [frz. -*vir'mã*], Wechsel in der Besetzung von Ämtern, bes. im diplomat. Dienst.

Revision [l.], Nachprüfung, 1) *jur.* Rechtsmittel gegen Urteil, das nur einer Überprüfung, ob Gesetze richtig angewendet sind, zur Folge hat; der vom Vordergericht festgestellte Sachverhalt bleibt bindend (→ Rechtspflege, Übers.); 2) *völkerrechtl.* Abänderung von Verträgen; 3) genaue Überprüfung, z. B. *drucktechnisch:* vor Druckbogen vor dem endgültigen Druck od. Bild. 4) einer Rechnungslegung (Bilanz) durch einen Sachverständigen.

Revisionismus, gemäßigte Richtung d. Sozialdemokratie seit den 1890er Jahren,

man: *Schelmuffsky;*
Ernst Reuter   Fritz Reuter

begr. v. Eduard Bernstein; wollte Marxsche Lehre der Gegenwart anpassen, lehnte insbes. Verelendungstheorie ab, erstrebte allmähliche wirtschaftliche Besserstellung d. Arbeiterschaft, nicht Revolution.

Revisor [l. „Nachprüfer"], mit Überwachung von Betrieben usw. betraute Person; auch *Bücher-R.*

Revokation, *w.* [l.], Widerruf; → revozieren.

Revolte, *w.* [frz.], Empörung, Aufruhr, Aufstand.

Revolution, 1) *pol.* gewaltsame Umgestaltung der staatl. Ordnung, oft lange vorher durch gesellschaftliche u. geistige Wandlungen angebahnt, die schließlich zur Sprengung der alten Formen führen; von umwälzender histor. Bedeutung in der neuesten Zeit: *Französische R.* 1789: Heraufkommen der 3. Standes (Bourgeoisie); ihre Ideen (Menschenrechte, Nationalstaat) entscheidend für die geschichtliche Entwicklung des 19. Jh.; *Russische (Oktober-)R.* 1917: Sieg des Kommunismus (Bolschewismus); 2) *astronom.* Umlauf eines Himmelskörpers um ein Hauptgestirn; Ggs.: *Rotation* (Drehung der Himmelskörper um sich selbst). - *R.skriege, Frz.,* auch *Koalitionskriege* der eur. Staaten gg. die Frz. Republik, 1792–1801. - *R.stribunal,* frz. Volksgerichtshof, 1793–95; Instrument d. Jakobiner b. ihrer Terrorherrschaft gg. alle Gegner d. R.

Revolver, *m.* [engl.], 1) mehrschüssige Feuerwaffe, deren Trommel durch Spannen des Hahns gedreht wird; Erfinder: u. a. *Samuel Colt* (1814–62); 2) bei Werkzeugmaschinen drehbare Einspannvorrichtung für mehrere Werkzeuge.

Revolvingkredit [engl.], kurzfrist. Gelder, die z. B. durch Finanzmakler über fortlaufende → Prolongation in längerfristige Kredite umgewandelt werden.

revozieren [l.], widerrufen, zurücknehmen.

Revue, *w.* [frz. rə′vy:], 1) Heerschau, Parade; 2) Zeitschrift; 3) Theaterstück aus lose zusammenhängenden Bildern, prunkvolle Ausstattung.

Rex [l.], König.

Rexisten, belg. kath. Oppositionspartei mit faschist. Tendenzen, im 2. Weltkr. auf dt. Seite; 1930 gegr. von *Léon Degrelle* (* 1906), in Belgien zum Tode verurteilt; lebt in Spanien.

Rey [rɛ], Jean (15. 7. 1902–19. 5. 83), belg. Pol.; 1967–70 Präs. d. EWG-Kommission.

Reykjavík [„Rauchbucht"], Hptst. Islands, an der SW-Küste, 93 000 E; Uni., ev.-luth. Landesbistum, röm.-kath. Bistum; Fischerei u. Fischind.; heiße Quellen der Umgebung ermöglichen Treibhauskulturen u. dienen als Fernheizwerk; Großflughafen.

Reymont, Władysław (7. 5. 1867–5. 12. 1925), poln. Schriftst.; Roman: *Die Bauern;* Nobelpr. 1924.

Reynaud [rɛ′no], Paul (15. 10. 1878–21. 9. 1966), frz. Pol.; 1940 Min.präs.

Reynolds [rɛnldz], 1) Sir Joshua (16. 7. 1723–23. 2. 92), engl. (Porträt-)Maler (2000 Bildnisse) d. Rokoko u. Klassizismus, Kunstschriftst. 2) Osborne (23. 8. 1842–21. 2. 1912), engl. Physiker; stellte die **R.sche Zahl** auf; → Stromlinien.

Reyon, engl. *Rayon,* → Chemiefasern.

Rezensent [l.], Beurteiler v. Schrift- od. Kunstwerken.

rezensieren, kritisch besprechen.

Rezension, *w.,* (kritische) Besprechung eines literar. Werks, einer Theateraufführung od. e. Films.

rezent [l. „neu, frisch"], gegenwärtig lebend (bei Tier- u. Pflanzenarten); Ggs.: → fossil.

Rezepisse, *s.* [l.], Empfangsschein.

Rezept, *s.* [l.], 1) *med.* Anweisung, Vorschrift, insbes. schriftl. ärztl. Arzneivorordnung nach vorgeschriebenen Regeln; muß vor der Verordnung die Buchstaben *Rp.* oder *R.* (Recipe, „nimm!"), ferner genaue Dosierung und Gebrauchsanweisung, Namen des Empfängers, Ausstellungsort und Datum, Namen u. Anschrift sowie Unterschrift des Arztes tragen; 2) Anweisung zur Bereitung von Speisen. - **R.pflicht,** gesetzl. Bestimmung, weil bestimmte Medikamente (z. B. Betäubungsmittel u. a. stark wirkende Arzneien) v. Apotheken nur auf ärztl. Rezept und vielfach nur je einmal abgegeben werden dürfen; s. 1964 sind ferner alle neuen Arzneimittel mit nicht allg. bekannten Wirkungen automat. 3 Jahre lang rezeptpflichtig.

Rezeption, *w.* [l.], Aufnahme; auch in *Wiss.* u. *Kunst; pol.* Bez. f. d. allmähl. Übernahme röm. Rechts in Dtld vom 16. Jh. an.

rezeptiv [l.], (bloß) empfangend oder aufnehmend.

Rezeptivität, *w.,* Empfänglichkeit, Aufnahmefähigkeit, -zustand; Ggs.: Produktivität.

Rezeptor, Sinneszelle(n), d. einen spezifischen *Reiz* aufnimmt u. weiterleitet (z. B. Chemo-, Thermo-, Foto-R.); → Sinne.

Rezeß, *m.* [l.], das schriftl. niedergelegte Ergebnis v. Verhandlungen; berühmt die *Hanserezesse.*

Rezession, *w.* [l.], (leichter) Rückgang d. konjunkturellen Entwicklung.

rezessiv → Vererbung.

Rezidiv, *s.* [l.], Rückfall (z. B. bei Krankheiten).

Rezipient, *m.* [l.], 1) *phys.* Glasglocke, die ausgepumpt werden kann; meist mit Ansatzrohr für Luftpumpe; 2) Empfänger; jemand, der einen kommunikativen Inhalt aufnimmt.

rezipieren [l.], auf-, an-, einnehmen.

reziprok [l.], umgekehrt.

reziproke Zahlen, Zahlen, die, miteinander multipliziert, eins ergeben (z. B. 1/2 · 2 = 1).

Rezitation, *w.* [l.], kunstvoller Vortrag, bes. v. Dichtungen.

Rezitativ, *s.* [it.], in Oper u. Oratorium die Arien od. Ensemblesätze verbindender „erzählender" Sprechgesang, v. Cembalo bzw. Orgel *(recitativo secco)* od. v. Orchester *(rec. accompagnato)* begleitet.

rezitieren, kunstvoll vorlesen, vortragen.

Rezniček [′rɛsnitʃɛk], Emil Nikolaus Frh. v. (4. 5. 1860–2. 8. 1945), östr. nachromant. Komponist; Opern: *Till Eulenspiegel; Donna Diana; Holofernes;* Sinfonien, Kammermusik.

Rezzori, Gregor v. (* 13. 5. 1914), dt. Erzähler u. Schausp.; *Maghrebin. Geschichten.*

RGW, Abk. f. → *Rat für gegenseitige Wirtschaftshilfe.*

Rh, chem. Zeichen f. → *Rhodium.*

Rhabarber, *m., Rhēum,* m. gr. Blättern, hohen Blütenständen u. fleischigen Wurzeln; *Echter R.,* Innerasien, Wurzel als Abführmittel; *pontischer R.,* Gartenpflanze.

Rhamnaceae, *Kreuzdorngewächse,* kl. Bäume und Sträucher m. kl., glockenförmigen Blüten u. schwarzen Beeren; z. B. *Faulbaum,* Holz für Holzkohle, zu Schießpulver („Pulverholz"), aus Rinde Abführmittel; → Kreuzdorn.

Rhapsode, im antiken Griechenland (seit 6. Jh. v. Chr.) Vortragender oder Sänger epischer Gedichte.

Rhapsodie, *w.,* 1) Gedichte in freiem Rhythmus; 2) *mus.* Vokal- od. Instrumentalkomposition o. feste Form, gern unter Einbeziehung od. Anspielung auf folklorist. Melodiengut (Liszt: Ungar. Rhapsodien).

rhapsodisch, bruchstückhaft.

Rhätikon, svw. → Rätikon.

Rheda-Wiedenbrück (D-4840), St. i. Kr. Gütersloh, NRW, 36 990 E; AG; Schloß, ma. Fachwerkhäuser u. Kirchen; div. Ind.

Rhede (D-4292), St. i. Kr. Borken, i. westl. Münsterland, NRW, 16 525 E; Wasserschloß; div. Ind.

Rheia, i. d. griech. Mythologie Schwester u. Gattin d. → Kronos.

Rheiderland, Marschland an der unteren Ems und am Dollart, Rinder- u. Pferdezucht.

Rhein, größter dt. und verkehrsreichster eur. Strom, 1320 km l., entspringt am St. Gotthard aus dem Tomasee als *Vorder-R.,* vereinigt sich bei Reichenau mit dem *Hinter-R.,* durchfließt den Bodensee, bildet bei Schaffhausen den 21 m hohen

Rheinfall *bei Schaffhausen*

R.fall; von Basel aus als *Ober-R.,* durch die Oberrhein. Tiefebene in geregeltem (korrigiertem) Lauf bis Mainz, durchbricht das Rhein. Schiefergebirge u. tritt b. Bonn als *Nieder-R.* in das Norddt. Flachland; in 800 m Breite Eintritt ins ndl. Gebiet bei Emmerich; Spaltung in 2 Arme: l. Hauptarm *Waal,* mit d. Maas vereint mehrfach d. Namen wechselnd (*Merwede, Oude* und *Nieuwe Maas*), mündet bei Hoek van Holland in die Nordsee; der r. Arm gabelt sich in den *Lek* (parallel zur Maas) u. d. *alten Rhein,* d. westl. v. Leiden mündet. Nebenflüsse: l. *Thur, Aare, Ill, Lauter, Nahe, Mosel, Ahr, Erft, Maas;* r. *Kinzig, Murg, Neckar, Main, Lahn, Sieg, Wupper, Ruhr, Lippe;* wichtigste Häfen: Straßburg, Mannheim, Köln, Duisburg-Ruhrort, Rotterdam; Großschiffahrt bis Rheinfelden. – *Zentralkommission für die R.schiffahrt,* 1868 von den R.uferstaaten gebildet (Dtld Mitgl. bis 1936 u. seit 1950) zur einheitl. Regelung von Fragen der Schiffahrt, Schiffahrtstechnik, Polizei u. des Verkehrs für d. R.: Sitz Straßburg. 1976 Abschluß des sog. Rheinsalzvertrags zw. den Anrainerstaaten zum Schutz des R. gegen Verunreinigungen.
Rheinbach (D-5308), St. i. Rhein-Sieg-Kr., NRW, 22 410 E; AG; ma. Stadtkern, Glasmus.
Rheinberg (D-4134), St. bei Moers im Kr. Wesel, NRW, 26 808 E; AG.
Rheinbund, 1806 unter d. Protektorat v. → Napoleon I. zur Stützung seiner imperialen Pläne gegr., umfaßte, von S-Dtld ausgehend, allmählich alle dt. Staaten von Preußen, Braunschweig, Kurhessen u. Östr.; 1813 aufgelöst.
Rheine (D-4440), St. i. Kr. Steinfurt, NRW, 69 324 E; AG; Verkehrsknotenpunkt; Textil- u. Masch.ind.
Rheinfelden, 1) *R. in Baden* (D-7888), St. r. am Rhein, Kreis Lörrach, Ba-Wü., 27 711 E; 287 müM, Rheinkraftwerk, Textil-, chem. Ind., Aluminiumwerk; gegenüber **2)** (CH-4310), schweiz. Bez.-hptst., Solbad, im Kanton Aargau, l. am Rhein, 275 müM, 9500 E; Salinen, Textil-, Faß-, Zigarrenind., Brauerei.
Rheingau, Landschaft zw. Taunus u. Rhein, von Niederwalluf bis Lorchhausen; *R.weine* (z. B. Rüdesheimer, Johannisberger).
Rheinhausen, s. 1975 St.teil v. Duisburg.
Rhein-Herne-Kanal, Teilstrecke des Mittellandkanals, Verbindungskanal Ruhrort–Herne (38 km l.), hier Anschluß an den Dortmund-Ems-Kanal; ausgebaut für Schiffe bis 1250 t Tragfähigkeit.
Rheinhessen-Pfalz, Rgbz. i. RP, 1968 aus d. ehem. Rgbz. Rheinhessen u. Pfalz gebildet, 6830 km², 1,8 Mill. E; Hptst. *Neustadt/Weinstr.*
Rheinhessische Weine, am Rhein von Worms bis Bingen auf einer Rebfläche von ca. 16 000 ha erzeugt (z. B. *Liebfrauenmilch, Niersteiner, Scharlachberger*).

Rheinisch-Bergischer Kreis, im Rgbz. Köln, NRW; 438 km², 253 000 E.
Rheinischer Merkur, 1) erste große dt. pol. Tageszeitung, 1814 v. *Görres* gegr., Mitarbeiter *Arndt, Frh. v. Stein* u. a.; 1816 wegen ihrer freiheitl. Haltung verboten; **2)** christl.-soz. Wochenzeitung (s. 1946).
Rheinisches Schiefergebirge, Rumpfgebirge → variszischen Alters mit ausgedehnten Hochflächen zu beiden Seiten des steil eingeschnittenen Rheintals unterhalb Mainz; rechtsrheinisch: Taunus, Westerwald mit Siebengebirge, Sauerland u. Haar; linksrheinisch: Hunsrück mit Soonwald, Eifel (Schneifel); Hohes Venn; *Feldberg* (im Taunus) 879 m.
Rheinkamp, s. 1975 St.teil v. Moers u. Duisburg.
Rheinland, volkreichste Landschaft am Rhein, v. Rhein. Schiefergebirge im S bis zur ndl. Grenze im N; Obst- u. Weinbau an Rhein u. Mosel; Industriezentren an d. Ruhr (Steinkohlen- u. Eisenerzgruben); bed. Industrie: Eisen- und Stahlwaren (Solingen), Maschinenbau (Essen); Uni. in Bonn u. Köln; TH in Aachen. Bis 1945 die preuß. *Rheinprov.,* Hptst. *Koblenz;* Rgbz.e Koblenz u. Trier, jetzt → Rheinland-Pfalz; Rgbz.e Düsseldorf, Köln u. Aachen, jetzt → Nordrhein-Westfalen.
Rheinländer, Tanz im langsamen 2/4-Takt; polkaartig (auch *Rheinische Polka* genannt).
Rheinland-Pfalz, dt. Land am Rhein; Verfassung durch Volksentscheid v. 18. 5. 1947; aus der Pfalz, dem linksrhein. Teil d. ehem. Volksstaates Hessen, dem ehem. preuß. Rheinprov. (Rgbz.e Koblenz u. Trier) und einem Teil der ehem. preuß. Prov. Hessen-Nassau

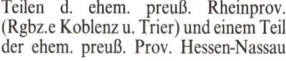

(nassauischer Teil) geschaffen (i. wesentl. d. Kernland d. 3 früheren dt. Kurfürstentümer: Kurmainz, Kurtrier u. Kurpfalz), 19 849 km², 3,70 Mill. E (186 je km²); Rel.: 55,7% kath., 40,7% ev.; Hptst. *Mainz;* Landesfarben: Schwarz-Rot-Gold. a) *Wirtsch.:* Fast alle Ind.- u. Wirtschaftszweige vertreten: Chemie, Steine u. Erden, Keramik, Maschinenbau, Eisen u. Stahl, Metallwaren, Fahrzeugbau, Diamantschleiferei; Lebensmittel-, Schuhind., Sägereien u. Holzbearbeitung, Druck-, Textilind., Tabakverarbeitung, Obst- u. Weinbau (70% der dt. Rebfläche, 68,5% d. dt. Weinmosternte). b) → *Hochschulen.* c) *Verw.:* 3 Rgbz.e: Koblenz, Trier, Rheinhessen-Pfalz.
Rhein-Main-Donau-Großschiffahrtsweg, *Europakanal,* d. geplante, teilweise ausgebaute Verbindung für 1500-t-Schiffe zw. Rhein bei Mainz (bis Nürnberg in Betrieb) u. Donau bei Passau unter Benutzung d. Mains u. der Altmühl; wichtige Verbindung des Westens mit SO-Europa; gleichzeitig Ausnutzung der Gefällestufen zur Krafterzeugung (Fertigstellung 1992).
Rhein-Main-Flughafen, Flughafen Frankfurt/M., größter dt. u. drittgrößter europäischer Flughafen.
Rhein-Marne-Kanal, Kanal v. Straßburg (Ill) zum Seitenkanal d. Marne b. Vitry-le-François; Tunnel durch d. Zaberner Steige; 314 km l.
Rheinpfalz → Pfalz.
Rhein-Rhône-Kanal, Kanal zwischen dem Rheinseitenkanal bei Niffer (südöstl. v. Mülhausen) u. Saint-Symphorien-sur-Saône, 230 km, 112 Schleusen; Neubau für Euroschiffe u. gleichzeitig Reduzierung auf 24 Schleusen geplant.
Rheinsberg (Mark) (D-9214), St. im Kr. Neuruppin, Bbg., am **Rh.er See,** 5500 E;

Landtagswahlen (Stimmen in %)

Jahr	CDU	SPD	FDP	Grüne
1947	47,2	34,3	9,8	
1951	39,2	34,0	16,7	
1955	46,9	31,7	12,7	
1959	48,4	34,9	9,7	
1963	44,4	40,7	10,1	
1967	46,7	36,8	8,3	
1971	50,0	40,5	5,9	
1975	53,9	38,5	5,6	
1979	50,1	42,3	6,4	
1983	51,9	39,6		
1987	45,1	38,8	5,9	7,0
1991	38,7	44,8	6,9	6,4

CDU SPD FDP Grüne

Rokokoschloß (kronprinzl. Residenz Friedrichs d. Gr.), Kernkraftwerk.

Rheinseitenkanal, frz. *Grand Canal d'Alsace,* linksrheinische Schiffahrtsstraße zwischen Basel und Straßburg, leitet den Rhein unterhalb Basel auf frz. Gebiet; Gesamtlänge 112 km.

Rhein-Sieg-Kreis, im Rgbz. Köln, NRW, 1,15 Mill. km², 485 000 E.

Rheinstein, Burg l. am Rhein, gegenüber Aßmannshsn; 1825–29 wiederhergestellt.

Rheinstetten (D-7512), Gem. i. Kr. Karlsruhe, Ba-Wü., 19 029 E.

Rheinwaldhorn, höchster Gipfel der Adula-Alpen, 3402 m, Quellgebiet des Hinterrheins, über dem **Rheinwaldtal.**

Rhẹnium, *Re,* chem. El. der Manganreihe, Oz. 75, At.-Gew. 186,2; Dichte 12,41; (spektroskopisch) entdeckt 1925 v. Noddack, Tacke u. Berg.

Rhens (D-5401), früher *R(h)ense,* St. a. Rhein, i. Kr. Mayen-Koblenz, RP, 2763 E; *Rhenser Sauerbrunnen,* Weinbau; St.-mauer (14. Jh.); in d. Nähe d. Königsstuhl. – 1338 *Kurverein v. R.* (→ Deutsche Geschichte, Übers.).

Rheologie, Teilgebiet der Physik, befaßt sich mit dem Verhalten bei der Deformation u. beim Fließen materieller Körper, wobei auch nichtmechan. Erscheinungen einbezogen werden (z. B. Phänomene aus der Elektrodynamik).

Stöpsel-Rheostat

Rheostat, *m.* [gr.], dekadisch durch Stöpsel od. Kurbel zus.schaltbare el. Widerstände; nur für Laboratoriumszwecke.

Rhẹsus, mittelgr. Affenart, grünlichrote Gesäßschwielen; Heimat Asien. – **R.faktor,** *Rh-Faktor,* kennzeichnendes, dominant vererbbares Blutkörperchenmerkmal, ben. nach seiner Entdeckung (*Landsteiner* u. *Wiener,* 1940) bei Überimpfen von R.affenblut auf Versuchstiere. R.faktor enthaltendes Blut = R. positiv, *Rh;* R.faktor nicht enthaltendes Blut = R. negativ, *rh;* bei Zusammentreffen nicht R.gruppengleichen Blutes Bildung v. Antikörpern im *rh*-Blut, die durch Agglutination der *Rh*-Blutkörperchen zu deren Schädigung bzw. Auflösung führen. Dadurch entstehen: **a)** Bluttransfusionsschäden, **b)** Schädigung des Kindes während der Schwangerschaft, die zu Aborten, Totgeburten und Neugeborenenkrankh., *Erythroblastosen* (Blutarmut, schwere Gelbsucht, Wassersucht) führt, wenn Mutter *rh* u. Frucht *Rh* ist. Behandlung bes. durch Austauschtransfusion mit *rh*-Blut.

Rhẹtor, *m.* [gr.], Redner.

rhetorisch, (schön)rednerisch.

rhetorische Frage, (Schein-)Frage, auf die man keine Antwort erwartet.

Rheumafaktor [gr.-l.], nur bei chronischem Gelenkrheuma *(Polyarthritis)* im Blutserum nachweisbare Eiweißkörper (Globulin).

Rheumatismus [gr.], *Reißen,* verschiedene Krankheiten der Gelenke *(Gelenk-R.),* der Muskeln *(Muskel-R.)* u. der Nerven *(Neuralgie, Ischias* usw.); entsteht bei bes. Veranlagung (Disposition) durch Erkältung (Nässe u. Zug) u. (Fokal-)Infektionen; bes. v. d. Mandeln u. Zähnen ausgehend.

Rheydt, s. 1975 Stadtteil v. Mönchengladbach.

Rhin, r. Nbfl. der Havel, 105 km l., durchschneidet das **R.kanal** d. **R.luch** (bei Fehrbellin, v. Friedrich d. Gr. entwässert).

Rhin [rẽ], **1)** frz. Name für d. Rhein; **2)** Dép.s im Elsaß: **a)** *Bas-R.;* 4755 km², 946 000 E; Hptst. *Strasbourg;* **b)** *Haut-R.,* 3525 km², 668 000 E; Hptst. *Colmar.*

Rhinologie, Nasenheilkunde.

Rhinozeros, *s.* [gr.], sww. → Nashorn.

Rhizom, *s.* [gr.], *Wurzelstock,* bei ausdauernden Pflanzen d. überwinternde unterird. Sproß, m. farblosen Blattansätzen im Ggs. z. → Wurzel.

Rhizophoren [gr.], sww. → Wurzelfüßer.

Rhodan, *s.,* *Schwefelcyan (CNS),* bildet die **R.wasserstoffsäure;** Salze: **Rhodanide;** *Rhodanammonium,* verwendet in der Kattundruckerei, Fotografie u. für Kältemischungen.

Rhode Island [rou'dailənd], Abk. *R.I.,* kleinster Staat d. USA, am Atlantik, 3144 km², 989 000 E; Masch.- u. Textilind., Bijouteriefabrik; Graphit- u. Kalklager; Hptst. *Providence.*

Rhodes [roudz], Cecil (5. 7. 1853–26. 3. 1902), engl. Kolonialpol., einflußreich durch Besitz südafrikan. Diamantenminen; erwarb Rhodesien (heute → Simbabwe); 1890–96 Min.präs. der Kapkolonie.

Rhodesien, s. 1980 umbenannt in → Simbabwe.

Rhodium, *Rh,* chem. El., Oz. 45, At.-Gew. 102,91, Dichte 12,41; platinähnl. Metall, in Platinerzen vorkommend, sehr widerstandsfähig; Galvanoplastik.

Rhododendron, *s., Alpenrose, Almrausch,* Sträucher d. Hochgebirge m. Blüten in mehreren Farben; viele Zierpflanzen; → Azaleen. ◆

Rhodopegebirge, Schollengebirge in SW-Bulgarien, sehr waldreich, zerschluchtet, im *Perelik* 2191 m h.

Rhodos, Akropolis von Lindos

Rhọdos, 1) griech. Hauptinsel d. Dodekanes, vor der SW-Küste Kleinasiens,

1398 km², 75 000 E; gebirgig; **2)** Hptst. und -hafen, 41 000 E; orthodoxer Erzbischof, Uni.; Wein-, Traubenausfuhr. – Im Altertum Zentrum des Mittelmeerhandels, → *Koloß v. Rhodos;* 1310–1522 Sitz d. Johanniterordens; 1911–47 it.

Rhombendodekaeder, *s.,* Kristallform d. regulären Systems: von 12 Rhomben begrenzter Körper.

rhombisches System → Kristalle.

Rhomboeder, *s.* [gr.], Kristallform d. hexagonalen Systems: von 6 kongruenten Rhomben gebildeter Körper.

Rhombus, *m.* [gr.], *Raute,* schiefwinkliges, gleichseit. Parallelogramm; *Rhomboid:* schiefwinkliges Parallelogramm mit 2 ungleichen Seitenpaaren.

Rhön, rauhes, waldarmes, v. Basaltdecken u. Kuppen gebildetes Mittelgebirge mit Buntsandsteinsockel zw. Werra u. Fulda; Segelfluggelände; *Wasserkuppe* 950 m, *Kreuzberg* 928 m; Viehzucht, Kalibergbau, Heimarbeit.

Rhondda ['rɔnðə], Industriestadt in Wales, 82 000 E; Kohlengruben, Eisenindustrie.

Rhône, 1) Fluß i. d. Schweiz und Frankreich, vom **R.gletscher** (10 km l.) in den Berner Alpen, durchfließt den Genfer See, durchbricht den Jura, mündet in das Mittelmeer (Golfe du Lion); Kanalverbindung mit Marseille; 812 km lang, 490 km schiffbar; am Unterlauf Großstauwerke, 20 Staustufen, jährliche Leistung 13 Mrd. kW; Nebenflüsse: links *Isère, Drôme, Eygues, Durance;* rechts *Saône;* Kanäle zu Rhein, Seine und Loire; **2)** frz. Dép., 3249 km², 1,46 Mill. E; Hptst. *Lyon.*

Rhovyl®, *s.,* Chemiefaser aus Polyvinylchlorid.

Rhus → Sumach.

Rhythmik, *w.* [gr.], Lehre v. → Rhythmus.

rhythmisch, gegliederte, wiederholende Bewegung eines Sprach-, Musik- od. Bewegungsablaufs.

Rhythmus, *m.* [gr. „Takt(mäßigkeit)"], period. Wiederkehr, taktmäßige Gliederung, Eigentümlichkeit d. lebendigen Bewegung; in d. *Dichtkunst* sww. Versmaß; in d. *Musik* d. zeitl. Bewegungsablauf in Längen u. Kürzen.

Ri(e)dinger, Georg (24.? 7. 1568–n. 1628), dt. Renaissance-Baumeister; *Schloß in Aschaffenburg.*

Riad, *Ar Rijad,* Hptst. von Saudi-Arabien u. v. Nedschd, m. Vororten ca. 1,3 Mill. E.

Rial → Währungen, S. 1087/88.

Riạltobrücke, berühmte Brücke (1588–91) m. Kaufläden über den „Großen Kanal" *(Canal grande)* in Venedig.

RIAS, Abk. f. *Rundfunk(ges.)* **i. a**m. Sektor,* m. Sendern i. Berlin und Hof.

Ribbentrop, Joachim v. (30. 4. 1893–16. 10. 1946), NS-Pol.; 1936–38 Botschafter in London, 1938–45 Reichsaußenmin.; in Nürnberg hingerichtet.

Ribẹra, Jusepe (José) de, gen. *Lo Spa-*

gnoletto (17. 2. 1591–2. 9. 1652), span. Maler d. Barock; Märtyrerszenen.
Ribnitz-Damgarten (D-2590), Krst. am R.er Bodden, M-V., 17 427 E; 2 Kirchen (13. u. 14. Jh.); Fischerei, Holzind.
Riboflavin, *s., Laktoflavin,* Bez. f. Vitamin B_2 (→ Vitamine, Übers.).
Ribonukleinsäure, *RNS,* engl. *Ribonucleic Acid, RNA,* → Nukleinsäuren; Synthese d. → Eiweißes; → Vererbung.
Ribosomen [gr.], aus *Ribonukleinsäure* u. Eiweiß aufgebaute Strukturen d. Zellplasmas (→ Zelle), in denen die von d. → Desoxyribonukleinsäure der → Chromosomen gesteuerte Synthese der Eiweißstoffe stattfindet.
Ricardo [*ri'kadou*], David (19. 4. 1772–11. 9. 1823), engl. Nationalökonom; Mitbegr. der klass. Nationalökonomie (auch → Smith, Adam).
Ricci [*ritfi*], it. Maler d. Barock, bes. in Venedig; **1)** Sebastiano (get. 1. 8. 1659–15. 5. 1734), u. a. auch in Parma, Wien, London tätig; s. Neffe **2)** Marco (5. 6. 1676–21. 1. 1730), Meister d. Landschaftsmalerei; arbeitete u. a. auch in London.
Riccio [*-tfo*], Andrea (um 1470–1532), it. Bildhauer d. Renaiss.; Tier-Kleinbronzen; Grabmäler.
Rice [*rais*], Elmer, eigtl. *E. Reizenstein* (28. 9. 1892–8. 5. 1967), am. Dramatiker; *Straßenszene; Menschen am Broadway.*
Ricercar, *s.* [it. *ritf*- „ricercare = suchen"], Vorform der Fuge, bes. bei Frescobaldi.
Richard, a) engl. *Kge* aus d. Haus der Plantagenet: **1)** R. Löwenherz (8. 9. 1157–6. 4. 99), Kg s. 1189, Teilnehmer am 3. Kreuzzug, b. d. Heimkehr von Leopold V. v. Östr. gefangen u. an Kaiser Heinrich VI. ausgeliefert, der ihn nur gg. Lehenshuldigung freiließ; **2)** R. II. (6. 1. 1367–14. 2. 1400), 1377–99, zur Abdankung gezwungen; **3)** R. III. (2. 10. 1452–22. 8. 85), Kg s. 1483. - **b)** *Dt. Kg:* **4)** Graf R. v. Cornwallis (5. 1. 1209–2. 4. 72), 1257 als Gegenkg gewählt. - **c)** *Normandie:* **5)** R. Ohnefurcht (933–96), Hzg; unterstützte d. Kapetinger im Kampf um d. frz. Thron.
Richards [*'ritfadz*], **1)** Dickinson Woodruff (30. 10. 1895–23. 2. 1973), am. Mediziner; Herzkatheter, traumat. Schock; Nobelpr. 1956; **2)** Theodore William (31. 1. 1868–2. 4. 1928), am. Chem.; Bestimmung v. Atomgewichten; Nobelpr. 1914.
Richardson [*'ritfadsn*], **1)** Sir Owen Williams (26. 4. 1879–15. 2. 1959), engl. Phys.; Elektronentheorie d. Metalle; Nobelpr. 1928; **2)** Samuel (1689–4. 7. 1761), engl. Schriftst.; empfindsame Romane: *Pamela; Clarissa.*
Richelieu [*rifə'ljø*], Armand Jean du Plessis, Hzg v. (9. 9. 1585–4. 12. 1642), s. 1622 Kardinal, s. 1624 leitender frz. Min.; brach Adelsmacht, besiegte die Hugenotten, verschaffte Frkr. durch Ein-

greifen in 30jähr. Krieg gg. Habsburg eur. Vormachtstellung; begr. d. Académie française 1635; unter s. Staatsführung Vollendung d. *Absolutismus* in Frkr.
Richet [*-'fe*], Charles (26. 8. 1850–4. 12. 1935), frz. Physiologe (Serumtherapie); Nobelpr. 1913.
Richmond [*'ritfmənd*], **1)** R.-*on-Thames,* St.bez. in SW-London, an der Themse, 160 000 E; Park, Sternwarte; **2)** Hptst. d. US-Staates Virginia, am James River (mündet in d. Chesapeakebai), 219 000 E; 3 Uni.; Kohlengruben, Masch.-, chem., Textil-, Tabakind.
Richt-fest, festl. Aufrichten des Dachstuhls m. R.kranz, -baum am Dachfirst und R.schmaus d. Bauleute.
Richtantenne, Antennensystem m. mehreren Elementen (z. B. → Dipol, → Reflektor und Direktor); erhält dadurch beim Abstrahlen od. Empfangen eine Richtwirkung ähnlich der eines Scheinwerfers; Anwendung: UKW-, Fernseh-, Dezimeter-Antennen usw.
Richtcharakteristik, Richtungsabhängigkeit der von einer → Antenne erzeugten → Feldstärke in konstantem Abstand; man unterscheidet → Amplituden-, → Phasen-, → Polarisationscharakteristik.

Adrian Ludwig Richter, *Johannisfest*

Richter, 1) Adrian Ludwig (28. 9. 1803–19. 6. 84), dt. spätromant. Maler u. (Märchen-)Illustrator; *Lebenserinnerungen;* **2)** Burton (* 22. 3. 1931), am. Physiker; Nobelpr. 1976 (Erforschung der → Quarks); **3)** Friedrich → Jean Paul; **4)** Gerhard (* 19. 2. 1932), dt. Maler; abstrakte farbige Malerei; Verwendung von

Herzog v. Richelieu

Fotos als Vorlagen seiner meist in Grau gehaltenen Bilder; **5)** Hans (4. 4. 1843–5. 12. 1916), dt. Dirigent; 1876 erste Gesamtaufführung v. Wagners „Ring" in Bayreuth; **6)** Hans (6. 4. 1888–1. 2. 1976), dt. Maler des Futurismus u. Dadaismus; experimentelle Filme; *Rhythmus 21, 22, 23* (1923); *Vormittagsspuk* (1927); *Acht mal acht* (1958); filmtheoret. Schriften; **7)** Hans Werner (* 12. 11. 1908), dt. Schriftst.; Mitbegr. d. → Gruppe 47; Romane: *Die Geschlagenen; Sie fielen aus Gottes Hand;* **8)** Karl (15. 10. 1926–15. 2. 81), dt. Organist u. Dirigent; **9)** Swjatoslaw (* 20. 3. 1915), sowj. Pianist.
Richter, im A.T. Führer des Volkes Israel bis König Saul *(Buch der R.).*
Richter, Amtsperson, der v. Staat d. Rechtsanwendung, insbes. Rechtsprechung, d. h. d. Entscheidung v. Rechtsfällen gemäß d. Gesetz übertragen ist; Befähigung z. **R.amt** wird erworben nach Ablegung zweier Staatsprüfungen mit dazwischenliegendem Vorbereitungsdienst. Der R. ist Beamter des Staates; nach 3 Jahren R.dienst auf Lebenszeit (Altersgrenze 65 Jahre) ernannt, *unabsetzbar* und *unabhängig* in seinen Entscheidungen. – Zur Ergänzung in d. Rechtspflege dienen *Laien-R.:* Schöffen (b. Strafsachen), Handels-, Arbeits- u. Sozial-R. - **R.wahl,** bes. Form d. Bestellung zum R. d. oberen Bundesgerichte: *R.wahlausschuß,* bestehend aus d. zuständ. Landesmin. (Mitgl. kraft Amtes) u. d. gleichen Anzahl v. Bundestag wählb. Mitgl. (kraft Wahl), entscheidet über Berufung z. Bundesrichter; zuständ. B.min. kann zustimmen u. Ernennung d. Gewählten b. Bundespräs.en beantragen, dieser ernennt endgültig (Ges. v. 25. 8. 1950).
Richterskala zur Messung d. Erdbebenstärke; beginnt bei Null, nach oben hin offen.
Richtfunk, Verwendung v. Antennen m. hoher Richtwirkung (parabol. Reflektoren), d. h. starker Bündelung in einer Vorzugsrichtung; zur Übertragung werden → Zentimeter-, → Dezimeter- u. → Millimeterwellen benützt; Reichweite auf opt. Sicht, also Zwischenstellen erforderlich (alle 50 km); in bes. Fällen können Überreichweiten auftreten; analoge *(FM* = Frequenzmodulation, *ESB* = Einseitenbandamplitudenmodulation) u. digitale (z. B. Phasenumtastung, *PSK)* Übertragungsverfahren; Antennen müssen sehr genau ausgerichtet sein, Hindernisse durch Umlenkspiegel umgehbar.
Richtgeschwindigkeit, empfohlene, aber nicht vorgeschriebene Höchstgeschwindigkeit, bes. auf Autobahnen.
Richthofen, **1)** Bolko Frh. v. (* 13. 9. 1899), dt. Historiker; **2)** Ferdinand Frh. v. (5. 5. 1833–6. 10. 1905), dt. Geograph; Begr. d. neueren wiss. Geographie u. Forschungsreisender i. O- u. S-Asien; *China* (5 Bde); **3)** Manfred Frh. v. (2. 5.

1892–21. 4. 1918), dt. Jagdflieger im 1. Weltkrieg.

Richthofengebirge, nördl. Kette des Nan-schan-Gebirges (5700 m).

Richtkreis, Winkelmeßgerät zum Einrichten von Geschützen.

Richtscheit, langes Lineal mit kleiner Wasserwaage; Gerät z. Ermittlung d. Waagerechten.

Richtstrahlsystem, zus.gesetztes Antennengebilde, strahlt zugeführte Energie hpts. nach einer best. Richtung ab.

Richtungskörper → Polkörper.

Ricke, weibliches Reh.

Rickert, Heinrich (25. 5. 1863–25. 7. 1936), dt. Phil., Vertr. der „Wertphilosophie"; *Geschichtsphilosophie.*

Rickettsien, zw. Bakterien u. Viren eingeordnete, unbewegl. kugel- od. stäbchenförm. Organismen, die, v. Insekten übertragen, zu d. **Rickettsiosen** führen (z. B. Fleckfieber, Fünftagefieber, Q- und wolhynisches Fieber).

Ridgway [ˈrɪdʒweɪ], Matthew B. (* 3. 3. 1895), am. General; 1951 Oberbefehlshaber in Korea, 1952 der NATO-Streitkräfte.

ridikül [frz.], lächerlich.

Ridinger, Johann Elias (16. 2. 1698–10. 4. 1767), dt. Maler u. Radierer; 1300 Tier- u. Jagdstiche.

Riechstoffe, *natürl.* (tierische, z. B. Moschus; pflanzl., → ätherische Öle) od. künstl., *synthet.* (z. B. Steinkohlenteerprodukte u. a.).

Ried, *s.,* Schilfgras; Sumpf-, Moorland.

Riedböcke, Gruppe der → Pferdeböcke.

Riedenburg (D-8422), St. i. Kr. Kelheim, a. d. Altmühl, Bay., 4911 E.

Ried im Innkreis (A-4910), östr. Bez.st., 11 000 E; größte Skifabrik d. Welt; Östr. Landw.messe, Viehzucht.

Riefenstahl, Leni (* 22. 8. 1902), dt. Schauspielerin, Filmregisseurin u. Fotografin; *Das blaue Licht* (1932); *Triumph des Willens* (Dokumentation über den Reichsparteitag der NSDAP, 1934); *Olympia* (1938).

Riege, *w.,* von F. L. → Jahn eingeführte Gruppierung von Turnern.

Riegelsberg (D-6601), Gem. i. Stadtverband Saarbrücken, Saarld, 14 213 E.

Riehen (CH-4125), schweiz. Ort im Kanton Basel-Stadt, 20 500 E; Spielzeugmus.

Riehl, 1) Alois (27. 4. 1844–21. 11. 1924), östr. Phil., Mittler zw. Realismus u. Idealismus; **2)** Wilhelm Heinrich v. (6. 5. 1823–16. 11. 97), dt. Kulturhistoriker; Begründer der wiss. dt. Volkskunde.

Riemann, 1) Bernhard (17. 9. 1826–20. 7. 66), dt. Math.; nichteuklidische Geometrie, Funktionentheorie; nach ihm ben.: *R.sche Fläche, R.scher Raum;* **2)** Hugo (18. 7. 1849–10. 7. 1919), dt. Musikforscher; *Musiklexikon.*

Riemen, 1) Lederstreifen z. Befestigung u. Verbindung, bes. in der Maschinentechnik als *Treib-R.;* auch aus Fasersträn gen u. Gummi hergestellt; **2)** im Rudersport das beidhändig gefaßte Einzelru der; Ggs.: → Skull. – **R.boot,** Fahrzeug, in dem jeder Ruderer e. Riemen handhabt (Ggs.: *Skuller*).

Riemenfisch, bis 6 m l. Tiefseefisch (→ Tafel Fische, S. 346).

Riemenscheibe, bei → Riementrieb, aus Eisen od. Holz, ein- od. mehrteilig m. breitem glattem Kranz zur Aufnahme des Treibriemens.

Tilman Riemenschneider
Selbstbildnis

Riemenschneider, Tilman (um 1460–7. 7. 1531), dt. Bildhauer u. Bildschnitzer zw. Spätgotik u. Renaiss.; *Altäre* in Rothenburg o. d. T., Dettwang, Creglingen; *Grabmal* Heinrichs II., Bamberger Dom; *Adam u. Eva,* Würzburg.

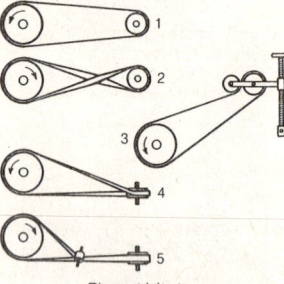

Riementriebarten

Riementrieb, *techn.* Übertragung der Drehbewegung von einer Welle zu einer andern mittels endlosen Riemens, der durch *Spannrolle* in richtiger *Spannung* gehalten werden kann; Stillegung des Antriebs durch Ablenkung des Riemens auf eine seitliche Los- und Leerscheibe; Arten des R.s: 1 offener, 2 gekreuzter R., 3 R. mit Spannrolle, 4 halbgeschränkter, 5 wie 4, aber m. Spannrolle.

rien ne va plus [frz. rjɛ̃naˈply], „nichts geht mehr", Ankündigung d. Croupiers (b. → Roulettspiel), daß nicht mehr gesetzt werden darf.

Rienzi, Cola di, eigtl. *Rienzo* (1313–8. 10. 54), Gegner d. röm. Adels, suchte als Volkstribun die alte röm. Rep. wiederherzustellen; wurde bei e. Volksaufstand erschlagen (Oper R. Wagners).

Ries, durch Meteoriteneinschlag (nach früherer Theorie durch vulkan. Explosion) entstandener Kessel (Durchmesser ca. 23 km) zw. Fränk. und Schwäb. Alb, durchflossen von der Wörnitz, westlich des Flusses fruchtbare Lößböden mit Weizen- und Zuckerrübenanbau, östlich Sandböden, Roggen- u. Kartoffelanbau; Hauptort *Nördlingen.*

Ries, *s.,* Papierzählmaß, → Ballen.

Riesa (D-8400), Krst. an der Elbe, Sa., Umschlaghafen, 47 326 E; Stahlind., Großmühlen.

Riese, Adam (1492–30. 3. 1559), Bergbeamter zu Annaberg, Verf. d. ersten dt. Rechenbücher.

Riese, *w.,* Gleitbahn, aus Holz od. in d. Erde gegraben, zur Talbeförderung v. Baumstämmen.

Rieselfelder, Ländereien, auf die früher d. Kanalisationsgewässer d. Großstädte geleitet wurden; die festen Stoffe werden in → Kläranlagen zurückgehalten, das *Rieselwasser* z. Düngung verwertet.

Riesenchromosomen, abnorm große, gestreckte, in der *Interphase* sichtbare Chromosomen in den Zellkernen bestimmter Gewebe von Zweiflüglerlarven u. einigen Pflanzen; erlauben wichtige Aufschlüsse über Chromosomenstruktur.

Riesengebirge, *Hirschberger Tal*

Riesengebirge, höchster Teil d. Sudeten, zw. Isergebirge u. Waldenburger Bergland, 40 km l.; zahlr. Granitgipfel, höchster die *Schneekoppe* (1603 m); Waldgrenze 1250 m, darüber Knieholz, Moore und Sumpfwiesen; Sennwirtschaft.

Riesenhuber, Heinz (* 1. 12. 1935), CDU-Pol.; s. 1982 B.min. f. Forschung u. Technologie.

Riesenmuschel, größte Muschel, 1–2 m lang, bis 200 kg schwer; Ind. Ozean.

Riesensalamander, größtes Amphibium, bis über 1 m lang, meist in Bächen Asiens u. Nordamerikas.

Riesenschlangen, nicht giftige Schlangen der Tropen, töten ihre Beute durch Umschlingen (zuweilen große Säugetiere) u. Erdrosseln; *Python,* versch. Arten in S-Asien, Afrika; *Boa,* S-Amerika, bes. die wasserbewohnende *Anakonda* u. die *Königsschlange,* in trockenen Wäldern.

Riesenslalom, alpiner Skirennwettbewerb auf einer Strecke mit einem Höhenunterschied v. 250–500 m (Herren) bzw. 250–450 m (Damen) u. einer Mindestzahl von 30 Toren mit 4–8 m Breite; olymp. Wettbewerb.

Riesensterne, *Giganten,* Sterne, die bei sehr geringer Dichte die Sonne an Größe und Leuchtkraft um Vielfaches übertreffen (z. B. → Beteigeuze, Antares, Rigel); → Russell-Diagramm.

Riesenwuchs, b. Pflanzen u. Säugern in best. Erdperioden gehäuft auftretend; menschl. „Urriesen" *(Giganthropus)* a. d. Diluvium hatten nur riesige Kiefer und Zähne; individueller R. bei Hypophysenstörungen als *Gigantismus* oder als *Akromegalie: Spitzenwachstum,* ungewöhnl. Größenwachstum hervorstehender Teile wie Hände, Füße, Nase, Kinn; auch bei hormonalen Störungen der → Keimdrüsen u. → Nebennierenrinde, daneben hochwüchsige Völker (Mittel um 175–180 cm): Massai, Niloten, Patagonier; → Hochwuchs.

Riesling, *m.,* edle dt. Traubensorte.

Rietberg (D-4835), St. i. Kr. Gütersloh, NRW, 23 058 E; ma. Stadtbild; div. Ind.

Rietschel, Ernst (15. 12. 1804–21. 2. 61), dt. Bildhauer; *Goethe-Schiller-Denkmal* (Weimar).

Rif, schluchtenreiches Gebirge an der Küste des Mittelmeeres in Marokko; Bewohner: **R.kabylen.**

Rifampicin, Antibiotikum gg. Tuberkulose.

Riff, *s.,* schmale Bank oder Klippe im Meer; *Korallen-R.,* in trop. Meeren aus d. Kalkskeletten d. → Korallentiere aufgebaut.

Riga, *Schwarzhäupterhaus*

Riga, lett. *Rīga,* Hptst. u. -hafen v. Lettland, beiderseits d. Düna, 915 000 E; lettische Uni., Schwarzhäupterhaus (14. Jh., zerstört); Gummi-, Textil-, Metallind., Brauereien. – Dt. Stadtgründung 1201, im MA Hansest., 1582 poln., 1621 schwed., 1710 russ., 1918 u. s. 1991 Hptst. Lettlands.

Rigaer Bucht, flacher Meerbusen d. Ostsee nw. Riga, 19 000 km², bis 51 m t.; Dez.–März eisbedeckt.

Rigaud [-'go], Hyacinthe, eigtl. *Jacinto Rigau y Ros* (get. 18. 7. 1659–29. 12. 1743), frz. Maler; schuf d. Typ des prunkvollen Porträts (u. a. *Ludwig XIV.*).

Rigel [arab.], Hauptstern 0,3. Größe des Orion-Sternbilds am südl. → Sternhimmel G; Riesenstern, 18 000fache Sonnenhelligkeit, 540 Lichtjahre entfernt.

Rigg, *seem.* Bez. d. → Takelung eines Schiffes od. Bootes.

Rigi, Bergstock zw. Vierwaldstätter u. Zuger See; **R.-Kulm,** 1798 m; 2 Zahnradbahnen.

rigid [l.], *med.* starr, steif.

rigolen → rajolen.

Rigorismus, *m.,* starre Anwendung e. grundsätzlichen Standpunkts, bes. in der Moral.

rigoros [l.], streng.

Rigorosum, *s.,* „strenge" mündliche (bes. Doktor-)Prüfung; Bez. an östr. Universitäten.

Rigveda → Veda.

Rijeka, it. *Fiume,* jugoslaw. Hafenst. u. Seebad an d. Adria, m. Vorst. (u. Hafen) *Susak* 193 000 E; Umschlag v. Erdöl, Getreide; Werften, Masch.bau- u. a. Ind., Uni. – 1471 östr., 1779 ungar., 1920 unabh., 1924 it., 1947 jugoslaw.

Rijksmuseum [*rɛiks-*], „Reichsmuseum", große Kunstsammlung, bes. (niederländ.) Malerei u. Graphik, in Amsterdam.

Rijswijk [*'rɛiswɛik*], ndl. St., südl. Vorort von Den Haag; 53 000 E. – 1697 Friede zw. Frkr., Ndl., England, Spanien, Dtld (Frkr. behält das Elsaß).

Rikscha

Rikscha, *w.,* in Ostasien leichter zweirädrig. Wagen mit 1 oder 2 Sitzen; von → Kulis gezogen.

Riksmål, *s.* [*-mol*], *Reichssprache,* alter Name der hpts. aus d. dänisch-norweg. Stadtsprache entstandenen norweg. Schriftsprache, jetzt: *Boksmål;* gleichberechtigt m. → Landsmål.

Rilagebirge, bulgar. *Rila,* im *Musala* 2925 m hoch; berühmt das *Rilakloster.*

Rilke, Rainer Maria (4. 12. 1875–29. 12. 1926), dt. Lyriker; impressionist. Anfänge; aus lyrisch-myst. Versenkung zu eigenem, unverwechselbarem Ton; im Spätgedicht Versuch, eine objektive Kunst zu schaffen; Lyrik: *Stundenbuch; Buch der Bilder; Sonette an Orpheus; Duineser Elegien;* dichter. Übertragungen; lyr. Romanze: *Die Weise von Liebe und Tod des*

Cornets Christoph Rilke; Roman: *Aufzeichnungen des Malte Laurids Brigge; Briefe.*

Jean Arthur Rimbaud

Rimbaud [*rɛ̃'bo*], Jean Arthur (20. 10. 1854–10. 11. 1891), frz. Dichter; Vers- u. Prosagedichte; m. 19 Jahren vorübergehende Abwendung v. d. Literatur; *Une saison en enfer; Illuminations.*

Rimesse, *w.* [it.], gezogener → Wechsel, der meist unakzeptiert vom Aussteller in Zahlung gegeben wird.

Rimini, it. St. in d. Prov. Forlì, an der Adria, 131 000 E; Dom; naut. Institut, Hafen, Seebad.

Rimskij-Kors(s)akow, Nikolai Andrejewitsch (18. 3. 1844–21. 6. 1908), russ. Komp.; tonmaler. Instrumentierung u. Ausbildung e. nat.russ. Musik; Opern: *Der goldene Hahn; Sadko; Schneeflöckchen;* Orchesterwerke: *Scheherazade-Suite.*

Rinaldo Rinaldini, edler Räuber, Hauptfigur des gleichnam. Romans v. → *Vulpius;* Vorbild zahlreicher Räuberromane.

Rinckart, Martin (23. 4. 1586–8. 12. 1649), dt. Dichter geistl. Lieder; ev. Pfarrer; *Nun danket alle Gott.*

Rinde, 1) äußere Gewebeschicht höherer Pflanzen; **2)** *med.* äußere Zellschichten versch. Organe, z. B. Gehirnrinde.

Rinder, gehörnte, paarhufige, wiederkäuende gr. Säugetiere; zu den *Wild-R.n* gehören neben eur. Ur *(Auerochs,* ausgestorben) u. eur.-asiat. *Wisent:* am. *Bison,* afrikan. *Büffel* sowie versch. asiatische Arten. *Hausrind,* viele Rassen, Stammform vorwiegend Ur; männl.: *Bulle* (kastriert *Ochse);* weibl.: *Kuh* (geschl.: *Färse),* junges Tier: *Kalb* (→ Tafel Tierzucht). - **R.pest,** gefährlichste Seuche d. Rinderarten, fast stets in der 1. Woche tödlich; anzeigepflichtig; Kochsche Schutzimpfung.

Ring, 1) Reif aus verschiedenstem Mate-

Rainer Maria Rilke

rial als Hals-, Arm-, Bein-, Ohr-, Nasenschmuck, bes. als *Fingerring* seit alters bei allen Völkern verwendet, oft mit bes. Bedeutung (R.zauber, Ewigkeitszeichen), bei Griechen u. Römern nur von Freien getragen, bei Germanen aus Gold u. Bronze als Siegespreis verteilt, im MA als Zeugnis für Treugelöbnis (noch heute: Ehe-R.), Bischofs-R., Zeichen der Investitur; **2)** Kampfplatz für Boxkämpfer; eine quadrat. Fläche (Seitenlänge durchschnittl. 6 m), durch drei an den 1½ m hohen Eckpfosten befestigte Seile umgrenzt, meist erhöht; **3)** Zusammenschluß v. Lieferanten zur Erzielung höherer Preise; an d. Börse svw. → Corner.

Ringelblume, *Calendula,* Korbblütler S-Europas; Garten- u. Heilpflanze.

Ringelechsen, fußlose, schlangenähnl. Eidechsen wärmerer Länder.

Ringelnatter, ♦, einheimische Schlange, 2 gelbe Flecken auf dem Kopf; nicht giftig.

Ringelnatz, Joachim, eigtl. *Hans Bötticher* (7. 8. 1883–17. 11. 1934), dt. Dichter (ernster u. grotesker Lyrik), Maler u. Kabarettist; *Kuttel Daddeldu.*

Ringelspinner, Gluckenschmetterling; Eiergelege ringförmig um Zweige; Raupe an Obstbäumen; → Glucken.

Ringelwürmer, Würmer, deren Körper aus aneinandergereihten Abschnitten besteht; äußerlich geringelt (z. B. *Regenwurm*).

Antike Ringergruppe

Ringen, uralter sportlicher Zweikampf, Gegner ist mit Hilfe von Griffen aus dem Stand- oder Bodenkampf für eine Sekunde auf beide Schultern zu legen. Einteilung in Gewichtsklassen. Im *griech.-römischen R.* sind im Ggs. zum *Freistil-R.* nur Griffe vom Scheitel bis zur Hüfte erlaubt. Olympischer Wettbewerb.

Ringerlösung, Salzlösung mit ähnl. Zus.setzung wie Blutserum.

Ringnebel, *astronom.* planetarischer Nebel mit heißem Zentralstern; bekanntester in der → Leier.

Ringofen, ringförmiger Ofenbau f. ununterbrochenen Brennbetrieb; Verwendung bei Ziegeleien, Kalköfen, Zementherstellung.

Ringrichter, im Boxkampf der für die Leitung des Kampfes und für die

Regelbeachtung zuständige Kampfrichter.

Ringwall, vor- u. frühgeschichtl. Befestigung, bes. auf Bergen u. an Flußschleifen.

Rinser, Luise (* 30. 4. 1911), dt. Schriftst.in; Erzählungen, Romane, Essays; *Daniela; Gefängnistagebuch; Baustelle.*

Rinteln (D-3260), St. i. Kr. Schaumburg, an d. Weser, Nds., 26 120 E; altes Stadtbild, Kirche u. Kloster (beide 13. Jh.); AG; Glasfabrik, Textilind.; 1621–1809 Uni.; FHS f. Verw. u. Recht.

Río [span.], **Rio** [portugies.], Fluß; Abk. für → Rio de Janeiro.

Río Branco, 1. Nbfl. des Rio Negro in Brasilien, vom Hochland von Guayana, 1430 km l.

Rio de Janeiro [ˈrriu di ʒoˈneĩru], **1)** Küstenstaat i. SO-Brasilien, 43 653 km², 13,8 Mill. E; Anbau v. Kaffee u. Zuckerrohr, Baumwollind.; Hptst. *R. de J.;* **2)**

Rio de Janeiro
Stadt und Bucht mit Zuckerhut

Hpthafen v. Brasilien an d. *Bai v. R.,* Hptst. d. Bund.staates R. de J., 5,6 Mill. E, Agglomeration 11,1 Mill. E; Erzbischofssitz; Uni., techn., landw., tierärztl. HS, Museen, Nat.bibliothek; div. Industrie u. Handel, Kaffee-Export; Flughafen, Werften. – 1531 v. Portugiesen besiedelt.

Río de Oro → Sahara 2).

Río Grande, 1. Quellfluß des Paraná in Brasilien, 1230 km l., zur Hälfte schiffbar.

Río Grande del Norte, in Mexiko *Río Bravo del Norte,* am. Strom aus den Rocky Mountains, Grenzfluß zw. Mexiko u. USA, 3030 km l., in den Golf von Mexiko; seit 1953 durch 8 km l. Falcon-Damm zu einem 600 km² großen See aufgestaut.

Rio Grande do Norte, gebirgiger Küstenstaat NO-Brasiliens, 53 167 km², 2,3 Mill. E; Baumwolle, Zuckerrohr, Sisal, Tabak; Hptst. *Natal.*

Rio Grande do Sul, S-Staat Brasiliens; hpts. Viehzucht; 282 674 km², 9,03 Mill. E; Baumwollproduktion; Hptst. *Pôrto Alegre.*

Río Muni, *Mbini* (seit 1973), ehem. span. Überseeprov. am Golf v. Guinea, 26 017 km², 241 000 E; umfaßt das Festlandsgebiet *R. M.* u. mehrere kl. Inseln; Hptst.

Bata (17 000 E); Ausfuhr: Kakao, Kaffee, Südfrüchte, Kopra, Holz; jetzt zu → Äquatorialguinea.

Rio Negro [„Schwarzer Fluß"], **1)** l. Nbfl. des Amazonas in Brasilien, aus O-Kolumbien, 2253 km l.; durch d. Casiquiare mit dem Orinoco verbunden; **2)** argentin. Prov., 203 013 km², 467 000 E.

Río Salado [„Salzfluß"], r. Nbfl. des Paraná, aus d. argentin. Kordilleren als *Juramento,* 1300 km l., mündet unterhalb Santa Fé.

R. I. P., Abk. f. → *requiescat in pace.*

Riposte, *w.* [it.], sofortiges Nachstoßen (nach Abwehr) beim Fechten.

Rippe, stabförmiger Grat zw. Gewölbekappen.

Rippelmarken, Wellenfurchen in Sand, Schlamm usw. am Strand oder Boden von Seen.

Rippen, b. Menschen Teil des Brustkorbs, 7 Paar „wahre" (direkt mit d. Brustbein verbunden) u. 5 Paar „falsche" (→ Tafel Mensch, S. 348).

Rippenfell → Brustfell.

Rippenquallen, frei schwimmende, durchsichtige *Zölenteraten* d. Meeres; meist 2 lange, mit Klebzellen besetzte Fangfäden; auch leuchtend (z. B. *Venusgürtel,* bis 1 m lang).

Rips, *m.,* Gewebe (meist aus Seide od. Baumwolle) mit starken Längs- oder Querrippen.

Ripuarier, fränk. Teilstamm am Mittelrhein.

Risalit, *m.* [gr.], vorspringender Gebäudeteil.

Risiko, *s.* [it.], Wagnis; Gefahr (z. B., daß ein Geschäft mit Verlust abschließt). – **R.faktoren,** Faktoren, die für die Gesundheit bzw. bestimmte Krankheiten ein erhöhtes Risiko bilden (z. B. Rauchen, Streß, erhöhter Blutfettgehalt für Angina pectoris). – **R.prämie,** Wagniszuschlag bei Unternehmungen, die mit größerem R. arbeiten (z. B. Einfuhr von Obst, bes. Südfrüchten); auch Bestandteil d. Zinses.

riskant [frz.], gewagt, gefährlich.

riskieren, wagen, Gefahr laufen.

Risorgimento, *s.* [it. *-dʒi-* „Wiedererhebung"], Einigungsbewegung i. → Italien, 1815–70.

Risotto, *m.* [it.], in Fett gedünsteter Reis, weichgekocht in Fleischbrühe.

Rispe, mehrtraubig verzweigter Blütenstand. – **R.ngras,** wertvolle Futtergräser d. Wiesen; *gemeines R.,* Unkraut auf Wegen.

Riß, *w.,* r. Nbfl. d. Donau i. Württemberg, 60 km l., nach ihr ben. die *Rißeiszeit;* → Eiszeitalter.

Rißpilz, *ziegelroter R.,* einheim., tödl. giftiger Pilz.

Rist, Johann (8. 3. 1607–31. 8. 67), dt. ev. Pfarrer u. geistl. Liederdichter, Dramatiker; Begr. d. Elbschwanenordens zur Pflege der dt. Sprache.

ritardando [it.], Abk.: *rit., mus.* verlangsamend.

rite [l.], in herkömml. Weise; geringstes Prädikat bei akad. Prüfungen, svw. genügend.

Ritenkongregation, Kardinalsausschuß f. liturg. Fragen u. Heiligsprechungen.

Ritomsee, schweiz. Stausee i. St.-Gotthard-Massiv, 1829 müM.

Ritornell, *s.,* kl. it. Volkslied, dreizeilig, 1. u. 3. Zeile gereimt; kurzer, wiederkehrender Instrumentalsatz.

Ritschl, Albrecht (25. 3. 1822–20. 3. 89), ev. Theologe; *Die Lehre von der Rechtfertigung u. Versöhnung.*

Rittberger, im Eiskunstlauf Sprungform; benannt nach dem vielf. dt. Meister W. *Rittberger.*

Ritten, it. *Renon,* Porphyrhochfläche bei Bozen, im *Rittnerhorn* 2260 m; Orte: *Oberbozen* (1221 müM) und *Klobenstein* (1156 müM).

Carl Ritter

Ritter, 1) Carl (7. 8. 1779–28. 9. 1859), dt. Geograph; Begr. d. allg. vergleichenden Erdkunde; *Die Erdkunde im Verhältnis zur Natur u. Geschichte des Menschen;* **2)** Johann Wilhelm (16. 12. 1776–23. 1. 1810), dt. Phys. u. Chem.; entdeckte 1801 die ultravioletten Strahlen, begr. die Elektrochemie.

Ritter [svw. Reiter], im alten Rom urspr. Bevölkerungsklasse, die den Kriegsdienst zu Pferde leistete, später Stand der höheren Steuerzahler. – Im MA aus den Gefolgs- u. Lehnsleuten hervorgegangener Kriegerstand, seit 1000 n. Chr. Ausbildung fester Formen (Erziehung als Knappe; → Ritterschlag, → Wappen); Träger d. Kreuzzugsidee. Verloren in den Kämpfen d. 15. u. 16. Jh. gegenüber dem disziplinierten Fußvolk (→ Landsknechte) nach d. Erfindung d. Feuerwaffen an Bedeutung. Weiterlebend im Adel als → Ritterschaft.

Ritterakademien, Erziehungsanstalten f. d. Adel im 17. u. 18. Jh.; z. T. später als Gymnasien weiterbestehend.

Rittergüter, bis zum Beginn d. 19. Jh. Güter im Besitz v. Angehörigen d. Ritterstandes, mit bes. Vorrechten (Begünstigung bei Besteuerung, Landtagsfähigkeit u. a.); später in Preußen allg. auch Bez. für größere Landgüter.

Ritterkreuz des → Eisernen Kreuzes, Halsorden des 2. Weltkriegs, versch. Stufen.

Ritterlinge, *Tricholoma,* gr. Blätterpilze mit weißen Sporen u. fleischigem Stiel; als Speisepilze bes. geschätzt; *Tiger-R.* (grau) giftig.

Ritterorden, seit d. Zeit d. → Kreuzzüge, urspr. zur Pflege d. Kranken u. zum Schutz d. Pilger im Hlg. Land; Verbindung v. weltl. u. geistl. Dienst: *Johanniterorden, Tempelherren, Deutscher Orden;* später Adelsvereinigung.

Ritterschaft, im MA allg. die Gesamtheit der Ritter, später der niedere Adel, in einz. Landschaften mit bes. Rechten i. d. ständischen Vertretung.

Ritterschlag, *Schwertleite,* Aufnahme in den R.stand: Schlag mit flachem Schwert auf Nacken d. knienden Edelknappen.

Rittersporn

Rittersporn, zwei Gattungen d. Hahnenfußgewächse, meist blaue, gespornte Blüten; einige wilde Arten; durch Kreuzungen *Garten-R.*

Ritter von, (bis 1918 verliehener) zweiter Adelsgrad in Östr. u. Bayern.

Ritual, *s.* [l.], feste Ordnung der Gottesdienstbräuche einer Religion, oft in *R.büchern* aufgezeichnet. – **R.mord,** kultisches Menschenopfer, auf Blutopferaberglauben beruhend; böswillig bis in d. neueste Zeit v. Antisemiten den Juden nachgesagt.

Ritus, *m.* [l.], Mz. *Riten,* durch Herkommen geheiligter (relig.) fester Brauch.

Ritzel, *s.,* Zahnrad mit kleiner Zahnanzahl (z. B. bei Getrieben für Kraftwagen u. Dampfturbinen).

Riva, St. und Kurort am Gardasee in der it. Prov. Trient, 13 000 E; Wallfahrtskirche.

Rivalle, *m.* [frz.], Nebenbuhler.

rivalisieren, wetteifern.

Rivalität, *w.,* Eifersucht, Wettstreit.

Rivel [*rri'βεl*], Charlie, eigtl. *José Andreo* (23. 4. 1896–26. 7. 83), span. Clown.

River, *m.* [engl. *'rivə*], Fluß.

Rivera [*rri'βera*], Diego (8. 12. 1886–25. 11. 1957), mexikan. Maler des → Sozialistischen Realismus; Wandbilder.

Riverside [-*said*], St. im US-Staat Kalifornien, 171 000 E; Masch.-, Flugzeug-, Waffenind., Obstbau, Flughafen.

Riviera [it. „Küstenland"], die Mittelmeerküste v. La Spezia bis Marseille; östl. von La Spezia: **R. di Levante** mit den Badeorten Nervi u. Rapallo; westl. von Genua: **R. di Ponente** mit San Remo u. Bordighera in Italien u. der *frz. R.* (Côte d'Azur) mit Mentone, Monte Carlo, Nizza u. Cannes, Verbindungsstraße La Corniche, geschützt vor N-Wind durch Seealpen u. Ligur. Alpen; üppige subtrop. Vegetation, Blumenzucht; Fremdenverkehr.

Rizinus-staude, trop. Wolfsmilchgewächs, bei uns als strauchige Zierpflanze, sonst baumartig („Wunderbaum"), m. großen Blättern; aus d. großen Samen das **R.öl,** Abführmittel u. techn. Schmiermittel.

Rjasan, St. südöstl. Moskau, an der Oka, Hptst. d. sowjetruss. Gebiets *R.,* 515 000 E; Holz-, Masch.-, Elektroind.

RKW, Abk. f. **1)** *Reichskuratorium für Wirtschaftlichkeit;* **2)** *Rationalisierungs-Kuratorium d. dt. Wirtschaft;* i. d. BR s. 1945 Zentralstelle f. → Rationalisierung.

Rn, *chem.* Zeichen f. → Radon.

RNA, *RNS,* Abk. f. → Ribonukleïnsäure.

Roanne [*rwan*], frz. St. an der Loire, 50 000 E; Textil-, Eisenind.

Roastbeef, *s.* [engl. *'roustbi:f*], Rinderbraten a. Mittelrippen- od. Lendenstück (→ Fleisch, Übers.), innen noch rötlich.

Robakidse, Grigol (1. 11. 1884–21. 11. 1962), georg. Dichter; schrieb in dt. Sprache; Romane: *Die gemordete Seele; Ruf d. Göttin;* Erzählungen.

Robbe-Grillet [*rɔbgri'je*], Alain (* 18. 8. 1922), frz. Schriftst. d. → Nouveau roman; *Der Augenzeuge; Jalousie;* Drehbuch: *Letztes Jahr in Marienbad.*

Robben, Meeresraubtiere m. flossenart. Schwimmfüßen; kleine äußere Ohrmuschel nur bei den *Ohren-R.* (→ Seebären, → Seelöwe, Haar-R.); R.arten auch → Seehunde (Abb.; auch → See-Elefant), → Walroß.

Robbia, della, **1)** Luca (1400–10. 2. 82), it. Bildhauer d. Renaiss.; bes. Reliefs aus gebranntem Ton, m. weißer u. farbiger Glasur; unter s. Neffen **2)** Andrea (20. 10. 1435–4. 8. 1528) u. dessen Söhnen umfangreicher Werkstattbetrieb in Florenz.

Robbins, 1) Frederic C. (* 25. 8. 1916), am. Arzt; Forschungen über Kinderlähmung; Nobelpr. 1954; **2)** Harold (* 21. 5. 1912), am. Schriftst.; *D. Wilden; D. Traumfabrik; D. Playboys;* **3)** Jerome (* 11. 10. 1918), am. Tänzer u. Choreograph.

Robe, *w.* [frz.], Kleid, Gewand, Amtstracht der Geistlichen, Richter u. Anwälte.

Robert, 1) R. v. Anjou (1278–19. 1. 1343), Kg von *Neapel* s. 1309, Gegner Heinrichs VII. u. Ludwigs d. Bayern; Dichter; **2)** R. der Teufel (um 1006–35, Hzg d. *Normandie,* Vater Wilhelms d. Eroberers; **3)** R. II., 1371 Kg v. *Schottland,* begr. d. Haus Stuart; **4)** R. → Guiscard.

Roberts, Kenneth (8. 12. 1885–21. 7. 1957), am. Erzähler; *Arundel; Nordwest-Passage.*

Robespierre [-*'pjɛːr*], Maximilien de (6. 5. 1758–28. 7. 94), frz. Rechtsanwalt, führender Jakobiner in der Frz. Revolution; übte 1793/94 als Vors. des Wohlfahrts-

Robespierre

ausschusses eine Terrorherrschaft aus; vom Konvent angeklagt und hingerichtet.

Robin Hood [-ʹhʊd], altengl. Sagenheld, Räuberhauptmann u. Beschützer der Armen.

Robinie

Robinie, *falsche Akazie,* Schmetterlingsblütler, aus N-Amerika eingeführt; meist weiße Blüten.
Robinson, 1) Edwin Arlington (22. 12. 1869–6. 4. 1935), am. Lyriker u. Epiker; Versepos: *Merlin. Lancelot. Tristram;* 2) Henry Morton (7. 9. 1898–13. 1. 1961), am. Schriftst.; *Der Kardinal.*
Robinson Crusoe [-ʹkruːsoʊ], **1)** Held eines Romans v. → *Defoe* (1719); Europäer, allein auf einsamer Ozeaninsel (Matrose Alexander Selkirk als histor. Vorbild); literarisch häufig nachgeahmt: **Robinsonaden; 2)** Insel im südl. Pazifik, zählt m. d. Alejandro-Selkirk-Insel zu den z. Chile gehörenden Juan-Fernández-Inseln.
Robles, Alfonso García (20. 3. 1911–2. 9. 91), mexikan. Diplomat u. Rüstungskritiker; Friedensnobelpr. 1982 (zus. m. A. → Myrdal).
Roebling, Johann August (12. 6. 1806–22. 8. 69), dt. Ing.; Brücken: Niagara, East River (New York).
Roboranzien [l.], *roborierende,* stärkende Arzneimittel.
Robot, *w.* od. *m.* [tschech.], Frondienst.
Roboter, Bezeichnung für eine automatisierte Maschine (→ Automation), die körperliche Tätigkeit ersetzt und bei der Menschen nicht unmittelbar in den Ablauf eingreifen; frühe Automaten schon im Altertum; im 18. Jahrhundert oft i. menschlicher Gestalt konstruiert (Maschinenmensch); Steuerung d. R. durch Programme; breite Anwendung in industrielle Prozesse (Fertigung), → Mikroprozessor.
Roca, Kap, in Portugal, westlichster Punkt des europäischen Festlands.
Rocaille, *w.* [frz. roʹkaj], Muschelwerk,

z. B. aus Muscheln u. Steinen, typ. Verzierung des Rokoko (Abb. → Stuck).
Rocha [-ʃʊ], Glauber (14. 3. 1938–22. 8. 81), brasilian. Filmregisseur des „Cinema Nuovo"; *Deus e o diabo na terra do sol* (1964); *Antonio das Mortes* (1969).
Rochade, *w.* [rɔʹʃ-, v. pers. „roche = Turm"], einziger Doppelzug im Schachspiel, von König und Turm.
Rochdale [ʹrɔtʃdeɪl], engl. St. nördl. v. Manchester, 210 000 E; Masch.-, Baumwollind.; Kohlengruben.
Rochefort-sur-Mer [rɔʃfɔrsyrʹmɛr], frz. Stadt im Dép. *Charente-Maritime,* an der Charente, 28 000 E; div. Ind.
Rochelle, La [-rɔʹʃɛl], Hptst. des frz. Dép. *Charente-Maritime,* am Atlant. Ozean, 78 000 E; Fischerei, Schiffbau; befestigter Hafen, Seebäder. – Im 16. u. 17. Jh. Hauptfestung d. Hugenotten.
Rochen, Knorpelfische, d. Haifischen verwandt, Raubfische m. abgeplattetem, blattförmigem Körper, leben am Meeresboden u. wühlen sich in den Schlamm; oft mehrere Meter lang, manche Arten mit gefährlichem Stachelschwanz *(Stechrochen),* Fleisch z.T. geschätzt. Zitter-R. teilt el. Schläge aus. Riesenmanta, bis 7 m breit (→ Tafel Fische, S. 346).
Rocher de bronze [frz. rɔʹʃe dʹbrɔ̃z „eherner Fels"], sinnbildl. Ausspruch, mit dem Friedrich Wilhelm I. die unerschütterl. Festigkeit seines Königtums kennzeichnete.
Rochester [ʹrɔtʃɪstə], **1)** engl. St. in d. Gft Kent, grenzt an Chatam, 56 000 E; Ölraffinerie, div. Ind.; Hafen; **2)** St. im US-Staat New York, am Erie-Kanal, 242 000 E; baptist. Uni., Hafen, div. Ind.; **3)** St. im US-Staat Minnesota, 58 000 E; Mayo-Klinik.
Rochus (um 1295–16. 8. 1327), frz. Heiliger; Patron d. Pestkranken; einer d. 14 Nothelfer (Tag: 16. 8.).
Rockefeller [ʹrɔkɪfɛlə], **1)** John Davison (8. 7. 1839–23. 5. 1937), am. Großindustrieller; gründete d. Standard Oil Company (Petroleum-Welttrust); s. Enkel **2)** Nelson A. (8. 7. 1908–26. 1. 79), am. republikan. Pol.; 1959–73 Gouverneur d. Staates New York, 1974–77 Vizepräs. d. USA.
Rockefeller-Stiftung, 1913 gegr., gab seitdem über ¾ Mrd. $ für wiss., karitative, pädagog. u. philanthrop. Zwecke.
Rocken, svw. → Spinnrocken.
Rocker [engl.], jugendl. Banden, meist in Lederkleidung u. m. Motorrädern.
Rock-Musik, Sammelbegriff f. d. seit den frühen 60er Jahren nach d. → Rock 'n' Roll aus → Blues, Skiffle, → Jazz u. Mainstream entstandene angloam. Musik; Merkmale: elektrisch verstärkte bzw. elektron. Instrumente (Melodieinstrumente: Gitarre, Keyboards, Synthesizer; Rhythmusinstrumente: Baß, Schlagzeug, Rhythmusgitarre), meist kl. Besetzung (3–5 Mann: *Band),* Hauptgewicht auf durchlaufendem, einfachem Rhythmus, traditionelle Liedstrukturen m. knappen

solist. Instrumentaleinlagen, Orientierung am Bluesgesang; vielfältige mus. Einflüsse; Ausnutzung modernster Studiotechnik. Vielzahl v. rasch wechselnden Stilrichtungen (m. charakterist. Vertretern): in d. 60er Jahren: *Surf* (Beach Boys), *Mersey Beat* (Beatles), *Rhythm & Blues* (Rolling Stones), *British Beat* (Who), *Experimental R & B* (Yardbirds), *Folk Rock* (B. Dylan), *Blues Rock* (J. Mayall), *Acid Rock* (Jefferson Airplane), *Underground* (Mothers of Invention), *Psychedelic Rock* (Pink Floyd), *Soul* (Temptations), *Classics-Rock* (Nice), *Country-Rock* (Byrds); in d. 70er Jahren: *Jazz Rock* (Mahavishnu Orchestra), *Pomp Rock* (Genesis), *Hard Rock* (Deep Purple), *Glamour Rock* (D. Bowie), *Art Rock* (Henry Cow), *Space Rock* (Hawkwind), *Heavy Metal* (Motörhead), *Electronic Rock* (Tangerine Dream), *Disco* (Bee Gees), *Reggae* (B. Marley), *Pub Rock,* → *Punk,* → *New Wave;* in d. 80er Jahren: *Funk, New Romantics, Positive Punk, New Progressive Rock, Neopsychedelia, Synthi-* od. *Techno-Pop, Noise-Pop, Grebo, Gothic Rock, No Wave, Speed Metal, Hardcore,* → *Rap, HipHop, Acid House, Rave, Ethno-Pop* u. *Sixties Revival.* -R.-M. wird wegen d. techn. Aufwands primär auf Tonträgern realisiert, live in Clubs, Konzertsälen u. als Open-Air-Veranstaltungen; Nutzung auch in anderen Medien: als Film (Konzert- u. Spielfilme, z. B. Beatles-Filme d. 60er Jahre); Multimedia-Show (z. B. *The Wall* v. Pink Floyd) u. Video (→ Video-Clips, Video-Filme, z. B. v. M. → Jackson in d. 80er Jahren).
Rock 'n' Roll [engl. ʹrɔkn ʹroʊl], stark rhythm. Tanz- u. Musikstil; beeinflußt v. afroam. Folklore; → Rock-Musik.
Rockwell International, am. Luft- u. Raumfahrtunternehmen, 1973 gegr. durch Zus.schluß v. *North American* u. *Rockwell Manufacturing;* stellt u. a. Überschallbomber „B 1" her.
Rocky Mountains [-ʹmaʊntɪnz], svw. → Felsengebirge.
Roda Roda, Alexander, eigtl. *Sándor Friedrich Rosenfeld* (13. 4. 1872–20. 8. 1945), östr. humorist.-satir. Schriftst.; Mitarbeiter des Simplicissimus; *Der Schnaps, der Rauchtabak und die verfluchte Liebe.*
Rodbertus-Jagetzow, Carl (12. 8. 1805–6. 12. 75), dt. Volkswirtsch.; Begr. d. wiss. Sozialismus in Dtld.
Rødbyhavn [ʹrœðbyʹhaʊn], dän. Fährbahnhof d. → Vogelfluglinie an der Südküste v. Lolland.
Rodel, *m.,* flacher Handschlitten, mit Füßen gesteuert, als *Rennrodel* auch Gerät für sportl. Wettbewerbe.
roden, Waldland durch Fällen der Bäume u. Entfernen der Wurzelstöcke urbar machen.
Rodenbacher, Georges (16. 7. 1855–25. 12. 98), belg. Dichter; *Das tote Brügge.*
Rodenkirchen, s. 1975 zu Köln.

Rodeo [span.-engl.], Reiterspiele d. → Cowboys.
Roderich, span. *Rodrigo,* letzter König d. Westgoten (710/11), fiel im Kampf gegen die Araber.
Rodewisch (D-9706), St. i. Kr. Auerbach, Sa., 8700 E; Leichtind., Satellitenbeobachtungsstation.
Rodgers ['rɔdʒəz], Richard (28. 6. 1902–30. 12. 79), am. Musical-Komponist; *Oklahoma; South Pacific; The King and I.*

Auguste Rodin
Autoskulptur

Rodin [rɔ'dɛ̃], Auguste (12. 11. 1840–17. 11. 1917), frz. impressionist. Bildhauer; *Die Bürger von Calais;* Denkmal *Victor Hugos; Der Denker; Balzac; Der Kuß.*
Roding (D-8495), St. i. Kr. Cham, am Regen, Bay., 10 449 E; Fremdenverkehr.
Rodomontade, nach → Ariosts Helden *Rodomonte* [„Bergewälzer"], svw. Prahlerei.
Rodrigues, Insel der *Maskarenen* im Ind. Ozean, zu Mauritius, 104 km², 36 500 E; Viehzucht, Fischfang.
Roeder, am (30. 1. 1890–7. 2. 1971), dt. Bildhauer (zeitw. auch i. Rom u. Florenz tätig); bei vereinfachend dichter Ausformung Betonung charakterist. Bewegungen u. Details; Gruppen, Einzelfiguren, Bildnisse *(Der Maler Hans Purrmann).*
Roer [ruːr], ndl. Name d. Flusses → Rur.
Roermond [ruːr-], ndl. St. in d. Prov. Limburg, 38 000 E; Bischofssitz; Ind., gr. eur. Eiermarkt.
Roeselare ['ruːsəlaːrə], früher *Rousselaere,* frz. *Roulers,* belg. St. in W-Flandern, 52 000 E; Textil-, Nahrungsmittelind., Binnenhafen.
Rogate [l. „bittet"], 5. Sonntag n. Ostern, Betsonntag.
Rogen, *m.,* Eier der Fische; → Kaviar.
Roger [-ʒeː], 1) R. I. (1031–22. 6. 1101), Bruder Robert Guiscards, eroberte Sizilien, folgte diesem 1085 in d. Herrschaft über Unteritalien; s. Sohn 2) R. II. (22. 12. 1095–26. 2. 1154), s. 1130 Kg v. Neapel u. Sizilien, schuf festen Staat u. Seeherrschaft im Mittelmeer.
Rogers ['rɔdʒəz], William Pierce (* 23. 6. 1913), am. Pol.; 1968–73 Außenmin.; *R.-Plan* als Grundlage d. Waffenstillstandes v. 1970 am Suezkanal.
Roggen, Grasgewächs, Brotgetreide, wild in SO-Europa; als *Sommer-* u. *Winter-R.* in versch. Sorten; anspruchslos; Mehl zu Schwarzbrot (Erzeugung → Getreide, Schaubild).

Rogier van der Weyden → Weyden.
Rohan [rɔ'ã], Henri Hzg v. (21. 8. 1579–13. 4. 1638), Anführer d. → Hugenotten gg. → Richelieu.
Roheisen, Eisensorte, mehr als 1,7% Kohlenstoff, spröde, nicht mechan. kalt od. warm streckb.; als **a)** *weißes R.,* b. d. Kohlenstoff als Eisenkarbid gebunden ist, hart, silberweiß, wird zur Umwandlung in schmiedb. Eisen hergestellt; **b)** *graues R.,* größerer Teil d. Kohlenstoffs in Form v. Graphit od. Temperkohle; grau, weicher u. zäher als weißes R.; dient z. Herstellung v. Gußeisen, auch z. Umwandlung in schmiedbares Eisen (→ puddeln); im Hochofen erzeugt (→ Eisen- u. Stahlgewinnung, Übers.).
Rohkost, Ernährung mit rohen Früchten u. Pflanzenprodukten; arm an Eiweiß, fast kochsalzfrei, reich an Mineralstoffen und Vitaminen; für Herz- u. Nierenkranke usw. nach ärztl. Verordnung.
Rohlfs, 1) Christian (22. 12. 1849–8. 1. 1938), dt. Maler; Entwicklung v. Impressionismus über Neoimpressionismus zu expressionist. Altersstil; Stilleben, Landschaften; 2) Gerhard (14. 4. 1831–2. 9. 96), dt. Afrikaforscher, durchquerte als erster d. Sahara (1865–67).
Röhm, Ernst (28. 11. 1887–1. 7. 1934), NS-Funktionär, Stabschef d. SA; auf Befehl Hitlers erschossen (sog. „R.-Revolte": zugleich Beseitigung oppositioneller Kräfte inner- u. außerhalb der Partei); u. a. wurden ermordet: Gen. v. Schleicher, Gregor Strasser, Gustav v. Kahr u. Edgar Jung.
Rohöl, noch nicht destilliertes → Erdöl. – *R.motor,* svw. → Dieselmotor.
Rohr, Bez. für versch. große Gräser mit geradschäftigem, meist hohlem Stengel; → Schilf, → Bambus, → Zuckerrohr.
Rohracher, Hubert (24. 4. 1903–18. 2. 72), östr. experimenteller Psych.; *Einführung i. d. Psychologie.*
Rohrblatt → Zunge.
Rohrdommeln, plumpe, kurzhalsige Reiher, nur in dichtem Schilf; tiefer Rufton; *Große Rohrdommel,* bis 75 cm hoch; *Zwerg-R.,* bis 45 cm hoch.
Röhren → Elektronenröhre, → Verstärker.
Röhren, *s.,* Brunstschrei der Hirsche.
Röhren-lampe, Glühlampe in Röhrenform m. Glühfaden; auch mit Quecksilberdampf oder indifferentem Gas als Glimmlampe. – *R.quallen, Siphonophoren,* im Meere schwimmende Stöcke (Kolonien) von → Zölenteraten. –

Roggenähre

R.würmer, leben in selbstgebauten Röhren auf dem Meeresboden.
Rohrer, Heinrich (* 1933), schweiz. Phys. Entwickelte das Raster-Tunnel-Mikroskop (Elektronen-Raster-Mikroskop); Nobelpr. 1986.
Rohrkolben, *Teichkolben,* schilfähnl. Pflanzen m. walzigen Blütenkolben.
Röhrlinge, Löcherpilze, viele Speisepilze (z. B. *Stein-, Butter-, Maronen-, Kapuzinerpilz, Schönfuß-R.*); giftig: *Satanspilz.*
Rohrpalme, svw. → Rotangpalme.
Rohrpflug → Dränierung.
Rohrpost, mit Saug- od. Preßluft betriebene Beförderungsanlage f. Kleinsendungen (in Büchsen); entweder f. einzelne Unternehmungen in großen Geschäftsbäuden od. als Stadtrohrpostanlagen zur Beförderung v. Briefen u. Postkarten.
Rohrrücklauf, bei *Geschützen:* Das Rohr gleitet infolge d. Rückstoßes b. Schuß auf einem Schlitten nach hinten, wird dabei gebremst und durch starke Federn wieder vorgeholt.
Rohrsänger, kleine Singvögel, in Schilf und Getreide nistend, schöner Gesang; *Drossel-, Sumpf-, Teich-R.* und *Heuschreckensänger (Schwirl).*
Rohrzucker → Zucker.
Rohseide, die v. Kokon d. Maulbeerseidenspinners abgehaspelte Seide; auch → Grège.
Rohstoffe, Naturprodukte zur Fabrikation von *Halb-* u. *Fertigfabrikaten,* in steigendem Maße auch technisch (→ Kunststoffe) hergestellt.
Rohwedder, Detlev Karsten (16. 10. 1932–1. 4. 91), dt. Industriemanager u. Wirtsch.pol. (SPD); 1969–78 beamteter Staatssekretär im Bundeswirtsch.min.; 1980–90 Vorstandsvors. der Hoesch AG, s. Mitte 1990 Vorstandsvors. d. Berliner → Treuhandanstalt; bei Terroranschlag umgekommen.
Roi Soleil [frz. *rwa sɔ'lɛj* „Sonnenkönig"], Beiname → Ludwigs XIV. von Frankreich.
Rokitnosümpfe → Polesje.
Rökk, Marika (* 1. 11. 1913), dt. Tänzerin u. (Film-)Schausp.in ungar. Herkunft; *Maske in Blau.*
Rokoko [n. frz. → „rocaille"], künstler. Stilstufe zw. Barock u. Klassizismus in Eur. (etwa 1730–75), bes. in Frkr. u. Dtld; Stilmerkmale: Auflösung d. gr. barocken Geste in leichte, unpathet. Bewegtheit; Aufwertung der sog. Kleinkunst in 1) *Literatur* (geistreiche Sinnsprüche, galante Gedichte, sinnenfrohe Schäferidyllen) und 2) *Kunst* (Miniaturen, Bildnisse, Porzellanfiguren); Hinwendung z. Dekorativen; stärkere Betonung der Fläche durch ornamentale Gliederung; Hauptleistungen in der Innenraumgestaltung (→ Wies); 3) *Kunst:* R. löst Wucht des Barock in Anmut und Spiel der Formen auf; klingt aus im Dekorationsstil (18. Jh.). – **a)** *Baukunst:* α) *Dtld:* bayr. Rokoko, → Wies, Brüder → Asam; β) *Frkr.:* Trianon in Versailles,

γ) *Italien:* Villa Albani, Spanische Treppe, Fontana di Trevi (Rom). – **b)** *Plastik:* α) *Dtld:* Meißner Porzellan (→ Kändler) u. Elfenbeinplastik; β) *Frkr.:* Falconet, Houdon. – **c)** *Malerei:* α) *Dtld:* Chodowiecki, Graff, Zick; β) *Frkr.:* Watteau, Boucher, Fragonard; γ) *England:* Reynolds, Hogarth; δ) *Spanien:* Frühwerk Goyas; ε) *Italien:* Canaletto, Guardi.
Rokossowski, Konstantin (21. 12. 1896–3. 8. 1968), sowj. Marschall, i. 2. Weltkr. Oberbefehlshaber b. Stalingrad; 1949 poln. Verteid.min.; 1952–56 stellvertr. poln. Min.präs.
Roland, Paladin Karls des Gr., gefeierter Sagenheld, 778 bei → Roncesvalles (Spanien) im Kampf gegen die Mauren gefallen; unweit die **Rolandsbresche,** *Brèche de R.,* Pyrenäenpaß nach Frkr.
Roland, voll mobiles Flugabwehrrrakentensystem f. den Schutz wichtiger Flugplätze vor Angriff feindlicher Luftstreitkräfte; Reichweite: 6 km.

Rolandslied

Rolands-lied, frz. Heldenepos von Roland (11. Jh.); dt. umgearbeitet vom Pfaffen Konrad (um 1170). – **R.säulen,** Bildsäulen mit Gewappnetem, bes. auf Märkten norddt. (Hanse-)Städte (z. B. in Bremen); Symbol städtischer Unabhängigkeit.
Rolandseck, Luftkurort am Rhein, südl. v. Bonn; Ruine *Rolandsbogen.*

Romain Rolland

Rolland [-'lã], Romain (29. 1. 1866–30. 12. 1944), frz. Schriftst.; Vorkämpfer f. Völkergemeinschaft u. Frieden; Roman: *Jean-Christophe;* Biographien: *Michelangelo; Beethoven; Tolstoi;* Dramen: *Spiel von Tod und Liebe;* Nobelpr. 1915.

Rollbahn, 1) *Rollfeld,* Auslauffeld für Start und Landung von Flugzeugen auf Flugplätzen; **2)** im 2. Weltkrieg Bez. für Hauptnachschubstraße.

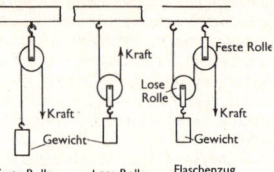

Feste Rolle   Lose Rolle   Flaschenzug
Rollen für Hebezwecke

Rolle, 1) runde Scheibe, Masch.element zur Umleitung einer Zugrichtung; auf od. mit der Achse drehbar; **2)** Plättwalze, *Mangel;* **3)** Aufgabe eines Schauspielers (gen. nach seinem aus dem Stück [früher auf Papierrollen] aufgeschriebenen Text); **4)** *soziale R.,* Position in der Gruppe, die durch die Gesamtheit v. Rollenerwartungen der Gruppenmitglieder bestimmt wird.
Rollenhagen, Georg (22. 4. 1542–20. 5. 1609), dt. Schriftst. und Schulmann; lehrhaftes Epos: *D. Froschmeuseler.*
Rollenlager, Wellenlager mit zylindr. Rollen zw. konzentr. Wälzflächen; mit geringem Reibungswiderstand (rollende statt gleitende Reibung); → Kugellager.
Rollo, als Christ: *Robert* († 932); Normanne, erster Hzg der Normandie.
Rollsport, Begriff für alle Rollschuh-Sportarten: *Rollkunstlauf, Rollhockey, Rollschnellauf.*
Rolls-Royce Ltd. [ʹroʊlzʹrɔɪs], engl. Konzern, 1906 gegr. v. C. S. *Rolls* u. H. *Royce;* produziert u. a. Autos u. Flugzeugtriebwerke.
Rolltreppe, Steigband zur Beförderung von Personen; meist bis 30° Steigung, 0,45 m/s Fördergeschwindigkeit.
Röm, dän. *Rømø,* Nordfries. Insel nördl. v. Sylt, seit 1920 dän., meist Dünen, im O Marschland, 145 km²; Hptort *Kirkeby.*

Rom, Spanische Treppe

Rom, it. *Roma,* Hptst. von Italien, 2,8 Mill. E; Mittelpunkt der kath. Christenheit; am Tiber, urspr. auf 7 Hügeln er-

baut (Aventin, Caelius, Palatin, Kapitol, Esquilin, Viminal, Quirinal), später Ausdehnung auf weitere Hügel (Vatikan, Pincius, Janiculus u. a.), zahlreiche kirchl. Bauwerke (→ Peterskirche, größte Kirche d. Welt) u. weltl. Monumentalgebäude; *Vatikan* (Residenz des Papstes), *Quirinal, Palazzo Venezia, Engelsburg;* antike Reste: → *Forum Romanum,* → *Kolosseum, Konstantinsbogen* (Abb. → *Triumphbogen),* → *Pantheon;* zahlreiche Plätze m. berühmten Brunnen; Uni. (1303 gegr.), Akad. d. Wiss. u. v. a. Akad., HS, Forschungs- u. Lehrinst. (z. B. das intern. Landw.-Inst.), MPI Bibliotheca Hertziana, Museen, Observatorien; Ind.- u. Handelsst., 2 Flughäfen *(Leonardo da Vinci, Fiumicino).* – Der ge nach 753 v. Chr. (von Romulus u. Remus) gegr.; in der Kaiserzeit prachtvoll ausgebaut; Weltstadt; Verfall in der Völkerwanderung (→ Römisches Reich); ma. R. aufgebaut aus Bauresten der Antike; neue Blüte in Renaissance u. Barock; 1871, nach Aufhebung des Kirchenstaates, Hptst. Italiens.
Romadur, *Romadour, Ramadur,* in den Pyrenäen hergestellter Schafkäse; Allgäuer Fettkäse aus Kuhmilch.
Romagna [-ɲa], oberit. histor. Landsch., heute d. Ostteil d. → Emilia Romagna.
Romains [-ʹmɛ̃], Jules, eigtl. *Louis Farigoule* (26. 8. 1885–14. 8. 1972), frz. Schriftst.; führend in der Bewegung „Unanimismus"; Lyrik: *La vie unanime;* Romanzyklus: *Die guten Willens sind.*
Roman, *m.,* urspr. in roman. Ländern, in lingua romana, „in Volkssprache" geschriebene (Prosa-)Dichtung; gibt im Ggs. zur kürzeren Novelle ein Zeit- od. Weltbild. Arten: Erziehungs- und Bildungs-, Entwicklungs-, Geschichts-, Abenteuer-, Sitten-, Sozial-, Tatsachen-, Heimat-, Familien-, Tendenzroman etc.
Romancier, *m.* [frz. -mãʹsʼɪe], Romandichter.
Romanen, Bez. der Völker, die auf das Italische bzw. Lateinische zurückgehende, also romanische Sprachen (→ Sprachen, Übers.) sprechen.
romanische Kunst (auch *Romanik),* um 950–1250: **a)** *Baukunst:* archaischer, monumentaler Mönchsstil durch Regel u. Material gebunden; aus röm., byzantin., karoling. Voraussetzungen auf Boden z. Reife entwickelt, in Dtld, England, Italien, Spanien umgebildet; Rundbogenreihen, Wandpfeiler, zunächst Flachdecken, dann Wölbungen: Kreuzgrat-, Rippen- u. Tonnengewölbe sowie Kuppeln. Außenbau: Staffelchöre, Vierungstürme, Bereicherung durch flächengerechte Ornamentik, Gesimsbänder, Blendarkaden, Figurenkapitelle, Reliefdarstellungen, Portalplastik. – *Normandie:* Caen; *Burgund:* Cluny, Autun, Vézelay; *Südfrkr.:* Toulouse, Angoulême, St-Gilles; *Dtld:* Klosterkirchen Hirsau, Alpirsbach, Königslutter; Dome → Speyer, → Worms; Kaiserpfalzen Goslar, Gelnhausen; **b)**

Plastik: Hildesheimer Taufbecken, → Braunschweiger Löwe, Halberstädter Triumphkreuz, Bamberger Georgenchorschranken (→ Tafel Baukunst); **c)** *Malerei* (Fresken, Buchmalerei; in Italien Mosaik: Venedig, S. Marco; S. Maria in Trastevere; Monreale).

romanische Sprachen → Sprachen (Übers.).

Romanist, *m.,* Forscher d. roman. Sprachen od. d. röm. Rechts.

Romano, Giulio (1499-1. 11. 1546), it. Baumeister u. Maler d. → Manierismus; Schüler Raffaëls; *Palazzo del Tè,* Mantua.

Romanow, 1613-1762 Herrscherhaus in Rußland, bedeutendster Zar → Peter I., d. Gr.; 1730 Mannesstamm erloschen; gefolgt von dem deutschen Haus Holstein-Gottorp-R. bis 1917.

Romanshorn (CH-8590), schweiz. Ort im Kanton Thurgau, am Bodensee, 8300 E; Ind.; Verkehrsknotenpunkt.

Romantik, *w.,* geist. Strömung um 1760-1830 (Spätromantik bis 2. Hälfte d. 19. Jh.), bes. in Dtld; Abkehr vom Rationalismus u. v. den Idealen d. klass. Kunst; Unendlichkeitsdrang, Betonung des Gefühls, des Volkstümlichen, Nationalen; später: Auflösung d. Form; Entdeckung der frühen christl. MA; starke Beziehung zu den roman. Kulturen (Calderón, Cervantes, Dante); Wiedererwekkung des dt. Altertums (Brüder Grimm); R. als geist. Bewegung erstreckt sich auf viele Gebiete: Dichtung (→ dt. Literatur), Baukunst (auch Pflege ma. Bausubstanz: → Viollet-le-Duc), bes. Malerei (*Dtld:* Ph. O. → Runge, C. D. → Friedrich, Overbeck, Rethel, Cornelius, M. v. Schwind, → Richter [→ Tafeln Malerei II u. III]. - *Frkr.:* → Géricault, → Delacroix, → Corot. - *England:* → Turner. - *USA:* → Cole), Musik (Mendelssohn Bartholdy, Schumann, Chopin, Schubert, Liszt u. a.), Geistes- u. Naturwiss. Auch Klassizismus, → Neuromantik.

Romanze, *w.,* urspr. span., im Volkston abgefaßte lyrisch-epische Dichtform.

Rombach, Otto (22. 7. 1904-19. 5. 84), dt. Schriftst.; histor. Romane: *Adrian der Tulpendieb; Der junge Herr Alexius.*

Romberg, Moritz (11. 1. 1795-16. 6. 1873), dt. Nervenarzt. - **R.sches Zeichen,** starkes Schwanken beim Stehen mit geschlossenen Augen u. Beinen, z. B. bei Gleichgewichtsstörungen.

Romeo, den Titelhelden der Julia in Shakespeares Trauerspiel *R. und Julia.*

Römer, Olaus (25. 9. 1644-19. 9. 1710), dän. Astronom; bestimmte 1675 d. Geschwindigkeit d. Lichts a. d. Verfinsterungen d. Jupitermonde.

Römer, **1)** *der,* Rathauskomplex in → Frankfurt a. M. (Abb.), in dem seit 1562 die dt. Kaiser gekrönt wurden; **2)** kelchförmiges Weinglas m. hohem Fuß.

Römer-brief, im N. T. Schreiben d. Paulus an d. röm. Gemeinde gegen jüd. Gesetzlichkeit; Rechtfertigung vor Gott

(→ *Barth,* Karl). - **R.schanze,** häufig: vorgeschichtl. Befestigung. - **R.straßen,** Reste der von den Römern seit Julius Cäsar mit hochentwickelter Technik gebauten Heerstraßen (z. B. Via Appia, Via Flaminia). - **R.züge,** die Heerfahrten der dt. Könige u. Kaiser im MA nach Italien zur Kaiserkrönung oder zur Behauptung der kaiserlichen Macht.

Rominte, l. Nbfl. der Pissa im ehem. Ostpreußen, 80 km lang, aus der **Rominter Heide** (210 km²).

Römische Kollegien, kath. Bildungsanstalten in Rom f. Kleriker aller Länder.

römische Kunst, *Kaiserzeit,* v. griech.-hellenist. u. etrusk. Vorbildern geprägt; dient d. Repräsentation (Paläste, Triumphbögen, Siegessäulen), dem prakt. Bedarf (→ Aquädukte, Thermen, Kornhäuser, Theater), d. Wiedergabe tägl. Realität (Porträt, illusionist. Wandmalerei), d. rel. Leben (Tempel); Pantheon, → Kolosseum, Trajanssäule, Reiterstandbild d. → Marcus Aurelius; Denkmäler auch in den eur., asiat. u. afrikan. Provinzen.

römische Literatur, a) *3./2. Jh. v. Chr.:* Ennius, Begr. d. röm. Kunstpoesie; hi-stor. Epos *(Annalen);* Dramen; Plautus' u. Terenz' *Komödien* (Nachahmungen des Menander); daneben Volksdramen, d. zur Gattung des Mimus gehören. - **b)** *1. Jh. v. Chr.:* Historiker Sallust *(Verschwörung Catilinas* und *Jugurthinischer Krieg).* Cäsar, Muster eines persönl. Rechenschaftsberichts *(Gallischer* u. *Bürgerkrieg);* Cicero *(Anwaltsreden),* phil. Werke; vorbildl. für klass. lat. Stil); Lukrez (phil. Lehrgedicht); Catull (Liebeslieder); Vergil *(Aneïs,* Heldenepos d. Römertums); Ovid *(Metamorphosen,* d. alten Mythen als Vorwurf für artist. Spiel; *Liebeskunst);* Properz (Liebesgedichte an *Cynthia);* Tibull (Liebesgedichte an *Sulpizia);* Horaz (Oden an Geliebte, Gönner, Zeitgenossen; erste Poetik); Livius (erster Versuch einer Weltgeschichte Roms in Anlehnung an d. Griechen Polybios). - **c)** *1. Jh. n. Chr.:* Römische Satiren: Petronius (Zeitroman m. lebendiger Sittenschilderung, *Satyricon),* später (um 125) Apulejus *(Der goldene Esel);* Martial (bissige *Epigramme)* u. Juvenal *(Satiren);* Geschichtsschreibung: Tacitus *(Annalen; Historien; Germania,* kulturkrit. Geschichtsschilderung, in klass. knapper Form) u. Sueton (intime Hofgeschichten); Seneca (rhetorische Dramen, moralphil. Schriften); *wiss. Literatur:* Plinius u. später Galen; Ausläufer Ausonius (4. Jh., *Mosellied)* u. Boëthius (6. Jh.). - **d)** *Übergang zur christl. Literatur:* Ambrosius, *Hymnen,* Augustinus, *Konfessionen,* erstes großes Selbstbekenntnis der Weltliteratur, geschult an klass. röm. Rhetorenbildung; Bibelübersetzung d. Hieronymus, *Vulgata.* - **e)** *Lateinisch* im dt. MA: Vagantenlieder; *Carmina Burana;* Lyrik u. Geschichtsschreibung, Philosophie u. Lit. überwiegend Drama *Antichrist;* ma. Lit. überwiegend

lat.; Humanistenlyrik (letzte Blüte i. Barock: Fleming, Simon Dach).

römisches Recht, hochentwickeltes Rechtssystem der Röm. Reichs (→ Corpus iuris civilis); gelangte durch → Rezeption auch nach Dtld; hat das heute in Dtld geltende Recht stark beeinflußt.

Römisches Reich, 753 v. Chr. sagenhafte Gründung Roms durch Romulus u. Remus, bis um 510 v. Chr. Zeit der (ungeschichtl. 7) *Kge,* dann bis um Chr. Geburt *Republik,* ca. 500-300 v. Chr. innere Kämpfe zw. Patriziern u. Plebejern bis zur gleichmäß. Gleichstellung der letzteren; gleichzeitig allmähl. Unterwerfung Italiens; Kämpfe gg. die Etrusker 6.-4. Jh. v. Chr. Nach 300 bis etwa 150 v. Chr. Ringen mit Karthago um die Vormacht im westl. Mittelmeer (→ Punische Kriege); verstärkter Einfluß im O (Mazedonien, Griechenland) u. im W (Numantia, Spanien unterworfen); mit Zerstörung Karthagos u. Korinths 146 v. Chr. war Roms Alleinherrschaft gesichert u. mit der Überlassung Kleinasiens (Erbschaft des Attalus v. Pergamon) 133 v. Chr. der Ring röm. Besitzes um das Mittelmeer geschlossen. 133-121 v. Chr. Kämpfe um soziale Reformen zw. Senat u. dem v. d. Gracchen geführten Volk; Parteikämpfe zw. Volkspartei (Marius) u. Optimaten (Sulla), bis mit Cäsar (44 v. Chr. ermordet) u. Augustus die *Monarchie* entstand. Eroberung von Gallien, Südgermanien, Ägypten, Dalmatien, Britannien; wechselnde Herrschergeschlechter; größte Ausdehnung unter Trajan (um 100 n. Chr.): von Schottland bis Mesopotamien; nach 200 (Verteilung des Reiches unter Regenten, Verwaltungs- u. Finanzreform) innere Wirren unter den *Soldatenkaisern;* neue Grundlage unter Diokletian 284-305 u. Konstantin 306-337 (Duldung d. Christentums 313; 330 Verlegung der Residenz von Rom nach Byzanz). Im Jahre 395 wurde d. Gesamtreich in O- u. W-Rom geteilt, das W-Reich 476 von den Germanen übernommen, das O-Reich bestand als → *Byzantinisches Reich* bis 1453.

Römisches Reich Deutscher Nation → Heiliges Römisches Reich Deutscher Nation.

römische Zahlen, I = 1, V = 5, X = 10, L = 50, C = 100, D = 500, M = 1000; alle anderen Zahlen durch Zus.stellung wie III = 3, XX = 20, CCC = 300 od. durch zwei Zahlen, wobei die erste von d. zweiten abgezogen wird (es darf jedoch nur stehen: I vor V u. X, X vor L u. C, C vor D u. M), z. B. IX = 9, XL = 40, XC = 90, CD = 400, CM = 900; MCMXCI = 1991.

römisch-katholische Kirche, nach eigenem Verständnis sichtbare Erscheinungsweise des mystischen Leibes Christi, d. Gemeinschaft aller unter dem röm. Papst vereinten Christen; der Papst Stellvertreter Christi, bei Entscheidungen ex cathedra in Glaubens- u. Sittenfragen unfehlbar;

Die katholische Kirche in Deutschland

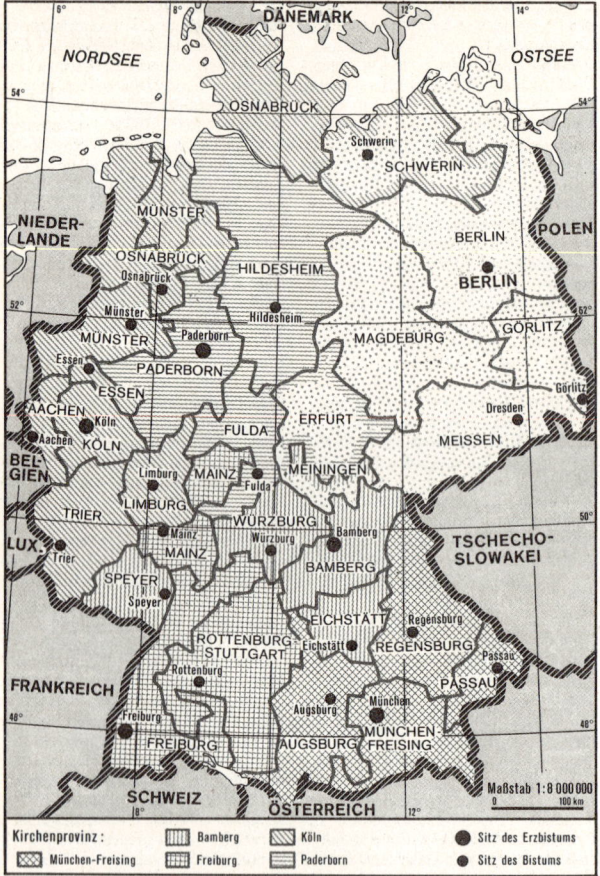

Kirchenprovinz:
Bamberg Köln
München-Freising Freiburg Paderborn
● Sitz des Erzbistums
● Sitz des Bistums

Maßstab 1:8 000 000
0 — 100 km

landsbresche (Brèche de Roland), wo 778
→ Roland im Kampf gg. d. Mauren fiel.
Ronchamp [frz. $rõ'ʃã$], frz. Wallfahrtsort
nördl. v. Belfort (Vogesen), 3100 E; Wall-
fahrtskirche v. Le Corbusier (→ Tafel
Baukunst).
Ronde, w. [frz.], Rundgang zur Kontrolle der Wachen.
Rondeau, s. [frz. $rõ'do:$], frz. Tanzlied des
MA und daraus entwickelte Gedicht-
form.
Rondell, *Rundell*, 1) rundes Beet, Rasen-
stück; 2) Scheibe, Halbfabrikat d. Metall-
ind.
Rondo, s. [it.], Tonstück, dessen Haupt-
thema nach Zwischenthemen (Couplets)
als Refrain immer wiederkehrt.
Ronkalische Felder, im MA Heerlager
der dt. Kaiser auf ihren Romzügen
(Reichstage), nahe dem it. Dorf *Ronca-
glia*, Prov. Piacenza.
Rønne, Hptort d. dän. Insel Bornholm,
16 000 E.
Ronneburg (D-6506), St. i. Kr. Gera,
Thür., 9000 E; Textilind.; dazu *Bad R.*,
Eisen- u. Schwefelquellen.
Ronnenberg (D-3003), St. i. Kr. Hanno-
ver, Nds., 19 945 E; Landwirtschaft.
Ronsard [$rõ'sar$], Pierre de (11. 9. 1524–
27. 12. 85), frz. Dichter, Vorbereiter d.
Klassizismus; Epos: *La Franciade;* Lyrik.
Rönsch, Hannelore (* 12. 12. 1942),
CDU-Pol.in, s. 1991 B.min. f. Familie u.
Senioren.

Wilhelm C. Röntgen

→ Kirche. Christus wirkt Gnade und
Leben durch die 7 Sakramente; im Unterschied zu anderen Kirchen legt die
katholische Kirche besonderen Wert
auf ihre sichtbare Form. – Gesamtzahl
der Katholiken ca. 800 Mill., ca. 4000
residierende Metropolitanbischöfe, Erzbischöfe, Bischöfe und Weihbischöfe. –
r.-k. K. in Deutschland, 5 Kirchenpro-
vinzen/Erzbistümer, 18 Bistümer, 1
Apostolische Administratur u. 3 Bi-
schöfliche Ämter. Deutsche Bischofskonferenz: Zusammenschluß aller Bischöfe. Sitz des Sekretariates: Bonn.
Rommé, *s.,* Kartenspiel; zweimal je 52
Karten und Joker, beliebige Spielerzahl.
Rommel, Erwin (15. 11. 1891–14. 10.
1944), dt. Feldm.; Kommandeur d. dt.
Truppen in Afrika 1941–43; zum Selbstmord gezwungen.
Romney [-ni], George (15. 12. 1734–15.
11. 1802), engl. klassizist. Bildnismaler;
Lady Hamilton.

Romulus, sagenhafter Gründer und erster Kg Roms; Sohn der Rea Silvia, mit
Zwillingsbruder *Remus* von Wölfin ge-
säugt.

*Die Kapitolinische Wölfin
mit Romulus und Remus*

Romulus Augustulus, der letzte (16jäh-
rige) Kaiser von W-Rom, 476 n. Chr. v.
→ Odoaker gestürzt.
Roncesvalles [span. $rɔnθez'βaʎes$], frz.
Roncevaux [$rõs'vo$], Dorf in der span.
Prov. Navarra, in einem Tal der Pyrenä-
en, mit Frkr. verbunden durch die Ro-

Röntgen, Wilhelm Conrad (27. 3. 1845–
10. 2. 1923), dt. Phys.; entdeckte 1895 d.
R.strahlen, *X-Strahlen*, kurzwellige elek-
tromagnet. Strahlung, wesensgleich dem
Licht; Nobelpr. 1901.
Röntgen, Abk. *R* (früher *r*), intern. Ein-
heit d. R.strahlenenergie. – **R.kater**
→ Strahlenkrankheit. – **R.quellen**, m.
Höhenballons, Raketen od. Erdsatelliten
feststellbare Quellen v. R.strahlung im
Weltraum (zumeist Sterne). – **R.röhren**,
Erzeugung v. R.strahlen b. Aufprall von
→ Kathodenstrahlen auf Metall. Beu-
gung bei Durchgang durch Kristalle (v.
Laue 1912), daher wichtig zur Erfor-
schung d. Materie (innerer Aufbau d.
Kristalle); ihre hohe Durchdringungs-
kraft wird techn. zur Materialprüfung,
med. zur Durchleuchtung d. menschl.
Körpers verwendet. Scharfe Schattenbil-
der von Knochen (für Hohlorgane
→ Kontrastmittel), sichtbar auf Leuchtschirm, doppelseitig gegossenem Film

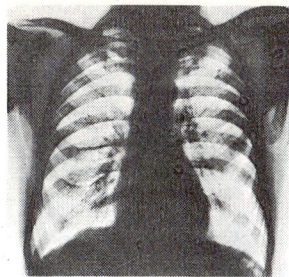

Röntgenbild
eines menschlichen Brustkorbes

od. fotograf. Platte *(R.bild,* Radiogramm, *R.fotografie).* Die Wirkung an Gewebszellen dient zur Heilung v. Entzündungen u. Geschwülsten *(R.therapie);* da bei Übermaß Gefährdung *(R.strahlenverbrennung),* bes. d. Haut, bedient man sich der *Pendel-, Rotations-* oder *Konvergenzbestrahlung;* sonst Bleiplattenabschirmung. *R.reihenuntersuchungen* bes. zur Bekämpfung der Lungentuberkulose mit *Schirmbildverfahren,* fotografische Aufnahme d. auf einem Fluoreszenzschirm entstehenden R.bildes. Fortlaufende Aufnahmen am Lebendigen sind *R.kinematogramme.* Weitere Sondermethoden: → *Kymographie;* → *Tomographie (R.schichtverfahren).* – **R.spektrum** → Spektrum.

Roon, Albrecht Gf v. (30. 4. 1803–23. 2. 79), preuß. Feldm.; Heeresreformen als Kriegsmin. 1859–73 unter König Wilhelm I.

Franklin D. Roosevelt

Roosevelt [*'rouzvɛlt*], **1)** Franklin Delano (30. 1. 1882–12. 4. 1945), am. demokr. Pol. u. Staatsmann; 1928–33 Gouverneur d. Staates New York; 32. Präs. d. USA 1933, Wiederwahl 1936, 1940, 1944, Bekämpfung d. Wirtschaftskrise durch → New Deal; im 2. Weltkr. Unterstützung der Alliierten, Unterzeichnung d. Atlantikcharta, Kriegseintritt; bereitete die Gründung der UN vor; Teilnahme u. a. 1945 an der Konferenz von Jalta; **2)** Theodore (27. 10. 1858–6. 1. 1919), am. republikan. Staatsmann, 26. Präs. d. USA 1901–09; Friedensnobelpr. 1906.

Röpke, Wilhelm (10. 10. 1899–12. 2. 1966), dt. Nationalökonom u. Soziologe; Verfechter d. Neoliberalismus.

Roquefort [*rɔk'fɔːr*], frz. Dorf im Dép. *Aveyron* (S-Frkr.), 900 E; Fabrikation v. **R.käse** (fetter Schafkäse unter Zusatz v. Schimmelpilzen).
Roraima [*rru'rɔĭmɐ*], nordbrasilian. Staat, 225 017 km², 117 000 E; Hptst. *Bôa Vista.*
Rorschach, Hermann (8. 11. 1884–2. 4. 1922), schweiz. Psychiater; entwickelte projektiven Persönlichkeitstest *(R.test):* Deutung von Tintenklecksen.
Rorschach (CH-9400), schweiz. Bez.-hptst. am Bodensee, Kanton St. Gallen, 400 müM, 9900 E; Handels- u. Fremdenverkehrsort, Ind.
Rosa, Salvator (20. 6. od. 21. 7. 1615–15. 3. 73), it. Maler d. Barock (Schlachten, Landschaften) u. Dichter (Satiren).
Rosario, St. in der argentin. Prov. Santa Fé, am Paraná, 876 000 E; Uni.; Hafen, Ind.
Roscellinus (um 1100 n. Chr.), frz. Phil.; Begründer des → Nominalismus.
Rose, 1) Wund-R., → *Erysipel,* Streptokokkeninfektion der Haut mit hohem Fieber, oft Blasenbildung; Neigung zum Fortschreiten; **2)** → Gürtelrose; **3)** unterster, mit dem Rosenstock aufsitzender Teil des Hirschgeweihs.

Peter Rosegger

Rosegger, Peter (31. 7. 1843–26. 6. 1918), östr. Heimatdichter; *Schriften des Waldschulmeisters; Jakob der Letzte; Der Gottsucher.*
Rosegggletscher, in d. Berninaalpen südl. v. *Piz Roseg* (3937 m), 4,7 km l.
Rosen, meist stachlige Sträucher m. großen Blüten u. meist roten Sammelfrüchten (Hagebutten, reich an Vitamin C); zahlreiche *Wild-R.* in Dtld (z. B. die *Hecken-R.);* auf der nördl. Halbkugel ca. 100 Arten; Stammpflanzen der *Provinz-R., Monats-R., Moos-R.* u. *Zentifolien* sind die (auch bei uns wilden) *Essig-R.* u. die *Moschus-R.* (N-Afrika bis N-Indien); die *Tee-R., Bengal-R.* u. *Remontanten* stammen von d. *ind. R.* u. von den Moschus-R. ab; *Edel-R.* sind stark *gefüllt,* d. h. ein Teil der Staubblätter ist zu Blumenblättern umgestaltet.
Rosenberg, Alfred (12. 1. 1893–16. 10. 1946), dt. NS-Pol. u. Schriftst.; *Der Mythus des 20. Jh.;* ideolog. Grundlage f. d. NS-Rassentheorie; hingerichtet.
Rosenberg, 1) *Olesno,* poln. St. in Oberschlesien, 8000 E; **2)** *Susz,* poln. St. im ehem. Westpreußen, 4000 E; **3)** slowak.

Ružomberol, St. in d. nördl. Slowakei, an der Waag, 30 000 E; Papier-, Holzind.
Rosengarten, 1) größte Gebirgsgruppe der westl. Dolomiten; *Kesselkogel* 3004 m, *Rosengartenspitze* 2984 m, *Schlern* 2564 m; **2)** dt. Heldengedichte des 13. u. 14. Jh.: *großer R.* (die Kämpfe d. Nibelungen mit den Helden Dietrichs von Bern) u. *kleiner R.* (→ Laurin); **3)** Titel einer Liedersammlung von Löns.
Rosenheim (D-8200), krfreie St. am Inn, Bay., 54 304 E; AG; FHS (Holztechnikum); Bekleidungs-, Holz- u. Elektroind.
Rosenholz, wohlriechende Hölzer verschiedener Herkunft.
Rosenkäfer, metallisch glänzender grüngoldener Blatthornkäfer; auf Rosen u. anderen Pflanzen; Larven in vermoderndem Holz.
Rosenkohl, Kohlart, in deren Blattachseln „Röschen" stehen, die als Gemüse verwendet werden.
Rosenkranz, lat. *Rosarium,* **1)** Gebetform, bei der man 50 Ave Maria u. 5 Vaterunser bei gleichzeit. Betrachtung eines Geheimnisses aus d. Leben Jesu betet; jeweils 1 Vaterunser u. 10 Ave Maria auf 1 Geheimnis (z. B. „den du, o Jungfrau, geboren hast"); **2)** Perlenschnur, in fünfmal je 10 Perlen gegliedert, zum Zählen d. Ave Maria u. R.gebets; ähnl. Gebetsschnüre auch in anderen Religionen (z. B. Buddhismus, Islam).
Rosenkreuzer, theosoph. Geheimgesellschaften, bes. im 17. u. 18. Jh. benannt nach d. legendären Christian Rosenkreuz (angebl. 1378–1484); erstrebten eine *Generalreformation* d. Welt, d. h. der persönl. u. im gesellschaftl. Leben, auf religiös-christlicher Grundlage.
Rosenkriege, 1455–85: Kampf d. Hauses York *(Weiße Rose)* gg. Lancaster *(Rote Rose)* um den engl. Thron, beendet mit Niederlage und Tod Richards III. durch Heinrich Tudor.
Rosenmontag, eigtl. „rasender Montag" vor Fastnacht; karnevalist. *R.sumzüge.*
Rosenöl, mit Wasserdampf aus Rosenblütenblättern destilliert, 3–5 g aus 10 kg Blätter (insbes. Persien, Balkan).
Rosenplüt, Hans, *der Schnepperer* (um 1400–um 1470), dt. Dichter; Nürnberger Meistersinger.
Rosenquist, James (* 29. 11. 1933), am. Maler u. Graphiker d. → Pop Art.
Rosenstock, Knochenzapfen am Schädel d. Hirsche, auf dem die → Rose 3) sitzt.
Roseola, w. [l.], *Roseole,* kleinfleckiger rosen- bis violettroter Hautausschlag (z. B. b. Syphilis, Typhus u. a. Infektionskrankheiten).
Rosette, arab. *Raschid,* St. Unterägyptens, l. am *R.arm* des Nils, 50 000 E; Hafen. – *Stein v. R.,* 1799 gefunden, dreisprachig (→ Hieroglyphen, ägypt. Volksschrift, griech.).
Rosette, w. [frz. „Röschen"], **1)** rosenförm. Zierat; **2)** *Fensterrose,* gr. rundes Fenster in got. Kirchen, ausgefüllt mit Maßwerk u. Glasmalerei (Abb. S. 790);

Rosette, *Straßburger Münster*

3) Edelstein m. glatter Grundfläche u. 2 Reihen dreieckig geschliffener Facetten, d. oben spitz zus.laufen.

Rosi, Francesco (* 15. 11. 1922), it. Regisseur sozialkrit. Filme; *Salvatore Giuliano* (1962); *Le mani sulla città* (1963); *Cristo si è fermato a Eboli* (1978).

Rosinante, d. erbärmliche Pferd d. → Don Quixote.

Rosinen, getrocknete Weinbeeren aus Mittelmeerländern u. Kleinasien: *Trauben-R., Beeren-R.;* groß, hell, kernlos *(Sultaninen),* länglich; span. *(Zibeben),* klein, dunkel; griech. *(Korinthen).*

Roskilde ['rɔskilə], dän. Hafenst. auf Seeland an der **Roskilder Förde,** 48 756 E; Fischerei; i. d. Nähe Atomenergieanlage *Risø.* – Bis 1443 kgl. Residenz (in der Domkirche, 1170 erbaut, Königsgräber); 1658 *Friede v. R.* (Dänemark verliert S-Skandinavien an Schweden).

Rosmarin, *m.,* Lippenblütler, balsam. Sträucher d. Mittelmeergebiets; auch d. → Porst.

Rösrath (D-5064), Gem. im Rheinisch-Bergischen Kr., NRW, 21 989 E; Wasserburg *Eulenbroich;* Radiatoren-, Elektrogerätebau.

Ross, 1) Sir James Clarke (15. 4. 1800–3. 4. 62), engl. Konteradmiral; leitete eine Südpolarexpedition 1839–43, entdeckte u. a. *→ Rossmeer;* erste Tiefseelotung; sein Onkel **2)** Sir John (24. 6. 1777–30. 8. 1856), engl. Seefahrrer; entdeckte 1831 den magnetischen Südpol auf der Halbinsel Boothia Felix (Nördl. Eismeer); **3)** Sir Ronald (13. 5. 1857–16. 8. 1932), engl. Med., entdeckte Vorgang der Verbreitung der Malaria durch Anopheles-Stechmücke; Nobelpr. 1902.

Roßbach (D-4201), Gem. im Kr. Merseburg, S-A., 2000 E; Braunkohlegruben. – 1757 Sieg Friedrichs d. Gr. über Franzosen und Reichsarmee.

Roßbreiten, die Gebiete hohen Luftdrucks zw. 25° u. 35° Breite nördl. u. südl. des Äquators, mit d. Sonnenstand jahreszeitlich sich verlagernd, meist windschwach bis windstill, Wurzelgebiete d. Passate; niederschlagsarm.

Rössel, *s.,* Pferd, Springer im Schach-

spiel, überspringt ein Feld in gerader Linie u. wird auf das nächste r. oder l. gestellt. – **R.sprung,** *Rätsel:* auf quadrat. Felder verteilte Silben sind dem Sprung des R.s gemäß zu ordnen.

Rossellini, Roberto (8. 5. 1906–3. 6. 77), it. Filmregisseur d. Neorealismus; *Roma, città aperta* (1945).

Rössen, bei Merseburg, Gräberfeld der Jungsteinzeit mit Beigaben reich verzierter Tongefäße; danach ben. *Rössener Kultur* (mitteleur. Bandkeramik).

Gioacchino Rossini

Rossini, Gioacchino Antonio (29. 2. 1792–13. 11. 1868), it. Komp.; Opera buffa: *D. Barbier v. Sevilla, D. diebische Elster, D. Graf Ory; Wilhelm Tell* (große Oper); Oratorium: *Stabat mater.*

Ross-Insel, 2 antarkt. Inseln: **1)** im R.meer mit d. Vulkanen *Erebus,* 3795 m und *Terror,* 3280 m; **2)** *James-R.-I.,* im → Weddellmeer, bis 2150 m hoch.

Rossitten, *Rybatschi,* poln. Dorf u. Ostseebad auf der Kurischen Nehrung, im ehem. nördl. Ostpreußen; frühere Vogelwarte jetzt in → Radolfzell an Bodensee.

Roßkäfer, häufigster Mistkäfer.

Roßkamm, *Roßtäuscher,* Spottname für Pferdehändler.

Roßkastanie → Kastanie.

Roßlau (Elbe) (D-4530), Krst. a. d. Elbe, S-A., 15 094 E; sog. „festes Haus" (11. Jh.), Schloß; Museum f. Schiffbau u. Schiffahrt; versch. Ind.; Schiffswerft.

Roßleben (D-4735), Gem. a. d. Unstrut, Thür., 5000 E; ehem. Klosterkirche (1474).

Rossmeer, große Meeresbucht des Südl. Eismeeres, zw. König-Eduard-VII.- u. Südvictorialand; Ausgangspunkt mehrerer S-Polar-Expeditionen; südl. die *Rosseisplatte* (340 000 km²) mit der 750 km langen *Rossbarriere,* dem schwimmenden, 20–75 m hohen senkrechten Eisrand.

Rosso, Giovanni Battista, gen. *R. Fiorentino* (8. 3. 1494–14. 11. 1540), it. Maler d. Manierismus; s. 1530 frz. Hofmaler: bes. Fresken im Schloß v. Fontainebleau; auch → Primaticcio.

Roßtrappe, Granitfelsen im Unterharz, über der Bode b. Thale, 200 müM; i. d. Sage Hexentanzplatz.

Roßwein (D-7304), Ind.st. i. Kr. Döbeln, Sa., 10 000 E; Ing.schule; Metallind.

Rost, 1) bei Feuerungsanlagen durchbrochenes Auflager für d. Brennmaterial;

Horizontal-R., Schräg-R., je nach Beschaffenheit des Brennstoffs; aus feuerbeständigem Material: Hartguß, Stahl, auch Schamotte; Ketten-R. beweglich für mechan. Feuerungen; Wander-R., Plan-R.; **2)** aus Trägern bestehender Unterbau für Bauwerke; *Schwell-R.* liegend, *Pfahl-R.* stehend; **3)** *chem.* kein einheitl. Oxid, sondern ein Gemisch versch. hydratisierter Eisenoxide u. Eisenhydroxide an d. Oberfläche v. Eisen, verursacht durch gemeinschaftl. Einwirkung von Sauerstoff u. Feuchtigkeit (auch → Korrosion); *R.schutz:* Überzüge aus Metallen, Farben, Fetten, Oxidschichten; → parkerisieren; **4)** R. bei *Pflanzen* durch → Rostpilze hervorgerufen.

Rostand [-'tã], Edmond (1. 4. 1868–2. 12. 1918), frz. Dramatiker; *Cyrano von Bergerac.*

rösten, 1) bei der *Metallgewinnung:* Prozeß zur Austreibung von Schwefel, Arsen u. a. Stoffen aus Erzen durch Erhitzen; *oxidierendes R.:* bei hoher Temperatur u. Luftzufuhr; *sulfatierendes R.:* Verbrennung von Sulfiden zu Sulfaten; *chlorierendes R.:* in Gegenwart v. Chlornatrium (Kochsalz); **2)** bei *pflanzl.* Stoffen: Stadium d. Flachsbearbeitung; Zerstören des Pflanzenleims zw. Bast und Stengel durch mikrobielle Zersetzung; **3)** bei Lebensmitteln Bildung von charakterist. Röstaromen, insbes. bei Kaffee und Kakao.

Rostock (D-2500), Krst. i. M-V., an der Warnow (Stadtteil Warnemünde: Ostseebad), 252 956 E; Marienkirche u. Rathaus (13. Jh.); Uni. (seit 1419), Ing.-HS, Werften, Überseehafen.

Rostow am Don, Hptst. des sowjet.-russ. Gebiets *R.,* 1,02 Mill. E; 50 km von der Mündung des Don in d. Asowsche Meer; Hafen (Kohleausfuhr); Uni. (s. 1917) u. HS; Landmaschinen-, Fahrzeugbau, Werften, Textil-, Nahrungsmittelind.

Rostpilze, Schmarotzerpilze, deren Sporen gelbl. oder braunrote Flecken an der befallenen Pflanze hervorrufen; sehr schädlich (z. B. die *Schwarz-R.* d. Getreidearten, die *Kronen-R.* d. Hafers, die *Kiefernblasen-R.,* die *Birnen-R.* etc.).

Rostra, *w.,* altröm. Rednertribüne mitten auf dem Forum, mit erbeuteten Schiffsschnäbeln (lat. *Rostra*) geziert.

Rostropowitsch, Mstislaw (* 27. 3. 1927), sowj. Cellist; s. 1977 Chefdirigent des National Symphony Orchestra in Washington.

Rosvænge, Helge (29. 8. 1897–19. 6. 1972), dän. Tenor.

Röt, *s., geolog.* oberste Schicht des Buntsandsteins, meist roter Schieferton.

Rotalgen, *Rhodophyceae,* zierl. Meeresalgen m. meist rötl., durch Phykoerythrin hervorgerufener Färbung.

Rotangpalme, *Calamus rotang,* trop. asiat. Kletterpalme m. sehr langem, dünnem Stamm (*Peddigrohr* für Flechtwerk).

Rota Romana, oberster Gerichtshof der Röm. → Kurie.

Rotaryklubs, *Rotarier,* Weltvereinigung von Geschäftsleuten, Gewerbetreibenden u. Angehörigen freier Berufe; ihre Devise: Beruf als Dienst; 1905 gegr.; Leitung: *Rotary International* in Chicago.
Rotation, *w.* [l.], **1)** d. Drehung eines Körpers, einer Fläche oder einer Geraden um eine Achse, wobei jeder Punkt des rotierenden Stückes eine Kreislinie beschreibt; durch R. von Flächen entstehen die **Rotationskörper** (z. B. gerader Kreiskegel durch R. eines rechtwinkl. Dreiecks um eine Kathete, der Zylinder durch R. des Rechtecks um eine Seite, die Kugel durch R. eines Halbkreises um den Durchmesser); → Hyperboloid, Paraboloid, Ellipsoid; **2)** *pol.* bei d. Grünen (→ Parteien, Übers.) früher in d. Landesparlamenten u. im Bundestag angewendetes Verfahren, daß d. Abgeordneten nach d. Hälfte d. Legislaturperiode ihr Mandat an sog. *Nachrücker* (von d. Basis gewählte Ersatzleute) übergeben müssen; in d. Partei umstritten u. v. einzelnen Abgeordneten nicht vollzogen; erstmals 1985 f. d. Landtagswahl in NRW ausgesetzt.
Rotations-druckmaschinen, R.druck auf „endlose", schnell hindurchlaufende Papierrolle; Schneiden u. Falzen mit Maschine vereinigt.
Rotatorien, svw. → Rädertiere.
Rotbarsch, *Goldbarsch,* lebendgebärender, zu den Drachenfische gehörender (Speise-)Fisch d. N-Atlantik.
Rotbleierz, Mineral, Bleichromat.
Rotbruch, Brüchigkeit des rotglühenden Eisens infolge Schwefelgehaltes.
Rotbuch → Farbbücher.
Rotbuche → Buche.
Rotdorn → Weißdorn.
Rote Armee, früherer Name der sowj. Streitkräfte.
Rote Erde, Bez. f. Westfalen, svw. „gerodetes" Land.
Roteisenstein, svw. → Hämatit.
Röteln, harmlose ansteckende Kinderkrankheit (Virusinfektion); masernähnl. roter fleckiger Hautausschlag; können in der Frühschwangerschaft zur Fruchtschädigung *(Embryopathie)* führen; Rötelnimpfung gestattet die Prophylaxe der Röteln-Embryopathie.
Rötelzeichnung, Zeichnung m. meist zieml. weicher, kreideähnl. Stange aus erd. Roteisenstein.
Rotenburg, 1) *R. an d. Fulda* (D-6442), St. i. Kr. Hersfeld-R., Luftkurort, Hess., 13 354 E; AG; Fachwerkhäuser; Orgelbau; **2)** *R. (Wümme)* (D-2720), Krst. i. Rgbz. Lüneburg, Nds., 18 392 E; AG.
Rotenturmpaß, rumän. *Turnu Roşu,* Engpaß in d. Südkarpaten, 352 müM, mit Eisenbahn, v. Siebenbürgen in d. Walachei.
Roterde, humusarmer Boden in den Subtropen *(Terra rossa)* u. Tropen *(Laterit),* dessen Farbe von rotem Eisenoxidhydrat herrührt.
roter Faden, durchlaufender, leitender

od. strukturierender Gedanke; urspr. bei der engl. Marine ins Tauwerk eingedrehter roter Faden als Kennzeichen.
Roter Fluß → Song-koi.
roter Hahn, Symbol für Feuer und Licht.
Roter Halbmond, islam. Krankenpflegeorganisation, entspricht dem → Roten Kreuz.
Roter Sand, Sandbank vor der Wesermündung, Leuchtturm.
rote Rübe, *rote Bete, Rahne,* Abart der Runkelrübe; dunkelrote Wurzel zu Salat.
Rotes Kreuz, *RK,* Abzeichen: rotes Kreuz auf weißem Grunde, intern. Kenn- und Neutralitätszeichen für den Sanitätsdienst; insbes. gesetzl. geschütztes Kennzeichen der aufgrund der → Genfer Konventionen arbeitenden nat. RK-Gesellschaften. Urheber → Dunant. Aufgabe: Aufstellung u. Ausbildung freiwill. Helfer für Notstände aller Art, für Krankenpflege, Sanitätsdienst, Naturkatastrophen, bes. zur Durchführung der Bestimmungen der Genfer Konventionen: Verwundetenpflege mit Neutralisierung der Ärzte und Pfleger, Gefangenen- u. Zivilinternierten-fürsorge, Betreuung und Schutz ziviler Kriegsopfer (Flüchtlinge), Vermißtensuchdienst und Versehrtenbetreuung. Größte freiwillige Hilfsorganisation der Welt: über 210 Mill. Mitglieder in den nationalen RK-Gesellschaften. – *Internationales RK:* Bez. für die Weltgemeinschaft vom RK, Intern. Komitee vom RK, *IKRK,* gegr. 1864, Sitz Genf, intern. Sachwalter für RK-.Recht und -Werk; neutraler Vermittler zwischen kriegführenden Mächten, Gefangenennachrichten, Suchdienst, Hilfssendungen für Kriegsgefangene, Inspektion von Kriegsgefangenenlagern. *Liga der RK-Gesellschaften* (gegr. 1919, 122 Mitgliedstaaten, BR seit 1952, Sitz Genf), zentrales Organ aller nat. RK-Gesellschaften, bes. zur Förderung der Friedensarbeit (intern. Beistandsaktionen); alle 4 Jahre Intern. RK-Konferenz; 8. Mai Intern. RK-Tag; Friedensnobelpr. 1963. → Deutsches Rotes Kreuz.
Rotes Meer, 2240 km langes Nebenmeer des Ind. Ozeans zw. Afrika u. Arabien, bis 2604 m tief; durch Algen rötlich gefärbt, wärmstes Meer der Erde; Grabenbruch mit zahlreichen Korallenbauten auf beiden Seiten. Zugänge: im N der Suezkanal, im S die 25 km breite Meerenge Bab-el-Mandeb; bedeutende Verkehrsstraße zw. Europa, Asien u. Australien.
Rote Spinne, *Spinnmilbe,* kl. rotgefärbte, an Pflanzen saugende Milben; Schädlinge.
Rotfeder, Weißfisch, S- u. Mitteleuropa.
Rotglut → Glühen.
Rotgüldigerz, Mineral: *dunkles R.,* Schwefelantimonsilber; *lichtes R.,* Schwefelarsensilber.
Rotguß, Legierung, ca. 85% Kupfer,

Rest vorwiegend Zink u. Zinn; rötlich; zäh u. je nach Zus.setzung hart; für hochbeanspruchte Masch.teile (z. B. Achslager).
Roth, 1) Eugen (24. 1. 1895–28. 4. 1976), dt. Schriftst.; heitere Lyrik: *Ein Mensch; Tierleben;* Erzählungen; **2)** Joseph (2. 9. 1894–27. 5. 1939), östr. Schriftst. u. Journalist; Romane: *Hiob; Radetzkymarsch; Kapuzinergruft; Hundert Tage.*
Roth (D-8542), Krst. i. Mittelfranken, Bay., a. d. Rednitz, 20 288 E; Schloß *Ratibor* (Museum), Fachwerkhäuser.
Rothaargebirge, im östl. Sauerland zw. Eder u. Lenne; im *Kahlen Asten* 841 m h.
Rothacker, Erich (12. 3. 1888–11. 8. 1965), dt. Phil. u. Psych.; *Logik u. Systematik der Geisteswissenschaften; Die Schichten der Persönlichkeit.*
Rothäubchen, *Rotkappe,* eßbarer Röhrenpilz.
Rothaut, svw. (nordam.) Indianer.
Röthenbach a. d. Pegnitz (D-8505), St. i. Kr. Nürnberger Ld., Bay., 12 131 E.
Rothenberger, Anneliese (* 19. 6. 1926), dt. Sängerin (Sopran).

Rothenburg ob der Tauber

Rothenburg ob der Tauber (D-8803), St. i. Kr. Ansbach, Bay., 11 071 E; ma. St.bild m. kompletter Wehranlage, Jakobskirche (Altar v. → Riemenschneider), Gotik- u. Renaissance-Giebelhäuser; Fremdenverkehr. – 1274 Freie Reichsst., 1802 bayr.
Rother, *König R.,* dt. Spielmannsdichtung (um 1150); behandelt Brautwerbung u. Entführung der Tochter des morgenländ. Königs Constantin durch König Rother.
Rotherham [ˈrɔðərəm], St. i. N-England, 122 000 E; Eisen- u. Stahlind.
Rothko, Mark (25. 9. 1903–25. 2. 70), am. Maler; → Color-field painting.
Rotholz, Bez. für versch. Farbhölzer u. d. Holz d. → Mammutbaumes.
Rothschild, Maier Amschel (1743–1812), Gründer d. Frankfurter Bankhau-

ses; seine Söhne gründeten bedeutende Bankhäuser: *James* in Paris, *Nathan* in London, *Salomon* in Wien, *Karl* in Neapel.
Rothuhn, südwesteuropäisches → Steinhuhn.
Rotkehlchen, kl. graubrauner Singvogel m. roter Kehle.
Rotkupfererz, *Cuprit, chem.* Kupfer(I)-oxid (Cu_2O).
Rotlauf, auf Menschen übertragbare, bei Schweinen tödl. Krankheit; ähnlich wie Wundrose; Lorenzimpfung.
Rotliegendes, roter Sandstein u. Tone des Perm (→ geologische Formationen, Übers.).
Rotor, *m.* [nl.], 1) umlaufender Teil einer el. Masch.; Ggs.: *Stator;* 2) Bez. f. Hubschraube.
Rotschwänzchen, kl. Singvögel, *Garten-* u. *Haus-R.*
Rotspießglanz, *Antimonblende* (Sb_2S_2O), Mineral; nadelförm. Kristalle von kirschroter Farbe.
Rotspon, svw. Rotwein.
Rottanne → Fichte.
Rotte, i. d. Jägersprache eine Gruppe Wildschweine od. Wölfe.
Rottenburg a. Neckar (D-7407), Gr.-Krst. i. Kr. Tübingen, Ba-Wü., 34 000 E; AG; Bischofssitz Diözese R.-Stuttgart; Sanatorium *Bad Niedernau.*

Wohnhaus in Rotterdam

Rotterdam, Hpthafen der Ndl. an der Neuen Maas, Prov. S-Holl., 574 000 E; Agglomeration 1,04 Mill. E; Uni.; Maschinenbau-, Seefahrtschule; Kunstmus. *Boymans van Beuningen;* Großind., Schiffbau; größter Hafen u. größtes Erdölverarbeitungszentrum d. Welt; Bischofssitz. - 1940 durch dt. Luftangriff stark zerstört; großzügiger, moderner Wiederaufbau, neuer Seehafen *Europoort.*
Rottmann, Carl (11. 1. 1797–7. 7. 1850), dt. Maler; heroische u. spätromant. Landschaften, München.
Rottmayr, Johann Michael (11. 12. 1654–25. 10. 1730), dt. Barockmaler; Fresken in Pommersfelden, Salzburg, Melk, Schönbrunn.
Rottweil (D-7210), Krst. am ob. Neckar, Ba-Wü., 23 080 E; ma. Bauten; IHK,

Henri Rousseau

LG, AG; Kunstfaserprod., Metall- u. Uhrenind.; histor. Narrensprung.
Rottweiler, schwere Rasse der Schäferhunde; kurzhaarig, meist schwarzgelb, kräftig.
Rotunde, *w.* [l.], Rundbau od. runder Saal.
Rotverschiebung, infolge des → Doppler-Effektes eintretende Verschiebung der Spektrallinien sich entfernender leuchtender Körper zum Rot hin; aus R. des Spektrums der → Galaxien wird auf ein expandierendes Weltall geschlossen.
Rotwelsch, *s.,* → Gaunersprache.
Rotwild → Hirsche.
Rotz, bakterielle Infektionskrankheiten d. Pferde u. Katzen m. eitrigen Geschwüren d. Nasenschleimhaut u. Luftwege; auch auf Menschen übertragbar.
Rotzunge → Schollen.
Rouault [rwo], Georges (27. 5. 1871–13. 2. 1958), frz. Maler u. Graphiker d. Fauvismus u. Expressionismus; soz. u. rel. Themen; a. Glasmalereien u. Keramiken.
Roubaix [ru'bɛ], St. i. frz. Dép. *Nord,* 102 000 E; Hptsitz der nordfrz. Textil- u. chem. Ind.
Roué, *m.* [frz. rŭeː], Lebemann, Lüstling.
Rouen [rwã], Hptst. d. frz. Dép. *Seine-Maritime,* an der Seine, starke Kriegsschäden, 105 000 E; kath. Erzbischof, Kathedrale (12.–16. Jh.), Uni.; got. Justizpalast; Baumwoll- und Spitzenind., Schiffbau, Hafen. – 1431 Verbrennung der → *Jeanne d'Arc.*
Rouge, *s.* [frz. ruʒ], Rot; roter Puder u. Schminke f. Gesicht. - **R. et noir** [frz. ruʒ e 'nwar „Rot u. Schwarz"], Glücksspiel m. 6 Whistspielen (312 Karten) auf einem Tisch m. roten u. schwarzen Feldern.
Rouget de Lisle [ru,ʒɛ 'dlil], Joseph (10. 5. 1760–26. 6. 1836), frz. Dichter u. Komp. d. → *Marseillaise* (1792).
Rouleau, *s.* [frz. ru'lo], *Rollo,* aufrollbarer Vorhang aus Holzstäben oder Geweben.
Roulett, *s.* [frz. ru'lɛt], *Roulette, w.,* 1) fein gezahntes Rädchen an Handgriff, Werk-

zeug des Kupferstechers zur Musterung der Kupferplatte; 2) Glücksspiel; Drehscheibe mit roten u. schwarzen numerierten Feldern (0–36) u. umlaufender Kugel; Zahl, bei der sie anhält, hat gewonnen.
Round-table-Konferenz [engl. 'raund 'teɪbl-], Beratung „am runden Tisch", unter gleichberechtigten Mitgliedern.
Rourkela [ruə-], ind. Industriest. im Staat Orissa, 215 000 E; Stahlwerk.
Rous [raus], Francis Peyton (5. 10. 1879–16. 2. 1970), am. Pathologe; Arbeiten z. Krebsentstehung durch Viren; Nobelpr. 1966.
Rousseau [ru'so], 1) Henri (21. 5. 1844–2. 9. 1910), frz. Zollbeamter u. Maler *(Le Douanier);* Vertr. d. → naiven Malerei; gab d. Moderne wesentl. inhaltliche u. künstlerische Impulse z. B. durch Traumbilder u. exotisch-magische Landschaften;

Jean-Jacques Rousseau

2) Jean-Jacques (28. 6. 1712–2. 7. 78), frz. Phil. u. Schriftst. aus Genf, Gesellsch.kritiker („Der Mensch ist gut, aber durch Kultur verdorben"), forderte Rückkehr z. Natur, natürl. Lebensweise u. Erziehung in den Romanen *Émile* und *Die neue Héloïse;* seine Gesellschaftslehre war von entscheidendem Einfluß auf die Frz. Revolution: → *Contrat social (Gesellschaftsvertrag);* autobiograph. *Bekenntnisse;* 3) Théodore (15. 4. 1812–22. 12. 67), frz. Maler; e. d. Hptvertr. d. Schule v. → Barbizon.
Roussel [ru'sɛl], Albert (5. 4. 1869–23. 8. 1937), frz. Komp.; Sinfonien, Kammermusik.
Rousselaere ['rusəlarə], → Roeselare.
Roussillon [rusi'jõ], fruchtbare Landschaft in S-Frkr., am Mittelmeer (Weinbau), ehem. frz. Prov. u. Gft, kam 1659 an Frkr.; heute das Dép. Pyrénées-Orientales; Hptst. *Perpignan.*
Route, *w.* [frz. 'rutə], Weg, Reiserichtung.
Routine, *w.* [frz. ru-], durch Übung erworbene Fertigkeit.
Rovereto, it. St. im Etschtal, 33 000 E; Textilind.
Rovigo, Hptst. der oberit. Prov. *R.,* zw. Unterlauf des Po u. der Etsch, 52 000 E; Lederind.
Rovuma, ostafrikan. Strom, 1100 km l., z. Ind. Ozean.
Rowdy, *m.* [engl. 'raudɪ], Raufbold, Schläger.
Rowland ['roulənd], Henry (27. 11. 1848–16. 4. 1901), am. Physiker; Spektralanalyse.

Rowland-Effekt, magnet. Wirkung stat. Elektrizität bei Bewegung des m. ihr geladenen Körpers.

Rowno, ukrain. Gebietshptst. in Wolhynien, 228 000 E; Holzind. u. -handel. – 1920 zu Polen, s. 1939 zur UdSSR.

Rowohlt, 1) Ernst (23. 6. 1887– 1. 12. 1960), dt. Verleger; *R.-Verlag,* Hamburg; moderne Literatur, *rororo*-Taschenbücher; s. Sohn **2)** Ledig-Rowohlt, Heinrich Maria (* 12. 8. 1908), dt. Verleger.

Roxane († 311 v. Chr.), Gemahlin Alexanders d. Gr.

royal [frz. *rwa'jal*], königlich.

Royal Air Force, *w.* [engl. *'rɔɪəl 'ɛə fɔːs*], *RAF,* die engl. Luftstreitkräfte.

Royalisten [*rŏaja-*], Anhänger des (absoluten) Königtums; bes. in Frkr. (Partei der Bourbonen).

Różewicz [*ru'ʒevitʃ*], Tadeusz (* 9. 10. 1921), poln. Lyriker; *Formen der Unruhe; Offene Gedichte.*

Rozier [*rɔ'sje*], Pilâtre de (1754–85), frz. Physiker u. Ballonfahrer; unternahm 1783 als erster Mensch Aufstiege mit → Montgolfieren.

RP, Abk. f. *réponse payée* [frz., *re'pɔs pɛ'je*], auf Telegrammen: Rückantwort bezahlt.

Rp, auf Arztrezepten Abk. f. *recipe* [l.], nimm.

RPR, Abk. f. *Rassemblement pour la République,* 1976 aus der gaullist. Sammelbewegung → UDR hervorgegangene pol. Bewegung.

RR, Abkürzung für Blutdruck, ben. n. *Riva-Rocci* (7. 8. 1863–15. 3. 1937), Erfinder d. Blutdruckmeßapparats m. Oberarmmanschette u. Quecksilbermanometer (1895).

Rschew, St. im Gebiet Kalinin, an d. oberen Wolga, 75 000 E; Eisenbahnknotenpunkt; Ind.

RSFSR, Abk. f. *Russ. Sozialist. Föderative Sowjet-Republik,* → Rußland.

RTL plus, privater dt.-sprachiger Fernsehsender, seit 1984 v. der Rundfunkanstalt RTL (Radio Télé Luxembourg).

Ru, chem. Zeichen f. → Ruthenium.

Ruanda, *Rwanda,* amtl. *Republica y'u Rwanda,* Rep. in Ostafrika, nördl. Teil des früheren belg. Treuhandgebiets → Ruanda-Urundi, 26 338 km², 6,76 Mill. E (256 je km²); Bev.-Zuw. 3,3%; Bev.: hpts. Bahutus, etwa 10% → Watussi als bisher herrschende Schicht; Sprache: Frz., Kinyarwanda, Kisuaheli; Währung: Ruanda-Franc (F.RW); Hptst.: *Kigali;* Flagge S. 341, Karte S. 750. **a)** *Wirtsch.:* Bergland m. agrar. Struktur; Anbau v. Kaffee, Baumwolle, Tee. **b)** *Außenhandel* (1988): Einfuhr 385 Mill., Ausfuhr 105 Mill. $. **c)** *Verf.* v. 1978: Präsidialsystem, Nationalversammlung. **d)** *Verw.:* 10 Präfekturen. **e)** *Gesch.:* 1962 selbständig, 1950, 62, 64 blutige Stammesfehden zw. Bahutus u.

Watussis; 1973 Staatsstreich, Suspendierung d. Parlaments u. d. Parteien. **f)** *Mitgl.:* UN, OAU, OCAM; AKP-Staat.

Ruanda-Urundi, Gebiet in Zentralafrika; früher Teil von Deutsch-Ostafrika, 1920–62 unter belg. Verwaltung, 1962 selbständig; → Ruanda u. → Burundi.

rubato [it.], *mus.* nicht im strengen Zeitmaß.

Rubbia, Carlo (* 31. 3. 1934), it. Phys.; (zus. m. S. v. d. → Meer) Nobelpr. 1984 (Entdeckung d. Feldpartikeln, die d. schwache Wechselwirkung vermitteln).

Rübe, fleischige Wurzel (z. B. → Mohrrübe, Runkelrübe).

Rubel, *m.,* russ. Geldeinheit, als Münze seit 1704 (→ Währungen, Übers. S. 1087/88).

Rübeland (D-3725), Gem. i. Kr. Wernigerode, i. Harz, a. d. Bode, S-A., 2300 E; Höhlenmus.; in d. Nähe Tropfsteinhöhlen; *Hermanns-, Baumanns-, Bielshöhle.*

Peter Paul Rubens
Selbstbildnis

Rubens, Peter Paul (28. 6. 1577–30. 5. 1640), fläm. Barockmaler; lebensfreudige Farbenpracht, z. T. monumentale Figurenkompositionen; üb. 600 Gemälde; rel. Stoffe: *Kreuzabnahme; D.Jüngste Gericht;* mythol.: *Amazonenschlacht;* histor. *Medici-Zyklus;* Landschaften; Porträts: (s. Gattinnen) *Isabella Brant* u. *Helene Fourment;* unterhielt gr. Werkstatt m. zahlr. Schülern (→ Satyrn, Das Urteil d. → Paris).

Rübenzucker → Zucker.

Rübezahl, Berggeist des Riesengebirges, erscheint in vielerlei Gestalt; seine oft hilfreichen Neckereien von *Musäus* erzählt.

Rubidium, *Rb,* chem. El., OZ. 37, At.-Gew. 85,47, Dichte 1,53; Alkalimetall, Vorkommen als Salz in Sol- u. Mineralwässern u. in Abraumsalzen; R.verbindungen färben die Flamme rotviolett.

Rubikon, lat. *Rubico,* Grenzfluß zw. Italien u. dem alten zisalpinen Gallien (wahrscheinl. d. s. 1932 in „Rubicone“ umbenannte Fiumicino), mit dessen Überschreitung → Cäsar 49 v. Chr. den Bürgerkrieg begann (→ alea iacta est).

Rubin, *m.,* roter Edelstein; *echter R.* ist roter → Korund; auch rote → Spinell-Arten u. roter Topas (brasilian. R.) heißen R.; *Böhmischer R.* u. *Kap-R.* sind → Granatsorten; auch synthet. hergestellt (→ Abb. S. 343). – *R.glas,* versch. rote Glassorten; echtes R.glas durch kolloidales Gold, unechtes durch Kupfer- od. Silberverbindungen gefärbt.

Rubinstein, 1) Anton (28. 11. 1829–20. 11. 94), russ. Pianist u. Komp.; Klavierkonzerte, Opern, Oratorien, Lieder; **2)** Arthur (28. 1. 1887–20. 12. 1982), am. Pianist poln. Herkunft.

Rubljow, Andrej (um 1360/70–zw. 1427 u. 30), größter altruss. (Ikonen-)Maler.

Rüböl, Öl aus d. Samen v. → Raps u. Rübsen; Speise-, Brennöl, Schmiermittel.

Rubrik, *w.* [l.], urspr. rot gemalte Überschrift in ma. Handschriften; dann Abteilung, (Buch-)Spalte.

rubrizieren, mit Überschriften versehen, einordnen.

Rubruk, *Ruysbroek,* Wilhelm v. (um 1210–um 70), fläm. Franziskaner; Asienreisender (erreichte 1254 Karakorum).

Rubrum [l. „das Rote“], in gerichtl. Entscheidungen der (früher rot geschriebene) Anfang, der d. Angabe d. Parteien, ihrer Vertreter, d. Richter, d. letzten Verhandlungstages u. des Streitgegenstandes enthält.

Rübsame, *Rübsen,* rapsähnl.; liefert → Rüböl.

Ruchgras, duftendes Wiesengras, minderwertiges Futter.

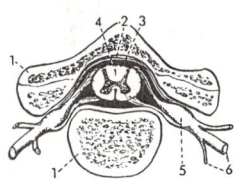

1 Wirbelknochen, 2 R.häute, 3 R.flüssigkeit, 4 Rückenmark (weiße Substanz: Nervenbahnen; graue Substanz: Nervenzellen), 5 Spinalganglion, 6 periphere Nerven

Querschnitt des menschlichen Rückenmarks

Rückenmark, lat. *Medulla spinalis,* vom Gehirn ausgehender Strang innerhalb des Wirbelkanals, enthält Nervenbahnen

Rübezahl
Gemälde von Moritz v. Schwind

und Nervenzentren (Zentral- → Nervensystem), sendet 31 Paar (periphere) **R.nerven** aus und endet im Bereich des 2. Lendenwirbels in Nervenauffaserungen (sog. *Pferdeschwanz*). - **R.sschwindsucht, R.sdarre** → Tabes dorsalis. **Rückenschwimmer** → Wasserwanzen.

Friedrich Rückert

Rückert, Friedrich (16. 5. 1788-31. 1. 1866), dt. Lyriker; formvollendete Nachdichtung morgenländ. Dichtung; *Geharnischte Sonette; Liebesfrühling, Weisheit des Brahmanen.*
Rückfall, 1) wer eine vorsätzl. Straftat begeht u. schon mindestens zweimal wegen eines Verbrechens od. vorsätzl. Vergehens verurteilt wurde u. deswegen mindestens 3 Monate Freiheitsstrafe verbüßte, wird, wenn frühere Verurteilungen keine Warnung für ihn waren, mit Freiheitsstrafe v. mindestens 6 Monaten bestraft (§ 48 StGB); **2)** neuer Ausbruch einer abgeklungenen Krankheit. - **R.fieber,** lat. *Febris recurrens,* durch Spirochäten hervorgerufene, meist durch Läuse, Flöhe u. Wanzen übertragene Infektionskrankheit; nach Fieberabfall und fünf- bis zehntägiger Pause Rückfall mit Fieber.
Rückgrat, svw. → Wirbelsäule.
Rückgriff, svw. → Regreß.
Rückhandschlag, *Backhand,* Schlagart bei Tennis, Tischtennis u. Badminton; Handrücken zeigt in Schlagrichtung; Ggs.: → Vorhandschlag.
Rückkaufsrecht, *Wiederkaufsrecht,* vertraglich vorbehaltenes Recht eines Verkäufers, d. verkauften Gegenstand v. Käufer zurückzuerwerben (§§ 497-503 BGB).
Rückkopplung, 1) *allg.* Ausgangssignal e. Systems wird an Eingang d. Systems zurückgegeben u. dort z. Systemsteuerung verwendet; **2)** *Rundfunktechnik:* Rückführung e. Teils d. verstärkten Wechselspannung an d. Anode e. Elektronenröhre auf d. Steuergitter derselben oder e. davorgeschalteten Röhre (ebenso auch bei Transistoren); dadurch weitgehende Entdämpfung d. Anordnung bis zur Entstehung v. Eigenschwingungen möglich; in Niederfrequenzverstärkern für best. Frequenzen bemessen, *Gegenkopplung* (Baßanhebung, Höhenanhebung); **3)** *biol.* charakterist. Merkmal der Selbstregelung in lebenden Systemen (z. B. Wärmeregelung im menschl. Körper, analog Thermo-

state in d. Technik); **4)** *psych.* → Feedback.
Rückkreuzung, die Kreuzung eines *Bastards* der 1. Generation mit einem seiner Elterntypen; genetische Methode bei Pflanzen- u. Tierzüchtung.
Rücklage, 1) *gesetzliche R.* (z. B. bei AG.en), bis d. R. 10% oder e. in der Satzung bestimmten höheren Teil des Grundkapitals erreicht hat, sind mindestens 5% des Reingewinns zu sammeln; ferner ist das → Agio zuzuführen; **2)** *freiwillige R.* durch Gesellschaftssatzung od. Beschluß d. Generalversammlung. Regel höchstens die Hälfte des Jahresüberschusses, der bereits um einen evtl. Verlustvortrag u. um die Zuführung zur gesetzl. R. vermindert sein muß. Obergrenze: die f. R. darf nicht mehr als die Hälfte des Grundkapitals erreichen.
1) u. 2) bilden die *offenen Reserven,* darüber hinaus können *stille Reserven* durch Unterbewertung von Vermögensteilen, Überbewertung von Schuldteilen, Bilanzierungswahlrechte etc. vorhanden sein, die aus der Bilanz nicht ersichtlich sind.
rückläufige Bewegung, *retrograde B.,* eines Himmelskörpers, von Ost nach West gerichtet; Ggs.: → rechtläufige Bewegung.
Rückprämiengeschäft → Börsengeschäfte.
Rückschlagventil, selbsttätig wirkendes Absperrorgan f. Flüssigkeiten od. Gase, das Rückwärtsbewegung der Strömung verhindert; vorgeschrieben z. B. an Wasserzuleitungen v. Waschmaschinen.
Rückstellung, Kapitalreserven e. Unternehmung f. best. Ausgaben (z. B. schwebender Prozeß) m. nicht genau feststehendem Termin d. Zahlungsleistung; erscheint in der → Bilanz auf der Passivseite; zu unterscheiden von → Rücklage.
Rückstoß, *phys.* jede Kraft erzeugt gleich große Gegenkraft (z. B. R. bei einem Geschütz, wenn das Geschoß abgefeuert wird); in der Raketentechnik Beschleunigungswert minus Schubleistung geteilt durch Gewicht.
Rücktritt, 1) *jur.* kann bei Verträgen gemäß vertragl. Abmachung od. wegen Vertragsverletzung erfolgen; hebt Vertrag rückwirkend auf u. berechtigt zur Rückforderung d. bereits Geleisteten (§§ 346 ff. BGB); **2)** svw. Amtsniederlegung, Demission; **3)** *tätige* → Reue.
Rückversicherung, Weitergabe, meistens eines Teiles der Versicherung durch den Erstversicherer an andere (Rückversicherer) zwecks Risikoverteilung. - **R.svertrag,** gegenseit. Neutralitätsvertrag zw. Dtld u. Rußland, 1887 von Bismarck abgeschlossen; Nichterneuerung 1890 durch Caprivi gab Rußland frei zum Bündnis mit Frkr.
Rückverweisung, *jur.* Maßnahme der Instanzgerichte, die erneute Klärung des Sachverhalts durch die Vorinstanz veranlaßt.
Rückwechsel → Wechsel.

Rückwirkung, bestimmte Rechtsfolge kraft gesetzl. Norm; Gesetzen kann R. beigelegt werden (aber → nullum crimen sine lege) oder Rechtsgeschäften (z. B. → Anfechtung, Genehmigung, § 184 BGB).
Rudbeckie, nordam. Korbblütler m. gr. Blütenständen; Gartenpflanze.
Rude [*ryd*], François (4. 1. 1784-3. 11. 1855), frz. Bildhauer d. Spätklassizismus; *Marseillaise* (am Arc de Triomphe, Paris); *Napoleon erwacht zur Unsterblichkeit.*
rüde [frz.], roh, ungehobelt.
Rüde, männl. Tier der Familien Hunde u. Marder.
Rudel, i. d. Jägersprache Lebensverband best. gesellig lebender Tierarten (z. B. Elch-, Rot-, Dam-, Muffel-, Gems-, Sika-, Steinwild, Wölfe u. Seehunde).
Rudelsburg, Burgruine (aus d. 30jähr. Krieg) bei Bad Kösen a. d. Saale; westl. Ruine *Saaleck.*
Ruder, 1) *seem.* Steuer-R.; **2)** Bootsruder, sportl. *Riemen,* zur Fortbewegung kleiner Boote.
Ruderfüßer, 1) winzige Krebstierchen des Meeres u. Süßwassers (z. B. *Hüpferling*); **2)** Wasservogelordnung, ausschließlich Fischnahrung; kurzläufig, Schwimmhäute; → *Fregattvogel,* → *Pelikane,* → *Kormorane, Tropikvogel,* → *Schlangenhalsvogel,* → *Tölpel.*
Rudergänger, der Mann am Steuerrad.
rudern, Vorwärtsbewegen eines Bootes mittels Ruder (→ Skull, → Riemen); zum Sportrudern leichte, schmale Rennboote m. Rollsitzen f. 1, 2, 4 u. 8 Mann Besatzung; Zweier u. Vierer werden mit u. ohne, Achter nur m. Steuermann gefahren.
Rüdersdorf bei Berlin (D-1253), Gem. i. Kr. Fürstenwalde, Bbg., 12 160 E; mit den *R.er Kalkbergen* (Muschelkalk); Kalksteinbrüche, Zementind.
Rüdesheim am Rhein (D-6220), St. i. Rheingau-Taunus-Kr., Hessen, 9243 E; AG; Weinbau, Wein- u. Sektkellereien, Weinbrennereien; Seilbahn, Fremdenverkehr.
Rüdiger, Markgraf v. Bechelaren (→ Pöchlarn), Gestalt der Nibelungen- u. Dietrichsage.
rudimentär [l.], unausgebildet, verkümmert, *r.e Organe,* rückgebildete u. funktionslos gewordene Organe (z. B. Wurmfortsatz des Blinddarms, Reste der Hintergliedmaßen der Wale).
Rudolf, a) *dt. Kge* und *Kaiser:* **1)** R. v. Schwaben, s. 1057 Hzg, 1077-80 Gegenkg Heinrichs IV.; **2)** R. v. Habsburg (1. 5. 1218-15. 7. 91), s. 1273 erster Kg nach dem Interregnum, legte durch Sieg über Ottokar v. Böhmen d. Grund zur habsburgischen Hausmacht (Schiller: *Graf von Habsburg*); **3)** R. II. (18. 7. 1552-20. 1. 1612), Sohn Maximilians II., s. 1572 Kg von Ungarn, 1575 von Böhmen, 1576 dt. Kaiser. - **b)** mehrere *Erzherzöge von Östr.:* **4)** R. Franz Karl Jo-

Kaiser Rudolf II.

seph (21. 8. 1858–30. 1. 89), Kronprinz; Selbstmord (Tragödie von Mayerling).
Rudolf von Ems (dichtete 1215–54), mhdt. Epiker; *Der gute Gerhart; Weltchronik.*
Rudolstadt (D-6820), thür. Krst. a. d. Saale, ehem. Hptst. des Fürstentums Schwarzburg-R., 31 776 E; Schlösser Heidecksburg (Rokoko-Säle) u. Ludwigsburg; div. Ind.
Rue, *w.* [frz. *ry*], Straße.
Ruf, Sep (9. 3. 1908–29. 7. 82), dt. Architekt; u. a. Wiederaufbau d. *Germanischen Nationalmuseums,* Nürnberg.
Rufmord, den guten Ruf zerstörende Verleumdung.
Rugby [′rʌgbɪ], 1) engl. St. i. d. Gft Warwickshire, a. Avon u. Oxford-Kanal, 59 000 E; altberühmte Lateinschule; 2) *s.,* altes, in d. Schule von Rugby begr. Ballspiel; wird von zwei Parteien zu je 15 Mann mit einem eiförmigen Ball gespielt, der zur Wertung („Versuch“ = 3 Punkte) mit Händen, Füßen u. Körper in das gegner. Malfeld befördert werden muß; bei einem „Treffer“ 5, für „Straftritt“ u. „Sprungtreffer“ 3 Punkte; Vorwerfen des Balles unerlaubt, daher Rückwärtsstaffelung der Spieler; Aufstellung: 8 Stürmer, 2 Halb-, 4 Dreiviertel- u. ein Schlußspieler; Spielzeit: 2×40 Minuten.
Ruge, Arnold (13. 9. 1803–31. 12. 80), dt. Pol. u. Schriftst. d. Jungen Dtld; gr. 1838 die *Halleschen Jahrbücher;* 1848 Mitgl. d. Frankfurter Nationalvers.
Rüge, Ausdruck des Mißfallens; → Mängelrüge.
Rügen, größte dt. Insel, vor der mecklenburgischen (westpommerschen) Küste, 926, m. Nebeninseln 973 km², 85 000 E; durch tiefeingehende „Bodden“ reich gegliedert; Halbinseln: Wittow, Jasmund, die Granitz u. Mönchgut; im O Steilküste (Kreidefelsen von Kap Arkona und Stubbenkammer; *Königsstuhl* 118 m); prächtiger Buchenwald; zahlr. Seebäder: *Binz, Göhren, Putbus, Saßnitz, Sellin, Baabe.* – Urspr. von Ostgermanen (Rugiern), dann Slawen bewohnt, 1168 dän. unter Waldemar I., 1325 zu Pommern, 1648–1807 schwed., 1807–13 frz., 1815 preuß., s. 1945 zu Mecklenburg-Vorpommern. – **R.damm,** 2½ km lang, verbindet Rügen (Altefähr) mit Festland (Stralsund).
Rugier, ostgerman. Stamm, seit dem 2. Jh. v. Chr. in Pommern und Rügen im 5. Jh. in den Goten aufgegangen.

Rühe, Volker (* 25. 9. 1942), CDU-Pol., s. 1989 Gen.sekr. d. CDU.
Ruhepotential, elektrische Spannungsdifferenz zw. dem Zellinneren u. -äußeren; Erregung.
Ruhestörung, zur Störung d. Ruhe des Publikums geeignete, unberechtigte u. das Maß des Erlaubten erhebl. überschreitende Erregung v. Lärm; kann als → Ordnungswidrigkeit geahndet werden.
Ruhestrom, ständig fließender el. Strom; durch dessen Unterbrechung ein Mechanismus (z. B. Meldesignal) betätigt wird.
Ruhla (D-5906), St. i. Kr. Eisenach, Thür., Sommerfrische im nordwestl. Thüringer Wald, 350–450 müM, 7000 E; Uhren-, Elektroind.
Rühm, Gerhard (* 12. 2. 1930), östr. Schriftst.; experimentelle Lyrik u. Prosa; *Fenster. Texte 1955-66.*
Rühmann, Heinz (* 7. 3. 1902), dt. Bühnen- u. Filmschauspieler; *Der Mustergatte; D. Hauptmann von Köpenick; D. brave Soldat Schwejk.*
Ruhmasse → Relativitätstheorie, Übers., S. 770.
Rühmkorf, Peter (* 25. 10. 1929), dt. Schriftst.; gesellschaftskrit. Lyrik, Dramen, Essays; *Irdisches Vergnügen in g; Gemischtes Doppel.*
Ruhpolding (D-8222), Luftkurort u. Wintersportpl. i. Kr. Traunstein, Oberbayern, im Trauntal, 650 müM, 6100 E; Bev.-Zuw.
Ruhr, r. Nbfl. des Rheins, durchfließt das → Ruhrgebiet, 235 km lang, mündet bei Duisburg-Ruhrort; bis Mülheim f. 1700-t-Schiffe befahrbar.
Ruhr, *Dysenterie,* 1) Bakterien-R., durch R.bakterien; 2) Amöben-R. (bes. i. d. Tropen) durch → Amöben, Infektionskrankheit m. blutig-schleimigen Durchfällen (Dickdarmgeschwüre); meldepflichtig, s. 1970 Impfstoff.
Ruhrgebiet, *Rhein.-Westfäl. Ind.gebiet,* größtes Industriegebiet Europas, nördl.

d. Ruhr b. z. Lippe reichend, dicht besiedelt, reiche Kohlenlager (Fett-, Mager-, Gas- u. Gasflammkohle), Zentrum der dt. Schwerindustrie (Eisen- u. Stahlerzeugung); zahlreiche Großstädte und seit 1929 große Siedlungsgemeinschaften; „Ruhrschnellverkehr“ der Eisenbahn, engmaschiges Straßennetz, Kanäle (Rhein-Herne u. Dortmund-Ems) als Verbindungen der Bez.e in der „Riesenstadt“ von Hamm bis Duisburg (→ Karte S. 796).
Ruhrmichnichtan, svw. → Springkraut.
Ruhrstatut, vom 28. 12. 1948 in London: *intern. Behörde* (USA, Gr.-Brit., Frankr., Benelux, BR) z. Kontrolle d. Kohle- u. Stahlproduktion d. Ruhrgebiets; 1952 bei Inkrafttreten d. Montanunionvertrages aufgehoben.
Ruin, *m.* [l.], Verfall, Untergang, Zerrüttung, bes. wirtschaftliche Verhältnisse.
Ruine, *w.,* Reste eines verfallenen Bauwerks.
ruinieren, zugrunde richten.
Ruisdael [′rɔɪzdaːl], ndl. Malerfamilie, hauptsächl. Landschaften; bes.: 1) *Salomon* van R. (zw. 1600/03–begr. 3. 11. 1670); s. *Neffe* 2) *Jakob* van R. (1628/29–begr. 14. 3. 82), auch Arzt; s. Gemälde v. zunehmend dramat., später auch schwermütiger Stimmung beeinflußten d. (Landschafts-)Malerei d. Romantik.
Ruiz [′rṵiθ], Juan, gen. *Erzpriester v. Hita* (um 1283–um 1350), span. Dichter des MA.
Ruiz de Alarcón y Mendoza [′rṵiθ-θa], Juan (1581–4. 8. 1639), span. Barockdramatiker.
Rule Britannia [′ruːl brɪ′tænjə „herrsche, Britannien“], engl. Nationallied; Text v. *Thomson,* Musik v. *Arne* (1738).
Rum, *m.,* alkohol. Getränk aus Zuckerrohrsaft u. Melasse *(Jamaika-R.); dt. R.* aus Rübenzucker u. echter *Rumhefe.*
Rumänien, amtl. *Republica România,* Rep. im Donau-Karpaten-Raum (Osteuropa), 237 500 km², 23,05 Mio. E (97 je km²); Bev.-Zuw. 0,4%; Bev.: 88% Rumänen, 9% Ungarn, 2% Deutsche; Sprache: Rumän.; Währung: Leu (l); Rel.: meist orthodox; Hptst.: *Bukarest;* Flagge S. 341, Karte S. 744. **a)** *Geogr.:* Im Zentrum v. dem bewaldeten Karpatenbogen umgeben, das Siebenbürgische Hochland (reich an Erdgas, Buntmetallen, Getreide); an den Außenseiten d. Flachländer der Walachei (Erdöl, Getreide), der N Dobrudscha m. Donaudelta u. Haupthafen am Schwarzen Meer *Constanţa;* Moldauhochebene (Weinbau); im W Anteil an Banat (Kohle); andere Bodenschätze: Salz, Gold, Uran, Kupfer, Bauxit. **b)** *Ind.:* Hptanteil d. Nationaleinkommens; wichtige Zweige: chem., Stahl- u. Nahrungsmittelind.; (1987): Erdöl 10,2 Mill.

Rügen, *Stubbenkammer*

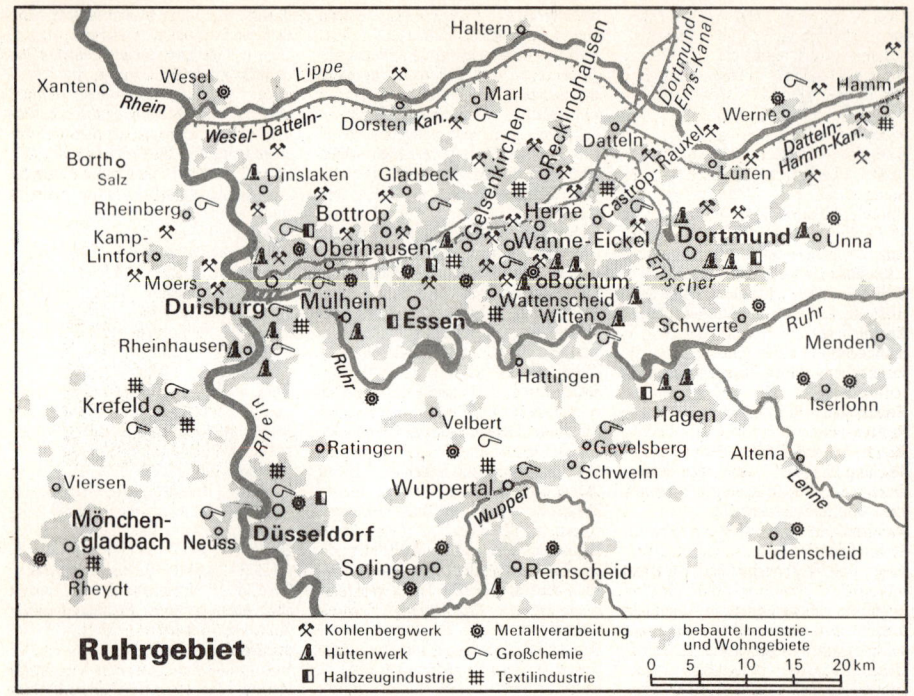

Ruhrgebiet

✗ Kohlenbergwerk ◉ Metallverarbeitung bebaute Industrie-
und Wohngebiete
🜋 Hüttenwerk ⌔ Großchemie 0 5 10 15 20 km
▯ Halbzeugindustrie ▦ Textilindustrie

t, Erdgas 33 Mrd. m³, Stahl 15 Mill. t. c) *Landw.:* 29% d. Bev.; Weizen, Mais, Gerste, Roggen, Kartoffeln, Zuckerrüben; Viehzucht: Rinder, Schweine, Schafe (1988: 18,8 Mill.); nach d. 2. Weltkrieg wurden Ind. u. Handel verstaatlicht, die Landw. weitgehend kollektiviert. d) *Außenhandel* (1986): Einfuhr 10,59 Mrd., Ausfuhr 12,54 Mrd. $; wichtigste Handelspartner: UdSSR, BR (Anteil d. Westens bis 45%). e) *Verkehr:* Eisenbahn 11 300 km. f) *Verf.:* Rep. m. Zweikammerparlament (Senat u. Deputiertenvers.). g) *Verw.:* Municipium Bukarest u. 41 Kreise. h) *Gesch.:* 1. Jtd v. Chr. v. Daken bewohnt, 106–271 n. Chr. röm. Provinz Dakien; 4.–10. Jh. Bildung d. rumän. Volkes, 10.–13. Jh. d. ersten rumän. Fürstentümer; 11. Jh. Siebenbürgen v. Ungarn erobert; 14. Jh. Gründung d. unabhängigen Fürstent. Walachei u. Moldau, die im 16. Jh. unter türk. Herrschaft gelangten (m. eingeschränkter Autonomie); 1859 Vereinigung d. Walachei u. d. Moldau unter d. Namen Rumänien durch den Fürsten Cuza; nach seinem Sturz 1866–1914 Carol I. v. Hohenzollern-Sigmaringen; 1877 unabhängig, 1881 Kgr.; 1917–27 Ferdinand I. Kg. 1916 Kriegserklärung an Östr.-Ungarn; 1917/18 ⅔ d. Landes v. Mittelmächten besetzt; 1918 Friede v. Bukarest. 1918 Vereinigung v. Siebenbürgen u. Banat (bis dahin ungar.) u. v. Bukowina (s.

1775 östr.), Angliederung v. Bessarabien (s. 1812 russ.), durch d. Friedensverträge v. St-Germain u. Trianon anerkannt; 1927–30 Michael I. unmündig, 1930–40 Carol II., der 1938–40 diktatorisch regierte; 1940 Abtretung v. Bessarabien u. d. N-Bukowina an die Sowjetunion, der S-Dobrudscha (s. 1913 rumän.) an Bulgarien, N-Siebenbürgen an Ungarn; 1940–44 Militärdiktatur Marschall Antonescus (Abdankung Carols II., Michael I. wieder Kg); 1941 Eintritt in den 2. Weltkr. auf d. Seite Dtlds; 1944 Staatsstreich Michaels, Sturz Antonescus, Waffenstillstand m. den Alliierten. In Pariser Frieden (1947) Bestätigung d. Gebietsabtretungen v. 1940 bis auf N-Siebenbürgen, das wieder zu R. kam; Dez. 1947 (nach Abdankung Kg Michaels) R. Volksrep., 1965 Sozialist. Rep.; 1967 Aufnahme diplomat. Beziehungen mit d. BR; 1968 keine Teilnahme a. d. Intervention i. d. ČSSR (Hinweis auf Souveränität jeden Landes), seitdem außenpol. Neutralitätskurs; Mitte d. 80er Jahre Verschlechterung d. Wirtsch.lage, 1988 umstrittene Landreform (Einebnung v. 8000 Dörfern); 1989 Spannungen m. Ungarn; Ende 1989 Protestdemonstrationen gg. Reg., Volksaufstand m. blutigen Unruhen; am 22. 12. 1989 Sturz v. → Ceauşescu (s. 1967 Staatspräs.) durch Mil., nach Flucht am 25. 12. hingerichtet; 1990 Gespräche am Runden Tisch zw.

Front zur Nat. Rettung u. Opposition, Bildung eines Provisor. Rats d. Nat. Einheit, Mai 1990 erste freie Wahlen (FNR-Kandidat Iliescu zum Staatspräs. gewählt); anhaltende Demonstrationen gegen Reg. i) *Mitgl.:* UN, GATT.

rumänische Literatur, bis ins *17. Jh.* fast nur altslaw. Literatur; Anfänge unter d. Einfluß hussit. Propaganda, dann d. Reformation; s. *16. Jh.* rel. Literatur: Cadicele Veronetzean, Chroniken, Annalen. *19. Jh.:* Alecsandri (Lyrik u. Lustspiele), Eminescu (bedeutendster Dichter), Creangă u. Slavici (Erzählungen), Caragiale (Theater), Maiorescu (Literaturkritik). *20. Jh.:* Roman: Sadoveanu, Rebreanu, Camil Petrescu; Lyrik: Arghezi, Blaga, Barbu, Bacovia; Literaturkritik: Lovinescu, Vianu, Calinescu; Rel.forschung: M. Eliade.

rumänische Sprache → Sprachen (Übers.).

Rumba, *m.,* Modetanz (aus Cuba), 8/8-Takt (3+3+2).

Rumelien, bis 1864 Name einer türk. Statthalterschaft, die ganze südöstl. Balkanhalbinsel umfassend; → Ostrumelien.

Rumeln-Kaldenhausen, s. 1975 zu → Duisburg.

Rumford [ˈrʌmfəd], Sir Benjamin Thompson (26. 3. 1753–21. 8. 1814), engl., dann bayr. Staatsmann; führte d. Kartoffel i. Bayern ein, reorganisierte d.

Heer u. legte Engl. Garten i. München an; beschäftigte sich als Phys. m. d. Entstehung v. Reibungswärme.

Rumor, Mariano (* 16. 6. 1915), it. Pol. (DC); 1968–70 u. 1973/74 Min.präs.

Rumor, *m.* [l.], Lärm, Gepolter.

Rumpfgebirge → Gebirge.

Rumpfparlament, Rest e. Parlaments (z. B. d. Frankfurter Nat.vers. 1849 in Stuttgart).

Rumpler, Edmund (4. 1. 1872–7. 9. 1940), dt. Flugzeug- u. Autokonstrukteur; Tropfenauto-Konstruktion; baute erstes Kabinenflugzeug.

Rumpsteak, *s.* [engl. *'rʌmpsteɪk*], Scheibe Rinderlende, gebraten oder gedämpft.

Run, *m.* [engl. *rʌn* „Bestürmung"], besondere Umstände (Gerüchte, Krieg) veranlaßter Ansturm (z. B. auf die Kassen einer Bank).

Rundbogen, bes. in der röm., roman. u. Renaissance-Baukunst → Bogen 1).

Runde, *b. Sport:* 1) im → Boxen Kampfabschnitt v. 3 Min. Dauer; 2) einmaliges Durchmessen e. in sich geschlossenen Lauf- od. Rennstrecke.

Rundfunk, drahtlos auf Funkweg durch → Modulation von hochfrequenten elektromagnet. Wellen übertragene Darbietungen *(Sendungen)* des Ton- od. *Fernsehrundfunks* (Übersichten → Rundfunktechnik u. → Fernsehen); wird auf versch. Wellenbereichen (→ Rundfunkfrequenzbereiche) v. Sendern ausgestrahlt u. v. R.-Empfangsgeräten empfangen. Entstehen der ersten Ton-R.-Sender nach dem 1. Weltkrieg, in Dtld 1923/24, Entwicklung des Fernseh-R.s in Deutschland s. 1934, durch 2. Weltkrieg unterbrochen, ab 1950 wieder Versuchssendungen u. s. 1953 allg. Fernseh-R. Programmgestaltung d. Ton- u. Fernseh-R.s richtet sich teils nach Publikumswünschen, teils nach den Programmrichtlinien v. ARD (Programmgrundsätze) u. ZDF (Staatsvertrag), etwa je zur Hälfte Wort- u. Musikdarbietungen. Rechtsverhältnisse: In der BR ist die Gestaltung der Programme Sendegesellschaften übertragen; diese sind → öffentlichrechtliche Körperschaften u. in der Programmgestaltung unabhängig von Staat oder Regierung; 1984 Gesetzgebung z. Zulassung privater R.gesellschaften. Im Ausland Staats-R. und durch Werbung finanziert kommerzielle R.gesellschaften. Die Übertragung der Programme von den Studios zu den Sendern erfolgt über → Kabel od. → Richtfunk (auch Nachrichtensatelliten). Die Sender werden teils von d. Sendegesellschaften in Lizenz oder von d. Dt. Bundespost betrieben. Betrieb von Ton- u. Fernseh-Empfangsgeräten ist genehmigungspflichtig u. unterliegt einer monatl. zu zahlenden Gebühr. Gebühreneinzug durch GEZ (Gebühreneinzugszentrale). In d. BR 1990 Ton-R.genehmigungen: 28,062 Mill., Fernseh-R.genehmigungen: 27,124 Mill.; Privatsender seit Ende 80er Jahre. – Zur

Ausschaltung von gegenseitigen Störungen *Aufteilung der Wellenlängen* durch intern. Abkommen; erstmalig Genf 1926; die nach intern. Vereinbarungen speziell für Rundfunkübertragungen zur Verfügung stehenden Wellenlängen: Langwellenbereich *(LW):* 140–350 kHz; Mittelwellenbereich *(MW):* intern. 535–1605 kHz; Mitteleur. 510–1602 kHz, „Europa-Welle" 1415–1629 kHz; Kurzwellenbereich *(KW)* intern. 5,95–26,1 MHz, tatsächlich genutzt 5,93–26,55 MHz; Ultrakurzwellenbereich *(UKW):* Fernsehband I *(VHF)* 48–68 MHz, Band II, Tonfunk 87,5–104 MHz, Fernsehband III *(VHF)* 175–223 MHz, Fernsehband IV *(UHF)* 471–605 MHz, Fernsehband V *(UHF)* 607–789 MHz.

Rundhöcker, v. Gletscher b. seiner Vorwärtsbewegung zu runden Buckeln abgeschliffene Unebenheiten des Felsenuntergrundes, d. Stoßseite sanft ansteigend und geschrammt, d. gegenüberliegende Abfall steil; vielfach in Schweden und N-Dtld.

Rundling, Kleindorf m. regelmäßiger Anordnung d. Gehöfte um einen Rundplatz, d. nur nach einer Seite hin geöffnet ist; Form im alten dt.-slaw. Grenzraum (Mecklenburg, Brandenburg, Sachsen, Böhmen).

Rundmäuler, mit einer → Chorda ausgerüstete niedere Wirbeltiere (z. B. → Neunaugen).

Rundstedt, Gerd v. (12. 12. 1875–24. 2. 1953), dt. Gen.feldm.; 1942–45 Oberbefehls. a. d. Westfront.

Philipp Otto Runge
*Selbstbildnis
mit seiner Braut*

christl. Zeit; wichtigster Fund: *Eggjumstein* (in Norwegen), Grabsteinplatte m. über 200 Zeichen; *jüngeres nord. Alphabet* auf 16 Buchstaben gekürzt.

Runge, 1) Erika (* 22. 1. 1939), dt. Filmregisseurin u. Autorin; sozialkrit. Porträts u. literar. Protokolle; *Bottroper Protokolle;* **2)** Friedlieb Ferdinand (8. 2. 1795–25. 3. 1867), dt. Chem.; Entdecker des Anilins (1834), Coffeins, Atropins,

Runenstein, *Schweden*

Runen [got. „rûna = Geheimnis"], älteste german., v. allen Germanenstämmen vom 2./3.–11. Jh. verwendete, in Stäbe geritzte Schriftzeichen, urspr. Symbole f. kult. Zwecke; älteste R.inschriften: *gotisch; R.alphabet* in O-Europa u. Skandinavien: *Gemeingerman. R.alphabet* aus 24 Buchstaben auf Gedenk- u. Grabsteinen aus d. Wikingerzeit bis weit in die

Phenols u. a.; **3)** Philipp Otto (23. 7. 1777–2. 12. 1810), dt. Maler d. Romantik u. Schriftsteller; *Die vier Tageszeiten; Die Hülsenbeckschen Kinder; Eltern des Künstlers* (→ Tafel Malerei II).

Runkelrübe, *Beta vulgaris,* Gänsefußgewächs, Kulturpfl. (Wurzel Viehfutter). Abarten: → Mangold, Zuckerrübe, rote *Rübe.*

Runse, *Runz,* Rinnen an Berghängen; auch kleines Seitental und seine Gewässer.

Ruodlieb, erster dt. Roman (11. Jh.) in mittellat. Sprache (leoninische Hexameter), aus Kloster Tegernsee.

Rupie, *Rupiah,* → Währungen, S. 1087/88.

Rupprecht, Kronprinz von Bayern (18. 5. 1869–2. 8. 1955), im 1. Weltkr. Führer einer Heeresgruppe.

Ruprecht, *Knecht R.,* der Begleiter des hl. Nikolaus, oft auch mit ihm gleichgesetzt.

Ruprecht v. d. Pfalz, dt. Kg 1400–10.

Ruptur, *w.* [l.], Riß (z. B. eines Blutgefäßes).

Rur, *Roer,* r. Nbfl. der Maas bei Roermond, vom Hohen Venn; 208 km lang.

Rurik, Warägerfürst (→ Rußland, *Geschichte*).

Rüsche, *w.* [frz.], gefältelter Kleiderbesatz.

Rusika, Kiewer Gesetzessammlung; ältestes slaw. Gesetzbuch (11.–13. Jh.).

Ruska, Ernst (25. 12. 1906–27. 5. 88), dt. Ingenieur; Nobelpr. für Physik 1986.

Ruskin [*'rʌskɪn*], John (8. 2. 1819–20. 1. 1900), engl. Kunstkritiker, histor. Schriftst. u. Sozialreformer (Volksbildung); *moderne Malerei; Steine v. Venedig.*

Ruß, sehr feiner Kohlenstoff, aus leuchtenden Flammen bei schneller Abküh-

Rundfunktechnik

Technik der ungerichteten Übermittlung von Zeichen, Gesprochenem, Musik, Bildern, bewegten Szenen durch elektromagnetische Wellen, aus phys. Theorie vorhergesagt von J. C. Maxwell, erstmalig dargestellt durch H. Hertz 1888. Erste technische Auswertung durch Marconi, Slaby, Braun um 1900. Erster dt. Nachrichtensender 1915, erster dt. Hörfunksender 1923, erster dt. Fernsehsender 1932. – Im Anfang **Funkentelegraphie:** Sender mit → Funkeninduktor u. Funkenstrecke, Empfänger mit → Fritter; nur Übermittlung von Morsezeichen möglich, da gedämpfte Wellen nicht mit Mikrophonströmen moduliert werden können. Reichweite durch kleine Antennenenergie anfänglich (1895) wenige Kilometer, bis etwa 1916 auf 20 000 km (halber Erdumfang) gesteigert. – Durch Entwicklung geeigneter → Elektronenröhren *moderner* Ton-**Rundfunk** (*Fernseh*-**Rundfunk** → Fernsehen): **a)** *Senderseite:* Im Studio werden akustische Darbietungen durch Mikrophon in niederfrequente (16–20 000 Hz) Wechselströme (NF) umgewandelt, die unmittelbar od. vom Magnetband bzw. von d. Schallplatte über → Kabel od. auch → Richtfunk zu den Sendestationen geleitet werden. Beim Sender erzeugt ein → Oszillator ungedämpfte Hochfrequenz-Wechselstromschwingungen (HF); → Trägerfrequenz. In der Modulationsstufe wird die HF mit der NF moduliert (→ Modulation). Nach ein- od. mehrmaliger Verstärkung in der nachfolgenden End- od. Leistungsstufe wird die modulierte HF der Antenne zugeführt, nach allen Richtungen als elektromagnetische Welle abgestrahlt u. pflanzt sich dann im Raum mit Lichtgeschwindigkeit fort. Sendeantenne bei Mittel- u. Langwellen meist als selbststrahlender Eisenmast (auf ¼ der abzustrahlenden Wellenlänge abgestimmt), bei Kurz- u. Ultrakurzwelle meist ein od. mehrere → Dipole (halbe Länge der abzustrahlenden Wellenlänge) an Holz-, Eisen- od. Betonmast befestigt. Wellenenergie wird auf dem Wege zum Empfänger stark geschwächt. **b)** *Empfänger:* In der Empfangsantenne erzeugen die auf dem Weg zum Empfänger stark gedämpften (geschwächten) Wellen schwache HF-Ströme. Da gleichzeitig mehrere Sender auf die Empfangsantenne einstrahlen, entsteht dort ein Gemisch v. HF-Strömen m. versch. Frequenzen. Durch d. Abstimmungseinrichtung i. Empfangsgerät wird d. gewünschte HF herausgefiltert u. verstärkt, u. d. NF wird durch Demodulation (z. B. → Detektor, → Audion) wieder v. d. HF getrennt, nochmals verstärkt u. dem Lautsprecher zugeführt. Grundsätzlich gibt es zwei Arten v. Empfängern: → Geradeaus- u. → Überlagerungsempfänger (Superhet); letztere sind heute die am weitesten verbreiteten Geräte. Leistung durch moderne Bauelemente (Halbleiter, Ferrite u. ä.) u. viele sinnreiche Schaltungsverfeinerungen sehr bedeutsam: automat. → *Fadingausgleich,* d. nahezu gleichmäßige Lautstärke trotz heftiger Schwankungen d. Antennenspannung ergibt; *automat. Scharfabstimmung,* die b. Empfängern m. Drucktasten z. Senderwahl unvermeidliche Unschärfen selbsttätig ausgleicht; *Baßanhebung* zur nachträglichen Berichtigung des verfälschten Klanges; *Dynamikentzerrung* zur Erweiterung d. ebenfalls verfälschten Verhältnisses v. lauten u. zu leisen Musikstellen (Übertragung ist immer zu „flach"); *gespreizte Kurzwellenbänder,* wodurch Abstimmung im Kurzwellenbereich merklich erleichtert wird, u. v. a.

Seit etwa 1949 Rundfunkübertragungen auf dem *UKW-Band.* Während Lang-, Mittel- und Kurzwelle amplitudenmoduliert, ist UKW-Rundfunk frequenzmoduliert (→ Frequenzmodulation). Vorteil: größere Bandbreite als bei Amplitudenmodulation, dadurch bessere Klangtreue (Hi-Fi) und Stereoeffekt ermöglicht. Grobe Charakterisierung der Empfängerentwicklung: Detektor-, Röhren-, Transistor-Empfänger, moderne → Hi-Fi- und → Stereoanlagen. Digitalisierung der Rundfunk-Signale geplant.

Weg einer Ton-Rundfunksendung vom Studio zum Empfänger

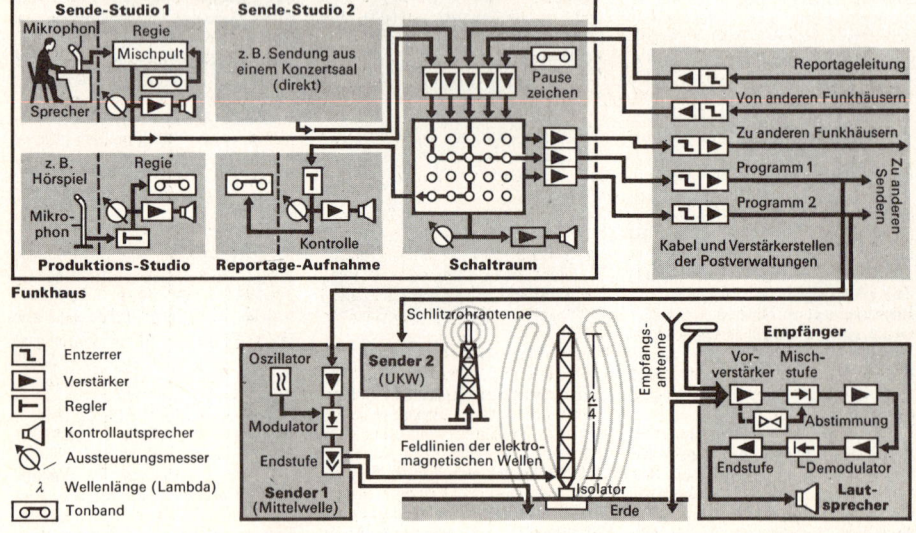

lung ausgeschieden; f. Druckerschwärze, Malerfarben, Elektroden, Kautschuk- u. Sprengstoffind.
Russe, türk. *Rustschuk,* bulg. Donau-Hafenstadt, 190 000 E; Getreide-, Tabakausfuhr.
Rüsselkäfer, Käfer mit rüsselartig verläng. Kopf z. Durchbohren v. Pflanzenteilen; teils Forstschädlinge (z. B. *Fichten-R., Kiefern-R., Haselnuß-R.*); Larven leben im Holz und in anderen Pflanzenteilen.

Bertrand Russell

Russell [*rʌsl*], **1)** Bertrand, Earl (18. 5. 1872–2. 2. 1970), engl. Math., Kulturphil.; *Principia mathematica* (mit → Whitehead); Nobelpr. f. Lit. 1950; **2)** Henry Norris (25. 10. 1877–18. 2. 1957), am. Astronom; Erforschung der Entwicklung der Sterne.

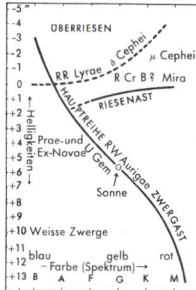

Russell-Diagramm

Russell-Diagramm, *Hertzsprung-R.-D.,* 1907 u. 1914 aufgestellt, ordnet den Spektraltyp u. d. absolute Helligkeit d. Sterne einander zu; Sterne ordnen sich im wesentlichen in 2 Gruppen ein: Riesenast u. Hauptreihe (Hauptserie od. Zwergast).
Rüsselsheim (D-6090), St. i. Kr. Groß-Gerau, Hess., am Main, 58 426 E; Opel-Werke.
Rüsseltiere, der Elefant und verwandte ausgestorbene Arten wie *Mastodon* u. *Dinotherium.*
Russen, slaw. Volk mit mongol. u. finn. Einschlag (129 Mill.), urspr. im Mittel- und N-Teil der eur. Sowjetunion; von nat.russischer Seite *Groß-R.* genannt, um die Ukrainer, fälschl. *Klein-R.* genannt, als Teil des russischen Volkes hinzustellen.

russische Kirche, Teil der orthodoxen anatolischen Kirche, → morgenländische Kirche.
russische Literatur, Chronik d. Mönchs Nestor (um 1115), Igorlied (um 1200), Bylinen (ep. Volksdichtungen), Stagnierung z. Z. d. Tatareneinfälle. *18. Jh.:* erste selbst. Literaturentwicklung, Lomonossow (erster Bühnendichter), Kaiserin Katharina II. (histor. Bühnenwerke frz.), Fonwisin (Komödien); Derschawin (Oden), Karamsin (russ. Gesch.). *19. Jh.:* Krylow (Fabeln), Gribojedow (erste klass. russ. Komödie: *Verstand schafft Leiden*); Puschkin (Nationaldichter: *Boris Godunow*), Lermontow, Gogol (Komödie: *Der Revisor,* Roman: *Die toten Seelen*) begr. d. neue russ. Literatur; Erzähler: Turgenjew *(Väter und Söhne),* Gontscharow *(Oblomow),* Saltykow-Schtschedrin (Satiriker), Graf L. N. Tolstoj *(Krieg und Frieden),* Dostojewskij *(Schuld und Sühne),* Lesskow; Dramatiker: Ostrowski, Tschechow *(Die Möwe,* auch Kurzgesch.). *20. Jh.:* Gorkij (marxist. Erzähler, Dramatiker, später führender „sozialist. Realist"); lyr. Symbolisten: Blok *(Die Zwölf,* erste Revolutionsdichtung), Brjussow, Iwanow, Belyi, die später d. Revolution bejahten wie Jessenin; lyr. Futuristen: Majakowskij, Chlebnikow, Bagritzkij; Lyriker: Pasternak (auch Roman: *Dr. Schiwago),* Kazin, Mandelstam, Bednyi, Tichonow, Selvinskij (Konstruktivist), Inber, Bergholz, Achmatowa, Twardowskij, Kirssanow, Wosnessenskij, Jewtuschenko; Erzähler: Serafimowitsch, Fadejew *(Die Neunzehn),* Furmanow, Fedin *(Städte u. Jahre),* Pilnjak, Babel, Romanow, Gladkow *(Zement),* Katajew (auch Dramatiker), Ehrenburg *(Die Traumfabrik),* Paustowskij, Sostschenko (Satiriker), Solschenizyn *(Archipel GULAG);* Kollektiv.: Scholochow *(D. stille Don),* Ostrowskij *(Wie d. Stahl gehärtet wurde),* Schaginjan *(Hydrozentrale),* Leonow; Heldischer Roman: Nekrassow *(Stalingrad),* N. Simonow; histor. Romane: A. Tolstoj *(Peter I.);* „Tauwetterperiode" nach Stalins Tod: Dudinzew *(Der Mensch lebt nicht v. Brot allein);* Dramatiker: Tretjakow (auch Lyrik), Wischnewskij, Bulgakow, Pogodin (auch Lyrik); pol. Literatur: bestimmt v. Lenin, Trotzki, Stalin; exilruss. Literatur: Bunin, Schmeljow, Sajzew, Mereschkowskij, Andrejew, Berdjajew, Rachmanowa, Stepun, V. Nabokov, Troyat.
russisches Alphabet (s. rechts).
russische Schrift, Abart der → kyrillischen, aus der griechischen entstandene Schrift, der lat. im 17. Jh. angeglichen.
russische Sprache → Sprachen (Übers.).
Rußland, 1) bis 1917 Bez. f. d. Russ. Reich (März 1917 Abdankung d. Zaren; 1922 Bildung d. → Sowjetunion); **2)** amtl. *Rossijskaja Suverennych Federatiwnaja Sowjetskaja Respublika, RSFSR, Russi-*

sche Souveräne Föderative Sowjetrepublik, 17,1 Mill. km², 147 Mill. E; größte Unionsrep. d. → Sowjetunion. Das *eur.* R. umfaßt gr. Teile des östl. Europa u. erstreckt sich im W bis ans Baltikum, im S bis an d. Schwarze Meer; der Ural im O scheidet es von *asiat. R.,* das im wesentl. aus dem nördl. Teil Asiens (Sibirien) besteht u. im O bis an den Pazifik, im S bis zum Altaigebirge reicht; im N grenzt R. an das Nördl. Eismeer (→ Sowjetunion); Bev. überwiegend russ. (82%), daneben Ukrainer, Kasak-Kirgisen, Tataren, Mordwinen, Tschuwaschen u. a.; *Hptst. Moskau;* Gliederung in 16 autonome Sowjetrep.en (Baschkirien, Burjatien, Daghestan, Jakutien, Kabardino-Balkarien, Kalmückische ASSR, Karelien, Komi, Mari, Mordwinien, Nordossetien, Tatarien, Tschetscheno-Inguschien, Tuwa, Tschuwaschien, Udmurtien), 6 Territorien (Altai, Chabarowsk, Krasnodar, Krasnojarsk, Primorje, Stawropol, innerhalb dieser 5 autonome Gebiete) u. 49 Gebiete. – *Gesch.:* Anfang 9. Jh. Vordringen d. Wikinger-(Waräger-)Stammes „Rus" v. Schweden aus bis Nowgorod; Rurik gründete 862 als Vorläufer des Russ. Reiches den Staat Nowgorod, 864 das Reich von Kiew (→ *Ukraine, Gesch.*); Haus Rurik bis 1598, aber Spaltung in Teilreiche. Anfang 13. Jh. Mongoleneinfall, Befreiung d. pol. Schwerpunktes nach Moskau, Großfürstentum v. 14.–17. Jh., das d. übrigen Fürstentümer unter s. Oberheit zwang; Annahme d. Zarentitels 1547 durch Iwan d. Schrecklichen, 1613–1762 Haus Romanow; unter Peter d. Gr. (1689–1725) Gewinn d. Ostseeküste, Aufstieg z. eur. Großmacht: *Russ. Reich;* Peters Tochter Elisabeth (1741–62) erwarb SO-Finnland; seit Peter III. (1762) Haus Holstein-Gottorp-Romanow; Ka-

Zeichen	Wert	Zeichen	Wert
А а	a	Р р	r
Б б	b	С с	ss, s
В в	w	Т т	t
Г г	g	У у	u
Д д	d	Ф ф	f, ph
Е е	je e	Х х	ch[4]
Ё ё	jo	Ц ц	tz, c
Ж ж	sh, z[1]	Ч ч	tsch, č
З з	s, z[2]	Ш ш	sch, š
И и(й)	i (j)	Щ щ	schtsch, šč
К к	k	Ъ ъ	
Л л	l, l[3]	Ы ы	y[5]
М м	m	Ь ь	j[6]
Н н	n	Э э	e
О о	o	Ю ю	ju
П п	p	Я я	ja

1 wie in Journal, Genie. 2 wie im Worte „sie".
3 fast = u, wie rhein. Aussprache von „Köln".
4 wie bei ach. 5 dumpfes ü.
6 vorhergehender Konsonant weich gesprochen.

tharina II. (1762–96) gewann Kurland u. Teile Polens (poln. Teilung) sowie durch russ.-türk. Kriege Zugang z. Schwarzen Meer; Teilnahme a. d. Koalitionskriegen gg. Frkr.; gg. Alexander I. (1801–25) Zug Napoleons 1812 (Brand Moskaus, Rückzug); erhielt im Wiener Kongreß Polen u. verband sich näher m. Preußen u. Östr. durch die Hl. Allianz; Versuche, d. Stellung am Schwarzen Meer auszubauen, führten z. Krimkrieg (1854–56) u. Russ.-Türk. Krieg (1877/78), blieben aber ohne Erfolg; Erkaltung d. Beziehungen zu Östr. u. Dtld u. Annäherung an Frkr.; Versuch, ein Tor zum Pazifik zu öffnen (Sibir. Bahn, Korea, Port Arthur, Besetzung d. Mandschurei), mißlang im Russ.-Jap. Krieg (1904/05). Seit 1905 innere Unruhen; Verf. (Duma); Agrarreform, Zurückstellung asiat. Pläne, Verständigung m. Japan u. Engl., erneuter Ggs. zu Östr. in Balkanfragen, engere Zusammenarbeit m. Frkr.; 1914 → Weltkrieg; März 1917 Revolution: 15. 3. Abdankung d. Zaren; demokr. Kerenskij-Reg., Oktoberrevolution: 7. 11., Sowjet-(Räte-)Rep. unter → Lenin, Trotzki; Kämpfe mit weißgardist. Armeen (Koltschak, Denikin); 1918 Ermordung d. Zarenfamilie; 1922 Bildung d. → Sowjetunion.

Rustąwi, St. in Georgien, UdSSR, 30 km v. Tiflis entfernt, 159 000 E; metallurg. Werk (größte Anlage Europas z. Erzeugung nahtloser Rohre).

Rüster, svw. → Ulme.

Rustika, w. [it.], roh behauenes Quadermauerwerk, bes. in Renaissance und Barock; svw. Bossenwerk.

rustikal [l.], ländlich, bäuerisch.

Rustschuk → Russe.

Rüstung, 1) Schutz des Kriegers gg. Nah- u. Fernwaffen; schon im Altertum vielf. verziert; im MA anfangs nur aus Leinen od. Leder, v. 13. Jh. an ärmellose kurze *Panzerjacke* (aus Ringen, Ketten od. Platten), d. als *Panzerhemd* d. Ritter Ärmel u. Schenkelschutz bekam (→ Harnisch); daneben schon s. 11. Jh. d. *Schuppenpanzer;* **2)** techn. Hilfs-(Lehr-)Gerüst, trägt Verschlag für Gewölbebauten.

Rute, 1) altes dt. Längen- u. Flächen-(Quadrat-R.)Maß (→ Maße u. Gewichte, S. 1085); **2)** Schwanz von Haarraubwild (außer Bär, Dachs, Fuchs), Hund u. Eichhörnchen; **3)** Penis der Tiere.

Rutengänger, in best. Weise empfindli-

che Menschen, die auf ortsgebundene äußere Reize (→ Erdstrahlen) m. Ausschlägen der → Wünschelrute reagieren.

Ruth, Buch des A. T., Geschichte d. Moabiterin *R.* (Vorfahrin Davids).

Ruthenen, ältere u. von ihnen selbst abgelehnte Bez. der westl. → Ukrainer im ehemaligen Östr.-Ungarn (Ostgalizien, Bukowina, N-Ungarn).

Ruthenium, *Ru,* chem. El., Oz. 44, At.-Gew. 101,07, Dichte 12,45; hartes, sehr schwer schmelzbares Edelmetall; kommt mit Platin zus. vor; in d. Legierung (5%) m. Palladium (95%) Verwendung in d. Schmuckwarenind. und für Spitzen von Füllfederhaltern.

Ernest Rutherford

Rutherford [ˈrʌðəfəd], Ernest, Lord of Nelson (30. 8. 1871–19. 10. 1937), engl. Experimentalphys.; erforschte d. Aufbau d. Atoms u. d. Radioaktivität (Alpha- und Betastrahlen) u. schuf d. Grundlage f. d. moderne Kernphysik; entwickelte 1911 nach ihm benanntes Atommodell; 1919 erste künstl. Atomumwandlung; Nobelpr. f. Chemie 1908.

Rutherfordium, andere Bez. f. → Kurtschatovium.

Rutil, *m.,* Erzmineral, rotbraun, bes. in kristallinen Schiefern u. in → Seifen 2); *chem.:* Titandioxid (TiO₂), spez. Gew. 4,3, Härte 6,5.

Rutin, *s.,* Glykosid in zahlr. Pflanzen, setzt Durchlässigkeit der → Haargefäße herab, gegen anaphylaktischen Schock; Beziehungen zu Vitamin P (→ Vitamine, Übers.).

Rütli, Waldwiese am Urner (Vierwaldstätter) See, im Schweizer Kanton Uri. – 1291 sollen hier die Urkantone gegen die habsburgischen Vögte ihren Freiheitsschwur geleistet haben (Schillers *Tell*).

Rutsche, Transportvorrichtung, schräge Ebene, auch als *Wendel-R.* u. mit Rollbahnen ausgebildet; Last gleitet selbsttä-

tig nach unten; *Schüttel-R., Stauscheiben-R.,* je nach d. „Einfallen" bes. in Bergwerken.

Rutte, *Aalraupe, Quappe,* einheim. Fisch, einziger Süßwasserdorsch.

Ruwenzori, *Runsoro,* vergletschertes Gebirge (Granit, Gneis) in O-Afrika, Grenzgebiet zw. Zaïre u. Uganda, zw. Mobutu-Sese-Seko- (Albert-) und Edwardsee; *Margherita-Spitze* 5109 m.

Ruwer, *m.,* r. Nbfl. d. Mosel, 40 km l., mündet bei Trier; Weinbau.

Ruysbroek [ˈrœizbruk], Jan van (1293–1381), ndl. Mystiker; d. „Doctor ecstaticus".

Ruysdael → Ruisdael.

Ruyter [ˈrœitər], Michiel de (1607–76), ndl. Admiral u. Seeheld in d. Kriegen gg. Frkr. u. England; bei Messina tödl. verwundet.

Ružička [ˈruʒitʃka], Leopold (13. 9. 1887–26. 9. 1976), schweiz. Chemiker kroatischer herkunft; Nobelpr. 1939 (Beiträge zur Erforschung d. Steroide u. Sexualhormone).

Rwanda → Ruanda.

Rybinsk, 1946–57 *Schtscherbakow,* 1957–84 *Rybinsk,* 1984–88 *Andropow,* russ. St. u. Hafen an der oberen Wolga, 252 000 E; Maschinen-, Schiffbau, Fischerei, Wasserkraftwerk; oberhalb davon Stausee v. R. (4580 km²).

Rybnik, St. im poln. Schlesien, 140 000 E; Hütten- u. a. Ind., Kohlengruben. – 1922 zu Polen.

Rychner, Max (8. 4. 1897–10. 6. 1965), schweiz. Schriftst. u. Literaturkritiker; Übersetzer Valérys; *Bedachte u. bezeugte Welt.*

Ryle [raɪl], Sir Martin (27. 9. 1918–16. 10. 84), engl. Astrophys.; Forschungen zur Radioastrophysik; (zus. mit A. → Hewish) Nobelpr. 1974.

Ryukyu-Inseln, *Riukiu-Inseln,* Inselgruppe zwischen Kyushu (Japan) und Taiwan, 98 größere, davon 47 bewohnte Inseln, 4600 km², 1,3 Mill. E; Ausfuhr von Fischereierzeugnissen, Phosphat; größte Insel Okinawa (1254 km²); Hptst. *Naha.* – Bis 1945 japanisch, von US-Truppen erobert; 1953 Amamioshima, 1971 Abkommen über Rückgabe der R.-I.; USA behalten Benutzungsrecht der Stützpunkte.

Rzeszów [ˈʒɛʃuf], poln. St. u. Hptst. der Woiwodschaft R., SO-Polen, 147 000 E; div. Ind.

S, 1) *geograph.* Süd(en); **2)** vor Namen Abk. f. → *San* od. → *Sankt;* **3)** *chem.* Zeichen f. → *Schwefel* (lat. *sulfur*).
s, 1) *phys.* Zeichen f. *Strecke* (Weg der wirkenden Kraft); **2)** Abk. f. → *Sekunde*.
SA, *Sturm-Abt.,* Kampfverband der NSDAP, 1920 als Saalschutz geschaffen; erster Führer → Göring, seit 1931 → Röhm, der eigentliche Organisator, Stabschef; verlor nach dessen Ermordung („Röhm-Revolte") an Bedeutung gegenüber der → SS.
S. A., *Société Anonyme,* in Frankreich svw. AG.
Sa., Abk. f. *Summa* [l.], Summe.
Saadi, Nusslih ed-Din, Scheich (um 1213–9. 12. 1292), meistgelesener pers. Klassiker; *Bustân* („Fruchtgarten"); *Gulistân* („Rosengarten").
Saalach, l. Nbfl. der Salzach bei Freilassing aus d. Kitzbüheler Alpen, 104 km l.
Saalburg, Römerkastell des → Limes bei Homburg v. d. Höhe, Ende des 1. Jh. begonnen, von Hadrian vergrößert; 1868 ausgegraben; Museum.

Saaleschleife bei Ziegenrück

Saale, 1) *Fränkische S.,* r. Nbfl. d. Mains, berührt Kissingen, mündet bei Gemünden, 142 km l.; **2)** *Thüringer* od. *Sächs. S.,* l. Nbfl. d. Elbe, vom Fichtelgebirge, 427 km lang, davon 175 (v. Naumburg an) schiffb.; Talsperren: u. a. Bleilochsperre bei Saalburg; Nebenflüsse: r. *Weiße Elster*; l. *Schwarza, Ilm, Unstrut, Wipper, Bode.*
Saaleck, Burgruine bei Bad Kösen.
Saalfeld a. d. Saale (O-6800), Krst. an der Saale, Thür., 34 037 E; farb. Tropf-

steinhöhlen *(Feengrotten).* – 1806 frz. Vorpostengefecht m. den Preußen (Tod Prinz Louis Ferdinands).
Saaltochter, [schweiz.], svw. Kellnerin.
Saanen (CH-3792), frz. *Gessenay,* Kurort i. Berner Oberland, an der Saane, 1021 müM, 5700 E; Herstellung von **S.käse** (Hartkäse); *Musikfestival.*
Saar, Ferdinand v. (30. 9. 1833–24. 7. 1906), östr. Schriftsteller; *Herbstreigen; Wiener Elegien.*
Saar, frz. *Sarre,* r. Nbfl. d. Mosel aus d. Vogesen, 246 km l., mündet bei Konz; ab *Saargemünd* d. **S.kohlenkanal,** 63 km l., zum Rhein-Marne-Kanal.
Saarbrücken (D-6600), Hptst. d. Saarlandes, Verw.sitz d. Stadtverbandes *S.,* 188 467 E; Mittelpunkt der Saarkohlenu. Saareisenind., Textil-, Papier- u. a. Ind., Uni., PH, Mus.-HS; Handelszentrum, Bergwerksverw., BD, OPD, IHK; OLG, LG, AG; Landeszentralbank; Saarmesse; Flughafen.
Saarburg, 1) (D-5510), St. i. Kr. Trier-S., an der Saar, RP, 5637 E; AG; Weinbau, Glockengießerei; Kunststoff-, Metall- u. Holzverarbeitung; **2)** frz. *Sarrebourg,* St. in Lothringen, frz. Dép. *Moselle,* an der Saar, 15 000 E.

Saargemünd, frz. *Sarreguemines,* Ind.st. Lothringens, Dép. *Moselle,* Endpunkt des Saarkohlenkanals, 25 000 E; Keramikfabrikation.
Saarinen, Eero (20. 8. 1910–1. 7. 61), finn.-am. Architekt; u. a. *US-Botschaft* in London.
Saarkohlenbecken, Steinkohlenlager zw. Saar, Nahe u. Blies; bis 1500 m Tiefe, etwa 2,8 Mrd. t.
Saarland, südwestdt. Land an d. mittleren Saar; 2570 km², 1,07 Mill. E (414 je km²); Rel.: 73,8% kath., 24,1% ev.; Hptst.: *Saarbrücken;* Landesfarben: Schwarz-Rot-Gold. **a)** *Geogr.:* Waldreichtum: 30% der Bodenfläche; → Saarkohlenbecken. **b)** *Wirtsch.:* Grundlage der Ind. bildet der Steinkohlenbergbau; Eisengewinnung u. -verarbeitung, Masch.-, Glas-, chem. Industrie, Keramik. **c)** *Verw.:* 5 Landkreise u. 1 Stadtverband. **d)** *Geschichte:* Saargebiet, 1920 durch → Versailler Vertrag aus den südl. Kreisen der preuß. Rheinprov. u. dem Westzipfel d. bayr. Pfalz (Rheinpfalz) gebildet u. auf 15 Jahre der

Landtagswahlen (Stimmen in %)

	CDU	SPD	FDP	Grüne	REP
1955	25,4	14,3	24,2		
1960	36,6	30,0	13,8		
1965	42,7	40,7	8,3		
1970	47,8	40,8	4,4		
1975	49,1	41,8	7,4		
1980	44,0	45,4	6,9		
1985	36,3	49,2	10,0		
1990	33,4	54,4	5,6	2,7	3,3

Verw. des Völkerbundes unterstellt; nach Abstimmung 1935 (90,5% für Dtld) Wiedervereinigung mit dem Dt. Reich. 1945 durch VO d. frz. Mil.reg. eigene Verw.einheit; 1946/47 Angliederung v. Teilen versch. Kreise d. ehem. Rheinprov. u. d. Pfalz; 1948 Zoll- u. Währungsunion mit Frkr.; 1950 Abkommen mit Frkr. über Verpachtung der Saargruben an Frkr.; erweiterte Autonomierechte; assoziiertes Mitgl. d. Europarates. Saarstatut, das Europäisierung d. Saarlandes vorsah, 1955 durch Volksabstimmung abgelehnt; durch d. Saarvertrag (1956) zw. Dtld u. Frkr. wurde d. Saarland am 1. 1. 1957 wieder m. Dtld vereinigt u. als 10. Bundesland in die BR eingegliedert; wirtschaftl. Rückgliederung 1959 abgeschlossen; Sonderregelung für den Warenverkehr zw. Frkr. u. d. Saarland.
Saarlouis [-'lʊɪ], (D-6630), Krst. i. Saarld., an d. unteren Saar, 37 662 E; AG; Automobilherst., Stahlverarbeitung; Holz-, Papier-, Eisen-, Tabakind., Hafen.
Saas, Schweiz, Alpental im Kanton Wallis, mit Kurorten **S.-Fee** (1798 müM) u. **S.-Grund** (1562 müM).
Saat, Einbringen des Samens in den Boden; *breitwürfige* S. mit Hand gestreut, in unregelmäßiger u. verschiedener Tiefe; *Reihen-, Drill-S.,* m. → Drillmaschine, regelmäßige u. gleichmäßige Reihen u. gleichmäßige Tiefe; *Dibbel-S.* hält außerdem Abstand von Pflanze zu Pflanze ein. – **S.beizen,** Beizen v. Körnerfrüchten m. chem. Mitteln vor d. Aussaat zum Schutz gegen Schädlinge u. Krankheitserreger. – **S.gutwechsel,** Anbau wirtschaftsfremden (nach Möglichkeit Original-)Saatguts, um Abbauerscheinungen entgegenzuwirken.
Saatkrähe, Rabenvogel, Schnabelwurzel beim erwachsenen Vogel kahl; große Kolonien, nützlich.
Saaz, tschech. *Žatec,* St. an d. Eger, 20 000 E; alte dt. Gründung (13. Jh.), Stadtbefestigung; Mittelpunkt des Hopfenbaus; Brauereien, Zuckerfabrik.
Saba, hebr. *Scheba,* im Altertum südarabische Landschaft, Kgr. der Sabäer. Die *Kgn von Saba* (Kgn *Bilkis*) im A. T.
Sabadell [saβa'ðel], St. in Katalonien (Spanien), 188 000 E; Textil- u. Papierind.
Sabadill, *m.,* mexikan. Liliengewächs; sehr giftiger Samen zu *S.essig,* gegen Kopfläuse.
Sabah, ehem. *Britisch-Nordborneo,* im N der Insel Borneo; s. 1963 Teilstaat v. → Malaysia, 73 710 km², 1,4 Mill. E; vorwiegend Malaien, 164 000 Chin.; Kautschukplantagen; Hptst. *Kota Kinabalu* (109 000 E).
Sabata, Victor de (10. 4. 1892–11. 12. 1967), it. Dirigent u. Komponist; 1927–57 an d. Mailänder Scala.
Sabatier [-'tje], Paul (5. 11. 1854–14. 8. 1941), frz. Chemiker: *S.verfahren,* zur Hydrierung von organ. Verbindungen in Gegenwart von metall. Katalysatoren; Nobelpr. 1912.

Sábato, Ernesto (* 23. 6. 1911), argentin. Schriftst.; experimentelle Romane: *Über Helden u. Gräber;* Essays.
Sabbat, *m.* [hebr.], der jüd. Ruhetag.
Sabbatisten, *Sabbatarier,* Anhänger verschiedener christl. Sekten, die statt des Sonntags den Sabbat feiern: ein Teil der *Baptisten, Adventisten* u. a.
Säbel, gebogene Hiebwaffe z. Fechten.

Säbelantilope

Säbelantilope, *Spießbock, Oryx,* Antilope N- und Mittel-Afrikas mit langen säbelart. Hörnern; Unterart: *Beïsa,* N-Afrika, Nutztier der alten Ägypter.
SABENA, Abk. f. *Société Anonyme Belge d'Exploitation de la Navigation Aérienne,* 1923 gegr. belg. Luftfahrtgesellschaft.
Sabin ['sæbɪn], Albert Bruce (* 26. 8. 1906), am. Bakteriologe u. Virologe; entwickelte Serum gg. Kinderlähmung zur Schluckimpfung (Lebendviren).
Sabiner, antiker Volksstamm Mittelitaliens, schon früh mit den Römern verschmolzen (*Raub d. Sabinerinnen* nach d. Sage v. → Romulus veranlaßt, um Frauen in die neugegr. Stadt Rom zu bringen). – **S.gebirge,** westl. Parallelzug der Abruzzen in Mittelitalien, *Monte Pellecchia,* 1368 m.
Sabotage, *w.* [frz. -'taʒə], absichtl. Zerstörung od. Beschädigung von Maschinen, Werkzeugen u. Betriebsmitteln als Kampfmittel; *allg.* heiml. Unterbindung, böswillige Vereitelung des Erfolges von Maßnahmen.
Saccharasen, zuckerspaltende Enzyme.
Saccharimeter, Apparat zur Mengenbestimmung von Zucker in Lösungen (z. B. im Harn) durch Bestimmung des spez. Gew. (→ Aräometer), durch Messung der Drehung der Polarisationsebene (Polarimeter) od. der durch Gärung entwickelte Menge Kohlensäure.
Saccharin, *s.,* künstl. Süßstoff, *Ortho-Benzoësäuresulfimid;* 550mal süßer als Zucker, ohne Nährwert; Zuckerersatz f. Zuckerkranke.
Saccharosen, Zuckerarten (→ Kohlenhydrate), bes. Rohrzucker, durch Säure in Glukose (Traubenzucker) spaltbar.
Sacco di Roma, Plünderung Roms 1527 durch dt. u. span. Landsknechte.
Sachalin, sowj. Insel an der O-Küste Sibiriens, im Ochotskischen Meer, 76 400 km², 660 000 E; reich an Bodenschätzen (Kohle, Erdöl, Erdgas); Ölleitung nach

Komsomolsk (600 km lang); Fischerei; Hptst. *Juschno-Sachalinsk* (157 000 E).
Sacharja, einer der 12 kleinen Propheten im A.T.

Andrej Sacharow

Sacharow, Andrej (21. 5. 1921–14. 12. 89), sowj. Atomphysiker; 1980–86 in Verbannung lebender Systemkritiker; Friedensnobelpr. 1975.
Sachbeschädigung, (vorsätzl.) rechtswidrige Beschädigung od. Zerstörung fremder Sachen, strafbar nach §§ 303 ff. StGB; verpflichtet zum → Schadenersatz; auch b. Fahrlässigkeit (§ 823 BGB).
Sachbezüge, svw. → Naturaleinkommen.
Sacheinlagen, die bei Gründung einer Unternehmung, insbes. AG u. GmbH, eingebrachten Sachwerte (z. B. Maschinen, Vorräte, Rechte usw.).
Sachenrecht, svw. → dingliches Recht.
Sacher, Paul (* 28. 4. 1906), schweiz. Dirigent u. Mäzen zeitgenöss. Mus.
Sacher-Masoch, Leopold Ritter v. (27. 1. 1836–9. 3. 95), östr. Schriftst.; erot. Romane (nach ihm → Masochismus ben.); *Venus im Pelz.*
Sachkonten, in Buchhaltung Bestands- u. Erfolgskonten, aus denen Bilanz u. Gewinn- u. Verlustrechnung abgeleitet werden (z. B. Waren-, Kassa-Konto); Ggs. zu *Personenkonten.*
Sachmangel, → Gewährleistung.

Hans Sachs

Sachs, 1) Hans (5. 11. 1494–19. 1. 1576), Nürnberger Schuhmacher u. Dichter; Meistersinger; Anhänger d. Reformation (Gedicht auf Luther: *Die Wittenbergisch Nachtigall*); Fastnachtsspiele in Knittelversen; 2) Nelly (10. 12. 1891–12. 5. 1970), dt.-jüd. Dichterin; Gedichtsammlungen: *In den Wohnungen des Todes; Flucht und Verwandlung;* Nobelpr. 1966.
Sachsen, 1) westgerman. Volksstamm in NW-Dtld, im S bis zum Harz u. Niederrhein; um 450 n. Chr. zog ein Teil mit

den → Angeln nach Britannien; im 8. Jh. in Westfalen, Ostfalen, Engern u. Nordalbingier geteilt; von Karl d. Gr. unterworfen (→ Widukind). Im 9. Jh. Erwerb Thüringens; Hzg Heinrich wird 919 dt. König; 919–1024 sächs. Kaiser (→ deutsche Geschichte); Otto I. übertrug herzogl. Gewalt in S. an die Billunger; 1137 Heinrich der Stolze von Bayern Hzg von S.; dessen Sohn Heinrich der Löwe 1142–80 Hzg von S., besiegte Slawen u. leitete dt. NO-Siedlung ein; mit s. Sturz 1180 Auflösung des Hzgtums, Name u. Würde auf die Gebiete *S.-Lauenburg* u. *S.-Wittenberg* übertragen. S.-Lauenburg bis 1689, 1702 an Kurbraunschweig, S.-Wittenberg 1423 an die Wettiner (→ Sachsen, *Geschichte*); 2) 1945 aus dem früheren Land S. u. den westl. d. Lausitzer Neiße gelegenen Teilen Nd.schlesiens gebildetes Land der DDR; 1952 durch Aufteilung in die Bezirke *Leipzig, Karl-Marx-Stadt* u. *Dresden* aufgelöst; 1990 Bundesland Sachsen, 18 337 km², 4,9 Mill. E, 83% ev., 8% kath. Hptst. *Dresden.* a) *Geogr.:* Gebiet nördl. des Elbsandstein-, Erz- u. Lausitzer Gebirges mit den Landschaften: Vogtland im S, Oberlausitz im O u. einem Teil Nd.schlesiens. b) *Wirtsch.:* Hochintensive Landw. im N. Reich an Bodenschätzen: Stein- u. Braunkohle, Kupfer, Eisen u. a., auch Uranerze; rege *Ind.:* Textilind. im Raum v. Chemnitz, im Vogtland u. in d. Oberlausitz, Masch. bes. in Chemnitz, Porzellan in Meißen, Buchgewerbe u. Rauchwaren in Leipzig, Zigaretten in Dresden; Holzind., auch Möbel, Spielwaren u. dgl., in d. waldreichen Gebirgsgebieten; bed. Handelsplatz: *Leipzig* (Leipz. Messe); c) *Gesch.:* Hervorgegangen aus der alten niedersächs. Mark Meißen; s. 1089 Haus Wettin, das 1247 Thüringen, 1423 Kurfürstentum S.-Wittenberg (namengebend) erwarb; 1485 Teilung in *Ernestinische* (Kurlande, Thüringen) u. *Albertinische* (Meißen) Linie. Ernestiner: Friedrich d. Weise, Kurfürst 1486–1525, Beschützer Luthers; Johann Friedrich verlor nach der Schlacht bei Mühlberg (Schmalkald. Krieg) 1547 Kurwürde an den Albertiner Moritz; aus dem Gebiet der *Ernestinischen Linie* entstanden in mannigfachen Teilungen die thür. Staaten. Spätere Kurfürsten aus der *Albertinischen Linie:* Friedrich August (*August der Starke),* reg. 1694–1733, 1697 kath. u. als August II. Kg von Polen; Friedrich August II. *(August III. v. Polen),* 1733–63, Gegner Friedrichs d. Gr. im 2. Schles. u. im 7jähr. Krieg (Min. Gf Brühl). 1763 unter Friedrich Christian Verbindung mit Polen gelöst; sein Sohn Friedrich August III., 1763–1827, trat 1806 dem Rheinbund bei, seitdem Kg Friedrich August I., erhielt von Napoleon Hzgt. Warschau; verlor im Wiener Kongreß die Hälfte S.s an Preußen: zus. mit W-Teilen Brandenburgs Prov. S. (Hptst. *Magdeburg),* 1866 mit Östr.

Krieg gg. Preußen; dann Mitglied des Norddt. Bundes. 1918 Freistaat; 1946 Teil *Sachsen-Anhalt* (bestehend aus Teilen der ehem. preuß. Prov. Sachsen, dem Land → Anhalt u. kleinen Teilen Thüringens u. Braunschweigs); Erfurt kam zu Thüringen. 1990 Bundesland Sachsen-Anhalt 20 445 km², 2,97 Mill. E, Hptst. *Magdeburg.*

Sachsen-Altenburg, S.-Coburg-Gotha, S.-Meiningen u. **S.-Weimar-Eisenach,** Hzgtümer u. Bundesstaaten des Deutschen Reichs bis 1918; 1920 zu Thüringen; Coburg zu Bayern.

Sachsenhausen, 1) Stadtteil v. Frankfurt a. M., südl. des Mains; **2)** KZ bei Oranienburg.

Illustration aus dem Sachsenspiegel

Sachsenspiegel, umfassendes Rechtsbuch des 13. Jh., von *Eike v. Repkow (Repgow),* erst lat., dann in niedersächs. Sprache.

Sachsenwald → Friedrichsruh.

sächsische Kaiser → deutsche Geschichte, Übers.

Sächsische Schweiz → Elbsandsteingebirge.

Sachverständige, auf best. Gebieten bes. bewanderte Personen, erstatten Gutachten; öff. Bestellung u. Beeidigung durch Landesreg. oder Gericht.

Sachwerte, Gegenstände od. Besitztitel mit mutmaßl. gesicherter Wertbeständigkeit.

Säckingen → Bad Säckingen.

Sackpfeife → Dudelsack.

Sackträger, kleine Schmetterlinge ohne Rüssel; Weibchen flügellos, in selbstgesponnenen, sackförmigen Gehäusen.

Sacramento, 1) Hptfluß Kaliforniens, aus der Sierra Nevada, 624 km lang, in die San-Francisco-Bai; **2)** Hptst. d. US-Staates Kalifornien, am Fluß *S.,* 276 000 E; Konservenindustrie.

Sacré-Cœur [frz. *sakre'kœr* „Herz Jesu"], **1)** berühmte Kirche (1876–1919) auf dem Montmartre in Paris; **2)** kath. Genossenschaft.

Sacrificium intellectus [l. „Opfer des Verstandes"], Unterordnung der persönl. Überzeugung unter e. Glaubensautorität oder ein › Dogma.

Sadat, Anwar es (25. 12. 1918–6. 10. 81), ägypt. Gen. u. Pol.; 1970 Staatspräs., 1973/74 u. s. 1980 auch Min.präs.; (zus. m. → Begin) Friedensnobelpr. 1978; ermordet.

Sadduzäer, jüd. Partei von Priestern u. Wohlhabenden z. Z. Christi, konserva-

tiv, erkannten nur die 5 Bücher Mose an; Gegner der → Pharisäer.

Sade [*sad*], Donatien Alphonse François Marquis de (2. 6. 1740–2. 12. 1814), frz. Schriftst.; Darsteller sexueller Exzesse (→ Sadismus); *Justine; D. 120 Tage v. Sodom.*

Sadebaum, *Sevenbaum,* Wacholderart, giftig; junge Zweige enthalten ätherisches Öl.

Sadhu, Ehrentitel frommer Inder, die als Heilige gelten (Wandermönche, Wahrsager).

Sadismus, *m.,* nach → Sade benannte geschlechtl. Verirrung (Sexualbefriedigung durch körperliches oder seelisches Quälen des anderen); Ggs.: → Masochismus.

Sadoul [*sa'dul*], Georges (4. 2. 1904–13. 10. 67), frz. Filmhistoriker.

Safari, *w.* [arab.], Reise mit Trägerkarawane in S- und O-Afrika; heute auch tourist. Rundreise (z. B. *Foto-S.*).

Safe, *m.* [engl. *seif*], gesicherter, feuerfester Raum (Stahlfach) z. Aufbewahrung v. Wertgegenständen in Banken u. Sparkassen; wird auch an Kunden vermietet (Mitverschluß d. Bank).

Safer Sex, risikoloser Geschlechtsverkehr durch Verwendung v. → Kondomen zur Verhütung v. Geschlechtskrankheiten, besonders v. → AIDS.

Saffian, *m.* [pers.], meist mit › Sumach gegerbtes, häufig bunt gefärbtes Ziegenoder Schafleder.

Saflor, Färberdistel, *wilder* od. *falscher Safran,* bes. in Ostindien kultiviert; aus Blüten gelber u. roter Farbstoff (wenig lichtecht).

Safran, *m.,* die getrockneten gelbroten Blütennarben kultivierter Krokusarten; z. Gelbfärben u. z. Würzen v. Speisen; *Ind. S.,* Ingwergewächs, gelbrote, gepulverte Kurkuma-Wurzel als Färbemittel f. Backwaren u. als Gewürz.

Saga, pl. Sögur (auch Sagas), *w.,* [altnord. „segja = sagen"], altisländ. od. norweg. Prosaerzählungen, i. 12. u. 13. Jh. aufgezeichnet, behandeln d. Besiedlung Islands (930–1030); im 20. Jh. Bez. für gr. Sippenromane.

Sagan, **1)** Carl [*sægn*] (* 9. 11. 1934), am. Astronom u. Weltraumwiss.; Mitarbeiter am Viking-Projekt; Pulitzerpr. 1978; *Unser Kosmos; Der Komet; Contact;* **2)** Françoise [-*gã*] (* 21. 6. 1935), frz. Schriftstellerin; *Bonjour tristesse; Lieben Sie Brahms?; Blaue Flecken a. d. Seele; Die Lust zum Leben.*

Sagan, *Żagań,* poln. St. am Bober in Schlesien, Textil-, Keramikind.; Schloß (17./18. Jh.) m. Park, 25 000 E. – Das ehem. *Lehnsfürstentum S.* gehörte s. 1628 Wallenstein.

Sage, volksläufige, zunächst mündl. Erzählung objektiv unwahren, phantasiegeborenen Inhalts, aber als wahre Begebenheit berichtet; handelt von Göttern (→ Mythos), Elfen, Menschen m. übernatürl. Kräften, Heiligen (→ Legende),

Helden, geschichtl. Ereignissen (oft in einer S. eingebaut).
Säge, Schneidewerkzeug mit gezahntem Sägeblatt zur Zerlegung von Holz, Eisen, Metall, Stein usw.; von Hand betätigt: *Fuchsschwanz, Bügel-, Spann-, Schrot-, Stich-, Laub-S.;* für masch. Betrieb: *Kreis-, Band-S., Sägegatter;* Ausführung aus hartem, zähem Stahl.
Sägedach → Dach.

Sägefisch

Sägefisch, Rochen m. langem, plattem, bezahntem Mundfortsatz („Säge"); Atlantischer Ozean, Mittelmeer.

Mittelsäger

Säger, fischfangende Entenvögel mit gezähntem, vorn hakenartig gebogenem Schnabel; *Gänse-S.,* an Seen N-Dtlds, andere Arten aus N-Europa bei uns Wintergäste.
Saginaw [ˈsægɪnɔ], St. im US-Staat Michigan; am *S. River;* 77 000 E; Kohlenbergbau, Ind.
Sagittarius [l.], → Schütze.
Sago, *m.,* gekörntes Stärkemehl aus dem Mark der ostind. **S.palmen** sowie eines Palmfarnes (→ Cycas); ähnlich Tapioka (→ Maniok).
Sagunt, span. *Sagunto,* St. i. d. Prov. Valencia, 55 000 E; Eisenwalzwerk. – Um 1500 v. Chr. als *Saguntum* gegr., 219 v. Chr. v. Hannibal erobert (Anlaß zum 2. Pun. Krieg).

Saharalandschaft

Sahara, 1) größte Wüste der Erde, etwa 9 Mill. km², in N-Afrika, zw. Atlant. Ozean u. Rotem Meer, vom Atlas bis zum Sudan; regenarmes (teilweise regenloses) Klima, vegetationsarm (nur wenige Oasen mit Dattelpalmen); größtenteils Felswüste *(Hammada),* im Innern die hohen Gebirgsmassive von *Tibesti* (3400 m) u. *Ahaggar* (3003 m); Bewohner im O hpts. Araber, im Innern → Tuareg, im W

Mauren; Kamel- und Schafzucht; Erdöl u. Erdgas in Algerien u. Libyen, Uran im Niger; Karawanenstraßen und Kraftwagenlinien; fortschreitende Bewässerung; **2)** *Westsahara,* amtl. *Demokr. Arab. Rep. S.,* ehem. *Span. Sahara,* an d. nordwestafrikan. Atlantikküste, 266 000 km², 169 000 E (1 je km²); Bev.-Zuw. 2,8%; Bev.: berberisch-arab. Mischbev.; Sprache: Span. u. Arab.; Rel.: sunnit. Moh.; Hptst.: *El Alqiun (Laayoun)* (96 800 E); Karte S. 750. **a)** *Geogr.:* Trockenes Sahara-Randgebiet, überwiegend Sanddünen, im NO höhere Bergländer. **b)** *Wirtsch.:* Phosphatabbau, Viehzucht, Oasenwirtsch., Küstenfischerei, Salzgewinnung. **c)** *Gesch.:* 1885 span. Protektorat Río de Oro, 1958 mit Ifni als Span. Westafrika; 1976 nach Abzug d. span. Truppen unter Marokko u. Mauretanien aufgeteilt; Ausrufung d. „Arab. Demokr. Republik Sahara" (RASD), getragen v. Befreiungsbewegung FPOLISARIO (v. Algerien unterstützt), nach links-sozialist. Vorbild aufgebaut; s. 1979 ganz von Marokko besetzt; s. 1982 verschärfter Kampf nach vergebl. Vermittlungsversuchen; 1989 erstes Treffen zw. marokkan. Kg u. FPOLISARIO-Vertretern; s. Sept. 1991 Waffenstillstand, 1992 Referendum unter UNO-Aufsicht; Mitgl. d. OAU.
Saharanpur, St. in Hindostan (Indien), 295 000 E; Nahrungsmittelind., Bahnknotenpunkt.
Sahel, Landschaftsgürtel am Südrand d. Sahara, Übergangszone zw. Wüste und Savanne; zunehmende Dürre-Katastrophen.
Sahib [hindostan. „Herr"], in Indien Anrede für Europäer u. Eingeborene in hohen Stellungen.
Saibling, Lachsart tiefer Gebirgsseen.
Saida, *Seida,* im Altertum *Sidon,* Hafenst. im Libanon, am Mittelmeer, 25 000 E; Endpunkt einer 1700 km l. Ölleitung aus Saudi-Arabien (Dharan).
Said Pascha, Mohammed (17. 3. 1822–18. 1. 63), Vizekönig von Ägypten; unter ihm Bau des Suezkanals, nach ihm *Port Said* benannt.
Saier, Oskar (* 12. 8. 1932), dt. kath. Theologe; seit 1978 Erzbischof v. Freiburg.
Saiga, mittelgroße, herdenbildende Antilope der asiat. Steppen u. der Kalmükkensteppe, mit aufgewulsteter Ramsnase; Männchen mit kurzem, leierförmigem Gehörn.
Saigon, s. 1975 → *Ho-Tschi-Minh-Stadt.*
Sailer, Johann Michael (1751–1832), dt. kath. Theologe und Pädagoge; 1829 Bischof v. Regensburg.
Saima, See m. zahlr. Inseln in SO-Finnld., 1460 km², durch den *Vuoksi* z. Ladogasee u. den **S.kanal** (59 km l., 1947–1962 z. UdSSR, s. 1962 v. Finnland auf 50 Jahre gepachtet, 1968 wiedereröffnet) zum Finn. Meerbusen.
Saint Christopher-Nevis [snt-], *St. Kitts-*

Nevis, amtl. *Federation of Saint Christopher and Nevis,* föderativer Inselstaat d. Kleinen Antillen, 261 km², 49 000 E; Hptst. *Basseterre* (14 300 E); Flagge S. 341, Karte S. 797; s. 1983 unabhängig; Mitgl. d. UN, d. Commonwealth u. d. OAS; AKP-Staat.
Saint-Cloud [sɛˈklu], westl. Vorort von Paris, im Dép. *Hauts-de-Seine,* 28 000 E; Schloß m. Park.
Saint-Denis [sɛdəˈni], **1)** frz. St. nördl. v. Paris, 91 000 E; got. Kathedrale (gegr. 625) m. Königsgräbern; Maschinen- u. chem. Ind. **2)** Hptst. u. Haupthafen d. Insel → Réunion, 110 000 E.
Saint|**e** [frz., mask. *sɛ,* fem. *sɛt,* engl. *seint,* vor mask. u. fem. Eigennamen *snt*] Abk. *St-, Ste-* u. *St.,* heilig.
Saint-Étienne [sɛtɛˈtjɛn], Hptst. des frz. Dép. *Loire,* 206 000 E; Kohlengruben, Textil-, Waffen-, Masch.ind.; Fahrzeugbau; Uni.
Saint-Exupéry [sɛtɛgzypeˈri], Antoine de (29. 6. 1900–31. 7. 44), frz. Dichter u. Flieger; *Nachtflug; Wind, Sand u. Sterne; Der kleine Prinz.*
Saint-Germain-en-Laye [sɛʒɛrmɛˈlɛ], frz. St. im Dép. *Yvelines,* an der Seine, nordw. v. Paris, 41 000 E; Renaissanceschloß, im NO Terrasse über der Seine (2400 m lang); im *Wald v. St-G.* Rennplatz. - 10. 9. 1919 *Friedensvertrag* zw. Entente u. Österreich.
Saint Helens [snt ˈhɛlɪnz], St. im nordengl. Merseyside, 104 000 E; Glas-, Kupfer- u. Eisenind.
Saint John [snt ˈdʒɔn], **1)** kanad. Fluß in d. Fundybai des Atlant. Ozeans, 718 km l.; **2)** St. in Kanada, Prov. Neubraunschweig, a. d. Mündung d. S. J., 76 000 E; eisfreier Ausfuhrhafen (Holz und Getreide).
Saint-John Perse [sɛdʒɔn ˈpɛrs], eigtl. *Alexis Léger* (31. 5. 1887–20. 9. 1975), frz. Lyriker u. Diplomat; *Anabase; Seemarken;* Nobelpr. 1960.
Saint John's [snt ˈdʒɔnz], Hptst. d. kanad. Prov. Neufundland, 96 000 E; Bischofssitz; Fischfang, Schiff- und Maschinenbau.
Saint-Just [sɛˈʒyst], Antoine (25. 8. 1767–28. 7. 94), frz. Revolutionär; führte im Elsaß ein Blutregiment; mit Robespierre hingerichtet.
Saint Kitts → Saint Christopher-Nevis.
Saint Laurent [sɛ lˈrɑ̃], Yves (* 1. 8. 1936), frz. Modeschöpfer.
Saint-Louis, 1) [snt ˈluəs], St. im US-Staat Missouri, am Mississippi, 426 000 E; Erzbischofssitz, 3 Uni., TH, Kunstakad.; Stahl- u. Schuhind., bed. Getreidemarkt, Großschlächtereien. – 1764 gegr. u. Ludwig XV. zu Ehren ben.; **2)** [sɛˈlüi], St. auf Réunion, 32 000 E.
Saint Lucia [snt ˈluːsiə], karib. Inselstaat, 617 km², 146 000 E; Hptst.: *Castries* (49 000 E); Flagge S. 341, Karte S. 747; s. 1979 unabhängig; Mitgl. d. UN, d. Commonwealth u. d. CARICOM; AKP-Staat.

Saint-Malo, Gezeitenkraftwerk

Saint-Malọ [sē-], frz. Hafenst. an d. N-Küste der Bretagne, am *Golf von Saint-Malo*, im Dép. *Ille-et-Vilaine*, 47 000 E; alte Stadtbefestigungen, Schiffbau, Fischerei; Seebad; bei St-M. → Gezeitenkraftwerk.

Saint-Maur-des-Fossés [sē,mɔrdefo'se], frz. St. a. d. Marne, 81 000 E.

Saint-Maurice [sēmɔ'ris], (CH-1890), Hpt.ort d. Bez. *St-M.* i. schweiz. Kanton Wallis, 3450 E; i. 9. Jh. Residenz d. burgund. Könige. Augustinerabtei; Thermalbad.

Mont St-Michel

Saint-Michel [sēmi'ʃɛl], *Le Mont St-M.,* kl. Felseninsel vor d. Küste der Normandie (frz. Dep. *Manche*), mit d. Festland durch Damm verbunden, 260 E; ehem. Benediktinerkloster (709 gegr.).

Saint-Nazaire [sēna'zɛr], frz. St. im Dép. *Loire-Atlantique,* a. d. Loiremündung, 69 000 E; Schiffswerften, Flugzeug-, Konserven-, Metallind.; Seebäder.

Saint-Omer [sētɔ'mɛr], frz. St. im Dép. *Pas-de-Calais,* Hafen (am Kanal nach Calais), 16 000 E; got. Kathedrale; Papierfabr., Gemüsebau.

Saint Paul [snt 'pɔl], Hptst. d. US-Staates Minnesota, am Mississippi, 270 000 E; kath. Erzbischof; Uni.; div. Ind., Verkehrsknotenpunkt.

Saint Petersburg [snt 'pitəzbəg], St. an d. Westküste Floridas, 243 000 E.

Saint-Pierre [sē'pjɛr], Jacques Henri Bernardin de (19. 1. 1737–21. 1. 1814), frz. Schriftst.; Schüler v. Rousseau; Roman: *Paul u. Virginie.*

Saint-Pierre-et-Miquelon [sēpjɛremi-'klɔ̃], kl. Inselgruppe im S v. Neufundland, frz. Überseegebiet (bis 1946 Kolonie), 242 km², 6400 E; Hochseefischerei; s. 1635 frz.

Saint-Quentin [sēkã'tē], frz. St. im Dép. *Aisne,* an d. Somme, 65 000 E; Textilind. - 1557 Sieg Egmonts über Franzosen; 1871 dt. Sieg; im 1. Weltkr. umkämpft.

Saint-Saëns [sē'sãs], Charles-Camille (9. 10. 1835–16. 12. 1921), frz. Komp.; Schüler v. Gounod; Oper: *Samson et Dalila;* sinfon. Dichtung: *Danse macabre;* Sinfonien; Konzerte.

Saint-Simon [sēsi'mõ], 1) Claude-Henri Gf (17. 10. 1760–19. 5. 1825), frz. Phil. u. rel. Sozialist; *Die Neuordnung der eur. Gesellschaft; Neues Christentum;* 2) Louis de Rouvroy, Duc de (16. 1. 1675–2. 3. 1755), frz. Schriftst.; schrieb Memoiren (über d. Zeit Ludwigs XIV.).

Saint-Tropez [sētrɔ'pe], frz. Seebad a. d. Côte d'Azur, Dép. *Var,* 6300 E.

Saint Véran [sē ve'rã], höchstgelegenes (2046 m) Dorf Europas in d. Hautes Alpes (Frkr.), 275 E.

Saint Vincent [snt 'vɪnsənt], amtl. *St. Vincent and the Grenadines, St. V. u. d. Grenadinen,* s. 1979 Inselstaat d. Kleinen Antillen; 388 km², 113 000 E; Bev.-Zuw. 1,4%; Hptst.: *Kingstown* (33 700 E); Flagge S. 341, Karte S. 747; s. 1979 unabhängig; Mitgl. d. UN, d. Commonwealth, d. OAS u. d. CARICOM; AKP-Staat.

Saipan, Hauptinsel d. nördl. → Marianen, 122 km², 12 000 E; Hptort *Susupe.*

Saïs, altägypt. St. am Nilarm Rosette.

Saison, w. [frz. sɛ'zõ], Jahreszeit m. regstem Betrieb in Badeorten, im Geschäfts-u. geselligen Leben. – **S.arbeiter,** Arbeiter, die nur für eine im allg. jahreszeitl. bedingte Zeit, also kurzfristig, benötigt werden; Bauarbeiter (nicht während der Frostperiode), Arbeiter in der Landw., früher vielfach Wanderarbeiter. – **S.betriebe,** Geschäfts- und Ind.betriebe, die nur während best. Jahreszeiten tätig sind.

Saite, für Musikinstrumente, aus gedrehten Schafdärmen (auch metallübersponnen) od. Metall; auch silberumwickelte Seidenfäden od. Kunststoffe (Nylon, Perlon).

Saitenwürmer, Nematomorpha, Klasse d. Schlauchwürmer mit etwa 250 Arten; 2-160 cm lang; erwachsen im Wasser, als Larven parasitisch in Insekten und Meereskrebsen lebend.

Sajanisches Gebirge, östlich des Altai, südliches Grenzgebiet Sibiriens zwischen Tuwa und der Mongolei; Kohle, Eisen, Asbest, Gold, Kupfer; *Munku Sardyk,* 3491 m.

Sakai, Hafenst. der jap. Insel Honshu, Vorst. von Osaka, 808 000 E; Textilind. (Seide, Teppiche).

Sakai, Senoi, weddide Völker in Hinterindien (Senoi) u. Sumatra; an der Küste Ackerbauer, im Inneren Jäger (vergiftete Pfeile in Blasrohren).

Sake, m., jap. Reiswein; wird warm getrunken.

Sakis, Schweiffaffen, schlanke, lang behaarte kapuzinerart. Affen S-Amerikas.

Sakkara, Dorf in Unterägypten, im Niltal oberhalb Kairo, nahe dem alten

Memphis, mit Totenfeld u. Stufenpyramide.

Sakko, m. od. s. [it.], kurzes Herrenjakkett.

Sakmann, Bert (* 12. 6. 1942), dt. Zellphysiologe; Nobelpr. f. Medizin 1991 zus. m. Erwin → Neher (Funktion einzelner zellulärer Ionenkanäle).

sakral [l.], 1) d. rel. Kult betreffend, heilig; 2) *Anatomie:* zum Kreuzbein (lat. *Os sacrum*) gehörig.

Sakrament, s. [l. „sacramentum = Eid"], sichtbares, i. Jesus Christus begründetes Zeichen d. Glaubens, der Nähe u. Liebe Gottes zu den Menschen. *Kath. Kirche* 7 S.e: Taufe, Firmung, Buße, Eucharistie, Krankensalbung, Priesterweihe, Ehe; *ev. Kirche* 2 S.e: Taufe, Abendmahl. *Sakramentalien,* kath. Kirche: heilige Handlungen (Segnungen, Weihen), geweihte Dinge (Weihwasser, Öl, Brot, Salz).

Sakraments-altar, vom → Tabernakel überdachter Altar. – **S.häuschen,** Monstranzbehälter (z. B. in Nürnberg in der Lorenzkirche).

Sakrifizium [l.], Opfer.

Sakrilẹgium [l. „Tempelraub"], Vergehen gg. geweihte Personen u. Dinge.

Sakristan [l.], Mesner, Küster.

Sakristei, Nebenraum der Kirche zur Aufbewahrung von Kirchenbüchern u. -geräten.

sakrosankt [l.], unantastbar.

säkular [l.], hundertjährig, alle 100 Jahre; weltlich (Ggs.: geistlich).

Säkularfeier, Jahrhundertfeier.

Säkularisation [l.], Umwandlung geistl. Besitztümer, Einrichtungen usw. in weltl. durch Landesfürsten (Reformationszeit) und durch → Reichsdeputationshauptschluß 1803 (Napoleon).

Säkularisierung, w. [l.], Verweltlichung, bes. des gesellsch. u. priv. Lebens; Übernahme geistl. Besitzungen durch d. Staat.

Säkulum, s. [l.], Jahrhundert.

Saladin

Saladin (1137–93), Sultan v. Ägypten u. Syrien; schlug d. Kreuzfahrer, eroberte Jerusalem (1187), Akka, Askalon.

Salam, Abdus (* 29. 1. 1926), pakistan. Phys.; zus. m. S. → Weinberg u. S. L. → Glashow) Nobelpr. 1979 (Erkenntnisse z. schwachen u. elektromagnet. Wechselwirkung).

Salam [arab.], *Salem, Selam,* „Friede". - **S. aleikum!** „Friede sei mit euch!"

Salamạnca, mittelspan. Prov. nördl. d. Kastilischen Scheidegebirges, 12 336 km², 370 000 E; Hptst. *S.* am Tormes

(Nbfl. d. Duero), 167 000 E; Uni. (1239
gegr.), Bischofssitz, alte Bauwerke; Tex-
til-, Metall-, chem. Ind.

Feuersalamander

Salamander, Schwanzlurche (Amphibien); erwachsene Tiere stets auf d. Lande; *Feuer-S.* bis 25 cm, lackschwarze Färbung mit auffällig gelber Fleckenzeich-
nung, in feuchten Wäldern Europas; Eiablage in Bächen; aus ihnen schlüpfen
kiementragende,   wasserbewohnende
Larven; Hautdrüsensaft giftig; *Alpen-S.,*
schwarz, b. 16 cm lang, im Gebirge, lebend gebärend; → *Riesen-S.*
Salamander reiben [v. lat. „Exercitium
Salamandri"], alte student. Zutrinksitte
(Ehrenbezeigung), die Biergläser auf
Kommando auf d. Tisch zu reiben, zu
leeren u. niederzusetzen.
Salami, *w.* [it.], dt., ital., frz., ungar. Dau-
erwurst m. Knoblauch.
Salamis, griech. Insel im Golf von Ägina
(Saronischer Meerbusen),   95   km²,
23 000 E; Haupt- u. Hafenst. *S.* – 480 v.
Chr. Seesieg der Griechen (Themistokles) über d. Perser.
Salandra, Antonio (13. 8. 1853–9. 12.
1931), it. Staatsmann, führte Italien 1915
auf Seiten der → Entente i. d. Krieg;
Min.präs. 1914–16.
Salangane, schwalbenähnl. Seglervögel
der südostasiat. u. ozean. Küsten; Nester
an Felswänden aus Speichel (die eßbaren
„ind. Vogelnester").
Salär, *s.* [l.], urspr. Salzzuteilung an die
röm. Soldaten u. Beamten; dann [frz.]
svw. Gehalt.
Salat, *m.* [it. „gesalzen"], mit Essig, Öl,
Gewürzen angerichtetes kaltes Gericht
aus rohen od. gekochten Pflanzenteilen
(Latticharten: z. B. Kopf-S., Endivie);
auch Fleisch-, Gurken-, Tomaten-S.
Salazar [-*sar*], Antonio de Oliveira (28.
4. 1889–27. 7. 1970), portugies. Pol.;
1932–68 Min.präs., autoritäres Regime.
salbadern, salbungsvoll schwatzen.
Salband, *s., Salkante, Salleiste,* schmale
(andersfarbige) Webkante.

Salbei

Salbei, *Salvia,* aromat. duftend, Wiesen
u. Wälder; auch Gartenpflanzen: *Garten-
S.* u. *Scharlachkraut;* beliebtes Heilkraut.

Salchow, *m.* [-*o*], im Eiskunstlauf
Sprungfigur; nach d. mehrf. schwed.
Weltmeister Ulrich *Salchow* benannt.
saldieren [it.], in der → Buchhaltung den
Saldo ziehen: Unterschiedsbetrag, der
sich durch Aufrechnung der beiden Seiten eines Kontos ergibt.
Saldo-vortrag, der S. des letzten Abschlusses als S.vortrag der neuen Ge-
schäftsperiode.
Salem, 1) St. in Tamil-Nadu, S-Indien,
361 000 E; Textilind.; **2)** [*seiləm*], Hptst.
des US-Staates Oregon, am Willamette
(l. Nbfl. des Columbia-Flusses), 97 000
E; Uni.; Obst-, Hopfenhandel; **3)** (D-
7777), Gem. i. Bodenseekreis, Ba-Wü.,
8651 E; bed. Gymnasium m. Internat i.
Schloß, 1920 gegr.
Salep, *m.,* Wurzelknollen versch. Orchideen; Salepschleim gg. Durchfall.
Saleph → Gök-su nehir.
Salerno, it. Hptst. der Provinz S. u. Hafen am *Golf v. S.,* 152 000 E; Erzbischof;
Dom; Seebäder, Baumwollind. – Im MA
berühmte med. Fakultät.
Sales [*sal*], Franz v. (1567–1622), kath.
Hlg., Bischof v. Genf, nach ihm gen. die
Salesianer, Kongregation von Weltprie-
stern, gegr. 1859, Fürsorgearbeit an der
gefährdeten männl. Jugend. – **Salesiane-
rinnen,** kath. Orden *(Visitantinnen),* zur
Erziehung der weibl. Jugend, bes. höherer Stände; über 22 000 Mitgl.
Sales-manager [*'seilz ˌmænidʒə*], am.
Bez. für Verkaufsleiter. – **S.-promotion**
[-*prə'mouʃən*], am. Bez. f. Verkaufsförderung.
Salford [*'sɔːlfəd*], engl. St. in d. Gft Gr.
Manchester, 98 000 E; Baumwoll-, Ei-
sen-, chem. Ind.
Salicylsäure, $C_6H_4(OH)(COOH)$, wichtige organ. Säure (Hydroxybenzoësäure),
natürl. in d. Weide *(Salix);* fäulniswidrig,
gärungshemmend z. Darstellung v. Farb-
stoffen u. Arzneimitteln gg. Fieber (Aspi-
rin® = Acetyl-S.), Rheumatismus u. z.
Konservierung, bes. als Natriumsalicylat.
Salier [-*liər*], Teil der → Franken; den
Saliern entstammen die *salischen Kaiser;*
1024–1125 (→ deutsche Geschichte,
Übers.).
Salieri [*sa'liːr*], Antonio (18. 8. 1750–7. 5.
1825), it. Komp., Kapellmeister in Wien;
Schüler Glucks, Gegner Mozarts, Lehrer
v. Beethoven, Schubert u. Liszt; 39
Opern.
Saline, *w.* [l.], Anlage zur Gewinnung
von Salz (Kochsalz) aus der Sole als Roh-
material durch Sieden in Salzpfannen
(→ Abb. Salz), Ausfällen oder durch
→ Gradieren (Konzentrieren).
Salinger [*'sælindʒə*], Jerome David (* 1.
1. 1919), am. Erzähler; *Der Fänger im
Roggen; Franny und Zooey.*
Salisbury, Robert Marquess of (3. 2.
1830–22. 8. 1903), engl. Pol. (Konserva-
tiver; zw. 1885 u. 1902 wiederholt Premiermin., dreibundfreundl., schloß 1887
Vertrag mit Frkr. über die Neutralität
des Suezkanals.

*Eingeborenenhaus auf einer der
Salomoninseln*

Salisbury [*sɔːlzbəri*], **1)** Hptst. der engl.
Gft Wiltshire, an Avon, Wiley, Nadder
u. Bourne, 37 000 E; Kathedrale,
Landw.; Märkte; röm. Ruinen, unweit
→ Stonehenge; **2)** → *Harare.*
Salisches Gesetz (Recht), altes Volks-
recht der salischen Franken, unter
Chlodwig um 500 n. Chr. niedergeschrie-
ben (schließt weibl. Erbfolge v. Grundbe-
sitz u. Thronfolge aus).
Saljut, Bez. f. sowj. Raumstationen, die
s. 1971 unbemannt in Erdumlaufbahnen
gebracht werden (→ Weltraumfor-
schung).
Salk [*sɔːk*], Jonas Edward (* 28. 10.
1914), am. Bakteriologe; entwickelte
S.serum als Schutzimpfung gg. → Kin-
derlähmung.
Sallust|ius, Gaius S. Crispus (86–35 v.
Chr.), röm. Historiker; *Verschwörung
Catilinas; Jugurtha.*
Salm → Lachse.

Salmanassar II. auf seinem Streitwagen

Salmanassar, 5 assyr. Kge zw. 1300 u.
700 v. Chr.
Salman und Morolf, dt. Spielmannsdichtung des 15. Jh., Vorlage stammt aus
12. Jh.
Salmiak, *m., Ammoniumchlorid (NH₄Cl)*
farbloses Salz; entsteht durch Einwirkung v. Salzsäure auf Ammoniak. –
S.geist, Lösung v. Ammoniakgas in Wasser.
Salmonellen, Gruppe bewegl., gram-
negativer, stäbchenförmig. Bakterien;
Enteritis-, Typhus-, Paratyphuserreger.
Salome, Tochter der Herodias, erbittet
als Lohn für einen Tanz vor Herodes Antipas das Haupt Johannes' des Täufers
(Oper von Richard Strauss, nach Text
von Oscar Wilde).
Salomo, Kg von Israel im 10. Jh. v. Chr.,
Tempelbauer; gerühmt wegen seiner
Weisheit *(Salomon. Urteil); Sprüche S.s.*
Salomon, Ernst v. (25. 9. 1902–9. 8. 72),
dt. Schriftst.; *Der Fragebogen.*

Salomoninseln, engl. *Solomon Islands*, 2 Inselgruppen i. Pazifik, 1885 u. 1899 zw. Dtld u. Großbrit. geteilt; dt. Teil 1920–73 austral. Treuhandgebiet, 1973 zu → Papua-Neuguinea; brit. Teil Protektorat, s. 7. 7. 1978 unabhängig: **Salomonen**, 28 896 km², 299 000 E; Hptst.: *Honiara* (30 400 E); Flagge S. 341, Karte S. 751; Mitgl. d. UN u. d. Commonwealth; AKP-Staat.

Salomonssiegel, *Weißwurz*, Liliengewächs der Laubwälder.

Salon, *m.* [frz. *sa'lõ*], Gesellschaftszimmer, „gute Stube"; auch Bez. für gesellschaftl. u. pol. Zirkel (z. B. Madame → Récamier um 1810); Pariser Kunstausstellung.

Saloniki, griech. *Thessaloniki*, Hptst. des griech. Nomos *S.* u. Hafen am *Golf v. S.*, 406 000 E, Gr.-S. 706 000 E; Uni.; Freihafen. – 315 v. Chr. gegr., 1430–1912 türk.

salopp [frz.], ungezwungen, nachlässig.

Salpausselkä, doppelter bis dreifacher, 550 km l. Haupt-Endmoränenwall in S-Finnland; begrenzt Finn. Seenplatte im Süden.

Salpen, im Meere frei schwimmende Manteltiere, tonnen- od. walzenförmig, glashell; mit → Generationswechsel.

Salpeter, *m.,* histor. Trivialnamen f. einige techn. wichtige anorgan. Nitrate (z. B. *Ammon-S.,* Ammoniumnitrat, *Chile-S.,* Natriumnitrat, *Kali-S.,* Kaliumnitrat). – **S.säure**, HNO_3, anorgan. Säure; gebunden in ihren Salzen, den Nitraten, aus denen sie durch Destillation mit Schwefelsäure gewonnen wird; ind. Herstellung durch Oxidation von Ammoniak; früher *Scheidewasser* gen., da sie Silber, aber nicht Gold löst; Hauptverwendung z. → Nitrieren.

SALT [engl. *sɔːlt*], *Strategic Arms Limitation Talks*, sowj.-am. Verhandlungen über die Begrenzung strategischer Waffen; Abkommen v. 26. 5. 1972 mit Vertrag über Begrenzung d. Antiraketensysteme u. über fünfjähriges Einfrieren d. Offensivraketen *(SALT I);* Abkommen v. 18. 6. 1979 m. Vertrag über Beschränkung der ges. strateg. Waffen *(SALT II),* v. US-Senat bisher nicht ratifiziert; abgelöst durch → START.

Saltarello, it. u. span. schneller Tanz (→ Tafel Tanz).

Salten, Felix, eigtl. *Siegmund Salzmann* (6. 9. 1869–8. 10. 1945), östr. Schriftst.; Tiergeschichten: *Bambi.*

Salt Lake City [ˈsɔːlt ˌleik ˈsɪtɪ], Hptst. d. US-Staates Utah, am Jordan nahe Gr. Salzsee, 163 000 E; Sitz d. → Mormonen, Uni.; Eisenind., Erdöl- u. Salzraffinerie, Schwefeltbermen, Flughafen.

Salto, St. in Uruguay, a. d. Uruguay, 107 000 E; Orangenanbau, Viehzucht.

Salto, *m.* [it.], freier Überschlag, kann gehockt, gehechtet od. gestreckt gesprun-

gen werden; je nach Zahl d. Drehungen 1-, 1½-, 2- u. 2½facher Salto.

Saluen, *Salween*, chin. *Nu Jiang*, Fluß in Hinterindien aus Tibet, fließt durch die chin. Prov. *Yunnan*, mündet b. Moulmein (Myanmar) in den Golf v. Martaban, 2414 km lang.

Saluretika, moderne → Diuretika, vorwiegend Abkömmlinge d. → Sulfonamide, schwemmen Natrium u. Chlorid aus d. Organismus u. senken d. Blutdruck; zur Behandlung v. Ödemen u. Hypertonie.

Salut, *m.* [l.], Ehrengruß (bes. v. Kriegsschiffen) durch *S.schüsse* od. Hochziehen u. Dippen d. Flagge; bei Staatsoberhäuptern: 21 S.schüsse.

salutieren [l.], militärisch grüßen.

Salvador, Hptst. d. brasilian. Staates Bahia, 1,5 Mill. E, Agglomeration 2,4 Mill. E; Uni., kath. Erzbistum, zahlr. Kolonialbauten; Erzausfuhr (Mangan).

Salvarsan®, *s.,* von Paul Ehrlich u. Hata nach über 600 Versuchen *(Ehrlich-Hata 606)* dargestelltes Arsenpräparat (salzsaures Dioxydiaminoarsenobenzol) z. Syphilis u. andere Spirochäten-Erkrankungen, heute durch Penicillin u. andere Antibiotika ersetzt.

Salvator, *m.* [l.], Erlöser.

Salve, gleichzeitiges Feuern aus Gewehren oder Geschützen; urspr. als Ehrengruß *(Ehren-S.).*

salve! [l.], „sei gegrüßt!"

salvieren [l.], in Sicherheit bringen.

Salz, allg. d. → Kochsalz; Gewinnung i. → Salinen; auch durch Eindampfen in Salzgärten a. d. Küste. → Salze.

Salzach, r. Nbfl. des Inn, u. b. Kitzbüheler Alpen, durchfließt Pinzgau u. Pongau, durchbricht Kalkalpen, mündet nö. v. Burghausen, 225 km lang.

Salzbildner → *Halogene.*

Salzburg, **1)** östr. Bundesland, 7155 km², 470 000 E; Hochgebirgsland: S.er Kalkalpen; Schieferalpen, Hohe Tauern, O-Teil Niedere Tauern; zahlreiche Höhlen; Eisriesenwelt (größte Eishöhle der Erde); stärker besiedelt: Alpenvorland (Flach-, Tennengau), Pongau, Pinzgau; Vieh- u. Milchwirtsch., Mineralquellen u. Thermen (Gastein); Bergbau: Salz (Hallein), Kupfer (Mitterberg), Marmor (Adnet, Untersberg); Aluminiumwerk (Lend); Glas-, Papier-, chem. und Holzindustrie; **2)** (A-5020), Hptst. d. Landes *S.*, 139 000 E, a. d. Salzach zw. Kapuziner- u. Mönchsberg; Erzbischofssitz, zahlr. Kirchen; Mozarts Geburtshaus m. Mozartmuseum; Uni. (1622–1810, s. 1962 neu aufgebaut); HS f. Musik *(Mozarteum);* Sommerfestspiele (s. 1920), Osterfestspiele, Salzburger Kulturtage, Kur- u. Kongreßst., Flugplatz; Residenz m. Residenz-Galerie, Mus. Carolino Augusteum; Haus der Natur; nahebei Schlösser *(Hellbrunn, Leopoldskron, Kleßheim* u. a.); über der Stadt Festung *Hohensalzburg* m. Burgmuseum. – Röm. Munizipalstadt *Iuvavum;* Bistum gegr. 700 v. Rupert, Erz-

bistum 798, gefürstet um 1225; bedeutendster Fürst der Barockzeit: Wolf Dietrich (1587–1612); 1731/32 Emigration der Protestanten unter Erzbischof Firmian (angesiedelt hpts. in Ostpreußen; ein Teil nach Georgia, USA, ausgewandert); 1805, endgültig 1816 an Östr.

Salzburger- Kalkalpen, Teil der nördl. Kalkalpen (Ostalpen); *Waidringer Alpen* (Birnhorn 2634 m), *Berchtesgadener A.* (Hochkönig 2941 m, Watzmann 2713 m), *Ausseer A.* (Dachstein 2995 m), *Wolfganger A.* (Höllenkogel 1862 m), *Ennstaler A.* (Hochtor 2369 m). – **S. Schieferalpen,** Teil der Ostalpen: *Tuxer Tonschiefergebirge* (Reckner 2886 m), *Kitzbüheler A.* (Katzenkopf 2535 m).

Salze, chem. Verbindungen, aufgebaut aus → Kationen und → Anionen (z. B. Kochsalz, Natriumkation und Chlorid-Anion); entstehen bei der Umsetzung von Säuren mit Basen.

Salzgitter (D-3320), kreisfreie St. i. Rgbz. Braunschweig, Nds., 224 km², 111 674 E; Eisen- u. Stahlerzeugung sowie -verarbeitung, Fahrzeugbau, Maschinen-, Elektro-, Pharma-, Papier-, Kunststoff- u. Nahrungsmittelind.; Heilbad SZ-Bad m. Naturthermalsolquelle.

Salzkammergut, Wolfgangsee

Salzkammergut, Kalkalpenlandschaft in Oberöstr., Salzburg und Steiermark, von der Traun durchflossen, mit zahlreichen Seen (Traun-, Hallstätter, Atter-, Wolfgang-, Mond-See); Salzwerke in Hallstatt, Ischl, Ebensee, Aussee.

Salzkraut, schmalblättrige Kräuter, auf Salzböden, bes. am Meeresstrand.

Salzburg

Sambesi, *Victoriafälle*

Salzmann, Christian Gotthilf (1. 6. 1744–31. 10. 1811), dt. Pädagoge; *Ameisenbüchlein; Krebsbüchlein.*

Salzpflanzen, *Halophyten,* versch. salzhaltigen Böden angepaßte Pflanzen, bes. am Meeresstrand.

Salzsäure, Lösung des Gases Chlorwasserstoff *(HCl)* in Wasser; konzentrierte S. m. etwa 38% HCl; wird aus Kochsalz u. Schwefelsäure od. aus Chlor u. Wasserstoff hergestellt; vielfache Verwendung in chem. Ind.; Salze: *Chloride.*

Salzsee, Großer, *Great Salt Lake,* in Utah, USA, 1280 müM, 4000–6000 km² (je nach Wasserstand), 18–27% Kochsalz (Salzgewinnung); Zuflüsse: Bärenfluß u. Jordan; ohne Abfluß.

Salzseen, abflußlose Seen mit durch Verdunstung steigendem Salzgehalt (z. B. *Totes Meer* 23% Salz).

Salzstraßen, Bez. für die Handelsstraßen, auf denen das Salz von den Salinen befördert wurde (Innerasien, Nordafrika); S. auch in Dtld: von Halle, Reichenhall usw. ausgehend.

Salzwedel (D-3560), Krst. i. S.-A., 23 547 E; alte Fachwerkbauten, Zucker- u. chem. Ind. – 1263–1514 Mitgl. der Hanse.

Samaden → Samedan.

Samara, 1) l. Nbfl. des Dnjepr bei Dnjepropetrowsk, 341 km l.; **2)** linker Nbfl. der Wolga bei Kujbyschew, 587 km l.; **3)** → Kujbyschew.

Samarang, svw. → Semarang.

Samaria, 1) Landschaft in Palästina, zw. Galiläa im N und Judäa im S; Hptort *Nablus (Sichem);* **2)** Hptst. d. alten Reiches Israel; 722 v. Chr. von Assyrern erobert.

Samariter, 1) *der barmherzige S.,* bibl. Gestalt (aus → Samaria); **2)** freiwillige Hilfskräfte zur Erste-Hilfe-Leistung bei Unglücksfällen usw.

Samarium, *Sm,* chem. El., Oz. 62, At.-Gew. 150,35, Dichte 7,54; Seltenerdmetall.

Samarkand, Gebietshptst. in d. usbek. Sowjetrep., das alte *Marakanda,* 366 000 E; Zitadelle, Moscheen m. Mausoleen; Herstellung v. Teppichen, Seidenwaren. – 329 v. Chr. v. Alexander d. Gr. u. 1220 n. Chr. v. Dschingis-Chan erobert; um 1369–1404 Residenz Timurs, im 15. Jh. berühmte Sternwarte, 1868 russisch.

Samarra, Ruinenst. am Tigris (Irak); Abbasidenresidenz (9. Jh. n. Chr.).

Samaveda → Veda.

Samba, *w.,* brasilian. Volkstanz im ⁴/₄-Takt.

Sambesi, *Zambesi,* größter südafrikan. Strom, aus dem NW v. Sambia (von Livingstone erforscht), Grenzfluß zw. Sambia u. Simbabwe, bildet die → Victoriafälle, mündet n. 2736 km in den Ind. Ozean; durch den → Karibadamm u. → Cabora-Bassa-Damm zu großen Seen aufgestaut.

Sambia, bis 1964 *Nordrhodesien,* amtl. *Republic of Zambia,* Rep. im S Afrikas, 752 618 km², 7,53 Mill. E (10 je km²); Bev.-Zuw. 3,6%; Bev.: hpts. Bantu- u. Zuluneger; Sprache: Engl., Zulusprachen; Währung: Kwacha (K); Hptst.: *Lusaka;* Flagge S. 341, Karte S. 750. **a)** *Geogr.:* Fruchtb. Tafelland südl. d. Katangaplateaus im Einzugsgebiet des Sambesi. **b)** *Wirtsch.:* Grundlage ist Kupfer (1988: 480 000 t), daneben Blei, Zink, Kobalt, Mangan, Gold, Silber; wichtig f. d. Industrialisierung Karibastaudamm im Sambesi m. seinen Großkraftwerken; Landw. (hpts. Viehzucht) rückläufig. **c)** *Außenhandel* (1988): Einfuhr 839 Mill., Ausfuhr 1,18 Mrd. $. **d)** *Verf.* v. 1973: Präsidialsystem, Nationalvers. (1 Kammer); Einparteiensystem. **e)** *Verw.:* 9 Prov. **f)** *Gesch.:* Nordrhodesien s. 1911 brit. Protektorat, 1953–62 m. Südrhodesien u. Njassaland in der → Zentralafrikan. Föderation vereinigt; s. 1964 unabhängig u. umbenannt in S., Mitte 1990 blutige Unruhen u. Putschversuch. **g)** *Mitgl.:* UN, Commonwealth, OAU; AKP-Staat.

Sambre [*sãbr*], l. Nbfl. der Maas, 190 km l., mündet bei Namur, 149 km kanalisiert; *S.kanal,* Verbindung Oise-Maas, 67 km lang.

Samedan, *Samaden* (CH-7503), Hptort des Oberengadin, im schweiz. Kanton Graubünden, am Inn, 1728 müM, 2600 E; Luftkurort, Wintersportplatz.

Samen, 1) bei Samenpflanzen, entstehen nach der Befruchtung aus den Samenanlagen im Fruchtknoten; enthalten den Keim (Embryo), daneben vielfach noch ein Nährgewebe; fehlt dieses, sind die Nährstoffe in den dicken Keimblättern (Kotyledonen) enthalten; der wirtschaftl. Wert vieler S. beruht auf den aufgespeicherten Nährstoffen (Eiweiß, Fett, Stärke); viele S. sind mit Anhängseln (z. B. Haaren) versehen, die die Verbreitung fördern; **2)** tier. od. menschl. S. (griech. *Sperma*), die aus den männl. Keimzellen, den *Samenfäden* (→ Spermien) und den Absonderungen der Anhangsdrüsen bestehende Flüssigkeit. – *S.anlage, S.knospen, botan.* im Fruchtknoten (z. B. d. Angiospermen) oder frei am Fruchtblatt (Gymnospermen) befindl. Organe, die sich nach Befruchtung zu → Samen entwickeln. – *S.blasen, Bläschendrüsen,* paarige, längl. Hohlgebilde am Blasengrund d. Mannes, mit d. Samenleiter in Verbindung stehend (→ Geschlechtsorgane, Abb.). – *S.erguß, Ejakulation,* während des Beischlafs; auch unwillkürlich im Schlaf sowie bei Harn- oder Kotentleerung, *Pollution.* – *S.leiter,* ca. 55 cm l. Röhrchen, das d. Samenflüssigkeit vom Nebenhoden durch d. Leistenkanal u. sein Endstück, d. Ausspritzungskanälchen, am Samenhügel in d. Harnröhre leitet (→ Geschlechtsorgane, Abb.); Unterbrechung des S.leiters: → Sterilisation. – *S.pflanzen,* svw. → Phanerogamen. – *S.strang,* vom oberen Ende des Hodens bis z. inneren Leistenring reichende Samenleiter, Nerven u. Blutgefäße enthaltende kanalförmige Bauchwandausstülpung.

Samoa, *Eingeborenenhaus*

Sämischleder, *Waschleder,* Leder, das durch Gerbung mit Tranen lockere Weichheit erhält.

Samisdat, Selbstverlag verbotener Literatur i. d. Sowjetunion (meist Schreibmasch.manuskripte).

Samjatin, Jewgeni Iwanowitsch (1. 2. 1884–10. 3. 1937), russ. Schriftst.; einflußreicher utop. Roman: *Wir.*

Samland, Landschaft zwischen Frischem und Kurischem Haff, im Galtgarben 110 m, mit prächtiger Steilküste. Bernsteingewinnung (einziges *Bernsteinbergwerk* der Erde: *Palmnicken*); Bäder: *Cranz, Rauschen, Neukuhren, Pillau* u. a. – 1249 Teil des *Bistums S.,* 1255 vom Deutschen Orden erobert, seit 1945 unter sowj. Verwaltung.

Sammel-depot, Verwahrung von Wertpapieren gleicher Art durch eine Bank. – *S.güter,* Stückgüter versch. Versender, die zu e. Wagenladung vereinigt u. an einen Frachtbrief versandt werden, bilden eine *S.ladung* (§ 413 HGB).

Sammellinsen → Linsen.

Sammelsurium, svw. Mischmasch.

Sammelwerk, Begriff d. → Urheberrechts, enthält literarische od. künstler. Beiträge mehrerer Autoren (z. B. Zeitschrift, Jahrbuch).

Samniter, mittelitalischer Volksstamm i. d. *S.krigen* i. 4./3. Jh. v. Chr. von d. Römern unterworfen; 82 v. Chr. → Sulla vernichtet.

Samoainseln, Inselgruppe östl. der Fidschiinseln, 3030 km², 204 000 E, vorwiegend Polynesier; gebirgig, vulkan., höchster Berg (1858 m) auf Savaii; fruchtbare trop. Vegetation: Kokospalme, Kakaobaum, Banane; 1899 aufgeteilt zw. den USA u. Dtld: **1)** *Amerikanisch-S.* s. 1956 Selbstverwaltung, Tutuila, Manuainselgruppe u. weitere kl. Inseln, 199 km², 37 000 E; Hpthafen: *Pago Pago,* Marinestation; **2)** *Westsamoa,* amtl. *Malotuto'atasi o Samoa i Sisifo,* selbst. Staat, nordöstl. v. Neuseeland, bestehend aus Upolu, Savaii u. anliegenden kl. Inseln, 2831 km², 167 000 E (59 je km²); Bev.-Zuw. 1,0%; Währung: Tala (WSS); Rel.: ev.; Hptst.: *Apia* (36 000 E); Flagge S. 341, Karte S. 751; Reg.form: Mischform traditioneller u. pol. Einrichtungen; in 24 Distrikte eingeteilt; Agrarland; 1899 dt. Kolonie, 1920–62 neuseeländ. Mandatsgebiet, 1962 unabhängig (aber bis 1982 außenpol. durch Neuseeland vertreten); Mitgl. d. UN u. d. Commonwealth; AKP-Staat.

Samojeden, mongol. Stammesgruppe an der sibir. Eismeerküste; etwa 20 000, von mongol. Gesichtstypus, Rentiernomaden, Fischer.

Samos, 1) Insel d. Sporaden, 476 km², 45 000 E; Öl, Wein, Tabak; Hptst. u. Hafen *S. –* Blütezeit unter Polykrates 532–522 v. Chr.; 1550 türk., s. 1912 griech.; **2)** antike St. auf S.; teilweise erhalten (Stadtmauer).

SAMOS, *S*atellite and *M*issile *O*bservation *S*ystem, am. Aufklärungssatelliten-Typ (→ Satellit).

Samothrake, griech. Insel i. Ägäischen Meer, südl. d. thrazischen Küste, gebirgig, 178 km², 5200 E; um 1874 Ausgrabungen; Standbild der *Nike von S.* (190 v. Chr.) im Louvre, Paris. – Mysterien von S. im griech. Altertum berühmt.

Samowar

Samowar, *m.* [russ.], metallene Teemaschine, oft m. Holzkohle geheizt.

Sampan, *m.,* chin. Wohnboot a. Flüssen.

Samphan, Khieu (* 27. 7. 1931), kambodschan. Pol.; Führer d. Roten Khmer, 1976–78 Staatsoberhaupt, s. 1982 Vizepräs. d. Exilreg.

Samsara, *m.* [ind.], *Sansara,* in der ind. Weisheitslehre Kreislauf von Leben, Tod und sofortiger Wiedergeburt, Erlösung in das → *Nirwana.*

Samson → Simson.

Samstag, in Süd- u. Westdtld Bez. für „Sonnabend"; 6. Tag d. Woche.

Samsun, türk. Prov.hptst. i. Kleinasien; a. Schwarzen Meer, 280 000 E.

Samt, *Sammet,* Stoff mit Grundgewebe u. aufrechtstehendem kurzem, dichtem Flor (haariger Oberfläche); *Seidensamt* ist Kettensamt, *Baumwollsamt (Velvet)* ein Köpergewebe; außerdem Woll- und Reyonsamt.

Samtgemeinde, Bez. f. e. Gemeindeverband.

Samuel [isr. „Seher"], um 1000 v. Chr., begr. d. Überlieferung nach durch Salbung Sauls d. Königtum in Israel; die 2 Bücher *Samuelis* im A.T. über S., Saul und David.

Samuelson [ˈsæmjuəlsn], Paul Anthony (* 15. 5. 1915), am. Wirtschaftswiss.; Nobelpr. 1970 (Verbindung stat. u. dynam. Analyse).

Samuelsson, Bengt I. (* 21. 5. 1934), schwed. Biochem.; (zus. mit S. K. → Bergström u. J. R. → Vane) Nobelpr. für Medizin 1982 (Prostaglandin-Forschung).

Samum, *m.,* heißer, Sandstaub führender Wüstenwind N-Afrikas.

Sämund, *der Weise,* altnord. *Saemundr* (1056–1133), isländ. Bauer u. Priester in Oddi; Begr. der isländ. Geschichtsschreibung.

Samurai, altjap. Krieger- u. Adelsschicht, mit ausgeprägtem Ritterideal (→ Buschido).

San, r. Nbfl. der Weichsel in Galizien, aus den Waldkarpaten; 444 km l.

san [it. u. span. Kurzform v. „santo"], heilig.

Sana, Hptst. d. Rep. Jemen, 2350 müM, 427 000 E.

San Antonio [sæn ənˈtouniou], St. i. US-Staat Texas, 786 000 E, Agglomeration 1,3 Mill. E; Uni.; Erdölgebiet, Eisen- u. Stahlind., Flugplatz.

Sanatorium [nl.], Heilstätte: *Lungen-S., Nerven-S.* usw.

San Bernardino, 1) [sæn bənəˈdinou], St. im US-Staat Kalifornien, 119 000 E; Uni; **2)** → Bernardino.

Sancho [-tʃo], Name mehrerer Könige v. Kastilien, Navarra u. Portugal: **S. III.,** d. Gr., 970–1035 Kg von Navarra, eroberte N-Kastilien.

Sancho Pansa

Sancho Pansa, Begleiter des → Don Quixote bei Cervantes.

sancta simplicitas [l. „heilige Einfalt"],

für Unschuld oder Beschränktheit; Wort v. *J. Hus* auf d. Scheiterhaufen.

Sanctus [l.], heilig, Heiliger; Lobgesang in der katholischen Messe.

Sand, 1) George [sãd], eigtl. *Aurore Dupin-Dudevant* (1. 7. 1804–8. 6. 76), frz. Romanschrifst.in; Freundin Mussets u. Chopins; *Lélia; Consuelo;* **2)** Karl Ludwig (5. 10. 1795–20. 5. 1820), dt. Student u. Burschenschafter; erstach → Kotzebue; enthauptet. Sein Attentat war Anlaß zur Unterdrückungspolitik Metternichs (→ Karlsbader Beschlüsse).

Sand, Verwitterungsprodukt von Gesteinen; Korngröße v. 0,02–2 mm; → Sedimente.

Sandaale, aalähnl. Knochenfische an sand. Meeresküsten der Arktis u. d. Tropen (z. B. *Tobiasfisch*).

Sandale, w. [gr.], Fußbekleidung in Form einer unter den Fuß gebundenen Sohle.

Sandarak, Harz e. nordafrikan. zypressenartigen Nadelholzes; Bestandteil v. Klebepflastern u. Räucherpulvern.

Sandbad, 1) *med.* Ganz- oder Teilbad in heißem Sand, bes. bei Rheumatismus, Neuralgie; **2)** in der *Chemie:* Schalen mit Sand zu langsamer, gleichmäßiger Erwärmung von Gefäßen.

Sandblatt, unterste Blätter der Tabakpflanze: bevorzugt als Deckblätter für Zigarren.

Sandburg [ˈsændbəg], Carl (6. 1. 1878–22. 7. 1967), am. Volksdichter; *Chicago Poems; Abraham Lincoln.*

Sandby [ˈsændbi], **1)** Paul (1725–9. 11. 1809), engl. Maler; s. topograph. Aquarelle waren richtungweisend für d. engl. Landschaftsmalerei d. Romantik; s. Bruder **2)** Thomas (1721–98), Architekturzeichner.

Sanddorn, stark dornig, Früchte orangerot, selten gelb, silbrige Blätter, hoher Vitamin-C-Gehalt, Sanddornsaft aus Früchten.

🌸 Blüte

Sandelholz

Sandelholz, *Santelholz,* von versch. ostind. Bäumen: **a)** *Rotes S.* (Kaliaturholz), von einem Schmetterlingsblütler; Farbholz u. f. Tischlerei; **b)** *Weißes S.,* vom Sandelbaum, auch kultiviert f. Schnitzereien, Räucherwerk u. zur Herstellung v. **Sandelöl** (Parfüm u. Heilmittel).

Sandhose, trichterförmiger, sandführender Luftwirbel; bis 1500 m hoch.

San Diego [sæn diˈeigou], St. im US-Staat Kalifornien, nahe der mexikan. Grenze, wichtiger Transit- u. Verschif-

San Francisco, Oakland-Bai-Brücke

fungshafen, am *Golf v. S. D.,* 876 000 E, Agglomeration 2,3 Mill. E; Flottenstation, Luftfahrtind.; Seebäder.
Sandinisten, revolutionäre nat. Bewegung i. → Nicaragua; → FSLN.

Sandlaufkäfer

Sandlaufkäfer, räuberisch lebende, metallisch glänzende Laufkäfer; Larven lauern in Erdröhren auf Beute.
Sandpilz, genießbarer Röhrling.
Sandrart, Joachim von (12. 5. 1606–14. 10. 88), dt. Maler, Kupferstecher u. Kunstschriftst.; s. Abhandlung *Teutsche Akademie der edlen Bau-, Bild- und Malereikünste* wurde e. Grundlage d. dt. Kunstgeschichtsschreibung.
Sandschak [türk.], **1)** Fahne; **2)** bis 1921 türk. Verw.bez. (z. B. *S.* v. Alexandrette; → Iskenderun.
Sandstein, durch natürl. Bindemittel verbundener Quarzsand mit unterschiedl. Beimengungen: Mergel-, Ton-, Kalk-, Glimmer-S. u. a.; → Sedimentgesteine.
Sandstrahlgebläse, Apparat zum Schleudern von Sandkörnern durch Preßluft; verwendet u. a. z. Reinigung von Fassaden; Muster werden durch Abdecken d. auszusparenden Stellen m. Farbe, Papier usw. erzielt.
Sanduhr, markiert den Ablauf eines bestimmten Zeitabschnitts durch Ausrinnen einer entsprechenden Menge feinen Sandes aus einem oberen in ein durch enge Öffnung mit ihm verbundenes unteres Glasgefäß (z. B. *Eieruhr, Logglas*).
Sandwespen, eine Gattung der → Grabwespen.
Sandwich, s. [engl. *'sæn(d)wɪʧ*], **1)** belegte Weißbrotschnitte (auch geröstet); **2)** zwei fotograf. Papier- od. Filmbilder werden übereinander gelegt u. ergeben ein neues Bild.
Sandwichinseln [*'sæn(d)wɪʧ*], **1)** → Hawaii-Inseln; **2)** *Süd-S.,* brit. Inseln im Südpolargebiet.
Sandwurm, *Pier,* im Sande der eur. Küsten eingegraben lebender Borstenwurm

m. roten Kiemen; in Mengen gefangen: als Angelköder.
San Fernando, span. Hafenst. in der Prov. Cádiz, auf der Insel León, 80 000 E; Kriegshafen.
sanforieren, Handelsbez. f. Behandlung v. Baumwoll- und Baumwollmischgeweben, um deren nachträgl. Einlaufen in d. Wäsche zu verhindern.
San Francisco [*sæn frən'sɪskou*], St. in Kalifornien (USA), auf e. Landzunge zw. Pazifik u. d. *San-Francisco-Bai,* südl. beide verbindende Meeresstraße d. „Golden Gate" *(Goldenes Tor),* 768 000 E, Agglom. 6 Mill. E; Erzbischofssitz, Uni.; bedeutendster Hafen u. Handelsplatz an der W-Küste des USA; Zuckerfabrik, chem., Eisen-, Nahrungsmittelind.; Masch.-, Schiffbau; Erdölraffinerien. – 1776 v. Franziskanern (daher Name S. F.) gegr.; 1906 durch Erdbeben u. Feuer stark zerstört; 1945 konstituierende Versammlung d. → UN.

Altdeutsche Sänfte

Sänfte, von Menschen oder Tieren getragener Sessel, meist mit Dach und Seitenwänden.
Sangallo, it. Baumeisterfamilie d. Renaissance, **1)** Antonio da, *d. Ä.* (um 1455–17. 12. 1534), s. Neffe **2)** Antonio da, *d. J.* (1483–3. 8. 1546), Palazzo Farnese (Rom) begonnen; Bauleiter an d. Peterskirche; Festungsbau; **3)** Giuliano da (1455–20. 10. 1516), Madonna delle Carceri (Prato).
Sänger, 1) Eugen (22. 9. 1905–10. 2. 64), dt. Raketenkonstrukteur; Grundlagenforschung f. Flugzeug- u. Raketenantrieb; **2)** Frederick (* 13. 8. 1918), engl. Chem.; Struktur des Insulin-Moleküls u. Reihenfolge d. Nukleotide in d. DNA; Nobelpr. 1958 u. 1980.
Sangerhausen (D-4700), Krst. am NO-Rand der Goldenen Aue, S-A., 33 757 E; Rosarium (über 7000 Rosenarten); div. Ind., Kupfer- u. Schieferbergbau.
Sängerkrieg auf der Wartburg, zw. dt. Minnesängern 1207, behandelt in einem Gedicht vom Ende des 13. Jh.; R. Wagners *Tannhäuser.*
San Gimignano [-*dʒimi'n*-], Gem. in der it. Prov. Siena, 7000 E; im MA selbst Rep., 1353 an Florenz; alte Mauern, Wohntürme erhalten.
Sanguiniker, lebhafter Mensch; → Temperament.
Sanhedrin, *m., Synhedrion (Hoher Rat),* höchster jüdischer Gerichtshof in der Römerzeit.
Sanherib, Kg d. Assyrien 704–681 v.

Chr., zerstörte 689 Babylon, erweiterte Ninive.
sanieren [l.], gesund, lebensfähig machen.
Sanierung, 1) *med.* Schaffung gesunder Lebensverhältnisse; **2)** betriebl., meist finanzielle Maßnahmen zur Gesundung einer Unternehmung; Gründe: mangelnde Liquidität, sinkende Rentabilität, Unterbilanz, Überschuldung.
sanitär [l.], svw. hygienisch, gesundheitsgemäß.
Sanitäts-, zum Gesundheitsdienst gehörig; z. B. **S.kolonnen** mit **Sanitätern** für Kranken- u. Verwundetentransport u. Erste Hilfe. – **S.kompanie,** mil. Einheit zum S.dienst an der Front und in Lazaretten.
San José, 1) [*saŋ xo'se*], *S. J. de Costa Rica,* Hptst. der Rep. Costa Rica, 285 000 E; Uni., Museum; **2)** [*sæn hou'zeɪ*], St. im US-Staat Kalifornien, 630 000 E, Agglom. 1,4 Mill. E; Uni.
San-José-Schildlaus, von Kalifornien eingeschleppter, sehr gefährl. Obstschädling.
San Juan [*saŋ 'xuan*], mittelam. Fluß aus dem Nicaraguasee, 190 km l., ins Karibische Meer; **2)** Hptst. der argentin. Prov. *S. J.,* am Fluß S. J., am O-Hang d. Kordilleren, 118 000 E.
San Juan de Puerto Rico, Hptst. von Puerto Rico, an der N-Küste, auf einer Insel, 431 000 E; befestigter Hafen (Ausfuhr v. Kaffee, Zucker).
Sankhja, *Samkhja,* Bez. eines der 6 klassischen Systeme der ind. Philosophie; Urmaterie ohne Verbindung zu Einzelseelen.
Sankt [l.], auch *St.* oder *S.,* Abk. für *sanctus* „heilig".
Sankt Andreasberg (D-3424), Bergst. im Oberharz, Kr. Goslar, Nds., 600–894 müM, 2540 E; heilklimat. Kurort; 1520–1910 Silberbergwerk.
Sankt Anton (A-6580), östr. Wintersportpl. am Arlberg, Tirol, 1304 müM, 2200 E.
Sankt Augustin (D-5205), St. i. Rhein-Sieg-Kr., NRW, 50 230 E; Computer-, Masch.ind.; Sitz d. → Konrad-Adenauer-Stiftung.
Sankt Bernhard, zwei Alpenpässe: **1)** *Großer S. B.,* an der it. Grenze, im Schweizer Kanton Wallis, 2469 m, verbindet das Wallis (Martigny) u. Tal der Dora Baltea (Aosta); 84 km l., 2472 m hoch; auf der Höhe das **S.-B.-Kloster** (962 gegr.), Hospiz der Augustinerchorherren; Zucht von → Bernhardinerhunden; **2)** *Kleiner S. B.,* 2188 m, Verbindung Dora-Baltea-Tal-Isèretal, 49 km l. – **S.-B.-Tunnel,** 1964 fertiggestellter 5,85 km l. Autotunnel durch den *Großen S. B.;* i. Innern das S.-B.-T.-Wasserkraftwerk mit jährl. Leistung 5 Mill. kWh u. Erdölleitung Genua-Rhônetal.
Sankt Blasien (D-7822), St., heilklimat. Kurort i. südl. Hochschwarzwald, Kr. Waldshut, Ba-Wü., 800 müM, 3938 E;

AG; Heilklima f. Erkrankung d. Atmungsorgane, Kreislauf; 958–1806 Benediktinerabtei, jetzt Jesuitenkolleg; Dom (drittgrößte eur. Kuppelkirche).
Sankt Florian (A-4490), Markt in Oberöstr., 4100 E; Augustinerchorherrenstift, bekannte Orgel, darunter Grabmal *Bruckners;* Jagdmuseum Schloß Hohenbrunn.
Sankt Gallen, 1) Schweizer Kanton, im S mit Sardonagruppe (3056 m), Churfirsten (2309 m) und Säntisgruppe (2504 m), im N Hügelland; Landw., Masch.-, Textilind.; 2014 km², 414 600 E; **2)** (CH-9000), Kantonshptst. an der Steinach, 75 000 E; Bischofssitz, Klosterbau m. berühmter Bibliothek (Nibelungenhandschrift), Handelshochschule, dt. Konsulat; Maschinenstickerei. – Stadt 612 v. dem ir. Mönch Gallus gegr., ab 740 Benediktinerkloster, 9.–11. Jh. Mittelpunkt abendländ. Literatur u. Kunst *(Notker der Stammler und der Dt., Ekkehart);* Aufhebung d. Klosters 1805.
Sankt Georgen im Schwarzwald (D-7742), St. i. Schwarzwald-Baar-Kr., Ba-Wü., 13 971 E; feinmechan. Ind., Fremdenverkehr.
Sankt Goar (D-5401), St. im Rhein-Hunsrück-Kreis, RP, l. am Rhein, 3082 E; AG; Stiftskirche, Burgruine *Rheinfels.*
Sankt Goarshausen (D-5422), St. i. Rhein-Lahn-Kr., r. am Rhein, RP, 1574 E; Weinbau.
Sankt Gotthard, Gebirgsstock der Schweizer Alpen mit den Quellen von Rhein, Rhône, Reuß, Tessin, durch den *S.-G.-Paß* (2108 m) in zwei Teile geteilt, westl. der *Pizzo Rotondo,* 3192 m, östl. der *Pizzo Centrale,* 3001 m; über dem Paß die *S.-G.-Straße,* v. Reußtal ins Tessintal, mit Hospiz; seit 1882 *S.-G.-Bahn,* mit 15 km langem Tunnel u. seit 1980 AB-Straßentunnel (16,3 km) zwischen Göschenen und Airolo.
Sankt Helena, brit. Insel im südl. Atlantik, 1863 km v. Afrika entfernt; vulkan. Bergland; meist Negerbevölkerung; 122 km², 6000 E; Hptort *Jamestown.* – 1815–21 Verbannungs- und Sterbeort *Napoleons.*
Sankt Ingbert (D-6670), St. i. Saar-Pfalz-Kr., Saarland, 40 527 E; AG; Masch.-, Textil-, Baustoffind., Brauerei; Weisgerber-Sammlung.
Sanktion, w. [l.], Zustimmung d. verfassungsmäßigen Organe zu Gesetzen; früher svw. Staatsgesetz (z. B. Pragmatische Sanktion).
Sanktionen, Zwangsmaßnahmen z. Herstellung des Rechts; in d. Politik wirtsch. Maßnahmen od. mil. Vorgehen gg. einen unter Verletzung seiner Vertragspflichten kriegführenden Staat; d. Möglichk. v. S. war im Statut d. Völkerbundes im Art. 16 u. ist im Statut d. UNO in Art. 41, 42 vorgesehen.
sanktionieren, bestätigen, billigen.
Sankt Joachimsthal, tschech. *Jáchymov,* St. im böhm. Erzgebirge, 3300 E; Ra-

Sankt Petersburg, *Winterpalais*

diumbad; früher Silberbergbau (→ Joachimsthaler Groschen).
Sankt Johann, 1) *St. J. im Pongau* (A-5600), Bez.ort i. Land Salzburg, an der Salzach, 585 müM. 7700 E; Liechtensteinklamm; Ferienort, Wintersportplatz; **2)** *St. J. in Tirol* (A-6380), Marktgem., Wintersportplatz u. Sommerfrische am Kaisergebirge, 660 müM, 6500 E.
Sankt-Lorenz-Strom, schiffbarer Abfluß der Kanadischen Seen (f. Seeschiffe befahrbar), 1287 km l., bildet die „Tausend Inseln", Grenzfluß zw. Kanada und USA, mündet in den **St.-Lorenz-Golf.** Der 1959 fertiggestellte **St.-Lorenz-Seeweg,** der den St. Lorenz u. die Großen Seen umfaßt u. diese mit dem Atlantik verbindet, ist der längste für Ozeanschiffe befahrbare Binnenwasserweg; durch Kanäle u. 16 Schleusen (Höhenunterschied insges. 177 m), sind Ind.zentren im Herzen d. USA u. Kanadas für Überseefrachter m. einem Tiefgang von 7,60 m erreichbar; Länge v. Duluth an der W-Spitze des Oberen Sees bis zum Atlantik 3775 km.

Sankt Moritz

Sankt Moritz (CH-7500), Luftkurort, Heilbad, Sommer- u. Wintersportplatz i. Oberengadin (Schweizer Kanton Graubünden), am *St. Moritzer See* (0,78 km², 44 m tief), 1856 müM, 5900 E; Austragungsort d. Olymp. Winterspiele 1928 u. 1948.
Sankt Peter (D-7811), Gem. u. Höhenluftkurort im Kr. Breisgau-Hochschwarzwald, Ba-Wü., 722–1200 müM, 2151 E;

ehem. Benediktinerabtei (berühmte Rokokobibliothek), s. 1842 Priesterseminar.
Sankt Peter-Ording (D-2252), Nordseeheil- u. Schwefelbad i. Kr. Nordfriesland, Schl-Ho., auf der Halbinsel Eiderstedt, 3597 E.
Sankt Petersburg, 1914–24 *Petrograd,* 1924–91 *Leningrad,* zweitgrößte St. der Sowjetunion, als Agglomeration 5 Mill. E; an d. Mündung d. Newa; bis 1917 kaiserl. russ. Residenz; ältester Teil der Peter-Pauls-Festung auf einer Newainsel, 1703 v. Peter d. Gr. gegr.; Uni., Arkt. Inst., Gemäldegalerie („Eremitage"); frühere Paläste; Maschinenbau, Holz-, Textil-, Elektro-, Gummiind.; durch Seekanal nach Kronstadt auch für Seeschiffe zugänglich; Flughafen. – 1825 Dekabristenaufstand, 1905 Revolution; 7. Nov. 1917 → Oktoberrevolution
Sankt Pölten (A-3100), Landeshptst. v. Niederöstr., 51 000 E; Bischofssitz; Barockbauten, Masch.-, Textil-, Papier-, Kunstseide- u. Büromöbelfabriken.
Sankt Thomas, 1) engl. *Saint T.,* eine der Jungferninseln, Antillen, US-Besitz, 83 km², 53 000 E; Herstellung von Bayrum; Hptst. *Charlotte Amalie* (12 000 E); Freihafen; Kohlen- u. Kabelstation. – 1493 v. Kolumbus entdeckt, 1671 dän., 1917 an USA verkauft; **2)** ehem. portugies. → São Tomé und Príncipe.
Sanktuarien, Heiligtümer.
Sankt Ulrich, it. *Ortisei,* Kurort im Grödner Tal (Dolomiten), 1227 müM, 4000 E.
Sankt Wendel (D-6690), Krst. im Saarland, a. der Blies, 26 649 E; got. Wallfahrtskirche; Bosenberg-Kurklinik.
Sankt Wolfgang (A-5360), Luftkurort in Oberöstr. am **Wolfgangsee** (13 km l., bis 2 km br., 114 m tief; Abfluß d. *Ischl*), a. Fuße d. Schafbergs, 539 müM, 2500 E; got. Kirche m. Flügel-Altar v. M. *Pacher.*
San Luis Potosí, mexikan. Staat, Gold-, Silber- u. Kupfervorkommen; 63 068 km², 2,06 Mill. E; Hptst. *S. L. P.,* 407 000 E; Erzbischofssitz; Schmelzwerke, Baumwoll-, chem. Ind.
San Marino, amtl. *Serenissima Repubblica di S. M.,* Rep. in Mittelitalien, 61 km², 23 000 E (377 je km²); Hptst. *S. M.* (4360 E); Flagge S. 341, Karte S. 744; Verf. beruht auf d. 1939 modernisierten Statut v. 1599 (Großer Rat, Rat der Zwölf; zwei regierende Staatsoberhäupter, „Capitani Reggenti", regieren in 1/2jährlichem Turnus); eigene Briefmarken, Salz- u. Tabakmonopol. – Seit dem MA Freie Stadt, selbständig 1631, s. 1862 unter dem Schutz Italiens (auch Zollunion).
San Martín, José de (25. 2. 1778–17. 8. 1850), südam. Freiheitskämpfer; führte im Freiheitskampf Argentiniens den Oberbefehl, befreite Chile von der span. Herrschaft (Sieg bei Chacabuco, 1817, u.

Maipo, 1818), führte den Kampf in Peru vor → Bolívar.

San Martino di Castrozza, Luftkurort im Cismonetal d. Palagruppe (Dolomiten), 1444 müM.

Sanmicheli [*sammi'keĩí*], Michele (1484–Sept. 1559), it. Baumeister d. Hochrenaissance; Paläste in Verona u. Venedig; Festungswerke f. d. Venezian. Republik.

Sannazaro, Jacopo (28. 7. 1456–24. 4. 1530), it. Dichter; sein Roman *Arcadia* (1504) wurde zum Vorbild des eur. Hirtenromans.

Sannyasin, Jünger → Bhagwans.

San Remo, it. klimat. Kurort i. d. Prov. Imperia, am Golf von Genua (Riviera di Ponente), 60 000 E; Spielbank.

San Salvador, Hptst. der mittelam. Rep. *El Salvador,* am Fuß des Vulkans *S.* (1967 m), 973 000 E; Uni., Erzbischofssitz; Textil- u. a. Ind.

Sansanding, Staudamm am mittleren Niger (Afrika), 1948 fertiggestellt, bewässert Fläche v. 1 Mill. ha zum Anbau von Baumwolle und Reis.

Sansara → Samsara.

Sansculotten [*säsky-*], „die ohne Kniehosen", im Ggs. zu den Kniehosen (culottes) tragenden Aristokraten die lange Hosen tragenden Bürger in der Frz. Revolution von 1789.

San Sebastián, Hptst. d. span. Prov. Guipúzcoa, am Golf v. Biscaya, 180 000 E; Hafen, Seebad.

Sanseviera, ostind. u. afrikan. Liliengewächse; Blattfasern wertvoll für die Seilerei.

sans façon [frz. *sã fa'sõ*], ohne Umstände, ohne weiteres.

sans gêne [*sã 'ʒɛn*], zwanglos.

Sansibar, *Zanzibar,* Teilstaat der Vereinigten Republik → Tansania, umfaßt die Insel *S.,* Pemba und mehrere kl. Inseln vor der Küste O-Afrikas; Hauptinsel *S.,* 1660 km²; 314 000 E; insgesamt 2644 km², 571 000 E; an der W-Küste die Hptst. *S.,* 111 000 E; Hptprodukte: Gewürznelken, Öle, Kopra, Zuckerrohr. – 1885 dt. Schutzgebiet, 1890 als engl. Protektorat von Dtld u. Frkr anerkannt (dafür Helgoland an Dtld, Madagaskar an Frkr); s. 1963 unabhängiges Mitgl. d. Commonwealth; 1964 m. Tanganjika vereinigt.

Sanskrit, *s.,* Kultur- u. Bildungssprache Indiens (Ggs: Volkssprache → Prakrit); schon im 3. Jh. v. Chr. vor allem Gelehrtensprache, doch in Dramen (*Sakuntala,* von Kalidasa), Epen (*Ramayana*) u. in den rel. Werken der Jaïna u. Mahayana-Buddhisten auch weiten Kreisen zugänglich; im 4. Jh. strenges Regelsystem durch Panini; wichtige Sprachvergleiche f. die indoeur. Kultur dadurch möglich (→ Sprachen, Übers.).

Sansovino, it. Bildhauer u. Baumeister d. Renaiss., **1)** Andrea (um 1460–1529), nach ihm ben. s. Schüler **2)** Jacopo, eigtl. *J. Tatti* (2. 7. 1486–27. 11. 1570), Werke

in Venedig: z. B. *Markusbibliothek* u. *Loggetta* des Campanile v. S. Marco; Monumentalskulpturen *Mars u. Neptun* auf der Freitreppe d. Dogenpalasts.

Sanssouci

Sanssouci [frz. *säsu'si* „sorgenfrei"], Lustschloß mit Park bei Potsdam; 1745–47 v. Knobelsdorff n. Plänen Friedrichs d. Gr. erbaut.

San Stefano, Vorort v. Istanbul, am Marmarameer, Seebäder. – 1878 Präliminarfriede zw. Rußland u. Türkei.

Santa [it., span. und portugies.], „heilig" (vor weiblichen Namen); auch → Santo.

Santa Ana, 1) St. in d. Rep. El Salvador, am Fuße des Vulkans *S. A.* (2381 m), 208 000 E; Bischofssitz, Kathedrale; **2)** St. in Kalifornien (USA), 204 000 E; Konservenind., Flughafen.

Santa Catarina, Staat S-Brasiliens, 95 318 km², 4,4 Mill. E; Viehzucht, Kohle; dt. Kolonien: *Blumenau, Joinville, Pomerode* u. a.; Hptst. *Florianópolis.*

Santa Clara, Hptst. d. Prov. *Villa Clara* auf Mittelkuba, 178 000 E; Uni.

Santa Cruz [-'*kruθ*], **1)** Prov. in Argentinien (S-Patagonien), 244 000 km², 148 000 E; Viehzucht u. Bergbau (Kohle, Salz); Hptort *Río Gallegos;* **2)** *S. C. de la Palma,* Hptst. d. Insel → Palma; **3)** *S. C. de Tenerife,* Hptst. der span. Prov. *S. C.* der Kanar. Inseln, an der O-Küste v. Teneriffa, 211 000 E; Hafen. – **S.-C.-Inseln,** Inselgruppe d. Salomoninseln; vulkanisch, wald- u. wasserreich; 958 km², 4000 E; Hauptinsel *S. C.*

Santa Fé, 1) Prov. Argentiniens am Paraná, 133 007 km², 2,8 Mill. E; Rinderu. Schafzucht, Weizenanbau; Hptst. *S. F.,* am Salado (r. Nbfl. des Paraná), 292 000 E; Uni.; **2)** Hptst. d. US-Staates New Mexico, 59 000 E (Indianer u. Mexikaner); Erzbischofssitz.

Santa Isabel → *Malabo.*

Santa Margherita Ligure, Kurort an der it. Riviera di Levante, Prov. Genua, 11 000 E.

Santander, Hauptstadt der spanischen Provinz *S.,* an der *Ria* (Bucht) *von S.* am Golf von Biscaya, 187 000 E.; befestigter Hafen, Schiffswerften; Seebäder, Mineralquellen.

Santayana, George (16. 12. 1863–26. 9. 1952), am. Schriftst. u. Phil. span. Herkunft; Studien über Plato u. dt. Phil. so-

wie über den am. Charakter; *The Life of Reason; Der letzte Puritaner* (Roman).

Santiago de Chile

Santiago, 1) *S. de Chile,* Hptst. v. Chile, am Mapocho, Agglomeration 4,9 Mill. E; Erzbischofssitz, 2 Uni. (gegr. 1842); pol. u. geist. Mittelpunkt Chiles; namhafte Ind.; **2)** *S. de Compostela,* span. St. in der Prov. Coruña, 60 000 E; Erzbischofssitz, roman. Kathedrale m. Grab d. Apostels Jakobus d. Ä., Wallfahrtsort; Uni.; **3)** *S. de Cuba,* St. auf Cuba, an der S-Küste, 359 000 E; Erzbischofssitz; Ausfuhrhafen f. Tabak, Kaffee, Zucker; **4)** *S. del Estero,* Hptst. der argentin. Prov. *S.* (135 254 km², 641 000 E, Urwälder u. Salzsteppen, Holzausfuhr); 149 000 E; *S. de los Caballeros,* St. in d. Dominikan. Rep., 316 000 E.

Säntis, höchster Berg der **S.gruppe** (Alpsteingebirge), NO-Schweiz, 2502 m; Wetterwarte.

Santo [it.], „heilig" (vor ital. männl. Namen, die mit Sp oder St beginnen); auch → Santa.

Santo Domingo, 1) früherer Name der Insel Hispaniola (Haïti); **2)** 1936–61 *Ciudad Trujillo,* Hptst. d. Dominik. Rep., als nat. Distrikt 1,41 Mill. E; Hafen an der Südküste v. Hispaniola.

Santonin, *Santoninum,* Arzneimittel gegen Spulwürmer; aus Beifußgewächsen hergestellt.

Santorin, svw. → Thera.

Santos [*'sɔntus*], brasilian. Hafenst. im Staat São Paulo, auf e. Küsteninsel, erster Kaffee- (*S.kaffee*) u. Baumwollausfuhrhafen Brasiliens, 483 000 E.

Santos-Dumont, Alberto (20. 7. 1873–23. 7. 1932), brasilian. Luftfahrtpionier; 1906 erster Motorflug in Europa m. selbstkonstruiertem Flugzeug.

São [portug. *sõu*], „heilig".

São Francisco [*sõu frõ'sisku*], *Rio S. F.,* Fluß in O-Brasilien aus dem Hochland von Minas Gerais, zahlr. Stromschnellen, 3199 km l., in den Atlant. Ozean.

São Luís, Hptst. u. Hafen des brasilian. Staates Maranhão, 624 000 E; Textil- u. Zigarrenind.

São Miguel [-*mi'γɛl*], größte der Azoreninseln, Portugal, 747 km², 160 000 E; Hptort *Ponta Delgada.*

Saône [*sõn*], **1)** r. Nbfl. d. Rhône bei Lyon, v. d. Monts Faucilles (westl. der Vogesen), 445 km l.; **2)** *Haute-S.,* frz. Dép.; 5360 km², 234 000 E; Hptst. *Vesoul;*

3) *S.-et-Loire,* frz. Dép. in Burgund, 8575 km², 572 000 E; Steinkohlenbergbau, Eisen- u. Baumwollind.; Hptst. *Mâcon.*
São Paulo, 1) brasilian. Staat, 248 256 km², 32 Mill. E; Kaffee- u. Baumwolldi-

São Paulo

strikt; **2)** Hptst. v. S. P., 11 Mill. E, Agglomeration 17 Mill. E; dt. Siedlungen; modernste Stadt Brasiliens; diverse Ind.; **3)** *S. P. de Loanda,* Hptst. von Angola, → Loanda.
São Salvador → Bahia.
São Tomé und Príncipe, amtl. *República Democrática de S. T. e P.,* Inselstaat im Golf v. Guinea, an der W-Küste Afrikas, bestehend aus der Hauptinsel São Tomé u. d. Insel Príncipe, früher portugies. Überseeprov., s. 1975 unabhängig; 964 km², 115 600 E (hpts. Bantuneger); Sprache: Portugies.; Währung: Dobra (Db); gebirgig, trop. Wälder; Hptausfuhr: Kaffee, Kopra, Kakao; Hptst.: *São Tomé* (25 000 E); Flagge S. 341, Karte S. 750; Mitgl. d. UN u. d. OAU; AKP-Staat.
Saphir, *m.,* Edelstein, blaue Varietät des → Korund (Abb. S. 343).
Saponine, seifenähnl. Pflanzenstoffe, in der Quillajarinde; auch → Seifenkraut.
Saporoger, *S. Kosaken,* unabhängig. ukrain. Kosakenstaat am unteren Dnjepr vom Ende 15.–18. Jh.
Saporoschje, früher *Alexandrowsk,* ukrain. St. am Dnjepr, 884 000 E; Metallverhüttung; dabei Dnjeprstaudamm m. gr. Kraftwerk u. Aluminiumfabrik.
Sapote, trop. am. Bäume mit eßbaren, weichen Früchten; andere Arten liefern beste → Guttapercha.
Sappe, *w.,* Annäherungsgraben feindwärts i. Stellungskrieg; *Sappeure,* früher sww. Pioniere.
sapphische Strophe, vierzeiliger, in Oden abgefaßter griech. Vers.

Sappho (um 600 v. Chr.), griech. Dichterin auf Lesbos; Liebesgedichte; *Gebet an Aphrodite;* Drama von Grillparzer.
Sapporo, Hptst. der nördl. jap. Insel Hokkaido, 1,62 Mill. E; Uni.; Masch.-, Textil- u. Mühlenind.; Flugzeugbau; Winterolympiade 1972.
Saprobien, Kleinlebewesen des Faulschlamms, bauen d. organ. Gehalt des Wassers ab, tragen zur biol. Selbstreinigung d. Gewässer bei.
Saprophyten [gr.], Organismen, die organ. Reste zersetzen bzw. sich v. den Zersetzungsprodukten ernähren, bes. Bakterien u. Pilze; auch einige chlorophyllfreie Blütenpflanzen (Fichtenspargel, etl. Orchideen).
Sara [hebr. „Herrin"], im A.T. d. Frau Abrahams.
Sarabande, gravität. span. Tanz, 3⁄4-Takt, Teil d. → Suite.
Sarafan, ärmelloses Gewand der russ. Bäuerin.
Saragat, Giuseppe (19. 9. 1898–11. 6. 1988), it. Pol.; 1957–63 u. 1976 Gen.sekr. d. PSDI; 1964–71 Staatspräs.
Saragossa → Zaragoza.
Sarajevo, *Sarajewo,* Hptst. von Bosnien u. Herzegowina, Jugoslawien (im Miljačkatal), 449 000 E (⅓ Moslems); Uni., Erzbischofssitz; Tabak-, Teppich- u. Tuchind.; Winterolympiade 1984. – Ermordung d. östr. Thronfolgers Franz Ferdinand u. seiner Gemahlin 28. 6. 1914.
Saran, Handelsbez. f. Chemiefaser aus Vinylidenchlorid.
Sarasate, Pablo de (10. 3. 1844–20. 9. 1908), span. Geiger u. Komp.; *Zigeunerweisen.*
Saraswati, ind. Göttin der Gelehrsamkeit, in der Mythologie die Gattin Brahmas; auch der hl. Namen das Indus.
Saratoga Springs [*sǽrǝ-*], Badeort im US-Staat New York, 24 000 E; zahlr. Mineralquellen. - 1777 Sieg der Amerikaner über d. Engländer.
Saratow, Hptst. d. sowjetruss. Gebiets *S.,* an d. Wolga, 905 000 E; Uni., HS; Binnenhafen; Erdölraffinerie, Maschinenind., Erdgas.
Sarawak, ehem. brit. Kronkolonie an der NW-Küste der Insel Borneo, 124 449 km², 1,6 Mill. E (Malaien, Chinesen, Dajaks); s. 1963 Teilstaat d. Föderation → Malaysia; Kautschuk, Erdöl, Sago, Pfeffer, Holz; Hptst. *Kuching* (152 000 E). – 1888–1946 brit. Schutzstaat (Fürstentum).
Sarazene, im MA aufgekommene Bezeichnung für Mohammedaner, bes. Araber.
Sardanapal, sagenhafter, letzter Kg Assyriens, im 7. Jh. v. Chr.; wahrscheinlich mit dem histor. → Assurbanipal identisch.
Sardelle, *w.,* gesalzene Heringsfische im Handel: **1)** *echte S.* von An(s)chovis, bis 15 cm langer Heringsfisch im Mittelmeer und Atlantik; **2)** *unechte S.,* eingesalzene junge Sardine, Sprotte und Hering.

Sardes, in Kleinasien, westl. Smyrna, bis 547 v. Chr. Hptst. d. lydischen Reiches, bis 498 v. Chr. Residenz der lydischen Satrapen des pers. Kgs; mehrmals zerstört, war es unter syrischer Herrschaft, dann unter Pergamon, unter Rom blühende Handelsstadt; 1402 von Timur vernichtet, Ruinen.
Sardine, *w.,* der *Pilchard,* kleiner Heringsfisch d. Mittelmeeres u. Atlant. Ozeans; als Fischkonserve.
Sardinien, it. Insel u. Region im Mittelmeer, Gebirgsland (bis 1834 m h.); 24 090 km², 1,7 Mill. E; Silber-, Blei- u. Zinkerzgruben; Ziegen- u. Schafzucht; Getreide, Ölbäume, Wein, Südfrüchte; Hptst. *Cagliari.*
Sardinische Monarchie, Kgr. in Italien, 1720 aus Sardinien, Savoyen, Piemont, Aosta, Montferrat, Nizza unter Viktor Amadeus I. von Savoyen entstanden; seit 1796 schrittweise Frkr. einverleibt, 1814 wiederhergestellt u. durch Genua vergrößert; unter Viktor Emanuel II. (Kg s. 1849, s. 1861 auch Kg v. Italien) u. dessen Min. Cavour Verdrängung der Österreicher aus Oberitalien u. Vereinigung ganz Italiens (1861 zunächst ohne Venetien u. Rom) dafür mußten 1860 Nizza u. Savoyen an Frkr. abgetreten werden.
sardonisches Lachen (von dem auf Sardinien vorkommenden Giftkraut *Sardonia,* das Gesichtszuckungen bewirkt), verkrampftes, bitteres Lachen; auch beim Starrkrampf.
Sardonyx, *m.,* Halbedelstein, weißrotschichtiger Achat; häufig zu Gemmen verarbeitet.
Sardou [-'du], Victorien (7. 9. 1831–8. 11. 1908), frz. Bühnenautor; *Fedora; Madame Sans-Gêne.*
Sargassomeer, Teil des Nordatlant. Ozeans, zw. 20° u. 40° n. Br., 35° u. 75° w. L., nach dem dort häufig vorkommenden *Sargassotang* (Meeralgen mit „Beerenfrüchten") ben.; Laichgebiet der Aale, v. d. Schiffahrt wegen Tang gemieden.
Sargent [*'sɑːdʒənt*], John Singer (12. 1. 1856–15. 4. 1925), am. Maler; dekorative effektvolle Porträts d. engl. Aristokratie u. d. am. Großbürgertums.
Sargon, Kge v. Assyrien: **S. II.,** 721–705 v. Chr., eroberte Samaria und Babylonien, gründete Chorsabad.
Sari, *m.* [arab. „gelb"], Kleidungsstück der indischen Frau, besonders langes Tuch.
Sarkasmus, *m.* [gr.], schneidender Spott, sarkastisch, höhnisch, beißend.
Sarkis, Elias (* 20. 7. 1924–27. 6. 85), libanes. Pol.; 1976–82 Staatspräs.
Sarkom, *s.* [gr.], bösart. Bindegewebsgeschwulst.
Sarkophag, *m.* [gr. „Fleischverzehrer"], meist reich verzierter, steinerner Sarg, dessen Platte oft das Liegebild des Verstorbenen trägt (→ Abb. S. 814).
Sarmaten, im Altertum iran., nomadisierendes Reitervolk an der N-Küste d. Schwarzen Meeres, östl. vom Don; im 3. Jh. n. Chr. untergegangen.

Jean-Paul Sartre

Sarmatien, zur röm. Kaiserzeit das Gebiet O-Europas zw. Weichsel u. Wolga.

Sarnen (CH-6060), Hptort des Schweizer Halbkantons Obwalden, Luftkurort am *Sarner See* (fischreich, 7,5 km²), 7400 E; 476 müM.

Sarntal, it. *Val Sarentina,* r. Seitental der Eisack in S-Tirol, von der Talfer durchflossen.

Sarong, *m.,* malaiisches, gebatiktes (→ Batik) Gewand, um die Hüften geschlagen.

Saroszyklus [chaldäisch „Saros = Periode"], der Zeitraum v. 6585½ Tagen (18 Jahre 11 Tage) zw. Wiederkehr gleichartiger Sonnen- od. Mondfinsternisse.

Saroyan [sə'rɔɪən], William (31. 8. 1908–18. 5. 81), am. impressionist. Schriftst. armen. Herkunft; Dramen, Romane, Kurzgeschichten; *Pariser Komödie; Wir Lügner.*

Sarrasani, von dem Tierbändiger Hans (v.) *Stosch* (1872–1934) 1901 gegründeter gr. Wanderzirkus.

Sarraute [sa'rot], Nathalie (* 18. 7. 1902), frz. Schriftst.in russ. Herkunft; Wegbereiterin des → Nouveau roman; *Das Planetarium; Die goldenen Früchte.*

Sarsaparille, *w., Sassaparille,* Wurzelstock eines kletternden mittelam. Liliengewächses; harn- u. schweißtreibende Droge. *Deutsche S.,* Wurzelstock der Sandsegge, Volksheilmittel.

Sarstedt (D-3203), St. i. Kr. Hildesheim, Nds., 16 762 E; HS f. Gartenbau; Herd- u. Ofen-, Wäscherei-, Großkochanlagen- u. a. Ind.

Sarten, iran.-turktatar. Volksstamm; seßhaft im Gebiet d. mittleren Amu-darja u. Syr-darja.

Sarthe [sart], **1)** frz. Fluß, Quellfl. der Maine, 285 km l.; **2)** westfrz. Dép., 6206 km², 515 000 E; Hptst. *Le Mans.*

Sarto, Andrea del (16. 7. 1486–29. 9. 1530), florentin. Maler d. Renaiss.; Tafelbilder u. Fresken relig. Inhalts, Bildnisse.

Sarkophag *aus dem 4. Jh. n. Chr.*
Rom, Lateranmuseum

Sartre, Jean-Paul (21. 6. 1905–15. 4. 80), frz. Phil., Bühnenautor u. Romanschriftst.; Hptvertr. des atheist. Existentialismus; zeigt immer wieder die Tragik der in Konflikte gestellten Willensfreiheit, die sich selbst einen Sinn setzen muß; phil. Abhandlungen; Dramen: *Die Fliegen; Die ehrbare Dirne; Die schmutzigen Hände; Die Eingeschlossenen;* Film: *Das Spiel ist aus;* Romantrilogie: *Die Wege der Freiheit;* Flaubert-Biographie: *D. Idiot d. Familie;* 1964 Nobelpr. abgelehnt.

Sartzetakis, Christos (* 1929), griech. Jurist; seit März 1985 Staatspräs.

SAS, Abk. f. *Scandinavian Airlines System* [engl. *skænd'neıvjən 'eəlaınz 'sıstım*], 1946 gegr. staatl. Luftfahrtsges. d. 3 skandinav. Länder.

Sasan, it. *Saseno,* alban. Insel, 5,7 km²; 1921–45 it.

Sasebo, *Saseho,* jap. St. an der W-Küste der Insel Kyushu, 249 000 E; Hafen, Schiffbau.

Saskatchewan [səs'kætʃıwən], **1)** schiffbarer Fluß in Kanada vom Felsengebirge, 547 km, entsteht aus North S. (1287 km) u. South S. (1392 km), in den Winnipegsee; **2)** mittelkanad. Prov., 570 700 km², 1,01 Mill. E; Prärie m. intensiver Landw., Viehzucht, im N gr. Waldgebiete, Erdöl, Erdgas, Kohle, Uranerz (am Athabasca-See); Hptst. *Regina* (175 000 E).

Sassafras, *m.,* hoher Lorbeerbaum im östl. N-Amerika; Wurzelholz, *Fenchelholz,* als Heilmittel; sein Öl z. Parfümieren v. Seifen, Getränken, Tabak.

Sassaniden, Herrscherdynastie des pers. Reiches (227–651 n. Chr.).

Sassari, Hptst. der it. Prov. *S.* auf Sardinien, 120 000 E; Erzbischofssitz, Uni.; Hafen *Porto Torres.*

Saßnitz (D-2355), St. u. Ostseebad a. Rügen, M-V., 13 253 E; Eisenbahnfähre n. Trelleborg; Fischerei- u. Fährhafen; Kreidebrüche.

Satan [hebr. „Widersacher"], im A.T. der Strafengel; später Teufel.

Satansaffe, kohlenschwarzer, zottig behaarter, langbärtiger brasilian. Schweifaffe; → Breitnasen.

Satanspilz, sehr giftiger Röhrling; v. Steinpilz durch s. roten Röhren zu unterscheiden.

SAT 1, von privaten Programmveranstaltern (hpts. Verlegern) seit Anfang 1985 in d. BR betriebenes kommerzielles Fernsehen; über d. Satelliten ECS 1 ausgestrahlt u. über Antennenanlagen d. DBP empfangen u. in bestehende Kabelnetze eingespeist; ausschließlich durch Werbung finanziert.

Satellit, *m.* [l.], **1)** Leibwächter, Begleiter, Trabant; **2)** *astronom.:* **a)** natürl. S.: Planetenmonde (→ Weltraumforschung); **b)** künstl. S. durch mehrstufige → Raketen od. → Raumtransporter in d. freien Weltraum auf s. Umlaufbahn um d. Erde od. Himmelskörper gebrachtes bemanntes od. unbemanntes Gerät für versch.

Zwecke: – *unbemannt:* **1)** *wiss. S.:* Erforschung d. Himmelskörpers, seiner nahen u. fernen Umgebung; z. B. USA: Explorer, Erdsatellitenserie zur Strahlungsmess., el.-magn. Feldmess., Vermess. d. oberen Atmosphäre; OSO, Sonnen-Observatorium; OGO, geophys. Observatorium; OAO, astron. Observatorium; alle in Erdumlaufbahnen; BIO-S., Erdrückkehrgerät f. Weltraumexperimente mit Pflanzen u. Tieren; Lunar-Orbiter, 1966–67, S.en d. Erdmondes zu dessen Kartographie; UdSSR: Kosmos-S. (Serie); Eur.: ESRO-S. (Serie); **2)** *Anwendungs-S.:* **a)** meteorolog. S. zur Wolkenbeobachtung, Wettervorhersage, Sturmwarnung; USA: Tiros, Nimbus, Vanguard; UdSSR: Meteor; **b)** Nachrichten-S.: Relays in Weltraum für Nachrichtenfernübertragung, USA: Telstar, Syncom (in Synchronbahn); → Comsat; Intelsat; UdSSR: Molnya; **c)** Erdbeobachtungs-S.: USA: Geos für Erdvermessung; **d)** mil. S.: *Aufklärungs-S.:* USA: Discoverer (Erdrückkehr), Vela, Entdeckung v. nuklearen Explosionen, Samos, Midas; *Navigations-S.:* USA: Secor, Navsat, GPS; UdSSR: Kosmos; *Nachrichten-S.:* USA: Idcsp, Dscs, TDRS; *Weltraumbombe:* UdSSR: → FOBS; – *bemannt:* biologische Experimente, Erdbeobachtung, Vorbereitung eines Weltraumlaboratoriums; USA: Mercury (1 Astronaut), Gemini (2 Astronauten in Erdumlaufbahn), → Apollo (3 Astronauten, kopplungsfähig, Vorbereitung u. Verwendung f. Mondflug); UdSSR: Wostok (1 Kosmonaut), Woschod, Sojus (mehrere Kosmonauten, kopplungsfähig), Saljut, Raumstation Mir.

Satellitenstaaten, Staaten, deren Politik nach der eines führenden Staates ausgerichtet ist.

Satemsprachen → Sprachen, Übers., I B.

Satie, Erik (17. 5. 1866–1. 7. 1925), frz. Komp.; Führer d. „Groupe des → Six"; Klaviermusik, Orchesterwerke, Ballette.

Satin, *m.* ['tɛ̃], glattes, glänzendes Gewebe in Atlasbindung.

Satinage, *w.* [frz. -'naʒə], Glätten (**Satinieren**) des Papiers zw. Walzen, d. leders zw. Pressen.

Satire, *w.* [l. „gefüllte Schüssel"], Literaturgattung, die menschlichen Unzulänglichkeiten in spöttischer oder bissiger Weise kritisiert; bedeutende Satiriker: *Lukian, Cervantes, Voltaire, Swift, Heine, Shaw.*

Satisfaktion, *w.* [l.], Genugtuung (bes. durch Ehrenerklärung od. Zweikampf).

Satledsch, engl. *Sutlej,* größter Strom des Pandschab, 1450 km l., aus Tibet, durchbricht den Himalaja, mündet als Panjnad in den Indus; *Bhakradamm,* 226 m hoch.

Sato, Eisaku (27. 3. 1901–2. 6. 75), jap. liberaldemokr. Pol.; 1964–72 Min.präs.; Friedensnobelpr. 1974.

Satrap, altpers. Statthalter; **Satrapie,** sei-

Satyrn
Gemälde von Rubens

ne Statthalterschaft und Verwaltungsprov.

Sattel, 1) Sitzvorrichtung für Reiter oder Tragvorrichtung für Lasten auf dem Rücken von Reit- od. Tragtieren, z. B. *Bock-S.* (ungar. S.), *Pritschen-* od. *engl. S., Renn-S., Pack-S., Damen-S.;* **2)** *geograph.* Einsenkung im Gebirgskamm, Paß; **3)** *geolog.* konvexe Auffaltung *(Antiklinale)* v. Gesteinen; **4)** sattelähnl. Fleck auf Tierrücken. – **S.dach** → Dach. – **S.pferd,** im Zweigespann d. linke Pferd (rechts das *Handpferd*).

Sattelschlepper, Zugmaschine, auf deren hinterem Teil das Vorderteil des Anhängers (ohne Vorderräder) aufgesetzt wird.

Sättigung, *chem.* der Zustand einer Lösung, in dem sie d. bei einer best. Temperatur größtmögl. Menge eines Stoffes (Gas, Flüssigkeit oder Festkörper) gelöst enthält. – **S.druck,** Dampfdruck in einem geschlossenen Raum, der bei gleichbleibender Temp. keine weitere Verdampfung zuläßt. – **S.sstrom** e. Elektromagneten: Stromstärke, bei deren Vergrößerung keine Steigerung der magnet. Wirkung mehr eintritt.

Saturation [l.], svw. Sättigung.

saturiert, gesättigt.

Saturn, 1) dritter der äußeren Planeten (Abb. → Tafel Himmelskunde), mittlerer Sonnenabstand 1426 Mill. km, Äquatordurchmesser 120 600 km, Polardurchmesser 109 000 km, Sonnenumlauf in 29,4577 Jahren, Rotation in 10 Std. 14,4 Min., Dichte 0,12 d. Erddichte; 23 *Monde: Janus, Mimas, Enceladus, Tethys, Dione, Rhea, Titan, Hyperion, Japetus, Phöbe, 13 kleinere Trabanten: S1–S13;* dichte Atmosphäre aus Methan u. Ammoniak. Freischwebendes Ringsystem aus 500–1000 Einzelringen, die jeweils aus Materie- u. Eisbrocken (0,1–10 m Durchmesser) bestehen, ca. 20 km dick, 278 500 km Durchmesser; neue Erkenntnisse durch Vorbeiflug d. am. Raumsonden Voyager 1 u. 2 (1980 bzw. 1981); **2)** am. Rakete; *S. V;* Trägerrakete d. → Apollo-Raumkapsel.

Saturnalien, altröm. Winterfest mit karnevalistischem Treiben, bes. Rollentausch der Herren und Sklaven.

Saturn|us, altröm. Saatengott (wie der griech. *Kronos*).

Satyrn, i. d. griech. Mythologie Feld- u. Waldgeister im Gefolge des → Dionysos, mit Bocksohren und Pferdeschwänzen.

Satyrspiel, Nachspiel der antiken Tragödie, behandelt ihr Thema burlesk-komisch.

Satz, *m.,* **1)** *Sprachlehre:* einen Gedanken ausdrückende Wortfolge; unabhängiger S.: *Haupt-,* abhängiger S.: *Neben-S.;* **2)** Rückstand e. Flüssigkeit, *Boden-S.;* **3)** im *Buchdruck* die aus den einzelnen Typen bzw. Typenreihen zus.gesetzte Druckform; **4)** *mus.* Abschnitt einer größeren Komposition; **5)** eine Reihe zus.gehöriger od. gleichartiger Dinge (z. B. ein S. *Töpfe, Briefmarken).*

Satzung, Verfassung, z. B. eines Vereins, einer Körperschaft d. öffentl. Rechts; → Vereinsrecht.

Sau, *w.,* i. d. Jägersprache Bez. f. Wildschwein.

Sau, svw. → Save.

Saudi-Arabien, amtl. *Al Mamlaka al'Arabiya as Sa'udiya, Kgreich S.-A.,* 2,15 Mill. km², 14 Mill. E (7 je km²); Bev.-Zuw. 4,3%; Währung: Saudi-Riyal (S.Rl.); Rel.: sunnit. Moh.; Hptst.: *Er Riad;* Flagge S. 341, Karte S. 748. **a)** *Geogr.:* Umfaßt m. d. beiden Kgr.en Nedschd bzw. Hedschas u. Asir den Hptteil der Halbinsel Arabien, fällt vom Roten Meer mit dem Küstenrandgebirge (1500–2500 m) zum Pers. Golf langsam ab; im N die Sandwüste Große Nefud mit d. Oase Dschof; Kernstück von S.-A. das *Hochland v. Nedschd,* das Land der *Wahabiten,* ein Steppengebiet. **b)** *Wirtsch.:* Viehzucht (Kamele, Schafe); bed. Erdölproduktion (1988: 255,2 Mill. t). **c)** *Außenhandel* (1988): Einfuhr 21,78 Mrd., Ausfuhr 23,74 Mrd. $. **d)** *Verf.:* Monarchie m. Islam als Basis, Kg höchste Gewalt u. geistl. Oberhaupt. **e)** *Verw.:* 5 untergliederte Prov. (Iqlim) m. Gouverneuren: Nedschd, Hedschas, Asir, El Hasa u. Nachschran. **f)** *Gesch.* (auch → Arabien): Nedschd im 18. Jh. unabhängiger Staat, dann unter türk. Herrschaft, 1913 Abd el Asis Ibn Saud Wali (Statthalter), der 1921 den Titel eines Sultans von Nedschd annimmt, 1924/25 Hedschas erobert, 1926 Kg wird; Asir 1926 unter Oberhoheit v. Nedschd, 1932 Einführung der Bez. Kgr. S.-A.; 1953–64 Saud Ibn Abdul Asis Kg, Nachfolger sein Bruder Faisal (1964–75); in Dharan am Pers. Golf Erdölkonzession d. USA; Ausgangspunkt d. 1700 km langen Erdölleitung, „Tap-Line", nach Saida (Libanon), 1973 Einsetzung d. Erdöls als Waffe im isr.-arab. Konflikt; 1975–82 Kg Khaled; 1980 Unterstützung d. Irak im Krieg m. Iran; s. 1982 bisheriger Kronprinz Fahd Kg; 1991 Ausgangspunkt f. d. Befreiung → Kuwaits u. d. Luftangriffe auf → Irak durch multinat. Truppen,

an denen auch S.-A. beteiligt war. **g)** *Mitgl.:* UN, Arab. Liga, OPEC.

Saud Ibn Abdul Asis (15. 1. 1902–23. 2. 69), Sohn des Königs Ibn Saud v. Saudi-Arabien, nach dessen Tod 1953 Kg, 1964 abgesetzt.

Sauer, l. Nbfl. der Mosel, 173 km lang, aus den Ardennen, fließt durch Luxemburg.

Sauerampfer → Ampfer.

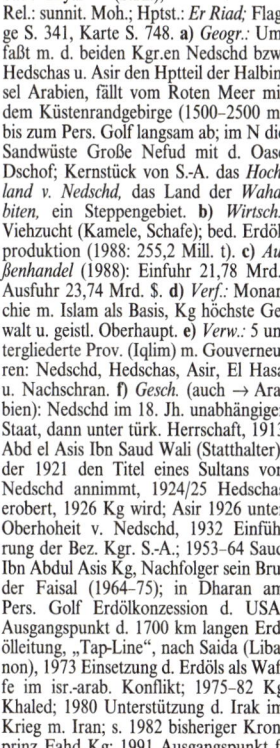

Ferdinand Sauerbruch

Sauerbruch, Ferdinand (3. 7. 1875–2. 7. 1951), dt. Chirurg, Förderer d. Lungenchirurgie; Sauerbruch-Prothese.

Sauerbrunnen, *Säuerlinge,* Mineralwässer, die mehr als 1 g freie Kohlensäure je Liter enthalten.

Sauerdorn, svw. → Berberitze.

Sauerklee, *Oxalis,* kleeähnl. Kraut d. Wälder m. weißen Blüten.

Sauerkraut, feingehobelter, durch Milchsäuregärung gesäuerter Weißkohl.

Sauerland, Mittelgebirgslandschaft in Westfalen u. Hessen, Siw. u. Ruhr; bewaldet; nördl. Teil d. Rhein. Schiefergebirges: Rothaargebirge (Kahler Asten 841 m), Lennegebirge, Ebbe u. Arnsberger Wald; Textil- und Eisenindustrie.

Säuerlinge → Sauerbrunnen.

Sauerstoff, O, chem. El., Oz. 8, At.-Gew. 15,994; Dichte 1,33 g/l bei 1013 hPa; geruchloses Gas, etwa 1/5 der → Luft; gleichzeitig entdeckt von Scheele und Priestley (1773); auf der Erdoberfläche am meisten verbreitetes Element, bildet etwa 1/5 der Atmosphäre; kommt an Wasserstoff gebunden als Wasser, sonst gebunden in fast allen Gesteinen vor; technisch hergestellt durch stufenweise Destillation flüssiger Luft als bläuliche Flüssigkeit, die bei –183 °C siedet (Fp. –218 °C); S. ist unentbehrlich für das tierische u. pflanzliche Leben; → Lavoisier.

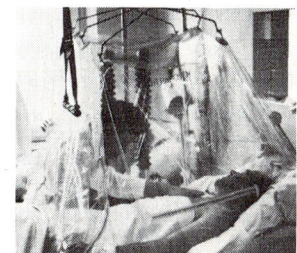

Patient unterm Sauerstoffzelt

– **S.apparat,** sauerstoffgefüllte Metallflaschen mit angeschlossener Inhalationsmaske; zur künstlichen Sauerstoffzuführung bei Gas- und Rauchvergifteten und schwer Herzkranken; auch für Höhenflieger. – **S.gebläse,** Vorrichtung zum Zerschneiden oder Schweißen von Eisen oder Stahl durch Anwendung hoher Temperaturen; diese werden erzeugt im → Schneid- oder → Schweißbrenner durch Zus.führen von Sauerstoff und Brenngas, meist Wasserstoff (→ Knallgasgebläse) oder Acetylen aus Stahlflaschen unter hohem Druck.
Sauerteig, gärender alter Brotteig, als Treib- u. Lockerungsmittel f. frischen Brotteig; → Milchsäuregärung.
Sauerwurm, Raupe des Traubenwicklers (Kleinschmetterling), zerstört die Beeren u. als „Heuwurm" die Blüten des Weinstockes.
Säugetiere, *Säuger,* höchste Klasse der Wirbeltiere, lebend gebärend (mit Ausnahme der Kloakentiere), ernähren Junge durch Absonderungen aus Milchdrüsen. Äußeres Kennzeichen: das meist gut ausgebildete Haarkleid; von den Gliedmaßen nur bei Walen u. Sirenen die hinteren verkümmert, Füße vielfach den bes. Bedürfnissen angepaßt (Greiforgane, Hufe, Grabschaufeln, Flossen, Flügel); Schädel nur aus wenigen Knochen gebildet; Gebiß fehlt nur selten (infolge Rückbildung); gut ausgebildetes Zwerchfell; Tragzeit bis zu 20½ Monaten (Elefant), am kürzesten bei Beuteltieren und einigen Nagern. *Ordnungen:* Kloakentiere, Beuteltiere, Insektenfresser, Pelzflatterer, Fledermäuse, Primaten, Zahnarme, Schuppentiere, Hasenartige, Nagetiere, Wale, Raubtiere m. Robben, Röhrenzähner, Unpaarhufer, Paarhufer, Seekühe, Rüsseltiere, Klippschliefer.
Säugling, das Kind im 1. Lebensjahr. – **S.sernährung** → Säuglingspflege. Übers. – **S.sfürsorge,** Maßnahmen zur Erhaltung von Gesundheit u. Leben der Säuglinge; bildet einen Teil der Jugendfürsorge; besteht in Hausbesuchen durch Fürsorgerinnen, in ärztlich geleiteten Mütterberatungs- u. Säuglingsfürsorgestellen, Krippen, Säuglingsheimen und -krankenhäusern. – **S.spflege** → Übersicht. – **S.ssterblichkeit,** durch die Fortschritte der Hyiene u. Medizin in den letzten Jahrzehnten allg. stark zurückgegangen (in Dtld von 24,1 Todesfällen bei 100 Lebendgeborenen i. J. 1890 auf 1,1 Todesfälle 1982, BR). – **S.stod, plötzlicher,** *SIDS,* Abk. f. *Sudden Infant Death Syndrome,* unerwarteter und unerklärlicher plötzlicher Tod eines Säuglings oder Kleinkindes im 1. Lebensjahr. Es handelt sich um das Versagen der zentralen Regulation von Atmung und Kreislauf. Es gibt Säuglinge m. erhöhtem Risiko (z. B. Frühgeborene, drogenabhängige Mütter, „Schlaf-Schwitzkinder" usw.). Vorbeugung durch Monitorüberwachung im Schlaf.

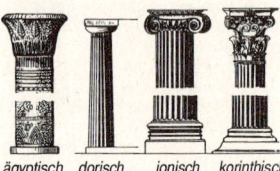

Saugwirkung

Saugwirkung, auf zwei versch. Arten zu erzielen: 1) durch Luftdruck (Abb. 1, b), wenn ein Kolben (a) emporgezogen wird (Saugpumpen); 2) b. plötzl. Querschnitterweiterung in rasch strömenden Flüssigkeiten od. Gasen (Abb. 2, S = Saugwirkung): Wasser- u. Dampfstrahlpumpen; → Pumpe (Abb.).
Saugwürmer, schmarotzende Plattwürmer (z. B. → Leberegel).
Saul (um 1030–1010 v. Chr.), 1. König Israels.

ägyptisch   dorisch   ionisch   korinthisch

Säulen

Säule, senkrechte runde Stütze aus Stein, Mauerwerk, Beton, Eisen, zur Aufnahme vertikalen Druckes, bes. an Bauwerken; Kopfstück: *Kapitell;* Fußstück: *Basis;* Mittelstück: *Schaft;* in den einzelnen Kunstepochen verschiedene S.nformen. - Die ältesten S. in d. ägypt. Kunst; in d. griech. Kunst unterscheidet man: **a)** *dorische S.,* ohne Säulenfuß, mit dicker Rundung, breiten, scharfkantigen Kannelüren, zw. S. u. Gebälk *Kapitell* aus Igelwulst (*Echinus*) u. Deckplatte (*Abakus*); **b)** *ionische S.,* höher u. schlanker kannelliert, m. Basis, *Kapitell* besteht aus Eierstab u. Schneckenpolster, *Voluten;* **c)** *korinth. S.,* verfeinert noch d. ion. Formen u. hat 16 *Akanthus* blätter am *Kapitell,* das (röm.) *Kompositkapitell* m. Voluten u. Akanthus.
Säulen des Herakles, antike Bez. d. Meerenge von Gibraltar und Ceuta.
Säulenheilige, *Styliten,* asket. christliche Einsiedler in Syrien (4./5. Jh.); lebten auf hohen Säulen.
Säulenkaktus, *Fackeldistel,* über 200 Arten, mit aufrechten, selten verzweigten Stämmen; *Cereus giganteus, Schlangenkaktus, Königin der Nacht.*
Saulgau (D-7968), St. i. Kr. Sigmaringen, Ba-Wü., 14 864 E; AG; Thermalbad; div. Ind.
Saulus [hebr. „Schaul"], Name von → Paulus vor seiner Bekehrung.
Saum, *m.,* 1) doppelter Stoffrand; 2) früher Gewichtseinheit; 3) früher für Traglast eines Tieres; **S.pfad,** schmaler Gebirgsweg für Lastenbeförderung durch **S.tiere,** Tragtiere mit Packsattel, bes. Maulesel u. Maultiere.
Saumur [*so'my:r*], St. i. frz. Dép. *Maine-et-Loire,* an der Loire, 34 000 E; Schaumwein- u. Likörherstellung.
Sauna, *w.,* Schwitzbad, abwechselnd trockene Hitze und Dampf durch Übergießen erhitzter Steine mit Wasser; durch Beklopfen des Körpers mit Ruten, Abreibungen u. kalte Duschen wird nachdrückliche Durchblutung des Körpers erreicht.
Saura, Carlos (* 4. 1. 1932), span. Filmregisseur; *Ana y los lobos* (1972); *Cria cuervos ...* (1975); *Las dulces horas* (1981); *Carmen* (1983); *El amor brujo* (1986).
Säuregrad → pH-Wert.
Säuren, chem. (organ. und anorgan.) flüssige, feste u. gasförmige Verbindungen, gekennzeichnet durch die Fähigkeit, Wasserstoffionen abzugeben; organische S. z. B. enthalten die Carboxylgruppe COOH; Wasserstoff der S. durch Metalle od. Basenreste ersetzbar; bei Neutralisation von S. m. Basen entstehen → Salze; Verbindungen der S. m. Alkohol unter Wasseraustritt sind *Ester.*
saurer Regen, durch chem. Verbindung v. Schwefeloxiden (hpts. aus Emissionen v. Industrieanlagen u. Kraftwerken) u. Stickoxiden (hpts. aus Kfz-Abgasen) m. Luftsauerstoff u. Regenwasser kommt es zu einer drastischen pH-Wert-Senkung d. Regenwassers (normal 5–6,5 pH, heute 4–4,6 pH, d. h. 10–100fach erhöhte Wasserstoffionen-Konzentration u. damit starke Zunahme d. Säuremenge); bedingt Versauerung d. Bodens u. d. Gewässer u. führt dadurch z. einer Zerstörung d. biol. Gleichgewichts u. z. erhöhtem Absterben v. Pflanzen (→ Waldsterben); in d. BR eingeleitete Gegenmaßnahmen: gesetzlich verordnete Entschwefelung v. Kraftwerksemissionen, Verminderung v. Stickoxidabgabe b. Kfz (durch Verwendung v. → Katalysatoren, verstärkte Nutzung v. schadstofffreien bzw. -armen → Alternativenergien.
Saurier [*-rĭər*], ausgestorbene echsenartige Reptilien der Trias-, Jura- und Kreidezeit; z.T. riesenhafte Formen (→ *Dinosaurier, Ichthyosaurier, Pterosaurier*).
Sauropsiden, die infolge ihrer stammesgeschichtl. Verwandtschaft zu einer Gruppe vereinigten Reptilien und Vögel.
Sauternes [*so'tɛrn*], Gem. i. frz. Dép. *Gironde;* Weinbau: *Haut-S.,* weißer Bordeauxwein.
Sava, „*der Heilige*" (um 1152–1236), Begründer u. erster Patriarch der serb. Nationalkirche.
Savaii, *Sawaii,* größte der westl. → Samoa-Inseln, 1708 km², 44 000 E; Gebirge, bis 1858 müM; Ausfuhr: Kopra.
Savannah [*sə'vænə*], nordam. Fluß aus den Alleghenies, 505 km l., in den Atlan-

Entwicklung im 1. Lebensjahr

Gewicht (g): 10000, 9000, 8000, 7000, 6000, 5000, 4000, 3000, 2500

Länge (cm): 75, 70, 65, 60, 55, 50

Monatsachse: 1. 2. 3. 4. 5. 6. 7. 8. 9. 10. 11. 12. Monat

Entwicklungsmerkmale (in zeitlicher Reihenfolge):

- Ziellose Bewegung
- Stabiler Blick, Kopfheben in Bauchlage
- Fixieren Willkürl. Kopfbeweg.
- Kopf wenden nach Licht u. Schall
- Lächeln
- Laute d. Lust und Unlust
- Wiedererkennen häufiger Bilder
- Drehung in Bauchlage, Anheben des Kopfes und der Schulter in Rückenlage
- Grobes Greifen, Fingerspiele
- Freies Sitzen, Rollen aus Bauch in Rückenlage
- Lallen: Weinen, wenn Mutter das Zimmer verläßt
- Stehversuche, Kriechen
- Silbensprechen, kurze Gedächtnisleistungen, »Fremdeln«;
- Gehen an der Hand
- Kuckuck u. Versteckspiele, Kind hört auf seinen Namen, versteht »nein, nein«
- Wortschatz ca. 7 Worte, Gedächtnis 2 Wochen mit 1 Jahr
- Untere Schneidezähne
- Obere Schneidezähne
- Obere Eckzähne
- Untere Eckzähne

Ernährung:

Der Säugling erhält am 1. Lebenstag 2 Mahlzeiten: Die erste ca. 8 Std. nach der Geburt, die zweite nach weiteren 8 Std. Sie besteht aus Muttermilch oder 10–15%iger Traubenzuckerlösung. Ab dem 2. Tag füttert man sehr kleine Säuglinge 6mal pro Tag, alle 4 Std., größere 5mal pro Tag mit 8stündiger Nachtpause etwa um 6, 10, 14, 18, 22 Uhr. Im 4. Monat stellt man auf 4 Mahlzeiten um, die man um 8, 12, 16 und 20 Uhr geben kann. Um den 10., 11. Monat kann das Kind bei Tisch mitessen, wenn die Nahrung zerkleinert wurde. Insgesamt soll die Tagesmenge nie 600 g Vollmilch oder 1 Liter Flüssigkeit überschreiten.

Künstliche Ernährung

A Frischmilch
 a) Vorzugsmilch
 b) Markenmilch

B Trockenmilchpulver
 a) Kuhmilch-Wasser-Verdünnung mit Kohlenhydrat und Fettanreicherung
 b) Adaptierte Kuhmilch, Herabsetzung des Eiweiß- u. Mineralgehaltes, Anreicherung mit Kohlenhydrat und Fett

C Milchkonserven

Milchart	Alter des Säuglings	Zusätze	Zubereitung
A	Bis zur 5. Woche	Wasser : Milch = 1 : 1 4 % Kochzucker oder 1 Teelöffel Blütenbienenhonig pro 200 g Nahrung 2,5 % Mondamin oder Haferflocken (1,5 % Keimöl)	Haferschleim mit dem Wasseranteil kochen, Zucker bzw. Honig zusetzen, Milch im Wasserbad auf 40° C erwärmen und dazugeben
B a)	Ab 6. Woche	Wasser : Kuhmilch = 1 : 2 Zusätze s. o.	
b)	besonders für junge Säuglinge	Alle im Fertigpräparat enthalten	siehe Packungsanweisung

Ernährungsplan

Anzahl der Brust- bzw. Flaschenmahlzeiten	5	5	5	5	5	5	5	3 od 4	2	2/1	1	1	1
Einzelne Trinkmengen bis	90 g	120 g	130 g	140 g	160 g	200 g	200 g	200 g	200 g	200 g	200 g Vollm	200 g Vollm	200 g Vollm
Woche/Monat	1. Wo	2. Wo	3. Wo	4. Wo	1.	2.	3.	4.	5.	6.	7.	8.	9. 10.
Anzahl der Breie								1	2	2/3	3	3	3

Art und Menge des Zusatzes zur Milch: Muttermilch, bzw. kpünstliche Ernährung

500–1000 IE Vitamin D_3 tägl. — über das 1. Jahr

6 Teelöffel Karottensaft und 4 Teelöffel Obstsaft

(Milch), Obst, Zwieback, Brei (180-200 g)

Gemüsebrei mit Fleisch (7., 8. Monat), Ei (ab 7. Mon.), bis 200 g)

Vollmilchbrei (bis 200 g)

Vollmilchflasche oder Brei (bis 200 g)

Impfplan

Impfung gegen	Zeitpunkt
Tuberkulose	1. Lebenswoche
Diptherie – Tetanus –	3.–4. Lebensmonat (I.)
Keuchhusten	14.–18. Lebensmonat (II.)
Kinderlähmung (Schluckimpfung)	3.–4. Lebensmonat
Masern	ab 13. Lebensmonat
Mumps	15. Lebensmonat

tik; an ihm die St. *S.,* Hpthafen (befestigt) v. Georgia (USA), 226 000 E.
Savanne, *w.* [span.], Hochgrassteppe mit einzelnen Bäumen od. Baumgruppen (z. B. am Orinoco *Llanos,* in Brasilien *Campos* genannt).
Savart [*sa'var*], Félix (30. 6. 1791–16. 3. 1841), frz. Physiker; zus. m. → Biot *Biot-S.sches Gesetz.*
Save, Sau, südslaw. *Sava,* r. Nbfl. der Donau, mit zwei Quellflüssen aus den Julischen Alpen, mündet bei Belgrad, 945 km l.; 586 km schiffbar.

F. K. v. Savigny

Savigny [*-ɲi*], Friedrich Karl v. (21. 2. 1779–25. 10. 1861), dt. Rechtsgelehrter; *D. Recht des Besitzes; Geschichte des röm. Rechts im MA.*
Savoie → Savoyen.
Savoir-faire, *s.* [frz. *savwar'fɛr*], „etwas zu tun wissen", Gewandtheit. – **S.-vivre** [frz. *-'vivr*], „zu leben wissen", feine Lebensart.
Savona, Hptst. der it. Prov. *S.* an der Riviera di Ponente, 70 000 E; Eisen- u. Stahlwerke, Hafen.

Savonarola

Savonarola, Girolamo (21. 9. 1452–23. 5. 98), Dominikaner in Florenz, Prediger u. Reformer; eiferte gg. die weltl. Kunst; demokrat. Gegner der Medici; errichtete in Florenz strenges Kirchenregiment; als Häretiker u. Schismatiker verbrannt.
Savoyen, 1) Landschaft im SO Frkr.s (Kalkvoralpen im W, Montblanc-Kette, 4807 m, im O); Viehzucht, Eisen- und Kohlengewinnung. – Ehem. Hzgt. (seit 1416), 1720 → Sardinische Monarchie, 1860 an Frkr. abgetreten; seither die frz. Dep.s **2)** *Savoie,* 6028 km², 335 000 E; Hptst. *Chambéry* (55 000 E), u. **3)** *Haute-Savoie,* 4388 km², 539 000 E; Hptst. *Annecy* (52 000 E).
Savu-Inseln, *Savoe,* indones. Inselgruppe sw. Timor, zu d. Kleinen Sunda-Inseln.
Sawallisch, Wolfgang (* 26. 8. 1923), dt. Dirigent, 1982 Leiter der Bayr. Staats-

oper, München, ab 1993 Orchesterchef in Philadelphia.
Saxo Grammaticus (um 1150–1220), dän. Chronist; *Geschichte Dänemarks.*
Saxophon, *s.,* Blasinstrument (aus Blech), erfunden 1840/41 v. d. Belgier Adolphe *Sax* (1814–94) mit Klarinettenmundstück; typisch für Jazzmusik (→ Jazzband), auch für Militärmusik u. zeitgenöss. Musik.
Sb, *chem.* Zeichen für → Antimon (lat. *stibium*).
Sbirren [it.], bis 1809 mil. organisierte Polizeibeamte in Italien.
SBZ, *Sowjetische Besatzungszone,* Gebiet der ehem. → Deutschen Demokratischen Republik.
Sc., 1) Abk. f. → sculpsit; **2)** Abk. f. *scilet* [l.], nämlich, das heißt.
Sc, *chem.* Zeichen f. → *Scandium.*
Scala, *Teatro alla S.,* Mailänder Oper, 1775–78 erbaut (→ Tafel Theaterbau).
Scaliger, 1) Joseph Justus (5. 8. 1540–21. 1. 1609), frz. Philologe it. Herkunft; Begr. d. wiss. Chronologie; **2)** Julius Cäsar (23. 4. 1484–21. 10. 1558), it. Dichter u. Humanist; Gegner des Erasmus; grundlegende Poetik (1561).
Scaliger, *Scala,* it. Fürstengeschl., besaß 1259–1387 d. Stadtherrsch. v. Verona; *Cangrande I.* (1291–1329) Führer der → Ghibellinen, förderte *Dante* und *Giotto; S.gräber* in Verona.
Scampi, it. Bez. f. kl. Tiefsee-Krebstiere.
Scandium, *Sc,* chem. El., Oz. 21, At.-Gew. 45,956; Dichte 2,99; Seltenerdmetall.
Scanner, *m.* [*'skænɘ*], Gerät zur optischen Abtastung von Vorlagen mit Laserlicht.
Scapa Flow [*'skæpɘ 'flou*], Bucht in d. Orkney-Insel Mainland; engl. Flottenstation; 1919 Selbstversenkung von 70 internierten dt. Kriegsschiffen.
Scarborough [*'skɑ:brɘ*], engl. St. in der Gft North Yorkshire, m. Hafen a. d. Nordsee, 37 000 E; Seebad.
Scarlatti, 1) Alessandro (2. 5. 1660–22. 10. 1725), it. Komp.; Begr. d. neapolitan. Opernschule; 115 Opern, Konzertmusik; s. Sohn **2)** Giuseppe Domenico (26. 10. 1685–23. 7. 1757), it. Komp.; bereicherte Klavierstil durch technische Neuheiten; Cembalosonaten.
Scarron [*-'rõ*], Paul (4. 7. 1610–7. 10. 60), frz. Schriftst.; satir. Zeitromane; burleske Komödien; *Roman comique.*
Scelsi [*'ʃ-*], Giacinto, it. Komp., Vertreter d. Monodie, avantgardist. Orchester- u. Kammermusik; *Quattro Pezzi per Orchestra* (1959); *Anahit* (1965); *Hymno* (1963); *Uaxuctum* (1966).
Schaaf, Johannes (* 7. 4. 1933), dt. Theater- u. Filmregisseur; *Tätowierung* (1967); *Trotta* (1971); *Traumstadt* (1973).
Schaben, *Schwaben, Kakerlaken,* Geradflügler (Insekten) v. käferähnl. Gestalt m. fädigen Fühlern; Körper platt; legen ihre Eier zu Paketen vereinigt ab; lichtmeidendes, läst. Ungeziefer in Küchen,

Schabe

Backstuben usw., schwer zu vertilgen; *Küchen-Sch.* (schwarzbraun) u. *Dt. Sch.* (schmutziggelb).
Schabkunst, *Mezzotinto,* Technik des Kupferstichs, erfunden v. L. v. Siegen, Mitte 17. Jh.; im Abdruck hell beabsichtigte Stellen werden mit d. Schabeisen wieder geglättet, nachdem d. Kupferplatte zuvor m. e. feingezahnten Eisenschneide gleichmäßig aufgerauht wurde zur Gewinnung e. samtartig schimmernden Tons; somit entstehen statt Linien (wie beim Stich) nun ineinander übergehende Flächen u. sehr nuancenreiche Tonabstufungen; bes. geeignet f. Bildnisse u. Gemäldereproduktionen.
Schablone, *w.,* flache od. plastische, das Original negativ wiedergebende Form, zur mechan. Vervielfältigung.
Schabracke, *w.* [türk.], verzierte Satteldecke.
Schach, *s.* [pers. „schah = König"], sehr altes, wahrscheinlich aus Indien stammendes Spiel zu zweit auf in 64 Felder geteiltem quadrat. *Sch.brett,* mit je 16 weißen u. schwarzen Figuren: 8 „Bauern" u. 8 „Offiziere" (König, Dame, 2 Türme, 2 Läufer, 2 Springer); Ziel: König d. Gegners → *matt* zu setzen.
Schachblume, Liliengewächs feuchter Wiesen. ♦
Schächer, (die beiden mit Christus gekreuzigten) Übeltäter.
Schacht, Hjalmar (22. 1. 1877–3. 6. 1970), dt. Wirtsch.pol., 1923–30 und 1933–39 Reichsbankpräs., 1934–37 Reichswirtsch.min.; gründete 1952 Außenhandelsbank in Düsseldorf.
Schacht → Bergbau.
Schachtelhalm, *Equisetum,* Gefäßkryptogamen m. kriechendem Wurzelstock u. meist einjährigen, oberird. Stengeln aus hohlen, ineinandergeschachtelten Gliedern; zur Steinkohlenzeit wichtiger Bestandteil d. Vegetation, z. T. hohe, baumähnl. Formen; heute nur wenige kleinwüchsige Arten, meist auf Sumpfboden in d. nördl. gemäßigten Zone; auf trockenerem Boden häufig der *Acker-Sch., Zinnkraut,* Heilkraut.
schächten, nach jüd. Ritus schlachten: Durchschneiden der Halsschlagader ohne Betäubung; auch i. Islam üblich.
Schachtofen, Schmelzofen f. Metalle mit stehendem Schacht zur Aufnahme des Schmelzgutes und des Brennstoffes; Füllung oben durch Gicht; Entleerung unten durch Abstich, → Hochofen, → Kupolofen.
Schachty, bis 1925 *Alexandrowsk-Gruschewskoi,* russ. St. i. Donezbecken, 224 000 E; Kohle.

Schack, Adolf Friedrich Gf v. (2. 8. 1815–14. 4. 94), dt. Übersetzer span. u. morgenländ. Lyrik: *Lotosblätter;* Gemäldesammlung in München: **Sch.-Galerie** mit Werken Schwinds, Spitzwegs, Böcklins u. a.; s. 1938 im Besitz des bayr. Staates.

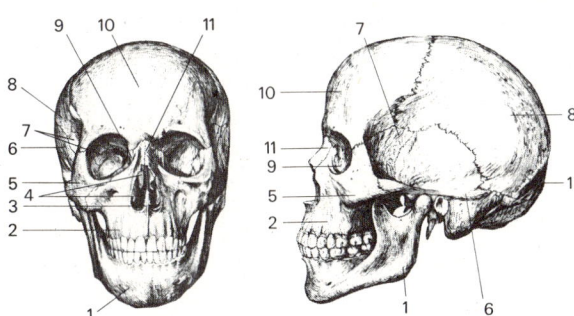

1 Unterkiefer, 2 Oberkiefer, 3 Nasenscheidewand (Pflugscharbein), 4 Nasenmuscheln, 5 Jochbein, 6 Schläfenbein, 7 Keilbein, 8 Scheitelbein, 9 Tränenbein, 10 Stirnbein, 11 Nasenbein, 12 Hinterhauptsbein.

Menschlicher Schädel

Schädel, der knöcherne Teil des Kopfes (Abb.); auch → Tafel Mensch I, S. 348. – **Sch.index,** Maßgrundlage zur Feststellung körperl. Rassenmerkmale u. für d. Konstitutionsforschung: **a)** *Längen-Breiten-Index,* Maß d. Verhältnisses d. Schädel- od. Kopflänge zur Schädel- od. Kopfbreite (Breite gerechnet in Prozent d. Länge): überlang bzw. langschädelig, *dolichokran* od. *dolichokephal* (langköpfig) bis 65 bzw. 75; mittellang, *mesokran, mesokephal,* 75–79,9; kurz-(rund-)schädelig, *brachykran, brachykephal,* bis überkurzschädelig, 80–90 bzw. über 90; **b)** *Längen-Höhen-Index:* entsprechend aufgestelltes Längen-Höhen-Maß. – **Sch.lage,** normale Lage des Kindes im Mutterleib mit nach unten gerichtetem Schädel, der zuerst geboren wird; Ggs.: *Steißlage.*

Schaden, durch Verletzung von Rechtsgütern entstandene Einbuße; zu unterscheiden sind *materieller Sch. (Vermögens-, Sachschaden)* u. *immaterieller Sch.* (→ Schmerzensgeld). – **Sch.ersatz,** Wiederherstellung des Zustandes vor Eintritt der schädigenden Ereignisse *(Naturalherstellung)* bzw. Ausgleich des Nachteils durch Geld (§§ 249 ff. BGB); Verpflichtung zu Sch.ersatz beruht i. d. Regel auf → unerlaubter Vertragsverletzung oder → unerlaubter Handlung.

Schadenversicherung, schützt gegen Ereignisse, die einzelne Vermögensgegenstände (Sachversicherung, z. B. gegen Feuer, Hagel, Transportschäden, Einbruch, Diebstahl) oder Vermögen als Ganzes (Vermögensversicherung, z. B. gegen Haftpflicht) nachteilig treffen können.

Schädlinge, Tiere (Insekten, Raupen,

Larven, Käfer usw.), die der Forst-, Garten- und Landwirtschaft schaden.

Schädlingsbekämpfung, in d. *Land- u. Forstwirtschaft* (auch → Pflanzenschutz): *mechan.* durch Absuchen, Fallen, Leimringe; *chem.* durch Atem-, Magen- u. → Kontaktgifte (z. T. vom Flugzeug aus); *indirekt:* durch Vogelschutz, natürl. Feinde u. Bodenpflege (→ biologische Schädlingsbekämpfung); im Haus: → Ungeziefer.

Schadow, Johann Gottfried (20. 5. 1764–28. 1. 1850), dt. Bildhauer; beherrschte d. Berliner Bildhauerschule seiner Zeit; *Siegeswagen* (Brandenburger Tor, Abb. → Quadriga)*; Goethe; Prinzessinnengruppe* (→ Tafel Bildhauerkunst).

Schäfchenwolke\|n, *Zirro-* u. *Altokumulus,* → Wolken.

Schafe, Gattung der Horntiere mit meist spiraligen Hörnern; viele im Gebirge heimisch (z. B. Dickhornschaf, → Mufflon); *Hausschaf,* verschiedene Rassen (→ Tafel Tierzucht), in Herden gehalten; Männchen heißt *Bock* od. *Widder* (kastriert *Hammel* oder *Schöps),* das Junge *Lamm;* liefert Wolle, Fleisch, Milch (für Käse); → Merinoschafe, → Heidschnucke. In Europa das Schaf seit der Steinzeit bekannt.

Schäfer, Hans (26. 1. 1910–6. 5. 80), FDP-Pol.; 1971–78 Präs. d. B.rechnungshofes.

Schäferdichtung, feiert d. ländl. Leben d. Hirten u. Schäfer; in Griechenland: *Theokrit* (3. Jh. v. Chr.), in Rom: *Vergil;* in der it. Renaissance: *Petrarca, Boccaccio, Tasso;* zuletzt **Schäferspiele** als Mode in allen Kulturländern während des Rokokos.

Schäferhunde, Hunderassen, auch Polizei- und Wachhunde; *Dt. Sch.* glatt- und langhaarig, meist bräunlich; *Schottischer Sch. (Collie),* meist langhaarig mit starker Mähne an Hals u. Brust, weiß-gelb-braun (→ Tafel Hunderassen).

Schäffer, Fritz (12. 5. 1888–29. 3. 1967),

CSU-Pol.; 1949–57 B.finanzmin., 1957–61 B.justizmin.

Schaeffer, Albrecht (6. 12. 1885–5. 12. 1950), neuromant. Dichter; Erzählungen: *Das Prisma;* Romane: *Helianth; Josef Monfort;* Epos: *Parzival.*

Schaffhausen, 1) nördl., fast ganz rechtsrheinisch liegender Kanton der Schweiz, 298 km², 70 900 E; stark entwickelte Industrie, Ackerbau, Weinbau u. Viehzucht; Hptst.: **2)** *Sch.* (CH-8200), Kantonshptst. a. Rhein, oberhalb d. Rheinfalls (Abb. → Rhein), 34 000 E; Masch.-, Uhren-, Präzisionsapparate-, Nahrungsmittel- u. chem. Ind.

Schäfflertanz

Schäffler, svw. Böttcher. – **Sch.tanz,** Umzug u. Tanz d. Sch. in alter Tracht, alle 7 Jahre in München.

Schafgarbe

Schafgarbe, Korbblütler m. weißen Blüten; aus ihr Heiltee; *Garten-Sch.* höher u. m. gelber Blüte.

Schafkälte, i. Mitteleuropa ziemlich regelm. wiederkehrender Kälterückfall zw. d. 10. u. 20. Juni (z. Z. d. Schafschur); kühle, feuchte → Luftmassen dringen v. Nordmeer her auf d. Festland vor.

Schafkopf, dt. Kartenspiel.

Schäferspiele

Schafott, s., Gerüst f. Hinrichtungen.

Schafstelze, Stelze m. gelber Unterseite u. grünl. Oberseite auf Wiesen u. Feldern.

Schah [pers.], Kaiser; Titel f. pers. Fürsten.

Schakal

Schakale, hundeartige Raubtiere Afrikas und Südasiens; gehen nachts auf Aassuche; nächtl. Geheul.

Schal, m., engl. *Shawl* [ʃɔːl], Hals-, Umschlagtuch.

Schale, Krongelenkserkrankung bei Pferden.

Schalen, Hufe des **Schalenwildes** (Elch-, Rot-, Dam-, Reh-, Gems-, Muffel-, Sika-, Stein- u. Schwarzwild).

Schalksmühle (D-5885), Gem. im Sauerland, Märkischer Kreis, NRW, 11 700 E; Elektro-, Kunststoffind.

Schall, von menschl. u. tier. Gehörorganen aufgenommene → longitudinale Wellen d. Luft; gehen von einem Erregungszentrum *(Schallquelle)* aus; normale Geschwindigkeit: 333 m/s (ca. 1200 km/Std.) in Luft; in Wasser u. festen Körpern größer; Sch. zeigt Eigenschaften aller → Wellen.

Schallaufzeichnung, 3 Verfahren zur Speicherung d. Schalls: **a)** *mechanisch* (→ Schallplatten, Schallband), **b)** *magnetisch* (→ Magnetton) u. **c)** *optisch* (→ Tonfilm); gegenüber diesen → analogen Verfahren beginnt sich ein → digitales auf dem Markt durchzusetzen: → Compact Disc.

Schallblasen, Hauteinstülpungen vieler Froschlurche, die beim Quaken hervortreten können u. als Resonanzkörper dienen.

schalldämpfender Belag, für Fußböden, Wände usw., wird aus Korkplatten, Linoleum, Filz, Watte, Kunststoffen u. ä. hergestellt.

Schalldämpfer an Kraftwagen, Motorrädern usw., auch Flugmotoren, der sog. Auspufftopf mit Zwischenwänden, zur Lärmverminderung und Verhinderung von Brandgefahr.

Schallmauer, der bei Überschreiten der Schallgeschwindigkeit sprungartig auf etwa das 3fache ansteige. Luftwiderstand.

Schallmeßverfahren, z. Ermittlung d. Stellung feindl. Geschütze durch Zeitmessung d. Mündungsknalls v. versch. Stellen.

Schallöcher, *f*-förmige Ausschnitte in der Decke des Resonanzkörpers der Streichinstrumente, dadurch Verstärkung der Töne ohne Nachklingen; bei Zupfinstrumenten bewirkt kreisrunde Form d. Sch. Verlängerung des Klanges durch Nachhallen.

Schallplatten, kreisrunde Scheiben, die

Schallereignisse speichern in Form einer spiralförmigen, vom äußeren Rand nach innen verlaufenden, wellenförmigen Rille; Töne als seitl. Auslenkungen (Berliner-Schrift) od. verschieden starke Vertiefungen d. Rille (Edison-Schrift) eingeprägt. Plattenarten: man unterscheidet nach Material (Kunststoff, früher Schellack), Umdrehungsgeschwindigkeit (78, 45, 33⅓ und 16⅔ U/min), Schriftart (Tiefen-, Seitenschrift; 45°-Stereoschrift: linker u. rechter Kanal je eine Flanke), Rillenbreite, Durchmesser (30, 25 u. 17 cm) u. zw. Mono- u. Stereo-Sch. *Aufnahme:* Ton wird in el. Schwingungen u. entweder direkt überspielt (Direktschnitt-Sch.) od. auf Magnetband zwischengespeichert (läßt Bearbeitung zu); entsprechend d. tonfrequenten el. Schwingungen prägt e. Schneidstichel die Rille in d. Aufnahmematerial (Lack, Wachs o. ä.); in mehreren Herstellungsstufen wird Matrize zum massenweisen Pressen d. Sch. gefertigt. *Wiedergabe:* Eine von d. Rille geführte Nadel überträgt die Auslenkungen auf einen Wandler (→ Tonabnehmer), der die mechan. Schwingungen in el. umsetzt; dieses Signal wird verstärkt u. z. B. über e. → Lautsprecher in Schall umgewandelt. Digitale Speicherung u. Abtastung m. Laserstrahl b. → Compact Disc. → Plattenspieler, → Sprechmaschine.

Schallück, Paul (17. 6. 1922–29. 2. 76), dt. Schriftst. u. Journalist; *Engelbert Reineke; Harlekin hinter Gittern.*

Schally, Andrew (* 30. 11. 1926), am. Mediziner; Nobelpr. 1977 (Isolierung, Strukturauflösung u. Synthese v. Peptidhormonen).

Schalmei, altes Holzblasinstrument, Vorläufer der → Oboe.

Schalom [hebr.], „Frieden".

Schalotte, Lauchart, mehrteilige Zwiebeln.

Schalter, Vorrichtung zum Ein- und Ausschalten el. Leitungen; bei Niederspannung: *Dosenschalter* (Zimmer), bei höherer Leistung: *Hebelschalter;* Hochspannung: automat. → *Ölschalter;* hinter Sammelschiene: *Trennschalter;* in bes. Fällen: *Schnellschalter.*

Schaltjahr, durch Einschalten des 29. Feb. um einen Tag verlängertes Jahr; → Kalender, → Jahr.

Schaltplan, zeichnerische Darstellung (→ Schaltung) von zusammengeschalteten Bauelementen od. Apparaten bei el. Anlagen, der Gas- u. Wasserversorgung u. a.; Wirkungsweise der Anlage kann durch entsprechende Symbole abgelesen werden.

Schaltung, **1)** *elektrotechn.:* **a)** Verbinden v. Apparaten, Leitungen usw. miteinander; **b)** *Stromlaufplan*, nach dem d. einzelnen Bauelemente von el. Schaltern zus.gebaut werden; **2)** bei *Maschinen:* Vorrichtung zum Betätigen v. Getrieben (z. B. bei Kraftfahrzeugen).

Schalung, Bretterverkleidung z. Bildung

d. rohen Wand-, Decken- u. Dachflächen, an die Balkenlagen angenagelt, z. Aufnahme v. Putz, Tapeten, Anstrich, Dachdeckungsmaterial; auch b. Betonbau als vorläuf., nach d. Erstarrung zu entfernende Begrenzung d. Betongusses; ähnlich als Unterlage b. Bau von Wölbungen.

Schaluppe, w., *Schlup(p)e, Slup,* kleineres Hilfsboot m. Ruder u. Segel (einmastig; auch Küstenboot, etwa 40 t.

Schalwar, m., oriental. lange weite Hose, urspr. nur v. Frauen getragen.

Schamade, w. [frz.], Trommel- oder Trompetenzeichen zur Einstellung der Feindseligkeiten.

Schamanismus, magische Kulte bes. bei mongolischen Völkern, auch bei Indianern mit **Schamanen** [tungus.], Zauberpriestern, Medizinmännern; bekämpfen die bösen Geister, die sie nach ihrer Vorstellung in Ekstase (Rauschgift, Musik, Tanz) in sich aufnehmen.

Scham-bein, der vordere Bogen des knöchernen Beckenringes. – **Sch.lippen**, Hautfalten, bedecken d. Eingang z. weiblichen Scheide; *große* äußere, *kleine* innere (→ Geschlechtsorgane, Abb.).

Schamotte, scharf gebrannte Mischung von ungebranntem u. schon gebranntem, gemahlenem Ton: **Sch.mörtel, Sch.steine, Sch.ziegel**, zur Ausmauerung von Öfen usw.

Schan, mongol. Volk mit Thai-Sprache, bewohnt die **Sch.staaten**, halbselbständige Staaten i. Grenzgebiet vorwiegend von O-Myanmar (gebirgiges, waldreiches Gebiet mit viel Teebau, Hptort *Laschio*), außerdem von Laos (Indochina) und der Prov. Yunnan (China).

Schandpfahl, svw. → Pranger.

Schändung, Verletzung hoher transzendentaler oder menschlicher Güter (z. B. von Gegenständen der Religion, der Geschlechtsehre); besonders Mißbrauch einer Person zu sexuellen Handlungen.

Schanker(-Geschwür), **1)** *harter Sch.* = → Syphilis; **2)** *weicher Sch.* (Ulcus molle), flache Hautgeschwüre am Genitalien; übertragbare, nichtsyphilitische Geschlechtskrankheit.

Schantungseide, Rohseidengewebe aus chin. Tussahseide.

Schanze, bis Ausgang des 19. Jh. stark ausgebauter Stützpunkt einer befestigten Stellung.

Schanzkleid, Schutzwand um das Schiffsdeck.

Schapel, s., *Schappel*, im MA reifartiger Kopfschmuck; i. d. süddt. Volkstracht: *Brautkrone.*

Schaper, Edzard (30. 9. 1908–29. 1. 84), dt. Schriftst. u. Übersetzer skandinav. Literatur; Romane: *Die sterbende Kirche; Der Henker.*

Scharade, w. [frz.], Silbenrätsel; zerlegt d. Rätselwort in für sich sinnvolle Silben (auch durch „lebende Bilder" darstellbar).

Scharbe → Kormorane.

Scharbockskraut, gelb blühende Frühlingspflanze m. Wurzelknollen.

Schardscha u. Kalba → Vereinigte Arabische Emirate.

Schären, kleine, von Gletschereis abgeschliffene Felsinseln an den skandinav. Küsten.

Scharf, Kurt (21. 10. 1902–28. 3. 90), ev. Theol., 1961–67 Vors. d. Rats d. EKD, 1966–76 Bischof v. Berlin, 1966–72 auch von Brandenburg.

Adolf Schärf

Schärf, Adolf (20. 4. 1890–28. 2. 1965), östr. Jurist u. Pol. (SPÖ); 1945–57 Vors. d. SPÖ u. Vizekanzler, 1957–65 B.präs.

scharfbrennen, zweites Brennen des → Porzellans im **Scharffeuer.**

Schärfentiefe, früher auch *Tiefenschärfe;* die Zone scharfer Abbildung innerhalb eines Bildes.

Scharff, Edwin (21. 3. 1887–18. 5. 1955), dt. Bildhauer; Porträtbüsten: *Hindenburg, Wölfflin;* Tierplastik.

Scharfrichter, *Nachrichter,* Vollstrecker der Todesstrafe.

Scharhörn, eine Cuxhaven vorgelagerte Düneninsel; Vogelschutzgebiet.

Schari, Chari, Strom in Zentralafrika, ca. 1400 km l., mündet in den Tschadsee.

Scharl, Josef (9. 12. 1896–6. 12. 1954), dt. Maler u. Buchillustrator, s. 1938 in d. USA; expressionist. Elemente; Darstellungen sozialkrit. Themen, Landschaften, Stilleben, Bildnisse (u. a. seines Freunds *A. Einstein*).

Scharlach, *m.* [l.], akute fieberhafte Infektionskrankheit; die Erreger sind → Streptokokken, die durch direkten Kontakt mit Kranken, gesunden Keimträgern od. über infizierte Gegenstände übertragen werden; → Inkubationszeit 1–7 Tage; Beginn mit hohem Fieber, Erbrechen, Kopf- und Schluckschmerzen; weitere Anzeichen: Angina, „Himbeerzunge", kleinfleckiger, roter Ausschlag an Rumpf und Extremitäten; in der 2.–3. Krankheitswoche Hautschuppung an Händen und Füßen; Komplikationen: Gelenkrheumatismus, Herzmuskelentzündung, Lymphknotenentzündung, Mittelohrentzündung, Nierenentzündung; Behandlung: → Penicillin.

Scharlatan, *m.* [frz.], Aufschneider, Betrüger.

Scharmützel [it. „scaramuccia"], kurzes Gefecht, Geplänkel.

Scharmützelsee, sö. v. Berlin, 14 km².

G. J. D. v. Scharnhorst

Scharnhorst, Gerhard Johann David von (12. 11. 1755–28. 6. 1813), preuß. General; leitete die Reform des Heereswesens (u. a. allg. Wehrpflicht, 1813 eingeführt) mit d. Ziel der Schaffung eines Volksheeres (auch → Krümpersystem).

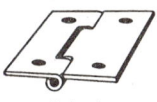

Scharnier

Scharnier, *s.* [frz.], drehbares Gelenk f. Türen, Deckel usw.

Scharoun, Hans (20. 9. 1893–25. 11. 1972), dt. Architekt; Siedlung Siemensstadt in Berlin, Berliner Philharmonie.

Schärpe, breite Leib- oder Schulterbinde, früher zur Paradeuniform der Offiziere.

Scharping, Rudolf (* 2. 12. 1947), SPD-Pol.; seit Mai 1991 Min.präs. v. RP.

Scharte, *Färberdistel,* Korbblütler; früher zum Gelbfärben.

Scharteke, *w.,* **1)** altes wertloses Buch; **2)** ältliches Frauenzimmer.

Scharwache, nächtliche Wachtrunde.

Scharwerker → Instleute.

Schasar, Salman (6. 10. 1889–5. 10. 1974), isr. Pol.; 1963–73 Staatspräs.

schassieren [frz. „chasser"], mit kurzen Tanzschritten ohne Drehung geradlinig dahingleiten.

Schatt el-Arab, Vereinigung v. → Euphrat u. → Tigris, 110 km, 2 Mündungsarme i. d. Pers. Golf.

Schattenkabinett, *Gegenregierung* d. Opposition in Großbritannien, jedes Mitgl. ist Sprecher f. best. Ressort.

Schattenreich, Reich der Toten, Unterwelt.

Schattenspiele, Theateraufführungen v. kleinen Bühnenstücken m. schwarzen Papp-, Leder-, Pergamentfiguren; urspr. im Orient: China, Türkei (*Karagöz*), Java (*Wajangspiele,* mit bunten Figuren); gelangten im 17. Jh. über Italien nach Dtld, hier bes. v. d. Romantikern gepflegt.

Schatulle, *w.* [ml. „scatola"], Schatzkästchen; Privatkasse eines Fürsten *(Privatsch.).*

Schatz, 1) Vermögen, Geld, Kostbarkeiten; **2)** *jur.* verborgene u. nun entdeckte Sache, deren Eigentümer nicht mehr zu ermitteln ist; Entdecker erwirbt Miteigentum z. Hälfte zus. mit dem Eigentümer d. verbergenden Materie (z. B. Acker); § 984 BGB.

Schatzanweisungen, kurz- und mittelfrist. Schuldverschreibungen d. öffentl. Hand z. Finanzierung eines vorübergehenden Geldbedarfs.

Schaube, *w.,* weiter, vorn offener mantelartiger Überrock f. Männer u. Frauen (15.–17. Jh.); vielfach mit Pelzbesatz.

Schaubild, *Diagramm,* zeichner. (Kurven)darstellung statist. Zusammenhänge, phys., techn. oder med. Vorgänge.

Schäuble, Wolfgang (* 18. 9. 1942), CDU-Pol.; 1984–89 B.min. f. bes. Aufgaben u. Chef d. B.kanzleramts, 1989–91 B.innenmin., s. Nov. 1991 Fraktionsvors. d. CDU/CSU.

Schaubrote, 12 Brotkuchen, i. jüd. Tempel auf *Schaubrottisch,* an jedem Sabbat erneuert.

Schaudinn, Fritz (19. 9. 1871–22. 6. 1906), dt. Zoologe; entdeckte mit E. Hoffmann d. Erreger d. Syphilis *(Treponema pallidum).*

Schauerleute, *Stauerleute,* Hafenarbeiter für das Laden und Löschen (Entladen) der Schiffe.

Schaufeln, die verbreiterten Geweihenden b. Elch- und Damwild: **Schaufler.**

Schaufelrad, Rad, dessen Felge mit Schaufeln besetzt ist; zur Energieübertragung drehbar (Läufer), zur Dampf-, Wasserführung fest auf Welle (Leitrad) bei Turbinen; auch Antriebsorgan der → Raddampfer; hierbei Schaufeln d. Kraftersparnis wegen verstellbar.

Schäuffelein, Hans Leonhard (um 1480/85–um 1538/40), dt. Maler u. Holzschneider d. Renaiss.; Altarbilder (früher Dürer zugeschr.), Porträts; Wandgemälde im Rathaus v. Nördlingen.

Schauinsland, Gipfel im Schwarzwald südöstlich Freiburg i. Br., 1284 m, Seilschwebebahn, Autostraße mit *Sch.-Bergrennen.*

Schaulen, lit. *Šiauliai,* St. in N-Litauen, 145 000 E; Landw.masch.- u. Holzind.

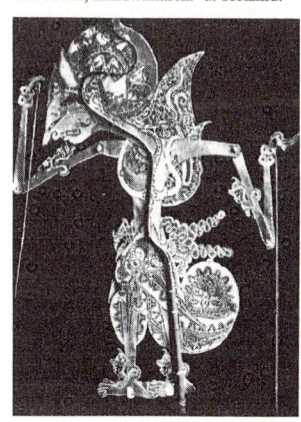

Javanische Schattenfigur

Schaumann, Ruth (24. 8. 1899–13. 3. 1975), dt. Dichterin, (Porzellan-)Malerin, Bildhauerin u. Illustratorin; Gedichte: *Arsenal.*

Schaumburg, 1) eigtl. *Schauenburg,* ehem. Gft an der Weser (*Burg S.* bei Rinteln), s. 1932 als Landkreis dem Rgbz. Hannover eingegliedert; 2) ehem. Standesherrschaft im preuß. Rgbz. Wiesbaden an der Lahn.

Schaumburg-Lippe, bis 1946 Land im NW Dtlds; Hptst. *Bückeburg;* ehem. Gft, 1807 Fürstentum, 1946 zu Rgbz. Hannover, Nds.; 1956 Volksbegehren, 1975 Volksentscheid auf Lösung v. Nds.

Schaumgummi, durch schäumende, blasenbildende Zusätze aufgelockerter natürl. od. künstl. Gummi.

Schaumkraut, Kreuzblütlergattung, z. B. d. *Wiesen-Sch.* m. weißen bis violetten Blüten u. oft → Kuckucksspeichel.

Schaumkunststoffe, *Schaumstoffe,* porös hergestellte Kunststoffe v. geringer Dichte (z. B. Moltopren®, Styropor®, Iporka®), als therm., akust., el. Isoliermaterial u. zu Polsterzwecken.

Schaumlöschgeräte → Feuerlöscher.

Schaumwein, *moussierender Wein, Sekt,* unter Zuckerzusatz in der Flasche vergorener Wein; starker Kohlensäuregehalt (bei minderen Sorten zusätzlich eingepreßt); stark zuckerarmen Sch. nennt man „sehr trocken", *brut* (naturherb), *extra sec, extra dry;* mäßig zuckerhaltiger *Sch.* heißt „trocken", *sec, dry;* die berühmtesten Sch.e sind die der Champagne *(Champagner);* in Dtld bes. am Mittelrhein und an der Mosel.

Schauspiel → Drama. - *Sch.*kunst → Theater, Übers. u. Tafel, S. 824/825.

Schawlow, Arthur (* 5. 4. 1921), am. Phys.; (zus. m. N. → Bloembergen u. K. M. → Siegbahn) Nobelpr. 1981 (Laserspektroskopie).

Schdanow, bis 1948 *Mariupol,* ukrain. Hafenst. am Asowschen Meer, 517 000 E; Hüttenind., Ausfuhrhafen f. Steinkohle u. Getreide.

Scheck, Scheckges. v. 14. 8. 1933, Anweisung an Kreditinstitute, aus dem Guthaben des Ausstellers eine Summe an den Vorlegenden zu zahlen; Sch. muß enthalten: Bez. als Sch. im Text, Anweisung zur Zahlung einer Summe („gegen diesen Sch. zahlen Sie ..."), Name dessen, der zahlen soll (Bezogener), Angabe des Zahlungsortes, Ausstellungsortes und -tages sowie Unterschrift d. Ausstellers. *Order-Sch.* (→ Orderpapier) und *Inhaber-Sch.* (Inhaberpapier) möglich. Im Inland nur Inhaber-Sch. gebräuchlich (Zusatz „oder Überbringer"). Bei Sch. kein Akzept; weil bei Vorlegung nicht eingelöst, entsprechender Vermerk der Bank auf Sch., dann Rückgriff gg. Indossanten, Aussteller. Bei *Verrechnungs-Sch.* (Vermerk: „nur zur Verrechnung" auf Sch.) darf Sch. nur mittels Gutschrift auf Konto eingelöst werden. Ggs.: *Bar-Sch.,* bei dem Barauszahlung erfolgen kann. In

intern. Sch.recht weitgehende Vereinheitlichung durch intern. Abkommen. → Postgiro.

Scheck|e, *m.,* geflecktes Tier (z. B. Pferd od. Rind).

Scheckkarte, auf ein oder zwei Jahre ausgestellte, mit Nummer versehene Karte, bei der die Bank die Einlösung des m. d. Sch.nummer versehenen Schecks (bis zu 400 DM) garantiert.

Schede, Paul, → Melissus.

Schedel, Hartmann (13. 2. 1440–28. 11. 1514), dt. Arzt; schrieb lat. *Weltchronik* (1493 gedruckt).

Schedir [arab. „Brust"], hellster Stern d. Größe in d. Cassiopeia; nördl. → Sternhimmel A.

Walter Scheel

Scheel, Walter (* 8. 7. 1919), FDP-Pol.; 1961–66 B.min. für wirtsch. Zus.arbeit, 1968–74 Vors. d. FDP, 1969–74 B.außenmin. u. Vizekanzler; 1974–79 B.präs.

Scheele, Carl Wilhelm (9. 12. 1742–21. 5. 86), schwed. Chem.; entdeckte d. Elemente Sauerstoff, Stickstoff, Chlor u. Mangan, d. Glycerin, die Arsen-, Wein-, Oxal- und Blausäure; nach ihm ben.: *Scheelesches Grün,* Kupferarsenit, Malerfarbe; *Scheelesches Süß,* Glycerin; Mineral **Scheelit,** *Tungsten,* Calciumwolframat *(CaWO₄).*

Scheer, Reinhard (30. 9. 1863–26. 11. 1928), dt. Admiral, Flottenführer (Skagerrak 1916).

Scheffel, Joseph Viktor v. (16. 2. 1826–9. 4. 86), dt. Schriftst.; histor. Roman: *Ekkehard,* Versepos: *Trompeter von Säckingen;* Studentenlieder.

Scheffel → Maße u. Gewichte, S. 1085.

Scheffler, Johannes, → Angelus Silesius.

Schéhadé [*fea'de*], Georges (* 2. 11. 1910), libanes. surrealist. Dichter; Lyrik u. Dramen in frz. Sprache: *Die Reise.*

Scheherezade, d. Märchenerzählerin v. → *Tausendundeine Nacht.*

Scheibe, Richard (19. 4. 1879–6. 10. 1964), dt. Bildhauer; *Der 20. Juli.*

Scheibenquallen → Quallen.

Scheich [arab. „Greis"], oriental. Ehrentitel, Oberhaupt eines Stammes od. einer rel. Gemeinschaft.

Scheide, lat. *Vagina,* Schleimhautrohr der inneren weibl. Geschlechtsteile, in deren hinterem Abschnitt die Gebärmutter *(Portio)* ragt; → Jungfernhäutchen (→ Geschlechtsorgane, Abb.).

Scheidegg, Alpenpässe in der Finsteraarhorngruppe (Schweiz. Kanton Bern); die *Große Sch.,* 1961 m, verbindet Meiringen

mit Grindelwald; die *Kleine Sch.,* 2061 m, mit Alpenbahn von Grindelwald nach Lauterbrunnen.

Scheidekunst, alter Name f. *Chemie.*

Scheidemann, Philipp (26. 7. 1865–29. 11. 1939), SPD-Pol., 1918 Staatssekretär, 1919 Reichskanzler; 1933 emigriert.

Scheidemünzen, nicht aus Gold geprägte Münzen, auf kleinere Beträge lautend; Metallwert liegt unter dem Nennwert.

Scheidewasser, alter Name f. → Salpetersäure.

Scheiding, altdt. für *September.*

Scheidt, 1) Kaspar (um 1520–65), dt. Dichter u. Lehrer (v. → Fischart); *Grobianus;* 2) Samuel (get. 4. 11. 1587–24. 3. 1654), dt. Komp. u. Orgelmeister in Halle/Saale.

Scheidung, *Ehescheidung,* → Eherecht.

Schein, Johann Hermann (20. 1. 1586–19. 11. 1630), dt. Komp.; Kantor an der Thomaskirche in Leipzig; weltl. Lieder; *Venus Kräntzlein;* Kammermusik, Choräle.

Scheiner, 1) Christoph (25. 7. 1575–18. 7. 1650), dt. Astronom; erfand d. → Pantographen, bestimmte die Sonnenrotationszeit aus Fleckenbeobachtungen, zeichnete die erste Mondkarte; 2) Julius (25. 11. 1858–20. 12. 1913), dt. Astrophys.; n. ihm ben. **Scheinergrade,** in der Lichtbildtechnik Maß für die Lichtempfindlichkeit der Negative; ersetzt durch DIN-Grade z. Kennzeichnung d. Kopierempfindlichkeit.

Scheinfeld (D-8533), St. im Steigerwald, Bay., 4245 E; spätgot. Pfarrkirche.

Scheinfrucht, Frucht, an deren Bildung sich außer dem Fruchtknoten andere Blütenteile beteiligt haben (z. B. die Blütenachse, wie bei der Erdbeere).

Scheingeschäft, nicht ernst gemeintes Rechtsgeschäft, ist nichtig; wird durch ein Sch. ein ernstl. Rechtsgeschäft verdeckt (z. B. scheinbare Schenkung, in Wirklichkeit aber Kauf), so gilt das ernst gemeinte Rechtsgeschäft (§ 117 BGB).

Scheinleistung, Summe von Wirk- u. Blindleistung bei Wechselstrom; Produkt aus Volt · Ampere (→ Wirkstrom).

Scheintod, todähnl. Zustand tiefster Bewußtlosigkeit mit nur schwachen Lebenszeichen, vom Arzt durch sichere Anzeichen v. wirkl. Tode zu unterscheiden.

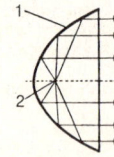

Scheinwerfer

Scheinwerfer, optischer Apparat, der durch Parabolspiegel, *Reflektor* (Abb. 1), das Licht einer im Brennpunkt befindl. starken Lichtquelle (2) sammelt u. gerichtet abstrahlt.

Scheitel, bei einer Kurve: der → Sch.punkt; bei einem Winkel: die Spitze. – **Sch.punkt,** der Punkt der höchsten Erhebung einer Kurve; auch der → Zenit.

Scheitelbeine, zu beiden Seiten des Scheitels gelegene Schädelknochen (Abb. → Schädel).

Scheits, Matthias (um 1625/30–um 1700), dt. Maler; Hptmeister des Hamburger Barock; ndl. Einfluß.

Schelde, frz. *Escaut,* frz.-belg.-ndl. Fluß, gabelt sich bei Antwerpen in *Hont* oder *Wester-Sch.* und *Ooster-Sch.,* 430 km l., 340 km schiffbar (für Seeschiffe bis Gent).

Scheler, Max (22. 8. 1874–19. 5. 1928), dt. Phil., Vertr. der → Phänomenologie u. Wertethik; *Der Formalismus in der Ethik u. die materiale Wertethik.*

Schelf, v. Meer überfluteter Rand der Kontinente; Wassertiefe bis 200 m.

Schell, 1) Maria (* 5. 1. 1926), schweiz. Filmschausp.in; *Gervaise, D. Schindhannes;* i. Bruder **2)** Maximilian (* 8. 12. 1930), schweiz. Schausp. u. Filmregisseur; *Judgment at Nuremberg; Geschichten aus d. Wienerwald* (1979); *Marlene* (1984).

Schellack, Harz, von der auf ostind. Bäumen lebenden Lackschildlaus ausgeschieden; zu Lack, Firnis, Siegellack, Kitt usw. verarbeitet.

Schellenbaum, (urspr. türk.) Wahrzeichen der Militärmusik: Stange, Halbmond mit Glöckchen, Roßschweife und Adleraufsatz.

Schellfisch

Schellfisch, beliebter Speisefisch, im Atlant. Ozean u. in der Nord- und Ostsee, bis 100 cm lang; dem Dorsch verwandt.

F. W. J. von Schelling

Schelling, Friedrich Wilhelm Joseph v. (27. 1. 1775–20. 8. 1854), dt. Natur- u. Religionsphil.; Entwicklung vom Fichteschen Standpunkt über die Transzendentalphilosophie u. → Identitätsphilosophie u. zuletzt zum positiven Phil., d. h. zur Deutung von Mythologie u. Offenbarung (Theosophie); von bed. Einfluß auf die Romantik; *Ideen zu einer Phil. der Na-*

tur; System d. transzendentalen Idealismus.

Schelmenroman, *m.,* Bez. für die im 16. Jh. aufkommenden gesellschaftskrit. Abenteuerromane (meist satirisch); zuerst in Spanien, *Lazarillo de Tormes,* in Dtld bes. → *Simplicissimus.*

Schelsky, Helmut (14. 10. 1912–24. 2. 84), dt. Soziologe; *D. Mensch i. d. wiss. Gesellschaft.*

Schema, *s.* [gr. „Gestalt"], Darstellung e. grundsätzlichen Aufbaus; Muster; *kath.:* Entwurf, über den ein Konzil zu beschließen hat.

schematisch, nach Entwurf; auch svw. üblich, ohne Berücksichtigung von Einzelheiten (= bürokratisch, schablonenhaft).

Schemen, *m.,* Schatten, leeres Truggebilde.

Schenkendorf, Max v. (11. 12. 1783–11. 12. 1817), dt. Jurist u. Freiheitsdichter; *Freiheit, die ich meine.*

Schenkung, unentgeltliche, vertragl. Übertragung von Vermögenswerten auf einen anderen, kann bei späterer Bedürftigkeit des *Schenkers* sowie wegen groben Undanks des Beschenkten zurückgefordert werden. – **Sch.ssteuer** → Steuern, Übers. – **Sch.sversprechen,** bedürfen gerichtlicher oder notarieller Beurkundung (§§ 516 ff. BGB).

Scherbengericht → Ostrakismos.

Scherbenkobalt, Mineral, gediegenes → Arsen.

Scherenfernrohr, Prismenfernrohr; Objektive an 2 nach den Seiten auseinander, auch nach oben zus. schwenkbaren Armen; zum Beobachten aus Deckung; plastische Bildwirkung.

Scherenschnabel, regenpfeiferart. Vögel trop. Küsten mit starkem Schnabel; Unterschnabel länger als Oberschnabel.

Scherer, Wilhelm (26. 4. 1841–6. 8. 86), dt. Literarhistoriker; *Geschichte d. dt. Literatur bis zu Goethes Tod.*

Scherflein, alte dt. Kupfermünze; kl. Geldspende.

Scherge, Gerichtsdiener, Häscher.

Scheria, *Scharia, w* [arab. „Weg, Richtung"], das religiöse, d. Leben d. Menschen regelnde Gesetz d. Islam.

Scherif [arab. „scharif = adlig"], Abkömmling des Propheten Mohammed.

Schermaus → Wühlmäuse.

Scherrer, Paul (3. 2. 1890–25. 9. 1969), schweiz. Physiker; mit Debye Arbeiten über Röntgeninterferenzen in Kristallen.

scherzando [it. *sker-*], mus. scherzend.

Scherzo, heiterer Tonsatz.

scherzoso, heiter, scherzend.

Schesaplana, *Scesaplana,* höchster Gipfel d. Rätikon zwischen Schweiz u. Vorarlberg, 2964 m.

Scheveningen [*'sxe-*], ndl. Seebad, Vorort v. Den Haag.

Schewardnadse, Eduard Amwrosijewitsch (* 25. 1. 1928), sowj. Pol.; 1965–72 Min. f. Innere Angelegenheiten der Georg. SSR; s. 1972 Parteichef v. Geor-

gien; 1976–90 Mitgl. d. Zentralkomitees d. KPdSU; 1985–90 Außenmin.

Schewtschenko, Taras Grigorjewitsch (9. 3. 1814–10. 3. 61), ukrain. Dichter; Lyrik, Balladen, Verserzählungen; Ges. Werke: *Der Kobsar* (Lautenspieler).

Schi, svw. → Ski.

Schiaparelli [*skĭa-*], Giovanni (14. 3. 1835–4. 7. 1910), it. Astronom; Marsforscher (Marskanäle).

Schicht, svw. Arbeitszeit; Abschnitt eines Arbeitstages, auch die in diesem beschäftigte Belegschaft; urspr. beim Bergbau, später auch in der Industrie, zur besseren Ausnutzung der Anlagen mit *Sch.wechsel.*

Schichtentheorie, auf Platon zurückgehende psych. Theorie, die höhere u. tiefere Schichten einer Persönlichkeit annimmt.

Schichtgesteine → Sedimentgesteine.

Schichtlinien, Niveaulinien, Isohypsen, auf Landkarten d. Linien, die alle Orte gleicher Höhe über dem Meeresspiegel verbinden.

Schichtlohn, Grundlohn im Bergbau. Ggs.: Gedinge.

Schichtmeister, Rechnungsführer im Bergbau.

Schichtpreßstoffe → Kunststoffe.

Schichtvulkane → Vulkane.

Schichtwolke → Wolke.

Schick, Gottlieb (15. 8. 1776–11. 4. 1812), dt. Maler d. Klassizismus; bes. Bildnisse (u. a. von Mitgl. d. Fam. Humboldt).

Schickele, René (4. 8. 1883–31. 1. 1940), elsäss. expressionist. Dichter; Gedichte; Romane: *Das Erbe am Rhein* (Trilogie); Drama: *Hans im Schnakenloch;* Hg. d. *Weißen Blätter.*

Schicksalsdramen, Schauspiele, in denen d. Mensch dem Verhängnis wehrlos ausgeliefert ist (z. B. Schillers *Braut von Messina,* Grillparzers *Ahnfrau*); im engeren Sinne Dramen, in denen der bloße Zufall die Handlung mechanisch bestimmt.

Schidsuoka, *Shizuoka,* jap. St. auf Honshu, 470 000 E; Ausfuhr: Tee, Lack- u. Bambuswaren.

Schiebebühne, eine auf Rädern laufende brückenartige od. versenkte Tragekonstruktion; z. Verschieben v. Schienenfahrzeugen auf parallelen Gleisen.

Schieber, Absperrvorrichtung für Gase (Dämpfe) und Flüssigkeiten, von Hand, bei außergewöhnl. Dimensionen maschinell betätigt; auch mechan. *Steuerungsvorrichtung,* z. B. für den Ein- u. Austritt von Dampf (→ Tafel Dampfmaschine), Preßluft und dgl. in Maschinen und Motoren.

Schiedam [*sxi-*], St. in S-Holland, an der

Schauspielkunst I
Abbildungen von links nach rechts. *1. Reihe:* Griechische Komödianten, pompejanisches Mosaik, 2. Jh. v. Chr. – Antiker Schauspieler mit Maske – Hanswurst, 17. Jh. – Schauspieler der Shakespearezeit. *2. Reihe:* Italienische Stegreifkomödie – Schauspieler der Comédie-Française, 18. Jh. – Ludwig Devrient als Falstaff. *3. Reihe:* August Wilhelm Iffland als Franz Moor – Sarah Bernhardt als Kameliendame – Josef Kainz als Hamlet – Alexander Moissi als Hamlet. *4. Reihe:* Die Meininger in „Wallensteins Lager" – „Ödipus", Reinhardt-Inszenierung, mit Eduard von Winterstein als Kreon (links unten) und Paul Wegener als Ödipus (rechts oben).

Schauspielkunst II
Abbildungen von links nach rechts. *1. Reihe:* Werner Krauss in „Der Hauptmann von Köpenick" – Albert Bassermann als Attinghausen in „Wilhelm Tell" – Paul Wegener in „Galgenfrist" – Elisabeth Bergner in „Was ihr wollt". *2. Reihe:* Gustaf Gründgens in „Wallensteins Tod" – Paula Wessely in „Port Royal" – Ewald Balser in „Othello" – Fritz Kortner in „Herodes u. Mariamne". *3. Reihe:* Peter Mosbacher u. Käthe Dorsch in die „Die Ratten" – Thomas Holtzmann in „Hamlet" – Maria Wimmer in „Iphigenie auf Tauris" – Martin Held in „Endspurt". *4. Reihe:* O. E. Hasse als Napoleon Bonaparte in „Majestäten" – Therese Giehse in „Salz und Tabak" – Will Quadflieg in „Gyges und sein Ring" – Josef Meinrad als „Liliom".

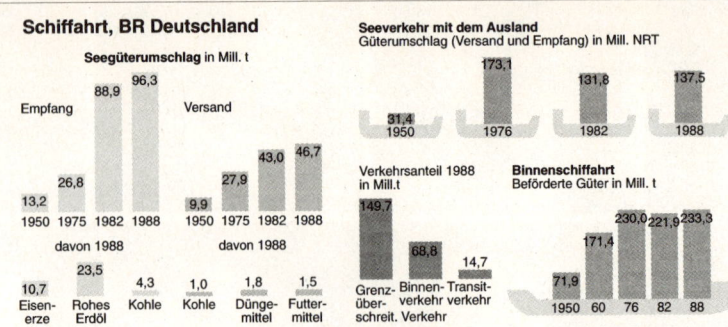

Schiffahrt, BR Deutschland

Seegüterumschlag in Mill. t

Empfang: 88,9 · 96,3
Versand: 43,0 · 46,7
13,2 · 26,8 (Empfang) 1950 1975 1982 1988
9,9 · 27,9 (Versand) 1950 1975 1982 1988

davon 1988

Eisenerze: 10,7 · Rohes Erdöl: 23,5 · Kohle: 4,3 · Kohle: 1,0 · Düngemittel: 1,8 · Futtermittel: 1,5

Seeverkehr mit dem Ausland
Güterumschlag (Versand und Empfang) in Mill. NRT

31,4 (1950) · 173,1 (1976) · 131,8 (1982) · 137,5 (1988)

Verkehrsanteil 1988 in Mill.t
149,7 · 68,8 · 14,7
Grenzüberschreit. Verkehr · Binnenverkehr · Transitverkehr

Binnenschiffahrt
Beförderte Güter in Mill. t
71,9 · 171,4 · 230,0 · 221,9 · 233,3
1950 60 76 82 88

Mündung der Schie in d. Neue Maas, 69 000 E; große Werften u. Trockendocks; Geneverschnaps-Brennereien.

Schiedsgerichts-barkeit, 1) Vereinbarung (Vertrag) zw. Parteien, daß ein gegenwärt. u. künft. Rechtsstreit nicht von staatl. Gerichten, sondern vom *Schiedsgericht* entschieden werden soll; Verfahren ZPO §§ 1025 ff. geregelt. Falls nicht anders bestimmt, ernennt jede Partei einen Schiedsrichter, die dann Schiedsspruch fällen; hat Wirkung eines rechtskräft. Urteils; bei Entscheidung ist Schiedsrichter i. d. Regel nicht an Ges. gebunden. In Tarifverträgen sehr oft Schiedsgericht vorgesehen; **2)** *völkerrechtl.* vertragl. Vereinbarung v. Staaten, Streitigkeiten einem Schiedsgericht zur Entscheidung zu übertragen; die Satzung des Völkerbundes sah als Mittel der Friedenssicherung obligator. schiedsrichterl. Streitbeilegung vor (Haager Schiedshof). – **Sch.klausel,** Bestimmung in Verträgen, daß Streitigkeiten über Auslegung und Anwendung des betreffenden Vertrages durch ein Schiedsgericht entschieden werden sollen; zwischen Nichtkaufleuten nur gültig, wenn in gesondertem Vertrag, also nicht als einfacher Vertragsbestandteil, vereinbart (§ 1027 ZPO).

Schiedsmann, Friedensrichter, ehrenamtl. Vergleichsbehörde in Gemeinden bei Beleidigungsklage u. ä.

Schiedsrichter, 1) *Rechtsfragen:* von Partei zur Entscheidung vermögensrechtlicher Streitigkeiten ernannt (→ Schiedsgerichtsbarkeit); **2)** *Sport:* Unparteiischer, beaufsichtigt bei Wettkämpfen Einhaltung der Sportregeln u. wertet die Leistungen.

Schieds-verfahren, Sch.vertrag, Sch.urteil → Schiedsgerichtsbarkeit.

Schiefblatt, svw. → Begonie.

Schiefe der Ekliptik, Neigung der → Ekliptik gegen den Himmelsäquator beträgt 23° 27'.

schiefe Ebene, *phys.* gegen die Waagerechte geneigte Ebene; Höhe durch Länge = *Steigung;* auch = Kraft durch Last; Fall längs der sch. E. erreicht gleiche Endgeschwindigkeit wie der Fall durch

die Höhe der sch. E. (ohne Reibungseinflüsse). → Keil u. → Schraube.

Schiefer, allgem. für spaltbare Gesteine, *kristalline Sch.,* → Metamorphite niedrigen Umwandlungsgrades (z. B, *Chlorit-Sch.*); → Tonschiefer.

Schiele, Egon (12. 6. 1890–31. 10. 1918), östr. Maler u. Zeichner; Entwicklung vom Jugendstil zum Expressionismus.

Schielen, *Strabismus,* Abweichen eines Auges nach innen oder außen durch Kurz- oder Weitsichtigkeit. Augenmuskelschwäche oder Nervenlähmung; auch an beiden Augen.

Schienbein, der stärkere der beiden Unterschenkelknochen, mit scharfer Vorderkante.

Schiene, 1) dient zur Führung der Räder v. Fahrzeugen; bei Eisenbahnen sind Schienenprofile nach Querschnitt u. Länge (bis 30 m) genormt; man unterscheidet breitfüßige (Vignoles-)Schienen (z. B. in Dtld), Stuhl-Sch. mit Doppelkopf (z. B. in England); Befestigung auf Schwelle durch Schwellenschrauben, Verbindung in Längsrichtung durch Stahllaschen; mit Rücksicht auf Ausdehnung durch Wärme früher mit Zwischenräumen (**Sch.nstoß**); heute meist durchgehend geschweißt u. auf Betonschwellen verlegt, um die Wärmedehnung zu unterdrücken; **2)** *med.* Stützen zur Ruhigstellung verletzter oder entzündeter Glieder.

Schienenomnibus, svw. → Triebwagen.

Schierke (D-3706), heilklimat. Kurort u. Wintersportplatz im Harz, Kr. Wernigerode, S-A., am S-Fuß des Brockens, 640 müM, 1100 E.

Schierling

Schierling, giftige Doldenpflanze (alkaloidhaltig: Koniin): *gefleckter Sch.,* hohes

Kraut m. rotgeflecktem Stengel von unangenehmem (Mäuse-)Geruch; *Wasser-Sch.,* giftigste Sumpfpflanze mit hohlem, fleischigem, quergefächertem Wurzelstock; *Sch.saft* (als Getränk) war in Alt-Athen Mittel zur Hinrichtung (→ *Sokrates*). – **Sch.stanne,** *Hemlocktanne,* nordam. Nadelbaum, verwandt der Douglasfichte.

Schießarbeit, bergmänn. Bez. f. Sprengung im Bergbau.

Schießbaumwolle, durch Salpeter-Schwefelsäure-Gemisch nitrierte → Cellulose; zu Schießpulver; in Ether-Alkohol-Gemisch gelöst: *Collodium;* mit Kampfer: *Celluloid.*

Schießpulver, explosive Stoffe zum Schießen, Sprengen und zur Feuerwerkerei; früher *Schwarzpulver* (Kohle-Schwefel-Salpeter-Gemisch), heute fast ausschließlich rauchloses Blättchenpulver (f. Handfeuerwaffen) und Prismen- od. Röhrenpulver (für Geschütze) aus → Schießbaumwolle; schwarzpulverähnl. Gemenge bereits v. Chr. in China bekannt; angebl. Neuerfindung durch den Franziskanermönch Berthold *Schwarz* um 1300.

Schießsport, wettkampfmäßiges Schießen auf feststehende oder beweg. Scheiben bzw. Wurftauben; Sportwaffen: Luftgewehr, Zimmerstutzen, Kleinkalibergewehr, Freigewehr, Luftpistole, Freie Pistole, Sportpistole, Schnellfeuerpistole, Standardpistole, Schrotflinte.

Schiff, 1) Wasserfahrzeug; *Form* des Schiffs hängt v. d. gewünschten Eigenschaften (Stabilität, Tragfähigkeit, Geschwindigkeit, Raumgehalt, Transporteinsatz) ab, die durch Berechnung u. Schleppversuche am Modell ermittelt werden; wichtigste Schiffsformen: → Tafeln Schiffahrt; Segelschiff → Takelung (Abb.); **2)** Kirchenraum, Mittel-, Seiten-, Quer-Sch.; **3)** *Argo,* → Sternbilder, Übers.

Schiffahrt, *Handels-Sch.* (im Ggs. zur Kriegs-Sch.), dient der gewerbsmäßigen Beförderung v. Gütern u. Personen auf dem Wasser; es wird unterschieden zw. *See-, Küsten-* u. *Binnen-Sch.,* bei d. See-Sch. außerdem → Linienverkehr (nach

Fahrplan) u. → Trampschiffahrt. Dtld verblieben nach dem 2. Weltkrieg nur 120 000 BRT (Vorkriegstonnage 4,5 Mill. BRT); s. 1951 Wiederaufbau der dt. Handelsflotte; 31. 12. 1988: 6,14 Mill. BRT (Schaubild → Handelsflotte; → Tafeln Schiffahrt).

Schiffahrtsakte → Acts of Navigation.

Schiffchen, 1) schiffsförmiges Werkzeug, in Weberei zur Führung der Schußfäden durch Kettfäden; bei → Nähmaschinen zur Schlingenknüpfung (Träger d. Unterfadens); **2)** unterer Teil der Blüte der Schmetterlingsblütler. - **Sch.arbeit** → Frivolitäten.

Schifferstadt (D-6707), St. i. Kr. Ludwigshfn., RP, 17 503 E; div. Ind.; Rathaus v. 1558.

Schiffsbohrwurm, *Schiffswurm,* → Bohrmuscheln.

Schiffshalter, Fisch trop. und gemäßigter Meere, bis 1 m l., mit Haftscheibe (umgebildete vorderste Rückenflosse) z. Festhaften an anderen Fischen usw.

Schiffshebewerk *im Dortmund-Ems-Kanal bei Henrichenburg*

Schiffs-hebewerk, zur maschinellen Überwindung großer Höhenunterschiede zw. zwei Wasserspiegeln; Bewegung des den Sch.körper aufnehmenden Troges hydraulisch od. mittels el. bewegter Schraubenspindeln, Zahnrädern, Ketten, Seilen. Größtes Sch.hebewerk Europas im Dortmund-Ems-Kanal in d. Nähe v. Henrichenburg (für Schiffe bis 1350 t). - **Sch.hypothek,** dingl. Belastung e. Schiffes, i. d. → Schiffsregister einzutragen. - **Sch.junge,** Lehrling im Seemannsberuf. - **Sch.kreisel,** schwerer Kreisel m. senkrechter Achse, d. Mittelebene d. Schiffes frei schwingend, dämpft d. Schlingern des Schiffes; erfunden v. → Schlick. - **Sch.makler,** Vermittler v. Frachtverträgen zw. Reeder u. Verlader. - **Sch.register,** bei d. AGen d. Heimatorte geführte Verzeichnisse für private Seeschiffe, die d. Bundesflagge führen müssen od. dürfen, u. Binnenschiffe über 10 t Tragfähigkeit od. 50 PS Maschinenleistung; enthalten Eintragungen über Rechtsverhältnisse d. Schiffe, auch zur Belastung mit dingl. Rechten *(Schiffshypotheken),* ähnl. d. Grundbuch (Ges. v. 26. 5. 1951). - **Sch.rolle,** in der Handelsflotte Musterrolle (Urkunde üb. d. abgeschloss. Heuerverträge). - **Sch.schraube,** *Schraubenpropeller,* zwei- bis fünfflügli-

ges Antriebsorgan moderner Schiffe (Schraubendampfer) aller Größen; besteht aus Kopf mit angesetzten verwundenen Treibflächen (Flügeln); erfunden von Ressel. - **Sch.tagebuch,** *Logbuch,* muß auf jedem Schiff über alle wesentlichen Begebenheiten geführt werden (§§ 519–521 HGB). - **Sch.vermessung,** behördl. Ermittlung des abgabenpflichtigen Laderaums nach Registertonnen.

schiften, 1) *Schiftung,* schräg aufeinanderstoßende Hölzer (z. B. Dachsparren) durch Einzapfung verbinden); **2)** *seem.* auf die andere Seite nehmen (z. B. den Großbaum beim → Halsen); auch Verschiebung d. Ladung bei Seegang.

Schiiten, moh. Sekte, die nur Ali, den Schwiegersohn des Propheten, u. seine Nachkommen als Kalifen anerkennt; → Islam.

Schikane, *w.* [frz.], Ausübung eines Rechts, das nur den Zweck haben kann, einem anderen Schaden zuzufügen; unzulässig nach § 226 BGB (sog. Sch.-paragraph).

Schikaneder, Emanuel (1. 9. 1751–21. 9. 1812), östr. Theaterdirektor; Librettist f. Mozarts *Zauberflöte.*

schikanieren, quälen, ärgern.

Schi King, alte chin. Volksliedersammlung, von Konfutse 500 v. Chr. redigiert.

Schild, 1) *m.,* alte Schutzwaffe v. versch. Form u. versch. Material zum Abhalten feindl. Hiebe, Stiche u. Geschosse; vielfach m. Rang- u. Familienzeichen geschmückt, daher in der → Heraldik verwendet; **2)** *s.,* svw. Firmentafel.

Schildblume, svw. → Aspidistra.

Schildbürger, urspr. Satire auf die Gläubigkeit der Katholiken, Volksbuch v. 1598; schreibt d. Sch. Narrenstreiche zu und macht sie zu Bürgern v. Schilda i. Thüringen; urspr. *Lalenbuch* (1597), Slg. von elsäss. Schwänken.

Schilddrüse, *Thyreoidea,* vor d. Kehlkopf (→ Nase, Abb.) u. d. obersten Luftröhrenabschnitt gelegene Drüse mit → innerer Sekretion ; bildet iodhalt. → Hormone Thyroxin, Triiodthyronin und Diiodtyrosin, wird v. d. → Hypophyse und d. → Sympathikus gesteuert, nimmt Einfluß auf das Wachstum, den Wasserhaushalt, die Wärmeregulation, die Ansprechbarkeit des nervösen Apparates und die seelischen Funktionen. Ihre Vergrößerung heißt *Kropf* (mit oder ohne Überfunktion); bei → Überfunktion Hyperthyreose, → *Basedow-Krankheit;* bei Unterfunktion Grundumsatzsenkung, → *Myxödem,* im Jugendalter zudem Zwergwuchs, Schwachsinn, Fettsucht, Kretinismus.

Schildfarn, svw. → Wurmfarn.

Schildknorpel, der größte Knorpel d. Kehlkopfs (Adamsapfel); → Nase, Abb.

Schildkröten, Reptilien mit knöchernem Rücken- u. Bauchpanzer, unter den Kopf u. Gliedmaßen eingezogen werden können; über ihm dicke Hornschicht, Schild-

patt; die *Eur. Sumpf-Sch.,* etwa 25 cm lang, einzige Art in Dtld, sehr selten, ♦; d. Mehrzahl in warmen Erdteilen, Land- u. Wasserbewohner (z. B. die *Riesen-Sch.* der Galápagosinseln sowie die ebenfalls riesenhaften u. schweren Meeresbewohner: *Suppen-Sch.* u. *Karett-Sch.*).

Schildläuse

Schildläuse, Pflanzenläuse mit oft schildförmigem Körper u. auffallenden Geschlechtsunterschieden, sehr schädlich; viele liefern Farbstoffe (z. B. *Cochenillelaus*) oder veranlassen durch ihren Stich ausfließen pflanzlichen Säfte (z. B. *Schellack-Schildlaus*); besonders obstbaumschädigend die *San-José-Schildlaus* aus Kalifornien.

Schildpatt → Schildkröten.

Schilf, hohe Gräser an Seen und Teichen m. brauner Rispe; Halme (Röhricht) vielfach verwendet. - **Sch.palme,** svw. → Rotangpalme. - **Sch.sänger,** svw. → Rohrsänger.

Schilka, Quellfluß des Amur im ostsibir. Gebiet Tschita, v. Jablonoi-Gebirge, 555 km l.; ab Nertschinsk schiffbar.

Schill, Ferdinand v. (6. 1. 1776–31. 5. 1809), Major in Berlin, versuchte 1809 Erhebung gg. Napoleon; fiel i. Stralsund, elf seiner Offiziere i. Wesel erschossen.

Friedrich v. Schiller

Schiller, 1) Friedrich von (* 10. 11. 1759 in Marbach, † 9. 5. 1805 in Weimar), dt. Dichter; besuchte die Karlsschule in Stuttgart u. erwarb eine Ausbildung in Jura, dann Medizin, schrieb dort heimlich sein erstes Drama *Die Räuber* (1777), in Mannheim, wo er den *Fiesco* vollendete, mit gr. Aufsehen 1782 aufgeführt; Konflikt mit dem Herzog; Flucht zu Frau v. Wolzogen nach Bauerbach b. Meiningen: Drama *Kabale und Liebe* (1783); aus fruchtloser Tätigkeit als Theaterdichter in Mannheim befreit ihn Einladung Gottfried Körners nach Gohlis bei Leipzig (1785/86; *Der Geisterseher; Don Carlos; Lied an die Freude*); 1787 vorübergehend

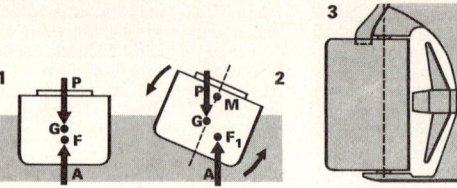

1 Schwimmfähigkeit. Der eingetauchte Schiffskörper verdrängt Wasser, das in seine Ausgangslage zurückkehren will und den Auftrieb erzeugt. Archimedisches Prinzip: Schiffsgewicht **P** = Auftrieb **A** = Gewicht der verdrängten Wassermenge. **2 Stabilität** oder die Fähigkeit des Schiffes, sich aus einer um die Quer- oder Längsachse geneigten Lage wieder aufzurichten. **MG** ist die metazentrische Höhe, ein Maß zur Beurteilung der Stabilität. **3 Stromlinien-Balance-Ruder** zum Steuern des Schiffes durch den vom Fahrtstrom herrührenden, als Über- und Unterdruck auf die Ruderblattseiten wirkenden Ruderdruck

G Gewichtsschwerpunkt, **F, F$_1$** Formschwerpunkte, d. h. Schwerpunkte des verdrängten Wassers

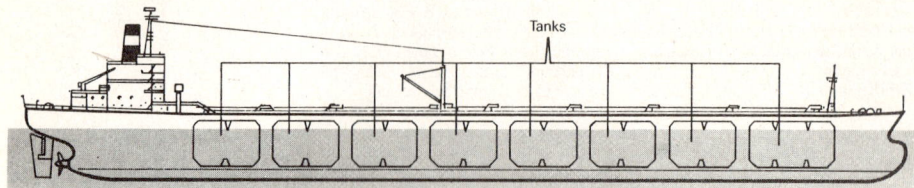

Tanks

Turbinentanker **„Esso Europa"**, 1969, Tragfähigkeit 253 920 t, Maschinenleistung 32 000 WPS, Geschwindigkeit 16 Kn., je 4 Seitentanks, 3 Mitteltanks u. 2 Tanks von Bord zu Bord. Von diesen 13 Tanks sind 11 Tanks für Ladeöl, das in ca. 24 Std. gelöscht werden kann.

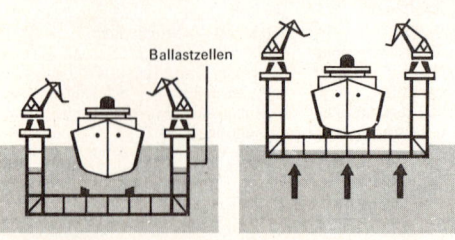

Ballastzellen

Schwimmdock zu Ausbesserungsarbeiten am Schiffskörper. Heben und Senken durch Leerpumpen und Fluten von Ballastzellen

Rechts: **Schleuse.** Wasserbauwerk in Wasserstraßen zur Verbindung verschieden hoher Wasserspiegel und in Häfen zum Schutz gegen Gezeitenschwankungen. Ausgleichkammer mit Stemmtoren nach beiden Seiten. Leitung des Füllwassers durch Schützen

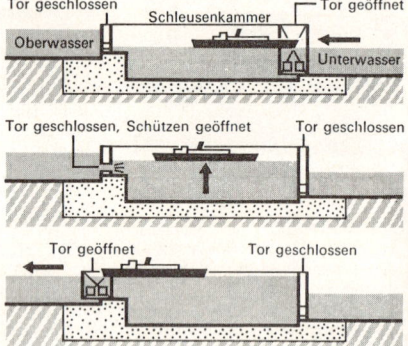

Tor geschlossen   Schleusenkammer   Tor geöffnet
Oberwasser   Unterwasser

Tor geschlossen, Schützen geöffnet   Tor geschlossen

Tor geöffnet   Tor geschlossen

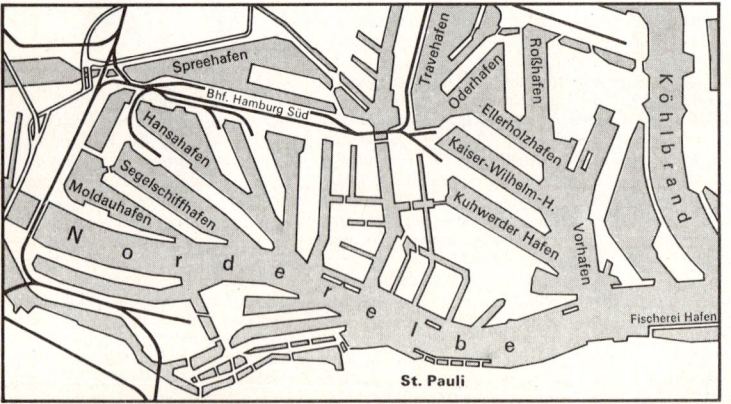

St. Pauli

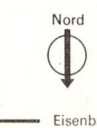

Der Hamburger Hafen
(Ausschnitt)

Größter deutscher Hafen. Gesamtausdehnung rund 50 qkm. 35 Häfen für Seeschiffe und 23 für Binnenschiffe, 56 km Kailänge, Liegeplätze für 300 Schiffe. Jahresgüterumschlag etwa 35 Millionen t

Nord

Eisenbahn

0   500   1000 m

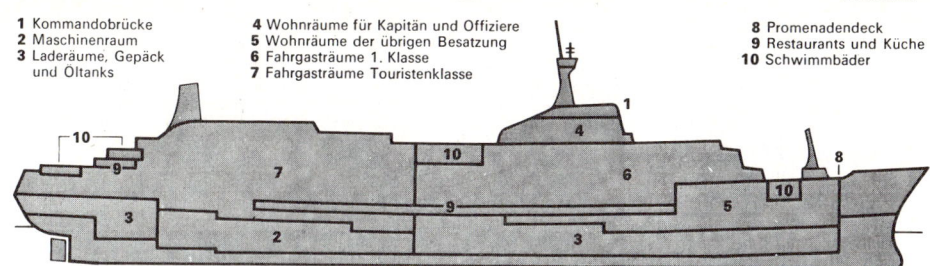

1 Kommandobrücke
2 Maschinenraum
3 Laderäume, Gepäck und Öltanks
4 Wohnräume für Kapitän und Offiziere
5 Wohnräume der übrigen Besatzung
6 Fahrgasträume 1. Klasse
7 Fahrgasträume Touristenklasse
8 Promenadendeck
9 Restaurants und Küche
10 Schwimmbäder

Längsschnitt durch britisches Fahrgastschiff **„Canberra"**, 1960. Länge 249 m, 45 270 BRT, 68 000 PS, 27,5 Kn. Bei der Indienststellung mit 2 238 Fahrgästen an der Spitze aller Fahrgastschiffe der Welt.

Die wichtigsten Schiffstypen aus Vergangenheit und Gegenwart

1 Ägyptisches Seeschiff, 2600 v. Chr. Relief im Grabmal des Königs Sahu-re. Länge etwa 29 m, Wasserverdrängung um 90 t. **2** Wikingerschiff, um 800. 21 m, 10 t, Segelfläche 70 qm, 30 Riemen. **3** Schwedisches Kriegsschiff „Wasa", Stapellauf 1626. 49 m, 64 Kanonen. **4** Fünfmast-Vollschiff „Preußen", 1902. 133 m, 11 150 t, Segelfläche 5 500 qm. **5** Schaufelrad-Dampfer „Clermont", 1807. 41 m, 102 t, 20—24 PS, 4,7 Kn. **6** Schraubendampfer „Great Britain", 1843. 98 m, 3 270 BRT, 986 PS, 1 421 qm Segelfläche, 11 Kn, 360 Fahrgäste. **7** Frachtmotorschiff, 1959, 162 m, Tragfähigkeit 13 658 t, 7550 PS, 16,5 Kn. **8** Massengutfrachter, 1963, 199 m, 35 000 t, 10 800 PS, 15 Kn. **9** Küstenmotorschiff, 1960, 61 m, 1 029 t, 800 PS, 11,5 Kn. **10** Hafen- und Seeschlepper, 1954, 28 m, 1 140 PS, 12,4 Kn, 13,5 t Zugkraft geradeaus. **11** Frischfisch-Hecktrawler, 1963, 64 m, Tragfähigkeit 500 t, 1 750 PS, 15,5 Kn. **12** Rhein-Dieselschlepper, 1954, 43 m, 1 200 PS, und Schleppkahn. **13** Motorgüterschiff Typ Gustav Koenigs. 67 m, 912 t, 600 PS, 18 km/h. **14** Schubeinheit, 1957. Schubschlepper: 36 m, 1 260 PS, 8 km/h. Schubleichter: 64 m, 1 310 t. Tragfähigkeit insgesamt 5 240 t. **15** USA-Unterseeboot „Nautilus" mit Kernenergie-Antrieb, 1954, 98 m, 3 180 t, 15 000 PS, 20 Kn, 70 000 Sm, 109 Mann. **16** USA-Landungsschiff „Suffolk County", 1957. 135 m, 4 300 t, 13 700 PS, 18 Kn, 124 Mann. **17** Torpedo-Schnellboot „Pfeil", 1961. 26 m, 75 t, 7 500 PS, 50 Kn, 14 Mann. **18** Zerstörer „Hamburg", 1960. 134 m, 3 400 t, 68 000 PS, 35 Kn, 280 Mann. **19** Geleitboot „Köln", 1958, 110 m, 2 090 t, 36 000 PS, 30 Kn, 200 Mann. **20** USA-Flugzeugträger „Enterprise" mit Kernenergie-Antrieb, 1960. 336 m, 75 000 t, 360 000 PS, 36 Kn, Fahrstrecke 300 000 Sm, 110 Flugzeuge, 4 600 Mann

Schimpanse

in Weimar, 1790 außerplanmäßiger Professor für Philosophie an der Uni. Jena, liest über histor. Stoffe; Heirat mit Charlotte v. Lengefeld, Geschichtswerke: *Abfall der Niederlande; Dreißigjähr. Krieg.* Phil. Schriften, bes. über Fragen der Ästhetik (unter starkem Einfluß Kants): *Über naive und sentimentalische Dichtung;* 1794 Freundschaft mit Goethe, 1799 Übersiedlung nach Weimar; *Xenien* (mit Goethe); Monatsschrift: *Die Horen, Balladen, Lied von der Glocke;* Höhepunkt des histor.-idealist. Dramas in *Wallenstein* (1800), *Maria Stuart* (1800), *Jungfrau von Orleans* (1801); Schicksalsdrama *Die Braut von Messina* (1803), Drama der Freiheit *Wilhelm Tell* (1804); *Demetrius* (unvollendet); **2)** Karl (* 24. 4. 1911), dt. Wirtschaftspol. (SPD, 1972–80 ausgetreten); 1966–72 B.wirtsch.min., 1971/72 auch B.finanzmin.

Schillerfalter, Tagschmetterling, das Männchen blauviolett irisierend, das Weibchen braun; in Waldlichtungen.

Schiller-gesellschaft, Deutsche, 1895 gegr. zur Förderung des Wissens um Schiller und schwäb. Dichter durch Veröffentlichungen u. des **Sch.-Nationalmuseums** Marbach am Neckar, gegr. 1903 von Otto v. Güntter. – **Sch.stiftung, Deutsche,** 1859 gegr. z. Unterstützung bedürftiger Schriftst. u. ihrer Hinterbliebenen.

Schillerwein, *Rosé,* aus blauen Trauben gekelterter hellroter Wein.

Schilling → Währungen, Übers., S. 1087.

Schillings, Max v. (19. 4. 1868–24. 7. 1933), dt. spätromant., Komp.; Dirigent; Opern: *Mona Lisa; D. Pfeifertag.*

Schiltigheim, frz. St. im Unterelsaß, bei Straßburg, an Ill u. Rhein-Marne-Kanal, 32 000 E; Lebensmittel-, Maschinen-, chem. Ind., Brauereien.

Schily, Otto (* 20. 7. 1932), dt. Jurist u. Pol.; 1983–86 u. 1987 MdB f. d. Grünen (→ Parteien, Übers.), 1983/84 Curs. m. M.-L. *Beck-Oberdorf* u. P. → *Kelly)* Sprecher d. Bundestagsfraktion; s. 1990 MdB f. d. SPD.

Schimäre → Chimäre.

Schimmel, *Schimmelpilze,* auf organ. Stoffen wachsende kl. Pilze, bilden dort dichte Überzüge; manche auch als Schmarotzer auf Pflanzen; → Penicillin.

Schimmelreiter, unheilbringende Gestalt d. dt. Volkssage; Novelle von Th. Storm.

Schimonoseki, St. u. Seezollhafen auf der SW-Spitze der jap. Insel Honshu, 260 000 E. – Friede v. Sch. beendete 1895 d. Jap.-Chin. Krieg.

Schimpanse, Menschenaffe Äquatorialafrikas, Fruchtfresser; gelegentl. Jäger, Werkzeuggebrauch; bis etwa 1,7 m hoch.

Schindanger, Platz zum Vergraben toter Tiere.

Schindeln, dünne schmale Brettchen zur Dachdeckung, auch zur Bekleidung von Gebäudeaußenwänden.

Schinderhannes, Beiname des Räuberhauptmanns *Johannes Bückler* (25. 5. 1783–21. 11. 1803), Bühnenstück von Zuckmayer.

Karl Friedrich Schinkel

Schinkel, Karl Friedrich (13. 3. 1781–9. 10. 1841), dt. Baumeister, im klassizist. Stil: *Schauspielhaus, Altes Museum, Neue Wache* (Abb. → Klassizismus), im romant. (neugot.): *Friedrichs-Werdersche Kirche;* auch Maler (u. a. *Bühnenentwürfe* zu Mozarts Zauberflöte, Landschaften).

Schintoismus [chin. „Shinto = Weg der Götter"], jap. Naturreligion mit Geister-, Ahnen- u. Heroenkult; Verehrung d. Naturkräfte, von Sonne u. Mond, von Bergen u. Gewässern, Pflanzen u. Tieren, Ahnen u. Helden als Gottheiten. Auf die Sonnengöttin Amaterasu als Stammmutter wurde das jap. Kaiserhaus zurückgeführt; zur Verehrung der zahlreichen Gottheiten Schreine oder Tempel. Älteste Quellen: *Kojiki* (712 n. Chr.) u. *Nihongi* (720 n. Chr.).

Schipkapaß, Balkanübergang v. Tarnovo nach Kasanlak in Bulgarien, 1333 müM.

Schippen, *Schüppen,* d. Grün d. deutschen Spielkarte.

Schirach, Baldur v. (9. 5. 1907–8. 8. 74), NS-Pol., 1933–40 Reichsjugendführer, 1940–45 Gauleiter u. Reichsstatthalter von Wien; 1946 in Nürnberg zu 20 Jahren Gefängnis verurteilt.

Schiras, Hptst. der iran. Prov. Fars, 848 000 E; Baumwoll-, Seiden-, Gold- u. Silberwarenind., Rosenölfabrikation; im MA Zentrum pers. Kunst u. Wiss.; Geburtsort des Dichters → *Hafis;* Grab d. Dichters → *Saadi.*

Schire, *Shire,* l. Nbfl. d. Sambesi, Abfluß des Malawisees, 600 km l.

Schirmbild → Röntgenröhren.

Schirmgitter, Elektrode zw. → Anode u. Steuergitter bei → Elektronenröhren

mit mehr als 3 Elektroden, fast gleiche Spannung wie Anode; schirmt bei Hochfrequenzverstärkung Steuergitter gegen Anode ab (sonst → Rückkopplung); bei Niederfrequenzverstärker (Endröhre) als Schutzgitter bezeichnet, verhindert Anodenrückwirkung; Schirm- oder Schutzgitterröhren haben große Verstärkung.

Schirmpalme, *Talipotpalme,* hohe asiat. Fächerpalme.

Schirokko [it. „scirocco"], i. Mittelmeergebieten, bes. in S-Italien, warmer Wind aus südl. Richtung.

Schirrmann, Richard (15. 5. 1874–14. 12. 1961), dt. Pädagoge; Gründer der Jugendherbergsbewegung.

Schirting, *m.* [engl. „shirt = Hemd"], glatter Wäschestoff aus Baumwolle.

Schisma [gr. „Trennung"], Kirchenspaltung; *Abendländ. Sch.* (1378–1417): gleichzeitig mehrere Päpste. *Morgenländ. Sch.* (1054): Trennung der Ostkirche v. der röm.-kath. Kirche.

Schismatiker, Anhänger einer getrennten Kirche.

Schitomir, Gebietshptst. in der Ukraine, am Teterew, 292 000 E.

Schivelbein, *Swidwin,* poln. St. in Pommern, 14 000 E; ehem. Deutschordensschloß.

Schiwa, ein Hauptgott des → Hinduismus.

Schiwkoff, Todor (* 7. 9. 1911), bulgar. Pol.; s. 1954 1. Sekretär des ZK d. BKP; 1962–71 Min.präs., s. 1971 Vors. des Staatsrats; Ende 1989 gestürzt.

Schizophrenie, *w.* [gr.], *Spaltungsirresein,* schwere, pflegebedürftige → Psychose.

Schizuoka, jap. Ind.st. a. d. SO-Küste d. Insel Honshu, 470 000 E.

Schkeuditz (D-7144), St. im Kr. Leipzig, a. d. Weißen Elster, Sa., 14 909 E; Flughafen; Hammerwerke, Brauerei, Flugzeugbau, Papier- u. Lederind.

Schkopau (D-2359), Gem. i. Kr. Merseburg, S.-A., 4400 E; Bunawerk.

Schlachta, der niedere Adel im alten Polen; *Schlachtschitzen,* seine Mitglieder.

Schlachtgewicht, Gewicht d. geschlachteten Tieres, ohne Haut, Knochen, Eingeweide, Kopf usw.; Ggs.: Lebendgewicht.

Schlachtschiffe, größte Kriegsschiffe schwerer Panzerung u. stärkster Bestückung, bilden neben Flugzeugträgern den Kern einer Schlachtflotte.

Schlacke, in Feuerungen aus Brennma-

Schiras, *Grabmal d. Dichters Saadi*

terial, im Hochofen aus den Erzbeimischungen u. Zuschlägen sich bildender Abfallstoff, meist kieselsaure Salze; Hochofenschlacke wird verarbeitet zu **Schlackensteinen** für Pflasterung, **Sch.wolle** zur Wärmeisolation, **Sch.zement**, bes. für Bauten unter Wasser; Thomasschlackenmehl als phosphorsäurehalt. Düngemittel (→ Thomasprozeß).

Schladming (A-8970), St. in der Steiermark, an der Enns, 3900 E; Fremdenverkehr.

Schladminger Tauern, Teil der Niederen → Tauern.

Schlaf, Johannes (21. 6. 1862-2. 2. 1941), dt. Schriftst.; Skizzen: *Papa Hamlet;* Drama: *Familie Selicke* (beide m. A. → Holz; Theorie d. Naturalismus); Drama: *Meister Ölze,* Landschaftsdichtungen: *In Dingsda; Frühling;* Romane.

Schlaf, durch relative Bewegungslosigkeit u. reduzierte Bewußtseinstätigkeit gekennzeichneter Zustand. 5 Stadien: Tiefsch., mitteltiefer Sch., Leichtsch. (mit → REM-Phase), Einsch.stadium, Wachzustand. **Sch.störungen** bedingt durch externe Faktoren (Lärm; Schichtarbeit) oder (häufig) psych. Natur.

Schläfer, svw. → Schlafmäuse.

Schlaf-krankheit, 1) *Afrikanische Sch.-krankheit,* schwere Infektion bes. in Zentralafrika; Erreger: Trypanosoma gambiense, durch Stich der Tsetsefliege übertragen, mit schweren Schlafzuständen; Gegenmittel Germanin; gegen tier. Sch.krankheit *(Tsetsekrankheit)* Antrycid; **2)** *Europäische Sch.krankheit,* epidemische Gehirnentzündung (Enzephalitis), durch Virus; Kopfschmerzen, Augenmuskellähmungen und Schlafsucht, Delirium, Fieber. – **Sch.kurve,** Kurve, die die wechselnde Tiefe des Schlafes vom Einschlafen bis zum natürlichen Erwachen aufzeichnet. – **Sch.mäuse,** *Schläfer, Bilche,* Nagetiere mit langem Winterod. Trockenschlaf; *Haselmaus, Baum-, Garten-* u. *Siebenschläfer,* alle ◆. – **Sch.mittel,** *med.* Hypnotikum, Arzneimittel, das durch Beruhigung oder zeitweise Ausschaltung bestimmter Gehirntätigkeiten Schlaf hervorruft (Gewöhnungsgefahr). **Sch.therapie,** medikamentöse Herbeiführung eines längeren Schlafzustands zwecks Ausnutzung der heilenden Wirkung des Schlafs. – **Sch.wandeln,** svw. → Nachtwandeln.

Schlagadern, *Arterien,* → Adern.

Schlaganfall, *Schlagfluß,* svw. → Apoplexie.

Schlagbaum, Sperrschranke, bes. b. Zollhäusern.

Schlagbolzen, Teil der Gewehr- und Pistolenschlosses; bringt durch Aufschlagen auf Zündhütchen die Pulverladung zur Entzündung.

Schlägel, Hammer des Bergmanns; früherer Abbau der Kohle mit **Sch. und Eisen** (gekreuzt: Bergmannswappen).

schlagen, bei rotierenden Maschinenteilen: ungleichförm. Laufen infolge unsymmetr. Masseverteilung.

schlagende Wetter, *Schlagwetter,* Mischung von Methan (Grubengas) u. Luft (bei 15% Methan größte Explosionsgefahr); durch *Schlagwetterexplosionen* werden Kohlenstaubexplosionen initiiert; → Schlagwetteranzeiger.

Schlager, textl., melod. u. rhythm. eingängiges (Tanz-)Lied, das breiteste Publikumsschichten ansprechen soll; in engs. zum Volkslied wird der Sch. gewerbsmäßig hergestellt und international verbreitet, aber in d. Regel rasch vergessen; bei kommerziellem Erfolg auch → Hit bezeichnet.

Schlagintweit, Brüder, 1) Adolf (9. 1. 1829-26. 8. 57), dt. Alpinist (Erstbesteigung des Monte Rosa); ermordet; **2)** Emil (1835-1904), **3)** Hermann von (1826-82) u. **4)** Robert (1833-85), Forschungsreisen nach Indien und Zentralasien.

Schlagmann, der dem Heck am nächsten sitzende Ruderer; gibt Schlagzahl an (Zahl d. Schläge pro Min.).

Schlagring, gefährliche Hiebwaffe.

Schlagschatz, *Münzgewinn,* Spanne zw. Nennwert einer Münze u. Metallwert einschl. Prägekosten.

Schlagseite, Schräglage (eines Schiffes).

Schlagwetter-anzeiger, Sicherheitsvorrichtung z. Verminderung d. Schlagwettergefahren (→ schlagende Wetter) durch Anzeige d. Anwesenheit v. explosiven Gasen (Methan, Kohlenwasserstoffen) in Kohlengruben; Davy-Sicherheitslampe, **Sch.lampe** v. Fleißner, **Sch.pfeife** v. Haber.

Schlagzeug, Musikinstrumente, durch Anschlagen zum Tönen gebracht: Pauke, Becken, Triangel u. a. (Abb. → Jazzband u. → Orchester).

Schlamassel, *m.* [jidd.], Unglück; Ggs.: → Massel.

Schlammbeißer

Schlamm, *Heilschlamm,* → Fango. – **Sch.beißer,** *Sch.peitzger,* aalartiger Fisch, lebt im Schlamm morastiger Gewässer; Darmatmung. – **Sch.fieber,** *Feldfieber,* grippeähnl. Krankheit durch Infektion mit → Leptospiren; besonders häufig in schlammigen Gegenden. – **Sch.fliege,** bienenähnl. Schwebfliege; graue Larve mit schwanzförmiger Atemröhre („Mäuschen") in Schmutzgewässern, Aborten usw.

Schlämmkreide, durch Aufschlämmen in Wasser von sandigen Teilen befreites Calciumcarbonat; als Zahnpulver, Malerfarbe, Poliermittel.

Schlammteufel, Riesensalamander des Mississippi- u. Missouriigebietes N-Amerikas.

Schlammvulkane → Vulkane.

Schlange → Sternbilder, Übers.

Schlangen, Reptilienordnung, fußlos, langgestreckt; bis 400 bewegl. Rippen, Oberhaut mit Schuppen od. Schildchen in regelmäßigen Abständen abgeworfen, Fortbewegung durch Schlängeln des Körpers, Auf- und Niederlegen der bes. großen Bauchschilder; Kiefer- u. Gaumenknochen nur durch dehnbare Bänder verbunden (dadurch Verschlingen gr. Beutetiere als Ganzes möglich). Erd-, Baum- u. Wasserbewohner; töten Beutetiere durch Biß (→ Giftschlangen) oder Umschlingen (→ Riesenschlangen); alle nichtgiftigen heimischen Sch. ◆.

Schlangenbad (D-6229), Staatsbad im Rheingau-Taunus-Kr., Hess., 300 müM, 5699 E; alkal. Mineralquellen (bis 32 °C) Rheuma u. Nervenleiden).

Schlangengift → Giftschlangen.

Schlangenhalsvogel

Schlangenhalsvögel, kormoranähnl. Tauchvögel der Tropen.

Schlangenkaktus, *Peitschenkaktus,* Kaktus mit hängenden Ästen und roten Blüten.

Schlangenmoos, ein → Bärlapp. ◆.

Schlangensterne, *Seesterne,* mit meist 5 dünnen, bewegl. Armen; in allen Meeren.

Schlangenträger → Sternbilder, Übers.

Schlangenwurz → Kalla.

Schlankaffen, große, schlanke u. langschwänzige Affen Afrikas u. Asiens; ernähren sich v. Blättern u. Früchten; zu den Sch. gehören die *Guerezas,* schwarz m. weißer Schultermähne (Afrika); *Hulmans,* bräunlichgrau mit schwarzem Gesicht (S-Asien), in Indien als heilig verehrt; *Nasenaffen* (Borneo) mit stark verlängerter, gurkenartiger Nase.

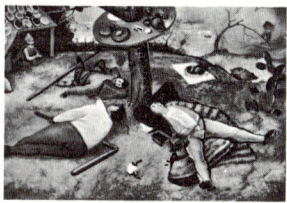
Schlaraffenland, Gemälde von Brueghel

Schlaraffenland, Märchenland, in dem man ohne Arbeit in Überfluß u. Genuß lebt; Schwank v. Hans Sachs.

Schlaraffia, Vereinigung zur Pflege v. Geselligkeit u. Kunst; gegr. 1859 in Prag.

schlauchlose Reifen → Luftreifen.

Schlauchpilze, *Askomyzeten,* Klasse der höheren Pilze, b. denen d. *Sporen*bildung in Zellschläuchen *(Askus)* stattfindet.
Schlaun, Johann Conrad (5. 6. 1695–21. 10. 1773), dt. Baumeister d. westfäl. Barock; *Erbdrostenhof,* Schloß *Clemenswerth,* Residenz in Münster.
Schlechtwettergeld, Zahlungen an Bauarbeiter aus Mitteln der Arbeitslosenversicherung für die infolge schlechter Witterung während d. Wintermonate November bis März ausgefallene Arbeitszeit; Anspruch nur bei bestehendem Beschäftigungsverhältnis.

August Wilhelm v. Schlegel

Schlegel, 1) August Wilhelm v. (5. 9. 1767–12. 5. 1845), dt. Dichter u. Gelehrter; grundlegende Übersetzung Shakespeares (v. Tieck beendet); *Vorlesungen über dramat. Kunst u. Literatur; Jon;* s. Gattin **2)** Caroline, geb. Michaelis (2. 9. 1763–7. 9. 1809), spätere Gattin Schellings; *Briefe;* **3)** Dorothea v. (24. 10. 1763–3. 8. 1839), dt. Schriftst.in; Tochter von Moses Mendelssohn, Gattin v. **4)** Friedrich von (10. 3. 1772–12. 1. 1829), Bruder von 1), dt. Phil., Dichter u. Historiker der Frühromantik; Roman: *Lucinde;* Zeitschrift *Athenäum;* Fragmente u. ästhet. Schriften; Begr. d. indogerm. Sprachforschung.
Schlegeler, *Schleglerbund,* im 14. Jh. schwäb. Ritterbund; Bundeszeichen: Schlegel (Keulen).
Schlehe, *Schwarzdorn,* dorniger Steinobststrauch mit weißen Blüten; in Hecken u. an Waldrändern; aus Früchten Schnaps.
Schlei, 1) Ostseeförde an d. O-Küste v. Schl-Ho., 42 km l., bis zur St. Schleswig; **2)** → Schleie.
Schleich, Carl Ludwig (19. 7. 1859–7. 3. 1922), dt. Chirurg u. Schriftst.; Erfinder d. Infiltrationsanästhesie, einer Form d. Lokal- → Anästhesie.
Schleichen, Eidechsen mit rückgebildeten Füßen (z. B. → *Blindschleiche*).
Schleicher, Kurt v. (7. 4. 1882–30. 6. 1934), dt. General, 2. 12. 1932–29. 1. 33 Reichskanzler; 1934 bei der sog. → Röhm-Revolte erschossen.
Schleichkatzen, Familie der Raubtiere, marderähnlich, z.T. äußerlich den Katzen ähnelnd; leben v. Fleisch, Insekten, Früchten; Südeuropa, Afrika, Asien; → *Zibetkatze,* → *Ginsterkatzen,* → *Ichneumon* u. → *Mungo.*
Schleichwerbung, Werbung durch Nen-

nung von Firmen od. Produkten bei Funk- u. Fernsehsendungen (z. B. Sportveranstaltungen, Dokumentarberichte).
Schleiden, Matthias Jakob (5. 4. 1804–23. 6. 81), dt. Botaniker; entdeckte zelligen Aufbau der Pflanzen (1838).
Schleiden (D-5372), St. i. Kr. Euskirchen, in der Eifel, NRW, 12 730 E; Fremdenverkehr.
Schleie, *Schlei,* Karpfenfisch schlammiger eur. Gewässer, Speisefisch.
Schleierdame, der Stinkmorchel verwandter, bizarr geformter, seltener Pilz.
Schleierkraut, *Gipskraut,* schleierartig fein verzweigt, Schnittpflanze; Wurzel lieferte früher Waschmittel.

Friedrich Schleiermacher

Schleiermacher, Friedrich (21. 11 1768–12. 2. 1834), dt. Theol., Prediger u. Phil., vertrat e. rel.-romant. Idealismus; *Über die Religion: Reden an d. Gebildeten unter ihren Verächtern; Erziehungslehre.*
Schleierschwanz → Goldfisch.
schleifen, 1) Bearbeitung v. Oberflächen mit → *Schleifmitteln,* **a)** zum *Schärfen* v. Schneiden für Werkzeuge (z. B. Messer, Scheren, Bohrer, Drehstähle, Fräsen), von Hand od. maschinell, trocken od. mit Flüssigkeiten: *Trocken-Schliff, Naß-Schliff;* **b)** zur Erzielung einer gewünschten Form, *Schliff,* bei Edelsteinen, auch von eingeschnittenen Verzierungen in Glas; **c)** zur Glättung metallener Oberflächen *Trocken-Schliff, Naß-Schliff;* **d)** zur Erzielung genau Maß haltender Dimensionen im modernen Maschinenbau; **2)** Abtragen von Festungsmauern.
Schleif-kontakt, bei el. Maschinen, dient zur Stromabnahme oder -zuführung zw. feststehendem u. bewegl. Leitungsteil (in Bürstenform: *Sch.bürsten,* auch Platinspitzen).
Schleifmittel, harte, die Oberfläche der zu schärfenden (schleifenden) Gegenstände (Schleifgüter) angreifende mineral. Rohstoffe oder keram. Substanzen (z. B. Sandstein, Schiefer, Diamantstaub, Korund, Schmirgel, Karborundum, Glaspulver, Sand); je nach d. Verwendungszweck werden d. Sch. als körnige *Schleifpulver,* als runde od. stabförmige *Schleifsteine* od. als profilierte *Schleifscheiben* angewendet; Kühlung u. Reinhaltung durch Luftstrom od. Wasser.
Schleifringe, bei el. Maschinen isolierte umlaufende Metallringe, an denen Bürsten zur Stromabnahme od. -zuführung schleifen.

Schleifstein → Schleifmittel.
Schleim, dickflüssige Absonderung von *Schleimdrüsen;* auch bei Pflanzen als Speicherstoff (z. B. in Zwiebeln), als Umbildung von Zellwandcellulose bei Bakterien, Algen (z. B. bei → Agar-Agar u. Flechten, nicht bei → Schleimpilzen). – **Sch.beutel,** mit Schleim gefüllte Säckchen bes. zur Polsterung d. Gelenke, zwischen Knochen, Sehnen und Muskeln bzw. Sehnen und Haut. – **Sch.haut,** Überzug einer Körperhöhle bzw. eines Hohlorgans (z. B. der Luftröhre, des Darms usw.), mit Schleimdrüsen bedeckt, daher immer feuchte Oberfläche.
Schleimpilze, *Myxomyzeten,* formlose, amöbenähnl. kriechende Protoplasmamassen *(Plasmodien),* die sich später m. e. Haut umhüllen u. in Fortpflanzungskörper (Sporen) zerfallen; auf faulendem Holz u. a. Pflanzenteilen.

Schloß Schleißheim

Schleißheim, zwei Schlösser nw. v. München, m. Gemäldegalerie u. Kunstsammlung: *Altes Schloß* (erb. 1598–1623, Wiederaufbau n. 1944), *Neues Schloß* (1701–27); im Park Schlößchen *Lustheim* (1684–88).
Schleiz (D-6550), Krst. i. Thür., 8000 E; div. Ind.; intern. Rennstrecke für Motorräder: *Sch.er Dreieck.*

Schlemihl

Schlemihl [hebr. „Pechvogel"], *Peter Sch.,* d. Mann ohne Schatten; Erzählung von Chamisso.
Schlemmer, Oskar (4. 9. 1888–13. 4.

1943), dt. abstrahierender Maler, Bildhauer u. Bühnenkünstler; lehrte 1920–29 am → Bauhaus; Wandbilder in stark vereinfachtem, architekturverbundenem Stil; Bühnenstück *Triad. Ballett.*

Schlempe, Rückstände der Spiritusfabrikation *(Kartoffel-Sch.);* wertv. Viehfutter; *Melasse-Sch.* als Düngemittel benutzt.

Schleppangel, *Darre,* hinter dem fahrenden Schiff nachschleppende Schnur mit totem Köderfisch od. blinkendem künstl. Köder zum Fang schnell schwimmender Fische (z. B. Raubfischen).

Schlepper, 1) m. starken Antriebsmaschinen ausgerüstetes Motorschiff, das auch größere Schiffe od. schwimmfähige Körper ohne eigenen Antrieb (z. B. Bohrplattformen) in günstiges Fahrwasser, zum Bestimmungsort oder nach einer → Havarie zieht; operiert (je nach Typ) in Binnen-, Küstengewässern oder auf hoher See; Ziehen erfolgt mittels *Schlepptrossen;* Hochseeschlepper bis 2200 BRT; **2)** motor. Vorspann, → Traktor; **3)** in d. *Gaunersprache:* Helfershelfer als Zuführer von Opfern.

Schleppschiffahrt, zugweiser Schiffahrtsbetrieb, wobei ein Dampfer od. Motorschiff *(Schlepper)* die *Schleppkähne* zieht (in der Binnen-, Küsten- u. Tankschiffahrt).

Schlern, steilwandiges Bergmassiv (Dolomiten) aus „Schlerndolomit" m. Hochfläche bei Bozen, 2564 m.

Schlesien
Landschaft im Heuscheuergebiet

Schlesien, Landschaft beiderseits d. oberen Oder, im SW u. S die Sudeten als Grenzgebirge, im SO (am W-Rand d. *Poln. Platte*) Hügelland, sonst Flachland, im NO an d. poln. Flachland grenzend, nördlich Breslau durchzogen vom Katzengebirge (Schles. Landrücken), 253 m; südwestl. der Oder sehr fruchtbar (Weizen, Zuckerrüben), östlich der Oder neben Roggen- u. Kartoffelfeldern weite Kiefernwälder auf Sandboden; dichtsiedeltes Industriegebiet in Waldenburg u. → Oberschlesien: Steinkohle, Eisen-, Zink-, Bleierzbergbau, a. d. reich eine hochentwickelte Hütten-, Metall-, Glas-, chem. Industrie aufbaut; wichtige Städte: *Breslau, Oppeln, Liegnitz, Görlitz, Beuthen, Kattowitz, Königshütte. – Geschich-*

te: Im 12. Jh. Hzgt. der schles. → Piasten (förderten dt. Besiedlung). Vielfach geteilt; Teilgebiete seit 1327 an Böhmen und mit diesem 1526 an Östr.; 1537 Erbverbrüderung des Hzgs von Liegnitz, Brieg u. Wohlau mit Joachim II. von Brandenburg, aufgrund deren Friedrich d. Gr. 1740 Ansprüche auf Sch. erhob, die er in den → *Schlesischen Kriegen* durchsetzte. Sch. zerfiel in *Preußisch-Sch.* (Hptst. *Breslau*) und *Östr.-Sch.* (Troppau, Jägerndorf, Teschen, Bielitz). Nach 1. Weltkrieg Teile v. Preuß.-Sch. durch → Versailler Vertrag zu Polen u. der Vertr. v. St-Germain vorwiegend an d. Tschechoslowakei, Teil d. Teschener Gebiets an Polen; Preuß.-Sch. 1919 eingeteilt in d. Prov.en *Nieder-Sch.* im NW u. *Ober-Sch.* im SO; 1945 im Potsdamer Abkommen die dt. Teile Sch.s (mit Ausnahme d. Westzipfels westl. d. → Oder-Neiße-Linie) unter poln. Verwaltung gestellt; 1970 im Gewaltverzichtsabkommen zw. BR u. Polen poln. Westgrenze bestätigt.

Schlesinger, Helmut (* 4. 9. 1924), dt. Finanz- u. Wirtschaftsfachmann, 1979–91 Vizepräs., s. 1991 Präs. d. Dt. Bundesbank.

schlesische Dichterschule, überholte Bez. f. die literar. Richtung d. Barockdichtung v. *Opitz, Dach, Fleming, Gryphius, Logau* bis *Hofmannswaldau* u. *Lohenstein.*

Schlesische Kriege, drei Kriege Friedrichs II. von Preußen mit Östr. um d. Besitz Schlesiens. 1. Schl. Kr. 1740–42 (Schlacht b. *Mollwitz,* Friede von *Berlin;* Preußen erwirbt Schlesien u. Glatz); 2. Schl. Kr. 1744/45 (*Hohenfriedberg, Soor, Kesselsdorf;* Friede v. *Dresden;* Preußen behauptet seinen Gewinn); 3. Schl. Kr. 1756–63, → Siebenjähriger Krieg.

Schleswig, 1) ehem. Hzgt., N-Teil des Landes Schl-Ho., 1386 Vereinigung mit Holstein zu Schl-Ho; **2)** (D-2380), Krst. d. Kr. Schleswig-Flensburg, an d. Schlei, Schl-Ho., 26 648 E; Wirtschaftshafen, Zucker-, Alkohol-, Fleischwarenind.; got. Dom m. Bordesholmer Altar (v. H. *Brüggemann* geschnitzt); Schloß *Gottorp* (1244–1711 Sitz d. Herzöge, jetzt Schl-Ho. Landesmus. u. Landesarchiv); OLG, AG, Landesverw.- u. Sozialger.

Schleswig-Holstein, seit 23. 8. 1946 Land mit unverändertem Gebietsstand der ehem. preuß. Prov. Schl-Ho., 15 729 km², 2,60 Mill. E (165 je km²); Rel.: 86,5% ev., 6% kath.; Bev.: in den nördl. Kreisen kl. dänische Volksgruppen, kulturell organisiert i. d. Schlesw. Vereinigung (SSV), pol. in Südschlesw. Wählerverband (SSW). Hptst. *Kiel;* Landesfarben: Blau-Weiß-Rot. **a)** *Geographie u. Wirtsch.:* Im O baumreiches Hügelland mit fruchtb. Boden (Ackerbau a. Meicreiwirtsch.), an d. Küste Förden (Schiffahrt u. Schiffbauind.); im SO die seenreiche Holstein. Schweiz (→ Holsteinische Seenplatte). d. Mitte Endmoränenlandschaft, sandige Geest mit Mooren u. Heiden; im W ebene Marsch mit schweren Schlickböden (Mastviehzucht), vorgelagert i. Wattenmeer Nordfries. Inseln mit bed. Seebädern; Nord-Ostsee-Kanal bed. intern. Wasserstraße. **b)** → *Hochschulen.* **c)** *Verw.:* 11 Landkreise u. 4 Stkr. **d)** *Gesch.:* 1386 Vereinigung d. Hzgtums Schleswig mit Gft (ab 1474 Hzgt.) → Holstein; nach Aussterben der Schauenburger 1460 durch Wahl d. Stände Christian I. v. Dänemark neuer Landesherr; dän. Erbges. (mit weibl. Erbfolge) wurde 1846 von Christian VIII. durch „Offenen Brief" auf

Landtagswahlen (Stimmen in %)

Jahr	CDU	SPD	FDP
1947	38,6	48,3	10,2
1950	19,4	27,4	4,0
1954	32,2	33,2	7,5
1958	44,4	35,9	5,4
1962	45,0	39,2	7,9
1967	46,0	39,4	5,9
1971	51,9	41,0	3,8
1975	50,5	40,1	7,1
1979	48,3	41,7	5,6
1983	49,0	43,7	
1987	42,6	45,2	5,2
1988	33,3	54,8	4,4

CDU ■ SPD ■ FDP

Schleswig ausgedehnt; Schleswigsche Erhebung v. Preußen unterstützt (1848–50); auf Annexionsversuch 1863 Eingreifen des Dt. Bundes 1864 unter preuß. Führung (Düppeler Schanzen); Friede v. Wien: Schl-Ho. unter preuß.-östr. Verw., 1866 Einverleibung in Preußen. 1920 N-Schleswig (3993 km²) mit 166 348 E zu Dänemark.

Schlettstadt, frz. *Sélestat,* St. i. Unterelsaß, a. d. Ill, 16 000 E; Textilind.; Weinbau.

Schleuder, alte Wurfschwungwaffe; auch svw. → Zentrifuge. – **Sch.guß,** hergest. durch Eingießen d. Schmelzgutes (z. B. Eisen, Weißmetall) in schnell umlaufende Gießformen (Kokillen) zur Erzielung dichten, scharfen Gusses (z. B. f. Röhren, auch f. Hohlkörper aus Beton u. ä.). – **Sch.mühle,** Zerkleinerungsmaschine für Mineralien, Erz, Kohle, die zw. Stahlstiften d. Mahlscheiben zerschlagen werden. – **Sch.start** → Katapult.

Schleuse, Wasserbauwerk zu zeitweiliger Trennung bzw. Verbindung zweier verschieden hoher Wasserspiegel; Ausgleichskammer m. Stemmtoren nach beiden Seiten; Leitung des Füllwassers durch aufziehbare Schützen; bei gr. Niveauunterschieden *Schachtschleusen,* auch mehrere aufeinanderfolgende Einzelschleusen als **Sch.ntreppe** (→ Tafel Schiffahrt). → Schiffshebewerk.

Schleyer, Hanns-Martin (1. 5. 1915–18. 10. 77), dt. Unternehmer, 1973–77 Vors. d. Bundesvereinigung d. Dt. Arbeitgeberverbandes, 1976/77 auch Präs. d. BDI; v. Terroristen d. → RAF ermordet.

Schlichte, *w.,* Klebstoff (Leim, Gummi usw.) zum Glätten der Kettenfäden in der Weberei.

Schlichter, Rudolf (6. .12. 1890–3. 5. 1955), dt. Maler d. Neuen Sachlichkeit, später auch d. Surrealismus.

Schlichtung, Verfahren zur Beilegung der Streitigkeiten nach d. Scheitern v. Tarifverhandlungen; schlägt die Sch. fehl, kommen Urabstimmung und Arbeitskampfmaßnahmen zum Zug.

Schlick, 1) Ernst Otto (16. 6. 1840–10. 4. 1913), dt. Schiffsing.; Erfinder d. → Schiffskreisels; **2)** Moritz (14. 4. 1882–22. 6. 1936), dt. Phil., Begründer des → Wiener Kreises, → Neupositivismus.

Schlick, feinkörnige → Sedimente des Meeresbodens mit organischen Resten; nach Farbe u. Entstehung: blauer, roter, grüner u. Korallen-Schlick.

Schliefer, kleine Huftiere, die → Klippschliefer.

Schlieffen, Alfred Gf v. (28. 2. 1833–4. 1. 1913), preuß. Gen.stabschef 1891–1905; Aufmarschplan z. Zweifrontenkrieg *(Schlieffen-Plan);* Studie *Cannä* (Prinzip d. Vernichtungskrieges d. Umfassung).

Schliemann, Heinrich (6. 1. 1822–26. 12. 90), dt. Kaufmann, dann Archäol., Ausgrabungen i. Ithaka, Troja (mit W. Dörpfeld), Mykene, Orchomenos, Tiryns.

Schlieren (CH-8952), schweiz. St. bei Zürich, 12 900 E.

Schlieren, Streifen in Glas oder in konzentrierten Lösungen bei Verdünnung infolge ungleichmäßiger Dichtigkeit der Glasmasse bzw. Lösung; auch in Luft, die infolge Erwärmung ungleiche Dichte aufweist: *Sch.*methode zur Sichtbarmachung von Luftbewegungen.

Schliersee (D-8162), Markt i. Kr. Miesbach, Luftkurort u. Wintersportplatz, 6191 E; am **Sch.** (See in Oberbayern, 783 müM; 2,2 km², 39 m tief).

Schließkopf → Niet.

Schließmuskel, *Musculus sphincter,* ringförmiger Muskel z. willkürlichen Abschluß e. Hohlorgans nach außen: After, Lippen usw.

Schliff, 1) → schleifen; **2)** in der Metallurgie die durch Schleifmittel erzeugte glatte Oberfläche einer Eisen-, Metalllegierung zur Untersuchung des Gefüges (Gefügebilder); **3)** in *übertragenem Sinn:* Verfeinerung; betont wohlerzogenes Benehmen.

Schlinge, *botan.* svw. → Schneeball.

Schlingerkreisel, svw. → Schiffskreisel.

Schlingern, bei Schiffen: nach der Seite um die Längsachse schwanken; gedämpft durch → Schiffskreisel od.

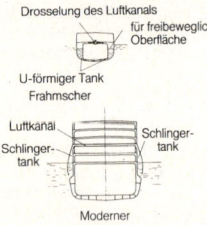

Drosselung des Luftkanals
für freibewegliche
Oberfläche

U-förmiger Tank
Frahmscher

Luftkanal
Schlinger-
tank
Schlinger-
tank

Moderner

Schlingertank

Schlingertank, bei dem d. Dämpfung der Schlingerbewegungen durch entsprechende automat. Füllung u. Entleerung von seitl. angebrachten Wasserbehältern erzielt wird.

Schlingnatter, *Glattnatter,* ♦, harmlose, bis 75 cm lange eur. Schlange von brauner Grundfärbung; Rückenschuppen glatt; umschlingt die Beutetiere vor dem Herabwürgen.

Schlingpflanzen, winden sich um fremde Körper (z. B. *Winden, Hopfen, Bohnen).*

Heinrich Schliemann

Schlitten, 1) auf Schnee u. Eis gleitendes Fahrzeug, meist mit 2 Kufen: *Pferde-, Rodel-, Motor-, Segel-Sch.;* **2)** in Nuten geführter Teil v. Werkzeugmaschinen; **3)** beim Stapellauf Gestell, in dem d. Schiff wie in einem (auf Schmierplanken abgesetzten) Sch. ruht; Neigung der Ablaufbahn 1:12 bis 1:20.

Schlittschuh, in vorgeschichtl. Zeit aus Knochen, heute Stahlsohle mit Schiene zum Eislauf; dieser nur möglich, weil sich durch Druck des Körpergewichts unter d. Schiene Schmelzwasser als dünne Schmierschicht bildet.

Schlitzverschluß → Fotografie.

Schlöndorff, Volker (* 31. 3. 1939), dt. Filmregisseur; *Der junge Törless* (1966); *Die verlorene Ehre der Katharina Blum* (1975); *Die Blechtrommel* (1978/79); *D. Fälschung* (1981); *Eine Liebe v. Swann* (1984); *Ein Aufstand alter Männer* (1987).

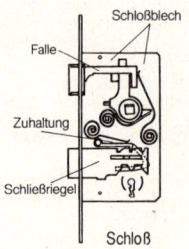

Schloßblech

Falle

Zuhaltung

Schließriegel

Schloß

Schloß, 1) Sicherungsvorrichtung bei Verschlüssen, besteht im wesentlichen aus *Riegel* (Sperrorgan), *Sicherungen* (zur Verstellung des Sperrorgans) u. *Schlüssel* (zur Lösung der Verstellung u. Betätigung des Riegels); Vermehrung der Sicherungen am häufigsten durch „Zuhaltungen"; Schlüssel entsprechend der Anordnung u. Zahl d. Zuhaltungen; ohne Schlüssel: *Buchstaben-Sch.,* auch *Vexier-Sch.:* Einstellung der einzelnen drehbaren Zuhaltungen erfolgt von Hand nach best. Buchstabenmerkmalen od. Zahlen; für Geldschrank- u. Tresoranlagen auch *Zeitschlösser;* mehrere Uhrwerke blockieren d. Riegelwerk bis zu einem best. Zeitpunkt; **2)** repräsentativer Wohnsitz e. weltl. od. geistl. Landesfürsten, auch d. Adels u. Großbürgertums; oft mit Park.

Schloß Holte-Stukenbrock (D-4815), Gem. i. Ldkr. Gütersloh, NRW, 20 394 E; Wasserschloß, Safari-Tierpark; Textil-, Masch.ind.

Schloß Neuhaus, s. 1975 St.teil von → Paderborn; Schloß m. ältesten Teilen a. d. 14. Jh.

Schlot → Schornstein.

Schlözer, 1) August Ludwig v. (5. 7. 1735–9. 9. 1809), deutscher Historiker; *Briefwechsel; Staatsanzeigen;* sein Enkel **2)** Kurd v. (5. 1. 1822–13. 5. 94), deutscher Diplomat, beendete als Gesandter beim Päpstlichen Stuhl den Kulturkampf.

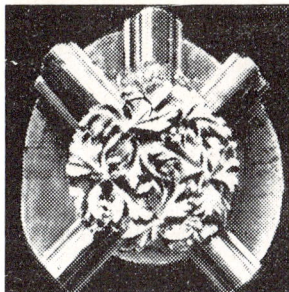

Schlußstein, *gotisch*

Schluchsee, im bad. Schwarzwald, 900 müM, aufgestaut 140 Mill. m³, 5 km²; Abfluß durch Schwarza zum Rhein. – Sch.kraftwerk, 620 m Fallhöhe in 3 Stufen; Gesamtleistung jährl. etwa 750 Mill. kWh.

Schlüchtern (D-6490), St. u. Luftkurort i. Main-Kinzig-Kr., Hess., a. d. Kinzig, 13 896 E; AG, Forstamt.

Schluckimpfung, aktive → Immunisierung durch Trinken v. → Lebendimpfstoff, z. B. z. Vorbeugung gg. → Kinderlähmung (Schluckvakzine nach → Sabin).

Schluckpneumonie, Lungenentzündung durch „Verschlucken", d. h. Fremdkörperansaugung durch die Luftröhre in die Lunge.

Schlupfwespen, Hautflügler mit Legebohrer, legen ihre Eier in Eiern und Larven anderer Insekten; daher nützlich als Feind v. Schadinsekten.

Schluß, 1) *Logik:* Ableitung eines Urteils aus anderen Urteilen; → *Syllogismus;* auch → *Deduktion* u. → *Induktion;* **2)** *Börse:* Mindestnominalbetrag für Geschäftsabschluß.

Schlüssel, 1) *techn.* → Schloß; **2)** *mus.* Zeichen am Anfang der Notenlinien, gibt die Tonhöhe an; gebräuchlichste jetzt → G- u. F-Schlüssel; **3)** → Chiffreschrift.

Schlüsselbein, S-förmiger Verbindungsknochen zw. Brustbein u. Schulterblatt (→ Tafel Mensch I, S. 348).

Schlüsselblume, svw. → Primel.

Schlüsselburg, russ. *Petrokrepost,* Inselfestung am S-Ende d. Ladogasees; bis 1917 pol. Gefängnis; jetzt Museum.

Schlüsselgewalt, 1) nach kath. Lehre die dem Papst verliehene höchste Autorität als Lehrer u. Lenker d. Kirche; **2)** im früheren Eherecht die Befugnis d. Ehefrau, Geschäfte, die innerhalb ihres Wirkungskreises liegen, mit Wirkung f. d. Mann abzuschließen.

Schlüsselkind, Bez. f. ein Kind, das regelmäßig ein Teil des Tages unbeaufsichtigt sich selbst überlassen bleibt u. daher den Wohnungsschlüssel bei sich trägt.

Schlüsselreiz, *Signalreiz,* spezifischer Reiz, der eine best. Verhaltensreaktion auslöst; bes. b. angeborenen Auslösemechanismen.

Schlüsselroman, in dem wirkliche Personen unter erfundenen oder historischen Namen wiedererkennbar behandelt sind.

Schlußkurse, a. Schluß d. Börsenzeit festgestellte letzte Kurse fortlaufend gehandelter Wertpapiere, amtliche Kurse.

Schlußnote → Makler.

Schlußstein, Stein im Scheitel e. Bogens od. Gewölbes; oft verziert.

Schlüter, 1) Andreas (um 1660–1714), dt. Barockbildhauer und -baumeister in Berlin; *Schloß, Reiterstandbild des Großen Kurfürsten,* 22 Masken sterbender Krieger am Zeughaus; **2)** Poul (* 3. 4. 1929), dän. Pol. (Konservative Volkspartei); s. 1974 Parteivors.; s. 1982 Min.präs.

Schmalband-Kommunikation, d. Übertragungsweg gestattet Übermittlung v. Kommunikationsdiensten mit „schmalen" Bandbreiten (bis einige 10⁵ Hz oder Bit/s), z. B. *Fernschreiben, Fernsprechen, Datenübertragung, Tonprogramme;* Ggs.: → Breitband-Kommunikation.

Schmalfilm → Fotografie.

Schmalkalden (D-6550), Krst. u. Kurort i. Thür., am SW-Hang des Thür. Waldes, 17 468 E; Solquelle; Schloß Wilhelmsburg; Eisenindustrie.

Schmalkaldischer Bund, v. protestant. Fürsten u. Reichsstädten 1531 zur Wahrung ihrer rel. (u. territorialen) Ziele gg. Kaiser Karl V. geschlossen, 1535/36 erweitert; aufgelöst n. d. Sieg Karls V. bei Mühlberg, 1547, im **Schmalkaldischen Krieg,** 1546/47.

Schmallenberg (D-5948), St. im Hochsauerlandkreis, NRW, 24 513 E; Wallfahrtskapelle auf d. Wilzenberg; Fremdenverkehr.

Schmalnasen, Affen d. Tropen u. Subtropen d. Alten Welt, schmale Nasenscheidewand, Schwanz nie als Greifschwanz ausgebildet; zu den Sch. gehören → *Schlankaffen,* → *Meerkatzenartigen,* → *Gibbons* u. → *Menschenaffen.*

Schmalstich, Clemens (8. 10. 1880–14. 7. 1960), dt. Pianist u. Komp.; *Carneval-Suite; Peterchens Mondfahrt.*

Schmalte, svw. → Smalte.

Schmaltier, weibl. Tier d. Hirscharten i. 2. Lebensj.

Schmalz-Jacobsen, Cornelia (* 11. 11. 1934), FDP-Politikerin, 1985–89 Senatorin für Jugend und Familie in West-Berlin; 1988–91 Generalsekretärin der FDP, s. 1991 Beauftragte d. B.regierung f. Ausländerfragen.

Schmant, svw. → Rahm.

Schmarotzer, *Parasiten,* Tiere u. Pflanzen, die in oder auf einem anderen Organismus leben u. sich von ihm ernähren.

Schmätzer, Singvögel mit pfriemförmigem, an der Spitze etwas abgebogenem Schnabel, kurzem, breitem Schwanz und langen, dünnen Beinen; bei uns *Stein-Sch.,* Braun- u. Schwarzkehlchen, Drosseln (Abb.).

Schmeil, Otto (3. 2. 1860–3. 2. 1943), dt. Naturforscher u. Pädagoge; zoolog. u. botan. Lehrbücher.

Schmeißfliege, blauschwarze große Fliege; legt Eier an Fleisch ab.

Schmeling, Max (* 28. 9. 1905), dt. Boxer; 1931/32 Weltmeister im Schwergewicht.

Schmelz, oberste Schicht d. → Zahns, überzieht die Zahnkrone; → Email.

schmelzen, Überführen fester Stoffe in flüssigen Zustand durch Wärmezuführung.

Schmelzfarben, *Emailfarben,* durch Metalloxide gefärbte Glasflüsse f. Glasur v. Metall, Glas; b. Porzellanmalerei werden die Sch. eingebrannt.

Schmelzofen, zum Einschmelzen von Metallen: mit Kessel (aus Eisen oder Stahl) für niedrigschmelzende Metalle, mit → Schmelztiegel für Eisen-, Gelb- oder Rotguß, auch tiegellos mit direkter Ölfeuerung; auch el. Sch.

Schmelzpunkt, *Fließpunkt,* bei Stoffen Punkt des Übergangs vom festen zum flüssigen Zustand; der Sch. kann auch unter Null liegen (z. B. bei Quecksilber –38,9 °C).

Schmelzschupper, *Ganoiden,* Fischgruppe mit schmelzüberzogenen Schuppen, in früheren Erdperioden sehr formenreich (jetzt z. B. *Stör, Knochenhecht*).

Schmelzsicherung, in el. Leitungen eingebaute Schwachstelle, z. B. in Porzellanpatrone eingelassener Draht (oder Metallband), der bei zu hohem el. unzulässig lang dauerndem Strom abschmilzt u. damit den betreffenden → Stromkreis unterbricht.

Schmelztiegel, Gefäß aus feuerfestem Ton, auch Graphit, zum Schmelzen von Metallen.

Schmelzwärme, b. einem Stoff die Wärmemenge (in J), die notwendig ist, um beim Schmelzpunkt 1 kg eines Stoffes ohne Temperaturerhöhung vom festen in den flüssigen Zustand überzuführen.

Schmer, (Bauch-)Fett. - **Sch.fluß** → Seborrhoe.

Schmerlen, *Grundeln,* schlanke Karpfenfische m. 3 Bartelpaaren, altweltl. Süßwasserbewohner (bei uns z. B. *Steinbeißer*).

Schmerling, Anton Ritter v. (23. 8. 1805–23. 5. 92), österr. Pol., Führer d. Österreicher v. Großdt. im Frankfurter Parlament 1848, Gegenspieler Bismarcks.

Schmerling, *Schälpilz, Körnchen-Röhrling,* ein eßbarer Röhrling (Haut muß abgezogen werden).

Schmerzensgeld, Geldentschädigung für nichtmateriellen Schaden bei Körperverletzung, Freiheitsberaubung, Sittlichkeitsverbrechen (§ 847 BGB).

Schmetterlinge, *Lepidopteren,* Insektenordnung, ca. 150 000 Arten; 2 Paar Flügel, die mit farbigen Schuppengebilden besetzt sind; Saugrüssel; Larve, *Raupe,* oft den Pflanzen schädlich.

Schmidt-Rottluff
Selbstbildnis

Schmetterlings-blütler, weit verbreitete Pflanzenfamilie; Blüte schmetterlingsförmig; Hülsenfrüchte. – **Sch.**leitwerk → Leitwerk.

schmettern, dynam. Angriffsschlag im Tennis, Tischtennis, Badminton u. Volleyball.

Schmid, Carlo (3. 12. 1896–11. 12. 1979), dt. Staatsrechtslehrer u. SPD-Pol.; 1948/49 Mitgl. d. Parlamentar. Rates, 1949–66 u. 1969–72 Vizepräs. d. B.tages, 1966–69 B.ratsmin.

Schmidl, Ulrich (um 1510–81), dt. Landsknecht; beschrieb s. Reise nach S-Amerika zu Anfang des 16. Jh. (1534 Entdeckung des La Plata).

Schmidt, 1) Arno (18. 1. 1914–3. 6. 79), dt. Schriftst; Sprachexperimente u. neue Erzählformen; Romane: *Die steinerne Herz; Die Gelehrtenrepublik; Kaff auch Mare Crisium; Zettels Traum;* Novellenkomödie: *D. Schule der Atheisten;* **2)** Bernhard (1879–1935), dt. Optiker; konstruierte den n. ihm ben. → *Schmidtspiegel;* **3)** Franz (22. 12. 1874–11. 2. 1939), östr. Komponist: Sinfonien, Opern: *Notre-Dame;* Oratorium: *Das Buch mit 7*

Helmut Schmidt

Siegeln; **4)** Helmut (* 23. 12. 1918), SPD-Pol.; 1967–69 Fraktionsvors.; 1969–72 B.verteid.min., 1972 B.wirtsch.- u. -finanzmin., 1972–74 B.finanzmin.; 1974–82 B.kanzler; **5)** Wilhelm (16. 2. 1868–10. 2. 1954), dt. Ethnologe; Begr. der „Wiener Schule"; *Der Ursprung der Gottesidee.*

Schmidtbonn, Wilhelm (6. 2. 1876–3. 7. 1952), dt. Dichter; *Der dreieckige Marktplatz.*

Schmidt-Rohr, *Argus-Schmidt-Rohr,* ben. nach d. Erfinder P. *Schmidt;* Verpuffungs-Strahlrohr mit zeitweilig aussetzender Verbrennung; durch Druckwellen werden Relativbewegungen zw. den Sauerstoff- u. den Treibstoffpartikeln erzeugt (→ Resonanz einer schwingenden Gas-

säule); zum erstenmal als Antrieb der dt. „V 1"-Rakete eingesetzt.

Schmidt-Rottluff, Karl, eigtl. *K. Schmidt* (1. 12. 1884–10. 8. 1976), dt. expressionist. Maler; 1905–13 Mitgl. d. Künstlervereinigung „Die Brücke"; Figurenbilder, Stilleben, Porträts, Landschaftsaquarelle.

Schmidtspiegel, opt. System, aus Hohlspiegel mit Kugelfläche (statt übl. parabol. Fläche) und einer entsprechenden Korrektionsplatte, die absolut punktförm., unverzerrte Abb. mit einem Sehwinkel von etwa 30° ermöglicht; sehr lichtstark, wird verwendet bei modernen Spiegelteleskopen u. bei Großprojektionen v. Fernsehbildern.

Schmiedeberg, *Kowary,* poln. St. in Schlesien, Luftkurort südöstl. v. Hirschberg, am Fuße der *Schneekoppe,* 450–650 müM, 12 000 E.

schmiedeeisernes Portal
Würzburg

Schmiedeeisen, schmiedbares Eisen mit Kohlenstoffgehalt bis 1,6%, zäh, biegsam; jetzt Bezeichnung allgemein → Stahl.

Schmiedeherd, offene Feuerstelle, mit Blasebalg od. Preßluft-Zuführung (zur intensiven Wärmeentwicklung) u. offenem Rauchfang; dient zum Erwärmen des zu schmiedenden Eisens; transportabler Sch., *Feldschmiede,* für Montagen.

schmieden, das Formen des glühenden Schmiedeeisens von Hand durch Hämmern auf Amboß; maschinell durch *Schmiedehammer, -presse, -maschine;* auch → Gesenk.

Schmiege, Winkelmaß mit Gelenkschenkeln, auch Maßstab aus gelenkig verbundenen Teilstücken.

Schmiele, Gattung der Süßgräser; z. B. auf Waldböden.

Schmiergelder, Bestechung im geschäftl. Verkehr; als unlautere Wettbewerbshandlung strafbar.

Schmiermittel, Stoffe zur Verringerung der Reibung und Verhütung der Erwärmung von aufeinander gleitenden Maschinenteilen; *Schmieröle, -fette;* Erfordernis: Reinheit, Säurefreiheit, Unveränderlichkeit, Wasserfreiheit, genügende Adhäsion an gleitenden Flächen; vielseitig anwendb. auch Graphitpulver, meist in Öl suspendiert.

Schmieröle, pflanzl. Sch.: *Rüböl, Olivenöl;* tier. Sch.: raffiniertes Knochenöl für Uhren; meist Mineralöle, aus Erdöl durch Destillation gewonnen: *leichte Sch.* f. empfindl. Maschinenteile (Nähmaschinen); *zähflüssige Sch.* für gr. u. schwere Maschinen; *Heißdampföle* (Mineralöl mit Zusatz von tier. Fetten) für Zylinderschmierung.

Schmierseife, weiche Kaliseife.

Schminke, (farbstoffhaltiges) Mittel zur Veränderung bzw. Verschönerung der Haut, aus Talk, Reismehl; mit Fetten: *Fett-Sch.*

Schmirgel, *Smirgel,* metamorpher → Bauxit, Gemisch v. Korund u. Hämatit. Vorkommen i. Ägäischen Meer, Türkei, Ural; als Schleifmittel; auf Papier geleimt: **Sch.papier;** mit Klebstoff und keramischen Beimischungen gepreßt: **Sch.scheibe.**

Schmitthenner, Paul (15. 12. 1884–11. 11. 1972), dt. Architekt; bes. in Stuttgart.

Schmitz, 1) Bruno (21. 11. 1858–27. 4. 1916), dt. Baumeister, bes. Denkmäler; *Deutsches Eck* in Koblenz, *Kyffhäuser, Porta Westfalica, Völkerschlachtdenkmal* (Abb. → Leipzig); **2)** Sybille (2. 12. 1909–13. 4. 55), dt. Schausp.in; *Trenck, der Pandur; Vampyr; Titanic.*

Schmock, nach e. Figur in Gustav Freytags *Journalisten:* charakterloser Zeitungsschreiber.

Schmöker, m. [niederdt. „smöken = schmauchen], wertloses Buch (aus dem man sich s. Fidibus zum Pfeifenanzünden herausreißen kann).

Schmoller, Gustav v. (24. 6. 1838–27. 6. 1917), dt. Volkswirtschaftler; leitete 1890–1917 d. v. ihm mitbegr. Verein f. Sozialpol., Kathedersozialist; *Grundriß der allg. Volkswirtschaftslehre.*

Schmölln (D-7420), Krst. in Thür., 11 911 E; got. Stadtkirche, Rathaus (15. Jh.); Knopf-, Schuh- u. Masch.ind.

Schmücker, Kurt (* 10. 11. 1919), CDU-Pol.; 1963–66 B.wirtschaftsmin.; 1966–69 B.schatzmin.

Schmucksteine, svw. Halb- → Edelsteine.

Schmude, Jürgen (* 9. 6. 1936), dt. SPD-Pol.; 1978–81 B.min. f. Bildung u. Wiss., 1981/82 B.justizmin.

Schnabel, 1) Artur (17. 4. 1882–15. 8. 1951), östr. Pianist u. Komp; **2)** Ernst (1913–86), dt. Schriftsteller; Hörspiele u. Erzählungen; **3)** Franz (18. 12. 1887–25. 2. 1966), dt. Historiker; *Deutsche Geschichte im 19. Jh.; Europa im 18. Jh;* **4)** Johann Gottfried (7. 11. 1692–1752?), dt. Dichter zw. Barock u. Aufklärung; zeitkrit.-utop. Robinsonade: *Die Insel Felsenburg.*

Schnabel, 1) d. mit Hornscheiden überzogenen Unter-, Ober- und Zwischenkiefer sowie Nasenbeine der Vögel, je nach Ernährungsweise mannigfaltig gestaltet; **2)** mit Horn bekleideten zahnlosen Kieferränder der Schildkröten; **3)** die mit Hornplatten bedeckten Kiefer des

Weinbergschnecke

Schnabeltiers; **4)** der Saugapparat der → Schnabelkerfe. – **Sch.igel,** Kloakentier, der → Ameisenigel. – **Sch.kerfe,** *Rhynchoten,* wanzenartige Insekten mit stechenden u. saugenden Mundwerkzeugen; zwei Gruppen: **1)** Gleichflügler, *Homoptera,* z. B. Zikaden, Blattflöhe, Blattläuse, Schildläuse; **2)** Halbflügler, *Hemiptera,* z. B. → Wanzen. – **Sch.schuh,** ma. Schuh mit (bis ½ m) langer, oft auf-

Schnabeltier

gebogener Spitze. – **Sch.tier,** eierlegendes Säugetier (Kloakentier) Australiens, entenschnabelähnliche Schnauze. **Schnack, 1)** Anton (21. 7. 1892–26. 9. 1973), dt. Dichter; Gedichte; heiter versonnene Prosa; Romane: *Der finstere Franz;* s. Bruder **2)** Friedrich (5. 3. 1888–6. 3. 1977), dt. Schriftst.; Gedichte; Romane: *Die brennende Liebe;* Tierbücher; Reisebücher; *Große Insel Madagaskar;* Kinderbücher.
Schnadahüpfel, *s.,* lustig-derbes, vierzeilig gereimtes Stegreifliedchen d. Alpenländer.

Riesenschnake

Schnaken, große, langbeinige Mücken (stechen nicht); Larven in feuchtem Boden; auch Bez. für → Stechmücken.
Schnalle, 1) Verschluß v. Riemen, *schnallen,* e. Hund Riemen lösen; **2)** süddt. svw. Türklinke; **3)** Geschlechtsteil b. Hündin u. Haarraubwild; **4)** Hure.
Schnalzlaute, charakterist. Laute der Buschmänner- u. Hottentottensprachen in Südafrika.
Schnäpel → Renken.
Schnapphahn, Wegelagerer.
Schnauzer → Pinscher (Abb. → Tafel Hunderassen).
Schnebel, Dieter (* 14. 3. 1930), dt. Komp. neuer Musik.
Schnecke, 1) schraubenförmiges → Zahnrad, bildet mit dem *Schneckenrad* das *Schneckengetriebe;* Anwendung für sich kreuzende Wellen; hohe *Schneckenradübersetzung,* deshalb häufig angewendet zur Herabminderung der Umlaufzahl bis auf etwa ½0; schrau-

benförmige, konische Kettentrommel in alten Uhren; **3)** Teil d. Labyrinths, → Ohr.
Schnecken, *Gastropoden,* Weichtiere, m. od. ohne Schale („Haus") im Meer, im Süßwasser u. auf d. Lande; Kiemen- und Lungenatmer, Pflanzenfresser und Raubtiere, zwittrig und getrenntgeschlechtlich; → Wellhornschnecke.
Schnee, Eiskristalle aus dem Wasserdampf der Luft bei Temperaturen unter 0 °C, vereinigen sich zu **Sch.flocken.**
Schneeammer, Finkenvogel, b. uns mitunter Wintergast a. d. Norden.

Schneeball

Schneeball, *Schlinge,* Waldstrauch mit weißen Blüten u. roten Beeren; der „gefüllte Sch."* beliebte Gartenpflanze. – **Sch.system,** *Hydra-, Gellasystem,* Warenabsatz mit Versprechen v. Preisnachlaß od. sonstigen Vorteilen bei Werbung neuer Kunden; in Dtld gesetzl. verboten.
Schneebeere, Geißblattgewächs, häufiger Zierstrauch aus N-Amerika m. kl. rötl. Glockenblüten u. weißen Früchten.
Schneeberg, 1) höchster Gipfel d. Fichtelgebirges, 1053 m; **2)** *Großer Sch.,* höchster Gipfel des Glatzer Schneegebirges, 1425 m; **3)** *Hoher Sch.,* höchster Pkt des Elbsandsteingebirges, 723 m; **4)** *Krainer Sch.,* nördl. von Rijeka (Fiume), 1796 m; **5)** Gipfel in den Niederöstr. Kalkalpen, 2076 m, Zahnradbahn; **6)** (D-9412), sächs. St. i. Kr. Aue, i. Erzgebirge, 21 074 E; Ind.: Elektromotoren, Möbel, Textilien, Lederwaren, Metallwaren; erzgebirg. Volkskunst.
Schneeblindheit, meist vorübergehend, infolge Entzündung d. Augenhorn- und -bindehaut bei übermäß. Ultraviolettstrahlen-Reflexion an Schnee; als Schutz dagegen: **Sch.brille** mit getönten Gläsern.
Schnee-Eifel → Schneifel.
Schneefloh, flügelloses Insekt (zu den Springschwänzen), bis 2 mm l., ähnlich dem Gletscherfloh.
Schneeglätte, festgefahrener Schnee od. festgetretener Schnee auf Straßen.

Schneeglöckchen

Schneeglöckchen, Zwiebelgewächse: **1)** *Galanthus,* mit weißen Blüten, Wald- u.

Gartenpflanze; **2)** *Großes Sch., Knotenblume, Märzbecher, Leucojum;* beide ♦.
Schneegrenze, untere Grenze der dauernden Schneeflächen im Gebirge. Höhe der Sch.: Spitzbergen 400 m, Feuerland 500–1000 m, S-Norwegen 1500 m, Alpen 2600–3200 m, Kaukasus 2800–3800 m, Vulkane Mexikos 4600 m, Himalaja 4900–6000 m, Kilimandscharo 5600 m, Nordchilenische Anden 6100 m.

Schneehuhn

Schneehuhn, rebhuhnähnliches Wildhuhn des hohen Nordens und der Alpen; im Winter fast weiß; verwandt d. nordischen *Moorhuhn.*
Schneeketten, um die Gummibereifung gelegtes Kettengeflecht zur Erhöhung der Griffigkeit auf verschneiten Straßen; besonders bei großen Steigungen notwendig.
Schneekoppe, höchster Berg des Riesengebirges, 1602 m; Wetterwarte.
Schneeleopard, *Irbis,* gr. Katzenart i. Hochgebirge Z-Asiens, selten.
Schneemensch, *Yeti,* angeblich riesenhafter, wilder Bewohner des Himalaja; Beobachtungen beruhen vermutlich auf Verwechslung mit Bär u. Hochgebirgsaffen.
Schneepflug, Vorrichtung zur Schneebeseitigung auf Fahrstraßen u. Bahnen, keilförmiger Verdrängungsrahmen, oft auch in Form von **Schneeschaufelwagen,** e. Schleudermaschine mit umlaufenden Schaufeln u. Schleudergebläse.
Schneerose, svw. → Christrose.
Schneesonde, zur Feststellung der Schneehöhe; bei Lawinenunglücken zur Suche nach Verschütteten.
Schneewittchen [„die Schneeweiße"], dt. Märchengestalt, in Grimms *Kinder- u. Hausmärchen.*
Schneezäune, neben Verkehrswegen errichtete Zäune zum Schutz gegen Schneeverwehungen.
Schneeziege, weiß behaarte Gemse der nordamer. Felsengebirge.
Schneidemühl, *Piła,* poln. St. an der Küddow (zur Netze), 55 000 E. – 1922–38 Hptst. d. preuß. Prov. Grenzmark Posen-Westpreußen.
schneiden, b. Metallbearbeitung: **1)** mittels Metall-(z. B. Blech-)Schere; **2)** *autogen* durch → Sauerstoffgebläse mittels **Schneidbrenner:** nach Erhitzen zur Weißglut Verbrennen des Metalls durch weiteres Zuführen von nur Sauerstoff; **3)** *elektrisch,* ähnlich dem elektr. → Schweißen.
Schneider, 1) Oscar (* 3. 6. 1927), CSU-Pol.; 1982–89 B.wohnungsbaumin.; **2)** Reinhold (13. 5. 1903–6. 4. 58), dt. kath.

Dichter; histor. Darstellungen; *Philipp II.; Las Casas vor Carl V.; Macht und Gnade;* Essays, Gedichte; **3)** Rolf (17. 4. 1932–25. 5. 82), dt. Schriftst.; *Tage in W.; Der Tod der Nibelungen;* Dramen; **4)** Romy (23. 9. 1938–29. 5. 82), östr. Filmschausp.in; *Sissi; Les choses de la vie; César et Rosalie; Gruppenbild m. Dame.*

Schneider, 1) geringer, junger Hirsch, Auer- u. Birkhahn; **2)** svw. → Weberknecht; **3)** Ukelei, kl. Karpfenfisch, Verwendung: Köderfisch u. Futtermittel; **4)** Verlierer im Kartenspiel, der nicht die Hälfte der zum Gewinn nötigen Punkte erreicht.

Schneiderhan, Wolfgang (* 28. 5. 1915), östr. Geiger.

Schneidervögel, kleine Vögel Südasiens, bauen kunstvolle Nester aus Blättern, die sie am Rand mit dem Schnabel durchlöchern und durch feine Pflanzenfasern verbinden.

Schneidkluppe, svw. → Kluppe.

Schneifel, *Schnee-Eifel,* Höhenzug in d. NW-Eifel, bis 698 m.

Schneise, *w., Gestell,* abgeholzter Waldstreifen z. Abgrenzung d. → Jagen.

Schnelläufer, *astronom.* kleine Zahl relativ zur Sonne schnell bewegter Fixsterne.

Schnellbahn, meist el. betriebenes, schienengebundenes Verkehrsmittel in Großstädten, mit großer Anfahrtsbeschleunigung u. hoher Geschwindigkeit; verkehrt als S-, U- od. Hochbahn.

Schnellboot, kl., schnelles Kriegsschiff (Geschwindigkeit bis 50 Seemeilen), meist Torpedo- und Artillerie- oder Raketenbewaffnung.

Schnelldrehstahl, svw. → Schnellstahl.

Schnellkäfer, bes. an Baumstümpfen lebende Käfer, können sich aus der Rückenlage in die Höhe schnellen; Larven → Drahtwürmer.

Schnellot, *Weichlot,* Legierung aus Zinn u. Blei.

Schnellpresse → Druckmaschine.

Schnellrichter → Schnellverfahren.

Schnellstahl, durch Gehalt an Wolfram, Molybdän und sonstigen stahlhärtenden Zusätzen veredelter Hochleistungsstahl zur Herstellung von Werkzeugen.

Schnellverfahren, in Strafsachen vor Amtsgericht *(Schnellrichter)* zulässig, falls Sachverhalt einfach und sofortige Aburteilung möglich ist; auf Antrag des Staatsanwalts; Anklageerhebung mündlich.

Schnepfen, Stelzvögel mit langem, dünnem Schnabel; *Wald-Sch., Rotschenkel, Kampfläufer, Limosen,* auch → Brachvögel, → Bekassine, → Wasserläufer, → Strandläufer.

Schnepfenstrauß, svw. → Kiwi.

Schnepper, ärztl. Instrument mit kl. vorschnellbarem Messer zur Blutentnahme aus Finger oder Ohrläppchen.

Schneyder, Werner (* 25. 1. 1937), östr. Kabarettist (u. a. 5 Programme mit Dieter → Hildebrandt) und Schriftst.; *Gelächter vor dem Aus, Wut und Liebe* u. a.

Schnirkelschnecken, Familie d. Landlungenschnecken; bei uns z. B. *Hainschnecke, Weinbergschnecke.*

Schnittlauch, Lauchart; kugelige rote Blütenstände; schlauchartige Blätter, Gewürz.

Schnittwaren, Gewebe, die im Einzelverkauf nach gewünschtem Maß von Ballen oder Stücken geschnitten werden.

Schnitzeljagd, Geländespiel zwischen „Fuchs" und „Jäger" (mit Papierschnitzeln als Fährte); auch mit Jagdreiten.

Schnitzer, Eduard, → Emin Pascha.

Arthur Schnitzler

Schnitzler, Arthur (15. 5. 1862–21. 10. 1931), östr. naturalist.-impressionist. Dichter u. Arzt; Dramen: *Anatol; Liebelei; Reigen;* Novellen: *Leutnant Gustl; Fräulein Else;* Romane: *Der Weg ins Freie.*

Schnorchel → Unterseeboot.

schnorren, *schnurren,* in übertragenen Sinne: betteln, auf Kosten anderer leben.

Schnorr v. Carolsfeld, 1) Julius (26. 3. 1794–24. 5. 1872), dt. Maler u. Illustrator; → Nazarener 2); *Nibelungen*-Fresken, Bibel in Bildern; s. Sohn **2)** Ludwig (2. 7. 1836–21. 7. 65), dt. Heldentenor.

Schnupfen, gewöhnlich Erkältungskatarrh d. Nase (Virusinfektion) od. → Heuschnupfen, teilweise auch nervöser Schleimfluß (vasomotor. Schnupfen).

Schnupftabak, fein gemahlener, fermentierter und durch versch. Beimischungen aromatisierter Tabak.

Schnur, *w.,* veraltet: Schwiegertochter.

Schnürboden, 1) *Rollenboden,* oberer Teil d. Bühne z. Aufhängen d. Dekorationsstücke; **2)** im Schiffbau gr. überdachter Raum m. hell gestrichenem Fußboden, auf den d. Schiff zur Feststellung der Größe des Kiels u. der Spanten in natürl. Größe gezeichnet wurde.

Schnurkeramiker, in d. Jungsteinzeit (3.–2. Jtd v. Chr.) innerhalb des euras.-indoeur. Gebiets aus d. Steppen Südrußlands teils in Mittelrußland (Fatjanowokultur), teils über die Ukraine und S-Polen (Hockergräberkultur) in Mitteldtld und weiter bis z. Neckar u. Rhein sowie bis z. Nordsee verbreitete Bevölkerung (Streitäxte, gezähmte Pferde [?], Grabhügelsitte, Kenntnis v. Kupfer), benannt nach ihren Tongefäßen mit Verzierungen durch eingepreßte Schnurmuster (→ Tafel Vorgeschichte).

Schnurre, Wolfdietrich (22. 8. 1920–9. 6. 89), dt. Schriftst.; Romane, Kurzge-

schichten, Lyrik; *Das Los unserer Stadt; Kassiber; Steppenkopp; Der Schattenfotograf.*

Schoch, Johannes (um 1550–1631), dt. Baumeister der Renaissance; *Friedrichsbau des Heidelberger Schlosses.*

Schock, Rudolf (4. 9. 1915–13. 11. 86), dt. Tenor.

Schock, 1) *s.,* Zählmaß: 60 Stück; **2)** *m.* [frz. „choc"; engl. „shock"], med. Gesamtheit d. nach schweren Verletzungen, Verbrennungen, Schmerzen, Vergiftungen, Allergie oder Herzinfarkt eintretenden Kreislaufveränderungen; Anzeichen: Kälte u. Blässe der Haut, schneller, kaum tastbarer Puls, Blutdruckabfall; Erste Hilfe: Blutstillung, Schocklage (Kopf tief, Beine hoch), Zudecken. – **Sch.behandlung** bei seelischen oder Geisteskrankheiten (Psychosen, Schizophrenie) beruht auf künstl. Erzeugung einer Bewußtlosigkeit mit oder ohne Krampfanfall durch el. Ströme *(Elektroschock)* oder Arzneimittel (Insulin).

Schoeck, Othmar (1. 9. 1886–8. 3. 1957), schweiz. Komponist; Kammermusik; Liederzyklen; Opern: *Don Ranudo; Penthesilea; D. Schloß Dürande.*

Schöffen, ehrenamtl. Richter in Strafsachen b. AG; *Sch.gericht* (1 Richter u. 2 Sch.) u. beim Landgericht kleine u. große → Strafkammer; Auswahl d. Sch. durch beim Amtsgericht zu bildenden Ausschuß aus in den Gemeinden aufgestellten Liste (→ Rechtspflege, Übers.).

Schogun, in Japan früher Titel d. Kronfeldherren; hatten als „Hausmeier" der Kaiser bis 1867 die tatsächliche Regierungsgewalt inne **(Schogunat).**

Schokolade, *w.* [frz.], Nahrungs- u. Genußmittel aus Kakaomasse u. Zucker, oft m. Zusätzen (Kakaobutter, Milch, Vanille, Mokka); s. 1520 in Europa.

Scholapur, ind. St. im Staate Maharaschtra, 515 000 E; Baumwollind.

Scholar [l.], *Scholast,* alte Bez. f. fahrenden Schüler od. Studenten.

Scholastik, *w.* [l. „Schulkunst"], *scholastische Philosophie u. Theologie* (ihre Vertreter **Scholastiker),** ma. Phil., entstanden unter augustin., neuplaton. u. aristotel., über die Araber gekommenem Einfluß; versuchte d. Glaubenslehre d. Kirche phil. u. theol. soweit als mögl. zu durchdringen u. v. Ganzen her zu durchleuchten; Blütezeit im 13. Jh. Albertus Magnus, Thomas v. Aquin, Bonaventura (Uni, Paris); versch. Schulen: *Ältere Franziskanerschule* (Alexander v. Hales, Bonaventura) mehr auf Augustinus u. Plato aufbauend; *Dominikanerschule* (Albert, Thomas v. Aquin) Aristoteles bevorzugend; *jüngere Franziskanerschule,* auch Skotismus genannt (Joh. Duns Scotus). → Neuscholastik.

Scholem Alejchem, eigtl. *Schalom Rabinowitsch* (2. 3. 1859–13. 5. 1916), Klassiker d. jidd. Literatur; *Menachem Mendel, der Spekulant; D. Geschichte Tewjes d. Milchhändlers.*

Scholien [gr. -*ī̆ən*], Anmerkungen alter Grammatiker *(Scholiasten)* zu altgriech. u. lat. Schriften.

Scholl, Geschwister, **1)** Hans (22. 9. 1918–22. 2. 43) u. **2)** Sophie (9. 5. 1921–22. 2. 43), führend in einem christl. geprägten Widerstandsstudentenkreis gg. Hitler in München (→ Weiße Rose); hingerichtet.

Schollen, Familie d. Plattfische, deren eine Seite dem Boden angedrückt ist; beide Augen und Mund daher auf die „Oberseite" gerückt; geschätzte Speisefische: *Scholle,* Nord- u. Ostsee; ebenso: *Heilbutt, Flunder (Butt,* auch im Süßwasser), *Rotzunge.*

Schollengebirge → Gebirge.

Schöllkraut, *Schellkraut,* gelb blühendes Unkraut; dunkelgelber Milchsaft; Mittel gegen Warzen.

Scholochow, Michail (24. 5. 1905–21. 2. 84), sowj. Schriftst.; *Der stille Don; Neuland unterm Pflug;* Nobelpr. 1965.

Scholz, 1) Heinrich (17. 12. 1884–30. 12. 1956), dt. protestant. Religionsphil. u. Vertr. der modernen math. Logik; **2)** Rupert (* 23. 5. 1937), dt. Jurist u. CDU-Pol.; 1988/89 B.vert.min. **3)** Wilhelm v. (5. 7. 1874–29. 5. 1969), dt. Dichter; Erzählungen; Romane: *Perpetua;* Dramen: *Der Jude von Konstanz.*

Schomburgk, 1) Hans (28. 10. 1880–26. 7. 1967), dt. Afrikaforscher, Afrika-Filme: *Mein Afrika; Das letzte Paradies;* **2)** Robert Hermann (5. 6. 1804–11. 5. 1865), dt. Forschungsreisender; Reisen, auch gemeins. mit s. Bruder **3)** Richard (5. 10. 1811–25. 3. 91), nach Guayana u. dem Orinoco-Gebiet.

Schön, Helmut (* 15. 9. 1915), Bundestrainer d. dt. Fußballnationalmannschaft 1964–78 (1966 Vizeweltmeister, 1972 Europameister, 1974 Weltmeister).

Schönbein, Christian Friedrich (18. 10. 1799–29. 8. 1868), dt. Chem.; entdeckte Ozon, Schießbaumwolle u. Collodium.

Arnold Schönberg

Schönberg, Arnold (13. 9. 1874–13. 7. 1951), östr. Komp.; Begr. der → Zwölftontechnik; *Verklärte Nacht; Gurrelieder; Pierrot Lunaire;* Oper: *Moses u. Aron.*

Schönberg (D-2440), St. i. Kr. Grevesmühlen, M.-V.; bis 1918 Hptst. d. Fürstent. Ratzeburg; 5000 E.

Schönborn, rheinisches Uradelsgeschlecht, s. 18. Jh. reichsunmittelbare Grafen in Franken, Bauherren zahlreicher Kirchen u. Schlösser (Bruchsal,

→ Pommersfelden), Förderer v. Kunst u. Wissenschaft. – *Friedrich Karl v. Sch.* (1674–1746), Würzburger Fürstbischof, Vollender d. Würzburger Residenz (Abb. → Barock).

Schloß Schönbrunn

Schönbrunn, Lustschloß in Wien, ab 1695 zunächst n. Plänen Fischer v. Erlachs barock begonnen, 1749 klassizistisch vollendet, Innenausstattung im Rokoko (1765–80); m. berühmtem Park im Versailler Stil u. Tiergarten. – 1809 verlor Östr. im *Frieden von Sch.* (mit Napoleon) Salzburg, Kärnten, Istrien, Krain, Galizien.

Schöndruck, der Druck, der als erster u. einer beiderseits zu bedruckenden Fläche aufgedruckt wird; d. Druck auf d. Rückseite heißt *Widerdruck.*

Schönebeck a. d. Elbe (D-3300), Krst. i. S-A., 44 660 E; Hafen; Metallind., Salzbergbau.

Schönefeld (D-1188), Gem. i. Kr. Königs Wusterhsn., Bbg., s. v. Berlin, 1200 E; Flughafen Berlin-Sch.

Schöneiche b. Berlin (D-1254), Villenvorort bei Berlin, i. Kr. Fürstenwalde, Bbg., 10 000 E.

Schönemann, Anna Elisabeth (1758–1817), „Lilli", Goethes Verlobte, später Freifrau v. Türckheim.

Schonen, schwed. *Skåne,* südl. Teil v. Schweden (Läne Kristianstad u. Malmöhus), 11 028 km², ca. 1,5 Mill. E; *Kornkammer Schwedens, Land der Schlösser.* – Urspr. dän., 1658 (Friede v. Roskilde) schwed.

Schönen des Weins, svw. enttrüben, klären.

Schoner, Segelschiff mit 2, 3 od. mehr Masten u. längsschiffs stehenden Gaffelsegeln.

Schönerer, Georg Ritter von (17. 7. 1842–14. 8. 1921), östr. antiklerikaler, antisemit., alldt. Pol.; Haupt der „Los-von-Rom-Bewegung".

Schönfeld, Johann Heinrich (23. 3. 1609–82/3), dt. Maler u. Radierer. – Barock; *Ecce homo; Der Schwur Hannibals.*

Schongau (D-8920), St. i. Kr. Weilheim-Sch., Oberbay., am Lech, 10 351 E; AG; gegr. 1253, Stadtmauer.

Schongauer, Martin (vor 1450–2. 2. 91), dt. Maler u. Kupferstecher d. Spätgotik; *Dürer-Vorbild; Maria im Rosenhag* (→ Tafel Radierung u. Kupferstich).

Schönheitspflästerchen [frz. „mouche"], schwarzes, rundes Taftpflästerchen zur Verdeckung v. Hautflecken u. Beto-

nung der Weiße der Haut (Mode im 17./18. Jh.).

Schönhengstgau, böhm.-mähr. Grenzgebiet um den Berg Schönhengst, etwa 1180 km², ehemals dt. Sprachinsel, mit den Städten *Zwittau, Landskron, Mähr.-Trübau, Hohenstadt, Müglitz, Brüsau.*

Schönherr, 1) Albrecht (* 11. 9. 1911), ev. Bischof v. Berlin-Brandenburg (Ostteil); bis 1981 Vors. d. Kirchenleitung d. Bundes EK i. d. DDR; **2)** Karl (24. 2. 1867–15. 3. 1943), östr. Bühnenschriftst.; *Erde; Glaube und Heimat; Weibsteufel.*

Schöningen (D-3338), 1200jährige St. am Osthang d. Elms, i. Kr. Helmstedt, Nds., 14 559 E; AG; ehem. Kloster (12./13. Jh.) u. Schloß; Bergbau, Maschinenind.

Schönkopf, Anna Katharina (22. 8. 1746–20. 5. 1810), „Käthchen", Goethes Leipziger Freundin.

Schönthan, Franz v. (20. 6. 1849–2. 12. 1913), östr. Bühnenautor; *Der Raub der Sabinerinnen.*

Schonung, junge Waldanpflanzung.

Schonzeit, gesetzlich bestimmter Zeitraum, in dem Jagd oder Fang von Wild u. Fischen verboten ist (meist z. Z. der Fortpflanzung); auf dem Jagdschein (→ Jagd) angegeben.

Arthur Schopenhauer

Schopenhauer, 1) Arthur (22. 2. 1788–21. 9. 1860), dt. Phil.; Grundthesen: a) Die Welt ist meine Vorstellung (kein Objekt ohne Subjekt); b) D. Welt ist Wille, vernunft- u. erkenntnisloser Trieb, der erst auf der höchsten Stufe bewußt u. sehend (erkennend) wird; pessimistische Welt- und Lebensanschauung; buddhistischer Einfluß; Quietismus. *Die Welt als Wille u. Vorstellung;* Aufsätze u. Aphorismen in vorbildl. Stil: *Parerga u. Paralipomena;* seine Theorie der Kunst von großem Einfluß auf Wagner u. Nietzsche; **2)** Johanna (9. 7. 1766–17. 4. 1838), dt. Schriftst.in; Novellen, Romane.

Schopfheim (D-7860), St. i. Kr. Lörrach, Ba-Wü., 15 914 E; AG; div. Ind.

Schopfhuhn, *Hoatzin,* schlanker Hühnervogel im N v. S-Amerika, mit Federhaube u. zum Klettern dienenden Krallen an Daumen und Mittelfinger des Flügels der Nestjungen.

Schöpfrad, alte Wasserhebemaschine mit am Radkranz befestigten Gefäßen; Antrieb von Hand, durch (unterschläcti.) Wasserrad od. tier. Kraft.

Schoeps, Hans-Joachim (30. 1. 1909–8.

7. 80), dt. Historiker u. Religionsphil.;
*Jüdische Geisteswelt; Preußen - Geschich-
te eines Staates.*
Schöps, *m., svw.* → Hammel.
Schorf, 1) durch Blut und Sekretgerin-
nung entstandene Kruste auf Wunden; **2)**
Pflanzenkrankheit, befällt Obstbäume,
Weinstöcke.
Schorfheide, großes Wald- u. Jagdgebiet
in Brandenburg am Werbellinsee, nord-
westl. von Eberswalde.
Schorndorf (D-7060), Gr.Krst. i. Rems-
Murr-Kr., Ba-Wü., a. d. Rems, 36 335 E;
AG; Ind.; Geburtsort von G. *Daimler;* hi-
stor. St.kern m. Fachwerkhäusern.
Schornstein, *Esse, Schlot,* Abzugskanal
für die Abgase bei Feuerungsanlagen; be-
wirkt infolge Auftriebs der heißen Abga-
se Unterdruck über dem Rost, so daß
Frischluft für die Verbrennung durch
Rost u. Brennstoffschicht gesaugt wird;
Saugkraft nimmt m. d. Höhe des Sch.s zu.
Schortens (D-2948), Gem. i. Kr. Fries-
land, Nds., 19 342 E; div. Ind.

Dmitri Schostakowitsch

Schostakowitsch, Dmitri (25. 9. 1906-9.
8. 75), sowj. Komp., zuerst expressionist., dann neuklassizist.; 15 Sinfonien,
Kammermusik; Opern: *Die Nase; Lady
Macbeth im Mzensk.*
Schot, *w.* [niederdt.], Segelleine.
Schote, Frucht, gebildet aus zwei Fruchtblättern, in der Mitte Scheidewand.
Schotenklee, svw. → Hornklee.
Schott, 1) Anselm (5. 11. 1843-23. 4.
96), dt. Benediktiner, lat.-dt. „Meßbuch
d. hl. Kirche" (Schott); **2)** Friedrich Otto
(17. 12. 1851-27. 8. 1935), dt. Chem.;
schuf die glastechn. Voraussetzungen f.
d. 1884 m. → Abbe u. → Zeiss gegr.
Glaswerk Sch. in Jena.
Schott, *Sbakh,* Salzseen in NW-Afrika,
besonders in Algerien.
Schottelius, *Schottel,* Justus Georg (23.
6. 1612-25. 10. 76), dt. Dichter u.
Sprachgelehrter; Mitgl. der Fruchtbringenden Gesellschaft i. Weimar; *Teutsche
Sprachkunst.*
Schotten, *m.* maschinell schließbaren
Sch.türen, wasserdichte Innen- u. Zwi-
schenwände im Schiff zum Abfangen eindringenden Wassers bei Beschädigung
der Außenwand.
Schotter, Anhäufung von Geröllen,
→ Kies 1).
schottische Kirche, nach kalvinist.
Grundsätzen durch *J. Knox* begr.; Be-
kenntnisbuch: *Confessio scotica* (1560).

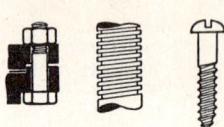

Befestigungs-, Bewegungs-, Holz-
Schraube

Schottisch|er, *Ecossaise,* Tanz, 2/4-Takt.
schottische Schule, *sch. Philosophie,* von
schott. Philosophen begr. (18. Jh.), be-
kämpfte d. → Skeptizismus *Humes;* aus
ihr entwickelte sich die sog. *Common-
sense*-Philosophie; Hauptvertr.: *Reid,
Hutcheson,* W. *Hamilton.*
Schottland, der N-Teil v. → Großbritannien; 78 762 km², 5,09 Mill. E; Hptst.
Edinburgh (Karte S. 742). Im N Hochland *(Northern Highlands)* m. Heiden,
Mooren u. zahlr. Seen; i. S Bergland
(Southern Uplands); dazw. die *Schottische
Senke,* Tieflandstreifen zw. Firth of
Clyde u. Firth of Forth mit intensiver
Landw., Bergbau u. Ind., dicht besiedelt;
höchste Erhebung *Ben Nevis,* 1343 m;
Flüsse *(Tweed, Clyde, Forth, Tay),* Hei-
den, Seen *(Lochs)* u. Moore; Steinkoh-
len-, Blei-, Eisen-, Kupferbergbau; wich-
tige Häfen: *Glasgow* (größte schott. St.),
Greenock, Leith (Hafen von Edinburgh),
Dundee, Perth; bed. Fischerei, Viehzucht
(Schafe), Woll- u. Eisenind., Schiffbau. -
Bev. gemischt aus Pikten, irischen *Skoten*
(5. Jh., daher Name), Angelsachsen (6.
Jh.), Normannen (9. Jh.). Seit etwa 1000
Bildung eines Feudalstaates; infolge innerer Wirren seit 11. Jh. abhängig v. England, s. 1371 (Haus Stuart) nicht mehr
lehenspflichtig; im 16. Jh. Reformation
→ schottische Kirche. Seit 1603 durch
Jakob I. Personalunion mit England.
1707 Vereinigung Englands u. Sch.
durch gemeins. Parlament (Großbritannien).
Schragen, veraltet: Holzgestell aus gekreuzten Pfählen.
Schram, im Bergbau Schlitz im Gestein
in Schichtrichtung, hergestellt mit Keil-
haue oder **Schrämmaschine,** stoßend
od. fräsend, um das Herausbrechen d.
Kohle durch Spannungslockerung zu erleichtern.
Schramberg (D-7230), Gr.Krst. im
Ldkr. Rottweil, Ba-Wü., 18 208 E; Uh-
ren-, Majolika-, Möbelindustrie.
Schrammelmusik, nach d. Brüdern *Johann* (1850-93) u. *Josef Schrammel*
(1852-95) ben. Wiener Volksmus.; Violi-
ne(n), Gitarre, Ziehharmonika.
Schranze, *m.* [mhdt. „Riß"], urspr. Geck
m. geschlitzten Kleidern; später abfällig
f. Höfling *(Hof-Sch.),* Liebediener.
Schrapnell, Artilleriegeschoß mit Kugel-
füllung, Sprengladung u. Zeitzünder; veraltet.
Schrapper, Abschürf- u. Fördergerät;
hpts. im Bergbau verwendet.
Schrat, *m.,* Waldteufel, Kobold, Pol-
tergeist.

Schratten, *Karren* (→ Karst), die tiefen,
vom Wasser herausgelösten Rinnen im
Kalkstein.
Schraube, 1) *Mechanik:* eine sog. einfache Maschine, entstanden durch Umwikkeln einer schiefen Ebene auf e. Zylinder;
dabei *Ganghöhe* = Vorschub bei einer
vollen Umdrehung, *Steigung* = Ganghöhe geteilt durch Umfang; **2)** Maschinenelement zur Herstellung lösbarer Verbindungen, zum Heben von Lasten, zum
Ausüben eines Drucks (Pressen), zum
Übertragen von Bewegungen (Sch. „ohne Ende" in Verbindung mit e. Zahnrad);
Schrauben bestehen aus Schrauben-
→ Gewinde, spitz- u. flachgängig, tra-
pezförmig, rund; aus Holz, Eisen u. a.
Metall; weitgehende Normung nach
DIN; **3)** Drehung um die Körperlängs-
achse i. Turnen, Wasserspringen, Tram-
polinturnen.
Schrauben-dampfer → Schiffsschrau-
be. - **Sch.propeller,** svw. → Luft-,
→ Schiffsschraube. - **Sch.schlüssel,**
Werkzeug z. Anziehen u. Lösen von
Schraubenmuttern.

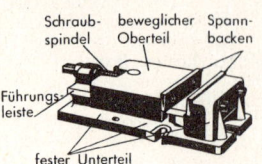

Schraub-   beweglicher Spann-
spindel   Oberteil   backen

Führungs-
leiste

fester Unterteil
Parallel-Schraubstock

Schraubstock, Vorrichtung zum Einspannen v. Werkstücken f. d. Bearbeitung von Hand (durch Meißeln, Feilen
usw.), auch f. maschinelle Bearbeitung
durch Werkzeugmaschinen.
Schrebergärten, *Laubenkolonien, Klein-
gärten,* Pachtgärten, bis zu 500 m²; meist
auf staatl. od. städt. Gelände; Obst-, Ge-
müse-, Blumenanbau, Kleintierzucht, Bewegung geht auf den Arzt Daniel Gottlob Moritz *Schreber* (1808-61) zurück;
Gründung d. ersten nach ihm benannten
Schrebervereins durch Schulleiter Ernst
Hauschild (1808-66).
Schrecken, Ordnung d. Geradflügler:
Heuschrecken u. Grillen.

Schreckenstein *(Gemälde von L. Richter)*

Schreckenstein, tschech. *Střekov,* Burgruine u. Stadtteil von Aussig, in N-Böhmen, an der Elbe.
Schreckhorn, *Gr.* und *Kl.,* 4078 und

3494 m, zwei Gipfel d. Finsteraarhorngruppe, bei Grindelwald.
Schredder → Shredder.
Schreiberhạu, Szklarska Porẹba, poln. Luftkurort u. Wintersportplatz in Niederschlesien, zw. Riesen- u. Isergebirge im Zackental, 600–800 müM, 8000 E; Glasind. (Josephinenhütte).
Schreibfeder, früher aus Vogelfederkielen (z. B. von Gänsen), im Orient meist aus bestimmten Rohrarten (Rohrfeder); seit ca. 1830 aus Stahlblech; für Füllfederhalter aus Gold m. Iridiumspitze.

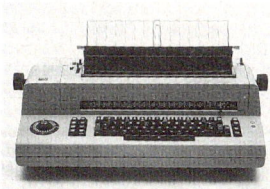

Schreibmaschine

Schreibmaschine, handbetätigtes Gerät z. Schreiben mit Vervielfältigungsmöglichkeit; *Hauptteile:* Tastatur mit Typenhebeln u. -stangen, Farbband, Wagen mit Walze. Niederdrücken der Taste bewirkt: 1) Schlag des Typenhebels auf Farbband u. Übertragung des Schriftzeichens auf das Papier; 2) Vorschieben des Farbbandes; 3) Auslösen des Wagens, der um Buchstabenbreite vorrückt. Moderne Sch.n: geräuschlose elektr. od. elektron. Sch., Buchungsmaschine, rechnende Sch. u. Stenographiermaschine; elektron. Sch.

Schreibkopf

m. *Typenrad* u. eingebautem Datenspeicher. – Mehrere Erfinder in versch. Ländern, u. a. der Südtiroler Mechaniker Peter *Mitterhofer;* in d. USA v. *Remington* 1873 in d. Handel gebracht.
Schrein, Lade, Kasten, oft mit Schnitzwerk verziert; als zusammenklappbarer Flügelaltar: *Altar-, Heiligen-Schrein;* → Schintoismus.
Schreiner, Klaus Peter (* 7. 4. 1930), dt. Satiriker u. Kabarettautor für die „Münchner Lach- und Schießgesellschaft" und die Fernsehsendungen *Notizen aus der Provinz* und *Scheibenwischer.* Schriftst.: *Ins Schwarze geschrieben* u. a.
Schreker, Franz (23. 3. 1878–21. 3. 1934), östr. Opernkomp. u. Textdichter; *Der ferne Klang; Der Schatzgräber.*
Schrey, Ferdinand (19. 7. 1850–2. 10. 1938), dt. Stenograph; 1887 *Vereinfachte*

dt. Stenographie (1897 „System Stolze-Sch."), 1928 *Volksverkehrs-Kurzschrift.*
Schreyvogl, Friedrich (17. 7. 1899–11. 1. 1976), östr. Schriftst.; Dramen u. Romane; *D. kluge Wienerin.*
Schrieffer, John R. (* 31. 5. 1931), am. Physiker; Forschungen z. Supraleitung; Nobelpr. 1972.
Schrift, *w.,* sichtbare, geformte Zeichen zur Wiedergabe d. Sprache; urspr. → Bilderschrift, dann Wort-Schrift, aus der die Silben- u. Buchstaben-Schrift hervorgingen; → Hieroglyphen, → Keilschrift. Aus den Hieroglyphen entwickelten sich phöniz. u. aramäische Schrift, erstere von den Griechen zur Lautschrift umgebildet; aus der westgriech. Schrift d. german. Runen, d. Schrift Wulfilas, die kyrillische (slaw.) Schrift; aus der lat. Kapital-Schrift die Unzial-Schrift (→ Unziale) zu handschriftl. Gebrauch; aus dieser alle späteren lat. Schriftformen Westeuropas. Seit der Erfindung → Gutenbergs um 1450 Verfahren, Schriftzeichen aus Lettern (Typen) zus.zusetzen und von diesem Satz nach Auftragen einer Farbe (Druckerschwärze) beliebig viele Abdrucke herzustellen. Gebräuchl. **Schriftarten:** → *Fraktur, Antiqua,* die lat. Druckschrift, mit verschiedenen Formen, z. B. der Bodoni-Schrift. Man unterscheidet → Majuskeln und → Minuskeln sowie geradestehende gewöhnliche und schrägstehende *(kursive)* Buchstaben. Zur Auszeichnung (Hervorhebung) oder zum Schmuck des Satzes dienen Initialen, Versalien, Grotesk-Schriften, Linien und Ornamente; ferner **fette** Buchstaben, g e s p e r r t e r Satz u. Durchschuß, der mehr oder minder großen Zeilenabstand bewirkt; kompresser Satz: ohne Durchschuß; Ggs.: splendider Satz.
Schriftform, bei gesetzlich vorgeschriebener Sch. muß Aussteller einer Urkunde diese eigenhändig unterschreiben (§ 126 BGB).
Schriftgießerei, Betrieb zur vorwiegend maschinellen Herstellung v. Buchdrucklettern durch Einguß v. Letternmetall in Matern (Matrizen) aus Kupfer od. Messing.
Schriftgrade, z. B.:

Petit	8 Punkte:	Spätzchen
Borgis	9 Punkte:	Spätzchen
Korpus	10 Punkte:	Spätzchen
Cicero	12 Punkte:	Spätzchen

nach e. typograph. Punktsystem eingeteilt z. Größenbestimmung d. Schriften (1 *Punkt* = 0,376 mm); der Grad u. *Kegel* bezeichnet die Buchstabenhöhe.
Schriftmetall, svw. → Letternmetall.
Schriftsatz, im *Zivilprozeß:* v. einer Partei dem Gericht zur Vorbereitung der mündl. Verhandlung gesandte Eingabe; soll u. a. enthalten: Beweismittel, begrün-

deten Antrag u. Erklärung auf gegner. Vorbringen (§ 130 ZPO).
Schrimpf, Georg (13. 2. 1889–19. 4. 1938), dt. Maler; e. Hptvertr. der Neuen Sachlichkeit.
Schritt-macher, 1) Läufer oder Fahrer, der für einen anderen das Tempo angibt; im Radrennsport, bei Steherrennen auch zur Wegnahme des Luftwiderstandes auf Spezialmotorrädern; **2)** *med.* künstlicher Sch.macher des Herzens, el. „Taktgeber" mit Batterieantrieb (häufig m. Kernenergie), wird bei Reizleitungs- u. Schlagfolgestörungen unter der Haut eingesetzt; → Herzschrittmacher. – **Sch.zähler,** taschenuhrförm. Instrument mit Zahnradschaltung durch schwingenden Gewichtshebel zur Zählung der zurückgelegten Schritte.
Schrobenhausen (D-8898), St. i. Kr. Neuburg-Sch., Oberbay., 14 669 E; Geburtsort F. v. *Lenbachs;* Lenbach-Mus.; div. Ind.
Schröder, 1) Friedrich Ludwig (3. 11. 1744–3. 9. 1816), dt. Theaterleiter i. Hamburg (u. Durchsetzung Shakespeares in Dtld verdient) u. Schauspieler; **2)** Gerhard (* 7. 4. 1944), SPD-Pol., 1978–80 Juso-Vors., s. 1990 Min.Präs. v. Niedersachsen; **3)** Gerhard (11. 9. 1910–31. 12. 89), CDU-Pol.; 1953–61 Innen-, 1961–66 Außenmin., 1966–69 Verteid.min.; **4)** Rudolf Alexander (26. 1. 1878–22. 8. 1962), dt. Dichter u. Übersetzer; Lyrik: *D. weltl. Gedichte; Mitte des Lebens; Geistl. Gedichte.*
Schrödinger, Erwin (12. 8. 1887–4. 1. 1961), östr. Phys.; Schöpfer d. wellenmechan. Atomforschung; Nobelpr. 1933.
Schröffer, Joseph (20. 2. 1902–7. 9. 83), dt. Theologe; 1948–67 Bischof v. Eichstätt, s. 1968 in d. röm. Kurie, s. 1976 Kurienkardinal.
schröpfen, Blut entziehen (aus der Haut) od. ableiten (in die Haut) durch Anlegen von Blutegeln oder Schröpfkopf (Saugnäpfe aus Gummi od. Glas) mit bzw. ohne vorherige Hautritzung.
Schrot, 1) grob gemahlenes Getreide, meist als Viehfutter u. bei der Bierbrauerei u. Kornbrennerei verwendet; **2)** kleine Stahl- od. Bleikugeln (1/2–6 mm) für Jagdpatronen.
Schrotblätter, Metalldrucke des 15. u. 16. Jh.; auf dunklem Grund weiße Zeichnung (→ Abb. S. 842).
Schroeter, Werner (* 7. 4. 1945), dt. Film- u. Theaterregisseur; *Der Tod d. Maria Malibran* (1971); *Neapolitan. Geschwister* (1978); *Palermo od. Wolfsburg* (1980); *Malina* (1990).
Schröter, Corona (14. 1. 1751–23. 8. 1802), dt. Sängerin u. Schauspielerin.
Schrotmühle, Zerkleinerungsmaschine z. Herstellung von → Schrot durch Zerquetschen u. Zerreißen *(Schroten)* d. Korns.
Schrott, Alteisen, Altstahl, als Zusatz zu Roheisen (z. B. im Siemens-Martin-Stahlofen).

Schrotblatt

Schrumpfen, Verfahren z. Befestigen ringförmiger Metallteile (z. B. Radreifen) in erhitztem Zustand auf einen Kern (Felge); ziehen sich beim Erkalten zusammen (schrumpfen fest).
Schrumpfniere → Nierenschrumpfung.
Schruns (A-6780), östr. Marktgem. u. Kurort i. Vorarlberg, 689 müM, 3700 E; nahebei Kraftwerke u. Speicherseen.
Schtscherbakow, ehem. Name (1949–56) d. sowj. St. → Andropow.
Schub, 1) mechan. Kraft, *Scherung,* die unmittelbar benachbarte Querschnitte e. Körpers gegeneinander verschiebt oder verdreht; **2)** Vortriebskraft e. **Schubdüse** in → Strahltriebwerken, gemessen in Kilo- → Pond; Leistung e. Strahltriebwerks in PS = 0,85 × Schub in kp (Faustformel).
Schubart, Christian Friedrich Daniel (24. 3. 1739–10. 10. 91), dt. Dichter; zehn Jahre auf dem Hohenasperg gefangen; Zeitung *Deutsche Chronik;* pol. Lyrik.

Franz Schubert

Schubert, Franz (31. 1. 1797–19. 11. 1828), östr. Komponist der Romantik; Schöpfer des Liedes als selbständiger Kunstform (über 600 Lieder nach Texten von Goethe, Klopstock, Heine, Uhland, Rückert u. a.); Zyklen: *Die schöne Müllerin; Winterreise; Schwanengesang;* 8 Sinfonien; 6 Messen, Bühnenmusiken; 15 Streichquartette, Kammermusiken, Klavierwerke.

Schublehre, Längenmeßwerkzeug: die gesuchte Abmessung kann auf einer Maßteilung zwischen den beiden (auch durch Mikrometerschraube gegeneinander) verschiebbaren Meßschneiden abgelesen werden; → Nonius erhöht die Genauigkeit d. Ablesung.
Schubstange, svw. → Pleuelstange.
Schuch, Carl (30. 9. 1846–13. 9. 1903), östr. Maler; Entwicklung v. d. Spätromantik zum Impressionismus, zuletzt abstrahierende Elemente; Landschaften, Stilleben.
Schuckert, Siegmund (18. 10. 1846–17. 9. 95), dt. Industrieller; begr. 1873 in Nürnberg e. elektrotechn. Werkstatt, später vereinigt zu d. Siemens-Sch.werken.
Schudra → Çudra.
Schuh, Oscar Fritz (15. 1. 1904–22. 10. 84), dt. Theaterleiter u. Regisseur.
Schuhplattler, bayr. Volkstanz: Tänzer umtanzt Tänzerin, sich auf Schenkel u. Absätze schlagend („plattelnd").
Schuhschnabel, svw. → Abu Markub.
Schuhwarenindustrie, Hauptstandorte in BR: Pirmasens, Stuttgart, Offenbach, Berlin, Nürnberg.
Schu-king [chin. „Buch der Schrift"], hl. Buch der Chinesen; von Konfutse herausgegeben.
Schukow, Georgi (2. 12. 1896–18. 6. 1974), sowj. Marschall; verteidigte im 2. Weltkr. Moskau u. Stalingrad, eroberte 1944 d. Ukraine zurück, nahm 1945 Berlin ein; 1945/46 Oberbefehlshaber d. sowj. Besatzungstruppen i. Dtld, 1955–57 Verteid.min.
Schuldanerkenntnis, Vertrag zw. Gläubiger u. Schuldner, durch den d. Bestehen eines Schuldverhältnisses anerkannt wird (§ 781 BGB).
Schuldbuch, amtl. Register, in d. Darlehnsforderungen an d. Staat aus dessen Anleihen als Buchforderungen (statt → Schuldverschreibungen) eingetragen werden.
Schuldfähigkeit, verminderte, durch Geistesschwäche, seel. Krankheiten od. Bewußtseinsstörung beeinträchtigte Fähigkeit, das Unrecht e. Straftat einzusehen; kann zur Strafmilderung führen (§ 21 StGB).
Schuldner, d. gegenüber einem anderen (Gläubiger) zu einer Leistung Verpflichtete. – **Sch.verzug,** tritt ein, wenn Schuldner nach Fälligkeit trotz Mahnung nicht leistet; Wirkungen: Schadenersatzpflicht, Zinszahlungspflicht (§§ 284 ff. BGB).
Schuld-recht, *Recht d. Schuldverhältnisse,* Teil des Bürgerl. u. Handelsrechts, regelt die Rechtsbeziehungen aus Verträgen, aus → ungerechtfertigter Bereicherung u. → unerlaubter Handlung (2. Buch BGB, HGB). – **Sch.schein,** schriftl. Bestätigung, eine bestimmte Leistung zu schulden. – **Sch.titel,** svw. → Vollstreckungstitel. – **Sch.übernahme,** Verpflichtung, die Sch. eines Dritten zu erfüllen; bedarf der Zustimmung des Gläubigers; tritt gesetzl. ein, wenn jemand *vertragl.*

das Vermögen eines anderen übernimmt (§§ 414 ff. BGB). – **Sch.umwandlung,** svw. → Novation. – **Sch.unfähigkeit,** liegt vor, wenn Straftäter wegen einer krankhaften seel. Störung od. Abartigkeit od. wegen Schwachsinns nicht in d. Lage war, d. Unrecht d. Tat einzusehen od. nach dieser Einsicht zu handeln (§ 20 StGB). – **Sch.verhältnis,** d. sich aus Ges. od. Vertr. ergebende Rechtsbeziehung zw. Schuldner u. Gläubiger. – **Sch.verschreibungen,** auf d. Inhaber (§§ 793 ff. BGB), Wertpapiere, d. e. Forderungsrecht (keinen Anteil) darstellen, in d. Regel festverzinsl.; Hptarten: *Anleihen, Industrieobligationen, Pfandbriefe;* staatl. Genehmigung erforderlich. – **Sch.versprechen,** ein vom Rechtsgrund unabhängiges Versprechen einer Leistung, Schriftform nötig (§ 780 BGB).
Schuldramen, geistl. Stücke des 16. u. 17. Jh., an Schulen u. Universitäten v. Schülern aufgeführt, meist im 1. Kampfmittel d. Gegenreformation.
Schule, 1) öffentl. oder private Anstalt für Unterricht u. Erziehung, → Schulwesen; **2)** künstlerische, phil. Richtung, die sich von einem tonangebenden, *Schule machenden* Meister herleitet.
Schulenburg, Friedrich Werner Gf v. d. (20. 11. 1875–10. 11. 1944), dt. Diplomat, 1934–41 Botschafter i. Moskau; als Widerstandskämpfer nach d. 20. Juli 1944 z. Tode verurteilt.
Schülerselbstverwaltung, *Schülermitverwaltung,* Beteiligung der Schüler an d. Gestaltung d. Schullebens z. Einübung von Eigeninitiative, Verantwortungsbewußtsein sowie Wahl d. Klassen- u. Schulsprecher, Hilfs- u. Ordnerdienste, Schülerzeitungen.
Schul-geld, wurde in Dtld für Besuch mittlerer u. höherer Schulen sowie gehobener Fachschulen erhoben; heute Schulgeldfreiheit i. allen Bundesländern (außer private Schulen), z. T. auch Lehrmittelfreiheit. – **Sch.gemeinde,** Zusammenschluß von Lehrern, Schülern u. Eltern einer Schule z. gemeinsamen Beratung u. Durchführung von Schulangelegenheiten. – **Sch.hygiene,** Zweig d. Hygiene als Wissenschaft u. ihre praktische Anwendung in Schulen (z. B. durch bes. Schulärzte). – **Sch.kindergarten,** Vorklasse für Kinder, die schulpflichtig, jedoch entwicklungsmäßig noch nicht schulfähig sind. – **Sch.landheim,** Landheim z. period. Erholungsaufenthalt der Klassen einer Schule unter Aufsicht von Lehrern. – **Sch.leiter,** an Volksschulen d. *Rektor;* an höheren Schulen d. *Oberstudiendirektor;* trägt der Schulaufsichtsbehörde gegenüber die Verantwortung f. die äußere u. innere Ordnung des Schulbetriebs.
Schulmedizin, die offizielle, an den Uni.en gelehrte wiss. Heilkunde im Ggs. zur Volksmedizin u. anderen inoffiziellen diagnost. u. therapeut. Sondermethoden (Außenseiterverfahren, *Paramedizin).*

Schulwesen

Deutschland, BR: Das Sch. ist Angelegenheit d. Bundesländer, der Bund kann seit 1969 bei der Bildungsplanung mitwirken. Die allg. Schulpflicht ist i. d. Regel auf 12 Jahre festgesetzt. **Grundschule** i. d. Regel 4 Jahre, in Stadtstaaten 6 Jahre; *Primarbereich.* – **Förderstufe** *(Orientierungsstufe)* 5. u. 6. Schuljahr an der Gesamtschule. – **Sekundarstufe I** 3 Schularten: Hauptschule, Real-/Mittelschule, Gymnasium/höhere Schule, sofern nicht zusammengefaßt in Gesamtschule; 5.–10. Schuljahr. – **Sekundarstufe II** allgemeinbildende Schulen Klasse 11–13 (Gymnasium, 2. Bildungsweg) sowie berufliche Schulen (Berufsschule, Berufsgrundschule, Berufsfachschule, Berufsaufbauschule, Fachoberschule/Fachgymnasium; Fachakademie und Berufsoberschule nur in Baden-Württemberg und Bayern). – **Hauptschule** Klasse 5–9, in Stadtstaaten 7–9; Pflichtschule für alle, die keine andere Schule besuchen; Aufbau eines z. Z. noch freiwilligen 10. Schuljahres; in mehreren Ländern besonderer *qualifizierender Hauptschulabschluß*, der Übergang in Aufbauklassen ermöglicht; danach Sekundarstufe II: allgemeine oder berufliche Schulen. – **Realschule** *(Mittelschule)* 5.–10. bzw. 7.–10. Schulabschluß: mittlere Reife. – **Gymnasium** 5.–13. bzw. 7./8.–13. Schuljahr; führt zur allgemeinen Hochschulreife *(Abitur)*; Schultypen: altsprachl., neusprachl., math.-naturwiss., musisches, sozialwiss., wirtschaftswiss. Gymnasium; Sondertypen berufliche Gymnasien oder Fachgymnasium; nach der 10. Klasse Oberstufenreife (im Gegensatz zur mittleren Reife schließt Oberstufenreife mit 2 Fremdsprachen ab). – **Gesamtschule** Klasse 5–10 (in Berlin 7–10) und 11–13 (je nach Ausbau) 2 Hauptformen: *integrierte Gesamtschule,* gegliedert nicht nach Schulart und Schultyp, sondern das Unterrichtsangebot richtet sich nach Leistung und Eignung der Schüler (Grundkurse, Intensivkurse, Neigungskurse); *kooperative (additive) Gesamtschule,* nach der Orientierungsstufe getrennte Schulzweige Haupt-, Realschule, Gymnasium; Abschluß je nach erreichtem Kenntnisstand; Entwicklung von Gesamtschulmodellen unterschiedlicher Art und Zahl in einzelnen Ländern. – **Hochschulen,** Universitäten, Technische Universitäten/Hochschulen, Gesamthochschulen, Fachhochschulen, Pädagogische bzw. Erziehungswissenschaftliche Hochschulen, Kunst-, Musik- und Sporthochschulen; Zulassung (je nach Art) mit allgemeiner Hochschulreife (Abitur), fachgebundener Hochschulreife oder Fachhochschulreife. – **2. Bildungsweg** für Jugendliche und Erwachsene Möglichkeit zum nachträglichen Erwerb von Schulabschlüssen; Abendhauptschule, Abendrealschule, Berufsaufbauschule, Abendgymnasium, Berufsoberschule, Institut zur Erlangung der Hochschulreife (Kolleg), Sonderreifeprüfungen (Fernstudium, Fernsehunterricht), Volkshochschulen. – Die Durchführung einer auf einen Plan von 1955 zurückgehenden Vereinheitlichung des Schulwesens in der BR wurde 1964 von den Min.präs. der Länder beschlossen. Der Plan sieht im einzelnen folgendes vor: **a)** einheitl. Festlegung des Schuljahrbeginns in allen Bundesländern auf den 1. August (seit 1967); **b)** Festsetzung der Pflichtschulzeit auf mindestens 9 Jahre; Anrechnung auf ein 10. Jahr steht den Ländern frei; **c)** einheitl. Bezeichnung u. Gliederung der Schultypen, beginnend mit der gemeinsamen Unterstufe, der *Grundschule,* und der *Hauptschule* (bisher Volksschuloberstufe), die *Realschule* u. das *Gymnasium* aufbauen; **d)** ein für alle Schüler gemeinsames 5. u. 6. Schuljahr kann die Bezeichnung *Förder-* od. *Beobachtungsstufe* tragen; **e)** die Klassen werden, beginnend mit dem 1. Grundschuljahr, durch alle Schultypen von eins bis dreizehn durchgezählt; **f)** die Einrichtung von *Abendrealschulen* u. *-gymnasien* für die Fortbildung Berufstätiger; **g)** an den Hauptschulen soll von der 5. Klasse an eine Fremdsprache gelehrt werden; **h)** das Gymnasium soll erst von der 9. Klasse an in versch. Schultypen aufgegliedert werden; als zweite Fremdsprache sind Latein, Französisch od. Englisch vorgesehen; frühestens in der 11. Klasse folgt eine dritte Fremdsprache; **i)** vorgesehen ist ferner die allg. Einführung gymnasialer Aufbaustufen von den Haupt- u. Mittelschulen her. **DDR:** Der Aufbau des Bildungswesens wurde durch das *Gesetz*

über das einheitliche sozialistische Bildungssystem von 1965 geregelt, bis 1990 mehrere Neuerungen. Die „sozialistische Erziehung" begann mit der Kinderkrippe (1.–3. Lebensjahr) u. den staatl. Kindergärten (4.–6. Lebensjahr). Die **Zehnklassige allgemeinbildende polytechnische Oberschule** schloß sich an. Sie war gegliedert in Unterstufe (Klasse 1–3), Mittelstufe (Klasse 4–6) u. Oberstufe (Klasse 7–10). In der 5. Klasse begann der Fremdsprachenunterricht mit Russisch; als zweite Fremdsprache folgte meist Englisch. In der Oberstufe begann die unmittelbare Berufsausbildung (jährl. 150 Arbeitstage in Industrie u. Landwirtschaft in den Klassen 9 u. 10). Nach Abschluß der zehnklassigen Oberschule je nach Begabung drei Möglichkeiten d. Fortbildung: **a)** Lehre als Facharbeiter; **b)** Berufsausbildung u. gleichzeitiger Besuch d. Abiturklassen der Berufsschule (Hochschulreife); **c)** bei guten u. sehr guten Leistungen zwei weitere Oberschulklassen **(Erweiterte allgemeinbildende polytechnische Oberschule)** bei gleichzeitiger Berufsausbildung (Abitur u. Hochschulreife). Später u. a. die Einführung von zwölfklassigen Spezialschulen für besonders Begabte. **Frankreich:** Schulpflicht vom 6.–16. Lebensjahr. **Volksschule** (École primaire) dauert 8 Jahre u. ist in 2 Zyklen mit je 4 Jahren gegliedert. Parallel z. 1. Zyklus läuft d. vierjährige Vorschule z. Höheren Schule; parallel z. 2. Zyklus, aber 6jährig, laufen Förderklassen z. Vorbereitung auf Fachschulen od. Lehrerseminare. Volksschulreife berechtigt z. Eintritt i. e. Fachschule (meist Lehrlingsfachschule). – **Höhere Schulen** teilen sich i. staatl. Lycées mit Latein u. Griechisch; Latein u. 2 moderne Sprachen; Latein, 1 moderne Sprache u. Naturwiss.; u. d. privat., kirchl. od. kommunalen Collèges, d. neben sprachlichen auch technische u. landwirtsch. Züge haben. Reifezeugnis nach d. 7. Schuljahr. Danach **Hochschule:** Universitäten, sehr viele Fachschulen. **England:** Schulgeldfreiheit. **Volksschule:** sechsjährig. Danach Einweisung der Volksschüler nach Ausleseverfahren in eine d. 3 **Höheren Schultypen:** *Modern School* (prakt. Zweig), *Technical School* (techn. Zweig) u. *Grammar School* (klassischer Zweig). Der Besuch dieser Schulen ist bis zum 15. Lebensjahr Pflicht. In d. Modern School schließt d. Schüler nach d. 16. Lebensjahr, in d. Technical School u. d. 18. Lebensjahr d. Reifezeugnis ab. Die Grammar School dauert v. 11.–3. Lebensjahr u. bereitet hauptsächl. auf d. Universitätsstudium vor. Außerdem bestehen zahlreiche private Schulen, wie z. B. d. Public Schools von Eton u. Harrow. **Hochschulen:** Uni., Fachhochschulen. **USA:** 6- od. 8jährige Grundschule, *Elementary School,* beginnend mit dem 6. Lebensjahr; darauf aufbauend *Junior High School,* 3jährig (Oberstufe d. Grundschule u. zugleich Unterstufe der höheren Schule), oder (bei 8jähriger Grundschule) 4jährige *High School.* Im Anschluß an die Junior High School eine 3jährige *Senior High School* (entspricht unserer Mittel- u. teilweise Oberstufe der höheren Schule); darauf aufbauend das *College,* 2- od. meist 4jährig (zw. unserer höheren Schule u. Hochschule), welches vielfach teils der Uni. angegliedert ist. Die High School kann bezüglich ihres inneren Aufbaus sehr differenziert; umfaßt vor allem auch zahlreiche handwerkliche u. kaufmännische Fächer. – **Hochschulen:** *Universität, Fachhochschule* (staatlich u. privat). Lehrerbildung hochschulmäßig, *Teachers College,* 3jährig. **Sowjetunion:** Konsequent durchgeführte u. straff gegliederte **Einheitsschule.** Im 3jähriger Unterstufe, *Vierjahresschule,* 3jährige Mittelstufe, *Siebenjahresschule,* 3jährige Oberstufe, *Zehnjahresschule.* Im Anschluß an die Unterstufe Übertrittsmöglichkeit in die 3jährige *untere Berufsschule* bzw. *Bauernjugendschule,* welche beide zu den „*Arbeiterfakultäten"* (politisierten Volkshochschulen) führen. Nach d. Siebenjahresschule Übertrittsmöglichkeit in d. 3jährige *höhere technische Lehranstalt* (starke Spezialisierung) bzw. in d. 3jährige *Industrielle Akademie.* Den Zehnjahresschule führt z. **Hochschule:** *Fachhochschule* bzw. *Universität.* Für d. späteren Führer in Politik, Wirtschaft und Wissenschaft aufbauend auf d. Hochschule eine 3jährige Sonderbildung u. *Aspirantur.* – Schulgeld- und Lehrmittelfreiheit.

Schulp, *Sepiaschale,* kalkige innere Rükkenschale der Kopffüßergattung → Sepia; „weißes Fischbein" als Schleifmittel u. als Kalkspender für Käfigvögel.

Schulpflicht, gesetzl. Zwang zum Schulbesuch, in fast allen Kulturstaaten eingeführt; in BR vom vollendeten 6. Lebensjahr an; Dauer: 9 Schuljahre, danach (soweit nicht anderer Schulbesuch) mindestens 3 Jahre Berufsschule.

Schulpforta, einst berühmtes Gymnasium mit Internat bei Naumburg a. d. Saale, in d. früheren (1137–1543) Zisterzienserkloster *Pforta;* jetzt in Meinerzhagen als „Landesschule zur Pforte".

Schulrat, Amtsbez. für hauptamtl. angestellte Schulaufsichtsbeamte; Stadt- od. Kreis-Sch.

Schulreform, pädagog. Bestrebungen zu zeitnaher Ausgestaltung d. Schulwesens; wandte sich zuerst gg. die „Lernschule"; Kunsterziehungs-, Arbeitsunterrichtsbewegung, Forderung eines lebensnahen Lehrplans, Schülerselbstverwaltung u. a.; → Bildungsplan.

Schulschiffe, meist Segelschiffe z. Ausbildung d. Nachwuchses d. Kriegs- u. Handelsmarine (z. B. die Gorch Fock).

Schultheiß → Bürgermeister.

Schultz, 1) Johannes H. (20. 6. 1884–19. 10. 1970), dt. Psychiater; Begr. d. → Autogenen Trainings; **2)** Theodore W. (* 30. 4. 1902), am. Agrarökonom; (zus. m. A. → Lewis) Nobelpr. 1979 (Bedeutung d. Landwirtschaft f. d. wirtsch. Entwicklung in Entwicklungsländern).

Schultze, Bernhard (* 31. 5. 1915), dt. Maler u. Objektkünstler; → Tachismus.

Schultze-Naumburg, Paul (10. 6. 1869–19. 5. 1949), Baumeister, Kunstschriftst.; *Das Gesicht des dt. Hauses.*

Schultz-Hencke, Harald (1892–1953), dt. Psych.; maßgebenden Einfluß auf d. → Gestalttherapie.

Schulwesen → Übersicht.

Schulze-Delitzsch, Franz Hermann (29. 8. 1808–29. 4. 83), Begr. der dt. Genossenschaftsbewegung; *Entwicklung d. Genossenschaftswesens.*

Schumacher, 1) Emil (* 29. 8. 1912), dt. tachist. Maler; **2)** Fritz (4. 11. 1869–5. 11. 1947), dt. Baumeister; Backsteinbauten in Hamburg; *Der Geist der Baukunst;* **3)** Kurt (13. 10. 1895–20. 8. 1952), SPD-Pol.; 1930 MdR, 1933–43 u. 1944/45 im KZ, s. 1946 Vors. d. SPD.

Schuman, 1) Robert (29. 6. 1886–4. 9. 1963), frz. Pol.; Min.präs. u. mehrf. Au-

Kurt Schumacher   Robert Schuman

ßenmin.; Vorkämpfer der eur. Einigungsbewegung nach dem 2. Weltkr.; auf seine Initiative 1950 d. **Sch.plan,** → Europäische Gemeinschaft für Kohle und Stahl; **2)** William Howard [*-mən*] (* 4. 8. 1910), am. Komponist; Sinfonien; Kammermusik.

Schumann, 1) Clara, geb. *Wieck* (13. 9. 1819–20. 5. 96), dt. Pianistin; *Briefwech-*

Robert Schumann

sel mit Brahms; Frau v. **2)** Robert (8. 6. 1810–29. 7. 56), dt. Komp. d. Romantik (bes. Lied); *Frauenliebe u. -leben, Dichterliebe;* Meister bes. der kurzen Formen der Klaviermusik: *Papillons, Carnaval, Kreisleriana, Kinderszenen;* Kammermusik, 4 Sinfonien; Chorwerke: *Das Paradies u. die Peri; Der Rose Pilgerfahrt;* auch Musikschriftst. u. Kritiker.

Schummerung, Kennzeichnung des Geländes bei Karten durch abgetönte Hell- u. Dunkelfärbung.

Schumpeter, Josef Alois (8. 2. 1883–9. 1. 1950), östr. Nationalökonom; Vertr. d. Grenznutzenlehre.

Schund- u. Schmutzschriften, minderwertige oder anstößige, insbes. die Jugend sittl. gefährdende Schriften; werden lt. *Gesetz über die Verbreitung jugendgefährdender Schriften* vom 9. 6. 1953 durch *Bundesprüfstelle* in öffentl. Liste aufgenommen u. dürfen dann nicht mehr Kindern od. Jugendlichen unter 18 J. durch Verkauf, Versandhandel od. Werbung zugänglich gemacht werden; für Schriften, d. Gewalttätigkeiten verherrlichen, → Pornographie u. sonstige sittl. schwer gefährdende Schriften Verbreitungsverbot auch ohne Aufnahme in die Liste.

Schünzel, Reinhold (7. 11. 1888–12. 9. 1954), dt. Schausp., Produzent u. Filmregisseur; Komödien: *Viktor u. Viktoria* (1933); *Amphitryon* (1935).

Schuppen, 1) *Schinnen,* trockene Abschilferungen d. Haut, bes. d. Kopfhaut; **2)** schützende hornige Hautgebilde, bes. der Reptilien u. Fische; Knochenplatten bei Knochenfischen, Chitingebilde bei Insekten. → Lepidodendron.

Sch.flechte, *Psoriasis,* Hautkrankheit m. weißlich abschuppenden, trockenen Entzündungsherden, bes. an den Streckseiten der Extremitäten. → **Sch.tanne,** syn. → Araukarie. **Sch.tiere,** Säugetierordnung, S-Asien u. Afrika; Körper mit starken Hornschuppen bedeckt, Grabkrallen, dünne, lange Zunge; Termitenfres-

ser, rollen sich bei Gefahr zusammen. – **Sch.wurz,** chlorophylloser Schmarotzer auf Wurzeln v. Waldbäumen m. roten Rachenblüten, schuppenartigen Blattresten.

schürfen, im Bergbau das Ausfindig- u. Zugänglichmachen von Minerallagern, die an der Erdoberfläche liegen.

Schuricht, Carl (3. 7. 1880–7. 1. 1967), dt. Dirigent (bes. Bruckner u. d. neue Musik).

Carl Schurz

Schurz, Carl (2. 3. 1829–14. 5. 1906), dt.-am. Pol., flüchtete 1852 wegen Beteiligung am badischen Aufstand (1848) in die USA; Gen.major der Nordstaaten im → Sezessionskrieg; 1877–81 am. Innenmin.; förderte die Verschmelzung d. Nationalitäten i. d. USA.

Schuschnigg, Kurt Edler v. (14. 12. 1897–18. 11. 1977), östr. christl.-soz. Pol.; Bundeskanzler 1934–38 (autoritärer Nachfolger v. → Dollfuß); trat 1938 vor Einmarsch dt. Truppen zurück; bis 1945 im KZ.

Schuß, 1) das Abfeuern od. Auslösen eines Geschosses aus einer → *Schußwaffe;* **2)** einmal. Weg d. Schiffchens mit dem **Schußfaden** in der → Weberei.

Schußwaffen, Sammelbez. für Feuerwaffen, insbes. Handfeuerwaffen, wie Pistole, Revolver, Gewehr, Maschinenpistole, Maschinengewehr u. a.; auch f. Armbrust, Pfeil u. Bogen u. a. (→ Tafel, S. 845).

Schute, 1) kleines Lastschiff geringen Tiefgangs; **2)** Frauenhut der Biedermeierzeit.

Schütt, zwei von Donauarmen zw. Preßburg und Komorn gebildete fruchtbare Inseln: *Große Sch.,* tschech., *Kleine Sch.,* ungarisch.

Schüttel-frost, starkes Kältegefühl mit Gänsehaut, Zähneklappern, Zittern und rasch steigendem Fieber; bes. Infektionskrankheiten. – **Sch.lähmung** → Paralyse 3).

Schüttelreim, Reim m. vertauschten Anfangsbuchstaben d. reimenden Wörter od. Silben (*Es zückt d. Zorn das Hakkebeil – Der Zahnarzt macht die Backe heil).*

Schütz, 1) Heinrich (14. 10. 1585–6. 11. 1672), dt. kirchl. Komp.; erste dt. Oper: *Dafne* (nur Text erhalten); Passionen: *Die 7 Worte Christi am Kreuz; Markus-, Matthäus-, Lukas-, Johannes-Passion; Weihnachts-Historie;* Psalmen, Motetten, Ma-

Schußwaffen

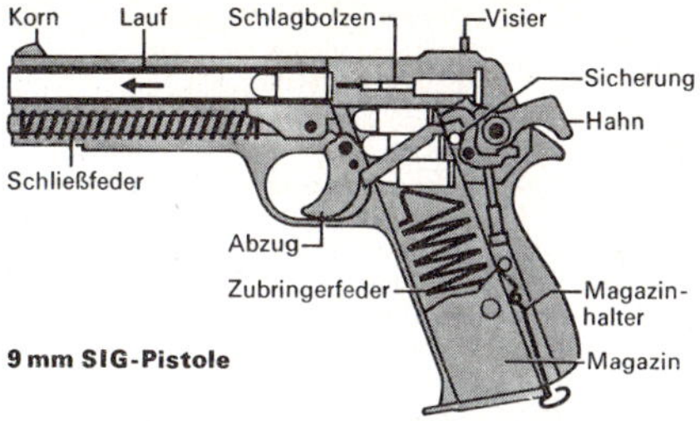

Korn — Lauf — Schlagbolzen — Visier — Sicherung — Hahn — Schließfeder — Abzug — Zubringerfeder — Magazinhalter — Magazin

9 mm SIG-Pistole

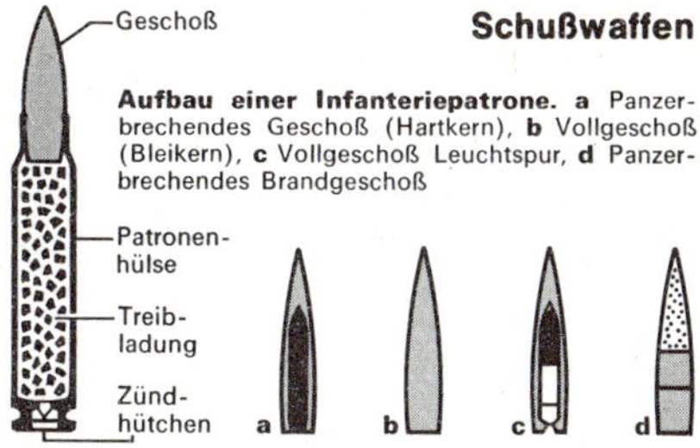

Geschoß

Aufbau einer Infanteriepatrone. a Panzerbrechendes Geschoß (Hartkern), **b** Vollgeschoß (Bleikern), **c** Vollgeschoß Leuchtspur, **d** Panzerbrechendes Brandgeschoß

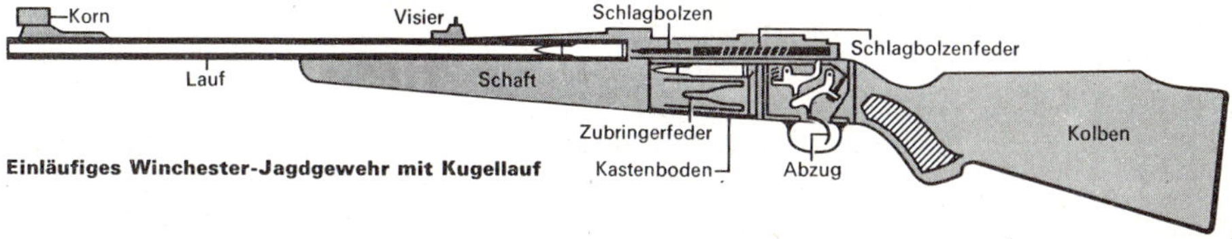

Patronenhülse — Treibladung — Zündhütchen a b c d

Korn — Visier — Schlagbolzen — Schlagbolzenfeder — Lauf — Schaft — Zubringerfeder — Kolben — Kastenboden — Abzug

Einläufiges Winchester-Jagdgewehr mit Kugellauf

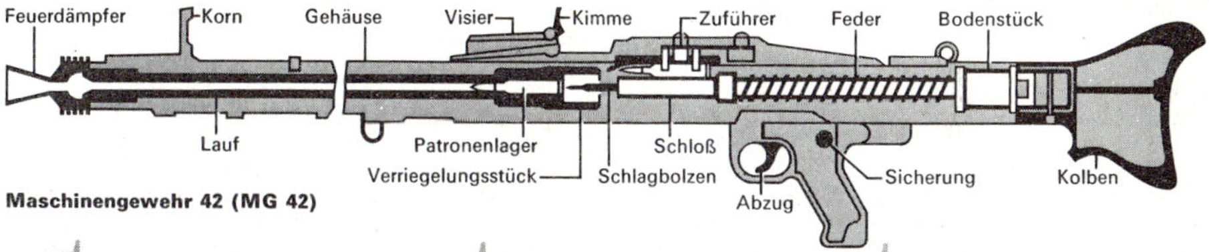

Feuerdämpfer — Korn — Gehäuse — Visier — Kimme — Zuführer — Feder — Bodenstück — Lauf — Patronenlager — Schloß — Verriegelungsstück — Schlagbolzen — Sicherung — Kolben — Abzug

Maschinengewehr 42 (MG 42)

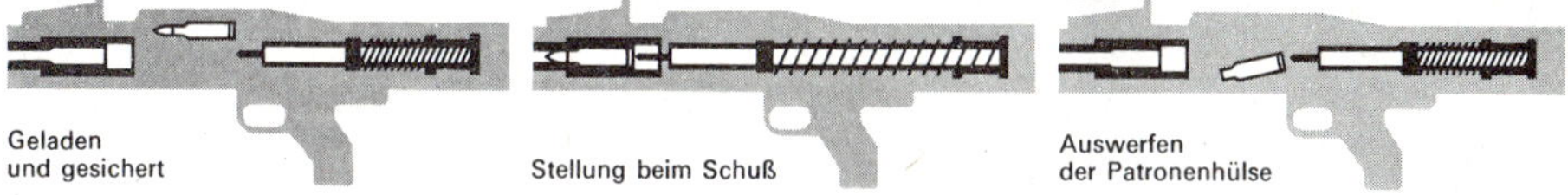

Geladen und gesichert

Stellung beim Schuß

Auswerfen der Patronenhülse

---

drigale; 2) Klaus (* 17. 9. 1926), dt. SPD-Pol., 1967–77 Reg. Bürgermeister v. West-Berlin; 1977–81 Botschafter in Israel; 1981–86 Intendant d. Deutschen Welle.

Schutzbrief, *Geleitbrief,* im MA vom Gebietsherrn gegebene schriftl. Zusicherung persönl. Schutzes.

Schütze, 1) automatisch (mechan., pneumat., elektromagnet.) betätigter Schalter in d. Elektrotechnik (z. B. *Schützensteuerung*); 2) an → Schleusen od. Wehren bewegl. Eisen- od. Holztafeln z. Regelung d. Wasserdurchlaufs; 3) in d. Weberei das Schiffchen, das d. Schußfaden durch d. Kette zieht; 4) 9. Zeichen d. → Tierkreises; **→** Übers.

Schützenfisch, ind. Süßwasserfisch, 15–20 cm lang, ernährt sich von Insekten, die er mit gezieltem Wasserstrahl von Pflanzen herabspritzt, die über d. Wasseroberfläche ragen.

Schutz-färbung, die durch Selektion entstandene Färbung v. Tieren i. Einklang m. ihrer Umwelt; z. B. weiße Polar- u. fahlgelbe Wüstentiere, Schutz gg. Feinde u. Vorteil gg. Beutetiere; aber → Mimikry. – **Sch.frist,** zeitl. Begrenzung d. → Urheberrechts u. best. gewerbl. Sch.rechte (→ gewerblicher Rechtsschutz). – **Sch.gas,** sauerstoffreies, nicht brennb. Gas (Kohlensäure, Stickstoff), das entzündliche u. leicht verdampfende Flüssigkeiten (Treibstoff) v. d. Luft abschließt u. v. Entzündung od. Oxidation schützt; ebenso beim Schweißen mit Argon als Schutzgas. – **Sch.gebiet,** frühere amtl. Bez. für eine dt. Kolonie; auch Gebiet, über das eine Sch.herrschaft (Protektorat) unter Belassung gewisser Selbstverwaltungsrechte ausgeübt wird. – **Sch.gewahrsam,** kurzzeitige Festnahme einer Person zu ihrem eigenen Schutz (z. B. wegen Vollrausches, Selbstmordgefahr) u. zur Aufrechterhaltung v. Sicherheit u. Ordnung. – **Sch.gitter** → Schirmgitter. – **Sch.heiliger,** *Schutzpatron,* in der kath. u. orthodoxen Kirche Heiliger als Beschützer eines Ortes, Landes, Stan-

des usw. – **Sch.herrschaft,** *Protektorat,* völkerrechtl. Vertragsverhältnis, wonach die stärkere Macht den Sch. über eine schwächere übernimmt und dafür gewisse Vorrechte bei letzterer genießt. – **Sch.impfung** → Immunisierung. – **Sch.marke** → Warenzeichen. – **Sch.politik,** *Protektionismus,* staatl. Maßnahmen zur Förderung und zum Schutz der heimischen Produktion (auch → Schutzzollsystem). – **Sch.polizei,** im Dt. Reich nach 1920 gebildete uniformierte Ordnungspolizei. – **Sch.raumbau,** zivilen Bevölkerungsschutzes vorgesehene Maßnahmen f. d. Bau von Schutzräumen zum → Selbstschutz der Zivilbevölkerung sowie z. Schutz verteidigungswichtiger Anlagen u. Einrichtungen. – **Sch.truppen,** die Truppen in d. ehem. dt. Kolonien. – **Sch.verband Deutscher Schriftsteller,** 1909–35, **Sch.verband Deutscher Autoren,** 1933 bis Anfang d. 2. Weltkrieges, Vereinigungen dt. Schriftsteller zur Wahrung ihrer geistigen u. wirtsch. Interessen. – **Sch.zölle** → Zölle. – **Sch.zollsystem,** Mittel d. → Schutzpolitik; Ggs.: → Freihandel.

Schwab, Gustav (19. 6. 1792–4. 11. 1850), dt. Schriftst.; *D. schönsten Sagen des klass. Altertums; Dt. Volksbücher.*

Heinrich Schütz

Schwabach (D-8540), krfreie St. i. Mittelfranken, am Fluß *Sch.* (Nbfl. d. Rednitz), Bay., 34 217 E; AG; Blattgold-, Nadel-, Schrauben- u. a. Ind.

Schwaben, svw. → Schaben.

Schwaben, 1) nach der Völkerwanderung von Alemannen (deren Hauptteil die namengebenden → Sweben) bewohntes Gebiet zw. Franken, Lech und Vogesen; 496 unter fränk. Herrschaft; seit 7. Jh. christianisiert, unter d. letzten Karolingern Hzgt.; 1096–1268 staufisch, danach Zerfall; 1331 Kämpfe zw. *Schwäb. Städtebund* u. Württemberg, 1488 Bildung des *Schwäb. Bundes* (Württemberg, schwäb. Reichsritter u. Reichsstädte, Tirol); Württemberg gewinnt seitdem Vormacht in Schwaben; **2)** Rgbz. in SW-Bayern, mit Allgäuer Alpen im S, Hptfluß die *Donau,* Ostgrenze der *Lech;* 9993 km², 1,6 Mill. E; Hptst. *Augsburg.*

Schwabenspiegel, im 13. Jh. verfaßtes Rechtsbuch des in Oberdtld geltenden Land- u. Lehnrechts, auf der Grundlage des Sachsenspiegels.

Schwabing, Stadtteil, Künstlerviertel in München.

Donaudurchbruch durch die Schwäbische Alb

Schwäbische Alb, *Schwäbischer Jura,* Höhenzug, vorwiegend wellige Hochfläche zwischen Rhein und Wörnitz, im N zum Neckar steil, im S zur Donau flach abfallend; verkarstet (Höhlen, Trockentäler, Dolinen); Teile: Klettgau, Baaralb, Heuberg, Rauhe Alb; im *Lemberg* 1015 m.

Schwäbischer Bund u. **Sch. Städtebund** → Schwaben 1).

Schwäbische Türkei, Bez. für das ehem. dt. Siedlungsgebiet zw. Donau u. Drau.

Schwäbisch Gmünd (D-7070), Gr.Krst. i. Ostalbkr., Ba-Wü., 57 861 E; PH, FHS, AG; roman., got. u. barocke Kirchen, Fachwerkhäuser, Edelmetall-, Glas-, Uhrenind. – Ehem. Freie Reichsstadt.

Schwäbisch Hall (D-7170), Krst. in Ba-Wü., am Kocher; 31 375 E; AG; ma. Stadtbild; Ev. Diakoniewerk; Solbad. – 1276 Reichsst. mit eigener Münze (daher „Heller"), 1802 württemberg.

Schwabmünchen (D-8930), St. i. Kr. Augsburg, Bay., am Lechfeld, 10 617 E; AG; div. Ind.

Schwachsinn, Intelligenzdefekt, *Debilität*

Schwan

(IQ = 50–70), *Imbezillität* (IQ = 25–50), *Idiotie* (IQ unter 25); → IQ.

Schwachstrom, im allg. Sprachgebrauch für Fernmelde- u. Kleinverbraucherspannungen (bis 60 V) bzw. -ströme. – **Sch.technik** Fernmeldetechnik.

Schwaden, 1) Reihen gemähten Grases od. Getreides; **2)** *Glyceria,* hochwüchsige Gräser feuchter Standorte, Manna-Schwade, Futterpflanze, Früchte früher „Schwadengrütze".

Schwadron, *w., Eskadron* [it.], Einheit bei Kavallerie u. Fahrtruppen, der Kompanie entsprechend.

Schwadroneur, *m.* [-´nør], Schwätzer, Großmaul.

Schwaetzer, Irmgard → Adam-Schwaetzer.

Schwägerschaft, familienrechtl. Verhältnis eines Ehegatten zu den Verwandten des anderen.

Schwalben, Sperlingsvögel mit Gabelschwanz und Sichelflügeln; vorzügliche Flieger, Insektenfänger; in Dtld (April bis September): *Rauch-Sch.,* Kehle rostbraun, nistet in Ställen usw. (offene Nester); *Haus-Sch., Mehl-Sch.,* ganze Unterseite weiß, baut bis aufs Flugloch geschlossene Nester an Außenwänden von Gebäuden; *Ufer-Sch.,* Nester in Erdröhren an Sandhängen (*nicht* verwandt: Mauersegler, Nachtschwalbe).

Schwalbennester, eßbare Nester d. → Salangane.

Schwalbenschwanz, 1) trapezförmige Leiste zu fester od. bewegl. Verbindung im Maschinenbau, in d. Schreinerei (→ Gehrung); **2)** großer Tagschmetterling mit geschwänzten Hinterflügeln.

Schwalm, r. Nbfl. d. Eder, 80 km l., vom Vogelsberg, durchfließt d. **Sch.grund.**

Schwalme, nachtschwalbenartige Vögel S-Asiens und Australiens.

Schwalmstadt (D-3578), St. i. Schwalm-Eder-Kr., Hess., an d. Schwalm; 1970 entstanden durch Zus.schluß v. *Treysa, Ziegenhain* u. 11 weiteren Gem., 17 371 E; histor. Stadtkerne.

Schwalmtal (D-4056), Gem. i. Kr. Viersen, a. Niederrhein, NRW, 14 677 E.

Schwamm, svw. → Hausschwamm; auch Bez. f. *Hutpilze.*

Schwämmchen → Soor.

Schwämme, niedrige mehrzellige Tiere, ohne Sinnesorgane; bilden im Meer und Süßwasser festsitzende Kolonien. Feine Stützskelette aus Kalk, Kieselsäure oder Horn (Badeschwamm).

Schwammspinner, Nachtschmetterling; Raupe ist Obstbaumschädling.

Schwan, 1) Entenvogel; *Sing-Sch.,* hoher Norden; *Höcker-Sch.,* auf rotem Schnabel schwarzer Höcker, N-Europa, bei uns als Ziervogel häufig; andere Arten: *Trauer-Sch.,* Australien, u. a.; **2)** → Sternbilder, Übers.

Schwandorf (D-8460), Krst. i. d. Oberpfalz, an der Naab, Bay., 25 874 E; AG; Großkraftwerk, Tonwaren-, Porzellanfabr., Aluminiumwerk.

Schwanenblume, svw. → Wasserliesch.

Schwanen-gesang, letztes Werk eines Dichters (nach sagenhaftem Sterbegesang d. Schwans). – **Sch.jungfrau,** in d. german. Sage (z. B. im Wielandslied) Walküre im Sch.kleid; im german. Märchen Jungfrauen, die die Sterblichen eine Weile beglücken u. sie dann wieder verlassen.

Schwangerschaft, *Gravidität,* Zustand der Frau vom Zeitpunkt der Befruchtung (Empfängnis) bis zur Geburt des Kindes; normale Dauer: 280 Tage (= 10 Mond-Monate). – **Sch.sabbruch,** Beendigung d. Sch. durch Abtötung d. Leibesfrucht (Abtreibung); bis zum 3. Monat durch Ausschabung od. Absaugung des Gebärmutterinhalts, in späterem Sch.sstadium durch Operation. Der Sch.sabbruch ist strafbar nach § 218 StGB m. Freiheitsstrafe bis zu 3 Jahren od. m. Geldstrafe, in bes. schweren Fällen m. Freiheitsstrafe bis zu 5 Jahren. Wird d. Sch.sabbruch von d. Schwangeren selbst vorgenommen, ist d. Höchststrafe 1 Jahr Freiheitsentzug. Die Strafbarkeit entfällt, wenn d. Sch.sabbruch mit Einwilligung d. Schwangeren von einem Arzt vorgenommen wird u. folgende Voraussetzungen vorliegen: d. Sch.sabbruch muß unter Berücksichtigung d. Lebensverhältnisse der Schwangeren nach ärztl. Erkenntnissen angezeigt sein, um eine Gefahr f. das Leben, die körperl. od. seelische Gesundheit d. Schwangeren abzuwenden (*med. Indikation).* Diese Voraussetzungen gelten auch als erfüllt, wenn a) ein gesundheitsgeschädigtes Kind zu erwarten ist u. d. Fortsetzung d. Sch. d. werdenden Mutter nicht zuzumuten ist (*genet. Indikation),* b) die Sch. Folge eines Sexualverbrechens ist (*ethische Indikation),* c) von der Schwangeren eine sonst nicht zu behebende Notlage abgewendet werden muß (*soz. Indikation).* Für d. genet. Indikation gilt eine Frist von 22 Wochen, f. d. ethische u. d. soziale eine Frist von 12 Wochen seit Empfängnis. Dem legalen Sch.sabbruch hat eine Beratung durch eine öff. Beratungsstelle od. einen Arzt vorauszugehen, d. als Berater anerkannt ist od. der eine Beratungsstelle od. e. Berater konsultiert hat u. d. selbst den Sch.sabbruch nicht vornimmt. § 218a StGB; Im Gebiet d. ehem. DDR gilt eine Übergangszeit die sog. → Fristenlösung weiter. – **Sch.szeichen,** sichere: positiv immunolog. Schwangerschaftsteste,

Ultraschalldiagnostik, kindl. Herztöne, Kindsbewegungen; *wahrscheinliche:* Änderungen in Aussehen u. Form der Geschlechtsorgane; *unsichere:* Ausbleiben der → Menstruation, Zunahme des Bauchumfangs, Pigmentablagerungen, morgendl. Erbrechen. Bei manchen Frauen stärkere **Sch.sbeschwerden:** Sch.serbrechen; nervöse Reizzustände, bei Veranlagung sogar *Sch.spsychose,* Haut-, Nierenkrankheiten. Normale Sch. bei gesunder Frau braucht Leistungsfähigkeit (in ersten 5 Monaten) nicht herabzusetzen; in der zweiten Hälfte der Sch. aber ist eine gewisse Schonung nötig. In den ersten Sch.smonaten sind Anstrengungen und Erschütterungen unbedingt, Medikamente möglichst zu vermeiden, da sonst Fehlgeburten (u. Mißbildungen) nicht selten; kräftige u. ausreichende, aber mäßige Ernährung; Leber u. Nieren nicht mit Fleisch u. Eiweiß überlasten, ebenso Vermeidung von Infektionen u. Genußgiften. – Vom 5. Monat an Kindsbewegung zu spüren u. Herztöne d. Kindes zu hören. – *Fehlerhafte Sch.:* Eileiter- od. Bauchhöhlen-Sch.

Schwank, *m.,* derbkomische Erzählung; Lustspiel, dessen Humor auf Situationskomik beruht; Mittel der Satire.

Schwanthaler, Ludwig v. (26. 8. 1802–14. 11. 48), dt. Bildhauer d. Klassizismus; *Bavaria* (München); *Mozart* (Salzburg); *Goethe* (Frankfurt/M.).

Schwänze, im Börsenverkehr → Corner.

Schwanzlurche, Ordnung d. Amphibien (Molche u. Salamander).

Schwärmer, Nachtschmetterlinge mit schmalen Vorderflügeln u. langem Rüssel; saugen, vor Blüten schwebend, Honig; Raupen mit Horn am Körperende (z. B. *Totenkopf, Oleander-Sch., Liguster-Sch., Wolfsmilch-Sch.*), oft schädlich die Raupe der *Kiefer-Sch.* (frißt Kiefernnadeln).

Schwärmer, *Schwarmgeister,* spiritualist., kommunist. Sektierer der Reformationszeit: *Karlstadt, Münzer.*

Schwarz, Berthold, eigtl. *Konstantin Anklitzen* (um 1300), Franziskanermönch; angebl. Erfinder des Schieß-("Schwarz"-)Pulvers, wahrscheinl. nur Konstrukteur von Schußwaffen.

Schwarzatal

Schwarza, 1) l. Nbfl. der Saale i. Thüringen, durchfließt das idyll. **Sch.tal,** 45 km

lang, mündet bei Sch. **2)** *Sch.,* St.teil von Rudolstadt, Thür.

Schwarzarbeit, gewerbl. oder handwerkl. Tätigkeit unter Umgehung gesetzl. Anmelde- u. Anzeigepflicht u. der Steuergesetze; strafbar (auch der Auftraggeber) nach Gesetz vom 30. 3. 1957 u. a. Bestimmungen; bei Arbeitslosenunterstützungs- oder Sozialhilfeempfängern als Betrug bestraft.

Schwarzburg (D-6825), Luftkurort i. Kr. Rudolstadt, i. Thüringer Wald, 283 müM; 1400 E; Schloß (Stammsitz der Fürsten v. Sch.).

Schwarzburg, 1) ehem. mitteldt. Fürstenhaus; 2) Sch.-Rudolstadt u. 3) Sch.-Sonderhausen, zwei ehem. dt. Fürstentümer, seit 1920 zu Thüringen.

Schwarzdorn, svw. → Schlehe.

Schwarzdrossel, *Amsel,* → Drosseln.

schwarze Listen, 1) v. Wirtschaftsverbänden als Selbstschutzeinrichtung u. Wirtschaft geführte Listen von kreditunwürdigen Personen u. Firmen; 2) Listen pol. nicht genehmer Personen od. Veröffentlichungen.

schwarze Magie → Magie.

Schwarzenbach a. d. Saale (D-8676), St. i. Kr. Hof, Oberfranken, 7959 E; Porzellan-, Stein-, Masch.-, Textilind.; *Förmitztalsperre.*

Schwarzenbach-Talsperre, im Schwarzwald bei Forbach; Stauraum 14,3 Mill. m³, Wasserturbinen v. 27 000 PS; seit 1926 in Betrieb.

Schwarzenbek (D-2053), St. am Sachsenwald, i. Kr. Hzgt. Lauenburg, Schl-Ho., 11 167 E; AG; Werkzeugmasch.ind.

Schwarzenberg, urspr. fränk. Adelsschlecht, später in Bayern, Böhmen u. Östr.: 1) Felix Fürst zu (2. 10. 1800–5. 4. 52), österr. Ministerpräs. seit 1848, nötigte Preußen zum Olmützer Vertrag (1850); 2) Karl Philipp Fürst zu (15. 4. 1771–15. 10. 1820), österr. Oberbefehlshaber der Verbündeten in den Befreiungskriegen.

Schwarzenberg (Erzgebirge) (D-9430), Krst. i. Sa., 18 000 E; Metallverarbeitung, Handklöppelspitze.

Schwarzenfeld (D-8472), Mkt. i. Kr. Schwandorf, i. d. Oberpfalz, 5952 E; Flußspatvorkommen, Braunkohlen- u. Tonerdegruben; Schamottewerk, keram. Betriebe; Schloß, Kloster.

schwarze Pocken, echte → Pocken.

Schwarze Pumpe, Braunkohlenkombinat b. Hoyerswerda, Bez. *Cottbus,* Kraftwerk, Kokerei.

Schwarzer, Alice (* 3. 12. 1942), dt. Journalistin u. Schriftstellerin; s. 1977 Herausgeberin der feminist. Zeitschrift „Emma".

Schwarzerde, russ. *Tschernosem,* besonders humusreicher Steppenboden, oft in Verbindung mit Löß sehr fruchtbar: Weizen- und Zuckerrübenanbau; in Deutschland Vorkommen z. B. in der Magdeburger Börde. – **Sch.gebiet** der

Sowjetunion; größter Teil der Ukraine und S-Sibiriens.

schwarzer Humor, Form des Humors, erzielt kom. Wirkung durch anscheinend selbstverständl. Hereinnahme des Unheimlichen u. Grauenvollen in d. Alltagswelt.

schwarzer Körper, *phys.* ein Körper, der die ges. auftreffende Strahlung verschluckt (fast sch. K. z. B. Kohlenruß).

Schwarzer Prinz, Eduard, Prinz von Wales (1330–76), ben. nach seiner schwarzen Rüstung, siegte über Frkr. 1346 bei Crécy u. 1356 bei Poitiers.

schwarzer Star → Star 3).

Schwarzer Tod, svw. → Pest.

Schwarzes Loch, engl. *Black Hole,* i. d. Astrophysik v. K. *Schwarzschild* postuliertes Endstadium f. sehr massereiche Sterne; solche Sterne stürzen nach Beendigung d. Fusionsprozesse in ihrem Inneren unter d. Wirkung ihrer eigenen Schwerkraft (Gravitationskollaps) in sich zusammen; ihre Zentralbereiche mit Massen größer als etwa 3fache Sonnenmasse können nicht stabilisiert werden, die gesamte Masse konzentriert sich auf kleinstem Raum, so daß weder Lichtstrahlen noch Materieteilchen entweichen können; nur indirekt beobachtbar durch d. Gravitationswirkung auf d. umgebende Materie.

Schwarzes Meer, im Altertum *Pontus Euxinus,* zw. Europa und Kleinasien gelegenes nordöstl. Nebenmeer des Mittelmeers, mit ihm durch Bosporus, Marmarameer u. Dardanellen (Hellespont) verbunden, 423 000 km²; wenig gegliederte Küste, im NW Limane (Lagunen), im NO das Nebenbecken des Asowschen Meeres (Verbindung durch die Straße von Kertsch); 2245 m tief, salzarme, etwa 200 m starke Oberschicht (1,8–1,9%), darunter salzreiches Mittelmeerwasser (2 bis 2,3%), in sich aufgrund Sauerstoffarmut Schwefelwasserstoff anreichert; häufig Sturm u. Nebel; Zuflüsse: *Donau, Dnjestr, Dnjepr, Don, Kizil-Irmak.*

Schwarzkopf, 1) Elisabeth (* 9. 12. 1915), dt. Sopranistin u. Liedsängerin (Mozart- u. Strauss-Interpretin); 2) H. Norman (* 1934), US-General, Oberkommandierender der Alliierten im 2. → Golfkrieg. Infanterieoffizier, 1956 Absolvent der Militärakademie West Point, im Vietnamkrieg Bataillonskommandeur, anschließend verschiedene Stabsverwendungen.

Schwarzkreide, kohlereicher Tonschiefer; zu Zeichenstiften verarbeitet.

Schwarzkümmel, Hahnenfußgewächse, zerschlissene Blätter, meist blaue Blüten (z. B. *Jungfer im Grün,* Zierpflanze).

Schwarzkupfererz, Mineral, Kupferoxid.

Schwarzpulver → Schießpulver.

Schwarz-Schilling, Christian (* 19. 11. 1930), CDU-Pol.; s. 1982 B.min. f. Post- u. Fernmeldewesen.

Schwebebahn, *Wuppertal*

Schwarzsender, Funksender ohne Genehmigung (Sendelizenz); strafbar.

Schwarzwald, Mittelgebirge in SW-Dtld, 160 km l; 50–60 km breit, mit Steilabfall zur Rheinebene, sanfter Abdachung nach O zum Schwäb. Stufenland; durch die Kinzig geteilt in: a) *nördl. Sch.,* Buntsandsteintafel mit Hornisgrinde (1164 m), Seen (Mummelsee, Wildsee); rege Holzind.; b) *südl. Sch.,* Granit, mit *Feldberg* (1493 m) u. *Belchen* (1414 m), Seen (Titi-, Schluch-, Feldsee); zahlreiche

Schwarzwald bei Todtnau

Mineralquellen (Baden-Baden, Badenweiler, Wildbad), berühmte Holzschnitzerei und Uhrenind. (Triberg, Schramberg); Wasserkraftwerke an d. Murg und am Schluchsee. – **Sch.bahn** Offenburg-Singen, *Höllentalbahn* Freiburg–Donaueschingen.

Schwarzwasserfieber, Komplikation d. tropischen Malaria mit Blutzerfall; durch Blutfarbstoff dunkler Urin, bes. nach Chiningebrauch.

Schwarzwild → Schweine.

Schwarzwurzel, Korbblütler m. Pfahlwurzeln, spargelähnl. Gemüse.

Schwaz (A-6130), östr. St. am Inn, Tirol, 11 000 E; Tabak-, Steingut-, Farben- u. Lackind., Schleifmittel.

Schwebe-balken, eines d. 4 Geräte d. Frauenturnens; 5 m langer u. 10 cm breiter Holzbalken, Oberkante 1,10 m (intern. 1,20 m) vom Boden entfernt; olymp. Wettbewerb (Einzel- u. Mehrkampf).

Schwebebahn, einspurige Bahn m. hängenden Wagen, deren Laufwerke a. einer aufgeständerten Schiene (z. B. in Wuppertal) od. einem Drahtseil rollen (Seilbahn); f. Personen u. Lasten; bei ortsfestem Antrieb Überwindung großer Steigungen möglich; verhältnismäßig geringe Anlagekosten, große Sicherheit.

schwebende Schuld, *flottierende Sch.,* (→ Schatzanweisungen), kurzfristige Staatsschulden; Rückzahlung nach Vorlegung des Schuldtitels, aber spätestens innerhalb eines Jahres.

Schwebfliegen, bienen- u. wespenähnliche Fliegen, im Flug oft stillstehend; Larven einiger Arten Blattlausvertilger.

Schwebungen, *phys.* Überlagerung zweier Töne m. fast gleicher Frequenz; hörbar durch period. Lautstärkenschwankungen.

Schwechat (A-2320), St. a. d. *Sch.* (r. Nbfl. d. Donau), Niederöstr., 15 000 E; div. Ind., Raffinerie; Flughafen v. Wien.

Schweden, amtl. *Konungariket Sverige,* parlamentar.-demokr. Monarchie auf dem größeren O-Teil d. skandinav. Halbinsel, 449 964 km²; 8,5 Mill. E (19 je km²); Bev.-Zuw. 0,1%; Währung: schwed. Krone (skr); Rel.: ev.; Hptst.: *Stockholm;* Flagge S. 341, Karte S. 743. **a)** *Geogr.:* 64% Wald; 7,3% landw. Fläche; *Nord-Sch.* (*Norrland*) umfaßt 58% des Gesamtgebiets, aber nur ¼ d. Bev.; 64% Wald, 9% Acker- u. Weideland, 27% Ödland; im W Hochgebirge (*Kebnekaise* 2135 m) m. bed. Eisenerzlagern (60–70% Eisengehalt), u. a. bei *Kiruna* u. *Gällivare, Luossavaara;* Kupfer, Gold, Blei, Zink, Silber; Holzflößerei, Großkraftwerke (Harsprånget), Sägewerke u. Cellulosefabriken; Fremdenverkehr bes. i. Jämtland; *Mittel-Sch.* (*Svealand*): 65% Wald, 16% Acker- u. Weideland, 19% Gebirge, Ödland, Mälar- u. Hjälmarsee; Eisenerzabbau, Hüttenwerke, Holz- u. Papierind.; *Süd-Sch.* (*Götaland*): 50% Wald, 31% Acker- u. Weideland, 19% Gebirge, Ödland; alte Kulturlandschaften am Vätter- u. Vänersee; Inseln Öland u. Gotland; Hafenstädte *Göteborg* u. *Malmö;* Glasind., Möbelfabr.; Schonen „Schwedens Kornkammer"; Landw., Eisen-, Stahl-, Masch.-, Elektro- u. chem. Ind. **b)** *Außenhandel* (1988): Einfuhr 45,7 Mrd., Ausfuhr 49,71 Mrd. $. **c)** *Verkehr:* Handelsflotte 2,17 Mill. BRT (1989); Eisenbahnen 12 366 km. **d)** *Verf.* v. 1809 (mehrfach geändert, zuletzt 1975): Konstitutionelle Erbmonarchie (Haus Bernadotte; Beschränkung d. Monarchen auf Repräsentationsaufgaben) m. Reichstag (Riksdag); Ministerrat (Statsrad). **e)** *Verw.:* 24 Verw.bez. (Län). **f)** *Gesch.:* Um 500 n. Chr. Reichsgr. v. Uppsala aus; 800–1000 Ostlandfahrten d. Waräger; 11. Jh. Christianisierung; Erwerb Finnlands i. 12. Jh.; 1397–1521 durch → Kalmarer Uni-

on m. Dänemark u. Norwegen vereinigt; 1523–1654 unter Haus Wasa beherrschende Ostseemacht; Reformation; unter Gustav Adolf entscheidendes Eingreifen in → Dreißigjährigen Krieg; Erwerb v. Ingermanland, Karelien, Estland u. Livland, im Westfäl. Frieden 1648 von Vorpommern, Wismar, Bremen u. Verden; Karl X. Gustav (Haus Pfalz-Zweibrücken) erwirbt im Frieden v. Roskilde die süd- u. westschwed. Küstengebiete; 1675 Niederlage bei Fehrbellin. Nach dem → Nordischen Krieg (1700–21) unter Karl XII. Verlust der Ostseeprovinzen, von Bremen u. Verden u. damit der Großmachtstellung; 1719 neue Verf.; 1751–1818 Haus Holstein-Gottorp, 1773–1809 Gustavianische Zeit: Kg Gustav III. stellt Königsmacht wieder her; 1809 tritt Sch. im Frieden v. Fredrikshamn Finnland u. Ålandinseln an Rußland ab; neue Verf.; 1810 wählt Sch. den frz. Marschall Bernadotte als Thronfolger (Kronprinz), erhält 1814 Norwegen von Dänemark gegen Vorpommern u. Rügen *(Schwed.-Norweg. Union);* 1905 Auflösung der Union m. Norwegen; 1950–73 Gustav VI. Adolf Kg, s. 1973 Carl XVI. Gustav; 1960 Gründungsmitgl. der EFTA; S. verfolgt unbedingte Neutralitätspol. **g)** *Mitgl.:* UN, Nord. Rat, Europarat, OECD, EFTA.

Schwedenplatte, *schwed. Schüssel,* kalte Platte mit belegten Broten u. kleinen Gerichten.

schwedische Gardinen, scherzhaft für Gefängnisgitter.

schwedische Literatur, *15. Jh.:* Thomas v. Strängnäs *(Lied v. Engelbrecht). 18. Jh.:* E. Swedenborg, Carl Michael Bellman, Thomas Thorild. *19. Jh.:* Phosphoristen (Romantiker): Lars Hammarsköld, Pehr Atterbom; Götischer Bund: Erik Gustaf Geijer, Esaias Tegnér *(Frithjofsage);* K. J. L. Almquist *(Buch Dornrose);* Viktor Rydberg, August Strindberg; Gustaf af Geijerstam *(Buch vom Brüderchen),* Verner v. Heidenstam *(Karl XII. u. seine Krieger; Folke Filbyter);* S. Lagerlöf, P. Hallström. *20. Jh.:* P. Lagerkvist (Lyrik, Roman, Drama); vorwiegend Lyriker: G. Fröding, K. Ek, K. Boye, A. Lundkvist, K. Vennberg, G. Ekelöf, J. Edfelt, E. Lindegren, H. Martinson; vorwiegend Erzähler: M. Stiernstedt, H. Dixelius, F. G. Bengtsson, V. Moberg, O. Hedberg, H. Bergman, B. Berg (Tierbücher), G. Hellström, Lo-Johansson, E. Johnson, S. Stolpe; A. Lindgren.

Schwedt (Oder) (D-1330), Krst. i. Bbg., 52 569 E; Schloß (17. Jh.); Tabakind.; Erdölleitung aus d. Wolgagebiet.

Schwefel, *S,* chem. El., Oz. 16, At.-Gew. 32,066, Dichte 2,07; gelbes sprödes Nichtmetall, sublimierbar zu pulvriger *Sch.blüte, -blume;* löslich in Benzol u. *Sch.kohlenstoff;* rein in vulkan. Gebieten (Sizilien); bed. Vorkommen im S der USA u. am Golf v. Mexiko; gebunden in vielen Mineralien: Kies (→ Tafel Mine-

ralien; S. 343), Glanz, Blende; Hauptverwendung: Gewinnung v. Sch.säure, dann zu Explosivstoffen, Schädlingsbekämpfung, z. Vulkanisieren von Kautschuk u. zur Zündholzfabrikation; *med.* bes. in Salbenform bei Hautkrankheiten, zu Bädern; verbrennt zu *Sch.dioxid (SO₂)*, einem stechend riechenden, bleichenden, keimtötenden Gas. – **Sch.bäder,** Bäder mit Sch.quellen; bes. bei Hautkrankheiten. – **Sch.blume, Sch.blüte** → Schwefel. – **Sch.dioxid,** *SO₂,* wird z. B. freigesetzt in Autoabgasen, beim Verbrennen fossiler Brennstoffe, b. der Erdölraffination; spielt eine Rolle bei der Bildung v. → Smog u. „saurem Regen"; Beseitigung des SO₂ durch Entschwefelung. **Schwefelkies,** *Pyrit,* → Eisenkies (Abb. S. 343).
Schwefel-kohlenstoff, *CS₂,* feuergefährl., stark lichtbrechende Flüssigkeit; durch Leiten von Sch.dampf über glühende Kohle gewonnen; unpolares Lösungsmittel für Sch., Iod, Phosphor, Öle, Fette, Gummi. – **Sch.kopf,** Blätterpilz mit schwefelgelbem Hut; bitter, giftverdächtig. – **Sch.regen,** vom Wind verwehter Blütenstaub von Nadelhölzern. – **Sch.säure,** *H₂SO₄* Dichte 1,836; bildet als wichtigste anorgan. Säure eine d. Grundlagen d. chem. Industrie (Bleichen, Färben, Ölmühlen u. -raffinerien, Beizen v. Metallen, Explosivstoffe); Salze: *Sulfate;* Herstellung früher durch d. *Bleikammerverfahren:* Oxidation d. durch Rösten von Sch.erzen (→ Eisenkies) gewonnenen Sch.dioxidgases durch Salpetersäuredämpfe in m. Blei ausgekleideten Kammern; heute durch das *Kontaktverfahren:* katalyt. Oxidation v. gasförmigem Sch.dioxid zu Sch.trioxid, das m. Wasser Sch.säure bildet; wirkt stark ätzend u. verkohlt organ. Substanz durch Wasserentziehung; Verwendung auch z. Superphosphatgewinnung. – **Sch.wasserstoff,** *H₂S,* farbloses, übel riechendes giftiges Gas; natürl. in Sch.quellen u. Vulkangasen, entsteht b. Fäulnis schwefelhaltiger Eiweißstoffe; techn. aus Sch.metallen u. Säure; chem. schwache Säure; Salze heißen → *Sulfide.*
schwefeln, Ausräuchern durch das bei der Verbrennung von Schwefel entstehende Schwefeldioxid; zum Bleichen oder zur Keimtötung.
schweflige Säure, *H₂SO₃,* Lösung von *Schwefeldioxid* (→ Schwefel und Schwefelsäure) in Wasser; Salze heißen *Sulfite* (Bleichmittel).
Schweidnitz, *Świdnica,* poln. St. a. d. Weistritz, Niederschlesien, 54 300 E.
Schweifaffen → Sakis.
Schweigepflicht → Berufsgeheimnis.
Schweikart, Hans (1. 10. 1895–1. 12. 1975), dt. Theaterleiter u. Regisseur.
Schweine, paarzehige Säugetiere mit rüsselartiger Wühlschnauze und gekrümmten Eckzähnen, europäisches *Wildschwein (Schwarzwild),* in dichten Wäldern, zerwühlt Äcker; Männchen heißt

Keiler, Weibchen *Bache,* Junge *Frischlinge.* Von ihm stammt d. *Hausschwein* (→ Tafel Tierzucht), zahlreiche Rassen, starke Ausbildung von Fleisch (Dt. weißes Edelschwein) u. Fett (Veredeltes Landschwein) sowie Rückbildung der Knochen. Schweinebestand in Dtld → Landwirtschaft, Übers., Weltbestand 780 Mill. – Andere wilde Schweine: südam. *Nabelschwein,* afrikan. *Flußschwein* u. *Warzenschwein; Hirscheber* (Celebes). – *Sch.finne, Schweine-Bandwurm* im Schweinefleisch, erzeugt → Bandwurm. – **Sch.pest,** infektiöse Dickdarmentzündung der Schweine, auch mit Entzündung der Lunge. – **Sch.seuche,** Infektionskrankheit d. Schweine, m. Lungenentzündung u. Schorfbildung, bes. bei Ferkeln (beide anzeigepflichtig).
Schweinfurt (D-8720), krfreie St. in Bay., Rgbz. Unterfranken, a. Main, 52 818 E; LG, AG; spätgot. Rathaus; Geburtsort Rückerts, Theater; Motoren-, Kugellager-, Farbenfabr.; Motorenbau; Weinbau; Hafen. – **Sch.er Grün,** Arsen-Kupfer-Acetat.
Schweinfurth, Georg (29. 12. 1836–19. 9. 1925), dt. Afrikaforscher; bereiste bes. d. Nilländer, drang 1870/71 bis ins Kongogebiet vor; *Im Herzen von Afrika.*
Schweinsohr, 1) Speisepilz (Gelbling) m. ohrförmigem Hut; **2)** Blätterteiggebäck.
Schweiß, 1) wässerige von salziger, auch saurer Flüssigkeit durch die Haut infolge Temperatursteigerung, Muskelarbeit, Flüssigkeitsaufnahme, Krankheit; reguliert d. Wärmehaushalt d. Körpers. – *Sch.absonderung* b. Tieren beschränkt. Die *Sch.drüsen* (→ Haut, Abb.), Austrittsorgane f. Sch., sind f. Infektionen empfängl. (*Sch.drüsenabszeß*); **2)** i. d. *Jägersprache* svw. Blut.
Schweißeisen, *Schweißstahl,* nicht härtbares Eisen, kohlenstoffarm, schmiedund schweißbar; bes. für Kesselblech, Nieten, Muttern usw.

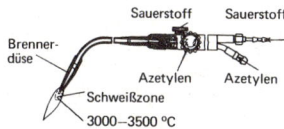

Schweißung, autogen

schweißen, Zusammenfügen schweißwarmer (glühender) Metallstücke; **a)** *Feuerschweißung:* Zusammendrücken od. -hämmern d. im (Schmiede-)Feuer erhitzten Schweißstellen (-nähte); meist unter Zufügung v. Flußmitteln; **b)** *Gasschweißen:* Erhitzen nahe aneinander liegender Schweißstellen durch **Schweißbrenner,** → Sauerstoffgebläse; dadurch Zusammenfließen der Schweißränder (evtl. mit zusätzlichem Metall) zu einem Stück: *autogenes Sch.;* ähnl. Sch. mit Thermit (Aluminium-Mischung); **c)** *elektrisches Sch.:* Einschalten d. Schweißstelle in einen

Stromkreis als Widerstand oder Sch. im el. Flammbogen.
Schweißhund, *Spürhund,* ein Jagdhund, der d. **Schweißfährte** (Blutspur) v. angeschossenem Schalenwild verfolgt.

Albert Schweitzer

Schweitzer, Albert (14. 1. 1875–4. 9. 1965), ev. Theologe, Privatdozent i. Straßburg, Musikforscher (Werke über *J. S. Bach* u. Orgelbau), Orgelspieler, Phil.; s. 1913 Missionsarzt in Lambarene (Gabun); 1952 Friedensnobelpr.; *Zwischen Wasser u. Urwald; Aus meiner Kindheit u. Jugendzeit; Geschichte der Leben-Jesu-Forschung; Kulturphil.; Die Weltanschauung d. ind. Denker.*
Schweiz, amtl. *Confoederatio Helvetica,* dt.: *Schweizerische Eidgenossenschaft,* frz.: *Confédération Suisse,* it.: *Confederazione Svizzera,* republikan. Bundesstaat in Mitteleuropa, 41 293 km², 6,67 Mill. E (162 je km²); Bev.-Zuw. 0,3%; Sprache: Dt. (von ca. 65% gesprochen), Frz., It., → Rätoroman.; Währung: Schweizer Franken (sfr); Rel.: 44,3% ev., 47,6% röm.-kath.; Hptst.: *Bern;* Flagge S. 341, Karte S. 740. **a)** *Geogr.:* Im S und O Alpenland (nördl. Kette: Savoyer Kalkalpen, Berner, Glarner Alpen; südl. Kette: Walliser, Tessiner, Adula-, Rätische Alpen; zw. Genfer See u. Bodensee d. hügelige Mittelland; dichtbesiedelte schönturlande; 9,5% Ackerland, 39,5% Wiesen u. Weiden, 26% Wald; im W u. N der *Schweizer Jura,* ein zerklüftet rauhes, langgestrecktes Faltengebirge. **b)** *Wirtsch.:* Viehzucht u. Milchwirtschaft (1988: 1,8 Mill. Rinder), Obstbau; Seiden-, Textil-, Masch.- u. Uhrenind.; Ausnutzung der Wasserkraft, Fremdenverkehr. **c)** *Außenhandel* (1988): Einfuhr 56,31 Mrd., Ausfuhr 50,61 Mrd. $. – Schaubild. **d)** *Verkehr:* Eisenbahn 5034 km. **e)** *Verf.* v. 29. 5. 1874: Parlament., direktdemokr. Bundesstaat m. Kollegialreg., 19 Voll-, 6 Halbkantone: Aargau (s. 1803), Appenzell Außer- und Innerrhoden (1513), Basel-Landschaft u. -Stadt (1501), Bern (1353), Freiburg (1481), St. Gallen (1803), Genf (1815), Glarus (1352), Graubünden (1803), Jura (1978), Luzern (1332), Neuenburg (1815), Unterwalden (Nid- u. Obwalden, 1291), Schaffhausen (1501), Schwyz (1291), Solothurn (1481), Tessin (1803), Thurgau (1803), Uri

Schweiz

0 10 20 30 40 50km

(map labels: Mülhausen, Belfort, DEUTSCH-LAND, Singen, Friedrichshafen, Kempten, Schaffhausen, Lörrach, Basel, Konstanz, Bodensee, Lindau, Frauenfeld, Rhein, Porrentruy, Liestal, Brugg, Baden, Winterthur, St. Gallen, Bregenz, Oberstdorf, Doubs, Delémont, Olten, Aarau, Zürich, Herisau, Dornbirn, Besançon, Solothurn, Reuss, Zürich-See, Rüti, Wattwil, Appenzell, ÖSTER-, Biel (Bienne), Aare, Einsiedeln, Walenstadt, Feldkirch, Vaduz, La Chaux-de-Fonds, REICH, Neuchâtel (Neuenburg), Burgdorf, Sumiswald, Luzern, Zug, Schwyz, Glarus, Bad Ragaz, LIECHTENSTEIN, Galtür, Boudry, Langnau, Vierwald-stätter S., Stans, Elm, Räti-kon, Pontarlier, Neuenburger See, Bern, Sarnen, Altdorf, Glärn. Alpen, Rhein, Chur, Davos, Silvretta-Gr., Grandson, Fribourg (Freiburg), Thun, Sarner See, Scuol, Yverdon, Saane, Brienzer S., Meiringen, Disentis, Arosa, Zernez, Bulle, Thuner S., Interlaken, Andermatt, Thusis, Rätische, Lausanne, Zweisimmen, Spiez, Grindelwald, Splügen, St., Morges, Kandersteg, St. Gotthard, Adula-, Alpen, Pontresina, Nyon, Genfer See, Vevey, Montreux, Gstaad, Finster-aarhorn, Gruppe, Tessiner A., Maloja, Thonon-les-Bains, Aigle, Sion (Sitten), Sierre, Brig, Frasco, Chiavenna, Bernina-A., Brusio, Genève (Genf), Rhône, Zinal, Simplon, Locarno, Bellinzona, Adda, Sondrio, Martigny, Walliser Alpen, Domodossola, Ascona, Lugano, Colico, Comer See, Bellagio, Chamonix, Zermatt, Matterhorn, Monte Rosa, Lago Maggiore, Verbania, Lecco, ITALIEN)

(1291), Waadt (1803), Wallis (1815), Zug (1352), Zürich (1351); Bundesvers. m. 2 Kammern: Ständerat (44 Mitgl.), Nationalrat (200 Mitgl.); Bundesrat (7 durch Bundesvers. auf 4 J. gewählte Mitgl., darunter d. Bundespräs., jährl. gewählt), ausführende Gewalt; Wahlrecht: s. 1971 Frauenstimm- u. -wahlrecht eingeführt; s. 1982 Überarbeitung d. Verf. **f)** *Gesch.*: Osthälfte v. Anfang an, Westhälfte (→ Burgund) s. 1033 beim Dt. Reich; 1291 Ewiger Bund d. drei Waldstätte Uri, Schwyz u. Unterwalden, erweitert bis 1353 durch Beitritt von Luzern, Zürich, Glarus, Zug und Bern zur Sicherung der Unabhängigkeit; erfolgreicher Widerstand gg. habsburgische Unterwerfungsversuche: 1315 bei Morgarten, 1386 bei Sempach; gg. burgundische Karls des Kühnen: 1476 bei Grandson u. Murten; 1499 Anerkennung d. Unabhängigkeit durch Kaiser Maximilian. Reformatoren: → Zwingli in Zürich, → Calvin

in Genf. Im Westfäl. Frieden (1648) endgültige Lösung v. Reich, 1798 die *Helvetische Republik* als frz. Vasallenstaat; 1803 durch *Mediationsakte* Napoleons Staatenbund unter frz. Schutzherrschaft, 1815 durch neuen *Bundesvertrag* ersetzt; d. Wiener Kongreß (1814/15) sicherte der Sch. ewige Neutralität zu; 1847 → Sonderbundskrieg u. 1848 Umwandlung des Staatenbundes in Bundesstaat; seit Mitte des 19. Jh. als neutraler Staat Gastland für intern. Kongresse (Berner u. Genfer Konvention, Locarnopakt u. a.) u. Sitz intern. Organisationen; in beiden Weltkriegen Wahrung der Neutralität. Die Sch. ist zwar nicht Mitglied der Vereinten Nationen, beteiligt sich jedoch an intern. Einrichtungen wie z. B. UNESCO. 1960 Gründungsmitgl. der EFTA; 1974 Volksabstimmung zur Schaffung eines Kantons Jura. **g)** *Mitgl.*: OECD, EFTA, Europarat; Freihandelsabkommen m. EG.

Schweizer, 1) gebürtiger Sch., der in fremdem Heer dient; z. B. *Sch.garde* d. frz. Könige; jetzt noch im Vatikan als päpstl. Wachsoldaten; **2)** Aufseher in kath. Kirchen; **3)** Türhüter; **4)** i. d. Landw.: *Melker.*
Schweizerdegen, buchgewerbl. Arbeiter; gleichzeitig Setzer u. Drucker.
Schweizergarde, Schweizer Söldnertruppe, heute noch als Teil der päpstl. Ehrenwache im Vatikan.
Schweizer Jura, *Frz.-Schweizer J.,* waldreiches Faltengebirge, von der Isère-Rhône bis zum Rhein, *Crêt de la Neige* 1718 m, i. N Hochebene; s. 1978 Kanton.
Schwelerei, trockene Destillation der *Schwelkohle* (Braunkohle, reich an wachsart. Bitumen) im *Schwelofen,* z. Gewinnung v. *Schwelteer* (reich an Solaröl und Paraffin) und *Grudekoks* (Rückstand in den Schwelzylindern).
Schwelle, 1) unteres Brett d. Türeinfassung; **2)** Querträger d. Eisenbahnschienen.

Schweiz, Wirtschaft

Ausfuhr	sfr	DM	US-$	Einfuhr
3912	1950	4536		
5616	1955	6397		
8074	1960	9641		
11367	1964	15886		
22140	1970		27873	
31875	1975		32725	
53637	1980			65790
65270	1983			74174
27284	1985		30632	
45361	1987		50557	
50400	1988		56400	

Außenhandel in Mill.

Gold- und Devisenbestand 1988
Gold: 83 Mill. troy oz
(1 Troy ounce = 31,1 Gramm)
Devisen: 17868 Mill. SZR
(Sonderziehungsrechte,
1 SZR am 28.2.1989 = 1,3215 US $
bzw. 2,14178 DM)

Schwellenwert, d. unterste Stärke eines → Reizes, auf den eben noch eine Reaktion erfolgt.

Schwellkörper, Organe, deren Umfang, Länge und Konsistenz durch starke Blutgefäßfüllung zunehmen (z. B. Penis und Kitzler).

Schwelm (D-5830), Krst. d. Ennepe-Ruhr-Kr., NRW, 29 564 E; AG; Pianofabrik, Masch.-, Eisen-, Textil- u. Kunststoffind.; Haus Martfeld, Wasserburg (16. Jh.).

Schwemmsteine, hochporöse Mauersteine aus Schlacke od. Bimskies mit Zusätzen.

Schwenckfeld, Kaspar v. (1489–10. 12. 1561), dt. ev. Sektierer; Taufe u. Abendmahl nur symbol. Handlungen; Anhänger (**Schwenckfelder**), besonders in Schlesien wegen Verfolgung seit 1734 Auswanderung nach N-Amerika (Pennsylvania).

Schwenningen am Neckar, s. 1972 → Villingen-Schwenningen. – Nahebei das *Schwenninger Moos* ♦ m. Neckarursprung.

Schwerbehinderte, Invaliden, durch gesundheitl. Schädigung mindestens um 50% arbeitsunfähige Personen; bevorzugter Anspruch auf Arbeitsplatz durch Verpflichtung der Arbeitgeber, zu einem best. Prozentsatz (öff. Verwaltung mind. 10%, öff. u. priv. Betriebe mindestens 6%) Sch. zu beschäftigen. Pflicht z. Beschäftigung v. mindestens 1 Sch. beginnt ab d. Verwaltung bei 10, in öff. u. priv. Betrieben b. 16 Arbeitsplätzen. Kündigung nur nach Zustimmung der Hauptfürsorgestelle; jährl. Zusatzurlaub von mindestens 6 Arbeitstagen; bevorzugte Berufszulassung, frühere Verrentung (Ges. vom 16. 6. 1953 u. v. 29. 4. 1974); auch → Kriegsbeschädigte.

Schwerefeld, *phys. Gravitationsfeld,* Gebiet (eines Himmelskörpers), in dem auf Körper (Anziehungs-)Kräfte ausgeübt werden.

Schwerelosigkeit, Aufhebung der Schwerkraftwirkung i. Erdsatelliten infolge der durch die hohe Bahngeschwindigkeit erzeugten Fliehkraft; bei Raumflügen Schwerelosigkeit während jeden antriebslosen Fluges.

schweres Wasser, enthält → Deuterium, ist also D_2O statt H_2O; Verwendung in Kernreaktoren als Bremssubstanz.

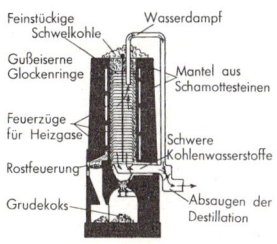

Schwelofen

Schwergewicht, Gewichtsklasse beim Boxen über 81 kg, Ringen 90–100 kg, Gewichtheben 82,5–110 kg, Judo über 93 kg, Rasenkraftsport über 90 kg.

Schwerhörigkeit, Verminderung d. Hörvermögens, Begleit- u. Folgeerscheinung aller Krankheiten des inneren, auch des mittleren Ohres, bei Trommelfellzerreißungen (infolge Explosion, starken Schlages), auch dauernde Lärmeinwirkung; → Otosklerose. Abhilfe in geeigneten Fällen durch Operation, auch durch el. Hörapparat.

Schwerin, 1) *Sch. in Mecklenburg* (D-2700), Hptst. d. Landes Mecklenburg-Vorpommern (23 838 km², 1,96 Mill. E), Stkr., am *Sch.er See* (63 km², bis 54 m tief, fischreich; Abfluß Stör zur Elbe), ehem. Residenz der Großherzöge von Mecklenburg-Sch., 129 492 E; Schloß mit got. Dom (14.–15. Jh.); Landesmus., -theater u. -bibliothek, Staatl. Konservatorium; OPD; 2) *Sch. a. d. Warthe,* *Skwierzyna,* St. in d. poln. Woiwodschaft Gorzów, 8000 E.

Schwerindustrie, Bez. für Stahlindustrie, Bergbau, Großanlagen- u. Großmaschinenbau.

Schwerkraft, Anziehungskraft der Erde oder anderer Himmelskörper (→ Gravitation); merkbar als Gewicht, gemessen für die Erde durch die *Schwerebeschleunigung* (in Mitteleuropa 9,81 m/s²).

Schweröle, die bei 230–270 °C siedenden Bestandteile des Erdöls od. des Steinkohlenteers (→ Kohlenwasserstoffe, Übers.); auch sonstige schwer entflammbare Öle.

Schwerpunkt, Punkt eines Körpers, in dem die Gesamtkraft (z. B. das Gewicht des Körpers) vereinigt gedacht werden kann.

Schwerspat, *Baryt,* Bariumsulfat (Ba-SO₄), Mineral, → Barium (Abb. S. 343).

Schwert, am Boot　　　Schwert

Schwert, 1) Hieb- und Stichwaffe; 2) b. kleineren Segelbooten ins Wasser zu senkende Platte aus Holz od. Eisen zur Verminderung der Abtrift.

Schwertbrüder, 1202 v. Bischof Albert v. Riga gestifteter Ritterorden, eroberte und kultivierte Livland, Kurland und Estland (13. Jh.); 1237 im Dt. Orden aufgegangen.

Schwerte (D-5840), Ind.st. a. d. Ruhr, i. Kr. Unna, NRW, 49 017 E; AG; Nickelwerk, Metallindustrie.

Schwertfeger, Waffenschmied im Mittelalter.

Schwertfische, 1) Knochenfische m. langem Oberkieferfortsatz als Waffe (→ Tafel Fische, S. 346); 2) *astron.* → Sternbilder, Übers.

Schwertleite → Ritterschlag.

Schwertlilie

Schwertlilie, *Iris,* Stauden m. schwertähnl. Blättern u. gr. gelben od. violetten Blüten; Zierpflanzen, oft auch wild; z. B. *Deutsche Sch., Florentiner-Sch., Wasser(schwert)lilie.*

Schwertschwänze, zwischen Krebs- und Spinnentieren stehende Meerestiere mit schildbedecktem Körper und langem Stachelschwanz; heute nur noch wenige Arten (z. B. *Pfeilschwanzkrebs*).

Schwertwal, *Mordwal,* ein Delphin, schwarz-weiß mit langer Rückenflosse; frißt Robben, andere Wale.

Schwester, 1) nach fachl. Ausbildung in der Volksgesundheitspflege tätige Frau, *Kranken-Sch., Gemeinde-Sch.,* zus.gefaßt: *Rote-Kreuz-Sch.* usw; 2) Angehörige christl. konfessioneller Frauenverbände (z. B. *Nonne, Diakonisse*).

Schwetzingen (D-6830), St. i. Rhein-Neckar-Kr., Ba-Wü. (Rheinebene), 18 029 E; AG; Schloßgarten (18. Jh.), Konservenind.; Spargelanbau; Festspiele.

Schwibbogen, frei schwebender Bogen, z. B. als Verbindung zw. 2 Mauern im Kirchenbau.

Schwiebus, *Świebodzin,* St. in d. poln. Woiwodschaft Zielona Góra, 17 000 E; Eisen-, Borsten- u. Tuchind., Braunkohlen.

Schwielen, harte Verdickungen d. Gewebe, vor allem der Haut, durch mechan. Druck od. entzündl. Prozesse (Herz- und Muskelschwielen).

Schwientochlowitz, poln. *Świętochłowice,* Ind.st. im poln. Schlesien, 58 000 E; Steinkohlengrube, Eisen- u. Stahlind. – Seit 1922 polnisch.

Schwimmaufbereitung → Flotation.

Schwimmblase, *Fischblase,* luftgefüllter Sack (Ausstülpung d. Vorderdarms); bewirkt durch Druckveränderung das Auf- u. Niedersteigen im Wasser.

schwimmen, *phys.* Gleichgewichtszustand eines festen Körpers in spezif. schwererer Flüssigkeit (oder Gas); → Auftrieb; beim Menschen (nur wenig schwerer als Wasser) durch Wassertreten oder (aktive) Schwimmbewegungen.

– Schwimmsport, Rettungsschwimmen.

Schwimmer, 1) auf oder in Flüssigkeit schwimmender Hohlkörper zur automat. Anzeige bzw. Öffnung von Leitungen; 2) bei Wassermessern (→ Pegel) zum Anzeigen des Flüssigkeitsspiegels.

Schwimmkäfer, räuberische Wasserbe-

wohner mit Ruderbeinen; z. B. der *Gelbrand*, 2–3 cm l., oben grün-schwarz, unten und an den Seitenrändern gelb; Käfer und Larven leben u. a. von jungen Fischen.
Schwimmsport, Sammelbegriff für Schwimmwettbewerbe: *Brust-, Kraul-, Delphin-, Rücken-* u. *Kunstschwimmen.*
Schwimmwaage, eine Senkwaage, → Aräometer.

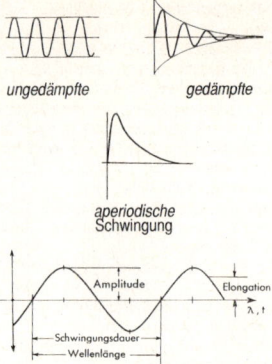

ungedämpfte   gedämpfte

aperiodische
Schwingung

Amplitude   Elongation
λ, t
Schwingungsdauer
Wellenlänge

Schwingung, *allgemeine Darstellung*

Moritz v. Schwind

Schwind, Moritz v. (21. 1. 1804–8. 2. 71), östr.-dt. Maler u. Zeichner d. Romantik; (Märchen-)Illustrationen, Wandgemälde (u. a. auf d. Wartburg u. in d. Wiener Oper); *Die Symphonie.*
Schwindelgefühl, Gleichgew.störung, durch Augentäuschungen, Blutleere im Gehirn; auch Zeichen f. Krankh. d. inneren Ohrs, Kleinhirns usw.
Schwindling, *Musseron,* Blätterpilze; als Gewürz (z. B. *Lauch-Sch., Nelkenschwamm*).
Schwindsucht, svw. Lungen- → Tuberkulose.
Schwingachse, bei Personenkraftwagen, jedes Rad für sich an einer Querfeder aufgehängt, schwingt einzeln über Bodenunebenheiten.
Schwingel, Gräser mit rispenförmigen Blütenständen; z. T. Futtergräser.
Schwingen, schweiz. Form des Ringkampfs; Ringer in kurzen Leinenhosen mit Ledergurt, an denen die Gegner sich fassen; auch → Glima.
Schwinger, Julian (* 12. 2. 1918), am. Phys.; theoret. Arbeiten z. Quantenelektrodynamik; Nobelpr. 1965.
Schwingkölbchen, *Haltere,* als Gleichgewichts- und Stabilisierungsorgane umgebildete Hinterflügel der → Zweiflügler.
Schwingkreise, in der Nachrichtentechnik Schaltglieder beim Sender, beim Empfänger Resonanzkreis; bestehend aus Stromkreis u. Induktionsspule u. Kondensator (Induktivität u. Kapazität), parallel od. in Serie geschaltet; Erregung d. Induktionsspule erzeugt Aufladung d. Kondensators, durch dessen Entladung Wiedererregung d. Spule usw. bis zum Abklingen (durch → Dämpfung); bei gleichem induktiven u. kapazitativen Widerstand eines Sch.kreises spricht man von *Resonanz; Parallelresonanz* sehr großer Widerstand, *Serienresonanz* sehr kleiner Widerstand f. Resonanzfrequenz, bewirkt Abstimmungseffekt bei Rundfunkgeräten usw.

Schwingung, regelmäßiges (period.) Schwanken eines Körpers od. Zustandes um eine Ruhelage (z. B. beim → Pendel, Wechselstrom usw.); jeweilige Entfernung von der Ruhelage: *Elongation;* größte Entfernung: *Amplitude;* Zeitdauer zw. Punkten gleicher Elongation u. Sch.srichtung: *Sch.sdauer;* Zahl der vollen Sch.en je Sekunde: *Sch.szahl* od. → *Frequenz;* bei Energieverbrauch (→ Dämpfung), z. B. durch Reibung od. Ausstrahlung von Wellen, nehmen die Amplituden ab *(gedämpfte Sch.en),* b. überstarker Dämpfung *aperiodische Sch.en,* bei genügender Energiezufuhr gleich große Amplituden *(ungedämpfte Sch.en);* räumlich sich fortpflanzende Sch.en → *Wellen.*
Schwirle, d. → Rohrsängern nahe verwandte Singvögel.
Schwirr-flug, Horizontalflug m. hoher Schlagfrequenz d. Flügel: *Kolibris, Mauersegler, Schwebfliegen, Schwärmer.* –
Sch.holz, Kultgerät b. austral., afrikan. u. am. Eingeborenen: ein Brettchen, an Menschenhaarschnur geschwungen, ergibt die summende „Geisterstimme". –
Sch.vögel, zus.fassende Bez. für → Segler, → Nachtschwalben und → Kolibris.
Schwitters, Kurt (20. 6. 1887–8. 1. 1948), dt. dadaist.-surrealist. Maler und Dichter; collagierte Materialbilder; Gedichte: *Anna Blume;* → konkrete Poesie.
Schwitzkuren, Erzeugung kräftiger Schweißabsonderung durch Hitze oder Arzneien, von heilkräftiger Wirkung, bes. bei Erkältungs-, Infektionskrankheiten und zur Entfettung.
Schwund, Einbruch d. Empfangsspannung; Signal kommt auf mehreren unterschiedl. langen Wegen zur Empfangsantenne, dadurch Amplitudenschwankungen, im ungünstigsten Fall Auslöschung des Signals; Abhilfe: Mehrfachempfang *(Diversity)* von mehreren kommerziellen Betrieb od. → Fadingausgleich.
Schwungkraft, Fliehkraft, die durch Drehung um (Drehungs-)Achse entsteht.
Schwungrad, schweres Rad (Scheibe)

zur Aufspeicherung mechan. Energie in Form v. Bewegungsenergie; Energievorrat als Ausgleich ungleichmäß. Antriebs (Motoren) od. ungleichmäß. Energiebedarfs (z. B. Walzwerkmasch.).
Schwurgericht → Rechtspflege, Übers.
Schwyz, 1) Schweiz. Urkanton, von den **Schwyzer Alpen** (*Rigi* 1800 m) durchzogen, im W der *Zugersee,* im S der *Vierwaldstätter See,* im N der *Zürichsee;* Baumwoll-, Seiden- u. Holzind.; 908 km², 106 000 E; Hptst.: **2)** *Sch.* (CH-6430), Luftkurort, 520 müM, an d. Gotthardbahn, am Fuße der *Mythen* (2 Voralpengipfel d. Sihltalbergkette), 12 100 E.
Schygulla, Hanna (* 25. 12. 1943), dt. Schausp.in; Hauptdarstellerin in vielen Faßbinder-Filmen: *Effi Briest; D. Ehe d. Maria Braun; Lili Marleen.*
Science-fiction, w. [engl. 'saıəns 'fıkʃən „Wissenschafts-Dichtung"], Zukunftsromane u. -erzählungen auf techn.-naturwiss. Grundlage, überwiegend z. trivialen Unterhaltungsliteratur gehörig; bed. Vertr.: *Bradbury, Clarke, Asimov, P. K. Dick, Lem, A. & B. Strugatzki.*
Scientology [engl. *saıən'tɔlədʒı*], v. → Hubbard begr. angewandte rel. Phil. u. Sekte; s. 1954 *S. Church* in USA (s. 1970 in BR m. Sitz in München); angebl. Ziel: d. Menschen „*clear*" (klar, rein) machen; profitorientiert; umstrittene Methoden.
scilicet [l.], abgek. *sc., scil.,* nämlich.
Scilla, *Blaustern,* Zwiebelgewächse mit blauen od. weißen Blüten; Wald- u. Zierpflanzen; *S. maritima, Meerzwiebel* (geschützt), ♠, Droge, Rattengift.
Scillyinseln [*'sıli-*], ca. 40 Inseln im Atlant. Ozean, davon 5 bewohnt, brit., 40 km südwestl. Cornwall, zus. 16 km², 2500 E; Granit; mildes Klima, aber heftige Stürme; Blumenzucht, Frühgemüse; Hptort *Hugh Town* (auf St. Mary's).
Scipio, röm. Feldherren: **1)** Publius Cornelius S. Africanus d. Ä. (major), eroberte Spanien, schlug 202 v. Chr. → Hannibal u. zwang Karthago zum Frieden; **2)** Publius Cornelius S. Ämilianus Africanus d. J. (minor), zerstörte 146 v. Chr. Karthago u. 133 v. Chr. Numantia in Spanien (→ Punische Kriege).
Scirocco [it. *ʃi-*], → Schirokko.
Sckell, Friedrich Ludwig v. (13. 9. 1750– 24. 2. 1823), dt. Gartenarchitekt; *Englischer Garten in München* 1789.
Scorel, Jan van (1. 8. 1495–6. 12. 1562), ndl. Maler d. Renaiss.; 1521–24 als Nachfolger Raphaëls i. Rom päpstl. Hofmaler u. Leiter d. Kunstsammlungen.
Scoresby [*'skɔːzbı*], William (1789– 1857), engl. Polarforscher; nach ihm ben. der **Scoresbysund,** 300 km langer, stark verzweigter Fjord i. O-Grönld.
Scorsese [*'skɔsiz*], Martin (* 17. 11. 1942), am. Filmregisseur; *Taxi Driver* (1975); *Raging Bull* (1980); *The King of Comedy* (1982); *The Last Temptation of Christ* (1988).
Scotch-Terrier [*'skɔtʃ-*], → Terrier.

Scotland Yard, *m.* ['skɔtlənd 'jɑːd], Hptdienstgebäude d. Londoner Polizei, ben. nach s. früheren Lage, s. 1890 am Victoria Embankment; auch Bez. der Polizei, bes. der Kriminalpolizei.

Scott, 1) Cyrill (27. 9. 1879–31. 12. 1970), engl. Komp. v. impressionist.-exot. Stil; Klavierwerke: *Dschungelbuch, Lotusland, Altchina;* **2)** Robert Falcon (6. 6. 1868–März 1912), brit. Seeoffizier u. Südpolarfahrer; entdeckte d. König-Eduard-VII.-Land, erreichte am 18. 1. 1912 (5 Wochen nach → Amundsen) den Südpol, kam auf d. Rückweg in e. Schneesturm um; **3)** Samuel (1702/03–Okt. 72), bedeutendster engl. → Vedutenmaler;

Walter Scott

auch Seeschlachten; **4)** Sir Walter (15. 8. 1771–21. 9. 1832), schott. Dichter; begr. d. histor. Roman: *Ivanhoe; Quentin Durward; Kenilworth; Waverley.*

Scout [engl. skaʊt „Späher"], → Pfadfinder: *Boy-S.*

Scranton ['skræntən], St. im US-Staat Pennsylvania, 88 000 E; Uni.; Anthrazitgruben, Schwerind.

Scribe [skriːb], Eugène (24. 12. 1791–20. 2. 1861), frz. Bühnenautor; *D. Glas Wasser;* Operntexte: *Hugenotten.*

Scrip, *m.* [engl. skˈ-], **1)** Schuldschein, bes. f. Zinsrückstände auf Anleihen; **2)** in d. angloam. Ländern: Interimsschein für neu ausgegebenes Wertpapier.

Scriptgirl ['skrɪpt,gəːl], Ateliersekretärin b. Filmaufnahmen.

Scud-B-Raketen, veraltete sowj. Kurzstreckenraketen (Reichweite 300 km) mit vermutlich nur konventionellen Sprengköpfen (Gefechtsköpfen) auf z. T. mobilen, auf Fahrzeugen montierten Abschußrampen. Vom Irak weiterentwickelt als Langstreckenversion Typ „El Abbas" u. „El Hussein". Im 2. → Golfkrieg vom Irak eingesetzt v. a. auf die saudiarabischen Städte → Dharan u. Riad sowie gegen Israel (Haifa u. Tel Aviv). Wirkungsvolle Bekämpfung abgefeuerter S. durch das Flugabwehrraketensystem → Patriot.

Scudo, *m.,* it. Silbermünze (16.–19. Jh.).

sculpsit [lt. skˈ- „hat gestochen"], Vermerk zum Namen d. Stechers auf graph. Blättern.

Scuol (CH-7550), schweiz. Heilbad, Klimakurort u. Wintersportplatz im Engadin, 1250 müM, 1800 E; einzige Glaubersalzquellen im Alpengebiet, alkal.-erd. Säuerling.

SDAJ, Sozialistische **D**eutsche **A**rbeiterjugend.

SDI ['ɛsdiˈaɪ], Abk. f. **S**trategic **D**efence **I**nitiative, *Strategische Verteidigungs-Initiative,* ein v. d. USA initiiertes Programm zur weltraumgestützten Raketenabwehr mittels Laserstrahlen; bei NATO-Partnern als „Star Wars" umstritten.

SDS, Abk. f. → *Sozialistischer Deutscher Studentenbund.*

Se, *chem.* Zeichen f. → *Selen.*

Seaborg ['siːbɔːg], Glenn Theodore (* 19. 4. 1912), am. Chem.; entdeckte Transurane v. *Plutonium* bis *Mendelevium;* Nobelpr. 1951.

Seal, *m.* od. *s.* [engl. ziːl], *Seebär,* Ohrenrobbe des Pazifiks zw. N-Asien u. N-Amerika; Fell als *Sealskin* in Handel; durch rücksichtsloses Abschlachten in seinem Bestand bedroht; jetzt jährl. Höchstzahl festgesetzt. – **S.bisam,** Imitation aus Bisamrattenfell. – **S.plüsch,** fellartiger langfloriger, stark glänzender Plüsch.

Sealsfield ['siːlzfiːld], Charles, eigtl. *Karl Postl* (3. 3. 1793–26. 5. 1864), östr. Schriftst.; *D. Kajütenbuch.*

Séance, *w.* [frz. se'ãs], spiritistische Sitzung.

SEATO, South **E**ast **A**sia **T**reaty **O**rganization, *Manilapakt,* 1954 Sicherheitspakt in Südostasien: Australien, Frkr. (bis 1974), Gr.-Brit., Neuseeland, Pakistan (bis 1972), Philippinen (bis 1975), Thailand (bis 1975), USA; 1977 aufgelöst.

Seattle [sɪˈætl], größte Hafen- u. Ind.st. im US-Staat Washington, a. Pugetsund (Pazifik), 491 000 E; 2 Uni.; Flugzeugbau, Werften, Holzind. – Weltausstellung 1962.

Sebaldus, kath. Hlg., Patron von Nürnberg.

Sebastian, Hlg., Märtyrer, Patron der Schützen u. Pestkranken.

Sebastiano del Piombo, eigtl. *S. Luciani* (um 1485–21. 6. 1547), it. Maler d. Renaiss.; verband venezian. u. röm. Stilelemente; Darstellungen bibl. u. mytholog. Themen, Bildnisse (u. a. *Giulia Gonzaga*).

Sebenico → *Šibenik.*

Seborrhoe, *w.* [gr. -ˈrøː], *Schmerfluß,* krankhaft gesteigerte Talgabsonderung, bes. d. Kopfhaut.

SECAM, Abk. für **s**équentielle **c**ouleur à **m**émoire, Farbfernsehverfahren, entwickelt aus dem amerikanischen → NTSC-Verfahren weiterentwickelt; Einführung der Variante SECAM 1967 in Frankreich und der Sowjetunion, später in anderen Ostblockstaaten; auch → Fernsehen (→ Tafel Farbfernsehen, S. 339).

Secco [it. „trocken"], **1)** *S.malerei,* auf trockener (Wand-)Fläche: *al secco* (Ggs.: *al fresco*); **2)** *mus.* → Rezitativ.

Sechmet, *Sachmet, Sechee,* ägypt. Kriegsgöttin, Gattin des → Ptah; meist löwenköpfig dargestellt.

Sechsender, *Sechser,* Hirsch od. Rehbock m. 6 Enden am Geweih bzw. Gehörn.

Sechstagerennen, Berufsradrennen über 145 Stunden, von Mannschaften zu je zwei sich ablösenden Fahrern bestritten; Entscheidung durch Rundengewinn od. nach Punkten.

Sechsundsechzig, dt. Kartenspiel, mit (meist) 2 Spielern, 24 Blatt; Gewinn bei 66 Punkten.

Secor, am. Navigations- → Satellit.

Secret Service, *m.* ['siːkrɪt 'sɜːvɪs], *Intelligence Service,* brit. pol. Geheimdienst.

SED, Abk. f. **S**ozialistische **E**inheitspartei **D**eutschlands, → PDS, → Parteien, Übers.

Sedan [sə'dã], frz. St. im Dép. *Ardennes,* a. d. Maas, 25 000 E; Textil-, Metallind. – 1870 dt. Sieg (Moltke), Gefangennahme → Napoleons III.

Sedativum [l.], Nervenberuhigungsmittel.

Seddin, Ort in d. Westprignitz, mit berühmtem Hügelgrab („Königsgrab") um 700 v. Chr.

Sedes Apostolica [l.], der → Apostolische Stuhl.

Sedez, *s.,* Abk. 16°, Buchformat, bei dem der Bogen in 16 (lat. *sedecim*) Blätter geteilt ist.

Sediment, *s.* [l.], **1)** das Bodensatz sich sammelnden Ausscheidungen schwebender bzw. gelöster Bestandteile d. Flüssigkeit b. Verdunstung; **2)** der durch Zentrifugieren gewonnene Bodensatz d. Harns: wichtig f. die Erkennung v. Krankh. d. Harnorgane; **3)** alle bei der → Erosion freigesetzten u. anschließend abgelagerten Gesteinspartikeln.

Sedimentgesteine, *Absatz-* od. *Schichtgesteine,* Produkte der Absetzung od. Ausscheidung aus Meer- und Süßwasser: *klastische S.* (Absatz fester Teilchen): Kies, Sand, Ton, vulkan. Asche, Lehm, Geschiebe; *chemische S.:* Steinsalz, Gips, Kalkstein (Dolomit); *organogene* od. *biogene S.:* Kalkstein, Kohle, Torf. Die S. sind der Bildungsort u. der Speicher v. Erdöl u. Erdgas.

Sedlmayr, Hans (18. 1. 1896–9. 7. 1984), östr. Kunsthistoriker; *Verlust d. Mitte; D. Entstehung d. Kathedrale; Epochen u. Werke.*

Sedow, Leonid (* 14. 11. 1907), sowj. Phys.; Astrophysik, leitete sowj. Erdsatelliten-Projekte.

See → Seen.

Seeaal, *Meeraal,* bis zu 3 m l., in allen gemäßigten u. trop. Meeren.

Seeadler → Adler.

Seealpen → Meeralpen.

Seeamt, dt. Behörde zur Untersuchung von Seeunfällen: Oberseeamt für BR in Hamburg.

Seeanemonen → Aktinien.

Seebarben, *Meerbarben,* Stachelflosser mit zwei Bartfäden, bis 30 cm l.; Mittelmeer u. Atlantik, Speisefische.

Seebären, Ohrenrobben d. südl. u. nördl.

Pazifik, bes. der → Seal, der eigtl. Seebär; → Robben.
Seebeben, → Erdbeben unter dem Meeresboden.
Seeberufsgenossenschaft, gesetzl. Un-
fallvers.träger f. Seeleute, überwacht Si-
cherheitsvorschriften; Fahrterlaubnis-
scheine (Seefähigk.) f. dt. Schiffe.
Seebohm, Hans-Christoph (4. 8. 1903–
17. 9. 67), dt. Pol. (DP, s. 1960 CDU);
1949–66 B.verkehrsmin.
Seeckt, Hans v. (22. 4. 1866–27. 12.
1936), dt. Generaloberst; 1920–26 Chef
d. dt. Heeresleitung, Organisator der
Reichswehr.

See-Elefant

See-Elefant, *Rüsselrobbe,* Gattung d.
Seehunde; bis 6,5 m l., im südl. Eismeer;
größte Robbe.
Seefahrtbuch, Arbeitspapiere des See-
manns.
Seefedern → Korallentiere.
Seefeld (A-6100), Tiroler Luftkurort u.
Wintersportplatz, 2500 E; am *Seefelder
Sattel* (1185 m); Nord. Wettbewerbe d.
Olymp. Winterspiele 1964 u. 1976.
Seegras, grasähnl. Laichkrautgewächs d.
seichten Meerwassers, m. langen, schma-
len Blättern; Pack- u. Polstermaterial;
Falsches S., eine → Segge.
Seegurken, svw. → Seewalzen.
Seehasen, 1) Küstenfische N-Europas
und N-Amerikas, bis l m l.; Bauchflossen
zu einer Saugscheibe (zum Festhalten)
verwachsen; Männchen übt Brutpflege
aus; 2) Meeresschnecken.

Seehund

Seehunde, Familie der Robben, hunde-
ähnlicher Kopf, Flossenfüße, auf dem
Lande Sprungbewegungen des ganzen
Rumpfes; Fischräuber; *Gemeiner Seehund,* gelblichgrau mit dunklen Flecken,
fast 2 m l., nördl. Meere b. Ostsee; *Ke-
gelrobbe,* grau, bis 3 m l., N- u. O-See.
→ See-Elefant.
Seeigel, Stachelhäuter, Bewohner des
Meeresbodens; der meist kugelförmige
oder ovale Körper v. dickem, stachelbe-

Seeigel

setztem Kalkpanzer umgeben, Fortbewegung durch bewegliche Stacheln und kleine Saugfüßchen; auf der Unterseite
Mund und Kauapparat.
Seekadett, Seeoffiziersanwärter.
Seekanal, Kanal für die Seeschiffahrt.
Seekarten, enthalten die für alle Seefahrer wichtigen Angaben (z. B. Meerestiefe, Beschaffenheit des Meeresbodens,
Meeresströmungen, Gezeiten, Riffe, Lage von Wracks, → Seezeichen, Kompaß-
abweichung, Aufnahme d. Küste).
Seekatze, *Chimäre, Spöke,* Knorpelfisch,
meist an Meeresküsten, mit eigenarti-
gem, dickem Kopf.
Seekrankheit, *Nausea,* Übelkeit mit Erbrechen, Schwindel; Bewegungskrankheiten.
Seekühe, *Sirenen,* wasserbewohnende
Säugetiere im Meer und in Flußmündungen, mit flossenähnlichen Gliedmaßen, Pflanzenfresser; werden wegen
ihres Fleisches, Fettes und Öls hart
gejagt; *Dugong,* Indischer Ozean, bis 4 m
lang, beim Männchen ein Paar Stoßzähne; *Lamantin, Manati,* im Oberlauf von
südamerikanischen Flüssen, 3 m lang;
Stellersche Seekuh, Borkentier, 1741 an
der Beringstraße entdeckt und schon
1768 ausgerottet.
Seeland, 1) *Sjælland,* größte Insel Dänemarks, durch den Sund vom schwed.
Festland getrennt, 7026 km², mit Nebeninseln 7518 km², 2 Mill. E; weite Buchenwälder, zahlreiche Seen; intensive
Landw., Fischerei; Hptst. *Kopenhagen;*
2) *Zeeland,* nidl. Prov., 1793 km²,
356 000 E; fruchtb. Marschland; Hptst.
Middelburg.
Seele, 1) griech. *psychē,* lat. *anima,* in der
wissenschaftlichen Psychologie umstrittener Begriff; dient zur Unterscheidung
vom Körper *(soma);* Gesamtheit psychischen Geschehens; als *theolog.* Begriff:
wesentlicher (unsterblicher) Bestandteil
des Menschen; 2) *Stimme, Stimmstock,*
bei Streichinstrumenten Stäbchen zur
Verbindung des Bodens mit der Decke;
3) Höhlung d. Laufes bzw. Rohres v.
Feuerwaffen; *Seelenachse,* gedachte Mittellinie durch d. Seele.
Seelenblindheit, Verlust des Erken-
nungsvermögens bei Sehfähigkeit des
Auges durch Krankheit d. Sehzentrums
im Gehirn.
Seelenmesse → Requiem.
Seelenwanderung, *Metempsychose,* Lehre von d. Läuterung der Seele durch fortgesetzte Wiederverkörperung bis zur
endgültigen Erlösung. Von der S. auch in
Tiere u. Pflanzen zu unterscheiden die

Rëinkarnation (Wiederverkörperung) im
Menschen zum Ausgleich des Schicksals
(Karma).
Seeleopard, bis 3,5 m lang, gefleckte
Robbe der Antarktis; jagt Pinguine, Fi-
sche u. and. Robben.
Seeliger, Hugo v. (23. 9. 1849–2. 12.
1924), dt. Astronom; Photometrie,
Milchstraßensystem.
Seelilien, *Haarsterne,* Klasse der Stachel-
häuter; kelchförmiger, mit verästelten
Armen ausgestatteter Körper, sitzt meist
auf langem, gegliedertem Stiel am Boden
der Tiefsee; in früheren Erdperioden be-
deutend stärker verbreitet.
Seelöwe, große Ohrenrobbe an den Kü-
sten des Pazifiks.
Seelze (D-3016), Industriestadt im
Landkr. Hannover, Nds., 29 964 E;
chem. Ind.
Seemannsamt, Landesbehörde zur Beaufsichtigung der Schiffsleute, deren An-
und Abmusterung vor dem S. erfolgt;
stellt das Seefahrtbuch aus, schlichtet
Streitigkeiten zwischen Kapitän und
Schiffsleuten, straft Ordnungswidrigkeiten nach dem *Seemannsgesetz* (→ See-
recht).
Seemäuse, *Seeraupen,* prächtig glänzen-
de Borstenwürmer des Meeres; auch
Bez. für Haifisch- und Rocheneier.
Seemeile → Maße u. Gewichte, Übers.
S. 1085.
Seemönch, *Mönchsrobbe,* mit den See-
hunden verwandte Robbenart; Mittel-
meer, Pazifik, Karib. Meer.
Seemoos, Nesseltiere des Nordsees; Poly-
penstöcke bäumchenartig verzweigt.
Seen, Wasseransammlungen in d. Land-
oberfläche: 1) *End-S.,* in Wüsten und
Steppen; 2) *Glazial-S.,* in Gebieten ehem.
Vergletscherung (kanadische Seen, Skandinavien u. Finnland, norddt. Flachland,
südl. Alpenvorland); 3) *tektonische S.*
(Grabenseen O-Afrikas, Baikal usw.); 4)
vulkanische S. (Kraterseen, Maare); 5)
Strand-S. durch Abtrennung kleinerer
Meeresbuchten (Ostseehaffe, Adrialagu-
nen, Liman d. Schwarzen Meers). Wär-
meverhältnisse: *tropische Seen,* stets über
4 °C: Temperaturabnahme von der
Oberfläche zum Boden; *polare Seen,* stets
kälter als 4 °C: Wärmezunahme von der
Oberfläche zum Boden; *gemäßigte Seen*
sind im Sommer tropisch, im Winter po-
lar. Im Sommer gewöhnlich 3 Schichten:
warmes Oberwasser, Sprungschicht (mit
sprunghaft abnehmender Temperatur),
kaltes Tiefenwasser. Größter See der Erde: Kaspisee (Kaspisches Meer),
423 300 km²; Deutschland: Bodensee,
538,5 km².
Seenadeln, nadelförmige Meeresfische
(Büschelkiemer); zw. Pflanzen versteckt,
verwandt mit → Seepferdchen.
Seenot → Deutsche Gesellschaft zur
Rettung Schiffbrüchiger.
Seeotter, *Meerotter,* über 1 m l. Marder
der Küsten des nördlichen Pazifiks; frißt
Fische; Pelz sehr geschätzt.

Seepferdchen

Seepferdchen, Meeresfische (Büschelkiemer); stachelbesetzt, Greifschwanz, pferdeähnl. Kopf; Männchen trägt Eier bis zum Ausschlüpfen in Brusttasche.

Seepocken, festsitzende Ruderfußkrebse → Ruderfüßer; z. B. *Balanus.*

Seerecht, Gesamtheit der sich mit Regelung der Seefahrt und des Seehandels befassenden Rechtsvorschriften; für Dtld geregelt durch das HGB, für die Rechtsverhältnisse der Schiffsmannschaft Seemannsgesetz v. 26. 7. 1957 u. Schiffsbesetzungsverordnung v. 1984 (m. zahlr. Änderungen). – **S.konferenz der UN,** 1. S.skonf. 1958, 2. S.skonf. 1960, 3. intern. S.skonf. 1973–82; Konventionen über Küstenmeer, hohe See, Fischerei, Festlandsockel u. Meeresboden; 12 sm Hoheitszone, 200 sm Wirtschaftszone.

Seerose

Seerose, 1) *Wasserrose, Teichrose,* Wasserpflanze mit großen Schwimmblättern; eur. *weiße S.,* m. gr. weißen roten Blüten; *gelbe S., Mummel,* beide ♦; exotische S. → Lotosblume; 2) Bez. für Korallentiere, die → Aktinien.

Seeschaden, svw. → Havarie.

Seescheiden, *Aszidien,* festsitzende Manteltiere der Meere; i. frei schwimmenden Kolonien die leuchtenden *Feuerwalzen.*

Seeschiffahrtsstraßenordnung, 1971, regelt f. d. BR d. Küstenschiffahrt f. Sport- u. Berufsschiffer, den Fischfang u. das Wasserskilaufen.

Seeschlangen, Giftnattern im Indischen Ozean u. Pazifik; Schwanz seitl. zum Ruderschwanz abgeplattet.

Seeschwalben, verschiedene Möwenvögel mit Gabelschwanz; z. T. auch an Binnengewässern (z. B. *Fluß-, Trauer-, Küsten-* und *Zwergseeschwalbe.*

Seesen (D-3370), St. i. Kr. Goslar, am Westharz, Nds., 21 604 E; AG; Blechwaren-, Konserven-, Verpackungsind.

Seespinnen, *Dreieckskrabben,* leben ausschließlich im Meer.

Seesterne, Klasse der Stachelhäuter, sternartiger, in fünf od. mehr Arme auslaufender Körper, stachelig und mit Kalkplatten besetzt; leben auf d. Meeres-

boden, bewegen sich dort langsam durch Saugfüßchen fort; Austernvertilger.

Seetang, große Meeresalgen, vor allem der → Blasentang.

Seetaucher, entenähnl. Wasservögel d. nord. Seen u. Meere; im Winter z.T. auch in Dtld; tauchen bis zu 30 m; *Eis-, Pracht-, Sterntaucher.*

Seeteufel, *Anglerfisch,* Fisch eur. Küsten m. weitem Rachen, üb. d. Kopf Lockfaden (als Angelrute).

Seetrift, in offener See treibendes, besitzlos gewordenes u. v. e. Schiff aus geborgenes Gut; Ggs.: → Strandgut.

Seeversicherung, gg. die Gefahren d. Seeschiffahrt; kann gelten für: Schiff (Kaskovers.), Ladung (Kargovers.), Fracht, Überfahrtsgelder, Bodmereischuld (→ Bodmerei), Havariegelder (→ Havarie). §§ 888–900 HGB und Allg. dt. S.sbedingungen von 1919.

Seewalzen, *Seegurken,* schlauchförmige Stachelhäuter auf Meeresboden d. Küsten; in wärmeren Meeren; manche Arten genießbar (getrocknet als *Trepang*).

Seewarte, *Dt.* → Hydrographie.

Seewetterdienst, Teil des meteorolog. Dienstes f. zivile Schiffahrt u. Luftfahrt über See tätig, vor allem Sturmwarnung; *Seewetteramt* Hamburg.

Seewolf, *Katfisch,* Speisefisch d. nördl. Atlantik, über 1 m l., vorwiegend Muschel- u. Schneckenfresser.

Seezeichen, Signale f. Küsten- u. Binnen-Schiffahrtswege z. Abgrenzung d. Fahrstraße, Kennzeichnung von Fahrthindernissen (z. B. Untiefen, Wracks), zur Standortbestimmung; *feste S.* auf Landoder Unterwassergründungen (z. B. Leuchttürme, Baken, Leuchtfeuer); *schwimmende S.,* verankert (z. B. Feuerschiffe, Tonnen, Bojen); zur *opt.* Signalgebung z. T. nachts befeuert, auch mit automat. Zündung und Löschung; *akust. S.:* Heulbojen, Nebelhörner, Unterwasser-Schallapparate.

Seezunge, ein Plattfisch.

Seferis, Giorgios, eigtl. *Georgios Seferiades* (19. 2. 1900–20. 9. 71), griech. Dichter u. Diplomat; *Poesie, Delphi;* Nobelpr. 1963.

Sefid Kuh, Kettengebirge im östlichen Afghanistan, 4816 m; v. Hindukusch abzweigend, a. d. Grenze nach Pakistan (*Sikaram* 4761 m).

Segal [ˈsigəl], George (* 26. 11. 1924), am. Bildhauer d. → Pop Art.

Segantini, Giovanni (15. 1. 1858–28. 9. 99), it. Maler; verband Elemente d. Symbolismus, Jugendstils u. Neoimpressionismus; bes. Alpenlandschaften.

Seestern

Segel, in d. → Takelung ausgespanntes Tuch, über das d. Wind den Vortrieb eines Wasserfahrzeuges bewirkt.

Segelboot, sportl. Segelfahrzeug; Einteilung i. Kielboote (→ Jachten) u. Schwertboote (→ Jollen).

Segelfalter, ♦, gelblich-weißer Tagschmetterling mit schwarzen Flecken; Hinterflügel geschwänzt.

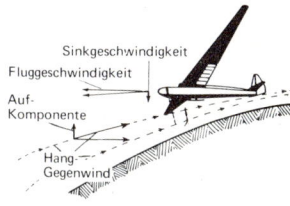

Segelflug

Segelflug, motorloser Flug m. S.zeug als Gleitflug in vertikalen Aufwindfeldern *(statischer S.)* u. durch Ausnutzung horizontaler Windstöße *(dynam. S.).* Als *Aufwinde* dienten anfangs bes. Hang-, Wolken- u. Frontenaufwind (vor Gewittern); R. Kronfeld nutzte s. 1927 die therm. Aufwinde *(Thermikflug),* d. h. die warmen emporsteigenden Luftströme, aus, z. B. über grell sonnenbestrahlten Sandflächen (→ Thermik). S.zeuge haben eine große Spannweite bei geringer Flächentiefe (Flügelverhältnis, d. h. Flügeltiefe zur Spannweite, bis 1:20); auch als Lastensegler (bis 50 m Spannweite) im Schlepp von Motorflugzeugen od. mit leichtem Hilfsmotor (Motorensegler).

Segelleinwand, *Segeltuch,* (meist) Hanfleinwand, durch Imprägnieren wasserdicht.

Segelregatta, Wettkampfveranstaltung im Segelsport; in der Regel aus mehreren Wettfahrten bestehend u. nach Bootsklassen gegliedert.

Segelschiff, durch die Kraft d. Windes angetriebenes Schiff; Anordnung d. Segel → Takelung (z. B. *Vollschiff, Brigg, Kutter*); heute fast nur noch als Fischereifahrzeug (meist mit Hilfsmotor), Schulschiff und für Sport (→ Segelboot).

Segelschlitten, *Eisschlitten, Eisjacht,* e. auf Kufen gleitendes Fahrzeug m. Mast u. Besegelung f. Eissport; bei Normalwinden Fahrtgeschwindigkeiten v. 25–35, bei starken Brisen v. 100–125 km/h.

Seger, Hermann (1839–93), dt. Porzellantechniker; erfand den **S.kegel** aus Silicatgemischen z. Messung hoher Temperaturen von ca. 600–2000 °C in Brennöfen.

Segesta [-ˈdʒ-], *Egesta,* im Altertum griech. St. in Westsizilien; berühmter, wohlerhaltener antiker (dorischer) Tempel.

Segestes, römerfreundl. Schwiegervater des → Arminius, den er verriet.

Segge, *Riedgras,* grasartige Pflanzen m. dreikantigen, knotenlosen, markgefüllten

Segesta, *Tempel*

Stengeln (z. B. *Sand-S.,* mit kriechendem Wurzelstock); früher Heilmittel *(dt. Sarsaparille); Zittergras-S. (falsches Seegras),* liefert Polstermaterial.

Seghers, 1) Anna, eigtl. *Netty Radvanyi* (19. 11. 1900–1. 6. 83), dt. Schriftst.in; s. 1947 i. d. DDR; Romane: *Aufstand der Fischer von St. Barbara; Das siebte Kreuz; Transit; Die Toten bleiben jung;* Novellen; **2)** Hercules (1589 od. 90–1638), ndl. Maler d. Barock; farbige Radierungen, Stilleben, Landschaften.

Segler, äußerl. schwalbenähnl. Vogelfamilie (z. B. → *Mauersegler,* → *Salangane*).

Segment, s. [l.], durch eine Sehne oder Sekante abgeschnittener Flächenteil einer Kurve (z. B. Kreissegment) od. durch eine Ebene abgeschnittenes Kugelstück. – **S.therapie,** Behandlung über best. Haut-Unterhaut-Bezirke, die reflektorisch mit best. inneren Organen in Beziehung stehen (z. B. durch Wärme, Injektionen u. Massage d. → Reflexzonen).

Segni [*'seɲɲi*], Antonio (2. 2. 1891–1. 12. 1972), it. Agrarwiss. u. Pol. (DC); 1955–57 u. 1959/60 Min.präs., 1960–63 Außenmin., 1962–64 Staatspräs.

Segovia, Andres (21. 2. 1893–2. 6. 1987), span. Gitarrenvirtuose.

Segovia, Hptst. der mittelspan. Prov. *S.,* am N-Fuß des Kastil. Scheidegebirges, 54 000 E; Maurenschloß Alcázar, röm. Ruinen; Wollwäscherei, Textilind.

Segrè [*-'grɛ*], Emilio (* 1. 2. 1905), it.-am. Physiker; erzeugte → Antimaterie; Nobelpr. 1959.

Segregation [l.], **1)** Aufspaltung der *Gene* aufgrund der Chromosomenverteilung in d. → *Meiose;* **2)** am. Bez. für Rassentrennung.

Seguidilla [*seyi'ðiʎa*], schneller spanischer Tanz, 3/8-Takt.

Segura, Fluß in SO-Spanien, von der *Sierra de S.,* südl. von Alicante ins Mittelmeer, 341 km l.

Sehne, 1) *math.* Strecke, die zwei Punkte einer Kurve verbindet (z. B. Kreis-S., Abb. → Kreis); **2)** *med.* bindegewebiger, fester Strang, mit dem ein Muskel am Knochen ansetzt.

Sehnenreflex, z. B. → Patellarreflex.

Sehnenscheide, die schleimgefüllte Umkleidung d. Sehne; b. Überanstrengung od. Infektion **S.nentzündung,** mit schmerzhaftem Sehnenknarren.

Seh-nerv, leitet d. Lichteindrücke vom → Auge zum Gehirn. – **S.purpur,** licht-

empfindl. Stoff (Rhodopsin) in den Stäbchen der → Netzhaut, dessen durch Licht bewirkter Zerfall Augennerven erregt und so Lichtempfindung hervorruft; Neubildung nach Verdunkelung durch *Dunkeladaptation,* d. h. durch die Empfindlichkeitssteigerung des Auges nach Verdunkelung; chem. aus Eiweiß und → Karotinoiden (bes. Vitamin A u. Luteïn) aufgebaut, deren Fehlen Nachtblindheit bedingt u. deren vermehrte Zufuhr Dunkelanpassung steigert. – **S.stoffe,** lichtempfindl. Stoffe in den Sinneszellen d. → Netzhaut: **1)** → *Sehpurpur* in d. Stäbchen f. lichtschwaches (farbloses) Sehen; **2)** 3 *Farbsubstanzen* in versch. Zapfen, für Farbensehen; es bewirkt: die Zersetzung jeder einzelnen Farbsubstanz, das Auftreten d. ihr zugehör. Grundempfindung (rot, grün, blau); d. gleichzeit. Zerfall v. 2 Farbsubstanzen die betreffenden farbigen Mischempfindungen, d. Ausbleichen aller 3 Farbsubstanzen die Weißempfindung. – **S.winkel,** *Gesichtswinkel,* wird gebildet von d. Verbindungslinien der äußersten Endpunkte eines gesehenen Objektes zur Pupille.

Seicento, s. [it. *seĩ'tʃɛnto* „sechshundert"], in d. Kunst der Stil des 17. Jh. in Italien.

Seiches [frz. *sɛʃ*], Schaukelbewegungen von Binnenseen infolge von Luftdruckunterschieden oder durch Stauung des Windes, der plötzlich nachläßt.

Thais beim Seidenfärben

Seide, 1) mittlere Schicht der Kokons der in China, Japan usw. gezüchteten Maulbeerspinnerraupen (→ Seidenspinner); ein Kokon liefert etwa 800 m Seidenfaden (aus Fibroin), der abgehaspelt u. durch Seife vom Leim (Serizin) befreit (degummiert) wird; die gewonnene → Grège-S. wird durch Tränken mit Metallsalzen zur Erhöhung der Griffigkeit beschwert; andere, nicht züchtbare Raupen (z. B. indische und chinesische Eichenspinner) ergeben die *Tussah-S.,* die schlecht zu bleichen ist; bei d. Gewinnung d. Rohseide zurückbleibende Abfälle werden zu Schappe- od. Florett-S. verarbeitet; **2)** *Teufelszwirn (Cuscuta),* blatt- u. wurzellose, fadenartige

Schmarotzerpflanze, d. andere Pflanzen umwindet u. ihnen durch Saugwarzen die Säfte entzieht; schädl. auf Klee u. Flachs, auch auf zahlreichen anderen Pflanzen.

Seidel, 1) Heinrich (25. 6. 1842–7. 11. 1906), dt. Ingenieur u. Schriftst.; *Leberecht Hühnchen;* s. Sohn **2)** Heinrich Wolfgang (28. 8. 1876–22. 9. 1945), dt.

Ina Seidel

Schriftst. und Pfarrer; s. Frau **3)** Ina (15. 9. 1885–2. 10. 1974), dt. Dichterin; Lyrik; Romane: *D. Labyrinth; D. Wunschkind; Lennacker; Das unverwesliche Erbe; Michaela.*

Seidelbast

Seidelbast, *Daphne,* Sträucher m. oft ledrigen Blättern u. Beerenfrüchten, giftig, meist purpurne Blüten. ◆

Seiden-äffchen → Zwergseidenäffchen. – **S.holz,** *Satinholz,* glänzendes Naturholz von versch. asiat. Bäumen. – **S.raupe** → Seidenspinner. – **S.samt,** auch vielfach „echter" Samt genannt; kurzfloriges Gewebe, Flor (hochstehende Fädchen) durch die Kette gebildet, unter Verwendung v. Schappe- (auch Reyon-) Seide. – **S.schwanz,** nord. Singvogel, Wintergast in Dtld.; stargroß, braun, Flügelzeichnung gelb, rot u. schwarz, Kopf-

Seidenspinner

schopf; seidiges Gefieder. – **S.spinner,** Nachtschmetterlinge, wirtsch. am wichtigsten d. als Haustier gehaltene *Maulbeerspinner;* die v. Maulbeerblättern lebende Raupe *(Seidenraupe)* spinnt für die Verpuppung Schutzhülle (Kokon) aus einem fortlaufenden Seidenfaden, d. abgehaspelt und zu → Seide verarbeitet wird; auch zahlreiche „wilde" Arten (Tussah-Spinner u. a.). – **S.voile** [*-'vŏal*], duftiges

Seilbahn

Gewebe aus scharf gezwirnter Schappeseide.
Seidl, 1) Gabriel v. (9. 12. 1848–27. 4. 1913), dt. Baumeister; in München: *Bayr. Nationalmuseum, Dt. Museum;* fortgeführt von s. Bruder **2)** Emanuel v. (22. 8. 1856–24. 12. 1919).
Seifen, 1) Alkalisalze der Öl- u. Fettsäuren; Herstellung durch „Sieden" od. Verseifen v. Ölen u. Fetten m. Natron- od. Kalilauge (Nebenprodukt Glycerin) od. durch Neutralisieren freier Säuren m. Alkalihydroxid od. Alkalicarbonat u. Eindampfen des Gemisches od. „Aussalzen"; Fällen der S. durch Kochsalzzusatz; Natron-S. sind fest, Kali-S. weich (Schmier-S., auch med. angewendet); Kern-S. harte Natriumseifen; **2)** Sand-, Kiesablagerungen, die Metalle, Edelsteine, Erze enthalten (Gold-, Diamanten-S.). – **S.baum,** am. Baum; kirschenähnl. Früchte (**S.beeren**) früher als Waschmit-

Seifenkraut

tel. – **S.kraut,** m. rötlichen Blüten an Flußufern; saponinhaltiger Wurzelstock als Heilmittel u. S.ersatz. – **S.rinde,** svw. → Quillajarinde. – **S.spiritus,** Lösung von Schmierseife in Alkohol, hautreizendes Einreibemittel. – **S.stein,** chem. Natriumhydroxid, auch Name der Minerale Talkum u. Saponit (Schichtsilicate).
Seifert, Jaroslav (23. 9. 1901–9. 1. 86), tschech. Lyriker; moral. u. pol. engagierte Gedichte: *Im Spiegel hat er das Dunkel;* Nobelpr. 1984.
seigern, in der *Metallurgie:* Trennen zweier Metalle m. versch. Schmelzpunkten durch vorsichtiges Ausschmelzen d. leichter schmelzbaren Bestandteils d. Legierung a. schräggestellten Platten im **Seigerherd**.
Seigneur, m. [sɛˈnœːr], *Sieur* [sjœːr], ehem. frz. Grund- u. Gerichtsherr eines erbl. Gebiets; heute vornehmer Herr; → Grandseigneur.

Seikantunnel → Tunnel.
Seil-bahn, Verkehrsmittel zur Überwindung großer Höhenunterschiede, bei dem die Transportwagen entweder auf zwei Schienen (Standseilbahn) od., mit Rollen auf einem Tragseil (Seilschwebebahn) laufend, von einem Zugseil bewegt werden; bei Kleinkabinenbahnen ist d. Zugseil zugleich Tragseil. – **S.trieb,** Übertragung v. Kräften od. Bewegungen v. einer Antriebs- auf eine oder mehrere angetriebene Scheiben durch **S.zug;** Seile aus Hanf oder Draht laufen in ausgebuchsten Rillen *(Scheibenfelgen),* bei großen Seillängen Spann- bzw. Führungsrollen. – **S.trommel,** zur Aufnahme u. Führung v. aufundablaufenden Seilen, bei Haspeln u. Winden.
Seim, eingedickter Saft, bes. Honig.
Seine [sɛn], **1)** größt. nordfrz. Strom, vom Plateau von Langres, 776 km l., mit Trichtermündung (9 km breit) bei Le Havre in den Kanal; Seeschiffe bis Rouen; Nbfl.: l. *Yonne, Loing, Eure;* r. *Aube, Marne, Oise;* Kanäle zur Saône, Loire, Marne, Maas, Somme, Schelde. – Frz. Dép.s: **2)** *Hauts-de-S.,* 176 km², 1,37 Mill. E; Hptst. *Nanterre;* **3)** *S.-Saint-Denis,* 236 km², 1,35 Mill. E; Hptst. *Bobigny;* **4)** *S.-et-Marne,* 5915 km², 1,0 Mill. E; Hptst. *Melun;* **5)** *S.-Maritime,* 6278 km², 1,21 Mill. E; Hptst. *Rouen.*
Seipel, Ignaz (19. 7. 1876–2. 8. 1932), östr. christl.-sozialer Pol. u. Theol.; als Bundeskanzler (1922–24 u. 1926–29) verdient um Neuaufbau Östr.
Seiser Alm, it. *Alpe di Siusi,* Wiesenhochfläche in d. Grödner Dolomiten zw. Schlern u. Langkofel, 1800 m h., berühmtes Skigelände; westl. davon Kurort **Seis,** 1002 müM, 730 E.
Seismo-logie, *Seismik,* Erdbebenkunde. – **S.meter** [gr.], *Erdbebenmesser,* zeichnet Stärke, Dauer, Anzahl u. Zeitfolge der Erschütterungen selbsttätig auf; einfacher d. *S.graph,* Erdbebenschreiber, bei dem eine schwere Masse so gelagert ist, daß sie durch Bodenbewegungen möglichst wenig beeinflußt wird und Erderschütterungen als relative Verschiebungen registriert.
Seitengewehr, kurze Hieb- u. Stichwaffe, dt. Bezeichn. f. → Bajonett, auf Gewehre „aufpflanzbar".
Seiters, Rudolf (* 13. 10. 1937), CDU-Pol., 1989–91 B.min. f. bes. Aufgaben u. Chef d. B.kanzleramts, s. Nov. 1991 B.innenmin.
Seitz, 1) Gustav (11. 9. 1906–27. 10. 69), dt. Bildhauer; formbetonter Realismus; **2)** Karl (4. 9. 1869–3. 2. 1950), östr. sozialdemokr. Pol., 1919 Präs. der Konstituierenden Nat.vers., 1923–34 Bürgerm. von Wien.
Sejm, *m.,* das poln. Parlament.
Sekante, w. [l.], math. jede Gerade, die eine gekrümmte Linie „schneidet" (Abb. → Kreis).
Sekondi-Takoradi, Hafenst. in Ghana, 175 000 E; Technikum; div. Ind.

Sekret, *s.,* das Abgesonderte, Ausgeschiedene (z. B. von Drüsen).
Sekretär [ml.], **1)** (Geheim-)Schreiber; Schriftführer bei Behörden, auch Amtstitel (z. B. *Post-S., Staats-S.*), Gehilfe einer Privatperson *(Privat-S.);* **2)** Schrank mit (aufklappb.) Schreibplatte; **3)** hochbeiniger afrikanischer Greifvogel, Schlangenvertilger.
Sekretariat, *s.,* Dienstraum eines Sekretärs; Kanzlei.
Sekretion, *w.,* Saft-(Sekret-)Absonderung z. B. durch Drüsentätigkeit; äußere S. von Haut und Schleimhäuten od. → innere Sekretion.
Sekt, *m.* [span. „vino seco = Trockenwein"], Wein aus halbtrockenen Weinbeeren; urspr. Bez. für sog. trockene, d. h. herbe Weine, heute allg. Bez. f. → Schaumwein; auch Spumante.
Sekten [l. secta = „Parteiung"], rel. Sondergemeinschaften, die sich v. einer Großkirche getrennt haben; neben christl. Sondergemeinschaften aus d. angelsächs. Raum i. d. BR heute auch zahlr. fremdrel. u. ireircl. Gruppen (z. B. → Mun-Sekte, → Hare-Krishna-Bewegung, → Scientology, → Transzendentale Meditation).
Sektierer, abwertende Bez. für jemand, der engstirnig an einer Sondermeinung festhält; auch → Häretiker.
Sektion, *w.* [l.], **1)** Leichenöffnung; **2)** Abteilung einer Behörde, Truppe oder Organisation.
Sektor, *m.* [l.], Kreisausschnitt, begrenzt durch zwei Halbmesser u. den eingeschlossenen Kreisbogen (Abb. → Kreis).
Sekunda, *w.* [l.], **1)** *Unter-* u. *Ober-S.,* früher 6. u. 7. Klasse d. höheren Schule.
Sekundant [l.], von Duellanten b. Zweikampf gewählter Beistand u. Kampfzeuge; auch b. Boxkampf.
sekundär [l.], an zweiter Stelle, zweiter Ordnung, zweitklassig.

Sekundärelektronen

Sekundärelektronen, werden aus den Atomen eines Körpers herausgeschleudert (emittiert), wenn Elektronen mit großer Geschwindigkeit auf diesen Körper (z. B. die Anode einer Elektronenröhre) prallen.
sekundäre Pflanzenstoffe, Sammelbez. für Pflanzeninhaltsstoffe; viele von med. Bedeutung wie Alkaloide, äther. Öle, Gerbstoffe.
Sekundarstufe → Schulwesen, Übers.
Sekundawechsel → Wechsel.
Sekunde [l.], **1)** Zeiteinheit im → SI, d. 60. Teil einer → Minute; *wiss.* Zeitspanne von 9 192 631 770 Cäsium-Atom-

schwingungen in einer Atomuhr; **2)** *Geometrie:* 60. Teil einer Bogenminute, Zei-

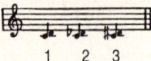

1 2 3

chen: *";* **3)** *mus.* 2. Stufe der Tonleiter und entsprechendes Intervall (1: *große;* 2: *kleine;* 3: *übermäßige* S.).
Sekundenpendel → Pendel.
Sekundenphänomen, nach *Huneke* augenblickliches Verschwinden von Schmerzen an fernen Körperstellen durch Injektionen i. Sinne d. → Neuraltherapie a. Fokalherde, Störungsfelder usw.
sekundieren [l.], **1)** Beistand leisten bes. im Zweikampf; **2)** *mus.* begleiten.
Sekundogenitur, *w.,* Erbfolge, die nicht den Erstgeborenen (Primogenitur), sondern einen zweiten oder anderen Abkömmling als Erben einsetzt.
Sekurit® → Sicherheitsglas.
Seladon, 1) schmachtender Liebhaber (nach dem Helden d. frz. Schäferromans *Astrée* von Honoré d'Urfé); **2)** chin. Porzellanglasur (Song-Zeit).
Selaginella, *Moosfarne,* zierl. Bärlappgewächse; eine Form unter d. Namen *Auferstehungsblume,* auch fälschl. als *Jerichorose* bekannt, 2 Arten einheimisch. ♦
Selangor, Gliedstaat d. Malaiischen Bundes (→ Malaysia), 7956 km², 1,8 Mill. E; Hptst. *Shah Alam* (24 000 E).
Selb (D-8672), St. i. Kr. Wunsiedel i. Fichtelgeb., am Fluß *S.* (Nbfl. d. Eger), Bay., 19 275 E; Berufsbildungszentrum f. Keramik, Porzellanind. *(Rosenthal, Hutschenreuther, Heinrich).*
Selbstbestimmungsrecht, das Recht eines Volkes, allein über seine Eigenstaatlichkeit oder die Zugehörigkeit zu einem anderen Staatsgebilde zu entscheiden; einer der 14 Punkte Wilsons 1918. → Nation.
Selbstbucher, Post gestattet Großeinlieferern, Pakete, Wert- und Einschreibsendungen selbst zu bekleben u. zu buchen (Sendungen werden am Annahmeschalter ohne Zeitverlust abgenommen).
Selbsteintritt, erlaubtes → Selbstkontrahieren des Kommissionärs u. d. Spediteurs (§§ 400, 412 HGB).
Selbstentzündung, Entzündung leicht oxidierbarer Stoffe ohne od. bei nur geringer äußerer Wärmezufuhr durch Selbsterhitzung, u. a. infolge zu dichter Lagerung (z. B. bei Kohlen, Heu, Metallspänen, Putzwolle).
Selbstfinanzierung, Schaffung von Kapital aus Unternehmensgewinnen, mit Hilfe von Kreditinstituten (vielfach durch Schaffung u. Flüssigmachung stiller Reserven; → Reservefonds).
Selbsthilfe, Wegnahme od. Beschädigung einer Sache, auch Festnahme eines fluchtverdächtigen Schuldners ist nicht widerrechtlich, wenn Gefahr im Verzuge u. obrigkeitl. Hilfe rechtzeitig nicht zu er-

langen ist; gerichtl. Maßnahmen sind jedoch sofort herbeizuführen (§§ 229 ff. BGB).
Selbsthilfeverkauf, svw. → Notverkauf.
Selbsthypnose → Hypnose.
Selbstinduktion, Verhalten e. jeden el. Leiters (bes. Spulen), der Änderung e. Stromes (z. B. Ein- u. Ausschalten v. Gleich- od. Wechselstrom) eine Spannung entgegenzusetzen; wirkt sich wie Widerstand aus; entsteht durch → Induktion des Leiters auf sich selbst; Maßeinheit: *Henry* (Abk. *H*).
Selbstinstruktion, Verhaltensanweisungen an sich selbst (inneres Sprechen).
Selbstkontrahieren, Abschließen von Rechtsgeschäften als Vertr. im Namen der Vertretenen mit sich selbst; nicht gestattet, nur bei bes. Erlaubnis (§ 181 BGB).
Selbstkosten, Summe der in einem Betrieb für eine Sache oder einen Wirtschaftsvorgang entstandenen → Kosten; ermittelt durch *Selbstkostenrechnung.*
Selbstlader, Schußwaffe, bei der d. Entfernen d. leeren Patronenhülse u. Betätigung des Lademechanismus durch den Rückstoß bewirkt wird (z. B. Selbstladepistole).
Selbstlaut, *Selbstlauter,* → Vokal.
Selbstmord, *m.* Tabu belegter, unter gr. psychischem Leidensdruck praktizierter Schritt, dem eigenen Leben e. Ende zu setzen.
Selbstschutz, zusammenfass. Begriff für alle im Rahmen d. → zivilen Bevölkerungsschutzes vorgesehenen Maßnahmen gg. d. Wirkung v. Angriffswaffen i. Verteidigungsfall; S.-Ges. v. 9. 9. 1965 schreibt u. a. Beschaffung u. Bereithaltung notwendiger Ausbildungsgegenstände sowie Teilnahme an Ausbildungskursen vor.
Selbstsicherheitstraining, *Assertiveness Training,* → Verhaltenstherapie, um soz. Ängste u. Defizite zu verlieren u. selbstsicher zu werden.
Selbstverlag, Veröffentlichung eines Werkes durch d. Autor selbst.
Selbstversicherung, 1) Sammlung von Rücklagen in einem Betrieb, die das Eingehen einer Versicherung ersetzen sollen; **2)** Vertragsbedingung von Versicherungsgesellschaften, daß dem Versicherten ein Teil des evtl. Schadens nicht ersetzt wird.
Selbstverstümmelung, 1) beim Menschen Beschädigung des eigenen Körpers; strafbar, wenn begangen, um eine Versicherungssumme zu erlangen od. sich dem Wehrdienst zu entziehen; **2)** bei Tieren *(Autotomie):* freiwilliges Abwerfen (bes. unter dem Druck des Zufassens) von später wieder nachwachsenden Körperteilen, als Schutzeinrichtung (z. B. d. „Abbrechen" des Schwanzes bei Eidechsen).
Selbstverwaltung, 1) *pol.* S.: ehrenamtl. Beteiligung von Laien an der öffentli-chen Verw. (Amtsvorsteher, Handels-

richter, Schöffen); **2)** *jur.* S.: Führung der öff. Verw. durch jur. Personen des öff. Rechts unter eigenverantwortl. Durchführung der Gemeinschaftsaufgaben; wichtige Form: kommunale S. (der Gemeinden u. Gem.verbände), erneuert durch Frh. v. Stein (Preuß. Städteordnung 1808).
Seldschuken, türk. Stamm, der im 11./12. Jh. in Vorderasien ein großes Reich bildete (Hptstädte *Bagdad* und *Isfahan*).
Selektion, *w.* [l.], nach → *Darwin* Auslese d. im „Kampf ums Dasein" am besten angepaßten Lebewesen.
Selektivität, *w.* [l.], *Trennschärfe,* die Eigenschaft v. z. B. Rundfunkempfängern, nicht gewünschte Frequenzen zu unterdrücken, so daß nur der gewählte Sender zu hören ist.
Selen, *s., Se,* chem. El., Oz. 34, At.-Gew. 78,96, Dichte 4,81 (graues Se); schwefelähnl. Nichtmetall, in Schwefelmineralien vorkommend; aus Rückständen der Schwefelsäurefabrikation gewonnen; die Leitfähigkeit bei Belichtung größer als im Dunkeln, daher techn. Verwendung in → *Selenzelle;* auch → Trockengleichrichter.
Selene [gr.], Mond(göttin), lat. *Luna.*
Selenga, Fluß in Innerasien, aus der Mongolei in d. Baikalsee, 1024 km l.
Selenographie [gr.], Beschreibung, Topographie d. Mondes.
Selenologie, Mondkunde.
Selentschukskaja, Observatorium im nördl. Großen Kaukasus mit größtem Spiegelteleskop d. Welt (6,10 m Durchmesser).
Selenzelle → Widerstandszelle.
Seleucia, *Seleukeia,* Name mehrerer Städte des Altertums; bes. *S. am Tigris,* in Mesopotamien, v. Seleukos I. gegr.; Hpthandelsplatz i. 3. u. 2. Jh. v. Chr., v. d. Römern 164 n. Chr. zerstört.
Seleukos, Name mehrerer Kge von Syrien: **S. I.** *Nikator* (358–281 v. Chr.), Heerführer Alexanders d. Gr., erwarb als einer der → Diadochen Syrien; seine Nachfolger: die **Seleukiden,** deren Reich anfangs Vorderasien v. d. Dardanellen bis nach Indien umfaßte; rascher Zerfall, 64 v. Chr. Kernland Syrien röm. Prov.
Selfaktor, *m.* [engl. *sel'fækta* „selbstarbeitend"], *Wagenspinner,* Spinnmaschine zur Herstellung feiner Garne: die Spindeln, auf hin- u. hergehenden Wagen gelagert, spinnen (im Vorlauf) in raschester Umdrehung den Faden u. wikkeln ihn (im Rücklauf) auf.
Selfgovernment, *s.* [engl. *-gʌvnmənt*], Selbstverwaltung; pol. Selbständigkeit.
Selfmademan, *m.* [engl. *'selfmeid'mæn*], e. Mann, der sich aus eigener Kraft emporgearbeitet hat.
Seligenstadt (D-6453), St. i. Kr. Offenbach, a. Main, Hess., 17 391 E; AG; 828 gegr. Abtei, Einhardsbasilika.
Seligsprechung, *Beatifikation,* (in d. kath. Kirche) b. e. Verstorbenen durch

feierlichen Akt des Papstes, Vorstufe der Heiligsprechung.

Selim, Name türk. *Sultane:* **1)** S. I. (1470–1520), Eroberer Mesopotamiens, Syriens, Ägyptens; **2)** S. III. (1761–1808), verlor i. Frieden z. Jassy d. Küstenland v. Schwarzen Meer b. z. Dnjestr an Rußld (1792).

Selinunt|e, lat. *Selinus,* im Altertum St. im südwestl. Sizilien, im 7. Jh. v. Chr. von Dorern gegr.

Sella, steiler Gebirgsstock der westl. Dolomiten, in d. *Boëspitze* 3151 m h.

Sella turcica, med. „Türkensattel", Nische i. d. Schädelbasis, in der d. Hypophyse liegt.

Sellerie, *Eppich,* Doldenblütler auf Salzboden, aus d. Mittelmeergebiet; Kulturformen: *Knollen-* u. *Stengel-S.,* als Gemüse, Salat, Gewürz.

Sellers, Peter (8. 9. 1925–24. 7. 80), engl. Filmschausp.; *Dr. Strangelove; Pink Panther*-Serie; *Being There.*

Sellner, Gustav Rudolf (25. 5. 1905–8. 5. 1990), Theaterregisseur; 1961–72 Intendant d. Deutschen Oper in Berlin.

Selm (D-4714), St. im Kr. Unna, NRW, 24 121 E; Papier-, Bekleidungsind., Magnetmechanik.

seltene Erden, *Lanthanide,* das Lanthan u. d. ihm im → Periodensystem folgenden 14 Elemente v. sehr ähnl. chem. Verhalten; Anwendung: Oxide d.s.n E. geben bei höheren Temperaturen weißes Licht (Gasglühlicht, Auerstrumpf, Nernstlampe).

Selterswasser, natürl. Mineralwasser mit starkem Kohlensäuregehalt aus *Niederselters* (Dorf i. Taunus); auch künstlich.

Selvas, die trop. Regenwälder am Amazonas.

Selye, Hans (26. 1. 1907–16. 10. 82), östr.-kanad. Physiologe, begr. Lehre v. Anpassungssyndrom u. → Streß.

Sem, Sohn Noahs u. Stammvater der Semiten.

Semantik, *w.* [gr.], **1)** Lehre v. d. Bedeutung u. v. Bedeutungswandel d. Wortes; **2)** Lehre v. Zeichen u. Symbolen u. ihren Beziehungen zum bezeichneten Denkinhalt (math. Logik); Hptvertr.: → *Carnap.*

Semaphor, *m.* [gr. „Zeichenträger"], Mast mit verstellbarem Flügel zur opt. Signalübermittlung (Eisenbahn, Schiffahrt).

Semarang, *Samarang,* Hptst. d. indones. Prov. Mitteljava, Hafenst. an d. N-Küste v. Java, 1,3 Mill. E; Werften, Kaffee- u. Tabakausfuhr; Uni.

Semele, sagenhafte Prinzessin von Theben, von Zeus verführt, Mutter des Dionysos; urspr. phryg. Erdgottheit.

Semendria, serb. *Smederevo,* St. an der Donau, südöstl. v. Belgrad, 107 000 E. – Im 15. Jh. Hptst. des altserb. Reiches.

Semester, *s.* [l. „6 Monate"], Halbjahr; das Studium an den Hochschulen ist in S. eingeteilt.

Semgallen, lett. *Zemgale,* Landschaft in

Lettland, südl. der Düna. – 1220 vom Schwertbrüderorden besiedelt; im 16. Jh. zu → Kurland.

semi- [l.], als Vorsilbe: halb ...

Semikolon, *s., Strichpunkt* (;), ein Satzzeichen.

Seminar, *s.* [l. „Pflanzstätte"], **1)** urspr. Anstalt z. Heranbildung Geistlicher, später auch v. Lehrern; **2)** *Universitäts-S.,* Arbeitsgemeinschaft v. Studenten unter Leitung v. Hochschullehrern *(Pro-S., Haupt-S.).*

Semiotik, *w.* [gr.], **1)** Lehre v. d. Zeichen (insbes. d. Symbolen), bes. v. ihrer Struktur u. Informations- bzw. Kommunikationsfunktion (→ Peirce, C. W. Morris), untergliedert in *Syntaktik,* → *Semantik* u. *Pragmatik;* **2)** *med.* → Symptomatologie.

Semipalatinsk, Gebietshptst. i. Kasakstan am oberen Irtysch, 334 000 E; Schlachthäuser, Lederind.

semipermeabel [l.], halbdurchlässig (→ Osmose).

Semiramis, sagenhafte assyrische Regentin.

Semiten, (nach dem bibl. Stammvater *Sem*) Bez. f. die Völker d. semit. Sprachstammes; seit Ende 18. Jh. üblich.

semitische Sprachen → Sprachen, Übers.

Semjonow, Nikolaj Nikolajewitsch (15. 4. 1896–25. 9. 1986), sowj. Chem.; Mechanismus chem. Reaktionen; Nobelpr. 1956.

Semlin, serb. *Zemun,* St.teil v. Belgrad, Hafen an d. Save-Mündung in d. Donau; Flughafen.

Semmelpilz, ein → Porling; eßbar.

Semmelweis, Ignaz Philipp (1. 7. 1818–13. 8. 65), ungar. Frauenarzt; entdeckte Ursache d. Kindbettfiebers; Infektionen, führte Desinfektionsmaßnahmen b. Geburtshilfe ein.

Semmering, *Weinzettelerwand*

Semmering, Paß (985 m) zwischen Niederöstr. und Steiermark, Luftkurort und Wintersportpl. m. Straße v. Gloggnitz nach Mürzzuschlag und **S.bahn** (1854, erste Gebirgsbahn d. Erde) mit *S.tunnel* (1431 m lang).

Semnonen, westgerman. Stamm, im heutigen Brandenburg, später in Schwaben.

Sempach (CH-6204), St. i. schweiz. Kanton Luzern, am **Sempacher See** (14,5 km², Abfluß: die Suhr zur Aare), 2200 E; Schweiz. Vogelwarte. – 1386 Sieg d.

Schweizer über Leopold III. von Österreich (Sage von Arnold Winkelrieds Opfertod).

Semper, Gottfried (29. 11. 1803–15. 5. 79), dt. Baumeister; *Oper, Gemäldegalerie* Dresden, *Burgtheater* Wien.

semper aliquid haeret [l.], „etwas (von bösem Gerede) bleibt immer hängen".

semper idem [l.], immer der- od. dasselbe (sich gleichbleibend).

Sempervivum [l. „immer lebend"], *Hauswurz,* Dickblattgewächs aus d. Alpen.

sen., Abk. f. → *Senior;* Firmenzusatz zur Unterscheidung v. anderen gleichnamigen, jüngeren Firmen.

Senat [l.], **1)** i. d. altröm. Republik: „Rat der Alten", wichtiges pol. Organ; i. d. Kaiserzeit entmachtet; **2)** im MA: Magistratskollegium großer Städte; **3)** in einigen Staaten mit Zweikammersystem eine der beiden Kammern d. Parlaments; **4)** in Bremen, Hamburg u. West-Berlin Regierung; **5)** mit mehreren Richtern besetzte Spruchkammer e. höheren Gerichtes (OLG, Bundesgerichte), *Zivil-S., Straf-S., Patent-S.;* **6)** bei Universitäten Selbstverwaltungsorgan.

Senator [l.], Mitglied e. Senats; auch Ehrentitel.

Senckenberg, Johann Christian (28. 2. 1707–15. 11. 72), dt. Arzt u. Naturforscher; gründete 1763 in Frankfurt d. *S.ische Stiftung,* die 1817 mit d. *S.ischen Naturforsch. Gesellsch.* zusammengeschlossen wurde (wiss. Institute, Museum, Bibliothek), heute Bestandteil d. Uni. in Frankfurt a. M.

Sendai, jap. St. auf d. Insel Honshu, 700 000 E; Uni., Möbel-, Spielzeug-, Lack- u. Seidenwarenfabriken.

Senden (D-7913), St. i. Kr. Neu-Ulm, a. d. Iller, Bay., 19 330 E.

Sender → Rundfunktechnik (Übers. u. Tafel).

Senderecht, Bestandteil des → Urheberrechts; Inhaber des Rechts ist zur Verbreitung des Geisteswerkes durch Rundfunk ausschließlich befugt.

Senderöhre, eine → Elektronenröhre, so geschaltet, daß sie (über die Sendeantenne) ungedämpft hochfrequente Schwingungen (Wellen) aussendet, diese durch Überlagerung m. niederfrequenten Wellen d. Mikrophonstroms moduliert; für große Leistungen m. wassergekühlten Anoden; S.nenergien heute bis über 1000 kW (Großsender f. Lang- u. Mittelwellen), dabei meist iHeizkathoden; S.n für Parallel- oder Gegentaktbetrieb zus.geschaltet; Mikrowellenröhren (z. B. → Laufzeitröhre) f. Höchstfrequenzen.

Sendespiel, Aufführung e. Bühnenwerks durch den Rundfunk in im wesentl. unveränderter Form im Ggs. zum Hörspiel.

Seneca [-ka], Lucius Annäus (4. v. Chr.–65 n. Chr.), röm. Philosoph (Stoiker) u. Dramatiker, Erzieher Neros; Tragödien, *Dialoge;* Satiren; *Briefe;* zum Selbstmord gezwungen.

Aloys Senefelder

Senefelder, Aloys (6. 11. 1771–26. 2. 1834), österreichischer Theaterschriftsteller u. 1797–99 Erfinder des → Steindrucks; *Vollständiges Lehrbuch der Steindruckerey.*

Senegal, 1) Fluß in NW-Afrika, a. d. Quellflüssen *Bafing* u. *Bakoy,* 1430 km l., bei Saint-Louis in den Atlant. Ozean; **2)** *République du Sénégal, Sunngal,* früher *Senegambien,* Rep. zw. d. S.-Fluß u. dem Atlant. Ozean, 196 722 km², 7,11 Mill. E (30 je km²); Bev.-Zuw. 2,9%; Bev.: hpts. Sudanneger; Sprache: Frz., Wolof, Sudan-Sprachen; Hptst.: *Dakar;* Währung: Franc CFA (FCFA); Flagge S. 341, Karte S. 750. **a)** *Geogr.:* Hafenarme Küste m. starker Brandung, im Innern hügeliges Savannen- u. Steppenland. **b)** *Wirtsch.:* Hptausfuhrgüter: Erdnüsse, Titan, Phosphate, Meersalz, Zement. **c)** *Außenhandel* (1987): Einfuhr: 1023 Mill., Ausfuhr 606 Mill. $. **d)** *Verf.* v. 1976: Präsidiale Rep. m. Einkammerparlament. **e)** *Verw.:* 8 Regionen. **f)** *Gesch.:* Bis 1958 frz. Kolonie, 1960 unabhängig; 1968 Unruhen, 1976 Zulassung v. Parteien; 1982 Zus.schluß m. → Gambia zur Konföderation *Senegambia* (m. d. Ziel einer zunächst wirtsch., später auch staatl. Union); 1989 Auflösung d. Konföderation. **g)** *Mitgl.:* UN, OAU, OCAM; AKP-Staat.

Senelogie, Wissenschaft u. Lehre v. Brustdrüsenerkrankungen d. Frau.

Seneschall [„Altknecht", dann „Oberhofmeister"], urspr. im Frankenreich Hausmin. (= Truchseß), dann Ehrentitel der Gfen von Anjou.

Senf

Senf, svw. → Mostrich; zwei Kreuzblütler: *schwarzer S.* u. *weißer S.* mit dunklen bzw. hellen Samen in Schoten; aus den Samen *(S.körner)* wird m. Essig, Wein usw. Gewürz bereitet *(Mostrich);* der *Akker-S.* (Hederich), ein Unkraut. *S.öl, S.packung, S.pflaster, S.spiritus* usw., zur energischen Hautreizung.

Aus dem Senfkorngarten

Senfkorngarten, *„Lehrbuch der Malerei aus dem Senfkorngarten", Chiehtse-yuanhua-chuan;* v. Wang Kai u. s. Brüdern verfaßte chin. Sammlung aller Maltheorien u. -techniken m. Musterbeispielen (Farbholzschnitte), 1679–1701 (seitdem zahlr. Neudrucke).

Senfl, Ludwig (um 1486–1542/43), schweiz.-dt. Komp., Schüler → Isaacs; Messen, Motetten u. Lieder.

Senftenberg (D-7840), Krst i. d. Niederlausitz, a. d. Schwarzen Elster, Bbg, 31 580 E; Museum, Schloß (1400); Bergb.-Ing.schule, Braunkohlegruben; Glashütten, Masch.bau.

Léopold Senghor

Senghor [sɛ̃'gɔr], Léopold Sédar (* 9. 10. 1906), senegales. Pol. u. Schriftst.; 1960–80 Staatspräs., 1962–70 auch Min.präs.; zahlr. Gedichtbände.

Seni, Giovanni Battista (1600–56), Sterndeuter Wallensteins.

senil [l.], greisenhaft.

Senilität, Altersschwäche.

Senior, *m.* [l.], „der Ältere gleichen Namens" (Vater, Bruder usw.); auch als Ehrentitel: Ältester; auch → sen.

Senk-blei, svw. Senk- → Lot. – **S.fuß** → Fuß. – **S.grube,** svw. Abortgrube. – **S.kasten** (Caisson), Arbeitsraum unter Wasser, durch Preßluft m. erhöhtem Druck versehen. – **S.lot** → Lot. – **S.rechte,** in der Geometrie: jede Gerade, die mit einer anderen einen Winkel von 90° bildet.

Senkrechtstarter

Senkrechtstartflugzeug, auch als *VTOL-*(*V*ertical *T*ake-*o*ff and *L*anding-)Flugzeug bez.; Flugzeugtyp, der senkrecht starten u. landen kann (kein Rotorflugzeug); z. Z. im Westen als einziges S. „Harrier" (British Aerospace Company) in Serie gebaut.

Senkwaage → Aräometer.

Senne, *Senner Heide,* sandige Landschaft in Westfalen, am Teutoburger Wald; Pferdezucht.

Senne I, s. 1973 zu → Bielefeld.

Senne II → Sennestadt.

Sennesblätter, Blätter versch. afrikan. Arten d. → Kassie *(Senna),* Abführmittel: **Sennestee.**

Sennestadt, früher *Senne II,* St.teil v. → Bielefeld; ab 1955 gebaut, Truppenübungsplatz.

Sennett, Mack (17. 1. 1884–5. 11. 1960), am. Produzent u. Regisseur; Grotesk-Slapstickfilme.

Senonen, kelt. Stamm an der oberen Seine.

Señor [span. sɛ'ɲɔr], Herr; **Señora,** Frau; **Señorita,** Fräulein.

Sensal, *m.* [it.], Makler.

Sensation [l. „Wahrnehmung"], urspr.: sinnl. Empfindung; dann Nervenkitzel; aufsehenerregende Erscheinung.

Sense, landw. Gerät zum Mähen von Getreide, Gras (von Hand); gekrümmte breite Schneide an langem Schwingstiel m. Handhaben.

sensibel [l.], empfindlich, überhaupt aufnahmefähig für einen Empfindungsreiz.

sensibilisieren, 1) *med.* Überempfindlichmachen d. Organismus oder best. Organe durch wiederholtes Eindringen von gleichen spezif. Stoffen (→ Allergene) in den Körper; kann zu Krankheitserscheinungen wie z. B. Heufieber, Nesselsucht usw. führen (→ Allergie); **2)** chemischer Vorgang; die lichtempfindl. fotograf. Schichten werden für d. Licht des sichtbaren u. unsichtbaren Spektrums „empfindlich" gemacht (sensibilisiert); dadurch können dann Lichtstrahlen bestimmter Wellenlänge in der Schicht (Emulsion) ein Bild erzeugen (hervorrufen).

Sensibilität, *w.* [l. „Empfindlichkeit"], Empfindungsfähigkeit; bes. Feinheit des Empfindens.

sensitiv [l.], für feinste Reize empfindlich, auch überempfindlich.
Sensitivitätstraining, psych. Methode in d. Gruppentherapie, *Selbsterfahrungsgruppe*, soll Kontakt zu anderen u. Verständnis f. sie fördern.
Sensorik, Sensoren, auch *Rezeptoren* (→ Kybernetik); z. B. Meßwerterfassung mit S., bei d. phys. Größen (z. B. Licht, Wärme, Druck) in el. Größen umgewandelt werden. → Regelung, → Regelkreis, → Prozeßrechner.
sensorisch [l.], Sinneswahrnehmungen betreffend.
Sensualismus, phil. Lehre: alle seelischen Erscheinungen sind aus Sinnesempfindungen abzuleiten; Erkenntnis nur durch diese bestimmt; vorbereitet von *Locke,* begründet von *Hume* → - Empirismus.
Sentenz, w. [l. „Meinung"], Urteil, Denkspruch.
Sentiment, s. [frz. *sāti'mã],* gefühlsmäßige (unsachliche) Einstellung.
sentimental [l.], empfindsam.
sentimentalisch, Ggs. zu → naiv 2).
Sentimentalität, w., Empfindsamkeit.
sentimento [it.], *mus.* Gefühl; *con s.,* mit Gefühl.
Senussi, strenger mosl. Orden, bes. in d. Kyrenaika, gegr. 1833 v. Mohammed Ibn Ali es Senussi; mit eigenem Staatswesen; Hptsitz früher die Oasengruppe Kufra; S.-Emir *Idris* 1951–69 König v. → Libyen (1969 exiliert).
senza [it.], *mus.* ohne (Dämpfer).
Seoul [*ze'ul],* Sŏul, Sòul, Hptst. v. S-Korea, 9,6 Mill. E; Uni., Textil-, Elektro-, Metall-, chem. Ind., Handelsplatz, Flughafen.
separat [l.], abgesondert, abgetrennt; als Vorsilbe: einzel ..., sonder ... (z. B. *Separatfriede).*
Separation, w. [l.], 1) Trennung (bes. von Eheleuten); 2) *techn.* Trennungsverfahren, → Setzarbeit.
Separatismus, m., pol. Bestreben, Teile eines Staates aus dem Staatsverband zu lösen und zu verselbständigen; zu unterscheiden v. → Irredenta.
Separator, svw. → Zentrifuge.
separieren, trennen, absondern.
Sepia, w., Gattung der zehnarmigen Kopffüßer (*S. officinalis,* Gemeiner Tintenfisch) mit innerer Schale (→ Schulp); getrocknetes Sekret des Tintenbeutels als schwarzbraune Malerfarbe.
Sepoy [engl. *'sipɔi],* Eingeborenensoldat d. engl. Kolonialtruppe i. Indien; 1857/58 S-Aufstand unter *Nena Sahib.*
Seppuku, s. [chin.-jap.], svw. → Harakiri.
Sepsis, w. [gr.], Fäulnis, Blutvergiftung durch Bakterien, gefährl. Allgemeininfektion.
September, im altröm. Kalender 7., heute 9. Monat (30 Tage); altdt.: *Scheiding.*
Septennat, s. [l.], Zeitraum von 7 (septem) Jahren. – S.swahlen, 1887, auch Kartellwahlen genannt, Erfolg Bismarcks

in der Festlegung der dt. Heeresstärke auf die nächsten 7 Jahre.
Septett, s., Komposition f. 7 Instrumente od. Singstimmen.

1 2 3

Septime, w., *mus.* 7. Stufe der Tonleiter u. entsprechendes Intervall (1: *große;* 2: *kleine;* 3: *verminderte* S.).
Septimius → Severus.
Septuagesima, w. [l. „siebzigste"], „70. Tag", neunter Sonntag v. Ostern; in d. kath. Kirche s. 1969 aufgehoben.
Septuaginta, w. [l. „siebzig"], griech. Übersetzung des A.T., 3.–1. Jh. v. Chr.; nach d. Überlieferung durch 70 Gelehrte in Alexandria.
Septum, s. [l.], d. Scheidewand (z. B. i. Nase, Herz).
Sequaner, kelt. Stamm am Oberlauf der Seine; 58 v. Chr. v. Cäsar unterworfen.
Sequens, w. [l.], abgek. *seq.,* der (die, das) Folgende; *Vivat s.!* es lebe der (die, das) Nachfolgende!
Sequenz, w. [l.], 1) mittelalterl. Kirchengesang, nichtrhythmisch Folge, Reihe; 2) Wiederholung einer Tonfolge auf anderer Tonstufe; 3) hymnusähnl. Gesang i. d. ma. Liturgie; 4) Befehlsfolge i. e. Programmierabschnitt (EDV); 5) lückenlose Folge von Spielkarten.
Sequester, m. [l.], 1) Zwangsverwalter; 2) *med.* abgestoßenes totes Knochenstückchen (z. B. nach Knochenverletzung oder -vereiterung).
Sequestration, w., 1) svw. → Zwangsverwaltung; 2) *med.* Abgrenzung (Ablösung) toten Gewebes.
Sequoia, w. → Mammutbaum.
Serail [pers.-türk.-frz. *se'raj* „Schloß"], Palastanlagen der ehem. osman. Sultane in Istanbul *(Topkapi Serai);* jetzt Museum.
Seraing [*sərɛ̃]* belg. St. in der Prov. Lüttich, an d. Maas, 61 000 E; Glashütte, Schwerind.
Seram, *Ceram,* größte Molukken-Insel, Indonesien, 18 259 km², 166 000 E; Kopra, Karbek, Erdöl.
Seraph, m. [hebr.], Mz. *Seraphim,* Wüstenungeheuer, als geflügelte feurige Schlange gedacht; im A. T. Engelwesen (Vision des Jesaias).
Serapis, *Sarapis,* ägypt. Unterweltsgott, Hauptgott d. griech. Ägypten, später im ganzen Röm. Reich verehrt.
Serben, südslav. Volk in Jugoslawien, bes. in der jugoslaw. B.rep. Serbien.
Serbien, serb. *Srbija,* 55 968 km², 5,8 Mill. E, jugoslaw. B.rep. (dazu d. autonomen Prov.en Woiwodina u. Kosovo), zus. 88 361 km², 9,8 Mill. E; d. Kerngebiet Jugoslawiens; Hptflüsse: *Morava,* untere *Save;* im O, östl. d. Morava, gebirgig (*Mičkor* 2186 m), reiche Erzvorkommen (Eisen, Blei, Kupfer, Silber); i. NW, westl. d. unteren Morava, fruchtb.

Hügelland; im S stark zergliederte Gebirgslandschaft m. fruchtb. Talmulden: Anbau v. Weizen, Mais, Obst, Gemüse, Tabak, Wein; Hptst. *Belgrad.* – Aus Teilfürstentümern um 1300 entstanden; Verfall unter vordringender Türkenherrschaft; 1718–39 N-Serbien östr., dann wieder türk.; nach 1800 Befreiungskämpfe, 1830 Fürstentum unter türk. Oberhoheit; volle Unabhängigkeit durch Kriege gg. Türkei 1876–78 (Berliner Kongreß); 1882 Kgtum; Anlehnung an Rußland bringt in Balkankriegen 1912/13 Gebietsgewinn (fast ganz Mazedonien) u. verschärft Ggs. zu Östr.; 1914 Ermordung d. östr. Thronfolgers in → Sarajevo Anstoß zum 1. Weltkr.; 1919 Kernprov., s. 1945 Bundesrep. v. Jugoslawien; 1991 durch Tschetniks (serb. Freischärler) u. Bundesarmee in Bürgerkrieg mit → Slowenien u. Kroatien (→ Slawonien) verwickelt.
serbische Literatur, *13. Jh.:* Gesetzbuch *Zakonik.* Seit dem *18. Jh.* westl. Einflüsse: Obradović, Vujić, der Erzähler Milovan Vindaković. *19. Jh. Romantik:* Karadžić u. sein Schüler Djuro Daničić; s. 1860 die Omladina v. Bedeutung; Jovanović; *Realismus:* Vojislav Ilić (Lyrik), die Erzähler Ignjatović, Lazarević, Janko Veselinović; Branislav Nusić (auch Dramen). *20. Jh.:* Ivo Andrić, M. Bulatović.
serbokroatische Sprache, gemeinsame Sprache der Serben u. Kroaten, jedoch versch. Schrift: die Kroaten schreiben lat., d. Serben kyrillisch.
Sereth, rumän. *Siret,* l. Donau-Nbfl., aus den Waldkarpaten, mündet b. Galatz (Galaţi), 686 km l., 416 km schiffbar.
Serge, w. [frz. *sɛrʒ],* versch. Köperware: *Baumwoll-, Woll-* u. *Seiden-S.,* für Futter u. Kleider.

Serenade, *Gemälde von Spitzweg*

Serenade, w. [it.], Abendständchen; unterhaltsames Tonstück, gewöhnlich in mehreren Sätzen.
Serengeti, ostafrikan. Naturschutzpark östl. d. Victoriasees.
Serenissimus [l.], *Durchlauchtigster,* ehemals Titel regierender Fürsten.
Sergeant [frz. *zɛr'ʒant,* engl. *'sadʒnt]* früher höherer Unteroffizier, dann: Unterfeldwebel; in der engl. u. am. Armee Unteroffiziers-Dienstgrad.

Sergius, Name von vier Päpsten d. 7.-11. Jh.

Serie, w. [l. -*rĭə*], Reihe zusammengehöriger Dinge.

serielle Musik, Weiterentwicklung d. → Zwölftontechnik durch Übertragung d. Prinzips reihenmäßiger Ordnung d. Tonhöhen auch auf andere Toneigenschaften (wie Dauer, Klangfarbe und Lautstärke); entwickelt seit etwa 1950; Vertr.: *Messiaen, Boulez, Maderna, Stockhausen, Nono.*

Serienfabrikation, Reihenherstellung einer größeren Menge gleicher Industrieprodukte.

Serigraphie [gr.], svw. → Siebdruck.

seriös [it. „serioso"], ernsthaft, ernst zu nehmen.

Serkin, Rudolf (28. 3. 1903-8. 5. 91), am. Pianist russ. Herkunft.

Sermon, m. [l.], (langatmige Straf-)Predigt.

Serologie, w. [l.-gr.], Lehre von d. Eigenschaften des → Serums und anderer Körperflüssigkeiten.

Serosa, äußere Embryonalhülle der Säugetiere, Vögel und Reptilien.

Serotonin, svw. → Hydroxytryptamin.

Serpentin, m., Mineral, Bandsilicat, meist grün. - **S.asbest,** *Chrysotilasbest,* Asbestrohstoff.

Serpentine, w. [frz.], in Schlangenlinie ansteigender Weg.

Serra, w. [portugies.], *Sierra* [span.], „Säge", zackige Bergkette.

Serradella, *Vogelfuß,* Schmetterlingsblütler m. rosa Blüten; Futterpflanze auf Sandböden u. zur Gründüngung.

Sertürner, Friedrich (19. 6. 1783-20. 2. 1841), dt. Apotheker, entdeckte 1804 das erste Alkaloid (Morphin).

Serum, s., 1) *Blut-S.,* schwach gelbliche Flüssigkeit, die nach Blutgerinnung übrigbleibt; enthält Mineralstoffe u. Stoffwechselprodukte, vor allem aber Kohlenhydrate, Fette u. Eiweißstoffe in gelöster Form sowie meist an diese gebundene → Antikörper; 2) *Heil-S.,* Tier-, meist Pferde-S., das nach Impfung des Tieres mit Extrakt aus abgetöteten Bakterienkulturen, d. h. nach aktiver → Immunisierung, Abwehrstoffe gegen eine bestimmte Infektionskrankheit, Antikörper, bes. Antitoxine gegen die Bakteriengifte (Toxine), enthält; bes. bei Diphtherie, Wundstarrkrampf, Genickstarre; 3) *Schutz-S.,* gewonnen wie Heil-S., enthält ebenfalls spezifische Antikörper; dient z. *Serumprophylaxe,* d. h. zu vorbeugender Behandlung mit Serum gegen Infektionskrankheiten durch passive Immunisierung. - **S.diagnostik,** Erkennen von Infektionskrankheiten aus Reaktionen (Agglutination, Komplementbindung usw.) d. Antikörper im Serum des Erkrankten mit Serum zugesetzten, die betreffende Infektionskrankheit auslösenden → Allergenen (Bakterien oder deren Gifte); bes. bei Typhus, Paratyphus, Syphilis; auch → Enzymdiagno-

Sessellift

stik. - **S.krankheit,** Fieber, Ödeme, Hautausschlag, Gelenkschwellungen nach wiederholter Injektion des gleichen artfremden (Tier-)Serums; in schweren Fällen **S.schock** mit Atemnot, Kreislaufschwäche. → Anaphylaxie; → Rekonvaleszentenserum.

Serval, m., mittelgroße Wildkatze Afrikas, gelb mit schwarzen Flecken.

Servan-Schreiber [*sɛr,vậfrɛ'bɛr*], Jean-Jacques (* 13. 2. 1924), frz. Pol. (Radikalsozialist); *D. am. Herausforderung; D. totale Herausforderung.*

Servatius, kath. (Eis-)Heiliger.

Servet, Michael (um 1509-27. 10. 53), span. Arzt, entdeckte d. kl. (Lungen-)Kreislauf; Gegner Calvins; wegen „Ketzerei" (Kampf gg. d. Dreieinigkeitslehre) auf dessen Betreiben verbrannt.

Service, 1) *s.* [frz. *ser'vis*], zusammengehöriges Tischgerät (z. B. *Kaffee-S.*); 2) *m.* [engl. *'sə:vɪs*], Dienst (→ *Secret Service*); Kundendienst.

Servicewelle [*'sə:vɪs-*], Rundfunkprogramm bzw. -kanal m. Unterhaltungsmusik, Angaben über den Autoverkehr, Suchmeldungen u. ä.

servil [l.], kriechend unterwürfig.

Servilismus, m., *Servilität,* kriecherische Ergebenheit.

Servis, m. [frz.], in *Gasthöfen:* Bedienung, Bezahlung für die Bedienung.

Serviten [l.], *Diener Mariä,* ein 1233 gestifteter kath. Bettelorden.

Servitut, s. [l.], svw. → Dienstbarkeit.

Servius Tullius (577-534 v. Chr.), der 6. der sagenhaften 7 römischen Könige (Ummauerung Roms, servian. Heeresverfassung).

Servolenkung, Vorrichtung, die das Steuern eines Autos erleichtert.

Sesam, m., hochwüchsiges Kraut aus Afrika und Indien; wegen der ölhaltigen Samen in warmen Ländern angebaut (Speiseöl); Weltproduktion 1982: 1,87 Mill. t. - **S.beine** [gr.], in verschiedene Sehnen der Hände (besonders Daumen) und Füße neben den Gelenken eingesetzte kugelige Knöchelchen.

Sesenheim, frz. *Sessenheim,* Gem. im Unterelsaß, 1500 E; Heimat v. Goethes Jugendliebe *Friederike Brion.*

Sesostris (um 2000 v. Chr), ägypt. Kg.

Sessellift, Seilbahn mit Einzel- od. Mehrfachsitzen, insbes. im Skigelände; hält beim Ein- und Aussteigen nicht an.

sessil, festsitzend (Wassertiere, z. B. Schwämme, Korallen).

Sesterz, *Sestertius, m.,* altröm. kleine Münze, erst Silber, später Bronze.

Sète [*sɛt*], bis 1928 *Cette,* frz. Kriegs- u. Handelshafen am Mittelmeer, Dép. *Hérault,* 40 000 E; Weinhandel, Seebad.

Seth, 1) ägypt. Gottheit (Prinzip des Bösen); 2) im A.T. Sohn Adams.

SETI, Abk. f. engl. *Search for Extra-Terrestrical Intelligence,* Programm zur Suche nach außerirdischem Leben; dieses soll sich durch Emission v. Radiosignalen bemerkbar machen.

Sétif, *Stif,* Hptst. d. Bez. *S.* in Algerien, im Tellatlas (N-Afrika), 187 000 E; Weinzenbau.

Setter, engl., langhaariger Hühnerhund (→ Tafel Hunderassen).

Settlement, s. [engl. *'sɛtlmənt*], Niederlassung, Ansiedlung; auch → Straits Settlements. - **S.bewegung,** Ansiedlung Angehöriger oberer Schichten (erstmals 1880 v. Studenten in England) in Armenvierteln der Großstädte als Versuch geist. u. soz. Annäherung; in England (Toynbeehall in London), den USA u. Dtld.

Setúbal [*-βɐl*], portugies. Distrikthptst. an der *Bucht von S.,* 77 000 E; Weinbau u. -handel, Fisch, Fischerei (Sardinen).

Setzarbeit, nasse Erz- u. Kohlenaufbereitung durch Absetzenlassen (*„Separation"*) d. Körner entsprechend ihrem spez. Gew. auf Sieben im Wasserstrom.

Setzen, Setzmaschinen → Buchherstellung.

Setzwaage, svw. → Wasserwaage.

Seuchen, übertragbare → Infektionskrankheiten; nach Bundes-Seuchengesetz v. 18. 7. 1961 ist jede Erkrankung, jeder Verdacht einer Erkrankung u. eines Todes an einer gefährl. Infektionskrankheit (z. B. *Tuberkulose, Cholera, Pocken, Kinderlähmung, Ruhr, Typhus*) meldepflichtig. Das Gesetz enthält grundsätzliche Vorschriften zur Verhütung und Bekämpfung übertragbarer Krankheiten.

Seume, Johann Gottfried (29. 1. 1763-13. 6. 1810), dt. Schriftst.; *Spaziergang nach Syrakus; Mein Leben.*

Seurat [*sœ'ra*], Georges (2. 12. 1859-29. 3. 91), frz. Maler d. → Neoimpressionismus (Begr. d. *Pointillismus*), im geometrisierten Bildaufbau Vorläufer d. Kubismus; Landschaften; *Der Zirkus.*

Seuse, *Suso,* Heinrich (um 1295-25. 1. 1366), dt. Mystiker, Schüler Eckharts, Wanderprediger; *Büchlein v. d. ewigen Weisheit; Dt. Schriften.*

Sevenbaum, svw. → Sadebaum.

Severing, Carl (1. 6. 1875-23. 7. 1952), SPD-Pol., 1920-32 mehrf. preuß. (zeitweise Reichs-)Innenmin.

Severini, Gino (7. 4. 1883-26. 2. 1966), it. Maler; → Futurismus.

Severn [*'sɛvən*], Fluß in England, aus

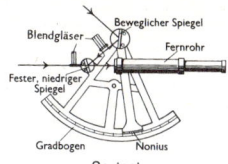

Sextant

1 2 3 4

Wales, 336 km l., in den Bristolkanal; a. Unterlauf b. New Passage Eisenbahnuntertunnelung, 7,2 km l.

Severus, Lucius Septimius, erster röm. Soldatenkaiser 193–211 n. Chr.; pol. (Gleichstellung Italien-Provinzen), finanzielle u. rechtl. Reformen (Papinian, Ulpian).

Sévigné [*sevi'ɲe*], Marie Marquise de (5. 2. 1626–18. 4. 96), frz. Schriftst.in; gab in geistreichen Briefen an ihre Tochter, Comtesse de Grignan, ein anschaul. Bild des Lebens am Hofe Ludwigs XIV.

Sevilla, Saal im Alcázar

Sevilla [*se'βiʎa*], Hptst. d. span. Prov. *S.* (in d. Landschaft Andalusien) u. Hafen am Guadalquivir, 668 000 E; Erzbischofssitz, Grab d. Kolumbus, spätgot. Kathedrale m. „Giralda"-Turm, Alcázar, maur. Königspalast; Uni.; div. Ind.

Sèvres [*sɛvr*], frz. St., südwestl. Vorort von Paris, 20 000 E; Porzellanmanufaktur (urspr. in Vincennes, um 1740 gegr.) → Porzellanmarken. - *Friede von S.* 1920 zw. Türkei u. Entente.

Sewardhalbinsel [*'sjuəd*-], felsige Halbinsel Alaskas (50 000 km², bis 1500 m h.) mit Kap Prince of Wales, dem westlichsten Punkt Nordamerikas.

Sewastopol, ukrain. St. m. Kriegshafen u. Seebad auf der Krim, 356 000 E.

Sewernaja Semlja → Nordland 1).

Sex, *m., Sexus* [l.], Geschlecht.

Sexagesima, *w.* [l. „sechzigste"], „60. Tag", der 8. Sonntag vor Ostern; in d. kath. Kirche s. 1969 aufgehoben.

Sexagesimalsystem [l.], *math.* Unterteilung des Grades in 60′ (Min.), der Bogenmin. in 60″ (Sek.).

Sexagon, lat. *Sexangulum, s.,* Sechseck.

Sex-Appeal, *m.* [engl. *-ə'pi:l*], svw. erotische Anziehungskraft.

Sexismus, Diskriminierung aufgrund d. Geschlechtszugehörigkeit.

Sexta, *w.* [l. „sechste"], früher Bez. f. die unterste, „erste" Klasse höh. Schulen.

Sextant, *m.* [l.], **1)** *math.* 6. Teil eines Kreises, Sektor von 60°; **2)** *naut. Spiegel-S.,* Winkelmeßgerät zur Messung d. Sonnenhöhe für Orts- u. Zeitbestimmung, besteht aus Kreissektor v. 60° mit Einteilung, zwei Spiegeln und Fernrohr; **3)** → Sternbilder, Übers.

Sexte, *w.* [l.], *mus.* 6. Tonleiterstufe u. das entspr. Intervall (1: *große*; 2: *kleine*; 3: *verminderte*; 4: *übermäßige* S.).

Sextett, *s.,* Komposition für sechs Instrumente oder Singstimmen.

Sextillion, *w.* [l.], Eins mit 36 Nullen (1 Million Quintillionen od. 10³⁶).

sexual [l.], z. Geschlechtsleben gehörend.

Sexualhormone → Keimdrüsen, → Hormone.

Sexualität, Geschlechtlichkeit, Geschlechtsleben.

Sexualpathologie [l.-gr.], Wissenschaft von den krankhaften Erscheinungen des Geschlechtslebens.

Sexualpsychologie, Lehre v. d. Entwicklung u. Verschiedenheit sexuellen Verhaltens.

Sexualverbrechen, svw. → Sittlichkeitsdelikte.

sexuell, geschlechtlich.

sexuelle Handlung, ersetzt s. 1973 den Begriff „Unzucht" im Sexualstrafrecht.

sexueller Mißbrauch von Schutzbefohlenen, Vornahme sexueller Handlungen an, mit od. vor Minderjährigen, die d. Täter zur Erziehung, Ausbildung od. Betreuung anvertraut sind; strafbar nach § 174 StGB.

Seychellen, *Seschellen,* amtl. *Republic of Seychelles,* Rep. u. Gruppe von 89 Inseln und Klippen im Ind. Ozean, 455 km², davon Mahé 145 km², aus Granit und Korallenkalk; 67 000 E (147 je km²); Kokosnüsse, Vanille; Hptst. u. Sitz d. Gouverneurs: *Victoria* (23 000 E); Währung: Seychellen-Rupie (SR); Flagge S. 341, Karte S. 750; Kohlenstation; zunächst v. Franzosen, dann v. Briten besetzt; 1903 brit. Kronkolonie; s. 1976 unabhängig; 1977 Staatsstreich. Weg zu sozialist. Demokratie; 1982 Mil.rebellion gescheitert; Mitgl. d. UN, d. Commonwealth u. d. OAU; AKP-Staat. - **S.nuß** → Lodoicea.

Seydlitz, Friedrich Wilhelm Frh. v. (3. 2. 1721–8. 11. 73), preuß. Reitergeneral; Siege b. Roßbach 1757 u. Zorndorf 1758.

Seyfer, *Syfer,* Hans (um 1460–1509), dt. Bildhauer der Spätgotik; *Kiliansaltar* (Heilbronn).

Seyß-Inquart, Arthur (22. 7. 1892–16. 10. 1946), östr. NS-Pol., 1938 Innenmin.

u. Bundeskanzler; betrieb d. Anschluß, 1940–45 Reichskommissar f. d. Niederlande; in Nürnberg 1946 hingerichtet.

Sezession, *w.* [l.], *Absonderung,* **1)** in d. *am. Geschichte* die Loslösung d. S-Staaten v. d. USA 1861, führte z. → Sezessionskrieg; **2)** in der *Kunst* Bez. für d. Abspaltung e. Künstlergruppe aus e. bereits bestehenden Vereinigung, meist um eigene Kunstrichtung zu vertreten (z. B. *Berliner S.* unter Liebermann 1899–1933). - **S.isten,** Angehörige einer Sezession. - **S.stil,** östr. Ausprägung d. → Jugendstils; u. a. *Klimt* (Malerei), *Olbrich* (Architektur).

Sezessionskrieg, 1861–65 zw. den Nord- und Südstaaten der USA (Negerklavenfrage); nach Sieg der Nordstaaten Abschaffung der Sklaverei.

sezieren [l.], eine Leiche öffnen.

Sezuan → Sichuan.

Sfax, Ind.- u. Hafenst. in Tunesien, 232 000 E.

SFB, Abk. f. *Sender Freies* (West-)*Berlin.*

Sforza, *it. Hzge v. Mailand* 1450–1540, **1)** *Francesco* (23. 7. 1401–8. 3. 66), Condottiere, eroberte 1464 Genua; **2)** *Lodovico,* gen. *il Moro* (27. 7. 1452–17. 5. 1508), wurde 1499 v. Kg Ludwig XII. u. Frkr. vertrieben; Förderer d. Kunst u. Wissenschaft; starb im Kerker.

Sforza, *Carlo Gf* (25. 9. 1872–4. 9. 1952), it. Staatsmann, 1920/21 u. 1947–51 Außenmin.; lebte 1927–43 als Gegner d. Faschismus in der Emigration.

sforzato [it.], Abk. *sf, sfz, fz; mus.* verstärkt, stark betont.

sfumato [it. „rauchig"], malerische Bildmittel zart verschwimmender Konturen (erstmals für d. Gemälde Leonardos da Vinci geprägter Begriff); bes. beliebt im Barock.

Sgraffito, *s.* [it. „Kratzmalerei"], Verfahren in Keramik u. Wandmalerei; stellenweises Entfernen d. Deck- von getönten Unterschichten.

's-Gravenhage [*sxravən'haxə*], → Haag, Den.

sh, Abk. f. → *Shilling.*

Shaanxi, früher *Schensi,* chin. Prov., westl. vom Huang He, 195 800 km², 30 Mill. E; im N Getreidebau, Erdöl u. Steinkohle; im S gebirgig; Hptst. *Xi'an.*

Shaba [*ʃa*-], bis 1971 *Katanga,* Prov. Zaïres, 497 000 km², 3,9 Mill. E; bed. Bergbaugebiet Afrikas: Kupfer, Uran, Zinn, Zink, Eisen, Mangan, Silber, Germanium, Kohle, Cobalt; Hptst. *Lubumbashi* (543 000 E). - 1960 Unabhängigkeitserklärung Tschombés, 1963 Beendigung d. Sezession durch UN-Truppen, 1977 neuerl. Unruhen.

Shache, früher *Yarkant,* d. Oasenstadt in Xinjiang, am *Yarkant* (Quellfluß d. Tarim v. Karakorum), 70 000 E; Teppichind., Seidenraupenzucht.

Shackleton [*'fæklt(ə)n*], Sir Ernest Henry (15. 2. 1874–5. 1. 1922), engl. Südpolarforscher; gelangte 1909 bis auf 170 km a. Südpol; *21 Meilen vom Südpol.*

Shaftesbury [ˈʃaftsbəri], **1)** Anthony, 1. Earl of (22. 7. 1621–21. 1. 83), engl. Staatsmann, wirkte für Wiederherstellung des Kgtums (1660), Lordkanzler s. 1672 (→ Habeas-Corpus-Akte 1679); s. Enkel **2)** Anthony Ashley Cooper, 3. Earl of (26. 2. 1671–4. 2. 1713), engl. Phil. u. Vertr. d. → schottischen Schule; s. Lehre (bes. Ästhetik: „Das Schöne erzieht z. Guten") beeinflußte u. a. Herder, Schiller.

Shag, m. [engl. ʃæg], fein geschnittener, kräftiger Tabak für kurze Pfeife *(Shagpfeife).*

Shake [engl. ʃeɪk], **1)** *Jazz:* starkes Vibrato über einzelner Note; **2)** Modetanz d. 60er Jahre; **3)** alkoholfreies Mischgetränk.

Shakers [engl. ˈʃeɪkəz], „Zitterer", Sekte in Nordamerika, Abspaltung von den Quäkern durch *Anna Lee* (1736–83).

William Shakespeare

Shakespeare [ˈʃeɪkspɪə], William (getauft 26. 4. 1564, Stratford upon Avon, † 23. 4. 1616, ebenda), engl. Dramatiker u. Schauspieler (am Globetheater, London; später Mitbesitzer); seine Werke sind Vorbilder aller neuzeitl. Dramatik in Gestaltung d. Charaktere und Leidenschaft, sprachgewaltigem, phantasiereichem Ausdruck (wortreichster Dichter), Wucht und Reichtum der Handlung; 37 Dramen, darunter die Tragödien: *Hamlet; Macbeth; König Lear; Othello; Romeo und Julia;* Historien: *Julius Cäsar; Antonius und Kleopatra;* engl. Königsdramen: *Richard II.; Heinrich IV.; Richard III.;* Komödien: *Ein Sommernachtstraum; Der Kaufmann von Venedig; Der Widerspenstigen Zähmung; Was Ihr wollt; Wie es Euch gefällt; Die lustigen Weiber von Windsor; Der Sturm;* Sonette.

Shakespearebühne, dreiteilige Bühnenform d. Shakespearezeit; besteht aus dekorationsloser *Vorderbühne,* guckkastenähnl. *Hinterbühne,* die durch Vorhang abgeteilt u. während des Spiels umgebaut werden kann, und einer balkonartigen *Oberbühne* (→ Tafel Theaterbau).

Shamir, Yitzak (* 3. 11. 1914), isr. Pol. (Likud); 1980–83 Außenmin., 1983/84 Min.präs.; 1984–86 Außenmin. unter → Peres (f. die ersten 25 Monate d. 4jähr. Amtsperiode), s. 1986 Min.präs.

Shamrock, m. [engl. ʃæm-], Kleeblatt; Wahrzeichen der Iren.

Shandong, früher *Schantung,* Prov. in NO-China u. Halbinsel, 153 300 km², 78

Mill. E; größtenteils Gebirgsland (z. T. mit Eisen u. Kohle), nur im N fruchtbare (Erdnüsse, Weizen, Reis, Baumwolle, Mohn, Ölfrüchte), dicht bevölkerte Ebene; Seiden- u. Glasind., Töpferei, Strohflechterei; Hptst. *Jinan.*

Shang-Dynastie, in China, 1750–1100 v. Chr., nach ihr genannt die *Shang-Zeit,* Epoche der chin. Kunst, Denkmäler: steinerne Tierfiguren (14. bis 13. Jh. v. Chr.), Bronzegefäße.

Shanghai

Shanghai, größte St. Chinas, Hafenst. der Prov. Jiangsu, südl. d. Chang-Jiang-Mündung, 7,1 Mill. E, Agglom. 12,6 Mill. E; bed. Seehandelsplatz Ostasiens; m. Vorhafen *Wusung,* Flughafen, Uni.; Ausfuhr v. Seide u. Tee. – Einer d. 5 Vertragshäfen, die 1842 für eur. (engl.) Handel geöffnet wurden; 1946 Aufhebung der Exterritorialität d. ausländ. Niederlassungen m. eigener Verw.

Shannon [ˈʃænən], **1)** Hptfl. Irlands, 368 km l., bildet fischreiche Seen im Mittellauf, mündet mit (bis 15 km) breitem Mündungstrichter in d. Atlant. Ozean; Großkraftwerk bei Limerick; **2)** Flugpl. mit Land- u. Seeflughafen am Südufer der Mündungsbucht d. Sh. in den Atlantik.

Shantou, früher *Swatou,* St. in der chin. Prov. Guangdong, an der SO-Küste, 350 000 E; Fischerei, Textilind., Zucker- u. Tabakausfuhr.

Shanty, s. [engl. ʃænti], Matrosenlied, bei gemeinsamen Arbeiten gesungen.

Shanxi, Prov. in N-China, gebirgige Lößlandschaft, 157 100 km², 27 Mill. E; Weizen-, Hirse-, Baumwollanbau; Kohle, chem. Ind.; Hptst. *Taiyuan.*

SHAPE → Nordatlantikpakt.

Shapley [ˈʃæpli], Harlow (2. 11. 1885–20. 10. 1972), am. Astronom; Untersuchungen über die Entfernung der → kugelförmigen Sternhaufen u. → Galaxien.

Sharaku, Tōshūsai, jap. Holzschneider, Ende des 18. Jh.; Farbholzschnitt-Bildnisse zeitgenöss. Schauspieler (→ Tafel asiatische Kunst).

Share, m. [engl. ʃɛə], Anteilschein (Aktie).

Sharpe, William (* 1934), am. Wirtschaftswiss.; (zus. m. H. → Markowitz u. M. → Miller) Nobelpr. 1990 (Arbeiten über Finanzökonomie u. Unternehmensfinanzierung).

Shashi, St. in der chin. Prov. Hubei, am Chang Jiang, 280 000 E; Baumwollind.

G. Bernard Shaw

Shaw [ʃɔː], **1)** George Bernard (26. 7. 1856–2. 11. 1950), irischer Dramatiker; kämpft in seinen Dramen (u. Romanen) gg. gesellschaftl. Heuchelei u. Geschichtsverfälschung; *Helden; Frau Warrens Gewerbe; Cäsar u. Kleopatra; Candida; Mensch u. Übermensch; Die heilige Johanna;* Nobelpreis 1925; **2)** Irwin (27. 2. 1913–16. 5. 84), am. sozialkrit. Schriftst.; *Die jungen Löwen.*

SHB, Abk. f. *Sozialistischer Hochschulbund,* früher *Sozialdemokr. Hochschulbund.*

Sheffield [ˈʃefild], engl. Ind.st. i. d. Gft South Yorkshire, 471 000 E; Uni.; Stahlwarenind., Kohlengruben.

Shell [ʃ-], *Royal Dutch Shell Co.,* zweitgrößter Erdölkonzern d. Erde (London–Den Haag), gegr. 1890.

Shelley [ˈʃeli], **1)** Mary (30. 8. 1797–1. 2. 1851), engl. Schriftst.in; *Frankenstein od. D. neue Prometheus;* verheiratet m. **2)** Percy Bysshe (4. 8. 1792–8. 7. 1822), engl. Dichter; romant. Lyrik; Dramen: *Der entfesselte Prometheus.*

Shenyang, bis 1945 *Mukden,* Hptst. d. nordostchin. Prov. Liaoning, 4,3 Mill. E; bed. Ind.- u. Handelszentrum, Uni., TH; Gräber der Mandschu-Kaiser. – 1905 Sieg der Japaner über d. Russen.

sherardisieren [ʃ-], Kontaktverzinkung v. Eisen od. Stahl m. einem Gemisch v. Quarzsand u. Zinkstaub in Drehtrommeln bei etwa 400 °C.

Sheridan [ˈʃeridn], Richard Brinsley (30. 10. 1751–7. 7. 1816), engl. Lustspieldichter; *D. Lästerschule.*

Sheriff [ˈʃerif], höchster Gerichtsbeamter einer Gft in England; Bezirkspolizeichef in den USA.

Sherlock Holmes [ˈʃələk ˈhoumz], Gestalt der Detektivgeschichten v. Sir Arthur Conan → Doyle.

Sherman [ˈʃəmən], William (8. 2. 1820–14. 2. 91), am. General der Union im → Sezessionskrieg.

Sherpa [ʃ-], mongolider Bergstamm im Himalaja.

Sherriff [ˈʃerif], Robert Cedric (6. 6. 1896–13. 11. 1975), engl. Dichter; Kriegsdrama: *Die andere Seite.*

Sherrington [ˈʃeriŋtən], Sir Charles Scott (27. 11. 1857–4. 3. 1952), engl. Physiologe; Arbeiten über Funktionen d. Nervensystems; Nobelpr. 1932.

Sherry, *m.* [engl. *'ʃerɪ*], Süßwein aus der Gegend von → Jérez de la Frontera. – **S.-Cobbler,** nordam. Mischgetränk aus Sherry, Zitronensaft, Curaçao, Zucker und gestoßenem Eis.

's-Hertogenbosch [*-xən'bɔs*], → Herzogenbusch.

Sherwood [*'ʃɔwud*], Robert Emmet (4. 4. 1896–14. 11. 1955), am. Dramatiker; satir. histor. Komödien; Biographie: *Roosevelt u. Hopkins.*

Shetlandinseln [*'ʃɛtlənd-*], *Shetland,* schott. Inselgruppe (Gft) v. ca. 100 Inseln (davon 29 bewohnt) nördl. d. Orkneyinseln, kahle Gneisfelsen; Schaf- u. Ponyzucht (*Shetlandponys,* sehr klein, starker Mähnen- u. Schweifwuchs), Fischerei; 1427 km², 22 000 E; Hptst. *Lerwick* (Hptinsel Mainland).

SHF, Abk. f. *Super High Frequencies,* „superhohe" Frequenzen, svw. → *Zentimeterwellen;* Wellenlänge 10 bis 1 cm, Frequenzbereich 3 bis 30 GHz; Anwendung: Radar, Richtfunk (→ Wellenlängen, Übers.).

Shikoku, die kleinste d. jap. Hauptinseln, gebirgig (bis 1981 m), 17 760 km², 5,3 Mill. E; Reis, Salz; Hptst. *Matsuyama.*

Shilling, *m.* [engl. *'ʃ-*], → Währungen, S. 1087.

Shintoismus → Schintoismus.

Shirley [*'ʃəlɪ*], James (18. 9. 1596–29. 10. 1666), engl. Dramatiker der ausgehenden Renaissance.

Shit [engl. *ʃɪt*], ugs. f. → Haschisch.

shocking [engl. *'ʃɔk-*], anstößig.

Shockley [*'ʃɔklɪ*], William (* 13. 2. 1910), am. Phys.; Halbleiter u. Transistoren; Nobelpr. 1956.

Shopping Center, *s.* [engl. *'ʃɔpɪŋ sɛntə*], meist außerhalb der Innenstadt angelegte Einkaufszentren f. größere Wohnviertel u. Vorortsiedlungen.

Shortdrink [engl. *'ʃɔːt-*], unverdünntes, stark alkoholisches Getränk.

Shorts [eng. *ʃɔːts*], kniefreie Hose.

Show, *w.* [engl. *ʃɔu*], Schauspiel, Darbietung, Vorführung; auch Ausstellung.

Shredder [engl. „shred = zerfetzen"], *Schredder,* Verschrottungsanlage, zerkleinert u. a. Autowracks (mit Hilfe v. rotierenden Trommeln u. Hämmern) zu faustgroßen Knäueln.

Shreveport [*'ʃriːv-*], St. im US-Staat Louisiana, am Red River, 206 000 E; Holz-, Metallind.; Erdöl- u. Erdgasvorkommen.

Shrewsbury [*'ʃruːzbərɪ*], Hptst. des engl. Gft Shropshire, a. Severn, 58 000 E; ma. Bauten; Eisen-, Glas- u. Lederindustrie.

Shultz, George Pratt (* 13. 12. 1920), am. Wirtschaftswiss. u. Pol.; 1982–89 Außenmin.

Shunt, *m.* [engl. *ʃʌnt*], **1)** el. Nebenschlußwiderstand bei Amperemetern; **2)** *med.* angeborene od. operativ hergestellte abnorme Verbindung zw. Blutgefäßen.

shunten, Anpassen des el. Widerstands eines el. Meßinstruments an zu messende Stromstärke durch parallelgeschalteten Widerstand *(Shunt).*

Shute [*ʃuːt*], Nevil (17. 1. 1899–12. 1. 1960), engl. Erzähler; *Im Gleitflug d. Lebens; D. letzte Ufer.*

Shylock [*'ʃaɪ-*], jüd. Wucherer in Shakespeares *Kaufmann von Venedig.*

SI, Abk. f. → *Système Internationale.*

Si, *chem.* Zeichen f. → *Silicium.*

Sial, *s.,* **Si***licium-Aluminium,* Name der Oberkruste d. Erde nach ihrer hpts. Zusammensetzung, unter den Kontinenten ca. 35 km stark.

Sialkot, pakistan. St. in Pandschab, 296 000 E.

Siam, früher für → Thailand. – **S.katzen,** *Siamesen,* feingliedr., kurzhaar. Edelkatzen.

siamesische Zwillinge, eineiige Zwillinge, deren Körper durch Bindegewebsstreifen, Hautbrücken (in schweren Fällen auch innere Organe und Knochen) teilweise miteinander verwachsen sind; entstehen durch nicht vollständige Teilung des befruchteten Eies; bei ausgedehnten Verwachsungen, sog. *Doppelmißbildungen,* meist nicht lebensfähig. S. Z. auch bei Haustieren (Schweinen).

Sibelius, Jean (8. 12. 1865–20. 9. 1957), finn. Komp.; 7 Sinfonien, Lieder, Kammermusik; *Karelia-Suite; Die Okeaniden; Finlandia.*

Šibenik, it. *Sebenico,* kroatische St. u. Hafen an d. Mündung der Krka) u. a. dalmatin. Küste, 30 000 E; Dom, Bischofssitz, Marinestützpunkt.

Sibirien, das asiat. (Sowjet-)Rußland zw. Ural u. Pazifik, 12,86 Mill. km², ca. 40 Mill. E, Angehörige zahlr. Völkerschaften, urspr. aus S stammend; u. a. Burjaten, Jakuten, Jukagiren, Tataren, Tungusen, Samojeden. **a)** *Gliederung: West-S.* (das Stromgebiet des Ob-Irtysch), Tiefebene (größte d. Erde) zw. Ural-Gebirge u. Jenissei-Altai-Gebirge, im S bis zum N-Rand der Kirgisensteppe; der N Flach- u. Hügeltundren u. menschenleeres Waldland „Taiga" (Espen, Lärchen, Birken, Kiefern, Fichten); der S (südl. v. 55° N) Steppe (Weizenbau, Milchwirtschaft); der SO ist Hochgebirge (Altai 4500 m). *Mittel-S.,* zw. Jenissei u. Lena, im S bis zum Sajanischen Gebirge u. Baikalsee: Tundren im N, Waldlandschaft, Gebirge im S; zahlr. Flüsse, Seen. *Ost-S.,* östl. der Lena im S des Baikalsees: Wald- und Sumpftundren mit zahlr. Seen im N (kälteste Gebiete Asiens m. ewig-gefrorenem Boden), südl. u. südöstl. bewaldete Gebirgs- u. Plateaulandschaften. **b)** *Hptströme:* Ob-Irtysch, Lena, Jenissei, Kolyma, Amur, monatelang durch Eis gesperrt; extremes Kontinentalklima (heiße Sommer, sehr kalte Winter); schwierige Verkehrserschließung (Eisenbahn u. Straßen i. S, Flußschiffahrt in N). **c)** *Bodenschätze:* Bes. Kohle, Erdöl, Erdgas, Mangan, Eisenerz, Kupfer, Nikkel, Gold, Graphit, Blei, Asbest, Platin, Wolfram, Zinn, Silber, Diamanten. **d)** *Fauna:* Raub- u. Pelztiere: Tiger, Bären, Wölfe, Füchse, Zobel, Hermelinwiesel;

Fischreichtum; Tierzucht (Rentier, Blaufuchs, Rind, Pferd, Schwein). **e)** *Gesch.:* Seit d. Vorzeit bewohnt von mongol. u. finnisch-ugrischen nomadisierenden Stämmen. Im 11. Jh. Vordringen russ. Kaufherren; im 12.–15. Jh. unter mongol. Herrschaft; im 16. Jh. Eroberung des Tatarenreichs am Irtysch durch Kosakenführer Jermak mit Hilfe Iwans des Schrecklichen; allmählich russ. Vordringen u. Besiedlung; Ende 19. Jh. durch Bau d. → Sibirischen Eisenbahn weitere Erschließung; bed. Ind.zentren (z. B. → Kusnezker Kohlenbecken).

Sibirier → Paläoasiaten, Jakuten, Ostjaken.

Sibirische Eisenbahn → Transsibirische Eisenbahn.

Sibiu → Hermannstadt.

Sibylle, im Altertum Seherin, weissagende Frau.

Sibyllinische Bücher, altröm. Sammlung v. Weissagungen. – **S. Sprüche,** frühchristl. Sammlung von Weissagungen aus jüd. und christl. Bestandteilen in griech. Versen.

sic [l.], so!, tatsächlich so!

Sichel, landw. Gerät zum Mähen (Sicheln) von Gras u. Getreide.

Sichelwagen, i. alten Orient Streitwagen, deren Räder u. Achsen Sicheln trugen.

sicheres Geleit, gerichtl. Zusicherung an einen abwesenden Beschuldigten, ihn mit der Untersuchungshaft zu verschonen (§ 295 StPO).

Sicherheitsglas, nichtsplitterndes Spezialglas bes. f. Kraftfahrzeuge; Arten: *Mehrschichtenglas* m. einer Kunststoffzwischenschicht; abgeschrecktes u. vorgespanntes *Einscheibenglas,* zerbricht feinkörnig.

Sicherheitsgurt, Gurt zum Anschnallen v. Insassen, bes. i. Kfz u. Flugzeugen gg. Unfallverletzungen; als Diagonal- od. 2-Punkt-Gurt u. als 3-Punkt-Gurt üblich, der aus Diagonal- u. Beckengurt besteht (größerer Schutz); seit 1976 besteht in Dtld Gurttragepflicht.

Sicherheitslampe, Bez. für die gg. schlagende Wetter geschützte, bes. für die von Davy entwickelte → Grubenlampe.

Sicherheitsleistung, z. Vorbeugung von Vertragsbruch und Deckung von Schädigung, die in Ausübung vertragl. Rechte erfolgt (z. B. Pächter läßt das gepachtete Gut verwüsten), zur Vornahme bzw. Abwendung der Zwangsvollstrekkung; erfolgt z. B. durch Hinterlegung v. Geld, Wertpapieren od. durch Bürgschaft (§§ 232 ff. BGB, 108 ff. ZPO).

Sicherheitspolizei → Polizei.

Sicherheitsrat der UN → Vereinte Nationen, Übers.

Sicherheitsventil, gewichts- od. federbelastetes Ventil auf Druckgefäßen (Kesseln) u. Leitungen für Flüssigkeiten od. Gase; bläst bei Überschreitung des zuläss. Höchstdruckes automatisch ab, bis Druck wieder normale Höhe erreicht hat; v. → *Papin* 1680 erfunden.

Sicherheitswechsel, svw. → Depotwechsel.

Sicherung, Schutzvorrichtung; in Elektrotechnik weitestgehend verwendet zum Schutz vor Kurzschluß u. Beschädigung von Apparaten und Maschinen; → *Schmelz-S., Überspannungs-S., Überstrom-S., Kabelschutz-S., Transformator-S.* usw. – **S.shypothek** → Hypothek. – **S.sübereignung,** von Gegenständen an den Gläubiger zur Sicherung einer Schuld unter gleichzeit. Vereinbarung eines konkreten Besitzmittlungsverhältnisses; nach Erfüllung d. Schuld meist Rückübereignung vereinbart. – **S.sverwahrung,** Freiheitsentziehung nach Strafverbüßung bei Hangtätern zum Schutze der Allgemeinheit; Entlassung nur bei Besserung möglich (§ 66 StGB).

Sichtvermerk → Visum.

Sichtwechsel → Wechsel.

Sichuan, früher *Szetschwan,* westchin. Provinz am oberen Chang Jiang, 569 000 km², 103 Mill. E; im W Gebirgsland (bis 5500 m), im O das *Rote Becken;* Erz-, Salzbergbau; bed. Erdölvorkommen; Reis- u. Teeanbau; Hptst. *Chengdu.*

Siciliano, *s.* [-*tʃ*-], seit 17. Jh. wiegendes Vokal- od. Instrumentalstück in 6/8- od. 12/8-Takt; Satz d. Suite.

Franz v. Sickingen

Sickingen, Franz v. (2. 3. 1481–7. 5. 1523), dt. Ritter, Anhänger der Reformation, Anführer der rhein. u. schwäb. Ritterschaft; Freund Huttens; im Kampf gegen die Fürsten bei Belagerung seiner Burg bei Landstuhl gefallen.

Siddharta, (Vor-)Name Buddhas; Roman von H. → Hesse.

siderisch, *sideral* [l.], die Gestirne betreffend; auch → Jahr.

siderisches Pendel, an einem Faden hängender Metallkörper; Ausschläge wie b. → Wünschelrute gedeutet.

Siderit, *m.,* svw. → Eisenspat.

Siderite [l.], *Siderolithe,* Eisenmeteorite.

Siderose, *w.* [gr.], d. Lunge, Eisen-, → Staublunge.

Sidney [-*ni*], Sir Philip (30. 11. 1554–17. 10. 86), engl. Renaissancedichter; Ritter- u. Schäferroman: *Arcadia.*

Sidon, im Altertum phöniz. St.; 348 v. Chr. v. d. Persern zerstört, jetzt → Saida.

Siebbein, kubisch geformter Knochen mit einer siebartig durchlöcherten Platte zw. vorderer Schädel- und Nasenhöhle, von Riechnervenästen durchzogen; beteiligt an Bildung der Augen-, seitl. Nasen-

höhle, Nasenscheidewand; enthält Hohlräume, *S.zellen* (→ Schädel, Abb.).

Siebdruck, *Serigraphie,* bes. in d. Moderne verbreitete Drucktechnik, bei d. Farben durch Metall-, Textil- od. Kunststoffsieb, das in den bildlosen Zonen mit entspr. Schablone abgedeckt wird, auf fast jedes Material übertragen werden können; für künstler. und Gebrauchsgraphik, auch f. gewerbl. Zwecke.

Siebenbürgen, *Transsylvanien,* rumän. *Ardeal,* Beckenlandschaft im O-Teil des Karpatenlandes, Landschaft in Rumänien, ca. 62 000 km², etwa 4,5 Mill. E (alte dt. Siedlungen im Nösnerland, Bistritz, Gebiet um Hermannstadt; Burzenland, Kronstadt); *Flüsse:* Alt, *Mureş (Maros), Samoş;* sehr fruchtbar, Waldreichtum, Bergbau, Erdgas- und Mineralquellen; Weizen, Mais, Weinbau; Viehzucht; viel div. Industrie; Hauptstadt *Klausenburg* (rum. *Cluj).* – Illyr. Besiedlung im 3. Jh. n. Chr.; im 11. Jh. Teil Ungarns, im 11. und 12. Jh. unter dem Schutz des Dt. Ordens Besiedlung durch Moselfranken.

Siebenbürger Sachsen, 1939 ca. 250 000, heute ca. 170 000 (→ Volksdeutsche). – Um 1500 unter fast unabhängigen Woiwoden (1526 Joh. Zápolya Gegenkg Ferdinands I. von Habsburg), dann Wahlfürstentum (Haus Báthory, Bethlen, Rákoczy); 1690 Teil der habsburgischen Monarchie, 1867 zu Ungarn, 1918 an Rumänien. N- u. O-Teil durch Wiener Schiedsspruch 1940 bis 1947 an Ungarn.

Siebengebirge, Teil d. Rhein. Schiefergebirges, sö. von Bonn, vulkan., aus Trachyt und Basalt; dichtbewaldete Hügel; *Drachenfels* (324 m), *Gr. Ölberg* (460 m) u. a.; Naturpark.

Sieben Gemeinden, *Sette Comuni,* frühere dt. Volksinsel in der oberit. Prov. Vicenza; bis auf geringe Reste italienisiert.

Siebengestirn → Plejaden.

Siebenjähriger Krieg 1756–63, Kampf um Besitz Schlesiens, Entscheidung über Vorherrschaft. i. Dt. Reich u. zw. Engl. u. Frkr. in d. Kolonien: Friedrich d. Gr., im Bunde m. England gg. Östr. (→ Maria Theresia), Frkr., Spanien, bis 1762 Rußland, Sachsen-Polen, Schweden u. Reichsheer. Siege Friedrichs bei Prag, Roßbach, Leuthen, Zorndorf, Liegnitz, Torgau; Niederlagen bei Kolin, Hochkirch, Kunersdorf. *Friede von Hubertusburg* 1763: Preußens Besitzstand (Schlesien) blieb erhalten. *Friede von Paris* 1763 (beendet den Seekrieg): Frkr. verliert Kanada und Senegambien (Senegal) an England; Spanien erhält Cuba u. Philippinen, tritt Florida an England ab.

Siebenkampf, in d. *Leichtathletik* Mehrkampfdisziplin f. Damen, ersetzt s. 1979 d. früheren *Fünfkampf;* Übungen: 100-m-Hürdenlauf, Kugelstoßen, Hochsprung, 200-m-Lauf (1. Tag), Weitsprung, Speerwurf, 800-m-Lauf (2. Tag).

Siebenschläfer

Siebenschläfer, 1) *Bilch,* Nagetier, 16 cm l., hält Winterschlaf im Nest; kommt in Waldgegenden Mittel- und Südeuropas vor, häufig in Obstgärten; *S.-Tag* (27. 6.), Wetter an diesem Tag soll auch f. d. 7 nächsten Wochen bestimmend sein.

Sieben Schwaben, derber ma. Schwank (15. Jh.); später volkstüml. Abenteuergeschichte v. *Ludwig Aurbacher* (1784–1847).

siebenter Himmel, nach d. Glauben d. Babylonier oberster der übereinandergewölbten Himmel; Ort der höchsten Seligkeit.

Sieben Weisen, Die, griech. Staatsmänner u. Philosophen i. 6. Jh. v. Chr., denen best. Kernsprüche zugeschrieben wurden: *Pittakos* aus Mytilene, *Solon* aus Athen, *Kleobulos* aus Lindos, *Myson* aus Chenai (od. *Perianter* von Korinth), *Chilon* aus Sparta, *Thales* von Milet u. *Bias* aus Priene.

Sieben Weltwunder, im Altertum ägypt. *Pyramiden, Hängende Gärten* der Semiramis (Babylon), *Diana-Tempel* in Ephesus, *Zeus des Phidias* (Olympia), *Mausoleum* zu Halikarnassos, *Koloß von Rhodos, Leuchtturm* auf → Pharos; auch der *Pergamonaltar* wird manchmal zu den Weltwundern gezählt.

Siebs, Theodor (26. 8. 1862–28. 5. 1941), dt. Germanist; *Dt. Hochsprache (Bühnenaussprache).*

Sieburg, Friedrich (18. 5. 1893–19. 7. 1964), dt. Journalist u. Schriftst.; *Gott in Frankreich; Napoleon.*

sieden, Übergang vom flüssigen in den dampfförmigen Zustand; *Siedepunkt* (bei gleichbleibender Temperatur der Flüssigkeit) abhängig vom äußeren Druck; bei Atmosphärendruck (760 mm Quecksilber) siedet Wasser bei 100 °C, Wasserstoff bei -252,7 °C; S. d. Wassers bei 2 atm (1520 mm Quecksilber) 121 °C; bei 526 mm Quecksilber (entspricht ca. 3000 müM) 90 °C.

Siedepunkt → sieden.

Siederohre, im Dampfkessel eingebaute Rohre zur Beschleunigung der Wasserzirkulation u. Dampfbildung.

Siede-verzug, Ausbleiben der S.erscheinungen trotz Überschreitung des S.punktes, bes. bei luftfreiem Wasser.

Siedlce, Hptst. d. poln. Woiwodschaft S., 69 000 E; röm.-kath. Bistum, landw. Ind.

Siedlung, menschl. Wohnstätte, Niederlassung, Ansiedlung; in Dtld versch. Formen: Streu-S. (Einzelhof), Straßendorf,

Haufendorf, Rundling, später dt. Kolonistendörfer in Reihen- u. Angerform.
Sieg, r. Nbfl. des Rheins, vom Ederkopf (Rothaargebirge), durchfließt das erzreiche *Siegerland,* mündet unterhalb Beuel; 131 km l.
Siegbahn, 1) Kai M. (* 20. 4. 1918), schwed. Phys.; (zus. m. N. → Bloembergen u. A. → Schawlow) Nobelpr. 1981 (hochauflösende Elektronenspektroskopie); **2)** Karl Manne Georg (3. 12. 1886–26. 9. 1978), schwed. Phys.; Forschungen über Röntgenspektren d. Elemente; Nobelpr. 1924.
Siegburg (D-5200), Krst. d. Rhein-Sieg-Kr., NRW, 34 402 E; AG; chem. u. keram. Ind.; Töpferstadt des MA *(S.er Krüge* sog. *Schnellen);* Benediktinerabtei St. Michael (1064 gegr.).

Siegel *Kaiser Ottos I.*

Siegel, Abdruck eines vertieft geschnittenen Stempelbildes oder -zeichens in einer geeignet. Masse (Wachs, Metall, S.lack) zur Beglaubigung v. Schriftstücken od. als Beweis für unversehrten Verschluß. – **S.bäume,** Sigillarien, bärlappähnl. Bäume der Steinkohlenzeit. – **S.bewahrer,** im alten Dt. Reich der Kurfürst von Mainz; in England der → Lordkanzler. – **S.bruch,** unbefugte Beseitigung oder Beschädigung eines S. Siegel, strafbar mit Freiheitsstrafe (§ 136 StGB). – **S.lack,** Gemenge aus Schellack, Kolophonium, Terpentin m. Mineralfarben (Zinnober, Mennige, Chromfarben) z. Siegeln.
Siegen, Ludwig v. (1609–80), dt. Kupferstecher; Erfinder d. → Schabkunst.
Siegen (D-5900), Krst. d. Kr. S.-Wittgenstein, a. d. Sieg, NRW, 106 160 E; LG, AG, Arbeits-Ger.; IHK, Ges.-HS; Eisenind.; Geburtsort v. *Rubens;* 2 Schlösser.
Siegerland → Sieg.
Siegfried, *Seyfried, Sigurd,* Gestalt der german. Heldensage; bis auf eine Stelle zw. den Schulterblättern durch Hornhaut unverwundbar, daher der *gehörnte S.* Besitzer des Nibelungenhorts, bezwingt d. Walküre Brunhild für den Burgundenkönig Gunther, heiratete dessen Schwester Kriemhild; von Hagen getötet.
Sieglar, s. 1969 zu → Troisdorf.
Siegwurz, zwiebelartige Gebirgspflanze; auch einheim. Gladiole.

SI-Einheiten, *Système international d'Unités,* intern. Einheitensystem, d. seit 1. 1. 1978 auch i. d. BR gesetzl. vorgeschrieben ist (→ Tabelle S. 1086).
Siel, Schleuse, Entwässerungsstollen im Deich.
Sielengeschirr, Geschirr für Pferde; *in den Sielen sterben,* mitten in der Arbeit sterben.
Sielmann, Heinz (* 2. 6. 1917), dt. Buch-, Film- u. Fernsehautor z. Thema Tierverhalten u. Ökologie; u. a. Fernsehserie *Expeditionen ins Tierreich;* zahlr. Bücher, Hg. v. *Knaurs Tierleben.*

Werner von Siemens

Siemens, vier Brüder, dt. Ing.e, **1)** Werner v. (13. 12. 1816–6. 12. 92), schuf Zeigertelegraph, erste Dynamomaschine, erste el. Bahn u. a.; gründete mit Halske Firma *S. u. Halske,* Berlin; **2)** Wilhelm, später *Sir William* (4. 4. 1823–19. 11. 83), leitete engl. Tochterfirma *S. Brothers,* London, erfand m. s. Bruder Friedrich d. S.-Martin-Stahlofen; **3)** Friedrich (8. 12. 1826–24. 4. 1904), erfand Regenerativfeuerung; **4)** Karl v. (3. 3. 1829–21. 3. 1906), leitete russ. Zweiggeschäft v. S. u. Halske, St. Petersburg. – *S. u. Halske,* 1847 gegr., älteste dt. Elektrofirma, 1897 AG; *Siemens-Schuckertwerke,* 1903 entstanden, 1907 AG; beide in Berlin-Siemensstadt u. München bzw. Erlangen.
Siemens-Martin-Verfahren, angewendet im *S.-M.-Stahlofen* (→ Eisen- u. Stahlgewinnung, Übers.).
Siemianowitz-Laurahütte, poln. *Siemianowice-Śląskie,* Ind.st. im poln. Schlesien nördl. v. Kattowitz, 79 000 E; Steinkohlenbergbau, Hüttenwerke, Masch.-Ind.

Siena, *Dom*

Siena, Hptst. d. it. Prov. *S.,* in S-Toscana, 58 000 E; got. Dom (13. Jh.), Brun-

nen *(Fonte Gaia);* Paläste; bed. Kunstst.; Erzbischofssitz, Uni.
Sienkiewicz [ɕɛŋ'kjɛvitʃ], Henryk (5. 5. 1846–15. 11. 1916), poln. Schriftst.; Roman: *Quo vadis?;* Novellen; Nobelpr. 1905.
Sierra, w. ['sĩɛrra], → Serra.
Sierra Leone, amtl. *Republic of S. L.,* Rep. an d. Westküste Afrikas, 71 740 km², 3,95 Mill. E (55 je km²); Bev.-Zuw. 2,4%; Bev.: Sudanneger; Sprache: Engl., Sudansprachen; Rel.: Naturrel., Moh., Christen; Währung: Leone (Le); Hptst. u. Hpthafen: *Freetown;* Flagge S. 341, Karte S. 750. **a)** *Geogr.:* An d. Küste trop. Urwald, im Hinterland Busch- u. Grassteppe. **b)** *Wirtsch.:* Ackerbau, Viehzucht, Kakao, Kaffee; bed. Bodenschätze: Diamanten, Bauxit, Eisen. **c)** *Außenhandel* (1988): Einfuhr 152 Mill., Ausfuhr 115 Mill. $. **d)** *Verf.* v. 1978: Präsidiale Rep. mit Einkammerparlament. **e)** *Verw.:* 3 Prov., 12 Distrikte u. 1 Stadtgebiet. **f)** *Gesch.:* 1787–1961 brit. Niederlassung u. Kolonie; s. 1961 selbständig, 1971 Ausrufung d. Rep. **g)** *Mitgl.:* UN, Commonwealth, OAU; AKP-Staat.
Sierra Madre, Gebirgsumrandung (Kordilleren) d. mexikan. Hochlandes.
Sierra Morena, südiberisches Randgebirge, bis 1300 m, mit Despeñaperros-Paß (1009 m) (Verbindung Córdoba–Madrid), reich an Kupfer (Río Tinto), Blei, Zink (Linares), Quecksilber (Almadén).
Sierra Nevada, *Schneegebirge,* **1)** höchstes Gebirge Spaniens, nahe der S-Küste, im *Mulhacén* 3478 m, mit den südlichsten Gletschern Europas; **2)** Hochgebirgszug in Kalifornien, Teil der Kordilleren, im *Mount Whitney* 4418 m, mit Trogtälern (z. B. → Yosemitetal).
Siesta, w. [span. „sechste Stunde"], Ruhepause.
Sieveking, Amalie (25. 7. 1794–1. 4. 1859), Vorkämpferin d. christl. Frauenbewegung; gründete i. Hamburg 1832 d. weibl. Verein f. Armen- u. Krankenpflege.
Sievers, Eduard (25. 11. 1850–30. 3. 1932), dt. Germanist; *Altgerman. Metrik; Schallanalyse.*
Sievert, Abk. *Sv* → rem, Dosiseinheit f. d. biol. Wirksamkeit ionisierender Strahlung; 1 Millisievert (mSv) = 1/1000 Sv. Ersetzt alte Einheit rem; 1 Sv = 100 rem.
Sieyès [sjɛ'jɛs], Emanuel Gf (3. 5. 1748–20. 6. 1836), frz. Abbé, Wortführer u. Verfassungstheoretiker des 3. Standes (Bürger) in der Frz. Rev.; *Was ist der Dritte Stand?*
Sigel, s. [l.], feststehende Abk. f. Wörter od. Silben durch Buchstaben od. Zeichen (z. B. § = Paragraph); bes. in d. → Kurzschrift.
Sigenot, kl. mhdt. Heldenepos a. d. Dietrichsage (um 1250).

Sigillarien, svw. → Siegelbäume.
Sigilljum, s. [l.], Siegel.
Sigismund, *Siegmund,* Markgf v. Brandenburg u. Kg von Ungarn, dt. Kg 1410–37, Kaiser s. 1433, Konzil von Konstanz 1414–18, Hussitenkriege, 1417 Belehnung der Hohenzollern mit Brandenburg.
Sigma, *s.,* Σ, σ, ς, griech. Buchstabe S.
Sigmaringen (D-7480), Krst. in Ba-Wü., an der oberen Donau, 574 müM, 15 270 E; Schloß (16. Jh.), ehem. Residenz der Fürsten von Hohenzollern; AG; Masch.ind., Brauereien.
Signac [*si'ɲak*], Paul (11. 11. 1863–15. 8. 1935), frz. neoimpressionist. Maler.
Signal, s. [l.], Zeichen, **1)** meist auf (intern.) Konvention beruhendes opt. od. akust. Zeichen zur Übermittlung v. Nachrichten, bes. der Sicherung d. Verkehrs dienend; opt. S.e gesammelt im **S.buch:** a) *S.e d. Eisenbahn* zur Sicherung d. Zugfahrten; früher Formsignale, heute → Lichtsignale; auf Strecken m. dichter Zugfolge werden die S.e automat. betätigt; weitere S.e: *Läute-S.e; Wärter-S.e, S.e am Zug* usw.; **b)** *S.e zur See,* durch intern. festgelegte *Signalflaggen*-Zeichen, Funktelegraphie, Schiffslichter, Morselampe, Nebelglocke, Nebelhorn; bei Kriegsschiffen durch Ruder-, Fahrt-u. Stopp-Bälle, Signalraketen; auch → Seezeichen; **2)** *Nachrichtentechnik, Datenverarbeitung:* phys. Darstellung v. Nachrichten oder Daten (z. B. durch elektr. Spannung, Strom, Feldstärke u. a.) als Funktion der Zeit, des Orts oder bdgr; *Signalparameter* (z. B. Amplitude, Frequenz, Phase) sind bezüglich Wert und Zeit/Ort kontinuierlich oder diskret.
Signalement, s. [frz. -'mã], genaue Beschreibung des Äußeren einer Person in Paß, Steckbrief usw.
Signatarmächte, Staaten, die intern. Vertrag (Abkommen) unterzeichnet haben.
Signatur, *w.* [l.], **1)** Bezeichnung, Unterzeichnung von Schriftstücken; **2)** von Kunstwerken durch Künstlerzeichen od. Namenszug; **3)** Bezifferung am Fuß d. 1. Seite von Druckbogen; **4)** (Land-)Kartenzeichen zur Unterscheidung von Bodenformen, -beschaffenheit, Wegen, Bahnen, Gebäuden usw.

Signet *der ersten Druckerei (Fust-Schöffer), 15. Jh.*

Signet, s. [l.], künstler. gestaltetes Ursprungszeichen einer gewerbl. Produktionsstätte, insbes. v. Verlag od. Druckerei.
signieren [l.], mit Namenszeichen versehen.

signifikant, bedeutsam; auffallend; **Signifikanz.**
Signora [it. *si'ŋ*-], Frau.
Signore [it.], Herr.
Signorelli [*siɲo*-], Luca (um 1445/50–16. 10. 1523), it. Maler d. Renaissance; Wandgemälde (Dom in Orvieto); Tafelbilder.
Signoria, *w.* [*siɲ*-], Herrschaft; i. MA Regierung italienischer Stadtstaaten.
Signorina [it. *siɲ*-], Fräulein.
Signum, s. [l.], Zeichen, Merkmal.
Sigrist [schweiz.], Küster, Sakristan.
Sihanuk, Norodom (* 31. 10. 1922), kambodschan. Pol.; 1941–55 Kg (abgedankt), 1955–70 Min.präs., 1970–75 in Peking im Exil, 1975/76 Staatsoberhaupt, s. 1982 Staatspräs. d. Exilreg.
Siitonen-Schritt, spezielle Technik im *Skilanglauf,* nach d. finn. Skiläufer *Pauli S.* ben. Schlittschuhschritt, bei dem d. Läufer nur ein Bein belastet u. das andere zum Anschieben benutzt.
Sika, Hirschart Ostasiens, mit weißgeflecktem Fell und meist achtsprossigem Geweih; s. d. Jh.wende auch i. Dtld angesiedelt.
Sikhs [ind. „Jünger"], monotheistische indische Sekte, um 1500 von dem Hindu *Nának* gegr., erstrebte Vereinigung zw. Hindus und Mohammedanern; blutige Kämpfe im 17. Jh.; s. 1980 Aufflammen v. gewalttätigen Ausschreitungen, aus Angst, v. Hinduismus aufgesogen zu werden, 1984 blutig niedergeschlagen (als Reaktion Attentat auf I. → Gandhi); heute 12 Mill. Anhänger; *Goldener Tempel* in Amritsar.
Sikkativ, s. [l.], Pulver u. Flüssigkeit z. Beschleunigung des Trocknens von Ölfarben.
Sikkim, ehem. ind. Fürstenstaat, Osthimalaja, 7096 km², 316 000 E (meist Nepalesen); Hochgebirgsland; Waldreichtum; Getreide, Obst; Wollstoffe; an der Hpthandelsstraße v. Bengalen nach Tibet; Hptst. *Gangtok.* – 1950 unter Wahrung der Eigenstaatlichkeit Protektorat von Indien; 1974 als assoziierter Staat annektiert, 1975 ind. B.staat.
Sikorsky, Igor Iwanowitsch (25. 5. 1889–26. 10. 1972), russ.-am. Flugzeugkonstrukteur; entwickelte 1913 erstes viermotor. Flugzeug der Welt („Le Grand"); 1939 erster Hubschrauber m. Heckrotor.
Sikyon, antike Stadt der Peloponnes; Blütezeit 7. u. 6. Jh. v. Chr.; in S. wirkten Lyssip u. Polyklet.
Silber, *Ag,* chem. El., Oz. 47, At.-Gew. 107,870, Dichte 10,49; Edelmetall, Vorkommen gediegen (oft aus. mit Gold) u. gebunden an Chlor, Schwefel, meist zus. mit Arsen, Antimon, Kupfer, Blei; Gewinnung auf nassem od. trockenem Wege od. durch Amalgamation; Hauptvorkommen: UdSSR, Mexiko, Peru; Verwendung zu Schmuck, Münzen usw.; zur Härtung mit etwa 1/5 Kupfer legiert; v. den *S.salzen* werden bes. *S.chlorid*

(AgCl), S.bromid (AgBr) u. *S.iodid (AgI)* als lichtempfindl. in der Fotografie verwendet, *S.nitrat (AgNO₃)* od. *Höllenstein* med. zur Ätzung, u. *Kalium-S.-Cyanid* zum galvan. Versilbern.
Silberchlorid, lichtempfindl., f. fotograf. Papier verwendet.
Silberdistel → Eberwurz.
Silberfisch, 1) silberglänzende Abart des Goldfisches; **2)** ein Lachs des Mittelmeeres, m. silbrigen Schuppen.

Silberfischchen

Silberfischchen, *Zuckergast,* flügelloses kleines Insekt mit silberglänzenden Schuppen.
Silberfuchs, kanad. Farbvariation des Fuchses mit schwarzweißem, sehr wertvollem Pelz; in Farmen gezüchtet.
Silberglanz, *Argentit* (Ag₂S), Silbererz.
Silbergras, svw. → Pampasgras.
Silberlöwe, svw. → Puma.
Silbermann, dt. Orgelbauerfamilie des 17. u. 18. Jh. im Elsaß u. in Sachsen: *Gottfried S.* (14. 1. 1683–4. 3. 1753), in Freiberg u. Dresden (Frauenkirche, Hofkirche); auch Klaviere.
Silbernes Lorbeerblatt, von Bundespräs. Heuss 1950 gestiftete Auszeichnung f. außergewöhnl. sportl. Leistungen.
Silbersalze → Silber.
Silberschwamm, Desinfektionsmittel; aufgeblähtes, schwammig verteiltes Silber mit poröser, sehr großer Oberfläche von weißlichgrauer Farbe; keimtötende Wirkung durch Spuren gelösten Silbers (Silber-Ionen).
Silberstift, Metallgriffel mit Silberspitze, mit dem auf bes. zubereitetem Papier gezeichnet wurde (z. B. Dürer), ma. Vorläufer d. seit d. 16. Jh. gebräuchl. Bleistifts.
Silberwährung, Währung, deren Wertgrundlage das Silber ist; bis Mitte 19. Jh. üblich, außer in England; nach den reichen kaliforn. u. austral. Goldfunden (1848, 1851) setzte sich überall die Goldwährung durch, zuerst in Dtld 1871 (→ Währungssysteme).
Silberwurz, rasenbildender Zwergstrauch des hohen Nordens u. der Hochgebirge.
Silcher, Friedrich (27. 6. 1789–26. 8. 1860), dt. Liederkomp.; *Morgen muß ich fort von hier;* Volksliedsammlung.
Silen, in der griech. Sage Begleiter d. Dionysos, wasserspendender Fruchtbarkeitsgeist, häufig als trunkener Greis dargestellt.
Silentium, s. [l.], Schweigen; Ruhe!

Silhouette

Silhouette, *w.* [frz. -'lüetə], *Schattenriß,* ben. i. Anspielung auf d. frz. Finanzmin. *É. de Silhouette* (1709–67), zu dessen Sparverordnungen diese relativ preisgünstige Porträtgattung paßte.
Silicagel, *s.,* gekörnte kolloidale Kieselsäure; Adsorptionsmittel; bindet Feuchtigkeit; auch in Zigarettenfilterpatronen.

Silicate

Gruppe	Vertreter
Inselsilicate	Olivin, Granat
Gruppensilicate	Akermanit, Epidot
Ringsilicate	Beryll, Turmalin
Kettensilicate	Augit, Diopsid
Bandsilicate	Hornblende
Schichtsilicate	Biotit, Muskovit
Gerüstsilicate	Quarz, Feldspat

Silicate, *Silicatminerale,* Salze der Kieselsäure; bauen Großteil d. Minerale auf; Hauptbestandteil von Glas und Porzellan.
Silicium, *Si,* chem. El., Oz. 14, At.-Gew. 28,09, Dichte 2,33; neben Sauerstoff häufigstes Element d. Erdrinde; Vorkommen bes. als Kieselsäure *(SiO₂)* u. als Silicate in fast allen Gesteinen; Reindarstellung durch Reduktion v. Quarz m. Kohle im el. Ofen; S. hat d. Eigenschaft, Verbindungen zu bilden, bei denen (ähnl. wie bei Kohlenstoff die C-Atome) mehrere S.atome kettenförmig miteinander verbunden sind; Verwendung zu **S.legierungen,** bes. *S.bronze* mit 0,02–0,03% S. (große Festigk. u. Leitfähigk.) u. *S.eisen* (dichter, blasenfreier Guß); *Ferrosilicium,* z. Stahlveredelung; reines S. als Detektorkristall, für elektron. Schaltungen (Chips) u. Elemente in d. Solartechnik; an Kohlenstoff gebunden: *S.carbid* (Carborundum), sehr hartes Schleifmittel.
Silicone, Kunststoffe aus hochpolymeren Silicium-Kohlenstoff-Verbindungen mit Silicium-Sauerstoff-Gerüst; als Öle, Pasten, feste u. elast. Produkte (Siliconkautschuk), deren Eigenschaften über einen sehr weiten Temperaturbereich gleichbleibend sind.
Silikose, *w.,* *Steinstaub-, Steinhauer-,* → *Staublunge,* Lungenkrankheit, hervorgerufen durch die schädigende Einwirkung v. eingeatmetem Quarzstaub auf d. Lungengewebe; verbreitet vor allem unter Steinhauern, Bergwerksarbeitern.
Silingen, wandal. Germanenstamm, bis 5. Jh. n. Chr. in *Schlesien* (namengebend)

u. Polen; Hauptmasse zog nach Spanien; → Wandalen.
Silit, Widerstandsstoff für el. Heizwiderstände bis zu 1400 °C.
Sillanpää, Frans Eemil (16. 9. 1888–3. 6. 1964), finn. Dichter; *Silja, die Magd; Eines Mannes Weg; Schönheit und Elend des Lebens;* Nobelpr. 1939.
Sillein, slowak. *Žilina,* St. in der Slowakei, an der Waag, 96 000 E; Textil- u. Maschinenind.
Silo, *m.* [span.], Speicher für schüttbare Rohstoffe (z. B. Kohle, Erz, Getreide, Grünfutter); *Großraum-, Zellen-, Reihen-S.; Gärfutter-S.*

Ignazio Silone

Silone, Ignazio, eigtl. *Secondino Tranquilli* (1. 5. 1900–22. 8. 78), it. Dichter, Journalist u. soz. Pol.; Romane: *Fontamara; Brot und Wein; Der Same unterm Schnee;* Dialog: *Die Schule der Diktatoren;* Drama: *Und er verbarg sich.*
Sils im Engadin (CH-7499), schweiz. Luftkurort im Oberengadin, Kanton Graubünden, 430 E; 1809 müM, am Ausfluß des Inn aus dem **Silser See** (4,1 km², 77 m t.).
Silumin®, *s.,* Leichtmetall-Legierung aus Aluminium und 11–13,5% Silicium.
Silur, *s.,* → geologische Formationen, Übers.
Silvaplana (CH-7513), schweiz. Luftkurort und Wintersportplatz im Oberengadin, Kanton Graubünden, 800 E; 1816 müM, nahe am **Silvaplaner See** (2,7 km², 77 m tief).
Silvester, *4 Päpste:* **1)** S. I., 314–35, soll die → Konstantinische Schenkung empfangen haben; **2)** S. II., *Gerbert von Aurillac,* 999–1003, Gelehrter; Berater Ottos III.
Silvretta, vergletscherte Gruppe der Rätischen Alpen an der Grenze von Graubünden, Vorarlberg und Tirol; *Piz Linard* 3411 m, *Piz Buin* 3312 m.
Sima, *s.,* **Silicium-Magnesium,** Name der unter der → Sial liegenden Schicht der Oberkruste der Erde nach ihrer hpts. Zusammensetzung.
Simbabwe, früher *Rhodesien* (nach C. → Rhodes ben.), amtl. *Republic of Zimbabwe,* Rep. im S Afrikas, 390 759 km², 9,12 Mill. E (23 je km²); Bev.-Zuw. 3,7%; Bev.: 95% Schwarze (Bantuneger), 4,5% Weiße; Sprache: Engl. u. Bantusprachen; Hptst.: Ha-

rare (früher *Salisbury*); Flagge S. 341, Karte S. 750. **a)** *Wirtsch.:* Förderung v. Asbest, Gold, Chromerz, Kupfer, Nikkel, Wolfram, Kohle; Nahrungsmittel-, Textil-, Metallwarenind.; Ackerbau: Mais, Tabak, Baumwolle, Tee, Erdnüsse. **b)** *Außenhandel* (1987): Einfuhr 1,04 Mrd., Ausfuhr 1,13 Mrd. $. **c)** *Verkehr:* Seit 1974 Eisenbahnverbindung nach Südafrika. **d)** *Verf.* v. 1980: Präsidialrep., parlamentar. Demokratie (bis 1987 20 Sitze f. weiße Minderheit); s. 1984 auf dem Weg zum Einparteienstaat. **e)** *Verw.:* 8 Prov. **f)** *Gesch.:* 19. Jh. engl. Kolonie; 1953 hat sich Südrhodesien mit Nord-Rh. (s. 1964 → Sambia) u. Njassaland (s. 1964 → Malawi) zur → Zentralafrikan. Föderation vereinigt, die 1963 aufgelöst wurde; 1965 einseitige Unabhängigkeitserklärung durch weiße Minderheitsreg. unter Ian → Smith, wirtsch. u. pol. Boykott durch UN (nur von wenigen Staaten durchgeführt), 1970 einseitige Ausrufung d. Rep., Abbruch d. Beziehungen mit Großbrit.; 1971 Abkommen m. Großbrit. zur Regelung der Unabhängigkeit m. allmähl. Entwicklung zum Mehrheitswahlrecht; 1973–80 Unabhängigkeits- u. Bürgerkrieg, Zusammenstöße v. Reg.truppen m. Befreiungsbewegungen (ZANU u. ZAPU); 1975 Verf.gespräche, 1978 Bildung eines Exekutivrats (unter Beteiligung v. schwarzen Pol.) z. Vorbereitung d. Unabhängigkeit; 1979 schwarzafrikan. Kompromißreg. unter Bischof Muzorewa (intern. nicht anerkannt); 1980 Wahlen u. offizielle Unabhängigkeit, Reg.chef Mugabe (s. 1987 auch Staatspräs.); s. 1982 innere Unruhen; Ende 1987 Verschmelzung von ZANU u. ZAPU zu Einheitspartei ZANU-PF; 1990 Aufhebung d. s. 25 Jahren bestehenden Ausnahmezustandes. **g)** *Mitgl.:* UN, Commonwealth, OAU; AKP-Staat.
Simbirsk → Uljanowsk.
Simenon [*sim(ə)'nõ*], Georges (13. 2. 1903–4. 9. 89), belg. Schriftst. v. psych. Kriminal- u. Zeitromanen; *Maigret.*
Simeon (um 865–927), Fürst d. Bulgaren, Zar d. Bulgaren u. Griechen, beherrschte den Balkan.
Simferopol, Hptst. des ukrain. Gebiets Krim, 344 000 E; Uni.; div. Ind.
similia similibus curantur [l.], „Ähnliches wird durch Ähnliches geheilt"; Grundsatz der → *Homöopathie.*
Similistein, unechter Edelstein (geschliffenes Bleiglas).
Simla, Hpt. d. ind. St. Himachal Pradesch, in den Himalajavorbergen, 2160 müM, 71 000 E; kath. Bisch.sitz, Observatorium, Uni. In brit. Zeit Sommerhptst. Indiens.
Simmel, 1) Georg (1. 3. 1858–26. 9. 1918), dt. Phil., Soziologe; *Philosophie des Geldes; Soziologie; Goethe;* **2)** Johannes Mario (* 7. 4. 1924), östr. zeitkrit. Schriftst.; Romane: *Es muß nicht immer Kaviar sein; Liebe ist nur ein Wort; Alle*

Johannes Mario Simmel

Menschen werden Brüder; Und Jimmy ging zum Regenbogen; Der Stoff, aus dem die Träume sind; Die Antwort kennt nur der Wind; Niemand ist eine Insel; Hurra, wir leben noch; Laßt d. Blumen leben; Die *im Dunkeln sieht man nicht; Doch mit den Clowns kamen die Tränen; Im Frühling singt zum letztenmal die Lerche;* **3)** Paul (27. 6. 1887–24. 3. 1933), dt. Zeichn. u. Karikaturist in Berlin.
Simmern/Hunsrück Krst. d. Rhein-H.-Kr. (D-6540), RP, 6108 E; AG; div. Industrien.
Simon, 1) S. *v. Kyrene,* trug Christus das Kreuz; **2)** S. *der Magier,* samarit. Zauberer, wollte sich den Hl. Geist durch Geld erkaufen; daher **Simonie,** käufl. Erwerb geistl. Weihen, Ämter u. damit verbundener Pfründen.
Simon, 1) Claude [-'mõ] (* 10. 10. 1913), frz. Schriftst.; Vertr. d. → Nouveau roman; *Das Seil; D. Straße in Flandern;* Nobelpr. 1985; **2)** Herbert A. ['saimən] (* 15. 6. 1916), am. Wirtschaftswiss.; Nobelpr. 1978.
Simone Martini (1280/5–1344), it. Maler d. Gotik; Tafelbilder, Fresken (u. a. im Rathaus v. Siena; in S. Francesco zu Assisi).
Simonides (um 556–467 v. Chr.), griech. Lyriker, feierte Helden d. Perserkriege in seinen Epigrammen.
Simonow, Konstantin (28. 11. 1915–28. 8. 79), sowj. Schriftst.; *Die Lebenden und die Toten.*
Simplicissimus, 1) *Simplicius S.,* Held v. → Grimmelshausens Roman aus dem 30jähr. Krieg; Oper von K. A. Hart-

Der „Simpl"-Hund

mann; **2)** *S., „Simpl",* satir. Zeitschrift, München 1896–1942, gegründet von A. *Langen* u. T. T. *Heine;* neu 1954–67 u. 1980.
simplifizieren [l.], vereinfachen.
Simplon, it. *Sempione,* Paß (2006 m) der Walliser Alpen, zwischen Rhône- u. Tocetal, mit Hospiz; *Simplonbahn* mit Tunnel (19,8 km). – **S.tunnel,** s. 1905, 19,7

km lang; s. 1922 mit Paralleltunnel für zweites Gleis, 19,8 km lang.
Simpson ['sɪmpsn], **1)** Sir James Young (7. 6. 1811–6. 5. 70), engl. Arzt u. Gynäkologe; Erfinder der Chloroformnarkose; **2)** Thomas (1710–61), engl. Math.: **Simpsonsche Regel** zur näherungsweisen Berechnung best. Integrale; **3)** William v. (19. 4. 1881–11. 5. 1945), dt. Schriftst.; Romane: *Die Barrings; Der Enkel.*
Simrock, Karl (28. 8. 1802–18. 7. 76), dt. Germanist; übersetzte Nibelungenlied, Wolfram von Eschenbach, Walther v. d. Vogelweide; *Dt. Volksbücher.*
Sims, *m.* od. *s.,* horizontal oder schräg laufendes Bauglied zum Abhalten von Aufschlagwasser.
Simse, grasähnl. Stauden (Riedgräser) auf Sumpf- u. Torfboden.
Simson, Martin Eduard von (10. 11. 1810–2. 5. 99), 1848 Präs. d. Frankfurter Nationalversammlung. 1879–91 erster Reichsgerichtspräsident.
Simson, Samson, Heldengestalt im A.T. *(Richter 13);* durch d. List s. Geliebten *Delila* seiner Kraft beraubt, v. d. Philistern geblendet; riß deren Palast ein, unter dem er u. Delila begraben wurden.
Simulant [l.], Heuchler, jemand, der sich krank stellt.
Simulation, Vortäuschung (z. B. v. Krankheiten) z. Erlangung subjektiver Vorteile; *simulieren,* vortäuschen; auch grübeln.
Simulator, *m.,* **1)** mechan. Trainingsanlage für Ausbildung von Kraftfahrern und Flugzeugführern, Astronauten; **2)** Programm, das eine → Datenverarbeitungsanlage ein System (z. B. eine andere DVA) nachbildet.
simultan [nl.], gemeinsam, zugleich.
Simultanbühne, im MA f. geistl. Dramen angewandte Bühnenform, bei d. alle Schauplätze nebeneinander u. gleichzeitig sichtbar aufgebaut sind.
Simultaneität, *w.* [l. „zugleich, gemeinsam"], in der modernen Malerei: **1)** Darstellung zeitl. aufeinanderfolgender Bewegungseindrücke als Bildfragmente (→ Kubismus, → Futurismus); **2)** die Wirkung gleicher Farben in versch. Umgebung (Studien von Adolf *Hölzel*).
Simultangründung, bei einer AG, wenn die Gründer alle Aktien übernehmen.
Simultanimpfung, gleichzeit. passive u. aktive → Immunisierung.
Simultankirche, Kirche z. gleichberechtigten Benutzung versch. Bekenntnisse.
Simultanschule → Gemeinschaftsschule.
Simultanspiel, im *Schachspiel:* ein Spieler spielt gleichzeitig mehrere Partien.
sin, Abk. f. → *Sinus.*
Sinai, ägypt. Halbinsel i. N des Roten Meeres zw. Golf v. Suez u. Golf v. Akaba, 59 000 km²; im Innern das *S.gebirge,* höchster Gipfel *Dschebel Katherina* (2637 m). – I. isr.-arab. Krieg (1967) v.

Israel besetzt (bis 1980), 1982 wieder geräumt. – Auch → Horeb.
Sinaia [-'ïa], rumän. Luftkurort in den S-Karpaten (im Prahovatal), 845 müM, 14 000 E.
Sinan (um 1489–1588), osman. Baumeister; Moscheen (Istanbul: Moschee Suleimans II.), Palastanlagen, Schulen.
Sinanthropus pekinensis, Bez. eines Urmenschen (bei Peking Schädelreste gefunden).
Sinatra, Frank (* 1915), am. Filmschausp. u. Sänger; *From Here to Eternity; The Man With the Golden Arm; Ocean's Eleven.*
Sinclair ['sɪŋkleə], Upton (20. 9. 1878–25. 11. 1968), am. Schriftst.; gesellschaftskrit. Romane: *Der Sumpf; Petroleum; Boston.*
Sindbad, sagenhafter Seefahrer; Erzählungen in → Tausendundeine Nacht.
Sindelfingen (D-7032), Ind.st. i. Kr. Böblingen, Ba-Wü., 57 524 E; Auto-*(Daimler-Benz),* Masch.-, Textil-, Baustoff-, Elektroind., Textilgroßhandelszentrum.
Sindermann, Horst (5. 9. 1915–20. 4. 90), DDR-Pol.; s. 1971 1. Stellvertr. d. Min.präs., 1973–76 Min.präs., 1976–89 Präs. d. Volkskammer.
Sinding, 1) Christian (11. 1. 1856–3. 12. 1941), norweg. Komp.; Klavierwerke u. Lieder; s. Bruder **2)** Stephan (4. 8. 1846–23. 1. 1922), norweg. Bildhauer d. Realismus; Denkmäler *Ibsens* u. *Bjørnsons* in Oslo.
sine, [l.], ohne.
sine ira et studio [l.], „ohne Zorn und ohne Eifer", d. h. unparteiisch (nach Tacitus).
Sinekure, *w.* [l. „ohne Sorge"], Pfründe; einträgl. Amt, das wenig Mühe macht.
Sinfonie, *Symphonie* [gr. „Zusammenklang"]; klassische S.: Orchesterwerk in 4 Sätzen: 1) Allegro, 2) Andante (Adagio), 3) Menuett (Scherzo), 4) Allegro; in dieser Form bei Haydn, Mozart, Beethoven; später Schubert, Schumann, Brahms, Bruckner.
sinfonische Dichtung, einsätziges Orchesterstück im Stil d. → Programmusik (bes. b. Liszt u. R. Strauss).
Singapur, *Singapore,* **1)** amtl. *Republic of Singapore, Majulah Singapura,* Rep. an d. S-Spitze von Malakka, umfaßt die Insel *S.* u. 54 umliegende kleine Inseln, 625 km², 2,6 Mill. E (4235 je km²);

Bev.-Zuw. 1,1%; Bev.: 77% Chines., 15% Malaien, 6% Inder, 2% Eur.; Währung: Singapur-Dollar (S$); Flagge S. 341, Karte S. 749. **a)** *Wirtsch.:* Kautschukind., Stahlwerk, Zinnhütten, Werften, bed. Erdölind. **b)** *Außenhandel* (1988): Einfuhr 43,86 Mrd., Ausfuhr 39,3 Mrd. $. **c)** *Verf.* v. 1955: Präsidialsystem m. Einkammerparlament. **d)** *Gesch.:* Bis 1958 brit. Kronkolonie. 1959–63 autonomer

Gliedstaat d. Commonwealth, 1963–65 Gliedstaat d. Föderation → Malaysia. **e)** *Mitgl.:* UN, Commonwealth, Colombo-Plan, ASEAN; **2)** Hptst. v. 1) an d. S-Küste der Insel S., 2,6 Mill. E, größter Hafen SO-Asiens.
Singen (Hohentwiel) (D-7700), Gr.Krst. i. Kr. Konstanz, am Hohentwiel, Ba-Wü., 42 605 E; Ind.- u. Handelszentrum; bed. Verkehrsknotenpunkt.
Singer, 1) Isaac Bashevis (14. 7. 1904–24. 7. 91), am. Schriftst. poln. Herkunft; schrieb im Jiddisch; *D. Zauberer v. Lublin; D. Kabbalist vom East Broadway;* Nobelpr. 1978; **2)** Paul (16. 1. 1844–31. 1. 1911), dt. Sozialdemokrat; begr. die sozialdemokr. Zeitung *Vorwärts.*
Singhalesen, *Sinhalesen,* Bewohner Sri Lankas, indisch-drawidisches Mischvolk, etwa 5,7 Mill., meist Buddhisten; Ackerbauer.
singhalesische Sprache → Sprachen, Übers., IB.
Single [engl. „einzeln"], **1)** *w.,* Bez. f. → Schallplatte m. 17 cm Durchmesser; wird im Unterschied z. → LP m. 45 U/min abgespielt u. enthält meist nur einen Musiktitel pro Seite; bei mehreren Titeln pro Seite u. einer Abspielgeschwindigkeit von 33⅓ U/min: *EP* (= *Extended Play);* b. 30 cm Durchmesser u. einer Abspielgeschwindigkeit v. 45 U/min: *Maxi-Single* (meist 1 längerer Titel pro Seite); **2)** *m.,* am. Bez. f. eine alleinlebende Person.
Sing-Sing, volkstüml. Name d. Staatsgefängnisses von New York in d. Stadt *Ossining,* die früher *Sing Sing* hieß.
Singspiel, Sonderform d. Oper, Mitte d. 18. Jh. aufgekommen; Wegfall d. → Rezitative u. statt dessen gesprochener Dialog; bed. Hiller, Lortzing, Offenbach, Mozart *(Entführung aus dem Serail).*
singulär [l.], vereinzelt, einzeln.
Singular|is, *m.* [l.], *grammat.* die Einzahl.
Singultus, Schluckauf.
Singvögel, Sperlingsvögel mit bes. (fünfpaariger) Muskelbildung im unteren Kehlkopf.
sinister [l. „links"], unheilvoll.
Sinking → Changchun.
Sinne, durch Sinnesorgane vermittelte Wahrnehmung innerer u. äußerer Zustände u. Veränderungen; *Organe der Sinneswahrnehmung:* Gesicht, Gehör, Geruch, Geschmack, Gefühl (Tastsinn, Schmerz-, Temperaturempfindung); ferner: Gemeingefühle (Hunger, Durst usw.), Gleichgewichts- (statischer) Sinn. → Nervensystem, → Rezeptor.
Sinn Fein [gäl. *'ʃin 'feɪn* „wir selbst"], radikale Gruppe im Unabhängigkeitskampf Irlands gg. England, 1905 von Arthur Griffith gegr.; Spaltung i. d. pol. Parteien *Fianna Fáil* u. *Fine Gael;* Alte S. F. fast identisch mit → IRA.
Sinngedicht, kurzes Spottgedicht, Epigramm.
Sinnpflanze, svw. → Mimose.

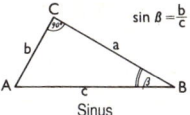

Sinus

Sinologe, Forscher d. chin. Sprache und Kultur **(Sinologie).**
Sinop, Hptst. d. türk. Wilajet *S.* u. Hafen a. Schwarzen Meer, 25 000 E; Ausfuhr v. Holz, Tabak, Obst, Seide u. Fellen. – Im Altertum *Sinope.*

Fred Sinowatz

Sinowatz, Fred (* 5. 2. 1929), östr. Pol. (SPÖ); 1981–83 Vizekanzler, 1983–86 B.kanzler.
Sinsheim (D-6920), Gr.Krst. i. Rhein-Neckar-Kr., Ba-Wü., 27 000 E; AG; Metallind.

Renée Sintenis
Reiter auf einem jungen Esel

Sintenis, Renée (20. 3. 1888–22. 4. 1965), dt. impressionist. (Tier-)Bildhauerin u. Graphikerin.
Sinter, mineral. Ablagerung aus wäßrigen Lösungen (Kalk-, Kiesel-, Eisen-S.); *metallurg.:* bei der Bearbeitung glühenden Eisens abfallende Oxidschicht (Hammerschlag, Walzen-S.).
sintern, *Sinterung,* bei feinkörnigen oder pulverigen metallischen und keramischen Stoffen, svw. Zusammenfritten, Zusammenbacken bei Teigwerden dicht unterhalb vom Schmelzpunkt; → Pulvermetallurgie.
Sinterzeug, *Sinterware,* → Steinzeug.
Sintflut [ahdt. „sinfluot = große Flut"], die Erdüberflutung im A.T. – *S.-Mythos* b. vielen alten Völkern.

Sintra, St. nordwestl. v. Lissabon, an der *Sierra de S.,* 21 000 E; Schloß, Weinbau.
Sinus, 1) *math.* trigonometrische Funktion, Abk. sin, im rechtwinkligen Dreieck das Verhältnis v. Gegenkathete zur Hypotenuse; **2)** *med.* Vertiefung, Höhle, auch Schlag- und Blutaderabschnitte (z. B. im Kopf).
Sinzig (D-5485), St. i. Kr. Ahrweiler, an Ahr u. Rhein, RP, 14 943 E; AG; Mineralquellen, Ind.
Siodmak, Robert (8. 8. 1900–10. 3. 73), dt.-am. Filmregisseur; *Menschen am Sonntag* (1929); *The Killers* (1946); *Nachts, wenn der Teufel kam* (1957).
Sion [*sĩõ*], → Sitten.
Sioux [*su*], nordam. Indianerstamm am ob. Mississippi, ca. 65 000; Hptstamm: *Dakota.*

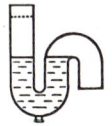

Siphon

Siphon, *m.* [gr. „Röhre"], **1)** S-förmiges Rohr od. ähnliche Anordnung bei Wasser-(Geruch-)Verschlüssen bei Klosetts, Ausgüssen u. dgl. gg. Austritt v. Kanalisationsgasen; **2)** Apparat zur Aufbewahrung u. zum Ausschank kohlensäurehaltiger Getränke; **3)** als *Thermo-S.* Bezeichnung für das Prinzip von Warmwasser-Zentralheizungen (selbsttätiger Wasserumlauf).
Siphonophoren [gr.], → Röhrenquallen.
Sippe, Geschlechtsverband aus den Mitgl. mehrerer Hausgemeinschaften, die gleichen Stammvater haben.
SIPRI, *Stockholm International Peace Research Institute,* Intern. Institut f. Friedensforschung, Stockholm; 1964 begr. Stiftung, Schriftenreihe.
Sir [engl. *səː*], vor Taufnamen geführter engl. Adelstitel; ohne Zusatz Anrede Herr.
Sire [frz. *sir*], frz. Anrede für Herrscher.
Sirene, Apparat zur Erzeugung v. (hohen) Tönen, am gebräuchlichsten *Lochsirene:* Luft wird gegen Löcher einer rotierenden Scheibe geblasen. Tonhöhe hängt v. Lochzahl u. Drehgeschwindigkeit ab.
Sirenen, 1) in der Odyssee Meerjungfrauen, die Schiffer durch Gesang ins Verderben lockten; **2)** svw. → Seekühe.
Sirius, *Hundsstern,* hellster Stern (Größenklasse –1,6) im Großen Hund (→ Sternbilder, Übers.); hellster Fixstern, Entfernung 9 Lichtjahre, m. kl., masserreichem Begleiter, e. → Weißen Zwerg (Umlaufzeit 50 Jahre); – Der S. kündete den alten Ägyptern durch s. Frühaufgang (gleichzeitig mit d. Sonne) im Juli d. Kommen der Nilflut an.
Sirk [*səːk*], Douglas, eigtl. *Detlef Sierck* (26. 4. 1900–14. 1. 87), Ufa- u. Hollywoodregisseur dän. Herkunft; *Zu neuen*

Ufern (1937); *The Tarnished Angels* (1957).
Sirocco → Schirokko.
Sirup, *m.,* Nebenerzeugnis bei der Zuckerherstellung, auch Lösung v. Traubenzucker *(Stärke-S.),* eingedickter Obstsaft *(Obst-S.).*

Sisalagave

Sisalhanf, die Blattfasern einer Agave; zu versch. Gespinsten verwendet, hpts. für Seilerwaren; auch → Sanseviera.
Sisley [*si'sle*], Alfred (30. 10. 1839–29. 1. 99), frz. Maler engl. Abstammung; Impressionist; Landschaften.
sistieren [l.], **1)** eine Tätigkeit, ein Verfahren einstellen; **2)** polizeil. feststellen, -nehmen.
Sistrum, altägypt. Rasselinstrument.
Sisyphus, Gotteslästerer der griech. Sage; muß in d. Unterwelt einen Fels bergauf wälzen, d. stets zurückrollt: **S.arbeit.**
Sit-in, *s.* [engl.], Demonstrationsform des passiven Widerstands (Sitzstreik).
Sitte, Willi (* 28. 2. 1921), dt. Maler u. Graphiker; Arbeiterbilder; → Sozialistischer Realismus.
Sitten (CH-1950), frz. *Sion,* Hptst. des schweiz. Kantons Wallis, im Rhônetal, 22 900 E; Bischofssitz.
Sittengesetz, d. vom sittl. Bewußtsein d. menschl. Kulturgemeinschaft (u. des einzelnen) als Pflicht empfundene Norm des Handelns (von Kant formuliert als *kategorischer → Imperativ*).
Sitter, Willem de (6. 5. 1872–20. 11. 1934), ndl. Astronom; entdeckte Jupitersatelliten, Veränderlichk. d. Erdrotation, Krümmung d. Weltraumes.
Sittiche, Papageienvögel mit kurzem Schnabel, langem Schwanz, langen Flügeln; buntes Gefieder; oft Käfigvögel (z. B. *Wellen-* u. *Halsband-S.*).
Sittlichkeitsdelikte, Straftaten gg. die sexuelle Selbstbestimmung, z. B. Mißbrauch v. Schutzbefohlenen od. Kindern, Vergewaltigung, Förderung d. Prostitution, Zuhälterei (§§ 174 ff. StGB).
Situation [frz.], Stellung, (Lebens-)Lage.
situiert, in einer Lage befindlich: *gut, schlecht s.*
sit venia verbo [l.], „man verzeihe das Wort" (d. Ausdruck).
Sitzbein, unterer Teil des Hüftbeins.
Siut → Asiut.
Siwah, Oase in der n.libyschen Wüste, 300 km², 30–40 müM, Dattelpalmen, Wein, Getreide.
Siwertz, Sigfrid (24. 1. 1882–28. 11. 1970), schwed. Dichter; Gedichte, Dramen; Romane: *Die Geldjäger.*

Skabiose

Six, Groupe des, 1918 i. Paris gegr. Freundschaftsverband zw. Milhaud, Honegger, Poulenc, Tailleferre, Satie u. Auric; Ablehnung d. dt. Romantik (bes. R. Wagners).
Sixtinische Kapelle, für Past Sixtus IV. 1473 im Vatikan erbaut, mit berühmten Wand- u. Deckenfresken, bes. Michelangelos; auch Bez. für den A-cappella-Chor des Vatikans.
Sixtinische Madonna, von Raffaël für die Mönche von San Sisto in Piacenza gemalt, in Dresden.
Sixtus, 5 *Päpste:* **1)** S. IV. (21. 7. 1414–12. 8. 84), 1471–84, Förderer v. Wiss. u. Kunst, Erbauer der Sixtinischen Kapelle; **2)** S. V. (13. 12. 1521–27. 8. 90), 1585–90, reformierte Kirchenstaat, unterstützte Spanien gg. das protestant. England.
Sixtus, Prinz von Bourbon (1886–1934), Schwager Kaiser Karls von Österreich; 1917 **S.briefe,** *S.affäre,* Vermittlungsversuch zw. Österreich u. Entente.
Siziliane, *w.,* achtzeilige Strophe mit Kreuzreim (aus Sizilien stammend).
Sizilianische Vesper, Ermordung aller Franzosen in Sizilien am 30. 3. 1282; Peter III. von Aragonien wird König; Oper v. Verdi.
Sizilien, it. *Sicilia,* Insel im Mittelmeer, 1. Region, 25 708 km² (m. Nebeninseln), 5,17 Mill. E (Karte → Italien); von Halbinsel Italien durch die Straße v. Messina getrennt, im N gebirgig (Fortsetzung der Apenninen), im S Hügelland m. zahlreichen Schwefelgruben (Agrigento), im O d. Vulkan *Ätna* (3323 m); Fischfang (Sardinen, Thunfische); durch Latifundienbetrieb schlechte soz. Lage d. Kleinpächter; nur in d. Küstenlandschaften intensiver Anbau (z. T. m. künstl. Bewässerung): Weizen, Wein, Oliven, Südfrüchte, auch Baumwolle; Schwefel-, Erdöl-, Asphaltgewinnung; wichtigste Städte: *Palermo, Messina, Catania, Syrakus.* – Im Altertum griech., s. 241 v. Chr. röm., 827 von Arabern, s. etwa 1100 von Normannen beherrscht, die S. mit Unteritalien zum *Kgr. beider S.* vereinten; s. 1194 Hohenstauferherrschaft; 1266 v. Karl von Anjou erobert; 1282 → *Sizilianische Vesper* (Trennung v. Unteritalien); 1503–1707 von span. Vizekg regiert; 1720 an Östr., 1738 selbst. unter Herrschern aus dem Hause Bourbon, 1860 durch Garibaldi m. d. Kgr. Italien vereint.
SJ, Abk. für *Societas Jesu,* „Gesellschaft Jesu"; Jesuitenorden.

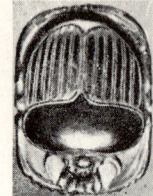

Skarabäus

Sjöberg [*,føˈbærj*], Birger (6. 12. 1885–30. 4. 1929), schwed. Dichter, Humorist u. Komp.; Roman: *Das gesprengte Quartett;* Liedersammlung: *Fridas bok.*
Skabies [l. *-biēs*], die Krätze.
Skabiose, *w.,* meist bläulich blühende, korbblütlerähnl. Kardengewächse; auf Hängen u. Wiesen (z. B. *Tauben-S.*).
Skagen, dänische St. auf der N-Spitze Jütlands, 15 000 E; bed. Fischereihafen, Seebad.
Skagerrak, Meeresarm der Nordsee zwischen Jütland, Norwegen u. Schweden, 100–150 km breit. – 1916 Seeschlacht zwischen dt. Hochseeflotte unter Scheer und brit. unter Jellicoe.
Skala, *w.* [it. „Leiter"], **1)** gesetzmäßige Markierung an Meßapparaten (z. B. die Temperaturgrade an Thermometern); **2)** allgemeine Stufenfolge (z. B. Farben-, Härte-S.); **3)** svw. Tonleiter.
Skalar, *phys.* Größe, die nur durch einen Zahlenwert (ohne Richtung) beschrieben ist (z. B. d. Zeit, d. Masse, d. Dichte, d. Temperatur).
Skalare, *Segelflosser,* hochgebaute Buntbarsche, beliebte Aquarienfische.
Skalde, altnord. Dichter u. Sänger.
Skaldendichtung, im 9./10. Jh. in Norwegen, später bis ins 13. Jh. bes. in Island gepflegt; kunstvolle Fürstenpreislieder, rel. Stoffe, → *Edda.*
Skalp, *m.* [engl.], Kopfhaut mit Schopf, die Indianer dem Feind abzogen (**skalpieren**) und als Trophäe am Gürtel trugen.
Skalpell, *s.* [l.], chirurg. Messer.
Skanderbeg, eigtl. *Georg Castriota* (um 1405–68), alban. Freiheitskämpfer gg. die Türken.
skandieren [l.], Verse mit Betonung der Versfüße hersagen oder lesen.
Skandinavien, Halbinsel Europas zw. Nord-, Ostsee u. Atlantik (ca. 800 000 km²) (Karte S. 873) d. Kgr.en umfassen Schweden u. Norwegen (pol. zählen im allg. auch Finnland, Dänemark u. Island zu S.); von S nach N durchzogen vom größten gletscherreichen Gebirgsmassiv (1700 km, im *Galdhöpig* 2469 m) Europas; Steilabfall in W (Fjordküste), flache Abdachung nach O; zahlr. Seen; wasserreiche Flüsse, infolge v. Wasserfällen nur im Unterlauf schiffbar (Holzflößerei, reiche Wasserkräfte). Klima im W mild, feucht (Golfstrom), im O kontinental; Vegetation überwiegend Nadelwald, im S Laubwald, im N Tundra.

Skapulier, s. [l. „Schulterkleid"], breiter, über Brust und Rücken getragener Tuchstreifen des Mönchsgewandes; kl. S. auch an Laien, *S.-Bruderschaften,* verliehen.

Skarabäus, Mistkäfer, → Pillendreher, im alten Ägypten heilig; *Siegelsteine* i. Form e. S. galten als Amulette.

Skat, dt. Kartenspiel, 32 Karten: 3 Spieler mit je 10 Karten, 2 Karten bleiben verdeckt („Skat"); versch. Spielarten; dt. Skatstadt: → Altenburg.

Skateboard [engl. *'skeitbɔːd*], Rollerbrett, Freizeitsportgerät aus den USA, 55–90 cm lang, 15–25 cm breit; Steuerung durch Verlagerung des Körpergewichts.

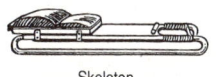

Skeleton

Skeleton, m. [engl. *'skelitn*], niedriger Sportrennschlitten; wird in Bauchlage mit Fuß gesteuert.

Skelett, s. [gr.], Knochengerüst (→ Tafel Mensch, S. 348). – **S.bau,** moderne Bauweise f. Hochhäuser; zuerst Errichtung d. tragenden Eisengerüstes (Skelett), das dann mit Mauerwerk, Beton ausgefüllt wird.

Skepsis, w. [gr.], Prüfung, Zweifel, auch Zweifelsucht.

Skeptiker, Zweifler, Vertreter des Skeptizismus.

Skeptizismus, Lehre, die grundsätzl. in Zweifel zieht: **1)** *rel.* die Wahrheit der Überlieferung oder Glaubenslehren; **2)** *phil.* die Möglichkeit der Erkenntnis d. wahren Wesens der Dinge; begr. von *Pyrrhon* (360–270 v. Chr.); Hptvertreter: *Skeptizisten (Montaigne, Bayle, Hume).*

Sketch, m. [engl. *-tʃ* „Skizze"], effektvolles (humorist.) Kurzdrama (für Kabarett u. ä.).

Ski, m. [norw. *ʃi*], uraltes, bereits in der Steinzeit nachgewiesenes Gerät zur Fortbewegung auf Schnee; erst seit Ende des vergangenen Jh. als Sportgerät; urspr. aus Holz; heute meist aus Metall od. Kunststoff, Länge u. Breite sowohl v. der Art der Verwendung (Abfahrt, Langlauf, Sprung) als auch v. den körperl. und fahrtechn. Voraussetzungen des Fahrers abhängig.

Ski(k)jöring, s. [norw. *'ʃiːjøː-*], schwed.: *Skidkörning,* Skifahren hinter Pferd, Motorrad usw.

Skien [*ʃiːən*], Hptst. der norweg. Prov. Telemark, an dem **Skienälv,** 48 000 E; Holzausfuhr.

Skierniewice, Hptst. d. poln. Woiwodschaft S., 43 000 E; Tuchind., Lustschloß.

Skiff, s. [engl.], Einmannruderboot im Rudersport (→ Einer).

Skikda, frz. *Philippeville,* alger. Bez.Hptst. u. Hafen, 141 000 E.

Skilanglauf, Form des Skilaufs; Gleiten in einer festen Spur (→ Loipe) in d. Ebene od. im hügeligen Gelände m. speziellen Langlaufskiern; diese sind bei etwa gleicher Länge leichter u. schmaler als d. alpinen Skier; als Freizeit- u. Wettkampfsport betrieben (Männer: 10, 15, 30, 50 km u. 4×10- km-Staffel; Frauen 5, 10 km u. 4×5-km-Staffel); olymp. Wettbewerbe.

Skilauf, uralte, ursprüngl. in Zentralasien beheimatete Fortbewegungsart; die Wiege des modernen Skilaufs ist Skandinavien; heute als Freizeit- od. Wettkampfsport betrieben; Formen: Pistenskilauf, → Skilanglauf, Tourenskilauf.

Skilift, m., Beförderungsmittel für Skiläufer, als Schlepp-, Sessel- od. Kübellift konstruiert.

Skin-Effekt [engl. „Hautwirkung"], Wechselstrom hoher Frequenz, strömt nur auf der Oberfläche eines Leiters.

Skinheads [engl. *-hedz* „Hautköpfe"], gewalttätige Jugendbanden m. kurzgeschorenen Haaren od. m. Glatze; rechtsextremist. u. rassist. Tendenzen.

Skinke, *Glattechsen,* Wühleidechsen i. Sande Afrikas und S-Europas; z. T. Beine rückgebildet; *Apothekerskink,* früher als → Aphrodisiakum benutzt.

Skinner, Burrhus F. (20. 3. 1904–18. 8. 90), am. behaviorist. Lernpsych.; entwickelte Lehrmaschinen *(S.-Box);* grundlegende Arbeiten f. d. → Verhaltenstherapie.

Skipetaren, Name d. Albaner; moh. Bev. in Albanien, Jugoslawien, Nordgriechenland.

Skisprung, Springen mit Sprungskiern (2,30–2,50 m lang, 7–10 cm breit) nach schnellem Anlauf; Wertung in Noten nach gestandener Weite u. Haltung; Wettbewerbe: Spezialspringen u. Kombinationsspringen; olymp. Sportarten. Springen v. bes. hohen Schanzen: *Skiflug;* m. Weiten bis über 190 m; Wertung nur nach Sprungweite.

Skizze, w. [it.], Entwurf, flüchtige (Auf-) Zeichnung, kleine Erzählung.

Sklave, m. [l. „eigtl. = kriegsgefangener Slawe"], leibeigener, einem anderen wie eine Ware gehörender Mensch.

Sklaven-fluß, Großer, Oberlauf (395 km lang) des → Mackenzie bis zum **Großen S.see** (28 568 km², bis 614 m tief) in den kanad. NW-Territorien; **Kleiner S.see** (1186 km²), in d. kanad. Prov. Alberta. – **S.küste,** Küstenstrich W-Afrikas westl. des Niger.

Sklaverei, Abhängigkeitsverhältnis des → Sklaven von s. Besitzer. Wirtschafts-

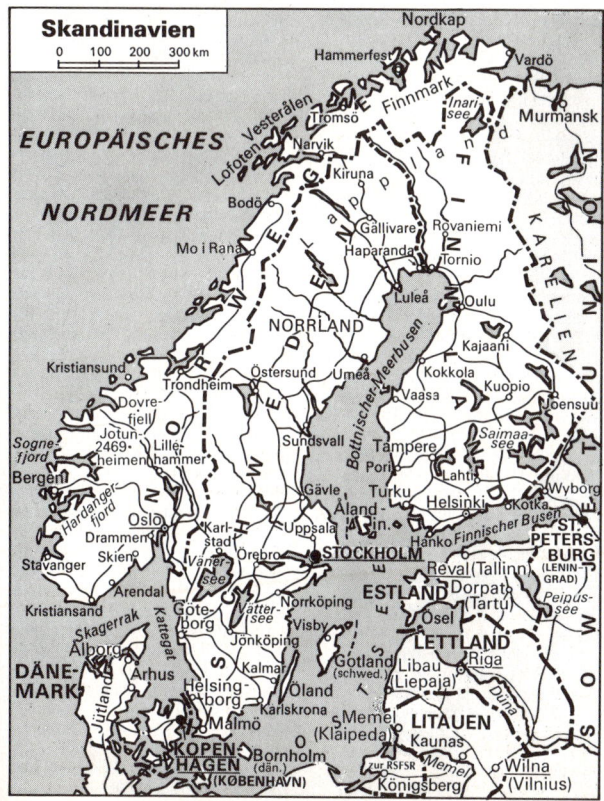

Skandinavien
0　100　200　300 km

Nordkap
Hammerfest
Vardö
EUROPÄISCHES
Vesterålen
Finnmark
Inari see
Murmansk
Tromsö
NORDMEER
Lofoten
Narvik
Kiruna
Bodö
Gällivare
Rovaniemi
Mo i Rana
Haparanda
Tornio
Luleå
Oulu
NORRLAND
Kajaani
Kristiansund
Östersund
Umeå
Kokkola
Kuopio
Trondheim
Vaasa
Joensuu
Dovre-fjell
Jotun-2469-
Sundsvall
Tampere
Saimaa-see
Sogne-fjord
Lille-hammer
Pori
Lahti
Bergen
Gävle
Åland
Turku
Helsinki
Wyborg
Hardanger-fjord
Oslo
Karl-stadt
Uppsala
Hanko
Finnischer Busen
Kotka
ST PETERS BURG (LENINGRAD)
Drammen
Skien
Örebro
STOCKHOLM
Reval (Tallinn)
Stavanger
Väner-see
ESTLAND
Dorpat (Tartu)
Peipus-see
Arendal
Vätter-see
Norrköping
Kristiansand
Skagerrak
Kattegat
Göte-borg
Jönköping
Visby
Ösel
LETTLAND
Ålborg
Kalmar
Gotland (schwed.)
Libau
Riga
DÄNE-MARK
Århus
Helsing-ör
Öland
Liepaja
Düna
KOPEN-HAGEN (KØBENHAVN)
Malmö
Karlskrona
Bornholm (dän.)
Memel (Klaipeda)
LITAUEN
Kaunas
zur RSFSR
Memel
Wilna (Vilnius)
Königsberg

system des Altertums war auf S. aufgebaut; vielfach herbeigeführt durch Kriegsgefangenschaft u. Kolonisation; infolge Mißhandlung häufig Aufstände (Sklavenkriege). Im MA Entstehung des *Sklavenhandels*, vom Orient her; in der Neuzeit Schwarze nach Amerika als Arbeitskräfte in die Zucker- u. Baumwollplantagen verkauft. Verbot des Sklavenhandels in den brit. Kolonien 1808, in Frkr. 1848. In USA Sklavenfrage Anlaß zum → Sezessionskrieg; S. am 31. 1. 1864 aufgehoben.

Sklera, *w.* [gr.], die Lederhaut des → Auges.

Sklerose [gr.], Verhärtung, z. B. *Arteriosklerose* (Schlagaderverkalkung), → *multiple Sklerose,* → *Otosklerose.*

Skodawerke, größtes Kraftfahrzeug- u. Rüstungswerk der Tschechoslowakei, in Pilsen, gegr. von Emil Ritter v. *Škoda* (1839–1900).

Skolimowski, Jerzy (* 5. 5. 1938), poln. Filmregisseur; *Deep End* (1970); *The Shout* (1978); *Moonlighting* (1982).

Skoliose, *w.* [gr.], seitl. S-förmige Rückgratverkrümmung.

Skolopender, *m.,* Tausendfüßler warmer Länder; Kiefer mit Giftdrüsen; Biß der größeren Arten, bes. des bis 25 cm l. *Riesen-S.,* gefährlich.

Skonto, *m.* od. *s.* [it.], Preisnachlaß bei Barzahlung, → Kassenskonto.

Skontration, *w.* [it.], i. d. Materialbuchhaltung die laufende Bestandsermittlung (permanente Inventur) durch Fortschreibung.

Skontro, *s.* [it.], Hilfsbuch der Buchhaltung für mengenmäßige Verrechnung (Eintragung der Zu- u. Abgänge), z. B. *Waren-S., Effekten-S.*

Skopas (4. Jh. v. Chr.), griech. Bildhauer.

Skopje, serb. *Skoplje,* türk. *Üsküp,* Hptst. d. Rep. Makedonien (Jugoslawien), am Warda, 507 000 E; Kultur-, Wirtsch.- u. Verkehrszentrum; Teil im Altertum als *Scupi* Hptst. der röm. Prov. Dardania; 518, 1555 u. 1963 durch Erdbeben fast völlig zerstört.

Skopolamin, Alkaloid von verschiedenen *Skopolia*-Arten, Nachtschattengewächse, stark wirkendes Hypnotikum.

Skorbut, *m.,* Krankheit m. Haut- u. Schleimhautblutungen durch Mangel an Vitamin C.

Skorpion, *m.,* 8. Zeichen des Tierkreises; → Sternbilder, Übers.

Skorpion

Skorpione, krebsähnl. Spinnentiere mit Scheren u. am Körperende mit Giftstachel; in S-Europa u. heißen Erdteilen *It.*

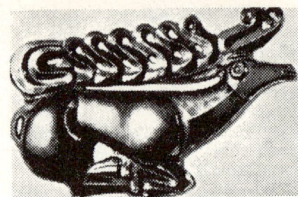

Skythische Goldtreibearbeit
(7./6. Jh. v. Chr.)

Skorpion, 3–4 cm lang; Stich größerer Arten (bis 16 cm l.) auch d. Menschen gefährl. *Wasser-S.* → Wasserwanzen; → Bücherskorpion.

Skoten, kelt. Volksstamm, urspr. in Irland, s. 4. Jh. mit d. Pikten zus. Angriffe gg. Britannien, siedelten im 6. Jh. in NW-Schottland.

Skribent, *m.* [l.], (Viel-)Schreiber.

Skriptum, *s.* [l. „Geschriebenes"], Schriftstück.

Skrjabin, Alexandr Nikolajewitsch (6. 1. 1872–27. 4. 1915), russ. Komp.; Einfluß v. Liszt u. Wagner (Idee e. Gesamtkunstwerks m. myst.-ekstat. Wirkung); Erfinder eines Farbenklaviers; *Le poème du feu;* 3 Sinfonien.

Skrofulariazeen, *Scrophulariaceae,* svw. → Rachenblütler.

Skrofulose, *w.,* gutartige (tuberkulöse) Haut-, Schleimhaut- u. Lymphknotenkrankheit d. Kinder.

Skrotum, *s.* [l.], Hodensack.

Skrupel, *m.* [l.], Bedenken, hemmende Zweifel.

skrupellos, hemmungslos.

skrupulös, veraltet f. überbedenklich.

Skuld, eine der drei → Nornen.

Skull, *m.* [engl. *skʌl*], im Rudersport das einhändig gefaßte Ruder; immer paarweise verwendet; Ggs.: → Riemen.

Skulptur, *w.* [l.], Bildhauerkunst (Gattungsbegriff); auch einzelnes Werk derselben (bes. aus hartem Material: Stein, Holz u. a.); auch → Plastik.

Skunks, svw. → Stinktiere.

Skupschtina, *w.* [serb.], Bundesversammlung (Volksvertretung) Jugoslawiens.

skurril [l.], komisch, verzerrt, sonderbar.

Skutari, 1) türk. *Üsküdar,* St.teil v. → Istanbul (auf d. asiat. Seite); 2) alban. *Shkodër,* St. in Albanien, am **S.see,** 76 000 E; Metall-, Textilind.

Skye [*skai*], Insel der Hebriden (schottisch), 1735 km², 7500 E; Schafzucht; Hptort *Portree* (2000 E).

Skylab ['*skailæb*], 1972–74 durchgeführtes am. Raumfahrtprojekt eines d. Erde umkreisenden Raumschifflabors.

Skylla, Meerungeheuer in d. Odyssee (vielleicht die Klippe in der Meerenge von Messina), gegenüber ein anderes Meerungeheuer: → Charybdis; daher: *zwischen S. und Ch.:* zw. zwei Übeln.

Skysurfer [engl. '*skai,səːfə*], Drachenflieger.

Skythen, griech. Sammelname f. d. Völker v. den Steppengebieten östl. des Kasp. Meeres, nördl. des Kaukasus u. des Schwarzen Meeres bis zur Donau, die s. d. 7. Jh. v. Chr. über Rumänien u. Ungarn bis O-Dtld vordrangen. - *Skythische Kunst,* bes. i. Kunstgewerbe, auf hoher Stufe; Funde (Gold- u. Silberarbeiten) von der Ukraine u. S-Rußland bis in den Hochaltai.

Slalom, *m.* od. *s.* [norweg.], alpiner Skirennwettbewerb auf einer Strecke m. einem Höhenunterschied von 180–220 m (Herren) bzw. 130–180 m (Damen) u. einer Mindestzahl von 55 Toren (40 bei Damen) m. 4–5 m Breite; olymp. Wettbewerb.

Slang, *m.* [engl. *slæŋ*], Wortschatz der niederen am. u. engl. Umgangssprache; auch → Jargon.

Slapstick [engl. '*slæp* „Narrenpritsche"], groteske Komik; Stilmittel d. Stummfilms.

Slatin, *S. Pascha,* Rudolf Frh. v. (7. 6. 1857–4. 10. 1932), östr. Afrikaforscher; Reorganisator des Sudan.

Slatoust, russ. Ind.st. im Ural, 203 000 E; Stahlwerke.

Slawen, indoeur. Völkergrupe, vorwiegend v. osteuropäidem (ostbalt.) Rassentypus (→ Rassen, Übers.); Name (altdt. Wenden od. Winden) seit 6. Jh. bekannt: Zeit der großen slaw. Ausbreitung nach S bis zum Balkan u. W (Slawengrenze längs der Elbe, Saale, oberes Maingebiet); im MA aus O-Dtld zurückgedrängt, in der Neuzeit Ausdehnung über große Teile Sibiriens; man unterscheidet der Sprache nach *Ost-S.: Russen, Weiß-russen* (griech.-orthod.), *Ukrainer* (griech.-orthod., W-Ukrainer z. T. griech.-uniert); *Süd-S.: Bulgaren, Serben* (griech.-orthod.), *Kroaten, Slowenen* (röm.-kath.); *West-S.: Polen, Kaschuben, Wenden (Sorben), Tschechen, Slowaken* (meist röm.-kath.).

Slawistik, *w.,* Wiss. v. d. slawischen Sprachen u. Literaturen.

Slawjansk, St. i. d. O-Ukraine, 135 000 E; Heilbäder; chem. Ind.

Slawonien, Landschaft i. Jugoslawien (Kroatien), zw. Drau, Donau u. Save; ab Mitte 1991 Bürgerkrieg um die vielfach v. Serben bewohnten Gebiete.

SLBM, Abk. f. *Sea Launched Ballistic Missile,* seegestützte ballist. Rakete; → ICBM, → MRBM.

Sleipnir, der achtbeinige Hengst Odins (Wotans).

Slevogt, Max (8. 10. 1868–20. 9. 1932), dt. Maler u. Graphiker d. Impressionismus; Illustrationen u. a. zu Mozarts *Zauberflöte;* Landschaften, Porträts.

Slezak, Leo (18. 8. 1873–1. 6. 1946), östr. Opernsänger u. Filmschausp.; *Meine sämtl. Werke.*

Slibowitz, *Sliwowitz,* serb. Pflaumenschnaps.

Slogan, *m.* ['*slougən*], Werbeschlagwort; urspr. schott. Feldgeschrei.

Słowacki [*sŭͻ'vatskí*], Juliusz (4. 9. 1809–3. 4. 49), poln. Dichter d. Romantik; *Jan Bielicki.*

Słowakẹi, slowak. *Slovensko,* östl. Landesteil, s. 1969 als slowak. Rep. Teilstaat der ČSFR (östl. der March), 49 035 km², 5,3 Mill. E; überwiegend Gebirgsland (Westkarpaten: *Hohe Tatra* 2654 m, *Niedere Tatra* 2043 m, Slowak. Erz-, Neutraer Gebirge, Weiße Karpaten), nur im SW Flachland (Täler der unteren *March, Waag, Neutra, Donau*); Bodenreichtum (Gold, Silber, Erdöl, Eisen, Blei), zahlr. Mineralquellen u. -brunnen; Ackerbau (Getreide, Mais, Hanf, Obst, Wein, Tabak) u. Viehzucht; chem. u. Steinind.; Hptst. *Preßburg* (slowak. *Bratislava).* – Im 7. Jh. Einwanderung d. Slowaken; im 9. Jh. Teil d. Großmähr. Reichs, dann Ungarns; s. 1526 mit Ungarn unter den Habsburgern; 1918 z. Tschechoslowakei; 1939–45 selbst. Staat unter dt. Einfluß; 1945 wieder z. Tschechoslowakei (nach 1945 v. ca. 150 000 vorwiegend in alten Sprachinseln lebenden Deutschen die Hälfte vertrieben).

slowakische Literatur, bis ins *19. Jh.* tschech. Sprache, in der auch → Kollár schrieb; eigene Schriftsprache erst durch Ludovit Štúr (1815–56) und seinen Kreis: Dichterphilosoph Josef Hurban, Svetozar Hurban-Vajanský u. Martin Kukučk (Erzählungen); Janko Kráľ und Samó Chalupka (Balladen); der größte Dichter der nat. Romantik Hviezdoslav (1849–1921), auch Shakespeare-Übersetzer. *20. Jh.:* Erzähler: Hrsonský Hečko, Jesenský (auch Lyrik), Urban. Dramatiker: Tajovský, Urbánek; Lyriker: Krasko (eigtl. Botto), Rázus, Lukáč, Beniak, Fábry, Mihálik.

Slowẹnen, *Winden,* südslaw. Volk, etwa 1,75 Mill., fast ausschließl. röm.-kath., seit 6. Jh. Einwanderung in die Ostalpen, seit 8. Jh. unter fränk., dann dt. Herrschaft, zurückgedrängt in S-Kärnten u. d. Gebiet d. heutigen **Slowẹnien** (slowen. *Slovenija*), nordwestliche Bundesrepublik von Jugoslawien, 20 251 km², 1,94 Mill. E; grenzt im N an Österreich (Kärnten, Steiermark), im W an Italien; vorwiegend gebirgig (waldreich), im W Karst, vom Oberlauf der *Save* und *Drau* durchflossen, fruchtbare Talmulden (Becken von Laibach); Hauptstadt *Laibach (Ljubljana).* 25. 6. 1991: Loslösung vom jugoslawischen Bund; in der Folge bewaffnete Ausein-

andersetzungen mit der Bundesarmee. Auch → Krain.

slowenische Literatur, *11. Jh.:* Freisinger Denkmäler; *16. Jh.:* Durch d. Reformation Schriftsprache: Bibelübersetzung; *19. Jh.:* Francé Prešeren, Lyriker; Josef Stritar, Schöpfer d. slowen. Prosa; Josip Jurčič (Volkserzählungen); *20. Jh.:* Ivan Cankar (Roman), Otto Zupančič (Lyrik, Dramen).

Slowfox [engl. *'sloufͻks*], langsamer → Foxtrott.

SLT, Abk. f. *Solid Logic Technology,* techn. Verfahren zur Realisierung von Grundschaltungen.

Slum, *m.* [engl. *slʌm*], schmutzige, enge Gasse, Bez. d. Elendsviertel d. Großstädte (Engld u. USA).

Slump, *m.* [engl. *slʌmp*], an der Börse für plötzlich eintretende → Baisse; Ggs.: → Boom.

Sluter, Claus (um 1355/60–1405/06), ndl. Bildhauer d. Spätgotik; *Mosesbrunnen* (Dijon).

Sm, *chem.* Zeichen f. → *Samarium.*

sm, Abk. f. *Seemeile.*

S. M., Abk. f. *Seine Majestät.*

Småland [*'smͻ-*], südschwed. Landschaft (Wälder u. Seen).

Smalte, *w., Schmalte,* blaue Kobaltfarbe, bes. für Porzellan.

Smaragd, *m.,* grüner Edelstein; Berylliumverbindung (Abb. S. 343).

smart [engl.], gewandt, gerissen, flott.

Bedrich Smetana

Smẹtana, Bedřich (2. 3. 1824–12. 5. 84), tschech. Komponist; Opern: *D. verkaufte Braut; Der Kuß;* Nationalfestspiel: *Libussa;* sinfon. Dichtungen (6 Teile: *Mein Vaterland*); Kammermusik.

Smethwick [*'smɛðɪk*], s. 1966 St.teil v. Warley.

Adam Smith

Smith [*smɪθ*, **1**) Adam (5. 6. 1723–17. 7. 90), engl. Nationalökonom u. Moralphil., Begr. d. klass. liberalen Schule der Na-

tionalökonomie (Freihandel u. freier Wettbewerb); *Untersuchung über das Wesen und die Ursachen des Volkswohlstands;* **2**) Hamilton O. (* 23. 8. 1931), am. Biochem.; (zus. m. D. → Nathans u. W. → Arber) Nobelpr. 1978 (Entdeckung d. Restriktionsenzyme); **3**) Ian (* 8. 4. 1919), rhodes. Pol.; 1964–79 Min.präs. v. Südrhodesien (→ Simbabwe); 1965 einseitige Unabhängigkeitserklärung; **4**) John (1580– 1631), engl. Seefahrer u. Kartograph; beteiligt an Kolonisation Virginias und Neu-Englands.

Smithsonian Institution [*smɪθ'souniǝn ɪnstɪ'tjuːʃn*], staatl. Forschungsanstalt in Washington, 1846 als Stiftung v. James *Smithson* (1754–1829) errichtet; umfaßt naturwiss. Institute, Museen f. Geschichte, Technik u. Naturkunde; Nationalgalerie.

Smithsund [*'smɪθ-*], arkt. Meeresstraße zw. NW-Grönland u. Ellesmereland.

Smog, *m.* [engl. „smoke u. fog"], aus Rauch u. Nebel u. Abgasen gebildete Dunstglocke über Industriegebieten u. Großstädten; entsteht bei Wetterlage mit Inversionen. – **S.warndienste,** in gefährdeten Gebieten (→ Umweltschutz).

Smoking, *m.* [engl. „Rauchrock"], Gesellschaftsanzug für Herren (abendl.).

Smolẹnsk, russ. Gebietshptst. am Dnjepr, 341 000 E; Uni.; Textilkombinat, Maschinenbau; Flugplatz. – 1812 Sieg Napoleons über d. russ. Heer.

Smrkovský, Josef (26. 2. 1911–14. 1. 74), tschech. Pol. d. „Prager Frühlings"; 1968/69 Präs. der Nationalvers.

Smutje, *seem.* svw. Schiffskoch.

Smuts, Jan (24. 5. 1870–11. 9. 1950), südafrikan. Pol. u. Feldm.; kämpfte als Burengeneral gg. England, 1919–24 u. 1939–48 Premiermin. S-Afrikas.

Smyrna, früherer Name v. → İzmir.

Sn, *chem.* Zeichen f. → Zinn (lat. *stannum*).

Snackbar, *w.* [engl. *'snæk-*], engl. Bez. f. Imbißstube.

Snake River [*'sneɪk-*], l. Nbfl. d. Columbia aus dem Yellowstonepark mit Cañons, 1670 km lang; Stauseen zur Kultivierung Idahos.

Snell, George (* 19. 12. 1903), am. Genetiker; (zus. m. B. → Benacerraf u. J. → Dausset) Nobelpr. 1980 (Forschungen z. immunbiol. Reaktionen zellularer Oberflächenstrukturen).

Snellius, Willebrord S. van Roijen (1580–30. 10. 1626), ndl. Math.; **S.sches Brechungsgesetz:** konstantes Verhältnis von Sinus des Einfalls- (α) u. Brechungswinkels (β) von Lichtstrahlen an der Grenze zweier Körper: $n = \sin \alpha : \sin \beta$.

Snob, *m.,* [engl., aus l. „sine **nobilitate**"], ohne adlige Gesinnung, svw. eingebildeter, blasierter Mensch.

Snobismus, geistige Haltung eines Snobs.

Snöhätta, *Schneehut,* höchster Gipfel (2286 m) des *Dovre-Fjelds,* Hochfläche (1000 m) in SW-Norwegen.

Max Slevogt
Selbstbildnis

Soest, Wiesenkirche

Snorri Sturluson [-'stẏrdlẏsɔn] (1178–22. 9. 1241), isländ. Rechtsgelehrter u. Staatsmann, Hg. der jüngeren → *Edda;* Verfasser der Königsgeschichte *Heimskringla.*

Snow [*snou*], Sir Charles Percy (15. 10. 1905–1. 7. 80), engl. kulturhistor. Schriftst.; *Fremde u. Brüder.*

Snowdon ['*snoudn*], höchster Berg (1085 m) in Wales; Zahnradbahn.

Snyders ['*sneĩdərs*], Frans (11. 11. 1579–19. 8. 1657), fläm. Maler d. Barock, zeitweise Mitarbeiter v. Rubens; Stilleben, Tierbilder.

SO, Abk. f. Südost(en).

Soáres ['*süarɪʃ*], Mário Alberto Nobre Lopes (* 7. 12. 1924), portugies. Pol. (PSP); 1974/75 Außenmin., 1976–78 u. 1983–85 Min.präs.; s. 1986 Staatspräs.

Sobieski, König von Polen, → Johann 4).

Sobieskischer Schild   → Sternbilder, Übers.

Sobranje, bulgar. Parlament (seit 1879).

Societas Jesu, Abk. *SJ,* → Jesuiten.

Société anonyme [*sɔsje'te anɔ'nim*], abgek.: *S.A.,* frz. Bez. für → Aktiengesellschaft.

Soda, *w.* od. *s., Natriumcarbonat (Na₂CO₃),* natürlich vorkommend in S.seen; heute meist nach dem *Solvay-Verfahren* hergestellt: in konzentrierte Kochsalzlösung wird bei 40 °C Kohlensäure u. Ammoniak geleitet, wobei sich d. entstehende Ammoniumhydrogencarbonat mit dem Kochsalz z. Natriumhydrogencarbonat umsetzt, das geglüht S. ergibt, Hauptverwendung der S. zur Glas- u. Seifenherstellung; *kaustische S.* ist Natriumhydroxid (Ätznatron).

Sodbrennen, brennendes Gefühl in der Speiseröhre bei chronischem Magenkatarrh oder durch Übersäuerung d. Magens (nach sauren, übermäßig süßen oder fetten Speisen); Gegenmittel: Diät, Magnesia oder Natriumhydrogencarbonat.

Soddy ['*sɔdɪ*], Frederick (2. 9. 1877–22. 9. 1956), engl. Chem.; Forschungen über Radioaktivität; Nobelpr. 1921.

Söderblom [-*blum*], Nathan (15. 1. 1866–12. 7. 1931), schwed. ev. Theol.; Erzbischof von Uppsala, Haupt der ökumen. Bewegung; Friedensnobelpr. 1930.

Södermanland, schwed. Län südl. Stock-

holm, 6060 km², 251 000 E; seen- u. waldreich; Hptst. *Nyköping.*

Sodoma, eigtl. *Giovanni Ant. di Bazzi* (1477–14. 2. 1549), it. Maler d. Renaissance; Fresken in Siena u. Rom.

Sodomie, widernatürl. Unzucht zwischen Mensch u. Tier.

Sodom und Gomorrha, im A. T. zwei wegen ihrer Laster durch Gott vernichtete Städte (im Toten Meer).

Soest [*zo:st*], (D-4770), Krst. im Rgbz. Arnsberg, NRW, in fruchtb. Ebene (**S.er Börde**), 40 775 E; roman. Patroklimünster, got. Wiesenkirche, ma. Stadtbild; div. Ind. – Im 13. Jh. Hansestadt; 1444–49 **S.er Fehde** um Unabhängigk. vom Erzbischof v. Köln; im 15. Jh. S.er Malerschule.

Sofala, seit 1976 f. → *Beira* 2).

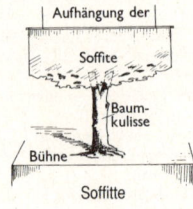

Soffitte

Soffitte, *w.* [it.], **1)** herabhängende Bühnendekoration; **2)** röhrenförmige Glühlampe.

Sofia, i. Altertum *Serdica,* Hptst. v. Bulgarien, am NO-Fuß des Witosch, 1,1 Mill. E; neuzeitl. Stadtbild; Uni.; Textilind., Flughafen. – 343 n. Chr. Konzil, 1382 türk., 1878 bulgar. Hptst.

Soforthilfe → Lastenausgleich.

sofortige Beschwerde, Rechtsmittel gegen best. gerichtl. Entscheidungen, muß binnen einer *Notfrist* von 2 Wochen eingelegt werden (§ 577 ZPO).

Soft-Getränke [engl. „weich"], kohlensäurehaltige alkoholfreie Erfrischungsgetränke.

Software [-*wɛə*], Sammelbez. für alle in einer → Datenverarbeitungsanlage gespeicherten Programme; 2 Gruppen: *Systemprogramme* d. → Betriebssystems (gehören zur techn. Grundausstattung e. DV-Systems) u. → *Anwenderprogramme;* Ggs.: → Hardware.

Sog, der am Boden des *Meeres* strandes seewärts gerichtete Rückstrom des Meerwassers, auch den Wasserwirbel hinter e. fahrenden Schiff; in d. *Luft:* z. B. Saugwirkung auf die Oberseite d. Flugzeugflügels bei Strömen d. Luft um d. Flügelprofil, erzeugt → Auftrieb.

Sognefjord [*ˌsɔŋnəfjur*], in die SW-Küste Norwegens 204 km einschneidender Fjord, bis 1244 m t., viele Verzweigungen; v. etwa 1800 m hohen Bergen umgeben.

Sohar, *m.,* Hauptwerk d. → Kabbala, um 1300.

Sohl, Hans-Günther (* 2. 5. 1906), dt. Stahlindustrieller; 1972–76 Präs. d. BDI.

Sohle, untere Begrenzung eines Grubenbaus.

Sohnrey, Heinrich (19. 6. 1859–26. 1. 1948), dt. Erzähler, Erforscher u. Pfleger bäuerl. Sitten.

soigniert [frz. *zŏan'jirt*], gepflegt.

Soirée, *w.* [frz. *swa're*], gr. Abendgesellschaft.

Soissons [*swa'sõ*], frz. St. im Dép. *Aisne,* an der Aisne, 32 000 E; Kathedrale, röm. Ruinen; Masch.- u. Gummiind., Strumpfwirkerei.

Sojabohne, krautiger Schmetterlingsblütler aus O-Asien mit stark eiweiß- (35–38%) u. ölhaltigen (13–21%) Samen; Hptanbaugebiete: USA, Brasilien, China; Welternte 1982: 94,38 Mill. t (USA: 61,97, Brasilien: 12,83, China: 9,05 Mill. t); Anbauversuche auch in Dtld; die S. dient auch in Europa in zunehmendem Maße d. menschl. Ernährung; Rückstände b. d. Ölgewinnung aus S.n Düngemittel od. in d. Form des *Sojakuchens* Viehfutter.

Sojus

Sojus [russ. „Einheit"], sowj. bemannter → Satellitentyp   (→ Weltraumforschung).

Sokol [slaw. „Falke"], um 1860 gegr. Turnvereine in süd- u. westslaw. Ländern; stark national.

Sokolowski, Wassilij (24. 7. 1897–10. 5. 1968), sowj. Marschall; Armeeführer im 2. Weltkrieg, 1946–49 Oberbefehlsh. d. sowj. Bes.truppen in Dtld.

Sokrates

Sokrates (um 470–399 v. Chr.), griech. Phil., Lehrer des *Plato;* formal der bedeutendste Vertreter der → *Sophistik,* inhaltlich ihr Überwinder, Begr. der *induktiven Methode,* der *Definition* u. der Entdecker von Gewissen („Erkenne dich selbst"); vom athen. Gericht als „rel. Freidenker u. Jugendverführer" zum Tode durch den Schierlingsbecher verurteilt.

Sokratiker, Philosophen, Schüler des Sokrates.

Sol [l.], Sonne(ngott), griech. *Helios.*

Sol, *s.* [l.], → Kolloid in gelöstem Zustand.

Solanaceae, svw. → Nachtschattengewächse.

Solanin, *s., z.* Gruppe d. Alkaloide gehörende organ. Verbindung; Vorkommen in der Kartoffel; führt gelegentl. z. Vergiftungserscheinungen.

Solari(o), it. Bildhauer u. Baumeister, 1) Cristoforo, gen. *Il Gobbo* (1460–1527), in d. Lombardei; 2) Santino (1576–10. 4. 1646), Wegbereiter d. oberit. geprägten Frühbarock in Östr. u. S-Dtld; in Salzburg: u. a. *Dom* u. *Schloß Hellbrunn.*

Solarijo, it. Künstlerfamilie, Santino (1576–10. 4. 1646), Baumeister; Dom u. Schloß Hellbrunn in Salzburg.

Solarisation, durch spezielle Belichtung, auch durch Zwischenbelichtung, lassen sich die Tonwerte des schwarzweißen Papierbildes umdrehen.

Solarkonstante, die von der Sonne in 1 Min. auf 1 cm² der Atmosphärengrenze senkrecht eingestrahlte Wärmemenge, nach Abbot 8 J (an der Erdoberfläche weniger infolge Wärmeabsorption der Atmosphäre, 5,8–6,7 J), weist geringe Schwankungen von etwa 2% auf.

Solaröl, durch trockene Destillation von Braunkohle gewonnen; für Leucht- und Schmierzwecke.

Solarplexus [l.], Sonnengeflecht, Nervenzellgeflecht hinter dem Magen; Schockwirkung b. Boxschlag auf d. S.

Solartechnik, *Heliotechnik,* Sonnenenergie wird technisch (z. B. über Kollektoren, Energiewandler) umgewandelt u. auch zur Energieversorgung verwendet (z. B. Frischwassererzeugung durch Meerwasserentsalzung, Raumheizung, Warmwasserbereitung).

Solarzellen, → Fotozellen, wandeln Licht in el. Energie um, Anwendung zur Energieversorgung v. → Satelliten u. → Raumsonden sowie f. Mikroelektronik (z. B. Taschenrechner). → Alternativenergien.

Solawechsel → Wechsel.

Solbäder, Kurorte mit kochsalzhaltigen (1,5–6%) Mineralquellen.

Sold, *m.* [l. „solidus = Ganzstück, Münze"], Lohn, Löhnung, insbes. der **Soldaten.**

Soldaten-gesetz, v. 19. 3. 1956 (19. 8. 1975), regelt die Rechtsstellung d. Soldaten. – **S.versorgungsgesetz,** v. 26. 7. 1957 (5. 3. 1976), regelt Förderung u. Versorgung d. ehem. Soldaten d. Bundeswehr od. ihrer Hinterbliebenen.

Soldateska, *w.* [it.], (verrohtes) Kriegsvolk.

Söldner, Krieger, die gegen Entgelt (*Sold*) zum Dienst angeworben werden.

Sole, Kochsalzlösung oder -quelle mit mindestens 1,5% Kochsalz.

solenn [l.], feierlich, festlich; ordentlich.

Solenoid, *s.,* m. isoliertem Metalldraht

bewickelte, stromdurchflossene Spule ohne Eisenkern; wirkt wie Magnetstab m. N- u. S-Pol.

Solfataren [it.], vulkan. Schwefelgasquellen; → Fumarolen.

Solfeggien [it. *-ˈfɛdʒɪən*], Gesangsübungen.

Solferino, it. Gem. südl. des Gardasees, 2100 E, 1859 Sieg der Franzosen u. Piemontesen über Östr.

Solidarhaftung, Haftung mehrerer Personen als Gesamtschuldner.

solidarisch [l.], gemeinsam, verbunden in Pflicht oder Interessengemeinschaft.

Solidarismus, sozialreformerische Richtung, fordert beschränkte Sozialisierung u. soz. Ausgleich durch staatl. Kontrolle. Hptvertr.: d. Jesuit *Pesch;* Fortbildung im personalist. Sozialismus m. echtem sozialist. Einschlag: hpts. in Frkr.; in Dtld *Bolkovac SJ,* see. „Frankfurter Hefte".

Solidarität, *w.,* Zusammengehörigkeit.

Solidarność [poln. *-nɔɕt* „Solidarität"], nach soz. Unruhen u. Streiks Sept. 1980 gegr. poln. unabhängige Gewerkschaft (Vors. → Wałęsa); Dez. 1981 nach Ausrufung d. Kriegsrechts verboten, bis 1989 in d. Illegalität, seitdem auch als Bürgerkomitee S. pol. tätig.

Solidarobligation [l.], svw. → Gesamtschuld.

solide [l.], gediegen; dauerhaft; zuverlässig.

Soliman → Suleiman.

Solimena, Francesco (4. 10. 1657–3. 4. 1747), it. (Baumeister u.) Maler d. Spätbarock bes. in Neapel.

Soling, *w.,* im Segelsport Dreimannkielboot aus Kunststoff; olymp. Bootsklasse.

Solingen (D-5650), krfreie St. im Rgbz. Düsseldorf, NRW, an d. Wupper; 160 824 E; AG, IHK; Schneidwarenfertigung u. a. Ind.; Dt. Klingenmuseum; Bergisches Museum Schloß Burg.

Solipsismus, *m.* [l. „solus = allein", „ipse = selbst"], phil. Lehre von der alleinigen Wirklichkeit des eigenen Ich.

Solis, Virgil (1514–1. 8. 62), dt. Zeichner u. Kupferstecher d. Renaiss.; u. a. Wappen, Buchillustrationen (Holzschnitte).

Solist [it.], Einzelspieler, -sänger, im Gegensatz zu Statisterie, Chor u. Orchester.

solitär [frz.], allein, vereinzelt.

Solitär, *m.,* einzeln gefaßter Brillant.

Solitüde, *w.* [frz. „Einsamkeit"], Name v. Schlössern (z. B. bei Stuttgart; → Karlsschule).

Soll, 1) Ausdruck i. d. Buchführung; **2)** Mz. *Sölle,* durch → Toteis oder Gletscherwasser verursachte Einsackungs- oder Strudellöcher und kleine Rundseen in Norddtld.

Söller [l. „solarium"], nicht überdachter An- u. Aufbau an Gebäuden, urspr. für Sonnenbad; → Altan.

Sol lessivé, *Parabraunerde,* ausgewaschener Boden,→ Bodentyp m. Tonverarmung im Oberboden u. Tonanreicherung im Unterboden infolge Tondurchschlämmung, z. B. grauer Waldboden.

Solling, Buntsandsteingebirge zw. Leine und Weser, *Große Blöße* 528 m; Steinbrüche bei Höxter.

Solnhofen (D-8838), Gem. i. Kr. Weißenburg-Gunzenhsn, Bay., i. Altmühltal, 1582 E; Zementwerk, Solnhofen-Platten-Industrie. – **S.er Kalk,** *Lithographenschiefer,* in den Steinbrüchen von S. gebrochener dichter Plattenkalkstein; Fundort des → Archäopteryx.

solo [it.], allein.

Solo, *s.,* Tonstück für eine Singstimme oder ein Instrument; Einzelvortrag; im *Kartenspiel:* Einzelspiel gegen die and. Partner.

Solon (um 640–560 v. Chr.), Gesetzgeber Athens, stufte die pol. Rechte nach dem Vermögen ab (→ Plutokratie), hob die Schuldknechtschaft auf; zählte zu den → Sieben Weisen.

Solothurn, 1) schweiz. Kanton (s. 1481 zur Eidgenossenschaft) im Gebiet der Aare und des Schweizer Jura; Uhren-, Eisen-, Schuh-, Papier- u. Textilind.; Landw.; 791 km², 223 000 E; Hptst.: **2)** *S.* (CH-4500), an der Aare, 15 400 E.

Solow, Robert Merton (* 23. 8. 1924), am. Wirtschaftswiss.; Nobelpr. 1987 (wirtsch. Wachstumstheorien).

Solowjew, Wladimir (16. 1. 1853–31. 7. 1900), russ. Phil.; christl.-neuplaton. Metaphysik.

Alexander Solschenizyn

Solschenizyn, Alexander (* 11. 12. 1918), sowj. Schriftst., 1974 ausgewiesen; *Ein Tag i. Leben d. Iwan Denissowitsch; Krebsstation; Aug. Vierzehn; Archipel GULAG;* Nobelpr. 1970.

Solstitium, *s.* [l.], → Sonnenwenden.

Soltau (D-3040), St. i. Kr. S.-Fallingbostel, in d. Lüneburger Heide, Nds., 19 115 E; AG; Zinngießerei; Erholungsort.

George Solti

Solti [ˈʃ-], Sir George (* 21. 10. 1912), brit. Dirigent ungar. Herkunft.

Solutréen [sɔlytre'ɛ̃], Abschnitt der Altsteinzeit nach dem burgund. Fundort *Solutré*.

Solvay [-'vɛ], Ernest (16. 4. 1838–26. 5. 1922), belg. Chem.; erfand **S.verfahren** zur → Soda-Herstellung.

solvent [l.], zahlungsfähig; Ggs.: insolvent.

Soma, *s.* [gr.], der Körper eines vielzelligen Organismus ohne s. Geschlechtszellen, → Keimbahn.

Somali, Mz.: *Somal,* die hamit. Bewohner von Somalia, Viehzüchter, Nomaden.

Somalia, amtl. *Al-Jumhouriya As-Somaliya Ad-Democradia,* Rep. am Golf v. Aden an d. N-Spitze v. O-Afrika, 1960 gebildet aus ehem. *Brit.-Somaliland* u. *Territorium Somaliland,* 637 657 km², 7,11 Mill. E (11 je km²); Bev.-Zuw. 2,9%; Bev.: vorw. moh. Somal; Währung: Somali-Shilling (So.Sh.); Hptst.: *Mogadischu;* Flagge S. 341, Karte S. 750. **a)** *Wirtsch.:* 80% d. Bev. leben als nomadisierende Hirten v. d. Viehwirtsch.; kaum Bodenschätze; Gips, Kalk, Beryllium. **b)** *Außenhandel* (1986): Einfuhr 280 Mill., Ausfuhr 85 Mill. $. **c)** *Verf.* v. 1979: Sozialist. Rep. m. Einparteiensystem. **d)** *Verw.:* 16 Prov. **e)** *Gesch.:* Seit 1960 unabhängig, s. 1969 Mil.reg., s. 1976 sozialist. Einparteienstaat, 1977 Bruch m. UdSSR, seitdem westl. Ausrichtung; 1977 Einmarsch v. somal. Truppen i. d. äthiop. Prov. Ogaden unter Beteiligung v. Verbänden d. Westsomal. Befreiungsfront, 1978 Grenzkrieg m. Äthiopien; 1981 Gründung einer Exilopposition in London; 1982 blutige innere Unruhen; Anfang 1991 Sturz d. diktator. Barre-Regimes nach blutigem Bürgerkrieg. **f)** *Mitgl.:* UN, OAU, Arab. Liga; AKP-Staat.

Somaliland, die N-Spitze von O-Afrika am Golf v. Aden, bis 2200 m hohes Wüstenplateau, politisch geteilt in Rep. → Somalia u. → Djibouti.

somatisch [gr.], körperlich, leiblich.

Somatologie, Körperlehre, Teil d. Anthropologie.

somatotropes Hormon [gr.], *Somatotropin,* STH, svw. → Wachstumshormon; → Hypophyse.

Sombart, Werner (19. 1. 1863–18. 5. 1941), dt. Nationalökonom; Analytiker des kapitalist. Systems.

Sombor, jugoslaw. St. i. d. Batschka, 48 000 E.

Sombrero, *m.* [span.], breitkrempiger Hut, urspr. aus Palmblättern.

Somerset ['sʌməsɪt], engl. Gft auf d. Halbinsel Cornwall, 3458 km², 458 000 E; Hptst. *Taunton;* Landw., Textil- u. Schuhind.; Fremdenverkehr.

Somerville ['sʌməvɪl], St. im US-Staat Massachusetts, Vorort v. Boston, 77 000 E; Metall- u. Textilind.

Somme [sɔm], **1)** nordfrz. Fluß aus dem

Dép. Aisne in den Kanal, 245 km; durchfließt das frz. Dép. *S.;* **2)** *S.,* 6170 km², 549 000 E; Hptst. *Amiens.*

Sommer, *astronom.* die Zeit zw. *S.sonnenwende* (21. 6.) u. Herbstäquinoktium (23. 9.), auf der südl. Halbkugel vom 22. 12.–21. 3.

Sömmerda (D-5230), Krst. i. Thür., 23 669 E; Ind. (Schreib- u. Rechenmaschinen).

Sommerfeld, Arnold (5. 12. 1868–26. 4. 1951), dt. Phys.; Forschung z. Theorie d. Kreisels u. zur Quanten- u. Atomtheorie.

Sommerfeld, *Lubsko,* St. i. d. poln. Woiwodschaft Zielona Góra, 14 000 E; Tuchfabriken, Masch.ind.

Sommergetreide, Getreidegräser, kommen erst im Frühjahr in die Erde, werden bereits im Sommer geerntet; Ggs.: → Wintergetreide.

Sömmering, Samuel Thomas v. (28. 1. 1755–2. 3. 1830), dt. Arzt u. Naturforscher; erfand el. Telegraphen (1809).

Sommersprossen, Pigmentflecke d. Oberhaut, durch Sonneneinwirkung stärker hervortretend, bes. b. Rotblonden.

Sommertag, meteorolog. Bez. f. Tage mit Temp. von 25 °C und mehr.

Sommerzeit, Vorverlegung d. Stundenzählung i. d. Sommermonaten um meist eine Stunde gegenüber d. übl. Zeit, zur besseren Ausnutzung des Tageslichtes; s. 1986 u. a. in 18 europ. Ländern eingeführt.

somnambul [l.], schlafwandlerisch, dem **Somnambulismus** zugänglich, einem natürl. od. künstl. (→ *Hypnose)* Schlafzustand, in dem das unbewußte Handlungen ausgeführt werden; → Nachtwandeln.

somnolent [l.], schläfrig, benommen.

Somnus [l.], Schlaf(gott), svw. griech. *Hypnos.*

Sonar, Gerät f. Unterwasserortung m. → Ultraschallecho.

Sonate, *w.* [it.], Komposition in mehreren Sätzen für ein Instrument allein (Solosonate) od. ein Blas- od. Streichinstr. m. Klavier; kleinere, leichtere S.: **Sonatine.**

Sonde, *w.,* **1)** ärztl. Instrument (Stäbchen-, Rinnen- od. Röhrenform) zum → Sondieren von Körperhöhlen, -kanälen u. Wunden; **2)** → Raumsonde.

Sonderbundskrieg, Krieg d. Schweiz. Bundes gg. die 7 kath. Kantone, die sich 1847 von der Eidgenossenschaft lösen wollten; nach ihrer Niederwerfung Umgestaltung der Verf.: Bundesstaat u. Bundesversammlung u. Bundesrat.

Sonderburg, dän. *Sønderborg,* Hafenst. auf der Insel Alsen, 29 000 E; Maschinen-, Textilind.; Seebad. – Bis 1919 dt.; nach S. wurde 1582 die herzogl. Linie *Schleswig-Holstein-S.* benannt, die sich später in *S.-Augustenburg* u. *S.-Glücksburg* spaltete.

Sonderschulen, allg.- u. berufsbildende Schulen f. Kinder, die aufgrund körperl. od. geist. Behinderung an soz. Schädigung d. normalen Unterricht nicht besu-

chen können (z. B. Körperbehinderten-, Schwerhörigen-, Sehschwachenschulen).

Sondershausen (D-5400), Krst. i. Thür., 24 258 E; Kalibergwerk; früher Hptst. des Fürstentums Schwarzburg-S.

Sonderverkäufe, *Sonderveranstaltungen* (z. B. „Weiße Woche"), Verkauf von Waren zu herabgesetzten Preisen. Gesetzl. geregelt; Bez. als Ausverkauf unzulässig; *Räumungs-* (Aus-)*Verkauf* nur, wenn ein von der Verkehrsauffassung als ausreichend anerkannter Grund vorliegt. *Sommer-* und *Winterschlußverkauf* (VO v. 13. 7. 1950): Beginn letzter Montag im Juli bzw. Januar, Dauer 12 Werktage, dienen der Räumung und Neuordnung des Lagers durch beschleunigten Absatz.

Sonderziehungsrechte, *SRZ,* 1970 im Verkehr der → IWF-Länder eingeführte Kreditlinien, auf d. Devisen gezogen werden können; die SZR sind neue Bezugsgrößen bei d. Berechnung d. Währungsparität.

sondieren, mit der Sonde untersuchen; vorsichtig ausforschen, zu ergründen suchen.

Sonett, *s.,* it. Gedichtsform; klass. Form zeigt 14 Zeilen; 2 Strophen zu je vier Zeilen, die 4., 5. u. 8. auf die 1., die anderen auf die 2. gereimt, u. 2 Strophen zu je 3 Zeilen, beliebig verschiedenartig gereimt.

Song [engl.], i. engl. Sprachgebrauch allg. Bez. f. *Lied;* i. dt. Sprachgebrauch Bez. f. e. Sonderform des Liedes m. sozialkrit., satir. Inhalt (z. B. Brecht/Weill).

Song-Dynastie, in China, Ende 10.–13. Jh. n. Chr., nach ihr gen. d. *Song-Zeit,* Epoche d. chin. Kunst, Tuschmaler: *Mi Fei* (1051–1107), *Li Lung-mien* († 1106), *Mu-tschi, Liang Kai* u. a.

Songhua, *Sungari, Milchfluß,* r. Nbfl. des Amur i. d. Mandschurei, 1927 km l.

Song-koi, *Song-ka,* „Roter Fluß", Strom in Vietnam (Tongking), 800 km lang, aus d. südchin. Bergland, mündet in d. Golf v. Tongking; schiffbar.

Sonnabend, „Vorabend des Sonntags", süddt.: *Samstag.*

Sonnblick, Gipfel (3105 m) i. d. Hohen Tauern, m. Wetterwarte (s. 1886).

Sonne, Hauptkörper unseres Planetensystems (abb. → Tafel Himmelskunde), Zeichen ☉; ein → Stern durchschnittl. Größe u. durchschnittl. Alters; mittlere Entfernung von der Erde 149,6 Mill. km (vom Licht in 499 Sek. durchlaufen); Durchmesser 1,391 Mill. km; Masse 333 000fache Erdmasse, Dichte 1,41; ges. pro Sek. an der Querschnitt der Erde fallende Strahlungsenergie 1,7·10¹⁴ kW; ges. von d. S. ausgestrahlte Energie pro Sek. 3,8·10²³ kW; Temperatur der S.oberfläche 5950 °C, der → S.nflecke 4700 °C. Größenverhältnisse im Vergleich zur Erde (= 1): Durchmesser 109,1; Oberfläche 11 945, Volumen 1,305 Mill. Rotationsdauer in versch. Breiten (u. Schichten) unterschiedl., am Äquator 25 Tage, in 70° Breite 33 Tage.

Äquatorebene um 7° 15′ gegen Ekliptik geneigt. Schwere an der S.noberfläche etwa 28fache Erdschwere. Oberflächenschichten der S. gasförmig, vorwiegend Wasserstoff. Zahl d. bekannten Spektrallinien etwa 22 000, davon über die Hälfte mit bekannten Linien der Elemente identifiziert. Die eigtl. Zone, die uns d. Licht sendet *(Photosphäre)*, ist nur etwa 100 km dick; über ihr liegt die *Chromosphäre* (etwa 10 000 km dick), aus der sich gewaltige Eruptionen *(Protuberanzen)* bis 1,6 Mill. km hoch erheben. Äußerste Schicht der S. ist die *Korona* (Strahlenkranz), sehr dünn, von wahrscheinl. hoher Temperatur. Einfluß der von den äußeren Schichten der S. ausgehenden Strahlung neuerdings bes. für die höchsten Atmosphärenschichten (Ionosphäre) von großer Bedeutung (Nordlicht). Temperatur i. Kern d. S. etwa 20 Mill. Grad; hierbei finden Atomkernreaktionen statt, d. nach heutiger Auffassung allein imstande sind, die Energiebilanz der S. noch für etwa 5 Mrd. Jahre aufrechtzuerhalten. Bisheriges Alter der S. 4–5 Mrd. Jahre. Geschwindigkeit der S. im Raum, relativ zu d. benachbarten Fixsternen 19,5 km/s; bei der Rotation um d. Zentrum d. Milchstraße Geschwindigkeit der S. etwa 270 km/s und Umlaufperiode ca. 220 Mill. Jahre.
Sonneberg (D-6400), Krst. i. Thür., 27 111 E; Spielwaren-, Elektro- u. Keramikind., Masch.bau; Sternwarte, Spielzeugmus.

Sonnenblume

Sonnenblume, *Helianthus,* hochwüchsige Korbblütler m. gr. gelben Blütenscheiben; aus Amerika eingeführt, jetzt überall angepflanzt; *Gemeine S.,* 2–3 m h., einjährig, ölhaltige Samen, auch Vogelfutter; *Knollen-S.* → Topinambur.
Sonnenbrand, *Gletscherbrand,* Hautverbrennung ersten oder zweiten Grades durch die *ultravioletten* Strahlen der Sonne; auch bei übertriebener künstlicher Höhensonnenbestrahlung.
Sonnenenergie, → Solarkonstante; Ausnutzung zu techn. Zwecken durch Parabolspiegel *(Sonnenöfen),* fotoel. Batterien, chem. Prozesse (bei Erwärmung schmelzende u. Energie aufnehmende Natrium-Schwefel-Verbindungen).
Sonneneruptionen, eng begrenzte Gebiete erhöhter Strahlung, bes. Ultraviolettstrahlung, treten fast immer i. Gebieten v. Sonnenflecken u. -fackeln plötzlich (innerhalb weniger Minuten) auf und dauern bis zu 1 Std., werden häufig v. Protuberanzen begleitet; rufen in d.

→ Ionosphäre d. Erde el. Störungen hervor, die irdischen Funkverkehr stark beeinträchtigen; Fading (→ Schwund).
Sonnenfackeln, hellere Stellen an d. Sonnenoberfläche, meist in der Umgebung der Sonnenflecke.
Sonnenferne, *Aphelium,* → Apsiden.

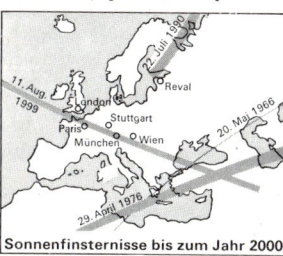

Sonnenfinsternisse bis zum Jahr 2000

Sonnenfinsternis, ganze *(totale S.)* oder teilweise *(partielle S.)* Verdeckung d. Sonnenscheibe durch den um d. Neumondzeit zw. Sonne und Erde stehenden Mond; *ringförmige S.,* wenn die Spitze des kegelförmigen Mondschattens die Erde nicht erreicht. Regelmäßige Wiederkehr der S. → im Saroszyklus; nächste in Europa sichtbare, totale S.: 11. 8. 1999 (England, Frankreich, Deutschland, Balkan). → Tafel Himmelskunde II.
Sonnenfisch, aus Amerika eingeführte Barscharten *(Sonnenbarsche);* auch svw. → Mondfisch.
Sonnenflecke, dunkle Stellen oder Gruppen von dunklen Stellen in der → Photosphäre der Sonne, bestehen zumeist aus dunklem Kern (Umbra) und hellerem Hof (Penumbra); kleinste sichtb. S. 1000 km, größte Fleckengruppen bis 250 000 km im Durchmesser. S. bilden sich beiderseits des Sonnenäquators, Lebensdauer zw. 2 Tagen und mehreren Monaten; ihre Häufigkeit wechselt im Rhythmus von 11,3 Jahren (Sonnenfleckenzyklus); zuerst 1843 v. d. dt. Amateurastronomen Schwabe erkannt; Fleckenmaximum (1957/58 im → Internationalen Geophysikalischen Jahr) 1979/80, Minimum (1964/65 im „Jahr der ruhigen Sonne“) 1986; alle S. sind mit starken lokalen Magnetfeldern umgeben; auslösender Einfluß der S. auf Nordlicht und erdmagnet. Störungen nachgewiesen (Abb. → Tafel Himmelskunde I).
Sonnenjahr → Jahr, tropisches.
Sonnenkönig, frz. *Roi-Soleil,* Beiname Ludwigs XIV.
Sonnenkult, rel. Verehrung d. Sonne in fast allen Naturreligionen, oft Vermischung m. anderen Kulten (Feuer, Mond); Kampf des Lichts gg. die Finsternis; auch → Sonnwendfeiern.
Sonnennähe, *Perihelium,* → Apsiden.
Sonnenparallaxe, Winkel, unter dem der Äquatorradius der Erde von der Sonne aus gesehen erscheint = 8″ 79; aus der S. folgt die mittlere Entfernung Erde–

Sonne; → Sonnenweite, → astronomische Einheit.
Sonnenröschen, Cistrosengewächs, Halbsträucher u. Kräuter mit goldgelben Blüten; auf Sand- u. Kalkhügeln.
Sonnensegel, 1) auf *Schiffen* zeltartiges Schutzsegel. Sonnenstrahlen; **2)** Solarzellen-Ausleger b. Raumfluggeräten.
Sonnenstich, im Gegensatz zu Hitzschlag bei intensiver Besonnung des Kopfes auftretendes Unwohlsein mit Übelsein, Kopfschmerzen, Schwindel, evtl. Kollaps, durch Hirnreizung u. Blutüberfüllung des Gehirns (→ Erste Hilfe, Übers.).
Sonnensystem, Bez. für die Sonne mitsamt den Planeten, Monden, Kometen und Meteoren.
Sonnentafeln, astronom. Tabellen zur Berechnung des Sonnenortes für jeden Zeitpunkt; jetzt benutzte von *Newcomb* (1898).
Sonnentau, *Drosera,* insektenfesthaltende Kleinstauden der Torfmoore; die rosettenförmig angeordneten Blätter (m. klebrigen Drüsenhaaren besetzt) halten Insekten fest, die durch Sekret aufgelöst und verdaut werden; Blüten weiß u. rötlich.
Sonnentierchen, *Heliozoen,* mikroskop. Urtierchen m. nach allen Seiten ausstrahlenden Scheinfüßchen (Protoplasmagebilde); bes. in fauligem Süßwasser.

moderne Äquatorial-Sonnenuhr

Sonnenuhr, Zeitmesser mittels des Schattens eines senkrechten (Gnomon) oder der Erdachse gleichlaufenden (Polos) Stabes auf waagerechtem, senkrechtem od. dem Äquator parallelem Zifferblatt.
Sonnenvogel, bunter Sperlingsvogel S-Chinas m. rotem Schnabel; des Gesanges wegen oft als Käfigvogel *(Chin. Nachtigall)* gehalten.
Sonnenweite, beträgt 149,6 Mill. km (mittlerer Sonnenabstand d. Erde); als *astronomische Einheit* Maß für Entfernungen im Sonnensystem.
Sonnenwenden, *Solstitien,* die beiden vom Äquator am weitesten (23° 27′) entfernten Ekliptikpunkte; nördl. (Sommerpunkt) wird v. Sonne am 21. 6. erreicht, südl. (Winterpunkt) am 22. 12.
Sonnenwendigkeit → Heliotropismus.

Sonnenwind, Strom von korpuskularen Teilchen, die ständig aus der Sonne ausströmen und in den interplanetaren Raum gelangen.

Sonnino, Giorgio (11. 3. 1847–24. 11. 1924), it. Außenmin. 1914–19; erreichte die Teilnahme Italiens am 1. Weltkr.; Vertr. Italiens in Versailles.

Sonntag, letzter (7.) Tag der Woche, gesetzl. Ruhetag, *christl.* Tag der Auferstehung Christi, daher als *Tag des Herrn* Feiertag mit Gottesdienst. – **S.sarbeit,** gewerbl. Tätigkeit an Sonn- und Feiertagen; nur in Ausnahmefällen (Gaststättengewerbe, Theater usw.) erlaubt. – **S.smaler,** Freizeitmaler in kurzer künstlerischer Ausbildung; Vertr. bes. d. → naiven Malerei.

Sonnwendfeiern, Volksfeste bei zahlreichen indoeur. Völkern z. Z. der Sommeru. Wintersonnenwende; → Johannisfeuer, → Jul.

Sonographie [gr.], bes. Verfahren (Impulsechoverfahren) d. → Diagnostik m. → Ultraschall.

sonor [l.], klangvoll, voll tönend.

Sonthofen (D-8972), Krst. d. Kr. Oberallgäu, Bay., an der Iller, Luftkurort u. Wintersportpl., 20 037 E.

Soor, *Schwämmchen,* kleinfleckiger weißer Belag der Mund- u. Rachenschleimhaut durch *S.pilze,* bes. bei Säuglingen.

Sophie (1824–97), Großhzgn v. Sachsen-Weimar, stiftete Goethe-Archiv; *Sophienausgabe,* Gesamtausgabe d. Werke Goethes.

Sophie-Charlotte (30. 10. 1668–1. 2. 1705), Gemahlin Friedrichs I. v. Preußen; nach ihr *Charlottenburg.*

Sophie-Dorothea (26. 3. 1687–28. 6. 1757), Gemahlin Friedrich Wilhelms I., Mutter Friedrichs d. Gr.

Sophismus [gr.], durch Scheinbeweise gewonnener Trugschluß.

Sophisten [gr.], „Weise", speziell d. Vertreter d. **Sophistik,** der griech. Aufklärung d. 5./4. Jh. v. Chr.; d. Mensch als Maß aller Dinge. Kritik am bisher Geglaubten (Götter, Ethik), Betonung der Redekunst, teilweise Entartungen; daher S. auch svw. Kunst trügerischer, **sophistischer** Scheinbeweise. Der S. gemäß: **sophistisch.**

sophisticated [engl. -'keıtıd], intellektuell blasiert, hochgestochen.

Sophokles

Sophokles (496–406 v. Chr.), griech. Tragödiendichter, neben Äschylos u. Euripides einer der drei großen Tragiker Griechenlands; führte d. dritten Schauspieler in d. Tragödie ein; seine Dramen zeigen den Menschen im Kampf mit dem Schicksal; 130 Stücke, davon sieben erhalten: *Ajax; König Ödipus; Ödipus auf Kolonos; Antigone; Elektra; Trachinierinnen; Philoktet;* Satyrspiel: *Die Spürhunde.*

Sophrosyne, *w.,* griech. „Besonnenheit", b. *Plato* Tugend der Selbstbeherrschung.

Sopor, *m.* [l.], tiefe Benommenheit.

Sopran, *m.* [it.], hohe Singstimme; höchste Frauen- oder Knabenstimme; tiefer Sopran: Mezzo-S.

Soraporte, *w.* [it.], Feld über Türrahmen, bes. im Rokoko m. Gemälden od. Reliefs ausgestattet.

Soracte, jetzt *Monte Soratte Oreste,* Berg bei Rom m. etrusk. Heiligtum des Apoll.

Sorau, *Żary,* St. i. d. poln. Woiwodschaft Zielona Góra, 35 000 E; Leinen- u. Tuchind.; nahebei Braunkohlenbergwerke.

Sorben, im MA allg. Bez. für die slaw. Völkerschaften zw. Saale u. Bober, heute svw. → Wenden.

Sorbet, *m.* od. *s.* [pers. „Trank"], *Scherbett,* eisgekühltes Getränk m. Frucht-(urspr. Granatapfel-)Saft; Halbgefrorenes.

Sorbinsäure, Vorkommen in Vogelbeeren; verwendet als → Konservierungsmittel, Lebens- u. Futtermittel.

Sorbonne [sɔr'bɔn], 1253 v. *Robert von Sorbon* als Internat d. Uni. Paris gegr.; s. 1884 Sitz der math.-naturwiss. u. histor.-philolog. Fakultät; auch Name für die Uni Paris insgesamt.

Sordino, *m.* [it.], *mus.* Dämpfer, Vorrichtungen, die, auf Streichinstrumente gesetzt oder an Blechinstrumente geschoben, deren Klang schwächen; *con s.,* mit Dämpfer, *senza s.,* ohne Dämpfer.

Sorel, Georges (2. 11. 1847–30. 8. 1922), frz. Phil. u. Zeitkritiker, zeitweilig ein Hptvertr. d. → Syndikalismus; *Die Auflösung des Marxismus.*

Sorge, Reinhard Johann (29. 1. 1892–20. 7. 1916), dt. expressionist. Dramatiker; *Der Bettler; Guntwar.*

sorgerecht → elterliche Sorge.

Sorgho, *m., Sorghum, Sorgium,* Gräsergattung, *Mohren-* → Hirse.

Sorrento, it. St. in der Prov. Neapel, auf der Halbinsel *S.* des Golfs v. Neapel, 17 581 E; Erzbischofssitz; Seidenind., Wein- u. Obstbau; Seebad.

Sorten, im Geldwesen: ausländ. Münzen u. Banknoten; nur im allg. Sinne: → Devisen.

Sortiment, *s.* [l.], **1)** Zusammenstellung v. Waren; **2)** im Buchhandel: Ladengeschäft im Ggs. zum Großhandel.

Sortimenter, Ladenbuchhändler.

SOS, intern. funktelegraphischer Hilferuf v. Schiffen in Seenot; Morsezeichen: ··· – – – ···; engl. „*save our souls*" = „rettet unsere Seelen"; SOS-Zeichen an Kfz bedeutet: bei Unfällen für Schwerverletzte e. Priester herbeirufen. Auch → Mayday.

Soschtschenko, Michail (10. 8. 1895–22. 7. 1958), sowj. Satiriker; *Schlaf schneller, Genosse.*

SOS-Kinderdörfer, Siedlungen für eltern- u. heimatlose Kinder u. Jugendliche, s. 1949 in zahlr. Staaten von → Gmeiner eingerichtet; Unterbringung in Betreuungsgruppen von je acht Kindern in einem Einfamilienhaus; in der BR 7 SOS-K.

Sosnowiec, poln. St. nordwestl. v. Krakau, 259 000 E; Kohlenbergbau, Stahlu. Walzwerke.

sostenuto [it.], *mus.* gehalten; getragen.

Sostratos (3. Jh. v. Chr.), griech. Baumeister, erbaute 100 m hohen Leuchtturm auf → Pharos.

Soter [gr. „Retter"], Beiname f. Erlösergestalten: bes. für Christus, auch f. hellen. Kge u. röm. Kaiser.

Soteriologie [gr.], Lehre von der Erlösung.

Sothisperiode, *Hundssternperiode,* Periode v. 1460 Jahren zu je 365 1/4 Tagen, schon den Ägyptern bekannt; nach Ablauf dieser Periode wiederholte sich der → heliakische Aufgang des → Sirius.

Sotie, *w.* [-'ti], frz. Narrenspiel des 15. u. 16. Jh. satir.-pol. Inhalts.

Soto, Jesús Rafael (* 5. 6. 1923), venezolan. Op-Art-Künstler; kinet. Kunst.

Sotschi, russ. Hafenst. u. Seeheilbad am Schwarzen Meer, 337 000 E; Nahrungsmittelind., Flughafen.

Sottens [-'tã], (CH-1099), Gem. im schweiz. Kanton Waadt (Zentraljura), 458 müM, 150 E; Radiosender d. frz. Schweiz.

Sottise, *w.* [frz.], Beleidigung; Grobheit.

Sou, *m.* [su], frz. Münze (= 5 Centimes).

Soubrette [frz. su-], Oper(ette)nsopranistin f. muntere Rollen.

Soufflé, *s.* [frz. zu'fle], leichter Auflauf, muß heiß serviert werden.

Souffleur [frz. zu'flør „Einflüsterer"], weibl. *Souffleuse* [zu'fløːz], sitzt b. Theater im *S.kasten* (selten) od. in der „linken" od. „rechten Gasse" der Bühne, um die Schauspieler durch leises Vorsprechen der Rollen vor dem Steckenbleiben zu schützen.

Söul → Seoul.

Soul Jazz [engl. 'soul 'dʒæz], stark expressive Interpretationsweise vor allem des → Blues; auch durch Soul- u. Funk-Musik beeinflußte Richtung d. → Jazz in d. 70er u. 80er Jahren.

Souper, *s.* [frz. zu'pe], Abendessen.

Source [engl. sɔːs „Quelle"], einer von drei Anschlüssen beim → Feldeffekttransistor.

Sousa [*'suːzə*], John Philip (6. 11. 1854–6. 3. 1932), am. Komp., bes. v. Märschen; *The Washington Post; Unter d. Sternenbanner;* v. ihm d. **Sousaphon,** Blechblasinstrument.

Soutane, *w.* [frz. zu-], Gewand der kath. Geistlichen; Priester: schwarz, Bischöfe: violett, Kardinäle: purpurrot, Papst: weiß.

Sowjetunion, Wirtschaft

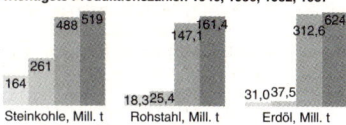

Wichtigste Produktionszahlen 1940, 1950, 1982, 1987

Steinkohle, Mill. t	Rohstahl, Mill. t	Erdöl, Mill. t	Elektrizität, Mrd. kWh	Zement, Mill. t	Baumwollgewebe, Mrd. m²
164 / 261 / 488 / 519	18,3 / 25,4 / 147,1 / 161,4	31,0 / 37,5 / 312,6 / 624	48 / 90 / 1367 / 1668 GWh*	5,8 / 10,2 / 123,9 / 134,4	4,1 / 3,8 / 7,2 / 7,9

*GWh = Gigawattstunde = 10⁹ Wattstunden

$$^*GWh = Gigawattstunde = 10^9\ Wattstunden$$

Außenhandel in Mill. DM US-$

Ausfuhr		Einfuhr
81942	1975	90943
139138	1980	124711
178547	1981	164889
211286	1982	189037
234389	1983	205724
87201	1985	82596
108162	1987	96415
106532	1988	103238

	Pkw in 1000 Stck.	Lkw u. Omnibusse in 1000 Stck.
1940	9,4	136,0
1950	68,5	294,4
1982	1307,0	868,0
1987	1299,0	900,0 (1985)

Souterrain, *s.* [frz. *zutɛ'rɛ̃:*], Unter-, Kellergeschoß.
South [engl. *sauθ*], Süden.
Southampton [*sauθ'əmptən*], Hafenst. an der S-Küste Englands, am **S. Water** (tiefe Bucht der engl. Kanalküste), 211 000 E; ma. Bauten, Uni.; wichtigster Überseeverkehrshafen, Schiffbau.
South Bend [*'sauθ-*], St. im US-Staat Indiana, südöstl. d. Michigansees, 109 000 E; Kfz-Ind.
Southend on Sea [*'sauθənd ɔn 'si:*], engl. Hafenst. u. Seebad a. d. Themsemündung, 156 000 E; Flughafen.
Southey [*'saði*], Robert (12. 8. 1774–21. 3. 1843), engl. Dichter d. Romantik; *Das Leben Nelsons.*
Southport [*'souθpɔːt*], engl. St. u. Seebad in d. Metrop.-Gft Merseyside, 89 000 E.
South Shields [*'sauθ 'ʃiːldz*], engl. St. in d. Metrop.-Gft Tyne u. Wear, an d. Mündung d. Tyne, 87 000 E; Werften, Vorhafen v. Newcastle, Eisen- u. chem. Ind.
South Yorkshire [*'sauθ 'jɔːkʃɪə*], Metropolitan Country in NO-England, 1974 aus Teilen d. ehem. Gft → York(shire) gebildet, 1560 km², 1,3 Mill. E; Hptst. *Barnsley.*
Soutine [*sut'in*], Chaim (1893–9. 8. 1943), russ.-frz. Maler d. Expressionismus.
Souvannavong [*su-*], Prinz (* 12. 7. 1912), laot. Pol.; 1975–86 Staatspräs. (Vors. d. Obersten Volksrats) v. Laos.
Souvenir, *s.* [frz. *zuv-*], Andenken (Geschenk).
souverän [frz. *zuvə-*], unumschränkt herrschend; über alles erhaben.
Souverän, *m.,* Herrscher, Monarch.
Souveränität, Inbegriff der obersten Staatsgewalt und unabhängiger Macht.
Sovereign [engl. *'zɔvrɪn*], brit. Goldmünze, s. 1489, gleich einem Pfund (£), 1814 durch Banknoten ersetzt.
Sowchosen, russ. *Sowjetskoje chosjaistwo,* Bez. für die Staatsgüter i. d. UdSSR; auch → Kolchosen.

Soweto, Abk. f. *South West Township,* Bantustadt im SW v. Johannesburg, Rep. Südafrika, 900 000 E. – 1976 Unruhen wegen Apartheid-Politik.
Sowjet, *m.* [russ.], „Rat“, urspr. Bez. der Arbeiterräte z. Z. der russ. Rev. 1905; s. 1917 → Rätesystem, auch → Sowjetunion.
Sowjetstern, Symbol d. Bolschewismus: fünfzackiger Stern m. Hammer u. Sichel.
Sowjetunion, amtl.
Sojus Sowjetskich Suverennych Respublik,
SSSR, Union der Sowjetischen Sowjetrepubliken (UdSSR), 22,4 Mill. km², 286,7 Mill. E (13 je km²); Bev.-
Zuw.: 0,9%; Sprache: Russisch, daneben gleichberechtigt die anderen Sprachen i. d. jeweiligen Unions- u. Sowjetrep.; Währung: Rubel (Rbl); Rel.: orthodoxe Christen (ca. 50 Mill.), Moslems (ca. 30 Mill.), röm.-kath., ev. Christen u. Juden (2,6 Mill.); Hptst.: *Moskau;* Flagge S. 341, Karte S. 748/749.
a) *Bev.:* 120 Nationalitäten versch. Abstammung u. Kulturstufe: Russen (53%), Ukrainer (16%), Weißrussen (4%), Usbeken, Tataren, Kasaken, Juden, Aserbeidschaner, Georgier, Armenier, Polen, Mordwinen, Tschuwaschen, Tadschiken, Kirgisen, Baschkiren, Turkmenen, Udmurten, Mari, Komi, Tschetschenen, Osseten, Finno-Karelier, Samojeden, Karakalpaken, Kalmücken, Jakuten, Tungusen, Rumänen, Deutsche, Dänen u. a.
b) *Geogr.:* Das Gebiet der S. bedeckt etwa 1/7 der Erdoberfläche: 1) *eur. Gebiete:* umfassen große Teile des osteur. Flachlandes und erstrecken sich im W bis z. Baltikum, im SW bis z. d. Karpaten, im S bis z. Schwarzen Meer, im SO bis z. Kasp. Meer, im O bis einschließl. z. Uralgebirge; schiffbare u. teils durch Kanalsystem verbundene Ströme zur Ostsee *(Newa, Düna, Njemen);* zum Nördl. Eis-

meer *(Dwina, Petschora),* z. Schwarzen Meer *(Dnjestr, Dnjepr, Don)* u. Kaspischen Meer *(Wolga, Ural);* entsprechend den Klimazonen (arktisch, kontinental-gemäßigt, subtropisch) d. Landschaftszonen (Tundra, Wald, Steppe), erstes Waldland Europas; im S, SO u. im Ural reiche Bodenschätze (Erdöl, Erdgas, Kohle, Manganerz, Eisen, Kupfer, Blei, Uran, Zink, Gold, Platin, Chrom, Nikkel, Silber, Quecksilber, Wolfram, Edel-u. Halbedelsteine, Marmor, Salz, Kali); 2) *asiat. Gebiete:* bestehen aus → Kaukasien (von d. S. zum eur. Teil gerechnet), d. Turantiefebene mit ihren Randgebirgen (W-Turkestan) u. d. Kirgisensteppe sowie → Sibirien u. reichen nördl. des Armen. Hochlandes bis z. Manytschniederung, östl. d. Urals u. d. Kasp. Meeres bis z. Pazifik (Bering-, Ochotskisches, Jap. Meer) u. d. Kurilen, im S bis zu den iranischen Randgebirgen, Pamir, Tienschan, den mongol.-mandschur. Grenzgebirgen u. Wladiwostok; im W u. SW Flachland, der SO u. O gebirgig, die Gebirge im S sind Hochgebirge; zahlr. u. große Ströme ins Nördliche Eismeer: *Ob, Jenissei, Lena, Jana, Indigirka, Kolyma,* in den Pazifik: *Amur;* eine schmale Zone im N u. NO ist Tundra mit arkt. Klima; südl. davon breite Waldzone mit streng kontinentalem Klima, nach S in Steppe übergehend; Getreide- u. Baumwollanbau v. wachsender Bedeutung, Viehzucht (Rentiere, Schafe), Jagd u. Zucht v. Pelztieren, Fischfang; steigende Industrialisierung, Goldbergbau u. -wäscherei, zahlreiche ergiebige Erzlagerstätten, Kohle-, Kupfer- u. Erdölgewinnung, Holzsägewerke u. -verarbeitung, Fischkonservierung.
c) *Wirtsch.:* Bisher zentralist. Planwirtschaft (Staatssozialismus); Grundprinzip war die Vergesellschaftung (Sozialisierung) aller Produktionsmittel einschließl. des Bodens; d. „sozialist. Eigentum“ war Staatseigentum, in der kollektivierten

Landw. zw. *Sowchosen* (Staatsgüter ähnl. wie Ind.betriebe geführt) u. *Kolchosen* (landw. Genossenschaften m. staatlich vorgeschriebener Produktion) unterschieden; die Wirtschaft war ein System gesteigerter Industrialisierung, u. a. durch Aufbau neuer Ind.zentren und Erschließung neuer Rohstofflager, bes. in Mittel- und W-Sibirien und im Ural, ihre Lenkung erfolgte durch den Obersten Volkswirtsch.rat auf der Grundlage von Fünfjahresplänen; unter → Gorbatschow Umstellung des Wirtschaftssystems auf Leistungsprinzip und mehr Mitverantwortung; Einführung der Marktwirtschaft geplant; seit der Auflösung der Sowjetunion sind die einzelnen (souveränen) Rep.en wirtsch. selbständig, jedoch wird eine Wirtschaftsunion angestrebt; Ind.produktion und Außenhandel → Schaubild Sowjetunion.
d) *Verkehr:* Eisenbahn ca. 148 000 km (Eisenbahn über 55% der gesamten Transportleistung, → Sibirische Eisenbahn), Handelsflotte 25,85 Mill. BRT (1989).
e) *Verf.* v. 1977 (1988, 1989/90 u. 1991 geändert): Bis Sept. 1991 föderativ organisierter sozialist. Staat aus 15 souveränen Rep.: Russ. Sozialist. Föderative Sowjetrep. (Rußland), Ukrainische (Ukraine), Weißrussische (Weißrußland), Armenische (Armenien), Aserbeidschan. (Aserbeidschan), Grusin. (Georgien), Turkmen. (Turkmenistan), Usbek. (Usbekistan), Tadschik. (Tadschikistan), Kasach. (Kasakstan), Kirgis. (Kirgisien), Moldauische (Moldau), Estn. (Estland), Lett. (Lettland), Litauische (Litauen) Souveräne Sowjetrepublik (SSR). Die pol. Grundlage bildeten die *Sowjets* (Räte) der Abgeordneten; an der Spitze stand als höchstes Organ d. Staatsgewalt u. d. Gesetzgebung s. 1989 der Kongreß d. Volksdeputierten (gewählt in drei Blöcken zu je 750 Abgeordneten: gesellschaftl. Organisationen, Territorialkreise u. nat.-territoriale Wahlkreise); er wählte d. *Obersten Sowjet* als ständig tagendes Parlament m. zwei Kammern zu je 271 Abgeordneten (Unions- u. Nationalitätensowjet) u. d. Staatspräsidenten (ausgestattet m. exekutiven Vollmachten, Ende 1990 erweitert, Aug./Sept. 1991 wieder eingeschränkt). Dem Präs. unmittelbar unterstellt war s. Ende 1990 ein Ministerkabinett; Ende 1990 wurde auch das Amt eines Vizepräs. geschaffen. Daneben gab es einen Föderationsrat (dem d. Präsidenten d. Republiken angehörten). Der eigtl. Machtträger im Staat war bis März 1990 bzw. Aug. 1991 die KPdSU; sie wurde beherrscht vom Zentralkomitee (ZK), Abteilungen: Politbüro, Sekretariat, Org.büro, Kommission zur Kontrolle d. Partei, Verwaltung (Machtkonzentration in d. 3 ersten Organen, bes. im Politbüro). Die Einheit von Weltanschauung, Partei u. Staat bildete die Grundlage f. d. totalen Lenkungsanspruch des

Staates, der sich auf alle Gebiete des menschl. Lebens erstreckte; die Einheit von Partei u. Staat war u. a. durch eine vielfache Personalunion gesichert. Die Herrschaft d. Partei wurde gesichert durch ein urspr. terroristisches, dann prakt. allmächtiges polizeil. Kontrollsystem (Tscheka, GPU, NKWD, jetzt → MWD); s. 1956 Einschränkung der staatspolizeil. Machtbefugnisse. Mit dem Abschluß eines Unionsvertrags wird die Sowjetunion durch einen Bund souveräner demokratischer Staaten abgelöst; die Macht geht dabei von der Zentralregierung auf die Unionsrepubliken über. Der Staatspräsident repräsentiert künftig nur mehr diese Union nach innen und außen und koordiniert die ihm von den Rep.en übertragenen Funktionen. Für eine Übergangszeit ist das höchste Organ der Staatsgewalt der *Staatsrat* (bestehend aus dem Präsidenten der UdSSR und den Präsidenten der Mitgliedsrep.en); er ist zuständig für innen- und außenpolitische Fragen, die die gemeinsamen Interessen der Rep.en betreffen. Außerdem besteht ein (von den Rep.en paritätisch besetztes) *Wirtschaftskomitee,* das die Volkswirtschaft koordiniert und für die Übergangszeit auch die Funktionen der Zentralregierung übernimmt. Oberstes Organ der Gesetzgebung ist der *Oberste Sowjet* als Parlament der UdSSR und oberstes Verf.organ; er besteht aus zwei Kammern: dem *Unionsrat* (nach best. Quotenregelung von den Unionsrep.en ernannte Volksdeputierte), der Gesetze verabschiedet, und dem *Rat der Republiken* (20 Mitglieder aus jeder Rep., 52 aus der Russ. Föderativen Rep.).
f) *Verw.:* Innerhalb der 15 Unionsrep. bestand außerdem 20 weitere autonome Sowjetrep. (ASSR), 8 autonome Gebiete u. 10 Nationalkreise kleinerer Völker mit bes. Rechten (Abgeordnete im Nationalitätensowjet).
g) *Gesch.:* 1922 durch Zus.schluß von nach 1917 aus dem russ. Zarenreich entstandenen unabhängigen Sozialist. Sowjetrep. unter Lenin gebildet (→ Rußland, *Geschichte*); nach dessen Tod 1924 Stalin Nachfolger; seit 1927 laufen Fünfjahrespläne; systemat. Industrialisierung, allg. Verstaatlichung einschließl. d. Bodens, Liquidierung der Kulaken; 1926 mit d. Dt. Reich geschlossener Neutralitätsvertrag 1933 verlängert; 1934 Eintritt in den Völkerbund; 1939 Abschluß eines 10jähr. Nichtangriffs- u. Konsultationspakts mit dem Dt. Reich; nach Niederwerfung Polens durch die Dt. Reich 17. 9. 1939 Besetzung der ostpoln. Gebiete bis zur Pissa-Bug-San-Linie, Winter 1939/40 Krieg mit → Finnland, das größten Teil Finnisch-Kareliens abtrat; 1940 Eingliederung Litauens, Lettlands u. Estlands als unselbst. Rep.en der UdSSR sowie d. N-Bukowina von Rumänien; 1941 überfallartiger Angriff d. Dt. Reichs (22. 6.:

→ Weltkrieg 1939–45, Übers.); Bündnis m. den Alliierten. 1945, bei Beendigung des 2. Weltkrieges, osteur. Länder, O-Dtld u. Teile Östr.s von der S. besetzt; N-Teil Ostpreußens unter sowj. Verwaltung → Potsdamer Abkommen, S. erhält Karpato-Ukraine, von Japan S-Sachalin u. die Kurilen; in den Pariser Friedensverträgen, 1947, Bestätigung der finn. u. rumän. Gebietsabtretungen v. 1940. Bildung des Ostblocks; → Eiserner Vorhang; → Kalter Krieg; 1947 1. sowj. Atombombe; 1949 Gründung des → COMECON; 1950 Beistandspakt m. VR China; 1953 Tod Stalins; Nachfolger: Malenkow 1953–55; 1955–58 Bulganin Min.präs.; 1955 → Warschauer Pakt; 1956 „Entstalinisierung", Intervention in Ungarn; 1958–64 Chruschtschow Min.präs.; 1962 Kubakrise; 1963 Ideologiestreit m. China; 1964–82 Breschnew Parteichef, Kossygin Min.präs. (bis 1980); 1968 Intervention in d. ČSSR (zus. m. Warschauer-Pakt-Staaten außer Rumänien); 1969 Grenzkonflikt am Ussuri m. VR China, Beginn d. → SALT-Gespräche mit USA; 1972 dt.-sowj. Gewaltverzichtsabkommen ratifiziert; 1971 Viermächteabkommen über Berlin (→ Berlin, *Geschichte*); 1979 mil. Intervention in Afghanistan; s. 1985 Ryschkow Min.präs.; 1982–84 Andropow Gen.sekr.; nach dem Abbruch der Genfer Verhandlungen 1983 u. der Aufstellung v. am. → Pershing-Raketen u. → Cruise-Missiles abgekühlte Beziehungen z. USA (bis Anfang 1985); 1984/85 Tschernenko, s. März 1985 → Gorbatschow Gen.sekr. u. KPdSU; s. 1988 auch Staatspräs. (s. 1990 m. verstärkten Machtbefugnissen; innenpol. Reformen m. den Prinzipien v. „Glasnost" (Offenheit) u. „Perestrojka" (Umgestaltung), außenpol. Ausgleich m. Westen; sowj. Reformpolitik führt im Inneren zu enormen wirtsch. Schwierigkeiten (zunehmend auf westl. Hilfe u. Kredite angewiesen) u. Unruhen in d. Republiken (ethn. Konflikte m. blutigen Zusammenstößen, z. B. in Aserbeidschan u. Armenien, u. wachsende Autonomiebestrebungen einzelner Teilstaaten, v. a. im → Baltikum, in → Moldawien u. → Georgien) u. - durch Übernahme d. Reformprinzipien in d. osteur. Staaten - zur Auflösung d. → Ostblocks (1991 Auflösung d. Warschauer Pakts), 1991 neuer Unionsvertrag m. mehr Souveränität f. die einzelnen Republiken; 19. 8. 1991 versuchter Rechtsputsch durch orthodoxe Kommunisten, Machtübernahme durch achtköpfiges sog. Notstandskomitee (bestehend aus Vizepräs. Janajew, Min.präs. Pawlow, Innenmin. Pugo, Vert.min. Jasow, KGB-Chef Krjutschkow, stellvertr. Innenmin. Gromow, Vert.ratschef Baklanow, Industrieverbandschef Titsjakow, Landw.experte Starodubzow), Ausnahmezustand, Einsatz von Militär und Kontrolle der Medien, Präs. Gorba-

Sozialismus

Begriff: Der S. erstrebt eine gemeinwirtsch. „sozialist." Gesellschaftsordnung als Bedingung des sittl. u. kulturellen Fortschritts. In ihr sind in versch. Ausmaß u. in versch. Weise die Produktionsmittel, Boden und „produzierte Produktionsmittel" (Maschinen, Rohstoffe), „sozialisiert", d. h. vergesellschaftet (von Privateigentum in Allgemeineigentum übergegangen). Im Grenzfall ist das Privateigentum überhaupt aufgehoben: Nur Arbeits-, kein „arbeitsloses" (aus Kapitalzins, Grundrente) Einkommen. Unterscheidung zw. S. als der Vergesellschaftung der sachlichen Produktionsmittel u. „Kommunismus" als Aufhebung des Privateigentums überholt, da Sozialisierung des Konsums kaum noch angestrebt wird. Der entwickelte S. setzt die industrielle Gesellschaft u. den Ggs. zw. Kapital u. Arbeit voraus. „Weltanschauung" ist S. nur, wenn ein vollständiges philosophisches System zugrunde liegt. Das Wort „Sozialismus" stammt von Joncières, einem Schüler Saint-Simons (1832).
Arten des Sozialismus: Voluntarischer (ideologischer) Sozialismus ist entweder „religiöser" (z. B. aus Ideen des Christentums abgeleitet) oder „ethischer" S. (Gleichheit, Brüderlichkeit, Gerechtigkeit). Sozialismus sieht in der sozialist. Ordnung die endgültige Anpassung der Menschen an ihre Lebensbedingungen, z. B. der darwinistische Sozialismus (Woltmann). In vielen westl. Ländern wird heute als S. oft im engeren Sinn ein evolutionärer S. verstanden (meist durch die sozialdemokrat. → Parteien vertreten), der durch soziale Reformen erreicht werden soll (im Ggs. zum Marxismus, der den S. durch die kommunist. Weltrevolution erreichen will). Deterministisch ist im ganzen auch der **Marxismus:** wiss. begr. von Karl → Marx („Der dialekt. Materialismus" u. „Das Kapital") u. → Engels („Von der Utopie zur Wissenschaft"); Grundgedanken schon im Kommunist. Manifest 1849; gründet sich auf die „materialist. Geschichtsauffassung". Die jeweilige gesellschaftl. Ordnung bestimmt sich nach d. Art, wie die Güter erzeugt u. getauscht werden. Nicht das Bewußtsein der Menschen bestimmt ihr Sein, sondern ihr gesellschaftl. Sein bestimmt ihr Bewußtsein. Die Geschichte ist „eine Geschichte von Klassenkämpfen". Mit der „industriellen Revolution" tritt der Klassenkampf zw. Proletariat u. Bourgeoisie in sein entscheidendes Stadium. Die Machtstellung der Bourgeoisie beruht auf d. Abhängigkeit d. Lohnarbeiter v. Kapital, die nur einen Teil ihrer Arbeitsleistung bezahlt erhalten (→ Mehrwert). Die wirtschaftl. Entwicklung führt über die zunehmende Konzentration der Betriebe, die Akkumulation des Vermögens, die wachsende Verelendung der Arbeiter u. die ständige Verschärfung der Krisen zwangsläufig zum Zusammenbruch d. kapitalist. Gesellschaft. Die Konsequenz aus den Produktionsbedingungen für die Arbeiterklasse ist die Solidarität („Proletarier aller Länder, vereinigt euch!"). In einer letzten Krise (→ Revolution) wird die kapitalistische „Hülle" gesprengt. Die Arbeiterklasse übernimmt die Produktionsmittel u. errichtet nach vorübergehender „Diktatur" die „klassenlose" Gesellschaft. – Sonderformen des Sozialismus sind die → Wirtschaftsdemokratie, der Gilden-S., ferner der personalistische S. als Weiterentwicklung des → Solidarismus.
Geschichte. Antike: Phaleas v. Chalcedon (5. Jh. v. Chr.) tritt für wirtschaftl. Gleichheit ein. Plato fordert im „Staate" für die regierende Klasse („Wächter") eine kommunistische Verfassung. – Mittelalter: Bewegungen vorwiegend rel. Charakters mit dem Ziel der Erneuerung des Urchristentums; Chiliasmus: kommunistische Sekten: Katharer oder Waldenser (Ende des 12. Jh.); Apostoliker oder Paterener (2. Hälfte des 13. Jh.); Böhmische Brüder (15. Jh.); Höhepunkt: Wiedertäufer (Münster 1534) u. die Mährischen Brüder. – Neuzeit: Seit dem 16. Jh. sozialistische

Utopien: Thomas Morus, Utopia (1516); Campanella, Civitas solis (1620), Harrington, Oceana (1656); Sozialisten der (bürgerlichen) Frz. Revolution: Marat u. Babeuf. Seit 1800 utopische sozialist. Theorien: Dtld: Fichte; Frkr.: Saint-Simon, Fourier, Proudhon; England: Hall. – Rodbertus-Jagetzow (1805–75), Louis Blanc u. Owen leiten über zum „wiss." Sozialismus. Das Kommunistische Manifest eröffnet die Epoche des pol. Sozialismus u. der sozialist. Arbeiterbewegung.
Frankreich: In den 40er Jahren sozialist. Klubs (Louis Blanc); sozialist. Experimente nach d. Februarrevolution 1848. Niederlage des Pariser Proletariats in der Junischlacht 1848. 1870/71 Pariser Kommune. 1880 Gründung der marxist. Parti Ouvrier Français (Guesde u. Lafargue). Alsbald Spaltung. 1905 Zusammenfassung der Sozialisten zur Parti Socialiste. Dezember 1920 Gründung der Kommunistischen Partei Frankreichs.
England: 1798 Verein der arbeitenden Klassen; Gründer: Thomas Hardy (1752–1832). Hauptforderung: allgemeines gleiches Wahlrecht (1792). Bewegung der Maschinenstürmer (1811/12). Seit 1832 (Wahlgesetz) antiparlamentarische Strömungen. Chartismus (1834–48, Volkscharta 1837/38) kämpft legal u. illegal für erweiterte Rechte der Arbeiter, bes. für Wahlrecht; mündet teils in die Bodenreform, teils in den Trade-Unionismus, unpolitische Gewerkschaften. 1883 marxistische Social-Democratic Federation durch Hyndman. 1884 Fabian Society mit sozialreformerischem Programm (Webbs, Wells, Shaw). 1893 Independent Labour Party durch Kair Hardi, 1900 Labour Party, sozialreformerische Tendenz.
Deutschland: Sozialistische Regungen seit 1790: Illuminatenorden. 1834 Dt. Bund der Geächteten in Paris. 1836 Abspaltung des radikaleren Bundes der Gerechten („Handwerksburschensozialismus": Weitling). 1839 Verlegung des Vorstands nach London. 1847 Umwandlung in Bund der Kommunisten unter Mitwirkung von Marx und Engels, die 1848 revolutionäre Tätigkeit in Dtld leiteten. 1863 Allgemeiner dt. Arbeiterverein in Leipzig, gegr. von Lassalle; Hauptprogrammpunkte: allg. gleiches Wahlrecht; Arbeiterproduktionsgenossenschaften durch Staatskredit. 1869 in Eisenach Gründung der marxistischen, intern., antipreußischen Sozialdemokratischen Arbeiterpartei durch August Bebel u. Wilhelm Liebknecht. 1875 Vereinigung der Lassalleaner u. Marxisten zur Sozialistischen Arbeiterpartei Dtlds in Gotha: Kompromißprogramm. 1878–90 Sozialistengesetz: erschwert äußere Betätigung, bewirkt aber festeren Zusammenhalt u. Radikalisierung. 1891 Erfurter Parteitag unter Kautsky: Erfurter Programm, Grundlage der Sozialdemokrat. Partei Dtlds, SPD. In den 90er Jahren Revisionismus; Hauptvertr.: Eduard Bernstein. 1917 Spaltung: Unabhängige Sozialdemokratische Partei Dtlds, USPD. Dezember 1918 Gründung der Kommunistischen Partei (Spartakusbund). 1922 Vereinigung von USP u. SPD. 1933 Auflösung der Partei durch Naziregime. 1945 Neugründung der SPD. In der sowjetischen Zone durch Zusammenschluß mit KPD Entstehung der Sozialistischen Einheits-Partei, SED (kommunistisch). Nach dem Zusammenbruch der DDR Umwandlung der SED in die PDS (Partei des demokrat. S.).
Rußland: 1860–90 Bakuninismus – anarchisch-revolutionär, 1883 Bund zur Befreiung der Arbeit; Gründer Plechanow u. Axelrod (marxistisch). 1903 Kongreß in London, Spaltung in Bolschewiki und Menschewiki. 1917 bolschewist. Revolution. Danach Kommunist. Partei allein bestimmende Kraft in der → Sowjetunion.
USA: nur einzelne ausgesprochen sozialist. Gruppen. 1945 Fortschrittspartei (Wallace), ohne größeren Anhang. → Internationale.

tschow in Urlaubsort auf der Krim festgesetzt; Staatsstreich scheitert am entschiedenen Widerstand des russischen Präs. →Jelzin und der Bürger v. a. in Moskau u. Leningrad (→ St. Petersburg), Demonstrationen, Streiks und Blockaden; nach Überlaufen v. Armee- und KGB-Einheiten auf die Seite Jelzins am 21. 8. Flucht und Verhaftung der Putschisten (Selbstmord von Pugo); Verbot der Tätigkeit der KP, 24. 8. Rücktritt von Gorbatschow als Parteisekr. der KPdSU, Entlassung zahlreicher Machtträger in Reg. und Armee; Unabhängigkeitserklärung der meisten Rep.en, endgültige Ablösung der baltischen Staaten (→ Baltikum); 4. 9. Auflösung der UdSSR vom Obersten Sowjet beschlossen, Umwandlung in Bund souveräner Staaten geplant. **h)** *Mitgl.:* UN (zusätzl. Mitgl.: Ukrainische u. Weißruss. Sowjetrep.), s. 5. 10. 1991 assoz. Mitgl. d. IWF.

Soyinka, Wole (* 13. 7. 1934), nigerian. Schriftsteller u. Bühnenregisseur; Romane: *Der Mann ist tot; Die Plage der tollwütigen Hunde; Die Ausleger;* Literaturnobelpreis 1986.

sozial [l.], d. Gesellsch. betreffend; bes. gesellschaftl. gesinnt, d. h. voll Gemeinsinn.

soziale Fürsorgeanstalten, öffentl.-rechtl. od. private gemeinnützige Anstalten für Hilfsbedürftige, Alte und Kranke (z. B. Altersheime).

soziale Marktwirtschaft → Marktwirtschaft.

soziale Medizin, bezweckt Erhaltung u. Hebung d. Gesundheitszustandes d. Bev. durch Besserung der sozialen Lebensbedingungen; umfaßt die soz. Hygiene, die Sozialversicherung, die Gewerbehygiene, Schulgesundheitspflege, Seuchenbekämpfung, Wohnungshygiene usw.

soziale Symmetrie, i. d. Wirtschaftspol. zeitl. begrenztes Stillhalteabkommen zur gleichmäßigen Verteilung von Löhnen und Gewinnen.

Sozialgeographie, befaßt sich mit d. Gestaltung d. bewohnten Landschaft durch die menschl. Gesellschaft.

Sozialgericht → Rechtspflege, Übers.

Sozialgesetzbuch, *SGB,* v. 11. 12. 1975, zus.fassendes Gesetzeswerk über gemeinsame Bestimmungen auf allen Gebieten der soz. Vor- u. Fürsorge.

Sozialhilfe, *Fürsorge,* umfassender Begriff der öffentl. → Wohlfahrtspflege nach Bundessozialhilfeges. v. 30. 6. 1961, umfaßt Hilfe z. Lebensunterhalt u. Hilfe in bes. Lebenslagen f. Bedürftige, als persönl. Hilfe od. i. Form v. Geld- od. Sachleistungen.

Sozialisation, Einpassung eines einzelnen in die Werte, Verhaltensweisen usw. der ihn umgebenden Gruppe; *primäre S.* ist die Erziehung in Familie.

Sozialisierung, Überführung von Privatunternehmen in die staatl. Gemeinwirtschaft; *Nationalisierung, Verstaatlichung,*

wirtsch. Forderung des → Sozialismus (Übers.). *Totale S.* früher in d. UdSSR, China u. d. „Volksdemokratien"; *teilweise S.* in zahlr., bes. westeur. Ländern für einzelne Industrien u. Wirtschaftszweige, bes. Bergbau, Schwerind., Ölfelder, Transport-, Post-, Elektrizitäts-, Flugwesen, Banken u. Versicherungen.

Sozialismus → Übersicht, S. 883.

Sozialistengesetz, gegen d. Sozialdemokratie von Bismarck 1878 im Anschluß an Attentate auf Kaiser Wilhelm I. erlassen; Ausweisungsrecht, Druckverbot, Auflösung von sozialist. Vereinen und Gewerkschaften; 1890 aufgehoben.

Sozialistische Internationale → Internationale.

Sozialistischer Deutscher Studentenbund, *SDS,* 1946 mit Unterstützung d. SPD gegründet, 1970 auf der Sitzung des Bundesvorstands aufgelöst.

Sozialistischer Realismus, in kommunist. Ländern v. Staat s. dem 23. 4. 1932 festgelegte Richtung in d. bildenden Kunst u. Literatur; gegenständl. Darstellung; Industrie, Landwirtschaft u. Arbeit verherrlichende Themen.

Sozialökonomie, *Sozialökonomik,* → Volkswirtschaftslehre.

Sozialpädagogik, Lehre von der Erziehung zur Gemeinschaft durch die Gesellschaft u. ihre Organe (außerhalb von Familie u. Schule).

Sozialpartner, die an Tarifverhandlungen beteiligten Vertreter der Arbeitgeber und Arbeitnehmer.

Sozialpolitik → Übersicht, S. 885.

Sozialprodukt, die Geld jährlich gemessene Gesamtheit aller produzierten Güter u. in Anspruch genommenen Dienstleistungen einer Volkswirtschaft *(Inlandsprodukt).* Erstellt wird das SP von den Inländern, die sich sowohl innerhalb als auch außerhalb der Landesgrenzen wirtsch. betätigen (ohne Ausländer innerhalb der Landesgrenzen.) Da die Messung des SP in Geld erfolgt, muß die Geldwertentwicklung berücksichtigt werden. Das *nominale SP* entsteht durch die Bewertung mit den derzeit geltenden Marktpreisen des jeweiligen Erfassungsjahres. Das *reale SP* wird mit den konstanten Marktpreisen eines Basisjahres bewertet u. dient zu Vergleichszwecken. Die jährliche Summe aller Sach- u. Dienstleistungen, bewertet mit Marktpreisen, heißt *Brutto-SP.* Vermindert man dieses um die Abschreibungen (Verschleiß an den Produktionsmitteln), so erhält man das *Netto-SP* zu Marktpreisen. Zieht man wiederum von diesem die indirekten Steuern ab (Steuern, die der Endverbraucher im Kaufpreis zahlt) und zählt die Subventionen hinzu, so erhält man das *Netto-SP zu Faktorkosten* bzw. das *Volkseinkommen* (Summe aller Löhne, Gehälter, Zinsen, Gewinne).

Sozialpsychologie, Wiss. v. Verhalten in Abhängigkeit u. Wechselwirkung innerhalb v. Gruppen; Einstellungen, soziale

Normen, → Gruppendynamik, → Rolle, Wertorientierung, Konformität, Personenwahrnehmung, soziales Lernen.

Sozialrentner, Rentenbezieher aus Angestellten-, Invaliden-, Alters- u. Knappschaftsversicherung.

Sozialstruktur, Gliederung einer Bevölkerung nach best. soz. Merkmalen.

Sozialversicherung → Übersicht u. Schaubild, S. 885 u. 886.

Sozialwirt, Fachmann d. Sozialwiss.; akad. Grad: *Diplom-S.;* Studium: Soziologie, Sozialrecht u. -politik, Wirtsch.wiss.

Sozialwissenschaften, Gesellschaftswiss., Sammelbegriff für d. Wissenschaften, d. sich mit d. menschl. Gesellsch. u. einzelnen Aspekten des menschl. Zusammenlebens befassen (z. B. Soziologie, Sozialphil., Sozialpolitik, Volkswirtschaftslehre u. a.).

Sozietät [l.], Gemeinschaft (z. B. Anwalts-S.), früh. Bez., bes. bei Versicherungs-, Handels-Gesellschaft, Genossenschaft.

Sozinianer → Unitarier.

Soziographie, Darstellung gesellschaftl. Lebens in best. zeitl. u. räuml. Bereichen.

Soziologie, *Gesellschaftslehre,* Lehre von d. Formen u. Gesetzen menschl. Zusammenlebens, bes. Betrachtung, Wertung u. Beeinflussung d. Lebensprozesses praktisch zusammenfaßbarer Gruppen v. Menschen unter soz. u. bevölkerungspol. Gesichtspunkten; begr. durch *Comte;* weitergebildet v. *Spencer, Max Weber, Tönnies, Sombart, Vierkandt, Simmel.*

Sozius, *m.* [l.], Teilhaber, Genosse.

S. p. A., it. Abk. f. *Società per Azione* → Aktiengesellschaft.

Spa, belgische St. in d. Provinz Lüttich, 10 000 E; s. 16. Jh. Badeort.

Spaak, Paul Henri (25. 1. 1899–31. 7. 1972), belg. sozialist. Pol.; wiederholt Außenmin. u. Min.präs.; 1957–61 Gen.sekr. d. NATO.

Spacelab [ˈspeɪslæb], von d. eur. Weltraumorg. ESA in Zus.arbeit mit d. NASA entwickeltes Raumlabor, das mit Hilfe d. Raumfähre → Space Shuttle in eine Erdumlaufbahn in 250–1000 km Höhe gebracht wird.

Space Shuttle

Space Shuttle [-ˈʃʌtl], wiederverwendbarer am. Raumtransporter, bestehend aus d. Startstufe *(Booster),* die zur Erde zu-

Sozialpolitik und Sozialversicherung

Die Sozialpolitik umfaßt allg. alle Maßnahmen, die darauf zielen, die Lebensverhältnisse der wirtsch. schwächsten Bevölkerungsgruppen zu verbessern. Die ersten Anfänge einer planmäßigen Sozialpolitik gehen auf die Zeit des Frühkapitalismus zurück, als es notwendig wurde, Mißstände zu beseitigen, die als Begleiterscheinungen der Industrialisierung aufgekommen waren. Erste Maßnahmen in Dtld zu Beginn des 19. Jh. führten zu einer Einschränkung der Kinder- u. Frauenarbeit. Es folgten Gesetze über Fabrikinspektionen (1878) u. (m. besonderer Unterstützung Bismarcks) das Krankenversicherungsgesetz (1884) u. das Gesetz über die Invaliditäts- u. Altersversicherung (1889). Die heute bestehenden, durch sozialpol. Gesetze geschaffenen Einrichtungen umfassen:
1. → **Arbeitsvermittlung;** auch → Arbeitsverwaltung, Arbeitslosenversicherung (s. u.).
2. Arbeitsrecht: Einschränkung des an sich freien Arbeitsvertrages (→ Dienstvertrag) zugunsten des wirtsch. u. sozial schwächeren Arbeitnehmers durch: **a)** *gesetzliche Bestimmungen* über Kündigungsschutz, Lohnschutz (Urlaub, Pfändungsgrenze), Schwerbeschädigtenschutz u. → Arbeitsschutz im engeren Sinn; **b)** *Gesamtvereinbarungen* (Tarifverträge, Betriebsordnung). Die durch Gesetz oder Gesamtvereinbarung getroffenen Bestimmungen (z. B. über Arbeitszeit, Lohn, Urlaub, Kündigung usw.) schließen jede nach unten abweichende Einzelvereinbarung zw. Arbeitnehmer u. Arbeitgeber aus.
3. → **Arbeitsschutz.**
4. Arbeitsgerichtsbarkeit. Bei Streit über Auslegung des Arbeitsvertrages zw. Arbeitgeber u. Arbeitnehmer Rechtsschutz für beide Teile in Arbeitsgerichts- u. Schlichtungsverfahren (→ Rechtspflege, Übers.). Nach 1945: Dt. Arbeitsgerichtsgesetz (Kontrollratsgesetz Nr. 21) vom 9. 4. 1946, dazu ergänzende Ländergesetze; jetzt auf Bundesebene geregelt durch Arbeitsgerichtsges. v. 3. 4. 53.
5. Vertretung des Arbeitnehmers im Betrieb u. der Arbeiterschaft in der Wirtschaft. *Im Betrieb:* Arbeiterausschuß, Betriebsrat, Betriebsordnung. *Außerhalb des Betriebes:* Gewerkschaft, Tarifvertrag, Wirtschaftsdemokratie. *International:* IAO (→ Internationale Arbeitsorganisation), Intern. Arbeitsschutzgesetzgebung. Berner Arbeitsschutzkonvention 1906–10. Intern. Vereinbarungen über Arbeitslosigkeit, Mutterschutz, Berufskrankheiten, Krankenversicherung, Mindestlöhne u. a.
6. Arbeitslosenversicherung, staatliche Zwangsversicherung gg. Schaden, den dem Arbeitnehmer durch Verlust des Arbeitsplatzes erwächst. *Versicherungspflicht:* Alle krankenversicherungspflichtigen Arbeiter u. Angestellten, außerdem beim angestelltenversicherungspflichtigen Angestellten, die nur wegen Überschreitung der Versicherungsgrenze nicht gg. Krankheit versichert sind. *Leistungsvoraussetzungen:* Unfreiwillige Arbeitslosigkeit, aber Arbeitsfähigkeit u. Arbeitswilligkeit, Erfüllung der Anwartschaft, Nichterschöpfung des Anspruchs. *Leistungen:* Arbeitslosengeld (Hauptunterstützung u. Familienzuschläge), Versicherung gg. Krankheit (bei Arbeitsfähigkeit), Kurzarbeiterunterstützung (bei vorübergehendem Lohnausfall wegen Arbeitsmangels), Arbeitsvermittlung (s. o.), → Schlechtwettergeld; die Leistungen sind zeitlich begrenzt; nach Erschöpfung des Anspruchs auf Arbeitslosenunterstützung Gewährung v. Arbeitslo-

senhilfe, wenn best. Voraussetzungen (z. B. Bedürftigkeit) vorliegen. *Beiträge:* Beitragszahlung des Versicherten u. Arbeitgebers je zur Hälfte; Beiträge werden in der Regel gemeinsam mit den Beiträgen zur Krankenversicherung u. Invalidenversicherung erhoben. *Verfahren:* Antrag an das Arbeitsamt des Wohnortes, Entscheidung durch den Arbeitsamtsvorsitzenden; Widerspruch an das Arbeitsamt; Klage beim Sozialgericht. Gesetze: Arbeitsförderungsgesetz v. 1969 m. Ergänzungsbestimmungen.
7. Sozialversicherung, meist zwangsweise (Pflicht-)Versicherung, insbesondere der Arbeitnehmer (teilweise auch ihrer Angehörigen), für den Fall der Krankheit, der Berufs- oder Erwerbsunfähigkeit, des Alters u. d. Todes (Hinterbliebenenrenten) sowie eines Arbeitsunfalls (Berufskrankheit). Zweck: Schutz der erwerbstätigen Bevölkerung in Wechselfällen des persönlichen u. Arbeitslebens. Ursprünglich als Wohlfahrtsmaßnahme gedacht oder auf einzelne Berufsgruppen beschränkt, heute gesetzl. errichtete Träger mit Selbstverwaltung unter Staatsaufsicht, die dem Versicherten einen Rechtsanspruch auf Leistungen, nachprüfbar durch Gerichte der Sozialgerichtsbarkeit, gewähren. Behörden: Versicherungsämter, nach Landesrecht best. Behörden (früher Oberversicherungsämter) u. Bundesversicherungsamt (Aufsicht über bundesunmittelbare Versicherungsträger). Man unterscheidet: **a) Krankenversicherung,** Versicherungsträger: Allg. Ortskrankenkassen, Betriebs-, Innungs-, Ersatzkrankenkassen u. landw. Krankenkassen (nur für Landwirte). Finanzierung: Beiträge (Höhe je nach Satzung), je zur Hälfte Arbeitnehmer u. Arbeitgeber (bei Pflichtversicherung). Leistungen: Maßnahmen zur Früherkennung von Krankheiten, Krankenhilfe einschließl. Krankengeld, Mutterschaftshilfe, Sterbegeld, Familienhilfe. – **b) Unfallversicherung,** Versicherungsträger: Berufsgenossenschaften, Bund, Bundesanstalt für Arbeit, Länder, Gemeinden u. Gemeindeverbände; Leistungen: Unfallverhütung u. Erste Hilfe, Heilbehandlung, Berufshilfe, Renten an Verletzte u. Hinterbliebene, Sterbegeld, Beihilfen, Abfindungen; Finanzierung: Beiträge d. Unternehmer, allg. Steuermittel; ab 1. 4. 1971 Ausdehnung der Unfallversicherung auf Kinder in Kindergärten, Schüler und Studenten. – **c) Rentenversicherung** (Rentenversicherung der Arbeiter. u. Rentenversicherung der Angestellten, knappschaftl. Rentenversicherung → Knappschaft), Träger: 18 Landesversicherungsanstalten, Bundesversicherungsanstalt f. Angestellte, Bundesknappschaft; Leistungen: Maßnahmen zur Rehabilitation, Renten an Versicherte wegen Minderung der Erwerbsfähigkeit od. Alters (65 Jahre, unter bestimmten Voraussetzungen 63, 60 od. 58 Jahre) u. an Hinterbliebene; Finanzierung: je zur Hälfte der Arbeitgeber u. Arbeitnehmer nach einem best. Prozentsatz v. Lohn – bei Pflichtversicherung unterhalb einer bestimmten Grenze, darüber freiwillig. Die Renten (einschließl. Unfallvers.) werden jährlich der wirtschaftlichen Entwicklung angepaßt. – **d) Altershilfe für Landwirte,** pflichtversichert sind landw. Unternehmer; Träger: landw. Alterskassen; Leistungen: Rehabilitation (stationäre Heilbehandlung, Betriebs- u. Haushaltshilfe), Altersgeld u. Waisengeld, Landabgaberente; Finanzierung: Beiträge, Bundeszuschuß.
8. Sozialgerichtsbarkeit, eingeführt u. geregelt durch das Sozialgerichtsgesetz (SGG) vom 3. 9. 1953 (→ Rechtspflege, Übersicht).

---

rückkehrt, u. d. Flugkörper *(Orbiter),* der nach d. Aufenthalt im Weltraum wie ein Flugkörper landen kann; bisher gestartet: *Columbia* (Erstflug 12. 4. 1981), *Challenger* (4. 4. 1983–28. 1. 86), *Discovery* (30. 8. 1984). → Tafel Weltraumforschung.
Spachtel, elast. flaches Werkzeug, i. d. Malerei z. Mischen u. Auftragen v. Farben; i. Malerhandwerk z. Verstreichen v. Kitt.

Spagat, *m.* [it. „spago"], **1)** dünner Bindfaden; **2)** akrobat. Übung, bei der bei aufrechtem Oberkörper die Beine so weit gespreizt werden, daß sie in ganzer Länge d. Boden berühren.
Spaghetti [it.], dünne Nudeln.
Spahi, frühere berittene nordafrikan. Eingeborenentruppe im frz. Heer.
Spalatin, Georg, eigtl. *Burckhardt* (17. 1. 1484–16. 1. 1545), dt. ev. Theol.; Freund

Luthers, Organisator der sächs. Landeskirche.
Spalato → Split.
Spalier, *s.,* **1)** Gitter- u. Lattenwerk zum Hochziehen v. Zier- oder Nutzpflanzen;
2) *Spalier bilden,* zu Ehren einer Person sich zu beiden Seiten ihres Weges in Reihen aufstellen. – **S.obst,** an S.en (frei od. an Wänden) gezogenes Obst; durch d. flächenart. Ausbreitung bessere Reifung.

Sozialversicherung

BR Deutschland, Versicherte und Mitglieder 1988 in Mill.

Gesetzl. Unfallversicherung, Versicherte	39,7
Gesetzl. Krankenversicherung, Mitglieder	37,0
Gesetzl. Rentenversicherung, Mitglieder	32,5
Knappschaftl. Rentenversicherung, Mitglieder	0,31

Von den Sozialleistungen 1989 von insgesamt 678,465 Mrd. DM entfielen u. a. auf die

Rentenversicherung (Arbeiter und Angest.)	201,151
Knappschaftl. Rentenversicherung	16,423
Gesetzl. Krankenversicherung	130,362
Gesetzliche Unfallversicherung	12,917
Arbeitsförderung	47,742
Kindergeld	13,986
Erziehungsgeld	4,048

BR Deutschland, Sozialbudget in Mrd. DM
Finanzierung der Sozialleistungen 1989 durch

Beiträge der Versicherten	187,382
Beiträge der Arbeitgeber	260,980
Zuweisungen aus öffentl. Mitteln	226,165
Zuweisung aus nichtöffentl. Mitteln	13,398
sonstige Einnahmen	13,495
insgesamt	678,313

BR Deutschland 1987 (Mai)

Erwerbspersonen	davon Erwerbstätige	Erwerbslose	Nichterwerbspersonen
26,88 Mill. (47,2%)	25,05 Mill. (44,0%)	1,83 Mill. (3,2%)	30,04 Mill. (52,8%)

Spaltflügel, ein in verschied. hintereinanderliegende Teiltragflächen unterteilter Flugzeugflügel, auch als Hilfsflügel an der Vorderkante d. Tragfläche; vergrößert den Auftrieb u. setzt Landegeschwindigkeit herab.

Spaltleder, durch Aufspalten dickerer Häute gewonnen; hpts. als Futterleder u. f. Brandsohlen.

Spaltöffnungen, verschließbare Öffnungen i. d. Oberhaut v. Pflanzenteilen, bes. auf d. Blattunterseite; dienen d. Gasaustausch (Atmung).

Spaltpflanzen, Bez. für Bakterien und Blaualgen.

Spaltpilze, svw. → Bakterien.

Spandau, ehem. St. u. Festung, seit 1920 Verw.-Bez. von Berlin, m. Ortsteil *Siemensstadt.*

Spanferkel, Milchferkel, das noch an der Zitze (spanisch, althochdt. *spen*) saugt.

Spaniel [*'spenīəl*], langhaarige kleine Jagdhunde aus England; stammen v. Wachtelhund ab; in zahlr. Formen gezüchtet, auch Luxushunde (z. B. *King Charles*).

Spanien, amtl. *Reino de España,* Kgr. auf d. Pyrenäenhalbinsel, mit d. Inselgruppe d. → Balearen u. den → Kanarischen Inseln, 504 782 km², 39,05 Mill. E (77 je km²); Bev.-Zuw. 0,5%; Sprache: Span., Katalanisch, Baskisch, Galicisch; Währung: Peseta (Pta); Rel.: überwiegend röm.-kath.; Hptst.: *Madrid;* Flagge S. 341, Karte S. 742. **a)** *Geogr.:* Im Innern 600–900 m hohes Tafelland (Meseta) mit Grassteppen (Merinoschafzucht), extensive landw. Nutzung (Großgrundbesitz); durch das Kastil. Scheidegebirge in das nördl. u. südl. Neukastilien zerlegt; Steilabfall zum Mittelmeer mit Berieselungsoasen (Huertas, Fruchtgärten) in den Tälern (Wein, Oli-

ven, Orangen, Zuckerrohr, Baumwolle); gg. den Atlant. Ozean im N durch d. Kantabrische Gebirge, gg. Frkr. durch d. Pyrenäen, gg. d. Mittelmeer i. S durch d. Bergland von Granada (Sierra Nevada) abgeschlossen; fruchtbare, aber künstlich bewässerte Tiefländer: im N Aragonien, vom *Ebro* durchflossen; im S Andalusien, das Stromgebiet des *Guadalquivir.* **b)** *Wirtsch.:* Hptzweig ist die Landw., wichtige Ausfuhrprodukte: Olivenöl, Südfrüchte, Wein: aufsteigende Ind.zweige: Schiffbau, Kfz.ind., daneben Elektro- u. Textilind. **c)** *Bodenschätze:* Bes. Steinkohle, Braunkohle, Eisenerz, Zink, Blei, Silber, Zinn, Gold, Uran, Kupfer, Titan u. Quecksilber. **d)** *Außenhandel* (1988): Einfuhr 60,34 Mrd., Ausfuhr 40,23 Mrd. $. **e)** *Verkehr:* Eisenbahn 13 572 km; Handelsflotte 3,96 Mill. BRT (1989). **f)** *Verf.* v. 1978: Parlamentar.-demokr. Monarchie; Staatsoberhaupt Kg, Volksvertretung (Cortes) aus Abgeordnetenhaus (Congreso) u. Senat (Senado). **g)** *Verw.:* 17 autonome Gemeinschaften; Teile v. Prov. sind d. an d. N-Küste Marokkos gelegenen Gebiete *(Presidios)* → Ceuta u. → Melilla, sowie Peñon de Velez, Alhucemas, u. d. Chafarinainseln. **h)** *Gesch.:* Älteste Bewohner Iberer, Kelten; um 1100 v. Chr. phöniz. Kolonien; 206 v. Chr. röm., 409 n. Chr. Staatsgründungen der Sweben u. Wandalen, 416 n. Chr. der Westgoten, 711 von Arabern besiegt; arab. Kultur in S- u. Mittel-Spanien, Wiedervordringen der christl. Staaten Kastilien, Aragonien, Navarra (s. 1035); Kämpfe gg. den Islam enden 1492 mit der Eroberung Granadas; Inquisition, Autodafés; durch Ehe Ferdinands v. Aragonien mit Isabella v. Kastilien werden 1469 beide Staaten zum *Königreich S.* vereinigt, 1516 Karl I. v. Habsburg erster span. König. König (1519 als Karl V. dt. Kaiser), Mittelpunkt d. habsburgischen Weltreichs; 1492 entdeckt Kolumbus Amerika; Mexiko 1519 durch Her-

nando Cortez, Peru v. Pizarro 1532 erobert, sie bringen S. Vorherrschaft z. See, Blüte v. Handel u. Gewerbe; Philipp II. wird Haupt d. Gegenreformation im westl. Europa, verliert d. Armada gg. England 1588; Freiheitskrieg d. Niederlande (1566–1648); Verfall unter d. letzten Habsburgern, die 1700 aussterben; Span. Erbfolgekrieg bis 1714; Aufblühen S.s unter d. späteren Bourbonen (Karl III., Kg v. 1759–88); 1808 Napoleons Bruder Josef Kg von S., gegen ihn Volkskrieg (Wellingtons Sieg bei Vitoria 1813); freisinnige Verfassung von 1812, von Ferdinand VII. 1814 aufgehoben, Reaktion, 1816 Abfall der Kolonien in S- und Mittel-Amerika, nach Sturz der Kgn Isabella 1868 u. Kämpfen zw. Republikanern und Monarchisten 1875 wieder bourbon. Monarchie; 1898 Krieg mit den USA, weitere Besitzverluste: Cuba, Porto Rico (Puerto Rico), Philippinen, 1923–30 Diktatur Primo de Riveras; 1931 Rep.; innenpol. Kämpfe; 1936 Volksfrontreg. Azaña, Gegenrevolution unter Führung v. Gen. Franco; Bürgerkrieg 1936–39; 1939–67 Franco Min.präs., 1947 formell Wiedereinführung d. Monarchie, 1956 Span.-Marokko frei gg. → Marokko vereinigt; 1966 Verfassungsreform; 1969 Span.-Guinea als Äquatorialguinea unabhängig. 1975 innenpol. Krise, nach Francos Tod Liberalisierung; Juan Carlos I. als Kg vereidigt; Baskisch, Katalanisch u. Galicisch als Staatssprachen anerkannt; 1976 Unabhängigkeit d. Span. Sahara (→ Sahara 2); 1977 erste freie Wahl s. 1936; 1978 provisor. Autonomie f. d. Bask. Prov.; 1981 Putschversuch durch rechte Offiziere; 1982 Vereitelung eines erneuten Putschversuchs, Eintritt i. d. NATO; s. 1982 d. Sozialist Gonzáles Reg.chef; 1983 Regionalwahlen u. Abschluß d. Autonomieprozesses; 1986 Beitritt zur EG. **i)** *Mitgl.:* UN, OECD, Europarat, NATO, EG.

Spaniolen, Nachkommen der aus Spanien vertriebenen Juden in Balkanländern und d. Levante.
Spanische Fliege, *Pflasterkäfer,* → Kanthariden.
Spanische Hofreitschule, 1572 gegr. Reitschule in Wien (Winterreitschule in d. Hofburg 1729–35 v. J. E. Fischer v. Erlach erb.), Pflegestätte d. → Hohen Schule (→ Lipizzaner).
spanische Literatur, seit *12. Jh.* Vers-Chroniken u. Romanzen vom Cid Campeador. *13. Jh.:* Alfons d. Weise von Kastilien. *14. Jh.:* Erzpriester Juan Ruiz de Hita. Ritterromane, u. a. *Amadis de Gaula. 15. Jh.:* Fernando de Rojas. *16. Jh.* (das goldene Zeitalter): Garcilaso de la Vega (Lyrik), Juan de la Cruz (rel. Lyrik), Luis Ponce de León, Luis de Góngora (dekorativer Versstil „Gongorismus"), Mendoza; Schelmenroman: *Lazarillo de Tormes, Montemayor* (Schäferroman), Cervantes (*Don Quijote,* Novellen), Lope de Vega (vermutl. 1500 Dramen, Lyrik), Guillén de Castro (Cid). *17. Jh.:* Calderón (über 100 Dramen, Vorbild d. Romantiker), Tirso de Molina, Juan Ruiz de Alarcón, Moreto, Moralisten: Quevedo (nachgebildet von Moscherosch), Gracián (übersetzt von Schopenhauer); Sor Juana de la Cruz. *19./20. Jh.:* Zorilla (*Don Juan Tenorio),* Becqer, Echegaray, Pedro Antonio Alarcón, Ibáñez, Baroja, Benevente, Ruben Dario, Azorin, Perez de Ayala. Unamuno, García Lorca, Ortega y Gasset, Jiménez, Cela, Delibes, Laforet, Luis u. Juan Goytisolo, Alberti.
Spanischer Erbfolgekrieg, 1701–14 zw. Frkr. u. d. Verbündeten Österreich, England, Ndl.; Siege letzterer bei Höchstädt, Oudenaarde u. Malplaquet; Frieden v. Utrecht u. Rastatt: Philipp v. Anjou wird Kg v. Spanien, der Hzg v. Savoyen Kg v. Sizilien, Österreich erhält die Niederlande u. den span. Teil Italiens, England, Neufundland, Neuschottland, Hudsonbailand, Gibraltar, Menorca.
spanischer Reiter, Stacheldrahthindernis im Stellungskrieg od. zum Objektschutz, ortsbeweglich.
Spanische Sahara → Sahara 2).
Spanisches Rohr, Stämme der → Rotangpalme.
Spanisch-Marokko, ehem. span. Protektorat in N-Afrika, s. 1956 z. → Marokko.
Spann, Othmar (1. 10. 1878–8. 7. 1950), östr. Soziologe u. Nationalökonom; lehrte aus kath. Grundauffassung heraus d. christl. Ständestaat (Universalismus; Staat u. Gesellschaft als übergeordnete Ganzheiten); *Der wahre Staat; Kategorienlehre.*
Spannbeton → Beton.
Spanner, mittelgroße oder kleine Schmetterlinge, deren Raupen beim Kriechen spannende Bewegungen ausführen; Weibchen größtenteils mit verkümmerten Flügeln od. ohne Flügel, z. T. Obstbaumschädlinge (*Stachelbeer-*

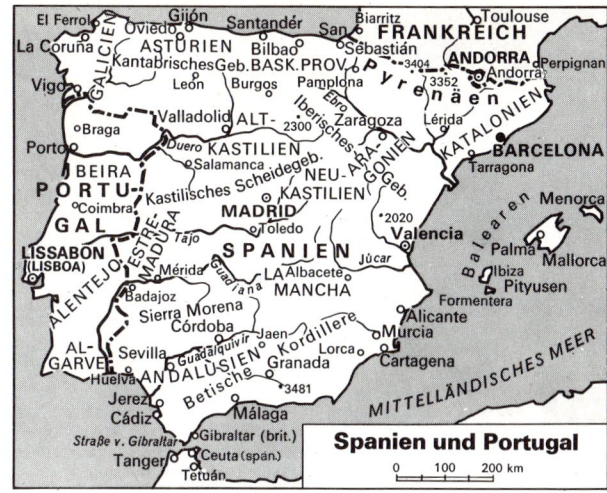

Spanien und Portugal

0   100   200 km

S. u. *Frost-S.,* dessen Raupe im Frühjahr Knospen ausfrißt).
Spannung, *elektrotechn.* in Volt gemessene el. → Potentialdifferenz. – **S.soptik,** *fotoelast. Verfahren* d. Werkstoffprüfung z. Feststellung mechan. S.s- und Festigkeitsverhältnisse an durchsichtigen Körpern u. Modellen bei Durchstrahlung mit polarisiertem Licht. – **S.reihe,** taucht man 2 d. Stoffe Kohle, Platin, Silber, Kupfer, Eisen, Zinn, Blei, Zink, Aluminium, Magnesium, Natrium in e. Elektrolyten (z. B. verdünnte Schwefelsäure), so entsteht zw. ihnen el. S.; um so größer, je entfernter d. beiden Stoffe in d. Reihenfolge (in Richtung Kohle positiv, in Richtung Natrium negativ).
Spannweite, 1) *Bauwesen:* Abstand zw. zusammengehörigen Auf- od. Widerlagern e. Gewölbe- od. sonstigen Tragkonstruktion; **2)** beim Flugzeug d. Maß von einem zum anderen Ende der Tragflügel.

Spanten

Planken auf Spanten

Spanten

Spanten, eiserne od. hölzerne Schiffsrippen, auf den durchlaufenden Kiel aufgesetzt.
Sparbrief, Urkunde über Spareinlagen mit festgesetzter Frist u. Verrechnung der Zinsen.
Spargel, *Asparagus,* hohes Liliengewächs mit nadelspitzen Zweigen u. Schuppenblättern; die weißen jungen Sprosse d. Wurzelstockes werden als feines Gemüse gegessen (erst vom dreijährigen Beet ab,

Kultur in besonderen S.beeten); *S.kraut,* Zierpflanze, auch in der Gärtnerei.
Spargelhähnchen, ein kl. Blattkäfer, Spargelschädling.
Sparkassen, meist öff.-rechtl. Institute, die Spargelder annehmen, verzinsen u. verwalten sowie alle anderen bankmäßigen Geschäfte betreiben. *Wirtsch. Bedeutung:* Ansammeln v. Geldbeträgen, die der Wirtschaft (Geldmarkt) zugeführt werden können; für den *Sparer:* Möglichkeit, kleinere Geldbeträge zinsbringend anzulegen. Zur *Sicherung* der Spargelder gesetzl. Vorschriften über ihre Anlage. Auch die Banken übernehmen Spargelder *(Banksparbücher),* ebenso die Kredit- u. Konsumgenossenschaften sowie die Bausparkassen; → Zwecksparkassen. – Gesamt-Spareinlagen in Dtld Ende 1938: 23,5 Mrd. RM; 1948: 1,6 Mrd., 1952: 7,6 Mrd., 1955: 21,4 Mrd., 1976: 413,4 Mrd., 1983: 554,7 Mrd., 1989: 715,2 Mrd. DM.
Sparren, schräge, paarweise gegeneinandergelehnte, dachtragende Hölzer.
Sparring, *s.* [engl.], Trainingsboxkampf.

Spartaner
(etwa 480 v. Chr.)

Sparta, 1) im Altertum Hptst. d. griech. Landschaft Lakonien i. d. Peloponnes, i.

Specht

10./9. Jh. v. Chr. von einwandernden Doriern gegr., um 500 v. Chr. eine Hptmacht Griechenlands, Gesetzgeber Lykurg; Erziehung zu „spartan." Einfachheit u. körperl. Tüchtigkeit; Staatsaufbau mit staatssozialist. Zügen; siegreicher → Peloponnesischer Krieg gegen Athen 431–404 v. Chr.; 371 v. Theben, 221 v. Mazedonien besiegt; 146 röm.; **2)** *Sparti,* Hptst. d. griech. Nomos Lakonien (südl. Peloponnes), am Fuße des Taygetosgebirges, 13 000 E; nahe den Ruinen d. alten Sparta.

Spartacus, Thraker, Haupt der aufständischen Sklaven; bedrohte Rom; fiel 71 v. Chr. in Süditalien im Kampf. Nach ihm benannt der **Spartakusbund,** *Spartakisten,* 1917 (schon 1916 „Spartakusbriefe") unter Führung von Karl Liebknecht u. Rosa Luxemburg entstandene radikalsozialistische Bewegung mit Umsturzplänen; bildete den Grundstock der Kommunist. Partei Dtlds.

Spartakus, *MSB S.,* marxist. Studentenbund in d. BR.

Sparte, *w.* [it.], Abteilung, Fachgebiet.

Spartel, Kap, NW-Spitze Marokkos (Tangerzone), Gibraltar gegenüber, 314 m h., Leuchtturm.

Sparterie, *w.* [frz.], Gewebe aus dünner Baumwollkette, Schuß aus dünnen Holzstäbchen oder Rohr; für Rollvorhänge, Tischläufer usw.

Spar- und Darlehenskassen, ländl. Kreditgenossenschaften.

Spasmen [gr.], krampfhafte, sehr schmerzhafte Zusammenziehungen der glatten Muskulatur der Eingeweide u. Blutgefäße.

Spasmolytika [gr.-nl.], Arzneimittel gg. → Spasmen.

Spasmophilie, kindliche → Tetanie, Krampfneigung infolge Vitamin-D-Mangels (ohne Nebenschilddrüsenbeteiligung).

Spasskij, Boris (* 30. 1. 1937), sowj. Schachspieler; Weltmeister 1962–72.

spastisch, durch Krampf bedingt, krampfartig, krampfhaft.

Späth, Lothar (* 16. 11. 1937), CDU-Pol.; 1978–91 Min.präs. von Ba-Wü.

spatiieren [l. „spatium = Raum"], *spationieren,* im Druck Herstellung weiter Zwischenräume zw. den einzelnen Buchstaben: S p e r r d r u c k ; kleinste *Spatium* zwischen Wörtern u. Buchstaben = ⅛-Petit = 1 Punkt = 0,376 mm.

Spatz → Sperling.

SPD, *Sozialdemokratische Partei Deutschlands,* → Parteien, Übers.

Speaker [engl. *'spikə* „Sprecher"], im engl. Unterhaus und am. Repräsentantenhaus der Vorsitzende, d. Verhandlungsleiter.

Spechte, Vogelfamilie mit Kletterfüßen, Stützschwanz u. starkem Schnabel, mit dem Bruthöhlen ins Holz gehackt u. Insekten aus ihm herausgehämmert werden; bei uns: *Schwarz-Specht, Scheitel* dunkelrot, größter dt. S.; *Grün-S., Scheitel* rot; *Bunt-S.* (großer, mittlerer u. kleiner), schwarz-weiß-rot.

Spechtmeise, *Kleiber,* blaugrauer Vogel; d. Meisen verwandt, spechtartig lebend.

Speckkäfer, kl. Käfer, leben v. toten tierischen Stoffen u. Pelzen, → Pelzkäfer.

Speckle, *m.* [engl. „spekl" = Fleckchen"], durch Luftunruhe ausgelöste Körnigkeit des Sternabbilds im → Teleskop. – **S.-Interferometrie,** Technik, d. sich die phys. Prinzipien dieses Phänomens für Präzisionsmessungen zunutze macht.

Speckstein, Mineral, → Talk.

Spediteur [frz. *-'tør*], Kaufmann, der Güterversendungen durch Frachtführer od. Verfrachter von Seeschiffen f. Rechnung eines anderen (des Versenders) in eigenem Namen besorgt (§ 407 HGB).

Spee, 1) Friedrich S. v. Langenfeld (25. 2. 1591–7. 8. 1635), dt. Jesuit u. Dichter geistl. Lieder, Gegner der Hexenprozesse; *Trutz-Nachtigall; Güldenes Tugendbuch;* **2)** Maximilian Reichsgf v. (22. 6. 1861–8. 12. 1914), dt. Admiral; 1914 Seesieg bei Coronel, untergegangen bei den Falklandinseln 1914.

Speech, *m.* [engl. *spitʃ*], Rede.

Speer, Albert (19. 3. 1905–1. 9. 81), dt. Architekt, 1942–45 Reichsmin. f. Rüstung, 1946–66 in Spandau inhaftiert; *Erinnerungen.*

Speer, stabförmige Wurfwaffe; auch Sportgerät.

Speerwerfen, leichtathlet. Übung; Werfen eines mindestens 800 g schweren u. 2,60 m langen Speers (Damen: 600 g u. 2,20 m); Einzeldisziplin u. Übung d. Zehnkampfs bzw. Siebenkampfs; olymp. Wettbewerb.

Speiche, 1) an der Daumenseite gelegener, drehbarer Unterarmknochen (→ Tafel Mensch, S. 348); **2)** *techn.:* beim Rad starrer, stabförmiger Verbindungsteil zw. Nabe u. Radkranz zur Aufnahme der Druck- u. Biegebeanspruchungen; *Draht-S., Tangential-S.,* auch nachstellbar, wird nur auf Zug beansprucht.

Speichel, von den **S.drüsen** (Ohrspeichel-, Unterzungen- u. Unterkieferdrüsen) abgesonderte Verdauungsflüssigkeit, dient zur Aufweichung des Bissens, enthält u. a. das kohlenhydratspaltende Verdauungsenzym *Ptyalin;* → Bauchspeicheldrüse.

Speicherkraftwerk, Wasserkraftwerk m. hochgelegenem Stausee u. Hochdruck-Wasserturbinen, meist große Fallhöhe;

jedoch relativ geringe Wassermenge; b. geringem Strombedarf wird m. überschüssigem Strom Wasser i. d. Stausee zurückgepumpt.

Speidel, Hans (28. 10. 1897–28. 11. 1984), dt. General; 1957–63 Befehlsh. d. NATO-Landstreitkräfte in Mitteleur.

Speierling, Hausvogelbeere, *Sorbus,* Frucht birnenförmig, rötlichgelb, kirschgroß (f. Obstwein u. Marmelade); kultiviert i. Mittelmeergebiet, wild in S-Dtld.

Speigatt → Gatt.

Speik, Baldriangewächs d. Alpen, Wurzel in d. Parfümerie verwandt. ♦.

Speiseopfer → Opfer.

Speiseröhre, *Ösophagus,* Haut-Muskel-Schlauch, der den Schlund mit dem Magen verbindet.

Speisewasser, Wasser zur Speisung von Dampfkesseln, häufig im **S.vorwärmer** vor Eintritt in Kessel erwärmt; bei zu hohen Verdampfungsrückständen (→ Kesselstein) vorherige Reinigung nötig.

Speiteufel, *Russulla emetica,* giftiger → Täubling mit 5–9 cm breitem, gefurchtem Hut und nichtgeteilten weißen Lamellen und glattem Stiel (→ Tafel Pilze, S. 344).

Spektabilität, Titel u. Anrede *(Eure S.)* d. Dekane an Universitäten.

Spektakel [l.], **1)** *m.,* Lärm; **2)** *s.,* Schauspiel.

Spektral-analyse → Spektrum. – **S.-klasse,** *S.typ,* Zus.fassung von Sternen mit nahezu gleichen spektralen Eigenschaften; die heutige gebräuchl. Klassifikation nach der Harvardskala umfaßt die Haupttypen *W, O, B, A, F, G, K, M* sowie die Nebenklassen *R, N, S* u. bedeutet zugleich auch e. Temperaturskala (v. links nach rechts fallende Temp.); zusätzl. Klassifizierung mittels arab. Zahlen (z. B. *G 2* = Sonne) u. Kleinbuchstaben (z. B. *d* = dwarf, „Zwerg"). – **S.linien** → Spektrum. – **S.photometrie,** Untersuchung der Intensitätsverteilung in den Sternspektren; heute überwiegend fotografisch ausgeführt.

Spektro-heliograph, *S.helioskop,* Apparat z. Beobachtung u. fotograf. Aufnahme d. Sonne im monochromat. Licht. – **S.meter, S.skop** → Spektrum.

Spektrum, *s.,* das durch ein Glasprisma auseinandergezogene Lichtband, das die *Spektralfarben* zeigt: Brechung im Glas hat für jede Farbe (Lichtwellenlänge) anderen Wert; weißes (z. B. Sonnen-)Licht enthält *alle* Spektralfarben, die im S. in Rot (längste), Orange, Gelb, Grün, Blau, Violett (kürzeste sichtbare Lichtwelle) aufgelöst erscheinen; gleicher Effekt durch Beugung am Gitter (in Glasplatte geritzte parallele Striche, bis 2000 je mm); jenseits von Rot *(Infrarot)* liegen unsichtbare *Wärmestrahlen,* von Violett gleichfalls unsichtbare *Ultraviolettstrahlen.* S. selbstleuchtender Stoffe: *Emissions-S.;* feste u. flüssige Stoffe senden ununterbrochene Folge aller Farben (kontinuierliches S.), Gase einzelne feine Li-

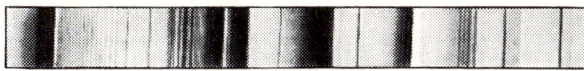

Spektrum des Kohlelichtbogens
(links kürzeste Wellenlänge)

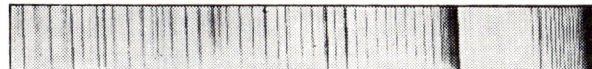

Stark aufgelöstes Bandenspektrum *von Zyan*

nien, *Spektrallinien,* od. Liniengruppen aus (Linien-S.). Läßt man Licht eines festen selbstleuchtenden Körpers durch ein Gas gehen, erscheinen im S. dunkle Linien an den Stellen, an denen das Gas in leuchtendem Zustand selbst Linien aussenden würde: *Absorptions-S.:* Vom Prisma entworfenes S. des Sonnenlichts zeigt bei starker Vergrößerung die senkrechten dunklen Fraunhoferschen Linien (Absorption der betreffenden Wellenlänge in den Gasen der äußeren Sonnenhülle). – Emissions- oder Absorptions-S. ist für jedes chemische Element charakteristisch; in der *Spektralanalyse* (Bunsen u. Kirchhoff, 1859) zum Nachweis chemischer Elemente benutzt, von großer Bedeutung auch für → Astrophysik. Apparat zum Betrachten eines S.s: *Spektroskop,* mit Einrichtung zur Wellenlängenvermessung der Spektrallinien: *Spektrometer. – Banden-S.,* Molekül-S. mit sehr vielen, gruppenweise dicht aufeinanderfolgenden Linien. – Ursache für Aussendung von Spektrallinien sind *Quantensprünge* (auch → Quantentheorie, Übers.) der Hüllenelektronen; jeder mögl. Quantensprung gibt im S. eine Linie. Außer im sichtbaren Bereich auch Linien im ultravioletten Bereich bis hinab zu den Wellenlängen der Röntgenstrahlen: *Röntgen-S.;* opt. S. entsteht im äußeren, Röntgen-S. im inneren Teil der Elektronenhülle des Atoms.

Spekulạnt [l.], jemand, der durch An- u. Verkauf aus Börsenpreisschwankungen Gewinn zu erzielen sucht; → Spekulation 2).

Spekulatiọn, *w.* [l.], 1) *phil.* durch geistiges Schauen *(Mystiker)* od. reines Denken *(Hegel)* gewonnene (metaphysische) Erkenntnis, die jeden Erfahrungsbezug überschreitet; durch intuitive Evidenz od. log. Schlüssigk. legitimiert; **2)** *wirtsch.* Geschäftstätigkeit zur Gewinnerzielung aus Preisschwankungen, bes. risikoreich.

Spekulum, *s.* [l.], rinnen-, röhren- od. trichterförmiges ärztliches Instrument zur Untersuchung von Körperhöhlen (z. B. für Scheide, Gehörgang, Nase, Mastdarm usw.).

Speläologie, *w.* [gr.], Höhlenkunde.

Spelz, *Spelt,* Getreide, der → Dinkel.

Spelzen, trockenhäut. Hochblätter d. Gräserblüten.

Spemann, Hans (27. 6. 1869–12. 9. 1941), dt. Biologe; Entwicklungsphysiologie; Nobelpr. 1935.

Spencer, Herbert (27. 4. 1820–8. 12. 1903), engl. Phil. u. Soziologe, Begr. des Evolutionismus (Anwendung der Evolutionstheorie auf Soziologie): Die Formen der Erkenntnis sind vererbte Erfahrung der Gattung Mensch; absolute Erkenntnis ist nicht möglich; die Welt in dauerndem Wechsel von Entwicklung (Evolution) u. Auflösung (Dissolution); *System der synthetischen Phil.;* Pädagogik im Sinne Rousseaus.

Spener, Philipp Jakob (13. 1. 1635–5. 2. 1705), dt. ev. Theologe; *Pia Desideria;* Begründer des → *Pietismus.*

Spengler, Oswald (29. 5. 1880–8. 5. 1936), dt. Kulturphil.; Wachsen, Blühen u. Absterben aller Kulturen als biolog., geograph. u. schicksalhaften Bedingungen; *Der Untergang des Abendlandes; Preußentum u. Sozialismus.*

Spenser [´spensə], Edmund (um 1552–16. 1. 99), engl. Dichter; Epos: *Feenkönigin.*

Spenzer [engl.], enganlieg. Jäckchen.

Sperber, Manès (12. 12. 1905–5. 2. 84), dt.-frz. Schriftst. u. Psychologe poln. Herkunft; Romantrilogie: *Wie eine Träne im Ozean;* Autobiographie: *Die Wasserträger Gottes;* Friedenspr. d. Dt. Buchhandels 1983.

Sperber

Sperber, *Stößer,* Greifvogel, dem Habicht verwandt, graubraun; erbeutet vor allem kl. Vögel.

Sperling, *Spatz,* Finkengattung; 4 dt. Arten: *Haus-S.; Feld-S.,* kleiner, Flügel mit zwei weißen Binden; *Stein-S.,* gelber Kehlfleck, felsige Gegend, sehr selten; *Schnee-S.* (-fink), Hochgebirge.

Sperlingsvögel, Vogelordnung m. ca. 5000 Arten, weltweit verbreitet.

Sperma, *s.* [gr.], svw. männl. Samen.

Spermien, *Spermatozoen,* männl. Samen-

Spermatozoen, stark vergrößert
a Draufsicht b Seitenansicht

zellen, mit lebhafter Eigenbewegung; dringen zur weibl. Eizelle vor, um diese zu befruchten.

Sperr, Martin (* 14. 9. 1944), dt. Dramatiker u. Schausp.; *Jagdszenen aus Niederbayern; Landshuter Erzählungen;* Drehbücher.

Sperrholz, dünne Holzplatten, die in mehreren Lagen jeweils senkrecht zur Faserrichtung (wasserfest) verleimt sind.

Sperrichtung, → Stromrichtung, für die ein elektron. Bauelement m. Gleichrichtereigenschaften gesperrt ist.

Sperrkonto, Guthaben, das nur unter gewissen Voraussetzungen freigegeben wird.

Sperrstrom, Strom, der bei einem elektron. Bauelement in → Sperrichtung fließt.

Sperry, Roger W. (* 20. 8. 1913), am. Psychobiol. u. Hirnforscher; (zus. m. D. H. → Hubel u. T. N. → Wiesel) Nobelpr. 1981 (Arbeiten über d. Spezialisierung d. Hirnhemisphären).

Spesen [it.], Aufwand, Auslagen; Kosten, die nicht zu den Produktionskosten gerechnet werden (z. B. Reise-, Bewirtungskosten).

Spessart, Teil d. südwestdt. Berglandes zw. Kinzig u. Mainviereck, setzt Odenwald fort, hpts. Buntsandstein, tafelförmig, mit viel Buchenwald und alten Eichenbeständen, im N zunehmend Nadelwald; im *Geiersberg* 585 m.

Speyer, *Dom*

Speyer (D-6720), kreisfreie St. a. Rhein, RP, 45 089 E; AG; roman. Kaiserdom (11. Jh.), kath. Bistum, protestant. Landeskirchenrat; HS f. Verw.wiss.; Histor. Museum d. Pfalz m. Weinmus.; Metall-, Nahrungsmittel-, Elektro-, Flugzeugind., Erdölraffinerie. – Kelt. Siedlung; röm. Gauvorort; salische Kaiserpfalz; Sitz v. 50 Reichstagen; 1526 Reichstag, Aufschiebung der Ausführung des Wormser Edikts; 1529 Protestation v. S.: *Protest der ev. Reichsstände gg. reformationsfeindl. Reichstagsabschied (Protestanten);* 1527–1689 Sitz d. Reichskammergerichts.

Spezereien [it.], wohlriechende Gewürze, Gewürzwaren.

Spẹzia, La, Hptst. d. it. Prov. *S.,* am

Sphinx *in Memphis*

Golf v. S., Ligurien, 105 000 E; Hafen, Werften; Seebad.

spezial [l.], als Vorsilbe: sonder ..., einzel ...

spezialisieren [frz.], einzeln angeben, auch *detaillieren* (z. B. Posten einer Rechnung); *sich s.,* sich auf bes. Fächer bzw. Arbeiten beschränken.

Spezialität, *w.,* Besonderheit, bes. Fachgebiet.

Spezies, *w.* [l.], *Species,* bes. Gattung, in der *Biologie* svw. → Art.

Spezifikationskauf, Kauf, b. dem sich d. Käufer d. nähere Bestimmung über Einzelheiten d. Formen od. Maße vorbehält (z. B. Bezeichnung d. Stärke i. Blechhandel).

Spezifikum, *s.* [l.], Arzneimittel gegen eine best. Krankheit.

spezifisch [l.], eigentümlich, kennzeichnend.

spezifischer Leitwert, Reziprokwert des spezif. Widerstandes.

spezifischer Widerstand, Materialeigenschaft, Widerstand eines Drahtes aus diesem Material mal dem Querschnitt u. geteilt durch die Länge des Drahtes (z. B. Kupfer 0,017 μΩm, Eisen 0,1 μΩm).

spezifisches Gewicht, *Wichte,* charakterist. Eigenschaft d. Stoffe: Gewicht der Raumeinheit eines Stoffes ist wegen d. ortsveränderl. → Schwerkraft nicht überall gleich; heute wird die ortsunabhängige → *Dichte* verwendet (Masse der Raumeinheit eines Stoffes). Weitere Definition → Dichte.

spezifisches Volumen, Raumgröße d. Gewichtseinheit (umgekehrtes Verhältnis wie b. spez. Gew.).

spezifische Wärme, die Wärmemenge i. Joule, d. notw. ist, um 1 g eines Stoffes v. 14,5 °C auf 15,5 °C zu erwärmen.

spezifizieren [l.], einzeln aufführen, angeben.

Spezimen, *s.* [l.], Muster(arbeit), Probeaufgabe.

Sphagnum, svw. → Torfmoos.

Sphäre, *w.* [gr.], Erd-, Himmelskugel; Lebens-, Wirkungskreis.

sphärisch, auf einer Kugeloberfläche durch größte Kreise gebildete Figuren (z. B. sphärische Zweiecke und Dreiecke); → Trigonometrie.

Sphäroid, *s.* [gr.], abgeplatteter Körper,

entsteht durch Rotation einer Ellipse um ihre kleinere Achse.

Sphärometer, *s.* [gr.], Instrument m. Mikrometerschraube z. genauen Messung d. Dicke v. Plättchen u. d. Krümmung v. Kugelflächen (z. B. bei Linsen).

Sphinkter, *m.* [gr.], lat. *Musculus sphincter,* → Schließmuskel.

Sphinx, 1) *w.* od. *m.,* Mz. *Sphingen,* Steinfigur aus (geflügeltem) Löwenleib mit Menschen- od. Widderkopf. *Ägypt. S. v. Giseh,* z. Verherrlichung des Königs Chephren, galt im Neuen Reich als Symbol d. Sonnengottes; **2)** *w.,* in d. griech. Sage weibl., menschenfressendes Ungeheuer b. Theben, gab unlösbare Rätsel auf; von → Ödipus bezwungen.

Sphragistik, *s.* [gr.], histor. Hilfswissenschaft, Siegelkunde.

Spica [l. „Ähre"], hellster Stern 1. Größe in der Jungfrau, Doppelstern; nördl. → Sternhimmel E.

Spiegel, 1) *biol.* heller Fleck am After von Reh-, Rot-, Dam-, Muffel- u. Gemswild; **2)** Licht reflektierende Fläche; durch Metallbelag oder → Totalreflexion wirkend; erzeugt ein *virtuelles Bild,* bei dem rechts und links vertauscht ist; *halbdurchlässige S.,* z. B. zur Strahlenteilung in Farbkameras; außer ebenem *S.* auch → Hohlspiegel. - **S.reflexkamera,** das Licht gelangt vom Motiv zum Objektiv, geht durch dieses hindurch, trifft auf einen um 45° geneigten Spiegel; von hier wird das Motivbild umgelenkt zur Mattscheibe u. zum Okular. Vorteil: Absolut naturgetreues Sucherbild, das in Verbindung mit Wechselobjektiven auch die Änderung der Perspektive u. des Abbildungsmaßstabes zeigt.

Spiegel, Der, wöchentl. Nachrichtenmagazin i. Hamburg, gegr. Januar 1947, Hg. Rudolf *Augstein.*

Spiegel-glas → Glas. - **S.sextant** → Sextant. - **S.teleskop** → Fernrohr.

Spiekeroog (D-2941), *Nordseeheilbad S.,* eine der Ostfries. Inseln (Kr. Wittmund, Nds.), Seebad; 17,7 km², 672 E.

Spiel, Hilde (19. 10. 1911–30. 11. 90), östr. Schriftstellerin; schrieb Romane, Erzählungen, Essays, Kritiken; *Kati auf der Brücke* (1933), *Anna u. Anna* (1988), *Welche Welt i. meine Welt* (1990).

Spielart, *Variante,* Sonderform einer → Art.

Spielbanken, öffentliche, bieten gewerbsmäßig Möglichkeit zum Glücksspiel; nur mit bes. staatl. Zulassung u. im allg. nur in Kur- u. Badeorten.

Spielbein, bei Tanz u. Gymnastik das unbelastete Bein im Stand; Ggs.: → Standbein.

Spielberg [*'spilbəg*], Steven (* 18. 12. 1947), am. Filmregisseur; *Jaws* (1975); *Close Encounter of the Third Kind* (1976); *Raiders of the Lost Ark* (1980); *E. T. - The Extraterrestrial* (1982); *Indiana Jones and the Temple of Doom* (1983); *The Color Purple* (1986); *Indiana Jones and the Last Crusade* (1989).

Spielhagen, Friedrich (24. 2. 1829–25. 2. 1911), dt. Schriftst.; Roman: *Problematische Naturen;* Drama, Poetik.

Spielkarte (Mittelalter)

Spielkarten, für alle Arten v. Kartenspielen; mit best. Figuren u. Zeichen v. versch. Rangordnung; wahrscheinl. chin. Ursprungs, seit 14. Jh. in Europa; 4 Gruppen od. *Farben:* bei *dt.* Karte (32 Blätter): *Eichel* (Eckern, Kreuz), *Grün* (Schippen), *Rot* (Herz), *Schellen* (Eckstein); bei *frz.* Karte od. *Whistkarte* (52 Blätter), *Pikettkarte* (32 Blätter): *Treff* (Kreuz), *Pique, Cœur* (Herz), *Karo; Tarockkarte* (78 Blätter): frz. Karte und 21 bezifferte Blätter, ein Harlekin (Skys) u. 4 Reiter (Kavals); Einführung v. S. in den Verkehr unterliegt d. Besteuerung.

Spielleiter → Regisseur.

Spielleute *des 16. Jh.*

Spielleute, im MA die wandernden Musikanten, Tänzer und Gaukler; im 13. und 14. Jh. zu Zünften zusammengeschlossen m. eigenem Recht *(Pfeiferrecht).*

Spielmannsdichtung, angeblich die Dichtung d. fahrenden Leute i. MA, Epen, um 1170 vermutlich v. Geistlichen verfaßt: *Herzog Ernst; König Rother.*

Spier, svw. → Spiräe.

Spieren, auf Segelschiffen Ersatzrundhölzer f. Rahen und Stengen.

Spierwurm, häufiger Meeresringelwurm; Kothäufchen auf den Watten.

Spieß, 1) alte Stichwaffe; **2)** endenlose u. unverzweigte Geweihstange (Gehörnstange) von Hirsch (Rehbock), *Spießer;* **3)** svw. Hauptfeldwebel (Kompaniefeldwebel).

Kreuzspinne

Spießbürger, *Spießer,* **1)** der nur mit Spieß bewaffnete, ärmere Bürger im MA; **2)** heute svw. engstirniger Mensch.
Spieße, in der Drucktechnik Bez. für versehentl. abgedruckte Bleistückchen *(Ausschlußstücke).*
Spießer → Geweih, → Spieß 2).
Spießglanz, *Antimonsulfid,* wichtigstes Antimonerz.
Spießrutenlaufen, *Gassenlaufen,* mil. Strafe im 18. Jh.: Verurteilter läuft durch Doppelreihe von Soldaten, die ihm Rutenhiebe geben.
Spikes [engl. *spaiks*], **1)** mit Dornen versehene Rennschuhe; **2)** in Winterreifen von Kraftfahrzeugen eingelassene Stifte zur Verminderung d. Rutschgefahr; wegen Straßenabnützung (Fahrrillenbildung) s. 1975 in BR verboten; Ersatz: Haftreifen.
Spill, *s.,* el. od. mit Dampf betriebene Winde im Schiffsbetrieb zum Einholen v. Tauen, Ketten; m. vertikaler (Gang-S.) od. horizontaler (Brat-S.) Trommel.
Spin, *m.* [engl.], Drall (Drehung um die Körperachse) d. → Elementarteilchen im Atom, dem Drehimpuls infolge Rotation vergleichbar; zur Stabilisation d. Körperlage (z. B. Erdsatelliten, Tennisball).
spinale Kinderlähmung → Kinderlähmung.
Spinat, Blattgemüse, Gattung der Gänsefußgewächse, Winter und Frühjahr; ähnlich, aber nicht verwandt: *neuseeländ. S.,* auch in Europa angebaut; *engl. S.,* ein → Ampfer.
Spindel, 1) rotierende Walze zur Aufnahme des Spinnfadens; verwendet beim Spinnrad; auch → Selfaktor; **2)** Wellen bei Werkzeugmaschinen usw. (z. B. bei der *S.presse).*
Spindelbaum, *Euonymus, Pfaffenhütchen,* Sträucher u. Bäumchen m. giftigen, v. rotem Mantel umschlossenen Samen.
Spinelle, *m.,* → Silicatminerale, durch Metalloxide rot, blau, grün, schwarz gefärbt; die roten, durchsicht. Abarten sind wertvolle Edelsteine (Abb. S. 343).
Spinett, *s.* [it.], kleinere Form des Cembalo; Saiten durch Federkiele (it. *spina* „Dorn") angerissen.
Spinnaker, *m.,* Beisegel bei *raumem* (schräg v. hinten kommendem) u. achterl. Wind; leichtes, meist buntes Ballonsegel.
spinnen, 1) Aneinanderlegen u. Zus.drehen mehr od. weniger kurzer u. langer Fasern zu einem beliebig langen Webfaden; mit Handspindel und Spinnrocken am → Spinnrad; **2)** Herstellen v. → Chemiefasern.

Spinnen, Ordnung der Gliedertiere, Kieferfühler mit Giftdrüsen; bauen z.T. Fangnetze (Spinnwarzen am Hinterleib) verschiedenartigster Form (Rad-, Röhrennetze usw.) oder erjagen Beute im Sprung u. i. Verstecken; → Kreuzspinne, → Vogelspinnen.
Spinnentiere, Klasse der Gliedertiere, in Kopfbruststück und Hinterleib gegliederter Körper; am Kopfbruststück 2 Kiefer und 4 Beinpaare; atmen durch → Tracheen; wichtigste Ordnungen: *Spinnen, Skorpione, Milben.*
Spinner, Nachtschmetterlinge, Flügel in der Ruhe dachförmig, Körper wollig; Raupen meist behaart (Gifthaare), spinnen Kokon für Puppe. Viele Schädlinge; jedoch auch der → Seidenspinner.
Spinnerei, Fabrik zur Herstellung der zum Weben usw. nötigen Fäden aus der Rohfaser auf mechan. Wege; Rohstoff (Wolle, Flachs, Baumwolle usw.) wird gereinigt und auf *Krempelmaschine* zerfasert: glattgelegte Faser auf *Kämm-Maschinen* gekämmt, dann zu *Vorgarn* lose vereinigt (Nitscheln), dieses auf *Feinspinnmaschinen* (→ Selfaktor) zu Feingarn zus.gedreht; *Kammgarn* wird aus langen glatten Wollfäden, *Streichgarn* aus kurzen, stark gekrempelten Fäden gewonnen.
Spinnrad, durch Tretrad bewegte Vorrichtung, um von Hand durch Auszupfen und Drehen der Rohfasern diese zu Garn zu spinnen.
Spinnrocken, süd- u. westd. *Kunkel,* ost- u. norddt. *Rocken,* Stab am Spinnrad, um den Rohfasern gewickelt werden.
Spínola, António de (* 11. 4. 1910), portugies. Gen. u. Pol.; nach d. Sturz → Caetanos Mai–Sept. 1974 Staatspräs.; n. mißlungenem Putsch 1975/76 im Exil.
Spinoza, Benedictus de, eigtl. *Baruch Despinoza* (24. 11. 1632–21. 2. 77), Phil.,

Baruch Despinoza

aus Portugal stammender ndl. Jude, wegen rel. Freidenkertums von der jüd. Gemeinde verdammt; nach ihm ist Gott Grund u. Inbegriff aller Dinge, die mit math. Notwendigkeit aus d. Wesen Gottes folgen, → Identitätsphilosophie; pantheistischer → Determinismus; *Ethik* (in math. Darstellung); *Theol.-pol. Traktat* u. *Pol. Traktat.*
spintisieren, grübeln.
Spion [it.], **1)** Späher, Auskundschafter von pol., mil. od. Geschäftsgeheimnissen i. Dienst e. od. mehrerer Gegners („Werkspionage"); **2)** vor d. Fenster angebrachter Spiegel z. Beobachten der Straße; **3)** meist m. Linsen versehenes Guckloch i. d. Tür z. Beobachten der Vorgänge außerh. d. Raumes.
Spionage [frz. *-'naʒə*], Auskundschaften v. Staatsgeheimnissen, strafbar nach den Bestimmungen über → Landesverrat u. verfassungsverräterischen Nachrichtendienst; völkerrechtl. erlaubt, Verurteilung des Spions nach Landesrecht. → Geheimdienst; auch → Werkspionage.
Spiräe, *w., Spier,* strauchige Rosengewächse m. meist weißen Blütenrispen; zahlr. Ziersträucher.
Spirale, *w.* [nl.], **1)** ebene Kurve, die in immer weiteren Windungen um einen Punkt zieht; oft mit Schraubenlinie (→ Wendel) verwechselt, z. B. „Spi-

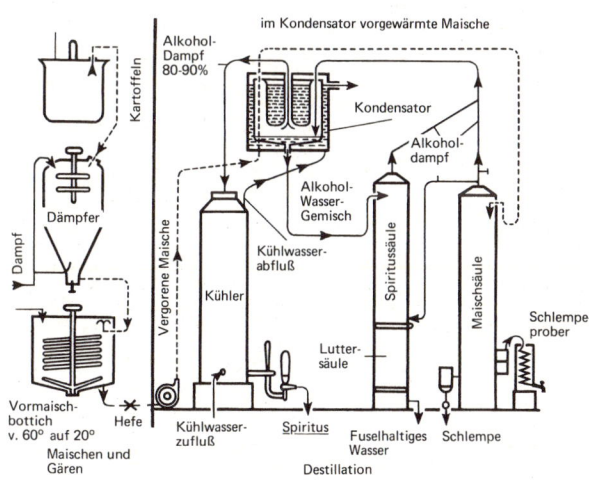

im Kondensator vorgewärmte Maische

Alkohol-Dampf 80-90%

Kartoffeln

Kondensator

Alkoholdampf

Alkohol-Wasser-Gemisch

Dämpfer

Dampf

Vergorene Maische

Kühlwasserabfluß

Kühler

Spiritussäule

Maischsäule

Schlempeprober

Luttersäule

Vormaischbottich v. 60° auf 20°

Hefe

Kühlwasserzufluß

Spiritus

Fuselhaltiges Wasser

Schlempe

Maischen und Gären

Destillation

Spiritusfabrikation

ral"bohrer, -feder usw.; **2)** Intrauterinpessar (IUP), Mittel zur Empfängnisverhütung, wird in das Uteruskavum eingeführt; zahlreiche Modelle.

Spiralnebel, frühere Bez. für → Galaxien.

Spirant, *m.* [l.], Reibelaut (z. B. *s, sch, f, j, ch).*

Spirdingsee, größter der Masurischen Seen, in Ostpreußen, 23 m tief, 113,8 km²; fischreich; Abfluß Pissek zum Narew.

Spiritismus [nl.], okkultistischer Glaube an die Offenbarung von Geistern Toter durch Klopftöne, Schreibdiktat oder *Materialisation,* d. h. Sichtbarwerden ihrer sonst unsichtbaren "ätherischen Hülle"; oft zu Betrügereien ausgenutzt.

Spiritual, *m.* od. *s.* [engl. *'spırıtjuəl*], geistl. Lied der nordam. Neger, eine der Quellen des Jazz; durch eur. Beeinflussung heute dem Kunstgesang angenähert, urspr. Art noch erhalten im *Gospelsong,* der in Negerkirchen aus spontana Improvisationen der Gemeinde entsteht.

Spiritualismus [l.], phil. Lehre, daß das Körperliche nur Erscheinungsform des Geistigen *(Idealismus)* od. bloße Vorstellung ist *(Berkeley).*

Spiritus, *m.* [l.], **1)** Hauch, Geist; **2)** *Ethylalkohol (C₂H₅OH),* Herstellung durch Hefegärung zuckerhaltiger Naturprodukte (auch stärkehaltiger wie Kartoffeln, Mais, Getreide usw., nach vorheriger Verzuckerung durch "Maischen") u. Abdestillieren des Roh-S., der durch bes. "Kolonnenapparate" rektifiziert wird; synthet. S. aus Ethylen, steuerbegünstigter S., denaturiert, zu Trinkzwekken unbrauchbar (Brenn-S.). – *S.destillation,* Ausgangsprodukte (z. B. Kartoffeln) kommen von der Waage zur Erwärmung in den Dämpfer u. von dort in die Vormaischbottiche, wo sie unter Zusatz von Malz verzuckert und auf 20 °C abgekühlt werden; Zusatz von Hefe (Gärung); aus vergorener *Maische* wird durch *Destillation* Spiritus gewonnen; Abfälle z. Schlempe (Viehfutter) u. Fuselölen (für Fruchtaromen); → Schaubild S. 891.

Spiritus rector [l. "des Geistes Lenker"], geistig treibende Kraft, Seele einer Sache.

Spirochäten, korkenzieherförmige Bakterien, z. T. Krankheitserreger, z. B. *Treponema pallidum (Spirochaeta pallida),* Erreger d. → Syphilis.

Spirometer, *s.* [gr.], Atemmeßgerät, mißt Luftfassungsvermögen der Lunge (Atemgröße).

Spital, *s.* [ml.], *Spittel, Hospital,* Krankenhaus, Altersheim, Siechenhaus.

Spittal (A-9800), an d. Drau, östr. Bez.st. in Kärnten, 14 800 E; Renaissanceschloß Porcia; Holz-, Papierind.

Spitteler, Carl (24. 4. 1845–29. 12. 1924); schweiz. Schriftst.; Epen: *Olymp. Frühling; Prometheus;* Roman: *Imago;* Nobelpr. 1919.

Spitz, sehr alte Hunderasse, spitze Ohren, gekrümmter Schwanz; Haus- u. Hofhunde (→ Tafel Hunderassen).

Spitzbergen

Spitzbergen, nördl. von Norwegen im Nördl. Eismeer gelegene norweg. Inselgruppe (drei größere u. mehrere kleinere Inseln); im W Steinkohlenbergbau, heiße Quellen, Gletschergebirge, Touristenverkehr; im NO vergletschert; bildet mit Bäreninsel u. anderen kl. Inseln das norweg. Nebenland Svalbard, 62 050 km², 1055 Norweger u. 2579 russ. Bergarbeiter; Ausfuhr v. Kohle aus norweg. Bergwerken 473 000 t, aus russ. Bergwerken 463 000 t (1987); 3 norweg. meteorolog. Stationen, 1 telemetrische Forschungsstation der ESRO; größte Siedlung: *Longyearbyen.* – Vermutlich schon 1194 v. Normannen entdeckt, dann 1596 v. Holländern wiederentdeckt; s. 1920 norweg.; Bergbau, Jagd, Fischerei, Handel, Verkehr stehen allen Nationen offen.

Spitzbogen, bes. f. got. Baustil kennzeichnender Bogen.

Spitzen, 16. Jh.

Spitzen [frz. *dentelles*], nach ihrer Zakkenform benannte durchbrochene, flächige Besatzstoffe aus textilen Fäden; durch Nähen, Klöppeln, Häkeln, Stricken, Knüpfen u. m. Maschinen; bes. berühmt d. *Venezianischen, Brüsseler, Brabanter, Teneriffa-, Madeira-* u. *Valenciennes-Spitzen.*

Spitzendrehbank, Drehbank, bei der das Arbeitsstück zwischen Spitzen (Spindelstock- u. Reitstockspitze) eingespannt ist.

Spitzenentladung, stille Entladung: Elektrizität strömt von isoliertem, spitzenförmigem Leiter in die Luft ab.

Spitzenwachstum, *Akromegalie,* → Riesenwuchs.

Spitzmäuse, mausähnl. Insektenfresser, kleinste dt. Säugetiere: *Feld-, Haus-, Wald-, Wasser-* (Fischereischädling), *Zwergspitzmaus* (5 cm).

Spitzweg, Carl (5. 2. 1808–23. 9. 85), urspr. Apotheker; dt. Maler u. Zeichner d. Biedermeier; *Der arme Poet;* → Serenade.

Spleen, *m.* [engl. *spli:n*], eigtl. "Milz"; svw. Schrulle, Verschrobenheit (seltener üble Laune).

spleißen, *splissen, seem.* kunstgerechtes Verflechten v. Seilen u. Tauwerk.

splendid [l.], **1)** prächtig, glänzend, freigebig; **2)** im Buchdruck: weiträumig gehaltener Schriftsatz; Ggs.: → kompreß.

Splendid isolation [engl. *-aisə'leiʃən* "glänzendes Alleinsein"], Bez. für die Unabhängigkeit Großbritanniens von jeder außenpol. Bindung im 19. Jh.

Splint, *m.,* **1)** i. *Maschinenbau:* Sicherungsvorstecker (z. B. bei Schraubenmuttern), meist aus halbrundem Eisendraht; **2)** das noch lebende helle u. weiche Holz unter d. Baumrinde.

Split, *Spljet,* it. *Spalato,* jugoslaw. Haupthafenplatz in Dalmatien, 181 000 E; röm.-kath. Bistum; Ruinen des Diokletianpalastes; Schwefelquelle.

Splitting [engl.], spalten, zerteilen; Einkommensteuerveranlagung bei Eheleuten; die Steuer wird aus d. Hälfte des Gesamteinkommens berechnet u. dann verdoppelt; in d. BR s. 1958 eingeführt ("Hinausschieben" d. Steuerprogression).

Splügen, Alpenpaß (2113 m) zw. Graubünden und Oberitalien, benannt nach dem Dorfe S. – **S.straße** vom Hinterrheintal zum Comer See.

SPÖ, Abk. f. *Sozialdemokratische Partei Österreichs,* → Parteien, Übers.

Spohr, Louis (5. 4, 1784–22. 10. 1859), dt. Violinist u. Komp.; Opern: *Faust; Jessonda.*

Spoiler, Flugzeug: Störklappe auf d. Oberseite des Tragflügels, zur Unterstützung d. Querruder.

Spokane [*spou'kæn*], St. im US-Staat Washington, am *Spokane River,* 171 000 E; kath. Bischofssitz, Uni.

Spökenkieker, *m.* [niederdt.], Geisterseher, Hellseher.

Spoleto, St. in der it. Prov. Perugia, 38 000 E; Erzbischofssitz, röm. Bauten: Aquädukt, Amphitheater; Dom; Braunkohlengruben.

Spolien, bei den Römern; erbeutete Waffen; im MA dem Staat oder dem anheimfallenden Nachlaß geistl. Fürsten.

Spondeus, *m.* [*-'deŭs*], griech. Versfuß, 2 lange (betonte) Silben: ‒ ‒.

Spondylose, Arthrose der Wirbelkörper.

Sponsorsendung, Radio- od. Fernsehsendung, d. v. Anzeigenkunden bezahlt u. prakt. auch inhaltl. beeinflußt wird.

Carl Spitzweg

spontan [l.], einer plötzlichen Eingebung folgend, aus eigenem Antrieb.

Spontini, Gaspare (14. 11. 1774–24. 1. 1851), it. Komp., 1820–41 Gen.musikdirektor in Berlin; Opern: *Die Vestalin; Fernando Cortez; Olympia.*

Sporaden [„die Zerstreuten"], zwei gebirgige Inselgruppen im Ägäischen Meer; überwiegend von Griechen bewohnt; die *nördl.* S. vor der O-Küste Griechenlands gehören zum Nomos Euböa, 77 Inseln, größte Skyros; die *südl.* vor der SW-Küste Kleinasiens, der → Dodekanes.

sporadisch [gr.], verstreut, vereinzelt.

Sporen, *w.* [gr. „Saat"], ungeschlechtl. entstehende Fortpflanzungs-(Keim-)Zellen bei Pflanzen; als S. werden auch (mehrzellige) Fortpflanzungskörper vieler Moose, Farne, Protozoen u. Bakterien bezeichnet. – **S.tierchen,** *Sporozoa,* einzellige, in anderen Tieren schmarotzende Urtiere; pflanzen sich durch (mit Schale versehene) Sporen fort (z. B. der Erreger der → Malaria).

Sporenschlacht → Kortrijk.

Spoerl, Heinrich (8. 2. 1887–25. 8. 1955), dt. humorist. Schriftst.; *Die Feuerzangenbowle; D. Maulkorb.*

Sporn, 1) Mz. *Sporen,* Metallvorrichtung am Reitstiefelabsatz zum Anspornen des Pferdes; im Altertum oft nur an einem Fuß getragener Stachel; seit 13. Jh. Radsporen; 2) beim *Flugzeug* gefederte Gleitkufe oder Rad (Spornrad) zum Tragen des Schwanzendes des Flugzeugs am Boden und zum Schutz des Leitwerks vor Beschädigung.

Sport, Spiel, Liebhaberei; heute im Ggs. zu Spiel u. Turnen Disziplin d. Leibesübungen, meist m. Leistungswertung; ausgeübt durch Amateure u. Berufssportler (Professionals) als Individual- und Mannschaftssport zur Pflege u. Steigerung d. körperl. Fähigkeiten; Messung d. Leistungen im Wettkampf. *S.arten:* → Leichtathletik, Schwerathletik, Fechten, Schwimmen, Reiten, Wasser-, Motor-, Rad-, Schieß-, Winter-, Flug-S., Boxen, Ringen, Ballspiele (Fußball, Tennis usw.). Dt. Sportverbände zus.geschlossen im → Deutschen Sportbund. – *Geschichte:* S. bei allen Völkern u. zu allen Zeiten; Blüte i. d. Antike in Griechenland (→ Olympische Spiele); in Europa als Volksbewegung erst im 19. Jh. (Guts-Muths, → Jahn); Ausbildung der Wettkampfformen u. -regeln zuerst in England Ende d. 19. Jh.; 1896 in Athen 1. Olymp. Spiele auf Anregung v. Baron de → Coubertin.

Sportabzeichen, von Sportverbänden verliehene Auszeichnung für den Bedingungen entsprechende vielseitige sportl. Leistungen; meist in alters- oder leistungsmäßig differenzierten Klassen vergeben; wichtigste Arten: Dt. Sportabzeichen (DSB), Dt. Jugend-Sportabzeichen (DSB), Dt. Schülersportabzeichen (DSB), Europäisches Sportabzeichen

(ESB), Sport-Leistungsabzeichen (BLSV); Sportabzeichen der einzelnen Fachverbände.

Sporteln, *w.* [l.], 1) Nebeneinnahmen; 2) früher: amtl. Gebühren, behielt einziehender Beamter.

Sportherz, *Sportlerherz,* durch Anpassung an Dauerbelastung muskulär vergrößertes Herz (vergrößertes Schlagvolumen).

Spotlight, *s.* [engl. *-lait*], 1) (Punkt-)Scheinwerfer m. konzentriert gebündeltem Licht (i. Theater, Film, Fernsehen); 2) übertragen: Rampenlicht.

spotten, Eigenschaft mancher Vögel, andere, insbes. Vogellaute nachzuahmen (z. B. Gartenspötter, Rohrsänger, Spottdrossel).

S.P.Q.R., *Senatus Populusque Romanus* [l.], „Senat u. Volk v. Rom", röm. Hoheitszeichen b. Inschriften.

Sprachbarriere, soziolog. Bez. f. die Kluft zw. den von versch. gesellschaftl. od. fachl. Gruppen entwickelten Sprachen.

Sprache → Übers. S. 896.

Sprachgesellschaften, sorgten im 17. Jh. für Reinigung von fremdsprachigen Modeworten u. Bereicherung der dt. Sprache: *Fruchtbringende Gesellschaft, Palmenorden, Pegnitzschäfer* u. a.

Sprachlabor, Geräteapparat f. Sprachunterricht zur Wiedergabe u. Aufnahme gesprochener Sprache; Lehrer überspielt vom Steuerpult Lehr- u. Übungsmaterialien an die Schülerplätze; der Schüler kann individuell arbeiten, der Lehrer kann kontrollieren u. sich einschalten.

Sprachlehre → Grammatik.

Sprachpsychologie → Psycholinguistik.

Sprachrohr, Trichter zur Lautverstärkung; auch Rohrleitung zur Sprachübertragung in entfernte Räume (z. B. von der Schiffskommandobrücke nach dem Maschinenraum).

Spranger, 1) Carl-Dieter (* 28. 3. 1939), CSU-Pol.; 1982–91 Parlamentar. Staatssekretär im B.innenmin., s. 1991 B.justizmin. 2) Eduard (27. 6. 1882–17. 9. 1963), dt. Pädagoge u. Kulturphil.; *Psychologie des Jugendalters.*

Spray, *m. od. s.* [engl. *sprei*], 1) Spritzapparat od. Sprühdose z. Zerstäuben v. Flüssigkeiten; dabei verwendete Treibgase z. T. umweltschädlich (Fluorchlorkohlenwasserstoffe); 2) durch Zerstäuben entstehende Flüssigkeitsnebel.

Sprechmaschine, Apparat zur Aufnahme u. Wiedergabe v. Lauten u. Klängen, erfunden 1877 v. → Edison (→ *Phonograph);* Schwingungen über großen Trichter auf Membrane (Metall od. Glimmer) geleitet, die Schneidenadel betätigt, geschnitten auf m. Stanniol bespannte Walze, später auf Wachswalze. 1887 erfand Berliner Wachsplatte; S. auch unter d. Namen *Grammophon* populär; Tiefschrift durch Seitenschrift ersetzt (Schwingungsaufzeichnung statt durch vertikal, jetzt durch seitl.

Auslenkung aus d. Ruhelage). Ende der 20er Jahre Aufzeichnung el. über Mikrophon u. Verstärker durch Saphirschreibstift auf rotierende wachsüberzogene Zinkplatte, v. d. auf elektrolyt. Wege eine Kupfermatrize gefertigt wird; Vervielfältigung durch Abdrücke auf v Schallplatten, Antrieb durch Federkraft od. el.; Abspielgerät heute → Plattenspieler.

Spree, l. Nbfl. der Havel bei Spandau, aus der sächs. Oberlausitz, in vielen Kanälen durch den Spreewald in d. Niederlausitz (früher Sumpflandschaft, heute Weideland, Acker- u. Gartenbau; z. T. wendische Bewohner), durchfließt Neuendorfer, Schwieloch-, Müggelsee u. Berlin, 382 km l., 147 km schiffbar; Kanäle zur Oder u. Havel.

Spremberg (D-7590), Krst. i. Bbg, i. d. Lausitz, 24 547 E; Webschule, Braunkohlegruben; Großkraftwerk *Trattendorf.*

Spreng-giebel, Bogen über Türen u. Fenstern m. ausgespartem Scheitel. – **S.-werk,** Baukonstruktion mit Unterstützung des horizontalen Hauptträgers durch schräg angreifende, gegeneinander abgestützte Stützen.

Sprengel, 1) Weihwedel; 2) Amtsbez., bes. e. Bischofs; 3) *Schulsprengel.*

Spreng-gelatine, Dynamitpräparat; Lösung von Kollodium in 92 Teilen Nitroglycerin. – **S.kapsel,** mit Knallquecksilber und Kaliumchlorat gefüllte Hülse zum Entzünden von S.stoffen; Zündung durch bes. Zünder. Zündschnur od. elektrisch mittels der Zündapparates u. Glühzünders; in Italzündung. – **S.öl,** explosibles Öl, svw. → Nitroglycerin. – **S.stoffe,** svw. → Explosivstoffe.

Sprengstoff-verbrechen, alle Straftaten, d. vorsätzl. od. fahrläss. Gefahr durch S. herbeiführen; im engeren Sinne: Verbrechen nach S.gesetz v. 9. 6. 1884 (13. 9. 1976).

Sprichwort, vom Volk geprägte Formel für eine Lebenserfahrung (-weisheit); kennzeichnen für Denkweise u. Wesen eines Volkes.

Spriet, *s.,* am Mast d. Segelschiffs befestigte Querstange zum Spannen d. Segels; → Takelung.

Springbock

Springbock, südafrikanische rehgroße Antilope; bis 5 m weite, 2 m hohe Sprünge.

Springe (D-3257), St. am Fuß d. Deisters, i. Kr. Hannover, Nds., 29 209 E;

Sport I
Abbildungen von links nach rechts: *1. Reihe:* Kunstturnen, Ringe – Reck – Barren – Schwebebalken. *2. Reihe:* Judo – Degenfechten – Mannschaftsfahren. *3. Reihe:* Gewichtheben – Basketball – Eishockey – Alpiner Skilauf, Abfahrt. *4. Reihe:* Rennschlitten – Skispringen – Eisschnellauf – Eiskunstpaarlauf.

Sport II
Abbildungen von links nach rechts: *1. Reihe*: Jagdspringen – Speerwerfen – Hochsprung. *2. Reihe*: Stabhochsprung – Tennis – Diskuswerfen – Hürdenlauf. *3. Reihe*: Kurzstreckenlauf – Weitsprung – Drachenfliegen – Turmspringen. *4. Reihe*: Schwimmen – Kanuslalom – Rudern, Achter.

Sprache

die nicht nur tierhaft-lautliche u. gefühlsgetragene, sondern die artikulierte u. logische Mitteilungsfähigkeit, die als Ausdruck einer bewußten Geistigkeit eine der schärfsten Grenzen zw. Tier u. Mensch zieht. Alle bekannten „lebenden" u. „toten", d. h. alle noch oder nicht mehr gebrauchten Sprachen sind Endergebnisse langer Entwicklungen in der Vorgeschichte bzw. z. T. auch historisch verfolgbarer Wanderungen (Indoeuropäisch), Verflechtungen (Englisch) u. Überschichtungen (Annamitisch). – Nach dem *Grad der „Verwandtschaft",* d. h. der grammatischen Ähnlichkeit, werden die Dialekte (→ Mundarten) zu Sprachen, Sprachzweigen, Sprachästen u. endlich zu *Sprachstämmen* zusammengefaßt. Nach dem *„Typus",* d. h. dem inneren Bau, unterscheidet man: *isolierende,* d. h. unveränderte Wörter aufreihende Sprachen (Chinesisch), *agglutinierende,* durch Vor- und Nachsilben die Bedeutung wandelnde (Türkisch), *inkorporierende,* in langen Wörtern begriffsbildende (Altmexikanisch) u. *flektierende,* den Wortstamm abwandelnde Sprachen (Griechisch). Nach der *Anwendung* werden schließlich *Volks-* (Deutsch), *Verkehrs-* (Suaheli) u. intern. *Hilfssprachen* (→ Esperanto) unterschieden. – Die Trägergruppen der Sprachen sind nicht mit Rassen zu verwechseln: Sprachen bilden Völker von gleicher Kultur und Abstammung, Rassen aber Typengruppen gleichen Aussehens u. biol. Verhaltens.

Die Sprachen der Erde
(ausgestorbene Sprachen sind durch + bezeichnet):
I. Indoeuropäisch.
A. Kentumsprachen (Merkmal: 100 = kentum).
GERMANISCH: a) *Ostgermanisch:* Gotisch+ (war Schriftsprache), Wandalisch+, Burgundisch+ u. a.; b) *Nordgermanisch:* Altnordisch+; daraus Isländisch, Norwegisch, Dänisch, Schwedisch; c) *Westgermanisch:* Englisch, Friesisch u. Deutsch mit Niederdeutsch, Flämisch, Niederländisch, Afrikaans. – ROMANISCH: a) *Italisch:* Oskisch+, Umbrisch+, Lateinisch(+); aus letzterem das moderne Lateinisch; b) *Romanisch:* Italienisch, Spanisch, Katalanisch, Portugiesisch, Französisch, Provenzalisch, Rumänisch, Rätoromanisch (Ladinisch). – KELTISCH: Gallisch+, Gälisch (Irisch, Schottisch), Kymrisch (Walisisch, Bretonisch). – GRIECHISCH: Altgriechisch+, Neugriechisch. – OSTGRUPPE: Hethitisch+, Tocharisch+.
B. Satemsprachen (Merkmal: 100 = satem).
SLAWISCH: a) *Ostslawisch:* Großrussisch, Weißrussisch, Ukrainisch; b) *Westslawisch:* Polnisch, Kaschubisch, Tschechisch, Slowakisch, Wendisch; c) *Südslawisch:* Bulgarisch, Serbokroatisch, Slowenisch. – BALTISCH: Litauisch, Lettisch, Pruzzisch (Altpreußisch)+. – ALBANISCH: vom Illyrischen+: Toskisch, Gegisch. – TURANGISCH: a) *Neuarmenisch:* (vom Phrygischen+), Oss(et)isch (vom Sakisch-Alanischen+); b) *Sakisch:* (mit Alanisch+, Skythisch+, Massagetisch+, Sarmatisch+ u. a.); Mitannitisch+, Kossäisch+ (= Kassitisch). – INDOARISCH: a) *Iranisch:* Avestisch+ (Altpersisch); Pahlewi+ (Mittelpersisch, Parthisch+), Medisch+, Soghdisch+, Persisch; Parsi; Kurdisch, Afghanisch, Balutschi, Galtscha; b) *Indisch:* Sanskrit+ (Altindisch); Prakrit+; Pali+ (Mittelindisch); Hindostani (= Hochindisch, Verkehrssprache, als Kommandosprache „Urdu"), Hindi, Pandschabi, Sindhi, Marathi, Bengali u. a.; Singhalesisch.
II. Japhetitisch (Kaukasisch). Iberisch+, Baskisch. – Etruskisch (Altitalisch), Pelasgisch+ (Vorgriechisch). – Kleinasiatisch+: Lydisch+; Karisch+, Kappadokisch+ u. a. – Kaukasisch: Altarmenisch+, Georgisch, Mingrelisch, Tscherkessisch, Abchasisch, Lesghisch, Tschetschenisch u. a. – Altmesopotamisch: Chaldäisch+, Elamisch+, Sumerisch+.
III. Hamito-semitischer Sprachstamm. HAMITISCH: a) *Berberisch:* Kabylisch, Libysch, Tuareg, Zenaga, Pul (Fulbe); b) *Kuschitisch:* Altägyptisch+: Bedscha, Hádendoa, Kaffa, Somali,

Galla, Koptisch als Kirchensprache. – SEMITISCH: a) *Arabisch:* (Neuägyptisch, Neusyrisch, Algerisch u. a.), Amhara (vom Geez+, Abessinisch); b) Akkadisch+, Babylonisch+, Assyrisch+; c) Hebräisch (Neuhebräisch), Kanaanitisch, Phönizisch+ (Punisch), Aramäisch+, Syrisch.
IV. Innerafrikanische Sprachen. SUDANISCH: *Nigritisch:* a) in Ostafrika: Kunama, Nuba, Mangbetu, Songhai u. a.; b) in Westafrika: Kwa, Nupe, Ibo, Edo, Kru, Yóruba, Ewé u. a.; *Mandingo:* Soninké, Susu, Kpelle u. a.; *Semibantu:* Lafofa, Bamum, Benuë-Sprachen, Gur u. a.; *Innersudanisch:* Tebú, Haussa, Zaghawa, Kanuri, Wadai, Bagirmi, Sara u. a. – BANTU: a) *Ostgruppe:* Kisuaheli (Suaheli), Ganda; b) *Südgruppe:* Maschona u. a.; c) *Westgruppe:* Lunda, Kongo, Duala u. a. – NILOTISCH: a) *Niloto-sudanisch:* Dinka, Schilluk, Nuër u. a.; b) *Niloto-hamitisch:* Massai, Turkana, Bari u. a. – KHOISAN: Buschmännisch, Hottentottisch, Sandawe, Dámara.
V. Paläoasiatischer Sprachstamm. YUKAGIRISCH: Tschuktscho-Kamtschadalisch, Ainu-Gilyakisch.
VI. Ural-altaischer Sprachstamm. URALISCH (Finno-Ugrisch): a) *Ungarisch* (Magyarisch), Finnisch (Suomi), Estnisch, Lappisch. Wogulisch, Ostjakisch; b) *Samojedisch.* ALTAISCH: a) *Türkisch* (Osmanli), Kirgisisch, Sartisch, Usbekisch, Urianchai; b) *Mongolisch:* Burjatisch, Kalmykisch, Jakutisch; c) *Mandschu:* Tungusisch, Solonisch u. a. – ARKTISCH: Aleutisch, Eskimo.
VII. Tibeto-chinesischer Sprachstamm. TIBETISCH mit Assamisch, Naga, Katschin, Nepalisch, Leptscha. Jenissai-Ostjakisch. Birmanisch mit Tschin. Lolo. Thai (Siam[es]isch, Lao, Schan; Karén; Annam(it)isch (mit Muong). CHINESISCH: Hochchinesisch (= Mandarin, Guanhua, Guo-yü); Nordchinesisch, Südchinesisch (= Niederchinesisch = Kantonesisch, Tschekiang, Fukien, Hakka u. a.).
VIII. Drawidischer Sprachstamm. A. SÜDGRUPPE: Tamil mit Malaialam; Kanaresisch mit Toda; Tulu. B. NORDGRUPPE: Telugu; Gond, Khond, Oraon, Brahui.
IX. Austrischer Sprachstamm. AUSTROASIATISCH: a) *Mon-Khmer:* Mon, Khmer, Moi, Kamuk; b) *Munda:* Horo, Santal, Korku, Juang, Sora u. a.; c) *Malakka-Gruppe:* Semang, Senoi, Jakun; d) *Palaung:* Wa, Riang, Khasi, Nikobar; e) *Miao:* Man (Yao). AUSTRONESISCH: a) *Indonesisch:* Malaiisch, Batak, Javanisch, Dayak, Toradja; Formosanisch, Philippinisch, Malagassi, Tcham u. a. b) *Polynesisch:* Samoa, Tonga, Hawaii, Maori u. a.; c) *Melanesisch:* Neukaledonisch, Neuhebridisch, Fidschi u. a.; d) *Mikronesisch.*
X. Indianersprachen. A. NORDAMERIKA: a) *Na-Dene* mit Atapaskisch, Apatschisch, Navaho, Tlinkit, Haida u. a.; b) *Algonkin* mit Kri, Delaware, Arapaho, Scheienne u. a.; c) *Penuti:* Tschinuk, Tsimshian; d) *Selisch* (Mosan) mit Nutka, Kwakiutl u. a.; e) *Irokesisch* mit Seneka, Tscheroki, Wyandot (Huron), Mohawk u. a.; f) *Muskogi:* Käddo, Haka; g) *Sioux* mit Omaha, Mandan, Dakota, Winnebago u. a.; h) *Alt-Kalifornier* u. a.
B. MITTELAMERIKA: a) *Uto-Aztekisch:* Schoschonisch mit Komantsche, Ute, Hopi, Pima, Nahua u. a., Pueblo; b) *Otomi:* Mixtekisch, Totonakisch; Zapotekisch; c) *Maya* mit Huaxtekisch; Miskito u. a.
C. SÜDAMERIKA: a) *Andengruppe:* Tschibtscha, Ketschua-Amara, Araukanisch; b) *Nordgruppe:* Kar(a)iben; Aruak mit Goajiro und Jivaro; Tupi-Guarani; Ges mit Botokudisch; Kayapo u. a.; c) *Südgruppe:* Guaikurú und Mataco; Patagonisch (Tehueltsche, Ona); Feuerländisch (Jahgan u. Alakaluf).
XI. Isolierte Sprachen. A. MITTELMEERRAUM U. VORDERASIEN: Rätisch+, Ligurisch+, Eteokretisch+, Eteokyprisch+, Churritisch+, Kassitisch+, Chattisch+, Urartäisch+ u. a.
B. ASIEN, AUSTRALIEN U. OZEANIEN: Andamanisch, Buruschaski, Koreanisch, Japanisch, Nahali, Tasmanisch, Papuasprachen u. a.

Sprache (Fortsetzung)

Verbreitung der wichtigsten Sprachen

Als Muttersprache wird gesprochen		von etwa
Englisch	in England, den USA, Teilen von Kanada, Australien und dem übrigen Commonwealth. Handelssprache (Pidgin-Englisch) im Fernen Osten u. a.	409 Mill.
Russisch	in der Sowjetunion, bes. in d. Russ. Sozialist. Föderativen Sowjetrepublik	280 Mill.
Deutsch	in Deutschland, Österreich, Ostschweiz, Südtirol, Elsaß, Luxemburg, Eupen-Malmédy, von den Restvolksgruppen in Mittel- u. Osteuropa; in Auswanderungsländern USA, Brasilien u. a.	118 Mill.
Spanisch	in Spanien, auf den Kanarischen Inseln, in den ehem. span. Ländern Lateinamerikas, auf Cuba, Puerto Rico u. d. Philippinen	275 Mill.
Französisch	in Frankreich, der Südhälfte von Belgien, der Westschweiz, den Überseegebieten u. den ehem. frz. Kolonien (bes. in N- u. W-Afrika), Teilen von Kanada und Haïti.	110 Mill.
Portugiesisch	in Portugal, auf Madeira u. den Azoren, in der span. Provinz Galicien, den ehem. portugies. Kolonien, Brasilien	157 Mill.
Italienisch	in Italien, Schweiz (Tessin), Korsika und in den Auswanderungsländern (bes. Südamerika)	162 Mill.

Es sprechen Chinesisch (Mandarin 755 Mill.) 935 Mill., Koreanisch 63 Mill., Japanisch 121 Mill., Malaiisch-Indonesisch 122 Mill., Hindi 122 Mill., Bengali 160 Mill., Urdu 77 Mill., Arabisch 166 Mill., Türkisch 48 Mill.

AG; ma. Gepräge; Naturschutzgeb. (Saupark, Wisentgehege).

Springer, 1) Anton (13. 7. 1825–31. 5. 91), dt. Kunsthistoriker; *Handbuch d. Kunstgeschichte;* **2)** Axel Cäsar (12. 5. 1912–22. 9. 85), dt. Zeitungs- u. Zeitschriftenverleger; *Die Welt; Bild-Zeitung; HÖRZU* u. a.; **3)** Julius (10. 5. 1817–17. 4. 77), dt. Verleger; begr. 1842 *S.-Verlag,* Berlin, Heidelberg, Göttingen; insbes. Naturwissenschaften.

Springer, Schachfigur, soviel wie → Rössel.

Springfield [ˈsprɪŋfild], **1)** Hptst. d. US-Staates Illinois, 191 000 E; Getreidehandel; Uhrenfabrik; Kohlenbergbau; **2)** St. in Massachusetts (USA), 151 000 E; Waffenind.; **3)** St. in Missouri (USA), 139 000 E.

Springflut, bes. hohe Flut, tritt auf, wenn Sonne u. Mond gleichzeitig im Meridian stehen, d. h. bei Voll- und Neumond; Ggs.: → Nippflut.

Springhase

Springhase, hasengr. Nagetier S-Afrikas.
Springkraut, *Rührmichnichtan,* Balsaminengewächs der Laubwälder m. goldgelben, gespornten Blüten; Fruchtkapseln springen bei Berühren auf u. schleudern Samen fort.

Springs, St. in Transvaal (Rep. S-Afrika), 154 000 E; Technikum; Goldbergbauzentrum, Maschinen- u. Waggonbau.
Springschreiber, *Start-Stop-Telegraph,* ein → Fernschreiber, bei dem jedes zu übertragende Zeichen einer Anordnung

von 5 Strom- od. Nichtstromimpulsen entspricht.
Springschwänze, *Kollembolen,* hüpfende, primit., flügellose Insekten; artenreich (z. B. → *Schneefloh,* → *Gletscherfloh*).
Springspinnen, bauen keine Netze, springen Beute (Fliegen) an u. lähmen diese durch Biß. Männchen führen vor der Begattung rituelle Tänze aus u. schalten damit den Beutetrieb der Weibchen aus; z. B. *Zebra-S.*
Springwurzel → Alraunwurzel.
Sprinkleranlage, Vorrichtung zum Feuerschutz in Lagerräumen, Warenhäusern usw.; m. selbsttätiger Auslösung einer Beregnungsanlage bei Erreichung gefährlicher Temperatur bzw. Rauchdichte.
Sprinter [engl.], Sportler m. d. speziellen Fähigk. (Schnellkraft, Reizleitung, Koordination), im Laufen, Schwimmen, Eisschnellauf, Radfahren kurze Strecken i. höchstmögl. Geschw.keit zurückzulegen.
Spritz-beton → Beton.
Spritzgurke, wächst im Mittelmeergebiet; Früchte verspritzen bei Reife Saft mit Samen.
Spritzguß, Gießverfahren; flüssiges Kunstharz od. Metall durch Preßluft, Pumpen od. Zentrifugalkraft in Stahldauerformen gespritzt.
Sproß, *m.,* der über d. Erde ragende Teil d. höheren Pflanzen: Achsenkörper (Stengel, Stamm) m. Blätter; Wurzelstöcke od. Rhizome (unterird.) sind umgebildete Sprosse, keine Wurzeln.
Sprossenrad, → Zahnrad m. Triebstöcken statt Zähnen; in mechan. Rechenmaschinen Zahnrad m. veränderlicher Zähnezahl.
Sprossenwand, leiterähnl., i. Schweden entwickeltes Turngerät f. körperbildende Übungen.
Sprosser, osteur. → Nachtigall (etwas größer).

Sprossung, vegetative Vermehrung bei einzell. Pflanzen (z. B. Hefe); entspricht der → Knospung b. niederen Tieren.
Sprotte, Heringsart der Nord- u. Ostsee; geräuchert als „*Kieler S.*" im Handel.
Spruch, *m.,* in der mhdt. Dichtung einstrophiges Gedicht (Ggs.: mehrstrophiges *Lied*) didaktischen Inhalts.
Sprüche Salomos, Schrift im A.T., rel. u. moral. Sprüche aus d. 8.–5. Jh. v. Chr.; Verf. unbekannt.
Spruchkammern → Entnazifizierung.
Sprung-bein, ein Fußwurzelknochen, der mit den Unterschenkelknochen das obere **S.gelenk** (Fußgelenk) bildet; → Fuß (Abb.).
Sprungregreß, Wechsel- od. Scheckrückgriff nach → Protest, b. dem sich der Wechselinhaber nicht a. d. Reihenfolge d. Wechselverpflicht. zu halten braucht.
Sprungrevision, unter Umgehung der zunächst übergeordneten Berufungsinstanz eingelegte → Revision, zulässig nur b. best. Voraussetzungen.

Sprungschanze in Cortina d'Ampezzo

Sprungschanze, Anlage f. Skispringen; bestehend aus Schanzenturm, Anlaufbahn, Schanzentisch u. Aufsprungbahn.
Sprungtemperatur → Supraleitung.

Spule, 1) lufthaltiges Endteil d. Vogelfeder; **2)** drehbare Rolle zur Aufnahme wickelbarer Materialien (z. B. Fäden u. dgl.); **3)** *Elektrotechnik:* Teil von Apparaten u. Maschinen m. geschlossener u. ordnung vielfacher Windungen von Leitungsdraht z. Erzielung induktiver Wirkungen.

Spulwürmer, *Askariden,* Darmparasiten (Fadenwürmer); *Menschen-Spulwurm,* bis 40 cm lang, ähnlich *Pferde-S.;* Eier gelangen mit Kot ins Freie und werden mit Nahrung wieder aufgenommen (in größerer Zahl gesundheitsgefährdend).

Spumante, *m.,* it. Bez. f. → Schaumwein.

Spundwand, zum Umschließen der Baugrube im Grundwasser.

Spur, 1) → Spurweite; **2)** *weidm.* die Abdrücke des Haarwildes (außer → Schalenwild) auf dem Boden, auch → Fährte.

Spurenelemente, 1) f. normalen Lebensablauf v. Mensch, Tier u. Pflanze unentbehrl. Mineralstoffe; i. d. Nahrung spurenweise enthalten; z. B. Kupfer, Zink, Iod, Fluor f. Mensch u. Tier, Bor u. Mangan f. Pflanzen); **2)** der in organ. u. anorgan. Materialien enthaltene Elementaranteil.

Spurt, *m.* [engl.], Tempobeschleunigung eines Rennens (z. B. Mehrschlag im Rudern).

Spurweite, lichte Weite zw. den inneren Fahrkanten der Schienenköpfe; *Normalspur* allg. 1435 mm; geringerer *S.: Schmalspur;* abweichende S. in der Sowjetunion, Irland, Spanien; bei Kfz Abstand zw. 2 Rädern einer Achse, von der Reifenmitte aus gemessen.

Sputnik, *m.* [russ. „Begleiter"], erster künstl. Erdsatellit (UdSSR); Start: 4. 10. 1957, Masse: 83,6 kg (→ Weltraumforschung, Übers.).

Sputum [l.], durch Husten entleerter Auswurf aus den Atmungsorganen, enthält b. Infektionskrankheiten oft deren Erreger; wichtig f. Diagnose.

Spyri, Johanna (12. 6. 1829–7. 7. 1901), schweiz. Jugendschriftst.in; *Heidis Lehru. Wanderjahre.*

Square, *s.* [englisch *skweə* „Viereck"], Grünfläche in einem Häuserblock; danach Bezeichnung für Plätze und Anlagen (zum Bsp. *Trafalgar Square* in London).

Squash [engl. *skwɔʃ*], in England entstandenes, tennisähnl. Spiel auf einem 9,75×6,40 m großen u. auf allen Seiten v. Wänden umgebenen Spielfeld; 2 Spieler spielen sich m. e. 69 cm langen Schläger einen 23 g schweren Vollgummiball im Wechsel über d. Vorderwand zu; dabei ist man bemüht, dem Gegner d. regelrechte Rückspiel zu erschweren; auch als Doppel gespielt.

Squatter, *m.* [*'skwɔtə*], in Nordamerika Ansiedler ohne Rechtstitel; in Australien Schafzüchter.

Squaw [skwɔ], Indianerfrau.

Squire [*'skwaɪə*], Kurzform für → *Esquire.*

Sr, *chem.* Zeichen f. → *Strontium.*

Srbik, Heinrich Ritter v. (10. 11. 1878–16. 2. 1951), östr. Historiker; *Metternich, d. Staatsmann u. Mensch.*

Sri Lanka, früher *Ceylon,* amtl. *S. L. prajatantrika Samajawadi janarajaya,* Inselstaat im Ind. Ozean, v. Vorderindien durch Golf v. Manar u. die Palkstraße getrennt (*Adamsbrücke,* 23 km), 65 610 km², 16,59 Mill. E (253 je km²); Bev.-Zuw. 1,5%; Bev.: Singhalesen, Tamilen, Mauren, Malayen, Mischlinge (→ Wedda), einheim. Weiße („Burghers"); Sprache: Singhales., Tamil, Engl.; Währung: Sri-Lanka-Rupie (S.L.Re.); Rel.: Buddhisten, Hindu; Hptst.: *Colombo;* Flagge S. 341, Karte S. 748. **a)** *Geogr.:* Im Innern gebirgig (*Adamspik* 2262 m, *Pedurutallagalla* 2538 m). **b)** *Landw.:* Grundlage d. Wirtsch., ca. 53% d. Erwerbstätigen, Plantagenanbau bes. von Tee (50% d. Ausfuhr), daneben Kautschuk, Kokospalmen, Kakao. **c)** *Bodenschätze:* Kaum erschlossen, bed. Edelsteinvorkommen: Graphit. **d)** *Außenhandel* (1988): Einfuhr 2,23 Mrd., Ausfuhr 1,47 Mrd. $. **e)** *Verf.* v. 1978: Präsidiale Rep. (demokr.-sozialist. Rep.) m. Einkammerparlament. **f)** *Verw.:* 9 Prov. (Palat) u. 24 Distrikte. **g)** *Gesch.:* 1517–1656 portugies., dann holl.; 1802 brit. Kronkolonie, 1948 Dominion; 1978 neues Präsidialsystem; s. 1983 blutige Konflikte zw. Singhalesen u. Tamilen; 1987 Friedensabkommen zw. Reg. u. tamil. Rebellen unter ind. Schirmherrschaft (weitgehende Autonomie f. Tamilen im Rahmen eines föderativen Staats), überwacht v. ind. Friedenstruppe (1990 wieder abgezogen), anhaltende Kämpfe. **h)** *Mitgl.:* UN, Commonwealth, Colombo-Plan.

Srinagar, Hptst. d. ind. Staates Jammu u. Kaschmir, im W-Himalaja-Gebiet, 595 000 E; Kunsthandwerk.

SS, Abk. f. *Schutzstaffel,* urspr. Leibgarde Hitlers, errang nach der → Röhm-Revolte und mit dem Aufstieg → Himmlers die vollständige Macht im Staat u. sollte „Herrenschicht" in Europa heranzüchten. – Neben allg. SS: *SS-Totenkopfverbände* als Wachverbände der → Konzentrationslager u. die *Waffen-SS* (1945 ca. 950 000 Mann). – SS im Nürnberger Prozeß zur verbrecherischen Organisation erklärt.

SSD, Abk. f. → *Staatssicherheitsdienst,* pol. Polizei der ehem. DDR.

SSR, Abk. f. *Souveräne Sowjetrep.;*

SSSR, Abk. f. *Sojus Sowjetskich Suverennych Respublik,* russ. Bez. f. Sowjetunion.

SST, Abk. f. *Supersonic-Transport-*Flugzeuge, die im Überschallbereich fliegen; → Düsenflugzeug.

Ssylka [russ. „Verbannung"], Zwangsan-

siedlung f. best. oder unbestimmte Zeit; im sowj. Strafrecht vorgesehene Form des Strafvollzuges, oft nach der Entlassung aus Lager oder Gefängnis (Ansiedlung meist in Sibirien).

SS 20, sowj. atomare Mittelstreckenrakete; Reichweite ca. 4500 km; auch → NATO-Nachrüstung.

St., Abk. f. → *Sanctus;* bei Städten Abk. f. → *Saint od.* → *Sankt.*

s. t., Abk. f. *sine tempore* [l., „ohne Zeit"], pünktlich, ohne akadem. Viertel; Ggs.: → c. t.

Staat, die als pol. Einheit organisierte u. m. Herrschaftsbefugnissen ausgestattete Gemeinschaft v. Menschen innerh. eines best. räuml. begrenzten Gebiets.

Staatenbildung, hochentwickelte Lebensgemeinschaft im Tierreich, in der nach Körperbau u. Funktion unterschiedliche Organismen spezielle Aufgaben übernommen haben (Arbeiterin, Soldat, Königin bei Ameisen, Termiten); Zus.leben durch → Pheromone gesteuert.

Staaten-bund, völkerrechtl. Vereinigung selbständiger Staaten (z. B. Deutscher Bund 1815); zu unterscheiden vom → *Bundesstaat.* – **S.losigkeit** → Nansenpaß u. → Asyl. – **S.staat,** Verbindung mehrerer Staaten, bei d. souveräner Oberstaat halbsouveräne Unterstaaten in einer Art Vasallitätsverhältnis, *Suzeränität,* beherrscht (z. B. früher die ind. Fürstenstaaten unter England).

Staats-angehörigkeit, rechtl. Zugehörigkeit einer Person zu einem best. Staat; wird erworben durch Geburt nach dem Abstammungsgrundsatz *(jus sanguinis),* wonach Staatsangehörigkeit d. Eltern bestimmend ist, od. nach d. Territorialitätsgrundsatz *(jus soli),* wonach Geburtsort maßgebend ist. Ferner Erwerb durch Eheschließung od. Einbürgerung: *Naturalisation.* Intern. nicht anerkannte Masseneinbürgerung z. B. d. Sudetendeutschen 1938 für BR durch Staatsangehörigkeitsbereinigungsgesetz 1955 nachträglich geregelt (→ Volksdeutsche). Staatsangehörigkeit d. Deutschen geregelt im mehrf. geänderten Reichs- u. Staatsangehörigkeitsges. vom 22. 7. 1913. – **S.anleihen, a)** *allg.* das Anleihen der Staaten zur Deckung außerordentl. Ausgaben; **b)** im *engeren Sinne:* zur Deckung langfrist. Geldbedarfs ausgegebene → Schuldverschreibungen. – **S.anwaltschaft,** staatl. Anklagebehörde bei Gerichten z. Verfolgung aller zu ihrer Kenntnis gelangenden Straftaten (→ Rechtspflege, Übers. – **S.aufsicht,** Kontrolle des Staates über die Gemeinden usw.; wird durch leitende Staatsbeamte u. Verwaltungsbehörden ausgeübt (z. B. Reg.-Präsidenten). – **S.banken,** bis 1945: öffentl.-rechtl. Kreditanstalten im Besitz d. Landes; dienten der Kassenhaltung d. Länder, tätigten aber auch sonstige Bankgeschäfte (z. B. Preußische Staatsbank); jetzt in d. BR

Staaten und Territorien der Erde

Name und Status	km²	Einwohner
Afghanistan *Kabul*	652.090	15.513.000
Ägypten *Kairo*	1.001.449	51.897.000
Albanien *Tirana*	28.748	3.143.000
Algerien *Algier*	2.381.741	23.841.000
Amerikanische Jungferninseln *Territorium der USA*	342	110.000
Amerikanisch Samoa *Territorium der USA*	199	37.000
Andorra *Andorra la Vella*	453	49.000
Angola *Luanda*	1.246.700	9.481.000
Anguilla *Brit. Kolonie The Valley*	96	7.000
Antigua und Barbuda *St. John's*	440	85.000
Äquatorialguinea *Malabo*	28.051	420.000
Argentinien *Buenos Aires*	2.766.889	32.425.000
Ascension *Dependenz von St. Helena*	88	1.007
Äthiopien *Addis Abeba*	1.221.900	48.500.000
Australien *Canberra*	7.682.300	16.806.730
Bahamas *Nassau*	13.878	247.000
Bahrain *Manama*	678	481.000
Bangladesch *Dhaka (Dacca)*	143.998	104.532.000
Barbados *Bridgetown*	430	254.000
Belau (Palau) *Koror*	497	14.100
Belgien *Brüssel*	30.519	9.925.000
Belize *Belmopan*	22.965	179.800
Benin *Porto Novo (Regierungssitz: Cotonou)*	112.622	4.446.000
Bermudainseln *Britische Kronkolonie mit Selbstverwaltung*	53	58.600
Bhutan *Thimbu*	47.000	1.451.000
Bolivien *La Paz/Sucre*	1.098.581	6.993.000
Bophuthatswana *Republik mit Selbstverwaltung innerhalb Südafrikas*	40.330	2.005.000
Botswana *Gaborone*	581.730	1.255.700
Brasilien *Brasília*	8.511.996	147.404.000
Britische Jungferninseln *Britisches Territorium*	153	13.000
Brunei *Bandar Seri Bergawan*	5.765	241.000
Bulgarien *Sofia*	110.912	8.995.000
Burkina Faso (Obervolta) *Ouagadougou*	274.200	8.798.000
Caymaninseln *Britisches Territorium*	259	25.400
Chile *Santiago de Chile*	756.945	12.907.000
China *Peking (Beijing)*	9.560.980	1.110.000.000
Ciskei *Republik mit Selbstverwaltung innerhalb Südafrikas*	12.075	946.000
Cookinseln *Selbstverwaltung in freier Assoziation mit Neuseeland*	293	21.000
Costa Rica *San José*	51.100	2.887.000
Côte d'Ivoire (Elfenbeinküste) *Yamoussoukro*	322.463	11.634.000
Cuba *Havanna (La Habana)*	114.525	10.487.000
Dänemark *Kopenhagen (København)*	43.077	5.129.000
Deutschland *Berlin/Bonn*	356.945	79.070.000
Djibouti *Djibouti*	23.200	484.000
Dominica *Roseau*	751	81.200
Dominikanische Republik *Santo Domingo*	48.734	6.867.000
Ecuador *Quito*	283.561	10.204.000
El Salvador *San Salvador*	21.041	5.107.000
Estland *Reval (Tallinn)*	45.100	1.573.000
Falklandinseln *Britische Kronkolonie*	12.173	2.000
Färöer *Dänisches Inselterritorium mit Selbstverwaltung*	1.399	47.700
Fidschi *Suva*	18.333	727.100
Finnland *Helsinki*	338.145	4.954.400
Frankreich *Paris*	551.500	56.160.000
Gabun *Libreville*	267.667	1.226.000
Gambia *Banjul*	11.295	812.000
Ghana *Accra*	238.537	15.537.000
Gibraltar *Britische Kronkolonie*	6,5	30.000
Grenada *St. George's*	345	99.200
Griechenland *Athen*	131.990	10.013.000
Grönland *Dänisches Inselterritorium mit Selbstverwaltung*	2.175.600	55.000
Großbritannien und Nordirland *London*	244.128	57.065.000
Guam *Territorium der USA*	541	119.000
Guatemala *Guatemala*	108.889	9.000.000
Guinea *Conakry*	245.857	6.706.000
Guinea-Bissau *Bissau*	36.125	945.000
Guayana *Georgetown*	214.969	1.007.000
Haiti *Port-au-Prince*	27.750	5.658.000
Honduras *Tegucigalpa*	112.088	4.802.000
Hongkong (einschließlich Kowloon und der Neuen Gebiete) *Britische Kronkolonie*	1.071	5.761.400
Indien *Neu-Delhi*	3.166.829	824.000.000
Indonesien *Djakarta*	1.919.443	167.896.000
Irak *Bagdad*	438.317	17.250.000
Iran *Teheran*	1.648.000	53.920.000
Irland *Dublin (Baile Atha Cliath)*	70.284	3.540.600
Island *Reykjavík*	103.000	251.690
Israel *Jerusalem*	20.770	4.509.000
Italien *Rom (Roma)*	301.268	57.525.000
Jamaika *Kingston*	10.990	2.447.000
Japan *Tokio (Tokyo)*	377.801	123.098.000
Jemen *Sana*	527.968	11.081.000
Jordanien *Amman*	97.740	3.943.000
Jugoslawien *Belgrad (Beograd)*	255.804	24.107.000
Kambodscha (Kampuchea) *Phnom Penh*	181.035	7.869.000
Kamerun *Yaoundé (Jaunde)*	475.442	10.674.000
Kanada *Ottawa*	9.970.610	25.950.000
Kap Verde *Praia*	4.033	358.000
Katar *Doha*	11.437	341.000
Kenia *Nairobi*	580.367	23.883.000
Kiribati *Bairiki*	728	66.250
Kolumbien *Bogotá*	1.138.914	30.246.000
Komoren *Moroni*	1.862	434.000
Kongo *Brazzaville*	342.000	2.266.000
Kuwait *Kuwait*	17.818	1.958.000
Laos *Vientiane*	236.800	3.875.000
Lesotho *Maseru*	30.355	1.679.000
Lettland *Riga*	63.700	2.681.000
Libanon *Beirut*	10.400	2.828.000
Liberia *Monrovia*	111.369	2.508.000
Libyen *Tripolis (Tarabulus)*	1.759.540	4.232.000
Liechtenstein *Vaduz*	160	25.215
Litauen *Wilna (Vilnius)*	65.200	3.690.000
Luxemburg *Luxemburg*	2.586	377.100

Staaten und Territorien der Erde (Fortsetzung)

Name und Status	km²	Einwohner	Name und Status	km²	Einwohner
Macau (Macao) *Portugiesisches Überseeterritorium*	16,9	439.000	São Tomé und Príncipe *São Tomé*	964	115.600
Madagaskar *Antananarivo*	587.041	11.238.000	Saudi-Arabien *Er Riad*	2.149.690	14.016.000
Malawi *Lilongwe*	118.484	7.755.000	Schweden *Stockholm*	449.964	8.498.000
Malaysia *Kuala Lumpur*	329.759	17.363.000	Schweiz *Bern*	41.293	6.673.200
Malediven *Malé*	298	202.000	Senegal *Dakar*	196.722	7.113.000
Mali *Bamako*	1.240.192	8.918.000	Seychellen *Victoria*	455	67.000
Malta *Valletta*	316	349.000	Sierra Leone *Freetown*	71.740	3.946.000
Marokko *Rabat* (ohne Westsahara)	446.550	23.910.000	Simbabwe (Zimbabwe) *Harare*	390.759	9.122.000
Mauretanien *Nouakchott*	1.025.520	1.916.000	Singapur *Singapur*	625	2.647.000
Mauritius *Port Louis*	2.040	1.077.000	Somalia *Mogadischu*	637.657	7.106.000
Mexiko *Mexiko City*	1.958.201	84.279.000	Sowjetunion (UdSSR) *Moskau*	22.402.000	286.717.000
Mikronesien *Pohnpei*	702	86.094	Spanien *Madrid*	504.782	39.053.000
Moçambique *Maputo*	799.379	14.932.000	Sri Lanka *Colombo*	65.610	16.587.000
Monaco *Monaco*	1,95	28.000	Südafrika *Pretoria*	1.127.000	30.193.000
Mongolische Volksrepublik *Ulan Bator*	1.566.500	2.001.000	Sudan *Khartum*	2.505.813	23.797.000
			Südgeorgien *Dependenz der Falklandinseln*	3.755	–
Montserrat *Britische Kronkolonie*	102	13.000	Südkorea, Rep. Korea *Seoul*	99.016	42.380.000
Myanmar (Birma) *Rangun (Rangoon)*	676.552	39.966.000	Surinam *Paramaribo*	163.265	392.000
			Swasiland *Mbabane*	17.364	737.000
			Syrien *Damaskus (Dimaschk)*	185.180	11.338.000
Namibia *Windhuk*	824.292	1.761.000			
Nauru *Yaren*	21	9.000	Taiwan (Formosa) *Taipeh (Taibei)*	36.197	20.123.000
Nepal *Katmandu*	140.797	18.234.000	Tansania *Dodoma/ Daressalam*	945.087	23.997.000
Neuseeland *Wellington*	270.986	3.292.000	Thailand *Bangkok (Krung Thep)*	513.115	54.536.000
Nicaragua *Managua*	127.849	3.622.000	Togo *Lomé*	56.785	3.247.000
Niederlande *Amsterdam* (Regierungssitz: Den Haag)	40.844	14.835.000	Tokelauinseln *Neuseeländisches Inselterritorium*	10	1.690
Niederländische Antillen	768	189.000	Tonga *Nuku'alofa*	748	95.200
Niederlän-isches Gebiet mit Selbstverwaltung			Transkei *Republik mit Selbstverwaltung innerhalb Südafrikas*	41.600	2.896.000
Niger *Niamey*	1.267.000	6.688.000	Trinidad und Tobago *Port of Spain*	5.130	1.243.000
Nigeria *Lagos*	923.768	118.700.000			
Niue *Insel mit Selbstverwaltung in freier Assoziation mit Neuseeland*	259	2.190	Tristan da Cunha *Dependenz von St. Helena*	98	313
Nordkorea, Demokr. Volksrep. Korea *Pyöngyang*	120.538	22.420.000	Tschad *N'Djaména*	1.284.000	5.401.000
			Tschechoslowakei *Prag (Praha)*	127.876	15.620.000
Norwegen *Oslo*	323.895	4.221.000	Tunesien *Tunis*	163.610	7.809.000
			Türkei *Ankara*	779.452	52.422.000
Oman *Maskat*	212.457	1.377.000	Turks- und Caicosinseln *Britisches Territorium*	430	13.000
Österreich *Wien*	83.855	7.635.600	Tuvalu *Fongafale*	26	9.000
Pakistan *Islamabad*	796.095	105.409.000			
Panamá *Panamá*	77.082	2.418.000	Uganda *Kampala*	235.880	17.189.000
Papua-Neuguinea *Port Moresby*	462.840	3.590.000	Ungarn *Budapest*	93.032	10.590.000
Paraguay *Asunción*	406.572	4.039.000	Uruguay *Montevideo*	176.215	3.080.000
Perú *Lima*	1.285.216	21.256.000			
Philippinen *Manila*	300.000	60.097.000	Vanuatu *Port Vila*	12.189	142.600
Pitcairn *Britisches Territorium*	4,6	54	Vatikanstadt	0,44	1.000
Polen *Warschau (Warszawa)*	312.677	37.862.000	Venda *Republik mit Selbstverwaltung innerhalb Südafrikas*	7.410	550.000
Portugal *Lissabon (Lisboa)*	92.389	10.408.000	Venezuela *Caracas*	912.050	18.751.000
Puerto Rico *Selbstverwaltung in Assoziation mit den USA*	8.897	3.606.000	Vereinigte Arabische Emirate *Abu Dhabi*	83.600	1.600.000
Ruanda (Rwanda) *Kigali*	26.338	6.755.000	Vereinigte Staaten von Amerika (USA) *Washington*	9.363.123	246.821.000
Rumänien *Bukarest (București)*	237.500	23.048.000	Vietnam *Hanoi*	331.689	64.412.000
St. Helena *Briti-ches Territorium*	122	6.000	Westsahara (Sahara) *von Marokko besetzt, umstritten*	266.000	169.000
St. Kitts (St. Christopher)-Nevis *Basseterre*	261	49.000	Westsamoa *Apia*	2.831	167.000
St. Lucia *Castries*	617	146.000			
St. Vincent u. die Grenadinen *Kingstown*	388	113.000	Zaïre *Kinshasa*	2.345.095	33.458.000
Salomonen *Honiara*	28.896	299.000	Zentralafrikanische Republik *Bangui*	622.984	2.771.000
Sambia *Lusaka*	752.618	7.531.000	Zypern *Nikosia*	9.251	687.000
San Marino *San Marino*	61	23.000			

→ Landeszentralbanken. – **S.bankrott,** *Repudiation,* vorübergehende od. dauernde Unfähigkeit e. Staates, s. Schuldverbindlichkeiten zu erfüllen. – **S.examen,** staatl. Prüfung bei Berufen mit vorgeschriebener Ausbildung; (z. B. bei Lehrern, Medizinern, Juristen). – **S.garantie,** Übernahme staatl. Haftung f. Schulden von staatl. Instituten (z. B. Staatsbanken, aber auch v. privaten Unternehmen). – **S.gefährdung,** Verbrechen od. Vergehen gg. Bestand, Ordnung, Verfassungsgrundsätze u. Verfassungsorgane d. BR; strafbar m. Freiheitsstrafe (§§ 81 ff. StGB). – **S.geheimnisse,** nur einem begrenzten Personenkreis zugängl. Tatsachen, Gegenstände oder Erkenntnisse, die geheimgehalten werden müssen, um schweren Nachteil für d. äußere Sicherheit eines Staates abzuwenden; i. d. BR Offenbaren, Preisgabe od. Auskunftschaften v. S.geheimnissen m. Freiheitsstrafe strafbar (§§ 95 ff. StGB). – **S.gewalt,** Gesamth. d. staatl. Herrschaftsbefugnisse. – **S.haftung,** Schadenersatzpflicht d. Staates f. schuldhafte rechtswidrige Amtspflichtverletzung seiner Beamten gegenüber Dritten, dasselbe bei öff.-rechtl. Körperschaften. – **S.haushalt,** d. Aufteilung d. Einnahmen u. Ausgabe e. Staates nach *Haushaltsplan (Etat),* muß v. Parlament genehmigt sein; → öffentlicher Haushalt. – **S.hoheit,** die Gesamtheit d. dem Staat zustehenden Rechte. – **S.kirche,** e. Kirche, die vom Staat abhängig ist, evtl. unter Ausschluß anderer. – **S.lehre,** Wiss. v. Staat u. seinen Einrichtungen; *Allg. S.lehre:* Wesen, Entstehung, Formen d. Staates; *Staatsrechtslehre;* Lehre v. den pol. Ideen u. Gesetzmäßigkeiten: *wiss. Politik.* – **S.minister,** früher die in d. Staatsverw. tätigen Min., heute in Bayern u. d. BR s. 1973 Amtsbez. einzelner Parlamentar. Staatssekr. – **S.monopole,** Staat nimmt die *Alleinausübung* bestimmter wirtschaftl. Tätigkeiten aufgrund alter Hoheitsrechte (Post) od. neuer Gesetze (Branntweinmonopol) in Anspruch; → Monopol, → Regalien. – **S.organe,** verfassungsmäßig berufene Institutionen z. Bildung, Äußerung u. Verwirklichung d. Staatswillens. – **S.papiere,** svw. → Staatsanleihen, → Schatzanweisungen. – **S.präsident,** Oberhaupt e. Republik. – **S.rat,** in Preußen s. 1817 oberstes Beratungsorgan unter Vors. d. Kgs, s. 1920 neben Landtag u. Staatsmin. oberstes Staatsorgan z. Vertretung d. Prov.en; während des NS-Regimes nur noch Titel; auch Beamtentitel (z. B. in Bayern), 1960–90 oberstes Regierungsorgan d. ehem. DDR. – **S.recht,** Lehre vom → positiven Recht eines Staates; die Gesamtheit der sich mit d. Verfassung eines Landes u. dessen Beziehungen zu seinen Angehörigen befassenden Rechtsnormen. – **S.religion,** die in einigen Staaten *privilegierte* Religion gegenüber nur *geduldeten* Bekenntnissen.

– **S.schutz,** gesetzl. Sicherungen d. Staates u. s. Einrichtungen gg. verfassungswidrige Angriffe einzelner od. best. Gruppen. Nach 1919 in Dtld *Republikschutzgesetz;* gegenwärtige Rechtsgrundlage hpts. §§ 80–101 u. 105 ff. StGB; auch → Verfassungsschutz. – **S.sekretär,** oberster pol. Beamter, Vertreter des Ministers; in versch. Ländern (z. B. USA) svw. Minister; in der BR *beamteter S.sekretär:* höchster Beamter des Ministeriums, in der Regel Vertreter des Min. in seinem Ressort; *parlamentar. S.sekretär* (od. → *Staatsminister):* Bundestagsabgeordneter, pol. Vertr. d. Min. („Juniorenmin.") im Amt, Bundestag, Kabinett auf Weisung des Min. – **S.sicherheitsdienst** → SSD. – **S.sozialismus,** soz.-pol. Staatstheorie (im eigtl. Sinne kein Sozialismus), → Kathedersozialismus, e. Abart davon d. → Solidarismus; Begriff z. T. auch auf jenen echten Sozialismus angewandt, bei dem d. Staat die entscheidende Rolle i. Aufbau der sozialist. Gesellschaftsordnung zugedacht ist *(Louis Blanc, Fichte, Rodbertus, Lassalle).* – **S.streich,** im Ggs. zur → Revolution Überrumpelung der Regierungsorgane u. Besitzergreifung der Staatsgewalt durch eine Person od. eine kleinere Gruppe unter Verfassungsbruch. – **S.vertrag,** zwischenstaatl. Übereinkommen, wird rechtskräftig durch Austausch der Ratifikationsurkunden. – **S.wissenschaften,** Gesamtheit der Wissensgebiete, d. sich auf Staat u. Gesellschaft beziehen (z. B. Staatslehre, Volkswirtsch.lehre).

Staatssicherheitsdienst, *SSD,* pol. Geheimpolizei der ehem. DDR. Schon Ende 1945 begann der Aufbau e. geheimen Polizeiapparates zur Verfolgung pol. Gegner des SED-Regimes, als bei den Landes- u. Kreisbehörden der Volkspolizei „Kommissariate 5" (K 5) entstanden. Ende 1946 erhielt die Deutsche Verwaltung des Innern ein Referat K 5, das pol. Delikte als „Auftragsangelegenheiten der Besatzungsmacht" bearbeitete. Parallel dazu gründete die Deutsche Wirtschaftskommission am 12. 5. 1948 den „Ausschuß zum Schutz des Volkseigentums", der d. „administrative Kontrolle des ges. Volkseigentums" erhielt. Beide Stellen wurden nach Gründung der DDR am 7. 10. 1949 zunächst zu der „Hauptverwaltung Schutz der Volkswirtschaft" im Ministerium des Innern (MdI) zusammengefaßt und dann 1950 (Gesetz vom 8. 2. 1950) zum Ministerium für Staatssicherheit (MfS) verselbständigt. Erster Minister: Wilhelm Zaisser. Nach dem Juniaufstand in „Staatssekretariat für Staatssicherheit" umgewandelt u. erneut dem MdI unterstellt. Seit Nov. 1955 wieder MfS. Minister seit Nov. 57 war bis zur Auflösung im Jahre 1989 Generaloberst Erich Mielke als Nachfolger des damals in Ungnade gefallenen Ernst Wollweber. Der Hauptteil d. MfS war in Berlin-Lich-

tenberg, u. a. auch die z. MfS gehörende Hauptabteilung Aufklärung unter Markus Wolf. Das MfS wurde v. e. sowjet. Beraterstab überwacht u. angeleitet. **Stab,** mil. Führung e. Truppenverbandes (z. B. Bataillons-, Regiments-S.), bes. die dem Kommandeur zugeteilten Offiziere. **Stäbchen** → Zäpfchen. **Stabheuschrecken,** flügellose Gespenstheuschrecken, deren nadelförmiger Körper u. dünne Beine in Ruhestellung nahe von d. umgebenen Ästen z. unterscheiden sind; bes. i. d. Tropen, auch i. Mittelmeergebiet. **Stabhochsprung,** leichtathlet. Wettbewerb; mit einem bis 5 m l. Glasfiberstab schwingt sich d. Springer nach Anlauf über eine Latte; dabei werden Höhen bis fast 6 m übersprungen. **stabil** [l.], feststehend, dauerhaft. **stabiles Gleichgewicht** → Gleichgewicht. **Stabilisierung** e. Währung, Herstellung e. festen Geldwertes; vgl. → Währungsreform. **Stabilität,** *w.,* 1) Beständigkeit, Standfestigkeit; 2) *seem.* Widerstand eines Schiffes gg. → Krängung. **Stabilitätsgesetz,** vom 8. 6. 1967, zur Stabilisierung d. Wirtsch. auf hohem Beschäftigungs- u. Produktionsniveau bei Preisstabilität durch Kooperation v. Behörden u. Tarifpartnern z. Steuerung d. Konjunktur. **Stabmagnet,** stabförmiger Dauermagnet. **Stabreim,** Reim der germ. Dichtung; dreimalige Wiederkehr desselben Anlauts bei betonten Silben; gliedert Langzeile in zwei Kurzzeilen: „Rüste den **Ra**tern ‖ reichlichen Trank" (Edda); → Alliteration. **Stabs-arzt,** Militärarzt, Hauptmannsrang. – **S.offizier** → Offizier. **Stabwerk,** Unterteilung d. got. Fensters durch vertikale steinerne Stäbe. **staccato** [it.], Abk. *stacc., mus.* kurz gestoßen; deutl. voneinander getrennte Töne: Zeichen ' oder Punkt über den od. der Note. **Stachanow-System,** sowj. System wettbewerbsmäßiger Steigerung d. Arbeitsleistungen; ben. nach Alexej *Stachanow* (1905–77), der die Arbeitsnorm um ein Mehrfaches übertraf. → Hennecke-System. **Stachel,** 1) Oberhautgebilde bei Pflanzen (z. B. b. d. Rose); 2) die stark verhornten Haare mancher Säugetiere (z. B. Igel u. Stachelschwein; auch die dem Hautpanzer der Stachelhäuter durch eine Kugelgelenk aufsitzenden Hautbildungen sowie der am Hinterleibsende mancher Gliederfüßer mit einer Giftdrüse in Verbindung stehende Giftstachel (z. B. Skorpion). – **S.beere,** stacheliger Beerenstrauch mit grüngelben Blüten u. verschieden gefärbten Früchten; in zahlr. Kulturformen, wild an Felsen und in Wäldern. – **S.flosser,** Knochenfische mit

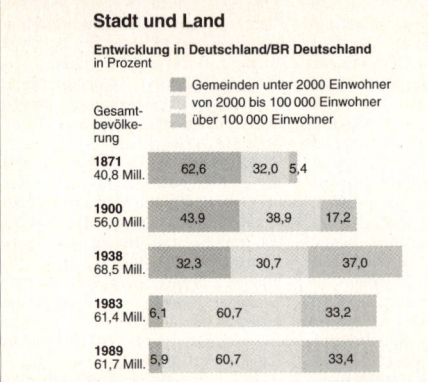

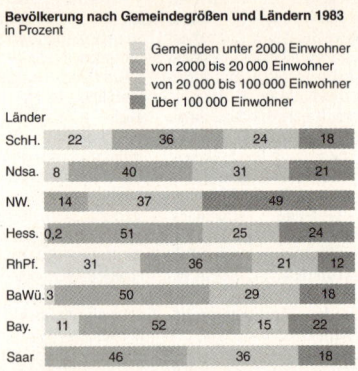

Stadt und Land

Entwicklung in Deutschland/BR Deutschland in Prozent

Gesamtbevölkerung	Gemeinden unter 2000 Einwohner	von 2000 bis 100 000 Einwohner	über 100 000 Einwohner
1871 40,8 Mill.	62,6	32,0	5,4
1900 56,0 Mill.	43,9	38,9	17,2
1938 68,5 Mill.	32,3	30,7	37,0
1983 61,4 Mill.	6,1	60,7	33,2
1989 61,7 Mill.	5,9	60,7	33,4

Bevölkerung nach Gemeindegrößen und Ländern 1983 in Prozent

Länder	Gemeinden unter 2000 Einwohner	von 2000 bis 20 000 Einwohner	von 20 000 bis 100 000 Einwohner	über 100 000 Einwohner
SchH.	22	36	24	18
Ndsa.	8	40	31	21
NW.	14	37		49
Hess.	0,2	51	25	24
RhPf.	31	36	21	12
BaWü.	3	50	29	18
Bay.	11	52	15	22
Saar		46	36	18

stachelartigen Flossenstrahlen (z. B. Barsch). – **S.häuter,** Tierstamm der Wirbellosen; mehr oder weniger unbewegl. Bewohner d. Meeresbodens, meist fünfstrahlig gebaut, Haut m. Stachelgebilden (z. B. → Seeigel, -sterne, -lilien, -walzen). – **S.pilz,** *Stachelschwamm,* Pilze, deren Fruchtkörper Stacheln tragen; *Habichtsschwamm (Hirschschwamm, Rehpilz)* u. *Stoppelpilz* sind jung genießbar.

Stachelschwein

Stachelschweine, Nagetiere; *Erd-S.,* warme Länder der Alten Welt, bis 70 cm l., hintere Körperhälfte mit aufrichtbaren, bis 40 cm langen Stacheln, graben Erdhöhlen; *Baum-S. (Urson* u. *Kuandu),* N- und S-Amerika, bis 80 cm lang, Baumbewohner, kürzere Stacheln.

Staeck, Klaus (* 28. 2. 1938), dt. Graphiker; pol. Plakate u. Collagen.

Stade (D-2160), Krst. i. Rgbz. Lüneburg, an der Mündung d. Schwinge in d. Elbe, Nds., 41 223 E; AG; IHK; Kernkraftwerk (630 Megawatt), Schiffbau, Maschinenindustrie.

Städelsches Kunstinstitut, in Frankfurt a. M., gegr. 1815: Museum (Gemälde, Graphiken, Plastiken) u. Kunstschule (jetzt Hochschule f. bild. Künste).

Stadion, Johann Philipp Gf v. (18. 6. 1763–15. 5. 1824), östr. Minister 1806–09, Gegner Napoleons, Reformen nach Steins Vorbild.

Stadion, s., bei den Griechen Bez. f. e. Strecke von 600 Fuß (192,28 m), für einen Wettlauf über diese Strecke, für eine Laufbahn v. dieser Länge; heute Bezeichnung f. eine Wettkampfanlage im Freien m. Zuschauerrängen.

Stadium, s. [l.], Abschnitt im Verlauf einer Sache, Entwicklungsstufe.

Stadler, Ernst (11. 8. 1883–30. 10. 1914), elsäss. Dichter d. Frühexpressionismus; *Der Aufbruch.*

Stadt, größere, geschlossene Wohngemeinde, Sitz von Handel u. Gewerbe, meist mit bes. Stadtrecht; nach Niedergang d. röm. Städte in Dtld im 10.–12. Jh., als befestigte Marktorte wiederentstanden; bald bürgerl. Freiheit u. Selbstverwaltung, z. T. gänzl. Lösung von d. Hoheit des urspr. Stadtherrn *(Freie u. → Reichs-Städte);* s. 13. u. 14. Jh. mächtige **Städtebünde** (→ Hanse, Rhein. u. Schwäb. Städtebund); regelmäßige Teilnahme an Reichstagen s. 1489; Landstädte verloren ihre Freiheiten im Zeitalter des Absolutismus; erst seit *Steins Städteordnung* 1808 wieder Selbstverwaltung; geringer *Umfang* der Städte im MA: in Dtld kaum über 30 000 E; Großstädte seit 18. Jh., stärkere Entwicklung erst im Industriezeitalter (19. Jh.). – Heute statist. Einteilung (nach Einwohnerzahl), in Dtld: *Landstädte* unter 5000 E, *Kleinstädte* 5000–20 000 E, *Mittelstädte* 20 000–100 000 E und *Großstädte* über 100 000 E. → Deutscher Städtetag, → Gemeinde.

Stadtallendorf (D-3570), Stadt im Kreis Marburg-Biedenkopf, Hess., 20 003 E; Garnisonsstadt; div. Industrie: Maschinen- und Gerätebau, Textil, Holz- und Kunststoffverarbeitung, Süßwarenherstellung.

Städtebau → Übersicht, S. 903.

Städtebauförderungsgesetz, v. 27. 7. 1971, regelt städtebaul. Sanierungs- u. Entwicklungsmaßnahmen zur Behebung städtebaul. Mißstände u. zur sinnvollen Weiterentwicklung v. Städten u. Stadtlandschaften.

Stadtgas → Leuchtgas.

Stadthagen (D-3060), Krst. des Kr. Schaumburg, Rgbz. Hannover, Nds., 22 218 E; AG; Fachwerkbauten, got. St.-Martini-Kirche m. frühbarockem fürstl. Mausoleum u. Denkmal von A. de Vries;

Schloß (16. Jh.), Rathaus (16. Jh.); Nahrungsmittel-, Textilind.

Stadtkreis, Bez. für Städte von so erhebl. Umfang, daß sie für sich e. Kreis bilden.

Stadtlohn (D-4424), St. i. Kr. Borken, NRW, 17 182 E; div. Ind.

Stadtmission, Zweig der Inneren Mission; Arbeitsgebiet: gr. stadtbedingte Sozialnöte.

Stadtrat, Gemeindevertretung in Städten m. Bürgermeister als Vors.

Stadtstaat, Staat, dessen Gebiet eine Stadt u. ihre unmittelbare Umgebung umfaßt.

Stadtsteinach (D-8652), St. i. Kr. Kulmbach, Bay., 3420 E; Papierind.

Germaine de Staël-Holstein

Staël [*stal*], Germaine de (22. 4. 1766–14. 7. 1817), frz. Schriftst.in; Tochter d. Ministers Necker, verheiratet m. Baron Staël-Holstein; v. Napoleon verbannt; *Über Dtld.*

Stafette, w. [frz. „estafette“], 1) svw. → Staffel; 2) svw. Meldereiter.

Staffa, unbewohnte Insel d. Hebriden, m. berühmt. Basalthöhlen, → Fingalshöhle.

Staffage, w. [-'faʒə], Figuren z. Belebung einer Landschaft in Malerei u. Graphik.

Staffel, w., 1) *allg.* Stufe, Grad; 2) Bez. f. mil. Formationen (z. B. Fliegerstaffel); 3) b. *Sport:* auch *Staffette,* Mannschaftswettbewerb i. d. Leichtathletik, i. Schwimmen u. Langlauf; die einzelnen Staffelmitgl. legen nacheinander einen genau festgelegten Teil d. Gesamtstrecke zurück.

Städtebau

Die Kunst und Wissenschaft von Planung und Bau der Stadt umfaßt das Zusammenspiel vieler wissenschaftlicher Disziplinen (u. a. Bau- und Kunstgeschichte, Medizin, Soziologie, Statistik, Verkehrswissenschaft). Vier Funktionen liegen der modernen Städteplanung zugrunde: *Wohnung, Arbeit, Erholung, Verkehr.* Anfänge des Städtebaus in Ur und Babylon. Über die Mittelmeerkulturen (Kreta, Griechenland) Ausbreitung nach West- und Mitteleuropa. Der demokratische Stadtstaat des griechischen Festlands fand seinen Ausdruck in der → Agora, auf der das freie Stadtbürgertum über sein Schicksal abstimmte. Das axial angelegte Forum der römischen Kaiserzeit dagegen manifestierte Machtbewußtsein. Die mittelalterliche Stadt mit ihrem Wirtschaftsmarkt als Charakteristikum kennzeichnet die starke Ausprägung des Merkantilismus. Im Zeitalter des fürstlichen Städtebaus (17. u. 18. Jh.) war die gesamte Stadtanlage auf das Schloß des Fürsten ausgerichtet, ohne ein eigentliches kulturelles und wirtschaftliches Zentrum zu besitzen. Die Industrialisierung im 19. Jh. prägte einen neuen Stadttypus: Um den Arbeitskräftebedarf der aufstrebenden Industrie zu befriedigen, wurden auf engstem Raum möglichst viele Menschen untergebracht. Das Profitstreben der Grundeigentümer und Unternehmer führte zu sozialen Spannungen. Die Schaffung und der Ausbau der Massenverkehrsmittel ermöglichten schließlich die Ausdehnung der Stadt. Durch die sozialen Forderungen der Neuzeit und durch das Kraftfahrzeug wandelte sich das Bild der Stadt im 20. Jh. erneut. Die Bebauung wurde aufgelockert u. m. Grünanlagen durchsetzt; breite Straßen wurden angelegt, um d. Bedürfnissen des steil angestiegenen Verkehrs zu genügen. Besondere Verkehrsprobleme entstanden jedoch f. die alten Kernstädte m. ihren engen, oft winkeligen Straßen, die für d. Fußgänger- u. Gespannverkehr angelegt worden waren. Da die Existenz der Städte v. der Wirtschaftskraft ihrer Stadtzentren abhängt, zielen vielfältige Bemühungen auf die Lösung dieser Probleme. So werden häufig Teile d. Stadtkerns als *Fußgängerzonen* vom Verkehr freigehalten; Warenanlieferung ist dort nur zu bestimmten Stunden zulässig. Der übrige Verkehr wird auf Tangentialstraßen abgeleitet, an denen Parkgaragen in fußläufiger Entfernung von d. Einkaufsstraßen bereitstehen. Die Modernisierung vorhandener u. der Neubau schnellerer und bequemerer, teilweise unterirdisch fahrender Massenverkehrsmittel tragen ebenfalls dazu bei, die Kernstädte als Wirtschaftszentren lebensfähig zu erhalten.

Staffelanleihen, Anleihen m. variabler Verzinsung nach einem bei der Emission festgelegten Plan.
Staffelchor, in roman. Kirchen gestaffelte Anordnung der Nebenapsiden um Mittelapsis (→ Apsis).
Staffelgebet, *Stufengebet,* in der kath. Messe das an den Altarstufen verrichtete Einleitungsgebet.
Staffelsee, am Rand der Bayr. Alpen w. v. Murnau, 649 müM, 7,7 km², bis 38,1 m tief; Abfluß zur Ammer.
Staffelstein (D-8623), St. i. Kr. Lichtenfels, am Main, Bay., 9962 E; Thermalsolbad; div. Ind.
Staffeltarif, je nach Entfernung versch. *gestaffelte* Beförderungsgebühr pro km bei öffentl. Verkehrsmitteln; Ggs.: Kilometertarif.
Stafford ['stæfəd], Hptst. der engl. Gft *S.* (Kohlen- u. Eisenlager), am Grand-Trunk-Kanal, 55 000 E; Lederind., Eisenwerke.
Stag, *s.,* Tau bei Segelschiffen, das e. Mast versteift; *über S. gehen,* svw. → wenden.
Stagflation [am.], Kunstwort; **Stag***nation* der Wirtschaftsentwicklung bei Fortdauer der *In*flation.
Stagione, *w.* [it. -'dʒo-], Spielzeit it. Operntheater; auch Operntruppe.
Stagira, *Stageira,* altgriech. St. auf der Halbinsel Chalkidike; Geburtsort des Aristoteles (daher sein Beiname: der *Sta*girite).
Stagnation, *w.* [l.], Stockung, behinderter Abfluß; allmählicher Stillstand.
Stahl, 1) Friedrich Julius (16. 1. 1802-10. 8. 61), dt. Staatsrechtslehrer; Begr. der konservativen Staatstheorie auf protestant.-kirchl. Grundlagen; Verfechter des Gottesgnadentums; **2)** Hermann (* 14. 4. 1908), dt. Schriftst. u. Maler; Romane u. Erzählungen; *Türen aus Wind.*

Stahl, härtbares, durch bes. mechan. Eigenschaften ausgezeichnetes → Eisen; Kohlenstoffgehalt weniger als 1,7%; Erzeugung: → Eisen- u. Stahlgewinnung, Übers.; *Guß-St.,* in Tiegeln umgeschmolzener St., durch Legieren *veredelter St.* (z. B. Chrom-, Nickel-, Wolfram-, Molybdän-*St.*) → Schnell-*St.,* rostfreier *St.* m. 18-20% Chrom u. 7-9% Nickel. Erzeugung: → Schaubild Eisen u. Stahl.
Stahlbeton → Beton.
Stahlhelm, *Der Bund der Frontsoldaten,* nationalist.-halbmil. Organisation, von F. Seldte 1918 gegr.; 1935 aufgelöst, 1951 neu gegr.
Stahlhof, *Stalhof,* Niederlassung der → Hanse in London im MA; seit Ende 16. Jh. bedeutungslos; Gebäude bis 1853 im Besitz der Hansestädte.
Stählin, 1) Karl (21. 1. 1865-29. 8. 1939), dt. Historiker; *Geschichte Rußlands; Geschichte Elsaß-Lothringens;* **2)** Wilhelm (24. 9. 1883-16. 12. 1975), dt. ev. Theol.; 1945-52 Landesbischof v. Oldenburg; führend im → Berneuchener Kreis u. in d. → Michaelsbruderschaft.
Stahlpakt, 1939 zw. Hitler u. Mussolini abgeschlossener Beistandspakt (u. a. Anerkennung d. Brennergrenze durch Hitler).
Stahlquellen, eisenhalt. Mineralwässer, zu Trink- oder Badekuren, Anregung der Blutbildung (z. B. in Bad Pyrmont, Bad Elster).
Stahlröhren, → Elektronenröhren mit Stahlmantel anstelle des sonst übl. Glaskolbens; i. d. Herstellung teurer; Vorteil: gute Abschirmung bei Hochfrequenzverstärkern.
Stahlsaitenbeton → Beton.
Stahlstich, Abart des → Kupferstichs durch Verwendung e. dauerhafteren (härteren) Abzugsplatte.
Staket, *s.,* Lattenzaun.
Stalaktiten [gr.], herabhängende

→ Tropfstein-Gebilde in Kalksteinhöhle; **Stalagmiten,** nach oben wachsend.

Josef W. Stalin

Stalin, Josef Wissarionowitsch, eigtl. *Dschugaschwili* (21. 12. 1879-5. 3. 1953), sowj. Staatsmann aus Gori (Georgien); besuchte bis 1899 das geistl. Seminar in Tiflis, revolutionärer Sozialist, schloß sich 1903 d. Bolschewiken an, wiederholt nach Sibirien verbannt; seit 1922 Generalsekr. d. Kommun. Partei, 1924 Lenins Nachfolger als Leiter d. sowj. Politik (→ Sowjetunion, *Geschichte*); seit 1941 Vors. des Rates d. Volkskommissare (s. 1946 Min.rat) u. Oberbefehlshaber d. Roten Armee; s. 1945 Generalissimus; 1952 Vors. d. Präsidiums d. ZK; 1956 Ächtung des Kultes um seine Person u. Verurteilung seiner Terrormethoden.
Stalingrad → Wolgograd; weitere Städte m. d. Namen *Stalin*- vgl. → Varna, → Duschanbe, → Donezk, → Nowomoskowsk, → Kattowitz, → Eisenhüttenstadt, → Dunaújváros.
Stalinismus, Bez. für eine durch Stalin vollzogene Weiterführung d. → Marxismus u. → Leninismus: Anpassung an Erfordernisse d. intern. Lage ohne Preisgabe d. grundlegenden Ziele d. Kommunismus; seit 1956 Bez. für d. Terrormethoden u. den Persönlichkeitskult Stalins.
Stalinorgel, Bezeichnung für sowjeti-

sches Salvenraketengeschütz im 2. Weltkrieg.
Stallhase → Kaninchen.
Stambul, Stadtteil (Altstadt) von → İstanbul.
Stamford [ˈstæmfəd], St. im US-Staat Connecticut, nordöstl. v. New York, 102 000 E; Observatorium; Ind.
Stamitz, Johann (19. 6. 1717–27. 3. 57), böhm. Violinist u. Komp.; Gründer der → Mannheimer Schule d. Instrumentalmusik, Schöpfer d. sinfon. Orchesterstils; Sinfonien; Violinkonzerte.
Stamm-aktien, gewöhnliche, nicht mit bes. Vorrechten ausgestattete Aktien; Ggs.: *Vorzugsaktien.* – **S.baum, 1)** beim *Menschen* die St.tafel (→ Ahnentafel), bildlich als Baum, Abstammungslinie als Zweige (veraltet); **2)** beim *Tier:* Zuchtbuch, → Herdbuch.
Stammeinlage, bei der *GmbH:* Anteil eines Gesellschafters am Stammkapital, mindestens 500 DM.
Stammgüter, ehemals unveräußerl. u. nur im Mannesstamm vererbl. Familiengüter.
Stammkapital, das von den Gesellschaftern der GmbH aufgebrachte Grundkapital, mindestens 50 000 DM, Geschäftsanteil mindestens 500 DM.
Stammler, Rudolf (19. 2. 1856–25. 4. 1938), dt. Rechtsphil. (Neukantianer); *Theorie d. Rechtswiss.*
Stammprioritäten, svw. → Vorzugsaktien.
Stammrolle, Verzeichnis der Wehrpflichtigen.
Stammtafel → Ahnentafel.
Stamokap, sozialist. Abk. f. „*Sta*atsmo*nopolist.* **Kapital***ismus*".
Stampfbeton → Beton.
Stampfen, 1) Schwankungen des Schiffes um die Querachse infolge Seegangs von vorn od. hinten; **2)** bei Lokomotiven Drehbewegung um eine horizontale Querachse, auch *Nicken* genannt.
Stams, Zisterzienserabtei im Oberinntal (Tirol), 1273 gegr., Stiftskirche (1284).
Stand, durch gemeinsame Berufsinteressen, auch durch Geburt, gemeins. Sitten oder Gebräuche verbundene Menschengruppe einer staatl. Gemeinschaft v. best. Ansehen; häufig mit eigener Auffassung in Sachen der Standesehre verbunden; *geschichtl.* → Ständewesen; auch → Dritter Stand.
Standard, m. [engl. ˈstændəd], **1)** im voraus festgestellte Muster od. Qualitätsbestimmungen für Geschäftsabschlüsse, insbes. im *Börsenverkehr;* stellen die Durchschnittsbeschaffenheit einer Warengattung (z. B. Baumwolle, Kaffee) dar. *S.gold,* 22/24 fein, *S.silber,* 222/240 fein; **2)** Stand der Lebenshaltung bestimmter Bevölkerungsschichten; **3)** engl. Holzmaß.
Standardbriefe, Länge zw. 14 u. 23,5 cm, Breite zw. 9 u. 12, Höhe bis 0,5 cm; ermäßigte Gebühren f. Briefe bis 20 g (im Inland, Andorra, Belgien, Dänemark

[einschließl. Färöer u. Grönland], Frankreich [einschließl. überseeischer Dep.], Italien, Liechtenstein, Luxemburg, Monaco, Niederlande, Östr., Réunion, San Marino, Schweiz, Vatikanstadt).
Standard Oil Company, am. Erdölkonzern, größtes Erdölunternehmen d. Welt, s. 1972: Exxon Corporation.
Standarte, *w.,* **1)** urspr. das kaiserl. Reichsbanner, dann Reiterfahne; **2)** *weidm.* Fuchsschwanz. – **S.nführer** s. der früheren SA u. SS Offizier im Range eines Obersten.
Standbein, *bildende Kunst:* in d. Ruhestellung d. menschl. Körpers das belastete Bein; Ggs.: *Spielbein.* → *Kontrapost.*
Stander, *m.,* 3eckige od. 2zackige Signalod. Kommandoflagge an Schiffen; 3- u. 4eckig an Kommandofahrzeugen.
Ständerat → Schweiz *(Verfassung).*
Standesbeamter, führt zur Beurkundung der Geburten, Sterbefälle und Eheschließungen im **Standesamt** die Personenstandsbücher und vollzieht Eheschließungen.
Standesherren, 1) ehemals → reichsunmittelbare, 1803 u. 1806 → mediatisierte fürstl. und gräfl. Geschlechter; **2)** früher Bez. der eidgenöss. „Tagsatzungsboten", d. Abgesandten der souveränen Orte d. Eidgenossenschaft.
Ständestaat, korporativer Staat, baut sich auf Berufsverbänden statt auf Territorialeinheiten auf; Ziel: Überwindung auf Parteien aufgebauten pol. Lebens durch echte Interessengemeinschaften; auf kath. Seite vertreten von Othmar Spann, auf sozialist. Seite ähnl. Begriffe im Syndikalismus u. Gildensozialismus.
Ständewesen, im MA die Berufsstände des Adels (Erbstände), der Geistlichkeit, der Bürger und Bauern. Auf diesen beruhten die *Reichsstände* u. die *Landstände,* Vertretungen der privilegierten Stände (Adel u. Geistlichkeit), die zur Steuerbewilligung in die *Landtage* berufen wurden.
Standgericht, 1) früher im Felde u. an Bord von Kriegsschiffen bestehendes untersterstes Militärgericht; **2)** Sondergericht bei Ausnahme- od. Belagerungszustand.
Standrecht, abgekürztes Strafverfahren vor Ausnahmegerichten im Falle des Ausnahmezustandes u. zu Kriegszeiten.
Standvögel, Vogelarten, die ganzjährig am Standort bleiben (z. B. Sperlinge); Ggs.: → Zugvögel.
Stanislau → Iwano-Frankowsk.
Stanislaus, *Kge von Polen:* **1)** S. I. *Leszczyński* [lɛʃˈtʃinski] (20. 10. 1677–23. 2. 1766), unter schwed. Druck 1704 zum Kg gewählt, 1709 vertrieben; 1733 wieder gewählt u. vertrieben, 1738 Hzg von Lothringen; **2)** S. II. August *Poniatowski* (17. 1. 1732–12. 2. 98), letzter Kg, 1764–95; vor d. 3. Teilung abgedankt.
Stanislaus (1030–79), poln. Nationalheiliger, 1072 Bischof von Krakau; von Boleslaus dem Kühnen am Altar erschlagen.

Stanislawskij, Konstantin (17. 1. 1863–7. 8. 1938), russ. Schauspieler u. Theaterleiter; gründete 1898 das *Moskauer Künstler-Theater.*
Stanley [ˈstænli], **1)** Sir Henry, eigtl. *John Rowlands* (28. 1. 1841–10. 5. 1904), engl. Entdeckungsreisender; fand in O-Afrika den verschollenen Livingstone, erforschte den Victoria- u. Tanganjikasee, entdeckte d. Kongo-Quellfluß; **2)** Wendell Meredith (16. 8. 1904–15. 6. 71), am. Biologe; Virusforschung; Nobelpr. 1946.
Stanley-Fälle, s. 1972 *Malebo-Fälle,* Stromschnellen a. oberen Kongo, 50 m hoch.
Stanleyville → Kisangani.
Stanniol, *s.,* papierdünn ausgewalztes Zinn für Verpackungszwecke; heute fast allgemein durch Aluminiumfolie ersetzt.
Stanze, *w.* [it. „stanza = Zimmer", svw. „Reimgebäude"], **1)** in Italien entwickelte Versform, *Ottaverime:* aus acht jambischen Fünftaktern, von denen d. 1. mit der 3. u. 5., die 2. mit der 4. u. 6. u. die 7. mit der 8. gereimt ist; **2)** im eigtl. Bedeutung „Zimmer": bes. die im Vatikan m. d. Fresken Raffaëls geschmückten Räume, Stanzen.
stanzen, Bearbeitung v. Blechen u. ä. zwecks Voll- u. Hohlstempel (Patrize u. Matrize), **a)** zu Prägezwecken (z. B. Eßlöffelfabrikation) od. **b)** zu Schneidzwecken (z. B. Lochstanzen).
Stapel, 1) die Holzklötze, auf denen das Schiff mit seinem Kiel während der Bauzeit ruht; daher **Stapellauf,** Abgleiten des Schiffes von der Helling auf einem Ablaufschlitten ins Wasser (mit dem Heck nach vorn); **2)** bei Textilrohstoffen: Länge der verspinnbaren Faser.
Stapelfaser, auf Länge der Baumwolloder Wollfaser geschnittene künstl. Spinnfaser mit entsprechender *Stapellänge;* heute → Zellwolle.
Stapelie, *Ordensstern,* südafrikan. → Aasblume.
Stapelplätze, Seehandelsplätze, in denen große Warenmengen gelagert werden.
Stapelrecht, bis zur Neuzeit bestehendes Recht der Städte, die freie Durchfuhr v. Handelswaren (ohne Feilhaltung) zu verbieten.
Stapelwaren, *Stapelartikel,* **1)** die großen, für Umschlagplätze charakteristischen *Welthandelsgüter;* **2)** bei *Bekleidung:* billige, von der Mode unabhängige Massenwaren.

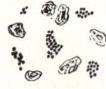

Staphylokokken

Staphylokokken [gr.], unbewegl., kugelförmige Bakterien, Erreger v. Eiterungen u. Darmvergiftungen.
Star, 1) *grauer S., Katarakt,* Trübung d. Augenlinse, meist b. alten Leuten; **2)** grü-

ner S. → Glaukom; 3) *schwarzer S.* svw. Blindheit.
Star [engl. *sta:* „Stern"], Bühnen-, Film- usw. -berühmtheit.
Stara Sagora, *Zagora,* bulgar. St. u. Mineralbad a. S-Hang der Sredna Gora (d. Balkan südl. vorgelagerter Mittelgebirgszug), 156 000 E; Wein- u. Getreidebau.

Star

Stare, Singvögel d. Alten Welt; *Gemeiner Star,* bei uns Zug- od. Strichvogel; graubraun bis schwarz glänzend, Höhlenbrüter, gesellig, auf Weide- und Rasenplätzen, Nahrung: Insekten, Würmer, Früchte.
Staretz [russ. „chrwürdiger Greis"], asket. älterer Mönch der russ. Kirche; Erzieher d. jungen Mönche.

Starfighter

Starfighter [ˈstaːfaɪtə], *F 104,* am. Kampfflugzeug, früher auch bei der Bundeswehr im Einsatz; viele Abstürze.
Stargard in Pommern, *Stargard Szczeciński,* poln. St. a. d. Ihna, 55 000 E; Marienkirche (14./15. Jh.); Elektroind.
Starhemberg, 1) Ernst Rüdiger Gf v. (12. 1. 1638–4. 1. 1701), Verteidiger Wiens gg. die Türken 1683; **2)** Ernst Rüdiger Fürst v. (10. 5. 1899–15. 3. 1956), östr. Pol., 1930 Führer der → Heimwehren, 1934–36 Vizekanzler.
Stark, Johannes (25. 4. 1874–21. 6. 1957), dt. Phys.; entdeckte den *S.-Effekt,* d. Aufspaltung von Spektrallinien im el. Feld, u. den Doppler-Effekt bei Kanalstrahlen; 1933–39 Präs. d. Phys.-Techn. Reichsanstalt; Nobelpr. 1919.
Starkbier, Stammwürzegehalt v. mindestens 16%, Alkoholgehalt 4,5–6,5% (normales Bier unter 4%). – Erstmals 1651 in München gebraut.
Stärke, Kohlenhydrat in Zellen chlorophyllhaltiger (grüner) Pflanzen, gebildet durch Kohlensäureassimilation; durch Ferment Diastase in Zucker verwandelt; als Reservenahrung in Form von *Stärkekörnern* aufgespeichert (z. B. in Getreidearten, Hülsenfrüchten, Mais, Reis).
Starkstrom-technik, Zweig der Elektrotechnik, der sich mit der Erzeugung u. Ausnutzung des el. S.s als Energie (Lei-

stung) befaßt (Elektrizitätswerke, Leistungsanlagen, Elektromotoren sowie d. entsprechende Ind. usw.); Ggs.: → Fernmeldetechnik. – **S.verletzungen,** Lähmungen, Verbrennungen, Herzflimmern od. Herztod (→ Erste Hilfe, Übers.).
Starnberg (D-8130), Krst. in Oberbay., 19 845 E; AG; Schloß, Heimatmus.; Zentrum d. Münchner Naherholungsgebiets, am **Starnberger See,** *Würmsee* (57,2 km², 584 müM; bis 128 m tief).
Starost [slaw. „Stammesältester"], Gemeindevorstand, Landeshauptmann; im ehem. Kgr. Polen: mit Krongut, *Starostei,* vererbter Edelmann.
Starrkrampf, svw. → Wundstarrkrampf.
Star-spangled Banner [engl. *ˈstaː ˌspæŋgld ˈbænə* „Sternenbanner"], am. Nationalhymne; 1814 von F. S. Key gedichtet.
Start, *m.* [engl.], Ablauf oder Teilnahme bei einem Rennen; *stehender:* aus der Ruhestellung, *fliegender:* aus der Bewegung (in die vorgeschriebene Gangart).
START, Strategic **A**rms **R**eduction **T**alks [engl. „Gespräche über den Abbau strategischer Waffen"], am 29. 6. 1982 in Genf eingeleitete Abrüstungsverhandlungen zw. USA u. Sowjetunion, die i. Ggs. zu → SALT nicht nur e. Begrenzung, sond. e. Reduzierung d. strateg. Waffensysteme anstreben. Unterzeichnung d. Vertrages am 31. 6. 1991 in Moskau.
Starter, 1) gibt das Zeichen zum Start; **2)** Anlasser beim Kraftfahrzeugmotor.
Start-geld, Meldegebühr zur Teilnahme an einem Rennen. – **S.maschine,** Vorrichtung zum möglichst gleichmäß. Ablassen d. Teilnehmer bei einem Rennen; quer von d. Startplatz gezogene Bänder werden durch el. Auslösung emporgeschnellt. – **S.verbot,** durch e. Sportverband (Verein) über e. Sportler verhängtes Verbot, e. gewisse Zeit od. für immer an einem Wettbewerb teilzunehmen.
Stasi = Staatssicherheitsdienst.
Staßfurt (D-3250), Krst. i. S-A., a. d. Bode, 26 466 E; Chemieanlagen, Fernsehgeräte-, Masch.-, Apparatebau, Sodafabrikation.
State Department [ˈsteɪt dɪˈpɑːtmənt], das Außenministerium d. USA.
Statement, *s.* [engl. ˈsteɪtmənt], offizielle Erklärung einer Regierung.
Staten Island [ˈsteɪtn ˈaɪlənd], Insel in der New-York-Bai, 181 km²; s. 1898 als Stadtteil Richmond z. → New York.
Statice, *Widerstoß,* Grasnelkengewächse, meist an Küsten und auf Salzboden, z. B. die *Strandnelke* der d. Nordseeküste, bis 50 cm h., hellviolette Blüten; auch Zierpflanze.
Statik, *w.* [gr.], **1)** Lehre v. Gleichgewicht v. an Körpern angreifenden Kräften; Ggs.: → Dynamik; **2)** *St. des Landbaues,* von → *Thaer* begr., inzw. erweiterte Lehre v. Nährstoffhaushalt d. Bodens (Verhältnis zw. Entziehung u. Ersatz d. Nährstoffe).

Station, *w.* [l.], **1)** *allg.* Stelle (z. B. *Tankstation*); **2)** *Verkehrswesen:* Haltestelle; **3)** *Krankenhaus:* svw. Abteilung; **4)** *Kreuzweg, Prozession:* durch Heiligenbild bezeichnete Stelle, an der zur Andacht haltgemacht wird; **5)** *freie S.,* freie Wohnung u. Kost.
stationär [l.], **1)** an eine best. Stelle gebunden; bleibend, nicht fortschreitend (z. B. Krankheitsprozesse); **2)** *astronom.* d. scheinbare Stillstand d. Bewegung eines Planeten oder eines Erdsatelliten, der die gleiche Umlaufzeit (24 Std.) wie die Erde hat.
statiös [ml.], prunkvoll, staatmachend.
statisch [gr.], *phys.* in Ruhe befindl.; Ggs.: kinetisch, dynamisch; statisches → Moment.
Statist [nl.], Nebendarsteller, b. Film oder Theater ohne Dialog (z. B. innerhalb einer Menschenmenge).
Statistik, *w.* [l.], Auszählung einer Gesamtheit als gleichartig betrachteter Dinge nach best. Merkmalen zur Untersuchung des Umfangs u. d. Struktur von Massenerscheinungen u. zahlenmäßigen Feststellung von Zuständen u. Vorgängen.
statistisches Amt, Behörde zur Durchführung bzw. Zusammenstellung amtl. Statistiken bei Städten, Ländern u. d. BR; *Statist. Bundesamt* in Wiesbaden.
Stativ, *s.* [l.], gestellartige Vorrichtung z. Aufstellen von phys., bes. optischen Instrumenten.
Statocyste, *w.* [gr.], Schweresinnesorgan wirbelloser Tiere.
Statthalter, Stellvertr. e. Herrschers, z. B. bis 1918 des Dt. Kaisers i. d. Reichslanden Elsaß-Lothringen; in Östr. bis 1918 i. d. Kronländern.
statuarisch [l.], standbildhaft.
Statue, *w.* [l.], Bildsäule, Standbild.
statuieren [l.], festsetzen; *ein Exempel st.,* ein warnendes Beispiel aufstellen.
Statur, *w.* [l.], Wuchs, Gestalt.
Status, *m.* [l.], Stand, Zustand, Vermögenslage. – **S. quo,** der gegenwärtige Stand der Dinge (in übertragenem Sinne: seine Erhaltung). – **S. quo ante,** der frühere, bisherige Zustand.
Statut, *s.* [l.], Satzung.
Statuten, Rechtssatzungen v. Körperschaften u. Vereinigungen.
Staubgefäße, *Staubblätter,* die den Blütenstaub (→ Pollen) erzeugenden (umgebildeten) männl. Blattorgane; aus *Staubfäden* u. *Staubbeutel.*
Stäubling, svw. → Bofist.
Staublunge, entsteht durch Staubeinatmung, nachfolgend durch Staubeinwanderung in Lymphbahnen und Lymphknoten, Zellwucherungen, narbige Gewebsschrumpfungen; als Kohlen-, Steinhauer-, Eisen-, Tabak-S. u. a., Berufskrankheiten.
Staubreinigungsanlage, Vorrichtung zur Abscheidung des Staubes aus der Luft in Fabriken usw.; meist Absaugung durch Kanäle. Niederschlag der schwe-

ren Staubkörner in Kammern, Feinabscheidung in Filtern aus Tuch, Drahtgitter, Holzwolle, Koks usw., auch Wasserberieselung d. Filter u. Elektrofilter.

Staudamm, *Stauwerk,* → Talsperre.

Stauden, Pflanzen, die mit unterird. Teilen ausdauern u. m. oberirdischen jährlich absterben.

Staudinger, Hermann (23. 3. 1881–8. 9. 1965), dt. Chem.; Makromolekularchemie (Kunststoffe u. Chemiefasern); Nobelpr. 1953.

Staudruckmesser → Pitotrohr.

Staudte, Wolfgang (9. 10. 1906–19. 1. 84), dt. Filmregisseur; *Der Untertan* (1951); *Rosen für d. Staatsanwalt* (1959); *Dreigroschenoper* (1963).

Staufer → Hohenstaufen.

Stauffenberg, Claus Gf Schenk v. (15. 11. 1907–20. 7. 44), dt. Oberst im Gen.stab; verübte am 20. 7. 1944 Attentat auf Hitler, am gleichen Tage hingerichtet.

Stauffer-Bern, Karl (2. 9. 1857–24. 1. 91), schweiz. (Porträt-)Maler (Abb. → Meyer, C. F.) u. Radierer d. Realismus.

Staupe, schwere Infektionskrankheit d. Schleimhäute (Nase, Augen, Lunge, Verdauungskanal) bei (jungen) Haustieren, bes. bei Hunden (meist im 4.–5. Monat), mit Fieber, Lähmungen.

stäupen, öffentlich mit Ruten auspeitschen.

Staupitz, Johannes v. (um 1465–1524), Generalvikar der Augustiner, Theol. in Wittenberg; Gönner Luthers, distanzierte sich später von ihm.

Stauung, 1) mit Staubinde, → Hyperämie; **2)** Stockung des Blutstroms durch Herzschwäche od. natürl. Abflußhindernis.

Stavanger, Seehafen u. Prov.hptst. an d. norweg. SW-Küste, 97 000 E; Dom (11.–13. Jh.); Schiffbau; Fischkonservenind., Erdölverarbeitung, Seefahrtsschule.

STD, Abk. f. *Sexually Transmitted Diseases,* sexuell übertragbare Krankheiten; dazu gehören neben d. klassischen → Geschlechtskrankheiten andere durch Bakterien, Viren, Pilze u. Protozoon verursachte Krankheiten.

Ste-, Abk. bei geogr. Namen → Sainte.

Stealth-Bomber [*stelθ-*], *Tarnkappen-Bomber, B-2-Bomber,* amerikan. Kampfflugzeug vom Typ F 117. Stückpreis etwa 1336 Mill. DM; kann aufgrund seiner Kunststoffbeschichtung vom gegner. Radar kaum erfaßt werden; im Verteidigungsfall Einsatz gg. gegner. Kommandozentralen u. Atomwaffensilos; ausgestattet mit Laser-Leitstrahl-gelenkten Bomben.

Stearinsäure, Fettsäure, aus *Stearin,* dem Glycerinester der S.; durch Verseifung gewonnen; m. Paraffin zus. zu Kerzen verarbeitet; Stearin findet sich in den meisten Fetten neben Palmitin, bes. reichlich im Hammeltalg.

Steat- [gr.], als Vorsilbe: Fett ... (z. B.

Steatom, Fettgeschwulst; *Steatopygie,* Fettsteiß).

Steatịt, *m.,* **1)** natürlicher *Speckstein,* → Talk, ein wasserhaltiges Magnesiumsilicat; **2)** keram. Masse aus Speckstein gebrannt, elektr. Isolierstoff von hoher mechan. Festigkeit.

Stechapfel

Stechapfel, sehr giftiges Nachtschattengewächs m. stachl. Früchten, auf Schutt; Blätter med. als Asthmakraut.

Stechfliegen, stubenfliegenähnliche Fliegen mit Stechrüssel (Blutsauger); *Wadenstecher,* an Mensch u. Vieh, Krankheitsüberträger.

Stechheber → Heber.

Stechmücken, *Wasserschnaken,* Mükkenfamilie, Weibchen saugen Blut; Entwicklung von Ei bis Puppe in stehendem Wasser. Sammelbez. für S., bes. wärmerer Länder: *Moskitos;* einige Arten Krankheitsüberträger. → Anopheles.

Stechpalme, *Ilex, Hülse,* Waldstrauch u. Baum m. immergrünen, lederartigen, dornigen Blättern u. roten Beeren; Holz zu Drechslerarbeiten (schwarz gefärbt, Art. z. Teebereitung (→ Mate). ♦.

Steckbrief, aufgrund eines Haftbefehls od. d. Tatsache d. Festnahme v. Richter, Staatsanwalt oder Polizei ergehende öff. Aufforderung zur Festnahme der im S. unter Angabe der strafbaren Handlung beschriebenen Person.

Stecklinge, abgeschnittene Pflanzenteile, die, in die Erde gesteckt, zu neuen Pflanzen auswachsen.

Steckrübe, *Kohlrübe,* Rapsform mit gelbweißen Wurzeln, Nahrungs- u. Futtermittel.

Stedinge, *Stedinger,* freie Bauern des Stedinger Landes (Oldenburger Marschlandschaft an der unteren Weser); 13. Jh. Kämpfe mit dem Erzbischofen von Bremen, von diesen schließlich unterworfen.

Steele [*stiːl*], Sir Richard (12. 3. 1673–1. 9. 1729), ir.-engl. Dramatiker u. Essayist; m. J. Addison Herausgeber d. Wochenzeitschriften *Spectator* u. *Tatler.*

Steen, Jan (1625/6–begr. 3. 2. 79), ndl. Genremaler d. Barock; meist m. schalkhaft-humorist. Unterton.

Steenwijk [*-weik*], **1)** Hendrik van, *d. Ä.* (um 1550–1. 3. 1603), ndl. Maler; s. etwa 1580 i. Frankfurt a. M.; s. Sohn **2)** Hendrik van, *d. J.* (um 1580–um 1649), ndl. Maler; Architekturbilder.

Steeplechase, *w.* [engl. *'stiːpl̩,tʃeis*] „Kirchturmrennen" (d. h. mit Kirchturm als Ziel), Hindernisrennen.

Stefan, Josef (24. 3. 1835–7. 1. 93), östr. Physiker; **S.-Boltzmannsches Strahlungsgesetz:** Abhängigkeit der Wärmestrahlung von der Temperatur.

Steffani, Agostino (25. 7. 1654–12. 2. 1728), it. Komp., Hofkapellmeister in Hannover; Opern, Orchestersuiten u. bes. Kammerduette.

Steffen, Albert (10. 12. 1884–13. 7. 1963), schweiz. expressionist., anthroposoph. Dramatiker u. Erzähler; *Sucher nach sich selbst.*

Steffens, Henrik (2. 5. 1773–13. 2. 1845), norweg.-dt. Phil. (Schüler v. Schelling), Naturforscher.

Steffisburg (CH-3612), schweiz. St. b. Thun, Kanton Bern, 13 000 E; Masch.-, Holzind., Töpfereien.

Steg, 1) schmale Brücke; **2)** Holztäfelchen, über das die Saiten der Streichinstrumente gespannt sind; **3)** im Buchdruck Metallstücke z. Ausfüllen größerer Zwischenräume in der Druckform; die leere Außenfläche der bedruckten Seite.

Stegreif [„Steigbügel"], *aus dem S.:* unvorbereitet (= wie ein Reiter, der aus dem Steigbügel u. ohne abzusitzen, etwas erledigt). – **S.spiel,** *S.komödie,* → Commedia dell'arte.

Steher, Rennfahrer (→ Radrennsport), auch Rennpferd, für lange Strecken; Ggs.: → Flieger.

Stehsatz, *drucktechnisch:* Satz, der f. späteren Nachdruck stehenbleibt.

Steiermark, östr. Bundesland i. Gebiet d. Enns, Mürz u. Mur, Hochgebirge (nördl. Kalkalpen, Niedere Tauern), im S Hügelland, 15% Ackerland, 29% Wiesen u. Weiden, 52% Wald; Mineral- u. Thermalquellen (Gleichenberg, Kalsdorf, Einöd u. a.); Luftkurorte u. Wintersportplätze. Haupterwerb: Viehzucht, Obstbau, Braunkohlebergbau u. Eisenverhüttung Donawitz bei Leoben, Abbau v. Spateisenstein am Erzberg im Tagebau (jährlich ca. 3 Mill. t Roherz, 90% d. östr. Eisenerzförderung). Holzindustrie; 16 387 km², 1,2 Mill. E; Hptst. *Graz.* – Im Röm. Reich Teil der Prov.en Noricum u. Pannonien; 6. Jh. n. Chr. von Slawen, 8. Jh. von Baiern besiedelt; 1192 an Östr., 1282 habsburg.; 1919 südl. Teil (6039 km²) m. Marburg an der Drau an Jugoslawien.

Steigbügel, 1) zum Besteigen des Pferdes u. als Fußstütze beim Reiten, am Sattel befestigt; **2)** Gehörknöchelchen → Ohr.

Steiger, Aufsichtspersonen im Bergbau unter Tage: nach 3- bis 4jähr. Grubenarbeit u. 2jähr. Kursus an → Bergschulen: *Hilfs-S., Revier-S.* (beaufsichtigt 100–150 Mann), *Schacht-S., Wetter-S., Schieß-S., Elektro-S., Maschinen-S.;* obere Klassen: *Fahr-S., Betriebsführer unter Tage (Ober-S.), Betriebsinspektor.*

Steigerwald, Sandstein-Höhenzug zw. Main- und Aischtal in Franken, *Hohenlandsberg* 498 m.

Steigrad, Uhrrad mit von der → Hemmung beeinflußter ruckweiser Drehbewegung.

John Steinbeck

Stein, 1) Charlotte Freifr. v. (25. 12. 1742–6. 1. 1827), Freundin → Goethes, Gattin des weimar. Stallmeisters Friedrich Frh. v. St.; *Goethes Briefe an Frau v. St.;* **2)** Edith (12. 10. 1891–9. 8. 1942), im KZ Auschwitz ermordet; Jüdin u. Philosophin; 1933 Karmeliter-Ordensschwester; Phänomenologie Sicht Husserl; 1987 seliggesprochen; **3)** Gertrude (3. 2. 1874–27. 7. 1946), am. Schriftst.in u. Kritikerin, lebte in Paris, unterhielt einen literar. Salon; ihre „skelettierte Prosa" von großem Einfluß auf amerik. Prosaisten; Roman: *The Making of Americans;*

Karl Reichsfreiherr vom Stein

4) Karl Reichsfreiherr vom und zum S. (25. 10. 1757–29. 6. 1831), dt. Staatsmann u. Diplomat, Reorganisator Preußens nach 1806, Bauernbefreiung u. Städteordnung (Selbstverwaltung); von Napoleon geächtet; 1812 pol. Berater des Zaren in Rußland, Teilnahme an den Befreiungskriegen u. am Wiener Kongreß; Begr. der *Monumenta Germaniae historica;* **5)** Lorenz v. (15. 11. 1815–23. 9. 90), dt. Staatsrechtslehrer; *Gesch. der sozialen Bewegung;* **6)** Peter (* 1. 10. 1937), dt. Theaterregisseur; Leiter d. Berliner Schaubühne (bis 1984); **7)** William H. (25. 6. 1911–2. 2. 80), amerikan. Biochemiker; Enzymforschungen; Nobelpreis 1972.
Steinach, 1) *St. (Thüringen)* (D-6406), St. i. Kr. Sonneberg, Sommerfrische u. Wintersportplatz im Thür. Wald, 7300 E; Glas- u. Spielwarenind.; **2)** (A-6150), östr. Gem. am Brenner, 1048 müM, Kurort und Wintersportplatz, 3000 E.
Steinadler, gr. Greifvogel Eurasiens, Flügelspannweite bis 2 m, noch in den Alpen.
Steinamanger, ungar. *Szombathely,* Hptst. des ungar. Komitats Vas; 87 000 E; kath. Bistum.
Steinbach → Erwin v. Steinbach.

Steinbeck, John (27. 2. 1902–20. 12. 68), am. realist. Erzähler; Romane: *Früchte des Zorns; Jenseits v. Eden;* Drama: *Von Mäusen u. Menschen;* Nobelpr. 1962.
Steinbeißer, *Steinpeitzger,* Fisch, eine Art d. → Schmerlen.
Steinberg, Saul (* 15. 6. 1914), rumän.-am. Karikaturist.

Alpensteinbock

Steinbock, 1) starkhörnige Hochgebirgsziege; *Alpen-S.,* nur noch in einzelnen Gegenden der Alpen, teils gehegt, sehr selten; **2)** 10. Zeichen des → Tierkreises; → Sternbilder, Übers.
Steinbrand, eine durch Brandpilze verursachte Krankheit d. Weizens.

Steinbrech

Steinbrech, Stauden der Hochgebirge; häufig Zierpflanze; ♦: alle Formen m. Rosetten.
Steinbuch, Karl (* 15. 6. 1917), dt. Informationstheoretiker u. Sachbuchautor; *Die informierte Gesellschaft; Falsch programmiert; Kurskorrektur.*
Steinbutt, er. Art d. → Plattfische.
Stein der Weisen, soll Stoffe in Gold verwandeln u. alle Krankheiten heilen (→ Alchimie).
Steindruck, *Lithographie,* ein von Aloys Senefelder 1797–99 erfundenes Flachdruckverfahren; Zeichnung kann entweder v. Hand m. Fettusche od. fotomechan. auf Kalkschieferplatten (die gebräuchlichsten kommen aus den Steinbrüchen v. Solnhofen) übertragen werden; der dadurch entstehende Fettgrund nimmt d. Farbe auf u. gibt sie beim Druck wieder ab; anstelle d. Steine können nach gekörnte Zink- od. Aluminiumplatten Verwendung finden; seit Anfang 19. Jh. bes. f. künstler., Landkarten- u. Notendruck.
Steiner, Rudolf (27. 2. 1861–30. 3. 1925), östr. Goetheforscher; Begr. der → Anthroposophie; schuf das → Goetheanum; Heilpädagogik; *Die Geheim-*

wiss. im Umriß; Wie erlangt man Erkenntnisse der höheren Welten?; → Waldorfschulen; → biologisch-dynamische Wirtschaftsweise.
Steinernes Meer, Karsthochfläche in den Salzburger Kalkalpen, südl. vom Königssee, an der dt.-östr. Grenze; im *Selbhorn* 2655 m.
Steinfrüchte, saftige Schließfrüchte mit fleischiger äußerer Fruchtwand u. innerem harten Steinkern (z. B. *Kirsche, Pflaume, Walnuß*).
Steinfurt (D-4430), Krst. in NRW, 30 193 E; 1975 entstanden durch Vereinigung v. *Burgsteinfurt* u. *Borghorst.*
Steingut, *Irdengut,* Tonwaren m. weißem, lichtundurchlässigem porösen Scherben u. durchsicht. Glasur; 1720 in England erfunden (→ Wedgwood); bei niedriger Temperatur gebrannt; Feldspat-S. (z. B. Fayence) und Kalk-S.
Steinhäger, Wacholderschnaps aus der westfäl. Gem. **Steinhagen** (D-4803), 16 620 E.
Steinheil, Karl August (12. 10. 1801–12. 9. 70), dt. Phys.; Begr. der elektromagnet. Telegraphie.
Steinheim a. Main, St.teil v. Hanau, Hessen; Schloß (15. Jh.), got. Pfarrkirche, Fachwerkhäuser.
Steinheimer Schädel, 1933 in Steinheim an der Murr, Württemb., gefunden, etwa 200 000 Jahre alter Schädel eines Frühmenschen.
Steinholz, Kunststein aus Sägespänen und Magnesiazement für Fußböden, Wandbelag.
Steinhuder Meer, Binnensee bei Hannover, 37 müM, 29,4 km², 3 m tief, fischreich, mit Abfluß Meerbach zur Weser; künstliche Insel Wilhelmstein; am Ufer See- u. Schlammbad **Steinhude,** Ortsteil v. → Wunstorf.
Steinhuhn, fasanartiger Hühnervogel, lebhaft gefärbt, Gebirge SO-Europas und Asiens.
Steinkauz → Eulen.
Steinklee, kleeähnl. Schmetterlingsblütler; Bienenpflanzen; *gelber S., weißer S.* und *blauer S.*
Steinkohle, *Schwarzkohle,* natürl. Kohle mit 75–95% Kohlenstoff; bes. im Karbon (→ geologische Formationen, Übers.) Flöze von einigen Zentimetern bis 15 m Dicke zw. Sandstein u. Schieferton; entstanden durch langsame Inkohlung von Nadelbäumen, Palmen, Farnen, Schachtelhalmen u. (in der Devon- u. Silurformationen) Seetang. *Grundstoff* des Industriezeitalters, neben Wasserkraft u. Mineralöl auch heute noch ein wichtiger Energielieferant; Förderung → Kohle (Schaubild); Rohstoff der *Leuchtgas-, Koks-* u. **Steinkohlenteer**-*Gewinnung,* der in Gasanstalten u. Kokereien durch Destillation bei ca. 1000 °C gewonnen wird u. bei fraktionierter Destillation (Destillation bei steigenden Temperaturen) wiederum *Grund- u. Rohstoffe* für wichtige Industriezweige liefert; Rück-

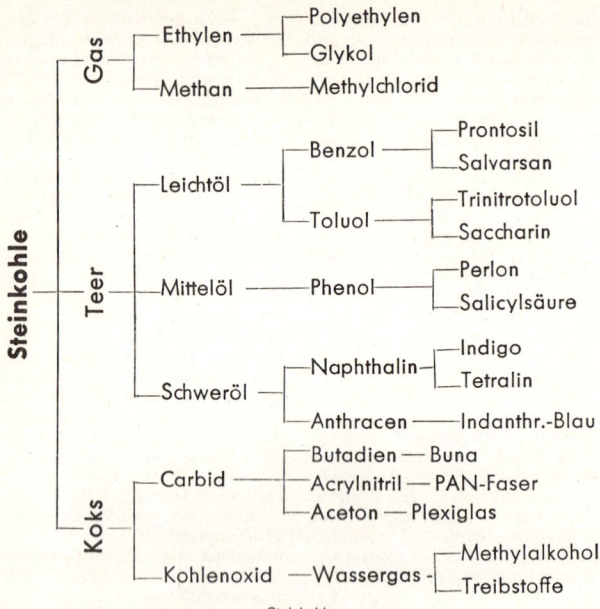

Steinkohle,
Verarbeitung in Chemie und Technik

stand ist Pech; → Kohlenwasserstoffe, Übers. *Gasflamm-* u. *Schmiedekohle:* sehr hoher Teer- u. Gasgehalt, lange helle Flamme, blakend; *Fettkohle:* hoher Gasgehalt, kurze helle Flamme, stark blakend, daher zur Koksgewinnung; *Magerkohle:* viel Kohlenstoff, wenig Gas, geringe Flamme; *Anthrazit* über 90% Kohlenstoff, kleine bläuliche Flamme.

Steinkohleneinheit, *SKE,* der Heizwert eines Energieträgers im Verhältnis zur Steinkohle; 1 SKE = Wärmeäquivalent v. 1 kg Steinkohle.

Steinkorallen, riffbildende → Korallentiere, bes. i. d. Südsee.

Steinkühler, Franz (* 20. 5. 1937), dt. Gewerkschaftler. 1983–86 stellv., s. 1986 Vors. d. Gewerkschaft IG Metall.

Steinle, Edward v. (2. 7. 1810–18. 9. 86), östr.-dt. Kirchenmaler; Nazarener; auch romant. Aquarelle, Zeichnungen.

Steinmetz-handwerk, bes. im MA von kultureller Bedeutung als Mitschöpfer d. Kunst; jetzt neu belebt durch Hinwendung zu eigenem Gestalten statt reiner Verwendung industrieller Techniken. –

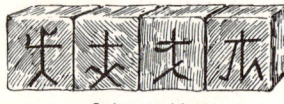

Steinmetzzeichen
Rathaus in Rothenburg

S.zeichen, Werkzeichen d. Bauhandwerker im 12.–16. Jh., wurde den Gesellen von der Bauhütte zur ausschließlichen Verwendung verliehen.

Steinnußpalme, Palmenart Mittel- u. S-Amerikas; → Elfenbeinnüsse.

Steinpilz, *Boletus,* ein Röhrling, vorzügl. Speisepilz, brauner Hut, weißgelbe Röhren; ihm ähnlich der *Gallenpilz* m. rosa Röhren, bitter, doch nicht giftig.

Steinsalz, → Kochsalz, kristallin in mächtigen Lagern vorkommend; bergmännisch gewonnen.

Steinschlag, Schotterungsmaterial aus zerkleinertem, natürl. oder künstl. Stein; auch Abrutschen von losen Steinmassen im Gebirge.

Steinschloßfeuerwaffen, Nachfolger der Lunten-Rad-Schnappschloßfeuerwaffen; abgelöst durch Perkussions-(= Zündhütchen-)Feuerwaffen.

Steinschneidekunst, verfertigt aus Edelod. Halbedelsteinen → Gemmen u. → Kameen, Siegel f. Ringe u. Platten.

Steinstoßen, Wettbewerb des → Rasenkraftsports; Stoßen eines ziegelsteinförmigen, 15 kg schweren Eisenklotzes mit Anlauf.

Steinzeichnung → Steindruck.

Steinzeit, Zeitabschnitt d. Vorgeschichte vor Kenntnis d. Metalle, Werkzeuge u. Waffen aus Stein, Bein u. and. Materialien; Unterteilung: → Vorgeschichte, Übers.

Steinzeug, *Sinterzeug,* Tonware m. dichtem, nichtsaugfähigem, lichtundurchlässigem, hellem Scherben; bei hohen Temperaturen (auch wiederholt) gebrannt (z. B. Porzellan).

Steißbein, die Wirbel unter dem Kreuzbein, Reste des tierischen Schwanzes beim Menschen.

Steißfüße, tauchende Schwimmvogelfamilie mit Spaltschwimmfüßen, z. B. der → *Haubentaucher.*

Stele, *w.* [gr.], Grabsäule; auch Grabstein mit bildlicher Darstellung.

Stella [l.], **1)** Stern; **2)** weibl. Vorname.

Stellagegeschäft → Börsengeschäfte.

Stellarstatistik, Zweig der Astronomie d. Fixsterne, bei dem die Beobachtungen vor allem mit Hilfe der math. Statistik verwertet werden.

Stellenvermittlung, für Arbeiter u. Angestellte, erfolgt seit 1922 lt. Arbeitsnachweisgesetz unentgeltlich durch die *öffentlichen Arbeitsnachweise; gewerbsmäßige* private S. s. 1. 1. 1931 verboten. → Arbeitsverwaltung.

Stelling, *seem.* aufgehängtes Brett f. Außenbordarbeiten.

Stellingen, Stadtteil v. Hamburg mit → Hagenbecks Tierpark.

Stellit, harte Legierung von Chrom, Cobalt u. Wolfram; f. Meißelspitzen.

Stellwerk, bei Eisenbahn Zentralstelle mit Vorrichtungen zum Stellen von Weichen u. Signalen: *Signal-* oder *Befehls-S.; Weichen-S.;* Stellwerke für Bedienung der Signale eines durchgehenden Streckenabschnittes ohne Weichen heißen *Blockstellen;* Stellung der Weichen u. Signale *mechanisch* durch Drahtzug oder als *el. Einreihen-S.,* neuerdings *Gleisbild-S.* mit automat. Registrierung d. Zuglaufs auf d. Strecke und elektronische Stellwerke. Gleisplan mit Weichen und Signalen wird grafisch auf einem Farb-Monitor dargestellt (→ Tafel Eisenbahn).

Stelzen, Holzstangen mit Trittklötzchen, bes. in Sumpfgegenden als Laufgerät benutzt; auch Kinderspielzeug. – **S.bäume,** svw. → Mangrove.

Stelzvögel, hochbeinige Sumpfvögel.

Stemmbogen, beim Skilauf Technik z. Änderung der Fahrtrichtung.

Stemmeisen, *Stechbeitel,* meißelartiges Werkzeug des Tischlers u. Zimmermanns mit geschärfter, verschieden profilierter Schneide.

stemmen, 1) Gewichtheben (ohne Schwung); **2)** Durchbrucharbeiten an Mauern.

Stempel, 1) *botanisch: Pistill,* der aus den Fruchtblättern gebildete weibl. Geschlechtsapparat der Blütenpflanzen; besteht aus *Fruchtknoten, Griffel* u. *Narbe;* **2)** Gerät u. Werkzeug z. Vervielfältigung eines auf ihm angebrachten Musters durch Abdruck, Siegeln, Einpressen, Prägen; **3)** amtl. Nachweis für Entrichtung e. Abgabe; **4)** *bergmänn.* Bez. für Stützholz. – **S.steuer,** durch Verwendung v. Stempelmarken erhobene Steuer (z. B. Wechsel, Spielkarten); früher auch f. Beurkundung v. Verträgen usw.

Stendal (D-3500), Krst. i. S-A., 50 717 E; Dom (12. Jh.); Marienkirche; Tore (norddt. Backstein-Gotik); Altmärk. u.

Winckelmann-Museum, Roland v. 1525; Eisen-, Konserven-, Möbelind.

Stendhal

Stendhal [stã'dal], eigtl. *Henri Beyle* (23. 1. 1783–22. 3. 1842)), frz. Schriftst.; Romane: *Rot und Schwarz; Die Kartause v. Parma; Lucien Leuwen; Armance;* Studie: *Über die Liebe.*

Stenge, *Stänge,* seem. obere Verlängerung e. Mastes.

Steno-gramm, s. [gr.], Niederschrift in **S.graphie** (→ Kurzschrift). – **S.typist|in,** *Daktylograph|in,* Kurzschrift- und Maschinenschreiber(in).

Stenokardie [gr.], *Herzenge,* svw. → Angina pectoris.

Stenose, w. [gr.], *med.* Verengung (z. B. des Darms); auch → Striktur.

Stentor, bei Homer Kämpfer von Troja, mit Stimmkraft „von 50 Männern“; *S.stimme.*

Stephan, a) Name von 9 *Päpsten:* **1)** S. II., 752–57, erbat fränk. Schutzherrschaft für kath. Kirche, begründete den Kirchenstaat (→ Pippinsche Schenkung); **2)** S. III., 768–72, Neuordnung d. Papstwahl (Wahl nur durch röm. Klerus). – **b)** *Fürsten v. Polen:* **3)** S. IV., → Báthory. – **c)** *Serbien:* **4)** S. Duschan, 1331–55, erster serb.-griech. Zar, größte Ausdehnung Serbiens, Gesetzgebung. – **d)** *Ungarn:* **5)** S. I. (Wojk), *d. Hlg,* erster Kg u. Gesetzgeber, 997–1038, führte um 1000 das Christentum ein (→ Stephanskrone).

Stephan, Heinrich v. (7. 1. 1831–8. 4. 97), dt. Gen.postmeister; Begr. d. einheitl. dt. Postwesens u. -rechts; führte Postkarte u. Fernsprecher ein, regte d. Weltpostverein an.

Stephanskrone

Stephanskrone, ungar. Königskrone → Stephans I.

Stephenson [stivvnsn], George (9. 6. 1781–12. 8. 1848), engl. Ing.; baute 1814 d. erste brauchbare Lokomotive; Begr. d. Eisenbahnwesens.

Steppe, meist baumlose Ebene mit Gras-, Busch- od. Krautvegetation in period. trockenen Klimaprovinzen: SO-Europa (Pußta), Vorder- u. Zentralasien, Afrika, S-Amerika (Pampas), mittleres N-Amerika (Prärie).

steppen, 1) mit dichten Hinterstichen, *Steppstichen,* nähen, bes. säumen; **2)** schnellwechselnd auf Ferse und Sohle *(Stepptanz)* tanzen.

Steppenhuhn, bis 40 cm langes lehmfarbiges, gesellig lebendes Flughuhn asiat. Steppen.

Ster, *m., Raummeter,* 1 m³ geschichtetes Holz.

Sterbe-geld, Geldzuwendung an d. hinterbliebenen Angehörigen eines Versicherten (bes. in d. Sozialversicherung). – **S.kassen,** Versicherungsvereine auf Gegenseitigkeit zur Ansammlung von Begräbnisgeldern.

Sterbesakramente, in der kath. Kirche: Buße, Kommunion und → Krankensalbung.

stereo- [gr.], als Vorsilbe: fest ..., räumlich ..., körperlich ...

Stereo, *Raumton,* räumlich wirkende (plastische) Schallwiedergabe durch binaurales Hören; erfordert f. Aufnahme, Übertragung bzw. Speicherung u. Wiedergabe mindestens zwei separate Kanäle; Schallplatten, Magnetband u. UKW-Rundfunk f. S. geeignet.

Stereofilm, *3D-Film,* 3dimensionaler, plast. → Film.

Stereokomparator, in der Astronomie verwendeter Meßapparat, beruht auf dem Prinzip des Stereoskops.

Stereometrie [gr.], *math.* Lehre v. der Berechnung d. Körperinhalte (Volumina).

Stereoskop, s. [gr.], opt. Gerät mit 2 Objektiven im Abstand der menschl. Augen (etwa 63 mm); Betrachtung von 2 Teilbildern d. gleichen v. 2 Punkten aufgenommenen Gegenstandes ergibt körperhafte Wahrnehmung des Dargestellten.

stereotaktische Operation, neurochirurgischer Eingriff, bei dem auf dem Schädel des Patienten ein besonderes Gerät aufgeschraubt wird, das dem Operateur das genaue Anzielen der Operationsstelle im Gehirn ermöglicht.

stereotyp [gr.], feststehend, in der Form erstarrt.

Stereotypie [gr.], **1)** Verfahren zur Anfertigung von Buchdruckplatten durch Abformung des aus einzelnen Lettern od. Zeilen zusammengesetzten Schriftsatzes in einer Papiermatrize u. Abguß in Schriftmetall (Blei-Antimon-Zinn-Legierung); *Vorteil:* hohe Auflagen möglich durch Verwendung mehrerer Abgüsse; **2)** *med.* krankhaft ständig wiederholte sprachliche, mimische ged. od. motorische Äußerungen, auch Haltungen *(Haltungs-S.)* oder Bewegungen *(Bewegungs-S.),* z. B. b. → Katatonie.

steril [l.], **1)** keimfrei (→ Desinfektion); **2)** unfruchtbar, d. h. zeugungsunfähig.

Sterilisation, *Sterilisierung,* **1)** Entkei- mung → Desinfektion; **2)** Unfruchtbarmachung (Verhinderung der Befruchtungsmöglichkeit) durch operative Unterbrechung d. Samenstränge b. Mann, d. Eileiter bei d. Frau, wobei im Ggs. zur Kastration die für die sekundären Geschlechtsmerkmale (seel. u. leibl. f. d. Geschlecht charakterist. Eigenschaften) wichtigen Keimdrüsen mit ihrer Funktion sowie die Fähigkeit zum Geschlechtsakt erhalten bleiben. S. in manchen Ländern (Dänemark, USA) zur Ausmerzung v. Erbkrankheiten (Geisteskrankheiten, erbl. Schwachsinn, erbl. Blindheit u. a.) gesetzl. eingeführt.

sterilisieren, 1) keimfrei machen; **2)** unfruchtbar machen.

Sterilität, 1) Keimfreiheit (durch → Desinfektion); **2)** Zeugungsunfähigkeit b. erhaltener Fähigkeit z. Geschlechtsakt durch künstl. Sterilisierung, Krankheit oder Schädigung der Geschlechtsorgane, bes. der Keimdrüsen (u. a. Tripper, Morphium, öfter Gebärmutterknickung, Entzündung und Geschwülste).

Sterine, lebenswichtige organ.-chem. Substanzen (z. B. → *Cholesterin,* → *Ergosterin);* auch → Steroide.

Sterlet → Störe.

Sterling, *m.* [‚sta:], *Pfund S.* (£), → Währungen, S. 1087. – **S.block,** s. 1931 Bez. für Länder, die ihre Währung stabil zum Pfund halten.

Stern, 1) Horst (* 24. 10. 1922), dt. Journalist, Schriftsteller u. Umweltschützer; Fernsehsendungen; 1981–84 Hg. d. Umweltmagazins „Natur“; *Rettet den Wald; Mann aus Apulien; Jagdnovelle;* **2)** Isaac (* 21. 7. 1920), am. Geiger russ. Herkunft; **3)** Otto (17. 2. 1888–18. 8. 1969), dt.-am. Phys.; Molekularstrahlen; entdeckte magnet. Eigenschaften d. Protons; Nobelpr. 1943.

Sternassoziation, Gruppe v. Sternen gemeinsamer phys. Merkmale (z. B. Bewegung, Spektraltyp).

Sternbedeckungen, Verdeckung eines Fixsterns durch d. Mond oder einen Planeten auf seiner Bahn.

Sternberg, Josef von (29. 5. 1894–22.12. 1969), östr.-am. Filmregisseur; *The Last Command* (1928); *Der blaue Engel* (1930); *Shanghai Express* (1932); *The Scarlet Empress* (1934).

Sternberger, Dolf (28. 7. 1907–27. 7. 89), dt. Historiker u. Essayist; 1964–70 Präs. d. PEN-Zentrums der BR.

Sternbilder, schon den griech. u. babylon. Altertum stammende Zusammenfassung hellerer Sterne zu Gruppen (mit Namen belegt); innerhalb der S. Bez. d. Sterne m. griech. Buchstaben (z. B. α Kleiner Bär = Polarstern) u. arab. Ziffern (→ Übersicht, S. 911/913).

Sterne [stə:n], Laurence, Pseudonym *Yorick* (24. 11. 1713–18. 3. 68), engl. humorist. Dichter; *Leben u. Meinungen des Tristram Shandy; Empfindsame Reise durch Frkr. u. Italien.*

Laurence Sterne

Sterne, 1) *allg.* (volkstüm.) Bez. für alle Gestirne als Himmelskörper (Fixsterne, Planeten, Kometen, Monde); **2)** *astronom.* nur die „Sonnen" (Tafeln → Himmelskunde u. → Sternhimmel); diese sog. „*Fixsterne*" sind nicht fest zueinander, sondern haben Eigenbewegung, merkbar als Ortsveränderung u. spektroskopisch als Radialgeschwindigkeit. Die Raumgeschwindigkeit der S. steigt bis etwa 500 km/s relativ zur Sonne. *Durchmesser* von 1/20 bis 2400fachem Sonnendurchmesser, *Massen* von 1/1 bis 75facher Sonnenmasse. Nach ihrer scheinbaren Helligkeit werden sie in *Größenklassen* eingeteilt. Helligkeitsverhältnis zweier aufeinanderfolgender Klassen wie 2,512:1, d. h. ein S. 1. Größe ist 2,512mal heller als ein S. 2. Größe. Hellster Stern ist der Sirius (Größe –1,6); schwächste S. (auf fotograf. Himmelsaufnahmen) Größe 23; S. bis Größe 6 mit bloßem Auge sichtbar (insges. etwa 5500, in Dtld etwa 4000); alle erkennbaren einzelnen Sterne gehören zum System der → Milchstraße, die über 100 000 Mill. S. umfaßt. *Entfernungen:* sonnennächster Stern Proxima Centauri 4,3, entfernteste Milchstraßen-S. etwa 100 000 Lichtjahre. Nach ihrem Spektrum unterscheidet man 10 *Spektralklassen,* die (wie die Spektralfarben) Temperaturstufen *(Sterntemperaturen)* darstellen: davon bes. vertreten die Klassen: *M,* rot (Oberfläche 2000–4000°); *K,* orange (4000–5000°); *G,* gelblich (5000–6000°); *F,* weißgelb (6000–8000°); *A,* blauweiß (8000–13 000°); *B,* blauweiß (13 000–30 000°); im Sternzentrum ca. 30 Mill. Grad; → Population, → Russell-Diagramm. Nach absoluter Helligkeit u. Durchmesser unterschieden: *Riesen-* u. *Zwerg-S.;* bei den *Veränderlichen* regeloder unregelmäßig schwankende Helligkeit; bei *Doppelsternen* bewegen sich 2 S. in Ellipsen um den gemeinsamen Schwerpunkt; es gibt auch 3–6fache S. *Neue S.* → Nova. *Sternströme,* Gruppen von S.n mit gleicher u. paralleler Bewegung im Raum, z. B. Gr. Bären-Strom. – *Sternhaufen,* entweder offene von Kugelsternhaufen; größter, mit bloßem Auge bei uns sichtbar Sternhaufen im Herkules (Abb. → Tafel Himmelskunde I) enthält um 100 000 S., Entfernung 36 000 Lichtjahre.

Sternenbanner, Flagge der USA (→ Flaggen, Tafel S. 341).

Sternfahrt, sportl. Auto-, Motorrad-, Radfahrt von versch. Orten nach einem Sammelpunkt zu vereinbarter Zeit.

Sternhaufen → Sterne (→ Tafel Himmelskunde I).

Sternheim, Carl (1. 4. 1878–3. 11. 1942), dt. expressionist., zeitkrit. Dramatiker u. Erzähler; *Die Hose; Der Snob; Die Kassette; Bürger Schippel;* Roman: *Europa.*

Stern-himmel, bildl. Darstellung des nördl. und südl. S.himmels (→ Tafel S. 911). – Darstellung der Sterne nach Stellung u. Helligkeit; infolge Überschneidung d. Randzonen sind die äußeren Sterne auf beiden Karten abgebildet. Zur Orientierung halte man (in Dtld) die Karte des nördl. S.himmels nach Norden u. gehe beim Aufsuchen der S.bilder vom → Polarstern aus.

Sternkarten, kartenmäß. Abb. d. Sterne u. Sternbilder in einem Atlas od. einzeln.

Sternkatalog, Verzeichnis v. Sternörtern für einen best. Zeitpunkt; erster S. von → Hipparch aufgestellt, enthält etwa 1000 Sternörter; 1900 gab es schon über 300 Kataloge, deren Zahl inzwischen erheblich gewachsen ist.

Sternkunde, svw. Himmelskunde.

Sternmotor, Flugmotor mit sternförmiger Zylinderanordnung um Kurbelwelle u. -gehäuse, überwiegend luftgekühlt, mit 3–9 Zylindern, für gr. Leistungen *Doppelstern* z. B. 2×7 oder 2×9, wobei der hintere Teil d. S.s versetzt angeordnet wird, so daß alle Zylinder zwecks guter Kühlung auf Lücke stehen; Leistungen bis ca. 3500 PS.

Sternschnuppen → Meteore.

Sternströme, Gruppe von Sternen mit gemeinsamer räuml. Bewegung.

Sternsystem, *Galaxis,* räuml. abgeschlossene Gruppe vieler Fixsterne (z. B. → Milchstraßensystem).

Sterntag → Zeit.

Sterntemperatur → Sterne.

Sternwarte, Institut für astronom. Beobachtungen (Observatorium); → Himmelskunde; Sternwarte mit größtem Teleskop in → Selentschukskaja; → Tafel Himmelskunde; auch → Fernrohr.

Sternzeit → Zeit.

Steroide, biol. wirksame, den → Sterinen verwandte organ.-chem. Substanzen, z. B. Gallensäuren, → Hormone d. männl. u. weibl. → Keimdrüsen sowie d. → Nebennierenrinde, Herz- → Glykoside (→ Digitalis-Wirkstoffe) → Saponine, manche → Alkaloide.

Stethoskop, *s.* [gr.], ärztl. Hörrohr; → Auskultation.

Stetigkeit, *Kontinuität, math.* eine Funktion wird stetig genannt, wenn einer beliebig kl. Änderung der Variablen stets eine beliebig kleine Änderung des Funktionswertes entspricht.

Stettin, Szczecin, Hptst. d. poln. Woiwodschaft *S.,* bed. Ostseehafen an der Mündung d. Oder; 410 000 (1939: 372 000) E; wichtiger Handels- u. Industrieplatz. – Alte Hansestadt, ehem. Re-

sidenz d. pommer. Herzöge, vorübergehend unter schwed. Herrschaft; s. 1720 preuß., Hptst. Pommerns; bis 1873 Festung; s. 1945 poln.

Stettiner Haff, *Pommersches Haff, Oderhaff,* Mündungsbucht d. Oder, durch die Inseln Usedom u. Wollin von d. Ostsee abgetrennt, 690 km², ausgebaggerte Fahrrinne; Ostteil (Gr. Haff) s. 1945 poln.

Steuben, Friedrich v. (17. 9. 1730–28. 11. 94), preuß. Offizier; 1778 Organisator d. Armee G. *Washingtons.*

Steueramnestie, Straffreiheit für Steuervergehen unter bed. Voraussetzungen; Verpflichtung zur Steuernachzahlung wird durch S. nicht aufgehoben.

steuerbegünstigtes Sparen, Sparen aufgrund v. Kapitalansammlungsverträgen zur Erhöhung der Einkommensteuerfreibeträge.

Steuerbehörden, svw. Finanzbehörden.

Steuerberater, Steuerbevollmächtigter, freiberufl. Sachverständige, leisten geschäftsmäß. Hilfe i. Steuersachen; Zulassung nach entsprechender Ausbildung u. Prüfung durch Oberfinanzdirektion eines Landes.

Steuerbilanz → Bilanz, Übers.

Steuerbord, in d. Fahrtrichtung rechte Schiffs- od. Flugzeugseite; grünes Farbbzw. Lichtzeichen.

Steuerdestinatar, derjenige, den d. Steuergesetzgeber mit d. Steuer belasten will.

Steuerflucht, Verlagerung v. Vermögenswerten ins Ausland, um sie d. Besteuerung zu entziehen.

Steuergutscheine, unverzinsl. staatl. Schuldverschreibungen, die für fällige Steuerzahlungen angenommen werden.

Steuermann, bei der *Handels*marine: Schiffsoffiziere der Deckdienstes: 1., 2., 3. u. 4. Offizier, muß S.sprüfung auf Seefahrtschule abgelegt haben (S.spatent besitzen); bei der *Kriegsmarine:* dem Navigationsoffizier beigegebener Deckoffizier.

Steuern → Übersicht, S. 914; BR Einnahme Bund u. Länder 1989: 535,525 Mrd. DM.

Steuerniederschlagung, rückständige Steuern werden v. Amts wegen niedergeschlagen, wenn Vollstreckungsmaßnahmen erfolglos sind; S.en im Gegensatz zum Steuererlaß nicht endgültig; bei späterer Zahlungsfähigkeit des Schuldners kann (abgesehen b. Verjährung) Zahlung gefordert werden.

Steuerruder, meist am Heck unter Wasser angebrachte, um eine vertikale Achse

Stettin

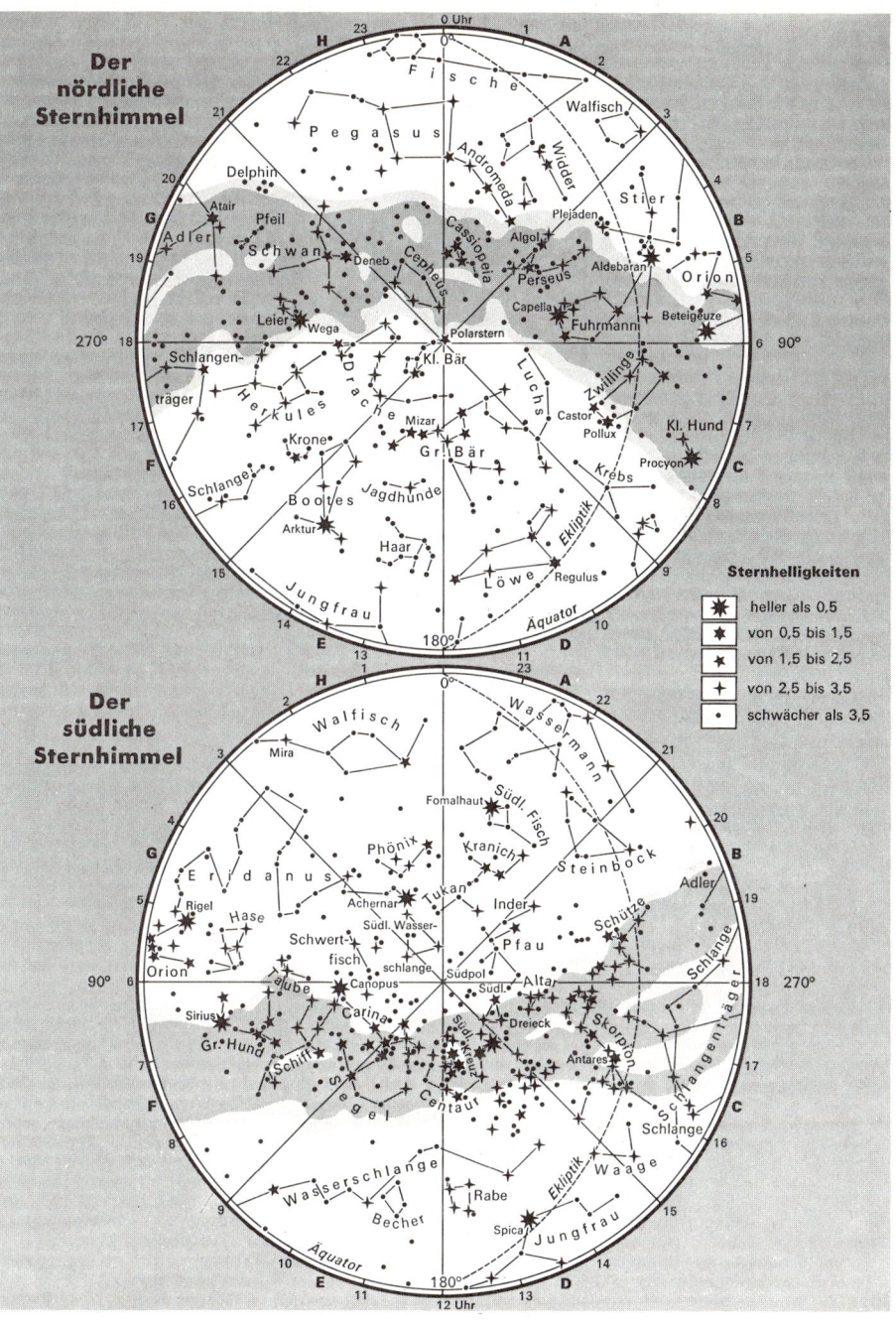

Der nördliche Sternhimmel

Der südliche Sternhimmel

Sternhelligkeiten

✸	heller als 0,5
✶	von 0,5 bis 1,5
✳	von 1,5 bis 2,5
✚	von 2,5 bis 3,5
·	schwächer als 3,5

Name		Sternhimmel Seite 918		helle Sterne		Merkmale
deutsch	lateinisch	nördl.	südl.	(Zahl = Größenklasse)		
Adler	*Aquila*	G	–	α = Atair	0.9	in der Milchstraße
Altar	*Ara*	–	C			
Andromeda	*Andromeda*	A	–	α = Sirrah	2.1	*A.-Nebel,* 2,3 Mill. Lichtj. enfernt
Bär, Großer	*Ursa major*	D, E	–	ε = Alioth	1.7	„Himmelswagen"
Bär, Kleiner	*Ursa minor*	E, F	–	α = Polaris	2.3	Polaris ca. 1° v. nördl. Himmelspol entfernt, schöne Doppelsterne
Bärenhüter, Ochsentreiber	*Bootes*	E	–	α = Arcturus	0.2	für Feldstecher
Becher	*Crater*	–	E			unscheinbar
Bildhauerwerkstatt	*Sculptor*	–	A, H			unbedeutend
Cassiopeia	*Cassiopeia*	A	–	α = Schedir	2.1	5 helle Sterne bilden ein W
Cepheus	*Cepheus*	H	–	α = Alderamin	2.6	δ Cephel → Cepheiden
Chamäleon	*Chamaeleon*	–	D, E			unbedeutend
Chem. Ofen	*Fornax*	–	H			unscheinbar
Delphin	*Delphinus*	G	–			kleines markantes Sternbild
Drache	*Draco*	D, G	–	γ	2.4	zw. Gr. u. Kl. Bär
Dreieck	*Triangulum*	–	C			unscheinbar; bekannt durch Spiralnebel
Dreieck, Südl.	*T. australe*	–	C	α	1.9	markantes Dreieck nahe α Centauri
Eidechse	*Lacerta*	H	–			unscheinbar
Einhorn	*Monoceros*	C	F			unscheinbar
Eridanus-Fluß	*Eridanus*	–	G	α = Achernar	0.6	α für uns unter dem Horizont
Fernrohr	*Telescopium*	–	B			unscheinbar, südl. v. Schützen
Fisch, Südl.	*Piscis austrinus*	–	A	α = Formalhaut	1.3	
Fische	*Pisces*	A, H	–			12. *Tierkreis-Sternb.,* unscheinbar
Fliege	*Musca*	–	D, E			südlich des Kreuzes
Fliegender Fisch	*(Piscis) Volans*	–	F			südlich des Kiels
Füchslein	*Vulpecula*	G	–			zwischen Schwan u. Adler
Fuhrmann	*Auriga*	B	–	α = Capella	0.2	ε bedeckungsveränderlich
Giraffe	*Cameloparfalis*	B, C	–			unscheinbar
Grabstichel	*Caelum*	–	G			keine hellen Sterne
Haar d. Berenice	*Coma Berenices*	E	–			unscheinbar, viele Spiralnebel
Hase	*Lepus*	–	G			unscheinbar
Heck d. Schiffes	*Puppis*	–	F			unscheinbar
Herkules	*Hercules*	F	–	α = Ras Algethi	3.1–3.9	2 helle → Kugelsternhaufen
Hund, Großer	*Canis major*	–	F	α = Sirius	–1.6	α hellster Fixstern, 9 Lichtj. enfernt, Begleiter Weißer Zwerg
Hund, Kleiner	*Canis minor*	C	–	α = Prokyon	0.5	11 Lichtj. entfernt
Indianer	*Indus*	–	B			unscheinbar
Jagdhunde	*Canes venatici*	E	–			unscheinbar
Jungfrau	*Virgo*	E	D	α = Spica	1.2	6. *Tierkreis-Sternbild* γ Doppelstern
Kiel des Schiffes	*Carina*	–	F	α = Canopus	–0.9	α zweithellster Fixstern; 230 Lichtj. enfernt, 10 000fache Leuchtkraft der Sonne
Kranich	*Grus*	–	A	α	2.2	2 helle Sterne 2. Größe
Krebs	*Cancer*	C	–			4. *Tierkreis-Sternbild,* enthält den offenen Sternhaufen Krippe = Praesepe
Kreuz	*Crux*	–	D	β	1.5	Kreuz des Südens
Krone, Nördl.	*Corona borealis*	F	–	α = Gemma	2.3	kleines markantes Sternbild
Krone, Südl.	*C. austrina*	–	B			unbedeutend
Leier	*Lyra*	G	–	α = Wega	0.1	α hellster Stern des nördlichen Fixsternhimmels
Löwe	*Leo*	D	–	α = Regulus	1.3	5. *Tierkreis-Sternbild*
Löwe, Kleiner	*L. minor*	D	–			unscheinbar
Luchs	*Lynx*	C	–			unscheinbar
Luftpumpe	*Antlia*	–	E			keine hellen Sterne

Name		Sternhimmel Seite 918		helle Sterne	Merkmale
deutsch	lateinisch	nördl.	südl.	(Zahl = Größenklasse)	
Maler	Pictor	–	G		unscheinbar
Mikroskop	Microscopium	–	B		unscheinbar
Netz	Reticulum	–	H		unscheinbar
Oktant	Octans	–	Pol-gegend		enthält südlichen Himmelspol
Orion	Orion	B	G	α = Beteigeuze 0.1–0.2	O.-Nebel, Gasnebel, ca. 1700 Lichtjahre entfernt; α Roter Riese
Paradiesvogel	Apus	–	C		nahe am Himmels-S-Pol
Pegasus	Pegasus	H	–	α = Markab 2.6	markantes Viereck
Penduluhr	Horologium	–	G		unscheinbar
Perseus	Perseus	B	–	α = Algenib 1.9	sehr sternreich; enthält d. Bedeckungsveränderlichen Algol
Pfau	Pavo	–	B		enthält nur 1 Stern 2. Größe
Pfeil	Sagitta	G	–		kleines Sternbild über d. Adler
Pferdchen, Füllen	Equuleus	G	–		unscheinbar
Phönix	Phoenix	–	H, A		unscheinbar
Rabe	Corvus	–	D		
Schiff	Argo	–	E, F		aufgeteilt in Heck, Segel, Schiffskompaß
Schiffskompaß	Pyxis	–	F		unscheinbar
Schlange	Serpens	F	C	α = Unuk 2.8	helle Sternhaufen
Schlangenträger	Ophiuchus	F	C	α = Ras Alhague 2.1	reich an Sternhaufen
Schütze	Sagittarius	–	B	ε 2.0	9. Tierkreis-Sternbild, Richtung z. Zentrum der Milchstraße
Schwan	Cygnus	G	–	α = Deneb 1.3	markantes Sternbild in der Milchstraße
Schwertfisch, Goldfisch	Doradus	–	G		enthält die Große → Magellansche Wolken
Segel d. Schiffes	Vela	–	E		ausgedehntes Sternbild
Sextant	Sextans	–	D		unscheinbar, unter Regulus
Skorpion	Scorpius	–	C	α = Antares 1.2	8. Tierkreis-Sternbild, reich an hellen Sternen
Sobieskischer Schild	Scutum Sobiesii	–	B		kleines Sternbild in der Milchstraße unter dem Adler
Steinbock	Capricornus	–	A, B		10. Tierkreis-Sternbild, wenig auffällig
Stier	Taurus	B	–	α = Aldebaran 1.1	2. Tierkreis-Sternbild, auffälliges Sternbild mit den → Hyaden
Tafelberg	Mensa	–	F, G		unscheinbar, enthält Teil der Großen → Magellanschen Wolken
Taube	Columba	–	G		unscheinbar
Tukan	Tucana	–	A, H		enthält die Kleine ‘ Magellansche Wolken
Waage	Libra	–	C, D	ZubenelSchemali 2.7	7. Tierkreis-Sternbild
Walfisch	Cetus	–	H	β = DenebKaitos 2.2	enthält die veränderliche Mira, 1596 entdeckt
Wassermann	Aquarius	–	A	β 3.1	11. Tierkreis-Sternbild
Wasserschlange, Kl., Südl. od. Männl.	Hydrus	–	G, H		kleines Sternbild nahe dem Himmels-S-Pol
Wasserschlange Nördl. od. Weibl.	Hydra	–	D,E,F	α = Alphard 2.2	ausgedehntes Sternbild
Widder	Aries	A	–	α = Hamel 2.2	1. Tierkreis-Sternbild
Winkelmaß	Norma	–	C		unbedeutend
Wolf	Lupus	–	C		unscheinbar
Zentaur	Centaurus	–	D, E	α –0.3	α dritthellster und zweitnächster Fixstern, 4,4 Lichtjahre entfernt
Zirkel	Circinus, Circulus	–	C		unbedeutend
Zwillinge	Gemini	C	–	α = Castor 1.6 β = Pollux 1.2	3. Tierkreis-Sternbild

Steuer(n)

Steuer(n) (u. → Zölle) sind einmalige oder laufende Geldleistungen, die der Staat (Bund, Länder u. Gemeinden) ohne Gegenleistung der Steuerpflichtigen zur Deckung seines Finanzbedarfs allen auferlegt, auf die der Tatbestand der von den Parlamenten (Bund od. Länder) beschlossenen Steuergesetze zutrifft.

Die Aufgaben der Finanzverwaltung werden durch die Oberbehörden (Bundesminister der Finanzen und Finanzminister der Länder), die Mittelbehörden (Oberfinanzdirektionen) und die örtlichen Behörden (Finanzämter, Zollämter, Gemeinden) wahrgenommen.

Die Steuern werden eingeteilt in 1) *Besitzsteuern* (Einkommen-, Lohn-, Körperschaft-, Kirchensteuer), 2) *Verkehrssteuern* (Umsatz-, Kfz-, Wechsel-, Lotteriesteuer usw.) u. 3) *Verbrauchssteuern* (Zucker-, Tabak-, Mineralölsteuer usw.).

Jeder Steuerpflichtige kann sich gegen einen Verwaltungsakt der Finanzverwaltung durch a) *Einspruch* od. b) *Beschwerde* wehren. *Billigkeitsmaßnahmen* können v. d. Finanzverwaltung getroffen werden. Zu ihnen gehören die **Steuerstundung** u. der **Steuererlaß.** Stundung darf gewährt werden, wenn die Einziehung von Steuern mit erheblichen Härten für den *Steuerpflichtigen* verbunden ist u. der Anspruch durch die Stundung nicht gefährdet wird. Ein Erlaß von Steuern darf für einzelne Fälle gewährt werden, wenn die Einziehung unbillig wäre.

Die Festsetzung der geschuldeten Steuern erfolgt im allg. durch **Veranlagung** des Finanzamts. Wichtigstes Hilfsmittel im Steuerverfahren ist die **Steuererklärung** des Steuerpflichtigen. Die Pflicht zu ihrer Abgabe ergibt sich unmittelbar aus gesetzlichen Vorschriften oder aus der Aufforderung durch das Finanzamt. Die Steuererklärung muß form- und fristgerecht erfolgen. Korrelat der Wahrheitspflicht des Steuerpflichtigen ist das **Steuergeheimnis,** d. h. die durch Strafandrohung gesicherte Verpflichtung der im Steuerverfahren amtlich tätigen Personen, die ihnen zur Kenntnis gelangten Verhältnisse und Tatsachen nicht unbefugt zu offenbaren oder zu verwerten.

Steuertarif ist der Prozentsatz, mit dem die Steuer erhoben wird. Manche Steuertarife enthalten eine Progression, was besagt, daß der bei der Steuerberechnung zur Anwendung kommende Prozentsatz mit steigender Besteuerungsmenge steigt.

Für die *Einkünfte aus unselbständiger Arbeit* tritt anstelle der Veranlagung der **Lohnsteuerabzug.** Grundlage für seine Berechnung, die der Arbeitgeber vorzunehmen hat, sind die Einkünfte und die **Lohnsteuerkarte** des Arbeitnehmers. Die Lohnsteuerkarte wird von der zuständigen Gemeindebehörde ausgestellt und enthält die für die Steuerberechnung notwendigen persönlichen Angaben über den Steuerpflichtigen. Auf Antrag hat das Finanzamt in die Steuerkarte aus den besonderen Verhältnissen begründete **lohnsteuerfreie Beträge** einzutragen, die der Arbeitgeber vor Anwendung der Lohnsteuertabelle vom Arbeitslohn abzusetzen hat. Der Arbeitgeber hat die einbehaltene Lohnsteuer an das Finanzamt abzuführen.

Steuerhinterziehung begeht, wer zum eigenen oder eines anderen Vorteil nicht gerechtfertigte Steuervorteile erschleicht oder vorsätzlich bewirkt, daß Steuereinnahmen verkürzt werden; strafbar.

---

drehbare Platte zur Lenkung (Steuerung) eines Schiffes; durch Handhebel *(Ruderpinne),* Seil od. Kettenzug m. Winde *(Steuerrad)* od. Dampfmaschine bzw. Elektromotor *(Rudermaschine)* betätigt. **Steuerschuldner,** Person, die gesetzl. zur Entrichtung der Steuer verpflichtet ist. → Steuerträger.

Steuerstrafrecht, allg. geregelt in der → Abgabenordnung; Einteilung der Steuerdelikte: *Steuerhinterziehung, -hehlerei, -gefährdung, Bannbruch, Schmuggel* u. *Ordnungswidrigkeiten.*

Steuerträger, derjenige, der die Steuer endgültig aus s. Einkommen od. Vermögen bestreitet. → Steuerschuldner.

Steuerüberwälzung, im Wirtschaftsleben d. Überwälzung einer Steuerlast von der einen Erzeugungs- od. Handelsstufe auf die folgende (z. B. vom Fabrikanten auf d. Großhändler, von diesem auf den Einzelhändler, von diesem auf den Verbraucher; d. S. ist z. T. durch den Gesetzgeber selbst gewollt (z. B. bei d. Umsatzsteuer), ergibt jedoch z. T. ungewollte u. unerwünschte Verschiebung zw. d. steuerl. Belastungen d. einzelnen Bevölkerungsschichten.

Steuerung, jede willkürl. Beeinflussung oder Änderung (einschließl. Ein- u. Ausschalten) v. Energien, Geschwindigkeiten, Bewegungen u. a. *(Steuergrößen).* Die zu steuernde Einrichtung ist die *Steuerstrecke.* S. erfolgt, indem Steuersignale an ein Stellglied gegeben werden, das die Steuergrößen beeinflußt. Wird am Ausgang der Steuerstrecke das Steuerergebnis durch Messen festgestellt, mit anzusteuerndem Wert verglichen u. auf

Sollwert nachgestellt, so liegt → Regelung vor; wird Drehsinn einer Maschine geändert, spricht man von *Umsteuern.* Meist wird große Energie durch sehr viel kleinere gesteuert; ermöglicht moderne Technik. Anwendung: S. v. Ventilen od. Schiebern bei Wärmekraftmaschinen (Dampfmaschinen Otto- und Dieselmotoren) u. Pumpen; Elektromotoren mit Schaltern; bei vielen modernen Maschinen erfolgt S. nach Programm (z. B. Waschautomaten). S. des Anodenstromes bei Elektronenröhren durch Steuergitter, eines Relais oder Magneten durch Ströme oder Stromimpulse (z. B. bei Fernsprechvermittlungsstellen), eines Wählers m. der Wählscheibe auf gewünschten Teilnehmer durch Nummernwahl. Auch → Prozeßsteuerung u. numerische Steuerung.

Steuerwerk, Leitwerk, Teil d. → Zentraleinheit e. → Datenverarbeitungsanlage; steuert d. internen Vorgänge in d. Zentraleinheit (Befehlsausführung) u. überwacht d. Ein-/Ausgänge (→ Peripherie).

Steven, *m.* [ndl. „Stamm"] in den Kiel eingelassene Abschlußbalken (senkrecht) vorn und hinten am Schiff: *Vorder-* und *Hinter-S.*

Stevenson [ˈstivnsn], Robert Louis (13. 11. 1850–3. 12. 94), schott. Schriftst.; exot. Abenteuerromane: *Die Schatzinsel;* Erzählungen: *D. seltsame Fall v. Dr. Jekyll u. Mr. Hyde.*

Stevin, Simon (1548–1620), ndl. Math. (Dezimalbrüche) u. Physiker (Parallelogramm d. Kräfte u. kommunizierende Röhren).

Steward|eß [engl. ˈstjuəd, -ˈdɛs], Aufwär-

ter|in, Kellner|in auf Passagierdampfern, Flugbegleiter|in in Flugzeugen.

Stewart [ˈstjuət], James (* 20. 5. 1908), am. Filmschausp.; *Mr. Smith Goes to Washington; The Man Who Knew Too Much; Vertigo.*

Steyr (A-4400), Bez.hptst. in Oberöstr., am Zusammenfluß der Enns (254 km) und Steyr (58 km), 39 000 E; ma. Altstadt; Gotik; Eisen- u. Autoind.

StGB, Abk. f. → *Strafgesetzbuch.*

Stich, 1) lichte Höhe eines Gewölbes bis zum Scheitel; **2)** im Tiefdruckverfahren hergestellte Drucke; → Stahlstich. → Kupferstich, → Radierung.

Stichblatt, Metallplatte a. Degengriff z. Schutz d. Hand; oft kunstvoll ausgeführt.

Stichel, Werkzeug d. Graveurs, Ziseleurs, Kupferstechers u. Holzbildhauers zum Ausheben v. Spänen aus d. Arbeitsmaterial, m. verschiedenster Formgebung f. die grabende Spitze: flach, spitz, rund, rautenförmig, gerillt usw.

Stichflamme, durch starke Luft- oder Sauerstoffzufuhr (Gebläse, Lötrohr u. ä.) u. Verwendung brennbarer Gase (Wasserstoff, Acetylen) gestraffte heiße Flamme (z. B. Bunsenbrenner, Schmiedefeuer, Schweißbrenner).

Stichkappe, *w.,* → Kappe.

Stichling

Stichlinge, kl. Fische mit Stachelflossen; Männchen zur Laichzeit buntfarbig, baut

---

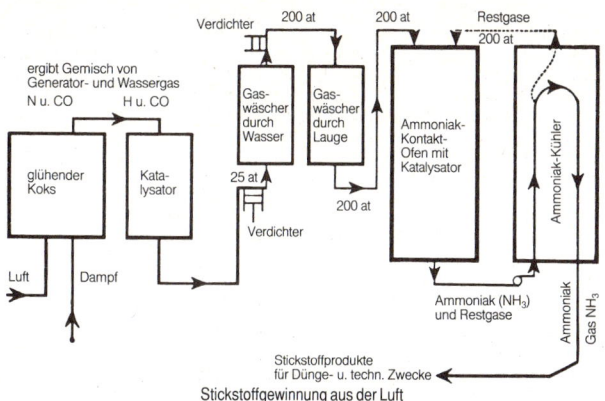

Stickstoffgewinnung aus der Luft

(Labels within diagram:) Verdichter 200 at — 200 at — Restgase 200 at; ergibt Gemisch von Generator- und Wassergas N u. CO, H u. CO; Gaswäscher durch Wasser; Gaswäscher durch Lauge; Ammoniak-Kontakt-Ofen mit Katalysator; Ammoniak-Kühler; glühender Koks; Kata-lysator; 25 at; 200 at; Verdichter; Luft; Dampf; Ammoniak (NH₃) und Restgase; Ammoniak Gas NH₃; Stickstoffprodukte für Dünge- u. techn. Zwecke

Nest für die Eier und bewacht es; *Dreiu. Neunstachliger Stichling,* bes. im Süßwasser, *See-S.* im Meer.

Stichtag, der für Berechnungen (z. B. bei Steuererklärungen) maßgebliche Tag.

Stichwahl, *engere Wahl,* zw. den beiden im 1. Wahlgang erfolgreichsten Kandidaten, falls d. bei diesem vorgeschriebene Mehrheit nicht erreicht wurde.

Stichwort, 1) letztes Wort eines Schauspielers, auf das hin sein Partner aufzutreten od. zu antworten hat; **2)** svw. → Parole.

Stickhusten → Keuchhusten.

Stickseide, besteht aus mehreren, durch schwache Drehungen auf der Maschine zu e. Faden vereinigten Seidenfäden.

Stickstoff, *N,* chem. El., Oz. 7, At.-Gew. 14,0067, Dichte 1,17 g/l bei 1013 hPa; farb-, geruch- u. geschmackloses Gas; bildet etwa 4∕5 d. → Luft; gebunden als Nitrat u. in vielen tier. u. pflanzl. Stoffen, wie Eiweiß usw.; Sauerstoffverbindungen des S. *(Stickoxide):* Distickstoffoxid N_2O, Oxid *NO,* Dioxid NO_2, Distickstofftrioxid N_2O_3, Distickstoffpentoxid N_2O_5; die letzten beiden sind die Anhydride d. salpetrigen u. der → Salpetersäure; Stickoxide in Abgasen v. Industrie u. Kraftfahrzeugen enthalten, vermutl. Hauptursache d. → Waldsterbens und der → Ozonbildung in Erdnähe bei starkem Sonnenschein; wichtigste S.verbindung: NH_3 (→ *Ammoniak).* – **S.bakterien,** Bodenbakterien, erzeugen an den Wurzeln von Schmetterlingsblütlern (Lupine, Erbse, Bohne, Klee, Serradella) Wucherungen (Knöllchen), denen sie aus der Luft assimilierten S. zuführen; der so gebundene S. wird durch Gründüngung (Unterpflügung jener Schmetterlingsblütler) dem Boden angereichert u. kommt dann anderen Feldfrüchten zugute (pro ha 100– 200 kg Stickstoffgewinnung). Andere S.bakterien leben frei im Boden. – **S.industrie,** zur Herstellung von S.produkten, insbes. der stickstoffhalt. Handels(Mineral-)Dünger, **1)** *Lichtbogenverfah*

ren nach Birkeland u. Eyde: Bindung von S. an Sauerstoff im el. Lichtbogen bei etwa 3000 °C u. Gewinnung v. Salpetersäure u. salpetersauren Salzen; **2)** *Kalkverfahren* nach Frank u. Caro: Bindung von S. an Calciumcarbid in Kanalöfen zur Gewinnung v. Kalk-S.; **3)** *Ammoniakverfahren* nach Haber-Bosch (Abb.) und andere: direkte Vereinigung von S. u. Wasserstoff unter 200 at Druck bei etwa 500 °C zu → Ammoniak, z. Z. wichtigstes Verfahren der S.industrie; liefert die ammoniakhaltigen Düngemittel u. nach Umwandlung des Ammoniaks in Salpetersäure Salpetersäureester (→ Nitroglycerin) und Nitroverbindungen (→ Pikrinsäure, TNT), die auch die Grundlage d. meisten Sprengstoffe sind.

Wildes Stiefmütterchen

Stiefmütterchen, ein auf Äckern als Unkraut wachsendes → Veilchen; in Gärten als großblütige Zierpflanze.

Stiege, *w.,* mundartl. für: 20 Stück.

Stieglitz, *Distelfink,* prächtiger Fink, schwarz-weiß-rot-gelb.

Stieler, 1) Adolf (26. 2. 1775–13. 3. 1836), dt. Kartograph („Handatlas"); **2)** Josef (1. 11. 1781–9. 4. 1858), dt. Porträtmaler; *Goethe im Alter v. 79 Jahren;* **3)** Kaspar (25. 3. 1632–24. 6. 1707), dt. Barockdichter; Lyrik u. Dramen, *Teutscher Sprachschatz.*

Stier, 2. Zeichen des → Tierkreises; → Sternbilder, Übersicht.

Stierkampf, bei Griechen u. Römern beliebte Volksbelustigung, jetzt noch in Spanien, S-Frkr., Portugal u. Südamerika; Kampf berufsmäßiger Stierkämpfer

(Toreros) gg. Stiere in Arena; Stier wird v. *Picadores* u. *Banderilleros* m. Lanzen u. roten Tüchern gereizt, vom *Espada* verwundet u. vom *Matador* niedergestoßen; frz. u. portugies. Form meist unblutig.

Stift, karitative Anstalt (z. B. Krankenhaus, Altersheim); im Kirchenrecht eine urspr. zu rel. Zwecken bestehende autonome Anstalt mit eigener Verfassung: Die Reichsstifte (Erzbistümer, Bistümer, Dom-, Kollegiatstifte) sowie d. Männeru. Frauenklöster der alten Orden waren bis zur → Säkularisation reichsunmittelbar.

Adalbert Stifter

Stifter, Adalbert (23. 10. 1805–28. 1. 68), östr. Schriftst.; leitet von d. Goethezeit zum Realismus d. 19. Jh. über; Erzählungen: *Studien* (darin *Der Hochwald*)*; Bunte Steine;* Bildungsroman: *Der Nachsommer;* histor. Roman: *Witiko.*

Stifterverband für die deutsche Wissenschaft, 1920 gegr., 1949 wiedererrichtet zur Förderung der Forschung, Lehre u. d. Ausbildung wiss. Nachwuchses; Zusammenarbeit mit d. → Deutschen Forschungsgemeinschaft, der → Max-Planck-Gesellschaft, der Studienstiftung d. Dt. Volkes (→ Studentenwerk), Westdt. Rektorenkonferenz, Dt. Akad. Austauschdienst (DAAD), OECD; Sitz i. Essen-Bredeney.

Stiftshütte, das heilige Zelt der Israeliten, enthielt die Bundeslade mit den Tafeln der 10 Gebote.

Stiftung, juristische Person zur Verwirklichung dauernder *selbständiger* Zwecke. z. B. Ausübung von Wohltätigkeit (§§ 80 ff. BGB). Ohne eigene Rechtspersönlichkeit ist die *fiduziar. S.,* Vermögenszuwendung an e. Person od. Einrichtung mit der Auflage, sie zu einem best. Zweck zu verwenden.

Stiftung Preußischer Kulturbesitz, 1957 durch Bundesgesetz gegr. Organisa

Stierkampf

tion für die Verwaltung und Auswertung des früh. preuß. Kulturbesitzes; Sitz Berlin; zur Stiftung gehören u. a. die staatl. Museen, das Ibero-Am. Inst. u. das Inst. für Musikforschung u. die Staatsbibliothek im ehem. W-Berlin.
Stiftung Volkswagenwerk, 1962 gegr., „fördert Wissenschaft u. Technik in Forschung u. Lehre", bes. durch d. Finanzierung von Großprojekten.
Stigler, George J. (* 17. 1. 1911), am. Wirtschaftswiss.; Nobelpr. 1982 (Verbindung v. Wirtschaftswiss. u. Rechtswiss.).
Stigmatisierung, Auftreten der Wundmale [gr. „stigmata"] Jesu bei einem Menschen in mystisch-unsichtbarer oder äußerl. sichtbarer Ausprägung (so z. B. bei Franz v. Assisi; neuerdings angebl. auch bei → Neumann, Therese); können nach kath. Auffassung übernatürl., von Gott gewirkten Urspr. sein, aber auch auf krankhafter Veranlagung beruhen.
Stihl, Hans Peter, s. 1988 Preis d. Dt. Industrie- u. Handelstages (Amerongen).
Stijl, *De Stijl* [*dǝ steïl*], 1917 gegr. ndl. Künstlergruppe von starkem Einfluß auf d. Entwicklung d. modernen Kunst u. auf das → Bauhaus; wichtige Vertr.: *Mondrian, van Doesburg.*
Stil, *m.* [l. „Griffel"], charakterist. Ausdrucksweise bes. in d. Prägung d. Kunstwerke, 1) als S. einer *Zeitepoche* (oder auch einer bestimmten Gegend) durch gemeins. Formgefühl, Ausdruckswillen, Weltanschauung u. benutztes Material bedingt (z. B. Gotik; rhein. Stil); **2)** als *persönl. Ausdrucksform* e. einzelnen Künstlers; **3)** *allg.* Form der Lebensführung *(Lebensstil); im S. von,* d. h. nach Art von.
Stilb, (veraltete) Maßeinh. d. Leuchtdichte (→ Lichteinheiten).
Stile Liberty [*stail*-], (ben. nach e. Geschäft in London), auch *Stile floreale,* ital. Variante d. → Jugendstils; *Architektur:* Sommaruga, Basile, D'Aronco.
Stilett, *s.* [it.], kurzer Dolch.
Stilfser Joch, it. *Passo dello Stelvio,* Paß zw. Spöl- u. Ortleralpen, 2757 m, mit einer der höchsten Kunststraßen Europas, führt von Spondinig im Vintschgau in das Brauliotal nach Bormio.
Stilicho [l.], römischer erzogener Wandale, Feldherr u. Regent Westroms 395–408, schlug die eindringenden West- u. Ostgoten zurück; in Ravenna enthauptet.
Stilistik, *w.,* Lehre von Art u. Form des richtigen sprachl. Ausdrucks.
Stilleben, frz. *nature morte,* i. d. Malerei bildhaft wirksame Gruppierung regungsbzw. lebloser Dinge: Früchte, Blumen usw.
stille Beteiligung, erfolgt durch die *stillen Teilhaber* in der Form der **stillen Gesellschaft:** Beteiligung durch Geldhingabe, wobei d. Geldgeber nach außen hin *nicht* in Erscheinung tritt, jedoch im Verhältnis zum Empfänger des Geldes die vollen Rechte eines Gesellschafters haben kann.

stille Reserven → Reservefonds.
Stiller Ozean, svw. → Pazifik.
Stillhaltekonsortium, Zusammenschluß mehrerer Gläubiger zwecks **Stillhaltung:** Stundung fälliger Zahlungen durch Gläubiger, ohne daß Schuldner formelles → Moratorium beantragt.
Stilling, Heinrich, s. → Jung-Stilling.
Stimmbänder → Kehlkopf.
Stimmbruch, *Stimmwechsel,* in den Pubertätsjahren der Knaben: Tieferwerden der Stimme durch Veränderung des Kehlkopfes; in d. Übergangszeit *gebrochener* Stimmklang.
Stimmen(ver)kauf, 1) strafbares Sichgewähren- oder Sichversprechenlassen bes. Vorteile dafür, nicht oder in einem best. Sinne in d. Hauptversammlung einer AG, in der Generalvers. einer Genossenschaft, im Vergleichsverfahren bei der Abstimmung über den Vergleichsvorschlag od. i. Konkurs bei Abstimmungen der Konkursgläubiger zu stimmen; strafbar (bei der AG auch die Käufer einer solchen Stimme); **2)** → Wahlvergehen.
Stimmgabel, gabelförmiges Instrument aus Metall (meist ungehärtetem Schmiedestahl); ergibt angeschlagen stets gleichen Ton; zur Stimmung von (Saiten-)Instrumenten S. m. Kammerton (→ a); erfunden 1711 vom engl. Lautenmeister *John Shore.*
Stimmrecht, 1) aktives → Wahlrecht; **2)** Recht, i. e. Hauptgesellschafter-, General- od. Mitgliederversammlung (z. B. e. AG, GmbH, Genossenschaft od. Verein) an Abstimmungen teilzunehmen; auch S. der Gläubiger im Konkurs u. in Vergleichsverfahren.
Stimmritze, der Spalt zwischen den Stimmbändern (→ Kehlkopf).
Stimmstock, bei Streichinstrumenten: → Seele.
Stimpfle, Josef (* 25. 3. 1916), dt. kath. Theol.; s. 1963 Bischof von Augsburg.
Stimulans, *s.* [l.], Mz. **Stimulanzien,** Anreiz, Reizmittel: anregende, aufpeitschende Mittel, wie Koffein, Kampfer, Kola.
stimulieren, reizen, antreiben; anregen (Nerven u. Kreislauf).
Stimulus, *m.* [l.], Stachel; Ansporn.
Stingl, Josef (* 19. 3. 1919), CDU-Sozialpol.; 1968–84 Präs. d. Nürnberger Bundesanstalt f. Arbeitsvermittlung u. Arbeitslosenversicherung.

Stilleben, *Jean-Baptiste Chardin*

Stinkmarder → Marder.
Stinkmorchel, Bauchpilz m. ekelerregendem Geruch; bricht aus eiförmigem Körper *(Hexenei, Teufelsei)* hervor.
Stinknase → Ozäna.

Stinktier

Stinktiere, *Skunks,* am. Marder; spritzen Angreifer mit widerlich riechendem Afterdrüsensaft an.
Stinnes, Hugo (12. 2. 1870–10. 4. 1924), dt. Großindustrieller; baute in der Inflationszeit den *S.konzern* (Kohle, Eisen, Schiffahrt, Papier, Automobile usw.) auf.
Stinte, Lachsfische d. Küsten, laichen in Flüssen; Fleisch unterschiedl. bewertet — Speisefisch, Dünger od. Futter.
Stipendium [l.], Unterstützungsgeld für bedürftige begabte Schüler oder Studenten.
stipulieren [l.], festlegen, festsetzen, verabreden.
Stirling, James (* 1926), schottischer Baumeister; Stuttgart: *Neue Staatsgalerie, Kammertheater* d. Württemberg. Staatstheater.
Stirling [*'stǝ-*], Hptst. des mittelschott. Verw.geb. *Central Region,* am Forth, 37 000 E; Schloß, Uni.; Teppichfabr. — Ehem. Residenz schott. Könige.
Stirner, Max, Deckname für *Kaspar Schmidt* (25. 10. 1806–26. 6. 56), dt. Phil., Anarchist u. radikaler Individualist („Mir geht nichts über Mich"); *Der Einzige und sein Eigentum.*
Stirnhöhlen, über dem Nasenansatz im Stirnbein des Schädels gelegene Nebenhöhlen, mit der Nase verbunden; nach Schnupfen, Grippe mitunter **S.entzündung,** *S.katarrh* (→ Nase, Abb.).
Stoa, *w.* [gr. „Säulenhalle"], Lehrplatz z. Phil. *Zeno* in Athen, auch die von diesem gegr. Philosophenschule selbst (3 Abschnitte: ältere, mittlere, jüngere S., 3. Jh. v. Chr. bis 2. Jh. n. Chr.); danach: *stoische Philosophie* → *Stoizismus.*
Stobbe, Dietrich (* 25. 3. 1938), SPD-Pol.; 1977–81 Reg. Bürgermeister v. West-Berlin.
Stöchiometrie [gr.], chem. Meßkunde; Zusammenfassung der Gesetze, nach denen chem. Umsetzungen in bezug auf d. Raum- u. Gewichtsverhältnisse verlaufen; zur S. gehören die Gesetze d. Atom- u. Molekulargewichte, d. Valenz (Wertigkeit) u. a.
Stock, *m.* [engl. *stok*], Vorrat, Kapital.
Stockach (D-7768), St. i. Kr. Konstanz, Ba-Wü., 13 396 E; AG; Alu-Schmelz-Werk, Textil-, Elektroind.
Stöcker, Helene (13. 11. 1869–24. 2.

1943), dt. Frauenrechtlerin und Pazifistin.

Stockerau (A-2000), St. in Niederöstr., nordwestl. v. Wien, 13 000 E; Metallwarenind., Fremdenverkehr.

Stock exchange, w. [-ıks'tʃeɪndʒ], engl.: Effektenbörse.

Stockfisch, auf Stangen gedörrter Dorsch.

Karlheinz Stockhausen

Stockhausen, Karlheinz (* 22. 8. 1928), dt. Komp. serieller Musik; *Gesang d. Jünglinge;* 7teiliges Opernwerk: *Licht.*

Stockholm, *Stadthaus*

Stockholm, 1) schwed. → Län (Mittelschweden); 2) schwed. Landeshptst., 672 000 E (als Groß-S. m. Vororten 1,48 Mill.); auf Inseln u. Halbinseln, an der Einmündung d. Mälarsees in d. Ostsee; auf den 3 Altstadtinseln: auf *Staden* kgl. Schloß, Ritterhaus, Dt. Kirche (17. Jh.), auf *Helgeandsholmen* Reichstag, auf *Riddarholmen* Riddarholmskirche (kgl. Gruft); Stadthaus auf *Kungsholmen;* auf dem Festland *Söder-, Norr-* u. *Östermalm;* Akad., Uni., HS, Kgl. Bibliothek, Nobelinstitute u. -stiftung, Sitz d. Nord. Rats, Museen, Kgl. Oper u. Theater; Eisenbahnknotenpunkt, Sternwarte, Flughafen, Börse; Metall-, Maschinen-, Elektroind., Flußhafen; jährlich die *St.-Eriks-Messe;* Handels- und Kriegshafen (Werft). – 1250 St., 1520 *S.er Blutbad* (Hinrichtung v. schwed. Edelleuten u. Bürgern durch Dänenkönig Christian II.), führte zur Auflösung d. skandinav. Union. 1719/20 *Friede v. S.* → Nordischer Krieg.

Stockport ['stɔkpɔt], engl. St. in d. Metropolitan County *Greater Manchester,* 136 000 E; Baumwoll-, Masch.ind.

Stockrose, Malvengewächs, Zierpflanze.

Stocks [engl.], Staatspapiere.

Stockschwamm, eßbarer Blätterpilz (Suppenpilz).

Stockton ['stɔktən], St. im US-Staat Kalifornien, b. San Francisco, 150 000 E; Hafen, kath. Bischofssitz, Uni.; Nahrungsmittelind., Masch.bau; Flughafen.

Stockton-on-Tees [-'tiz], nordostengl. Hafenst., am Tees, 87 000 E; Schiffbau, Metall- u. chem. Ind.; 1968–74 Teil v. → Teesside.

Stoecker, Adolf (11. 12. 1835–2. 2. 1909), dt. ev. Hofprediger u. konservativer Pol., wirkte f. d. soz. Gedanken in d. ev. Kirche, gründete zur Bekämpfung d. Sozialdemokratie 1878 die Christl.-Soziale Partei, mit wenig Erfolg; Antisemit.

Stoffwechsel, *Metabolismus,* Gesamtheit biochem. Umsetzungen bei Lebewesen, die dem Auf- u. Umbau v. Körpersubstanz u. Aufrechterhaltung v. Körperfunktionen dienen; b. Menschen d. Umsetzung d. ins Blut aufgenommenen Nahrungsstoffe, ihre Verbrennung in d. Körperzellen u. d. Ausscheidung d. unbrauchbaren Stoffe. – S.krankheiten, Störungen des Stoffwechsels, u. a. Mager- u. Fettsucht, Gicht, Zuckerkrankheit, Steinleiden.

Stoiker, Vertreter der *stoischen Philosophie,* **Stoizismus;** von → *Zeno v. Kition* begr. phil. Lehre, die die vernunftgemäße Lebensweise u. Selbstbeherrschung zum obersten Lebensziel macht. *Ethischer Idealismus;* materialist. Weltbild: Gott = Natur, alles Wirkliche körperlich, Kraft ist der feinste Stoff. Der S. beherrschte die röm. Phil. *(Seneca, Marc Aurel)* u. schuf die noch heute gebräuchliche grammatische Terminologie.

Stoke-on-Trent ['stouk-], engl. St. in der Gft Stafford, am Trent, 272 000 E; Mittelpunkt des Potterie-Distrikts (Herstellung v. Tonwaren), Stahlind.

Stokes [stouks], Sir George Gabriel (13. 8. 1819–1. 2. 1903), engl. Math. u. Phys.; *S.sche Regel* über Wellenlängen des Fluoreszenzlichtes.

Stokowski, Leopold (18. 4. 1882–13. 9. 1977), am. Dirigent.

STOL, Abk. f. *Short Take-off and Landing,* „Kurz-Start u. -Landung"; Bez. f. einen Flugzeugtyp, der eine Startbahn von höchstens 500 Meter benötigt.

Stola, w., 1) in alten Rom faltiges Obergewand d. Frau m. Ärmeln; 2) ca. 2,5 m l. u. 8–10 cm br. Streifen aus farbigem Tuch, den kath. u. anglikan. Priester bei Ausübung d. Amtes um d. Schultern tragen.

Stolberg, ehem. reichsunmittelbares Grafengeschlecht (Fürsten Stolberg-Stolberg, S.-Wernigerode, S.-Roßla) 1) Auguste Gfn zu (7. 1. 1753–30. 6. 1835), Freundin Goethes (Briefwechsel); ihre Brüder, die Gfen 2) Christian (15. 10. 1748–18. 1. 1821) u. 3) Friedrich Leopold (7. 11. 1750–5. 12. 1819), dt. Dichter des Hains; Freund Goethes, 1775 s. Begleiter i. d. Schweiz; *Vaterländ. Gedichte.*

Stolberg, 1) *S. am Harz* (D-4713), St. u. Luftkurort i. Kr. Sangerhsn, S-A., 300-

575 müM, 2100 E; Schloß (13. Jh.); 2) *S. i. Rheinland* (D-5190), St. i. Kr. Aachen, NRW, am Fuße d. Eifel, 56 182 E; Burg (um 1100); älteste Messingwerke d. Welt (1485), Zink-, Blei-, Bleiwerke, Textilind.

Stolgebühren, Gebühren f. kirchl. Amtshandlungen.

Stollberg (D-9150), Krst. im Erzgebirge, Sa., 12 836 E; Strumpf-, Wirknadelind.

Stollbeule, Geschwulst am Ellbogengelenk der Pferde als Folge einer Entzündung d. Schleimhäute.

Stollen, 1) waagerecht vorgetriebener Tunnel im Erdreich (z. B. beim Bergbau zum Aufschließen der Mineralien von der Erdoberfläche); 2) an Hufeisen angebracht zur Verhütung des Ausgleitens bei Winterglätte; auch an (Fußball-)Schuhen; 3) Gebäck; 4) Absatz im max. Meisterlied.

Stolp, *Słupsk,* Hptst. d. poln. Woiwodschaft S., in Pommern an der Stolpe (137 km), 99 000 E; Marienkirche (15. Jh.), Schloßkirche; Seehandel.

Stolpe, Manfred (* 16. 5. 1936), dt. Kirchenjurist u. SPD-Pol.; s. 1990 Min.präs. v. Brandenburg.

Stoltenberg, Gerhard (* 29. 9. 1928), CDU-Pol.; 1965–69 B.min. f. wiss. Forschung, 1971–82 Min.präs. v. Schl-Ho., 1982–89 B.finanzmin.; s. 1989 B.verteidigungsmin.

Stolypin, Peter Arkadjewitsch (14. 4. 1862–19. 9. 1911), russ. Staatsmann, leitete Agrarreform ein.

Stolz, Robert (25. 8. 1880–27. 6. 1975), östr. Operettenkomp.; zahlr. Filmmusiken.

Stolze, Wilhelm (20. 5. 1798–8. 1. 1867), dt. Stenograph; Erfinder einer Kurzschrift („Stolze", abgeändert in „Stolze-Schrey").

Stolzenfels, Schloß a. Rhein (erb. 1242, 1689 zerstört), Ruine im 19. Jh. aufgeb.

Stoma, s. [gr.], Mund, Spaltöffnung; künstl. Darmausgang.

Stone [stoun], 1) Irving (14. 7. 1903–26. 8. 89), am. Schriftst.; biograph. Romane: *Vincent van Gogh; Michelangelo; Der Seele dunkle Pfade; Der griech. Schatz;* 2) Oliver (* 15. 9. 1946), am. Filmregisseur u. Drehbuchautor; *Salvador* (1985); *Platoon* (1986); *Wall Street* (1987); 3) Sir Richard (* 30. 8. 1913), engl. Wirtschaftswiss.; Nobelpr. 1984 (Beiträge z. Entwicklung volkswirtschaftl. Gesamtrechnungssysteme).

Stonehenge ['stoun,hendʒ], vorge-

Stonehenge

schichtl. Heiligtum nahe der Südküste Englands; Schauplatz v. kult. Handlungen in Abhängigk. v. Sonnenstand.

stop! [engl.], halt!; auf Telegrammen Zeichen f. Trennung d. Sätze.

Stopfbuchse, Vorrichtung zum Abdichten einer Gefäßwand gg. einen sie durchdringenden längs- od. drehendbewegl. zylindr. Teil (Stange, Welle, Spindel).

Willi Stoph

Stoph, Willi (* 9. 7. 1914), SED-Pol.; 1956–60 Verteid.min., 1961–64 1. stellvertr. Min.präs., 1964–73 u. 1976–89 Min.präs., 1973–76 Staatsratsvors. d. DDR.

Stoppard, Tom, eigtl. *Thomas Straussler* (* 3. 7. 1937), engl. Dramatiker; absurde u. zeitkrit. Stücke: *Rosenkranz u. Güldenstern sind tot; Travesties;* Hörspiele.

Stoppelpilz, ein → Stachelpilz.

stoppen [engl.], zum Stehen bringen; im *Sport:* Zeitnahme mit → Stoppuhr.

Stoppuhr, manuell bedienter Zeitmesser m. einer Genauigkeit bis zu 1/10 Sek.; heute meist elektron. (Genauigkeit bis zu 1/100 Sek.).

Stör, *w., Stöhr,* Handwerksarbeit i. Haus d. Kunden um Kost u. Tagelohn.

Storax, *m., Styrax,* Harz eines kleinasiat. Baums; zu Räucherwerk u. Medikamenten.

Storch

Störche, Familie langbeiniger Vögel; in Dtld: *Weißer Storch,* weiß-schwarz, Schnabel u. Beine rot, Nester meist auf Gebäuden. *Schwarzer S.,* sehr seltener Waldvogel, beide ♦; ähnliche Arten in anderen Erdteilen; → Marabu.

Storchschnabel, 1) *Geranium,* Wiesenkräuter m. bunten Blüten; Fruchtknoten in langem Schnabel verlängert; **2)** → Pantograph.

Stör

Störe, Knorpelfische m. Schmelzschuppen; Speisefische; *Gemeiner Stör,* eur.

Küsten, bis 5 m lang; *Sterlet,* Schwarzes Meer u. Donau, bis 1 m lang, aus Eiern Kaviar.

Store, *m.,* **1)** [frz.], Fenstervorhang in ganzer Fensterbreite; **2)** [engl. *stɔː*], Warenlager, Kaufhaus.

Theodor Storm

Storm, Theodor (14. 9. 1817–4. 7. 88), dt. Lyriker u. Novellist; *Immensee; Pole Poppenspäler; Ein Fest auf Haderslevhuus; D. Schimmelreiter.*

Stormarn, Geestlandschaft u. Kr. in Schl-Ho., 766 km², 194 000 E.

Stormont [*'stɔːmənt*], die beiden Kammern, Unterhaus u. Senat, im nordir. Parlament.

stornieren [it.], *in der Buchhaltung:* einen (irrtümlich) eingetragenen Posten durch Gegenbuchung *(Stornierung, Storno)* ausgleichen; auch allg. wie aussetzen, unterbrechen (z. B. eine Lebensversicherung wegen Nichtbezahlung).

Störtebeker, Klaus, Haupt der *Vitalienbrüder* (urspr. mit Kaperbriefen, bes. v. Wismar und Rostock, dann Seeräuber), 1401 hingerichtet.

Storting, *s.* [*ˌstur-*], die norweg. Volksvertretung, zwei Kammern: Lagting, Odelsting.

Störung, *Perturbation,* **1)** astronom. Abweichung eines Himmelskörpers von der berechneten (ungestörten) Bahn infolge der Anziehungswirkung anderer Körper (im Sonnensystem ist der → Jupiter als größter Planet d. wichtigste störende Körper); **2)** geolog. Trennfläche im Gestein, an d. → Verwerfung od. Verschiebung stattfindet od. stattgefunden hat.

Story, *w.* [engl. *'stɔːrɪ*], kurze Geschichte, Erzählung; auch Handlung eines literar. od. journalist. Textes od. eines Films.

Stoß, Veit (um 1448–22. 9. 1533), dt. Bildhauer, Maler und Kupferstecher d. Spätgotik; *Engl. Gruß* (Lorenzkirche, Nürnberg); Hochaltar in d. Marienkirche (Krakau); Altar im Dom, Bamberg.

Stoß, 1) beim Holzbau stumpfe Verbindungsstelle von Balken; auch → Schienenstoß; **2)** bergmänn. Bez. für Seitenwände eines Schachtes u. ä.

Stößel, Werkzeug oder Werkzeugträger bei Stoß- u. Stanzmaschinen.

stoßen → Kugelstoßen, → Steinstoßen, → Gewichtheben.

Stoßgenerator, → Hochspannungsgenerator, Spannungsvervielfacherschaltung zur Erzeugung sehr hoher Gleichspannungen aus Wechselstrom f. Prüf-

zwecke (z. B. bei Hochspannungsisolatoren); besteht aus Kombinationen v. Kondensatoren u. Ventilen (Gleichrichtern).

Stoßionisation, Ionisation (→ Ionen) v. Atomen und Molekülen durch Anstoß von Elektronen od. Ionen (genutzt im → Zählrohr).

Stosskopf, Sebastian (13. 7. 1597–10. 2. 1657), dt. Maler u. Kupferstecher d. Barock bes. in Straßburg; virtuos ausgeführte Stilleben.

Stoßwellenlithotripsie, Zertrümmerung v. Nieren- u. Gallensteinen ohne Operation durch gebündelte Schallwellen in e. Wasserwanne.

stottern, durch physiolog. u. psych. Hemmungen (z. B. Angst, Minderwertigkeitsgefühle usw). bedingte Sprachstörung; Behandlung durch → Logopädie u. Psychotherapie.

Stout, *m.* [engl. *staut*], starkes, dem → Porter ähnl. engl. dunkles Bier.

StPO, Abk. f. → Strafprozeßordnung.

Strabo|n (63 v. Chr.–nach 23 n. Chr.), griech. Geograph in Rom, verfaßte eine *Geographie* in 17 Büchern, eine d. Hptquellen für antike Geographie.

Strachey [*'streɪtʃɪ*], Lytton Giles (1. 3. 1880–21. 1. 1932), engl. Biograph; *Queen Victoria.*

Strachwitz, Moritz Gf v. (13. 3. 1822–11. 12. 47), dt. (Balladen-)Dichter; *Das Herz von Douglas.*

Straddle [engl. *strædl*], neben dem Flop die gebräuchlichste Hochsprungtechnik; d. Körper überquert fast völlig gestreckt in horizontaler Lage die Latte.

Stradella, Alessandro (1. 10. 1644 od. 48/49–25. 2. 82), it. Sänger u. Komp.; Opern, Oratorien.

Antonius Stradiuarius Cremonenſis Faciebat Anno 17/13

Geigenzettel Stradivaris

Stradivari, *Stradivarius,* it. Geigenbauerfamilie zu Cremona: **1)** Antonio (1644–

Veit Stoß, *Englischer Gruß* Nürnberg (Ausschnitt)

18. 12. 1737), Schüler v. Nicola Amati, u. seine Söhne **2)** Francesco (1671–1743) u. **3)** Omobono (1679–1742), bauten die höchst vollendeten S.geigen, Bratschen u. Celli.

Straelen [*ftra*-], (D-4172), St. i. Kr. Kleve, am Niederrhein, NRW, 12 517 E; Konservenfabrik.

Straf-antrag, für strafrechtl. Verfolgung mancher geringfügiger Straftaten, *Antragsdelikte* (z. B. Beleidigung, leichte Körperverletzung), erforderlich; antragsberechtigt meist nur d. Verletzte; Antrag muß binnen drei Monaten nach Kenntnis v. Tat u. Person des Täters gestellt werden (§ 77 StGB). – **S.anzeige,** Mitteilung einer strafbaren Handlung an Staatsanwaltschaft, Polizei od. Amtsgericht; Staatsanwaltschaft muß verfolgen, wenn öffentl. Interesse gegeben, sonst nur wenn S.antrag gestellt ist. – **S.aufschub,** auf Antrag d. Verurteilten v. Gericht verfügt; Aufschub d. Vollstreckung e. Freiheitsstrafe, wenn durch d. sofort. Vollstreckung d. Verurteilten od. s. Familie erhebl., außerhalb d. Strafzwecks liegende Nachteile erwachsen würden; Höchstdauer 4 Mon. – **S.ausschließungsgründe,** persönl. Gründe, die trotz Vorliegens einer strafb. Handlung d. Täter straffrei machen (z. B. Strafvereitelung zugunsten eines Angehörigen). – **S.aussetzung zur Bewährung,** Aussetzung d. Reststrafe zur Bewährung, kann v. Gericht m. Zustimmung d. Verurteilten verfügt werden, wenn dieser v. einer Freiheitsstrafe zwei Drittel, mindestens jedoch 2 Monate, b. längeren Strafen d. Hälfte, mindestens 1 Jahr verbüßt hat u. erwartet werden kann, daß er sich in Zukunft bewährt (§ 57 StGB). – **S.befehl,** bei (leichteren) → Vergehen v. Amtsrichter auf Antrag d. Staatsanwaltsch. ohne mündl. Verhandlung erlassener Strafentscheid; nur best. Strafen, Nebenfolgen u. Maßregeln zulässig; Einspruch binnen einer Woche nach der Zustellung zulässig, dann Hauptverhandlung (§§ 407 ff. StPO).

Strafe, von d. Rechtsordnung vorgesehene Sanktion für Verletzung ihrer Satzungen.

Straf-erlaß, → Strafaussetzung zur Bewährung, → Bewährungsfrist. – **S.gesetzbuch,** *StGB,* d. Rechtsnormen für Tatbestände strafbarer Handlungen (Verbrechen, Vergehen, früher auch Übertretungen) u. d. Strafandrohungen für sie; Reichs-StGB (v. 15. 5. 1871) mehrfach geändert. – **S.gewalt,** gesetzl. begrenzte Fähigkeit der einzelnen Gerichtsstufen, Strafen bis zu best. Höhe zu verhängen (→ Rechtspflege, Übers.). – **S.kammer,** → Rechtspflege, Übers. – **S.mündigkeit,** tritt m. Vollendung des 18. Lebensjahres ein u. macht für Straftaten unbeschränkt verantwortlich; von 14. bis 18. Jahr *bedingte S.m.;* Täter muß z. Z. der Tat nach seiner sittl. u. geistigen Entwicklung reif genug sein, das Unrecht

d. Tat einzusehen u. nach dieser Einsicht zu handeln (§ 3 Jugendgerichtsges.). – **S.prozeßordnung,** *StPO,* vom 1. 2. 1877, regelt das Strafverfahrensrecht; mehrfach geändert. – **S.recht,** *subjektiv:* die Befugnis des Staates zur Bestrafung von Rechtsbrechern; *objektiv:* Gesamtheit der Rechtsnormen über Rechtsbrüche u. deren Ahndung (→ nullum crimen sine lege). Zahlreiche Strafrechtsnormen in versch. Gesetzen; wichtigste gesetzl. Grundlage für Dtld: *Strafgesetzbuch* (f. d. Dt. Reich) v. 15. 5. 1871 (RStGB); Gebiet d. *Wirtschaftsstrafrechts,* bezüglich von Verstößen gg. Sicherstellungsvorschriften, Preisregelungen u. hinsichtl. Mietwuchers, Rahmengesetz v. 9. 7. 1954 i. d. F. v. 3. 6. 1975. → Wehrstrafgesetz; MPI f. ausländ. u. intern. S.recht in Freiburg. – **S.rechtstheorien,** wollen Sinn u. Zweck einer Bestrafung ergründen; *Abschreckungs-Theorie:* Strafe soll vor Begehung von Straftaten abschrecken; *Besserungs-T.:* will Täter erziehen; *Sicherungs-T.:* will die menschl. Gemeinschaft vor Begehung von Straftaten schützen; *Vergeltungs-T.* (Talion): will Gleiches mit Gleichem vergelten o. das Übel der Tat durch das Übel der Strafe ausgleichen. – **S.register,** Teil des → Zentralregisters; enthält die Eintragung über rechtskräftige Verurteilungen über Maßregeln d. Sicherung u. Besserung, Nebenstrafen u. d. Schuldfeststellung in best. Fällen d. Jugendgerichtsbarkeit; Grundlage s. die Ausstellung v. → Führungszeugnissen u. d. Auskunfterteilung d. Organe d. Rechtspflege u. die Behörden über Vorstrafen. Eintragungen werden nach einer best. Frist getilgt: nach 5 J. bei leichteren Straftaten, Jugendstrafen, nach 10 J. bei schweren Straftaten u. Jugendstrafen, nach 15 J. in allen übrigen Fällen (schwere u. schwerste Verbrechen). Nach d. Tilgung darf d. Verurteilung im Strafverkehr nur in ganz best. Fällen berücksicht werden. – **S.stoß,** *Elfmeter,* beim Fußball Freistoß im Strafraum; wird bei Foul- od. Handspiel des Abwehrspielers im Strafraum verhängt. – **S.taten gegen Religion und Weltanschauung,** öffentl. od. durch Verbreitung v. Schriften bewirkte Beschimpfung des rel. od. weltanschaul. Bekenntnisses anderer; wenn öffentl. Friede dadurch gestört wird, mit Freiheitsstrafe bis zu 3 Jahren od. m. Geldstrafe bestraft; ebenso wird bestraft, wer den Gottesdienst, eine Bestattungsfeier od. die Totenruhe absichtlich stört (§§ 166 f. StGB). – **S.umwandlung,** Abänderung e. uneinbringl. Geldstrafe in eine (Ersatz-)Freiheitsstrafe. – **S.vereitelung,** *persönl. Begünstigung,* absichtl. od. wissentl. Handeln, um e. Straftäter der Bestrafung oder der Vollstreckung d. Strafe zu entziehen; strafbar m. Freiheitsstrafe bis zu 5 Jahren od. m. Geldstrafe; zugunsten e. Angehörigen straffrei. – **S.vollzug,** Vollstreckung v. Freiheitsstrafen in d. dafür

bestimmten Anstalten (Strafanstalten, Jugendstrafanstalten). – **S.vollzugsgesetz,** v. 16. 3. 1976, regelt bundeseinheitl. den Vollzug von Freiheitsstrafen in d. Justizvollzugsanstalten u. von freiheitsentziehenden Maßregeln d. Besserung u. Sicherung. – **S.zumessung,** freie Ermessensentscheidung des Gerichts, innerhalb d. gesetzl. Rahmens unter Abwägung aller für u. gg. d. Täter sprechenden Umstände d. Höhe d. Strafe zu bestimmen.

Stragula®, Fußbodenbelag aus imprägniertem Wollfilz, ähnlich → Linoleum.

Strahlantrieb → Düsenflugzeug, → Rakete.

Strahlapparat, durch Saugwirkung eines Dampf-, Gas- od. Wasserstrahls betriebener Apparat z. Förderung 1) von Luft bzw. Gasen (*Exhaustor*), 2) v. *Flüssigkeiten u. körnigen Stoffen* (*Ejektor, Elevator,* Strahl- → *Pumpe*), bes. zur Kesselspeisung (→ Injektor).

Strahlen-behandlung, Anwendung von Sonnenlicht, elektrischer Lichtquellen (wie Glühlicht, Bogenlicht), Quecksilberdampf-Quarzlicht, Strahlen, wie → Radium, Radiumzerfallsprodukten, → Cobalt 60; → Röntgenstrahlen: *Radiotherapie,* zu Heilzwecken. – **S.biologie,** Teilgebiet d. Biologie, das sich m. d. biol. Wirkung v. Strahlen (Röntgenstrahlen, Radioaktivität) beschäftigt; bes. Auswirkung auf Erbsubstanz (*Strahlengenetik,* → Muller). – **S.brechung,** Ablenkung der Lichtstrahlen u. d. geraden Richtung beim Eintritt in ein Medium von anderer Dichte (z. B. in versch. Schichten der Atmosphäre); Höhe eines Gestirns erscheint vergrößert (wenn Sonnenscheibe eben über dem Horizont sichtbar wird, ist sie in Wirklichkeit noch unter ihm); auch → Seeliusches Brechungsgesetz. – **S.chemie,** Teilgebiet d. Chemie, das die Wirkung radioaktiver Strahlen auf chem. Stoffe untersucht. **S.krankheit,** Krankh. infolge Strahleneinwirkung, insbes. v. Röntgen-, Radiumstrahlen u. anderen radioaktiven Substanzen (z. B. *Strahlen-S., Röntgenkater*), bei Atombomben-S. insbes. → Leukämie. – **S.pilze,** *Aktinomyzeten,* Fadenbakterien m. mikroskop. dünnfädigem, meist verzweigt. Geflecht; im Boden, an Getreide u. a. Pflanzen, liefern zahlr. → Antibiotika; rufen, v. Mensch od. Tier durch Kauen od. Lutschen v. Halmen u. Gräsern aufgenommen, **S.pilzkrankheit** *(Aktinomykose)* hervor: harte Gewebsschwellung im Gesicht, Fisteln, Geschwüren, meist in Mund, Darm, Lunge, auf der Haut. – **S.schutz,** Schutz gg. Röntgen-S. u. Strahlung radioaktiver Stoffe, der S.schäden (Verbrennungen, Knochenmarkschaden) verhindern soll; Abschirmung durch genügend dicke Schichten absorbierenden Materials (Blei), laufende Gesundheitsüberwachung d. Personals sowie Chemikalien, die die Wirkung d. S. auf Organe herabsetzen sollen. – **S.schutzverordnung,**

v. 13. 10. 1976, regelt d. Umgang m. radioaktiven Stoffen einschließl. d. Kernbrennstoffe.

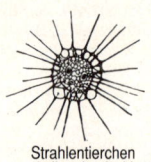

Strahlentierchen
(mikroskopisch)

Strahlentierchen, *Radiolarien,* mikroskopisch kleine einzellige Meerestierchen m. Kieselskeletten; von Gallertschicht umschlossene Protoplasmakörper mit allseits ausstrahlenden Fang- und Schwebefäden, über 4000 Formen.
Strahlruder, Steuerflächen f. Raketen aus nichtbrennb. Material (z. B. Graphit), die im Strahl d. ausströmenden Verbrennungsgase angeordnet sind und die Steuerung der Rakete auch im luftleeren Raum ermöglichen.
Strahltriebwerke, für Flugzeuge, versuchsweise auch für Kraftfahrzeuge u. Schiffe; Arten: **1)** Verpuffungs-Strahlrohr *(Pulsojet)* → Argus-Schmidt-Rohr; **2)** Turbinen-Luftstrahltriebwerk (TL), Strahlturbine, *Turbojet* → Düsenflugzeug u. **3)** Staustrahltriebwerk *(Ramjet);* **4)** → Propeller-Turbine(n-Luftstrahltriebwerk) (PTL), *Turboprop;* **5)** Raketentriebwerk (→ Rakete, → Tafel Luftfahrt).
Strahlumlenkung, Vorrichtung zur Schubumkehrung bei Strahltriebwerken, um Bremswirkung und Verkürzung der Auslaufstrecke nach der Landung eines Düsenflugzeuges zu erreichen; durch Umlenkschaufeln am Ende der Schubdüsen od. Aufspreizen d. Düsen-Endstükkes wird d. Gasstrahl nach vorn bzw. den Seiten umgelenkt.
Strahlung, jede Form von → Energie (elektromagnet. oder mechan. Wellen, kinet. Energie von Massenteilchen), die sich von *Strahlungsquelle* aus in den Raum bewegt; *Strahlen* sind gedachte, unendlich dünne, geradlinige Ausschnitte aus *Strahlenbüschel* (kegelförmig) oder *Strahlenbündel* (parallel), z. B. Lichtstrahlen, Schallstrahlen, Korpuskularstrahlen. - **S.druck,** v. Strahlung jeder Art auf bestrahlte Körper ausgeübter Druck, auch Lichtdruck; kann bei kl. Teilchen Anziehung der Himmelskörper überwiegen, wodurch sich die Bildung der Kometenschweife erklärt. - **S.sgürtel,** *Van-Allen-Gürtel,* zwei die Erde schalenförmig umschließende Zonen in 2250–5500 km u. 13 000–19 000 km Erdabstand, in denen energiereiche Teilchen d. kosm. Strahlung (Elektronen u. Protonen) d. ird. Magnetfeld festgehalten werden.
Straits Settlements ['streits 'setlmənts], „Ansiedlungen an der Meeresstraße" v.

Malakka, 1867–1946 brit. Kronkolonie, seitdem zu Malaysia.
Stralsund (D-2300), Krst. i. M-V., im ehem. Westpommern, gegenüber Rügen *(Strelasund* m. 2500 m langem → Rügendamm), 74 566 E; Altstadt auf e. Insel; Nikolaikirche, Marienkirche (13. Jh.), Jakobikirche, alte Bürgerhäuser, Hafen, Werft, Bauind.; Theater, Museen. – Im 14. Jh. Hansestadt, 1370 Friede z. S. m. Dänemark, 1628 v. Wallenstein vergebl. belagert; 1648 schwed., 1809 Kampf u. Tod Schills, 1815 preuß., 1945 zu Mecklenburg, 1952 z. Bez. Rostock.
Stramin, *m.,* gitterart. gewebter, starkfädiger gestreifter Stoff für Futterzwecke u. für Stickereien.
Stramm, August (29. 7. 1874–1. 9. 1915), dt. Schriftst.; expressionist. Dramen u. Lyrik; *Die Haidebraut; Die Menschheit.*
Stranddistel, ein Mannstreugewächs. ♦.
Strandgut, das von d. See an od. auf d. Strand geworfene, früher herrenlose Gut; nach heutigem → Strandrecht Abgabe an Empfangsberechtigte gegen Bergelohn; auch → Seetrift.
Strandhafer, Gras der Dünen; auch ein Reitgras, zur Befestigung von Dünen angepflanzt.

Strandläufer

Strandläufer, *Knutt,* versch. Schnepfenvögel, meist aus dem hohen N; an dt. Küsten Wintergäste (z. B. *Knutt),* Brutvogel nur *Alpen-S.* (Küste) u. → *Kampfläufer.*
Strandlinien, *S.terrassen,* → Strandverschiebung.
Strandnelke, → Statice.
Strandrecht, Regelung des Verfahrens bei Bergung und Hilfeleistung in Seenot sowie die Behandlung angeschwemmter Gegenstände: **Strandungsordnung** von 1874; Behörden: **Strandämter, Strandvögte.**
Strandverschiebung, durch Hebung: *positive S.,* od. Senkung: *negative S.,* d. Meeresspiegels (Niveauverschiebung); in der Gegenwart nachweisbar in Skandinavien u. an der Mittelmeerküste; bei rasch wirkenden Niveauveränderungen entstehen *Strandwälle, Strandlinien* oder *Strandterrassen.*
Strangulation, *w.* [l.], **1)** Erdrosselung; **2)** *med.* Abklemmung innerer Organe.
strangulieren, durch Erhängen erwürgen.
Straß, *m.,* Bleiglas für Edelsteinimitationen.
Straßburg, frz. *Strasbourg,* St. im Elsaß, Hptst. des frz. Dép. *Bas-Rhin,* an d. Ill u. am Rhein-Rhône- u. Rhein-Marne-Ka-

Straßburg, *Münster*

nal, Hafen, 252 000 E; Münster (11.–15. Jh., 142 m hoch), ehem. Kaiserpalast (jetzt frz. Akad.), Bischofssitz; Tagungsort d. → Europarats u. d. → Europäischen Parlaments, Sitz d. Inst. f. Menschenrechte u. → Eureka; Uni. (s. 1621), Museen; Nahrungsmittel-, Textil-, Masch.- u. Autoind.; Flughafen. – Röm. *Argentoratum;* Reichsst. 1262; 1681 frz., 1871–1918 Hptst. d. Reichslande Elsaß-Lothringen, s. 1919 frz. (1940–44 v. Dtld annektiert).
Straßburger Eide, ältestes ahdt. u. altfrz. Sprachdenkmal; Bündnis zw. Ludwig dem Deutschen u. Karl dem Kahlen 842.
Straßen, Oberbegriff für befestigte Verkehrswege; im Überlandverkehr in der BR werden unterschieden: → Autobahnen, Bundesstraßen, Landesstraßen (in Bayern: Staatsstraßen) sowie Kreisstraßen.
Straßenbahn, *Schienenbahn* m. vielen Haltestellen für innerstädt. Personenbeförderung, meist versenkt liegende Gleise, el. Antrieb m. Stromzuführung durch Oberleitung; Spurweite 1000 mm u. 1435 mm.
Straßenbau, Anlage u. Befestigung von Verkehrswegen; versch. Befestigungsformen: → Makadamstraße mit Schotterbelag; Chaussierung m. Pack-, Zwischen- u. Decklage; Teerung od. Oberfläche; Betonstraßen; in Städten Asphalt, Natur- od. Kunststeinpflaster, f. Brücken u. Rampen auch Holzpflaster.
Straßenhandel → ambulantes Gewerbe.
Straßenverkehrs-gefährdung, gemeingefährl. Beeinträchtigung der Sicherheit i. Straßenverkehr durch Beschädigung v. Anlagen, Bereiten v. Hindernissen, Trunkenheit am Steuer, grob verkehrswidri-

ges u. rücksichtsloses Fahren u. a.; wird mit Freiheitsstrafe bis zu 5 Jahren od. m. Geldbuße bestraft. – **S.ordnung,** *StVO,* regelt m. **S.-Zulassungs-Ordnung** *(StVZO)* u. **S.gesetz** *(StVG)* das Verhalten aller Teilnehmer am Straßenverkehr, die StVZO insbes. die Zulassung d. Kfz. **Straßenverkehrsordnung,** vom 16. 11. 70, in verschiedenen Teilen Neufassung v. 1. 10. 1988 (neue Verkehrszeichen, neue Regeln f. Auto-, Motorrad- u. Radfahrer).

Richard Strauss

Johann Strauß, *Sohn*

Straßenwalze, schwere eiserne oder Steinwalze zum Festdrücken des Straßenbelages (Schotter, Asphalt). **Strasser, 1)** Gregor (31. 5. 1892–30. 6. 1934), NS-Pol., ermordet (→ Röhm-Revolte); s. Bruder **2)** Otto (10. 9. 1897–27. 8. 1974), NS-Pol. (bis 1930); Mitbegr. d. „Schwarzen Front“; 1933–55 emigriert. **Straßmann,** Fritz (22. 2. 1902–22. 4. 80), dt. Chem.; entdeckte 1938 mit → Hahn die Uranspaltung. **Stratege,** *m.* [gr.], Feldherr. **Strategie,** Kriegskunst, Kunst der Planung u. Führung in großem Verband; auch → Taktik. **strategische Atomwaffen,** Atomwaffen mit e. Reichweite über 5500 km. Im Mai 1990 wurde im Rahmen der Genfer Verhandlungen (→ START) zw. den USA u. der UdSSR eine Reduzierung um rd. 30% vereinbart. **strategische Luftwaffe** besteht aus Großverbänden von Bombern, Tankerflugzeugen, Aufklärern und Begleitjägern für Luftoffensiven v. größter Reichweite (über 10 000 km); Ggs.: → taktische Luftwaffe. **Stratford** [ˈstrætfəd], **1)** nordöstl. Vorort von London; **2)** *S.-on (upon)-Avon* [-ɔn (əˈpɔn) ˈɛɪvən], St. in der engl. Gft Warwickshire, am Avon, 21 000 E; Geburts- u. Sterbeort *Shakespeares.* **Stratigraphie** → Geologie. **Stratioten** [gr.], leichte Reiterei des Balkans; im 16. Jh. Söldner Venedigs gegen die Türken. **Stratokumulus** → Wolken. **Stratosphäre,** *w.,* über der Troposphäre liegende Schicht der → Atmosphäre; untere Grenze am Polen 10 km, am Äquator 17 km hoch (Mittelwerte); MPI für Aëronomie in Katlenburg-Lindau. **Stratus,** *m.* [l.], → Wolken. **Straub, 1)** Jean Marie (* 8. 1. 1933), frz.-dt. Filmregisseur; *Nicht versöhnt* (1965); *Chronik d. Anna Magdalena Bach* (1967); *Der Tod d. Empedokles* (1986); **2)** Johann Baptist (get. 1. 6. 1704–15. 7. 84), dt. Bildhauer d. Rokoko. **Straubing** (D-8440), krfreie St. an d. Donau, Bay., 40 612 E; Straßturm (14. Jh.), Ursulinenkirche (Brüder Asam, 1738); AG; Textil- u. Masch.ind. **Straus,** Oscar (6. 3. 1870–11. 1. 1954), östr. Operettenkomponist: *Ein Walzertraum.* **Strauss,** Richard (11. 6. 1864–8. 9. 1949), dt. Komp.; erweiterte in s. Werk

den Umfang u. Farbenreichtum des Orchesters; Schöpfer e. modernen Opernmusik; Opern (in den Hptwerken Zus.arbeit mit → Hofmannsthal): *Salome; Elektra; Der Rosenkavalier; Ariadne auf Naxos; Die Frau o. Schatten; Die ägypt. Helena; Die schweigsame Frau;* sinfon. Dichtungen: *Tod u. Verklärung; Till Eulenspiegels lustige Streiche; Also sprach Zarathustra; Don Quichote; Ein Heldenleben; Sinfonia domestica;* Lieder, Ballette, Kammermusik, Konzerte, Chorwerke. **Strausberg** (D-1260), Krst. östl. v. Berlin, Bbg, am **Straussee** (4 km lang); 28 533 E; Pferderennen.

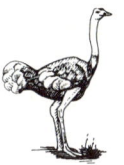
Strauß

Strauß, afrikan. Laufvogelart m. mehreren Unterarten; größter lebender Vogel (Männchen bis 3 m hoch); Federn als Schmuck, daher auch gezüchtet. **Strauß, 1)** Botho (* 2. 12. 1944), dt. Schriftst.; Dramen: *Bekannte Gesichter, gemischte Gefühle; Trilogie d. Wiedersehens; D. Park;* Romane: *Rumor; D. junge Mann;* **2)** David Friedrich (27. 1. 1808–8. 2. 74), dt. Phil. (Hegelianer) und freigeistiger protestant. Theol.; *Das Leben Jesu;* Bibelkritik; **3)** Emil (31. 1. 1866–10. 8. 1960), dt. Erzähler; Romane, Novellen; *Das Riesenspielzeug; Der Schleier;* **4)**

Franz Josef Strauß

Franz Josef (6. 9. 1915–3. 10. 88), CSU-Pol.; 1953–55 B.min. f. bes. Aufgaben, 1955/56 Min. f. Atomfragen, 1956–62 Verteid.min., 1966–69 Finanzmin., s.

1978 bayr. Min.präs., s. 1961 CSU-Vors.; **5)** Johann (14. 3. 1804–25. 9. 49), östr. Tanzkomp.: *Radetzkymarsch; Gabrielen-, Bajaderen-Walzer;* Vater v. **6)** Johann (25. 10. 1825–3. 6. 99), östr. Komp.; Höhepunkt der Wiener Tanzmusik; 479 Walzer; Operetten: *D. Fledermaus; Eine Nacht in Venedig; D. Zigeunerbaron;* s. Bruder **7)** Josef (22. 8. 1827–21. 7. 70), östr. Kapellmeister; *Dorfschwalben aus Österreich.* **Strauß(feder)farn,** straußartig wachsender Farn dt. Wälder mit bes. Sporenblättern. ♦. **Strauß und Torney,** Lulu von (20. 9. 1873–19. 6. 1956), dt. Dichterin; verheiratet mit Eugen → Diederichs; Balladen u. Lieder: *Reif steht die Saat;* Roman: *Der Judashof;* Erzählungen.

Igor Strawinski

Strawinski, Igor Feodorowitsch (17. 6. 1882–6. 4. 1971), am. Komp. russ. Herkunft; Entwicklung v. russ. nat.romant. Schule m. folklorist. Elementen über Impressionismus u. Neoklassizismus zu Reihentechniken; charakterist. rhythm. Motorik: Ballette: *Der Feuervogel; Petruschka; Le Sacre du printemps;* melodramatig: *Die Geschichte vom Soldaten;* Opern: *Oedipus Rex; Perséphone; The Rake's Progress;* Sinfonien: *Psalmensinf.; Sintflut;* Kammermusik. **Strebbau,** *Bergbau:* Abbauverfahren, bei dem abgebaute Strecken wieder zugeschüttet werden. **Strebe,** schräg angeordnete Stütze. → Sprengwerk. – **S.pfeiler,** Mauerverstärkung (bes. gotische Baukunst), oft verziert, zur Aufnahme des Gewölbeseitenschubs. **Strecke, 1)** im *Bergbau* waagerechter Stollen, der v. Schächten aus in Lagerstätten vorgetrieben wird; **2)** *math.* endl. Teil einer → Geraden, durch zwei Endpunkte gekennzeichnet. **Streckverband,** Zugverband, Streckung eines gebrochenen Gliedes durch Zug am freien Ende, verhindert Verkürzung beim Zusammenheilen. **Strehler,** Giorgio (* 14. 8. 1921), it. Theaterregisseur; mit P. Grassi Begründer des → Piccolo teatro in Mailand. **Streibl,** Max (* 6. 1. 1932), CSU-Pol.; s. 1962 Landtagsabgeordneter, s. 1977 bayr. Fin.min., s. 1988 bayr. Min.präs. **streichen,** *seem.,* **1)** *Flagge s.,* Einholen der Flagge zum Zeichen der Ergebung;

2) rückwärts rudern durch beiderseitige Ruderschläge.

Streicher, 1) Andreas (13. 12. 1761–25. 5. 1833), dt. Klavierbauer; floh 1782 mit Schiller von d. Karlsschule; Erfinder d. „dt. Mechanik"; **2)** Julius (12. 2. 1885–16. 10. 1946), NS-Pol.; Hg. der antisemit. Wochenzeitschrift *Stürmer;* in Nürnberg hingerichtet.

Streichgarn, aus kurzen, zerkräuselten Wollhärchen gesponnen, auch gemischt mit Baumwolle; bes. zu tuchartigen, gewalkten Geweben; → Spinnerei.

Streichholz → Zündhölzer.

Streichinstrumente, Saiteninstrumente, die mit d. Bogen gestrichen werden (z. B. Geige, Cello, Bratsche).

Streich-quartett, Musiziergruppe aus vier S.instrumenten (2 Geigen, Bratsche u. Violoncello) u. für diese geschriebenes Musikstück; ebenso **S.quintett** (2 Geigen, 2 Bratschen, Violoncello) u. **S.sextett** (2 Geigen, 2 Bratschen, 2 Violoncelli); diese Kammermusikformen bes. gepflegt v. Haydn, Mozart, Beethoven, Schubert, Brahms.

Streik, *m.* [engl. „strike"], *Ausstand,* gemeinschaftliche Arbeitsniederlegung, Kampfmittel der Arbeitnehmer, um wirtsch. od. pol. Forderungen durchzusetzen; meist von den Gewerkschaften organisiert u. angeordnet, sonst *wilder S.; Bewilligungs-S.* nur in einzelnen, bes. empfindl. Betrieben eines Ind.zweiges; *Bummel-S.:* keine Arbeitsniederlegung, sondern Verlangsamung d. Arbeitsprozesses durch „Dienst nach Vorschrift"; auch → *Generalstreik;* Kampfmittel der Arbeitgeber ist die *Aussperrung.*

Streisand, Barbra (* 24. 4. 1942), am. Schausp.in, Sängerin u. Regisseurin; *Funny Girl; Hello Dolly; Yentl.*

Streitaxt, in Europa bereits aus vorgeschichtl. Zeit (→ Schnurkeramiker) bekannte Wurf- u. Hiebwaffe. – **S.kulturen,** nach bes. markanten Funden von Streitäxten benannte Vorgeschichtsepoche (Jungsteinzeit), von Völkern Südskandinaviens u. Norddtlds, auch Mittel- u. Osteuropas bis Kaukasus.

Streitgegenstand, Sache od. Recht, um die im Zivilprozeß gestritten wird; Grundlage f. d. → Streitwert.

Streitgehilfe → Nebenintervention.

Streitgenossen, im Zivilprozeß mehrere Personen, die als Kläger oder Beklagte vereinigt sind.

Streitkolben, wuchtige Schlagwaffe des MAs.

Streitverfahren, das auf Urteil gerichtete Prozeßverfahren im Anschluß an erfolgloses → Sühneverfahren od. → Mahnverfahren.

Streitverkündung, im Zivilprozeß gerichtl. Erklärung einer Partei gegenüber einem Dritten, daß sie im Falle d. Unterliegens auf Gewährleistung od. Schadloshaltung in Anspruch nehmen werde; Dritter kann sodann auf seiten d. Streitverkünders in d. Prozeß wie bei

→ Nebenintervention eintreten (§§ 72 f. ZPO).

Streitwagen, im Altertum im Kampf verwendeter 2rädriger, von 2 (*Biga*) oder 4 Pferden (→ *Quadriga*) gezogener Wagen (Abb. → *Salmanassar);* auch → Sichelwagen.

Streitwert, der Wert des Streitgegenstands, wird in Rechtsstreitigkeiten vom Gericht festgesetzt z. Berechnung der Kosten; in nichtvermögensrechtlichen Streitigkeiten regelmäßig 4000 DM (→ Rechtspflege, Übers.).

Strelitz, 1) ehem. Freistaat → Mecklenburg-Strelitz, s. 1934 vereinigt mit Mecklenburg-Schwerin; **2)** *Alt-S.,* ehem. St. in Mecklenburg-S., 1712 Residenz.

Strelitzen [russ. „Schützen"], im 16. u. 17. Jh. Leibwache der russ. Zaren; von Peter d. Gr. 1698 abgeschafft.

Streptokokken

Streptokokken [gr.], kugelige, in Ketten wachsende Eitererreger, z. T. auch harmlos; → Bakterien.

Streptomycin, von einem → Strahlenpilz ausgeschiedenes → Antibiotikum; Heilmittel gg. Infektionskrankheiten, hpts. gg. best. Formen d. Tuberkulose; 1943 entdeckt v. → *Waksman.*

Stresa, it. Kurort am Lago Maggiore, 200 müM; 4800 E. – 1932 Konferenz der Balkanstaaten über d. wirtsch. Wiederaufbau Mittel- u. Osteuropas; 1935 Konferenz Englands, Frkr.s u. Italiens nach Einführung der allg. Wehrpflicht i. Dtld.

Gustav Stresemann

Stresemann, Gustav (10. 5. 1878–3. 10. 1929), dt. nat.liberaler Pol.; gründete 1918 d. Dt. Volkspartei; 1923 Reichskanzler, 1923–29 Außenmin.; ermöglichte durch Annahme d. Dawes-Planes (1924) u. Abschluß des → Locarnopaktes (1925) die Aufnahme Dtlds in d. Völkerbund; vertrat Verständigungspol. gegenüber Frkr. u. eine Zus.arbeit der eur. Staaten; erwirkte durch Annahme des Young-Planes (1929) die Räumung des Rheinlandes (1930); (zus. m. Briand) Friedensnobelpr. 1926.

Streß, *m.* [engl.], Alarmreaktion des Organismus, verursacht durch erhebliche

Belastung, Überreizung bzw. psych. Dauerüberlastung (S.-Auslöser: *Stressoren*), kann zu seelischem Zusammenbruch u. schweren Krankheitserscheinungen (z. B. Herzinfarkt) führen; zuerst v. → Selye beschrieben.

Stretch-Textilien [engl. *-tʃ-*], aus elast. Chemiegarnen od. gezwirbelten kömml. Chemiefasern hergest. Gewebe.

Streuung, 1) *Licht* → Dispersion; **2)** *Statistik:* Abweichen beobachteter Größen vom Mittelwert; **3)** *Ballistik:* Abweichen d. Flugbahnen trotz gleicher Lage der Waffenmündung infolge Ungleichheiten in d. Waffe, der Munition u. den Witterungseinflüssen; **4)** *Technik:* kleine Schwankung eines Massenfabrikates um den Sollwert.

Streuvels [*ˈstrøː*], Stijn, eigtl. *Frank Latteur* (3. 10. 1871–15. 8. 1969), fläm. Erzähler; *Knecht Jan; Der Flachsacker.*

Strich, *seem.* → Kompaßrose. Einteilung d. Kompaßrose in 32 Striche = 360° (von N in der Uhrzeigerrichtung); 1 S. = 11¼°, 8 S. = 90° = 1 rechter Winkel.

Strichätzung → Klischee.

Strichvögel → Zugvögel.

stricken, Handarbeit, bei der durch Handhabung mit *Stricknadeln* aus Fadenverschlingungen maschige Wirkgebilde entstehen; auch mit Strickmaschinen (→ Wirkerei) hergestellt.

Stricker, *der* († um 1250), mhdt. Dichter; schwankhafte Verserzählungen: *Die Schwänke des Pfaffen Amis;* bes. als Verfasser von *bispeln* berühmt.

stricte [l.], *strikt* = genau, streng; **strictissime,** aufs pünktlichste, strengste.

Striegau, *Strzegóm,* poln. St. am **S.er Wasser,** Niederschlesien, 16 000 E.

Striktur, *w.* [l.], durch Krampf, meist aber durch Narben entstandene Verengung (z. B. d. Harnröhre n. Tripper).

August Strindberg, Porträt v. E. Munch

Strindberg [*-bærj*], August (22. 1. 1849–14. 5. 1912), schwed. Dichter; Grundproblem seiner Dichtung Kampf d. Geschlechter; Kammerspiele: *Fräulein Julie; Der Vater; Totentanz;* rel. u. myst. Dramen: *Nach Damaskus; Traumspiel;* histor. Dramen; autobiograph. Bekenntnisromane: *Sohn einer Magd; Inferno.*

stringendo [it. *-ˈdʒendo*], Abk. *string., mus.* schneller werdend.

Striptease [engl.-am. *ˈstrɪptiːs*], Entkleidungsvorführung (z. B. in Nachtlokalen).

Strittmatter, Erwin (* 14. 8. 1912), dt. Schriftst.; *Katzgraben; Ole Bienkopp; Der Wundertäter.*

Strobel, Käte (* 23. 7. 1907), SPD-Pol.in; 1966–72 B.gesundheitsmin.

Stroboskop, *s.,* Gerät z. Beobachtung schnell drehender Maschinenteile u. Messung m. Tourenzahl.

Stroh, entkörnte, getrocknete Getreidehalme; verwendet als Streu, geschnitten als Futter; imprägniert zum Dachdecken; Rohstoff für Papier- u. Pappefabrikation usw. – **S.blumen,** *Immortellen,* filzige Kompositen mit strohartigem Hüllkelch; haltbar, f. Binderei.

Strohheim, Erich v. (22. 9. 1885–12. 5. 1957), östr.-am. Schausp. u. Filmregisseur; *Greed* (1924); *The Merry Widow* (1925).

Strohmann, im Geschäftsleben als Ersatzmann vorgeschobene Person, bes. bei AG, um die gesetzl. Zahl v. 5 Gründern zu erreichen; erlaubt, wenn nicht zu unlauteren Zwecken.

Strom, elektrischer, gleichbedeutend mit bewegten Ladungsträgern (→ Elektronen, negative oder positive → Ionen) in einem materiellen Körper (Leiter) oder → Vakuum; in Leitern fließen nur Elektronen (Elektronenstrom ist der herkömml. Stromrichtung entgegengesetzt); der el. S. bewirkt u. a. → Magnetfeld um den Leiter, Joulesche Wärme; zu unterscheiden sind → Gleichstrom und → Wechselstrom; Einheit der el. Stromstärke: → Ampere (A), Milliampere (mA), Mikroampere (μA).

Stromabnehmer, bei el. Fahrzeugen mit → Oberleitungsbetrieb *Rollen-S.* an federndem, ausschwenkbarem Mast, auch *Bügel-S.,* breit, mit ausgegossener Kontaktfläche, bei Vollbahnlokomotiven als *Scheren-S.* ausgebildet; bei Stromabnahme aus dritter Schiene *Gleitschuhe.*

Stromboli, eine der it. → Liparischen Inseln mit ständig tätigem *S.vulkan* (926 m).

Stromkreis, der in sich geschlossene Weg des el. Stroms.

Stromlinien, i. d. *Strömungslehre* Linien, die an jedem Punkt die Bewegungsrichtung einer Strömung von Flüssigkeiten oder Gasen angeben; ein Körper ist *S.form,* wenn Strömung ohne Wirbel- u. Wellenbildung an ihm vorbeifließt; die Lage d. Übergangspunktes bestimmt die Reynoldssche Zahl: (Geschwindigkeit × charakterist. Länge × Dichte) / Zähigkeit, angenähert bei Fahrzeugen (Kraftwagen, Motorbooten, Flugzeugen) als *Tropfenform* zur Herabsetzung des Luftwiderstandes.

Stromschnellen, bei Flüssen die Stellen, an denen das Wasser durch Verengung des Bettes oder durch Gefälle reißend schnell fließt.

Strömung, geordnete Bewegung körperl. Teilchen in e. Richtung; MPI f. S.forschung in Göttingen.

Strömungsregler, *Fluidics,* techn. Steu-

erelemente (Schalter- u. Verstärkerelemente), weitgehend stoß- u. hitzeempfindlich; Anwendung: Steuerung industrieller Prozesse, z. Lenkung komplizierter Flugmanöver (als Raketenlenksystem, Navigationshilfe f. Torpedos u. Flugzeuge usw.), miniaturisiert (Reglertechnik).

Stromwärme, Wärme, die *el. Strom* im durchflossenen Leiter erzeugt; proportional z. S.stärke, Spannung u. Zeit; Grundlage f. el. Koch- u. Heizgeräte.

Stromwender, *Kommutator,* Umschalter zur Änderung d. el. Stromrichtung.

Stromzähler, svw. → Elektrizitätszähler.

Strontium, *Sr,* chem. El., Oz. 38, At.-Gew. 87,63, Dichte 2,63; Erdalkalimetall, silberweiß, an der Luft gelblich anlaufend; natürl. nur gebunden als *S.sulfat (SrSO₄)* u. *Strontianit (SrCO₃)* vorkommend; *S.salze* färben Flamme rot; S.nitrat, *Sr(NO₃)₂,* f. Feuerwerkerei; S.hydroxid, *Sr(OH)₂.*

Strophanthus, Schlingpflanzen des trop. Afrika u. Asien, deren Samen Pfeilgift liefern; *med.* als wichtiges Herzmittel; daraus hergestellt das Glykosid *Strophanthin.*

Strophe, *w.* [gr.], Gliederung eines Gedichts (Liedes) durch Zusammenfassen mehrerer Verszeilen.

Strougal, Lubomir (* 19. 10. 1924), tschech. Pol.; 1970–88 Min.präs.

Strozzi, florentin. Geschlecht seit 13. Jh., Gegner der → Medici; *Palazzo S.* begonnen 1489.

Struck, Karin (* 14. 5. 1947), dt. Schriftst.in; *Klassenliebe; D. Mutter; Lieben.*

Strudelwürmer, *Turbellarien,* Plattwürmer, die sich mit Flimmerhaaren fortbewegen (z. B. die *Planarien)*; meist im Wasser, einige davon Schmarotzer.

Struensee [*'struən-*], Johann Friedrich Gf v. (5. 8. 1737–28. 4. 72), dän. Staatsmann dt. Abkunft, führte f. Christian VII. übereilt Reformen durch, Günstling d. Kgn; gestürzt und hingerichtet.

Struktur, *w.* [l.], **1)** Art der Zusammensetzung eines Stoffes oder Gebildes; inneres Gefüge, Bau (von Gesteinen, Bauwerken usw., aber auch *geistiger Art:* Denkform, Kultur usw.); **2)** *chem.* Anordnung der Atome im Molekül (in *S.formel* ausgedrückt); **3)** *in der Weberei* svw. → Bindung.

Strukturalismus, *m.,* in der *Sprachwiss.* Untersuchung der Sprache auf ihre Struktur hin; Untersuchung d. strukturellen Gesetzlichkeit auch i. d. Soziologie, Ethologie und Anthropologie Forschungsmethode z. Beziehungen der Tatsachen u. Sachverhalte ausgeht.

Strukturformel, *chem. symbol.* Darstellung der Struktur eines Moleküls unter Verwendung v. Elementsymbolen für die Atomrümpfe, Strichen für bindende Elektronenpaare und Punkten für einsame Elektronen.

Struma, griech. *Strymon,* bulgar.-griech. Fluß (Mazedonien), entspringt südl. von Sofia, durchfließt d. Tachynosee, mündet ins Ägäische Meer, 408 km l.

Struma, *w.* [l.], *med.* → Kropf.

Struve, Gustav v. (11. 10. 1805–21. 8. 70), dt. Advokat u. revolutionärer Pol.; Führer d. bad. Aufstandes 1848; später Offizier im am. → Sezessionskrieg.

Struwwelpeter, Titel eines Kinderbuchs (erschienen 1847) in Bildern u. Versen von Heinrich → *Hoffmann.*

Strychnin, *s.,* $C_{21}H_{22}N_2O_3$ Alkaloid des Samens v. *Strychnos nux vomica* (Brechnußbaum), in kleinsten Mengen zu Heilzwecken angewandt, in größeren Mengen giftig.

Stuart [*stj'uət*], Gilbert (3. 12. 1755–9. 7. 1828), am. Porträtist; wegen s. Politiker-Bildnisse sog. „Chronist d. Republik"; *George Washington.*

Stuart, schott. Geschlecht, erwarb 1371 den schott., 1603 durch Kg Jakob I., Sohn der → *Maria Stuart,* auch den engl. Königsthron; vertrieben durch die Revolution von 1688, Hauptlinie ausgestorben 1807.

Stubaital, Hochtal in Tirol, in den Stubaier Alpen, mit Ruetzbach; Hptort *Fulpmes* (936 müM, 3000 E).

Stubbenkammer, Kreidefelsen an der NO-Spitze Rügens, Königsstuhl 118 müM.

Stuck, Franz v. (23. 2. 1863–30. 8. 1928), dt. Maler u. Bildhauer d. Jugendstils; *Kämpfende Faune; Die Sünde.*

Stuck, *Rocaille*

Stuck, *m.* [it.], kalk- u. gipshaltiger Mörtel f. Auftragearbeiten an Wänden u. Decken *(Stukkaturen),* auch zu Abgüssen in Formen u. Schablonen.

Stück, ältere Bez. f. Geschütz.

Stückekonto, bei Gutschrift von gekauften Effekten auf S. erhält Käufer einen Anspruch gg. d. Bank; b. → *Sammeldepot* wird Käufer Miteigentümer d. v. d. Bank hinterlegten Effekten; b. Kauf für *offenes Depot* (auch *Streifbanddepot)* wird Käufer Eigentümer der für ihn ausgesonderten, auf ein Nummernverzeichnis eingegebenen Stücke.

Stückelung, Zerlegung einer *Emission* in einzelne *Stücke* (Wertpapiere) m. bestimmten Nennwerten.

Stückfaß, Weinmaß: etwa 12 hl.

Stückgüter, einzeln verfrachtete Waren.

Stücklen, Richard (* 20. 8. 1916), CSU-Pol.; 1957–66 B.min. für Post- u. Fernmeldewesen, 1966–76 Vors. d. CSU-Fraktion, 1976–79 u. s. 1983 Vizepräs., 1979–83 Präs. d. B.tages.

Stücklohn, svw. → Akkordlohn.

Stückzinsen, Zinsen vom Verfalltag des letzten abgetrennten Kupons bis zum *Verkaufstag;* werden bei Geschäften in festverzinsl. Wertpapieren in Rechnung gestellt.

stud., Abk. f. *studiosus* (Student), meist mit Hinzufügung der abgekürzten Fakultätsbezeichnung; z. B. *stud. jur.* (juris): Rechtswissenschaft, entsprechend der Fakultätsbezeichnung bei → Dr.

Student [l.], vollberechtigter Besucher einer Uni od. anderer → Hochschulen.

Studentenblume, svw. → Tagetes.

Studenten-förderung, geregelt im B.ausbildungsförderungsgesetz (BAföG) v. 26. 8. 1971 (1976 revidiert, in d. Fassung v. 1. 8. 1983); staatl. Unterstützung bedürftiger u. geeigneter Hochschulstudenten sowie Schüler weiterführender berufsbildender Schulen u. des 2. Bildungsweges (faßt das 1. Ausbildungsförderungsgesetz v. 1. 7. 1970 u. d. → Honnefer Modell zus.); f. Studenten als zinsloses Darlehen (m. gestaffelten Nachlässen), f. Schüler als Zuschuß geleistet. – **S.schaft,** Zus.fassung aller Studierenden einer HS; nach 1918–33 u. in BR u. W-Berlin wieder s. 1945 vertr. durch *Allg. S.versammlung* m. *Allg. S.ausschuß* (ASTA, i. einige B.ländern aufgelöst) an jeder HS gewählt; Gesamtvertretung: *Verband Dt. S.schaften (VDS),* gegr. 1949. – **S.verbindungen,** *Korporationen,* entstanden aus den *Landsmannschaften;* aus diesen die → *Korps (SC),* nach den Befreiungskriegen *Burschenschaften;* im 19. Jh. entstanden rel., weltanschaul., wiss. u. sportl., nur z. T. noch farbentragende Verbindungen (z. B. *CC, CV*); Korporationsverbände zusammengeschlossen im *Convent Dt. Korporationen (CDK);* während d. NS-Regimes aufgelöst. – **S.vereinigungen,** neben den S.verbindungen pol. S.zus.schlüsse: *Ring Christl.-Demokr. St.* (RCDS), *Rote Zellen* d. versch. Fachschaften (aus d. SDS weiterentwickelt), *Sozialist. Hochschulbund* (SHB), *MSB Spartakus;* rel. S.gruppen: Ev. S.gemeinde i. Dtld, Kath. Dt. S.-Einigung (KDSE). – **S.werk,** als eingetragener Verein od. staatl. Anstalt betriebene Einrichtung z. soz. Betreuung d. Studenten am HS-Ort; Hptarbeitsgebiete: 1) finanzielle Beihilfen (Vergabe v. Mitteln d. Studentenförderung, BAföG, u. Studiendarlehen), Arbeitsvermittlung; **2)** gesundheitl. Betreuung; **3)** wirtsch. Einrichtun-

gen (z. B. → Mensa academica od. Wohnheime).

Studie, w. [lat.], Vorarbeit zu e. Werk.

Studien-assessor, anstellungsfähiger Lehrer an höherer Schule nach zweijähriger prakt. Ausbildung als → S.referendar u. 2. Staatsexamen. – **S.rat,** Amtsbez. für festangestellte Lehrer an höheren Schulen. – **S.referendar,** Lehramtskandidat f. höhere Schulen nach d. 1. Staatsexamen. – **S.seminar,** Ausbildungsstätte für den Gymnasiallehrer in dessen Referendarzeit. – **S.stiftung d. dt. Volkes,** 1925 gegr., 1948 erneuert, zur Förderung einer Auslese hochbegabter Studenten. – **S.stufe** → Schulwesen, Übers.

Studiosus, Studierender, Student, Abk. *stud.*

Studium, *s.* [l.], planmäßige Beschäftigung m. Wissenschaft od. Kunst (an Hochschulen).

Stufengründung, früher schrittweise Gründung einer AG od. KGaA, bei d. nur Teile d. Aktien durch die bei d. Gründungsversammlung anwesenden Aktionäre, d. Rest durch Zeichnungsscheine übernommen werden.

Stufenklage, im Zivilprozeß Klage auf Rechnungslegung, Vorlage eines Vermögensverzeichnisses od. Leistung d. Offenbarungseides und Herausgabe des aus d. zugrundeliegenden Rechtsverhältnis Geschuldeten, wobei Höhe d. Geschuldeten v. Kläger erst *nach* Rechnungslegung usw. beziffert zu werden braucht (= 2. Stufe d. Prozesses), § 254 ZPO.

Stuhlverstopfung, infolge zu geringer od. zu verkrampfter Darmtätigkeit, bedingt durch unzweckmäßige Lebensweise (falsche Ernährung, zu wenig Bewegung u. a.) oder durch Störungen der Darmmuskulatur.

Stuhlweißenburg, ungar. *Székesfehérvár,* Hptst. d. ungar. Komitats *Fejér,* am S-Abhang des Bakonywaldes; 113 000 E; alte Hpt.- u. Krönungsst. der ungar. Kge (Arpadengräber); kath. Bistum; Textilind.; Pferdemärkte.

Stukkatur, *w.,* → Stuck.

Stummheit, angeboren mit Taubheit: *Taubstummheit,* oder durch Kehlkopf- u. Gehirnkrankheiten, manchmal auch hysterische Reaktion.

Stumpen, *m.,* **1)** kegelförmige Rohform, auf der Filz- u. Strohhüte gepreßt werden; **2)** Zigarre, die an beiden Enden stumpf abgeschnitten ist.

Stumpf, Carl (21. 4. 1848–25. 12. 1936), deutscher Psych. u. Phil.; Begr. d. Musikpsych.

Stunde, Bruchteil des Tags, jetzt = 1/24 des mittleren Sonnentags; im MA wechselnd lang, die Tag und Nacht in je 12 Stunden *(Temporalstunden)* geteilt waren; Abk.: *h* (lat. *hora).*

Stundenbuch, Andachtsbuch m. Tagzeitengebeten f. Laien, *Laienbrevier,* im MA bes. künstler. ausgestattet.

Stundengebet → Brevier.

Stundenkreise, Kreise, die durch d.

Himmelspol gehen u. auf dem Himmelsäquator senkrecht stehen.

Stundenwinkel, Winkel zw. → Stundenkreis u. → Meridian, wird westlich vom östlich vom Meridian ab gezählt.

Stundung, zwischen Gläubiger und Schuldner getroffene Vereinbarung, durch welche die Fälligkeit einer Leistung hinausgeschoben wird; bewirkt Hemmung d. → Verjährung.

Stuntman [am. *'stʌntmən], Double,* Ersatzmann f. d. Hauptdarsteller in gefährlichen Filmszenen.

stupend [l.], erstaunlich.

stupid [l.], blöde, stumpfsinnig.

Stupor, *m.* [l.], Zustand völliger geistiger u. körperlicher Regungslosigkeit b. Geisteskrankheiten.

Stuprum, *s.* [l.], Schändung, Vergewaltigung.

Sturm, meteorol. → Windstärke.

Sturmbannführer, bei d. früheren SA u. SS Offizier im Range eines Majors; *Ober-S. = Oberstleutnant.*

Stürmer, 1) student. käppiähnl. Mütze; **2)** i. d. Mannschaftsspielen Spieler m. überwiegend Angriffsaufgaben (z. B. im Fußball).

Sturmhaube, Helm des Fußvolks im MA, mit Nackenschutz, ohne Visier.

Sturmhut, svw. → Eisenhut.

Sturmschwalben, mövenähnliche S.vögel; nisten in Kolonien an Felsenküsten.

Sturm und Drang, *m.,* Epoche der → deutschen Literatur, benannt nach d. Drama (1777) von F. M. *Klinger,* gegen Bindungen an die frz. Vorbild und Rationalismus, für schöpferische Eigenart des Genius („Geniezeit"), angeregt von Hamann und Herder.

Sturmvögel, Meeresvögel, nur zur Fortpflanzung an Land, sonst in der Luft u. auf dem Wasser lebend; Hakenschnabel m. Röhrennase, Schwimmhäute; im Nest nur 1 Ei (z. B. → *Albatrosse,* → *Sturmschwalben).*

Sturmwarnungszeichen, an Signalmasten gehißte Signale (Bälle) usw. zur Warnung der Schiffahrt vor aufkommendem Sturm; S. der See- u. Luftschiffahrt auch durch Telefon u. a. übermittelt.

Sturz, 1) die d. darüberliegende Mauerwerk tragende *Oberschwelle* bei Türen u. Fenstern; **2)** Neigungen der Vorderräder von Fahrzeugen (oben) nach außen um 2–3°. S. drückt Rad gg. Lager.

Sturzgeburt, ungewöhnl. schnelle, nach extrem verkürzten Geburtsvorgangsphasen erfolgende Geburt.

Stutbuch, Pferdezuchtstammbuch; verzeichn. Stammbaum, Gestalt, Leistung v. Zuchtpferden: meist von *Pferdezuchtvereinen* geführt.

Stute, weibliches → Pferd.

Stuttgart (D-7000), Landeshptst. v. Ba-Wü., Hptst. d. Rgbz. S., 562 658 E; Uni., Musik-HS, Kunstakad., Staatstheat., Württemberg. Landesmuseum, Linden-Mus. f. Völkerkunde, Neue Staatsgalerie, Weissenhofsiedlung, Württemberg. Lan-

Stuttgart, *Altes Schloß*

desbibliothek, Theodor-Heuss-Archiv; OLG, LG, AG; IHK, HWK, BD, OPD, Oberfinanzdirektion, MPI; U-Bahn; Elektro-, Masch.-, Fahrzeugbau-, Textil-, Papier-, Nahrungsmittel-, chem. Ind., über 170 Verlage; Süddt. Rundfunk, Fernseh-Sendeturm (217 m hoch). – Seit 14. Jh. Residenz; 6.–18. 6. 1849 Tagung des Rumpfparlaments.

Stutzen, *m.,* 1) kürzere Jagdbüchse; 2) halblanger Sportstrumpf ohne Fuß; 3) Pulswärmer.

StVO, Abk. f. → *Straßenverkehrsordnung.*

stygisch, zum → Styx gehörig.

Styling [engl. *'stail-*], funktionelle u. modisch gefällige Formgebung b. Industrieerzeugnissen (z. B. bei Autos).

Styliten [gr.], die → Säulenheiligen.

stymphalische Vögel, von Herakles besiegte menschenfressende Vögel der griech. Sage.

Styrol, *s.,* ungesättigter Kohlenwasserstoff; Vinylbenzol C_6H_5-CH=CH_2, benzolartig riechende Flüssigkeit, die zu festem Polystyrol polymerisiert.

Styropor®, Markenbez. für Schaum-Kunststoff aus Polystyrol u. einem Treibmittel; beim Erwärmen zur Zellstruktur aufschäumbar. Verwendung zur Isolierung v. Kühlschränken, f. Wärme- u. Schallschutz, f. Schwimmkörper u. Verpackungsbehälter.

Styx, *w.* od. *m.,* (Toten-)Fluß d. griech. Unterwelt.

Suada, *w.* [l. *'zŭa-*], Redefluß.

Suaheli, mit Arabern, Persern, Indern usw. vermischte Bantuneger an der O-Küste Afrikas u. auf Sansibar; Händler; Mohammedaner; ihre Sprache *(Kisuaheli)* Verkehrssprache im äquatorialen O-Afrika (→ Sprachen, Übers.).

Suarez [*'sŭareθ*], 1) Francisco de (5. 1. 1548–25. 9. 1617), span. Theol. u. Scholastiker; Begr. der jesuit. Morallehre; 2) Karl Gottlieb, → Svarez.

Suarez Gonzales [-θ γon'θaleθ], Adolfo (* 25. 9. 1932), span. Pol. (CDS); 1976–81 Min.präs.

sub- [l.], als Vorsilbe: unter ...

subaltern [l.], untergeordnet.

subarktische Zone, subantarktische Zone, liegen zwischen den gemäßigten und polaren Klimagebieten auf der nördl. und der südl. Erdhalbkugel.

Subdominante, *mus.* der auf der 4. Stufe der Tonleiter errichtete Dreiklang.

Subhastation, svw. → Zwangsversteigerung.

Subjekt, *s.* [l.], 1) *Satzgegenstand:* Satzteil (im Werfall), von dem etwas ausgesagt wird (z. B. *Der See* ist tief); 2) *phil.* das wahrnehmende u. denkende Ich; 3) verächtlich für Mensch.

subjektiv [l.], vom Ich aus gesehen, persönlich.

Subjektivismus, *phil.* Anschauung: alle Dinge sind durch das Ich bestimmt; leugnet Allgemeingültigkeit von Erkenntnis und Ethik; **Subjektivist,** Vertreter des S.

Subjektivität, *w.,* alles, was zum Ich gehört, bes. d. persönliche Gefühl.

Subkultur, Lebensweise v. Gruppen m. gruppenspezif. Normensystem, das den gesamtgesellschaftl. Regeln widersprechen kann.

subkutan [l.], → Injektion.

sublim [l.], geistig, seelisch erhaben.

Sublimat, *s.* [l.], Produkt einer → Sublimation; bes. das → Quecksilberchlorid ($HgCl_2$); in der Medizin äußerlich zur Desinfektion; sehr giftig, kann durch Nierenschädigung zum Tode führen.

Sublimation, *w.* [l.], Verdampfung eines festen Stoffs (ohne vorherige Verflüssigung) u. Verdichtung der Dämpfe zu festem *Sublimat,* bes. zur Reindarstellung (Iod, Kampfer, Schwefel); S. von Eis und Schnee trocknet auch bei Temperaturen unter Null.

Sublimierung, *psychoanalyt.* Entwicklung eines kulturell höher gewerteten Triebes aus einem primitiven.

submarin [l.], unterseeisch.

submers [l.], untergetaucht.

Submission, *w.* [l.], *Ausschreibung* von Arbeiten u. Lieferungen, insbesondere der öffentlichen Hand.

Subordination, *w.* [nl.], Unterordnung; Gehorsam gegen Vorgesetzte.

Subotica [-*tsa*] ungar. *Szabadka,* früher *Maria-Theresiopel,* jugoslaw. St. in der Batschka, 155 000 E; Obst-, Tabak-, Weinanbau, Leinweberei.

sub rosa [l.], „unter der Rose" = dem Zeichen d. Verschwiegenheit; verblümt; Symbol der Freimaurer.

Subsidien, [l.], Unterstützung, Hilfsgelder.

sub sigillo [l.], unter dem Siegel.

Subsistenz, *w.* [l.], Bestand; Lebensunterhalt.

Subskription [l.]. Einzeichnung (**subskribieren**) in S.sliste als Verpflichtung zum späteren Bezug von Druckwerken (bei Erscheinen) bei *Emission* v. Wertpapieren Zeichnung z. festgesetzten Kurs nach öffentlicher Aufforderung zur S.

subsonic speed [*sʌb'sɔnik 'spiːd*], Fluggeschwindigkeit unterhalb der Schallgeschwindigkeit.

sub specie aeternitatis [l.], unter dem Gesichtspunkt der Ewigkeit.

substantiell [nl.], stofflich, wesentlich, nahrhaft.

Substantiv|um [l.], → Hauptwort.

Substanz, *w.* [l.], Stoff; das hinter der Erscheinung bleibende Wirkliche.

substituieren [l.], ersetzen; *chem.* Atome und Atomgruppen durch andere *(Substituenten)* ersetzen.

Substitut, *m.,* svw. → Vertreter.

Substitution, *w.,* Ersetzung.

Substitutionsgut, wirtsch. Begriff für ein Gut oder Produktionsmittel, das die Eigenschaft hat, anstelle eines anderen eingesetzt zu werden. Bei Preissteigerung eines Gutes konzentriert sich ein Teil der Nachfrage auf das andere, zum gleichen Zweck verwendbare billigere Gut. Bei Produktionsmitteln wird ein kostengünstiger produzierendes gg. ein vergleichsweise teuer produzierendes Produktionsmittel ersetzen.

Substitutionstherapie [l.], Behandlung durch Ersatz od. Ergänzung fehlender Stoffe durch Arzneimittel.

Substrat, *s.* [l.], Material, auf od. in dem sich Mikroorganismen entwickeln. Reine Natur- oder Syntheseprodukte bzw. Mischung v. beiden.

subsumieren [l.], einem allg. Begriff unterordnen.

subtil [l.], fein, zart; schwierig.

Subtrahend|us [l.], die Zahl, um die eine andere verringert wird.

subtrahieren [l.], abziehen.

Subtraktion, Verminderung, 2. Grundrechnungsart, Symbol: –.

subtraktive Farbmischung, *materielle F.,* erzeugt farbiges Gesamtbild mittels Farbstoffen; jeder Farbstoff nimmt aus dem beleuchtenden weißen Licht gewisse Teile weg, *subtrahiert* sie; z. B. Palette des Malers, Farbenbdruck mit den Druckfarben Berliner Blau + Karmin + Gelb (→ Tafel S. 338).

Subtropen, zwischen der heißen und gemäßigte Zone liegende Gebiete auf beiden Erdhalbkugeln.

Subvention [l.], Zuschuß: bes. staatl. Zuschüsse f. förderungswürdige Wirtsch.zweige; allg. sozial- od. wirtschaftspol. Unterstützung aus öffentl. Mitteln.

subventionieren, mit Zuschüssen unterstützen.

subversiv [l.], umstürzlerisch, zerstörend.

Suchdienst, Organisation z. Aufhellung des Schicksals der → Vermißten: *S.-Leitstelle* beim Generalsekretariat des DRK, Bonn. → *München:* Wehrmachtvermißte u. verschollene Kriegsgefangene. Zentrale Namenskartei (s. 1945: 38 Mill. Unterlagen); *S. Hamburg:* Zivilgefangene, Kindersuchdienst; Familienzusammenführung u. Repatriierung Deutscher aus dem Ausland; Beratungs- u. Hilfsdienst für i. Ausland in Not geratene Deutsche; Nachforschungsstellen bei d. Kreis- u. Landesverbänden des DRK.

Sucht, zwanghaftes Verlangen nach einer Droge i. w. S. (Alkohol, Nikotin, Ta-

bletten usw.) mit wachsender Abhängigkeit; führt ggf. - je nach Droge, Dosis, Dauer des Mißbrauchs - zu irreparablen körperl. u. geistigen Schäden u. z. Tod.
Suchumi, Hptst. d. autonomen Sowjetrep. Abchasien am Schwarzen Meer, Hafen, 136 000 E.
Sucre, Antonio José de (3. 2. 1795-4. 6. 1830), südam. Gen.; befreite Ecuador u. Peru von den Spaniern, 1826-28 erster Präs. von Bolivien.
Sucre, 1) gesetzmäßig Hptst. v. Bolivien, 89 000 E; 2600 müM; **2)** → Währungen, Übers. S. 1088.
Südafrika, amtl. *Republiek van Suid Afrika, Republic of South Africa,* Staat im südlichsten Teil Afrikas, umfaßt die Provinzen *Kap der Guten Hoffnung, Natal, Transvaal* u. *Oranjefreistaat,* die Exklave *Walfischbai* in Namibia, ohne die unabhängigen Homelands → Bophuthatswana, → Ciskei, → Transkei u. → Venda: 1 127 200 km², 30 Mill. E (26 je km²); Bev.-Zuw. 2,3%; Bev.: 18% Weiße, 68% Bantu, 3% Inder; Sprache: Afrikaans, Engl., Bantu- u. ind. Sprachen; Währung: Rand (R); Rel.: überwiegend ev.; Hptst.: *Pretoria* (Reg.sitz), *Kapstadt* (Parlamentssitz); Flagge S. 341, Karte S. 750. **a)** *Geogr. u. Landw.:* Das durch Bergrücken gegliederte, beckenförmige Innere d. Landes ist von Falten- u. Tafelländern umrahmt; in den trockenen Binnengebieten Viehzucht, im niederschlagsreichen SO Anbau v. Südfrüchten, Wein, Mais, Baumwolle, Tabak, Kaffee, Tee u. Zuckerrohr; große Bewässerungsprojekte zur Vergrößerung der Anbaufläche. Reichtum an **b)** *Bodenschätzen:* An 1. Stelle der Weltförderung bei Gold (1988: 596,6 t), u. Chromerz (1988: 3,75 Mill. t), an 4. Stelle der Diamanten (1985: 5,7 Mill. Karat); ferner Eisenerz, Kohle, Mangan, Uran, Phosphat, Vanadium, Platin, Asbest, Antimon, Titan; fortschreitende Industrialisierung. **c)** *Außenhandel* (1988): Einfuhr 17,36 Mrd., Ausfuhr 13,06 Mrd. $. **d)** *Verkehr:* Eisenbahn 36 500 km. **e)** *Verf.* v. 1983: Dreikammerparlamentar. B.rep. m. Dreikammerparlament (Verhältnis Weiße : Mischlinge : Asiaten = 4 : 2 : 1) unter Ausschluß d. schwarzen Mehrheit (→ Apartheid); Staatspräs. m. weitreichenden Befugnissen, Präsidialrat als Beratungsgremium. **f)** *Verw.:* 4 Prov. (geplant: 8 regionale Verw.einheiten) Ansiedlung der schwarzen Bevölkerung in halbautonomen *Bantu-„Heimatländern"* („Homelands") m. Selbstverw.: erstes → Bantuheimatland f. d. Xhosa → *Transkei* (s. 1976 unabhängig); → *Ciskei* (s. 1981 unabhängig); → *Bophuthatswana* (s. 1977 unabhängig) u. → *Venda* (s. 1979 unabhängig); 1969: *Lebowa* (f. d. Nord-Sotho: 21 833 km², 1,8 Mill. E; Hptort *Lebowakgomo);* 1972: *Kwazulu* (f. d. Zulus: 31 000 km², 3,7

Mill. E; Hptort *Ulundi);* 1973: *(Kwa Ndebele* (920 km², 0,24 Mill. E; Hptort *KwaMhlanga);* andere Heimatländer sind *KaNgwane* (f. d. Swasi; 3823 km², 0,39 Mill. E; Hptort *Kanyemanzane), Gazankulu* (f. d. Tsonga; 6565 km², 0,5 Mill. E; Hptort *Giyani)* und *Qwaqwa* (f. d. Südsotho; 655 km², 0,18 Mill. E; Hptort *Phuthaditjhaba).* **g)** *Gesch.:* → Buren; 1910 durch Zus.schl. d. brit. Kolonien Kapland, Natal, Transvaal u. Oranje als *Südafrikan. Union* gegr., Dominion u. später Mitgl. d. Commonwealth; Rassentrennung (→ *Apartheid)* führte 1961 z. Ausscheiden aus d. Commonwealth; seitdem neuer Name *Republik S.,* 1963 Waffenembargo d. UN (1977 verschärft); 1970 Unterstützung d. Opposition durch Moçambique, Angola, Botswana u. Simbabwe, wiederholt Überfälle südafrikan. Truppen auf Flüchtlingslager in Moçambique, Lesotho u. Botswana; 1974 teilweiser Ausschluß aus UN; s. 1975 ständiger mil. Konflikt um Namibiafrage; 1975/76 Eingreifen S.s im Bürgerkrieg in Angola; 1976 durch Verschärfung d. Apartheidpol. schwere Unruhen in Soweto u. anderen Städten; 1977 Verbot d. pol. Opposition; 1983 neue Verf., die Mischlingen u. Asiaten stärkere Beteiligung an der pol. Macht ermöglicht, aber weiterhin d. schwarze Mehrheit ausschließt (v. d. UN verworfen); 1984 Abkommen m. Moçambique über gegenseitigen Verzicht auf Unterstützung v. Oppositionsbewegungen, s. 1984 schwere Unruhen in Siedlungen d. Schwarzen m. zahlr. Toten u. Verletzten, daraufhin Ausnahmezustand in mehreren Regionen (bis Mitte 1990); 1988 Abkommen m. → Angola u. Cuba über Waffenstillstand u. Rückzug aus → Namibia; innenpol. Reformen unter der Klerk (s. 1989 Staatspräs.), Freilassung v. ANC-Führern (→ Mandela), Legalisierung d. ANC, Mitte 1991 Aufhebung d. wichtigsten Apartheidgesetze (Meldeges. m. Registrierung nach Rassen, getrennte Wohnsitze, Begrenzung d. Landbesitzes f. Schwarze). **h)** *Mitgl.:* UN.
Südamerika, durch d. Landenge von Panamá mit → Mittelamerika zus.hängend, von N-Amerika durch das Am. Mittelmeer getrennt (Karte S. 747), 17,819 Mill. km², 291 Mill. E (16 je km²); eingeborene Indianer, dazu seit dem 16. Jh. Weiße, Neger u. Mischlinge (Mestizen, Mulatten, Zambos). **a)** *Gliederung:* nur gering; im W vom der 7500 km langen tertiären Faltengebirge der *Anden* (→ Kordilleren) durchzogen; im O die alten Rumpfgebirge von Brasilien u. Guayana; dazw. die riesigen Tiefländer des Amazonas (→ *Selvas),* des Orinoco (→ *Llanos)* u. des Paraná (→ *Pampas);* im S das wellige Steppenhochland von → *Patagonien* u. die Insel Feuerland, durch die Magellanstraße vom Festland getrennt; S. liegt größtenteils in der Tro-

penzone, ragt aber von allen bewohnten Kontinenten am weitesten nach S; Ostbrasilien, das Amazonastiefland, die Osthänge der nördl. Anden u. Westpatagonien sind sehr niederschlagsreich, Nordchile wüstenhaft trocken (Atacama, Salpeterwüste); Hptfluß: *Amazonas* m. dem größten Einzugsgebiet d. Erde (7,18 Mill. km²). **b)** *Pol. Gebiete:* Argentinien, Bolivien, Brasilien, Chile, Ecuador, Kolumbien, Paraguay, Perú, Uruguay, Venezuela, Guayana (frz.), Surinam, Guyana. **c)** *Entdeckungsgeschichte* → Amerika. In Freiheitskämpfen unter Bolívar 1810-26 Loslösung v. Spanien u. Portugal, Zersplitterung in viele Einzelstaaten.
Sudan, 1) afrikan. Landschaft zw. d. Sahara im N u. dem Kongobecken im S: **a)** *Geogr.:* reicht vom Atlant. Ozean im W bis an den Westfuß d. Hochlands v. Abessinien im O: Senegalküste, S-Teil d. Westsahara, Tschadseesenke u. durch d. Darfur von diesem getrennt, d. Becken des Weißen Nil: meist Grassteppe mit Dornbüschen u. Galeriewäldern an d. Flußläufen; heißestes Klima Afrikas (Lufttemp. bis über 50 °C). **b)** *Flüsse:* Senegal, Niger, Schari, Weißer Nil. **c)** *Bev.:* Sudanneger, Aschanti, Mandingo, Haussa, Ewe, Kanuri, Tuareg, Tibbu, Niloten; ferner hellhäutige Nordafrikaner (Fulbe); überwiegend moh., auch Naturreligionen; **2)** amtl. *El Dschamhurija ed Demokratijat es Sudan,* Rep. in Ostafrika, umfaßt d. Nilgebiet zw. Uganda u. d. Ägypt. Kongo im S u. Ägypten im N, reicht im O bis zum Roten Meer, 2 505 813 km², 23,8 Mill. E (10 je km²); Bev.-Zuw. 3,1%; Bev.: N Araber, im S Neger- u. Nilotenstämme; Sprache: Arab., Engl., Sudansprachen; Rel.: Islam, Naturrel.; Währung: sudanes. Pfund (sud£); Hptst.: *Khartum;* Flagge S. 341, Karte S. 750. **a)** *Geogr.:* Der nördl. Teil d. Landes ist wüstenhaft trocken, i. mittleren Teil u. im S üppige Savannen, im äußersten S trop. Regenwald. **b)** *Wirtsch.:* Fast ausschließlich agrarisch; Hptprodukte: Baumwolle u. Gummi arabicum (80% d. Welternte), Erdnüsse, Edelhölzer; gr. Bewässerungsprojekte im Zus.hang mit dem → Assuanstaudamm. **c)** *Außenhandel* (1988): Einfuhr 1,06 Mrd., Ausfuhr 509 Mill. $. **d)** *Verf.* v. 1973: Seit Mil.putsch 1989 alle pol. Institutionen aufgelöst; Befehlshaber d. Mil.bezirke fungieren als Gouverneure. **e)** *Verw.:* 18 Prov. **f)** *Gesch.:* 1899-1955 unter gemeins. brit.-ägypt. Verw. *(Anglo-Ägypt. S.);* 1956 unabhängige Rep., 1955-72 Bürgerkrieg zw. arab.-moh. N u. schwarzafrikan., nicht-moh. S; s. 1968 Mil.reg.; 1972 Autonomie f. S-Region (1983 aufgehoben) 1973 Einführung d. islam. Rechtsordnung; s. 1976 Spannungen m. Libyen; 1982 Wirtschaftskrise u. innere Unruhen; s. 1984

Ausnahmezustand u. Präsidialkabinett; 1985 Sturz v. Präs. Numeiri durch Mil.; nach ziviler Reg. s. Mitte 1989 Mil.reg.; 1990 Putschversuch; anhaltender Bürgerkrieg (Autonomiebestrebungen im Süd-S.); **g)** *Mitgl.:* UN, OAU, Arab. Liga, AKP-Staat.

Südaustralien, austral. S-Staat, 984 377 km², 1,42 Mill. E; größtenteils Wüste u. Tafelland m. zahlr. Salzsümpfen, im SO Tiefland, vom *Murray* durchflossen; Hauptausfuhr: Weizen, Gerste, Wolle; Phosphat, Vanadium, Platin, Asbest, Antimon, Titan; Hptst. *Adelaide.*

Südcarolina, *South Carolina* [ˈsauθ kærəˈlainə], Abk. *S.C.,* Staat der USA, m. den Alleghanies im NW, 80 432 km², 3,5 Mill. E (40% Schwarze); Baumw., Mais, Reis; Textilind.; Hptst. *Columbia.*

Süddakota, *South Dakota* [ˈsauθ dəˈkoutə], Abk. *S.D.,* Staat der USA, am Missouri, 199 551 km², 713 000 E; im weiten Prärien (Getreide u. Vieh); in den Black Hills (Gebirge) Gold u. Uran; Indianerreservationen; Hptst. *Pierre* (12 000 E).

Süddeutscher Rundfunk, *SR,* Rundfunkges. in Baden-Württemberg, Sitz Stuttgart.

Süden, f. alle Orte d. nördl. Erdhalbkugel: Schnittpunkt des Horizonts mit d. Meridianhälfte, in der d. Gestirne ihren höchsten Stand erreichen, wegen höchsten Sonnenstands auch *Mittag* genannt.

Sudermann, Hermann (30. 9. 1857–21. 11. 1928), dt. naturalist. Schriftst.; Dramen: *Die Ehre; Heimat;* Romane: *Frau Sorge; Katzensteg; Litauische Geschichten.*

Sudeten, Gebirgszug vom Lausitzer Gebirge bis zur Mähr. Pforte; 310 km lang; besteht aus einzelnen, versch. hoch gehobenen Schollen mit breiten Kämmen: Lausitzer, Iser-, Riesengebirge (*Schneekoppe* 1602 m), Heuscheuergebirge, Waldenburger Bergland, Eulen-, Adler-, Habelschwerdter, Reichensteiner, Glatzer, Altvater-, Odergebirge, Mährisches Gesenke; Heilquellen. – **S.land,** *Deutschböhmen,* Bez. für die früher vorwiegend von Deutschen (*S.deutsche,* ca. 3 Mill.) bewohnten Randgebiete Böhmens u. Mährens, durch das → Münchener Abkommen 1938 von der Tschechoslowakei abgetrennt u. dem Dt. Reich angegliedert; 1945 wieder zur Tschechoslowakei; Ausweisung nahezu der gesamten alteingesessenen dt. Bevölkerung.

Südeuropäische Pipeline, SEPL, Mineralölfernleitung von Marseille nach Lyon, Straßburg u. Karlsruhe, 782 km, Jahreskapazität 30 Mill. t.

Südfrüchte, Früchte aus südl. Ländern: *Citrusfrüchte, Rosinen, Bananen, Kokosnüsse, Feigen, Datteln* u. a.; Einfuhr in die BR 1983: 1,59 Mill. t im Wert v. 2,19 Mrd. DM.

Südholland, *Zuid-H.,* ndl. Prov., 2877 km², 3,20 Mill. E; Hptst. *Den Haag.*

Südkorea → Korea.

Südliches Kreuz → Kreuz des Südens (Sternbild).

Südpol → Pol.

Südpolargebiet, *Antarktis,* Südpolarkontinent (→ Karte S.752), mit Inseln u. Schelfeis etwa 14,1 Mill. km²; nur etwa 2600 km² an einigen Stellen d. Küstengebietes eisfrei; Eisdecke in Polnähe bis zu 4000 m mächtig; der Kontinent wird durch die tiefen Einbuchtungen der Weddellsee u. des Rossmeeres in *Westantarktis* u. *Ostantarktis* gegliedert; Gebirge ragen aus dem Eis (bis über 5140 m hoch, Vulkan *Erebus* 3795 m). *Südpol* zuerst 1911 von Amundsen, u. 1912 von Scott erreicht. – Politisch von Argentinien, Australien, Chile, Frkr., Großbrit. u. Norwegen beansprucht; 1959 Intern. Antarktis-Vertr., verbietet mil. Stützpunkte u. Operationen auf der Antarktis.

Süd-Rhodesien → Simbabwe.

Süd-Sandwichinseln → Sandwichinseln.

Südsee, äquatorialer u. südl. Teil des → Pazifiks.

Südseeinseln, svw. → Ozeanien.

Südsternwarte, *European Southern Observatory* (ESO) von d. BR, Belgien, d. Ndl., Dänemark, Frkr. u. Schweden unterhaltene Sternwarte auf dem Berg La Silla (2400 m) in Chile, mit größtem eur. Spiegelteleskop (3,6 m Durchmesser); Hauptsitz in Garching b. München.

Südtirol, die it. Region *Trentino-Südtirol,* südl. des Brenners, an Eisack u. Etsch, die it. Prov.en Bozen (Bolzano), s. 1919 das eigtl. S., Bev. überwiegend deutschsprachig, u. Trient (Trento), Bev. überwiegend it. 1919, km², 887 000 E; mildes, fast südländ. Talklima; Obst; Mais, Wein, Tabak; zahlr. Kurorte; Regionsparlament abwechselnd je 2 Jahre in Trient u. Bozen; je ein Landesausschuß für d. Prov.en Bozen u. Trient. – Bis 3. 12. 1918 östr., seitdem it., 1939–42 Umsiedlung v. 75 000 dt.sprachigen Südtirolern nach Dtld u. Östr., nach 1945 22 000 zurück; 1948 Autonomiestatut, Gleichberechtigung d. dt. Sprache, jedoch s. 1946 starke Industrialisierung mit Vermehrung d. it. Bev.anteils; 1969 Unterzeichnung eines Abk. zw. Östr. u. Italien, das den Sonderstatus d. Region garantiert (weitgehende, auch sprachl. Autonomie f. dt. u. ladin. Bev.teil).

Südvictorialand, antarktisches Küstengebiet östl. des Rossmeeres, gebirgig (bis 4600 m), völlig vergletschert; entdeckt von James Clark Ross.

Südwestafrika → Namibia.

Südwestfunk, *SWF,* Rundfunkges. in Baden-Württemberg, Sitz Baden-Baden.

Sue [*sy*], Eugène (26. 1. 1804–3. 8. 57), frz. Romanschrifst.; *Die Geheimnisse v. Paris; Die 7 Hauptsünden.*

Sueben → Sweben.

Suetonius (1./2. Jh. n. Chr.), röm. Geschichtsschreiber; *Kaiserbiographien.*

Suez [ˈzuːɛs], arab. *As Suweis,* ägypt. Seehafen an der nördl. Spitze des Roten Meeres, am *Golf von S.* u. südl. Endpunkt des Suezkanals, 265 000 E.

Suezkanal

Suezkanal, durchschneidet den Isthmus von Suez zw. Mittel- u. Rotem Meer, von Port Said bis Suez, schleusenlos, 173 km l., 13,5–14 m tief, Sohlenbreite 45 m, für Schiffe bis 12 m Tiefgang; v. → Lesseps nach d. Plänen → Negrellis erbaut, 1869 eröffnet; ehem. Hauptverbindung im Schiffsverkehr zw. Europa u. d. Fernen Osten; bis 1956 von intern. Gesellschaft verwaltet, ebenfalls bis 1956 unter brit. Schutz, dann von Ägypten enteignet u. verstaatlicht; Aktionäre von Ägypten entschädigt. Nov. 1956 Angriff durch Großbrit., Frkr. u. Israel *(Suezkrise);* Intervention der UN; Kanal blockiert bis Frühjahr 1957; nach dem isr.-arab. Krieg im Juni 1967 erneut blockiert, teilweise versandet, Wiedereröffnung 1975. – Verkehr: 1913: 5085 Schiffe (22,2 Mill. NRT), 1937: 6635 (36,5), 1947: 5972 (36,5), 1949: 10 420 (68,9), 1951: 11 694 (80,4), 1958: 17 812 (154,5), 1961: 18 141 (187,0), 1966: 21 250 (265,4), 1980: 21 603 (281,3).

suffisant [frz. *zyfi-*], aufzeizend selbstgefällig.

Suffix, *s.* [l.], Nachsilbe.

Suffolk [ˈsafək], südostengl. Gft, an der Nordsee, im W Landwirtschaft, im O rege Industrie; 3800 km², 639 000 E; Hptst. *Ipswich.*

Suffraganbischof, kath. dem Erzbischof unterstellter Diözesanbischof.

Suffragetten, Vorkämpferinnen für das Wahlrecht [l. „suffragium"] der Frauen in England u. USA; Führerin der Bewegung 1906–14 war *Emmeline Pankhurst.*

Sufismus [arab. „sûfi = wollig (gekleidet) = d. h. Asket"], moh. myst. Lehre; aus dem S. gingen die → Derwisch-Orden hervor.

Sugambrer, südgerman. Stamm am Rhein.

Suganatal, it. *Val Sugana,* Tal in den Dolomiten.

suggerieren, durch seel. Beeinflussung. Überredung von z. etwas bestimmen.

suggestibel, beeinflußbar.

Suggestion [l.], Beeinflussung des Willens unter Ausschaltung der klaren Einsicht; kann durch Person, durch Reklame usw. hervorgerufen oder selbst gegeben werden *(Autosuggestion).*

Suharto (* 8. 6. 1921), indones. Gen. u. Pol.; schlug 1965 kommunist. Putsch nieder; s. 1966 Verteid.min. u. Reg.chef, s. 1968 Staatspräs. (amtierend s. 1967).

Suhl (D-6000), Krst. am Südwestrand d. Thür. Waldes, Thür., 56 125 E; div. Ind.: Kleinkrafträder, Jagdwaffen, Elektrogeräte, Feinmeßwerkzeuge; Jagdwaffenmus.

Sühneverfahren, in Privat-Klagesachen (§ 380 StPO) u. im Arbeitsgerichtsverfahren *(Güteverfahren)* vorgeschriebener gerichtl. Einigungsversuch zur Vermeidung des Streitverfahrens; *Sühnetermin.*

Suhr, Otto (17. 8. 1894–30. 8. 1957), SPD-Pol.; s. 1955 Reg. Bürgerm. v. West-Berlin; n. ihm ben. *Otto-Suhr-Institut* d. Freien Uni. Berlin (OSI).

Suhrkamp, Peter (28. 3. 1891–31. 3. 1959), dt. Verleger u. Publizist; S.-Verlag in Frankfurt a. M., gegr. 1950; moderne Literatur.

Suite, *w.* [frz. *sūit*], **1)** *mil.* Gefolge von Fürstlichkeiten; *à la suite,* im ehem. dt. Heer: Ehrenstellung von hohen Offizieren bei einer bestimmten Truppe; **2)** *mus.* *Partita, Partie,* älteste Form einer mehrsätzigen Komposition, eine Folge von Tanzstücken (Allemande, Courante, Sarabande, Gavotte, Gigue usw.) in gleicher Tonart (*Bach;* engl. und frz. Suiten).

Suizid, *m.* od. *s.* [l.], Selbstmord.

Sujet, *s.* [frz. *sy'ʒε*], Gegenstand einer Rede, eines Werkes.

Sukarno, Achmed (6. 6. 1901–21. 6. 70), indones. Pol.; 1949–67 Staatspräs., s. 1959 auch Min.präs.; s. 1966 durch Gen. → Suharto entmachtet.

Sukkade, *w.,* → Zitronat.

sukkulent [l.], saftig, voller Flüssigkeit.

Sukkulenten, svw. → Fettpflanzen (z. B. *Agaven*).

Sukkurs, *m.* [l.], Hilfe; Truppenverstärkung.

Sukzession, *w.* [l.], (Rechts-)Nachfolge.

sukzessiv [l.], nacheinander, allmählich.

Sukzessivlieferungsvertrag, Teillieferungsvertrag, richtet sich auf Lieferung best. Warenmengen in Raten, die jeweils zu bezahlen sind.

Sulawesi → Celebes.

Suleika, pers. Frauenname; Goethes Vorbild für die S. im *Westöstl. Diwan* war *Marianne v.* → *Willemer.*

Suleiman, Soliman, Name türk. Sultane: **S. II.,** der Gr. (1495–1566), eroberte Serbien und Ungarn, drang bis Wien vor; unter ihm größte Ausdehnung d. Türkenreiches; bed. Gesetzgeber.

Sulfate → Schwefelsäure.

Sulfide, Salze d. Schwefelwasserstoffs; als *Glanz, Kies, Blende* natürlich vorkommend.

Sulfit, Salz d. → schwefligen Säure. – **S.lauge,** *Calciumhydrogensulfit* in wäßriger Lösung; verwendet in → Cellulosefabrikation, löst Lignin aus d. Holz; danach als ligninhaltige **S.ablauge** verarbeitet auf → S.spiritus, Wasch-, Gerb-, Klebmittel sowie als Substrat für Nährhefe. – **S.spiritus,** *Holzspiritus,* gewonnen aus *Sulfitablauge* (→ Sulfitlauge).

Sulfonamide, stickstoff- und schwefelhaltige, vom Anilin abgeleitete Arzneimittel zur → Chemotherapie bakterieller Infektionen; sie hemmen die Vermehrungsfähigkeit der Bakterien; Indikationen: Harnwegsinfektionen, Bakterienruhr, weicher → Schanker, Darminfektionen, → Toxoplasmose; → Domagk.

Sulfonylharnstoffe, Mittel z. Tablettenbehandlung des → Diabetes mellitus.

Sulky, *s.* [engl. *'sʌlkɪ*], leichter zweirädriger Wagen, bes. für Trabrennen.

Sulla, Lucius Cornelius (138–78 v. Chr.), röm. Feldherr u. Pol., s. 88 v. Chr. Verfechter der Senatsherrschaft (gg. → Marius), beseitigte pol. Gegner durch → *Proskriptionen,* reg. 82–79 v. Chr. als Diktator.

Sullivan [*'sʌlɪvən*], **1)** Sir Arthur Seymour (13. 6. 1842–22. 11. 1900), engl. Komp.; Operette: *D. Mikado;* **2)** Louis Henry (3. 9. 1856–14. 4. 1924), am. Baumeister, bahnbrechend f. d. Entwicklung d. Wolkenkratzers.

Sully-Prudhomme [*sy'lipry'dɔm*], eigtl. *René François Armand* (16. 3. 1839–7. 9. 1907), frz. Dichter; phil. Lyrik: *Stances et poèmes;* Nobelpr. 1901.

Sultan, islam. Herrschertitel; bes. bis 1922 für den S. der Türkei.

Sultaninen → Rosinen.

Sulzbach (Saar) (D-6603), St. im Stadtverband Saarbrücken, Saarland; 19 753 E; AG; div. Ind., früher Steinkohlenbergbau.

Sulzbach-Rosenberg (D-8458), St. i. Kr. Amberg-S., in der Oberpfalz, Bay., 18 134 E; AG; alte Herzogsstadt, 1026 gegr. Herzogschloß; Eisen- u. Stahlwerk, Elektrozubehör- u. Bekleidungsind.

Sumach, *m., Rhus,* Bäume u. Sträucher wärmerer Länder mit giftigem Saft; Blätter enthalten Farbstoffe zum Gerben und Färben; *Gift-S.:* schon Berührung erzeugt Hautkrankheiten.

Sumatra, die westl. der Gr. Sundainseln, auf der westl. Seite der Malakkastraße, zu Indonesien, 425 000 km², 32 Mill. E,

Suleiman II.
pers. Miniatur

Sumatra, *malaiisches Lagerhaus*

moh. u. animist. Malaien (Batak), Chin., Europäer; wichtige Städte: *Palembang, Padang, Medan;* in der Längsrichtung 1000–1500 m hohes Kettengebirge m. aufgesetzten Vulkanen (*Kerinci* 3800 m); flache O-Küste m. Urwäldern, zahlr. Flüssen, Sümpfen, Steilküste im W; Anbau u. Ausfuhr: Tabak, Kaffee, Kopra (Gebiet um Deli), Vanille, Kautschuk; reiche Erdölvorkommen (bes. im S).

Sumerer, vorsemitische, nichtindoeur. Anwohner des Unterlaufs von Euphrat und Tigris; bed. Kultur (Stadtstaaten im 4. u. 3. Jtd v. Chr. (Keilschrift); um 2000 v. Chr. v. Babyloniern unterworfen (→ asiatische Kunst).

Summa, *w.* [l.], im MA (vollständige) Zus.stellung eines Wissensgebietes (z. B. Theol., Logik, Kirchenrecht).

summa cum laude → cum laude.

Summand, Glied einer Summe.

summarisch, zusammengefaßt.

summa summarum, alles in allem; Gesamtbetrag.

Summe, *w.* [l. „summa"], *math.* durch Addition gefaßter Zeichenausdruck (aus mehreren Gliedern).

Summenformel, *chem.* → Bruttoformel.

Summer, Gerät zur Erzeugung eines summenden Tons; arbeitet wie → Wagnerscher Hammer; Anwendung: Fernmeldetechnik, Meßtechnik usw.

Summus Episcopus [l. „oberster Bischof"], bis 1918 Bez. für den Landesherrn als Schutzherrn des ev. Kirchengiments.

Sumner [*'sʌmnə*], James Batcheller (19. 11. 1887–12. 8. 1955), am. Chem.; entdeckte Kristallisationsfähigkeit v. Enzymen; Nobelpr. 1946.

Sumpf, im *Bergwerk:* tiefste Stelle, an der sich das Sickerwasser sammelt, von wo es mittels Pumpen über Tage geför-

Sumpfdotterblume

dert wird. - **S.biber**, svw. → Nutria. - **S.dotterblume**, gelb blühendes Hahnenfußgewächs auf nassen Wiesen. - **S.fieber** → Malaria. - **S.gas**, svw. → Methan. - **S.hühner**, zierliche → Rallen mit gestricheltem oder getüpfeltem Gefieder, kurzem, seitl. zusammengedrücktem Schnabel und langer Mittelzehe; in Eurasien u. a. das etwa 20 cm lange *Tüpfelsumpfhuhn.* - **S.primel**, svw. → Wasserfeder. - **S.schnepfe**, svw. → Bekassine. - **S.zypresse**, *Sumpfzeder,* am. Nadelbäume, werfen im Winter die benadelten Zweige ab, erreichen hohes Alter, werden sehr dick u. hoch; *Virgin.* S. geschätztes Holz (weiches Zedernholz), und *Mexikanische S.*

Sund, *m.* [*son']*, Öresund, Meerenge zw. der dän. Insel Seeland u. der W-Küste Schwedens, im N bis 53 m, im S nur 8 m tief (Drogdenschwelle); an der schmalsten Stelle 3,8 km breit.

Sundainseln, zum Malaiischen Archipel gehörende vulkan. Inselgruppen; *Große S.*: Sumatra, Java, Borneo, Celebes; *Kleine S.* (s. 1954 *Nusa Tenggara*): Bali, Lombok, Sumbawa, Sumba, Timor, Flores u. a. östl. v. Java; Hptausfuhr: Zukker, Erdöl, Kautschuk, Zinn, Tee; größtenteils z. Rep. Indonesien.

Sundasee, *Floressee,* Teil d. austral.-asiat. Mittelmeers, zw. Celebes im N u. den Kl. Sundainseln i. S; 6961 m t.

Sünde, Handlung gg. die überlieferte rel.-moral. Ordnung; im Christentum: bewußter Widerspruch gg. d. Willen Gottes. Nach d. *Reformatoren* ist d. Mensch von Geburt an und auch nach der Taufe d. S. verfallen *(Erb-S.);* nach *kath.* Lehre wird der Mensch zwar in der Erb-S. geboren, diese aber durch Taufe hinweggenommen, es bleibt aber Neigung z. Bösen als Folge d. Erb-S.

Sündenfall, die Sünde Adams u. Evas (1. Mos. 3).

Sunderland [*sʌndələnd*], nordengl. Hafenst., 195 000 E; gr. Werften, Schiffsmaschinenbau.

Sündflut, fälschlich für → Sintflut.

Sundgau, Hügelland im Oberelsaß, zw. Vogesen und Schweizer Jura; Obst, Getreide.

Sundsvall, schwed. Hafenst. am Bottnischen Meerbusen; 93 000 E; Holz- u. Papierind.

Sunion, Kap an der SO-Spitze der griech. Halbinsel Attika; mit Ruine des Poseidontempels (dorisch, 5. Jh. v. Chr.); Blei- und Silberbergwerke.

Sunna, *w.* [arab. „Weg"], Vorschriftensammlung nach Aussprüchen Mohammeds über sein Leben; → Islam.

Sunniten, moh. Hptrichtung; erkennt außer Koran u. → Sunna des Propheten auch d. Sunna der vier ersten Kalifen an.

Süntel, waldiger Jurakalkhöhenzug zw. Deister u. Weser, *Hohe Egge* 437 m.

Sun Yat-sen (12. 11. 1866–12. 3. 1925), chin. Staatsmann, Gründer der → Guomindang; 1912 erster Präs. der chin. Republik; 1918–25 Leiter der südchin. Gegenregierung in Kanton.

Suomi, finn. Name v. → Finnland.

super- [l.], als Vorsilbe: über- (übermäßig).

superbe [frz. *sy-*], vortrefflich, prächtig.

Superdividende, *Bonus,* zusätzlicher Restgewinn, der auf Vorzugsaktien bei ungewöhnl. günstigem Geschäftserfolg (z. B. bei AG) gezahlt wird.

Superfizies, *w.* [l.], svw. → Erbbaurecht.

Superhet, Abk. f. *Superhet* erodynempfänger, svw. → Überlagerungsempfänger.

Superinfektion, „Überinfektion", neue Infektion bei noch biol. aktiver vorangegangener gleicher Infektion.

Superintendent [l.], der leitende ev. Geistliche eines Kirchenkreises, bes. in Norddtld; in Süddtld entspricht dem S.en der Dekan.

Superior [l. „höher"], Oberer, Vorsteher einer geistl. Körperschaft, eines Klosters.

Superkraftstoffe, klopffeste Kraftstoffe für Verbrennungsmotoren m. hohem → Verdichtungsverhältnis.

Superlativ, *m.* [l.], → Komparation.

Supermarkt, *Supermarket* [engl.], großer Selbstbedienungsladen, bes. f. Lebensmittel.

Supernova 1987 A, Jahrhundert-Supernova (→ Nova) im Tarantelnebel in der Großen → Magellanschen Wolke, entdeckt am 24. Februar 1987 durch d. kanad. Astronomen Ian Shelton v. Chile aus, erste mit freiem Auge sichtbare Supernova seit d. Keplerschen Supernova v. 1604, erstmals Vorläuferstern (blauer Überriese Sanduleak-69 202) bekannt u. beobachtet, detaillierte Daten des Lichtkurve i. allen Spektralbereichen, erstmaliger Nachweis v. Neutrinos aus e. außergalakt. Quelle.

Supernumerar, *m.* [l. „überzählig"], früher: Beamtenanwärter.

Superphosphat → Phosphate.

supersonic speed [*sjupə'sɔnɪk spiːd*], Überschallgeschwindigkeit.

Superstition, *w.* [l.], Aberglaube.

Supervielle [*syper'vjɛl*], Jules (16. 1. 1884–17. 5. 1960), frz. Dichter; surrealist. Lyrik: *Les poèmes de l'humour triste;* phantast. Erzählungen, Romane.

Super-8-Film, Nachfolger des 8-mm-Films.

Suppé, Franz v. (18. 4. 1819–21. 5. 95), östr. Komp.; Ouvertüren: *Dichter u. Bauer;* Operetten: *Die schöne Galathee; Fatinitza; Boccaccio.*

Supplement, *s.* [l.], Ergänzung, Nachtrag.

Supplementwinkel, *math.* Winkel, der einen anderen zu 180° ergänzt.

Supplik, *w.* [l.], Bittschrift.

Support, *m.* [l.], verschiebbarer, auch maschinell verstellbarer Werkzeugträger an Drehbänken.

Suppositorium, *s.* [l.], Zäpfchen, Vermengung e. Arzneimittels mit Kakaobutter o. ä. zur Einbringung in Mastdarm oder Scheide.

supra [l.], oben, oberhalb; *ut s.,* wie oben.

Supraleitung, *Supraleitfähigkeit,* von → *Maxwell* vorausgesagte, von → *Kamerlingh-Onnes* 1911 entdeckte Eigenschaft einiger Metalle u. Metallverbindungen, in der Nähe des → absoluten Nullpunktes el. Widerstand völlig zu verlieren; Temperatur, bei der S. sprunghaft eintritt (Sprungtemperatur), ist f. betreffendes Metall charakteristisch. Die höchste bekannte Sprungtemperatur liegt bei 125 K.

Supramid®, *s.,* Kunststoff, → Polyamide.

supranational, überstaatlich; Ggs.: national.

Supranaturalismus, *Supernaturalismus,* Lehre von einer d. Vernunft unerreichbaren göttl. Offenbarung; theol. ev. Richtung im 19. Jh.

Suprarenin, *s.* [l.], svw. → Adrenalin.

Supremat, *m.* od. *s.* [l.], Überordnung, Vorrang (bes. v. Supr. des Papstes gebraucht).

Suprematie, *w.* [l.], Oberherrschaft, Oberhoheit.

Suprematismus, russ. Richtung e. ungegenständl., aus d. reinen Empfindung abgeleitete Malerei m. kubistischen u. geometr. Elementen (1913–18); Vertr.: → *Malewitsch.*

Surabaya, indones. St. auf Ostjava, an d. Straße v. Madura; 2,3 Mill. E; Ind., Hptausfuhr-u. Flughafen; Seehafen: *Tandjong Perak.*

Surakarta, indones. *Solo,* indones. St. auf Java, 470 000 E; chem. Ind., Gold-, Kupfer- u. Lederverarbeitung.

Surat, St. i. ind. Staat Gujarat, 913 000 E; Uni.; Baumwoll-, Seidenind.; Tempelbauten.

Surcot, *m.* [*syr'ko*], ma. eng anliegender Männerrock; auch schleppend getragenes Unterkleid d. Frauen.

Suren, Kapitel in → Koran.

Surfactant-Faktor, *Antiatelektasefaktor,* Substanz auf d. Oberfläche d. Lungenbläschen als die d. elast. Zusammenziehung d. Lunge bedingt. Diese Substanz kann vor allem b. Frühgeburten fehlen, wodurch es zu schwerer Atemnot kommt, die intensivmedizinisch behandelt werden muß.

Surikow, Wassily Iwanowitsch (12. 1. 1848–6. 3. 1916), russ. Kirchen- u. später Historienmaler; realist. Schilderungen dramatisch komponierter Massenszenen.

Surinam, früher *Ndl.-Guayana,* amtl.

Nieuwe Republiek van Suriname, Rep. an der N-Küste S-Amerikas (Guayana), 163 265 km², 392 000 E (2 je km²); Sprache: Niederld., Engl., Sranan Tongo, Saramaccam; Währung: Suriname-Gulden (Sf); Hptst.: *Paramaribo;* Flagge S. 341, Karte S. 747; Ausfuhr v. Südfrüchten, Sperrholz, Reis, Tonerde u. Aluminium; s. 1667 ndl. Kolonie, ab 1954 autonomer Bestandteil d. Ndl., s. 1975 unabhängig; 1980 Mil.putsch, Auflösung d. Parlaments; 1982 Mil.putsch, Nat. Mil.rat; 1983 gescheiterter Putschversuch; Ende 1990 Mil.putsch; Mitgl. d. UN u. OAS; AKP-Staat.

Surrealismus [sy-], *Überwirklichkeit,* moderne Richtung in Literatur u. bildender Kunst; seit etwa 1925, urspr. frz.; kombiniert gegenständl. Formelemente in paradoxen Zusammenstellungen, um einen *überwirklichen* Bezug zu versinnbildlichen; Entdeckung d. Unterbewußtseins u. d. Traumlogik, Ausschaltung des Intellekts, vom → Dadaismus vorbereitet; Hptvertr.: *Dichtung:* Breton, Aragon, Éluard; *Malerei:* Magritte, Max Ernst, Tanguy, Miró, Dalí.

Surrey [ˈsʌrɪ], südengl. Gft, 1655 km²; 1 Mill. E; Hügelland; Getreide- u. Gemüseanbau; Hptst. *Kingston-upon-Thames* (135 000 E).

Surrogat, s. [l.], (bes. geringerer) Ersatz(stoff).

Susa, 1) it. St. in der Prov. Turin a. d. Dora Riparia, 7000 E; **2)** frz. *Sousse,* tunes. Küstenst., am Golf v. Hammamet, 84 000 E; Olivenbau; **3)** i. Altertum Hptst. Persiens u. Elams.

Susanna, im A.T. Erzählung von *S.* im Bade (von abgewiesenen Bewerbern der Untreue bezichtigt); Stoff im 16. Jh. oft dramatisiert.

Suso → Seuse.

suspekt [l.], verdächtig.

suspendieren [l.], **1)** vorübergehend des Amtes entheben; zeitweilig aufheben, einstellen; **2)** aufhängen; hochlagern; **3)** unlösl. kleine Teilchen in e. Flüssigkeit fein verteilen.

Suspension, w., **1)** einstweilige Amtsenthebung; **2)** Aufschwemmung unlösl. fester Teilchen i. e. Flüssigkeit.

Suspensorium [l.], Stützbinde f. Brüche od. Hoden.

Susquehanna [sʌskwɪˈhæna], nordam. Strom in Pennsylvanien; 715 km lang, mündet in den Atlantischen Ozean.

Süß, Süß-Oppenheimer, → Jud Süß.

Sussex [ˈsʌsɪks], Gft in SO-England, am Kanal; bed. Viehzucht; *O-S.* 1795 km², 713 000 E; Hptst. *Lewes; W-S.* 2016 km², 703 000 E; Hptst. *Chichester.*

Süßholzwurzel, Wurzelstock einer Schmetterlingsblütlerstaude (SO-Europa, Asien), z. Hustenmitteln (Lakritze).

Süßkartoffel, svw. → Batate.

Süßlupine → Lupine.

Süßmost, unvergorener, keimfreier Frucht- oder Traubensaft.

Süssmuth, Rita (17. 2. 1937), dt. Erziehungswiss. u. CDU-Pol.in; 1985–87 B.min. f. Jugend, Familie u. Gesundheit, 87/88 B.min. f. Frauenfragen, s. 1988 Bundestagspräsidentin.

Süßstoff, auf künstl. Wege gewonnene Süßmittel, jedoch ohne Nährwert *(Assugrin, Cyclamat, Dulzin,* → *Saccharin);* Herstellung unterliegt der Lebensmittelüberwachung.

Süßwasserpolyp, svw. → Hydra.

Sustenpaß, 2224 m, Alpenstraße i. d. Berner Alpen zw. Gadmen- und Meiental.

Suszeptibilität, *magnet. S.:* Verhältnis der Magnetisierung eines Stoffes zu der im Vakuum vorhandenen Flußdichte; *el. S.:* Proportionalitätsfaktor zw. der → Polarisation, dem el. Dipolmoment je Volumen, u. dem Produkt von el. Feldkonstante u. Feldstärke.

Sutermeister, Heinrich (* 12. 8. 1910), schweiz. Komp.; Opern: *Romeo u. Julia; D. Zauberinsel; Niobe.*

Sutherland [ˈsʌðələnd], **1)** Earl Wilbur (29. 10. 1915–9. 3. 74), am. Physiologe; Nobelpr. 1971 (Hormonforschung); **2)** Graham (24. 8. 1903–17. 2. 80), engl. Maler; romantisierende od. surrealist. Abstraktionen; **3)** Joan (* 7. 11. 1926), austral. Sopranistin.

Sutra, altind. Lebenslehrbücher.

Sutri, it. St. in Mittelitalien (Prov. Viterbo), 3000 E. – 1046 *Synode v. S.:* Absetzung dreier gleichzeitig regierender Päpste (→ Heinrich III.).

Sütterlinschrift, v. d. Berliner Graphiker L. *Sütterlin* (1865–1917) geschaffene Schreibschrift; 1935–41 als Grundschrift in d. Schulen eingeführt.

Suttner, Bertha v. (9. 6. 1843–21. 6. 1914), östr. Schriftst.in; pazifist. Romane: *Die Waffen nieder;* Friedensnobelpr. 1905.

Suu Kyi, Aung San (* 1945), birman. Oppositionspol.in; s. Juli 1989 unter Hausarrest, im Mai 1990 Wahlsieg (v. Mil.reg. nicht akzeptiert); Friedensnobelpreis 1991.

suum cuique [l.], „Jedem das Seine" (nach Cicero).

Suva, Hptst. u. -hafen der Fidschi-Inseln, auf Viti Levu, 72 000 E.

Suzeränität [frz.], → Staatenstaat.

Suzhou, früher *Sutschou,* chin. St. in der Prov. Jiangsu in O-China, am Kaiserkanal, etwa 900 000 E; Seidenind.

Sv, Abk. f. → Sievert.

Svalbard → Spitzbergen.

Svarez, *Suárez,* Karl Gottlieb (27. 2. 1746–14. 5. 98), dt. Jurist; schuf preuß. Allg. → Landrecht.

Svedberg [-bærj], Theodor (30. 8. 1884–26. 2. 1971), schwed. Chem.; → Ultrazentrifuge, Kolloidchemie; Nobelpr. 1926.

Svendborg, dän. St. an der SO-Küste der Insel Fünen, am Nordende d. **S.sund;** 41 000 E; Seehafen, Schiffbau.

Sverdrup, Otto (31. 10. 1854–26. 11. 1930), norweg. Nordpolfahrer; nach ihm **S.archipel** im arktischen N-Amerika benannt.

Svoboda, Ludvík (25. 11. 1895–20. 9. 1979), tschech. Gen.; 1968–75 Staatspräs.

Swakopmund, St. in Namibia, nördl. der Mündung des Swakop in den Atlant. Ozean, 16 000 E; Seebad.

Swansea [ˈswɔnzɪ], engl. St. in der Gft Glamorgan, in Wales, 172 000 E; Kohle, Verhüttung von Kupfererz, Weißblechind.; Werften.

SWAPO, *South West African People's Organization,* 1959 gegr. afrikan. Befreiungsbewegung in Namibia, stellt s. Ende 1989 Reg.

Swasiland, amtl. *Umbuso we Swatini, Ngwane,* Kgr. zw. Moçambique u. d. Rep. Südafrika, Eingeborenenreservat, wald- u. wiesenreiches Bergland mit z. T. wenig erschlossenen Schätzen: Asbest, Zinn u. Kohle; Hptausfuhr: Zinn, Vieh, Häute, Holz, Baumwolle; 17 363 km², 737 000 E (hpts. Bantuneger); Bev.-Zuw. 3,4%; Sprache: Si-Swati, Engl.; Währung: Lilangeni (E); Hptst.: *Mbabane* (23 000 E); Flagge S. 341, Karte S. 750; 1906–68 brit. Schutzgebiet, s. 1967 innere Autonomie, 1969 unabhängig; 1973 Aufhebung d. Verf. u. Verbot d. Parteien; s. 1978 neue Verf. m. Nat.vers.; Mitgl. d. UN, d. Commonwealth u. d. OAU; AKP-Staat.

Swastika, w. [sanskrit.], → Hakenkreuz.

Sweater, m. [engl. ˈswetə], svw. → Pullover.

Sweben, Sueben, auch → Irminonen, urspr. zw. Eider, Oder, Harz und Weser ansässige westgerman. Völkergruppe; Ausbreitung nach SW u. S seit dem 2. Jh. v. Chr., im 1. Jh. nach Chr. über ganz S-Dtld (→ Schwaben).

Swedenborg, eigtl. *Emanuel Svedberg* (29. 1. 1688–29. 3. 1772), schwed. Theosoph u. Naturforscher (Geologie, Physik, Math., Astronomie u. Anatomie), lehrte d. organ. u. mechan. Zus.hang aller Dinge, deren Lehre darauf aufgebaute Lehre, erklärte bibl. Wahrheiten aufgrund der Entsprechungen zw. Geist u. Natur, beschrieb geistige Welt, Himmel u. Hölle (Anhänger die **Swedenborgianer,** *Kirche des Neuen Jerusalem).*

Sweelinck, *Sweling,* Jan Pieterszoon (Mai 1562–16. 10. 1621), ndl. Komp. u. Organist.

Swerdlowsk, früher *Jekaterinburg,* Hptst. des russ. Gebiets *S.,* a. Ural, 1,4 Mill. E; Uni.; Bergbau, Hüttenwerk, Elektrokombinat, Maschinen- u. Waggonbau. - 16. 7. 1918 Ermordung d. russ. Zarenfamilie.

Swift, Jonathan (30. 11. 1667–19. 10. 1745), irischer Schriftst.; pol. Satire: *Gullivers Reisen.*

Swinburne [-bən], Algernon Charles (5.

4. 1837–10. 4. 1909), engl. Dichter; Lyrik; Balladen; Dramen; Prosa.

Swine, poln. *Świna,* Hptmündungsarm der Oder zw. Usedom u. Wollin, verbindet Stettiner Haff m. Ostsee. – **S.münde,** *Świnoujście,* auf der Insel Usedom, poln. Vorhafen v. → Stettin, 45 000 E; Großfischereihafen; Seebad.

Swing, *m.* [engl.], **1)** *mus.* Jazzstil zw. 1930 u. 45 v. bes. rhythm. Spannung; enthält *swing,* rhythm. Element, bez. Spannung zw. theoret. Fundamental- u. gespieltem Melodierhythmus; **2)** wirtsch. obere Kreditgrenze bei zweiseitigem Handelsabkommen.

Swissair [-*ɛr*], 1931 gegr. Schweizer Luftfahrtgesellschaft.

Switchgeschäft [engl. *'swɪtʃ-* „Umschaltung"], ein Außenhandelsgeschäft, das zur Ausnutzung devisenrechtl. Vorteile nicht direkt m. d. Empfangsland, sond. über dritte Länder abgewickelt wird.

Syagrius, letzter röm. Statthalter in Gallien, 486 bei Soissons von → Chlodwig geschlagen.

Sybarit, Bewohner d. it. Stadt **Sybaris** (i. 8. Jh. v. Chr. gegr.), deren Schwelgerei im Altertum sprichwörtl. war, svw. Schlemmer.

Syberberg, Hans Jürgen (* 8. 12. 1935), dt. Filmregisseur; *Ludwig - Requiem f. einen jungfräulichen König* (1972); *Hitler - E. Film aus Dtld* (1977); *Parsifal* (1982); *Die Nacht* (1985).

Sydney, *Opernhaus*

Sydney [ˈsɪdnɪ], Hptst. des austral. Staates Neusüdwales, an der SO-Küste (Port-Jackson-Bai), 3,6 Mill. E; größte St. u. Hpthandelsplatz Australiens, RK. Erzbischofssitz, 2 Uni.; Schwerind., Masch.-, Papier-, Textilind., Schiffbau; Flughafen; Opernhaus. – 1788 gegr.

Sydow, Max von (* 10. 4. 1929), schwed. Schausp.; *Das siebte Siegel; Schande; The Exorcist.*

Jonathan Swift

Syenit, granitähnliches Tiefengestein; → Magmatite, Übers.

Syke (D-2808), St. im Kr. Diepholz, Nds., 18 832 E; AG; Masch.ind., Metallwaren.

Sykomore, *w.,* afrikan. Feigenbaum; Holz schwer verweslich, in Ägypten zu Mumiensärgen.

Sykophant [gr.], gewerbsmäßiger Ankläger im alten Athen; svw. Denunziant.

Syllabus, *m.* [gr.], Verzeichnis mit der kath. Lehre nicht zu vereinbarender Anschauungen, 1864 von Pius IX. erlassen; verurteilt moderne Denkrichtungen.

Syllogismus [gr.], in d. Logik der einfachste Schluß: aus 2 Urteilen (sog. Vordersätzen od. Prämissen) wird ein 3. abgeleitet.

Sylphen [gr.], männl. Luftgeister; weibl. Gegenstück: **Sylphiden.**

Sylt

Sylt, größte d. Nordfries. Inseln, Schl-Ho., 99,1 km², 19 700 E; Seebäder: *Westerland, Wenningstedt, Kampen, List, Rantum, Hörnum;* durch → Hindenburgdamm (Wattenmeerbahn) m. d. Festland verbunden.

Sylvenstein, 1963 fertiggestellte Talsperre an d. oberen Isar (bei Fall, oberhalb Lenggries), als Hochwasserschutz u. zur Wasserregulierung; Stauraum 104 Mill. m³, Stauhöhe 41 m; zur Energiegewinnung *S.-Kraftwerk.*

Sylvester → Silvester.

Sylvin, *s., Leopoldit, Hövelit,* Mineral, Kaliumchlorid; in → Abraumsalzen.

sym-, syn- [gr.], als Vorsilbe: mit ..., zusammen ...

Symbiose [gr.], Zusammenleben zweier Lebewesen versch. Art, das für beide Teile von Vorteil ist (z. B. Einsiedlerkrebs und Seeanemone); auch → Synökie und → Parasiten.

Symbol, *s.* [gr.], Sinnbild, macht gleichnishaft das Gemeinte (in Religion, Pol., Wiss.) gegenwärtig, **1)** *christl. S.:* Monogramm Christi, Taube, Lamm usw.; auch das sinnbildl. Zeichen beim Sakrament (Brot, Wein, Wasser); auch svw. Glaubensbekenntnis; **2)** *pol. S.:* Flaggen u. Wappen; **3)** *math. Symbol:* Zeichen wie +, –, √, · usw.; **4)** *künstler. S.:* Einzelgestalt, durch Vereinfachung auf e. unausgesprochenes Allgemeines deutend.

Symbolik, *w.,* **1)** sinnbildl. Bedeutung; **2)** Lehre von der Anwendung der Symbole, bes. der rel.

symbolische Bücher → Bekenntnisschriften.

Symbolismus, *m.* [gr.], literar. Richtung Ende 19. Jh./Anfang 20. Jh., die im Ggs. zum Naturalismus durch Verwendung von (lyrischen) Symbolen u. extreme Musikalisierung der Sprache künstler. Ausdruck erstrebt; *Symbolisten,* Anfänge i. Frankreich durch *Mallarmé* u. *Verlaine, Rimbaud,* die frz. schreibenden Belgier *Maeterlinck* u. *Rodenbach,* in Dtld Einwirkung auf *George, Rilke, Hofmannsthal;* auch *Dehmel.* – S. vorübergehend zugleich in der bildenden Kunst; in der Malerei: *Gauguin, Moreau, Redon, Blake, Beardsley, Ensor, Munch, Khnopff, Kubin.*

Symmachie [gr.], Bez. für Wehrgemeinschaft zw. altgriech. Staaten (z. B. 481 v. Chr. i. d. → Perserkriegen).

Symmetrie [gr.], Ebenmaß, Zerlegbarkeit einer Figur, e. Körpers in spiegelbildl. gleiche Hälften.

sympathetisch [gr. „mitfühlend"], mystisch-seelenverbunden, geheime Wirkung ausübend; mitleidend.

Sympathie, zwischenmenschl. Anziehung, Gefühl innerer Verwandtschaft; Ggs.: Antipathie.

Sympathikus, *m.* [l.], *Nervus s.,* „Lebensnerv"; wesentl. Teil des vegetativen Gegenspieler *(Parasympathikus* oder *Vagus)* die inneren Organe; operative teilweise Aus- oder Durchschneidung, *Sympathektomie* (z. B. bei Bluthochdruck, Durchblutungsstörungen, unstillbaren Schmerzen u. a.).

sympathisch, angenehm, wesensverwandt.

Symphonie [gr.], **1)** ältere Schreibung für → Sinfonie; **2)** Nachrichtensatellit, v. Frkr. u. Dtld entwickelt; *S. A* am 19. 12. 1974, *S. B* am 27. 8. 1975 gestartet.

Symphyse [gr.], Knochenverbindung durch Faserknorpel; vorzugsweise gebraucht f. d. Schambeinfuge.

Symposion, *s.* [gr.], Gastmahl; Titel eines Dialogs von → Plato (über die Liebe); auch Diskussionstagung von Wissenschaftlern über ein Spezialgebiet.

Symptom, *s.* [gr.], (Krankheits-)Anzeichen.

Symptomatologie, *Semiotik,* Lehre v. d. Krankheitserscheinungen.

Synagoge, *w.* [gr. „Versammlung"], Gotteshaus der jüdischen Religionsgemeinschaft (→ Abb. S. 932).

Synapse, Kontaktstelle zweier Nervenzellen bzw. Nerv-Muskel-Zelle, an der chemisch oder el. die Erregungssignale übertragen werden.

Synästhesie [gr.], Mitempfindung eines Sinnes b. Reizung e. anderen Sinnesorgans (z. B. Farbwahrnehmung b. akust. Reiz).

synchron [gr.], gleichzeitig; Ggs.: *asynchron* (zeitlich nicht übereinstimmend).

Synchronisation, Übertragung von Filmen in eine andere Sprache.

synchronisieren, versch. Vorgänge, bes. beim Tonfilm, um Bildablauf, Ton- und

Geräuschfolge auf gleichzeitigen Ablauf abzustimmen, Neuvertonung fremdsprachiger Texte; *nachsynchronisieren,* nachträgl. Tonaufnahme zu schon fertiggestelltem Bildfilm.

Synchronismus, *m.,* zeitl. Gleichlauf versch. Vorgänge od. Ereignisse.

Synchrotron, *s.* [gr.], Zirkularbeschleuniger für atomare Partikeln (Ionen, bis jetzt stets Protonen; Elektronen), im Ggs. zum → Zyklotron laufen die Teilchen bei der Beschleunigung immer auf derselben Kreisbahn; Endenergien bis zu einigen hundert → GeV möglich.

Syncom, stationärer, d. h. mit d. Rotation der Erde umlaufender am. Erdsatellit; → Satellit, → Weltraumforschung, Übers.

Syndikalismus, eine zunächst revolutionäre, spezifisch romanische sozialist. Parteirichtung, zuerst in Frkr., dann auch in Italien u. Spanien; Hauptvertreter: *Lagardelle,* (zeitweilig) Georges → *Sorel, Berth* u. *Griffuelhes;* lehnt parlamentpol. Betätigung ab; Endziel rein wirtschaftlich: Übernahme d. Unternehmungen durch die genossenschaftl. organisierten Arbeiter; fordert „action directe" der Arbeiter durch Boykott, Sabotage, Cacany-Politik (absichtl. Langsamarbeiten); Streiks; von Einfluß auf Faschismus und Bolschewismus.

Syndikat, *s.* [gr.], Kontingentierungs- u. Preiskartell, bei dem Verkauf der Erzeugnisse der Mitglieder durch gemeinsame Verkaufsstelle erfolgt; dadurch Einschränkung d. freien Wettbewerbs; straffste Form der Kartellisierung; → Kartell.

Syndikus [gr.], verpflichteter Rechtsbeistand bei Handelskammern, wirtsch. Verb., Großuntern., Stiftungen usw.

Syndrom, *s.* [gr.], *med.* das sich aus einer zusammengehörenden Symptomengruppe ergebende Krankheitsbild.

Synedrium, *s.* [gr. synhedrion], *Hoher Rat,* oberster jüd. Gerichtshof in Jerusalem bis 70 n. Chr.

Synagoge *in Worms*

Synergie, *w.* [gr.], *med.* Wirkungssteigerung durch Zusammenwirken versch. „Kräfte" (z. B. Organe, Arzneimittel usw.).

Synergismus [gr.], von Melanchthon vertretene Lehre von d. Mitverantwortung d. Menschen bei seiner Rechtfertigung; im Gegensatz zu Luther, der die Alleinwirksamkeit Gottes vertrat.

Synge [*sɪŋ*], 1) John Millington (16. 4. 1871–24. 3. 1909), irischer Schriftst.; Dramen: *D. Held d. westl. Welt;* 2) Richard Laurence (* 28. 10. 1914), engl. Chem.; entwickelte d. Verteilungschromatographie; Nobelpr. 1952.

Entstehung

Schreibart

Beispiel einer Synkope

Synkope, *w.* [gr.], 1) *mus.* Zusammenziehung leichter Taktteile mit den folgenden schweren; 2) *med.* kurzdauernder Bewußtseinsverlust (z. B. bei Herzkrankheiten, → Epilepsie).

Synkretismus [gr.], die Religionsvermischung, bes. im griech. u. röm. Altertum.

Synod, *m.* [gr.], im zaristischen Rußland oberste Kirchenbehörde der russ.(-orthodoxen) Kirche.

Synodalverfassung, *Presbyterialverfassung,* hat in ev. Kirchen fast allg. frühere Konsistorialverfassung abgelöst; d. Kirchenregiment wird v. d. synodalen Organen ausgeübt, u. die kirchl. Verwaltung handelt in deren Auftrag.

Synode, *w.* [gr. „Zusammenkunft"], 1) *kath. Kirche:* Versammlung v. Geistlichen und Laien, *Konzil, Diözesan-S.,* zur Beratung kirchl. Angelegenheiten; auch → Bischofssynode; 2) *ev. Kirche:* Körperschaft, aus Geistlichen u. Laien zusammengesetzt, mit gesetzgeber. u. leitenden Funktionen innerhalb ihres kirchl. Bereichs: Kreis-, Provinzial-, General-S.; unmittelbare geheime Wahl der Vertr.; in einem best. Prozentsatz auch Berufung.

synodischer Umlauf, beim Mond die Zeit von Neumond zu Neumond; bei Planeten die Zeit zwischen zwei → Konjunktionen oder → Oppositionen.

Synökie, *w.* [gr.], Zusammenleben zweier Lebewesen versch. Art, bei dem eines einen Vorteil, das andere zwar keinen Nachteil, aber auch keinen Vorteil hat (z. B. die Federlinge, d. sich bei Vögeln von absplitternden Federteilchen ernähren); auch → Symbiose und → Parasiten.

Synonyma, sinnverwandte Wörter, deren Bedeutungsbereiche sich weitgehend (niemals ganz) decken (z. B. *empfangen* u. *erhalten*).

Synopse, *w.* [gr. „Zusammenschau"], b.

d. *Evangelien:* Nebeneinanderstellung der Paralleltexte der 3 ersten Evangelien; ihre Verfasser *(Matthäus, Markus, Lukas):* **Synoptiker.**

synoptisch, übersichtl. (zeitl. nebeneinander) geordnet; *synopt. Frage:* Frage nach der (gegens.) Abhängigkeit d. 3 ersten Evangelien.

Syntax, *w.* [gr.], Lehre vom Satzbau.

Synthese, *w.* [gr.], 1) Zusammenfassung, schöpferische Vereinigung von Gegensätzlichem zu einem in sich ausgeglichenen Ganzen; 2) Aufbau chem. Verbindungen im Ggs. zu → *Analyse* (Zerlegung).

Synthesizer, *m.* [engl. *'sɪnθɪsaɪzə*], elektron. Gerät z. Erzeugung od. Veränderung v. Tönen mittels Tongeneratoren u. Oszillatoren bzw. Phasenverschiebern, Filtern, Ringmodulatoren etc.; einerseits Abruf v. fest gespeicherten Tönen, Rhythmen u. Funktionen über Tasten, Schalter, Stecker u. ä., andererseits Möglichkeit zur Programmierung u. Speicherung neuer Klänge u. Rhythmen; als Instrument bevorzugt in d. modernen Pop- u. Rock-Musik sowie in d. elektron. Musik eingesetzt (z. B. *Poly-Moog; Fairlight* m. beliebigen Tönen u. Geräuschen als Klangbasis), in d. Form d. Klein-Synthesizers (z. B. *Casio*) auch zunehmend f. privates Musizieren verwendet.

synthetisch, 1) zusammenfassend, vereinigend; vom Besonderen zum Allgemeinen führend; 2) v. synt. künstl. (chem.) hergestellt (z. B. *s.e Edelsteine*).

synthetisches Urteil fügt in seiner Aussage neue Bestimmungen zu seinem Begriff hinzu: „Erweiterungsurteil" (z. B. Körper sind schwer); Ggs.: analytisches Urteil.

Syphilis, *w.* [gr.], *Lues, Lustseuche,* der Erreger *Treponema pallidum* gehört zu den → Spirochäten; zumeist durch Geschlechtsverkehr übertragen. Man unterscheidet 3 Stadien: *1. Stadium (Primärstadium):* etwa 3 Wochen nach der Infektion entsteht am Infektionsort (→ Penis, Scheide, After, Lippen) der syphilit. Primäraffekt; ein schmerzloses Geschwür mit harter Basis (harter → Schanker, Ulcus durum); Anschwellung der Lymphknoten in der Leiste; *2. Stadium (Sekundärstadium):* durch die Verbreitung der Erreger auf dem Blut- und Lymphweg im ganzen Körper entstehen v. a. Erscheinungen an Haut u. Schleimhäuten ab der 9. Woche; etwa 5½ Monate nach der Infektion sind die Erscheinungen des 2. Stadiums geschwunden; nach einer erscheinungsfreien Zeit (Latenz) kann es zu → Rezidiven mit neuerlichen, aber spärlichen Hauterscheinungen kommen; im *3. Stadium (Tertiärstadium),* das 2–5 Jahre nach der Infektion beginnt, sind auch die inneren Organe befallen (Muskulatur, Knochen, Hauptschlagader, Leber); noch später (5–15 Jahre nach Infektion) greift die S. auf das Nervensystem über: → *Tabes* *dorsalis* und → *progressive Paralyse*. Bei der *Neugeborenen-S.* gelangen die Erreger v. d. kranken Mutter über die → Plazenta in die Frucht; die Erscheinungen zeigen sich entweder gleich nach der Geburt oder erst nach mehreren Wochen od. Jahren: Hautveränderungen, Sattelnase, Tonnenzähne, Taubheit; Diagnose durch Erregernachweis im Primäraffekt und versch. Seroreaktionen u. Bestätigungsreaktionen; durch intensive Therapie mit → Penicillin kann die S. geheilt werden.

Syracuse [ˈsɪrəkjuːs], St. im US-Staat New York, am Onondagasee u. Bargekanal, 170 000 E; Uni., Verkehrs- u. Handelszentrum, Schwerind.

Syrakus, it. *Siracusa*, Hptst. der it. Prov. *S.*, auf der Insel Ortygia vor der O-Küste Siziliens (Brücke zum Festland), 125 000 E; Erzbischofssitz; Fischerei, Weinbau; antike Theater- u. Tempelruinen; Seebäder. – Als griech. Kolonie um 750 v. Chr. gegr.; im 5.–3. Jh. nach Sieg über Karthager unter Tyrannen höchste Blüte; s. 212 v. Chr. römisch.

Syr-darja, *Syr,* Fluß in Mittelasien, vom Tian Schan; durchfließt W-Turkestan, ist Naryn 2991 km lang, mündet in den Aralsee.

Syrien, 1) Teil Vorderasiens zw. Mittelmeer im W, Kleinasien im N, Mesopotamien im O, Arabien und Palästina im S; hpts. Kalkhochland; *Libanon,* 3083 m, u. *Antilibanon,* 2629 m, dazwischen tiefer Grabenbruch El Bika (Beka) mit d. Jordan u. Orontes (Nahr el Asi), im O Syrische Wüste; fruchtbare Böden in den Flußtälern. Politisch geteilt in → Syrien 2) u. → Libanon; **2)** amtl. *El Dschamhurija el Arabija es Surija, Arab. Rep. S.,* 185 180 km², 11,34 Mill. E (61 je km²); Bev.-Zuw. 3,6%; Sprache: Arab.; Währung: syr. Pfund (syr£); Rel.: moh.; Hptst.: *Damaskus (Dimaschk);* Flagge S. 341, Karte S. 748. **a)** *Wirtsch.:* Überwiegend Agrarstaat, Anbau u. Weizen, Gerste, Baumwolle; Bodenschätze z. T. erschlossen: Gips, Basalt, Asphalt, Erdöl. **b)** *Außenhandel* (1988): Einfuhr 2,23 Mrd., Ausfuhr 1,34 Mrd. S. **c)** *Verkehr:* Eisenbahn 2047 km. **d)** *Verf.* v. 1973: Präsidiale (volksdemokr. u. sozialist.) Rep., Volksvers. u. Zentralkomitee. **e)** *Verw.:* 13 Prov. (Mohafazat) u. Hptst. **f)** *Gesch.:* Im 3. u. 2. Jtd v. Chr. unter babylon. Herrschaft, ab 870 v. Chr. unter assyr. Fürsten, im 6. Jh. v. Chr. pers. u. nach Alexander d. Gr. Reich d. Seleukiden, 64 v. Chr. röm. Prov.; in d. Kreuz-

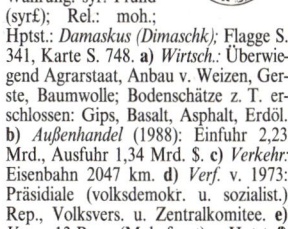

zügen umkämpft; 1516–1918 türk.; 1920 frz. Völkerbundsmandat; s. 1944 unabhängige Rep., → Libanon abgetrennt; 1958–61 Föderation m. Ägypten u. Jemen (→ VAR); mehrfach Staatsstreiche; Juni 1967 Teilnahme am arab.-isr. Krieg, Gebiet an d. Grenze (Golanhöhen) seitdem v. Israel besetzt; s. 1971 Gen. Assad Staatschef; 1973 Beteiligung am 4. isr.-arab. Krieg, 1974 Truppenentflechtungsabk. mit Israel; 1976 Intervention im Bürgerkrieg im Libanon, Kampfhandlungen m. Palästinensern u. Christen; 1982 syr. Truppen i. N- u. O-Libanon, teilweiser Rückzug nach isr. Invasion; 1982 blutige Niederschlagung einer Revolte d. sunnit. Moslembruderschaft; 1983 Auswisung v. → Arafat (1988 offizielle Aussöhnung); s. 1986 syr. Truppen im → Libanon als Ordnungsmacht. **g)** *Mitgl.:* UN, Arab. Liga, OAPEC.

syrische Kirche, Kirche mit syr. Ritus, Spaltung in versch. Richtungen: *Nestorianer, Thomas-Christen, Maroniten, Jakobiten.*

syrische Sprache, Sprachart der arab. → Sprachen (Übers.).

Syrjänen, ostfinn. Volk NO-Rußlands, → Komi.

Syrlin, 1) Jörg, d. Ä. (um 1425–91), dt. Bildhauer u. Holzschnitzer; Chorgestühl im Ulmer Münster; sein Sohn **2)** Jörg, d. *J.* (um 1455–n. 1521), dt. Bildschnitzer.

Syrmien, serbokroat. *Srem,* jugoslaw. Landschaft zw. unterer Donau, Hptort *Zemun* (Semlin); Mais-, Weizen- u. Weinanbau; ben. nach d. röm. *Sirmium* in Unterpannonien. Nach 1945 Vertreibung der 100 000 S. bewohnenden Deutschen.

Syrologie, *w.,* Wiss. v. Geschichte, Sprache u. Kultur der Syrer.

Syrten, zwei flache nordafrikan. Meerbusen: *Große Syrte* (Golf von Sidra), zw. Cyrenaika und Tripolitanien; *Kleine Syrte* (Golf von Gabes), an der O-Küste von Tunesien.

Sysran, sowj. Ind.st. i. d. RSFSR, an d. Wolga, 174 000 E; Erdölfelder.

System, *s.* [gr. „Zusammenstellung“], Ordnung nach einheitl. Gesichtspunkten od. Grundgedanken.

Systematik → Taxonomie.

systematisch, nach einem System geordnet.

systematische Theologie, Bez. f. die Fächer Dogmatik, Moral u. Apologetik; unterschieden davon u. histor. u. prakt. Theol.

systematisieren, zweckmäßig nach bestimmten Gesichtspunkten ordnen.

Systeme Internationale, internat. Einheitensystem, eingeführt im 1954, um die BR verwendet; s. 1969 (Übers. S. 1086).

systemische Mittel, Pflanzenschutzmittel, die über Blätter od. Wurzeln von d. Pflanze aufgenommen u. in d. Saftstrom geleitet werden; langsamer Abbau durch den pflanzl. Stoffwechsel.

Systole, *w.* [gr. „Zusammenziehung“], rhythm. Zus.ziehung d. → Herzens.

Syzygien [gr.], *astronom.:* gemeinsame Bezeichnung für Neumond und Vollmond.

Szczecin → Stettin.

Szeged [ˈsɛgɛd], *Szegedin,* Hptst. d. ungar. Komitats Csongrád, an der Theiß, 188 000 E; Uni., PH, Museum; Papier-, Textil- u. a. Ind.

Székler [ˈseː-], magyar. Volksstamm in NO-Siebenbürgen, ca. 700 000; vorwiegend Bauern u. Viehzüchter.

Szell [sɛl], George (7. 6. 1897–29. 7. 1970), am. Dirigent u. Komp. ungar. Herkunft; s. 1946 Leiter d. Cleveland Orchestra.

Szenario, Entwurf von Zukunftsmodellen auf dem Gebiet d. Pol., Wirtsch. od. d. mil. Strategie zur Einflußnahme auf zukünftige Situationen.

Szenarium [l.], Schauplatzentwurf u. -beschreibung im Drama; Anweisung der Theaterinspizienten f. szen. Einrichtungen wie Requisiten, Auftritte, Fallen des Vorhangs usw.; auch Skizze e. Handlungsablaufs.

Szene, *w.* [gr.], Bühne; im Drama: Schauplatz e. Auftritts u. dieser selbst.

Szenerie, Bühnendekoration.

Szent-Györgyi [sɛntˈdʒədʒi], Albert (16. 9. 1893–24. 10. 1986), am.-ungar. Physiologe; Arbeiten über Vitamine u. biol. Oxidation; Nobelpr. 1937.

Szepter, *s.,* ältere Schreibung für → Zepter.

Szeryng [ˈʃeriŋk], Henryk (22. 9. 1918–3. 3. 88), mexikan. Geiger poln. Herkunft.

Szigeti [ˈsigɛ-], Joseph (5. 9. 1892–20. 2. 1973), ungar. Geiger.

Szintigraphie [gr.], bildliche Aufnahme der räumlichen Verteilung v. radioaktiven → Isotopen in einem Organ; Methode der → Diagnostik.

Szintillation [l.], Funkeln, bes. der Fixsterne (Luftunruhe); auch kleines Leuchtschirms beim Auftreffen von α-Alphateilchen.

Szolnok [ˈsol-], Hptst. des ungar. Komitats Jász-Nagykun-S., an der Theiß, 81 000 E.

Szombathely [ˈsombɔthɛj], → Steinamanger.

Szymanowski [ʃi-], Karol (24. 9. 1882–29. 1. 1937), poln. Komp.; Spätromantiker m. atonalen Anklängen (im Spätwerk); Opern, Sinfonien, Ballettmusiken, Klavier- u. Vokalwerke.

T, 1) Abk. f. → *Tara;* **2)** *techn.* Zeichen
f. → *Tesla;* **3)** *mus.* Abk. f. → *Tenor.*
t, 1) Zeichen f. *Tonne* 3); **2)** *mus.* Abk. f.
tempo [it.], Zeitmaß.
Ta, *chem.* Zeichen f. → *Tantal.*

Tabakpflanze

Tạbak, *Nicotiana,* meist einjährige, hochwüchsige Nachtschattengewächse; wegen
der T.blätter angebaut; reife Blätter werden auf Schnüre gezogen, gebündelt, in
Haufen gesetzt u. einer Selbsterhitzung
(Gärung, Fermentation) überlassen, später evtl. noch durch Soßen verbessert;
Arten: z. B. *virgin. T.* u. *Bauern-T.;* enthält → Nicotin. Verarbeitung zu Rauch-,
Kau-, Schnupf-T., T.saft; im Tabakrauch
enthalten u. a. Kohlenmonoxid, örtl. reizende Substanzen sowie d. krebserzeugende Benzpyren (→ Schaubild). – **T.s**
kollẹgium, Abendgesellschaft Friedrich
Wilhelms I. von Preußen. – **T.spfeife,**
kam m. Verbreitung d. Tabaks v. Amerika nach Europa; auch bei d. Naturvölkern Asiens u. Afrikas. – **T.steuer,** Verbrauchssteuer auf allen Tabakerzeugnis

sen; Kontrolle durch Verpackungs- u.
Banderolenzwang f. d. Hersteller.
Tabatière, *w.* [frz. -'tiɛr(ə)], (Schnupf-)
Tabakdose; bes. im 18. Jh. kostbar verziert.
Tabellenkalkulation, *w.,* Erstellung u.
Auswertung miteinander zusammenhängender Rechenausdrücke m. Hilfe e.
Computerprogramms.
Tabernakel, *s.* [l. „Zelt"], **1)** Aufbewahrungsort für das Allerheiligste (→ Ciborium, → Monstranz); **2)** auch überdachtes, offenes Gebäude f. Statuen, Altäre,
Grabmäler usw. (bes. i. d. Gotik).
Tabes dorsalis, *w.* [l.], Rückenmarksschwindsucht durch Syphilis, 5–15 Jahre
nach deren Beginn mit Sensibilitäts- u.
Gangstörungen.
Tạbiker, Tabeskranker.
TAB-Impfstoff, gegen Typhus, Paratyphus A und B.
Tablẹau, *s.* [frz. -'blo], Gemälde; malerisch gruppiertes Bühnenbild.
Table d'hôte, *w.* [frz. *tablə 'do:t*], gemeinsame Speisetafel in Gasthöfen.
Tạbor, 1) Berg im Hochland von Galiläa, 588 m; **2)** *Tábor,* St. in S-Böhmen, an
der Luschnitz; 31 000 E; 1420 v. den
→ Hussiten als Lagerstadt gegründet.
Taborịten → Hussiten.
Tạbris, *Tabriz,* Hptst. der iran. Prov. O-
Aserbeidschan, 971 000 E; Textilind.,
Teppichhandel.
Tabụ, *s.,* **1)** bei Naturvölkern geltende
Gebote u. Verbote, deren absichtliche

oder ungewollte Verletzung als unheilbringend gilt; dazu gehören u. a. die Vermeidung best. Handlungen, Gegenstände, Stätten oder Personen; **2)** davon abgeleitete Bez. für die in Gesellschaftsgruppen geltenden, meist ungeschriebenen Gebote, die die Nennung gewisser
Dinge oder Personen sowie best. Handlungen verbieten.
Tabula rạsa, *w.* [l.], im Altertum: leergeschabtes Schreibtäfelchen aus Wachs; *t.*
r. machen, reinen Tisch machen.
Tabulạtor, *m.* [l.], Einrichtung bei
Schreibmaschinen z. gleichmäßigen Weiterführung des Wagens beim Tabellenschreiben.
Tabulatụr, *w.* [l.], alte Tonschrift, mit
Buchstaben und Ziffern statt Noten,
hpts. für Lauten- und Orgelmusik im 15.
und 16. Jh. verwendet (Angabe der Griffe); Dicht- und Singvorschriften der
→ Meistersinger.
Taburẹtt, *s.* [arab.-frz.], kleiner Stuhl ohne Lehne.
Tachịsmus [frz. „tache = Fleck"], 1950
v. d. frz. Kritiker Seuphor geschaffener
Begriff f. spontan, automat. vollzogene,
aus Flecken und Farbspritzern bestehende „abstrakt expressionistische" Malerei;
Vertr.: Wols, Pollock, B. Schultze.
Tachomẹter, *s.,* Geschwindigkeitsmesser
an Maschinen, auch m. Anzeige der
Stundengeschwindigkeit (z. B. bei Kraftwagen) und m. Registrierung (*Tachograph* → Fahrtenschreiber).

Tabak

Welternte in 1000 t	1935/39-2988	1975-5441	1988-6531
Asien	1474	2235	3381
Nordamerika	650	1214	680
Südamerika	264	463	547
Europa	275	686	880
UdSSR	269	315	340
Afrika	57	164	201

BR Deutschland, Einfuhr u. Verbrauch Einfuhr in t

1936 - 513	1950 - 449	1973 - 160300	1989 - 159400

Verbrauch je Kopf und Monat

1936	1976	1989
44 Stck	Tabak 45 g	9,1 Stck	175 Stck	Tabak 9,25 g	3,0 Stck	162 Stck	Tabak 20,83 g	1,58 Stck

Tachykardie, w. [gr.], svw. Herzjagen: mehr als 90 Kontraktionen pro Minute.

Tachymeter, *Tacheometer, s.* [gr.], Entfernungsmesser, aus Fernrohr (mit netzart. Fadenkreuz) u. Kompaß od. elektronisch-optisch mit digitaler Anzeige z. schnellen Festlegung „anvisierter" Punkte; auch z. Streckenmessung im Sport u. f. d. zeichnerische Darstellung eines Geländes.

Tacitus, Publius Cornelius (um 55–um 120 n. Chr.), röm. Geschichtsschreiber; *Germania; Annalen; Historien.*

Tacoma [tə'koumə], Hafenst. im US-Staat Washington, 159 000 E; Uni., Säge-, Schmelz- u. Stahlwerke, Werften.

Tadschikistan, *Tadschikien,* Unionsrep. der Sowjetunion in Mittelasien, 143 100 km², 4,65 Mill. E; Hochgebirgsland (Pamir); Kohle, Erdöl, Salz, Schwefel, Silber, Gold, Zinn; Ackerbau, Viehzucht, Teppichweberei; Hptst. *Duschanbe.*

Tadsch Mahal

Tadsch Mahal, Marmormausoleum, von dem ind. Kaiser Schahdschahan seiner Lieblingsfrau errichtet, bei Agra in Vorderindien (erb. 1631–48).

Taegu → Daegu.

Tafelberg, 1) plateauartiger Gipfel (1088 m) an der **Tafelbai** bei Kapstadt (Seilbahn); **2)** → Sternbilder, Übers.

Tafelmalerei, Malweise z. B. auf Holztafeln oder Leinwand; Ggs.: Wandmalerei.

Täfelung, Verkleidung von Decken u. Wänden durch Holztafeln (meist gegliedert).

Tafelwaage → Waage.

Taft, *m., Taffet,* Seidengewebe in Leinwandbindung, als *Halb-T.* mit Baumwollschuß.

Taft-Hartley Act ['tæft 'hɑːtlı 'ækt], 1947 erlassenes am. Gesetz zur Kontrolle der gewerkschaftl. Machtbefugnisse u. zur Regelung des Streikrechts (nach d. Senatoren R. A. *Taft* u. F. A. *Hartley).*

Tag, Zeit, in der sich die Erde einmal um ihre Achse dreht; nach Ablauf eines *Sonnentages* steht die Sonne wieder in oberer

Kulmination im Meridian; *Sterntag* → Zeit.

Taganrog, russ. Hafenst. am Asowschen Meer, 291 000 E; Stahlind., Getreideausfuhr.

Tagbogen, über dem Horizont liegender Teil der täglichen Bahn eines Gestirns.

Tag der Arbeit, *1. Mai,* als Feiertag auf intern. Arbeiterkongreß Juli 1889 beschlossen; heute in d. meisten Ländern d. Welt anerkannt, in d. USA am 1. Montag im September.

Tagebau → Bergbau.

Tagelied, Gattung des Minnesangs, schildert den Abschied von Liebenden beim Wächterruf im Morgengrauen *(Wächterlied).*

Tagesleuchtfarben, für Plakate und Warnschilder verwendete fluoreszierende Farbstoffe, die ultraviolettes Licht in sichtbares Licht umwandeln.

Tagessatz, Bemessungseinheit bei d. Verurteilung zu einer Geldstrafe; wird v. Gericht nach den persönl. u. wirtschaftl. Verhältnissen des Täters festgesetzt u. beträgt mindestens 2 DM, höchstens 10 000 DM (§ 40 StGB).

Tagetes, *w.,* Korbblütler, mexikan. Samtblume, die sog. *Studentenblume; Zierpflanze.*

Tagfalter, gr. Gruppe d. Schmetterlinge, schlanker Körper, keulig verdickte Fühlerenden, Fehlen von Punktaugen; fliegen mit Vorliebe im Sonnenschein. Raupen nackt oder dornig (nicht behaart).

Tagliamento [taʎa-], Fluß Norditaliens aus den Venezian. Alpen in die Adria, 170 km lang.

tägliches Geld, 1) an der *Börse:* Darlehen, die innerhalb 24 Stunden kündbar sind; am → Ultimo ohne Kündigung fällig; **2)** im Verkehr d. Banken mit Kundschaft: Einlagen, die ohne Kündigung abhebbar sind; Ggs.: → Festgeld.

Tagore, *Thakur,* Rabíndranáth (7. 5. 1861–7. 8. 1941), ind. Dichter u. Phil., leitete s. 1901 e. eigene „Schule der Weisheit"; Gedichte: *Gitanjali; Der Gärtner;* Schausp.: *Das Postamt;* Nobelpr. 1913.

Tagpfauenauge, bräunl. Schmetterlinge m. prächt. Augenflecken; schwarze, bedornte Raupe, gesellig an Brennesseln.

Tagtiere, Tiere, die tagsüber munter (tagaktiv) sind.

Tagundnachtgleiche → Äquinoktium.

Tagwerk, Flächenmaß, → Maße u. Gewichte, S. 1085.

Tahiti, größte der frz. → Gesellschaftsinseln.

Taichung, *Taizhong,* St. in W-Taiwan, 715 000 E; Bischofssitz, 2 HS; Nahrungsmittelind.

Taifun, *m.* [chin.], → Wirbelsturm.

Taiga, *w.,* das sibir. Urwald- u. Waldgebiet („gelichtete T.") zw. den Tundren im N u. Steppen im S, 1000–2500 km breit, hpts. Fichten, Birken, Lärchen; tierreich (Bären, Wölfe, Füchse, Zobel, Hermelin, Ottern, Elch, Rentiere).

Tailfingen, s. 1975 Ortsteil von → Albstadt.

Taimyr, sibir. Halbinsel östl. d. Jenisseimündung; nördlichster Vorsprung Asiens mit Kap Tscheljuskin; Nickel, Platin, Kupfer, Erdgas.

Tainan, St. im S v. Taiwan, 657 000 E.

Taine [tɛn], Hippolyte (21. 4. 1828–5. 3. 93), frz. (Literar-)Historiker u. Geschichtsphilosoph, Vertr. d. Milieutheorie; *Philosophie der Kunst.*

Taipeh, *Taibei,* Hptst. v. Taiwan, auf Formosa, 2,6 Mill. E; Kampferölfabriken. – 1949 Sitz der chin. National-(Guomindang-)Reg.

Taiping, 1) St. in Perak (Malaysia), 146 000 E; **2)** *Taip'ing,* chin. christl. Sekte, Mitte 19. Jh. gegr.; rief unabhängigen Staat aus, Aufstand 1851–64, dabei Nanking (zeitweise Hptst. der T.) zerstört.

Taiwan, amtl. *Ta Chung-Hwa Min Kuo, Nationale Rep. China,* auf der Insel Formosa im Ostchin. Meer, 36 197 km², 20,1 Mill. E (558 je km²); Bev.-Zuw. 1,3%; Bev.:

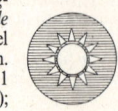

Chinesen u. 200 000 Malaien; Währung: Neuer Taiwan-Dollar (NT$); Hptst.: *Taipeh (Taibei);* Flagge S. 341, Karte S. 749. **a)** *Geogr.:* Im O Gebirgsketten *(Niitaka-jama* 4143 m), im W trop. Ebene. **b)** *Verkehr:* Eisenbahn 4600 km. **c)** *Wirtsch.:* Hauptausfuhrgüter: Textilien, elektron. Erzeugnisse u. a. (Industrieprodukte über 90% d. Exports), Holz, Zucker, Bananen, Ananas. **d)** *Außenhandel* (1988): Einfuhr 49,66 Mrd., Ausfuhr 60,58 Mrd. $. **e)** *Verf.:* Rep., Nat.vers. sowie Legislativ- u. Kontroll-Yuan. **f)** *Verw.:* 2 Sonderstadtkreise, 5 St.kreise u. 16 Landkreise. **g)** *Gesch.:* 1895–1945 jap.; s. 1949 Sitz der Regierung → Tschiang Kai-schek (Nationalchina); 1971 Ausschluß Taiwans aus d. UN (VR China als einziger legaler Vertr. Chinas in d. UN aufgenommen), seitdem außenpol. Isolierung Taiwans; 1978 Abbruch d. diplomat. Beziehungen zu USA (nach Anerkennung d. VR China durch USA); s. 1988 (Tod des Staatschef Tschiang Tsching-Kuo) gewisse Liberalisierung u. „Taiwanisierung" d. pol. Systems; 1989 Stärkung d. Opposition bei Wahlen.

Taiyuan, Hptst. der nordchin. Prov. Shanxi, 2 Mill. E; Uni.; Masch.-, Textilind.

Tajo [span. *'taxo*], portugies. *Tejo* ['tɔʒu], längster Strom d. Pyrenäenhalbinsel, 1007 km l., fließt in engem, 200 m t. Tal (nur bis Abrantes schiffbar); mündet bei Lissabon in Atlantik.

Tajumulco [taxu-], Vulkan in Guatemala, 4211 m, höchster Berg in Mittelamerika.

Takelung, *Takelage,* dient bei Segelschiffen zum Abstützen v. Masten u. Stengen u. zur Handhabung d. Segel; *Rahtakelung* bei querstehenden (Rahsegel), *Gaffeltakelung* bei längsschiffs stehenden (Gaffel- od. Schratsegel) Segeln.

Takt, *m.* [l.], **1)** Zart-, Feingefühl; Rücksichtnahme; **2)** *mus.* Maßeinheit f. d. Rhythmus; **3)** bei Verbrennungsmotoren svw. Hub; → Zweitaktmotor, → Viertaktmotor.

Taktik, *w.* [gr.], **1)** *allg.* planvoller Einsatz gegebener Kräfte zur Erreichung eines Ziels unter gegebenen Umständen (Gegner, derzeitige Lage); **2)** *mil.* Kunst der Führung auf dem Gefechtsfeld, → Strategie.

taktische Luftwaffe, die dem Heer zugeteilten oder s. Operationen dienenden Luftstreitkräfte: Jagd-, Jagdbomber-, leichte Bomber-, Aufklärer- und Transportverbände; Ggs.: → strategische Luftwaffe.

taktische Waffen, Waffensysteme, die i. ihrer Reichweite u. Wirkung auf d. Kriegsschauplatz begrenzt sind.

Taekwondo, in Korea entstandene, waffenlose Selbstverteidigung; dem → Karate ähnlich.

Talar, *m.* [l.], Amtstracht der Geistlichen, Hochschullehrer, Gerichtspersonen, Rechtsanwälte.

Talbot [ˈtɔːlbət], **1)** John, Graf von Shrewsbury (1388–1453), engl. Heerführer gg. Frkr. (Jungfrau v. Orléans); **2)** William Henry Fox (11. 2. 1800–19. 7. 77), engl. Chem. u. Phys.; Entwicklung der Fotografie, Spektrenuntersuchungen.

Talbotsches Gesetz, Verschmelzung schnell aufeinanderfolgender Sinneseindrücke zu einer einheitl. Empfindung (z. B. schwarz-weißer Sektoren auf sich schnell drehender *Talbotscher Scheibe* zu einheitlichem Grau).

Talent, *s.,* **1)** altgriech. Gewicht i. Athen (26,196 kg) u. Geldeinheit; **2)** geistige Befähigung, Begabung.

Taler, → Joachimsthaler Groschen; preuß. Taler = 3 M; „Dollar" aus *T.* entstanden.

Talg, tierisches Fett, bes. der Rinder und Schafe; Hptbestandteil: Stearin-, Palmitin- u. Oleinsäure, an Glycerin gebunden; f. Seifen, Kerzen u. Margarine. – *T.*drüsen, in d. Haut um den Haarschaft gelegen, sondern das Hautfett ab; bei Entzündung Furunkel (→ Haut, Abb.).

Talion, *w.* [l.], *Jus talionis,* Wiedervergeltung; „Auge um Auge, Zahn um Zahn"; Rechtsgrundsatz in primitiven Rechten; heute noch → Blutrache.

Talisman, *m.* [arab.], Gegenstand, der dem Besitzer Glück bringen oder ihn schützen soll.

Talje, *w.,* Flaschenzug auf Schiffen.

Talk, Schichtsilicat (→ Silicate); zu med. Streupulvern, Gleitmittel, zu Schminke.

Talk-Show, *w.* [ˈtɔːk-ʃou], Form d. Fernsehunterhaltung m. geladenen (prominenten) Gästen, bei d. sich e. *Talk-Master* m. d. Teilnehmern unterhält.

Hzg v. Talleyrand

Talleyrand [taˈlrã], Charles Hzg v. (2. 2. 1754–17. 5. 1838), frz. Staatsmann, Außenmin. d. Rep., dann unter Napoleon Min.präs., vertrat Frkr. äußerst geschickt auf d. → Wiener Kongreß (1814/15); 1830–34 Botschafter in London.

Tallinn, estn. Name v. → Reval.

Talmi, *s.* [frz.], bis zu 1% Gold enthaltendes → Messing zur Herstellung goldähnl. Schmucksachen; *allg.* unecht.

Talmud, *m.* [hebr. „Lehre"], um 500 n. Chr. abgeschlossenes Sammelwerk eines Großteils der bis dahin 1000jährigen mündl. rel. Tradition der Juden; besteht aus *Mischna* und *Gemara* (Kommentar der Mischna); Einteilung: → Halacha u. → Haggada; palästinensischer u. babylonischer *T.*

Talon, *m.* [frz. -ˈlõ], **1)** b. *Kartenspiel:* die nach d. Geben übriggebliebenen Spiel-(Kauf-)Karten; **2)** *Wertpapiere:* Erneuerungsschein, der z. Empfang eines neuen → Kuponbogens berechtigt.

Talsperre, *Stauwerk,* künstl. Aufstauung von Wasserläufen z. Krafterzeugung, Trinkwassergewinnung, Hochwasser-

Talsperre, *Hoover-Damm, USA*

schutz durch *Staudämme;* größte dt. T.: Bleiloch-T. der Saale (Staubecken 215 Mill. m³), Eder-T. (202 Mill. m³).

Talvio, Maila (17. 10. 1871–6. 1. 1952), finn. Dichterin; *Die Kraniche; Tochter d. Ostsee.*

Tamara, *Thamar,* georgische Kgn 1184–1212; unter ihr Höhepunkt der pol. Machtentfaltung Georgiens.

Tamarinde, *w.,* Tropenbaum; Nutzholz (Gerbrinde); aus dem Fruchtmark mildes Abführmittel.

Tamariske, *w.,* heideartige Sträucher u. Bäumchen des östl. Mittelmeergebiets m. rosa Blüten.

Tamatave, *Toamasina,* Prov.hptst. u. Hpthafen auf Madagaskar, 139 000 E.

Tambour [frz. -ˈbuːr], Trommel(schläger); in d. *Architektur* runder od. mehreckiger Unterbau e. Kuppel od. Fenstern zur Belichtung d. Kuppelraums.

Tambow, russ. Gebietshptst. im Schwarzerdegebiet, zw. Don u. Wolga, 305 000 E; Eisenind., Motor- u. Flugzeugbau.

Tamburin, *s.,* baskische Handtrommel m. Blechschellen (Abb. → Orchester).

Tamerlan → Timur.

Tamil [„Damila = → Drawida"], hochzivilisiertes Volk in S-Indien u. im Osten Sri Lankas; 22 Mill.

Tamil Nadu, bis 1968 *Madras,* Staat d. Rep. Indien, am Golf v. Bengalen, 130 058 km², 48 Mill. E, meist Hindus; Reisanbau bes. in d. Flußdeltas, z. T. künstl. Bewässerung; Textilind., Braunkohle; Hptst. *Madras,* wichtigster Hafen der O-Küste, 4,5 Mill. E; Baumwollind. Felsenpagoden, Hindutempel; 1639 erste Niederlassung d. Ostind. Kompanie.

Tamina, l. Nbfl. d. Rheins bei Ragaz im Schweizer Kanton St. Gallen, 26 km l.; *T.*schlucht b. Pfäfers.

Tamm, Igor Jewgenitsch (8. 7. 1895–12. 4. 1971), sowj. Phys.; theoret. Deutung d. Tscherenkow-Effekts; Nobelpr. 1958.

Tammany Hall [engl. ˈtæmənɪ ˈhɔːl], Versammlungshaus d. *T. Society* in New York; 1789 als Mittelstandsbruderschaft gegr., zeitweise als Kampforganisation d. Demokr. Partei.

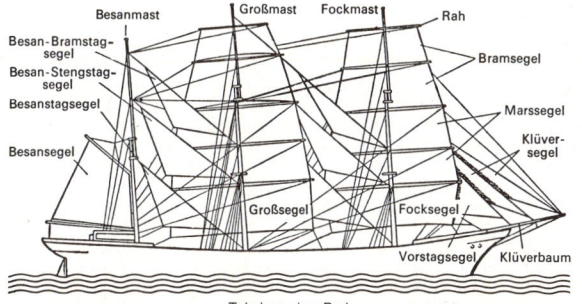

Besanmast · Besan-Bramstagsegel · Besan-Stengstagsegel · Besanstagsegel · Besansegel · Großmast · Fockmast · Rah · Bramsegel · Marssegel · Klüversegel · Großsegel · Focksegel · Vorstagsegel · Klüverbaum

Takelung einer Bark

Tammerfors, schwed. f. → Tampere.
Tampa ['tæmpə], St. im US-Staat Florida, an der **T.bai,** 285 000 E; Tabakind.
Tampere, schwed. Tammerfors, finn. St. an der Tammerkoski-Stromschnelle (Kraftwerk), 171 000 E; Metall-, Textil-, Holzind.
Tampico, Hafenst. Mexikos i. Staat Tamaulipas, 622 000 E; Erdöl-, Erzausfuhr.
Tamponade, Ausfüllen von Wund- oder Körperhöhlen mit Einlagen aus Gaze oder Watte (Tampon), letzterer auch zur Menstruationshygiene.
Tamtam, s., Gong, ein Metall-Schlaginstrument.
tan, math. Abk. f. → Tangens.
Tanagra, altgriech. St. in Böotien, östl. v. Theben, 457 v. Chr. spartan. Sieg über Athen. Fundort vieler kleiner → Terra-

Tanagrafigur

kotten. - **T.figuren,** hellenist. Kleinbildwerke von zierlicher Formgebung und zarter Bemalung; aus dem täglichen Leben. - **T.theater,** Singspiele, bei denen die hinter einer Wand versteckt Aufführenden durch Spiegelung als lebende kleine Tanagrafiguren sichtbar werden.
Tanaka, Kakuei (* 4. 5. 1918), jap. liberaldemokr. Pol.; 1972–74 Min.präs.
Tanasee, See in Äthiopien, 3630 km², 1840 müM, 72 m t., Quellsee des Blauen Nil; zahlreiche Zuflüsse.
Tandem, s. [engl.], **1)** Wagenbespannung mit 2 od. mehr Pferden hintereinander; **2)** zweisitziges Fahrrad mit zwei Tretkurbelpaaren; **3)** Anordnung mehrerer Zylinder hintereinander m. durchlaufender Kolbenstange (z. B. **T.-Dampfmaschine).**
Tang, gr. Meeresalgen, iodhaltig.
Tanga, Regionshptst. u. Hafen in Tansania an der **T.bai** (Ind. Ozean), 121 000 E; Ausgangspunkt der Tangabahn nach d. Kilimandscharogebiet.
Tanganjika, engl. Tanganyika, **1)** langgestreckter Grabensee in O-Afrika, 773 müM, 32 893 km², 670 km l., 22–75 km breit, 1417 m tief; periodischer Abfluß durch den Lukuga zum Kongo; **2)** früherer Name der Vereinigten Rep. → Tansania.
Tang-Dynastie, in China, 618–907 n. Chr.; nach ihr gen. d. Tang-Zeit, Epoche

d. chin. Kunst, Landschaftsmaler: Wang Wei (699–759), Wu Tao-tsu (8. Jh.).
Tangens, m. [nl.], Abk. tan, Winkelfunktion, i. rechtwinkl. Dreieck das Verhältnis der gegenüberliegenden Kathete zur anliegenden; → Trigonometrie.

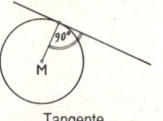

Tangente

Tangente, w. [l.], Gerade, berührt gekrümmte Linie (Kurve) in einem Punkt. - **T.nbussole,** senkrechter Drahtring, nach Magnetnadel i. Mittelpunkt in Richtung d. Erdmagnetismus eingestellt; Nadelablenkung bei Stromdurchgang durch Draht (Maß der Stromstärke).
Tanger, Tandja, Hafenst. u. Freihafen in Marokko, an der Straße v. Gibraltar, 338 000 E; 1912–56 m. der **T.zone** internationalisiertes Gebiet; 1956 zu → Marokko. - Als Tingis gegr., unter Claudius Hptst. der röm. Kolonie Tingitania; 682 n. Chr. v. Arabern erobert.
Tangermünde, (D-3504), St. i. Kr. Stendal, a. d. Elbe, S-A., 11 944 E; Ringmauer u. Tore (14./15. Jh.), Residenz Karls IV.; Backsteinbauten; Umschlaghafen; Nahrungsmittelind.
Tanggula-Gebirge, Hochgebirge über 6000 m, in Tibet; **T.-Paß:** 4990 m.
tangieren [l.], berühren, Eindruck machen.
Tango, m. [span.], Gesellschaftstanz, langsamer 2/4-Takt, aus Argentinien.
Tangshan, chin. Stadt in der Prov. Hebei, 1,39 Mill. E; Steinkohlenbergbau, Schwerind.; 1976 schwere Erdbeben (ca. 100 000 Tote).
Tanguy [tã'gi], Yves (5. 1. 1900–15. 1. 55), frz. surrealist. Maler.
TANJUG, Abk. f. Telegrafska Agencija Nova Jugoslavija, jugoslaw. Nachrichtendienst; Belgrad.
Tank, m. [engl.], **1)** Flüssigkeitsbehälter; → Tanker, Tankwagen, zum Transport v. Flüssigkeiten; Einfüllen u. Entleeren durch Pumpen; **2)** im 1. Weltkr. gebräuchl. Bez. für → Panzerwagen.
Tanker, m., Tankschiff, zum Transport v. Öl (mit eingebauten Tanks) u. komprimierten Gasen; an der Welttonnage zwar weiterhin hoher Anteil (ca. 40%), aber mehr als ein Drittel der Öltankerflotte wegen Nichtauslastung d. Kapazitäten stillgelegt od. verlangsamt fahrend; Größen bis über 300 000 tdw (Schaubild → Handelsflotte, → Tafel Schiffahrt); 1988 Weltflotte 127 Mill. BRT, davon BR 2,5, Liberia 28, Japan 9,6, Griechenld 8,5, Norwegen 4,3, Panamá 10,6, Großbrit. 2,8, USA 7,9, Frkr. 2.
Tankflugzeug, zum Betanken v. Flugzeugen während d. Fluges.
Tankred, 1) Vater Robert Guiscards u. Rogers I. von Sizilien (11. Jh.); **2)** sein

Urenkel Anführer im 1. Kreuzzug († 1112); **3)** T. v. Lecce († 1194), s. 1189 Kg von Sizilien, Gegner Heinrichs VI.; von diesem unterworfen.
Tanne, Nadelbäume der nördl. gemäßigten Zone mit platten Nadeln u. aufrecht stehenden Zapfen; Edel-T. (Silber-, Weiß-T.), Nadeln auf d. Unterseite m. zwei weißen Längsstreifen, bis über 60 m h., bes. in Gebirgswäldern, liefert Bauholz, Gerbrinde u. Terpentin; Balsam-T., N-Amerika, liefert → Kanadabalsam; Schuppen-T. → Araukarie; Douglas-T. → Douglasfichte; Rot-T. → Fichte.
Tannenberg, Stębnek, poln. Dorf i. Ostpreußen. - 1410 poln. Sieg über den → Deutschen Orden; 1914 Sieg Hindenburgs über die Russen, zum Gedächtnis errichtetes T.denkmal 1945 gesprengt.
Tanner [-'nɛr], Alain (* 1929), schweiz. Filmregisseur; Le milieu du monde (1974); Jonas qui aura 25 ans en l'an 2000 (1976); Les années lumières (1981); Une flamme dans mon cœur (1987).
Tannhäuser, Tannhuser, Minnesänger des 13. Jh. (nach der dt. Volkssage als Ritter im „Venusberg", pilgert nach Rom, um Vergebung für seine Sünden zu erlangen); Oper v. R. Wagner.
Tannin, Gerbsäure; wirksam in → Gerbstoffen; med. in → Adstringenzien.
Tannu-ola, Hochgebirgszug östlich des Altai, bis 3061 m hoch.
Tannu-Tuwa → Tuwa.
Tansania, amtl. Dschamhuriya Mwungano wa Tanzania, Vereinigte Rep. Tansania, ehem. Tanganjika, föderativer Staat in O-Afrika m. den an d. Küste vorgelagerten Inseln → Sansibar, Pemba u. Mafia, 945 087 km², 23,99 Mill. E (25 je km²);

Bev.-Zuw. 3,5%; Bev.: Bantuneger, a. d. Küste Araber u. Inder; Sprache: Suaheli, Engl., Bantusprachen; Währung: Tansania-Shilling (T.Sh.); Rel.: Moh., Christen, Naturrel.; Hptst. Dodoma; Flagge S. 341, Karte S. 750. **a)** Geogr.: Feuchtes Küstenland; im Inneren Hochland (Buschsteppe) mit Vulkanen (Kilimandscharo 5935 m), zahlr. Bruchstufen, lange Grabenseen, an d. Rändern trop. Urwald; nur Rufidji schiffbar. **b)** Wirtsch.: Viehzucht, Ackerbau, Plantagenwirtsch.; Ausfuhr Sisal, Kaffee, Baumwolle, Diamanten; wichtigstes Exporterzeugnis d. Insel Sansibar sind Gewürznelken. **c)** Außenhandel (1988): Einfuhr 823 Mill., Ausfuhr 276 Mill. $. **d)** Verkehr: Eisenbahn 2460 km. **e)** Verf. v. 1977: Präsidiale Rep. (Sansibar stellt d. Vizepräs.) m. Einkammerparlament. **f)** Verw.: 25 Regionen; **g)** Gesch.: 1891–1919 dt. Schutzgebiet (Kolonie: Deutsch-Ostafrika; 1961 brit. Mandatsgebiet Tanganjika, s. 1961 unabhängig; 1964 Föderation mit Sansibar; 1979 mil. Intervention in Uganda (Sturz Amins); 1983 Putschversuch, Schließung d. Grenzen; Unruhen

dem mimischen Bedürfnis, einem Urtrieb des Menschen, entspringende uralte Körperbewegung und Ausdruckskunst; ritualisierte oder spontan-ekstatische, häufig zweckfreie Bewegung im Gegensatz zur Arbeitsbewegung, meist von Musik oder rhythmischem Geräusch begleitet. In ältesten Überlieferungen (Felsenzeichnungen) als Jagd-, Waffen- u. Kriegstänze; als Volks- und Nationaltanz Spiegel aller Lebenstätigkeiten und Berufe, stoßartige Tanzbewegungen allein oder in Gruppen, Freuden-, Trauer- (Ernte-) und Liebestänze; mit kultischem Zusammenhang oft nur von Eingeweihten (Priestern) ausgeführt in phantastischer Bekleidung von Körper und Haupt (Masken). Kultische und opferbeschwörende Tiertänze; Kriegstänze steigern Kampflust, Totentänze befreien von Todesgrauen. Bei den Germanen Schreit- und Figurentänze, Massen-, Gewandtheitstänze der männlichen Jugend. Im Orient und Fernen Osten fließende Tanzbewegungen, oft monoton und symbolisch bis zur Erstarrung; Formung des *Tanztheaters* (Japan). *Griechische* Tanzkunst, beeinflußt vom ägyptischen Tanz, Chortanz in der Orchestra des griech. Theaters. Indische Tanzkunst nur aus ihrer Beziehung zur bildenden Kunst verständlich. Römische Kultur tanzfeindlich. Im MA Stilisierung (Moriskentänze) auf den verschiedenen Tanzgebieten: *Kirchlicher Tanz*, Ritualtanz; *höfischer Tanz* (zeremonieller Figurenschreittanz). *National- und Volkstänze* in landschaftlicher Verschiedenheit, entsprechend verschiedene Tanzformen. Nationaltänze: *Italien:* Tarantella; *Polen:* Mazurka, Krakowiak; *Spanien:* Bolero, Seguidilla, Fandango; *Ungarn:* Csárdás; *Rußland:* Kasatschok (Stiefeltanz aus der Hockstellung heraus). Charakteristische Volkstänze: *Deutschland:* oberbayerische Schuhplattler; *Frankreich:* Bourrée (Volkstänze der Bretagne und Auvergne); *Belgien:* flämische Bauerntänze; *Holland:* Holzpantinentanz. Entwicklung der Hauptformen eur. Tanzes: *Reigentanz*, darauf *Paartanz*; Entwicklung des Balletts: Vorform im 15. Jh. in Italien („Intermezzi" – pantomimische Zwischenspiele), Ausgestaltung in Frkr. Ausgangspunkt für das moderne Ballett: „Ballet de la Reine" (Paris 1573); 18. Jh. Nachahmung in ganz Europa. Ab Mitte des 19. Jh. in Rußland eigenständ. Ballettkunst. 20. Jh.

Siegeszug des russ. Balletts: Fokin, Diaghilew, Balanchine, Lifar. Gegenbewegung gg. das Ballett: der moderne *Girltanz* (Revuen). Seit etwa 1910 in Dtld neue Bewegungskultur, moderne Gymnastik erzieht zu lebendigem Körpergefühl. Vermehrtes Interesse am Ausdrucks-Kunst-Tanz: Einzel- und Gruppentanz, ausgehend von Dalcroze, Hellerau-Schule und Rudolf von Laban: Mary Wigman; Theatertanz, Tanzpantomime. *Gesellschaftstanz:* Vor dem Ersten Weltkrieg: Walzer, Polka, Galopp, Quadrille; Lancier (Française), Cotillon; Revuetanz: Cancan. Später Gesellschaftstanz besonders von England (Boston, Twostep) u. Südamerika (Tango) beeinflußt; *erste Jazztänze* (aus Nordamerika), in Sonderarten übergehend, die nur noch rhythmische Abweichungen aufweisen (Foxtrott u. a.). Ab 1926 von Jazz stärker beeinflußte Tänze: Charleston. Neuere Tänze: Rumba, Samba, Boogie-Woogie, Mambo, Raspa, Jitterbug. Seit den 50er Jahren viele, oft nur kurzlebige Modetänze (Rock 'n' Roll, Twist, Discotanz, → Breakdance u. a.). Bekannte *Tanzkünstler* der neueren Zeit: Anna Pawlowa, Isadora Duncan, Schwestern Wiesenthal, Gret Palucca, Harald Kreutzberg, Nijinski, Margot Fonteyn, Nurejew. – Neuerer *Ballett-Tanz.* Dtld: K. Jooß (Folkwangschule, Essen), Ausdrucksballett *Der grüne Tisch*, G. Blank (Städt. Oper Berlin), Ballett der Württembergischen Staatstheaters (Stuttgart, J. Cranko, M. Haydée). England: Sadler's Wells Ballet (jetzt Royal Ballet), London; Frkr.: Ballette Roland Petit und Marquis de Cuevas (Monaco); Belgien: Ballet du XXème Siècle; Ndl.: Het Nationale Ballet; Italien: Ugo dell'Ara; bes. Pflege des klassischen Balletts in der Sowjetunion (Bolschoj-Theater Moskau u. Kirow-Theater Leningrad; Galina Ulanowa, Raissa Strutschkowa u. a.). *Zeitgenöss. Formen* d. Balletts: Handlungs-B., B.-Oper, konzertantes B., durchchoreographiertes Musical, B.-Theater, Bewegungstheater (bes. Wuppertaler Tanztheater v. P. → Bausch), Tanz-Performance (z. B. M. → Monk) u. a. In Deutschland Pflege von Volks- und Heimattänzen; Kunst- und Gruppen-Tanz; Jazztanz und Modern Dance, teilweise in Verbindung mit rhythmischer Gymnastik (→ Aerobic). → Tanzsport.

¾ ♩ ♩ ♩♪ | ♩ ♩   Walzer   4/4 ♩ ♩ ♩ ♩   Foxtrott   2/4 ♫♩♫   Tango   ¾ ♪ ♫♫ ♫♫ ♫   Bolero

Wichtigste Grundrhythmen des modernen Tanzes

auf Sansibar. **h)** *Mitgl.:* UN, Commonwealth, OAU; AKP-Staat.
Tanta, unterägypt. St., 374 000 E; Moschee.
Tantal, *s., Ta,* chem. El., Oz. 73, At.-Gew. 180,95, Dichte 16,68; seltenes Metall, sehr hart u. zäh; wird von Säuren (m. Ausnahme v. Flußsäure) nicht angegriffen; *T.lampe* (mit Leuchtfäden als T.) wurde durch d. Wolframlampe verdrängt; zur Herstellung zahnärztl. u. chirurg. Instrumente, ferner f. Spinndüsen in d. Reyonfabrikation, als Elektrode in Elektrolytgleichrichtern.
Tantalus, sagenhafter Kg von Phrygien, Sohn des Zeus, verrät göttliche Geheimnisse; zu ewigen *(Tantalus-)Qualen* verdammt: unstillbarer Hunger u. Durst.
Tantième, *w.* [frz. *tã'tjɛmǝ*], Bez. f. erfolgsabhängige Beteiligung am Gewinn eines Unternehmens, auch Zahlungen f. Aufführungen an Autoren.
Tanz → Übersicht u. Tafel.
Tanzania → Tansania.

Tanzschrift, → *Choreographie,* seit d. 18. Jh. z. Aufzeichnung v. Balletten; für die Schritte u. Figuren notenähnl. Zeichen.
Tanzsport, Wettbewerbe in Turnierform für Standardtänze *(Langsamer Walzer, Tango, Slowfox, Wiener Walzer, Quickstep)* u. lateinam. Tänze *(Rumba, Samba, Cha-Cha-Cha, Paso doble, Jive).*
Tao → Dao.
Taoismus → Daoismus.
Taormina, St. auf Sizilien, in der it. Prov. Messina, 11 000 E; griech. Theater; Fremdenverkehr.
Tapet, *s.* [gr.], veraltet f. Tischdecke; *aufs Tapet bringen,* auftischen, zur Sprache bringen.
Tapete, *w.,* Wandbekleidung aus Leder, Geweben, Papier od. Kunststoff.
Tapiau, *Gwardjeisk,* sowj. St. am Pregel, im nördl. Teil d. ehem. Ostpreußens; ehem. Dt.-Ordensburg.
Tápies, Antonio, eigtl. *A. T. Puig* (* 23. 12. 1923), span. Maler d. → Tachismus.

Tapioka, *w.,* → Sago aus der → Maniokwurzel.

Tapir

Tapire, unpaarzehige Huftiere (vorn 4, hinten 3 Zehen) mit beweglicher, rüsselförmiger Greifnase, Pflanzenfresser, in feuchten Tropenwäldern (Amerika, *Flachland-* u. *Berg-T.;* SO-Asien, *Schabracken-T.);* d. Nashörnern u. Pferden nahestehend.
Tapisserie, *w.* [frz. *-s'rí*], gewirkter Bild-

Tanz

Abbildungen von links nach rechts: *1. Reihe:* Moriskentänzer, Mittelalter — Saltarello romano, italienischer Volkstanz um 1800 — Doré, Ole Gaditano, spanischer Volkstanz — Polka Mazurka, polnischer Nationaltanz. *2. Reihe:* Galliarde, italienisch, 16. Jh. — Quadrille, 18. Jh., nach Nicolas Lancret — Menuett, nach J. E. Nilson. *3. Reihe:* Die Barberina, nach einem Genälde von Antoine Pesne — Walzer um die Zeit der Französischen Revolution — Modewalzer, 1840 — Cancan. *4. Reihe:* Anna Pawlowa — La Argentina — Harald Kreutzberg — Mary Wigman.

teppich; teppichartige Kreuzstichstickerei auf → Kanevas.

Tara|gewicht [it.], Abk. *T.*, Gewicht d. Verpackung.

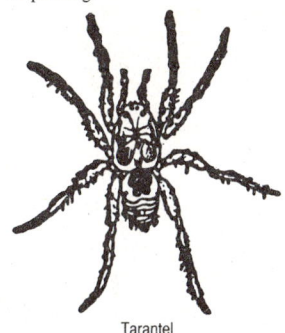

Tarantel

Tarantel, *w.*, Wolfsspinne des Mittelmeergebiets, bes. i. Italien, 4 cm l., lebt i. Erdröhren; Biß schmerzhaft, aber nicht gefährl., galt früher als Ursache d. Veitstanzes („von der Tarantel gestochen“).

Tarantella, *w.*, Schnelltanz im 6⁄8-Takt, aus Süditalien *(Tarent).*

Tarascon-sur-Rhône [-kõsyr'roːn], St. an der Rhône, Dép. *Bouches-du-Rhône,* 11 000 E; Schloß.

Tardenoisien, *s.* [tardənwa'sjɛ̃], Stufe der Mittelsteinzeit mit besonders kl. Gerät *(Mikrolithen),* nach Fundort *La-Fère-en-Tardenois* in Frkr.

Tarent, it. *Taranto,* Hptst. der it. Prov. *T.*, am *Golf v. T.*, 245 000 E; Erzbischofssitz; Hafen; Schiff- u. Maschinenbau. – 705 v. Chr. als griech. Kolonie gegr., 272 v. Chr. röm.

Târgu Mureş ['tɪrgu 'mureʃ], Tîrgu Mureş, rumän. Krhptst. in Siebenbürgen, an d. Mureş, 159 000 E.

Tarif, *m.* [arab.], Preissätze f. wirtsch. Leistungen.

Tarifa, span. Hafen an der Straße v. Gibraltar, Prov. Cádiz, 15 000 E; südlichste St. Europas.

Tarif-abkommen, *Tarifvertrag,* ein zw. Gewerkschaften u. Arbeitgeberverbänden geschlossener (kollektiver) Arbeitsvertrag; → Manteltarifvertrag; enthält Bestimmungen über Arbeitsbedingungen; Abschluß freiwillig oder durch Schlichtungsbehörde; Staat kann ein T. als allg.verbindl. erklären, Maximal- od. Minimallöhne vorschreiben, auch Lohn im Interesse des soz. Friedens u. eines reibungslosen Wirtschaftsablaufs für unabdingbar erklären; soweit kein T. besteht, sind *Mindestarbeitsbedingungen* verbindl., die von Fachausschüssen der einzelnen Wirtsch.zweige in Verbindung mit d. B.min. f. Arbeit u. Hauptausschuß f. Mindestarbeitsbedingungen erstellt werden (Ges. v. 25. 8. 1969, in d. Fassung v. 29. 10. 1974). – **T.autonomie**, Recht der Sozialpartner, Gewerkschaften u. Arbeitgeberverbände auf Aus-

handlung der Arbeitsverträge u. Lohnabkommen ohne Einmischung staatl. Instanzen. – **T.kassen**, kaufmännische Ersatzkassen.

Tarik, arab. Feldherr, schlug 711 bei Jérez de la Frontera die Westgoten, auch → Gibraltar.

Tarim, Strom Mittelasiens, wichtigster Quellfluß der *Yarkant He,* 2179 km l., mündet in d. → Lop Nur; durchfließt d. **T.becken**, *O-Turkestan,* zw. Pamir, Tian Shan u. Kunlun; vorwiegend Sandwüste (Taklimakan Sham), Oasen; pol. Teil v. Xinjiang.

Tarkowskij, Andrej (4. 4. 1932–29. 12. 86), sowj. Filmregisseur; *Solaris* (1971); *Stalker* (1979); *Nostalghia* (1983); *Le sacrifice* (1985).

Tarn, 1) r. Nbfl. des Mittellaufs d. Garonne (bei Moissac), aus den Cevennen, 375 km lang; 2) südfrz. Dép., 5758 km², 342 000 E; Hptst. *Albi* (48 000 E); 3) *T.-et-Garonne,* südfrz. Dép., 3718 km², 196 000 E; Hptst. *Montauban.*

Tarnkappe, in der german. Sage e. unsichtbar machende od. Kraft verleihende Kappe.

Tarnkappenbomber → Stealth-Bomber.

Tarnopol, ab 1939 *Ternopol,* Gebietshptst. in der W-Ukraine (O-Galizien), am Sereth, 205 000 E; Masch.fabriken; 1920 bis 1939 poln.

Tarnów [-nuf], poln. St. in W-Galizien, am Dunajec, 119 000 E; Holzindustrie; röm.-kath. Bistum.

Tarnowitz, poln. *Tarnowskie Góry,* St. im poln. Schlesien, 62 000 E; Blei- u. Eisenbergbau, Hüttenwerke. – *Tarnowitzer Platte,* südöstl. v. T.; reiche Steinkohlen- u. Erzvorkommen.

Taro, *m.,* stärkereicher Wurzelstock der ostind. → Colocasia, dient als Nahrungsmittel.

Tarockkarte

Tarock, *s.* od. *m.* [it.], Kartenspiel zu dritt mit **T.karte** (→ Spielkarten), *Östr. T. u. Cego* m. 54 Karten (22 T., 4 Cavalls, 28 gewöhnl. Blätter), *Großtarock* m. 78 Karten, *Bayr. T.* m. 36 Karten.

Tarpan, *m.,* Wildpferd d. lichten Wälder und Steppen Europas, im 19. Jh. ausgerottet; Rückzüchtungen i. Zoos.

Tarpejischer Fels, Südkuppe des Kapitols, von dem im alten Rom Staatsverbrecher hinabgestürzt wurden.

Tarquinius, zwei sagenhafte röm. Kge: *T. Priscus* u. *T. Superbus* (letzter röm. König, vertrieben um 510 v. Chr.).

Tarragona, Hptst. d. nordspan. Prov. *T.,* 112 000 E; Öl- und Weinhandel; Erzbischofssitz.

Tarsus, *m.* [gr.], 1) die Fußwurzel der Wirbeltiere; bei Insekten d. a. mehreren Gliedern gebildete Endabschnitt d. Beines; 2) d. Lidknorpel.

Tarsus, *Tarsos,* St. im türk. Wilajet İçel, am S-Fuß des Taurus, 160 000 E; Baumwollind.; Geburtsort d. Apostels Paulus.

Tartarus, tiefster Teil d. griech. Unterwelt; Aufenthaltsort der gestürzten Titanen.

Tartessos, im A. T. *Tarschisch,* reiche Hafenst. des Altertums, an d. Mündung des Guadalquivir, wahrscheinlich Grundlage d. Atlantissage.

Tartini, Giuseppe (8. 4. 1692–26. 2. 1770), it. Geiger u. Geigenkomp.; *Teufelstrillersonate.*

Tartsche, *w.,* im MA Schild mit Einschnitt zum Einlegen der Lanze.

Tartu, estn. Name v. → Dorpat.

Tartuffe [-'tyf], scheinheiliger Heuchler (nach Molières gleichnamiger Komödie).

Taschenkrebs → Krabben.

Taschkent, Hptst. der usbekischen Sowjetrepu., 2,1 Mill. E; Uni., Forschungszentrum m. kernphys. Institut; Wasserkraftwerk; größte Landmaschinenfabr. d. UdSSR, Baumwoll- u. Seidenkombinat; Kreuzungspunkt der Turksibir. m. d. Transkasp. Eisenbahn.

Tasman, Abel Janszoon (1603–59), ndl. Seefahrer; entdeckte 1642/43 Neuseeland sowie → Tasmanien.

Tasmanien, früher *Van-Diemens-Land,* durch die Bass-Straße getrennte Insel u. Bundesstaat Australiens, 64 410 km², 451 000 E (Hauptinsel); fruchtbare Hochebenen, gemäßigtes Klima; Erze, Schafzucht; Hptst. *Hobart; Ureinwohner (Tasmanier)* 1876 ausgestorben.

TASS → Presse, Übers. (Nachrichtenagenturen).

Tassilo, Hzge von Bayern: **T. III.** (um 742–94), verlor sein Hzgt. an Karl d. Gr. (788).

Tasso, Torquato (11. 3. 1544–25. 4. 95), it. Renaissancedichter am Hof von Ferrara; Epos: *Das befreite Jerusalem;* Gedichte, Dialoge. – Drama v. Goethe.

Tastatur, *w.* [it.], die Tasten eines Musikinstruments, einer Schreib- oder Setzmaschine.

Tataren, mongol. Volk, jetzt Name für turktatar. Völkerschaften der Sowjetunion (Krim-, Kaukasus-, Wolga-, Ural-, sibir. T., Kirgisen und Baschkiren). – **T.nachricht**, unwahrscheinl. Nachricht (ein Tatar brachte 1854 die Falschmeldung von der Einnahme Sewastopols).

Tatarien, autonome Sowjetrepubl., an der Wolga, 68 000 km², 3,64 Mill. E; Hptst. *Kasan.*

Tat-bestand, Sachverhalt, Vorgang, **1)** *strafrechtl.* die Summe einzelner Tatmerkmale, die e. Strafnorm für d. Bestrafung voraussetzt; **2)** Teil eines → Urteils. – **T.einheit** → Idealkonkurrenz. - **T.mehrheit** → Realkonkurrenz.

Tati, Jacques (9. 10. 1908–5. 11. 82), frz. Schauspieler, Autor u. Regisseur satir.-grotesker Filme; *Les vacances de Monsieur Hulot* (1951); *Playtime* (1967); *Trafic* (1971).

Tatlin, Wladimir Jewgrafowitsch (28. 12. 1885–31. 5. 1935), ukrain. Maler, Bildhauer, Bühnenbildner d. → Konstruktivismus; (unausgeführter) Entwurf *Denkmal d. III. Internationale.*

Tätowierung, verballhornt aus *Tatauierung* [tahit.], Hautverz. mit Bildern od. Zeichen b. vielen Naturvölkern u. auch einigen Berufen d. Kulturvölker (z. B. Matrosen) durch Verreiben geeigneter Farbstoffe i. d. vorher eingeritzten Haut.

Tatra [„Vatergebirge"], zwei Parallelzüge der Karpaten: **1)** *Hohe T.,* nördl., 60 km l., unwegsamer u. steilwandiger Gneis- u. Granitzug, in d. *Gerlsdorfer Spitze* 2655 m; zahlr. Hochseen (Meeraugen), Trogtäler; S z. Slowakei, kleinerer N-Teil z. Polen; Luftkurorte: *Schmecks* u. *Tatra-Lomnitz* (slowak.), *Zakopane* (poln.); **2)** *Niedere T.,* südl., 75 km l., im *Ďumbier* 2043 m hoch.

Tattersall, *m.* [ˈtætəsɔːl], Reitschule, nach der im 18. Jh. von *T.* in London gegr. Pferdebörse u. Reitbahn.

tat tvam asi [sanskr. „Das bist du!"], Satz des → Brahmanismus, der die Einheit d. Subjektes mit dem Absoluten behauptet [„Ich" und „Außenwelt" wesensgleich); bes. von Schopenhauer zitiert.

Tatum [ˈteɪtəm], Edward Lawrie (14. 12. 1909–5. 11. 75), am. Biologe; biochem. Genetik bei Bakterien; Nobelpr. 1958.

Tatzelwurm, *Tazzelwurm,* im Volksglauben der Alpengebiete Bergdrache.

Tau, Max (19. 1. 1897–13. 3. 1976), dt. Schriftst.; *Glaube an den Menschen.*

Tau, Tröpfchenabscheidung bei Abkühlung wasserdampfhaltiger Luft.

Taube, Henry (* 30. 11. 1915), kanad. Chem.; Nobelpr. 1983 (Arbeiten z. anorgan. Chemie).

Taube, 1) → Sternbilder, Übers.; **2)** bekanntestes dt. Flugzeug (Eindecker) vor dem 1. Weltkrieg; Flügel der *T.* wurde nach dem → Zanoniasamen entwickelt; Konstrukteur → Etrich.

a Ballonkröpfer b Ringeltaube

Tauben

Tauben, artenreiche Vogelfamilie; in Mitteleuropa wildlebende Arten: *Ringel-, Turtel-, Türken-T.,* Nester auf Bäumen; *Hohl-T.,* Höhlenbrüter; *Wander-T.,* traten i. N-Amerika früher in gewaltigen

Schwärmen auf; *Lach-T.,* asiatische Steppen; *Felsen-T.,* Mittelmeerländer, nisten in Felsspalten; Stammform der *Haus-T.,* die in über 100 Rassen gezüchtet werden; in den Tropen sehr bunte T.arten. Auch → Brieftauben.

Tauben-kropf, weiß blühendes Nelkengewächs d. Wiesen u. Wälder (Name wegen seines blasigen Kelches). - **T.-schwanz,** Schwärmerschmetterling, Tagesflieger, Haarbüschel am Hinterleibsende, gelbe Hinterflügel. - **T.stößer,** svw. → Sperber.

Tauber, Richard (16. 5. 1892–8. 1. 1948), engl. Tenor östr. Herkunft.

Tauber, l. Nbfl. des Mains von der Frankenhöhe, mündet bei Wertheim, 120 km lang.

Tauberbischofsheim (D-6972), Krst. des Main-Tauber-Kr., Ba-Wü., an der Tauber, 11 815 E; AG; Holzind., Weinbau; Leistungszentr. f. d. Fechtsport.

taubes Gestein, Gestein ohne Erzmineralgehalt.

Taubheit, angeborene oder durch Krankheit erworbene Schädigung des Gehörorgans; angeborene T. bedingt **Taubstummheit** (Sprechfähigkeit b. 60% vermindert); *Taubstummenunterricht* im Lesen u. Sichverständigen, bes. durch Zeichensprache (*Fingersprache* im Handalphabet) u. *Lautsprache* (Artikulierung).

Täubling, Blätterpilze, ohne Schleim u. Milchsaft; viele genießbar (z. B. *Speise-T., Frauen-T., grüner T.*); ungenießbar: *Spei(teufel)täubling* (→ Tafel Pilze, S. 344).

Taubnessel, *Bienensaug,* Lippenblütler mit nesselähnl. Blättern; im Wald u. auf Feldern.

Taucha (D-7127), St. im Kr. Leipzig, Sa., 12 287 E; Rauchwarenindustrie, Masch.-, chem. Fabriken.

Taucher, Wasservögel; → *Haubentaucher,* → *Seetaucher.* - **T.anzug,** zum Arbeiten unter Wasser, Gummianzug, Schuhe m. Bleisohlen u. Metallhelm mit Glasfenster; Luftzufuhr durch Schlauch od. aus mitgeführtem Sauerstoffapparat. - **T.glocke,** unten offene Kammer f. Unterwasserarbeiten; Zuführung verdichteter Luft. - **T.krankheit,** *Caisson-, Druckluftkrankheit,* Schmerzen i. Gelenken u. Muskeln, Lähmungen, Kollaps, Blutungen inf. Nachlassen d. Außendrucks beim Verlassen des → Caissons oder bei zu raschem Aufsteigen, wodurch der im Blut befindliche Stickstoff in Bläschen frei wird.

Tauchkugel → Bathyscaph.

Tauchsport, Unterwasserschwimmen aus Abenteuerlust od. Naturinteresse; man unterscheidet zw. *Schnorcheltauchen* (10–15 m Tiefe) u. *Gerätetauchen* (bis 90 m Tiefe); spezielle Ausrüstung: Maske, Schwimmflossen, Schnorchel (ABC-Ausrüstung); für größere Tiefen: Neoprenanzug, Preßluftatemgerät.

Tauern, Gebirgszug der zentralen O-Alpen: **1)** *Hohe T.,* von der Birnlücke im W

bis zum Katschberg im O, zw. Puster- u. Salzachtal (seit 1971 östr. Nationalparkgebiet), Teile: *Glocknergruppe* (3797 m), *Venedigergruppe* (3674 m), *Ankogelgruppe* (3246 m); **2)** *Niedere T.,* zw. Enns u. Mur, mit *Radstädter, Schladminger* (Hochgolling 2863 m), *Wölzer, Rottenmanner T.* - **T.kraftwerk** → Kaprun.

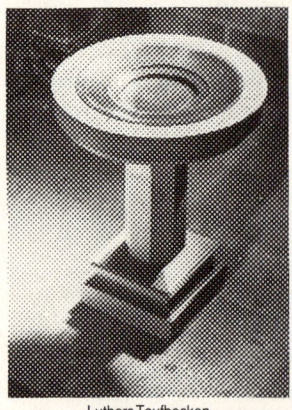

Luthers Taufbecken
Eisleben

Taufe [ahdt. „Tauchen"], d. grundlegende Sakrament d. Christentums (Matth. 28), wird durch Untertauchen (Ostkirche) od. Übergießen mit Wasser (abendländ. Kirche) gespendet; bewirkt die Wiedergeburt im Hl. Geist zu Kindern d. Vaters u. zu Brüdern Christi u. die Eingliederung in d. Kirche; *Kinder-T.,* v. d. Baptisten u. a. verworfen.

Täufer, christl. Richtungen mit Erwachsenentaufe anstelle d. Kindertaufe, wie → Baptisten, → Mennoniten. Auch → Wiedertäufer.

Taufliegen, Fliegenfamilie, darunter *Gemeine Essigfliege;* Larven in Fruchtsäften, Wein, Bier; Gattung *Drosophila* zu Vererbungsversuchen.

Tauler, Johannes (um 1300–16. 6. 61), dt. Mystiker, Schüler Meister Eckharts; Predigten u. Briefe.

Taumelkäfer, kleine blauschwarze Wasserkäfer m. Ruderbeinen; Räuber, jagen in Kreisen (taumeln) auf der Wasseroberfläche dahin.

Taumellolch, ein giftiges Gras, → Lolch.

Taunus, Quarzithöhenzug des Rhein. Schiefergebirges zw. Main, Rhein, Wetter u. Lahn; der südl. Teil die „Höhe" mit *Gr. Feldberg* (880 m); zahlr. Mineral-, Thermal- u. Solquellen (Wiesbaden, Bad Schwalbach, Homburg u. a.); Naturpark.

taupe [frz. *top*], maulwurffarben.

Taupunkt, der Temperaturpunkt, bei dessen Unterschreitung sich aus wasserdampfgesättigter Luft Tau abscheidet; → Kondensation.

Taurien, *Taurische Halbinsel*, altertüml. Name der **Tauris** genannten → Krim.

Tauroggen, lit. *Taurage*, litauische Krst. nordöstl. von Tilsit, 22 000 E. – → Befreiungskriege.

Taurus, 1) Randgebirge S-Kleinasiens, zw. oberem Euphrat u. Ägäischem Meer, bis 4116 m; gegliedert in *Lykischen T., Kilikischen T., Öst-T.* u. *Anti-T.;* **2)** astronom. → Stier.

Tausch, Umwechseln eines Gegenstandes in einen anderen; Vorschriften d. → Kaufs sind anzuwenden.

tauschieren, einlegen (einhämmern) v. Edelmetall (meist Gold- u. Silberdrähte) in Eisen-, Kupfer-, Bronzearbeiten z. Verzierung.

Tauschwirtschaft, Form der Wirtschaft, bei der nicht jede einzelne Wirtschaftseinheit ihre Bedürfnisse selbst deckt (→ Naturalwirtschaft), sondern durch Tausch eigener Erzeugnisse od. Arbeit gg. die anderer; *höhere Form* → Geldwirtschaft.

Tausendblatt, Wasserpflanze mit kammartig gefiederten Blättern.

Tausendfüßler, *Tausendfüßler,* Klasse der Gliedertiere; Körper aus einzelnen Ringen, jeder Ring mit einem Paar *(Bandfüßer)* od. zwei Paar *(Schnurfüßer)* Füßen; Höchstzahl gegen 300 Fußpaare; leben versteckt; Nahrung: kleine Tiere oder Pflanzenteile; Giftbiß großer Arten (→ Skolopender) gefährlich.

Tausend-
güldenkraut

Tausendgüldenkraut, Enziangewächse mit roten Blüten, auf Wiesen; magenstärkender Tee.

Tausendjähriges Reich → Chiliasmus.

Tausendundeine Nacht, arab. Märchensammlung, seit dem 10. Jh. entstanden; ind., pers., hellenist. u. jüd. Einflüsse; verbreitetste Fassung aus Ägypten, 15. Jh.; erste eur. Übers. durch A. *Galland* (frz., 1704–17), erste dt. Gesamtübers. durch E. *Littmann* (1921–28).

Taut, 1) Bruno (4. 5. 1880–24. 12. 1938), dt. Architekt (Siedlungsbauten, Berlin); s. Bruder **2)** Max (15. 5. 1884–1. 3. 1967), dt. Architekt; Geschäftshäuser, Schulen.

Tautologie, *w.* [gr.], *Pleonasmus,* Häufung gleichbedeutender Begriffe (z. B. *kleiner Zwerg).*

Tauwerk, zum Schiff gehörende Taue (Enden), Leinen aus Hanf u. ä., Trossen aus Stahldraht, oft m. Hanfseele.

Taverne, *w.* [l. „taberna"], Weinschenke, Gasthaus.

Taviani, Brüder, **1)** Vittorio (* 20. 9. 1929) u. **2)** Paolo (* 8. 11. 1931), it. Filmregisseure; *Padre Padrone* (1977); *Il Prato* (1979); *La notte di San Lorenzo* (1982); *Kaos* (1984); *Good Morning Babylon* (1986).

Taxameter, Fahrpreisanzeiger eines Taxis; früher auch Bez. für das Fahrzeug selbst.

Taxator, *m.* [l.], Wertsachenverständiger, meist amtl. vereidigt.

Taxe, *w.,* **1)** Wertschätzung, bes. durch Taxatoren; öff. festgesetzte Preise u. Gebühren; im Versicherungswesen d. Betrag, d. zu schneller Schadenvergütung als Versicherungswert vereinbart wird; **2)** volkstümlich f. → *Taxameter.*

taxieren, den Wert (oder Preis) abschätzen.

Taxis → Thurn und Taxis.

Taxis, *w.* [gr.], Mz. *Taxien,* gerichtete Bewegung eines freibewegl. Lebewesens (Algen, Urtiere, Samenfäden) als Folge e. gerichteten Reizes *(Geo-, Chemo-, Helio-T.);* → Tropismus.

Taxkurs, geschätzter Kurs eines Wertpapiers.

Taxonomie, *Systematik,* Gebiet der Biologie, das Verwandtschaftsbeziehungen im Tier- u. Pflanzenreich feststellt u. daraus ein System der Organismen entwickelt.

Taxus, *m.,* sww. → Eibe.

Tay [*tei*], schott. Fluß aus den Grampians, 193 km l., mündet in den Firth of T.

Taygetos, Kalkgebirge d. südl. Peloponnes *(Hagios Elias* 2407 m).

Taylor [*'teilə*], Elizabeth (* 27. 2. 1932), am. Filmschausp.in; *Butterfield 8; Cleopatra; Who's afraid of Virginia Woolf?*

Taylorsystem [*'teilə-*], v. d. Amerikaner F. W. *Taylor* (1856–1915) begr. industrielle Arbeitsmethode (sog. „Wiss. Betriebsführung"); systematische Zerlegung der Arbeitsvorgänge; bes. Aufsichtsmethode u. Entlohnung (Prämiensystem), um Höchstleistungen zu erzielen.

Tb, *chem.* Zeichen f. → Terbium.

Tbk., *Tbc, Tb, med.* Abk. f. → Tuberkulose.

Tc, *chem.* Zeichen f. → Technetium.

TCCD → Dioxine.

tdw, *dwt,* Abk. f. *tons deadweight* [engl. *'tʌns 'dedwet*], Totgewicht, Tragvermögen eines ausgerüsteten Schiffes (Ladung, Ballast, Brennstoff, Proviant, Wasser, Mannschaft) in Tonnen.

Te, *chem.* Zeichen f. → Tellur.

Teach-in, *s.* [engl. *-,titʃ-*], Podiumsdiskussion, Kolloquium zum Zweck d. Demonstration, des Protestes.

Teakholz, [*'tik-*], *Tiekholz,* von einem ind., in den Tropen auch angebauten Baum; kieselsäurereich, dauerhaft, bestes Holz für Schiffbau.

Team, *s.* [engl. *tim*], (Sport-)Mannschaft; Gespann. – **T.work,** *s.* [*-wək*], (gute) Zu-

sammenarbeit, im Sport gutes Zusammenspiel.

Tebaldi, Renata (* 1. 2. 1922), it. Sopranistin.

Technetium, *Tc,* chem. El. d. Manganreihe, Oz. 43; radioaktiv, durch Atomreaktor gewinnbar, spurenweise natürlich vorkommend.

Technik, *w.* [gr. „Kunstfertigkeit"], **1)** Methode u. prakt. Verfahren (einschließl. Mittel), ein Werk (jeder Art) od. eine Leistung (z. B. sportl.) hervorzubringen, bis ins 19. Jh. noch als Kunst *(ars)* bezeichnet; **2)** die Ingenieurwissenschaft zur Nutzbarmachung der natürl. Stoffe u. Kräfte.

Technikum, techn. Lehranstalt für Maschinenbau, Elektrotechnik, Bauwesen usw.; Abschlußprüfung als Ingenieur bzw. Baumeister.

Technische Hochschulen, *Technische Universitäten,* zur Vermittlung von Kenntnissen der Technik u. verwandter Wissenszweige; verleihen Dipl.-Ing., Dr.-Ing.; Fakultäten der TH/TU: u. a. Bauwesen (Hoch- u. Tiefbau), Maschinenbau, Elektrotechnik, Mathematik, Architektur, Bergbau, Chemie, Physik; HS in d. BR: → Hochschule.

Technisches Hilfswerk, Abk. *THW,* gemeinnützige, freiwillige Hilfsorganisation, als unselbst. B.anstalt dem Innenmin. unterstellt; Dienst z. B. bei Katastrophenfällen; 1953 gegr.; 559 Orts- u. 11 Landesverbände.

Technokratie [gr.], am. volkswirtsch. Lehre, nach der d. Prinzipien d. Technik für d. funktionale Ordnung d. Gesellschaft bestimmend sein sollen; Träger dieser Ordnung: **Technokrat.**

Technologie [gr.], Lehre v. d. Umwandlung d. Rohstoffe in Gebrauchsfabrikate: *mechan. T., chemische T.*

Techtelmechtel, *s.* [it. „teco meco = ich mit dir, du mit mir"], sww. Liebelei.

Teckel → Dackel.

Tecklenburg (D-4542), St. i. Kr. Steinfurt, NRW, 8878 E; AG; Luftkurort; Burgruine mit Freilichtbühne.

Tedeum, *Te deum laudamus* [l. „Dich, Gott, loben wir"], altkirchlicher (Ambrosianischer) Lobgesang; alte Choralmelodie; auch frei komponiert von Händel, Berlioz, Bruckner u. a.

Blütenzweig
Teepflanze

Tee, *Teestrauch,* weiß blühendes immergrünes Kamelliengewächs, in Buschform gezogen, wahrscheinl. südostasiat. Herkunft. Die jüngsten, glänzenden Blät-

Teeplantage *in Georgien*

ter dienen, getrocknet, zur Herstellung des T.getränks; anregende Wirkung infolge Koffeingehalts; versch. T.sorten bedingt durch Qualität u. Behandlung der Blätter: *grüner T.* schnell getrocknet, *schwarzer T.* langsam getrocknet (fermentiert). Weltproduktion 1982: 1,95 Mill. t, davon die Haupterzeugungsländer Indien ca. 29%, China ca. 22%, Sri Lanka ca. 10%. – T. auch aus den Blättern u. Blüten versch. einheim. Pflanzen als Genuß- u. Heilmittel; in Südamerika der → Mate.

Teenager, *m.* [ˈtiːneɪdʒə], am. Bez. f. Jugendliche v. 13–19 J.

Teer → Braunkohlenteer, → Steinkohlenteer. – **T.farben,** aus Bestandteilen des → Steinkohlenteers. – **T.seife,** aus Nadelholzteer gegen versch. Hautkrankheiten. – **T.straßen, 1)** durch T.besprengung der Oberfläche staubfrei; **2)** durch teer- u. pechhaltige Stampfschicht wasserundurchlässig, leicht zu reinigen.

Teesside [ˈtiːsaɪd], 1968 durch Zus.schluß v. *Middlesbrough, Thornaby-on-Tees* u. *Stockton-on-Tees* gebildete engl. Stadt; 1974 aufgeteilt auf d. Distrikte Middlesbrough, Stockton-on-Tees u. Langbaurgh.

Teflon®, *s.,* Handelsbez. f. → Polytetrafluorethylen.

Tegel, Teil des St.bez. Reinickendorf, Berlin; Schloß, Flughafen.

Tegernsee (D-8180), St. i. Kr. Miesbach, heilklimat. Kurort u. Wintersportplatz in Oberbay., 4066 E; Klosterkirche, Schloß, Olaf-Gulbransson-Museum; T.er Bauerntheater; Benedictus-Heilquelle am **T.** (725 müM, 72 m tief, 8,9 km²).

Tegetthoff, Wilhelm Frh. v. (23. 12. 1827–7. 4. 71), östr. Admiral, besiegte 1866 bei Lissa die it. Flotte.

Tegnér, Esaias (13. 11. 1782–2. 11. 1846), schwed. Dichter; Epos: *Frithjofsage.*

Tegucigalpa [- θi-], Hptst. d. mittelam. Rep. Honduras, 641 000 E; Uni.; Tabakind.

Teheran, Hptst. d. Iran, südlich des Elburs, 6 Mill. E; ehem. kaiserl. Palast, Reg.gebäude, Moscheen, 2 Uni., HS; Teppich-, Seiden-, Baumwollweberei; Zucker-, Tabak-, Leder- u. Metallind.; Flughafen *Mehrabad.* – *Konferenz v. T.* 1943 (Churchill, Roosevelt, Stalin).

Tehuántepec [*teṷ-*], mexikanische St. i. Staate Oaxaca, 14 000 E; auf dem *Isthmus v. T.,* 210 km breite Landenge zw. Pazifik und Golf von Mexiko.

Teich-huhn, kl. → Ralle mit roter Stirnplatte, Zugvogel. – **T.muschel,** *Anodonta,* Süßwassermuschel Mitteleuropas, bis 20 cm lang.

Teichoskopie, *w.* [gr. „Mauerschau"], dramaturg. Hilfsmittel, bei dem schwer darstellbare Vorgänge scheinbar hinter die Szene verlegt u. durch erhöht stehenden „Beobachter" geschildert werden.

Teilchen-beschleuniger → Beschleuniger. – **T.strahlung** → Korpuskularstrahlung.

Teilhard de Chardin [tɛˈʒar də ʃarˈdɛ̃], Pierre (1. 5. 1881–10. 4. 1955), frz. Jesuit, Paläontologe u. Phil.; Versuch, christl. Lehre u. Evolutionstheorie sowie moderne Kosmologie zu vereinigen; von d. Kirche z. T. verworfen; *Der Mensch im Kosmos.*

Teilzahlungskauf, im Einzelhandel verbreitete Art des Kreditgeschäfts, bei dem die Ware sofort ausgehändigt u. der Kaufpreis, meist unter Zuschlag v. Zinsen, in vereinbarten Raten bezahlt wird; im allg. ist eine Anzahlung u. → Eigentumsvorbehalt üblich; Finanzierung z. T. durch d. Handel, aber auch durch bes. Bankinstitute; Abzahlungsges. v. 16. 5. 1894; laut Ges.änderung v. 15. 5. 1974 wird T. erst wirksam, wenn Käufer nicht innerhalb einer Woche widerruft.

Teïn, *s., Theïn,* → Koffeïn.

Teint, *m.* [frz. tɛ̃], Farbe der Gesichtshaut.

Teiresias, *Tiresias,* bei Homer blinder Seher.

Teja, letzter Ostgotenkg. fiel 553 am Vesuv im Kampf gegen Narses.

Tektite [gr.], glasartige Gebilde (60–80% SiO₂) m. runzelig-wulstiger Oberfläche; vermutl. meteorit. Entstehung.

Tektonik, *w.* [gr.], **1)** Lehre vom Aufbau u. v. d. Gliederung von Kunstwerken; **2)** *geolog.* Lehre vom Bau der Erdkruste und der Lagerung der Gesteine; *tekton.* *Erdbeben* → Erdbeben.

tektonische Gebirge → Gebirge.

Tel Aviv-Jaffa, Wirtsch.zentrum Israels, am Mittelmeer, 1949 aus den Städten Tel Aviv u. Jaffa gebildet, 320 000 E; Uni.;

Teheran, *Schah-Moschee*

Tel Aviv

Hafen, (u. a. chem.) Ind.; 1909 v. Zionisten gegr.

tele- [gr.], als Vorsilbe: fern ...

Telefax, svw. → Fernkopieren.

Telefon, *s.* [gr.], *Fernsprecher,* Apparat zur Lautübertragung durch el. Strom. Prinzip: Sender und Empfänger durch el. Leitung verbunden. Im Sender (Mikrophon) werden durch Aufnahme- → Membran d. wechselnden Tonschwingungen umgesetzt in Stromschwingungen, die, durch d. Leitung übertragen, im Empfänger ein Magnetsystem erregen. Die Magnetstöße bewegen eine Membran, die damit d. el. Schwingungen wieder in Tonschwingungen umsetzt u. so die Laute entsprechend d. Sendung wiedergibt. Erster Fernsprecher 1861 von Philipp *Reis,* Frankfurt a. M.: Gebermembran, durch Lautschwingungen erregt, drückt mehr od. weniger stark Platinplättchen gg. Stift, dadurch Widerstandsänderung, also Strommodulation → analog den Schallschwingungen. Empfänger: Stricknadel in Drahtspule, Längenänderungen d. Stricknadel (Magnetostriktion) entsprechend d. Stromschwankungen übertragen sich auf d. Resonanzgehäuse. Graham *Bell* 1876: Fernsprecher mit Dauermagnet in Spule z. Erzeugung v. *Stromschwankungen* (Induktionsstrom). *Hughes* erfand 1878 Kohle-Mikrophon u. vereinigte b. jeder Sprechstelle Sender u. Empfänger (Mikrophon u. Fernhörer), dadurch Gegensprechen möglich. Leitungen früher oberirdisch, heute meist Luft-, Erd-, Seekabel. Bei Übertragung auf größere Entfernungen → Verstärker notwendig. Drahtloses T., Übertragung der Gespräche durch elektromagnet. Wellen.

telegen, svw. → fotogen für das Fernsehen.

Telegraph, *m.* [gr.], Apparat zur Übermittlung v. Nachrichtenzeichen; → Telegraphie.

Telegraphen-agenturen, *T.büros,* Nachrichtenagenturen (→ Presse, Übers.).

Telegraphie [gr.], Fernübertragung v. Nachrichtenzeichen; als opt. T. schon im Altertum (Feuer, Fackelzeichen); el. T. durch Übermittlung v. Zeichen über Frei- u. Kabelleitungen od. drahtlos auf dem Funkwege; Aufnahme durch Abhören od. Aufzeichnung im Empfangsgerät. Erster el. Telegraph 1809 (von → Sömmering: durch chem. Stromwirkung);

entscheidende Entwicklung d. el. T. durch den 1837 von Morse erfundenen u. noch teilweise verwendeten *Morseschreiber,* der intern. vereinbarte Zeichen (→ Morsealphabet) durch lange u. kurze Stromwirkung übermittelt; heute weitgehend durch → Fernschreiber verdrängt; f. Übermittlung v. Bildern → Bildtelegraphie u. → Fernkopierer.

Telekinese, *w.* [gr.], Bewegung von entfernten Gegenständen durch übersinnliche Kräfte.

Telekommunikation, Kommunikation zw. räumlich getrennten Menschen, Maschinen u. anderen Systemen durch nachrichtentechn. Übermittlungsverfahren.

Telemach, Telemachos, Sohn des → Odysseus.

Telemann, Georg Philipp (14. 3. 1681–25. 6. 1767), dt. Organist u. Komponist; 46 Passionen, 50 Opern, 1400 Kantaten.

Telemark, 1) Prov. (Fylke) in S-Norwegen, 15 315 km², 163 000 E; bewaldete Gebirgslandschaft mit zahlr. Flüssen u. Seen; Papiernd.; Hptst. → Skien; **2)** Richtungsänderung oder Bremsschwung im Skilauf: Außenski nach vorn, Gewicht auf Innenski.

Telemeter, *s.* [gr.], opt. Einrichtung zur Entfernungsmessung (z. B. als *Meßsucher* in Kameras).

Telemetrie [gr.], *Fernmeßtechnik,* drahtlose Meßwertübertragung v. e. entfernten Ort (z. B. Sender in Erdsatelliten, Flugzeugen, an Versuchspersonen) zum Empfänger (Registrier-, Bodenstation) mit Hilfe modulierter (Frequenz-, Impuls-, Phasenmodulation) hochfrequenter Wellen.

Teleobjektiv, Objektiv, dessen Brennweite wesentlich länger ist als die der Normalbrennweite; zur Teraufnahme, um weit Entferntes nahe heranzuholen usw.

Teleologie [gr.], (Zweck-)Lehre von einer ziel-(zweck-)bestimmten Ordnung v. Geschehnissen u. des Weltlaufs.

teleologisch, ziel-(zweck-)bestimmt.

Telepathie [gr.], Gedankenübertragung.

Telephon → Telefon, → Bildtelefon.

Teleran, Tele*vision* **Ra***dar* **Na***vigation,* System f. Flugzeugnavigation, durch Verbindung von Radar und Fernsehen; liefert dem Flugzeugführer laufend Boden- und Wetterkarte.

Tele-Scheck-Anlage, an Bankschaltern verwendete Fernsehanlage zum Vergleich v. Unterschriften m. d. Unterschriftsproben am Kontoplatz.

Teleskop, *s.* [gr.], Fernrohr, → Sternwarte.

Teletex, *svw.* → Bürofernschreiben.

Teletext, *svw.* → Videotext.

Television, *w.* [gr.-l. *'telɪvɪʒn*], *TV,* engl. Bez. für → Fernsehen.

Telexnetz, Abk. v. engl. *tele*type ex*change,* weltweites, öffentliches Fernschreib-Teilnehmernetz; Endapparate: → Fernschreiber; Übertragungswege vorwiegend durch → Wechselstromtele-

graphie vielfach ausgenutzte Fernsprechkanäle; in Dtld s. 1933.

Telgte (D-4404), St. i. Kr. Warendorf, a. d. Ems, NRW, 16 500 E; Wallfahrtsort, got. Hallenkirche; div. Ind.

Telinga → Telugu.

Tell, Wilhelm, Sagenheld der Schweizer Freiheitskämpfe gegen d. Haus Habsburg im 14. Jh.; Anfang 16. Jh. Urner Volksschauspiel; 1804 Drama v. Schiller; Oper v. Rossini.

Tell, *m.* od. *s.* [arab.], Bez. für vorgeschichtl. Ruinenhügel in Vorderasien.

Tell el Amarna, in Mittelägypten als Achet-Aton Residenz → Amenophis' IV. (Echnaton) um 1350 v. Chr.; jetzt reiche Fundstätte (→ Nofretete).

Teller, Edward (* 15. 1. 1908), am.-ungar. Phys.; Mitentwicklung d. → Neutronenbombe.

Tellereisen, durch Tritt auf eine Platte (Teller) ausgelöste Raubtierfalle; in Dtld verboten.

Tell-Halaf, neuzeitl. Name für Ruinenhügel der antiken Stadt Gosan (Mesopotamien).

Tellur, *s., Te,* chem. El., Oz. 52, At.-Gew. 127,60, Dichte 6,25; Halbmetall der Schwefelgruppe, Vorkommen in Verb. u. gediegen, meist m. Gold, Silber, Blei u. Wismut.

tellurisch [l. „tellus“], auf die Erde bezogen.

Tellus, röm. weibliche Erdgottheit.

Telophase, Endstadium der → Mitose u. → Meiose.

telquel [frz. *tel'kɛl* „so-wie“], Lieferbedingungen, bei denen bei vertragsgemäßer Lieferung Mängel ausgeschlossen sind.

Telstar

Telstar, am. Nachrichtensatellit, ermöglicht d. Übertragung v. Farb- u. Schwarzweiß-Fernsehsendungen od. 600 einseitige u. 60 zweiseitige Sprechverbindungen; *T. 1* 1962, *T. 2* 1963 gestartet (→ Tafel Weltraumforschung).

Teltow (D-1530), St. i. Kr. Potsdam, Bbg, 15 089 E, am **T.kanal** (Verbindung Spree–Havel, 38 km l.).

Teltower Rübchen, kleine Runkelrübenform.

Telugu, *Telinga,* Drawidasprache (→ Sprachen, Übers.), i. östl. Indien v. 38 Mill. gesprochen.

Temesvár → Timişoara.

Temin, Howard Martin (* 10. 12. 1934), am. Krebsforscher; (zus. m. R. Dulbecco) Nobelpr. 1975 (Forschungsarbeiten über krebserregende Viren).

Tempelherren, *Templer, Tempelbruder,* geistl. Ritterorden, gegr. 1119 in Akkon; nach 1291 in Zypern u. Frkr. Ordenskleid: weißer Mantel mit rotem Kreuz; Auflösung 1312.

Tempelhof, Verw.bez. v. Berlin, am Teltow-Kanal, mit **Tempelhofer Feld** (Flughafen T.).

Temperamalerei, mit verdünntem Eigelb oder Leim einzeln auf Gips- oder Kreidegrund aufgetragene Farben; bis zum 15. Jh. vorwiegende Technik in der Tafelmalerei; dagg. → Ölmalerei.

Temperament, *s.* [l.], Gemütslage; klass. Einteilung (antik: blutvoll), *cholerisch* (aufbrausend, heftig), *phlegmatisch* (gelassen, gleichgültig), *melancholisch* (trübsinnig, schwermütig).

Temperatur, *w.* [l.], Wärmezustand eines Stoffes, Bestimmung durch → Thermometer; → Wärmelehre.

Temperenz, *w.* [l.], Mäßigkeit.

Temperenzler, Anhänger der Mäßigkeitsbewegung.

Tempergüß, durch Glühen mit Eisenerzen (**tempern**) entkohltes und in schmiedbares Eisen umgewandeltes Gußeisen (weißes → Roheisen).

temperieren [l.], mäßigen, ausgleichen; auf die richtige → Temperatur bringen.

Tempest, im Segelsport Zweimannkielboot m. → Spinnaker u. → Trapez; olymp. Bootsklasse.

Templin (D-2090), Krst. i. Bbg, 14 464 E; am *T.er Kanal* (zur Havel).

Tempo, *s.* [it.], **1)** *allg.* Geschwindigkeit, Schnelligkeit; **2)** *mus.* Zeitmaß.

temporal [l.], zeitlich; weltlich.

temporär [l.], zeitweilig, vorübergehend.

Tempus, *s.* [l.], Mz. *Tempora,* die durch Gegenwarts-, Vergangenheits- u. Zukunftsform d. Zeitworts ausgedrückte Zeit.

Tendenz, *w.* [l.], **1)** Streben od. Richtung (mit Lehr- oder Bekehrabsicht), z. B. **T.stück; 2)** Trend bei Statistiken und Entwicklungen in Mode, Wirtschaft, Kultur.

Tendenzbetrieb, Betriebe mit idealer Zielsetzung (Zeitungen, Verlage), die im Betriebsverfassungsgesetz gewissen Einschränkungen unterliegen.

tendenziös, auf ein Ziel gerichtet, parteiisch.

Tender, *m.* [engl.] **1)** Begleitschiff; **2)** fahrbarer Behälter mit Kohle u. Wasser für Lokomotive.

tendieren [l.], zu etwas neigen.

Tendovaginitis, *w.* [l.], Sehnenscheidenentzündung.

Tenedos, türk. *Bozca Ada,* türk. Insel v. d. NW-Küste Kl.asiens, 40 km², 2000 E.

Teneriffa, span. *Tenerife,* größte der Kanar. Inseln; Bergland (im erloschenen Vulkan *Pico de Teyde* 3718 m); 1928 km², Weinkurorte; Hauptausfuhr: *T.spitzen,* Gemüse, Obst, Wein; Hptst. *Santa Cruz de T.*

Teneriffaspitze, sternförmig hergestellte Spitze.

Tenẹsmus [gr.-l.], schmerzhafter Stuhl- oder Harndrang.

Teniers [-'ni:rs], **1)** David, *d. Ä.* (1582–29. 7. 1649), ndl. Maler u. Kunsthändler; sein Sohn **2)** David, *d. J.* (get. 15. 12. 1610–25. 4. 90), Genremaler; Innensichten v. Gemäldegalerien.

Tennengebirge, verkarsteter Kalkstock d. Salzburger Alpen (*Raucheck* 2431 m) m. Rieseneishöhle.

Tennessee [-*si:*], **1)** l. Nebenfluß des Ohio, aus dem Gr. Appalachental, 1421 km l. (mit Quellfl. French Broad R.); **2)** Abk. *Tenn.,* Staat der USA zw. den Alleghanies u. Mississippi, 109·412 km², 4,9 Mill. E (17% Schwarze); Viehzucht; Mais-, Baumwolle-, Weizen-, Tabakanbau, Hptst. *Nashville.* – **T. Valley Authority** [engl. -'vælı ɔ:'θɔrıtı „T.-Tal-Amt"], *TVA,* 1933 aufgrund des → *New Deal* gegr. öff. Körperschaft zur Ausnutzung der Wasserkräfte des T.stromtales: Dammbauten, el. Kraft- u. Stickstoffwerke, Aufforstungen, Meliorationen.

Tennis, Rückschlagspiel zw. 2 (Einzel) od. 4 (Doppel) Spielern. Ein 56,70–58,47 g schwerer Hohlball wird m. e. 67–70 cm langen Schläger üb. e. 0,915 m hohes Netz so i. d. Spielfeld d. Gegners geschlagen, daß dieser ihn nicht der Regel gemäß zurückspielen kann; Spielfeld 23,77×8,23 (im Doppel 10,97) m.

Tẹnno, Titel d. Kaisers v. Japan (auch → Mikado).

Tennyson ['tenısn], Lord Alfred (6. 8. 1809–6. 10. 92), engl. (Hof-)Lyriker; *Enoch Arden; Königs-Idyllen.*

Tenor, *m.,* **1)** [l., *te*-], Fassung, Wortlaut eines Schriftstücks, besonders die Fassung einer Urteilsformel; **2)** [-'no:r], hohe Männerstimme.

Tenside [l.], Sammelbez. für Entspannungsmittel (z. B. → Detergenzien).

Tension, *w.* [l.], Dehnung, Spannung; bei Gasen d. Expansivkraft.

Tensor, *m.* [l.], math. Größe, geometrisch veranschaulicht durch eine Fläche 2. Grades (z. B. Ellipsoid).

Tentakel, *s.* [l.], ungegliederte Fühl- u. Fangfäden od. Fangarme mancher Weichtiere, Würmer u. Pflanzentiere.

Tẹnuis, *m.* [l.], stimmloser Verschlußlaut *(p, t, k).*

Tepl → Johannes von Saaz.

Teplitz, früher *T.-Schönau,* tschech. *Teplice-Šanov,* nordböhm. St., 56 000 E; Badeort (radioaktive Quellen); Textil-, Glas-, Eisenind.

Teppich, geknüpfter, gewirkter od. gewebter Fußbodenbelag u. Wandbehang, meist aus Wolle, farbig u. gemustert, v. Hand od. Maschine hergestellt; Technik d. *T.herstellung* v. Hand stammt aus dem Orient; Blütezeit in Persien im 16.–18. Jh. (Jagd- u. Tierteppiche); chin. T. m. Drachenornamenten u. symbol. Zeichen; anatol. T. (Smyrna) pflanzl. Motive; in Flandern (s. 15. Jh.) u. Frkr. (→ Gobelin) hohe Blüte; s. 19. Jh. maschinelle Herstellung.

Teppichkäfer, *Anthrenus, Bibernellblütenkäfer,* Ernährung u. Bekämpfung der Larven → Pelzkäfer.

Tera- [gr.], abgek. *T,* Vorsilbe bei Maßeinheiten: eine Billion (10^{12}).

Teratologie, Lehre von den Mißbildungen bei Mensch und Tier.

Terbium, *Tb,* chem. El., Oz. 65, At.-Gew. 158,924; Dichte 8,25; Seltenerdmetall.

Terborch, Gerard (1617–8. 12. 81), ndl. Maler; Bildnisse, Genreszenen.

Terek, nordkaukas. Fluß, 623 km l., v. Kasbek in das Kasp. Meer.

Terentius, *Publius Terentius Afer* (um 190–159 v. Chr.), röm. Lustspieldichter; *Eunuch; Andria.* – Im 15. u. 16. Jh. als Schultheater wiederbelebt.

Teresa, Mutter, eigtl. *Agnes Gonxha Bojaxhio* (* 27. 8. 1910), ind. Ordensgründerin alban. Herkunft; s. 1946 in d. Slums v. Kalkutta tätig; Friedensnobelpr. 1979.

Tereschkowa, Walentina (* 6. 3. 1937), sowj. Kosmonautin; umkreiste 1963 als erste Frau in d. Raumkapsel *Wostok VI* 48mal die Erde.

Terlan, it. *Terlano,* Gem. i. d. Prov. Bozen an der Etsch, 3100 E; Weinbau: „Terlaner".

Termin, *m.* [l.], festgesetzter Zeitpunkt; für Gerichtsverhandlung anberaumter Tag. – **T.gelder,** meist durch Effekten gedeckte Darlehen im Börsengeschäft auf 14 Tage, einen Monat (→ Monatsgeld) oder noch längere Fristen. – **T.geschäfte,** zum Tageskurs abgeschlossene Börsengeschäfte, die i. Gegensatz zu *Kassageschäften* nicht sofort, sondern erst zu einem vereinbarten Termin zu erfüllen sind; in d. BR im Wertpapierhandel verboten, im intern. Waren- u. Devisenhandel erlaubt.

Terminal [engl. *'təmnl* „Endstation"], **1)** *DV:* Datenstation z. Erfassung u. Ausgabe v. Daten; **2)** Abfertigungsgebäude bes. an Flughäfen.

Terminologie, *w.* [l.-gr.], Gesamtheit von Fachausdrücken eines Gebietes.

Terminus [l.], **1)** röm. Gott d. Grenzsteine; **2)** Fachbegriff. – **T. ante quem,** Zeitpunkt, *vor* dem etwas liegen muß. – **T. a quo,** Zeitpunkt, *von* dem an, **T. ad quem,** bis *zu* dem gerechnet wird (bei befristeten Geschäften). – **T. technicus,** Fachausdruck.

Termiten, d. Schaben verwandte Insektenordnung (fälschlich: *weiße Ameisen*); in d. Ameisenstaaten ähnelnde Gesellschaften, doch sind auch die Männchen am Staatenleben u. der Kastenaufspaltung beteiligt; *T.staaten* bestehen aus schlechtstieren („Königin" u. „König", erstere mit von Eiern stark aufgetriebenem Hinterleib) und Arbeitern (Weibchen u. Männchen m. verkümmerten Geschlechtsorganen) mit versch. Aufgaben; z. B. den „Soldaten" mit mächtigen Kiefern; fast alle i. heißen Erdteilen; Gänge und Bauten in totem Holz oder hohe,

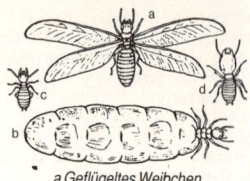

a Geflügeltes Weibchen
b Königin, *c* Arbeiter, *d* Soldat

Termiten

steinharte Nester *(T.hügel);* Zerstörung von Holzbauten.

Terni, Hptst. d. it. Prov. *T.* in Umbrien, 110 000 E; Stahl-, Textilind., Bischofssitz.

Ternitz (A-2630), St. an d. Schwarza, Niederöstr., 16 150 E.

Terpene, Kohlenwasserstoffe des Pflanzenreichs; im Terpentin u. anderen Harzen und in ätherischen Ölen, wie Kümmel-, Zedern-, Nelkenöl; auch Kampfer ist ein Terpen.

Terpentin, *s.,* Terpentinöl, → Harze.

Terpentinbaum, eine → Pistazie.

Terpsichore, griech. → Muse der Chorlyrik.

Tẹrra, *w.* [l.], Erde, Land. – **T. incognita,** („unbekanntes"), unerforschtes Gebiet, Neuland. – **T. sigillata** [l.], Gefäße aus rotgebranntem Ton, besonders der römischen Kaiserzeit mit *Fabriksiegeln.*

Terrain, *s.* [frz. -'rɛ̃], Gelände.

Terrakotta, *w.* [it. „gebrannte Erde"], unglasierte keram. Erzeugnisse f. Kunst, Kunstgewerbe u. Gebäudeschmuck; → Tanagrafiguren.

Terramaren, bronzezeitl. Siedlungen in Oberitalien.

Terrarium [l.], Behälter zur Haltung und Züchtung von Reptilien und Amphibien.

Terra rossa [it.], → Roterde.

Terrasse, *w.* [frz.], **1)** Fels- oder Schotterstufe, Reste des urspr. Flußbettes, Seeufers od. Meeresstrandes; **2)** offene Plattform an Gebäuden, ebenerdig od. als gr. Balkon.

Terrazzo, *m.* [it.], Zementboden mit Einlage kleiner Steinchen (z. B. Marmor); meist geschliffen.

Terre des Hommes [frz. *tɛr dɛ'zɔm*], 1960 v. d. Schweiz. Edmond Kaiser gegr. intern. Kinderhilfsorganisation.

terrestrisch [l.], irdisch, die Erde betreffend.

Terrier [engl. *-ıər*], Hunderassen; → Airedaleterrier, → Foxterrier; auch Irish-, Scotch- (rauhhaarig), Skye-T., Welsh-T. u. a. (→ Tafel Hunderassen).

territorial [l.], gebietsmäßig, zu einem *Territorium* (Staatsgebiet) gehörig. Ggs.: exterritorial (→ Exterritorialität).

Territorial Army, engl. Landwehr.

Territorialgewässer, das Seegebiet vor Festland u. vorgelagerten Inseln sowie an Einmündungen v. Flüssen; gehören zum Hoheitsgebiet d. betreffenden Staates; → Dreimeilenzone.

Territorialkommando → Bundeswehr.
Territorialprinzip, Gesetzgebung des über das Gebiet herrschenden Staates ist maßgebend.
Territorialreserve, früherer Name d. → Heimatschutztruppe.
Territorialstaaten, fürstl. Landesstaaten; entstanden nach d. Niedergang d. dt. Kaisertum i. MA (Ende 13. Jh.).
Territorium, 1) Gebiet, bes. Staatsgebiet; **2)** Revier, Eigenbezirk e. Tiers od. e. Tiergesellschaft.
Terror, m. [l.], Schrecken(sherrschaft); pol. Gewaltmaßnahme.
terrorisieren, Schrecken verbreiten, einschüchtern.
Terrorismus, zusammenfassender Begriff f. versch. m. Gewaltanwendung (z. B. Entführung, Folterung, Mord) verbundene Aktivitäten meist ideologisch motivierter Vereinigungen od. Gruppen, die ihrer extremist. pol. Zielsetzung auf diese Weise Geltung zu verschaffen suchen; intern. Bestrebungen zur Verhinderung v. Terrorakten haben bisher kaum zu konkreten Maßnahmen geführt; z. Bekämpfung des Terrorismus am 27. 1. 1977 Anti-Terror-Konvention, zu der Östr. u. Schweden die BR als dritter Staat u. beitrat.
Tertia, w. [l. „dritte"], Unter- u. Ober-T., früher 4. u. 5. Klasse höherer Schulen.
Tertiär, s. [l.], **1)** in der Geologie (T.zeit) erdgeschichtliche Epoche (Zeit der Alpenbildung); → geologische Formationen (Übers.); **2)** in der Medizin (T.stadium), dritte Krankheitsperiode (z. B. der Syphilis).
tertiär, an dritter Stelle stehend.
Tertiarier u. Tertiarierinnen → Dritter Orden.
Tertium comparationis [l. „das Dritte des Vergleichs"], das Gemeinsame zweier verglichener Dinge.
Tertullian (um 160–220 n. Chr.), röm. Kirchenschriftst.; Begründer der lat.-christl. Literatur.
Teruel, Hptst. der nordspan. Prov. T., am Alfambra, 27 000 E; Kathedrale (arab. Ursprungs).
Terylen®, Handelsbezeichnung für synthetischen Faserstoff auf d. Basis v. Terephthalsäureglycolester (→ Chemiefasern).
Terz, w. [l.], **1)** Fechthieb; trifft die rech-

1 2 3 4
Terz

te Seite des Gegners; **2)** mus. 3. Stufe d. Tonleiter u. d. entsprechende Intervall (1: große; 2: kleine; 3: verminderte; 4: übermäßige T.).
Terzerol, s. [it.], kleine Taschenpistole; 19. Jh.
Terzeron|e, m., → Mischlinge.
Terzett, s. [it.], Tonstück für drei Singstimmen.

Terzine, w. [it.], Strophe aus drei elfsilbigen jamb. Versen; 1. und 3. Vers durch Reim m. dem 2. der vorhergehenden Strophe verbunden, der abschließende Vers mit d. 2. d. letzten Strophe.
Terzky, Adam Erdmann (1599–25. 2. 1634), kaiserl. General im 30jährigen Krieg; Vertrauter Wallensteins, zusammen mit ihm in Eger ermordet.
Teschen, St. an der poln.-tschech. Grenze, poln. Cieszyn, rechts d. Olsa, 31 000 E; tschech. Těšín, links d. Olsa, 23 000 E; Holzhandel. – T.er Gebiet bis 1920 zu Östr.-Schlesien, zw. Polen u. Tschechoslowakei geteilt.
Tesching, s., kleinkalibrige Handfeuerwaffe.
Tesla, Nicola (10. 7. 1856–7. 1. 1943), serb.-am. Phys.; Erfinder des T.transformators, erzeugt T.ströme: hochfrequente Ströme sehr hoher Spannung, physiologisch gefahrlos (→ Skin-Effekt); in Diathermie angewendet.
Tesla, Abk. T, SI-Einheit f. magnet. Induktion (1 T = 1 Vs/m²).
Tessenow, Heinrich (7. 4. 1876–1. 11. 1950), dt. Baumeister; Bildungsanstalt in Hellerau; s. 1946 am Wiederaufbau Rostocks beteiligt.
Tessin, it. Ticino, **1)** alpiner l. Nbfl. d. Po unterhalb Pavia, vom Sankt Gotthard, durchfließt Lago Maggiore, 248 km l.; **2)** südlichster Kanton der Schweiz, 2811 km², 277 000 E; Hptst. Bellinzona, Kurorte: Lugano, Locarno.
Test, m. [engl.], Probe: psych. Prüfverfahren, das objektive Vergleiche zuläßt; Tests müssen reliabel (zuverlässig) u. valide (gültig f. festgelegtes Merkmal) sein, Intelligenztests (Ergebnisse meist als → IQ), Leistungs-, Persönlichkeitstest.
Testakte, 1673, → Großbritannien, Geschichte.
Testament → Erbrecht. – T.svollstrecker, der mit der Durchführung des Letzten Willens Beauftragte.
Testator, der Erblasser.
testieren [l.], beurkunden, bescheinigen (z. B. Kollegbesuch); ein Testament errichten.
Testis [l.], Hoden, → Geschlechtsorgane.
Testosteron, s., in den männlichen → Keimdrüsen gebildetes Hormon.
Testpilot, Einflieger neuer Flugzeugtypen.
Tetanie, neuromuskuläre Übererregbarkeit, Muskelkrämpfe durch Unterfunktion der → Nebenschilddrüsen, Calciummangel oder Alkaliüberschuß.
Tetanus [gr.], → Wundstarrkrampf.
Tete, w. [frz., am „Kopf"], mil. Spitze eines Truppenverbandes.
Tête-à-tête [ɛta'tɛːt], vertrauliches Zusammensein zu zweit.
Teterow (D-2050), am T.er See (3,6 km²), Krst. i. M-V., 11 590 E.
Tethys, 1) in d. griech. Sage Gattin d. → Okeanos; **2)** geolog. vom Paläozoikum bis zum Alttertiär zw. den S- u. N-

Kontinenten gürtelförmig d. Erde umspannendes Mittelmeer; durch Kontinentalverschiebung verschwunden.
tetra- [gr.], als Vorsilbe: vier ...
Tetrachlorkohlenstoff, CCl₄ farblose, stark lichtbrechende Flüssigkeit; zur Lösung v. Lacken, Harzen, Kautschuk u. Füllung von Handfeuerlöschern (unbrennbar); an heißen od. glühenden Körpern Zersetzung unter Bildung v. Phosgen (sehr giftig).
Tetracyclīne, → Antibiotika, die gg. → grampositive u. → gramnegative Erreger, → Rickettsien, große Virusarten u. → Protozoen wirken.

Tetraeder

Tetraeder, s. [gr. „Vierflächner"], regelmäß. Polyeder, von 4 gleichseitigen Dreiecken begrenzt.
tetragonal → Kristalle.
Tetralin®, C₁₀H₁₂ farblose Flüssigkeit; Ersatz-(Lösungs-)Mittel f. Terpentin.
Tetralogie [gr.], Folge von vier zusammengefaßten Kunstwerken.
Tetschen, tschech. Děčín, nordböhm. St., rechts der Elbe gegenüber Bodenbach, 56 000 E; Hafen.
Tettnang (D-7992), St. i. Bodenseekreis, Ba-Wü., 15 660 E; AG; Neues Schloß.
Tetuán, bis 1956 Hptst. v. Span.-Marokko, marokk. Prov.hptst., 400 000 E; Lederwaren, Textilien.
Tetzel, Johann (um 1465–11. 8. 1519), päpstl. Ablaßprediger; gab Anlaß zu Luthers Thesenanschlag 1517.
Teufe, Bergbau: Tiefe, Sohle.
Teufel, Erwin (* 4. 9. 1939), CDU-Pol., s. 1991 min.präs. v. Ba-Wü.
Teufel [gr. „diabolos = Verleumder"], Verkörperung d. Bösen; christl.: gefallener Engel.
Teufelsei, Hexenei, junge → Stinkmorchel.
Teufelsinsel, Île du Diable, eine d. drei frz. Salutinseln, T.inseln, vor Guayana, früher frz. Deportationsort f. Schwerverbrecher.
Teufelskralle, 1) Waldrapunzel, Wurzeln u. Blätter z. Gemüse; **2)** Harpagophytum procumbens, Heilpflanze aus SW-Afrika (T.ntee).
Teufelsmaske, b. vielen Naturvölkern als Schrecksymbol f. Kulthandlungen (Tänze usw.); in Dtld im Volksbrauch, bes. zur Fastnachtzeit (Salzburger Perchtenspiel).
Teutoburger Wald, dt. Mittelgebirge nördl. d. Oberlaufs d. Ems: Osning u. Lippischer Wald m. Barnacken (446 m), aus Kalk- u. Sandstein; nach S anschließend d. Egge. – 9 n. Chr. Sieg des Arminius über Varus (auf d. Grotenburg → Hermannsdenkmal).

Teutonen, german. Volksstamm, urspr. seßhaft an der W-Küste von Schleswig-Holstein; zogen mit den → Kimbern nach Italien.

Teutsch, ev. Sachsen-Bischöfe in Siebenbürgen, **1)** Georg Daniel (12. 12. 1817-2. 7. 93) und **2)** Friedrich (16. 9. 1852-11. 2. 1933), verfaßten *Geschichte der Siebenbürger Sachsen.*

Texas, Abk. *Tex.,* zweitgrößter US-Staat, am Golf v. Mexiko, m. fruchtbaren Ebenen (Prärien); 692 403 km², 16,8 Mill. E (14% Schwarze); bed. Viehzucht, Hauptbaumwollgebiet N-Amerikas, reiche Erdölvorkommen (über 30% der am. Produktion), wachsende Petroindustrie, Heliumgewinnung (aus Erdgas); Hptst. *Austin.* - 1836 nach Aufstand gg. Mexiko Rep., 1845 Aufnahme in die USA.

Texel, ndl.-westfries. Insel v. d. N-Spitze d. Prov. N-Holland, 184 km², 12 000 E; Landw., Schafzucht; Fremdenverkehr; Hptort *Den Burg.*

Texter, Verfasser von Werbetexten.

textil [l.], die Weberei betreffend.

Textil-chemie, Teil der T.forschung, Erforschung des chem. Aufbaus u. der chem. Eigenschaften der natürl. u. künstl. Fasern, der „Veredelungsvorgänge" (Wäscherei, Bleicherei, Färberei, Druckerei, Appretur u. einiger Spezialverfahren, z. B. knitterfestes bzw. schrumpffestes Ausrüsten v. Geweben) u. d. Vorgänge bei d. Erzeugung der versch. künstl. Fasern sowie der Beeinflussung ihrer Eigenschaften. - **T.fasern** → Fasern. - **T.kennzeichnung,** Rohstoffangabe; s. 1969 in d. BR gesetzl. vorgeschrieben.

Textilgürtelreifen, e. etwas weicherer → Gürtelreifen.

Textkommunikation, Oberbegriff f. d. nachrichtentechn. Übermittlung v. Textnachrichten in codierter Form (z. B. durch Fernschreiben, Bürofernschreiben, Videotext od. Bildschirmtext).

Textur, *w.* [l.], Gewebe, inneres Gefüge.

Textverarbeitung, Erstellung u. Bearbeitung v. Textdokumenten m. Hilfe e. Computerprogramms.

Th, *chem.* Zeichen f. → Thorium.

Thackeray [ˈθækəri], William Makepeace (18. 7. 1811-24. 12. 63), engl. realist. Schriftst. v. oft sarkast. Humor; *Jahrmarkt der Eitelkeit; Pendennis.*

Thadden-Trieglaff, Reinold v. (13. 8. 1891-10. 10. 1976), dt. Jurist, nach 1933 führend in d. Bekennenden Kirche; 1949-64 Präs. d. Dt. Ev. Kirchentages.

Thaer, Albrecht (14. 5. 1752-26. 10. 1828), dt. Landwirt; Begründer der wiss. Landwirtschaftslehre in Dtld; *Grundsätze der rationellen Landwirtschaft;* → Statik 2).

T(h)ai, zersprengte Völkergruppe in W-China u. Hinterindien; heutiges pol. Zentrum → Thailand.

Thailand, früher *Siam,* amtl. *Prathet T'hai,* Kgr. in Hinterindien, beiderseits des *Menam* u. auf den malaiischen Halb-

insel, am *Golf v. Siam* (Teil d. Südchin. Meeres), 513 115 km², 54,54 Mill. E (106 je km²); Bev.-Zuw. 2,0%; Bev.: Thaivölker; Siamesen, Lao u. Schan, ferner Malaien u. Chinesen; Sprache: Thai, Engl.; Währung: Baht (**B**); Rel.: hpts. Buddhismus; Hptst.: *Bangkok (Krung Thep);* Flagge S. 341, Karte S. 749. **a)** *Geogr.:* Im N gebirgig; fruchtbar; Hptflüsse: *Mekong,* gleichzeitig O-Grenze, u. *Menam.* **b)** *Wirtsch.:* Agrarstaat; landw. Produktion: Reis (1988: 20,8 Mill. t), ferner Pfeffer, Sesam, Hanf, Tabak, Zuckerrohr, Baumwolle, Kautschuk, wertvolle Hölzer (Teakholz), Obst; Zinn, Zink, Antimon, Blei; Seide. **c)** *Außenhandel* (1988): Einfuhr 19,08 Mrd., Ausfuhr 15,58 Mrd. $. **d)** *Verkehr:* Eisenbahn 3765 km. **e)** *Verf.:* Konstitutionelle Monarchie auf parlamentar.-demokr. Basis m. Senat u. Abgeordnetenhaus. **f)** *Verw.:* 73 Prov. **g)** *Gesch.:* Seit 1782 Taschakri-Dynastie (heute Rama gen.), Ende 19. u. Anfang 20. Jh. Gebietsabtretungen an Frkr. u. Großbrit., 1932 durch Staatsstreich Umwandlung der absoluten in eine konstitutionelle Monarchie; im 2. Weltkrieg v. Japan besetzt; 1950-53 Beteiligung am Koreakrieg, Mil.- u. Wirtsch.-Abk. m. d. USA, 1967-71 Unterstützung d. USA im Vietnamkrieg, 1971 u. 1976 Mil.putsch; 1975/76 Abzug d. am. Truppen; 1977 Nat. Pol. Rat aus Offizieren; Febr. 1991 unblutiger Mil.putsch. **h)** *Mitgl.:* UN, ASEAN, Colombo-Plan.

Thalamus, *m.* [gr.], Sehhügel im Zwischenhirn; wichtige Umschaltstelle u. Koordinationszentrum.

Thalassotherapie [gr. „thalassa = Meer"], die im Rahmen der Meeresheilkunde im Seeklima, m. Meerwasserkuren u. a. durchgeführte Behandlung.

Thale/Harz (D-4308), St. i. Kr. Quedlinburg, an der Bode, S-A., 175 müM, 17 307 E; Stahlwerk, Eisengießerei; nahe bei *Roßtrappe* u. Hexentanzplatz (Bodetal) m. Schwebebahn.

Thales (um 625-547 v. Chr.), griech. Phil. u. Math., einer der → Sieben Weisen; schuf Naturphilosophie, die im Wasser den Urstoff u. Ursprung aller Dinge sieht; nach ihm ben. *Thales-Kreis.*

Thalia, 1) griech. Muse d. Komödie; **2)** eine der drei Chariten; **3)** Zeitschrift, 1785-91 hg. v. *Schiller.*

Thalidomid, *Contergan®,* Beruhigungs- und Schlafmittel; wegen embryonaler Mißbildungen b. Einnahme in d. Frühschwangerschaft 1961 aus dem Handel gezogen.

Thallium, *Tl,* chem. El., Oz. 81, At.-Gew. 204,37, Dichte 11,85; sehr weiches Metall, vorkommend in Spuren in Sulfiden; aus Bleikammerschlamm (bei Bleikammerverfahren, → Schwefelsäure) hergestellte T.verbindungen färben d.

Flamme grün; als → Rattengift u. zur Herstellung v. stark lichtbrechendem opt. **T.glas** u. in der Feuerwerkerei. - **T.sulfid,** z. Herstellung v. Fotozellen. - **T.vergiftung,** durch Haarausfall u. Schweißhemmung gekennzeichnet; T. in manchen Rattengiften.

Thallus [gr.], Pflanzenkörper, der nicht in Stengel, Wurzel u. Blatt gegliedert ist, höchstens äußerlich ähnl. Gebilde entwickelt; z. B. Algen, Pilze, Flechten (**Thallophyten**).

Thälmann, Ernst (16. 4. 1886-28. 8. 1944), dt. Pol.; 1924-33 Vors. der KPD, MdR; im KZ ermordet.

Thalwil (CH-8800), Gem. i. schweiz. Kanton Zürich, am Zürichsee, 15 000 E.

Tharandt (D-8223), St. i. Kr. Freital, Sa., 3700 E; forstwirtsch. Fakultät der TU Dresden.

Thasos, gr. Insel d. nördl. Sporaden, vor d. thraz. Küste; 379 km², 13 000 E; gebirgig; Oliven, Weinbau.

Margaret Thatcher

Thatcher [ˈθætʃə], Margaret Hilda (* 13. 10. 1925), engl. Pol.in (Konservative); s. 1975 Oppositionsführerin, 1979-90 Prem.min.in.

Thaya, tschech. *Dyje,* r. Nbfl. der March, im niederöstr.-mähr. Grenzgebiet, 288 km lang.

THC, *Tetrahydrocannabinol,* → Haschisch.

Theater → Übersicht u. S. 950; auch → Tafel Schauspielkunst, S. 824/25.

Theben, 1) zw. 2100 u. 1100 v. Chr. Hptst. Ägyptens, wegen seiner Größe *das hunderttorige T.* genannt, heute Ruinen: → Luxor; **2)** St. in Mittelgriechenland, 16 000 E. - Nach Sieg über Sparta 371-362 v. Chr. kurze Blüte, 335 v. Chr. von Alexander d. Gr. zerstört.

Theiler, Max (30. 1. 1899-11. 8. 1972), am. Med. u. Mikrobiol.; entdeckte Virus des Gelbfiebers (1930) u. Impfstoff zu s. Bekämpfung; Nobelpr. 1951.

Theismus [gr.], Lehre von einem persönlichen Gott, der sich durch Glaube, Offenbarung, Wunder laufend als wirkend erweist; → Deismus.

Theiß, ungar. *Tisza,* größter l. Nbfl. der Donau, entspringt aus den Waldkarpaten, durch die niederungar. Tiefebene, 966 km l., 440 km schiffbar; am Unterlauf Kanal zur Donau (südlich Mohács), 123 km lang.

Thema, *s.* [gr.], Leitgedanke (in der Musik als geschlossene melod. Tonfolge); Gegenstand e. Abhandlung od. Werk.

Theater

[gr. „Schauspielhaus"], bei allen Völkern entstanden aus dem lebendigen Nachahmungs- u. Spieltrieb des Menschen (→ Mimus). In *Griechenland* (6. Jh. v. Chr.) Ursprung aus dem Dionysosfest; Aufführungen an rel. oder nationalen Festtagen in großen *Amphitheatern*, zu denen das ganze Volk kostenlos Zutritt hatte. Bühne („Proscenium") mit kulissenartiger Rückwand (Skene); Schauspieler nur Männer; Spiel in Gesichtsmasken; Musikbegleitung; Tanz. Theater als Unterhaltungsgewerbe seit 4. Jh.; Ausbildung stehender Rollentypen (der „Schmarotzer", der „dumme Diener"); von Rom übernommen. – Im MA geistliche Schauspiele (→ Mysterienspiele, → Passionsspiel; zuerst in Kirchen gespielt von Geistlichen; früheste Form: „Tropen" (Mönch Tutilo, St. Gallen, 10. Jh.); zunehmende Verweltlichung, Aufführungen auf Marktplätzen u. mit eigens gebauten feststehenden Dekorationen, die die Stationen der Handlung nebeneinander wiedergaben. Bildung von Laien-Spielgesellschaften; Vorführung dauert mehrere Tage. *Renaissance* verwendet zur Wiedergabe der neuentdeckten antiken Dramen (lat. Schultheater) die *Terenzbühne;* daneben auf einfachen Schaugerüsten mit Vorhang Volkspossen u. Fastnachtsspiele der Meistersinger. Ende des 16. Jh. die ersten Opern („Dafne" von Peri). Unter dem Einfluß des englischen Theaters u. der italienischen Commedia dell'arte im 16. Jh. Aufkommen von Wandertruppen (mit der ständigen Figur des Hanswurst) und stehenden Theatern (→ Shakespearebühne): *Guckkastenbühne,* nur nach einer Seite geöffnet, Kulissen u. Soffitten als Abschluß. Im Hochbarock prunkvolle architektonische Dekorationen (Galli-Bibiena); Aufkommen der Oper; hochentwickelte Maschinentechnik für Theatereffekte. Gründung der Comédie-Française (1680). Im 18. Jh. *Hoftheater* mit Rängen; als Zuschauer anfangs nur geladene Gäste (Parkett zunächst ohne Sitzplätze, für die unteren Hofbeamten). Anfänge der Theaterkritik u. Dramaturgie (Lessing). Schauspielervirtuosen (Garrik, Ekhof, Schröder). Hebung der sozialen Stellung des Berufs (Neuberin, Ackermann). Bemühungen um ein *Dt. Nationaltheater:* Hamburger Nationaltheater 1767; Mannheimer Nationaltheater 1779; Goethe als Bühnenleiter in Weimar. Im 19. Jh. das Residenz- oder Stadttheater gesellschaftlicher Mittelpunkt für Adel u. Bürgertum; im Dienste der Dichtung: Immermann (Düsseldorf). Ausbildung von schulebildenden Bühnenstilen: Burgtheater in Wien; Paris; Meiningen; später auch Moskau (Stanislawski). Gastspielreisen; Festspiele (Wagner in Bayreuth). Am Jahrhundertende erste *Volksbühnen.* Zunehmende Bedeutung der Regie: Otto Brahm (Kammerspiel), Max Reinhardt (dynamisches T.). Daneben Entwicklung der Schauspielkunst einzelner Künstler: sprachliche Vollendung (Kainz), ausdrucksvolle Gebärde (Duse), lebenswahre Menschengestaltung (Else Lehmann), Ansätze zu neuen Stilen, dem Charakter der Zeit entsprechend verstandesmäßig-experimentell, Einbeziehung von Film u. Technik (Piscator u. Tairoff); literarisches Experimentiertheater (Studio). Antiillusionistische Revolution seit 1910, grundlegend: Brechts Theorie des „Epischen Theaters". Dekorationsbauten: Jessner (Treppenstil), später kubistische u. futuristische Bühnenaufbauten, erneuerte Shakespearebühne, Vorhangdekorationen, Lichtkegeleffekte. – Seit den dreißiger Jahren Rückkehr zum szenischen Realismus: in Amerika bei Inszenierung der psychologischen Dramen (Thornton Wilder, O'Neill, Tennessee Williams), in Frkr. bei Modernisierung der Antike (Giraudoux, Cocteau, Anouilh). Zugleich surrealistische Experimente der Regie, groteskes u. absurdes Theater (Beckett, Ionesco, Hildesheimer). Wichtige Theatertendenz (gerade in der Bundesrepublik) der 60er Jahre: das „Dokumentarische Theater" (Hochhuth, Kipphardt, Weiss). Wichtige Theaterregisseure d. 70er u. 80er Jahre in d. BR: P. Stein (Berliner Schaubühne), P. Zadek (Bochumer Schauspielhaus, Freie Volksbühne Berlin, Hamburger Schauspielhaus), Claus Peymann (Bochumer Schauspielhaus, Wiener Burgtheater), H. Heyme (Essen, Stuttgart), Dieter Dorn (Münchner Kammerspiele), Jürgen Flimm (Köln, Thalia Theater, Hamburg). → Tafeln Schauspielkunst u. Theaterbau. – In Dtld 1937/38: 321 T. mit 219 187 Plätzen, in der BR u. W-Berlin 1990: 424 T. mit 203 907 Plätzen; in der ehem. DDR (1989): 217 T. mit 55 342 Plätzen.

Themis, 1) griech. Göttin der Gerechtigkeit; **2)** 10. Saturnmond, angeblich 1905 entdeckt, aber seitdem nicht nachgewiesen.

Themistokles

Themistokles (um 527–459 v. Chr.), athenischer Staatsmann, schlug 480 die Perser bei Salamis, verband Athen durch die *Langen Mauern* mit Hafen Piräus; 470 verbannt.

Themse, engl. *Thames,* Hptstrom Englands, aus d. Cotswold Hills (Gft Gloucester), durchfließt Oxford u. London, 346 km l.; mit breiter, durch d. starken Gezeiten entstandener Trichterbucht i. d. Nordsee.

Theobromin, *s.,* koffeïnähnliches Purin d. Teeblattes und der Kakaobohne; steigert Harnausscheidung und löst Gefäßkrämpfe.

Theoderich d. Große (453–526), Ostgotenkg seit 471, eroberte Italien durch Sieg über → Odoaker bei Verona *(„Dietrich von Bern");* Residenz Ravenna: dort sein Grabmal (Abb. → Tafel Baukunst).

Theodizee, *w.* [gr. „Rechtfertigung Gottes"], phil. Versuch, das Vorhandensein d. Bösen u. Sinnlosen mit dem Glauben an die göttliche Güte und Allmacht zu vereinen (Leibniz).

Theodolit, *m.,* geodätisches Instrument zur Messung horizontaler Winkel; bei der Landvermessung verwendet. Drehung eines Fernrohres um vertikale Achse wird durch Nonius oder Mikroskop an fein geteiltem Horizontalkreis abgelesen. Auch Höhenwinkel mißt das → Universalinstrument.

Theodora (um 497–548), Gattin des byzantin. Kaisers → Justinian.

Theodorakis, Mikis (* 29. 7. 1925), griech. Komp.; Ballette, Orchesterwerke, Oratorien; Filmmusiken, Lieder.

Theodosius I., *d. Große,* letzter Kaiser des ungeteilten Röm. Reiches 379–395 n. Chr.; nach seinem Tode endgültige Teilung in O- u. W-Rom; machte Christentum zur Staatsreligion.

Theodolit

Theogonie, *w.* [gr.], Mythos v. Ursprung d. Götter.

Theokratie [gr. „Gottesherrschaft"], von Priesterkönig geleiteter Staat.

Theokrit (3. Jh. v. Chr.), griech. Idyllendichter aus Syrakus.

Theologie [gr. „Lehre von Gott"], wiss. Durchdringung der geglaubten göttl. Offenbarung; die christl. T. umfaßt: *syste-*

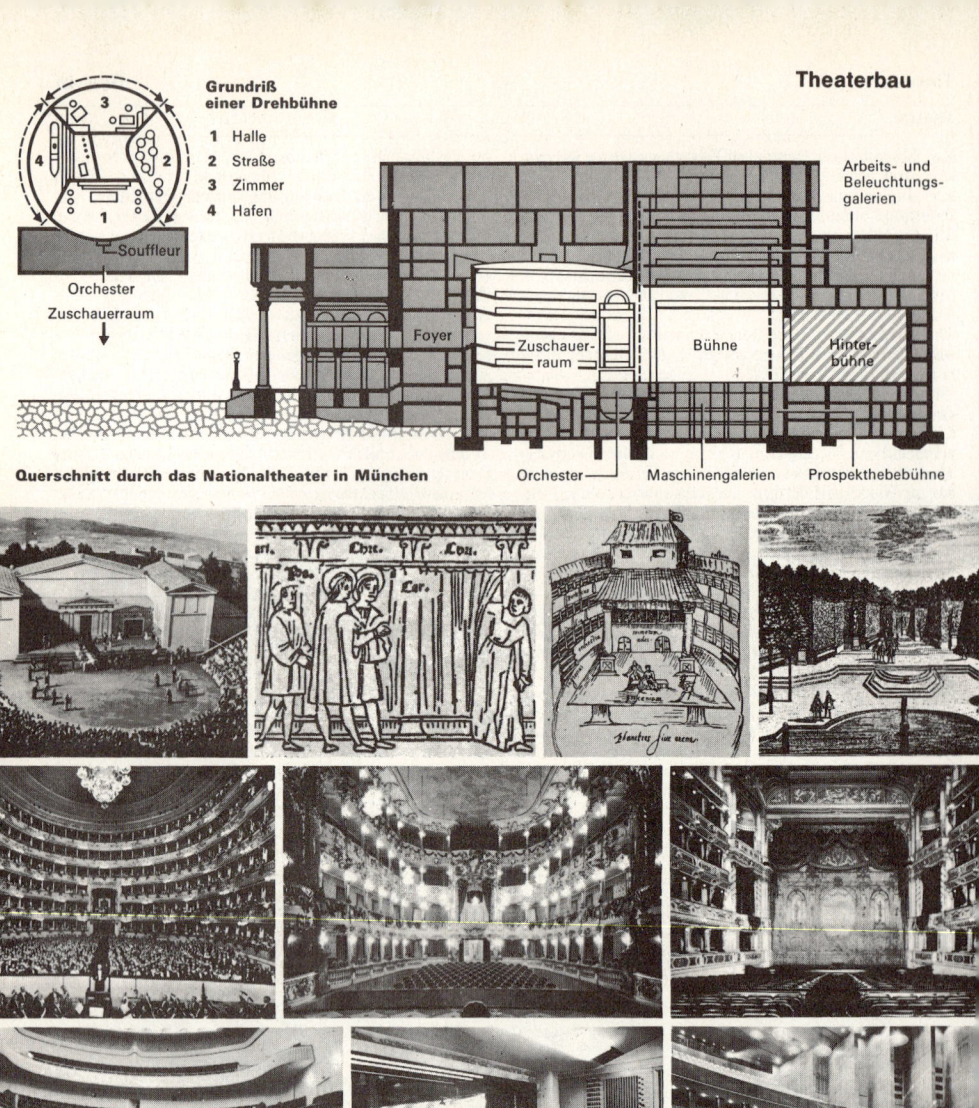

Grundriß einer Drehbühne

1 Halle
2 Straße
3 Zimmer
4 Hafen

Souffleur

Orchester
Zuschauerraum

Arbeits- und Beleuchtungs-galerien

Foyer

Zuschauer-raum

Bühne

Hinter-bühne

Orchester — Maschinengalerien — Prospekthebebühne

Querschnitt durch das Nationaltheater in München

Theaterbau

Abbildungen von links nach rechts. *1. Reihe:* Dionysos-Theater, Athen (Modell d. Bauzustandes um 450 v. Chr.) — Terenz-Bühne, 16. Jh. — Shakespeare-Bühne — Naturtheater, Nymphenburg, 18. Jh. *2. Reihe:* Scala, Mailand, 18. Jh. — Cuvilliéstheater (altes Residenztheater), München, 18. Jh. — Burgtheater, Wien (frühere Innenausstattung), 19. Jh. *3. Reihe:* Großes Haus, Dresden, nach 1945 wiederaufgebaut — Akustikstudio (Ela-Loge) des Nationaltheaters, München — Deutsche Oper, Berlin, 1961 fertiggestellt.

matische T. (Dogmatik, Ethik, Apologetik, Moral-T.), *historische T.* (Bibelwiss., Kirchen- u. Dogmengeschichte, Patristik, Symbolik, Kirchenkunde) u. *praktische T.* (Homiletik, Katechetik, Liturgik, Pastoral-T., Kirchenrecht, Missionswiss.). – In den ersten christl. Jh.en war die T. ausschließlich Bibelerklärung, seit 4. Jh. auch Dogmatik, erst in d. Scholastik Systematik u. phil. Durchdringung aller Zweige d. T.

Theophanu († 991), byzantinische Prinzessin, vermählt mit Kaiser → Otto II., reg. für Otto III.

Theophrast (um 372–287 v. Chr.), griech. Philosoph, Begr. d. Botanik u. Charakterologie; Schüler d. Aristoteles; Haupt d. Peripatos; Peripatetiker.

Theorell, Axel Hugo (6. 7. 1903–15. 8. 82), schwed. Biochemiker, Fermentforschung; Nobelpr. f. Med. 1955.

Theorem, *s.* [gr.], Lehrsatz.

theoretisch [gr.], der Theorie gemäß.

Theorie, *w.* [gr. „Betrachtung"], Aufstellung allg. Sätze zur Erklärung v. Erscheinungen (Tatsachen); geht meist von einer → *Hypothese* aus *(Arbeitshypothese);* Ggs.: Praxis.

Theosophie [gr. „Wissen von Gott"], mystische Lehre von Gott u. der Welt, gewonnen durch visionäre Schau u. Offenbarung; *Theosophen,* Anhänger dieser Lehre (z. B. Jakob Böhme, Swedenborg, Rosenkreuzer, Franz v. Baader); *Theosophische Gesellschaft,* 1875 in New York gegr., v. ind. Lehren beeinflußt (Blavatsky, Olcott, A. Besant).

Thera, *Thira, Santorin,* südlichste d. zu d. griech. Zykladen gehörigen Inseln im Ägäischen Meer, 76 km², 22 000 E; Vulkan *Santorin* (556 m, letzter Ausbruch 1956); Hptort *T.* (2000 E); Weinausfuhr.

Therapeutik, *w.* [gr.], Lehre von der **Therapie,** Krankenbehandlung.

Theresia, 1) T. v. Avila (28. 3. 1515–4. 10. 82), Hlge, Ordensreformerin d. Karmelitinnen u. Mystikerin; 1970 zur Kirchenlehrerin erhoben; **2)** T. vom Kinde Jesus, auch *T. v. Lisieux* (2. 1. 1873–30. 9. 97), Hlge, Karmelitin.

Theresienstadt, tschech. *Terezín,* nordböhm. St. an der Eger, 3000 E; früher Festung; 2. Weltkrieg ein Getto eingerichtetes KZ.

Thermalquellen, natürliche warme Heilquellen, kohlensäure-, kochsalzhaltig, auch radioaktiv.

Thermen [gr. „warme Bäder"], in der röm. Kaiserzeit öffentliche Badeanstalten (z. B. die *T. des Caracalla* i. Rom); vielfach m. Zentralheizungsanlagen (Heißluft: sog. „*Hypokaust*"-Heizung).

Thermidor, „Wärmemonat", elfter Monat des frz. Revolutionskalenders.

Thermik, *w.* [gr.], Luftströmung infolge ungleichmäßiger Bodenerwärmung; *Gelände-T.* *(thermische Aufwinde)* entsteht z. B. über Kornfeldern, Heide, trockenen Wiesen, hellen Felsen, während Wasser, Moor, Sumpf, Wald usw. Wär-

me schlucken und die darüber befindl. Luft kalt bleibt *(Abwind);* von d. Dämmerung an, infolge Fehlens der Sonnenbestrahlung, völlige Umkehrung; wichtig f. → Segelflug *(Thermikflug);* Aufwinde in wolkenfreier Luft heißen Blau-T.; therm. Aufwinde auch unter Wolken; Frontaufwinde vor Gewitterwolken; Geschwindigkeit der Aufwinde: 0,5–15 m/s.

Thermistor, elektron. Bauelement (abgeleitet v. engl. *thermally sensitive resistor*); temperaturabhängige Widerstände, → Heißleiter (NTC) u. → Kaltleiter (PTC) auf Halbleiterbasis.

Thermit, *s.,* → Aluminothermit.

Thermo- [gr.], als Vorsilbe: warm ..., Wärme ...

Thermo-chemie, Lehre von den Wärmeumsetzungen bei chem. Reaktionen; chem. Vorgänge sind *exotherm,* wenn Wärme abgegeben wird, *endotherm,* wenn Wärme aufgenommen wird. – **T.colore,** Farbstoffe, die bei best. Wärmegraden ihre Farbe ändern; als Warnu. Prüffarben an Apparaten u. Maschinen. – **T.dure,** unter Hitze u. Druck härtbare → Kunststoffe. – **T.dynamik,** Teil d. → Wärmelehre, behandelt das Umsetzen v. Wärme in eine andere Energieform u. umgekehrt. – **T.elektrizität,** erwärmt man zwei verschiedene, zu einem Stromkreis verbundene Metalle (z. B. Wismut u. Antimon) an einer Lötstelle, so fließt ein Strom; die zwei Metalle bilden ein **T.element;** zur Erzielung hoher thermoel. Kraft werden mehrere T.elemente zu e. **T.säule** hintereinanderge-

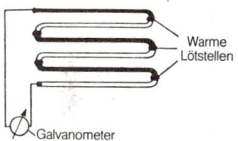

Thermoelement   Thermosäule

schaltet; Anwendung: → Thermometer; → Pyrometer; umgekehrte Erscheinung → Peltier-Effekt. – **T.graph,** Apparat zur selbsttätigen, laufenden Aufzeichnung v. Temperaturen. – **T.graphie,** Aufzeichnung der unsichtbaren Wärmestrahlung *(Infrarotstrahlung)* d. menschl. Körpers; v. großer Bedeutung z. Erkennung v. Durchblutungsstörungen u. Brustdrüsentumor. – **T.lumineszenz** → Lumineszenz.

Thermometer, *s.* [gr.], Temperaturmesser; meist Ausdehnungs-T.: *Quecksilber*u. *Alkohol-T.,* Flüssigkeitsfaden in e. Kapillarröhre auf e. Skala gemessen (unterhalb v. –38,4 °C ist Quecksilber-T. unbrauchb., da Quecksilber dann erstarrt; bis –100 °C Weingeist, bis –180 °C Pentan als thermometr. Substanz); ähnlich beruhen *Gas-T.,* bes. *Wasserstoff-T.,* auf Ausdehnung v. Gasen; *Metall-T.* bestehen aus zwei verschiedenartigen, zus.ge-

nieteten Metallstreifen, deren Krümmung das Maß für die Temperatur angibt; auch → Thermoelement, → Pyrometer. – **T.skalen,** d. Eispunkt des Wassers ist bei Réaumur (R) und bei Celsius (C) = 0°, bei Fahrenheit (F) = 32°; der Siedepunkt bei Normbedingungen bei Réaumur = 80°, Celsius = 100° und Fahrenheit = 212°. *Umrechnungsformeln:*

$$1\ ^\circ C = 4/5\ ^\circ R = 9/5\ ^\circ F;$$
$$1\ ^\circ R = 5/4\ ^\circ C = 9/4\ ^\circ F;$$
$$1\ ^\circ F = 4/9\ ^\circ R = 5/9\ ^\circ C;$$
$$\text{Temp. C} = 5/9 \cdot (\text{Temp. F} - 32°)$$
$$= 5/4 \cdot \text{Temp. R};$$
$$\text{Temp. R} = 4/5\ \text{Temp. C}$$
$$= 4/9 \cdot (\text{Temp. F} - 32°);$$
$$\text{Temp. F} = (9/5 \cdot \text{Temp. C}) + 32°$$
$$= (9/4 \cdot \text{Temp. R}) + 32.$$

Seit 1970 offiziell Kelvin (K) statt °Celsius (→ *Kelvin*skala). *Maximum-* u. *Minimum-T.* geben jeweils höchste u. tiefste Temperaturen e. gewissen Zeitabschnittes an. Maximum-T. hat verengte Kapillarenstelle, durch die Quecksilber beim Erwärmen gepreßt wird, aber nicht zurückgeht (z. B. Fieber-T.); Quecksilber schiebt Eisenstäbchen vor sich her, das beim Zurückgehen liegenbleibt; Minimum-T. (Weingeist) nimmt Glasstäbchen mit u. läßt es b. Wiedererwärmen zurück.

thermonukleare Waffen, svw. Wasserstoffbomben, → Kernwaffen.

Thermopanglas, Doppelscheiben, die nicht beschlagen, mit Bleirand versehen, der Zwischenraum aus entfeuchteter atmosphär. Luft.

Thermoplaste, synthetische hochmolekulare Stoffe, die bei Temperaturerhöhung erweichen, bei Abkühlung wieder erhärten (→ Kunststoffe); Ggs.: → Duroplaste.

Thermopylen, Engpaß in Mittelgriechenland; 480 v. Chr. Untergang des → Leonidas u. seiner 300 Spartaner.

Thermostat, *m.* [gr.], *techn.* Temperaturregler zu gleichmäßiger Erwärmung (z. B. → Brutschrank).

Thersites, schmähsüchtiger Zänker unter den Griechen vor Troja.

thesaurieren [gr.], Werte ansammeln.

Thesaurus, *m.,* Wort-, Wissensschatz, Sammelwerk.

These, *w.* [gr.], Lehr- oder Leitsatz, Behauptung.

Theseus, athen. Kg d. griech. Sage, erzwang mit Hilfe der Ariadne den → Minotaurus.

Thesigraphie [gr.], Verfahren zur Feststellung von Wertminderungen an Nahrungsmitteln.

Thespis, attischer Tragiker des 6. Jh. v. Chr.; „Vater des Theaters"; *T.karren,* nach antiker Überlieferung Wanderbühne d. T.

Thessalien, Landschaft in N-Griechenland; von Gebirgen umschlossen, die das Tempetal nach O zum Ägäischen Meer durchbricht.

Thessalonich, althellen. St., jetzt → *Saloniki.* - **T.erbriefe,** zwei Briefe des Paulus.

Thetis, griech. Meergöttin, Achills Mutter.

Theuerdank, v. Maximilian I. entworfenes allegor. Gedicht, v. seinem Geheimschreiber Melchior Pfinzing überarbeitet; verherrlicht die Rittertugend; Holzschnitte v. H. Schäufelein (1517).

Theurgie [gr. *teur-*], eine Art Magie, um Götter für Hilfeleistung zu beschwören.

Thiamin, *s.,* svw. Vitamin B₁ (→ Vitamine, Übers.).

Thibaud [*ti'bo*], Jacques (27. 9. 1880–1. 9. 1953), frz. Geiger.

Thidrekssaga, *Vilkinasaga,* etwa 1260 entstandene norweg. Gruppe v. Sagas um Dietrich v. Bern.

Thielicke, Helmut (4. 12. 1908–6. 3. 86), dt. ev. Theologe u. Religionsphil.; *Gesch. u. Existenz; Wo ist Gott?*

Thienemann, Johannes (12. 11. 1863– 12. 4. 1938), dt. Vogelzugforscher; Gründer der Vogelwarte → *Rossitten.*

Thiers [*tjɛr*], Adolphe (14. 4. 1797–3. 9. 1877), frz. Historiker, erster Präs. v. Frkr. 1871–73, unterzeichnete Febr. 1871 die Friedenspräliminarien mit Dtld.

Thieß, Frank (13. 3. 1890–22. 12. 1977), dt. Schriftst.; Romane: *Die Verdammten; Tsushima; Verbrannte Erde; Der Zauberlehrling;* Novellen; Geschichtsdeutung: *Das Reich der Dämonen.*

Thietmar von Merseburg (975–1018), Geschichtsschreiber u. Bischof v. Merseburg; schrieb Chronik d. sächs. Kaiser.

Thimig, Hugo (13. 6. 1854–24. 9. 1944), dt. Schausp. u. Direktor am Wiener Burgtheater, auch s. drei Kinder: *Helene* (5. 6. 1889–7. 11. 1974, Gattin v. Max → Reinhardt), *Hermann* (1890– 1982), *Hans* (1900–17. 2. 91) Schauspieler.

Thing, *s.* [german.], *Ding,* Volks- u. Gerichtsversammlung der Germanen; heute Volksvertretung in skandinav. Ländern (z. B. norweg. *Storting*).

Thio- [gr.], als Vorsilbe: Schwefel ...

Thiol, organ. chem. Verbindung mit SH-Gruppe (Mercaptan), meist überriechend.

Thioplaste, kautschukähnl. Kunststoffe (z. B. *Thiokol, Perduren*), bes. widerstandsfähig gegen organ. Lösungsmittel; zu Öl- u. Treibstoffschläuchen; Kabelummantelung, Dichtungen.

Thixotropie, kolloidchem. Verhalten v. festen → *Gelen* (z. B. Leim- u. Farbpasten), Verflüssigung durch mechan. Kräf-

te (z. B. nach Eintauchen d. Pinsels) und Wiederverfestigung bei Ruhe.

Tholey (D-6695) Gem. i. Kr. St. Wendel, Saarld, 12 632 E; Luftkurort, Benediktinerabtei St. Mauritius.

Thoma, 1) Hans (2. 10. 1839–7. 11. 1924), dt. Maler u. Radierer; realist. Schwarzwald- u. Taunuslandschaften, Porträts; *Der Angler; Sommerglück;* Bildnis *Henry Thode;* **2)** Ludwig (21. 1. 1867– 26. 8. 1921), bayr. humorist-satir. Erzähler; Antisemit: *Lausbubengeschichten;* Roman: *Der Wittiber; D. Ruepp;* Komödien: *Moral; Die Lokalbahn;* Tragödie: *Magdalena.* Bes. beliebt die Verserzählung *D. heilige Nacht.*

Thomanerchor, aus gesangsbegabten Schülern der Thomasschule in Leipzig bestehend; singt unter Leitung d. *Thomaskantors* (J. S. Bach, Chr. Th. Weinlig, Karl Straube, Günther Ramin).

Thomas, 1) Charles-Louis-Ambroise [*tɔ'ma*] (5. 8. 1811–12. 2. 96), frz. Opernkomp.; *Mignon; Hamlet;* **2)** Dylan [*'tɔmas*] (27. 10. 1914–9. 11. 53), engl. Lyriker; Hörspiel: *Unter d. Milchwald;* **3)** Kurt (25. 5. 1904–31. 3. 73), dt. Komp.; Orchester-, Kammer- u. Kirchenmusik.

Thomas, Apostel, Heiliger, zweifelte an Christi Auferstehung (Joh. 20, 26): „ungläubiger T.".

Thomas a Kempis, eigtl. *Hemmerken* (1380–25. 7. 1471), christl. Mystiker: *Nachfolge Christi.*

Thomaschristen, syr. Christen in Indien u. Iran; → syrische Kirche.

Thomasius, Christian (1. 1. 1655–23. 9. 1728), dt. Phil. u. Jurist, vertrat die Lehre vom Naturrecht; gg. Intoleranz u. Folter; hielt 1687 in Leipzig als erster Hochschullehrer Vorlesungen in dt. Sprache.

Thomasprozeß, v. Sidney G. *Thomas* 1879 erfundenes Verfahren zur Entphosphorung von Roheisen (→ Tafel Eisen- u. Stahlgewinnung); die zermahlene Schlacke aus d. T. (Kalk-Silicium-Phosphat) bildet als **Thomasmehl** ein Düngemittel.

Thomas von Aquin (um 1225–7. 3. 74), bed. Theol. u. kath. Kirche *(Doctor angelicus),* 1323 heiliggesprochen, 1567 z. Kirchenlehrer erhoben; führte strenge Scheidung von Phil. u. Theol. durch u. baute aus einigen Grundvoraussetzungen d. Glaubens u. der Vernunft ein System, das die scheinbaren Widersprüche v. Glauben u. Wissen von innen her sehen und lösen will; *Summa contra gentiles; Summa theologiae.*

Thomismus, zusammen mit *Molinismus* u. *Skotismus* Richtung der Scholastik, d. s. bes. auf Thomas v. Aquin beruft.

Thomson [*'tɔmsn*], **1)** Sir George Paget (3. 5. 1892–10. 9. 1975), engl. Phys.; Entdeckung der Elektroneninterferenzen; Nobelpr. 1937; **2)** James (11. 9. 1700–27. 8. 48), engl. Dichter; Epos: *Die Jahreszeiten* (von Haydn vertont); **3)** Sir Joseph John (18. 12. 1856–30. 4. 1940), engl. Phys.; Elektrizitätsleitung in Gasen; Nobelpr.

1906; **4)** Sir William, später Lord → Kelvin (26. 6. 1824–17. 12. 1907), engl. Phys.; Thermodynamik und Elektrizitätslehre.

Thor, nord. für → Donar.

Thora, *w.* [hebr. „Gesetz"], das jüdische Gesetzbuch Mosis, der → Pentateuch.

Thorakoplastik, größere Brustwandoperation, bes. bei Lungentuberkulose.

Thorax, *m.* [gr.], Brustkorb; Brustteil d. Gliederfüßer.

Thoreau [*'θɔrou*], Henry David (12. 7. 1817–6. 5. 62), am. Schriftst., Schüler Emersons; Mystiker u. Naturphil.; *Walden.*

Thorium, *Th,* chem. El., Oz. 90, At.-Gew. 232,038, Dichte 11,72; radioaktiv Metall, Vorkommen mit anderen seltenen Erden im Monazit; verwandelt sich in → *Mesothorium; T.oxid* m. 0,9% Ceroxid zu Auerlicht-Glühstrümpfen; Spuren von T.oxid beeinflussen günstig die Kristallstruktur des Metalls Wolfram (Fäden f. Glühlampen).

Thorn, Gaston (* 3. 9. 1928), luxemburg. liberaldemokr. Pol.; 1969–80 Außenmin.; 1974–79 auch Min.präs., 1981– 84 Präs. d. EG-Kommission.

Thorn, poln. *Toruń,* Hpst. d. Woiwodschaft *T.,* ehem. Festung r. d. Weichsel, 200 000 E; Metall- u. Lederind. - 1231 vom Dt. Orden gegr.; 1411: 1. u. 1466: 2. Thorner Friede zw. Dt. Orden u. Polen; s. 1920 poln.

Thorndike [*'θɔndaik*], Edward Lee (31. 8. 1874–10. 8. 1949), am. Lernpsych.; formulierte d. Gesetz d. Effekts (Lernerfolg abhängig v. d. erreichten Befriedigung).

Thorvaldsen, Bertel (1768/70–24. 3. 1844), dän. Bildhauer d. Klassizismus; *Amor u. Psyche; Sterbender Löwe* (Luzern); *Christus u. d. 12 Apostel* (Vor Frue Kirke, Kopenhagen).

Thorwald, Jürgen, eigtl. *Heinz Bongartz* (* 28. 10. 1915), dt. Schriftst.; Werke über Medizin *(Das Jh. d. Chirurgen; Das Weltreich d. Chirurgen; Die Patienten; Im zerbrechlichen Haus der Seele),* Kriminalistik *(Das Jh. d. Detektive; Die Stunde d. Detektive)* u. Geschichte *(Es begann a. d. Weichsel; Das Ende a. d. Elbe; Die Illusion; Das Gewürz - Die Saga d. Juden in Amerika);* Romane: *D. Monteverdi-Mission.*

Thoth, ägypt. Mondgott mit Ibiskopf.

Thrazien, Thrakien, östl. Balkanlandschaft, der O-Teil des Rhodopegebirges u. die hügelige Ebene bis zum Schwarzen Meer; Viehzucht u. Tabakanbau; W-Teil (8578 km²) griech. (kleine Teile bulgar.), O-Teil türkisch.

Thriller, *m.* [engl. *θrilə*], Film, der starke Emotionen o. Spannung auslöst, z. B. Horrorfilm, Kriminalfilm.

Thrombin, *s.,* Gerinnungsenzym; → Blutgerinnung.

Thrombopenie, *w.* [gr.], Mangel an Blutplättchen.

Thrombose, *w.* [gr.], Blutgerinnselbil-

dung in Blutader, z. B. durch Veränderung d. Adernwand (Entzündung) od. d. Blutzusammensetzung, Verlangsamung d. Blutstroms; nicht selten nach Operationen u. Entbindungen, meist am Bein; bei Lösung des *Thrombus* (Blutpfropf) kann dieser in der Blutbahn wandern u. z. → Embolie führen, z. B. in Lunge, Gehirn, Herz (Herzinfarkt) u. a.
Thrombozyten [gr.], Blutplättchen; → Blut.
Thuja, *w.,* svw. → Lebensbaum.
Thukydides (um 460–um 400 v. Chr.), griech. Historiker; *Peloponnes. Krieg.*
Thule, 1) im Altertum nördlichste bekannte Insel; v. Pytheas entdeckt: Shetlandinseln od. Island; 2) *Qaanaaq,* USA-Flugstützpunkt in NW-Grönland.
Thulium, *Tm,* Oz. 69, At.-Gew. 168,934; Dichte 9,32; Seltenerdmetall.
Thun (CH-3600), Bezirkshauptstadt im schweiz. Kanton Bern, am W-Ende d. *Thuner Sees* (von der Aare durchflossen, 22 km l., b. 217 m tief, 48 km²), 558 müM, 37 000 E; ma. Innenstadt, Zähringer-Schloß.
Thünen, Johann Heinrich v. (24. 6. 1783–20. 9. 1850), dt. Nat.ökonom, Begr. d. landw. Standortslehre (Lagerente).
Thunfische, makrelenart. Raubfische; *Gewöhnl.* od. *Roter Thunfisch* d. Mittelmeeres u. Atlant. Ozeans, bis 5 m l.; laicht an d. Küsten; wird dort (bes. bei Sizilien u. Sardinien) in Massen gefangen; weitere Arten i. fast allen anderen Meeren (→ Tafel Fische, S. 346).
Thur, 1) l. Nbfl. der Ill, Oberelsaß, 86 km l; 2) l. Nbfl. d. Rheins b. Ellikon, aus d. St. Galler Oberland, 125 km l., durchfließt den **T.gau,** Kanton in der NO-Schweiz, am Bodensee; Landw., Obstbau, Masch.-, Textil-, Konservenind.; 1013 km², 202 000 E; Hptst. *Frauenfeld.*
Thurber [ˈθəːbə], James (8. 12. 1894–2. 11. 1961), am. humorist. Schriftst. u. Zeichner; *Männer, Frauen und Hunde.*

Thüringen, *Lichtetal*

Thüringen, mitteldt. Landschaft u. Land, zw. Thüringer Wald u. Harz, Saale u. Werra; bis 1952 Land d. DDR, 1990 Bundesland Thüringen mit 16 251 km², 2,68 Mill. E, davon 77% ev., 17% kath.; Hptst. *Erfurt.* **a)** *Bodenschätze:* Schiefer, Steinsalz, Kali, Braunkohlen. **b)** *Wirtsch.:*

Maschinen-, Spielwaren-, Glas-, Textil-, Holzindustrie (ca. ⅓ der Oberfläche Wald); Gemüse- u. Gartenbau in d. fruchtbaren Tälern der Saale u. Unstrut; Blumen- und Gemüsesamenzucht (Erfurt). **c)** *Gesch.:* Im 2./3. Jh. n. Chr. Stammbildung d. Thüringer; 532 Unterwerfung durch fränk. Merowinger; um 1000 Geschlecht d. Ludowinger, mit Landgraf Heinrich Raspe 1247 erloschen. 1263 an die Wettiner; nach 1485 Aufteilung in zahlr. Einzelstaaten. 1920 Zus.fassung z. *Land T.* (Coburg an Bayern) 1945 Eingliederung d. preuß. Rgbz. Erfurt; 1952 aufgeteilt in d. Bezirke *Erfurt, Gera, Suhl.*
Thüringer Wald, Gebirgszug in SW-Thüringen, von der oberen Schwarza bis zur Werra westl. von Eisenach, Kamm 80 km l., 650–850 m hoch, darüber Porphyrkuppen des *Gr. Beerbergs* (984 m) und *Inselbergs* (916 m); *Rennsteig* folgt dem Kamm; Schieferbrüche, Eisenerzlager; Mineral- u. Solquellen (Kurort); Klein- u. Hausind.
Thurn, Heinrich Matthias Gf v. (24. 2. 1567–28. 1. 1640), böhm. Protestant; ertrotzte 1609 → Majestätsbrief, dessen Verletzung Anlaß z. Dreißigjähr. Krieg war.
Thurn und Taxis, bis 1650 *Taxis,* dt. (urspr. aus Italien stammendes) Fürstengeschlecht; v. 17. bis 19. Jh. Postregal (→ Post); Residenz seit Mitte des 18. Jh. Regensburg.
Thusnelda, Gattin des → Arminius, 15 n. Chr. den Römern ausgeliefert.
Thutmosis, Name v. vier ägypt. Kgen d. 18. Dynastie; unter *T. III.* (reg. 1490–36 v. Chr.) größte Ausdehnung d. ägypt. Reiches.

Thymian

Thymian, *m., Quendel,* aromat. Lippenblütler; *Feld-T.* u. *Gamander-T.,* auf sonnigen Halden, *Garten-T.* aus S-Europa; T. dient als Gewürz, z. Herstellung v. Heilmitteln, Salben, Einreibungen usw.
Thymol, *s.,* Benzolabkömmling (*Methylpropylphenol);* Antiseptikum; natürlich: im Thymianöl.
Thymoleptika, bei bestimmten Depressionen u. psychovegetativer Erschöpfung angewendet, bes. d. Gemütssphäre beeinflussende Mittel.
Thymonukleinsäure → Desoxyribonukleinsäure.
Thymus [gr.], *innere Brustdrüse* (b. Tier: *Bries*), hinter d. Brustbein gelegene Drüse mit → innerer Sekretion bildet sich

nach Geschlechtsreife zurück; unterbleibt Zurückbildung, kommt es zu → Infantilismus; enge Beziehung zu → Nebendrüsen, Schilddrüse, z. Wachstum und Kalkstoffwechsel.
Thyratron, → Gasentladungsröhre mit Glühkathode; Zündung der Hauptentladungsstrecke wird durch ein oder mehrere Gitter bestimmt (Anwendung insbes. als Schaltröhre, Impulsröhre, gesteuerte Gleichrichterröhre).
Thyreo-idea, *w.* [gr.], → Schilddrüse, → innere Sekretion. – **T.statika** [gr.-nl.], die Schilddrüsenfunktion hemmende Stoffe. – **T.toxikose,** *w.,* Überfunktion d. Schilddrüse, doch schwächer als b. → Basedowscher Krankheit.
thyreotropes Hormon, *Thyreotropin,* die Schilddrüsenfunktion steuernd, → Hypophyse.
Thyroxin, *s.,* eines d. Hormone der → Schilddrüse.
Thyrsos, *m.* [gr.], mit Efeu u. Weinlaub umkränzter, in e. Kienzapfen auslaufender Stab des Dionysos u. d. → Mänaden.
Thyssen, 1) August (17. 5. 1842–4. 4. 1926), dt. Industrieller; Begr. d. späteren *T.-Konzerns* (Eisen u. Kohle), nach 2. Weltkrieg aufgelöst, 1953 neu gegr.; s. Sohn 2) Fritz (9. 11. 1873–8. 2. 1951), dt. Industrieller; nach ihm ben. die *F.-T.-Stiftung* z. Förderung v. Wiss. u. Forschung; 1960 gegr.
Ti, *chem.* Zeichen für → Titan.
Tian Shan, *Tien-schan, Himmelsgebirge,* zentralasiat. Gebirgszug (nö. Ausläufer des Pamir), im Grenzgebiet von Xinjiang u. der Sowjetunion, 2000 km lang (*Pik Pobedy* 7439 m); zahlreiche gr. Gletscher, bis 70 km lang.

Tiara

Tiara, *w.* [gr.], urspr. hohe, spitz zulaufende Kopfbedeckung mit Goldreif (*Kidaris*) der pers. Könige; päpstl. Krone (Abb.), seit 1300 dreireifig (Hirten-, Lehr- und Priesteramt), s. 16 Jh. mit Reichsapfel und Kreuz.
Tiber, it. *Tevere,* größter Fl. Mittelitaliens, a. d. Etrusk. Apennin, durchfließt Campania, Rom, durchfließt Campagna, mündet unterhalb Roms im Tyrrhen. Meer, 393 km l.
Tiberias, arab. *Tabarije,* isr. St. am W-Ufer d. Sees Genezareth (*T.see),* 31 000 E.
Tiberius, Claudius Nero, röm. Kaiser 14–37 n. Chr.; als Feldherr erfolgreich in Kämpfen mit Germanen; starb zurückgezogen auf Capri.

Tibet, tibet. *Bodjul,* chin. *Xizang,* größtes Hochland d. Erde, in Zentralasien, ca. 3 Mill. km². **a)** *Geogr.:* Zahlr. westöstl. ziehende Gebirgsketten d. Kunlun, Karakorum, Transhimalaja, bis 8000 m ansteigend; dazw. ausgedehnte, meist über 4000 m hohe, schuttgefüllte Hochbekken, das Hochland Changdong in Mitteltibet, mit zahlr. abflußlosen Salzseen (Nam Co, Horpat Co, Siling Co u. a.), trockenes Hochlandklima, unwirtlich, nur geringe Vegetation, im NO das Tshaidambecken (Steinwüste, Salzsumpf), u. d. Kukunor (See); im S d. Flußtäler des oberen Indus u. des Tsangpo (Brahmaputraoberlauf), im O mit tief eingeschnittenen Tälern d. Oberläufe d. Huang He, Chang Jiang, Mekong, Saluën; Wald und Matten an den Hängen. **b)** *Bev. u. Wirtsch.:* Nomadisierende u. seßhafte lamaistische *Tibeter (Baddschi);* betreiben Viehzucht (Jak, Kamel, Moschusochse), in den südl. Tälern (bis 3400 m) Getreideanbau (Weizen) u. Obstbau (Aprikosen, Pfirsiche, Walnüsse); systemat. Aufbau eines Verkehrsnetzes, Bewässerungsprojekte u. Erschließung d. Bodenschätze. **c)** *Pol. Gliederung:* Im W d. früher lamaistische Priesterstaat T., s. 1951 autonome Region der VR China, 1,2 Mill. km²; Ldw. E; Hptst. *Lhasa;* d. frühere Priesterhierarchie, in der die lamaistischen Klöster die beherrschende Rolle spielten, endete nach d. gewaltsamen chin. Annexion im Jahre 1950; der Dalai-Lama flüchtete 1959 nach e. gescheiterten Aufstand nach Indien. **d)** *Gesch.:* Im 7. Jh. mächtiges Kgr.; Einführung d. Buddhismus aus Indien, der sich in T. zum → Lamaismus entwickelte; wiederholte Beherrschung durch Mongolen u. Mandschuren.
tibetische Sprache → Sprachen, Übers.
Tibia, *w.* [l.], **1)** Schienbein; **2)** röm. Doppeloboe.
Tibullus, Albius (um 50–19 v. Chr.), römischer Elegiendichter.
Tic, *m.* [frz.], *Tick,* unwillkürl. Gesichts- und Körperzuckung.
Ticino [*ti'tʃ-*], it. Name des → Tessin.
Ticket, *s.* [engl.], Fahr-, Einlaßkarte.
Tide, *seem.* Ebbe od. Flut, → Gezeiten.
Tieck, 1) Christian Friedrich (14. 8. 1776–12. 5. 1851), dt. Bildhauer d. Klassizismus; u. a. *21 Büsten* (in d. Walhalla bei Donaustauf); s. Bruder **2)** Ludwig (31. 5. 1773–28. 4. 1853), dt. Dichter d. Romantik; Märchen: *Phantasus;* Novel-

Ludwig Tieck

len u. Romane; übersetzte Cervantes; vollendete mit seiner Tochter **Dorothea** u. → Baudissin die Shakespeare-Übertragung A. W. Schlegels.
Tief, *s.,* svw. → Tiefdruckgebiet.
Tiefbau, Straßen-, Brücken-, Bahn-, Wasser-, Kanalisationsbau; Ggs.: Hochbau.
Tiefbohrung, zur Untersuchung geophys. u. geolog. Verhältnisse zwecks Förderung v. Erdöl, Wasser usw.: Bohrer auch mit Diamantenbesatz, mit Bohrdrehbewegung, schneiden Bohrkern m. Gesteinsproben heraus; üblich jedoch Spülbohrung u. Stoßbohrung; tiefstes Bohrloch ca. 13 000 m (Halbinsel Kola).
Tiefdruck → Druck.
Tiefdruckgebiet, Gebiet mit einem barometr. Minimum; Gebiet des niedrigsten Luftdrucks heißt *Kern;* im Tief geschlossene → Isobaren, Strömung im Gegensinn des Uhrzeigers, Zusammentreffen versch. → Luftmassen; tiefster bisher auf der Erde gemessener Luftdruck 873 hPa in einem Taifun im Pazifik Sept. 1958.
Tiefengesteine, svw. → Plutonite.
Tiefenpsychologie, Begriff f. Psychodynamik (Beschreibung unbewußter Wünsche u. Konflikte); Vertr.: → Freud, → Adler, → Jung.
Tiefenschärfe → Schärfentiefe.
Tiefgang, Abstand zw. Kiel und Wasserlinie eines Schiffs.
Tiefgußstahl → (Guß-)Stahl.
Tiefschlag, beim Boxen Schlag unter die Gürtellinie; führt zur Disqualifikation.
Tiefsee, landfernes Meer von über 3000 m Tiefe außerhalb des → Kontinentalabhangs (→ Bathyscaph; → Tafel Fische, S. 346).
Tiefstart, im Kurzstreckenlauf Start aus Kauerstellung unter Verwendung von Startblöcken.
Tiefurt (D-5361), Vorort von Weimar, an der Ilm; Schloß (Sommersitz der Hzgn Anna Amalia) mit Park: v. Goethe häufig besucht und erwähnt.
Tiegeldruckpresse, Buchdruckmaschine, bei welcher ein Tiegel gegen die senkrecht stehende, von Walzen eingefärbte Druckform schwingt; für Akzidenzdruck.
Tiekholz, svw. → Teakholz.

Tiepolo, *Sonnenrosse*

Tiepolo [*tiɛ-*], venezian. Malerfamilie d. Rokoko, **1)** Giovanni Battista (5. 3. 1696–27. 3. 1770), hatte durch s. Ölgemälde, Fresken, Zeichnungen u. Radie-

rungen prägenden Einfluß auf d. europ. Malerei d. 18. Jh.; tätig in versch. it. Städten, in Würzburg (Fresken in d. Residenz) u. Madrid (Fresken im Königsschloß); s. ältester Sohn **2)** Giovanni Domenico (30. 8. 1727–3. 3. 1804).
Tierarzneikunde, Tierheilkunde, *Veterinärmedizin,* umfassend d. Lehre v. d. Krankheiten der Haustiere u. ihrer Heilung; tierärztl. Hochschule in Hannover, Fakultäten in Berlin, Gießen, Leipzig, München; Ausübung der Praxis als **Tierarzt** nur nach staatl. Bestallung.
Tiere, 1) *naturwiss.* die Lebewesen, die im Ggs. zu d. meisten Pflanzen (Ausnahmen: Pilze, Schmarotzerpflanzen) auf organische Nahrung angewiesen sind; b. vielzelligen Tieren Oberflächenausbreitung nach innen (Leibeshöhle) statt nach außen wie bei d. Pflanzen; *Einteilung:* → zoologisches System; auch → Art; **2)** *jur.* gelten s. 1. 9. 1990 nicht mehr als Sachen, wenn auch d. Anwendbarkeit d. Sachenrechts bis auf Ausnahmen bestehenbleibt. Haustiere, d. nicht zu Erwerbszwecken gehalten werden, sind nicht mehr pfändbar.
Tierhalter, wer einem Tier auf eine gewisse Dauer im eigenen Interesse Obdach und Unterhalt gewährt, auch wenn d. Tier fremdes Eigentum ist.
Tierhalterhaftung, Schadenersatzpflicht des Tierhalters bei Personen- od. Sachschäden durch Tiere; bei Schäden durch Haustiere nur, wenn Verschulden des Tierhalters vorliegt.
Tierkohle → Aktivkohle.

Tierkreis, *alte arabische Darstellung*

Tierkreis, *Zodiakus,* gedachter Gürtel beiderseits der → Ekliptik, in dem sich Sonne, Mond u. Planeten bewegen, durch die 12 T.zeichen in gleiche Teile geteilt: *Frühlings-T.-Z.:* Widder, Stier, Zwillinge; *Sommer-T.-Z.:* Krebs, Löwe, Jungfrau; *Herbst-T.-Z.:* Waage, Skorpion, Schütze; *Winter-T.-Z.:* Steinbock, Wassermann, Fische; die T.zeichen decken sich heute nicht mehr mit den entsprechenden Sternbildern (→ Präzession): z. B. das Zeichen des Widders fällt heute fast mit dem Sternbild d. Fische zusammen. – **T.licht** → Zodiakallicht.

Tierzucht

Viehzucht, ist die Vermehrung ausgewählter Haustiere nach den Erkenntnissen der *Vererbungs*wissenschaft. Die Auswahl erfolgt im Hinblick auf ein bestimmtes Ziel: Steigerung d. Leistungen (z. B. Milch, Fleisch, Fett, Eier, Wolle). – Während aber der Pflanzenzüchter zumeist schon in wenigen Jahren sichtbare Erfolge erzielen kann, ist dies f. die Tierzucht bei der langsamen Generationsfolge u. der verhältnismäßig geringen Zahl d. Nachkommen sehr viel schwieriger. Die künstl. Besamung, die es ermöglicht, von Vatertieren, deren Erbwert als gut erkannt worden ist, eine sehr viel größere Anzahl von Nachkommen als durch den natürlichen Deckakt zu erzielen, kann diesen Nachteil etwas verringern. Zur Erfassung des f. die Selektion allein entscheidenden Erbwertes genügt aber keineswegs die Beurteilung des Einzeltieres, es müssen auch die Stellung innerhalb der Familie und die Leistungen der Nachkommenschaft beachtet werden. – Neben der Erbanlage beeinflussen die Umweltbedingungen, an erster Stelle d. Ernährung, den Leistungsstand der Tiere. Häufig sind unbefriedigende Leistungen auf Vernachlässigung der Pflege, Haltung und Unterbringung, nicht auf unzureichende züchterische Arbeit zurückzuführen.

Viehbestand BR 1989 (in Mill.): Rinder 15,022; Schweine 22,589; Schafe 1,895; Geflügel: Hühner 72,034, Gänse 0,514, Enten 1,165, Truthühner 3,169.

Tierpsychologie, alter Begriff f. → Ethologie, vergleichende u. experimentelle Erforschung d. Verhaltens d. Tiere.

Tierquälerei, strafb. unnötiges Quälen od. rohes Mißhandeln eines Tieres (Tierschutzgesetz vom 24. 7. 1972).

Tierschutzvereine, in Dtld s. 1837; Ziele: Erziehung, der Jugend zur Achtung vor dem Leben u. Vermeidung jeder unnützen Quälerei der wehrlosen Kreatur; gg. Vivisektion u. unhumane Schlachtmethoden; s. 1971 in d. BR Tierschutzgesetzgebungs-Kompetenz beim Bund.

Tiers état, *m.* [frz. *tjɛrze'ta*], svw. → Dritter Stand.

Tierseuchen, ansteckende, leicht übertragb. Krankheiten der Haustiere od. des Wildes (Wildseuche). Nach dem *Viehseuchengesetz* vom 26. 6. 1909 bes. Maßnahmen zur Verhütung d. Einschleppung (Untersuchung bei Grenzübertritt, amtstierärztl. Bescheinigung vom Herkunftsort) u. Weiterverbreitung (Sperre von Stall, Gehöft u. Ortschaft; Desinfektion u. Kadaverbeseitigung). Anzeigepflichtig u. a.: Rauschbrand, Milzbrand, Rinderpest, Rotz, Lungenseuche (Rinder), Maul- u. Klauenseuche, Tollwut. → Gewährsfristen für folgende T. und Hptmängel: Dämpfigkeit, Dummköller, period. Augenentzündung, Lungenseuche, allg. Wassersucht, Räude, Trichinen, Finnen, Rotlauf, Schweinepest, Koppen, Tuberkulose, Rotz.

Tierzeichen → Astrologie (Abb.).

Tierzucht → Übersicht.

Tietz, *Dietz,* Ferdinand (get. 5. 7. 1709–17. 6. 77), dt. Rokoko-Bildhauer; Gartenfiguren in Veitshöchheim u. Brühl.

Tiflis, *Tbilissi,* Hptst. d. georg. SSR an der Kura, 1,3 Mill. E; Uni., Theater, Museum; Ind.; Mineralquellen.

Tiger, gelbbraune, schwarz gestreifte Raubkatze Asiens. Mehrere Unterarten, z. B. *Königs-* od. *Bengal-T.* (Vorderindien), *Sibir. T.* (größer u. heller). – **T.katzen,** kleinere Katzenraubtiere (z. B. → *Ozelot,* → *Serval*).

Tigris, vorderasiat. Strom, aus dem armen. Hochland, durch Mesopotamien, 1899 km l.; vereinigt sich mit Euphrat zum → Schatt el-Arab.

Tijuana [-'xŭa-], St. in Mexiko, an d. kaliforn. Grenze, 932 000 E.

Tikal, Ruinen einer Stadtanlage d. *Mayas* m. Tempeln u. Palästen i. Urwald Guatemalas (600 v. Chr.–900 n. Chr.).

Tilburg, ndl. St. in d. Prov. Nordbrabant, 155 000 E; Trappistenabtei; Zoo, Museen; HS f. Volkswirtsch., Textil- u. Maschinenind., Zigarren.

Tilde, *w.,* Aussprachezeichen: ˜, auf span. ñ für Aussprache ɲ od. nj, auf portugies. ã, õ für nasale Aussprache; auch õ im Estnischen f. Laut zw. a u. œ.

Tilgung → Amortisation.

Tillich, Paul (20. 8. 1886–22. 10. 1965), dt. ev. Theol. u. Phil.; systemat. Theol.

Tillier [ti'lje], Claude (10. 4. 1801–18. 10. 44), frz. Schriftst.; satir. Sittenroman: *Mein Onkel Benjamin.*

Tilly, Johann Gf v. (1559–30. 4. 1632), Feldherr der Kath. Liga → Ferdinands II. im 30jähr. Krieg; zerstörte Magdeburg 1631, von → Gustav Adolf bei Breitenfeld besiegt.

Tilsit, *Sowjetsk,* sowj. St. an d. Memel, im nördl. Teil d. ehem. Ostpreußens, 40 000 E; Umschlaghafen; Eisengießereien, Maschinenbau, Käsefabrikation. – 1807 preuß.-frz. Friede: Preußen westl. der Elbe an Frkr.; Danzig u. die aus d. poln. Teilungen stammenden Besitzungen (außer Westpreußen) an Rußland.

Timbre, *s.* [frz. *tɛ̄:br(ə)*], *mus.* Klangfarbe d. Gesangsstimme.

Timbuktu, *Tombouctou,* Handelsst. in der Rep. Mali am S-Rand der Sahara, 15 km nördl. v. Niger (Hafen: *Kabara*), 19 000 E; Flughafen. – Im 11. Jh. gegr., 1894–1958 französisch.

Times, The [engl. ðə 'taɪmz „die Zeiten"], englische Tageszeitung, → Presse, Übers.

Timing [engl. 'taɪm-], Wahl od. Berech-

Tiger

nung e. günstigen Zeitpunktes; *techn.* (zeitl.) Steuerung.

Timişoara [-'ʃoara], ungar. *Temesvár,* Hptst. d. rumän. Region Banat, 325 000 E, vor 2. Weltkrieg ca. 50% dt.; griech.-orthodoxes u. röm.-kath. Bistum; Metall- u. Textilind.; Viehhandel. - Vor 1921 ungar.

Timmendorfer Strand (D-2408), Gem. i. Kr. Ostholstein, Ostseeheilbad an der Lübecker Bucht, Schl-Ho., 7919 E.

Timmermans, Felix (5. 7. 1886–24. 1. 1947), fläm. Dichter, Zeichner u. Maler; *Pallieter; Jesuskind in Flandern; Der Pfarrer vom blühenden Weinberg.*

Timor, größte d. Kleinen Sundainseln, 33 600 km², 2 Mill. E; Ausfuhr: Kaffee, Kopra; der W zu Ost- → Indonesien, 18 700 km², ehem. ndl. Kolonie; Hpt.- u. Hafenst. *Kupang* (403 000 E); der O, ehem. portugies. Kolonie, 14 874 km², 698 000 E, seit s. 1976 nach blutigem Bürgerkrieg indones. Prov.; Hpt.- u. Hafenst. *Dili* (85 000 E).

Timoschenko, Semion (Febr. 1895–1. 4. 1970), sowj. Marschall; 1925–40 Volkskommissar für Verteidigung; 1941–43 Armeeführer.

Timur
indische Miniatur

Timur, *T.-Leng* (d. h. „T. der Lahme"), *Tamerlan* (1336–1405), letzter großer Mongolenherrscher; dehnte in verheerenden Zügen seine Macht 1394 bis Moskau, 1398 bis Gangesmündung, 1401 bis Ägypten aus. Nach seinem Tode zerfiel das Riesenreich.

Tinbergen, 1) Jan (* 12. 4. 1903), ndl. Wirtsch.wiss.; (zus. m. R. Frisch) Nobelpr. 1969; 2) Nikolaas (* 15. 4. 1907), ndl. Zoologe; Forschungen z. Ethologie; Nobelpr. f. Medizin 1973.

Tindemans, Leo (* 16. 4. 1922), belg. Pol. (CVP); 1974–78 Min.präs., s. 1976 Präs. d. Eur. Volkspartei.

Tinea, *w.* [l. „nagender Wurm"], angelsächs. Sammelbezeichnung f. Fadenpilzerkrankungen.

Ting, Samuel Chao Chung (* 27. 1. 1936), am. Phys. chin. Abstammung; (zus. m. B. Richter) Nobelpr. 1976 (Erforschung d. → Quarks).

Tinguely [*tɛ̃g'li*], Jean (22. 5. 1925–30. 8. 91), schweiz. Bildhauer; → kinetische Kunst, → Happening.

Tinktur, *w.* [l.], mit Alkohol, Aceton od. Wasser hergestellte pflanzl. od. tierische Auszüge; auch für (alkohol.) Lösungen (z. B. *Iod-T.*).

Tinte, *Eisengallus-T.* (Galläpfelauszug mit Eisensalzen); auf dem Papier Entstehung d. schwarzen Farbe durch Oxidation an der Luft; sehr echt im Ggs. zu Blauholz- u. Teerfarben-T.: *sympathetische T.,* Geheim-T.: Schrift erscheint erst durch Erwärmen oder durch chem. Mittel; auch → *Kopiertinte.*

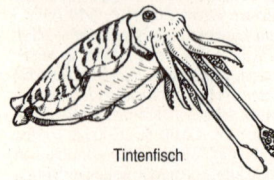

Tintenfisch

Tintenfische, *Tintenschnecken,* Kopffüßer, Meeresweichtiere mit ausgebildetem Kopf, entwickelten Augen, sackartigem Körper; um den Mund 8 bis 10 z. T. m. Saugnäpfen besetzte Arme zum Festhalten v. Beutetieren; schwimmen rückwärts: Antrieb durch Ausstoßen des Atemwassers; machen sich vor Feinden unsichtbar durch Entleerung der braunen Flüssigkeit (*Sepia*) des Tintenbeutels; viele mit überwachsener kalkiger Rückenplatte *(Schulp);* kleinste Formen 20 cm, die größten *(Kraken)* bis 18 m lang.

Tintenpilz, Blätterpilz (z. B. *Schopf-Tintling*); lösen sich b. Absterben i. tintenähnl. Flüssigk. auf.

Tintoretto

Tintoretto, eigtl. *Jacopo Robusti* (Sept. od. Okt. 1518–31. 5. 94), venezian. Maler d. Manierismus; *Tafelbilder* (u. a. in d. Kirche Madonna dell'Orto; *Bildnisse*),

Fresken (u. a. in der Scuola di San Rocco).

TIR, Abk. f. *Transport International de Marchandises par la Route;* intern. Abkommen über unverzollte Waren, die unter Zollverschluß durch mehrere Länder transportiert werden.

Tirade, *w.* [frz.], hochtrabende Phrase.

Tirana, alban. *Tiranë,* Hptst. v. Albanien, 226 000 E; Seiden- u. Teppichweberei.

Tiraspol, St. in d. Moldauischen Sowjetrep., links am Dnjestr, 182 000 E.

Tiresias → Teiresias.

Tiro, Privatsekr. Ciceros, Sklave, später freigelassen, *stenographierte* seine Reden: **T.nische Noten** → Kurzschrift.

Tirol, Alpengebiet (Ötztaler, Stubaier, Zillertaler Alpen, Hohe Tauern, Ortler, Dolomiten) m. zahlr. Tallandsch. (Inn, Lech, Drau, Etsch, Eisack) zw. d. Nördl. Kalkalpen u. d. Südtiroler Dolomiten. – Im 11. Jh. Gft, 1363 durch Margarete Maultasch a. d. Habsburger; 1806 an Bayern; 1809 Aufstand gg. Frkr. u. Bayern unter Hofer; 1814 östr.; 1919 durch Vertrag v. St-Germain geteilt in: **1)** *Nord-T.* (nördl. d. Linie Reschenscheideck–Brennerpaß–Dreiherrenspitze) u. *Ost-T.* (südl. d. Hohen Tauern), das östr. Bundesland *T.,* 12 647 km², 621 000 E; Hptst. *Innsbruck;* hpts. Wald-, Viehwirtschaft und Fremdenverkehr; **2)** → *Südtirol.*

Tirpitz, Alfred v. (19. 3. 1849–6. 3. 1930), dt. Großadmiral u. Pol.; Schöpfer der dt. kaiserlichen Kriegsflotte.

Tirschenreuth (D-8593), Krst. i. Rgbz. Oberpfalz, Bay., 9698 E; AG; Porzellan- u. keramische Ind.

Tirso de Molina, eigtl. *Gabriel Téllez* (um 1571–12. 3. 1648), span. Dramatiker u. Theol.; *Don Juan; Don Gil mit den grünen Hosen.*

Tiruchirapalli, St. i. südind. Bundesst. Tamil Nadu, 362 000 E; in d. Nähe *Mettar-Staudamm,* einer der höchsten d. Welt.

Tiryns, frühgeschichtlich mykenische Herrscherresidenz im östlichen Peloponnes; Reste der Burg von *Schliemann* und *Dörpfeld* ausgegraben.

Tischbein, dt. Malerfamilie, u. a. **1)** Johann Heinrich, *d. Ä.* (14. 10. 1722–22. 8. 89), Hofmaler (Kassel); s. Neffe **2)** Johann Heinrich Wilhelm (15. 2. 1751–26. 6. 1829), klassizist. Maler; *Goethe in d. Campagna* (Frankfurt, Städel).

Tischtennis, Rückschlagspiel zw. 2 (Einzel) od. 4 (Doppel) Spielern auf einer 274×152,5 cm gr. Tischplatte (Höhe 76 cm); 2,40–2,53 g schwerer weißer Celluloidball wird m. einem Holzschläger m. elastischem Belag über ein 15,25 cm hohes Netz so i. d. Feld d. Gegners geschlagen, daß dieser ihn nicht n. d. Regel gemäß zurückspielen kann.

Tiselius, Arne Wilhelm Kaurin (10. 8. 1902–29. 10. 71), schwed. Chemiker; Elektrophorese als Analysenmethode v.

hochmolekularen organ. Verbindungen; Nobelpr. 1948.

Tisza [*'tisɔ*], **1)** Kálmán v. (10. 12. 1830–23. 3. 1902), 1875–90 ungar. Min.präs. (Ausgleich m. Östr.); s. Sohn **2)** Stephan Gf v. (22. 4. 1861–31. 10. 1918), 1903–17 wiederholt Min.präs.; deutschfreundlich, ermordet.

Titan, 1) *s., Ti,* chem. El., Oz. 22, At.-Gew. 47,90, Dichte 4,51; sehr widerstandsfähiges Leichtmetall, in d. Mineralien Rutil u. Anatas u. als T.eisen, ritzt Glas u. Stahl; T.verbindungen f. gelbe Porzellanfarben; T.stahl u. a. zu Werkzeugen u. Eisenbahnrädern, T.metall wegen Hitze- u. Korrosionsbeständigkeit bes. im Flugzeug- u. Raumfahrzeugbau; Titandioxid als Weißpigment in T.-strichfarben; **2)** größter Mond d. Saturn, ca. 5150 km Durchmesser, Oberflächentemp. ca. –180 °C; verfügt über e. Atmosphäre.

Titanen, griech. Göttergeschlecht, Kinder der *Gäa* (Erde) und des *Uranos* (Himmel).

Titanic [*tai'tænik*], engl. Luxusschiff; sank 1912 auf seiner Jungfernfahrt nach Zusammenstoß mit einem Eisberg im N-Atlantik; 1503 Tote.

titanisch, gewaltig (sich empörend, aufbäumend).

Titanit, 1) → Silicatmineral, Calcium-Titan-Silicat; **2)** ® → Hartmetalle.

Titanweiß, pulverförmiges *Titandioxid* (TiO₂); weiße Anstrichfarbe.

Titel, *m.* [l.], **1)** durch *T.schutz* gegen unerlaubte Verwendung, Nachahmung u. verwechselbare Bez. geschützte Benennung einer Schrift oder eines Kunstwerks; **2)** Amts- u. Standesbez.; **3)** (Vollstreckungstitel) swv. Rechtsgrund *(Rechts-T.).*

Titer, *m.* [frz. „titre"], gibt in → Denier die Stärke v. Chemiefasern und Seide an (z. B.: Titer 120 *den* bedeutet, daß 9000 m Garn 120 g wiegen).

Titicacasee, in den Anden von Peru u. Bolivien, 3810 müM, 8288 km², 281 m tief.

Titisee, See im badischen Schwarzwald, im Feldberggebiet, 846 müM, bis 40 m tief, 1,08 km², 1950 m lang; mit Luftkurort *T.*

Titisee-Neustadt (D-7820), 1971 vereinigt, St. i. Kr. Breisgau-Hochschwarzwald, Ba-Wü.; Kneipp- und heilklimatischer Kurort, 10 892 E; Papier-, Holz-, Metall-, Textilind.

Titius-Bodesche Reihe, Gesetz f. d. Abstände der Planeten v. d. Sonne.

Tito, eigtl. *Josip Broz* (25. 5. 1892–4. 5. 1980), jugoslaw. Marschall; seit 1941 kommunist. Partisanenführer gg. dt. Besatzung; 1945 Min.präs. u. Verteid.min., Vors. der KP der VR Jugoslawien; s. 1953 Staatspräs.

Titograd, früher *Podgorica,* Hptst. v. Montenegro, nördl. v. Skutarisee, 132 000 E; Eisenbahn nach Dubrovnik.

Titration, *titrieren* [frz.], Methode der

quantitativen chem. Analyse (Maßanalyse); Bestimmung durch Messen der Menge einer Lösung bekannten Gehalts, die mit dem zu bestimmenden Stoff reagiert (Neutralisation; Oxidation mit Kaliumpermanganat- oder Iod-Lösung; Bildung eines Niederschlags), u. Feststellen des Endpunktes der Reaktion, meist d. Farbänderung eines Indikators.

Titular-, nur dem Titel, nicht dem Amt nach (z. B. *T.professor, T.bischof*).

Titurel, König u. Hüter d. heiligen Gral in d. Sage.

Titus, *T. Flavius Vespasianus,* röm. Kaiser 79–81 n. Chr., zerstörte im Auftrag seines Vaters Vespasian 70 n. Chr. Jerusalem; Denkmal seines Triumphs: *Titusbogen* in Rom.

Tituskopf, nach dem röm. Kaiser Titus; ganz kurz geschnittenes, gelocktes Haar.

Tivoli, 1) it. St., nahe Rom, am Aniene (m. 96 m hohen Wasserfällen), 54 000 E; Villa d'Este; **2)** Vergnügungspark im Zentrum Kopenhagens.

Tizian
Selbstbildnis

Tizian, eigtl. *Tiziano Vecellio* (um 1477 od. 88/90–27. 8. 1576), venezian. Maler d. Hochrenaiss., Hofmaler u. a. Kaiser Karls V.; verschmolz zeitgenöss. Kompositionsprinzipien u. die charakterist. venezian. Gestaltung v. Licht u. Farbe zu grandiosen Meisterwerken v. durchgeistigter Lebenskraft u. prachtvoll leuchtendem Kolorit; s. Bildform u. bes. s. Maltechnik wirkten anregend auf die europ. Malerei bis ins späte 19. Jh.; Altargemälde (u. a. *Mariä Himmelfahrt; Dornenkrönung; Pietà*), mytholog. u. allegor. Darstellungen (u. a. *Himmlische u. irdische Liebe; Venus v. Urbino; Danaë*), Bildnisse (u. a. *Aretino; Clarice Strozzi; Papst Paul III. u. seine Neffen*).

Tjost, *w.* od. *m.,* ritterl. Einzelkampfspiel zu Pferde im MA.

Tl, *chem.* Zeichen f. → *Thallium.*

Marschall Tito

Tm, *chem.* Zeichen f. → *Thulium.*

TNF, Abk. f. *Theatre Nuclear Forces,* Streitkräfte u. Nuklearwaffensysteme für od. i. e. bestimmten Kriegsschauplatz (z. B. Europa).

TNT, Abk. f. → *Trinitrotoluol.*

Toast, *m.* [engl. *toust*], **1)** geröstete Weißbrotschnitte; **2)** Trinkspruch (nach altengl. Sitte von dem Gast ausgebracht, der den T. in seinem Glas fand).

Tobel, Waldschlucht, Tal.

Tobias [hebr. „Jahwe ist gut"], alttestamentar. Buch, ben. nach dem gleichnamigen Helden; von den Protestanten als apokryph angesehen; → Apokryphen.

Tobin, James (* 5. 3. 1918), am. Wirtschaftswiss.; Nobelpr. 1981 (Analyse d. Finanzmärkte).

Toboggan, *m.* [*tə'bɔgən*], kanad.-indian. kufenloser Schlitten aus einem vorn aufgebogenen Brett; auch Rutschbahn auf d. Rummelplatz.

Tobolsk, sowj. St. in W-Sibirien (Ural), am Irtysch, 60 000 E. – 1708–1824 Hptst. v. Sibirien.

Tobruk, Hafenst. in d. Cyrenaika, Libyen, 26 000 E.

Tocantins, südam. Strom, 2699 km l., entspringt im brasil. Staat Goiás, vereinigt sich mit dem Rio do Pará zum Mündungstrichter Baia de Marajó.

Toccata, *w.* [it.], *mus.* Tonstück für Orgel od. Klavier in freier Form; urspr.: Vorspiel.

Toch, Ernst (7. 12. 1887–1. 10. 1964), östr.-am. Komp.; Opern, Filmmusik.

Tochtergesellschaften, von Stamm- (Mutter-)Gesellschaften, meist z. Übernahme best. Arbeitsgebiete od. Vergrößerung d. Aktionsradius gegr. Unternehmungen, deren Kapital od. Anteile ausschließlich od. zum größten Teil im Besitz der Stammgesellschaft sind.

Tocqué [*tɔk'e*], Louis, *d. J.* (19. 11. 1696–10. 2. 1772), frz. Bildnismaler d. Rokoko; tätig auch in St. Petersburg (*Zarin Katharina II.*) u. Kopenhagen; Mitbegr. d. bürgerl. Porträts.

Tocqueville [*tɔk'vil*], Alexis de (29. 7. 1805–16. 4. 59), frz. Pol. u. Historiker; 1849–51 Außenmin.; *Vorgesch. der Frz. Revolution.*

Tod, Auslöschen aller Lebensäußerungen des Organismus; sichere Todeszeichen: Totenflecke, Leichenstarre u. Fäulnisprozesse; der Tod des Menschen wird heute als Organtod des Gehirns aufgefaßt, d. h. der Todeszeitpunkt ist der Zeitpunkt, zu dem der Hirnfunktion erlischt; das gilt auch für den Fall, daß das Herz noch schlägt; Hirntod bedeutet *biolog. Tod,* Stillstand der Herzarbeit und der Atmung bedeutet *klin. Tod;* der Hirntod kann durch das → Elektroenzephalogramm und die → Angiographie nachgewiesen werden; unsichere Todeszeichen: Totenblässe, Erschlaffung der Glieder, Zurücksinken und Weichwerden der Augäpfel, weite, starre Pupillen, Fehlen sichtb. Zeichen von Atmung u. Herztä-

tigkeit. Feststellung des Todes ist Aufgabe des Arztes, der auch die Leichenschau vornimmt und den Leichenschein unterschreibt.

Todd, Lord Alexander Robertus (* 2. 7. 1907), engl. Chem.; Arbeiten über Nukleotide u. deren Coenzyme; Nobelpr. 1957.

Toddy, *m.,* Palmwein; auch grogähnl. Getränk.

Todeserklärung, kann für Verschollene bei mindestens 10jähr. Verschollenheit u. Mindestalter v. 25 Jahren zur Zeit des Todes durch gerichtl. Aufgebotsverfahren erfolgen; bei *Krieg* 1 Jahr nach Beendigung der Kampfhandlungen, bei *Seefahrt* 6 Monate, *Flug* 3 Monate nach dem Unglück; *Kriegsvermißte* 1939–45 aus der Zeit vor 1. 7. 1948 können bei ernstl. Zweifel am Fortleben alsbald, *Kriegsgefangene* 1939–45 regelmäßig erst 5 Jahre nach letztem Lebenszeichen für tot erklärt werden. Antrag bei Gericht des letzten inländ. Wohnsitzes des Verschollenen. Neuregelung durch Verschollenheitsgesetz vom 15. 1. 1951.

Todesstrafe, im Reichsstrafgesetzbuch nur bei vollendetem Mord u. bei bes. schwerer Transportgefährdung, auch bei gewissen Verbrechen gg. d. Sprengstoffgesetz vorgesehen, durch Enthauptung, in d. NS-Zeit auch durch Erhängen od. Erschießen vollstreckt; i. d. BR durch Art. 102 GG abgeschafft.

Tödi, vergletscherter Kalkgipfel der Glarner Alpen (NO-Schweiz), 3614 m.

Todoroff, Stanko (* 20. 12. 1920), bulgar. Pol.; 1971–81 Min.präs.

Todsünde, nach kath. Lehre eine bewußte, schwerwiegende Übertretung des Willens Gottes, die zum Verlust der Rechtfertigung führt.

Todtmoos (D-7865), Gem. u. heilklimat. Kurort im Kr. Waldshut, Ba-Wü., 800–1263 müM, 1802 E; Wallfahrtskirche.

Toga, *w.,* wollenes Obergewand der freien Römer; meist weiß, bei Beamten mit Purpurstreifen: *T. praetexta.*

Toggenburg, das Tal der oberen Thur im schweiz. Kanton St. Gallen (s. 1803); Textilind. – Ehem. Gft, 1468 an St. Gallen.

Töging a. Inn (D-8266), St. i. Kr. Altötting, Oberbay., 8464 E; Aluminiumprod. u. Energiegewinnung (Innkraftwerke).

Togliatti [*tɔʌ-*], Palmiro (26. 3. 1893–21. 8. 1964), it. Kommunistenführer, 1944–46 Min. (f. Justiz).

Togliatti, bis 1964 *Stawropol,* St. in der RSFSR, an d. Wolga; 630 000 E; Wolga-Automobil-Fabrik.

Togo, Heihaschiro Gf (22. 12. 1847–30. 5. 1934), jap. Flottenchef; Sieger bei → Tsushima.

Togo, amtl. *République Togolaise,* Rep. am Golf v. Guinea, 56 785 km², 3,25 Mill. E (57 je km²); Bev.-Zuw. 3,4%; Bev.: hpts. Sudanneger; Sprache: Frz., sudanes. Sprachen; Währung: Franc CFA (FCFA); Rel.: christl., muslim., Anhänger v. Naturreligionen; Hptst.: *Lomé;* Flagge S. 341, Karte S. 750. **a)** *Geogr.:* Flache Küste, im Innern gebirgig, im S trop. Urwald, im N Baum- u. Buschsteppe. **b)** *Wirtsch.:* Agrarland, Hptausfuhrprodukte: Kakao, Kaffee, Palmkerne, Kopra; Phosphat, Bauxit. **c)** *Außenhandel* (1988): Einfuhr 487 Mill., Ausfuhr 242 Mill. $. **d)** *Verf.* v. 1979: Präsidiale Rep. m. Einkammerparlament. **e)** *Verw.:* 5 Regionen, 19 Bezirke u. 7 Stadtgemeinden. **f)** *Gesch.:* 1884–1920 dt. Schutzgebiet (Kolonie), dann Aufteilung in brit. u. frz. Mandatsgebiet, ersteres 1957 zu → Ghana; das frz. Gebiet wurde 1960 unabhängig; s. 1967 Mil.reg.; 1980 3. Rep. proklamiert; 1986 Putschversuch. **g)** *Mitgl.:* UN, OAU, OCAM; AKP-Staat.

Tohuwabohu, *w.* [hebr. „wüst u. leer"], Urzustand der Welt (1. Mos. 1); svw. Wirrwarr, Chaos.

Tojo, Hideki (1884–23. 12. 1948), jap. Gen., 1941–44 Min.präs.; führte Überfall auf → Pearl Harbor durch; v. Intern. Gerichtshof verurteilt u. hingerichtet.

Tokaj, ungar. Ort am Zus.fluß v. Bodrog u. Theiß, 6000 E; Weinbau: **Tokajer:** *Szamorodner; Másláser; Ausbruch* (aus Muskatellertrauben).

Tokio, *die Ginza*

Tokio, *Tokyo,* früher *Jeddo,* Hptst. v. Japan, a. d. O-Küste Honshus *(T.bucht),* 8,32, m. Umgebung 12 Mill. E; Kaiserschloß, Tempelbauten, 3 Uni., HS; Metall-, Textil-, Seiden-, Fayence-, Porzellanind. – 1703 u. 1923 durch Erdbeben fast völlig, im 2. Weltkr. durch Bombenangriffe stark zerstört; 1964 Olymp. Sommerspiele.

Tokolyse, Wehenhemmung durch Medikamente vor allem b. Gefahr v. Frühgeburten.

Tokopherol, chem. Bez. f. Vitamin E (→ Vitamine, Übers.).

Tokushima, jap. St., Hptst. u. -hafen auf Shikoku, an der O-Küste, 258 000 E; Holzwaren- und Indigo-Ind.

Toland [*'toulənd*], John (30. 11. 1670–11. 3. 1722), engl. Phil.; Deist (→ Deismus), Bibelkritiker (→ „Freidenker").

Toledo, *Kathedrale*

Toledo, 1) Hptst. d. span. Prov. *T.,* am Tajo, 58 000 E; Erzbischofssitz, Alcázar; Seiden-, Waffenfabrik *(T.klingen).* – Im 6. Jh. Hptst. des Westgotenreiches, 712 maurisch, 1085–1559 Hptst. Kastiliens; **2)** Prov. in Zentralspanien, 15 368 km², 488 000 E; **3)** St. am Eriesee, im US-Staat Ohio, 355 000 E; Uni.; Eisen-, Masch.-, Auto-, Glas-, Textil- u. chem. Ind.; Hafen.

tolerant [l.], duldsam.

Toleranz, *w.,* **1)** Duldsamkeit, bes. in Glaubensfragen; **2)** bei techn. Erzeugnissen: zuläss. Abweichung v. vorgeschriebenen Maß, bei Münzen v. Gewicht oder Feingehalt; **3)** Verträglichkeit gegenüber Gift, Arzneimitteln usw.

Toleranz-edikt, *T.patent,* Erlaß von Fürsten, das die freie Religionsausübung sicherte (z. B. in Östr. von Joseph II. für Nichtkatholiken, 1781).

Tolkien, John R. R. (3. 1. 1892–2. 9. 1973), engl. Schriftst.; myth.-phantast. Kinderbücher u. Romane; *D. kleine Hobbit; D. Herr d. Ringe* (Trilogie); *Das Silmarillion.*

Toller, Ernst (1. 12. 1893–22. 5. 1939), dt. expressionist., sozialist. Dichter; Lyrik: *Schwalbenbuch;* Dramen: *Die Wandlung; Masse Mensch; Die Maschinenstürmer; Hinkemann.*

Tollkirsche

Tollkirsche, *Atropa belladonna,* Nachtschattengewächs m. schwarzen, kirschenähnl. Beeren, sehr giftig (→ Atro-

pin, auch med. verwendet); in Laubwäldern.

Tollwut, *Hundswut, Lyssa,* Virusinfektionskrankheit d. Hunde, Füchse, Dachse, Rehe, Kaninchen, Ratten, Mäuse, Katzen usw. (zu 80% bei Wildtieren), durch Biß auf Menschen und Haustiere übertragbar. Bei Hunden Unruhe, Schlingkrämpfe, dann Beißlust, Tod nach 5–12 Tagen; b. Menschen Ausbruch n. ca. 1–6 Monaten; Symptome: Krämpfe d. Schlund-, Kehlkopf- u. Atemmuskulatur; Schutzmittel: Wunde ausbrennen, ätzen; aktive Schutzimpfung (nach Pasteur).

Tölpel, Vogelfamilie, Pelikanverwandte der trop. u. gemäßigten Meere, Guano-Erzeuger.

Leo N. Tolstoj

Tolstoj, Leo Nikolajewitsch Gf (9. 9. 1828–20. 11. 1910), russ. Dichter; predigte Abkehr von Besitz u. Gewalt nach urchristl. Vorbild; Romane: *Krieg u. Frieden; Anna Karenina; Kreutzersonate; Auferstehung; Volkserzählungen;* Dramen: *Macht d. Finsternis.*

Tolteken, altmexikan. Volk, 7.–11. Jh. n. Chr.; d. Sage nach aus dem Norden eingewandert.

Toluol, *s., $C_6H_5CH_3,$* Benzolabkömmling i. Steinkohlenteer (→ Steinkohle, Abb.); bei Nitrierung *Trinitro-T.,* Sprengstoff.

Tom., Abk. für *tomos* [gr.], Einzelband eines mehrbändigen Schriftwerks (*Tom. I, II* usw.).

Tomahawk, *m.* [*-hɔk*], Streitaxt der Indianer.

Tomás [*tu'maʃ*], Américo (* 19. 11. 1894), portugies. Admiral u. Pol.; 1958–74 Staatspräs.

Tomaschow, poln. *Tomaszów Mazowiecki,* St. sö. v. Lodz, an d. Pilica, 63 000 E; Masch.-, Textilind.

Tomasi, Giuseppe, Fürst v. Lampedusa (23. 12. 1896–23. 7. 1957), it. Schriftst.; Roman: *Der Leopard.*

Tomate, *Liebes-, Paradiesapfel,* Nachtschattengewächs aus Peru, hochwüchsiges Kraut mit gelben Blüten und großen, saftigen, eßbaren Früchten, vitaminhaltig.

Tombak, *m.,* Kupfer(70–90%)-Zink-Legierung.

Tombola, *w.* [it.], Lotterie, Verlosung.

Tomographie [gr.], *Röntgenschichtverfahren,* bei dem im Ggs. zu den übl. Summationsröntgenbildern eine beliebig gewählte Tiefenschicht (z. B. d. Brust-

Tonfilm

Vorbereitung			Atelier- und Dreharbeiten	Muster	
3 Monate	4 bis 6 Wochen		6 bis 8 Wochen	24 Stunden	
Idee Exposé →	Drehbuch →	Produktions-durchführung →	Aufnahme von Bild und Ton →	Kopieren Umspielen →	Cutter → Vor-führung
Autor	Produzent, Verhandlung mit Verleih u. Finanzierung	Produktionsstab, Besetzung, Technik, Bau, Kostüm, Motivsuche	Architekt, Kostüm, Maske, Schau-spieler	Produktion, Aufnahmeleitung	Stab, Techniker, Regie, Kamera	Positiv-, Negativ-Anfertigung, Lichtbestimmung	Muster anlegen	Ausmustern mit Regisseur, Kamera, Cutter, Tonmeister

Nachbearbeitung		6 bis 8 Wochen		3 Wochen		
Cutterraum →		Geräusch-, Sprach-, Musik-Synchronisation, Mischvorbereitung, gleichzeitig Trick u. Titel →	Mischung →	Kopier-anstalt →	Auslieferung (Expedition) →	Filmtheater
Rohschnitt mit Regisseur, Cutter	Feinschnitt mit Regisseur, Cutter, Verleih	6 Tage	Mischung mit Tonmeister, Cutter, Regisseur, Produzent	Negativ- u. Positivbearbeitung 1. Korrektur-, 2. Standard-, 3. Serien-Kopien		

(Mischbänder — 2 bis 3 Tage)

Entstehung eines Spielfilms (schwarz-weiß) von der Idee bis zur Uraufführung mit einer Länge von 2325 Meter = 85 Minuten Spielzeit und mit 24 Bildern in der Sekunde

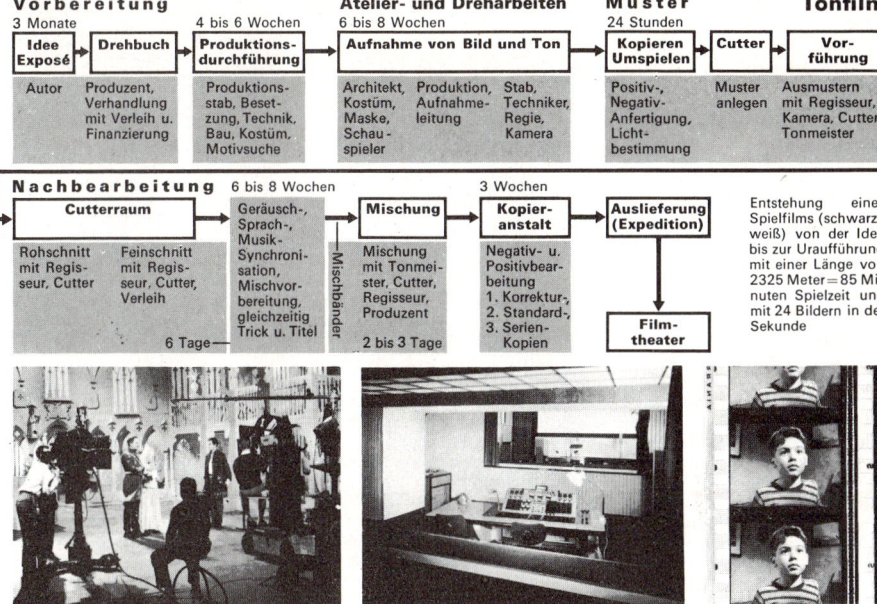

Szenenaufnahme im Atelier   Regie- und Synchronstudio   Bild-Ton-Kopie

raums) scharf abgebildet wird: *Tomogramm.*

Tomonaga, Shinichiro (31. 3. 1906–8. 7. 79), jap. Phys.; theoret. Arbeiten auf d. Gebiet d. Quantenelektrodynamik; Nobelpr. 1965.

Tomsk, russ. Gebietshptst. in W-Sibirien, am Tom-Fluß, 502 000 E; Uni., TH; Holz-, Elektroind.; im Gebiet T. Kohle, Erze.

Ton, 1) Longitudinalwelle in festen, flüssigen od. gasförmigen (Luft) Körpern; T.höhe durch Schwingungszahl bestimmt; **2)** feinstkörniges → Sediment aus Quarz u. → Tonmineralen; Korngröße 0,02–0,002 mm; Rohstoff f. → Tonwaren.

Tonabnehmer, elektroakust. Wandler, setzt d. gespeicherten tonfrequenten Schwingungen d. → Schallplatte in entsprechende el. Schwingungen um; je nach Ansprüchen verschiedene Systeme (piezoelektrische, magnetische u. dynamische; eigentl. Abtastung erfolgt über Saphir- od. Diamantnadeln (früher auch Bambus- u. Stahlnadeln).

Tonart, *mus.* Bez. des Tongeschlechts (Dur od. Moll) u. Grundtons, v. dem d. Tonstufen ausgehen.

Tonbandgerät → Magnetbandgerät.

Tondern, dän. *Tønder,* Hptst. des dän. Amts *T.,* in N-Schleswig, 13 000 E. – Bis 1920 deutsch.

Tondo, *s.* [it.], kreisrundes Gemälde oder Relief.

Ton Duc Thang (20. 8. 1888–30. 3. 1980), nordvietnames. Pol.; 1969 Staatspräs. v. N-Vietnam, s. 1976 d. vereinigten Vietnam.

Tonegawa, Susumu (* 5. 9. 1939), jap. Biologe. Entdeckungen d. genetischen Grundlage für das Entstehen d. Variationsreichtums d. Antikörper. Nobelpr. 1987.

Tonerde, *Aluminiumoxid* (Al_2O_3), Hptbestandteil v. → Bauxit; kristallisiert mit Saphir, Korund, Rubin und mit Eisenoxid als → Schmirgel.

Tonfilm, 1) *Lichttonsystem, fotografierter Ton:* Tonfrequenz wird in entsprechende Lichtschwankungen umgesetzt, die ihrerseits d. lichtempfindl. Schicht e. mit gleichbleibender Geschwindigk. vorbeigezogenen Films beeinflussen; heute allg. verbreitet, schreibt nach zwei versch. Filmband: **a)** *Intensitäts- oder Dichteverfahren,* Tonstreifen zeigt Folge hellerer u. dunklerer Striche, deren Dicke der Tonhöhe, deren Schwärzungsgrad der Lautstärke entspricht; **b)** *Amplituden- od. Zackenverfahren,* Tonstreifen, enthält Lichtkurve, aus Zacken zusammengesetzt, deren Abstand der Tonhöhe, Länge der Lautstärke entspricht. Tonaufnahme im ersten Fall durch → Kerrzelle od. Glimmlampe, im zweiten Fall durch → Oszillograph od. Spiegelgalvanometer gesteuert („Lichthahn"); Tonwiedergabe in beiden Fällen durch am Projektor angebautes Tongerät, in welchem Lichtstrahl durch unterschiedlich geschwärzten Tonstreifen auf lichtempfindl. Bauelement (z. B. → Fotozelle) fällt; Transparenzdifferenz bewirkt Spannungsschwankungen d. Lautsprecher wiedergegeb. werden; **2)** *Magnettonsystem* hat wie bei 1) seitl. Tonstreifen, d. hier ein Tonband ist; Tonaufnahme u. -wiedergabe → Magnetton. – T. s. 1927, Anf. s. 1919 (Vogt, Engl. Massolle: „Triergon"-Verfahren); erster dt. Tonfilm (1929): *Die Nacht gehört uns.* → Film, Übers. u. Tafel.

Tonga, amtl. *Kingdom of T.,* Kgr. auf d. **T.inseln,** *Freundschaftsinseln,* einer Inselgruppe im Pazifik, am Wendekreis des Steinbocks, 748 km², 95 200 E (127 je km²); Bev.-Zuw. 1,4%; Hptst.: *Nuku'alofa* (29 000 E); Flagge S. 341, Karte S. 751; s. 1900 unter brit. Schutzherrschaft; s. 1970 unabhängig; Mitgl. d. Commonwealth; AKP-Staat.

Tongking, Teil von → Vietnam.

Tonhöhe, gemessen durch Zahl d. Schwingungen je Sek. (Maßeinh. *Hertz*); Hörbarkeitsgrenzen etwa zw. 20 u. 20 000 Hertz.

Tonika [it.], *mus.* erster Ton jeder Tonleiter und darauf aufgebauter Dreiklang. – **T.-Do-Methode,** benutzt Buchstabenschrift zur Notierung: *Do, Re, Mi, Fa, So, La, Ti, Do.*

Tonikum, *s.* [l.], *med.* Kräftigungsmittel.

Tönisvorst (D-4154), St. i. Kr. Viersen, am Niederrhein, NRW, 23 572 E; div. Ind.

Tonkabohne, Samen eines südam. Schmetterlingsblütlers; z. Parfüms usw.

Tonleiter, Stufenfolge von Tönen in best. melod. Ordnung (z. B. in C-Dur = *c, d, e, f, g, a, h, c*).

Tonmalerei, *mus.* Nachahmung äußerer Vorgänge (z. B. Gewitter in Beethovens Pastoralsinfonie).

Tonminerale, → Silicate, die bei der chem. → Verwitterung neu gebildet werden; hohes Wasserspeichervermögen, Funktion v. → Ionenaustauschern, daher wichtiger Bestandteil d. Bodens im Wasser- u. Nährstoffhaushalt.

Tonnage, w. [frz. -ˈnaʒə], Rauminhalt eines Schiffs, → Registertonne.

Tonne, 1) svw. Faß; **2)** verankert. → Seezeichen; **3)** Raum- u. Gewichtsmaß, Abk. *t* (→ Übers., S. 1085).

Tonnenkilometer, Abk. *tkm,* beförderte Last (t) multipliziert mit Transportweg (km).

Tönnies, Ferdinand (26. 7. 1855–11. 4. 1936), dt. Soziologe u. Phil.; *Gemeinschaft und Gesellschaft.*

Tonschiefer, Gestein; verhärteter Ton mit winzigen Glimmerplättchen u. Quarzkörnchen; grau bis schwarz; *Dach-, Tafel-, Griffelschiefer.*

Tonsillektomie [l.-gr.], vollständige operative Entfernung der Mandeln *(Tonsillen).*

Tonstufen, Intervalle zw. den einzelnen Tönen d. Tonleiter: *Sekunde, Terz, Quarte, Quinte, Sexte, Septime, Oktave, None.*

Tonsur, w. [l.], kreisrund geschorene, kahle Stelle am Hinterhaupt bei kath. Geistlichen.

Tonus [l.], Spannungszustand (z. B. d. Muskulatur).

Tonwaren, *keramische Waren,* durch Formen des knet-, auch gießbaren Rohstoffs (Ton, Kaolin) hergestellt, zu glasiger oder poröser Struktur gebrannt, meist mit deckender oder durchscheinender Glasur; grober Ton: *Ziegel,* m. d. Strangpresse gepreßt, gesintert: → *Klinker.* Auch → Steinzeug, → Steingut.

Topas, *m., Edelstein,* → Silicat, versch. Färbungen (Abb. S. 343).

Topeka [təˈpiːkə], Hptst. d. US-Staates Kansas, beiderseits des Kansas River, 115 000 E; Waggon- u. Kraftwagenind.

Topfen, süddt. u. östr., svw. → Quark.

Töpferei, handwerkl. od. masch. Betrieb. z. Herstellung v. → Tonwaren durch Drehscheibe sowie Brennen u. Glasieren; uraltes Handwerk; Töpferöfen schon in d. Steinzeit.

Töpferscheibe, Drehscheibe z. Herstellung v. Tongefäßen aus 1 Klumpen; seit 3. Jtd (handgetrieben), 3. Jh. v. Chr. (fußgetrieben), 15. Jh. m. Achslagerung.

Topfhelm, im MA seit 13. Jh., über Wattenkappe u. → Helmbrünne, teilweise auch über → Kesselhaube getragen.

topfit [engl.], in guter körperl. Verfassung.

Topinambur, Erdapfel, Erdbirne, eßbare Knolle e. kultivierten Sonnenblume;

Viehfutter, Gemüse und zur Spiritusgewinnung.

Top-management [am. -ˈmænɪdʒ-], i. d. Wirtsch. Bez. f. die Spitze der Unternehmensleitung.

Topochemie, befaßt sich mit chem. Vorgängen fester Körper.

Topographie [gr.], Landschaftsbeschreibung.

topographische Anatomie, Beschreibung der Lage der Körperteile und Organe zueinander.

topographische Aufnahme, genaue Vermessung und Aufzeichnung von Gelände.

Topologie, Teilgebiet der Geometrie, Lehre von Lage u. Anordnung geometrischer Gebilde im Raum.

topozentrisch [gr.], auf einen Ort an der Erdoberfläche bezogen.

Topp, m. [engl. „top“], *seem.* Mastspitze, auch für den ganzen Mast (z. B. Vortopp, Großtopp, Toppsegel).

top-secret [engl. -ˈsiːkrɪt], streng geheim.

Toque, w. [frz. tɔk], im 16. Jh. schmalkrempiges Barett, heute kappenartiger Damenhut.

Torbay [ˈtɔːbeɪ], St. in SW-England, Gft Devon, 119 000 E; 1969 durch Zus.-schluß v. Torquay, Paignton u. Brixham entstanden.

Toreador, Torero → Stierkampf.

Torf, in Wasser (→ Moor) aus Vermoderung von Pflanzen entstanden, durch Stechen und Pressen gewonnen; verwendet als Brennstoff; zur *T.-Gas-*Erzeugung; als Streumaterial *(T.streu);* als Konservierungs-, Pack-, Füll-, Isolierungsmaterial *(T.mull).* – **T.moos,** *Sphagnum,* Laubmoos der Moore, wächst nach oben weiter und stirbt unten ab, bildet dadurch Torf.

Torgau (D-7290), Krst. i. Sa., an der Elbe, 22 742 E; got. Hallenkirche, Schloß Hartenfels (16. Jh.); Keramik- u. Glasind., Landmaschinenbau. – 1760 Sieg Friedrichs d. Gr. über Daun.

Torgelow (D-2110), St. i. Kreis Ueckermünde, M-V., 13 609 E; Gießerei- u. Masch.bau.

Torkretverfahren, zur Herstellung von Wandputz: dünnflüssiger Beton wird durch Preßluft an die Wand gespritzt.

Tornado, m. [span.], **1)** kurzer, heftiger → Wirbelsturm im S der USA. Der von einem T. eingeschlagene Weg *(Asgardweg)* ist meist nur schmal, oft nur wenige 100 m breit; charakteristisch f. e. T. ist der einem Elefantenrüssel ähnliche und

Tornado

mitunter bis zur Erde reichende Wolkenschlauch; **2)** *MRCA,* Abk. f. *Multi Role Combat Aircraft,* allwetterkampffähiger schwerer Jagdbomber; Besatzung: 2 Mann; Geschwindigkeit: mehr als 2 Mach.

Torneälv, finn. *Tornionjoki,* aus dem schwed. See Tornerträsk; 375 km l., Grenzfl. zw. Schweden u. Finnland, bei Haparanda in d. Bottn. Meerbusen.

Toronto, Hptst. d. kanad. Prov. Ontario, am Ontariosee, 606 000 E (m. Vororten 3,4 Mill.); Erzbischofssitz, Uni., Observatorium; Ind.- u. Handelszentrum; 553 m hoher Fernmelde- u. Aussichtsturm.

Torpedo, m. [l.], Unterwassergeschoß m. eigenem Propellerantrieb (meist durch Preßluft) zum Durchschlagen des feindlichen Schiffsrumpfes unter der Wasserlinie, auch mit akust. od. magnet. Selbststeuerung. – **T.boot,** schmales, niedriges Kriegsschiff vor Größe der Geschwindigkeit; bis etwa 600 t; mit mehreren T.ausstoßrohren; große T.boote, **T.bootzerstörer,** bis etwa 6500 t; mit Torpedorohren, Artillerie, Flugabwehrkanonen, Raketen u. U-Boot-Abwehrwaffen bestückt.

Torr, nicht mehr zulässige Maßeinheit f. → Druck, 1 Torr = 1 mm Quecksilbersäule.

Torrance [ˈtɔrəns], St. in Kalifornien (USA), 130 000 E; Erdöl.

Torre Annunziata, St. u. Seebad am Golf v. Neapel, 57 000 E; Mineralquellen.

Torre del Greco, it. St. am Golf v. Neapel, 104 000 E; Korallenfischerei, Weinbau, Seebad.

Torremolinos, span. Seebad a. d. Costa del Sol, bei Málaga am Mittelmeer; Fremdenverkehr.

Torreón, St. i. mexikan. Staat Coahuila, 364 000 E; Eisenind.

Torricelli [-ˈtʃelli], Evangelista (15. 10. 1608–25. 10. 47), italienischer Physiker; nach ihm benannt → *Torr;* **T.sche Röhre:** Vorstufe des Quecksilber- → Barometers; *T.sche Leere:* der luftleere Raum über der Quecksilbersäule = 133,3224 Pa.

Topfhelm

Torsion [l.], *mechan.* Verdrehung, Drillung. – **T.waage** → Drehwaage.

Torso, *m.* [it.], Rumpf e. zerbrochenen Statue; Bruchstück e. Skulptur.

Torstens(s)on, Lennart Gf (1603–51), schwed. Oberbefehlshaber im 30jähr. Krieg (1641–46).

Tort, *m.* [frz.], Unrecht; auch Ärgernis; *jemandem einen T. antun.*

Tory, Mz. *Tories,* seit Ende 17. Jh. engl. aristokratische parlamentar. Gruppe, Vorläufer der heutigen Konservativen.

Arturo Toscanini

Toscanini, Arturo (25. 3. 1867-16. 1. 1957), it. Dirigent i. den USA.

Toskana, it. *Toscana,* Region, Berglandschaft in Mittelitalien, am Tyrrhen. Meer, v. Arno durchflossen; Anbau von Wein und Ölbäumen; im N Marmorbrüche bei *Carrara;* 22 992 km², 3,56 Mill. E; Hptst. *Florenz.* – Im Altertum *Tuscien* od. Etrurien; im MA mehrere Stadtstaaten u. Herrschaft v. → Florenz (Medici), 1569 Großherzogtum, 1737 an Habsburg, 1859 Anschluß an Sardinien.

total [l.], gänzlich, gesamt.

Totalisator, *m.,* 1) Einrichtung z. Entgegennahme v. Wetten; in Dtld zulässig f. Pferderennen nach Rennwettes. von 1922; → Fußball-Toto, → Lotto; 2) *meteorolog.* Gerät zur Messung der Niederschlagsmenge im Gebirge.

totalitärer Staat, Staatsform, deren Wesensform d. Allmacht d. Staates ist; Herrschaft *einer* Partei, einer einzigen pol. (Welt-)Anschauung; intolerantes Wertesystem; Verbot u. Verfolgung anderer pol. Anschauungen; Polizeistaat anstatt Rechtsstaat; zentrale Lenkung in Wirtschaft und Gesellschaft. → Nationalsozialismus, → Faschismus.

Totalität, *w.* [frz.], Gesamtheit.

Totalreflexion, Spiegelung eines Lichtstrahls in optisch dichterem Medium (z. B. Glas) an der Grenzfläche gegen dünneres Medium (z. B. Luft), wenn er unter größerem Einfallswinkel auftritt als der *Grenzwinkel der T.* (für Glas gegen Luft: 42°).

Tote Hand, Bez. für eine jur. Person (z. B. die Kirche) wegen ihres dem Geschäftsverkehr entzogenen und daher „toten" Vermögens.

Toteis, vom Gletscher abgetrennte Eismasse, die beim Abschmelzen Toteislöcher oder Seen bildet.

Totem, *s.,* Stammeszeichen bei primitiven Völkern, Darstellung d. *Totemtieres* (z. B. im Wappenpfahl).

Totemismus, *Totemkult,* Glaube an gemeinsame Abstammung und mystische Beziehungen zw. e. Menschengruppe (Sippe usw.) und einer Tierart.

Totengräber, Aaskäfer, gelb-rot mit schwarzen Flecken.

Totenkopf, 1) als bildl. Symbol: → Warnzeichen (z. B. auf Giftflaschen): Totenschädel mit gekreuzten Knochen; 2) Schwärmerschmetterling mit totenkopfähnlicher Zeichnung auf dem Rükken, bis 12 cm Spannweite; grüne Raupe an Kartoffeln; größter einheim. Schmetterling.

Totenmaske, Abformung des Gesichts e. Toten (z. B. in Gips oder Wachs).

Totenmesse → Messe.

Totensonntag, *Totenfest,* in der ev. Kirche am letzten Sonntag im Kirchenjahr; 1816 urspr. z. Erinnerung an d. Gefallenen d. Befreiungskriege.

Totentanz, bildl. Darstellungen (als Einzelbild od. Zyklus) d. Allgewalt d. Todes über Menschen jeden Alters, Geschlechts u. Standes, s. 15. Jh.; z. B. G. Marchant (15. Jh.), N. Manuel, Holbein d. J. (16. Jh.), A. Rethel (19. Jh.).

Totentrompete, bis 12 cm hoher trichterförmiger Pilz.

Totenuhr, 1) kl. Klopfkäfer, erzeugt pochende Geräusche durch Aufschlagen d. Kopfes; seine Larve: *Holzwurm;* 2) eine Staublausart.

Totenvogel → Eulen.

toter Punkt, 1) *Totpunkt, Totlage* (Stillstand) bei Kurbeltrieben, wenn Kolbenstange u. Kurbel in einer Linie liegen (äußerste Kolbenstellungen); wird durch das Schwungrad oder, bei Mehrzylindermaschinen, durch Versetzung der Kurbeln überwunden; 2) im *Sport:* vorübergehender, durch Willenskraft zu überwindender Erschöpfungszustand bei Mittel- u. Langstreckenläufern; 3) *allg.* (plötzl.) Stockung bei Arbeit, Verrichtung, Verhandlung, Gespräch usw.

Totes Gebirge, Gebirgsstock im Salzkammergut; *Großer Priel,* 2515 m.

Totes Meer, abflußloser Salzsee in Palästina, 1020 km², 76 km lang; z. T. Grenze zw. Jordanien u. Israel, tiefste Festlandsenke: Seehöhe 396 muM, Sohle 794

Indianischer Totempfahl

muM; bis 25% Salzgehalt, Absonderung von Erdpech (Asphalt); Zufluß: Jordan; Gewinnung v. Kali, Brom u. a. Abraumsalzen durch Verdunstung des Seewassers.

Totila, Ostgotenkg 541–552 n. Chr., eroberte ganz Italien, fiel bei Taginae, von Narses besiegt.

Toto, *m.,* Abk. für → Totalisator, → Fußball-Toto.

Totschlag, (vorsätzl.) Tötung eines Menschen, die nicht wegen erschwerender Umstände → Mord ist; Freiheitsstrafe nicht unter 5 Jahren, in bes. schweren Fällen lebenslang; b. minderen Umständen nicht unter 6 Mon. (§§ 212, 213 StGB).

Tottenham [ˈtɔtnəm], Teil des Londoner Vororts Haringey.

Touch, *m.* [engl. tʌtʃ], Berührung; Anflug, Hauch.

Toul [tul], frz. St. im Dép. *Meurthe-et-Moselle,* alte Festung, an der Mosel u. am Rhein-Marne-Kanal, 18 000 E; Spitzen- u. Fayencefabrikation.

Toulon [tuˈlõ], Hptst. des frz. Dép. *Var,* am Mittelmeer, 181 000 E; Kriegshafen; Getreide- u. Südfrüchtehandel; Militärflugplatz.

Toulouse [tuˈluz], Hptst. des frz. Dép. *Haute-Garonne,* an der Garonne u. am Canal du Midi, 354 000 E; Erzbischofssitz; Uni., tierärztl. u. landw. HS; Lebensmittel-, Tabak-, Textil-, chem. u. Eisenind. – Im 5. Jh. Hptst. der Westgotenkönige.

Toulouse-Lautrec
Selbstkarikatur

Toulouse-Lautrec [tuluzloˈtrɛk], Henri de (24. 11. 1864–9. 9. 1901), frz. Maler u. Graphiker; Theater-, Varieté-, Rennbahn-Bilder; Plakate.

Toupet, *s.* [frz. tuˈpe], aufgepufftes, gekräuseltes Stirnhaar, Haareinlage.

Touraine [tuˈrɛn], frz. Landschaft an der unteren Loire; Weinbau; ehem. Prov. mit der Hptst. *Tours.*

Tourcoing [turˈkwɛ̃], frz. Ind.stadt im Dép. *Nord,* 97 000 E; Baumwoll- u. Leinenind.

Tour de France [tur də ˈfrãs], jährl. intern. Etappenrennen f. Berufsradfahrer durch Frankreich (ca. 4500 km); erstmals 1903.

Touré [tuˈre], Achmed Sékou (9. 1. 1922–26. 3. 84), afrikan. Pol.; s. 1958 Staatspräs. v. Guinea.

Tournai [*tur′nɛ*], fläm. *Doornik*, belg. St. in der Prov. Hennegau, a. d. Schelde, 67 000 E; Bischofssitz, Kathedrale (11.–14. Jh.); Textil-, Teppichind. – Residenz der merowing. Könige.
Tournee, *w.* [frz. *tur′ne*], Gastspielreise.
Tours [*tur*], Hptst. des frz. Dép. *Indre-et-Loire* u. d. ehem. Prov. *Touraine*, an d. Loire, 137 000 E; Erzbischofssitz; ma. Bauten; Textilind., landw. Messe. – 732 Sieg Karl Martells über d. Araber.

Tower Bridge, *London*

Tower [*′tavə*], die Burg Londons, 11.–13. Jh. erb.; zeitweilig bis 1820 engl. Staatsgefängnis, jetzt Mus. (Kronjuwelen u. Waffensammlung); unterhalb davon *Tower Bridge* (Abb.).
Townes [*taunz*], Charles (* 28. 7. 1915), am. Phys.; erforschte die → Laser- u. → Maserstrahlen; Nobelpr. 1964.
Toxikologie, Lehre v. d. Giften u. Vergiftungen.
Toxikosen, Krankheiten durch innere oder äußere Vergiftungen.
Toxin [gr.], organ. Gift, bes. Bakteriengift.
toxisch [gr.], giftig, Giftstoffe enthaltend.
toxische Waffen, *biol. W.*, W. mit Viren u. Bakterien od. v. ihnen abstammende giftige Stoffe, die Krankheit od. Tod verursachen. Nach der Genfer B-Waffen-Konvention (angeschlossen über 100 Staaten) v. 1972 sind Herstellung, Lagerung u. Verbreitung v. t.n W. verboten.
Toxoplasmose, *w.* [gr.], eine → Anthropozoonose; Infektion mit den → Sporentierchen *Toxoplasma gondii,* von Wild-, Haus- u. Nutztieren, meist Hunden u. blutsaugenden Insekten übertragen; sehr verbreitete Infektion (30–40% aller Menschen), jedoch selten Krankheitserscheinungen; Übertragung von latentinfizierter Mutter auf Leibesfrucht kann Tot-, Mißgeburt oder Hirn- u. Augenschäden zur Folge haben; Diagnose durch Sabin-Feldman-Serofarbtest.
Toynbee [*′tɔɪnbɪ*], Arnold J. (14. 4. 1889–22. 10. 1975), engl. Historiker; *Der Gang der Weltgeschichte.*
Trab, schnelle Gangart d. Pferdes: e. Vorderfuß u. d. entgegengesetzte Hinterfuß werden gleichzeitig aufgesetzt.
Trabant, *m.* [tschech.], urspr. „Fußsoldat“; Leibwächter e. Fürsten; *astronom.* Begleiter eines Planeten (b. der Erde: der Mond u. d. Erdsatelliten).
Traben-Trarbach (D-5580), St. an d. Mosel, i. Kr. Bernkastel-Wittlich, RP,

5696 E; Weinbau u. -handel; Fremdenverkehrsort m. Thermalheilquelle *Bad Wildstein.*
Traber, Pferd, bes. für Trab gezüchtet.
Trabrennen, Schnelligkeitswettbewerb d. vom → Sulky aus gesteuerten Pferde im Trabgang; man unterscheidet: Fliegerrennen (bis 1600 m), Mittelstreckenrennen (1600–2300 m) u. Steherrennen (ab 2400 m); Ggs.: → Galopprennen.
Trabzon, früher *Trapezunt,* Hafenst. im türk. Wilajet *T.* (Erzlager), an der Schwarzmeerküste, 156 000 E; Erzausfuhr; Handel m. Vorderasien.
Trachea [gr.-l.], die Luftröhre.

Tracheen

Tracheen, 1) röhrenartige, mit Verzweigungen in d. Körperinnere eindringende Atmungsorgane der Gliederfüßer; an allen Körperteilen vorhanden; **2)** die wasserleitenden Röhren im Holz.
Tracheotomie [gr.], Luftröhrenschnitt bei Kehlkopfkrupp, → Diphtherie u. a.
Trachom, *s.* [gr.], *Körnerkrankheit,* die → ägyptische Augenkrankheit.
Tracht, der von den (Honig-)Bienen eingetragene Nektar u. Pollen.
Trachten, durch bes. nach Zeit u. Land wechselnde Merkmale unterschiedene Kleidung, früher vielfach zur Unterscheidung der Stände; heute Volkstrachten.
Trächtigkeit, die Schwangerschaft bei Säugetieren, von versch. Dauer; Tragzeit beträgt z. B. bei Elefanten 90, Nashorn 77, Kamel 56, Pferd 48, Reh, Rind, Hirsch 40, Bär u. Gemse 30, Ziege 22, Schaf 21, Schwein 17, Hund u. Fuchs 9, Katze 8, Maus 3, Meerschweinchen 2 Wochen, Goldhamster 16½ Tage.
Trachyt, *m.,* quarzfreier, leicht zersetzbarer → Vulkanit, bildet oft alleinstehende Berge (Siebengebirge); → Magmatite, Übers.
Tracking, *s.* [engl. *′træk-*], Bahnvermessung bei Erdsatelliten.
Tracy [*′treɪsɪ*], Spencer (5. 4. 1900–10. 6. 67), am. Filmschausp.; *The Old Man and the Sea; Judgment at Nuremberg.*
Trade Mark, *w.* [engl. *′treɪd ′maːk*], Schutzzeichen.
Trade Unions [*′treɪd ′junjənz*], die engl. → Gewerkschaften (Übers.); entstanden Anfang des 19. Jh. u. wurden 1868 im **Trades Union Congress** *(TUC)* zusammengeschlossen.
Tradition, *w.* [l.], Überlieferung.
traditionell, herkömmlich.
Trafalgar, span. Vorgebirge zwischen Cádiz und Gibraltar, am Atlant. Ozean. – 1805 Seesieg (und Tod) Nelsons über die span.-frz. Flotte.
Trafik, *w.* [it.], **1)** Geschäft, Verkaufs-

stelle; **2)** in Östr. die konzessionierten Verkaufsstellen der Tabakregie.
Tragant, *m.,* **1)** krautiger u. strauchart. Schmetterlingsblütler (z. B. *Bärenschote);* **2)** Gummischleim *(Gummi tragacanthae),* Ausschwitzungen versch. T.sträucher; Bindemittel für Konditorwaren und Pillen; in der Kattundruckerei verwendet.
Trägerfrequenz, gebräuchl. Bez. für Schwingung höherer Frequenz, die mit Schwingung niederer Frequenz moduliert ist (z. B. Frequenz eines Rundfunksenders), → Zwischenfrequenz eines → Überlagerungsempfängers. – **T.fernsprechen,** eine oder mehrere hochfrequente Trägerschwingungen werden m. den zu übertragenden Fernsprechtönen moduliert, dadurch gleichzeitig Übertragung mehrerer Gespräche auf einer Leitung mögl. (bis zu 10 800 Gespräche).

Tragflächenboot

Tragflächenboot, *Tragflügelboot,* m. gefederten, gg. d. Bootskörper abgestützten geraden, abgewinkelten od. gewölbten Unterwasser-Metalltragflächen, die d. Boot bei schneller Fahrt völlig aus d. Wasser herausheben.
Tragflügel, *Tragflächen, Tragwerk,* der Auftrieb erzeugende Teil des Flugzeugs, besitzt best. *T.profil* (Querschnitt); Luftkräfte an d. Oberseite d. T.s wirken als Sogkräfte, auf d. Unterseite als Druckkräfte; die meisten Flugzeuge heute Eindecker mit *freitragenden,* d. h. unverstrebten T.n; bei Sport- u. Schulflugzeugen vielfach *halbfreitragende* Flügel, die ungefähr in der Mitte durch Streben abgefangen werden.
Trägheit, *Beharrungsvermögen,* Widerstand einer Masse gegen jede Änderung ihres Bewegungszustandes. – **T.sgesetz,** von Galilei d. Sinn nach, von Newton exakt formuliert: Massen ändern Richtung und Geschwindigkeit ihrer Bewegung nicht ohne Einwirkung v. → Kraft. – **T.smoment,** Maß für Widerstand eines rotierenden Körpers gegen Änderung der Rotationsgeschwindigkeit. – **T.snavigation,** Standortbestimmung eines sich bewegenden Fahrzeugs durch Beschleunigungsmessung an → Kreiseln.
Tragikomödie, Drama m. Mischung d. äußeren Formen, Personal u. Inhalten von Tragödie u. Komödie.

tragisch, durch schicksalhafte Wendung erschütternd.
Traglufthalle, durch inneren, geringen Luftüberdruck getrag. Hallenkonstruktion aus luftdichtem Kunststoffgewebe.
Tragödie, *w.,* Trauerspiel, neben der → Komödie Hauptgattung des Dramas; als Kunstform v. den Griechen *(Äschylus, Sophokles, Euripides)* entwickelt.
Tragschrauber → Drehflügelflugzeuge.
Trailer, *m.* [engl. *'treɪlər* „Anhänger"], **1)** Transportmittel für Boote über Landstrecken; **2)** Zusammenschnitt wirksamer Szenen als Werbung f. einen Spielfilm, Vorschau.
Train, *m.* [frz. *trɛ̃*], (Wagen-)Zug; frühere Bezeichnung für *Fahr-(Nachschub-)Truppen* des Heeres.
Training [engl. *'treɪnɪŋ*], planmäßiges u. zielgerichtetes Verfahren zur Entwicklung von Eigenschaften in Sport u. Verhaltenstherapie.
Traiskirchen (A-2514), St. in Niederöstr., 14 000 E; div. Ind.; Weinbau.

Trajan

Trajan|us, Marcus Ulpius, röm. Kaiser 98–117 n. Chr.; unter ihm größte Ausdehnung des Römischen Reiches. – **Trajanssäule** in Rom.
Trajekt, *m. od. s.* [l.], Fährschiff zum Übersetzen von Eisenbahnfahrzeugen.
Trakehner, Warmblutpferde v. d. ehem. Hptgestüt *Trakehnen* 1732–1945, im nördl. Ostpreußen; in der BR Weiterzucht auf Gut Rantzau bei Plön in Schleswig-Holstein.
Trakl, Georg (3. 2. 1887–4. 11. 1914), östr. expressionist. Lyriker; *Sebastian im Traum; Der Herbst des Einsamen.*
Trakt, *m.* [l.], Straßenzug, Gebäudeteil.
Traktat, *m.* [l.], **1)** Abhandlung; Staatsvertrag; **2)** rel. Flugschrift; verbreitet durch T.gesellschaften.
traktieren [l.], behandeln, plagen, quälen; (veraltet f.) bewirten.
Traktor, *m., Trecker, Schlepper,* Kraftfahrzeug z. Ziehen von Lasten; Schwerpunkt weit vor der Mitte; großer Hinterraddurchmesser z. leichteren Überwindung schlechter Wege.
Trälleborg → Trelleborg.
Tram, *w.* [engl.], Straßenbahn.
Trametes, schädl. Porenpilze an Bäumen, holzig (z. B. *Kiefernschwamm,* Ursache der Kernfäule).
Tramin a. d. Weinstr., it. *Termeno,* Markt in d. Prov. Bozen, Südtirol; 2900 E; Weinbau *(Gewürztraminer).*

Tramp [engl. *træmp*], Landstreicher, herumziehender Gelegenheitsarbeiter.
Trampeltier → Kamel.
Trampolin|e, *s.* bzw. *w.* [it.], i. einen Leichtmetall-Rohrrahmen eingespanntes gummidurchwirktes Nylongeflecht von großer Elastizität; als Sportart *T.turnen.*
Trampschiffahrt, im Ggs. zum Linienverkehr unregelmäßige Abstände u. wechselnde Routen, je nach Marktlage.
Tran, 1) dickflüssiges Fett von Walen, Robben u. Fischen; Hauptbestandteile: Glycerinester der Oleïn-, Palmitïn-, Stearinsäure; verwendet zur Beleuchtung, Seifenherstellung u. Lederzubereitung; veredelt zu Fetten (Margarine): Fetthärtung; **2)** *med.* gebraucht: d. *Leber-T.,* aus frischen Lebern von Schellfischarten (bes. Kabeljau, Dorsch), bei Rachitis u. Skrofulose.
Trance, *w.* [engl. *trans,* französisiert: *trã:s*], psychischer Ausnahmezustand: verminderte Realitätsprüfung, Einengung der Bewußtheit (z. B. in → Hypnose, → Meditation, spiritist. Sitzungen).
Tranche, *w.* [frz. *trã:ʃ*], Teilbetrag einer Wertpapieremission, die in Zeitabständen den erfolgt.
tranchieren [frz. *trã:ʃ-*], Braten, Geflügel zerlegen.
Tranquilizer [engl. *'træŋkwɪlaɪzə*], *Tranquillanzien,* → Ataraktika.
trans- [l.], als Vorsilbe: jenseits ..., über ...
Transactiniden, Bez. f. künstl. chem. Elemente, die schwerer sind als → Actiniden, deren Oz. also größer als 103 ist; Namen u. chem. Zeichen: 104 *Kurtschatovium* (Ku), 105 *Hahnium* (Ha), andere T. noch ohne Namen.
Transaktion [l.], geschäftl. Handlung v. größerer Bedeutung, bes. auf finanziellem Gebiet.
transalpin [l.], jenseits der Alpen.
Transaminasen [l.-gr.], in allen tier. u. menschl. Geweben vorkommende → Enzyme, deren Bestimmung i. d. → Enzymdiagnostik von Bedeutung ist.
Transduktion [l.], durch → Phagen bewirkte Übertragung v. Erbstrukturen einer Bakterienform auf e. andere (Lederberg u. Tatum, 1946).
Transduktor, *m.,* Drosselspule, Widerstand, durch Vormagnetisieren mit Gleichstrom beliebig veränderbar; bes. zum stufenlosen Steuern u. Regeln v. Motoren, als Strom- oder Spannungskontakthalter u. als magnet. Verstärker.
Transfer, *m.* [l.], *transferieren* [l.], Überweisung, bes. von Geld in das Ausland.
Transfer-RNA, *t-RNA,* RNA-Typen, die Aminosäuren an den Ort der Eiweiß-Biosynthese *(Ribosomen)* transportieren; für jede Aminosäure mindestens eine t-RNA mit entsprechendem Antikodon; → genetischer Kode, → Translation.
Transferstraße, *Maschinenstraße,* zentral gesteuerte halb- oder vollautom. Produktionsanlage mit reihenförmig angeordneten Arbeitsmaschinen zur durch-

laufenden Bearbeitung von Werkstükken.
Transfiguration [l.], Verklärung (Christi).
Transformation, Übertragung *genetischer Information* mit Hilfe von reiner → DNA; bisher nur bei Bakterien.

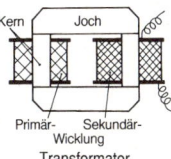

Transformator

Transformator, *m.* [l.], Umformer für Spannung u. Strom; gr. Spannung u. kl. Strom in kl. Spannung u. gr. Strom und umgekehrt, nur für Wechselstrom (z. B. zerhackter Gleichstrom). *Prinzip:* Wechselstromdurchflossene Wicklung (Erst-, Primärwicklung) erzeugt wechselndes Magnetfeld; durch Gegen- → Induktion entsteht in der von d. Primärwicklung isolierten Zweit- od. Sekundärwicklung elektromotor. Kraft (EMK); induzierte Spannung direkt proportional zu Windungszahlen, Strom umgekehrt proportional. *Aufbau:* Primär- und Sekundärwicklung gemeinsam auf einem od. getrennt auf zwei Spulenkörpern; bei Niederfrequenz Eisenkern aus gegenseitig isolierten Blechen od. Drähten, bei Hochfrequenz gepreßtes Eisenpulver od. -oxid (Ferritkerne). T. für große Leistungen in Ölbad zur Kühlung u. Isolation.
Transfusion [l.], svw. → Bluttransfusion.
Transgression [l.], Vordrücken d. Meeres über Festlandsgebiete; Ggs.: → Regression.
Transhimalaja, *Hedin-Gebirge,* Gebirgskette nördl. d. Himalaja und parallel dazu, durch d. Zangbo von diesem getrennt, *Nyainqêntanglha* 7088 m.

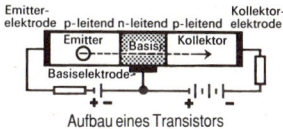

Aufbau eines Transistors

Transistor, *m.* [l.], wichtiges Bauelement der → Elektronik, besteht aus drei → Halbleiter-Kristallschichten; je nach Schichtenfolge unterscheidet man *PNP-* u. *NPN-* T.; 3 Elektroden: Kollektor, Emitter, Basis. Bei Anlegen einer el. Spannung fließt über die p-n-Übergänge ein Elektronenstrom, der sich steuern läßt (durch die Basis); Transistoren als Verstärker. Betriebsstrom über P- u. N-Leiter fließt, heißt *bipolarer* T., im Ggs. zu *unipolarem* T. (→ Feldeffekttransistor); entweder als diskrete Bauelemente (Flächen-T., früher auch Spitzen-T.) od. in → integrierten Schaltungen. Der T. hat die → Elektronenröhre aus den meisten Anwendungsgebieten (z. B. Rundfunktechnik, Verstärker- u. Computertechnik) weitgehend verdrängt, da er erheblich kleiner, billiger u. haltbarer ist. → Halbleitertechnik.

Transithandel, durch Devisengesetzgebung geregeltes Verfahren zur Durchfuhr u. Bezahlung v. Transitware im intern. Warenverkehr.

Transitiv|um, s. [l.], Zeitwort m. Ergänzung im → Akkusativ (z. B. ich *treffe ihn*).

transitorisch [l.], vorüber-, hinübergehend.

transitorische Posten, in der *Bilanz:* Posten, die in das neue Rechnungsjahr hinübergenommen werden (P. der Rechnungsabgrenzung).

Transitverkehr, Durchfahrt durch ein Land, *wirtsch.* → Transithandel.

Transjordanien → Jordanien, *Gesch.*

Transkaukasien, die Sowjetrepubliken Armenien, Áserbeidschan, Georgien.

Transkei, Rep. in Südafrika, am Ind. Ozean, 43 798 km², 2,9 Mill. E, 65,6 je km² (mit Xhosa-Angeh. in Südafrika); Hptst. *Umtata;* Karte S. 750; früheres Bantu-Heimatland d. Rep. Südafrika (s. 1963), 1976 unabhängig, bisher nur von Südafrika anerkannt.

Transkription [l.], 1) *mus.* Übertragung eines Tonstückes f. e. anderes Instrument od. f. andere Instrumente; 2) *phonet.* Verdeutlichung der Lautwerte einer Fremdsprache durch die einer anderen oder bes. Zeichen: *Show* [*ʃou*]; 3) Synthese versch. → RNA-Sorten, bei der d. genet. Information der → DNA in Form d. → genetischen Kodes komplementär übertragen wird; → Translation.

Translation [l.], 1) *phys.* fortschreitende, *translator.* Bewegung; Ggs.: → Rotation (Drehung), rotator. Bewegung; 2) Übertragung des → genetischen Kodes der → Messenger-Ribonukleinsäure in die Reihenfolge d. Aminosäuren von (Enzym-)Eiweißen; erfolgt mit Hilfe v. → Transfer-RNA an den → Ribosomen; → Transkription 3).

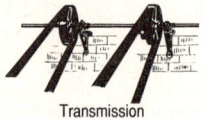

Transmission

Transmission [l.], Übertragung u. Verteilung von Energie f. Arbeitsmaschinen durch Wellenleitung (z. B. durch → Riementrieb). – **T.swelle,** meist an der Decke hängend, mit Riemen- u. Stufenscheiben; in modernen Anlagen durch viele kl. Elektromotoren ersetzt.

Transparent, s. [l.], „durchscheinendes" Bild auf Glas, durchsichtigem Papier od. ölgetränkter Leinwand, v. hinten erleuchtet; bes. f. Reklamebilder.

Transpiration, 1) Wasserabgabe durch Schwitzen bei Mensch u. Tier; 2) Abgabe von Wasserdampf durch oberirdische Pflanzenorgane (Blätter, → Spaltöffnungen).

transpirieren [frz.], schwitzen.

Transplantation, Überpflanzung v. Geweben u. Organen durch eine Operation; man unterscheidet: 1) *autologe T.:* Spender = Empfänger, körpereigenes Gewebe v. einer Körperstelle auf eine andere überpflanzt (Haut, Gefäße, Nerven, Sehnen, Knochen, Knorpel); 2) *isologe T.:* Spender u. Empfänger derselben Art angehörend (zwei Menschen), aber genetisch ungleich; 4) *heterologe T.:* Spender u. Empfänger v. versch. Art (Mensch – Tier; 5) *allopathische T.:* Überpflanzung v. anorganischen Stoffen (Drähte, Knochenschrauben). Schicksal des Transplantats ist von der immunbiologischen Abwehrreaktion des Empfänger-Organismus abhängig; bis auf die T. v. Hornhaut ist Organ-Verpflanzung (Herz, Lunge, Leber, Bauchspeicheldrüse) kaum über das Stadium der klinischen Erprobung hinausgekommen; → Nerventransplantation; → Barnard.

Transpluto, vermuteter äußerster (10.) Planet d. Sonnensystems.

transponieren [l.], *mus.* in eine andere Tonart versetzen.

Transportgefährdung, Gefährdung der Betriebssicherheit v. Verkehrsmitteln; wird bei Vorsatz m. Freiheitsstrafe (in bes. schweren Fällen mit lebenslanger) geahndet.

Transportschnecke, Fördermaschine; in einem Trog dreht sich eine Welle mit aufgezogenen Schraubengängen, die das Fördergut vor sich her schieben.

Transsexualität, b. Männern u. Frauen auftretendes Mißverhältnis zw. ihrem biolog. Geschlecht u. ihrer Geschlechtsidentität (Geschlechtszugehörigkeitsempfinden); Behandlung: → Geschlechtsumwandlung durch hormonelle, operative u. kosmet. Eingriffe.

Transsexuellen-Gesetz, v. 10. 9. 1980, regelt Voraussetzungen, Personenstands- u. sonstige Folgen der Änderung d. Geschlechtszugehörigkeit.

Transsibirische Eisenbahn, *Transsib,* 1903 eröffnete Eisenbahnstrecke v. Moskau über den Ural (Swerdlowsk bzw. Tscheljabinsk) an den Pazifik (Wladiwostok); ca. 8000 km lang, 2spurig, elektrifiziert, erschloß Sibirien u. verbindet die Industriezentren.

transsonisch [nl.], Geschwindigkeitsbereich, bei dem örtlich am Flugzeug bereits Überschallgeschwindigkeiten auftreten, d. Flugzeug jedoch noch m. Unterschallgeschwindigkeit (nahe d. Schallgeschwindigkeit) fliegt.

Transsubstantiation [nl. „Verwandlung"], → Messe.

Transsylvanische Alpen, geograph.

Bez. der Südkarpaten (*Moldoveanu* 2543 m) zw. Siebenbürgen u. der Walachei; → Karpaten.

Transurane, durch Kernumwandlung hergestellte, also künstlich erzeugte radioaktive chem. Elemente, die schwerer sind als Uran (Oz. 92); Herstellung für Forschung u. Atomenergie; Oz., Namen u. chem. Zeichen der T.: 93 *Neptunium* (Np), 94 *Plutonium* (Pu, v. Glenn Seaborg 1971 eines d. 12 Isotope dieses T. auch in der Natur nachgewiesen), 95 *Americium* (Am), 96 *Curium* (Cm), 97 *Berkelium* (Bk), 98 *Californium* (Cf), 99 *Einsteinium* (Es), 100 *Fermium* (Fm), 101 *Mendelevium* (Md), 102 *Nobelium* (No), 103 *Lawrencium* (Lw), 104 *Rutherfordium* (Rf)/*Kurtschatovium* (Ku), 105 *Hahnium* (Ha); dazu gehören auch die → Transactiniden; weitere T. (106–109) gefunden, aber noch ohne Namen.

Transvaal [-*val*], NO-Prov. d. Rep. Südafrika, 262 499 km², 7,5 Mill. E (davon 2,5 Mill. Weiße); Hochebene mn. Gras- u. Buschsteppen; Hptausfuhr: Gold (erstes Goldland der Erde), Wolle, Diamanten, Häute; Hptst. *Pretoria,* größte St.: *Johannesburg.* – 1836/37 v. Buren kolonisiert, 1852 unabhängig; 1877 v. England annektiert; 1881 selbst. Rep. unter engl. Oberhoheit; 1902 engl. Kolonie; 1910 Prov. der Südafrikan. Union.

transversal [l.], quer-, schräglaufend.

Transversale, w. [l.], *math.* eine Gerade, die eine Figur durchschneidet.

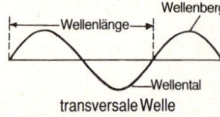

transversale Welle

transversale Wellen, Schwingungen v. Teilchen od. Kraftfeldern, d. senkrecht z. Fortpflanzungsrichtung d. Welle erfolgen, z. B. alle elektromagnet. Wellen: el. (Rundfunk-)Wellen; Wärmestrahlung, Licht, Röntgenstrahlen.

Transvestitismus [l.], Verkleidungssucht; Neigung zum Tragen der Kleider des anderen Geschlechts.

transzendent [l. „überschreitend"], jenseits von Erfahrung u. Vorstellungsmöglichkeit (Ggs.: → immanent); außerweltlich, übernatürlich.

Transzendentale Meditation, Gründer u. Guru *Maharishi Mahesh Yogi* (* 1915), aus Indien kommende Jugendsekte; Ziel: Erschließung d. kreativen Intelligenz.

transzendentaler Idealismus, Kants Lehre, daß wir die Dinge nicht so erkennen können, wie sie an sich sind, und daß Raum und Zeit als Formen der sinnlichen Anschauung sind.

Transzendenz, Jenseitigkeit (Gottes).

Trapani, Hptst. d. it. Prov. T., auf Sizilien, Hafen, 73 000 E; Bischofssitz; Wein-, Salzausfuhr.

Trapez, *s.* [gr.], **1)** *geometr.* Figur: Viereck mit zwei parallelen, ungleichen Seiten; **2)** *Turngerät:* an Seilen befestigtes Querholz für Schwungübungen; bes. im Zirkus v. Luftakrobaten verwendet; **3)** im *Segelsport:* Vorrichtung zur Sicherung des Vorschotmannes beim Außenbordstellen.

Trappen, Vogelfamilie, Steppen- u. Kultursteppenbewohner; *Großtrappe,* 70 cm hoch, Männchen mit Federbart, NO-Dtld.; *Zwerg-T.,* 50 cm hoch; Mittelmeerländer.

Trapper [„Fallensteller"], nordam. Pelzjäger.

Trappisten, kath. Mönchsorden. Strenges Sprechverbot; vegetarisches Leben.

Trasimenischer See, it. *Lago Trasimeno, Lago di Perugia,* See in Mittelitalien, westl. von Perugia, mit Abzugskanal zum Tiber, 128 km²; hydrobiologische Station; Fundort röm. Prunkschiffe. – 217 v. Chr. Sieg Hannibals über die Römer.

Traß, *m.,* trachytischer → Tuff 1).

Trassat [it.], der Bezogene eines → Wechsels.

Trasse, *w.* [frz. „trace"], im Gelände abgesteckte Linie für Verkehrswege.

Tratte → Wechsel.

Traube, Blütenstand: jeweils einzelne, gestielte Blüten an gemeinsamer, verlängerter Achse.

Trauben-hyazinthe, *Perlblümchen,* Zwiebelgewächs mit kleiner blauer Blütentraube; auf Bergwiesen u. Zierpflanze.
♦. – **T.kirsche,** fälschl. „Faulbaum" genannt, Steinfruchtbaum feuchter Wälder mit weißen Blütentrauben und schwarzen, nicht eßbaren Früchten. – **T.kuren,** svw. Obstkuren.

Traubenwickler, Schmetterling; seine Raupe *(Sauerwurm)* Schädling an Weintrauben.

Traubenzucker, *Glukose, Dextrose, Stärkezucker* $(C_6H_{12}O_6)$, im Tier- u. Pflanzenreich weitverbreitetes Kohlenhydrat; zus. mit Fruchtzucker in süßen Früchten u. Honig; auch im Harn Zuckerkranker (bis 10%). Entstehung zusammen mit Fruchtzucker durch Ferment- oder Säurespaltung von Rohrzucker; techn. durch Säurespaltung aus → Stärke; als Nähr- und Kräftigungsmittel.

Trauermantel, Tagschmetterling.

Trauerspiel, svw. → Tragödie.

Traum, entspricht der physiologisch definierten paradoxen Schlafphase, → REM-Phase; nach → Freud: „Hüter des Schlafes".

Trauma, *s.* [gr.], Wunde, Verletzung; in der Psychopathologie und -analyse seel. Erschütterung, schmerzhafte Erfahrung eines Individuums.

Traumdeutung, psychotherapeut. Technik zur Bewußtmachung verdrängter Motive, Deutung bezieht sich auf latenten Trauminhalt; nichtgedeuteter Traumbericht gilt als manifester Trauminhalt (→ Freud); in der Antike diente d.

Traumbuch des Artemidoros der Zukunftsdeutung.

Traun, 1) r. Nbfl. d. Donau unterhalb Linz, 153 km lang, durchfließt den Hallstätter u. **T.see** (25 km², 12 km l., bis 191 m tief, 422 müM), bildet den *T.fall* (m. Wasserkraftwerk) bei Gmunden; **2)** r. Nbfl. d. Alz i. Oberbayern, 45 km l; **3)** (A-4050), östr. St. b. Linz, 21 500 E; div. Ind.

Traunreut (D-8225), St. im Ldkr. Traunstein, Bay., 20 081 E; Elektro- u. Textilind.

Traunstein, 1) Berg im Salzkammergut, am Traunsee, 1691 m; **2)** (D-8220), Gr.Krst. in Oberbay., an d. Traun, 600 müM, 17 145 E; LG, AG.

Trautenau, tschech. *Trutnov,* nordostböhm. St. a. d. Aupa (Nbfl. der Elbe), 26 000 E.

Trautonium, v. Friedrich *Trautwein* (1889–1956) konstruiertes elektron. Musikinstrument; ermöglicht die Nachahmung vieler Musikinstrumente.

Trave, Ostseezufluß i. Schl-Ho., durch *Elbe-Lübeck-Kanal* m. Elbe verbunden, 118 km lang; mündet bei **Travemünde,** St.teil v. Lübeck, Seebad (m. Spielkasino), Hafen.

Travellerschecks [engl. 'trævələ-], → Reiseschecks.

Traven, Bruno, eigtl. *Traven Torsvan* (3. 5. 1890–26. 3. 1969), dt. Schriftst., lebte vermutlich in Mexiko; Romane: *Das Totenschiff.*

travers [frz. -vɛʀ], quergestreift.

Traverse, Schulterwehr, Querversteifung, Ausleger.

traversieren [frz.], **1)** durchqueren, quergehen; **2)** *Fechten:* seitwärts ausfallen.

Travertin, *m.* [it.], streifiger Kalktuff (→ Tuff), Ausfällung warmer Quellen; Baustoff.

Travestie, *w.* [it. „Umkleidung"], literar. Verspottung einer Dichtung, wobei deren Inhalt in eine unangemessene Form gebracht wird (anders: → Parodie).

Trawler, *m.* [engl. 'trɔ:-], m. Schleppnetz *(Trawl)* ausgerüstetes Hochseefischereischiff.

Treasure, *s.* [engl. 'treʒə], Schatz.

Treasury, *s.* ['treʒərı], Schatzamt, Finanzministerium.

Trebbia, r. Po-Nbfl. bei Piacenza, vom Ligur. Apennin, 115 km l. – 218 v. Chr. Sieg Hannibals.

Treber, svw. → Trester.

Trecento, *s.* [it. -'tʃ- „dreihundert"], d. 14. Jh.; Bez. für die it. Kunst dieser Zeit.

Treck, *m.* [ndl.], urspr. Bez. für Wanderungszüge der Buren mit Ochsenkarren; allg. für Fuhrwerkkolonnen ziviler Bevölkerung.

Trecking, Wandern im Hochgebirge mit Trägern.

Treff, *s.,* frz. Spielkarte, svw. Kreuz, Eichel.

Treffertheorie, Theorie i. d. *Strahlenbiologie,* die d. Wechselbeziehung zw. ionisierender Strahlung u. biol. Wirkung beschreibt; die Effekte werden durch einen od. mehrere Treffer im Treffbereich ausgelöst.

Treibeis, *Drifteis,* äquatorwärts treibende Eismassen polaren Ursprungs als → Eisberge od. Schollenfelder → Packeis.

Treibhauseffekt, Aufheizung planetarer Atmosphären bei Einstrahlung v. Sonnenlicht, wenn d. Wärmeabgabe in d. Weltraum über Infrarotstrahlung durch Spurengase wie Kohlendioxid behindert wird.

Treibjagd, e. Gesellschaftsjagd, bei d. Treiber d. Wild vor die Schützen treiben.

Treibstoffe, für Verbrennungskraftmaschinen (Abb.).

treideln, früher: auf dem → Leinpfad ziehen.

Treitschke, Heinrich v. (15. 9. 1834–28. 4. 1896), dt. nationalist. Historiker; Vertr. des preußisch-dt. Reichsgedankens; *Dt. Geschichte im 19. Jh.*

Trelleborg [-'bɔrj], früher *Trälleborg,* südlichste schwed. Hafenst., 35 000 E; Fähre nach Saßnitz u. Lübeck.

Trema, *s.* [gr.], zwei Punkte (¨) über Selbstlaut als Zeichen, daß er von dem danebenstehenden getrennt zu sprechen ist (z. B. *naïv*); i. Alban. ë für Ausspr. ə.

Tremolo, *s.* [it.], *mus.* Beben, schnelles Wiederholen desselben Tones: **tremolieren,** *tremulieren;* → Vibrato.

Tremor, *m.* [l.], Muskelzittern (z. B. der Hände).

Diagramm (Treibstoffe):

Erdöl → Destillation → Schweröl, Teer
Kohle → Generator → Wassergas
Koks → Karbidofen

Schweröl → Crack-Proz.
Teer → Hydrierung
Wassergas → Hydrierung, Methanol-Synthese

Hydrierung → Leuna-Benzin, Fischerbenzin, Dieselöl, Propangas

Endprodukte: Erdöl-Benzin, Diesel-öl, Crack-benzin, Benzol, Dieselöl/Propangas, Methyl-Sprit, Karbid-Sprit

Treibstoffe

Weiche Trespe

Trenchcoat [engl. *'trɛntʃkout*], zweireih. Regenmantel (Popeline o. ä.) m. Schulterklappen u. Gürtel.

Trenck, 1) Franz Frh. v. d. (1. 1. 1711–14. 10. 49), östr. Pandurenoberst, Vetter von **2)** Friedrich Frh. v. d. (16. 2. 1726–25. 7. 94), angebl. Geliebter der Schwester Friedrichs d. Gr., Amalie, lange in Haft; in Paris als vermeintl. Spitzel unter Robespierre hingerichtet.

Trend, m. [engl. „Verlauf"], Grundrichtung einer Entwicklung über längere Zeiträume.

Trengganu, Terengganu, Gliedstaat d. Malaiischen Bundes (→ Malaysia), 12 955 km², 684 000 E; Ausfuhr von Kautschuk u. Zinn; Hptst. *Kuala Terengganu.*

Trenker, Luis (4. 10. 1892–13. 4. 1990), östr. Bergsteiger, Filmregisseur, Schausp. u. Schriftst.; Filme: *Der Rebell* (1932); *Der verlorene Sohn* (1934); Autobiographie: *Vom Glück eines langen Lebens.*

Trennung von Staat und Kirche, Bez. für ein pol. System, bei dem d. Kirche vom Staat unabhängig ist (Ggs.: → Staatskirche); Religionsgesellschaften gelten nur als Privatvereinigungen; zuerst in den USA, seit Anfang des 20. Jh. in Frkr.

Trennung von Tisch und Bett, nach kath. Kirchenrecht d. dauernde Aufhebung d. ehel. Lebensgemeinschaft ohne formale Auflösung d. Ehe.

Trense, zweiteilige Beißstange für Pferde, mit Ringen für Zügel und zur Befestigung am Kopfgestell; wird zus. mit → Kandare angelegt oder als *Wasser-T.* (stärker) allein verwendet.

Trent, Fluß in England, aus der Gft Stafford, 274 km l.; Mündung → Humber.

Trentino, Gebiet um Trient.

Trentino-Südtirol, *Trentino-Tiroler Etschland, Alto Adige,* it. Region, → Südtirol.

Trenton [*trɛntn*], Hptst. d. US-Staates New Jersey, 92 000 E; Eisen- u. Porzelanwerke.

Trepanation [l.], Schädeleröffnung durch Anbohren.

Trepang → Seewalzen.

Treptow, 1) an der Rega, *Trzebiatów,* poln. St. in Pommern, 9000 E; **2)** St.teil im SO v. Berlin; Sternwarte.

tres faciunt collegium [l. „drei machen ein Kollegium"], d. h. drei sind spruchfähig; Rechtsgrundsatz des Corpus iuris.

Tresor, m. [frz.], Panzerschrank, -kammer.

Trespe, w., Grasgattung, einige gute Futtergräser; Unkraut; *Roggen-T.*

Trester, *Treber,* Rückstände der Obstwein-, Wein- und Bierbereitung; Bier- und Obst-T. wertvolles Viehfutter; Wein-T. zu T.-Wein u. T.-Branntwein, Obst-T. zu Branntwein u. zur Gewinnung v. → Pektin verwendet.

Treuga Dei [l.], svw. → Gottesfrieden.

Treuhandanstalt, größte Holding d. Welt (zuständig f. ca. 8000 Betriebe u. 4 Mill. Beschäftigte) Hauptsitz in Berlin; m. d. Liquidierung, Sanierung und Privatisierung d. bisher volkseigenen Betriebe (VEB) d. ehem. → DDR befaßt; nach Wirtschaftsunion m. BR → Deutschland durch *Treuhandgesetz* gegründet, urspr. als „Anstalt zur treuhänderischen Verwaltung des Volkseigentums" (Umwandlung in Kapitalgesellschaften) geplant; Vorstandsvors.: zunächst Rainer Gohlke, dann Detlev → Rohwedder, s. April 1991 Birgit → Breuel.

Treuhänder, privatrechtl. Person mit Rechten zur Ausübung in eigenem Namen, aber für fremdes Interesse.

Treuhandgebiete, unter Aufsicht des Treuhänderrates d. → Vereinten Nationen und in dessen Auftrag verwaltetes ehem. Kolonialgebiete (darunter die nach d. 1. Weltkr. zu Mandatsgebieten d. Völkerbundes erklärten ehem. dt. Kolonien); die meisten T. wurden s. 1957 selbständig.

Treuhandgesellschaft, meist Wirtschaftsprüfungsgesellschaften (z. B. zur Vermögensverwaltung, Wirtschafts-, Steuerberatung).

Treu und Glauben, vorherrschender Grundsatz d. dt. Rechts: jedes Rechtsverhältnis ist so zu gestalten, auszulegen u. abzuwickeln, wie T. u. G. m. Rücksicht auf d. Verkehrssitte es erfordern (§§ 157, 242 BGB).

Treverer, westgerman., später stark m. Kelten vermischtes Volk, seit 3. Jh. v. Chr. an der Mosel; ihr Hauptort war → Trier.

Trevira®, *s.,* Markenbez. f. → Polyesterfaser (→ Chemiefasern).

Treviso, Hptst. d. oberit. Provinz *T.,* 84 000 E; Metall- u. Tuchindustrie; Bischofssitz.

tri- [gr. „tris = dreimal"], als Vorsilbe: drei ...

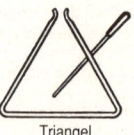
Triangel

Triangel, m. [l.], dreieckig gebogener Stahlstab, hellklirrendes Schlaginstr.

Triangulation [l.], Erdmessungslehre, Messung u. Winkel in großen Dreiecken auf der Erdoberfläche, zur Berechnung ihrer Seitenlängen u. daraus der Größe u. Gestalt der Erde; anvisierte Eckpunkte

der Dreiecke: **T.**spunkte, *trigonometr. Punkte.*

Trianon [-'nõ], 2 Lustschlösser (*Grand T.* 17. Jh., *Petit T.* 18. Jh.) im Park von Versailles. – 1920 Friedensvertrag zw. Entente u. Ungarn.

Triarier, im alten Rom die dritte Kampfreihe der Phalanx der → Legionen, mit der Stoßlanze *(hasta)* bewaffnet; bestand a. d. erfahrensten Soldaten.

Trias, w. [l. „Dreiheit"], → geologische Formationen, Übers.

Tribadie [gr.], svw. → lesbische Liebe.

Triberg im Schwarzwald (D-7740), St. i. Schwarzwald-Baar-Kr., Ba-Wü., heilklimat. Kurort an der Gutach (Wasserfälle, 162 m hoch), 700–1000 müM, 5697 E; AG; Uhren-, Metallind.

Tribunal, *s.,* im alten Rom erhöhter Platz, v. dem aus Recht gesprochen wurde.

Tribunen, i. alten Rom seit d. 5. Jh. v. Chr. *Volks-T.* als Vertreter der → Plebejer, konnten durch Einspruch, *Veto,* (zum Schutze der Plebs) Senatsbeschlüsse ungültig machen; *Militär-T.:* Offiziere ener Legion. – Titel auch später: → Rienzi und in der Französischen Revolution.

Tribut, m. [l.], erzwungene Abgaben, bes. eines besiegten Volkes an den Sieger; im antiken Rom auch Steuer.

Trichinen [gr.], in der Muskulatur bes. des Schweines eingekapselte Fadenwürmer, entwickeln sich nach Genuß des Fleisches im menschlichen Magen und Darm u. vermehren sich in d. Darmwand; die Jungtrichinen wandern üb. Blut u. Lymphe i. d. Muskulatur, wo sie sich einkapseln u. als schwere Krankheit die **Trichinose** erzeugen. Verhütung durch → Fleischbeschau.

Trichom, pflanzliches Haar.

Trichomoniasis, Scheiden-, Darm- od. Mundbefall v. birnenförm. Geißeltierchen *(Trichomonaden).*

Trichterbecher-Kultur → Megalithkultur.

Trick, m. [engl.], Kniff, verblüffender Kunstgriff.

Trickfilm, 1) Film, bei d. durch fotograf. u. techn. Tricks (z. B. Doppelbelichtung, Zusammenspiegelung) verblüffende od. komische Bildwirkungen hervorgerufen werden; **2)** Film aus gezeichneten Figuren, von denen jede einzelne in Teile zerlegt wird, die d. Fortschritt der Bewegung entsprechend zusammengesetzt bzw. umgezeichnet u. einzeln fotografiert werden. Auch → Disney.

Tridentiner Konzil, *Tridentinum, Konzil zu Trient* (1545–63), tagte in 3 Perioden unter 4 Päpsten: Festlegung der gesamten kath. Kirchenlehre; Stärkung d. päpstl. Stellung, Beginn d. → Gegenformation.

Trieb, *psych.* auch *Antrieb,* hypothet. Kraft d. Psyche, äußert sich in zielgerichteten Handlungen, die ein Bedürfnis befriedigen (z. B. Essen befriedigt den Hungertrieb); → Freud postuliert Libido

(Lebens- od. Liebestrieb) u. Destrudo (Todestrieb) als gegensätzl. Handlungsquellen; motiviertes Verhalten u. Vorstellungen durch Triebmischung (z. B. Haßliebe) bestimmt.

Triebsand, feuchter, lockerer Sand an Flüssen, Meeresküsten, auch zw. festen Gesteinsschichten.

Triebwagen, Eisenbahnwagen mit Eigenantrieb u. Führerstand.

Triebwerk, Antrieb einer Maschine oder eines Transportmittels (z. B. → Strahltriebwerk, T. v. → Raketen).

Triel, großäugiger, nächtl. Schnepfenvogel des Brachlands.

Triennium, s. [l.], Zeitraum von drei Jahren.

Trient, it. *Trento* (lat. *Tridentum*), Hptst. d. Region Trentino-Südtirol (→ Südtirol), a. d. Etsch, 101 000 E; Erzbistum; Handelsst., Marmor-, Holz-, Textilind. → *Tridentiner Konzil.*

Trier, *Porta Nigra*

Trier (D-5500), Hptst. d. Rgbz. *T.* (4926 km², 472 000 E); krfreie St., RP, an der Mosel, 95 692 E; röm. Bauten (Palastaula, Basilika, Kaiserthermen, Amphitheater, Porta Nigra) → Tafel Kunst d. Altertums), Dom (4.-12. Jh.), Museen; kath. Bistum; Phil.-Theol. HS, Uni.; LG, IHK, Intern. Moselges., Weinbau, Weinhandel; Zigaretten-, Tabak-, Maschinen-, Textil-, Lederind. – Von d. Römern als *Augusta Treverorum* um 16 v. Chr. gegr., im 3.-5. Jh. kaiserl. Residenz, 870 zum Ostfränk. Reich, 902-1797 Erzbistum (s. 13. Jh. auch Kurfürstentum), 1473-1797 Uni.; 1797 frz., 1814 zu Preußen; 1946 zu Rheinland-Pfalz.

Triere [gr.], im Altertum Schiff m. *drei* Ruderreihen übereinander; Kriegsschiffe hatten am Vordersteven einen Rammsporn.

Triest, it. *Trieste*, Hptst. d. Prov. *T.* u. Hafen am Golf v. *T.*, 233 000 E; Dom (14. Jh.), Bischofssitz; Museen, röm. Ruinen, Uni., naut. Akad.; Schiffbau, Werften. – 1382-1919 (meist) östr., 1919-45 it., 1946-54 unter intern. Kontrolle; 1954 St. u. Hafen wieder it.; Hinterland jugoslaw.

Trieur, m. [frz. tri'ør], Getreidereinigungsmaschine; dient zur Auslese fremder Samen.

Trifels, Burgruine in d. Pfalz, bis z. 14. Jh. Kaiserpfalz, in der 1193/94 Richard Löwenherz gefangen war; Wiederaufbau 1938-50.

Triforium, s., im Innern bes. got. Kirchen, unterhalb der Fenster in d. Wand integrierter Laufgang m. Bogenöffnungen.

Trift, 1) Weg zum Weideauftrieb für das Vieh; 2) wilde → Flößerei. Zutalschwemmen einzelner Stämme in Bächen u. Flüssen.

Trigeminus [l.], dreiästiger Empfindungsnerv des Gesichts, dient auch der Geschmacksempfindung u. nervösen Versorgung der Kaumuskeln. – **T.neuralgie,** schmerzhafte Gesichtsneuralgie.

Triglaw [slaw. „Dreikopf"], slaw. Gottheit; der ihm geweihte Rappe: Orakeltier.

Triglyceride, Verbindungen des Glycerins mit Fettsäuren; bei Fettstoffwechselstörungen (z. B. Arteriosklerose) im Blut erhöht.

Trigonometrie [gr. „Dreiecksmessung"], Teil der elementaren Geometrie, behandelt die Beziehungen zw. Seiten u. Winkeln eines *ebenen* Dreiecks (*ebene T.*) oder eines *sphärischen* Dreiecks (*sphärische T.*), letzteres aus Großkreisen der Kugel gebildet; Hilfsmittel der T. die trigonometrischen (Winkel-)Funktionen, die Seitenverhältnisse im rechtwinkl. Dreieck: → *Sinus, Cosinus, Tangens, Cotangens;* trigonometrische Rechnungen früher fast nur mit → Logarithmentafel ausgeführt; Ausbildung der T. bes. durch Ptolemäus, Regiomontanus, Euler.

trigonometrische Punkte → Triangulationspunkte.

Trijodthyronin, w., ein Hormon der → Schilddrüse.

triklines System → Kristalle.

Trikolore, w. [frz.], *dreifarbige* Fahne, bes. von Frankreich u. Italien, senkrecht gestreift.

Trikot, m. od. s. [frz. -'ko], Wirkstoff, auf Kettenstühlen (aus Wolle, Baumwolle, Kunstseide) hergestellt; enganliegendes Kleidungsstück.

Trikotagen [frz. -'taʒən], Strick-, Wirkwaren, bes. gewirkte Unterwäsche.

Triller, m., mus. Verzierungen.

Trillion [l.], Eins mit 18 Nullen (1 Million Billionen od. 10^{18}).

Trilobiten [gr.], Dreilappkrebse, ausgestorben, → geologische Formationen.

Trilogie, w. [gr.], Dreifolge (urspr. der griech. Tragödien), z. B. *Orestie;* Schillers *Wallenstein.*

Trimester, s. [l.], Zeitraum von drei Monaten; Studienabschnitt. Ggs.: Studienjahr; Semester.

Trimeter, m., griech. Versfuß aus drei Doppeljamben.

Trimm, m., Schwimmlage eines Schiffes, definiert durch → Tiefgang an → Bug u. → Heck.

trimmen, 1) seem. Verändern der Schwimmlage eines Schiffes durch Verteilung d. Ladung u. d. Ballasts; 2) *flugtechn.* Verändern der Fluglage durch → Trimmflächen; 3) *seem.* Versorgung d. Dampfkessels m. Kohle; → Trimmer.

Trimmer, Arbeiter auf Dampfschiffen, der d. Kohlen aus den Bunkern zu den Kesseln schafft.

Trimmflächen, an Flügel- u. Leitwerk, dienen dem Piloten z. Erhaltung der Normallage d. Flugzeugs.

Trinidad, 1) Insel d. Kl. Antillen vor d. Mündung des Orinoco, 4828 km²; T. bildet zusammen mit d. benachbarten Insel Tobago den unabhängigen Staat: 2) *Republic of T. and Tobago,* 5130 km², 1,2 Mill. E (242 je km²); Bev.-Zuw. 1,6%; Bev.: 43% Neger, 40% Inder; Weiße, Chinesen; Währung: TT$; Hptst.: *Port of Spain;* Flagge S. 341, Karte S. 747. **a)** *Wirtsch.:* Kakaoexport, Erdöl. **b)** *Außenhandel* (1988): Einfuhr 1,12 Mrd., Ausfuhr 1,4 Mrd. $. **c)** *Verf.* v. 1976: Präsidiale Rep. m. Zweikammerparlament, brit. Krone vertreten durch Generalgouverneur. **d)** *Verw.:* 8 Counties, 3 Munizipalitäten u. autonome Insel Tobago. **e)** *Gesch.:* 1498 v. Kolumbus entdeckt, im 16. Jh. v. Spaniern im 18. Jh. v. Frz. besiedelt, 1797 v. Engl. besetzt, s. 1802 brit. Kronkolonie, 1958-62 z. → Westindischen Föderation, 1962 unabhängig. **f)** *Mitgl.:* UN, Commonwealth, OAS; AKP-Staat.

Trinität [l.], nicht christl. Lehre: Dreieinigkeit (1 Gott in 3 Personen: Vater, Sohn u. Hl. Geist).

Trinitatisfest, Fest d. Dreieinigkeit. 1. Sonntag nach Pfingsten.

Trinitrophenol, svw. → Pikrinsäure.

Trinitrotoluol, *TNT,* starker Sprengstoff aus → Toluol; Detonationswert einer Tonne TNT Maßeinheit f. Sprengkraft v. → Atomwaffen.

Trinkerheilanstalt, *Entziehungsanst.,* Einweisung in eine T. vom Gericht verhängte Sicherungs- u. Besserungsmaßregel gg. gewohnheitsmäßige Trinker, die im Rausch eine Straftat begangen haben (§ 42c StGB).

Trino, it., am Po b. Vercelli, 8000 E, Kernkraftwerk (257 MW).

Trio, s. [it.], *mus.* Tonstück für drei Instrumente (z. B. Klavier, Violine, Cello); auch der ruhige Mittelteil von Marsch, Menuett u. Scherzo.

Triode, w., *Drei-Pol-Röhre,* → Elektronenröhre mit drei → Elektroden: → Kathode, Steuergitter u. → Anode.

Triole

Triole, w. [it.], *mus.* drei Noten mit Zeitwert v. zweien gleicher Art.

Trip [engl.], Reise, übertragen f. d.

Rauschzustand nach Einnahme v. Rauschgift.

tripel [l.], dreifach.

Tripelallianz, ein Bund dreier Mächte (z. B. 1668 England, Holland u. Schweden gegen Ludwig XIV.). – **T.-Entente** → Entente cordiale.

Triplett → genetischer Kode.

Tripolis, it. u. frz. *Tripoli,* arab. *Tarabulus,* 1) Hptst. Libyens, in Tripolitanien, an der Kl. Syrte, 989 000 E; röm. Bauwerke; Hafen, Ind., Messen, Karawanenhandel; 2) Hafenst. im Libanon, am Mittelmeer, 175 000 E; Endpunkt einer Erdölleitung von Kirkuk (Irak).

Tripolitanien, westl. Teil Libyens, bis 1963 libyscher Bundesstaat, mit Hinterland etwa 353 000 km²; größtenteils Steppe und Wüste; s. 1958 große Erdölvorkommen erschlossen; an der Küste Schwammfischerei u. Thunfischfang; Oliven, Datteln, Südfrüchte, Gemüse, Tabak. – 46 v. Chr. röm. Provinz, 1551 türk., 1911–45 it. Kolonie.

Tripper, *Gonorrhoe,* Geschlechtskrankheit, eitrige Infektion der Harnröhre durch → Gonokokken, fortschreitend zur Blase, bei Frauen zu den inneren Geschlechtsteilen, beim Mann zum Nebenhoden; ansteckend (auch fürs Auge; *Augen-T.*); in Dtld Behandlungszwang.

Triptychon, *s.* [gr.], dreiteiliger → Flügelaltar.

Triptyk, *s., Triptik,* Grenzpassierschein f. Kraftfahrzeuge; in BR v. allen größeren Automobilklubs (z. B. ADAC, AvD) ausgegeben.

Tripura, Unionsstaat im NO d. Rep. Indien, ehem. Fürstenstaat, 10 486 km², 2,5 Mill. E; Hptst. *Agartala* (132 000 E).

Trireme [l.], svw. → Triere.

Trisomie, Vorhandensein eines überzähligen → Chromosoms im normalerweise → diploiden Chromosomensatz; bei Menschen bewirkt T. des Chromosoms 21 (3 statt 2) den → Mongolismus.

Tristan, kelt. Sagenheld, liebt Isolde, die Gattin des Königs Marke; Epos Gottfrieds v. Straßburg; Oper v. R. Wagner.

Tristan da Cunha [-*kunə*], brit. Inselgruppe im Südatlantik, 209 km²; Hauptinsel 98 km², 313 E; mit Vulkan (2329 m); meteorolog. Station; Bevölkerung nach einem Vulkanausbruch 1961–63 nach Großbrit. evakuiert.

Tritium, künstl. radioaktives Isotop des Wasserstoffs; Masse 3, Kern: 1 Proton, 2 Neutronen.

Triton, griech. Meergott, Sohn des Poseidon und der Amphitrite: halb Mensch, halb Delphin.

Tritonshorn, *Trompetenschnecke,* Meeresschnecke, bis 30 cm hoch, Schale im Altertum als Trompete.

Tritonus [gr.], *mus.* Intervall v. drei Ganztönen (z. B. f–h); übermäßige Quarte.

Triumphbogen, 1) reliefgeschmückte Tore als Siegesdenkmäler: berühmt die T. des Konstantin, Septimius Severus u.

Triumphbogen
Konstantinsbogen in Rom

Titus in Rom; 2) Trennbogen zw. Chor u. Mittelschiff d. Basilika.

Triumvirat [l.], Bund dreier Machthaber zu gemeinsamer Herrschaft; in Rom *erstes T.:* 60 v. Chr. (Pompejus, Cäsar u. Crassus); *zweites T.:* 43 v. Chr. (Antonius, Octavianus u. Lepidus).

Trivandrum, Hptst. von Kerala, in SW-Indien, 500 000 E; Uni.; Textilind., Flughafen.

trivial [l.], alltäglich, abgedroschen.

Trivialität, *w.,* Plattheit, Gemeinplatz.

Trivialname, Bez. *chem.* Stoffe mit historisch gebildeten Namen statt mit systematischer Nomenklatur (z. B. Weinsäure statt 2,3-Dihydroxybutandisäure).

Trivium → freie Künste.

Trochäus, *m.* [gr.], Versfuß aus langer (betonter) und kurzer (unbetonter) Silbe: ́⏑.

Trockendock → Dock.

Trockeneis, gepreßte feste Kohlensäure von fast –80 °C, verdampft langsam ohne Rückstand, Sublimation.

Trockenelement, galvan. Element, bei dem Elektrolyt pastenförmig eingedickt ist; dadurch in jeder Lage betriebsfähig (Verwendung für Taschenlampe, Kofferradio u. a.).

trockener Wechsel, svw. der Eigen-→ Wechsel.

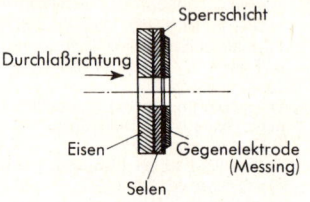

Sperrschicht

Durchlaßrichtung

Eisen — Gegenelektrode (Messing)

Selen

Selen-Eisen-

Durchlaßrichtung

Kupfer —

— Gegenelektrode (Blei, Zink)

Kupferoxydul (Cu_2O)

Sperrschicht

Kupferoxydul-Kupfer-

Trockengleichrichter

Trockengleichrichter, Gleichrichterwirkung beruht auf von der Stromrichtung abhängigem Widerstand, der an d. Berührungsstelle zw. einem Leiter und Halbleiter entsteht (z. B. Selen-Eisen, Kupferoxydul-Kupfer); Anwendung: z. Gleichrichtung von Wechselströmen bis über 200 Ampere; Ggs.: nasser oder Quecksilberdampfgleichrichter.

Trockenpflanzen → Xerophyten.

Trockenplasma, durch Einfrieren u.

Wasserentzug pulverisiertes Plasma (→ Blut), das durch Zusatz v. destilliertem Wasser z. indirekten Plasmatransfusion verwendet wird.

Troger, Paul (get. 30. 10. 1698–20. 7. 1762), östr. Maler d. Barock; Altarbilder, Deckenfresken (u. a. im Dom v. Brixen; in d. Benediktinerstiften Altenburg u. Göttweig).

Troglodyten [gr.], Höhlenbewohner.

Troika

Troika, *w.,* russ. Wagen oder Schlitten mit Dreigespann.

Troilos, *Troilus,* trojanischer Prinz, fällt gegen Achilleus; *T. u. Cressida,* Drama v. Shakespeare.

Troisdorf (D-5210), St. i. Rhein-Sieg-Kr., NRW, 62 011 E; chem., kunststoffverarbeitende, Stahl-, Masch.- u. a. Ind.

Troja, *Ilion,* frühgeschichtliche feste St. an d. W-Küste Kleinasiens; griech. Heldensage: *Der Trojanische Krieg* (→ Homers *Ilias*); die Überreste Trojas, bis ins 4. Jtd v. Chr. reichend, von *Schliemann* (1870–90) und *Dörpfeld* (1893/94 und 1932/33) nahe dem türkischen Dorf Hissarlik ausgegraben.

Trojaner, besondere Gruppe v. kleinen Planeten, nach den Helden des Trojan. Krieges benannt; bewegen sich im gleichen Abstand wie der Jupiter um die Sonne derart, daß Sonne – Jupiter – T. nahezu ein gleichseitiges Dreieck bilden.

Trojanisches Pferd, 1) als Kriegslist z. Eroberung v. Troja in d. Stadt eingeschleustes Holzpferd, in dem sich Verräter versteckt hielten; **2)** Computerprogramm, d. e. dem Benutzer nicht bekannte, meist schädliche Funktion verdeckt ausführt.

Trokar, *m.* [frz.], starke Nadel mit röhrenförmiger Hülse z. Ablassen v. Flüssigkeiten u. Luft aus Körperhöhlen.

Trökes, Heinz (* 15. 8. 1913), dt. Maler zw. Abstraktion u. Surrealismus.

Troll, Kobold der nord. Sage.

Trollblume

Trollblume, *Trollius,* Ranunkel feuchter (Gebirgs-)Wiesen; auch Gartenpflanze. ♦.

Trolleybus, *m.* [engl. *'trɔlıbʌs*], svw. → Obus.

Trollhätta-Fälle des Götaälv, 5 auf 1,5 km mit 32 m Fall; Kraftwerk: durch **T.-Kanal** (28 km lang) bei **Trollhättan** (schwed. St., 50 000 E) umgangen.

Troeltsch, Ernst (17. 2. 1865–1. 2. 1923), dt. ev. Theol.; Soziologe, Kulturphilosophie; *Die Soziallehren der christlichen Kirchen.*

Trombe, *w.* [it.], Bezeichnung für trichterförmige Luftwirbel, wie Windhose, Wasserhose, Sandhose.

Trommel, 1) Schlaginstrument, oben u. unten mit Fellen bespannter Zylinder; *große* und *kleine* T. (Abb. → Orchester); **2)** *techn.* svw. Hohlwalze. – **T.fell** → Ohr. – **T.sucht,** *Blähsucht,* Auftreibung d. Leibes b. Wiederkäuern; Ursache: Futtergärung.

Trompete, hohes Blechblasinstrument mit gebogener Schallröhre, Kesselmundstück u. 3 Ventilen.

Trompeten-baum, *Catalpa,* nordam. u. ostasiat. Bäume m. gr., herzförm. Blättern, weißen Blütenrispen u. langen Schoten, häufig in Parks. – **T.schnecke,** svw. → Tritonshorn.

Tromsø, Hptst. des norweg. Fylke Troms auf der Insel T. (Polarzone), 50 000 E; geophys. Forschungsinstitut.

Trondheim, im MA *Nidaros,* am eisfreien *T.-Fjord,* Hptst. des norw. Rgbz. Sør-Trøndelag, 137 000 E; Dom, Hafen, Holzind.; TH, alte Krönungsstadt.

Trope, *w.* [gr.], **1)** Einsatz e. Wortes durch e. bildhaftes anderes, z. B. „fliegen" statt „eilen"; **2)** musikal.-textl. Erweiterung eines liturg. Textes.

Tropen [gr.], die Erdgebiete zw. d. beiden → Wendekreisen, jetzt svw. heiße Zone (mit trop. Klima) zw. 30° nördl. u. 27° südl. Breite (mittlere Jahrestemperatur 20°), m. feuchtheißem Klima am Äquator (trop. Regenwälder usw.) u. Wüstenklima nahe d. Wendekreisen. – **T.koller,** hochgradiger Erregungszustand m. Tobsuchtsanfällen b. Bewohnern gemäßigter Zonen in d. Tropen, bedingt durch ungewohnte bioklimat. Verhältnisse, bes. b. Alkoholmißbr. od. Infektionen. – **T.tag,** meteorolog. Bez. f. Tage m. Temp. v. 30 °C u. mehr.

Tropfstein, in Kalkhöhlen **(T.höhlen),** Auskleidung durch den bei Verdunstung des Grundwassers ausgeschiedenen koh-lensauren Kalk geformt; → Stalaktiten, Stalagmiten (Abb. → Höhle).

Trophäe, *w.* [gr.], Siegesbeute; Siegeszeichen.

tropischer Umlauf, Zwischenzeit zw. zwei aufeinanderfolgenden Durchgängen eines Himmelskörpers durch den Frühlingspunkt; → Jahr.

Tropismus, auf einen Reiz erfolgende Bewegung eines festsitzenden Lebewesens; *Geo-T.* durch d. Schwerkraft, *Helio-od. Photo-T.* durch d. Licht, *Chemo-T.* durch chem. Stoffe; Orientierung zum Auffinden d. günstigsten Lebensbedingungen; bei frei bewegl. Lebewesen → Taxis.

Tropopause, *w.* [gr.], obere Begrenzungslinie der Troposphäre (→ Atmosphäre); in mittleren Breiten bei ca. 12 km, an den Polen ca. 10 km, am Äquator ca. 17 km Höhe.

Troposphäre [gr.], → Atmosphäre.

Troppau, tschech. *Opava,* St. im Mähr. Gesenke, an d. Oppa, 63 000 E; Metall-u. Textilind. – 1820 Kongreß der Hl. Allianz, 1849–1918 Hptst. v. Östr.-Schlesien, 1919 zur Tschechoslowakei.

Tropsch, Hans (7. 10. 1889–8. 10. 1935), dt. Chem.; entwickelte zus. m. F. Fischer d. *Fischer-Tropsch-Verfahren* zur Synthese v. Kohlenwasserstoffen.

Trosse, starkes Schifftau aus Hanf od. Stahldraht.

Trossingen (D-7218), St. i. Kr. Tuttlingen, Ba-Wü., 11 427 E; HS-Inst. f. Musik.

Trotteur [frz. -'tør], Straßenschuh.

Trotzki, Leo, eigtl. *Leib Bronstein* (7. 11. 1879–21. 8. 1940), russ. Bolschewist; 1917 mit Lenin Führer des Umsturzes, Schöpfer der Roten Armee, Gegner Stalins; 1929 verbannt; in Mexiko ermordet.

Troubadour, *m.* ['trubaduːr], *Trobador,* Minnesänger i. d. Provence, i. Spanien u. Italien aus ritterl. Stand, im 11.-14. Jh.; bed. Vertr.: *Bernard von Ventadorn, Bertran de Born, Peire Vidal.*

Trouville-sur-Mer [truˈvilsyrˈmɛr], frz. Seebad am Kanal westl. der Seinemündung, 6000 E.

Troyat [trwaˈja], Henri, eigtl. *Lew Tarassow* (* 1. 11. 1911), frz. Schriftst. russ. Herkunft; *Solange die Welt besteht.*

Troyes [trwa], Hptst. des frz. Dép. *Aube,* an d. Seine, 64 000 E; Bischofssitz, Kathedrale (1208 begr.), St.-Urban-Kirche (1264); Baumwollspinnerei. – 1420 *Vertrag v. T.:* Anerkennung der Rechte Heinrichs V. v. England auf den frz. Thron.

Troy-Unze, in Engl. u. USA gebräuchl. Gewichtsmaß f. Edelmetalle u. Edelsteine: 1 T.-U. = 31,1035 g.

Trübner, Wilhelm (3. 2. 1851–21. 12. 1917), dt. Maler d. Realismus u. Impressionismus; Landschaften, Porträts.

Truchseß, ursprünglich Beamter am kgl. Hof, der die Speisen darreicht u. die Tafel überwacht; ab 936 von Herzögen, später von Kurfürsten verwaltetes ein-flußreiches Hofamt, Pfalzgraf bei Rhein (Pfalz bei Kaub) erbl. Erztruchseß.

Trucksystem [engl. *'trʌk-*], Entlohnung v. Arbeitern in Naturalien, wobei die Arbeitnehmer gezwungen waren, diese Waren zu verkaufen, um mit dem Erlös ihren Lebensunterhalt bestreiten zu können; in der BR generell verboten.

Trudeau [tryˈdo], Pierre Elliot (* 8. 10. 1919), kanad. Jurist u. Pol. (Liberaler); 1968–79 u. 1980–84 Min.präs.

trudeln, gefährl. Flugzustand, der entsteht, wenn d. Flugzeug „überzogen" wird u. d. Luftströmung abreißt; d. Flugzeug stürzt dabei, sich ständig in korkenzieherartiger Linie drehend, nach unten.

Truffaut [tryˈfo], François (6. 2. 1932–21. 10. 84), frz. Filmregisseur; Vertr. d. → Nouvelle Vague; *Les quatre cents coups* (1959); *Tirez sur le pianiste* (1960); *Jules et Jim* (1961); *Fahrenheit 451* (1966); *La nuit américaine* (1973).

Trüffel, unterird., äußerl. kartoffelähnl. Fruchtkörper des Schlauchpilzes *Tuber,* im Boden von Laubwäldern; edelster Speisepilz.

Trugdolde, nichtdoldiger Blütenstand m. in gleicher Höhe endenden Blüten.

Trugschluß [l. „sophisma"], auf falschen Voraussetzungen oder zweideutig gebrauchten Worten beruhender, absichtl. täuschender Schluß im Gegensatz z. unbeabsichtigten Fehlschluß.

Truman [-mən], Harry S. (8. 5. 1884–26. 12. 1972), am. demokr. Pol.; 1945–53 33. US-Präs.; unterzeichnete Potsdamer Abkommen, verkünd. → Fair Deal; strebte Stärkung d. westl. Welt mit d. Ziel eines globalen Gleichgewichts an.

Trumeau, *m.* [frz. tryˈmo], Pfeilerspiegel; Fensterpfeiler; Mittelpfosten e. Portals.

Trunksucht → Alkoholismus.

Truppenausweis, Dienstausweis des Soldaten.

Truppengattungen des Heeres: **1)** *Kampftruppen:* Infanterie (Jägertruppe, Gebirgsjägertruppe, Fallschirmjägertruppe, Panzergrenadiertruppe), Panzertruppe (Panzerjägertruppe, Panzeraufklärungstruppe); **2)** *Kampfunterstützungstruppen:* Artillerietruppe, Heeresflugabwehrtruppe, Heeresfliegertruppe, Pioniertruppe, ABC-Abwehrtruppe; **3)** *Führungstruppen:* Fernmeldetruppe, Feldjägertruppe, Topographietruppe, Frontnachrichtentruppe, PSV-Truppe (Psycholog. Verteidigung); **4)** *Logistiktruppen:* Sanitätstruppe, Technische Truppen (Nachschubtruppe, Instandsetzungstruppe); **5)** *Sanitätstruppen.*

Trust, *m.* [engl. *trʌst*], kapitalmäßige Vereinigung v. Unternehmen gleicher Art zwecks Monopolisierung d. Markts entweder durch → Fusion od. durch → Holdinggesellschaften.

Truthahn, *Puter,* aus N-Amerika stammender großer Hühnervogel; Hahn mit schwellbaren Hautlappen, schlägt balzend ein Rad.

Trybuna Ludu [„Volkstribüne"], poln. Parteizeitung, 1948 gegr.

Trypanosomen [gr.], Geißeltierchen, Blutschmarotzer; durch Insektenstich übertragene Erreger gefährl. Krankheiten u. Seuchen der Tropen (z. B. Schlafkrankh., Chagaskrankh., Tsetsekrankh. des Viehs).

Trypsin, *s.,* eiweißspaltendes Enzym der Bauchspeicheldrüse.

Tschad, amtl. *République du Tchad,* Rep. in der T.senke, östl. des T.sees, Zentralafrika, 1 284 000 km², 5,4 Mill. E (4 je km²); Bev.-Zuw. 2,3%; Bev.: Sudanneger, Araber im S; Sprache: Frz., Arab.; Währung: Franc CFA (FCFA); Hptst.: *N'Djaména;* Flagge S. 341, Karte S. 750. **a)** *Geogr. u. Wirtsch.:* Im S Buschwald u. Grassteppe, im N Wüste; im Steppengebiet nomad. Viehzucht, im S Anbau v. Baumwolle, Kaffee, Kakao u. Erdnüssen. **b)** *Außenhandel* (1988): Einfuhr 419 Mill., Ausfuhr 141 Mill. $. **c)** *Verf.* v. 1989: Präsidiale Rep. m. Einkammerparlament. **d)** *Verw.:* 14 Präfekturen. **e)** *Gesch.:* Bis 1958 frz. Kolonie, Teil v. Frz. Äquatorialafrika, 1958 autonome Rep., 1960 unabhängig; 1975 Militärputsch; s. 1974 Zusammenstöße der v. Frkr. unterstützten Reg.truppen m. d. Befreiungsbewegung FROLINAT (Front de Libération Nationale du Tchad), 1977 Putschversuch; 1978 frz. Mil.intervention; s. 1979 Bürgerkrieg zw. moh. N u. nichtislam. S; 1980/81 libysche Mil.intervention, vorübergehende Besetzung d. N-Teils; 1982 Intervention v. Zaïre, mil. Intervention v. Frkr.; 1984 frz.-libysches Abkommen über Truppenrückzug; 1986/87 erneuter mil. Konflikt m. Libyen; 1991 Machtübernahme durch Rebellen. **f)** *Mitgl.:* UN, OAU; AKP-Staat.

Tschadsee, flacher Süßwassersee zw. d. Rep. Tschad u. Nigeria, 239 müM, Wasserspiegel schwankt je nach Jahreszeit zw. 10 000 u. 25 000 km².

Peter I. Tschaikowski

Tschaikowski, Peter Iljitsch (7. 5. 1840–6. 11. 93), russ. Komp. unter westeur. Einfluß (im Ggs. zur betont nat.-russ. Musik). 7 Sinfonien: *Pathétique;* Orchestersuiten: *D. Nußknacker;* Ballette: *Schwanensee;* 10 Opern: *Eugen Onegin; Pique-Dame;* Violin- u. Klavierkonzerte.

Tschako [ungar.], mil. Kopfbedeckung; früher b. Jägern u. Schützen, auch bei Polizei.

Tschechen, westslaw. Volk, im 6. Jh. n. Chr. nach Böhmen u. Mähren eingew.

tschechische Literatur, Anfänge: Übersetzungen geistl. Inhalts. *14. Jh.:* Emil Flaška (allegor. Dichtung); Prosa: Tomáš Stitný. Epos *Alexandreis. 15. Jh.:* Unter dem Zeichen der rel. u. nat. Kämpfe (Hus): Chelčický: *Im Netz des Glaubens,* die *Kralicer Bibel* der Brüdergemeinde begr. Schriftsprache; Comenius, *Komenský* (pädagog. u. utop. Schriften). *19. Jh.:* Aufklärung u. Romantik: Jos Dobrovský u. Jungmann (Sprachforscher), Palacký; Šafarik; Macha (Lyrik), V. Hálek, J. Neruda; Svatopluk Čech (nationale Poesien), J. Vrchlický (Lyrik, Prosa, Übers.). *20. Jh.:* K. Čapek (Erzählungen, Dramen), J. Durych *(Wallenstein);* A. Sova u. O. Březina (Lyriker); J. Hašek *(Soldat Schwejk),* Ivan Olbracht, Marie Majerová, Marie Pujmanová (Romane); Julius Fučik, Jiří Wolker, V. Nezval, Petr Bezruč (Lyriker), J. Seifert (Lyrik), František Langer, Pavel Kohout.

Tschechoslowakei, amtl. *Československá Federativni Republika, ČSFR,* föderative Rep. i. Mitteleuropa, bestehend aus d. tschechischen u. slowak. Rep., 127 876 km², 15,62 Mill. E (122 je km²); Bev.-Zuw. 0,3%; Bev.: 65% Tschechen, 30% Slowaken, 4% Madjaren, 0,8% Deutsche; Währung: tschech. Krone (Kčs); Rel.: überwiegend röm.-kath.; Hptst. *Prag;* Flagge S. 341, Karte S. 741. **a)** *Geogr.:* → Böhmen, → Mähren, → Slowakei. **b)** *Ind.:* Hochentwickelt; wichtigste Zweige: Hüttenind., Masch.bau, Kraftfahrzeugbau, chem., Elektro-, Textil-, Leder-, Glas- u. Papierind. **c)** *Bodenschätze:* Kohle (1988: 99,9 Mill. t Braunkohle), Eisenerze (Rohstahlprod. 1988: 15,4 Mill. t), Graphit, Kaolin, Salz, Erdöl, Uran, Gold, Silber, Magnesit. **d)** *Landw.:* Getreide, Zuckerrüben, Mastvieh, Milchwirtsch. **e)** *Außenhandel* (1988): Einfuhr 24,25 Mrd., Ausfuhr 24,95 Mrd. $. **f)** *Verf.* v. 1968: Staatspräs. für 5 Jahre v. Parlament gewählt; Föderation sozialist. Rep., s. April 1990 Tschech. u. Slowak. Föderative Rep. **g)** *Verw.:* 10 Regionen (Kraje) u. 2 Stadtregionen. **h)** *Gesch.:* Die Tsch. wurde im Okt. 1918 als selbst., aus Teilen d. Östr.-Ungar. Kaiserreichs gebildeter Staat proklamiert, Bildung d. neuen Staates in d. Friedensverträgen v. Versailles, St-Germain u. Trianon formell bestätigt, Böhmen, Mähren, Teile v. Schlesien, d. Slowakei u. d. Karpato-Ukraine wurden d. Tsch. zugesprochen; unter d. Druck Hitlers 1938 → Münchener Abkommen: Anschluß des Sudetenlandes an Dtld; 1939 Unabhängigkeitserklärung der Slowakei, Einmarsch dt. Truppen in d. Restgebiet u. Er-

richtung des Protektorats Böhmen und Mähren; Karpato-Ukraine u. Gebiete an slowak. O-Grenze v. Ungarn besetzt. 1945 Wiederherstellung innerhalb d. Grenzen v. 1937 ohne Karpato-Ukraine (zur Sowjet-Ukraine); Vertreibung von über 3 Mill. Deutschen; Agrarreform, Sozialisierung ind. Unternehmen; enge pol. Bindung an d. Sowjetunion, 1948 Einsetzung einer vorwiegend kommunist. Reg. (Volksdemokratie); 1968 nat. Liberalisierungstendenzen; Einmarsch v. Truppen v. 5 Warschauer-Pakt-Staaten, weitgehender Verzicht auf d. Reformkurs; 1973 Normalisierungsvertrag mit d. BR (stell. Nichtigk. d. Münchener Abkommens fest), 1975 Abk. mit d. BR über wirtsch. u. techn. Zus.arbeit; wiederholt Protestaktionen v. oppositionellen Gruppen (z. B. Charta '77); 1989 Bildung d. oppositionellen „Bürgerforums", Gen.streik; Führungsanspruch d. KPČ aus Verf. gestrichen; Ende 1989 Rücktritt der kommunist. Reg., Bildung eines mehrheitl. nichtkommunist. Kabinetts; s. Dez. 1989 → Dubček Parlamentspräs., Václav → Havel Staatspräs.; März 1990 „Sozialistisch" aus Staatsnamen gestrichen; Juni 1990 erste freie Parlamentswahlen m. Sieg d. Bürgerfor. **i)** *Mitgl.:* UN, Europarat.

Tschechow, Anton (29. 1. 1860–15. 7. 1904), russ. Dichter; Erzählungen, Dramen: *Die Möwe; Drei Schwestern; Onkel Wanja; Der Kirschgarten.*

Tscheka → MWD.

Tscheljabinsk, russ. Gebietshptst. am Ural, 1,1 Mill. E; Handelszentrum; Hütten-, landw. Maschinenind., Panzerwerk.

Tscheljuskin, Kap der Taimyr-Halbinsel, nördlichster Punkt Festlandasiens, 77° 34' nördl. Breite.

Tschenstochau, poln. *Częstochowa,* St. a. d. Warthe, 255 000 E; Kloster m. berühmtem Muttergottesbild („Schwarze Madonna"), 1382 erbaut; kath. Bischofssitz; Textilind.

Tscherenkow, Pawel A. (* 28. 7. 1904), russ. Phys.; entdeckte 1934 bei Kernprozessen den n. ihm ben. **T.-Effekt;** Nobelpr. 1958.

Tscherepnin, Alexandr Nikolajewitsch (20. 1. 1899–29. 9. 1977), russ. Komp. u. Pianist; s. 1921 i. Paris u. Chicago.

Tscherkessen, kaukas. Volksstamm, im Gebiet des Kuban u. Terek, großenteils moh. Viehzüchter; ca. 240 000.

Tschernenko, Konstantin Ustinowitsch (24. 11. 1911–12. 3. 85), sowj. Pol.; s.

Konstatin Tschernenko

1971 Mitgl. d. ZK, s. 1978 d. Politbüros; s. 1984 Gen.sekretär d. ZK d. KPdSU u. Vors. d. Präsidiums d. Obersten Sowjet. **Tschernobyl**, sowj. Stadt am Pripjet, Ukraine, 17 000 E.; Schiffbau, Kernkraftwerk; am 26. 4. 1986 bisher schwerster Reaktorunfall.
Tschernosem, *s.* [russ. *-'ziom*], svw. → Schwarzerde.
Tscherokesen, *Cherokees*, zivilisierte Indianer N-Amerikas i. Staat Oklahoma.
Tschetniks, *Četnici*, serb. Freischärler, urspr. im Kampf gegen Türken auf d. Balkan; im 2. WK Partisanen d. Kgr. → Jugoslawiens; 1991 maßgeblich am Bürgerkrieg in → Kroatien beteiligt.
Tschetschenen, moh. Volksstamm i. Kaukasus, *Tschetscheno-Inguschische ASSR*, 19 300 km², 1,28 Mill. E; Hptst. *Grosnyj.*

Tschiang Kai-schek

Tschiang Kai-schek, *Jiang Jieshi* (31. 10. 1887–5. 4. 1975), chin. Marschall u. Pol.; 1928–31 Staatspräs., 1933–37 Min.präs. d. Guomindang-(Nanjing-) Reg.; Führer des Krieges gg. die Kommunisten in China (s. 1927) u. Japan; 1943, 1949 u. s. 1950 Staatspräs. (nach Sieg Maos 1949 auf Taiwan).
Tschiang Tsching-kuo, *Chiang Chingkuo* (18. 3. 1909–13. 1. 88), nationalchin. Pol. (Guomindang), Sohn Tschiang Kaischeks; 1965–69 Verteidigungsmin.; 1972–78 Min.präs., 1975 Vors. d. Guomindang; s. 1978 Staatspräs. v. Taiwan.

Tschibuk

Tschibuk, *m.*, lange türk. Tabakpfeife.
Tschirnhaus, Ehrenfried Walther v. (10. 4. 1651–11. 10. 1708), dt. Phys. u. Phil.; fand zus. m. Böttger Herst. d. Porzellans.
Tschita, ostsibir. Gebietshptst. im Jablonoi-Gebirge, 366 000 E; Bergbau.
Tschitscherin, Georgi Wassiljewitsch (24. 11. 1872–7. 7. 1936), 1918–30 sowj. Volkskommissar f. Auswärtiges, schloß 1922 → Rapallovertrag.
Tschombé, Moïse (18. 11. 1919–29. 6. 69), kongoles. Pol.; 1960–62 Staatspräs. v. → Katanga, 1964/65 Min.präs. der Demokr. Rep. Kongo; in alger. Haft gestorben.
Tschou En-lai → Zhou En-lai.
Tschudi, Ägidius (5. 2. 1505–28. 2. 72), schweiz. Geschichtsschreiber; s. Chronik Grundlage f. Schillers *Wilhelm Tell.*

Tschuikow, Wassilij Iwanowitsch (12. 2. 1900–18. 3. 82), sowj. Marschall; 1949–53 Oberbefehlsh. d. sowj. Besatzungstruppen in Dtld.
Tschuktschen, mongolenähnl. Volksstamm (ca. 14 000) in SO-Sibirien auf d. **T.-Halbinsel**, östlichste Spitze des asiat. Festlandes, Rentiernomaden und Walroßjäger; *Autonomer Kreis d. T.,* sowj. autonomer Kreis innerhalb d. Gebiets Magadan, RSFSR.
Tschuwaschen, türk.-finn. Volksstamm an d. mittl. Wolga, z. T. Christen, z. T. schamanistisch, bewohnen **Tschuwaschien**, autonome Sowjetrepublik, 18 300 km², 1,34 Mill. E; Hptst. *Tscheboksary.*

Tsetsefliege

Tsetse, *Glossina*, afrikanische Stechfliegen, übertragen Erreger (→ Trypanosomen) d. → Schlafkrankheit auf d. Menschen, und die **T.krankheit**, *Naganaseuche* (Entkräftung und Abmagerung) auf Huftiere.
T-shirt [*'ti:'ʃət*], Abk. für *training shirt,* Sporthemd.
Tsunami, durch Tiefseebeben im Pazifik entstehende sehr schnelle (700 km/h), bis ½ m hohe, 200 km breite Wellen, die sich a. d. Küste bis zu 30 m hohen verheerenden Flutwellen stauen können.
Tsushima, jap. Insel in der Koreastraße, mit Kriegshafen, 654 km², 51 000 E. – 1905 Vernichtung der russ. Flotte durch die japanische (Admiral Togo).
Tuamotuinseln, frz. Inselgruppe in Ozeanien, sö. der Gesellschaftsinseln; 78 Atolle, 690 km², 11 800 E; Atomwaffenversuchsgelände auf Mururoa u. Fangataufa.
Tuareg, althamit. Volk der inneren Sahara; islamisierte Nomaden, Kamelzüchter; mutterrechtl. u. altchristl. Reste, altlibysche Schrift.
Tuat, *Touat*, Oasengruppe in der NW-Sahara (Algerien), Knotenpunkt wichtiger Karawanenwege.
Tuba, *w.* [l.], **1)** Blechblasinstrument, *Baß-T.* (Bombardon) in F (Abb. → Orchester) u. *Kontrabaß-T.* in B; im röm. Heer Signaltrompete; **2)** *med.* Eileiter und Ohrtrompete.
Tubargravidität [l.], Eileiterschwangerschaft, führt meist zu → Abort; Gefahr starker innerer Blutung.
Tubeless [engl. *'tjubls*], → schlauchlose Reifen.
Tuberkel, *m.*, typ., bis hirsekorngroßes Entzündungsprodukt im Gewebe nach erfolgter Infektion durch d. 1882 v. Robert *Koch* entdeckten **T.bazillus**. Drei f. d. Menschen krankheitsauslösende Typen, ben. nach d. bevorzugten Wirtsorga-

nismus: *Typus humanus* (Mensch), *Typus bovinus* (Rind), *Typus gallinaceus* (Huhn). Ein Glycerinextrakt aus Bouillonkulturen menschl. T. ist d. **Tuberkulin**, ein nichtpathogenes → Allergen, zur Erkennung (Impfung und Einreibung bes. bei Kindern) der **Tuberkulose** *(Tbc):* Infektionskrankheit d. Menschen u. Tiere (bes. Haustiere: Perlsucht d. Rinder). Erreger ist d. Tuberkelbazillus. Ansteckung und Verbreitung nur durch Übertragung lebender Bazillen (→ Infektion). T. kann in allen Organen auftreten; am häufigsten *Lungen-T.,* bes. im frühen Erwachsenenalter. *Kehlkopf-* und *Darm-T.,* meist bei bestehender Lungen-T. *Tuberkulöse Hirnhautentzündung* und → *Miliar-T.* sowie meist als bei Jugendlichen auftretende *Lymphdrüsen-T.,* d. *Knochen-, Weichteil-, Nieren-, Bauchfell-, Augen-(Netzhaut-)T.* u. d. *tuberkulöse Rippenfellentzündung* entstehen auf d. Blut- od. Lymphweg bei noch nicht völlig (mit Tod d. Bazillen) abgeheiltem tuberkulösem Herd. Daneben vor allem noch *Haut- (Lupus)* u. *Schleimhaut-T. Phthisis* oder *Schwindsucht (galoppierende)* ist die bei starkem körperlichem Verfall rasch zum Tode führende Lungen-T. Offene, ansteckende T. ist meldepflichtig. In d. BR T.hilfe (Heilbehandlung, Eingliederungshilfe, wirtschaftl. u. vorbeugende Hilfe) gemäß Ges. v. 23. 7. 1959. Die sozialhygien. Bekämpfung d. T. (staatl. T.-Fürsorgestellen, Asylierungsheime) verbunden m. d. Errichtung v. Spezialinstituten (Heilstätten für Lungen- und Knochen-T., T.krankenhäuser) hat die T.sterblichkeitsziffer erheblich gesenkt: 1983 gab es i. d. BR 1016 Sterbefälle an T. einschließl. Spätfolgen; d. Bestand an d. aktiver T. Erkrankte betrug 1981 insges. 47 325. Die Behandlung der T. basiert auf d. → Chemotherapie m. **Tuberkulostatika** (Isoniazid, Rifampicin, Streptomycin, Ethambutol); Behandlungsdauer: 2 Jahre; eine chirurg. Therapie ist heute kaum noch erforderl. → Röntgenreihenuntersuchung. Bekämpfung d. Tbc-Gefährdung durch Tiere (Haustiere, besonders Rind u. Schwein; Fleischbeschaugesetze; Pasteurisierung der Kuhmilch; in jüngster Zeit Tuberkulinaktion z. Erfassung sämtl. tuberkulöser Rinder.
Tuberose, trop. Zierpflanze, weiße Blüten auf hohem Stengel.
Tübingen (D-7400), Hptst. des Rgbz. T., Krst., in Ba-Wü., am oberen Neckar, 76 046 E; Schloß *Hohen-T.* (16. Jh.), Uni. (s. 1477), zahlr. Kliniken u. Inst., MPI Rathaus u. Stiftskirche (15. Jh.), Hölderlinturm, Gedenkstätten; LG, AG; Weinbau; Metall-, Holz-, Textilind. – Seit 1342 württembergisch.
Tubus [l.], Röhre, bes. bei optischen Geräten.
Tucholsky, Kurt (9. 1. 1890–21. 12. 1935), dt. pol.-satir. Journalist *(Weltbühne)* u. Schriftst. (unter 5 Pseudonymen);

Kurt Tucholsky

Rheinsberg; Das Lächeln der Mona Lisa; Na und?; Schloß Gripsholm.
Tucson [tu:'sɔn], St. im US-Staat Arizona, 331 000 E; Uni.; kath. Bischofssitz; Fremdenverkehr; Flughafen.
Tucumán, Hptst. d. argentin. Prov. *T.* (22 524 km², 1,1 Mill. E), am Fuße d. Anden, m. V. 497 000 E; Uni.; Zuckerind.
Tudor ['tju:də], engl. Königshaus 1485–1603 (Heinrich VII. u. VIII., Eduard VI., Maria die Katholische u. Elisabeth I.). – **T.stil,** engl. spätgot. Baustil (um 1480–1550); bes. Tudorbogen (gedrückter Spitzbogen); z. B. King's College Chapel in Cambridge.
Tuff, *m., Tuffstein,* 1) leicht verkittete u. zu festem Gestein erhärtete vulkan. Asche; 2) *Kalktuff,* meist poröse Ausscheidungen von Kalk aus sauerstofffreichem Grundwasser, z. T. mit Beimengungen.
Tufting, *s.* [engl. 'tʌft-], maschinelles Verfahren z. Teppichherstellung, bei dem die Fäden des Teppichflors mit Nadeln schlingenförmig in einer Juteunterlage befestigt werden.
Tugendrose, *Goldene Rose,* päpstl. Auszeichnung.
Tuilerien [tɥilə'riən], das 1882 abgetragene Residenzschloß in Paris; dort heute der **T.garten** (→ Le Nôtre).
Tuisto, *Tuisko,* bei Tacitus als german. Gott gen.; Vater d. Mannus, d. ersten Wesens i. Menschengestalt.
Tukan → Sternbilder, Übers.

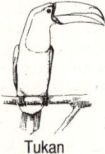

Tukan

Tukane, *Pfefferfresser,* südam. Vogelfamilie m. mächtigem, aber leichtem (da luftgefülltem) Schnabel.
Tula, russ. Gebietshptst. an d. Upa, südl. v. Moskau; 540 000 E; Metallind.: *T.-Silberarbeiten,* bes. m. → Niello-Verzierungen.
Tularämie, pestähnl. bakterielle Infektionskrankh. wildlebender Nagetiere, auf Menschen übertragbar; hpts. im W d. USA, i. Europa selten; Haut-, Augen-, typhoide T.; meldepflichtig.

Tulpe

Tulpenbaum

Tulpe, Zwiebelpflanze aus d. Orient; in vielen Arten, bes. in Holland gezüchtet.
Tulpenbaum, nordam.-chin. Baum (Magnoliengewächs) m. tulpenähnl. Blüten, zapfenartige Fruchtstände; bei uns Zierbaum in Parks.
Tulsa ['tʌlsə], St. im US-Staat Oklahoma, am Arkansasfluß, 369 000 E; Zentrum eines bed. Erdölgebietes, Uni.
Tumba, *w.* [l.], *Tumbe,* sarkophagartiges, oft auf Füßen ruhendes Grabmal (meist in Kirchen).
Tumbling, *s.* [engl. 'tʌmbl-], das Sichüberschlagen v. Raketen u. Erdsatelliten in ihrer Bahn.
Tümmler, 1) → Delphine; 2) Haustaubenrasse.
Tumor, *m.* [l.], Anschwellung, Geschwulst, Gewächs.
Tumulus [l.], vorgeschichtlicher Grabhügel.
Tundra, *w.* [russ.], *Mz. Tundren,* moosu. flechtenbedeckte Landschaften nördl. d. Baumgrenze (Kältesteppen), in Sibirien, Lappland, Kanada.
tunen ['tju:-], durch technische Veränderungen auf stärkere Leistung bringen (Motoren, Lautsprecheranlagen u. ä.).
Tunesien, amtl. *El Dschumhurija et Tunusija,* Rep. in N-Afrika, am Mittelmeer, 163 610 km², 7,81 Mill. E (48 je km²); Bev.-Zuw. 2,6%; Bev.: Berber, Araber, Türken, kl. eur. Minderheit; Währung: tunes. Dinar (tD); Rel.: moh.; Hptst.: *Tunis;* Flagge S. 341, Karte S. 750. **a)** *Geogr.:* Im N wellige Hochflächen (Atlasausläufer, bis 1600 m), im S Steppenland m. Schotts (Salzsümpfen), z. B. Schott ed-Dscherid. **b)** *Wirtschaft:* Hpts. agrarisch; Hptausfuhrprodukte: Getreide, Olivenöl, Wein, Zitrusfrüchte; Bodenschätze: Erdöl, Erdgas, Phosphate, Eisenerz u. Bleierz. **c)** *Außenhandel* (1988): Einfuhr 3,69 Mrd., Ausfuhr 2,39 Mrd. $. **d)** *Verkehr:* Eisenbahn 2021 km. **e)** *Verf.:* Präsidiale Rep. m. Einkammerparlament. **f)** *Verw.:* 23 Gouvernorate. **g)** *Gesch.:* Im Altertum phöniz., dann karthag., 146 v. Chr. röm.; im 7. Jh. von d. Arabern erobert; 1574 türk., 1881 frz. Protektorat, von tunes. Beys geprägt; 1955 innere Autonomie; 1956 unabhängig; s. 1957 Rep.; 1974 Vereinigung m. → Libyen beschlossen (nicht verwirklicht); 1977/78 soz. Spannungen nach Gen.streik; 1980 Spannun-

gen m. Libyen; 1983 Liberalisierung; 1984 schwere Unruhen nach drast. Erhöhung d. Brotpreises; 1987 Absetzung v. Burgiba (s. 1957 Staatschef) durch Gen. Ben Ali, seitdem Demokratisierung. **h)** *Mitgl.:* UN, Arab. Liga; OAPEC; AKP-Staat.
Tungsten ['tʌŋ-], engl. Bez. für → Wolfram.
Tungusen, mongol. Volksstamm in Sibirien, zerfällt in die → *Mandschu* und die eigentl. T. (etwa 45 000), die vorwiegend als nomadische Jäger, Fischer u. Pferdezüchter zw. Nördl. Eismeer, Jenissei u. Pazifik leben.
Tunika, *w.,* altröm. weißwollenes Unterkleid.
Tunis, Hptst. v. Tunesien, 45 km von d. Mittelmeerküste, durch Kanal m. Hafen *La Goulette* verbunden, 597 000 E; moh. Uni., Moscheen; Pasteur-Inst.; Seiden- u. Wollwarenind.
Tunnel, Hohlbauwerk zur Führung von Straßen, Schienenbahnen, Kanälen, Leitungen usw. unter der Erdoberfläche, unter Flußläufen durch Gebirge: Simplon-T. I: 19,73 km, Simplon-T. II: 19,82 km, St.-Gotthard-T.: 14,98 km, Mont-Cenis-T.: 12,82 km, Montblanc-T.: 11,7 km, Huntington-Lake-T. (USA): 21,7 km lang; *Untermeerestunnels:* Sakan-T. (zw. d. jap. Inseln Honshu u. Hokkaido) 53,8 km, Euro-T. (Eisenbahn-T. zw. Frkr. u. Großbrit., Ärmelkan.) 50 km (in Betrieb voraussichtlich ab Mitte 1993).
Tunnelmikroskop, elektronisches Instrument zur Abb. von Oberflächen einer Auflösung im atomaren Bereich (ca. 0,2 nm horizontal, 0,01 nm vertikal); benutzt Elektronen, die den leeren Raum zwischen einer Spitze u. der Oberfläche überspringen; erfunden v. G. Binnig u. H. Rohrer (Nobelpr. 1986).
Tupamaros, linksextremist. Untergrundorganisation (Stadtguerillas) in Uruguay; Name in Erinnerung an d. Indianerhäuptling *Tupac Amaru* (1740–81), Nachkommen der Inkaherrscher; T. A. war Anführer eines Indianeraufstandes (1780) in Peru; Auswirkung auf das Ende der Kolonialherrschaft.
Tüpfelfarne, zahlr. Farnarten (z. B. *Engelsüß*).
Tupi, Indianervolk im mittleren Brasilien, südlich vom Amazonas; ihre Sprache durch die Jesuiten die Verkehrssprache Zentralbrasiliens.
Tupolew, Andrej N. (10. 11. 1888–23. 12. 1972), sowj. Flugzeugkonstrukteur; erstes Überschallpassagierflugzeug d. Welt (Tu 144, Erstflug 1972).
Turan, *W-Turkestan,* Tiefebene nördlich der das Hochland v. Iran im N begrenzenden Gebirge zw. Kasp. Meer u. Pamir, Tian Shan, in d. Flüssen Amu-darja und Syr-darja; pol. z. UdSSR.
Turandot, sagenhafte Prinzessin von China in „1001 Nacht"; Schauspiel v. Gozzi u. danach v. Schiller, Opern v. Puccini u. Busoni.

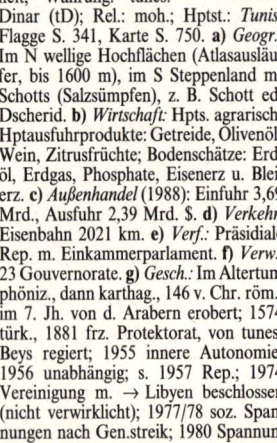

Turban, *m.,* orientalische Kopfbedeckung in versch. Form, aus Tüchern gewickelt.

Turbine, *w.* [l.], Kraftmaschine zur Umwandl. v. Energieformen (Wasser-, Dampf- od. Gas-Druck) in drehende Bewegung, **1)** *Dampf-T.:* Hochdruckdampf strömt aus feststehenden Leitschaufeln seitlich gegen radial gebogene Schaufeln des Laufrades. Arten (meist mehrstufige T.): *Gleichdruck-T.:* gleicher Druck vor u. hinter Laufrad bei vollständigem Druckabfall u. entsprechender Geschwindigkeitszunahme i. Leitrad; *Überdruck-T.:* größerer Druck vor als hinter Laufrad, also Druckabfall i. Leit- u. Laufrad; *Abdampf-T.* nur m. → Abdampf, *Zweidruck-T.* mit Frisch- und Abdampf betrieben; *Gegendruck-T.:* Druckabfall in T. nur bis auf best. Dampfdruck, z. B. f. angeschlossene Heizungen (Abb. → Tafel

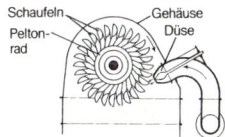

Schaufeln — Gehäuse
Pelton- — Düse
rad

Wasserturbine, *Schema*

Dampfmaschine); **2)** *Wasser-T.:* Strahl-(Aktions-)*T.* nutzt nur die Bewegungsenergie des Wassers aus, z. B. Peltonrad (über und unter Laufrad gleicher Druck, Anwendung bei großen Gefällhöhen über 150 m); bei *Überdruck-*(Reaktions-)*T.* wird die gesamte Gefällhöhe (auch die Saugwirkung des Unterwassers) ausgenutzt, z. B. Francis-T., Kaplan-(Flügelrad-)T.; Wasserzuführung durch Düsen od. Leitschaufeln (Leiträder), auch verstellbar; hoher Wirkungsgrad (bis 90%), Verwendung für → Wasserkraftanlagen; **3)** *Gas-T.:* → Gasturbine.

Turbinenmotor, auch *Düsenmotor,* mit Strahltriebwerk, findet auch in Turbinen-Propellerflugzeugen Verwendung. Prinzip: zum raschen Flug best. Impuls notwendig; alle Flugzeuge haben Reaktionsantrieb, indem Impuls nach rückwärts geschleuderter Luftmasse gleich großen Impuls d. Flugzeugs hervorruft. Bei Flugzeugen m. Luftschrauben gr. Luftmasse m. geringer Geschwindigkeit, b. T. geringe Luftmasse m. sehr großer Geschwindigkeit, bis 3000 km/h (→ Tafel Luftfahrt). *Turbo-Strahltriebwerke* bestehen aus Einlaufdüse (eingesaugter Luftstrom), Verdichter, Brennkammer, Kraftstoffeinspritzung, Turbine, Antriebswelle z. Übertragung d. Antriebs v. Turbine a. Verdichter u. Reaktionsdüse (abstrahlende Verbrennungsgase). Motor im einfachsten Falle *Gasturbine,* nur z. Antrieb d. Verdichters; in *Reaktionsdüse* Umsetzung d. Energieinhalts der heißen Luft (600–800°) in Geschwindigkeit. – Bei *Staustrahlrohr* (*Lorin-Triebwerk,* engl. *ram-jet*) f. hohe Fluggeschwindig-

keiten (350 m/s) genügt Verdichtung in Einlaufdüse.

Turbo-antrieb → Strahltriebwerke. – **T.dynamo,** mit hochtouriger Kraftmaschine (Turbine) gekuppelter Generator zur Erzeugung el. Energie. – **T.kompressor,** Turbogebläse, (Luft-)Kompressionspumpe, die durch schnellaufendes Schaufelrad unter Ausnutzung der Fliehkraft der zu fördernden Gase Pumpwirkung erzeugt (Schleuderkompressor).

Turboprop, Bez. f. → Propellerturbine und Propellerturbinenflugzeug.

Turbostrahltriebwerk, Turbinen-Luftstrahltriebwerk, → Düsenflugzeug, Strahltriebwerke (→ Tafel Luftfahrt).

turbulent [l.], stürmisch, wirbelnd.

Turbulenz, Wirbelbildung und Durchmischung in einem strömenden Medium.

Turenne [*ty'ren*], Henry de (11. 9. 1611–27. 7. 75), frz. Marschall im 30jähr. Krieg u. unter Ludwig XIV.; verwüstete die Pfalz.

Turf, *m.* [engl. *tə:f* „Rasen"], Begriff f. Pferderennbahn u. im weiteren Sinn f. d. Galoppsport.

Turfan, chin. Oasenst. in Xinjiang, 15 000 E; Fundstätte tochar., altürk. u. a. mittelasiat. Sprachdenkmäler.

Iwan Turgenjew

Turgenjew, Iwan (9. 11. 1818–3. 9. 83), russ. Dichter; *Aufzeichnungen eines Jägers; Rudin; Das Adelsnest; Väter u. Söhne;* Gedichte, Novellen.

Turgor, *m.* [l.], Spannungszustand (lebenden Gewebes).

Turin, it. *Torino,* Hptst. der oberit. Prov. *T.,* an der Mündung d. Dora Riparia in d. Po, 1,0 Mill. E; Erzbischofssitz, Kathedrale m. Gruft der Hzge von Savoyen; Uni., Polytechnikum, Akad. d. Künste u. Wiss., Museen; Textil- u. Automobilind. (Fiat- u. Lanciawerke), Süßwarenfabr. – Unter Augustus röm. Kolonie, 1482 Residenz von Savoyen; 1718 Hptst. des Kgr. Sardinien, 1860–64 d. Kgr. Italien.

Turing [*'tjuərıŋ*], Alan (23. 6. 1912–7. 6. 54), bedeutender engl. Mathematiker u. Computerpionier, Dechiffrierung d. ENIGMA-Codes im 2. Weltkrieg.

Turingtest, n. → Turing vorgeschlagene Versuchsanordnung z. Vergleich zw. dem Verhalten eines Computerprogramms u. eines Menschen, um empirische Aussagen über d. (scheinbare) Intelligenz v. Computern machen zu können (→ Künstliche Intelligenz).

Turkanasee, früher *Rudolfsee,* abflußlo-

ser See in O-Afrika, 6405 km², 375 müM, bis 73 m tief.

Türkei, bis 1921 *Osmanisches Reich,* s. 1923 Rep., amtl. *Türkiye Cumhuriyeti,* in Kleinasien, m. den Inseln Imbros u. Tenedos sowie Gebietsanteil in SO-Europa (Thrazien bis zur Maritza, 23 623 km²), 779 452 km², 52,42 Mill. E (67 je km²); Bev.-Zuw.; 2,3%; Währung: türk. Pfund (TL.); Rel.: moh.; Hptst.: *Ankara;* Flagge S. 341, Karte S. 744. **a)** *Wirtsch.:* Hpterzeugnisse d. Landw.: Tabak, Opium, Baumwolle, Wolle, Mohair; reiche Vorkommen an Bodenschätzen: Chromerz (1988: 383 000 t), Kohle, Erdöl, Eisen, Mangan, Kupfer, Quecksilber, Bauxit. **b)** *Außenhandel* (1988): Einfuhr 14,34 Mrd., Ausfuhr 11,66 Mrd. $. **c)** *Verkehr:* Eisenbahn 8439 km. **d)** *Verf.* v. 1982: Rep. m. starkem Staatspräs.; Nat.vers. **e)** *Verw.:* 67 Wilajets (Prov.). **f)** *Gesch.:* Seit 1000 n. Chr. Eindringen d. Türken aus Vorderasien; 1299 begr. Osman I. d. „Osmanische Reich"; 1453 Eroberung von Konstantinopel: Ende d. → Byzantinischen Reichs; Mitte 16. Jh. höchste Blüte unter Suleiman II. (westeur. Eroberungszüge; der 1529 bis Wien vorstieß; im 17. Jh. trotz erneuter Vorstöße (1683 Belagerung Wiens) Machtrückgang; 1699 Verlust Ungarns; s. 1700 wachsender Ggs. zu Rußland; wiederholte Kriege, nach 1800 Verdrängung der Türken aus den Donaufürstentümern u. Griechenland, 1877/78 russ.-türk. Krieg, Unabhängigkeit d. Balkanstaaten; 1912 Verlust v. → Tripolitanien (Balkankrieg). Im 1. Weltkrieg auf seiten der Mittelmächte; Friede von → Sèvres 1920, in Lausanne 1923 revidiert; unter → Atatürk Verlegung der Hptst. von Istanbul nach Ankara, grundlegende Reformen (Frauenemanzipation, Einehe, Umbildung des Rechts nach eur. Vorbild, Einführung des lat. Alphabets); 1936 Meerengenabkommen über Dardanellen u. Bosporus; 1960 Mil.putsch u. Sturz d. autoritären Regimes d. Staatspräs. Celâl Bayar; 1963/64 Zypernkrise; Konflikt m. Griechenland; 1974 Besetzung d. türk. Teils v. Zypern, 1975/76 schwere Erdbeben, Tausende v. Toten, 1976/77 Spannungen zw. Türkei u. Griechenland um d. Nutzung d. Festlandsockels i. d. Ägäis u. d. ungelösten → Zypernkonflikt; 1980 innenpol. Krise, Mil.putsch, Kriegsrecht u. Aufhebung d. Parteien u. d. Parlaments; Nat. Sicherheitsrat; 1981 verf.gebende Vers., 1982 Volksabstimmung über Verf.; 1983 Parlamentswahlen (nur drei Parteien zugelassen); s. Nov. 1989 Özal Staatspräs. (s. 1983 Reg.chef). **g)** *Mitgl.:* UN, NATO, OECD, Europarat, RCD, assoz. m. EG.

Türkenbund, Lilie m. purpurroten, hängenden Blüten (Abb. S. 345). ◆

Turkestan, zentral- u. westasiat. Landschaft, durch Pamir u. Tian Shan geteilt in West-(Russisch-)T., → Turan, u. Ost-(Chines.-)T.; → Tarimbecken.

Türkis, *m.,* undurchsichtiges blaßblaues bis grünes Mineral, durch Eisen od. Kupfer gefärbtes Aluminiumphosphat; himmelblaue Varietäten als Edelsteine.

Türkischrot, echte Baumwollfarbe, früher aus Krapp, heute künstlich aus Alizarin u. Purpurin.

Turkmenistan, s. 1925 Unionsrep. d. Sowjetunion, östl. des Kaspischen Meeres bis zum Amu-darja, 488 100 km², 3,5 Mill. E, meist *turkmen. Stämme* (Hptstamm Tekke) u. Usbeken, Perser, Kirgisen (Moslems); wasserarme Sandwüsten (Kara-kum) mit Oasen (Merw); Erdöl; Rindviehzucht, Baumwolle, Hptst. *Aschchabad.*

Turko, frz.-alger. Fußsoldat, s. 1842.

Turksib, *Turkestan-Sibirische Eisenbahn,* verbindet Arys nördl. v. Taschkent über Alma-Ata u. Semipalatinsk m. Nowosibirsk; 1927–30 erbaut, 2552 km l., kürzeste Verbindung zw. Sibirien u. Mittelasien.

Turktataren, mongol. Völkergruppe in O-Europa und N-Asien mit verwandten Sprachen: Tataren, Kirgisen, Kaschgarier, Usbeken, Baschkiren, osmanische Türken usw.; zus. etwa 30 Mill.

Turku, schwed. *Åbo,* finn. Winterhafen a. d. SW-Küste Finnlands, 160 000 E; finn. u. schwed. Uni.; Schiffbau, Lebensmittel-, Maschinen- u. Textilind.

Turmair, Johannes (4. 7. 1477–9. 1. 1534), *Aventinus* genannt; dt. Geschichtsschreiber, 1517 Hofhistoriograph, schrieb 1519–22 *Bairische Chronik,* die zu einem volkstüml.-humanist. Geschichtswerk wurde.

Turmalin, *m.,* Mineral, → Silicat, farblos; farbige Varietäten sind wertvolle Edelsteine (Abb. S. 343).

Türme des Schweigens, niedrige Rundtürme, in denen die → Parsen die Leichen ihrer Angehörigen den Geiern zum Fraß geben.

Turnen, von F. L. → *Jahn* geprägter Begriff f. d. Gesamtheit d. Leibesübungen; heute nur noch f. d. *Turnen an Geräten* (Reck, Barren, Ringe, Pferd, Bock, Kasten, Schwebebalken) u. *am Boden;* olymp. Wettbewerbe.

Turner [*'tənər*], William (23. 4. 1775–19. 12. 1851), engl. Landschaftsmaler d. Romantik; Vorläufer d. Impressionismus.

Turner-Syndrom, *Ullrich-Turner-Syndrom,* bes. Form d. → Intersexualität aufgrund e. Chromosomenaberration; diese Mädchen bleiben kinderlos.

Turnier, *s.* [frz.], im MA Ritterkampfspiel m. Hieb- oder Stichwaffen; → *Buhurt* u. → *Tjost;* heute sportl. Wettkampf, z. B. *Tennis-T., Schach-T.*

Turniersport, z. Prüfung d. Warmblutpferde durch Spring-, Dressur-, Vielseitigkeits-, Eignungs-, Material- u. Zugleistungswettbewerbe; auch Jagd- u. Springkonkurrenzen.

Turnüre, *w.* [frz.], svw. → Cul de Paris.

Turnus, *m.* [nl.], sich wiederholende Reihenfolge.

Turnu-Severin, seit 1972 *Drobeta-T.-S.,* rumän. Donauhafenst., am O-Ende d. → Eisernen Tors, 98 000 E.

Tuschmalerei, *chinesische,* wahrscheinl. über 2000 Jahre alte Kunst, m. wasserlösl. Tusche auf Papier u. Seide zu malen; zahlr. Stilwandlungen.

Tusculum, alte St. in Latium, in d. Albanerbergen, i. Altertum m. Villen vornehmer Römer: Ciceros Landhaus *Tusculanum (Tusculanae disputationes);* svw. stiller Landsitz.

Tussahseide → Seide.

Tut-anch-amon

Tut-anch-amon, *Tut-ench-amun,* ägypt. Kg 1347–37 v. Chr. (Schwiegersohn Amenophis' IV.); sein unversehrtes Grab bei Luxor 1922 gefunden.

Tutor [l.], **1)** Vormund; **2)** [engl. *'tjutə*], Erzieher, Titel f. Studienleiter i. College.

tutti [it.], *mus.* alle (Instrumenten- u. Gesangsstimmen) auf einmal einsetzend.

Tuttlingen (D-7200), Krst. in Ba-Wü., a. d. Donau, 31 752 E; AG; Burgruine Honberg, klassizist. Rathaus; Fabr. für med.-techn. Geräte, Schuh-, Metallwarenind.

Tutu, Desmond (* 7. 10. 1931), südafrikan. (anglikan.) Bischof; Friedensnobelpr. 1984.

Tutuila, Hptinsel der am. → Samoa-Inseln.

Tutzing (D-8132), Gem. i. Kr. Starnberg, Oberbay., a. Starnberger See, 8942 E; Ev. Akad., Akad. f. pol. Bildung. techn. Anlagen auf Betriebssicherheit.

Tuvalu, Inselgruppe im südwestl. Pazifik, aus Korallenatollen bestehend, früher *Ellice-Inseln,* ehem. brit. Kolonie, 26 km², 9000 E; Hptst. *Fongafale;* Flagge S. 341, Karte S.

751; s. 1978 unabhängig; Mitgl. d. Commonwealth; AKP-Staat.

Tuwa, bis 1944 *Tannu-Tuwa,* autonome Sowjetrep., zw. der Äußeren Mongolei u. Sibirien: Beckenlandschaft zw. Sajanischem Gebirge und Tannu-ola (Gebirge), 170 500 km², 309 000 E (hpts. *Tuwanen*); Viehzucht; Kohle, Asbest, Uranvorkommen; Hptst. *Kysyl* (77 000 E). – Bis 1924 Teil der Mongolei (chin.), dann selbst. Räterep., 1944 zur Sowjetunion.

TVP®, Abk. f. T*extured* V*egetable* P*rotein,* faserförmiges Pflanzeneiweiß; fleischähnl. Nahrungsmittel aus Sojabohnen mit Aromastoffen, fett- u. kaloriennarm, hoher Nährwert.

TWA, Abk. f. T*rans* W*orld* A*irlines.* 1930 gegr. am. Luftverkehrsgesellschaft.

Mark Twain

Twain [*twein*], Mark, eigtl. *Samuel Langhorne Clemens* (30. 11. 1835–21. 4. 1910), am. Schriftst.; *D. Abenteuer d. Tom Sawyer; D. Abenteuer d. Huckleberry Finn.*

Tweed [*twid*], **1)** schott.-engl. Grenzfluß, 156 km l., mündet i. d. Nordsee; **2)** *m.,* Kleider-u. Mantelstoffe m. Farb- u. Noppeneffekten.

Twens [engl. „twenty = 20"], junge Leute von ca. 20 Jahren, v. d. Werbung geprägtes Kunstwort.

Twer → Kalinin.

Twickenham [*'twikrəm*], Teil des Londoner St.teils *Richmond-upon-Thames;* im SO *Hampton Court,* brit. Königspalast, jetzt Gemäldegalerie.

Twist, *m.,* **1)** baumwollenes (mehrfädiges) Garn; **2)** Modetanz d. 60er Jahre.

Two-step, *m.* [engl. *'tu-*], „Zweischritt", urspr. engl. Gesellschaftstanz (¼-Takt).

Tyche [gr.], Schicksal, griech. Göttin d. Glücks u. d. Zufalls.

Tycho Brahe → Brahe.

Tympanon, *s.* [gr.], **1)** Giebelfeld d. griech. Tempels; **2)** im MA Bogenfeld über dem Portal.

Tympanum [gr.-l.], **1)** Handpauke; **2)** *med.* Paukenhöhle; → Ohr.

Tyndall [*tindl*], John (2. 8. 1820–4. 12. 93), ir. Phys.; entdeckte den **T.-Effekt,** Zerstreuung des Lichts an den Teilchen einer kolloidalen Lösung.

Tynemouth [*'tainmauθ*], engl. St. i. d. Metrop.-Gft Tyne and Wear, an der Mündung des Tyne in die Nordsee, 69 000 E; Kohlenausfuhr; Seebad; Hafen.

Type, *w.,* Buchstabe; Schriftform.

Typenlehre, *Typologie,* psych. Theorie, die Einzelmerkmale zu allgemeingültigen Eigenschaftsgruppen zusammenfaßt (z. B. Eysencksche Typen: Extraversion – Introversion).

Typhus [gr.], *Unterleibstyphus,* schwere Infektionskrankh. durch Typhusbakterien; hohes Fieber, Benommenheit; Durchfälle infolge v. Dünndarmgeschwüren, → Roseola-Ausschlag; Darmblutung; ansteckend u. meldepflichtig; erfolgr. Behandlung durch Antibiotika.

typisch, Gemeinsamkeit hinsichtlich einer Reihe von Merkmalen; spezifisch.

Typograph [gr.], Buchdrucker; auch Zeilensetz- u. -gießmaschine.

Typographie, Buchdruckerkunst.

Typus [gr.], *Typ,* Urbild, Vorbild, bestimmte Erscheinungsform mit charakterist. Merkmalen.

Tyr, *Ziu,* Sohn Odins, nord. Kriegsgott.

Tyrann, im alten Griechenland jeder Selbstherrscher nach einem Staatsstreich; heute svw. herrschsüchtiger **(tyrannischer)** Mensch.

Tyrnau, slow. *Trnava,* tschech. St. in der südwestl. Slowakei, 70 000 E; Atomkraftwerk.

Tyros, reiche St. des alten Phönizien.

Tyrothricin, → Antibiotikum, gg. versch. Kokkenkrankheiten (bes. im Hals-, Nasen-, Ohrenbereich) wirksam; aus *Bacillus brevis* isoliert.

Tyrrhenisches Meer, Teil des Mittelmeeres, zw. Sardinien, Sizilien u. d. it. Festland, bis 3758 m tief.

Tyrtaios (7. Jh. v. Chr.), spartan. Kriegslyriker.

Tzara, Tristan (4. 4. 1896–25. 12. 1963), rumän. Dichter u. Schriftst. in frz. Sprache; einer der Väter des → *Dadaismus* (im Züricher „Cabaret Voltaire").

U, 1) *chem.* Zeichen f. → *Uran;* **2)** Abk. f. → *Ultimo;* **3)** Abk. für → *Untersee-(boot);* **4)** *techn.* Zeichen f. Umdrehung.

UAM → *Afrikanisch-Madagassische Union.*

Übach-Palenberg (D-5132), Ind.st. i. Kr. Heinsberg, NRW, 23 005 E; Textil-, Masch.bauind.; Mittelzentrum.

U-Bahn, Abk. für Untergrundbahn, el. Stadtschnellbahn; außerhalb des Citybereichs auch oberirdisch fahrend. In der BR in: Berlin (1902), Hamburg (1912), Frankfurt (1968), Köln (1969), München (1971), Nürnberg (1972); große ausländ. in London (1890), Paris (1900), Moskau (1935), Rom (1955).

Ubangi, r. Nbfl. d. Kongo, mit Uéle 2300 km l. – **U.-Schari** → Zentralafrikanische Republik.

Überbein → Ganglion 2).

Überbeschäftigung, Bez. für ein von inflationären Tendenzen begleitetes übersteigertes Stadium der → Vollbeschäftigung.

Übereignung, die Übertragung v. → Eigentum; bei Grundstücken durch → Auflassung u. Grundbucheintragung, b. bewegl. Sachen durch → Einigung u. Übergabe.

Überfremdung, 1) massives Eindringen fremden Einflusses; **2)** *wirtsch.* Beherrschung der inländ. Wirtsch. durch ausländ. Kapital (z. B. durch Erwerb inländ. Aktien).

Übergangsmetalle, Metalle, die im → Periodensystem zwischen der II. Hauptgruppe (Erdalkalimetalle) und der III. Hauptgruppe (Borgruppe) stehen; viele Schwermetalle; typisch: farbige Verbindungen; → Mineralfarben.

Überhangmandate, Abgeordnetensitze, die eine Partei bei Bundes- und Landtagswahl durch Direktmandate mehr erhält, als ihr nach der prozentual errechneten Anzahl von Listenmandaten zustehen.

überhitzter Dampf, *Heißdampf,* durch besondere oder im Dampfkessel eingebaute Vorrichtung *(Überhitzer)* ohne Drucksteigerung über die normale (dem Sättigungspunkt entsprechende) Temperatur erhitzter Dampf.

überholen, *seem.* sich zur Seite neigen (b. einem Schiff).

Überlagerung, 1) *allg.* die beim Zusammentreffen zweier Wellen auftretenden Erscheinungen (Interferenz, Schwebun-

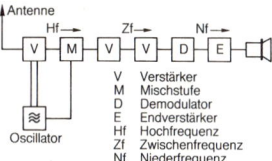

V Verstärker
M Mischstufe
D Demodulator
E Endverstärker
Hf Hochfrequenz
Zf Zwischenfrequenz
Nf Niederfrequenz

Prinzip des Überlagerungsempfängers

gen); **2)** z. Erzeugung v. Kombinationsschwingungen benutzt im **Ü.sempfänger** *(Superhet);* empfangene → Hochfrequenz wird mit einer im Rundfunkempfänger selbst erzeugten hohen Hilfsfrequenz (Oszillatorfrequenz) gemischt; dabei bildet sich eine Differenz d. beiden Frequenzen; sie ist genau wie die Empfangsfrequenz mit den Sprechströmen d. Senders moduliert; durch Bandfilterkopplung der fest abgestimmten Zwischenfrequenzkreise wird hohe Trennschärfe erreicht; Ggs.: → Geradeausempfang.

Überlandzentrale, elektr. (Groß-)Kraftwerk zur zentralen Versorgung eines größeren Bezirks.

Überlingen (D-7770), St. i. Bodenseekr., Ba-Wü., Kurort u. Kneippheilbad am **Überlinger See** (NW-Teil des Bodensees), 19 043 E; AG; Münster (14./16. Jh.), Altar v. Jörg Zürn; Rathaus (15. Jh.), Franziskanerkirche (14. Jh.), Patrizierhäuser; Weinbau. – Ehem. Freie Reichsst.

Übermensch, aus theol. Gebrauch s. 17. Jh. über Herder zur Goethe (Urfaust) überkommener Begriff; nach *Nietzsche:* höhere, ideale Stufe, zu der sich der Mensch jenseits v. Gut u. Böse emporbilden soll.

Übermikroskop → Elektronenmikroskop.

Überriesen, *Supergiganten,* Sterne großer Leuchtkraft u. Masse, die im → Russell-Diagramm über dem Ast der → Riesensterne liegen.

Übersättigung, tritt bei Salzlösungen ein, wenn sie abgekühlt mehr gelösten Stoff enthalten, als der Temperatur entspricht; → Sättigung.

Überschall-flugzeug, Flugzeug, dessen Geschwindigkeit über → Mach 1 liegt, d. h. das schneller als der Schall fliegt. – **Ü.geschwindigkeit,** jenseits von 330 m/s = ca. 1200 km/h; erster Überschallflug am 14. 10. 1947 m. einem Bell-X-1-Flugzeug (→ Machzahl, → Schallmauer); f. d. Ü.geschwindigk. gelten nicht mehr d. Gesetze d. Aerodynamik, sondern die der Gasdynamik. – **Ü.knall,** entsteht beim Durchbrechen der → Schallmauer.

Überschuldung, Zustand eines Unternehmens, bei dem die Schulden höher sind als das Vermögen; f. Kapitalgesellschaften Grund zur Beantragung d. Konkurses; dagegen → Zahlungsunfähigkeit.

Übersee, die Länder jenseits der Ozeane.

Übersetzung, 1) *techn.* das bei Übertragungen wirkende Größenverhältnis zw. den eingeleiteten und den abgeleiteten Kräften bzw. Geschwindigkeiten (z. B. bei Zahnrad- u. Riementrieben das Verhältnis der Umdrehungszahlen; bei hydraulischen Pressen das zw. den Kräften am Druck- u. am Arbeitsstempel); **2)** *sprachl.* Übertragung e. Schriftwerkes aus einer Sprache in eine andere. – **Ü.sprogramm,** Standardprogramm f. eine best. Datenverarbeitungsanlage; übersetzt Programme aus der → Programmiersprache in die → Maschinensprache; wird → *Compiler* od. → *Interpreter* genannt, wenn eine problemorientierte Sprache, bzw. → *Assembler,* wenn eine Assemblersprache übersetzt wird. – **Ü.srecht,** Bestandteil d. → Urheberrechts, urheberrechtl. geschützte Werke dürfen nur nach Vertragsschluß mit Urheber od. anderem Rechtsinhaber (Verlag) übersetzt werden; jede Ü. genießt selbst. Urheberrechtsschutz.

Übersprunghandlung, *Übersprungbewegung,* Begriff der Verhaltensforschung für Handlungen, die in d. normalen Verhaltensablauf eingeschoben werden (Gefiederputzen) od. Picken ohne Nahrung bei Vögeln im Konflikt Flucht – Angriff); menschl. Verlegenheitshandlungen (Kopfkratzen).

Übertragung, Terminus aus der Psychoanalyse; bezeichnet d. Verlagerung von Gefühlen vor allem aus frühkindlichen Erfahrungen gegenüber den Eltern oder einem Elternteil vom Patienten auf den Analytiker.

Übertretung, im früheren Strafrecht leichteste Form der Straffälligkeit; → Ordnungswidrigkeit.

Überversicherung, Versicherungsvertrag, in dem d. Höchstbetrag d. Versicherungssumme den versicherten Wert wesentlich übersteigt; u. U. als Betrug strafbar; Ggs.: → Unterversicherung.

Überweisung, Auftrag eines Kontoinhabers an seine Bank, zu Lasten seines Guthabens einen Betrag auf das Konto eines Dritten gutschreiben zu lassen; Ausführung erfolgt meist im → Giroverkehr.

überziehen, *überzogener Flug,* gefährl. Flugzustand m. unzulässig großem Anstellwinkel des Tragflügels, wobei Geschwindigkeit abnimmt, Luftströmung an der Oberseite des Tragflügels abreißt u. Auftrieb plötzlich sinkt; Flugzeug rutscht dann seitlich ab od. geht auf den Kopf und gerät ins → Trudeln.

ubi bene, ibi patria [l.], „wo (es mir) gut(geht), da (ist mein) Vaterland" (nach Cicero).

Ubier, german. Stamm am Rhein.

üble Nachrede, ehrabschneiderische Behauptung über einen anderen; gemäß § 186 StGB strafbar, wenn behauptete Tatsache nicht erweislich wahr ist.

U-Boot → Unterseeboot.

Ubsa-Nor, See im NW der Mongolei, 3350 km², 743 müM.

Uccello [uʧˈfɛllo], Paolo, eigtl. *di Dono* (um 1397–10. 12. 1475), it. Maler, Mitbegr. d. Renaiss.stils; Fresken (*Reiterbildnis John Hawkwood* im Dom v. Florenz), Tafelgemälde *(Die fünf Begründer d. florentiner Kunst; Schlacht v. S. Romano).*

Uckermark, N-Teil der Mark Brandenburg, mit den Kreisen Prenzlau, Templin, Angermünde.

UDA, *Ulster Defence Association,* Bez. f. d. protest. Extremistenbewegung in Irland.

Uddevalla [ˈudə-], St. i. schwed. Län Göteborg u. Bohus, am Byfjord, W-Küste Schwedens, 46 500 E; Textil- u. Zündholzind.

Udet, Ernst (26. 4. 1896–17. 11. 1941), dt. Jagdflieger i. 1 Weltkr., Kunstflieger; Gen.-Luftzeugmeister i. 2. Weltkr.

Udine, Hptst. der oberit. Provinz *U.* (Friaul), 99 000 E; Erzbischofssitz, Baumwoll-, Seidenind.

Udmurten, *Wotjaken,* ostfinn. Volksstamm, 700 000, in **Udmurtien,** autonome Sowjetrepublik, zwischen Wjatka u. Kama, 42 100 km², 1,61 Mill. E; Hptst. *Ischewsk* (635 000 E).

UDR, *Union des Démocrates pour la Vᵉ République,* Bez. f. d. frz. Gaullisten 1967–76.

UdSSR, Abk. f. *Union der Souveränen Sowjet-Republiken* (→ Sowjetunion).

Üechtland, *Üchtland,* Schweiz. Landschaft zwischen Aare u. Saane; Hptort *Freiburg i. Ue.* (Kanton Freiburg).

Ueckermünde (D-2120), Krst. i. M-V., 11 993 E; Baustoff-, Lebensmittelind., landw. Prod.

U-Eisen → Profileisen.

Ufa, Hptst. der autonomen Sowjetrep. Baschkirien, 1,1 Mill. E; Metall-, Holzind., Erdölraffinerien.

UFA, Abk. f. *Universum-Film AG,* dt. Filmuntern., 1917 gegr., 1953 aufgelöst.

Ufenau, Insel im Zürichsee; Sterbeort Huttens.

Uffenheim (D-8704), St. in Mittelfranken, Bay., 5640 E.

Uffizien, florentin. Verwaltungsgebäude (Ende 16. Jh.); jetzt Gemäldegalerie.

UFO, Abk. f. engl. *Unidentified Flying Object,* Bez. f. nichtidentifizierbare Flugobjekte; → fliegende Untertassen.

Uganda, amtl. *Republic of U., Jamhuriya U.,* Rep. in O-Afrika, nördl. d. Victoriasees am Oberlauf d. Weißen Nils, 235 880 km², 17,19 Mill. E (73 je km²); Bev.-Zuw. 3,1%; Bev.: Bantu- u. Sudanneger; Sprache: Engl., Kisuaheli; Währung: Uganda-Shilling (U.Sh.); Rel.: röm.-kath., ev., muslim., Naturreligionen; Hptst.: *Kampala;* Flagge S. 341, Karte S. 750; fruchtbares, seenreiches Hochland. **a)** *Wirtsch.:* Wichtige Anbauerzeugnisse: Baumwolle, Kaffee, Tee, Zucker, Erdnüsse, Sisalhanf; bed. Viehzucht (1982: 5 Mill. Rinder, 1,1 Mill. Schafe, 2 Mill. Ziegen); Bergbau: Kupfer, Kobalt, Wolfram, Zinn; planmäßiger Aufbau einer Ind., Staudammbauten zur Energiegewinnung. **b)** *Außenhandel* (1985): Einfuhr 323 Mill., Ausfuhr 395 Mill. $. **c)** *Verkehr:* Eisenbahn 1350 km. **d)** *Verf.:* Präsidiale Rep. im Einkammerparlament (aufgelöst, durch Nat. Widerstandsrat abgelöst). **e)** *Verw.:* 10 Provinzen m. 33 Distrikten. **f)** *Gesch.:* 1894 brit. Protektorat, s. 1962 unabhängig, s. 1963 föderative Rep., 1966 Staatsstreich durch → Obote, 1967 Beseitigung d. Teilmonarchien u. Umwandlung v. U. in Rep., 1971 Mil.putsch durch → Amin Dada, Mil.diktatur u. Terrorregime; 1978 Grenzkrieg m. Tansania, 1979 Einmarsch tansan. Truppen u. Sturz Amins; 1980 Parlamentswahlen; 1982 u. 1984 Putschversuch; Juli 1985 Mil.putsch unter Gen. Okello; Anfang 1986 Sieg d.

Nat. Widerstandsbewegung NRA über Reg.truppen nach 5jährigem Buschkrieg. **g)** *Mitgl.:* UN, Commonwealth, OAU; AKP-Staat.

Ugrier, Zweig der mongoliden → Ural-Altaier: Magyaren, Ostjaken u. Wogulen.

ugrisch, Sprachengruppe: Ungarisch, Ostjakisch, Wogulisch. Finnisch-U. (→ Sprachen, Übers.).

Uhde, Fritz v. (22. 5. 1848–25. 2. 1911), dt. Maler; verband Elemente d. Realismus u. d. impressionist. Freilichtmalerei; bibl. Motive u. Bildnisse.

UHF [engl.], Abk. f. *ultra high frequency,* Ultrahochfrequenz, svw. → Dezimeterwellen; Wellenlänge 1–10 dm, Frequenz 300 bis 3000 MHz (= 3 GHz); Anwendung: Richtfunk u. a. (→ Wellen, Übers.).

Ludwig Uhland

Uhland, Ludwig (26. 4. 1787–13. 11. 1862), schwäb. Dichter, Volkslieder- u. Sagenforscher; Balladen *(Die Rache),* Lieder *(Die Kapelle).*

Uhlenhut, Paul (7. 1. 1870–13. 12. 1957), dt. Bakteriologe u. Hygieniker; Prof. in Straßburg, Marburg und Freiburg, Mitbegründer d. Chemotherapie (Arsenbehandlung d. Syphilis, Antimontherapie); Krebsforscher.

Uhlmann, Hans (* 27. 11. 1900–30. 10. 75), dt. Bildhauer; Metallplastiken.

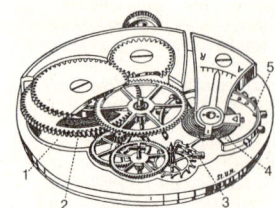
1 Federhaus, 2 Zugfeder, 3 Anker, 4 Spiralfeder, 5 Unruh

Uhrwerk

Uhren, Zeitmesser und -anzeiger; im Altertum *Sand-U., Wasser-U., Sonnen-U.; Pendel-U.* mit Regelung des Triebwerks durch konstante Pendelschwingungen, *Feder-U.* (Armband-U. [Abb.], Taschen-U., astronomische U.) mit Regelung durch *Unruh|e,* Hemmung durch *Zylinder* (Zylinder-U.) oder *Anker* (Anker-U.); Uhren für besondere Zwecke: Weck-, Kontroll-, Stopp-, Normal-U.;

Antrieb auch elektrisch; → Quarzuhr; → Atomuhr.

Uhr-gang, in gleichen Zeitintervallen erfolgende Änderung d. **U.standes,** d. augenblickl. Abweichung einer Uhr von der richtigen → Zeit.

Uhu

Uhu, ♦, größte mitteleur. Eulenart, bis etwa 70 cm l., weit abstehende „Ohren" (Federbüschel); nur noch vereinzelt i. Wäldern u. felsigen Gebieten.

U. I. C., Abk. f. *Union Internationale des Chemins de Fer,* Intern. Eisenbahn-Verband, 1865 gegr., Sitz in Paris.

UIT, Abk. f. *Union Internationale des Télécommunications,* → Internationale Fernmeldeunion.

Ukas, *m.* [russ.], Erlaß, Befehl.

Ukelei, *m., Laube,* kleiner Karpfenfisch (10–20 cm l.) in Bächen und Seen; aus seinen Schuppen *Perlenessenz* zur Herstellung unechter Perlen.

Ukraine [„Grenzland"], *Ukrainische Souveräne Sowjetrep.,* (nach der Bevölkerungszahl zweitgrößter) Bundesstaat d. UdSSR, 603 700 km², 51,7 Mill. E (hpts. Ukrainer); Hptst. *Kiew;* im SW des eur. Teils der Sowjetunion, Flachland mit Bodenerhebungen, im W als Grenzzgebirge die Karpaten; Hptflüsse: *Dnjestr, Bug, Dnjepr;* fruchtb. Schwarzerdegebiet. **a)** *Landw.:* Anbau v. Weizen, Zuckerrüben, Roggen, Hanf, Sonnenblumen; Viehzucht. Ausgedehnte Bewässerungskanäle u. Stauseen im Bau. **b)** *Industrie:* Ein Zentrum des sowj. Steinkohlenbergbaus, der Eisen- u. Manganerzförderung u. der Eisen- u. Stahlind. (Donezbecken); Erdöl, Erdgas, Quecksilber, Phosphort, Salz. **c)** *Gesch.* (auch → Rußland): Kiewer Reich 864; 988 Christentum von Byzanz, Jaroslaw der Weise 1019–54; später Teilungen; Schwerpunkt d. Reiches verschob sich nach W: Rotreußen (Ostgalizien, Wolhynien, Podolien, unterer Dnjestr u. Pruth) mit Halitsch, später Lemberg als Hptst.; 1240 Tributverhältnis zur → Goldenen Horde; 1340 West-U. an Polen, Ost-U. an Litauen; 1569 → Lubliner Union, Litauen mit U. zu Polen; 1648 selbst. Kosakenstaat; 1654 Anschluß an Rußland, 1667 Teilung der U. zw. Rußland u. Polen; 1764 russ. Provinz, 1793 2. Teilung Polens, auch West-U. bis auf Galizien an Rußland; 1919/20 Volksrepublik unter → Petljura, 1922 Unionsrepublik d. UdSSR; 1939 Eingliederung v. Ostgalizien u. Wolhynien, 1940 der N-Bukowina, 1945 der Karpato-U., 1954 der Krim.

Ukrainer, ostslaw. Volk, 42,5 Mill. Bewohner der → Ukraine; auch → Russen.

ukrainische Literatur, *12. Jh.: Igorlied. 17. Jh.:* Annalen über Kosaken- u. Hetmanenzeit. *18. Jh.:* Erzbischof Kopyskyj, Skoworoda (Fabeln). *19. Jh.:* H. Kwitka begr. moderne Prosa; A. Metlynskyj (Romantiker); größter Dichter Schewtschenko; N. Kostomarow (Lyrik, Dramen); P. Kulisch, Roman: *Die schwarze Rada;* Erzählungen: *Marja Markowitsch;* M. Kozjubynskyj, W. Wannztschenko, Romane: *Osyp Fedkowytsch;* J. Franko (auch Lyrik, Dramen). *20. Jh.:* Lyriker: M. F. Rylski u. M. Bashan, Kornijtschuk (Dramen), Stelmach (Romane).

UKW, Abk. f. *Ultrakurzwellen.*

UL, Abk. f. *Ultra-Leichtflugzeug,* motorisierter Flugapparat; unter 100 kg schwer, bes. Fluglizenz erforderlich.

Ulan [poln.], Reiter mit Lanze urspr. in Polen; U.enrock: *Ulanka,* U.enmütze (poln.): *Czapka.*

Ulan-Bator, Ulaanbaatar, bis 1923 *Urga,* Hptst. d. Mongol. Volksrep., a. N-Rande der Gobi, 500 000 E; Haupttempel des mongol. Lamaismus; seit 1955 Eisenbahn nach Beijing u. Baikalsee; div.

Ulanowa, Galina (* 10. 1. 1910), russ. Primaballerina.

Ulan-Ude, Hptst. d. Burjat. ASSR, 353 000 E; Abzweigung der Transmongol. Bahn v. d. Transsibir.

Walter Ulbricht

Ulbricht, Walter (30. 6. 1893–1. 8. 1973), kommunist. DDR-Pol.; 1928 MdR, 1933–45 emigriert, 1946 Mitbegr. d. SED u. stellvertr. Vors. des Zentralsekret., 1949–60 stellvertr. Min.präs., 1953–71 Erster Sekretär des ZK d. SED, 1960–73 Vors. des Staatsrats d. DDR.

Uleåborg → Oulu.

Ulema [arab.], theol. (islam.) Rechtsgelehrter.

Ulfilas, *Wulfila* (311–um 382), gotischer Bischof, → Arianer; Bibelübersetzung ins Gotische; → *Codex argentéus.*

Ulixes, *Ulysses,* lat. für → Odysseus.

Uljanowsk, bis 1924 *Simbirsk,* Hptst. d. sowjetruss. Gebietes *U.,* rechts d. Wolga, 625 000 E; hier wurde der nach d. geborenen *Uljanow (Lenin):* Kraftfahrzeug-, Metall- u. Baustoffind.; Lenin-Gedenkstätte.

Ulkus, *s.* [l.], Geschwür (z. B. Magen-

od. Unterschenkelgeschwür); → Schanker.

Ullmann, 1) Liv (* 16. 12. 1938), norweg. Filmschausp.in; *Schreie u. Flüstern; Szenen einer Ehe; Herbstsonate;* **2)** Regina (14. 12. 1884–6. 1. 1961), schweiz. Dichterin; Gedichte, Erzählungen, Prosa: *Von der Erde des Lebens.*

Ullrich-Turner-Syndrom → Turner-Syndrom.

Ullstein-Verlag, Berliner Verlagshaus, gegr. 1877 von Leopold U. (1826–99); 1952 neu gegründet, 1960 von d. Axel Springer Verlags GmbH übernommen.

Ulm, *Münster*

Ulm (D-7900) Stkr. an d. Donau, Ba-Wü., 106 508 E; Münster m. höchstem Kirchturm d. Welt (161 m); Inst. f. Umweltplanung, Uni. (Med.-Naturwiss. HS); FH; IHK, LG, AG; Nutzfahrzeugbau, Textil-, Masch.-, NE-Metall-Ind.; Dt. Brotmuseum. – Ehem. Reichsstadt u. Festung.

Splintulme

Ulme, *Rüster,* Waldbäume m. Blütenbüscheln u. geflügelten einsamigen Früchten; in Dtld.: *Feld-U.,* mit Unterart, d. *Kork-U.* (korkige Äste); *Flatter-U.* mit hängenden Blüten; *Berg-U.;* beliebter Alleebaum; von epidemischer Seuche *(Ulmensterben)* heimgesucht; Ursache ist ein niederer, vom **Ulmensplintkäfer** übertragener Pilz.

Ulrich von Lichtenstein (etwa 1200–75), mhdt. Minnesänger u. Epiker; *Frauendienst.*

Ulrich von Württemberg (8. 2. 1487–6. 11. 1550), tyrann. Hzg, vom Schwäb. Bund 1519 vertrieben, 1534 zurückgekommen; führte i. Württ. die → Reformation ein.

Ulster, langer (Herren-)Mantel aus flauschartigem, oft zweiseitig gerauhtem **U.stoff.**

Ulster [ˈʌlstə], ehem. Prov. im N Irlands; s. 1921 geteilt, wurde größtenteils → Nordirland, der Rest: *U.,* irisch *Uladh,* Prov. der Rep. Irland, 8012 km², 236 000 E.

Ultima ratio, *w.* [l.], das letzte, äußerste Mittel.

Ultimatum [l.], *Völkerrecht:* letzte Mahnung oder (meist befristete) Forderung an den Gegner, bevor durchgreifende, meist Kriegsmaßnahmen, ergriffen werden (z. B. U. *Österreichs* am 23. 7. 1914 an Serbien, leitete 1. Weltkrieg ein).

Ultimo, *m.* [it.], der letzte Tag des Monats.

ultra [l.], jenseits, über ein Maß hinaus.

Ultra, *m.,* pol. Extremist.

Ultrafilter, Filter sehr kleiner Porengrößen zur Trennung kolloidaler Teilchen u. Filtration v. Viren; von *Bechthold* 1907 erfunden.

Ultrakurzwellen, *UKW,* Meterwellen → VHF, Frequenzbereich d. Tonrundfunks zw. 87,5 MHz u. 104 MHz (= Band II), Fernsehen Band I u. III; unterscheiden sich v. Lang-, Mittel- u. Kurzwellen durch nahezu quasiopt. Ausbreitung, manchmal meteorolog. bedingte Überreichweiten; biol. wirksam, jedoch nicht in den im menschl. Lebensraum vorhandenen Feldern; Anwendung: Flugnavigation, Polizeifunk, Richtfunk; → Rundfunktechnik.

Ultramarin, *s.,* blaue licht- u. seifenechte Mineralfarbe, früher durch Pulverisierung v. → Lapislazuli, heute künstl. durch Glühen v. Soda od. Glaubersalz mit Ton u. Kohle; **U.grün,** das durch Rösten mit Schwefel in **U.blau** übergeht; Verwendung als Öl- u. Wasserfarbe zu Buch-, Stein-, Tapeten- u. Kattundruck; z. „Blauen" v. Wäsche, Papiermasse u. a.

Ultramid®, *s.,* Markenbez. f. Kunststoffe aus Polyamid; je nach Herstellungsweise hornartig u. zäh bis transparent u. biegsam (Folien); verwendet u. a. f. Lager u. Zahnräder in wartungsfreien Maschinen.

Ultramikroskop, Lichtmikroskop, bei dem kleinste Teilchen (bis 10 mμ) fast senkrecht zur Sehrichtung beleuchtet werden; durch → Beugung des Lichts an ihnen werden sie sichtbar (→ Tyndall-Effekt).

ultramontan [l.], Bez. des pol. Katholizismus wegen seiner Abhängigkeit von der „jenseits der Berge" (Alpen) residierenden → Kurie.

ultrarote Strahlung, *infrarote Strahlung,* unsichtbare *langwellige* (Wellenlänge über 0,0008 mm) Lichtstrahlung, schließt im → Spektrum an Rot an; Nachweis wegen starker Wärmewirkung *(Wärmestrahlung)* durch Thermoelement, z. T. auch fotografisch; da stark nebeldurchdringend, wichtig für Telefotografie, Signalübermittlung und für unsichtbare Nachtscheinwerfer, deren Strahlen durch → Bildwandler sichtbar gemacht werden.

Ultraschall, Schallschwingungen jenseits des menschl. Hörbereichs, d. h. über 16 kHz; *Erzeugung* mit bes. Pfeifen (Galtonsche Pfeifen), meist jedoch durch piëzoel. Effekt mit Schwingquarzen od. durch → Magnetostriktion; höchste bisher in Luft erreichte Frequenz 200 MHz; sehr große gerichtete Schallenergien, starke mechan. Wirkungen auf kleinstem Raum in „beschallten" Stoffen (z. B. Herstellung fein verteilter Emulsionen, feinkörn. fotograf. Schichten, Werkstoffuntersuchung, Entgasung v. Schmelzen, Reinigung v. Geweben, Zerlegung hochpolymerer Stoffe wie Stärke in Dextrin; med. Anwendung → Sonographie); Fledermäuse u. a. Tiere orientieren sich mit U.-Echo.

Ultrastrahlung, *Höhenstrahlung,* durchdringendste bekannte Strahlung, noch in mehreren 100 m Meerestiefe nachgewiesen, vermutlich noch kurzwelliger als härteste Gammastrahlung (→ Radioaktivität, Übers.).

ultraviolette Strahlung, unsichtbare *kurzwellige* → Strahlung, schließt im → Spektrum an Violett an; chem. u. biolog. sehr wirksam, Nachweis fotograf. od. lichtel.; Sonnenstrahlung reich an UV-Strahlen; eine Ozonschicht d. → Stratosphäre absorbiert lebenszerstörende kürzeste Wellenlängen davon.

Ultrazentrifuge, → Zentrifuge, die bis 75 000 Umdrehungen/Min. machen; z. Molekulargewichtsbestimmung.

Uelzen (D-3110), Krst. im Rgbz. Lüneburg, an d. Ilmenau u. am Elbe-Seitenkanal, Nds., 34 891 E; AG; St.-Marien-Kirche (14. Jh.) m. *Goldenem Schiff;* Stein- u. Hügelgräber; Nahrungsmittel- u. a. Ind.; Binnenhafen.

ü. M., Abk. f. *über dem Meeresspiegel;* **u. M.,** *unter dem Meeresspiegel* (bei Höhenangaben).

Umbelliferen [l.], svw. Doldenblütler.

Umberto, *it. Kge,* **1)** U. I. (14. 3. 1844–29. 7. 1900), s. 1878 Kg, ermordet; **2)** U. II. (15. 9. 1904–18. 3. 83), 1946 nach Abdankung Viktor Emanuels III., seines Vaters, wenige Tage Kg bis zur Ausrufung der Republik.

Umbra, *w.,* **1)** braune Mineralfarbe; **2)** dunkler Kern der → Sonnenflecke (auch → Penumbra).

Umbrer, altitalische Völkerschaft mit eigener Sprache (→ Sprache, Übers., S. 896), um 300 v. Chr. von Rom unterworfen.

Umbrien, mittelit. Landschaft u. Region, 8456 km², 820 000 E; Hptst. *Perugia.*

Umbruch, im *Druckwesen:* Zusammenstellen des Fahnen- bzw. Spaltensatzes zu fertigen Seiten.

Umeå [ˌumɔɔˈ], Hptst. des schwed. Läns Västerbotten, am *Umeälv* (460 km l., in den Bottn. Meerbusen); 89 000 E; med. HS; Holzhandel.

Umformer, Vorrichtungen zur Umformung von **1)** Wechselstrom in solchen anderer Spannung *(→ Transformator);* **2)** von Gleichstrom in Gleichstrom anderer Spannung *(Motorgenerator);* **3)** Wechselstrom in Gleichstrom *(→ Gleichrichter)* u. umgekehrt *(Wechselrichter);* **4)** *Perioden-U.* f. Wechselstromfrequenzänderung.

Umkehrfilm, seltener ein SW-, durchwegs ein Farbumkehrfilm; durch Zwischenbelichtung u. spezielle Entwicklung erhält man ein fertiges, naturgetreues, transparentes Bild (Diapositiv).

Umkehrung, *mus.* U. d. Intervalle: Oktavversetzung e. Tons über od. unter e. anderen; U. d. Akkorde: Wechsel d. Baßtons; U. d. Melodie (Inversion): Themenführung in genauer Umkehrung aller Stimmschritte.

Umlauf, 1) Fingerentzündung; **2)** beim Fahrrad → Planetengetriebe.

Umlaufzeit, die Zeit, die ein Planet, Mond, Satellit od. Doppelstern benötigt, um einen Umlauf um den Zentralkörper auszuführen.

Umlaut, *m.,* Wandel a zu ä, o zu ö, u zu ü, au zu äu (eu).

Umlegung → Flurbereinigung.

Umm el Kaiwain → Vereinigte Arabische Emirate.

Umsatz, durch d. Tätigkeit eines Unternehmens bewirkte Mengen- u. Wertbewegung. – **U.prämie,** svw. *Umsatzrabatt,* → Rabatt. – **U.steuer,** ihr unterliegen Lieferungen u. sonstigen Leistungen, die ein Unternehmer gg. Entgelt ausführt, sowie d. Eigenverbrauch (Naturalentnahme f. außerbetriebl. Zwecke), ferner d. Einfuhr v. Gegenständen ins Inland (Ausgleichsteuer); Besteuerungsmaßstab: vereinnahmtes Entgelt bzw. Zollwert; in BR versch. Steuersätze, s. 1968 → *Mehrwertsteuer;* Ertrag 1982: 55,51 Mrd. DM (ertragreichste Steuerart).

Umschlag, 1) Güterumladung v. Schiff in Eisenbahn u. umgekehrt; **2)** feuchte Packung zu Heilzwecken (*Prießnitz-U.,* heißer *Brei-U.* usw.). – **U.plätze,** Brennpunkte d. Güterverkehrs mit bes. techn. Einrichtungen (Lagerhäuser, Kräne usw.).

Umsetzung, *chem.* → Reaktion.

Umsiedlung, organisierte Überführung großer Bevölkerungsgruppen in neue Wohngebiete; in neuerer Zeit als Ausweg zur Lösung der Minderheitenfrage: Bevölkerungsaustausch, 1923 erstmalig in e. Staatsvertrag (→ Lausanne) beschlossen und als solcher Vorläufer des → Potsdamer Abkommens von 1945;

führte zur U. von 2 Mill. Griechen und Türken (Finanzhilfe d. Völkerbunds für Griechenland). – Die U. d. → Volksdeutschen 1939–43. *Innerdeutsche Umsiedlung:* staatlich organisierte freiwillige U. von 1 Mill. Vertriebenen innerhalb d. BR, Wohnungsbau am vorhandenen Arbeitsplatz (Ruhrgebiet); zur Beseitigung d. damaligen Arbeitslosigkeit u. zur Familienzusammenführung.

Umspannwerk, Anlage z. Umspannung v. Wechselströmen (z. B. v. d. hohen Fernleitungs- in die Gebrauchsspannung mittels Transformatoren).

Umstandsklausel, im völkerrechtl. Verträgen: „soweit die Umstände es gestatten".

Umstandswort, *grammat.* → Adverb.

Umsteigeschwung, beim alpinen Skilauf schwunghafte Richtungsänderung durch Drehabstoß vom Talski mit anschließendem „Umsteigen" auf den bogenäußeren Ski.

Umstellungsgesetz, wichtiges Ges. d. → Währungsreform 1948, regelt die Umstellung von RM-Verbindlichkeiten in DM.

Umtausch, bei gekauften Waren, die *mangelhaft* sind, nach Vorschriften über → Gewährleistung b. Kauf; aus *anderen* Gründen nur, wenn vereinbart.

Umtrieb, Zeit von der Anpflanzung eines Waldes bis zu seiner Abholzung *(Abtrieb).*

Umweltbundesamt → Umweltschutz, Übers. S. 982/83.

Umweltforschung, von J. v. → Uexküll begr. Lehre d. → Ökologie, die d. Beziehungen jedes Lebewesens zu seiner *natürl.* Umwelt untersucht.

Umweltschutz → Übersicht S. 982/83.

UN, Abk. für *United Nations* (→ Vereinte Nationen).

Unabdingbarkeit, Unzulässigkeit der Abänderung einer gesetzl. Vorschrift durch Parteivereinbarung.

Unam Sanctam [l.], Anfangsworte d. → Bulle Bonifatius' VIII. (1302), die Anspruch auf Herrschaft des Papstes über jede Kreatur erhob.

Unamuno y Jugo [-'xuyo], Miguel de (29. 9. 1864–31. 12. 1936), span. Schriftst. u. Phil. (Spiritualist) Roman: *Nebel;* Essay: *Das tragische Lebensgefühl.*

Una Sancta, Bewegung für die Einigung der Konfessionen, insbes. der ev. u. kath.; zunächst Gedankenaustausch zw. ev. u. kath. Theologen, angeregt durch die 1918 gegr. *Hochkirchl. Vereinigung des Augsburger Bekenntnisses.*

Unbefleckte Empfängnis, kath. Dogma (1854 v. Pius IX. erlassen); lehrt, daß *Maria* v. ersten Augenblick ihrer Existenz an ohne Erbsünde war (Tag: 8. 12.).

Unbekannter Soldat, Beisetzung eines namenlosen Gefallenen als Ehrung d. Toten d. 1. Weltkriegs: 11. 11. 1920 unter dem Triumphbogen in Paris u. i. d. Westminsterabtei i. London; 8. 5. 1966 a. d. Moskauer Kremlmauer; auch in and. Ländern.

Unbestimmtheitsrelation → Unschärferelation.

unbewegliche Sache, svw. → *Immobilien.*

unbewußt, nicht im Bewußtsein vorhanden.

Uncle Sam [eng. 'ʌŋkl 'sæm „Onkel Sam"], scherzhafte Deutung der Abk. *U.S.Am* = → USA.

UNCTAD, Abk. f. *United Nations Conference for Trade and Development,* Konferenz für Handel u. Entwicklung, 1964 gegr. Sonderorganisation der UN; Sitz Genf; 166 Mitgl.staaten; ständiger Ausschuß: Trade and Development Board; Unctad VI: 6. Welthandelskonferenz 1983 in Belgrad.

Underground [engl. 'ʌndəgraund „Untergrund"], Bewegung auf allen Gebieten d. Kunst, die dem herkömml. Kunstbetrieb ablehnt; gesellschaftskrit. Tendenzen.

Undergroundfilm, seit etwa 1950 Sammelbegriff f. experimentelle Filmformen außerhalb des kommerziellen Filmbetriebs.

Understatement, *s.* [engl. 'ʌndə'steıtmənt], untertreibender, abschwächender Ausdruck.

Undine, sagenhafte Wasserjungfrau; Novelle von *Fouqué,* Opern v. *E. T. A. Hoffmann* u. *Lortzing.*

UNDP, engl. Abk. f. *United Nations Development Programme* (UNO-Entwicklungsprogramm).

Undset, Sigrid (20. 5. 1882–10. 6. 1949), norweg. Romanschriftst.in; kath. konvertitin; *Kristin Lavranstochter; Olaf Audunssohn;* Nobelpr. 1928.

Undulationstheorie → Wellentheorie.

UND-Verknüpfung, elementare → Boolesche Verknüpfung; Funktion: d. Ausgang zeigt nur dann e. Signal, wenn zugleich an *allen* Eingängen ein Signal anliegt. Auch → AND-Gate.

uneheliche Kinder, svw. → nichteheliche Kinder.

unendlich, 1) in der *Mathematik* u. Grenzbegriff: größer als jede angebbare Zahl, Strecke, Funktion usw. (Zeichen: ∞); grundlegend für die → Infinitesimalrechnung; 2) in der *Philosophie:* etwas, das nicht begrenzt oder eingeschränkt gedacht werden kann.

unerlaubte Handlung, grundsätzl. schuldhafte Verletzung des Lebens, Körpers, der Gesundheit, Freiheit, des Eigentums od. sonstigen Rechts; verpflichtet zu → Schadenersatz (§§ 823 ff. BGB).

UNESCO, *United Nations Educational, Scientific and Cultural Organization,* Organisation der → Vereinten Nationen (Übers.) für intern. geistige, wiss. u. kulturelle Zus.arbeit, Erziehungsfragen; Kulturaustausch u. a.; Sitz Paris; BR s. 1951 Mitglied; in Dtld: Sozialwiss. Institut Köln, Pädagog. Institut Hamburg u. a.

Freiburg i. Br., Intern. Jugendinstitut München.

Unfallflucht, unerlaubtes Entfernen vom Unfallort, um sich d. Feststellung d. Person, d. Fahrzeugs od. d. Art d. Beteiligung am Unfall zu entziehen; strafbar m. Freiheitsstrafe bis zu 3 Jahren od. m. Geldstrafe; bestraft wird auch derjenige, der nach angemessener Wartezeit sich nicht m. d. Geschädigten od. d. Polizei in Verbindung setzt.

Unfallverhütung, Vorschriften prakt. Schutz- u. Hilfsmaßnahmen, d. auf e. Vermeidung v. Verkehrs- od. Betriebsunfällen hinzielen; Aufgabe d. Berufsgenossenschaften u. Gewerbeaufsichtsämter.

Unfallversicherung, freiwillige od. gesetzl. Versicherung geg. Unfälle (→ Sozialversicherung, Übers.).

Unfehlbarkeit → Infallibilität.

Unfruchtbarkeit, *Sterilität,* bei Frauen meist durch mangelhafte Eierstocktätigkeit, entzündl. verklebte Eileiter u. ä. verursacht, manchmal durch Gebärmutterknickung vorgetäuscht; bei Männern durch Fehlen des Samens oder Bildung von zu wenig oder krankhaft veränderten Samenzellen; auch nach → Tripper, kriminellem u. → Abort, → Sterilisation.

Ungaretti, Giuseppe (10. 2. 1888–3. 6. 1970), it. Lyriker (beeinflußt v. Mallarmé); *Gedichte; Reisebilder.*

ungarische Literatur, *19. Jh.:* Alexander u. Karl Kisfaludy: Vörösmarty, Alexander Petöfi (Lyrik), Arany, Madách, Vajda, Eötvös, Maurus Jókai. *20. Jh.:* Ady, Mikszáth, Móricz, Babits, Molnár, József (Lyrik), Déry, Illyés, M. Szabó, Németh.

Ungarn, amtl. *Magyar Köztársaság,* Republik in Mitteleuropa,

93 032 km², 10,6 Mill. E (114 je km²); Bev.-Zuw. –0,1%; Bev.: fast ausschließlich Magyaren; Währung: Forint (Ft); Rel.: 65% röm.-kath., 28% ev.; Hptst.: Budapest; Flagge S. 341, Karte S. 741. **a)** *Geogr. u. Landw.:* Ober- u. niederungarn. Tiefebene, größtes eur. Tieflandbecken; im N Mátra (Mittelgebirge), im W das Plateau des Bakonywaldes, im S das Mecsekgebirge; im W der Plattensee (Balaton), 596 km², größter See Mitteleuropas, kristallklar; an d. Donau u. Theiß, viel fruchtbarer Lößboden. → Pußta, früher Weide-, jetzt größtenteils Ackerland; Anbau v. Weizen, Mais, Zuckerrüben, Tabak, Obst u. Wein; Tierzucht. **b)** *Bodenschätze:* Braunkohle (1988: 18,6 Mill. t), Steinkohle, Bauxit, Eisenerz, Mangan, Erdgas. **c)** *Ind.:* Rasch wachsende Masch.bau-, Elektro-, Textil-, Nahrungsmittelind. **d)** *Außenhandel* (1988: Einfuhr 9,36 Mrd., Ausfuhr 9,97 Mrd. $). **e)** *Verf.* v. 1949 (1990 erheblich verändert): Rep. m. Einkammerparlament, das d. Staatspräs. wählt. **f)** *Verw.:* 19 Komitate (Megyék), 5 Städte

Umweltschutz

U. befaßt sich mit der Erhaltung des menschlichen Lebensraums, dem Naturschutz und der Landschaftspflege, der Erhaltung bestehender und der Schaffung neuer biologischer Gleichgewichte. Reinhaltung d. Luft, des Wassers, Lärmbekämpfung, unvergiftete Nahrungsmittel, Müllbeseitigung und Strahlenschutz sind Aufgaben der *Umweltpolitik*.
Ursachen der Einengung d. Lebensraums liegen im Wachstum der Erdbev.: von 4 Mrd. 1975 auf 5,12 Mrd. 1988 u. insbes. in industrialisierten Ländern in der Zersiedelung der Landschaft und in dem Landschaftsverbrauch durch Bauten, Industrieflächen u. Straßen. Neben den zunehmenden Bevölkerungsdichte erhöhen Wirtschafts-' wachstum und Konsumsteigerung d. Umweltbelastung insbes. durch ständig zunehmende Verminderung der natürlichen Rohstoffe, durch Luft- und Wasserverschmutzung und durch die ständig steigenden Abfallmengen. Der U. gewinnt immer mehr an Bedeutung (1972 erste U.-Konferenz d. UN in Stockholm), i. d. BR v. allem auch durch gestiegenes *Umweltbewußtsein* d. Bürger.
Müll. 1988 produzierte jeder Bewohner d. BR ca. 370 kg Hausmüll (1980: 500 kg); seitdem stagnierender Anfall an Hausmüll. In der BR entstehen jährlich rd. 230 Mill. t Abfälle. 195 Mill. t stammen aus der Industrie, 30 Mill. t aus Haushalten und Gewerbe und 5 Mill. t entfallen auf Giftmüll (Sondermüll). Bei sachgerechter Abfallbeseitigung ist eine Umweltgefährdung (z. B. Versuchung d. Grundwassers) vermeidbar. Sondermüll wird überwiegend in Spezialanlagen behandelt und beseitigt (z. B. Verbrennungsanlagen, Sondermülldeponien). Für die bakterielle Umwandlung v. Müll in landwirtsch. nutzbaren Kompost werden zunehmend Kompostieranlagen errichtet. Laut Abfallbeseitigungsgesetz trägt d. Verursacher d. Müllbeseitigungskosten. Abfälle sollen nach Möglichkeit wiederverwendbar oder weiterverwertbar sein (Recycling). Abfallgesetz des Bundes v. 27. 8. 1986.

Abfallmengen in der BR
(an Abfallbeseitigungsanlagen angeliefert)

1987:	in Mill. t
Hausmüll	31,29
Bauschutt	25,06
Bodenaushub	31,90
Klärschlamm	3,32
Sonst. Ind.abfälle	4,29
Autowracks	0,003
Altreifen (in Stück)	195 791
Insgesamt:	99,53

Wasser. Die Wassergüte der Oberflächengewässer d. BR ist gefährdet. Belastend wirken unzureichend geklärte industrielle u. häusliche Abwässer, Umweltchemikalien wie Biozide (Unkraut-u. Schädlingsbekämpfungsmittel), Waschmittel, Mineralöle u. Düngemittel. Nach den EG-Grenzwerten darf ein Liter Trinkwasser nicht mehr als 0,0001 mg eines Pestizids aufweisen. Die Summe aller enthaltenen Pflanzenschutzmittel darf 0,0005 mg/l nicht überschreiten. In der BR werden tägl. ca. 150 l Trinkwasser pro Person verbraucht. Trinkwasser wird zu 73% aus Grund- und Quellwasser, der Rest aus Oberflächenwasser (z. B. Seen- und Talsperrenwasser) gewonnen. Die Industrie in der BR verbraucht jährl. 8–9 Mrd. m³ (zu 90% aus eigener Versorgung), die Kraftwirtschaft 25 Mrd. m³, die Landwirtschaft ca. 1 Mrd. m³, das Kleingewerbe und Privathaushalte rd. 5 Mrd. m³. Bund und Länder der BR gaben 1988 zusammen 5,6 Mrd. DM für die Versorgung mit Trinkwasser und die Abwasserbeseitigung aus.
Von 1963 bis 1980 stiegen häusliche Abwässer in der BR von 6,6 Mill. m³ auf 9,2 Mill. m³, Industrieabwässer im gleichen Zeitraum von 25 auf 29,5 Mill. m³ an. Die negative Wirkung unzureichend gereinigter Abwässer besteht in d. Verschlechterung d. Gewässergüte insbes. stehender od. langsam fließender Gewässer (Stauhal-

tungen). Stickstoff- u. phosphathaltige Abwässer führen zu Eutrophierung (Überdüngung) u. dadurch zu e. Wuchern v. Algen (Algenblüte) u. übermäßigem Pflanzenwuchs. Absterbendes Plankton u. Wasserpflanzen entziehen d. Wasser für ihren mikrobiologischen Abbau Sauerstoff, so daß u. U. Fischsterben erfol- gen kann. Die Düngestoffe, die Eutrophierung hervorrufen, stammen aus menschl. Ausscheidungen (40%), Waschmittel (40%) u. ausgewaschene Düngemittel (20%). In den letzten 20 Jahren hat sich d. Produktion von Wasch- u. Düngemitteln in d. BR gut verdoppelt. Flüsse u. Seen mit d. Wassergüte I (nicht od. wenig verunreinigt) sind gegenüber Gewässern mit Wassergüte III u. IV (stark bis übermäßig verunreinigt) kaum mehr zu finden.
Die Ozeane werden durch Industrieabfälle erhebl. belastet. Jährlich werden u. a. ca. 100 Mill. t Öl, 200 000 t Blei, 5000 t Quecksilber versenkt. Das Nahrungs-u. Trinkwasserreservoir ist durch d. Verunreinigung des Wassers gefährdet.
Nahrung. Die bei d. → Tierzucht verwendeten chem. Futterzusätze (z. B. Antibiotika), die in d. Landwirtschaft benutzten Pestizide (Schädlingsbekämpfungsmittel) u. Düngemittel, Gifte aus d. Meeren u. a. großen Gewässern gelangen über Nahrungsketten angereichert in menschl. Lebensmittel. Das in d. BR verbotene DDT ist in d. Weltmeeren reichlich vorhanden. Plankton enthält es zu 0,04 ppm (parts per million, Millionstelteil), in planktonfressenden Kleinfischen findet man 0,23 ppm, in größeren Fischen zwischen 1,24 und 2,7 ppm und in fischfressenden Vögeln 3,13 bis 26,4 ppm DDT.
In d. BR wird d. Lebensmittelkontrolle durch staatl. Beamte durchgeführt. Ein Bundesgiftgesetz sieht einheitl. Regelungen für Nahrungsmittelzusätze vor.
Luft. Von d. luftverschmutzenden Schadstoffen stammen Schwefeldioxid hpts. aus d. Verbrennung von Kohle u. Erdölprodukten, die Stickstoffoxide aus Motoren der Kraftfahrzeuge sowie aus der Verbrennung von Kohle u. Erdölprodukten. Das verbleiten Kraftstoffen (abnehmende Tendenz) zugesetzte Blei (zur Erhöhung d. Oktanzahl) kommt mit d. Feinstaub direkt in d. Lungen od. wird mit d. Nahrung aufgenommen. In der BR liegt die Dosis bei tägl. 0,3 Milligramm Blei pro Einwohner.
Das Bundes-Immissionsschutzgesetz ist Rechtsgrundlage „zum Schutz vor schädlichen Umwelteinwirkungen durch Luftverunreinigungen, Geräusche, Erschütterungen u. a. Vorgänge". Es enthält Anforderungen (z. B. Stand der Technik, Verursacherprinzip) und Verfahrensvorschriften zu Genehmigung(sbedürftigkeit), Betrieb u. Sanierung emittierender Anlagen und zur Umweltplanung (z. B. Luftreinhalteplan) und ermächtigt die Landesregierungen zum Erlaß von Rechtsverordnungen (z. B. Immissionsschutz für Anlagen, Fahrzeugen, Brennstoffen) und zur Verwaltungsvorschriften (z. B. TA Luft) des Immissionsschutzes. Das Gesetz sieht bei Verstößen bis zu 100 000 DM Geldbuße oder bis zu zehn Jahren Freiheitsentzug vor.

Wirkung der Schadstoffe
Schwefeldioxid (SO₂): Schädigung von Pflanzen und Sachgütern; Behinderung des Abwehrsystems menschlicher Atemwege; *Kohlenmonoxid (CO):* Farb- und geruchloses, hochgiftiges Gas (Sauerstoffentzug bei CO₂-Bildung): Benommenheit, Erbrechen; Luftmangel, Gliederschmerzen, Betäubung u. Tod; *Stickoxide (NOₓ):* Reizung d. Atemsyst., Angriff auf Zellenzyme; *Kohlenwasserstoffe (CH):* Smogverstärkend und vermutlich krebsfördernd.
Artenschwund. Unter den in d. BR nachgewiesenen ca. 40 000–50 000 Tierarten gelten bis zu 8% als ausgestorben (unter den Säugetieren z. B. Wildpferd, Nerz u. Braunbär und bei den Vögeln versch. Adler u. d. Habichtskauz) und bis zu 76% als gefährdet (Kriechtierarten). Auch bei d. 8000–9000 Pflanzenarten ist ein starker Schwund festzustellen. Insgesamt sind danach etwa 33% der Samenpflanzen und 48% der farnartigen Gewächse ausgestorben oder gefährdet. Neue Untersuchungen der Moose in Schleswig-Holstein zeigen, daß dort 77% der Moosarten als

Umweltschutz (Fortsetzung)

ausgestorben oder gefährdet gelten müssen. Besonders dieser Artenschwund läßt sich auf d. Vernichtung v. Biotopen d. Hochmoore (z. B. durch Trockenlegung) zurückführen, andere Ursache betreffen die Verschiebung von Artengleichgewichten. Wegen d. Anreicherung v. Umweltgiften am stärksten betroffen sind d. sog. Endglieder der Nahrungskette, die Greifvögel und Raubfische. Daß versch. Schadwirkungen zusammen nicht einfach addiert werden dürfen, wird am → Waldsterben deutlich. **Waldsterben.** Absenkung des Grundwasserspiegels, Bodenverarmung, Übersäuerung und Schädlingsbefall wirken offenbar zusammen weitaus stärker schädigend auf den Baumbestand, als es aus d. Addition d. einzelnen Einwirkungen zu erklären wäre. So hat sich etwa d. Bestand an gesunden Tannen in der BRD von 65% (1980–83) auf 10% (1984) verringert. Ebenso drastisch (und exponentiell) sind auch die Waldschäden in der BR angestiegen; 1983 waren bereits über 34% der bundesdeutschen Waldfläche geschädigt. **Umweltbehörden.** Behörden und Ämter mit den Aufgaben Abfallbeseitigung, Luftreinhaltung, Lärm-, Arten- und Naturschutz, z. B. Umweltministerien, → Umweltbundesamt.

Lärm. Seit 1960 hat sich der Luftverkehr etwa verfünffacht. Auf verkehrsreichen Straßen werden Dauerschallpegel bis zu 85 dB (A) gemessen. Personen, die am Arbeitsplatz täglich einem Schallpegel von mehr als 85 dB (A) ausgesetzt sind, können schwerhörig oder sogar taub werden (z. B. Bergarbeiter, Schmiedearbeiter). Aber schon Dauerschallpegel um 60 dB (A) können Streß, Herz-Kreislauf-Symptome und vegetativ-nervöse Störungen hervorrufen. Schwerhörigkeit stand in der BRD 1989 an dritter Stelle der Berufskrankheiten. Das Fluglärmgesetz (30. 3. 1971) sieht Lärmschutzzonen in der Umgebung von Flugplätzen vor, in denen keine Krankenhäuser, Schulen oder Altenheime, in der innersten Zone auch keine Wohnungen errichtet werden dürfen. **Umweltbundesamt,** W-Berlin 1974, sammelt Erkenntnisse u. berät die zuständigen Behörden auf dem Gebiet des Immissionsschutzes und der Abfallwirtschaft. **Umweltunion.** Bezeichnung für die Übernahme der bundesdeutschen Gesetze zum Umweltschutz in der ehem. DDR. Ziel: Anpassung der Umweltsituation bis zum Jahr 2000 an die Verhältnisse in den alten Bundesländern.

---

m. Komitatrecht. **g)** *Gesch.:* Im 5. Jh. Hunnen–, dann Awarenreich, um 900 Eindringen d. Magyaren unter Arpád; 1001 christl. (→ Stephan I. d. Hlge); 1301 Wahlreich; 1370–1526 m. Polen vereinigt; 1526 Ostteil unter türk., Westteil unter östr. Herrschaft; 2 Jh. andauernde Kämpfe m. Türken, die zeitweise ganz U. besetzten; 1687 U. habsburg. Kronland, 1848/49 Unabhängigkeitskrieg unter → Kossuth, m. Hilfe Rußlands niedergeworfen; nach Ausgleich (1867) m. Östr.: 1868 eigene Verf. u. Honvédarmee innerhalb d. Habsburgermonarchie. Okt. 1918 Volksrep. (Gf Károlyi), März bis August 1919 Kommunistenherrschaft (unter Béla Kún); 1920 U. wieder Kgr. (ohne Kg), Reichsverweser Nikolaus v. → Horthy, 1920 Friedensvertrag v. → Trianon, U. verliert 68% s. Gebietes; 1938 u. 1940 durch Wiener Schiedssprüche (v. Dt. Reich u. Italien gefällt) Rückgabe großer Gebiete (Karpato-Ukraine, Gr. Schütt, Nordsiebenbürgen), 1947 wieder aufgehoben; 1941 Kriegseintritt auf seiten Dtlds, 1944/45 von Sowjettruppen erobert. 1946 Nat.vers., Ausrufung d. Rep., 1947 Friedensvertr. v. Paris (Wiederherstellung der Grenzen v. 1938), 1949 Verf. als Volksrep.; Kollektivierung der Landw., Verstaatlichung von Ind. u. Handel; 1956 Volkserhebung gg. Reg., v. Sowjettruppen niedergeschlagen; 1968 Beteiligung an d. Intervention in der ČSSR; s. Dez. 1973 diplomat. Beziehungen zur BR; s. 1984 Wirtschaftsreformen, 1987 pol. Reformen; 1989 Abbau d. Grenzbefestigungen zu Österreich, führt zur Massenflucht aus d. → DDR über U.; Mehrparteiensystem m. Opposition vereinbart; Okt. 1989 Aufl. d. kommunist. USAP (durch USP abgelöst); 23. 10. 1989 Proklamation d. „Rep. U."; März 1990 freie Parlamentswahlen m. Sieg d. Opp. **h)** *Mitgl.:* UN, Europarat. **Unger,** Johann Friedrich Gottlieb

(1753–26. 12. 1804), dt. Buchdrucker; schuf die Drucktype der **U.-Fraktur.** **ungerechtfertigte Bereicherung,** Erlangung eines Gegenstandes (Sache, Recht) ohne rechtl. Grund, verpflichtet zur Herausgabe (§§ 812 f. BGB). **Ungeziefer,** Insekten u. Nager als Schädlinge im Hause, bekämpft mit: Atem-, Fraß- u. Kontaktgiften. Einsatz v. hochtoxischen Wirkstoffen nur durch Kammerjäger! Bekämpft werden: *Schaben* (Kakerlaken) durch gepulverte Borsäure; *Ameisen* durch Anilinölwasser oder Tetrachlorkohlenstoff; *Wanzen* durch Karbol, Kresol, Blausäuregas (nur durch den Kammerjäger!); *Mäuse* u. *Ratten* durch Terpentinöllappen, Meerzwiebel- u. Cumarinpräparate, Fallen. **Unguentum,** *s.* [l.], Salbe. **Ungulaten,** svw. → Huftiere. **uni** [frz.], einfarbig, ungemustert, von Stoffen. **UNICEF,** Abk. f. *United Nations International Children's Emergency Fund, Intern. Kinderhilfsfonds,* Spezialorganisation d. UN z. Unterstützung von Jugendlichen u. Kindern in hilfsbedürftigen Ländern; Sitz New York (BR seit 1952 Mitglied); Friedensnobelpr. 1965. **unierte morgenländische Christen,** *griech.-unierte Kirche, griech.-kath. (morgenländ.) Kirche,* erkennen unter Beibehaltung ihrer kirchl. Eigenheit die Oberherrschaft des Papstes an; zum orientalischen Ritus gehören: die *Westukrainer,* ein Teil d. *Griechen* u. *Rumänen,* die *abessin. Kirche* u. a. **uniform,** gleichförmig. **Uniform,** *w.* [l.], vorschriftsmäßige, gleichförmige (Dienst-)Bekleidung. **Unikat,** *s.*) einzig gefertigte i. Unterschied zu Duplikat; **2)** erste u. zugleich rechtsverbindl. Ausfertigung des Frachtbriefs. **Unikum,** *s.* [l.], etwas einzigartiges. **Unio mystica,** *w.* [l.], „mystische Vereinigung" mit Gott in der Ekstase.

Union [l.], **1)** Vereinigung: Bündnis (z. B. *Protestant. U.* im 30jähr. Krieg); **2)** *konfessionell:* → Evangelische Union; **3)** *pol.* föderativer Zusammenschluß von Ländern od. Parteien. **Union Jack,** *m.* [*ʹjunjən ʹdʒæk*], volkstüml.: d. brit. Flagge (d. Vereinigten Kgr., engl. „United Kingdom"), → Tafel Flaggen, S. 340/41. **Unisex,** Moderichtung, die d. männl. u. weibl. Mode einander angleicht (gleiche Stoffe, Muster u. Kleidungsstücke). **unisono** [it.], *mus.* im Einklang (alle Stimmen haben denselben Ton). **Unitarier,** Anhänger einer der Lehre von der Dreifaltigkeit verwerfenden Glaubensbewegung (bes. in England u. N-Amerika), hervorgegangen aus den Sozinianern, 1588 von Fausto *Sozzini* in Polen gegründet. **Unitarismus** [l.], Bestrebungen zur Stärkung der bundesstaatl. Gewalt; Ggs.: → Föderalismus. **Unität,** *w.* [l.], Einheit, *Brüder-U.* → Brüdergemeine. **United Nations** [engl. *juʹnaitid ʹneiʃənz*], Abk. *UN,* → Vereinte Nationen, Übers. **United States of America** [*juʹnaitid ʹsteits-*], Abk. *USA,* → Vereinigte Staaten von Amerika. **universal** [l.], *universell* [frz.], allgemein, allumfassend, auf e. Gesamtheit bezogen. **Universalien,** *Universalbegriffe,* phil. die allgemeinen (Gattungs-)Begriffe; Wesenheiten. – **U.streit,** beherrschende phil. Auseinandersetzung des MA über d. Frage, ob den Gattungsbegriffen Realitäten entsprechen; bejahend: sog. *Begriffsrealisten,* verneinend: *Nominalisten* u. *Konzeptualisten.* **Universalinstrument,** mit feingeteiltem Horizontal- u. Vertikalkreis (zur Höhenmessung v. Gestirnen), dient als → Theodolit zur astronom. → *Ortsbestimmung.* **Universalismus, 1)** *allg.* die Betonung des Ganzen gegenüber d. Einzelnen; **2)**

nach d. Auffassung des MA, die organ. Verbindung der kirchl. u. staatl. Ordnung als Sinn der göttl. Gesetzordnung; **3)** → Spann, Othmar.

Universalzeit, Abk. *UT* (engl. *universal time*), mittlere Sonnenzeit für d. Meridian von Greenwich (Weltzeit); gebräuchlich f. alle astronom. Zeitangaben auf der Erde.

Universiade, Studentenweltmeisterschaft; wird seit 1925 alle 2 Jahre ausgetragen.

Universitäten [l. „universitas litterarum = Gesamtheit der Wissenschaften"], Lehranstalten für wiss. Lehre, Forschung u. Erziehung; in Dtld u. den meisten Ländern vom Staat, in Engld u. USA auch v. privaten Stiftungen unterhalten; Vorlesungen, Übungen (Seminare) durch Professoren u. Dozenten; Gliederung nach *Fakultäten:* theol., jur., med., phil., an einzelnen U. 2 theol. (protestant. u. kath.), ferner naturwiss., rechts- u. staatswiss., rechts- u. wirtschaftswiss., tierärztl., forstwiss. Fakultäten; neuerdings größere Aufgliederung in *Abteilungen;* an der Spitze steht der *Rektor* (od. *Präs.*) mit dem *Senat;* Vertreter d. Fakultäten: *Dekane.* – Älteste eur. Universität: Bologna 1119; erste dt. U. Prag 1348, Wien 1365, Heidelberg 1386, erste schweiz. U. Basel 1460; erste offene U. *(open U.)* in Großbrit. s. 1971 über Hörfunk u. Fernsehprogramm u. über Korrespondenzlehrgänge, sommerl. Sonderkurse. Auch → Hochschule.

Universum, *s.* [l.], das Weltall.

Unix, auf → Workstations weitverbreitetes → Betriebssystem, Othmar.

Unke

Unke, ♦, Kröte mit oberseits warziger Haut; bewohnt morastige Tümpel (z. B. Rotbauch-U.); Bauchseite mit gelben oder roten Flecken; bei Gefahr wird diese dem Feinde zugekehrt (→ Warnfarben).

Unkosten → Kosten.

unlauterer Wettbewerb → Wettbewerbsrecht.

unmündig, minderjährig.

Unna (D-4750), Krst. in NRW, am Hellweg, 61 989 E; AG; div. Ind.

UNO, Abk. f. *United Nations Organization* (→ Vereinte Nationen, Übers.).

Unpaarzeher, *Unpaarhufer,* Säugetiere mit ungerader Zehenzahl: Pferde, Nashörner, Tapire.

Unpfändbarkeit, Ausschluß bestimmter Sachen und Rechte von d. Zwangsvollstreckung, z. B.: **1)** die z. Hausgebrauch oder zur Berufsausübung d. Schuldners unentbehrl. Sachen (Betten, Kleider, Ar-

beitsgerät); **2)** gewisse lediglich ideelle Werte (Orden, Familienpapiere); **3)** noch nicht geschäftlich verwertete oder in den Verkehr gebrachte Schutzrechte, sofern der Schuldner nicht einwilligt (z. B. Urheberrechte); **4)** Einkommen in bestimmter Höhe (→ Lohnpfändung), Unterhaltsforderungen, Krankengeld, Witwenpensionen u. a. in gewissen Grenzen; auch → Zwangsvollstreckungsschutz.

UNRRA, Abk. f. *United Nations Relief and Rehabilitation Administration,* von d. Alliierten d. 2. Weltkriegs gegr. Organisation z. Intern. Hilfe f. Flüchtlinge; 1945 der UN unterstellt, 1947 aufgelöst; Ausgangspunkt f. einige Organis. d. → Vereinten Nationen: FAO, Intern. Bank, WHO, UNICEF; repatriierte 8 Mill. → *Displaced Persons;* → IRO.

Unruh, Fritz v. (10. 5. 1885–28. 11. 1970), dt. Schriftst. u. Maler; Dramen: *Ein Geschlecht;* Romane: *Opfergang.*

Unruh|e, Bez. für das in Taschen- u. Weckeruhren schwingende Schwungrädchen, verbunden mit der *Spirale* (Abb. → Uhrwerk).

Unschärferelation, wichtige Folgerung aus d. → Quantentheorie; von zwei phys. Größen (z. B. Ort u. Geschwindigkeit eines Teilchens) ist nur eine genau meßbar.

Unschlitt, svw. Talg.

Unsere Liebe Frau, *U. L. F.,* die Jungfrau Maria.

Unstrut, l. Nbfl. der Sächs. Saale bei Naumburg, vom Eichsfeld, 192 km l.

Unterbewußtsein, ugs. (korrekt: Unbewußtes); seelisch-geistiges Geschehen unter der Bewußtseinsschwelle.

Unterbilanz, die als Differenz zw. Passiven u. Aktiven i. d. Bilanz erscheinende Verlust a. d. Aktivseite.

Unterbindung, svw. → Ligatur 2).

Unterbrecher, Schalter z. selbsttätigen schnellen Unterbrechen u. Schließen von Gleichstromkreisen. Prinzip → Wagnerscher Hammer; wird u. a. auch bei Zündanlagen v. Vergasermotoren verwendet; auch → Wehnelt-U.

Unterfranken, bayr. Rgbz. im Maingebiet, 8533 km², 1,2 Mill. E; Hptst. *Würzburg.*

untergärige Biere → Brauerei.

Untergrundbahn, svw. → U-Bahn.

Unterhaching (D-8025), Gem. i. Kr. München, 17 969 E.

Unterhaltspflicht, *Alimentationspflicht,* besteht nur zw. Verwandten auf- u. absteigender Linie, Ehegatten u. für d. nichtehel. Vater, nicht f. Geschwister. *U. der Eltern* gegenüber minderjähr. unverheiratetem Kind, soweit Vermögens- oder Arbeitseinkünfte des Kindes zu seinem Unterhalt nicht ausreichen, sonstige U. nur im Rahmen d. Leistungsfähigkeit, ohne Gefährdung eigenen angemessenen Unterhaltes. D. Unterhalt umfaßt d. ges. Lebensbedarf einschl. Kosten der Erziehung und Ausbildung. Vorsätzliche Entziehung des Unterhalts strafbar (§ 170 b StGB).

Unterhaltssicherungsgesetz, v. 26. 7. 1957, regelt d. Unterhalt d. einberufenen Wehrpflichtigen u. ihrer Familien.

Unterhaus, *House of Commons,* Haus d. Gemeinen, 2. Kammer (Volksvertretung) im engl. Parlament, 650 Mitgl.; Reg. v. Vertrauen des U.es abhängig.

Unterlassungsklage, Einleitung eines Rechtsstreites mit d. Ziel, urteilmäßiges Verbot gg. Beklagten wegen bisherigen u. künftig zu befürchtenden unerlaubten Tuns zu erlangen.

Unternehmensforschung, *Operations Research,* Anwendung wiss. Methoden (Statistik, Regelungslehre) bei d. Führung v. Betrieben.

Unternehmer, Leiter eines Wirtschaftsunternehmens, der selbständig u. verantwortl. Zweck u. Art d. Produktion oder d. Arbeitsprozesses seines Betriebes bestimmt. – **U.verbände,** Zus.schlüsse von U.n zur Vertretung ihrer wirtschaftspol. Interessen.

Unternehmung, *Unternehmen,* finanziell-jurist. Einheit zur Erstellung einer wirtsch. Leistung; → Betrieb.

unter pari, unter dem → Nennwert stehend.

Unterpfaffenhofen (D-8034, Post Germering), Gem. bei München, 13 900 E.

Unterrichtswesen, svw. → Schulwesen. Übers.

Unterriese, Fixstern, der im → Russell-Diagramm knapp oberhalb d. → Hauptreihe liegt.

Untersberg, Kalkmassiv b. Salzburg, 1972 m, Höhlen (darunter d. *Kolowratshöhle,* 34 m hoch, 108 m lang) und Marmorbrüche.

Unterschlagung, rechtswidrige Aneignung einer fremden, bewegl. Sache, die Täter im Besitz oder in Gewahrsam hat; strafbar nach § 246 StGB.

Unterschrift, zur Rechtswirksamkeit eines Vertrages od. einer Willenserklärung, für die gesetzl. Schriftformen vorgeschrieben sind, ist eigenhändige Unterschrift od. notariell beglaubigtes Handzeichen des Ausstellers erforderlich (§ 126 BGB), Faksimile genügt nicht; Bevollmächtigter darf mit dem Namen des Vollmachtgebers unterzeichnen.

unterschwellig, die Schwelle des Bewußten nicht erreichend.

Untersee, *Zeller See,* SW-Teil des Bodensees mit Insel Reichenau.

Unterseeboot, *U-Boot,* Tauchboot für Über- u. Unterwasserfahrt, f. Kriegszwecke; Tauchen durch Einnahme von Wasserballast und Einstellung der Tiefenruder; Antrieb durch Diesel- u. Elektromotoren, s. 1955 auch durch Atomkraft; Ausrüstung mit Torpedorohren, Geschützen, Raketen; Kreiselkompaß; → Periskop; auch m. „Schnorchel" (2 langen Rohren für Luftaustausch bei Unterwasserfahrt).

unterständig, Fruchtknoten, der unterhalb d. Ansatzstelle der Kelch- u. Blumenblätter steht.

Untersuchungs-haft, Festsetzung eines Straftatverdächtigen; Anordnung d. U.haft durch Haftbefehl des Richters bei best. Haftgründen (Flucht, Fluchtgefahr, → Verdunkelungsgefahr, Verbrechen wider das Leben, Wiederholungsgefahr bei best. Sittlichkeitsdelikten). Das Gericht hat auf Antrag des Beschuldigten jederzeit zu prüfen, ob U.haft aufrechtzuerhalten ist, nach 3 Monaten von Amts wegen, wenn der Beschuldigte keinen Verteidiger hat (Haftprüfungsverfahren); U.haft darf grundsätzlich 6 Monate nicht überschreiten, §§ 112 ff. StPO. Für unschuldig erlittene U.haft muß od. kann, je nach d. Umständen, eine Entschädigung für eingetretenen Schaden gewährt werden. – **U.richter,** im Strafverfahren der Richter, der die Voruntersuchung führt.

Unterversicherung, vertragl. Höchstbetrag d. Versicherungssumme ist niedriger als der versicherte Wert; Ggs.: → Überversicherung.

Unterwalden, schweiz. Kanton am Vierwaldstätter See, zerfällt in die beiden Halbkantone: *U. ob dem Wald* (Obwalden) im W, 491 km², 28 100 E; Hptst. *Sarnen; U. nid dem Wald* (Nidwalden), 276 km², 31 900 E; Hptst. *Stans* (5700 E). – 1291 im Bund der Urkantone.

Unterwasserkraftwerk, Kraftwerk, unter d. Wasserspiegel gelegen; erreicht mit einem Mindestmaß v. Material, Bauzeit u. Kosten ein Höchstmaß von Nutzwirkung; zur Erzeugung v. el. Stroms aus d. Wasserenergie sind Rohrturbinen in d. Strömungsrichtung aufgestellt.

Unterwassersignale, werden von unter Wasser befindl. Apparaten auf Feuerschiffen, in Hafeneinfahrten usw. (z. B. bei Nebel) zur Verständigung m. Schiffen auf See abgegeben; als Sender dienen Ultraschallwellen.

Unterwelt, nach d. Glauben vieler Völker d. unterird. Ort d. Toten; bei Juden: *Scheol,* bei Griechen: *Hades,* bei Römern: *Orcus,* bei Germanen: *Hel.*

Unterwerfungs-klausel, Vereinbarung in notariellen Verträgen, wonach sich Schuldner bei Verzug d. sofortigen Zwangsvollstreckung unterwirft (Vertragsurkunde ist → Vollstreckungstitel).

Unterzug, *Bauwesen:* unter Querbalkenlage eingezogener Längsträger.

Atom-U-Boot „Triton"

Untiefe, Stelle mit geringer Wassertiefe, wie Watten, Riffe und Barren.

Untreue, *jur.* vorsätzl. Mißbrauch e. eingeräumten Befugnis od. treulose Pflichtverletzung, um anvertraute Vermögensinteressen z. schädigen (§ 266 StGB).

Uentrop, s. 1975 zu → Hamm.

Unverletzbarkeit, svw. → Immunität.

unverzüglich, svw. ohne schuldhaftes Zögern.

Unze, 1) → Maße und Gewichte, Übers. S. 1085, die *engl. U. (ounce)* auch in Dtld zur Gewichtsbest. von Sportgerät, bes. Boxhandschuhen; **2)** svw. → Jaguar.

Unziale, *w.* [l.], abgerundete große lat. (Anfangs-)Buchstaben; seit 2. Jh. im Gebrauch.

Unzucht, zentraler Begriff des früheren Sexualstrafrechts für außerehel. geschlechtl. Betätigung.

Unzurechnungsfähigkeit, Schuldunfähigkeit § 20 (früher § 51 StGB).

Unzuständigkeit, prozeßhindernde *Einrede der U.* des vom Kläger angerufenen Gerichts ist vor Verhandlung zur Hptsache zu erheben (§ 274 ZPO).

Upanischaden, Teil der → Veda.

Upas, versch. Pflanzen-(Pfeil-)Gifte Indonesiens.

Updating, *s.* [engl. *ʌpdeɪt-*], das Aktuelle auf den neuesten Stand bringen.

Updike [*ʌpdaɪk*], John (* 18. 3. 1932), am. Schriftst.; *Hasenherz; Ehepaare; Bessere Verhältnisse; Die Hexen v. Eastwick; Das Gottesprogramm.*

Uperisation, Ultra-Pasteurisierung, Dampferhitzung von Milch auf 150° für 2–3 s; erhalt worden d. die wertvollen Inhaltsstoffe (H-Milch).

UPI, Abk. f. *United Press International,* am. Nachrichtenagentur, 1958 gegr.; Sitz in New York.

Uppercut, *m.* [engl. *'ʌpəkʌt*], b. Boxkampf kurzer Aufwärtshaken.

Uppsala, St. im schwed. Län *U.,* 162 000 E; Erzbischofssitz (s. Gustav I., ev.), Uni. (1477 gegr.) u. Bibliothek m. → Codex argentéus; Landw. HS; got. Dom (13.–15. Jh.); Eisengießereien, Maschinen- u. Tonwarenind.

up to date [engl. *'ʌp tə 'deɪt*], auf dem laufenden, zeitgemäß.

UPU, Abk. f. *U*nion *p*ostale *u*niverselle → Weltpostverein.

Ur, *Uru, Urim,* Hptst. des sumerischen Reiches in S-Babylonien um 2500 v. Chr., bibl. Heimat Abrahams; engl.-am. Ausgrabungen.

Ur, svw. → Auerochse.

Urach → Bad Urach.

Uradel → Adel.

Ural, 1) 2534 km langer, schmaler Gebirgszug in Rußland, der als *Ostgrenze Europas* gilt (*Narodnaja* 1894 m); reich an *Bodenschätzen:* Platin, Gold, Kupfer, Eisen, Kohle, Kali, Asbest, Blei, Nickel, Chrom, Mangan, Bauxit, Edel- u. Halbedelsteine; seit dem 2. Weltkrieg verstärkter Ausbau der Ind. (bes. Hüttenwerke u. metallverarbeitende Ind.);

Ind.zentren: *Swerdlowsk, Tscheljabinsk, Magnitogorsk, Perm* u. a.; **2)** Fluß aus dem Süd-U., mündet bei Gurjew ins Kaspische Meer, 2428 km l., ab Uralsk schiffbar; geograph. Europa-Asien-Grenze. – **U.-Altaier,** zusammenfassende Bez. für d. *Altaier* (Tungusen, Mongolen, Türken) u. *Uralier* (Samojeden, Ugrier, Finnen, Ungarn); auch → Sprachen, Übers., VI., S. 896f.

Uralsk, Gebietshptst. in der Sowjetrep. Kasakstan, 200 000 E; Leder- u. Textilind.

Urämie, *w.* [gr.], Harnvergiftung bei schweren Nierenkrankheiten durch Zurückhaltung des Harnstoffs und anderer giftiger Stoffwechselschlacken im Blut; Behandlung u. a. mit → extrakorporaler Dialyse.

Uran, *s., U,* chem. El., Oz. 92, At.-Gew. 238,03 (Isotope 238, 235 [spaltbar], 234), Dichte 18,97; weißes, sehr hartes Metall, Vorkommen in **U.pecherz,** Uraninit u. a.; Hptfundorte: USA (Colorado Plateau), Kanada (Blind River), Südafrika (Witwatersrand), Namibia, Niger, Frkr. (Limoges), Australien, Gabun, UdSSR (Aral- u. Baikalsee), Dtld (Erzgebirge, Mansfeld u. Sangerhausener Kupferschiefer, Fichtelgebirge, Schwarzwald, Odenwald, Spessart), ČSSR (St. Joachimsthal) u. a.; U. u. seine Erze sind radioaktiv; Verwendung: in Kernkraftwerken zur Gewinnung v. Kernenergie, auch als Sprengstoff in Atombomben, ferner zur Gelbfärbung von Glas (**U.-Glas**). – **U.brenner** → Kernreaktor.

Urania, griech. Muse der Astronomie.

Uranos der Himmel, Urgott der griech. Sage; Gatte der Gäa, Vater d. Titanen u. Zyklopen; von Kronos entmannt.

Uranus, 4. der äußeren Planeten, entdeckt 1781 von Herschel; Äquatordurchmesser 52 300 km; mittlerer Sonnenabstand 2869 Mill. km; Umlaufzeit um die Sonne 84,015 Jahre, Umdrehungszeit 17,2 Std.; 5 Monde: *Miranda, Ariel, Umbriel, Titania, Oberon,* mit Bahnebenen nahezu senkrecht auf der Uranusbahn; s. 1977 bekannt, daß U. Ringe (mindestens 9) ähnlich wie → Saturn besitzt; 1986 Vorbeiflug d. am. Raumsonde Voyager 2.

Uranzentrifuge, Urananreicherungsanlage nach dem Gasdiffusionsverfahren (Urangas wird dabei durch Membranen gepreßt u. mit dem Isotop U 235 angereichert).

Uraufführung, *Premiere,* erste öff. Darstellung eines dramat. ; mus. od. film. Kunstwerkes.

Uräusschlange, Giftnatter i. Afrika u. Arabien.

Urban, Name v. 8 *Päpsten:* **1)** U. II. (um 1042–29. 7. 99), 1088–99, bannte Kaiser Heinr. IV. u. Kg Philipp II. von Frkr., rief zum Kreuzzug auf; **2)** U. IV. (um 1200–2. 10. 64), 1261–64, setzte Fronleichnamsfest ein; **3)** U. V. (um 1310–19. 12. 70), 1362–70, vergebl. Versuch, durch Rückkehr nach Rom von Frkr. unabhängig zu werden; **4)** U. VI. (um 1318–15. 10. 89), 1378–89, verursachte d. → Schisma; **5)** U. VIII. (5. 4. 1568–29. 7. 1644), 1623–44, verdammte Galilei u. → Jansenismus.

urban [l.], städtisch, weltmännisch.

Urbanität, *w.* [l.], **1)** feine Bildung, Lebensart; **2)** Grad d. Verstädterung.

urbi et orbi [l.], der *Stadt* (Rom) u. dem *Erdkreis,* d. h. aller Welt (etwas verkünden); päpstl. Segenserteilung von der Peterskirche aus.

Urbino, St. in Mittelitalien, 15 500 E; Erzbischofssitz; Dom (15. Jh.), Palazzo Ducale (15. Jh.). Uni.; Geburtsort Raffaëls; Majolika-Ind.

Urchristentum, Frühzeit des Christentums, **1)** *Apostolisches* Zeitalter bis zur Zerstörung Jerusalems (70 n. Chr.); **2)** *Nachapostol.* Zeitalter (d. apostol. Kirchenväter) bis 150 n. Chr.

Urd, eine der drei → Nornen.

Urdu → Hindostani.

Ureter, *m.* [gr.], Harnleiter, verbindet Niere und Blase.

Urethra, *w.* [gr.], Harnröhre.

Urey ['jυərı], Harold Clayton (29. 4. 1893–6. 1. 1981), am. Chem.; Entdecker d. Deuteriums; Nobelpr. 1934.

Urfa, Şanlurfa, Hptst. d. türk. Wilajets Ş. in N-Mesopotamien, 206 000 E. – Das alte → *Edessa,* 1098–1144 Fürstentum der Kreuzfahrer, s. 1516 türk.

Urfehde, im MA Eid, keine Rache zu nehmen od. aus Verbannung nicht zurückzukehren.

Urft, r. Nbfl. der Rur, 40 km lang; bei Gemünd die **U.talsperre:** 54 m Stauhöhe, Stauraum 45,5 Mill. m³, Kraftstation bei Heimbach.

Urga, bis 1923 Name von → Ulan-Bator.

Urgeschichte   → Vorgeschichte, → Mensch, Abstammungsgeschichte.

urgieren [l.], drängen, mahnen.

Urheber-recht, *subjektiv:* die ausschließl. Befugnis d. Urhebers einer eigentüml. geist. Schöpfung d. Literatur, Wissenschaft, Tonkunst, d. bildenden Künste u. d. Fotografie, diese zu vervielfältigen u. zu verbreiten, d. h. anderen den Nachdruck od. die Nachbildung zu verbieten; *objektiv:* d. Rechtsnormen, die diese Befugnis u. ihre Folgen regeln. In Dtld Ges. v. 1901 über d. Literatur u. mus., 1907 über die künstler. u. fotograf. U.rechte; Neuregelung durch Ges. über U.rechte u. verwandte Schutzrechte v. 1965. Unterschied z. gewerbl. Rechtsschutz: Entstehung d. U.rechts durch Konkretisierung des schutzfähigen Gedankens (Niederschrift, Abb., Vortrag, Stegreifaufführung usw.), Ende d. Schutzfrist grundsätzlich 70 Jahre n. Tode d. Urhebers bei Werken d. Literatur, Wissenschaft, Tonkunst u. d. bildenden Künste, 25 Jahre nach Erscheinen d. Werkes bei Fotografien; nach Ablauf d. Frist wird d. Werk *gemeinfrei.* Inhalt d. U.rechts: **1)**

unübertragb. Persönlichkeitsrecht (*droit moral,* Ehrenschutz z. B.); **2)** übertragbare, vermögensrechtl. Werknutzungsrechte (zur Vervielfältigung, Verbreitung, Verfilmung, Rundfunksendung, Mikroverfilmung, Übersetzung, Dramatisierung, mus. Transposition usw.). – U.rechtsfrei sind Gesetze u. a. amtl. Schriften; genehmigungsfrei ist die Wiedergabe zum eigenen Gebrauch (Zeitungsartikel mit Quellenangabe, das Zitat, die Abbildung von Personen der Zeitgeschichte, auch → Bildnisschutz). – Intern. Regelung: versch. intern. Abkommen, bes. Berner Übereinkunft zum Schutze v. Werken d. Literatur u. Kunst v. 9. 9. 1886, revidiert in Brüssel am 26. 6. 1948; ferner Übereinkunft v. Montevideo v. 11. 1. 1889: die i. einem d. Mitgliedstaaten entstehenden U.rechte werden grundsätzl. ebenso i. jedem and. Mitgliedstaat anerkannt u. geschützt; weitgehende Vereinheitlichung i. Genfer Welturheberrechtsabkommen v. 6. 9. 1952. Den Konventionen nicht beigetreten sind u. a. d. USA (dort bes. → Copyright). MPI für U.recht in München. – **U.vertragsrecht,** Inbegriff d. Rechtsbeziehungen zw. Urheber u. Werknutzer, die auf Erlaubnis z. Werknutzung (→ Lizenz) oder auf Übertragung von Werknutzungsrechten (z. B. Verschaffung d. → Verlagsrechts) gerichtet sind.

Uri, schweiz. Kanton zw. Gotthard u. Vierwaldstätter See; 1077 km², 33 600 E; Hptst. *Altdorf.* – 1291 im Bund der → Urkantone.

Urias, *Uria,* Feldherr Davids, mußte einen Brief überbringen, in dem David seine Tötung befahl; daher **U.brief,** ein Brief, der dem Überbringer Unheil bringt.

Uriël [hebr. „mein Licht ist Gott"], einer der 4 Erzengel.

Urin, *m.* [l.], svw. → Harn.

Uris ['jυərıs], Leon (* 3. 8. 1924), am. Schriftst.; *Exodus; Topas; Haddsch.*

Urkantone, die Schweizer Kantone Uri, Schwyz und Unterwalden; → Schweiz (Geschichte).

Urknall, *Big Bang,* kosmolog. Theorie, derzufolge d. Universum mit Raum, Zeit u. Materie vor ca. 15 Milliarden Jahren in e. gewaltigen Explosion entstand; als Folge dehnt sich das Universum ständig weiter aus (Chaos-Expansionstheorie).

Urkunden, Dokumente zur Festlegung von Rechten od. rechtserhebl. Tatsachen. – **U.fälschung,** Herstellung unechter Verfälschung echter U. zur Täuschung im Rechtsverkehr, auch d. Benutzung solcher U.; strafb. nach §§ 267 ff. StGB. – **U.prozeß,** beschleunigter Rechtsstreit, nur U. und Parteivernehmung als Beweismittel zugelassen (z. B. Wechsel, Scheck); sind f. Beklagten nur andere Beweismittel (Zeugen o. ä.) vorhanden, ergeht Urteil unter Vorbehalt weiterer Verfolgung im gewöhnl. Verfahren.

Urkundsbeamter, heutige Bez. für Gerichtsschreiber; → Rechtspfleger.

Urlaub, innerhalb eines Arbeitsverhältnisses bei Fortzahlung d. Bezüge gewährte zusammenhängende arbeitsfreie Werktage, durch Bundesurlaubsges. v. 8. 1. 1963 (Mindesturlaub 18 Werktage) u. Tarifabkommen geregelt.

Urmiasee, abflußloser Salzsee i. W-Iran, 1274 müM, 4686 km², Größe schwankend.

Urne, *w.* [l.], Stein-, Ton- oder Metallgefäß *f.* Asche bei Feuerbestattung. – **U.nfelderzeit,** Spätbronzezeit, um 1100–800 v. Chr., mit Brandbestattung in U.nfriedhöfen *(Urnenfelderkulturen).*

Urologie [gr.], Lehre v. d. Krankheiten d. Harnorgane.

Urproduktion → Produktion.

Urstromtäler, breite, ostwestl. gerichtete, meist versandete Talzüge, die d. nach W zur Nordsee abfließenden Schmelzwässer der eiszeitl. skandinav. Gletscher sammelten, z. T. v. d. gegenwärtigen Strömen benutzt (z. B. *Thorn-Eberswalder Urstromtal).*

Ursulinerinnen, *Ursulinen,* kath. Kongregation für Erziehung u. Unterricht; gegr. 1535.

Urteil, 1) Einheit von (mindestens drei) Begriffen, in d. ein *Prädikatsbegriff* (z. B. Eigenschaft, Seinsweise: *krank*) zu einem *Subjektsbegriff* (z. B. *Kind*) mit dem Anspruch auf Wahrheit in Beziehung gesetzt wird *(ist):* das Kind ist krank; **2)** im *Prozeß:* eine das Verfahren ganz (Endurteil) od. teilweise (Teilurteil) abschließende Entscheidung des Gerichts; stets vorherige mündl. Verhandlung; Aufbau: → Rubrum, Tenor (z. B.: A wird kostenpflichtig z. Zahlung verurteilt), Tatbestand (Sach- u. Streitstoffdarstellung), Entscheidungsgründe, Unterschriften der Richter.

Urtiere, *Protozoen,* mikroskopisch kleine Tiere aus nur einer Zelle: Geißeltierchen, Wurzelfüßer, Sporentierchen, Wimpertierchen.

Urtikaria, *w.* [l.], → Nesselsucht.

Uruguay, 1) Grenzfluß zw. Brasilien, Uruguay u. Argentinien, 1609 km l., vereinigt sich nahe Buenos Aires mit dem Paraná zum Río de la Plata; im Unterlauf schiffbar; **2)** amtl. *República Oriental del Uruguay,* südam. Staat östl. des U.-Flusses, 176 215 km², 3,08 Mill. E (17 je km²); Bev.-Zuw. 0,5%; Sprache: Span.; Währung: urug. Neuer Peso (urugN$); Rel.: röm.-kath.; Hptst.: *Montevideo;* Flagge S. 341, Karte S. 747. **a)** *Landw.:* Bed. Viehzucht, über 80% des hügeligen Graslandes Viehweiden (1988: 10,2 Mill. Rinder, 26 Mill. Schafe, daneben Mais- u. Tabakanbau. **b)** *Außenhandel* (1988): Einfuhr 1,18 Mrd., Ausfuhr 1,4 Mrd. $. **c)** *Verkehr:* Eisenbahn 2975 km. **d)** *Verf.* v. 1934 (geändert 1967): Präsidiale Rep. m. Zweikammerparla-

ment. **e)** *Verw.:* 19 Departamentos. **f)** *Gesch.:* 1515 v. Spaniern entdeckt, im 17. Jh. v. Spaniern u. Portugiesen besetzt; 1821 zu Brasilien, 1828 unabhängig; 1968 Mil.putsch, 1973 Auflösung d. Parlaments; s. 1982 Redemokratisierung, 1984 Präsidentschaftswahl. **g)** *Mitgl.:* UN, OAS, ALADI.
Uruk, heute *Warka,* Ruinen einer St. in S-Babylonien aus dem 4. Jtd, Sitz der Könige v. Sumer (unter ihnen → Gilgamesch).
Ürümqi, früher *Urumschi, Thiwa,* Hptst. v. Xinjiang-Uygur i. W-China, 1,04 Mill. E; wichtige Handelsstadt an der alten Seidenstraße.
Urundi → Burundi.
Urwald, der von keinem Eingriff des Menschen veränderte Waldzustand, hpts. in den Tropen (Kongo- u. Amazonasgebiet); i. d. gemäßigten Zonen: i. Mitteleur. nur noch vereinz. kl. Reste, d. Taiga Sibiriens, nordam. Urwälder usw.
Ury, Lesser (7. 11. 1861–18. 10. 1931), dt. Maler; impressionist. Elemente (Differenzierung d. Farben, Gestaltung d. Lichts); Interieurs, Landschaften, (bes. Berliner) Straßenbilder.
Urzeugung, hypothet. Entstehung der ersten Lebewesen aus anorgan. Stoffen.
USA, US, Abk. f. *United States (of America);* → Vereinigte Staaten von Amerika.
USAF, Abk. für *United States Air Force,* Bez. für die Luftstreitkräfte der USA.
Usambara, ostafrikan. Gebirgslandschaft (b. 2230 m) im NO v. Tansania.
Usance, w. [frz. y'zäs], *Handelsbrauch,* bei der Auslegung kaufmänn. Verträge zu berücksichtigen.
Usbekistan, s. 1924 Unionsrep. d. Sowjetunion i. Mittelasien, 447 400 km², 19,9 Mill. E, moh. **Usbeken;** durch ausgedehntes Bewässerungssystem größter Baumwollproduzent d. UdSSR, Kohlen- u. Erdölförderung; Hptst. *Taschkent.*
Usedom, pommersche Insel vor dem Stettiner Haff, 445 km², s. 1945 Ostteil längs der Swine mit Swinemünde zu Polen, Westteil, 354 km², zu M-V., Kr. Wolgast; im SW die St. *U.* (D-2250), 3000 E; Seebäder *Ahlbeck, Heringsdorf, Bansin, Zinnowitz, Karlshagen.*
Ushuaia [u'suaja], Hptst. der argent. Prov. Feuerland, 12 000 E.
Usingen (D-6390), St. i. Hochtaunuskr., Hess., 11 260 E; AG; div. Ind.
Usinger, Fritz (5. 3. 1895–9. 12. 1982), dt. Lyriker: *Der Stern Vergeblichkeit;* Essay: *Medusa;* Übertragung v. Mallarmé u. Valéry.
Usküb, türk. Name v. → Skopje.
Ussuri, r. Nebenfl. des Amur, Grenzfluß zw. dem sowj. Fernen Osten u. der chin. Mandschurei, 909 km lang, im Sommer 750 km schiffbar.
Uster (CH-8610), schweiz. Bez.st. i. Kanton Zürich, 23 700 E; Masch.-, Gerätebau.

Ustinov [*'justɪnɔf*], Peter (* 16. 4. 1921), engl. Dramatiker, Schausp. u. Filmregisseur; *Endspurt;* Roman: *Krummnagel.*
Ustinow, Dimitri Fjodorowitsch (30. 10. 1908–20. 12. 84), sowj. Pol. u. Marschall; 1953–57 Min. f. d. Rüstungsind.; 1957–65 stellvertr. Min.präs., s. 1976 Verteidigungsmin.
Ust-Urt, Plateau zw. Kasp. Meer u. Aralsee in Kasakstan, ca. 200 müM, 170 000 km², niederschlagsarm.
Usurpation, rechtswidrige Aneignung, besonders der Staatsgewalt.
Usurpator, *m.,* Herrscher durch gewaltsame Besitzergreifung.
Usus, *m.* [l.], herkömml. Brauch, Sitte.
Utah [*'juːtɑː*], W-Staat d. USA, im W öde Hochebene mit d. Großen Salzsee, im O vom Colorado bewässert; 219 932 km², 1,71 Mill. E, davon 73% Mormonen; Acker-, Bergbau (Kupfer, Blei, Salz u. a.); Uranvorkommen; Hptst. *Salt Lake City.* – 1847 von Mormonen gegr., 1896 US-Staat.

Utamaro, *Holzschnitt*

Utamaro, Kitagawa (1753–31. 10. 1806), jap. Maler u. Holzschneider (→ japanische Kunst).
Ute, in der Nibelungensage Mutter der Kriemhild.
Utensilien [l.], Arbeitsgerät, Gebrauchsgegenstände.
Uetersen (D-2082), St. i. Kr. Pinneberg, Schl-Ho., 17 218 E; AG; Rosenzucht.
Uterus [l.], svw. → Gebärmutter.
U Thant, Sithu (22. 1. 1909–25. 11. 74), birmes. Diplomat; 1961–71 Gen.sekr. d. UN.
Utica, 1) alte phöniz. St. nahe Karthago, nach dessen Zerstörung Hptst. der röm. Prov. Afrika; **2)** [*'juː-*], St. im US-Staat New York, am Eriekanal, 75 000 E; Milchwirtschaft, Wollind.

Utilitarismus [l. „utile = nützlich"], phil. Lehre, daß alle Handlungen nach d. Nutzen f. d. Allgemeinheit zu bewerten sind *(Bentham, Bacon, Mill);* Glücksmaximierung als wichtigstes Anliegen.
Utopie, nach Phantasieroman von → Morus: *Utopia* [gr. „Nirgendheim"], Bez. für nicht real verwirklichbare (pol., wirtschaftl., soziale) Ideen, die dennoch als Zielvorgabe dienen.
Utraquisten [niederl. „utraque = beide (Gestalten)"], gemäßigte → Hussitenpartei.

Utrecht

Utrecht [*'yː-*], Hptst. der ndl. Prov. *U.* (1363 km², 1,0 Mill. E), am Alten Rhein, 231 000 E, Agglom. 526 000 E; Erzbischofssitz; Uni. (1636); Intern. Mustermesse (s. 1917); Metall-, graph. u. a. Industrie.
Utrechter Friede, 1713, Beendigung d. → Span. Erbfolgekrieges. – U. **Kirche,** romfreie ndl. kath. Kirche. – U. **Union,** in d. protestant. Ndl. 1579, begründete ndl. Unabhängigkeit v. kath. Spanien.
Utrillo [*ytri'jo*], Maurice (26. 12. 1883–5. 11. 1955), frz. Landschaftsmaler; Pariser Straßenbilder.
utriusque juris [l. „beider Rechte"], (Doktor) d. röm. *und* kirchl. Rechts.
Uttar Pradesh, Staat im N d. Rep. Indien, 294 411 km², 129 Mill. E; Weizen-, Baumwoll-, Zuckerrohranbau; Hptst. *Lakhnau.*
UV, Abk. für → ultraviolett(e Strahlung).
U. v. D., Abk. für *Unteroffizier v. Dienst,* Funktionsbez. f. e. z. Ordnungsdienst eingeteilten Unteroffizier od. Gefreiten.
Uviolglas®, Glassorte, gut durchlässig für ultraviolettes Licht.
Uexküll, Jakob v. (8. 9. 1864–25. 7. 1944), balt. Biologe; Begr. d. → Umweltforschung; *Umwelt u. Innenwelt der Tiere; Nie geschaute Welten.*
Uyl [*œyl*], Joop den (9. 8. 1919–24. 12. 1987), ndl. sozialdemokr. Pol.; 1973–77 Min.präs.

V, 1) röm. Zahlzeichen = 5; **2)** *chem.* Zeichen f. → *Vanadin;* **3)** *techn.* Maßeinheit: → *Volt.*

v, 1) *phys.* Zeichen f. *velocitas* [l.], Geschwindigkeit; **2)** in *Büchern* Abk. f. *vide* [l.], sieh(e) u. f. *verte* [l.], wende um!

Vaasa, schwed. *Vasa,* Hptst. d. finn. Prov. *V.,* Hafenst. an der O-Küste des Bottn. Meerbusens, 54 000 E.

va banque [frz. *va 'bãk*], „es geht um die Bank", um den ganzen Einsatz beim Spiel; **v. b. spielen:** alles auf eine Karte setzen.

Vademękum, *s.* [l. „geh mit mir"], Taschenbuch, Ratgeber, Wegweiser f. alles.

Vadim [-'dē̄], Roger (* 26. 1. 1928), frz. Filmregisseur; *Et Dieu créa la femme* (1956); *Les liaisons dangereuses* (1959); *Barbarella* (1968).

Vadodara, *Baroda,* St. im ind. Staat Gujarat, 734 000 E; Textilind., Uni.

Vaduz, Hptst. des Fürstentums Liechtenstein, am Rhein, 4900 E; Schloß Vaduz (Residenz), Fürstl. Gemäldegalerie; Fremdenverkehr; div. Ind.

Vaganten, umherziehende Studenten u. Sänger des MA; ihre weltl. lat. Lieder **(V.poesie)** in Sammlungen, z. B. → Carmina Burana, erhalten.

vagle [l.], unbestimmt, unklar.

Vagina, *w.* [l.], Scheide, weibl. Scheide; → Geschlechtsorgane.

Vaginismus, *m.,* Scheidenkrampf.

Vaginitis, *w.,* Scheidenentzündung.

Vagus [l.], *Nervus vagus,* „herumschweifender Nerv", 10. Gehirnnerv, Hauptnerv des parasympath. → Nervensystems; *Vagotonie,* dessen Tonussteigerung, Übergewicht über s. Gegenspieler → Sympathikus.

Vaihingen, 1) *V. a. d. Enz* (D-7143), Gr.Krst. i. Kr. Ludwigsburg, Ba-Wü., 23 586 E; AG; div. Ind.; **2)** Stadtteil Stuttgarts; Brauerei, Trikot-, Maschinen- u. a. Ind.

Vaihinger, Hans (25. 9. 1852–18. 12. 1933), dt. Phil., Begr. der Als-ob-Philosophie; Kantforscher.

Vaischya, *Vaishya,* die ind. Händler- → Kasten.

vakant [l.], frei, unbesetzt.

Vakat, *s.* [l. „fehlt"], im *Druckwesen* Bez. f. eine leere Seite.

Vakuole, *w.,* mit Zellsaft ausgefüllter Hohlraum im Zytoplasma älterer Zellen; bei Tieren z. B. Nahrungsvakuolen, kontraktile Vakuolen (Einzeller).

Vakuum [l.], der leere, bes. der luftleere Raum. – **V.destillation,** Destillation unter vermindertem Druck, dadurch Herabsetzung des → Siedepunkts. – **V.pumpe,** svw. → Luftpumpe.

Vakuumextraktor, hat heute die Geburtszange weitgehend verdrängt; besteht aus Saugglocke, Kettenzug mit Handgriff, Schlauch u. Vakuumpumpe; nach Anlegen d. Saugglocke am kindl. Schädel wird ein Unterdruck erzeugt, sodann holt der Geburtshelfer während d. einzelnen Wehen das Kind am Kopf heraus *(Vakuumextraktion).*

Vakzination [nl.], → Immunisierung.

Vakzine, eigentlich Kuhpockenlymphe; Impfstoff aus toten od. lebenden Bakterien; *Autovakzine* aus körpereigenen Bakterien.

Valadon [-'dõ], Suzanne (23. 9. 1865–19. 4. 1938), frz. Malerin, Mutter → Utrillos; spontane Expressivität in Bildaufbau u. Farbgebung.

Valdés Leal, Juan de Nisa (4. 5. 1622–15. 10. 90), span. Maler d. Spätbarock; Darstellungen aus d. bibl. Geschichte v. intensivem Ausdruck; Bildnisse.

Valdivia, Hptst. der chilen. Prov. *V.,* 117 000 E; Vorhafen *Corral* an der *V.bai* des Pazifik.

Valence sur Rhône [*va 'lãs syr 'ron*], Hptst. d. frz. Dép. *Drôme,* 68 000 E; Bischofssitz; Seidenspinnerei.

Valencia [*ba'lenθia*], **1)** Hptst. der span. Prov. *V.* u. bed. Hafen am Mittelmeer, umgeben von ausgedehnten, durch den Guadalaviar bewässerten Fruchtgärten, 785 000 E; Erzbischofssitz; Uni.; Textil-, Metallind., Tabakverarbeitung, Ausfuhr v. Wein u. Südfrüchten. – Die Provinz (im MA maur. Kgr.) wurde 1319 m. Aragonien verbunden, 1707 aufgelöst; **2)** St. in Venezuela, westl. vom *V.see* (440 km²,

410 müM), 1,2 Mill. E; Baumwollind. – 1821 Sieg Bolívars über die Spanier.

Valenciennes [*valã'sjɛn*], frz. St. im Dép. *Nord,* a. d. Schelde, 41 000 E; Kunstakad., Textil- u. Metallind., früher bed. Spitzenfabrikation; Hafen.

Valens, Flavius, röm. Kaiser 364–378.

Valentin, Karl (4. 6. 1882–9. 2. 1948), dt. Volkshumorist, in München (m. *Liesl Karlstadt* als Partnerin); zahlreiche Kurzfilme (z. B. *Orchesterprobe,* 1933).

Valentinianius, 1) V. I., röm. Kaiser 364–375; **2)** V. III., Kaiser Westroms 425–455.

Valentino, Rudolph (Rodolfo) (6. 5. 1895–23. 8. 1926), it.-am. Stummfilm-Star; *The Four Horsemen of the Apocalypse; The Son of the Sheik.*

Valenz, *w.* [l.], *chem.* → Wertigkeit.

Valera [*va'lɛəra*], Eamon de (14. 10. 1882–29. 8. 1975), ir. Pol.; 1916 als Führer des ir. Aufstandes zum Tode verurteilt, zu lebensl. Zuchthaus begnadigt, 1917 amnestiert; Führer der → Sinn Fein, 1932–48 u. 1951–54 u. 1957–59 Min.präs., 1959–73 Staatspräs.

Valerianius, röm. Kaiser 253–260 n. Chr.

Paul Valéry

Valéry [-'ri], Paul (30. 10. 1871–20. 7. 1945), frz. Dichter; sublimierte Neuformung des Klassischen in d. Tradition Mallarmés; Verbindung von math. Präzision u. Lyrik; *Gedichte* u. *Eupalinos* (übersetzt w. Rilke); Essays: *Variété;* Drama: *Mein Faust.*

Valet, *s.* [l.], Abschied; *vale,* „lebe wohl"; *valete,* „lebet wohl".

Valeurs [frz. *va'lœr*], Tonabstufungen d. Farben.

Valier, Max (9. 2. 1895–17. 5. 1930), dt. Raketentechniker; Pionier d. Raketentechnik u. d. Raumfahrt.

Valium® (Diazepam), Beruhigungsmittel (→ Ataraktika), muskelentspannend; hemmt d. psych. Beeinflußbark. d. vegetativen Nervensystems.

Valla, Laurentius (1406–1. 8. 57), it. Humanist; Gegner der Scholastik, Begr. d. modernen histor. Kritik.

Valladolid [*baʎaðo'liθ*], Hptst. d. span. Prov. *V.,* in Altkastilien (a. Pisuerga u. Kastil. Kanal), 341 000 E; Erzbischofssitz; Uni. (s. 1346); Textilgewerbe.

Valletta, Hptst. d. Rep. Malta, 9000 E; 2 Häfen; Uni., ehem. Hptsitz des Johanniterordens.

Vallisneria, *Sumpfschraube,* Wasserpflanzen des südl. Europa.

Valloton [-'tõ], Félix (28. 12. 1865–29. 12. 1925), schweiz.-frz. Maler u. Graphiker d. Realismus; beeinflußte d. → Jugendstil.

Valmy [-'mi], frz. Gem. im Dép. *Marne;* ergebnislose *Kanonade von V.* gegen das frz. Revolutionsheer 1792; v. *Goethe* beschrieben.

Valois [*va'lwa*], französisches Königsgeschlecht (1328–1589): → Frankreich, *Geschichte.*

Valona, alban. *Vlorë,* alban. Hafenst. am *Golf von V.,* 68 000 E.

Valoren, Wertstücke im Bankenverkehr.

Valorisation [l.], wirtsch. Maßnahmen, die einer Ware einen best. Preisstand sichern sollen (Aufkauf und Einlagerung, Produktionseinschränkung, auch Vernichtung).

Valparaíso [*bal-*], Hptst. der Region Aconcagua u. Hpteinfuhrhafen von Chile, am Pazifik, 279 000 E; Bischofssitz, TH, Maschinen- u. Schiffbau.

Valuta, *w.* [it. „Wert"], 1) Gegenwert; *V. kompensiert:* Leistung erfolgt am gleichen Tag, an dem die Gegenleistung zur Verfügung steht (im Devisenhandel); 2) Tag, von dem an eine Summe zur Verzinsung gelangt oder an dem eine Zahlungsfrist zu laufen beginnt, z. B. *val (p.), Valuta (per)* 1. Okt.; 3) svw. → Währung. – *V.kredit,* wird in ausländ. Währung eingeräumt.

Vamp, *m.* [engl. *væmp*], durch (dämonisch-)erot. Wirkung männerverderbende Frau.

Vampyr, *m., Vampir,* 1) nach der Volkssage wiederkehrender Toter, der Schläfern Blut aussaugt; Blutsauger; 2) blut-

trinkende Fledermaus Mittel- und S-Amerikas.

Vanadin, *V,* chem. El., Oz. 23, At.-Gew. 50,9414, Dichte 6,09; weißes, sehr hartes Metall, natürlich im Vanadinit und Rotbleierz vorkommend; *Ferro-V.* (Legierung mit Eisen) als Stahlzusatz: *V.stahl.*

Van-Allen-Gürtel → Strahlungsgürtel.

Vance [*væns*], Cyrus Roberto (* 27. 3. 1917), am. demokr. Pol.; Nahostunderhändler in Krisengebieten, 1977–80 Außenmin.

Vancouver [*væn'kuvə*], 1) Insel an der W-Küste Kanadas, 32 284 km², Hauptort *Victoria;* 2) Hafenst. in d. kanad. Prov. Brit.-Columbia, 431 000 E, Agglom. 1,4 Mill.; Uni.; Maschinen-, Stahl-, Textilind., Werften; Flughafen.

Vandalen, svw. → Wandalen.

Vanderbilt [*'vændə-*], Cornelius (27. 5. 1794–4. 1. 1877), am. Finanzmann; Bes. d. drei Hpteisenbahnen der USA; stiftete die V.-Uni. in Nashville.

Vane [*vein*], John R. (* 29. 3. 1927), engl. Biochem. u. Pharmakologe; (zus. m. S. K. → Bergström u. B. I. → Samuelsson) Nobelpr. 1982 (Prostaglandin-Forschung).

Vänersee, schwed. *Vänern,* See der Mittelschwed. Senke und größter See Skandinaviens, 5584 km², bis 100 m tief; Abfluß: *Götaälv.*

Vanguard [engl. *'vængaxd* „Vorhut"], am. Satellitentyp, → Satellit.

Vanille

Vanille, *w.* [*va'niljə*], Kletterorchidee aus Mexiko, in vielen Tropenländern angepflanzt; aus d. Schotenfrüchten feines Gewürz u. Parfüm; d. aromatische Stoff der V.schoten, **Vanillin,** jetzt künstlich hergestellt.

van 't Hoff → Hoff.

Vanuatu, amtl. *Republic of V.,* früher *Neue Hebriden,* melanes. Inselgruppe im Pazifik, 12 189 km², 142 600 E; Bev.: Melanesier; stark vulkan. od. Koralleninseln; Ausfuhr v. Manganerz, Kopra, Kakao u. Kaffee; Hptst. u. Hafen: *Vila* (15 800 E); Flagge S. 341; Karte S. 751; ehem. frz. u. brit. Kondominium; s. 1977 innere Autonomie; s. 1980 unabhängiger Staat. Mitgl. d. UN u. d. Commonwealth; AKP-Staat.

Var [*vaʁ*], 1) südfrz. Fluß, aus den Seealpen, westl. Nizza ins Mittelmeer, 120

km l.; 2) südfrz. Dép., 5973 km², 766 000 E; Hptst. *Toulon.*

VAR, Abk. f. → *Vereinigte Arabische Republik.*

Varangerfjord, tiefste Meeresbucht an der NO-Küste Norwegens, 118 km l., bis 54 km breit, eisfrei.

Varel (D-2930), St. i. Kr. Friesland, am Jadebusen, Nds., 23 718 E; AG; zu V. gehörig d. Nordseebad *Dangast.*

Varèse [*va'rɛz*], Edgar (22. 12. 1884 od. 24. 12. 85–6. 11. 1965), am. Komp. frz.-it. Herkunft; Erweiterung d. Klangfarbenspektrums durch Einbeziehung v. (elektronischen) Geräuschen; *Ionisation.*

Varese, Hptst. der it. Prov. *V.,* in der Lombardei, 88 000 E; nahe dem **V.see** (15,9 km², 238 müM); Seidenind., Fahrzeug- u. Flugzeugind.

Varga [*'vɔrgɔ*], Tibor (* 4. 7. 1921), ungar. Geiger.

Vargas Llosa [*'baryaz 'josa*], Mario (* 28. 3. 1936), peruan. Schriftsteller; Romane: *D. Stadt u. d. Hunde; Das grüne Haus; Die andere Seite des Lebens.*

Vari, gr. Halbaffe Madagaskars.

Varia [l. „Verschiedenes"], Vermischtes, Allerlei.

variabel [l.], veränderlich.

Variabilität → Rasse, Übers.

Variable → Veränderliche.

variable Notierung, *fortlaufende N.,* → Kassakurs.

Variante, *w.* [l.], andere Les-, Spielart.

Varianz, *w.* [l.], *math.* statist. Maß für die Abweichung einer zufälligen Größe (z. B. Augenzahl beim Würfeln) vom Mittelwert.

Variation [l.], Veränderung; Abweichung eines Organismus in einzelnen Merkmalen vom Normaltypus der Art.

Variationen, *mus.* Veränderungen einer Melodie, auch als eigene Musikform, Thema mit V. (z. B. *Goldberg-V.* von J. S. Bach).

Variationsrechnung, math. Aufgaben der höheren Analysis, eine Funktion so zu bestimmen, daß ein von dieser Funktion abhängiges Integral ein → Maximum od. → Minimum wird.

Varieté, *s.* [frz.], Theater f. artist. Darbietungen (Akrobatik, Musik u. Tanz).

variieren, verändern, verschieden sein, wechseln.

Variola, *w.* [l.], svw. → Pocken.

Variometer, *s.,* Gerät zur Messung kleiner Luftdruckschwankungen; zeigt Steigod. Sinkgeschwindigkeit e. Flugzeuges in m/s od. ft/min an.

Variszische Gebirgsbildung, im Erdaltertum, → geologische Formationen, Übers., S. 303; alte Rumpfgebirge W- u. Mitteleuropas, der jetzigen Mittelgebirge in Dtld u. Frkr.; Ural, Appalachen.

Varityper, *m.* [engl. *'veritaipə*], Setzmaschine mit Auswechselvorrichtung für 500 versch. Schriftgrade u. -größen; setzt automat. volle Zeilen, die, fotografiert, als Klischees dienen.

Vampyr

Varizellen → Windpocken.
Varizen [l.], svw. → Krampfadern.
Värmland, schwed. Län nördl. des Vänersees, 17 583 km², 281 000 E; Cellulose-, Papier-, chem., Holzind., Eisenerzbergbau; Hptst. *Karlstad.*
Varna, *Warna*, 1949–56 *Stalin*, bulgar. Gebietshptst. u. Hafenst. an d. Schwarzmeerküste, 306 000 E; Seebad.
Varnhagen v. Ense, 1) Karl (21. 2. 1785–10. 10. 1858), dt. Schriftst. u. preuß. Diplomat; *Tagebücher;* s. Frau 2) Rahel, geb. *Levin* (26. 5. 1771–7. 3. 1833), dt. Schriftst.in, pflegte schöngeist. Berliner Salon; *Briefwechsel.*
Varro (116–27 v. Chr.), bed. röm. Grammatiker u. Enzyklopädist; *De lingua Latina.*
Varus, P. Quinctilius, röm. Statthalter i. Germanien, 9 n. Chr. von → Arminius geschlagen.
Vas, ungar. Komitat, → Eisenburg.
VAS, Abk. f. *Visible Infrared Spin-Scan Radiometer Atmospheric Sounder,* in geostationären am. Wettersatelliten eingesetzt; sondiert d. Erdatmosphäre vertikal, untersucht u. a. die Wasserdampf- u. Kohlendioxidabsorption.
Vasall [l.], Lehnsmann (→ Lehen).
Vasarély, Victor de (* 9. 4. 1908), frz. Maler ungar. Herkunft, → Op Art.
Vasari, Giorgio (30. 7. 1511–27. 6. 74), it. Baumeister u. Maler; schrieb erstmals Künstlerbiographien.
Vasco da Gama → Gama.
Vasektomie, *med.* operative Entfernung eines Samenleiterstückes zur Infektionsbekämpfung oder zur Sterilisation.
Vaseline, *w.,* Erdöldestillationsrückstand; Verwendung in Medizin u. Kosmetik sowie als Schmiermittel.

Griechische Vase
4. Jh. v. Chr.

Vasen [l. „vas = Gefäß"], antike griech., etrur., röm. Tongefäße, meist bemalt u. glasiert, schon s. 3. Jtd (Troja) als Vorratsbehälter (der griech. *Pithos*), z. Wasserholen (*Hydria m. einem* Griff, auf d. Haupt zu tragen), als Weinbehälter m. zwei senkrechten Henkeln (*Amphora*), m.

zwei waagerechten Henkeln *(Stamnos),* als langhalsiges Salbölgefäß *(Lekythos),* als Mischkrug *(Krater);* im 6. Jh. v. Chr. Bemalung m. schwarzen, bis 4. Jh. v. Chr. m. roten Figuren; Druckfarbenmalerei auf schw. Hintergrund (Italien).
Vaso-dilatation [l.], Blutgefäßerweiterung. – **V.konstriktion,** Blutgefäßengstellung. – **V.motoren,** die d. Blutgefäßsystem erweiternden od. verengenden Gefäßnerven; gehören z. → autonomen Nervensystem. – **V.pressin,** *s.,* vom Hinterlappen der → Hypophyse erzeugtes antidiuretisches, blutdrucksteigerndes Hormon.
Västerås [-´os], St. in Mittelschweden, 118 000 E; Maschinen- u. Flugzeugind.
Västerbotten, schwed. waldreiches Län in N-Schweden am Bottn. Meerbusen, 55 401 km², 248 000 E; Hptst. *Umeå.*
Västernorrland, Län i. N-Schweden am Bottn. Meerbusen, 21 678 km², 260 000 E; Hptst. *Härnösand.*
Västmanland, schwed. Län in Mittelschweden am Mälarsee, 6302 km², 255 000 E; Hptst. *Västerås.*
Vatermörder, hoher Männerhalskragen mit steif hochgebogenen Ecken (Biedermeierzeit).
Vaterrecht, *Patriarchat,* Erbfolge von Vater auf Sohn, daher starker soz. Einfluß des Mannes; bildete sich bei Jägervölkern aller Erdteile, bes. bei Nomaden, heraus u. wurde in allen Hochkulturen herrschend; Ggs.: → Mutterrecht.
Vaterschaft, Rechtsbeziehung d. Erzeugers zu seinen ehel., nichtehel. od. adoptierten Kindern; auf *Feststellung d. V.* (aus Blutgruppen, Schw.schaftsdauer, biol. Ähnlichkeit) kann geklagt werden.
Vaterunser, *Paternoster,* das von Jesus im N.T. gelehrte Gebet der christlichen Kirchen; s. 1968 auch in ökumen. Fassung, s. 1970 auch als Kirchenlied.
Vatikan, *m.,* Residenz des Papstes in Rom (seit 1378); Sixtinische Kapelle, Stanzen, Gemäldegalerie, Bibliothek. Belvedere.
Vatikanische Konzile, das *I. Vatikan. Konzil* 1869/70, Verkündung des Dogmas von der Unfehlbarkeit d. Papstes; das *II. Vatikan. Konzil,* einberufen von → Johannes XXIII., tagte v. 1962–65; wichtigste Ergebnisse: Klärung des Verhältnisses zw. Papst u. Bischöfen, Gründung einer → Bischofssynode; Neugestaltung des Verhältnisses der kath. Kirche zu den übrigen christl. Kirchen, den Juden u. Religionen; Stellungnahme der kath. Kirche zu sozialpol. Fragen der Gegenwart; Erneuerung der Liturgie (zunehmende Verwendung d. Landessprachen anstelle des Lateinischen).
Vatikanstadt, amtl. *Stato della Città del Vaticano,* Staatsgebiet d. Heiligen Stuhles in Rom, durch Lateranvertrag m. Italien vom 11. 2. 1929 konstitu-

iert; Vatikanpalast, → Peterskirche; 0,44 km², ca. 1000 E (Flagge S. 341); Post- und Münzhoheit, Bahnhof, Funkstation; dt. Botschaft; *Geschichte* → Kirchenstaat.
Vättersee, schwed. *Vättern,* zweitgrößter See Schwedens, 1899 km², bis 119 m tief; Abfluß der Motalaström, Götakanal zum Kattegat.
Vauban [vo´bã], Sébastien (11. 5. 1633–30. 3. 1707), frz. Festungsbaumeister (Straßburg, Metz).
Vaucluse [vo´klyz], frz. Dép. i. S-Frkr., 3567 km², 468 000 E; Hptst. *Avignon.*
Vaudeville, *s.* [vod´vil], kl. Theaterstück m. heiteren Liedeinlagen, burleskes Singspiel.
Vaughan Williams [´vɔːn ´wiljəmz], Ralph (12. 10. 1872–26. 8. 1958), engl. Komp.; Sinfonien, Musikdramen, Tubakonzert.
v. Chr., Abk. f. *vor Christi Geburt.*
VDE, Abk. f. *Verband dt. Elektrotechniker.*
VdgB, in der DDR: *Vereinigung der gegenseitigen Bauernhilfe* (→ Genossenschaften, Übers.).
VDI, Abk. f. *Verein Deutscher Ingenieure,* techn.-wiss. Organisation, gegr. 1856.
VDS, Abk. f. *Verband Dt. → Studentenschaft(en).*
VDW, *Vereinigung Deutscher Wissenschaftler,* konzipiert 1957 von Göttinger Hochschullehrern, s. 1959 als e. V.
VEBA, Abk. f. *Vereinigte Elektrizitäts- u. Bergwerks-AG;* ehem. staatl., 1965 privatisiert; → Volksaktien; s. 1975 n. Übernahme der Gelsenberg AG größtes westdt. Unternehmen.
Vechta (D-2848), Krst. i. Rgbz. Weser-Ems, Nds., 22 759 E; AG; Abt. V. d. Uni. Osnabrück; FHS f. Landwesen; Landes-Reit- u. Fahrschule Weser-Ems.
Veda, *m.* [sanskr. „Wissen"], Name der ältesten ind. Sprachdenkmäler (um 2500–500 v. Chr. entstanden): 1) *Sanhita,* Rig-(Götter-)Veda, 10 Bücher mit über 1000 Zauberhymnen (Atharvaveda) und monotierten Opferversen (Samaveda) über die Kämpfe der Inder mit der Urbev. u. gegeneinander; 2) *Brahmana,* Opfererklärungen in Prosa; 3) *Aranyaka* (höhere Mystik), darin die *Upanischaden;* 4) *Vedanga,* aphoristische Lehrbücher. Nach diesen benannt die **vedische Religion:** Personifizierung u. Vergöttlichung, *Devas,* d. Naturerscheinungen; Kult d. hl. Feuers u. Herstellung e. Tranks aus d. unbekannten Somapflanze; Fortleben nach dem Tode; Ahnenkult.
Vedanta, d. „Ende" des Veda, eines d. 6 Systeme d. ind. orthod. Philosophie.
Vedova, Emilio (* 9. 8. 1919), it. abstrakter Maler.
Vedute, *w.* [it.], Ansicht e. Stadt od. Landschaft in sachgetreuer u. topograph. genauer Wiedergabe (Gemälde, Graphik); zuerst i. d. ndl. Kunst s. dem 17. Jh.; Blüte im 18. Jh. in Venedig *(Carlevarijs; Canaletto u. Belotto; Marieschi; Guar-*

di), damals auch Verbesserung d. perspektiv. Exaktheit durch Benutzung d. camera obscura m. Sammellinse; Sonderform *Capriccio* [-*ƒo*, it. „Laune"]: bildkünstler. Komposition aus präzise dargestellten, aber räuml. eigtl. getrennten (bzw. erfundenen) Bauwerken.

Vega Carpio [*'beya*], Lope Félix de (25. 11. 1562–27. 8. 1635), span. Dichter; schrieb über 1500 Stücke, spielerische Degen-u.-Mantel-Stücke; rel. Autos sacramentales; *Der Richter von Zalamea; Die Jüdin von Toledo.*

Vegesack, Siegfried v. (20. 3. 1888–26. 1. 1974), dt. Schriftst.; Romanreihe: *Baltische Tragödie;* südam. Erzählungen; Kinderbücher.

Vegesack, Stadtteil u. Fischereihafen von Bremen.

Vegetabilien [l.], pflanzl. Nahr.mittel.

Vegetarier, Menschen, die nur von *vegetarischer,* d. h. Pflanzenkost, leben.

Vegetation, Pflanzenwelt eines Gebiets.

vegetativ, auf Menschen, Tieren u. Pflanzen gemeinsame, dem Willen nicht unterworfene Urlebensfunktionen bezogen: Atmung, Verdauung, Kreislauf usw.; auch → Nervensystem.

vegetative Dystonie → Dystonie.

vegetieren, kümmerlich dahinleben.

vehement [l.], heftig, ungestüm.

Vehikel, *s.* [l.], Gefährt (meist abwertend).

Veidt, Conrad (22. 1. 1893–3. 4. 1943), dt. Filmschausp.; *Das Kabinett d. Dr. Caligari; D. Student von Prag.*

Veilchen, Kräuter und Stauden mit gespornten Blüten (z. B. das *März-V.* mit wohlriechenden blauvioletten Blüten); auch die *Stiefmütterchen,* nicht dagegen die → Alpenveilchen.

V 1 → Schmidt-Rohr.

Veit, *Vitus,* kath. Hlg., einer d. 14 → Nothelfer; Reliquien im St.-Veits-Dom in Prag (Tag: 15. 6.).

Veitshöchheim (D-8707), Weinbau-Gem. i. Kr. Würzburg, Unterfranken, am Main, 8623 E; Schloß mit schönstem Rokokogarten Europas; Landesanstalt f. Wein-, Obst-, Gartenbau.

Veitstanz, nach St. → Veit als Schutzhelfer dagegen, *Chorea,* Nervenkrankheit mit Zucken und Schleudern des Körpers, bes. b. Kindern.

Vektor, *m.* [l.], math. Größe, durch Maßzahl u. Richtung definiert, darstellbar als gerichtete Strecke; bes. f. symbol. Darstellung phys. Größen, die eine best. Richtung u. einen best. Betrag haben (z. B. in der Elektrotechnik *Kraft-V., Strom-V.* oder Geschwindigkeit, Beschleunigung); die *Vektoraddition* erfolgt nach dem *Parallelogramm der Kräfte; V.summe,* das Ergebnis der Addition mehrerer Vektoren ist analog der Resultierenden im Kräfteparallelogramm.

Vektorrechner, → Parallelrechner, d. für verschiedene aufeinanderfolgende Stadien d. Befehlsausführung einzelne Spezialprozessoren bereitstellt.

Diego Velázquez
Selbstporträt

Velázquez [*be'laθkeθ*], Diego, eigtl. *Rodríguez de Silva y V.* (6. 6. 1599–6. 8. 1660), span. Barockmaler; *Venus mit dem Spiegel; Übergabe v. Breda;* Porträts: *Las Meninas;* Reiterbildnisse.

Velbert (D-5620), Ind.St. i. Kr. Mettmann, NRW, 88 058 E (durch Zus.-schluß v. *V., Neviges* u. *Langenberg*); AG; Schloß- u. Beschläge-Ind., Gießereien; Dt. Schloß- u. Beschlägemus., Wallfahrtskirche.

Velde, 1) Henry van de (2. 4. 1863–25. 10. 1957), belg. Kunstgewerbler d. Jugendstils u. Baumeister; *Kunstgewerbliche Laienpredigten;* **2)** Theodor Hendrik (12. 2. 1873–27. 4. 1937), ndl. Gynäkologe u. Sexualforscher; *Die vollkommene Ehe;* **3)** Willem, *d. J.* (1633–6. 4. 1767), ndl. Marinemaler.

Velde, van de, ndl. Malerfamilie; bes. Landschaften; u. a. **1)** Adriaen (30. 11. 1636–21. 1. 72), **2)** Esaias (1590 od. 91–18. 11. 1630).

Velden am Wörther See (A-9220), Luftkurort in Kärnten, Alpenseebad, 450 müM, 7750 E.

Velebit, Karstgebirgszug a. d. adriat. Küste Jugoslawiens (Kroatien), bis 1758 m.

Velin, *s.* [frz. ve'lɛ̃], feines, pergamentart. Papier.

Velours, *m.* [frz. və'lur „Samt"], gerauhter Baumwollstoff; Teppichart.

Velsen, ndl. St. an der Mündung des Nordseekanals, 58 000 E; Stahlind.

Velten (D-1420), St. i. Kr. Oranienburg, Bbg, 10 848 E; Kachelofen-, Keramikind.; Ofenmuseum.

Veltlin, it. *Valtellina,* it. Alpental d. oberen Adda bis z. Comer See; bed. Weinbau.

Velum, *s.* [l.], in der katholischen Kirche: Seidentuch zum Verhüllen von → Ciborium und Kelch; auch vom Priester beim Erteilen des Segens getragenes Schultertuch.

Velvet, *m.* od. *s.* [engl. *'velvɪt*], verschiedene Arten Baumwollsamt.

Venda, Bantu-Homeland f. d. Vhavenda, 7410 m², 550 000 E; Sprache: ciVenda, Engl., Afrikaans; Hptst.: *Thohoyando* (10 200 E); Flagge S. 341, Karte S. 750; landw. Produkte; s. 1979 nominell unabhängig, aber intern. nicht anerkannt u. faktisch weiterhin v. → Südafrika abhängig.

Venedig, *Rialtobrücke*

Vendée [*vã'de:*], frz. Landschaft u. Dép. am Atlantik südl. d. Loiremündung, 6720 km², 509 000 E; Hptst. *La-Roche-sur-Yon* (45 000 E). – 1793–96 Aufstand gg. die Pariser Revolutionsregierung.

Vendetta, *w.* [it.], Rache; bes. die → Blutrache.

Venecianov [-*netʃ*-], Aleksej Gawrilowitsch (1779–5. 12. 1847), russ. Maler u. Zeichner, Bildnisse, realist. Darstellungen aus dem bäuerlichen Leben; Karikaturen.

Venedig, it. *Venezia,* Hptst. der oberit. Prov. *V.,* auf 117 Inseln in den Lagunen der Adria, Eisenbahndamm u. Straßenbrücke (3,6 km l.) zum Festland, 321 000 E; 177 Kanäle (größter u. *Canal Grande*), ca. 400 Brücken (wichtigste die *Rialtobrücke,* 16. Jh.); zahlr. Kirchen (→ Tafel Baukunst), u. a. San Marco (829 beg., 11. u. 13. Jh.), Markusplatz u. Piazetta; Dogenpalast (14./15. Jh.) u. viele andere Paläste; Reiterstandbild → Colleoni; Erzbischofssitz; Akad. d. schönen Künste, Handels-HS; Hafen; Flughafen; 2 Observatorien; Fremdenverkehr; Seebad *Lido.* – 452 n. Chr. gegr. als Zuflucht vor den Hunnen; im 11. Jh. selbständig unter Dogen; 1381 Vorherrschaft im Mittelmeerraum (Orienthandel); Machtminderung durch Vordringen der Türken (15.–17. Jh. venetian.-türk. Kriege) und Erschließung der neuen Handelslinien nach Indien; 1814 an Österreich, 1866 zu Italien.

Venediger, svw. → Großvenediger.

Venen [l.], Blut- → Adern (→ Tafel Mensch II, S. 349).

Venera [russ. *vn'jera* „Venus"], sowj. → Raumsonden, → Weltraumforschung.

venerisch [l.], auf die Geschlechtsorgane bezogen.

venerische Krankheiten, svw. → Geschlechtskrankheiten.

Venerologie, Lehre v. d. Geschlechtskrankheiten.

Veneter, illyr. Stämme i. Altertum: **1)** nördl. der Pomündung; **2)** in der heutigen Bretagne; **3)** am Bodensee (lat. *Lacus Venetus*).

Venetien, *Venezien,* **1)** allg. Bez. für das

nordostit. Gebiet östlich der Lombardei; **2) das eigtl.** *V.,* it. *Veneto,* Region an der Adria, 18 364 km², 4,39 Mill. E; Hptst. *Venedig;* **3)** d. ehem. *Tridentin. V.,* it. *Venezia Tridentina,* die heutige Region Trentino-Südtirol; **4)** *Julisches V.,* it. *Venezia Giulia,* durch Pariser Frieden 1947 größtenteils (mit Fiume, Pola) jugoslaw.; Görz blieb it.; Triest wurde zunächst freie Stadt, 1954 wieder it.

Venezianer Alpen, Teil der Südl. Kalkalpen v. Brenta bis Tagliamento; *Cima dei Preti* 2703 m.

Venezianische Schule, Komponistengruppe im 16. Jh. in Venedig; Hptvertr.: *Willaert, Gabrieli.*

Venezuela, amtl. *República de Venezuela,* B.staat im N S-Amerikas, mit Gebirgen im NW (*Kordillere von Mérida* 5002 m) u. Küstengebirgen zum Karibischen Meer, dem Guayanahochland im SO, dazw. d. weiten Llanos d. Orinoco; 912 050 km², 18,75 Mill. E (21 je km²); Bev.-Zuw. 2,8%; Bev.: 65% Mestizen u. Mulatten; Sprache: Span.; Währung: Bolívar (Bs.); Rel.: röm.-kath.; Hptst.: *Caracas;* Flagge S. 341, Karte S. 747. **a)** *Wirtsch.:* Die Grundlage der W. bilden die Bodenschätze, insbes. das Erdöl (1988: 100,3 Mill. t); Erdgas, Eisenerz, Gold, Diamanten, Mangan, Phosphat, Kohle, Salz, Bauxit; in d. Landw. Kaffee- (80 000 t), Kakaoproduktion u. Viehzucht von Bed. **b)** *Außenhandel* (1988): Einfuhr 11,48 Mrd., Ausfuhr 8,47 Mrd. $. **c)** *Verkehr:* Eisenbahn 1350 km. **d)** *Verf.* v. 1961 (1973 geändert): Präsidiale föderative Rep. m. Zweikammerparlament. **e)** *Verw.:* 1 Bundesdistrikt, 20 B.staaten, 2 B.territorien u. 72 kleinere Inseln. **f)** *Gesch.:* 1498 v. Kolumbus entdeckt, span. Kolonie, im 16. Jh. v. Karl V. der Augsburger Familie Welser verpfändet; 1811 unabhängig unter General Páez; s. 1846 zahlr. Revolutionen, 1908–35 Juan Vicente Gomez Diktator; 1947, 1953 u. 1958 neue Verfassungen; s. 1959 demokr. Regierung; 1961 neue Verf.; 1960–65 bewaffneter Guerillakampf linker Gruppierungen. **g)** *Mitgl.:* UN, OAS, ALADI, OPEC.

veni, vidi, vici [l.], „ich kam, sah, siegte" meldete Cäsar s. „Sieg über Pharnakes, König v. Pontus (47 v. Chr.).

Venia legendi [l.], die Erlaubnis, an der Hochschule zu lehren („lesen").

Venlo, St. in der ndl. Prov. Limburg, an d. Maas, nahe d. dt. Grenze, 64 000 E.

Ventil, *s.* [l.], mechan. od. v. Hand gesteuerte, absperrb. Einlaß-, Auslaß- od. Durchtrittsvorricht. f. Gase u. Flüssigk.

Ventilation [l.], Lüftung.

Ventilator, mechanisch betriebene Vorrichtung (z. B. Schleudergebläse, Strahlpumpen) zur Absaugung von schlechter Luft oder von Gasen aus Bergwerken,

Fabrik-, Büro-, Wohnräumen, zur Entstäubung, Entnebelung, Heizung und Kühlung.

ventilieren, lüften; etwas sorgfältig erwägen.

Ventimiglia [-'miʎʎa], Badeort an der it. Riviera, 26 000 E; alter Bischofssitz.

ventral [l.], in der Bauchregion, bauchwärts.

Ventrikel, *m.* [l. „Höhlung"], 1) Magen; 2) rechte u. linke Kammer d. → Herzens; 3) Gehirnkammer.

Venturirohr, düsenförmig verengtes Rohr zur Messung d. Durchflußmengen v. Flüssigkeit od. Gasen; auch z. Messen d. Fluggeschwindigk. benutzt.

Venus, 1) urspr. it. Gartengöttin, später der griech. Liebesgöttin → Aphrodite gleichgesetzt; **2)** zweiter der inneren Planeten, Zeichen: ♀, mittlerer Sonnenabstand 108 Mill. km; Äquatorialdurchmesser 12 100 km; Umlauf um die Sonne 224,7 Tage; erdnächster aller Planeten, Rotationsdauer 243,16 Tage, v. geschlossener Wolkenhülle umgeben, sehr hell, oft sogar bei Tage sichtbar; Phasen wie d. Mond; Druck d. V.atmosphäre fast 100 at, Hptbestandteil (90–95%) Kohlendioxid; Temperatur nach Messungen durch → Raumsonden ca. 475 °C; neue wiss. Erkenntnisse durch am. Raumsonden Pioneer (1978 Radarsondierung d. V.oberfläche) u. russ. Raumsonden Venera (1982 Farbbilder v. d. Oberfläche u. Analysen d. V.bodens); V. ist d. Morgen- u. Abendstern d. Alten. – **V.berg, 1)** Name f. mehrere dt. Berge (z. B. für den *Hörselberg* in Thüringen), in dem der Tannhäusersage spielt; **2)** *med.* Schamhügel, -berg, -gegend. – **V.durchgang,** Vorübergang d. Venus vor der Sonnenscheibe (nächster wieder im Jahr 2004). – **V.fliegenfalle,** *Fliegenklappe,* insektenfressende Sumpfpflanze N-Amerikas; Blätter klappen bei Berührung zusammen. – **V.haar,** ein Farn, svw. → Frauenhaar. – **V.sonden** → Raumsonde. – **V. vulgivaga** [l. „die Umherschweifende"], Bez. für käufl. Liebe.

Veracruz [bera'kruθ], **1)** O-Staat Mexikos am Golf v. Mexiko; gr. Erdölvorkommen an der Küste, im Innern der *Pic von Orizaba* (5700 m); 71 699 km², 6,8 Mill. E; Hptst. *Jalapa Enríquez* (210 000 E); **2)** Heroica V., Hafenst. des mex. Staates V., am Golf v. Mexiko, 305 000 E.

Veränderliche, *Variable,* math. Zeichen für ein beliebiges Element einer bestimmten Menge.

Veränderlicher, *astronom.* Stern, dessen Licht gewissen Schwankungen unterworfen ist; erster V. 1596 entdeckt, heute weit über 10 000 meist schwache veränderliche bekannt.

Veranlagung, Verfahren, bei dem Steuerpflichtigen, Bemessungsgrundlage und Höhe der Steuer festgestellt werden.

verbal, auf das → Verbum bezogen; wörtlich, mündlich.

Verbalinjurie [-*ri̯ə*], Beleidigung durch Worte.

verballhornen, verschlechtern statt verbessern, nach dem Buchdrucker Johann *Bal(l)horn* (1531–1603), der in Lübeck eine neue, aber schlechtere Ausgabe des Stadtrechts druckte.

Verbalnote → Note 1).

Verband deutscher Schriftsteller, *V. S.,* 1969 gegr., Sitz München, s. 1974 als Fachgruppe in d. IG Druck u. Papier (jetzt IG Medien).

Verbenen

Verbenen, meist amerikanische Stauden und Sträucher, bei uns an Wegrändern das *Eisenkraut* mit blauen Blüten; *Garten-V.* mit buntfarbenen Blüten aus Amerika.

Verbindung, *chem.,* kleinste Einheit eines reinen Stoffes aus verschiedenen Atomen, → Moleküle. Die → Bruttoformel einer V. gibt die Zusammensetzung an (z. B. H_2O = Wasser); es gelten die Gesetze der Konstanten und → multiplen Proportionen; Ggs.: → Elemente.

Verbiß, der v. Schalenwild durch Abbeißen von Trieben u. Blättern verursachte Schaden.

Verblendsteine, zur Außenverkleidung von Mauerwerk, meist hartgebrannt, gesintert (Klinker) oder auch bunt glasiert (Engoben).

Verbrauchssteuern, Aufwandsteuern auf Gegenstände des täglichen Verbrauchs, nicht *unmittelbar* vom Verbraucher, sondern vom Erzeuger oder Verkäufer erhoben, der aber mittels Preissetzung die Steuerschuld wirtschaftlich auf den Verbraucher überwälzt.

Verbrechen, im Sinne des StGB eine Straftat, die im Mindestmaß m. Freiheitsstrafe von einem Jahr od. darüber bedroht ist (z. B. Mord, Totschlag, schwerer Raub u. Erpressung); § 12 StGB.

Verbrechen gegen die Menschlichkeit → Kriegsverbrechen.

Verbrennung, 1) Verbindung eines Stoffs mit Sauerstoff (Oxidation) unter Flammenbildung; **2)** *techn.* V. von Brennstoffen (z. B. als Feuerung → Dampfkessel, in → Verbrennungskraftmaschinen); **3)** Gewebsschädigung durch Hitze oder Strahlung; *V. 1. Grades:* Rötung; *V. 2. Grades:* Blasenbildung; *V. 3. Grades:* Verschorfung; *V. 4. Grades:* Verkohlung (→ Erste Hilfe, Übersicht).

Verbrennungs-kraftmaschinen, Motoren, die durch Verbrennung v. mit Luft gemischten Gasen (Generator-, Leucht-,

Hochofengas, Methan) Antrieb erzeugen: *Gasmotor;* Leichtöle: *Benzinmotor;* Schweröle: *Schwerölmotor;* Verbrennung erfolgt im Kolbenraum, *Zylinder,* mit el. Zündung, *Ottomotor,* bei Gasen u. bei Leichtölen (Vergaserkraftstoff), bei diesen nach vorausgegangener Zerstäubung im → Vergaser: *Vergasermotor* (bei Flugzeugen z. T. auch eingespritzt); mit Kompressionszündung → *Dieselmotor* bei Schweröl. Anordnung der Zylinder stehend od. liegend; Arbeitsweise → Viertaktmotor u. → Zweitaktmotor; auch d. → *Gasturbine* gehört dazu. *Kohlenstaubmotor* arbeitet wie Dieselmotor (→ Tafel Kraftfahrzeug). – **V.wärme,** die bei Verbrennung e. Stoffes entstehende Wärmemenge in Joule je Gramm.

Verb|um, s. [l.], Zeitwort, abwandlungsfähiger Redeteil, der aussagt, was das → Subjekt tut (Aktiv|um) od. erleidet (Passiv|um); → transitiv u. als solches → reflexiv od. → intransitiv; die dt. *Verben* sind stark (Ablaut in Vergangenheitsform: er *sang*) oder schwach (Imperfekt auf *-te*).

Verbundmaschine, 1) Dampfmaschine, bei der der Dampf stufenweise in mehreren Zylindern nacheinander expandiert (z. B. im Hochdruck-, Mitteldruck-, Niederdruckzylinder); auch Bez. für Mehrstufenkolben-→ Kompressor; **2)** Gleichstrommaschine m. Nebenschlußerregung u. einer zusätzlichen Hauptstromwicklung, svw. *Compound*maschine.

Verbundwirtschaft, technische u. organisatorische Zusammenarbeit mehrerer Unternehmen zur Steigerung der Wirtschaftlichkeit (Konzern).

Vercelli [-*'tʃelli*], Hptst. d. it. Prov. *V.,* an der Sesia, 50 000 E; Erzbischofssitz; Reisanbau u. -handel.

verchromen, Überziehen von Metall mit Chrom.

Vercingetorix, Herzog der → Gallier i. Krieg gegen → Cäsar; in Rom 46 v. Chr. enthauptet.

Vercors [*vɛr'kɔːr*], eigtl. *Jean Bruller* (* 26. 2. 1902), frz. Schriftst.; einer d. geist. Führer d. frz. Widerstandsbewegung; *Das Schweigen des Meeres.*

Verdampfung, Übergang eines Stoffes v. flüssigen in den gasförmigen Zustand. – **V.swärme,** Wärmemenge in Joule, die 1 g eines Stoffes ohne Temperatursteigerung vom flüssigen in den gasförmigen Zustand überführt.

Verdandi, eine der drei → Nornen.

Verdauung, chem. Umwandlung d. Nahrungsstoffe in einfachere, lösliche, resorptionsfähige Verbindungen durch die Verdauungsfermente im Magen-Darm-Kanal u. Ausscheidung d. unverdauten Reste als Kot sowie Resorption d. verdauten Nahrung.

Verden (Aller) (D-2810), Krst. i. Rgbz. Lüneburg, Nds., 23 770 E; AG; LG, IHK; Dom (10.–15. Jh.); Pferdemus., Pferdezucht; Mus. mit Altsteinzeitfunden.

Giuseppe Verdi

Verdi, Giuseppe (10. 10. 1813–27. 1. 1901), it. Opernkomp.; Unterordnung des Wortes unter d. Musik (Ggs. z. Musikdrama Wagners); Opern: *Rigoletto; D. Troubadour; La Traviata; D. sizilianische Vesper; Simone Boccanegra; Ein Maskenball; D. Macht des Schicksals; Don Carlos; Macbeth; Aida; Othello; Falstaff;* Requiem.

Verdichtungsverhältnis, bei Otto- od. Dieselmotoren das Verhältnis von Hubraumvolumen (V_H) plus Verbrennungsraumvolumen (V_C) zum Verbrennungsraumvolumen (V_C), also $(V_H + V_C)/V_C$; bei Benzinkraftwagen etwa 5:1 bis 8:1, bei Rennmotoren 8:1 bis 12:1, bei Flugmotoren (normal) 5,5:1 bis 6,5:1.

Verdienstorden der BR → Orden.

Verdikt, w. [l.], Wahrspruch, Urteil d. Geschworenen.

Verdingung, Vergabe von Aufträgen der öffentl. Hand, auch svw. → Submission.

Verdrängung, 1) → Wasserverdrängung; **2)** Abwehrmechanismus zur Ausschaltung unerwünschter Motive; das nicht zu befriedigende Motiv wird unbewußt (Ggs.: Verzicht) Zeichen e. seel. Konflikts; V. kann zu → Neurose führen.

Verdun [*vɛr'dɛ̃*], frz. St. u. alte Festung (dt. Reichsst. bis 1552) i. Dép. *Meuse,* an der Maas; 24 000 E. – *Vertrag von V.,* 843 (Teilung des Fränkischen Reichs). Schwerste Kämpfe im 1. Weltkr. (Forts Douaumont, Vaux; Toter Mann).

Verdunkelungsgefahr, hinreichender Verdacht, daß ein Straftäter Spuren s. Tat od. Beweisstücke beseitigt od. Zeugen beeinflußt; berechtigt zur → Untersuchungshaft.

verdunsten, Übergang e. Stoffes vom flüssigen i. d. gasförm. Zustand unterhalb d. Siedetemperatur (z. B. Verdunsten v. Wasser am Wasserdampf b. normaler Lufttemperatur); Ursache der Wolkenbildung.

veredeln, bei *Metallen* durch metall. Zusätze zu Legierungen.

Veredlung, im *Gartenbau:* Verpflanzung einer Knospe *(Edelauge)* oder eines Zweiges *(Edelreis)* auf eine andere, meist nahe verwandte Art (Wildling), die als Ernährungspflanze (Unterlage) dient: **a)** *Okulieren:* Einsetzen einer Knospe in Rindenschlitz des Wildlings; **b)** *Pfropfen:* Edelreis wird auf Spalt od. i. Seitenschlitz d. Wildlings eingesetzt; *Umpfropfen,* Abschneiden d. Baumkronen älterer Bäu-

me, Einsetzen v. 2–3 Edelreisern i. jeden Pfropfkopf; **c)** *Kopulieren:* m. genau aufeinander passender, schräger Schnittfläche werden Edelreis u. Wildling aufeinandergesetzt; **d)** *Ablaktieren:* Vereinigung der Schnittflächen zweier nebeneinander wachsender Pflanzen.

Veredlungsverkehr, z. B. Einfuhr von Halbfabrikaten und Wiederausfuhr als Fertigfabrikate (aktiver V.); auch *passiver V.* möglich.

Vereidigung, Ablegen des Eides vor hierzu ermächtigter Stelle (Gericht) → Eidesmündigkeit.

Verein → Vereinsrecht.

Vereinigte Arabische Emirate, amtl. *Al-Imārāt al 'Arabīya al-Muttahida,* Föderation auton. Emirate am Pers. Golf, 83 600 km², 1,6 Mill. E (18 je km²); 1971 gebildet aus d. 7 Scheichtümern d. Piratenküste (früher Vertragsstaaten, davor Befriedetes Oman; vorw. Wüste); Flagge S. 341, Karte S. 748; *Abu Dhabi,* 73 548 km², 670 000 E; *Dubai,* 3750 km², 419 000 E; *Schardscha: Kalba,* 2500 km², 269 000 E; *Adschman,* 250 km², 64 000 E; *Umm el Kaiwain,* 777 km², 29 000 E; *Ras el Chaima,* 1625 km², 116 000 E; *Fudschaira,* 1150 km², 54 000 E. Hptst.: *Abu Dhabi* (vorläufig; geplant: *Karame*); **a)** *Wirtsch.:* Bed. Erdölförderung (1988: 71,4 Mill. t); Export v. Flüssiggas u. landw. Produkten; **b)** *Außenhandel* (1988): Einfuhr 8,5 Mrd., Ausfuhr 15,5 Mrd. $; **c)** *Verf.* (in Vorbereitung): Oberster Rat d. Herrscher, beratende Föderative Nat.vers.; **d)** *Gesch.:* Ab 1853 unter brit. Schutzherrschaft, s. 1971 unabhängig; **e)** *Mitgl.:* UN, Arab. Liga, OPEC.

Vereinigte Arabische Republik, *VAR,* 1958 aus → Ägypten u. → Syrien gebildeter Staat; 1961 aufgelöst, dann offizieller Name v. Ägypten; bildete 1958–61 zus. mit → Jemen *Vereinigte Arabische Staaten.*

Vereinigte Staaten von Amerika, amtl. *United States of America, USA,* Bundesstaat in Nordamerika, 50 Gliedstaaten, 9 363 123 km², 246,82 Mill. E (26 je km²); Bev.-Zuw. 1%; Bev.: 85% Weiße, 11,5% Farbige, 1% Asiaten, 800 000 Indianer; über 9 Mill. im Ausland geboren; Währung: US-Dollar (US-$); Rel.: 72,8 Mill. ev. (davon 37 Mill. Baptisten), 50,5 Mill. röm.-kath., 5,9 Mill. Juden, 3,8 Mill. orthodox, 2 Mill. moh., 60 000 Buddhisten; Hptst.: *Washington;* Flagge S. 341, Karte S. 746.

a) *Geogr.:* Im O d. Mittelgebirgslandschaften d. Appalachen (2050 m), in der Mitte große Ebenen mit Mississippibek-

Vereinigte Staaten von Amerika, Wirtschaft

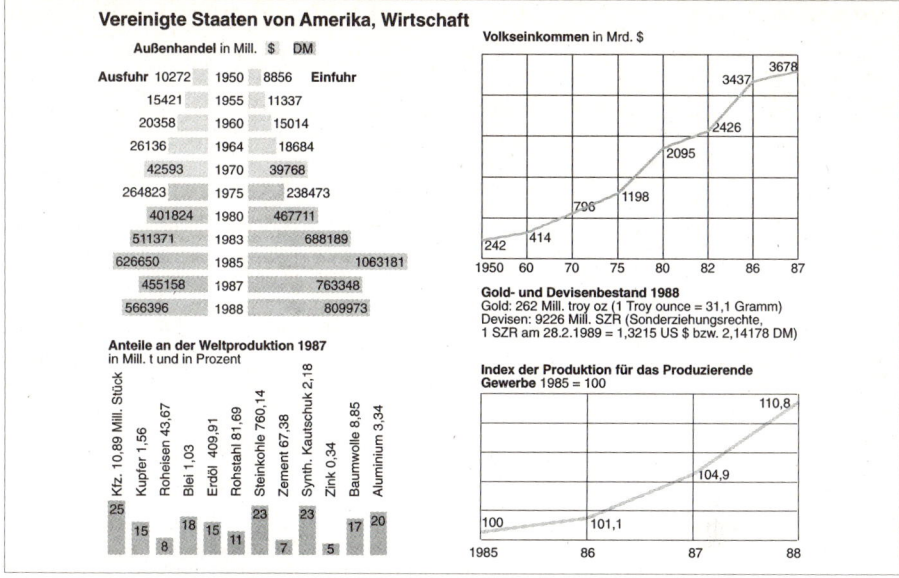

Außenhandel in Mill. $ DM

Ausfuhr		Einfuhr
10272	1950	8856
15421	1955	11337
20358	1960	15014
26136	1964	18684
42593	1970	39768
264823	1975	238473
401824	1980	467711
511371	1983	688189
626650	1985	1063181
455158	1987	763348
566396	1988	809973

Volkseinkommen in Mrd. $

242, 414, 796, 1198, 2095, 2426, 3437, 3678
(1950, 60, 70, 75, 80, 82, 86, 87)

Gold- und Devisenbestand 1988
Gold: 262 Mill. troy oz (1 Troy ounce = 31,1 Gramm)
Devisen: 9226 Mill. SZR (Sonderziehungsrechte,
1 SZR am 28.2.1989 = 1,3215 US $ bzw. 2,14178 DM)

Anteile an der Weltproduktion 1987
in Mill. t und in Prozent

Kfz. 10,89 Mill. Stück – 25
Kupfer 1,56 – 15
Roheisen 43,67 – 18
Blei 1,03 – 8
Erdöl 409,91 – 15
Rohstahl 81,69 – 11
Steinkohle 760,14 – 23
Zement 67,38 – 23
Synth. Kautschuk 2,18 – 7
Zink 0,34 – 5
Baumwolle 8,85 – 17
Aluminium 3,34 – 20

Index der Produktion für das Produzierende Gewerbe 1985 = 100

100, 101,1, 104,9, 110,8
(1985, 86, 87, 88)

ken (ausgedehnte Wälder, weite Prärien: Kornkammer d. USA), im W das Kordillerenhochland; kontinentales Klima (Florida u. Kalifornien subtropisch), im N starke Winterkälte, im S fast schneefreie Winter, am Mississippi u. im westl. Hochland trocken. **b)** *Ind. u. Bodenschätze:* Grundlagen d. Wirtsch. sind weite landw. Nutzflächen u. ein großer Reichtum an Bodenschätzen, der wesentlich zur Entwicklung des Landes zur führenden Industriemacht der Welt beigetragen hat (→ Schaubild); d. USA stehen u. a.

an erster od. zweiter Stelle in d. Weltproduktion von Rohöl, Kupfer, Aluminium, Blei, Erdgas (1988: 454 Mrd. m³), Kfz, synthet. Kautschuk, Kunststoffen (20,6 Mill. t), Papier (78 Mill. t). **c)** *Landw.:* Hochmechanisiert, spezialisierter Großbetrieb ist vorherrschend; die wichtigsten Erzeugnisse sind Gemüse, Mais (1988: 125 Mill. t), Weizen (49,3 Mill. t), Baumwolle (8,8 Mill. t), Tabak u. Zitrusfrüchte; 26% der Ges.fläche sind Weideland; Viehbestand (1988): 99,6 Mill. Rinder, 54,6 Mill. Schweine, 10,9 Mill. Schafe. **d)**

Verkehr: Handelsflotte: 20,59 Mill. BRT (1989); Eisenbahnen (in Privatbesitz): 324 420 km; Straßennetz: 6,12 Mill. km; Luftfahrt: 265 000 Flugzeuge. **e)** *Verf.* v. 1787 (mehrfach ergänzt): Präsidiale Rep.; Präs. ist Staatsoberhaupt u. Reg.-chef (für 4 Jahre), ernennt seine Min. u. a. leitende Bundesbeamte (Ernennungen vom Senat zu genehmigen). Gesetzgebung durch Kongreß, 2 Kammern: Senat (100 Mitgl., je 2 auf 6 J. gewählte Vertreter jedes Staates) u. Repräsentantenhaus (438 Mitgl., allg. Volkswahl auf

Vereinigte Staaten von Amerika (USA)
Staaten mit Hauptstädten
Auf der Karte nicht gezeigte Staaten:
ALASKA, Hauptstadt Juneau
HAWAII, Hauptstadt Honolulu

1 CONNECTICUT
2 DELAWARE (Dover)
3 MARYLAND (Annapolis)
4 NEW HAMPSHIRE
5 RHODE ISLAND
   (Providence)
6 VERMONT
7 MASSACHUSETTS
D.C. DISTRICT OF
   COLUMBIA
   Gebiet der Bundeshauptstadt
   Washington

0   500 km

Vereinte Nationen

engl. **United Nations,** Abk. UN, auch UNO, 1945 als Nachfolgerin des gescheiterten → Völkerbundes gegründete intern. Organisation. Die Grundzüge ihrer Satzungen (**UN-Charta**) wurden 1944 in → Dumbarton Oaks von Großbritannien, USA, UdSSR u. China entworfen. Die Charta wurde am 26. 6. 1945 in San Francisco von 51 Gründernationen unterzeichnet u. trat am 24. 10. 1945 (**Tag der Vereinten Nationen**) in Kraft. Sitz der UN: **New York.** Zahl der Mitgliedstaaten: 166 (1991). **Hauptaufgaben:** Wahrung des Friedens u. der intern. Sicherheit, Beseitigung von Friedensbedrohungen durch wirksame Kollektivmaßnahmen, Entwicklung freundschaftlicher, auf dem Grundsatz der Gleichberechtigung u.

Selbstbestimmung beruhender Beziehungen zw. den Völkern, intern. Zusammenarbeit zur Lösung wirtschaftlicher, sozialer, kultureller u. humanitärer Probleme, u. Förderung der Achtung vor den → Menschenrechten u. Grundfreiheiten ohne Rücksicht auf Rasse, Geschlecht, Sprache oder Religion. Die Mitglieder verzichten auf Anwendung von Gewalt. Ein Staat darf, bis der Sicherheitsrat eingreift, in Selbstverteidigung zu den Waffen greifen. Die Aufnahme eines Staates in d. UN bedarf d. Zustimmung d. Vollversammlung, kann jedoch durch d. Veto eines der ständigen Mitgl. d. Sicherheitsrates verhindert werden.
Gliederung: Die Organe der V. N. sind die Vollversammlung, der Sicherheitsrat, der Wirtschafts- und Sozialrat, der Treuhänderrat, der Internationale Gerichtshof u. d. Sekretariat. – Die **Vollversammlung** ist das parlamentarische Forum der UN, in ihr sind sämtliche Mitgliedstaaten mit je einer Stimme vertreten. Für Beschlüsse zu wichtigen Fragen ist eine Zweidrittelmehrheit, für die übrigen Fragen einfache Stimmenmehrheit erforderlich. Die Zuständigkeit der Vollversammlung ist umfassend. Sie tagt mindestens einmal jährlich u. kann im Bedarfsfall zu Sondersitzungen einberufen werden. Sie nimmt Berichte der anderen Organe der UN entgegen, wählt die Mitglieder der übrigen Organe, beschließt über die Aufnahme u. den Ausschluß von Mitgliedstaaten u. ernennt den UN-Generalsekretär (1946–53 T. Lie; 1953–61 D. Hammarskjöld; 1961–71 U Thant; 1971–82 K. Waldheim; s. 1982 J. Pérez de Cuéllar). Zahlreiche Fachausschüsse leiten der Vollversammlung ihre Empfehlungen zu.
Der **Sicherheitsrat** setzt sich aus 5 ständigen Mitgliedern (Frankreich, Großbritannien, VR China, der Sowjetunion u. d. USA) sowie aus 10 von der Vollversammlung für je zwei Jahre gewählten nichtständigen Mitgliedern zusammen. Aufgaben: Aufrechterhaltung des Weltfriedens, friedliche Beilegung intern. Konflikte u. Verhängung militärischer Sanktionen. Für Beschlüsse über Fragen des Friedens u. der Sicherheit sind mindest. 10 Stimmen, darunter die Stimmen sämtlicher ständigen Mitglieder, erforderlich (Vetorecht). Bei Beschlußunfähigkeit in Fragen des internationalen Friedens kann die Vollversammlung einberufen werden u. mit Zweidrittelmehrheit der abstimmenden Mitglieder einen Beschluß fassen, dessen Durchführung dem Generalsekretär übertragen wird.
Der **Wirtschafts- und Sozialrat** setzt sich aus 54 für je drei Jahre von der Vollversammlung gewählten Mitgliedern zusammen. Er hat die Aufgabe, die intern. Zusammenarbeit auf wirtsch., sozialem u. humanitärem Gebiet zu fördern. Der Rat tagt zweimal jährlich. Grundlagen seiner Beratungen sind die Arbeiten von 5 regionalen Ausschüssen für Europa (**ECE**), Asien und Pazifik (**ESCAP**), Westasien (**ECWA**), Lateinamerika (**ECLA**) u. Afrika (**ECA**), zahlreichen Fachausschüssen u. 14 Sonderorganisationen.
Der **Treuhänderrat** dient als Aufsichtsorgan für die den Vereinten Nationen unterstellten Treuhandgebiete. Er setzt sich aus den Mitgliedstaaten zusammen, die die Treuhandgebiete verwalten, sowie aus einer gleichen Anzahl von für je drei Jahre von d. Vollversammlung gewählten Mitgliedstaaten, denen keine Treuhandgebiete unterstellt sind.
Der **Internationale Gerichtshof** ist für die Schlichtung intern. Rechtsstreitigkeiten zuständig. Er setzt sich aus 15 in getrennten Wahlgängen aus einer Vorschlagsliste vom Sicherheitsrat u. d. Vollversammlung für je 9 Jahre gewählt. Richtern zusammen. Sitz: Den Haag.
Das **Sekretariat** ist das oberste Verwaltungsorgan d. UN. Es untersteht dem, von der Vollversammlung für 5 Jahre gewählten Generalsekretär, dem ein Kabinett von 11 Untersekretären und 5 stellvertretenden Generalsekretären zur Beratung zur Seite steht. – Weitere wichtige Einrichtungen d. UN sind der Hohe Flüchtlingskommissar (**United Nations High Commissioner for Refugees, UNHCR**), Sitz Genf, und das Weltkinderhilfswerk (**United Nations Children's Emergency Fund, UNICEF**), Sitz Genf.

UN-Gebäude in New York

Sonderorganisationen der UN: Intern. Atomenergie-Organisation (**International Atomic Energy Agency, IAEA**), Sitz Wien; Intern. Arbeitsorganisation (**International Labour Organization, ILO**), Sitz Genf; Ernährungs- u. Landwirtschaftsorganisation (**Food & Agricultural Organization, FAO**), Sitz Rom; Organisation für Erziehung, Wissenschaft u. Kultur (**United Nations Educational, Scientific & Cultural Organization, UNESCO**), Sitz Paris; Weltgesundheitsorganisation (**World Health Organization, WHO**), Sitz Genf; Weltbank (**World Bank**), Sitz Washington; Intern. Entwicklungsgesellschaft (**International Development Association, IDA**); Intern. Finanzgesellschaft (**International Finance Corporation, IFC**), Sitz Washington; Weltwährungsfonds (**International Monetary Fund, IMF**), Sitz Washington; Intern. Zivilluftfahrtorganisation (**International Civil Aviation Organization, ICAO**), Sitz Montreal; Weltpostverein (**Universal Postal Union, UPU**), Sitz Bern; Intern. Organisation f. d. Fernmeldewesen (**International Telecommunications Union, ITU**), Sitz Genf; Weltorganisation f. Meteorologie (**World Meteorological Organization, WMO**), Sitz Genf; Intern. Organisation f. Schiffahrtsfragen (**Intergovernmental Maritime Consultative Organization, IMCO**), Sitz London; Allg. Zoll- u. Handelsabkommen (**General Agreement on Tariffs & Trade, GATT**), Genf; Konferenz f. Handel u. Entwicklung u. Welthandelsrat (→ **UNCTAD**, **Genf; Organisation für industrielle Entwicklung (UNIDO)**, Wien; Umweltsch. (**UNEP**), Nairobi; UN-Friedenstruppe.

2 Jahre); der Oberste Gerichtshof prüft Gesetze auf ihre Verfassungsmäßigkeit. **f)** *Verw.*: Jeder der 50 Gliedstaaten hat seine eigene Verfassung; an der Spitze Gouverneur, Volksvertretung; d. B.hptst. Washington bildet den Bundesdistrikt Columbia, abgekürzt D.C. **g)** *Außenbesitzungen:* Puerto Rico, Jungferninseln, Guam, Am.-Samoa, Panamakanalzone (s. 1982 d. Hoheitsgewalt v. → Panamá unterstellt). **h)** *Gesch.:* Ureinwohner Indianer; erste engl. Siedlung 1607 Jamestown (Virginia), 1608 Franzosen in Quebec (Kanada), 1614 Holländer in Neuniederland (New York); 1620 puritan. Pilgerväter i. Neuenglandstaaten; 1682 Quäkergründung Pennsylvania; 1664 geht der holländ., 1763 der frz. Besitz Kanada u. Louisiana östlich des Mississippi an England über; 1775 Unabhängigkeitskrieg gg. das engl. Mutterland (→ Washington), Unabhängigkeitserklärung am 4. 7. 1776; Frieden von Versailles 1783 bringt Anerkennung der Selbständigkeit der damals 13 Bundesstaaten; 1803 Gebiete westlich des Mississippi v. Frkr. gekauft; bis 1821 auf 26 Staaten angewachsen; Masseneinwanderung (darunter Deutsche m. etwa 25% vertreten); 1823 → Monroedoktrin; 1846–48 Gewinnung der zugl. Küste (Krieg gg. Mexiko). Wirtschaftliche Differenzen, bes. in der Sklavenfrage (→ Rassenfrage), führen z. → Sezessionskrieg 1861–65 zw. N- u. S-Staaten; Entstehung der beiden großen Parteien: *Republikaner* (bundestreu, zentralistisch) u. *Demokraten* (Hauptmacht in den Südstaaten); 1867 Erwerbung Alaskas v. Rußland; 1898 Krieg m. Spanien (Unterstützung Cubas), Erwerb der → Philippinen u. Hawaiis, Epoche wirtsch. Aufschwungs; Bau des Panamakanals; Kampf der Regierungen (Th. → Roosevelt, Taft) gg. die Trusts; 1913 Präsident → Wilson; Eingreifen in den 1. Weltkrieg (6. 4. 1917) brachte Entscheidung zugunsten der Entente; Januar 1918 Wilsons → Vierzehn Punkte. 1920 Einführung der Prohibition (1933 wieder aufgehoben) u. des Frauenwahlrechts; 1921 Sonderfriede mit Dtld, da Versailler Vertrag v. am. Senat nicht anerkannt; 1933 F. D. Roosevelt Präs. (1936, 1940, 1944 wiedergewählt), → New Deal zur Überwindung der Wirtschaftskrise, 1941 → Leih- und Pachtgesetz; im Dez. durch jap. Überfall auf d. US-Flotte in Pearl Harbor Kriegseintritt der USA, entscheidend f. Ausgang des 2. Weltkrieges; 1945 Roosevelts Tod, Entwicklung d. Atombombe, deren Einsatz 1945 d. Kapitulation Japans herbeiführte. R.s Nachfolger → Truman (1948 wiedergewählt); USA maßgeblich beteiligt an Gründung der → Vereinten Nationen (Übers.); 1948 → ERP, → Fair Deal, Fortsetzung d. seit 1933 verstärkten Umgestaltung der hochkapitalist. am. Wirtschaftsformen; wachsender Einfluß des Staates auf die Wirtschaft; 1950–53 führend im Abwehr-

kampf der UN gg. den nordkorean. Angriff auf S-Korea; unter Präs. → Eisenhower (1953–60) Ausbau des Paktsystems u. des nuklearen Arsenals (Pol. der nuklearen Abschreckung; 1958 erster Erdsatellit der USA gestartet; 1959 Alaska 49., 1960 Hawaii 50. Bundesstaat; 1961 → Kennedy Präsident; während seiner Regierungszeit intern. Krisen um Berlin, Laos, Cuba; Militär- u. Waffenhilfe an Südvietnam f. den Kampf gg. Vietkongguerillas; Kennedy am 22. 11. 1963 ermordet; sein Nachfolger → Johnson (1964 wiedergewählt); 1964 Bürgerrechtsgesetz zur Beseitigung der Diskriminierung gg. Farbige; 1965–69 verstärkter mil. Einsatz in → Vietnam, s. 1968 Vorverh. u. Bombenstopp; 1969–74 → Nixon Präs. (trat wegen d. → Watergate-Affäre vorzeitig zurück); 1973 Waffenstillstandsabk. m. Nord- u. Südvietnam, 1975 vollst. Rückzug aus Vietnam; 1974–76 → Ford Präs., 1977–81 → Carter Präs., 1977/78 Vermittlung im Nahostkonfl.; 1981–89 → Reagan Präs.; 1983 mil. Intervention auf Grenada; nach gr. wirtsch. Problemen zu Beginn d. 80er Jahre ab 1983/84 starker Aufschwung, aber riesiges Haush.- u. Handelsdefizit; 1986 „Irangate-Affäre" (illegaler Waffenverk. an Iran, m. Gewinnen daraus Unterstützung der antisandinist. Contras im Bürgerkrieg in → Nicaragua; ab 1986 politische Verständigung mit UdSSR und Entspannung trotz des Festhaltens am → SDI-Projekt; s. 1989 → Bush Präs.; Ende 1989 pol. Interv. in → Panamá; 1991 führende Rolle bei der Befreiung von Kuwait im Krieg gegen → Irak. **i)** *Mitgl.:* UN, NATO, OAS, Colombo-Plan.

Vereinigte Staaten von Amerika, Kunst der, zunächst nach eur. Vorbildern (Neugotik, Barock, Klassizismus); Moderne: Realismus (Spencer, Robinson), Expressionismus (Weber, Marin, Levine, mexikan. Freskenschule), abstrakte Kunst (Rebay, Bauer, Scarlett, Coale), Surrealismus (Ray, Calder), Baukunst (→ Wright). Die Einbürgerung vieler eur. Künstler (u. a. der Architekten Mendelsohn, Gropius, Mies van der Rohe, der Bildhauer Archipenko u. Lipchitz, der Maler Ozenfant, Moholy-Nagy, Albers, Bauer) brachte wesentliche Impulse, so daß s. d. 40er Jahren wichtige Kunstströmungen v. d. USA ausgehen.

Vereinigte Staaten von Amerika, Literatur der, *19. Jh.:* James F. Cooper (*Lederstrumpf*), Nathaniel Hawthorne, Washington Irving, Edgar Allan Poe, Mark Twain, Bret Harte, Henry W. Longfellow, Walt Whitman, Ralph Waldo Emerson, Henry David Thoreau, Herman Melville, Henry James. *20. Jh.:* Erzähler: F. Norris, J. London, Th. Dreiser (*Eine am. Tragödie*), U. Sinclair, F. S. Fitzgerald, J. Dos Passos, Sh. Anderson, S. Lewis, Th. Wolfe (*Schau heimwärts, Engel*),

W. Faulkner (*Licht im August*), M. de la Roche (*Die Familie auf Jalna*), O. La Farge, M. Mitchell (*Vom Winde verweht*), P. S. Buck (*Die gute Erde*), E. Hemingway (*Wem die Stunde schlägt*), E. Caldwell, J. T. Farrell, J. Steinbeck (*Früchte des Zorns*), Henry Miller (*Sexus*), N. Mailer (*Die Nackten und die Toten*), J. Jones, C. McCullers, T. Capote; J. D. Salinger; Ph. Roth, S. Bellow, J. Barth, J. Heller, Th. Pynchon; Lyriker: C. Sandburg, W. C. Williams, E. Pound (*The Cantos*), R. L. Frost, E. E. Cummings, L. Hughes; Dramatiker: E. O'Neill, Th. Wilder (auch Romancier), T. Williams (*Endstation Sehnsucht*), W. Saroyan (auch Erzähler), Arthur Miller, E. Albee.

Vereinigtes Wirtschaftsgebiet, *VWG,* vom 1. 1. 1947 bis z. Aufgehen in d. BR 1949 gemeins. Wirtschaftsverw. der brit. u. US-Zone.

Vereinigungskirche, *C.A.R.P.,* antikommunist. Sekte d. selbstern. Messias → Mun aus Korea, meist *Mun-Sekte* gen.

Vereins-freiheit, eines der → Menschenrechte. – **V.recht,** Gesamtheit d. Bestimmungen über Vereinsfreiheit (→ Menschenrechte) u. Vereinswesen; *privatrechtl.* (§§ 21 ff. BGB): **1)** *rechtsfähige Vereine:* **a)** auf wirtsch. Zweck gerichtet: Handelsgesellschaften (Kapitalgesellschaften), Genossenschaften, Versicherungsvereine usw.; **b)** *ideelle Vereine* ohne wirtsch. Zwecksetzung (z. B. Gesangvereine), wenn in *Vereinsregister* d. Amtsgerichts eingetragen (Zusatz e. V. z. Vereinsnamen, Mindestmitgl.zahl 7); **c)** Vereine m. wirtsch. Geschäftsbetrieb, denen Rechtsfähig. durch *staatl. Verleihung* zuerkannt ist; **2)** *nichtrechtsfähige Vereine:* alle übrigen. Der Verein muß selbstgewählte Satzungen haben; gerichtl. u. außergerichtl. Vertretung durch d. Vorstand; *strafrechtl.* (§§ 129 f. StGB): Gründung v. Vereinigungen mit verfassungsfeindlicher od. krimineller Zielsetzung strafbar m. Freiheitsstrafe (§ 129 StGB).

Vereinte Nationen → Übersicht, S. 996.

Vereisung, 1) Gefrieren unterkühlter Wassertröpfchen an Propeller-, Tragflächenvorderkanten u. Tragwerk v. Flugzeugen; Verhinderung durch chem. Mittel, aufblasbare Gummimembranen, Beheizung; **2)** *med.* ≈ Anästhesie.

Vererbung, Übertragung elterl. Eigenschaften bei Pflanze, Tier u. Mensch (→ Übers. S. 998/999).

Verfallklausel, vertragsgemäße Vereinbarung des Verlusts v. Rechten bei Nichterfüllung von Verbindlichkeiten (z. B. Fälligwerden der Restschuld bei Abzahlungsgeschäften, wenn Käufer mit mindestens 2 aufeinanderfolgenden Raten im Verzug ist).

Verfassung, *Staatsverfassung,* rechtl. Grundlage für den Aufbau und die Gliederung eines Staates, Festlegung eines konkreten staatsrechtl. und pol. Staats-

Vererbung

Vererbung, Übertragung von Anlagen zur Ausbildung bestimmter Merkmale der Eltern auf ihre Nachkommen; beruht auf der Weitergabe von Erbfaktoren (Genen) durch die Keimzellen. In den Kernen der Keimzellen sind die Gene linear auf den *Chromosomen* angeordnet u. bestehen aus einem bestimmten Abschnitt des genetischen Materials, der *Desoxyribonukleinsäure* (DNA). Die genetische Information wird über den *genetischen Kode* in der DNA gespeichert. Durch die *Reduplikation* der DNA werden die Gene über Generationen nahezu fehlerfrei weitergegeben. Die Übertragung der genetischen Information erfolgt in einem 1. Schritt *(Transkription)* auf *Ribonukleinsäure*-(RNA-) Moleküle (transfer-RNA, ribosomale RNA u. messenger-RNA). Die messenger-RNA-Typen enthalten die Information zur Bildung von *Enzym*-u. Struktureiweißkörpern (2. Schritt → *Translation)*. Die Funktion eines Eiweißes hängt von der spezifischen Aufeinanderfolge seiner Bausteine *(Aminosäuren)* ab. Für jede Aminosäure gibt es in der messenger-RNA mindestens ein Kodewort *(Triplett)*, bestehend aus drei ihrer vier Bausteine *(Basen)* Uracil (U), Cytosin (C), Adenin (A) u. Guanin (G): z. B. UUU für die Aminosäure Phenylalanin, CUG für Leucin etc. Die Bedeutung aller 64 möglichen Tripletts ist bekannt. Ein messenger-RNA-Molekül mit der *spezifischen* Folge von z. B. 300 *Nukleotiden* (= 100 Tripletts) ergibt ein definiertes Eiweißmolekül mit 100 Aminosäuren. – Mit Ausnahme der Vererbung durch Komponenten des *Zytoplasmas* folgt die Vererbung den *Mendelschen Regeln* (G. → Mendel). Die zahlenmäßigen Verhältnisse beruhen auf der entsprechenden Verteilung der Chromosomen in der *Meiose*. Ausgehend von reinen *(homozygoten)* Eltern fand Mendel folgende Gesetzmäßigkeiten: 1. Mendelregel *(Uniformitätsregel)*: gleiches Aussehen der 1. (F₁) Generation; 2. Mendelregel *(Spaltungsregel)*: Aufspalten in der 2. (F₂) Generation nach bestimmten Zahlenverhältnissen, nämlich 3:1 bzw. 1:2:1 bei einem Merkmalsunterschied der Eltern, 9:3:3:1 bei zwei unterschiedl. Elternmerkmalen; 3. Mendelregel *(Unabhängigkeitsregel)*: diese Zahlenverhältnisse gelten nur für den Fall, daß die betrachteten Merkmale unabhängig voneinander (also in versch. Chromosomen liegend) in den Erbgang gebracht werden. – Wiederentdeckung der Mendelschen Regeln u. Aufstellung d. Chromosomentheorie 1900 durch Tschermak, Correns u. de Vries. In den meisten Fällen sind die Erbgänge jedoch komplizierter: Vererbung eines Merkmals durch mehrere Gene *(Polygenie)*, gekoppelte Vererbung (mehrere Merkmale in einem Chromosom liegend) → *Faktorenaustausch*. – Beim Menschen ist der Erbgang bisher vor allem f. eine Reihe von Krankheiten (Bluterkrankheit, Farbenblindheit, Mehrfingrigkeit) geklärt, viel weniger für das sehr komplizierte Ineinandergreifen bei den normalen Merkmalen (am besten bei Blutgruppen, auch Papillarlinien und einigen Merkmalen am Ohr). Die Erbgangsforschung wird aber beim Menschen wesentlich ergänzt durch die → *Zwillingsforschung* und *somatische Genetik*, die in der

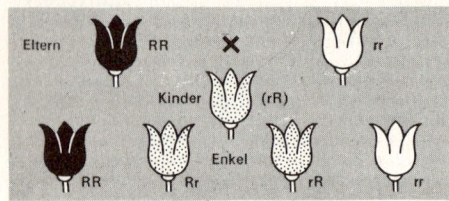
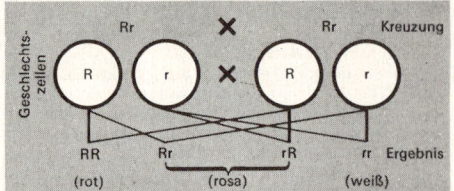

Beispiel einer Kreuzung (Mendelsches Gesetz)

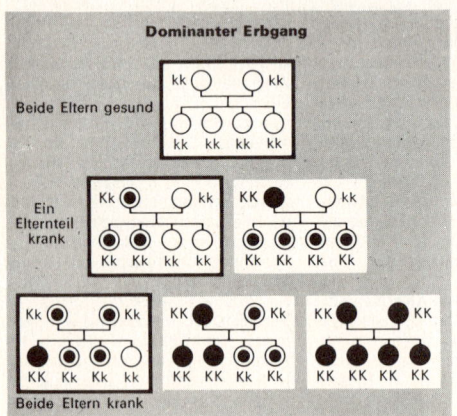
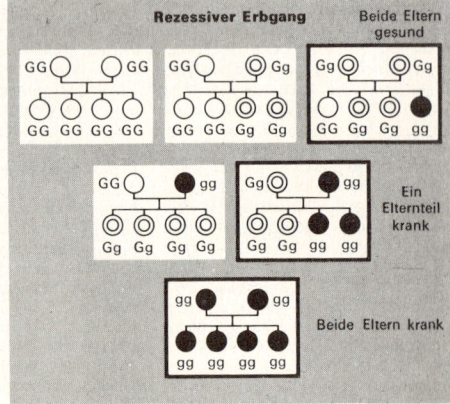

Zeichenerklärung:

○ Gleicherbig (homozygot) gesund
◎ Verschiedenerbig (heterozygot) gesund
● Verschiedenerbig (heterozygot) krank
● Gleicherbig (homozygot) krank

K Überdeckende (dominante) krankhafte Anlage
k Überdeckte (rezessive) gesunde Anlage
G Überdeckende gesunde Anlage
g Überdeckte (rezessive) krankhafte Anlage

Vererbung (Fortsetzung)

Lage ist, menschliche Gene bestimmten Chromosomen zuzuordnen.

Die Erbanlagen sind konstant, können sich aber von sich aus oder künstlich durch Einwirkung von ionisierender Strahlung, extremen Temperaturen oder chemischen Mitteln sprunghaft u. richtungslos verändern *(mutieren)*, wodurch neue erbliche Merkmale auftreten: → Mutation. Häufigkeit des spontanen Mutierens für Einzelgene schwankt zwischen 0,001 u. 0,00005 %. Eine V. *erworbener Eigenschaften* konnte bisher nicht bewiesen werden. Der Chromosomensatz des Menschen enthält 46 Chromosomen.

Vererbungsgang: Jeder Elternteil bringt in seinen reifen, auf den halben Chromosomensatz reduzierten Geschlechtszellen einen Chromosomensatz bei der Befruchtung zu dem entsprechenden des anderen Geschlechts. Auf jedem Chromosom der beiden Eltern entsprechen sich die Orte der Erbanlagen *(allele Gene)*. Sind diese allelen Gene verschieden, so wirken sich bei der Kreuzung die Mendelschen Regeln aus. Zygoten (befruchtete Eizellen) mit gleichwertigen Anlagen heißen *homozygot,* solche mit verschiedenwertigen (entgegengesetzten) *heterozygot.* Jedoch braucht der *Genotyp* nicht dem *Phänotyp* (Erscheinungstyp) zu entsprechen, da bei Vorhandensein eines überdeckenden *(dominanten)* Merkmals das überdeckte *(rezessive)* nicht zur Wirkung gelangen kann. Sind beide Merkmale gleich stark, so spricht man von *intermediärer* Vererbung (Beispiel Wunderblume auf der Tafel). Rezessive Anlagen können nur homozygot in Erscheinung treten.

Das Geschlecht wird sowohl phänotypisch wie genotypisch bestimmt. Die geschlechtsbestimmenden Chromosomen heißen Geschlechtschromosomen (XX = weiblich, XY = männlich bestimmend). Weibliche Geschlechtszellen enthalten ein X-Chromosom, männliche entweder ein X- oder ein Y-Chromosom. Je nach Kombination ergeben sich wieder XX- oder XY-Zygoten im Verhältnis 1:1. Die *Mendelschen Regeln* werden an dem **Beispiel einer Kreuzung** (→ Tafel) der Wunderblume *(Mirabilis jalapa)* dargestellt. Von dieser Blume gibt es zwei Rassen: eine weiß- u. eine rotblühende. Wir kreuzen eine rote mit einer weißen Wunderblume. Jede dieser Pflanzen ist aus der Vereinigung zweier Geschlechtszellen (rot RR u. weiß rr) entstanden, die Träger der Anlagen für rote u. weiße Blütenfarben sind. Bei der Kreuzung entsteht (linkes Bild) in der ersten Generation aus diesen RR- und rr-Pflanzen eine Pflanze mit einem ungleichen Erbanlagenpaar (Rr oder rR), die rosa blüht. Kreuzt man diese

rosablühenden Bastarde weiter, so zeigt die Enkelgeneration folgendes Bild (Mendelsche Regel): je eine rot- u. weißblühende Pflanze, wie in der ersten Stammgeneration, bilden sich wieder heraus; zwei Pflanzen blühen weiter rosa, d. h. die Enkelgeneration teilt sich auf im Verhältnis 1:2:1. – In math. Darstellung (rechtes Bild) ist die Kreuzung der verschiedenanlagigen (heterozygoten) Pflanzen – der rosa Bastarde – wiedergegeben. In den beiden Rr-Pflanzen liegen Geschlechtszellen, die je zur Hälfte die Anlage R bzw. r haben. Stellt man die möglichen Verbindungen her, so ist das Ergebnis nach Mendel wieder wie vorher: ein Enkel RR rot, zwei Enkel Rr u. rR rosa; der vierte Enkel rr weiß.

Dominanter, *überdeckender* **Erbgang** (→ Tafel). Erstes Beispiel: beide Eltern (gleicherbiger Anlage) gesund; alle Kinder bleiben gesund. Im letzten Beispiel beide Eltern gleicherbig krank; alle Kinder krank. Dazwischen: 1 Elternteil verschiedenerbig krank, der andere gleicherbig gesund; 2 Kinder krank, 2 gesund. Entsprechend in den folgenden Beispielen. Es hat also stets ein krankes Individuum ein krankes Elternteil, während heterozygotkranke Eltern gesunde Kinder haben können. In der Ahnentafel nach rückwärts muß die Krankheit ununterbrochen zu verfolgen sein.

Rezessiver, *überdeckter* **Erbgang.** Hier wird im Ggs. zum dominanten Erbgang eine Erbanlage von dem zum gleichen Anlagenpaar gehörenden Partner überdeckt. Der Stammbaum zeigt ein anderes Bild: so können zwei Eltern, die beide verschiedenerbig gesund sind (drittes Beispiel), kranke Nachkommen haben; es erkrankt i. Durchschnitt jedes 4. Kind. Verbindet sich ein gleicherbig kranker Elternteil mit einem gleicherbig gesunden, so sind alle ihre Kinder verschiedenerbig gesund. Bei gleicherbig kranken u. verschiedenerbig gesunden Eltern entstehen im Durchschnitt 2 gleicherbig kranke u. 2 verschiedenerbig gesunde Kinder.

Jedes Lebewesen entsteht aus einer Zelle. Diese Erstzelle (Zygote) bildet sich bei der Vereinigung der beiden Geschlechtszellen (Gameten): der Eizelle u. der Samenzelle. Eine Erbanlage dieser Ei- bzw. Samenzelle mit R bezeichnet. Beim weiteren Aufbau des Lebewesens teilt sich die Zygote. Ein Teil bildet die Körperzellen, die zum Aufbau des Körpers dienen (Soma). Der andere Teil wird nicht weiter entwickelt und stellt die später der Fortpflanzung dienenden Geschlechtszellen dar (Erbsubstanz, *Idioplasma,* auch Erb- oder Keimplasma genannt); diese allein bilden die der Vererbung.

---

form als Kennzeichnung des jeweiligen Verhältnisses von Staatsgewalt und Staatsvolk. V. als geschriebene V. (V.surkunde, Staatsgrundgesetz) oder durch Gewohnheitsrecht in geschichtl. Entwicklung herausgebildet. – V.en sind dem staatsrechtl. Zweck nach unterschiedlich (z. B. Bundes-V. oder Einzelstaaten) u. behandeln z. T. nur institutionelle Fragen. Seit der Lehre Montesquieus herrscht d. Grundsatz der Gewaltenteilung u. enthalten die V.stypen vor; bes. Schutz genießen i. modernen V.en die Menschen-(Grund-)Rechte. – Erste V. in den USA; in Europa s. d. Frz. Revolution. Provisor. V. der BR: *Grundgesetz* (→ Übers., S. 1000). V. auch rechtliche Grundlage anderer Körperschaften: Satzung, Statut; aber → Kirchen-V. – **V.gericht** → Rechtspflege, Übers. – **V.sschutz,** in der BR durch Gesetz v. 27. 9. 1950 eingeführt; Bund u. Länder unterhalten jeweils be-

sondere Ämter für V.sschutz, die zur Zus.arbeit und zum Austausch von Material verpflichtet sind. Bestrebungen, die eine Aufhebung, Änderung oder Störung der verfassungsmäßigen Ordnung im Bund oder in einem Land oder ungesetzliche Beeinträchtigung der Amtsführung von Mitgliedern verfassungsmäßiger Organe zum Ziel haben, sollen gemeinschaftlich unterbunden werden; keine polizeilichen Befugnisse der V.sschutzämter.

Verflüssigung, bei Gasen bewirkt durch Abkühlung u. Druck, nur unterhalb d. → kritischen Temperatur möglich; aus Luft → flüssige Luft.

Verfolgungswahn, irrige Vorstellung, v. Widersachern od. Feinden verfolgt zu werden.

Verfremdung, Stilmittel d. modernen Literatur, Theater u. Kunst: z. B. unterschwelliger psych. Schock-Effekt durch oft nur leichte Verrückung der Relation

zw. dem Ich u. der Umwelt bzw. ausdrucksstarke Überraschung durch zeitwidriges Verlegen e. histor. Stoffs i. d. Gegenwart.

Verfügung, a) *bürgerl. Recht:* Rechtsgeschäft, durch das unmittelbar e. Recht übertragen, belastet, inhaltl. verändert od. aufgehoben wird; **b)** *Verw.recht:* behördl. Anordnung f. eine bestimmte Angelegenheit.

Verführung, Verleitung eines noch nicht 16jähr. Mädchens z. Beischlaf; auf Antrag d. Eltern od. des Vormunds strafbar (§ 182 StGB).

Verga, Giovanni (31. 8. 1840–27. 1. 1922), it. Schriftst.; verist. Romane, sizilian. Erzählungen.

vergällen, svw. → denaturieren.

Vergaser, Zubehör zur Ausrüstung von Zwei- u. Viertakt-Ottomotoren; dient dem Aufbereiten fremdzündfähiger Benzin-Luft- oder Benzin-Benzol-Luft-Gemische. Kraftfahrzeugmotoren besitzen in

Grundgesetz vom 23. 5. 1949, Verfassung d. **Bundesrepublik Deutschland** (seit 3. 10. 1990 auch f. d. Gebiet d. ehem. DDR).
I. Grundrechte *(Art. 1–19):* Unverletzlichkeit u. Unveräußerlichkeit d. Menschenrechte, Freiheit d. Person, Gleichheit vor d. Gesetz, Recht auf Kriegsdienstverweigerung mit d. Waffe, Recht d. freien Meinungsäußerung, Freiheit v. Kunst u. Wissenschaft. Schutz v. Ehe u. Familie. Schulaufsicht des Staates. Recht der Eltern, über d. Teilnahme d. Kinder am Religionsunterricht zu bestimmen. Versammlungs- u. Vereinsfreiheit, Unverletzlichkeit d. Briefgeheimnisses, Freizügigkeit, freie Berufs- u. Arbeitsplatzwahl. Unverletzlichkeit d. Wohnung. Schutz des Eigentums. Verbot d. Auslieferung v. Deutschen an d. Ausland, Asylrecht f. pol. Verfolgte. – Die Grundrechte verwirkt, wer sie zum Kampf gg. die demokr. Grundordnung mißbraucht.
II. Der Bund und die Länder *(Art. 20–37):* Die BR Dtld ist ein demokr. u. sozialer B.staat. Alle Staatsgewalt geht v. Volke aus. Die Gründung v. Parteien ist frei, soweit sie nicht verfassungswidrig sind. Die Bundesflagge ist schwarz-rot-gold. Bundesrecht bricht Landesrecht. Der Bund kann ein Land, das seine Pflichten vor d. Grundgesetz od. einem Bundesgesetz nicht erfüllt, mit Zustimmung d. Bundesrates z. Erfüllung zwingen.
III. Der Bundestag *(Art. 38–48)* wird in allg., unmittelb., freier, gleicher u. geheimer Wahl auf vier Jahre gewählt; → Wahlrecht, → Immunität.
IV. Der Bundesrat *(Art. 50–53)* besteht aus Mitgliedern d. Regierungen d. Bundesländer u. wirkt bei d. Gesetzgebung u. Verwaltung d. Bundes mit; jedes Land hat mindestens 3, Länder mit mehr als 2 Mill. Einw. 4, Länder mit mehr als 6 Mill. 5 Stimmen.
V. Gemeinsamer Ausschuß. Verfassungsorgan, das im Verteidigungsfall gesetzgeberische Befugnisse wahrnimmt, wenn normales Gesetzgebungsverfahren infolge besonderer Umstände nicht möglich ist; setzt sich zu zwei Dritteln aus Mitgliedern d. Bundestages u. zu einem Drittel aus Mitgliedern d. Bundesrates zusammen.
VI. Der Bundespräsident *(Art. 54–61)* wird auf 5 J. mit einfacher Mehrheit von d. → Bundesversammlung gewählt. Er vertritt d. Bund nach außen, ernennt u. entläßt die hohen Bundesbeamten u. Bundesrichter sowie Berufssoldaten, Soldaten auf Zeit u. Reserveoffiziere. Er kann nur einmal wiedergewählt werden.
VII. Die Bundesregierung *(Art. 62–69)* bilden d. v. Bundespräs. vorgeschlag. u. vom Bundestag gewählte Bundeskanzler u. die Bundesminister, die auf Vorschlag d. Bundeskanzlers v. Bundespräs. ernannt u. entlassen werden. Der Bundeskanzler bestimmt d. Richtlinien der Politik u. trägt dafür d. Verantwortung. Der Bundesmin. f. Verteidigung hat Befehls- u. Kommandogewalt über d. Streitkräfte. Der Bundestag kann dem B.kanzler d. Mißtrauen nur aussprechen, wenn er gleichzeitig mit Stimmenmehrheit einen Nachfolger wählt *(konstruktives Mißtrauensvotum).*
VIII. Gesetzgebung des Bundes *(Art. 70–82):* Der Bund hat die *ausschließliche* Gesetzgebung u. a. über die auswärtigen Angelegenheiten, die Verteidigung, die Staatsangehörigkeit, Freizügigkeit, Ein- u. Auswanderung, Paßwesen, Währungs- u. Geldwe-

sen, d. Einheit d. Zoll- u. Handelsgebietes, d. Eisenbahnen, d. Luftverkehr, d. Post- u. Fernmeldewesen, während er im Bereich der konkurrierenden Gesetzgebung *(Art. 74 u. 105/II)* nur ein Gesetzgebungsrecht hat, soweit ein Bedürfnis nach bundesgesetzl. Regelung besteht. Gesetze können aus d. Mitte d. Bundestages, von d. Regierung od. v. Bundesrat eingebracht werden.
IX. Die Ausführung der Bundesgesetze und die Bundesverwaltung *(Art. 83–91):* Die Länder führen die Bundesgesetze als eigene Angelegenheit mit ihrer Verwaltung aus. Bundeseigene Verwaltung besteht u. a. f. d. auswärtigen Dienst, die Bundeswehrverwaltung, d. Bundesfinanzverwaltung, Bundeseisenbahn, Bundespost, Bundeswasserstraßen, Schiffahrt u. Luftverkehr. Zur Abwehr einer drohenden Gefahr kann d. Bundesregierung d. Polizeikräfte d. Länder ihren Weisungen unterstellen.
X. Gemeinschaftsaufgaben: Mitwirkung u. finanzielle Beteiligung d. Bundes an bedeutenden Aufgaben der Länder, z. B. Ausbau und Neubau von Hochschulen und Kliniken, Verbesserung der Wirtschafts- und Agrarstruktur sowie des Küstenschutzes, Wasserhaushaltsrecht, Umweltschutz, Bildungsplanung und Forschung.
XI. Die Rechtsprechung *(Art. 92–104)* erfolgt durch das Bundesverfassungsgericht, durch oberste Gerichtshöfe, Bundesgerichte u. d. Gerichte d. Länder (→ Rechtspflege, Übers.). Die Richter sind unabhängig u. nur d. Gesetz unterworfen. Ausnahmegerichte sind unzulässig. Niemand darf seinem gesetzl. Richter entzogen werden. Die Todesstrafe ist abgeschafft. Die Freiheit d. Person kann nur aufgrund Gesetzes durch richterliche Entscheidung beschränkt werden.
XII. Das Finanzwesen *(Art. 105–115):* Dem Bund fließt u. a. d. Ertrag d. Zölle, d. Monopole, d. Verbrauchs- (ohne Bier-), d. Straßengüterverkehrssteuer sowie ein Teil d. Einkommen-, Körperschafts- u. Umsatzsteuer zu; d. Bund kann f. Finanzausgleich d. Länder untereinander Zuschüsse aus d. Ländern zufließenden Steuern bestimmen.
XIII. Verteidigungsfall: Die Feststellung, daß das Bundesgebiet m. Waffengewalt angegriffen wird od. ein solcher Angriff unmittelbar droht, trifft der Bundestag m. Zust. d. Bundesrats auf Antrag d. Regierung. Unter best. Voraussetzungen trifft diese Feststellung der Gemeinsame Ausschuß. Im Verteidigungsfall geht d. Befehlsgewalt über d. Streitkräfte auf d. Bundeskanzler über; der Bund hat dann das Recht d. konkurrierenden Gesetzgebung auch auf d. Gebieten, die in die alleinige Zuständigkeit d. Länder gehören. Das Gesetzgebungsverfahren ist vereinfacht. In Notsituationen hat d. Gemeinsame Ausschuß Gesetzgebungsbefugnis. Die Bundesregierung kann im Verteidigungsfall d. Bundesgrenzschutz im gesamten Bundesgebiet einsetzen u. den Regierungen u. Behörden d. Länder Weisungen erteilen. Während des Verteidigungsfalles ablaufende Wahlperioden d. Bundestages od. d. Länderparlamente enden erst 6 Monate nach Beendigung d. Verteidigungsfalles.
XIV. Übergangs- und Schlußbestimmungen *(Art. 116–146):* u. a. Bestimmungen über Staatsangehörigkeit, Kriegsfolgelasten, Lastenausgleich, Fortgeltung alten Rechts und Rechtsnachfolge in das Reichsvermögen.

---

der Regel Leerlauf- und Vollastdüsen sowie für rasche Übergänge zu höheren Leistungen *(Drehzahlen)* eine Zusatzpumpe, ferner Starterdrosselklappe, teilweise automatisch betätigt mit der Motortemperatur; Zerstäubung des Kraftstoffes bei Brennstoffaustritt in Venturiverengung (→ Venturirohr) als Düse im Ansaugluftstrom *(partielles Vakuum),* bei Kompressormotoren durch Überdruckstrom *(Druckvergaser).* Brennstoffzufluß durch Schwimmer-Nadelventil geregelt.

Zündfähige Gasgemische enthalten Benzin 2–5%, bei Benzol 3–6,5% Brennstoff.
Vergasung, führt Kohle od. Koks durch unvollständige Verbrennung in Gas über; → Generatorgas, Wassergas.
Vergehen, im Sinne des StGB eine mit Freiheitsstrafe oder Geldstrafe bedrohte Straftat, soweit sie nicht → Verbrechen ist.
Vergeltungstheorie → Strafrechtstheorien.

Vergesellschaftung, 1) *soziolog.* d. fortschreitende Ersetzen natürl. Gemeinschaften (Familie, Sippe usw.) durch Zweckverbände; **2)** svw. → Sozialisierung.
Vergewaltigung, *Notzucht,* mit Gewalt od. Drohung für Leib od. Leben erzwungener außerehel. Beischlaf; i. d. Regel m. Freiheitsentzug nicht unter 2 Jahren bestraft.
Vergiftungen → Erste Hilfe, Übers.
Vergil‖ius, *Virgil,* Publius V. Maro (70–

Verkehr

Gesamtheit aller der Beförderung von Personen od. Sachen, auch Nachrichten (Post), dienenden techn. u. organisator. Einrichtungen. Man unterscheidet 5 Verkehrsarten: Straßen-, Eisenbahn-, See-, Binnenwasserstraßen- u. Luftverkehr. Grundsatz: Jeglicher Verkehr richtet sich nach den geograph. Grundlagen (Produktionsräume) u. Problemen d. Wirtschaftslebens. **a)** *Straßenverkehr:* Herstellung u. Unterhaltung des Straßenkörpers u. Hilfseinrichtungen sowie polizeiliche Regelung u. Sicherung des Straßenverkehrs (Straßenverkehrszeichen) sind Aufgaben der öffentlichen Hand (Staat, Kreis, Gemeinde). Gesetzliche Regelung u. a. durch Straßenverkehrsordnung (StVO) u. Straßenverkehrs-Zulassungsordnung (StVZO) (Führerscheinzwang, techn. Zustand u. polizeil. Kennzeichen). **b)** *Eisenbahnverkehr:* in d. BR in Bundesbahn- (in der ehem. DDR Reichsbahn-) Verwaltung zusammengefaßt; Privatbahnen nur v. lokaler Bedeutung. Klein-, Stadtschnell-, Straßen- u. Bergbahnen meist von Gemeinden u. a. öffentlichen Körperschaften betrieben; → Eisenbahn. **c)** *Seeverkehr:* Küsten- u. Hochseefahrt, Linien- u. Trampverkehr. Regelung der Seefrachten durch Reederkonferenzen: Atlantik-K., Balt.-K. (Ostsee) u. a. Interessen-Konferenzen. Hafenbetrieb regelmäßig in der Hand des Staates od. der Seestädte, einschließl. Hafenzufahrten sowie Schutz- und Warnanlagen (Leuchttürme, Feuerschiffe, Landmarken usw.); → Seerecht, Seeversicherung u. Seezeichen. **d)** *Binnenschiffahrt:* Bau u. Unterhalt der Binnenwasserstraßen gehören in den staatl. Aufgabenbereich, weil damit Fragen der Landeskultur, Kraftwerke, Hochwasserregelung usw. verbunden sind. Flußhäfen werden v. d. Städten betreut. Als Unternehmerform überwiegt in der dt. Binnenschiffahrt (mehr noch in d. Ndl. u. Frkr.) der Kleinbetrieb des Privatschiffers (Partikulier). Schlepperbetrieb u. Linienverkehr meist in Händen von Gesellschaften. Gesetzliche Regelung durch Binnenwasserstraßenordnung. **e)** → *Luftverkehr:* Verwaltungsorganisation, wiss. Forschung sowie Bau u. Flugzeugbau u. Betrieb von Verkehrslinien durch private Unternehmer; in der BR als wichtigste Luftverkehrsgesellschaft Deutsche → Lufthansa. **f)** *Zusammenarbeit der Verkehrsträger:* **1)** Bahn mit Straßen-, Wasser- u. Luftverkehr; **2)** Bahn mit Schiffahrt: Bemühungen der Bahn zugunsten d. Häfen durch Seehafentarife, Ausgleich zw. den Interessen d. Rheins u. der Seehäfen (z. B. Hamburg u. Bremen). Bahn u. Binnenschiffahrt. Umstrittenes Wettbewerbsverhältnis.

---

19 v. Chr.), röm. Dichter; Nationalepos: *Äneis; Eklogen* (die 4. galt im MA als messianische Weissagung); *Georgica* („Landbau").

Vergißmeinnicht, Kräuter mit meist blauen Blüten (z. B. *Sumpf-V.*), auch Zierarten.

Vergleich, vertragliche Regelung eines Rechtsstreits durch beiderseitiges Nachgeben (§ 779 BGB). – **V.sordnung,** von 1935, regelt besonders Verfahren zur Abwendung eines Konkurses *(V.sverfahren);* bei mindestens 35%iger Erfüllung aller Verbindlichkeiten und Zustimmung der Mehrheit der Gläubiger ist Stundung oder teilweiser Schulderlaß möglich; bei Nichtzustandekommen Anschlußkonkurs.

Vergnügungssteuer, Gemeindesteuer auf Vergnügungen: als Karten-, Pauschal- od. als Sondersteuer von der Roheinnahme.

Vergoldung, durch Auftragen von → Blattgold oder durch → Galvanostegie.

vergrößern, ein kleines Negativ (z. B. 24×36 mm) muß erst vergrößert werden, um ein beliebig großes Papierbild zu erhalten. Dazu dient der Vergrößerungsapparat für Farbe u. SW.

Vergrößerungsgläser, opt. Instrumente, wie: → Lupe, Mikroskop, Ultramikroskop, Fernrohr.

Vergrößerungspapier, Papier, das mit einer lichtempfindl. Schicht versehen ist; mittels Vergrößerungsapparat wird das mehr od. weniger kleine Negativ auf V. aufbelichtet; mit dieser Schicht entsteht das Papierbild mit naturgetreuer Darstellung (= Positiv).

vergüten, 1) Verbessern der Eigenschaften von Werkstoffen (z. B. Stahl und Metallegierungen durch Härten, Wärmebehandlung, Glühen, Abschrecken, Anlassen od. Vibration) oder **2)** *Optik:* Antireflexbelag (z. B.

Aufbringen dünner Schichten von Metallverbindungen auf Linsen); **3)** svw. honorieren.

Verhaeren [-'ha:rən], Emile (21. 5. 1855–27. 11. 1916), belg. Lyriker; *Hymnen an das Leben;* Dramen.

Verhaftung → Haftbefehl.

Verhaltens-forschung, *Ethologie,* kausale (physiologische) Erforschung d. Verhaltensweisen v. Tier und Mensch, u. zwar d. angeborenen („Instinkte") u. d. erworbenen sowie ihrer inneren (zentralnervösen, hormonalen) u. äußeren (Umwelt-)Faktoren unter ausschließl subjektiv-psychologischer Maßstäbe; Hauptvertreter: *Konrad Lorenz, Otto Koehler, N. Tinbergen,* MPI f. Verhaltensphysiologie in Seewiesen (Starnberg). – **V.therapie,** Anwendung objektiv nachprüfbarer Lernprinzipien auf die Veränderung menschlichen Verhaltens; der Patient soll zu einer besseren Kontrolle seines eigenen Verhaltens gelangen; eignet sich zur Behandlung v. Neurosen, Situationsängsten (→ Phobien) und Störungen des sozialen Verhaltens.

Verhältnis, *math.* svw. → Proportion. – **V.wahl** → Wahlsysteme. – **V.wort** → Präposition.

verholen, *seem.* den Liegeplatz d. Schiffes wechseln.

Verhüttung, svw. → Metallverhüttung.

Verifikation [l.], Bewahrheitung, Beglaubigung, Tatsachenbeweis.

verifizieren, beweisen, als wahr erweisen; beglaubigen; Ggs.: → falsifizieren 2).

Verismus, svw. → Naturalismus, bes. der Oper (Leoncavallo, Mascagni, Puccini, d'Albert).

Verjährung, völliger Verlust eines Anspruchs infolge Zeitablaufs. – **V.sfrist, 1)** im *Strafrecht:* **a)** für Verfolgung einer Straftat bei Verbrechen: 10–30 Jahre, bei Vergehen: 5 bzw. 3 J.; **b)** für Vollstreckung rechts-

kräftiger Freiheitsstrafen 5–25 Jahre, f. Geldstrafen 5 bzw. 3 J.; keine V. für Völkermord u. lebenslange Freiheitsstrafen (§ 78 StGB); **2)** im *bürgerl.* Recht grundsätzl.: 30 J.; f. Ansprüche d. Kaufleute, Handwerker usw.: 2 J., f. Schadenersatz a. → unerlaubter Handlung 3 J. (§§ 195 ff., 852 BGB). Sonstige V.sfristen jeweils gesetzl. geregelt.

Verjüngung, 1) im *Bauwesen:* Querschnittsverkleinerung eines Bauteiles; **2)** in der *Perspektive:* Kleinerwerden entfernter Gegenstände; **3)** *biol.* Versuche, bei Menschen und Tieren die Lebensdauer zu verlängern und die Alterserscheinungen zurückzudrängen; → Zellulartherapie.

Verkalkung, Kalkablagerungen in Körpergeweben (z. B. Adernverkalkung, → Arteriosklerose).

Verkehr → Verkehr.

Verkehreinrichtungen → Verkehrszeichen.

Verkehrs-hypothek, die für den rechtsgeschäftlichen Verkehr besonders geeignete → Briefhypothek. – **V.sitte,** wichtiger Maßstab für Beurteilung von Rechtsverhältnissen, muß den Gepflogenheiten nach der Auffassung der billig und gerecht denkenden Angehörigen des betreffenden Kreises entsprechen. – **V.steuern,** Oberbegriff der Steuerrechts nach dem Anlaß zur Besteuerung: Übertragung von Vermögenswerten *(Kapitalverkehrs-, Grunderwerbs-, Lotterie-, Umsatz-, Beförderungssteuer).* – **V.sünderkartei,** volkstüml. für Verkehrszentralregister beim Kraftfahrt-Bundesamt in Flensburg; dient der Erfassung rechtskräftiger Gerichtsentscheidungen über Verkehrsstraftaten sowie über bestimmte schwerwiegende Ordnungswidrigkeiten im Straßenverkehr; Eintragungen werden nach bestimmter Zeit getilgt (§ 29 Straßenverkehrsgesetz). – **V.unfälle,** BR 1983 1,69

Mill. (3,9% Steigerung gegenüber d. Vorjahr), davon 374 034 m. Personenschaden (11 715 tödlich Verunglückte = +0,9% gegenüber 1982); dabei leichter Rückgang d. Anteils v. unfallbeteiligten Pkw-Fahrern (63%) u Fußgängern (7,5%), aber deutl. Anstieg b. Zweirädern.

Verkehrszeichen, 1) *Gefahrenzeichen* mahnen, sich auf d. angekündigte Gefahr einzurichten; sie sind nur dort angebracht, wo es f. d. Sicherheit d. Verkehrs erforderlich ist; **2)** *Vorschriftszeichen,* auch Schilder od. weiße Markierungen auf d. Straßenoberfläche enthalten Gebote u. Verbote; **3)** *Richtzeichen* geben bes. Hinweise zur Erleichterung d. Verkehrs; sie können auch Anordnungen enthalten; daneben gibt es *Verkehrseinrichtungen* (Schranken, Parkuhren, Geländer, Absperrgeräte, Leiteinrichtungen sowie Blink- u. Lichtzeichenanlagen), → Tafel S. 342.

Verklarung, protokollarische Vernehmung der Schiffsmannschaft nach → Havarie.

Verkleinerungswort → Diminutiv.

Verkohlung, Verwandlung organischer Stoffe in Kohle durch trockene Destillation oder Erhitzen unter Luftabschluß.

verkoken, Umwandlung von → Steinkohle in → Koks.

Verkündung, 1) Bekanntmachung von Gesetzen und Verordnungen durch Veröffentlichung im Gesetzblatt; **2)** von Urteilen und Beschlüssen durch das Gericht.

Verl (D-4837), Gem. i. Kr. Gütersloh, NRW, 18 751 E; Ind.

Verlag, *V.sbuchhandlung,* Vertriebsunternehmen für die Erzeugnisse der Reproduktionsgewerbe, insbesondere Buch-V.; der *Verleger* erwirbt vom *Verfasser* oder einem andern V. (z. B. bei ausländ. Autoren oder V.en) das → *Verlagsrecht,* läßt die Werke vervielfältigen und vertreibt sie durch den Handel und Zwischenhandel; auch Herausgabe von Sammelwerken unter Mitarbeit zahlreicher Autoren; das *V.sgewerbe* umfaßt Buch-, Zeitschriften-, Zeitungs-, Musikalien- und Kunst-V.e.

Verlagsrecht, 1) *subjektiv:* übertragbarer vermögensrechtlicher Ausfluß des → Urheberrechts; **2)** *objektiv:* Inbegriff der durch Abschluß eines Verlagsvertrages entstehenden und auf den Verleger übergehenden Rechte und Verpflichtungen zur Vervielfältigung und Verbreitung eines Werkes der Literatur oder Tonkunst.

Verlagssystem, Organisationsform, bei der ein Unternehmer (der *Verleger*) gewisse Leistungen vorlegt, z. B. durch Beschäftigung v. → Heimarbeitern, deren Erzeugnisse er weiterverkauft.

Verlaine [*ver'len*], Paul (30. 3. 1844–8. 1. 96), frz. Lyriker des Symbolismus; Autobiographie: *Meine Gefängnisse.*

verlängertes Mark, zum Zentral- → Nervensystem gehörend, verbindet Gehirn u. Rückenmark.

Verleger, 1) → Verlag; **2)** → Verlagssystem.

Verleumdung, Verbreitung od. Behauptung bewußt unwahrer Tatsachen, welche geeignet sind, einen anderen verächtl. zu machen, in d. öff. Meinung herabzuwürdigen od. seinen Kredit zu gefährden; strafbar nach § 187 StGB (auch Ges. gg. unlauteren Wettbewerb, → Wettbewerbsrecht).

Verlöbnis, wechselseitiges Versprechen, die Ehe einzugehen; Erfüllung im Klagewege nicht erzwingbar; ungerechtfertigter Rücktritt verpflichtet zu Schadenersatz und Erstattung angemessenen Aufwandes (§§ 1297 ff. BGB).

Vermächtnis, testamentar. Zuwendung eines Vermögensvorteiles an eine nicht z. Erben (→ Erbrecht) eingesetzte Person; *Ersatz-V.* v. Erblasser f. d. Fall einem anderen zugewendet, daß d. zunächst Bedachte d. V. nicht erwirbt; *Nach-V.* wird zunächst d. (ersten) Bedachten, dann einem best. Zeitpunkt einem anderen zugewendet (§§ 2147 ff. BGB).

Vermeer van Delft, *Jan der Meer* (get. 31. 12. 1632–begr. 15. 12. 75), ndl. Maler; Genrebilder, Interieurs.

Vermehrung → Fortpflanzung.

Vermessungs-kunde, svw. → Geodäsie. - **V.schiff,** Spezialschiff f. See- u. Küstenvermessungen.

Vermeylen, August (12. 5. 1872–10. 12. 1945), fläm. Schriftst.; Roman: *Der ewige Jude.*

Vermieterpfandrecht → Miete.

Vermißte, im od. nach dem Kriege verschollene Soldaten u. Zivilpersonen; der → Suchdienst des DRK forscht nach Wehrmachtvermißten, verschollenen Kriegsgefangenen, im fremden Gewahrsam verschollenen Zivilgefangenen sowie in Haftanstalten d. SBZ/DDR Verschollenen.

Vermittlungsausschuß, in d. BR ein Ausschuß, der auf Verlangen d. Bundesrates gebildet wird, um bei Meinungsverschiedenheiten über Gesetze zu vermitteln, die der Zustimmung d. B.rats bedürfen; besteht aus je 11 Mitgl. d. B.rates u. B.tages.

Vermögen, Inbegriff der Güter, der Rechte am fremden V. abzüglich der Verbindlichkeiten im Besitz einer natürlichen od. jur. Person. - **V.sabgabe,** Zahlung an → Lastenausgleich. - **V.sbildung,** geregelt im Vermögensbildungsgesetz v. 1961 (1965, 1970 u. 1980 ergänzt), dient z. Förderung vermögenswirksamer Leistungen (624 DM jährlich), z. B. bei langfristigen Spareinlagen, Lebensversicherungsbeiträgen, Überlassung v. Wertpapieren, 936 DM b. Kapitalbeteiligung durch ihre Arbeitnehmer. - **V.ssteuer,** steuerpflicht. natürl. Personen, Körperschaften, Personenvereinigungen u. V.smassen, Bemes-

sungsgrundlage das Gesamt-V.; Steuersatz in d. BR 0,5 bzw. 0,6%.

Vermont [*və-*], Abk. *Vt.,* Staat im NO d. USA, i. d. nördl. Appalachen (v. d. *Green Mountains* durchzogen, nach deren frz. Namen ben.), Viehzucht u. Forstw.; Feriengebiet, 24 887 km², 560 000 E; Hptst. *Montpelier* (8000 E).

Vermummungsverbot, Teilnehmer an öffentlichen Versammlungen, die zum der Feststellung ihrer Identität durch entsprechende Verkleidung entziehen wollen, können mit einer Geldbuße belegt werden.

Verne [*vern*], Jules (8. 2. 1828–24. 3. 1905), frz. Schriftst.; phantast. Romane: *Reise zum Mittelpunkt der Erde; 20 000 Meilen unter dem Meer; Von der Erde zum Mond.*

Vernebelung, *künstl.,* Unsichtbarmachung von Truppen, Schiffen u. ä. im Kriege durch Entwicklung von künstlichem Nebel.

Vernet [*-'ne*] frz. Malerfamilie, u. a. **1)** Claude Joseph (14. 8. 1714–3. 12. 89), des. Küstenlandschaften, frz. Seehäfen, Ansichten v. Rom; s. Enkel **2)** Horace (30. 6. 1789–17. 1. 1863), Schlachten-, Porträt- u. Genremaler.

Vernissage [frz. *-'saʒ(ə)*], Eröffnung e. Ausstellung m. Werken noch lebender Künstler.

Verona

Verona, Hptst. der oberit. Prov. V., an d. Etsch, 258 000 E; ma. Gepräge, antikes Amphitheater, Kirchen (*San Zeno,* 12. Jh.), Paläste; Scaligergräber; Bischofssitz; Metall-, Papier-, Textilind.; Opernfestspiele.

Veronese, Paolo *Caliari,* gen. V. (1528–19. 4. 88), it. Maler d. venezian. Spätrenaiss.; farbenprächtige Monumentalkompositionen *(Gastmahl im Hause Levis),* Deckengemälde (u. a. im Dogenpalast v. Venedig).

Veronika, *w.* [gr.], Pflanzengattung, → Ehrenpreis.

Verordnung, *VO,* Anordnung einer Behörde; → Rechtsverordnung, → Verwaltungsverordnung.

Verpfändung, erfolgt bei einer *Sache*

oder e. Recht, damit ein Gläubiger sich wegen seiner Forderung aus d. Pfandgegenstand befriedigen kann; dessen Übergabe an den Gläubiger erforderlich (§§ 1204 ff. BGB); d. V.swirtsch. ähnlich ist die → Sicherungsübereignung.

Verpflichtungsklage, Klage b. Verwaltungsgericht; gerichtet auf Verurteilung z. Erlaß eines abgelehnten od. unterlassenen → Verwaltungsaktes.

Verrazano-Narrows-Brücke

Verrazano, Giovanni da (um 1480–um 1527), it. Seefahrer; erkundete 1524 d. Gegend des heutigen New York (Hudson-Mündung, Manhattan). – **V.-Narrows-Brücke** [-ˈnɑɾoʊz-], n. V. benannte Brücke über die Einfahrt d. New Yorker Hafens; längste Hängebrücke d. Erde; Mittelstützweite 1281 m; Gesamtlänge 4,1 km.

Verrechnungsabkommen, zwischenstaatl. Vereinbarung, derzufolge d. gegenseit. Zahlungsverkehr nicht durch Überweisungen v. Land zu Land, sondern über Verrechnungskonten abgewickelt wird.

Verrechnungsscheck, Bez. f. einen Scheck, der den Vermerk „nur zur Verrechnung" trägt und nur mittels Gutschrift auf Konto eingelöst werden darf; Ggs.: → Barscheck.

Verrenkung, Verschiebung, Ausspringen e. Gelenks.

Verrocchio [-ˈrɔkkĭo], Andrea del (1435–7. 10. 88), it. Bildhauer, Maler, Goldschmied u. Erzgießer d. Frührenaiss., Lehrer Leonardos da Vinci; Plastiken: *David,* → *Colleoni;* Gemälde: *Maria mit Kind.*

Vers, *m.* [l.], metrisch gegliederte Wortreihe eines Gedichts. – **V.maß,** nach bestimmten V.regeln geordnete Silbenfolge, aus Hebungen u. Senkungen od. betonten u. unbetonten Silben; oft **V.verzierung** durch Reim od. Assonanz.

Ver sacrum, *m.* [l. „Heiliger Frühling"], altitalische Sitte, Mars oder Jupiter in Zeiten der Not die ersten Früchte, aber auch die im Frühjahr geborenen Kinder und Tiere zu opfern.

Versailler Vertrag, Friedensvertrag zw.

Dt. Reich u. 26 Ententemächten im Spiegelsaal zu Versailles, am 28. 6. 1919 unterzeichnet, am 10. 1. 1920 ratifiziert; Bestimmungen: **1)** *Gebietsveränderungen:* Abtretung von Elsaß-Lothringen an Frkr.; Moresnet, Eupen und Malmédy an Belgien; größter Teil der Provinzen Posen und Westpreußen an Polen; Hultschiner Ländchen an Tschechoslowakei; Memelgebiet an Westmächte; Danzig Freie Stadt unter dem Schutz des Völkerbundes; → Volksabstimmungen: Süd-Ostpreußen und Teil Westpreußens blieben dt.; v. Oberschlesien (trotz einer Mehrheit für Dtld) größerer Teil des Industriegebiets an Polen; N-Schleswig an Dänemark; Saargebiet bis 1935 unter Völkerbundsverwaltung; Anschluß Östr.s verboten; **2)** *Auslandsinteressen:* Abtretung der Kolonien; Liquidation des dt. Privatvermögens in Kolonien u. feindlichen Ländern; **3)** *Abrüstung* Dtlds als „Einleitung allg. Abrüstung": Landheer 100 000, Kriegsmarine 15 000 Mann; **4)** → *Reparationen;* **5)** *Sicherheiten:* die Besetzung der linksrheinischen Gebiete u. der Brückenköpfe Köln, Koblenz, Mainz; bei Nichterfüllung dt. Verpflichtungen: Sanktionen; **6)** *Völkerbundsakte* u. Intern. Arbeitsorganisation. – Der Vertrag wurde von den USA nicht ratifiziert; Sonderfriede der USA mit Dtld am 25. 8. 1921.

Schloß Versailles

Versailles [verˈsaj], Hptst. d. frz. Dép. *Yvelines,* südwestl. v. Paris, 95 000 E; Schloß (v. Ludwig XIV.) m. Park v. Le Nôtre. – 1783 Friede der USA u. Frkr.s m. England; 1789 Eröffnung der Gen.-stände; 1871 dt. Kaiserproklamation in der Spiegelgalerie; 1919 Friedensvertrag mit Dtld nach d. 1. Weltkrieg.

Versalien, d. großen Buchstaben i. Buchdruck; d. Kleinbuchstaben: *Gemeine.*

Versatz, Ausfüllen von Hohlräumen (abgebauten Grubenfeldern) i. Bergbau: *Hand-, Spül-* u. *Blas-V.*

Versatzamt, öffentl. Leihhaus.

Versäumnisurteil, ergeht auf *Antrag* einer Partei, falls die andere im Termin zur mündl. Verhandlung nicht erscheint; gegen V. ist *Einspruch* binnen zwei Wochen (im AG-Prozeß einer Woche) seit Zustellung zulässig (§§ 330 ff. ZPO).

Verschaeve [verˈsxaːvə], Cyriel (30. 4. 1874–8. 11. 1949), fläm. Dichter u. kath. Priester; Haupt der jungfläm. Bewegung; Dramen: *Maria Magdalena.*

Verschleppung, wer einen anderen durch List, Drohung od. Gewalt aus der BR verbringt, zum Verlassen der BR veranlaßt od. v. der Rückkehr in die BR abhält u. dadurch politische Verfolgung aussetzt, wird mit Freiheitsstrafe nicht unter 1 Jahr bestraft. → Displaced Persons.

Verschmelzung, svw. → Fusion.

verschneiden, 1) svw. → Kastration; **2)** bei Wein: Mischen verschiedener Sorten; auch bei Weinbrand (Weinbrand-Verschnitt).

Verschollenheit → Todeserklärung.

Verschulden, regelmäß. rechtl. Voraussetzung f. → Schadenersatz; umfaßt *Vorsatz* (schädigender Erfolg gewollt) u. *Fahrlässigkeit* (Außerachtlassung d. im Verkehr erforderl. Sorgfalt), § 276 BGB; V. eines gesetzl. Vertreters, Erfüllungsgehilfen od. Beauftragten gilt als eigenes V. (§ 278 BGB); *Mitwirkendes V.* des Geschädigten vermindert Schadenersatzpflicht (§ 254 BGB).

Verschuldung, wirtsch. Schwierigkeiten eines Unternehmens; → Überschuldung, → Zahlungseinstellung und -unfähigkeit.

Versehen, 1) V. der Schwangeren, durch plötzlichen unangenehmen Anblick; angeblich dadurch entstandene Mißbildungen beim Kind haben andere, heute durch die Medizin erkannte Ursachen; **2)** in d. kath. Kirche: Spenden d. Sakramente (Buße, Letzte Ölung, Eucharistie) an einen Sterbenden.

Verseifung, Spaltung eines → Esters in Alkohol u. Säure (z. B. Fett in → Glycerin u. Fettsäuren).

Versetzungszeichen, *mus.* Vorzeichen erhöhen um ½ (Kreuz ♯) od. ½ (Doppelkreuz ×) den Ton od. erniedrigen ihm um ½ (Be ♭) od. ½ (Doppel-Be ♭♭). Quadrat (*Auflösungszeichen* ♮) löst V. auf.

Versicherung, Vertrag z. Abwälzung des Einzelrisikos des *Versicherten* auf den durch Prämien gedeckten *Versicherer* (Versicherungsgesellschaft); dieser verringert sein Risiko z. T. durch → Rückversicherung. Ermittlung d. Schadenswahrscheinlichkeit durch d. *V.smathematik* (→ Wahrscheinlichkeitsrechnung). Hauptzweige der V. (Übers.), → Lebens-V., → Sozial-V. Auch: *Träger der V.:* **1)** bes. Organisationen d. → *Sozial-V.* (Übers.); **2)** die öff. V.sanstalten; **3)** *V.svereine auf Gegenseitigkeit,* bei denen die Gesamtheit der Versicherten für die Verluste aufkommen muß; **4)** *Erwerbsunternehmen:* Einzelversicherer (i. Dtld selten) u. *V.gesellschaften,* staatl. Zulassung erforderl., unterstehen d. Aufsicht durch Bundesaufsichtsamt f. d. V.swesen, Berlin (Ges. v. 31. 7. 1951); → Lloyd, → See-V.

Versicherung an Eides Statt → eidesstattliche Versicherung.

Versicherungsbetrug, Betrug zur Erzielung einer ungerechtfertigten Versicherungsleistung (z. B. durch falsche Angaben über Höhe eines Brandschadens).

Versicherungs-police, Urkunde über Abschluß eines priv. V.vertrages (Beweisurkunde). – **V.prämie** → Prämie. – **V.steuer,** Besteuerung d. V.entgelts v. V.verhältnissen, außer denen d. Rück- u. der Sozialvers.; Steuerschuldner: V.nehmer, Versicherer hat Steuer abzuführen. **versiert** [l.], bewandert, geübt. **versilbern,** → Galvanostegie; auch durch Belegen mit Blattsilber. **Version,** w. [l.], Lesart, Fassung. **Versöhnungstag** → Jom Kippur. **Versorgungsausgleich** → Eherecht. **Versorgungsbetriebe** → lebenswichtige Betriebe. **Verstaatlichung** → Sozialisierung.

R Röhre, R_K Kathodenwiderstand, C_K Kathodenkondensator, R_g Gitterwiderstand, Ra Anoden- oder Außenwiderstand, Ua Anodengleichspannung, Ug (zu verstärkende) Gitterwechselspannung, Ua (verstärkte) Anodenwechselspannung

Röhrenverstärker

Verstärker, 1) in der *Fotografie:* Lösung, die „flaue", unterbelichtete Negative deutlicher macht; **2)** in der *Elektrotechnik:* Einrichtungen (z. B. Elektronenröhren-, Transistor-, Magnet- od. Relais-V.), die m. schwachen Spannungen od. Strömen gesteuert werden u. in denen stärkere Spannungen u. Ströme v. gleicher Frequenz erzeugt werden; Verstärkung erfolgt meist über mehrere Stufen; prakt. Anwendung z. B. in d. Rundfunk-, Fernseh-, Fernsprech-, Steuerungs- u. Regelungstechnik. **Verstärkung,** *psych.* zentraler Begriff der Lernforschung im Sinne von Belohnung; allg. ist jeder Reiz ein Verstärker, der die Wahrscheinlichkeit einer best. Reaktion erhöht. **Versteigerung,** *Auktion,* öff. Verkauf einer Sache durch → Gerichtsvollzieher od. Auktionator an den Meistbietenden; regelmäßige V.en f. überseeische Waren; typisch für *Kunsthandel. Freiwillige V.* od. *gesetzl.* vorgeschriebene V. (Pfandverkauf); → Notverkauf, → Zwangsversteigerung. **Versteinerungen** → Fossilien. **Versteppung,** Austrocknung früher fruchtbarer Böden durch → Erosion und Senkung des Grundwasserspiegels. **Verstopfung,** *Stuhl-V.,* svw. Obstipation. **Verstrickungsbruch,** vorsätzl. Beiseiteschaffen, Zerstören od. sonst. Entziehen v. Sachen, welche durch d. zuständ. Behörden od. Beamten gepfändet od. beschlagnahmt worden sind; strafb. mit Freiheits- od. Geldstrafe (§ 137 StGB). **Versuch,** wird strafrechtl. bei einer straf-

baren Handlung (bei *Verbrechen* stets, bei *Vergehen* nur, falls angedroht) bestraft (§§ 22 ff. StGB); liegt b. Anfang d. Ausführungshandlung vor; straffrei, wenn Täter freiwillig zurücktritt oder Erfolg d. Tat selbst abwendet (tätige → Reue). **verte,** Abk. *v., auch vertatur* [l.], man wende um! **Vertebraten** [l.], svw. → Wirbeltiere. **Verteidiger,** Vertreter d. Angeklagten; z. V. zugelassen zur Rechtsanwälte u. Rechtslehrer an dt. Hochschulen; and. Personen bedürfen d. Genehmigung d. Gerichts; auch → Offizialverteidiger. **Verteidigung,** Recht d. Angeklagten, im Strafprozeß seine Interessen selbst od. durch Verteidiger zu vertreten. **vertikal** [l.], senkrecht. **Vertikalkreis, 1)** Höhenkreis; *erster V.* geht durch Ost- und Westpunkt; **2)** auch bes. Art von Meridianinstrumenten z. Bestimmung der Höhen der Gestirne. **Vertiko|w,** *m. od. s.,* kleiner Schrank mit Aufsatz, so nach dem Berliner Tischler *V.* genannt. **Vertrag,** erklärte Willensübereinstimmung zweier od. mehrerer Parteien über Herbeiführung eines Rechtsverhältnisses; meist formlos gültig; für gewisse wichtige Verträge ist Schriftform od. öff. Beurkundung vorgeschrieben. **Vertragsstaaten** → Vereinigte Arabische Emirate. **Vertragsstrafe,** Konventionalstrafe, v. den Parteien für den Fall d. Nicht- od. nicht gehörigen Erfüllung eines V. vereinbarte Zahlung einer Geldsumme. **Vertragszölle,** durch zwischenstaatl. Vereinbarungen festgesetzt; Ggs.: → autonome Zölle. **Vertrauensfrage,** Verlangen der Regierung an das Parlament, abzustimmen, ob sie sein Vertrauen genießt. **vertretbare Sachen (Werte),** *fungible Sachen (Werte), Fungibilien,* bewegl. Sachen, die wegen ihrer Gleichartigk. im wirtsch. Verkehr nach Zahl, Maß od. Gewicht bestimmt zu werden pflegen (§ 91 BGB). **Vertreter, 1)** durch Gesetz *(gesetzl. V.)* od. durch Rechtsgeschäft (Vollmacht) z. Abgabe v. Willenserklärungen im Namen eines anderen ermächtigte Person; Erklärungen des V.s wirken unmittelbar für u. gegen *Vertretenen,* der auch f. Verschulden des V.s haftet; *V. ohne Vertretungsmacht* haftet selbst u. verpflichtet d. Vertretenen nur, wenn dieser genehmigt; **2)** svw. → Handelsvertreter. **Vertriebene,** *Heimat-V.,* → Flüchtlinge. Übers.; → Volksdeutsche. **Verve,** w. [frz. *verv*], seel. Schwung. **Verviers** [ver'vje], St. in Belgien, Prov. Lüttich, 53 000 E; Textil- u. Masch.ind. **Verwahrungs-bruch,** vorsätzl. Vernichten, Beiseiteschaffen od. Beschädigen v. Urkunden, Registern, Akten od. sonst. Gegenständen, die sich in amtl. Aufbewahrung befinden od. einem Beamten

od. einem Dritten amtl. übergeben worden sind; strafbar m. Freiheits- od. Geldstrafe (§ 133 StGB). – **V.theorie,** svw. Sicherungstheorie, → Strafrechtstheorien. – **V.vertrag,** Verpflichtung d. Verwahrers, e. bewegl. Sache d. Hinterlegers aufzubewahren; bei unentgeltl. Verwahrung Haftung nur mit d. Sorgfalt wie in eigenen Angelegenheiten (§§ 688 f. BGB). **Verwaltung,** Funktion der Staatsgewalt (Verwaltungsbehörden und Beamte), gerichtet auf Ausführung der Gesetze. – **V.sakademien,** Anstalten zur Fortbildung v. Beamten (Berlin, Speyer, Münster, Köln, Mannheim, Mainz, Karlsruhe). – **V.sakt,** hoheitl. Willensäußerung der öff. V., einen konkreten Einzelfall betreffend; zentraler Begriff des V.srechts. – **V.sbezirke** → Bezirk. – **V.sgerichte** → Rechtspflege, Übers. – **V.sgerichtsordnung,** *VwGO,* v. 21. 1. 1960, regelt bundeseinheitl. das verwaltungsgerichtl. Verfahren. – **V.srecht,** rechtl. Regelung d. öffentl. Verwaltung. – **V.srechtsweg,** gegeben bei allen öff.-rechtl. Streitigkeiten nicht verfassungsrechtl. Art, soweit nicht durch Gesetz anders bestimmt. – **V.sstreitverfahren,** Prozeßverfahren v. d. V.sgerichten; bei V.sakte jeder Art sind (grundsätzlich erst nach Vorverfahren, → Widerspruch) durch Klage im V.streitverfahren nachprüfbar. **V.sverordnung,** Anweisung v. V.sbehörden f. d. inneren Betrieb; nur f. d. unterstellten Behörden, nicht f. d. einzelnen Staatsbürger verbindlich. – **V.szwangsverfahren** → Zwangsvollstreckung. **Verwandtenehe,** *Inzestehe,* Ehe zw. Nächstverwandten; verboten zw. Geschwistern, Verwandten und Verschwägerten in gerader Linie. **Verwarnung, 1)** Zuchtmittel i. d. Jugendgerichtsbarkeit; **2)** *gebührenpflichtige V.,* bei geringfügig. Ordnungswidrigkeiten durch Polizei od. Verwaltungsbehörde; **3)** *V. mit Strafvorbehalt,* bei verwirkten Geldstrafen bis zu 180 Tagessätzen kann d. Gericht unter best. Voraussetzungen Verurteilung aussetzen, Täter verwarnen u. ihm Bewährungsauflagen erteilen (§§ 59 ff. StGB). **Verweis,** Strafart im Disziplinarrecht. **verwerfen,** Früh- oder Fehlgeburt bei Haustieren. **Verwerfung,** Bruchfläche, längs der die Schichten d. Erdkruste gegeneinander verschoben sind, → Graben, → Horst. **Verwertungsgesellschaften,** nehmen d. Rechte v. Autoren, Komponisten, Textern etc. gegenüber Buch- u. Musikverlagen, Film, Rundfunk- u. Fernsehanst. wahr; → GEMA. **Verwirkung,** einen Anspruch od. Recht kann man nach längerer Zeit nicht mehr geltend machen od. verlieren, wenn dies wegen bes. Umstände gg. Treu und Glauben verstoßen würde.

verwittern, *weidm.* e. Fläche etc. verstänkern, um Wild abzuschrecken (z. Wildschadensverhütung).

Verwitterung, Zersetzung der Gesteine durch mechan. (Frost, Hitze, Wind u. a.), chem. (Wasser, Kohlen-, Humussäure u. a.) u. biol. Einwirkungen (Pflanzenwurzeln, Tiere, Moose); Ergebnis sind Lockermassen, aus denen sich Boden bildet; *mechan. V.* am stärksten i. Polargebiet, Hochgebirge u. in Wüsten; *chem. V.* bes. in d. Tropen.

Verwoerd [fər'vurt], Hendrik F. (8. 9. 1901–6. 9. 66), südafrikan. Pol.; Vors. d. Nationalpartei, vertrat Politik d. → Apartheid, s. 1958 Min.präs.; ermordet.

verzinken → sherardisieren u. → Galvanotechnik.

verzinnen → Weißblech.

Verzug → Gläubigerverzug, → Schuldnerverzug. – **V.szinsen,** dem Gläubiger vom Eintritt d. → Schuldnerverzugs an zustehende Zinsen aus einer Geldschuld, i. bürgerlichen Recht 4%, i. Handelsrecht 5%.

Vesalius, Andreas (31. 12. 1514–15. 10. 64), Leibarzt Karls V., Begr. der neueren Anatomie.

Vespasian|us, Titus Flavius, röm. Kaiser 69–79 n. Chr.; erbaute das → Kolosseum in Rom.

Vesper, Bernward (1. 8. 1938–15. 5. 71), dt. Schriftst.; Sohn d. NS-Dichters *Will V.* (1882–1962); Selbstmord in einer psychiatr. Klinik; autobiograph. Romanessay: *Die Reise* (postum erschienen).

Vesper, w. [l.], Abendzeit; auch → Sizilianische Vesper. – **V.glocke** läutet zum Abendgebet.

Vesperbild → Pietà.

Vespucci [ves'puttfi], Amerigo (9. 3. 1451–22. 2. 1512), it. Seefahrer; Reisebeschreibungen über *(Süd-)Amerika,* das nach ihm benannt ist.

Vesta [l.], griech. *Hestia,* Göttin des Herdfeuers.

Vestalinnen, jungfräuliche Priesterinnen d. Vestatempels in Rom, in dem sie das „ewige Feuer" des Staatsherdes unterhielten.

Vestdijk [-dɛik], Simon (17. 10. 1898–23. 3. 1971), ndl. Schriftst.; Romane: *Das fünfte Siegel.*

Vestibül, s. [l.], Vorraum, Eingangshalle bzw. Treppenhalle.

Vestibularapparat, das Gleichgewichtsorgan, die drei Bogengänge in → Ohr.

Vesuv, it. *Monte Vesuvio,* tätiger Vulkan, 12 km östl. von Neapel, 1277 m hoch, der ehem. Kraterrand *(Monte di Somma)* 1132 m; Observatorium, Sesselbahn, Straße bis 1017 m; an d. unteren Hängen intensiver Weinbau. Erster bekannter Ausbruch 79 n. Chr. (Zerstörung v. *Pompeji, Herculaneum),* letzter stärkerer Ausbruch 1944.

Veteran [l.], ausgedienter Soldat oder Beamter, bes. ehem. Kriegsteilnehmer.

Veterinär [frz.], svw. → Tierarzt. – **V.medizin** → Tierarzneikunde, Tierheilkunde.

Beschluß durch Einspruch unwirksam zu machen.

Vevey [və've], (CH-1800), Kurort am Genfer See, Kanton Waadt, 16 100 E.

Vexierbild, *Vexierrätsel,* Bild, in dessen Linien e. zu erratende (Scherz-)Figur versteckt ist.

Vézère [ve'zɛr], r. Nbfl. d. Dordogne, 192 km l.

VFR, Abk. f. engl. *Visual Flight Rules,* „Sichtflugregeln" f. Flüge, bei denen nach Sicht geflogen werden kann.

VFW, Bez. für *Vereinigte Flugtechnische Werke GmbH;* 1963 gegr. durch Fusion der „Weser-Flugzeugbau GmbH" und „Focke Wulf GmbH"; 1965 Eingliederung der „Ernst Heinkel Flugzeugbau GmbH", 1969 Fusion mit Fokker.

v. Gr., Abk. f. *v. Greenwich* (0-Meridian) an gerechnet.

VHF [engl.], Abk. f. *very high frequencies,* sehr hohe Frequenzen, → *Ultrakurzwellen, Meterwellen;* Wellenlängen 10 bis 1 m, Frequenzbereich 30 bis 300 MHz; Anwendung: Hör- u. Fernsehfunk, Nachrichten-Nahverkehr (→ Wellen, Übers., S. 1034).

Via, w. [l.], Straße, Weg.

via [l. „auf dem Weg"], svw. „über" (einen Ort) fahren, befördern.

Via Appia, altröm. Straße v. Rom über Capua nach Brindisi; Bau 312 v. Chr. begonnen.

Via dolorosa [l.], Weg d. Schmerzen, Kreuzweg.

Viadukt, m. [l.], über ein Tal führende Brücke.

Via Mala, 600 m t. Schlucht d. Hinterrheins i. Graubünden oberhalb Thusis.

Vian [vi'ã], Boris (10. 3. 1920–23. 6. 59), frz. Schriftst. u. Schausp.; zeitkrit.-realist. Kriminalromane u. exot.-lyr. Romane m. drast. Erotik; *Ich werde auf eure Gräber spucken; Herbst in Peking.*

Vianden, luxemburg. St. an d. dt. Grenze, 2800 E; Pumpspeicherwerk, 2 Staubecken mit insges. 6,6 Mill. m³ Fassungsvermögen; gr. Kraftwerk (Kapazität jährl. 1,35 Mrd. kWh).

Viareggio [-'reddʒo], Hafenst. in der it. Prov. Lucca, a. Tyrrhenischen Meer, 60 000 E; Seebad.

Viatikum [l. „Wegzehrung"], hl. Kommunion (Abendmahl) f. Kranke u. Sterbende; früher auch Almosen für Wandernde, bes. Studenten.

Viborg, 1) Hptst. d. dän. Amts *V.,* auf Jütland, 40 000 E; Domkirche (12. Jh.). – Bis 1655 Wahlstätte der dän. Könige; **2)** schwed. Name f. Viipuri (→ Wyborg).

Vibraphon, s., Schlaginstrument mit zartem Glockenklang.

Vibration, w. [l.], Schwingung, Erschütterung. – **V.smassage,** Erschütterungs- → Massage.

Vibrato, s. [it.], Vortragsart i. d. Musik; kleine, schnelle Tonschwankungen bei Singstimme u. bei Streich- u. Blasinstr.

vibrieren [l.], schwingen, zittern (bes. v. Tönen).

Vicenza [vi'tʃɛ-], Hptst. der oberit. Prov. *V.,* Venetien, 109 000 E; Dom, Bischofssitz, Bauwerke Palladios (Basilika, Teatro Olimpico); Akad. d. Künste; Keramik-, Seiden-, Masch.ind.

vice versa [l.], Abk. *v. v.,* umgekehrt.

Vichy [vi'ʃi], frz. Badeort im *Dép. Allier,* 31 000 E; Kohlensaures-Natrium-Quellen gg. Darm- u. Magenleiden. – 1940–44 Sitz der v. Dtld gestützten **V.-Regierung** unter Marschall Pétain.

Vico, Giovanni Battista (23. 6. 1668–23. 1. 1744), it. Geschichts- u. Sprachphil.; Begr. der Völkerpsychologie.

Vicomte, m. [frz. vi'kõt], engl. *Viscount,* it. *Visconte,* Adelstitel im Rang zw. Graf u. Baron.

Victoria [l.], Sieg, röm. Siegesgöttin.

Victoria, 1) Staat Australiens an der SO-Spitze, nördl. bis zum Murray-Fluß; 227 620 km², 4 Mill. E; Braunkohle; Hptst. *Melbourne;* **2)** Hptst. v. → Hongkong; **3)** Hptst. v. Britisch- → Columbia.

Victoriafälle, gewaltiges Wasserfallsystem des Sambesi im SO-Afrika; insges. 1,7 km br., 110 m t.; Hptfälle: *Devils Cataract* (30 m br.), *Mainfalls* (515 u. 290 m br.), *Rainbowfall* (550 m br.); 1855 von Livingstone entdeckt.

Victoriainsel, *Victorialand,* kanad. Insel im Nördl. Eismeer, 217 290 km².

Victoria regia, Seerose südam. Flüsse; Blätter (Ränder hochgebogen) bis 2 m Durchmesser; weiße, später rötl. Blüten, 40 cm gr. (nur an zwei einander folgenden Nächten im Jahre blühend).

Victoriasee, größter See Afrikas (O-Afrika), 1134 müM, 69 484 km², 81 m tief; wichtigster Zufluß: *Kagera,* Abfluß: *Victoria-Nil.*

Vicuña, w. [-'kuɲa], *Vikunja,* südam. Lama-Art; wertvolle Wolle.

Videla, Jorge (* 2. 8. 1925), argentin. Gen. u. Pol.; nach Militärputsch 1976–81 Staatspräs.

Video, Sammelbezeichnung f. d. gesamten Fernsehbereich sowie zur Kennzeichnung f. d. diesen Bereich bestimmten Geräte u. Anlagen (z. B. *V.kamera, V.aufzeichnung).* – **V.platte,** *Bildplatte,* Platte, in der Bild u. Ton aufgezeichnet sind; kann über Fernsehgerät (mit Zusatzgerät Bildplattenspieler) abgespielt werden. – **V.signal,** Fernsehsignal in seiner natürl. Frequenzlage; Gemisch aus Bild-, Austast- u. Synchronsignal (schwarzweiß: BAS-, farbig: FBAS-Signal). → Fernsehen, Übers. – **V.thek,** Ausleihstelle f. Videokassetten u. Videoplatten.

Video-Clip [engl.], meist wenige Minuten langer Video-Film, der (teilweise m. beträchtl. techn. u. finanziellen Aufwand) einen Schallplattentitel (→ Rock-Musik in Bilder umsetzt (wobei die Interpreten häufig auch als Darsteller auftreten); der von der Plattenindustrie zu Promotionzwecken produziert und im Fernsehen (teilweise eigene Programme und Sender) und in Diskotheken vorgeführt.

Videokonferenz, Form d. Telekonferenz, bei d. speziell ausgerüstete Konferenzräume über Breitband-Stromwege zusammengeschaltet sind.
Videospiele, *Computerspiele,* elektron. Spiele, die auf Cassetten od. Disketten gespeichert sind u. über einen speziellen Spielcomputer od. einen → Heimcomputer auf d. Fernsehbildschirm od. auf e. bes. Monitor übertragen werden; d. Spielfiguren werden v. einem od. mehreren Spielern mittels Tasten, Knöpfen u. → Joystick bewegt; neben Sport-, Geschicklichkeits- u. Schießspielen auch Abenteuerspiele, bei denen d. Spieler verbale Lösungsmöglichkeiten wählen muß.
Videotex, Textkommunikation, intern. empfohlener Oberbegriff f. d. bildschirmgebundenen u. auch f. d. privaten Gebrauch entwickelten Dienste *„Interactive V."* (in d. BR → Bildschirmtext) u. *„Broadcast V."* (in der BR → Videotext).
Videotext, *Teletext, Broadcast Videotex;* Textkommunikationssystem d. öffentl.-rechtl. Fernsehanstalten i. d. BR; Farbfernsehgerät m. Decoder dient zur Wiedergabe; die Information (Aktuelles, Untertitel z. B. f. Gehörlose u. ä.) wird über d. Sender in d. Vertikalaustastlücke des Fernsehsignals übertragen; Einführung 1980.
vidi [l.], ich habe gesehen; Abk. „V", *s.,* Zeichen der Beglaubigung, der Einsichtnahme.
Viebig, Clara (17. 7. 1860–31. 7. 1952), dt. Schriftst.in; *Kinder d. Eifel; Unter dem Freiheitsbaum.*
Viechtach (D-8374), St. u. Luftkurort im Kr. Regen, Bayr. Wald, 8010 E; AG; Brauereien, div. Ind.; Kristallmus., Burgfestspiele.
Viehsalz, mit Eisenoxid denaturiertes Kochsalz.
Viehseuchen → Tierseuchen.
Vieleck, *Polygon,* von *n* geraden Linien begrenzte ebene Figur (*n-Eck*).
Vielfraß, großer Marder N-Eurasiens u. Amerikas, braunschwarzer, langer Pelz.
Vielzeller, svw. → Metazoen.
Vienne [*vjɛn*], **1)** l. Nbfl. der Loire bei Saumur, 359 km l.; **2)** frz. Dép., 6991 km², 383 000 E; Ackerbauland; Hptst. *Poitiers;* **3)** *Haute-V.,* frz. Dép., 5520 km², 359 500 E; Hptst. *Limoges;* **4)** frz. St. im Dép. *Isère,* a. d. Rhône, 29 000 E; Woll-, Schuh-, Eisenind.; röm. Ruinen. – 450–1790 Erzbistum.
Vientiane, *Wieng tschan,* Hptst. v. Laos, am Mekong, 377 000 E.
Viereck, v. 4 Geraden gebildetes Vieleck; Sonderfälle: → Quadrat, Rechteck, Parallelogramm, Rhombus (Rhomboid), Trapez. – **V.schanzen,** spätkelt. Schanzen (100×100 m) in S-Frkr. und S-Bayern.
Vierer, mit vier Ruderern bemanntes Ruder-(Riemen-)Boot, mit oder ohne Steuermann, auch als Bez. f. Vierer-Kajak (K IV).

Vierfarbendruck → Farbdruck.

Vierländer Bauernhaus

Vierlande, Marschlandschaft rechts d. Elbe, zu Hamburg, Gemüse- u. Obstbau, Blumenzucht.
Viermächteabkommen, regelte strittige Fragen über → Berlin; v. d. vier Besatzungsmächten ausgehandelt, 3. 6. 1972 bis zur Wiedervereinigung gültig.
Viernheim (D-6806), St. i. Kr. Bergstr., Hess., 29 622 E; Masch.ind.
Vierpaß, aus 4 Kreisen zus.gesetzte got. Maßwerkverzierung.
Viersen (D-4060), Krst. im Rgbz. Düsseldorf, NRW, 76 163 E; 1970 Eingemeindung *Dülken* u. *Süchteln;* AG; div. Ind.; Wildpark.
Viersiebziger, *470er,* im Segelsport: Kunststoff-Zweimannjolle; seit 1976 olympische Bootsklasse.
Viertaktmotor, eine → Verbrennungskraftmaschine, bei der in jedem Zylinder nur bei *einem* v. vier aufeinanderfolgenden Kolbenhüben oder *Takten* (1 Aufod. Abgehen des Kolbens = 1 Takt) Nutzarbeit geleistet wird. *1. Takt:* Ansaugen d. Brennstoff-Luft-Gemisches; *3. Takt:* Verdichtung (Kompression); *3. Takt:* Zündung u. Verbrennung, Ausdehnung treibt Kolben abwärts, *4. Takt:* Ausschub (Abb. → Tafel Kraftfahrzeug).
vierte Dimension, 1) für Erklärung angeblich übernatürl. Erscheinungen angenommen (neben Höhe, Breite u. Tiefe); **2)** in d. Darstellung der → Relativitätstheorie (Übers.) werden Raum- u. Zeitstrecken gleichartig behandelt, also Vereinigung Raum–Zeit in mancher Beziehung als vierdimensionale Mannigfaltigkeit aufgefaßt.
vierter Stand, im 19. Jh. Bez. der Arbeiterschaft, die zu den früheren drei Ständen (Adel, Geistlichkeit, Bürgertum) hinzutrat.
Vierung, im Kirchenbau viereckiger Raumteil i. d. Überschneidung v. Quer- u. Längsschiff, darüber oft Kuppel od. **V.sturm.**
Vierwaldstätter See, Schweizer Alpensee, nach den vier uralten Orten *Vier Waldstätten* (Uri, Schwyz, Unterwalden u. Luzern) genannt; 214 m tief, 114 km², 434 müM; der Reuß durchflossen, besteht aus Luzerner, Küßnachter, Stansstader, Gersauer, Vitznauer u. Urner Seebecken.
Vierzehn Heilige → Nothelfer.

Vierzehnheiligen, Barockkirche 1743–72 v. J. B. *Neumann,* bei Staffelstein i. Oberfranken a. Main, gegenüber Schloß Banz.
Vierzehn Punkte, das vom am. Präs. Wilson am 8. 1. 1918 verkündete, a. d. Selbstbestimmungsrecht der Völker aufgebaute Friedensprogramm; forderte u. a. Öffentlichkeit aller Verträge, Freiheit der Meere, offene Tür für den Handel zw. allen Nationen, Abrüstung, allg. gerechte Verteilung der Kolonien, Selbständigkeit der Völker Österreich-Ungarns, Ordnung der Balkanstaaten u. der Türkei, Errichtung des Völkerbundes; wurden im → Versailler Vertrag nicht verwirklicht, bzw. versagten dessen Lösungsversuche in der Praxis, so bes. in der → Minderheitenfrage und der allg. Abrüstung.
Vierzellenbad, elektr.-galvanisches Wasserbad für Hände u. Füße zu Heilzwecken bei Lähmungserkrankungen.
Vietkong, kommunist. orientierte Befreiungsbewegung in (Süd-)Vietnam, mil. Arm d. → FLN.
Vietminh, während des 2. Weltkrieges von → Ho Tschi Minh in Indochina gg. die jap. Besatzung gebildete Freiheitsbewegung, s. 1945 unter kommunist. Einfluß.
Vietnam, amtl. *Công Hòa Xã Hội Chu Nghĩa Việt Nam, Sozialist. Rep. d.* → Hinterindien, am Südchinesischen

Meer, 331 689 km², 64,4 Mill. E (194 je km²); Bev.-Zuw. 2,6%; Bev.: 90% buddhist. Vietnamesen; Chinesen, Nung, Miao, Thai, Khmer (ehem. Nord-V. 158 000 km², Süd-V. 173 000 km²; Währung: Dong (D); Hptst. *Hanoi;* Flagge S. 341, Karte S. 749. **a)** *Geogr. u. Wirtsch.:* Gebirgig u. reich an Bodenschätzen (Eisenerz, Kohle, Zinn, Zink; daneben Textil-, Papier- u. Zementindustrie, starke Verluste durch Kriegseinwirkungen; in d. fruchtbaren Mündungsgebieten d. *Roten Flusses* u. d. *Mekong* Reisanbau, ferner Zuckerrohr-, Kautschukplantagen, Seidenraupenzucht; über 30% bewaldet (trop. Edelhölzer). **b)** *Außenhandel* (1987): Einfuhr 1,87 Mrd., Ausfuhr 1,05 Mrd. $. **c)** *Verf.* v. 1980: Kommunist. Volksrep. m. Einkammerparlament. **d)** *Verw.:* 3 Stadtgebiete, 36 Prov. u. 1 Sondergebiet. **e)** *Gesch.:* V. entstand 1945, wurde v. d. kommunist. Freiheitsbewegung Vietminh als Rep. ausgerufen, mit Ho Tschi Minh als Präs.; 1946 von Frkr. anerkannt; bestand zunächst nur aus Annam (mittler Teil) u. Tongking (nördl. Teil). Kämpfe seit 1947 um völlige Unabhängigkeit u. Umfang des Gebiets führten 1949 zur Einsetzung von Bao Dai durch Frankreich als Staatschef unter gleichzeitiger Angliederung von Kotschinchina; nach 1950 schwere Kämpfe der Franzo-

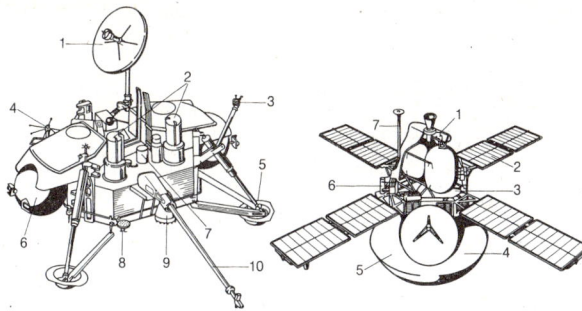

Landeteil der „Viking"-Marssonde (Aufbauschema): 1 S-Band-Parabolantenne, 2 Fernsehkameras, 3 meteorologische Sensoren, 4 UHF-Relaisantenne, 5 Landefuß, 6 Treibstoffbehälter, 7 Biolaborgeräte, 8 Radarhöhenmesser, 9 Abstiegstriebwerk, 10 Greifarm für Bodenproben

„Viking"-Orbiter mit Landekapsel (Aufbauschema): 1 Brems- und Manövriertriebwerk, 2 Solarzellenflächen, 3 Gerätebehälter, 4 Richtantenne, 5 Landekapsel, 6 Meßgeräte, 7 Antenne mit schwacher Richtwirkung

sen u. Bao Dais m. der v. d. UdSSR u. d. Volksrep. China anerkannten Gegenreg. unter Ho Tschi Minh; 1954 Waffenstillstand; auf d. Genfer Indochinakonferenz Aufteilung in das kommunist. Nord-V. (Ho Tschi Minh 1954–69 Präs.) u. das pro-westl. Süd-V. (Ngo Dinh Diem 1954–63 Min.präs.), Demarkationslinie längs des 17. Breitengrades. 1956 Weigerung Süd-V.s, die auf der Genfer Indochina-Konferenz vorgesehene Volksabstimmung über die Wiedervereinigung durchzuführen, deshalb s. 1957 zunehmende Guerillatätigkeit in Süd-V. durch die Vietkong bis zur Ausweitung zum Bürgerkrieg; Eingreifen d. USA durch die Entsendung von Militärberatern (s. 1961) u. v. Nord-V. durch reguläre Verbände; s. 1964 zunehmender Einsatz am. Truppen (1969: 543 000 Mann) u. Verbände d. SEATO; Ausweitung d. Luftkrieges (auch auf Nord-V. ausgedehnt); 1968–72 Waffenstillstandsverhandlungen zw. Nord-V. und USA, 1969 stufenweiser Rückzug d. am. Truppen u. ihrer Verbündeten; 1972 Waffenstillstandsabk., jedoch weiterhin Bürgerkrieg bis zur vollständigen Eroberung Süd-V.s (30. 4. 1975 Kapitulation Saigons); 1976 Wiedervereinigung v. Nord- u. Süd-V.; 1977/78 Grenzkrieg m. → Kambodscha, 1979 Einmarsch vietnames. Truppen (1989 abgezogen), Grenzkonfl. m. China; s. 1987 vorsichtige Wirtschaftsreformen. f) *Mitgl.:* UN.

Viewdata [ˈvjuːˌdeɪtə], bildschirmgebundene Textkommunikation, → Bildschirmtext.

Vigée-Lebrun [viʒˈeləbrˈœ̃], Elisabeth-Louise (16. 4. 1755–30. 3. 1842), frz. Malerin d. Rokoko; gesuchte Porträtistin auch in d. europ. Hauptstädten; *Marie Antoinette; D. Künstlerin m. ihrer Tochter.*

Vigeland [-lan], Gustav (11. 4. 1869–12. 3. 1943), norweg. Bildhauer; v. Rodin beeinflußte Monumentalplastiken (im Osloer *Vigelandspark).*

Vigilien [l. „Nachtwachen"], urspr. nächtl. Vorfeiern vor hohen Festtagen, heute allein d. Osternacht; sonst. hohen Festtagen vorangehende Tage: *Vigiltage.*

Vigneaud [ˈvɪnjou], Vincent du (18. 5. 1901–11. 12. 78), am. Biochem.; Hormonforscher; Nobelpr. 1955.

Vignette von L. Richter

Vignette, w. [frz. vɪnˈjɛtə], „Weinranken"; in d. Buchkunst Verzierung, auf Titelseiten, am Rand u. bei Anfangsbuchstaben im Text.

Vignettierung [frz.], i. d. *Optik:* Abschirmung seitlich einfallender Lichtstrahlen durch die Linsenfassung.

Vignola [vɪnˈ-], eigtl. *Giacomo Barozzi* (1. 10. 1507–7. 7. 73), it. Baumeister; Kirche *Il Gesù* (Rom).

Vigny [viˈɲi], Alfred Comte de (27. 3. 1797–17. 9. 1863), frz. Dichter d. Romantik; Balladen, Lyrik; Roman: *Cinq-Mars;* Drama: *Chatterton.*

Vigo [ˈbiɣo], span. Hafenst. am Atlant. Ozean, i. d. Provinz Pontevedra (Galicien), 263 000 E; Fischerei.

Vihara [sanskr.], buddhistisches Kloster.

Viipuri → Wyborg.

Vikar [l.], Stellvertreter, Hilfsgeistlicher; sein Amt: **Vikariat.**

vikariierend [nl.], gegeneinander austauschbar, einander ersetzend.

Viking, zwei am. Raumsonden z. Erforschung d. Mars; 1976 weich gelandet, bis 1978 bzw. 1980 in Betrieb.

Viktimologie, Teilgebiet d. → Kriminologie: Lehre v. d. Beziehung zw. Täter u. Verbrechensopfer.

Viktor, a) *Päpste:* **1)** V. I. (189–98), Hlg. (28. 7.); **2)** V. IV. (1159–64), kaiserl. Gegenpapst gegen Alexander III. – **b)** *Könige v. Sardinien u. Italien:* **3)** V. Emanuel I. (1759–1824), vereinte Piemont, Nizza, Savoyen, Genua mit Sardinien; **4)** V. Emanuel II. (14. 3. 1820–9. 1. 78), Einiger Italiens; erwarb v. Östr. die Lombardei u. Venedig, ab 1861 *König von Italien;* **5)** V. Emanuel III. (11. 11. 1869–28. 12. 1947), König 1900–46 (→ Italien, *Geschichte).*

Königin Viktoria

Viktoria, 1) V. Alexandrina (24. 5. 1819–22. 1. 1901), s. 1837 Kgn v. Gr.-Brit. u. N-Irland (d. „Queen"), verheiratet mit ihrem Vetter, d. Prinzen → Albert v. Sachsen-Coburg. 1876 Kaiserin v. Indien; Großmutter Kaiser Wilhelms II.; ihr Berater → Disraeli; Erweiterung d. brit. Kolonialreiches; innere Reformen *(Viktorianisches Zeitalter);* ihre Tochter **2)** V. Adelheid (21. 11. 1840–5. 8. 1901), Gemahlin Kaiser Friedrichs, Gegnerin Bismarcks.

Viktorialand, svw. → Victoriainsel.

Viktualien [l.], Lebensmittel, Eßwaren.

Vilar, Esther (* 16. 9. 1935), dt.-argent. Schriftst.in; *D. dressierte Mann;* Theaterstück: *D. Antrittsrede d. am. Päpstin.*

Villach (A-9500), östr. Bez.st. in Kärnten, a. d. Drau, 53 000 E; Eisenbahnknotenpunkt, div. Ind.; St.teil *Warmbad V.* (radioaktive Quellen 30 °C).

Villafranca di Verona, it. St. i. d. Prov. Verona, 27 000 E. – 1859 Vorfriede zw. Napoleon III. u. Franz Joseph I.

Villa Hammerschmidt, Amtssitz d. Bundespräs. i. Bonn.

Villa Hügel, Schloß der Familie → Krupp b. Essen, s. 1955 Stiftung für kulturelle Zwecke.

Villa-Lobos, Heitor (5. 3. 1887–17. 11. 1959), brasilianischer Komponist und Dirigent.

Ville, Höhenrücken südw. von Köln, Braunkohlenabbau im Tagebau.

Villefranche-sur-Saône [vilfrãʃsyrˈsoːn], frz. St. im Dép. *Rhône,* 29 000 E; Textilind., Wein- u. Holzhandel.

Villiers de l'Isle-Adam [viˈlje dlilaˈdã], Philipp-Auguste Comte de (7. 11. 1838–

18. 8. 89), frz. Schriftst.; *Grausame Geschichten.*

Villingen-Schwenningen (D-7730), Luft- u. Kneippkurort, Krst. d. Schwarzwald-Baar-Kr., a. d. Brigach, Ba-Wü., 700–1000 müM, 76 258 E; AG; feinmechan. u. a. Ind.; histor. Stadtbild.

Villon [*vi'jõ*], **1)** François (1431–63), frz. Vagantenlyriker; *Das große Testament; Balladen;* **2)** Jacques, eigtl. *Gaston Duchamp* (31. 7. 1875–9. 6. 1963), frz. nachkubist. Maler; Wegbereiter eines d. Gegenstand auflösenden abstrakten Stils.

Vilsbiburg (D-8313), St. i. Kr. Landshut, Bay., 10 034 E; AG.

Vilshofen (D-8358), St. i. Kr. Passau, an d. Mündung d. Vils in d. Donau, Bay., 15 231 E; AG; spätgot. Kirche.

Viña del Mar [*'bina-*], Ind.st. in Chile, östl. v. Valparaíso, 297 000 E; Seebad.

Vincennes [*vẽ'sɛn*], St. im Dép. *Val-de-Marne,* östl. Vorort v. Paris, 43 000 E; Rennplatz u. Park *(Bois de V.),* Schloß.

vindizieren [l.], für sich beanspruchen.

Vindobona, alter lat. Name v. Wien.

Vineta, n. d. Sage versunkene Handelsst. a. d. Ostsee (wahrscheinl. auf Wollin).

Vingt-et-un [frz. *vẽte'œ̃*] „einundzwanzig"], Kartenglücksspiel.

vinkulieren, Bindung e. Wertpapiers z. Verhinderung e. mißbräuchl. Weitergabe.

Vinland, alter Name der v. den Wikingern unter → Leif Eriksson um 1000 n. Chr. entdeckten Ostküste Nordamerikas.

Vintschgau, it. *Val Venosta,* das obere Etschtal bis Meran, überwiegend dt. Bevölkerung.

Vinylharze, durch → Polymerisation erhaltener → Kunststoff der Gruppe der → Thermoplaste.

Vinzenz von Paul (24. 4. 1581–27. 9. 1660), kath. Hlg.; größter Organisator d. neuzeitl. Caritasarbeit *(Lazaristen, Barmherzige Schwestern).*

Viola, w. [it.], **1)** die heutige → Bratsche (Abb. → Orchester); **2)** Gruppe v. Streichinstrumenten des 16. u. 17. Jh.: **V. d'amore,** mit Resonanzsaiten; **V. da gamba,** Kniegeige → Gambe; kleiner als Violoncello; **V. da bracchio,** Armviola.

Violine, w. [it.], *Geige,* Streichinstrument (Abb. → Orchester).

Violinschlüssel, svw. → G-Schlüssel.

Viollet-le-Duc [-,*lele'dyk*], Eugène Emmanuel (27. 1. 1814–17. 9. 79), frz. Baumeister, Verf. grundlegender architekturgesch. u. -theoretischer Werke, maßgeblich f. d. Restaurierung ma. Baudenkmäler im 19. Jh.

Violoncello, *s., Cello* [it. -*'tʃelo*], tiefe Kniegeige v. samtenem, dunklem Klang (Abb. → Orchester).

Violone, *m.,* tiefes Streichinstrument; → Kontrabaß.

Viotti, Giovanni Battista (12. 5. 1755–3. 3. 1824), it. Geigenvirtuose u. Komp.; Violinkonzerte.

V. I. P., Abk. f. *Very Important Person* [engl. „sehr wichtige Person"], Prominenter.

Vipern, Ottern, Giftschlangen, z. B. d. → *Kreuzotter,* auch die ihr ähnliche *Aspisviper,* W- u. S-Europa, und die *Sandviper,* gefährliche Giftschlange der Mittelmeerländer, die → *Puffotter* u. a.

Rudolf Virchow

Virchow, Rudolf (13. 10. 1821–5. 9. 1902), dt. Pathologe; Begr. der Zellulartherapie u. Vorkämpfer der Gesundheitspflege (Kanalisation, Desinfektion).

Virement, *s.* [frz. *vir'mã*], Übertragung von Haushaltsmitteln von einem Etatposten auf den anderen.

Viren → Virus.

Virgil → Vergilius.

Virginal, engl. Cembaloinstrument im 16. Jh.

Virginia, in der röm. Sage von ihrem Vater Virginius getötet, als der Dezemvir Appius Claudius ihre Ehre verletzte.

Virginia [*və'dʒinjə*], Abk. *Va.,* O-Staat d. USA, am Atlant. Ozean, 105 716 km², 6,0 Mill. E (27% Schwarze); Weizen, Mais, *Tabak,* Baumwolle; Bergbau; Holz-, Textilind.; Hptst. *Richmond.* – 1584 z. Ehren d. „jungfräul." Kgn Elisabeth v. England benannt; sehr früh starke Einfuhr v. schwarzen Sklaven.

Virginität, *w.* [l.], Jungfräulichkeit.

Virgo, *w.* [l.], **1)** die Jungfrau; **2)** → Sternbilder, Übers. – **V. intacta,** „unberührte" Jungfrau.

viril [l.], männlich.

Virologie, Lehre v. den Viren u. den durch Viren hervorgerufenen Krankheiten. MPI f. Virusforschung (Molekularbiologie), Tübingen.

Virostatika, Mittel, die die Vermehrung d. Viren hemmen.

Virtanen, Artturi Ilmari (15. 1. 1895–11. 11. 1973), finn. Biochem.; biol. Stickstoff- u. Schädlingsproblem; Nobelpr. 1945.

virtuell [frz.], der Möglichkeit nach vorhanden, aber nicht wirksam; schlummernd.

virtuelles Bild → Tafel Optik.

Virtuose [it.], Meister in der techn. Beherrschung einer Kunst, bes. Musiker.

Virulenz, *w.* [l.], Infektionskraft eines Bakterien- oder Virenstammes; *virulent,* ansteckungsfähig.

Virus, *m.* od. *s.,* Mz. *Viren,* infektiöse, nur elektronenoptisch sichtbare Partikel aus Eiweiß u. Nukleinsäure *(DNA* oder *RNA),* die sich ausschließl. in lebenden Wirtszellen vermehren; dabei dringt die Nukleinsäure als genet. Information in

die Wirtszelle ein u. benutzt deren Stoffwechsel zur Bildung neuer Viruspartikel; einige Viren (z. B. V. der Tabakmosaikkrankheit u. d. spinalen Kinderlähmung) in Kristallform darstellbar; Erreger zahlr. Krankheiten *(Virosen)* wie Pocken, Masern, Tollwut, spinale Kinderlähmung, Schnupfen, Mumps, Grippe, Windpocken, Hepatitis, Röteln, Herpes, Warzen; bei Tieren Maul- u. Klauenseuche, Staupe, Schweinepest u. a.; zahlr. Pflanzenkrankheiten; *Virämie* ist Blutüberschwemmung m. Viren (Behandlung m. *virostat.,* d. V.wachstum hemmenden Arzneien); → Bakteriophagen.

Vis, it. *Lissa,* jugoslaw. Adriainsel, 86 km², 15 000 E. – 1866 Seesieg d. Östr. über die Italiener.

Visagapatam, *Vishakhapatnam,* St. u. Seebad im ind. Staat Andhra Pradesh, 362 000 E.

Visage, *w.* [frz. *vi'zaʒə*], Gesicht (verächtlich).

vis-à-vis [frz. *viza'vi*], gegenüber.

Visby, Hptst. der Insel u. d. schwed. Läns Gotland an der W-Küste, 21 000 E; Stadtmauer u. Dom (13. Jh.), Handelshafen. – Im 12. u. 13. Jh. blühende Handelsstadt. → Hansestadt.

Vischer, Friedrich Theodor (30. 6. 1807–14. 9. 87), dt. Schriftst. u. Phil.; *Auch Einer* (Roman); *Kritische Gänge; Ästhetik.*

Peter Vischer d. Ä.

Vischer, Nürnberger Bronzebildner d. Renaiss., **1)** Peter, *d. Ä.* (um 1460–7. 1. 1529), mit s. Sohn **2)** Peter, *d. J.* (1487–1528), gemeinsame Erzgießerei; Hptwerk *Sebaldusgrab,* Nürnberg (mit Selbstdarstellung P. V. d. Ä.).

Visconti, Luchino (2. 11. 1906–17. 3. 76), it. Film- u. Theaterregisseur; *Rocco e i suoi fratelli* (1960); *Il gattopardo* (1963); *Morte a Venezia* (1971); *Ludwig II* (1972).

Visconti, lombard. Adelsfamilie, herrschte 1277–1447 i. Mailand.

Viscount [engl. *'vaikaunt*], → Vicomte.

visibel [l.], sichtbar.

Visier, *s.* [frz.], **1)** am mittelalterlichen Helm aufklappbarer Gesichtsschutz, begittert od. mit Sehschlitzen; **2)** Teil d. Visiereinrichtung b. Schußwaffen, mit Kimme, meist verstellbar, auf d. hinteren Teil des Rohres. – **V.einrichtung,** bei Schußwaffen, besteht aus → Visier u. → Korn. Beim Zielen müssen Kimme d. V.s, Korn u. Ziel in eine Linie *(V.linie)* gebracht werden. Auch → Zielfernrohr. Bei Geschützen Aufsatz (f. Rohrerhöhung) mit Rundblickfernrohr (feststehendes Okular, drehbarer Fernrohrkopf), Fadenkreuz z. Ausrichten, für Seitenrichtung).

visieren, zielen, aufs Korn nehmen; eichen; beglaubigen (durch → Visum).

Vision, w. [l.], geistige Schau, Sinnestäuschung, Erscheinung in rel. od. künstler. Verzückung.

visionär, im Geiste geschaut, traumhaft.

Visitation, w. [l.], amtlicher Besuch; auch → Kirchenvisitation.

Visite, w., Besuch.

visitieren, besuchen.

viskos [l.], klebrig, dickflüssig.

Viskose, w., → Chemiefasern.

Viskosimeter, s., Apparat zur Messung der **Viskosität** (Zähigkeit, Dickflüssigkeit, innere Reibung) einer Flüssigkeit.

Vis major [l.], → höhere Gewalt.

Visser 't Hooft, Willem Adolf (20. 9. 1900–4. 7. 85), ndl. ev. Theol.; 1938–66 Gen.sekr. d. Ökumen. Rats der Kirchen, s. 1968 d. Ehrenpräs.

Vista, w. [it.], Sicht; Vorlegung eines Wechsels.

Vistavision, Verfahren der Breitwand-Filmtechnik; arbeitet bei Aufnahme mit 75°-Weitwinkelobjektiv u. größerem Negativ als üblich, das f. d. Vorführung auf Normalfilm v. 35 mm verkleinert wird; Film läuft waagerecht u. doppelt so schnell wie bisher.

visualisieren, bildlich darstellen, mit Bildern erläutern.

visuell [l.], auf Beobachtung durch d. Auge beruhend, m. bloßem Auge sichtbar.

Visum [l.], Sichtvermerk, bes. in Pässen; für Einreise in bes. Länder ist ein V. d. betreffenden Botschaft bzw. d. Konsulats erforderl.; auch Durchreise-Visen.

Vita, w. [l.], das Leben; Lebensbeschreibung.

vital [l.], lebenskräftig, lebenswichtig.

Vitalienbrüder, Likedeeler (= Gleichteiler d. Beute), Seeräuber der Nord- u. Ostsee, im 14. u. 15. Jh.; → Störtebeker.

Vitalismus, philosoph. Lehre, die das Leben auf e. besondere „Lebenskraft" od. e. bes. „Lebensstoff" zurückführt.

Vitalität [l.], Lebenskraft, Lebensfrische.

Vitalkapazität, in d. Lunge Volumendifferenz zw. tiefster Ein- u. Ausatmung.

Vitalstoffe, als biol. → Katalysatoren wirkende Substanzen (z. B. → Enzyme, Vitamine, Hormone, unentbehrliche → Aminosäuren und Fettsäuren, → Spurenelemente).

Vitamine, lebenswichtige, weil f. d. Aufbau d. Körperenzyme unbedingt notwendige Wirkstoffe, teils wasser-, teils fettlösliche organ. Verbindungen; chem. Aufbau b. d. meisten geklärt, so daß auch manche v. ihnen synthet. hergestellt werden können. Im Körper üben sie in kleinsten Mengen ähnl. große Wirkungen auf d. Stoffwechsel aus wie die Hormone, können jedoch v. Mensch- u. Tierkörper nur teilweise gebildet werden, so daß sie mit

d. Nahrung zugeführt werden müssen. Bei nicht ausreichender Zufuhr od. Behinderung ihrer Aufnahme (Resorption) infolge Krankheit d. Verdauungsorgane kommt es zu Vitaminmangelkrankheiten (Hypo-, Avitaminosen); Überdosierungen (Hypervitaminosen) können zu Vergiftungserscheinungen führen, bes. b. d. Vitaminen A, D, K, weniger bei E. Der Vitamin-B₂-Komplex wird allerdings von der norm. Darmbakterienflora gebildet (→ Übers., S. 1010). → Antivitamine.

Vitellius Aulus, röm. Kaiser 69 n. Chr.

Viterbo, Hptst. d. mittelit. Prov. V., am Tyrrhen. Meer, 60 000 E; Bischofssitz; ma. Türme u. Stadtmauern; Textil- u. Lederind.

Vitoria [bi-], bask. Gasteiz, Hptst. der span. Prov. Alava, 201 000 E; Bischofssitz; Töpfereien, Nährmittel-, Masch.-, Fahrzeug-, Möbelind., Brauerei. – 1813 entscheidender Sieg Wellingtons über die Franzosen.

Vitrine, w. [frz.], Glasschrank.

Vitriol, s., Salz d. Schwefelsäure (Sulfat). – **V.öl, V.säure,** rauchende Schwefelsäure.

Vitruvius, röm. Baumeist. z. Z. des Augustus; Schrift De architectura beeinflußt Renaissance.

Vitry-sur-Seine [vi,trisyr'sεn], frz. St. im Dép. Val-de-Marne, 85 000 E; Ind.vorort v. Paris.

Vitzliputzli, entstellte Form des Namens Huitzilopochtli, Kriegsgott der Azteken.

Vitznau (CH-6354), Schweizer Kurort im Kanton Luzern, am Vierwaldstätter See, am Fuß des Rigi, 440 müM, 900 E; erste Bergbahn der Welt.

vivace [it. -'va:t∫e], mus. lebhaft.

Vivaldi, Antonio (4. 3. 1678–vor 28. 7. 1741), it. Geiger u. Komponist; ca. 340 Solokonzerte; 46 Opern.

Vivarium [l.], Behälter für lebende Tiere.

vivat [l.], er (sie, es) lebe hoch!. – **v., crescat, floreat!** er (sie, es) lebe, wachse, blühe! – **v. sequens!** es lebe d. Folgende!

Vives [biβes], Juan Luis (6. 3. 1492–6. 5. 1540), span. Humanist u. Pädagoge; Gegner der Scholastik.

Vivin [-vɛ̃], Louis (27. 7. 1861–28. 5. 1936), frz. Maler; Vertr. d. → naiven Malerei (V. war eigtl. Postangestellter); bes. Ansichten v. Einzelbauten u. Städtebilder.

Viviparie [l.], 1) Lebendiggebären; Ggs.: Oviparie (Eierlegen); 2) bei Pflanzenkeimen Samen auf Mutterpflanze (Mangroven).

Vivisektion [l.], operativer Eingriff am lebenden Tier zu Forschungszwecken; nur zulässig, wenn der erstrebte Zweck auf andere Weise nicht erreicht werden kann u. Ausführung durch Wissenschaftler erfolgt.

Vize- [l. „vicis"], Vorsilbe z. Bez. d. Stellvertreters (z. B. → V.kanzler).

Vlaardingen, ndl. Hafen-, Ind.- u. Fischereist., nahe Rotterdam, 74 000 E.

Vlamen → Flamen.

Vlaminck [vla'mɛ̃k], Maurice de (4. 4. 1876–11. 10. 1958), belg.-frz. Maler, Graphiker u. Schriftsteller; s. Landschaftsgem. u. Blumenstilleben kennzeichnen kräftig aufgetragene intensive Farben m. dynamisch komponierten Licht- u. Schatteneffekten.

Vleck, John H. van (13. 3. 1899–27. 10. 1980), am. Phys.; Nobelpr. 1977 (Arbeiten über Festkörperphys., Elektronenstruktur).

Vlies, 1) Wolldecke des Schafes; 2) lose zusammenhängendes Faserband auf der Krempelmaschine in der → Spinnerei. – **V.stoffe,** werden weder gewebt noch gewirkt, sondern aus Stapelfasern gepreßt; für Filter und Einlagen.

Vlissingen, ndl. Hafenst. auf Walcheren, Prov. Seeland, 44 000 E; Aluminiumhütte; Seebad.

Vlotho (D-4973), St. i. Kr. Herford, Luftkurort a. d. Weser, NRW, 18 747 E; AG; histor. Stadtbild, Moor- u. Schwefelbäder.

Vöcklabruck (A-4840), Bez.st. in Oberöstr., 11 100 E; Ind.-, Handels- u. Kulturzentrum.

Vocoder, elektroakust. Gerät z. Zerlegen, Filtern, Verzerren, Mischen u. Entzerren v. Lauten; benutzt z. Verschlüsselung v. Telephongesprächen u. zur Erzeugung von Sprache u. „übernatürl." Klängen in Funk- u. Schallplattentechnik.

Vogel, 1) Bernhard (* 19. 12. 1932), CDU-Pol.; 1976–88 Min.präs. v. RP; s. Bruder **2)** Hans-Jochen (* 3. 2. 1926), SPD-Pol.; 1960–72 Oberbürgerm. v. München; 1972 B.städtebaumin., 1974–81 B.justizmin., 1981 Reg. Bürgerm. v. West-Berlin; 1983–91 Vors. d. SPD-Fraktion, 1987–91 Parteivors. d. SPD; **3)** Dieter (* 18. 1. 1931), dt. Journalist, s. 1991 Reg.sprecher; **4)** Wladimir (29. 2. 1896–20. 6. 1984); schweiz. Komp. dt.-russ. Herkunft; Zwölftonmusik; Chorwerke u. Instrumentalmusik.

Vögel, Klasse d. Wirbeltiere, Körper m. Federn bedeckt; Kiefer hornig u. zahnlos (Schnabel), Vordergliedmaßen zu Flügeln umgebildet; Knochen z. T. hohl u. luftgefüllt; Fortpflanzung über Eier, die ausgebrütet werden; stammesgeschichtlich d. Reptilien nahestehend; viele Sänger; meist ein ausgebildetes Familienleben; zahlr. Vögel unserer Breiten sind → Zugvögel.

Vogelbeerbaum, svw. → Eberesche.

Vogelfluglinie, Bez. für die kürzeste Verkehrsverbindung zw. Mitteleuropa u.

Vogelmiere

Bezeichnung	Natürliches Vorkommen	Mangelerscheinungen beim Menschen	Besondere Eigenschaften	Tägl. Bedarf
Vitamin A	*Axerophthol.* Epithelschutz-V.	als Vorstufe *(Provitamin, Carotin)*: Karotten, Spinat, Tomate, Kohl; als V.: Lebertran, Eigelb, Butter, Milch, Käse, Meerfisch.	Haut- u. Schleimhautveränderungen, Augendarre, Lichtscheu, Nachtblindheit.	fettlöslich, hitzebeständig, sauerstoffempfindlich.	1–2 mg (bei Überdosierung Schäden)
B_1	*Thiamin, Aneurin.* Antineuritisches V.	Hefe, Reiskleie, Haselnüsse, Vollkornbrot, Weizenkleie u. -keimlinge, Spinat, Tomate, Karotte, Leber, Herz, Niere, Eigelb, Milch.	Beri-Beri Störungen von Magen, Darm, Leber, Herz sowie des Kohlenhydrat- und Wasserstoffwechsels, zentalnervöse Schädigungen.	wasserlösl., ziemlich hitzebeständig, sauerstoffempfindlich.	1–2 mg
B_2- Komplex	besteht aus etwa 16 Wirkstoffen, darunter B_2, B_6, P.P-Faktor, Pantothensäure, B_{12} Folsäure, Vitamin H (siehe diese), sämtlich vorhanden in Hefe und alle wasserlöslich.			
B_2 im engeren Sinn	*Riboflavin, Laktoflavin.* Wachstums-V.	Hefe, Spinat, Kohl, Honig, Erbsen, Tomate, Banane, Apfelsine, Milch, Ei, Niere, Leber.	Unsicher. Vermutlich Haut- u. Schleimhautveränderungen, Zungenschwellung, Nägelwachstumsstörung, Faulecken.	wasserlösl., ziemlich beständig.	1,5–4 mg
B_6	*Adermin, Pyridoxin.* Pellagraschutzstoff der Ratte.	Hefe, Apfel, Birne, Kartoffel, Mais, Grüngemüse, Reis, Milch, Muskel, Fisch.	Unsicher. Vermutlich Haut- u. Schleimhautveränderungen, Nervenstörungen, Eiweißstoffwechselstörungen, Nervosität, Schwäche.	wasserlösl., ziemlich hitzebeständig, UV-empfindlich.	etwa 2–4 mg
Nicotylamid	= *Nikotinsäure-, Niacinamid.* Antipellagra-V. P.P-Faktor.	Hefe, Reiskleie, Vollkornbrot, Weizen, Muskel, Leber, Fisch.	Pellagra, Durchfälle, Schleimhautentzündungen, nervöse und seelische Störungen.	wasserlösl., beständig.	etwa 20–25 (bis 100) mg
B_{12}	*Cyanocobalamin* Antiperniziosafaktor, antianämisches V.	Sojabohne, Leber, Milch, Eiweiß, Fleisch.	Anämie, vermutlich Wachstumsstörungen beim Kind.	wasserlösl., lichtempfindlich.	etwa 0,5–1 (bis 3) γ
M	*Folsäure.* Eluatfaktor.	Blattgemüse, Leber, Niere, Muskel, Milch, Käse.	Störungen der Blutkörperchenbildung.	wasserlösl.	schätzungsweise 0,1–0,2 mg
H	*Biotin.* Haut-V.	Hefe, Reiskleie, Pilze, Molke, Eigelb, Leber, Niere, Hirn.	Hautentzündungen, Seborrhoe, bes. der Kleinkinder.	wasserlösl.	etwa 0,01–0,2 mg
H'	Para-Aminobenzoësäure, *Bakterienwuchsstoff*, wird durch → Sulfonamide als „Anti-Vitamin" verdrängt.			
Bx	*Pantothensäure.*	Hefe, Grünpflanzen, Früchte, Milch, Eigelb, Leber, Niere, Muskel.	Unsicher. Möglicherweise Stoffwechselstörungen, Haarausfall und -ergrauen.	wasserlösl.	etwa 10–50 mg
C	*l-Askorbinsäure.* Antiskorbutisches V.	Hagebutten, Citrusfrüchte, Tomaten, Kartoffeln, Milch, Leber, Milz.	Skorbut, Möller-Barlowsche Krankheit, Frühjahrsmüdigkeit, Erschöpfungszustände, Zahnfleischblutungen, Infektanfälligkeit.	wasserlösl., ziemlich hitzebeständig, sauerstoffempfindlich.	75–150 mg

Bezeichnung	Natürliches Vorkommen	Mangelerscheinungen beim Menschen	Besondere Eigenschaften-	Tägl. Bedarf
D (1-5)	D₂ *Ergocalciferol)* durch Bestrahlung v. Ergosterin. D₂ *(Cholecalciferol)* durch Bestrahlung von Dehydrocholesterin Antirachitisches V.	Hefe, Getreidekeime, Pilze, Lebertran, Milch, Butter, Eidotter.	Rachitis, Mineralstoffwechsel-, Wachstumsstörungen, Zahnschmelzdefekte.	fettlöslich, hitzebeständig.	0,01–0,02 mg (bei Überdosierung Vergiftungserscheinungen)
E	α-, β-, γ- *Tokopherol.* Antisterilitäts-V.	Salat, Leinöl, Erbsen, Getreidekeime, Gemüse, Erdnüsse, Hafer, Fleisch, Milch, Eigelb.	Unsicher. Vermutlich Hypophysen-, Zwischenhirn-, Stoffwechsel-, Nerven-, Muskelstörungen. Bei Tieren: Sterilität, Aborte u. ä.	fettlöslich, ziemlich beständig.	etwa 2–5 (–10) mg (Bei Überdosierung evtl. Beschwerden)
K	*Phyllochinon.* Antihämorrhagisches V.	Grüne Blätter, Tomate, Kohl, Muskel, Milz, Schweineleber, durch Darmbakterien gebildet.	Verlängerung der Blutgerinnungszeit, Blutungen, Anämie.	fettlöslich, hitzebeständig, lichtempfindlich.	etwa 2–5 mg (Bei Überdosierung Vergiftungserscheinungen!)
P	Permeabilitätsfaktor. → Rutin.	Paprika, Zitrone, Citrusfrüchte, Apfelsine.	Unsicher. Vermutlich Erhöhung der Haargefäßwand-Durchlässigkeit.	wasserlösl.	?

Skandinavien über die → Fehmarnsund-Brücke, Puttgarden–Rødbyhavn (Fähre).

vogelfrei → Acht.

Vogelherd, Stelle zum Vogelfang.

Vogelmiere, kleines Unkraut, Vogelfutter, → Miere u. Abb. S. 1009.

Vogelnester, eßbare, → Salangane.

Vogelsand, Untiefen nördl. Cuxhaven.

Vogelsberg, hessisches Gebirge zwischen Rhön und Taunus; alter Vulkan der Tertiärzeit; *Taufstein* 773 m. 1974 Bau d. Schottenrings als Auto- u. Motorradrennbahn.

Vogelschutz, wiss. begr. durch Hans Frh. v. *Berlepsch* (1858–1933), in Naturschutzgebieten, *Vogelschutzwarten* (BR: Essen, Frankfurt/M., Garmisch, Kiel, Ludwigsburg, Steinkrug, Nds., Wilhelmshaven [„V.warte Helgoland"], Hiddensee) u. z. Bekämpfung v. Schädlingen; Nistkästen, Winterfütterung, Schutz vor Nachstellungen; Reichsges. über V. vom 30. 5. 1908 u. Länder-VOen verbieten: Ausheben von Nestern, Fangnetze, Leim u. Schlingen; 1974 intern. Konvention z. Schutz v. Feuchtgebieten, Watt- u. Wasservögeln.

Vogelspinnen, große Spinnen d. Tropen, in röhrenförmigem Wohngespinst, überfallen Insekten u. kleinere Wirbeltiere, sogar junge Vögel im Nest.

Vogelwarte, ornitholog. Station zur wissenschaftl. Beobachtung von Lebensgewohnheiten u. Vorkommen der Vögel so-

wie zur Erforschung des **Vogelzugs**; Kennzeichnung von → Zugvögeln durch Fußringe, dadurch Aufstellung von Zugkarten möglich; V. „Helgoland" jetzt in Wilhelmshaven, V. „Rossitten" jetzt in Schloß Möggingen bei Radolfzell am Bodensee, V. Hiddensee; schweizerische V. Sembach.

Vogesen, *Wasgau, Wasgenwald,* frz. *Vosges,* westl. Gebirgsbegrenzung d. Oberrhein. Tiefebene; Steilabfall nach O; i. d. Tälern Textilind., auf d. entwaldeten Bergen Viehzucht m. Almwirtschaft, auf d. Vorhöhen Weinbau; *Gr.* od. *Sulzer Belchen* 1424 m.

Vogt, früher (seit Karolingerzeit) Beamter zum Schutze oder zur Verw. bes. Aufgaben od. Gebiete; *Land-V., Schirm-V.* (zum Schutze von Klöstern u. Kirchen); auch niedere Beamte (z. B. *Schloß-, Armen-V.*); heute nur noch *Strand-V.*

Vogtei, Amtsbezirk eines Vogts.

Vogtland, Hügellandschaft beiderseits der oberen Weißen Elster, in Sachsen,

Vogelspinne

Industriegebiet (Textil-, Musikinstrumentenindustrie).

Vogue [frz. *vog*], (Mode-)Bewegung; *en vogue [ā'vog],* im Schwange, beliebt.

Vohenstrauß (D-8483), St. i. Kr. Neustadt a. d. Waldnaab, Oberpfalz, Bay., 7039 E; AG; Glasind.

Vöhringen (D-7917), St. i. Kr. Neu-Ulm, a. d. Iller, Bay., 12 266 E; Ind.

Voile, *m.* [frz. *vŏal* „Schleier"], durchsichtige Gewebe. *Voll-V.*: Kette u. Schuß aus Zwirnen.

Voith-Schneider-Propeller, Propeller f. Schiffsantrieb, dient gleichzeitig z. Steuern; an senkrechter Welle drehbarer Schaufelpropeller m. entsprechend der Vortriebsrichtung verstellb. Schaufeln.

Voitsberg (A-8570), St. i. d. Steiermark, Östr., 11 000 E; Braunkohlenbergbau.

Vokabel, *w.* [l.], (einzelnes) Wort; bes. fremdsprachlich.

Vokabularium, *s.,* Wörterbuch.

Vokal, *m.* [l.], Selbstlaut, Sprechlaut mit eigenem Ton (Grund-V.e: *a, e, i, o, u*). **V.musik,** Gesang ohne u. mit Instrumentalbegleitung.

Vokativ, *m.* [l.], im Lat. u. Griech. Kasus der Anrede, lautet meist wie der → Nominativ.

Vol., Abk. f. → *Volumen.*

Volant, *m.* [frz. *vo'lā*], 1) nur am oberen Rande angenähter, daher „flatternder" Besatz; 2) früher: Lenkrad am Kraftwagen.

Volapük → Welthilfssprachen.

Volière, w. [frz. vo'Tiεrǝ], großer Vogelkäfig.

Volk, Hermann (27. 12. 1903–1. 7. 88), dt. kath. Theologe; 1962–82 Bischof v. Mainz, 1973 Kardinal.

Volk, 1) Gemeinschaft zahlr. durch Sprache, Sitte u. Abstammung verbundener Menschen (→ Nation = Rechtsgemeinschaft u. ⟶ Rasse = Typengemeinschaft); *Staatsvolk* nennt man in Staaten mit größeren völkischen Minderheiten das V., das pol. d. Führung innehat; **2)** die Gesamtheit der Staatsbürger, die der Regierung die Führung überträgt.

Volkach (D-8712), St. i. Kr. Kitzingen, Unterfranken, Bay., 8440 E; Obst- u. Weinbau.

Völkerbund, *Liga der Nationen,* erster Versuch einer Organisation aller Staaten dieser Erde mit dem Ziel, den Frieden zu sichern, gegr. 1920 v. den Siegern im 1. Weltkr.; Satzung der V.s bildete Teil d. Pariser Vorort-(Friedens-)Verträge; Aufnahme Dtlds 1926; zeitweise 59 Mitgliedstaaten; Handlungsfähigkeit des V.s beschränkt, da 1) praktisch jeder Mitgliedstaat Vetorecht hatte, 2) USA u. UdSSR (trat erst 1934 bei, wurde 1939 wegen d. Angriffskriege gg. Finnland wieder ausgeschlossen) nicht Mitgl. waren; löste sich 1946 offiziell auf; Nachfolgeorganisation → Vereinte Nationen.

Völkerkunde, Wissenschaft v. d. materiellen u. geistigen Kultur der schriftlosen nichteur. Völker, insbes. d Natur- u. Halbkulturvölker; als *Ethnographie (spezielle V.)* beschreibt u. analysiert sie spez. lokale Kulturgruppen nach Bestand, Sitte u. Lebensform, als *Ethnologie (allg. V.)* erforscht sie d. allg. Grundlagen d. menschl. Kultur u. ihr histor. u. psych. Werden nach Ursachen, Schichtung u. Beeinflussung (→ Vorgeschichte, Übers.; → Volkskunde, → Völkerpsychologie).

Völkermarkt (A-9100), östr. Bz.st., in Kärnten, 10 900 E.

Völkermord, *Genozid, Gruppenmord,* Zerstörung u. Beseitigung ganzer national, rassisch oder religiös bestimmter Volksgruppen mittels vorsätzlicher Maßnahmen; aufgrund der Ereignisse der Vergangenheit im Völkerrecht verankert. Konvention der UN vom 9. 12. 1948 zum bes. Verbrechenstatbestand deklariert (BR: § 220a StGB).

Völkerpsychologie, erforscht nach → *Wundt* die seelisch-geistigen Erscheinungen der Völker in deren Lebensäußerungen (Sprache, Sitte, Mythos) u. Gruppenbezügen (Sozialpsychologie).

Völkerrecht, Rechtsnormen f. d. Beziehungen zw. souveränen Staaten; Quellen d. V.s.: Gewohnheits-, zwischenstaatl. Verträge u. allg. anerkannte Rechtsgrundsätze; *Friedens-V.* (z. B. Konsularverträge, Wirtschaftsabkommen), *Kriegs-V.* (z. B. Genfer Rote-Kreuz-Konvention, Haager Landkriegsordnung); nach Art. 25 GG sind d. allg. anerkannten Regeln d. V.s

Bestandteil d. Bundesrechts. MPI f. V. in Heidelberg. – **V.swissenschaft,** Erforschung d. V.s, begr. v. H. → *Grotius.*

Völkerschlacht, Bez. der Schlacht bei Leipzig 16.–19. 10. 1813, entscheidende Niederlage Napoleons durch die Verbündeten (Preußen, Österreich, Rußland); dort **V.denkmal** (Abb. → Leipzig).

Völkerwanderung, histor. die so benannte Zeit d. (meist german.) Völkerverschiebungen, begann um 250 n. Chr. infolge klimat. Veränderungen u. des Einbruchs der → Hunnen (375) in die osteur. Reiche der → Germanen, z. B. Zug der Westgoten durch Balkan u. Italien (410 Einnahme Roms durch Alarich) nach S-Frkr. u. N-Spanien, der Ostgoten nach Italien, der Wandalen nach Afrika, d. Alemannen, Burgunder, Franken über den Rhein, d. Angeln u. Sachsen nach Britannien, d. Langobarden nach Oberitalien. Viele Staatsgründungen, Berührung d. Germanen m. antiker Kultur u. Christentum, damit Beginn e. neuen Geschichtsepoche (MA). Nachrücken u. Mitwandern slaw., ostbalt. u. mongol. (Hunnen, Awaren) Stämme. Am Ende d. V. i. 6. Jh. entstehen d. Grundlagen des heutigen Europa: Dtld, Frkr., England; auch Anfänge Rußlands. – **V.skunst,** Vermischung d. primitiven, geometr. u. ornamentalen Stils d. bes. im 4.–6. Jh. v. N u. O nach W- u. S-Europa eindringenden Völker m. Motiven d. dekadenten spätantiken Naturalismus; durch christl. Lebensgefühl neues, monumentales Kunstwollen; Palast u. Grabmal Theoderichs d. Gr. in → Ravenna (5./6. Jh.), Königshalle in Oviedo (8. Jh.). German. Schmuck- (→ Goldschmiede-) Kunst (Childerichgrab in Tournai um 482), ir., merowing., nordspan. Buchmalerei.

Völklingen (D-6620), St. i. Stadtverband Saarbrücken, Saarland, 42 916 E; AG; Eisen- u. Stahlwerke, Bergbau, Kraftwerke, Großkokerei, Ölraffinerie; Hafen (i. Bau); Naherholungsgebiet *Nord-Warndt.*

Volkmann, 1) Richard v. (17. 8. 1830–28. 11. 89), dt. Chirurg u. Orthopäde; schrieb als Richard Leander die Märchen *Träumereien an frz. Kaminen;* **2)** Robert (6. 4. 1815–29. 10. 83), dt. Komp.; 2 Sinfonien, Kammermusik.

Volksabstimmung, 1) *innenpol.:* → Volksentscheid; **2)** *außenpol.:* V.en als Grundlage für intern. Entscheidungen (z. B. V.en in den dt. u. östr. Grenzgebieten nach d. 1. Weltkrieg über staatl. Zugehörigkeit).

Volksaktien, Bez. für die im Zuge d. Privatisierung staatl. Unternehmen an der BR (z. B. → Preussag, Volkswagenwerk, VEBA) aus d. öffentl. Hand herausgelösten Teilanteile d. Grundkapitals; wurden in d. BR an Käufer m. best. Jahreshöchsteinkommen abgegeben.

Volksbegehren, in zahlr. Verfassungen verankertes Recht, f. e. Gesetzentwurf Stimmen zu sammeln; Parlament muß bei Erreichung e. best. Unterschriftenzahl

über Vorschlag abstimmen, ihn evtl. auch einem → Volksentscheid unterwerfen.

Volksbildung, außerschul. Einrichtungen zur Förderung der Jugend- u. Erwachsenenbildung: Volksbüchereien, -hochschulen (VHS), Vortragswesen, Laienspiel, Singkreise, Volkstumspflege mit Betonung des Heimatgedankens; starke Bemühungen auch auf dem Lande (Kreisjugendpfleger, -kulturringe).

Volksbücher, dt. Erzählungen, Sagen, Schwänke, die im 15. u. 16. Jh. als Drucke Verbreitung fanden: *Faust, Eulenspiegel, Schildbürger, Die Haimonskinder, Griseldis, Melusine u. a.;* gesammelt v. J. Görres.

Volksbüchereien, öff. Einrichtungen z. Förderung d. Volksbildung (nicht zu verwechseln m. → Leihbüchereien); Rückhalt u. Hilfsmittel d. gesamten Erwachsenenbildung; Aufgaben: Vermittlung schöngeist., fachl.-berufl. u. allg.-wiss. Schrifttums je nach Größentyp u. örtl. soziolog. Voraussetzungen; Typen: *Dorfbüchereien* (nebenamtl. geleitet), meist *Kleinstadtbüchereien,* nur Ausleihe ohne Lesesaal unter fachbibliothekar. Verwaltung, in Kreisstädten auch als *Kreishauptbüchereien;* in größeren Städten *Einheitsbüchereien* m. wiss. u. berufl. Buchbestand, Lesesaal, Jugend-, z. T. Musikbücherei unter Leitung v. Fachkräften, Verbindung volkstüml. u. wiss. Aufgaben m. Betonung d. Orts- u. Heimatgeschichte (Stadtbüchereien); staatl. Förderung durch *Landes-(Volks-)Büchereistellen;* Dt. Bücherei-Verband als Zus.schluß aller öffentl. u. privaten Büchereien.

Volksbund Deutsche Kriegsgräberfürsorge → Kriegsgräber.

Volksdemokratie, Bez. für die früheren von Kommunisten beherrschten und auf eine Politik im Sinne der UdSSR festgelegten Regierungssysteme innerhalb der sowj. Einflußsphäre (Staatsform meist mit *Volksrepublik* bezeichnet); z. T. Aufrechterhaltung äußerer demokr. Formen: Parteien in „Blocks" oder „Fronten" zusammengefaßt.

Volksdeutsche, Angehörige der dt. → Minderheiten, Volksgruppen in NO-, SO- u. O-Europa; V.r ist nach Bundesvertriebenengesetz, „wer sich in seiner Heimat zum dt. Volkstum bekannt hat". 1939 insges. 8,5 Mill. Volksdeutsche:

Baltendeutsche	142 000
Polendeutsche	1 236 000
Sudetendeutsche	3 300 000
Slowakeideutsche	200 000
Ungarndeutsche	623 000
Jugoslawiendeutsche	537 000
Rumäniendeutsche in:	
Banat	350 000
Bessarabien	100 000
Bukowina	80 000
Dobrudscha	20 000
Siebenbürgen	250 000
Wolga-, Krim- u. a. Deutsche in d. UdSSR	1 420 000

Die ältesten Volksgruppen im Baltikum u. Siebenbürgen entstanden bereits im 12. Jh.; die übrigen vor allem im Zuge der Siedlungstätigkeit Maria Theresias, Josephs II., Katharinas II. im 18. Jh. Durch Umsiedlungsverträge mit d. UdSSR, Rumänien u. Bulgarien 1939–43 „Heim-ins-Reich-Umsiedlung", später Rückführung beim Rückzug der dt. Truppen (insges. ca. 1 Mill. V.). Wolga-, Krim- u. a. dt. Volksgruppen in d. UdSSR nach Beginn des Rußlandkriegs nach Sibirien und Zentralasien verschleppt. Aufgrund des → Potsdamer Abkommens Sudeten- u. Ungarndeutsche sowie alle Deutschen aus Polen (auch aus den unter poln. Verw. gekommenen Reichsgebieten) ausgewiesen, darunter fast alle Umsiedler von 1939–43, die im „Warthegau" usw. angesiedelt werden sollten. 1950 in BR 3,4 Mill. V. als Heimatvertriebene, in Berlin 30 000, in DDR 1,3 Mill. Soweit früher Masseneinbürgerung (z. B. Sudentend. 1938), Staatsangehörigkeit s. 1955 für BR durch Staatsangehörigkeitsregelungsgesetz geklärt.

Volkseinkommen → Sozialprodukt.
Volksentscheid, eine Art unmittelbarer Gesetzgebung durch das Volk im Wege der Abstimmung über eine Gesetzesvorlage; in verschiedenen Ländern (z. B. Östr., Schweiz, → Referendum) vorgesehen, in BR nach dem GG nur z. Neugliederung des Bundesgebiets; nach d. Verfassung einzelner Bundesländer ist V. möglich.
Volksfront, Zusammenarbeit kommunist. Parteien mit anderen sozialist. u. demokr. Parteien gg. Faschismus u. NS 1935–38 in Frankreich, 1936–38 *Fronte Popular* in Spanien.
Volksgerichtshof, 1934–45 im NS-Reich bestehendes Sondergericht zur Aburteilung von Hoch- u. Landesverratssachen, Sitz Berlin; unter Roland *Freisler* bes. s. 1943 ein Schreckenstribunal.
Volkshochschulen, Form d. Erwachsenenbildung; *Ziel:* Vertiefung des Menschen in die soz., pol. u. geist. Welt, daneben auch Vermittlung prakt. Wissens (Sprachkurse u. ä.); zwei Arten: *Heim-V.,* bes. in Dänemark u. Schweden entwickelt (erste dän. 1844 → Grundtvig), wichtige kulturelle Mittelpunkte der Landschaft; *Städtische (Abend-)V.* m. Kursen u. Arbeitsgemeinschaften.
Volkskammer, früheres, nach Einheitslisten gewähltes Parlament der DDR.
Volkskommissar, bis 1946 dem Minister entsprechender Rang in der Sowjetunion.
Volkskunde, Wiss. von den überlieferten Lebensordnungen u. Gemeinschaftsformen, bes. in der Mutterschicht d. Kulturvölker; Realien (Siedlung, Hausbau, Möbel, Tracht, Gerät, Volkskunst), Sozialordnung, seelisches Volksgut (Sprache, Volksdichtung, -erzählung, -musik, -tanz, -schauspiel, -glaube, Brauch usw.).
Volkskunst, künstler. Gestaltung durch u. f. Bauern od. Kleinhandwerker, meist angewandt auf Möbel (bemalte Truhen u. Schränke, Ofenkacheln), Geräte (Werkzeuge, Tischgeschirr, Lebkuchenformen), Textilien (Teppiche, Trachten, Spitzen), am Hausbau (Schnitzerei) u. Andachtskunst (Votivbilder, Hausaltäre, Hinterglasmalerei, Holz-, Tonfiguren). In den Arbeiten der V. leben klass. Bildthemen u. Stilformen weiter als „gesunkenes Kulturgut" in originalen Abwandlungen, die fehlendes akadem. Können durch den Reiz kindl. Naivität ersetzen. Wo Invasionen hochentwickelter Stile auf zähe heimatl. Traditionen treffen, entstehen Mischstile, wie z. B. die spätantike Kunstind. in röm. Provinzen u. der span.-indian. Kolonialstil in Südamerika. – Neuerdings Versuche z. Belebung des Laienschaffens durch Kunsterziehung (Werkschulen) i. Zus.hang m. den Richtungen d. Gegenwartskunst, die wieder an ursprungsnahe (primitive) Formen anknüpfen (→ Tafel, S. 1014), angewandte Kunst in ländl. Gegenden meist zur Dekoration u. Gebrauchsgegenständen; auch religiös bestimmte Themen z. B. auf Votivbildern u. Wegkreuzen; auch → naive Malerei.
Volkslied, in breiten Volksschichten durch längere münd. Überlieferung lebendiges Gebrauchslied, Entstehung seltener in diesen Schichten selbst (improvisierte Vierzeiler, → Schnadahüpfel), meist Schöpfung v. Dichtern d. Bildungsschicht, aber durch d. münd. Weitergabe der persönl. Eigenart entkleidet u. dem Stil des Volkes angepaßt („umgesungen"), Verf. meist vergessen; Blütezeiten in Dtld: *altes V.* der ma. Stadtkultur (14.–16. Jh.) u. *neueres V.* 1770–1850 unter dem Einfluß Herders (*Stimmen d. Völker in Liedern*) u. d. Romantik (*Des Knaben Wunderhorn*) gesammelt.
Volksmedizin, traditionelle, durch Heilkundige aus der Volksschicht geübte Krankheitsbehandlung; chirurgisch, pharmazeutisch (Kräutermedizin) und magisch (Besprechung mit Segensformeln, Übertragen der Krankheit auf außermenschl. Wesen, Amulette usw.). Manches auch i. d. wiss. Prüfung v. d. → Schulmedizin übernommen.
Volksmusikschulen, städt. Schulen f. Musikerziehung (Chor- u. Instrumentalmus.); Gründung u. Methode v. A. Greiner in Augsburg (1905).
Volkspolizei, Name der Ordnungs-, Grenz- und Transportpolizei in der ehem. DDR; daneben bis 1956 kasernierte V. → Nationale Volksarmee.
Volksrepublik, *VR,* → Volksdemokratie.
Volksschulen → Schulwesen, Übers.
Volkstanz → Tanz, Tafel u. Übers.
Volkstrachten, bes. Kleidungsweise volksmäßig bestimmter Gemeinschaften (Dorf, konfessionelle u. Berufsgruppe), mit genau vorgeschriebenen Abwandlungen für Festzeiten, Trauerzeiten, nach Alter, Besitz usw., bes. beim Bauerntum u. bei einzelnen Handwerken; heutige V. entstanden aus urtrachtl. Elementen u. durch Übernahme u. Umwandlung höfischer u. städt. Modekleidung des 16.–19. Jh.; oft großer Aufwand an schweren Stoffen, Stickereien, Spitzen; heute noch in abgelegenen Gegenden Europas erhalten, in Dtld z. B. besonders in Schaumburg, Hessen, d. Alpen, im Schwarzwald, Spreewald.
Volkstrauertag zum Gedenken an die Toten beider Weltkriege; der 2. Sonntag vor dem 1. Advent.
Volksvermögen, begrifflich umstrittene Bez. f. Gesamtheit der im Eigentum eines Volkes stehenden Güter zuzügl. der Forderungen an das Ausland (statistisch kaum erfaßbar).
Volksvertretung, → Parlament, Abgeordnetenhaus.

Volkswagen

Volkswagenwerk AG, 1937 gegr. größtes dt. Kraftfahrzeugwerk; 1961 privatisiert (aus Staatsbesitz verkauft), je 20% der Aktien im Besitz des Landes Niedersachsen und des Bundes, der Rest → Volksaktien; Sitz: Wolfsburg.
Volkswagenwerk-Stiftung, vom Bund u. vom Land Niedersachsen aus ihren Aktienanteilen am Volkswagenwerk finanzierte Stiftung zur Förderung von Wissenschaft und Technik.
Volkswirtschaft, Gesamtheit der Einzelwirtschaften (Unternehmen) eines Staates in ihren Beziehungen zueinander und zum Staate. – **V.slehre,** *Nationalökonomie, Sozialökonomie,* in Frkr. u. England *pol. Ökonomie,* wiss. Darstellung u. Erforschung der Probleme d. V.; umfaßt d. allg. theoret. Teil d. V.slehre im engeren Sinn), d. prakt. Teil (Wirtschaftspolitik) u. Finanzwissenschaft.
Volkszählungen, Hauptgrundlage d. Bev.statistik u. -politik; schon im alten China und Rom, im MA in kleinen Städten, seit 19. Jh. regelmäßig (in Deutschland alle 5 Jahre); → Bevölkerung, Übers.
Vollbeschäftigung, volkswirtsch. Zustand, bei dem die Zahl der freien Arbeitsplätze annähernd der Zahl der Arbeitsuchenden entspricht; formal bereits bei Absinken der Zahl d. Arbeitslosen unter 4% der Erwerbspersonen gegeben (strukturelle Arbeitslosigkeit).
Vollblut → Pferde.

Volkskunst
Abbildungen von links nach rechts. *1. Reihe:* Wegkreuz, Rumänien, 19. Jh. – Eisernes Grabkreuz, Schlesien, 1863 – Löffelbrett, Nordfriesland, 18. Jh. – Wollschürze, Griechenland, 19. Jh. *2. Reihe:* Waffeleisen, Westfalen, 18. Jh. – Stickerei, Nordrußland, 19. Jh. – Irdene Schüssel mit dem Bildnis einer Bauernbraut, Pommern, 19. Jh. *3. Reihe:* Turmhahn, Siebenbürgen, 1807 – Votivbild, aus der Gegend von Dachau, 1736 – Schmiedeeiserner Feuerbock, baskisch, um 1700. *4. Reihe:* Kissenbezug in Noppenknüpfung, Holstein, 19. Jh. – Schiffswimpel, bemalte Holzsägearbeit, Kurische Nehrung, 19. Jh. – Schränkchen, Dänemark 1687.

Volleyball [engl. *'vɔli-*], Ballspiel zw. 2 Mannschaften (je 6 Mann), bei dem d. Ball mit Fingerspitzen über ein Netz gestoßen wird, ohne den Boden zu berühren (höchstens 3 Ballkontakte im eigenen Feld); gewertet nach Punkten; olymp. Wettbewerb.

Volljährigkeit, Großjährigkeit mit Vollendung d. 18. Lebensjahres (in d. BR s. 1. 1. 1975, in der ehem. DDR s. 1950), früher des 21. Lebensjahres; Folge: unbeschränkte → Geschäftsfähigkeit (§§ 2 ff. BGB).

Vollkaufmann → Kaufmann.

Vollmacht → Vertreter.

Vollmatrose, ausgebildeter Seemann.

Vollmond → Mondphasen.

Vollsalz, mit Iod versetztes Kochsalz, zur Kropfverhütung, bes. in iodarmen Gegenden.

Vollschiff, gr. Segelschiff, 3–5mastig, mit Rahsegeln (→ Takelung) an allen Masten.

vollstreckbare Ausfertigung → Vollstreckungsklausel.

Vollstreckungs-befehl → Mahnverfahren. – **V.klausel,** auf den → Vollstreckungstitel gesetzter Vermerk des Gerichtes, der d. Vollstreckbarkeit des V.titels bestätigt; aufgrund dieser vollstreckbaren Ausfertigung des Titels → Zwangsvollstreckung; bei Arrest- u. V.befehlen u. bei einstweil. Verfügungen bedarf es keiner V.klausel. – **V.schutz,** svw. → Zwangsvollstreckungsschutz. – **V.titel,** Urteile oder Urkunden, aufgrund deren Zwangsvollstreckung stattfinden kann (z. B. rechtskräftige od. für vorläufig vollstreckbar erklärte Urteile, Vergleiche); auch hier die → Vollstreckungsklausel nötig.

Vollsynchrongetriebe, erlaubt bei Kraftfahrzeugen Schalten ohne Zwischenkuppeln od. Zwischengas; Prinzip: Haupt- u. Vorlegewelle d. Getriebes wird während des Schaltens auf gleiche Drehzahl gebracht; eingebaute Sperre erlaubt Schalten nur, wenn beide Wellen gleich schnell laufen.

vollsynthetisch, chem. Produkte, bes. → Kunststoffe u. → Chemiefasern, die aus einfachen, niedermolekularen Stoffen (Wasser, Kohle, Salz) aufgebaut werden; Ggs.: halbsynthet., durch Abwandlung v. Naturstoffen (z. B. Cellulose) hergestellte Produkte.

vollziehende Gewalt, *Exekutive,* die ausführende Staatsgewalt; → Gewaltenteilung.

Volo, *Volos,* griech. Hafenst. an der N-Küste d. *Golfs v. V.* (am Ägäischen Meer), 71 000 E; Bischofssitz; Zigarettenind.

Volontär [frz.], Freiwilliger; wird im Wirtschaftsleben ohne Lehrvertrag zu seiner Ausbildung unentgeltlich in kaufmänn. od. ind. Betrieb beschäftigt (§ 82a HGB).

Volsker, altitalischer Stamm, bis 329 v. Chr. von den Römern unterworfen.

Volt, *s.,* Abk. *V,* Maßeinheit der el. Spannung, die bei 1 Ohm Widerstand d. Stromstärke v. 1 Ampere erzeugt; ben. n. → Volta.

Volta, Alessandro Gf (18. 2. 1745–5. 3. 1827), it. Phys.; erfand Elektrophor, Kondensator und **V.sche Säule:** Serienschaltung (säulenförmige Schichtung) von vielen plattenförmig aufgebauten galvan. Elementen, Kupfer u. Zink als Elektroden, schwefelsäuregetränkter Filz als Elektrolyt (→ galvanischer Strom). – **V.sche Spannungsreihe,** Ordnung d. Elemente Zink, Eisen, Zinn, Wasserstoff, Kohle usw. entsprechend ihrer abgegebenen Spannung bei Bildung v. galvan. Elementen (z. B. Kohle–Zink = 1,5 V).

Volta, Fluß in W-Afrika, Quellflüsse: *Schwarzer, Roter* und *Weißer V.,* 1600 km, mündet ö. v. Accra in Golf v. Guinea; durch Akosombo-Damm (141 m h.) zum **Volta-Stausee** (Stauraum 148 Mrd. m³, Fläche 8485 km²) gestaut.

Voltaire

Voltaire [*vɔl'tɛːr*], eigtl. *François Marie Arouet* (21. 11. 1694–30. 5. 1778), frz. Phil., Historiker u. Dichter, Hauptvertr. der → Aufklärung, Lehrmeister Friedrichs d. Gr. (1750–53 an dessen Hof); Tragödien: *Zaïre; Mahomet* (von Goethe übersetzt), Epos: *Henriade;* satirische Romane: *Candide.*

Voltameter, Coulombmeter, Gerät z. Messung el. Ladungsmengen.

Voltampere, Volt mal Ampere, Abk. *VA,* Scheinleistung bei Wechselstrom; wenn Strom u. Spannung in Phase, dann VA = Watt.

Volte, *w.* [frz.], **1)** rasche Drehung beim Fechten; **2)** kleiner Kreis beim Reiten; **3)** Trick beim Kartenspielen.

voltigieren [frz. -*ʒ-*], Geschicklichkeitsübungen am meist an einer Longe gehenden Pferd, auch artist. Übungen v. Kunstreitertruppen.

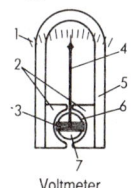

Voltmeter

Voltmeter, Drehspulinstrument zum Messen el. Spannung, meist als Strom-

messer (Amperemeter) mit hohem Widerstand (Drehspul-, Weicheisen-, Hitzdrahtinstrument); mißt nicht leistungslos, Eichung in Volt; reine V. (ohne Leistungsverbrauch) nur Multizellular-V. u. Röhrenvoltmeter für Gleichstrom (Abb.: 1 Skala, 2 Polschuhe, 3 sich drehende, stromdurchflossene Drahtspule, 4 Zeiger, 5 Dauermagnet, 6 ringförmiger Luftspalt, 7 feststehender Eisenkern).

Volturno, it. Fluß in Kampanien, aus d. Abruzzen, 175 km l., ins Tyrrhen. Meer.

Volumen, *s.* [l.], Abk. *vol.,* **1)** Band eines Schriftwerks; **2)** *phys.* Rauminhalt; *spez. V.,* Rauminhalt der Gewichtseinheit eines Stoffes. – **V.vermessung, a)** *Flüssigkeiten:* in Meßfläschchen aus Glas m. geeichter Skala; **b)** von *festen Körpern:* durch Eintauchen in Wasser und Messung der verdrängten Wassermenge.

voluminös [l.], umfangreich.

Voluntarismus, Lehre vom Willen als Grundlage des Seelenlebens oder als Grundprinzip des Seins *(Fichte, Schopenhauer, Nietzsche).*

Volute, *w.* [l.], „schnecken"förmige Verzierung.

Vondel, Joost van den (17. 11. 1587–5. 2. 1679), ndl. Barockdichter; humanist. Dramen, satir.-polem. Gedichte, rel. Lyrik.

Voodoo → Wodu.

Vorarlberg, östr. Bundesland im W, Gebirgsland zw. Bodensee, Rhein u. dem Arlberg; 2601 km², 323 100 E; Land- und Forstwirtschaft, Viehzucht, Milchwirtschaft; Textil-, Leder-, Metall- u. Holzind.; Verwertung d. reichen Wasserkräfte z. Stromerzeugung, Fremdenverkehr; Hptst. *Bregenz.* – 14. bis Anfang 19. Jh. an Habsburg, 1805–14 zu Bayern.

Voraus → Erbrecht.

Vorbehalt, *jur.* **a)** *Geheimer V.* bei Willenserklärung ist nichtig; **b)** *V. des Gesetzes, Gesetzesvorbehalt,* Eingriffe in die bürgerl. Freiheitsrechte (GG Art. 1–17) seitens d. Verw. dürfen nur aufgrund Gesetzes vorgenommen werden (Grundsatz des Rechtsstaates).

Vorbehaltsgut → Eherecht.

Voerde (Niederrhein) (D-4223), St. i. Kr. Wesel, NRW, 36 000 E; Kraftwerk, Behälter- u. Apparatebau, Großmotorenwerk, Kunststoffind.

vorderasiatische Kunst → asiatische Kunst.

Vorderasien, d. Europa nächstliegende Teil Asiens: Kleinasien, Kaukasien, Armenien, Mesopotamien, Syrien, Palästina, Arabien, Iran, Turan.

Vorderindien → Indien.

Vorderlader, alte Feuerwaffe (Gewehr od. Pistole), m. Ladestock v. d. Mündung aus geladen.

Vorerbe → Erbrecht.

Vorfall, *Prolaps,* → Mastdarmvorfall, → Gebärmuttersenkung.

Vorflut, Abfließen des Wassers (z. B. Schmutzwassers aus Fabriken) nach tiefer gelegenem Wasserlauf (Vorfluter).

	600 000	Frühmensch von Mauer bei Heidelberg (→ Mensch, *Abstammungsgeschichte*); erste Steingeräte.
	Altsteinzeit *Paläolithikum* **200 000**	Vorletzte Zwischeneiszeit *(Mindel-Riß)* u. vorletzte Eiszeit *(Riß)* – Urmensch v. Swanscombe.
	Alt-Paläolithikum meist mit Faustkeiltechnik	Jäger u. Sammler. Jagdtiere: Altelefant, Nashorn, Wildpferd. – Faustkeilkulturen. – Frühmenschen-(→ Steinheimer-)Schädel.
S t e i n z e i t	*Mittel-Paläolithikum* meist mit Abschlagtechnik **100 000**	Letzte Zwischeneiszeit *(Riß-Würm)* bis Anfang der letzten Eiszeit *(Würmeiszeit)*. – Neandertalrasse (→ Mensch, *Abstammungsgeschichte*): Jäger u. Sammler in kleinen Horden. Jagdtiere: Höhlenbär, Altelefant, Nashorn, später Ren u. Mammut. Lager im Freiland u. in Höhlen.
	Jung-Paläolithikum meist mit Klingentechnik	Letzte Eiszeit *(Würmeiszeit)*. Tundra u. Steppe. Altmensch *(Homo sapiens fossilis)*. – Jäger, Sammler, Fischer. Jagdtiere: Mamut, wollhaariges Nashorn, Ren, Wildpferd. – Feuersteinklingen u. -schaber. Speerspitzen, später auch Harpunen, Nadeln, Pfeil u. Bogen. Elfenbeinschnitzereien.→ Höhlenmalerei (Jagdzauber); → Tafel Vorgeschichte. Ritzungen auf Knochen.
	10 000 **Mittelsteinzeit** *Mesolithikum*	Zunehmende Bewaldung. Nacheiszeit: Jäger, Fischer, Sammler in wenigen kleinen Horden. Jagdtiere: Hirsch, Reh, Bär, Wildpferd, Ur, Vögel, Fische. – Kleine fein bearbeitete Feuersteingeräte u. -pfeilspitzen. Harpunen aus Bein. – Lagerstätten auf trockenen Höhen u. an Flüssen u. Seen. – Schädelbestattungen in Höhlen: Ofnethöhle.
	um 4500 **Jungsteinzeit** *Neolithikum*	Klima ähnlich wie heute. – Einflüsse aus dem Südosten: *Bandkeramiker* bringen Ackerbau u. Viehzucht nach Mitteleuropa. – Feste Häuser aus Holz u. Lehm bis 25 m lang. Dichte Besiedlung der Lößgebiete. – Geschliffene Steingeräte, Feuersteinmesser u. -pfeilspitzen.→ Bandkeramik. – Bestattung in Hockerlage.
	um 2200	Trockenzeit zwingt zum Verlassen der Lößgebiete u. z. Auswanderung an die Moore u. Seen: Stranddörfer aus kleinen Hütten an den Voralpenseen. Im N Riesensteingräber. Zuwanderung der Glockenbecher-Leute (→ Glockenbecherkultur), vorher Kultur der Schnurkeramiker. Entstehung zahlreicher Mischvölker u. -stile.
	um 2000 **Kupferzeit**	Bevölkerung wenig zahlreich. Hockergräber. – Beile u. Nadeln aus Kupfer. Erste, noch zinnarme Bronze. Tongefäße. – Aunjetitzer Kultur im Osten, Adlerberg-Kultur in SW-Deutschland.
	um 2000 **Bronzezeit**	Bronze = Mischung aus Kupfer u. Zinn (9 : 1). Kupferbergwerke in den Salzburger Alpen (Mitterberg): Beile, Dolche, Schwerter. Schmuck aus Bronze: Nadeln, Armspiralen, Ringe, Bernsteinketten. Verzierte Keramik. – Hügelgräber mit Körperbestattung. Siedlungen in Lößgebieten.
M e t a l l z e i t	**um 1200**	Trockenzeit zwingt zu Umsiedlung u. Völkerwanderungen. Illyrier (?) aus dem Osten Europas mit hochentwickelter Bronzetechnik u. eigenartiger Keramik breiten sich über Mittel- u. Westeuropa aus. Besiedlung der Talsohlen, des Strandes der Seen, der Morre; Moordorf Buchau am Federsee. Ringwälle auf Höhen. – Brandbestattung. Urnengräberfelder. – Schwere Armringe, Nadeln, Bratspieße, tönerne Feuerböcke. – Nordischer, süddeutscher, Lausitzer Kulturkreis u. a.
	800 **Eisenzeit** Frühe Eisenzeit *Hallstattzeit*	Feuchtere Zeit. – Kelten. Um Nord- u. Ostsee Germanen, Vordringen gegen W u. S. Waffen, Geräte u. Wagenbeschläge aus Eisen. Schmuck aus Bronze: Fibeln, Gürtelbleche, Ringe. – Hügelgräber (mit Skeletten) oft in großen Gruppen. Reich gestempelte u. bemalte Keramik, besonders auf der Schwäbischen Alb. – Salzbergwerke bei Hallstatt u. Hallein. – Im späteren Abschnitt Fürstengrabhügel, bis 13 m hoch, mit reichen Beigaben an Bronzegeschirr, Wagen, Schmuck aus Gold, Glas, Bernstein, Koralle. – Fliehburgen.
	400 Latènezeit	Keltenwanderungen nach Italien, Delphi, Kleinasien. – Flachgräber. Einfache Keramik. Aufkommen der Drehscheibe. Waffen u. vielerlei Geräte aus Eisen. – Bronzene Fibeln, z. T. Koralleneinlage, u. Knotenringe. Glasarmreifen. Erstes geprägtes Geld nach griech. Vorbild: goldene Regenbogenschüsselchen. Zug der Kimbern u. Teutonen.
	Christi Geburt Römische Zeit	Kastelle, Limes, Straßen, Steinbau. Steinbildwerke u. Inschriften.
	bis 260 Frühmittelalter	Germanische Stämme u. Reiche.

Vorgeschichte

Abbildungen von links nach rechts. *1. Reihe:* Faustkeil der Altsteinzeit – „Venus" von Willendorf, Atsteinzeit – Feuerstein-dolch, Jungsteinzeit – Doppelaxt, Jungsteinzeit. *2. Reihe:* Steingrab (Megalithgrab), Jungsteinzeit – Spiralverziertes Gefäß der Bandkeramik – Gefäß der Schnurkeramiker-Kultur – Gefäß der Glockenbecher-Kultur. *3. Reihe:* Steinkistengrab der Schnurkeramik – Aunjetitzer Hockergrab – Rekonstruktion eines bronzezeitlichen Hauses – Armband mit Spiralen, Bronzezeit. *4. Reihe:* Streitaxt, Bronzezeit – Schwert, Bronzezeit – Eisenzeitliches Gefäß – Fibel, Eisenzeit.

Vorgabe, im Sport svw. → Handicap.

Vorgelege, Vorrichtung z. Änderung d. → Übersetzung zw. treibender u. getriebener Welle (z. B. durch Zahnräder).

Vorgeschichte, *Prähistorie,* Menschheitsgeschichte vor der Zeit geschriebener Überlieferung. Die V. eines Landes beginnt mit Auftreten des Menschen, endet bei jedem Volk zu anderer Zeit, so in Ägypten um 3000 v. Chr., in Griechenland um 1200 v. Chr., in Nordeuropa um 1100 n. Chr. Die Urkunden der V. sind in oder über dem Boden erhalten gebliebene Kulturreste, wie Hüttenstellen, Geräte, Befestigungen, Gräber. *Relative Datierung* dieser Bodenfunde nach der Lagerung im Boden: tiefere Schicht älter als höhere *(stratigraphische Methode)* u. nach der Formentwicklung z. B. des Schmukkes *(typologische Methode). Absolute Datierung* (Jahreszahlen) der europ. V. zurück bis 2000 v. Chr. ergibt sich durch Handelsbeziehungen zu den damals schon geschichtlichen Ländern des Mittelmeergebietes. Die Zahlen in dem Überblick für Mitteleuropa (→ Übersicht) sind, je weiter zurück, desto unsicherer, die ältesten geben nur eine rohe Vorstellung von den Zeiträumen. Die „Weltgeschichte" mit ihren etwa 5000 Jahren umfaßt nur etwa 1% der Menschheitsgeschichte (→ Übers. u. Tafel; Abb. → Höhlenmalerei).

vorgeschichtliche Kunst, 1) *Paläolithikum* (Altsteinzeit): Kunst als Ausdruck religiöser Vorstellungen; seit etwa 30 000 v. Chr. erste erhaltene Kunstwerke: frankokantabr. → Höhlenmalerei; Nordspanien: Altamira; Südfrankreich: Font de Gaume; naturnahe, polychrome Tierdarstellungen (Jagdzauber); seit etwa 10 000 v. Chr. südostspan. Felsmalerei: stilisierte Menschen- u. Tierdarstellungen, Jagd- u. Kampfszenen in Felsnischen; **2)** *Neolithikum* (Jungsteinzeit): Kunst dient dem symbol. Erinnern; während im Paläolithikum lebensnahe Darstellung vorherrscht, setzt sich etwa seit ca. 5000 v. Chr. (Übergang vom Jäger zum Bauer) Jägerkultur zu nacheiszeitl. Ackerbau u. Siedlung) im Gefolge d. Totenkultes d. abstrakte Stil durch, der d. gesamteur. Raum bis etwa 500 v. Chr. beherrscht; Felsgravierungen u. symbol. Reliefs in Grabkammern (z. B. Frankreich, Marne-Dép.), Idole, Sippenzeichen, Ahnenbilder; „Bandkeramik", geometr. Ornamente (Übergang zu Bronze- u. Eisenzeit). → Tafel Vorgeschichte.

Vorhandschlag, Schlagart bei Tennis, Tischtennis und Badminton; Handvorderseite zeigt in Schlagrichtung; Ggs.: → Rückhandschlag.

Vorhaut, Hautfalte des männl. Gliedes, überzieht die Eichel.

Vorhof → Herz.

Vorkauf, Recht, b. Verkauf e. Gegenstandes anstelle d. Käufers zu treten; kann auf *Gesetz od. Vertrag* beruhen; *gesetzl. V.* hat Miterbe bei Verkauf e. Erb-

teils (§ 2034 BGB); *vertragl. V.* (§§ 504 ff. BGB); *dingl. V.* nur b. Grundstücken (§ 1094 BGB).

Vormärz, Zeit vor der Märzrevolution 1848.

Vormilch, *Colostrum,* eiweißhaltiges Sekret der Milchdrüsen nach dem Gebären.

Vormund, amtlich bestellter Vertreter v. Minderjährigen oder Entmündigten; bei größeren Vermögensverwaltungen auch *Gegen-V.* zulässig (§§ 1773 ff. BGB); Überwachung durch **V.schaftsgericht** (Amtsgericht); dagegen → Pflegschaft.

Vorneverteidigung, Grundsatz d. mil.strateg. Konzeption d. → NATO, die vorsieht, feindl. Angriffe so grenznah wie möglich abzuwehren.

Vorpfändung, durch Zustellung Benachrichtigung des Schuldners u. Drittschuldners, daß Pfändung eines Anspruchs bevorsteht (§ 845 ZPO); hat drei Wochen lang Wirkung eines (dingl.) → Arrests.

Vorprämiengeschäft → Börsengeschäfte.

Vorratsschädlinge, tier. oder pflanzl. Organismen, die an Lebensmitteln oder Material wie Holz, Felle, Stoff Schäden verursachen (Kornkäfer, Schimmelpilze); Bekämpfung d. tier. Schädlinge heute durch Fraß-, Kontakt- u. Atemgifte, Sexuallockstoffe in Fallen.

Vorruhestand, durch Ges. v. 13. 4. 1984 erleichtertes vorzeitiges Ausscheiden aus dem Berufsleben zwecks Entlastung des Arbeitsmarktes; nach entsprechender Vereinbarung der Tarifparteien frühestens möglich m. 58 Jahren; gilt seit 1. 1. 1989 nur noch in solchen Fällen, in denen die Voraussetzungen bereits vorher gegeben waren. → Altersteilzeitgesetz.

Vorsatz → Fahrlässigkeit.

Vorschiff, Schiffsvorderteil.

Vorschlag, *mus.* kurzer Zierton vor einem Hauptton der Melodie.

Vorschlagswesen, betriebl. Einrichtung, bei der verwendbare Vorschläge von Betriebsangehörigen zur Rationalisierung u. Qualitätsverbesserung finanziell belohnt werden.

Vorschoter, im Zweimann-Segelboot segeltechn. Helfer des Steuermanns; bedient Vorschot u. → Spinnaker, steigt ins → Trapez.

Vorschulerziehung, *Elementarerziehung,* wichtiges bildungspol. Vorhaben, um eine größere Chancengleichheit im Bildungswesen zu gewährleisten; Kindergärten sollen m. entsprechendem Spiel- u. Arbeitsmaterial ausgestattet, Kindergärtnerinnen für diese Aufgabe fachlich geschult werden; Ziel: Entwicklung d. Persönlichkeit des Kindes; → Schulkindergarten.

Vorsfelde, s. 1972 zu → Wolfsburg.

Vorsokratiker, die griech. Philosophen vor Sokrates (Naturphil., Pythagoreer, Sophisten, Eleaten).

Vorsorgemedizin, befaßt sich mit Früherkennung und -behandlung chron. Krank-

heiten (Arteriosklerose, Herzinfarkt, Gehirnschlag u. → Krebs), Gesundheitserziehung u. Epidemiologie.

Vorspur, an Straßenfahrzeugen Verringerung des Abstandes der Vorderräder am vorderen Felgenrand gegenüber dem hinteren, wodurch Vorderräder schräg nach innen laufen; erleichtert das Lenken, verringert Neigung zu Radflattern, vergrößert aber Reifenverschleiß.

Vorsteherdrüse → Prostata.

Vorstehhunde, Jagdhundrassen, zeigen d. Wild durch „Vorstehen" (Stehenbleiben) an (→ Tafel Hunderassen).

Vorster, Balthasar Johannes (13. 12. 1915–10. 9. 83), südafrikan. Pol.; 1966–78 Min.präs., 1978/79 Staatspräs.

Vorstrafe, wirkt bei späteren Straftaten strafverschärfend; Ordnungswidrigkeiten zählen nicht.

Vortäuschung einer Straftat, wird mit Freiheitsstrafe bis zu 3 Jahren od. m. Geldstrafe geahndet (§ 145d StGB).

Vorteils-annahme, passive → Bestechung minderen Grades im Zus.hang m. der Vornahme einer legalen Diensthandlung. – **V.gewährung,** → Bestechung minderen Grades, gerichtet auf Herbeiführung einer legalen Diensthandlung.

Vortopp, *seem.* auf mehrmast. Segelschiffen d. Teile des vorderen (Fock-) → Mastes.

Vorurteil, vorgefaßte Meinung (Einstellung) gegenüber Handlungen, Meinungen, Personen u. sozialen Gruppen (z. B. Antisemitismus).

Vorverfahren, 1) Ermittlungsverfahren der Staatsanwaltschaft z. Entscheidung, ob Anklage zu erheben ist (§§ 158 ff. StPO); **2)** das → Widerspruchsverfahren vor Erhebung d. → Anfechtungsklage.

Vorvertrag, bedarf z. Wirksamkeit grundsätzl. d. Form des Hptvertrags.

Vorwärmer, dienen besserer Wärmewirtschaft, z. B. bei Dampferzeugung durch Vorwärmung des Speisewassers (im Economiser) u. der zugeführten Luft.

Vorwärtsverteidigung, Militärstrategie (z. B. der UdSSR), die bei e. Angriff d. Gefecht auf d. Territorium d. Gegners führen will.

Vorwerk, selbst. Teile eines Gutsbesitzes mit eigenen Wirtschaftsgebäuden.

Vorzugs-aktien, *Stammprioritäten, Prioritätsaktien,* Aktien, die gegenüber d. Stammaktien m. bestimmten Vorrechten ausgestattet sind. – **V.zölle,** *Präferenzzölle,* niedrigere Zölle f. Güter aus best. Ländern (z. B. in Großbritannien f. Güter aus d. Dominions).

Voscherau, Henning (* 13. 8. 1941), SPD-Pol., s. 1988 Präs. d. Senats u. Erster Bürgerm. v. Hamburg.

Vosges [voʒ], ostfrz. Dép., im O die → Vogesen; 5874 km², 390 000 E, Hptst. Épinal.

Voß, Johann Heinrich (20. 2. 1751–29. 3. 1826), dt. Dichter des Göttinger Hains u. Übersetzer (Homer); Idyllen: *Luise.*

Voßler, Karl (6. 9. 1872–18. 5. 1949), dt.

Romanist; *Dante; Geist u. Kultur in der Sprache; Lope de Vega.*

Vostell, Wolf (* 14. 10. 1932), dt. Künstler; → Happening, → Décollage.

votieren [l.], (ab)stimmen, beschließen.

votiv [l.], einem Gelübde entsprechend.

Votivgaben, Bilder, Kerzen usw. als Weihgeschenk an Gott od. Heilige.

Votivmessen, Messen, die in einem best. Anliegen gelesen werden (z. B. Brautmessen).

Votum, *s.* [l.], Wahlstimme, Stimmabgabe; Gutachten; auf Abstimmung beruhende Stellungnahme (z. B. *Mißtrauens-V.*).

Vouet [*vu'ɛ*], Simon (get. 9. 1. 1590–30. 6. 1649), frz. Maler; lange auch in Italien tätig, dann Hofmaler Ludwigs XIII.; verband Elemente der franz. Klassik und des ital. Barock zu lebhaften, farbstarken Kompositionen; durch seinen dekorativen Spätstil Wegbereiter des franz. Klassizismus.

Vox populi vox Dei [l.], „Volkes Stimme (ist) Gottes Stimme".

Voyager [*'vɔɪədʒə*], am. → Raumsonde (→ Weltraumforschung).

Voyageur, *m.* [frz. *vŏaja'ʒœr*], Reisender.

Voyeur [*vŏa'jœr*], sexuell abartig veranlagte Person, Befriedigung durch Beobachtung sexueller Handlungen.

VPS, Abk. f. Videoprogrammsystem.

Vranitzky, Franz (* 4. 10. 1937), östr. Politiker (SPÖ); 1983–86 Finanzminister, s. 1986 B.kanzler.

Vrbas, 1) r. Nbfl. d. Save i. Bosnien, 240 km l.; **2)** Tallandschaft am V., Hptort *Banjaluka* (184 000 E).

Vrchlický [*-tskĭ*], Jaroslav, eigtl. *Emil Frida* (17. 2. 1853–9. 9. 1912), tschech. Schriftst.; Gedichte, Dramen; *Geist u. Welt.*

Vreden (D-4426), St. i. Kr. Borken, NRW, nahe der ndl. Grenze, 18 866 E; AG; dazu.

Vreneli, in d. Schweiz 20-Franken-Goldstück, ben. nach dem Mädchenkopf auf der Münze.

Vries, 1) Adriaen de (um 1560–15. 12. 1626), ndl. Bildhauer an der Wende zum Barock; *Merkur-* u. *Herkulesbrunnen* (Augsburg); **2)** Hugo de (16. 2. 1848–21. 5. 1935), ndl. Botaniker; Begründer der → Mutationstheorie.

Vring, Georg v. der (30. 12. 1889–28. 2. 1968), dt. Dichter u. Schriftst.; Gedichte; Romane: *Soldat Suhren.*

VTOL-Flugzeug → Senkrechtstartflugzeug.

Vuillard [*vɥi'jaːr*], Édouard (11. 11. 1868–21. 6. 1940), frz. spätimpressionist. Maler u. Graphiker.

Vulcano, eine der Lipar. Inseln, it., 21 km², Vulkan.

vulgär [l.], alltäglich, gemein.

Vulgärlatein, *s.,* vom Volk gesprochenes Latein, aus dem die roman. Sprachen entstanden sind.

Vulgata, *w.,* meistbenutzte, seit 1546 authentische lat. → Bibelübersetzung d. Hieronymus.

vulgo [l.], gemeinhin, gewöhnlich.

Vulkan, *Vulcanus,* röm. Gott des Feuers, dem griech. → *Hephästos* gleichgesetzt.

Vulkan *(Ätna)*

Vulkane, meist kegelförmige Berge, von dem um den *Krater* angehäuften, aus e. *Schlot* oder Kanal a. die Oberfläche dringenden *Magma* gebildet; versch. Formen: *Kessel* bei explosionsart. Durchbruch *(Maar), Quell-* u. *Staukuppen* bei zähflüss., *Schild-V.* und *vulkan. Decken* bei dünnflüssiger Lava; *Schicht-V.* durch wechselnde Ausbrüche von Lava, Aschen und Schlacken; letzte Anzeichen

eines erlöschenden Vulkans: die → Solfataren, → Fumarolen, → Mofetten und warmen Quellen; größte Zahl d. Vulkane an d. Küsten d. Pazifiks. *Nicht vulkanisch: Schlamm-V.,* bei Ausströmen organ. Fäulnisgase i. Schlamm (Neuseeland).

Vulkanfiber, *Fiber,* Kunststoff, zusammengepreßte, m. Zinkchlorid pergamentierte Papierblätter; als Leder- od. Kautschukersatz.

vulkanisieren, Kautschukbearbeitung m. Schwefel u. Schwefelverbindungen; erfunden v. → Goodyear; durch Vulkanisation erhält Kautschuk seine Elastizität u. Festigkeit.

Vulkanismus, Bezeichnung f. vulkan. Tätigkeit.

Vulkanite, *Erguß-* od. *Effusivgesteine,* entstehen beim Austritt von → Magma an die Erdoberfläche bei dessen Erstarren (z. B. *Basalt, Andesit, Trachyt).* → Magmatite.

Vulkollan®, *s.,* Kunststoff aus Polyisocyanaten mit hohem Abriebwiderstand; f. Sohlen, Bereifung.

Vulpius, 1) Christian August (23. 1. 1762–26. 6. 1827), dt. Romanschriftst.; Räuber- u. Schauerromane; *Rinaldo Rinaldini;* Bruder v. **2)** Christiane (1. 6. 1765–6. 6. 1816), Gattin v. J. W. v. → Goethe.

Vulva, *w.* [l.], d. äußeren → Geschlechtsorgane d. Frau.

v. v., Abk. f. → *vice versa.*

V-Waffen, dt. „Vergeltungswaffen", s. 1944 eingesetzte Raketenwaffen (→ V 2).

VWD → Presse, Übersicht, S. 714 f. (Nachrichtenagenturen).

VwGO, Abk. f. → *Verwaltungsgerichtsordnung.*

V 2, dt. Raketengeschoß d. 2. Weltkriegs; Treibstoff: Alkohol u. Flüssigsauerstoff. Endgeschwindigkeit 6000 km/h, größte Höhe 160 km, Reichweite 360 km in 365 Sek. (→ Tafel Weltraumforschung).

W, 1) *geograph.* Westen; **2)** *chem.* Zeichen f. → *Wolfram;* **3)** *elektrotechn.* Abk. f. → *Watt.*

Waadt, *Waadtland, frz. Vaud,* schweiz. Kanton zw. Neuenburger u. Genfer See, 3219 km², 572 600 frz. sprechende E; Uhrenind.; Tabak- u. Weinbau; Fremdenverkehr; Hptst. *Lausanne.*

Waag, slowak. *Váh,* l. Donau-Nbfl. in der Slowakei, 390 km l., von der Niederen Tatra, mündet bei Komorn.

Waage, 1) Gerät zur Bestimmung des Gewichtes von Körpern, durch Vergleich der Masse des Körpers mit einer geeichten Masse: *Balken-W.;* einfachste Ausführung: W.-Balken, im Drehpunkt auf Schneide gelagert, trägt an den Enden zwei Schalen; *Brücken-W.* ermöglicht Wiegen schwerer Körper mit kleinen Gewichten; b. *Dezimal-W.* verhält sich Gewicht zu Wiegegut wie 1:10; praktisch viel verwendet: *Tafel-W.,* 2 durch Gelenke parallel gehaltene W.-Balken, damit Wägung unabhängig vom Lage der Körper auf den Schalen; für kleine Gewichte *Schnell-W., römische W.,* mit ungleichen Hebelarmen, am längeren verschiebbares Ausgleichsgewicht; *Zeiger-W.,* mit Gewicht an Winkelhebel, gibt auf einer Skala d. Ausschlag an *(Brief-W.);* **2)** direkte Messung durch einer Feder; im Gleichgewichtsfall ist Federkraft gleich Gewicht: *Feder-W., Haushalts-W.;* **3)** *astronom.* 7. Zeichen des → *Tierkreises;* → Sternbilder, Übers.

Waal, südl. Mündungsarm d. → Rheins.

Waals, Johann Diederik van der (23. 11. 1837–7. 3. 1923), ndl. Phys.; Molekularkräfte; Nobelpr. 1910.

Wabenkröte

Waben, Gesamtheit der Bauteile der Bienen- u. Wespenstöcke; z. Aufzucht d.

Brut u. bei d. Bienen auch zur Speicherung v. Honig u. Pollen. – **W.kröte,** *Pipa,* Kröte d. trop. Amerika; Eier u. Larven entwickeln sich in wabenähnl. Rückenhautwucherungen.

Wachau, Donau-Engtal zw. Melk u. Krems in Niederöstr.; Weinbau.

Wacholder   Wachtel

Wacholder, *Machandel,* Nadelholz, meist strauchartig, m. beerenähnl. Fruchtzapfen; aus ihnen Gewürze usw.; → Sadebaum.

Wachs, Absonderung der Bienen, zu Waben verarbeitet, gelblich, gebleicht weiß; bes. zu Kerzen, Bohnermasse, Salben; *Pflanzen-W.,* von gewissen Palmen und anderen tropischen Pflanzen; *Mineral-W.,* Zeresin, aus *Erd-W.* (Ozokerit) gewonnen.

Wachsblume, *Hoya, Porzellanblume,* Kletersträucher aus S-Asien, mit wachsartigen Blüten.

Wachsmotte → Bienenmotte.

Wachstum, b. Menschen reguliert durch das innersekretorischen Drüsen → Thymus u. → Hypophyse. Bildet d. Hypophyse im W.salter zuviel **W.shormon,** entsteht → Riesenwuchs (Gigantismus); nach der Körperausreife dagegen → Akromegalie; bei Unterproduktion von W.shormon kommt es zu Zwergwuchs bzw. Wachstumsstillstand. In der Pubertät manchmal beschleunigtes Knochenwachstum; Abschluß des W.s etwa im 25. Jahr. – Menschliches Wachstumshormon *(human growth hormone* = HGH; *somatotropes Hormon* = STH) auch synthetisch herstellbar; verwendet für Therapie bei → Zwergwuchs.

Wachtberg (D-5307), Gem. i. Rhein-Sieg-Kr., NRW, 16 734 E.

Wächte, überhängende Schneemasse im Gebirge.

Wachtel, kleinster einheim. Hühnervogel, bis 20 cm lang; Zugvogel, im Sommer in Getreidefeldern. – **W.hund,** kleiner, langhaariger Jagdhund mit Hängeohren. – **W.könig,** *Wiesenknarrer,* braune, langhals. Ralle mit schnarrendem Ruf; Zugvogel. – **W.weizen,** in Wäldern u. Wiesen wachsender meist gelb blühender, halbschmarotzender Rachenblütler.

Wachtraum, *Tagtraum,* gedankl. Durchspielen verborgener Wünsche, bes. bei Kindern u. Jugendlichen.

Wackenroder, Wilhelm Heinrich (13. 7. 1773–13. 2. 98), dt. romant. Schriftst.; *Herzensergießungen eines kunstliebenden Klosterbruders; Phantasien über die Kunst.*

Wackersdorf (8464), oberpfälz. Gemeinde i. Kr. Schwandorf, Bay., 3905 E; ehem. Zentrum d. bayr. Braunkohlebergbaus; der Bau der atomaren Wiederaufbereitungsanlage (WAA) wurde im Juni 1989 eingestellt.

Wade, Muskeln an der Hinterseite des Unterschenkels. – **W.nbein,** der schlanke, äußere Unterschenkelknochen (→ Tafel Mensch, S. 348).

Wädenswil (CH-8820), schweiz. St. am Zürichsee, Kanton Zürich, 18 500 E.

Wâdi, *s.* [arab.], ausgetrocknetes Wüsten-Flußtal in Arabien und Nordafrika; bei starkem Regen kurzzeitig auch reißender Wasserlauf.

Wafd-Partei, ägypt. nat. Unabhängigkeitspartei, 1924 gegr., 1953 aufgelöst.

Waffengebrauch, bei Polizei, Zoll- und anderen Beamten statthaft, wenn erforderlich; zum Schutz der eigenen od. einer anvertrauten Person, zur Verhütung strafbarer Handlungen, bei Widerstand gg. Amtshandlungen, bei Fluchtversuch Verhafteter.

Waffengesetz, i. d. BR s. 1. 1. 1973 (1978 verschärft), ordnet u. a. die Meldepflicht f. Waffen an.

Waffenstillstand, Vereinbarung über Einstellung der Feindseligkeiten, meist zur Einleitung von Friedensverhandlungen. - **W.stag,** engl. *Armistice Day,* 11. November, am. u. brit. Nationalfeiertag (Gedenktag für 1. Weltkrieg); abgelöst in d. USA durch den *Veterans Day* (23. 10.) u. in Großbrit. durch den *Remembrance Sunday* (a. Sonntag, der dem 11. 11. am nächsten liegt).

Wagadugu → Ouagadougou.

Wagen, Großer u. Kleiner, Gruppe der 7 hellsten Sterne im *Großen* u. eine ähnliche im *Kleinen* → *Bären.*

Wagenburg, Verschanzung des Heerlagers aus ringsum aufgefahrenen Troßwagen.

Wagenrennen, im Altertum beliebte Form der Wettkämpfe (Zirkusspiele; Olymp. Spiele).

Waggerl, Karl Heinrich (10. 12. 1897–4. 11. 1973), östr. Schriftst.; *Brot; D. Jahr d. Herrn; D. Wiesenbuch.*

Wagner, 1) Adolph (23. 5. 1835–8. 11. 1917), dt. Nationalökonom; Kathedersozialist; *Grundlegung d. pol. Ökonomie;* **2)** Carl-Ludwig (* 9. 1. 1930), CDU-Pol., 1981–88 Finanzmin. v. RP, Dez. 1988– Mai 1990 Min.präs. v. RP; **3)** Heinrich Leopold (19. 2. 1747–4. 3. 79), dt. Dramatiker d. Sturm u. Drang; *Die Kindsmörderin;* **4)** Hermann (23. 6. 1840–18. 6. 1929), dt. Geograph; **5)** Otto (13. 7. 1841–11. 4. 1918), östr. Baumeister, Vertr. e. zweckorientierten „Nutzstils"; *Postsparkassenamt* Wien.

Wagner, dt. Musikerfamilie: **1)** Cosima (24. 12. 1837–1. 4. 1930), Tochter v. Franz Liszt, s. 1870 zweite Gattin R. Wagners; Hüterin der Bayreuther Tradi-

Richard Wagner

tion; **2)** Richard (22. 5. 1813–13. 2. 83), dt. Komp.; schuf das Musikdrama als „Gesamtkunstwerk", neue Art der Instrumentation (Schöpfer des sog. gr. Orchesters); n. Teilnahme a. d. Revolution 1849 Flucht i. d. Schweiz; 1864 Berufung n. München (Freundschaft m. Ludwig II.); 1872 Begründung d. Bayreuther Festspiele; Opern (m. eigenen Texten): *Rienzi; Der fliegende Holländer; Tannhäuser; Lohengrin; Tristan u. Isolde; D. Meistersinger v. Nürnberg; D. Ring des Nibelungen* (Tetralogie); *Parsifal;* Selbstdarstellung *Mein Leben; Ges. Schriften;* Sohn **3)** Siegfried (6. 6. 1869–4. 8. 1930), dt. Dirigent u. Komp., s. 1909 Leiter des Bayreuther Festspiele; Opern: *Der Bären-*

häuter; Schwarzschwanenreich; s. Gattin **4)** Winifred, geb. Williams (23. 6. 1897– 5. 3. 1980), hatte nach ihm d. Festspielleitung, die s. 1950 von ihren Söhnen **5)** Wieland (5. 1. 1917–17. 10. 66) u. **6)** Wolfgang (* 30. 8. 1919) übernommen wurde.

Wagner-Régeny, Rudolf (28. 8. 1903– 18. 9. 69), dt. Opernkomp.; *D. Günstling; Die Bürger v. Calais.*

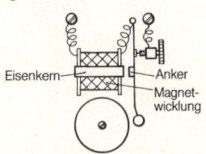

Eisenkern — Anker
Magnetwicklung

Wagnerscher Hammer
(elektrische Klingel)

Wagnerscher Hammer, ein el. Unterbrecher; *Arbeitsweise:* stromdurchflossene Magnetspule zieht an Anker befestigten Anker an; hierdurch wird Stromzufuhr unterbrochen, Spule wird unmagnetisch, u. Anker schwingt in Ruhelage zurück; dadurch wird d. Stromkreis wiederum geschlossen, u. Vorgang beginnt v. neuem; *Anwendung:* in d. el. Klingel und im → Wechselrichter (Zerhacker).

Wagner von Jauregg, Julius (7. 3. 1857–27. 9. 1940), östr. Psychiater; „Malaria-Behandlung" der syphilit. Gehirnerweichung (Paralyse); Nobelpr. 1927.

Wagram (A-2232), *Deutsch-Wagram,* Marktgem. i. Marchfeld, 5000 E. – 1809 Sieg Napoleons über die Österreicher.

Wah(h)abiten, von Abd ul Wahhâb († 1787) gegr. moh. Reformbewegung, die urspr. Reinheit der → Sunna wiederherstellen will; s. 1921 unter Ibn Saud (→ Saudi-Arabien).

Wähler, in der *Fernmeldetechnik:* elektromechan. Koppeleinrichtung m. zugehörigem Steuerteil; verbindet jeweils einen Eingang m. einem od. mehreren Ausgängen m. (als Sucher) einen od. mehrere Eingänge mit e. Ausgang: zahlreiche versch. Ausführungen. → Fernsprechvermittlung.

Wahlprüfung, in Art. 41 GG angeordnete m. im Ges. v. 12. 3. 1951 verankerte Überprüfung d. Bundestagswahl auf Einspruch v. Wahlberechtigten, Landesu. Bundeswahlleitern od. d. Bundestagspräs.; *W.sausschuß* bereitet Entscheidung des B.tags (Ungültigk. d. Wahl e. Abgeordneten, Mandatsverlust) vor, geg. d. Beschwerde an B.verfassungsgericht mögl. ist; W. v. Landtagswahlen meist i. d. betreffenden Landeswahlgesetzen geregelt.

Wahlrecht, Recht, zu öffentlichen Vertretungskörperschaften zu wählen *(aktives W.)* oder gewählt zu werden *(passives W.)* In der BR für Männer und Frauen aktives und passives W. vom vollendeten 18. Lebensjahr. Wahlrecht kann an Geschlecht (Frauen-W. erst in neuester Zeit u. nicht allgemein), an Standeszugehörig-

keit, Besitz, Einkommen gebunden sein (z. B. Dreiklassenwahlrecht in Preußen bis 1918). Wahl *direkt* durch alle Wahlberechtigten od. *indirekt* durch Wahlmänner (z. B. Wahl d. Präs. d. USA) möglich. Das fortschrittlichste Wahlrecht sieht gleiche, geheime, allgemeine u. direkte Wahl vor. Durch das Wahlrecht sind die Wahlsysteme bestimmt.

Wahlstatt, *Legnickie Pole,* poln. Gem. bei Liegnitz, Niederschlesien. – Schlacht gg. d. Mongolen 1241; in der Nähe an der Katzbach 1813 Sieg Blüchers *(Fürst v. W.)* über die Franzosen.

Wahlsysteme, 1) *Mehrheitswahl* (Persönlichkeitswahl): im Wahlkreis gilt der Kandidat als gewählt, der mehr als die Hälfte (absolute Mehrheit) oder die meisten Stimmen erhält (relative Mehrheit; Großbritannien, USA); Vorteile: verhindert die Bildung kleiner Parteien, schafft klare Mehrheit und bindet Abgeordnete stärker an den Wählerwillen; Nachteile: Stimmen für die unterlegenen Kandidaten sind verloren, Minderheiten erhalten keine Vertretung, Abgeordnete sind stärker d. Einfluß örtl. Interessengruppen ausgesetzt; **2)** *Verhältnis-, Proporzwahl:* d. Summe aller für eine Liste (Partei) abgegebenen Stimmen entscheidet über die Zahl der Abgeordneten einer Partei; Vorteile: bringt alle Stimmen z. Geltung, auch Minderheiten können Kandidaten durchbringen, pol. Wille des Volkes kommt klarer z. Ausdruck; Nachteile: begünstigt Bildung v. Splitterparteien, verhindert häufig Bildung klarer parlamentar. Mehrheiten (Weimarer Republik), deshalb in der BR *Fünfprozentklausel* (eine Partei muß mindestens 5% aller Wählerstimmen erhalten, um Abgeordnete i. d. Bundestag entsenden zu können). - In BR Mehrheits- u. Verhältniswahlen gekoppelt; die Hälfte d. Abgeordneten wird in direkter Wahl in den Wahlkreisen gewählt, die andere Hälfte nach d. Zahl d. f. die Parteilisten abgegebenen Stimmen ermittelt.

Wahlvergehen, Straftaten bezügl. d. Durchführung v. Wahlen (Wahlverhinderung, -fälschung, Verletzung d. Wahlgeheimnisses, Nötigung bezügl. der Stimmabgabe, Täuschung b. Stimmabgabe, Wahlbestechung u. strafb. Handlungen b. d. Wahlvorbereitung) (§§ 107 ff. StGB).

Wahlverwandtschaften, seelische Zuneigung aufgrund innerer Wesensähnlichkeit (Goethes Roman: *Die W.*).

Wahn, Flughafen f. Bonn u. Köln, nördl. v. Bonn.

Wahnidee, *Wahnvorstellung, fixe Idee,* übermächtige Vorstellung bei unrealist. Einschätzung der Umwelt (→ Illusion, → Halluzination), häufig b. Psychotikern (z. B. → Verfolgungswahn).

wahre Sonnenzeit → Zeit.

Wahrheitsbeweis, kann bei über Nachrede Täter straffrei machen (§§ 186, 190, 192 StGB).

Wahrnehmung berechtigter Interessen, macht an sich strafbare beleidigende Äußerungen straffrei, sofern nicht formelle Beleidigung vorliegt (§ 193 StGB).

Wahrscheinlichkeit, *math.,* **1)** klassische Auffassung: Verhältnis der Zahl der günstigen zur Zahl der möglichen Ereignisse (z. B. Wahrscheinlichkeit, mit einem Würfel eine 2 zu würfeln = ⅙; 1 günstiges, 6 mögliche Ereignisse); **2)** Grenzwert der relativen Häufigkeit eines Ereignisses.

Währung, *Valuta,* das in einem Staate gesetzl. bestehende Geldsystem; *harte W.* kann in jede beliebige andere W. umgetauscht werden, im Gegensatz zu *weicher W.,* bei der Umtausch nur beschränkt möglich ist; auch → Währungen, S. 1087/88. – **W.sreform,** Neuordnung d. Geldwesens eines Landes, bes. nach einer → Inflation notwendig; in Dtld im Anschluß an beide Weltkriege (1923 u. 1948); 1948 in Westdtld: Umwechselverhältnis 10:1, in der sowj. Zone Umwechselverhältnis bar 10:1, RM-Verbindlichkeiten (wie Löhne, Mieten) grundsätzlich 1:1; neue Währung: *Dt.* → *Mark (DM); W.s-Ausgleich* für Sparguthaben von 2,8 Mill. Vertriebenen. – **W.ssysteme,** offene od. gesperrte: **1)** *reine Gold-W.;* **2)** *Goldkern-W.,* Gold ist nicht in Umlauf; Goldbestände haben nur d. Goldparität e. W. zu sichern; **3)** *Doppel-W.:* mehrere Metalle frei ausprägbar, die durch gesetzl. Wertrelation verbunden sind; daneben theoret. Systeme: *Index-W.:* nur an der Preisbewegung orientiert, Geld soll *gleichbleibende Kaufkraft* haben; *Schwundgeld* (Freigeldbewegung, ausgehend von *Silvio Gesell*): Noten verlieren in einer best. Zeit einen Teil ihres Wertes: Geld *soll nicht gehortet* werden.

Waiblingen (D-7050), Krst. d. Rems-Murr-Kr., a. d. Rems, Ba-Wü., 46 630 E; AG; Orchideenzucht; Masch.-, Metall-, Textilind.; ehem. Pfalz d. Hohenstaufen.

Waid, *dt. Indigo,* Kreuzblütler; früher z. Farbstoffgewinnung.

waidgerecht, *weidgerecht,* den geschriebenen und ungeschriebenen Gesetzen und Regeln entsprechend die Jagd ausüben.

Waidhofen a. d. Ybbs (A-3340), St. in Niederöstr., 11 200 E; ma. Bauten, Fremdenverkehr.

Waidmann, svw. Jäger.

Waidwerk, svw. → Jagd.

Weigel, Theo (* 22. 4. 1939), CSU-Pol.; s. 1972 MdB, s. 1988 CSU-Landesvors., s. 1989 B.finanzmin.

Wajang, *s.,* Schattenspiel der Javaner.

Wajda, Andrzej (* 6. 3. 1926), poln. Filmregisseur; *Asche u. Diamant* (1958); *D. gelobte Land* (1974); *D. Mann aus Eisen* (1980/81); *Danton* (1982); *E. Liebe in Deutschland* (1983).

Wakayama, jap. Hafenst. auf S-Honshu, 401 000 E.

Wake [*weik*], Insel d. USA im westl. Pa-

zifik, 7,8 km², 302 E; Marine- und Flugstützpunkt.

Wakefield [*'weikfild*], St. in der engl. Metrop.-Gft West Yorkshire, 60 000 E; Wollind., Bergbau; anglikan. Bischofssitz.

Waksman [*'wæksmən*], Selman A. (22. 7. 1888–16. 8. 1973), am. Mikrobiol.; entdeckte Streptomycin u. a. Antibiotika; Nobelpr. 1952.

Walachei, rumän. Landesteil zw. den Transsylvan. Alpen u. der Donau, von der Alt geteilt in *Kleine W. (Oltenia),* 24 078 km² (Hpst. *Craiova*) u. *Große W. (Muntenia),* 52 505 km² (Hpst. *Bukarest*).

Walachen, slaw. Name f. d. Rumänen.

Walchensee, oberbayr. Alpensee, zw. Loisach u. Isar, 802 müM, 16,1 km², bis 192 m tief. Der Niveauunterschied (200 m) z. Kochelsee wird v. **W.kraftwerk** ausgenutzt (Jahresleistung 160 Mill. kWh).

Walcheren, ehem. südwestlichste ndl. Insel, Provinz Seeland, 212 km²; Hptort *Middelburg;* durch Dämme m. Nachbarinseln verbunden.

Wald [*wɔːld*], George (* 18. 11. 1906), am. Biol.; Nobelpr. 1967 (Entdeckungen über d. lichtempfindl. Reaktionen i. d. Sinnzellen der Netzhaut).

Wald, Laub-, Nadel-, Mischwald, wirtsch. genutzt als → Forst; beeinflußt Klima, schützt die landw. Flächen vor → Versteppung. → Urwald.

Waldaihöhen, bewaldetes Hügelland in NW-Rußland, 343 m h.; am SO-Hang Wolgaquelle.

Waldbröl (D-5220), St. im Oberbergischen Kreis, NRW, 15 330 E; AG; Industriegebiet.

Waldeck-Frankenberg, Landkr. westlich Kassel; Ackerbau u. Viehzucht; Kurorte Wildungen und Waldeck. – Ehem. Fürstentum, 1918 Freistaat, 1929 preuß., 1945 hess.

Waldemar, a) *Brandenburg:* **1)** W. d. Gr., Markgf 1308–19, kämpfte erfolgreich gg. Nachbarfürsten. Als 1323 Brandenburg a. d. Wittelsbacher kam, trat 1347 **der falsche W.** (Müllergeselle Rehbock) auf; 1348 von → Karl IV. belehnt, entsagte 1355. – **b)** *Dänemark:* **2)** W. II. (1170–28. 3. 1241), eroberte die Ostseeküste bis Estland, verlor sie in der Schlacht bei Bornhöved 1227; **3)** W. IV., *Atterdag* (um 1320–24. 10. 75), Kg s. 1340; von der → Hanse 1368 vertrieben.

Walden, Herwarth, eigtl. *Georg Levin* (16. 9. 1878–31. 10. 1941), dt. expressionist. Schriftst.; Dramen: *Sünde;* Romane: *D. Buch d. Menschenliebe.*

Waldenburg, *Walbrzych,* poln. St. im **Waldenburger Bergland** (*Heidelberg* 936 m), 141 000 E; Porzellanfabrikation, keram. Kunstanstalt, Mittelpkt d. niederschles. Kohlenreviers.

Waldenser, von *Petrus Waldus* Ende des 12. Jh. gestiftete christl. Reformbewe-

gung; noch heute in Piemont; um 1200 u. im 17. Jh. blutig verfolgt.

Kurt Waldheim

Waldheim, Kurt (* 21. 12. 1918), östr. Diplomat; 1968–70 Außenmin., 1972–81 Gen.sekr. d. UN; seit Juli 1986 Bundespräs.

Waldheim (D-7305), St. i. Kr. Döbeln, a. d. Zschopau, Sa., 10 000 E; ehem. kurfürstl. Schloß (1588), nahebei Burg *Kriebstein;* Talsperre.

Waldhühner, *Rauhfußhühner,* Hühnervögel, Läufe und teilweise auch Zehen befiedert, sporenlos; hierzu Auer-, Birk-, Hasel-, Prärie-, Schneehuhn.

Waldis, Burkard (um 1490–1556), dt. Franziskaner, dann luth. Pfarrer; Dichter; niederdt. Drama: *Die Parabel v. verlorenen Sohn.*

Waldkauz → Eulen.

Waldkirch (D-7808), St. i. Kr. Emmendingen, Kneipp-Kurort, Ba-Wü., 18 893 E; AG; opt., Elektronik-, Textil- u. a. Industrien.

Waldkraiburg (D-8264) St. i. Kr. Mühldorf a. I., Oberbay., 23 177 E; Fremdenverkehr; div. Ind.

Waldmeister   Waldrebe

Waldmeister, aromat. Kraut schattiger Laubwälder; zum Würzen des Maitranks.

Waldmüller, Ferdinand Georg (15. 1. 1793–23. 8. 1865), östr. Bildnis- u. Landschaftsmaler; *Beethoven; Vorfrühling im Wiener Wald.*

Waldmünchen (D-8494), St. i. Kr. Cham, Bay., 7323 E; Fremdenverkehr.

Waldorfschulen, *Freie W.,* staatl. anerkannte (Privat-)Schulen auf anthroposophischer Grundlage; entwickelt v. R. → *Steiner;* konsequente Einheitsschule (Kindergarten, Volks-, höhere Schule) m. stark praktisch-künstler. Note; 12 Schuljahre ohne Auslese durch Noten, zusätzl. 13. Klasse als Vorbereitung f. offizielle Abiturprüfung; 1984 ca. 80 W. m. 35 000 Schülern.

Waldrebe, *Clematis,* Kletterstrauch mit weißen Blüten.

Waldseemüller, Martin (um 1470 bis um 1520), dt. Kartograph; erste Weltkarte, die Namen „Amerika" enthielt.
Waldshut-Tiengen (D-7890), Gr.Krst. d. Kr. W., am Hochrhein, Ba-Wü., 21 372 E; 1975 durch Zus.schluß v. *Waldshut* u. *Tiengen;* LG, AG; div. Ind.; 3. Stufe des Schluchseewerks; histor. Stadtkerne.
Waldstätte, seit Ende des 13. Jh. Bezeichnung für die vier Schweiz. Kantone Uri, Schwyz, Unterwalden und Luzern am Vierwaldstätter See.
Waldstein, böhm. Uradel; einer Linie W. entstammt → Wallenstein.
Waldsterben, durch Umweltfaktoren bedingte Schäden an Nadel- u. Laubbäumen, die z. einem Absterben d. betroffenen Bäume führen (vorzeitiger Verlust v. Nadeln u. Blättern, Schädigung d. Feinwurzelsystems, Wuchsstörungen u. Rindenschäden, Beeinträchtigung d. Aufnahme v. Wasser u. Nährstoffen, erhöhte Anfälligkeit f. Schädlinge u. extreme klimat. Einflüsse); Ursachen noch nicht vollständig geklärt, aber wahrscheinlich Zus.wirken mehrerer Faktoren; Hptursachen: Luftverschmutzung u. → saurer Regen (Hptschadstoffe: *Schwefeldioxid, Stickoxide,* die in d. chem. Reaktion m. Kohlenwasserstoffen unter Lichteinwirkung *Photooxidanzien* wie Ozon freisetzen, *Schwermetalle* wie Blei u. Cadmium), ungünstige Witterungsbedingungen (extreme Kälte u. Trockenheit), tier. u. pflanzl. Schädlinge (Borkenkäfer u. andere Insekten, Pilze, Bakterien u. Viren); am anfälligsten Tanne, aber auch schon andere Nadel- u. Laubbäume in Mitteleur. irreversibel geschädigt (in d. BR 1984 fast 50% d. Waldfläche, in Bayern u. Baden-Württemberg teilweise bis zu 80% v. sichtbaren Schäden betroffen); schwerwiegende ökolog. Folgen (Beeinträchtigung d. Regulierung d. Wasserhaushalts u. d. Luftfilterung, verminderte Produktion v. Luftsauerstoff, verstärkte Bodenerosion, Einschränkung d. Lebensraums f. Waldtiere u. -pflanzen); Gegenmaßnahmen: drast. Verringerung d. Anteils an Schadstoffen in d. Luft (gesetzl. Verschärfung d. zulässigen Emissions- u. Abgaswerte, Verordnung v. Entschwefelungsverfahren b. Großfeuerungsanlagen, Einführung umweltfreundl. Autos m. → Katalysatoren u. → bleifreiem Benzin, gezielte Schädlingsbekämpfung, Düngung d. Waldbodens (m. Kalk) u. Anpflanzung widerstandsfähiger Mischwälder (→ Umweltschutz, Übers.; → Tafel Waldsterben, S. 347).
Waldus, Petrus, → Waldenser.
Wale, irrig *Walfische,* äußerl. fischähnl. Meeressäugetiere mit flossenart. Vorderfüßen horizontaler Schwanzflosse und völlig zurückgebildeten Hinterbeinen; Atmung durch Lungen; Fettschicht unter der Haut; **1)** *Zahnwale,* Delphine, Pottwale, Narwal, Flußdelphine; **2)** *Bartenwale,* statt der Zähne lange Hornleisten,

die *Barten* (aus ihnen Fischbein); Nahrung: kleine Meerestiere, für die die Barten als Seihapparat dienen; unter ihnen die größten aller lebenden Tiere, z. B. *Blauwal* (bis 30 m lang u. über 100 000 kg schwer), *Finnwal,* alle in kalten Meeren.
Wales [*weilz*], brit. Fürstentum, Halbinsel an der W-Küste Englands, kahles Bergland (*Snowdon* 1085 m) m. Hochmooren; Rinder- u. Schafzucht; im S Eisen- u. Kohlenlager (Provinz Glamorgan), Stahlwerke; 8 Grafschaften, 20 761 km², 2,8 Mill. E; Hpthäfen *Cardiff,* zugleich (s. 1955) Hptst., *Newport* u. *Swansea;* Ureinwohner → Kymren, mit d. Briten zu d. Volk d. **Waliser** verschmolzen (1% spricht noch heute nur *Walisisch,* 26% sprechen Engl. u. Walisisch); eigenes Erzbistum d. anglik. Kirche von W. – Von Eduard I. v. Engl. unterworfen u. 1301 seinem Sohn (Eduard II.) verliehen (seitdem *Prinz v. W.* Titel der engl. Thronerben); s. 1536 m. England vereinigt.
Wałęsa [*va'ũẽsa*], Lech (* 29. 9. 1943), poln. Gewerkschafter u. Pol.; gründete 1980 d. unabhängigen Gewerkschaftsbund „Solidarność" (1982–89 verboten); s. Ende 1990 Staatspräs.; Friedensnobelpr. 1983.
Walfang, nach modernsten Methoden m. Fangflotten (Groß-Kochereischiff mit Fangschiffen, Harpunenkanonen m. Granatharpunen, Hubschrauber, Radar, Ultraschall) organisiert; ein 70 000 kg schwerer Wal liefert 30 000 kg Speck (daraus 24 000 kg Tran) u. 1600 kg Fischbein, außerdem Fleischkonserven, Hormone; Walfang durch Vereinbarungen der *Intern. W.kommission* (Fanggebiete, Abschußquoten, Schonzeiten) geregelt; Japan u. UdSSR führend; wegen drohender Walausrottung umstritten u. v. → Greenpeace bekämpft; stark im Rückgang begriffen.
Walfisch → Sternbilder, Übers.
Walfischbai, *Walvis Bay,* Bucht an d. W-Küste Namibias, m. Hafen *W.,* 21 000 E; Teil der Rep. Südafrika; Fischind.
Walhall, in der nord. Sage Ort, an dem Odin die gefallenen Helden empfängt.

Walhalla

Walhalla, Ruhmeshalle bei Regensburg (von *Klenze* erbaut).
walken, kneten des feuchten Wollgewebes z. Verfilzung d. Wollhaare, z. B. bei Tuch.
Walker, scheckige Maikäferart in sandigen Gegenden.

Walkie-talkie, s. [*'wɔki'tɔki*], kl. Funksprechgerät; keine Funklizenz notwendig; auch → CB.
Walkman, *m.* [engl. *'wɔkmən*], tragbarer Mini-Cassettenrecorder; Wiedergabe über Kopfhörer („Ohrstöpsel").
Walküren, in der nord. Sage Schlachtenlenkerinnen, geleiten ausgesuchte Gefallene („Helden") nach Walhall.
Wallace, 1) Alfred Russel (8. 1. 1823–7. 11. 1913), engl. Zoologe, Tiergeograph u. Forschungsreisender; entdeckte d. *W.-Linie* als Grenzen d. Tierausbreitung zw. austral. u. asiat. Region; **2)** Edgar (1. 4. 1875–10. 2. 1932), engl. Schriftst.; Kriminalromane: *D. Hexer; Afrikaromane; Die drei Sirenen; Der schwarze Präsident; Die sieben Minuten;* **4)** Lewis (10. 4. 1827–15. 2. 1905), am. Schriftst.; *Ben Hur.*
Wallach, kastrierter Hengst.
Wallasey [*'wɔləsi*], engl. Ind.st. in der Metrop.-Gft Merseyside, NW-England, 62 000 E.
Walldorf (D-6909), St. i. Rhein-Neckar-Kr., Ba-Wü., 13 248 E.

Albrecht v. Wallenstein

Wallenstein, Albrecht v. (24. 9. 1583–25. 2. 1634), Hzg von Friedland, Kaiserl. Generalissimus 1625, eroberte mit Tilly fast ganz N-Dtld, 1630 entlassen, aber nach → Gustav Adolfs Erfolgen 1631 zurückberufen, 1632 bei Lützen geschlagen, wurde 1634 wegen angebl. Hochverrats abgesetzt u. in Eger ermordet. – Drama von Schiller.
Wallfahrt, Wanderung (Pilgern) zu gnadenspendenden Orten.
Wallis, frz. *Le Valais,* SW-Kanton der Schweiz, Tal der oberen Rhône, 5226 km², 243 400 E (meist kath.); Landw.; Fremdenverkehr; Hptst. *Sitten (Sion).*
Wallisellen (CH-8304), Vorort v. Zürich, 10 900 E; div. Ind.
Walliser Alpen, stark vergletscherte Gebirgsgruppe in der SW-Schweiz u. Italien zw. Gr. St. Bernhard u. Simplon, mit den höchsten Schweizer Gipfeln (*Monte Rosa* 4637 m, *Dom* 4545, *Weißhorn* 4506, *Matterhorn* 4478); zahlr. parallele Täler nach N z. Rhônetal (Saastal mit Saas Fee u. Nikolaital mit Zermatt), Gornergrat u. -gletscher.
Wallmann, Walter (* 24. 9. 1932), CDU-Pol.; 1977–86 OB v. Frankfurt/M.; 1986–87 B. f. Umwelt, Naturschutz u. Reaktorsicherheit, s. 1987 Min.präs. v. Hessen.

Wallonen, frz. sprechende Bewohner v. S-Belgien (etwa 4 Mill.).

Wallraff, Günter (* 1. 10. 1942), dt. sozialkrit. Journalist u. Schriftst.; *Industriereportagen; Der Aufmacher.*

Wall-Street ['wɔːl 'striːt], Straße in New York, Sitz der *New Yorker Börse* u. zahlreicher Banken, auch Bez. f. die Finanzzentrale d. USA.

Wallungen, svw. → Kongestion; besonders bei Neurasthenie u. im → Klimakterium.

Walmdach → Dach.

Walpole ['wɔːlpoʊl], **1)** Horace (24. 9. 1717–2. 3. 97), engl. Schriftst.; Schauerroman: *Das Schloß v. Otranto;* **2)** Sir Hugh (13. 3. 1884–1. 6. 1941), engl. Schriftst.; *Herries-Saga; Jeremy;* **3)** Sir Robert, Earl of Oxford, Vater v. 1) (26. 8. 1676–18. 3. 1745), Führer der Whigs, engl. Schatzkanzler u. Lordschatzmeister 1721–42.

Walpurgis, *Walpurga* († 779), kath. Heilige (Tag: 1. 5.). – **W.nacht,** Nacht (v. 30. 4. zum 1. 5.), i. der nach d. Sage d. Hexen zum Brocken reiten.

Walrat, fettartige weiße Masse a. d. Schädel d. Pottwals; zu Kerzen und Salben.

Walroß

Walroß, Robbe nördl. Meere, bis 3,75 m lang u. 1500 kg schwer; hauerartige, 75 cm lange obere Eckzähne, nach unten gerichtet.

Walsall ['wɔːlsɔːl], engl. St. in d. Metrop.-Gft West Midlands, 179 000 E; Ind., Kohlengruben.

Walser, 1) Karl (8. 4. 1877–28. 9. 1943), schweiz. Maler u. Graphiker; Bühnenbilder, Buchillustrationen, Wandgemälde; s. Bruder **2)** Martin (* 24. 3. 1927), dt. Schriftst.; Romane: *Halbzeit; Das Einhorn; Der Sturz; Jenseits der Liebe;* Erzählungen: *Das fliehende Pferd; Jagd;* Dramen, Essays; **3)** Robert (15. 4. 1878–25. 12. 1956), schweiz. Schriftst.; Romane, Erzählungen, Gedichte; *Der Gehülfe; Jakob v. Gunten.*

Walsertal, *Großes* und *Kleines,* zwei Täler in Vorarlberg (Kleines W.: Zollunion mit der BR).

Walsrode (D-3030), St. i. Kr. Soltau-Fallingbostel, NdS., 22 232 E; AG; Kloster.

Walsum, s. 1975 zu → Duisburg.

Wälsungen, *Wölsungen,* in d. nord. Sage Geschlecht Siegfrieds, v. Wolsung begründet.

Walter, Bruno, eigtl. *B. W. Schlesinger*

(15. 9. 1876–17. 2. 1962), am. Dirigent dt. Herkunft.

Waltershausen (D-5812), St. i. Kr. Gotha, Thür., 13 973 E; Puppen-, Tonind.

Walter-Triebwerk, Konstruktion v. H. *Walter;* Aufspritzen von → Wasserstoffperoxid auf e. Katalysator *(Zersetzer);* das so entstehende heiße Gasgemisch in Turbinen (2. Weltkrieg: U-Boote) u. Rückstoßdüsen (Flugzeuge) genutzt.

Waltham Forest ['wɔːlθəm 'fɒrɪst], Vorort v. London, 215 000 E; Brauereien.

Waltharilied, *Waltharius manu fortis* („Walther mit d. starken Hand"), lat. Heldenepos aus d. 10. Jh., berichtet über d. Flucht zweier Geiseln (Walther v. Aquitanien u. Hildegund v. Burgund); als Verfasser galt lange → Ekkehard I.

Walther von der Vogelweide
Manessische Handschrift

Walther von der Vogelweide (um 1170–1230), dt. Minnesänger, bedeutendster Lyriker d. MA; v. Friedrich II. m. einem Gut bei Würzburg belehnt; Minnelieder: *Unter der Linden; Nemt fromme disen Kranz;* polit. Spruchdichtung: *Ich saß ûf eime steine.*

Walton ['wɔːltən], **1)** Ernest Thomas Sinton (* 6. 10. 1903), engl. Atomforscher; Nobelpr. 1951; **2)** Sir William Turner (25. 3. 1902–8. 3. 83), engl. Komp.; Oper: *Troilus und Cressida;* Chor- u. Orchesterwerke.

Waltrop (D-4355), St. i. Kr. Recklinghsn, NRW, 28 475 E; Steinkohle; Schiffshebewerk.

Walze, *techn.* rotierender Zylinder z. Pressen, Glätten, Strecken usw.

Walzeisen, im → Walzwerk erzeugtes *Stabeisen;* im engeren Sinne Band-, Flach-, Rund-, Quadrateisen; Winkel-, Façon- od. → Profileisen.

Walzer, deutscher Rundtanz im ¾-Takt; langsam *(Schleifer, Ländler),* scharf rhythmisch *(engl. W.),* schnell *(Wiener W.);* auch frei ausgestaltet zum Konzertwalzer; W.komponisten: Lanner, J. Strauß (Vater und Sohn), Waldteufel, Chopin.

Wälzer → Straddle.

Walzwerk, Betrieb z. Verarbeitung d. schweißwarmen Rohblöcke aus d. Stahlwerk durch *Walzenstraßen* mit versch. großen, i. d. Walzen eingeschnittenen

Kalibern zu → Walzeisen, Drähten, Schienen u. ä.

Wampum, *m.,* bei d. nordam. Indianern Schnur od. Gürtel aus Muschelscheibchen (od. Glasperlen); als Geld, Freundschaftszeichen und Vertragsurkunde.

Wams, *s.* [frz. „gambeson"], kurze Männerjacke.

Wandalen, *Vandalen,* german. Stamm, um 100 v. Chr. aus Skandinavien, um 100 n. Chr. a. d. oberen Oder, dann im späteren Siebenbürgen; durchziehen um 400 n. Chr. Europa westwärts, gehen nach kurzem Aufenthalt in Spanien (Andalusien) nach Afrika u. gründen W.reich (429), das 534 v. Ostrom zerstört wird.

Wandalismus, Zerstörungssucht (wie angeblich durch d. Wandalen bei d. Eroberung Roms 455).

Wandelndes Blatt, ostind. Gespenstheuschrecke m. Blätter nachahmenden Flügeln und Beinen.

Wandelschuldverschreibungen, Schuldverschreibungen einer AG mit späterem Recht des Umtausches in Aktien.

Wandelsterne, Bez. f. d. → Planeten.

Wanderdünen, aus losem Flugsand, langsam vorrückend (z. B. auf Kurischer Nehrung und N-Sylt).

Wandergewerbe → ambulantes Gewerbe.

Wanderniere, svw. → Nierensenkung.

Wanderpreis, Sportpreis, erst nach mehrmaligem Gewinn endgültiger Besitz des Siegers.

Wandervogel → Jugendbewegung.

Wandlung, 1) *Konsekration,* in der katholischen Messe Verwandlung *(Transsubstantiation)* v. Brot u. Wein in Leib u. Blut Jesu; **2)** → Kauf.

Wandsbek, St.teil v. Hamburg; Denkmal v. *Matthias Claudius* (**Wandsbeker Bote).**

Wangen im Allgäu (D-7988), Gr.Krst. u. Luftkurort i. Kr. Ravensburg, Ba-Wü., 23 822 E; AG; milchwirtsch. Lehr- u. Forschungsanstalt; Textil-, Metall-, Nahrungsmittelind. – Alte Reichsstadt.

Wangerooge (D-2946), *Nordseebad W.,* östlichste d. Ostfries. Inseln, 4,9 km²; 1091 E.

Wankelmotor, nach d. Erfinder Felix *Wankel* (13. 8. 1902–9. 10. 88) ben., b. d. NSU-Werken ksrsulm entwickelte Rotationskolbenmaschine. Viertaktmotor mit nur 2 drehenden Teilen: Kurbelwelle u. Läufer; keine Ventile, keine hin und hergehenden Massen; sehr laufruhig, aber höherer Benzinverbrauch als bei Kolbenmotoren, wegen schlechterer Dichtung u. ungünstigerem Brennraum (Abb. S. 1026, *oben:* Kreiskolbenmotor; *unten:* Läuferstellungen nach je 90° Drehung; 1–4 Ansaugen, 5–7 Verdichten, Zündung, 8–10 Verbrennung, 11–12 Ausschieben. Steuerung d. annähernd dreieckigen Läufers durch eine feststehende Verzahnung).

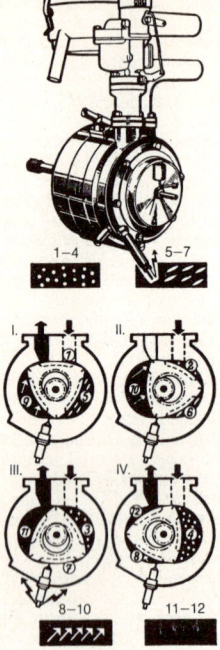

1–4   5–7

I.   II.

III.   IV.

8–10   11–12

Wankelmotor

Wanne-Eickel, 1975 Zus.schluß m. → Herne.
Wannsee, Havelsee, 3 km lang, 2,7 km², bis 9 m tief; Freibad; Villenkolonie *W.* im SW v. Berlin.
Wanten, *seem.* starke Draht- u. Hanftaue zur Stützung der Masten nach der Seite; bilden, durch „Webeleinen" verbunden, eine Strickleiter.
Wanxian, früher *Wan-hien,* St. im O der chin. Prov. Sichuan, am Chang Jiang; 200 000 E.
Wanzen, Gruppe der Halbflügler mit stechenden Mundwerkzeugen; saugen Pflanzen- u. Tiersäfte; geflügelt u. flügellos (→ *Bettwanze,* → *Wasserwanzen,* → *Wasserläufer).*
Wapiti → Hirsche.
Wappen, urspr. auf Waffen (Schild, Helm) angebrachte (sinnbildl.) Abzeichen, daher Schild und Helm Hauptbestandteile m. W.s (→ Heraldik); als Abzeichen einzelner Personen od. Gemeinschaften: *Familien-W., Staats-, Länder-, Städte-, Herrschafts-, Zunft-W., Amts-W., Bischofs-W.;* unbefugte Führung fremder W. untersagt; W. geschützt wie der Name (§ 12 BGB).
Waräger → Normannen.
Warane, meist gr. Räuber. Echsen Afrikas, S-Asiens und Australiens; *Komodo-Waran,* größte Art, bis 3 m lang.
Warburg, 1) Aby (13. 6. 1866–26. 10.

1929), dt. Kulturforscher; **2)** Otto Heinrich (8. 10. 1883–1. 8. 1970), dt. Physiologe; Stoffwechselforschungen, Arbeiten über Natur u. Funktion d. Atmungsfermente; Nobelpr. 1931.
Warburg (D-3530), St. i. Kr. Höxter, a. d. Diemel, NRW, 21 802 E; AG; ma. Stadtbild; Pappefabrikation; Getreideanbau in d. fruchtbaren **W.er Börde.** – **W.-Institut,** aus seiner 1934 nach London gebrachten Bibliothek entstandenes kunstwiss. Inst. d. Universität London.
Wardar, *Vardar,* **1)** Balkanfluß a. d. jugoslaw. Šar Planina (westl. Skopje) durch Mazedonien, in d. Golf v. Saloniki, 320 km l; **2)** jugoslaw. Gebirgslandschaft; Hptort *Skopje.*
Wardenburg (D-2906), Gem. im Kr. Oldenburg (O.), Nds., 13 635 E; div. Ind.
Waren (D-2060), mecklenburg. Krst. u. Sommerfrische, a. Müritzsee, 24 532 E; Gießerei; Mühlen.
Warenbörsen, *Produktenbörsen,* dienen d. Warenhandel mit Massengütern (Getreide, Futtermittel etc.).
Warendorf (D-4410), Krst. im Rgbz. Münster, NRW, 33 891 E; AG; Landmaschinenbau; Westfäl. Landesgestüt, Dt. Olympiakomitee f. Reiterei.
Warenkorb, Begriff für d. Zusammenfassung aller Waren, die v. e. repräsentativen Haushalt (z. B. 4-Personen-Arbeitnehmer-Haushalt) m. e. best. Monatseinkommen (Indexfamilie) f. e. tägl. Bedarf benötigt werden; der W. bildet d. Grundlage f. d. Berechnung d. Preisindex, der d. Lebenshaltungskosten u. ihre Veränderung von Jahr/Monat zu Jahr/Monat anzeigt.
Warentests, vergleichende Prüfungen v. Ind.erzeugnissen versch. Unternehmen auf Güte, Sicherheit und Preiswürdigkeit; werden in Industriestaaten (z. B. in der BR) von eigens für diesen Zweck gegr. Organisationen im Interesse der Konsumenten ausgeführt; Ergebnisse werden in Zeitschriften veröffentlicht.
Warenzeichen, *Schutz-, Fabrikmarke,* dient zur Unterscheidung der Waren eines Unternehmens von solchen anderer Herkunft; nicht verwendbar sind *Prüfzeichen* (z. B. Sicherheitszeichen).
W.recht, Teil des → gewerblichen Rechtsschutzes; geschützt werden unterscheidungsfähige Kennzeichnungen (Wort-, Bildmarken, Signets) e. Ware od. e. Firma nach Eintragung i. d. **W.rolle** beim Patentamt, sonst evtl. nach Grundsätzen des → Wettbewerbsrechts (Ges. vom 5. 5. 1936 in d. Fassung v. 2. 1. 1968).
Warf, *Warft,* svw. → Wurte.
Warhol ['wɔːhoʊl], Andy (6. 8. 1931–22. 2. 87), am. Künstler tschech. Herkunft (Pop Art) u. Underground-Filmer; *Flesh* (1968); *Trash* (1970).
Warley ['wɔːlɪ], engl. St. i. d. Metrop.-Gft West Midlands, 152 000 E; Eisen-, Stahl-, Glasind.

Warm-blut → Pferde. – **W.blüter,** *Homöotherme,* Tiere, deren Körpertemperatur von der Außentemperatur unabhängig ist: Mensch, Säugetiere, Vögel; Ggs.: → Kaltblüter.
Wärme, *spezifische* → spezifische Wärme. – **W.äquivalent,** früher notwendige Angabe, wie viele mechan. od. el. Energieeinheiten einer W.einheit entsprechen; heute sowohl mechan. u. el. wie auch Wärmeenergie in → Joule angegeben. – **W.austausch** erfolgt nach dem 2. Hauptsatz der W.theorie zw. ungleich warmen Körpern, bis gleiche Temperatur hergestellt ist; Arten: *Strahlung, Konvektion* (durch Luft-, Wasserströmung), *Leitung* (z. B. in Metallen). – **W.einheit** → Kalorie, → Joule. – **W.kraftmaschinen,** Arbeitsmaschinen, in denen W. in mechan. Arbeit verwandelt wird: Dampfmaschine, Brennkraftmaschine, Heißdampfmaschine. – **W.lehre,** *W.theorie,* beruht auf den *drei Hptsätzen:* **1)** W.mengen sind im Verhältnis d. mechan. → Wärmeäquivalents mechan. Energie gleichwertig; **2)** ein W.strom fließt nur vom wärmeren z. kälteren Körper, umgekehrt nur bei Energiezufuhr; **3)** *Nernstsches Theorem:* d. absolute Nullpunkt d. Temperatur (–273,15 °C) ist durch keinen Vorgang erreichbar. – **W.leiter,** *gute:* z. B. Metalle (bes. Silber); *schlechte:* Holz, Stroh, Seide usw. – **W.pumpe,** Vorrichtung z. Heizung v. Häusern mit d. W.vorrat in Erdboden, Seen, Flüssen; W.trägerflüssigkeit (Ammoniak u. a.) verdampft unter Abkühlung d. Erdbodens usw. (Verdunstungskälte), wobei sie W. aufnimmt; in einem Rohrsystem ins Haus geführt u. durch Kompressor wieder verflüssigt, gibt sie die aufgenommene W. in Heizkörper ab; Flüssigkeit kehrt im Kreislauf über ein Regelventil in Erdboden usw. z. Aufnahme neuer W. zurück; W.gewinn beträgt 2- bis 3faches der z. Kompressor-Antrieb aufgewendeten Energie. – **W.schutz,** Vorrichtung z. Verminderung v. W.verlusten, z. B. in Zimmern durch Luftraum zw. d. Doppelfenstern, bei Heizungsrohren, Apparaten, Kesseln durch Umhüllung m. → Isolierstoffen. – **W.speicher,** *Dampfspeicher,* Einrichtungen zur Speicherung überschüssiger W. (z. B. Ruthsscher Dampfspeicher). – **W.wirtschaft,** Planung u. Beurteilung d. Energieverwertung durch Feststellung d. versch. Wirkungs- u. Gütegrade.

Andy Warhol

Warnblinkanlage, bei Kfz Blinkanlagen m. gelbem Licht; seit 1. 3. 1971 in der BR vorgeschrieben; Anwendung nur zur Sicherung liegengebliebener Kfz.

Warndt, *m.,* Waldgebiet im SW des Saarlandes, mit reichen Steinkohlenflözen.

Warnemünde (D-2530), Hafen v. → Rostock, Seebad.

Warnfarben, die Schwarz-Weiß-, Schwarz-Rot- oder Schwarz-Gelb-Zeichnung od. -Fleckung vieler Tiere, d. durch Gift- od. Ekelstoffe v. Verfolgern bes. geschützt sind (z. B. Feuersalamander, Unke, Biene, Stinktier).

Warnke, Jürgen (* 20. 3. 1932), CSU-Pol.; 1982–87 u. 1989–91 B.min. f. wirtsch. Zus.arbeit, 1987–89 B.min. f. Verkehr.

Warnow, mecklenburg. Fluß, bei Warnemünde in die Ostsee, 128 km lang.

Warnsdorf, tschech. *Varnsdorf,* nordböhmische St., westl. v. Zittau, 16 000 E; Leinenind.

Warnzeichen

Warnung vor *1* feuergefährlichen, *2* explosionsgefährlichen, *3* ätzenden, *4* giftigen Stoffen; *5* Vorsicht! Radioaktivität! *6* Achtung! Gefahrenstelle!; *7* Achtung! Schwebende Last!; *8* Vorsicht! Laserstrahl!; *9* Achtung! Verkehr von Ladefahrzeugen!

Warnzeichen, internat. W. (→ Abb.).

Warren [ˈwɔrɪn], Robert Penn (24. 4. 1905–15. 9. 89), am. Dichter; *World Enough and Time.*

Warrington [ˈwɔrɪŋtən], engl. Fabrikst. i. d. Gft Cheshire, am Manchester-Schiffskanal, 68 000 E; div. Ind., Brauereien.

Warschau, *wiederaufgebaute Altstadt*

Warschau, poln. *Warszawa,* Hptst. der Republik Polen u. der Woiwodschaft *W.,* beiderseits der Weichsel (links eigtl. Stadt, rechts Vorstadt *Praga,* zwei Brükken), 1,65 Mill. E; röm.-kath. Erzbistum,

orthodoxer Metropolit; Akad., Uni., Techn. u. a. HS, Museen; Ind. (Textilu. a.). – Seit 1550 Hptst. Polens, 1795 (3. Teilung Polens) an Preußen. 1807–13 Hptst. d. Hzgt.s W., 1815 (Wiener Kongreß) Hptst. d. zu Rußland gehörigen Kongreßpolens, s. 1918 d. Rep. Polen. 1939 von dt. Truppen erobert; 1944 Aufstand d. poln. Widerstandsbewegung niedergeworfen.

Warschauer Pakt, 1955 abgeschlossener Freundschafts- u. Beistandspakt des Ostblocks (UdSSR, ČSSR, Polen, DDR bis Okt. 1990, Ungarn, Bulgarien u. Rumänien; Albanien bis 1968) m. gemeinsamem mil. Oberkommando; Gegenstück z. → NATO; Mitte 1991 aufgelöst.

Warstein (D-4788), St. i. Kr. Soest, NRW, 28 018 E; AG; Metall-, Elektroind., Brauereien.

Wartburg

Wartburg, in Thür., Bergschloß (394 müM), 143 m über Eisenach, im 12.–13. Jh. erbaut, Sitz d. thür. Landgrafen (→ Elisabeth 8, Sängerkrieg); 1521/22 Luther auf d. W.; *W.fest,* revolutionäre akademische Veranstaltung 1817 z. Erinnerung an Reformation u. Völkerschlacht b. Leipzig.

Warthe, poln. *Warta,* rechter u. größter Nbfl. der Oder im Küstrin, entspringt s. v. Tschenstochau, durchfließt nach Aufnahme der Netze d. **W.bruch** (1765–86 durch Friedrich d. Gr. urbar gemacht u. besiedelt; 808 km lang.

Warve → Bändertone.

Warwick [ˈwɔrɪk], engl. St. am Avon, 22 000 E; Hptst. d. Gft **W.shire,** 1981 km², 485 000 E.

Warzen, spitze od. flache (verhornende), meist gutartige Hauterhebungen m. Verdickung d. Hornhaut; Virusinfektion; auch Haut- od. Schleimhauterhebungen (→ Papille). – **W.schwein,** Wildschwein S- u. O-Afrikas, m. großen w.ähnl. Wülsten unt. d. Augen u. starken, aufwärts gekrümmten Hauern.

Wasa, 1) schwed. Adelsgeschlecht, auf d. schwed. Kgsthron 1523–1654; → Gustav; 2) Flaggschiff Gustavs II. Adolf; 1628 im Stockholmer Hafen gesunken, 1961 gehoben (im Museum zu besichtigen).

Waschbär, nordam. Kleinbär (Pelz geschätzt); „wäscht" Nahrung zuweilen im Wasser; 1934 i. Dtld ausgesetzt.

Waschzettel, kurze Inhaltsangabe eines Buches, Rezensionsexemplaren beigelegt (als Zettel) od. auf d. Schutzumschlag abgedruckt; auch bei Promotion v. Schallplatten (Angaben über d. Interpreten).

Wasgau → Vogesen.

George Washington

Washington [ˈwɔʃɪŋtən], George (22. 2. 1732–14. 12. 99), 1775 Oberbefehlshaber i. Freiheitskrieg d. am. Kolonien gg. England; 1789 erster Präsident d. USA, 1793 wiedergewählt; als „Vater der am. Union" Nationalheld.

Washington [ˈwɔʃɪŋtən], 1) Abk. *Wash.,* NW-Staat d. USA, 176 617 km², 4,82 Mill. E; Landw., Holzind., Kohlenberg-

Washington, *Kapitol*

bau; Hptst. *Olympia;* 2) B.hptst. d. USA, bildet den Distrikt Columbia *(D.C.),* am Potomac, 626 000 E; Sitz d. Präs. d. USA (i. *Weißen Haus*) u. der Reg.; *Kapitol* (Senat u. Repräsentantenhaus), *Pentagon* (Kriegsmin.); Kongreßbibliothek; John-F.-Kennedy-Zentrum für Bühnenkunst; 5 Uni. – Gegr. 1790, Bundeshptst. s. 1800.

Washingtoner Artenschutzübereinkommen, Abk. *WA* , seit 1973 internationales Abkommen mit dem Ziel, am weltweiten Handel mit bedrohten Tier- u. Pflanzenarten unter Kontrolle zu bringen. – U. a. besteht die Vorschrift → CITES *(Convention on International Trade in Endangered Species),* Bescheinigungen beim Zoll vorzulegen. Inzwischen sind fast 100 Staaten dem WA beigetreten, in Dtld gilt die Schutzkonvention seit 1976.

Wasser, bedeckt fast drei Viertel d. Erdoberfläche; bestimmend für Naturhaushalt und Lebewesen; in festem Zustand *Eis,* in gasförmigem *Dampf;* größte Dichte bei 4 °C, Ausdehnung b. Gefrieren (*Eis* schwimmt also auf W.); aufgrund großer spez. Wärme folgt W. Temperaturschwankungen der Luft nur langsam (z. B. im Frühling), Seeklima daher gleichmäßiger als Landklima; *chem.:* H_2O, Wasserstoff-Sauerstoff-Verbindung, enthält fast immer Verunreinigungen; chem. rein nur *destilliertes W.;* → *Meerwasser* bis zu 4% Salze, bes. Kochsalz, zahlr. Spurenelemente; → Härte des Wassers. Auch → schweres Wasser.

Wasser-aloë, *W.säge, Krebsschere,* W.-pflanze mit gezähnten, harten Blättern, weißen Blüten.

Wasserball, 2 Mannschaften m. je 7 Spielern und 4 Auswechselspielern versuchen schwimmend, einen Ball in das gegnerische Tor (3 m breit, 0,90 m hoch) zu werfen; Spielfeld: 20×30 m; olymp. Wettbewerb.

Wasserblüte, massenhaft auftretende niedere Algen, die das Wasser der Seen scheinbar bunt färben.

Wasserbock

Wasserbock, hirschähnliche Antilope Afrikas.

Wasserbruch → Hydrozele.

Wasserburg am Inn (D-8090), ma. St. i. Kr. Rosenheim, Oberbay., auf Halbinsel d. Inn, 425 müM, 9237 E; Burg.

Wasserdost, *Kunigundenkraut,* bis 1,75 m hoch, m. rötlichweißen Blüten.

Wasserfeder, *Sumpfprimel,* Sumpfpflanze m. zerschlitzten Wasserblättern.

Wasserflöhe, kleine, schalenbedeckte Krebstierchen (z. B. *Daphnia*), wichtige Fischnahrung.

Wasserfrosch, *Teichfrosch,* etwa 10 cm langer Frosch mit grünem Rücken u. gelblicher Mittellinie, in Europa verbreitet u. sehr häufig.

Wassergas, gasförm. Brennstoff (Gemisch aus Kohlenmonoxid und Wasserstoff.) entsteht durch Vergasen v. Kohle od. Anthrazit im Generator mit wenig Luft unter Zuführung von Wasserdampf; Wasserstoffgehalt bewirkt hohe Zündgeschwindigkeit.

Wassergenossenschaften, öff.-rechtl. Körperschaften z. Unterhaltung von Gewässern, zur Herstellung und Unterhaltung wasserwirtsch. Anlagen u. a.; Mitgl.: Eigentümer der angrenzenden Grundstücke.

Wassergewinnung, für gewerbl., hygienische, Haushalts- u. Genußzwecke, durch Quellfassung, Sammelgänge und Stollen; durch Brunnen (z. B. Rohr-, Schacht-, Abessinierbrunnen); durch

Entnahme aus Flüssen, Seen, Grundwasser; → Wasserwerk.

Wasserglas, Natrium- od. Kaliumsalz der Kieselsäure; durch Schmelzen von Soda *(Natron-W.)* od. Pottasche *(Kali-W.)* m. Quarzsand hergestellt; sirupdicke Flüssigkeit m. 33% *(Einfach-W.)* oder 66% *(Doppel-W.)* Silicat; zur Herstellung von Kitt, zum Konservieren von Eiern usw.

Wasserhaltung, im Bergbau zum Freihalten des Grubenbaus von Wasser durch Verdämmen, Sammeln u. Herausführen des Wassers.

Wasserheilkunde → Hydrotherapie.

Wasserhose, durch Luftwirbel (Trombe) bis zu 20 m Durchmesser u. 1000 m Höhe emporgerissenes Wasser.

Wasserhühner, rebhuhngroße → Rallen mit knochiger weißer Stirnplatte u. Zehenlappen; am meisten verbreitet: das schwarze *Bläßhuhn,* ein Zugvogel.

Wasserjungfern, svw. → Libellen.

Wasserkäfer, volkstüml. Bez. für d. im Wasser lebenden Käfer m. Schwimm- oder Ruderfüßen, svw. → *Kolbenwasserkäfer,* → *Schwimmkäfer,* → *Taumelkäfer.*

Wasserkopf, *Hydrozephalus,* Gehirnwassersucht, krankhafte Wasseransammlung i. Schädel (starke Auftreibung), angeboren od. nach Hirnhautentzündung usw.

Wasserkraftanlagen, stationäre Kraftanlagen z. Ausnutzung d. im Gefälle v. Wasserläufen (Seen) enthaltenen Energie (z. B. durch → Elektrizitätswerke).

Wasserkuppe, höchster Berg der Rhön, 950 m; Segelflug.

Wasserläufer, 1) versch. schnepfenartige Vögel, z. B. *Bruch-, Waldwasserläufer;* **2)** auf d. Wasseroberfläche dahinlaufende Raubwanzen.

Wasserliesch, *Schwanenblume, Blumenbinse,* Froschlöffelgewächs m. langen, linearen Blättern u. roten Blüten auf hohem Schaft.

Wasserlilie, 1) d. weiße → Seerose; **2)** e. → Schwertlilie.

Wasserlinie, Schnitt d. Flüssigkeitsspiegels m. schwimmendem Körper.

Wasserlinse, *Entenflott,* kleine, auf der Oberfläche stehender Gewässer schwimmende Pflänzchen; Nahrung f. Fische u. Wasservögel.

Wassermann, 1) August v. (21. 2. 1866–16. 3. 1925), dt. Bakteriologe; v. ihm d. → *W.sche Reaktion;* **2)** Jakob (10. 3. 1873–1. 1. 1934), dt. Schriftst.; Romane: *Kaspar Hauser; Das Gänsemännchen; Christian Wahnschaffe; Der Fall Maurizius.*

Wassermann, 1) 11. Zeichen des → Tierkreises; → Sternbilder, Übers.; **2)** im Volksglauben e. Art Wassergeist. –

W.sche Reaktion, Untersuchung d. Blutserums, d. Rückenmarks- u. anderer Körperflüssigkeiten z. Erkennung der Syphilis.

Wassermelone, *Arbuse,* → Melone.

Wassermesser, Meßinstrument, mißt

Menge d. fließenden Wassers einer Leitung, z. B. durch *Flügelräder;* auch durch *Volumenmessung* mit *Taumelscheiben.*

Wassernabel, kl. Sumpfpflanzen m. schildförmigen Blättern.

Wassernuß, *Trapa,* Wasserpflanze mit schwimmender Blattrosette u. hakenbesetzten, stärkereichen Früchten. ♦.

Wasserpest, aus Amerika nach Eur. (1836) eingeschleppte Süßwasserpflanze m. langen, verzweigten Stengeln; an ihnen quirlig angeordnete Blättchen; lästig durch Überwucherung von Teichen u. Gräben; Aquariumpflanze.

Wasserpfeife → Nargileh.

Wasser-rad, W.kraftmaschine f. kleine W.mengen u. niedrige Umdrehungszahlen (z. B. für Mühlen, Sägewerke); *oberschlächtiges W.rad* hat W.zuführung von oben, *unterschlächtiges W.rad* von unten; im *Segnerschen W.rad* Umdrehung durch Rückstoß.

Wasserralle → Rallen.

Wasserratte → Wühlmäuse.

Wasserrecht, Gesamtheit der die Wasserwirtschaft u. den Wasserschutz betreffenden gesetzl. Bestimmungen.

Wasser-reinigung, Ausscheidung der f. Genuß- od. gewerbl. Zwecke schädlichen Beimischungen (z. B. Trink-, Wasch-, Kesselspeise-W.): Ausscheidung von Sink- und Schwebestoffen in Klärbecken und Sandfiltern, Tötung der Bakterien durch Chemikalien (z. B. Chlor), Entziehung von Eisen durch Durchlüftung (Regenbrausen und Rieseln durch Koksfilter), Enthärtung (von Kalk) durch Soda, → Ionenaustauscher.

Wasserrose, svw. → Seerose.

Wasserrübe, eine Form d. Rübsens (→ Rübsame) mit fleischige Wurzeln; Viehfutter.

Wasserscheide, trennende Grenze v. Stromsystemen, meist Gebirgskämme.

Wasserschlange → Sternbilder, Übers.

Wasserschlauch, *Wasserhelm, Utricularia,* wurzellose Wasserpflanze m. Blasen zum Tierfang an den fadenartig zerteilten Blättern.

Wasserschloß, 1) rings von Wasser umgebene Gebäude, in Münsterland u. am Niederrhein; **2)** bei Wasserkraft- u. Versorgungsanlagen Bauwerk zur Zusammenfassung, Verteilung u. Regelung d. Druck- bzw. Gebrauchswassers.

Wasserschutz, bes. Verkehrsüberwachung der Wasserstraßen, liegt in den Händen von bes. *W.- bzw. Strom- u. Schiffahrtspolizeibehörden.*

Wasserschwein, *Capybara,* größtes Nagetier, bis 1,3 m lang, mit Schwimmhäuten an den Füßen; S-Amerika.

Wasserskisport, Gleiten auf der Wasseroberfläche m. 1 oder 2 speziellen Skiern im Motorboot- oder Seilbahnschlepp; wettkampfmäßig als Slalom (Monoski), Figurenlauf und Springen.

Wasserskorpione → Wasserwanzen.

Wasserspeier, i. d. (bes. got.) Baukunst Plastiken (häufig phantast. Darstellungen) an den Ablauf-Enden der Dachrinne.

Wasserspinne, unter Wasser lebende Trichterspinne; baut dort luftgefüllte, glockenartige Nester, bes. in Moorgräben; Hinterleib infolge mitgeführter Luft silberglänzend.

Wasserspringen, Springen vom 1 oder 3 m hohen Sprungbrett (Kunstspringen) oder 5 oder 10 m hohen Turm (Turmspringen) in e. je nach Absprunghöhe 3,40–5,00 m tiefes Wasserbecken; Einteilung der Sprünge nach Ausgangsstellung und Drehrichtung in 6 Gruppen; Bewertung nach Schwierigkeit u. Ausführung; olymp. Wettbewerb.

Wasser-standsanzeiger, Vorrichtung z. Kenntlichmachung d. W.standes in W.läufen, z. Pegel; bei Behältern unter Druck: d. Schaugläser (W.standsgläser).

Wasserstoff, H, leichtestes chem. El., Oz. 1, At.-Gew. 1,00797; Dichte 0,084 g/l bei 1013 hPa; Fp. −257,1 °C, Sp. −252,6 °C; Gas, entdeckt 1781 v. Cavendish u. Lavoisier; Vorkommen frei in großen Höhen der Erdatmosphäre u. in der Atmosphäre der → Sonne, in Verbindung mit Sauerstoff im Wasser; brennbar mit bes. heißer Flamme; mit Sauerstoff oder Chlor gemischt explosiv; verwendet zum Schweißen (Knallgasgebläse), Füllen v. Luftballons, auch Luftschiffen (jetzt Helium), zur → Fetthärtung u. → Hydrierung; *schwerer W.,* von dem am. Chem. Urey entdecktes W.isotop der Masse 2 *(Deuterium),* bildet mit Sauerstoff → *schweres Wasser;* auch Isotop der Masse 3 (→ *Tritium*). – **W.bombe** → Kernwaffen. – **W.ionenkonzentration** → pH-Wert. – **W.peroxid,** *H₂O₂,* chem. Verbindung von je 2 Atomen Wasser- u. Sauerstoff; konzentriert explosiv; stark oxidierend, bleichend u. keimtötend; auch → Walter-Triebwerk.

Wasserstrahlpumpe → Pumpe.

Wassersucht, → *Ödem,* krankhafte Ansammlung von Gewebs-W. u. unter der Haut sowie in der Brust- u. Bauchhöhle, bei mangelnder Wasserausscheidung, bes. infolge Herz- oder Nierenkrankheiten.

Wasserturbine → Turbine.

Wasser-turm, Hochbehälter für W., auf turmartigem Unterbau zur Erzeugung des erforderlichen Druckes im W.leitungsnetz; auch zum Mengenausgleich und für die Verteilung.

Wasseruhr, 1) Zeitmesser: aus Behälter durch kl. Öffnung in anderes Gefäß fließendes Wasser hebt Schwimmer mit Zeigervorrichtung (bereits im Altertum bekannt); **2)** svw. → Wassermesser.

Wasserverdrängung, *Deplacement,* Gewicht des Schiffes = dem Gewicht d. verdrängten Wassermenge, in metr. t berechnet, → Auftrieb (im Ggs. dazu Berechnung des Rauminhalts nach → Registertonnen).

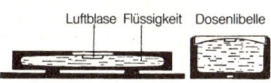
Luftblase Flüssigkeit Dosenlibelle

Wasserwaage

Wasserwaage, *Libelle, Niveau,* Gerät m. geraden Anschlagkanten zur waagerechten (horizontalen) od. auch senkrechten (vertikalen) Einstellung v. Linien (Achsen) durch Einspielenlassen einer auf Flüssigkeit, meist Alkohol, in einem Glasrohr oder einer Glasdose schwimmenden Luftblase; f. Feldmeßinstrumente u. d. Bauhandwerk.

Wasser-wanzen, im W. lebende, räuberische Wanzen; z. B. *Rückenschwimmer* mit langen Ruderbeinen und *W.skorpione* mit klappmesserartigen Fangbeinen; verwandt die *W.zikaden.* → *Wasserläufer.*

Wasser-werk, Betrieb zur Bereitstellung einer zentralen W.versorgung mit Trinkwasser für gewerbl., hygienische und hauswirtsch. Zwecke.

Wasserwirtschaft, planmäßige Bewirtschaftung der natürlichen Wasservorkommen sowie Verhinderung von Hochwasserschäden, Beseitigung v. Abwässern, Schutz natürlicher Gewässer vor Verschmutzungen usw.

Wasserzeichen, in der Durchsicht erscheinende Zeichnung in Papierbogen u. Druck-Erzeugnissen (z. B. in Banknoten usw.); durch Einflechten des Musters in die Schöpfform oder durch Einwalzen erzeugt.

Watenstedt-Salzgitter. → Salzgitter.

Waterberg, Berg in Namibia, 1857 m.

Waterbury ['wɔːtəbəri], St. im US-Staat Connecticut, 103 000 E; Uhren-, Silberwarenindustrie.

Watergate-Affäre ['wɔːtəgeit], 1972–74 in USA: Vertuschung der Beteiligung d. US-Präs. an d. Bespitzelung d. pol. Gegners; führte z. Rücktritt → Nixons u. Verurteilung gesetzter Mitarbeiter.

Waterloo, Ort bei Brüssel, 25 000 E; 18. 6. 1815 entscheidender preuß.-engl. Sieg (auch Schlacht bei → Belle-Alliance genannt) Blüchers u. Wellingtons über Napoleon I.

waterproof [engl. 'wɔːtəpruːf], wasserdicht.

Watford ['wɔtfəd], engl. St. nw. von London (i. d. Gft Hertford), 110 000 E; elektrotechn. u. Maschinenindustrie, Druckereien.

Watlinginsel, engl. *Watling Island* ['wɔtliŋ 'ailənd], indianisch *Guanahani,* heute *San Salvador,* eine d. Bahama-Inseln, 163 km², 800 E; gilt als erste Entdeckung des Kolumbus (1492).

Watson [wɔtsn], **1)** James D. (* 26. 4. 1928), am. Biologe; Nobelpr. 1962 (Erforschung d. Struktur d. → Desoxyribonukleinsäure); **2)** John B. (9. 1. 1878–25. 9. 1958), am. Phil. u. Psych.; Begr. d. → Behaviorismus.

Watson-Watt ['wɔtsn'wɔt], Sir Robert (13. 4. 1892–6. 12. 1973), engl. Phys.;

1928–35 Entwicklungen auf d. Gebiet d. Radartechnik (Funkmeßtechnik).

Watt [wɔt], James (19. 1. 1736–19. 8. 1819), schott. Ing., Erfinder d. Dampfmaschine.

Watt, Abk. *W,* Maßeinheit d. → Leistung, 1 W = 1 J/s = 1 Nm/s; 1000 W = 1 kW = 1,36 PS = 102 mkp/s.

Watt, *s.,* seichte, bei Ebbe vom Meer fast ganz freie Teile der Nordsee zw. der dt. u. ndl. Küste u. den Friesischen Inseln; von Schlick u. Schlamm bedeckt; von → Prielen durchzogen.

Watteau [-'to], Jean-Antoine (10. 10. 1684–18. 7. 1721), frz. Rokokomaler; *Gesellschaften im Freien; Gersaints Ladenschild.*

Wattenscheid, s. 1975 St.teil v. → Bochum.

Watussi, *Tussi,* hamit. Völkergruppe, Rinderhirten, i. Burundi, Tansania und Ruanda (Ostafrika).

Watzmann, 2713 m, dreigipfeliger Kalkberg d. Berchtesgadener Alpen am Königssee.

Wau → Reseda.

Waugh [wɔː], Evelyn (28. 10. 1903–10. 4. 66), engl. zeitkrit. Romanschriftst.; *Eine Handvoll Staub; Tod i. Hollywood.*

Wayne [wein], John (26. 5. 1907–11. 6. 79), am. Filmschausp.; *Stagecoach; Red River; The Man Who Shot Liberty Valance; Hatari!;* als Regisseur: *The Alamo* (1960).

WDR, Abk. f. *W*estdeutscher *R*undfunk, Sitz Köln.

Webb [web], Sidney, s. 1929 Lord Passfield (13. 7. 1859–13. 10. 1947), engl. Nationalökonom u. Pol., führend in der → Fabian Society u. der Labour Party, mehrmals Min., förderte d. Gewerkschaftsbewegung.

Weber, 1) Alfred (30. 7. 1868–2. 5. 1958), dt. Nationalökonom u. Soziologe; *Kulturgesch. u. -soziologie; Abschied v. der*

Carl Maria v. Weber

bisherigen Gesch.; **2)** Carl Maria Frh. von (18. od. 19. 11. 1786–5. 6. 1826), dt. Komp.; repräsentativ f. d. romant. Oper; *D. Freischütz; Euryanthe; Oberon;* Instrumentalmusik; Klavier- u. Gesangswerke; **3)** Ernst Heinrich (24. 6. 1795–26. 1. 1878), dt. Physiologe, → Weber-Fechnersches Gesetz; **4)** Friedrich Wilhelm (25. 12. 1813–5. 4. 94), dt. kath. Dichter; Versepos: *Dreizehnlinden;* **5)** Marianne (2. 8. 1870–12. 3. 1954), führend in der Frauenbewegung: *Frauenfragen u. Frau-*

engedanken; Gattin v. **6)** Max (2. 4. 1864–14. 7. 1920), dt. Soziologe u. Nationalökonom; Theorie der werturteilsfreien *Sozialwissenschaft* zur klaren Scheidung v. *Sozialpolitik; Wirtschaft u. Gesellschaft; Aufsätze zur Rel.soziologie;* **7)** Wilhelm (24. 10. 1804–23. 6. 91), dt. Phys.; Mitbegr. d. Wellenlehre; errichtete mit Gauß den ersten brauchbaren Nadeltelegraphen; einer d. → „Göttinger Sieben".

Weberdistel, svw. → Karde.

Weberei, Verarbeitung von → *Garnen* zu Geweben (Webware) auf von Hand, von Fuß od. maschinell betriebenen Webstühlen (→ Jacquard-Maschine): Längsfäden *(Kette, Aufzug)* je nach zu erzielendem Muster gehoben u. gesenkt; durch entstehenden Zwischenraum *(Fach)* Webespule mit Querfaden *(Schuß)* hindurchgeschleudert; kreuzweise Verschlingung *(Bindung)* v. Kette u. Schuß; glatte, geköperte (schräglaufende Streifen od. Furchen), gekreppte, atlasbindige Gewebe (Taft).

Weber-Fechnersches Gesetz, psychophysisches Grundges. (→ Weber, → Fechner): Intensität (*E*) einer subjektiven Empfindung dem Logarithmus des phys. Reizes (*R*) proportional (*E* = *k* · log *R*), z. B. die Lautstärke wächst m. d. Logarithmus der phys. Energie eines Tones.

Weberknecht, *Kanker, Schneider,* Spinnentier mit kleinem, birnförmigem Körper u. langen, dünnen Beinen; erjagt kleine Tiere.

Webern, Anton v. (3. 12. 1883–15. 9. 1945), östr. Komp.; Schüler Schönbergs; v. gr. Einfluß auf moderne serielle Musik.

Webervögel, gesellig lebende Singvögel bes. d. trop. Afrika u. Asien; kunstvoll geflochtene Nester an Zweigen; z. Familie d. W. gehören auch d. → Sperlinge.

Webstuhl → Weberei.

Wechmar, Rüdiger Frh. v. (* 15. 11. 1923), dt. Journalist; 1970–72 stellvertr., 1972–74 Reg.sprecher.

Wechsel, W.-Ges. v. 21. 6. 1933, schuldrechtl. → Wertpapiere, → Orderpapiere, durch → Indossament übertragbar. **1)** gezogener W., *Tratte,* enthält Anweisung, an einen anderen, den Bezogenen *(„gegen diesen W. zahlen sie an ..."),* zu zahlen; **2)** Eigen-W., *Sola-W.,* Aussteller verspricht, selbst zu zahlen *(„gegen diesen W. zahle ich an ...")* – W. muß enthalten: **a)** Bez. als W. im Text *(W.klausel);* **b)** bei d. Tratte d. unbedingte Anweisung, beim Sola-W. d. Versprechen, eine best. Geldsumme zu zahlen; **c)** bei Tratte Namen dessen, der zahlen soll (Bezogener, *Trassat);* **d)** Angabe d. Verfallzeit; möglich ist e. best. Tag, eine best. Zeit nach Ausstellung (3 Monate nach Dato, *Dato-W.),* eine best. Zeit nach Sicht *(Nach-Sicht-W.)* od. auf Sicht (bei Vorlegung, *Sicht-W.);* **e)** Angabe d. Zahlungsortes; **f)** Name dessen, an den od. an des-

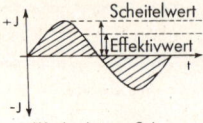

Scheitelwert
+J
Effektivwert
t
–J

Wechselstrom, *Schema*

sen Order gezahlt werden soll *(Remittent);* **g)** Angabe des Tages u. Ortes der Ausstellung; **h)** Unterschrift des Ausstellers. Bei *Blanko-W.* kann d. Empfänger einzelne Teile d. W.s mit Ausnahme d. Unterschrift selbst ausfüllen; durch das → Akzept wird Bezogener zum Akzeptanten u. zur Einlösung verpflichtet; akzeptiert Bezogener nicht, dann *Protest mangels Annahme* u. Rückgriff gg. Indossanten u. Aussteller möglich; löst Akzeptant W. bei Fälligkeit nicht ein, so ist spätestens am 2. Werktag nach Fälligkeit *Protest mangels Zahlung* (durch Notar, Gerichtsvollzieher, Post) zu erheben. Weitere W.-Arten: *Deckungs-, Depot-, Kautions-W.* wird dem Gläubiger zur Sicherung übergeben; *fingierter W., Keller-W.,* gibt fingierte Namen, bes. für Bezogenen, an, hat auch Unterschriften nicht existierender Personen, Gültigkeit bleibt im übrigen unberührt; *Prima-W.,* 1. Ausfertigung eines W.s, wenn, wie bes. im Überseehandel, mehrere Ausfertigungen ausgestellt wurden; *Sekunda-W.,* 2. Ausfertigung, dient im Überseehandel zur Einholung des Akzepts, wenn der Prima-W. inzwischen bereits diskontiert werden soll; *Prolongations-W.,* Hergabe schiebt praktisch den Einlösungstermin eines älteren W.s hinaus, *Reit-W.,* wird von zwei Personen gegenseitig gezogen, ohne daß Verpflichtungsgrund besteht, kann als Betrug bestraft werden; *Rekta-W.,* enthält negative → Orderklausel; *Sola-W.,* Eigen-W., nur in einem Exemplar ausgestellter W. – *W.bürgschaft, Aval:* Dritter haftet für W.schuld nach Unterschrift auf d. W. mit Zusatz „p. a." (per aval) oder „als Bürge", auch wenn die dem W. zugrunde liegende Schuld nicht besteht. *W.steuer* durch *W.steuermarken. - Wirtschaftl.* Mittel für kurzfristige Kreditaufnahme.

Wechselbalg, im *Volksglauben:* Mißgeburt, von Zwergen anstelle e. geraubten Säuglings zurückgelassen.

Wechselbürgschaft → Wechsel.
Wechselfieber → Malaria.
Wechseljahre → Klimakterium.
Wechselkurs → Devisenkurse.
Wechselpari, der Goldparität entsprechender Devisenkurs (→ *Parität).*
Wechselreiterei → Wechsel *(Reit-W.).*
Wechselrichter, Umwandlung von Gleichstrom in Wechselstrom; Gleichstrom wird nach d. Prinzip d. → Wagnerschen Hammers ununterbrochen u. über Primärwicklung eines → Transformators geleitet; dadurch wird i. d. Sekundärwicklung Wechselstrom induziert.

Wechselstrom, el. Strom, der seine Größe u. Richtung period. ändert; W. f. Licht u. Kraft meist m. Frequenz 50 Hz = 50 Schwingungen pro Sek., f. el. Bahnen meist 16 2/3 Hz. – **W.maschinen,** meist mit rotierenden Polen u. feststehendem Anker; je nach Anordnung d. Spulen im Anker: *2-Phasen-W.* u. *3-Phasen-W. (Drehstrom)* f. Übertragung auf weite Entfernungen (Hochspannung); über Gleichrichter Gleichstrom f. Akkumulatoren u. zur Elektrolyse. – **W.telegraphie,** Gleichstrom-Telegraphie-Impulse werden in W.impulse best. Frequenz umgewandelt u. übertragen; durch Verwendung versch. Frequenzen kann eine Leitung gleichzeitig f. mehrere Telegraphie-Stromkreise genutzt werden (bis 48fach). → Telexnetz.

Wechseltierchen, svw. → Amöben.

Weckamine, Abkömmlinge des Ephedrins u. seiner Derivate; stark anregende, Ermüdung und Hunger unterdrückende Mittel; wegen Suchtgefahr dem Opiumgesetz unterworfen.

Weda → Veda.

Wedda [sanskrit. „Jäger"], weddide (→ Rasse, Übers.) Ureinwohner von Sri Lanka (Ceylon).

Weddellmeer, große Meeresbucht im Südpolargebiet (zw. Hearst- und Coats-Land), im S durch Eisbarriere vom Festland getrennt; von *Weddell* (1823) und *Filchner* (1911–12) erforscht.

Wedekind, Frank (24. 7. 1864–9. 3. 1918), deutscher Dichter; Vorläufer des literar. → Expressionismus; Dramen: *Frühlings Erwachen; Erdgeist* (als *Lulu* Oper v. Berg); *Marquis v. Keith;* Gedichte.

Wedel (Holstein) (D-2000), St. i. Kr. Pinneberg, an d. Unterelbe, Schl-Ho., 30 158 E; W.er Rolandssäule (1450); Öl- u. opt. Ind., Solartechnik.

Wedgwood [*ˈwedʒwud*], Josiah (12. 7. 1730–3. 1. 95), engl. Töpfer; erfand das **W.steinzeug:** hauptsächlich farbiger Grund m. weißem klassizist. Reliefdekor.

Weekend, s. [engl. *ˈwik,ɛnd*], Wochenende.

Wega, hellster Stern 0. Größe in der → Leier.

Wegberg (D-5144), St. i. Kr. Heinsberg, NRW, 24 921 E; Textil-, Leder-, Elektrou. Metallind.

Wegener, 1) Alfred (1. 11. 1880–Nov. 1930), dt. Meteorologe u. Polarforscher; 3 Grönlandexpeditionen, Theorie d. → Kontinentalverschiebung; **2)** Georg (31. 5. 1863–8. 7. 1939), dt. Geograph u. Forschungsreisender; *China;* **3)** Paul (11. 12. 1874–13. 9. 1948), dt. Regisseur u. Schausp.; *Der Student v. Prag; Der Golem; Kolberg.*

Wegerecht, regelt Verwaltung, Einteilung u. Unterhaltung öff. u. privater Straßen; Einteilung in Straßen u. Wege versch. Ordnung m. Folgerungen f. Benutzung, Eigentum u. Pflege; bes. Regelung f. Wasserstraßen.

Wegerechtschiff, braucht nach Seewasserstraßenordnung nicht auszuweichen (führt schwarzen Zylinder am → Vortopp, nachts rotes Licht).

Wegerich

Wegerich, Heilkräuter m. grundständigen Blattrosetten; meist rosa Blüten in Ähren.
Weggis (CH-6353), schweiz. Luftkurort im Kanton Luzern, am Vierwaldstätter See, 441 müM, 2400 E.
Wegscheid (D-8396), Markt i. Kr. Passau, Bayr. Wald, 734 müM, 5463 E; Fremdenverkehr.
Wegschnecke → Nacktschnecken.
Wegwarte, wilde → Zichorie.
Wehen → Geburt.
Wehlau, Znamensk, sowj. St. im nördl. Teil d. ehem. Ostpreußens, 7500 E. – 1657 brandenburg.-poln. Vertrag über d. Unabhängigkeit Ostpreußens.
Wehnelt, Artur (4. 4. 1871–15. 2. 1944), dt. Physiker; erfand den **W.-Unterbrecher:** selbsttätiger Stromunterbrecher; arbeitet durch Erzeugung u. Vernichtung v. Gasbläschen in einem → Elektrolyten.
Wehner, Herbert (11. 7. 1906–19. 1. 90), SPD-Pol.; 1949–83 MdB, 1957–73 stellvertr. Vors. d. SPD, 1966–69 B.min. f. gesamtdt. Fragen, 1969–83 Vors. d. SPD-Fraktion.
Wehr, Einbau in Wasserläufe zur Anstauung bzw. Regulierung von Gefällhöhe und Wassermenge; festes Wehr: Schuß-W., Sturz-, Stufen-W.; bewegliches W.: Schützen-W.; Klappen-W., Walzen-W., Nadel-W. (dicht gestaffelte Pfähle, Nadeln, können bei Hochwasser u. Eisgang umgeklappt werden). – **W.beauftragter** d. dt. Bundestages, Organ z. Schutz d. → Grundrechte innerh. d. → Bundeswehr, Hilfsorgan bei Ausübung d. parlamentar. Kontrolle (Art. 45 b GG, Ges. v. 26. 6. 1957). – **W.dienst,** Ableistung des mil. Dienstes; in der BR Grundwehrdienst (z. Z. 12 Mon.), Wehrübungen u. unbefristeter Wehrdienst im Verteidigungsfall; → Wehrpflicht, → Wehrersatzdienst, → Bundeswehr. – **W.disziplinarordnung,** Ges. v. 15. 3. 1957 regelt Würdigung bes. Leistungen durch Anerkennungen und Ahndung von Dienstvergehen durch Disziplinarmaßnahmen (einfache Disziplinarmaßnahmen u. gerichtliche Disziplinarmaßnahmen) b. Soldaten. – **W.ersatzdienst,** v. Kriegsdienstverweigerern zu leistender Dienst am Allge-

meinwohl (Dauer s. 1984 20 Monate). – **W.gerechtigkeit,** Bundeswehr, Gleichbehandlung der Dienstpflichtigen u. Abbau v. Wehrdienstausnahmen u. -befreiungen. – **W.macht,** Bez. der Gesamtstreitkräfte des Dt. Reiches 1935–45. – **W.pflicht,** gesetzliche Verpflichtung zum → Wehrdienst, besteht heute in den meisten Staaten; in BR eingeführt und geregelt durch Gesetz vom 21. 7. 1956; → Bundeswehr. – **W.strafgesetz,** v. 30. 3. 1957, enthält die mil. Straftatbestände (z. B. Fahnenflucht, Gehorsamsverweigerung); das allg. Strafrecht gilt subsidiär. Bei Soldaten, die Jugendliche od. Heranwachsende sind, gelten Vorschriften d. Jugendgerichtsgesetzes nur eingeschränkt.
Weichbild, urspr. Stadtrecht u. das ihm unterstehende Gebiet, dann svw. Stadtgebiet.
Weiche, 1) Vorrichtung z. Überführung von Schienenfahrzeugen v. einem Gleis auf ein anderes ohne Fahrtunterbrechung; W. meist v. Stellwerk aus bedient, auch örtl. Umstellung durch Hebelwerk am Weichenbock; Stellung zeigt Weichenlaterne; einfache, Bogen-, Doppel-, einfache u. doppelte Kreuzungs-W.; 2) Filter, Kombination v. el. Schaltgliedern, die eine Trennung v. Strömen versch. Frequenz ermöglicht, in der Fernmeldetechnik als Tiefpaß, Hochpaß od. Bandpaß; bei Richtungstrennung von Strömen gleicher Frequenz Brückenschaltung u. ä.; 3) Bereich zw. unteren Rippen u. Hüfte.
Weicheiseninstrument, Volt- od. Amperemeter zur Messung von Gleich- od. Wechselstrom; Arbeitsweise: Weicheisenplättchen im Innern einer Spule werden b. Stromzufuhr gleichnamig magnetisch u. stoßen einander ab; abstoßende Kraft wirkt gg. Feder, Bewegung wird auf Meßwerk übertragen.
Weicher Stil, Schöner Stil, Stilstufe der eur. Kunst etwa 1390–1430; i. d. Plastik „Schöne Madonnen".
Weichmacher, führen hochmolekulare harte Stoffe in lederartig zähe bis gummielast. Produkte über.
Weichmann, Herbert (23. 2. 1896–9. 10. 1983), SPD-Pol.; 1965–71 1. Bürgermeister v. Hamburg.
Weichs, Maximilian Frh. v. (12. 11. 1881–27. 9. 1954), Generalfeldmarschall; führte u. a. das XIII. Armeekorps, das in Österreich u. im Sudetenland einmarschierte.
Weichsel, poln. Wisła, mitteleur. Strom, aus d. W-Beskiden (Barania Góra), mit weitverzweigtem Delta (Danziger Werder) in die Danziger Bucht (alter Lauf Tote W. bildet Danziger Hafen) und mit östl. Mündungsarm Nogat u. Elbinger W. in d. Frische Haff, Hptmündung in Danziger Bucht durch Kanal östl. Danzig; 1047 km l., etwa 940 km schiffbar; durch Augustowo-Kanal m. Memel, durch Bromberger Kanal (Brahe–Netze) m. Oder verbunden; Nbfl.: l. Przemsza, Ni-

da, Kamienna, Pilica, Bzura, Brahe; r. Schwarzwasser, Montau, Ferse; r. Dunajec, Wisłoka, San, Wieprz, Bug, Drewenz.
Weichselkirsche, südeur. Kirschenart; Früchte bitter; Holz für Drechslerarbeiten.
Weichselzopf, durch Unsauberkeit, Ausschlag (Kopfläuse) u. Kratzwundensekret verklebtes Kopfhaar.
Weichtiere, Mollusken, wirbellose Tiere mit weichem, schleimigem Körper: Schnecken, Muscheln, Tintenfische.
Weida (D-6508), St. i. Kr. Gera, Thür., 11 000 E; Schloß (10. Jh.); Textil-, Leder-, Schuhind.
Weide, zweihäusige Bäume u. Sträucher mit Blütenkätzchen; Ruten als Flechtmaterial (Korbweide).
Weidenau (Sieg), s. 1975 zu → Siegen.
Weidenbohrer, Nachtschmetterling; bis 8 cm l. Raupe, sehr schädlich durch Bohren in Laubhölzern.
Weiden i. d. Oberpfalz (D-8480), krfreie St. im Rgbz. Oberpfalz, Bay., 41 539 E; LG, AG; Stadtarchiv m. Max-Reger-Zimmer; Porzellan-, Glasfabr., Textilversand.
Weidenröschen, rot blühende, hochwüchsige Kräuter, weidenähnl. Blätter.
Weiderich, 1) Blutkraut, Sumpfkräuter m. purpurfarbenen Blütenähren; 2) Gelb-W., gelb blühende Primelgewächse.
weidgerecht, svw. → waidgerecht.
Weigel, 1) Helene (12. 5. 1900–7. 5. 71), dt. Schausp.in; Witwe Bert → Brechts; 2) Valentin (1533–10. 6. 88), bedeutendster Vertr. d. nachreform. protestant. Mystik.
Weihbischof, ein der kath. Diözesanbischof in Weihehandlungen vertretender → Titularbischof.
Weihe, 1) → Konsekration; 2) → Ordination.
Weihen, hochbeinige Greifvögel: Korn-, Wiesen- u. Rohrweihe; Nest am Boden. Gabelweihe; → Milan.
Weihenstephan → Freising.
Weihnachten, Christfest, zur Erinnerung an die Geburt Jesu (Weihnachtskrippe) nach Adventszeit, urspr. zu Epiphanias (6. 1.), seit 4. Jh. am 25. 12. (Mithrasfest) gefeiert. Auch → Jul(fest).
Weihnachtsmann, St. Nikolaus, Knecht Ruprecht, in Norddtld seit dem 19. Jh. Gabenbringer der Weihnachtszeit.
Weihnachtsrose, svw. → Christrose.
Weihnachtsstern, Poinsettia, mexikan. Wolfsmilchart, gelbe Blüten m. sternartigem Kranz roter od. gelber Hochblätter.
Weihrauch, Harz des W.baums (Boswellia).
Weihwasser, in der kath. Kirche im W.becken am Kircheneingang zum Benetzen als Symbol geistiger Reinigung. Besprengen mit **Weihwedel.**
Weil a. Rhein (D-7858), Gr.Krst. i. Kr. Lörrach, am Oberrhein, Ba-Wü., 26 503 E; Rheinhafen, Verschiebebahnhof.
Weiler, Kleinsiedlung mehrerer Häuser od. Höfe.

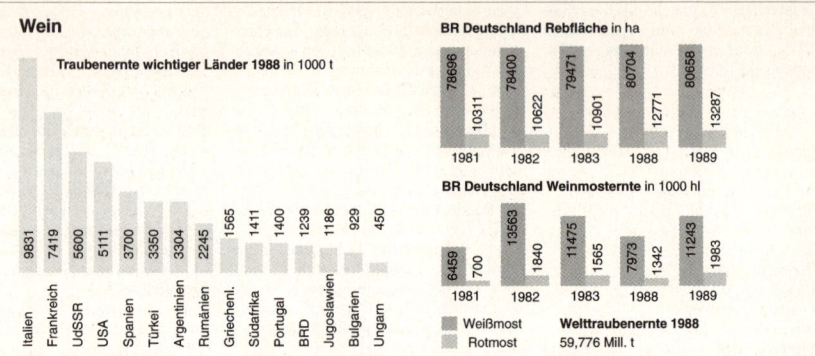

Wein

Traubenernte wichtiger Länder 1988 in 1000 t

BR Deutschland Rebfläche in ha

BR Deutschland Weinmosternte in 1000 hl

Weißmost · Rotmost · Welttraubenernte 1988 59,776 Mill. t

Weilerswist (D-5354), Gem. i. Kr. Euskirchen, NRW, 13 885 E; div. Ind.

Weilheim i. Oberbayern (D-8120), Krst. d. Kr. W.-Schongau, an d. Ammer (im „Pfaffenwinkel"), 17 602 E; AG; Pfarrkirche m. got. Turm; Metall-, Holzind.

Weill, Kurt (2. 3. 1900–3. 4. 50), dt. Komp. (s. 1933 i. d. USA); Opern: *D. Dreigroschenoper* (1928 n. → Brecht u. John → Gay); *Aufstieg u. Fall d. Stadt Mahagonny;* allmähl. Entwicklung zum Musical: *Lost in the Stars.*

Weilsche Krankheit, akute → Leptospiren-Infektionskrankheit mit hohem Fieber, Gelbfärbung der Haut, Milz- und Leberschwellung.

Weimar, Goethes Gartenhaus

Weimar (D-5300), Stkr. u. Krst. i. Thür. (bis 1952 Hptst.), a. d. Ilm, 61 583 E; Nat. Forschungs- u. Gedenkstätten d. klass. dt. Literatur m. Zentralbibl.; Goethe-Nat.mus., Schillerhaus, Goethe- u. Schiller-Gruft, Schloß, Liszthaus, Kirms-Krakow-H., Wittumspalais, Goethe-Schiller-Archiv, Staatsarchiv, Mus. f. Ur- u. Frühgeschichte Thüringens, Dt. Nationaltheater, Kunstsammlungen; HS f. Architektur u. Bauwesen; HS f. Musik, FS, Institute; Landmaschinen-, Lebensmittel-, elektron., elektrotechn. u. Bauind.; nahebei die Schlösser → Tiefurt u. *Belvedere;* nördl. v. W. 1937–45 KZ Buchenwald (jetzt nat. Mahn- u. Gedenkstätte Buchenwald). – Bis 1918 Residenzst. d. Großherzogtums Sachsen-W.-Eisenach, unter Karl August Zentrum d. dt. Humanismus; erneute Blüte durch Liszt. 1919–25 Bauhaus m. *Gropius.*

Weimarer Republik, Bezeichnung f. das Dt. Reich v. 1919–33, erste parlamentar.-demokr. Staatsform d. dt. Geschichte.

Weimarer Verfassung, *Reichsverfassung,* Staatsgrundgesetz des Dt. Reichs, nach Entwurf von Hugo → Preuß von d. Nationalversammlung in Weimar *(Weimarer Rep.)* beschlossen, von Reichspräs. Ebert am 11. 8. 1919 unterzeichnet; wesentl. Teile (Grundrechte, Gewaltenteilung) wurden durch das NS-Regime 1933 außer Kraft gesetzt.

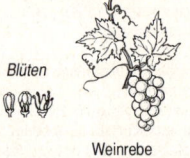

Blüten

Weinrebe

Wein, gewonnen durch alkohol. Gärung aus Traubensaft vom *W.stock (Vitis),* alte Kulturpflanze Kleinasiens u. des Mittelmeergebietes; Verwandte in d. wärmeren Gegenden aller Erdteile. Hauptfeinde: Reblaus (Befall meldepflichtig), Traubenwickler, Mehltaupilze; Bekämpfung durch Spritzmittel. Auch → Wilder Wein. – 11 „Bestimmte Anbaugebiete" f. → Q.b.A.-Weine in Dtld: Rheingau, Nahegebiet, Mosel-, Saar- u. Ruwergebiet, Rheinhessen u. Rheinpfalz, Ahr, Hess. Bergstraße, Franken sowie Württemberg u. Baden. Weinmarktordnung der EWG (1970): Alkoholanreicherung v. Wein durch Zucker u. Beimischung v. Weinkonzentrat wird für bestimmte Weingebiete in einem festgesetzten Ausmaß gestattet; Verschnitt muß auf dem Etikett neben der Ursprungsbez. angeführt werden. Das W.gesetz d. BR v. 14. 7. 1971 ist d. EG-Bestimmungen angepaßt. In der BR W.bestand 1990: 19,08 Mill. hl, davon 15,7 Mill. hl Weißwein, 3,4 Mill. hl Rotwein, 2,8 Mill. hl Schaumwein; Verbrauch an Trinkwein 1988/89:

26,8 l pro Kopf (EG 1987/88: 42,5 l pro Kopf).

Weinberg, Steven (* 3. 5. 1933), am. Phys.; (zus. m. S. L. → Glashow u. A. → Salam) Nobelpr. 1979 (Erkenntnisse z. schwachen u. elektromagnet. Wechselwirkung).

Weinberger, Jaromir (8. 1. 1896–9. 8. 1967), tschech. Komp.; Oper: *Schwanda, der Dudelsackpfeifer.*

Weinbrand, der dt. Kognak; aus Wein hergestellter Branntwein (bis 60% Alkoholgehalt).

Weinbrenner, Friedrich (29. 11. 1766–1. 3. 1826), dt. Baumeister d. Klassizismus; bes. in Karlsruhe.

Weinert, Erich (4. 8. 1890–20. 4. 1953), dt. kommunist. Schriftst.; 1943–45 Präs. d. Nat.komitees Freies Dtld; polit.-satir. Gedichte.

Weinessig, durch Essigbakterien aus Wein.

Weingarten (D-7987), Gr. Krst. i. Kr. Ravensburg, Ba-Wü., 21 522 E; Benediktinerabtei (1056 gegr.) m. größter Barockkirche Deutschlands (1717–24 erb.); PH; Maschinenind.

Weingartner, Felix v. (2. 6. 1863–7. 5. 1942), östr. Dirigent u. Komp.

Weingeist, *Ethylalkohol,* → Spiritus.

Weinheber, Josef (9. 3. 1892–8. 4. 1945), östr. Lyriker; *Adel u. Untergang; Späte Krone; Wien wörtlich; Kammermusik.*

Weinhefen, Vorkommen als Kultur- u. wilde Hefen, die Traubensaft vergären; oft in Form von Reinkulturen verwendet.

Weinheim (D-6940), St. i. Rhein-Neckar-Kr., an d. Bergstraße, Ba-Wü., 41 875 E; AG; Obst- u. Weinbau; Leder-, Teigwaren-, Kunststoffind.; größter Exotenwald Mitteleuropas; Wachenburg u. Burgruine Windeck.

Weinpalme, verschiedene Palmen, aus deren Säften *Palmwein* bereitet wird.

Weinsäure, *Dihydroxybernsteinsäure,* organ. Säure; große farblose Kristalle; bes. in Trauben vorkommend; verwendet zu Back- u. Brausepulvern u. als Beize in der Färberei; v. den Salzen *(Tartraten)* bes. wichtig Natrium-Kaliumsalz *(Seignettesalz)* als Abführmittel u. Antimo-

nylkaliumsalz *(Brechweinstein),* verwendet in Färberei, Zeugdruck usw.
Weinsberg (D-7102), St. i. Kr. Heilbronn, Ba-Wü., 9115 E; Stadtkirche (12. Jh.); Weinbau, Staatl. Lehr- u. Versuchsanstalt f. Wein- u. Obstbau. – *Die Weiber von W.* retteten ihre Männer bei der Belagerung durch Konrad III. 1140, indem sie sie bei dem ihnen gewährten freien Abzug auf dem Rücken hinaustrugen.
Weinstadt (D-7056), 1975 durch Gemeindezus.legung entstandene St. im Rems-Murr-Kr., Ba-Wü., 23 518 E.
Weinstein, rohe → Weinsäure u. Kaliumhydrogentartrat, in Krusten i. Weinfässern abgeschieden.
Weinstraße, *Deutsche,* durch die Pfälzer Weinbaugebiete am Rand der Hardt, nordsüdl. 70 km lang.
Weise, Christian (30. 4. 1642–21. 10. 1708), dt. Dichter; *Die drei ärgsten Erznarren;* Schuldramen: *Tobias.*
Weisel, die Bienenkönigin.
Weisenborn, Günther (10. 7. 1902–26. 3. 69), dt. Schriftst.; Dramen: *Die Illegalen;* Dokument: *Memorial;* Roman: *Das Mädchen von Fanö.*
Weisgerber, Albert (21. 4. 1878–10. 5. 1915), dt. Maler d. idealist. Expressionismus; 1913 Mitbegr. d. Neuen → Sezession; *Absalom, Hl. Sebastian,* Bildnisse.
Weisheitszähne → Gebiß.
Weismann, 1) August (17. 1. 1834–5. 11. 1914), dt. Zoologe; stellte die Keimplasmatheorie als Grundlage der Vererbungslehre auf; **2)** Julius (26. 12. 1879–22. 12. 1950), dt. Komp.; Opern: *Schwanenweiß; Leonce und Lena.*
Weismantel, Leo (10. 6. 1888–16. 9. 1964), dt. kath. Schriftst. u. Pädagoge; Bühnenstücke; Romane: *Das unheilige Haus; Dill Riemenschneider.*
Weiß, 1) Emil Rudolf (12. 10. 1875–9. 11. 1942), dt. Maler, Buchkünstler u. Schriftschöpfer; **2)** Konrad (1. 5. 1880–4. 1. 1940), dt. kath. Schriftst.; Lyrik, Drama, Essay.

Peter Weiss

Weiss, Peter (18. 11. 1916–10. 5. 82), dt. Schriftst., Maler u. Regisseur; Dramen: *Die Verfolgung u. Ermordung Jean Paul Marats; Die Ermittlung; Viet Nam Diskurs; Hölderlin;* Erzählungen: *Der Schatten d. Körpers d. Kutschers;* Roman: *D. Ästhetik d. Widerstands.*
Weissagung, Voraussagen aufgrund seherischer Fähigkeiten.
Weißbier, *Berliner Weiße, Lichtenhainer,*

Leipziger Gose, kohlensäurereiches, obergärig., säuerl. Bier aus Weizen- u. Gerstenmalz, m. Hefe u. Milchsäurebakterien vergoren.
Weißblech, z. Schutz gg. Rost mit Zinn überzogenes Eisenblech.
Weißblütigkeit → Leukämie.
Weißbuch → Farbbücher.
Weißbuche, *Hage-, Hainbuche, Hornbaum,* der Birke und Haselnuß verwandter Waldbaum (sehr hartes u. schweres Holz); auch zu Hecken.

Weißdorn

Weißdorn, *Hagedorn, Crataegus,* dornige Sträucher m. weißen Blüten u. roten kl. Früchten; Extrakte des W.s als Herzmittel; als Varietät d. rot blühende *Rotdorn.*
Weiße Frau, *Ahnfrau,* unheilbringendes Gespenst in Schlössern.
Weißenburg, 1) *W.* (D-8832) in Bayern, Krst. im Rgbz. Mittelfranken, am W-Hang des Fränkischen Juras, 17 318 E; AG; Römerbad, Bergfeste *Wülzburg,* Waldoper; **2)** frz. *Wissembourg,* St. im Unterelsaß, im frz. Dép. *Bas-Rhin,* 7000 E.
Weißenfels (D-4850), Krst. i. S-A., 38 082 E; ehem. Residenzschloß; div. Industrie.
Weißer Berg, bei Prag, 379 m hoch; 1620 Sieg → Tillys über das böhm. Heer unter Friedrich V., (→ Dreißigj. Krieg).
Weiße Rose, christl. geprägte Widerstandsgruppe Münchener Studenten gegen d. NS, Flugblattaktion gegen Hitler; führende Mitgl. 1943 hingerichtet: *Hans* u. *Sophie Scholl, Christoph Probst, Willi Graf,* Prof. *Kurt Huber.*
Weißes Haus, engl. *White House,* Amtssitz des Präsidenten der USA in Washington D.C.
Weißes Meer, flacher Meerbusen des Nördl. Eismeeres zw. den nordwestruss. Halbinseln Kola u. Kanin, bis 340 m tief; fischreich, Küsten v. Nov.–Mai durch Eis gesperrt; der wichtigste Hafen ist *Archangelsk.*
Weiße Zwerge, Sterne von sehr kleinem Durchmesser, aber hoher Temperatur u. abnorm hoher Dichte; liegen im → Russell-Diagramm unter der Haupttreihe i. Gebiet kleiner absoluter Helligkeiten (z. B. Begleiter d. Doppelsterns Sirius).
Weißfische, kl. Süßwasserfische (z. B. → Plötze u. → Rotfeder).
Weißfluß → Ausfluß.
Weißgerberei → Gerberei.
Weißkohl, e. Kopfkohl; aus ihm *Sauerkraut.*

Weißkopf, Gustav, auch *G. Whitehead* (1. 1. 1873–10. 10. 1927), dt.-am. Flugpionier; 1901 angeblich mehrere Motorflüge m. selbstgebautem Eindecker.
Weißlinge, Schmetterlingsfamilie, weiß, gelb od. dunkel: *Kohlweißling,* Raupe an Kohl; *Baumweißling,* schwarzgeäderte Flügel, Raupe an Laubbäumen, Schädlinge; Aurorafalter, Senfweißling, Rapsweißling; → *Zitronenfalter.*
Weißmeer-Ostsee-Kanal, 1933 vollendete Verbindung unter Ausnutzung d. Marienkanalsystems zw. Weißem Meer (Onegabucht) u. Ostsee (Newa).
Weißmetall, Legierung aus Zinn und Blei, mit härtender Beimischung von Kupfer und Antimon; besonders zum Ausgießen von Lagerschalen; auch für → Lettern.
Weißmüller, Johnny (2. 6. 1904–20. 1. 84), amer. Filmschauspieler; *Tarzan*-Filme.
Weißrussen, ostslaw. Volk (9,5 Mill.), kleinwüchsig, blondhaarig, mit grauen oder blauen Augen, bewohnen **Weißrußland,** *Bjelorußland,* Republik im W der Sowjetunion, *pol. Byelarus,* 207 600 km², 10,2 Mill. E; Hptst. *Minsk.*
Weißtanne → Tanne.
Weißwasser (Oberlausitz) (D-7580), Krst. i. Sa., 36 790 E; div. Ind.; Braunkohlen; Ind.schule f. Glastechnik.
Weißwurz, svw. → Salomonssiegel.
Weistritz, poln. *Bystrzyca,* l. Nbfl. der Oder bei Breslau, vom Waldenburger Bergland, 95 km lang: Talsperre.
Weisweiler, s. 1972 zu → Eschweiler.

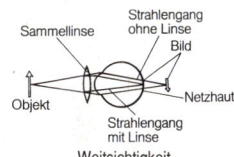
Weitsichtigkeit

Weitsichtigkeit, *Übersichtigkeit, Hyper-(metr)opie,* Unfähigkeit, in der Nähe scharf zu sehen infolge zu kurzer Augachse od. Nachlassen d. Akkommodationsfähigkeit u. Elastizitätsverlust d. Linse, *Alters-W., Presbyopie;* durch Brille (Konvexgläser) ausgleichbar.
Weitsprung, i. d. Regel einbeiniger Sprung v. einem i. d. Erde eingelassenen Sprungbalken nach Anlauf; die gebräuchlichsten Techniken: Hang-Technik, Laufsprung-Technik, Schrittweitsprung-Technik; olymp. Wettbewerb.
Weizen, Getreidegräser, z. T. von vorderasiat. Wildformen abstammend, in zahlr. Kulturformen in gemäßigter u. subtropischer Zone angebaut. Von beschränkter Verbreitung: *Einkorn;* mit 2 Körnerreihen: *Spelz (Dinkel u. Emmer,* Verfütterungsweizen) mit zweigliedriger Ähre; *Polnischer W.* mit langen Spelzen; wichtiger die eigtl. W.arten: *Gemeiner W.,* z. T. begrannt *(Bart-W.),* z. T.

Weizen

ohne Grannen *(Kolben-W.); Engl. W.* m. stark gekielten Spelzen; *Igel-W.,* mit kurzer, dicker Ähre; *Glas-(Hart-)W.* mit kleberreichen, glasigen Körnern, nur im Süden. – W.-Welternte 1982: 485,7 Mill. t.
Weizenälchen → Älchen.
Weizmann, Chaim Ben Ozer (27. 11. 1874–9. 11. 1952), isr. Pol.; Chemiker; Zionist; erwirkte mit anderen 1917 → Balfour-Deklaration; 1920–31 u. 1935–46 Präs. d. Zionist. Weltorganisation; Begr. u. zeitweiliger Vors. der Jewish Agency, 1948 vorläufiger, 1949 Präs. von Israel; *Trial and Error.*

Carl Friedrich Frh. v. Weizsäcker

Weizsäcker, 1) Carl Friedrich Frh. v. (* 28. 6. 1912), dt. Atomphys. u. Phil.; Goethepreis 1958; Friedenspr. d. Dt. Buchhandels 1963; Erasmuspreis 1969; 1970–80 Leiter d. MPI Starnberg zur Erforschung d. Lebensbedingungen in der wiss.-techn. Welt; *Zum Weltbild d. Physik;* Sohn von **2)** Ernst Frh. v. (12. 5. 1882–4. 8. 1951), dt. Pol., 1938–43 Staatssekr., 1943–45 Botsch. beim Vatikan, in Nürnberg 1949 verurteilt, 1950 begnadigt; *Erinnerungen;* **3)** Karl v. (11. 12. 1822–13. 8. 99), dt. ev. Theologe;

Richard Frh. v. Weizsäcker

Übersetzung des N. T.; **4)** Richard Frh. v. (* 15. 4. 1920), Bruder v. 1), CDU-Pol.; 1981–84 Reg. Bürgermeister v. W-Berlin, s. 1984 B.präs.; **5)** Viktor Frh. v. (21. 4. 1886–9. 1. 1957), Bruder v. 2), dt. Internist u. Neurologe, Vertr. d. Psychosomatik; *Körpergeschehen und Neurose.*
Welfen, 1) dt. Fürstengeschlecht. Gründer Welf I., Schwiegervater Ludwigs des Frommen. Bis zum 12. Jh. Herzöge von Kärnten, Sachsen, Bayern mit Tirol; mächtige Rivalen der Staufer-Kaiser. Seit 1180 nur noch Braunschweig und Lüneburg; seit 1692 eine Linie Kurfürsten v. *Hannover,* 1714 bis 1901 engl. Könige, 1837 von Hannover getrennt. 1814–66 auch Hannoversche Königswürde; **2)** *Deutsch-Hannoversche Partei,* 1867 gegr., Gegner der Angliederung des Kgr. Hannover an Preußen.
Welfenschatz, Reliquienschatz, Stiftungen d. Welfen, bed. Goldschmiedewerke des 11.–15. Jh.; ehem. im Braunschwei-

ger Dom, s. 1671 i. Hannover; 1935 v. Preuß. Staat wiedererworben; s. 1957 in Braunschweig (1982 zahlr. Stücke versteigert).
Wellandkanal, kanad. Großschiffahrtsweg, verbindet Ontario- mit Eriesee, umgeht die Niagarafälle, 64 km lang, 80 m breit.
Wellblech, durch eingewalzte Wellen versteiftes Blech für Bauzwecke.
Welle, zur Aufnahme, Übertragung u. Abgabe v. Drehbewegungen bzw. Drehmomenten mittels (Abb. →) Kurbel-, Zahnrad-, Reibrad-, Riemen-, Seil-, Ketten- u. ä. Trieben.
Wellen, Fortpflanzung von → Schwingungen eines Mediums (feste, flüssige, gasförm. Körper) od. eines → Feldes; 2 Arten: → *longitudinale Wellen,* → *transversale Wellen. Gedämpfte* und *ungedämpfte W. Überlagerung von W.:* → Überlagerung, Reflexion von W. an Grenzflächen nach *Reflexionsgesetz;* reflektierte W., überlagert mit urspr. W., können *stehende W.* ergeben: gewisse Punkte völlig in Ruhe (Schwingungsknoten), andere schwingen in Entfernung der halben W.länge am stärksten (Schwingungsbauch). Auch → Meereswellen. – **W.länge,** Entfernung zw. 2 Punkten gleichen Schwingungszustandes einer Welle (z. B. zw. 2 W.bergen); *W.länge der elektromagnet. W.* (1 μ = $V1000$ mm, 1 mμ = $V1000$ μ = $V1\,000\,000$ mm): Gammastrahlen: 0,0005 mμ; harte Röntgenstrahlen: 0,01 mμ; weiche Röntgenstrahlen: 50 mμ; ultraviolette Strahlen: 100 mμ; *sichtbares Licht:* 370 mμ (violett) bis 770 mμ (rot), dazwischen alle Spektralfarben; Wärmestrahlung 0,3 mm; kürzeste elektrisch erzeugte Strahlen: 3 mm; *Millimeter-W.:* 0,3–1 cm; *Zentimeter-W.:* 1 bis 10 cm; *Dezimeter-W.:* 1–

Wellenlängen

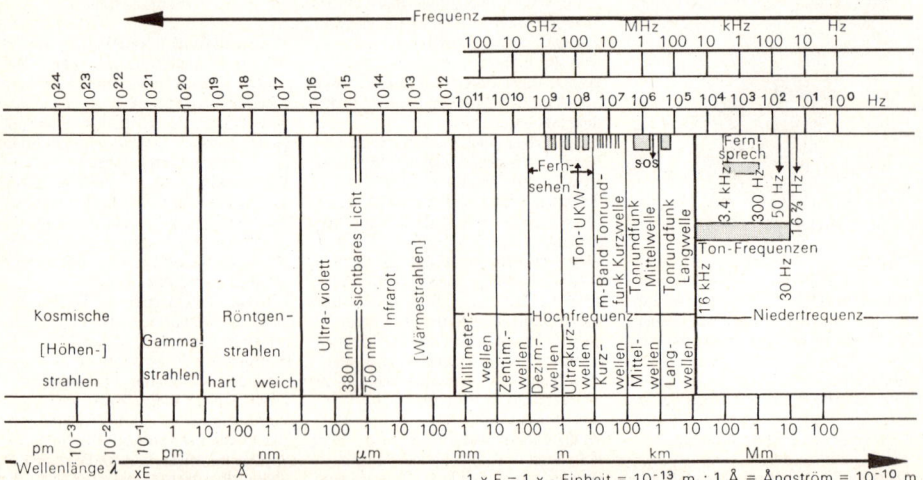

1 x E = 1 x - Einheit = 10^{-13} m : 1 Å = Ångström = 10^{-10} m

10 dm; *Ultrakurz-W.:* 1–10 m; *Kurz-W.:* 10–100 m; *Mittel-W.:* 100–1000 m; *Lang-W.:* 1000–15 000 m; Niederfrequenzströme (20 kHz bis 16⅔ Hz): 15–18 000 km; 50-Hz-W.: 6000 km. – **W.mechanik** → Materiewellen. - **W.plan,** intern. Abkommen zur Aufteilung der Funkwellenbereiche; *Kopenhagener W.plan* (Mittel-u. Langwellen, 1948), *Stockholmer W.-plan* (UKW, 1952); ständiger Tagungsort jetzt Genf (1984 UKW). – **W.theorie,** *Undulationstheorie des Lichts* (Huygens 1678), Licht besteht aus transversalen Schwingungen des Lichtäthers (→ Licht); zwanglose Erklärung der W.erscheinungen, wie Interferenz, Beugung, Polarisation usw.

Weller, Thomas (* 15. 6. 1915), am. Med.; Forschungen zur Tropenmedizin, zur Hygiene und über spinale Kinderlähmung; Nobelpr. 1954.

Wellershof, Dieter (* 16. 3. 1933), dt. Admiral, v. 1981–84 Kommandeur der Führungsakademie Hamburg, 1985/86 Inspekteur der Marine, 1986–91 Generalinspekteur der Bundeswehr.

Wellershoff, Dieter (* 3. 11. 1925), dt. Schriftst.; Romane, Essays; Hörspiele: *Ein schöner Tag; Die Schattengrenze; Die Schönheit der Schimpansen; Die Sirene.*

Welles [wɛlz], Orson (6. 5. 1915–10. 10. 85), am. Schausp. u. Regisseur: *Citizen Kane* (1941); *Touch of Evil* (1958); *Campañadas a medianoche* (1965).

Wellhornschnecke

Wellhornschnecke, *Kinkhorn,* Meeresschnecke der dt. Küsten; als Köder benutzt, auch menschl. Nahrungsmittel.

Herzog von Wellington

Wellington [ˈwɛlɪŋtən], Arthur Herzog von (1. 5. 1769–14. 9. 1852), englischer Feldmarschall; vertrieb 1813 die Franzosen aus Spanien; siegte mit Blücher 1815 bei Waterloo (Belle-Alliance) über Napoleon.

Wellington [ˈwɛlɪŋtən], Hptst. v. Neuseeland, a. d. SW-Küste d. N-Insel, 325 000 E; Uni. polytechn. Institut; Ausfuhrhafen f. Fleisch, Flachs; Flottenstation.

Wells [wɛlz], Herbert George (21. 9. 1866–13. 8. 1946), engl. Schriftst.; utop.

Erzählungen u. Romane: *Die Zeitmaschine.*

Welpe, junger Hund.

Wels, Otto (15. 9. 1873–16. 9. 1939), SPD-Pol., MdR; lehnte am 23. 3. 1933 als Sprecher der Fraktion das → Ermächtigungsgesetz für Hitler ab, emigrierte 1933.

Wels (A-4600), St. in Oberöstr., an der Traun (Kraftwerk), 51 000 E; div. Ind.; Landw.- u. Fremdenverkehrsmesse; Stadt- u. Burgmuseum.

welsch, Bez. für gallisch, bes. frz., it., dann überhaupt fremdländisch; *Kauderwelsch* svw. unverständlich.

Welschland, svw. Italien, auch für den französischsprachigen Teil der Schweiz gebräuchlich.

Welse, Fischordnung, meist Bodenbewohner m. Barteln, vorwiegend i. Süßwasser, z. B. *Flußwels* od. *Waller,* bis 3 m, 200 kg, bes. i. d. Donau; *Zitterwels,* mit el. Organ unter der Haut, in Afrika.

Welser, mächtige Augsburger kaufmänn. Patrizierfamilie, führend i. frühkapitalist. Welthandel: **1)** Anton W. *d. Ä.* (1451–1518), gründete 1498 e. Handelsgesellschaft f. d. Mittelmeerraum; s. Sohn **2)** Bartholomäus (25. 6. 1484–28. 3. 1561), erhielt von Kaiser Karl V. 1528–46 als Pfand für s. großen Darlehen Venezuela (Welser-Zug nach V.); s. Nichte **3)** Philippine (1521–24. 4. 80), vermählt mit Erzhzg Ferdinand v. Östr.

Weltall, *Universum,* d. ganze Weltraum und die Himmelskörper in ihm; → Raum. Masse des W.s (ca. 11 000 Trillionen Sonnenmassen) ist größtenteils auf das Millionen Sternen gebildete → Galaxien (Welteninseln) verteilt; Welteninseln oft zu Gruppen von manchmal mehreren tausend *Galaxien* vereint, entfernteste sichtbare kosm. Gebilde 20 Mrd. Lichtjahre entfernt; Ausdehnung des W.s durch → Doppler-Effekt wird als wahrscheinlich angesehen.

Weltalter, auf 10–20 Mrd. Jahre geschätzt.

Welt-anschauung, die auf e. vorrationalen Grundhaltung (vorphilosophische Entscheidung, Standpunkt, Individualität) beruhende Gesamtheit der Vorstellungen über die Welt, den Menschen und das Leben, die ein geschlossenes u. sinnvolles **W.bild** ergibt.

Weltausstellung, intern. Ausstellung, in der die Länder ihre wirtschaftl. u. künstler. Erzeugnisse zur Schau stellen; erste W. 1851 in London; 1958 in Brüssel, 1962 in Seattle, 1964/65 in New York, 1967 in Montreal, 1970 in Osaka, 1982 in Knoxville, 1984 in New Orleans; 1992 geplant f. Chicago u. Sevilla (1989 urspr. f. Paris geplant, abgesagt).

Weltbank → Internationale Bank für Wiederaufbau und Entwicklung.

Weltbevölkerung → Erde.

Weltbischofssynode → Bischofssynode.

Welte, Bernhard (13. 3. 1906), dt. kath.

Theologe und Philosoph; setzte sich als einer der führenden Religionsphilosophen in seinen Werken mit dem Denken der Gegenwart im Hinblick auf die überlieferten Formen der christl. Glaubensaussagen auseinander; *Religionsphilosophie.*

Welteislehre, Theorie v. Hanns *Hörbiger:* Eis als Weltenbaustoff; von der Wissenschaft widerlegt.

Weltenburg, Benediktinerkloster an d. Donau bei Kelheim (gegr. 775); Rokokokirche, 1716–21 v. d. Brüdern → *Asam* (Abb.) erbaut.

Weltergewicht, Körpergewichtsklasse in der Schwerathletik, beim Boxen *Halb-W.* bis 63,5 kg, *W.* bis 67 kg, Ringen bis 74 kg, Judo bis 70 kg.

Welternährungsrat, 1974 durch die UN in New York gegr.; 36 Mitgl.staaten; → Vereinte Nationen.

Weltesche → Yggdrasil.

Weltgericht → Jüngstes Gericht.

Weltgesundheitsorganisation, engl. *World Health Organization, WHO,* Sonderorganisation der → Vereinten Nationen, gegr. 1948; Sitz Genf. *Aufgaben:* Förderung des Gesundheitsdienstes i. d. Mitgliedstaaten u. d. Treuhandgebieten, Bekämpfung v. Epidemien u. Krankheiten, Förderung d. Hygiene; BR s 1951 Mitgl.

Weltgewerkschaftsbund → Gewerkschaften, Übers.

Welthandel, der Handelsverkehr der Staaten miteinander, ausgedrückt durch die Summe d. Außenhandelsumsätze der einzelnen Staaten; auch → Außenhandel (Schaubild). - Allg. Steigerung des W.s seit letztem Viertel des 19. Jh.; 1876–1938 stieg W.sumsatz v. Urprodukten (Nahrungsmitteln u. Rohstoffen) auf 377%, von Fertigwaren auf 288%. Das geringere Anwachsen des W.sumsatzes von Fertigwaren trotz gleichzeitiger Ausweitung der Ind.produktion auf 744% war u. a. eine Folge des Ausbaus eigener Industrien zahlr. Länder, bes. in Übersee. Im 20. Jh. steigenden Anteil Japans u. besonders der USA.

Welthandelskonferenzen → UNCTAD.

Welthilfssprachen, künstl. Hilfssprachen f. den intern. Verkehr; Vorläufer im 17. u. 18. Jh. Descartes, Leibniz; im 19. Jh. *Volapük* (Schleyer, 1879), *Esperanto* (Zamenhof, 1887); im 20. Jh. *Interlingua* (v. dem it. Math. Peano, 1903). *Ido* (reformiertes Esperanto, 1907), *Novial, Mondial, Basic-English* u. a.; nur Esperanto v. Bedeutung.

Welti, Albert (18. 2. 1862–7. 6. 1912), schweiz. Maler.

Weltkirchenrat → Ökumene.

Weltkriege, 1914–18 und 1939–45, → Übersicht, S. 1036–1038.

Weltpostverein, frz. *Union postale universelle,* UPU, Zusammenschluß fast aller Kulturstaaten zur Regelung der Postbeziehungen, 1874 auf Anregung des dt. Generalpostmeisters Stephan gegr.; der

Weltkrieg 1914–1918

I. Vorgeschichte und Verlauf. Die tieferen Ursachen des 1. Weltkrieges liegen in dem Ggs. zw. den großen soz. u. wirtsch. Veränderungen, die sich im Laufe des 19. Jh. vollzogen hatten, u. den ihnen nicht mehr gerecht werdenden pol. Formen u. Gesellschaftsordnungen zu Beginn des 20. Jh. Den Beteiligten stellte er sich nur als ein Aufeinanderprallen imperialer Machtinteressen dar. Von den Mächten, auf denen das eur. Gleichgewicht im 19. Jh. aufgebaut war, waren Österreich-Ungarn (Nationalitätenproblem) u. Rußland (Krise des Zarentums) innerlich geschwächt, Italien u. das Dt. Reich als neue Großmächte hinzugekommen mit Ansprüchen auf Kolonien, Anteil am Welthandel u. anderen Interessen. Bündnissysteme (Dreibund 1882, frz.-russ. Bündnis 1897, Entente cordiale 1904) versuchten, ein neues Gleichgewicht herzustellen, führten zugleich aber zu einem Wettrüsten. Eine Reihe von Konflikten (Marokkofrage, östr. u. russ. Balkaninteressen, die Frage von Elsaß-Lothringen, die dt. Flottenpolitik) führten zu Spannungen. Den Anstoß zur Entladung gab nach mehreren Krisen die Ermordung des östr. Thronfolgers am 28. 6. 1914. Dem Ultimatum Östr.s folgte die Kriegserklärung an Serbien am 28. 7. Die Mobilmachung Rußlands am 29. 7. führte zur Kriegserklärung des Dt. Reichs an Rußland am 1. 8., am 3. 8. Kriegserklärung an Frkr.; am 4. 8. Krieg mit Belgien, das Durchmarsch ablehnte; am 4. 8. Kriegserklärung Englands, 23. 8. Japans. Italien, erst neutral, trat am 23. 5. 1915 auf seiten der Entente in den Krieg. Uneingeschränkter U-Boot-Krieg (Februar 1917) führte zum Eintreten der USA in den Krieg am 6. 4. 1917. Dem Vierbund: Dtld, Östr.-Ungarn, Türkei, Bulgarien mit 155 Mill. E standen insgesamt 30 alliierte u. assoziierte Länder mit 1365 Mill. E gegenüber. – Die mil. Erfolge der Mittelmächte 1914–16 bedeuteten eine Ausdehnung der Fronten, deren Materialbedarf infolge der Blockade jedoch nur unzureichend gedeckt werden konnte. Unzureichende Ernährung in Heer u. Heimat zermürbte d. Widerstandskraft, während auf d. Seite der Entente ein immer größerer Einsatz an. Soldaten u. Kriegsmaterialien erfolgte. Oktober 1918 Auflösung der östr.-ungar. Armee, selbständiger Abmarsch der poln., tschech. u. südslaw. Truppenteile in die Heimat. Östr.-Ungarn schloß Waffenstillstand. Auf dringendes Ersuchen der Heeresleitung dt. Waffenstillstandsgesuch. 9. 11. 1918 Novemberrevolution in Dtld. Ludendorff wurde durch General Groener ersetzt. Am 11. 11. 1918 Waffenstillstand Dtlds mit den Alliierten in Walde von Compiègne.

II. Die militärischen Operationen. 1914: In schnellem Vormarsch Belgien besetzt, auch gg. Frkr. rasches Vordringen. Am 5. 9. nach siegreichen schweren Schlachten die Marne überschritten; 5.–12. 9. Marneschlacht: frz. Gegenangriff; Zurücknahme der dt. Armeen durch Heeresleitung hinter die Aisne; unter gegenseitigen Überflügelungsversuchen Ausdehnung der Front bis zum Meer; allmähliche Erstarrung zu Schützengraben- u. Stellungskampf vom Oberrhein bis zur Nordsee. Letzter Durchbruchsversuch bei Ypern. Währenddessen im Osten Angriff Rußlands auf Ostpreußen, 26.–29. 8. Schlacht bei Tannenberg, russ. Narew-Armee (durch Hindenburg) vernichtet; Anfang September in Schlacht an den Masurischen Seen auch die Njemen-Armee geschlagen: Ostpreußen frei. Gegen Östr. russische Erfolge: Kern der östr. Armee in ersten galizischen Angriffsschlachten verblutet, darauf Zurückgehen; am 3. 9. Lemberg verloren. Stellungskampf auch im Osten. **Grabenkrieg im Westen – Offensive im Osten 1915:** Im Westen vergebliche Durchbruchsversuche der Deutschen u. der Entente. Im Osten: Nach zweitem russ. Angriff auf Ostpreußen (November 1914) Winterschlacht in Masuren; Russen endgültig aus Ostpreußen zurückgedrängt (Februar 1915). Im Süden russ. Erfolge in Galizien. März Przemyśl verloren. Einsatz dt. Truppen verlieh weichender östr. Front Halt. Mai Durchbruchsschlacht bei Gorlice-Tarnow; Russen wichen aus Galizien; Lemberg u. Przemyśl zurückerobert; Festungskette Kaunas, Warschau, Brest-Litowsk erobert. **Zermürbungsschlachten 1916:** Am Jahresanfang allg. Wehr-

pflicht in Großbritannien. Im Westen: Schlacht um Verdun Februar bis Juni, dt. Angriff ohne Erfolg trotz Einsatz größter Truppenmassen (50 Divisionen) u. Kriegsmittel; auf beiden Seiten schwerste Verluste. Ententeoffensive: erste große „Materialschlacht" an der Somme; geringfügige Einbuchtung der dt. Linie. Am 29. 8. übernahm Hindenburg (mit Ludendorff) Oberste Heeresleitung. Im Osten: Russische Offensive gg. Bukowina u. Galizien (Brussilow); östr. Front durchbrochen. Russen auf Karpatenkamm. **Kämpfe im Westen und das Ende im Osten 1917:** Zunächst im Westen: Frontverkürzung: Siegfriedstellung. Kämpfe bei Arras, Soissons, Reims, an der Aisne. Meuterei im frz. Heer durch Eingreifen Clemenceaus beendet. Juni bis November Schlachten in Flandern, Tankschlacht bei Cambrai. Währenddessen im Osten: März russ. Revolution, 15. 3. Abdankung des Zaren, Juli Kerenski-Offensive. Gegenangriff: Durchbruch bei Tarnopol (19. 7.); russ. Südfront loste sich auf, Russen aus Galizien, Bukowina verdrängt. Dt. Truppen in der Ukraine, in Riga, auf Insel Ösel. 7. 11. neue (bolschewist.) Revolution in Rußland: Kerenski gestürzt. 15. 12. Waffenstillstand, 3. 3. 1918 Friede in Brest-Litowsk.

Die Entscheidung 1918: Nach Entlastung im Osten große dt. Entscheidungsoffensive (März bis Juli) im Westen. Durchbruch der Ententefront bei Amiens; im Mai an der Aisne. Vorstoß bis über die Marne. Erfolge wegen Mangels an Material u. Menschen nicht ausnutzbar. Auf Gegenseite Einsatz frischer Truppen (Amerika), unerschöpfliche Mengen Material. Am 18. 7. Fochs Gegenoffensive bei Compiègne. Am 8. 8. dt. Front durchbrochen, Zurückgehen (Abwehrschlachten) zunächst auf Siegfriedstellung; Am 29. 9. forderte Heeresleitung Friedensangebote durch die Regierung; Fortsetzung der Angriffe Fochs; Rückzug auf Antwerpen-Maas-Stellung. 11. 11. Waffenstillstand. **Kriegsschauplätze im Süden und Südosten. Italien:** 1915–17 elf Schlachten am Isonzo; in der sechsten (August 1916) Görz an Italien verloren. Oktober 1917 unter dt. Führung Durchbruch bei Tolmein-Flitsch bis zur Piave (23. 11.). Stillstand wegen engl.-frz. Verstärkung. 28. 10. 1918: Italiener durchbrachen Piavefront; 30. 10.: dt. bat um Waffenstillstand. **Balkan:** 1914 serb. Feldzug, Belgrad erobert u. wieder verloren, Serbien geräumt. Oktober 1915: zweiter serb. Feldzug führte im November zur Eroberung Serbiens u. Montenegros (Januar 1916); Weg zur Türkei offen. Dort 28. 9. 1914 Sperrung der Dardanellen, Ende Oktober Türkei Bundesgenosse der Mittelmächte. Februar 1915 engl.-frz. Dardanellenoffensive. April Landung an Gallipoli. Ende 1915 Durchbruchsversuche aufgegeben. Gallipoli geräumt. Oktober 1915 Landung der Entente in Saloniki: Serbien von Mittelmächten gehalten. Ende 1916 zwei Drittel Rumäniens erobert. Nach Eintritt Griechenlands in Ententefront 1917 vergebliche Vorstöße der Salonikitruppen. Erst September 1918 gelang es, bulgar. Front zu durchbrechen; damit Auflösung d. östr. Armee, Beginn d. Zusammenbruchs. **Krieg in Asien:** Kämpfe im Kaukasus, Persien, Armenien. Februar 1916 Erzerum von Russen erobert, April Trapezunt (Trabzon). Englische Truppe bei Kut el Amara (Mesopotamien) gefangen. Von Ende 1916 an englische Offensive am Suezkanal; Rückzug der Türken bis Kleinasien, 30. 10. 1918 Waffenstillstand. **Kampf der Kolonien:** 7. 11. 1914 Kiautschou von Japan erobert. Togo bereits August 1914 besetzt. Deutsch-Südwestafrika bis Juli 1915, Kamerun bis Februar 1916 gehalten. Ostafrikanisches Korps kämpfte bis Kriegsende. **Seekrieg.** 1914 Störung der Ententeschiffahrt durch Auslandskreuzer. Untergang des Kleinen Kreuzers Emden 9. 11. 1914 bei den Kokosinseln, des Geschwaders Spee 8. 12. 1914 bei den Falklandinseln. In Ost- u. Nordsee nur Aufklärungsgefechte (24. 1. 1915 Doggerbank); einzige Schlacht am Skagerrak 31. 5.–1. 6. 1916 zw. dt. Hochseeflotte u. engl. Grand Fleet ohne entscheidenden Ausgang. Seekrieg hauptsächl. Kampf gg. Blockade, Unterseebootkrieg: 20 Mill. t Handelsschiffe versenkt. Hauptziel (Aushungerung Englands) nicht erreicht. 21. 6. 1919 Versenkung d. i. Scapa Flow internierten dt.

Weltkrieg 1914–1918 (Fortsetzung)

Flotte unter Vizeadmiral v. Reuter. **Der Luftkrieg** beschränkte sich zunächst auf Einsätze an den Fronten u. Zeppelinangriffe auf London. 1915/16 erste Jagdflugzeuge u. Bildung v. Jagdstaffeln u. Jagdgeschwadern. **In den Pariser Friedensschlüssen** (Versailles, St-Germain, Trianon, Neuilly, Sèvres) von 1919–20 fand der 1. Weltkrieg seinen Abschluß.

Weltkrieg 1939–1945

I. Ursachen und Verlauf. Durch schnelle Wiederaufrüstung u. wachsende Macht Dtlds unter Hitler sowie dessen Führungsanspruch in Europa (Bildung der Achse Berlin–Rom–Tokio) pol. Spannungen mit Nachbarn. Weitere Verschärfung der Lage durch Anschluß v. Östr. März 1938 u. Besetzung des Sudetenlandes Oktober 1938 durch dt. Truppen. Reaktion des Auslandes beschränkte sich auf Proteste, auch nach Besetzung Prags März 1939 (Protektorat Böhmen-Mähren), die Hitlers Expansionsabsicht unverhüllt zeigte. Rückgliederung des Memellandes an Dtld im März 1939 u. dt. Drohung gg. Polen wurden Mai 1939 mit engl.-frz. Garantie für Polen beantwortet. Daraufhin von dt. Seite 22. 5. 1939 Militärvertrag mit Italien u. 23. 8. 1939 Nichtangriffspakt mit Sowjetunion, der dieser freie Hand gegenüber den balt. Staaten u. Bessarabien gab. Einmarsch dt. Truppen in Polen (1. 9. 1939) löste am 3. 9. 1939 Kriegserklärung Großbritanniens u. Frkr.s an Dtld aus. Am 10. 6. 1940 Eintritt Italiens in den Krieg. Den „Achsenmächten" traten bis März 1941 Rumänien, Ungarn, Slowakei u. Bulgarien bei. Sowjetunion suchte Rückendeckung durch Neutralitätsvertrag mit Japan (April 1941). 22. 6. 1941 Kriegsbeginn Dtlds gg. Sowjetunion. 7. 12. 1941 Beginn des Krieges Japan–USA durch Angriff jap. Luftwaffe auf USA-Flotte (Pearl Harbor), 11. 12. 1941 Kriegserklärung Dtlds u. Italiens an die USA. Bei Ausgang des Krieges 67 Staaten im Kriegszustand mit Dtld, 3,85 Mill. dt. Soldaten gefallen. **Der Zusammenbruch und seine Gründe.** Durch den Machtanspruch Hitlers, seine Überschätzung des dt. Kräftepotentials u. das Versagen dt. Außenpolitik entstand ähnliche Mächtegruppierung gg. Dtld, wie sie bereits im 1. Weltkrieg bestanden u. zur dt. Niederlage geführt hatte. Mil. u. wirtsch. Potential Dtlds 1939 für langen Krieg gg. Weltmächte nicht ausreichend. Im Laufe des Krieges führte die wachsende Spannung zw. Heeresführung u. Hitler Dezember 1941 zur Entlassung des Oberbefehlshabers des Heeres (Feldmarschall v. Brauchitsch) u. zur Übernahme des Oberbefehls durch Hitler selbst. Unter dem dann auftretenden Dilettantismus der Hitlerschen Führung u. dem Nebeneinander zweier Befehlsstellen (Oberkdo der Wehrmacht u. Oberkdo des Heeres) litt gesamte Kriegführung. Im Kriege weitere Verschlechterung der wirtsch. Lage Dtlds durch Überorganisation der dt. Wirtschaft u. deren Schwächung durch Bombenkrieg; gleichzeitig entscheidende wirtsch. Unterstützung der Feindseite durch Lieferungen der USA vor u. nach deren Kriegseintritt (Pacht- u. Leihgesetz vom März 1941). Wirtsch. u. mil. Übermacht der Gegenseite, bes. Beherrschung des gesamten Luftraums durch die Alliierten, erdrückten Dtld; bedingungslose Kapitulation Italiens 3. 9. 1943 isolierte es. Nach alliierter Landung in Frkr. (6. 6. 1944) u. Verstärkung der sowj. Angriffe brach dt. Widerstandskraft zusammen. Nach Annahme der bedingungslosen Kapitulation am 7./8. 5. 1945 völlige Besetzung u. Abrüstung Dtlds.

II. Die militärischen Operationen. Ein förmlicher Kriegsplan bestand weder für das Zusammenwirken der Achsenmächte noch für die dt. Kriegführung; deren Ziele u. der jeweilige Einsatz der Kriegsmittel wurden von Hitler von Fall zu Fall bestimmt. **Feldzug gegen Polen** September 1939: Konzentrische dt. Angriffe aus Slowakei, Schlesien, West- u. Ostpreußen. Kämpfe bei Radom, im poln. Korridor u. bei Kutno zerschlugen poln. Widerstand; Einnahme Warschaus Ende September 1939; Besetzung Ostpolens durch sowj. Truppen. **Besetzung Dänemarks und Norwegens** April 1940: Dt. Heeres-, Marine- u. Luftstreitkräfte besetzten überraschend Dänemark u. Norwegen. Brit. Landungstruppen wurden zurückgeworfen. Dt. Nordflanke u. Erztransporte aus Norwegen u. Schweden damit gesichert. **Feldzug gegen Frankreich** Mai–Juni 1940: Drei Heeresgruppen eingesetzt. Hauptangriff der mittleren Heeresgruppe (10. 5.) mit zusammengefaßten Panzerverbänden durch Ardennen über Cambrai–St-Quentin u. Abbéville bis zur Kanalküste bei Boulogne u. Calais spaltete brit. u. frz. Streitkräfte u. erzwang Kapitulation Hollands (15. 5.) u. Belgiens (28. 5.). Brit. Armee, bei Dünkirchen eingeschlossen, entging der Vernichtung durch Abtransport nach England (29. 5.–2. 6.). – Nach schneller Umgliederung erneutes Antreten dt. Armeen am 5. 6. in breiter Front nach Süden, Besetzung der Atlantikhäfen u. vor Paris (14. 6.), Ausschaltung der Maginotlinie, bes. durch Angriff von Westen, u. Vorstoß bis zur Linie nördl. Bordeaux–Vichy–Genf. Waffenstillstand von Frkr. (neu ernannter Staatschef Marschall Pétain) am 22. 6. unterzeichnet. Südfrkr. durch dt. Truppen erst November 1942 (nach Landung am. Streitkräfte in Afrika) besetzt. Der Eintritt Italiens in den Krieg (10. 6.) hatte auf Entwicklung der Lage keinen Einfluß mehr. **Luftoffensive gegen Großbritannien:** Versuch, Großbritannien i. Sommer 1940 durch fortgesetzte Angriffe d. dt. Luftwaffe niederzuzwingen u. friedensbereit zu machen, scheiterte an brit. Abwehr. Es gelang nicht, die brit. Luftwaffe auszuschalten. Die vorbereitete Landung dt. Streitkräfte i. England wurde nicht durchgeführt. **Feldzug gegen Jugoslawien und Griechenland:** Niederwerfung Jugoslawiens April 1941 durch dt. Truppen in 12 Tagen. Schneller Vorstoß motorisierter Verbände auf Belgrad, Nisch u. Skoplje, Aufspaltung u. Umfassung der jugoslaw. Armee. Nach Durchbruch der Metaxaslinie (befestigte Grenzstellung in Mazedonien) Vorstoß dt.Truppen. bes. Panzerdivisionen) in Griechenland bis Patras, Athen u. Saloniki; Kapitulation griech. Truppen am 19. 4. u. Rückzug des brit. Landungskorps (30. 4.). Eroberung von Kreta Mai 1941 durch dt. Fallschirm- u. Luftlandetruppen; Rückzug der brit. Land- u. Seestreitkräfte. **Krieg mit der Sowjetunion: 1)** *Der deutsche Angriff.* **a)** Dt. Angriff in 3 Heeresgruppen: Süd gg. die Ukraine, Kiew, unterstützt durch rumän. u. ungar. Verbände; Mitte gg. Minsk, Smolensk, Moskau; Nord gg. balt. Staaten, Leningrad. Schneller dt. Vormarsch: Süd erreichte den Dnjepr 21. 7. bei Kiew, schlug starke Kräfte bei Uman (1.–8. 8.) u. zusammen mit Mitte in Umfassungsschlacht bei Kiew (September), nahm Odessa, Stalino, setzte sich in Besitz der Krim u. erreichte bis Dezember Linie Rostow–Charkow–Kursk. Mitte schlug 1. Umfassungsschlacht bei Minsk (30. 6.) u. 2. Kesselschlacht bei Smolensk (20. 7.– 9. 8.). Vorstoß auf Moskau erlitt Verzögerung durch notwendige Zusammenfassung der Kräfte u. Beteiligung an Schlacht bei Kiew. Nord stieß über Dünaburg, Riga (29. 6.) bis zum Ilmensee vor u. schloß Leningrad ein, dessen Einnahme nicht gelang. Finnland trat am 26. 6. auf dt. Seite dem Krieg bei. Trotz dt. Siege keine Vernichtung, nur Schwächung sowj. Armee, von dem starke Teile den Kesselschlachten entkamen. Durch späten Beginn der Ostoffensive u. Schlacht bei Kiew ging Zeit verloren. Nach neuem Antreten von Mitte auf Moskau gelang zwar große Umfassungsschlacht bei Briansk u. Wjasma (2.–10. 10.), dann „Schlammperiode", russ. Winter u. sowj. Gegenoffensive (6. 12. 1941) verhinderte Erreichen von Moskau u. damit schnelle Entscheidung. **b)** 1942: Erste sowj. Gegenoffensive auf der Krim (Januar) endete in Schlacht bei Kertsch (Mai) mit dt. Sieg, das belagerte Sewastopol wurde im Juli von dt. Truppen genommen. Auch zweiter sowj. Gegenangriff bei Charkow (Mai) endete mit sowj. Niederlage. Bei dt. Sommeroffensive Zersplitterung der Kräfte durch doppeltes Ziel: Kaukasus u. Stalingrad. Durch 1. dt. Vorstoß Don bei Woronesch erreicht, der 2. drang über Rostow bis zu den Ölfeldern von Maikop vor (August). Im

Weltkrieg 1939–1945 (Fortsetzung)

Anschluß an Vorstoß auf Woronesch dt. Angriff südl. des Don bis vor Stalingrad, in das zwei Angriffstruppen von NW u. SW eindrangen. Schwere Kämpfe in der Stadt, die niemals ganz eingenommen werden konnte. Der Höhepunkt des Krieges war erreicht, die dt. Angriffskraft nach zwei siegreichen Kriegsjahren erlahmt. Gegenoffensive drängte Dtld in die Abwehr. – **2)** *Der sowj. Gegenangriff.* **a)** Sowj. Winteroffensive 1942/43: Sowj. Angriff brachte dt. Abwehr am Don zum Einsturz u. führte zur Einschließung von Stalingrad; Entsatzversuch (Dezember 1942) scheiterte; dt. 6. Armee kapitulierte Februar 1943 mit etwa 200 000 Mann. Russen gewannen Gebiet nördl. des Kaukasus zurück, nahmen Rostow, Charkow, Kursk, Rschew u. stießen in Richtung Leningrad vor. Weitere Erfolge wurden bis März durch die dt. Gegenangriffe u. Abwehr verhindert; **b)** Sommer 1943: Dt., mit mühsam zusammengefaßten Kräften geführter Angriff von S durch auf Kursk konnte Fortsetzung nur verzögern, nicht verhindern. Dt. Verteidigung wurde an den Dnjepr von Dnjepropetrowsk bis östl. Mogilew zurückgedrängt (Juli bis Oktober 1943). Die Verschlechterung der dt. Personal- u. Wirtschaftslage wirkte sich zunehmend aus, zumal in Italien ein neuer Kriegsschauplatz entstanden war; **c)** Fortsetzung der sowj. Angriffe auch im Winter. Dt. Angriffe, fast immer mit unzureichenden Kräften unternommen, führten nicht zum Erfolg. Als die sowj. Winteroffensive Mai 1944 zum Stehen kam, waren die Krim u. Odessa, Kiew u. Gomel in sowj. Hand, Sowjettruppen bei Jassy auf rumän. Gebiet vorgestoßen; die dt. Abwehr am linken Flügel war bis zum Peipus-See zurückgeworfen. Sowj. Erfolge im Südteil der Front wurden Sommer 1944 in der Mitte ergänzt; sowj. Angriff erreichte bis Juli 1944 Przemysl, Białystok, Kowno u. Pleskau. Die Lage Dtlds verschlechterte sich schnell auf allen Gebieten; eine Aussicht, den Feind an den alten Reichsgrenzen aufzuhalten, bestand nicht mehr.

Kriegsschauplatz in Italien: Landung der Alliierten nach ihrem Siege in Afrika auf Sizilien (10. 7. 1943) u. in Italien; bedingungslose Kapitulation Italiens folgte (3. 9. 1943). Nach Kämpfen b. Salerno, Neapel, Foggia dt. Widerstand i. Winter 1943/44 in Linie Formia–Francavilla, die trotz alliierter Landung i. Rücken dieser Front während d. Schlacht b. Cassino (Jan. b. Febr. 1944) bis Mai 1944 gehalten wurde. Vorstoß alliierter Kräfte Juni 1944 bei Rom u. Juli 1944 bei Florenz. Fortsetzung d. alliierten Angriffe zerbrach dt. Widerstand u. zwang die dt. Truppen in Italien am 2. Mai zur Kapitulation. **Konzentrischer Schlußangriff auf Deutschland: 1)** *Invasion in Frkr.:* Neben Italien entstand durch alliierte Landung in der Normandie (Halbinsel Cotentin 6. 6. 1944) ein weiterer Kriegsschauplatz. Aus vergrößertem Brückenkopf traten alliierte Truppen unter starkem Luftwaffeneinsatz im Juli auf Caen u. St-Lo an, durchbrachen dt. Abwehr bei Avranches, stießen nach Westen zu Atlantikhäfen, nach Osten an die Seine u. nach Paris (24. 8.) vor. Nach Landung alliierter Truppen auch bei Toulon (August 1944) u. deren Antreten nach Norden Kämpfe in ganz Frkr. zur Verfolgung der zurückgehenden dt. Truppen. Letzte dt. Gegenoffensive in den Ardennen im Dezember 1944 scheiterte an unzureichenden dt. Mitteln u. an schnellen alliierten Gegenmaßnahmen. Alliierte motorisierte Verbände stießen in breiter Front am Rhein vor, brachen dort den Widerstand (Kämpfe an der Rheinfront, im Ruhrgebiet u. bei Aachen Februar bis März 1945), rollten die nicht mehr zusammenhängende dt. Front auf u. trafen Ende April bei Torgau mit den nach Westen vorstoßenden sowj.

Verbänden zusammen. – **2)** *Sowj. Angriffe im Osten:* Sowj. Großangriff im Osten traf auf härteren Widerstand als brit.-am. Angriff im Westen, war aber nicht aufzuhalten. Sowj. Vorstoß im Norden der Ostfront spaltete Ende 1944 in Kurland kämpfende dt. Truppen ab (Kurlandschlachten August 1944 bis April 1945), Ostpreußen ging Januar 1945 verloren. August 1944 schloß sich Rumänien, September Bulgarien den Alliierten an. Waffenstillstand Finnlands mit Sowjetunion September 1944 (Kriegserklärung an Dtld März 1945). Februar 1945 standen sowj. Truppen an ganzer Ostfront auf dt. Boden u. traten im März aus Niederschlesien u. bei Stettin zum umfassenden Angriff auf Berlin an, das Anfang Mai ganz in sowj. Hand fiel. 7./8. Mai 1945 bedingungslose Kapitulation.

Außereuropäische Kriegsschauplätze. Afrika: Nach Niederlage der Italiener in Afrika (September 1940 bis Februar 1941) Entsendung des dt. Afrikakorps unter Rommel. Dt. Angriff durchbrach brit. Verteidigung, Tobruk wurde eingeschlossen (April 1941), von den Briten wieder entsetzt (Dezember 1941) u. fiel bei 2. dt. Offensive, die nach Osten bis El Alamein durchstieß (Juli 1942) u. Alexandria und Kairo gefährdete. Brit. Gegenangriff warf dt.-it. Truppen über Sidi Barrani zunächst bis El Agheila (November bis Dezember 1942), später bis in das Gebiet von Tunis zurück. Nach Verstärkung auf beiden Seiten (am. Landung in Afrika) wurden die Achsenmächte durch den Angriff alliierter Truppen in der Schlacht bei Tunis (April bis Mai 1943) zur Aufgabe von Nordafrika gezwungen. – **Ferner Osten:** Jap. „Imperium" hatte sich schnell u. überraschende Angriffe nach Kriegsbeginn auf ein Gebiet ausgedehnt, das sich von Hongkong, Indonesien bis zu den Salomoninseln erstreckte. Durch planmäßige, über große Entfernungen vorgetragene Angriffe von US-Luft-, See- u. Erdstreitkräften wurden die jap. Stützpunkte nacheinander bezwungen (Seeschlacht bei Midway Juni 1942, Landung auf Attu Mai 1943, Kämpfe in Burma, Schlacht bei Saipan u. auf Neuguinea 1944). Gleichzeitig Angriff am. Luft- u. Seestreitkräfte gg. Japan selbst. Dem Abwurf der beiden ersten Atombomben durch US-Luftwaffe auf Hiroschima u. Nagasaki folgte die bedingungslose Kapitulation Japans (14. 8. 1945). **Luftkrieg:** Neben Unterstützung der Erdtruppe durch Luftwaffen beider Seiten auch selbständiger Luftkrieg. Planmäßige Bombenkriege Dtld begann Sommer 1941 durch brit. Luftwaffe, ab 1942 mit Unterstützung durch US-Luftgeschwader. Alliierte Luftwaffe beherrschte von diesem Zeitpunkt an eindeutig der. Luftraum. Dt. Industrie u. Verkehrsverbindungen wurden schwer geschädigt, z. T. lahmgelegt. Durch die bis zum Ende des Krieges gesteigerten Luftangriffe, fast ohne dt. Gegenwehr, schwere Schädigung des dt. Kriegspotentials auf allen Gebieten. **Seekrieg:** Dt. U-Boot-Krieg gg. Großbritannien erreichte 1940 Höhepunkt (3,7 Mill. t versenkt) u. schädigte alliierte Handelsflotte 1941 u. 1942 schwer. Seit 1943 erfolgreiche Bekämpfung der dt. U-Boote durch Einführung neuer Ortungsgeräte u. Luftangriffe auf Häfen u. Werften in Dtld u. Frkr. Minenkrieg auf beiden Seiten. Dt. u. brit. Kriegsflotten traten nicht geschlossen in Aktion, sondern unterstützten Heeresoperationen (Norwegen, Ärmelkanal, Mittelmeer, Griechenland, Kreta, Ostpreußen). Brit. Flotte erlitt erhebliche Verluste in der Schlacht bei Dünkirchen 1940. **III.** 1947 in Paris wurden die **Friedensverträge** der Alliierten m. Finnland, Italien, Ungarn, Rumänien u. Bulgarien, 1951, in San Francisco, mit Japan, in Wien 1955 mit Österreich geschlossen. Mit Dtld bisher noch kein Friedensvertrag. → Potsdamer Abkommen.

UN nach deren Gründung als Sonderorganisat. angegliedt.; 158 Mitgl.; Sitz Bern. **Weltpriester,** *Leutpriester,* kath. Geistlicher, der keinem Orden angehört; Ggs.: → Regularen.

Weltraum-forschung → Tafel u. Übers., S. 1040/1041. – **W.recht,** intern.

Verträge, in denen Rechte zur Nutzung d. W.s definiert u. durch Verbote abgegrenzt werden; insbesondere das gerichtet durch alliierte Landung in der Normandie **W.vertrag** *(Mondvertrag)* über d. friedl. Nutzung d. W.s; am 27. 1. 1967 i. London, Moskau u. Washington unterzeichnet, s. 10. 10. 1967 in Kraft, verbietet

insbesondere die Verwendung v. Kernwaffen i. W. – **W.station,** Projekt eines großen bemannten Raumflugkörpers zunächst in Erdsatellitenbahn für → Weltraumforschung.

Weltsicherheitsrat → Vereinte Nationen.

Weltwährungsfonds → Internationaler Währungsfonds.

Weltwirtschaftskrise, Zus.bruch der Wirtschaft in Europa und Amerika, vorwiegend als Folge des 1. Weltkriegs; Produktionsrückgang, Massenarbeitslosigkeit usw., ausgelöst 1929, dauerte bis ca. 1933.

Weltwunder → Sieben Weltwunder.

Weltzeit → Zeit.

Welwitschie, *Wunderpflanze,* in d. Steinwüsten SW-Afrikas, dringt m. dicken Pfahlwurzeln metertief i. d. Boden; über d. Erdboden zwei je 2–4 m lange, bandförmige Lederblätter.

Wembley [*'wembli*], Teil d. Londoner Vororts Brent m. berühmtem Stadion.

Wendehals

Wendehals, spechtart. Klettervogel mit sehr bewegl. Hals; Zugvogel.

Wendekreise, zwei gedachte, dem Äquator parallele, 23° 27' von ihm entfernte Kreise der Erd- u. Himmelskugel; die Sonne erreicht auf ihrer jährl. scheinbaren Bahn, vom Äquator sich entfernend, d. (nördl.) *Wendekreis des Krebses* am 21. 6., den (südl.) *Wendekreis des Steinbocks* am 22. 12., „wendet" und nähert sich wieder d. Äquator; am Tag d. Sonnenwende steht sie für alle Orte d. betreffenden Wendekreises mittags im Zenit; zw. d. W.n heiße Zone (Tropen).

Wendel, schraubenförmig gebogener Draht (z. B. *Heizdraht-W.* für Glühlampe, einfach u. doppelt).

Wendelstein, Berg in d. bayr. Alpen, 1838 m; Sonnenobservatorium, Zahnradbahn (seit 1912); Kabinenseilbahn.

Wendeltreppe, 1) schraubenförmig emporgeführte Treppe; **2)** Meeresschnecke (Mittelmeer, Indischer Ozean) mit gewundener, hoher Schale.

Wenden, *Sorben,* Slawen in d. Ober- u. Niederlausitz mit Zentrum in Bautzen, ca. 60 000; *wendische Sprache* z. T. in d. Lausitz (Spreewald) erhalten; von ehem. DDR kulturelle Autonomie u. Zweisprachigkeit garantiert.

wenden, *seem.* beim Segeln m. dem Bug durch den Wind drehen, bis dieser v. d. anderen Seite einkommt.

Wenders, Wim (* 14. 8. 1945), dt. Filmregisseur; *Im Lauf d. Zeit* (1976); *D. Stand d. Dinge* (1981); *Paris, Texas* (1983); *D. Himmel über Berlin* (1987); *Bis ans Ende der Welt* (1991).

Wengernalp, 1877 m, mattenbedeckte Terrasse oberhalb des Kurortes *Wengen* (1273 m), im Berner Oberland, mit be-

rühmter Aussicht auf *Jungfrau, Mönch* und *Eiger;* **W.bahn** zwischen Grindelwald und Lauterbrunnen, 18 km lang.

Wenningstedt (Sylt) (D-2283), Gem. u. Nordsee-Heilbad i. Kr. Nordfriesland, Schl-Ho., 1518 E.

Wenzel (um 906–929), böhm. Hzg u. Hlg., Patron Böhmens; Tag: 28. 9.

Wenzel [slaw.], *Herzöge* und *Kge von Böhmen:* **W. I.–III.** 1230–1306, mit W. III. Aussterben der → Przemysliden; **W. IV.,** „*der Faule"* (26. 2. 1361–16. 8. 1419), Sohn → Karls IV., s. 1378 dt. Kg, wegen Unfähigkeit 1400 abgesetzt.

Werbellinsee, langgestreckter waldumschlossener See in der Schorfheide, 8 km², bis 50 m tief.

Werbung, 1) *Reklame,* Beeinflussung aus wirtsch. Gründen, → Wirtschaftswerbung; **2)** *Anwerbung* v. Freiw. als Rekruten, 15.–19. Jh. *(Werbetrommel).*

Werbungskosten, Aufwendungen zur Erwerbung, Sicherung und Erhaltung der Einkünfte (→ Einkommen), bei → Einkommensteuer absetzbar.

Werchojansk, ostsibir. St. an der Jana (in das Nördl. Eismeer), 2000 E; → Kältepol (durchschnittl. Jahrestemperatur –15,9 °C, im Januar –48,9 °C, im Juli +16 °C, tiefste Temperatur –68 °C).

Werdau (D-9620), Krst. i. Sa, a. d. Pleiße, 20 352 E; Textilind., Maschinenbau.

Werdenfelser Land, Gebiet um Garmisch-Partenkirchen u. Mittenwald, ben. n. d. *Burg Werdenfels.*

Werder, *Wärder, Wörth,* Flußinsel, auch fruchtbares Schwemmland (z. B. an Weichselmündung).

Werder (Havel) (D-1512), St. i. Bbg, an der Havel, 10 656 E; Obstbau, Nahrungsmittelind.

Werdohl (D-5980), St. i. Märk. Kr., NRW, 21 109 E; Stahl-, Draht-, Glas- u. Aluminiumindustrie.

Werefkin, Marianne Wladimirowna v. (11. 9. 1860–6. 2. 1938), russ. Malerin; Vertr. d. dt. Expressionismus; 1909 m. Kandinsky, Marc, Münter u. a. Begr. d. „Neuen Münchner Künstlervereinig.".

Wereschtschagin, Wassilij (26. 10. 1842–13. 4. 1904), russ. Maler; Aufsehen erregende Schilderungen d. Greuel d. Kriegs.

Franz Werfel

Werfel, Franz (10. 9. 1890–26. 8. 1945), dt. expressionist. Dichter; Lyrik; Dramen: *Der Spiegelmensch* (Magische Trilogie); *Der Weg der Verheißung* (als *Die*

ewige Straße v. Weill vertont); Romane: *Verdi; Barbara od. die Frömmigkeit; Die 40 Tage des Musa Dagh; Das Lied v. Bernadette; Der Stern der Ungeborenen.*

Werft, Fabrikanlage f. Bau u. Ausbesserung von Schiffen; Zus.bau des Schiffsrumpfes auf → Hellingen, Ausrüstung an den Kais; Überholung im → Dock; auch Anlagen z. Überholung v. Flugzg.

Werg, Zubereitungsabfälle von Flachs, Hanf usw.; als Polstermaterial z. Abdichten, auch z. Verspinnen.

Wergeld, *Blutgeld,* zahlte nach altdt. Recht der Totschläger den Verwandten des Getöteten als Ablösung für die Blutrache.

Werk-lieferungsvertrag, → Werkvertrag, der zugleich die Lieferung des zu verarbeitenden Stoffes durch den Unternehmer beinhaltet (§ 651 BGB). –

W.meister, Werkführer, Aufseher, Betriebsbeamter in Fabrikbetrieben. –

W.meisterschule, mittlere gewerbl. Fachschule zur Heranbildung v. W.meistern; s. 1856; 2–3jähr. Lehrgang, Tages- u. Abendunterricht. –

W.spionage, Auskundschaften von Betriebsgeheimnissen zum Zwecke ihrer Verwertung in Konkurrenzbetrieben; strafbar (Gesetz gegen den unlauteren Wettbewerb, §§ 17 ff.): Geheimnisverletzung durch Angestellte; Verwertung durch Dritte, auch v. Vorlagen; Verleitung und Verleitungsversuch. – **W.student,** Student, der sich sein Studium durch außerakad. Tätigkeit verdient. –

W.unterricht, handwerkl. Unterricht an Grund- u. höheren Schulen. –

W.vertrag, Vertrag über Herstellung oder Veränderung einer Sache oder eines anderen durch Arbeit oder Dienstleistung herbeizuführenden Erfolges.

Werkzeugmaschinen, meist Produktionsmaschinen; Ggs.: Arbeits- (Hebemaschinen, Aufzüge, Kräne, Pumpen und Gebläse) oder Kraftmaschinen (Dampfmaschinen, Motoren u. Turbinen); *metallbearbeitende W.:* **1)** spanlos formende (knetende) Gieß-, Schmiedemaschinen (Hämmer u. Pressen); **2)** spanabhebende W.: Sägen, Räumnadel- oder Räummaschinen, Hobel- u. Stoßmaschinen, Drehbänke (auch automat. u. kopierende), Rohr- u. Gewindeschneid-, Fräs- u. rotierende od. ziehende Schleifmaschinen; Nebengruppen: Schweiß- (Gas- od. el.), Nietmaschinen (el. od. hydraul.) u. Maschinenscheren; *W. zur Bearbeitung nichtmetall. Werkstücke* (Holz od. Kunststoffe): Drechselbänke, Säge-, Hobel- und Fräsmaschinen.

Werl (D-4760), St. i. Kr. Soest, NRW, 25 407 E; AG, Marien-Wallfahrtsort, Missionsmus.; Industrie.

Werlhofsche Krankheit, *Blutfleckenkrankheit,* Blutungsneigung in der Haut ohne Verletzung infolge Mangels an gerinnungsfördernden Blutplättchen im Blut.

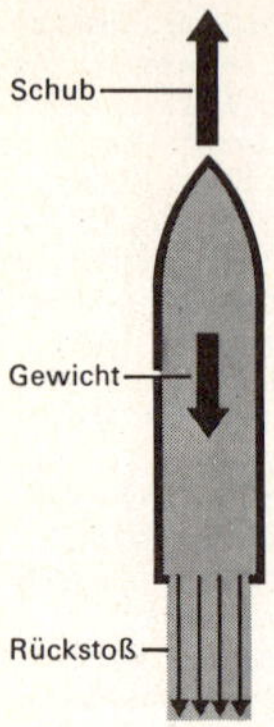

Schub

Gewicht

Rückstoß

Links: Start und Fortbewegung einer Rakete sind nur möglich, wenn die Schubkraft größer als ihr Gewicht und der Luftwiderstand ist. Die ausströmenden Gase beschleunigen die Rakete in entgegengesetzte Richtung.

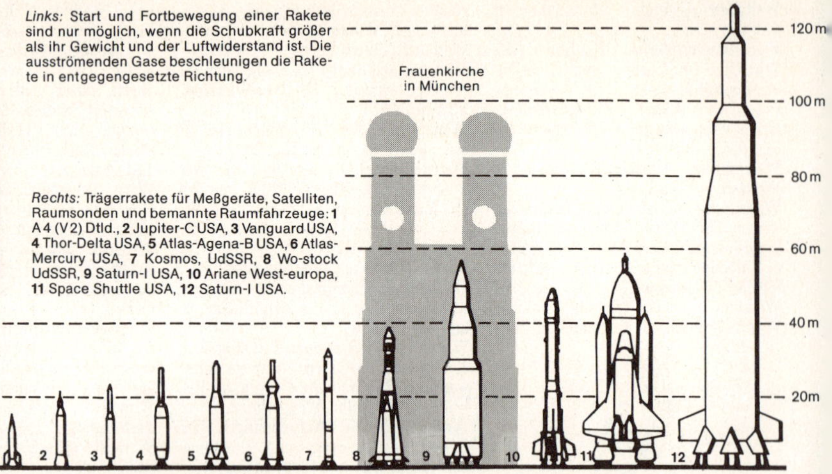

Rechts: Trägerrakete für Meßgeräte, Satelliten, Raumsonden und bemannte Raumfahrzeuge: **1** A 4 (V 2) Dtld., **2** Jupiter-C USA, **3** Vanguard USA, **4** Thor-Delta USA, **5** Atlas-Agena-B USA, **6** Atlas-Mercury USA, **7** Kosmos, UdSSR, **8** Wo-stock UdSSR, **9** Saturn-I USA, **10** Ariane West-europa, **11** Space Shuttle USA, **12** Saturn-I USA.

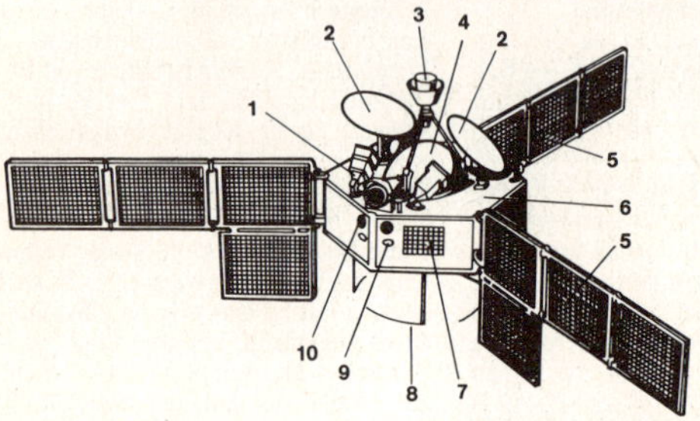

Frauenkirche in München

120 m
100 m
80 m
60 m
40 m
20 m

1 2 3 4 5 6 7 8 9 10 11 12

Nachrichtensatellit »Symphonie«:

(Aufbauschema): **1** Empfangsantenne, **2** Parabolreflektor der Sendeantenne, **3** Apogäumstriebwerk, **4** Treibstoffbehälter, **5** Solar-zellenflächen, **6** Gerätebehälter, **7** OSR-Zellen, **8** VHF-Antenne, **9** Kaltgasdüse, **10** Infrarotsensor.

System Symphonie: Arbeitsprinzip

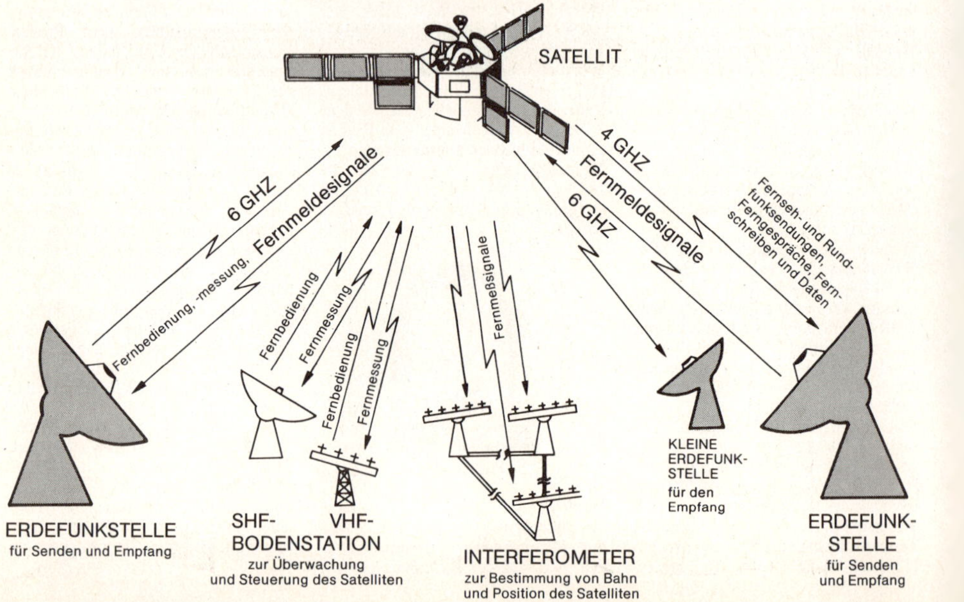

SATELLIT

6 GHZ

Fernmeldesignale

Fernbedienung, -messung.

4 GHZ
Fernmeldesignale

6 GHZ

Fernbedienung
Fernmessung

Fernbedienung
Fernmessung

Fernmeßsignale

Fernseh- und Rund-
funksendungen, Fern-
gespräche, Fern-
schreiben und Daten

ERDEFUNKSTELLE
für Senden und Empfang

SHF-
BODENSTATION

VHF-

zur Überwachung
und Steuerung des Satelliten

INTERFEROMETER
zur Bestimmung von Bahn
und Position des Satelliten

KLEINE
ERDEFUNK-
STELLE
für den
Empfang

ERDEFUNK-
STELLE
für Senden
und Empfang

Space Shuttle

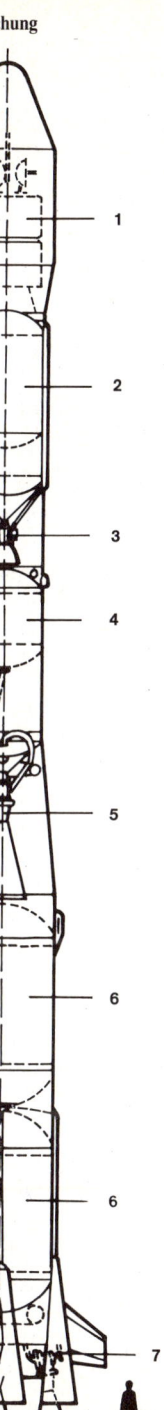

Eine Satellitenträgerrakete hat mehrere Stufen. Die **1.** Stufe beschleunigt Stufe **2** und **3** auf eine Geschwindigkeit, zu der sich nach Brennschluß die der Stufe **2** und nach deren Brennschluß die der **3.** Stufe hinzuaddiert, um eine für den Satelliten vorgesehene Bahn zu erreichen.

Trägerakete »Ariane«:

1 Nutzmasse, **2** Treibstoffbehälter (3. Stufe), **3** Triebwerk (3. Stufe), **4** Treibstoffbehälter (2. Stufe), **5** Triebwerk (2. Stufe), **6** Treibstoff-behälter (1. Stufe), **7** Triebwerke (1. Stufe).

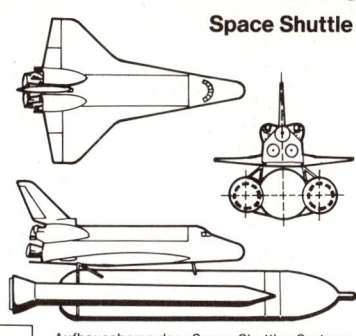

Aufbauschema des »Space-Shuttle«-Systems (oben der Raumgleiter allein, Draufsicht)

③ Acht Minuten nach dem Start, kurz vor Erreichen der Umlaufbahn, wird der leere Außenbordtank abgetrennt. Um die Trennung von Tank zu erleichtern, fliegt die Raumfähre ais hierhin in Rückenlage. Der leere Tank verglüht in der Atmosphäre. Die Astronauten zünden die OMS-Triebwerke und erreichen damit die Umlaufbahn.

② In 50 Kilometer Höhe werden die leergebrannten Feststoffraketen abgesprengt. Sie kehren an Fallschirmen zur Erde zurück und werden von Spezialschiffen aufgefischt.

① Zum Start der Raumfähre werden die Haupttriebwerke des Orbiters und die beiden Feststoffraketen gezündet.

① Zur Landung wird die Raumfähre in der Erdumlaufbahn so gedreht, daß ihre Triebwerke nach vorn zeigen. Durch Zünden der OMS-Triebwerke wird die Raumfähre abgebremst, dann wird sie mit der Nase wieder nach vorn gedreht.

② Mit einem Anstellwinkel von 40 Grad taucht die Fähre in die Atmosphäre ein, an der Außenhaut des Schutzschildes treten dabei Temperaturen von über 1500 Grad auf.

In der letzten Phase (ab 18000 Meter Höhe) fliegt die Raumfähre als Segelflugzeug. Mit hoher Sinkgeschwindigkeit (100 Meter abwärts auf je 450 Meter Vorwärtsflug) steuert sie die Landepiste an. Mit 380 Stundenkilometern setzt die Raumfähre auf

Ablaufschema des »Apollo«-Mondflugs:

1 Start, **2** Zündung der 2. Stufe, **3** Abtrennen der 2. Stufe, **4** Abflug aus der Parkbahn, **5** Abtrennen der 3. Stufe, **6** Flug in der Übergangsbahn zum Mond, **7** Vorbereitung des Bremsmanövers, **8** Eintritt in die Mondumlaufbahn, **9** Abtrennen der Landefähre, **10** Landung der Mondfähre, **11** Rückstart, **12** Kopplungsrendezvous in der Umlaufbahn, **13** Abtrennen des Aufstiegsteils, **14** Abflug aus der Mondumlaufbahn, **15** Anflug auf den Eintauchkorridor, **16** Abtrennen des Servicemoduls, **17** Drehen der Rückkehrkapsel, **18** Eintauchvorgang, **19** Stabilisierung durch Hilfsschirm, **20** Abstieg an Hauptschirmen, **21** Wasserung.

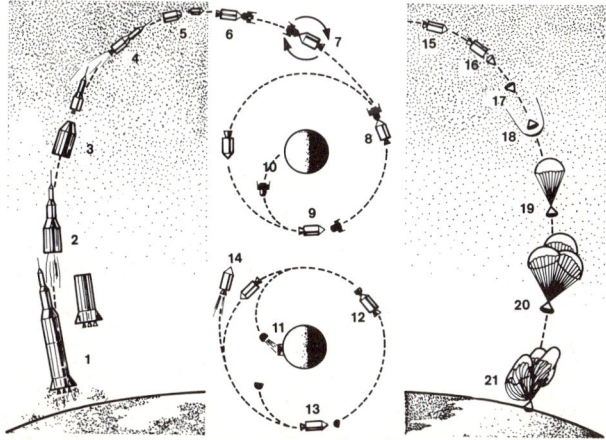

Weltraumforschung

(→ Tafeln S. 1040/41). Wissenschaft u. Technik v. d. aktiven Erforschung d. Weltraums mittels künstl. → Satelliten u. → Raumsonden, die, bemannt od. unbemannt als Träger wiss. Experimente mit Hilfe v. → Raketen durch d. Atmosphäre hindurch in d. freien Weltraum gebracht, als Erdsatelliten den erdnahen Raum mittels Meßeinricht. erforschen, die Erde od. (frei von atmosphär. Störungen) Himmelskörper beob. od. als Raumsonden den freien Weltraum od. bei Vorbeiflügen an bzw. bei Landungen auf anderen Himmelskörpern diese mittels automat. Meßapparaturen erforschen, die Meßdaten zur Erde funken od. speichern u. bei Erdrückkehr mit auf die Erde bringen. Beginn der Weltraumforschung am 4. 10. 1957 durch den Start von Sputnik I durch die UdSSR. Seitdem wurden mehrere tausend Objekte in den Weltraum gebracht (einschließl. mil. u. kommerzieller Nutzlasten), hauptsächlich von den USA u. der UdSSR, aber auch: Frkr., Japan (1. Start: 11. 2. 70), China (1. Start: 24. 4. 70) mit eigenen Trägerraketen; England, Italien, Kanada, Australien, BRD; → ESA (m. eigener, auch kommerziell genutzter Trägerrakete → Ariane).
Meilensteine: 1. Erdnahe unbemannte Raumfahrt: 1. 2. 58 Entdeckung der Strahlungsgürtel der Erde (Explorer I, USA), 3. 11. 57 erster Biosatellit (Sputnik II, UdSSR), 17. 3. 58 Entdeckung der Birnenform der Erde (USA), 7. 8. 59 erste Fernsehbilder aus dem Weltraum (USA), 10. 8. 60 erste Erdrückkehr eines Satelliten (Discoverer, USA), 26. 7. 63 erster Synchronsatellit (Syncom II, USA), 11. 7. 67 erste Farbbilder der gesamten Erde (USA), 30. 10. 67 erstes automat. Rendezvous zweier Satelliten in der Umlaufbahn (UdSSR).
2. Erdnahe bemannte Raumfahrt (durch → Astronauten, USA, bzw. → Kosmonauten, UdSSR): 12. 4. 61 erster bemannter Flug (Gagarin, UdSSR), 18. 3. 65 erster Mensch außerhalb der Kapsel (Leonow, UdSSR), 15. 12. 65 erstmals → Rendezvous-Technik (Gemini 6 u. 7, USA), 16. 3. 66 erstes Zusammenkoppeln in der Umlaufbahn (Gemini-Raumfahrzeug u. Agena-Raketenstufe), 4. 12. 66 erster Langzeitflug (Gemini 7, 14 Tage, USA), 1. 6. 70 Dauerrekord (Sojus 9, 18 Tage, UdSSR), 1971 erste Raumstation (Saljut 1, UdSSR), in d. Folge weitere Saljut-Stationen, Kopplungen mit Sojus-Raketen (2–3köpfige Mannschaften unter Beteiligung ausländ. Raumfahrer, z. B. Sojus 31: S. Jähn, DDR, 26. 8.–3. 9. 78; bis zu mehrmonatige Aufenthalte in d. Saljut-Stationen, z. B. Sojus T-5 211 Tage, 13. 5.–10. 12. 82), 17. 7. 75 erstes am.-sowj. Kopplungsmanöver (Sojus 19 u. Apollo 18), 12. 4. 81 erster Testflug m. wiederverwendbarem Raumtransporter (→ Space Shuttle, USA), in d. Folgezeit mehrere Starts m. größeren Mannschaften (unter Beteiligung ausländ. Astronauten, darunter erster bundesdt. Astronaut U. Merbold, 28. 11.–8. 12. 83, erste am. Astronautin Sally K. Ride, 18.–24. 6. 83), wissenschaftliche Tests u. Aussetzen v. Satelliten.
3. Erdferne unbemannte Raumfahrt: 2. 1. 59 erste Nutzlast, die d. Schwerefeld d. Erde verläßt (Luna 1, UdSSR), 12. 9. 59 erster Mondtreffer (Luna 2, UdSSR), 4. 10. 59 erste Fotos von d. Mondrückseite (Luna 3, UdSSR), 27. 8. 62 erste Venusprobe (Mariner 2, USA), 1. 11. 62 erster Marsvorbeiflug (Mars 1, UdSSR), 28. 7. 64 erste Nahaufnahmen d. Mondoberfläche (Ranger 7, USA), 28. 11. 64 erste Marsbilder (Mariner 4, USA), 16. 11. 65 erster Venustreffer (Venera 3, UdSSR), 31. 1. 66 erste Bilder d. Mondoberfläche von weichgelandeter Sonde (Luna 9, UdSSR), erste Bilder aus einer Mondumlaufbahn (Lunar Orbiter 1, USA), 21. 12. 66 erste Analyse der Mondoberfläche (Luna 13, UdSSR), 12. 6. 67 erste weiche Venuslandung (Venera 4, UdSSR), 10. 11. 70 erstes Mondfahrzeug Lunachod 1 (Luna 17), 2. 12. 71 erste weiche Landung auf dem Mars (Mars 3, UdSSR), Nahaufnahmen v. Jupiter u. Saturn durch Pioneer 10 u. 11 (Start: 2. 3. bzw. 6. 4. 73), 20. 7. 76 weiche Mondlandung von Luna 24 (UdSSR); Labor auf dem Mars von Viking 1 (20. 7. 76), USA, v. Viking 2 (4. 9. 76); Erkundung von Jupiter (Vorbeiflug 1979), Saturn (1981), Uranus (1986) u. Neptun (1989) durch Voyager 1 u. 2 (USA); Start Voyager 2 am 20. 8. 77, Voyager 1 am 1. 9. 77.
4. Erdferne bemannte Raumfahrt, bisher nur durch die USA bis zum Mond, 21. 12. 68 erste Mondumkreisung (Apollo 8: Borman, Lovell, Anders); 18. 5. 69 erste bemannte Operationen in der Mondumlaufbahn (Apollo 10: Stafford, Young, Cernan); 16. 7. 69 erste Mondlandung, 20./21. 7. auf dem Mond (Apollo 11: Armstrong, Aldrin, Collins); 19. 11. 69 zweite Mondlandung, 19./20. 11. auf dem Mond (Apollo 12); 13. 4. 70 mißglückte Mondlandung – dritte Mondumkreisung (Apollo 13); 31. 1. 71 dritte Mondlandung, 5./6. 2. auf dem Mond (Apollo 14); 26. 7. 71 vierte Mondlandung, 30. 7.–2. 8. auf dem Mond (Apollo 15); 16. 4. 72 fünfte Mondlandung, 21.–23. 4. auf dem Mond (Apollo 16); sechste Mondlandung, 11.–14. 12. auf dem Mond (Apollo 17). Mit Apollo 17 beendeten die USA ihr Apollo-Raumfahrtprogramm.

Wermut

Wermut, südeur. Beifußart, bitteres Aroma; zu *W.wein,* Absinth, Tinkturen.
Wernau (Neckar) (D-7314), St. i. Kr. Esslingen, Ba-Wü., 11 656 E; div. Ind.
Werne (D-4712), St. im Kr. Unna, a. d. Lippe, NRW, 28 497 E; AG; Großkraftw., div. Ind.; Sole-, Sport- u. Badezentr.
Werner, 1) Alfred (12. 12. 1866–15. 11. 1919), schweiz. Chem.; Bindungsverhältnisse der Atome im Molekül v. anorgan. Verbindungen; Nobelpr. 1913; **2)** Oskar (13. 11. 1923–23. 10. 84), östr. Bühnen-

u. Filmschausp.; *Jules u. Jim; Fahrenheit 451;* **3)** Pierre [-ʹner] (* 29. 12. 1913), luxemburg. christl.-soz. Pol.; 1959–74 u. 1979–84 Min.präs.; **4)** Theodor (14. 2. 1886–15. 1. 1969), dt. Maler; absolute Kunst; **5)** Zacharias (18. 11. 1768–17. 1. 1823), dt. Dramatiker; *Der 24. Februar.*
Werner der Gärtner (13. Jh.), mhdt. Erzähler; Versepos: *Meier Helmbrecht* (gestaltet die Gefährdung der Ordnung der ma. Welt durch den Menschen, der sich überhebt).
Wernigerode (D-3700), Krst. i. S-A., am Nordfuß des Harzes, 232 müM, 36 778 E; Luftkurort, Schloß, got. Rathaus, Museum; div. Ind.
Werra, r. Hptquellfluß der Weser, vom Thüringer Wald, vereinigt sich mit der Fulda bei Münden zur → Weser, 293 km lang (58 km schiffbar).
Werre, 1) l. Nbfl. der Weser, vom Teutoburger Wald, 69 km lang; **2)** die Maulwurfs- → Grille.
Werschetz, serb. *Vršac,* jugoslaw. St. im Banat, 34 000 E; Weinbaugebiet.

Werst → Maße und Gewichte, Übersicht, S. 1085.
Wertheim (D-6980), St. i. Main-Tauber-Kreis, Ba-Wü., an d. Münd. d. Tauber i. d. Main, 20 457 E; AG; histor. Stadtbild, Stiftskirche m. wertv. Grabmälern.
Werther, Hauptfigur in Goethes Briefroman *Die Leiden d. jungen Werthers;* W.s Kleidung, Weltschmerz u. Empfindsamk. wurden zu einer eur. Modeerscheinung (Wertherfieber, Selbstmordwelle).
Wertigkeit, *Valenz,* die Zahl, die angibt, wieviel Atome Wasserstoff (od. gleichwertige Elemente) e. Atom e. Elementes z. ersetzen od. z. binden vermag; manche Elemente besitzen mehrere W.en (z. B. Stickstoff u. Phosphor 3- u. 5wertig).
Wertingen (D-8857), St. i. Kr. Dillingen a. d. D., Bay., 6936 E; AG; Leichtmetallind.
Wertmüller, Lina (* 14. 8. 1928), it. Regisseurin u. Schriftst.in; *I basilischi* (1964); *Mimì metallurgio ferito nell'onore* (1972); *Film d'amore e d'anarchia ...* (1973); *Camorra* (1985).

Wertow, Dzigá, eigtl. *Denis Kaufmann* (2. 1. 1896–12. 2. 1954), russ. Filmtheoretiker u. Regisseur; *Kino-Auge* (1924).

Wertpapiere, vermögensrechtl. Urkunden, bei denen das Recht an Besitz der Urkunde geknüpft ist; gliedern sich nach der *Art des verbrieften Rechts* in Geldpapiere (→ Wechsel, Scheck), Warenpapiere (Konnossement, Lagerschein) und W. im engeren Sinn (Effekten); nach der *Art der Besitzübertragung* in → Rekta-, Order- u. Inhaberpapiere.

Wertpapiersteuer → Kapitalverkehrssteuern.

Wertphilosophie, Lehre von den sog. Werten wie „das Schöne", „das Wahre", „das Heilige" usw., die nicht sind, wohl aber gelten; von *Lotze* begr., von *Rickert, Scheler,* N. *Hartmann* u. a. ausgebaut.

Wertschöpfung, 1) *volkswirtsch.* Wertzuwachs durch Zus.fassung der W.sbeiträge aller Wirtsch.bereiche (Industrie, Landw., Verkehr etc.) während einer Rechnungsperiode; **2)** *betriebswirtsch.* Beitrag e. Unternehmens z. Bruttosozialprodukt.

Wertzölle → Zölle.

Wertzuwachssteuer, erfaßt d. durch d. allg. Entwicklung entstandenen Wertzuwachs bes. bei Grundstücken; 1911 eingeführt, 1944 aufgehoben.

Werwolf, in d. german. Sage Menschen v. bes. Kraft u. Wildheit, die sich in Wölfe verwandeln konnten.

Wesel (D-4230), Krst. a. Rhein, Lippe u. Wesel-Datteln-Kanal, NRW, 57 986 E; AG; Willibrordi-Dom (15. Jh.); Engelkirche (in e. alten Fort), Zitadelle, Denkmal d. Schillschen Offiziere *Schinkel.*

Wesendonck, Mathilde (22. 12. 1828–31. 8. 1902), dt. Schriftst.in; Freundin Richard Wagners, der fünf ihrer Gedichte vertonte (*W.-Lieder*).

wesentliche Bestandteile, sind bei einer Sache ohne Zerstörung od. Wesensänderung nicht voneinander zu trennen, können nicht Gegenstand v. bes. Rechten sein; Ausnahme: → Wohnungseigentum.

Weser, dt. Strom, aus der Vereinigung von Werra und Fulda bei Münden, mündet bei Bremerhaven; 440 km l., schiffbar, an der Mündung 11 km breit; Kanäle zu Ems, Elbe, Rhein und Leine (Mittellandkanal); Nbfl.: l. Diemel, Werre, Hunte; r. Hamel, Aller, Lesum, Geeste. – **W.bergland,** Mittelgeb. beiders. d. W. v. Münden b. Minden, am r. Ufer Solling, Hils, Ith, Süntel, Deister, **W.gebirge** (bis 321 m h.), a. l. Ufer Reinhardswald, Egge, Teutoburger Wald, Wiehengebirge.

Wesermünde → Bremerhaven.

Wesir, Min., *Groß-W., Min.präs.* islam. Staaten.

Wesley [ˈwɛzlɪ], John (17. 6. 1703–2. 3. 91), engl. Theologe; Begründer der → *Methodisten.*

Wespen, Hautflüglerfamilie mit Giftstachel; bilden bei uns meist einsömmrige Staaten, Nester (aus zerkautem Holz) frei hängend od. i. Erd- u. Baumhöhlen; zu ihnen gehört auch die → *Hornisse.*

Wessel, Gerhard (* 24. 12. 1913), dt. Offizier; 1968–78 Präs. d. B.nachrichtendienstes.

Wesselburen (D-2244), St. i. Kr. Dithmarschen, Schl-Ho., 3135 E; Geburtsort *Hebbels;* Hebbel-Museum.

Wesseling (D-5047), Ind.st. i. Erftkr., NRW, 29 725 E; petrochem. Ind., Kunstschlossereien, Hafen.

Wessely, Paula (* 20. 1. 1907), östr. Bühnen- u. Filmschausp.in; *Episode.*

Wessex, angelsächs. Kgr. in Britannien, 5.–9. Jh.

Wessobrunn, ehem. Benediktinerabtei in Oberbayern (753 gegr., 1803 aufgehoben); Fundort des **W.er Gebets,** ahdt. Schöpfungsgedicht (um 800), eigentl. Schöpfungshymnus, der die Entstehung der Welt aus germ. Sicht in 9 strebenden Langzeilen gestaltet. – **W.er Schule,** die zw. 1675 u. 1720 in Süddtld führende Werkstatt f. Stuckdekoration, zu der die Familien Feuchtmayer, Schmuzer u. → *Zimmermann* gehörten.

West, 1) Benjamin (10. 10. 1738–11. 3. 1820), am. Maler; s. 1762 in London als Hofmaler u. Präsident d. Royal Acad., wo er durch s. Unterricht auch d. Entwicklung d. am. Malerei prägte; *Tod d. Generals Wolfe;* **2)** Mae (17. 8. 1892–22. 11. 1980), am. Schausp.in u. Bühnenautorin; *Belle of the Nineties;* Stücke: *Sex;* **3)** Morris L. (* 26. 4. 1916), austral. Schriftst.; *Des Teufels Advokat; Tochter d. Schweigens; In d. Schuhen d. Fischers; Der Turm v. Babel; Der Salamander; Harlekin; Proteus; In e. Welt v. Glas.*

Westalpen, die Alpen westlich der Linie Bodensee–Splügenpaß–Langensee; im *Montblanc* 4807 m.

Westaustralien, größter Staat Australiens, 2 525 500 km², 1,6 Mill. E; z. Wüste, Schafzucht, Weizenanb., Wälder; Gold, Kohle; Hptst. *Perth.*

Westbank [engl. -ˈbæŋk], früher *Samaria, Cis-Jordanien,* Gebiet am Westufer des Jordans (unter isr. Mil.verw.).

West-Bengalen → Bengalen.

Westdeutsche Rektorenkonferenz, WRK, s. 1949 d. institutionelle Vereinigung d. durch d. Leiter vertretenen Hochschulen d. BR.

Westerburg (D-5438), St. im Westerwaldkr., RP, 4873 E; Schloß; div. Ind.

Westerholt, s. 1975 St.teil von → Herten.

Westerland (D-2280), Nordseeheilbad auf Sylt, St. i. Kr. Nordfriesld, Schl-Ho., 9415 E; AG; Spielkasino.

Western [am.], Bez. f. Filme od. Bücher, die zeitl. u. regional im sog. *Wilden Westen* (d. USA) spielen.

Western Islands [ˈwɛstən ˈaɪləndz], svw. → Hebriden.

Westerplatte, den Danziger Hafen im N abriegelnde Landzunge mit Seebad.

Westerstede (D-2910), St. u. Verw.sitz d. Kr. Ammerland, Nds., 18 184 E; AG; Fremdenverkehr.

Westerwald, Teil des Rhein. Schiefer-

gebirges zw. Lahn und Sieg; im *Fuchskauten* 656 m.

Westeuropäische Union, WEU, Fünfmächtepakt v. 17. 3. 1948 in Brüssel; verpflichtet Belgien, Ndl., Luxemburg, Gr.-Brit. u. Frkr. auf 50 Jahre zu gegenseitigem Beistand; 1954 Beitritt v. BR u. Italien.

Westfalen, Landschaft und Teil des Landes Nordrhein-W. zw. Weser und Rhein; im S das Sauerland, in N d. Wesergebirge, im O d. Eggegebirge, in der Mitte das flache Münsterland mit Heiden, Torfmooren u. Äckern, zahlreiche Salz- u. Mineralquellen; Bodenschätze: Steinkohlen (Ruhrkohlenbecken), Eisen-, Zink-, Blei- und Kupfererze; Schwefelkies; Schwerindustrie; Brauereien i. Dortmund. – Westteil des sächs. Stammesgebiets; Teil davon 1180 nach dem Sturz → Heinrichs d. Löwen als Herzogtum W. zu Köln, 1807–13 mit anderen Gebietsteilen Königreich unter Jérôme; 1815 preußisch; seit 1946 Teil von NRW.

Westfälische Pforte → Porta Westfalica.

Westfälischer Friede (Münster und Osnabrück) beendete 1648 den → Dreißigjähr. Krieg. Frkr. erhielt die habsburg. Besitzungen im Elsaß, Schweden Vorpommern, Bayern Oberpfalz und die Kurwürde, Brandenburg u. a. Hinterpommern und die Bistümer Halberstadt, Minden; Unabhängigkeit der Vereinigten Niederlande und der Schweiz anerkannt; volle Souveränität d. → Reichsstände (Recht, Bündnisse zu schließen); Bestätigung des → Augsburger Religionsfriedens.

Westgoten → Goten.

West Ham [ˈwest ˈhæm], Teil des Londoner Vororts Neerham; Industrien.

Westindien, 1) *Westindische Inseln,* die Großen u. Kleinen → Antillen sowie die → Bahamas; **2)** *Assoziierte Staaten W.s,* amtl. *The West Indies Associated States,* s. 1967 die nach innen autonomen, mit → Großbritannien assoziierten Gebiete auf den Leeward-Inseln (Anguilla, 155 km², 7000 E; St. Christopher (St. Kitts) 174 km², 34 000 E; Antigua, 280 km², 80 000 E; Nevis 93 km², 9400 E und *Windward-Inseln* (Dominica, 751 km², 81 000 E; Hptst. *Roseau;* St. Lucia, 617 km², 147 000 E, Hptst. *Castries;* St. Vincent u. die Grenadinen, 388 km², 133 000 E); die Assoz. endete mit der Konstituierung d. Mitgl. als unabh. Staaten. 1973 Bildung d. „Karibischen Gemeinsamen Marktes" (CARICOM), Mitgl.: Antigua u. Barbuda, Bahamas, Barbados, Belize, Dominica, Grenada, Guyana, Jamaica, Montserrat, St. Kitts-Nevis, St. Lucia, St. Vincent u. d. Grenadinen, Trinidad u. Tobago.

Westindische Föderation, 1958–62, bestand aus Antigua, Barbados, Dominica, Grenada, Jamaica, Montserrat, St. Christopher, Nevis und Anguilla, St. Lucia, St. Vincent, Trinidad u. Tobago.

Westinghouse [-haus], George (6. 10. 1846–12. 3. 1914), am. Ing.; Erfinder d. **W.bremse**, Eisenbahn-Luftdruckbremse mit etwa 5 at Betriebsdruck.

Westmännerinseln, isländ. *Vestmannaeyjar*, Ins.gruppe bei → Island; Hpt.insel *Heimaey;* 1973 Vulkanausbruch des *Helgafell.*

Westminsterabtei

Westminster, westl. Stadtteil v. → London, m. Königspalast u. Reg.gebäuden, der anglikan. **W.abtei** (Krönungs- u. Begräbnisplatz der engl. Könige u. berühmter Männer) u. der röm.-kath. *W.kathedrale* (1245 beg.).

West-Neuguinea, *W-Irian*, → Neuguinea.

Weston-Element, galvan. Normalelement (Quecksilber- u. Cadmiumverbindungen); liefert bei 20° 1,01865 Volt.

West Point [′wɛst ′pɔɪnt], Militärakad. d. USA, im Staate New York, 1802 gegründet.

Westpreußen, Teil d. ehem. Preußens, an der unteren Weichsel; bis 1919 preuß. Provinz, durch Versailler Vertrag mittlerer u. S-Teil an Polen *(Pommerellen),* die Weichselmündung wurde *Freistaat Danzig;* O-Teil blieb dt. (als ostpreuß. Rgbz. *W.,* 2927 km², Hptst. *Marienwerder);* s. 1945 unter poln. Verwaltung.

Westpunkt, *Abendpunkt,* Schnitt von Horizont und Himmelsäquator, 90° links von Norden.

Weströmisches Reich, 395–476 n. Chr., → Römisches Reich; → Kaiser.

Westsahara → Sahara 2).

Westsamoa → Samoa-Inseln 2).

West Virginia [-və′dʒɪnjə], Abk. *W.Va.,* Staat d. USA, südöstl. d. Ohio, 62 629 km², 1,87 Mill. E.; Hptst. *Charleston;* Steinkohle, Erdöl, Getreide, Tabak; Eisen-, chem. Ind.

Westwall, 1938–40 erbaute Befestigungsanlage an der W-Grenze Dtlds; nach 1945 geschleift.

Westwerk, der frühma. Kirche anstelle e. Fassade im W vorgelagerte mehrgeschossige Querbau.

Westwinddrift, *w., v.* ständigem Westwind verursachte nach O gerichtete Meeresströmung i. südl. Polarmeer.

Wetluga, l. Nbfl. der mittleren Wolga, 889 km lang.

Wettbewerb → Konkurrenz, → Wettbewerbsrecht. – **W.srecht**, wesentl. Teil d. → gewerblichen Rechtsschutzes; verwahrt vor allen geschäftsschädigenden Handlungen eines Dritten, die gegen die guten Sitten verstoßen, vor unzutreffender und unlauterer Werbung, vor unbefugter Benutzung u. Verrat von Geschäftsgeheimnissen (Ges. v. 7. 6. 1909); unlautere W.shandlungen verpflichten zu Schadenersatz u. sind z. T. strafbar. MPI f. W.srecht in München. – **W.sverbot**, Verpflichtung eines Vertragspartners, den anderen für die Dauer des Arbeitsverhältnisses, evtl. auch nach dessen Beendigung *(Konkurrenzklausel)* keinen W. zu machen.

Wetter, Friedrich (* 20. 2. 1928), dt. kath. Theol.; 1968–82 Bischof v. Speyer, s. 1982 Erzbischof v. München-Freising, s. 1985 Kardinal.

Wetter, r. Nbfl. d. Nidda, v. Vogelsberg, 55 km l., durchfließt d. **Wetterau**, fruchtb. Landschaft zw. Main, Vogelsberg u. Taunus.

Wetter, 1) *Bergbau:* Luft im Bergwerk; explosibles Luft-Gas-Gemisch, → schlagende Wetter; 2) → Übersicht, S. 1045.

Wetter (Ruhr) (D-5802), St. i. Ennepe-Ruhr-Kr., NRW, 28 066 E; AG; Maschinen-, Stahlind.

Wetterbeeinflussung, 1974 UN-Konvention über Verbot d. Beeinflussung v. Wetter u. Klima f. mil. Zwecke sowie Erzeugung v. künstl. Regen.

Wetterdynamit, bergpolizeil. zugelassener Sprengstoff im Bergbau, ohne Zündwirkung auf etwaige → schlagende Wetter.

Wetterfernmeldewesen, dient dem innerdt. u. weltweiten Austausch v. Wettermeldungen über Fernschreiber, Funk u. Bildfunk; Länge d. Fernschreibnetzes des Dt. Wetterdienstes ca. 10 000 km; Weltwetterzentralen auf der Nordhalbkugel in New York, Offenbach/Main, Moskau, Neu-Delhi u. Tokio.

Wetterfronten, Grenzlinien versch. temperierter → Luftmassen, sprunghafte Änderung von Wetterelementen: *Warmfront,* wenn wärmere Luft kältere verdrängt u. dabei aufgleitet; *Kaltfront,* wenn kältere Luft im Vordringen ist und wärmere wegschiebt; in der *Okklusion* treffen Warm- u. Kaltfront aufeinander.

Wetter-führung im Bergbau, Zuführung frischer und Abführung schlechter Luft zwecks *W.wechsels* durch *W.maschinen* (Gebläse und Saugmotoren), Regulierung durch *W.türen.*

Wetterglas, svw. → Barometer.

Wetterhorn, Gipfel der Finsteraarhorngruppe d. Berner Alpen, 3701 m.

Wetter-karte, **W.kunde** → Übersicht, S. 1045/46.

Wetterleuchten, Blitze, deren Donner infolge großer Entfernung nicht mehr hörbar ist.

Wettersatelliten, *meteorologische Satelliten,* unbemannte → Satelliten, die durch Aufnahme von Wolkenbildern eine globale Übersicht des Wettergeschehens ermöglichen u. dabei durch Strahlungsmessungen mittels e. Infrarotspektrometers d. vertikale Temperaturschichtung der Atmosphäre erkunden; erster eur. W. → Meteosat.

Wettersäule, svw. → Windhose, → Sandhose.

Wetterschacht → Bergbau.

Wettersteingebirge, Gruppe der bayerisch-nordtirolischen Kalkalpen, zw. Fernpaß und Mittenwald; drei hohe Kalkketten, *Zugspitze* (2962 m).

Wetter-vorhersage, **W.warte** → Übersicht, S. 1045.

Wettin (D-4114), St. i. Saalkr., S-A., 3500 E; Stammschloß d. **Wettiner**, dt. Fürstengeschlecht, im MA in Meißen, Thüringen, Kurfürstentum Sachsen, 1485 geteilt in Ernestiner u. Albertiner (→ Sachsen).

Wettingen (CH-5430), schweiz. Stadt im Kanton Aargau, 18 400 Einwohner; ehemaliges Zisterzienserkloster; Erholungszentrum.

Wettkampfgymnastik, wettkampfmäßige Form der Gymnastik mit Handgeräten (Ball, Seil, Keule, Band, Reifen); in der UdSSR entstanden.

Wetzikon (ZH) (CH-8620), schweiz. St. im Kanton Zürich, 16 000 E; div. Ind.; Schloß.

Wetzlar (D-6330), Krst. d. Lahn-Dill-Kr., an d. Lahn, Hess., 50 299 E; rom.-got. Dom, Deutschordenhof, Wohnung v. Charlotte → Buff, Ruine Kalsmunt; IHK; AG; Stahl-, Elektro- u. opt. Ind. – 1693–1806 Sitz d. Reichskammergerichts.

WEU, Abk. f. → Westeuropäische Union.

Weyden, Rogier van der (1399 od. 1400–18. 6. 64), ndl. Maler zw. Spätgotik u. Frührenaiss.; *Kreuzabnahme; Weltgerichtsaltar* (Beaune); *Dreikönigsaltar* (München).

Weyer, Willi (16. 2. 1917–25. 8. 87), FDP-Pol.; 1962–75 Innenmin. u. stellvertr. Min.präs. v. NRW; 1974–86 Präs. d. Dt. Sportbundes.

Weyprecht, Carl (8. 9. 1838–29. 3. 81), östr. Polarforscher u. Seeoffizier; entdeckte mit v. Payer 1873 das Franz-Joseph-Land (→ Lomonossowland).

Weyrauch, Wolfgang, Pseudonym *Joseph Scherer* (15. 10. 1907–7. 11. 80), dt. Schriftst.; zeitkrit. Erzählungen, Hörspiele, Lyrik.

WEZ, Abk. f. **W**esteuropäische **Z**eit → Zeit.

Wheatstone [′wɪtstən], Sir Charles (7. 2. 1802–19. 10. 75), engl. Phys.; Forschungen über Optik u. Elektrizität (Stereoskop, el. Telegraph); n. ihm ben. die

Wetter

Wetter, der zeitlich begrenzte Zusammenhang aller einzelnen W.elemente wie Luftdruck, Temperatur, Luftfeuchte, Wolken, Niederschlag, Sichtweite, Wind usw. zu einem bestimmten Zeitpunkt u. an einem bestimmten Ort. Das W.geschehen ist weitgehend auf die Troposphäre (→ Atmosphäre) beschränkt. Maßgeblich für die Entstehung des Wetters sind die jahreszeitlich sowie geographisch unterschiedl. Umsätze an solarer u. terrestrischer Strahlung in Verbindung mit der Rotation der Erde. Dabei entstehen Wirbel in Form von Hoch- und Tiefdruckgebieten, die teils wandern, teils stationär bleiben und mit ausgedehnten meridionalen Luftmassentransporten den Temperaturausgleich zwischen hohen und niederen Breiten bewerkstelligen. Besonders aktiv in diesem Sinne und verantwortlich für den wechselhaften Witterungscharakter unserer Breiten sind die Tiefdruckgebiete. Sie entstehen meist an der Polarfront und führen mit Wetterfronten verschieden temperierte Luftmassen mit sich. In den Tiefs steigt überwiegend die Luft auf, wobei Wolken und Niederschläge entstehen. Die absinkende Luft in Hochdruckgebieten ist dagegen trocken und wolkenfrei. Die Wetterkunde, also die Erforschung der physikalischen Vorgänge in der Atmosphäre (synoptische Meteorologie), ist eine der wichtigsten Forschungszweige der Meteorologie und hat die W.vorhersage zum Ziel. Wettervorhersagedienste wurden in den europäischen Ländern in der zweiten Hälfte des vorigen Jahrhunderts eingerichtet (1876 Deutsche Seewarte in Hamburg). Heute stützen sich For-

schung und Vorhersagedienste auf die aktuellen Informationen eines optimal vernetzten weltweiten Systems von Beobachtungen und Meldungen der Wetterstationen, Radiosonden, Wettersatelliten u. m. (WWW, World Weather Watch). Die international verbindliche Sprache für Wettermeldungen ist ein Zahlencode. Koordinator für die weltweite Zusammenarbeit ist die *Weltorganisation für Meteorologie,* die WMO. Wichtigste Grundlage für W.vorhersagen ist heute die mathematisch-physikalische Simulation des atmosphärischen Geschehens in Großrechnern. Mit ihr kann die W.vorhersage zunehmend objektiviert werden. Die größten Erfolge rechnergestützter Vorhersagen sind die größere Treffsicherheit *kurzfristiger* Prognosen (1. bis 3. Folgetag) und vor allem die *mittelfristigen Vorhersagen* bis zum 7. Folgetag. Das Problem der *Langfristprognose* (Monats- und Jahreszeitenvorhersagen) ist dagegen noch ungelöst. So bleiben alle Versuche mit Hilfe der *Großwetterlagenforschung* bislang weitgehend erfolglos. Das weltweit größte Zentrum für die Forschung und Anwendung von Simulationsmodellen befindet sich in Reading bei London (ECMW, *European Center for Medium Range Weather Forecast*). Hier arbeiten die Wissenschaftler der europäischen Länder zusammen an der Weiterentwicklung von Vorhersagemodellen. In Dtld nimmt der *Deutsche Wetterdienst* mit seiner Zentrale in Offenbach und Wetterämtern in den Bundesländern die meteorolog. Belange war.

W.sche Brücke, eine Brückenschaltung zur Messung el. Widerstände.

Whig, Mz. *Whigs,* **1)** i. 17. Jh. i. Engld entstandene Partei, Gegner d. kath. Thronfolge; i. 19. Jh. z. Liberalen Partei umgewandelt; **2)** föderalist. konservative Partei in d. USA im 19. Jh.

Whip, *whipper-in,* → Einpeitscher.

Whippet → Windhunde.

Whisker [engl.], sehr dünne (ca. 10 μm ∅), hochfeste mono- od. polykristalline Metallfäden, die als gleichmäßig poröses Skelett z. Feinstzerstäubung od. als Wärmetauscher verwendet werden; billige Herstellung (Abschrecken aus d. Gasphase); erfunden von H. J. *Schladitz.*

Whisky, *m.* ['wıskı], urspr. schott. Branntwein aus Gerste, Roggen oder Mais; irischer W.: *Whiskey.*

Whist [engl.], Kartenspiel mit 52 Blättern, meist 4 Spieler, je 2 spielen zus.

Whistler ['wıslə], James Abbot McNeill (10. 7. 1834–17. 7. 1903), am. impressionist. Maler; s. 1855 in Paris u. London; Porträts, Landschaften.

White [waıt], Patrick (* 28. 5. 1912), austral. Schriftst.; *Zur Ruhe kam der Baum des Menschen nie; Der Maler; Im Auge des Sturms;* Nobelpr. 1973.

Whitechapel ['waıt,tʃæpəl], östl. St.teil Londons.

Whitefield ['waıtfıld], George (16. 12. 1714–30. 9. 70), mit John → *Wesley* Begründer der *Methodisten.*

Whitehall ['waıthɔːl], Straße i. Londoner Stadtteil Westminster, Sitz vieler Ministerien.

Whitehead ['waıthed], **1)** Alfred North (15. 2. 1861–30. 12. 1947), engl. Phil. u. Math.; *Phil. u. Math.;* (zus. m. B. → Russell) *Principia Mathematica;* **2)** Gustave → Weißkopf, Gustav.

Whitelaw ['waıtlɔ:], William (* 28. 6. 1918), engl. konservativer Pol.; 1972 Nordirlandmin., 1974 Arbeitsmin., 1979–83 Innenmin.

Whitlam ['wıtləm], Edward Gough (* 11. 7. 1916), austral. Labourpol.; 1972–75 Premiermin.

Whitman ['wıtmən], Walt (31. 5. 1819–26. 3. 92), am. Dichter; besang i. s. Hymnen *Grashalme* die Freiheit u. Schönheit seiner am. Heimat.

WHO → Weltgesundheitsorganisation.

Whymper ['wımpə], Edward (27. 4. 1840–16. 9. 1911), engl. Forschungsreisender, Alpinist; bestieg 1865 als erster d. Matterhorn.

Wiborg → Viborg.

Wichern ['wıçərn], Johann Hinrich (21. 4. 1808–7. 4. 81), dt. ev. Theol.; „Vater der Inneren Mission", begr. das Rauhe Haus.

Wichita ['wıtʃ-], St. im US-Staat Kansas, 279 000 E; 2 Uni., Mühlen- u. Flugzeugind.

Wicke, mit Ranken kletternde Schmetterlingsblütler; Unkräuter und Futterpflanzen.

Wickede (Ruhr) (D-5757), Gem. i. Kr. Soest, NRW, 11 414 E.

Wickelbär, am. Kleinbär mit Wickelschwanz.

Wickert, Günter (* 14. 11. 1928), dt. Markt- u. Meinungsforscher; gründete 1952 das *Wickert-Inst. f. Meinungsforschung* in Tübingen.

Wicki, Bernhard (* 28. 10. 1919), schweiz.-dt. Schausp. u. Regisseur; *Die Brücke* (1959); *Das Wunder des Malachias* (1961); *D. falsche Gewicht* (1971, Fernsehproduktion); *D. Eroberung d. Zitadelle* (1975).

Wickler, Kleinschmetterlinge, deren Raupen Blätter zusammenwickeln; viele

davon Obstschädlinge *(Sauerwurm);* → Blattwickler, → Traubenwickler.

Wickram, Jörg (um 1500–vor 1562), elsäss. Schriftst.; Schwanksammlung: *Rollwagenbüchlein.*

Wiclif ['wık-], John (um 1320–31. 12. 84), engl. Reformator; Bibelübersetzung; sein Schüler → Hus.

Widder, 1) das männliche Schaf; **2)** Zeichen des → Tierkreises; → Sternbilder, Übers; **3)** *hydraul. W.,* Art Wasserpumpe; Stoßheber unter Ausnutzung des Stoßdruckes v. strömendem Wasser; **4)** *Aries,* altröm. Kriegsgerät: Stoßbalken mit Metallkopf.

Widderchen, schwärmerähnliche Tagschmetterling; *Blutströpfchen.*

Widderpunkt → Frühlingspunkt.

Widerklage, kann vom Beklagten in demselben Verfahren wegen seiner Gegenansprüche gegen den Kläger erhoben werden (§ 278 ZPO).

Widerrist, *m.,* bei Huftieren, bes. Pferden, v. Rückenwirbeln z. Hals laufende Erhöhung.

Widerspruch, 1) Rechtsbehelf gg. Mahnbescheid (→ Mahnverfahren), (dingl.) → Arrest, → einstweilige Verfügung u. a.; **2)** Rechtsbehelf im Verwaltungsrecht; leitet d. verwaltungsgerichtl. Vorverfahren ein; innerhalb eines Monats nach Bekanntgabe des beschwerenden → Verwaltungsaktes bei d. Behörde zu erheben, den d. Verw.akt erlassen hat.

Widerstand, *phys.* Gegenkraft bei Bewegungen, die diese zu hemmen sucht, z. B. Trägheits-, Reibungs-W.); *W. des el. Stromes* in e. Leiter: abhängig von Material, Leiterquerschnitt und -länge, gemessen in → Ohm.

Wetterkarte des Deutschen Wetterdienstes

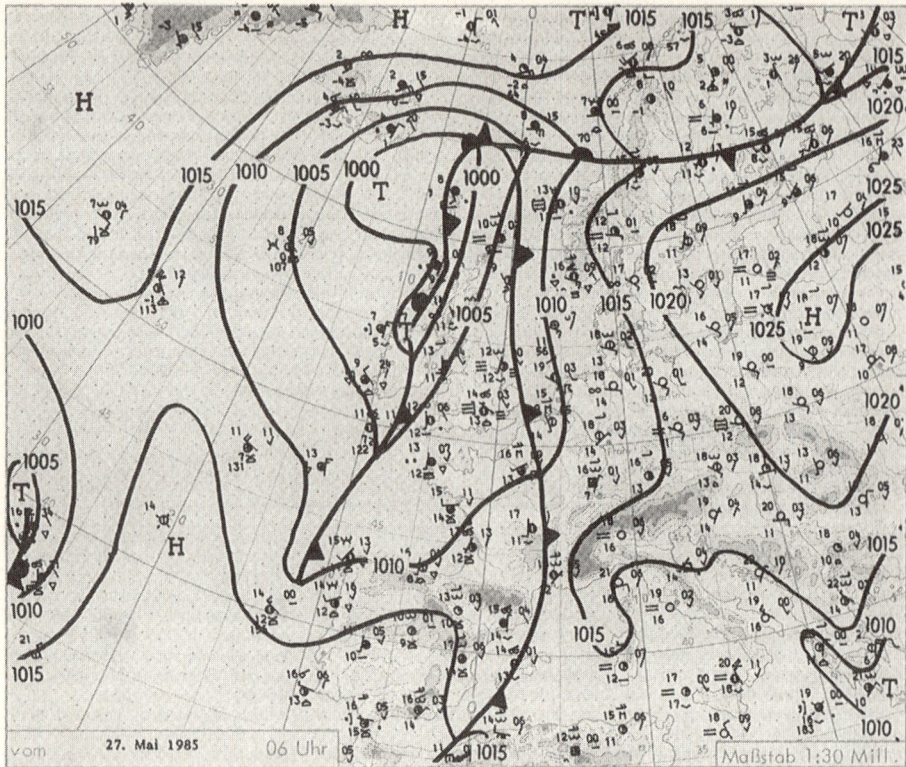

27. Mai 1985 06 Uhr Maßstab 1:30 Mill.

Erläuterungen

Schema einer Stationseintragung mit Beispielen

1. Gesamtbedeckung in Achteln: ◑ = 4/8. **2. Windrichtung** in 360 Grad Einteilung: ⌐ Wind aus Ost (E) gleich 90° mit 15 Knoten. **3. Windgeschwindigkeit** in Knoten (1 Kn = 1.852 km/h): halbe Feder = 5 Knoten, ganze Feder = 10 Knoten usw., ⌐ West, 5 Knoten. **4. Gegenwärtiges Wetter:** ⸲ Nieseln, • Regen, ✳ Schnee, ▽ Schauer, ⨯ Gewitter, ≡ Nebel, ∞ Dunst, ▲ Hagel, ⊹ Schneetreiben (je nach Intensität mehrere Symbole bei ⸲ • ✳). **5. Wetterverlauf** von 01 bis 07 h: ⊹ ≡ ⸲ • ✳ ▽ ⨯. **6. Lufttemperatur** in ganzen Grad Celsius in 2 m Höhe über Grund: Minus 2°C = -2°C. **7. Taupunktstemperatur** wie 6. **8. Wassertemperatur** in zehntel Grad Celsius. **9. Tiefe Wolken** unterhalb 2500 m: ⌒ Cumulus, - - - Stratus. **10. Mittelhohe Wolken** zwischen 2500 und ca. 6000 m: ⌒ Altocumulus, ⫽ Altostratus. **11. Hohe Wolken** oberhalb 6000 m: ⌐ Cirrus, ⌐ Cirrostratus. 12. Betrag und Art der 3stündigen **Luftdruckänderung:** $\int^{12}$ = 12 Zehntel hPa erst gestiegen, dann gleichgeblieben. **Fronten** mit Erwärmung, Abkühlung; a) am Boden: ▲▲ Warmfront, ▲▲ Kaltfront, ▲▲ Okklusion; b) in der Höhe: ⌒⌒ ▲▲ ⌒▲, ⤳ Konvergenzlinie, ―― Linien gleichen Luftdruckes = Isobaren.

Zu den Wolkenformen siehe Abb. S. 1060.
Zu den Windgeschwindigkeiten siehe Tabelle S. 1055.

Wetterlage für Hessen, Rheinland-Pfalz und Saarland, Baden-Württemberg, Nordbayern und Südbayern

Das bislang wetterbestimmende osteuropäische Hoch schwächt sich ab. So kann eine Tiefdruckrinne mit eingelagerten Gewitterstörungen von Frankreich auf unseren Raum übergreifen. Dahinter baut sich über Südwesteuropa ein neues Hoch auf, das sich zur Nordsee verlagert und im weiteren Verlauf wieder für freundliches Frühsommerwetter sorgt.

Widerstand gegen die Staatsgewalt, Widerstandsleistung od. Tätigkeit gg. einen rechtmäßigen und berufenen Amtsträger (z. B. Polizisten) od. Soldaten während d. Diensthandlung; m. Freiheitsstrafe ahndbar (§ 113 StGB); auch svw. Aufwiegelung gg. Gesetz oder Obrigkeit.

Widerstandsbewegung, antifaschist. Untergrundbewegungen als zugleich nat. Freiheitskampf; äußerte sich in den im 2. Weltkrieg vom ns. Dtld besetzten Ländern als passiver Widerstand der Völker, ferner als Sabotage, Überfälle, Partisanenkämpfe bis z. offenen Aufstand (Warschau 1944); in Dtld als Versuch, d. Diktatur Hitlers zu stürzen; ging v. verschiedenen Gruppen aller Kreise u. Schichten aus und führte 1944 zum gescheiterten Staatsstreich des → zwanzigsten Juli.

Widerstandsrecht, i. Rahmen d. Notstandsges. im Grundges. verankert; Recht d. Bürgers auf Widerstand bei Angriffen auf d. verf.mäßige Ordnung, wenn andere Abhilfe nicht möglich.

Widerstandszelle, *elektron.*: besteht aus Halbleiter (z. B. Selen, Selen-Tellur-Verbindungen) in evakuiertem Glasgefäß, ändert b. Lichtbestrahlung s. Widerstand (→ fotoelektr. Effekt 1); Anwendung: z. Steuerung v. größeren Strömen (z. B. in Elektromotoren u. Regelungstechnik).

Widerton, svw. → Haarmoos.

Widia®, Legierung aus Wolframcarbid, Titancarbid u. Cobalt; Hartmetall f. Werkzeugschneiden.

Widukind, *Wittekind,* 1) Sachsenhzg.; schlug 782 fränk. Heer am Süntelgebirge; ließ sich, 785 von → Karl d. Gr. unterworfen, taufen; sein Grabmal in Enger (Westfalen); 2) W. von *Corvey* (10. Jh.), schrieb *Sachsengeschichte.*

Wiebelskirchen, s. 1974 St.teil v. → Neunkirchen.

Wiechert, Ernst (18. 5. 1887–24. 8. 1950), dt. Schriftst.; *Jedermann; Das einfache Leben; Die Jerominkinder; Missa sine nomine;* Novellen.

Wied, rheinländ. Fürstengeschlecht: *Elisabeth v. W.* → Carmen Sylva.

Wied, r. Nbfl. d. Rheins, v. Westerwald, 140 km, mündet b. Neuwied.

Wiedehopf

Wiedehopf, taubengroßer Rackenvogel mit aufrichtbarem Federschopf und langem, gebogenem Schnabel; Insektenfresser, Höhlenbrüter; in Dtld selten geworden, da Großinsekten als Nahrung fehlen.

Wiedenbrück → Rheda-Wiedenbrück.

Wiederaufarbeitung, teilweise Rückgewinnung des noch nutzbaren Brennstoffs aus abgebranntem atomaren Material in speziellen Anlagen.

Wiederaufnahme des Verfahrens, auf Antrag stattfindende Erneuerung d. Prozesses trotz rechtskräftiger Entscheidung; im Zivilprozeß durch → Nichtigkeitsklage (bei schweren Verfahrensmängeln) od. Restitutionsklage (wenn Grundlagen d. Urteils durch festgestellte Straftaten v. Beteiligten od. durch aufgefundene Urkunden erschüttert sind); im Strafprozeß nur Restitutionsklage, die sich gg. Beweisgrundlagen d. Urteils richtet (§§ 578 ff. ZPO, 359 ff. StPO).

Wiederbelebung, künstliche Atmung (→ Erste Hilfe, Übers.) u. Herzmassage; Injektion.

Wiedereinsetzung in den vorigen Stand, auf Antrag v. Gericht gewährte Beseitigung v. Rechtsnachteilen, die durch unschuldbare Fristversäumnis o. ä. entstanden waren.

Wiedergeburt, *Palingenese,* christl.: (übertragen) durch Empfang der Taufe im Hl. Geist; in außerchristl. Religionen → Seelenwanderung.

Wiedergutmachung, Sammelbez. für W. von Schäden, die Personen aufgrund rassischer, rel., pol. Verfolgung an Leben, Körper, Gesundheit, Freiheit, Eigentum, Vermögen in ursächl. Zusammenhang mit Zwangsmaßnahmen des NS erlitten haben; zerfällt in: 1) *Rückerstattung* (RE) noch feststellbar vorhandener Vermögensgegenstände (Hauptfall Grundbesitz), angeordnet durch die noch heute gültigen Gesetze der Mil.-Reg.en in den W-Zonen und W-Berlin; RE-Anspruch richtet sich gegen derzeitigen Besitzer. Zwangsweise Entziehung für alle Verkäufe Verfolgter ab 1933 kraft Ges. vermutet, Vermutung nur erschwert widerlegbar, kein Schutz guten Glaubens für Erwerber. RE nur zum Zeitpunkt der Entziehung feststellbarer Schäden mit Ersatzanspruch gegen DR, Preußen, NSDAP u. a. regelt das Bundesrückerstattungsgesetz v. 19. 7. 1957; 2) eigt. *W.,* Entschädigung für individuelle v. Verfolgten unter d. NS durch Verfolgungsmaßnahmen (z. B. KZ-Haft, Enteignung, Juden-Abgabe) erlittene Schäden an Leben, Gesundheit, Freiheit, Berufsfortkommen, Eigentum, geregelt durch *Bundesentschädigungsgesetz* vom 18. 9. 1953 (mehrfach ergänzt), wonach alle in der Zeit v. 30. 1. 1933 bis 8. 5. 1945 geschädigten Personen Ansprüche auf Entschädigung geltend machen können. Es werden Renten, Kapitalabfindungen, Heilbehandlung u. Ausbildungsentschädigungen gewährt; außerdem Existenzaufbaudarlehen; 3) BR schloß bis Mitte 1964 mit 12 eur. Staaten Wiedergutmachungsverträge über insges. 1 Mrd. DM, die unmittelbar an Geschädigte ausgezahlt werden; 4) BR leistet ferner an Israel (Wiedergutmachungsabkommen d. BR mit Israel vom 10. 9. 1952) eine globale Eingliederungshilfe, die nicht an einzelne Geschädigte ausgezahlt wird; insges. 3,5 Mrd. DM 1952–65.

Wiederkäuer, paarzehige Huftiere (z. B. Rinder, Schafe, Ziegen, Antilopen, Hirsche, Giraffen, Kamele); Nahrung geht zunächst in den *Pansen* und den Netzmagen, dann z. Wiederkauen zurück ins Maul, von dort in den *Blätter-* u. *Labmagen.*

Wiederkaufsrecht, svw. → Rückkaufsrecht.

Wiedertäufer, *Anabaptisten,* Bewegung d. Reformationszeit mit Erwachsenentaufe, von Luther als „Schwarmgeister" bekämpft; gründeten in Münster (Westf.) 1534 das Reich „Zion" mit Gütergemeinschaft u. Vielweiberei unter *Knipperdollink* und *Johann v. Leiden (Bokkelson)* als „König"; nach vernichtender Niederlage 1535 bei Münster blutiges Strafgericht, Hinrichtung der Anführer.

Wiedervereinigung, im → Potsdamer Abkommen 1945 von den Siegermächten zugesagte Beseitigung d. 1945 herbeigeführten Spaltung Dtlds; durch die Gründung der BR 1948 und der DDR 1949 sowie durch den Anschluß dieser an westl. bzw. östl. Machtblock erschwert u. erst durch Umgestaltung d. sowj. Pol. unter → Gorbatschow sowie Auflösung d. → Ostblocks ermöglicht; durch Beitritt d. → DDR zur BR → Deutschland am 3. 10. 1990 verwirklicht.

Wiegand, Theodor (30. 10. 1864–19. 12. 1936), dt. Archäologe; Ausgrabungen u. a. in Priene, Milet, Didyma u. Pergamon; Schöpfer d. Pergamon-Museums in Berlin.

Wiegendrucke, *Inkunabeln, Erstlingsdrucke,* alle vor 1500 hergestellten Buchdruckerzeugnisse.

Wiehengebirge, Teil d. Weserberglands.

Wiehl (D-5276), St. im Oberbergischen Kr., Rgbz. Köln, NRW, 21 897 E; div. Ind.; Fremdenverkehr; Tropfsteinhöhle, Dahlienschau.

Wiek, a. d. dt. Ostseeküste Bez. f. flache Bucht.

Christoph M. Wieland

Wieland, 1) Christoph Martin (5. 9. 1733–20. 1. 1813), dt. Rokokodichter; Romane: *Geschichte d. Agathon; D. Abderiten;* Verserzählungen: *Oberon* u. *Musarion.* Übersetzer Shakespeares u. antiker Dichter; Hg. der Zeitschrift *(Neuer) Teut-*

scher Merkur; **2)** Heinrich Otto (4. 6. 1877–5. 8. 1957), dt. Chem.; Forschungen über Konstitution v. Gallensäuren; Nobelpr. 1927.
Wieland der Schmied, altgerman. Sagengestalt; gefangen u. gelähmt, schmiedet sich Flügel u. entflieht.
Wieliczka [*vjɛ'litʃ-*], poln. St. südöstl. v. Krakau, 17 000 E; Kloster; Solbad, Steinsalzbergwerk.
Wien, Wilhelm (13. 1. 1864–30. 8. 1928), dt. Phys.; Wärmestrahlung; Nobelpr. 1911.

Wien, *Stephansdom*

Wien (A-1010–1230), Hptst. d. BR Österreich, an d. Donau am NO-Ende d. Alpen und am Fuße d. Wienerwaldes; 1,49 Mill. E; selbst. Bundesland, 415 km²; Erzbischofssitz, bed. kirchl. u. welt. Bauten: u. a. Stephansdom (13.–16. Jh., 137 m hoch); Hofburg, Rathaus, Parlament, Burgtheater, Staatsoper, Uni. (1365 gegr.), TU, Wirtsch.wiss. Uni., Uni. f. Bodenkultur, Veterinärmed. Uni., Akad. d. bildenden Künste, HS f. Mus. u. darstellende Kunst, HS f. angewandte Kunst; Museen; Nat.bibliothek; Sitz der Intern. Atomenergiebehörde (IAEO), d. Organisation f. ind. Entwicklung (UNIDO) u. a. UN-Organisationen sowie d. OPEC u. d. IIASA; UNO-City. Zahlreiche techn. u. ind. Inst.; Maschinenbau, Textil-, Bekleidungs- u. Elektroind.; U- und S-Bahn; Flughafen; Natur- und Vergnügungspark Prater, Landschaftsschutzgebiet Lainzer Tiergarten und Lobau; Kahlenberg u. Leopoldsberg; Schlösser Schönbrunn, Belvedere, nahebei Schloß Laxenburg. – An der Stelle eines röm. Lagers *(Vindobona)* entstanden, im 12. Jh. Residenz der Babenberger, 1221 Stadtrecht; 1276–1918 Residenz der Habsburger; 1529 u. 1683 von Türken belagert; Wiener Friedensschlüsse: 1809 zw. Napoleon u. Franz I., 1864 Beendigung d. Dt.-Dän., 1866 d. Östr.-It.

Wies, *Innenansicht der Kirche*

Krieges. 1814/15 Wiener Kongreß. 1945–55 v. alliierten Truppen besetzt; 1979 Eröffnung d. UNO-City.
Wiene, Robert (16. 11. 1880–17. 7. 1938), dt. Schausp. u. Filmregisseur; *Das Kabinett des Dr. Caligari* (1919); *I.N.R.I.* (1923).
Wiener, 1) Alfred (16. 3. 1885–4. 2. 1964), Generalsekretär des Zentralvereins deutscher Staatsbürger jüdischen Glaubens (Weimarer Zeit) und Begründer der Wiener Library; **2)** Norbert (26. 11. 1894–18. 3. 1964), am. Math.; entwickelte die Grundlagen für die Informationstheorie, bahnbrechende Arbeiten auf d. Gebiet d. → Kybernetik.
Wiener Becken, das niederöstr. Senkungsfeld zw. March, Alpen u. Leithagebirge; Erdöl, -gas.
Wiener Klassik, Periode i. d. Musikgeschichte, zwischen 1781 u. 1827; Hptvertr.: *Gluck, Haydn, Mozart, Beethoven.*
Wiener Kongreß, 1814/15, ordnete d. eur. Staatensystem nach d. Napoleonischen Kriegen neu nach d. Prinzipien der Restauration, Legitimität u. Solidarität; Hauptbestimmungen: die *W. Schlußakte* (auch → Deutscher Bund).
Wiener Konvention *über konsularische Beziehungen 1973,* regelt Funktionen, Rechte u. Immunität v. Konsulaten.
Wiener Kreis, nach d. 1. Weltkrieg in Wien entstandene Philosophenschule d. → Neupositivismus; Hptvertr.: R. *Carnap,* O. *Neurath,* M. *Schlick,* I. *Wittgenstein.*
Wiener Neustadt (A-2700), niederöstr. St. m. eigenem Statut; an der Eisenbahnlinie Wien–Graz, 35 000 E; Dom, Schulstadt, Handelsst., Verkehrsknotenpunkt. Militärakad., Textil- u. Metallind., Mil.- u. Zivilflugplatz.
Wiener Schule, die von *Schönberg* und seinen Schülern *Berg* und *Webern* gegründete Schule der Neuen Musik auf der Grundlage von Atonalität und → Zwölftontechnik.
Wienerwald, nordöstlichster Ausläufer

d. O-Alpen bei Wien mit *Schöpfl,* 893 m, u. → *Kahlenberg.*
Wieniawski, Henri (10. 7. 1835–31. 3. 80), poln. Geiger u. Komponist.
Wieringen, ndl. ehem. Insel nordwestl. d. Zuidersee; seit d. Trockenlegung Nordteil d. **Wieringermeerpolders** (200 km²).
Wies, *Die,* Wallfahrtskirche b. Steingaden in Oberbayern, Rokokobau (1746–54 v. → Zimmermann, Dominikus erbaut).

Wiesbaden, *Kurhaus*

Wiesbaden (D-6200), Hptst. des Landes Hessen, krfreie St., am S-Hang d. Taunus, 254 209 E; Kur- u. Badeort (Rheuma, Gicht, Ischias) m. Kochsalz-Thermalquellen bis 68 °C; Rheinhafen; Kurhaus m. Spielkasino, Kongreßzentrum, Staatstheater, Schloß; LG, AG, Verw.ger., IHK, HWK, Statist. B.amt; BKA (Interpol); Dt. Klinik f. Diagnostik; Verlage, Filmateliers, div. Ind.; Weinhandel, Sektkellereien.
Wiese, r. Nbfl. d. Rheins bei Basel, vom Schwarzwald, 82 km lang.
Wiesel, 1) Elie (* 30. 9. 1928), jüd.-am. Schriftst. Kämpfer gegen Rassismus, für Frieden, Versöhnung u. Menschenrechte. Friedensnobelpr. 1986; **2)** Torsten N. (* 3. 6. 1924), schwed. Neurobiol.; (zus. m. R. W. → Sperry u. D. H. → Hubel) Nobelpr. 1981 (Forschungen zu d. Sehrindenzellen).
Wiesel, Gattung d. Stinkmarder; braunweißer Pelz, sehr flinker Räuber (kleine Nager, Vögel); *Großes W.* → Hermelin.

Großer Wiesenknopf

Wiesen-knarrer, svw. → Wachtelkönig. – **W.knopf,** kraut. Rosengewächs m. rotbraunen Blüten. – **W.schaumkraut** → Schaumkraut. – **W.schmätzer** → Schmätzer.

Wiesenthal, Simon (* 31. 12. 1908), Leiter d. Dokumentationszentrums des Bundes jüd. Verfolger d. NS-Regimes. Autor mehrerer Bücher: *KZ Mauthausen* (1946), *Doch die Mörder leben* (1967), *Max und Helen* (1981), *Jeder Tag ein Gedenktag* (1988).

Wiesen- u. Weidewirtschaft, als Teil eines landw. Betriebes oder als Spezialbetrieb (Gebirge, Küstengebiet) unterhaltene *Grünlandwirtschaft.*

Wieser, Friedrich v. (10. 7. 1851–23. 7. 1926), östr. Nationalökonom; *D. natürl. Wert.*

Wieskirche → Wies.

Wiesloch (D-6908), Gr.Krst. i. Rhein-Neckar-Kr., Ba-Wü., 21 980 E; AG; Psychiatr. Landeskrankenhaus; Wein-, Obstbau; Ind.

Wiesmoor, urbar gemachtes Großmoor in Ostfriesland; torfgeheizte Kraftwerke.

Wight [waιt], *Isle of W.,* engl. Kanalinsel, vor der S-Küste Englands, Kreidelandschaft, 381 km², 129 800 E; Seebäder; Hptort *Newport.*

Wigman, Mary (13. 11. 1886–19. 9. 1973), dt. Tänzerin u. Choreographin; → Laban-Schülerin; begr. *W-Schule.*

Wigner, Eugene P. (* 17. 2. 1902), ungar.-am. Kernphys.; Forschungen über die → Quantentheorie; Nobelpr. 1963.

Wigwam, *m.,* Hütte d. nordam. Indianer.

Wikinger → Normannen.

Wil (CH-9500), Bez.st. i. Kanton St. Gallen, Schweiz, 16 300 E; ma. Altstadt, ehem. Residenz d. Äbte v. St. Gallen.

Wilajet, *s.,* türk. Verwaltungsbezirk.

Wilamowitz-Moellendorff, Ulrich v. (22. 12. 1848–25. 9. 1931), dt. Altphilologe; *Die Ilias u. Homer;* Übersetzung: *Griech. Tragödie.*

Wild, jagdbare Tiere → Hoch-W., Nieder-W .

Wildbäder, Thermalbäder (über 20 °C) mit weniger als 1 g gelöster Stoffe auf 1 l Wasser (z. B. *Badenweiler, Bad Gastein, Schlangenbad, Wildbad*).

Wildbad im Schwarzwald (D-7547), St. u. Heilbad an d. Enz, i. Kr. Calw, Ba-Wü., 430–960 müM, 10 470 E; warme Quellen (35–41 °C) gg. Rheuma, Gicht, Ischias, Lähmungen, Nervenleiden; Kurmittelzentrum u. Thermal-Schwimmbad.

Wildbahn, Jagdgebiet; *freie W.,* offenes Jagdrevier, freie Natur.

Wildbret, *Wildpret,* Fleisch des Nutzwilds.

Wilddieberei, *Wilderei,* unberechtigtes Jagen od. Fischen od. Zueignung; Beschädigung oder Zerstörung v. Sachen, die dem Jagd- bzw. Fischereirecht unterliegen; strafbar nach §§ 292 ff. StGB.

Wilde [waιld], Oscar (16. 10. 1854–30. 11. 1900), irischer Dichter; Gesellschaftskomödien: *Lady Windermeres Fächer; E. idealer Gatte;* Tragödie: *Salome* (von R. Strauss vertont); Roman: *Das Bildnis des Dorian Gray;* Märchen, Erzählungen: *D. Gespenst v. Canterville.*

Wilde Jagd, *Wildes Heer,* i. d. nord. Sage nächtl. Geisterheer, das im Sturm durch die Lüfte braust; meist von Wodan *(Odin)* angeführt.

Wildenbruch, Ernst v. (3. 2. 1845–15. 1. 1909), dt. Schriftst.; nationalhistorische Dramen: *Die Quitzows;* Novellen.

Wilder [′waιldə], **1)** Billy (Samuel) (* 22. 6. 1906), am. Filmregisseur östr. Herkunft; *Double Indemnity* (1943); *Sunset Boulevard* (1950); *Some Like It Hot* (1959); *The Apartment* (1960); *The Front*

Thornton Wilder

Page (1974); **2)** Thornton (17. 4. 1897–7. 12. 1975), am. Dichter; humanist. Romane: *Die Brücke von San Luis Rey; Die Iden d. März;* Bühnenstücke: *Unsere kleine Stadt; Wir sind noch einmal davongekommen.*

Wilderei, svw. Wilddieberei (→ Wild).

Wildermuth, Ottilie (22. 2. 1817–12. 7. 77), schwäb. christl. Erzählerin u. Jugendschriftstellerin.

Wilder Wein, *Parthenocissus, Zaunrebe,* nordam. u. ostasiat. Klettersträucher; verbreitete Zierpflanzen.

wildes Fleisch, übermäßige → Granulation.

Wildeshausen (D-2878), St. u. Luftkurort i. Kr. Oldenburg (O.), Nds., 13 824 E; AG; Basilika (13. Jh.); Masch.- u. Textilind.

Wildgans, Anton (17. 4. 1881–3. 5. 1932), östr. Schriftst. u. Direktor des Wiener Burgtheaters; Lyrik; soziale Dramen.

Wildgänse → Gänse.

Wildkatze → Katzen.

Wildleder, Leder aus Hirsch-, Rentier-, auch Schaf- od. Ziegenhaut; mit Fetten gegerbt; weich.

Wildlife Management, Wildtiermanagement, Einwirkung auf Menschen, Wildtiere u. deren Lebensräume, um bestimmte Ziele zu erreichen.

Wildling → Veredlung.

Wildschaden, durch → Wild angerichtet; verpflichtet Jagdberechtigten zum Schadenersatz (§§ 29 ff. Bundesjagdges.).

Wildschwein → Schweine.

Wildspitze, Gipfel der Ötztaler Alpen, 3774 m.

Wilhelm, a) *Dt. Könige:* **1)** W. v. Holland (1227–28. 1. 56), dt. Kg s. 1247, Gegenkg Friedrichs II. – **b)** *Dt. Kaiser, Kge v. Preußen:* **2)** W. I. (22. 3. 1797–9. 3. 1888), 1857 Stellvertr., 1858 Regent-

schaft für Friedrich Wilhelm IV., s. 1861 Kg, berief 1862 Bismarck zum Min.präs.; 18. 1. 1871 in Versailles z. Dt. Kaiser proklamiert (→ Deutschland, *Geschichte*); **3)** W. II. (27. 1. 1859–4. 6. 1941), Kaiser 1888–1918; Sohn Kaiser Friedrichs (→ Friedrich 4); s. 1881 vermählt m. Auguste Viktoria, Prinzessin z. Schl-Ho. († 1921); entließ 1890 Bismarck; Versuche eigener Weltpolitik; angegriffen wegen seines „persönl. Regiments"; Nov. 1918 Flucht nach Holland (→ Doorn) u. Thronverzicht; **4)** Friedrich W. (6. 5. 1882–20. 7. 1951), dt. Kronprinz u. Kronprinz v. Preußen. – **c)** *Kge von England:* **5)** W. der Eroberer (1027–9. 9. 87), Hzg d. Normandie, eroberte 1066 (→ Hastings) England; **6)**

Wilhelm v. Oranien

W. III. v. Oranien (14. 11. 1650–19. 3. 1702), 1689 nach Vertreibung der kath. Stuarts durch → Testakte auf den engl. Thron erhoben; **7)** W. IV. (21. 8. 1765–20. 6. 1837), Kg s. 1830, Parlamentsreform. – **d)** *Statthalter d. Ndl.:* **8)** W. v. Oranien (25. 4. 1533–10. 7. 84), Führer i. Freiheitskampf der protestant. Ndl. gg. → Philipp II. v. Spanien; Abb.) **9)** W., Name von Kurfürsten v. *Hessen,* Kgen d. *Ndl.,* v. *Württemberg* u. a.

Wilhelmina (31. 8. 1880–28. 11. 1962), Kgn d. Ndl. 1890–1948.

Wilhelmine Sophie Friederike, Markgräfin von Bayreuth (1709–58), Lieblingsschwester → Friedrichs d. Gr.

Wilhelm-Pieck-Stadt Guben → Guben.

Wilhelmshaven (D-2940), krfr. St. i. Rgbz. Weser-Ems, Nds., 89 892 E; Fach-HS, Forschungsanst. d. Senckenberg-Ges.; Vogelwarte „Helgoland" m. Museum; nds. Landesstelle f. Marschen- u. Wurtenforschung; Seewasseraquarium; Dt. Marinemus.; AG; größter Tiefwasser- u. Ölhafen Europas m. Pipeline ins Ruhrgebiet; größte Seeschleuse d. Welt;

Wilhelm I.

Marinegarnisonstadt; 1978 Inst. f. Meeresbiol.

Wilhelmshöhe, Schloß (1786–1803) bei Kassel mit barockem Park: Oktogon mit Kaskaden (280 m lang). 1870/71 hier Napoleon III. als Kriegsgefangener.

Wilhelmstraße, Hptstraße d. Berliner Regierungsviertels bis 1945, mit Palais d. Reichspräs., Reichskanzlei und dem nach der Wilhelmstraße benannten Auswärtigen Amt; 1964 umben. in *Otto-Grotewohl-Straße.*

Wilkau-Haßlau(D-9533),St.imKr.Zwikkau, Sa., 10 144 E; Textil- u. Leichtind., Papier-, Möbelfabrikation.

Wilkins, Maurice H. (* 15. 12. 1916), engl. Biophys.; Nobelpr. 1962 (Desoxyribonukleinsäureforschung).

Wilkinson, Geoffrey (* 14. 7. 1921), engl. Chem.; Forschungen z. metallorgan. Chemie; Nobelpr. 1973.

Willaert [-'lart], Adrian (um 1480/90–7. 12. 1562), ndl. Komp.; Passionen, Messen, Motetten, *Vesper-Psalmen;* Begr. d. → *Venezianischen Schule.*

Wille, Bruno (6. 2. 1860–31. 8. 1928), dt. naturalist. Schriftst.; Begr. d. Volksbühne; *Die Abendburg.*

Willebrands, Jan (* 4. 9. 1909), ndl. Theol.; 1975–83 Erzbischof v. Utrecht u. Primas d. Niederlande, Kardinal.

Willemer, Marianne v., geb. *Jung* (20. 11. 1784–6. 12. 1860), Freundin → Goethes; als „Suleika" im *Westöstl. Diwan* personifiziert; darin einige Gedichte von ihr.

Willens-erklärung, *jur.* jede ausdrückl. oder stillschweigende bestimmte Äußerung, die auf einen konkreten rechtl. Erfolg gerichtet ist. – **W.**mängel, berechtigen unter Umständen zur → Anfechtung.

Williams ['wiljəmz], **1)** Betty (* 22. 5. 1943), irische Friedenskämpferin; Mitbegr. d. nordirischen Friedensbewegung „Frauen f. d. Frieden"; Friedensnobelpr. 1976 (1977 nachträgl. zus. m. M. *Corri-*

Tennessee Williams

gan); **2)** Tennessee (26. 3. 1911–25. 2. 83), am. Dramatiker u. Erzähler; *D. Glasmenagerie; Endstation Sehnsucht; Die Katze auf dem heißen Blechdach; Die Nacht des Leguan; Die sieben Abstiege Myrtles.*

Willibrord (658–739), christl. Apostel der Friesen.

Willich (D-4156), St. i. Kr. Viersen, am

Niederrhein, NRW, 40 770 E; Metall-, Kunststoff- u. Textilind.

Willigis (975–1011), Erzbischof v. Mainz; otton. Kanzler; begann Dombau in Mainz; Hlg.

Willmann, Michael (get. 27. 9. 1630–26. 8. 1706), dt. Barockmaler; Schüler v. Rembrandt u. Rubens; Altarbilder, Landschaften.

Willstätter, Richard (13. 8. 1872–3. 8. 1942), dt. Chem.; Cocainsynthese, Erforschung des Chlorophylls, der Enzyme u. a. biochem. Stoffe; Nobelpr. 1915.

Wilmington ['wɪlmɪŋtən], St. im US-Staat Delaware, 70 000 E; Eisen-, Stahl-, Textilind.

Wilms, Dorothee (* 11. 10. 1929), CDU-Pol.in; 1982–87 B.min. f. Bildung u. Wiss., 1987–91 B.min. f. innerdt. Beziehungen.

Wilna, lit. *Vilnius,* Hptst. Litauens, an der Wilija, 582 000 E; orthodoxes u. röm.-kath. Erzbistum, Uni., Kathedrale; Metall- u. Holzind. – Seit 1323 Hptst. d. Großfürstentums Litauen, 1795 russ., 1920–39 polnisch.

Wilnsdorf (D-5901), Gem. i. Kr. Siegen-Wittgenstein, NRW, 19 929 E; div. Ind.

Wilson ['wɪlsn], **1)** Angus (11. 8. 1913–31. 5. 91), engl. Schriftst.; *Späte Entdeckungen;* **2)** Charles Thomson Rees (14. 2. 1869–15. 11. 1959), engl. Phys.; erfand d. → *Nebel-(W.-)Kammer;* Nobelpr.

Harold Wilson

1927; **3)** Sir Harold (* 11. 3. 1916), engl. Pol.; 1947–51 Handelsmin., 1963–76 Vors. d. Labour Party, 1964–70 u. 1974–76 Premiermin.; **4)** Kenneth G. (* 8. 6. 1936), am. Phys.; Nobelpr. 1982 (krit. Phänomene b. Phasenumwandlungen); **5)** Robert (* 4. 10. 1941), am. Theaterregisseur u. Performance-Künstler; Bemühen um Gesamtkunstwerk b. gleichzeitiger Reduktion traditioneller Handlungselemente; *The CIVILwarS* (urspr. geplant f. d. Kulturprogramm d. Olymp. Sommerspiele 1984); Szenario zu *Einstein on the Beach* (Musik v. Ph. → Glass); **6)** Robert W. (* 10. 1. 1936), am. Phys.; (zus. m. P. → Kapitza u. A. A. → Penzias) Nobelpr. 1978 (Entdeckung d. kosm. Hintergrundstrahlung); **7)** Thomas Woodrow (28. 12. 1856–3. 2. 1924), am. demokr. Pol.; 28. Präs. d. USA 1913–21, stellte 1918 ein Friedensprogramm (→ *Vierzehn Punkte*) auf; Friedensnobelpr. 1919.

Wimbledon ['wɪmbldən], Teil des Londoner Stadtteils Merton; Tennisturniere.

Wimmer, Hans (* 19. 3. 1907), deutscher Bildhauer; Porträts u. a. von Heidegger, Furtwängler, Carossa; Tierplastiken.

Wimperg, Ziergiebel über got. Portalen u. Fenstern.

Wimpertierchen, *Z(C)iliaten, Infusorien,* höchstorganisierte Klasse d. → Urtiere m. organähnl. Differenzierungen (Organellen) des einzelligen Körpers (Zellmund, -after, kontraktile Vakuole, Saugtentakel); *Pantoffel-, Trompeten-, Glockentierchen, Sauginfusorien.*

Winchester ['wɪntʃɪstə], engl. St. in d. Gft Hampshire, 34 000 E; Kathedrale (10./11.–15. Jh.).

Winchester-Rifle [engl. -'raıfl], Jagdbüchse m. gezogenem Lauf.

Winckelmann, Johann Joachim (9. 12. 1717–8. 6. 68), dt. Kunstgelehrter; Begr. der Archäologie u. d. Klassizismus; *Geschichte der Kunst des Altertums.*

Winckler, Josef (6. 7. 1881–29. 1. 1966), westfäl. Volksdichter; Romane: *Der tolle Bomberg; Pumpernickel;* Schwänke: *Der Alte Fritz.*

Wind, Strömung in d. Atmosphäre, erzeugt durch Luftdruckunterschied an versch. Orten; *Boden-W.,* wegen Reibung am Erdboden langsamer als höhere Winde, auf der nördl. Halbkugel nach rechts, auf der südl. nach links abgelenkt durch d. Erdrotation.

Windau, lett. *Ventspils,* Hafenst. in Lettland (Kurland), an der Mündung der **W.** (213 km lang) in die Ostsee, 44 000 E; Holzind., Fischerei.

Windaus, Adolf (25. 12. 1876–9. 6. 1959), deutscher Chemiker; Vitamin-(bes. Vitamin-D-)Forschungen; Nobelpr. 1928.

Windbüchse, leichte Schußwaffe mit zusammengepreßter Luft als Triebkraft; Luftgewehr, -pistole.

Winddruck, veränderl. nach → Windstärke, Höhenlage, Flächenausbildung u. Außenform des Körpers; → Stromlinienform u. → Luftwiderstand.

Winde, Vorrichtung **1)** zum Hochstemmen u. Absenken v. Lasten mittels Zahnrad, Schraube od. auch hydraulisch getriebener Hubstange; **2)** zur Lastenbewegung mittels Seil- (auch Ketten-)Trommel, von Hand oder mit Motoren betrieben.

Windeck (D-5227), Fremdenverkehrsgemeinde im Rhein-Sieg-Kr., NRW, 17 847 E.

Windelband, Wilhelm (11. 5. 1848–22. 10. 1915), dt. Wertphil. (Neukantianer); *Geschichte d. neueren Philosophie.*

Windelen, Heinrich (* 25. 6. 1921), CDU-Pol.; 1969 B.vertriebenenmin., 1981–83 Vizepräs. des Bundestages, 1983–87 B.min. f. innerdt. Beziehungen.

Winde

Winden, windende Pflanzen mit Trichterblüten (z. B. *Acker-W., Zaun-W.*); auch Zierpflanzen.

Winderhitzer, *Cowperscher Apparat,* Anordnung von gemauerten Zellen z. Abgabe aufgespeicherter Abgaswärme an die zugeführte Luft (→ Regenerativfeuerung, z. B. beim Martinofen, → Eisen- u. Stahlgewinnung).

Windfrischen, Durchblasen v. schmelzwarmem Eisen mit Luft; → Eisen- u. Stahlgewinnung, Übers.

Windhose, Luftwirbel in trichterförmiger Gestalt, bis 1000 m hoch; kann oft Wasser oder Sand mit sich führen.

Windhuk, *Windhoek,* Hptst. von Namibia, 115 000 E (davon 50% Weiße); anglikan. Bischofssitz.

Windhunde, lang- und schmalgliedrige Hunderassen; Hetz- u. Jagdhunde, *Engl. Windhund (Greyhound),* kurzhaarig; *Russ. (Barsoi)* u. *Afghan. W.* langhaarig (→ Tafel Hunderassen); Zwergformen *Italienisches Windspiel* u. *Whippet.*

Windisch-Grätz, Alfred Fürst zu (11. 5. 1787–21. 3. 1862), östr. Heerführer; unterdrückte die Aufstände in Prag und Wien 1848.

Windkanal, Anlage mit umlaufender Luft u. an Meßvorrichtungen befestigten Flugzeugteilen u. -modellen, deren aerodynam. Verhalten festgestellt wird; im *Überschall-W.* mehr als Schallgeschwindigkeit; auch f. d. Untersuchung v. Kraftfahrzeugen z. Verminderung d. → Luftwiderstands eingesetzt.

Windkessel → Pumpe.

Windkraftanlage, zur Gewinnung mechan. oder el. Energie, Fortentwicklung der → Windmühle; *Windrad*- Durchmesser bis 10 m, Leistung je nach Windgeschwindigk. bis ca. 100 kWh tägl., jedoch Vollast nur bei 20%, Stilliegen bis 30% d. Gesamtzeit; nur in windreichen Gebieten (Küste) effektiv.

Windmühle, angetrieben durch Windflügelrad m. vier u. mehr hölzernen, um waagerechte Achse rotierenden Flügeln; bei deutschen W.n, *Bock-W.,* ganze W., bei ndl. nur Kappe drehbar; die Einstellung in Windrichtung erfolgt meist selbsttätig.

Windpocken, *Varizellen, Spitz-, Schafblattern, Wasserpocken,* im allg. harmlose, fieberhafte, meist juckende, äußerst ansteckende Kinderkrankheit mit Pustelbildung der Haut; Virusinfektion.

Windröschen → Anemone.

Windrose, Aufzeichnung der hauptsäch-

lichsten Himmelsrichtungen in kreisförmiger Anordnung.

Windschatten, Raum schwacher Luftbewegung hinter Strömungshindernissen.

Windsor ['wɪnzə], **1)** St. in der Gft Berkshire an der Themse (34 km westl. v. London), 31 000 E; kgl. Schloß, Park, kgl. Grabstätten. – Das engl. Königshaus (Coburg) nennt sich s. 1917 *Haus W.; Herzog v. W.,* s. 1936 Titel des früheren engl. Kgs Eduard VIII.; **2)** St. in d. kanad. Prov. Ontario, a. Detroit-Fluß gegenüber Detroit (USA), 193 000 E; Kraftwagen- u. Maschinenbau.

Windstärke, gemessen (mit *Anemometer*) nach Windgeschwindigkeit oder geschätzt aus Windwirkungen in 12teiliger Beaufortskala:

Stärke	m/s	Benennung	
		an Land	auf See
0	0,0– 0,2	Windstille	Kalme
1	0,3– 1,5	Leiser Zug	
2	1,6– 3,3	Leicht	} Leichte Brise
3	3,4– 5,4	Schwach	
4	5,5– 7,9	Mäßig	} Mäßige Brise
5	8,0–10,7	Frisch	
6	10,8–13,8	Stark	Starker Wind
7	13,9–17,1	Steif	Steife Brise
8	17,2–20,7	Stürmisch	Stürmischer
9	20,8–24,4	Sturm	} Wind
10	24,5–28,4	Voller Sturm	
11	28,5–32,6	Schwerer Sturm	} Sturm
12	32,7–36,9	Orkan	Orkan

Windstillen → Kalmen.

Windsurfing [-ˌsəːf-], Segeln auf e. 3,5–4 m langen u. ca. 60 cm breiten Holz- od. Polyesterbrett mit Schwert u. Heckflosse; Segelfläche 5–6 m², wettkampfmäßig auch als Tandemsurfing.

Windthorst, Ludwig (17. 1. 1812–14. 3. 91), bis 1865 hannoveran. Min.; später Führer des Zentrums; Hptgegner Bismarcks.

Windward-Inseln, Inselgruppe d. Kleinen Antillen, der südl. Teil der *Inseln über dem Winde* (Dominica, St. Lucia, St. Vincent); → Westindien.

Winfried → Bonifatius.

Winkel, *math.* der Richtungsunterschied zweier Geraden; ihr Schnittpunkt heißt Scheitel(punkt) des W.s; *rechter W.:* die Geraden stehen aufeinander senkrecht; *spitze W.* sind kleiner, *stumpfe W.* größer als 90 → Grad. – **W.eisen** → Walzeisen.

Holländische Windmühle

– **W.funktionen** → Trigonometrie. – **W.maß** → Sternbilder, Übers.

Winkelried, Arnold, sagenhafter schweiz. Nationalheld, brach bei → Sempach (1386) mit Aufopferung seines Lebens eine Bresche in die östr. Speerreihe und entschied damit die Schlacht.

Winkler, Clemens (26. 12. 1838–8. 10. 1904), dt. Chem.; Begr. der techn. Gasanalyse u. des Kontaktverfahrens zur Schwefelsäuregewinnung (1878), Entdecker d. Elements Germanium.

Winnenden (D-7057), St. i. Rems-Murr-Kr., Ba-Wü., 22 950 E; Schloß *Winnental* m. Schloßkirche, Wehrbauten, Fachwerkhäuser; Weinbau; div. Ind.

Winnig, August (31. 3. 1878–3. 11. 1956), dt. Pol. u. Schriftst.; *Das Reich als Republik 1918–28.*

Winnipeg ['wɪ-], Hptst. der kanad. Prov. Manitoba; 595 000 E; Erzbischofssitz, Uni.; wichtiger Getreidemarkt. – **W.see,** kanad. See, 24 387 km², 18 m tief, 425 km lang.

Winsen (Luhe) (D-2090), Krst. d. Kr. Harburg, Nds., 26 139 E; AG; Schloß; versch. Gewerbe; Geburtsort v. J. P. → Eckermann.

Winter, Fritz (22. 9. 1905–1. 10. 76), dt. abstrakter Maler.

Winter, *astronom.* d. Zeit zw. W.sonnenwende (21. 12.) bis Frühlings-Äquinoktium (21. 3.); auf der südl. Halbkugel 21. 6. bis 23. 9.

Wintergetreide, das im Herbst zur Aussaat kommende winterfeste Getreide.

Wintergrün, *Pyrola,* kleine, weiß oder rötlich blühende Heidekrautgewächse der Wälder; *W.öl,* Entlausungsmittel aus d. nordam. Strauch *Gaultheria.*

Winterkohl, der → Blätterkohl.

Winterkönig → Friedrich 14).

Winterling, ranunkelähnl. Wiesenstaude; gelbe Blüten schon im Januar, daher auch Zierpflanze.

Winterpunkt → Sonnenwenden.

Winterschlaf, durch Herabsetzung d. Körpertemperatur bewirkter Ruhezustand mancher Tiere, verbunden m. Verlangsamung aller Lebensfunktionen; keine Nahrungsaufnahme, Reservestoffe (Fettpolster) werden verbraucht (b. Nagetieren u. Insektenfressern).

Winterschlaf, künstlicher, *künstl.* Hiber-

nation, durch Eingabe best. Medikamente (→ Ganglienblocker) werden vegetative Reflexe unterdrückt, Temperatur, Stoffwechsel u. Blutdruck gesenkt; Effekte evtl. durch zusätzl. äußere Unterkühlung, *Hypothermie,* gesteigert; verwendet z. → Narkose.

Winterschlußverkauf → Sonderverkäufe.

Winterthur (CH-8400), schweiz. Bez.-hptst. i. Kanton Zürich, 84 000 E; Mus., Maschinenind., Versicherungsunternehmen.

Winzer, Otto Max (3. 4. 1902–3. 3. 75), SED-Pol.; 1956–65 stellv. Außenmin., 1965–75 Außenmin. d. DDR.

Wipper, 1) l. Nbfl. der Saale oberh. Bernburg, vom Unterharz, 70 km lang; **2)** pommerscher Fluß aus dem **W.see,** bei Rügenwalde in die Ostsee, 115 km lang; **3)** l. Nbfl. der Unstrut (unterhalb Sachsenburg), aus den Ohmbergen, 75 km lang; **4)** Oberlauf der → Wupper; **5)** → Kipper und Wipper.

Wipperfürth (D-5272), St. i. Oberbergischen Kr., NRW, 20 611 E; div. Ind.

Wirbel, 1) Haarwirbel (z. B. auf der Kopfhaut); Mittelpunkt einer wirbelartig wachsenden Haargruppe; **2)** die einzelnen Knochen der d. Rückgrat bildenden biegsamen **W.säule** (→ Tafel Mensch, S. 348), bestehend aus 7 Hals-, 12 Brust-, 5 Lenden-W., Kreuz- u. Steißbein; **3)** Strömungsform, v. *Helmholtz* math. erfaßt; **4)** bei Musikinstrumenten runde Holzpflöckchen zum Spannen der Saiten.

Wirbellose, *Invertebraten,* Tiere ohne Wirbelsäule (z. B. Würmer, Weichtiere, Insekten).

Wirbelströme, *Foucaultsche W.,* in (bes. größeren) Metallmassen elektromagnet. erzeugte Induktionsströme ohne Ableitung nach außen (z. B. in Transformatorblech); Anwendung: z. B. Wirbelstrombremsung (kein Materialverschleiß).

Wirbelsturm, auch *Zyklon,* im westl. Pazifik *Taifun,* in Westindien *Hurrikan;* kreist um Gegend tiefen Luftdrucks und springt in die entgegengesetzte Richtung um, wenn das sturm- und wolkenfreie Zentrum *(„Auge des Sturms")* vorüberzieht; Geschwindigkeit bis über 250 km/h; jeder W. wird von den Meteorologen zur Unterscheidung mit einem weiblichen Vornamen bezeichnet; d. *Tornado* der südl. USA ist kleinräumiger, höchste Windstärke im Kern.

Wirbeltiere, *Vertebraten,* oberster Tierstamm; zweiseitig symmetrische Tiere mit Skelett, bes. Achsenskelett (Chorda bzw. daraus entwickelte Wirbelsäule); 7 Klassen: *Schädellose, Rundmäuler, Fische, Lurche, Kriechtiere, Vögel, Säugetiere.*

Wirkerei, Herstellung v. *Wirkwaren* auf *Wirkmaschinen,* die Garne mittels Hakennadeln zu Maschenreihen verknüpfen; zu unterscheiden: *Kulierwaren,* bei denen nur ein Faden zur Maschenbildung von den Nadeln verknüpft wird;

Kettenwaren, die aus vielen parallel laufenden Fäden (Kette) geknüpft sind.

Wirkstoffe, Substanzen, die in kleinsten Mengen lebenserhaltend wirken od. lebenswichtige Reaktionen auslösen u. steuern (z. B. → Vitamine, → Hormone, → Enzyme, → Pheromone).

Wirkstrom, in Wirkleistung umsetzbarer Anteil d. → Wechselstroms; Ggs.: Blindstrom.

Wirkungsgrad, Verhältnis der nutzbar gemachten zur aufgewandten Energie in einer Maschine; bezeichnet mit griech. Buchstaben η (z. B. η bei Wasserturbinen bis ca. 90%).

Wirkungsquantum, für den Aufbau d. Atome u. Moleküle entscheidende Naturkonstante; das W. liegt der → Quantentheorie zugrunde u. gibt die prinzipielle Grenze d. Meßbarkeit bei d. → Unschärferelation.

Wirkwiderstand, *ohmscher* od. *reeller Widerstand,* nimmt el. Energie auf u. wandelt sie in Wärme, Kraft, Licht usw. um.

Wirsing, Kohlart mit runzligen Blättern.

Wirtel, 1) Spindelringscheibe bei der Handspinnerei; **2)** *botan. Quirl,* mehrere Blätter od. Zweige wachsen seitlich aus d. gleichen Knoten.

Wirth, Joseph (6. 9. 1879–3. 1. 1956), deutscher Pol. (Zentrum); 1921/22 Reichskanzler; mehrfach Reichsmin.; 1933–48 emigriert; gründete 1953 den „Bund der Deutschen"; 1955 Stalin-Friedenspreis.

Wirtschafts-ausschüsse → Betriebsverfassung. – **W.berater,** freier Beruf, Berater in Fragen der Wirtsch. (Ind., Handel, Verkehr, Land- u. Forstwirtschaft), Sachverständiger für einzelne W.zweige. – **W.demokratie,** um Machtmißbrauch (Marktmacht) zu verhindern; Voraussetzungen: demokr. Betriebsverfassung, Mitbest. d. Arbeitnehmer, Tarifautonomie, Kontrolle über Kartelle, Monopole etc. – **W.dünger** → Düngemittel. – **W.forschung,** Erforschung der Wirtschaftsentwicklung u. wirtsch. Zus.hänge als Unterlage für Wirtschaftspol., Konjunkturpol. u. betriebl. Entscheidungen; gemeinnützige Forschungsinstitute: *Dt. Inst. f. W.forschung,* Berlin; *HWWA-Inst. f. W.forschung,* Hamburg; *Ifo-Inst. f. W.forschung,* München; *Inst. f. Weltwirtschaft* a. d. Uni. Kiel; *Rhein.-Westfäl. Inst. f. W.forschung,* Essen u. a., zusammengeschlossen in der *Arbeitsgemeinschaft dt. wirtschaftswiss. Forschungsinstitute e. V.,* Bonn. – **W.geographie,** Erkundung und Beschreibung der Länder unter dem Gesichtspunkt ihrer Bedeutung als Produktions-, Absatz- u. Verkehrsgebiete. – **W.hochschule,** früher *Handelshochschule,* m. Reifeprüfung als Dipl.-Handelslehrer, Dipl.-Kaufmann, Dipl.-Volkswirt. – **W.politik,** Teilgebiete: Agrar-, Gewerbe-, Industrie-, Handelspol., Gesamtheit aller Maßnahmen des Staates oder von Kommunalbehörden

(evtl. auch von Kartellen, Gewerkschaften, Verbänden) zur Einflußnahme auf das organisierte W.leben des einzelnen wie der Gesamtheit. – **W.prüfer,** öffentlich bestellte Prüfer, die die Jahresabschlüsse v. Unternehmen prüfen u. bestätigen. – **W.strafgesetz,** in BR v. 9. 7. 1954 (Neufassung v. 3. 6. 1975), → Strafrecht. – **W. u. Sozialrat der UN** → Vereinte Nationen, Übers. – **W.werbung,** das gesamte öffentl. u. private Werbungs-, Anzeige-, Ausstellungs-, Messe- u. Reklamewesen. – **W.wetterdienst,** Zweig des Wetterdienstes, der sich mit der Beratung der Wirtschaft, Ind. u. Landwirtschaft bezügl. des kommenden Wetters befaßt.

Wische, Teil der Altmark zw. Elbe und Uchte.

Wischnewski, Hans-Jürgen (* 24. 7. 1922), SPD-Pol.; 1966–68 B.min. f. wirtsch. Zus.arbeit, 1974–76 Staatsmin. im AA, 1976–79 u. 1982 i. B.kanzleramt, 1984/85 SPD-Schatzmeister.

Wischnu, *Vishnu,* eine Hauptgottheit des hinduistischen Indien, 10 Inkarnationen; → Krischna.

Wisconsin [wɪs'kɔnsɪn], **1)** l. Nbfl. des oberen Mississippi i. US-Staat *W.,* 690 km l.; **2)** Abk. *Wis.,* Staat der USA, zw. Mississippi, Oberem See u. Michigansee, 145 438 km², 4,9 Mill. E; reiches Getreideland, Rinderzucht; Bergbau: Blei, Eisen, Zink; Holz- u. Lederind.; Hptst. *Madison* (171 000 E), größte St. *Milwaukee.*

Wise [waɪz], Robert (* 10. 9. 1914), am. Filmregisseur; *West Side Story* (1961); *The Sound of Music* (1964); *Star Trek* (1979).

Wisent

Wisent, Wildrind, größtes Landtier Europas, Länge 3,1–3,5 m, Schulterhöhe bis 2 m; heute nur noch in einigen Wildparks u. zoolog. Gärten. Schwesterart des am. Bison.

Wismar (D-2400), Stkr. u. Krst. i. M-V, an der Ostsee, 57 173 E; Backsteinkirchen (14. u. 15. Jh.); Werft, Hafen, Schiffbau, Fischverarbeitung; Ing.-HS. – 1229 gen. Stadt, Mitgl. der Hanse, 1648–1803 schwedisch.

Wismut, *Bi,* chem. El., Oz. 83, At.-Gew. 208,980, Dichte 9,80; sprödes, silberweißes Metall m. rötl. Stich, Vorkommen gediegen u. gebunden als *W.ocker, W.glanz,* verwendet in leichtschmelzenden Legierungen (Rose- u. → Woods-Metall) u. als W.bronze.

Wissenschaft, 1) tradiertes Wissen i. seiner Gesamtheit; **2)** methodische, auf Erkenntnis gerichtete, institutionalisierte Bearbeitung, Ordnung u. Deutung d. Wirklichkeit m. d. Anspruch d. Überprüfbarkeit d. Ergebnisse (Gültigkeitsanspruch). Kennzeichen wissenschaftl. Arbeit sind Begriffsbildung, d. Aufstellen geeigneter Hypothesen, Definitionen, Gesetze u. Theorien sowie methodisches Vorgehen n. Maßgabe des je unterschiedlichen Gegenstandsbereichs. E. heute geläufige Einteilung ist d. in **a)** *Geistes-W.*en (Philosophie, Theologie, Kunst, Sprache, Geschichte, Recht usw.); **b)** *Natur-W.*en (Medizin, Physik, Chemie, Geologie, Zoologie, Botanik usw.); aufgrund der Wertphilosophie u. -ethik (seit → *Windelband* u. N. → *Hartmann*) werden Geisteswissenschaften als *bewertende* v. den *wertfreien* Naturwissenschaften unterschieden.

Wissenschaftsrat, 1957 gebildetes Gremium von Wissenschaftlern und Persönlichkeiten des öffentlichen Lebens, das Pläne für die Förderung der Wissenschaften in der BR ausarbeiten und koordinieren soll; Sitz Köln.

Wissmann, Hermann v. (4. 9. 1853–16. 6. 1905), preuß. Offizier u. Afrikareisender; erwarb Dt.-Ostafrika (→ *Tansania*) für Dtld.

Wistaria, *Glyzine,* ostasiat. Kletterstrauch m. blauen Blütentrauben.

Witebsk, Gebietshptst. in Weißrußland, an d. Düna, 350 000 E; Textil-, Schuhind.

Witigis († 541), Ostgotenkönig, von Belisar 540 gefangengenommen.

Witim, r. Nbfl. der oberen Lena in Sibirien (1978 km lang, 300 km schiffbar), mündet bei der St. *W.;* im Flußgebiet Goldvorkommen.

Witoscha, *Vitoša,* Gebirge in Bulgarien, 2290 m h., am NO-Fuß Sofia.

Witt, Johan de (24. 9. 1625–20. 8. 72), ndl. Staatsmann, behauptete die ndl. Seemacht gg. England, Gegner Ludwigs XIV.

Witte, Sergej Juljewitsch Gf (29. 6. 1849–13. 3. 1915), russ. Min.präs. 1905/06; Verfassungsreform.

Wittekind v. Widukind.

Wittelsbach, bayr. Herrschergeschlecht, Name v. d. Stammburg W. bei Aichach i. Oberbay. 1180 Hzge, 1623 Kurfürsten, 1806 Kge von Bayern; erwt. dt. Kaiser: *Ludwig der Bayer* 1314–47 und *Karl VII.* 1742–45; Nebenlinie Pfalz-Zweibrücken ab 1214, mit *Karl X.-XII.,* 1654–1718 schwedische Könige.

Witten (D-5810), St. im Ennepe-Ruhr-Kreis, NRW, an d. Ruhr, 103 637 E; AG; Stahl- u. Eisen-, chem. (Glas-), Elektro-, Werkzeug-, Kleineisenind.

Wittenberg (D-4600), *Lutherstadt W.,* Krst. i. S-A., an der Elbe, 51 754 E; Schloßkirche mit Luthergrab und „Thesentür" (1517: Beginn der Reformation). Stadtkirche (Luthers Predigtkirche; Cranachaltar u. -bilder), reformationsge-

schichtl. Museum („Lutherhalle"), Melanchthonhaus; bed. chem. Ind., Elbehafen. – Bis 1547 Hauptstadt von Sachsen-W., dann albertin.; 1815 zu Preußen; 1502–1817 Universität.

Wittenberge (D-2900), St. i. Kr. Perleberg, Bbg, an der Elbe, 29 572 E.

Wittgenstein, Ludwig (26. 4. 1889–29. 4. 1951), östr. Phil. u. Logistiker; übte mit seinem *Tractatus logico-philosophicus* Einfluß auf d. → Neupositivismus u. den → Wiener Kreis aus; Phil. als Sprachkritik; große Wirkung auf angelsächs. Phil. (Russell, Whitehead).

Wittig, Georg (16. 6. 1897–26. 8. 1987), dt. Chem., Nobelpr. 1979 (organ. chem. Syntheseverfahren).

Wittlich (D-5560), Krst. d. Kr. Bernkastel-W., RP, 15 192 E; AG; Tabakanbaugebiet; Weinbau.

Wittmund (D-2944), Krst. in Ostfriesland, Nds., 19 167 E; AG; NATO-Flughafen.

Wittstock (D-1930), Krst. i. Bbg, 14 408 E; spätgot. Hallenkirche; Metall-, Holzind.

Witwatersrand, Höhenzug im südl. Transvaal, 300 km l., 1200–1800 m hoch; ergiebige Goldfelder, Urangewinnung.

Witwenvögel, afrikan. Webervögel; Männchen mit sehr langen Schwanzfedern; Brutparasiten.

Witz, Konrad (um 1400–45/6), dt. Maler d. spätgot. oberrhein. Schule; *Hl. Christophorus;* Petrusaltar.

Witzenhausen (D-3430), St. i. Werra-Meißner-Kr., Hess., 16 151 E; ma. Stadtbild, bed. Fachwerkhäuser; AG; Obstbau („Kirschenstadt").

Witzleben, Erwin v. (4. 12. 1881–9. 8. 1944), dt. Gen.feldm.; als Gegner des NS Hptbeteiligter am Staatsstreich v. 20. Juli 1944; hingerichtet.

Wjatka, 1) r. Nbfl. der unteren Kama, 1314 km lang, 700 km schiffbar; **2)** sowj. St., jetzt → *Kirow.*

w. L., Abk. f. *westliche Länge.*

Wladimir, *Wolodymyr, der Heilige* (956–1015), russ.-ukrain. Großfürst (Kiewer Reich), Einführung des Christentums (griech.-orthodoxe Kirche).

Wladimir, Gebietshptst. in Mittelrußland, 350 000 E; Kreml; Kathedrale (12. Jh.).

Władisław, Hzge u. Kge *von Polen:* **1)** W. II. → Jagiello; **2)** W. III. (1424–10. 11. 44), s. 1434 Kg, s. 1440 auch Kg v. Ungarn *(Ladislaus).*

Wittenberg, *Marktplatz*

Wladiwostok, sowj. Hafenst. am Jap. Meer, 648 000 E; Uni., TH; Endpunkt der Transsibir. Bahn; Flotten- u. Luftstützpunkt.

Wlassow, Andrej (1900–1. 8. 46), sowj. General; organisierte s. 1942 i. dt. Gefangenschaft antibolschewist. *W.-Armee* aus russ. Kriegsgefangenen; hingerichtet.

Włocławek [*vŭɔ'tsŭavek*], *Leslau,* poln. St. l. der unteren Weichsel, 120 000 E; röm.-kath. Bistum.

WMO, Abk. f. *World Meteorological Organization,* Weltorganisation f. Meteorologie; Sitz in Genf; Mitgl.: 132 Staaten u. 12 Hoheitsgebiete.

Woche, Zeitraum von gleich viel Tagen, unabhängig von anderen Zeiteinteilungen (Jahr, Monat) fortgezählt; 7tägige W. schon bei den Babyloniern; Tage ben. nach Sonne, Mond u. Planeten bzw. nach deren Gottheiten.

Wochenausweise, wöchentl. Bilanzveröffentlichungen d. → Notenbanken; wichtig bes. z. Beurteilung d. Notenumlaufs u. seiner Deckung.

Wochenbett → Kindbett. – **W.hilfe** → Mutterschaftshilfe.

Wöchnerin, Mutter, die nach der Entbindung der Schonung, des Wochenbetts, bedarf.

Wodan, *Wotan,* westgerman. Kriegs- u. Sieges-, auch Todesgott, nord. → *Odin.*

Wodehouse [*'wudhaus*], Pelham Grenville (15. 10. 1881–15. 2. 1975), engl. Schriftst.; Romane: *Vertauschte Rollen, Besten Dank.*

Wodka, *m.* [russ. „Wässerchen"], Branntwein aus Korn od. Kartoffeln.

Wodu, *Wudu, Voodoo,* magisch-rel. Geheimkult westafr. Herkunft, heute bei d. Negern Haitis u. and. westind. Inseln; Geisterbeschwörung durch Trommeln u. sakrale Tötung v. Opfertieren.

Woermann, Karl (1844–4. 2. 1933), dt. Kunsthistoriker; *Gesch. d. Kunst aller Zeiten u. Völker.*

Woëvre, La [*vwavr*], sehr fruchtbare Landschaft in Lothringen, zw. Maas und Mosel.

Wofatite, aktive Kunstharze, zum Ionenaustausch aus Lösungen (z. B. Entsalzung v. Kesselspeisewasser); Gewinnung wertvoller Bestandteile aus Ablaugen.

Wogulen, finnisch-ugrischer Volksstamm der ural-altaischen Gruppe im N-Ural u. in W-Sibirien.

Wohlen (CH-5610), schweiz. Gem. bei Zürich, Kanton Aargau, 11 700 E.

Wöhler, Friedrich (31. 7. 1800–23. 9. 82), dt. Chem.; Harnstoffsynthese, erste organ. Synthese; Reindarstellung v. Aluminium.

Wohlfahrtsausschuß, 1793–94 revolutionäre Regierungsbehörde in Frkr.; Schrekkensherrschaft.

Wohlfahrts-pflege, Beseitigung und Vorbeugung von soz., sittl. u. wirtsch. Nöten und Mißständen, bes. durch individuelle Beratung und → Fürsorge (→ *Sozialhilfe*); *freie W.pflege* durch ge-

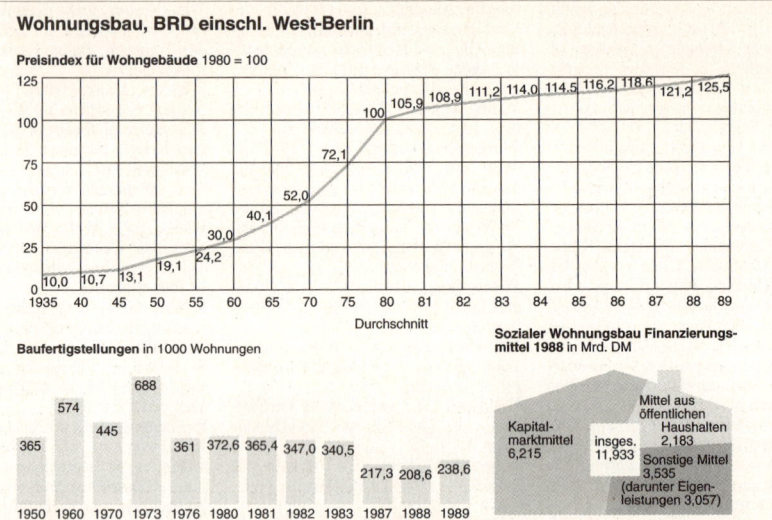

Wohnungsbau, BRD einschl. West-Berlin

Preisindex für Wohngebäude 1980 = 100

Baufertigstellungen in 1000 Wohnungen

Sozialer Wohnungsbau Finanzierungsmittel 1988 in Mrd. DM

Kapitalmarktmittel 6,215

insges. 11,933

Mittel aus öffentlichen Haushalten 2,183

Sonstige Mittel 3,535 (darunter Eigenleistungen 3,057)

meinnützige private Verbände (wie Rotes Kreuz, Diakon. Werk, Caritasverband, Arbeiterwohlfahrt); *öffentliche* W.pflege durch kommunale *W.ämter;* hier alle Sozialhilfezweige zusammengefaßt; Unterabt.en meist Unterstützungsamt, Jugendamt, Gesundheitsamt; Bearbeitung der Einzelfälle durch **W.pfleger(innen)**, Sozialbeamte, Bezirksfürsorgerinnen (Hausbesuche usw.). – **W.sätze**, behördlich festgesetzte Unterstützungssätze f. Personen, die von der öff. W.pflege betreut werden; verschieden hoch in den einzelnen Gemeinden. – **W.schulen**, staatl. anerkannte (öff. od. private) soz. Frauenschulen, viersemestrige Vorbereitung zum W.pflegeberuf. – **W.staat**, erstrebt durch vielfältige Fürsorgemaßnahmen d. Förderung seiner Untertanen; beschränkt sich nicht nur auf Schutz u. äußere Ordnung des Staatsgebietes.
Wohmann, Gabriele (* 21. 5. 1932), dt. Schriftst.in; Erzählungen, Romane: *Abschied für länger; Ernste Absicht; Paulinchen war allein zu Haus.*
Wohnbesitz, durch Urkunde (W.brief) gesichertes Dauerwohnrecht an einer mit öffentl. Mitteln geförderten Wohnung.
Wohngeld, zur Finanzierung des erforderl. Wohnraums unter best. Voraussetzungen (Höhe des Einkommens, Zahl der Familienmitglieder u. a.) aus öff. Mitteln gewährte Miet- oder Lastenzuschüsse; Anspruch auf W. hat jeder Mieter, jeder Eigentümer eines Einfamilienhauses od. einer Kleinsiedlung bis zu einer best. Familieneinkommensgrenze u. je nach der benötigten Wohnfläche.
Wohnraumbewirtschaftung, Ges. v. 31. 3. 1953, ermächtigte d. *Wohnungsbehörden* z. Feststellung, Zuteilung, Zweckentfremdung u. Vermehrung von Wohn-

raum m. best. Ausnahmen: ab 31. 12. 1968 in d. BR, ab 31. 12. 1969 in W-Berlin vollständig aufgehoben.
Wohnsitz, Ort der ständigen Niederlassung einer Person; mehrere W.e zulässig. Ehefrau kann eigenen W. haben; ehel. Kinder teilen W. d. Eltern, b. versch. W.en desjen. Elternteils, der Kind i. d. persönl. Angelegenheiten vertritt; nichtehel. Kinder teilen W. der Mutter (§§ 7 ff. BGB). Ein Minderjähriger, der verheiratet ist oder war, kann einen selbst. W. begründen.
Wohnungs-bau, durch Kriegseinwirkungen Fehlbedarf an Wohnungen in Dtld (West- u. Mitteldeutschland 1945: 6,3 Mill.); Gesamtbestand an Wohneinheiten in d. BR 1987: 26,55 Mill., davon ca. 70% nach d. 2. Weltkrieg erbaut; Baufinanzierung teilweise durch d. öffentl. Hand bzw. m. öffentl. Mitteln gefördert; Anteil d. Eigenheimbaus ca. 50%; 1989 174 271 neue Wohnbauten m. 232 024 Wohneinheiten; durchschnittl. Wohnfläche 88,4 m²; zunehmend verbesserte Ausstattung d. Wohnungen: ca. 86% d. Wohnungen besitzen Bad u. WC, 71% zusätzlich Zentralheizung. Bei ca. 25 Mill. Haushalten ist d. Bedarf an neuen Wohnungen außer in Ballungsräumen gesättigt, jedoch schaffen d. steigenden Ansprüche an d. Wohnkomfort u. d. hohe Zahl v. Aus- u. Übersiedlern neuen Bedarf. – **W.eigentum,** durch Ges. v. 15. 3. 1951 (mehrfach geändert) eingeführtes Sondereigentum an einer Wohnung in Verbindung mit d. Miteigentumsanteil an d. gemeinschaftl. Eigentum (Grundstück), zu dem es gehört; unterliegt grundsätzl. d. freien Verfügung d. W.eigentümers; Einräumung durch notariellen Vertrag u. Eintragung i. Grundbuch;

Sondereigentum an nicht zu Wohnzwecken dienenden Räumen *(Teileigentum)* wird entsprechend d. Wohnungseigentum behandelt.
Woilach, *m.* [russ.], grobe wollene Pferdedecke.
Woiwode, Wojewode, in Polen oberster Beamter e. **Woiwodschaft,** *Wojewodschaft* (Prov.); urspr. svw. Hzg.
Woiwodina, autonome Prov. innerhalb der jugoslaw. Bundesrep. Serbien, an Donau und unterer Theiß (Batschka und jugoslaw. Banat), fruchtbarer Weizenboden, Hptst. → *Neusatz (Novi Sad).*
Wojewodschaft → Woiwode.
Wojtyła, Karol, → Johannes Paul II.
Wolf, 1) Christa (* 18. 3. 1929), dt. Schriftst.in; Romane: *Der geteilte Himmel; Nachdenken über Christa T.; Kindheitsmuster; Kein Ort – nirgends; Kassandra;* **2)** Friedrich (23. 12. 1888–5. 10. 1953), dt. Schriftst. u. Arzt; sozialrevolutionäre Bühnenstücke: *Cyankali; Professor Mamlock;* **3)** Friedrich August (15. 2. 1759–8. 8. 1824), dt. Altphilologe; Mit-

Hugo Wolf

begr. der Altertumskunde; **4)** Hugo (13. 3. 1860–22. 2. 1903), östr. Komp.; Mörike-, Goethe-, Eichendorff-Lieder; *Span. u. It. Liederbuch;* Oper: *Der Corregidor;*

It. Serenade; Chorwerke; **5)** Konrad (20. 10. 1925–7. 3. 82), dt. Filmregisseur; *Der geteilte Himmel* (1964); *Ich war neunzehn* (1968); *Solo Sunny* (1979); **6)** Max (21. 6. 1863–3. 10. 1932), dt. Astronom; führte Himmelsfotografie ein.

Wolf

Wolf, 1) Raubtier, Stammvater der Haushunde, einst fast über ganze nördl. Halbkugel verbreitet, heute i. Mitteleuropa ausgerottet; im Winter in Rudeln auf Wild und Vieh jagend; verwandte Arten in Asien und N-Amerika; **2)** → Sternbilder, Übers.; **3)** Zerkleinerungsmaschine (z. B. Fleischwolf im Haushalt und in Fleischereien); auch Vorrichtung z. Lokkerung von Wolle usw. vor dem Verspinnen durch Klopfen, Reißen, Hecheln.
Wolfach (D-7620), St. u. Luftkurort in Ortenaukr., Ba-Wü., 5936 E; barocke Wallfahrtskirche, Glasmus.; div. Ind.

Thomas Wolfe

Wolfe [*wulf*], **1)** Thomas (3. 10. 1900–15. 9. 38), am. Dichter; Romane: *Schau heimwärts, Engel; Von Zeit u. Strom; Es führt kein Weg zurück; Briefe an die Mutter;* **2)** Tom, eigtl. *Thomas Kennerly* (* 2. 3. 1931), am. Schriftst. u. Journalist; sprachschöpf. Reportagen u. Essays; *The Electric Kool-Aid Acid Test;* Roman: *Fegefeuer der Eitelkeiten.*
Wolfen (D-4440), St. i. Kr. Bitterfeld, S-A., 45 652 E; Film- und chem. Ind.
Wolfenbüttel (D-3340), Krst. im Rgbz. Braunschweig, Nds., 50 960 E; AG; ehem. Residenzschloß, Landesmus., ca. 500 Fachwerkhäuser, Lessinghaus, Bibliothek. – Bis 1754 Residenz d. Herzöge von Braunschweig-W.
Wolff, 1) Christian Frh. v. (24. 1. 1679–9. 4. 1754), dt. Phil., von Leibniz beeinflußt, rationalist. Dogmatiker; schrieb als erster phil. Werke in dt. Sprache; **2)** Julius (16. 9. 1834–3. 6. 1910), dt. Schriftst.; histor. Versepen u. Romane: *Der Sülfmeister;* **3)** Kaspar Friedrich (18. 1. 1734–22. 2. 94), dt. Anatom u. Embryologe, Begr. d. modernen Entwicklungsgeschichte.

Wolf-Ferrari, Ermanno (12. 1. 1876–21. 1. 1948), dt.-it. Komp.; Opern: *Die vier Grobiane; Susannes Geheimnis; Der Schmuck der Madonna;* Kammermusik.
Wölfflin, Heinrich (24. 6. 1864–19. 7. 1945), schweiz. Kunsthistoriker; *Die klass. Kunst; Kunstgeschichtl. Grundbegriffe; D. Kunst A. Dürers.*
Wolfhagen (D-3549), St. i. Kr. Kassel, Hessen, 12 308 E; AG; Fachwerkhäuser, Rathaus (17. Jh.); div. Ind.
Wolfram, *W,* chem. El., Oz. 74, At.-Gew. 183,85, Dichte 19,26; sehr hartes Metall mit bes. hohem Fp.: 3380 °C, natürl. nur gebunden vorkommend, verwendet als Leuchtkörper in → Glühlampen; als Langdraht in Zickzackform in Vakuumlampen od. als Einfach- od. Doppelwendel in gasgefüllten Lampen; zu *W.stahl* (außerordentlich hart, für Schneiden und Bohrer); das Carbid des Wolframs *(WC)* fast so hart wie Diamant, wird als → „Widia“ zur Bearbeitung v. Glas u. anstelle v. Diamant b. Ziehsteinen f. sehr zähe Drähte benutzt (z. B. zum Ziehen v. Wolframdrähten f. Glühlampen: **W.lampe**).
Wolfram von Eschenbach (um 1170–1220), mhdt. Dichter; Epos *Parzival* (bedeutendes Werk höfischer Poesie); *Wittehalm; Titurel;* Tagelieder.
Wolfratshausen (D-8190), St. i. Kr. Bad Tölz-W., Oberbay., 15 286 E; AG; Fremdenverkehr.
Wolf-Rayet-Sterne, seltene Sterne der → Spektralklasse 0, heißeste Sterne.
Wolfsberg (A-9400), östr. St. in Kärnten, 28 000 E; Schloß; Ind.-, Handels- u. Gewerbebetriebe.
Wolfsburg (D-3180), krfreie St. im Rgbz. Braunschweig, Nds., 125 831 E; AG; Stadtgründung 1938 m. d. Bau des Volkswagenwerks, 1972 Eingemeindung v. *Vorsfelden* u. *Fallersleben;* Planetarium; Automuseum.
Wolfsgrube, urspr. Wolfsfanggrube; kriegsmäßiges Hindernis, grubenartiges Loch mit spitzem Pfahl.
Wolfskehl, Karl (17. 9. 1869–30. 6. 1948), dt. Dichter aus d. → Georgekreis.
Wolfsmilch, *Euphorbia,* Milchsaft führende Kräuter; verwandte Arten in warmen Ländern, auch Bäume u. Sträucher (z. B. *Hevea:* ihr Milchsaft liefert d. besten Parakautschuk). – **W.schwärmer,** graugrüner Abendschmetterling in Eurasien u. N-Afrika; bunte Raupe mit rotem Schwanzhorn, auf W.
Wolfsrachen, angeborene Mißbildung; Spalt des weichen, oft auch des harten Gaumens sowie des Oberkiefers, führt zu Störung der Lautbildung, häufig mit → Hasenscharte verbunden.
Wolfsspinne, Jagdspinne, baut keine Netze; Weibchen trägt Eierkokon mit sich.
Wolga, Hptstrom des eur. Rußland und größter Strom Europas, von d. Waldaihöhen, 3531 km l., ab Twer (Kalinin) 180–240 Tage im Jahr schiffbar; großes

Delta ins Kaspische Meer; zahlr. Stauseen u. Wasserkraftwerke; v. großer wirtsch. Bedeutung, daher viel besungen („Mütterchen W.“); fischreich (Störe, *Hausen:* der Kaviarfisch); Nebenflüsse: l. *Selischarowka, Twerza, Mologa, Scheksna, Kostroma, Unscha, Wetluga, Kama, Samara;* r. *Oka, Sura, Swijaga,* Kanalverbindung mit Ostsee, Weißem u. Schwarzem Meer u. mit Moskau. – **W.-Don-Kanal,** *Leninkanal,* Großschifffahrtsweg für Hochseeschiffe bis 12 000 BRT, mit 15 Schleusen, 101 km lang, von der W. nahe bei Wolgograd zum ausgebauten Unterlauf des Don, bis Rostow 500 km lang, verbindet Schwarzes mit Kasp. Meer (sowie mit Ostsee u. Weißem Meer).
Wolgadeutsche, beiderseits der unteren Wolga s. 1766 unter Katharina II. aus West- und Mitteltld angesiedelt, 1940 ca. 400 000; *Autonome sozialist. Sowjetrep. der W.n* (mit Hptst. *Engels*), 1941 aufgelöst, W. nach Sibirien deportiert (→ Volksdeutsche); Wiederansiedlung u. Autonomie der W.n wird v. Rußland in Aussicht gestellt.
Wolgast (D-2220), Krst. i. M-V., an der Peene, 17 449 E; Hafen, Gußstahlwerk, Schiffbau.
Wolgograd, bis 1925 *Zarizyn,* bis 1961 *Stalingrad,* russ. Großstadt an der unteren Wolga, nach starken Zerstörungen im 2. Weltkrieg wiederaufgebaut, 999 000 E; Warenumschlagplatz, gr. Holzmarkt, Erdölraffinerien, Auto- u. Traktorenfabr., Eisen- und chem. Ind. – Im 2. Weltkrieg Herbst 1942 v. dt. Truppen nach schweren Kämpfen teilweise in Besitz genommen; eingeschlossene dt. 6. Armee m. 220 000 Mann unter Feldm. *Paulus* mußte Febr. 1943 kapitulieren (90 000 Überlebende).
Wolhynien [-'ỹnĩən], hügelige, 200–400 m hoch gelegene Landschaft der westl. Sowjetukraine; Wald, Ackerbau, Viehzucht.
wolhynisches Fieber → Fünftagefieber.
Wolken, 1) *meteorolog.:* bestehen aus kleinsten Wassertröpfchen oder Eiskristallen; W.bildung durch Abkühlung aufsteigender Luft, deren Wasserdampf kondensiert oder sublimiert; W.formen: *Zirrus* (Feder-W.); *Kumulus* (Haufen-W.); *Stratus* (Schicht-W.) und *Nimbus* (niedrige Regen-W.); Kombinationen i. versch. Höhen: *Zirrostratus* (weißl. Schleier); *Zirrokumulus* (Schäfchen-W.); *Altokumulus* (grobe Schäfchen-W., W.ballen in Gruppen od. Reihen); *Altostratus* (dichter graublauer Schleier); *Stratokumulus* (den ganzen Himmel bedeckende W.ballen, bes. i. Winter); *Kumulonimbus* (Gewitter-W.); **2)** *astronom.* → Magellansche Wolken; → Dunkelnebel.
Wolkenkratzer, engl. *skyscraper,* Turmhaus, Hochhaus in Stahl od. Beton; zuerst in USA (z. B. Sears Tower in Chica-

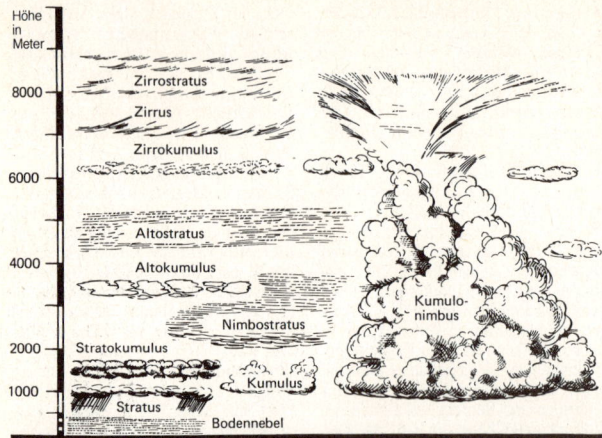

Höhe in Meter

8000 — Zirrostratus
Zirrus
Zirrokumulus

6000 —

Altostratus
4000 —
Altokumulus

Kumulonimbus

Nimbostratus

2000 — Stratokumulus

1000 — Kumulus

Stratus
Bodennebel

go, 447 m hoch); → *Sullivan,* Louis Henry.

Wollaffe, südam. Affe mit wolligem Haarwuchs u. Greifschwanz.

Wollbaum, trop. Baum; Fruchtkapseln liefern Pflanzenwolle (→ Kapok).

Wolle, Haare, die sich kräuseln u. dabei eng miteinander verbunden sind; bes. d. Haarkleid v. Schaf, Ziege, Kamel usw., wird b. Schaf ein- od. zweimal im Jahr geschoren; beste W. v. Merinos; auch versponnen (→ Spinnerei) als Streich- bzw. Kamm-W.

Wollfett = Lanolin.

Wollgras, Riedgräser auf Torfboden; Fruchtköpfchen m. Wollhaaren.

Wollhandkrabbe

Wollhandkrabbe, ostasiatische, in d. eur. Gewässer eingeschleppte Wollkrabbe; Scheren mit dichten Haaren; Fisch- und Uferbautenschädlig.

Wollin, *Wolin,* poln. Insel in Pommern, 265 km², vor dem Stettiner Haff; auf ihr Seebad *Misdroy* u. die St. *W.* (3200 E).

Wologda, russ. Gebietshptst. an d. *W.,* Nbfl. der Suchona, 283 000 E; Masch.-, Holzind.

Wols, eigtl. *Wolfgang Schulze* (27. 5. 1913–1. 9. 51), dt. Maler u. Graphiker; Hptvertr. d. → Tachismus.

Wolsey ['wulzi], Thomas (um 1475– 1530), Erzbischof v. York, Kardinal, Kanzler Heinrichs VIII.

Wolverhampton ['wulvəhæmptən], engl. St. in der Metrop.-Gft West Midlands, 263 500 E; TH; div. Ind.; Kohlenbergb.

Wolzogen, 1) Ernst Frh. v. (23. 4. 1855– 30. 8. 1934), dt. naturalist. Schriftst.; Tragikomödie: *Lumpengesindel;* Roman: *Kraftmayr;* Gründer des künstler. Kaba

retts in Dtld: *Überbrettl;* **2)** Hans Frh. v. (13. 11. 1848–2. 6. 1938), dt. Schriftst.; setzte sich für R. Wagner ein; Hg. der „Bayreuther Blätter"; *Erinnerungen an Wagner;* **3)** Karoline, geb. v. Lengefeld (3. 2. 1763–11. 1. 1847), dt. Schriftst.in; Schillers Schwägerin u. Biographin.

Wombat, *m.,* Beuteltier Australiens u. Tasmaniens, Pflanzenfresser.

Women's Lib ['wɪmɪnz-], Abk. f. *Women's Liberation Movement,* i. d. 60er Jahren entstandene → Frauenbewegung i. d. USA.

Wondratschek, Wolf (* 14. 8. 1943), dt. Schriftst. u. Lyriker: *Früher begann d. Tag m. e. Schußwunde; Chuck's Zimmer; D. Einsamkeit d. Männer.*

Woods-Metall ['wudz-], Legierung aus 12,5% Zinn, 12,5% Cadmium, 25% Blei, 50% Wismut; schmilzt schon bei ca. 70 °C.

Woodward ['wudwəd], Robert Burns (10. 4. 1917–8. 7. 79), am. Chem.; Untersuchungen auf dem Gebiet d. Naturstoffsynthese; stellte Chinin, Cholesterin, Cortison, Chlorophyll synthetisch her; theoretische Regeln zu chem. Reaktionen (R. Hoffmann); Nobelpr. 1965.

Woolf [wulf], Virginia (25. 1. 1882–28. 3. 1941), engl. Romanschriftst.in; *Orlando; Die Fahrt zum Leuchtturm;* Essays.

Worcester ['wustə], **1)** Hptst. d. westengl. Gft Herford and W., am Severn, 75 000 E; Porzellanfabriken, Eisengießereien; **2)** St. im US-Staat Massachusetts, 160 000 E; Uni., Polytechnik; Metallind. – W.soße, scharfe engl. Gewürztunke.

Wordsworth ['wədzwəθ], William (7. 4. 1770–23. 4. 1850), engl. Dichter; leitete d. romant. Bewegung in England ein; *Lyrical Ballads* (zus. m. Coleridge).

working capital [engl. 'wəkɪŋ 'kæpɪtl], Kennzahl zur Beobachtung von Liquiditätsveränderungen; ergibt sich aus der Differenz zw. Umlaufvermögen u. kurzfristigen Verbindlichkeiten.

Workstation, *w.,* Arbeitsplatzrechner, leistungsfähiger als Personal Computer.

Workuta, 1) Fluß westl. d. N-Urals, zur Ussa (Nbfl. d. Petschora, Kohlenlager, Erdöl; **2)** Ind.st. a. d. W., 100 000 E.

Wörlitz (D-4414), St. im Kr. Gräfenhainichen, S-A., 2400 E; berühmter Landschaftsgarten nach engl. Muster.

Worms, *Dom*

Worms (D-6520), kreisfreie St. am Rhein, RP, 74 809 E; Dom (11. Jh.); Kirchen aus dem 11./14. Jh., Lutherdenkmal, FHS, Museum; Eisen-, Möbel-, Mühlen-, chem., Masch.ind.; Weinbau (Liebfrauenmilch). – Schauplatz d. Nibelungensage; Tagungsort vieler Reichstage; 1122 *Wormser Konkordat* (Beilegung des → Investiturstreites); 1521 Reichstag (Luther vor Karl V.), *Wormser Edikt.*

Wörner, Manfred (* 24. 9. 1934), CDU-Pol.; 1982–88 B.verteidigungsmin.; s. Juli 1988 Gen.sekretär d. NATO.

Wörnitz, l. Nbfl. d. Donau b. Donauwörth, v. d. Frankenhöhe, 90 km lang.

Woronesch, Hptst. d. sowjetruss. Gebiets *W.,* rechts a. *W.,* r. Nbfl. des Don, 887 000 E; Uni., Getreidehandel, Textilind.

Woroschilow, Kliment (4. 2. 1881–3. 12. 1969), sowj. Gen. (s. 1935 Marschall), 1946–53 Min.präs., 1953–60 Staatspräs. d. UdSSR.

Woroschilowgrad, bis 1935, 1958–70 u. ab 1988 *Lugansk,* ukrain. St., 497 000 E; Steinkohle; Masch.ind.

Worpswede (D-2862), Gem. i. Kr. Osterholz, (s. 1895) Künstlerkolonie a. Südrand d. Teufelsmoors, Nds., 8699 E.

Worringer, Wilhelm (13. 1. 1881–29. 3. 1965), dt. Kunsthistoriker; *Abstraktion u. Einfühlung, Problematik d. Gegenwartskunst.*

Wörther See, in Kärnten, 18,8 km², 440 müM, 86 m tief; Luftkurorte.

Woschod [russ. *wʌsˈxot* „Aufstieg"],

sowj. Raumkapsel für bemannten Gruppenflug; → Satellit.

Wostok [russ. wʌ- „Osten"], sowj. → Satellit, → Weltraumforschung.

Wotan → Wodan.

Wotruba, Fritz (23. 4. 1907–28. 8. 75), östr. kubist. Bildhauer.

Wouk [wouk], Herman (* 27. 5. 1915), am. Schriftst.; *Die Caine war ihr Schicksal; Der Feuersturm; Sturmflug.*

Wouwerman ['wou-], Philips (get. 24. 5. 1619–19. 5. 68), ndl. Maler d. Barock; Schlachten-, Tier-(Pferde-)Bilder.

Wrack, durch Alter oder Unfall unbrauchbar gewordenes Schiff.

Wrangel, 1) Ferdinand v. (9. 1. 1794–6. 6. 1870), russ. Geograph u. Admiral; Arktisforschung, → W.insel; **2)** Friedrich Gf v. (13. 4. 1784–1. 11. 1877), dt. Gen.feldm., Oberbefehlshaber d. preuß. Truppen in Schl-Ho. 1848–64, unterdrückte 1848 d. „Berliner Revolution"; **3)** Karl Gustav Gf v. (13. 12. 1613–24. 6. 76), schwed. Feldm.; v. Gr. Kurfürsten b. Fehrbellin 1675 besiegt; **4)** Peter Baron v. (27. 8. 1878–25. 4. 1928), russ. General; 1917–20 Oberbefehlshaber d. antibolschewist. „weißen" Südarmee.

Wrangelinsel, im Nördl. Eismeer vor N-Sibirien, 7250 km²; Wetterstation; Hafen; 1924 zur Sowjetunion.

Wren [rɛn], Sir Christopher (20. 10. 1632–25. 2. 1723), engl. Math., Astronom u. Baumeister d. Palladianismus (→ Palladio); *St.-Pauls-Kathedrale* (London).

Guggenheim-Museum, New York
Frank Lloyd Wright

Wright [rait], **1)** Frank Lloyd (8. 6. 1869–9. 4. 1959), am. Architekt; Vertr. e. organischen Architektur; *Guggenheim Museum,* New York; **2)** Orville (19. 8. 1871–30. 1. 1948) u. s. Bruder **3)** Wilbur (16. 4. 1867–30. 5. 1912), am. Flugpio-

Flugzeug der Brüder Wright

niere; 1903 erstes motorbetriebenes Flugzeug (Doppeldecker).

Wrocław → Breslau.

WStG, Abk. f. → *Wehrstrafgesetz.*

Wucher, Ausbeutung eines anderen durch Entgegennahme von Vermögensvorteilen für eine Leistung, die in auffälligem Mißverhältnis zu jenen steht; *Sachwucher* für Sachleistungen, *Kreditwucher* bei Darlehen; strafbar (§§ 302 a–e StGB); wucherische Geschäfte sind nichtig (§ 138 BGB).

Wucherblumen, einheim. Chrysanthemen, z. B. die weiß blühende *Margaretenblume* auf Wiesen.

Wucherungen → Polypen, → Geschwulst.

Wuchsstoffe, 1) *Auxine,* bewirken Wachstum der Pflanzen; → Phytohormone; **2)** weitere d. Wachstum gesunder u. kranker Zellen fördernde Stoffe; z. B. Aminobenzoësäure (f. Bakterien), Ascorbin-, Nikotin-, Fol-, Pantothen- und Aminosäuren, Cholin u. a.; auch → Vitamine.

Wuhan, Hptst. d. chin. Prov. Hubei an d. Mündung d. Han Shui i. d. Chang Jiang, 3,6 Mill. E; 1927 aus d. ursprüngl. selbständigen Städten Hangjang, Hankou und Wutschang gebildet; Hüttenwerke, Handels- u. Verkehrszentrum.

Wühlmäuse, Nagetiere der nördl. Erdhälfte; stumpfe Schnauze, äußere Ohren i. Pelz versteckt, kurzer Schwanz; leben in der Erde, schaden oft durch Wurzelfraß; *Feld-, Erd-, Waldwühl-* und *Schermaus* oder *Wasserratte* (frißt auch Fische, Mäuse); ferner: *Bisamratte, Lemming.*

Wulfila|s → Ulfilas.

Wulf-Mathies, Monika (* 17. 3. 1942), dt. Gewerkschaftsfunktionärin; s. 1982 Vors. d. Gewerkschaft ÖTV.

Wülfrath (D-5603), St. i. Kr. Mettmann, NRW, 21 115 E; Kalksteinbrüche, Karosseriebau, Metallind.

Wullenwever, Jürgen (um 1492–29. 9. 1537), Lübecker Bürgermeister u. Anhänger der Reformation, nach Niederlage der Hansestadt gg. Dänemark gestürzt u. i. Braunschweig hingerichtet.

Wundbrand, sww. → Gasbrand.

Wunderblume, *Mirabilis,* am. Pflanze mit trichterförm. bunten Blüten; → Vererbung, Übers.

Wunderhorn, *Des Knaben W.,* Sammlung dt. Volkslieder von → *Arnim* u. → *Brentano* (1. Ausgabe 1806–08, Heidelberg).

Wunderlich, Fritz (26. 9. 1930–17. 9. 1966), dt. Tenor (Mozartinterpret).

wundliegen, *aufliegen, Dekubitus,* Wundwerden der Haut an Druckstellen bei längerem Liegen; Schutz: Hautpflege, Einreibungen, Wasserkissen u. a.

Wundrose → Rose 1).

Wundstarrkrampf, *Tetanus,* Wundinfektion durch mit Tetanusbazillen verunreinigte Erde, führt zu lebensgefährlichen Muskelkrämpfen; vorbeugende

Schutzimpfung und zur Behandlung Heilseruminjektionen.

Wilhelm Wundt

Wundt, Wilhelm (16. 8. 1832–31. 8. 1920), dt. Arzt, Phil. u. Psychologe; gründete das erste Inst. f. experimentelle Psychologie; Vertr. der „induktiven Metaphysik": Die Willenseinheiten sind Grundlage alles Seins u. Werdens; das Wesen d. Seele ist Wirksamkeit (Aktualitätstheorie); *Völkerpsychologie; Grundzüge der physiologischen Psychologie.*

Wünschelrute, meist gabel- od. U-förm. Instrument aus elast. Material (Holz, Draht, Fischbein u. a.), das an beiden Enden gefaßt in den Händen v. → Rutengängern durch innere Einflüsse (Erwartung, Vorstellung, Selbst- od. Fremdsuggestion) od. äußere Faktoren (→ Erdstrahlen) infolge unwillkürl. Hand- und Unterarmbewegungen „ausschlägt", d. h. sich dreht; je nach Übung und Erfahrung können d. Ausschläge z. B. als geolog. Spalten, Verwerfungen, unterird. Wassergerinne, Erdöl, Mineralien gedeutet werden; → Reizstreifen; auch → siderisches Pendel.

Wunsiedel (D-8592), Krst. i. Fichtelgebirge, Bay., 9801 E; AG; Geburtsort → *Jean Pauls;* Luisenburg-Festspiele auf Freilichtbühne in Felsenlabyrinth; Granitbrüche, steinverarbeitende Ind.

Des Knaben Wunderhorn
Titelblatt

Wunstorf (D-3050), St. i. Kr. Hannover, Nds., 37 115 E; roman. Stiftskirche.

Wupper, r. Nbfl. des Niederrheins, im Oberlauf *Wipper,* mündet n. von Leverkusen, durchfließt das industriereiche *W.tal;* 105 km l.

Wuppertal (D-5600), krfreie St. in NRW, ind. u. wirtsch. Mittelpkt des Bergischen Landes; 1929 aus d. Städten u. Gem. *Elberfeld, Barmen, Vohwinkel, Cronenberg, Ronsdorf* u. *Beyenburg* entstanden; 371 283 E; Berg. Uni., kirchl. HS (ev.), LG, AG; IHK; Textil-, Eisenu. Metall-, Papier-, chem. Ind.; Zoo; Von-der-Heydt-Museum, Uhrenmus.; → Schwebebahn.

Wurf, 1) *phys.* schräg oder waagerecht geworfener Körper beschreibt *W.parabel* (Galilei 1609), in deren Scheitel größte *W.höhe;* größte *W.weite* bei Abwurf unter Winkel von 45°; für nähere Punkte daher zwei Wurfwinkel möglich; senkrecht geworfener Körper kehrt zum selben Ort zurück.; **2)** gleichzeitig geborene Tierjunge.

Würfel, → *Hexaeder,* von 6 Quadraten begrenzter Körper; W.inhalt = 3. Potenz der Kantenlänge.

Würfelkapitell, würfelförm. roman. Kapitell m. unten abgerundeten Ecken.

Wurfmaschine → Katapult.

Würgassen, St.teil v. → Beverungen.

Würger, Singvögel, fressen Insekten und kleinere Wirbeltiere (Mäuse), die sie häufig an Dornen aufspießen; weit verbreitet; in Dtld z. B. *Neuntöter, Raubwürger.*

Wurm, volkstümlich für → Fingerentzündung.

Würm, *w.,* r. Nbfl. der Amper unterhalb Dachau, 38 km l., d. Abfluß d. *W.sees* (Starnberger Sees) durch d. Dachauer Moos; nach ihr ben. die *W.eiszeit* (→ Eiszeitalter).

Würmer, zahlreiche, sehr verschiedene u. z. T. kaum verwandte wirbellose Tierformen (z. B. *Rund-, Ringel-, Plattwürmer*); viele sind Parasiten.

Wurmfarn, *Schildfarn, Dryopteris filixmas,* in feuchten Wäldern; Wurzelstockextrakt gegen Bandwürmer.

Wurmfortsatz → Appendix.

Wurmkrankheiten, durch bes. im Darm schmarotzende Eingeweidewürmer erzeugte Krankheiten, z. B. *Wurmanämie,* Abmagerung, Mattigk., psych.-nervöse Störungen, Kopf- und Leibschmerzen, Durchfälle od. Verstopfung, allergische Hautsymptome, Übelkeit, Erbrechen. → Bandwürmer, → Spulwürmer, → Madenwürmer, → Trichinose.

Würselen (D-5102), St. i. Kr. Aachen, NRW, 33 482 E; Eisenind., Nadelfabr.

Wurte, *Warf, Warft,* künstl. aufgeschütteter Hügel in den Marschen und auf den → Halligen für Gehöfte z. Schutz gegen Fluten.

Württemberg, bis 1945 Land des Dt. Reiches; umfaßt Teile des Schwarzwaldes, der Schwäb. Alb und des Neckarbeckens bis Jagstmündung, Hptst. *Stutt-*

gart. – Seit 1. Jh. n. Chr. besiedelt durch → Sweben; teilweise erobert durch Römer, im 3. Jh. Alemannen; Gft im Hzgt. → Schwaben. Machtzunahme unter den Staufern, 14/15. Jh. Kampf gegen Ritter und Reichsstädte (Eberhard der Rauschebart), 1495 Hzgt.; Einführung der Reformation durch Hzg Ulrich; 1805 Kgr., 1815 Mitglied des Dt. Bundes, 1834 des Zollvereins, 1918 Freistaat; 1945 auf Anordnung der Mil.-Reg. geteilt: N-Teil wurde mit Nordbaden neues Land *W.-Baden,* Hptst. *Stuttgart,* S-Teil mit Hohenzollern (Hohenzollernsche Lande) neues Land *W.-Hohenzollern,* Hptst. *Tübingen.* Nach Volksabstimmung 1951 seit 1952 Zus.schluß der südwestdeutschen Länder zum Land → Baden-Württemberg.

Wurtzit, Mineral, Zinksulfid mit Gehalt an Eisen.

Würzburg, *Alte Mainbrücke und Feste Marienburg*

Würzburg (D-8700), krfreie St. in Bay., Hptst. des Rgbz. Unterfranken, a. Main, 125 589 E; Hofgarten, Käppele (Wallfahrtskirche von Balthasar *Neumann*), Juliusspital, alte Mainbrücke; ehem. fürstbischöfl. Residenz (1720–44 von Balthasar *Neumann* erbaut, → Barock, Abb.), Haus z. Falken (Rokoko), Neumünster (11.–13. Jh.), Marienkapelle (got.), alte Uni. (1402), Festung Marienberg mit frührom. Kapelle, Mainfränk. Museum *(Riemenschneider);* Bischofssitz (s. 741); Uni., Staatskonservatorium d. Musik, Akad. f. angewandte Techn., IHK, HWK; LG, AG, Arb.ger.; MPI f. Silikatforschung; Eisen-, Metall-, chem. Ind.; Bierbrauerei; Weinbau u. -handel.

Würze → Brauerei.

Wurzel, 1) in den Boden wachsendes Organ der Gefäßpflanzen, ohne → Chlorophyll u. Blattanlagen (dagegen unterird. wachsende Stengel, → *Rhizom*); an d. Spitze geschützt durch die *W.haube;* Wasseraufnahme durch die *W.haare;* **2)** *math.* Zahl *b* ist *Quadrat-W.* der Zahl *a,* wenn $b \cdot b = a$; geschrieben: $b = \sqrt{a}$; *a* heißt Radikand, 2 = W.exponent; entsprechend *Kubik-W.* ($\sqrt[3]{a}$), *Biquadrat-W.* ($\sqrt[4]{a}$) usw. ($\sqrt[n]{a}$).

Wurzelfüßer, *Rhizopoden,* Klasse der → Urtiere, deren einzelliger Körper keine feste Gestalt besitzt, sondern dessen Umrisse sich durch jeweils gebildete Fortsätze (Scheinfüßchen) unablässig ändern: *Amöben, Foraminiferen, Strahlentierchen* (*Radiolarien,* mit Kieselskelett), *Sonnentierchen;* häufig mit Gehäuse; Reste von solchen bilden z. B. den *Nummulitenkalk.*

Wurzelhaut, umgibt die Zahnwurzel; ihre Entzündung bei Infektion, W.entzündung, sehr schmerzhaft.

Wurzelknöllchen → Stickstoffbakterien.

Wurzellaus, an Wurzeln lebende Blattlausarten (z. B. → *Reblaus*).

Wurzelmännchen → Alraune.

Wurzelschwamm → Hallimasch.

Wurzelstock, svw. → Rhizom.

Wurzen (D-7250), Krst. an der Mulde, Sa., 18 880 E; Dom (12. Jh.), Bischofsschloß (15. Jh.); Maschinen-, Teppichu. a. Industrie.

Wüsten, vegetationsarme bis vegetationslose Teile der Erdoberfläche: *Sand-, Kies-, Fels-, Salz-* und *Eiswüsten;* Hauptgürtel der Sandwüsten unter den nördl. u. südl. Wendekreisen in den regenarmen Subtropen; Salzwüsten am Gr. Salzsee (N-Amerika), Kasp. Meer, Toten Meer usw.; Kies- u. Felswüsten bes. in der Sahara, Arabischen Wüste, Wüste Gobi, Tibet, Gibsons-Wüste, Australien; Eiswüsten in Grönland u. Antarktis. – **W.fuchs,** svw. → Fennek. – **W.läufer** → Krokodilwächter. – **W.pflanzen,** Pflanzen m. stark eingeschränktem Wasserhaushalt, → Xerophyten.

Wüstung, aufgelassene Siedlung, infolge wirtschaftl. Umstellung, Krieg, Seuchen, Klimaverschlechterung usw.; in Mitteleur. meist aus d. 14. u. 15. Jh.

Wutach, r. Nbfl. des Hochrheins bei Waldshut-Tiengen, als *Seebach* Ausfluß des Feldsees, verläßt als *Gutach* den Titisee, 90 km l.

Wutschang → Wuhan.

WWF, Abk. f. *World Wildlife Fund,* e. internat. gemeinnützige Stiftung z. Schutz d. gefährdeten Tiere u. Landschaften.

WWW, Abk. f. *World Weather Watch,* Programm der → WMO zur verstärkten Zus.arbeit aller Länder f. den wiss. u. techn. Fortschritt in d. Meteorologie.

Wyandotten [´vaiən-], Hühner-Mast- und Legerasse aus England und N-Amerika, nach einem Indianerstamm benannt; mehrere Farbschläge.

Wyborg, finn. *Viipuri,* schwed. *Viborg,* sowj. St. u. Hafen in Karelien am Finn. Meerbusen, 95 000 E; Burg (16. Jh.), Befestigung Annenkron (1740). – 1721 russ., 1917 zu Finnld, 1940 u. erneut 1944 an d. Sowjetunion abgetreten.

Wyk auf Föhr (D-2270), Heil- u. Seebad auf der Nordseeinsel Föhr, St. i. Kr. Nordfriesland, Schl.-Ho., 4420 E; Fremdenverkehr.

Wyneken, Gustav (19. 3. 1875–8. 12. 1964), dt. Schulreformer u. Kulturpolitiker; gründete 1906 Freie Schulgemeinde Wickersdorf.

Wyoming [waɪ´oʊ-], Abk. *Wy.,* Staat der USA, im Felsengebirge, 253 597 km², 479 000 E; im NO der → *Yellowstone-Nationalpark;* Ackerbau bei künstl. Bewässerung; Schafzucht; Erdöl- und Erdgasförderung; Hptst. *Cheyenne* (47 000 E).

Wyschinski, Andrej (11. 12. 1883–22. 11. 1954), sowj. Pol., 1935–39 Generalstaatsanwalt d. UdSSR, 1949–53 Außenminister, 1953/54 Chefdelegierter bei der UN.

Wyspiański, Stanisław (15. 1. 1869–28. 11. 1907), poln. Dramatiker u. Maler; beeinflußt von Wagner u. Nietzsche; strebte Reform des poln. Theaters an; Drama: *Die Hochzeit.*

Wyszynski, Stefan (3. 8. 1901–28. 5. 81), poln. Kardinal, Primas v. Polen (seit 1948), 1953–56 in Haft.

X, 1) röm. Zahlzeichen = 10; **2)** *chem.* Zeichen f. → *Xenon;* **3)** X, χ, griech. Buchstabe *Chi,* deshalb Abk. für *Christus.*

x, *math.* Zeichen f. *unbekannte Größe,* entstanden aus d. in Ligatur geschriebenen *cs = cosa* [it. „Ursache"].

x-Achse, *math.* die erste der 3 räumlichen Koordinatenachsen, wird meist waagerecht gelegt.

Xanten, *Dom*

Xanten (D-4232), Römer- u. Siegfried-St. i. Kr. Wesel, am Niederrhein, NRW, 16 097 E; ma. Stadtkern, roman.-got. St.-Viktor-Dom, Regionalmus., Archäolog. Park; antike Freilichtbühnen; Domkonzerte; Freizeitzentrum. – 100 n. Chr. v. Kaiser Trajan gegr.

Xanthi, *Xanthe,* griech. St. in Thrazien, 34 000 E; Bischofssitz.

Xanthin, *s.,* ein Dihydroxy- → Purin.

Xanthippe, Name der Frau des → Sokrates, die (zu Unrecht) als zänkisch galt.

Xanthophyll, *s.,* gelber Pflanzenfarbstoff.

Xaver, Franz (7. 4. 1506–3. 12. 52), Genosse des Ignatius von Loyola; erster kath. Missionar in Indien, Japan, China;

nach ihm *Xaveriusverein,* kath. Missionsverein, gegr. 1822.

X-Bein, häufigste Fehlstellung d. Kniegelenks; bei gestrecktem Bein und Knieschluß gehen die Unterschenkel auseinander; in leichterem Grad zw. dem 2. und 5. Lebensjahr normal; kann angeboren od. erworben durch Belastung u. Fehlwachstum sein.

X-Chromosomen → Chromosomen, → Vererbung, Übers.

Xenakis, Yannis (* 1. 5. 1922), griech.-frz. Komponist und Architekt; 1966 Begründer eines Zentrums für mathematische und automatische Musik; elektronische Instrumentalmusik und Chorwerke; *Diatope.*

Xenien [gr. „Gastgeschenke"], bissige Sinngedichte; nach dem Titel der Epigramme Martials betitelten Distichen v. Schiller und Goethe, bes. gg. zeitgenöss. Schriftsteller.

Xenokratie, *w.* [gr.], Fremdherrschaft.

Xenon, *s., X,* chem. El., Oz. 54, At.-Gew. 131,30; Dichte 5,49 g/l bei 1013 hPa; Edelgas, Spuren in der Luft.

Xenophanes (um 560–470 v. Chr.), griech. Phil.; Monotheismus; Begr. der → eleatischen Schule (umstritten).

Xenophilie, *w.* [gr.], Fremdenfreundlichkeit.

Xenophobie, *w.* [gr.], Furcht vor Fremden, Ablehnung Fremder.

Xenophon (um 426–nach 355 v. Chr.), athenischer Geschichtsschreiber; leitete u. beschrieb Rückzug der 10 000 griech. Teilnehmer am Aufstand des jüngeren Cyrus; *Anabasis; Griech. Geschichte.*

Xereswein → Jérez-Wein.

Xerographie [gr.], Druckverfahren, das die erhabenen Drucktypen durch statische el. Ladungen in Buchstabenform ersetzt, an denen positiv geladenes Farbpulver haftet; dieses wird auf negativ geladenen Druckpapier übertragen, auf dem es durch Erhitzung fixiert wird.

Xerophthalmie, *Augendarre,* Austrocknung der Augenbinde- und -hornhaut infolge Vitamin-A-Mangels (→ Vitamine, Übers.) oder mangelhaften Lidschlusses.

Xerophyten [gr.], an Trockenheit angepaßte Pflanzen (z. B. Kakteen).

Xerose [gr.], Vertrocknung, Austrocknung (d. Bindehaut d. Auges).

Xerxes I., Perserkönig 485–465 v. Chr., 480 Kriegszug gg. Griechenland; → Perserkriege.

X für ein U machen, eigtl. statt *V* (röm. = 5, auch Zeichen für U) ein *X* (röm. = 10) schreiben, d. h. das Doppelte anrechnen; etwas vortäuschen.

Xhosa, afrikan. Bantustamm (ca. 3,9 Mill.) i. d. Rep. Südafrika.

Xiamen, früher *Amoy,* Hafenst. der chin. Prov. Fujian, 450 000 E; Uni., Inst. f. Meeresbiol.; Ausfuhr v. Tee, Tabak, Zucker.

Xian, früher *Sian,* Hptst. d. chin. Prov. Shaanxi, 2,6 Mill. E; wichtigste Handelsstadt am Wei He, früher wiederholt Hptst. des chin. Reiches.

Xiang Jiang, *Siang-kiang,* r. Nbfl. d. Chang Jiang, 800 km l., größtenteils schiffbar, durchfließt d. chin. Prov. Hunan.

Xi Jiang, *Si-kiang, Westfluß,* 2129 km lang, mündet bei Macao ins Südchin. Meer.

Ximénes [*xi-*], Francisco (1436–8. 11. 1517), span. Franziskaner; Kardinal u. Großinquisitor; veranlaßte die Vertreibung der Mauren (Mohammedaner) aus Spanien.

Xingú [*fiŋ'gu*], r. Nbfl. des Amazonas, vom Mato Grosso, 2100 km l., teilweise schiffbar.

Xinhua [„Neues China"], Nachrichtenagentur der VR China.

Xining, Hptst. d. chin. Prov. Qinghai, 610 000 E.

Xinjiang-Uygur, früher *Sinkiang-Uighur,* autonomes Gebiet im NW Chinas, umfaßt O-Turkestan (Tarimbekken, Sandwüste Taklimakan) u. die Junggar (Felswüste); beide getrennt der östl. Tian Shan, 1,65 Mill. km², 14 Mill. E, meist Turkmenen u. Chin.; in d. Oasen Getreide, Obst- u. Gemüsebau; Uran, Kohle, Gold, Erdöl; Hptst. *Ürümqi.*

Xizang → Tibet.

XP → Christusmonogramm.

X-Strahlen, svw. → Röntgenstrahlen, Gamma- u. kosmische Strahlen.

Xylographie [gr.], Holzschneidekunst; Holzschnitt.

Xylole, Benzolabkömmlinge (Dimethylbenzole) i. Steinkohlen- und Holzteer; Lösungsmittel.

Xylolith®, *m.* [griech. „Steinholz"], Kunststein aus Sägespänen mit Magnesiakitt.

Xylophon [gr.], Instrument aus abgestimmten Holzplättchen, durch Klöppel angeschlagen (Abb. → Orchester).

Xylose, *w.,* Holzzucker $(C_5H_{10}O_5)$, entsteht bei d. Hydrolyse v. Holz, Stroh u. a. mit verdünnten Säuren.

Y, *chem.* Zeichen f. → *Yttrium.*

y-Achse, *math.* zweite der 3 räumlichen Koordinatenachsen, wird meist senkrecht zur → *x*-Achse gelegt.

Yacht, svw. → Jacht.

Yak → Jak.

Yale-Universität [*'jeɪl-*], nach d. Philanthropen *Y.* (1648–1721) ben. am. Uni in → New Haven.

Yalow [*'jeɪl-*], Rosalyn S. (* 19. 7. 1921), am. Phys.; 1977 Nobelpreis f. Med. (Entwicklung d. radioimmunolog. Methode bei d. Bestimmung von Peptidhormonen).

Yamswurzel, d. genießbaren Wurzelknollen trop. Kletterpflanzen.

Yang [*jæŋ*], Chen Ning (* 22. 9. 1922), am. Phys. chin. Herkunft; arbeitete zus. mit T. D. → Lee.

Yankee, *m.* [*'jænkı*], Spitzname für Nordamerikaner der Nordstaaten. – **Y.-doodle** [*-'duːdl*], am. Volkslied aus d. 18. Jh.

Yantai, früher *Tschifu,* chin. Hafenst. an der NO-Küste d. Prov. Shandong, 400 000 E; Handelshafen.

Yaoundé, *Jaunde,* Hptst. von Kamerun, 654 000 E.

Yard, *s.* [*jaːd*], → Maße und Gewichte, S. 1085.

Yaren, Hptst. d. Rep. Nauru, ca. 7200 E.

Yawl, *w.* [engl. *jɔːl*], eineinhalbmastige Jacht.

Yb, *chem.* Zeichen f. → *Ytterbium.*

Y-Bazillen, Y-förmig wachsende Bazillen; Erreger der Bazillenruhr.

Y-Chromosomen → Chromosomen, → Vererbung, Übers., S. 998.

Yeats [*jeɪts*], William Butler (13. 6. 1865–28. 1. 1939), irischer Dichter; Versdrama: *Gräfin Cathleen;* Prosa: *Die chymische Rose;* Gedichte; Nobelpr. 1923.

Yellowstone [*'jeloustoun*], r. Nbfl. des Missouri vom Felsengebirge i. Wyoming, 1080 km l., durchfließt die **Y.-Nationalpark,** ältestes Naturschutzgebiet der USA im Felsengebirge, mit Wäldern, zahlreichen heißen Quellen und Geisern, 8670 km².

Yemen → Jemen.

Yen → Währungen, S. 1087/88.

Yeti, svw. → Schneemensch.

Yggdrasil, Weltesche der nord. Mythologie, unter der d. Götter und Nornen Recht sprachen.

Yin u. Yang → Jin und Jang.

YMCA [*'waɪæmsi'æɪ*], Abk. für *Young Men's Christian Association,* Christl. Verein Junger Männer, 1844 von George Williams in London, Sitz Genf, Weltbund YMCA 1855 (für Mädchen YWCA 1894) gegr.; im 1. u. 2. Weltkr. Hilfe f. Kriegsgefangene u. Flüchtlinge; Vereine i. der ganzen Welt, überkonfessionell; in Dtld CVJM, *Christl. Verein Junger Männer.*

Ymir, im altnord. Mythos zweigeschlechtiger Riese, von dem die Menschen abstammen.

Yoga → Joga.

Yoghurt → Joghurt.

Yogi → Jogi.

Yogyakarta, *Djokjakarta,* indones. St. auf Java, 399 000 E; Uni.

Yohimbin, *s.,* Alkaloid, $C_{21}H_{26}O_3N_2$, d. afrikan. Yohimberinde, wirkt gefäßerweiternd; Aphrodisiakum.

Yokohama, jap. Hafenst. an d. O-Küste Honshus, 3,2 Mill. E; nach Erdbeben u. Kriegszerstörung neu aufgebaut; 2 Uni.; Werften, div. Ind.; Handelshafen f. Tokio.

Yokosuka, jap. Hafenst. a. d. O-Küste Honshus, 427 000 E; Werften.

Yoldiazeit → Ostsee.

Yonkers [*'jɔŋkəz*], St. im US-Staat New York, am Hudson, Villenvorort v. New York, 195 000 E.

Yonne [*jɔn*], **1)** l. Nbfl. der Seine (bei Montereau), 293 km l.; **2)** frz. Dép. beiderseits d. Y., 7427 km², 320 000 E; Hptst. *Auxerre* (41 000 E).

Yorck (York) von Wartenburg, 1) Johann David Graf (26. 9. 1759–4. 10. 1830), preuß. General, schloß 1812 als Führer des preuß. Hilfskorps Napoleons die *Konvention von* → *Tauroggen,* gab damit den Anstoß zu den Befreiungskriegen; **2)** Peter (13. 11. 1904–8. 8. 44), dt.

Widerstandskämpfer; führend im → Kreisauer Kreis, hingerichtet.

York, Nebenlinie des Hauses → Plantagenet in England 1459–85; → Rosenkriege.

York [*jɔːk*], **1)** Kap-York-Halbinsel NO-Australiens, in Queensland, 210 000 km², mit nördlichstem Festlandspunkt *Kap Y.;* riesige Bauxitlager; **2)** St. u. Distrikt d. Gft North Y.shire, bis 1974 Hptst. der ehem. engl. Gft *Y., Y.shire* (1974 aufgeteilt in → North Yorkshire u. → South Yorkshire); an d. Ouse, 123 000 E; anglikan. Erzbischof (Primas v. England).

Yosemitetal [*jou'semɪt-*], in Kalifornien, am W-Hang d. Sierra Nevada, bis 1500 m hohe, v. Gletschereis geschliffene Felswände, 24 km lang; Nationalpark (3081 km²).

Young, 1) Edward (7. 3. 1683– 5. 4. 1765), engl. Dichter; *Nachtgedanken;* **2)** Owen (27. 10. 1874–11. 7. 1962), am. Wirtschaftspol., 1928 Mitverf. d. Zahlungsplans (**Young-Plan**) f. dt. → Reparationen; **3)** Thomas (13. 6. 1773–10. 5. 1829), engl. Arzt, Phys. u. Naturphil.; Forschungen über Lichtwellen u. Farbsehen.

Young Men's Christian Association → YMCA.

Youngstown [*'jʌŋztaun*], St. im US-Staat Ohio, 115 000 E; Stahl-, Eisenwerke, Hochöfen.

Yourcenar [*jursə'nar*], Marguerite (7. 6. 1903–18. 12. 87), frz. Schriftst.in; *Ich zähmte die Wölfin; D. Fangschuß.*

Ypern, frz. *Ypres,* fläm. *Ieper,* belg. St. in der Prov. W-Flandern, 35 000 E; got. Kathedrale.

Ypsilanti *(Ipsilantis),* Alexander (12. 12. 1792–31. 1. 1828), griech. Freiheitskämpfer, von → Metternich interniert.

Yquem [*i'kɛm*], frz. weißer Bordeauxwein.

Ysaye [*iza'i*], Eugène (16. 3. 1858–12. 5. 1931), belg. Geiger u. Komponist.

Yser, [frz. *i'zɛr,* nld. *'eɪsər*], Fluß in Frankreich und Belgien, 76 km lang, mündet bei Nieuwport in d. Nordsee.

Ysop, *m.,* Halbstrauch mit blauen Lippenblüten; Gewürzpflanze.

Yssel [*'ɛɪsəl*], svw. → Ijssel.

Ytterbium, *s., Yb,* chem. El., Oz. 70, At.-Gew. 173,04; Dichte 6,97 g/L; Seltenerdmetall.

Yttrium, *s., Y,* chem. El., Oz. 39, At.-Gew. 88,905, Dichte 4,47; Seltenerdmetall; Y. wurde 1794 von J. Gadolin im Mineral Gadolinit bei Ytterby (Schweden) entdeckt.

Yuan → Währungen, S. 1087/88.

Yucatán, 1) Halbinsel in Mittelamerika, von Cuba durch die **Y.straße** getrennt; pol. zu Mexiko, Belize u. Guatemala gehörig; **2)** N-Teil bildet d. mexikan. Staat Y., 38 402 km², 1,3 Mill. E (großenteils Maya-Indianer); Hptst. *Mérida.*

Yucca, *w., Palmlilie,* palmenähnl. Liliengewächs aus Mittelamerika; Zierpflanze, Blattfasern z. Herstellung v. Seilen u. Matten.

Yukawa, Hideki (23. 7. 1907–9. 9. 81), jap. Atomphys.; Vorhersage der Existenz d. Mesonen; Nobelpr. 1949.

Yukon [*'juːkɔn*], Strom i. nw. Kanada u. Alaska, mündet in einem Delta ins Bering-Meer, 3185 km l. (mit Quellfl. Nisutlin). – **Y.-Territorium,** kanad. Verw.gebiet am Oberlauf des Y., 483 450 km², 24 000 E; Hptort *Whitehorse* (21 000 E).

Yun, Isang (* 17. 9. 1917), korean. Komp.; Verbindung v. serieller Technik u. ostasiat. Klangformen; Opern: *Der Traum d. Liu-Tung.*

Yunnan, früher *Jünnan,* Hochland-Prov. i. SW-China, 436 200 km², 35 Mill. E; Hptst. *Kunming.*

Yvelines [*iv'lin*], frz. Dép. im Pariser Becken, 2285 km², 1,3 Mill. E; Hptst. *Versailles.*

Yverdon-les-Bains [*ivɛr'dôlɛ'bɛ̃*], (CH-1400), *Iferten,* schweiz. Kurort am Neuenburger See, 21 700 E; warme Schwefelquelle; Schloß (1805–25) Wirkungsstätte J. H. Pestalozzis.

YWCA [*'waɪ'dabljusi'æɪ*], → YMCA.

Z, letzter Buchstabe des Alphabets.

Zaanstad [*zan*-], St. in der Prov. N-Holland, 130 000 E; 1977 durch Zus.schluß v. *Zaandam* u. umliegenden Gemeinden gebildete Ind.st.; Holzhandel, chem. Industrie, Schiffbau.

Zabaleta [*θaβa*-], Nicanor (* 7. 1. 1907), span. Harfenist.

Zabern, frz. *Saverne*, St. im Unterelsaß, am Rhein-Marne-Kanal, 10 000 E; Eisenwaren-, Herde-, Masch.- u. Uhrenind.; w. davon **Z.er Steige**, Gebirgspaß (410 m) über die Vogesen.

Zabrze [*'zabʒɛ*], poln. Name d. St. → Hindenburg.

Zacatecas [*θaka*-], mexikan. Staat, 73 252 km², 1,26 Mill. E; Silber, Blei, Gold, Kupfer; Hptst. Z. (2490 müM, 68 000 E).

Zacharias, bibl. Gestalt, Vater v. → Johannes d. Täufer.

z-Achse, *math.* die dritte der 3 räumlichen Koordinatenachsen, wird meist senkrecht zur → *x*- u. *y*-Achse gelegt.

Zadar [*'za*-], it. *Zara*, jugoslaw. St. an d. Adria (Dalmatien), Seebad u. Hafen, 116 000 E; Dom, Erzbischofssitz; Akad., Museen; Textilind.

Zadkine [*zad'kin*], Ossip (14. 7. 1890–25. 11. 1967), frz. kubist.-surrealist. Bildhauer russ. Herkunft; *Homo sapiens; Die zerstörte Stadt* (Rotterdam).

Zagazig, ägypt. Prov.hptst. i. östl. Nildelta, 274 000 E; Baumwollhandel.

Zagreb [*za*-], *Agram*, Hptst. Kroatiens (Jugoslawien), a. d. Save, 1,2 Mill. E; röm.-kath. u. orthodoxes Erzbistum, protestant. Bistum; got. Dom, Akad. d. Wiss., Uni., Observatorium, Oper, Bildergalerie der jugoslaw. Akad.; Ind.; Handelsmessen.

Zahl, *math.* Begriff. Zahlen entstehen zunächst durch Abzählen; man unterscheidet: **1)** *rationale Zahlen;* hierzu gehören alle positiven und negativen ganzen Zahlen (z. B. + 3, + 3, - 1, - 7 usw.), echte Brüche (z. B. ⅓), unechte Brüche (z. B. ⅗), **2)** *irrationale Zahlen* sind unendliche nichtperiod. Dezimalbrüche (z. B. √7 = 2,6457 ...), transzendente

Zahlen (z. B. π = Ludolfsche Zahl); **3)** *imaginäre* (unwirkl.) *Zahlen* mit d. Einheit *i* = √-1; **4)** *komplexe Zahlen*, die sich aus einem reellen u. einem imaginären Teil zusammensetzen (z. B. *a* + *b · i*).

Zähler, *math.* bei einem *Bruch:* die über dem Bruchstrich stehende Zahl.

Zahlkarte → Postgiro.

Zählrohr, *phys.* Gerät z. Nachweis v. energiereichen → Elementarteilchen u. → radioaktiver Strahlung, z. B. → Geiger-Müller-Z. (durchfliegendes Teilchen erzeugt durch Ionisierung d. Gasfüllung d. Z.s e. Ionenlawine u. damit e. Stromstoß); Szintillations-Z. u. a.

Zahlungs-abkommen, Teil eines Handelsvertrages, der den zwischenstaatl. Zahlungsverkehr regelt; → Verrechnungsabkommen. – **Z.bedingungen**, bei einem Kauf: regeln Z.fristen, Z.art → Rabatt und Skonto (→ Kassenskonto). – **Z.befehl**, früher Bez. f. → Mahnbescheid. – **Z.bilanz**, Gegenüberstellung aller Zahlungen, die ein Staat in einem Jahr an das Ausland leistet bzw. vom Ausland empfängt. – **Z.einstellung**, ausdrückl. od. stillschweigende Handlung des Schuldners, wonach er mangels flüssiger Mittel nicht mehr zahlen kann; Indiz für → Zahlungsunfähigkeit. – **Z.ort**, svw. → Erfüllungsort; muß auf Wechsel oder Scheck angegeben werden. – **Z.unfähigkeit**, *Insolvenz*, voraussichtl. länger währende Unfähigkeit eines Schuldners zur Erfüllung fälliger Verpflichtungen; Grund für Eröffnung des Konkurses. Dagegen → Überschuldung.

Zählwerk, Apparatur zur Zählung von Bewegungsvorgängen, auch für Meßzwecke (z. B. → Wassermesser, → Gasmesser, → Elektrizitätszähler, → Taxameter).

Zahlwörter, *Numeralia*, bestimmte Z.: Grund- (z. B. *drei*), Ordnungs- *(dritter)*, Einteilungs- *(je drei)*, Vervielfältigungs- *(dreimal)*, Teilungs-Z. *(Drittel)*; unbestimmte Z. (z. B. *viel*).

Zahn, **1)** Ernst (24. 1. 1867–12. 2. 1952), schweiz. Erzähler; *Lukas Hochstraßers Haus; Frau Sixta;* **2)** Peter von (* 29. 1.

1913), dt. (Fernseh-)Journalist; *Die Reporter der Windrose berichten.*

Zahnarme, *Edentaten*, Säugetiere m. zurückgebildeten Zähnen: *Ameisenbären, Gürtel-, Faultiere.*

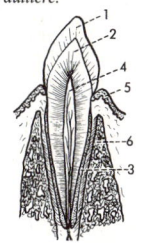

1 Schmelz, 2 Dentin, 3 Zement, 4 Pulpa, 5 Zahnfleisch, 6 Kieferknochen

Zahn

Zähne, hpts. aus Zahnbein *(Dentin);* der sichtbare Teil: *Zahnkrone*, von Schmelz überzogen, trägt die Kaufläche bzw. Schneide; im Kiefer steckt die *Zahnwurzel*, in deren Spitze Nerven u. Blutgefäße eintreten, die Inneres d. Wurzel, das *Zahnmark (Pulpa)*, ernähren; → Gebiß.

zahnen, Durchbruch eines neuen Zahns, oft fälschl. als Krankheit („Zahnkrämpfe" usw.) angesehen (→ Säuglingspflege, Übers.).

Zahn-ersatz, fest als Stiftzähne, künstl. Z.kronen, Brücken; abnehmbar als Prothesen, partiell oder total. – **Z.fäule**, *Karies*, von d. Z.krone oft bis zur Z.wurzel fortschreitend; mit Z.schmerzen. Z.fäulnisherde bes. in der Wurzel als Bakterien- u. Leitherde, oft Ausgangspunkte v. Krankheiten (Rheumatismus, Neuralgie u. a.); begünstigt durch unzweckmäßige Ernährung; Fluor zur Vorbeugung (örtl. Behandlung, Tabletten und Trinkwasserzusatz). – **Z.geschwür**, svw. → Wurzelhautentzündung. – **Z.heilkunde**, Behandlung erkrankter oder falsch stehender Zähne u. Herstellung v. Z.ersatz, ausgeübt von Z.arzt nach abgeschlossenem akad. Studium u. Prüfung vor Prüfungskommission u. nach Bestal-

lung durch Landesgesundheitsamt (Ges. vom 31. 3. 1952); auch → Dentist.
Zahnkarpfen, vorwiegend Süßwasserfische mit lebendgebärenden Arten, wie z. B. der oft in Aquarien gehaltene *Guppy.*

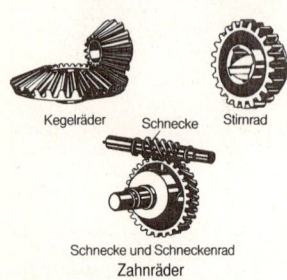

Kegelräder   Schnecke   Stirnrad

Schnecke und Schneckenrad
Zahnräder

Zahnrad, Scheibe zur Übertragung von Bewegungen u. Kräften von Welle zu Welle durch ineinander kämmende Vorsprünge *(Zähne)* u. Aussparungen *(Zahnlücken)* od. m. Triebstöcken (Triebstockod. → Sprossenrad); bei parallelen Wellen *Stirnräder* (auch einseitig mit Zahnstange arbeitend); bei sich kreuzenden Wellen *Kegelräder;* für große Übersetzungen *Schneckenräder* (→ Schnecke); Außen- u. Innen-Verzahnungen. — **Z.bahn,** Bergbahn, bei der Triebzahnrad in eine in Gleismitte liegende Zahnstange eingreift, i. d. Alpen von 1871 (Rigi-Bahn) bis 1930 (bayr. Zugspitzbahn) gebaut.
Zahnstein, Ablagerung v. Calcium-, Kalium-, Natriumsalzen u. Mikroben am Zahnhals, bedarf regelmäßiger Entfernung.
Zahntechniker, handwerkl. Hersteller von Zahnersatz, führt Laborarbeiten aus, keine Krankenbehandlung.
Zahnwale → Wale.
Zahnwechsel → Gebiß.
Zahnzement, Hartgewebe über Zahnwurzel.
Zähringer, schwäb. Herzogsgeschlecht, von dem die Großherzöge von Baden abstammten.
Zahrnt, Heinz (* 31. 5. 1915), dt. Theologe u. Publizist; zahlr. theol. Veröffentlichungen.
Zain, gegossener flacher Metallstab zur Verwalzung; bes. für Münzherstellung.
Zaïre, amtl. *République du Z.,* früher *Demokr. Rep. Kongo (Kinshasa),* s. 1971 *Rep. Z.,* im Stromgebiet d. Kongo, 2 345 095 km², 33,46 Mill. E (14 je km²); Bev.-Zuw. 3,1%; Bev.: vorwiegend Bantuneger; Sprache: Frz., Kisuaheli, Bantusprachen; Währung: Zaïre (Z); Rel.: überwiegend Naturrel., 32% kath., 11% ev., 1% moh.; Hptst.: *Kinshasa;* Flagge S. 341, Karte S. 750. **a)** *Geogr.:* Im fast un-

bewohnten Kongobecken trop. Urwald, daran anschließend Randschwellen u. Hochland m. Steppen u. Galeriewäldern. **b)** *Wirtsch.:* Landw. rückläufig; Basis f. d. W. bildet d. Bergbau; Hptlieferant f. Ind.diamanten (1985: 14,1 Mill. Karat), führend in d. Cobaltproduktion, daneben Kupfer (1988: 283 000 t); Gold, Silber, Zinn, Zink, Mangan, Cadmium, Germanium, Erdöl. **c)** *Außenhandel* (1988): Einfuhr 764 Mill., Ausfuhr 1,12 Mrd. $. **d)** *Verf.:* Präsidiale Rep. m. Einkammerparlament (Staatspräs. als oberstes Verf.organ), Nat. Exekutivrat als Reg. (m. Staatskommissaren). **e)** *Verw.:* 8 Prov. u. Hptst. **f)** *Gesch.:* Hervorgegangen aus dem 1885 gegr. *Kongostaat* unter d. Oberhoheit Kg Leopolds II. von Belgien; 1908 belg. Kolonie *(Belg.-Kongo);* 1960 unabhängige Rep.; seit d. Unabhängigkeit innere Wirren und Stammesfehden; zeitweilige Loslösung der Prov. → Katanga unter Präs. → Tschombé u. Eingreifen der UN; 1965 Machtübernahme durch Mil. (→ Mobutu); 1977 u. 1978 Kämpfe in d. Bergbauprov. → Shaba (früher Katanga), Intervention marokkan., frz. u. belg. Truppen; gr. wirtsch. Probleme durch Korruption u. Mißwirtschaft; 1990 Zulassung v. neuen Parteien (Ende d. Einparteienstaats); pol. Veränderungen für künftige „3. Rep." angekündigt; 1991 Wahlen. **g)** *Mitgl.:* UN; AKP-Staat.
Zakopane, poln. St. u. Luftkurort in W-Galizien, Hohe Tatra, 837 müM, 33 000 E; Wintersport.
Zakynthos, südl. Ionische Insel und griech. Nomos, 30 000 E; Hptst. Z. (10 000 E); 1953 durch Erdbeben stark zerstört.
Zama, im Altertum St. i. N-Afrika, westl. v. Karthago; 202 v. Chr. Hannibal von Scipio geschlagen.
Zambia → Sambia.
Zambo, Mz. *Zambos* ['θam-], Mischling von Neger und Indianerin.
Zamboanga [θam-], St. u. Hafen auf Mindanao (Philippinen), 379 000 E.
Zamenhof, Ludwig Lazarus (15. 12. 1859-14. 4. 1917), poln. Augenarzt; Schöpfer d. → Esperanto.
Zamora [θa-], Hptst. der span. Prov. Z. (an der portugies. Grenze), am Duero, 60 000 E; Bischofssitz, Kathedrale (12. Jh.), Schloß.
Zander, *Hechtbarsch,* größte eur. Barschart; Speisefisch.
Zandvoort ['zantfort], ndl. Seebad in der Prov. N-Holland, 16 000 E.
Zangbo, Oberlauf des → Brahmaputra.
Zange, Werkzeug zum Festhalten (z. B. *Schmiede-, Block-, Rohr-Z.),* z. Biegen, auch Flachquetschen *(Flach-Z.),* z. Abquetschen: *Kneif-Z.*
Zangengeburt → Geburtszange.
Zanonia, *Cucurbitazee,* tropische Pflanze mit Flugsamen, die Prof. Ahlborn als Modell für Flugzeugtragflächen entdeckte; → Etrich.

Zäpfchen, 1) → Netzhaut; **2)** → Gaumenzäpfchen; **3)** → Suppositorium.
Zapfen, 1) Blütenstand, bes. der Nadelhölzer; **2)** im *Maschinenbau:* runder Bolzen, auch der in einem Lager sich drehende Teil einer Achse.
Zapfenstreich, Abendsignal in mil. Unterkünften; der *Große Z.* wird bei feierl. Anlässen von einem oder mehreren Musikkorps gespielt.
Zaponlack, Nitrocelluloselack; für hauchdünne, transparente Überzüge auf Holz, Glas, Metallen und Leder.
Zapoteken, Indianer (etwa 215 000) im südl. Mexiko mit eigener Sprache; altes Kulturvolk.
Zapotocky ['zapɔtɔtski], Antonín (19. 12. 1884-13. 11. 1957), tschech. kommunist. Pol.; 1948-53 Min.präs., 1953-57 Staatspräs.
Zar, vom lat. *Caesar,* Titel d. russ. Herrscher 1562-1917, d. bulgar. 1908-46.
Zaragoza [θara'yoθa], Saragossa, Hptst. der nordspan. Prov. Z., am Ebro, 591 000 E; Erzbischofssitz, Uni.
Zarathustra → Zoroaster.
Zarge, *w.,* rahmenartige Einfassung (z. B. Tür-, Fenster-, Tisch-Z.); bei Saiteninstrumenten Verbindungsholz zwischen Decke und Boden.
Zarlino, Gioseffo (22. 4. 1517-14. 2. 90), it. Komp.; Begr. der modernen Harmonielehre.
Zarzuela [θar'θuela], span. Gattung v. Singspielen m. Solo, Chor u. Sprechdialog; s. 17. Jh.
Zäsur, *w.* [l. „Einschnitt"], Pause innerhalb eines Choralabschnitts od. Versfußes in der Verszeile.
Zátopek ['za-], Emil (* 19. 9. 1922), tschech. Langstreckenläufer; mehrfacher Medaillengewinner bei Olymp. Spielen 1948 u. 1952; Begr. der → Intervalltrainingsmethode.
Zauberei, svw. → Magie.
Zauche, Kiefern- u. Heidelandschaft westl. v. Werder, Brandenburg.
Zaum, 1) zum Lenken von Reit- und Zugtieren, besteht im allg. aus dem Kopfgestell mit Gebiß u. d. Lenkriemen (Zügel) bzw. Halfter (z. Anbinden); **2)** *Pronyscher Z.,* Bremsdynamometer zur Leistungsmessung an Maschinen.
Zaun-könig, kleiner bräunlicher Singvogel, bis 10 cm lang, baut Kugelnest mit Flugloch im Gebüsch. - **Z.rebe,** svw. → Wilder Wein. - **Z.rübe,** Kletterpflanze (Kürbisgewächs) m. e. rübenförm. (giftigen) Wurzelstock u. schwarzen od. roten Beeren; in Gebüschen usw.; auch Zierpflanzen; *med.* homöopath. angewendet.
Zavattini, Cesare (* 20. 9. 1902), italienischer Schriftsteller, Drehbuchautor und Theoretiker des Neorealismus; *Die Fahrradiebe.*
ZDF, Abk. f. *Zweites Deutsches Fernsehen.*
Zebaoth [hebr. „(Herr) d. Heerscharen"], Beiname Jahwes im A. T.

Zebra

Zębras, Wildpferde S- u. O-Afrikas; gestreift: *Berg-, Steppen-* und *Grévy-Z.;* auch → Quagga.
Zebroid, *s.,* Kreuzung von Zebra mit Esel oder Pferd.

Zebu

Zębu, *m.* od. *s.,* Rind mit Fetthöcker auf Vorderrücken; Nutztier; Indien, Afrika.
Zech, Paul (19. 2. 1881–7. 9. 1946), dt. Schriftsteller; Lyrik: *Der Wald;* Drama, Prosa.
Zeche, urspr. svw. Genossenschaft, dann Bergwerk, Grube; bes. in Eigennamen, z. B. Zeche-Minister-Stein; *auf Z. sein:* im Bergwerk arbeiten.
Zechine, *w.* [it.], venezian. Goldmünze (1284–1802), Vorgängerin d. → Dukaten.
Zechprellerei, vorsätzliches Nichtbezahlen von Speisen od. Getränken in Gaststätten, gilt als Betrug.
Zechstein, Epoche der Permzeit; → geologische Formationen, Übers.
Zecken, Milbenfamilie, meist Blutsauger an Säugetieren (z. B. der → Holzbock). – **Z.enzephalitis,** *Frühsommermeningoenzephalitis* = FSME, Hirnhautentzündung nach Zeckenbiß; Viruserkrankung, d. auch auf d. Gehirn übergreifen kann. Vorbeugung durch Schutzimpfung.
Zeder, *w.,* lärchenähnl., aber immergrüner Nadelbaum; *Libanon-Z.* auf d. Libanon, auf Zypern, dem Taurus, im wärmeren Europa angepflanzt; Holz geschätzt; verwandte Arten im Atlas und Himalaja; *Rote Z.,* der virgin. Wacholder. – **Z.nholz,** *unechtes,* v. der *roten Z.,* für Zigarrenkisten; *echtes,* für Bleistifte. – **Z.nöl,** äther. Öl aus Holz der Z. u. verwandter Bäume, f. Parfümerien usw.
zedieren [l.], abtreten; → Zession.
Zeebrugge [*'ze:bryɣə*], Vorhafen von Brügge, Belg.; Fähre nach Harwich (England); Nordseebad.

Zeeman [*'ze:-*], Pieter (25. 5. 1865–9. 10. 1943), ndl. Phys.; (zus. mit Lorentz) Nobelpr. 1902.
Zeeman-Effekt, Aufspaltung von Spektrallinien (→ Spektrum) in 2 od. 3 Komponenten in starkem Magnetfeld.
Zehdenick (D-1434), St. i. Kr. Gransee, Bbg, 11 635 E; div. Ind., Werft.
Zehlendorf, Verw.bez. v. (W-)Berlin, mit Dahlem, Nikolassee und Wannsee.
Zehnbambushalle, *Shi-chu-chai shu-hua-tse,* „Sammlung der Zehnbambushalle in Wort und Bild", chin. Sammlung (auch → Senfkorngarten) v. Gemälden versch. Künstler; herausgegeben v. Hu Cheng-Yen (17. Jh.; später Neudrucke); diente auch als maler. u. kalligraph. Musterbuch.
Zehnender, *Zehner,* → Geweih.
Zehnerklub, Bez. für die Zusammenarbeit der 10 Ind.nationen: Belgien, BR, Frkr., Großbrit., Ndl., Italien, Japan, Kanada, Schweden u. USA zur Unterstützung des Intern. Währungsfonds durch Gewährung von Krediten.
Zehnkampf, leichtathlet. Mehrkampf f. Männer, bestehend aus: 100-m-, 400-m-Lauf, Hoch-, Weitsprung, Kugelstoßen, 110-m-Hürdenlauf, Stabhochsprung, Diskus-, Speerwerfen, 1500-m-Lauf; an zwei Wettkampftagen durchgeführt; olymp. Wettbewerb.
Zehnt, *der Zehnte,* früher Naturalabgabe des 10. Teils der Ernte an Kirche und Lehnsherren. [am 1.–3. Jh. n. Chr. das Gebiet zwischen Rhein und oberer Donau, durch → Limes geschützt, den Römern mit dem Zehnten zinspflichtig.]
Zehrwespen, kleine Schmarotzerwespen.
Zeichen-rolle, svw. → Warenzeichenrolle. – **Z.schutz** → Warenzeichenrecht.
Zeidelrecht, Recht, in einem Walde Bienen zu halten.

Wolfgang Zeidler

Zeidler, Wolfgang (2. 9. 1924–31. 12. 87), dt. Jurist; 1970–83 Präs. d. Bundesverw.gerichts; 1983–87 Präs. d. Bundesverf.gerichts.
Zeidlerei → Bienenzucht.
Zeilengießmaschine → Linotype.
Zeisig, *Erlenzeisig,* gelbgrüner Fink; der *Birkenzeisig* in Dtld als Wintergast aus den nördl. Ländern, rotköpfig.
Zeiss, Carl (11. 9. 1816–3. 12. 88), Begr. d. opt. Z.-*Werke* in Jena; s. 1866 → Abbe als Mitarbeiter, Werke s.

Carl Zeiss

1891 *Carl-Zeiss-Stiftung;* Jenaer Werke nach d. 2. Weltkr. enteignet u. verstaatlicht. Rechtssitz d. Stiftung u. Firma heute in Heidenheim a. d. Brenz; Werke in Oberkochen; beteiligt an d. Zeiss Ikon AG, Stuttgart.
Zeit, transzendentaler Begriff des Nacheinanderseins; Erscheinungsform einer transzendentalen Ordnung, insofern dem Raum gleichwertig u. durch → Relativitätstheorie (Übers.) folgerichtig mit ihm zu vierdimensionalem *Raum-Z.-Kontinuum* verknüpft. *Astronomische Z.: Sonnen-Z.* u. *Stern-Z. Wahre Sonnen-Z.,* angezeigt durch Sonnenuhr; *wahrer Mittag,* wenn Sonnenmittelpunkt durch Ortsmeridian geht; Z. zw. zwei solchen Durchgängen veränderl., weil Sonne schief zum Äquator u. ungleichmäßig in d. Ekliptik fortschreitet; daher Einführung einer gedachten *mittleren Sonne,* gleichmäßig i. Äquator fortschreitend, *mittlere Sonnen-Z.* u. *mittlere Sonnentag* bestimmend. Von kl. Unregelmäßigkeiten befreit sind → Ephemeridenzeit u. → Atomzeit; Differenz zw. mittlerer u. wahrer Sonnen-Z. = Zeitgleichung; 2 Maxima u. Minima im Jahr (z. B. 12. Februar + 14 Min. 25 Sek., 3. November –16 Min. 20 Sek.). *Stern-Z.: Sterntag* beginnt bei Durchgang des Frühlingspunktes (→ Äquinoktium) durch den Meridian u. ist um 3 Min. 56,6 Sek. kürzer als mittlerer Sonnentag. – *Orts-Z.* um 4 Min. je 1° Längenunterschied verschieden; östliche Orte spätere Z.; ersetzt durch *Einheits-Z., Zonen-Z.,* für größere Gebiete, um ganze Stunden verschieden von *Welt-Z.* (WZ) der mittleren Sonnen-Z. von Greenwich; in Europa: *West-, Mittel-, Osteuropäische Z.* (abgekürzt WEZ, MEZ, OEZ); hier ist WEZ = Weltzeit (WZ), MEZ = WZ + 1 Std., OEZ = WZ + 2 Std. → Zeitzonenkarte; → Sommerzeit.
Zeitalter, *Weltalter, Äon,* Zeitabschnitt, der eine best. Entwicklungsstufe i. d. Geschichte der Menschheit oder Völkergruppen umfaßt (z. B. Vorgeschichte, Altertum, Mittelalter, Neuzeit; Hellenist. Z., Z. der Entdeckungen usw.).
Zeitblom, Bartholomäus (um 1455–um 1520), dt. spätgot. Maler.

Zeisig

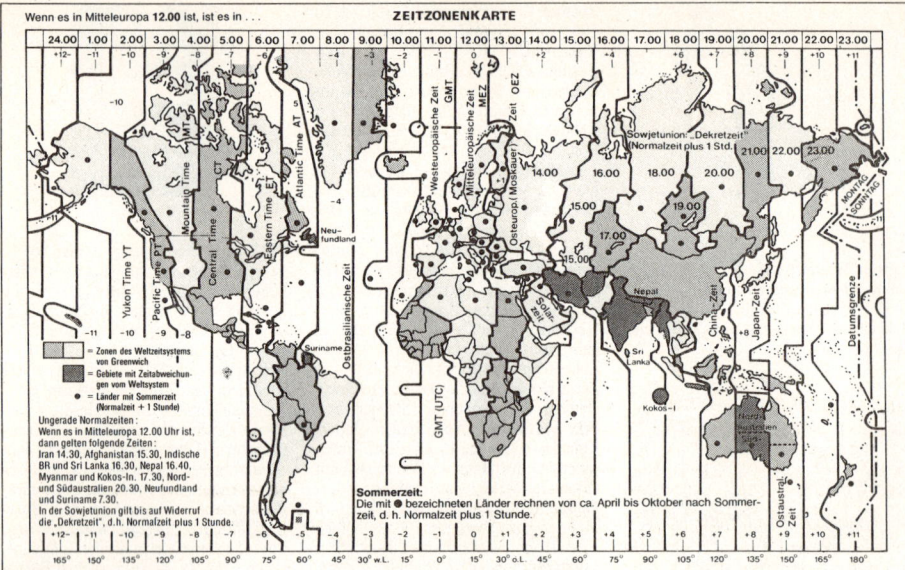

ZEITZONENKARTE

Wenn es in Mitteleuropa **12.00** ist, ist es in ...

24.00 1.00 2.00 3.00 4.00 5.00 6.00 7.00 8.00 9.00 10.00 11.00 12.00 13.00 14.00 15.00 16.00 17.00 18.00 19.00 20.00 21.00 22.00 23.00

☐ = Zonen des Weltzeitsystems von Greenwich
☐ = Gebiete mit Zeitabweichungen vom Weltsystem
● = Länder mit Sommerzeit (Normalzeit + 1 Stunde)

Ungerade Normalzeiten:
Wenn es in Mitteleuropa 12.00 Uhr ist, dann gelten folgende Zeiten: Iran 14.30, Afghanistan 15.30, Indische BR und Sri Lanka 16.30, Nepal 16.40, Myanmar und Kokos-In. 17.30, Nord- und Südaustralien 20.30, Neufundland und Suriname 7.30.
In der Sowjetunion gilt bis auf Widerruf die „Dekretzeit", d.h. Normalzeit plus 1 Stunde.

Sommerzeit:
Die mit ● bezeichneten Länder rechnen von ca. April bis Oktober nach Sommerzeit, d.h. Normalzeit plus 1 Stunde.

Zeiteinheit, eine Sekunde (s) = 9 192 631 770 Schwingungen d. Cäsiumatoms.

Zeitgeschäfte, svw. Lieferungsgeschäfte mit Lieferfrist, auch svw. → Termingeschäfte.

Zeitgleichung → Zeit.

Zeitlupe, beim *Film:* langsame Wiedergabe d. einzelnen Phasen einer Bewegung; *Zeitraffer* wirkt umgekehrt.

Zeitmultiplextechnik, Verfahren zur Mehrfachnutzung eines Übertragungsweges durch Verschachtelung verschiedener digitaler Signale in einem festgelegten Zeitabschnitt (z. B. System PCM 30: gleichzeitig können 30 Ferngespräche auf *einer* Leitung übertragen werden).

Zeitnehmer, Kampfrichter beim Sport, stellt die Zeit eines Laufs, einer Fahrt usw. mit Stoppuhr fest.

Zeitraffer → Zeitlupe.

Zeitrechnung, abendländ. Z. beginnt mit Christi Geburt; die alten Griechen rechneten nach Olympiaden (alle 4 Jahre) von 776 v. Chr., die Römer von der Erbauung Roms 753 v. Chr., die Juden v. 3761 v. Chr. (nach d. A. T. Erschaffung der Welt), die Moslems von 622 n. Chr. (→ Hedschra); die Franzosen vom Stiftungstag der frz. Republik, 22. 9. 1792 (abgeschafft 1806).

Zeitschriften, periodisch erscheinende Druckschriften; Inhalt auf best. Gebiete begrenzt; im 17. u. 18. Jh. *(Gelehrte Anzeigen, Moralische Wochenschriften)* entstanden; Arten: wiss., pol., Weltanschauungs-, belletristische und Unterhaltungs-Z. (Magazine); wirtsch., technische Z., Fach-Z., Verbandsorgane (→ Presse, Übers.).

Zeitstudien, Zeitaufnahmen für Arbeitsvorgänge in Industriebetrieben durch → REFA-Fachleute; z. T. durch automat. Registriergeräte, bilden Grundlage e. gerechten Entlohnung.

Zeitung [mhdt. „zitung = Kunde, Botschaft"], regelmäßig (wöchentlich mehrmals, täglich oder mehrmals am Tage) erscheinende Druckschrift, welche die Öffentlichkeit über das Geschehen der Gegenwart unterrichtet; älteste Z. in Rom als *Acta diurna* („Tageblatt") in Tafeln auf d. Forum aufgestellt; in Europa im 15. Jh. geschriebene Z.en, später Flugblätter mit Einzelnachrichten (auch in Gedichtform); früheste regelmäßig erscheinende Z. in S-Dtld (1609 Straßburg); seit Mitte 17. Jh. Z.en, die noch bis in d. neuere Zeit bestanden; Großentwicklung seit Einführung der Pressefreiheit u. Gründung bedeutender Pressekonzerne u. Großverlage; heute für die Meinungsbildung v. gr. Bed. (→ Presse, Übers.).

Zeitwort → Verbum.

Zeitz (D-4900), Krst. i. S-A., an der Weißen Elster, 41 467 E; Masch.ind., Braunkohlenbergbau, Hydrierwerk.

Zeitzeichen, *seem.* Zeichen zur genauen Zeitangabe (z. B. über Funk oder Radio zu best. Zeiten gesendetes Zeichen); 1910 in Dtld eingeführt; zur Korrektur des Bordchronometers; ermöglicht am Schiffen die genaue Ortsbestimmung; heute dt. Langwellensender f. Zeitsignale u. Normalfrequenz (DCF 77, Standort Mainflingen/Hessen); versorgt Dt. Bundesbahn, Rundfunksender u. Seeschifffahrt m. Zeitsignalen.

Zeitzler, Kurt (9. 6. 1895–25. 9. 63), Ge-

neraloberst u. Generalstabschef des dt. Heeres v. 1942–1944.

Zeitzonen → Zeit.

Zelebrant [l.], die Messe feiernder kath. Priester.

zelebrieren, (Messe) feiern.

Zella-Mehlis (D-6060), St. i. Kr. Suhl, Thür., Luftkurort im Thüringer Wald, 490 müM, 14 365 E; Metallind.

Zell am See (A-5700), Bezirksst. im Pinzgau, Land Salzburg, 758 müM, 7900 E; Luftkurort, Alpenseebad, Wintersportplatz; Schloß *Rosenberg;* Seilbahnen, Skilifte.

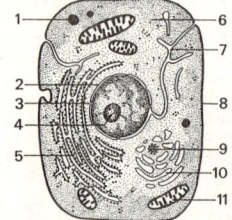

1 Lipoidtropfen, 2 Kernmembran, 3 Kernporen, 4 Nukleolus, 5 Ergastoplasma und Ribosomen, 6 Zellplasma, 7 endoplasmatisch, Retikulum, 8 Zellmembran, 9 Zentrosom, 10 Golgi-Apparat, 11 Mitochondrium

Feinstruktur der Zelle

Zelle, 1) kleiner Raum (z. B. *Gefängnis-, Kloster-Z.);* 2) lebendes, relativ selbständiges Elementarteilchen des pflanzl. u. tier. Körpers; seine letzte Form- u. Leistungseinheit; die einfachsten Lebewesen stellen nur *eine* solche Einheit dar *(Ein-*

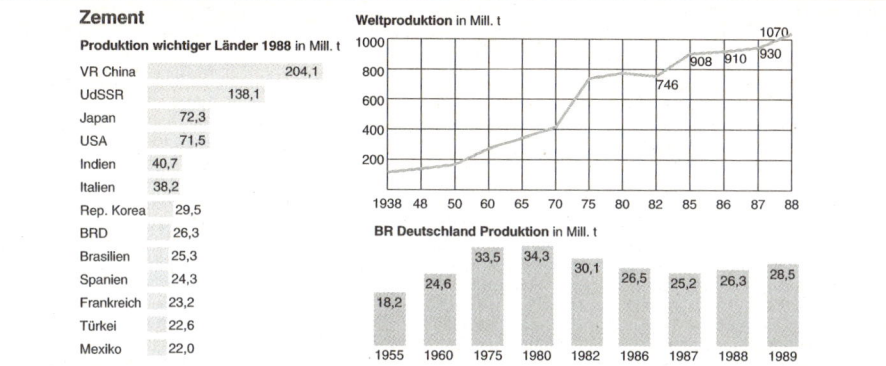

Zement

Produktion wichtiger Länder 1988 in Mill. t

VR China	204,1
UdSSR	138,1
Japan	72,3
USA	71,5
Indien	40,7
Italien	38,2
Rep. Korea	29,5
BRD	26,3
Brasilien	25,3
Spanien	24,3
Frankreich	23,2
Türkei	22,6
Mexiko	22,0

Weltproduktion in Mill. t

746, 908, 910, 930, 1070

1938 48 50 60 65 70 75 80 82 85 86 87 88

BR Deutschland Produktion in Mill. t

18,2 24,6 33,5 34,3 30,1 26,5 25,2 26,3 28,5

1955 1960 1975 1980 1982 1986 1987 1988 1989

zeller), die höheren sind aus vielen Zellen zusammengesetzt. Jede Z. aufgebaut aus → Protoplasma, geformten Körperchen u. Feinstrukturen (→ Plastiden, Mitochondrien, Zentrosom u. Ribosomen, endoplasmat. Retikulum, Golgi-Apparat) und Kern (Zellkern); d. in seinem Chromatin enthaltenen Chromosomen sind Träger der → Vererbung (Übers.). Vermehrung durch Teilung (Zellteilung), verbunden mit Teilung d. Kerns u. d. Chromosomen; → Eiweiß, → Nukleotide. Zellen der Pflanzen von festen Wänden aus Cellulose umschlossen, die der Tiere meist ohne Hülle. MPI f. Zellbiologie in Ladenburg b. Heidelberg.; 3) → Fotozellen.
Zeller, 1) Carl (19. 6. 1842–17. 8. 98), östr. Komp.; Operetten: D. Vogelhändler; D. Obersteiger; **2)** Eduard (22. 1. 1814–19. 3. 1908), dt. Phil. und Theol.; Die Philosophie der Griechen.
Zellerfeld → Clausthal-Zellerfeld.
Zellgewebsentzündung, Phlegmone, Entzündung u. Eiterung d. Unterhautzellgewebes, bes. b. verunreinigten Wunden.
Zellglas, aus Zellstoff hergestellte transparente Viskosefolie; biologisch abbaubar; vielseitige Verwendung für luft-, feuchtigkeits-, gasdichte Packungen u. Abdichtungen; im Handel als Cellophan, Transparit, Cuprophan u. a.
Zellgummi, hochelast. Gummimasse mit gasgefüllten elast. Zellen, → Schaumgummi.
Zellstoff → Cellulose.
zellular [nl.], aus Zellen gebildet, auch: auf die Zellen bezogen.
Zellularpathologie, begr. durch → Virchow, sucht jede Krankheit aus der Veränderung der Zellen zu erklären.
Zellulartherapie, nach d. schweiz. Arzt Niehans; Erfolg umstritten; als Frischzellentherapie, Einspritzung mechan. zerkleinerten lebenden embryonalen Tiergewebes aus versch. Organen; als Trockenzellentherapie, Einspritzung gefriergetr. Zellen gleicher Herkunft; z. Regeneration geschädigter Gewebe u. Organe.

Zellulitis, w. [l.], schmerzhafter Fettansatz im Bereich der Extremitäten m. Lymphstauung; dem Weichteilrheumatismus zuzuordnen.
Zellulose → Cellulose.
Zellwolle → Chemiefasern.
Zelot, m. [gr.], **1)** blinder (bes. religiöser) Eiferer; **2)** Zeloten, Name einer jüd. nationalist. Partei im 1. Jh. n. Chr.
Zelt, leichte, zusammenlegbare Unterkunft, aus wasserdichtem Zeltstoff (Zeltbahnen) u. Zeltstöcken zusammenzubauen; zur Befestigung am Boden: Zeltheringe (Pflöcke).
Zelter, Carl Friedrich (11. 12. 1758–15. 5. 1832), dt. Komp.; Männerchöre; ca. 200 Lieder; Begr. d. 1. → Liedertafel.
Zelter, m., (Damen-)Reitpferd, als Paßgänger (→ Paßgang) abgerichtet.
Zeltweg (A-8740), östr. St. in d. Steiermark, 9400 E; div. Ind.; Schloß Authal u. Farrach; Autorennen.
Zement, m., besteht aus aufgeschlossenen Silikaten mit beträchtl. Kalkgehalt; erhärtet mit Wasser allein; wesentl. Bestandteil des Wassermörtels; Herstellung des Z.s aus Gemengen von Kalk (auch Hochofenschlacken) und (ca. 25%) Ton (Portlandzement, Romanzement) oder aus tonhalt. Kalkstein mit ca. 10–20% Ton (Wasserkalk), durch Brennen und Mahlen, oder aus Puzzolanerden oder Traß (gemahlenem Tuffstein) durch Zusatz v. Kalk. – **Z.fabrikation** von Portland-Z.: Rohstoffe (Kalksteine, Ton) im Trockenverfahren gebrochen, gemischt, zu Rohmehl gemahlen u. getrocknet; Rohmehl in Öfen mit Kohlenstaub gemischt, bis zur Sinterung gebrannt; gesintertes Material (Klinker) unter Zusatz von Gips (bis 3%) wieder gebrochen, gemischt u. z. fertigem Z.staub zermahlt.
zementieren, 1) Ausfällen von Metallen aus ihren Lösungen (z. B. v. Kupfer aus kupferhaltigen Grundwässern); **2)** Erzeugung von Zementstahl, durch Glühen von weichem Eisen mit Kohlepulver (Aufkohlen).
Zen → Buddhismus.
Zendavęsta, alte Bez. f. → Avesta.

Zenit, m. [arab.], Scheitelpunkt, höchster Punkt d. Himmelsgewölbes, senkrecht über d. Beobachter; Gegenpunkt z. → Nadir. - **Z.distanz,** Abstand e. Sterns v. Z.; ergänzt sich mit d. → Höhe zu 90°.
Zeno|n, 1) Z. v. Elea (um 490–430 v. Chr.), griech. Phil.; → eleatische Schule; **2)** Z. v. Kition, der Stoiker (um 336–264 v. Chr.), griech. Phil., begr. d. → Stoizismus.
Zensoren, altröm. Beamte, leiteten alle 5 Jahre den Zensus, die Einschätzung aller Bürger nach Vermögen und Einreihung in Heeresklassen; Überwachung d. sittl. Lebens d. Bürger.
Zensur, w. [l.], Zeugnis, Beurteilung; bes. d. Veröffentlichungskontrolle v. Druckschriften, Filmen, Aufführungen; gemäß Art. 5 GG in BR keine Z., jedoch sind gesetzl. Einschränkungen, bes. zum Schutze der Jugend u. d. persönl. Ehre, statthaft; private Ausschüsse ("Selbstkontrolle") zur Verhinderung von Auswüchsen der Z.freiheit; im kath. Kirchenrecht durch Codex iuris canonici Verbot, best. Schriften zu lesen (→ Index librorum prohibitorum).
Zensus, m. [l.], Vermögenseinschätzung zu z. Steuerfestsetzung; auch Volkszählung.
Zenta, serb. Senta, jugoslaw. St. rechts d. Theiß, 45 000 E. – 1526–1686 türk., 1697 Sieg Prinz Eugens über die Türken.
Zentaur, m. [gr.], Kentaur, **1)** griech. Fabelgeschöpf → Kentaur; **2)** → Sternbilder, Übers.
Zentenarium, s. [l. „centum = 100"], Zentenarfeier, Feier e. 100. Jahrestags.
zentesimal [l.], hundertteilig.
Zenti- [l. „centum = 100"], Hundertstel einer Maß-, Gewichtseinheit (z. B. Zentimeter, cm = 1/100 m, Längeneinheit im → CGS-System).
Zentimeterwellen, → SHF, elektromagnet. → Wellen mit Wellenlängen v. 1–10 cm; Anwendung → Radar u. a.
Zentner, früheres dt. Handelsgewicht = 50 kg; Doppelzentner, dz = 100 kg (→ Maße u. Gewichte, S. 1085).
zentral [l.], im (vom) Mittelpunkt (aus); als Vorsilbe: Mittel ..., Haupt ...

Zentralafrikanische Föderation, 1953–63 bestehende Föderation von N- u. S-Rhodesien u. Njassaland; war Teil des Commonwealth; Hptst. *Salisbury.* → Simbabwe, → Malawi, → Sambia.

Zentralafrikanische Republik, amtl. *République Centrafricaine,* früher *Ubangi-Schari,* Rep. in Äquatorialafrika, 622 984 km², 2,77 Mill. E (4 je km²);

Bev.-Zuw. 2,5%; Bev.: Sudanneger, im S auch Bantustämme; Sprache: Frz., Sangho; Währung: Franc CFA (FCFA); Rel.: 80% Naturrel., 15% kath., 5% moh.; Hptst.: *Bangui;* Flagge S. 341, Karte S. 750. **a)** *Geogr.:* Im S trop. Regenwald, im N Buschwald u. Grassteppen. **b)** *Wirtsch.:* Viehzucht, Plantagenwirtsch.; Ausfuhr v. Kakao, Kaffee, Baumwolle u. Edelhölzern; Bodenschätze: Gold, Diamanten, Uran, Graphit. **c)** *Außenhandel* (1986): Einfuhr 252 Mill., Ausfuhr 131 Mill. $. **d)** *Verf.* v. 1986: Präsidiale Rep. m. Einkammerparlament. **e)** *Verw.:* 14 Präfekturen. **f)** *Gesch.:* Im 15. u. 16. Jh. Bantukaiserreich; s. 1900 frz. Kolonie, s. 1910 Teil v. Frz.-Äquatorialafrika, 1958 autonome Republik, s. 1960 unabhängig, 1966 Verf. durch Mil.putsch außer Kraft; Mil.reg., Einparteiensystem; 1976–79 Kaiserreich unter Bokassa; 1979 Staatsstreich m. frz. Hilfe, Rückkehr z. Rep., 1981 Mil.putsch, Verbot d. Parteien u. Auflösung d. Parlaments; 1987 Wahlen (nur Kandidaten d. Einheitspartei RDC). **g)** *Mitgl.:* UN, OAU; AKP-Staat.

Zentralamerika, svw. → Mittelamerika.

Zentralamerikanischer Gemeinsamer Markt, *CACOM,* seit 1958 wechselnde Vertragsformen; Mitglieder: Costa Rica, El Salvador, Guatemala, Honduras, Nicaragua; Ziel: zunächst Freihandelszone, dann Integrationsvertrag, schließlich Schaffung eines gemeinsamen Marktes.

Zentralasien, *Inner-, Hochasien,* die Hochländer zw. dem Himalaja im S und den mongol.-russ. Grenzgebirgen im N, d. Pamir u. Tian Shan im W und dem Gr. Chingan u. d. östl. Grenzgebirgen Tibets im O: Tibet, Tarimbecken (O-Turkestan), Dsungarei, Mongolei.

Zentralbankrat, oberstes Organ d. → Deutschen Bundesbank, das die Kredit-, Währungs- u. Geschäftspolitik festlegt; wird gebildet aus dem Präs. u. dem Vizepräs. der DBB, Mitgliedern des Direktoriums u. den Präsidenten d. Landeszentralbanken.

Zentralbau, ein m. allen Gliedern auf e. Mittelpunkt bezogener Bau über kreisförm., oktogonalem, ovalem od. quadrat. Grundriß (oft griech. Kreuz) m. symmetr. gruppierten Anbauten; meist m. Kuppel; s. d. Antike (z. B. Pantheon in Rom), bes. i. Kirchenbau d. it. Renaiss.

Zentralbewegung, *astronom.* Bewegung e. Himmelskörpers um e. festes Gravitationszentrum.

Zentraleinheit, Kern einer → Datenverarbeitungsanlage; bestehend aus → Steuerwerk, → Rechenwerk, → Arbeitsspeicher.

zentralisieren [l.], einheitlich zusammenfassen.

Zentralismus, Staatsverwaltung von der Spitze her mit weitgehender Ausschaltung d. Selbstverwaltung der unteren Verwaltungseinheiten; in B.staaten Beschneidung der Souveränitätsrechte seiner Glieder über d. z. Wahrung der Sicherheit und Einheit notwendige Maß hinaus i. Ggs. zum → Föderalismus, der einen Ausgleich zw. Vielfalt und Einheit anstrebt.

Zentralkörperchen → Zentrosom.

Zentralmassiv, frz. *Massif Central* od. *Plateau Central,* Rumpfgebirge in Mittelfrkr.; Steilabfall nach O, abdachend nach W im Plateau de Millevaches, im Kern v. Vulkanlandschaft überlagert; dünn besiedelt, waldreich, Viehwirtschaft; im *Mont Dore* 1886 m hoch.

Zentralnervensystem → Nervensystem.

Zentralnotenbanken → Banknotenmonopol.

Zentralrat der Juden in Deutschland, Spitzenorgan der jüd. Gemeinden in der BR; Sitz Düsseldorf.

Zentralregister, Register über strafgerichtl. Verurteilungen, Entmündigungen, Entscheidungen v. Verw.behörden (z. B. Gewerbeverbot), Vermerke über Zurechnungsfähigkeit u. Entscheidungen über Unterbringungen; in Berlin geführt (Ges. v. 18. 3. 1971).

Zentralschmierung, Schmiervorrichtung, versorgt alle Lager eines Fahrgestells von einer Stelle aus mit Öl.

zentrieren [l.], auf den Mittelpunkt (Zentrum) einstellen; d. Dreh-(Mittel-)Achse eines Arbeitsstücks feststellen, oft durch *Zentriermaschine.*

Zentrifugalkraft, Fliehkraft eines um eine Achse gedrehten Körpers nach außen; wächst mit Quadrat d. Drehzahl.

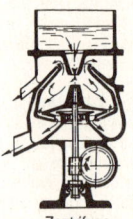

Zentrifuge

Zentrifuge, *w.* [l.], Schleuder, meist mit rotierendem Trommelsieb zum Ausschleudern fester Beimischungen aus Flüssigkeiten; auch zur Trennung von Flüssigkeiten verschiedener spezifischer Gewichts.

Zentripetalkraft, nach d. Mittelpunkt gerichtete äußere Kraft an einem rotierenden Körper, gleich groß und entgegengesetzt der → Zentrifugalkraft, bewirkt sein Verharren a. d. Kreisbahn.

Zentriwinkel, Mittelpunktswinkel beim → Kreis.

Zentrosom, *s.* [gr.], *Zentriol,* b. Menschen, Tieren, Algen, Pilzen, Moosen Energie- und Bewegungszentrum der → Zellteilung.

Zentrum, *s.* [lat.], **1)** Mittelpunkt, Mitte; **2)** *pol.* → Parteien, Übersicht.

Zenturie, *w.* [l. *-ria* „Hundertschaft"], im alten Rom Unterabteilung der 5 Vermögensklassen, auch Truppenteil unter einem **Zenturio** (Hptmann).

Zeolithe, *m.* [gr.], Silicatminerale, Hauptelement Aluminium; manche Typen als → Ionenaustauscher.

Zephir, *m.* [gr.], leinwandbindiges Baumwollgewebe; meist gestreift od. gemustert.

Zephyr|os, griech. Windgott; milder Westwind.

Luftschiff „Graf Zeppelin"

Zeppelin, Ferdinand Gf v. (8. 7. 1838–8. 3. 1917), deutscher General, Erfinder und Erbauer von lenkbaren Starr-Luftschiffen.

Zepter, *s.* [gr. „skeptron"], Herrscherstab; neben Krone (u. Reichsapfel) Sinnbild weltl. Macht u. Monarchen.

Zerberus, *m.,* d. dreiköpfige, wachsame *Höllenhund* i. d. griech. Unterwelt.

Zerbst (D-3400), Krst. S.-A., nw. v. Dessau, 18 659 E; Stadtmauer; Maschinenbau.

Zerealien [l.], Getreide, Brotfrüchte.

zerebral, zum Gehirn [l. „cerebrum"] gehörig.

Zeremonie, *w.* [l.], fest geregelte, feierliche Handlung, z. B. im Gottesdienst.

Zeremoniell, *s.* [frz.], feststehende oder vorgeschriebene Gebräuche: Staats-, Hof-Z.; → Etikette), kirchl. Z.

zeremoniell, förmlich, steif.

Zeremonienmeister, Hofbeamter, überwacht Hofzeremoniell.

Zeresin, *s.,* festes Paraffin, Mineralwachs, aus Erdwachs (Ozokerit); Ersatz für Wachs.

Zerfalls-konstante → Halbwertzeit. – **Z.reihen** → Radioaktivität, Übers.

Zerhacker → Wechselrichter.

Zermatt (CH-3920), schweiz. Kurort am Fuße des Matterhorns, Kanton Wallis, 1620 müM, 3500 E; autofrei.

zernieren [frz.], umzingeln.

Zernike, Frits (16. 7. 1888–23. 3. 1966),

ndl. Phys.; entwickelte → Phasenkontrastmikroskopie; Nobelpr. 1953.
Zéro [frz. 'ze:ro], Null.
Zerrüttungsprinzip, s. 1. 7. 1977 der in d. BR im Ehescheidungsrecht herrschende Grundsatz, wonach eine Ehe ohne Rücksicht auf ein Verschulden der Partner als gescheitert gilt, wenn sie als unheilbar zerrüttet anzusehen ist; → Eherecht.
Zerstäuber, Versprühungs-, Vernebelungsvorrichtung für Flüssigkeiten **a)** mit zentrifugaler Schleuderung durch Streudüse (z. B. für Milchtrocknung); **b)** mit Aufschlag (Pralldüse) **c)** mit Druckluft (z. B. bei Parfüm-Z., Inhalationsapparaten, als Vergaser bei Verbrennungskraftmaschinen); **d)** mit Dampfdruck; **e)** mit Brausewirkung.
Zerstörer → Torpedobootzerstörer.
Zerstreuungslinsen, *Konkavlinsen,* ergeben aufrechte, verkleinerte virtuelle Bilder (→ Tafel Optik).
Zertifikat, s. [l.], Bescheinigung, Beglaubigung.
Zervikalsyndrom, s. [l.-gr.], Reizerscheinung von seiten d. Halswirbelsäule mit Nackensteifigkeit, Taubheitsgefühl, Kribbeln u. Schwäche im Bereich der oberen Extremitäten.
Zesen, Philipp v. (8. 10. 1619–13. 11. 89), dt. Barockdichter; Sprachreiniger; Roman: *Adriatische Rosemund.*
zessieren [l.], aufhören; *Zessation,* Wegfall.
Zession, w. [l.], → Abtretung e. Rechts durch den Berechtigten *(Zedenten)* an einen Dritten *(Zessionar);* z. B. auch bei Rekta- → Wechseln.
Zetkin, Clara (5. 7. 1857–20. 6. 1933), dt. Pol.in; Mitbegr. d. → Spartakusbundes u. d. USPD, 1920–33 MdR (KPD).
Zeugdruck, Herstellung ein- od. mehrfarbiger Muster auf Geweben: **a)** durch Flachdruck vom Druckmodel durch Hand od. mit Presse (Kattundruckerei); **b)** durch Walzendruckmaschinen von kupfernen Druckwalzen; bis zu 20 Farben.
Zeuge, Person, die aufgrund eigener Wahrnehmungen Tatsachen bekundet; ist zum Erscheinen vor Gericht, zur Aussage u. zur Eidesleistung verpflichtet *(Zeugnis-* u. *Aussagepflicht); Zeugnis verweigern* können Verlobte, Ehegatten, best. Verwandte, ferner best. Personen, für die aus berufl. od. sonstigen Gründen eine Schweigepflicht (-recht) gesetzlich anerkannt ist, schließlich jeder Zeuge bei Fragen, deren Beantwortung ihm oder nahen Verwandten Nachteile bringen würde, z. B. bei strafbaren Handlungen (§§ 48 ff. StPO; §§ 373 ff. ZPO).
Zeugenberg, Abtragungsrest, der e. erodierte geolog. Schicht bestätigt.
Zeugen Jehovas, als *Ernste Bibelforscher* 1881 v. Charles Taze *Russell* gegründete rel. Vereinigung, glauben an die baldige Errichtung des 1000jähr. Messiasreiches auf Erden, verweigern Waffendienst; ca.

2 Mill. aktive Prediger, davon in Dtld über 100 000; Zeitschrift: *Der Wachtturm; Erwachet.*
Zeugfärberei, Färben fertiger Gewebe; Ggs.: Färben von Garnen.
Zeughaus, Gebäude zur Aufbewahrung v. Kriegsmaterial, jetzt auch als Armeemuseum.
Zeugnisverweigerung → Zeuge.
Zeugungsunfähigkeit, 1) → Impotenz; **2)** → Unfruchtbarkeit, → Sterilität 2).
Zeulenroda (D-6570), Krst. in Thüringen, 14 425 E; Textil-, Maschinenind.

Zeustempel, *Athen*

Zeus, oberster griech. Gott (röm. *Jupiter),* Sohn des Kronos; *Z. v. Otricoll* (it. Ort, Prov. Terni), griech. Plastik, 4. Jh. v. Chr.
Zeuxis, griech. Maler d. 4. Jh. v. Chr.; die antike Literatur berichtet v. s. (später sämtl. verlorenen) Werken; sie galten bes. wieder in der Renaiss. als Vorbild f. e. virtuos illusionist. Wiedergabe v. Licht u. Schatten (420–380 v. Chr.), griech. Maler.
ZEVIS, 1987, **Z**entrales **V**erkehrsinformationssystem nach §§ 31 ff. StVG mit Registern für Kfz und entzogene Führerscheine beim Kraftfahrtbundesamt sowie mit örtlichen Fahrzeugregistern bei den Zulassungsstellen.
Zeyer, Werner (* 25. 5. 1929), CDU-Pol.; 1979–85 saarländ. Min.präs.
Zhangjiakou, früher *Kalgan,* nordchin. St., 480 000 E; Teehandel; Karawanenu. Autostraße durch d. Mongolei; s. 1955 Eisenbahn Zh.-Tsining-Ulan Bator-Baikalsee.
Zhao Ziyang (* 1919), chin. Pol.; s. 1973 Mitgl. d. ZK d. KPCh; s. 1980 stellvertr. Min.präs.; 1981–87 Min.präs.; 1987/88 Gen.sekretär d. KPCh.
Zhejiang, früher *Tschekiang,* chin. Küstenprov. südl. des Chang Jiang, 101 800 km², 41 Mill. E; Seidenraupenzucht, Teeanbau; Hptst. *Hangzhou.*
Zhenjiang, früher *Tschingkiang,* St. in der nordchin. Küstenprov. Jiangsu, 921 000 E.
Zhou Enlai, *Tschou En-lai* (1898–8. 1. 1976), chin. kommunist. Pol.; s. 1949 Min.präs. u. (bis 1958) Außenmin.
Zia ul-Haq, Mohammed (12. 8. 1924–17. 8. 88), pakistan. Gen. u. Pol.; s. 1977 (nach Staatsstreich) Oberbefehlshaber, s. 1978 Staatspräs.; autoritäres Regime.

Zibbe, weibl. Schaf bzw. Kaninchen.
Zibęben [arab.], → Rosinen.
Zibetkatze, gr. Schleichkatze Afrikas u. SO-Asiens mit Afterdrüsen, die den Zibet absondern (moschusartig riechend, für Parfümerien).

Zichorie

Zichorie, *w., Wegwarte,* blau blühende Korbblütler, an Feldwegen, wegen ihrer fleischigen Wurzeln auch auf schweren Böden angebaut; aus ihnen nach Rösten Kaffeezusatz; junge Triebe zu Salat *(Chicorée);* d. verwandten *Endivie* als Salat.
Zick, Januarius (6. 2. 1730–14. 11. 97), dt. Rokokomaler; Fresken in oberschwäb. Kirchen (Wiblingen a. d. Rot).
Zider, *m.* [frz. „cidre"], Apfelwein.
Ziegel, für Bauzwecke verwendete gebrannte Formsteine aus Ton bzw. tonigen Erden, mit Lehm usw., mit Beimengungen (Quarzsand, Schamotte usw.); *Mauer-Z.:* *Z.-(Back-)Stein, Hohl-Z.,* → *Klinker* usw., auch *Dach-Z.* v. versch. Art. – **Z.fabrikation,** Formung des entsprechend vorbereiteten Rohmaterials von Hand, *Streichziegel,* oder durch Abschneiden von maschinell erzeugtem Strang, *Maschinenziegel;* Trocknen in freier Luft od. Trockenkammern; Brennen im Ringofen. Normalformat d. Mauerziegels: 240×115×71 mm.
Ziegen, Wiederkäuer mit gerippten, nach hinten gebogenen Hörnern; *Wild-Z.* sind Steinböcke, Markhor u. Bezoar-Z.; *Hausziege,* altes, über d. ganze Erde verbreitetes Haustier, stammt wahrscheinl. von den vorderasiatischen Bezoar-Z.; vielseitig nützlich (Fleisch, Milch, Haut, Fell, Haar, Därme); asiatische *Kaschmir-Z.* mit langen Haaren; → *Angoraziege; Saanenziege,* stammt aus dem Saanental (Berner Oberland), liefert höchsten Milchertrag; von ihr mehrere deutsche Z.formen, weiß, kurzhaarig, meist hornlos.
Ziegenbart, Keulenpilze m. verzweigtem Fruchtkörper, jung genießbar (z. B. *Glucke, Hahnenkamm* oder *Hirschschwamm, Korallenpilz, Bärentatze).*
Ziegenlippe, s. 1970 zu → Schwammstadt.
Ziegenlippe, Röhrenpilz, genießbar, bes. als Würze; steinpilzähnlich.
Ziegenmelker → Nachtschwalben.

Ziegenmelker

Ziegenpeter → Mumps.
Ziegler, Karl (26. 11. 1898–12. 8. 1973), dt. Chem.; wichtige Beiträge z. Kunststoffchemie; Nobelpr. 1963.
Ziehharmonika, Musikinstrument, Blasebalg mit Tasten u./od. Knöpfen u. stählernen Zungen; → Bandoneon.
Ziehkinder → Pflegekinder.
Ziehpresse, Maschine zur Formgebung f. Metalle u. andere ziehbare Materialien durch treibendes Pressen zw. Matrize u. Patrize.
Ziehrer, Carl Michael (2. 5. 1843–14. 11. 1922), östr. Komp.; Operette: *Die Landstreicher;* Märsche u. Tänze.
Ziel, *kaufmänn.* Zahlungsfrist, z. B. Ziel 3 Monate; zahlbar 3 Monate nach Rechnungsdatum; → Zahlungsbedingungen.
– **Z.fernrohr,** Fernrohr auf Schußwaffen mit Visiervorrichtung *(Z.stachel).*
Zielfilmkamera, beim Sport, bes. an d. Ziellinie verwendete Spezialfilmkamera für Zeitlupenaufnahmen.
Zielfluggerät, Empfangsgerät d. Flugzeugs zur Eigenpeilung.
Zielprojektion, einen längeren Zeitraum umfassende Planung im Bereich der Wirtschafts- und Sozialpolitik.
Ziemer, *m.,* Rückenstück v. Schalenwild.
Ziesel, *m.,* Nagetier a. d. Eichhörnchenverwandtschaft, lebt in Erdhöhlen; Steppentier.
Ziest, Kräuter m. in Ähren stehenden Lippenblüten; d. jap. *Knollen-Z.* mit eßbaren Knollen.
Zieten *(Ziethen),* Hans Joachim v. (24. 5. 1699–27. 1. 1786), Reitergeneral Friedrichs d. Gr. *(Z.-Husaren).*
Ziffer [arab. „sifr = null"], Zahlzeichen; → arabische Ziffern; → römische Zahlen.
Zigaretten, aus fein geschnittenem Tabak mit Seidenpapierhülle; in Europa seit Ende 19. Jh.; **Z.fabrikation,** meist maschinell: der gemischte, geschnittene, gereinigte und gefeuchtete Tabak wird zu einem fortlaufenden Strang gerollt, zus. mit Papierhülse geschnitten und verpackt; in BR Erzeugung 1983: 155,9 Mrd. Stück (→ Tabak, Schaubild).
Zigarillo, kleine Zigarre.
Zigarren, aus Amerika stammend, seit Anfang 19. Jh. in Europa eingebürgert; **Z.fabrikation,** von Hand, auch z. T. od.

vollständig maschinell; Feuchten, Entrippen, Mischen des Tabaks; bes. Zurichtung der festeren *Deckblätter;* Umwikkeln der *Einlage* mit *Umblatt; Einrollen* in das Deckblatt; BR Erzeugung 1983: 1,66 Mrd. Stück (→ Tabak, Schaubild).
Zigeuner, Sammelbez. f. *Sinti* u. *Roma,* altes Wandervolk, aus NW-Indien, fast in ganz Europa, jetzt auch in N-Amerika verbreitet; s. 15. Jh. in Dtld, heute ca. 45 000 in d. BR.

Zikade
Ansicht von unten

Zikaden, *Zirpen,* Insekten (Gleichflügler), saugen Pflanzensäfte, Augen hervorstehend; *Schaum-Z.,* Larven erzeugen an Wiesenpflanzen speichelähnl. Schaum *(Kuckucksspeichel),* mit dem sie sich umhüllen; *Sing-Z.,* S-Europa (bis S-Dtld), erzeugen schrille Töne; viele, oft bizarre exot. Arten (→ Laternenträger).
Zikkurat, Hochtempel Babylons u. Assyriens auf oft mehrstufiger Hochterrasse (vgl. → Babylonischer Turm).
Zilcher, Hermann (18. 8. 1881–1. 1. 1948), dt. Komp.; Oper: *Doktor Eisenbart;* Lieder.
Ziliarkörper, Ziliarmuskel, → Auge.
Ziliaten → Wimpertierchen.
Zilien, sogenannte Flimmer- oder Wimperhaare, bes. bei → Wimpertierchen.
Zilizien, *Kilikien,* im Altertum Name der kleinasiat. Küstenlandschaft südlich des Taurus (zilizische Pässe); heute d. türk. Wilajet Adana.
Zille, Heinrich (10. 1. 1858–9. 8. 1929), volkstüml. Berliner Zeichner; *Z. sein Milljöh.*
Zille, früher: Schleppfrachtkahn f. Binnengewässer.
Zillertal, r. Seitental des Inn in Tirol, v. d. *Ziller* durchflossen, 30 km lang; Hptorte *Zell* u. *Mayrhofen;* südl. die **Z.er Alpen** mit *Z.er Hauptkamm* (Hochfeiler

3510 m, Schwarzenstein 3368 m) und *Tuxer Hauptkamm* (Olperer 3476 m).
Zillig, Winfried (1. 4. 1905–18. 12. 63), dt. Komp.; Schüler Schönbergs; Opern; Orchesterwerke, Filmmusiken.
Zimbabwe, 1) → Simbabwe; **2)** afrikan. Ruinenstadt i. Simbabwe, Ringmauern, kon. Türme, vermutl. 10.–15. Jh. n. Chr.
Zimbel → Cymbal.
Zimljansker See, Staubecken m. Wasserkraftwerk (160 000 kW) u. Bewässerungskanälen am unteren Don; 260 km lang, 2700 km².
Zimmerlinde, lindenartiger Strauch aus S-Afrika.
Zimmermann, 1) Bernd Alois (20. 3. 1918–10. 8. 70), dt. Komp., Strukturcluster u. Collageeffekte; Oper: *Die Soldaten;* **2)** Dominikus (30. 6. 1685–16. 11. 1766), dt. Baumeister d. späten Barock u. Rokoko; Wallfahrtskirchen → *Wies* u. *Steinhausen;* **3)** Friedrich (* 18. 7. 1925), dt. Jurist u. CSU-Pol.; 1976–82 Vors. d. CSU-Landesgruppe in Bonn, 1982–89 B.innenmin., 1989–91 B.min. f. Verkehrswesen; **4)** Johann Baptist (3. 1. 1680–2. 3. 1758), dt. Maler u. Stukkateur, Bruder von 2); **5)** Mac (* 22. 8. 1912), dt. surrealist. Maler.
Zimmertanne, svw. → Araukarie.

Zimtbaum

Zimt-baum, Lorbeergewächse, asiat. Baum; Inneres der Rinde liefert Gewürz **Zimt;** äther. **Z.öl** f. Parfüm u. Likör.
Zink, *m.,* **Zinke, Kornett,** altes Blasinstrument aus Horn od. Holz m. Kesselmundstück u. 7 Löchern.
Zink, **Zn,** chem. El., Oz. 30, At.-Gew. 65,37, Dichte 7,14; Schwermetall, natürl. Vorkommen nur gebunden, bes. als *Zinkspat* od. Galmei u. als *Zinkblende;* Verwendung zum Verzinken (verzinktes Eisenblech für Dächer und Regenrinnen) u. zur Herstellung von Messing u. Rot-

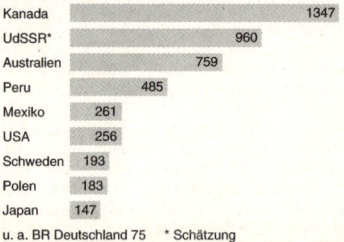

Zink
(Bergwerksproduktion, Zinkinhalt von Erzen oder Konzentraten)

Weltbergwerksproduktion in 1000 t

Jahr	in 1000 t
1955	2739
1976	5600
1980	6206
1982	6497
1985	7064
1986	7048
1987	7183
1988	7108

Gewinnung wichtiger Länder 1988 in 1000 t

Land	in 1000 t
Kanada	1347
UdSSR*	960
Australien	759
Peru	485
Mexiko	261
USA	256
Schweden	193
Polen	183
Japan	147

u. a. BR Deutschland 75   * Schätzung

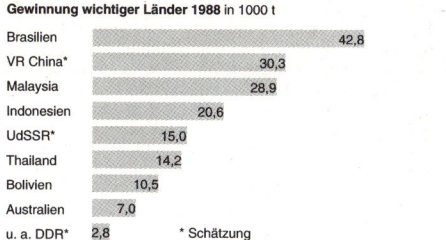

Zinn
(Bergwerksproduktion, Zinninhalt von Erzen oder Konzentraten)

Weltbergwerksproduktion in 1000 t

Jahr	in 1000 t
1938	167,6
1955	197,7
1960	206,7
1975	218,0
1982	222,5
1987	200,9
1988	203,8

Gewinnung wichtiger Länder 1988 in 1000 t

Land	in 1000 t
Brasilien	42,8
VR China*	30,3
Malaysia	28,9
Indonesien	20,6
UdSSR*	15,0
Thailand	14,2
Bolivien	10,5
Australien	7,0
u. a. DDR*	2,8

* Schätzung

guß; Zinkoxid *med.* als *Zinkpuder, Zinksalbe, Zinkkautschukpflaster;* d. Z.verbindungen, Sulfid, Silikat, sind bes. gute → Leuchtstoffe. – **Z.ätzung,** *Zinkographie,* Herrichtung der Z.druckplatten durch Hoch- bzw. Tiefätzung v. fotografischen Vorlagen oder Zeichnungen. – **Z.blende,** Zinksulfid, wichtigstes Z.erz; reguläre Kristalle, versch. Farben (S. 343). – **Z.blüte,** Mineral, basisches Z.karbonat. – **Z.druck,** Druckverfahren m. Z.platte.

Zinken, → Gaunerzinken.

zinken, Spielkarten in betrüger. Absicht unauffällig markieren.

Zinkspat, Zinkkarbonat, wichtiges Zinkerz.

Zinkweiß, *Zinkoxid (ZnO),* Malerfarbe; wird nicht braun wie → Bleiweiß, deckt aber weniger.

Zinn, Georg August (27. 5. 1901–27. 3. 76), SPD-Pol.; 1946–49 u. 1950–62 hess. Justizmin., 1950–69 hess. Min.präs.

Zinn, *Sn,* chem. El., Oz. 50, At.-Gew. 118,69, Dichte 7,29; natürl. Vorkommen als *Z.stein;* reines Z. bes. zu Orgelpfeifen u. Geschirr; zum Verzinnen v. Eisen (→ Weißblech); mit Kupfer legiert als Bronze, früher auch dünn ausgewalzt als Stanniol.

Zinnemann [ˈzɪnɪmən], Fred (* 29. 4. 1907), am. Filmregisseur östr. Herkunft; *High Noon* (1952); *From Here to Eternity* (1953); *A Man for All Seasons* (1966); *The Day of the Jackal* (1972).

Zinnia, Zierpflanze m. großen Blütenkörbchen, in vielen Farben.

Zinnkraut, der Acker- → Schachtelhalm.

Zinnober, Mineral, Quecksilbersulfid; zur Quecksilberherstellung; künstlicher Z. rote Malerfarbe.

Zinnowitz (D-2238), Ostseebad i. Kr. Wolgast auf Usedom, M-V., 4500 E.

Zinnpest, *Zinngeschrei,* Zerfallen v. Zinn i. graue, bröckelige Masse; Umwandl. unterh. 13 °C v. d. metall. in e. spröde, diamantähnl. → Modifikation.

Zinnstein, *Kassiterit,* Mineral, chem. Zinnoxid, wichtigstes Zinnerz.

Zinsen, Entgelt für die Überlassung von Kapital auf Zeit, Vergütung für Darlehen; *Zinsfuß* in Prozenten vom Kapital *vertraglich* festgesetzt od. *gesetzlich* Höhe abhängig v. → Diskontsatz.

Zinseszins, math. die Zinsberechnung, bei der die Zinsen regelmäßig (meist jährlich) zum Kapital geschlagen und dann mitverzinst werden; Berechnung v. geschuldeten Zinsen nur im → Kontokorrent gestattet; Einbeziehung v. fälligen Zinsen in e. Saldovortrag erlaubt.

Zinssätze, b. Banken, Sparkassen f. *Kredite* (Aktiv-Z.), f. *Einlagen* (Passiv-Z.); für tägl. Geld niedriger als für Spareinlagen.

Zinsschein, svw. → Kupon.

Zinzendorf, Nikolaus Ludwig Gf v. (26. 5. 1700–9. 5. 60), dt. pietist. (Kirchenlieder-)Dichter, Stifter d. → Brüdergemeine Herrnhut.

Zion, Hügel in Jerusalem mit Tempel Salomos; danach Name für Jerusalem *(Tochter Zion).*

Zionismus, v. Th. → *Herzl* begr. pol. Bewegung zur Schaffung e. jüd. Nationalstaates in Palästina; **1. Zionistenkongreß** Basel 1897. Erreichung d. Ziels 1948 (→ Israel, *Gesch.,* → Juden).

Zipperlein, svw. → Gicht.

Zips, slowak. *Spiš,* Tallandschaft südöstl. d. Hohen Tatra in d. Slowakei; Städte: *Käsmark, Leutschau, Göllnitz.* – Bis 1945 dt. Sprachinsel, s. 12. und 13. Jh.; **Zipser Sachsen** (45 000 Menschen), größtenteils ausgesiedelt.

Zirbeldrüse → Epiphyse.

Zirbelkiefer, svw. → Árve.

Zirbitzkogel, höchste Erhebung d. Seetaler Alpen (Steiermark), 2396 m h.

zirkadiane Rhythmen, Tagesperiodik, biol. Abläufe b. Tieren u. Pflanzen m. ca. 24-Std.-Periode.

Zirkel, 1) zweischenkliges Zeicheninstrument mit gegeneinander verschiebbaren Abgreif- u. Markierungsenden, auch mit auswechselbaren Spitzen, Bleistift- oder Reißfeder-Einsätzen; *Scharnier-, Stangen-, Feder-Z.* Für die Werkstatt: *Dicken-Z.* (Taster), auch *Aufreiß-Z.;* **2)** student. Verbindungs-Z.; svw. Monogramm [V = vivat, C = crescat, F = floreat] und Anfangsbuchstabe(n) der Verbindung; **3)** südl. Sternbild zw. Südl. Dreieck u. Zentaur; → Sternbilder, Übers.

Zirkon, Min., chem. Zirkoniumsilicat, Mineral; farblos bis bläulich; gelbrot als Edelsteinhyazinth (Abb. S. 343). – **Z.erde,** Zirkoniumdioxid, Trübungsmittel für → Email; für Schmelztiegel.

Zirkonium, *Zr,* chem. El., Oz. 40, At.-Gew. 91,22, Dichte 6,51; seltenes Metall, in → Zirkon an Kieselsäure gebunden.

Zirkular, *s.* [l.], Rundschreiben.

Zirkularbeschleuniger → Beschleuniger.

Zirkularnote, Note gleicher Fassung, die gleichzeitig an mehrere Regierungen geleitet wird.

Zirkulation, *w.* [l.], Umlauf, Kreislauf.

zirkulieren, im Umlauf sein.

zirkum- [lat.], als Vorsilbe: um ..., herum ...

Zirkumflex, *m.* [l.], Akzent (griech. ˜, frz. ^), bezeichnet gedehnte Aussprache eines Selbstlautes.

Zirkumpolarsterne, alle für den Beobachtungsort nicht untergehenden Fixsterne in der Umgebung des Himmelspols; f. Mitteldtld Grenze der Z. bei Wega und Capella.

Zirkus [l.], ovaler Platz für Kampfspiele, Rennen im alten Rom; Schaugebäude, Zelt (Wander-Z.) für Kunstreiterei, Tierdressuren usw.

Zirndorf (D-8502), St. i. Kr. Fürth, Mittelfranken, Bay., 21 608 E.; Kneippkurort; div. Ind. – Schlacht a. d. Alten Vesta 1632.

Zirpen, svw. → Zikaden.

Zirrhose, *w.* [gr.-l.], zu Verhärtung u. Verkleinerung e. Organs führende Gewebsveränd. (z. B. → *Leberzirrhose*).

Zirrokumulus, Zirrostratus, Zirrus [l.], → Wolken.

zis- [l.], als Vorsilbe: diesseits ...

zisalpinisch [l.], diesseits d. Alpen (von Rom aus).

ziselieren [frz.], Bearbeitung polierter Metallflächen m. Meißel, Feile, Stichel u. ä., meist z. ornamentalen Dekoration.

Žiška [ˈʒiʃka], Jan (um 1370–11. 10. 1424), Anführer d. → Hussiten.

Zisleithanien, der westl. der Leitha gelegene Teil des ehem. Österreich-Ungarn.

Ziste, *w.,* Ciste, zylindr. Bronzegefäß in Mittelitalien u. Etrurien i. 4.–3. Jh. v. Chr.; auch sarkophagförmige Aschenurne aus Alabaster, Marmor od. Ton i. d. etrusk. Kultur.

Zisterne, *w.* [l.], Auffangbehälter für Regenwasser.

Zistersdorf (A-2225), niederöstr. St., 5800 E; Wallfahrtskirche Maria Moos; Erdölförderung.

Zisterzienser, kath. Mönchsorden, gegründet 1098 in Cîteaux; Aufschwung durch *Bernhard von Clairvaux;* ma. Reformbewegung.

Zita (9. 5. 1892–14. 3. 1989), letzte Kaiserin v. Östr. u. Königin von Ungarn 1916–18, verheiratet mit → Karl 18).

Zitadelle, *w.* [it.], Kernfort einer Festungsanlage.

Zitat, *s.* [l.], angeführte Schriftstelle od. Äußerung; soweit Urheberrecht am Original, ist Quellenangabe erforderlich.

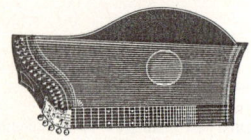

Zither

Zither, *w.*, Instrument mit 5–7 Melodie- und 24–37 Begleit-(Baß-)Saiten.

zitieren [l.], **1)** vor Gericht laden; **2)** eine Schriftstelle oder einen Ausspruch anführen.

Zitronat, *s., Zedrat, Sukkade,* in Zucker eingelegte Schale unreifer Früchte d. ostind. *Z.baums, Citrus medica;* Würze f. Backwaren.

Zitronen, *Limonen,* hellgelbe, säuerl. Früchte eines ostind. Baumes (Gattung Citrus); im Mittelmeergebiet angebaut. – **Z.falter,** Tagschmetterling (Weißling), Männchen mit gelben, Weibchen mit weißen Flügeln.

Zitronenkraut, Bez. f. → Melisse.

Zittau (D-8800), Krst. in Sachsen, an der Görlitzer Neiße, 36 246 E; Textil-, Metall-, chem. u. a. Ind.; Ing.-HS.

Zitter-fische, → elektrische Fische, teilen mit el. Organen Schläge aus; z. B.

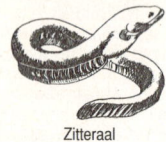

Zitteraal

Z.aal, aalähnlicher Messerfisch d. Ströme des trop. Amerika; **Z.rochen, Z.wels** u. a.

Zittergras, Wiesengras m. zierl., herzförmigen Ährchen.

Zittern, *Tremor,* bei Schreck, Hysterie, Überanstrengung, Alkoholismus, auch b. Krankheiten des Gehirns u. des Rückenmarks.

Zitwersamen, Blüten einer Beifußart; Wurmmittel.

Zitze, Saugwarze am Euter d. weibl. Säugetiere.

Ziu → Tyr.

zivil [l.], bürgerlich; umgänglich; gesittet; von Preisen: svw. angemessen, mäßig.

Zivil, *s.,* bürgerl. Kleidung im Ggs. zu Amtstracht, Uniform.

Zivildienst, in der BR (Wehr-)Ersatzdienst bei → Kriegsdienstverweigerung; abzuleisten in Heil- u. Pflegeanstalten (z. B. Krankenhäuser, Altersheime usw.) od. anderen dem Gemeinwohl dienenden Einrichtungen od. als Freiwilliger im Entwicklungshilfedienst; Dauer: 15 Monate (s. 1990).

Zivilehe, *bürgerliche Ehe,* Eheschließung vor Standesbeamten, in Dtld s. 1875.

ziviler Bevölkerungsschutz, alle dem Schutz d. Bevölkerung i. Kriegsfall dienenden Maßnahmen u. Einrichtungen, u. a. → Schutzraumbau, → Selbstschutz, ziviler → Luftschutz.

Zivilgericht, entscheidet den → Zivilprozeß; Ggs.: Strafgericht (→ Rechtspflege, Übers.); beim AG *Streitgericht,* beim LG *Z.kammern,* beim OLG u. Bundesgerichtshof *Z.senate.*

Zivil-Gesetzbuch, als Nachfolge d. → Bürgerlichen Gesetzbuches (BGB) 1974 in der ehem. DDR eingeführt.

Zivilisation [l. „cives = Bürger"], Gesamtheit der technisch-kulturellen Einrichtungen.

Zivilisationskrankheiten, bei Naturvölkern selten oder gar nicht auftretende Krankheiten wie Karies, Parodontose, Rheumatismus, Kreislaufstörungen, Magengeschwüre u. a.

Zivilprozeß, Gerichtsverfahren in bürgerl. Rechtsstreitigkeiten (Schuldrecht, Sachen-, Familien-, Erb-, Handelsrecht u. a.); geregelt in der *Z.ordnung (ZPO)* v. 30. 1. 1877 in der Fassung vom 12. 9. 1950 (mehrfach geändert).

Zivilrecht, svw. → Bürgerliches Recht.

Zivilverteidigung → ziviler Bevölkerungsschutz.

Złoty [*'zŭoti*], → Währungen, S. 1088.

Zn, *chem.* Zeichen f. → Zink.

Znaim, tschech. *Znojmo,* St. in SW-Mähren, links der Thaya, 36 000 E; Tonwaren, Holz, Weinbau.

Zobel, m. Marder Sibiriens mit braunem, im Winter fast schwarzem, sehr wertvollem Pelz.

Zodiakallicht, *Tierkreislicht,* kegelförm. Schein am Himmel in Richtung Tierkreis; im Frühling abends im W, im Herbst morgens im O; Staubring um die Sonne.

Zodiakus [gr.], svw. → Tierkreis.

Zodschila, *Zoji-la,* wichtigster Paß der westl. Himalajahauptkette, 3531 m.

Zogu → Achmed Zogu.

Zola [*zɔ'la*], Émile (2. 4. 1840–29. 11. 1902), frz. Schriftst. u. Theoretiker d. Naturalismus; Romanzyklus: *Die Rougon-Macquart* (20 Bde, u. a. *Nana; Germinal*); Zyklus: *Die Evangelien (Wahrheit, Arbeit, Fruchtbarkeit);* Kampf f. → Dreyfus (*J'accuse,* 1898).

Zölenteraten [gr.], *Hohl-* oder *Schlauchtiere,* niedere, vielzellige wirbellose Tiere, meist Meeresbewohner mit nur einem Hohlraum, der von Fangarmen umgeben ist, die häufig mit giftigen → *Nesselkapseln* besetzt sind *(Nesseltiere);* entweder

festsitzend *(Polypen)* oder frei beweglich *(Quallen),* häufig auseinander hervorgehend, → Generationswechsel; festsitzende, äußerlich oft pflanzenähnl. *(Pflanzentiere):* → Korallentiere, → Siphonophoren, → Rippenquallen.

Zölestin, svw. → Coelestin.

Zölibat, *m.* u. *s.* [l.], Pflicht zur Ehelosigkeit der Geistlichen in der kath. Kirche und der Bischöfe in der orthodoxen Kirche u. nach Anfängen im 4. Jh. im 12. Jh. durchgesetzt.

Zoll, altes Längenmaß, 2,6 cm (→ Maße u. Gewichte, S. 1085).

Zollanschlüsse, Gebiete eines fremden Staates, die (im allg. aus verkehrstechnischen Gründen) in die Zollgrenzen des eigenen Staates einbezogen sind (z. B. das östr. Kl. Walsertal in das dt. Zollgebiet).

Zollausschlüsse, Gebiete eines Staates außerhalb der Zollgrenze: Freihäfen, Freie Niederlagen; auch aus Verkehrsgründen.

Zölle, Abgaben auf Güter, werden fällig bei der Grenzüberschreitung; *Einfuhr-Z.,* selten *Ausfuhr-Z.,* oder *Durchfuhr-Z.* Bemessung nach Wert *(Wert-Z.)* od. nach Gewicht der Güter *(Gewichts-Z.); Schutz-Z.* zum Schutz der einheim. Produktion, *Finanz-Z.* staatl. Einnahmequelle.

Zollern → Hohenzollern.

Zollgrenzbezirk, ein ca. 15 km breiter Landstreifen entlang der Zollgrenze; Bewohner genießen die Erleichterungen des kleinen Grenzverkehrs (zollfreie Einfuhr best. Mengen v. Genußmitteln).

Zollhoheit, *Zollregal,* Recht, Zölle zu erheben.

Zollikon (CH-8702), schweiz. Gem. bei Zürich, 12 150 E.

Zoll-stellen, Hauptzollämter, Z.ämter u. Z.zweigstellen; Z.grenzschutz in den Z.grenzbezirken.

Zollstock, Maßstab, mit Zoll- bzw. Millimeter-Teilung, meist zus.klappbar.

Zolltarif, durch Gesetz (in BR v. 23. 12. 1960) festgelegte Zollsätze bestimmter Waren, meist nach Warenart bemessen; *autonomer Z.:* ohne Vereinbarung mit dem Ausland festgesetzt, *Vertrags-Z.:* durch Handelsvertrag bestimmt.

Zollunion, Zusammenschluß selbständ. Staaten zu einheitlichem Zollgebiet (z. B. *Deutscher Zollverein* 1834–71); → Beneluxunion.

Zollveredlungsverkehr → Veredlungsverkehr.

Émile Zola

Zucker
(Rohzucker, Zucker aus Zuckerrohr und -rüben)

BR Deutschland, Erzeugung in 1000 t

Jahr	Erzeugung
1949/50	627
1954/55	1298
1959/60	1390
1960/61	2002
1975	2248
1982	3568
1985	3106
1986	2767
1987	2963
1988	3003

Erzeugung wichtiger Länder 1988 in Mill. t

Land	Erzeugung
Indien	9,4
UdSSR	9,2
Brasilien	8,6
Kuba	7,5
USA	6,2
VR China	5,9
Frankreich	4,4
Mexiko	3,8
Australien	3,6
BRD	3,0
Thailand	2,7
Südafrika	2,2

Welterzeugung 1988
103,42 Mill. t

Zollverschluß, amtl. Warenverschluß zwecks Identitätsnachweis (z. B. bei Wiederausfuhr).

Zond, sowj. → Raumsonde.

Zone, w. [gr. „Gürtel"], 1) *math.* Kugel-Z. → Kugel; 2) in d. *Geographie* zur Einteilung von Klimagebieten (heiße, gemäßigte, kalte Z.); 3) *pol.* Bez. für die von den einzelnen Besatzungsmächten in Dtld u. Östr. seit 1945 besetzten Gebiete (Aufhebung d. Besatzungsstatus i. BR 1952, i. d. DDR 1954, i. Östr. 1955); 4) *Wirtschaftsverkehr:* Entfernungsstufe für Verkehrstarife; danach: **Z.ntarif.** – **Z.nzeit** → Zeit.

Zoologie [gr.], Tierkunde, Teilgebiet d. Biologie.

Zoologischer Garten, *Tiergarten, Zoo,* Anlage z. Haltung, Zurschaustellung u. wiss. Erforschung von meist exot. Tieren.

zoologisches System, Einteilung d. Tierreichs in *Stämme* (Einzeller, Schwämme, Nesseltiere, Weichtiere, Gliederfüßer, Chordatiere u. a.); d. Stamm Chordatiere umfaßt z. B. den *Unterstamm* Wirbeltiere m. den *Klassen* Knorpel- u. Knochenfische, Amphibien, Reptilien, Vögel u. Säugetiere; die Säugetiere gliedern sich wieder in die *Ordnungen* Insektenfresser, Nagetiere, Raubtiere, Wale, Paarzeher, Herrentiere usw.; weitere Unterteilung i. *Familien* (z. B. Katzen), *Gattungen* (Großkatzen) und *Arten* (Löwe).

Zoom, *s.* [*zum*], Abk. f. Z.-Objektiv; früher auch Gummilinse od. Varioobjektiv; gen. Objektiv mit veränderl. Brennweite zur genauen Ausschnittbestimmung.

Zoonose, *w.* [gr.], auf Menschen übertragb. Infektionskrankheit der Tiere (z. B. Milzbrand, Rotz).

Zopfstil, Übergang v. Rokoko z. Klassizismus in Dtld; nüchtern, einfach.

Zoppot, *Sopot,* poln. St. u. Ostseebad an der W-Küste d. Danziger Bucht, 60 000 E. – 1920–39 zum Freistaat Danzig.

Zorn, Anders (18. 2. 1860–22. 8. 1920), schwed. Maler, Radierer u. Bildhauer; Gemälde: impressionist. Landschaften, Porträts, Akte; Plastiken: u. a. *Gustav Wasa.*

Zoroaster [gr.], im Avesta: *Zarathustra,* Begr. der Religion der → Parsen; lebte um 600 v. Chr. Quellen der urspr. Z.lehre die *Gathas* im Avesta: Ormuzd, der Gott des Lichts, bleibt Sieger über Ahriman, den Gott d. Finsternis; Erlösung des Menschen durch gute Werke.

Zoser, *Djoser* (2600–2550 v. Chr.), ägypt. König, 1. Pyramidenbauer (Stufenpyramide von Sakkara).

Zosimos (5. Jh. n. Chr.), griech. Geschichtsschreiber, verfaßte eine Geschichte d. Röm. Reiches.

Zoster [gr.], → Gürtelrose.

Zote, unanständiger od. zweideutiger Witz.

Zotten, Vorstülpung e. Organs z. Vergrößerung der Oberfläche (z. B. Z. der Dünndarmschleimhaut).

ZPO, Abk. f. *Zivilprozeßordnung.*

Zr, *chem.* Zeichen f. → Zirkonium.

z. S., Abk. f. *zur See* (z. B. *Kapitän z. S.*).

Zschokke, Heinrich (22. 3. 1771–27. 6. 1848), schweiz. Schriftst.; Schauerromane u. moralisierende Schriften.

Zschopau (D-9360), Krst. in Sachsen, a. d. Z. (Nbfl. der Freiberger Mulde, 105 km l.), 11 000 E; Textil- u. Motorenind.

Zsigmondy [´ʒig-], Richard Adolf (1. 4. 1865–23. 9. 1929), östr. Chem.; Kolloidchemie; zusammen mit H. Siedentopf, Erfinder des Ultramikroskops; Nobelpr. 1925.

Zuaven, alger. Kabylenstamm, Kolonialtruppe der Franzosen *(Zouaves).*

Zuccalli, dt.-ital. Architektenfamilie, 1) Enrico (um 1642–8. 3. 1724), bes. in München tätig; *Theatinerkirche, Schloß Nymphenburg, Schleißheim;* s. Neffe 2) Gasparo (um 1667–14. 5. 1717), Hofbaumeister in Salzburg: *St. Cajetan.*

Zuccalmaglio [-´maʃo], Anton Wilhelm Florentin v. (12. 4. 1803–23. 3. 69), dt. Volksliedsammler u. Komponist.

Zuccarelli [*tsuka-*], Francesco (15. 8. 1702–Ende 88), it. Maler d. Rokoko; Vertr. d. venezian. Landschaftsmalerei; u. a. auch in London tätig.

Zuccari [*tsu´ka*], it. Malerfamilie d. Manierismus; 1) Taddeo (1. 9. 1529–2. 9. 66), bes. Fresken (u. a. in den Farnese-Palästen v. Caprarola u. Rom); s. Bruder 2) Federico (um 1540–20. 7. 1609), auch Kunsttheoretiker; tätig u. a. in England u. Spanien; Kuppelgemälde d. Doms in Florenz.

Zuchthaus, früher Strafanstalt mit Arbeitszwang z. Verbüßung längerer, wegen schwerer Straftaten (Verbrechen) verhängter → Freiheitsstrafen.

Züchtigungsrecht, im Rahmen d. → elterlichen Sorge maßvolle Züchtigung des Kindes nur zulässig, wenn sie nicht als entwürdigend zu werten ist; Mißhandlung des Kindes strafbar; kein Z. des Dienstherrn gegenüber Lehrlingen.

Züchtung, Auslese und Paarung von Pflanzen u. Tieren m. bestimmten Eigenschaften *(künstliche Z.).* Z.smethoden: → Tierzucht (Übers.); *Pflanzenzucht:* zwei Methoden: 1) *Veredlungs-Z.,* Steigerung, Erhaltung od. Minderung einer bereits vorhandenen Eigenschaft durch Auslese, 2) *Kreuzungs-Z.,* durch künstl. Befruchtung (Bestäubung) entsteht ein Bastard mit abweichenden Eigenschaften, die durch Veredlungszucht züchterisch genutzt werden (→ Vererbung, Übers.). MPI f. Z.sforschung in Köln-Vogelsang.

Zucker, chem. Kohlenhydrate mit Aldehyd- od. Ketogruppen neben Alkoholgruppen im Molekül; z. B. einfache Z. *(Monosaccharide)* nach der Formel $C_6H_{12}O_6$, z. B. Trauben-Z., Frucht-Z., zweifache Z. *(Disaccharide)* nach der Formel $C_{12}H_{22}O_{11}$, z. B. Rohr- od. Rüben-Z., Malz-Z., Mehrfach-Z. *(Polysaccharide)* nach der Formel $C_6H_{10}O_5$, z. B. Dextrin, Stärke, Cellulose; Honig ist durch Ferment des Bienenmagens oder (Kunsthonig) durch Säuren gespaltener Rohr-Z. *(Invert-Z.);* Z.fabrikation: Rüben zerkleinert in warmem Wasser ausgelaugt; der filtrierte Saft eingedickt, wobei Z. auskristallisiert; Entfärben des Roh-Z. durch Knochenkohle od. schweflige Säure; Rückstand der Z.-Gewinnung: → *Melasse.*

Zuckergast, svw. → Silberfischchen.

Zuckerharnruhr, **Zuckerkrankheit,** svw. → Diabetes mellitus.

Zuckerrohr, bis 5 m hohes schilfart. Gras aus O-Indien; in vielen warmen Ländern angebaut, Entwicklungszeit ca. 12 Monate; Saft des Halmes enthält bis

Zuckerrohr

18% Zucker; Weltprodukion 1988: 986,1 Mill. t.

Zuckerrübe, Abart der Runkelrübe; angebaut wegen d. zuckerreichen Wurzel (16–21% Zuckergewinnung); Ernte i. d. BR 1989: 20,8 Mill. t.

Zuckersteuer, auf Rüben-, Stärke- und Rohrzucker; vom Hersteller bzw. Einführer erhoben.

Carl Zuckmayer

Zuckmayer, Carl (27. 12. 1896–18. 1. 1977), dt. Dichter; Dramen: *Der fröhliche Weinberg; Katharina Knie; Der Hauptmann v. Köpenick; Des Teufels General; Gesang im Feuerofen; Das kalte Licht; Der Rattenfänger von Hameln;* Erzählungen: *Die Fastnachtsbeichte;* Autobiographie: *Als wär's ein Stück von mir;* Lyrik.

Zug, 1) schweiz. Kanton zw. Vierwaldstätter und Zürcher See, fruchtbares Hügelland, 239 km², 83 000 E; Hptst.: **2)** Z. (CH-6300), 21 300 E; am **Zuger See,** 38,2 km², bis 198 m tief.

Zugabeverbot, Teil d. gewerbl. Rechtsschutzes, untersagt im geschäftl. Verkehr, neben einer Ware andere Waren od. Leistungen unentgeltlich anzubieten, anzukündigen oder zu gewähren; Ausnahme: geringwertige Reklamegeschenk, Kundenzeitschrift u. a. (Zugabe-VO v. 9. 3. 1932).

Züge, i. Handfeuerwaffe oder Geschütz, → Drall.

Zögel, Heinrich v. (22. 10. 1850–30. 1. 1941), dt. Maler; realist. Tierbilder in impressionist. Technik.

Zugewinngemeinschaft → Eherecht.

Zugmaschine, svw. → Traktor.

Zugpflaster → Pflaster.

Zugspitze, im → Wettersteingebirge, höchster Berg Dtlds, 2962 m; **Zugspitzbahn** (Zahnradbahn), von Garmisch zum Schneeferner (2650 müM) von dort Seilschwebebahn; ferner Seilschwebebahn vom Eibsee; auf Tiroler Seite Seilschwebebahn von Ehrwald bis 2805 m; Wetterwarte.

Zugverband, svw. → Streckverband.

Zugvögel, Vögel, die während ungünstiger Witterungs- oder Nahrungsbedingungen ihre Brutheimat verlassen; in Europa Zug nach Südwesten, Süden od. Südosten; die Zugwege werden durch Beringen (Anlegen eines Aluminium-Fußrings mit eingestanzten Daten) erforscht. Wandern in breiter Front od. auf Zugstraßen, oft Landbrücken über Meere benutzend; Nacht- und Tageszug; Flugordnung lose, in Ketten oder Winkeln (Kraniche); Orientierung nach angeborener Zugrichtung, Landmarken, Sonnenstand, Sternenhimmel u. evtl. Erdmagnetfeld. Bei *Teilziehern* wandert nur ein Teil d. Population nach Süden ab; *Strichvögel* weichen nur der Ungunst des Klimas oder der Nahrungsverhältnisse aus, unabhängig vom Wetter, kein Zugtrieb.

Zuhälterei, Ausbeutung od. eigennützige Beherrschung einer Person, die der Prostitution nachgeht; strafbar nach § 181a StGB.

Zuidersee → Ijsselmeer.

Zülpich (D-5352), St. i. Kr. Euskirchen, am N-Rand d. Eifel, NRW, 16 981 E.

Zululand, *Kwazulu,* Bantu-„Homeland" in d. südafrikan. Prov. Natal; Zuckerrohranbau; bewohnt v. d. *Zulus,* e. Stamm d. Bantuneger; → Südafrika.

Zumsteeg, Johann Rudolf (10. 1. 1760– 27. 1. 1802), dt. Komponist.

Zunder, 1) svw. *Feuerschwamm* (Pilzart Polyporus fomentarius); **2)** auf der Oberfläche v. Metallen b. Bearbeitung in Schmiedehitze entstehende Oxidschichten, durch Hämmern *(Hammerschlag)* entfernbar.

Zünder, Vorrichtung, um Sprengladungen oder Geschosse (Bomben) zur Detonation zu bringen: *Aufschlag-Z.* bei Granaten u. Bomben zünden beim Aufschlag; *Abstands-Z.,* Auslösung durch Funkimpuls in einem best. Abstand vom Ziel; *Zeit-Z.* (Uhrwerk- und Brenn-Z.) zünden nach Ablauf vorher eingestellter Zeit; bei *Zug-* u. *Druck-Z.n* erfolgt Auslösung auf Zug bzw. Druck; *Glüh-Z.* bei el. Zündung; → Sprengkapsel.

Zünd-hölzer, *Streich-, Reibhölzer,* (Holz)stäbchen mit paraffingetränktem Schaft u. angetauchtem Z.kopf aus Kaliumchlorat, Kaliumchromat, Schwefel,

Zugspitze

Binde- und Rauhungsmitteln in der Reibfläche: ungiftiger roter Phosphor, Glaspulver und Bindemittel; in Deutschland Z.warensteuer (1981 aufgehoben). – **Z.hütchen,** kl. Metallkapsel mit Knallquecksilber zum Entzünden d. Pulverladung in der → Patrone; bei Geschützmunition: *Z.schraube.* – **Z.kerze,** zwei durch Porzellankörper isolierte Elektroden, die in Zylinderkopf von Vergasermotoren eingeschraubt werden (Abstand am Ende ca. 0,4–1 mm); bringt beim Anlegen einer Spannung von ca. 2000–5000 Volt durch el. Entladungsfunken Gasgemisch zur Explosion; Erzeugung der Spannung m. Batterie u. Induktionsspule (→ Transformator, → Funkeninduktor) durch Stromunterbrechung (→ Unterbrecher). – **Z.schnur,** einen Explosivsatz umschließende Schnur zum Entzünden von Sprengladungen mittels → Sprengkapsel; *Zeitzündschnur* (Brenndauer berechenbar) od. *Knallzündschnur* (schlägt sofort durch).

Zündung, 1) bei Verbrennungskraftmaschinen das Entflammen des Luft-Brennstoff-Gemischs i. Zylinder; **a)** bei Vergasermotoren: durch → Zündkerze *(Batterie-Z.,* wenn batteriegespeist; *Magnet-Z.,* wenn Strom v. Dynamomaschine erzeugt), **b)** bei Dieselmotoren: durch die infolge Kompression erhitzte Luft; zum Anlassen künstl. Z. durch von außen beheizten *Glühkopf* (Ausstülpung im Zylinderkopf) oder *Glühkerze,* die nach Anlassen des Motors durch die Verbrennungshitze weiterglühen; **2)** bei Sprengstoffen u. Geschossen: → Zünder u. → Sprengkapsel.

Zunft, Zusammenschluß, Fachverband von Handwerkern: **Zünfte** entstanden im 12. Jh. d. Handwerksgilden (neben denen d. Kaufmanns-, Schutz- u. a. Gilden gab); überwachten Preise, Arbeitsleistung, Lehrlingszahl u. -ausbildung; im 16. Jh. Verfall; 1869 (Gewerbefreiheit) aufgelöst.

Zunge, 1) *beim Menschen:* dient der Geschmacksempfindung, Beförderung d. Nahrung u. Lautbildung; bei vielen Krankheiten und nach Fasten mit meist grauweißem Belag, bei Scharlach nach Abstoßung des Belages himbeerrot; **2)** bewegl. Teil einer Weiche; **3)** Stimmblättchen bei Blasinstrumenten.

Zungenbein, zwischen Kinn u. Kehlkopf im Halswinkel gelegener kleiner, U-förmiger Knochen (→ Nase, Abb.).

Zungenblüten, Randblüten d. Korbblütler.

Zungenpfeife, tonerzeugender Teil vieler Musikinstrumente (z. B. Orgel, Harmonium, Harmonika, Klarinette, Oboe, Fagott); über e. Spalt liegende Zunge unterbricht den hindurchgeblasenen Luftstrom periodisch; Unterbrechungszahl bestimmt d. Tonhöhe.

Zungenreden, *Glossolalie,* ekstatisches Verkünden von Gesichten, Prophezeiungen.

Zünsler, Kleinschmetterlinge, deren Raupen z. T. schädlich sind; durchbohren Pflanzenteile, leben in Mehl, Fett usw. (z. B. → *Bienenmotte*).

Zuoz (CH-7524), schweiz. Kurort im Oberengadin, Kanton Graubünden, 1712 müM, 1200 E; Wintersport.

Zurbarán [θurβa-], Francisco de (7. 11. 1598–28. 2. 1664), span. Barockmaler; rel. Themen; *Bonaventura*-Zyklus.

Zürich

Zürich, 1) Kanton d. NO-Schweiz, 1729 km², 1,15 Mill. E; **2)** (CH-8000), Hptst. v. 1), größte u. wirtsch. bedeutendste St. der Schweiz, am N-Ende d. **Zürichsees** *(Zürcher See,* 90 km², bis 143 m t., 406 müM, vom d. Limmat entwässert), 345 000 E, Agglom. 840 000 E; Großmünster (11.–13. Jh.), Fraumünster (12.–14. Jh.); Rathaus (17. Jh.), Uni., TH; Baumwoll-, Seiden-, Maschinen-, elektrotechn. Ind. u. Brauerei; Fremdenverkehr; Versicherungen, Banken u. Börse. – 1351 Mitgl. d. Eidgenossenschaft, 1519 Beginn d. Schweizer Reformation (Zwingli); 1859 **Züricher Friede** (nach d. Vorfrieden v. Villafranca) zw. Frankreich, Sardinien und Österreich, das die Lombardei abtritt.

Zürn, dt. Bildhauerfamilie d. Manierismus u. Barock; u. a. **1)** Jörg (um 1583–vor 1635), *Hochaltar des Überlinger Münsters;* **2)** Michael (um 1625–um 91), *16 Engel* (Kremsmünster).

zurren, *seem.* Taue oder Decksladung mit Tauen (*Zurrings*) festbinden.

Zurückbehaltungsrecht, svw. → Leistungsverweigerungsrecht.

zusammenziehende Mittel → Adstringenzien.

Zusatzaktien → Gratisaktien.

Zuschlag, (früher m. Hammerschlag angedeuteter) Zeitpunkt des Eigentümerübergangs i. d. Versteigerung.

Zuse, Konrad (* 22. 6. 1910), Entwickler des 1. betriebsfähigen frei programmierbaren Rechenautomats „Z3" (1941). Elektromechan. Arbeitsweise, binäre Zahldarstellung.

Zuständigkeit, 1) gesetzl. oder vereinbarte Festlegung d. Gerichts, vor d. ein Anspruch geltend gemacht werden kann; *sachl.* nach Höhe des Streitwerts od. Bedeutung der Sache; *örtl.* maßgebend Wohnsitz od. Aufenthaltsort d. Beklagten, Ort d. belegenen Sache, Erfüllungs-

ort u. a.; *strafrechtl.* Ort der Tat (→ Rechtspflege, Übers.); **2)** durch Ges. od. VO festgelegter sachl. od. örtl. Wirkungsbereich einer Behörde.

Zustellung, an best. Formen gebundene Übergabe e. Schriftstücks an Empfänger durch Gerichtsvollzieher od. Post; Zweck: Nachweis d. Empfanges d. Schriftstücks. – **Z. der Pässe,** svw. Ablehnung d. Verkehrs mit d. Gesandten seitens d. Empfangsstaates.

Zwangsanleihe, Begebung einer Staatsanleihe mit Zeichnungszwang.

Zwangsarbeit, in versch. Staaten schwere Freiheitsstrafe; auch → Arbeitszwang.

Zwangsarbeitslager, in d. Sowjetunion (v. d. Sowjet-Reg. als „*Erziehungslager*" bezeichnet) auch in Verbindung mit *Zwangsansiedlung* (→ Ssylka); Z. auch in den Ostblockstaaten; 1956 v. d. UdSSR formell aufgehoben.

Zwangsbewegungen, Muskelbewegungen, die ohne bzw. gg. den Willen des Erkrankten erfolgen (z. B. Zwangslachen, Zeigebewegungen usw.).

Zwangserziehung → Fürsorgeerziehung.

Zwangsgeld, Geldbetrag, der im Verw.-recht zur Willensbeugung des Pflichtigen angeordnet, festgesetzt und vollstreckt wird.

Zwangshandlungen, bewußte Handlungen gg. den eigenen Willen infolge unwiderstehl. Dranges, meist aufgrund v. Z.vorstellungen; repräsentieren n. → Freud unbewußte Wünsche, meist bei Zwangsneurosen.

Zwangsheilung, ärztl. Behandlungszwang gegenüber ansteckend Erkrankten (z. B. b. Geschlechtskranken).

Zwangshypothek, svw. Sicherungs-→ Hypothek zwecks Zwangsvollstreckung in ein Grundstück.

Zwangsjacke, Jacke mit geschlossenen, auf den Rücken zu bindenden Ärmeln, diente zur Bändigung Tobsüchtiger.

Zwangskurs, aufgrund staatl. Zwangs müssen die gesetzl. Zahlungsmittel zum Nennwert angenommen werden; in Notzeiten auch *Zwangskurs* für Devisen u. Effekten.

Zwangslizenz, verpflichtet Lizenzgeber, an jeden Antragsteller → Lizenz zu erteilen.

Zwangsneurose → Neurose.

Zwangsvergleich, im Konkurs zw. Schuldner und Mehrheit d. Konkursgläubiger abgeschlossener, vom Gericht bestätigter Vergleich, für alle Konkursgläubiger bindend; Inhalt: teilweiser Erlaß od. Stundung der Forderung.

Zwangsversteigerung, amtl. Versteigerung gepfändeter Sachen zwecks Befriedigung d. Geldforderung d. Gläubigers (Ges. v. 24. 3. 1897, §§ 816 ff. ZPO); → Zwangsvollstreckung.

Zwangsverwaltung, *Sequestration,* über Grundstücke gerichtl. angeordnet bei Streit über Eigentumsverhältnisse bis zu ihrer Klärung oder zur Befriedigung des

die Zwangsvollstreckung betreibenden Gläubigers; der *Zwangsverwalter* verwaltet das Grundstück und führt Erlös an den Gläubiger ab (Gesetz v. 24. 3. 1897).

Zwangsvollstreckung, gesetzl. geregeltes Verfahren, in dem Gläubiger aufgrund vollstreckbarer Ausfertigung (→ Vollstreckungsklausel) seines Titels mit Hilfe der staatl. Vollstreckungsorgane (Gerichtsvollzieher, Vollstreckungsgericht beim AG) seinen Anspruch gg. Schuldner befriedigt (§§ 704 ff. ZPO, Zwangsversteigerungsgesetz); **1)** Z. *wegen Geldforderung,* 2 Stadien: Pfändung und Verwertung; *bewegl.* Sachen im Gewahrsam d. Schuldners werden durch Gerichtsvollzieher gepfändet und versteigert; Erlös erhält Gläubiger; Forderungen und Rechte werden durch Pfändungsbeschluß des Vollstreckungsgerichts gepfändet (Drittschuldner wird verboten, an Schuldner zu zahlen) und durch Überweisungsbeschluß dem Gläubiger zu Zahlungs Statt oder zur Einziehung überwiesen. Bei Grundstücken kann vom Grundbuchamt auf Gläubigerantrag eine Zwangshypothek eingetragen werden, oder es findet Zwangsversteigerung statt, aus deren Erlös Gläubiger befriedigt wird, oder Zwangsverw. wird angeordnet und Gläubiger aus den Erträgen der Verw. befriedigt; **2)** Z. *wegen anderer Forderungen:* falls Sache herauszugeben ist, nimmt Gerichtsvollzieher Sache weg; falls Willenserklärung abzugeben ist, gilt diese mit Rechtskraft des Urteils als gegeben; falls Schuldner vertretbare Handlungen vorzunehmen hat, wird Gläubiger ermächtigt, diese auf Kosten des Schuldners vorzunehmen; bei unvertretbarer Handlung wird Schuldner durch Haft u. Geldstrafen zur Vornahme angehalten; falls z. einem Dulden od. Unterlassen verurteilt, Strafdrohung f. Fall d. Zuwiderhandlung. Notwendigenfalls hat Schuldner durch Versicherung an Eides Statt anzugeben, welches Vermögen sich befindet. Falls die Z. in ihrer Art u. Weise gesetzl. Vorschriften verletzt, ist Erinnerung (§ 766 ZPO) durch Schuldner od. Drittbeteiligten am Vollstreckungsgericht zulässig. Hat Schuldner Einwendungen gegen den Titel, muß er Vollstreckungsgegenklage erheben (§ 767 ZPO). Dritte, denen am Gegenstand d. Z. best. Rechte zustehen, können mit *Interventionsklage* Widerspruch erheben (§ 771 ZPO). Z. *im Verwaltungswege* (Ges. vom 27. 4. 1953) ermöglicht zwangsweise Einziehung öff.-rechtl. Geldforderungen des Bundes u. der bundesunmittelbaren jur. Personen öff. Rechts, wenn *Vollstreckungsanordnung* nach → Schuldnerverzug ergangen ist; ebenso Erzwingung geschuldeter Handlungen, Duldungen oder Unterlassungen im *Verwaltungszwangsverfahren* durch Ersatzvornahme auf Kosten des

Verpflichteten, durch Verhängung eines Zwangsgeldes von DM 3,- bis 2000,- oder durch Anwendung unmittelbaren Zwangs. Rechtsmittel wie im → Verwaltungsstreitverfahren. - **Z.sschutz,** → Unpfändbarkeit; bei Rechten sind u. a. Lohnforderungen nach §§ 850–850 i ZPO in best. Umfang geschützt; Landwirten müssen Forderungen aus Verkauf landw. Erzeugnisse verbleiben, wenn diese Einkünfte z. Unterhalt u. geordneter Wirtschaftsführung unentbehrlich sind (§ 851a ZPO); Miet- und Pachtzinsen müssen Schuldner bleiben, soweit er sie zur Unterhaltung des Grundstücks braucht (§ 851b ZPO); Einstellung der Z. erfolgt, falls dies Gläubiger beantragt od. gerichtl. Entscheidung vorliegt.

Zwangsvorstellungen, krankh. Drang, sich dauernd mit best. Gedanken zu befassen (z. B. Rechenzwang, Grübelsucht usw.); → Neurose.

zwanzigster Juli 1944, Datum des Attentats auf Hitler durch → Stauffenberg und des trotz dessen Mißlingen von → Beck, → Olbricht, → Witzleben, Hoeppner (1886–1944) u. a. unternommenen und gescheiterten Staatsstreichs mit dem Ziel, Hitlers Gewaltherrschaft zu stürzen und einen von der Gesamtheit des Volkes nachträgl. zu sanktionierenden Rechtsstaat zu errichten (→ Goerdeler, → Leuschner, → Kreisauer Kreis). - D. 20. Juli löste einen ins Maßlose gesteigerten Terror aus: 7000 Personen wurden verhaftet, davon über 4900 erschossen, erhängt oder zu Tode gequält (→ Volksgerichtshof).

Zwecksparkassen, Privatunternehmungen, bei denen durch Leistung mehrerer Sparer e. Vermögen zusammengebracht werden soll, aus dem d. einzelnen Sparer für *bestimmte Zwecke Darlehen* erhalten; Darlehen dient zur Anschaffung v. bewegl. Gegenständen *(Mobiliar-Z.),* zur Finanzierung eines *Bauvorhabens,* → Bausparkassen.

Zweibrücken (D-6660), krfreie St. i. Rgbz. Rheinhess.-Pfalz, RP, 33 377 E; OLG, LG, AG; div. Ind., Pferdezucht. - Seit 1352 St., Hptst. d. *Gft Z.,* die 1450–1793 selbst. Herzogtum war.

Zweibund, 1879 zw. Dtld u. Östr.-Ungarn abgeschlossener Beistandspakt.

Zweier, mit zwei Ruderern benanntes Ruder-(Riemen-)Boot, mit od. ohne Steuermann; auch Bez. für Zweierkajak (K II).

Zweiflügler, Insektenordnung mit nur einem Flügelpaar; Hinterflügel zu kurzen, am Ende verdickten Stäbchen rückgebildet *("Schwingkölbchen", Halteren),* dienen durch Stimulation d. Flugbewegung der Orientierung i. Raum: *Mücken, Fliegen, Lausfliegen.*

Zweig, 1) Arnold (10. 11. 1887–26. 11. 1968), dt. Dichter; Roman: *Der Streit um den Sergeanten Grischa; Novellen um Claudia;* 1950–53 Präs. d. Dt. Akad. d. Künste in der DDR; **2)** Stefan (28. 11.

Stefan Zweig

1881–23. 2. 1942), östr. Schriftst.; Gedichte, Dramen, Novellen; biograph. Essays, zahlr. Biographien über Dichter u. histor. Persönlichkeiten; Übersetzungen (Verhaeren u. a.); selbstbiographisch: *Begegnung mit Menschen, Büchern und Städten; Die Welt von gestern.*

zweihäusig → Blüte.

Zweihufer, svw. → Paarzeher.

Zweikammersystem, Bezeichnung für parlamentarisches System, bei dem die die Gesetzgebung ausübende Volksvertretung aus 2 Kammern besteht (z. B. in Großbritannien *Oberhaus* und *Unterhaus,* in den USA *Senat* und *Repräsentantenhaus,* in d. → BR *Bundestag* u. *Bundesrat).*

Zweikampf, *Duell,* zw. 2 *Duellanten* m. tödl. Waffen.

Zweikeimblättrige, svw. → Dikotyledonen.

Zweischwerterlehre, ma. Lehre v. d. geistl. (Papst) u. weltl. (Kaiser) Gewalt.

Zweitaktmotor, eine → Verbrennungskraftmaschine, bei der d. Triebkraft bei je zwei Takten (Hüben), also bei jeder Umdrehung einmal, auf d. Kolben wirkt; *1. Takt:* Verbrennung, treibt Kolben abwärts (Arbeitshub): Vorverdichtung des neu eingetretenen Brennstoff-Luft-Gemisches im Kurbelraum; *2. Takt:* Überströmen des vorverdichteten Gemisches durch Überströmkanal in Zylinderraum; dort Verdichtung und Entzündung; Steuerung des Auslasses, bei kl. Maschinen auch d. Einlasses, durch den Kolben; z. T. geschlossenes Kurbelgehäuse für d. Luftkompression (→ Tafel Kraftfahrzeug).

zweiter Bildungsweg, Bez. für die in Ergänzung des herkömml. Bildungsweges bestehenden Möglichkeiten u. Einrichtungen f. Berufstätige u. Absolventen d. Haupt- u. Realschule. Weiterbildung auf Berufsaufbauschulen (Fachschulreife), Fachschulen, Fachoberschulen (Fachoberschulreife) u. a. sowie z. Erlangung d. allg. Hochschulreife (→ Schulwesen, Übers.).

zweites Gesicht, angebliche Gabe mancher Menschen, räuml. entfernte od. zukünftige Vorgänge wahrzunehmen.

Zweitschlagsfähigkeit, englisch *Second Strike Capability,* Fähigkeit eines Kernwaffenstaats, auch nach Hinnahme eines gegnerischen Kernwaffenschlags dem Gegner unermeßlichen Schaden zuzufügen; Ggs..: → Erstschlagsfähigkeit.

Zwenkau (D-7114), St. i. Kr. Leipzig, Sa., 9300 E; Papierind.

Zwerchfell, Muskelplatte, trennt Brustraum von d. Bauchhöhle; wichtigster Atemmuskel (→ Atmung).

Zwerenz, Gerhard (* 3. 6. 1925), dt. Schriftst.; Casanova od. *Der kleine Herr in Krieg u. Frieden; D. Erde ist unbewohnbar wie d. Mond.*

Zwergpalme, *Sabalpalme, Palmetto,* Fächerpalme, die am weitesten nach Norden geht; z. B. afrikan.-eur. Z., Mittelmeergebiet; ihre Blattfasern zu Flechtwerk; am. Z., Ostküste N-Amerikas (Florida, Carolina), liefert Schiffsholz.

Zwergseidenäffchen, kleinste Art d. südam. → Krallenaffen, Gewicht bis 100 g.

Zwergsterne, Sterne der Hauptreihe des → Russell-Diagramms; → Weiße Zwerge.

Zwergwuchs, 1) bei Pflanzen gezüchtet (Japan) oder standortbedingt (Alpen, Arktis); **2)** bei Tieren in best. Erdzeitaltern auftretende, bei Haustieren als Zuchtergebnis (Pinscher) oder Rassenvariante (Pony); **3)** beim Menschen ebenfalls *rassischer* Zwergwuchs: die Pygmäen des afrikanischen Urwalds (Bambuti, Akka) und Negritos von Malaia, den Andamanen und den Philippinen (Körperhöhe der Männer um 145 cm); daneben Kleinwuchsrassen um 155–158 cm: Buschmänner, Kleinwuchsmelanesier, Eskimo, Weddide, Palämongolide (auch → Rasse, Übers.). Dagegen ist *individueller* Zwergwuchs mehr oder minder krankhaft: durch Hypophysenstörungen (wohlproportionierte Liliputaner um 1 m Körperhöhe) und Schilddrüsenunterfunktion (untersetzter Kleinwuchs mit Verblödung bei → Kretinismus, → Mongolismus) und Knochen-Knorpel-Krankheiten (Kurzgliedrigkeit bzw. Verbiegung der Knochen bei Chondrodystrophie u. Rachitis); Z. bzw. *Minderwuchs* auch b. Funktionsstörungen d. → Keimdrüsen u. d. → Nebennierenrinde.

Zwettl (A-3910), St. im Waldviertel, Niederöstr., 11 600 E; Zisterzienserabtei (1138 gegr.); Mus. f. Medizin-Meteorologie.

Zwickau (D-9500), Krst. in Sa., Bez. Cottbus, a. d. *Z.er Mulde,* 118 914 E; Dom, Ing.-HS; Steinkohlenbergbau; Automobil- u. a. Ind.

Zwickel, 1) dreieckiger eingesetzter Teil in Strümpfen, Wäsche, Kleidern; **2)** in der *Baukunst:* keilförmige, gerade oder gekrümmte Fläche.

Zwiebel, 1) *Speise-Z.,* zu den Liliengewächsen gehörender Lauch; Gewürz- und Gemüsepflanze; **2)** als Pflanzenteil: veränderter, zum Stengel m. fleischigen, unterird. Blättern (Z.häute) und Z.knospen; Reservestoffbehälter.

Zwiebelhaube, zwiebelförm. (Turm-) Dach.

Zwiesel, Teil d. Sattels (Vorder- und Hinter-Z.).

Zwiesel (D-8372), St. u. Luftkurort i. Kr. Regen, Bayr. Wald, Niederbay., 9955 E; Berufsbildungszentrum f. Glas, Glasind.

Zwillich, geköperter Baumwollstoff.

Zwillinge, 1) beim Menschen entstehen bei gleichzeitiger Befruchtung von zwei Eiern *zweieiige* Zwillinge, verschiedenoder gleichgeschlechtig (auch zwei Nachgeburten); seltener *eineiige* Zwillinge infolge doppelter Teilung des von einem Samenfaden befruchteten Eies, stets gleichgeschlechtig (nur eine Nachgeburt). *Zwillingsähnlichkeit* bei eineiigen Zwillingen oft bis in kleinste körperl. u. psych. Einzelheiten *(identische Z.). Zwillingsschwangerschaften* gewöhnlich familiäre Veranlagung. Auf 87 Geburten ungefähr ein Zwillingsgeburt; hiervon etwa 70% zweieiige, 30% eineiige Z. Auch Verwachsungen v. Z.n als seltene Mißbildung (→ siamesische Zwillinge); **2)** 3. Zeichen des → Tierkreises; → Sternbilder, Übers.

Zwillingsforschung, Zweig der menschl. Erbbiologie, bei dem durch Vergleich von erbgleichen, aus einem einzigen befruchteten Ei hervorgegangenen Zwillingen (EZ) mit erbverschiedenen, aus zwei befruchteten Eiern stammenden (ZZ), die Anteile von Erbanlage und Umwelteinfluß bei der Entstehung des → Phänotypus (Erscheinungsbild) abgegrenzt werden können; → Vererbung.

Zwinge, Vorrichtung z. Einspannen, Zusammenpressen von Werkstücken (bes. von Holz) aus Schraube und Bügel.

Zwinger, 1) *allg.* Rundgang zw. äußerer u. innerer (Ring-)Mauer bei Befestigungen im MA; **2)** Prunkbau in Dresden, erb. v. D. *Pöppelmann* 1711–22, nach Zerstörung 1945 Wiederaufbau bis 1966 (Abb. → Dresden).

Ulrich Zwingli

Zwingli, Ulrich (1. 1. 1484–11. 10. 1531), schweiz. Reformator; s. 1519 in Zürich; Abschaffung der Messe, Bilder, Orgelmusik, Fastengebote; staatskirchl. Gemeindeorganisation; Abendmahlsstreit m. Luther in Marburg 1529; pol. Haupt d. schweiz. Reformation, fiel im Kampf gg. die kath. Kantone; Hptwerk: *Christianae fidei brevis et clara expositio.* – Z.s Lehre beinflußte vor allem Calvinismus.

Zwirn, aus 2 od. mehreren Garnfäden zus.gedrehter (gezwirnter) Nähfaden; Doppelzwirn aus 2 Z.en gezwirnt.

Zwischenbildorthikon, → Orthikon.

Zwischendeck, unter d. Hauptdeck befindl. Deck, insbes. auf d. Auswandererschiffen d. 19. Jh.

Zwischenfrequenz, in d. Funktechnik die bei Überlagerung zweier Frequenzen auftretende 3. Frequenz, deren Wert sich b. Abstimmung e. → Überlagerungsempfängers auf versch. Empfangsfrequenzen nicht ändert: im allg. 468 kHz, seltener 125 kHz od. 1600 kHz, bei UKW 10,7 MHz, Fernsehen 21 MHz.

Zwischenhirn, ein Hirnstammabschnitt mit lebenswichtigen Steuerzentren f. alle Lebensvorgänge, in enger Bez. z. → Hypophyse, das Z.-Hypophysen-System.

Zwischenkieferknochen, *Intermaxillarknochen,* zwischen Oberkieferhälften der Wirbeltiere, beim Menschen mit dem Oberkiefer verwachsen; 1784 von Goethe u. Vicq d'Azyr nachgewiesen.

Zwischenmeister → Faktor.

Zwischenstreit, im Zivilprozeß über einzelne Verfahrens- oder Beweisfragen, wird durch **Zwischenurteil** entschieden (§ 303 ZPO).

Zwitter, *Hermaphrodit,* Individuum m. funktionsfähigen männl. u. weibl. Geschlechtsorganen, meist m. Verhinderung der Selbstbefruchtung; häufig bei niederen Tieren (z. B. Bandwürmern, Schnecken); *Schein-Z.* durch Entwicklungsstörungen (auch beim Menschen).

Zwölfender → Geweih.

Zwölffingerdarm, *Duodenum,* → Darm.

Zwölfkampf, Mehrkampf i. Kunstturnen f. Männer; je eine Pflicht- u. Kürübung am Barren, Reck, Boden, Seitpferd, im Pferdsprung u. an d. Ringen.

zwölf Nächte, heilige, 25. Dez.–6. Jan.

Zwölfstädte, 1) d. Vereinigung d. führenden Städte der → Etrusker; **2)** Bund ionischer Städte in Kleinasien.

Zwölftafelgesetz, röm. Rechtssatzung, auf zwölf Bronzetafeln i. 5. Jh. v. Chr. entstanden.

Zwölftontechnik, Kompositionsmethode, die bewußt jede tonale Beziehung meidet und die 12 Skalentöne verselbständigt; vergleichbar der → Permutation in d. Math.; Begr.: → *Schönberg.*

Zwolle ['zvɔlə], Hptst. der ndl. Prov. Overijssel, an der Ijssel, 89 000 E; Handel, Ind.

Zyanose, *Cyanose,* svw. → Blausucht.

Zygote, *w.* [gr.], die befruchtete Eizelle (vereinigt m. d. Samenzelle); → Vererbung, Übers.

Zykladen, *Kykladen,* Gruppe von etwa 200 griech. Inseln im Ägäischen Meer (Andros, Naxos u. a.); als Nomos 2572 km², 86 000 E; Obst- u. Weinbau, Fischerei, Marmor- (Paros), Schmirgelgewinnung (Naxos). Hptst. *Hermupolis* auf Syros (14 000 E).

zyklisch [gr.], i. regelmäß. Folge wiederkehrend.

Zykloide [gr.], *math.* Kurve, die d. Randpunkt e. rollenden Rades beschreibt.

Zykloidenpendel, Fadenpendel, dessen Pendelkörper auf e. Zykloide schwingt; Schwingungsdauer unabhängig vom Ausschlagwinkel.

zyklometrische Funktionen, *math.* Funktionen, die durch Umkehrung der → Winkelfunktionen entstehen (z. B. für $y = \sin x$ die zyklometr. Funktion $x = \arcsin y$, wobei x der Bogen, dessen Sinusfunktion gleich y ist).

Zyklon, *m.* [gr.], tropischer → Wirbelsturm.

Zyklone, *w.* [gr.], Gebiet tiefen Luftdrucks *(barometr. Minimum, Depression, Sturmtief),* auf der Nordhalbkugel von Winden entgegengesetzt der Uhrzeigerrichtung umkreist; *Anti-Z.:* Gebiet hohen Luftdrucks *(Maximum),* Winde im Uhrzeigersinn kreisend; → Polarfronttheorie.

Zyklopen, einäugige Riesen d. griech. Sage.

zyklopische Mauern, aus großen Steinen ohne Mörtelbindung; z. B. in Mykene (14. Jh. v. Chr.).

Zyklotron, *s.* [gr.], → Beschleuniger, 1932 von E. O. → *Lawrence* für kernphys. Versuche erfunden; Ionen laufen auf geschlossenen (oder nahezu geschlossenen) Kreisbahnen und werden bei jedem Umlauf erneut beschleunigt bis zum Erreichen hoher Energie (bis ca. 400 → MeV); → Synchrotron.

Zyklus, *m.* [gr. „Kreis"], **1)** Folge, Reihe zusammengehöriger Vorträge od. Werke; **2)** *med.* weiblicher Z., → Menstruation.

Zylinder, *m.* [gr.], **1)** *Walze,* geometr. Körper, begrenzt durch zwei ebene, kongruent parallele, krummlinige Grundflächen (bes. Kreise) und die beide verbindende Mantelfläche; als → Rotationskörper entsteht der gerade Kreis-Z. aus d. Rechteck; **2)** *Maschinenbau:* Bohrung (röhrenförmiger Hohlkörper), in der sich ein Kolben bewegt (z. B. bei Dampf- u. Verbrennungskraftmaschinen); **3)** steife zylinderförmige Kopfbedeckung (Z.hut).

Zymase, *w.* [gr.], Gemisch von mehr als 20 Enzymen der Hefe, das die alkohol. Gärung verursacht; 1897 von E. u. H. *Buchner* in Hefepreßsäften entdeckt; als einheitliches Enzym („Ferment") angesehen.

Zyniker, *m.* [gr.], urspr. svw. → *Kyniker;* svw. *zynischer Mensch,* der alle Gefühlswerte übergeht.

Zynismus, *m.,* bewußte Gefühlsroheit.

Zypergras, Gruppe der Riedgräser, des wärmere Länder (z. B. → *Erdmandel* u. *Papyrus*).

Zypern, *Cypern,* engl. *Republic of Cyprus,* griech. *Kypriaki Dimokratia,* türk. *Kibris Cumhuriyeti,* Insel u. Rep. im östl. Mittelmeer, 9251 km², 687 000 E (74 je km²); griech.-zypr. Südteil d. Insel (5750 km²), im Norden d.

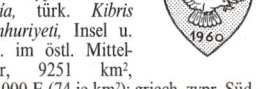

türk.-zypr. Gebiet (3500 km²); Bev-Zuw. 0,3%; Bev.: 80% griech., 18% türk. Zyprioten; zusätzlich 80 000 Libanonflüchtlinge; Sprache: Griech. u. Türk.; Währung: Zypern-Pfund (Z£); Hptst.: *Nikosia;* Flagge S. 341, Karte S. 744. **a)** *Geogr.:* Im N u. SW gebirgig (*Troodos* 1953 m), sonst fruchtbare Ebenen (Weinbau). **b)** *Außenhandel* (1988): Einfuhr 1,86 Mrd., Ausfuhr 711 Mill. $. **c)** *Verf.:* Präsidiale Rep. m. Einkammerparlament (70% griech. u. 30% türk.); griech. u. türk. Selbstverw. **d)** *Gesch.:* Um 1000 v. Chr. von Achäern u. Phöniziern besiedelt, 58 v. Chr. röm. Prov.; in den Kreuzzügen v. Richard Löwenherz erobert, im 12. u. 13. Jh. selbständiges Kgr. (Lusignan), 1489 venezianisch, 1571–1878 türk.; dann engl. Verw., 1925 Kronkolonie; s. 1960 unabhängige Rep.; s. 1964 wiederholt blutige Auseinandersetzungen zw. Griechen u. türk. Minderheit, Schlichtung durch UN u. Großmächte u. Stationierung v. UN-Truppen; Ende 1967 erneut schwere Zwischenfälle, da-

durch Spannungen zw. Griechenland u. d. Türkei, Vermittlung durch USA u. UN; 1974 Putsch d. Nationalgarde gg. Erzbischof Makarios, der. d. Land verlassen muß, türk. Invasionstruppen besetzen d. N-Hälfte d. Insel; 1975 Umsiedlung v. türk. Zyprioten in den N d. Insel, Proklamierung eines unabhängigen „Türkisch-Zypriotischen Bundesstaats" (intern. nicht anerkannt); 1983 N-Teil zur „Türk. Rep. v. Nordzypern" erklärt (v. UN für rechtsungültig erklärt); bisher erfolglose Verhandlungen zw. griech. u. türk. Zyprioten. **e)** *Mitgl.:* UN, Commonwealth, Europarat; assoziiert mit EG.

Zypresse, Nadelholzbaum m. Schuppen-

Zypressen

blättern u. kugeligen Zapfen; Mittelmeergebiet, Tempel- u. Trauerbaum, versch. Abarten; andere Arten i. Asien; Holz geschätzt; auch andere Nadelhölzer häufig als Z. bezeichnet: → *Sumpfzypresse.*

Zyste, *w.* [gr. „Blase"], flüssigkeitsgefüllte Blasengeschwulst (z. B. *Ovarial-Z.,* Erkrankung des Eierstocks).

Zystitis, *w.* [gr.], Harnblasenentzündung, meist durch Infektion.

Zystoskop, *s.* [gr.], Apparat z. Betrachtung d. Harnblaseninneren, durch Harnröhre eingeführt.

Zyto- [gr.], als Vorsilbe: Zell(en) ...

Zytodiagnostik, *w.* [gr.], mikroskop. Untersuchung v. Zellen, bes. zur Aufdeckung v. Krebs.

Zytologie [gr.], Zellenlehre; erforscht Aufbau, Teilung usw. der → Zelle.

Zytomegalie, Speicheldrüsenviruskrankheit; bei d. Übertragung v. d. infizierten Mutter auf d. Leibesfrucht gefährlich; Neugeborene zeigt Gelbsucht u. Blutarmut, kann auch in d. körperl. u. geistigen Entwicklung stark beeinträchtigt werden.

Maße und Gewichte

SI-Einheiten

Währungen

Metrische Einheiten

Längenmaße

km	(Kilometer)	=	1000	m
m	(Meter)	=	10	dm
dm	(Dezimeter)	=	10	cm
cm	(Zentimeter)	=	10	mm
mm	(Millimeter)	=	1000	μm
μm	(Mikrometer)	=	1000	nm
nm	(Nanometer)	=	10 Å (Ångström)	

Flächenmaße

km² (Quadratkilom.)	=	100	ha
ha (Hektar)	=	100	a
a (Ar)	=	100	m²
m² (Quadratmeter)	=	100	dm²
dm² (Quadratdezimeter)	=	100	cm²
cm² (Quadratzentimeter)			
= 100 mm² (Quadratmillimet.)			

Raummaße

m³ (Kubikmeter)	=	1000	dm³
dm³ (Kubikdezimet.)	=	1000	cm³
cm³ (Kubikzentimeter)			
= 1000 mm³ (Kubikmillimeter)			

Hohlmaße

hl	(Hektoliter)	=	100	l
l	(Liter) = 1 dm³	=	10	dl
dl	(Deziliter)	=	10	cl
cl	(Zentiliter)	=	10	ml
ml	(Milliliter)	= 1000 μl	(Mikroliter)	

Masseneinheiten

t	(Tonne)	=	1000	kg
kg	(Kilogramm)	=	1000	g
dag	(Dekagramm)	=	10	g
g	(Gramm)	=	10	dg
dg	(Dezigramm)	=	10	cg
cg	(Zentigramm)	=	10	mg
mg	(Milligramm)			
		= 1000 μg (Mikrogramm)		

Angelsächsische Einheiten

Längenmaße

statute mile = 8 furlongs	=	1,609	km
furlong	=	10	chains
chain	=	11	fathoms
fathom = 2 yards	=	1,8288	m
yard = 3 feet	=	91,44	cm
foot = 12 inches	=	30,48	cm
inch = 40 lines	=	2,54	cm
line	=	0,635	mm
mile	=	0,0254	mm

Flächenmaße

square mile = 640 acres	=	2,59 km²
acre = 4 roods	=	4046,9 m²
rood =	=	10,117 a
square yard	=	0,83613 m²

---

square foot	=	929,03	cm²
square inch	=	6,4516	cm²

Raummaße

register ton	=	2,832	m³
cubic yard	=	0,765	m³
cubic foot	=	28,317	l
cubic inch	=	16,387	ml

Hohlmaße für Trockensubstanzen

barrel, USA	=	0,116	m³
bushel, brit.	=	36,37	l
bushel, USA	=	35,24	l
dry quart = 2 pt. USA	=	1,101	l
dry pint, USA	=	0,551	l

Hohlmaße für Flüssigkeiten

barrel, brit.	=	1,637	hl
barrel, USA (nur f. Öl)	=	1,59	hl
gallon, brit.	=	4,55	l
gallon, USA	=	3,79	l
liquid quart = 2 pt., brit.	=	1,136	l
liquid quart = 2 pt., USA	=	0,946	l
liquid pint, brit.	=	0,568	l
liquid pint, USA	=	0,473	l

Masseneinheiten avoirdupois (avd.)

long ton = 20 cwts.	=	1,016	t
short ton = 20 centals	=	0,907	t
hundredweight (cwt.) = 4 qrs.			
	=	50,80	kg
cental = 100 lbs.	=	45,36	kg
quarter (qr.) = 28 lbs.	=	12,7	kg
pound (lb.) = 16 oz.	=	453,59	g
ounce (oz.) = 16 dr.	=	28,349	g
dram (dr.)	=	1,772	g

Abweichende Einheiten

Alte deutsche Einheiten

Linie	=	2,174	mm
Zoll = 12 Linien	=	2,6	cm
Fuß = 12 Zoll	=	31,3	cm
Elle = 2 Fuß	=	62,6	cm
Klafter = 3 Ellen	=	1,88	m
Rute = 2 Klafter	=	3,76	m
Meile = 2000 Ruten	=	7,532	km
Morgen	=	25,532	a
Tagwerk	=	34,07	a
Hufe	=	17,021	ha
Metze	=	3,435	l
Scheffel = 16 Metzen	=	54,962	l
Quart	=	1,145	l
Oxhoft	=	206,2	l
Fuder = 4 Oxhoft	=	828,4	l
Quentchen	=	4,375	g
Lot = Quentchen	=	17,5	g

Nautische Einheiten

Faden	=	1,852	m
Kabel = 100 Faden	=	185,2	m

---

sm (Seemeile) = 10 Kabel	=	1,852	km
Meridiangrad = 60 sm	=	111,111	km

Edelmetalle und -steine

Gran	=	50 mg
Karat = 4 Gran	=	0,2 g

Alte russische Einheiten

Arschin	=	71,11 cm
Saschen	=	2,3 m
Werst	=	1,0668 km
Desjatine	=	1,0925 ha
Wedro	=	12,3 l
Botschka	=	492 l
Pud	=	16,38 kg

AFGHANISTAN
metrisches System, ferner:

1 Arschin	=	1,12 m
1 Man = 40 Ka	=	4,48 kg

ARABIEN

1 Draa	=	0,49 m
1 Timan	=	56,8 l
1 Rottoll	=	276,8 g

CHINA

1 Li = 180 Chang	=	644,4 m
1 Ching	=	6,14 m
1 Sheng = 10 Ho	=	1,03 l
1 Tan (oder Picul) = 100 Chin		
	=	60,453 kg
1 Tael (Liang)	=	37,783 g

JAPAN
metrisches System, außerdem:

1 Shaku	=	30,303 cm
1 Ri = 12960 Shaku	=	3,9273 km
1 Tsubo	=	3,36 qm
1 Kwan = 1000 Momme	=	3,75 kg
1 Picul	=	60,48 kg

PERSIEN

1 Färsakh	=	6,24 km
1 Zar = 4 Tscherek	=	1,04 m
1 Rottel	=	336 g

ÄGYPTEN
metrisches System, ferner:

1 Dira Macmari = 6 Quabdah	=	75 cm
1 Feddan	=	42 a

INDIEN
wie Großbritannien, ferner:

1 Guz	= 91,4 cm (Bengalen)
1 Ser = 16 Chittak	= 933 g

THAILAND

1 Picul	= 60,48 kg

System der Vorsilben (SI-Vorsätze):
ohne Vorsilbe . . . Maßeinheit

Dezi ...	... d	= 10^{-1}	Nano ...	... n	= 10^{-9}	Deka....	... da	= 10^{1}	Giga	... G	= 10^{9}
Zenti ...	... c	= 10^{-2}	Piko	... p	= 10^{-12}	Hekto ..	... h	= 10^{2}	Tera	... T	= 10^{12}
Milli	... m	= 10^{-3}	Femto ...	... f	= 10^{-15}	Kilo	... k	= 10^{3}	Peta	... P	= 10^{15}
Mikro...	... μ	= 10^{-6}	Atto ...	... a	= 10^{-18}	Mega	... M	= 10^{6}	Exa......	... E	= 10^{18}

Beispiele: 1 km (Kilometer) = 10^{3} m = 1000 Meter
1 cl (Zentiliter) = 10^{-2} l = $^1/_{100}$ Liter
1 MΩ (Megaohm) = 10^{6} Ω = 1 000 000 Ohm

SI-Einheiten

Durch die Einführung der SI-Einheiten in der BR sind einige ältere Maßeinheiten, die bisher gültig waren (wie z. B. *Kalorie,*

Tabelle 1: SI-Basiseinheiten

Basisgröße	Basiseinheit	
	Name	Zeichen
Länge	Meter	m
Masse	Kilogramm	kg
Zeit	Sekunde	s
elektrische Stromstärke	Ampere	A
thermodynamische Temperatur	Kelvin	K
Stoffmenge	Mol	mol
Lichtstärke	Candela	cd

Pferdestärke, Röntgen), durch international gültige Einheiten ersetzt worden (nämlich: Joule, Kilowatt und Rem). Das ist besonders für die Wissenschaft und Technik sehr vorteilhaft, denn es vereinfacht viele Berechnungen, weil bei einem einheitlichen Einheitensystem komplizierte Umrechnungen in andere Einheiten entfallen, d. h. es gibt für jede Größe nur eine Einheit. Wie aus den Tabellen ersichtlich ist, gibt es zwei Gruppen von SI-Einheiten, 1. die *Basiseinheiten* (Tabelle 1), deren Definitionen offiziell festgelegt wurden, und 2. die *abgeleiteten Einheiten,* die aus den Basiseinheiten (ebenso wie die entsprechenden Größen aus den Basisgrößen) gebildet werden. Die abgeleiteten SI-Einheiten, die einen besonderen Namen erhalten haben, sind in der Tabelle 2 mit ihren jeweiligen Größen aufgeführt. Die *SI-Vorsätze,* die benötigt werden, um Teile oder Vielfache von Einheiten zu bezeichnen (z. B. *Milli*meter, *Kilo*watt), sind als System der Vorsilben in der Übersicht Maße und Gewichte (S. 1085) enthalten.

Tabelle 2: Abgeleitete SI-Einheiten mit besonderem Namen

Größe	SI-Einheit		Beziehung zu anderen SI-Einheiten	Beziehung zu den SI-Basiseinheiten
	Name	Zeichen		
ebener Winkel	Radiant	rad		$1\,rad = 1\,m/m$
räumlicher Winkel	Steradiant	sr		$1\,sr = 1\,m^2/m^2$
Frequenz	Hertz	Hz		$1\,Hz = 1\,s^{-1}$
Kraft	Newton	N		$1\,N = 1\,m\,kg\,s^2$
Druck, mech. Spannung	Pascal	Pa	$1\,Pa = 1\,N/m^2$	$1\,Pa = 1\,m^{-1}\,kg\,s^{-2}$
Energie, Arbeit, Wärmemenge	Joule	J	$1\,J = 1\,N\,m$	$1\,J = 1\,m^2\,kg\,s^2$
Leistung	Watt	W	$1\,W = 1\,J/s$	$1\,W = 1\,m^2\,kg\,s^{-3}$
elektrische Ladung, Elektrizitätsmenge	Coulomb	C		$1\,C = 1\,As$
elektrische Spannung	Volt	V	$1\,V = 1\,W/A$	$1\,V = 1\,m^2\,kg\,s^{-3}A^{-1}$
elektrische Kapazität	Farad	F	$1\,F = 1\,C/V$	$1\,F = 1\,m^2\,kg\,s^4A^2$
elektrischer Widerstand	Ohm	Ω	$1\,\Omega = 1\,V/A$	$1\,\Omega = 1\,m^2\,kg\,s^{-3}A^2$
elektrische Leitfähigkeit	Siemens	S	$1\,S = 1\,A/V$	$1\,S = 1\,m^2\,kg\,s^3A^2$
Magnetischer Fluß	Weber	Wb	$1\,Wb = 1\,Vs$	$1\,Wb = 1\,m^2\,kg\,s^{-2}A^{-1}$
magnetische Flußdichte, magnetische Induktion	Tesla	T	$1\,T = 1\,Vs/m^2$	$1\,T = 1\,kg\,s^{-2}A^{-1}$
Induktivität	Henry	H	$1\,H = 1\,Wb/A$	$1\,H = 1\,m^2\,kg\,s^{-2}A^{-2}$
Celsius-Temperatur	Grad Celsius	C		$1\,C = 1\,K$
Lichtstrom	Lumen	lm	$1\,lm = 1\,cd \cdot sr$	
Beleuchtungsstärke	Lux	lx	$1\,lx = 1\,lm/m^2$	
Aktivität einer radioaktiven Substanz	Becquerel	Bq		$1\,Bq = 1\,s^{-1}$
Energiedosis	Gray	Gy	$1\,Gy = 1\,J/kg$	$1\,Gy = 1\,m^2\,s^2$

Währungen

ISO- oder (Intern. Währungsabkürzung)
100 WE = DEM

Afghanistan	Afghani (AFA) = 100 Puls	3,58
Ägypten (V.A.R.)	Ägyptisches Pfund (EGP) = 100 Piasters	56,95
Albanien	Lek (ALL) = 100 Quindarka	18,12
Algerien	Algerischer Dinar (DZD) = 100 Centimes	10,20
Angola	Neuer Kwanza (AON) = 100 Lwei	3,03
Antigua u. Barbuda	Ostkaribischer Dollar (XCD) = 100 Cents	66,69
Äquatorialguinea	CFA-Franc (XAF) = 100 Centimes	0,59
Argentinien	Austral (ARA) = 100 Centavos	0,02
Äthiopien	Birr (ETB) = 100 Cents	87,54
Australien	Australischer Dollar (AUD) = 100 Cents	138,78
Bahamas	Bahama Dollar (BSD) = 100 Cents	179,63
Bahrain	Bahrain-Dinar (BHD) = 1000 Fils	481,92
Bangla Desh	Taka (BDT) = 100 Paischa	5,06
Barbados	Barbados-Dollar (BBD) = 100 Cents	89,73
Belgien	Belgischer Franc (BEF) = 100 Centimes	4,86
Belize	Belize-Dollar (BZD) = 100 Cents	90,60
Benin	CFA-Franc (XOF) = 100 Centimes	0,59
Bermuda	Bermuda-Dollar (BMD) = 100 Cents	180,84
Bhutan	Ngultrum (BTN) = Chetrum	9,25
Birma jetzt Myanmar	Kyat (MMK) = 100 Pyas	28,27
Bolivien	Boliviano (BOB) = 100 Centavos	51,77
Botswana	Pula (BWP) = 100 Thebe	90,78
Brasilien	Cruzeiro (BRE) = 100 Centavos	0,75
Brunei	Brunei Dollar (BND) = 100 Cents	101,36
Bulgarien	Lew (BGL) = 100 Stotinki	11,95
Burkina Faso	CFA-Franc (XOF) = 100 Centimes	0,59
Burundi	Burundi-Franc (BIF) = 100 Centimes	1,05
Chile	Chilenischer Peso (CLP) = 100 Centavos	0,26
China (Volksrep.)	Renmimbi Yuan (CNY) = 10 Jiao	34,71
Costa Rica	Costa-Rica-Colon (CRC) = 100 Centimes	1,57
Cuba	Kubanischer Peso (CUP) = 100 Centavos	130,37
Dänemark	Dänische Krone (DKK) = 100 Öre	25,89
Dominica	Ostkaribischer Dollar (XCD) = 100 Cents	67,05
Dominikan. Rep.	Dominikanischer Peso (DOP) = 100 Centavos	14,11
Dschibuti	Dschibuti-Franc (DJF) = 100 Centimes	1,01
Ecuador	Sucre (ECS) = 100 Centavos	0,18
Elfenbeinküste	CFA-Franc (XOF) = 100 Centimes	0,59
El Salvador	El-Salvador Colon (SVC) = 100 Centavos	22,65
Falklandinseln	Falkland-Pfund (FKP) = 100 New Pence	294,00
Fidschi–Inseln	Fidschi-Dollar (FJD) = 100 Cents	121,98
Finnland	Finnmark (FIM) = 100 Penniä	42,21
Frankreich	Französische Franc (FRF) = 100 Centimes	29,52
Gabun	CFA-Franc (XAF) = 100 Centimes	0,59
Gambia	Dalasi (GMD) = 100 Bututs	21,32
Ghana	Cedi (GHC) = 100 Pesewas	0,49
Gibraltar	Gibraltar-Pfund (GIP) = 100 New Pence	294,00
Grenada	Ostkaribischer Dollar (XCD) = 100 Cents	67,05
Griechenland	Drachme (GRD) = 100 Lepta	0,94
Großbritannien	Pfund Sterling (GBP) = 100 New Pence	289,70
Guatemala	Quetzal (GTQ) = 100 Centavos	35,83
Guinea	Guinea-Franc (GNF) = 100 Centimes	0,26
Guinea-Bissau	Guinea-Peso (GWP) = 100 Centavos	0,06
Guyana	Guyana-Dollar (GYD) = 100 Cents	1,43
Haiti	Gourde (HTG) = 100 Centimes	36,24
Honduras, Rep.	Lempira (HNL) = 100 Centavos	33,93
Hongkong	Hongkong-Dollar (HKD) = 100 Cents	23,29
Indien	Indische Rupie (INR) = 100 Paise	7,85
Indonesien	Rupiah (IDR) = 100 Sen	0,09
Irak	Irak-Dinar (IQD) = 1000 Fils	0,56
Iran	Rial (IRR) = 100 Dinars	2,64
Irland	Irisches Pfund (IEP) = 100 New Pence	267,50
Island	Isländische Krone (ISK) = 100 Aurar	3,04
Israel	Neuer Schekel (ILS) = 100 Aorot	80,28
Italien	Italienische Lira (ITL) = 100 Centesimi	1,34
Jamaika	Jamaika Dollar (JMD) = 100 Cents	21,81
Japan	Yen (JPY) = 100 Sen	1,31
Jemen	Jemen-Rial (YER) = 1000 Fils	15,09
Jemen Südj	Jemen-Dinar (YDD) = 1000 Fils	392,21
Jordanien	Jordan-Dinar (JOD) = 1000 Fils	265,69
Jugoslawien	Jugoslawischer Dinar (YUN) = 100 Para	7,88
Kaimaninseln	Kaiman-Dollar (KYD) = 100 Cents	218,31
Kambodscha	Riel (KHR) = 10 Kak	0,29
Kamerun	CFA-Franc (XAF) = 100 Centimes	0,59
Kanada	Kanadischer Dollar (CAD) = 100 Cents	158,33
Kap Verde	Kap Verde Escudo (CVE) = 100 Centavos	2,57
Katar	Katar-Riyal (QAR) = 100 Dirhams	49,78
Kenia	Kenia-Schilling (KES) = 100 Cents	6,81
Kolumbien	Kolumbianischer Peso (COP) = 100 Centavos	0,30
Komoren	Komoren-Franc (KMF) = 100 Centimes	0,59
Kongo (Brazzav.)	CFA-Franc (XAF) = 100 Centimes	0,59
Korea (Nord)	Won (KPW) = 100 Chon	186,64
Korea (Süd)	Won (KRW) = 100 Chon	0,25
Kuwait	Kuwait Dinar (KWD) = 1000 Fils	623,54
Laos	Kip (LAK)	0,25
Lesotho	Loti (LSL) = 100 Lisente	62,60
Libanon	Libanesisches Pfund (LBP)	0,19
Liberia	Liberianischer Dollar (LRD) = 100 Cents	180,84
Libyen	Libyscher Dinar (LYD) = 1000 Dirhams	637,13

Währungen (Fortsetzung)

Land	Währung	Kurs
Luxemburg	Luxembourgischer Franc (LUF) = 100 Centimes	4,86
Macau	Pataca (MOP) = 100 Avos	22,57
Madagaskar	Madagaskar Franc (MGF) = 100 Centimes	0,10
Malawi	Malawi-Kwacha (MWK) = 100 Tambala	64,01
Malaysia	Malaysischer Ringgit (MYR) = 100 Sen	65,54
Malediven	Rufiyaa (MVR) = 100 Laari	18,16
Mali	CFA-Franc (XOF) = 100 Centimes	0,59
Malta	Maltesische Lira (MTL) = 100 Cents	59,80
Marokko	Dirham (MAD) = 100 Centimes	20,34
Mauretanien	Ouguiya (MRO) = 5 Khoums	1,09
Mauritius	Mauritius-Rupie (MUR) = 100 Cents	11,45
Mexiko	Mexikanischer Peso (MXP) = 100 Centavos	0,06
Mong. Volksrep.	Tugrik (MNT) = 100 Mongo	33,06
Mosambique	Metical (MZM) = 100 Centavos	0,16
Nepal	Nepalesische Rupie (NPR) = 100 Paisa	5,49
Neukaledonien	CFP-Franc (XPF) = 100 Centimes	1,62
Neuseeland	Neuseeland-Dollar (NZD) = 100 Cents	104,05
Nicaragua:	2 Währungen a) Cordoba = 100 Centavos 10.000 NIC =	0,0007348
	b) Gold-Cordoba 100 NIO =	275,93
Niederlande	Holländischer Gulden (NLG) = 100 Cent	88,78
Niederländische Antillen	Niederl.-Antillen-Gulden (ANG) = 100 Cent	101,23
Niger	CFA-Franc (XOF) = 100 Centimes	0,59
Nigeria	Naira (NGN) = 100 Kobo	20,61
Norwegen	Norwegische Krone (NOK) = 100 Öre	25,65
Oman	Rial Omani (OMR) = 1000 Baizas	471,26
Österreich	Schilling (ATS) = 100 Groschen	14,21
Pakistan	Pakistanische Rupie (PKR) = 100 Paisa	7,87
Panama	Balboa (PAB) = 100 Centesimos	180,84
Papua-Neuguinea	Kina (PGK) = 100 Toea	189,30
Paraguay	Guarani (PYG) = 100 Centimos	0,13
Peru	Nuevo Sol (PEI) = 100 Centimos	209,77
Philippinen	Philippinischer Peso (PHP) = 100 Centavos	6,39
Polen	Złoty (PLZ) = 100 Groszy	0,02
Portugal	Escudo (PTE) = 100 Centavos	1,15
Ruanda	Ruanda-Franc (RWF) = 100 Centimes	1,42
Rumänien	Leu (ROL) = 100 Bani	4,90
Salomonen	Salomonen-Dollar (SBD) = 100 Cents	67,51
Sambia	Kwacha (ZMK) = 100 Ngwee	3,40
Sao Tome und Principe	Dobra (STD) = 100 Centimos	1,19
Saudi-Arabien	Saudi Riyal (SAR) = 20 Qirshes	48,22
Schweden	Schweden Krone (SEK) = 100 Öre	27,70
Schweiz	Schweizer Franken (CHF) = 100 Rappen	116,55
Senegal	Cfa Franc (XOF) = 100 Centimos	0,59
Seychellen	Seychellen-Rupie (SCR) = 100 Cents	33,74
Sierra Leone	Leone (SLL) = 100 Cents	0,82
Simbabwe	Simbabwe-Dollar (ZWD) = 100 Cents	61,51
Singapore	Singapur-Dollar (SGD) = 100 Cents	102,42
Somalia	Somalia-Schilling (SOS) = 100 Centesimi	0,04
Sowjetunion	Rubel (SUR) = 100 Kopeken	295,68
Spanien	Peseta (ESB) = 100 Centimes	1,59
Sri-Lanka	Sri-Lanka-Rupie (LKR) = 100 Sri-Lanka-Cents	4,45
St. Kitts und Nevis	Ostkaribischer Dollar (XCD) = 100 Cents	67,05
St. Lucia	Ostkaribischer Dollar (XCD) = 100 Cents	67,05
St. Vincent und die Grenadinen	Ostkaribischer Dollar (XCD) = 100 Cents	67,05
Südafrik. Rep.	Rand (ZAR) = 100 Cents	62,60
Sudan	Sudanesisches Pfund (SDP) = 100 Piastres	40,72
Surinam	Suriname-Gulden (SRG) = 100 Cents	101,51
Swasiland	Lilangeni (SZL) = 100 Cents	66,18
Syrien	Syrisches Pfund (SYP) = 100 Piastres	16,14
Taiwan	Neuer-Taiwan-Dollar (TWD) = 100 Cents	6,60
Tansania	Tansania-Schilling (TZS) = 100 Cents	0,89
Thailand	Baht (THB) = 100 Stangs	7,06
Togo	Cfa-Franc (XOF) = 100 Centimes	0,59
Tonga	Pa'anga (TOP) = 100 Seniti	139,34
Trinidad und Tobago	Trinidad und Tobago Dollar (TTD) = 100 Cents	42,46
Tschad	CFA-Franc (XAF) = 100 Centimes	0,59
Tschecho-slowakei	Tschechoslowakische Krone (CSK) = 100 Haleru	6,08
Tunesien	Tunesischer Dinar (TND) = 1000 Millimes	192,79
Türkei	Türkische Lira/Pfund (TRL) = 100 Kurus	0,05
Uganda	Uganda-Schilling (UGX) = 100 Cents	0,27
Ungarn	Forint (HUF) = 100 Filler	2,25
Uruguay	Uruguayischer Neuer Peso (UYP) = 100 Centesimos	0,10
Vanuatu	Vatu (VUV)	1,62
Venezuela	Bolivar (VEB) = 100 Cents	3,34
Vereinigte arab. Emirate	Dirham (AED) = 100 Fils	48,17
Vereinigte Staaten v. Amerika	US-Dollar (USD) = 100 Cents	180,84
Vietnam	Dong (VND) = 10 Hao	0,02
Westsamoa	Tala (WST) = 100 Sene	76,34
Zaire	Zaire (ZRZ) = 100 Makuto	0,05
Zentralafrikan. Rep.	CFA-Franc (XAF) = 100 Centimes	0,59
Zypern	Zypern-Pfund (CYP) = 100 Cents	384,58